Weil, Gotshal & Manges LLP
Maximilianhöfe 4. OG
Maximilianstr. 13
80539 München
Tel. 089-24243-0 • Fax 089-24243-399

Wurm Wagner Zartmann **Das Rechtsformularbuch**

Wurm Wagner Zartmann

Das Rechtsformularbuch

Praktische Erläuterungen und Muster
für das Bürgerliche Recht,
Wirtschafts-, Arbeits-, Handels-
und Gesellschaftsrecht
mit steuer- und kostenrechtlichen
Hinweisen

koordiniert von

Dr. Bertolt Götte
Rechtsanwalt, Freiburg

und

Dr. Christoph Dorsel, LL.M.
Notar, Bonn

17. neu bearbeitete Auflage
2015

ottoschmidt

Bearbeiter der 17. Auflage

Dr. Christoph Dorsel, LL.M.
Notar, Bonn

Simone Engel
Rechtsanwältin, Hannover

Prof. Dr. Jürgen Fleckenstein
Hochschule Kehl

Dr. Oliver Fröhler
Notar und Notariatsdirektor, Lörrach,
Lehrbeauftragter Universität Freiburg

Cathrin Gehl, LL.M.
Rechtsanwältin, Freiburg

Dr. Bertolt Götte
Rechtsanwalt, Freiburg

Dr. Christian Kesseler
Notar, Düren

Olaf Klein
Direktor am Arbeitsgericht, Krefeld

Werner Klüsener
Diplom-Rechtspfleger, Berlin

Dr. Mario Leitzen, M. Jur.
Notar, Rheinbach

Dr. Hubertus Nölting, LL.M.
Rechtsanwalt, Hamburg

Dr. Klaus Oertel, LL.M.
Notar, Düsseldorf

Beate Pikolin
Rechtsanwältin, Freiburg

Dr. Wolfgang Reetz
Notar, Köln

Dr. Hans-Georg Riegger
Rechtsanwalt, Freiburg

Prof. Dr. Volker Römermann
Rechtsanwalt, Hamburg/Hannover

Dr. Nicolas Schill
Rechtsanwalt, Staufen

Michael Schmidt, LL.M.
Rechtsanwalt, Düsseldorf

Dr. Jochen Scholz
Rechtsanwalt, Freiburg

Wilfried Schröders
Diplom-Finanzwirt, Waldfeucht

Dr. Robert Schumacher, LL.M.
Notar, Köln

Dr. Jörg Vogel
Rechtsanwalt, Freiburg

Dr. Andreas Völkel
Rechtsanwalt, Staufen

Prof. Dr. Friedrich Graf von Westphalen
Rechtsanwalt, Köln

Dr. Nina Wolber
Rechtsanwältin, Staufen

Dr. Achim Zimmermann
Rechtsanwalt, Hamburg/Hannover

Zitierempfehlung:
Wurm/Wagner/Zartmann/*Bearbeiter*,
Rechtsformularbuch, Kap. ... Rz. ... oder Muster M ...

Bibliografische Information
der Deutschen Nationalbibliothek
Die Deutsche Nationalbibliothek verzeichnet diese Publikation in der Deutschen Nationalbibliografie; detaillierte bibliografische Daten sind im Internet über http://dnb.d-nb.de abrufbar.

Verlag Dr. Otto Schmidt KG
Gustav-Heinemann-Ufer 58, 50968 Köln
Tel. 02 21/9 37 38-01, Fax 02 21/9 37 38-943
info@otto-schmidt.de
www.otto-schmidt.de

ISBN 978-3-504-07023-6

Das verwendete Papier ist aus chlorfrei gebleichten Rohstoffen hergestellt, holz- und säurefrei, alterungsbeständig und umweltfreundlich.

Einbandgestaltung: Jan P. Lichtenford, Mettmann
Satz: WMTP, Birkenau
Druck und Verarbeitung: Kösel, Krugzell
Printed in Germany

Vorwort

Das Rechtsformularbuch erscheint nun in der 17. Auflage rund vier Jahre nach der letzten Aktualisierung. Damit konnte der Rhythmus wie schon zur vorherigen Auflage aufrechterhalten werden, der für ein Praxishandbuch dieser Art notwendig, aber auch angemessen ist.

Vertragsmuster werden nicht ständig neu erfunden, sind aber dennoch an die laufende Rechtsentwicklung anzupassen.

Der Gesetzgeber hat sich hier seit der letzten Auflage wieder eifrig gezeigt, im Verbraucherrecht unter anderem durch das Gesetz zur Umsetzung der Verbraucherrechte-Richtlinie der Europäischen Union vom 20.9.2013. In manchen Kapiteln, wie etwa dem zur letzten Auflage hinzugekommenen Versand- und Online-Handel, verlangte dies sehr umfangreiche Einarbeitungen der doch kleinteiligen Gesetzgebung. Die Europäische Erbrechtsverordnung, die für Erbfälle ab dem 17.8.2015 maßgebend ist, wird mit ihren weitreichenden Folgen für das internationale Erbrecht und Nachlassverfahrensrecht berücksichtigt einschließlich der Änderungen im FamFG. Eine gesetzgeberische Wohltat, gerade auch für die an diesem Werk teilnehmenden Berufsstände, ist das Gesetz zur Einführung der Partnerschaftsgesellschaft mit beschränkter Berufshaftung. Diese neu geschaffene Variante der Partnerschaftsgesellschaft ist im Werk neu aufgenommen und behandelt. Ebenfalls eingearbeitet ist die umfassende Änderung des Kostenrechts durch das neue GNotKG vom 23.7.2013 und das Gerichtskostengesetz vom 27.2.2014, die in den zahlreichen, äußerlich unscheinbaren, dennoch aufwändigen und dem Anwender viel Mühe ersparenden Kostenhinweisen berücksichtigt ist. Selbstverständlich wurde auch wieder von den Autoren aus der Fülle der Rechtsprechung eine Auswahl derjenigen Urteile getroffen, die für die Vertragspraxis besondere Bedeutung erlangen, um daraus Umsetzungsvorschläge oder Vertragsanpassungen zu formulieren.

Bei alledem bleibt es bei dem zentralen Hinweis für jede Anwendung eines Musterhandbuchs, dass sich schematische Übernahmen vorformulierter Klauseln oder gar gesamter Vertragswerke generell verbieten. Auch deshalb wird dem Verwender ans Herz gelegt, sich vor einer Verwendung der Musterformulierungen mit den dazugehörigen Einführungen der Kapitel zu befassen.

Beim Autorenteam gibt es zunächst den traurigen Anlass, den Tod von Professor Dr. Gerrit Langenfeld mitzuteilen, der seit der 11. Auflage von 1982 weite Teile des Handels- und Gesellschaftsrechts bearbeitet und das Werk so über Jahrzehnte maßgeblich mitgeprägt hat. Verlag und Autoren werden ihn in dankbarer Erinnerung halten. Dieser Dank gilt ebenso dem verstorbenen Rechtsanwalt, Steuerberater und Wirtschaftsprüfer Götz Kandler, der ebenfalls seit 1982 zum verdienten Autorenteam des Rechtsformularbuchs gehörte.

Eine weitere tief greifende Veränderung erfolgte durch das Ausscheiden des seit der 12. Auflage von 1989 zum Autorenteam gehörenden ehemaligen Notars und Rechtsanwalts Dr. Helmut Götte. Damals noch mit insgesamt zehn Autoren und einer recht sklavischen Orientierung an den Büchern des BGB war er als Mitkoordinator der 13. Auflage, dann alleiniger Koordinator der 14. Auflage, maßgeblich beteiligt an einer schrittweisen Erneuerung und Modernisierung des Werks. Das von ihm bearbeitete Liegenschaftsrecht hatte er bereits zu kleinen Teilen in der 15. Auflage, in größerem Umfang dann zur 16. Auflage übergeleitet, nun hat er auch noch die letzten Kapitel und die Koordination an Nachfolger weitergereicht. Ihm gilt für seinen großen Einsatz zur stetigen Verbesserung und Erhaltung des Werks ein besonderer Dank des Verlags, der Autoren und in ganz persönlicher Weise des Mitkoordinators seit der 15. Auflage.

Die dadurch frei gewordenen Kapitel wurden vollständig von bereits im Werk vertretenen Autoren übernommen.

Neu hinzugekommen ist Dr. Achim Zimmermann, der zusammen mit Professor Dr. Volker Römermann das neue Kapitel zur Partnerschaftsgesellschaft mit beschränkter Berufshaftung verantwortet.

Einen Wechsel gab es im Architekten- und Maklerrecht von Herrn Schneiderhan auf Frau Dr. Wolber. Bei den Steueranmerkungen hat Diplom-Finanzwirt Wilfried Schröders die bisher von Herrn Grantz bearbeiteten Teile mit übernommen. Verlag und Autoren danken Herrn Schneiderhan und Herrn Grantz für ihre verdienstvolle Mitarbeit an diesem Buch.

Ansonsten blieb das Autorenteam unverändert.

Ein weiterer nachdrücklicher Dank der Koordinatoren geht an Frau Dr. Angelika Stadlhofer-Wissinger, die auf Seiten des Verlags über viele Jahre und noch bis zum Beginn dieser Auflage das Projekt Rechtsformularbuch engagiert geleitet, begleitet und nun ebenfalls übergeleitet hat.

Die bewährte Koordinierung der Autoren durch zwei Mitkoordinatoren wurde beibehalten. Der bereits seit der 15. Auflage als Autor mitwirkende Notar Dr. Christoph Dorsel, der nun große Teile des Gesellschaftsrechts bearbeitet, verwaltet dieses Amt jetzt gemeinsam mit Rechtsanwalt Dr. Bertolt Götte. Damit sind auch weiterhin in der Koordination die beiden Berufsgruppen vertreten, die die Hauptanwender des Rechtsformularbuchs darstellen.

Alle Muster finden sich auch auf der CD-ROM am hinteren Buchdeckel. Auch hier sei noch einmal darauf hingewiesen, dass die Muster und Formulare dieser Arbeitshilfe als Erleichterung für den Einsatz in der Praxis als Regelungsanregungen oder Checklisten anzusehen sind und dem jeweiligen Sachverhalt angepasst werden müssen.

Redaktionsschluss dieser Auflage war Ende Juni 2015.

Verlag und Autoren wünschen den Anwendern viel Freude und Ertrag bei der Verwendung des Werks. Für Anregungen und Kritik aus der Leserschaft sind wir dankbar. Diese können Sie uns Koordinatoren oder dem Verlag unter lektorat@otto-schmidt.de jederzeit mitteilen.

Freiburg und Bonn im August 2015 — Bertolt Götte und Christoph Dorsel

Kapitel- und Musterübersicht*

Alle Muster auch auf der CD-ROM am hinteren Buchdeckel.

* Ausführliche Inhaltsverzeichnisse finden sich jeweils am Anfang der einzelnen Kapitel.

7. Abschnitt. Unerlaubte Handlung

8. Abschnitt. Verpfändung, Eigentumsvorbehalt und Sicherungsgeschäfte

Vierter Teil. Wirtschaftsrechtliche Verträge

1. Abschnitt. Leasing

Zweiter Teil. Eigentumserwerb, Eigentumsverschaffung und -verzicht

Dritter Teil. Besondere Arten von Grundbesitz

1. Abschnitt. Wohnungseigentum

C. Familien- und Erbrecht

Erster Teil. Familienrecht

1. Abschnitt. Name

2. Abschnitt. Ehe

D. Arbeitsrecht

1. Abschnitt. Arbeitsrechtliche Grundlagen

2. Abschnitt. Individualarbeitsrecht

E. Handels- und Gesellschaftsrecht

Erster Teil. Handelsrecht (ohne Gesellschaften)

1. Abschnitt. Prokura und Handelsvollmacht

2. Abschnitt. Einzelkaufmann und eingetragener Kaufmann

2. Abschnitt. Aktiengesellschaft

3. Abschnitt. Private Limited Company

4. Abschnitt. Eingetragene Genossenschaft

F. Sozietätsverträge

G. Mediation

Allgemeines Literaturverzeichnis

Anwaltkommentar BGB	hrsg. von Dauner/Lieb/Heidel/Ring (zitiert: AnwK; weitere Aufl. s. NomosKommentar)
Bauer/Krieger/Arnold	Arbeitsrechtliche Aufhebungsverträge, 9. Aufl. 2014
Bauer/Lingemann/Diller/Haußmann	Anwalts-Formularbuch Arbeitsrecht, 5. Aufl. 2014
Baumbach/Hopt	HGB, 36. Aufl. 2014
Baumbach/Hueck	GmbHG, 20. Aufl. 2013
Baumbach/Lauterbach/Albers/Hartmann	Zivilprozessordnung, Kommentar, 73. Aufl. 2015
Baur/Stürner	Lehrbuch des Sachenrechts, 18. Aufl. 2009
Beck'sches Notarhandbuch	6. Aufl. 2015
Binz/Sorg	Die GmbH & Co. KG, 11. Aufl. 2010
Boruttau	Grunderwerbsteuergesetz, 17. Aufl. 2011
Braun/Günther	Das Steuer-Handbuch, ABC-Praxis des Steuerrechts, Loseblatt
Brox/Walker	Allgemeiner Teil des Bürgerlichen Rechts, 38. Aufl. 2014
Bruns/Kemper (Hrsg.)	Lebenspartnerschaftsrecht, Handkommentar, 2. Aufl. 2006 (zitiert: Hk-LPart)
Centrale für GmbH	GmbH-Handbuch, Loseblatt
Däubler/Kittner/Klebe/Wedde (Hrsg.)	BetrVG, Betriebsverfassungsgesetz mit Wahlordnung und EBR-Gesetz, 14. Aufl. 2014
Demharter	Grundbuchordnung, 29. Aufl. 2014
Dorsel	Kölner Formularbuch Erbrecht, 2. Aufl. 2015
Ebenroth/Boujong/Joost/Strohn	Handelsgesetzbuch, Kommentar, 2 Bände, 3. Aufl. 2014/2105
Erfurter Kommentar zum Arbeitsrecht	hrsg. von Müller-Glöge/Preis/Schmidt (zitiert: ErfK), 15. Aufl. 2015
Erman	BGB, hrsg. von Westermann/Grunewald/Meier-Reimer, 14. Aufl. 2014
FA-FamR	s. „Gerhardt/von Heintschel-Heinegg/Klein"
Fitting/Engels/Schmidt/Trebinger/Linsenmaier	Betriebsverfassungsgesetz mit Wahlordnung, Handkommentar, 27. Aufl. 2014
Geimer/Schütze	Internationaler Rechtsverkehr in Zivil- und Handelssachen, Loseblatt
Gemeinschaftskommentar zum Betriebsverfassungsgesetz	Wiese/Kreutz/Oetker/Raab/Weber/Franzen/Gutzeit/Jacobs, 2 Bände, 10. Aufl. 2014 (zitiert: GK-BetrVG)
Gerhardt/von Heintschel-Heinegg/Klein	Handbuch des Fachanwalts Familienrecht, 10. Aufl. 2015 (zitiert: FA-FamR)
Großkommentar Aktiengesetz	hrsg. von Hopt/Wiedemann, 4. Aufl. 1992 ff., 5. Aufl. 2015
Großkommentar GmbHG	hrsg. von Ulmer/Habersack/Winter 2008, 2. Aufl. 2013

Großkommentar Handelsgesetzbuch	begr. von Staub, hrsg. von Canaris/Schilling/Ulmer, 4. Aufl. 1983 ff., 5. Aufl. 2009 ff.
Heckschen/Heidinger	Die GmbH in der Gestaltungs- und Beratungspraxis, 3. Aufl. 2014
Heidelberger Kommentar zum GmbH-Recht	von Bartl/Bartl/Fichtelmann/Koch/Schlarb/Schmitt, 7. Aufl. 2014
Henssler/Willemsen/Kalb	Arbeitsrecht, Kommentar, 6. Aufl. 2014 (zitiert: HWK)
Herrmann/Heuer/Raupach	Einkommensteuer- und Körperschaftsteuergesetz, Kommentar, Loseblatt
Hesselmann/Tillmann/Mueller-Thuns	Handbuch der GmbH & Co. KG, 20. Aufl. 2009
Hirte	Kapitalgesellschaftsrecht, 7. Aufl. 2012
Kallmeyer	Umwandlungsgesetz, Kommentar, 5. Aufl. 2013
KEHE	s. „Keller/Munzig"
Keidel	FamFG, Kommentar, 18. Aufl. 2014
Keller/Munzig	Grundbuchrecht, 7. Aufl. 2015 (zitiert: KEHE)
Kirchhof/Söhn/Mellinghoff	Einkommensteuergesetz, Kommentar, Loseblatt
Köhler/Bornkamm	Gesetz gegen den unlauteren Wettbewerb, Kommentar, 33. Aufl. 2015
KR	Gemeinschaftskommentar zum Kündigungsschutzgesetz und zu sonstigen kündigungsrechtlichen Vorschriften, von Etzel, Bader, Fischermeier, Friedrich, Griebeling, Lipke, Pfeiffer, Rost, Spilger, Vogt, Weigand und Wolff, 10. Aufl. 2012
Küttner	Personalbuch 2015, 22. Aufl. 2015
Langenfeld	Grundlagen der Vertragsgestaltung, 2. Aufl. 2010
Langenfeld	Gesellschaft bürgerlichen Rechts, 7. Aufl. 2009
Langenfeld/Fröhler	Testamentsgestaltung, 5. Aufl. 2015
Langenfeld/Gail	Handbuch der Familienunternehmen, Loseblatt
Langenfeld/Günther	Grundstückszuwendungen zur lebzeitigen Vermögensnachfolge, 6. Aufl. 2010
Langenfeld/Milzer	Handbuch der Eheverträge und Scheidungsvereinbarungen, 7. Aufl. 2015
Langenfeld/Miras	GmbH-Vertragspraxis, 7. Aufl. 2015
Limmer/Hertel/Frenz/Mayer	s. „Würzburger Notarhandbuch"
Lutter	Umwandlungsgesetz, Kommentar, 5. Aufl. 2014
Lutter/Hommelhoff	GmbH-Gesetz, Kommentar, 18. Aufl. 2012
Melullis	Handbuch des Wettbewerbsprozesses, 3. Aufl. 2000
Münchener Handbuch des Gesellschaftsrechts	4. Aufl. 2012 ff.
Münchener Handbuch zum Arbeitsrecht	hrsg. von Richardi/Wlotzke/Wissmann/Oetker, 2 Bände, 3. Aufl. 2009

Münchener Kommentar zum Aktiengesetz	hrsg. von Goette/Habersack, 2. Aufl. 2000 ff., 3. Aufl. 2008 ff., 4. Aufl. 2014
Münchener Kommentar zum Bürgerlichen Gesetzbuch	hrsg. von Säcker/Rixecker, 6. Aufl. 2006 ff.
Münchener Kommentar zum Handelsgesetzbuch	hrsg. von Karsten Schmidt, 3. Aufl. 2010 ff.
Münchener Kommentar zur Zivilprozessordnung	hrsg. von Rauscher/Wax/Wenzel, 4. Aufl. 2012 ff.
Münchener Vertragshandbuch	6. Aufl. 2005 ff., 7. Aufl. 2011 ff.
Niedenführ/Kümmel/Vandenhouten	WEG, Kommentar und Handbuch zum Wohnungseigentumsgesetz, 11. Aufl. 2015
NomosKommentar BGB	hrsg. von Dauner-Lieb/Heidel/Ring, 2. Aufl. 2008 ff., 3. Aufl. 2010 ff. (zitiert: NK; Voraufl. s. Anwaltkommentar)
Palandt	Bürgerliches Gesetzbuch, Kommentar, 74. Aufl. 2015
Prütting/Helms	FamFG, Kommentar, 3. Aufl. 2014
Reithmann/Albrecht	Handbuch der notariellen Vertragsgestaltung, 8. Aufl. 2001
Richardi (Hrsg.)	Betriebsverfassungsgesetz mit Wahlordnung, Kommentar, 14. Aufl. 2014
Röhricht/Graf von Westphalen/Haas (Hrsg.)	HGB, Kommentar, 4. Aufl. 2014
Roth/Altmeppen	GmbHG, Kommentar, 7. Aufl. 2012
Rowedder/Schmidt-Leithoff	GmbHG, Kommentar, 5. Aufl. 2013
Schaub	Arbeitsrechts-Handbuch, 15. Aufl. 2013, bearb. von Schaub, Koch, Linck, Treber und Vogelsang
Schmidt, Karsten	Gesellschaftsrecht, 4. Aufl. 2002
Schmidt, Karsten	Handelsrecht, 6. Aufl. 2014
Schmidt, K./Lutter	Aktiengesetz, Kommentar, 3. Aufl. 2015
Schmidt, Ludwig	Einkommensteuergesetz, Kommentar, 34. Aufl. 2015
Scholz	Kommentar zum GmbH-Gesetz, 11. Aufl. 2012/2013/2015
Schöner/Stöber	Grundbuchrecht, 15. Aufl. 2012
Soergel/Siebert	Bürgerliches Gesetzbuch, Kommentar, 13. Aufl. 1999 ff.
Sölch/Ringleb	Umsatzsteuergesetz, Loseblatt
Staudinger	Kommentar zum Bürgerlichen Gesetzbuch, 13. Aufl. 1993 ff.; danach in bandweiser Neubearbeitung
Stöber	Zwangsversteigerungsgesetz, Kommentar, 20. Aufl. 2012
Thomas/Putzo	ZPO, Kommentar, 36. Aufl. 2015
Tipke/Kruse	Abgabenordnung – Finanzgerichtsordnung, Loseblatt
Tipke/Lang	Steuerrecht, 22. Aufl. 2015
Tschöpe (Hrsg.)	Anwalts-Handbuch Arbeitsrecht, 9. Aufl. 2015
Ulmer/Brandner/Hensen	AGB-Recht, Kommentar zu den §§ 305–310 BGB und zum UKlaG, 11. Aufl. 2011

Vorwerk (Hrsg.)	Das Prozessformularbuch, 10. Aufl. 2015
Weitnauer	Wohnungseigentumsgesetz, Kommentar, 9. Aufl. 2004
Wendl/Dose	Das Unterhaltsrecht in der familienrichterlichen Praxis, 9. Aufl. 2015
Westphalen, Graf von	Vertragsrecht und AGB-Klauselwerke, Loseblatt
Widmann/Mayer	Umwandlungsrecht, Kommentar, Loseblatt
Wolf/Lindacher/Pfeiffer	AGB-Recht, Kommentar, 6. Aufl. 2013
Wolf/Neuner	Allgemeiner Teil des Bürgerlichen Rechts, 10. Aufl. 2012
Würzburger Notarhandbuch	hrsg. von Limmer/Hertel/Frenz/Mayer, 4. Aufl. 2015
Zöller	Zivilprozessordnung, Kommentar, 30. Aufl. 2014

Abkürzungsverzeichnis

ABl. EG/EU	Amtsblatt der Europäischen Gemeinschaften/Europäischen Union
AbzG	Gesetz betr. Abzahlungsgeschäfte (aufgehoben)
AcP	Archiv für die civilistische Praxis
ADSp.	Allgemeine Deutsche Spediteur-Bedingungen
AEAO	Anwendungserlass zur Abgabenordnung
AfA	Absetzung für Abnutzung
AFB	Allgemeine Feuerversicherungs-Bedingungen
AFG	Arbeitsförderungsgesetz
AG	Aktiengesellschaft, Amtsgericht, Die Aktiengesellschaft (Zeitschrift)
AGB	Allgemeine Geschäftsbedingungen
AGBG	Gesetz zur Regelung des Rechts der Allgemeinen Geschäftsbedingungen
AGG	Allgemeines Gleichbehandlungsgesetz
AHB	Allgemeine Versicherungsbedingungen für die Haftpflicht-Versicherung
AHO	Ausschuss der Verbände und Kammern der Ingenieure und Architekten für die Honorarordnung e.V.
AiB	Arbeitsrecht im Betrieb
AKB	Allgemeine Kraftverkehrsversicherungs-Bedingungen
AktG	Aktiengesetz
ALB	Allgemeine Lebensversicherungs-Bedingungen
AltZertG	Altersvorsorgeverträge – Zertifizierungsgesetz
AMG	Arzneimittelgesetz
AnfG	Anfechtungsgesetz
AnwBl.	Anwaltsblatt
AO	Abgabenordnung
AP	Arbeitsrechtliche Praxis
ApBetrO	Apothekenbetriebsordnung
ApoG	Apothekengesetz
ARB	Allgemeine Bedingungen für die Rechtsschutzversicherung
ArbGG	Arbeitsgerichtsgesetz
ArbNErfG	Gesetz über Arbeitnehmererfindungen
ArbSchG	Arbeitsschutzgesetz
ArbStättV	Arbeitsstättenverordnung
ArbZG	Arbeitszeitgesetz
Art.	Artikel, auch bei Mehrzahl
ASiG	Arbeitssicherheitsgesetz
ATZG	Altersteilzeitgesetz
AuA	Arbeit und Arbeitsrecht
AufenthG	Aufenthaltsgesetz
AÜG	Arbeitnehmerüberlassungsgesetz
AuR	Arbeit und Recht
AusfG	Ausführungsgesetz
AVB	Allgemeine Versicherungsbedingungen, Allgemeine Versorgungsbedingungen
AVV	Allgemeine Verwaltungsvorschrift für die Ausstellung von Bescheinigungen gem. § 7 Abs. 4 Nr. 2 und § 32 Abs. 2 Nr. 2 des Wohnungseigentumsgesetzes
AWD	Außenwirtschaftsdienst des Betriebs-Beraters
AWG	Außenwirtschaftsgesetz
AZO	Arbeitszeitordnung
BAG	Bundesarbeitsgericht
BAGE	Entscheidungen des Bundesarbeitsgerichts

BAnz.	Bundesanzeiger
BauGB	Baugesetzbuch
BauO	Bauordnung
BauR	Baurecht
BausparkassenG	Gesetz über Bausparkassen
BayGVBl.	Bayerisches Gesetz- und Verordnungsblatt
BayJMBl.	Justizministerialblatt für Bayern
BayObLG	Bayerisches Oberstes Landesgericht
BayObLGZ	Entscheidungen des Bayerischen Obersten Landesgerichts in Zivilsachen
BayVerfGH	Bayerischer Verfassungsgerichtshof
BB	Der Betriebs-Berater
BBergG	Bundesberggesetz
BBG	Bundesbeamtengesetz
BBiG	Berufsbildungsgesetz
BBodSchG	Bundesbodenschutzgesetz
BdF	Bundesminister(ium) der Finanzen
BDSG	Bundesdatenschutzgesetz
BeamtenVG, BeamtVersG	Beamtenversorgungsgesetz
BEEG	Bundeselterngeld- und Elternzeitgesetz
BErzGG	Bundeserziehungsgeldgesetz (aufgehoben)
BeschFG	Beschäftigungsförderungsgesetz
BetrAVG	Gesetz zur Verbesserung der betrieblichen Altersversorgung
BetrKV	Betriebskostenverordnung
BetrVG	Betriebsverfassungsgesetz
BeurkG	Beurkundungsgesetz
BewG	Bewertungsgesetz
BFH	Bundesfinanzhof
BFHE	Entscheidungen des Bundesfinanzhofs
BGB	Bürgerliches Gesetzbuch
BGB-InfoV	BGB-Informationspflichten-Verordnung
BGBl.	Bundesgesetzblatt
BGH	Bundesgerichtshof
BGHZ	Entscheidungen des Bundesgerichtshofs in Zivilsachen
BJagdG	Bundesjagdgesetz
BJM	Bundesminister(ium) der Justiz
BKartA	Bundeskartellamt
BKGG	Bundeskindergeldgesetz
BKR	Zeitschrift für Bank- und Kapitalmarktrecht
BImSchG	Bundes-Immissionsschutzgesetz
BMF	Bundesminister(ium) der Finanzen
BMJ	Bundesminister(ium) der Justiz
BNotO	Bundesnotarordnung
BORA	Berufsordnung der Rechtsanwälte
BörsenG	Börsengesetz
BRAGO	Bundesrechtsanwaltsgebührenordnung (aufgehoben)
BRAO	Bundesrechtsanwaltsordnung
BR-Drucks.	Bundesrats-Drucksache
BRRG	Beamtenrechtsrahmengesetz
BSHG	Bundessozialhilfegesetz
BStBl.	Bundessteuerblatt
BT-Drucks.	Bundestags-Drucksache
BtG	Betreuungsgesetz
BTO	Bundestarifordnung
BUrlG	Bundesurlaubsgesetz
BV	Berechnungsverordnung

BVerfG	Bundesverfassungsgericht
BVerfGE	Entscheidungen des Bundesverfassungsgerichts
BVerwG	Bundesverwaltungsgericht
BVerwGE	Entscheidungen des Bundesverwaltungsgerichts
BVG	Bundesversorgungsgesetz
BW	Baden-Württemberg
BWNotZ	Zeitschrift für das Notariat in Baden-Württemberg
BZRG	Bundeszentralregistergesetz
CA	Companies Act
cic	culpa in contrahendo
CR	Computer und Recht
DAR	Deutsches Autorecht
DB	Der Betrieb
DBA	Doppelbesteuerungsabkommen
dbr	der betriebsrat
DDR-RAG	Rentenangleichungsgesetz der DDR
DDR-ZGB	Zivilgesetzbuch der DDR
DepotG	Depotgesetz
DIN	Deutsches Institut für Normung
DJ	Deutsche Justiz
DJT	Deutscher Juristentag
DNotl	Deutsches Notarinstitut
DNotZ	Deutsche Notarzeitschrift
DPMA	Deutsches Patent- und Markenamt
DRiG	Deutsches Richtergesetz
DRiZ	Deutsche Richterzeitung
DRsp-ROM	Deutsche Rechtsprechung, Datenbank auf CD-ROM
DStR	Deutsches Steuerrecht
DStZ	Deutsche Steuer-Zeitung, Ausgabe A und B
DSWR	Datenverarbeitung – Steuer – Wirtschaft – Recht
DT	Düsseldorfer Tabelle
DtZ	Deutsch-deutsche Rechts-Zeitschrift
DV, DVO	Durchführungsverordnung
DVBl	Deutsches Verwaltungsblatt
DWE, DWEigt.	Der Wohnungseigentümer
DWW	Deutsche Wohnungswirtschaft
DZWIR	Deutsche Zeitschrift für Wirtschafts- und Insolvenzrecht (bis 1999 DZWiR – Deutsche Zeitschrift für Wirtschaftsrecht)
e.G.	eingetragene Genossenschaft
e.K.	eingetragener Kaufmann
e.V.	eingetragener Verein
Ebit	Earnings before interests and taxes
EFG	Entscheidungen der Finanzgerichte
EFZG	Entgeltfortzahlungsgesetz
EG	Einführungsgesetz, Europäische Gemeinschaft
EGAktG	Einführungsgesetz zum Aktiengesetz
EGAO	Einführungsgesetz zur Abgabenordnung
EGBGB	Einführungsgesetz zum Bürgerlichen Gesetzbuch
EGMR	Europäischer Gerichtshof für Menschenrechte
EGV	Vertrag zur Gründung der Europäischen Gemeinschaft
EPÜ	Europäisches Patentübereinkommen
ErbbauRVO	Verordnung über das Erbbaurecht
ErbStB	Der Erbschaft-Steuer-Berater

ErbStDV	Erbschaftsteuer-Durchführungsverordnung
ErbStG	Erbschaft- und Schenkungsteuergesetz
ErbStR	Erbschaftsteuer-Richtlinien
ErfK	Erfurter Kommentar
EStDV	Einkommensteuer-Durchführungsverordnung
EStG	Einkommensteuergesetz
EStR	Einkommensteuer-Richtlinien
EuErbVO	Europäische Erbrechtsverordnung
EuGH	Europäischer Gerichtshof
EuGHMR	Europäischer Gerichtshof für Menschenrechte
EuGVVO	EG-Verordnung über die gerichtliche Zuständigkeit und die Anerkennung und Vollstreckung von Entscheidungen in Zivil- und Handelssachen
EuInsO	Verordnung (EG) Nr. 1346/2000 über Insolvenzverfahren
EVO	Eisenbahn-Verkehrsordnung
EWG	Europäische Wirtschaftsgemeinschaft
EWGV	Vertrag zur Gründung der Europäischen Wirtschaftsgemeinschaft
EzA	Entscheidungssammlung zum Arbeitsrecht
FA	Fachanwalt Arbeitsrecht (Zeitschrift)
FamRÄndG	Familienrechtsänderungsgesetz
FamRZ	Zeitschrift für das gesamte Familienrecht
FGG	Gesetz betr. die Angelegenheiten der freiwilligen Gerichtsbarkeit
FGO	Finanzgerichtsordnung
FGPrax	Praxis der freiwilligen Gerichtsbarkeit
FinMin	Finanzministerium
FLF	Finanzierung, Leasing, Factoring (Zeitschrift)
FPR	Familie Partnerschaft und Recht
FR	Finanzrundschau
FS	Festschrift
FUR	Familie und Recht (Zeitschrift)
FZV	Verordnung über die Zulassung von Fahrzeugen im Straßenverkehr
G	Gesetz
GABl.	Gemeinsames Amtsblatt
GBl.	Gesetzblatt
GBO	Grundbuchordnung
GbR	Gesellschaft des bürgerlichen Rechts
GBV	Grundbuchverfügung
GBVfg.	Grundbuchverfügung
GE	Grundeigentum (Zeitschrift)
GebrMG	Gebrauchsmustergesetz
GemSenOBG	Gemeinsamer Senat der obersten Gerichtshöfe des Bundes
GemVO	Gemeinnützigkeitsverordnung
GenG	Genossenschaftsgesetz
GenRegVO	Verordnung über das Genossenschaftsregister
GeschmMG	Geschmacksmustergesetz
GewO	Gewerbeordnung
GewSchG	Gewaltschutzgesetz
GewStDV	Gewerbesteuer-Durchführungsverordnung
GewStG	Gewerbesteuergesetz
GewStR	Gewerbesteuer-Richtlinien
GG	Grundgesetz
GKG	Gerichtskostengesetz
GmbH	Gesellschaft mit beschränkter Haftung
GmbHG	GmbH-Gesetz

GmbHR	GmbH-Rundschau
GmbH-StB	Der GmbH-Steuer-Berater
GMVO	EG-Verordnung über die Gemeinschaftsmarke
GNotKG	Gesetz über Kosten der freiwilligen Gerichtsbarkeit für Gerichte und Notare
GrESt.	Grunderwerbsteuer
GrEStG	Grunderwerbsteuergesetz
GrS	großer Senat
GrStG	Grundsteuergesetz
GRUR	Gewerblicher Rechtsschutz und Urheberrecht
GRUR Int.	Gewerblicher Rechtsschutz und Urheberrecht, internationaler Teil
GRUR-RR	Gewerblicher Rechtsschutz und Urheberrecht-Rechtsprechungsreport
gRV	gesetzliche Rentenversicherung
GuT	Gewerbemiete und Teileigentum (Zeitschrift)
GV	Gebührenverzeichnis
GVBl.	Gesetz- und Verordnungsblatt
GVG	Gerichtsverfassungsgesetz
GVO-TT	Gruppenfreistellungsverordnung Technologietransfer
GWB	Gesetz gegen Wettbewerbsbeschränkungen
GWG	Geldwäschegesetz
HABM	Harmonisierungsamt für den Binnenmarkt
HAG	Heimarbeitsgesetz
HandwO	Handwerksordnung
HaustürWG	Gesetz über den Widerruf von Haustürgeschäften
HFR	Höchstrichterliche Finanzrechtsprechung
HGB	Handelsgesetzbuch
HOAI	Honorarordnung für Architekten und Ingenieure
HöfeO	Höfeordnung
HR	Handelsregister
HRefG	Handelsrechtsreformgesetz
HRegGebV	Verordnung über Gebühren in Handels-, Partnerschafts- und Genossenschaftsregistersachen
HRR	Höchstrichterliche Rechtsprechung
HRV	Handelsregisterverfügung
HUK-Verband	Verband der Haftpflichtversicherer, Unfallversicherer, Autoversicherer und Rechtsschutzversicherer
HV	Hauptversammlung
HWG	hessisches Wassergesetz
HWK	Henssler/Willemsen/Kalb, Arbeitsrecht Kommentar
IBR	Immobilien- und Baurecht
iE	im Einzelnen
IHK	Industrie- und Handelskammer
ImmoWertVO	Immobilienwertermittlungsverordnung
InsO	Insolvenzordnung
IPR	Internationales Privatrecht
IPRG	Gesetz zur Neuregelung des IPR
ITRB	IT-Rechts-Berater
JA	Juristische Arbeitsblätter
JbFStR	Jahrbuch der Fachanwälte für Steuerrecht
JFG	Jahrbuch der Freiwilligen Gerichtsbarkeit
JMBl NRW	Justizministerialblatt für Nordrhein-Westfalen
JR	Juristische Rundschau
JStG	Jahressteuergesetz

JurBüro	Juristisches Büro (Zeitschrift)
JuS	Juristische Schulung (Zeitschrift)
JW	Juristische Wochenschrift
JZ	Juristenzeitung
KapErhG	Kapitalerhöhungsgesetz
KEHE	Kuntzel/Ertl/Herrmann/Eickmann, Grundbuchrecht
KG	Kommanditgesellschaft, Kammergericht
KGaA	Kommanditgesellschaft auf Aktien
KGJ	Jahrbuch der Entscheidungen des Kammergerichts
KostO	Kostenordnung
KSchG	Kündigungsschutzgesetz
KStDV	Körperschaftsteuer-Durchführungsverordnung
KStG	Körperschaftsteuergesetz
KStR	Körperschaftsteuer-Richtlinien
KTS	Konkurs-, Treuhand- und Schiedsgerichtswesen
KUG	Kunsturhebergesetz
KV	Kostenverzeichnis
KWG	Kreditwesengesetz
LadSchIG	Ladenschlussgesetz
LAG	Lastenausgleichsgesetz, Landesarbeitsgericht
LBO	Landesbauordnung
LFGB	Lebensmittel-, Bedarfsgegenstände- und Futtermittelgesetzbuch
LFGG	Landesgesetz über die freiwillige Gerichtsbarkeit
LG	Landgericht
LHO	Landeshaushaltsordnung; Leistungs- und Honorarordnung
Lit.	Literatur
lit.	litera (Buchstabe)
LM	Lindenmaier-Möhring, Nachschlagewerk des Bundesgerichtshofs
LPartG	Lebenspartnerschaftsgesetz
LPartÜbG	Gesetz zur Überarbeitung des Lebenspartnerschaftsrechts
LStDV	Lohnsteuer-Durchführungsverordnung
LStR	Lohnsteuer-Richtlinien
Ltd.	limited (private Company limited by shares)
LuftfzRG	Gesetz über Rechte an Luftfahrzeugen
LZ	Leipziger Zeitschrift
MaBV	Makler- und Bauträgerverordnung
MarkenG	Markengesetz
MarkenV	Markenverordnung
MDR	Monatsschrift für Deutsches Recht
MitbestG	Mitbestimmungsgesetz
MittBayNot	Mitteilungen des Bayerischen Notarvereins, der Notarkasse und der Landesnotarkasse Bayern
MittRhNotK	Mitteilungen der Rheinischen Notarkammer
MMR	Multimedia und Recht (Zeitschrift)
MMV	Mustermietvertrag 1976
MRVG	Gesetz zur Verbesserung des Mietrechts und zur Begrenzung des Mietanstiegs sowie zur Regelung von Ingenieur- und Architektenleistungen
MSA	Minderjährigenschutzabkommen (Haager Übereinkommen über die Zuständigkeit der Behörden und das anzuwendende Recht auf dem Gebiet des Schutzes von Minderjährigen)
Münch.Komm.	Münchener Kommentar
MünchHdb.	Münchener Handbuch
MuSchG	Mutterschutzgesetz

MuW	Markenschutz und Wettbewerb
mwN	mit weiteren Nachweisen
Nachtr.	Nachtrag
NÄG	Namensänderungsgesetz
NJOZ	Neue juristische Online-Zeitschrift
NJW	Neue Juristische Wochenschrift
NJW-CoR	Computerreport der Neuen Juristischen Wochenschrift
NJWE-FER	NJW-Entscheidungsdienst Familien- und Erbrecht
NJWE-WettbR	NJW-Entscheidungsdienst Wettbewerbsdienst
NJW-RR	Neue Juristische Wochenschrift-Rechtsprechungs-Report
NWB	Neue Wirtschaftsbriefe
NZA	Neue Zeitschrift für Arbeitsrecht
NZA-RR	Neue Zeitschrift für Arbeitsrecht-Rechtsprechungs-Report
NZBau	Neue Zeitschrift für Baurecht
NZM	Neue Zeitschrift für Miet- und Wohnungsrecht
OFD	Oberfinanzdirektion
OHG	Offene Handelsgesellschaft
OLG	Oberlandesgericht
OLGE	Entscheidungssammlung der Oberlandesgerichte
OLGZ	Entscheidungen der Oberlandesgerichte in Zivilsachen
OVG	Oberverwaltungsgericht
PachtkredG	Pachtkreditgesetz
PAngV	Preisangabenverordnung
PaPkG	Preisangaben- und Preisklauselgesetz
PartGmbB	Partnerschaftsgesellschaft mit beschränkter Berufshaftung
PatG	Patentgesetz
PersBefG	Personenbeförderungsgesetz
PersGes	Personengesellschaft
PflVG	Pflichtversicherungsgesetz
PostG	Postgesetz
PrKG	Preisklauselgesetz
PrKV	Preisklauselverordnung
ProdHaftG	Produkthaftungsgesetz
PStG	Personenstandsgesetz
PUDLV	Post-Universaldienstleistungsverordnung
RBerG	Rechtsberatungsgesetz
RdA	Recht der Arbeit
RDG	Rechtsdienstleistungsgesetz
Rdschr.	Rundschreiben
RE	Rechtsentscheid des BayObLG
Recht	Das Recht (Zeitschrift)
RegE	Regierungsentwurf
RFH	Reichsfinanzhof
RG	Reichsgericht
RGBl.	Reichsgesetzblatt
RGZ	Entscheidungen des RG in Zivilsachen
RHeimStG	Reichsheimstättengesetz
RIW	Recht der internationalen Wirtschaft
RNotZ	Rheinische Notar-Zeitschrift
ROW	Recht in Ost und West
Rpfleger	Der Deutsche Rechtspfleger
RpflegerJb	Rechtspfleger Jahrbuch

RPflG	Rechtspflegergesetz
RSG	Reichssiedlungsgesetz
Rspr.	Rechtsprechung
RStBI.	Reichssteuerblatt
RVG	Rechtsanwaltsvergütungsgesetz
Rz.	Randzahl
SachenRÄndG	Sachenrechtsänderungsgesetz
SachenRBerG	Sachenrechtsbereinigungsgesetz
SchiffsRegO	Schiffsregisterordnung
SchiffsRG	Gesetz über Rechte an eingetragenen Schiffen und Schiffsbauwerken – Schiffsrechtegesetz
SchlHA	Schleswig-Holsteinische Anzeigen
sec.	section (Paragraph)
SEStEG	Gesetz über steuerliche Begleitmaßnahmen zur Einführung der Europäischen Gesellschaft und zur Änderung weiterer steuerrechtlicher Vorschriften (Entwurf)
SGB	Sozialgesetzbuch: I Allgemeiner Teil, II Grundsicherung für Arbeitssuchende, III Arbeitsförderung, IV Gemeinsame Vorschriften für die Sozialversicherung, V Gesetzliche Krankenversicherung, VI Gesetzliche Rentenversicherung, VII Gesetzliche Unfallversicherung, VIII Kinder- und Jugendhilfe, IX Rehabilitation und Teilhabe behinderter Menschen, X Verwaltungsverfahren, Zusammenarbeit der Leistungsträger und ihre Beziehungen zu Dritten, XI Soziale Pflegeversicherung, XII Sozialhilfe
SGG	Sozialgerichtsgesetz
SigG	Signaturgesetz
SKR	EG-Sektorenrichtlinie
Slg.	Sammlung der Rechtsprechung des EuGH und des Gerichts erster Instanz
SprAuG	Sprecherausschussgesetz
st. Rspr.	ständige Rechtsprechung
StAG	Staatsangehörigkeitsgesetz
StAZ	Standesamts-Zeitschrift
StB	Der Steuerberater, Organ der Bundessteuerberaterkammer
StBerG	Steuerberatungsgesetz
StBGebV	Steuerberatergebührenverordnung
StbJb	Steuerberater-Jahrbuch
StBp	Die steuerliche Betriebsprüfung
StEK	Steuer-Erlasse in Karteiform
StGB	Strafgesetzbuch
StiftungsG	Stiftungsgesetz
StPO	Strafprozessordnung
str.	streitig
StuW	Steuer und Wirtschaft
StVG	Straßenverkehrsgesetz
StVO	Straßenverkehrsordnung
StVZO	Straßenverkehrszulassungsordnung
subsec.	subsection (Unterabteilung)
Tato	Tagestonnen
TKG	Telekommunikationsgesetz
TMG	Telemediengesetz
TSG	Transsexuellengesetz
TVG	Tarifvertragsgesetz
TzBfG	Teilzeit- und Befristungsgesetz

UG	Unternehmergesellschaft
UhVorschG	Unterhaltsvorschussgesetz
UKlaG	Unterlassungsklagengesetz
UMAG	Gesetz zur Unternehmensintegrität und Modernisierung des Anfechtungsrechts
UmwG	Umwandlungsgesetz
UmwStG	Umwandlungssteuergesetz
UN	United Nations
UR	Urkundenrolle
UrhG	Urheberrechtsgesetz
UStDV	Umsatzsteuer-Durchführungsverordnung
UStG	Umsatzsteuergesetz
UStR	Umsatzsteuerrichtlinien
UWG	Gesetz gegen den unlauteren Wettbewerb
v.g.u.	vorgelesen, genehmigt, unterschrieben
v.u.g.	vorgelesen und genehmigt
VAG	Versicherungsaufsichtsgesetz
VAHRG	Gesetz zur Regelung von Härten im Versorgungsausgleich
VAStrRefG	Gesetz zur Strukturreform des Versorgungsausgleichs
VAÜG	Versorgungsausgleichsüberleitungsgesetz
VDE	Verband deutscher Elektrotechniker
VDI	Verband deutscher Ingenieure
VerbrKrG	Verbraucherkreditgesetz
VergabeR	Vergaberecht (Zeitschrift)
VerlG	Verlagsgesetz
VermG	Vermögensgesetz
VersAusglG	Versorgungsausgleich
VerschG	Verschollenheitsgesetz
VersR	Versicherungsrecht (Zeitschrift)
VerstVO	Versteigerungsverordnung
VGH	Verwaltungsgerichtshof; Verfassungsgerichtshof
VgV	Vergabeverordnung
VIZ	Zeitschrift für Vermögens- und Investitionsrecht
VK	Vergabekammer
VO	Verordnung
VOB	Vergabe- und Vertragsordnung für Bauleistungen
VOBl.	Verordnungsblatt
VOF	Verdingungsordnung für freiberufliche Leistungen
VOL	Verdingungsordnung für Leistungen
VRS	Verkehrsrechts-Sammlung
VV	Vergütungsverzeichnis
VVaG	Versicherungsverein auf Gegenseitigkeit
VVG	Versicherungsvertragsgesetz
VV-RVG	Vergütungsverzeichnis Rechtsanwaltsvergütungsgesetz
VwGO	Verwaltungsgerichtsordnung
VwVfG	Verwaltungsverfahrensgesetz
WährG	Währungsgesetz
WahrnG	Urheberrechtswahrnehmungsgesetz
WarnR	Warneyer, Die Rechtsprechung des Reichsgerichts
WEG	Wohnungseigentumsgesetz
WEG-E	Entwurf eines Gesetzes zur Änderung des Wohnungseigentumsgesetzes und anderer Gesetze
WHG	Wasserhaushaltsgesetz
WiStrG	Gesetz zur weiteren Vereinfachung des Wirtschaftsstrafrechts

WoBindG	Wohnungsbindungsgesetz
WoFlV	Wohnflächenverordnung
WPg.	Die Wirtschaftsprüfung
WPM	Wertpapier-Mitteilungen
WPO	Wirtschaftsprüferordnung
WRP	Wettbewerb in Recht und Praxis
WuM	Wohnungswirtschaft und Mietrecht
WuW	Wirtschaft und Wettbewerb
WuW/E	Wirtschaft und Wettbewerb, Entscheidungssammlung zum Kartellrecht
WZG	Warenzeichengesetz
ZBB	Zeitschrift für Bankrecht und Bankwirtschaft
ZEV	Zeitschrift für Erbrecht und Vermögensnachfolge
ZfBR	Zeitschrift für deutsches und internationales Baurecht
ZfG, ZfgG	Zeitschrift für das gesamte Genossenschaftswesen
ZfIR	Zeitschrift für Immobilienrecht
ZGB	Zivilgesetzbuch (DDR)
ZGR	Zeitschrift für Unternehmens- und Gesellschaftsrecht
ZHR	Zeitschrift für das gesamte Handels- und Wirtschaftsrecht
ZIP	Zeitschrift für Wirtschaftsrecht und Insolvenzpraxis
ZMR	Zeitschrift für Miet- und Raumrecht
ZNotP	Zeitschrift für die Notarpraxis
ZPO	Zivilprozessordnung
ZRP	Zeitschrift für Rechtspolitik
ZTR	Zeitschrift für Tarifrecht
ZUM	Zeitschrift für Urheber- und Medienrecht
ZVG	Zwangsversteigerungsgesetz
ZWE	Zeitschrift für Wohnungseigentum

A. Zivil- und Wirtschaftsrecht

Erster Teil. Vereine und Stiftungen

1. Abschnitt. Vereine

Kapitel 1 Vereine

Literatur: *Bidinger*, Verbands-Handbuch, Loseblatt; *Buchna/Seeger/Brox*, Gemeinnützigkeit im Steuerrecht, 10. Aufl. 2010; *Burhoff*, Vereinsrecht, 9. Aufl. 2014; *Entenmann/Krüger*, Handbuch für die Vereinsführung, Loseblatt; *Fischer/Helios*, Die Vereinsbesteuerung in der Praxis, 2008; *Geckle*, Der Verein, Loseblatt; *Reichert*, Handbuch des Vereins- und Verbandsrechts, 12. Aufl. 2010; *Sauter/Schweyer/Waldner*, Der eingetragene Verein, 19. Aufl. 2010; *Stöber/Otto*, Handbuch zum Vereinsrecht, 10. Aufl. 2012.

I. Wesen des Vereins

1 Der Verein ist eine auf Dauer angelegte Vereinigung von Personen zur **Verfolgung eines gemeinsamen Zwecks**, wobei diese Vereinigung nicht nur vorübergehenden Charakter hat, körperschaftlich organisiert und in ihrem Bestand **vom Mitgliederwechsel unabhängig** ist. Diese Unabhängigkeit des Vereins vom Wechsel seiner Mitglieder und die Verselbständigung der Organisation gegenüber seinen Mitgliedern ist das Hauptunterscheidungsmerkmal zur BGB-Gesellschaft. Wesentlicher Unterschied zu den ebenfalls körperschaftlich organisierten Kapitalgesellschaften ist das Fehlen von Bestimmungen zur Schaffung, Erhaltung und Sicherung einer ausreichenden Kapitalgrundlage zum Schutz der Gläubigerinteressen beim Verein. Die Rechtsfähigkeit ist kein Wesensmerkmal des Vereins. Dies ergibt sich aus § 54 BGB. Der Verein untersteht dem Schutz des Art. 9 Abs. 2 GG. Die gesetzlichen Regelungen finden sich hauptsächlich in §§ 21–79 BGB sowie im Vereinsgesetz, das auf öffentlich-rechtlicher Ebene die Schranken des Art. 9 Abs. 2 GG konkretisiert.

II. Arten von Vereinen

2 Das BGB unterscheidet zwischen **rechtsfähigen und nicht rechtsfähigen Vereinen** und bei den rechtsfähigen Vereinen außerdem zwischen:

1. **rechtsfähigen (eingetragenen) nicht wirtschaftlichen Vereinen**. Sie erlangen Rechtsfähigkeit durch Eintragung in das Vereinsregister des zuständigen Amtsgerichts (§ 21 BGB);
2. **(rechtsfähigen) wirtschaftlichen Vereinen**. Sie erlangen Rechtsfähigkeit durch staatliche Verleihung (§ 22 BGB); „Konzessionssystem". Eine Übersicht über die zuständigen Landesbehörden gibt Stöber/Otto Rz. 887; zu der Abgrenzung des wirtschaftlichen Vereins vom nicht wirtschaftlichen Verein (Idealverein) vgl. BVerwG NJW 1979, 2265.

III. Rechtsfähiger eingetragener Verein

1. Vereinsgründung

3 Die erste Stufe auf dem Wege zur Entstehung eines Vereins ist die **Gründungsvereinbarung**, also die Einigung von mindestens zwei Personen, dass ein Verein entstehen und die vorgesehene Satzung verbindlich sein soll. Eingetragen ins Vereinsregister soll ein Verein indes erst dann werden, wenn er mindestens sieben Mitglieder hat (§ 56 BGB).

M 1.1 Niederschrift über die Gründungsversammlung eines Vereins[1]

...

Zur Beratung und Beschlussfassung über die Gründung eines Sportvereins in ... (Ort) erschienen die in der beigefügten Anwesenheitsliste genannten 20 Personen am ... (Datum) in ... (Ort der Versammlung).

... (Name) eröffnete die Versammlung um 19.00 Uhr und erläuterte den Zweck der Versammlung – Gründung des Sportvereins. Auf Zuruf wurden ... (Name) zum Versammlungsleiter[2] und ... (Name) zum Protokollführer gewählt. Die Gewählten nahmen die Ämter an.

1 Die Protokollierung der Gründungsversammlung ist erforderlich wegen § 59 Abs. 2 BGB. Mindestinhalt ist, dass die Gründungsmitglieder eine Satzung verabschiedet haben und welche Personen zum Vorstand bestellt wurden. Notarielle Beglaubigung des Protokolls ist – im Gegensatz zur Anmeldung – nicht erforderlich. Es reicht die einfache Schriftform.

2 Muster **M 1.1** geht davon aus, dass die Versammlungsleitung in der Hand keiner der als Vorstandsmitglieder bestellten Personen gelegen hat. Diese Personenverschiedenheit ist rechtlich nicht zwingend vorgeschrieben, aber weit verbreitet, und es entspricht gutem Stil, dass der Leiter einer Wahl an dieser nicht als Kandidat selbst teilnimmt.

Danach schlug ... (Name) als Versammlungsleiter folgende Tagesordnung vor:

1. Aussprache über die Notwendigkeit der Gründung eines Sportvereins und seine Ziele,

2. Beratung und Verabschiedung einer Satzung des Sportvereins,

3. Wahl des Vorstandes,

4. Verschiedenes.

Gegen die Tagesordnung wurden keine Einwände seitens der Versammlungsteilnehmer erhoben.

Zunächst stellten ... (Name) und ... (Name) die Erforderlichkeit der Gründung eines Sportvereins dar, insbesondere im Hinblick darauf, dass einerseits ein breites Interesse an sportlichen Aktivitäten vorhanden ist und andererseits angesichts der dazu erforderlichen Einrichtungen großer Finanzbedarf besteht. Diese Ausführungen wurden durch mehrere Diskussionsbeiträge ergänzt, die als Anliegen eines Sportvereins die Bereitstellung dieser Tätigkeiten und nach Möglichkeit ihre baldige Ausweitung erkennen ließen.

Sodann gab ... (Name) einen Satzungsentwurf aus, der an die Anwesenden verteilt sowie im Einzelnen durchgegangen und beraten wurde. Der auf diese Weise gefundenen Formulierung der Satzung für den Sportverein stimmten alle Anwesenden durch Handaufheben zu. Der Versammlungsleiter stellte fest, dass damit der Sportverein ... (Ort) gegründet ist, und bat alle Anwesenden, ihren Beitritt durch Unterzeichnung der Satzung zu bestätigen. Alle Anwesenden unterzeichneten anschließend die Satzung[3]*.*

Aus dem Kreise der Versammlungsteilnehmer wurden ... (Name), ... (Name), ... (Name) und ... (Name) als Vorstandsmitglieder vorgeschlagen. Zu Vorstandsmitgliedern wurden mit folgendem Ergebnis gewählt:

Erster Vorsitzender:

... (Name, Beruf, Anschrift), ... Ja-Stimmen, ... Nein-Stimmen, ... Enthaltungen

Zweite Vorsitzende:

... (Name, Beruf, Anschrift), ... Ja-Stimmen, ... Nein-Stimmen, ... Enthaltungen

Kassenwart:

... (Name, Beruf, Anschrift), ... Ja-Stimmen, ... Nein-Stimmen, ... Enthaltungen

Schriftführer:

... (Name, Beruf, Anschrift), ... Ja-Stimmen, ... Nein-Stimmen, ... Enthaltungen

Die Gewählten erklärten die Annahme ihrer Wahl.

Unter Tagesordnungspunkt 4 wurde das weitere Vorgehen in Bezug auf die Aufnahme der Vereinstätigkeit verhandelt. Es erging der einstimmige Beschluss, dass der Vorstand bis zur Eintragung des Sportvereins im Vereinsregister nur solche Rechtsgeschäfte für den Verein vornehmen darf, die zur Erreichung der Rechtsfähigkeit erforderlich sind[4]*.*

Weitere Wortmeldungen erfolgten nicht.

Der Versammlungsleiter schloss die Versammlung um 23.10 Uhr.

...

... (Name), Versammlungsleiter

... (Name), Protokollführer

---

3 Als Vereinsgründer kommen natürliche und juristische Personen in Betracht. Sofern Minderjährige als Gründungsmitglieder vorgesehen sind, benötigen diese die Einwilligung ihrer gesetzlichen Vertreter. Ist diese Einwilligung erteilt, sind die Minderjährigen auch bei späteren Mitgliederversammlungen stimmberechtigt.

4 Sofern der Vorverein bereits rechtsgeschäftlich tätig wird, ist – ähnlich wie bei der GmbH – die Haftung der Handelnden problematisch und umstritten (vgl. dazu Palandt/Ellenberger § 21 BGB Rz. 12). Soweit also kein Bedürfnis für ein sofortiges Tätigwerden besteht, sollte die Handlungsbefugnis des Vorstands zunächst auf Maßnahmen zur Herbeiführung der Eintragung beschränkt sein.

2. Vereinsverfassung

4 Die Verfassung des Vereins ist durch seine Organisation sowie durch die Regelungen über Beginn und Ende der Mitgliedschaft gekennzeichnet. Bestimmt wird die Verfassung in erster Linie durch die **Vereinssatzung**, ggf. unter Berücksichtigung zwingender Gesetzesvorschriften (s. § 25 BGB). Die meisten gesetzlichen Bestimmungen sind aber abdingbar (§ 40 BGB). Dazu **M 1.2.**

3. Organe des Vereins

a) Mitgliederversammlung

5 Die Mitgliederversammlung ist **oberstes Organ** des Vereins. Sie beschließt grundsätzlich mit einfacher Mehrheit (§ 32 BGB). Satzungsänderungen erfordern jedoch eine Dreiviertelmehrheit der erschienenen Mitglieder (§ 33 Abs. 1 Satz 1 BGB).

Eine **Änderung des Vereinszweckes** kann sogar nur mit Zustimmung sämtlicher Mitglieder erfolgen (§ 33 Abs. 1 Satz 2 BGB). Gem. § 40 BGB sind auch die Regelungen über die qualifizierten Mehrheiten in § 33 BGB in der Satzung **abdingbar**. Soll die qualifizierte Mehrheit für Satzungs- und Zweckänderungen **nachträglich erhöht** werden, ist dies unproblematisch. Eine **nachträgliche Herabsetzung** der Grenze unter die qualifizierten Mehrheiten des § 33 BGB ist umstritten. Sie wird überwiegend abgelehnt (Nachweise bei Erman/H.P. Westermann § 33 BGB Rz. 2).

b) Vorstand

6 Weiteres **notwendiges Organ** neben der Mitgliederversammlung ist der Vorstand. Er kann aus einer oder mehreren Personen bestehen (§ 26 Abs. 1 BGB). Der Vorstand ist ausführendes und geschäftsführendes Organ des Vereins. Seine Bestellung erfolgt durch Beschluss der Mitgliederversammlung, die zumindest aus wichtigem Grund widerrufen werden kann (§ 27 BGB). Der Vorstand ist gesetzlicher Vertreter und vertritt den Verein gerichtlich und außergerichtlich (§ 26 Abs. 1 Satz 2 BGB; vgl. BGHZ 119, 379, 381). Besteht der Vorstand aus mehreren Personen, ist er mehrheitlich vertretungsberechtigt (§ 26 Abs. 2 BGB), wenn nicht in der Vereinssatzung etwas Abweichendes geregelt ist, zB eine Einzelvertretungsbefugnis.

➲ **Wichtig:** Bei der Vertretung des Vereines nach außen sollte immer darauf geachtet werden, dass der Namenszusatz e.V. verwendet wird, da sonst wegen der Rechtsscheinhaftung die Gefahr der persönlichen Inanspruchnahme des Handelnden droht. Allerdings soll nicht bereits ein einmaliger Verstoß eines Vorsitzenden gegen die Angabe des Zusatzes eine Rechtsscheinhaftung begründen (OLG Celle NJW-RR 1999, 1052)

7 Von besonderem Interesse ist die **Haftung des Vereins für den Vorstand** nach § 31 BGB, die auf alle juristischen Personen sowie OHG und KG entsprechend angewendet wird. Nach dieser Vorschrift haftet der Verein (ohne Entlastungsmöglichkeit wie bei § 831 BGB) für Schäden, die der Vorstand in Ausführung der ihm zustehenden Verrichtungen einem Dritten zufügt. § 31 BGB ist keine eigene Anspruchsgrundlage, sondern – ähnlich wie § 278 BGB – eine Zurechnungsnorm (BGHZ 99, 298, 302).

§ 31a Abs. 1 BGB regelt, dass Vorstände, die **unentgeltlich** oder für **nicht mehr als 720 Euro** jährlich tätig sind, dem Verein gegenüber nur bei Vorsatz und grober Fahrlässigkeit haften. Gem. Abs. 2 sind sie vom Verein von einer Haftung freizustellen, wenn sie von Dritten wegen leicht fahrlässig verursachter Schäden im Rahmen der Vorstandstätigkeit in Anspruch genommen werden. Gleiches gilt nach § 31b BGB für Vereinsmitglieder.

Bei Fehlen der erforderlichen Vorstandsmitglieder kann in dringenden Fällen auf Antrag durch das zuständige Amtsgericht ein **Notvorstand** bestellt werden, s. **M 1.3.** Zu den Voraussetzungen der Bestellung s. § 29 BGB sowie die Erläuterungen bei Palandt/Ellenberger § 29 BGB Rz. 2.

c) Weitere Organe, insbesondere Beirat

8 Je nach Größe und Aufgabe des Vereins kann es zweckmäßig sein, weitere Organe mit beratender oder beschließender Funktion (ähnlich einem Aufsichtsrat) einzurichten. Die Satzung des Organs

hat den Besonderheiten, die mit der Einrichtung eines zusätzlichen Organs verbunden sind, Rechnung zu tragen.

➲ **Praxistipp:** Ein Beirat ist immer dann sinnvoll, wenn unterschiedliche Interessen gebündelt werden müssen. Die einzelnen Interessenvertreter können in den Beirat entsandt werden, so dass dem Beirat eine vermittelnde Funktion vor der Entscheidungsfindung zukommt.

4. Vereinsmitgliedschaft

Mitglied des Vereins ist, wer entweder als Gründer an der Gründung teilgenommen hat oder später gemäß der Satzung seinen Beitritt erklärt hat und aufgenommen worden ist (BGHZ 101, 193, 196). Mit der Mitgliedschaft sind **Rechte und Pflichten** verbunden. Hier sind insbesondere das Recht auf Nutzung der Vereinseinrichtungen, auf Gleichbehandlung mit den übrigen Mitgliedern und Wahrnehmung des Stimmrechts in der Mitgliederversammlung einerseits, andererseits vor allem Beitrags- und Mitwirkungspflichten zu nennen. Die Mitgliedschaft endet mit Austritt aus dem Verein. Das Recht auf Austritt kann nicht vollständig genommen, beispielsweise durch Kündigungsfristen aber erheblich eingeschränkt werden (§ 39 Abs. 2 BGB). Ein sofortiger Austritt aus wichtigem Grund ist möglich, allerdings nur bei unzumutbarer Belastung bei einem Verbleiben im Verein. 9

Die Satzung kann die Möglichkeit vorsehen, die Mitgliedschaft durch **Ausschluss** zu beenden. Gegen eine solche Maßnahme kann der Ausgeschlossene mit der Feststellungsklage vorgehen (Erman/H.P. Westermann § 39 BGB Rz. 5). Ohne eine Regelung des Ausschlusses in der Satzung bleibt wie bei jedem Dauerschuldverhältnis der Ausschluss aus wichtigem Grund möglich. 10

5. Finanzierung des Vereins

Die Erhebung von **Mitgliedsbeiträgen** ist üblich; Verpflichtung hierzu aber nur auf satzungsmäßiger Grundlage (OLG Hamm DB 1976, 93). Soll für einmalige Auslagen eine Umlage gefordert werden, bedarf es dazu ebenfalls einer satzungsmäßigen Grundlage (Müller MDR 1992, 924, 925). Die genaue Bestimmung der Beitragshöhe muss nicht in der Satzung erfolgen (BGH NJW 1995, 2981). 11

Für die **Beitragshöhe** kann beispielsweise nach Alter (Ermäßigung für Jugendliche, Auszubildende oder Studenten) oder Familien differenziert werden. Dies muss jedoch frei von Willkür geschehen. Bei einem Verein, dessen Tätigkeit in erster Linie seinen Mitgliedern zugutekommt (insbesondere Sportvereine, Musik- und Gesangsvereine, Tier- und Pflanzenzuchtvereine, Karnevalsvereine), ist eine die steuerliche **Gemeinnützigkeit** nicht ausschließende Förderung der Allgemeinheit (§ 52 Abs. 1 AO) noch anzunehmen, wenn

a) die Mitgliedsbeiträge und Mitgliedsumlagen zusammen im Durchschnitt 1023 Euro je Mitglied und Jahr und

b) die Aufnahmegebühren für die im Jahr aufgenommenen Mitglieder im Durchschnitt 1534 Euro nicht übersteigen (Nr. 1.1 AEAO zu § 52 und BMF-Schreiben v. 10.9.2002, BStBl. I 2002, 867). Müssen die Mitglieder neben den laufenden oder Aufnahmebeiträgen **Sonderbeiträge** entrichten bzw. sonstige Leistungen erbringen, kommt es dabei auf die Wirkung der Gesamtbelastung im jeweiligen Jahr an (BFH v. 13.11.1996, BStBl. II 1998, 711). In die Entgelte für den Erwerb der Mitgliedschaft in einem Verein sind (als Eintrittsspende zu erbringende) Aufwendungen in Form einer Kommanditeinlage nicht einzubeziehen (BFH v. 23.7.2003, BStBl. II 2005, 443). Daneben kann der Verein gemeinnützigkeitsunschädlich eine Investitionsumlage erheben, die höchstens 5113 Euro innerhalb von zehn Jahren je Mitglied betragen darf und für die Finanzierung konkreter Investitionsvorhaben verwendet werden muss. Darlehen, die Mitglieder dem Verein im Zusammenhang mit ihrer Aufnahme in den Verein gewähren, sind nicht als zusätzliche Aufnahmegebühren zu erfassen. Wird das Darlehen zinslos oder zu einem günstigeren Zinssatz, als er auf dem Kapitalmarkt üblich ist, gewährt, ist der jährliche Zinsverzicht als zusätzlicher Mitgliedsbeitrag zu berücksichtigen. Dabei kann typisierend ein üblicher Zinssatz von 5,5 % angenommen werden (BFH v. 13.11.1996, BStBl. II 1998, 711). Als zusätzlicher Mitgliedsbeitrag sind demnach pro Jahr bei einem zinslosen Darlehen 5,5 % des Darlehensbeitrags und bei einem zinsgünstigen Darlehen der Betrag, den der Verein weniger als bei einer Verzinsung mit 5,5 % zu zahlen hat, anzusetzen. Diese Grundsätze gelten auch, wenn Mitgliedsbeiträge oder Mitgliedsumlagen (einschließlich Investitionsumlagen) als Darlehen geleistet werden (Nr. 1.3.1.4 AEAO zu § 52).

6. Vereinseintragung

12 Der Idealverein wird rechtsfähig durch **Anmeldung und Eintragung** in das Vereinsregister des zuständigen Amtsgerichtes, bei dem der Verein seinen Sitz hat (§ 55 BGB). Als Sitz eines Vereins kann nach § 24 BGB grundsätzlich jeder Ort bestimmt werden, zu dem ein sachlicher Anknüpfungspunkt besteht (str., aA lässt sogar weitestgehend freie Ortswahl zu). Die Anmeldung ist vom Vorstand zu unterzeichnen. Es genügt nach § 77 Abs. 1 BGB die nach der Satzung zur Vertretung berechtigte Anzahl der Vorstandsmitglieder.

Der Anmeldung **beizufügen** sind die Vereinssatzung in Abschrift sowie eine Abschrift der Urkunde über die Bestellung des Vorstands (§ 59 Abs. 2 BGB). Die Satzung soll von mindestens sieben Mitgliedern unterzeichnet sein (§ 59 Abs. 3 BGB; zur Berechnung der Mindestanzahl bei Beteiligung juristischer Personen OLG Stuttgart MDR 1983, 840). Die Anmeldung zur Eintragung ist notariell zu beglaubigen (§ 77 BGB), auch wenn die Eintragung, was nach § 55a BGB möglich ist, auf elektronischem Weg erfolgt.

M 1.2 Satzung eines Sportvereins e.V.

Satzung[1]

des Sportvereins . . . (Name) e.V.

§ 1 Zweck des Vereins

Zweck des Sportvereins . . . (Name) ist die Förderung des Sports, insbesondere die Förderung des Breiten- und Leistungssports, der sportlichen Freizeitgestaltung sowie der sportlichen Betätigung von Kindern und Jugendlichen durch die Bereitstellung von Sportanlagen und Übungsleitern[2]*.*

§ 2 Name, Sitz und Geschäftsjahr des Vereins

(1) Der Verein führt den Namen „Sportverein . . . (Name)". Nach erfolgter Eintragung im Vereinsregister führt er den Zusatz e.V.[3]*.*

(2) Sitz des Vereins ist . . . (Ort).

(3) Geschäftsjahr ist das Kalenderjahr.

§ 3 Gemeinnützigkeit

(1) Der Verein verfolgt ausschließlich und unmittelbar gemeinnützige Zwecke im Sinne des Abschnitts „steuerbegünstigte Zwecke" der Abgabenordnung.

(2) Der Verein ist selbstlos tätig. Er verfolgt nicht in erster Linie eigenwirtschaftliche Zwecke. Mittel des Vereins dürfen nur für die in der Satzung enthaltenen Zwecke verwendet werden. Die Mitglie-

1 § 57 Abs. 1 BGB regelt die zwingenden Bestandteile der Satzung (Muss-Vorschrift). § 58 BGB enthält darüber hinaus Sollvorschriften, die aber für eine Eintragung des Vereins in das Register ebenfalls unerlässlich sind (vgl. § 60 BGB). Gem. § 59 Abs. 3 BGB sollte die Satzung außerdem von mindestens sieben Mitgliedern unter Angabe des Tages der Errichtung unterzeichnet werden.

2 Sofern Mitglieder wertvolle Vereinseinrichtungen nutzen, ist es empfehlenswert, entweder eine entsprechende Versicherung abzuschließen oder aber die Benutzungsbedingungen über die Satzung hinaus in einem besonderen Benutzungsvertrag mit entsprechender Ersatzpflicht des Mitglieds zu regeln (hierzu KG MDR 1985, 230).

3 Bei der Namensgebung ist § 57 Abs. 2 BGB zu beachten: Der Name muss sich von anderen Vereinen desselben Ortes deutlich unterscheiden. Außerdem darf der Name analog § 18 Abs. 2 HGB nicht dazu geeignet sein, Täuschungen hervorzurufen (vgl. im Einzelnen Erman/H.P. Westermann § 57 BGB Rz. 2).

der erhalten in dieser Eigenschaft keine Zuwendungen aus Mitteln des Vereins oder eine Gewinnbeteiligung.

(3) Keine Person darf durch dem Zweck der Körperschaft fremde Ausgaben oder durch unverhältnismäßig hohe Vergütungen begünstigt werden[4].

§ 4 Mitgliedschaft

(1) Mitglied kann jede natürliche oder juristische Person werden, die Interesse an der Verwirklichung der Vereinszwecke hat. Über die Aufnahme entscheidet der Vorstand in schriftlicher Form[5].

(2) Die Mitgliedschaft endet

1. *durch Austritt, der nur schriftlich mit Wirkung zum Ende des Geschäftsjahres gegenüber dem Vorstand erklärt werden kann*[6],
2. *durch Ausschließung aus wichtigem Grund, die nur durch Beschluss der Mitgliederversammlung mit einer Mehrheit von ⅔ der abgegebenen Stimmen erfolgen kann; als wichtiger Grund ist es insbesondere anzusehen, wenn ein Mitglied für zwei aufeinander folgende Jahre seinen Mitgliedsbeitrag trotz Mahnung nicht geleistet hat.*

§ 5 Mitgliedsbeitrag

Der Mitgliedsbeitrag wird von der Mitgliederversammlung für das jeweils folgende Jahr festgelegt.

§ 6 Organe des Vereins

Organe des Vereins sind:

1. *die Mitgliederversammlung*
2. *der Vorstand*

§ 7 Mitgliederversammlung

(1) Die ordentliche Mitgliederversammlung ist jährlich im ersten Kalendervierteljahr abzuhalten. Sie beschließt insbesondere über

1. *Satzungsänderungen,*
2. *die Bestellung und Abberufung von Vorstandsmitgliedern sowie deren Entlastung*[7],
3. *die Höhe der Mitgliedsbeiträge,*
4. *die Ausschließung eines Mitglieds,*
5. *die Auflösung des Vereins.*

(2) Der Vorstand beruft die Mitgliederversammlung ein durch Veröffentlichung in der Vereinszeitung unter Angabe von Ort und Datum sowie der Tagesordnung[8].

(3) Beschlüsse werden mit der Mehrheit der Stimmen der erschienenen Mitglieder gefasst. Stimmenthaltungen gelten als ungültige Stimmen. Beschlüsse über Satzungsänderungen, die Änderung

---

4 Das Muster **M 1.2** ist als Satzungsformular für einen steuerbegünstigten gemeinnützigen Verein vorgesehen. Den steuergesetzlichen Anforderungen ist in ausreichendem Umfang Rechnung getragen (s. zB Mustersatzung in Anlage 1 AEAO zu § 60).

5 Auf diese Weise kann verhältnismäßig einfach eine zwar praktisch nicht häufige, gelegentlich aber doch wünschenswerte Kontrolle über Vereinsbeitritte erreicht werden. Eine schriftliche Entscheidung ist auch aus Nachweisgründen zu empfehlen.

6 Eine Wirksamkeit zum Ende des Geschäftsjahres ist sinnvoll, damit Beiträge nicht rückerstattet werden müssen. Weitere Beschränkungen des Austritts erscheinen gerade bei einem kleineren Verein im Allgemeinen nicht angezeigt.

7 Entlastung bedeutet Verzicht auf bekannte und aus dem Rechenschaftsbericht ersichtliche Ansprüche auf Ersatz wegen fehlerhafter Geschäftsführung (BGHZ 24, 47, 54).

8 Die Form der Einberufung muss gewährleisten, dass jedes Vereinsmitglied auf zumutbare Weise von der Versammlung Kenntnis erhält. Bei kleinen Vereinen mit wenigen Mitgliedern kann auch eine schriftliche Einladung sinnvoll sein. Heute kommt auch eine Einladung über E-Mail in Frage. Unbestimmte Regelungen, zB „durch ortsübliche Bekanntmachungen", sind nicht eintragungsfähig (OLG Zweibrücken MDR 1985, 230, 231).

des Vereinszwecks oder Beschlüsse über die Auflösung des Vereins bedürfen einer Mehrheit von mindestens ¾ der erschienenen Mitglieder[9]. Über die Art der Abstimmung entscheidet der Vorstand. Wahlen erfolgen jedoch schriftlich durch Stimmzettel, wenn nicht die Mitgliederversammlung einstimmig eine offene Wahl billigt.

Über die Verhandlungen der Mitgliederversammlung ist eine Niederschrift zu fertigen, die vom Protokollführer zu unterzeichnen ist.

(4) Eine außerordentliche Mitgliederversammlung ist einzuberufen, wenn das Interesse des Vereins dies erfordert oder wenn mindestens 20 % der Mitglieder dies unter Angabe des Grundes und des Zwecks schriftlich gegenüber dem Vorstand verlangen[10].

§ 8 Vorstand des Vereins

(1) Der Vorstand besteht aus dem Ersten Vorsitzenden, dem Zweiten Vorsitzenden, dem Kassenwart sowie dem Schriftführer. Der Vorstand wird von der Mitgliederversammlung für die Dauer von zwei Jahren gewählt.

(2) Der Verein wird durch mindestens zwei Vorstandsmitglieder, darunter der Erste Vorsitzende oder der Zweite Vorsitzende, vertreten[11].

(3) Zum Vorstand dürfen nur Vereinsmitglieder gewählt werden.

§ 9 Auflösung des Vereins

Im Falle der Auflösung des Vereins und bei Wegfall des steuerbegünstigten Zwecks fällt das Vermögen des Vereins an die Stadt ... (Ort), die es unmittelbar und ausschließlich für gemeinnützige Zwecke zur Förderung des Sports verwenden darf[12].

---

9 Zu den Mehrheitserfordernissen s. Rz. 5.

10 § 37 Abs. 1 BGB lässt bei Fehlen einer Satzungsregelung bereits einen Anteil von 10 % der Mitglieder ausreichen. Diese Vorschrift ist aber insoweit abdingbar, als ein effektiver Minderheitenschutz noch gewährleistet ist. Praktikabel dürfte deshalb ein Quorum von 20 % sein.

11 Die Regelung der Vertretungsbefugnis sollte sich an den Bedürfnissen des jeweiligen Vereins orientieren. Bei größeren Vereinen kann es auch sinnvoll sein, einem oder allen Vorstandsmitgliedern Einzelvertretungsbefugnis anstelle der Gesamtvertretungsbefugnis einzuräumen. § 26 Abs. 2 Satz 1 BGB steht dem nicht entgegen, da diese Vorschrift nach § 40 BGB abdingbar ist.

12 Bei gemeinnützigen Vereinen muss gem. § 61 AO iVm. § 55 Abs. 1 Nr. 4 AO bestimmt werden, was mit dem Vereinsvermögen bei Auflösung oder Zweckwegfall geschieht. Dies kann entweder – wie im Muster vorgesehen – durch Angabe eines steuerbegünstigten Zweckes geschehen (§ 61 Abs. 1 AO). Es ist aber auch möglich, nur allgemein zu bestimmen, dass das Vermögen steuerbegünstigten Zwecken zugeführt und zuvor die Einwilligung des Finanzamts eingeholt werden muss (§ 61 Abs. 2 AO). Zu dieser Formulierung s. Muster **M 1.4** § 10.

M 1.3 Antrag auf Bestellung eines Notvorstands für den Verein[1]

(Antrag an das zuständige Amtsgericht – Vereinsregister)

An das zuständige Amtsgericht

– Vereinsregister –

In der Registersache Musikverein Neustadt e.V.

... (Registernummer)

stellen wir hiermit den Antrag,

... (Name, Beruf, Anschrift)

zum Vorstand des Vereins zu bestellen.

---

1 Zu den Voraussetzungen der Bestellung eines Notvorstandes s. § 29 BGB sowie die Kommentierung in Erman/H.P. Westermann § 29 Rz. 2 und oben Rz. 7.

Begründung:

Herr . . . (Name), der bisher Vorstand unseres Vereins war, hat vor ca. zwei Wochen einen schweren Verkehrsunfall erlitten, der es ihm auf unabsehbare Zeit unmöglich machen wird, die Tätigkeit als Vorstand für den Verein weiter auszuüben. Da der Verein derzeit ein neues Vereinsheim baut und hierzu ständig Vereinbarungen mit Architekten und Handwerkern zu treffen sind, die von einem vertretungsberechtigten Organ unterzeichnet werden müssen, ist die Bestellung eines Notvorstandes unerlässlich. Herr . . . (Name) hat sich bereit erklärt, bis zur Genesung unseres bisherigen Vorstandes die Vorstandsgeschäfte zu übernehmen.

Wir bitten deshalb, die Bestellung kurzfristig vorzunehmen.

Eine schriftliche Erklärung von . . . (Name), das Vorstandsamt vorläufig zu übernehmen[2], ist beigefügt.

(Unterschrift[3])

2 Gerade in ganz dringenden Fällen ist es sinnvoll, diese schriftliche Bestätigung beizufügen. In aller Regel wird sich das Registergericht vorher vergewissern müssen, ob die vorgesehene Person bereit ist, das Amt des Vorstandes anzunehmen (BayObLG NJW 1981, 995, 996). Mit einer solchen schriftlichen Bestätigung kann deshalb ein weiterer Zeitverlust vermieden werden.

3 Da dies keine Anmeldung zur Eintragung ist, ist notarielle Beglaubigung nicht erforderlich.

Kosten: *Gerichtsgebühr:* Für das Verfahren zur Bestellung eines Vorstandes 2,0 Gebühr gem. Nr. 13500 KV GNotKG, Geschäftswert gem. § 67 Abs. 1 Nr. 3 (5000 Euro); nach Landesrecht uU gebührenfrei, wenn der Verein gemeinnützige oder mildtätige Zwecke iSd. Steuerrechts verfolgt. Für die von Amts wegen vorzunehmende Eintragung des Vorstands entsteht eine Gebühr in Höhe von 50 Euro nach Nr. 13101 KV GNotKG.

M 1.4 Ausführliche Vereinssatzung mit Beirat

Satzung

des Sportvereins . . . (Name) e.V.

§ 1 Zweck des Vereins

§ 2 Name, Sitz und Geschäftsjahr des Vereins

§ 3 Gemeinnützigkeit

*Wie **M 1.2** §§ 1, 2 und 3; je nach Verein hinsichtlich des Zwecks, der Orts- und Zeitangaben und ggf. der Gemeinnützigkeit angepasst.*

§ 4 Mitgliedschaft

(1) Mitglied kann jede natürliche oder juristische Person werden, die Interesse an der Verwirklichung der Vereinszwecke hat. Minderjährige bedürfen der schriftlichen Zustimmung ihres/ihrer Erziehungsberechtigten.

(2) Der Aufnahmeantrag ist schriftlich beim Verein einzureichen. Über die Aufnahme in den Verein entscheidet der Vorstand. Sofern nicht innerhalb von zwei Wochen nach Antragseingang beim Verein eine schriftliche Ablehnung seitens des Vereins erfolgt, gilt die Aufnahme des Mitglieds als erfolgt. Lehnt der Vorstand den Aufnahmeantrag ab, hat er dies schriftlich zu begründen. Gegen die ablehnende Entscheidung kann der Aufnahmewillige innerhalb von zwei Wochen schriftlich Beschwerde beim Vorstand einlegen. Über die Beschwerde entscheidet der Beirat[1].

(3) Die Mitgliedschaft endet

1. durch Tod bzw. bei juristischen Personen durch Erlöschen,

1 Alternativ kann über diese Beschwerde auch die Mitgliederversammlung entscheiden. Gerade bei großen Vereinen ist es aber sinnvoll, die Mitgliederversammlung nur über die wichtigen Angelegenheiten entscheiden zu lassen.

2. durch Austritt, der nur zum Geschäftsjahresende unter Einhaltung einer Frist von drei Monaten schriftlich gegenüber dem Vorstand erklärt werden kann,

3. durch förmliche Ausschließung, die nur durch Beschluss der Mitgliederversammlung erfolgen kann (Abs. 4)

4. durch Ausschließung, die durch Vorstandsbeschluss erfolgen kann, wenn für zwei aufeinander folgende Jahre die Beiträge nicht entrichtet wurden. Ein solcher Ausschluss setzt mindestens zwei Mahnungen pro fälliger Beitragsrate voraus, wobei die erste Mahnung frühestens einen Monat nach Beitragsfälligkeit und die zweite Mahnung zwischen drei und fünf Monaten nach Beitragsfälligkeit per Einschreiben mit Rückschein erfolgen muss. In der zweiten Mahnung für den Beitrag des zweiten Jahres ist auf den möglichen Ausschluss hinzuweisen.

(4) Die Mitgliederversammlung kann die Ausschließung mit einer Mehrheit von ⅔ der erschienenen Mitglieder aussprechen, wenn das Mitglied gegen die Interessen des Vereins in erheblichem Maße oder nachhaltig verstoßen hat. Bei nachhaltigen Verstößen ist eine Ausschließung in der Regel nur nach vorheriger fruchtloser Abmahnung möglich.

(5) Der Vorstand setzt das betroffene Mitglied durch Einschreiben mit Rückschein von der Ausschließungsentscheidung in Kenntnis. Der Ausgeschlossene muss gegen die Ausschließungsentscheidung innerhalb von zwei Monaten vorgehen, ansonsten gilt die Mitgliedschaft als beendet. Ein rechtzeitig eingelegtes Rechtsmittel hat aufschiebende Wirkung.

§ 5 Ehrenmitgliedschaft

Mitglieder und sonstige Personen, die sich um den Verein besonders verdient gemacht haben, können auf Vorschlag des Vorstandes von der Mitgliederversammlung zu Ehrenmitgliedern ernannt werden. Die Ehrenmitgliedschaft kann aus wichtigem Grund wieder entzogen werden. Ehrenmitglieder sind zur kostenlosen Inanspruchnahme der Angebote des Vereins berechtigt und müssen keine Beiträge leisten.

§ 6 Organe des Vereins

Organe des Vereins sind

1. die Mitgliederversammlung (§ 7);

2. der Vorstand (§ 8);

3. der Beirat (§ 9).

§ 7 Mitgliederversammlung

(1) Die ordentliche Mitgliederversammlung ist jährlich möglichst im ersten Kalendervierteljahr abzuhalten. Der Vorstand beruft die Mitgliederversammlung ein durch Veröffentlichung in der Vereinszeitung unter Angabe von Ort und Datum sowie der Tagesordnung. Jedes Vereinsmitglied kann bis spätestens eine Woche vor der Verhandlung die Ergänzung der Tagesordnung schriftlich beantragen. Die Entscheidung über die Ergänzung der Tagesordnung liegt im Ermessen des Vorstandes. Der Vorstand ist zur Ergänzung verpflichtet, wenn mehr als ⅒ der Mitglieder die Ergänzung beantragt. Die Ergänzung der Tagesordnung ist zu Beginn der Versammlung mitzuteilen. Ergänzungswünsche, die erst später beim Vorstand eingehen, sind nur zu berücksichtigen, wenn die Mehrheit der erschienenen Mitglieder die Behandlung wünscht.

(2) Die Mitgliederversammlung hat insbesondere folgende Aufgaben:

1. die Bestellung, Entlastung und Abberufung von Vorstandsmitgliedern (vorbehaltlich von § 8 Abs. 5 Satz 4);

2. die Bestellung und Abberufung von Beiratsmitgliedern;

3. die Beschlussfassung über die vorgesehenen Einnahmen und Ausgaben;

4. die Beschlussfassung über den Mitgliedsbeitrag;

5. die Ernennung von Ehrenmitgliedern;

6. die Ausschließung eines Mitglieds, sofern diese nicht durch Vorstandsbeschluss erfolgt;

7. Satzungsänderungen;

8. die Auflösung des Vereins;

9. die Beschlussfassung über die Verschmelzung mit anderen Sportvereinen;

10. die Beschlussfassung über alle übrigen ihr nach der Satzung zugewiesenen Aufgaben.

(3) Versammlungsleiter ist der Erste Vorsitzende, bei seiner Verhinderung der Zweite Vorsitzende. Die Versammlung ist nicht öffentlich. Vorbehaltlich gegenteiliger Entscheidungen der Versammlung kann der Versammlungsleiter Gäste zulassen.

(4) Die Mitgliederversammlung ist beschlussfähig, wenn mindestens ⅓ aller Vereinsmitglieder anwesend ist[2]*. Wird die erforderliche Teilnehmerzahl nicht erreicht, ist die Mitgliederversammlung unter Beachtung der für die Einberufung geltenden Bestimmungen erneut einzuberufen. Diese erneute Versammlung ist beschlussfähig, wenn mindestens zehn Mitglieder erschienen sind. Auf diese Rechtsfolge ist in der erneuten Einberufung hinzuweisen.*

(5) Jedes Vereinsmitglied hat in der Mitgliederversammlung eine Stimme. Minderjährige sind stimmberechtigt, wenn sie mindestens 16 Jahre alt sind. Vertretung ist bei der Ausübung des Stimmrechts zulässig.

(6) Beschlüsse werden grundsätzlich mit der Mehrheit der anwesenden Mitglieder gefasst. Satzungsändernde Beschlüsse, Beschlüsse über die Änderung des Vereinszwecks oder eine Verschmelzung und der Auflösungsbeschluss bedürfen einer Mehrheit von ¾ der erschienenen Mitglieder. Stimmenthaltungen gelten als ungültige Stimmen. Die Abstimmung erfolgt grundsätzlich durch Handzeichen. Wahlen werden allerdings schriftlich durch Stimmzettel durchgeführt, es sei denn, alle Versammlungsteilnehmer sind mit der Entscheidung durch Handzeichen einverstanden.

(7) Über die Beschlüsse der Mitgliederversammlung ist eine Niederschrift anzufertigen, die vom Protokollführer zu unterzeichnen ist. In die Niederschrift sind die für die Beurteilung der Gültigkeit der Beschlüsse wesentlichen Informationen (Zahl der erschienenen Mitglieder, Tagesordnungspunkte, Abstimmungsergebnisse, Beschlusstext) aufzunehmen.

(8) Eine außerordentliche Mitgliederversammlung ist einzuberufen, wenn das Interesse des Vereins dies erfordert oder wenn mindestens 10 % der Mitglieder dies unter Angabe des Grundes und des Zwecks schriftlich gegenüber dem Vorstand verlangen. Im Übrigen gelten die Regelungen über die ordentliche Mitgliederversammlung entsprechend.

§ 8 Vorstand

(1) Der Vorstand besteht aus folgenden Personen:

1. Erster Vorsitzender

2. Zweiter Vorsitzender

3. Kassenwart

4. Schriftführer

Zum Vorstand dürfen nur Vereinsmitglieder bestellt werden.

(2) Der Verein wird durch mindestens zwei Mitglieder des Vorstands, darunter der Erste Vorsitzende oder der Zweite Vorsitzende, vertreten.

(3) Rechtsgeschäfte mit einer Verpflichtung des Vereins von mehr als 5000 Euro oder Dauerschuldverhältnisse mit jährlichen Verpflichtungen von mehr als 2000 Euro können vom Vorstand nur dann abgeschlossen werden, wenn der Beirat diesen Geschäften schriftlich zugestimmt hat[3]*.*

(4) Der Vorstand ist zuständig für:

1. die Leitung des Vereines sowie seine gerichtliche und außergerichtliche Vertretung;

2. Aufstellung eines Einnahme- und Ausgabeplanes;

---

2 Bei großen Vereinen kann es auch sinnvoll sein, diese Zahl geringer anzusetzen, da erfahrungsgemäß sehr viele Mitglieder der Mitgliederversammlung fern bleiben.

3 Die Einschränkung der Vertretungsmacht kann zu Kontrollzwecken sinnvoll sein; sie ist zulässig, wenn sie hinreichend bestimmt ist (Palandt/Ellenberger § 26 BGB Rz. 6). Sie hat Wirkung gegenüber Dritten, wenn sie im Vereinsregister eingetragen ist (§§ 68, 70 BGB).

3. Beschlussfassung über die Aufnahme von Mitgliedern und den Ausschluss nach § 4 Abs. 3 Nr. 4;

4. Vorbereitung und Leitung der Mitgliederversammlung.

(5) Der Vorstand wird für die Dauer von zwei Jahren gewählt. Die Wiederwahl ist zulässig. Die Amtszeit eines Vorstandsmitglieds endet mit der Übernahme des Amtes durch seinen Nachfolger. Endet das Amt eines Vorstandsmitglieds vorzeitig, bestellt der Beirat für die restliche Amtszeit einen Nachfolger.

(6) Der Vorstand entscheidet durch Beschluss in Vorstandssitzungen, die mindestens viermal pro Jahr stattfinden. Der Vorstand ist beschlussfähig, wenn mindestens drei Vorstandsmitglieder anwesend sind. Beschlüsse werden mit der Mehrheit der anwesenden Mitglieder gefasst. Außerhalb von Vorstandssitzungen können Beschlüsse im schriftlichen Umlaufverfahren gefasst werden, wenn alle Vorstandsmitglieder dieser Art der Beschlussfassung zustimmen.

§ 9 Beirat[4]

(1) Der Beirat besteht aus fünf Mitgliedern.

(2) Er hat folgende Aufgaben:

1. Beratung des Vorstands in allen den Verein betreffenden Fragen;

2. Schriftliche Zustimmung zu Vertragsabschlüssen mit einem Wert von mehr als 5000 Euro bzw. 2000 Euro jährlich bei Dauerschuldverhältnissen (§ 8 Abs. 3); bei einem Wert von mehr als 50 000 Euro darf die Zustimmung durch den Beirat nur erteilt werden, wenn die Ausgabe Teil der von der Mitgliederversammlung beschlossenen Einnahmen- und Ausgabenplanung (§ 7 Abs. 2 Nr. 3) war;

3. Beschwerden über ablehnende Aufnahmeentscheidungen (§ 4 Abs. 2);

4. alle weiteren nach dieser Satzung ihm zugewiesenen Aufgaben.

(2) Die Beiratsmitglieder werden von der Mitgliederversammlung für die Dauer von zwei Jahren gewählt. Wiederwahl ist zulässig. Die Beiratsmitglieder bleiben so lange im Amt, bis ihre Nachfolger das Amt übernehmen.

Der Beirat soll mindestens zweimal jährlich zu einer Sitzung zusammenkommen. Der Beirat wählt aus seiner Mitte einen Vorsitzenden, der für die Einberufung der Beiratssitzungen verantwortlich ist. Der Beirat ist einzuberufen, wenn mindestens drei Beiratsmitglieder dies verlangen.

(3) Der Beiratsvorsitzende leitet die Sitzungen des Beirats. Die Vorstandsmitglieder haben ein Recht zur Anwesenheit bei den Beiratssitzungen. Der Beiratsvorsitzende lädt die Vorstandsmitglieder zu den Sitzungen des Beirats unter Berücksichtigung einer angemessenen Frist ein.

(4) Die Beschlüsse des Beirats sind zu protokollieren. Das Protokoll ist vom Beiratsvorsitzenden zu unterzeichnen.

§ 10 Auflösung des Vereins

(1) Die Auflösung des Vereins kann nur in einer Mitgliederversammlung beschlossen werden.

(2) Sofern die Mitgliederversammlung nichts anderes bestimmt, sind der Erste Vorsitzende und der Kassenwart Liquidatoren.

(3) Nach der Auflösung oder dem Wegfall des bisherigen steuerbegünstigten Vereinszwecks (laut Freistellungsbescheid des Finanzamtes) ist das Vereinsvermögen

- *an das ... (Bezeichnung einer juristischen Person des öffentlichen Rechts oder einer anderen steuerbegünstigten Körperschaft) zu übertragen, das es unmittelbar und ausschließlich für gemeinnützige, mildtätige oder kirchliche Zwecke zu verwenden hat.*
- *an eine juristische Person des öffentlichen Rechts (Bund, Land, Gemeinde, Stadt) oder eine andere steuerbegünstigte Körperschaft zwecks Verwendung für ... (Angabe des bestimmten gemeinnützigen, mildtätigen oder kirchlichen Zweckes – vgl. insoweit den im Freistellungsbescheid des Finanzamtes ausgewiesenen gemeinnützigen Zweck – z.B. Förderung von Wissen-*

4 Zum Beirat s. auch oben Rz. 8.

schaft und Forschung, Erziehung, Volks- und Berufsbildung, Unterstützung von Personen im Sinne des § 53 AO, die wegen ... bedürftig sind, Unterhaltung des Gotteshauses in ...).

Die Liquidation und Verwendung des Vereinsvermögens im Sinne des § 61 AO aufgrund der erfolgten Vermögensbindung des Vereins erfolgt in Abstimmung mit dem für die Besteuerung des Vereins zuständigen Finanzamt[5].

5 Das Erfordernis gemeinnütziger Verwendung des Vereinsvermögens ergibt sich aus §§ 61, 55 Abs. 1 Nr. 4 AO.

M 1.5 Anmeldung eines Vereins[1] zur Eintragung in das Vereinsregister

(Notariell beglaubigtes Anmeldungsschreiben)

An das zuständige Amtsgericht

– Vereinsregister –

...

Zur Eintragung in das Vereinsregister melden wir als Vorstandsmitglieder den „Sportverein ... (Name)" mit Sitz in ... (Ort) an.

Zu Vorstandsmitgliedern im Sinne des § 26 BGB sind bestellt:

Erste/r Vorsitzende/r:

... (Name, Beruf, Anschrift)

Zweite/r Vorsitzende/r:

... (Name, Beruf, Anschrift)

Kassenwart/in:

... (Name, Beruf, Anschrift)

Schriftführer/in:

... (Name, Beruf, Anschrift)

Nach § 8 Abs. 2 und 3 der Satzung wird der Verein durch mindestens zwei Vorstandsmitglieder gemeinschaftlich vertreten, darunter der Erste oder Zweite Vorsitzende.

Für Geschäfte mit einem Wert von mehr als 5000 Euro ist die schriftliche Zustimmung des Beirats erforderlich[2].

Beigefügt sind:

a) Abschrift der Satzung[3],

b) Kopie des Gründungsprotokolls.

Die genaue Anschrift des Vereins lautet: ... (Anschrift)

Es wird Gebührenbefreiung wegen Gemeinnützigkeit geltend gemacht.

Die Anerkennung der Gemeinnützigkeit des Vereins wird beim Finanzamt beantragt und eine entsprechende Bescheinigung in Kopie nachgereicht.

...

(Beglaubigungsvermerk)

1 Das Erfordernis der Anmeldung des rechtsfähigen Vereins zum Amtsgericht – Vereinsregister – und die der Anmeldung beizufügenden Unterlagen regelt § 59 BGB. Unterzeichnen müssen die Vorstände in vertretungsberechtigter Anzahl, § 77 Satz 1 BGB.

2 Die Angabe erfolgt mit Rücksicht auf § 64 BGB.

3 Wegen der formalen Anforderungen s. § 59 Abs. 2 BGB. Wird die Satzung nur in Abschrift eingereicht (das kann auch elektronisch geschehen), muss die Abschrift so beschaffen sein, dass die Anforderungen des Abs. 3 vom Registergericht nachgeprüft werden können.

Kosten: *Gerichtsgebühr:* Für das Verfahren zur Bestellung eines Vorstandes 2,0 Gebühr gem. Nr. 13500 KV GNotKG, Geschäftswert gem. § 67 Abs. 1 Nr. 3 (5000 Euro); nach Landesrecht uU gebührenfrei, wenn der

Verein gemeinnützige oder mildtätige Zwecke iSd. Steuerrechts verfolgt. Für die von Amts wegen vorzunehmende Eintragung des Vorstands entsteht eine Gebühr in Höhe von 50 Euro nach Nr. 13101 KV GNotKG.

13 **Änderungen** in der **Besetzung des Vorstandes, Satzungsänderungen** sowie die Auflösung des Vereins sind ebenfalls zum Vereinsregister in notariell beglaubigter Form anzumelden und einzutragen. Nachfolgende Muster verdeutlichen den Weg von der Einberufung über die Protokollierung bis zur Anmeldung.

M 1.6 Einladung zwecks Einberufung einer Mitgliederversammlung des Vereins[1]

(Einladungsschreiben – Auszug)

...

Sehr geehrtes Mitglied,
hiermit laden wir Sie herzlich ein zur
ordentlichen Mitgliederversammlung im Jahr 20xx[2]
am ... (Datum) um ... (Uhrzeit) im ... (genauer Ort der Versammlung)
Für die Mitgliederversammlung haben wir nachstehende Tagesordnung vorgesehen[3]*:*

Tagesordnung[4]

1. *Begrüßung,*
2. *Tätigkeitsbericht des Vorsitzenden über das abgelaufene Amtsjahr,*
3. *Bericht des Kassenwarts,*
4. *Bericht des Kassenprüfers,*
5. *Entlastung des Vorstands*[5]*,*
6. *Änderung der §§ ... der Satzung ... (nähere Erläuterungen*[6]*)*
   (Erörterung und Beschlussfassung),
7. *Erweiterung des bestehenden Vereinsheims ... (nähere Bezeichnung der bestehenden Anlage oder Baulichkeit)*
   (Erörterung und Beschlussfassung),
8. *Neuwahl des Vorstands,*
9. *Verschiedenes*[7]*.*

1 Regelungen zur Einberufung einer Mitgliederversammlung enthalten §§ 36, 37 und 58 Nr. 4 BGB.

2 Die in der Satzung vorgeschriebene Frist zwischen Einladung und Termin der Mitgliederversammlung ist einzuhalten, bei Fehlen einer solchen Regelung zumindest eine angemessene Frist. Ihr Lauf beginnt im Zweifel erst, sobald jedes Mitglied die Einladung bei normalem Verlauf erhalten hat (BGHZ 100, 264, 268).

3 Die Angabe der Tagesordnung ist wegen § 32 Abs. 1 Satz 2 BGB erforderlich. Das für die Einberufung zuständige Organ (idR der gesamte Vorstand oder der Erste Vorsitzende) legt sie (vorläufig) fest.

4 Wichtige Gegenstände (wie wesentliche Satzungsänderungen) sollte die Einladung näher erläutern. Jedenfalls muss bei Satzungsänderungen der Entwurf der neuen Satzung beigefügt sein (OLG Schleswig NJW-RR 2002, 760). Anhand der Angaben zur Tagesordnung müssen die Mitglieder sachgerecht befinden können, ob sie an der Versammlung teilnehmen oder ihr fernbleiben wollen und sich ggf. angemessen vorbereiten können (st. Rspr.).

5 Zur Bedeutung der Entlastung s. **M 1.2.**

6 Hier muss der vorgesehene neue Satzungstext aufgeführt sein, es sollten aber auch der alte Text und der Änderungsbedarf dargestellt werden.

7 Zu einem in dieser Weise bezeichneten Tagesordnungspunkt können keine verbindlichen Beschlüsse gefasst werden wegen § 32 Abs. 1 S. 2 BGB.

Wegen des Umfanges der Tagesordnung beginnt die Versammlung pünktlich um ... (Uhrzeit). In Anbetracht der Bedeutung der zu fassenden Beschlüsse bitten wir um zahlreiches, rechtzeitiges Erscheinen[8].

(Unterschriften Vorstand)

8 Hier kann ggf. darauf hingewiesen werden, dass Wünsche zur Änderung/Ergänzung der Tagesordnung nach der Satzung bis zu einem bestimmten Zeitpunkt einzureichen sind, dass nur Vereinsmitglieder Einlass zum Versammlungsraum erhalten oder – bei einer Einladung, die in der örtlichen Presse veröffentlicht wird – dass keine gesonderten, persönlichen Einladungen an die Mitglieder ergehen.

M 1.7 Niederschrift einer Mitgliederversammlung mit Veränderungen im Vorstand und Satzungsänderungen

Protokoll[1]

über die ordentliche Mitgliederversammlung für das Jahr 20XX des Sportvereins ... (Name) e.V. im ... (Veranstaltungsort), ... (Anschrift), um ... (Uhrzeit).

... (Name) (der Versammlungsleiter, idR der Erste Vorsitzende) begrüßte als Versammlungsleiter die erschienenen Vereinsmitglieder, übernahm den Vorsitz der Versammlung und eröffnete sie. Während der Versammlung waren ... stimmberechtigte Mitglieder anwesend, die aus der anliegenden Anwesenheitsliste namentlich ersichtlich sind.

Der Versammlungsleiter stellte fest, dass die Vereinsmitglieder ordnungsgemäß geladen worden waren und die Versammlung beschlussfähig war[2]. Ohne Widerspruch wurde die in der Einladung zur Mitgliederversammlung mit angekündigte Tagesordnung angenommen und vom Versammlungsleiter bekannt gegeben (wegen einer Tagesordnung vgl. das vorhergehende Muster ***M 1.6***):

1. *Der Vorsitzende begrüßte zunächst die anwesenden Mitglieder.*
2. *Der Vorsitzende berichtete zu Tagesordnungspunkt 2, dass herausragendes Ereignis im abgelaufenen Jahre 20xx war: ...*
3. *Im Anschluss erstattete der Kassenwart seinen Bericht, in dem er unter Nennung der größeren Positionen die wirtschaftliche Entwicklung des Vereins in den vergangenen etwa zwölf Monaten darlegte, also die Entwicklung der Einnahmen und der Ausgaben. Seine Ausführungen ergänzte der Kassenwart durch einige Bemerkungen zur voraussichtlichen Entwicklung in den kommenden zwölf Monaten.*
4. *Zu diesem Tagesordnungspunkt gab der Kassenprüfer das Ergebnis seiner Prüfung bekannt, die zu keinerlei Beanstandungen der Kassenführung und des Finanzgebarens des Vorstands geführt hat.*
5. *Auf Antrag von ... (Name) wurde dem Vorstand bei ... Enthaltungen und ... Gegenstimmen mit ... Ja-Stimmen Entlastung erteilt.*
6. *Zu Tagesordnungspunkt 6 erklärte der Vorsitzende, dass die bisherige Satzung nur die Mitgliedschaft von natürlichen Personen vorsehe. In jüngster Zeit seien aber mehrfach Firmen an ihn herangetreten, die ihr Interesse bekundet haben, Mitglied des Vereins zu werden. Er schlug deshalb vor, § 5 Abs. 1 der Satzung wie folgt neu zu fassen:*

   „Mitglieder des Vereins können natürliche und juristische Personen sein."

   Nach kurzer Aussprache wurde dieser Vorschlag bei ... Enthaltungen und ... Gegenstimmen mit ... Stimmen angenommen.

1 Zur Form der Niederschrift einer Mitglieder-(Gründungs-)versammlung s. **M 1.1** Fn. 1. Maßgeblich für die einzuhaltende Form des Protokolls ist in erster Linie die Satzung; beachte ferner § 77 BGB.

2 Die Feststellung der Beschlussfähigkeit setzt eine entsprechende Beschlussfähigkeitsregelung in der Satzung voraus.

7. *Anschließend erläuterte der Vorsitzende die Notwendigkeit, beim bestehenden Vereinsheim einen zusätzlichen Duschraum einzubauen. Nach kontroverser Diskussion erklärte sich die Versammlung mit den vorgelegten Plänen des Architekten ... einverstanden und fasste mit ... Stimmen bei ... Enthaltungen und ... Gegenstimmen folgenden Beschluss:*

   „Im Vereinsheim wird entsprechend der Pläne des Architekten ... ein zusätzlicher Duschraum eingebaut. Der Vorstand wird ermächtigt, die entsprechenden Arbeiten in Auftrag zu geben."

8. *Zu Tagesordnungspunkt 8 übernahm durch Zuruf ... (Name) die Wahlleitung und Durchführung der Wahl. Die satzungsgemäß vorgenommene schriftliche Wahl führte zu folgenden Ergebnissen:*

   ... (Name, Beruf, Anschrift), wurde bei ... Gegenstimmen und ... Enthaltungen, mit ... Stimmen wieder zum Vorsitzenden gewählt.

   (Name, Beruf, Anschrift), wurde bei ... Gegenstimmen und ... Enthaltungen, mit ... Stimmen wieder zum zweiten Vorsitzenden gewählt.

   (Name, Beruf, Anschrift), wurde mit ... Stimmen und ... Gegenstimmen wieder zur Schriftführerin gewählt.

   ... (Name) stellte sich nicht mehr zur Wahl als Kassenwart.

   ... (Name, Beruf, Anschrift), wurde einstimmig zum neuen Kassenwart gewählt.

   ... (Name, Beruf, Anschrift), wurde einstimmig wieder zum Kassenprüfer gewählt.

   Die Gewählten nahmen ihre Wahl an.

9. *Zu Tagesordnungspunkt 9 wurden ohne Beschlussfassung Möglichkeiten zur Erhöhung der Attraktivität einer Mitgliedschaft im Verein erörtert sowie die verschiedenen Aufgaben zur Vorbereitung des Sommerfestes verteilt. Nachdem hierzu keine weiteren Wortmeldungen mehr ergingen, schloss der Versammlungsleiter um ... (Uhrzeit) die Versammlung.*

... (Ort, Datum)

(Unterschrift Protokollführer)

M 1.8 Anmeldung von Veränderungen im Vereinsvorstand und Satzungsänderungen

(Anmeldungsschreiben an das zuständige Amtsgericht – Vereinsregister)

An das zuständige Amtsgericht

– Vereinsregister –

In der Registersache

Sportverein ... (Name) e.V.; ... (Registernummer des Vereins)

...

Zur Eintragung in das Vereinsregister wird angemeldet:

a) *... (Name), ... (Anschrift), ist aus dem Vorstand ausgeschieden.*

   In der Mitgliederversammlung vom ... (Datum) ist zum neuen Kassenwart gewählt worden:

   ... (Name), ... (Anschrift).

   Die übrigen Vorstandsmitglieder ... (Namen) wurden wiedergewählt.

b) *Die Mitgliederversammlung vom ... (Datum) hat eine Änderung der Satzung in § 5 Abs. 1 (Nennung der geänderten Satzungsvorschriften mit Angabe des Gegenstandes der Satzungsregelung) beschlossen.*

   oder

die Satzung geändert und vollständig neu gefasst nach Maßgabe des Protokolls dieser Mitgliederversammlung.

Eine Abschrift/Kopie dieses Protokolls, eine Abschrift/Kopie des Einladungsschreibens zu der Versammlung sowie eine neu geschriebene Satzung sind beigefügt[1].

(Bei vollständiger Neufassung der Satzung: Eine Abschrift/Kopie dieses Protokolls, eine Abschrift/Kopie des Einladungsschreibens zu der Versammlung sowie ein Exemplar der neu gefassten Satzung sind beigefügt.)

(Unterschriften Vorstand) *(mit Beglaubigungsvermerk)*

1 Bei mehreren Änderungen kann es sein, dass der Satzungstext nur noch unter erheblichen Schwierigkeiten festgestellt werden kann. In solchen Fällen kann das Gericht vom Verein die Vorlage einer fortlaufend lesbaren Satzung verlangen. Allerdings ist nicht deren Inhalt, sondern der Inhalt der Beschlüsse für den Satzungswortlaut maßgeblich. Das Formular sieht die Übersendung einer neu geschriebenen Satzung vor. Bei den heutigen technischen Möglichkeiten dürfte es kein Problem darstellen, den Satzungswortlaut in der entsprechenden Datei zu ändern und sich die gesamte Satzung neu ausdrucken zu lassen.

Kosten: *Notargebühr:* wie **M 1.5**.

Gerichtsgebühr: 50 Euro nach Nr. 13101 KV GNotKG, ansonsten wie **M 1.5**.

Die Gebühr wird für mehrere Eintragungen nur einmal erhoben, wenn die Anmeldungen am selben Tag beim Registergericht eingegangen sind und denselben Verein betreffen (Abs. 2 der Anm. zu Nr. 13101 KV GNotKG).

7. Beendigung des Vereins

Man unterscheidet zwischen der Beendigung des Vereins durch Auflösung nach § 74 BGB und dem Verlust bzw. der Entziehung der Rechtsfähigkeit nach §§ 43, 73 BGB. 14

a) Auflösung

Die Auflösung tritt ein durch Beschluss der Mitgliederversammlung, durch Zeitablauf oder sonstige Umstände, die in der Satzung geregelt sind, durch Verwaltungsakt aufgrund des Vereinsgesetzes, durch Wegfall sämtlicher Mitglieder oder durch Einleitung des Insolvenzverfahrens. 15

M 1.9 Beschluss der Mitgliederversammlung zur Auflösung des Vereins

(Niederschrift über die Mitgliederversammlung)

Der Versammlungsleiter stellte die ordnungsmäßige Einberufung der Versammlung fest sowie das Erscheinen aller elf Mitglieder.

Die Tagesordnung lautete:

1. *Auflösung des Vereins,*
2. *Bestellung der Liquidatoren,*
3. *Verwendung des Vereinsvermögens.*

Nach vorangehender Erörterung beschloss die Versammlung bei einer Gegenstimme und einer Enthaltung mit neun Stimmen, also der erforderlichen Dreiviertelmehrheit, die Auflösung des Vereins. Eine Mehrheit der Mitglieder befürwortete, nach einer Auseinandersetzung etwa noch verbleibendes Vereinsvermögen so zu verwenden, wie in §/§§ ... der Satzung vorgesehen.

Nach kurzer Aussprache wurden bei zwei Gegenstimmen und einer Enthaltung mit acht Stimmen zu Liquidatoren bestellt:

a) ... (Name, Beruf, Anschrift)

b) ... (Name, Beruf, Anschrift)

Die Gewählten erklärten, dass sie ihre Wahl annehmen. Nach Erledigung sämtlicher Tagesordnungspunkte schloss der Versammlungsleiter um . . . (Uhrzeit) die Versammlung.

(Unterschrift Protokollführer)

b) Verlust der Rechtsfähigkeit

16 Der Verlust der Rechtsfähigkeit des Vereins kann seine Ursache haben in einem Verzicht auf die Rechtsfähigkeit, für den nach hM die für die Satzungsänderung erforderliche Mehrheit und nicht die für die Auflösung erforderliche Mehrheit ausreichend ist (vgl. Sauter/Schweyer/Waldner Rz. 401), durch Entziehung der Rechtsfähigkeit durch die Verwaltungsbehörde nach §§ 43, 44 BGB oder durch Entziehung der Rechtsfähigkeit durch das Amtsgericht gem. § 73 BGB wegen Unterschreitung der Zahl von drei Mitgliedern.

M 1.10 Antrag auf Entziehung der Rechtsfähigkeit des Vereins[1]

(Antrag an das Amtsgericht)

An das zuständige Amtgericht

– Vereinsregister –

In der Registersache

. . . (Vereinsname) e.V.

. . . (Registernummer)

stelle ich als alleinvertretungsberechtigter Vereinsvorsitzender hiermit den Antrag,

dem Verein die Rechtsfähigkeit zu entziehen.

Zur Begründung führe ich aus:

Die Zahl der Mitglieder des Vereins hat sich in den letzten Jahren immer weiter verringert, so dass er jetzt nur noch zwei Mitglieder zählt. Herr . . . und ich selbst sind als einzige Mitglieder verblieben[2]. Leider besteht keine Aussicht, dass sich dieser Zustand ändert und die Zahl der Mitglieder sich in absehbarer Zeit wieder erhöht.

(Unterschrift)

---

1 Der Antrag kommt nur in Betracht, wenn dem Verein überhaupt noch Mitglieder verblieben sind. Bei Wegfall sämtlicher Mitglieder erlischt der Verein, da ein Verein („Personenvereinigung") ohne Mitglieder nicht existent sein kann (vgl. BGHZ 19, 51, 61). – Gem. § 73 BGB wird einem Verein von Amts wegen die Rechtsfähigkeit entzogen, wenn der Vorstand den Entziehungsantrag nicht innerhalb von drei Monaten nach Eintritt der Voraussetzungen stellt.
Einer Beglaubigung bedarf der Antrag nicht.

2 Die in § 72 BGB angesprochene Bescheinigung braucht seit dem Reichsvereinsgesetz v. 19.4.1908 (RGBl. S. 151) die Namen der noch verbliebenen Mitglieder eigentlich nicht mehr auszuweisen, sondern nur noch deren Anzahl.

Kosten: *Gerichtsgebühr:* Für das Verfahren zur Entziehung der Rechtsfähigkeit 1,0-Gebühr gem. Nr. 13400 KV GNotKG, Geschäftswert gem. § 36 Abs. 3 GNotKG (regelmäßig 5000 Euro). Für die von Amts wegen vorzunehmende Eintragung in das Vereinsregister entsteht keine Gebühr, Abs. 3 Nr. 5 der Anm. zu Nr. 13101 KV GNotKG.

c) Verschmelzung von Vereinen

17 Beendet wird ein Verein ferner dann, wenn er im Wege der Verschmelzung von einem anderen Verein übernommen wird (zur Verschmelzung von Vereinen s. §§ 99–104a UmwG sowie Neumayer/Schulz DStR 1996, 872).

d) Abwicklung

Verschmelzung, Auflösung und Entziehung der Rechtsfähigkeit sind in das Vereinsregister einzutragen. Im Falle der Auflösung oder der Entziehung der Rechtsfähigkeit schließt sich die Liquidation (Abwicklung) des Vereins an (dazu §§ 45–53 sowie § 76 BGB). 18

M 1.11 Anmeldung der Auflösung des Vereins und Anmeldung der Liquidatoren

(Anmeldungsschreiben an das Amtsgericht)

An das zuständige Amtsgericht

– Vereinsregister –

In der Registersache

... (Vereinsname) e.V.

... (Registernummer des Vereins)

Zur Eintragung in das Vereinsregister wird angemeldet:

Durch Beschluss der Mitgliederversammlung vom ... (Datum) ist der Verein aufgelöst worden.

Liquidatoren des Vereins (im Sinne der §§ 48 ff. BGB) sind:

a) ... (Name, Beruf, Anschrift)

b) ... (Name, Beruf, Anschrift)

Jeder Liquidator ist allein zur Vertretung des Vereins berechtigt.

(Falls die Liquidation bereits beendet ist, sollte es heißen:

Die Liquidation ist beendet. Der Verein ist erloschen.)

Abschrift/Kopie des Protokolls der Mitgliederversammlung vom ... (Datum) ist beigefügt.

Als Liquidatoren zeichnen:

(Unterschriften sämtlicher Liquidatoren) *(Unterschriften des Vorstands)*[1].

(Beglaubigungsvermerk)

---

1 Die Anmeldung der Auflösung erfolgt gem. § 74 Abs. 2 Satz 1 BGB durch den Vorstand. Ist der Vorstand schon vor Wirksamwerden des Auflösungsbeschlusses aus dem Amt geschieden und ein Liquidator bestellt worden, kann der Liquidator die Auflösung des Vereins und die Bestellung des Liquidators/der Liquidatoren zum Vereinsregister anmelden (OLG Hamm NJW-RR 1990, 532, 533).

Kosten: *Notargebühr:* wie **M 1.5**.

Gerichtsgebühr: Für die Eintragung der Liquidatoren 50 Euro nach Nr. 13101 KV GNotKG. Die Gebühr wird für mehrere Eintragungen nur einmal erhoben, wenn die Anmeldungen am selben Tag beim Registergericht eingegangen sind und denselben Verein betreffen (Abs. 2 der Anm. zu Nr. 13101 KV GNotKG). Für die Auflösung des Vereins 50 Euro nach Nr. 13101 KV GNotKG. Nach Landesrecht uU gebührenfrei, wenn der Verein gemeinnützige oder mildtätige Zwecke im Sinne des Steuerrechts verfolgt.

IV. Nicht rechtsfähiger Verein

§ 54 BGB unterstellt nicht rechtsfähige Vereine dem Gesellschaftsrecht. Da diese Regelung vor allem historische Gründe hatte und der ursprüngliche Zweck des § 54 BGB überholt ist, werden auch nicht rechtsfähige Vereine heute im Wesentlichen den Regelungen des Vereinsrechts unterstellt. Eine Grenze gilt nur dort, wo das Vereinsrecht die Rechtsfähigkeit voraussetzt (Erman/H.P. Westermann § 54 BGB Rz. 1). Anwendbar sind insbesondere Vorschriften über die Mitgliederversammlung sowie die Mitgliedschaft. Im Zuge der zunehmenden Bestätigung der Rechts- und Parteifähigkeit der BGB-Gesellschaft durch den BGH wird zwischenzeitlich auch dem nicht rechtsfähigen Verein Parteifähigkeit zugesprochen (Erman/H.P. Westermann, § 54 BGB Rz. 1). 19

20 Eine Haftung der Mitglieder des Vereins für Schulden des Vereins ist strittig. Der BGH (NJW-RR 2003, 1265) lehnt eine solche Haftung jedenfalls im Idealverein ab.

V. Steuerfragen

1. Allgemeines

21 Steuerfragen, insbesondere im Hinblick auf potentielle Steuerbefreiungen durch Zuerkennung der steuerlichen Gemeinnützigkeit, spielen gerade für Vereine oft eine große Rolle. Wegen der häufig ähnlichen Fragen bei Stiftungen vgl. Kap. 2 Rz. 22 ff. nebst Mustern und Anmerkungen. Den über § 1 Abs. 1 Nr. 4, 5 KStG grds. steuerpflichtigen Vereinen verschafft die Anerkennung ihrer steuerlichen Begünstigung Steuervorteile. Im Kern erlangt der als gemeinnützig anerkannte Verein hierüber zum einen Steuerfreiheit für sämtliche Bereiche (Zweckbetrieb, Vermögensverwaltung und ideellen Bereich) bis auf den wirtschaftlichen Geschäftsbetrieb für Zwecke der Körperschaftsteuer. Umsatzsteuerlich greift der ermäßigte Steuersatz (Zweckbetrieb und Vermögensverwaltung, § 12 Abs. 2 Nr. 8 UStG). Zum anderen erlangt er die Berechtigung zur Erteilung von Spendenbescheinigungen (§ 50 ESt-DV), die zur steuerlichen Geltendmachung der Spende im Rahmen der persönlichen Steuererklärung der Spender berechtigen (vgl. auch § 10b EStG).

Um frühzeitig Klarheit über die Beurteilung der gemeinnützigkeitsrelevanten Satzungsbestimmungen zu erhalten, lassen viele Vereine den Satzungsentwurf schon nach Feststellung durch die Gründungsversammlung (vgl. **M 1.1**), uU sogar vorher, vom zuständigen Finanzamt prüfen. Die (frühere) Erteilung der sogenannten **vorläufigen Bescheinigung**, die nach BFH v. 11.9.1956, BStBl. 1956 III, 309 jedoch keinen Verwaltungsakt darstellte, ist durch das Ehrenamtsstärkungsgesetz v. 21.3.2013 (BGBl I, 556) durch die verfahrensrechtlich formale **Feststellung der satzungsmäßigen Voraussetzungen** der Körperschaft nach **§ 60a AO ab 2013** abgelöst worden. Notwendige Voraussetzung für die steuerliche Gemeinnützigkeit bleibt nach § 59 AO weiterhin (kumulativ) das Vorliegen der satzungsmäßigen Voraussetzungen einerseits und eine entsprechende tatsächliche Geschäftsführung andererseits. Hieran hat die Neuregelung nichts verändert. Ziel der Regelung ist vielmehr die verfahrensrechtliche Erlangung von Rechtssicherheit. Die formale Feststellung der satzungsmäßigen Voraussetzungen ist für die Besteuerung der Körperschaft und der Steuerpflichtigen, die Zuwendungen in Form von Spenden und Mitgliedsbeiträgen an die Körperschaft erbringen bindend. Die (erstmalige) Prüfung der Satzungsmäßigkeit erfolgt daher auf Antrag der Körperschaft; in der Folge im Rahmen der Veranlagung zur Körperschaftsteuer.

Aufgrund der Veranlagung, im Rahmen derer die Prüfung der tatsächlichen Geschäftsführung des Vereines mit den Satzungszwecken erfolgt, kann dann ein **Freistellungsbescheid** ergehen (Prüfung im Drei-Jahres-Rhythmus).

22 Die steuerlichen Aspekte sind bereits bei der Satzungsformulierung zu beachten. Der Gesetzgeber hat in Anlage 1 zu § 60 AO die für die steuerliche Zuerkennung der Gemeinnützigkeit notwendigen Bestimmungen einer Vereinssatzung zusammengefasst.

Schon nach den formellen Erfordernissen der §§ 59 ff. AO muss die **Satzung präzise** den **steuerbegünstigten Zweck** des Vereins ersehen lassen. Der Zweck des Gemeinnützigkeitsrechts besteht in der steuerbegünstigten „Vermögensbildung" zugunsten des gemeinnützigen Zwecks, indem der Staat einerseits auf seinen Steueranspruch aufgrund verfügter Steuerfreiheit verzichtet und andererseits den steuerbegünstigten Abzug geleisteter Spenden zulässt. Folgerichtig muss über das Gemeinnützigkeitsrecht **aufgrund** der **Satzung**sregelungen **und** der **tatsächlichen Geschäftsführung** die Verwendung der begünstigten Mittel für den steuerbegünstigten Zweck sichergestellt werden.

Voraussetzung ist daher die **Ausschließlichkeit** (§ 56 AO) und **Unmittelbarkeit** (§ 57 AO) der steuerbegünstigten Zweckverfolgung. Die Steuerbegünstigung erfährt der Verein folglich nur, wenn er sich (auch satzungsmäßig) ausschließlich dem gemeinnützigen Zweck (zB Förderung der Musik etc.) verschreibt und ihn unmittelbar, also direkt, in der Regel durch eigenes Tun verwirklicht (Musizieren eines Musikvereins).

In § 59 AO verlangt der Gesetzgeber ausdrücklich, dass sich neben dem steuerbegünstigten Zweck auch die ausschließliche und unmittelbare Förderung dieses Zwecks aus der Satzung ergeben muss. Aus dem vorgenannten Grund darf die Satzung keinen Interpretationsspielraum zulassen. Sie muss vielmehr eindeutig und klar den steuerbegünstigten Zweck (in der Regel aus dem Katalog des § 52 Abs. 2 AO) und dessen ausschließliche und unmittelbare Zweckverfolgung benennen.

Die Beschränkung auf eine unmittelbare Förderung der Satzungszwecke ist nach Auffassung der Finanzverwaltung regelmäßig nicht schon deshalb sichergestellt, weil die Satzung keinen klaren Hinweis auf eine von der Körperschaft beabsichtigte nur mittelbare Förderung enthält (BMF v. 20.9.2005, BStBl. I 2005, 902; nicht so streng BFH, Beschluss v. 14.7.2004, BStBl. II 2005, 721). Nur so kann die Finanzbehörde letztlich feststellen, ob die materiellen satzungsmäßigen Voraussetzungen für Steuerbegünstigungen erfüllt sind (§ 60 Abs. 1 AO). Dies umfasst auch die Vermögensbindung (§§ 55 Abs. 1 Nr. 4, 61, 62 AO). Die Mustersatzung der Finanzbehörden (bei den Finanzämtern erhältlich bzw. Anlage 1 zu § 60) berücksichtigt allerdings im Wesentlichen die steuerliche Sicht.

Die Satzung muss den vorgeschriebenen Erfordernissen bei der **Körperschaftsteuer** und bei der 23
Gewerbesteuer während des **ganzen Veranlagungs**- oder Bemessungs**zeitraums**, bei den anderen Steuern im Zeitpunkt der Entstehung der Steuer entsprechen (§ 60 Abs. 2 AO).

Über den bloßen Satzungstext hinaus muss die **tatsächliche Geschäftsführung** dem Satzungsinhalt 24
und den gesetzlichen Anforderungen für die Steuerbegünstigung entsprechen (§ 63 AO). Zum Nachweis vgl. auch § 63 Abs. 3 AO.

2. Materielle Voraussetzungen der Steuerbegünstigung – Gemeinnützigkeit (iwS)

a) Gemeinnützigkeit

Die §§ 51 bis 68 AO regeln die materiell-rechtlichen Grundlagen und die verfahrensrechtlichen Be- 25
sonderheiten des steuerlichen Gemeinnützigkeitsrechts. Hierauf greifen in der Regel alle übrigen Steuerarten zurück. Damit wirkt die aufgrund der §§ 52 ff. AO getroffene Entscheidung des Finanzamts über die Zuerkennung der Gemeinnützigkeit quasi als „Grundlage" für alle an den feststehenden Rechtsbegriff der Gemeinnützigkeit anknüpfenden Folgeentscheidungen.

Gemeinnützig (ieS) (**§ 52 AO**) ist die **selbstlose Förderung der Allgemeinheit** auf **materiellem**, **geistigem** oder **sittlichem Gebiet**; exemplarisch, aber nicht abschließend § 52 Abs. 2 Nr. 1–25 AO (ausführlich Tipke/Kruse zu § 52 AO).

Unter „**Allgemeinheit**" iSd. § 52 Abs. 1 AO ist die Bevölkerung Deutschlands bzw. ein Ausschnitt 26
daraus zu verstehen.

Die „**steuerbegünstigten Zwecke**" der AO (Gemeinnützigkeitsrecht §§ 51–68 AO) betreffen im 27
Wesentlichen **nationales Recht**, das im Ausland nicht gilt. Es enthält die Voraussetzungen, unter denen in Deutschland grds. steuerpflichtige Körperschaften von der (Ertrags)Besteuerung befreit werden können. Die Befreiungen bedürfen einer Rechtfertigung. Diese ist das besondere Interesse, das der Staat an der am Gemeinwohl orientierten Tätigkeit der Körperschaften hat. Der deutsche Staat gewährt privaten gemeinnützigen Körperschaften die Steuerbefreiungen, weil sie ihm – entsprechend dem Subsidiaritätsprinzip – Gemeinwohlaufgaben abnehmen, die er sonst selbst erfüllen und für die er Steuermittel aufwenden müsste. Dagegen gehört es nicht zu seinen Aufgaben, die Bevölkerung anderer Länder durch Maßnahmen auf allen Gebieten, die in Deutschland als gemeinnützig anerkannt sind, zu fördern. Er muss weder unmittelbar noch mittelbar – über Steuervergünstigungen für dortige Körperschaften – Mittel dafür verwenden. Das EU-Recht wirkt zwischenzeitlich jedoch auch auf den hiesigen Gesetzgeber. Als Reaktion auf das EuGH-Urteil v. 27.1.2009 – Rs. C-318/07 (Persche) hat der Gesetzgeber zwischenzeitlich auch Zuwendungen an ausländische Einrichtungen in der EU bzw. im EWR-Raum zum Spendenabzug zugelassen (Grundfreiheiten des Kapitalverkehrs und der Niederlassungsfreiheit; vgl. insoweit auch § 10b EStG idF v. 8.4.2010, BGBl. 2010 I, 386).

Davon zu unterscheiden ist, dass eine steuerbegünstigte inländische Körperschaft ihre **gemeinnützigen Zwecke** grundsätzlich **auch im Ausland verwirklichen** kann. Insbesondere bei der Förderung der Entwicklungshilfe in einem Entwicklungsland und der humanitären Hilfe bei Katastrophen liegt dies auf der Hand. Hieraus kann aber nicht geschlossen werden, dass die Bevölkerung des Entwicklungslandes oder einer Katastrophenregion als Allgemeinheit im Sinne des § 52 Abs. 1

AO anzusehen ist. Vielmehr sind die Entwicklungshilfe, die Hilfe bei Katastrophen und die Verwirklichung anderer gemeinnütziger Zwecke im Ausland steuerlich begünstigt, weil und soweit sie positive Rückwirkungen auf das Ansehen Deutschlands und die deutsche Bevölkerung (Allgemeinheit) haben und auch hier die Bundesrepublik Deutschland mehr Steuermittel aufwenden müsste, wenn sich nicht inländische Organisationen engagieren würden (BMF v. 20.9.2005, BStBl. I 2005, 902).

28 Allgemeinheit erfordert, dass der **geförderte Personenkreis nicht geschlossen** ist und Satzungsschranken jeglicher Art fehlen, aufgrund deren der Verein auf Dauer nur klein sein kann (§ 52 Abs. 1 Satz 2 AO; zu hohen Mitgliedsbeiträgen oder Aufnahmegebühren zB BFH BStBl. II 1979, 488; II 1982, 336; II 2005, 443; BMF-Schreiben v. 10.9.2002, BStBl. I 2002, 867). Besondere Bedeutung kommt in der Praxis insoweit den Aufnahmegebühren zu, die jedoch unschädlich für die Gemeinnützigkeit sind, wenn sie für die im Jahr aufgenommenen Mitglieder im Durchschnitt 1534 Euro (je Mitglied) nicht übersteigen. Mitgliedsbeiträge und Mitgliedsumlagen dürfen zusammen im Durchschnitt 1023 Euro je Mitglied und Jahr nicht übersteigen (AEAO zu § 52 Nr. 1.1). Aufwendungen für den Erwerb von Gesellschaftsanteilen an einer KG mit Ausnahme des Agios sind nicht als zusätzliche Aufnahmegebühren zu behandeln, weil insoweit nur eine Vermögensumschichtung vorliegt („Golfcluburteil“, BFH v. 23.7.2003, BStBl. II 2005, 443). Die Finanzverwaltung wendet zwischenzeitlich die (ursprünglich) anderslautenden Weisungen nach AEAO Nr. 1.3.1.6 zu § 52 nicht mehr an (BMF v. 19.5.2005, BStBl. I 2005, 786). Nunmehr ist allgemein nach den Rechtsgrundsätzen des BFH-Urteils v. 23.7.2003 zur Selbstlosigkeit zu verfahren. Allerdings kann ein Sportverein mangels Unmittelbarkeit dann nicht als gemeinnützig behandelt werden, wenn die Mitglieder die Sportanlagen des Vereins nur bei Erwerb einer Nutzungsberechtigung von einer neben dem Verein bestehenden KG nutzen dürfen.

29 **Mildtätigkeit (§ 53 AO)** bedeutet die selbstlose Unterstützung von Personen, die infolge Krankheit (gegebenenfalls auch altersbedingter Gebrechen oder Unreife bei Kindern, § 53 Nr. 1 AO) oder aufgrund der wirtschaftlichen Verhältnisse (Armut § 53 Nr. 2 AO) hilfsbedürftig sind, näher **M 1.14** Nr. 4.

30 **Kirchlichen Zwecken (§ 54 AO)** dient die selbstlose Förderung einer Religionsgemeinschaft, die **öffentlich-rechtliche Körperschaft** ist; näher § 54 Abs. 2 AO.

b) Selbstlosigkeit

31 Selbstlosigkeit (**§ 55 AO**) ist gleichbedeutend mit **Uneigennützigkeit** (iS altruistischen Handelns) und schließt primär eigenwirtschaftliche Zwecke (gewerbliche oder sonstige Erwerbszwecke) aus; § 55 AO engt die Mittelverwendung ein: Verwendung nur für satzungsmäßige Ziele, keine Gewinnanteile oa. Zuwendungen an Mitglieder, keine Begünstigung von Personen durch Ausgaben, die dem Satzungszweck fremd oder unverhältnismäßig hoch sind usw. Dem Gebot der Selbstlosigkeit kommt im Gemeinnützigkeitsrecht besondere Bedeutung zu, dh. nur die hier verlangten engen Bindungen, die eine weitgehende und dauerhafte Verwendung aller Mittel für die Allgemeinheit sicherstellen sollen, rechtfertigen die Gewährung von Steuervergünstigungen.

32 Zudem besagt der Grundsatz der **Vermögensbindung**, Vereinsvermögen darf über den Wert der Mitgliedereinlagen hinaus bei Vereinsauflösung, -aufhebung usw. nur für steuerbegünstigte Zwecke verwendet werden.

c) Ausschließlichkeit, Unmittelbarkeit

33 **Ausschließlichkeit (§ 51 AO)** liegt nach § 56 AO vor, wenn eine Körperschaft nur ihre steuerbegünstigten satzungsmäßigen Zwecke verfolgt. Hier sind klare Regelungen wichtig. Vgl. Tipke/Kruse § 56 AO Rz. 1. Zur wirtschaftlichen Betätigung Rz. 37.

34 **Unmittelbarkeit (§ 57 AO)** der Verfolgung der Zwecke, indem der Verein sie selbst (auch durch Hilfspersonen) verwirklicht (§ 57 AO).

d) Förder- und Spendensammelvereine

Steuerlich unschädlich ist gem. § 58 Nr. 7 AO auch die gelegentliche Pflege der Geselligkeit, wenn sie im Vergleich zu ihrer steuerbegünstigten Tätigkeit von untergeordneter Bedeutung ist; unschädlich ist auch die Vermögensbindung des Vereins durch Bildung von Rücklagen im Rahmen des § 62 AO und darüber hinaus, wenn ein Sportverein neben dem unbezahlten auch den bezahlten Sport fördert. Gemeinnützig können aber auch Vereine sein, die finanzielle Mittel beschaffen, um diese einem anderen gemeinnützigen Verein zur Verfügung zu stellen (§ 58 Nr. 1, 2 AO, sogenannte Förder- oder Spendensammelvereine). Die Beschaffung von Mitteln muss als Satzungszweck festgelegt sein. Ein steuerbegünstigter Zweck, für den Mittel beschafft werden sollen, muss in der Satzung angegeben sein (vgl. insoweit auch Vermögensbindung). Nicht erforderlich ist, die Körperschaften, für die Mittel beschafft werden, in der Satzung aufzuführen. Die Körperschaft, für die Mittel beschafft werden, muss nur dann selbst steuerbegünstigt sein, wenn sie eine unbeschränkt steuerpflichtige Körperschaft ist. Diese Voraussetzung gilt auch für die Beschaffung von Mitteln für einen Betrieb gewerblicher Art einer juristischen Person des öffentlichen Rechts (§ 4 KStG). Werden Mittel für nicht unbeschränkt steuerpflichtige Körperschaften beschafft, muss die Verwendung der Mittel für die steuerbegünstigten Zwecke ausreichend nachgewiesen werden (AEAO zu § 58 Nr. 1). 35

Durch die (ab 2001) erfolgte Ergänzung des § 58 Nr. 1 AO für Förder- und Spendensammelvereine, die steuerbegünstigte Zwecke fördern, die von einer **juristischen Person des öffentlichen Rechts** im Rahmen ihrer hoheitlichen Aufgaben umgesetzt werden (Unterhaltung von Schulen), ist keine Änderung eingetreten. Förder- und Spendensammelvereine, die die von ihnen eingeworbenen Mittel an einen Betrieb gewerblicher Art weiterleiten, dürfen nur noch dann entsprechende Zuwendungsbestätigungen ausstellen, wenn der geförderte Betrieb gewerblicher Art den formalen Status einer nach § 5 Abs. 1 Nr. 9 KStG steuerbefreiten Körperschaft besitzt. Die Steuerbefreiung des Betriebs gewerblicher Art setzt neben der Verwirklichung von steuerbegünstigten Zwecken nach §§ 51–68 AO eine ordnungsgemäße Satzung voraus. Eine Mustersatzung ist als Ergänzung in der Anlage 1 zu § 60 abgedruckt. Nur in diesen Fällen ergibt sich die Notwendigkeit einer Satzungserstellung oder -anpassung. 36

3. Wirtschaftliche Betätigung der Vereine

Der Verein verliert die Steuerbegünstigung, soweit er einen **wirtschaftlichen Geschäftsbetrieb** (§ 14 AO) unterhält (§ 64 AO), dh. nachhaltig eine selbständige (von der Gesamttätigkeit des Vereins sich abhebende) Tätigkeit ausübt, durch die Einnahmen/wirtschaftliche Vorteile erzielt werden und die über bloße Vermögensverwaltung hinausgeht, wenn die **Jahreseinnahmen inkl. Umsatzsteuer 35 000 Euro übersteigen** (§ 64 Abs. 3 AO) und kein Zweckbetrieb vorliegt. 37
Gewinnerzielungsabsicht ist nicht erforderlich. Allerdings dürfen **Verluste des wirtschaftlichen Geschäftsbetriebe**s (die ja dem Grunde nach der Steuerpflicht unterliegen) nicht mit begünstigt angesammelten Mitteln (aus dem ideellen Bereich, Zweckbetrieb oder der Vermögensverwaltung) ausgeglichen werden (vgl. Tipke/Kruse § 55 AO Rz. 8). Dies führt dem Grunde nach zu einem Verstoß gegen die Vermögensbindung und damit zu einer **Mittelfehlverwendung** (§§ 55 Abs. 1 Nr. 1, 61, 62 AO). Ein solcher Ausgleich eines Verlustes ist nur dann kein Verstoß gegen das Mittelverwendungsgebot des § 55 Abs. 1 Nr. 1 Satz 1 AO, wenn der Verlust auf einer Fehlkalkulation beruht und die Körperschaft bis zum Ende des dem Verlustentstehungsjahr folgenden Wirtschaftsjahrs dem ideellen Tätigkeitsbereich wieder Mittel in entsprechender Höhe zuführt und die zugeführten Mittel nicht aus Zweckbetrieben, aus dem Bereich der steuerbegünstigten Vermögensverwaltung, aus Beiträgen oder aus anderen Zuwendungen, die zur Förderung der steuerbegünstigten Zwecke der Körperschaft bestimmt sind, stammen (BFH v. 13.11.1996, BStBl. II 1998, 711).

Ein **wirtschaftlicher Geschäftsbetrieb** bleibt **steuerbegünstigt**, sofern er ein **Zweckbetrieb** ist, also die Voraussetzungen der §§ 65 ff. AO erfüllt; etwas näher **M 1.14** Nr. 2. Kein Zweckbetrieb liegt vor bei nur mittelbar steuerbegünstigtem Zweck wie etwa der Beschaffung finanzieller Mittel, um diese eigentlich begünstigten Zwecken zuzuführen (Tipke/Kruse § 65 AO Rz. 2). Sportliche Veranstaltungen eines Sportvereins sind ein Zweckbetrieb, wenn die Einnahmen inkl. Umsatzsteuer insgesamt 45 000 Euro (seit 2013, zuvor 35 000 Euro) im Jahr nicht übersteigen, wobei der Verkauf von Speisen und Getränken sowie die Werbung nicht zu den sportlichen Veranstaltungen gehören (vgl. 38

AEAO zu § 67a). § 68 Nr. 1–9 AO enthält einen gesetzlichen Katalog einzelner Zweckbetriebe (vgl. AEAO zu § 68).

Insgesamt ist ferner auf **M 1.14** zu verweisen.

4. Sponsoring und Spendenrecht, Zuwendungsbestätigungen

39 Das **sog. Sponsoring** kennzeichnet einen schwierigen **Abgrenzungs**bereich zwischen **Spenden im Idealbereich und Leistungsaustausch** in Gestalt eines sog. Mittelbeschaffungsbetriebs, der als steuerpflichtiger Geschäftsbetrieb zu qualifizieren ist. Unter Sponsoring wird üblicherweise die Gewährung von Geld oder geldwerten Vorteilen durch Unternehmen zur **Förderung** von Personen, Gruppen und/oder Organisationen in sportlichen, kulturellen, kirchlichen, wissenschaftlichen, sozialen, ökologischen oder ähnlich bedeutsamen gesellschaftspolitischen Bereichen verstanden, mit der regelmäßig auch **eigene unternehmensbezogene Ziele der Werbung** oder Öffentlichkeitsarbeit verfolgt werden. **Leistungen** eines Sponsors beruhen häufig **auf** einer **vertraglichen Vereinbarung** zwischen dem Sponsor und dem Empfänger der Leistungen (Sponsoring-Vertrag), in dem Art und Umfang der Leistungen des Sponsors und des Empfängers geregelt sind. Die Sponsoringerträge sind abhängig von der jeweiligen Sachverhalts- und Vertragsgestaltung bei dem gemeinnützigen Empfänger dem steuerpflichtigen oder dem steuerfreien Bereich zuzurechnen. Weitere Hinweise gibt der Sponsoring-Erlass v. 18.2.1998 (BMF v. 18.2.1998, BStBl. I 1998, 212).

40 Zuwendungen im Sinne des § 10b EStG dürfen nur abgezogen werden, wenn sie durch eine **Zuwendungsbestätigung** nachgewiesen werden, die der Empfänger nach amtlich vorgeschriebenem Vordruck ausgestellt hat (§ 50 Abs. 1 EStDV).

41 Nach BFH-Urteil v. 29.11.1989, BStBl. II 1990, 570 ist die (frühere Spendenbescheinigung und heutige) Zuwendungsbescheinigung materiell-rechtliche Voraussetzung für den steuerwirksamen Spendenabzug. Das BMF hat mit Schreiben v. 7.11.2013 (IV C 4 – S 2223/07/0018:005 – 2013/0239390; BStBl I, 1333) und v. 26.3.2014 (IV C 4 – S 2223/07/0018:005 – 2014/0288766) **verbindliche Muster** für Zuwendungsbestätigungen erstellt und Grundsätze für die Verwendung der verbindlichen Muster für Zuwendungsbestätigungen aufgestellt, die auch für von Vereinen und Stiftungen ausgestellte Zuwendungsbestätigungen gelten.

42 Danach sind die Zuwendungsbestätigungen **vom** jeweiligen **Zuwendungsempfänger anhand dieser Muster selbst herzustellen.** In der auf einen bestimmten Zuwendungsempfänger zugeschnittenen Zuwendungsbestätigung müssen nur die Angaben aus den veröffentlichten Mustern übernommen werden, die im Einzelfall einschlägig sind. Eine optische Hervorhebung von Textpassagen durch Einrahmungen und vorangestellte Ankreuzkästchen ist zulässig. Name des Zuwendenden und dessen Adresse können untereinander angeordnet werden. Die Wortwahl und die Reihenfolge der in den amtlichen Vordrucken vorgeschriebenen Textpassagen sind beizubehalten.

43 Auf den Zuwendungsbestätigungen dürfen **weder Danksagungen** an den Zuwendenden **noch Werbung** für die Ziele der begünstigten Einrichtung angebracht werden. Entsprechende Texte sind jedoch auf der Rückseite zulässig.

44 Auf einem Mustervordruck können **mehrere steuerbegünstigte Zwecke genannt** werden. Der Zuwendungsempfänger hat dann den jeweils einschlägigen Zweck kenntlich zu machen.

45 Seit dem 1.1.2007 hat der Gesetzgeber die frühere Differenzierung des Spendenabzuges (von 5 bzw. 10 % in Abhängigkeit vom begünstigten Zweck) zugunsten eines einheitlichen Prozentsatzes in Höhe von 20 % des Gesamtbetrages der Einkünfte (GdE) abgelöst.

46 Bei mehreren steuerbegünstigten Zwecken kann eine Zuwendung – bei entsprechender Widmung durch den Spender und organisatorischer und buchhalterischer Trennung durch den Zuwendungsempfänger – in Teilbeträgen auch **verschiedenen Förderzwecken zugeordnet** werden (zB Geldzuwendung iHv. 500 Euro, davon 300 Euro für mildtätige Zwecke, 200 Euro für Entwicklungshilfe). Es handelt sich in diesen Fällen steuerlich um zwei Zuwendungen, die entweder jeweils gesondert oder im Rahmen einer Sammelbestätigung zu bestätigen sind.

In den Zuwendungsbestätigungen ist auch anzugeben, ob die begünstigten **Zwecke im Ausland verwirklicht** werden. Wird nur ein Teil der Zuwendung im Ausland verwendet, so ist anzugeben, dass die Zuwendung auch im Ausland verwendet wird. Steht im Zeitpunkt der Zuwendung noch nicht fest, ob der Verwendungszweck im Inland oder Ausland liegen wird, ist zu bestätigen, dass die Zuwendung ggf. (auch) im Ausland verwendet wird. 47

Die **auf den verbindlichen Mustern vorgesehenen Hinweise** zu den haftungsrechtlichen Folgen der Ausstellung einer unrichtigen Zuwendungsbestätigung und zu der steuerlichen Anerkennung der Zuwendungsbestätigung (Datum des Freistellungsbescheids bzw. der Feststellungsbescheides über die satzungsmäßigen Voraussetzungen nach § 60a AO) sind auf die einzeln erstellten Zuwendungsbestätigungen zu übernehmen. 48

Nach § 50 Abs. 4 EStDV ist ein **Doppel der Zuwendungsbestätigung** von der steuerbegünstigten Körperschaft **aufzubewahren.** Es ist in diesem Zusammenhang zulässig, das Doppel in elektronischer Form zu speichern. Die Grundsätze ordnungsgemäßer DV-gestützter Buchführungssysteme (BMF v. 7.11.1995, BStBl. I 1995, 738, AEAO zu § 146 Nr. 4) gelten dann entsprechend. 49

M 1.12 Zuwendungsbestätigung: inländische juristische Personen des öffentlichen Rechts oder inländische öffentliche Dienststellen[1]

Aussteller (Bezeichnung der inländischen juristischen Person oder inländischen öffentlichen Dienststelle)

Bestätigung über Geldzuwendungen

im Sinne des § 10b des Einkommensteuergesetzes an inländische juristische Personen des öffentlichen Rechts oder inländische öffentliche Dienststellen

Name und Anschrift des Zuwendenden: ...

Betrag der Zuwendung in Ziffern/in Buchstaben/Tag der Zuwendung: ...

Art der Zuwendung: Geldzuwendung

Es wird bestätigt, dass die Zuwendung nur zur Förderung ... (Angabe des begünstigten Zweckes/der begünstigten Zwecke) verwendet wird.

Es handelt sich um den Verzicht um Erstattung von Aufwendungen JA NEIN

Die Zuwendung wird

- *von uns unmittelbar für den angegebenen Zweck verwendet.*
- *entsprechend den Angaben des Zuwendenden an ... weitergeleitet, der vom Finanzamt ... StNr. ... mit Freistellungsbescheid bzw. nach der Anlage zum Körperschaftsteuerbescheid vom ... von der Körperschaft- und Gewerbesteuer befreit ist.*
- *entsprechend den Angaben des Zuwendenden an ... weitergeleitet, der/dem dasFinanzamt ... StNr. ... mit Feststellungsbescheid vom ... die Einhaltung der satzungsmäßigen Voraussetzungen nach § 60a AO festgestellt hat.*

... (Ort, Datum und Unterschrift des Zuwendungsempfängers)

Hinweis:

Wer vorsätzlich oder grob fahrlässig eine unrichtige Zuwendungsbestätigung erstellt oder veranlasst, dass Zuwendungen nicht zu den in der Zuwendungsbestätigung angegebenen steuerbegünstigten Zwecken verwendet werden, haftet für die entgangene Steuer (§ 10b Abs. 4 EStG, § 9 Abs. 3 KStG, § 9 Nr. 5 GewStG).

Diese Bestätigung wird nicht als Nachweis für die steuerliche Berücksichtigung der Zuwendung anerkannt, wenn das Datum des Freistellungsbescheides länger als 5 Jahre bzw. das Datum der Feststellung der satzungsmäßigen Voraussetzungen nach § 60a Abs. 1 AO länger als 3 Jahre seit Ausstellung des Bescheides zurückliegt (§ 63 Abs. 5 AO).

---

1 BStBl. I 2013, 1333 und BStBl. I 2014, 791.

oder

Bestätigung über Sachzuwendungen

im Sinne des § 10b des Einkommensteuergesetzes an inländische juristische Personen des öffentlichen Rechts oder inländische öffentliche Dienststellen

Name und Anschrift des Zuwendenden: ...

Wert der Zuwendung in Ziffern/in Buchstaben/Tag der Zuwendung: ...

Genaue Bezeichnung der Sachzuwendung mit Alter, Zustand, Kaufpreis usw.

- *Die Sachzuwendung stammt nach den Angaben des Zuwendenden aus dem Betriebsvermögen. Die Zuwendung wurde nach dem Wert der Entnahme (ggf. mit dem niedrigeren gemeinen Wert) und nach der Umsatzsteuer, die auf die Entnahme entfällt, bewertet.*
- *Die Sachzuwendung stammt nach den Angaben des Zuwendenden aus dem Privatvermögen.*
- *Der Zuwendende hat trotz Aufforderung keine Angaben zur Herkunft der Sachzuwendung gemacht.*
- *Geeignete Unterlagen, die zur Wertermittlung gedient haben, (z.B. Rechnung, Gutachten) liegen vor.*

Es wird bestätigt, dass die Zuwendung nur zur Förderung ... (Angabe des begünstigten Zweckes) verwendet wird.

Die Zuwendung wird

- *von uns unmittelbar für den angegebenen Zweck verwendet*
- *entsprechend den Angaben des Zuwendenden an ... weitergeleitet, die/der vom Finanzamt ... StNr. ... mit Freistellungsbescheid bzw. nach der Anlage zum Körperschaftsteuerbescheid vom ... von der Körperschaftsteuer und Gewerbesteuer befreit ist*
- *entsprechend den Angaben des Zuwendenden an ... weitergeleitet, der/dem das Finanzamt ... StNr. ... mit Feststellungsbescheid vom ... die Einhaltung der satzungsmäßigen Voraussetzungen nach § 60a AO festgestellt hat.*

... (Ort, Datum und Unterschrift des Zuwendungsempfängers)

(Hinweis wie oben)

M 1.13 Zuwendungsbestätigung: in § 5 Abs. 1 Nr. 9 KStG bezeichnete Körperschaften, Personenvereinigungen oder Vermögensmassen[1]

Bestätigung über Geldzuwendung/Mitgliedsbeitrag

im Sinne des § 10b des Einkommensteuergesetzes an eine der in § 5 Abs. 1 Nr. 9 des Körperschaftsteuergesetzes bezeichneten Körperschaften, Personenvereinigungen oder Vermögensmassen.

Name und Anschrift des Zuwendenden: ...

Betrag der Zuwendung in Ziffern/in Buchstaben/Tag der Zuwendung: ...

Es handelt sich um den Verzicht auf Erstattung von Aufwendungen JA NEIN

- *Wir sind wegen Förderung ... (Angabe des begünstigten Zwecks) nach dem Freistellungsbescheid bzw. nach der Anlage zum Körperschaftsteuerbescheid des Finanzamtes ... StNr. ... vom ... für den letzten Veranlagungszeitraum ... nach § 5 Abs. 1 Nr. 9 des Körperschaftsteuergesetzes von der Körperschaftsteuer und nach § 3 Nr. 6 des Gewerbesteuergesetzes von der Gewerbesteuer befreit.*
- *Die Einhaltung der satzungsmäßigen Voraussetzungen nach den §§ 51, 59, 60 und 61 AO wurde vom Finanzamt ..., StNr. ... mit Bescheid vom ... nach § 60a AO gesondert festgestellt. Wir fördern nach unserer Satzung ... (Angabe des begünstigten Zwecks/der begünstigten Zwecke).*

1 BStBl. I 2013, 1333 und BStBl I. 2014, 791.

Es wird bestätigt, dass die Zuwendung nur zur Förderung ... (Angabe des begünstigten Zwecks) verwendet wird.

(Nur für steuerbegünstigte Einrichtungen, bei denen die Mitgliedsbeiträge steuerlich nicht abziehbar sind):

- *Es wird bestätigt, dass es sich nicht um einen Mitgliedsbeitrag im Sinne des § 10b Abs. 1 S. 2 Einkommensteuergesetz handelt.*

... (Ort, Datum und Unterschrift des Zuwendungsempfängers)

Hinweis:

Wer vorsätzlich oder grob fahrlässig eine unrichtige Zuwendungsbestätigung erstellt oder veranlasst, dass Zuwendungen nicht zu den in der Zuwendungsbestätigung angegebenen steuerbegünstigten Zwecken verwendet werden, haftet für die entgangene Steuer (§ 10b Abs. 4 EStG, § 9 Abs. 3 KStG, § 9 Nr. 5 GewStG).

Diese Bestätigung wird nicht als Nachweis für die steuerliche Berücksichtigung der Zuwendung anerkannt, wenn das Datum des Freistellungsbescheides länger als 5 Jahre bzw. das Datum der Feststellung der Einhaltung der satzungsmäßigen Voraussetzungen nach § 60a Abs. 1 AO länger als 3 Jahre seit Ausstellung des Bescheides zurückliegt (§ 63 Abs. 5 AO).

oder

Bestätigung über Sachzuwendungen

im Sinne des § 10b des Einkommensteuergesetzes an eine der in § 5 Abs. 1 Nr. 9 des Körperschaftsteuergesetzes bezeichneten Körperschaften, Personenvereinigungen oder Vermögensmassen

Name und Anschrift des Zuwendenden: ...

Wert der Zuwendung in Ziffern/in Buchstaben/Tag der Zuwendung: ...

Genaue Bezeichnung der Sachzuwendung (mit Alter, Zustand, Kaufpreis usw.): ...

- *Die Sachzuwendung stammt nach den Angaben des Zuwendenden aus dem Betriebsvermögen. Die Zuwendung wurde nach dem Wert der Entnahme (ggf. mit dem niedrigeren gemeinen Wert) und nach der Umsatzsteuer, die auf die Entnahme entfällt, bewertet.*
- *Die Sachzuwendung stammt nach den Angaben des Zuwendenden aus dem Privatvermögen.*
- *Der Zuwendende hat trotz Aufforderung keine Angaben zur Herkunft der Sachzuwendung gemacht.*
- *Geeignete Unterlagen, die zur Wertermittlung gedient haben, (z.B. Rechnung, Gutachten) liegen vor.*
- *Wir sind wegen Förderung ... (Angabe des begünstigten Zwecks) nach dem Freistellungsbescheid bzw. nach der Anlage zum Körperschaftsteuerbescheid des Finanzamtes ... StNr. ... vom ... für den letzten Veranlagungszeitraum ... nach § 5 Abs. 1 Nr. 9 des Körperschaftsteuergesetzes von der Körperschaftsteuer und nach § 3 Nr. 6 des Gewerbesteuergesetzes von der Gewerbesteuer befreit.*
- *Die Einhaltung der satzungsmäßigen Voraussetzungen nach den §§ 51, 59, 60 und 61 AO wurde vom Finanzamt ..., StNr. ... mit Bescheid vom ... nach § 60a AO gesondert festgestellt. Wir fördern nach unserer Satzung ... (Angabe des begünstigten Zwecks).*

Es wird bestätigt, dass die Zuwendung nur zur Förderung ... (Angabe des begünstigten Zwecks) verwendet wird.

... (Ort, Datum und Unterschrift des Zuwendungsempfängers)

(Hinweis wie oben)

5. Die einzelnen Steuern des Vereins

Körperschaftsteuer: Aufgrund einzelsteuerlicher Normen (vgl. § 5 Abs. 1 Nr. 9 KStG) sind nach den gemeinnützigkeitsrechtlichen Bestimmungen der Abgabenordnung (§§ 51 bis 68 AO) anerkannte Vereine (Körperschaften) **grds. von** der **Körperschaftsteuerpflicht** gem. § 1 Abs. 1 Nr. 4 50 und 5 KStG **befreit**. Die Steuerbefreiung umfasst (jeweils den ideellen Bereich, die Vermögensverwaltung und den Zweckbetrieb) niemals den wirtschaftlichen Geschäftsbetrieb, wenn die Einnahmen im Rahmen des wirtschaftlichen Geschäftsbetriebes (einschließlich der hierauf entfallenden Umsatzsteuer) jährlich mehr als 35 000 Euro (§§ 64 Abs. 3 AO, 5 Abs. 1 Nr. 9 Satz 2 KStG) betragen; dennoch Freibeträge nach §§ 24, 25 KStG iHv. 5000 Euro (jährlich), Besonderheiten vor allem bei Pensions-/Unterstützungskassen (§ 5 Abs. 1 Nr. 3, 6, § 6 KStG; §§ 1–3 KStDV).

51 **Umsatzsteuer:** Vereinsleistungen unterliegen grds. der Umsatzsteuer, sind aber meist keine unternehmerische Tätigkeit (vgl. §§ 1, 2 UStG) oder steuerbefreit (§ 4 Nr. 10, 16, 18, 22 usw. UStG). Ohnehin gilt **idR der ermäßigte Steuersatz von 7 %** (§ 12 Abs. 2 Nr. 8 UStG für den Bereich der Vermögensverwaltung und des Zweckbetriebes, soweit dieser nicht lediglich der Einnahmeerzielung dient) und die Kleinunternehmervergünstigungen nach §§ 19, 20 UStG, ferner § 23a UStG.

52 **Schenkung- bzw. Erbschaftsteuer:** Grds. gilt Schenkung- und Erbschaftsteuerpflicht (vgl. §§ 1, 3, 7, 8 ErbStG); steuerbegünstigte Vereine iSd. AO sind aber **steuerfrei** (§ 13 Abs. 1 Nr. 13, 16 lit. b und c, 17 ErbStG). Maßgebend für die steuerliche Beurteilung ist stets die Zuerkennung der Gemeinnützigkeit; gleiches gilt folglich für nicht rechtsfähige Vereine, wenn entsprechende Verwendung gesichert ist (§ 13 Abs. 1 Nr. 17 ErbStG). Die Steuerfreiheit bezieht sich nicht nur auf die laufend eingehenden Spenden, sondern auch auf eventuell anfallende Erbschaften.

53 **Gewerbesteuer:** Ein Verein, der zur Körperschaftsteuer veranlagt wird, wird in der Regel auch zur Gewerbesteuer herangezogen (vgl. § 2 Abs. 3 GewStG); im Übrigen jedoch Befreiung nach § 3 Nr. 6, 8 usw. GewStG; der Gewerbesteuer-**Freibetrag** beträgt **5000 Euro** (§ 11 Abs. 1 Nr. 2 GewStG).

54 **Kapitalertragsteuer (Zinsabschlag):** Kapitalerträge gehören beim steuerbegünstigten Verein zum begünstigten Bereich der Vermögensverwaltung (vgl. Rz. 50). Folglich würden die Kapitalerträge im Rahmen der Veranlagung zur Körperschaftsteuer bei gemeinnützigen Vereinen nicht herangezogen, sofern sie nicht im Rahmen eines wirtschaftlichen Geschäftsbetriebes erzielt würden. Allerdings hat die Bank im Zeitpunkt der Auszahlung der Kapitalerträge hierüber grundsätzlich keine Kenntnis. Sie unterwirft die Kapitalerträge von Vereinen daher grds. dem Steuerabzug im Wege der Abgeltungssteuer. Die Abgeltungssteuer wird aber nicht einbehalten, wenn der von der KSt befreite (gemeinnützige) Verein dem auszahlenden Institut eine sog. NV-(Nicht-Veranlagungs-)Bescheinigung oder eine Bescheinigung des Finanzamts über die Gemeinnützigkeit (Bescheid über die Feststellung der satzungsmäßigen Voraussetzungen nach § 60a AO) oder eine beglaubigte Kopie des letzten Körperschaftsteuer-Freistellungsbescheids (nebst zugehöriger Anlagen über die Steuerfreiheit/Steuerbegünstigung) vorlegt.

Nicht von der Körperschaftsteuer befreite Vereine können von ihren Einnahmen aus Kapitalvermögen einen Sparer-Pauschbetrag (801 Euro) abziehen. In dieser Höhe kann der Verein einen sog. Freistellungsauftrag erteilen, aufgrund dessen das Kreditinstitut dann vom Steuerabzug Abstand nimmt. Ein Steuerabzug kann auch hier durch die Vorlage einer NV-Bescheinigung vermieden werden. Diese kann erteilt werden, wenn zB das Einkommen des Vereins den Freibetrag nach § 24 KStG iHv. 5000 Euro nicht übersteigt.

55 **Lohnsteuer:** Ein Verein hat wie jeder „normale" Arbeitgeber die lohnsteuerlichen Bestimmungen zu beachten. Insbesondere ist der Steuerabzug vom Arbeitslohn vorzunehmen und an das Finanzamt abzuführen. Schuldner der Lohnsteuer ist der Arbeitnehmer (§ 38 Abs. 2 Satz 1 EStG). Der Verein kann die anfallende Lohnsteuer ggf. pauschalieren (§ 40a EStG). Bei nebenberuflich tätigen Übungsleitern, Ausbildern, Erziehern, Betreuern oder Personen mit einer vergleichbaren nebenberuflichen Tätigkeit können die für diese Tätigkeiten gezahlten Vergütungen bis zur Höhe von 2400 Euro (seit 2013 zuvor 2100 Euro) im Kalenderjahr (lohn-)steuerfrei sein (§ 3 Nr. 26 EStG). Alternativ kommt auch die Steuerbefreiung nach § 3 Nr. 26a EStG iHv. 500 Euro in Betracht.

56 **Sonstige Steuern: Steuerabzug bei Bauleistungen** (§ 48 EStG): Vereine, die für ihren unternehmerischen Bereich Bauleistungen im Inland beziehen, haben grds. einen Steuerabzug iHv. 15 % der zu erbringenden Gegenleistung für Rechnung des die Bauleistung erbringenden Unternehmens vorzunehmen, es sei denn, der an den Verein Leistende legt dem Verein eine Freistellungsbescheinigung vor oder die zu erbringende Gegenleistung wird im laufenden Kalenderjahr voraussichtlich 5000 Euro nicht übersteigen. Diese Freigrenze erhöht sich auf 15 000 Euro, wenn der Verein aus-

schließlich steuerfreie Vermietungsumsätze erbringt. **Grundsteuer:** zB Befreiung nach § 3 Abs. 1 Nr. 3 lit. b und 4 GrStG. Die Befreiung greift nicht ein, wenn ein wirtschaftlicher Geschäftsbetrieb das Grundstück (zB Vereinsgaststätte mit kurzfristiger Verpachtung für Feierlichkeiten etc.) nutzt. **Grunderwerbsteuer:** Die entgeltlichen Grundstückserwerbe des Vereins unterliegen der Grunderwerbsteuer. Dies gilt unter bestimmten Voraussetzungen ebenso für die Übertragung von Anteilen an grundstückshaltenden Gesellschaften. **Weitere Steuern** sind denkbar, werden bei Vereinen jedoch eher noch seltener anfallen, wie Kraftfahrzeug-, Vergnügung- sowie Rennwett- und Lotteriesteuer. Lotteriesteuer fällt nicht an, wenn der Gesamtpreis der Lose, zB anlässlich einer Tombola, 650 Euro nicht übersteigt und keine Bargeldgewinne ausgeschüttet werden.

M 1.14 Erläuterungen zu der Erklärung zur Körperschaftsteuer und Gewerbesteuer von Körperschaften, die gemeinnützigen, mildtätigen oder kirchlichen Zwecken dienen[1]

1. *Die Finanzbehörden sind verpflichtet, auch gemeinnützige, mildtätige und kirchliche Körperschaften regelmäßig zu überprüfen. Sie müssen prüfen, ob die Voraussetzungen der Abgabenordnung (AO) für die Gewährung der Steuervergünstigungen wegen der Förderung steuerbegünstigter Zwecke nach der Satzung und nach der tatsächlichen Geschäftsführung erfüllt wurden und ob Steuern – die bei umfangreichen wirtschaftlichen Betätigungen trotz der Steuerbegünstigung anfallen können – festzusetzen sind.*

   Steuerbegünstigte Körperschaften werden – wenn nicht wegen umfangreicher wirtschaftlicher Betätigungen regelmäßig Steuern anfallen – im Allgemeinen nur in dreijährigem Abstand anhand der vereinfachten Erklärung Gem 1 geprüft. Die Prüfung umfasst alle drei Jahre, wobei der Schwerpunkt aber auf dem letzten Jahr liegt. Zur Entlastung der Vertreter der steuerbegünstigten Körperschaften greift das Finanzamt bei der Prüfung so weit wie möglich auf die bei den Körperschaften in der Regel schon vorhandenen Unterlagen zurück (Gegenüberstellung der Einnahmen und Ausgaben oder Bilanz und Gewinn- und Verlustrechnung, Kassenbericht, Protokolle der Mitgliederversammlung, Tätigkeitsbericht usw.). ***Es ist deshalb unbedingt nötig, dass Sie diese Unterlagen für jedes Jahr des dreijährigen Prüfungszeitraums der Erklärung beifügen.***

   Falls die Prüfung auf der Grundlage der vereinfachten Erklärung ergeben sollte, dass voraussichtlich Steuern festzusetzen sind, wird das Finanzamt Sie in der Regel um die Abgabe weiterer Steuererklärungen bitten.

2. *Ein* ***wirtschaftlicher Geschäftsbetrieb*** *ist eine selbständige nachhaltige Tätigkeit, durch die Einnahmen oder andere wirtschaftliche Vorteile erzielt werden und die über den Rahmen einer Vermögensverwaltung hinausgeht. Die Absicht, Gewinn zu erzielen, ist nicht erforderlich (§ 14 AO). Ein wirtschaftlicher Geschäftsbetrieb kann entweder steuerbegünstigt (Zweckbetrieb) oder steuerpflichtig sein.*

   Nicht als wirtschaftlicher Geschäftsbetrieb gilt die ***Vermögensverwaltung****. Diese liegt in der Regel vor, wenn Vermögen genutzt wird, zB Kapitalvermögen verzinslich angelegt oder unbewegliches Vermögen vermietet oder verpachtet wird (§ 14 Satz 3 AO).*

   Ein ***Zweckbetrieb*** *ist gegeben, wenn der wirtschaftliche Geschäftsbetrieb in seiner Gesamtrichtung dazu dient, die steuerbegünstigten satzungsmäßigen Zwecke der Körperschaft zu verwirklichen, die Zwecke nur durch ihn erreicht werden können und der wirtschaftliche Geschäftsbetrieb zu nicht begünstigten Betrieben derselben oder ähnlicher Art nicht im größeren Umfang in Wettbewerb tritt, als es bei Erfüllung der steuerbegünstigten Zwecke unvermeidbar ist (§ 65 AO). Für die Zweckbetriebseigenschaft bestimmter wirtschaftlicher Betätigungen enthalten die §§ 66 bis 68 AO Sonderregelungen. Z.B. sind* ***kulturelle Einrichtungen****, wie Museen, Theater und* ***kulturelle Veranstaltungen****, wie Konzerte, Kunstausstellungen, Zweckbetriebe, auch wenn sie die allgemeinen Voraussetzungen des § 65 AO nicht erfüllen (§ 68 Nr. 7 AO).*

1 Modifizierte Information zu Gem 1, Rechtsstand Juni 2015.

Kulturelle Einrichtungen und Veranstaltungen iS des § 68 Nr. 7 AO können nur vorliegen, wenn die Förderung der Kultur Satzungszweck der Körperschaft ist.

Steuerpflichtige wirtschaftliche Geschäftsbetriebe *sind zB: Verkauf von Speisen und Getränken in einer Vereinsgaststätte, einem Kiosk oder bei einer Veranstaltung, Herausgabe von Zeitschriften gegen Entgelt oder in Verbindung mit der Veröffentlichung von Anzeigen, der Betrieb einer Druckerei, die Werbung für Wirtschaftsunternehmen, die Durchführung von Basaren, Festveranstaltungen und von geselligen Veranstaltungen.*

Wird für den Besuch einer sportlichen oder kulturellen Veranstaltung mit Bewirtung ein einheitlicher Eintrittspreis verlangt, so ist dieser – ggf. im Wege der Schätzung – in Entgeltsanteile für den Besuch der Veranstaltung und für die Bewirtungsleistungen aufzuteilen.

Körperschaftsteuer und Gewerbesteuer werden nicht erhoben, wenn die Einnahmen einschließlich der Umsatzsteuer (ohne Abzug von Ausgaben) aus den steuerpflichtigen wirtschaftlichen Geschäftsbetrieben insgesamt 35 000 Euro im Jahr nicht übersteigen (Besteuerungsgrenze – § 64 Abs. 3 AO). Sind die Einnahmen der steuerpflichtigen wirtschaftlichen Geschäftsbetriebe höher, muss der Gewinn genau ermittelt werden. Körperschaftsteuer und Gewerbesteuer fallen aber auch dann nur an, soweit die Freibeträge von jeweils 5000 Euro bei der Körperschaft- und Gewerbesteuer überschritten werden.

Eine Beteiligung an einer Personengesellschaft oder Gemeinschaft kann ein steuerpflichtiger wirtschaftlicher Geschäftsbetrieb sein. In diesem Fall sind für die Beurteilung, ob die Besteuerungsgrenze überschritten wird, die anteiligen Einnahmen (nicht der Gewinnanteil) der Körperschaft aus der Beteiligung maßgeblich.

3. ***Sportliche Veranstaltungen*** *eines Sportvereins sind grundsätzlich ein Zweckbetrieb, wenn die Einnahmen einschließlich der Umsatzsteuer aus allen sportlichen Veranstaltungen des Vereins die Zweckbetriebsgrenze von 45 000 Euro im Jahr nicht übersteigen (§ 67a Abs. 1 Satz 1 AO). Übersteigen die Einnahmen die Zweckbetriebsgrenze von 45 000 Euro, liegt grundsätzlich ein steuerpflichtiger wirtschaftlicher Geschäftsbetrieb vor. Der Verkauf von Speisen und Getränken sowie die Werbung gehören nicht zu den sportlichen Veranstaltungen, sondern stets zum wirtschaftlichen Geschäftsbetrieb.*

   Der Verein kann auf die Anwendung der Zweckbetriebsgrenze verzichten (§ 67a Abs. 2 AO). Die steuerliche Behandlung seiner sportlichen Veranstaltungen richtet sich dann nach § 67a Abs. 3 AO. Danach sind sportliche Veranstaltungen ein Zweckbetrieb, wenn an ihnen kein bezahlter Sportler des Vereins teilnimmt und der Verein keinen vereinsfremden Sportler selbst oder im Zusammenwirken mit einem Dritten bezahlt. Auf die Höhe der Einnahmen oder Überschüsse dieser sportlichen Veranstaltungen kommt es bei Anwendung des § 67a Abs. 3 AO nicht an. Sportliche Veranstaltungen, an denen ein oder mehrere Sportler teilnehmen, die nach § 67a Abs. 3 Satz 1 Nr. 1 oder 2 AO als bezahlte Sportler anzusehen sind, sind steuerpflichtige wirtschaftliche Geschäftsbetriebe. Nicht als Bezahlung gilt die Erstattung von tatsächlich entstandenem Aufwand. Zahlungen des Vereins an einen seiner Sportler bis zu insgesamt 400 Euro je Monat im Jahresdurchschnitt werden für die Beurteilung der Zweckbetriebseigenschaft – nicht aber für die Besteuerung des Sportlers – ohne Einzelnachweis als Aufwandsentschädigung angesehen (AEAO zu § 67a Abs. 3 Nr. 32).

   Erklärt der Verein, dass er auf die Anwendung der Zweckbetriebsgrenze verzichtet, ist er für mindestens 5 Veranlagungszeiträume an diese Erklärung gebunden. In diesem Fall sind in den Zeilen 20, 21 ff. Eintragungen vorzunehmen.

   Die Anlage Sportvereine ist von Sportvereinen stets zusätzlich auszufüllen.

4. *Eine Körperschaft verfolgt* ***mildtätige Zwecke*** *iS des § 53 AO, wenn ihre Tätigkeit darauf gerichtet ist, Personen selbstlos zu unterstützen,*

   a) die infolge ihres körperlichen, geistigen oder seelischen Zustandes auf die Hilfe anderer angewiesen sind oder

   b) deren Bezüge nicht höher sind als das Vierfache des Regelsatzes der Sozialhilfe iS des § 28 des Zwölften Buches Sozialgesetzbuch; beim Alleinstehenden oder Haushaltsvorstand tritt an die Stelle des Vierfachen das Fünffache des Regelsatzes (zum 1.1.2015 wurde der Regelsatz für das Bundesgebiet einheitlich auf 399 Euro festgelegt). Dies gilt nicht für Personen, deren Vermögen zur nachhaltigen Verbesserung ihres Unterhalts ausreicht und denen zugemutet werden kann, es dafür zu verwenden. Bei Personen, deren wirtschaftliche Lage aus besonderen Gründen zu einer Notlage geworden ist, dürfen die Bezüge oder das Vermögen die genannten Grenzen übersteigen.

Bezüge im Sinne dieser Vorschrift sind

- *Einkünfte im Sinne des § 2 Abs. 1 des Einkommensteuergesetzes und*
- *andere zur Bestreitung des Unterhalts bestimmte oder geeignete Bezüge,*

die der Alleinstehende oder der Haushaltsvorstand und die sonstigen Haushaltsangehörigen haben.

Unterhaltsansprüche sind zu berücksichtigen. Zu den Bezügen zählen nicht Leistungen der Sozialhilfe und bis zur Höhe der Leistungen der Sozialhilfe Unterhaltsleistungen an Personen, die ohne Unterhaltsleistungen sozialhilfeberechtigt wären.

5. *Eine* ***Einrichtung der Wohlfahrtspflege*** *ist ein Zweckbetrieb, wenn sie in besonderem Maße den in § 53 AO genannten Personen dient. Wohlfahrtspflege ist die planmäßige, zum Wohle der Allgemeinheit und nicht des Erwerbes wegen ausgeübte Sorge für notleidende oder gefährdete Mitmenschen.*

   Die Sorge kann sich auf das gesundheitliche, sittliche, erzieherische oder wirtschaftliche Wohl erstrecken und Vorbeugung oder Abhilfe bezwecken. Eine Einrichtung der Wohlfahrtspflege dient in besonderem Maße den in § 53 AO genannten Personen, wenn diesen mindestens zwei Drittel ihrer Leistungen zugute kommen (§ 66 AO).

   Wer zu den in § 53 AO genannten Personen gehört, ergibt sich aus der vorstehenden Ziff. 4.).

6. *Ein* ***Krankenhaus****, das in den Anwendungsbereich der Bundespflegesatzverordnung fällt, ist ein Zweckbetrieb, wenn mindestens 40 vom Hundert der jährlichen Pflegetage auf Patienten entfallen, bei denen nur Entgelte für allgemeine Krankenhausleistungen (§§ 11, 13 und 26 der Bundespflegesatzverordnung) berechnet werden (§ 67 Abs. 1 AO).*

   Ein Krankenhaus, das nicht in den Anwendungsbereich der Bundespflegesatzverordnung fällt, ist ein Zweckbetrieb, wenn mindestens 40 vom Hundert der jährlichen Pflegetage auf Patienten entfallen, bei denen für die Krankenhausleistungen kein höheres Entgelt als nach § 67 Abs. 1 AO berechnet wird (§ 67 Abs. 2 AO).

7. *Die Körperschaft muss ihre Mittel grundsätzlich* ***zeitnah*** *für ihre satzungsmäßigen Zwecke verwenden. Mittel sind alle Zuwendungen (zB Mitgliedsbeiträge, Spenden, Zuschüsse), die Erträge aus der Vermögensverwaltung sowie die Gewinne aus Zweckbetrieben und steuerpflichtigen wirtschaftlichen Geschäftsbetrieben. Verwendung in diesem Sinne ist auch die Verwendung der Mittel für die Anschaffung oder Herstellung von Vermögensgegenständen, die satzungsmäßigen Zwecken dienen. Eine zeitnahe Mittelverwendung ist gegeben, wenn die Mittel spätestens in dem auf den Zufluss folgenden zwei Kalender- oder Wirtschaftsjahren für die steuerbegünstigten satzungsmäßigen Zwecke verwendet werden. Ausnahmen von dem Gebot der zeitnahen Mittelverwendung enthalten §§ 62, 58 Nr. 3 AO (siehe 8. bis 11.).*

8. *Eine Körperschaft kann ihre Mittel ganz oder teilweise einer* ***Rücklage*** *zuführen, soweit dies erforderlich ist, um ihre steuerbegünstigten satzungsmäßigen Zwecke nachhaltig erfüllen zu können (§ 58 Nr. 6 AO). Voraussetzung ist, dass die Mittel für bestimmte – die steuerbegünstigten Satzungszwecke verwirklichende – Vorhaben angesammelt werden, für deren Durchführung bereits konkrete Zeitvorstellungen bestehen.*

   Nach § 62 AO sind ua. folgende Rücklagen zulässig:

   - *Rücklagen zur Ansammlung von Mitteln für die Erfüllung des steuerbegünstigten Zwecks (Beispiel: Ansammlung von Mitteln für die Errichtung, Erweiterung oder Instandsetzung einer Sportanlage durch einen gemeinnützigen Sportverein);*
   - *Rücklagen für periodisch wiederkehrende Ausgaben (zB Löhne, Gehälter, Mieten) in Höhe des Mittelbedarfs für eine angemessene Zeitperiode (sog. Betriebsmittelrücklage). Entsprechendes gilt für wiederkehrende Ausgaben zur Erfüllung des steuerbegünstigten Zwecks (zB Gewährung von Stipendien);*

- *Rücklagen für die Pflege des Vermögens, das zur Vermögensverwaltung der steuerbegünstigten Körperschaft gehört (Beispiel: Rücklagen für eine demnächst erforderlich werdende Reparatur an einem Mietwohngrundstück).*

In Ausnahmefällen können Mittel in einer Rücklage für solche ernstgemeinten Vorhaben angesammelt werden, für deren Durchführung noch keine konkreten Zeitvorstellungen bestehen.

Beispiel:

Für die Verwirklichung der steuerbegünstigten Zwecke einer Krankenhausstiftung ist die Errichtung eines weiteren Bettentraktes notwendig. Unter Berücksichtigung öffentlicher Zuschüsse ist ein erheblicher Investitionsaufwand von der Stiftung selbst zu tragen. Wegen der schwankenden Erträge der Stiftung ist nicht abzusehen, wann die erforderlichen Mittel für die Investitionen vorhanden sein werden.

In derartigen Fällen ist eine Rücklagenbildung zulässig, wenn das Vorhaben glaubhaft ist und bei den finanziellen Verhältnissen der steuerbegünstigten Körperschaft in einem angemessenen Zeitraum durchgeführt werden kann.

Die Gründe für die Bildung einer Rücklage hat die steuerbegünstigte Körperschaft dem zuständigen Finanzamt im Einzelnen darzulegen.

9. *Nach § 62 Abs. 1 Nr. 3 AO darf eine steuerbegünstigte Körperschaft höchstens ein Drittel des Überschusses der Einnahmen über die Unkosten aus Vermögensverwaltung und darüber hinaus höchstens 10 % ihrer sonstigen nach § 55 Abs. 1 Nr. 5 AO zeitnah zu verwendenden Mittel einer freien Rücklage zuführen. Zum Begriff der Vermögensverwaltung siehe bei 2. Soweit der Höchstbetrag für die Bildung der* ***freien Rücklage*** *in einem Jahr nicht ausgeschöpft wurde, kann diese unterbliebene Zuführung in den folgenden zwei Jahren nachgeholt werden.*

   Nach § 62 Abs. 1 Nr. 4 AO darf eine steuerbegünstigte Körperschaft Mittel für den Erwerb von Gesellschaftsrechten zur Erhaltung der prozentualen Beteiligung an einer Kapitalgesellschaft ansammeln oder im Jahr des Zuflusses verwenden. Der zulässige Höchstbetrag für die Zuführung von Mitteln zu der freien Rücklage § 62 Abs. 1 Nr. 3 vermindert sich um diese Beträge.

   Die Verwendung von Mitteln zur Bildung einer freien Rücklage und zum Erwerb von Gesellschaftsrechten sind dem Finanzamt im Einzelnen zu erläutern.

10. *Außerdem können folgende Zuwendungen dem Vermögen der Körperschaft zugeführt werden, sie unterliegen nicht den Grundsätzen der zeitnahen Mittlverwendung nach § 55 Abs. 1 AO (§ 62 Abs. 3 AO):*

   - *Zuwendungen von Todes wegen; sie sind grundsätzlich als Zuwendungen zum Vermögen der steuerbegünstigten Körperschaft anzusehen, wenn der Erblasser eine Verwendung für den laufenden Aufwand nicht besonders vorschreibt;*
   - *Zuwendungen auf Grund eines Spendenaufrufs, wenn aus dem Spendenaufruf ersichtlich ist, dass Beträge zur Aufstockung des Vermögens erbeten werden;*
   - *Zustiftungen und Einzelzuwendungen, bei denen der Zuwendende ausdrücklich erklärt, dass sie zur Ausstattung der Körperschaft mit Vermögen oder zur Erhöhung des Vermögens bestimmt sind;*
   - *Sachzuwendungen, die ihrer Natur nach der Vermögensbildung dienen, zB Schenkung eines Mietwohngrundstücks.*

11. *Daneben darf eine* ***Stiftung*** *im Jahr ihrer Errichtung und in den zwei folgenden Kalenderjahren Überschüsse aus der Vermögensverwaltung und die Gewinne aus wirtschaftlichen Geschäftsbetrieben (§ 14 AO) ganz oder teilweise ihrem Vermögen zuführen (§ 62 Abs. 4 AO).*

12. *Die Körperschaft darf ihre Mittel nur für die satzungsmäßigen Zwecke verwenden. Die Mitglieder oder Gesellschafter dürfen keine (unentgeltlichen) Zuwendungen erhalten. Die Körperschaft darf auch keine andere Person durch Ausgaben, die dem Zweck der Körperschaft fremd sind, oder durch unverhältnismäßig hohe Vergütungen begünstigen (§ 55 AO).*

2. Abschnitt. Stiftungen

Kapitel 2 Stiftungen

Literatur: *Berkel/Neuhoff/Schindler*, Stiftungshandbuch, 3. Aufl. 2000; *Berndt/Götz*, Stiftung und Unternehmen, 8. Aufl. 2009; *Burgard*, Gestaltungsfreiheit im Stiftungsrecht, 2006; *Hennerkes/Schiffer*, Stiftungsrecht, 3. Aufl. 2001; *Pues/Scheerbarth*, Gemeinnützige Stiftungen im Zivil- und Steuerrecht, 4. Aufl. 2008; *Schlüter/Stolte*, Stiftungsrecht, 2. Aufl. 2013; *Stumpf/Suerbaum/Schulte/Pauli*, Stiftungsrecht, 2. Aufl. 2015; *v. Campenhausen/Richter* (Hrsg.), Stiftungsrechts-Handbuch, 4. Aufl. 2014.

I. Wesen der Stiftung

Eine Stiftung ist nach dem gewöhnlichen Sprachgebrauch die Widmung eines bestimmten Vermögens für einen vom Stifter vorgegebenen Zweck, gleichzeitig aber auch die Organisation, die diesen Zweck verwirklichen soll. Nach den Regelungen der §§ 80 ff. BGB ist eine Stiftung eine mit Rechtsfähigkeit ausgestattete, nicht verbandsmäßig organisierte Einrichtung, die einen vom Stifter vorgegebenen Zweck unter Ausnutzung eines für diesen Zweck gewidmeten Vermögens dauerhaft fördern soll (BayObLG NJW 1973, 249). 1

Kennzeichnend für die Stiftung sind also: 2

1. Die Stiftung soll (nach Stifterwillen sowie nach Gestaltung und Struktur der Stiftung) nicht nur vorübergehend einen bestimmten **Stiftungszweck** verfolgen.
2. Der Stiftung steht ein eigenes **Stiftungsvermögen** zur Verfügung, wenn auch uU lediglich in Form eines Anspruchs auf regelmäßige Zuwendungen durch den Stifter. Das Stiftungsvermögen

ist regelmäßig unveräußerlich, es sei denn, die Veräußerung ist in der Stiftungssatzung vorgesehen und/oder es handelt sich um eine Verbrauchsstiftung nach § 80 Abs. 2 Satz 2 BGB.

3. Es ist eine **Stiftungsorganisation** vorhanden, die die Verwaltung des Vermögens und die Verfolgung des Stiftungszwecks sichern soll.

3 Die Rechtsfähigkeit ist kein konstitutives Element der Stiftung. Anders als der Verein hat die Stiftung keine Mitglieder.

II. Arten der Stiftung

4 Die wichtigste Art der Stiftung ist zweifellos die rechtsfähige Stiftung iSd. §§ 80 ff. BGB. Den rechtsfähigen Stiftungen des Privatrechts werden in aller Regel die rechtsfähigen Stiftungen des öffentlichen Rechts gegenüber gestellt, wobei dort insbesondere kirchliche Stiftungen (vgl. § 80 Abs. 3 BGB) sowie kommunale Stiftungen besondere Bedeutung in der Praxis haben. Von den rechtsfähigen Stiftungen des Privatrechts sind außerdem die nicht rechtsfähigen (unselbständigen) Stiftungen zu unterscheiden. Meist wird auch noch nach dem Zweck der Stiftung zwischen privatnützigen und gemeinnützigen Stiftungen differenziert. Privatnützige Stiftungen kommen in aller Regel nur einem begrenzten Personenkreis zugute, insbesondere bei Familien- oder unternehmensverbundenen Stiftungen, während bei gemeinnützigen Stiftungen öffentliche Zwecke (Forschung, Wohltätigkeit, Sport etc.) verfolgt werden. Auch die in den letzten Jahren verstärkt gegründeten Bürgerstiftungen gehören zu den gemeinnützigen Stiftungen; sie zeichnen sich durch eine Vielzahl von Stiftern aus, was durchaus Anlass zu Zweifeln an dem erforderlichen gemeinsamen Stifterwillen und Stiftungszweck geben kann (näher dazu Schiffer, NJW 2006, 2528, 2529). Zu den verschiedenen Typen der rechtsfähigen Stiftung des Privatrechts s. auch die Erläuterungen ab Rz. 9.

III. Rechtsfähige Stiftung

5 Die rechtsfähige Stiftung des Privatrechts ist geregelt in den **§§ 80 ff. BGB**. Da gem. § 80 Abs. 1 BGB zur Rechtsfähigkeit auch die Anerkennung durch die zuständige Behörde erforderlich ist, sind darüber hinaus die **Stiftungsgesetze der Länder** von Bedeutung. Einschlägig ist das Stiftungsrecht des Bundeslandes, in dem die Stiftung ihren Sitz haben soll (eine Übersicht über die Stiftungsgesetze und die Fundstellen in den jeweiligen Gesetzblättern findet sich bei Palandt/Ellenberger Vorb. vor § 80 BGB Rz. 13).

1. Stiftungsgeschäft

6 Die Errichtung einer Stiftung setzt das Stiftungsgeschäft voraus, das entweder ein **Rechtsgeschäft unter Lebenden** (§ 81 Abs. 1 BGB; vgl. **M 2.1**, **M 2.3**) oder eine **Verfügung von Todes wegen** (§ 83 BGB; vgl. **M 2.4**) ist. Für das Stiftungsgeschäft unter Lebenden ist gem. § 81 Abs. 1 Satz 1 BGB Schriftform (§§ 126, 126a BGB) vorgeschrieben. Ob bei der Einbringung von Grundstücken das Stiftungsgeschäft notariell beurkundet werden muss, ist streitig. Die wohl überwiegende Meinung geht davon aus, dass wie bei anderen einseitigen Erklärungen (testamentarische Verfügungen) die Schriftform genügt (zum Meinungsstand: Erman/O. Werner § 81 BGB Rz. 4). Vertretung beim Stiftungsgeschäft ist möglich (BayObLG NJW-RR 1991, 523, 524). Der Stiftungsakt ist bedingungsfeindlich, kann aber gem. § 81 Abs. 2 Satz 1 BGB bis zur Anerkennung der Stiftung als rechtsfähig widerrufen werden.

7 Die Verfügung von Todes wegen kann Testament oder Erbvertrag sein (BGHZ 70, 313, 321), die Stiftung kann als Erbe eingesetzt oder mit einem Vermächtnis bedacht oder durch eine Auflage begünstigt sein (vgl. OLG Zweibrücken NJW-RR 2000, 815. 817). Der Widerruf eines **Stiftungsgeschäftes von Todes wegen** richtet sich nach den Vorschriften für letztwillige Verfügungen. Das Stiftungsgeschäft muss zweifelsfrei ergeben, dass die Errichtung einer selbstständigen Stiftung gewollt ist.

➲ **Wichtig:** In der Regel werden umfangreiche Vermögenswerte auf Stiftungen übertragen, insbesondere bei Familien- bzw. Unternehmensstiftungen. In der Beratungspraxis sollte deshalb immer an eventuelle Pflichtteilsansprüche gedacht werden.

§ 81 Abs. 1 Satz 3 BGB enthält ferner eine Liste der **Mindestanforderungen der Stiftungssatzung**, 8
welche Bestandteil des Stiftungsgeschäfts sein muss: Name, Sitz, Zweck, Vermögen und Bildung des Vorstandes der Stiftung müssen in der Stiftungssatzung geregelt sein. Ist dies nicht der Fall und lebt der Stifter noch, hat die Stiftungsbehörde den Stifter zu beraten und auf eine Beseitigung der Mängel hinzuwirken. Verstirbt der Stifter, ist gem. § 81 Abs. 1 Satz 4 die Regelung in § 83 Satz 2–4 BGB entsprechend anzuwenden. Die Behörde hat dann die Satzung entsprechend dem Willen des Stifters zu erlassen bzw. zu ergänzen.

2. Stiftungszweck

Der Stifter ist bei der Festlegung des Stiftungszweckes in der Regel frei. Stiftungen können also alle 9
möglichen Zwecke verfolgen, solange diese nicht gemeinwohlgefährdend sind, § 80 Abs. 2 BGB. Meist wird mit den Stiftungen ein gemeinnütziger Zweck verfolgt, insbesondere ein religiöser, wissenschaftlicher, erzieherischer oder wohltätiger. Fremdnützige Stiftungen sehen oft vor, dass eine bestimmte Personengruppe begünstigt werden soll. Diese genussberechtigten Personen werden als **„Destinatäre“** bezeichnet. Fremdnützigen Stiftungen können die privatnützigen Stiftungen gegenübergestellt werden, deren Zweck in der Verfolgung der Interessen eines Privaten oder einzelner Privater liegt.

Zu dieser letztgenannten Gruppe gehören etwa die **Familienstiftungen**. Mit einer solchen Famili- 10
enstiftung soll erreicht werden, dass das Vermögen in der Familie bleibt und nicht auseinander fällt. Zwischenstufen zwischen einer Familienstiftung und einer gemeinnützigen Stiftung sind möglich und weit verbreitet. Das eingesetzte Vermögen wird dann nur zu einem bestimmten Teil für die Familienbegünstigung und zum restlichen Teil gemeinnützig eingesetzt.

Zu den privatnützigen Stiftungen gehören ebenfalls die **Unternehmensstiftungen** (auch als unter- 11
nehmensverbundene Stiftungen bezeichnet). Man unterscheidet dort in der Regel zwischen Unternehmensträgerstiftungen und Beteiligungsstiftungen. Die Trägerstiftung betreibt ein Unternehmen, die Beteiligungsstiftung hält die Beteiligungen an Gesellschaften. Die Stiftung oder auch die Stiftung und Co. KG werden im Bereich der Unternehmensnachfolge als sinnvolle Gestaltung angesehen, weil dadurch die Unternehmensstruktur dauerhaft erhalten werden kann (vgl. dazu Hennerkes/Binz DB 1986, 2217 ff., 2269 ff., 2271).

3. Stiftungsverfassung

Die Stiftungsverfassung ist geregelt in § 85 BGB. Im Mittelpunkt steht dabei die **Stiftungssatzung.** 12
Bei deren **Auslegung** ist der Wille des Stifters zum Zeitpunkt der Errichtung der Satzung zugrunde zu legen (BGH NJW 1994, 184, 185). Eine Änderung der Satzung ist zulässig, wenn sie in der Satzung selbst vorgesehen oder nach Landesrecht erlaubt ist (Palandt/Ellenberger § 85 BGB Rz. 3). In der Regel bedarf die Änderung der Genehmigung der zuständigen Stiftungsbehörde (zB § 6 StiftG Ba-Wü).

Da Stiftungen keine Mitglieder haben, ist der **Vorstand einziges notwendiges Organ** der Stiftung. Die Satzung kann aber weitere Organe mit Kontroll- oder Beratungsfunktion vorsehen. In der Praxis wird hiervon auch reger Gebrauch gemacht. Solche weiteren Organe werden oft als Kuratorium, Beirat oder Stiftungsrat bezeichnet. Ist ein solches zweites Organ vorhanden, müssen die einzelnen Kompetenzen klar abgegrenzt werden, s. dazu **M 2.2.**

4. Anerkennung der Stiftung

Zur Entstehung einer rechtsfähigen Stiftung ist die Anerkennung des Landes erforderlich, in dessen 13
Gebiet die Stiftung ihren Sitz haben soll (§ 80 Abs. 1 BGB). Die Anerkennung ist ein privatrechtsgestaltender Verwaltungsakt und wirkt konstitutiv (Erman/O. Werner § 80 BGB Rz. 6). Die Zuständigkeit für die Anerkennung ist je nach Bundesland unterschiedlich geregelt. Teilweise ist das In-

nenministerium zuständig (zB in Brandenburg, in Bremen [Innensenator], in Mecklenburg-Vorpommern, im Saarland, in Schleswig-Holstein sowie in Thüringen), teilweise das Regierungspräsidium (zB Baden-Württemberg, Hessen, Nordrhein-Westfalen, Sachsen und Sachsen-Anhalt) oder die Bezirksregierung (zB Bayern, Niedersachsen, Rheinland Pfalz). Anerkennungsbehörde in Berlin ist der Senator für Justiz, in Hamburg die Senatskanzlei (eine Übersicht über die zuständigen Anerkennungsbehörden findet sich auch bei Stumpf/Suerbaum/Schulte/Pauli, C Landesstiftungsrecht Rz. 46 ff.).

➲ **Praxistipp:** Es empfiehlt sich, die vorgesehenen Entwürfe (Stiftungsgeschäft und Stiftungssatzung) vorab mit der Stiftungsbehörde durchzusprechen, damit eventuelle Genehmigungshindernisse beseitigt werden können. Bei gemeinnützigen Stiftungen empfiehlt sich darüber hinaus die vorherige Abklärung mit dem Finanzamt.

Ausländische Stiftungen, die nach dem maßgeblichen Recht ihres Landes rechtsfähig sind, sind auch in Deutschland rechtsfähig, ohne dass ein erneutes Anerkennungsverfahren erforderlich wäre. Nicht rechtsfähige ausländische Stiftungen können in Deutschland Rechtsfähigkeit über eine Anerkennung durch das Bundesinnenministerium erwerben (zu den ausländischen Stiftungen vgl. auch Erman/O. Werner § 80 BGB Rz. 14).

Im Falle der **Stiftung von Todes wegen** hat das Nachlassgericht der Anerkennungsbehörde das Stiftungsgeschäft mitzuteilen, wenn die Anerkennung der Stiftung nicht bereits von den Erben oder dem Testamentsvollstrecker beantragt wurde (§ 83 Satz 1 BGB).

5. Vermögensausstattung und -verwaltung

14 Gem. § 80 Abs. 2 BGB besteht ein Rechtsanspruch auf Anerkennung der Stiftung. Die Anerkennung kann nur dann versagt werden, wenn das Stiftungsgeschäft den Anforderungen des § 81 BGB nicht genügt, der Stiftungszweck das Gemeinwohl gefährdet oder die **Vermögensausstattung** nicht ausreichend ist. Wie hoch die Vermögensausstattung sein muss, hängt in erster Linie vom Stiftungszweck ab. Bei einer Vermögensausstattung von weniger als 50 000 Euro empfiehlt sich idR eine vorherige Abklärung mit der Anerkennungsbehörde, denn bei einer Vermögensausstattung von weniger als 50 000 Euro wird die dauernde und nachhaltige Erfüllung des Stiftungszwecks meist ausscheiden (vgl. dazu auch Palandt/Ellenberger § 80 BGB Rz. 5). In solchen Fällen könnte aber eine Verbrauchsstiftung nach M 2.1a in Betracht kommen, die die Verwendung des Stiftungsvermögens für Stiftungszwecke gestattet. Sobald die Stiftung als rechtsfähig anerkannt wird, ist der Stifter verpflichtet, die zugesicherten Vermögenswerte auf die Stiftung zu übertragen. Dabei kommt bei Grundstücken die Form des § 311b BGB nach hM nicht zur Anwendung (Erman/O. Werner, § 81 Rz. 4, aA Palandt/Ellenberger, § 81 Rz. 3)).

➲ **Praxistipp:** Kann der Stifter keine ausreichende Vermögensausstattung für eine rechtsfähige Stiftung aufbringen, kommt immer noch die Gründung einer unselbständigen Stiftung in Betracht.

15 Nach den Stiftungsgesetzen der Länder ist das Stiftungsvermögen zu erhalten, wenn in der Satzung nichts Abweichendes bestimmt ist, vgl. zB § 7 StiftG Ba-Wü. Dies bedeutet eine Pflicht zur Sparsamkeit sowie zur Vermeidung riskanter Geschäfte. Vermögen, das der Stiftung nachträglich zugewendet wird, kann auf zwei Arten verwendet werden: Zum einen können damit unmittelbar Stiftungszwecke gefördert werden, zum anderen kann damit auch das Grundstockvermögen erhöht werden (**Zustiftung**), so dass der Vorteil lediglich mittelbar in der Form von höheren Erträgen in Anspruch genommen werden kann.

6. Stiftungsaufsicht

16 Während ihres Bestehens steht die Stiftung entsprechend den jeweils **einschlägigen landesrechtlichen Regelungen** unter staatlicher Aufsicht. Sie soll in erster Linie bewirken, dass der Stiftungsvorstand den Stiftungszweck auch nachhaltig verfolgt und die Vermögensinteressen der Stiftung wahrnimmt (vgl. dazu auch Staudinger/Rawert Vorbemerkung zu § 80 BGB Rz. 61). So sehen etwa manche Bundesländer in ihren Stiftungsgesetzen Anzeigepflichten für wichtige oder riskante Ge-

schäfte wie beispielsweise Bürgschaftsübernahmen, Grundstücksgeschäfte oder Rechtsgeschäfte der Stiftung mit Organmitgliedern vor (zB § 13 StiftG Ba-Wü oder Art. 27 BayStiftG, dort sogar Genehmigungspflicht).

7. Änderung des Stiftungszwecks

Die Änderung des Stiftungszwecks ist möglich, wenn sie **in der Satzung vorgesehen** ist. Gem. § 87 17
BGB kann auch die zuständige Behörde der Stiftung eine andere Zweckbestimmung geben oder sie aufheben, wenn die Erfüllung des Stiftungszwecks unmöglich geworden ist oder sie das Gemeinwohl gefährdet. Unmöglichkeit liegt vor, wenn das Stiftungsvermögen auf Dauer wegfällt oder wenn die Zweckerfüllung verboten wird (Erman/O. Werner § 87 BGB Rz. 3). Eine Gefährdung des Gemeinwohls ist gegeben, wenn der Stiftungszweck nachträglich mit einfachem Recht oder gar Verfassungsgrundsätzen kollidiert (BVerwG NJW 1998, 2545).

8. Erlöschen der Stiftung

Die Stiftung erlischt durch Zeitablauf, wenn dies im Stiftungsgeschäft vorgesehen ist (Palandt/El- 18
lenberger § 87 BGB Rz. 3), wenn sie von der zuständigen Behörde aufgehoben (§ 87 Abs. 1 BGB) oder aus sonstigen Gründen gem. den Landesstiftungsgesetzen aufgelöst wird. Ferner erlischt die Stiftung, wenn das Insolvenzverfahren eröffnet wird (§ 86 iVm. § 42 Abs. 1 BGB), der Stiftungszweck oder eine in der Satzung festgelegte auflösende Bedingung eintritt, das zuständige Stiftungsorgan die Auflösung beschließt oder die behördliche Genehmigung widerrufen oder zurückgenommen wird. Der Verlust des Stiftungsvermögens führt nicht ohne weiteres zur Auflösung, sondern nur, wenn dadurch die Erreichung des Zwecks unmöglich geworden ist.

Mit dem Erlöschen fällt das **Vermögen** an die in der Verfassung, also insbesondere die in der Stiftungssatzung bestimmten Personen (§ 88 Satz 1 BGB). Fehlt eine solche Regelung, fällt das Vermögen an den Fiskus des Landes, in dem die Stiftung ihren Sitz hat (§ 88 Satz 2 BGB).

Die **Abwicklung** der Stiftung richtet sich nach den Liquidationsvorschriften des Vereinsrechts (§§ 46–53 BGB).

IV. Nicht rechtsfähige (unselbständige) Stiftung

Auch die nicht rechtsfähige (unselbständige) Stiftung erfüllt die oben unter Rz. 1 ff. erörterten 19
Merkmale. Der Stifter verfolgt also einen bestimmten Stiftungszweck, stellt zur Verwirklichung dieses Zwecks Vermögen zur Verfügung und schafft eine Organisation, die sich um die Verwirklichung des Zwecks kümmert. Einziger Unterschied zur rechtsfähigen Stiftung ist die **fehlende eigene Rechtspersönlichkeit** der Stiftung. Die nicht rechtsfähige Stiftung benötigt deshalb einen treuhänderisch gebundenen Rechtsträger, dem vertraglich oder durch Verfügung von Todes wegen das Vermögen mit der Maßgabe übertragen wird, es entsprechend dem festgelegten Zweck zu verwalten.

Anwendbar ist das Schuld- und Erbrecht des BGB. Ob daneben auch das Stiftungsrecht auf die nicht rechtsfähigen Stiftungen entsprechend angewendet werden kann, ist streitig. Das Reichsgericht hat eine entsprechende Anwendbarkeit verneint (RGZ 105, 305, 306). Die Literatur geht jedoch zunehmend davon aus, dass zumindest § 87 BGB (Befugnis der Behörde zur Zweckänderung und Aufhebung) entsprechend anwendbar sein soll (Soergel/Neuhoff vor § 80 BGB Rz. 30).

Eine nicht rechtsfähige Stiftung kann in unterschiedlicher Weise **errichtet** werden. Insbesondere 20
kommen in Betracht:

- Verfügung von Todes wegen (Testament unter Auflagen oder Vermächtnis mit Auflagen) oder Erbvertrag;
- Schenkung eines Vermögens(teiles) unter Auflagen; die Auflagen können dann den Zweck und die Organisation der Stiftung enthalten;
- Abschluss eines Treuhandvertrages zur Begründung einer uneigennützigen Verwaltungstreuhand zu Stiftungszwecken, wobei hier bei unvollständigen Regelungen ggf. Auftragsrecht zugrunde gelegt werden kann;

- durch Absonderungserklärung von Vermögensteilen beispielsweise eines Unternehmens oder einer öffentlich-rechtlichen Körperschaft mit einer Stiftungssatzung und eigener Stiftungsverwaltung zur Erfüllung eines Stiftungszwecks.

21 Auch für eine unselbständige Stiftung darf das Wort „Stiftung“ im Namen geführt werden. Es ist also eine Stiftung GmbH oder Stiftung e.V. möglich. Allerdings muss eine treuhänderische Bindung bestehen (Palandt/Ellenberger vor § 80 Rz. 10).

M 2.1 Errichtung einer Stiftung unter Lebenden, Stiftungsgeschäft und einfache Stiftungssatzung[1]

Hiermit errichte ich, ... (Name, Anschrift), die „...-Stiftung" als rechtsfähige Stiftung bürgerlichen Rechts mit Sitz in ...

Zweck der Stiftung ist der Schutz der Kreuzotter, insbesondere die Erhaltung von Lebensräumen der Kreuzottern sowie die finanzielle Unterstützung von Personen oder Institutionen, die sich um den Fortbestand der Kreuzottern kümmern. Organ der Stiftung ist der Vorstand[2]*.*

Die Stiftung erhält folgende Vermögensausstattung:

Einen Kapitalbetrag iHv. 100 000 Euro in bar[3]*.*

Der Stiftung gebe ich die nachfolgende Satzung:

... (Ort/Datum)

(Unterschrift)

Satzung der ...-Stiftung

§ 1 Name, Sitz und Rechtsform

Die Stiftung führt den Namen „...". Sie hat ihren Sitz in ...[4] *und ist eine rechtsfähige Stiftung des bürgerlichen Rechts.*

§ 2 Zweck der Stiftung

Zweck der Stiftung ist es, den Bestand der Kreuzottern nachhaltig zu sichern oder gar zu erhöhen. Hierzu sollen insbesondere

- *Gebiete, die den Kreuzottern als Lebensraum dienen, erhalten und geschützt werden;*
- *Personen und Institutionen, die sich um den Schutz der Kreuzottern bemühen, finanziell unterstützt werden.*

§ 3 Gemeinnützigkeit[5]

(1) Die Stiftung verfolgt ausschließlich und unmittelbar gemeinnützige Zwecke im Sinne der Abgabenordnung.

1 Gem. § 81 Abs. 1 Satz 1 BGB ist schriftliche Form vorgeschrieben. Zur Form, wenn Grundstücke übertragen werden und zum sonstigen Inhalt s. Rz. 6 f.

2 Oft wird der erste Vorstand vom Stifter bestellt. Es ist selbstverständlich möglich, die als Vorstand vorgesehenen Personen im Stiftungsgeschäft zu nennen. Auch der Stifter selbst kann dem Vorstand der Stiftung angehören.

3 Der Kapitalbetrag ist der Stiftung zur Verfügung zu stellen, sobald sie von der zuständigen Behörde anerkannt und somit rechtsfähig geworden ist.

4 Der Sitz ist ausschlaggebend dafür, welche Behörde für die Anerkennung der Stiftung zuständig ist. Ist kein Sitz bestimmt, ist die Behörde des Landes zuständig, in dem die Verwaltung der Stiftung geführt wird.

5 Ebenso wie beim Verein empfiehlt es sich auch bei der Stiftung, die Gemeinnützigkeit im Vorfeld mit dem Finanzamt abzuklären.

(2) Die Stiftung ist selbstlos tätig. Sie verfolgt nicht in erster Linie eigenwirtschaftliche Zwecke. Die Mittel der Stiftung dürfen nur für die satzungsmäßigen Zwecke verwendet werden. Keine Person darf durch Ausgaben, die dem Zweck der Stiftung fremd sind, oder durch unverhältnismäßig hohe Unterstützungen begünstigt werden.

§ 4 Vermögen der Stiftung

(1) Die Stiftung ist mit dem im Stiftungsgeschäft näher bestimmten Vermögen ausgestattet.

(2) Das Stiftungsvermögen ist in seinem Bestand grundsätzlich ungeschmälert zu erhalten.

(3) Das Stiftungsvermögen kann durch Zustiftungen erhöht werden. Nicht ausdrücklich als Zustiftung bezeichnete Zuwendungen dienen unmittelbar den Satzungszwecken.

§ 5 Leistungen der Stiftung

Ein Anspruch auf Leistungen der Stiftung besteht nicht. Bei der Verteilung der Stiftungsmittel handelt der Vorstand nach pflichtgemäßem Ermessen[6]*.*

§ 6 Stiftungsvorstand[7, 8]

(1) Organ der Stiftung ist der Stiftungsvorstand. Der Vorstand besteht aus drei Personen, die für die Dauer von fünf Jahren bestellt werden. Der erste Vorstand wird vom Stifter bestellt. Danach wird der Vorstand mit einfacher Mehrheit durch die bisherigen Vorstandsmitglieder bestimmt. Wiederwahl ist möglich. Bei Stimmengleichheit entscheidet die Stimme des Vorsitzenden.

(2) Der Vorstand ist beschlussfähig, wenn mindestens zwei Mitglieder anwesend sind.

(3) Der Vorstand wählt aus seiner Mitte einen Vorsitzenden.

(4) Die Mitglieder des Vorstands üben ihr Amt ehrenamtlich aus. Die notwendigen Auslagen werden den Vorstandsmitgliedern erstattet.

(5) Die Stiftung wird durch den Vorsitzenden des Vorstands gemeinschaftlich mit einem weiteren Vorstandsmitglied gerichtlich und außergerichtlich vertreten.

§ 7 Satzungs- und Zweckänderungen[9]

Beschlüsse über Satzungsänderungen und Beschlüsse über die Änderung des Stiftungszwecks können vom Vorstand einstimmig beschlossen werden. Die Gemeinnützigkeit der Stiftung darf jedoch nicht beeinträchtigt oder aufgehoben werden.

§ 8 Auflösung der Stiftung[10]

Im Falle der Auflösung der Stiftung ist das Vermögen der Stiftung durch Beschluss des Vorstands einer anderen gemeinnützigen Organisation, die sich um den Schutz der heimischen Tierwelt kümmert, zu übertragen.

---

6 Bei dieser Formulierung ist eine Bindung der Stiftung bspw. aus Art. 3 GG ausgeschlossen. Klagbare Ansprüche für Destinatäre ergeben sich nur aufgrund entsprechender, eindeutiger Regelungen in der Stiftungssatzung (BGHZ 99, 344, 352).

7 Dieses einfache Muster sieht den Vorstand als alleiniges Organ der Stiftung vor. Dies hält einerseits die Verwaltung schlank, birgt andererseits aber auch die Gefahr, dass der Vorstand sich mangels eines Überwachungsorgans vom Stifterwillen entfernt oder sich gar persönliche Vorteile verschafft.

8 Die Bezeichnung des Vorstandes ist nicht einheitlich. Auch der Vorstand wird teilweise (wie der Beirat) als Stiftungsrat oder Kuratorium bezeichnet.

9 Satzungsänderungen müssen, auch wenn sie wie hier in der Satzung vorgesehen sind, zur Verwirklichung des Stifterwillens notwendig sein und den Stifterwillen berücksichtigen.

10 Eine solche Regelung empfiehlt sich wegen § 88 BGB. Bei Fehlen einer solchen Regelung würde das Vermögen der Stiftung an das jeweilige Bundesland fallen.

M 2.1a Errichtung einer Verbrauchsstiftung unter Lebenden

*Stiftungsgeschäft wie bei Muster **M 2.1** mit folgendem Zusatz:*

„Die Stiftung wird gemäß der beigefügten Satzung als Verbrauchsstiftung nach § 80 Abs. 2 Satz 2 BGB errichtet."

*Stiftungssatzung wie bei Muster **M 2.1** mit abweichend formulierten § 4 und § 8:*

§ 4 Vermögen der Stiftung

(1) Die Stiftung ist bei der Errichtung mit dem im Stiftungsgeschäft näher bestimmten Vermögen ausgestattet. Das Stiftungsvermögen ist vorbehaltlich des Abs. 2 ungeschmälert zu erhalten.

(2) Von dem Stiftungsvermögen können jährlich bis zu 20 % für Stiftungszwecke verbraucht werden, insgesamt allerdings nur so viel, dass nach Ablauf des zehnten Jahres nach Errichtung der Stiftung noch 20 % des Stiftungsvermögens übrig sind. Der übrig bleibende Rest kann danach ohne zeitliche Vorgabe vollständig verbraucht werden[1].

(3) Das Stiftungsvermögen kann durch Zustiftungen erhöht werden. Nicht ausdrücklich als Zustiftung bezeichnete Zuwendungen dienen unmittelbar den Satzungszwecken.

§ 8 Auflösung der Stiftung

(1) Vermindert sich das Stiftungsvermögen auf unter 5 % des ursprünglichen Stiftungsvermögens, so hat der Vorstand unverzüglich einen Auflösungsbeschluss zu fassen.

(2) Im Falle der Auflösung der Stiftung ist das noch verbleibende Vermögen der Stiftung durch Beschluss des Vorstands einer anderen gemeinnützigen Organisation, die sich um den Schutz der heimischen Tierwelt kümmert, zu übertragen.

1 Die Notwendigkeit der mindestens 10-jährigen Bindung ergibt sich aus § 80 Abs. 2 Satz 2 BGB. Alternativ zu dieser Regelung könnte natürlich auch eine gleichbleibende jährliche Inanspruchnahme des Stiftungsvermögens vorgesehen werden, sofern dabei eine mindestens 10-jährige Zweckverwirklichung gesichert ist.

M 2.2 Errichtung einer rechtsfähigen Stiftung unter Lebenden, Stiftungsgeschäft und umfangreiche Stiftungssatzung mit Beirat

Hiermit errichten wir, . . . (Namen, Anschriften), die „Stiftung . . ." als rechtsfähige Stiftung bürgerlichen Rechts gem. § 80 BGB.

Zweck der Stiftung ist die Unterstützung begabter junger Musiker durch die Gewährung von Ausbildungsbeihilfen, die Vergabe von Stipendien, die Unterstützung bei musikalischen Produktionen oder Wettbewerben sowie die Verleihung von Preisen. Die Stiftung hat ihren Sitz in . . . Organe der Stiftung sind der Vorstand und der Beirat.

Wir wenden der Stiftung aus unseren Mitteln zu:

a) einen Kapitalbetrag von 100 000 Euro. Dieser Kapitalbetrag wird von . . . (Name) erbracht[1].

b) 5000 Aktien der . . ., zum Nennwert von 50 Euro je Stück, gegenwärtiger Marktwert insgesamt ca. 300 000 Euro. Die Aktien werden von . . . (Name) erbracht[2].

Der Stiftung geben wir die nachstehende Satzung.

. . . (Ort/Datum)

(Unterschriften)

1 Beim Fehlen einer solchen Regelung würden beide Stifter für die zugesagten Vermögenswerte gesamtschuldnerisch haften.

2 Der hier vorgesehene Wert der Vermögensausstattung ist sicherlich ausreichend. Zu dem erforderlichen Umfang der Vermögensausstattung s. Rz. 14.

Satzung der „Stiftung . . .", . . . (Ort)

§ 1 Name, Sitz und Rechtsform

Die Stiftung führt den Namen „. . .". Sitz der Stiftung ist . . . Sie wird als rechtsfähige Stiftung bürgerlichen Rechts gegründet.

§ 2 Zweck der Stiftung und Gemeinnützigkeit

(1) Zweck der Stiftung ist die Förderung junger Musiker im Bereich der symphonischen Musik. Talentierte junge Musiker sollen die Möglichkeit erhalten, sich durch gezielte Maßnahmen im Bereich der symphonischen Musik weiterzubilden und dadurch zum Erhalt der symphonischen Musik beitragen.

Dieser Zweck soll insbesondere durch folgende Maßnahmen erreicht werden:

- *Unterstützung talentierter Musiker durch einmalige oder laufende Zuwendungen*
- *Gewährung von Ausbildungsbeihilfen oder Stipendien*
- *Zuwendungen für musikalische Produktionen*
- *Durchführung von Musikwettbewerben*
- *Verleihung von Musikpreisen*

(2) Die Stiftung verfolgt ausschließlich und unmittelbar gemeinnützige Weise im Sinne des Abschnitts „Steuerbegünstigte Zwecke" der Abgabenordnung. Die Stiftung ist selbstlos tätig. Die Mittel der Stiftung dürfen nur für die satzungsmäßigen Zwecke verwendet werden. Die Stiftung verfolgt nicht in erster Linie eigenwirtschaftliche Zwecke. Sie darf keine juristische oder natürliche Person durch Ausgaben, die dem Zweck der Stiftung fremd sind, oder durch unverhältnismäßig hohe Unterstützungen, Zuwendungen oder Vergütungen begünstigen.

§ 3 Stiftungsvermögen

(1) Das Stiftungsvermögen besteht zum Zeitpunkt der Unterzeichnung des Stiftungsgeschäfts aus folgendem Vermögen:

1. *einem Kapitalbetrag von 100 000 Euro in bar.*
2. *5000 Aktien der . . . im Nennwert von je 50 Euro.*

(2) Zustiftungen und andere Zuwendungen Dritter fließen dem Stiftungsvermögen zu, soweit sie hierfür bestimmt sind. Im Zweifel ist von einer solchen Zweckbestimmung auszugehen[3].

(3) Das in Abs. 1 genannte Stiftungsvermögen bildet einen Kapitalgrundstock und ist ungeschmälert in seinem Wert zu erhalten. Etwaige Abflüsse oder Wertverringerungen sind schnellstmöglich auszugleichen[4].

§ 4 Stiftungsmittel

(1) Die Stiftung erfüllt ihre Aufgaben

1. *aus den Erträgen des Stiftungsvermögens*
2. *aus sonstigen Zuwendungen, die nicht zur Aufstockung des Stiftungsvermögens zu verwenden sind.*

(2) Die Mittel dürfen ausschließlich für satzungsmäßige Zwecke verwendet werden.

3 Selbstverständlich ist es auch möglich, Zuwendungen ohne Zweckbestimmung nicht dem Grundstockvermögen zuzuwenden, sondern diese direkt für Stiftungszwecke zu verwenden (wie im Muster **M 2.1**). Alternativ wäre es auch möglich, dass der Beirat über die Verwendung dieser Gelder bestimmt. Formulierungsvorschlag: *„Zuwendungen ohne Zweckbestimmung können dem Stiftungsvermögen zugeführt werden. Die Entscheidung hierüber trifft der Beirat."*

4 Alternativ kann auch vorgesehen werden, dass das Grundstockvermögen teilweise in Anspruch genommen werden kann. Hier ist beispielsweise folgende Regelung denkbar: *„Zur Erfüllung des Stiftungszwecks kann das Stiftungsvermögen bis zu 20 % seines Wertes in Anspruch genommen werden. Macht die Stiftung von dieser Möglichkeit Gebrauch, so sind bis spätestens zum Ablauf von fünf Jahren aus den Erträgen Mittel in gleicher Höhe in das Stiftungsvermögen zurückzuführen."*

(3) Die Rücklagenbildung ist zulässig, soweit damit die satzungsmäßigen Zwecke verfolgt werden und soweit damit konkrete inhaltlich festgelegte Maßnahmen verbunden sind.

§ 5 Leistungen der Stiftung

Ein Anspruch auf Leistungen der Stiftung besteht nicht. Bei der Verteilung der Stiftungsmittel handelt der Vorstand nach pflichtgemäßem Ermessen.

§ 6 Organe[5]

Organe der Stiftung sind der Vorstand (§ 7) sowie der Beirat (§ 9)[6].

§ 7 Vorstand

(1) Der Vorstand besteht aus dem Vorsitzenden, seinem Stellvertreter sowie einem weiteren Mitglied. Er wird für die Dauer von vier Jahren bestellt.

(2) Die ersten Mitglieder des Vorstandes sowie der Erste Vorsitzende des Vorstandes und dessen Stellvertreter werden von den Stiftern berufen[7]*. Danach werden der Erste und der stellvertretende Vorsitzende sowie die weiteren Mitglieder des Vorstandes vom Beirat berufen.*

(3) Die Tätigkeit der Vorstandsmitglieder erfolgt ehrenamtlich. Zur Deckung ihrer Auslagen erhalten sie eine Aufwandsentschädigung zuzüglich einer angemessenen Zeitvergütung. Darüber hinaus dürfen den Vorstandsmitgliedern keine Vermögensvorteile zugewendet werden.

(4) Der Vorstand trifft seine Entscheidungen einstimmig. Er soll mindestens einmal im Jahr zu einer Sitzung zusammenkommen. Die Einberufung erfolgt durch den Vorsitzenden des Vorstands[8].

(5) Der Vorstand ist beschlussfähig, wenn mehr als die Hälfte der Vorstandsmitglieder erschienen sind.

§ 8 Aufgaben des Vorstands

(1) Der Vorstand vertritt die Stiftung gerichtlich und außergerichtlich. Jeweils zwei Vorstandsmitglieder sind gemeinsam zur Vertretung berechtigt.

(2) Der Vorstand verwaltet die Stiftung unter Berücksichtigung des Stiftungszweckes und der Grundsätze einer sparsamen Wirtschaftsführung. Der Vorstand hat insbesondere folgende Aufgaben:

1. *die Verwaltung des Stiftungsvermögens einschließlich der Führung der Bücher und der Aufstellung des Jahresabschlusses*[9]*;*
2. *Vorbereitung der Beschlüsse des Beirats, insbesondere die Prüfung der Förderungswürdigkeit einzelner Projekte;*
3. *Durchführung der Beschlüsse des Beirats;*
4. *alle sonstigen Geschäfte der laufenden Verwaltung, die für die Stiftung keine grundsätzliche Bedeutung haben.*

---

5 **M 2.2** sieht zwei Stiftungsorgane vor. Der hiermit verbundene Aufwand wird regelmäßig nur bei etwas größeren Stiftungen in einem angemessenen Verhältnis zu den sich daraus ergebenden positiven Wirkungen stehen.

6 Ggf. kann als weiteres Organ noch ein Geschäftsführer in der Satzung vorgesehen werden. Die Bestellung eines Geschäftsführers kann insbesondere dann sinnvoll sein, wenn sich der Vorstand von den laufenden Aufgaben entlasten will. So können dem Geschäftsführer beispielsweise die Sitzungsvorbereitung für Vorstand und Beirat sowie die Vorbereitung der Entscheidungen über die Vergabe der Stiftungsmittel übertragen werden. Eine detaillierte Kompetenzabgrenzung in der Satzung empfiehlt sich. Selbstverständlich kann ein Geschäftsführer auch angestellt werden, ohne dass er Organstellung haben muss.

7 Falls die Stifter eine dauerhafte Repräsentation ihrer Familie im Vorstand wünschen, kann hier ggf. noch eine Regelung eingefügt werden, dass die der Stifterfamilie angehörenden Vorstandsmitglieder ihren Nachfolger selbst berufen.

8 Alternativ durch den Geschäftsführer, falls ein solcher bestellt ist.

9 Selbstverständlich können hierzu auch noch weitergehende Regelungen getroffen werden, beispielsweise die Aufstellung einer Finanzplanung.

§ 9 Beirat[10]

(1) Der Beirat besteht aus

1. *zwei ordentlichen Professoren einer deutschen Musikhochschule,*
2. *zwei Dirigenten eines deutschen Symphonieorchesters,*
3. *dem Geschäftsführer oder einem sonstigen leitenden Angestellten eines auf symphonische Musik spezialisierten Schallplattenverlages*[11].

(2) Die ersten Mitglieder des Beirats werden von den Stiftern benannt. Die Amtszeit der Beiratsmitglieder beträgt vier Jahre. Wiederwahl ist zulässig. Die Wahl erfolgt durch die übrigen Mitglieder des Beirats, wobei mindestens drei Beiratsmitglieder für den Kandidaten stimmen müssen.

(3) Der Beirat wählt aus seiner Mitte einen Vorsitzenden und für den Fall seiner Verhinderung einen Stellvertreter. Der Beirat gibt sich eine Geschäftsordnung. Er kommt mindestens zweimal im Jahr zu Sitzungen zusammen.

(4) Der Vorstand nimmt an den Sitzungen des Beirats teil.

§ 10 Aufgaben des Beirats

(1) Der Beirat legt die Grundsätze der Arbeit der Stiftung im Rahmen des Stiftungszwecks fest und überwacht deren Einhaltung und Umsetzung durch den Vorstand.

(2) Der Beirat entscheidet in allen grundsätzlichen Angelegenheiten. Er beschließt insbesondere über:

1. *die Vergabe der Stiftungsmittel*
2. *den vom Vorstand aufgestellten Jahresabschluss*
3. *die Berufung oder Abberufung der Mitglieder des Stiftungsvorstandes*
4. *die Wahl der Beiratsmitglieder*
5. *die Änderung der Stiftungssatzung.*

§ 11 Satzungsänderungen

(1) Satzungsänderungen sind zulässig, soweit sie unter Berücksichtigung des Stifterwillens zur Anpassung an veränderte Verhältnisse erforderlich erscheinen. Soweit der Stiftungszweck geändert werden soll, ist dies nur möglich, wenn auch der neue Stiftungszweck ein gemeinnütziger ist.

(2) Satzungsändernde Beschlüsse und Änderungen des Stiftungszwecks bedürfen einer Mehrheit von mindestens 80 % aller Mitglieder des Beirats.

§ 12 Auflösung der Stiftung

(1) Die Auflösung der Stiftung kann nur erfolgen, wenn nach den eingetretenen Verhältnissen eine Verwirklichung des Stiftungszwecks ausgeschlossen erscheint.

(2) Über die Auflösung beschließt der Beirat. Die Auflösung kann nur einstimmig beschlossen werden.

(3) Im Falle der Auflösung der Stiftung fällt das Stiftungsvermögen an die Musikhochschule in Altdorf, die es entsprechend dem Stiftungszweck zu verwenden hat.

---

10 In diesem Muster hat der Beirat nicht nur repräsentative und beratende Funktion. Er ist als echtes Aufsichtsorgan ähnlich einem Aufsichtsrat ausgestaltet.

11 Alternativ wäre es auch möglich, Beiratsmitglieder kraft Amtes zu bestellen, also zB den jeweiligen Dirigenten eines bestimmten Symphonieorchesters.

M 2.3 Familienstiftung[1]

Stiftungsgeschäft und Stiftungssatzung

Hiermit gründe ich, ... (Name, Anschrift), die „... Familienstiftung" als rechtsfähige Stiftung bürgerlichen Rechts mit Sitz in ...

Zweck der Stiftung ist die Unterstützung der ehelichen Abkömmlinge[2] des Stifters sowie deren jeweilige Abkömmlinge. Insbesondere soll deren angemessener Lebensunterhalt gesichert sowie Ausbildung und Weiterbildung gefördert werden[3].

Die Stiftung erhält folgende Vermögensausstattung: Einen Geschäftsanteil im Nennwert von 50 000 Euro an der ... GmbH.

Organe der Stiftung sind der Vorstand und der Familienrat.

... (Ort/Datum)

(Unterschrift)

Satzung der ... Familienstiftung

§ 1 Name, Rechtsform, Sitz

(1) Die Stiftung führt den Namen „... Familienstiftung".

(2) Die Stiftung ist eine rechtsfähige Stiftung des bürgerlichen Rechts.

(3) Sitz der Stiftung ist ...

§ 2 Stiftungszweck

Zweck der Stiftung ist die Unterstützung der ehelichen Abkömmlinge des Stifters sowie deren jeweilige Abkömmlinge. Insbesondere soll deren angemessener Lebensunterhalt gesichert sowie Ausbildung und Weiterbildung gefördert werden.

§ 3 Stiftungsvermögen

(1) Das Vermögen der Stiftung besteht zum Zeitpunkt der Errichtung aus einem Geschäftsanteil an der ... GmbH im Nennbetrag von 50 000 Euro.

(2) Zuwendungen der Stifter oder Dritter wachsen dem Stiftungsvermögen zu, sofern die Zuwendungen ausdrücklich dazu bestimmt sind.

§ 4 Leistungen der Stiftung

(1) Die Abkömmlinge des Stifters haben einen Anspruch auf Leistungen der Stiftung.

(2) Über die Verteilung der Leistungen entscheidet der Familienrat.

§ 5 Stiftungsorgane

Organe der Stiftung sind der Vorstand und der Familienrat.

§ 6 Vorstand

(1) Der Vorstand besteht aus dem Vorsitzenden, seinem Stellvertreter sowie einem weiteren Vorstandsmitglied. Die ersten Vorstandsmitglieder werden vom Stifter bestimmt. Danach werden die

1 Für Familienstiftungen gelten in den Stiftungsgesetzen einiger Länder Erleichterungen hinsichtlich der Genehmigung und der Aufsicht.

2 Die Bestimmung der bezugsberechtigten Personen ist Sache des Stifters. Er ist hier nicht an Art. 3 GG gebunden und kann deshalb beispielsweise nach Geschlecht oder Religionszugehörigkeit differenzieren.

3 Verbreitet ist auch eine Regelung, nach der aus dem Stiftungsvermögen das Grab des Stifters zu pflegen ist. Außerdem kann der Zweck der Unterstützung von Familienmitgliedern auch mit gemeinnützigen Zwecken kombiniert werden.

Vorstandsmitglieder vom Familienrat gewählt. Der Vorstand soll nicht aus Familienmitgliedern bestehen.

(2) Die Amtszeit der Vorstandsmitglieder beträgt fünf Jahre. Wiederwahl ist zulässig.

§ 7 Aufgaben des Vorstands

(1) Der Vorstand vertritt die Stiftung gerichtlich und außergerichtlich. Vertretungsberechtigt sind zwei Vorstandsmitglieder gemeinschaftlich.

(2) Der Vorstand hat folgende Aufgaben:

1. *Verwaltung des Stiftungsvermögens*
2. *Vorbereitung und Ausführung der Beschlüsse des Familienrates*
3. *Aufstellung eines Einnahmen- und Ausgabenplans*
4. *Aufstellung eines Jahresabschlusses*
5. *Vorbereitung der Sitzungen des Familienrates.*

§ 8 Familienrat

(1) Der Familienrat umfasst fünf Mitglieder. Dem ersten Familienrat gehören der Stifter und seine Ehefrau sowie deren gemeinsame Abkömmlinge auf Lebenszeit an. Sie bestimmen ihre Nachfolger testamentarisch. Sofern die testamentarische Bestimmung unterbleibt, werden die Nachfolger verstorbener Familienbeiratsmitglieder mehrheitlich durch die übrigen Familienratsmitglieder gewählt[4]*.*

(2) Der Familienrat kommt mindestens einmal jährlich zu einer Sitzung zusammen und fasst Beschlüsse mit einfacher Mehrheit. Das Nähere regelt eine Geschäftsordnung, die sich der Familienrat in der ersten Sitzung zu geben hat.

§ 9 Aufgaben des Familienrats

Der Familienrat hat folgende Aufgaben:

1. *Überwachung und Entlastung des Vorstandes*
2. *Feststellung des Jahresabschlusses*
3. *Beschlussfassung über die Vergabe von Zuwendungen*
4. *Satzungsänderungen und Auflösung der Stiftung.*

§ 10 Satzungsänderungen und Auflösung

(1) Der Familienrat kann Satzungsänderungen nur einstimmig beschließen. Die Auflösung der Stiftung kann ebenfalls nur einstimmig beschlossen werden. Im Fall der Auflösung der Stiftung ist die Hälfte des Stiftungsvermögens zu gleichen Teilen an die noch lebenden Abkömmlinge des Stifters zu verteilen. Die andere Hälfte ist gemeinnützigen Zwecken zuzuführen[5]*.*

---

4 Selbstverständlich sind hier auch andere Regelungen möglich. Es sollte allerdings gewährleistet sein, dass jeder Familienstamm vertreten ist.

5 Diese Regelung soll dazu dienen, dass die Stiftung nach dem Tod des Stifters nur unter finanziellem Verzicht der Abkömmlinge aufgelöst werden kann.

M 2.4 Errichtung einer Stiftung, Stiftungsgeschäft durch Testament[1]

Hiermit treffe ich, . . . (Name, Anschrift), folgende letztwillige Verfügung:

1. *Zu meinen Erben bestimme ich meine Ehefrau . . . und meine beiden Kinder . . . je zu einem Drittel*[2].
2. *Ich errichte durch Vermächtnis die „. . . Stiftung", die den Zweck verfolgen soll, Waisenkindern bspw. durch Unterstützung von Heimen oder Familien, die Waisenkinder bei sich aufnehmen, eine Zukunft zu ermöglichen. Zur Erfüllung dieser Zwecke vermache ich der Stiftung meine beiden Mehrfamilienhäuser in . . . (Anschrift).*
3. *Zum Testamentsvollstrecker und ersten Vorstand der Stiftung ernenne ich . . . (Name, Anschrift). Er wird von den Beschränkungen des § 181 BGB befreit. Er ist befugt und verpflichtet, den Antrag auf Anerkennung der Stiftung bei der zuständigen Stiftungsbehörde zu stellen und die nachstehende Satzung zu ändern, soweit dies zur Erlangung der Anerkennung oder für den Eintritt steuerlicher Vergünstigungen erforderlich ist.*

Die Stiftung soll folgende Satzung erhalten:

Satzung entsprechend ***M 2.1*** und ***M 2.2.***

1 Das hier dargestellte Muster sieht die Stiftung als Vermächtnisnehmer vor. Stiftungen können aber durchaus auch als Erben, Mit-, Vor-, Nach- oder Ersatzerben eingesetzt werden. In der Beratung sollten dann allerdings Pflichtteilsansprüche nicht übersehen werden. Selbstverständlich sind auch die erbrechtlichen Formerfordernisse zu beachten.

2 Soll eine Erbeinsetzung erfolgen, ist hier zu formulieren: *„Zu meinem Erben bestimme ich die . . .-Stiftung, die als Stiftung bürgerlichen Rechts gegründet werden soll.*

M 2.5 Antrag auf Anerkennung der Stiftung

An das Regierungspräsidium/Innenministerium/Senator[1]

Betr.: Anerkennung der . . . Stiftung gem. § 80 BGB

Anbei überreichen wir Ihnen Stiftungsgeschäft, Stiftungssatzung, die Zustimmungserklärungen der ersten Organmitglieder sowie Nachweise über das Vorhandensein des zukünftigen Stiftungsvermögens[2].

Die Stiftung soll ihren Sitz in . . . (Anschrift) haben.

Hiermit beantragen wir,

die bezeichnete Stiftung gem. § 80 BGB anzuerkennen.

Für eine kurzfristige Entscheidung wären wir dankbar.

(Unterschrift[3]*)*

1 Zu den zuständigen Behörden s. Rz. 13.

2 Die Nachweise werden von den Stiftungsbehörden in der Regel gefordert. Die Zustimmungserklärungen beschleunigen das Verfahren, weil die zuständige Behörde auf diese Weise nicht selbst bei den vorgesehenen Organmitgliedern nachfragen muss. Sollte der Testamentsvollstrecker bei einer Stiftungserrichtung von Todes wegen die Anerkennung der Stiftung betreiben, muss zusätzlich das Testamentsvollstreckerzeugnis sowie das Testament überreicht werden.

3 Der Antrag auf Anerkennung der Stiftung muss unterschrieben sein.

M 2.6 Nicht rechtsfähige (unselbständige) Stiftung, Errichtung durch Vermächtnis

(Testament – Auszug)

...

Hiermit treffe ich, ... (Name, Anschrift), folgende letztwillige Verfügung:

...

Ferner setze ich folgendes Vermächtnis ein:

Die Universität Altdorf erhält einen Betrag iHv. 100 000 Euro. Mit dieser Zuwendung soll eine unselbständige Stiftung mit dem Namen ...-Stiftung errichtet werden. Zweck ist die Unterstützung der medizinischen Forschung im molekularbiologischen Bereich durch Gewährung von Stipendien an hochbegabte Studenten und Doktoranden. Näheres regelt die in der Anlage beigefügte Satzung.

...

M 2.7 Nicht rechtsfähige Stiftung, Errichtung durch Verwaltungstreuhand

Treuhandvertrag

Zwischen

... (Name, Anschrift)

– nachfolgend als Stifter bezeichnet –

und

der Gemeinde ... (Name, Anschrift), vertreten durch den Bürgermeister ... (Name),
– nachfolgend als Treuhänder bezeichnet –

wird folgende Vereinbarung getroffen.

§ 1

Der Stifter verpflichtet sich, die ...-Stiftung als nicht rechtsfähige Stiftung zu gründen. Die Stiftung verfolgt den Zweck, ein Obdachlosenheim in ... (Ort) zu errichten.

§ 2

Zur Verwirklichung dieses Zwecks verpflichtet sich der Stifter, dem Treuhänder einen Betrag iHv. 700 000 Euro in bar zu übertragen.

§ 3

Der Treuhänder verpflichtet sich, das Stiftungsvermögen ausschließlich zur Errichtung eines Obdachlosenheimes und zu dessen laufender Unterhaltung zu verwenden.

§ 4

Der Treuhänder verpflichtet sich weiter, das Obdachlosenheim als „...-Heim" zu benennen.

§ 5

Die nähere Ausgestaltung regelt die dieser Vereinbarung als Anlage beigefügte Satzung[1].

1 Zum Inhalt der Satzung kann auf die obigen Muster verwiesen werden mit der Maßgabe, dass Regelungen zur Rechtsfähigkeit bzw. Anerkennung nicht erforderlich sind. Bei der Ausgestaltung ist der Stifter bzw. sind die Parteien des Treuhandvertrages weitestgehend frei. Meist wird sich der Stifter im Vorstand oder im Stiftungsrat ein Mitspracherecht sichern. Vgl. zu den notwendigen Satzungs-/Stiftungssatzungsbestimmungen im Hinblick auf die das steuerliche Gemeinnützigkeitsrecht betreffenden Regelungen auch **Anlage 1 zu § 60 AO.**

§ 6

Sollte der Bau eines Obdachlosenheimes aus welchen Gründen auch immer scheitern, wird die Gemeinde das Geld für andere gemeinnützige Zwecke verwenden und ein anderes öffentliches Gebäude nach dem Stifter benennen.

. . . (Ort/Datum)

(Unterschrift Stifter)

(Unterschrift Gemeindevertreter, Bürgermeister)

V. Stiftungen und Steuern

Literatur: *Buchna/Seeger/Brox*, Gemeinnützigkeit im Steuerrecht – Die steuerliche Begünstigung für Vereine, Stiftungen und andere Körperschaften, 2010; *Leisner*, Die mildtätige Familienstiftung, DB 2005, 2434; *Orth*, Stiftungen und Unternehmenssteuerreform, DStR 2001, 325; *Schäfers/Walz*, Stiftungssteuerreform im Gemeinnützigkeitsrecht, FR 2002, 499; *Söffing/Thoma*, Gemeinnützigkeits- und Stiftungsrecht, ErbStB 2005, 184, Einbindung einer gemeinnützigen Stiftung in die Nachfolgeplanung, ErbStB 2005, 212; Die unternehmensverbundene Stiftung, ErbStB 2005, 315.

22 Die **steuerlichen Fragen** im Zusammenhang mit **Stiftungen** sind vielfältiger als bei (gemeinnützigen) Vereinen (hierzu Kap. 1 Rz. 21 ff. nebst Mustern), da bei Stiftungen stets der Bereich der Stifter (und ihrer Familie) und der durch die Stiftung Begünstigten (Destinatäre) hinzutritt. Die (steuerliche) Berücksichtigung dieses Bereiches ist grundsätzlich immer gesellschaftsrechtlicher Art, dh. aufgrund des Satzungsstatutes der Stiftung geregelt. Damit scheidet dem Grunde nach jeweils die steuerrechtliche Berücksichtigung diesbezüglicher Aufwendungen aus (§ 8 Abs. 3 Satz 1 KStG), sofern nicht besondere gesetzliche Regelungen (zB § 58 Nr. 5, 10, 12 AO) vorliegen.

Hinzu treten die klassischen Problemkreise der Errichtung, des Bestehens und der Auflösung der (gemeinnützigen) Stiftung, die hinsichtlich der steuerlichen Problematik dem Grunde nach mit denen des gemeinnützigen Vereins vergleichbar sind. Dies gilt insbesondere für die steuerlichen Befreiungen bei Vorliegen der Voraussetzungen der steuerlichen Gemeinnützigkeit nach den §§ 51 bis 68 AO.

1. Besteuerungsgrundsatz

23 Die steuerliche Behandlung von Stiftungen folgt im Wesentlichen derjenigen der Vereine (vgl. Kap. 1 Rz. 21 ff.), sie unterliegen gem. § 1 Abs. 1 Nr. 4 und 5 KStG folglich grds. der Körperschaftsteuerpflicht, sofern sie nicht die Voraussetzungen des steuerlichen Gemeinnützigkeitsrechts (§ 5 Abs. 1 Nr. 9 KStG, die die Steuerpflicht auf den Bereich des sogenannten wirtschaftlichen Geschäftsbetriebes beschränkt) erfüllen.

2. Gemeinnützigkeit (iwS)

24 Will die Stiftung folglich die mit der Gemeinnützigkeit verbundenen Steuervergünstigungen erhalten, muss sie den formellen und materiell-rechtlichen Erfordernissen der §§ 51 bis 68 AO genügen. Aus Satzung, **Stiftungsgeschäft** oder sonstiger Verfassung müssen sich **unmittelbar** und **konkret** mit hinreichender Deutlichkeit der (gemeinnützige) Stiftungszweck und dessen Verwirklichung ergeben. Zudem muss die tatsächliche Geschäftsführung der Stiftung dem gemeinnützigen Stiftungszweck entsprechen (§ 63 AO und § 63 Ab. 3 AO). Eine Mustersatzung, die die aus gemeinnützigkeitsrechtlicher Sicht erforderlichen satzungsmäßigen Mindestanforderungen enthält, ergibt sich inzwischen aus der Anlage 1 zu § 60 AO. Allerdings betrifft dies nur die für die Beurteilung der steuerlichen Gemeinnützigkeit notwendigen satzungsrechtlichen Bestimmungen.

Stiftungen sind gleichfalls gem. §§ 51 ff. AO ganz oder teilweise von der Steuer befreit, soweit sie keinen wirtschaftlichen Geschäftsbetrieb iSv. §§ 14, 64 AO unterhalten und sofern sie im Übrigen das Ziel verfolgen, die Allgemeinheit auf materiellem, geistigem oder sittlichem Gebiet selbstlos zu fördern (§ 52 Abs. 1 AO). In § 52 Abs. 2 Nr. 1 bis 25 AO findet sich ein (nicht abschließender) Katalog gemeinnütziger Zwecke; § 53 beschreibt die mildtätigen, § 54 AO die kirchlichen als förderungswürdig anerkannten Zwecke. Die einzelnen Voraussetzungen sind in Kap. 1 Rz. 25 ff. erläutert.

Die **Steuervergünstigung** wird **nicht** dadurch **ausgeschlossen**, dass eine **Stiftung** einen **Teil, jedoch höchstens ein Drittel ihres Einkommens** dazu **verwendet, um** in angemessener Weise den **Stifter** und seinen **nächsten Angehörigen** zu **unterhalten**, ihre Gräber zu pflegen und ihr Andenken zu ehren (§ 58 Nr. 6 AO). Zur Angemessenheitsgrenze des § 58 Nr. 6 AO vgl. auch AEAO zu § 58 Nr. 6. In diesem Rahmen ist auch gestattet, dem Stifter bzw. den Angehörigen Unterhalt zu gewähren.

Unter den Voraussetzungen des § 62 AO kann die Stiftung Rücklagen zur Vermögensbildung einstellen, die nicht dem Grundsatz der zeitnahen Mittelverwendung (§ 55 Abs. 1 Nr. 5 AO) unterliegen. Dies betrifft insbesondere die Zuführungen zur freien Rücklage (§ 62 Abs. 1 Nr. 3 AO), wonach jährlich höchstens ein Drittel des Überschusses der Einnahmen über die Unkosten aus der Vermögensverwaltung und darüber hinaus höchstens 10 Prozent der sonstigen nach § 55 AO zeitnah zu verwendenden Mittel der freien Rücklage zugeführt werden dürfen. Ähnliches ergibt sich aus § 62 Abs. 3 und Abs. 4 AO, wonach eine Stiftung im Jahr ihrer Errichtung und in den drei folgenden Kalenderjahren Überschüsse aus der Vermögensverwaltung und die Gewinne aus wirtschaftlichen Geschäftsbetrieben nach § 14 AO ganz oder teilweise ihrem Vermögen zuführen kann. Auf diese Weise kann die Leistungsfähigkeit gerade von Stiftungen dauerhaft gesichert werden.

3. Wirtschaftlicher Geschäftsbetrieb, Zweckbetrieb

Hinsichtlich der wirtschaftlichen Betätigung einer Stiftung ist auf die diesbezüglichen Ausführungen zum gemeinnützigen Verein zu verweisen (s. Kap. 1 Rz. 37 f.). Die (gemeinnützige) Stiftung kennt insoweit ebenfalls den (steuerbegünstigten) ideellen Bereich (der den originären Stiftungszweck betrifft), die Vermögensverwaltung und den Zweckbetrieb sowie den stets steuerpflichtigen Bereich des wirtschaftlichen Geschäftsbetriebs (§§ 14, 64 AO einschl. Zweckbetrieb § 64 iVm. §§ 65 AO). Besteht ein wirtschaftlicher Geschäftsbetrieb, führt dieser insoweit zu einer partiellen Steuerpflicht der Stiftung. Ein Zweckbetrieb hingegen ist steuerbefreit. 25

4. Steuerbegünstigte Zuwendungen an Stiftungen

Bezüglich der steuerlichen Behandlung von Zuwendungen (Spenden) bei der gemeinnützigen Stiftung, der Abzugsfähigkeit beim Spender, der Abwicklung von Spenden und der Erteilung von Bestätigungen über Zuwendungen uä. finden im Grunde die Vorschriften wie zum Verein Anwendung; vgl. daher Kap. 1 Rz. 39 ff. 26

Zuwendungen an steuerbegünstigte Stiftungen sind idR bis zu 20 % des Gesamtbetrags der Einkünfte oder 4 Promille der Summe der gesamten Umsätze und der im Kalenderjahr aufgewendeten Löhne und Gehälter (ohne Sozialabgaben) als Sonderausgaben abzugsfähig (§ 10b Abs. 1 EStG). Abziehbar sind auch Mitgliedsbeiträge an Körperschaften, die Kunst und Kultur gem. § 52 Abs. 2 Nr. 5 AO fördern. Nicht abziehbar sind insoweit jedoch Mitgliedsbeiträge an Körperschaften, die den Sport, kulturelle Betätigungen, die in erster Linie der Freizeitgestaltung dienen, die Heimatpflege und Heimatkunde bzw. die Tier- und Pflanzenzucht, Kleingärtnerei, traditionelles Brauchtum einschließlich des Karnevals, der Fastnacht und des Faschings, die Soldaten- und Reservistenbetreuung, das Amateuerfunken, den Modellflug und den Hundesport fördern. Über die begünstigten Zwecke gibt der durch das zuständige Finanzamt erteilte Freistellungsbescheid Auskunft, zudem über die (Nicht-)Begünstigung des steuerlichen Abzugs der Mitgliedsbeiträge. 27

Spenden in den Vermögensstock einer **Stiftung** des öffentlichen Rechts oder einer nach § 5 Abs. 1 Nr. 9 KStG steuerbefreiten Stiftung des privaten Rechts können **auf Antrag** des Steuerpflichtigen im **Veranlagungszeitraum der Zuwendung** und in den folgenden neun Veranlagungszeiträumen **bis zu** einem Gesamtbetrag von **1 Mio. Euro zusätzlich** zu dem vorgenannten Höchstbetrag abgezogen werden (§ 10b Abs. 1a EStG). Dieser besondere Abzugsbetrag bezieht sich auf den gesamten Zehn-Jahres-Zeitraum und kann der Höhe nach innerhalb dieses Zeitraums nur einmal in Anspruch genommen werden.

27a Handelt es sich bei der Stiftung um eine sogenannte **Verbrauchsstiftung**, stützt sich die steuerliche Begünstigung der Vermögensausstattung auf die Grundregelung des § 10b Abs. 1 EStG. Die Stiftung ist selbständiger Rechtsträger und verfolgt die gemeinnützigen Zwecke idR aus den aus ihrem Vermögen erzielten Erträgnissen. Der Vermögensstock ist zu erhalten, ein Verbrauch des Vermögens erfolgt regelmäßig nicht. Im Gegensatz hierzu verfügen Verbrauchsstiftungen nicht über zu erhaltendes Vermögen iSd § 10b Abs. 1a EStG, vielmehr ist **das Vermögen der Stiftung zum Verbrauch innerhalb eines vorgegebenen Zeitraums bestimmt**. Zwar stellt auch die Verbrauchsstiftung eine besondere Form der Stiftung dar, allerdings unterscheidet sie sich durch den Verbrauch ihres „Vermögensstocks" erheblich von der klassischen Stiftung, so dass die Besonderheiten der steuerlichen Förderung der Ausstattung einer Stiftung (nach § 10b Abs. 1a EStG) insoweit keine Berücksichtigung finden können. Beim Zuwendenden können Zuwendungen an eine Verbrauchsstiftung folglich höchstens in Höhe von 20 % des Gesamtbetrages der Einkünfte (ggf. 4 Promille der gesamten Umsätze und der im Kalenderjahr aufgewendeten Löhne und Gehälter) steuermindernd berücksichtigt werden (vgl. auch BMF v. 15.9.2014, IV C 4 – S 2223/07/0006:005, BStBl 2014 I, 1278). Gliedert sich das Vermögen einer Stiftung in einen Teil, der zu erhalten ist und einen Teil, der verbraucht werden kann, sind die Spenden in den Teil des Vermögens, der zu erhalten und nicht für den Verbrauch bestimmt ist, nach § 10b Abs. 1a EStG abziehbar; Spenden in den Teil des Vermögens, der verbraucht werden kann, sind nach § 10b Abs. 1 EStG abziehbar – maßgebend ist die Entscheidung des Spenders, für welchen Teil des Vermögens der Stiftung die Spende erfolgt.

Der zusätzliche Abzugshöchstbetrag des § 10b Abs. 1a EStG steht bei zusammen veranlagten Ehegatten jedem Ehegatten einzeln zu (BFH v. 3.8.2005, BStBl. II 2006, 121). Werden Ehegatten/Lebenspartner nach §§ 26, 26b EStG zusammenveranlagt, gilt für diese ein Höchstbetrag von 2 Mio. Euro. Es muss dabei nicht nachgewiesen werden, dass die Spende von beiden wirtschaftlich getragen wurde (vgl. auch BMF v. 15.9.2014, IV C 4 – S 2223/07/0006:005, BStBl 2014 I, 1278).

28 Die Zuwendungen an Stiftungen dürfen allerdings nur dann abgezogen werden, wenn sie durch eine Zuwendungsbestätigung nachgewiesen werden (§ 50 EStDV).

5. Behandlung der gemeinnützigen Stiftungen bei den einzelnen Steuerarten

29 Die in Kap. 1 Rz. 52 ff. gegebene Zusammenfassung zur Vereinsbesteuerung ist für die gemeinnützigen Stiftungen um einige Hinweise zu ergänzen:

30 Die Befreiung der Stiftung von der Körperschaftsteuer (§ 5 Abs. 1 Nr. 9 Satz 1 KStG) und von der Gewerbesteuer (§ 3 Nr. 6 GewStG) gilt (wie beim gemeinnützigen Verein) nicht für einen **wirtschaftlichen Geschäftsbetrieb** einer gemeinnützigen Stiftung. Soweit daher die Einnahmen aus einem oder mehreren wirtschaftlichen Geschäftsbetrieben die Besteuerungsgrenze von 35 000 Euro (§ 64 Abs. 3 AO) und den Freibetrag von 5000 Euro (§ 24 KStG) übersteigen, unterliegt das zu versteuernde Einkommen der **Körperschaftsteuer**. Der Körperschaftsteuersatz beträgt 15 % zuzüglich zzt. 5,5 % Solidaritätszuschlag.

31 Bei der Ermittlung des der **Gewerbesteuer** unterliegenden Gewerbeertrags ist ebenfalls die Besteuerungsgrenze von 35 000 Euro zu berücksichtigen. Nur der übersteigende und anschließend noch um einen Freibetrag von 5000 Euro verminderte Gewerbeertrag unterliegt letztlich der Gewerbesteuer, ausgehend von einer Steuermesszahl von 3,5 % vom Gewerbeertrag.

32 Dividendenerträge aus der Vermögensverwaltung einer gemeinnützigen Stiftung unterliegen nicht der **Kapitalertragsteuer**. Die Regelung des § 8b Abs. 5 KStG mit der Folge einer nicht abzugsfähigen Betriebsausgabe iHv. 5 % der Dividende kommt bei der nach § 5 Abs. 1 Nr. 9 KStG befreiten Stiftung nicht zum Tragen. Vor dem Hintergrund der Vermögensgliederung gemeinnütziger Körperschaften gehört der Bereich der Vermögensverwaltung in den steuerbefreiten Bereich, gleichwohl unterliegen die Erträge (vorbehaltlich des § 62 AO) den Grundsätzen der zeitnahen Mittelverwendung (§ 55 Nr. 5 AO). Anders stellt sich die Sachlage nur dann dar, wenn die Kapitalerträge im Rahmen des wirtschaftlichen Geschäftsbetriebs erzielt werden. Im Verwaltungsvollzug stellt die Stiftung die Abstandnahme vom Steuerabzug dadurch sicher, dass sie eine Kopie des Freistellungs-

bescheids (ggf. Veranlagung zur Körperschaftsteuer mit Anlagen betreffend die Steuerbefreiung) beim kontoführenden Kreditinstitut hinterlegt.

Sind Leistungen von gemeinnützigen Stiftungen schon deshalb weitgehend der **Umsatzsteuer** entzogen, weil ihre Betätigungen im Allgemeinen nicht in den Bereich unternehmerischer Tätigkeit fallen (vgl. §§ 1, 2 UStG), sondern vielmehr den stets steuerbegünstigten und nicht umsatzsteuerbaren ideellen Bereich der Stiftung betreffen (also den Bereich des eigentlichen Stiftungszweckes bzw. Stiftungsgeschäftes), so wird dies gerade für sog. Unternehmensstiftungen nicht zutreffen. Befreiungstatbestände nach § 4 Nr. 15–18, 21–27 UStG sind dennoch nicht ausgeschlossen, ebenso wenig wie der ermäßigte Steuersatz von 7 % nach § 12 Abs. 2 Nr. 8a UStG und die Vergünstigungen für Kleinunternehmer nach § 19 UStG. 33

Grundstücksschenkungen an eine gemeinnützige Stiftung sind von der **Grunderwerbsteuer** befreit (§ 3 Nr. 2 GrEStG). Ebenso gibt es für das Grundvermögen einer gemeinnützigen Stiftung eine Befreiung von der **Grundsteuer** (§ 3 Abs. 1 Nr. 3b GrStG), es sei denn, es handelt sich um zu Wohnzwecken genutzte Wohnungen (§ 5 Abs. 2 GrStG) oder der Grundbesitz ist einem wirtschaftlichen Geschäftsbetrieb zuzuordnen. 34

Die an sich steuerpflichtigen Zuwendungen an eine gemeinnützige Stiftung bleiben **erbschaft- und schenkungsteuerfrei** (§ 13 Abs. 1 Nr. 16b ErbStG). Hierzu reicht es aus, wenn eine vom Erblasser angeordnete Stiftung die Gemeinnützigkeitsvoraussetzungen erst im Zeitpunkt der Entstehung der Erbschaftsteuer erfüllt. 35

Nach früherem Recht konnten (Familien-)Stiftungen als Mittel der vorweggenommenen Erbfolge längerfristig zur Vermeidung von Erbschaftsteuer eingesetzt werden. Nach jetziger Rechtslage (§ 1 Abs. 1 Nr. 4 ErbStG iVm. § 2 Abs. 1 Nr. 2 ErbStG) unterliegt das Vermögen einer inländischen Familienstiftung nunmehr der sog. **Ersatzerbschaftsteuer** und ist nach jeweils 30 Jahren einer neuerlichen Erbschaftsbesteuerung unterworfen. Es greifen aber besondere Steuervergünstigungen (vgl. §§ 13a Abs. 7, 15 Abs. 2, 24, 28 Abs. 2 ErbStG). 36

6. Zuwendungsbestätigungen

Zu den verbindlichen Anforderungen an Zuwendungsbestätigungen s. Kap. 1 Rz. 40 ff. 37

M 2.8 Zuwendungsbestätigung: inländische Stiftung des öffentlichen Rechts[1]

Aussteller ... (Bezeichnung und Anschrift der inländischen Stiftung des öffentlichen Rechts)

Bestätigung über Geldzuwendungen

im Sinne des § 10b des Einkommensteuergesetzes an inländische Stiftungen des öffentlichen Rechts

Name und Anschrift des Zuwendenden: ...

Betrag der Zuwendung (in Ziffern und in Buchstaben), Tag der Zuwendung: ...

Es wird bestätigt, dass die Zuwendung nur zur Förderung ... (Angabe des begünstigten Zwecks) verwendet wird.

Es handelt sich um den Verzicht auf Erstattung von Aufwendungen JA NEIN

Die Zuwendung erfolgte in das zu erhaltende Vermögen (Vermögensstock).

*Es handelt sich **nicht** um Zuwendungen in das verbrauchbare Vermögen einer Stiftung.*

Die Zuwendung wird

– *von uns unmittelbar für den angegebenen Zweck verwendet.*

1 BStBl. I 2013, 1333 und BStBl. I 2014, 791 Anlagen 11 und 12.

- *entsprechend den Angaben des Zuwendenden an ... weitergeleitet, der vom Finanzamt ... StNr. ... mit Freistellungsbescheid bzw. nach der Anlage zum Körperschaftsteuerbescheid vom ... von der Körperschaft- und Gewerbesteuer befreit ist.*
- *entsprechend den Angaben des Zuwendenden an ... weitergeleitet, der vom Finanzamt ... StNr. ... mit Feststellungsbescheid vom ... die Einhaltung der satzungsmäßigen Voraussetzungen nach § 60a AO festgestellt hat.*

... (Ort/Datum, Unterschrift des Zuwendungsempfängers)

Hinweis: (*wie* ***M 1.12***)

oder

Aussteller ... (Bezeichnung und Anschrift der inländischen Stiftung des öffentlichen Rechts)

Bestätigung über Sachzuwendungen

im Sinne des § 10b des Einkommensteuergesetzes an inländische Stiftungen des öffentlichen Rechts

Name und Anschrift des Zuwendenden: ...

Betrag der Zuwendung (in Ziffern und in Buchstaben), Tag der Zuwendung: ...

Genaue Bezeichnung der Sachzuwendung (mit Alter, Zustand, Kaufpreis usw.):

- *Die Sachzuwendung stammt nach den Angaben des Zuwendenden aus dem Betriebsvermögen. Die Zuwendung wurde nach dem Wert der Entnahme (ggf. mit dem niedrigeren gemeinen Wert) und nach der Umsatzsteuer, die auf die Entnahme entfällt, bewertet.*
- *Die Sachzuwendung stammt nach den Angaben des Zuwendenden aus dem Privatvermögen.*
- *Der Zuwendende hat trotz Aufforderung keine Angaben zur Herkunft der Sachzuwendung gemacht.*
- *Geeignete Unterlagen, die zur Wertermittlung gedient haben, zB Rechnung, Gutachten, liegen vor.*

Es wird bestätigt, dass die Zuwendung nur zur Förderung ... (Angabe des begünstigten Zwecks) verwendet wird.

Die Zuwendung erfolgte in das zu erhaltende Vermögen (Vermögensstock).

Es handelt sich ***nicht*** *um Zuwendungen in das verbrauchbare Vermögen einer Stiftung.*

Die Zuwendung wird

- *von uns unmittelbar für den angegebenen Zweck verwendet.*
- *entsprechend den Angaben des Zuwendenden an ... weitergeleitet, der vom Finanzamt ... StNr. ... mit Freistellungsbescheid bzw. nach der Anlage zum Körperschaftsteuerbescheid vom ... von der Körperschaft- und Gewerbesteuer befreit ist.*
- *entsprechend den Angaben des Zuwendenden an ... weitergeleitet, der/dem das Finanzamt ... StNr. ... mit Feststellungsbescheid vom ... die Einhaltung der satzungsmäßigen Voraussetzungen nach § 60a AO festgestellt hat.*

... (Ort/Datum, Unterschrift des Zuwendungsempfängers)

Hinweis: (*wie* ***M 1.12***)

M 2.9 Zuwendungsbestätigung: inländische Stiftung des privaten Rechts[1]

Aussteller ... (Bezeichnung und Anschrift der inländischen Stiftung des privaten Rechts)

Bestätigung über Geldzuwendungen

im Sinne des § 10b des Einkommensteuergesetzes an inländische Stiftungen des privaten Rechts

1 BStBl. I 2013, 1333 und BStBl. I 2014, 791 Anlagen 11 und 12.

Name und Anschrift des Zuwendenden: . . .

Betrag der Zuwendung (in Ziffern und in Buchstaben), Tag der Zuwendung: . . .

Es handelt sich um den Verzicht auf Erstattung von Aufwendungen JA NEIN

- *Wir sind wegen Förderung . . . (Angabe des begünstigten Zwecks) nach dem letzten uns zugegangenen Freistellungsbescheid bzw. nach der Anlage zum Körperschaftsteuerbescheid des Finanzamtes . . . StNr. . . . vom . . . für den letzten Veranlagungszeitraum . . . nach § 5 Abs. 1 Nr. 9 des Körperschaftsteuergesetzes von der Körperschaftsteuer und nach § 3 Nr. 6 des Gewerbesteuergesetzes von der Gewerbesteuer befreit.*
- *Die Einhaltung der satzungsmäßigen Voraussetzungen nach den §§ 51, 59, 61 und 61 AO wurde vom Finanzamt . . ., StNr. . . . mit Bescheid vom . . . nach § 60a AO gesondert festgestellt. Wir fördern nach unserer Satzung (Angabe des begünstigten Zwecks/der begünstigten Zwecke) . . . Es wird bestätigt, dass die Zuwendung nur zur Förderung . . . (Angabe des begünstigten Zwecks) verwendet wird.*

Die Zuwendung erfolgte in das zu erhaltende Vermögen (Vermögensstock).

*Es handelt sich **nicht** um Zuwendungen in das verbrauchbare Vermögen einer Stiftung.*

. . . (Ort/Datum, Unterschrift des Zuwendungsempfängers)

***Hinweis:** (wie **M 1.12**)*

oder

Aussteller . . . (Bezeichnung und Anschrift der inländischen Stiftung des öffentlichen Rechts)

Bestätigung über Sachzuwendungen

im Sinne des § 10b des Einkommensteuergesetzes an inländische Stiftungen des privaten Rechts

Name und Anschrift des Zuwendenden: . . .

Betrag der Zuwendung (in Ziffern und in Buchstaben), Tag der Zuwendung: . . .

Genaue Bezeichnung der Sachzuwendung (mit Alter, Zustand, Kaufpreis usw.): . . .

*(weiter wie **M 2.8** Bestätigung über Sachzuwendungen)*

- *Die Sachzuwendung stammt nach den Angaben des Zuwendenden aus dem Betriebsvermögen. Die Zuwendung wurde nach dem Wert der Entnahme (ggf. mit dem niedrigeren gemeinen Wert) und nach der Umsatzsteuer, die auf die Entnahme entfällt, bewertet.*
- *Die Sachzuwendung stammt nach den Angaben des Zuwendenden aus dem Privatvermögen.*
- *Der Zuwendende hat trotz Aufforderung keine Angaben zur Herkunft der Sachzuwendung gemacht.*
- *Geeignete Unterlagen, die zur Wertermittlung gedient haben, zB Rechnung, Gutachten, liegen vor.*
- *Wir sind wegen Förderung . . . (Angabe des begünstigten Zwecks) nach dem Freistellungsbescheid bzw. nach der Anlage zum Körperschaftsteuerbescheid des Finanzamtes . . . StNr. . . . vom . . . für den letzten Veranlagungszeitraum nach § 5 Abs. 1 Nr. 9 des Körperschaftsteuergesetzes von der Körperschaftsteuer und nach § 3 Nr. 6 des Gewerbesteuergesetzes von der Gewerbesteuer befreit.*
- *Die Einhaltung der satzungsmäßigen Voraussetzungen nach den §§ 51, 59, 60 und 61 AO wurde vom Finanzamt . . ., StNr. . . . mit Bescheid vom . . . nach § 60a AO gesondert festgestellt. Wir fördern nach unserer Satzung . . . (Angabe des begünstigten Zwecks).*

Es wird bestätigt, dass die Zuwendung nur zur Förderung . . . (Angabe des begünstigten Zwecks) verwendet wird.

Die Zuwendung erfolgte in das zu erhaltende Vermögen (Vermögensstock).

*Es handelt sich **nicht** um Zuwendungen in das verbrauchbare Vermögen einer Stiftung.*

. . . (Ort/Datum, Unterschrift des Zuwendungsempfängers)

***Hinweis:** (wie **M 1.12**)*

Zweiter Teil. Allgemeines Schuldrecht

1. Abschnitt. Handeln, Vertretung, Form

Kapitel 3 Rechtsfähigkeit und Handlungsfähigkeit

I. Rechtsfähigkeit und Personenbegriff

1 Die Rechtsfähigkeit ist die Grundvoraussetzung, um **am Rechtsleben teilnehmen zu können**, Willenserklärungen abzugeben und zu empfangen und Verträge abzuschließen. Unter Rechtsfähigkeit versteht man die Fähigkeit, Träger von Rechten und Pflichten zu sein. Sie hängt eng mit dem Personenbegriff des BGB zusammen.

2 Bei **natürlichen Personen** wird die Rechtsfähigkeit gesetzlich vorausgesetzt (vgl. § 1 BGB), und zwar bei jedem Menschen, unabhängig vom Alter oder sonstigen Voraussetzungen; auch der Säugling und der Geisteskranke sind rechtsfähig. Bestimmte Rechtsstellungen können jedoch per Gesetz von einem bestimmten Alter (§ 2 BGB) oder anderen Voraussetzungen abhängig gemacht werden.

3 **Juristische Personen** haben nur dann Rechtsfähigkeit, wenn die Rechtsordnung das ausdrücklich vorsieht. Hier gibt es auch die Zwischenform der „Teilrechtsfähigkeit" der Personengesellschaften des HGB, der Gesellschaft bürgerlichen Rechts und des nicht rechtsfähigen Vereins.

II. Rechtsfähigkeit und Handlungsfähigkeit der natürlichen Person

1. Beginn der Rechtsfähigkeit

4 Die Rechtsfähigkeit eines Menschen beginnt mit der **Vollendung seiner Geburt** (§ 1 BGB). In manchen Fällen ist bereits die Leibesfrucht (nasciturus) partiell rechtsfähig („teilrechtsfähig"): sie kann Begünstigte von Verträgen zugunsten Dritter (§ 331 Abs. 2 BGB) oder bereits erbfähig sein (§ 1923 Abs. 2 BGB).

2. Handlungsfähigkeit

5 Von der Rechtsfähigkeit ist die Handlungsfähigkeit zu unterscheiden. Darunter versteht man die Fähigkeit der natürlichen Person, durch eigene Handlungen rechtliche Wirkungen herbeizuführen. Das schließt die Geschäftsfähigkeit (§§ 104 ff. BGB) und die Deliktsfähigkeit (§§ 827 ff. BGB, s. auch § 276 Abs. 1 Satz 2 BGB) ein.

a) Geschäftsfähigkeit

Geschäftsfähigkeit ist „die Fähigkeit, Rechtsgeschäfte durch Abgabe oder Entgegennahme von Willenserklärungen wirksam vorzunehmen" (Staudinger/Knothe Vorbem § 104 BGB Rz. 1 mwN). Als Regelfall geht das BGB von der (vollen) Geschäftsfähigkeit der handlungsfähigen natürlichen Person aus, in den §§ 104 ff. BGB ist ausschließlich negativ beschrieben, wann jemand nicht (§ 104 BGB) oder nur beschränkt (§ 106 BGB) geschäftsfähig ist (mit entsprechenden Folgen für die Beweislast). Die dauernde Geschäftsunfähigkeit nach § 104 BGB kann entweder altersbedingt oder krankheitsbedingt begründet sein (s. ferner zur vorübergehenden psychischen Störung § 105 Abs. 2 BGB). 6

Für die Geschäftsfähigkeit bedeutsame **Altersstufen** sind jeweils die Vollendung der folgenden Lebensjahre:

- **7. Lebensjahr:** Beginn der beschränkten Geschäftsfähigkeit. Personen, die jünger sind, sind geschäftsunfähig (§ 106 BGB).
- **18. Lebensjahr:** Eintritt der Volljährigkeit (§ 2 BGB). Damit liegt volle Geschäftsfähigkeit vor (vgl. §§ 1303, 1626 Abs. 1, 2247 Abs. 4 iVm. § 2229 Abs. 1 BGB, § 52 ZPO).

Willenserklärungen von **nicht Geschäftsfähigen** sind nichtig (§ 105 BGB). Diese Personen werden rechtsgeschäftlich vertreten durch **gesetzliche Vertreter**, deren Befugnis sich entweder kraft Gesetzes (Eltern, §§ 1629, 1626 BGB) oder durch gerichtliche Bestellung ergibt (Vormund bei Minderjährigen, §§ 1793, 1789 BGB, oder rechtlicher Betreuer bei Volljährigen, §§ 1902, 1897 BGB), ggf. ergänzt um eine Pflegschaft (§§ 1909 ff. BGB) bei insbesondere Verhinderung des gesetzlichen Vertreters oder Vormunds aus entweder tatsächlichen oder rechtlichen Gründen (vgl. nur Palandt/Götz, § 1909 BGB Rz. 6 mit Beispielen) (vgl. dazu insgesamt Kapitel 77 bis 79). Die Anordnung einer Betreuung hat indes keine Bedeutung für die Frage, ob der Betreute Geschäftsfähigkeit besitzt oder nicht. 7

Willenserklärungen von **beschränkt Geschäftsfähigen** bedürfen zur Wirksamkeit grundsätzlich der Zustimmung des gesetzlichen Vertreters nach § 107 BGB. Hat ein beschränkt geschäftsfähiger Minderjähriger einen Vertrag ohne vorherige Einwilligung des gesetzlichen Vertreters geschlossen, so ist der Vertrag zunächst **schwebend unwirksam** (§ 108 BGB). Durch die Genehmigung des gesetzlichen Vertreters (vgl. § 108 Abs. 2 BGB zur Aufforderung des Vertragspartners und die dadurch ausgelöste Erklärungsfrist) wird er von Anfang an wirksam (§ 184 Abs. 1 BGB), Zwischenverfügungen werden aber nicht unwirksam (§ 184 Abs. 2 BGB). Bis zur Genehmigung ist der Vertragspartner des Minderjährigen zum **Widerruf** seiner Willenserklärung berechtigt (§ 109 Abs. 1 und 2 BGB). **Einseitige Rechtsgeschäfte**, die ein Minderjähriger ohne die erforderliche vorherige Einwilligung des gesetzlichen Vertreters vornimmt, sind nach § 111 BGB unwirksam. 8

Die **Zustimmung** ist eine einseitige empfangsbedürftige Willenserklärung des gesetzlichen Vertreters gegenüber dem Minderjährigen oder dem Vertragspartner. Sie ist nicht formbedürftig, nicht bedingungsfeindlich und kann sowohl vorher (Einwilligung, § 183 BGB) als auch nachträglich (Genehmigung, § 184 BGB) erteilt werden. Die Einwilligung kann in Anlehnung an die §§ 112, 113 BGB für bestimmte örtliche, zeitliche oder sachliche Bereiche von Rechtsgeschäften allgemein erteilt werden (sog. **beschränkter Generalkonsens**; BGH NJW 1977, 622); ein unbeschränkter Generalkonsens ist hingegen nicht zulässig (BGHZ 47, 359). Eine vorherige Einwilligung kann bis zur Vornahme des Rechtsgeschäfts frei widerrufen werden. 9

Ausnahmsweise sind Rechtsgeschäfte von Minderjährigen auch **ohne Zustimmung** des gesetzlichen Vertreters wirksam, 10

- wenn sie dem Minderjährigen lediglich einen **rechtlichen Vorteil** bringen (§ 107 BGB) wie bei der Annahme einer Schenkung durch den damit verbundenen Erwerb von Eigentum.

  ➲ **Wichtig:** Das gilt jedoch nicht bei Schenkung von Grundeigentum und Bestellung eines unentgeltlichen Nießbrauchrechts. Hierbei entstehen für den Minderjährigen auch Pflichten, so dass es sich nicht um ein lediglich vorteilhaftes Rechtsgeschäft handelt.

– wenn der Minderjährige seine Leistung mit **Mitteln** bewirkt, die ihm durch seinen gesetzlichen Vertreter oder mit dessen Zustimmung von einem Dritten **überlassen** worden sind (§ 110 BGB).

➲ **Hinweis:** Die Zustimmung zur Eröffnung eines Girokontos ist in der Regel keine Zustimmung zur Verfügung über das Kontoguthaben.

– wenn der gesetzliche Vertreter den Minderjährigen **ermächtigt** hat, einen **Geschäftsbetrieb zu führen**, sind Rechtsgeschäfte in diesem Rahmen auch ohne weitere Zustimmung des gesetzlichen Vertreters wirksam (§ 112 BGB).

– wenn der Minderjährige mit **Ermächtigung** des gesetzlichen Vertreters ein **Arbeits- oder Dienstverhältnis** begründet hat, sind Rechtsgeschäfte, die damit in Verbindung stehen, auch ohne Zustimmung des gesetzlichen Vertreters wirksam (§ 113 BGB).

b) Deliktsfähigkeit

11 Deliktsfähigkeit bedeutet, für eigene unerlaubte Handlungen verantwortlich zu sein und haftbar gemacht werden zu können. Das Gesetz regelt die Ausnahmen hiervon in den §§ 827–829 BGB, die sich entweder aus dem Alter (§ 828) oder einer Bewusstlosigkeit oder krankhaften Störung der Geistestätigkeit (§ 827 BGB) begründen, ergänzt um eine Billigkeitshaftung (§ 829 BGB). Für die Deliktsfähigkeit gelten folgende **Altersstufen:**

– Bis Vollendung des **7. Lebensjahrs** ist eine Verantwortlichkeit ausgeschlossen (§ 828 Abs. 1 BGB).

– Bis Vollendung des **10. Lebensjahrs** ist eine Verantwortlichkeit bei Verkehrsunfällen im motorisierten Verkehr (bei einem Unfall mit einem Kraftfahrzeug, einer Schienenbahn oder einer Schwebebahn) ausgeschlossen (Ausnahme: Vorsatz) (§ 828 Abs. 2 BGB).

– Bis Vollendung des **18. Lebensjahrs** besteht ansonsten beschränkte Deliktsfähigkeit. Der Minderjährige ab 7 bzw. 10 Jahren ist nur soweit verantwortlich, wie seine Zurechnungsfähigkeit gegeben ist (§ 828 Abs. 3 BGB). Sie setzt die zur Erkenntnis seiner Verantwortlichkeit erforderliche Einsicht voraus, dh. er muss nach seiner individuellen Verstandesentwicklung fähig sein, das Gefährliche seines Tuns zu erkennen und sich der Verantwortung für die Folgen seines Tuns bewusst zu sein (BGH NJW 2005, 354, 356).

– Mit Vollendung des **18. Lebensjahrs** beginnt die volle Deliktsfähigkeit.

12 In gleicher Weise wie die Deliktsfähigkeit bestimmt sich auch die Verantwortlichkeit im Rahmen von Schuldverhältnissen (§ 276 Abs. 1 Satz 2 BGB).

c) Weitere gesetzlich normierte Altersstufen

13 **Checkliste: Weitere gesetzlich normierte Altersstufen**

14. Lebensjahr:

☐ Eigene Erklärung des Kindes zur Anerkennung der Vaterschaft (§ 1596 Abs. 2 BGB).

☐ Eigene Erklärung des Kindes bei Namensänderung der Eltern (§ 1617c Abs. 1 Satz 2 BGB).

☐ Eigene Erklärung des Kindes bei Übertragung der elterlichen Sorge auf ein Elternteil (§ 1671 Abs. 2 Nr. 1 BGB).

16. Lebensjahr:

☐ Beginn der Testierfähigkeit (§ 2229 BGB, s. aber auch §§ 2233 Abs. 1, 2247 Abs. 4 BGB).

☐ Möglichkeit zur Befreiung vom Ehemündigkeitserfordernis, wenn der andere Ehepartner volljährig ist (§ 1303 Abs. 2 BGB).

25. Lebensjahr:

☐ Mindestalter bei Annahme als Kind (§ 1743 BGB). Jedoch genügt Vollendung des 21. Lebensjahrs, wenn das Kind des anderen Ehegatten (§ 1741 Abs. 2 Satz 3 BGB) angenommen wird oder wenn bei gemeinschaftlicher Annahme einer der Eheleute das 25. Lebensjahr vollendet hat (§ 1741 Abs. 2 Satz 2 BGB).

d) Steuerlicher Begriff der Handlungsfähigkeit

14 Die Handlungsfähigkeit im Steuerrecht ist nicht mit dem entsprechenden Begriff des BGB gleichzusetzen. Zwar sind beschränkt handlungsfähige Personen, soweit sie für den Gegenstand des Verfahrens durch Vorschriften des BGB (§§ 112, 113 BGB) als geschäftsfähig anerkannt sind, auch steuerlich handlungsfähig (§ 79 Abs. 1 Nr. 2 AO). Ein minderjähriges Kind, das wirksam ein Erwerbsgeschäft betreibt, ist daher bereits (selbstständig) verpflichtet, die Betriebssteuererklärungen (Umsatzsteuer, Körperschaftsteuer, Gewerbesteuer) abzugeben. Es erhält vom Finanzamt unmittelbar die Steuerbescheide und ist berechtigt, selbstständig Einspruch einzulegen. Für die Einkommensteuer sind jedoch die Eltern als gesetzliche Vertreter verpflichtet, dafür zu sorgen, dass das Kind seine steuerlichen Pflichten erfüllt (§ 34 Abs. 1 AO).

3. Ende der Rechtsfähigkeit

a) Tod

15 Die Rechtsfähigkeit natürlicher Personen endet mit deren Tod. Die Frage, wann der **Tod eingetreten** ist, hat das BGB als naturwissenschaftlich feststehend und daher nicht regelungsbedürftig angesehen. Nach der Wissenschaft ist ein Mensch tot, wenn die Funktion des Großhirns, des Kleinhirns und des Hirnstammes endgültig und nicht behebbar ausgefallen und dauerhaft keine Gehirnkurve mehr vorhanden ist (so auch OLG Köln NJW-RR 1992, 1480; OLG Frankfurt NJW 1997, 3099; BayObLG NJW-RR 1999, 1309).

Der **Übergang von Rechten** und Pflichten des Verstorbenen auf den oder die Erben erfolgt von selbst kraft Gesetzes (ipso jure) im Wege der Gesamtrechtsnachfolge und bestimmt sich im Einzelnen nach dem Erbrecht (§§ 1922 ff. BGB).

b) Todeserklärung bei Verschollenheit

aa) Verschollenheit

16 Ist eine Person verschollen, ohne dass deren Tod zweifelsfrei feststellbar ist, kommt eine Todeserklärung in Betracht. Als verschollen gilt eine Person, deren Aufenthalt während längerer Zeit unbekannt ist, ohne dass Nachrichten darüber vorliegen, ob sie in dieser Zeit noch gelebt hat oder gestorben ist, sofern nach den Umständen hierdurch ernstliche Zweifel an ihrem Fortleben begründet werden (§ 1 Abs. 1 VerschG).

17 Für die weiteren Voraussetzungen der Todeserklärung eines Verschollenen ist auf die **Art der Verschollenheit** abzustellen. Neben der Grundnorm des § 3 VerschG gibt es die Kriegs- (§ 4 VerschG), die See- (§ 5 VerschG), die Luft- (§ 6 VerschG) und die Gefahrenverschollenheit (§ 7 VerschG), wobei § 4 gegenüber §§ 5 und 6 VerschG vorrangig ist (§ 8 VerschG). Die besonderen Verschollenheitstatbestände unterscheiden sich insbesondere durch die kürzeren Fristen und die auf früher festzulegenden Todeszeitpunkte.

bb) Aufgebotsverfahren

18 Für die Todeserklärung bedarf es eines **Antrags** durch einen der im Gesetz genannten Berechtigten (§§ 16–18 VerschG) beim Amtsgericht des letzten Wohnsitzes oder gewöhnlichen Aufenthalts des Verschollenen (§§ 14–15 VerschG). In diesem sind die Gründe der Verschollenheit der vermissten Person glaubhaft zu machen. Zuständig ist das Amtsgericht des letzten inländischen Wohnsitzes bzw. Aufenthaltsorts des Verschollenen (§§ 14, 15 Abs. 1 VerschG; Ausnahmen §§ 15 Abs. 2, 15a–15d VerschG). Mit dem Antrag wird das Aufgebotsverfahren eingeleitet.

19 Nach einem zulässigen Antrag erlässt das Gericht das Aufgebot (§ 19 VerschG). Nach Ablauf der Aufgebotsfrist (§ 21 VerschG) wird der Verschollene durch **Beschluss** für tot erklärt (§ 23 VerschG). Durch den Beschluss wird eine (widerlegbare) Vermutung dafür begründet, dass der Verschollene im festgestellten Zeitpunkt gestorben ist (§ 9 Abs. 1 VerschG).

cc) Feststellung der Todeszeit

20 Wenn eine Person wegen Verschollenheit für tot erklärt worden ist, besteht das Problem, dass der Zeitpunkt des Todes nicht genau zu bestimmen ist. Der Todeszeitpunkt kann dann durch das Verfahren zur Feststellung der Todeszeit gerichtlich festgestellt werden (§§ 39 ff. VerschG). Es gelten die Verfahrensgrundsätze wie bei der Todeserklärung (§§ 40 ff. VerschG).

20a ➲ **Hinweis:** Die Feststellung des Todeszeitpunkts kann im Erbrecht von erheblicher Bedeutung für die Erbfolge sein.

dd) Rechtsmittel

21 Nach § 26 VerschG kann der Beschluss der Todeserklärung mit der sofortigen Beschwerde angegriffen werden. Gem. § 30 VerschG kann die Aufhebung des Beschlusses beantragt werden, nach § 33a VerschG die Änderung des Todeszeitpunkts.

M 3.1 Antrag auf Todeserklärung aufgrund allgemeiner Verschollenheit

Antrag auf Aufgebot zum Zwecke der Todeserklärung

Amtsgericht . . . (Ort)

. . .

1. Personalien des Antragstellers

Ich . . . (Vor- und Nachname, Anschrift), bin die Ehefrau des verschollenen . . . (Name des Verschollenen).

2. Personalien des Verschollenen

Ich beantrage die Einleitung des Aufgebotsverfahrens zum Zwecke der Todeserklärung nach dem Verschollenheitsgesetz für . . . (sämtliche Vornamen und Nachname des Verschollenen, ggf. Geburtsname), laut beigefügter Geburtsurkunde geb. am . . . (Geburtsdatum) in . . . (Geburtsort/Standesamt bzw. Pfarramt), von Beruf . . . (Beruf bzw. zuletzt ausgeübte Tätigkeit), letzter Wohnort . . . (genaue Anschrift), Staatsangehörigkeit . . ., Familienstand . . . (ggf. näher ausführen zu Daten einer Eheschließung/Scheidung/Verwitwung und zum Ehegatten). Der Verschollene hat folgende/keine Kinder hinterlassen . . . (ggf. Vorname, Geburtsdatum und -ort/Standesamt bzw. Pfarramt, Anschrift, anderer Elternteil). (Ggf. Angabe der Eltern, der Geschwister oder anderer nächster Angehöriger).

3. Angaben zur Verschollenheit

Mein Ehemann verließ am . . . (Datum) unseren damaligen gemeinsamen Wohnsitz . . . (Straße, Hausnummer, Ort), um . . . (Angaben zum Anlass, Ort und Hintergrund der Abwesenheit, bei §§ 4 bis 7 VerschG die besonderen Angaben im Zusammenhang mit Krieg, Seefahrt, Flug oder anderen mit Lebensgefahr verbundenen Umständen).

Er hat mich . . . (Angaben zu Kontakten zum Antragsteller oder anderen Personen, insbesondere Briefe) . . . (ggf. Angaben, weshalb keine (weitere) Kontaktaufnahme möglich war).

Er hatte angekündigt . . . (Angaben zur erwarteten Rückkehr und Fakten hierzu). Für mich ist kein Grund ersichtlich, weshalb mein Ehemann . . . (nicht zurückgekehrt ist/sich seitdem nicht mehr gemeldet hat o.Ä.).

Ich habe Nachforschungen angestellt . . . (Angaben zu Art der Nachforschungen, angesprochenen Stellen, Reaktionen bzw. Ergebnissen).

In der Anlage überreiche ich . . . (Mittel zur Glaubhaftmachung gem. § 18 VerschG, zB Unterlagen, Briefe, Bestätigungen und Dokumente amtlicher Stellen oder anderer Auskunftspersonen, eidesstattliche Versicherungen).

Mir ist über den Verbleib meines Ehemannes seit mehr als zehn Jahren (erforderliche Frist bei § 3 VerschG) nichts bekannt.

Ich versichere die Richtigkeit meiner Angaben in Kenntnis der strafrechtlichen Folgen einer falschen eidesstattlichen Versicherung an Eides Statt.

... (Ort, Datum, Unterschrift)

Kosten: *Rechtsanwaltskosten:* 1,0-Gebühr gem. Nr. 3324 VV RVG. Geschäftswert gem. § 23 Abs. 1 RVG, § 36 Abs. 2, 3 GNotKG (regelmäßig 5000 Euro).

Gerichtsgebühr: 1,0-Gebühr gem. Nr. 15210 KV GNotKG, das Aufgebotsverfahren und das Verfahren zur Feststellung des Todeszeitpunkts gelten als ein Verfahren (Abs. 1 der Anm. zu Nr. 15210 KV GNotKG). Geschäftswert wie vor. Gem. Art. 2 § 6 VerschÄndG vom 15.1.1951 (BGBl. I, 59) werden für das Verfahren Kosten nicht erhoben, wenn die Verschollenheit vor dem 1.7.1948 und im Zusammenhang mit Ereignissen und Zuständen des Krieges 1939–1945 eingetreten ist.

Steuer: Einkommensteuerrechtlich gilt der Steuerpflichtige, dessen Ehegatte verschollen ist, bis zum Tag der Rechtskraft des Todeserklärungsbeschlusses als verheiratet. Hiernach gilt er als verwitwet.

III. Rechtsfähigkeit der juristischen Person

Eine juristische Person ist ein Zusammenschluss von Personen oder Vermögenswerten, die kraft Gesetzes (und durch ggf. konstitutive Registereintragung) Rechtsfähigkeit erlangt und organschaftlich (durch Satzung und Beschlüsse) verfasst ist. Aufgrund ihrer Rechtsfähigkeit ist sie gegenüber den Personen, die sie tragen, bzw. den sachlichen Elementen, aus denen sie besteht, **verselbständigt**. Die Rechtsordnung kennt keine juristische Person als solche, sondern nur bestimmte Arten der juristischen Person, und zwar im **Privatrecht** den eingetragenen Verein, die Stiftung bürgerlichen Rechts, die Gesellschaft mit beschränkter Haftung, die Unternehmergesellschaft (haftungsbeschränkt), die eingetragene Genossenschaft, die Europäische Genossenschaft (Societas Cooperativa Europaea), die Aktiengesellschaft, die Europäische (Aktien-)Gesellschaft (Societas Europaea) und die Kommanditgesellschaft auf Aktien. Zur Teilrechtsfähigkeit s. Rz. 3. 22

Daneben gibt es auch juristische Personen des **öffentlichen Rechts**, nämlich Körperschaften, Anstalten und Stiftungen des öffentlichen Rechts (vgl. § 89 BGB). Sie entstehen durch öffentlichrechtlichen Hoheitsakt oder öffentlich-rechtliche Anerkennung. 23

Manche wollen die Rechtsfähigkeit juristischer Personen auf die Vermögensfähigkeit und die Fähigkeit zur Teilnahme am rechtsgeschäftlichen Verkehr beschränken (Larenz/Wolf, BGB AT, § 9 Rz. 17). Die §§ 21, 80 BGB deuten hingegen mit ihrer Anerkennung der „allgemeinen" Rechtsfähigkeit auf einen weiteren **Umfang**. Daher ist davon auszugehen, dass der juristischen Person alle Rechte offen stehen, soweit diese nicht die menschliche Natur des Trägers voraussetzen (Erman/Westermann Vor § 21 BGB Rz. 10). 24

Kapitel 4 Vertretung und Vollmacht

I. Grundsätzliches

1 Willenserklärungen können persönlich oder durch einen Vertreter abgegeben werden. Die **gesetzliche Vertretungsmacht** (etwa des Geschäftsführers einer GmbH) besteht aufgrund bestimmter Stellung, die **gewillkürte (rechtsgeschäftliche) Vertretungsmacht** wird durch Erteilung einer **Vollmacht** begründet (Legaldefinition in § 166 Abs. 2 BGB).

2 Eine Willenserklärung, die jemand innerhalb der ihm zustehenden Vertretungsmacht im Namen des Vertretenen abgibt, **wirkt unmittelbar für und gegen** den Vertretenen (§ 164 Abs. 1 Satz 1 BGB). Bei in Vertretung abgegebenen Willenserklärungen kommt es zudem für Willensmängel oder eine Wissenszurechnung allein auf den Vertreter, nicht aber den Vertretenen an (§ 166 Abs. 1 BGB). Handelte der Vertreter nach Weisung, ist jedoch auch Kenntnis und Kennenmüssen der Vertretenen zu berücksichtigen (§ 166 Abs. 2 BGB).

3 Das Stellvertretungsrecht des BGB besteht aus drei **Grundprinzipen**: Das **Repräsentationsprinzip** besagt, dass die Wirksamkeit und der Inhalt des Rechtsgeschäfts sich nach dem Handeln des Vertreters bestimmen (vgl. § 166 Abs. 1 BGB). Der **Offenheitsgrundsatz** bedeutet, dass grundsätzlich der Vertreter erkennbar im Namen des Vertretenen handeln muss (vgl. § 164 Abs. 2 BGB). Das **Abstraktionsprinzip** verlangt die Trennung von Vollmachtverhältnis und dem ihm zugrunde liegendes Rechtsgeschäft mit dem Vertretenen (vgl. aber § 168 BGB).

4 Die Abgrenzung zwischen **Vertreter- und Eigengeschäft** kann in der Praxis schwierig sein, weil der Offenheitsgrundsatz nicht ausnahmslos gilt:

- Bei **unternehmensbezogenen Geschäften** geht der Wille der Beteiligten im Zweifel dahin, dass der Betriebsinhaber Vertragspartner werden soll (BGHZ 91, 148, 152; BGH NJW 1995, 44; BGH NJW-RR 1997, 527). Allerdings muss dafür der Wille, im Namen des Unternehmers zu handeln, hinreichend deutlich zum Ausdruck kommen und für den anderen Teil erkennbar sein (BGH NJW-RR 1997, 527). Er kann sich auch aus dem Inhalt des Rechtsgeschäfts und der Auslegung anhand der Gesamtumstände ergeben (vgl. auch OLG Köln VRS 1989, 322).
- Das **Geschäft für den, den es angeht**, betrifft eine vollständige Einschränkung des Offenheitsgrundsatzes. Bei Bargeschäften des täglichen Lebens ist es für die Vertragsschließenden in der Regel nicht von Bedeutung, ob der andere Teil im eigenen oder fremden Namen handelt. Es genügt hier, dass der Vertreter für den Vertretenen handeln will (OLG Düsseldorf NJW 1992, 1707) und es dem anderen Teil gleichgültig ist, wer sein Vertragspartner sein wird (BGH NJW 1991, 2283, 2285). Dies ist in der Regel beim Eigentumserwerb von beweglichen Sachen aufgrund eines Barkaufs der Fall (BGH NJW 1991, 2283, 2285).

5 Die Regeln der (unmittelbaren) Vertretung gelten nicht für die sog. **mittelbare Stellvertretung**. Dort wird das Rechtsgeschäft vom Stellvertreter im eigenen Namen abgeschlossen, aber im Interesse und für Rechnung eines Dritten (zB Kommission) nach §§ 383 ff. HGB). Dasselbe gilt für den (echten) Treuhänder oder den Strohmann. prinzipiell auch für gesetzliche **Vermögensverwalter** (Insolvenz-, Zwangs- oder Nachlassverwalter, Testamentsvollstrecker).

Auch der **Bote** ist kein Vertreter. Er übermittelt lediglich eine Willenserklärung seines Auftraggebers, gibt aber keine rechtsgeschäftliche Erklärung ab bzw. sein Handeln ist tatsächlicher, nicht rechtsgeschäftlicher Natur. 6

Die **Ermächtigung** (§ 185 BGB) unterscheidet sich von der Vertretung in drei Punkten: Der Ermächtigte handelt im eigenen Namen, seine rechtliche Befugnis ist nicht personen- sondern gegenstandsbezogen und er kann nur zur Verfügung oder Einziehung befugt werden, wohl aber nicht zur Verpflichtung (str., vgl. BGHZ 114, 100 mwN). 7

Eine Stellvertretung ist ausgeschlossen bei höchstpersönlichen Rechtsgeschäften. 8

Checkliste: Höchstpersönliche Rechtsgeschäfte

Dies gilt vor allem für

- ☐ Eheschließung (§ 1311 BGB),
- ☐ Begründung einer Lebenspartnerschaft (§ 1 LPartG),
- ☐ Testamentserrichtung (§ 2064 BGB),
- ☐ Erbvertrag (§ 2274 BGB, nur Erblasser),
- ☐ Anerkennung der Abstammung einer Person, die beschränkt geschäftsfähig oder geschäftsunfähig ist (§ 1596 Abs. 4 BGB),
- ☐ Anfechtung der Abstammung (§ 1600a BGB, außer Geschäftsunfähige),
- ☐ Ausübung der elterlichen Sorge (§ 1626c BGB),
- ☐ Einwilligungserklärung bei Annahme eines Kindes (§ 1750 Abs. 3 BGB),
- ☐ spätere Einwilligungserklärung bei Annahme eines Kindes (§ 1760 Abs. 5 BGB),
- ☐ Anfechtung eines Erbvertrags (§ 2282 BGB),
- ☐ Erbverzicht (§ 2347 Abs. 2 BGB, nur Erblasser), Pflichtteilsverzicht (§ 2346 Abs. 2, § 2347 Abs. 2 BGB), Zuwendungsverzicht (§ 2352, § 2347 Abs. 2 BGB)
- ☐ Aufhebung des Erbverzichts (§ 2351 BGB, nur Erblasser).

II. Erteilung der Vollmacht

1. Vollmachtserklärung

Die Vollmacht wird durch einseitig empfangsbedürftige Willenserklärung des Vollmachtgebers (Vertretener) erteilt. Sie kann nach § 167 Abs. 1 BGB entweder durch Erklärung gegenüber dem Bevollmächtigten **(Innenvollmacht)** oder dem Dritten, dem gegenüber die Vertretung erfolgen soll **(Außenvollmacht)**, erfolgen. 9

➲ **Hinweis:** Auch der **Minderjährige** kann wirksam vertreten (§ 165 BGB) – er haftet aber nicht bei fehlender Vertretungsmacht (§ 179 Abs. 3 Satz 2 BGB). 9a

Nach Art. 11 Abs. 3 EGBGB unterliegt die Vollmacht dem Recht des **Landes**, in dem sich der Vertreter befindet. Dies bedeutet, dass bspw. eine Prozessvollmacht für das Auftreten vor einem deutschen Gericht deutschem Recht unterworfen ist (BGH NJW 1990, 3088). 10

2. Duldungs- und Anscheinsvollmacht

Eine Vollmacht kann, wie jede andere Willenserklärung auch, durch **schlüssiges Verhalten** erteilt werden. Einen Schritt weiter geht die **Duldungsvollmacht**. Sie liegt wor, wenn der Vertretene es positiv weiß und hinnimmt, dass ein anderer wie ein Vertreter für ihn auftritt und der Geschäftsgegner nach Treu und Glauben davon ausgehen darf, der Vertretene habe tatsächlich Vollmacht erteilt. Gegenüber der stillschweigend erteilten Vollmacht fehlt hier zwar der Willen zur Bevollmächtigung, aus Gründen des **Vertrauensschutzes** kann der Vertretene wegen seiner wissentlichen Duldung diesen Vorbehalt aber nicht geltend machen. 11

Die **Anscheinsvollmacht** folgt stattdessen den Grundsätzen der **Rechtsscheinhaftung**. Statt der Kenntnis genügt hier, dass der Vertretene es pflichtgemäß hätte erkennen oder verhindern können, 12 dass ein anderer für ihn wie ein Vertreter auftritt. Regelmäßig wird der Rechtsschein dadurch gesetzt, dass dem Vertreter Zugriff auf Unterlagen gewährt wird, mit denen er sich dann unberechtigt als Vertreter ausweist (zB BGHZ 5, 111, 116: Geschäftspapiere und Firmenstempel). Es genügt, den Rechtsschein aufgrund fahrlässiger Sorgfaltspflichtverletzung gesetzt zu haben. Der Geschäftsgegner muss indes gutgläubig sein (§ 173 BGB analog).

3. Form der Vollmachtserteilung

a) Grundsatz der Formfreiheit

13 Grundsätzlich ist die Bevollmächtigung formfrei, auch wenn sie sich auf ein formbedürftiges Rechtsgeschäft bezieht (§ 167 Abs. 2 BGB). Die Formbedürftigkeit kann sich aber aus einer Vereinbarung des Vollmachtgebers mit dem Vertreter oder seinem Geschäftsgegner ergeben (oder aus der Satzung bei einer juristischen Person).

13a ➲ **Praxistipp:** Es empfiehlt sich aber zu **Beweiszwecken** regelmäßig, die Vollmacht schriftlich zu erteilen. Auch sollte sie ausdrücklich als Vollmacht bezeichnet werden.

14 Eine Vollmachtsurkunde muss für den Erklärungsgegner eindeutig den **Umfang** der rechtsgeschäftlichen Vertretungsmacht erkennen lassen.

b) Formerfordernisse

15 Die Formfreiheit der Bevollmächtigung findet ihre Grenzen, wenn sie im Ergebnis zu einer **Umgehung der Formvorschriften** führt. Bindet sich der Vertretene rechtlich und tatsächlich in gleicher Weise, wie wenn er bereits das formbedürftige Rechtsgeschäft vornimmt, bedarf ausnahmsweise auch die Bevollmächtigung der Form des vorzunehmenden Geschäfts.

16 So sind formbedürftig die **unwiderrufliche Vollmacht** zum Grundstücksverkauf und -erwerb, zur Erbteilsübertragung, zur Übernahme einer Bürgschaft, zur Unterwerfung unter die Zwangsvollstreckung oder zur (vgl. besonderer Vordruck der Landesfinanzverwaltungen **Abtretungsanzeige/Verpfändungsanzeige (Steuer)** (Vordrucknummer. 034130 zuletzt vom 1.10.2013).

17 In einzelnen Fällen sieht auch das Gesetz eine **besondere Form** für Vollmachten vor (und regelt hierbei auch die Folgen eines Formverstoßes). Manche rechtsgeschäftlichen Erklärungen sind hiernach formbedürftig zwar nicht zur Wirksamkeit der Bevollmächtigung und Vertretererklärung, aber für den **Nachweis vor Gericht oder Behörden** (zB § 80 ZPO, § 11 Satz 1 FamFG, § 29 GBO, § 71 Abs. 2 und § 81 Abs. 3 ZVG).

18 **Checkliste: Schriftform bzw. Textform**

- ☐ § 492 Abs. 4 BGB: Bevollmächtigung zum Abschluss eines Verbraucherdarlehensvertrags
- ☐ § 1904 Abs. 5 Satz 2 BGB: Vorsorgevollmacht für ärztliche Maßnahmen
- ☐ § 1906 Abs. 5 BGB: Vorsorgevollmacht für Maßnahmen zur Unterbringung
- ☐ § 80 ZPO, § 11 Satz 1 FamFG: Prozessvollmacht und Verfahrensvollmacht
- ☐ § 134 Abs. 3 AktG: Textform für Stimmrechtsvollmacht in einer Aktiengesellschaft

19 **Checkliste: Öffentliche Beglaubigung oder ersatzweise notarielle Beurkundung**

- ☐ § 1484 Abs. 2 BGB: Ablehnung der fortgesetzten Gütergemeinschaft
- ☐ § 1945 Abs. 3 BGB: Ausschlagung einer Erbschaft
- ☐ § 1955 BGB: Anfechtung der Annahme oder Ausschlagung einer Erbschaft
- ☐ § 2 Abs. 2 GmbHG: Abschluss des Gesellschaftsvertrags zur Gründung einer GmbH
- ☐ § 77 BGB, § 12 Abs. 2 HGB: Anmeldung zum Vereins- und Handelsregister
- ☐ § 29 Abs. 1, § 30 GBO: Grundbucherklärungen, Eintragungsantrag durch Vertreter
- ☐ § 71 Abs. 2, § 81 Abs. 3 ZVG: Gebot durch Vertreter im Zwangsversteigerungsverfahren

4. Vorlage einer Vollmachtsurkunde

Der Erklärungsempfänger kann nach § 174 BGB bei einem einseitigen Rechtsgeschäft (zB Kündigung) die Vorlage einer Vollmachtsurkunde verlangen. Wird diese nicht bei Abgabe der Erklärung vorgelegt, so kann er die Erklärung **unverzüglich zurückweisen**. Die Erklärung gilt dann als nicht zugegangen. 20

➲ **Praxistipp:** Besonders wichtig ist die Vorlage der Vollmachtsurkunde (nicht Kopie oder Telefax!) bei **fristgebundenen** einseitigen Willenserklärungen, zB bei Kündigung, Rücktritt oder Widerruf, da hier eine anschließende Wiederholung der Erklärung unter Vollmachtsvorlage verfristet sein kann. 20a

III. Inhalt der Vollmacht

1. Grundsatz

Der Inhalt einer Vollmacht bestimmt sich nach dem erklärten Willen des Vollmachtgebers. Die Vollmacht ist auslegungsfähig nach §§ 133, 157 BGB. Bei mehreren möglichen Auslegungen ist die Vollmacht **im Zweifel eng auszulegen** (BGH NJW 1978, 995). 21

Bei einigen Vollmachten des Handelsrechts ist der Umfang gesetzlich festgelegt, so bei der Prokura und der Handlungsvollmacht (§§ 49, 54 ff. HGB). 22

2. Besondere Arten der Vollmacht

a) Spezialvollmacht

Eine Spezialvollmacht wird zur Vornahme eines bestimmten Rechtsgeschäfts erteilt (MünchKomm.BGB/Schramm § 167 BGB Rz. 82). 23

M 4.1 Einfache Vollmacht (Spezialvollmacht)

Vollmacht

Ich, die unterzeichnende ... (Name, Geburtsdatum, Anschrift), bevollmächtige hiermit Frau/Herrn ... (Name, Geburtsdatum, Anschrift), ... (Verkaufsgegenstand mit Spezifizierung) in meinem Namen zu verkaufen und zu übereignen und sämtliche in diesem Zusammenhang notwendigen oder nützlichen Erklärungen abzugeben und entgegenzunehmen sowie die dazu erforderlichen Handlungen vorzunehmen.

... (Ort, Datum)

... (Unterschrift)

b) Art- oder Gattungsvollmacht

Eine Art- oder Gattungsvollmacht (Handlungsvollmacht) wird zur Vornahme einer bestimmten Art von Rechtgeschäften erteilt. Sie kann wiederkehrende gleichartige Geschäfte betreffen (zB Inkasso-, Bankvollmacht) oder an eine bestimmte Funktion anknüpfen (zB Architekt, Hausverwalter, Kellner, Kassierer; MünchKomm.BGB/Schramm § 167 BGB Rz. 82). 24

Bei einer **Bankvollmacht** sollte möglichst nur mit Formularen der betreffenden Bank gearbeitet und diese sollte (auch wenn als Vollmacht nur für den Todesfall) sogleich der Bank vorgelegt werden, da alles andere in der Praxis zu Abwicklungsschwierigkeiten führt. Rechtlich sind keine Gründe ersichtlich, dass Banken die Willenserklärung eines nach den Regeln des BGB bevollmächtigten Vertreters zurückweisen dürften (vgl. auch § 11 Abs. 1 Satz 1 AGB-Banken und Nr. 4 Abs. 1 Satz 1 AGB-Sparkassen), jedenfalls soweit keine Unklarheiten oder Bedenken gegen die Wirksamkeit bestehen. Möchte man eine eigene vorbereitete Vollmacht verwenden, sollte der Umfang und Auf- 25 gabenkreis eindeutig beschrieben und ggf. auch der (familiäre oder berufliche) Hintergrund der Bevollmächtigung darin erläutert werden, hilfreich ist auch das Beifügen einer Ausweiskopie des Vertretenen. Zur Absicherung der Identität des Vollmachtgebers kommt eine notarielle Beglaubigung in Betracht, bei Zweifeln an der Geschäftsfähigkeit die Errichtung einer notariellen Urkunde (s. auch Rz. 26 mit **M 4.4**). Bevor der Bevollmächtigte aufgrund der Vollmacht wirksam zeichnen kann, muss das Kreditinstitut eine Legitimationsprüfung durchgeführt haben (vgl. § 154 Abs. 2 AO, § 4 GwG).

M 4.2 Inkassovollmacht (Einzugsvollmacht)

(Privatschriftliche Vollmachtsurkunde – Auszug)

...

Frau ... (Name, Geburtsdatum, Anschrift) ist unsere Handlungsbevollmächtigte. Sie ist berechtigt, Zahlungen jeglicher Art und Höhe für uns entgegenzunehmen und hierzu Quittungen für uns auszustellen.

Sie ist befugt (oder ist nicht befugt), Zahlungsfristen bis zu ... Monate zu bewilligen.

Diese Vollmacht kann nicht übertragen werden. Sie gilt bis zum Widerruf (oder: Sie gilt bis zum ... (Datum), sofern sie nicht verlängert wird).

(Ggf.: Frau/Herr ... (Name) zeichnet schriftliche Erklärungen wie Quittungen, Bestätigungen uä. für unser Unternehmen als Handlungsbevollmächtigter „in Vertretung" oder „i.V.")

...

M 4.3 Zwangsversteigerungsvollmacht einschließlich Ermächtigung zum Bieten

(Notarielle Urkunde – Auszug)

...

Der Vollmachtgeber bevollmächtigt Herrn ... (Name, Geburtsdatum, Anschrift), ihn im Zwangsversteigerungsverfahren über das Grundstück Flst. Nr. ... Grundbuch von ... Blatt ... (Grundbuchbeschrieb) zu vertreten.

Er ist berechtigt, im Namen des Vollmachtgebers für das Grundstück zu bieten, den Zuschlag zu beantragen und die Rechte aus dem Meistgebot zu übernehmen. Auch kann er den auf den Vollmachtgeber entfallenden Teil des Versteigerungserlöses in Empfang nehmen, Eintragungen und Löschungen im Grundbuch für ihn beantragen und bewilligen und alle sonstigen Erklärungen für ihn abgeben, die im Verlauf des Verfahrens notwendig oder zweckmäßig sein werden.

...

Kosten: *Notargebühr:* 1,0-Gebühr gem. Nr. 21200, mindestens 60 Euro. Geschäftswert gem. § 98 Abs. 1 GNotKG (½-Wert des Grundstücks § 47 GNotKG; Höchstwert gem. § 98 Abs. 4 GNotKG 1 Million Euro).

c) Generalvollmacht

26 Die Generalvollmacht ist eine grundsätzlich umfassende Vollmacht, durch die der Vertreter zur Vornahme aller Geschäfte ermächtigt wird. Dennoch kann sich – auch im Wege der Auslegung – eine Begrenzung des Umfangs einer Generalvollmacht ergeben, so dass bspw. für den Vollmachtgeber außergewöhnliche Geschäfte ausgenommen sind (vgl. MünchKomm.BGB/Schramm § 167 BGB Rz. 83 mwN). Sie kann befristet oder unbefristet erteilt werden. Auch sie ist grundsätzlich formfrei wie alle Vollmachten, ist aber zu Dokumentations- bzw. Beweiszwecken wenigstens schriftlich nie-

derzulegen. Soll sie zu **grundstücksbezogenen** Geschäften eingesetzt werden, bedarf es (wenigstens) der öffentlichen Beglaubigung, da diese sonst zwar wirksam abgeschlossen, aber nicht im Grundbuch vollzogen werden können (§§ 29, 30 GBO). Wenn sich abzeichnet, dass die Geschäftsfähigkeit des Vollmachtgebers in Zweifel gezogen werden könnte, empfiehlt sich die notarielle Beurkundung mit entsprechend individuell angepasster Bestätigung des Notars, sich hierüber vergewissert zu haben. Einen grundsätzlich anderen Ansatz mit einigen Besonderheiten verfolgt die Vorsorgevollmacht, so dass die jeweiligen Regelungen nicht wechselseitig übertragen werden sollten – zur Vorsorgevollmacht s. Kap. 79 Rz. 1 ff. und **M 79.1** und **M 79.2**.

➲ **Wichtig:** Wegen der weitreichenden Konsequenzen einer solchen Vertretungsmacht ist mit der Einräumung einer Generalvollmacht sehr zurückhaltend umzugehen und sie verlangt großes Vertrauen in den Bevollmächtigten. Dementsprechend sollte die Erteilung einer **Untervollmacht** im Regelfall entweder ausgeschlossen oder auf einzelne Geschäfte beschränkt werden. 26a

Ein besonderes Problem besteht (gerade) bei einer Generalvollmacht, wenn mit deren Einsatz die **Besorgung fremder Rechtsangelegenheiten** verbunden ist. Eine Vollmacht, die den „Abschluss eines ganzen Bündels von Verträgen mit mannigfaltigem rechtlichem Beratungsbedarf" bezweckt, verstößt gegen § 3 RDG (früher: § 1 Abs. 1 RBerG), wenn sie nicht einem Rechtsanwalt oder einer anderen nach RDG befugten Person erteilt wird, und ist dann gem. § 134 BGB nichtig (BGHZ 145, 265, 269; 153, 214, 218; 167, 223 Rz. 12 mwN). Zwar können aufgrund dieser Vollmacht abgeschlossene Geschäfte über die Rechtsscheinhaftung nach §§ 171, 172 BGB wirksam sein, das setzt aber die Vorlage einer Originalurkunde beim Geschäftsgegner voraus (BGH NJW 2005, 2575; 2005, 2983). Schließlich kann der Vollmachtgeber nachträglich genehmigen, auch durch schlüssiges Handeln (§ 177 BGB). 26b

M 4.4 Generalvollmacht

(öffentliche Beglaubigung – Auszug)

...

Ich ... (Name, Geburtsdatum, Anschrift), erteile hiermit Frau ... (Name, Geburtsdatum, Anschrift) Generalvollmacht.

Die Bevollmächtigte ist berechtigt, mich in allen meinen Angelegenheiten gegenüber jedermann zu vertreten. Sie ist befugt, für mich ohne Einschränkung rechtlich bedeutsame Handlungen vorzunehmen, die von mir und mir gegenüber nach dem Gesetz vorgenommen werden können, und zwar mit denselben Wirkungen, als wenn ich selbst gehandelt hätte.

Die Vollmacht umfasst insbesondere,

1. *mich in Rechts- und Steuerangelegenheiten gegenüber Gerichten, Behörden und sonstigen öffentlichen Stellen und Privatpersonen gerichtlich und außergerichtlich zu vertreten sowie alle Prozesshandlungen für mich vorzunehmen;*
2. *mich in Vermögensangelegenheiten zu vertreten, insbesondere uneingeschränkt im Geschäftsverkehr mit Kreditinstituten alle Geschäfte vorzunehmen, die mit der Konto- und Depotführung in Verbindung stehen, einschließlich der Begründung einer Geschäftsverbindung*[1].
3. *Zahlungen oder Wertgegenstände für mich anzunehmen, zu quittieren oder Zahlungen vorzunehmen;*
4. *bewegliche Sachen, Grundstücke und Rechte für mich zu erwerben oder zu veräußern;*
5. *dingliche Rechte jeglicher Art an Grundstücken oder anderen Rechten zu bestellen, zu übertragen, zu kündigen oder aufzugeben;*

1 Verbraucherdarlehen und gleichbehandelte Verträge können nur dann vom Bevollmächtigten formwirksam abgeschlossen werden, wenn alle Pflichtangaben in der Vollmacht enthalten sind oder die Vollmacht notariell beurkundet wird (§ 492 Abs. 4 Satz 1 und 2 BGB).

6. Gesellschafterrechte für mich wahrzunehmen, insbesondere an Versammlungen teilzunehmen und Stimmrechte auszuüben;

7. mich in Nachlassangelegenheiten umfassend zu vertreten, Verfügungen von Todes wegen anzufechten oder anzuerkennen, Erbschaften anzunehmen oder auszuschlagen sowie alle Handlungen vorzunehmen, die zur vollständigen Regelung von Nachlässen und zur Teilung erforderlich oder förderlich sind.

Die Bevollmächtigte ist von den Beschränkungen des § 181 BGB befreit.

Die Bevollmächtigte ist berechtigt, für bestimmte Arten von Geschäften oder für einzelne Geschäfte Untervollmacht zu erteilen, nicht aber mit Befreiung von den Beschränkungen des § 181 BGB.

Diese Vollmacht gilt über meinen Tod hinaus. Sie kann jederzeit von mir oder nach meinem Tod von meinen Erben widerrufen werden.

...

(Beglaubigungsvermerk)

Kosten: *Notargebühr:* 1,0-Gebühr gem. Nr. 21200. Geschäftswert gem. § 98 Abs. 3 GNotKG (nach billigem Ermessen unter Berücksichtigung des Aktivvermögens des Vollmachtgeber ohne Schuldenabzug, nicht mehr als die Hälfte des Aktivvermögens, höchstens gem. § 98 Abs. 4 GNotKG 1 Million Euro.

3. Einzel- oder Gesamtvollmacht

27 Sind mehrere Bevollmächtigte bestellt worden, kann die Stellvertretung entweder in der Form einer Einzel- oder Gesamtvollmacht erteilt werden. Bei einer Einzelvollmacht ist der Bevollmächtigte allein vertretungsberechtigt, bei der Gesamtvollmacht nur mit anderen gemeinsam.

27a ➲ **Praxistipp:** Bei der Gesamtvollmacht müssen nicht alle Bevollmächtigten ihre Erklärung gleichzeitig abgeben. Eine vorherige Zustimmung sowie eine spätere Genehmigung genügen.

4. Untervollmacht

28 Vollmachten können in einem Über-/Unterordnungsverhältnis zueinander stehen: Ein Geschäftsinhaber erteilt jemandem eine Hauptvollmacht, dieser dem Unterbevollmächtigten eine Untervollmacht. Ob die Erteilung der Untervollmacht zulässig ist, richtet sich nach dem Inhalt der Hauptvollmacht. Eine Untervollmacht kann in ihrem Umfang nicht weiter reichen als die Hauptvollmacht (MünchKomm.BGB/Schramm § 167 BGB Rz. 93 ff.).

5. Vollmacht über den Tod hinaus

29 Beim Tod des Vertretenen bleibt die Vollmacht im Zweifel bestehen (§ 168 Satz 1 iVm. §§ 672, 675 BGB). Da ggf. eine Beschränkung auch im Wege der Auslegung in Frage kommt, wird in der Praxis aus Gründen der Klarheit regelmäßig bestimmt, dass die Vollmacht ausdrücklich auch **über den Tod hinaus** erteilt wird (transmortale Vollmacht).

30 Häufig werden Vollmachten, speziell Bankvollmachten oder Generalvollmachten, erteilt, die erst nach dem Tode des Vollmachtgebers zu Vertretung berechtigen. Durch eine solche **postmortale Vollmacht** wird die Möglichkeit geschaffen, dass (ohne Klärung der Erbfragen oder Abwarten eines Erbscheins) Vermögensverfügungen nach dem Tod des Vollmachtgebers getroffen werden können. Die Vollmacht wird erst im Zeitpunkt des Todes des Vollmachtgebers wirksam. Der Nachweis des Todes ist durch Sterbeurkunde zu erbringen. Die Weisungen des Bevollmächtigten hat dann beispielsweise bei Bankgeschäften die betreffende Bank unverzüglich, ohne Vorbehalt und ohne Benachrichtigung der Erben durchzuführen (BGH MDR 1995, 389) – s. aber Rz. 25.

31 Sowohl die Vollmacht für den Todesfall als auch die Vollmacht über den Tod hinaus wirken für eine **Erbengemeinschaft** wie eine Vollmacht sämtlicher Erben. Der Widerruf eines Erben wirkt nach h.M. nur für seine Person und lässt die Bevollmächtigung im Verhältnis zu den anderen Miterben unberührt. Die Beachtung rechtsgeschäftlicher Erklärungen des Erben, somit auch der Widerruf ei-

ner Vollmacht, darf vertraglich in AGB gegenüber Verbrauchern nicht – wie zB in den AGB-Banken vorgesehen war – von der Vorlage eines Erbscheins abhängig gemacht werden, sondern es müssen auch andere Erbfolgenachweise (zumindest ein eröffnetes öffentliches Testament) akzeptiert werden (vgl. BGHZ 198, 250 Rz. 30 ff.).

6. Widerrufliche oder unwiderrufliche Vollmacht

Weiterhin ist zwischen widerruflichen und unwiderruflichen Vollmachten zu unterscheiden. Grund- 32
sätzlich ist eine Vollmacht jederzeit **frei widerruflich**, auch wenn das zugrundliegende Rechtsverhältnis fortbesteht (§ 168 Satz 2 BGB).

Der Widerruf kann in Grenzen **vertraglich ausgeschlossen** werden, nicht aber durch einseitigen 33
Verzicht des Vollmachtgebers (BGH NJW 1988, 2603). Eine **Unwiderruflichkeit** kann sich insbesondere aus dem Grundverhältnis ergeben (vgl. § 168 Satz 2 BGB) oder aus den Umständen oder dem Zweck der Bevollmächtigung. Hierfür kann die Tatsache sprechen, dass die Vollmacht ausnahmsweise nicht nur im Interesse des Vollmachtgebers, sondern auch in dem des Bevollmächtigten erteilt ist. Daher empfiehlt es sich, im Zweifel nicht nur die Unwiderruflichkeit, sondern auch die jederzeitige Widerruflichkeit in den Text der Vollmacht aufzunehmen.

➲ **Hinweis:** Eine Vollmacht kann nicht unwiderruflich erteilt werden, wenn damit die wirt- 33a
schaftliche Freiheit des Vollmachtgebers so eingeschränkt ist, dass der Tatbestand des § 138 BGB erfüllt ist. Das gilt speziell bei einer Generalvollmacht (BGH NJW 1988, 2603). In jedem Fall bleibt der Vollmachtgeber berechtigt, aus wichtigem Grund (zB gröbliche Pflichtverletzung) die Vollmacht zu widerrufen (BGH WM 1985, 646, 647).

7. Insichgeschäft

Ein Insichgeschäft liegt vor, wenn ein gesetzlicher oder rechtsgeschäftlich bestellter Vertreter im 34
Namen des Vertretenen entweder mit sich im eigenen Namen (**Selbstkontrahierung**) oder mit sich als Vertreter eines Dritten (**Doppel- oder Mehrvertretung**) ein Rechtsgeschäft vornimmt.

Ein Vertreter darf gem. gesetzlicher Regel des § 181 BGB kein Insichgeschäft vornehmen, es sei 35
denn, ihm ist das Selbstkontrahieren **gestattet** oder das Rechtsgeschäft besteht ausschließlich in der **Erfüllung** einer Verbindlichkeit.

Nicht zulässige Insichgeschäfte sind entspr. § 177 BGB **schwebend unwirksam** (BGHZ 65, 125; 36
BGH NJW-RR 1994, 291). Sie können daher durch den Vertretenen genehmigt werden.

➲ **Wichtig:** Bei einseitigen Rechtsgeschäften führt ein Verstoß gegen § 181 BGB gem. § 180 BGB 36a
analog zur Nichtigkeit.

In der Praxis wird deshalb in Vollmachtsurkunden (für rechtsgeschäftliche) oder Satzungen (für 37
organschaftliche Vertreter) häufig **von den Beschränkungen des § 181 BGB befreit**.

➲ **Hinweis:** Ähnliche Vorschriften zu § 181 BGB enthalten zB § 34 BGB, § 47 Abs. 4 GmbHG, 38
§ 136 AktG, § 25 Abs. 5 WEG.

IV. Erlöschen der Vollmacht

Checkliste: Gründe für das Erlöschen 39

☐ Die Vollmacht erlischt grundsätzlich mit dem **Tod des Bevollmächtigten** (§ 168 Satz 1 iVm. §§ 673 bzw. 675 BGB) oder wenn er dauernd geschäftsunfähig wird.

☐ Bei **Tod des Vollmachtgebers** erlischt die Vollmacht **nur**, wenn das vereinbart ist, was sich auch durch Auslegung ergeben kann (vgl. Rz. 29).

☐ Die Vollmacht erlischt, wenn sie mit auflösender Bedingung oder Befristung erteilt wurde (zB Erlöschen nach **Zeitablauf**, bei Eintritt bestimmter Umstände usw.).

- ☐ Des Weiteren erlischt eine Vollmacht, wenn das **Grundverhältnis** (§ 168 Satz 1 BGB) erlischt, zB durch Zeitablauf, Erfüllung, Anfechtung, Rücktritt oder Kündigung.
- ☐ Eine **Spezialvollmacht** erlischt mit Erledigung oder Unmöglichwerden des betreffenden Geschäfts.
- ☐ Eine Vollmacht erlischt, wenn sie **widerrufen** wird. Der Widerruf ist eine einseitige empfangsbedürftige Willenserklärung, die entweder dem **Bevollmächtigten** oder dem **Geschäftsgegner** gegenüber erklärt werden kann (beachte §§ 170 ff. BGB – **„actus contrarius"**).

40 Ist eine Vollmachtsurkunde ausgestellt worden, muss der Bevollmächtigte sie bei Erlöschen zurückgeben. Ihm steht an der Urkunde kein Zurückbehaltungsrecht zu (§ 175 BGB).

40a ➲ **Wichtig:** Beim Widerruf oder bei anderen Erlöschensgründen, die der Geschäftsgegner nicht kennt, sollte dieser vorsorglich immer über das Ende der Bevollmächtigung **unterrichtet** werden. Ebenso muss daran gedacht werden, eine ausgehändigte Vollmachtsurkunde **zurückzufordern**, sonst besteht die (Außen-)Vertretungsmacht nach Rechtsscheinsgründen fort, vgl. §§ 172 Abs. 2 BGB, 173.

41 Die Vollmacht kann auch durch öffentliche Bekanntmachung für kraftlos erklärt werden (§ 176 Abs. 1 BGB), wofür beim örtlich zuständigen Amtsgericht eine entsprechende Bewilligung zu beantragen ist (§ 176 Abs. 2 BGB).

M 4.5 Kraftloserklärung einer Vollmacht

(Kraftloserklärung – Auszug)

...

Herrn ... (Name), früher wohnhaft ... (Anschrift), jetziger Aufenthaltsort unbekannt, habe ich am ... (Datum) schriftlich Vollmacht für ... (Gegenstand der Vollmachterteilung) erteilt. Eine Unwiderruflichkeit wurde nicht vereinbart. Diese Vollmacht erkläre ich hiermit für kraftlos.

...

(Antrag an das Amtsgericht – Auszug)

...

(Darstellung der Bevollmächtigung und des Widerrufs der Vollmacht)

Trotz mehrfacher schriftlicher Aufforderung, zuletzt am ... (Datum), hat Herr ... (Name) die ihm überlassene Vollmachtsurkunde vom ... (Datum) bis heute nicht an mich zurückgegeben.

Ich beantrage deshalb, die öffentliche Bekanntmachung der als Anlage beigefügten Kraftloserklärung der Vollmachtsurkunde gem. § 176 BGB zu bewilligen.

Kopie der Vollmachtsurkunde vom ... (Datum) und der bislang geführten Korrespondenz überreiche ich in der Anlage.

...

Kosten: Gerichtsgebühr: 0,5-Gebühr gem. Nr. 15212 Nr. 7 KV GNotKG. Wert gem. § 36 Abs. 1 bis 3 GNotKG (Ausgangswert § 98 GNotKG).

V. Vertreter ohne Vertretungsmacht

1. Überschreitung der Vertretungsmacht

42 Überschreitet der Vertreter die intern vereinbarten Grenzen seiner Vertretungsmacht, ist das von ihm getätigte Rechtsgeschäft nach außen dennoch wirksam. Das Risiko eines Missbrauchs der Vertretungsmacht trägt grundsätzlich der Vertretene. Hiervon gibt es jedoch zwei Ausnahmen:

a) Kollusion

Wirken Vertreter und Vertragsgegner bewusst zum Nachteil des Vertretenen zusammen (sog. Kollusion), wird der Vertretene nicht verpflichtet. Das Rechtsgeschäft ist nach § 138 BGB nichtig (BGH NJW 1989, 26; BGH WM 2003, 2456). 43

b) Missbrauch der Vertretungsmacht

Auch wenn die Voraussetzungen eines kollusiven Zusammenwirkens nicht vorliegen, kann der Vertretene wegen Rechtsmissbrauchs nicht in Anspruch genommen werden, wenn dem anderen Teil beim Abschluss des Geschäfts der Missbrauch der Vertretungsmacht **bekannt** war (BGHZ 94, 132, 138; 113, 315, 320). 44

Der Einwand des Rechtsmissbrauchs kann auch vorliegen, wenn der Geschäftsgegner den Missbrauch **kennen musste**. Das ist der Fall, wenn der Vertreter von seiner Vertretungsmacht in ersichtlich verdächtiger Weise Gebrauch gemacht hat, so dass begründete Zweifel bestehen, ob nicht ein Treueverstoß des Vertreters vorliegt (BGH NJW 1995, 250). Den Geschäftsgegner trifft zwar **keine Prüfungspflicht** (BGH NJW 1994, 2082), er muss aber einschreiten bei massiven Verdachtsmomenten, die den Missbrauch objektiv evident werden lassen, so dass sich ihm die Notwendigkeit einer Rückfrage beim Vertretenen geradezu aufdrängt (BGH NJW 1999, 2883). 45

2. Fehlen einer Vollmacht

Handelt ein (angeblicher) Vertreter ohne Vertretungsmacht, sei es, dass er nicht bevollmächtigt gewesen war oder die Vollmacht unwirksam oder erloschen war, ergeben sich die Rechtsfolgen für Verträge aus § 177 BGB, für einseitige Rechtsgeschäfte aus § 180 BGB. Der vermeintlich Vertretene kann das in seinem Namen geschlossene Geschäft genehmigen (vgl. Rz. 48 ff.). Andernfalls haftet der vollmachtlos handelnde Vertreter gem. § 179 BGB auf Erfüllung oder Schadensersatz. 46

➲ **Hinweis:** Die §§ 177 ff. BGB sind jedoch nicht anwendbar, wenn eine Vertretung gesetzlich ausgeschlossen ist (BGH NJW 1971, 428). Auch verdrängen die Sondervorschriften § 11 GmbHG und § 41 AktG den § 179 BGB (RGZ 122, 172). 46a

Checkliste: Entsprechende Anwendung der §§ 177 ff. BGB 47

Die §§ 177 ff. BGB sind auf manche Fälle entsprechend anwendbar:

- ☐ wenn der Vertreter trotz Aufforderung nicht den Namen des Vertretenen benennt (BGHZ 129, 149),
- ☐ wenn ein (bloßer) Bote ohne Auftrag handelt oder bewusst eine andere als die aufgetragene Erklärung abgibt (OLG Oldenburg NJW 1978, 951),
- ☐ wenn jemand für eine nicht bestehende juristische Person oder Handelsgesellschaft handelt (BGHZ 91, 143),
- ☐ bei einer noch zu errichtenden Bauherrengemeinschaft (BGHZ 105, 285).

3. Genehmigung

Der Vertretene kann ein Interesse daran haben, das vom Vertreter ohne Vertretungsmacht abgeschlossene Geschäft an sich zu ziehen, wenn er es etwa für günstig hält. Bei Verträgen räumt ihm § 177 Abs. 1 BGB die Möglichkeit ein, den Vertrag nachträglich zu genehmigen, was auch stillschweigend und ohne Erklärungsbewusstsein geschehen kann (BGHZ 109, 171, 177). Bei einseitigen Rechtsgeschäften ist eine Genehmigung nur ausnahmsweise möglich, dort sind Vertretererklärungen ohne Vertretungsmacht im Regelfall nichtig (vgl. § 180 BGB). 48

Die Genehmigung kann gegenüber dem **Vertreter** oder dem **Dritten** erklärt werden (§ 182 Abs. 2 BGB). Sie wirkt auf den **Zeitpunkt** des Vertragsschlusses zurück (§ 184 Abs. 1 BGB). Durch die Genehmigung wird der Vertretene aus dem Vertrag berechtigt und verpflichtet. 49

50 Bis zur Genehmigung ist der Vertrag **schwebend unwirksam.** Den Schwebezustand kann die andere Vertragspartei beenden, indem sie entweder nach § 178 BGB ihre Erklärung widerruft – was ausgeschlossen ist, wenn sie die fehlende Vertretungsmacht kannte – oder nach § 177 Abs. 2 BGB den Vertretenen zur Genehmigung auffordert – woraufhin er binnen zwei Wochen die Genehmigung erklären muss, andernfalls gilt sie als verweigert, Wird die Genehmigung verweigert, ist der Vertrag endgültig unwirksam.

M 4.6 Genehmigung einer ohne Vertretungsmacht abgegebenen Willenserklärung

(Genehmigungserklärung – Auszug)

...

Frau ... (Name, Anschrift) hat für mich, den unterzeichnenden ... (Name, Anschrift), als Vertreterin ohne Vertretungsmacht mit Ihnen am ... (Datum) einen Vertrag über ... (Vertragsgegenstand) geschlossen.

Alle darauf bezogenen Erklärungen, Handlungen und Verfügungen, die Frau ... (Name, Anschrift) in meinem Namen abgegeben und entgegengenommen, vorgenommen und empfangen hat, genehmige ich hiermit und trete in alle daraus folgenden Rechte und Pflichten ein.

...

Kapitel 5 Gesetzliche und vereinbarte Form

I. Grundsatz der Formfreiheit

1 Willenserklärungen können grundsätzlich ohne Einhaltung einer besonderen Form rechtswirksam abgegeben werden, also auch mündlich oder durch schlüssiges Verhalten. Ausnahmen ergeben sich aus dem Gesetz (gesetzlicher Formzwang) oder können vertraglich vereinbart werden (gewillkürter Formzwang).

II. Gesetzliche Form

1. Schriftform

2 Für die Einhaltung der gesetzliche Schriftform genügt es, wenn die den maßgeblichen Vertragsinhalt umfassende Urkunde schriftlich (nicht notwendig eigenhändig, ausgenommen Privattesta-

ment, § 2247 Abs. 2 BGB) abgefasst ist und der Aussteller sie durch eigenhändige **Namensunterschrift** unterzeichnet (§ 126 Abs. 1 BGB). **Eigenhändig** bedeutet, dass eine mechanisch hergestellte oder vervielfältigte Unterschrift grundsätzlich nicht ausreicht (BGH NJW 1981, 1204; BGHZ 121, 224). Das Unterschreiben auf einem elektronischen Schreibtablett wahrt die gesetzliche Schriftform ebenfalls nicht, da weder Text noch Unterschrift „verkörpert" sind und es damit an der Urkunde fehlt (OLG München NJW 2012, 3584 = CR 2013, 115 mwN).

Die Unterschrift hat die Funktion, die **Identität des Ausstellers** erkennen zu lassen und feststellbar zu machen (Identitäts- und Beweisfunktion). Dabei verlangt die Rechtsprechung einen individuellen Schriftzug, der sich – ohne lesbar sein zu müssen – als Wiedergabe eines Namens darstellt. Außerdem muss er die Absicht einer vollen Unterschriftsleistung erkennen lassen, weshalb ein Schriftzug, der als bewusste und gewollte Namensabkürzung erscheint (Handzeichen, Paraphe), keine formgültige Unterschrift darstellt (BGH NJW 1997, 3380). Die Unterzeichnung mit einem die Namensunterschrift ersetzenden **Handzeichen** (Symbole, Kreuze, Striche, Initialen) bedarf der notariellen Beglaubigung (vgl. §§ 39 ff. BeurkG). 3

➲ **Praxistipp:** Die Identität des Ausstellers und sein Unterschriftswillen kann abgesichert werden, indem sein Name maschinenschriftlich vorgedruckt, also ein „Unterschriftsfeld" geschaffen wird. 3a

Die Unterzeichnung muss den **Urkundstext abschließen**, darf also keine „Oberschrift" sein (BGHZ 113, 48) oder am Rand oder auf dem Briefumschlag erfolgen (RGZ 110, 168). Eine Unterschrift kann auch **blanko** geleistet werden, also bevor der dazugehörige Urkundstext abgefasst wird, wenn der Text nachträglich aufgrund einer Ermächtigung des Ausstellers nachgetragen wird (BGHZ 22, 128). Üblich ist das etwa bei Schecks oder Wechseln. Das gilt nicht, wo der Schutzzweck der Formvorschrift in der Warnung oder Information des Erklärenden liegt, wie zB bei einer Bürgschaft (BGHZ 132, 119), einem Lebensversicherungsantrag (BGHZ 140, 167) oder einem Verbraucherdarlehensvertrag (BGH NJW-RR 2005, 1141). Dort bedarf auch die Ermächtigung zur Ausfüllung des Blanketts der entsprechenden (schriftlichen) Form. 4

Bei empfangsbedürftigen Willenserklärungen muss die **schriftliche** unterzeichnete Urkunde auch **zugehen**, sie darf nicht nur per Telefax übersandt werden (BGHZ 112, 224); bei vereinbarter Schriftform ist Telefax möglich (§ 127 Abs. 2 BGB), eine weitere Ausnahme gilt für Schriftsätze nach Prozessrecht (GemS NJW 2000, 2340). 5

Sind – wie regelmäßig – bei **Verträgen** beide Willenserklärungen formbedürftig, ist zur Wahrung der gesetzlichen Schriftform (anders im Zweifel bei vereinbarter Schriftform, § 127 Abs. 2 BGB) erforderlich, dass die Parteien **dieselbe Urkunde** unterzeichnen, so dass ein Austausch von schriftlichem Angebot und Annahme per Briefwechsel die Form nicht wahrt (ausgenommen Verbraucherdarlehen, § 492 Abs. 1 Satz 3 BGB), es sei denn die (uneingeschränkte) Annahme erfolgt auf dem Angebotsschreiben (BGH NJW 2004, 2962). Werden – wie in der Vertragspraxis Standard – mehrere gleichlautende Urkunden erstellt, genügt die Unterzeichnung des jeweils für die Gegenseite bestimmten Exemplars (§ 126 Abs. 2 Satz 2 BGB). 6

Die Schriftform kann durch die elektronische Form ersetzt werden, wenn sich nicht aus dem Gesetz ein anderes ergibt (§ 126 Abs. 3 BGB); dazu Rz. 9. Sie wird außerdem durch die notarielle Beurkundung ersetzt (§ 126 Abs. 4 BGB); dazu Rz. 17 ff. 7

Checkliste: Wichtige Fälle der gesetzlichen Schriftform 8

- ☐ §§ 409, 410 BGB: Abtretungsanzeige des neuen Gläubigers
- ☐ § 492 BGB: Verbraucherdarlehensvertrag, inkl. Vollmacht, elektronische Form ausgeschlossen (ebenso mit Modifikationen: § 505 BGB: entgeltlicher Zahlungsaufschub oder sonstige Finanzierungshilfe einschl. Finanzierungsleasing, § 507 BGB: Teilzahlungsgeschäft)
- ☐ § 510 Abs. 2 BGB: Ratenlieferungsverträge zwischen Unternehmer und Verbraucher (eingeschränkt)
- ☐ § 550 BGB, § 578 Abs. 1 BGB, § 581 Abs. 2 BGB: Miet- oder Pachtvertrag mit Laufzeit über einem Jahr, bei Formverstoß gilt unbestimmte Laufzeit (s. auch § 557a BGB: Vereinbarung von Staffelmieten, § 557b BGB: Vereinbarung von Indexmieten)

- ☐ § 568 BGB: Kündigung des Mietverhältnisses, § 574b BGB: Widerspruch des Mieters gegen Kündigung des Mietverhältnisses
- ☐ § 585a BGB: Landpachtvertrag mit Laufzeit über zwei Jahre, bei Formverstoß gilt unbestimmte Laufzeit (s. auch §§ 594 f. BGB: Beendigung und Verlängerung)
- ☐ § 623 BGB: Kündigung eines Arbeitsverhältnisses, elektronische Form ausgeschlossen
- ☐ § 766 BGB: Bürgschaftserklärung (nicht Bürgschaftsvertrag), elektronische Form ausgeschlossen (formfrei, wenn Handelsgeschäft des Schuldners, § 350 HGB)
- ☐ § 780 BGB: Schuldversprechen, § 781 BGB: Schuldanerkenntnis (nicht Vertrag, dh nicht auch Annahme), elektronische Form ausgeschlossen (formfrei, wenn Handelsgeschäft des Schuldners, § 350 HGB)
- ☐ § 1154 BGB: Abtretung einer hypothekarisch gesicherten Forderung
- ☐ § 11 Abs. 4 BJagdG: Abschluss eines Jagdpachtvertrags
- ☐ § 4 Abs. 1 StBVV: Auftraggebererklärung bei Vergütungsvereinbarung des Steuerberaters
- ☐ § 57 VwVfG: Öffentlich-rechtlicher Vertrag (§ 62 VwVfG)

Darüber hinaus gelten besondere Schriftformerfordernisse im Bereich des Vereins-, Stiftungs- und Gesellschaftsrechts, zB die Abtretung eines GmbH-Geschäftsanteils und die Verpflichtung dazu (§ 15 Abs. 3 und 4 GmbHG).

2. Elektronische Form

9 Die elektronische Form (§ 126a BGB) ist zur Ergänzung der Schriftform und als deren grundsätzlicher Ersatz (§ 126 Abs. 3 BGB, s. Rz. 7 und 8) eingeführt worden. Hier muss der Aussteller die jeweilige Willenserklärung mit seinem **Namen versehen** und das elektronische Dokument mit einer qualifizierten elektronischen Signatur nach dem Signaturgesetz versehen. Bei einem Vertrag muss nach gesetzlicher Formvorschrift (anders bei vereinbarter elektronischer Form, dort genügen im Zweifel signiertes Angebot und Annahme, § 127 Abs. 3 BGB) jeweils ein gleichlautendes Dokument elektronisch signiert werden (vgl. Rz. 6).

10 Eine **Signatur** besteht nach § 2 Nr. 1 SigG aus Daten in elektronischer Form, die anderen elektronischen Daten (nämlich dem elektronischen Dokument) beigefügt sind und die zur Authentifizierung dienen. Die nach § 126a BGB erforderliche **qualifizierte** elektronische Signatur erfüllt nach § 2 Nr. 2 und Nr. 3 SigG weitere Sicherheitsanforderungen, insbesondere muss der Signaturschlüssel einem Inhaber zugeordnet und er damit eindeutig identifiziert werden können, außerdem muss die Signatur mit Mitteln (Software, Chipkarte) erzeugt worden sein, die allein der Kontrolle des Schreibenden unterliegen, und sie muss mit den Daten so verbunden sein, dass Änderungen erkannt würden. Schließlich muss die Signatur zum Zeitpunkt ihrer Erzeugung auf einem gültigen qualifizierten **Zertifikat** beruhen und mit einer **sicheren** Signaturerstellungseinheit erzeugt worden sein. Bei **vereinbarter** elektronischer Form genügt im Zweifel auch die einfache oder fortgeschrittene elektronische Signatur gem. § 2 Nr. 1 und Nr. 2 SigG.

11 Die elektronische Form ist in der Praxis außerhalb von Spezialbereichen noch relativ wenig verbreitet, da die gesetzlichen Anforderungen hoch sind und nur wenige Anbieter ausreichende – untereinander nicht austauschbare – Signaturverfahren anbieten, die wiederum für gewöhnlich vergütungspflichtig sind (zB Bundesnotarkammer, DATEV, Sparkassen-Finanzgruppe, Deutsche Post AG, T-Systems). Seit dem 1.11.2010 kann im neuen elektronischen Personalausweis gegen Gebühr die Signaturfähigkeit aktiviert werden, was die Verbreitung der elektronischen Form entscheidend fördern soll. Die Schriftform ist damit keineswegs abgelöst, erst recht nicht die gesetzliche. Bei vereinbarter Form wird in der Praxis eher das Formerfordernis reduziert auf Textform, als dass die elektronische Form vereinbart wird.

3. Textform

12 Textform (§ 126b BGB) bedeutet, dass die **Willenserklärung lesbar**, aber ohne Unterschrift abgegeben wird. Sie erfüllt nicht die klassischen Formzwecke der Identitäts-, Beweis- oder Warnfunk-

tion. Der Gesetzgeber sieht die Textform insbesondere im modernen Verbraucherschutzrecht vor, dort vorrangig für Erklärungen und Mitteilungen, bei denen die Erteilung von Informationen an die Vertragsgegenseite sichergestellt werden soll (**Informationsfunktion**), aber auch zB für den Widerruf (§ 355 Abs. 1 Satz 2 BGB).

Die Textform ist eingehalten, wenn sie als lesbare Erklärung, die die Person des Erklärenden nennt, auf einem **dauerhaften Datenträger** abgegeben wird (und beim Empfänger in der Form eingeht). Der dauerhafte Datenträger ist in der ab 13.6.2014 geltenden Gesetzesfassung in § 126b Satz 2 Nr. 1 und 2 BGB nach europäischer Vorgabe legaldefiniert als „Medium", das zur unveränderten Wiedergabe der Erklärung geeignet ist. Das kann sein ein für den Empfänger „aufbewahrbares" körperliches Medium wie Papier einschließlich Telefaxkopie oder eine Speichervorrichtung (USB-Stick, CD-ROM, Speicherkarte, Festplatte) oder eine für ihn elektronisch „speicherbare" Erklärung via E-Mail oder SMS, wobei die Erklärung „an ihn persönlich gerichtet" sein muss. Ein Text auf einer Homepage ist wie bisher nicht ausreichend (EuGH Rs. C-49/11, NJW 2012, 2637 = CR 2012, 793 Rz. 50). 13

Checkliste: Wichtige Fälle der gesetzlichen Textform 14

- ☐ § 360 Abs. 3 Satz 1 und 2 BGB: Widerrufs- und Rückgabebelehrung des Verbrauchers
- ☐ § 355 Abs. 1 Satz 2 BGB: Widerruf von Verbraucherverträgen
- ☐ § 477 Abs. 2 BGB: Garantieverpflichtung (Verbraucher kann Form verlangen)
- ☐ § 554 Abs. 3 BGB: Anzeige des Vermieters von Modernisierungsmaßnahmen, § 556a Abs. 2 BGB: Mitteilung des Abrechnungsmaßstabs für Betriebskosten, § 557b Abs. 3 BGB: Änderung der Indexmiete, § 558a Abs. 1 BGB: Mieterhöhungsverlangen, § 559b Abs. 1 BGB: Zustimmung zur Mieterhöhung, § 560 Abs. 1 und 4 BGB: Veränderung von Betriebskosten
- ☐ § 613a Abs. 5 BGB: Benachrichtigung der Mitarbeiter beim Betriebsübergang
- ☐ § 3a Abs. 1 RVG: Vergütungsvereinbarung des Rechtsanwalts
- ☐ § 24 Abs. 4 WEG: Einberufung einer Eigentümerversammlung.

4. Öffentliche Beglaubigung

Ist durch das Gesetz für eine Erklärung öffentliche Beglaubigung vorgeschrieben, so müssen die Erklärung schriftlich abgefasst und die Unterschrift oder das Handzeichen des Erklärenden von einem **Notar beglaubigt** werden (§ 129 Abs. 1 BGB). 15

➲ **Wichtig:** Die Beglaubigung bezieht sich auf die Unterschrift und nicht auf den Inhalt der Urkunde. 15a

Bestätigt wird mit der Beglaubigung, wer vor dem Notar die Unterschrift geleistet hat, indem dieser in seinem Beglaubigungsvermerk die Person zweifelsfrei bezeichnet und erklärt, dass und wie (regelmäßig durch Ausweisvorlage) er sich von deren Identität Gewissheit verschafft hat (§§ 40, 10 BeurkG). Damit kann die öffentliche Beglaubigung allein die Echtheit der Urheberschaft an der Urkunde beweisen. 15b

Checkliste: Wichtige Fälle gesetzlich vorgeschriebener öffentlicher Beglaubigung 16

- ☐ § 77 BGB: Anmeldung zum Vereinsregister
- ☐ § 403 BGB: Abtretungsanzeige auf Verlangen des neuen Gläubigers, § 411 BGB: Abtretungsanzeige gegenüber der öffentlichen Kasse
- ☐ § 1035 BGB: Nießbrauch an Inbegriff von Sachen
- ☐ § 1154 Abs. 1 Satz 2 BGB: Abtretungsanzeige auf Verlangen des neuen Hypothekengläubigers
- ☐ § 1355 Abs. 3 BGB: Erklärung über die Änderung des Ehenamens
- ☐ § 1560 Abs. 2 BGB: Eintragung ins Güterrechtsregister
- ☐ § 1617 ff. BGB: Erklärungen zum Namen des Kindes
- ☐ § 1945 Abs. 1 BGB: Ausschlagung einer Erbschaft (auch vor dem Nachlassgericht zur Niederschrift)

- ☐ § 1955 Satz 2 BGB: Anfechtung einer Erbschaft (w. o.)
- ☐ § 2198 BGB: Bestimmung eines Testamentsvollstreckers durch einen Dritten
- ☐ § 29 Abs. 1 GBO: Grundbucherklärungen
- ☐ § 12 HGB: Anmeldung zur Eintragung ins Handelsregister
- ☐ §§ 726–729 ZPO: Nachweis weiterer Vollstreckungsvoraussetzungen
- ☐ § 81 Abs. 2 ZVG, § 84 Abs. 2 ZVG, § 91 ZVG, § 143 ZVG, § 144 ZVG: diverse Erklärungen im Zwangsversteigerungsverfahren

M 5.1 Öffentliche Unterschriftsbeglaubigung durch den Notar

Beglaubigungsvermerk

. . . (Text der Erklärung, die öffentlich beglaubigt werden soll)

. . . (Unterschrift/en)

Vorstehende, heute in meiner Gegenwart eigenhändig vollzogene Unterschrift(en) des/der . . . (Name, Vorname, ggf. Geburtsname, uU Geburtsdatum, uU ehelicher Güterstand) . . . (Angaben des Notars, wie er sich Gewissheit über die Person(en) verschafft hat, zB „– dem Notar persönlich bekannt –“ oder: „– ausgewiesen durch gültigen Bundespersonalausweis Nr.: . . . –“) wird/werden hiermit als echt öffentlich beglaubigt.

. . . (Amtssitz des Notars), den . . . (Datum)

. . .

(Dienstsiegel des Notars) (Unterschrift des Notars)

Kosten: *Notargebühr:* Begl. der Unterschriften ohne Entwurf 0,2-Gebühr gem. Nr. 25100 KV GNotKG, mindestens 20 Euro, höchstens 70 Euro; mehrere Unterschriften in derselben Urkunde lassen die Gebühr nur einmal entstehen, sofern sie in einem Vermerk beglaubigt werden, ansonsten jeweils neue Gebühren (Abs. 2 der Anm. zu Nr. 25100 KV GNotKG). Bei Entwurf der Anmeldung 0,5-Gebühr gem. Nr. 24102 KV GNotKG. Geschäftswert regelmäßig 5000 Euro gem. § 36 Abs. 3 GNotKG. In bestimmten Fällen Festgebühr in Höhe von 20 Euro (Nr. 25101 KV GNotKG). Geschäftswert gem. § 121 GNotKG.

5. Notarielle Beurkundung

17 Die notarielle Beurkundung (§ 128 BGB) ist die Errichtung einer Vertragsurkunde vor dem Notar. Die eigentlichen Formalia regelt nicht das BGB, sondern das BeurkG.

Die Erklärungen werden bei der notariellen Beurkundung nach Belehrung durch den Notar vor diesem „in einer Verhandlung“ abgegeben, niedergeschrieben, den Erklärenden vorgelesen, von ihnen genehmigt und unterschrieben; der Notar unterzeichnet anschließend die Niederschrift (vgl. §§ 8 ff. BeurkG). Die Urkunde dient als Beweis sowohl für die Identität des Erklärenden als auch für den Inhalt der Erklärung.

17a ➲ **Praxistipp:** Das Vorlesen muss nicht durch den Notar persönlich geschehen, sondern nur in seiner Gegenwart. Es dürfen also verschiedene Personen die Rolle des Vorlesenden übernehmen, einschließlich der Vertragsbeteiligten.

17b Die gesetzliche Regelung des § 128 BGB erlaubt die „**sukzessive Beurkundung**“ von Angebot und Annahme, die durch verschiedene Notare an verschiedenen Orten erfolgen kann.

18 Eine insoweit strengere Form ist der „Vertragsabschluss **zur Niederschrift eines Notars bei gleichzeitiger Anwesenheit** beider Teile“ (folgerichtig verwendet das Gesetz dort den Begriff der notariellen Beurkundung nicht, zB Auflassung nach § 925 BGB), deren Formalia allein das BeurkG bestimmt. Vertretung ist zulässig, ausgenommen die höchstpersönlichen Rechtsgeschäfte, vgl. Kap. 4 Rz. 8.

Auch nicht von § 128 BGB erfasst, sondern allein nach BeurkG richten sich die Fälle, in denen nach Gesetz nur die **Willenserklärung einer Partei** beurkundungsbedürftig ist.

Checkliste: Wichtige Fälle gesetzlich vorgeschriebener notarieller Beurkundung etc. 19

Verträge gem. § 128 BGB

- ☐ § 311b Abs. 1 BGB: Verpflichtung zu Veräußerung oder Erwerb eines Grundstücks
- ☐ § 311b Abs. 3 BGB: Vertrag über das (gesamte) gegenwärtige Vermögen
- ☐ § 311b Abs. 5 Satz 2 BGB: Erbschaftsvertrag zwischen künftigen gesetzlichen Erben über den gesetzlichen Erb- oder Pflichtteil
- ☐ § 873 Abs. 2 BGB: Bindende Einigung zur Grundstücksübereignung (oder -belastung bzw. zu deren Übertragung; ebenso Inhaltsänderung dinglicher Grundstücksrechte, § 877 BGB)
- ☐ § 2033 BGB: Verfügungsgeschäft (= Abtretungsvertrag) eines Miterben über seinen Erbanteil
- ☐ § 2276 BGB: Erbvertrag
- ☐ § 2348 BGB: Erbverzichtsvertrag, § 2351 BGB: Aufhebung des Erbverzichtsvertrags, § 2352 BGB: Zuwendungsverzichtsvertrag
- ☐ § 2371 BGB: Verkauf der (angefallenen) Erbschaft, § 2385 BGB: Ähnliche Verträge

Einseitige Willenserklärungen

- ☐ § 518 Abs. 1 BGB: Schenkungsversprechen
- ☐ § 1597 Abs. 1 BGB: Anerkennung oder Widerruf der Abstammung eines Kindes
- ☐ § 1626d BGB: Sorgeerklärung und Zustimmung für ein Kind
- ☐ § 2171 BGB: Widerruf eines gemeinschaftlichen Testaments
- ☐ § 2282 Abs. 3 BGB: Anfechtung eines Erbvertrags, § 2291 BGB: Zustimmung zur Aufhebung bestimmter erbvertraglicher Verfügungen durch Testament, § 2296 BGB: Rücktritt vom Erbvertrag
- ☐ § 2301 BGB: Schenkungsversprechen von Todes wegen

Vereinbarungen zur Niederschrift eines Notars bei gleichzeitiger Anwesenheit

- ☐ § 925 BGB: Auflassung
- ☐ § 1410 BGB: Ehevertrag
- ☐ § 2276 BGB: Erbvertrag, und § 2290 BGB: dessen Aufhebung
- ☐ § 7 LPartG iVm. § 1410 BGB: Lebenspartnerschaftsvertrag

M 5.2 Notarielle Beurkundung von Willenserklärungen

Urkundenrolle Nr. . . .
Jahr . . .

Öffentliche Urkunde

Verhandelt in . . . (Amtssitz des Notars) am . . . (Datum).

Vor dem unterzeichnenden Notar . . . (Name des Notars) mit Amtssitz in . . . (Ort, genaue Anschrift) sind erschienen:

1. *Frau/Herr . . . (Name, Vorname, ggf. Geburtsname, Geburtsdatum, Anschrift, uU Güterstand) . . . (Angaben des Notars, wie er sich Gewissheit über die Person(en) verschafft hat, zB „– dem Notar persönlich bekannt –" oder: „– ausgewiesen durch gültigen Bundespersonalausweis Nr.: . . . –")*
2. *Frau/Herr . . . (Name, Vorname, ggf. Geburtsname, Geburtsdatum, Anschrift, uU Güterstand) . . . (Angaben des Notars, wie er sich Gewissheit über die Person(en) verschafft hat, zB „– dem Notar persönlich bekannt –" oder: „– ausgewiesen durch gültigen Bundespersonalausweis Nr.: . . . –")*

Die Erschienenen erklärten zur notariellen Niederschrift:

. . . (Erklärung)

Vorgelesen, von den Beteiligten genehmigt und wie folgt eigenhändig unterschrieben:

...

(Unterschrift der Beteiligten) *(Unterschrift und Amtsbezeichnung des Notars)*

Kosten: *Notargebühr:* Die Gebühren für die Beurkundung von Willenserklärungen bestimmen sich nach Hauptabschnitt 1 Teil 2 KV GNotKG (Nrn. 21100 bis 21304 KV GNotKG).

III. Vereinbarte Form, Schriftformklauseln

20 Durch Vertrag kann sowohl für einzelne Willenserklärungen als auch für Verträge ein Formzwang vereinbart werden („gewillkürter Formzwang"). Grundsätzlich können die Parteien **beliebige Anforderungen** an die Form stellen. Das gilt auch, wenn grundsätzlich die gesetzlichen Formvorschriften gewählt werden. Nur wenn nichts näher vereinbart ist und sich auch nach Auslegung (§§ 133, 157, 242 BGB) nichts anderes ergibt, greift die Zweifelsregel des § 127 Abs. 1 BGB ein und es gelten §§ 126, 126a, 126b BGB entsprechend, mit den **Erleichterungen** gegenüber der gesetzlichen Form nach § 127 Abs. 2 BGB zur Schriftform (s. Rz. 5 und 6) und nach § 127 Abs. 3 BGB zur elektronischen Form (s. Rz. 9).

21 Der Formzwang kann auch in **AGB** vereinbart werden. Nach § 309 Nr. 13 BGB darf jedoch keine strengere Form als die Schriftform (§ 126 BGB) vereinbart werden, wohl aber die mildere Textform (§ 126b BGB). Es ist unzulässig, in AGB die Benutzung bestimmter Formulare zur Wirksamkeitsvoraussetzung zu machen (OLG München NJW-RR 1987, 664; OLG Schleswig NJW-RR 2001, 818), weil hierdurch eine strengere Form als die Schriftform vorgegeben und dem Erklärenden die Freiheit der Wahl seiner Erklärungsmöglichkeiten genommen wird.

22 ➲ **Wichtig:** Durch die sog. **einfache Schriftformklausel**, die sich auf die Regelung beschränkt, dass Änderungen oder Ergänzungen der Schriftform bedürfen, wird es nicht ausgeschlossen, dass mündliche oder sogar konkludente Vertragsänderungen erfolgen. Der BGH hat regelmäßig angenommen, dass zugleich mit einer solchen Vertragsänderung auch die Schriftformklausel mündlich oder konkludent (für den Einzelfall oder sogar generell) aufgehoben wurde (BGHZ 66, 378, 380; BGH NJW 2006, 138; st. Rspr.), und zwar selbst dann, wenn die Parteien nicht an die Schriftformklausel gedacht haben (also ohne Änderungswillen; str.: aA MünchKomm.BGB/Einsele § 125 BGB Rz. 70), und hat damit die einfache Schriftformklausel praktisch ausgehebelt.

22a ➲ **Praxistipp:** In der Praxis wird daher regelmäßig versucht, dem durch einen Zusatz zu begegnen, wonach die Schriftform auch für die Aufhebung der Schriftformklausel gilt. Man spricht insoweit von der **doppelten oder** auch **erweiterten Schriftformklausel.** Deren Wirksamkeit und Zulässigkeit als AGB ist aber offen. In der Rechtsprechung ist sie jedenfalls anerkannt, wenn sie zwischen Kaufleuten in Individualvereinbarungen getroffen wird und die schriftliche Abfassung der Änderung nicht bewusst vereitelt wurde (BGHZ 66, 378, 381 f.; BGH Urt. v. 17.9.2009 – I ZR 43/07; ohne Einschränkungen: BAG NJW 2003, 3725, 3727; BFHE 165, 256). S. aber nachfolgend Rz. 23 bzgl. § 305b BGB.

23 Grenzen der Schriftformklausel ergeben sich nach AGB-Recht. So darf der Vorrang der Individualabrede (§ 305b BGB) nicht umgangen werden, etwa durch verlangte Schriftform für spätere individuelle **Nebenabreden** (BGHZ 164, 133).

23a **Vollständigkeitsklauseln** („mündliche Nebenabreden sind keine getroffen") können vereinbart werden, wohl aber nur, sofern sie lediglich eine Vermutungswirkung begründen wollen, wiederholen damit aber letztlich nur ohnehin bestehende Rechtslage (BGHZ 93, 60; BGH NJW 1985, 2329).

23b Unwirksam gem. §§ 305b und 307 BGB sind sog. **Bestätigungsklauseln**, die individuelle Zusagen erst durch schriftliche Bestätigung wirksam werden lassen wollen (BGH NJW 1982, 1389; NJW 1983, 1853), ausgenommen es geht um Zusagen nicht vertretungsberechtigter Personen (BGH NJW 1980, 234; NJW 1982, 1389). Gegen § 307 BGB verstoßen zB Klauseln, die Vergütungen von

Zusatzleistungen von einer schriftlichen Vereinbarung abhängig machen (OLG Karlsruhe NJW-RR 1993, 1435).

M 5.3 Doppelte Schriftformklausel

...

Änderungen oder Ergänzungen dieses Vertrages bedürfen der Schriftform. Das gilt auch für die Vereinbarung, von diesem Schriftformerfordernis abzuweichen.

...

IV. Rechtsfolgen bei Nichteinhaltung der Formvorschriften

1. Nichtigkeit

Ein Rechtsgeschäft, welches nicht in der gesetzlich vorgeschrieben Form vorgenommen wird, ist 24
gem. § 125 Satz 1 BGB nichtig (zur Einschränkung der Rechtfolge wegen Teilnichtigkeit, Salvatorischer Klausel, Umdeutung, Bestätigung oder Treuwidrigkeit vgl. Kap. 8 Rz. 8 ff.). Vereinzelt sieht das Gesetz auch abweichende Rechtsfolgen vor, wie etwa im Mietrecht (§ 550 BGB, s.o. Rz. 8).

Eine Nichtigkeit ist im Zweifel auch bei einem Verstoß gegen den gewillkürten Formzwang anzunehmen (§ 125 Satz 2 BGB). Bei einer vereinbarten Beurkundung führt die fehlende Schriftform **im Zweifel** dazu, dass der Vertrag nicht geschlossen ist, also eine mündliche Einigung nicht wirksam wird (§ 154 Abs. 2 BGB). Das gilt nicht, wenn die Beurkundung nach dem Willen der Parteien nur zu Beweis- und Dokumentationszwecken erfolgen sollte (BGH NJW 1964, 1269), was insbesondere bei Formabreden gilt, die nach Vertragsabschluss getroffen werden (BGH NJW 1994, 2026), oder wenn die Formabrede (auch konkludent) aufgehoben wird, etwa durch einverständliche Durchführung des Vertrags (BGH NJW 2000, 354, 357).

2. Heilung

Der Formmangel wird in einigen ausdrücklich gesetzlich geregelten Fällen durch Erfüllung oder 25
Teilerfüllung geheilt. Diese Vorschriften sind:

- § 311b Abs. 1 Satz 2 BGB: Grundstücksvertrag – Auflassung und Eintragung
- § 494 Abs. 2 BGB: Verbraucherdarlehensvertrag – Empfang oder Inanspruchnahme des Darlehens
- § 507 Abs. 2 Satz 2 BGB: Teilzahlungsgeschäfte – Sache übergeben oder Leistung erbracht
- § 518 BGB: Schenkungsversprechen – Bewirken der Leistung
- § 766 BGB: Bürgschaftserklärung – Bürge erfüllt Hauptverbindlichkeit
- § 2301 BGB: Schenkungsversprechen von Todes wegen – Bewirken der Leistung
- § 15 Abs. 4 Satz 2 GmbHG: Verpflichtung zur Abtretung eines Geschäftsanteils – Beurkundung der Abtretung.
- Sogenannte „**Schriftformheilungsklauseln**", wie etwa im Mietrecht zu § 550 BGB verbreitet, sind im Regelfall erfolglos, selbst wenn sie individualvertraglich vereinbart werden (vgl. BGH BB 2014, 1537 Tz. 29 ff.; NJW 2012, 1087 Tz. 24 ff.)

Die Heilung hat keine rückwirkende Kraft, die Parteien haben sich jedoch in entsprechender An- 26
wendung des § 141 Abs. 2 BGB im Zweifel das zu gewähren, was sie haben würden, wenn der Vertrag von Anfang an gültig gewesen wäre.

➲ **Wichtig:** Ein allgemeiner Rechtsgrundsatz, dass formungültige Rechtsgeschäfte stets durch Er- 27
füllung geheilt werden, lässt sich aus den einzelnen, auf einer unterschiedlichen ratio legis beruhenden Heilungsvorschriften nicht ableiten (BGH NJW 1967, 1128).

2. Abschnitt. Das Rechtsgeschäft

Kapitel 6 Willenserklärungen und Vertragsabschluss

I. Korrespondierende Willenserklärungen

1 Der Abschluss eines Vertrages setzt den gegenseitigen Empfang zweier korrespondierender empfangsbedürftiger Willenserklärungen voraus, Angebot und Annahme.

2 Grundsätzlich müssen die Vertragsparteien bei Abgabe ihrer Willenserklärungen **nicht gleichzeitig anwesend** sein.

Das Gesetz schreibt das jedoch bei einigen Rechtsgeschäften **ausnahmsweise** vor:

– Auflassung eines Grundstücks (§ 925 Abs. 1 BGB); eine Stellvertretung durch einen Bevollmächtigten oder vollmachtlosen Vertreter ist möglich, wenn die Vertretung oder die Genehmigung für das Grundbuchverfahren in der Form des § 29 GBO nachgewiesen ist.
– Abschluss eines Ehevertrags (§ 1410 BGB), aber Vertretung zulässig.
– Abschluss eines Erbvertrags (§ 2276 Abs. 1 BGB) sowie dessen Aufhebung (§ 2290 Abs. 4 BGB); höchstpersönliche Anwesenheit nur für Erblasser, für andere Beteiligte ist Vertretung zulässig; ebenso beim Erbverzicht (§ 2347 Abs. 2 Satz 1 BGB).
– Eheschließung (§ 1311 BGB); nur höchstpersönlich.

II. Angebot

3 Ein Angebot ist die Erklärung eines Vertragspartners, bereit zu sein zum Abschluss eines Vertrags mit einem bestimmten Inhalt. Ein Angebot liegt vor, wenn der Vertragspartner durch ein einfaches „Ja" annehmen kann.

4 Abzugrenzen ist das Angebot von der Aufforderung zur Abgabe eines Angebots. Dieses liegt vor, wenn entweder der Inhalt der Willenserklärung oder die Person des Vertragspartners unbestimmt ist. Das ist etwa bei Zusendungen eines Katalogs oder einer Preisliste gegeben (**invitatio ad offerendum**).

5 Mit seinem **Zugang** beim Empfänger wird das gegenüber einem Abwesenden abgegebene Angebot nach § 130 Abs. 1 Satz 1 BGB **wirksam**; gleichzeitig tritt eine **Bindung** des Anbietenden (= Antragenden) ein, wenn dieser seine Bindung nicht ausgeschlossen hat (§ 145 BGB). Zur Dauer der Bindung vgl. Rz. 12 ff. Ein Widerruf ist nach § 130 Abs. 1 Satz 2 BGB nur möglich, wenn dieser vor oder zeitgleich mit dem Angebot zugeht.

Wegen Verstoßes gegen § 308 Nr. 1 BGB unzulässig sind sog. formularmäßige „**Fortgeltungsklauseln**", die eine unbefristete Bindung des Antragenden an sein Angebot vorsehen, und zwar selbst dann, wenn dabei dem Antragenden der jederzeitige Widerruf vorbehalten ist (vgl. BGH NJW 2013, 3434 Rz. 12 ff.). In gleicher Weise bedürfen längere Bindungsfristen einer besonderen Rechtfertigung (BGH NJW 2013, 3434 Rz. 22 mwN). Ein möglicher Ausweg, zB bei einer Grundstücksoption, ist der Abschluss über Vertreter ohne Vertretungsmacht, der eigene Haftung ausschließt, mit Zurückhaltung der Genehmigung gem. § 177 BGB – der in Absatz 2 indes dem anderen Teil die Möglichkeit gibt, die Entscheidung über die Genehmigung zu erzwingen. 5a

Das Angebot **erlischt** entweder durch Ablehnung oder wenn es nicht rechtzeitig angenommen wird (§ 146 BGB). Die Annahmefristen sind in den §§ 147–149 BGB geregelt. Sinnvollerweise sollte ein (bindendes) Angebot immer nur verbunden mit einer konkreten Annahmefrist abgegeben werden. 6

➲ **Praxistipp:** Der Anbietende ist an sein Angebot bis zum Erlöschen gebunden, es sei denn, dass er seine **Bindung ausgeschlossen** hat (zB durch einen Vermerk wie „freibleibend" oder „ohne Obligo"; BGH NJW 1958, 1628). 7

III. Reaktionen des Angebotsempfängers

Der Angebotsempfänger kann auf verschiedene Arten auf das Angebot reagieren: 8

- Annahme,
- verspätete Annahme: Ablehnung mit neuem Angebot,
- Annahme unter Änderungen: Ablehnung mit neuem Angebot,
- Schweigen: Ablehnung.

1. Annahme

Mit der korrespondierenden und unbedingten **Annahmeerklärung** durch den anderen Teil wird der Vertrag geschlossen. 9

Eine Annahme kann auch durch **schlüssiges Verhalten** erfolgen, soweit die Annahme nicht formbedürftig ist. Konkludentes Handeln liegt etwa bei Bewirken (BGH NJW 1980, 2246) oder bei Entgegennahme der Leistung vor (BGH NJW 1963, 1248). 10

Auch die Annahme ist eine empfangsbedürftige Willenserklärung, so dass sie dem Anbietenden **zugehen** muss, es sei denn, der Anbietende hat darauf nach § 151 BGB verzichtet oder die ausdrückliche Annahmeerklärung ist nach der Verkehrssitte nicht zu erwarten. 11

Innerhalb welcher Frist die Annahme zu erfolgen hat, ist danach zu unterscheiden, ob die Willenserklärung unter **Anwesenden** gemacht worden ist oder nicht. Nach § 147 Abs. 1 BGB ist ein Antrag unter Anwesenden sofort anzunehmen. Das Gesetz stellt dem die Übermittlung des Angebots per Telefon, Videokonferenz oder einer sonstigen technischen Einrichtung gleich. Keine Willenserklärungen unter Anwesenden sind solche, die mit einem Brief vergleichbar sind wie bspw. Telefax oder E-Mail. 12

Nach § 147 Abs. 2 BGB kann ein Angebot unter **Abwesenden** nur bis zu dem Zeitpunkt angenommen werden, in welchem der Antragende den Eingang der Antwort unter regelmäßigen Umständen erwarten darf. 13

Der Antragende kann nach § 148 BGB für die Annahme eine Frist festlegen. Wenn die Annahmefrist verstrichen ist, führt die verspätete Annahme nicht zum Vertragsschluss (s. aber Rz. 19). 14

2. Verspätete Annahme

Eine verspätete Annahme gilt nach § 150 Abs. 1 BGB als neues Angebot (beachte auch § 150 Abs. 2 BGB). Wurde sie aber so frühzeitig und in einer Weise **abgesandt**, dass sie bei regelmäßiger Beförderung dem Empfänger rechtzeitig zugegangen wäre, und musste der Anbietende (= Annahmeempfänger) dies erkennen, so hat er dem Annehmenden die Verspätung unverzüglich anzuzeigen. 15

Sonst gilt die Annahme nicht als verspätet und der Vertrag ist somit nach § 149 BGB zustande gekommen.

3. Annahme unter Änderungen

16 Abweichungen vom Angebot gelten als Ablehnung, verbunden mit einem neuen Angebot (§ 150 Abs. 2 BGB).

4. Schweigen

17 Das bloße Schweigen auf ein Angebot ist grundsätzlich keine Zustimmung (BGH MDR 1996, 372). Etwas anderes gilt in Fällen schlüssigen Verhaltens des Schweigenden (vgl. Rz. 10). Im Handelsverkehr gilt der Handelsbrauch (§ 346 HGB), dass durch Schweigen (bzw. durch nicht unverzüglichen Widerspruch) auf ein **kaufmännisches Bestätigungsschreiben** der darin wiedergegebene Vertrag zustande kommt, vorausgesetzt, es fanden zuvor Vertragsverhandlungen statt und der Bestätigende handelt redlich (zu den Voraussetzungen im Einzelnen vgl. BGHZ 188, 128 Rz. 21 ff.; Erman/Armbrüster § 147 Rz. 5 ff.); weitere Sonderfälle des Schweigens als Annahme im Handelsverkehr regeln § 362 Abs. 1 Satz 1 und 2 HGB.

IV. Zugangsvereitelung

18 Störungen beim Zugang einer empfangsbedürftigen Willenserklärung (vgl. Rz. 11) gehen grundsätzlich zu Lasten des Erklärenden. Nur in Ausnahmefällen wird ein Zugang fingiert (und/oder dessen Zeitpunkt, wie bei der Zugangsfiktion des § 4 VwZG). Für vertragliche Regelungen einer **Zugangsfiktion** sind § 308 Nr. 6 BGB sowie § 309 Nr. 12 und 13 BGB zu beachten, welche wenig Gestaltungsspielraum lassen (zur Zulässigkeit der gegenseitigen **Empfangsbevollmächtigung** mehrerer Mieter in AGB vgl. BGHZ 136, 314).

1. Unberechtigte Verweigerung der Annahme

19 Eine Annahme des Vertragsangebots liegt trotz fehlenden Zugangs vor, wenn der Annahmeempfänger den Zugang der Erklärung **unberechtigterweise** vereitelt hat. Unberechtigt ist die Verweigerung, wenn der Erklärende dafür gesorgt hat, dass die Erklärung (rechtzeitig) den Erklärungsempfänger erreicht hätte, und dieser ohne Grund den Zugang der Erklärung verhindert. Um eine unberechtigte Verweigerung handelt es sich zB, wenn der Adressat den Brief eines Boten nicht entgegennimmt, nicht jedoch, wenn der nicht entgegengenommene Brief nicht oder nicht ausreichend frankiert oder der Name des Empfängers falsch angegeben ist. War für die Annahme eine Frist einzuhalten, so ist der Zeitpunkt des Zugangsversuchs maßgeblich.

2. Fehler bei der Empfangsvorrichtung

20 Wer mit dem Eingang einer rechtsgeschäftlichen Erklärung rechnen muss, muss dann auch **sicherstellen**, dass ihn die Erklärung erreichen kann (BGH NJW 1998, 976). Ebenso muss eine Person, die zum Beispiel in ihrer Korrespondenz auf ein Telefaxgerät hinweist, auch sicherstellen, dass dieses Gerät einsatzbereit ist (BGH NJW 1995, 665, 667). Das Gleiche gilt für die Angabe einer E-Mail-Adresse. Scheitert der Zugang deshalb, weil diese Einsatzbereitschaft tatsächlich nicht bestand, muss sich der Erklärungsempfänger nach § 242 BGB so behandeln lassen, als ob die Erklärung zu dem bei störungsfreiem, gewöhnlichem Verlauf anzunehmenden Zeitpunkt zugegangen wäre.

3. Weiterer Zustellungsversuch

21 Ob eine Zugangsvereitelung des Empfängers vorliegt, hängt auch vom Verhalten des Erklärenden ab. Er kann die nach den Grundsätzen von Treu und Glauben günstige Rechtsfolge (rechtzeitige Annahme) nur dann für sich in Anspruch nehmen, wenn er alles **Erforderliche und ihm Zumut-**

bare getan hat, damit seine Erklärung unverzüglich den Adressaten **erreichen** konnte (BGHZ 137, 205).

➲ **Praxistipp:** Dazu gehört in der Regel, dass er nach Kenntnis von dem nicht erfolgten Zugang unverzüglich einen erneuten Versuch unternimmt, seine Erklärung so in den Machtbereich des Empfängers zu bringen, dass diesem ohne Weiteres eine Kenntnisnahme ihres Inhalts möglich ist (BGH NJW 1987, 1508). 21a

Nach der Rechtsprechung des BGH ist ein weiterer Zustellungsversuch entbehrlich, wenn der Empfänger die Annahme grundlos verweigert, obwohl er mit einer rechtserheblichen Mitteilung rechnen musste (BGH NJW 1983, 929), oder wenn er den Zugang der Erklärung arglistig vereitelt. 22

➲ **Praxistipp:** Der BGH stellt hohe Anforderungen an diese beiden Fälle (BGHZ 137, 205), so dass es sich in der Praxis aus Gründen der Vorsorge empfiehlt, stets einen weiteren Zustellungsversuch zu unternehmen. 22a

V. Privatautonomie und Kontrahierungszwang

1. Grundsatz der Privatautonomie

Die freiheitliche Rechtsordnung ist geprägt vom Grundsatz der Privatautonomie. Das bedeutet, dass Rechtswirkungen vom Betroffenen selbst durch zielgerichtetes Handeln in Form einer Willenserklärung hervorgerufen werden. Daraus folgt das Prinzip der **Vertragsfreiheit**. 23

Diese Vertragsfreiheit ist lediglich im **Schuldrecht** des BGB konsequent verwirklicht. Hier bestehen, als Ausformung der Privatautonomie, im Einzelnen die Abschluss- und Auflösungsfreiheit sowie die inhaltliche Gestaltungsfreiheit – in den Grenzen von **AGB-Recht** und **Verbraucherschutz**. Im Sachen-, Familien- und Erbrecht schränken die gesetzlichen Regelungen die Möglichkeiten zur Gestaltung der privaten Rechtsbeziehungen durch weitgehend zwingendes Recht ein („Typenzwang“). 24

2. Arten des Kontrahierungszwangs

Die Vertragsfreiheit gilt aber auch im Schuldrecht nicht uneingeschränkt. Sie wird durch besondere Fälle des Abschlusszwangs begrenzt. **Abschlusszwang** bedeutet, dass der Erklärungsempfänger ein ihm angetragenes Angebot annehmen muss. 25

Zu unterscheiden sind der unmittelbare und der mittelbare Kontrahierungszwang. 26

a) Unmittelbarer Abschlusszwang

Für wichtige Teilbereiche der Daseinsvorsorge ist die Abschlusspflicht ausdrücklich gesetzlich geregelt: 27

Checkliste: Unmittelbarer Abschlusszwang

- ☐ § 22 PersBefG: **Beförderungsunternehmen** müssen jedermann befördern.
- ☐ § 11 Abs. 2 PostG mit PUDLV: Pflichten der Universaldienste, ua. **Briefe** zu befördern.
- ☐ § 10 EnergiewirtschaftsG: **Energieversorger** müssen Personen mit Energie versorgen.
- ☐ § 10 AEG: Grundsätzlich müssen alle Personen durch die **Eisenbahnen**, die dem öffentlichen Verkehr dienen, befördert werden.
- ☐ § 17 Abs. 4 ApBetrO: **Apotheken** müssen Rezepte idR unverzüglich beliefern.
- ☐ § 5 SGB V: Aufnahmepflicht der gesetzlichen **Krankenkassen**.
- ☐ Daneben bestehen eingeschränkte Abschlusspflichten in Bereichen der Versicherungen (Aufnahme, Tarife) oder der Sparkassen (Kontoführung).

b) Mittelbarer Abschlusszwang

28 Wenn die Ablehnung eines Vertragsschlusses eine unerlaubte Handlung iSd. § 826 BGB oder § 823 Abs. 2 BGB darstellt, ergibt sich daraus über die Pflicht zur Naturalrestitution (§ 249 Abs. 1 BGB) ein Abschlusszwang (vgl. BGHZ 21, 1). Vor allem aber durch das **Kartellrecht**, das den Anwendungsbereich des Deliktsrechts (im Unternehmensbereich) fast vollständig verdrängt, ergibt sich nicht selten bei marktbeherrschenden und marktstarken Unternehmen ein Abschlusszwang, soweit die Ablehnung des Vertragsabschlusses gegen das Diskriminierungsverbot des § 20 GWB verstieße (st. Rspr., vgl. BGHZ 129, 60 – Importarzneimittel).

VI. Offener und versteckter Dissens

29 Solange sich die Parteien erkennbar nicht über alle vorgesehenen Punkte eines Vertrages geeinigt haben, ist dieser im **Zweifel** nicht geschlossen („offener Dissens", § 154 BGB). Es kommt nicht auf die Erheblichkeit der ungeregelten Punkte an, sondern auf den Willen der Parteien, ob sie die Vereinbarung als vollständig ansehen (BGH NJW-RR 1999, 927).

30 **Glauben die Parteien, sich** über alle Punkte **geeinigt zu haben**, obwohl dies tatsächlich nicht der Fall ist, so kommt es darauf an, ob es sich um einen wesentlichen oder um einen unwesentlichen Punkt handelt. Ein **unwesentlicher Punkt** liegt vor, wenn der Vertrag auch geschlossen worden wäre, wenn sich die Parteien über die mangelnde Einigung im Klaren gewesen wären. In diesem Fall gilt das Vereinbarte. Ist ein **wesentlicher Punkt** ungeklärt geblieben, besteht ein „versteckter Dissens" gem. § 155 BGB mit der Folge, dass der Vertrag nicht zustande gekommen ist.

Kapitel 7 Erlöschen von Schuldverhältnissen, Vergleich

I. Erlöschensgründe

1 Das Schuldverhältnis ist darauf angelegt den Gläubiger durch Leistung des Schuldners zu befriedigen. Sobald dieser Zweck erreicht wird und keine nachvertraglichen Pflichten bestehen, ist das Schuldverhältnis beendet. Lediglich das Behaltendürfen der Leistung wirkt als Rechtsgrund fort.

Checkliste: Erlöschensgründe 1a

- ☐ Erfüllung durch Leistung (§ 362 Abs. 2 BGB)
- ☐ Leistung an Erfüllungs statt (§ 364 Abs. 1 BGB)
- ☐ Hinterlegung unter Ausschluss der Rücknahme (§§ 378 BGB)
- ☐ Aufrechnung (§ 389 BGB)
- ☐ Erlass (§ 397 Abs. 1 BGB)
- ☐ Negatives Schuldanerkenntnis (§ 397 Abs. 2 BGB)
- ☐ Sonderfall: Rücktritt (§§ 346 ff. BGB)
- ☐ Konfusion (Vereinigung von Schuldner und Gläubiger in derselben Person)
- ☐ andere, zB Eintritt auflösender Bedingung (§ 158 Abs. 2 BGB), Zeitablauf (§ 163 BGB), Aufhebungsvereinbarung (§ 311 Abs. 1 BGB), Unmöglichkeit (§§ 275, 326 BGB)

II. Erfüllung

1. Leistung an Gläubiger oder Dritte

Erfüllung ist das Erbringen der geschuldeten Leistung an den Gläubiger. Dadurch **erlischt** das Schuldverhältnis (§ 362 Abs. 1 BGB). Der Schuldner kann **an Dritte** nur dann mit Erfüllungswirkung leisten, wenn das im Vertrag vorgesehen ist oder der Dritte zur Entgegennahme vertraglich oder gesetzlich (vgl. §§ 1074, 1282 BGB zu Nießbrauch und Pfandrecht) ermächtigt ist oder der Gläubiger nachträglich genehmigt (§§ 362 Abs. 2, 185 BGB). 2

Zu einer **Teilleistung** ist der Schuldner grundsätzlich nicht befugt (vgl. § 266 BGB). Die Möglichkeit von Teilleistungen kann sich zum einen aus der Vereinbarung der Parteien ergeben und zum anderen ausnahmsweise aus dem Grundsatz von Treu und Glauben (§ 242 BGB). Nimmt der Gläubiger eine als vollständig bezeichnete Teilleistung vorbehaltslos an, trifft ihn später die Beweislast für deren Unvollständigkeit (§ 363 BGB). 3

2. Quittung

Auf **Verlangen des Schuldners** hat der Gläubiger eine Quittung zu erstellen (§ 368 BGB). Mit der Quittung bestätigt der Gläubiger den Empfang der Leistung. Ein Anspruch auf Quittung besteht daher nur bei (auch teilweiser) Erfüllung durch Leistung oder Leistung an Erfüllungs statt, nicht bei zB Aufrechnung. 4

➲ **Praxistipp:** Wenn der Gläubiger die **Ausstellung verweigert**, steht dem Schuldner ein Leistungsverweigerungsrecht nach § 273 BGB zu, selbst wenn er zur Vorleistung verpflichtet ist (RGZ 82, 27). 5

Die Quittung bedarf grundsätzlich der **Schriftform** nach § 126 BGB. Erteilung in anderer Form kann der Schuldner nur bei einem rechtlichen Interesse fordern (§ 368 Satz 2 BGB). Hauptanwendungsfall ist die notariell zu beglaubigende „löschungsfähige Quittung" für die Löschung oder Umschreibung im **Grundbuch** nach § 29 GBO iVm. §§ 1144, 1167, 1192 BGB (BGH NJW 1991, 1953). Die Kosten für die Quittung hat der Schuldner zu tragen (§ 369 BGB). 6

Die Quittung muss **enthalten** (vgl. Staudinger/Olzen § 368 BGB Rz. 2): 7

- die Parteien des Schuldverhältnisses,
- das Schuldverhältnis selbst,
- den empfangenen Gegenstand,
- Ort und Zeit des Empfangs.

Die Bezugnahme kann auch hergestellt werden, indem die Quittung zB auf die Rechnung aufgesetzt wird („Betrag erhalten").

8 Diese ordnungsgemäße Quittung hat die formelle **Beweiskraft** des § 416 ZPO. Der Überbringer einer Quittung gilt nach § 370 BGB als für den Empfang der Leistung ermächtigt.

M 7.1 Allgemeine Quittung

Quittung

Netto . . . Euro

+ . . . % Umsatzsteuer . . . Euro

Gesamtbetrag . . . Euro (in Worten: . . . Euro)

von . . . (Bezeichnung des Zahlenden)

wegen . . . (Zahlungsgrund; zB Kaufvertrag vom . . .)

ordnungsgemäß erhalten.

. . . (Ort, Datum)

. . . (Unterschrift des Zahlungsempfängers)

3. Rückgabe eines Schuldscheins

9 Hat der Schuldner dem Gläubiger über die Forderung einen Schuldschein – hierzu zählt auch eine Bürgschaftsurkunde – ausgestellt, so kann er mit Erlöschen der Forderung die Herausgabe des Schuldscheins verlangen (§ 371 Satz 1 BGB). Anders als bei der Quittung besteht dieser Anspruch nicht nur bei Leistung, sondern auch bei Erlöschen der Forderung durch zB Aufrechnung oder Hinterlegung (vgl. BGH NJW-RR 2008, 1512 mwN).

10 ➲ **Praxistipp:** Behauptet der Gläubiger, zur Rückgabe nicht im Stande zu sein (§ 371 Satz 2 BGB), kann der Schuldner vom Gläubiger ein öffentlich beglaubigtes negatives Schuldanerkenntnis iSv. § 397 Abs. 2 BGB verlangen, dass die Schuld erloschen ist (MünchKomm.BGB/Wenzel § 371 BGB Rz. 9).

III. Erbringung der Leistung an Erfüllungs statt

11 Erbringt der Schuldner eine andere Leistung als die geschuldete, so kann der Gläubiger die andere Leistung nach § 364 Abs. 1 BGB an Erfüllungs statt annehmen. Die Annahme steht dem Gläubiger frei, nur bei entsprechender Vereinbarung **erlischt** das Schuldverhältnis. Die Vereinbarung kann auch vor Bewirkung der Leistung getroffen werden (Ersetzungsbefugnis des Schuldners – beachte hier § 308 Nr. 4 BGB – oder Schuldänderungsvertrag).

12 Bei der Erbringung der Leistung **erfüllungshalber** wird nicht die geschuldete Leistung ersetzt, sondern eine neue zusätzliche Verbindlichkeit nach § 364 Abs. 2 BGB begründet. Daher erlischt das Schuldverhältnis (und damit dessen Sicherheiten) zunächst nicht, sondern erst nach Verwendung und Verwertung des neuen Leistungsgegenstands. Die daraus folgenden Risiken bleiben beim Schuldner.

13 Fehlt es an einer ausdrücklichen zweifelsfreien Vereinbarung, zu welchem Zweck der Schuldner eine Leistung an den Gläubiger bewirkt (etwa bei Abtretung – künftiger – Ansprüche, die ihm gegenüber Dritten zustehen werden), so ist zunächst im Wege der **Auslegung** zu ermitteln, ob dies an Erfüllungs statt, erfüllungshalber oder nur sicherungshalber geschehen ist (BGHZ 116, 278).

13a ➲ **Hinweis:** Im **Zweifel** geschieht die Annahme nur erfüllungshalber (vgl. § 364 Abs. 2 BGB). Beispiel: Hingabe eines Schecks anstelle von Bargeld.

M 7.2 Vertrag über Annahme an Erfüllungs statt

...

... (Name des Schuldners) schuldet ... (Name des Gläubigers) aus einem Darlehen einen Betrag iHv. ... Euro.

Zur Befriedigung dieser Forderung übereignet ... (Name des Schuldners) an ... (Name des Gläubigers) hiermit ... (Angabe des Gegenstandes, zB gebrauchten Gabelstapler, Marke X, Typ, Seriennummer, Kaufdatum). Der ... (Gegenstand) wird übergeben wie er steht und liegt und von ... (Name des Gläubigers) besichtigt. Alle Rechte wegen Sachmängeln sind ausgeschlossen. ... (Name des Schuldners) versichert, dass ihm verborgene Mängel nicht bekannt sind. Mit der heutigen Übergabe nimmt ... (Name des Gläubigers) dies als Leistung an Erfüllungs statt an. Damit ist seine Forderung erloschen.

... (Ort, Datum)

... (Unterschriften)

IV. Hinterlegung unter Ausschluss der Rücknahme

14 Unter besonderen Voraussetzungen darf der Schuldner statt der Erfüllung die geschuldete Sache (oder ausnahmsweise den Versteigerungserlös eines Selbsthilfeverkaufs nicht hinterlegungsfähiger Gegenstände, § 383 ff. BGB) hinterlegen. Dazu berechtigt ihn insbesondere der **Annahmeverzug** (§ 372 Satz 1 BGB), außerdem andere in der Person des Gläubigers liegende **Leistungshindernisse** oder die **Ungewissheit** über die Person des Gläubigers (§ 372 Satz 2 BGB). Der Schuldner hinterlegt die geschuldete Leistung zu Gunsten des Gläubigers unter Ausschluss der Rücknahme (§§ 378, 382 BGB) bei der Hinterlegungsstelle. Hinterlegungsstelle ist das Amtsgericht, es gelten die Regelungen der HintO (s. dort auch die Sonderzuständigkeiten nach §§ 27–30 HintO). Durch die Hinterlegung wird der Schuldner von seiner Leistungspflicht frei, Näheres regeln die §§ 372 BGB.

V. Aufrechnung

15 Der Schuldner kann seine Schuld auch insoweit tilgen, als er mit einer Forderung, die er gegen den Gläubiger hat, gem. § 389 BGB unter den nachfolgenden Voraussetzungen aufrechnet. Das Verbot der **Teilleistung** (§ 266 BGB) gilt hier nach allgM nicht. Der Schuldner ist zudem berechtigt, die Aufrechnung nur **gegen einen Teil** der Forderung des Gläubigers zu erklären (hM, vgl. Staudinger/Gursky § 389 BGB Rz. 14 mwN). In der Praxis kommt dies häufig vor bei einer Teilklage; dem muss der Gläubiger dadurch entgegnen, dass er vorher seinerseits mit dem nicht eingeklagten Teil seiner Forderung gegen den Anspruch des Beklagten aufrechnet (vgl. BGH WM 1994, 2215).

1. Voraussetzungen der Aufrechnung

a) Gegenseitigkeit der Forderungen

16 Die aufzurechnenden Forderungen müssen gegenseitig sein. Das bedeutet, dass der Schuldner gegen den Gläubiger eine Forderung haben muss und umgekehrt (vgl. auch §§ 422 Abs. 2, 719, 2040 Abs. 2 BGB). **Ausnahmen** hiervon macht das Gesetz insbesondere bei den §§ 406, 409 BGB sowie ggf. nach § 242 BGB.

16a ➲ **Praxistipp:** Die Gegenseitigkeit kann auch durch **Abtretung** herbeigeführt werden. Da dem Schuldner der abgetretenen Forderung jedoch die Aufrechnungsbefugnis mit einer Forderung bleibt, die ihm gegenüber dem bisherigen Gläubiger zusteht (also trotz nun fehlender Gegenseitigkeit unter den Voraussetzungen des § 406 BGB), und der neue Gläubiger sich Rechtshandlungen des Schuldners entgegenhalten lassen muss, die der Schuldner gegenüber dem bisherigen Gläubiger vornimmt, solange der Schuldner keine positive Kenntnis von der Abtretung hat (§ 407 Abs. 1 BGB), muss dann umgehend auf die Abtretung die Aufrechnung durch den neuen Gläubiger und die Anzeige der Abtretung (sicherheitshalber durch den Zedenten, vgl. BGHZ 102, 68) erfolgen.

b) Gleichartigkeit

17 Des Weiteren müssen die Forderungen gleichartig sein; praktische Bedeutung hat daher die Aufrechnung lediglich bei **Geldforderungen**. Die Gleichartigkeit bezieht sich nur auf den Gegenstand der Leistungspflichten, nicht aber auf den Rechtsgrund oder die Modalitäten der Leistungspflicht.

c) Wirksame und fällige Gegenforderung

18 Die Forderung des Schuldners, mit der aufgerechnet werden soll (Aktivforderung), muss voll wirksam und fällig sein. Ihr darf **keine Einrede** entgegenstehen (§ 390 BGB), ausgenommen die Verjährungseinrede, wenn noch in unverjährter Zeit eine Aufrechnung hätte erfolgen können (§ 215 BGB). Die Forderung des Gläubigers, gegen die aufgerechnet werden soll (Passivforderung), muss lediglich **erfüllbar** sein, dh. entstanden, nicht aber fällig (zur möglichen Rückforderung nach Aufrechnung in Unkenntnis dauernder Einrede, vgl. § 813 BGB). Beide Voraussetzungen müssen **bei Abgabe** der Aufrechnungserklärung erfüllt sein.

2. Ausschluss der Aufrechnung

19 Eine Aufrechnung kann gesetzlich oder vertraglich ausgeschlossen sein. **Gesetzliche Aufrechnungsverbote** ergeben sich etwa aus §§ 390–395 BGB, § 19 Abs. 2 Satz 2 GmbHG, § 66 Abs. 1 Satz 2 AktG, § 26 VAG, § 43 RVG. Unter anderem kann gegen eine Forderung aus vorsätzlicher unerlaubter Handlung nicht aufgerechnet werden (§ 393 BGB), ebenso wenig gegen eine unpfändbare Forderung (§ 394 Satz 1 BGB; Ausnahme jedoch Satz 2).

20 Aufrechnungsverbote werden regelmäßig **vertraglich vereinbart**. Der übliche Ausschluss orientiert sich an § 309 Nr. 3 BGB und lautet dann: „Eine Aufrechnung ist nur mit **unbestrittenen** oder **rechtskräftig festgestellten** Forderungen zulässig" (zu der grundsätzlichen Wirksamkeit eine solchen Klausel und deren Reichweite am Beispiel der AGB-Sparkassen/AGB-Banken, vgl. BGH WM 2002, 1654 mwN). Unzulässig ist eine solche AGB-Klausel allerdings wegen Verstoßes gegen § 309 Nr. 2a) BGB, wenn sie verhindert, dass gegen den Vergütungsanspruch mit einer aus dem Leistungsverweigerungsrecht folgenden Geldforderung aufgerechnet werden kann (zB Kosten der Mängelbeseitigung oder Fertigstellung gegenüber Architektenhonorar, vgl. BGH NJW 2011, 1729). Außerdem gilt die allgemeine Inhaltskontrolle nach § 307 BGB, etwa wenn damit das Recht zur Mietminderung unangemessen beschnitten wird (vgl. BGH NJW 2009, 1491 Rz. 13). Zur Aufrechnung in der Insolvenz vgl. §§ 94 ff. InsO.

21 ➲ **Praxistipp:** Einen Ausschluss der Aufrechnung kraft **Handelsbrauchs** enthalten die üblichen Handelsklauseln: „netto Kasse gegen Rechnung und Verladepapiere", „Kasse gegen Verladedokument" oder „cash on delivery" oder vergleichbare Barzahlungsversprechen mit Vorauszahlungsabrede, und zwar auch gegenüber einer liquiden Forderung (vgl. insgesamt MünchKomm.BGB/Schlüter § 387 BGB Rz. 64 mwN). Ob sonstige Barzahlungsklauseln außerhalb von Handelsgeschäften bzw. üblicher Formulierungen ein Aufrechnungsverbot begründen, ist Frage der Auslegung (vgl. MünchKomm.BGB aaO).

22 Schließlich kann sich ein Aufrechnungsverbot auch stillschweigend oder aus der Natur des Schuldverhältnisses oder wegen unzulässiger Rechtsausübung ergeben. Ebenso können Aufrechnungsverbote wiederum entsprechend eingeschränkt sein, namentlich nach Treu und Glauben.

3. Aufrechnungserklärung, Wirkung

23 Die Aufrechnung wird vollzogen durch unwiderrufliche Willenserklärung gegenüber dem anderen Teil (Aufrechnungsgegner). Sie ist ein einseitiges Rechtsgeschäft.

➲ **Wichtig:** Die Aufrechnungserklärung ist bedingungs- und betagungsfeindlich (§ 388 BGB). Lediglich im Prozess kann sie als Eventualaufrechnung erklärt werden. 24

Infolge der Aufrechnungserklärung **erlöschen** beide Forderungen, soweit sie sich decken, und zwar in dem **Zeitpunkt**, in dem sie sich erstmals aufrechenbar gegenüberstanden (§ 389 BGB). Diese Rückwirkung führt dazu, dass Zinsen ab Eintritt der Aufrechnungslage nicht mehr geschuldet sind, ein erst danach eingetretener Verzug als nicht eingetreten gilt, eine daraus verwirkte Vertragsstrafenpflicht entfällt usw. 25

Bestehen **mehrere** aufrechenbare Forderungen, kann der Aufrechnende frei bestimmen, welche von diesen von der Aufrechnungserklärung erfasst werden sollen (§ 396 Abs. 1 Satz 1 BGB). Erfolgt keine Bestimmung oder widerspricht der Aufrechnungsgegner unverzüglich, greifen die Anrechungsbestimmungen der §§ 366 Abs. 2 und 367 BGB ein (§ 396 Abs. 1 Satz 2 BGB). 26

M 7.3 Aufrechnung

(Aufrechnungserklärung – Auszug)

...

Ihre Rechnung vom ... (Datum) über ... Euro haben wir erhalten. Wie Ihnen bekannt ist, steht uns noch ein Betrag von ... Euro aus der Rechnung vom ... (Datum) gegen Sie zu.

Wir erklären hiermit die Aufrechnung unserer Forderung gegenüber Ihrer Forderung. Den Restbetrag iHv. ... Euro werden wir innerhalb der Zahlungsfrist an Sie überweisen.

...

VI. Erlass

Der Schulderlass gem. § 397 Abs. 1 BGB – zum negativen Schuldanerkenntnis gem. § 397 Abs. 2 BGB s. Rz. 31 – ist ein **Vertrag** zwischen den Parteien eines Schuldverhältnisses, in dem der Gläubiger gegenüber dem Schuldner auf seine Schuld (ganz oder teilweise) verzichtet. Im Sachenrecht sind einseitige Verzichte möglich (§§ 875, 928 Abs. 1, 959 BGB usw.). 27

Da der Schulderlass jedoch formfrei zulässig ist (auch bei einer schenkweisen Hingabe, da der Erlass als Verfügungsvertrag bereits die Schenkung vollzieht, vgl. § 518 Abs. 2 BGB), kann er auch wirksam durch einseitige schriftliche Erklärung des Gläubigers und stillschweigende Annahme des Schuldners zustande kommen, in der Regel auch durch Schweigen des Schuldners und ohne dass die Annahmeerklärung dem Gläubiger zugehen muss (§ 151 Satz 1 BGB); vgl. Kap. 6 Rz. 10 und 11. 28

➲ **Hinweis:** Im Einzelfall können **besondere Formvorschriften** zu beachten sein, etwa beim Erb- und Pflichtteilsverzicht (§§ 2346, 2348 BGB) sowie bei nachträglichem (auch teilweisen) Erlass des Zahlungsanspruchs aus Grundstückskaufvertrag (§ 311b Abs. 1 BGB – jedoch gem. Satz 2 nur bis zur erfolgten Auflassung). Aus Beweisgründen und da entsprechende Erklärungen stets eng auszulegen sind, empfiehlt sich immer eine (klare) schriftliche Vereinbarung. 28a

Das Gesetz sieht in Einzelfällen **Verzichtsverbote** vor: 29

Checkliste: Gesetzliches Verbot von Erlassverträgen

- ☐ §§ 1360a Abs. 3, 1614 Abs. 1 BGB: kein Verzicht auf zukünftigen Unterhalt der Familie und der Verwandten
- ☐ § 4 Abs. 4 TVG: kein Verzicht auf tarifliche Rechte wie Tariflohn (im Voraus)
- ☐ § 19 Abs. 2 Satz 1 GmbHG: keine Befreiung von der Verpflichtung zur Leistung der Stammeinlage
- ☐ § 25 GmbHG: keine Befreiung von den zwingenden Vorschriften der §§ 21–24 GmbHG

- ☐ §§ 9b Abs. 1 Satz 1, 43 Abs. 3 Satz 2 GmbHG: kein Verzicht der Gesellschaft auf Ersatzansprüche gegen Gesellschafter und Geschäftsführer
- ☐ § 50 AktG: kein Verzicht auf (oder Vergleich über) Ersatzansprüche gegen die Gründer
- ☐ § 66 Abs. 1 Satz 1, Abs. 2 AktG: keine Befreiung der Aktionäre von ihren Leistungspflichten

30 Der Erlass bewirkt, dass das Schuldverhältnis **erlischt**.

M 7.4 Erlassvertrag

Schulderlassvertrag (Auszug)

...

Der Schuldner schuldet dem Gläubiger aus ... (Schuldgrund, zB Kaufvertrag, Darlehensvertrag) vom ... (Datum) einen (Rest-)Betrag von ... Euro (ggf. Nebenforderungen zB nebst 5 % Zinsen p.a.) seit ... (Datum). Der Gläubiger erlässt diese Schuld (ggf. nebst Zinsen).

Der Schuldner nimmt den Erlass an.

... (Ort, Datum)

... (Unterschriften)

VII. Negatives Schuldanerkenntnis

31 Bei einem negativen Schuldanerkenntnis gem. § 397 Abs. 2 BGB wird zwischen den Parteien festgestellt, dass kein Schuldverhältnis zwischen ihnen besteht. Es handelt sich letztlich um einen Unterfall des Erlasses. Auch hierfür ist gesetzlich **keine Form** vorgesehen (im Unterschied zum (positiven) Schuldanerkenntnis nach § 781 BGB). Im Übrigen gilt das vorstehend zum Erlass Gesagte. Häufiger Fall des negativen Schuldanerkenntnisses ist die sogenannte „Ausgleichsquittung", in der ein Gläubiger dem Schuldner erklärt, gegen ihn keine Ansprüche aus einem bestimmten Rechtsverhältnis mehr zu haben. Eine solche Erklärung beinhaltet jedoch nur dann einen Erlass, wenn der Schuldner wenigstens mit der Möglichkeit des Bestehens einer Forderung rechnete (vgl. dazu BGH NJW-RR 1999, 593; NJW 2010, 1135; zur arbeitsrechtlichen Ausgleichsquittung vgl. MünchKomm.BGB/Schlüter § 397 BGB Rz. 15 mwN).

M 7.5 Ausgleichsquittung

...

In Bezug auf den zwischen uns abgeschlossenen Darlehensvertrag Nr. ... (Nummer) vom ... (Datum) bestätigen wir, dass nach Rückzahlung des Darlehensnennbetrags iHv. ... Euro zum ... (Datum) keine weiteren Ansprüche mehr gegen Sie aus diesem Rechtsverhältnis bestehen, gleich aus welchem Rechtsgrund und ob bekannt oder unbekannt.

... (Ort, Datum)

... (Unterschrift)

VIII. Rücktritt

1. Allgemeines

32 Das Rücktrittsrecht ist ein Gestaltungsrecht, dessen Ausübung dazu führt, dass sich das ursprüngliche Schuldverhältnis in ein **Abwicklungs- oder Rückgewährschuldverhältnis** umwandelt (vgl. BGH NJW 1998, 3268 f.; 1999, 352, 353). Der Rücktritt erfolgt durch eine einseitige empfangs-

bedürftige Willenserklärung gem. § 349 BGB. Die Befugnis zum Rücktritt muss entweder vertraglich vereinbart sein oder sich kraft Gesetzes ergeben.

Weitere **ähnliche Gestaltungsrechte** sind: Kündigung (Beendigung eines Schuldverhältnisses für die Zukunft), Widerruf (Nicht-Wirksamwerden eines schwebenden Geschäfts, insb. im Verbraucherschutz, vgl. § 355 BGB), Anfechtung (Nichtigkeit eines von Beginn an fehlerbehafteten Rechtsgeschäfts) und auflösende Bedingung (Auflösung des Rechtsgeschäfts ohne entsprechende Willenserklärung). In diesen Fällen – ausgenommen beim Widerruf nach § 355 BGB, dessen Rechtsfolgen in den §§ 357 ff. BGB speziell geregelt sind – erfolgt eine Rückabwicklung nach §§ 812 ff. BGB und nicht nach den grundsätzlich schärferen Sondervorschriften der §§ 346 ff. BGB. 33

2. Gesetzliches Rücktrittsrecht

Den Hauptanwendungsfall der §§ 346 ff. BGB bilden die von Gesetzes wegen entstehenden Rücktrittsrechte. 34

Checkliste: Gesetzliche Rücktrittsgründe

Rücktritt nach § 323 BGB wegen Leistungsstörungen

Für die zentrale gesetzliche Rücktrittsnorm müssen folgende **Voraussetzungen** vorliegen:

- ☐ gegenseitiger Vertrag,
- ☐ nicht oder nicht vertragsgemäß erbrachte Leistung (bzw. erfolgte Pflichtverletzung),
- ☐ Fristsetzung (bzw. Abmahnung, § 323 Abs. 3 BGB) nach Fälligkeit und Durchsetzbarkeit der Leistungspflicht.
- ☐ Einer Fristsetzung bedarf es in folgenden Fällen nicht:
  - ☐ wenn der Gläubiger endgültig und ernsthaft die Erfüllung nach Fälligkeit verweigert (§ 323 Abs. 2 Nr. 1 BGB),
  - ☐ wenn es sich um ein relatives Fixgeschäft handelt (§ 323 Abs. 2 Nr. 2 BGB),
  - ☐ wenn sich das aus den besonderen Umständen des Schuldverhältnisses ergibt (§ 323 Abs. 2 Nr. 3 BGB),
- ☐ erfolgloser Ablauf der Nachfrist,
- ☐ kein Ausschluss des Rücktrittsrechts (§ 323 Abs. 6 BGB).

Rücktritt nach § 376 HGB bei Fixhandelskauf

- ☐ Wurde unter Kaufleuten ein Fixhandelskauf geschlossen, kann die andere Partei nach § 376 HGB zurücktreten, wenn der für die Leistung vereinbarte Termin nicht eingehalten worden ist.

Rücktritt nach § 324 BGB

- ☐ Ein Rücktritt nach § 324 BGB ist möglich, wenn es sich um einen gegenseitigen Vertrag handelt und der Schuldner eine nicht leistungsbezogene Pflicht nach § 241 Abs. 2 BGB verletzt. Dem Gläubiger muss das Festhalten am Vertrag unzumutbar sein.

Rücktritt bei Störung der Geschäftsgrundlage

- ☐ Wenn eine Vertragsanpassung nicht möglich ist, ergibt sich aus § 313 Abs. 3 Satz 1 BGB ein Rücktrittsrecht (gem. Satz 2 bei Dauerschuldverhältnissen nur ein Kündigungsrecht).

Rücktritt bei der Mängelhaftung

- ☐ Auch aus den unterschiedlichen Regelungen zur Mängelhaftung ergeben sich Rücktrittrechte. § 346 BGB findet auch Anwendung auf einen Rücktritt nach Fehlschlagen der Nacherfüllung gem. §§ 437 Nr. 2, 440 BGB oder nach §§ 634 Nr. 3, 636 BGB iVm. § 323 BGB auf einen Sach- oder Rechtsmangel.

3. Vertragliches Rücktrittsrecht

Ein Rücktrittsrecht kann auch vertraglich vereinbart werden. In **AGB** ist ein Rücktrittsrecht im nichtkaufmännischen Verkehr nur wirksam, wenn es auf einen sachlich gerechtfertigten Grund abstellt und dieser in den AGB angegeben wird (vgl. § 308 Nr. 3 BGB). 35

36 ➲ **Hinweis:** Klauseln im kaufmännischen Verkehr (als Handelsbrauch, § 346 HGB) wie **„freibleibend“** (vgl. RGZ 105, 370 – Rücktrittsrecht bejahend), „Lieferungsmöglichkeit vorbehalten“ oder sog. **Selbstbelieferungsklauseln** sind nur ausnahmsweise als vertraglicher Rücktrittsvorbehalt zu werten und jeweils nach §§ 133, 157 BGB auszulegen. Ähnliches gilt für **„Rückgabeklauseln“** im kaufmännischen Verkehr etwa zwischen Hersteller und Großhändler wie „100 %iges unbefristetes Retourenrecht“ (vgl. OLG München BB 2001, 1119 – Rücktrittsrecht bejahend; s. ferner: BGH NJW 1986, 919 – Möglichkeit, Pelze bis zum Ende der Saison zu retournieren als Rücktrittsvorbehalt; BGH NJW 2002, 506 – 100 %iges Rückgaberecht bei CDs als Wiederverkaufsrecht). Im Zweifel sind auch „Geld-Zurück“-Garantien oder **Umtauschrechte** (vgl. BGH NJW 1999, 217, 218) als Rücktrittsvorbehalte anzusehen (vgl. Staudinger/Kaiser § 346 BGB Rz. 49).

4. Rechtsfolgen eines Rücktritts

37 Ziel des Rücktritts ist, dass der Zustand hergestellt wird, wie er ohne den Vertrag bestanden hätte. Noch nicht erfüllte Leistungspflichten erlöschen. Erbrachte Leistungen sind im Grundsatz gegenseitig zurück zu gewähren. Schadensersatzansprüche bleiben vom Rücktritt unberührt und können neben der Rückgewähr eingefordert werden (§ 325 BGB).

37a **Checkliste: Rechtsfolgen eines Rücktritts**

- ☐ **Erlöschen** der primären Leistungsverpflichtung aus dem Schuldverhältnis in seiner ursprünglichen Gestalt sowie aller sekundären Ansprüche, die auf das eigentliche Leistungsinteresse des Vertrags, einschließlich etwaigen Verzugsschadenersatzes, gerichtet sind,
- ☐ Rückgewähr der **empfangenen Leistungen** gem. § 346 Abs. 1 BGB oder **Wertersatz** gem. § 346 Abs. 2 BGB oder Ausschluss des Wertersatzes gem. § 346 Abs. 3 BGB,
- ☐ Ersatz der gezogenen **Nutzungen** gem. § 346 Abs. 1 BGB,
- ☐ Haftung des Rückgewährschuldners für Verschlechterung, Untergang oder sonst eingetretene **Herausgabeunmöglichkeit** hinsichtlich einer zurückgewährenden Leistung gem. § 346 Abs. 2 Nr. 3 BGB,
- ☐ Haftung für **nicht gezogene Nutzungen** nach § 347 Abs. 1 BGB,
- ☐ **Verwendungsersatz** gem. § 347 Abs. 2 BGB.

5. Steuervermerk

38 **Die** im Steuerrecht geltende **wirtschaftliche Betrachtungsweise** führt dazu, dass **weder** ein **gesetzliches noch** ein **vertraglich vereinbartes Rücktrittsrecht** noch die Ausübung für sich bereits Steuerfolgen nach § 41 Abs. 1 AO auslösen.

IX. Vergleich

39 Durch einen Vergleich wird ein bestehendes Schuldverhältnis abgeändert (im Regelfall keine Novation, vgl. BGHZ 52, 39, 46). Hierbei kann es einerseits zur Begründung neuer Verpflichtungen, andererseits auch zum Erlöschen bestehender Verpflichtungen kommen, indem zB ein Verzicht erklärt wird. Der Vergleich ist ein **Vertrag**, durch den der Streit oder die Ungewissheit über ein Rechtsverhältnis im Wege gegenseitigen Nachgebens beseitigt wird (§ 779 Abs. 1 BGB).

40 Der Vergleich ist nur dann **formbedürftig**, wenn in ihm eine Verpflichtung erweitert oder zusätzlich übernommen wird, zu deren Eingehung das Gesetz eine Form verlangt (vgl. BGH WM 2008, 292 = NJW-RR 2008, 643 Rz. 24 zum Verbraucherdarlehen).

41 Soweit in einem Vergleich Verpflichtungen übernommen oder als bestehend anerkannt werden, bildet der Vergleich fortan die Grundlage dieser Verpflichtungen; der Vergleich schafft für diese Regelungspunkte eine **neue Rechtsgrundlage.**

42 Zweck des Vergleichs ist es, die streitige oder ungewisse Rechtslage in eine sichere und fortan Unstreitige zu verwandeln. Daher würde es dem Sinn widersprechen, wenn eine Partei nach Abschluss

des Vergleichs noch geltend machen könnte, sie sei in der Tat zu weniger verpflichtet gewesen, als sie im Vergleich anerkannt hat, oder mehr zu fordern berechtigt gewesen, als womit sie sich in dem Vergleich begnügt hat. Insoweit ist das Schuldverhältnis durch den Vergleich geändert worden und ein Zurückgreifen auf die vorherige Rechtslage ausgeschlossen.

➲ **Praxistipp:** Besonders sorgfältig muss bei der Abfassung üblicher **Abgeltungsklauseln** darauf geachtet werden, ob der Vergleich nur ein **einzelnes Schuldverhältnis**, zB die Ansprüche aus einem bestimmten Vertrag, erfassen soll oder ob **sämtliche wechselseitigen Ansprüche** damit erledigt sein sollen. Die zuletzt genannte Regelung ist als „Schlussstrich" klarer, sollte aber nur getroffen werden, wenn die Partei überblicken kann, ob und welche (weiteren) Ansprüche aus anderen Verträgen bestehen könnten. Zum Besserungsschein s. Kap. 26 **M 26.3.** 43

M 7.6 Vergleich

(Vergleichsvertrag – Auszug)

Vergleich

...

Die Beteiligten streiten über die gegenseitig bestehenden Ansprüche in Zusammenhang mit dem zwischen ihnen geschlossenen ... (Art des Vertrages zB Darlehensvertrag) vom ... (Datum). Zur außergerichtlichen Beilegung dieses Streits schließen sie hiermit folgenden Vergleich:

1. *Die Beteiligten sind sich einig, dass ... (Name) aus dem vorgenannten Vertragsverhältnis zum ... (Datum) noch einen fälligen Betrag von ... Euro schuldet.*
2. *Zahlt ... (Name) bis spätestens zum ... (Datum) einen Betrag von ... (Teilbetrag von Ziff. 1) an ... (Name) auf deren Konto ... (Nummer, Bank, BLZ), verzichtet sie auf weitere Zahlungen und ist die Schuld nach Ziff. 1 getilgt.*
3. *Mit Abschluss dieses Vergleichs sind alle übrigen wechselseitigen Ansprüche der Beteiligten, gleich aus welchem Rechtsgrund und ob bekannt oder unbekannt, erledigt.*

   alternativ: ... sind alle wechselseitigen Ansprüche der Beteiligten aus dem vorgenannten Vertragsverhältnis erledigt.
4. *Jede Partei behält ihre Kosten einschließlich der Kosten dieses Vergleichs auf sich. Auslagen werden nicht erstattet.*

... (Ort, Datum)

... (Unterschriften)

Kapitel 8 Fehlerhafte Rechtsgeschäfte

I. Nichtige Rechtsgeschäfte

1 In manchen Fällen ordnet das Gesetz an, dass Rechtsgeschäfte nichtig sind, obwohl zwei übereinstimmende Willenserklärungen vorliegen. Die Nichtigkeit führt zu einer absoluten und endgültigen **Unwirksamkeit** eines Rechtsgeschäfts (BGHZ 107, 270).

1. Nichtigkeitsgründe

2 **Checkliste: Nichtigkeitsgründe**

Die wichtigsten Nichtigkeitsgründe sind:

- ☐ Formmangel (§§ 125, 127 BGB),
- ☐ Verstoß gegen ein gesetzliches Verbot (§ 134 BGB),
- ☐ Verstoß gegen die guten Sitten (§ 138 BGB),
- ☐ Willenserklärungen von Geschäftsunfähigen (§ 105 BGB),
- ☐ Willenserklärung mit Vorbehalt (§ 116 Satz 1 BGB),
- ☐ Scheinerklärung (§ 117 Satz 1 BGB),
- ☐ nicht ernstlich gemeinte Willenserklärung (§ 118 BGB).

Zu weiteren Nichtigkeitsgründen vgl. Palandt/Ellenberger Überbl. v. § 104 BGB Rz. 29.

2. Willenserklärungen mit Vorbehalt

3 Nach § 116 Satz 1 BGB beeinträchtigt es die Wirksamkeit der Willenserklärung nicht, wenn sich der Erklärende bei der Abgabe der Willenserklärung insgeheim vorbehält, das Erklärte in Wahrheit nicht zu wollen (sog. **Mentalreservation**).

4 Wenn es sich aber um eine empfangsbedürftige Willenserklärung handelt und der Empfänger den Vorbehalt kennt, ist die Erklärung nichtig nach § 116 Satz 2 BGB.

3. Scheinerklärung

5 Wird eine **empfangsbedürftige** Willenserklärung im Einverständnis mit dem Geschäftspartner nur zum Schein abgegeben, ist sie nach § 117 Abs. 1 BGB nichtig. Bei einem Scheingeschäft fehlt es am Geschäftswillen des Erklärenden (MünchKomm.BGB/Kramer § 117 BGB Rz. 1).

6 Das bedeutendste Beispiel hierfür ist der sog. **Schwarzkauf**. Hierbei wird bei dem Kauf eines Grundstücks ein geringerer Preis beurkundet als tatsächlich von den Parteien gewollt (BGHZ 36, 87; BGH NJW 1980, 1573). Dies hat zur Folge, dass das beurkundete Geschäft mit dem niedrigeren Preis als Scheingeschäft nach § 117 Abs. 1 BGB und das gewollte Geschäft mit dem höheren Preis wegen Formmangels gem. § 311b Abs. 1 Satz 1 BGB ebenfalls nichtig ist (BGHZ 54, 62 f.; BGH MDR 1980, 297). Die Formnichtigkeit kann zwar durch Auflassung und Eintragung im Grundbuch nach § 311b Abs. 1 Satz 2 BGB geheilt werden. Eine Heilung ist jedoch dann ausgeschlossen, wenn das Gesamtgeschäft einer behördlichen Genehmigung bedarf (BGH DNotZ 1958, 484; 1969, 350; zur Beweislastverteilung BGH MDR 1977, 654; auch BAG NJW 1996, 1299).

4. Nicht ernstlich gemeinte Willenserklärungen

Willenserklärungen, die nicht ernstlich gemeint sind, sind nach § 118 BGB nichtig, wenn der Erklärende sie in der subjektiven Erwartung abgegeben hat und redlicher- und vernünftigerweise davon ausgehen kann, dass der Mangel der Ernsthaftigkeit durch den anderen Teil erkannt wird (RGZ 168, 204). 7

5. Teilnichtigkeit, Salvatorische Klausel

Das Gesetz ordnet nicht zwingend die Nichtigkeit des gesamten Rechtsgeschäfts an, wenn nur ein Teil von der Nichtigkeit betroffen ist. Allerdings ist im Zweifel von Gesamtnichtigkeit auszugehen (§ 139 BGB: „… wenn nicht anzunehmen ist, dass es auch ohne den nichtigen Teil vorgenommen sein würde"). 8

Dem begegnet die Rechtspraxis mit einer **Salvatorischen (Erhaltungs-)Klausel** („Sollten einzelne Bestimmungen dieser Vereinbarung ganz oder teilweise unwirksam sein, so wird die Gültigkeit des Vertrags im Übrigen davon nicht berührt."), die diesen Grundsatz und damit die gesetzliche Vermutung umkehrt, so dass im Zweifel nur der nichtige Teil entfällt, der restliche Vertrag jedoch Bestand hat, es sei denn, das Restgeschäft wird „im Einzelfall durch den durch Vertragsauslegung zu ermittelnden Parteiwillen nicht mehr getragen" (BGH NJW 2010, 1660 Rz. 9 mwN; ferner BGH NJW 1996, 773; NJW-RR 1997, 684) (vgl. bzgl. AGB § 306 Abs. 1 und 3 BGB). 9

Die meist zugleich noch formulierte Salvatorische (Ersetzungs-)Klausel („Der insoweit unwirksame Teil der Vereinbarung ist durch eine Regelung zu ersetzen, die der Weggefallenen nach wirtschaftlicher Betrachtung und nach dem Interesse der Parteien am nächsten kommt"), die vorgeben will, wie eine Vertragslücke zu schließen ist, wiederholt im Wesentlichen die ohnehin geltenden Auslegungsmaßstäbe nach §§ 133, 157 BGB (als AGB konterkariert sie das Verbot geltungserhaltender Reduktion und dürfte daher unwirksam sein, vgl. § 306 Abs. 2 BGB; zu den Bedenken auch BGH NJW 2005, 2225 Rz. 38, der aber die Trennbarkeit der beiden Klauselbestandteile bestätigt, so dass nur der Ersetzungsteil, nicht auch der Erhaltungsteil unwirksam wäre). Der Einsatz solcher Ersetzungsklauseln kann sich zudem im Einzelfall als ungeeignet und unpraktikabel erweisen. Bietet sich nämlich der Rückfall auf die gesetzliche Regelung als angemessen an, so hat das den Vorteil der Rechtsklarheit gegenüber der Ungewissheit, was denn nun „dem Interesse am nächsten" käme. 9a

6. Umdeutung

Nichtige Rechtsgeschäfte, die auch nicht durch ergänzende Vertragsauslegung (§§ 133, 157 BGB) wirksam erhalten werden können (zB durch den Grundsatz „falsa demonstratio non nocet", s. zur Auslegung bspw. auch BGHZ 77, 304; 90, 69), können in ein wirksames Rechtsgeschäft umgedeutet werden. Es gilt dann anstelle des unwirksamen Rechtsgeschäfts ein **anderes wirksames Rechtsgeschäft**, soweit anzunehmen ist, dass die Parteien bei Vertragsabschluss dessen Geltung gewollt hätten, wenn sie die Nichtigkeit gekannt hätten (§ 140 BGB). 10

7. Bestätigung

Wenn nach dem Wegfall des Nichtigkeitsgrundes das Rechtsgeschäft bestätigt wird, gilt das gem. § 141 BGB als Neuvornahme, denn das nichtige Rechtsgeschäft bleibt unwirksam. Diese Bestätigung ist zu unterscheiden von der Bestätigung des anfechtbaren Geschäfts gem. § 144 BGB, ferner von der Heilung (zB §§ 311b Abs. 1 Satz 2, 518 Abs. 2 BGB) oder der Genehmigung (§§ 182 ff. BGB). 11

8. Schranken der Nichtigkeit

Eine Berufung auf die Nichtigkeit des Rechtsgeschäfts kann unter Anlegung strenger Maßstäbe ausnahmsweise gegen § 242 BGB verstoßen, wenn entsprechend dem Grundsatz des Verbots des widersprüchlichen Verhaltens (**venire contra factum proprium**) dieses Ergebnis nicht nur die betroffene Partei hart treffen würde, sondern schlechthin untragbar wäre, insbesondere bei Existenz- 12 gefährdung der einen Partei oder besonders schwerer Treuepflichtverletzung der anderen Partei (BGHZ 44, 367; BGHZ 138, 339).

II. Relativ unwirksame Rechtsgeschäfte

13 Relative Unwirksamkeit bedeutet, dass das Rechtsgeschäft nicht generell (inter omnes) unwirksam ist, sondern nur gegenüber einem bestimmten Personenkreis (inter partes).

Checkliste: relative Unwirksamkeit

Die relative Unwirksamkeit ist in folgenden Fällen geregelt:

- ☐ gesetzliches Veräußerungsverbot (§ 135 BGB),
- ☐ behördliches Veräußerungsverbot (§ 136 BGB),
- ☐ Umgehungsvereinbarung gegenüber dem Vorkaufsberechtigen (§ 465 BGB),
- ☐ beeinträchtigende Verfügung gegenüber dem Vormerkungsberechtigtem (§ 883 Abs. 2 BGB),
- ☐ Vorausverfügung über zukünftige Miet- oder Pachteinnahmen gegenüber dem Hypothekengläubiger (§ 1124 Abs. 2 BGB),
- ☐ Verfügung über Anspruch auf eine wiederkehrende Leistung, die erst drei Monate nach der Beschlagnahme fällig wird, gegenüber dem Hypothekengläubiger (§ 1126 Satz 3 BGB).

III. Schwebend unwirksame Rechtsgeschäfte

14 Bei der schwebenden Unwirksamkeit hängt die Wirksamkeit des Rechtsgeschäfts von der Zustimmung einer dritten Person ab.

15 **Checkliste: Schwebende Unwirksamkeit**

Das Gesetz ordnet eine schwebende Unwirksamkeit in folgenden Fällen an:

- ☐ Vertragsschluss eines Minderjährigen ohne Einwilligung des gesetzlichen Vertreters (§ 108 BGB),
- ☐ Vertragsschluss durch den Vertreter ohne Vertretungsmacht (§ 177 BGB),
- ☐ ohne Einwilligung abgeschlossenes Insichgeschäft (§ 181 BGB),
- ☐ Verfügung eines Nichtberechtigten (§ 185 BGB),
- ☐ Schuldübernahme zwischen dem Schuldner und Übernehmer vor Zustimmung des Gläubigers (§ 415 BGB),
- ☐ genehmigungsbedürftige Verträge bei Eheleuten gem. §§ 1365, 1369, 1427 BGB (§ 1366 BGB),
- ☐ Vertragsschluss des Vormunds ohne Genehmigung des Vormundschaftsgerichts (§ 1829 Abs. 1 BGB).

IV. Schwebend wirksame Rechtsgeschäfte

16 Schwebende Wirksamkeit bedeutet, dass das Rechtsgeschäft bis zu dem Eintritt eines bestimmten Ereignisses wirksam ist. Wenn das Ereignis eintritt, ist das Rechtsgeschäft mit Wirkung ex nunc unwirksam.

17 **Checkliste: Schwebende Wirksamkeit**

Gesetzliche Fälle der schwebenden Wirksamkeit wegen Widerrufbarkeit gem. § 355 BGB sind für folgende Verträgen zwischen Unternehmern und Verbrauchern bestimmt:

- ☐ § 312b BGB: Außerhalb von Geschäftsräumen geschlossene Verträge (früher: Haustürgeschäfte),
- ☐ § 312c BGB: Fernabsatzverträge,
- ☐ § 485 BGB: Teilzeit-Wohnrechteverträge,
- ☐ § 495 BGB: Verbraucherdarlehensverträge,
- ☐ § 506 BGB: Zahlungsaufschub und sonstige Finanzierungshilfen,
- ☐ § 510 BGB: Ratenlieferungsverträge.

V. Anfechtbare Rechtsgeschäfte

1. Anfechtungsgründe

Ausnahmsweise gestattet das Gesetz es dem Erklärenden, die Wirksamkeit seiner Willenserklärung durch Anfechtung nachträglich zu vernichten. 18

a) Irrtum

Wegen eines Irrtums kann der Erklärende in vier Fällen anfechten: 19

- Irrtum in der **Erklärungshandlung** (§ 119 Abs. 1 Alt. 2 BGB): Der Erklärende irrt sich über den Inhalt seiner Willenserklärung. Dies liegt insbesondere beim Versprechen, Vergreifen, Verschreiben vor (OLG Oldenburg NJW 2004, 168).
- **Inhaltsirrtum** (§ 119 Abs. 1 Alt. 1 BGB): Der Erklärende wollte eine Erklärung dieses Inhalts nicht abgeben: „Der Erklärende weiß, was er sagt, er weiß aber nicht, was er damit sagt" (Lessmann JuS 1969, 478, 480). Dies ist insbesondere dann gegeben, wenn der Erklärende sich falsche Vorstellungen von der Bedeutung seiner Erklärung macht (Beispiel: Er schreibt „25 Gros Rollen" und meint hierbei 25 große Rollen; objektiv äußert er 3600 Rollen; LG Hanau NJW 1979, 721).
- **Eigenschaftsirrtum** (§ 119 Abs. 2 BGB): Der Erklärende irrt sich über eine verkehrswesentliche Eigenschaft einer Person oder einer Sache, wobei die Eigenschaft im objektiven Erklärungstatbestand angeklungen sein muss (Überschuldung eines Nachlasses oder Belastung des Nachlasses mit wesentlichen Verbindlichkeiten, deren Bestand ungeklärt ist und die den Pflichtteil gefährden, BGHZ 106, 359, 363).
- **Übermittlungsirrtum** (§ 120 BGB): Die Erklärung wird durch Übermittlungspersonen oder -anstalten unrichtig weitergegeben (OLG München DB 1974, 1059). Übermittlungsanstalten sind die Deutsche Telekom AG oder Deutsche Post AG, aber auch andere Anbieter, die Erklärungen durch Telegramm, Telefax oder als E-Mail versenden. Dagegen sind jedoch fernmündliche Erklärungen ausschließlich nach § 119 BGB zu beurteilen. Der Übermittlungsirrtum ist eigentlich ein Unterfall des Irrtums in der Erklärungshandlung (BGH NJW 2005, 976).

b) Arglistige Täuschung

Wegen arglistiger Täuschung kann der Erklärende seine Willenserklärung gem. § 123 BGB anfechten, wenn er durch Vorspiegelung falscher oder durch Unterdrückung wahrer Tatsachen (trotz Aufklärungspflicht) zur Abgabe dieser Willenserklärung bestimmt worden ist (BGHZ 63, 386). Eine Täuschung kann auch durch Unterlassen erfolgen (OLG Nürnberg MDR 1983, 665). 20

c) Widerrechtliche Drohung

Wegen Drohung kann der Erklärende seine Willenserklärung gem. § 123 BGB anfechten, wenn die Abgabe dieser Erklärung durch eine Drohung erreicht worden ist, die keinem berechtigten Interesse folgt, sondern ein unangemessenes Mittel darstellt und deshalb als widerrechtlich zu bewerten ist (BGHZ 25, 217; BAG NJW 1994, 1021 und BB 1996, 434). 21

d) Weitere besondere Anfechtungsarten

Checkliste: Weitere besondere Anfechtungsarten 22

- ☐ Anfechtung einer Verfügung von Todes wegen nach §§ 2078 ff., 2281 ff. BGB,
- ☐ Geltendmachung der Erbunwürdigkeit durch Anfechtung nach den §§ 2340 ff. BGB,
- ☐ Anfechtung der Vaterschaft nach §§ 1593 ff. BGB,
- ☐ Anfechtung eines Geschäfts zu Lasten eines Zwangsvollstreckungsgläubigers wegen Vermögensverschiebungen des Schuldners auf Dritte nach dem Anfechtungsgesetz,
- ☐ spezifische Anfechtung im Insolvenzverfahren richtet sich nach den §§ 129–147 InsO.

e) Motivirrtum

23 **Unbeachtlich** ist der Motivirrtum. Hier irrt sich der Erklärende nicht über seine Willenserklärung selbst, sondern hat sich lediglich über den Beweggrund geirrt, der ihn zur Abgabe seiner Erklärung veranlasst hat (zB Wert einer Sache beim Kauf, Bestehen eines Haftungsanspruchs beim Anerkenntnis).

f) Kalkulationsirrtum

24 Ein Unterfall des Motivirrtums ist der sog. **Berechnungs- oder Kalkulationsirrtum**. Auch er berechtigt nicht zur Anfechtung, erlaubt aber in besonderen Fällen den Rückgriff auf § 242 bzw. § 313 oder § 311 Abs. 2 Nr. 1 BGB, wenn der Vertragspartner bereits bei Vertragsschluss erkannt oder sich der Kenntnisnahme treuwidrig entzogen hat, dass ein Kalkulationsfehler vorliegt, und wenn die Vertragserfüllung für den Erklärenden schlechthin unzumutbar ist (BGHZ 139, 177; OLG München NJW 2003, 367).

Es gibt **zwei Arten** von Kalkulationsirrtümern:

25 Ein **verdeckter** Kalkulationsirrtum liegt vor, wenn dem Geschäftsgegner lediglich das Ergebnis der Berechnung, nicht aber die Kalkulation mitgeteilt wird. Dieser „interne" Irrtum stellt einen bloßen Motivirrtum dar und ist rechtlich unbeachtlich (BGH NJW 2002, 2312).

26 Beim **offenen** Kalkulationsirrtum, wenn also die fehlerhafte Kalkulation ausdrücklich zum Gegenstand der Vertragsverhandlungen gemacht worden ist, kommt es für die rechtliche Einordnung auf den Einzelfall an:

Vorgeschaltet ist zunächst zu prüfen:

- Ergibt die **Auslegung** (§§ 133, 157 BGB), dass die Parteien als Preis nicht den ziffernmäßig genannten Endbetrag, sondern die falsch addierten **Einzelbeträge** (OLG Frankfurt aM WM 2001, 564; LG Aachen NJW 1982, 1106), den Tageskurs (LG Kleve NJW 1991, 1066) oder eine bestimmte **Methode der Preisbemessung** vereinbart haben (Wieser NJW 1972, 708, 711; John JuS 1983, 176), so handelt es sich um eine unschädliche Falschbezeichnung (**falsa demonstratio**) und maßgeblich ist der richtig kalkulierte Preis.
- Führt die Auslegung dazu, dass der ziffernmäßig festgelegte Betrag und die Grundlage seiner Berechnung den gleichen Stellenwert haben, liegt ein **Dissens** vor und der Vertrag ist wegen des bestehenden Widerspruches unwirksam.

Ist der ziffernmäßig genannte irrtümliche **Endbetrag als Preis** vereinbart worden, hat sich also der Kalkulationsfehler tatsächlich ausgewirkt, so ist zu unterscheiden:

- Handelt es sich um einen gemeinsamen Irrtum der Parteien (zB über den Börsenkurs), sind die Grundsätze über die **Störung der Geschäftsgrundlage** anwendbar (§ 313 BGB), s. Rz. 32.
- Handelt es sich um die Kalkulation nur einer Vertragspartei, ist der offene Kalkulationsirrtum grundsätzlich auch unter dem Gesichtspunkt des § 242 BGB unerheblich (BGH NJW 1981, 1551; BGH NJW-RR 1986, 569). Eine Vertragsanpassung kommt jedoch dann in Frage, wenn der andere Teil sich die unrichtige Kalkulation soweit zu eigen gemacht hat, dass eine Verweigerung der Anpassung gegen das **Verbot des widersprüchlichen Verhaltens** (venire contra factum proprium) verstoßen würde (BGH NJW-RR 1995, 1360).

2. Anfechtungserklärung, Frist

27 **Anfechtungsberechtigt** ist derjenige, dessen Interesse durch den Anfechtungsgrund unmittelbar beeinträchtigt und in dessen Person dieser Grund gegeben ist. Anfechtungsberechtigt ist daher der Irrende, nicht jedoch sein Gegenüber.

28 **Anfechtungsgegner** ist in der Regel der Vertragspartner bzw. Erklärungsempfänger des Anfechtenden. Im Fall einer arglistigen Täuschung durch einen Dritten (§ 123 Abs. 2 Satz 2 BGB) ist Anfechtungsgegner derjenige, der aus dem Vertrag nach § 143 Abs. 2 BGB unmittelbar ein Recht erworben hat (BGH NJW 1996, 1051 sowie ferner MDR 1996, 788).

Die Anfechtung erfolgt durch **formlose Erklärung** gegenüber dem Anfechtungsgegner (BGHZ 88, 245; 91, 331). Eine Anfechtungserklärung ist unwiderruflich und als Gestaltungsrecht im Interesse der Rechtsklarheit **bedingungsfeindlich**. 29

Zu beachten ist die **Anfechtungsfrist**. Die Erklärung der Anfechtung nach §§ 119, 120 BGB muss unverzüglich (Obergrenze idR 2 Wochen) erfolgen (§ 121 BGB), die Anfechtung nach § 123 BGB binnen eines Jahres (§ 124 BGB). Die Frist beginnt jeweils ab Kenntnis vom Anfechtungsgrund (bzw. Wegfall der Zwangslage bei der Drohung) und beträgt maximal 10 Jahre ab Abgabe der Willenserklärung (§§ 121 Abs. 2, 124 Abs. 3 BGB). 30

3. Rechtsfolgen der Anfechtung

Ein angefochtenes Rechtsgeschäft ist von Anfang an nichtig (§ 142 Abs. 1 BGB). Bei einer Anfechtung nach den §§ 119, 120 BGB kommen Ansprüche des Anfechtungsgegners nach § 122 BGB auf den Ersatz des Vertrauensschaden in Betracht. Bei einer Anfechtung nach § 123 BGB ist ein Schadenersatzanspruch des Anfechtungsgegners ausgeschlossen, Ersatzansprüche des Anfechtenden richten sich nach den allgemeinen Vorschriften. 31

VI. Störung der Geschäftsgrundlage

Geschäftsgrundlage sind die bei Abschluss des Vertrages zu Tage getretenen, dem anderen Teil erkennbar gewordenen und von ihm nicht beanstandeten Vorstellungen der einen Partei oder die gemeinsamen Vorstellungen beider Parteien von dem Vorhandensein oder dem künftigen Eintritt bestimmter Umstände, sofern der Geschäftswille der Parteien auf diesen Vorstellungen aufbaut (BGH NJW 2001, 1204; BAG NJW 1991, 1563). 32

Handelt es sich lediglich um die Vorstellungen einer Partei, so kommt stattdessen nur eine **Irrtumsanfechtung** in Betracht (dazu Rz. 19). 33

Rechtsfolge der Störung der Geschäftsgrundlage ist nach § 313 Abs. 1 BGB die Anpassung des Vertrages bzw. ein Anspruch auf Anpassung. Ist die Fortsetzung des Vertrages unzumutbar, kommt eine Vertragsauflösung nach § 313 Abs. 3 BGB in Betracht. Sie geschieht nicht ipso jure, sondern bedarf einer rechtsgestaltenden Erklärung (BGHZ 113, 316), also eines Rücktritts (BGH DNotZ 1996, 639) oder einer Kündigung (BGH NJW 2000, 1714). 34

VII. Steuerliche Behandlung unwirksamer und anfechtbarer Rechtsgeschäfte

Das **Steuerrecht folgt** der **wirtschaftlichen Betrachtungsweise** und **würdigt** – anders als das bürgerliche Recht – **was tatsächlich konkret stattgefunden hat** und was nicht. So ist es für die Besteuerung unerheblich, ob ein Verhalten gegen ein gesetzliches Gebot oder Verbot oder gegen die guten Sitten verstößt (§ 40 AO). **Unwirksame oder anfechtbare Rechtsgeschäfte** sind **für Zwecke der Besteuerung** ebenso als **gültig** zu behandeln, soweit und solange die Beteiligten das **wirtschaftliche Ergebnis** dieser Rechtsgeschäfte eintreten oder **bestehen lassen**, es sei denn, aus den Steuergesetzen ergibt sich etwas anderes (§ 41 Abs. 1 AO). Soweit ausnahmsweise die rückwirkende Aufhebung eines vollzogenen Vertrags steuerlich zu berücksichtigen ist, wird auf die in Einzelsteuergesetzen geregelten Besonderheiten, zB § 17 UStG, hingewiesen; zur verfahrensmäßigen Abwicklung Hinweis auf § 175 Abs. 1 Satz 1 Nr. 2 AO. Scheingeschäfte und Scheinhandlungen sind für die Besteuerung unerheblich, wird aber ein anderes Rechtsgeschäft verdeckt, ist dieses für die Besteuerung maßgeblich (§ 41 Abs. 2 AO). 35

3. Abschnitt. Allgemeine Schuldverhältnisse

Kapitel 9 Beteiligung Dritter am Schuldverhältnis

1 Neben der Eingehung einer Verpflichtung durch zweiseitige Abrede einer Leistungspflicht, wie beispielsweise bei einem Kaufvertrag, können bestehende schuldrechtliche Verpflichtungen auf Dritte erweitert oder übergeleitet werden, insbesondere durch Schuldübernahme, Schuldbeitritt oder Vertrags- oder Erfüllungsübernahme. Während dies eine Mitwirkung des Dritten durch Abgabe entsprechender Willenserklärungen voraussetzt, kann beim Vertrag zugunsten Dritter dieser auch in die Leistungsbeziehung aufgenommen werden, ohne dass er an der Vereinbarung beteiligt ist.

I. Schuldübernahme

2 Durch eine Schuldübernahme tritt derjenige, der die Schuld übernimmt, in die rechtliche Stellung des alten Schuldners ein, wobei der bisherige Schuldner von seiner Verpflichtung frei wird. Die Schuldübernahme bedarf keiner **Form.**

3 Eine Schuldübernahme erfolgt durch **Vereinbarung** (§§ 414, 415 BGB) entweder:

- zwischen Gläubiger und neuem Schuldner (§ 414 BGB). Der Altschuldner braucht nicht beteiligt zu werden.
- zwischen Alt- und Neuschuldner (§ 415 BGB). Hierbei bedarf es der Genehmigung des Gläubigers, die erst die Bindung der Vertragsparteien herbeiführt, die ihrerseits aber die Mitteilung durch eine der Parteien voraussetzt (§ 415 Abs. 1 Satz 2 und 3 BGB). Genehmigt der Gläubiger innerhalb der ihm gesetzten Frist nicht, so gilt die Genehmigung als verweigert (§ 415 Abs. 2 Satz 2 BGB).

3a ➲ **Wichtig:** Nach § 415 Abs. 3 BGB wird aus der Schuldübernahme, die **nicht genehmigt** wird, eine **Erfüllungsübernahme** iSd. § 329 BGB. Der bisherige Schuldner wird also im Verhältnis zum Gläubiger von seiner Verbindlichkeit nicht frei, kann aber vom Übernehmer verlangen, dass er den Gläubiger befriedigt.

3b Zugleich mit der Schuldübernahme **erlöschen** Sicherungs- und Vorzugsrechte für die Forderung (insbesondere Bürgschaften und Pfandrechte), es sei denn, der Sicherungsgeber willigt ein (§ 418 BGB – Grund: das Risiko des Sicherungsgebers hängt an der Solvenz des Schuldners).

4 Für die Übernahme einer **Hypothekenschuld** (oder einer Sicherungsgrundschuld, str.) gilt ergänzend § 416 BGB als Erleichterung, wenn im Rahmen eines Grundstückskaufvertrags vereinbart

wird, dass der Käufer ein bestehendes Grundpfandrecht einschließlich der persönlichen (Darlehens-)Schuld unter Anrechnung auf den Kaufpreis übernimmt. Um die Genehmigung des Gläubigers zu erleichtern, wird sie unter den Voraussetzungen des § 416 Abs. 1 Satz 2 BGB fingiert: Hat der Erwerber des Grundstücks dem Gläubiger die Schuldübernahme angezeigt und der Gläubiger sich sechs Monate nicht dazu geäußert, so gilt die Genehmigung des Gläubigers zur Schuldübernahme als erteilt.

Im Unterschied zum **Schuldbeitritt** oder zur **Bürgschaft** haftet bei der Schuldübernahme der Altschuldner nicht mehr. Ein **Garantieversprechen** begründet im Gegensatz zu der Schuldübernahme eine neue Schuld, nämlich das Einstehen für einen bestimmten Erfolg oder die Richtigkeit einer behaupteten Tatsache. 5

M 9.1 Schuldübernahmevereinbarung

(Schuldübernahmevertrag – Auszug)

1. Variante: Vereinbarung zwischen Neuschuldner und Gläubiger

... (Name des neuen Schuldners)

– nachfolgend: Neuschuldner –

und

... (Name des Gläubigers)

– nachfolgend: Gläubiger –

vereinbaren:

... (Name des alten Schuldners, Anschrift)

– nachfolgend: Altschuldner –

hat sich gegenüber dem Gläubiger mit Kaufvertrag vom ... (Datum), der in Kopie diesem Vertrag beiliegt, zur Zahlung eines Kaufpreises iHv. ... Euro verpflichtet.

Der Neuschuldner übernimmt hiermit unter Befreiung des Altschuldners diese Zahlungsverpflichtung gegenüber dem Gläubiger. Sicherheiten wurden für die Verpflichtung keine bestellt[1].

...

2. Variante: Vereinbarung zwischen Altschuldner und Neuschuldner

(Text ansonsten wie 1. Variante mit angepassten Parteien und Nennung von Name und Anschrift des Gläubigers im ersten Absatz des Textes)

Der Altschuldner/Neuschuldner wird die befreiende Schuldübernahme unverzüglich dem Gläubiger mitteilen und ihn zur Genehmigung der befreienden Schuldübernahme auffordern[2].

...

1 Als Merkposten: Falls doch, muss der Gläubiger entscheiden, ob er deren Erlöschen gem. § 418 BGB hinnimmt (insbesondere bei einem „besseren" Neuschuldner) oder die Zustimmung der Sicherungsgeber zB zur aufschiebenden Bedingung der Schuldübernahme macht.

2 Ohne Genehmigung nur Erfüllungsübernahme, vgl. Rz. 3a.

M 9.2 Aufforderung an den Gläubiger zur Genehmigung der Schuldübernahme

(Textbeispiel: Aufforderung durch Neugläubiger)

...

Durch Vereinbarung vom ... (Datum) habe ich die Ihnen gegenüber bestehende Verpflichtung zur Kaufpreiszahlung von ... (Name des alten Schuldners) aus dem Kaufvertrag vom ... (Datum) iHv.

... Euro übernommen. Bitte teilen Sie mir kurzfristig mit, ob Sie die Schuldübernahme genehmigen, so dass Ihr bisheriger Schuldner von dieser Verbindlichkeit befreit ist und ich an seine Stelle trete. Die Bedingungen des Kaufvertrages, insbesondere zur Bezahlung des Kaufpreises, sind mir bekannt und werden von mir akzeptiert.

...

II. Schuldbeitritt

6 Schuldbeitritt (**kumulative Schuldübernahme** oder **Schuldmitübernahme**) bedeutet, dass der Neuschuldner neben dem bisherigen Schuldner als Gesamtschuldner in ein vorhandenes Schuldverhältnis eintritt. Im BGB fehlt eine Regelung des rechtsgeschäftlich begründeten Schuldbeitritts, ausgenommen Sonderfälle wie §§ 563 ff. BGB oder die Firmenfortführung nach §§ 25, 28 HGB. An seiner Zulässigkeit als Verpflichtungsvertrag nach § 311 Abs. 1 BGB bestehen nach st. Rspr. keine Zweifel. Der Beitritt wird entweder zwischen Gläubiger und Beitretendem geschlossen oder als Vertrag zugunsten Dritter zwischen Schuldner und Beitretendem, wobei dann dem Gläubiger ein Zurückweisungsrecht nach § 333 BGB zustehen kann. In der Praxis wird häufig – analog zur Bürgschaft – nur die Erklärung des Beitretenden schriftlich abgefasst und konkludent vom Gläubiger angenommen, indem er das Schriftstück entgegennimmt.

7 Im **Unterschied zur Bürgschaft** übernimmt der Beitretende die Schuld als eigene und selbstständige Verpflichtung, während die Bürgenhaftung in ihrem Inhalt und Umfang von der fremden Hauptschuld des Dritten abhängt (§§ 767 f. BGB; Akzessorietät), und zwar auch bei der selbstschuldnerischen Bürgschaft (§ 773 Abs. 1 Nr. 1 BGB). Die **Form** des § 766 BGB gilt deshalb für den Schuldbeitritt nicht entsprechend.

7a ➲ **Hinweis:** Bestehen Zweifel, wie die Erklärungen zu verstehen sind, ist von einer Bürgschaft auszugehen (BGH NJW 1986, 580; DB 1987, 1139). Umgekehrt scheidet es aus, eine formunwirksame Bürgschaft in einen Schuldbeitritt umzudeuten.

M 9.3 Schuldbeitrittserklärung

Aufgrund Darlehensvertrags vom ... (Datum) schuldet ... (Name des Schuldners, Anschrift) ... (Name des Gläubigers) die Zahlung monatlicher Zinsraten in Höhe von ... Euro sowie die Rückzahlung der Darlehenssumme in Höhe von ... Euro zum ... (Datum).

... (Name des Beitretenden, Anschrift) tritt hiermit gegenüber ... (Name des Gläubigers) diesen Zahlungsverpflichtungen als selbstständig verpflichteter Gesamtschuldner neben ... (Name des Schuldners) bei.

III. Vertragsübernahme

8 Eine Vertragsübernahme beinhaltet die vollständige **Auswechslung der Partei** eines Rechtsgeschäfts und geht damit über die Schuldübernahme als bloße Übernahme einzelner Verpflichtungen hinaus. Eine solche Vertragsübernahme kommt in der Praxis bspw. bei Verträgen mit langer Laufzeit vor (zB Pachtvertrag, Mietvertrag, Sukzessivlieferungsvertrag, Energieversorgungsvertrag, Bierbezugsvertrag. Lizenzvertrag), wenn der Vertragspartner – meist der „Abnehmer" – das Interesse an der Vertragsleistung verliert, in Liquiditätsschwierigkeiten gerät oder seinen Geschäftsbetrieb im Rahmen eines (Teil-)Verkaufs seiner betreffenden Anlagegüter („asset deal") veräußert. Eine solche rechtsgeschäftliche Übertragung aller Rechte und Pflichten aus einem Schuldverhältnis ist gesetzlich nicht geregelt und richtet sich daher nach der Parteivereinbarung gem. § 311 Abs. 1 BGB.

In einzelnen Fällen ordnet das Gesetz eine nicht dispositive Vertragsübernahme (zwingender Eintritt in bestehende Verträge) als Rechtsfolge eines anderen Geschäfts an:

Checkliste: Gesetzliche Vertragsübernahme 9

- ☐ § 566 BGB: Bei Verkauf einer Mietsache gehen die Mietverträge auf den Erwerber über („Kauf bricht nicht Miete") (mit begrenzter Bürgenhaftung des ursprünglichen Vermieters gem. Abs. 2).
- ☐ § 581 Abs. 2 iVm. § 566 BGB: Bei Verkauf einer Pachtsache gehen die Pachtverträge auf den Erwerber über (Bürgenhaftung w.o.).
- ☐ § 613a BGB: Beim Betriebsübergang gehen die Rechte und Pflichten aus den Arbeitsverhältnissen auf den Erwerber des Betriebes über (mit begrenzter Gesamtschuldnerhaftung des bisherigen Arbeitgebers gem. Abs. 2 und 3).
- ☐ § 1251 Abs. 2 BGB: Neuer Pfandgläubiger tritt an die Stelle des alten Pfandgläubigers mit Besitzerlangung.
- ☐ § 95 VVG: Bei Veräußerung einer versicherten Sache tritt der Erwerber gegenüber der Versicherung in das Versicherungsverhältnis des Veräußerers ein (mit begrenzter Gesamtschuldnerhaftung des Veräußerers gem. Abs. 2).
- ☐ § 20 Abs. 1 Nr. 1 UmwG: Bei Verschmelzung durch Aufnahme des übertragenden Rechtsträgers geht das Vermögen auf den übernehmenden Rechtsträger über.
- ☐ § 131 Abs. 1 Nr. 1 UmwG: Bei Spaltung des übertragenden Rechtsträgers geht das Vermögen auf den übernehmenden Rechtsträger über.

Die Vertragübernahme ist ein **einheitlicher Vertrag** (BGH NJW-RR 2005, 958) und nicht eine Kombination von Abtretung und Schuldübernahme. Der Vertrag bedarf der Zustimmung aller Beteiligten. Dies kann entweder durch einen sog. **dreiseitigen Vertrag** geschehen (BGH NJW 1986, 918) oder aber durch eine Vereinbarung zwischen der ausscheidenden und der eintretenden Partei und anschließender Zustimmung der Vertragsgegenseite. 10

Der Vertrag bedarf der **Form** des übernommenen Vertrages (BGH NJW 1979, 369). 11

➲ **Praxistipp:** Die **Zustimmung der Vertragsgegenseite** ist **grundsätzlich immer formfrei** (BGH NJW 2003, 2158; vgl. aber auch BGH NJW 2013, 1083 Rz. 25 wegen der Anforderungen zur Aufrechterhaltung der Laufzeitbindung im Mietrecht).

Die §§ 398 ff., 414 ff. BGB sind in der Regel entsprechend auf die Vertragsübernahme anwendbar. 12

➲ **Praxistipp:** Die **Schutzvorschriften** der §§ 491 ff. BGB (Verbraucherkredit), 312 ff. BGB (Haustürgeschäft) gelten auch für die Vertragsübernahme, jedenfalls bei der dreiseitigen Vereinbarung (BGHZ 142, 23; 129, 371), und zwar auch bei Beteiligung des geschäftsführenden (Allein-)Gesellschafters (BGHZ 165, 43; 144, 370 für die Mithaftungsübernahme). 13

➲ **Wichtig:** Im Verhältnis zu der Vertragsgegenseite können sich die ausscheidende und die neue Vertragspartei nur bemühen, eine **Entlassung der scheidenden Vertragspartei** aus ihren Pflichten zu erhalten. Die Entlassung selbst können sie untereinander nicht bewirken, da dies einen Vertrag zu Lasten Dritter darstellen würde. Die Verpflichtung, sich um die Genehmigung zu bemühen, sollte zwar in den zweiseitigen Vertrag aufgenommen werden, aber die scheidende Vertragspartei muss sich darüber im Klaren sein, dass diese Klausel rechtlich das gewünschte Ergebnis nicht erzwingen kann. Daher muss bedacht werden, was bei Verweigerung der Zustimmung gelten soll (s. Vorschlag in M 9.4; alternativ wäre die Übernahme ersatzlos gescheitert oder durch Auslegung zu ermitteln, was gewollt war). 14

M 9.4 Vertragsübernahmevertrag zwischen scheidender und neuer Partei

. . . (Name der scheidenden Partei)

und

. . . (Name der neuen Partei)

vereinbaren zur Übernahme der Rechtsstellung aus einem Vertrag mit . . . (Name des Vertragspartners) das Folgende:

1. *... (Name der scheidenden Partei) und ... (Name des Vertragspartner) haben am ... (Datum) einen Vertrag über ... (Art und Gegenstand des Vertrags) geschlossen. Eine Kopie dieses Vertrags liegt als Anlage bei.*
2. *... (Name der neuen Partei) soll, nach Genehmigung durch ... (Name des Vertragspartners), mit Wirkung zum ... (Datum) in alle Rechte und Pflichten des Vertrags an Stelle von ... (Name der scheidenden Partei) eintreten. Für alle vor diesem Stichtag entstandene Verpflichtungen bleibt allein ... (Name der scheidenden Partei) verpflichtet.*
3. *Die Parteien verpflichten sich, alles ihnen Mögliche und Zumutbare zu unternehmen, um die Genehmigung und die Entlassung im Außenverhältnis zu ... (Name des Vertragspartners) aus den Vertragspflichten zu bewirken. Für den Fall, dass die Genehmigung nicht erteilt wird, stellt ... (Name der neuen Partei) ... (Name der scheidenden Partei) im Innenverhältnis von allen künftigen Verpflichtungen aus dem Vertrag frei und wird im Gegenzug ermächtigt, künftig alle Rechte aus dem Vertrag wahrzunehmen und Ansprüche einzufordern, soweit rechtlich möglich im eigenen Namen und auf eigene Rechnung; er kann jederzeit die Abtretung der Ansprüche verlangen.*
4. *Die Vertragsübernahme erfolgt unentgeltlich.*

... (Ort, Datum)

... (Unterschriften alte Partei und neue Partei)

Als Vertragspartner stimme ich der Vertragsübernahme zu.

... (Ort, Datum)

... (Unterschrift)

M 9.5 Vertragsübernahme
Schreiben der neuen Partei an den Vertragspartner

...

Hiermit zeige ich Ihnen an, dass ich den von Ihnen mit ... (Name der ausscheidenden Partei) am ... (Datum) geschlossenen Vertrag über ... (Art und Gegenstand des Vertrages) übernehmen und mit Wirkung ab ... (Datum) an seiner Stelle in alle Rechte und Pflichten des Vertrags eintreten möchte. Für die Übernahme des Vertrages bedarf es Ihrer Zustimmung. Bitte teilen Sie mir mit, ob Sie mit der Übernahme einverstanden sind.

Als Anlage füge ich Ihnen drei Exemplare des Vertrags zwischen ... (Name der ausscheidenden Partei) und mir bei. Senden Sie mir im Einverständnisfalle bitte zwei Exemplare mit Ihrer Unterschrift unter die Zustimmungserklärung zurück.

Sollten Sie nicht einverstanden sein, bleibt allein ... (Name der ausscheidenden Partei) Ihr Vertragspartner.

...

IV. Erfüllungsübernahme

15 Die Erfüllungsübernahme betrifft **nur das Innenverhältnis** zwischen Schuldner und einem Dritten. Der Dritte verspricht dem Schuldner, dessen Verbindlichkeit beim Gläubiger zu begleichen.

15a ➲ **Praxistipp:** § 329 BGB stellt für eine vereinbarte Erfüllungsübernahme die **Auslegungsregel** auf, der **Gläubiger** solle aus ihr keinen Anspruch gegenüber dem Übernehmer haben. Da es sich aber um eine widerlegbare Vermutung handelt und im Einzelfall darüber Streit entstehen kann, empfiehlt sich eine ausdrückliche Festlegung im Vertrag.

M 9.6 Erfüllungsübernahmevertrag

...

... *(Name des Schuldners, Anschrift) schuldet ... (Name des Gläubigers, Anschrift) aus einem Darlehen einen Betrag iHv. ... Euro. ... (Name des Übernehmenden, Anschrift) verpflichtet sich gegenüber ... (Name des Schuldners), diese Forderung von ... (Name des Gläubigers) zu erfüllen. ... (Name des Gläubigers) erwirbt durch diese Vereinbarung keine Rechte gegenüber ... (Name des Übernehmenden).*

...

V. Vertrag zugunsten Dritter

16 (Echte) Verträge zugunsten Dritter zeichnen sich durch eine Dreiseitigkeit der Rechtsbeziehungen aus, obwohl nur zwei Parteien hierbei rechtsgeschäftlich handeln. Zwischen den Vertragschließenden entsteht das sog. **Deckungsverhältnis**, zwischen dem Gläubiger (Versprechensempfänger) und dem Dritten entsteht das **Valutaverhältnis** und zwischen Schuldner (Versprechender) und dem Dritten das (rein faktische) **Vollzugsverhältnis.**

Nach der Rechtsprechung können **nur schuldrechtliche** Verpflichtungen gem. § 328 BGB zugunsten Dritter begründet werden. Verfügungen zugunsten Dritter sind unzulässig (BGHZ 41, 95 f. mwN).

Verträge **zu Lasten Dritter** sind unzulässig, da mit dem Grundsatz der Privatautonomie nicht vereinbar. Das gilt unabhängig davon, ob mit dem Vertrag auch Vorteile verbunden sind oder ob und in welchem Maße diese die ausgelösten Pflichten übersteigen (vgl. BGHZ 68, 231 – ggf. sind entsprechende Klauseln umdeutbar in Eintrittsrechte des Dritten).

1. Unechter Vertrag zugunsten Dritter

17 Ein unechter Vertrag zugunsten Dritter liegt vor, wenn der Schuldner berechtigt ist, an einen Dritten mit befreiender Wirkung zu leisten, der Dritte jedoch kein Recht hat, die Leistung von dem Schuldner zu verlangen, sondern allein der am Vertrag beteiligte Gläubiger, wie etwa bei verkürzten Lieferungen oder Auflagen zugunsten Dritter (MünchKomm.BGB/Gottwald § 328 BGB Rz. 9).

2. Echter Vertrag zugunsten Dritter

18 Bei einem echten Vertrag zugunsten Dritter, wie er in den §§ 328 ff. BGB geregelt ist, hat der Dritte gegenüber dem Schuldner **unmittelbar einen Anspruch** auf Leistung. Das Leistungsforderungsrecht des Gläubigers kann ausgeschlossen werden. Jedoch gilt im Zweifel, dass er dieses Recht (auf Leistung an der Dritten) behält (§ 335 BGB).

19 Den Vertrag schließen der Versprechende (Schuldner) und der Versprechensempfänger (Gläubiger). Der Dritte ist **nicht Vertragspartei.** Er kann eine natürliche oder juristische Person sein, sie muss noch nicht existieren (BGHZ 129, 305; OLG München NJW 2000, 1423). Ob die Parteien den Anspruch des Dritten wieder aufheben können, entscheiden diese in ihrem Vertrag zum Deckungsverhältnis (MünchKomm.BGB/Gottwald § 328 BGB Rz. 28).

20 Der Vertrag zugunsten Dritter ist nicht auf besondere Vertragstypen beschränkt. Jeder schuldrechtliche Verpflichtungsvertrag kann als Vertrag zugunsten Dritter ausgestaltet werden (RGZ 150, 133), so etwa Kauf-, Miet-, Dienst- und Werkvertrag, Schenkung, Auftrag und Versicherungsvertrag. Häufig werden auch nur einzelne Verpflichtungen oder Teilaspekte so ausgestaltet, dass an Dritte zu leisten ist. Dort empfiehlt es sich, in der jeweiligen Klausel die rechtliche Einordnung im Text oder mit dem Klammerzusatz „(echter Vertrag zugunsten Dritter)“ zu erwähnen.

M 9.7 Echter Vertrag zugunsten eines Dritten

...

... (Name des Versprechenden) hat bei ... (Name des Versprechensempfängers) am ... (Datum) eine Anlage ... (Beschrieb) zum Preis von ... Euro gekauft.

Die Vertragsparteien vereinbaren, dass ... (Name des Versprechenden) den Kaufpreis bis zum ... (Datum) an ... (Name des Dritten) zahlt. ... (Name des Dritten) erwirbt damit unmittelbar das Recht, von ... (Name des Versprechenden) die Zahlung zu verlangen.

...

3. Vertrag mit Schutzwirkung zugunsten Dritter

21 Beim Vertrag mit Schutzwirkung zugunsten Dritter wird der Dritte nicht in die (Haupt-)Leistungspflichten des Gläubigers einbezogen. Der Schuldner hat jedoch gewisse **Schutz- und Obhutspflichten** gegenüber dem Dritten. Verletzt er diese Pflichten, so stehen dem Dritten vertragliche Schadenersatzansprüche zu (BGHZ 49, 355; 69, 82; BGH NJW 1977, 2074).

Voraussetzungen für einen Vertrag mit Schutzwirkung zugunsten Dritter sind:

- Leistungsnähe des Dritten zu der Leistung des Schuldners,
- Einbeziehungsinteresse des Gläubigers,
- Erkennbarkeit des abgrenzbaren geschützten Personenkreises für den Schuldner,
- Schutzbedürftigkeit des Dritten (dh. er darf keinen eigenen vertraglichen Anspruch haben).

VI. Steuerliche Aspekte

22 Da sich bei der echten **Schuldübernahme** die rechtliche Zuständigkeit für die Verbindlichkeit ändert, ergeben sich zunächst **Konsequenzen für buchführende und bilanzierende Steuerpflichtige (§§ 238 ff. HGB, 5 Abs. 1 EStG)**, mit den daraus resultierenden weiteren Folgen.

23 Findet infolge der vertraglichen Vereinbarung keine Freistellung des bisherigen Schuldners statt, erfolgt auch kein Wechsel in der Zurechnung der Forderung. Dennoch kann auch ein **Schuldbeitritt** steuerliche Folgen haben, uU besteht Anlass zur Änderung bei der Bewertung der Forderung bzw. Verbindlichkeit; je nach dem Innenverhältnis zwischen Alt- und Neuschuldner besitzt der Altschuldner eine Forderung gegenüber dem Neuschuldner. Bei der Übernahme von Pensionsverpflichtungen gegen Entgelt durch Beitritt eines Dritten in eine Pensionsverpflichtung (Schuldbeitritt) handelt es sich weiterhin um eine Direktzusage des Arbeitgebers, s. dazu auch BMF-Schreiben v. 16.12.2005, BStBl. I 2005, 1052 = StEK EStG § 6a Nr. 217, BMF v. 24.7.2013, BStBl. I 1022, Rz. 329.

24 Einen **Sonderfall der Schuldübernahme** (vgl. für das Handelsrecht § 25 HGB) betrifft **§ 75 AO**. Wird ein Unternehmen oder ein in der Gliederung eines Unternehmens gesondert geführter Betrieb im Ganzen übereignet, so haftet der Erwerber insbesondere für die im Betrieb begründeten Steuern, insbesondere für die Umsatz und Gewerbesteuer (pauschalierte Lohnsteuer).

Kapitel 10 Abtretung

I. Allgemeines

Nach den §§ 398 ff. BGB können grundsätzlich alle Forderungen unter Wahrung der Identität ohne Mitwirkung des Schuldners übertragen werden. Die Forderungsabtretung (Forderungsübertragung oder Zession) erfolgt durch **Vertrag** zwischen dem Altgläubiger (Zedent) und dem Neugläubiger (Zessionar). 1

Die Wirkungen der §§ 398 ff. BGB gelten auch beim **gesetzlichen** Forderungsübergang (§ 412 BGB). Gem. §§ 413 BGB gelten die Vorschriften grundsätzlich auch für die Übertragung **anderer Rechte**, der Anwendungsbereich ist aber gering, da meist Sonderregeln bestehen, wie zB im Sachenrecht, Gesellschaftsrecht oder gewerblichen Rechtschutz, oder Abtretungen ganz ausgeschlossen sind, wie bei Familienrechten, beim Erbrecht als solchen oder bei Mitgliedschaftsrechten in Verein oder Personengesellschaft. Grundsätzlich sind auch **öffentlich-rechtliche Ansprüche** abtretbar. Hierbei gelten jedoch vorrangig die Vorschriften des öffentlichen Rechts, vor allem § 46 AO und § 53 SGB I. 2

Die Abtretung ist **formfrei**, selbst wenn für die Begründung der abzutretenden Forderung eine bestimmte Form vorgeschrieben ist. In der Praxis erfolgt regelmäßig die Abtretungserklärung durch den Zedenten schriftlich und wird vom Zessionar stillschweigend durch Entgegennahme der Urkunde angenommen (vgl. Rz. 6). 3

Eine **Ausnahme** zur Formfreiheit gilt insbesondere bei der Abtretung von Hypothekenforderungen (§ 1154 BGB) sowie von Grundschulden (§§ 1154, 1192 BGB) und Rentenschulden (§§ 1154, 1199, 1192 BGB). 4

Bei Mehrfachabtretungen gilt das **Prioritätsprinzip**, dh. nur der zeitlich erste Zessionar erwirbt die Forderung. Es gibt mangels anknüpfbarer Vertrauensgrundlage **keinen gutgläubigen Erwerb** von Forderungen. Der Schuldner kann aber sowohl bei der „mehrfachen Abtretung" (§ 408 BGB) als auch bei der unwirksamen Abtretung (§ 409 BGB) unter besonderen Umständen bei Leistung an die „Scheinberechtigten" Vertrauensschutz in Anspruch nehmen. 5

Der Zedent muss dem Zessionar auf Verlangen eine öffentlich beglaubigte **Abtretungsurkunde** ausstellen (§ 403 BGB). 6

6a ➲ **Hinweis:** Der Schuldner hat gegenüber dem Zessionar ein Leistungsverweigerungsrecht, wenn ihm dieser keine vom Zedenten ausgestellte Urkunde (Form: § 126 oder § 126a BGB) über die Abtretung vorlegt und der Schuldner deshalb eine Kündigung oder Mahnung unverzüglich zurückweist (§ 410 Abs. 1 BGB); das gilt nicht, wenn der Zedent ihm die Abtretung schriftlich angezeigt hat (§ 410 Abs. 2 BGB – damit ist gewährleistet, dass sich der Schuldner sein geschütztes Vertrauen in die Abtretungsanzeige gem. § 409 BGB absichern kann).

II. Abtretungsanzeige

7 Für eine wirksame Forderungsabtretung bedarf es keiner Zustimmung des Schuldners, er muss auch nicht über den Übergang der Forderung auf den Zessionar unterrichtet werden. Jedoch besteht für den neuen Gläubiger bei **Unkenntnis des Schuldners** die Gefahr, dass dieser mit einem – rechtlich nicht mehr gegenseitigen – Anspruch gegenüber dem alten Gläubiger wirksam aufrechnet (§ 406 BGB) oder mit Erfüllungswirkung an ihn zahlt (§ 407 BGB). Beides führt dazu, dass der neue Gläubiger seinen Anspruch gegen den Schuldner verliert.

7a ➲ **Praxistipp:** Möchte sich der Neugläubiger vor Erfüllung gegenüber dem Altgläubiger absichern, muss er umgehend dem Schuldner die Abtretung anzeigen. Deren **Zugang** sollte dokumentiert werden, zB durch Einschreiben mit Rückschein.

III. Abtretungsverbote

8 Eine Abtretung kann ausnahmsweise wegen des Leistungsinhalts oder durch Vereinbarung der Parteien ausgeschlossen sein (§ 399 BGB). In **AGB** kann zumindest bestimmt werden, dass die Abtretung nur mit Zustimmung des Schuldners zulässig ist (BGH NJW 1988, 1210; OLG Frankfurt NJW 2004, 3266). Für Geldforderungen aus **beiderseitigen Handelsgeschäften** sind Abtretungen trotz vereinbartem Verbot gem. § 354a HGB wirksam, der Schuldner darf aber in jedem Fall weiter an den Altgläubiger leisten.

8a **Checkliste: Abtretungsverbote**

- ☐ **kraft Leistungsinhalts:**
  - ☐ **Inhalt der Leistung:** Eine Forderung ist nicht abtretbar, wenn durch die Abtretung der Inhalt der Leistung **verändert** würde (Beispiel: Anspruch auf Unterhalt in Natur; Vorkaufsrecht; Anspruch auf Gebrauchsüberlassung).
  - ☐ **Höchstpersönliche Rechte** sind generell nicht abtretbar (zB der Anspruch auf Urlaub, auf Unterlassung von Ehrverletzungen).
  - ☐ **Nebenrechte** sind nicht selbstständig abtretbar, soweit sie akzessorisch oder als bloße Hilfsrechte rechtlich nicht selbstständig sind (zB Anspruch auf Rechnungslegung, unselbstständige Gestaltungsrechte (Kündigung, Widerruf, Rücktritt – teilweise nur bei gleichzeitigem Vertragsübergang, teilweise mit Forderungsabtretung übertragbar); dazu zählen auch die in § 401 BGB genannten Rechte wie die Rechte aus Bürgschaft (BGH NJW 1991, 3025) oder Hypotheken und Pfandrechte (§§ 1153 Abs. 2; 1250 Abs. 1 BGB).
- ☐ **kraft Vereinbarung,**
- ☐ **kraft Gesetzes** (zB. § 400 BGB iVm. §§ 850 ff. ZPO, §§ 473, 717, 1092 Abs. 1 BGB).

9 Das Abtretungsverbot führt zur **Unwirksamkeit** der Verfügung, und zwar auch beim vertraglichen Ausschluss nicht nur relativ gegenüber dem Schuldner (MünchKomm.BGB/Roth § 399 BGB Rz. 45). Genehmigt des Schuldner trotz des vereinbarten Ausschlusses, wird die Abtretung erst mit der Annahme dieses Angebots zur Änderung des Ausschlusses **ex nunc** wirksam (BGH NJW 2006, 1800, 1802; str.); dasselbe gilt bei einer Vereinbarung, dass die Abtretung nur mit Zustimmung des Schuldners erfolgen darf (BGH NJW 1990, 109).

M 10.1 Abtretungsvertrag

(Vertrag mit Abtretungsvereinbarung – Auszug)

...

– Auftraggeber und Zedent –

und

...

– Auftragnehmer und Zessionar –

...

Der Zedent hat aus einem Werkvertrag vom ... (Datum) über ... (Vertragsgegenstand) gegen ... (Name des Schuldners) eine fällige und unbestrittene Werklohnforderung iHv. ... Euro.

*Zum Ausgleich – erfüllungshalber (**alt.:** an Erfüllungs statt) – seiner Zahlungsverpflichtung aus dem vorliegenden Vertrag tritt der Zedent hiermit einen Teilbetrag iHv. ... Euro von der vorstehenden Werklohnforderung an den Zessionar ab. Der abgetretene Forderungsteil geht der verbleibenden Restforderung im Range vor.*

Der Zessionar nimmt die Abtretung an.

Zahlungen des Schuldners an den Zedenten werden unverzüglich an den Zessionar weitergeleitet.

Der Zessionar ist berechtigt, die Abtretung jederzeit dem Schuldner anzuzeigen. Hierfür stellt der Zedent auf Verlangen eine gesonderte schriftliche Abtretungsurkunde aus. § 403 BGB bleibt unberührt.

...

M 10.2 Abtretungsanzeige durch den Zedenten

...

Sie schulden mir aus dem Vertrag vom ... (Datum) über ... (Vertragsgegenstand) noch einen Betrag iHv. ... Euro.

Ich habe die Forderung am ... (Datum) an ... (Name des Zessionars, Anschrift) abgetreten. Bitte wenden Sie sich daher zur Abwicklung des Forderungsausgleichs an diesen und leisten Zahlungen ausschließlich an ihn.

...

M 10.3 Abtretungsanzeige durch den Zessionar

...

... (Name des Zedenten, Anschrift) hat mir am ... (Datum) seine fällige Forderung gegen Sie aus dem Vertrag vom ... (Datum) über ... (Vertragsgegenstand) iHv. ... Euro abgetreten. Eine schriftliche Abtretungserklärung füge ich bei und bitte Sie, den vorgenannten Betrag bis zum ... (Datum) an mich auf mein Konto ... (Kontoverbindung) zu überweisen.

Ich darf Sie darauf hinweisen, dass Zahlungen an ... (Name des Zedenten) wegen der erfolgten und hiermit angezeigten Abtretung nicht wirksam wären, so dass Sie davon unabhängig mir gegenüber weiterhin zur (nochmaligen) Zahlung verpflichtet blieben.

...

IV. Besondere Typen der Forderungsabtretung

1. Teilabtretung

10 Bei einer Teilabtretung wird lediglich ein Teil einer Forderung abgetreten. Sie ist zulässig, soweit die Forderung teilbar ist. Die Teilforderungen sind selbstständige Forderungen und haben den **gleichen Rang** (BGH NJW 1967, 388). Welche von ihnen **getilgt** werden sollen, bestimmt der **Schuldner** (§ 366 BGB). Abweichende Vereinbarungen mit Wirkung unter den Parteien des Abtretungsvertrags sind möglich (BGH NJW 1991, 2630), und zwar sowohl ausdrücklich als auch stillschweigend (BGH NJW 1967, 388 mwN) (vgl. **M 10.1**).

2. Vorausabtretung

11 Die **Abtretung einer künftigen Forderung** (Vorausabtretung) ist wirksam, wenn folgende Voraussetzungen erfüllt sind: Die **Entstehung** der Forderung muss im Zeitpunkt der Abtretung als **möglich erscheinen** (RGZ 134, 227). Des Weiteren muss die Forderung wenigstens **bestimmbar** sein (BGH NJW 1995, 1668; 2000, 276). Das bedeutet, dass spätestens im Zeitpunkt der Entstehung der Forderung die Person des Schuldners und der Inhalt der Forderung eindeutig feststellbar und die Forderung selbst genügend individualisierbar sein muss. Praktische Relevanz hat die Bestimmbarkeit vor allem bei der Sicherungsabtretung und dem verlängertem Eigentumsvorbehalt (dazu Kap. 29).

3. Sicherungsabtretung

12 Sicherungsabtretung ist eine **nach außen vollwirksame** Forderungsabtretung, die intern beschränkt ist durch den besonderen Zweck, nur nach bestimmten Vorgaben der **Sicherungsabrede** zur Erfüllung einer anderen Forderung eingesetzt zu werden. So werden bspw. Ansprüche auf Rückzahlung eines Darlehens regelmäßig durch Abtretung von Ansprüchen aus Arbeitseinkommen oder einer Lebensversicherung gesichert, sie können hierüber aber nur unter bestimmten, vertraglich geregelten Voraussetzungen (mindestens Fälligkeit und Verzug) getilgt werden, wobei auch bei Tilgungsabrede die Abtretung immer nur erfüllungshalber erfolgt (§ 364 Abs. 2 BGB, dazu Kap. 7 Rz. 12), sonst wäre sie kein Sicherungsmittel (näher dazu MünchKomm.BGB/Roth, § 398 Rz. 101). Bei Vereinbarung durch AGB müssen Zweck und Umfang der Zession sowie die Voraussetzungen, unter denen der Verwender von ihr Gebrauch machen darf, hinreichend deutlich bestimmt sein und es muss zu einem vernünftigen, die schutzwürdigen Belange beider Vertragspartner angemessen berücksichtigenden Interessenausgleich kommen (BGHZ 108, 98; auch zur Notwendigkeit geeigneter Freigabeklauseln, um eine **Übersicherung** zu verhindern). Bei der Sicherungsabtretung erfolgt die Abtretungsanzeige häufig erst im Sicherungsfall (**stille Zession**). Der Sicherungsgeber bleibt ohne abweichende Vereinbarung trotz der Abtretung immer zur **Geltendmachung** der Forderung berechtigt, auch durch Klage und Vollstreckung in gewillkürter Prozessstandschaft, bei stiller Zession auf Zahlung an sich aufgrund Einziehungsermächtigung, sonst auf Zahlung an den Sicherungsnehmer.

13 Bei der Kreditbesicherung von Unternehmen erfolgt häufig eine Sicherungsabtretung in Form der **Globalzession.** Das ist die Abtretung sämtlicher in einem bestimmten geschäftlichen Rahmen bestehender oder künftig entstehender Forderungen (dazu Kap. 29). Probleme ergeben sich hierbei mit dem Bestimmtheitsgrundsatz und mit der Übersicherung des Forderungsgläubigers. Die Globalzession steht regelmäßig in Konflikt mit dem verlängerten Eigentumsvorbehalt als Sicherungsmittel der „Warenkreditgeber“ (dazu Kap. 29), der sich grundsätzlich anhand der Priorität entscheidet.

M 10.4 Sicherungsabtretung

Abtretungsvertrag

... (Name, Anschrift)

– Zedent –

und

. . . (Name, Anschrift)

– Zessionar –

vereinbaren:

1. *Der Sicherungsgeber tritt hiermit alle ihm aus dem mit . . . (Name, Anschrift) bestehenden Vertragsverhältnis Nr. . . . vom . . . (Datum) über . . . (Vertragsgegenstand) bestehenden und künftig entstehenden Ansprüche und Rechte bis zu einem Höchstbetrag von . . . Euro an den Sicherungsnehmer ab.*
2. *Die Abtretung erfolgt zur Sicherung aller Ansprüche des Sicherungsnehmers aus dem mit dem Sicherungsgeber am . . . (Datum) geschlossenen Darlehensvertrag Nr. . . . über den Nennbetrag von . . . Euro. Der Sicherungsfall ist gegeben, wenn sich der Sicherungsgeber mit fälligen Forderungen aus dem vorgenannten Vertrag in Verzug befindet. Der Sicherungsnehmer verpflichtet sich, alle Ansprüche und Rechte an den Sicherungsnehmer zurück abzutreten, sobald seine Ansprüche aus dem Vertrag erfüllt sind*[1].
3. *Der Sicherungsgeber weist bereits jetzt, aufschiebend bedingt auf die Anzeige des Sicherungsfalls durch den Sicherungsnehmer, die . . . (Name) unwiderruflich an, Zahlungen auf die Ansprüche nach Ziff. 2 bis zur Höhe nach Ziff. 1 ausschließlich an den Sicherungsnehmer zu leisten. Der Sicherungsgeber ermächtigt . . . (Name) hiermit ab sofort, dem Sicherungsnehmer umfassend Auskunft über die Vertragsverhältnisse zu erteilen, insbesondere über die ihm zustehenden Ansprüche. Eine Änderung dieser Erklärungen wie auch des in Ziff. 1 genannten Vertrags einschließlich dessen Auflösung, Kündigung oder sonstige Beendigung ist nur mit Zustimmung des Sicherungsnehmers gestattet.*
4. *Der Sicherungsgeber versichert, zur unbeschränkten Verfügung über die abgetretenen Ansprüche und Rechte berechtigt zu sein. Eine Einschränkung oder ein Ausschluss der Abtretung ist nicht vereinbart, auch nicht durch Allgemeine Geschäftsbedingungen der . . . (Name). Eine anderweitige Abtretung ist nicht erfolgt. Rechte Dritter bestehen nicht. Die . . . (Name) besitzt keine aufrechenbaren Gegenforderungen.*
5. *Der Sicherungsnehmer ist berechtigt, die Abtretung jederzeit . . . (Name) durch Übersendung eines Doppels dieses Vertrages anzuzeigen. Er wird den Sicherungsgeber vorab mit einer Frist von 10 Tagen über die Anzeige informieren, was auch mit einer Zahlungsaufforderung verbunden werden kann.*

. . . (Ort, Datum)

. . . (Unterschriften)

1 Droht eine Übersicherung, ist eine Freigabeklausel aufzunehmen, zB: „Soweit sich die Gesamtforderung nicht nur vorübergehend auf mindestens 20 % unter dem Höchstbetrag nach Ziff. 1 reduziert, verpflichtet sich der Sicherungsgeber, den Höchstbetrag auf Verlangen des Sicherungsgebers entsprechend herabzusetzen".

4. Inkassozession

Die Inkassozession ist wie die Sicherungsabtretung ein sog. fiduziarisches Rechtsverhältnis, das nach außen hin grundsätzlich uneingeschränkt wirksam ist, so dass der Zessionar die Forderung im eigenen Namen sowohl außergerichtlich als auch gerichtlich geltend machen kann, im Innenverhältnis (§§ 675, 667 BGB) jedoch die Forderung lediglich einziehen und den Erlös an den Zedenten – ggf. unter Abzug seiner Vergütung – abführen soll. 14

M 10.5 Inkasso-Abtretung

(Abtretungsvereinbarung – Auszug)

. . . (Name, Anschrift)

– Zedent –

und

. . . (Name, Anschrift)

– Zessionar –

vereinbaren:

. . .

Der Zedent tritt hiermit an den Zessionar die in der Anlage zu dieser Vereinbarung nach Namen und Anschrift der Schuldner, Betrag, Fälligkeit und Rechnungsnummer bestimmten Forderungen aus Warenlieferung ab. Die Abtretung erfolgt nur zum Zwecke der Einziehung der Forderungen.

Der Zessionar übernimmt es, sich um die Einziehung der betreffenden Forderungen zu bemühen.

Er richtet ein gesondertes Bankkonto ein, auf dem alle Beträge gutzuschreiben sind, die in Bezug auf die abgetretenen Forderungen eingehen. Er ist verpflichtet, innerhalb der ersten zehn Tage eines jeden Kalendermonats für den vorangegangenen Monat Abrechnung zu erteilen und die eingegangenen Beträge abzüglich seiner Provision dem Zedenten auszuzahlen.

Von den eingehenden Nettobeträgen (ohne Umsatzsteuer) berechnet der Zessionar eine Inkasso-Provision von . . . % zuzüglich der jeweiligen gesetzlichen Umsatzsteuer. Diese Provision kann er bei Auszahlung an den Zedenten verrechnen. Die Kosten der Einziehung einschließlich etwaiger Gerichtskosten und Anwaltsgebühren gehen zu Lasten des Zedenten.

Der Zedent ist verpflichtet, dem Zessionar auf Verlangen nähere Angaben und zusätzliche Unterlagen zu den abgetretenen Forderungen zu liefern und ihn dementsprechend bei der Einziehung zu unterstützen.

. . .

5. Einziehungsermächtigung

15 **Keine** Abtretung ist die Einziehungsermächtigung. Anders als bei der ähnlichen Inkassozession verbleibt die Inhaberschaft an der Forderung beim Gläubiger. Er überträgt dem Ermächtigten nur die Befugnis, die fremde Forderung im eigenen Namen geltend zu machen und – je nach dem Inhalt der Ermächtigung – Leistung an den Gläubiger oder an sich zu verlangen. Rechtlich wird die Zulässigkeit der Einziehungsermächtigung aus § 185 BGB iVm. § 362 Abs. 2 BGB abgeleitet (BGHZ 4, 153, 164). Sie ist grundsätzlich jederzeit **widerruflich**.

M 10.6 Einziehungsermächtigung (Vertragsklausel)

. . . (Partei) ermächtigt hiermit . . . (Partei), ihre sämtlichen Ansprüche aus und in Zusammenhang mit dem Liefervertrag vom . . . (Datum) über . . . (Vertragsgegenstand) gegen . . . (dortiger Vertragspartner/Anspruchsgegner) als Lieferanten in eigenem Namen geltend zu machen, insbesondere Zahlung des Kaufpreises einschließlich Verzugszinsen oder sonstiger Nebenforderungen und Schadensersatzansprüche.

. . . ist berechtigt, Leistung an sich zu fordern.

6. Factoring

16 Beim (echten) Factoring-Vertrag überträgt ein Unternehmen seine sämtlichen Forderungen aus seinem Geschäftsbetrieb im Wege der Global- oder Mantelzession auf den Factor. Bereits mit Entstehung der Forderung erhält er vom Factor eine Gutschrift in Form des Forderungswertes abzüglich dessen Provision. Der Factor zieht dann die Forderung auf grundsätzlich eigenes Risiko ein (ausführlich zum Factoring Kap. 31).

V. Besondere Gegenstände der Forderungsabtretung

1. Abtretung von Ansprüchen aus Versicherungs- und Bausparverträgen

17 Grundsätzlich können Forderungen aus Versicherungsverträgen abgetreten werden. Besonderheiten gelten nach § 400 BGB iVm. § 850b ZPO bei Lebensversicherungen auf den Tod des Versicherungsnehmers, wenn die Versicherungssumme einen bestimmten Wert nicht übersteigt, und nach § 17 VVG bei Versicherungen für unpfändbare Sachen. Ansprüche aus Lebensversicherungsverträgen sind in der Regel abtretbar (vgl. § 13 Abs. 3 ALB), die Abtretung wird allerdings „nur und erst dann wirksam", wenn sie dem Versicherer von dem bisherigen Berechtigten schriftlich angezeigt worden ist (vgl. § 13 Abs. 4 ALB als vom BGH in st. Rspr. anerkanntes eingeschränktes absolutes Abtretungsverbot iSv. § 399 BGB). Zur Auslegung des Umfangs der abgetretenen Ansprüche und Rechte vgl. BGH VersR 2007, 1065 Rz. 21 f.

18 Bei Bausparverträgen kann Gegenstand der Abtretung der im Sparvertrag enthaltende Darlehensanspruch sein, insbesondere bei einer Sicherungsabtretung aber auch das Bausparguthaben. Es bedarf hier nach den Allgemeinen Bausparbedingungen teilweise einer Abtretungsanzeige an die Bausparkasse, teilweise einer Zustimmung (ggf. wird diese allenfalls bei vollständiger Vertragsübernahme erteilt). UU kann eine mangels Zustimmung unwirksame Abtretung in eine nur anzeigepflichtige eingeschränkte Abtretung (zB des Anspruchs auf Rückzahlung des Bausparguthabens) umgedeutet werden (§ 140 BGB).

2. Lohn- und Gehaltsabtretung

19 Gem. § 400 BGB ist eine Forderung nicht abtretbar, soweit sie nicht der Pfändung unterworfen ist. Beim Arbeitseinkommen richtet sich der Abtretungsrahmen nach den §§ 850c ff. ZPO. Die Sicherungsabtretung von Lohnansprüchen zur gleichmäßigen Befriedigung aller Gläubiger ist, auch wenn sie zeitlich unbefristet ist und sich auf das gesamte pfändbare Arbeitseinkommen bezieht, wirksam.

M 10.7 Abtretung einer Gehaltsforderung

(Abtretungserklärung – Auszug)

...

Ich, ... (Name des Zedenten, Anschrift), schulde ... (Name des Zessionars, Anschrift) aus einen Vertrag über ... (Vertragsgegenstand) vom ... (Datum) einen Betrag von ... Euro. Über die Rückzahlung dieses Betrags haben wir eine Ratenvereinbarung über zwölf gleiche Monatsraten vereinbart, die über eine Gehaltsabtretung beglichen werden sollen.

Ich trete hiermit an ... (Name des Zessionar) meine Gehaltsforderungen gegenüber meinem Arbeitgeber ... (Name, Anschrift) für die Monate ... (Monat und Jahr) bis ... (Monat und Jahr) in Höhe jeweils eines erstrangigen Teilbetrages von monatlich ... Euro ab. Die Abtretung gilt im Falle eines Wechsels meines Arbeitsgebers für gegenüber diesem bestehende Gehaltsforderungen entsprechend. Ich werde einen Arbeitsplatzwechsel unverzüglich mitteilen.

Über die Gehaltsforderung kann ich uneingeschränkt verfügen. Sie ist nicht bereits an Dritte abgetreten oder gepfändet worden.

... (Name des Zessionars) ist berechtigt, von meinem jeweiligen Arbeitgeber, unter Vorlage dieser Erklärung[1], die Auszahlung der abgetretenen Beträge unmittelbar an sich zu verlangen. Sollten hierdurch Kosten entstehen, fallen diese mir zur Last.

1 Bei der Abtretung von Bezügen aus **öffentlich-rechtlichen Dienstverhältnissen** (Beamte, Arbeiter und Angestellte des öffentlichen Dienstes, Bundeswehrangehörige, Geistliche) sollte eine öffentlich oder amtlich (zB durch die Anstellungsbehörde) **beglaubigte** Urkunde erstellt werden, da die auszahlende Kasse sonst ein Leistungsverweigerungsrecht gem. § 411 BGB hat.

Meinen jeweiligen Arbeitgeber werde ich unverzüglich von dieser Abtretung unterrichten. Die Auszahlung an ... (Name des Zessionars) ist hiervon jedoch nicht abhängig.

...

... (Unterschrift) (ggf. Beglaubigungsvermerk gem. Fn.)

3. Abtretung von Ansprüchen auf Sozialleistungen

20 § 53 Abs. 3 SGB I entspricht § 400 BGB und bestimmt, dass Geldleistungen aus der Sozialversicherung übertragen werden können, soweit sie den **unpfändbaren Betrag** beim Schuldner belassen. Der Abtretungsrahmen folgt hier also auch aus den §§ 850c ff. ZPO.

4. Abtretung von Ansprüchen im Rahmen eines Gesellschaftsverhältnisses

21 Für die Abtretbarkeit gesellschaftsrechtlicher Ansprüche ist der Inhalt des Gesellschaftsvertrages maßgeblich (s. aber § 717 BGB).

22 ➲ **Praxistipp:** „Private Entnahme- oder Kapitalkonten", dh. bestimmte laufende Guthaben des Gesellschafters bei der Gesellschaft (nicht entnommene Gewinnanteile) sind in der Regel abtretbar. Das gleiche gilt für die Abtretung des Gewinnanspruchs. Eine solche Abtretung kann sich auf den schon verdienten und bilanzmäßig festgestellten Gewinn beschränken oder aber auch auf den zukünftigen Gewinn beziehen.

VI. Abtretung und Steuerrecht

1. Auswirkung einer Abtretung nach bürgerlichem Recht

23 Da sich durch die Abtretung die Vermögenszugehörigkeit der Forderung ändert, ergeben sich hieraus Auswirkungen auf die **Buchführung und Bilanz**, sowie einkommen- bzw. körperschaft- und gewerbesteuerliche Folgen.

24 **Bewertungsrechtliche Fragen** sind nach den Umständen des Einzelfalles zu klären. Probleme ergeben sich bei noch nicht erfüllten Forderungen, wenn die Zurechnung der Forderung zum Betriebsvermögen erfolgen muss. Bei einer Abtretung an Erfüllungs statt (Uneinbringlichkeitsrisiko trägt der Zessionar, vgl. Kap. 7 Rz. 11) erfolgt der Zufluss im **Zeitpunkt** der Abtretung. Bei einer Abtretung erfüllungshalber (vgl. Kap. 7 Rz. 12) ist der Zufluss ebenfalls der Zeitpunkt der Abtretung, wenn es sich bei der Forderung um eine fällige, unbestrittene und einziehbare Forderung handelt.

25 Im geschäftlichen Verkehr kann eine Abtretung eine **Leistung** iSd. **§ 1 UStG** sein. Abtretungen von Geldforderungen sind gem. § 4 Nr. 8 lit. c UStG von der Umsatzsteuer befreit. Die Veräußerung eines Bausparvertrags beinhaltet im Regelfall die Abtretung der Geldforderung gegenüber der Bausparkasse und eine Abtretung des Rechts auf Zuteilung des Bauspardarlehens. Es handelt sich hierbei insgesamt um eine einheitliche Leistung, die in vollem Umfang umsatzsteuerfrei ist (zu § 4 Nr. 8c UStG vgl. auch UStAE Abschn. 4.8.4 UStAE 2014/2015). Andere Abtretungen können jedoch unter die Umsatzsteuerpflicht fallen, wie zB die Abtretung des Meistgebotsanspruchs aus einer Zwangsversteigerung (BFHE 123, 27). Manche Steuervorschriften knüpfen die Steuerfolgen an die Abtretung, wie zB § 4b Satz 2 EStG, § 1 Abs. 1 Nr. 5–7 GrEStG, so dass die Abtretung eines Auflassungsanspruchs bereits die Grunderwerbsteuerpflicht auslöst.

26 Bei der Abtretung **sicherungsweise** ergeben sich keine steuerlichen Besonderheiten, weil nach § 39 AO auf die wirtschaftliche Betrachtungsweise und deshalb auf die tatsächliche Sachherrschaft abzustellen ist. Diese dürfte regelmäßig der Zedent innehaben (s. auch § 39 Abs. 2 Nr. 1 Satz 2 AO).

2. Abtretung von Steuererstattungsansprüchen

27 Erstattungs- und Vergütungsansprüche aus dem Steuerschuldverhältnis können abgetreten oder verpfändet werden, § 46 Abs. 1 AO. Hierbei sind zwingend die **Vordrucke** der Landesfinanzverwal-

tungen für Zwecke der **Abtretung/Verpfändung** zu verwenden (Formularnr. 034130 – Abretungsanzeige/Verpfändungsanzeige (Steuer), zuletzt vom 1.10.2013) **Steuererstattungsansprüche** iSd. § 46 Abs. 1 AO sind insbesondere die Ansprüche auf Erstattung der durch Vorauszahlungen und/ oder Steuerabzugsbeträge überzahlten Veranlagungssteuern, der Annexsteuern sowie die sonstigen in den Einzelsteuergesetzen geregelten Erstattungsansprüche, zB § 36 Abs. 4 EStG, § 16 GrEStG. Der Gläubiger kann die Abtretung oder Verpfändung der zuständigen Finanzbehörde **wirksam** nur **nach Entstehung des Anspruchs** anzeigen. Die Anzeige wirkt nicht auf den Zeitpunkt des Abtretungs- oder Verpfändungsvertrages zurück. Da zB der Einkommensteuererstattungsanspruch aus überzahlter Lohnsteuer grundsätzlich mit Ablauf des für die Steuerfestsetzung maßgebenden Erhebungszeitraums entsteht, § 38 AO iVm. § 36 Abs. 1 EStG, sind während des betreffenden Erhebungszeitraums (bis 31.12.) angezeigte Lohnsteuer-Abtretungen bzw. Verpfändungen oder ausgebrachte Pfändungen wirkungslos.

Gemäß § 46 Abs. 2 und 3 AO wird die Abtretung erst wirksam, wenn sie der Gläubiger der zuständigen Finanzbehörde unter Angabe des Abtretenden, des Abtretungsempfängers sowie der Art und Höhe des abgetretenen Anspruchs und des Abtretungsgrundes auf einem vom Abtretenden und vom Abtretungsempfänger unterschriebenen **amtlich vorgeschriebenen Vordruck** anzeigt. Durch diese formalisierte Abtretungsanzeige soll der Abtretende davor geschützt werden, seinen Erstattungsanspruch unüberlegt, zu unangemessenen Bedingungen oder an unseriöse Zessionare abzutreten. Abweichungen vom amtlich vorgeschriebenen Vordruck sind nur zulässig, soweit hierdurch die vorbezeichnete Schutz- und Warnfunktion nicht beeinträchtigt wird. **Ablichtungen des amtlichen Vordrucks** oder **privat hergestellte Vordrucke**, die **in Form, Inhalt und Aufbau** dem **amtlichen Muster vollständig entsprechen**, sind **zulässig**. Auch die Faxkopie des amtlichen Vordrucks erfüllt diese Voraussetzung der Anzeige „auf einem amtlich vorgeschriebenen Vordruck", auch wenn es sich nicht mehr um den Originalvordruck, sondern um ein Bild davon handelt. Die auf einem vollständig ausgefüllten amtlichen Vordruck erklärte und eigenhändig unterschriebene Abtretungsanzeige wird daher wirksam, wenn sie dem Finanzamt per Telefax zugeht (BFH v. 8.6.2010 – VII R 39/09). Weist bei einem Erstattungsanspruch aus einer **Zusammenveranlagung** die Abtretungsanzeige nur einen Ehegatten als Abtretenden aus oder ist sie nur von einem Ehegatten unterschrieben, ist die Abtretung nur in Höhe des auf ihn entfallenden Anteils am Erstattungsbetrag wirksam.

Die Abtretung geht ins Leere und ist unwirksam, wenn im Zeitpunkt des Zugangs der Anzeige der 28
Erstattungsanspruch nach § 47 AO **erloschen** ist oder dem Abtretenden wegen einer bevorrechtigten Abtretung oder Pfändung zugunsten eines anderen Gläubigers **nicht mehr zusteht**. Gleiches gilt bei einem eröffneten Insolvenzverfahren. Mit Eröffnung des Insolvenzverfahrens verliert der Schuldner das Recht, über das zur Insolvenzmasse gehörende Vermögen zu verfügen, § 80 Abs. 1 InsO. Verfügt er dennoch während des laufenden Insolvenzverfahrens über einen Gegenstand der Insolvenzmasse, ist die Verfügung unwirksam (§ 81 Abs. 1 InsO), d.h. auch die Abtretung ist somit mangels Verfügungsberechtigung des Insolvenzschuldners unwirksam. Die Abtretung von Steuererstattungs- und -vergütungsansprüchen an **Inkassounternehmen** oder durch diese vertretene Gläubiger ist **nichtig** (vgl. auch AEAO zu § 46 Nr. 2, zuvor bereits OFD Frankfurt/M v. 26.1.2007, StEK AO 1977 § 46 Nr. 64).

Eine **Abtretung erfasst** bis zur Höhe des abgetretenen Anspruchs grundsätzlich auch Erhöhungen 29
des Erstattungsbetrags aufgrund eines Rechtsbehelfsverfahrens oder einer Änderung/Berichtigung nach §§ 129, 172 ff. AO. Sie erfasst dagegen nicht Erstattungsansprüche aufgrund von Änderungen, bei denen ein entsprechender Erstattungsanspruch erst nach dem Zeitpunkt des Eingangs der Abtretungsanzeige entstanden ist. Beim **Verlustrücktrag** nach § 10d Abs. 1 EStG entsteht der Erstattungsanspruch erst mit Ablauf des Jahres, in dem der zu berücksichtigende Verlust eintritt. Erst in diesem Zeitpunkt kann die Abtretung des durch den Verlustrücktrag entstandenen Erstattungsanspruchs wirksam beim Finanzamt angezeigt werden (vgl. auch AEAO zu § 46 Nr. 1).

➲ **Hinweis:** Der Steuerbescheid wird weiterhin dem Steuerpflichtigen bekannt gegeben und nur 30
dieser kann gegen den Bescheid Rechtsmittel einlegen. Dem neuen Gläubiger muss lediglich mitgeteilt werden, ob und ggf. in welcher Höhe sich der Erstattungsanspruch ergibt.

Kapitel 11 Vertragsstrafe, Verjährung, Verzug und Mahnung

I. Vertragsstrafeversprechen

1. Zweck, Arten und Wirksamkeitsvoraussetzungen

1 Eine Vertragsstrafenvereinbarung dient zum einen dazu, den Schuldner effektiv dazu anzuhalten, seine vertraglichen Leistungspflichten fristgerecht und richtig zu erfüllen (**Druckausübung**), was insbesondere bei Unterwerfungserklärungen im gewerblichen Rechtsschutz und Ehrschutz die Hauptaufgabe ist. Sie erspart es dem Gläubiger zum anderen, bei einer Nicht- oder Schlechtleistung des Schuldners einen Schaden nachweisen zu müssen (**Schadloshaltung**), und wird dementsprechend gerne dann eingesetzt, wenn sich dieser Nachweis als schwierig erweisen wird. Unter welchen Voraussetzungen die Strafe „verwirkt" ist und dem Gläubiger die Zahlung zusteht, ergibt sich aus der Parteiabrede, ergänzend aus § 339 BGB. Die §§ 339 ff. BGB regeln die **unselbstständige** Vertragsstrafe, das bedeutet, dass sie an das Bestehen der Hauptverbindlichkeit angelehnt ist (Akzessorietät, s. § 344 BGB). Daher entfällt die Vertragsstrafe, wenn der Vertrag angefochten wird oder sonst ex tunc erlischt. Ebenso kann eine Vertragsstrafe nicht mehr verwirkt werden, wenn der Gläubiger den Vertrag kündigt, es sei denn, die Parteien haben Abweichendes vereinbart (BGH NJW 1962, 1340).

2 Abzugrenzen davon sind bspw. das **Reugeld** beim Rücktritt (§ 353 BGB) oder **Zusatzentgelte** (zB Überziehungszinsen, erhöhte Fälligkeitszinsen), **Vorfälligkeitsentschädigungen** oder **Nachzahlungspflichten** (zB wegen fehlgeschlagener Subvention beim sog. Einheimischenmodell), die alle keinen Strafcharakter haben, sondern in Zusammenhang mit dem Leistungsaustausch stehen.

3 Die Vertragsstrafe kann grundsätzlich nur wegen eines **schuldhaften** Verstoßes gegen eine (bestehende und durchsetzbare) Handlungs- oder Unterlassungspflicht versprochen werden (vgl. § 339 Satz 1 BGB: Verzug). Durch AGB kann auf das Verschuldenserfordernis nicht verzichtet werden (§ 307 Abs. 2 Nr. 1 BGB). Ob in Individualvereinbarungen eine verschuldensunabhängige „garantieähnliche" Strafe zulässig ist, ist umstritten (vgl. Staudinger/Rieble § 339 BGB Rz. 160; bejahend: BGH NJW 1972, 1893 mwN). Neben § 276 BGB und § 347 Abs. 1 HGB gilt auch § 278 BGB, sofern nichts anderes vereinbart und zB die Haftung für **Erfüllungsgehilfen** nicht vertraglich ausgeschlossen ist (BGH GRUR 1985, 1065 = NJW 1986, 141 – Erfüllungsgehilfe).

4 Auch wenn kein Schaden entstanden sein muss, um die Strafe verlangen zu dürfen (MünchKomm.BGB/Gottwald Vor § 339 BGB Rz. 6), ist die Vertragsstrafe auf einen etwaigen Schadensersatzanspruch **anzurechnen** (§ 340 Abs. 2 Satz 1 BGB), wobei die Geltendmachung eines höheren Schadens nicht ausgeschlossen ist (§ 340 Abs. 2 Satz 2 BGB). Ein Abbedingen von § 340 Abs. 2 BGB durch AGB ist laut BGH unwirksam (gegenüber Verbrauchern wegen § 309 Nr. 6 BGB und gegenüber Unternehmern wegen unangemessener Benachteiligung gem. § 307 Abs. 2 Nr. 1 BGB; vgl. BGH NJW 1992, 1097, 1098 zum Handelsvertretervertrag und BGHZ 63, 256, 258 ff. zum Automatenaufstellvertrag); dazu auch Kap. 39 **M 39.7** Fn. 10.

Weitere **Wirksamkeitsvoraussetzungen** für Vertragsstrafeversprechen sind: 5

- Das Vertragsstrafeversprechen muss die Voraussetzungen der Verwirkung und die Art der Strafe ausreichend **bestimmt** oder bestimmbar angeben.
- Die Höhe der Vertragsstrafe muss **angemessen** sein (s. auch § 343 BGB und § 348 HGB; dazu Rz. 9); sie kann ggf. auch gem. §§ 315, 317 BGB vom Gläubiger oder einem Dritten festgesetzt werden (im gewerblichen Rechtsschutz üblich als sog. „neuer Hamburger Brauch"; dazu Kap. 41 Rz. 31).
- Die Vertragsstrafenvereinbarung als solche bedarf keiner besonderen **Form**; die Form des Vertrages der Hauptverpflichtung muss jedoch eingehalten sein; wenn dort zB Schriftform vorgeschrieben ist, gilt dies auch für die Vertragsstrafeklausel.

2. Verwirkung der Vertragsstrafe, Beschränkungen und Schuldnerschutz

Ist die **Hauptleistungspflicht ein Tun**, kann die Vertragsstrafe gefordert werden, sobald der Schuldner sich in Verzug befindet (§ 339 Satz 1 BGB). Dem steht vom Schuldner zu vertretende Unmöglichkeit gleich (MünchKomm.BGB/Gottwald § 339 BGB Rz. 33). 6

Ist die **Hauptleistungspflicht ein Unterlassen**, ist die Vertragsstrafe verwirkt, wenn eine Zuwiderhandlung gegen die Unterlassungspflicht vorliegt (§ 339 Satz 2 BGB). Diese muss auf einer dem Schuldner zurechenbaren Handlung beruhen, die dem nach §§ 133, 157 BGB auszulegenden Inhalt der vereinbarten Unterlassung entspricht. Im Kern identische Handlungen sind ebenfalls erfasst (s. aber zur engen Auslegung am Wortlaut bei hoher Vertragsstrafe BGH GRUR 2003, 545 – Hotelfoto). Das erforderliche Verschulden (s. Rz. 3) wird vermutet, so dass sich der Schuldner entlasten muss (BGH NJW 1972, 1893, 1895). Zum Problem der Zusammenfassung mehrerer Einzelverstöße zu einer rechtlichen Einheit und dem früheren Konstrukt des Fortsetzungszusammenhangs vgl. Kap. 39 **M 39.7** Fn. 8 und Kap. 41 Rz. 49). 7

Die Geltendmachung von Vertragsstrafen unterliegt im Einzelfall Beschränkungen nach **Treu und Glauben** (§ 242 BGB). So sind geringfügige Verstöße unerheblich, wenn sie umgehend – und vor Forderung der Vertragsstrafe – bereinigt werden (MünchKomm.BGB/Gottwald § 339 BGB Rz. 42 ff.). Auch kann ein rechtsmissbräuchliches Verhalten die Berufung auf die Strafe ausschließen (provozierter Verstoß, Sammeln von Verstößen, Festhalten an – ungekündigter – Unterwerfung nach Gesetzesänderung). 8

Daneben wird der Schuldner vor übermäßiger Inanspruchnahme geschützt: 9

- § 340 BGB verbietet die **Kumulation**: der Gläubiger hat nur das Recht, entweder die Vertragsstrafe oder die Erfüllung des Vertrages zu fordern. Das ist durch AGB nicht abdingbar, wie auch die Anrechnung auf Schadensersatz (s. Rz. 4). Bei abweichenden Individualvereinbarungen sind §§ 138, 242 BGB zu beachten.
- § 341 BGB betrifft die nicht gehörige Erfüllung. Wenn der Gläubiger nach § 341 Abs. 3 BGB die Leistung **vorbehaltlos annimmt**, kann er keine Vertragsstrafe mehr geltend machen. Die Vorschrift ist streng anzuwenden, der Gläubiger verliert seinen Anspruch, wenn er zB keinen ausdrücklichen Vorbehalt der Strafforderung bei Abnahme von verspäteten oder mängelbehafteten Werkleistungen erklärt (s. auch § 12 Nr. 4 und 5 VOB/B). Die Vorschrift ist dispositiv, kann aber in AGB nur abgeschwächt (BGHZ 72, 222, 224: Geltendmachung bis spätestens zur Schlusszahlung), nicht aber vollständig abbedungen werden (BGHZ 85, 305).
- § 343 BGB schützt den Schuldner vor unverhältnismäßig hohen Vertragsstrafen. Das **Herabsetzungsbegehren** kann durch Klage, Widerklage oder prozessuale Einrede geltend gemacht werden, solange die Strafe nicht bezahlt worden ist. § 343 BGB ist eine zwingende Vorschrift. Kaufleute können nach den §§ 348, 351 HGB keine Herabsetzung verlangen. nach neuerer Rspr. verstößt in Ausnahmefällen eine exorbitant hohe Strafforderung jedoch gegen § 242 BGB (was indes nicht zu einer Herabsetzung auf das Maß des § 343 BGB führt) (BGH GRUR 2009, 181 Rz. 42 – Kinderwärmekissen). Eine Überprüfung der Vertragsstrafenvereinbarung und der Angemessenheit als solcher nach § 138 BGB und den §§ 305 ff. BGB (s. Rz. 5) bleibt hiervon unberührt.

M 11.1 Vertragsstrafeversprechen[1] (Unterlassung einer Äußerung)

...

Ich, ... (Name, Anschrift) verpflichte mich gegenüber ... (Name, Anschrift), es künftig zu unterlassen, über ... (Name) wörtlich oder sinngemäß zu äußern bzw. zu behaupten oder äußern bzw. behaupten zu lassen oder zu verbreiten oder verbreiten zu lassen, dieser sei/habe ... (konkrete Aussage). Für jeden Fall einer schuldhaften Zuwiderhandlung gegen diese Unterlassungspflicht verpflichte ich mich, an ... (Name) eine Vertragsstrafe iHv. ... Euro zu zahlen.

... (Ort, Datum)

... (Unterschrift)

1 Notwendig ist ein Vertragsabschluss, so dass entweder der Erklärung des Unterlassungsschuldners ein Angebot des Unterlassungsgläubigers durch Einforderung der identisch vorformulierten Erklärung in einer Abmahnung vorausgegangen oder eine Annahme (beachte § 150 Abs. 2 BGB bei abgeänderter Unterwerfung) nachfolgen muss. Im Zweifel kann eine Annahme unbefristet (entgegen § 147 Abs. 2 BGB) erfolgen (vgl. BGH GRUR 2010, 355 – Testfundstelle). Umstritten ist, ob und unter welchen Voraussetzungen auf Zugang gem. § 151 Satz 1 BGB verzichtet wird, jedenfalls bedarf es dann zum Vertragsschluss eines nach außen tretenden Verhaltens des Empfängers, aus dem der Annahmewille unzweideutig zum Ausdruck kommt (BGH GRUR 2006, 878 Rz. 16 – Vertragsstrafenvereinbarung).

3. Steuerliche Hinweise

a) Einkommen- und Körperschaftsteuer

10 Werden Vertragsstrafen vereinnahmt, sind diese als Betriebseinnahmen bzw. Einnahmen zu verbuchen. Gezahlte Vertragsstrafen sind Betriebsausgaben bzw. Werbungskosten. Die Zahlung einer in einem Ausbildungsverhältnis begründeten Vertragsstrafe kann zu Werbungskosten oder Betriebsausgaben führen (BFH v. 22.6.2006, BStBl. II 2007, 4).

b) Umsatzsteuer

11 Die Vertragsstrafen, die wegen Nichterfüllung oder wegen nicht gehöriger Erfüllung (§§ 340, 341 BGB) gezahlt werden, haben Schadenersatzcharakter und beeinflussen daher nicht den umsatzsteuerlichen Leistungsaustausch.

II. Verjährungsvereinbarungen

12 Seit Neuregelung des BGB durch das SMG können **Vereinbarungen** getroffen werden, durch die die gesetzliche Verjährung „erschwert wird" (§ 202 Abs. 2 BGB; zu Erleichterungen s. § 202 Abs. 1 BGB). Eine solche Vereinbarung kann nicht frei und jederzeit widerrufen werden, sondern bindet den die Verjährung verlängernden Vertragspartner an seine Erklärung.

13 Zwar kann auch nach heutigem Recht der Schuldner auf die Einrede der Verjährung durch **einseitige Erklärung** verzichten (BGH WM 2007, 2230 = MDR 2008, 94 Rz. 15 mwN; BGH NJW 1973, 1690), und zwar auch vor dem Eintritt der Verjährung (BGH aaO). Ob es sich im konkreten Fall tatsächlich um eine einseitige Erklärung handelt, die dann auch – wie nach früherer Rechtslage, bei der ein Verzicht wegen des Verbots erschwerender Vereinbarungen lediglich einen Anspruch nach § 242 BGB wegen widersprüchlichen Verhaltens und unzulässiger Rechtsausübung begründete – grundsätzlich frei widerruflich ist, oder nicht doch um eine Vereinbarung, hängt von den Umständen ab und ist durch Auslegung zu ermitteln (vgl. Staudinger/Peters/Jacoby § 202 BGB Rz. 5). Da es sich beim Verjährungsverzicht nicht um einen Hemmungstatbestand handelt, gilt nicht die anschließende „Schonfrist" nach § 204 Abs. 2 Satz 1. Bei „überraschendem" **Wegfall des Verzichts** wie bspw. beim Widerruf – nicht bei Ablauf der zugebilligten Frist – steht dem Anspruchsinhaber eine angemessene, aber kurze Frist zu, innerhalb derer er sich noch auf seinen Vertrauenstatbestand

berufen darf und verjährungshemmender Maßnahmen ergreifen muss, laut BGH liegt diese Frist für gewöhnlich bei einem Monat (vgl. BGH NJW 1991, 974, 975).

➲ **Wichtig:** Regt – wie in der Praxis regelmäßig – der Gläubiger den Verzicht an, den daraufhin der Schuldner abgibt, dürfte Ersteres als Angebot und Letzteres als Annahme anzusehen sein; nichts anderes dürfte gelten bei nur verkürzt abgegebener „Verzichtserklärung", das damit neue Angebot des Schuldners (§ 150 Abs. 2 BGB) wird entweder stillschweigend gem. § 151 BGB oder konkludent angenommen (sicherheitshalber sollte der Gläubiger ausdrücklich annehmen). 13a

➲ **Praxistipp:** Will der Gläubiger also die Disposition über die Verjährungseinrede behalten, sollte er sich den Widerruf ausdrücklich vorbehalten. Alternativ empfiehlt es sich immer, den „Verzicht" nur für kurze Zeiträume von maximal 1 Jahr abzugeben. 13b

➲ **Wichtig:** Der Verjährungsverzicht hindert grundsätzlich nicht, dass parallel dazu eine Hemmung durch Verhandlungen zwischen den Parteien mit allen dortigen Rechtsfolgen eintritt (vgl. BGH NJW 2004, 1654 Rz. 12). 13c

Erfolgt der Verzicht ohne **zeitliche Beschränkung**, ist er auszulegen und es gilt im Zweifel die Höchstfrist von 30 Jahren nach § 202 Abs. 2 BGB; die teils vertretene Annahme, es beginne, wie im Fall des Anerkenntnisses (§ 212 Abs. 1 Nr. 1 BGB), eine neue Verjährungsfrist zu laufen, lehnt der BGH ab (BGH WM 2007, 2230 = MDR 2008, 94 Rz. 16 mwN). 14

M 11.2 Verjährungseinredeverzicht

(Auszug Schreiben des Gläubigers)

...

erklären wir gegenüber ... (Name des Gläubigers), auf die Erhebung der Einrede der Verjährung hinsichtlich etwaig bestehender Ansprüche und/oder sonstiger Forderungen aus dem zwischen und bestehenden Vertragsverhältnis über ... (Vertragsbezeichnung) vom ... (Datum) zu verzichten.

Der Verzicht gilt – unwiderruflich – bis ... (Datum) und soweit Verjährung noch nicht eingetreten ist.

... (Ort, Datum)

... (Unterschrift)

III. Verzug des Schuldners

1. Voraussetzungen

Schuldnerverzug bedeutet **rechtswidrig** und **schuldhaft verzögerte** Leistungserbringung (§ 286 BGB) und ist ein Unterfall der Leistungsstörung. Er begründet über §§ 280 Abs. 1 und 2 BGB Ansprüche auf Ersatz des Verzögerungsschadens. Der Mindestschaden ist bei Geldschulden die pauschale Verzinsung (5 %-Punkte oder 8 %-Punkte über dem Basiszinssatz, §§ 288 Abs. 1 und 2 BGB). Rücktrittsrecht (§ 323 BGB) und Schadensersatz statt der Leistung (§ 281 f. BGB) sind seit dem SMG unabhängig von Verzug geregelt. 15

Verzug tritt ein bei Nichtleistung des Schuldners trotz 16

- vollwirksam bestehenden Anspruchs,
- Nichtbestehens einer Einrede,
- Fälligkeit,
- Mahnung des Gläubigers bzw. deren Entbehrlichkeit.

Es gibt keinen Verzug ohne **Verschulden**. Die Beweislast für fehlendes Verschulden liegt beim Schuldner (§ 286 Abs. 4 BGB).

2. Mahnung

17 Die Mahnung ist eine an den Schuldner gerichtete Aufforderung des Gläubigers, aus der mit **Bestimmtheit** hervorgeht, welche geschuldete Leistung der Gläubiger verlangt. Dazu gehört die Erkennbarkeit des Schuldgrunds (Lebenssachverhalt, nicht Rechtsgrundlage) und des Gläubigers, auch die Benennung und im Regelfall die Bezifferung des Anspruchs. Das in der Mahnung enthaltene Verlangen der Leistung muss **eindeutig** sein. Eine **Fristsetzung** ist nicht nötig, ebenso wenig das Androhen von nachteiligen Folgen einer Nichtleistung. Auch eine in höflicher Form abgefasste Aufforderung löst Verzug aus, soweit der Gläubiger unzweideutig zum Ausdruck bringt, dass er die geschuldete Leistung verlangt (BGH NJW 1998, 2132). Rechtlich handelt es sich um eine einseitige empfangsbedürftige Erklärung iS einer **geschäftsähnlichen Handlung** (bei Mahnung durch vollmachtlosen Vertreter gilt § 180 BGB, vgl. Kap. 4 Rz. 46, 48). Sie ist nicht formgebunden und kann auch konkludent in anderen Erklärungen enthalten sein, nicht aber in der Übersendung einer Rechnung oder Zahlungsaufstellung (vgl. aber § 286 Abs. 3 BGB, s. unten).

17a ➲ **Wichtig:** Eine Mahnung kann erst **nach Fälligkeit** erfolgen. die zwar im Regelfall mit Anspruchsentstehung eintritt (§ 271 BGB), was aber anders vereinbart sein kann (oder sich durch Auslegung ergeben kann); bei Vereinbarung besonderer Fälligkeitsvoraussetzungen durch AGB ist § 308 Nr. 1 BGB zu beachten. Rechnungsstellung ist nur in Ausnahmefällen Fälligkeitsvoraussetzung, etwa nach VOB/B, HOAI oder GOÄ.

18 **Checkliste:**

Eine Mahnung ist in folgenden Fällen **entbehrlich**:

- ☐ Leistungszeit ist **kalendermäßig bestimmt** oder **bestimmbar**, § 286 Abs. 2 Nr. 1 BGB. Das ist zB bei folgenden Vertragsvereinbarungen gegeben: „im August" (BGH NJW-RR 1999, 593, 595), „Mitte des Monats" (BAG WM 1982, 246), „1. Dekade des Monats" (BGH NJW 1984, 49), „8. Kalenderwoche" (BGH WM 1996, 1598), „binnen 20 Tagen ab Beurkundung" (BGH NJW 2001, 365). Nicht ausreichend ist „monatlich im Voraus zu zahlen" (OLG Karlsruhe FamRZ 1981, 384). Die gesetzliche Fälligkeitsregel für den Mietzins nach § 556b BGB fällt unter § 286 Abs. 2 Nr. 1 BGB.
- ☐ **Kalendermäßige Bestimmung** im Anschluss an ein vorausgehendes Ereignis, § 286 Abs. 2 Nr. 2 BGB. Nach dem Gesetz muss der Leistung ein Ereignis vorausgehen und eine daran anknüpfende angemessene Frist für die Leistung bestimmt sein, so dass der Leistungszeitpunkt sich nach dem Kalender bestimmen lässt.
- ☐ Ernsthafte und endgültige **Erfüllungsverweigerung** durch den Schuldner gem. § 286 Abs. 2 Nr. 3 BGB. An das Vorliegen dieser Voraussetzungen sind strenge Anforderungen zu stellen. (vgl. BGH NJW-RR 1992, 1226, 1227). Die Weigerung muss als letztes Wort des Schuldners aufzufassen sein.
- ☐ Wenn die **Besonderheit des Schuldverhältnisses** den sofortigen Eintritt des Verzugs iSd. § 286 Abs. 2 Nr. 4 BGB rechtfertigt. Ein solcher Fall liegt vor:
  - ☐ Wenn der Schuldner die Leistung alsbald ausdrücklich angekündigt hat, sog. **Selbstmahnung** (OLG Köln NJW-RR 2000, 73).
  - ☐ Wenn der Schuldner weiß, dass er eine falsche oder **fehlerhafte Leistung** erbracht hat (BGH NJW 1985, 2526).
  - ☐ Wenn sich die **besondere Dringlichkeit** der Leistung aus dem Vertragsverhältnis ergibt (BGH NJW 1963, 1823). Beispiele: Reparatur eines Wasserrohrbruchs, Zusage einer schnellstmöglichen Reparatur in einem dringenden Fall (BGH NJW 1963, 1823).
  - ☐ Bei einer **Entgeltforderung** kommt der Schuldner **30 Tage** nach Fälligkeit (unklar, ob für Fristbeginn maßgeblich, vgl. Münch Komm.BGB/Ernst § 286 BGB Rz. 86 mwN) einer **Rechnung** oder Zahlungsaufstellung gem. § 286 Abs. 3 BGB auch ohne Mahnung in Verzug. Eine

Fristabkürzung (oder -verlängerung) durch Parteiabrede ist möglich, unterliegt bei AGB aber der Inhaltskontrolle und im Übrigen den Grenzen der §§ 138, 242 BGB.

M 11.3 Mahnschreiben zur Verzugsauslösung beim Schuldner

(Auszug Schreiben bei einer Bringschuld)

...

Wir hatten mit Ihnen vereinbart, dass Sie die ... (Art der Ware) ca. 6 Wochen nach Annahme unserer Bestellung liefern sollten. Nach Ablauf von nunmehr 8 Wochen haben Sie noch nicht geliefert. Daher fordern wir Sie nun zur Lieferung bis spätestens zum ... (Datum) auf.

...

(Auszug Schreiben bei einer Geldschuld)

...

Laut unserer Vereinbarung vom ... (Datum) schulden Sie uns einen Betrag von ... Euro. Die Zahlung ist leider bis heute nicht, wie vereinbart, auf unserem Konto eingegangen. Bitte überweisen Sie uns den offenen Betrag bis spätestens ... (Datum). Bei fruchtlosem Fristablauf müssen Sie mit der Einleitung gerichtlicher Schritte rechnen.

...

IV. Verzug des Gläubigers

1. Tatsächliches Angebot der Leistung

19 Der Schuldner muss gem. § 294 BGB dem Gläubiger die Leistung so, wie sie geschuldet ist, am rechten Ort (§§ 269, 270 BGB), zur rechten Zeit (§ 271 BGB) und in der rechten Weise anbieten. Die angebotene Leistung muss nach Art, Güte und Menge dem Inhalt des Schuldverhältnisses entsprechen.

2. Wörtliches Angebot der Leistung

20 Ein wörtliches Angebot gem. § 295 BGB ist ausreichend, wenn entweder der Gläubiger erklärt hat, er werde die Leistung nicht annehmen, oder eine zur Bewirkung der Leistung erforderliche Handlung des Gläubigers unterblieben ist (zB Abholung bei Holschulden nach § 296 BGB oder fehlende Vorleistung beim Werkvertrag, BGH NJW 2003, 1601).

3. Entbehrlichkeit des Angebots

21 Unterlässt der Gläubiger eine **Mitwirkungshandlung**, für die eine Zeit nach dem Kalender bestimmt ist, gerät er gem. § 296 BGB in Annahmeverzug, ohne dass es eines Angebots bedarf. Beispiele hierfür sind: Nichteinhaltung eines Übergabetermins (BGH NJW-RR 1991, 268) oder das zu späte Erscheinen bei einem Opernbesuch.

22 Annahmeverzug setzt voraus, dass der Schuldner **zur Leistung imstande** ist. Ist die Leistung dauerhaft unmöglich, so sind die Regeln der Unmöglichkeit anzuwenden. § 297 BGB schließt einen Annahmeverzug aus, wenn der Schuldner vorübergehend zur Leistung außerstande ist. Beispiele hierfür sind Krankheit (BAG NJW 1999, 3432), Ortsabwesenheit und Urlaub (BAG NJW 2001, 1964).

M 11.4 Mahnschreiben zum Annahmeverzug

...

wir hatten Ihnen mit Schreiben vom ... (Datum) vereinbarungsgemäß angekündigt, dass wir die von Ihnen bestellte Ware ... (Beschrieb) im Laufe des ... (Datum) an Ihre Adresse ... (Anschrift) ausliefern werden. An diesem Tag der Lieferung trafen wir jedoch bei Ihnen niemand an, der bereit war, die Ware abzunehmen.

Wir geben Ihnen Gelegenheit, uns bis spätestens zum ... (Datum) mitzuteilen, wann die Ware angeliefert werden kann. Lassen Sie diese Frist fruchtlos verstreichen, werden wir die Ware auf Ihr Risiko aufbewahren und Ihnen den dabei entstehenden Mehraufwand in Rechnung stellen.

...

Dritter Teil. Schuldrechtliche Verträge des BGB

1. Abschnitt. Allgemeine Geschäftsbedingungen, Kauf

Kapitel 12 Allgemeine Geschäftsbedingungen

Literatur: *Bunte*, Entscheidungssammlung zum AGB-Gesetz, Loseblatt; *Ring/Klingelhöfer*, AGB-Recht in der anwaltlichen Praxis, 3. Aufl. 2014; *Schwab*, AGB-Recht, 2. Aufl. 2014; *Stoffels*, AGB-Recht, 3. Aufl. 2015; *Ulmer/Brandner/Hensen*, AGB-Recht, 11. Aufl. 2011; *Graf von Westphalen* (Hrsg.), Vertragsrecht und AGB-Klauselwerke, Loseblatt; *Wolf/Lindacher/Pfeiffer*, AGB-Recht, 6. Aufl. 2013.

I. Grundlagen des Rechts der AGB

1. Gesetzliche Regelung

Während das Recht der AGB früher in einem separaten Gesetz (Gesetz zur Regelung des Rechts der Allgemeinen Geschäftsbedingungen – AGBG) enthalten war, wurde im Zuge der Schuldrechtsreform das AGB-Gesetz in das BGB eingegliedert. Sachlich wurde das AGB-Recht bei der Übernahme in das BGB nur unwesentlich verändert, so dass die bisherige Rechtsprechung und Literatur weiterhin zu großen Teilen verwendbar ist. Nicht glücklich ist allerdings die systematische Einordnung des Rechts der AGB im Schuldrechtsteil, da auch im sachenrechtlichen Bereich AGB verwendet werden (dazu Erman/Roloff vor §§ 305–310 BGB Rz. 9). 1

§§ 305–306a BGB regeln allgemeine Fragen der Einbeziehung und Anwendbarkeit der AGB. §§ 307–309 BGB regeln die praktisch wichtige Frage, unter welchen Voraussetzungen AGB unwirksam sind (Inhaltskontrolle). § 310 BGB schließlich bestimmt den sachlichen Anwendungsbereich des Rechts der AGB. 2

Die §§ 305 ff. BGB gelten gem. Art. 229 § 5 EGBGB nur für Verträge, die nach dem 31.12.2001 abgeschlossen worden sind. Für früher abgeschlossene Verträge bleibt es bei der Anwendbarkeit des AGBG, wenn der Vertrag nicht nach dem 31.12.2001 neu abgeschlossen oder die Geschäftsbedingungen geändert wurden. Bei Dauerschuldverhältnissen gelten aber seit dem 1.1.2003 immer die §§ 305 ff. BGB, auch wenn die Verträge vor Ablauf des 31.12.2001 abgeschlossen wurden.

2. Bedeutung

3 Die überkommene Vorstellung des Gesetzgebers, die Parteien eines Zivilvertrages würden den Vertragsinhalt gemeinsam aushandeln, wurde in den letzten Jahrzehnten überholt. In Zeiten standardisierter Leistungserbringung ist ein Aushandeln von Verträgen nicht mehr sachgerecht. Geschäftsbedingungen können auf der einen Seite dazu dienen, den Geschäftsverkehr zu rationalisieren, vom Gesetzgeber gelassene Lücken aufzufüllen oder neue Vertragstypen rechtlich sicher zu gestalten (zB Leasing- oder Franchiseverträge). Auf der anderen Seite dienen die AGB aber auch dazu, die Risiken des Verwenders auf den Vertragspartner zu verlagern. Im „Kleingedruckten" werden dem Vertragspartner häufig für ihn nachteilige Regelungen wie Haftungsausschlüsse oder Vertragsstrafen auferlegt. Um insbesondere dieser Gefahr einseitiger Verschiebungen des Risikos vorzubeugen, wurden die Regelungen über die AGB eingeführt.

3. Anwendungsbereich

4 Regelungen zum **sachlichen Anwendungsbereich** enthält § 310 BGB. Gem. § 310 Abs. 4 BGB sind Verträge auf dem Gebiet des Erb-, Familien- und Gesellschaftsrechts sowie Tarifverträge, Betriebs- und Dienstvereinbarungen vom Anwendungsbereich des Rechts der AGB ausgenommen. Nicht ausgenommen sind Arbeitsverträge. Auch sie unterliegen – mit Ausnahme der Einbeziehungsvorschriften in § 305 Abs. 2 und 3 – den Regelungen über das Recht der AGB.

5 Gem. § 310 Abs. 1 BGB ist der Anwendungsbereich des Rechts der AGB, wenn AGB gegenüber **Unternehmern, juristischen Personen des öffentlichen Rechts oder öffentlich-rechtlichen Sondervermögen** verwendet werden, eingeschränkt. Die Vorschriften über die Einbeziehung in § 305 Abs. 2 und 3 BGB sowie die Klauselverbote mit und ohne Wertungsmöglichkeit in §§ 308 und 309 BGB finden hier keine Anwendung. Dies hat zur Folge, dass für die **Einbeziehung** der AGB in den Vertrag jede auch stillschweigend erklärte Willensübereinstimmung ausreicht. Für die Frage der **Inhaltskontrolle** ist alleiniger Maßstab § 307 BGB. Allerdings ist nach der Rechtsprechung ein Verstoß gegen eine Klauselverbotsnorm in § 309 BGB auch ein Indiz für ein Verstoß gegen die Angemessenheitsklausel in § 307 BGB (BGHZ 90, 273, 278; zu einem Ausnahmefall s. BGHZ 103, 316, 328). Die Klauselverbote des § 308 BGB sind nach wohl hM auch im Verkehr zwischen Unternehmen vollständig zu beachten, weil aufgrund der dortigen Wertungsmöglichkeiten die kaufmännischen Besonderheiten berücksichtigt werden können (vgl. Palandt/Grüneberg § 307 BGB Rz. 40 mwN).

Eine weitere Einschränkung des sachlichen Anwendungsbereichs findet sich in § 310 Abs. 2 BGB für die Versorgung von Sonderabnehmern mit Elektrizität, Gas, Fernwärme oder Wasser. Für die Tarifabnehmer von Strom und Gas sind die Regelungen über die AGB von vornherein nicht anwendbar, da diese durch Rechtsverordnung gem. § 39 EnWG erlassen werden. Da Sonderabnehmer in aller Regel Unternehmen sind, bei denen der Anwendungsbereich schon gem. § 310 Abs. 1 BGB eingeschränkt ist, hat § 310 Abs. 2 BGB praktisch keine Bedeutung.

6 § 310 Abs. 3 BGB **erweitert** den Anwendungsbereich bei Verträgen zwischen einem Unternehmer und einem Verbraucher (Verbraucherverträgen). AGB gelten bei Verbraucherverträgen als vom Unternehmer gestellt, wenn sie nicht vom Verbraucher eingeführt wurden. Außerdem findet eine Inhaltskontrolle auch dann statt, wenn die Vertragsbedingungen nur zur einmaligen Verwendung bestimmt sind und der Verbraucher auf die Formulierung keinen Einfluss nehmen konnte. Schließlich sind bei der Beurteilung der Unangemessenheit Begleitumstände zu berücksichtigen.

4. Internationale Verträge

Ob die deutschen Regelungen über die AGB auch bei grenzüberschreitenden Verträgen anzuwenden sind, bestimmt sich in erster Linie nach dem anwendbaren Recht. Dazu finden sich Regelungen in der EG-Verordnung Nr. 593/2008 über das auf vertragliche Schuldverhältnisse anzuwendende Recht (Rom I). Gemäß Rom I Art. 3 Abs. 1 können die Parteien das anwendbare Recht grundsätzlich frei wählen. Demgegenüber ist allerdings in Rom I Art. 6 bestimmt, dass es bei Verbraucherverträgen immer auf den gewöhnlichen Aufenthalt des Verbrauchers ankommt oder ihm auch bei einer Wahl jedenfalls nicht die Schutzbestimmungen seines Heimatlandes entzogen werden dürfen. 7

II. Begriff der AGB

§ 305 BGB enthält eine Legaldefinition: AGB sind alle für eine Vielzahl von Verträgen vorformulierten Vertragsbedingungen, die eine Vertragspartei (Verwender) der anderen Vertragspartei bei Abschluss eines Vertrages stellt. **„Stellen"** bedeutet, dass eine Partei die Einbeziehung der vorformulierten Bedingungen in den Vertrag verlangt. Die verlangende Partei braucht kein intellektuelles Übergewicht oder größere wirtschaftliche Stärke zu haben. 8

Für eine **Vielzahl von Verträgen** sind die Vertragsbestimmungen dann formuliert worden, wenn sie mindestens dreimal verwendet werden sollen, wobei bereits die erste Verwendung genügt (BGH NJW 2002, 138, 139). Werden Formulierungen eines Dritten, die dieser für eine Vielzahl von Fällen benutzt, vom eigenen Vertragspartner nur in einem einzelnen Fall gebraucht, ist § 305 BGB dennoch erfüllt. 9

Vorformuliert sind die Vertragsbedingungen, wenn sie – und sei es auch nur im Kopf – gespeichert sind. 10

Gem. § 305 Abs. 1 Satz 2 BGB ist es gleichgültig, ob die Geschäftsbedingungen in die eigentliche Vertragsurkunde aufgenommen oder gesondert überreicht werden. Unerheblich sind ebenfalls der Umfang, die Schriftart und die Form des Vertrages. 11

Nach alledem können auch **Vertragsbedingungen in einer notariellen Urkunde** AGB im Sinne des § 305 BGB darstellen. Dies gilt jedenfalls dann, wenn der Notar im Auftrag einer Partei den Vertragstext entwickelt hat oder der Notar vorformulierte Klauseln einer Partei übernimmt. Anders ist es dagegen, wenn der gemeinsam ausgesuchte Notar die von ihm immer verwendeten Standardformulierungen in den Vertragstext einfließen lässt (BGH NJW-RR 2002, 13, 14; vgl. zur Problematik von AGB in notariellen Urkunden auch Erman/Roloff § 305 BGB Rz. 13 sowie Palandt/Grüneberg § 305 BGB Rz. 12). 12

➲ **Wichtig:** Bei Verbraucherverträgen ist auf die Erweiterung des Anwendungsbereichs (§ 310 Abs. 3 BGB) zu achten: Dort ist eine Absicht zur mehrmaligen Verwendung nicht erforderlich. Insoweit unterliegen auch **notarielle Verträge mit Verbrauchern** verstärkt den Einschränkungen des Rechts der AGB. 12a

§ 305 Abs. 1 Satz 3 BGB bestimmt, dass **individuell ausgehandelte Regelungen** keine AGB darstellen. Dazu sind zahlreiche gerichtliche Entscheidungen ergangen. Eine individuelle Vereinbarung liegt nach der Rechtsprechung keinesfalls vor, wenn im Text Namen oder sonstige Bezeichnungen nachzutragen sind und die Individualität nur darin besteht (BGHZ 118, 229, 238) oder wenn eine Wahl zwischen mehreren vorformulierten Textvarianten möglich ist. Im Interesse des Schutzes des Vertragspartners sind keine allzu geringen Anforderungen an das individuelle Aushandeln zu stellen. Notwendig ist eine ernsthafte, dem Vertragspartner erklärte Verhandlungsbereitschaft sowie die reale Chance des Vertragspartners, Veränderungen des vorformulierten Textes zu erreichen (BGHZ 143, 103, 111). 13

III. Einbeziehung der AGB

1. Geschäftsverkehr mit Privaten

14 Gegenüber einem privaten Geschäftspartner gilt § 305 Abs. 2 BGB: Der Verwender der Geschäftsbedingungen muss ausdrücklich auf seine AGB **hinweisen** bzw. seinem Vertragspartner die Möglichkeit verschaffen, von den AGB Kenntnis zu nehmen und der Vertragspartner muss mit der Einbeziehung einverstanden sein. Eine bestimmte Form des Hinweises ist nicht vorgeschrieben. Der Hinweis muss aber so klar sein, dass er auch von einem flüchtigen Betrachter nicht zu übersehen ist. So ist es beispielsweise nicht ausreichend, wenn die AGB auf der Rückseite des Angebotsschreibens angebracht werden und auf der Vorderseite kein entsprechender Vermerk vorhanden ist (BGH ZIP 1986, 1126, 1129).

15 Bei einem **mündlichen Vertragsabschluss** hat der Verwender während des Gesprächs ausdrücklich auf seine AGB hinzuweisen (Erman/Roloff § 305 BGB Rz. 28 mwN). Bei Vertragsabschlüssen **über das Internet** bedarf es eines ausdrücklichen Hinweises auf die AGB im Bestellformular oder auf der entsprechenden Bestellseite (LG Essen NJW-RR 2003, 1207), zB durch einen gut sichtbaren Link (BGH NJW 2006, 3633), vgl. auch Kap. 14 Rz. 67).

16 Ist ein ausdrücklicher Hinweis nur mit unverhältnismäßigen Schwierigkeiten möglich, reicht auch ein **Aushang.** Hier sind in erster Linie die konkludent geschlossenen Massenverträge betroffen wie beispielsweise Warenerwerb aus Automaten, Parkhausbenutzung, Theater, Schwimmbad etc. Der Aushang muss klar und deutlich sein.

17 Die **Möglichkeit der Kenntnisnahme** (§ 305 Abs. 2 Nr. 2 BGB) ist gegeben, wenn sich der Vertragspartner des Verwenders in zumutbarer Weise über den Inhalt der Geschäftsbedingungen Klarheit verschaffen kann. Dazu gehört neben der Zugänglichmachung der AGB auch deren Gestaltung in verständlicher und einigermaßen übersichtlicher Form. Auf erkennbare körperliche Behinderungen ist Rücksicht zu nehmen.

2. Geschäftsverkehr mit Unternehmen und mit der öffentlichen Hand

18 Gem. § 310 Abs. 1 BGB finden die Einbeziehungsregeln in § 305 Abs. 2 BGB auf Verträge mit Unternehmen und der öffentlichen Hand keine Anwendung. Dies bedeutet aber nicht, dass AGB bei Verträgen mit Unternehmen auch ohne Einbeziehung Vertragsbestandteil werden. Lediglich die formalisierten Einbeziehungsregeln gelten nicht. Es bedarf also auch im **kaufmännischen Verkehr einer rechtsgeschäftlichen Vereinbarung**, dass die **AGB Vertragsbestandteil** werden. Es muss also der eine Teil zum Ausdruck bringen, dass neben dem individuell vereinbarten Vertragsteil AGB Gültigkeit haben sollen und der andere Teil muss sich damit einverstanden erklären (BGHZ 117, 190, 194). Allenfalls bei einem entsprechenden Handelsbrauch kann eine solche Einbeziehungsvereinbarung entfallen (BGH NJW 1985, 2411, 2412 für den Speditionsbereich).

19 Die **Einbeziehung** kann **ausdrücklich** oder auch **durch schlüssiges Verhalten** erfolgen. Bei letzterem muss der Verwender erkennbar auf seine AGB verweisen, der Vertragspartner darf der Einbeziehung nicht widersprechen. Grundsätzlich muss der Verweis auf die AGB vor Vertragsabschluss erfolgen, bei Bestätigungsschreiben kann aber auch ein Verweis nach Vertragsabschluss ausreichend sein. Haben die Parteien schon mehrere Vertragsabschlüsse getätigt, kann auch durch wiederholte Hinweise auf die AGB in früheren Vereinbarungen für spätere Geschäfte eine konkludente Einbeziehung erfolgen.

20 Treffen **AGB verschiedener Vertragspartner** mit einander **widersprechenden Klauseln** zusammen oder verwenden beide Teile sogar Regelungen zur Abwehr der AGB des Vertragspartners („Abwehrklauseln"), ist die Rechtsfolge umstritten. Während die frühere Rechtsprechung die zeitlich letzte Verweisung auf die AGB maßgeblich sein lassen wollte, geht man heute davon aus, dass die übereinstimmenden AGB Vertragsbestandteil werden und im Übrigen Dissens vorliegt, der aber nicht zur Unwirksamkeit des Vertrages führt, wenn die Parteien dennoch den Vertrag durchführen (BGH NJW 1991, 1604, 1606). Besonderes gilt allerdings für den einfachen Eigentumsvorbehalt: Dieser wird auch bei widersprechenden Käufer-AGB Vertragsbestandteil, nicht dagegen der verlängerte Eigentumsvorbehalt bei Abwehrklausel in den Käufer-AGB (BGH NJW-RR 1991, 357).

3. Überraschende Klauseln

Gem. § 305c BGB werden überraschende Klauseln nicht in den Vertrag einbezogen. Überraschende Klauseln sind diejenigen Klauseln, die aus objektiver Sicht so ungewöhnlich sind, dass der Vertragspartner mit ihnen (subjektiv) nicht zu rechnen braucht. Ungewöhnlich ist eine Klausel dann, wenn sie mit dem Leitbild des Vertrags unvereinbar ist oder erheblich vom dispositiven Recht oder üblichen Vertragsbedingungen abweicht. 21

Das subjektive Überraschungsmoment ist erfüllt, wenn der Vertragspartner durch die Klausel überrumpelt wird (BGH NJW-RR 2004, 1397, 1398). Mit einer bestimmten Klausel nicht zu rechnen brauchte der Vertragspartner beispielsweise dann, wenn sie nach dem Verlauf der Vertragsverhandlungen nicht zu erwarten war. Auch ein „Verstecken" einer Klausel kann ein Überraschungsmoment begründen. 22

Überraschend sind beispielsweise Klauseln, die einen Pauschalpreis durch versteckte Regelungen für den Vertragspartner unabsehbar erhöhen (BGH NJW 1984, 171, 172) oder Entgeltklauseln, die drucktechnisch so unauffällig in das Gesamtbild eingefügt sind, dass sie vom Vertragspartner des Verwenders dort nicht vermutet werden (BGH MDR 2012, 1147). Die Rechtsprechung zu der Frage, ob und unter welchen Voraussetzungen Regelungen überraschend sind, ist umfangreich und sehr spezifisch. In Zweifelsfällen empfiehlt sich ein Blick in die Kommentarliteratur, die die bisher ergangene Rechtsprechung zu einzelnen Vertragsarten detailliert auflistet (vgl. zB Erman/Roloff § 305c BGB Rz. 14 ff.; Palandt/Grüneberg § 305c BGB Rz. 5 ff.).

IV. Inhaltskontrolle

1. Allgemeines

Die Inhaltskontrolle der AGB ist geregelt in §§ 307–309 BGB. Diese Vorschriften bilden den zentralen Teil des materiellen AGB-Rechts, auch wenn im Verkehr zwischen Unternehmen lediglich § 307 BGB unmittelbar Anwendung findet. 23

§ 307 Abs. 1 BGB ist die Generalklausel der Inhaltskontrolle und bildet den Prüfungsmaßstab für die Beurteilung der rechtlichen Zulässigkeit von AGB. §§ 308 und 309 BGB enthalten eine Reihe von Klauseln, die im Besonderen und typischerweise dazu geeignet sind, die Risikoverteilung einseitig zu Gunsten des Verwenders zu verlagern. Inhalt von § 309 BGB sind Klauseln, die nach der Wertung des Gesetzgebers per se unangemessen sind (Klauselverbote ohne Wertungsmöglichkeit), während § 308 BGB Klauseln enthält, die häufig unwirksam ausgestaltet, jedoch im Einzelfall einer Beurteilung zu unterziehen sind (Klauselverbote mit Wertungsmöglichkeit). Bei § 309 BGB hat mit anderen Worten der Gesetzgeber die Wertung vorgenommen, während sie bei § 308 BGB durch den Richter zu erfolgen hat.

2. Klauselverbote ohne Wertungsmöglichkeit (§ 309 BGB)

§ 309 BGB listet eine Reihe von verbotenen Klauseln auf, die ohne jeglichen Wertungsspielraum unangemessen sind. Die praktisch wichtigsten Fälle sind dabei die in § 309 Nr. 7 und 8 BGB geregelten Haftungsausschlüsse. Die Rechtsprechung ist nahezu unüberschaubar und würde den Rahmen dieser Ausführungen sprengen. Es sei daher auf die Kommentierungen bei Palandt/Grüneberg § 309 BGB Rz. 1 ff. sowie bei Erman/Roloff § 309 BGB Rz. 1 ff. verwiesen. 24

3. Klauselverbote mit Wertungsmöglichkeit (§ 308 BGB)

Die Klauselverbote des § 308 BGB enthalten typischerweise unbestimmte Rechtsbegriffe („Wertungsmöglichkeit"). Typische Wendungen sind „unangemessen lange", „nicht hinreichend bestimmt" (§ 308 Nr. 1, 1a, 1b und 2 BGB), „zumutbar" (§ 308 Nr. 4 BGB) oder „Erklärung des Verwenders von besonderer Bedeutung" (§ 308 Nr. 6 BGB). Für die Beurteilung der Zulässigkeit kommt es daher auf die Ausfüllung dieser Begriffe und somit eine richterliche Wertung an. Dies bedeutet, dass die Zulässigkeit solcher Klauseln im Vorfeld nur sehr schwer – selbst unter Heranziehung vergleichbarerer Gerichtsentscheidungen – einzuschätzen ist. Zu den einzelnen Klauseln und 25 zu der dazu ergangenen Rechtsprechung s. Palandt/Grüneberg § 308 BGB Rz. 1 ff. sowie Erman/Roloff § 308 BGB Rz. 1 ff.

4. Generalklausel zur Inhaltskontrolle (§ 307 BGB)

26 § 307 BGB ist die Generalklausel und somit das Herzstück der Inhaltskontrolle. § 307 Abs. 1 Satz 1 BGB hält Vertragsregelungen für unwirksam, die den Kunden entgegen den Grundsätzen von Treu und Glauben unangemessen benachteiligen. Satz 2 schließlich sieht vor, dass eine unangemessene Benachteiligung sich auch aus einer nicht klaren und verständlichen Bestimmung ergeben kann (Transparenzgebot).

27 Eine AGB-Klausel ist **nachteilig** im Sinne der Vorschrift, wenn sie nicht ganz unerheblich von den gesetzlichen Regelungen abweicht. **Unangemessen** ist sie dann, wenn der Verwender missbräuchlich eigene Interessen durchzusetzen versucht, ohne den Interessen des Vertragspartners ausreichend Gewicht zuzumessen. Insgesamt ist dabei eine umfassende **Interessenabwägung** vorzunehmen. Diese Interessenabwägung ist zunächst auf die jeweils zu prüfende Klausel auszurichten. Das abschließende Urteil, ob eine bestimmte Klausel zulässig ist, ist jedoch auch unter Würdigung des gesamten Vertragsinhaltes vorzunehmen. Es kann auch ein sog. „**Summierungseffekt**" eintreten (BGH NJW 1993, 532).

Bei der Abwägung ist auf Seiten des Verwenders dessen Rationalisierungsinteresse zu berücksichtigen. Ebenfalls zu berücksichtigen sind Aspekte der Verkehrssitte und der Üblichkeit, dort insbesondere im Hinblick auf einen regelmäßigen Versicherungsschutz beim Vertragspartner des Verwenders.

28 Das **Transparenzgebot** soll sicherstellen, dass dem Vertragspartner des Verwenders mögliche Nachteile klar und deutlich vor Augen geführt werden. Insbesondere sind Regelungen, die geeignet sind, den Vertragspartner zu täuschen, als unwirksam anzusehen.

Ebenso wie bei den Klauselverboten mit Wertungsmöglichkeit ist auch bei der Generalklausel kaum vorhersehbar, wie die Rechtsprechung die Zulässigkeit einzelner Klauseln beurteilt. Es gibt eine Vielzahl von Entscheidungen, die in sich nicht immer stimmig sind.

28a ➲ **Praxistipp:** Bei der Formulierung von AGB sollte im Vorfeld immer eine Kontrolle der Rechtsprechung durchgeführt werden. Zumindest kann daraus eine Tendenz über die Wirksamkeit von Klauseln ermittelt werden. Sofern ein Bezug zu den Allgemeinen Versorgungsbedingungen hergestellt werden kann, kann auch auf die dortigen Regelungen, die als Rechtsverordnung erlassen werden, zurückgegriffen werden.

28b Detaillierte und systematische Aufstellungen über die Unwirksamkeit von Klauseln in Einzelfällen enthalten Erman/Roloff § 307 BGB Rz. 47 ff. sowie Palandt/Grüneberg § 307 BGB Rz. 55 ff.

V. Unwirksamkeitsfolge und Auslegung

1. Auslegung der AGB

29 AGB sind – so die Rechtsprechung des BGH – nach dem **objektiven Inhalt** und typischen Sinn einheitlich so **auszulegen**, wie sie von verständigen und redlichen Vertragspartnern unter Abwägung der Interessen der normalerweise beteiligten Kreise verstanden werden (BGH NJW 1992, 2629). Diese objektive Auslegung (und nicht eine Auslegung nach dem Willen der Vertragsparteien) folgt daraus, dass AGB abstrakt-generell formuliert sind. Der objektiven Auslegung zugrunde zu legen sind die Verständnismöglichkeiten eines rechtlich nicht vorgebildeten Durchschnittskunden. Zweifel bei der Auslegung gehen nach § 305c Abs. 2 BGB zu Lasten des Verwenders.

30 Eine **ergänzende Vertragsauslegung** ist grundsätzlich zulässig, um in AGB vorhandene Regelungslücken zu schließen. Allerdings kann sie wegen § 306 Abs. 2 BGB nur dann herangezogen werden, wenn passendes dispositives Gesetzesrecht nicht vorhanden ist (Erman/Roloff § 305c BGB Rz. 23 mwN) und die Streichung der Klausel nicht interessengerecht wäre (BGH NJW 2000, 1110, 1114).

2. Rechtsfolgen bei Nichteinbeziehung und Unwirksamkeit

Gem. § 306 BGB berührt die Nichteinbeziehung oder Unwirksamkeit von AGB die Wirksamkeit des übrigen Vertrages entgegen § 139 BGB nicht. Damit wird dem Schutzbedürfnis des Kunden Rechnung getragen, der an der Aufrechterhaltung grundsätzlich Interesse hat. Gem. § 306 Abs. 2 BGB werden Vertragsbestimmungen, die unwirksam sind oder nicht einbezogen wurden, durch die gesetzlichen Vorschriften ersetzt. Zur ergänzenden Vertragsauslegung s. Rz. 30. Eine geltungserhaltende Reduktion von Klauseln zu Gunsten des Verwenders ist grundsätzlich unzulässig (BGH NJW 2000, 1110, 1113). Dies gilt auch für den kaufmännischen Verkehr (BGH NJW 1993, 1786, 1787). Davon ist die Rechtsprechung jedoch unter Aspekten des Vertrauensschutzes teilweise abgerückt, wenn aufgrund einer Änderung der Gesetzgebung oder der Rechtsprechung bislang als zulässig angesehene Klauseln nachträglich unwirksam wurden (dazu Palandt/Grüneberg § 306 Rz. 10 mwN). 31

VI. Verfahrensfragen

1. Individualverfahren

Werden Ansprüche, die in einem zivilrechtlichen Verfahren verfolgt werden, auf AGB gestützt oder aufgrund von AGB zurückgewiesen, wird die Unwirksamkeit der betreffenden Klausel inzident im Rahmen der Prüfung der Begründetheit des erhobenen Anspruchs untersucht. Auch Wettbewerber können sich auf die Unwirksamkeit von AGB ihrer Konkurrenten berufen, da §§ 307 ff. BGB als Marktverhaltensregelungen nach § 4 Nr. 11 UWG angesehen werden (BGH MDR 2012, 982; s. zum Wettbewerbsrecht auch Kap. 41 f.) 32

2. Verbandsverfahren

Daneben bietet § 1 UKlaG die Möglichkeit, den Verwender von AGB bei Verstößen gegen die §§ 307–309 BGB auf Unterlassung bzw. Widerruf (im Fall des Empfehlens) in Anspruch zu nehmen. Gem. § 3 UKlaG steht dieses Recht allerdings nur Verbraucherverbänden, Verbänden zur Förderung von Interessen (Wettbewerbsverbänden) sowie den Industrie- und Handelskammern zu. 33

3. Verwaltungsverfahren

Einige AGB bedürfen außerdem einer Genehmigung durch eine Verwaltungsbehörde. Dazu gehören beispielsweise die AGB der Bausparkassen und Kapitalanlagegesellschaften. Die Zivilgerichte sind aber an eine behördliche Genehmigung nicht gebunden, können die Klauseln also selbst würdigen. Allgemeine Versicherungsbedingungen unterliegen gem. § 81 VAG einer Missbrauchsaufsicht. Auch hier sind die Gerichte aber nicht an die Ergebnisse des Missbrauchsverfahrens gebunden. 34

VII. Allgemeine Hinweise zu den Mustern

Nahezu jeder Verband hat AGB entwickelt, die von den Verbandsmitgliedern übernommen werden können (**Konditionenempfehlungen**). Diese Konditionenempfehlungen waren noch bis 2005 bei der Kartellbehörde anzumelden. Heute besteht eine solche Anmeldepflicht nicht mehr. 35

Allerdings garantiert die Ausarbeitung durch einen Verband nicht die Vereinbarkeit der Regelungen mit den §§ 305 ff. BGB. So sind in der Vergangenheit immer wieder einzelne Regelungen der Konditionenempfehlungen von den Gerichten als unwirksam angesehen worden (vgl. BGH NJW 2001. 292 ff.: Dort wurden zahlreiche Klauseln der Neuwagenverkaufsbedingungen beanstandet; BGH v. 29.4.2015 – VIII ZR 104/14 zu den Gebrauchtwagenverkaufsbedingungen). Es ist daher mit einem gewissen Risiko verbunden, wenn die Konditionenempfehlungen übernommen werden. Die rechtliche Zulässigkeit der dort verwendeten Klauseln ist nicht garantiert. 36

Auch wenn die nachfolgenden Muster den Bedenken gegen einzelne Klauseln, die in Rechtsprechung und Literatur geäußert werden, weitgehend Rechnung tragen, kann auch bei diesen Klauseln insbesondere vor dem Hintergrund sich wandelnder Anschauungen keine Gewähr dafür übernommen werden, dass sie einer gerichtlichen Kontrolle jederzeit Stand halten.

M 12.1 AGB für den Gebrauchtwagenverkauf – Verkauf von Privat

1. Vertragsabschluss

Das Zustandekommen des Vertrages richtet sich nach den gesetzlichen Regelungen. Käufer und Verkäufer erhalten mindestens je ein Exemplar des Kaufvertrages.

2. Übertragbarkeit der Ansprüche aus dem Kaufvertrag

Der Verkäufer muss einer beabsichtigten Abtretung der Ansprüche des Käufers aus dem Kaufvertrag schriftlich zustimmen. Eine solche Zustimmung kann nur aus wichtigem Grund verweigert werden.

3. Kaufpreiszahlung und Übergabe der Fahrzeugpapiere; Eigentumsvorbehalt

3.1. Sofern nicht ausdrücklich anders vereinbart, ist der Kaufpreis mit Übergabe des Fahrzeugs, der Fahrzeugpapiere und der Schlüssel vollständig zur Zahlung fällig. Fahrzeugpapiere sind die Zulassungsbescheinigung Teil I bzw. der Fahrzeugschein sowie die Zulassungsbescheinigung Teil II bzw. der Fahrzeugbrief[1].

3.2. Bis zur vollständigen Bezahlung des Kaufpreises (insbesondere bei vereinbarter Ratenzahlung) bleibt das Fahrzeug Eigentum des Verkäufers. Der Verkäufer hat bis zur vollständigen Bezahlung des Kaufpreises das Recht, die Zulassungsbescheinigung Teil II bzw. den Fahrzeugbrief in seinem Besitz zu halten.

4. Einschränkungen der Aufrechnung und der Aufrechenbarkeit

Gegen den Kaufpreisanspruch des Verkäufers kann der Käufer nur mit einer unbestrittenen oder rechtskräftig festgestellten Gegenforderung aufrechnen[2].

5. Gefahrübergang

Die Gefahr für den zufälligen Untergang geht über mit der Übertragung des Besitzes an dem Fahrzeug.

6. Mängelansprüche und Haftung

Das Fahrzeug wird unter Ausschluss der Sachmängelhaftung verkauft, soweit nicht für die Beschaffenheit eine Garantie übernommen oder ein Mangel arglistig verschwiegen wurde[3]. *Der Ausschluss der Sachmängelhaftung findet keine Anwendung für Schadensersatzansprüche jeglicher Art, wenn der Verkäufer, sein gesetzlicher Vertreter oder seine Erfüllungsgehilfen grob fahrlässig oder vorsätzlich ihre Pflichten verletzt haben sowie für Schadensersatzansprüche bei Verletzungen des Körpers, des Lebens oder der Gesundheit oder bei der Verletzung wesentlicher Vertragspflichten, wenn die Pflichten fahrlässig verletzt wurden*[4]. *Sofern der Verkäufer noch Ansprüche aus Sachmängelhaftung gegen den Hersteller, seinen Verkäufer oder sonstige Dritte hat, werden diese Ansprüche an den Käufer abgetreten.*

1 Die Zulassungsbescheinigungen Teil I und Teil II sind mit Wirkung vom 1.10.2005 an die Stelle von Kfz-Schein und Kfz-Brief getreten.

2 S. hierzu § 309 Nr. 3. Diese Regelung soll dazu dienen, die Benutzung zweifelhafter Ansprüche durch den Käufer zur Einbehaltung des Kaufpreises auszuschließen.

3 Gem. §§ 443 und 444 BGB kann für übernommene Beschaffenheitsgarantien die Haftung nicht ausgeschlossen werden.

4 Diese Formulierung ist erforderlich wegen § 309 Nr. 7 BGB. Wegen der Erweiterung auf wesentliche Vertragspflichten (Kardinalpflichten) s. Palandt/Grüneberg § 307 BGB Rz. 35. Wäre die Beschränkung nicht enthalten, wäre wegen des grundsätzlichen Verbots der Reduzierung unwirksamer Geschäftsbedingungen auf einen wirksamen Teil die gesamte Mängelhaftungsklausel nicht mehr Vertragsbestandteil.

M 12.2 AGB für den Gebrauchtwagenverkauf – Verkauf durch einen Unternehmer[1]

1. Vertragsabschluss

2. Übertragbarkeit der Ansprüche wie bei M 12.1.

3. Kaufpreiszahlung und Übergabe der Fahrzeugpapiere; Eigentumsvorbehalt

3.1. Sofern nicht ausdrücklich anders vereinbart, ist der Kaufpreis mit Übergabe des Fahrzeugs, der Fahrzeugpapiere und der Schlüssel vollständig zur Zahlung fällig. Fahrzeugpapiere sind die Zulassungsbescheinigung Teil I bzw. der Fahrzeugschein sowie die Zulassungsbescheinigung Teil II bzw. der Fahrzeugbrief.

3.2. Bis zur vollständigen Bezahlung des Kaufpreises (insbesondere bei vereinbarter Ratenzahlung) bleibt das Fahrzeug Eigentum des Verkäufers. Der Verkäufer hat bis zur vollständigen Bezahlung des Kaufpreises das Recht, die Zulassungsbescheinigung Teil II bzw. den Fahrzeugbrief in seinem Besitz zu halten.

3.3. Ist der Käufer Kaufmann und erwirbt er das Fahrzeug für seinen kaufmännischen Bereich, erweitert sich der Eigentumsvorbehalt auch auf sonstige Forderungen, die dem Verkäufer gegen den Käufer aus dessen geschäftlichem Bereich zustehen[2].

4. Einschränkungen der Aufrechnung und der Aufrechenbarkeit

Gegen den Kaufpreisanspruch des Verkäufers kann der Käufer nur mit einer unbestrittenen oder rechtskräftig festgestellten Gegenforderung aufrechnen.

5. Gefahrübergang

Die Gefahr für den zufälligen Untergang geht über mit der Übertragung des Besitzes an dem Fahrzeug.

6. Mängelansprüche und Haftung

6.1 Wird das Fahrzeug an einen Verbraucher verkauft, gilt Folgendes: Ansprüche gegen den Verkäufer wegen Sachmängeln verjähren ein Jahr nach der Übergabe des Fahrzeugs[3]*. Für Schadensersatzansprüche wird die Haftung des Verkäufers ausgeschlossen, soweit nicht für die Beschaffenheit eine Garantie übernommen oder ein Mangel arglistig verschwiegen wurde. Der Ausschluss der Haftung findet außerdem keine Anwendung auf Schadensersatzansprüche jeglicher Art, wenn der Verkäufer, sein gesetzlicher Vertreter oder seine Erfüllungsgehilfen grob fahrlässig oder vorsätzlich ihre Pflichten verletzt haben sowie auf Schadensersatzansprüche bei Verletzungen des Körpers, des Lebens oder der Gesundheit oder bei der Verletzung wesentlicher Vertragspflichten, wenn die Pflichten fahrlässig verletzt wurden. Auch soweit die Ersatzansprüche nach dem vorangehenden Satz nicht ausgeschlossen werden können, verjähren diese ein Jahr nach der Übergabe des Fahrzeugs.*

---

1 Ist Verkäufer ein Unternehmer und Käufer ein Privatmann, gelten ergänzend die Regelungen der §§ 474 ff. BGB. Der Verbraucher hat bei einem Kauf von einem Unternehmer weitergehende Rechte. Zu beachten ist, dass auch Handwerker, Freiberufler oder Landwirte, wenn sie ihrerseits ihren betrieblich genutzten PKW an einen Verbraucher verkaufen, als Unternehmer anzusehen sind (MünchKomm BGB/S. Lorenz § 474 BGB Rz. 21). Deshalb sollten alle, die ihr betrieblich genutztes Kfz verkaufen, sicherheitshalber dieses Muster verwenden, auch wenn das LG Frankfurt/Main, NJW-RR 2004, 1208, wenn das Fahrzeug nur aus steuerlichen Gründen auf die Praxis bzw. Kanzlei angemeldet ist, anders entschieden hat). Gewerbliche Autohändler benutzen in aller Regel die vom Zentralverband Deutsches Kraftfahrzeuggewerbe herausgegebenen Neuwagen- und Gebrauchtwagen-Verkaufsbedingungen.

2 Während der hier vorgesehene erweiterte Eigentumsvorbehalt gegenüber Privatpersonen unwirksam ist, kann er gegenüber Kaufleuten verwendet werden, s. dazu Palandt/Grüneberg § 307 BGB Rz. 100.

3 Die Beschränkung der Sachmängelhaftung auf ein Jahr ergibt sich aus § 475 Abs. 2 BGB.

6.2 Erwirbt ein Unternehmer das Fahrzeug für seinen geschäftlichen Bereich, gilt folgendes: Das Fahrzeug wird unter Ausschluss der Sachmängelhaftung verkauft, soweit nicht für die Beschaffenheit eine Garantie übernommen oder ein Mangel arglistig verschwiegen wurde. Der Ausschluss der Sachmängelhaftung findet keine Anwendung auf Schadensersatzansprüche jeglicher Art, wenn der Verkäufer, sein gesetzlicher Vertreter oder seine Erfüllungsgehilfen grob fahrlässig oder vorsätzlich ihre Pflichten verletzt haben sowie auf Schadensersatzansprüche bei Verletzungen des Körpers, des Lebens oder der Gesundheit oder bei der Verletzung wesentlicher Vertragspflichten, wenn die Pflichten fahrlässig verletzt wurden.

6.3 Sofern der Verkäufer noch Ansprüche aus Sachmängelhaftung gegen den Hersteller, seinen Verkäufer oder sonstige Dritte hat, werden diese Ansprüche an den Käufer abgetreten.

M 12.3 AGB für die Lieferung neuer Verbrauchsgüter

1. Abschluss des Vertrages

1.1. Der Käufer ist bei nicht vorrätiger Ware an die Bestellung zwei Wochen gebunden. Der Vertrag kommt mit Ablauf dieser Frist zustande, es sei denn, der Verkäufer hat das Vertragsangebot vorher schriftlich abgelehnt.

1.2. Der Vertrag kommt vor Ablauf der Frist zustande, wenn der Verkäufer vor Ablauf der Frist liefert, das Angebot gegenzeichnet, die Annahme des Angebots schriftlich bestätigt oder Anzahlungen annimmt.

2. Änderungen der bestellten Ware

Der Verkäufer hat bei nicht vorrätigen Waren nach Katalog zu liefern. Die Waren müssen den gesetzlichen Anforderungen entsprechen. Handelsübliche und zumutbare geringfügige Abweichungen in der Farbe oder in den Maßen stellen keinen Mangel dar[1].

3. Preis

Die vereinbarten Preise verstehen sich inklusive Mehrwertsteuer. Zusätzliche Leistungen, insbesondere die Lieferung zum Käufer und die Montage beim Käufer sind in dem Preis nicht enthalten.

4. Verlängerungen der Lieferfrist

Kann der Verkäufer die vereinbarte Lieferfrist nicht einhalten, hat er den Käufer rechtzeitig davon in Kenntnis zu setzen. Vom Verkäufer nicht zu vertretende Störungen in seinem Geschäftsbetrieb oder bei Vorlieferanten, insbesondere Arbeitsausstände und rechtmäßige Aussperrungen sowie Fälle höherer Gewalt, verlängern die Lieferzeit entsprechend der Dauer der Störung. Der Käufer ist in solchen Fällen zum Rücktritt nur dann berechtigt, wenn er die vereinbarten Leistungen nach Ablauf der Lieferfrist anmahnt, eine angemessene Nachfrist setzt und auch die angemessene Nachfrist fruchtlos abgelaufen ist. Ist die Lieferfrist kalendermäßig bestimmt, beginnt die vom Käufer zu setzende angemessene Nachfrist mit deren Ablauf. Das gesetzliche Recht auf Schadensersatz an Stelle der Leistung bleibt unberührt.

5. Eigentumsvorbehalt

Die verkaufte Ware bleibt bis zur vollständigen Bezahlung des Kaufpreises Eigentum des Verkäufers.

6. Gefahrübergang

Die Gefahr geht mit Übergabe der verkauften Sache auf den Käufer über.

1 Vgl. zur Zulässigkeit dieser Klausel BGH ZIP 1987, 713, 714.

7. Mängelansprüche

7.1. Dem Käufer stehen die gesetzlichen Mängelansprüche zu.

7.2. Die Mängelansprüche erstrecken sich nicht auf solche Schäden, die vom Käufer zu vertreten sind, zB Schäden, die durch, unsachgemäße Behandlung oder Temperatur- oder Witterungseinflüsse oder durch natürliche Abnutzung entstanden sind.

7.3. Die Verjährung richtet sich nach den gesetzlichen Vorschriften.

8. Gerichtsstand

8.1. Der Gerichtsstand sowie der Erfüllungsort richten sich nach den Vorschriften der Zivilprozessordnung und des Bürgerlichen Gesetzbuches.

8.2. Hat der Käufer keinen allgemeinen Gerichtsstand im Inland oder einem Mitgliedstaat der EU, ist Erfüllungsort und Gerichtsstand der Sitz des Verkäufers.

M 12.4 AGB für Reparaturaufträge

1. Auftragsformular

In einem Auftragsformular werden die zu erbringenden Leistungen und der Fertigstellungstermin angegeben. Beim Fertigstellungstermin ist überdies anzugeben, ob es sich um einen verbindlichen oder einen voraussichtlichen Termin handelt. Dem Auftraggeber ist eine Mehrfertigung des Auftragsformulars auszuhändigen.

2. Kostenvoranschlag

Preisangaben im Auftragsformular sind unverbindlich. Will der Auftraggeber eine verbindliche Angabe des Preises, hat er beim Auftragnehmer einen schriftlichen Kostenvoranschlag anzufordern. Der Auftragnehmer ist an seinen Kostenvoranschlag einen Monat gebunden. Leistungen, die der Auftraggeber für den Auftragnehmer zur Erstellung des Kostenvoranschlags erbringt, können nur in Rechnung gestellt werden, wenn dies vereinbart ist. Wird aufgrund des Kostenvoranschlages die Arbeit in Auftrag gegeben, werden die in Rechnung gestellten Kosten für den Kostenvoranschlag auf die Reparaturrechnung angerechnet. Die im Kostenvoranschlag ausgewiesenen Kosten dürfen nur dann überschritten werden, wenn sich bei Durchführung der Reparatur Erschwernisse herausstellen und der Auftraggeber der Kostenüberschreitung zustimmt.

3. Verzug des Auftragnehmers

3.1. Der Auftragnehmer ist verpflichtet, verbindliche Fertigstellungstermine einzuhalten. Dies gilt nicht, soweit durch eine Änderung oder Erweiterung der Arbeiten durch den Auftraggeber veränderte Verhältnisse herbeigeführt werden. In diesem Fall hat der Auftraggeber einen neuen Fertigstellungstermin zu benennen.

3.2. Gleiches gilt bei einer Verzögerung in Folge höherer Gewalt oder Betriebsstörungen, die der Auftragnehmer nicht verschuldet hat.

3.3. In den vorgenannten Fällen besteht keine Verpflichtung des Auftragnehmers zum Schadensersatz wegen der dadurch eingetretenen Verzögerungen.

3.4. Die gesetzlichen Verzugsregelungen bleiben im Übrigen unberührt.

4. Abnahme

4.1. Der Auftraggeber hat den Reparaturgegenstand spätestens eine Woche nach Fertigstellung beim Auftragnehmer abzuholen. Für den Fall der Nichtabholung gelten die gesetzlichen Regelungen, insbesondere die Regelungen zur nicht durchgeführten Abnahme.

4.2. Kommt der Auftraggeber mit der Abnahme in Verzug, steht dem Auftragnehmer ein Anspruch auf Ersatz der Kosten für die Aufbewahrung der reparierten Sache zu.

5. Zahlung

Der Rechnungsbetrag ist mit Aushändigung der Rechnung zur Zahlung fällig, wenn die Leistung abgenommen ist. Wirkt der Auftraggeber bei der Abnahme nicht mit, tritt Fälligkeit eine Woche nach Übersendung der Rechnung ein.

6. Aufrechnung

Gegen Ansprüche des Auftragnehmers kann der Auftraggeber nur mit einer unbestrittenen oder rechtskräftig festgestellten Gegenforderung aufrechnen.

7. Vorauszahlung

Der Arbeitnehmer kann eine angemessene Vorauszahlung verlangen, wenn er für zu beschaffende Ersatzteile Aufwendungen zu tätigen hat.

8. Pfandrecht des Auftragnehmers

Neben dem gesetzlichen Pfandrecht steht dem Auftragnehmer auch ein vertragliches Pfandrecht an den in Besitz genommenen Reparaturgegenständen zu[1]*. Das vertragliche Pfandrecht wird erweitert auf Forderungen aus früher durchgeführten Reparaturleistungen, soweit sie mit dem Auftragsgegenstand zusammenhängen.*

9. Sachmängel

Die Sachmängelansprüche des Auftraggebers verjähren in einem Jahr ab Abnahme des Reparaturgegenstandes. Ist der Auftraggeber Kaufmann, der den Reparaturauftrag in dieser Eigenschaft erteilt hat, verjähren Sachmängelansprüche in einem Jahr ab Ablieferung des reparierten Gegenstands.

9.2. Unberührt bleiben Ansprüche des Auftraggebers aus der Übernahme einer Beschaffenheitsgarantie oder bei arglistigem Verschweigen von Mängeln, dort gelten die gesetzlichen Verjährungsfristen.

10. Haftung

Werden gegenüber dem Auftragnehmer Schadensersatzansprüche geltend gemacht, tritt diese Ersatzpflicht bei leichter Fahrlässigkeit nur ein, wenn Leben, Körper oder Gesundheit oder vertragswesentliche Pflichten verletzt wurden. Bei grober Fahrlässigkeit oder Vorsatz ist Ersatz für alle Schäden geschuldet. Auch soweit Schadensersatzansprüche nach dieser Ziffer nicht ausgeschlossen werden, gelten für sie die in Ziffer 9.1 genannten Verjährungsfristen.

11. Eigentumsvorbehalt

Eingebaute Ersatzteile bleiben bis zur vollständigen Bezahlung des Reparaturpreises Eigentum des Auftragnehmers, soweit sie nicht wesentlicher Bestandteil der reparierten Sache geworden sind.

1 Zur Zulässigkeit dieser Regelung s. Palandt/Bassenge Überbl. vor § 1204 BGB Rz. 2.

Kapitel 13 Kauf beweglicher Sachen

Literatur: *Emmerich*, BGB-Schuldrecht Besonderer Teil, 13. Aufl. 2012, *Medicus/Lorenz*, Schuldrecht II Besonderer Teil, 16. Aufl. 2012; *Reinicke/Tiedtke*, Kaufrecht, 8. Aufl. 2009; *Reinking/Eggert*, Der Autokauf, 12. Aufl. 2014; *Schellhammer*, Die Haftung des Verkäufers für Sach- und Rechtsmängel – Neue Struktur und neuer Mangelbegriff, MDR 2002, 241; *Westermann*, Das neue Kaufrecht, NJW 2002, 241.

I. Allgemeines

1. Wesen des Kaufs

Der Kauf ist ein gegenseitiger schuldrechtlicher Vertrag. Er verpflichtet den Verkäufer, die gekaufte Sache frei von Sach- und Rechtsmängeln an den Käufer zu übergeben sowie zu übereignen (Rz. 14 f.) und den Käufer, den Kaufpreis zu bezahlen (Rz. 18 f.). Die Verschaffung des Kaufgegenstandes und die Kaufpreiszahlung stehen im Gegenseitigkeitsverhältnis (§§ 320 ff. BGB). Die in § 433 Abs. 2 BGB genannte Pflicht zur Abnahme der gekauften Sache ist grundsätzlich keine Hauptpflicht (zu den Ausnahmen vgl. Palandt/Weidenkaff § 433 BGB Rz. 44). 1

2. Form des Kaufvertrags

Der Kaufvertrag über bewegliche Sachen ist grundsätzlich formfrei. Notarielle Beurkundung ist aber in der Regel erforderlich bei unbeweglichen Sachen (§ 311b BGB, s. Kap. 43) sowie beim Verkauf von GmbH-Anteilen (§ 15 Abs. 4 GmbHG). 2

3. Kaufgegenstände

3 Verkauft werden können Sachen (§ 433 Abs. 1 BGB) sowie Rechte. Bei Rechtskäufen sind die Vorschriften über den Kauf von Sachen entsprechend anwendbar (§ 453 Abs. 1 BGB). Auch Sachgesamtheiten wie Unternehmen oder Praxen bzw. Kanzleien von Freiberuflern können Gegenstand eines Kaufvertrages sein. Schließlich können auch sonstige Gegenstände wie Ideen, Know-how, Adressenlisten oder der Kundenstamm verkauft werden (nicht möglich ist dagegen der isolierte Verkauf und die isolierte Übertragung einer Firma, § 23 HGB).

4. Gegenleistung

4 Der Kaufpreis als Gegenleistung ist in Geld zu bestimmen. Der so bestimmte Preis kann aber durch andere Leistungen (zB Inzahlungnahme eines Kfz) ersetzt werden. Sofern nichts anderes vereinbart ist oder sich aus entgegenstehenden Handelsbräuchen nichts anderes ergibt, enthält der angegebene Preis die Mehrwertsteuer (BGH NJW 2002, 2312).

5. Verbrauchsgüterkauf

5 Eine besondere Rolle spielt der Verbrauchsgüterkauf, das ist nach § 474 BGB der Kauf einer beweglichen Sache durch einen Verbraucher (§ 13 BGB) von einem Unternehmer (§ 14 BGB). Beim Verbrauchsgüterkauf sind die Rechte des Verbrauchers in einigen wesentlichen Punkten gestärkt: Mängelrechte des Käufers sind grundsätzlich nicht im Voraus durch AGB abdingbar (§ 475 Abs. 1 BGB, anderes gilt lediglich für Schadensersatzansprüche, § 475 Abs. 3 BGB), die Verjährung kann bei neuen Sachen nicht unter zwei Jahre und bei gebrauchten nur auf ein Jahr verkürzt werden (§ 475 Abs. 2 BGB) und in den ersten sechs Monaten nach Übergabe der Sache gilt eine Beweislastumkehr: zu Gunsten des Verbrauchers wird vermutet, dass der Mangel schon bei Gefahrübergang (§ 446 BGB) bestand.

II. Typen des Kaufvertrags

6 Neben dem allgemeinen Kaufvertrag regelt das BGB besondere Arten des Kaufs:

- Kauf auf Probe (§§ 454 ff. BGB),
- Wiederkauf (§§ 456 ff. BGB),
- Vorkauf (§§ 463 ff. BGB),
- Verbrauchsgüterkauf (§§ 474 ff. BGB).

7 Als besonders wichtige Vertragstypen haben sich in jüngster Zeit herauskristallisiert:

- Kaufverträge unter ausschließlicher Verwendung von Fernkommunikationsmitteln (Fernabsatzverträge)
- Hier gelten die Sonderregelungen der §§ 312c bis 312h. Praktisch wichtig sind dort insbesondere das Widerrufs- und Rückgaberecht.
- Sale- and Lease-Back-Verträge
- Hier wird eine Sache verkauft und gleichzeitig eine Mietvereinbarung mit dem Verkäufer abgeschlossen. Dieses Vertragsmodell verfolgt in aller Regel Finanzierungs- und steuerliche Zwecke.
- Kaufverträge über Versteigerungsplattformen im Internet
- Hier kommt der Kauf nicht durch den Zuschlag zustande, sondern durch ein Angebot des Höchstbietenden und Annahme durch den potentiellen Verkäufer (BGH NJW 2005, 53, 54).

III. Abgrenzung des Kaufs von anderen Vertragsformen

1. Kauf und Tausch

8 Beim Tausch besteht die Gegenleistung nicht in Geld, sondern in anderen Vermögenswerten. Der „Umtausch" von Geld in eine andere Währung ist kein Tausch, sondern ein Kauf der fremden

Währung (Erman/Grunewald vor § 433 BGB Rz. 11). Wesentliche Auswirkungen hat die Differenzierung nicht, da gem. § 480 BGB ohnehin die kaufrechtlichen Vorschriften anwendbar sind.

2. Kauf und Schenkung

Im Unterschied zum Kauf ist die Schenkung unabhängig von einer Gegenleistung (BGH NJW 1982, 436). Eine **gemischte Schenkung** ist ein einheitlicher Vertrag, bei dem der Wert der Leistung dem Wert der Gegenleistung nur teilweise entspricht und die Parteien wollen, dass der andere Teil unentgeltlich gegeben wird (BGH NJW-RR 1996, 754, 755). Die rechtliche Behandlung ist streitig. Die Rechtsprechung entscheidet in aller Regel nach dem Zweck des Geschäftes. So soll bei Mängelhaftung beispielsweise zwischen entgeltlichem und unentgeltlichem Teil getrennt werden. Bei den schenkungsrechtlichen Rückforderungsrechten (§§ 527, 528 BGB) ist das ganze Geschäft betroffen, wenn der Schenkungscharakter überwiegt (vgl. dazu Palandt/Weidenkaff § 516 BGB Rz. 14 ff.). 9

3. Kauf und Miete bzw. Pacht

Während der Vermieter/Verpächter nur zur Gebrauchsüberlassung verpflichtet ist, kommt beim Kaufrecht die Verpflichtung hinzu, das Eigentum zu übertragen. Eine Zwischenstellung nehmen **Leasingverträge** ein. Hier sind häufig miet- und kaufrechtliche Regelungen gekoppelt. Umfassend zum Leasing vgl. Kap. 30. 10

4. Kauf und Werkvertrag

Während sich beim Kaufvertrag die Verpflichtung des Verkäufers in der Eigentumsüberlassung erschöpft, ist der Unternehmer nach dem Werkvertrag verpflichtet, das versprochene Werk herzustellen *und* zu übereignen. Die Abgrenzung ist nicht immer einfach. Allerdings hilft der Gesetzgeber, indem er bei Werklieferungsverträgen (§ 651 BGB) die Anwendung des Kaufrechts anordnet (vgl. zur Abgrenzung Kaufvertrag/Werkvertrag/Werklieferungsvertrag Palandt/Sprau § 651 BGB Rz. 2 ff. sowie Erman/Grunewald vor § 433 BGB Rz. 20 ff.). 11

Bei **Softwareverträgen** (vgl. Kap. 37) kommt in aller Regel Kaufvertragsrecht zur Anwendung, wenn es sich um Standardsoftware handelt. Bei Individualsoftware ist Werkvertragsrecht zugrunde zu legen.

IV. Internationales Kaufrecht

1. Einheitliches UN-Kaufrecht (CISG)

Das Übereinkommen der Vereinten Nationen vom 11.4.1980 über Verträge über den internationalen Warenkauf (CISG-Convention on Contracts for the International Sale of Goods) ist in der Bundesrepublik Deutschland am 1.1.1991 in Kraft getreten (BGBl. II.1990, 1477). Das CISG ist praktisch von großer Wichtigkeit, da viele bedeutende Handelspartner der Bundesrepublik Deutschland das CISG ebenfalls ratifiziert haben. Sofern die Vertragsparteien gem. Art. 6 CISG die Anwendung nicht ausgeschlossen haben, ist das CISG insbesondere dann zu berücksichtigen, wenn die Vertragsparteien ihre Niederlassung in dem Gebiet verschiedener Vertragsstaaten haben oder wenn die Regeln des IPR zur Anwendung des Rechts eines Vertragsstaats führen (Art. 1 Abs. 1 CISG). 12

Wichtige Ausnahmen vom Anwendungsbereich sind gem. Art. 2 CISG Verbrauchsgüterkäufe, Verkäufe von Wertpapieren oder Zahlungsmitteln, Schiffen und Luftfahrzeugen oder elektrischer Energie.

Eine detailliertere Darstellung des CISG würde den Rahmen der Ausführungen sprengen. Insoweit sei verwiesen auf Schlechtriem, Kommentar zum einheitlichen UN-Kaufrecht sowie die Kommentierung im Münchener Kommentar zum BGB, Band 3.

2. Anwendung des BGB bei grenzüberschreitenden Sachverhalten

13 Eine Anwendung des BGB kommt vor allem in Betracht, wenn die Geltung des deutschen Rechts vereinbart und gleichzeitig das internationale Kaufrecht ausgeschlossen wurde (Art. 6 CISG). Anwendbar ist das BGB auch dann, wenn es sich um einen Verbrauchervertrag handelt und der Verbraucher seinen gewöhnlichen Aufenthalt in der Bundesrepublik Deutschland hat (Art. 6 der Verordnung (EG) Nr. 593/2008 über das auf vertragliche Schuldverhältnisse anzuwendende Recht (Rom I).

V. Die einzelnen Rechte und Pflichten aus dem Kaufvertrag

1. Pflichten des Verkäufers

a) Übergabe

14 Der Verkäufer ist verpflichtet, dem Käufer die Sache zu übergeben. Übergabe bedeutet die Verschaffung des unmittelbaren Besitzes. Ein Übergabeersatz (§§ 930, 931 BGB) genügt nur, wenn es vereinbart ist. Bei Traditionspapieren (§§ 448 und 475g HGB) genügt deren Übergabe zur Erfüllung der Verkäuferpflicht, wenn gleichzeitig im Kaufvertrag eine Vereinbarung „Zahlung gegen Dokumente" bzw. „Kasse gegen Dokumente" enthalten ist (RGZ 98, 164, 166). Beim Kfz-Kauf genügt die Übergabe des Fahrzeugbriefes bzw. der Zulassungsbescheinigung Teil II keinesfalls. Dies gilt selbst dann, wenn die Parteien etwas anderes vereinbart haben (Erman/Grunewald § 433 BGB Rz. 15 mwN).

b) Verschaffung des Eigentums bzw. des verkauften Rechtes

15 Neben der Übertragung des Besitzes hat der Verkäufer auch das Eigentum an der verkauften Sache zu verschaffen. Bei dem Verkauf von Rechten hat er das Recht zu übertragen. Eine Sachübergabe kommt dort nur in Betracht, wenn das verkaufte Recht verbrieft ist (zB Briefhypothek) oder zum Besitz einer Sache berechtigt wie zB ein Erbbaurecht, ein Miet- oder Pachtrecht oder ein Anwartschaftsrecht (§ 453 Abs. 3 BGB, vgl. auch Erman/Grunewald § 453 BGB Rz. 16). Die Übereignung von beweglichen Sachen folgt den sachenrechtlichen Vorschriften (§§ 929 ff. BGB). Die Übergabe von Traditionspapieren (s. Rz. 14) kann ausreichend sein. Auch ein nur gutgläubiger Eigentumserwerb durch den Käufer genügt. Ist ein Eigentumsvorbehalt vereinbart, reicht es aus, wenn der Verkäufer dem Käufer das Anwartschaftsrecht überträgt. Rechte werden nach den Vorschriften für das jeweilige verkaufte Recht übertragen. So müssen Forderungen abgetreten werden (§ 398 BGB), GmbH-Anteile ebenfalls (§ 15 Abs. 3 GmbHG), oder Marken übertragen werden (§ 27 MarkenG). Der Verkäufer hat alles zu tun, damit der Käufer das gekaufte Recht auch ausüben kann.

c) Sach- und Rechtsmängelfreiheit

16 Auch die sach- und rechtsmängelfreie Übergabe ist Hauptpflicht des Verkäufers. Die Vorschriften der Sach- und Rechtsmängel gelten ab Gefahrübergang (dazu s. Rz. 21). Vorher gelten die Regelungen des allgemeinen Leistungsstörungsrechts. Die Sach- und Rechtsmängel werden nachfolgend umfassend im Komplex „Mängelansprüche" (Rz. 23 ff.) behandelt.

d) Nebenpflichten des Verkäufers

17 Über die oben dargestellten Hauptpflichten hinaus trifft den Verkäufer eine Reihe von Nebenpflichten. Diese können vorvertraglich, vertraglich und nachvertraglich bestehen. Typische Nebenpflichten sind beispielsweise Aufklärungspflichten (sofern von der Sache Gefahren ausgehen oder der Verkäufer ein überlegenes Wissen über vertragswesentliche Punkte hat, zB Unfallschäden beim Gebrauchtwagenverkauf), Warnpflichten nach Vertragsschluss (bei nachträglich erkannter Gefährlichkeit des Produkts), Schutz und Verwahrung des Kaufgegenstandes, ausreichende Verpackung, Übergabe erforderlicher Dokumente, Unterlassung zusätzlicher Handlungen (zB Wettbewerbsverbot nach Unternehmensverkauf), s. auch Erman/Grunewald § 453 BGB Rz. 20 ff.

2. Pflichten des Käufers

a) Kaufpreiszahlung

Der Kaufpreis ist ohne abweichende Vereinbarung in bar zu entrichten. Regelmäßig wird aber in der Rechnung eine Kontonummer angegeben, was als Billigung einer Überweisung auf das Konto angesehen wird. Es gilt die vertraglich vereinbarte Kaufpreishöhe. Die Umsatzsteuer ist im Zweifel im Preis eingeschlossen, selbst dann, wenn der Käufer vorsteuerabzugsberechtigt ist (s. auch Rz. 4). Die Hingabe eines Schecks oder Wechsels erfolgt erfüllungshalber (§ 364 Abs. 2 BGB). 18

Die Fälligkeit richtet sich nach der vertraglichen Vereinbarung. Gibt es keine solche, ist der Kaufpreis mit Vertragsschluss fällig. Meist wird aber als Fälligkeitstermin das Datum des Erhalts der Rechnung vereinbart. Bei Vereinbarung eines Zahlungsziels tritt Fälligkeit erst mit Ablauf dieser Frist ein. Üblich sind aber auch Vorleistungspflichten des Käufers, die beispielsweise durch Klauseln wie „Vorauskasse" vereinbart sind. Zu einzelnen Fälligkeitsklauseln und ihrer Bedeutung s. Palandt/Weidenkaff § 433 BGB Rz. 42.

Gebräuchlich in der Praxis ist das Hinausschieben der Zahlungsfälligkeit bei Verbraucherkreditgeschäften, also bei einem Kauf verbunden mit einem Darlehen. Hierbei sind die §§ 491 ff. BGB zu beachten.

b) Abnahmepflicht

Die Pflicht zur Abnahme des Kaufgegenstandes ist nur ausnahmsweise eine Hauptleistungspflicht für den Käufer. Die Abnahme ist Realakt. Die Abnahmepflicht tritt nur ein, wenn der Verkäufer seinerseits den Verkaufsgegenstand vertragsgemäß angeboten hat. Der Käufer kann deshalb die Abnahme verweigern, wenn die Sache mangelhaft ist und darüber hinaus schon vor Abnahme Nacherfüllung verlangen, es sei denn, der Mangel ist unerheblich und der Verkäufer kann die Nacherfüllung verweigern. Ein unerheblicher Mangel ist wegen des nach Abnahme in sehr weitem Umfang bestehenden Nacherfüllungsanspruchs aber nur ganz ausnahmsweise zu bejahen (Erman/Grunewald § 433 BGB Rz. 54). Anders als im Werkvertragsrecht bedeutet Abnahme im Kaufvertrag keine „Billigung" des Kaufgegenstandes. 19

Nimmt der Käufer den Kaufgegenstand nicht ab, kommt er unter der Voraussetzung des § 286 BGB in Verzug. Folge ist ein Schadensersatzanspruch gem. § 280 Abs. 1 BGB, der beispielsweise die Kosten für die Verwahrung umfasst. Außerdem tritt in aller Regel Annahmeverzug des Käufers ein, was eine Haftungserleichterung des Verkäufers bei Unmöglichkeit nach sich zieht.

3. Weitere Nebenpflichten des Käufers

Ähnlich wie beim Verkäufer folgen aus der gegenseitigen Treuepflicht der Vertragsparteien weitere Nebenpflichten des Käufers. So kann auch der Käufer **Aufklärungspflichten** haben, wenn er ein überlegenes Wissen hat (vgl. MünchKomm.BGB/H.P. Westermann § 433 BGB Rz. 63 a.E. für den Fall, dass eine Gemeinde ein Grundstück kauft und den Verkäufer über eine beabsichtigte Flächennutzungsplanänderung uninformiert lässt). Auch über seine Zahlungsfähigkeit muss der Käufer jedenfalls bei Lieferungen auf Kredit aufklären (BGH NJW 1988, 2234, 2235). Untersuchungspflichten bestehen beim Käufer grundsätzlich nicht (Ausnahme: Rügeobliegenheit nach § 377 HGB, s. **M 13.7**). Es kann aber im eigenen Interesse des Käufers liegen, den Kaufgegenstand nach Lieferung zu untersuchen, um zur Erfüllung seiner Pflicht zur Schadensminderung auf vorhandene Mängel hinzuweisen. Weitere Nebenpflichten sind gesetzlich geregelt, zB die Lastentragung ab Übergabe (§ 446 Satz 2) oder die Pflicht zur Bezahlung der Kosten der Abnahme und Versendung der Sache (§ 448 Abs. 1 BGB). 20

4. Gefahrübergang und Kaufpreiszahlung

Nach dem allgemeinen Leistungsstörungsrecht würde der Kaufpreisanspruch für den Verkäufer entfallen, wenn vor vollständiger Erfüllung des Kaufvertrages (also vor Übergabe und Übereignung) ohne Verschulden einer Vertragspartei die Kaufsache untergehen würde. Davon weicht § 446 BGB ab: Bereits mit Übergabe des Kaufgegenstandes auf den Käufer geht auch die Gefahr des zufäl- 21 ligen Untergangs der Kaufsache auf den Käufer über. Einer Übereignung der Kaufsache an den Käufer bedarf es also nicht. Hauptanwendungsfall ist die Lieferung unter Eigentumsvorbehalt. Gem. § 446 Satz 3 BGB geht die Gefahr auch dann über, wenn der Käufer in Annahmeverzug ist.

22 Beim **Versendungskauf** ist der Gefahrübergang noch weiter vorverlagert: Gem. § 447 Abs. 1 BGB reicht die Auslieferung der Sache an den Spediteur oder eine sonst bestellte Transportperson. Dies bedeutet, dass bei Verlust oder Beschädigung während des Transports der Käufer den vollen Kaufpreis bezahlen muss. Ihm verbleiben lediglich die Ansprüche gegen den Frachtführer. Rechtfertigung dieser Risikoverlagerung ist das Verlangen des Käufers auf Versendung.

Gem. § 474 Abs. 4 BGB ist beim Verbrauchsgüterkauf § 447 BGB grundsätzlich nicht anzuwenden. Dies bedeutet, dass auch bei einem Versendungsverlangen seitens des Käufers erst mit Übergabe der Sache die Gefahr übergeht, es sei denn, der Käufer hat die zur Versendung bestimmte Person ohne Zutun des Verkäufers bestimmt.

22a ➲ **Wichtig:** Im Handelsverkehr wird die Frage des Gefahrübergangs meist durch besondere Klauseln geregelt, die vorrangig sind vor § 447. Typische Klauseln sind „ab Werk“, „FOB“ (free on board) oder „ab Schiff“. Zu der Bedeutung dieser Klauseln s. Erman/Grunewald § 447 BGB Rz. 8.

VI. Haftung für Sach- und Rechtsmängel

23 Das Recht der Mängelansprüche gehört zu den zentralen Regelungen des Kaufrechts. Gem. § 433 Abs. 1 BGB ist die Sache frei von Sach- und Rechtsmängeln zu verschaffen. Kommt der Verkäufer dieser Aufforderung nicht nach, begeht er eine Vertragsverletzung, die – abgesehen von einigen Sonderregelungen – den allgemeinen Vorschriften des Leistungsstörungsrechts folgt.

1. Sachmangel

24 Wann ein Sachmangel vorliegt, ist geregelt in § 434 BGB. Diese Vorschrift enthält einen ganzen Katalog verschiedener Arten von Sachmängeln, für deren Vorhandensein es auf den Zeitpunkt des Gefahrübergangs ankommt.

a) Vereinbarte Beschaffenheit

25 Die gekaufte Sache weist einen Sachmangel auf, wenn die im Vertrag vereinbarte Beschaffenheit (Soll-Beschaffenheit) von der tatsächlichen Beschaffenheit (Ist-Beschaffenheit) abweicht. Eine Beschaffenheit ist vereinbart, wenn sie Bestandteil des Kaufvertrages ist. Bedarf der Kaufvertrag einer bestimmten Form, muss auch die Beschaffenheitsvereinbarung diese Form aufweisen. Eine Beschaffenheitsvereinbarung kann auch konkludent getroffen werden (s. zB BGH NJW-RR 1995, 364). Die Abgrenzung zur vertraglich vorausgesetzten Verwendung (§ 434 Abs. 1 Satz 2 Nr. 1 BGB) ist fließend, letztlich aber auch bedeutungslos, da die Rechtsfolgen dieselben sind.

b) Vertraglich vorausgesetzte Verwendung

26 Ein Sachmangel liegt auch vor, wenn die Sache zur vertraglich vorausgesetzten Verwendung nicht geeignet ist (§ 434 Abs. 1 Satz 2 Nr. 1 BGB). Diese Fallgruppe ist anwendbar, wenn eine Beschaffenheit zwar nicht vereinbart wurde, im Vertrag aber ausdrücklich oder stillschweigend eine bestimmte Verwendung der Kaufsache erkennbar ist. (Beispiel: Verkauf eines Grundstücks als Bauland).

c) Eignung zur gewöhnlichen Verwendung

27 Ein Sachmangel liegt ferner dann vor, wenn sich die gekaufte Sache nicht zur gewöhnlichen Verwendung eignet oder die Beschaffenheit von der Beschaffenheit vergleichbarer Produkte abweicht. Hier ist in erster Linie zu fragen, was der Käufer nach der Verkehrsanschauung von dem Produkt erwarten kann.

Gem. § 434 Abs. 1 Satz 3 BGB wird die Eignung zur gewöhnlichen Verwendung erweitert durch öffentliche Äußerungen des Verkäufers, des Herstellers oder anderer Gehilfen. Der Käufer soll also die Werbeaussagen ernst nehmen dürfen. Musterbeispiel sind die Angaben der Kfz-Hersteller über den Verbrauch der Fahrzeuge (Palandt/Weidenkaff § 434 BGB Rz. 35). Die Sachmangelhaftung für öffentliche Äußerungen ist allerdings ausgeschlossen, wenn der Verkäufer die Äußerung nicht kannte und nicht kennen musste (beispielsweise bei der Verwendung durch den Hersteller oder durch Gehilfen), wenn sie in gleichwertiger Weise beim Abschluss des Vertrages bereits berichtigt oder wenn sie für die Kaufentscheidung ohne Einfluss war. Die Beweislast für diese Ausnahmeregelung liegt beim Verkäufer. 28

d) Unsachgemäße Montage oder mangelhafte Montageanleitung

Ein Sachmangel ist auch gegeben, wenn eine vom Verkäufer vertraglich übernommene Montage fehlerhaft durchgeführt wird. Praktisch ist dies oft der Fall beim Kauf von Elektroherden oder Wasch- und Spülmaschinen, die der Verkäufer liefert und anschließt. Dem gleichgestellt ist das Vorliegen einer mangelhaften Montageanleitung, wenn die gekaufte Sache zur Eigenmontage vorgesehen ist. Diese Fallgruppe trifft insbesondere auf Mitnahmemöbel zu. Die Anleitung ist mangelhaft, wenn sie für einen nicht völlig unerheblichen Teil der Kunden unverständlich ist, weil sie entweder in einer fremden Sprache abgefasst oder nicht nachvollziehbar ist (Erman/Grunewald § 434 Rz. 55). Ein Montageversuch ist nicht erforderlich (Wenzel DB 2003, 1887, 1889). Ein Fehler liegt allerdings nicht vor, wenn die Sache vom Käufer oder einem Dritten tatsächlich ordnungsgemäß montiert wurde. 29

e) Falsche Menge oder andere Sache

Gem. § 434 Abs. 3 BGB steht es einem Sachmangel gleich, wenn der Verkäufer eine andere Sache oder eine zu geringe Menge liefert. Bei der Falschlieferung besteht jedenfalls bei der Gattungsschuld Einigkeit darüber, dass die Rechtsfolgen des § 437 BGB anwendbar sind. Diskutiert wird allerdings, ob bei der Falschlieferung beim Stückkauf nicht der Erfüllungsanspruch, also das allgemeine Leistungsstörungsrecht, maßgeblich bleiben soll (also teleologische Reduktion von § 434 Abs. 3, vgl. zum Streitstand MünchKomm.BGB/H.P. Westermann § 434 BGB Rz. 39 f.). 30

Bei Mengenunterschreitungen liegt ebenfalls ein Sachmangel vor, es sei denn, der Käufer bringt zum Ausdruck, dass er lediglich eine Teillieferung erbracht und somit den Kaufvertrag noch nicht vollständig erfüllt hat. 31

Wie auch bei der Falschlieferung beim Stückkauf sind die Rechtsfolgen bei Mindermengen nicht unumstritten. Bei Mindermengen geht es vor allen Dingen um die Frage, ob der Rücktritt wegen einer unerheblichen Abweichung iSv. § 323 Abs. 5 Satz 2 BGB ausgeschlossen ist (vgl. dazu eingehend Erman/Grunewald § 434 BGB Rz. 62).

2. Rechtsmängel

Ein Rechtsmangel liegt vor, wenn Dritte aufgrund eines privaten oder öffentlichen Rechts das Eigentum beeinträchtigen können, das dem Käufer vom Verkäufer verschafft werden soll. Die Abgrenzung zwischen einem Rechts- und einem Sachmangel ist nicht einfach, allerdings auch nicht erforderlich, da die Rechtsfolgen dieselben sind. 32

Rechtsmängel aufgrund privater Rechte können sein dingliche Rechte (zB Grunddienstbarkeiten oder Vorkaufsrechte), Rechte, die zum Besitz berechtigen (zB Miet- oder Pachtverträge) sowie sonstige Rechte, die die Nutzung des Kaufgegenstandes beeinträchtigen (zB Patente, Markenrechte oder sonstige Immaterialgüterrechte). 33

Öffentliche Rechte, die Rechtsmängel begründen können, können beispielsweise behördliche Bauverbote sein, die Sozialbindung einer Wohnung (BGH NJW 2000, 1256) oder Baulasten (der Streit, ob Baulasten Sach- oder Rechtsmängel sind, dazu Staudinger/Matusche-Beckmann § 435 BGB Rz. 31 braucht wegen der identischen Rechtsfolgen nicht entschieden zu werden). 34

3. Ansprüche bei Sach- und Rechtsmängeln

35 Die Rechte des Käufers bei Sach- und Rechtsmängeln ergeben sich aus § 437 BGB. Danach hat zunächst die Nacherfüllung (Mangelbeseitigung oder Lieferung einer mangelfreien Sache) Vorrang. Ist die Frist für die Nacherfüllung erfolglos abgelaufen, die Nacherfüllung fehlgeschlagen oder für den Käufer unzumutbar, kann er neben oder anstatt der Nacherfüllung Rücktritt, Minderung oder Schadensersatz verlangen.

a) Nacherfüllung

36 § 439 gibt dem Käufer ein Wahlrecht, ob er die Beseitigung des Mangels oder Lieferung einer mangelfreien Sache verlangen möchte. Nachbesserung ist die Nacharbeitung des Mangels an der verkauften Sache, Nachlieferung die vom Verkäufer veranlasste Lieferung einer anderen Sache, die der verkauften Sache entspricht, aber ohne Mangel ist.

36a ➲ **Wichtig:** Muss die Lieferung einer mangelfreien Sache gerichtlich geltend gemacht werden, sollte die Antragstellung eine Verurteilung Zug um Zug gegen Rückgabe der mangelhaften Sache vorsehen.

36b Gem. § 439 Abs. 2 BGB gehen die zum Zwecke der Nacherfüllung erforderlichen Kosten zu Lasten des Verkäufers.

Gem. § 439 Abs. 3 BGB kann der Verkäufer die vom Käufer gewählte Art der **Nacherfüllung verweigern**, sofern sie unverhältnismäßige Kosten verursacht. Dies kann etwa der Fall sein bei einer aufwendigen Reparatur eines MP3-Spielers, der nur wenige Euro kostet. Er kann die Nacherfüllung insgesamt verweigern, wenn auch die andere Art der Nacherfüllung unverhältnismäßige Kosten nach sich ziehen würde. Der Käufer hat dann nur die Rücktritts-, Minderungs- und Schadensersatzrechte. Bei einem Stückkauf ist die Nachbesserung der Regelfall, da eine Nacherfüllung durch Ersatzlieferung grundsätzlich ausgeschlossen ist (OLG Hamm NJW-RR 2005, 1220).

37 Der Käufer hat dem Verkäufer für die Nacherfüllung eine **angemessene Frist** zu setzen. Die Fristsetzung ist entbehrlich, wenn der Verkäufer die Nacherfüllung verweigert, die Nacherfüllung fehlgeschlagen oder für den Käufer unzumutbar ist. Als fehlgeschlagen gilt die Nachbesserung nach dem erfolglosen zweiten Versuch (§ 440 Satz 2 BGB). Unzumutbar ist die Nacherfüllung für den Käufer, wenn der Wert der nachgebesserten Sache erheblich beeinträchtigt ist oder die Nacherfüllung zu lange dauert (Palandt/Weidenkaff § 440 BGB Rz. 8).

b) Rücktritt

38 Gem. § 437 Nr. 2 iVm. §§ 440, 323, 326 Abs. 5 BGB kann der Käufer wegen eines Mangels auch vom Kaufvertrag zurücktreten. Voraussetzung ist auch hier zunächst ein Sach- oder Rechtsmangel sowie der Ablauf einer angemessenen Nacherfüllungsfrist, die der Käufer dem Verkäufer gem. § 323 Abs. 1 BGB gesetzt hat. Die Frage der Angemessenheit richtet sich nach der Art des Mangels. Ist die Frist zu kurz, kann der Käufer erst nach Ablauf einer angemessenen Frist zurücktreten. Ein zu früher Rücktritt ist unwirksam. Ausgeschlossen ist der Rücktritt bei einem lediglich unerheblichen Mangel, § 323 Abs. 5 Satz 2 BGB.

39 Ein **Rücktritt ohne Frist** ist gem. § 326 Abs. 5 BGB möglich:
- wenn der Verkäufer die Nacherfüllung ernsthaft und endgültig verweigert,
- beim Fixkauf (Vertrag hängt von pünktlicher Lieferung ab),
- wenn besondere Gründe den sofortigen Rücktritt rechtfertigen (§ 323 Abs. 2 Nr. 3 BGB),
- in den Fällen des § 440 (Verweigerung der Nacherfüllung, Fehlschlagen oder Unzumutbarkeit der Nacherfüllung),
- in den Fällen des § 275 (Unmöglichkeit der Nacherfüllung, unverhältnismäßiger Aufwand oder Unzumutbarkeit).

Ausnahmsweise ist ein Rücktritt schon vor Eintritt der Fälligkeit des Mängelanspruchs möglich (§ 437 Nr. 2 iVm. § 323 Abs. 5 BGB). Dies ist dann der Fall, wenn sich schon vor Übergabe der Kaufsache ein nicht beseitigungsfähiger Mangel zeigt.

Bei **Teillieferung** ist ein Rücktritt vom ganzen Vertrag dann möglich, wenn der Schuldner kein Interesse an der Teilleistung hat (zB Lieferung nur einer Teilmenge von Wein für eine Feier mit fixem Datum). 40

Rechtsfolge des Rücktritts, der gegenüber dem Verkäufer erklärt werden muss (§ 349 BGB), ist die Rückabwicklung des Kaufvertrages. Gem. §§ 346 und 347 BGB sind die empfangenen Leistungen Zug um Zug zurückzugewähren. 41

➲ **Wichtig:** Auch bei der Klage auf Rückübereignung ist ein Zug-um-Zug-Antrag zu stellen. Ist der Verkäufer wie regelmäßig im Annahmeverzug mit der angebotenen Rückgabe der Kaufsache, empfiehlt sich auch der Feststellungsantrag, dass sich der Verkäufer in Annahmeverzug befindet. Dies erleichtert die Vollstreckung, da dann der Annahmeverzug nicht eigens durch separate öffentliche Urkunde nachgewiesen werden muss. 41a

Anders als bei der Nachlieferung im Verbrauchsgüterkauf (vgl. § 474 Abs. 5 Satz 1 BGB) hat der Käufer gem. § 346 Abs. 1 BGB bei einem Rücktritt die gezogenen Nutzungen herauszugeben (zur Berechnung bei der Rückabwicklung von Autokäufen Reinking/Eggert Rz. 1161 ff.). 41b

c) Minderung

Alternativ zum Rücktrittsrecht hat der Käufer die Möglichkeit, den Kaufpreis zu mindern. Beide Rechte zusammen kann er nicht geltend machen. Die Minderung kommt vor allem dann in Betracht, wenn ein Rücktritt wegen § 323 Abs. 5 Satz 2 BGB wegen eines unerheblichen Mangels ausgeschlossen ist, vgl. § 441 Abs. 1 Satz 2 BGB. 42

Die Minderung muss gegenüber dem Verkäufer erklärt werden. Hierzu reicht die Erklärung des Käufers aus, den Kaufpreis angemessen herabsetzen zu wollen. Einigt sich der Käufer mit dem Verkäufer allerdings nicht, ist es letztlich Sache des Gerichts, den Minderungsbetrag ggf. unter Zuhilfenahme des Schätzungsrechts gem. § 287 ZPO festzulegen.

Gem. § 441 Abs. 3 BGB ist bei der Minderung der Kaufpreis in dem Verhältnis herabzusetzen, in welchem der Wert der Sache in mangelfreiem Zustand zum wirklichen Wert gestanden hat. Es gilt also folgende Formel: 43

$$\frac{\text{Kaufpreis nach Minderung} = \text{vereinbarter Kaufpreis} \times \text{Wert der mangelhaften Sache}}{\text{Wert der mangelfreien Sache}}$$

Aus dieser Rechnung ergibt sich, dass immer dann, wenn der vereinbarte Kaufpreis dem Wert der mangelfreien Sache entspricht, der geminderte Kaufpreis mit dem Wert der mangelhaften Sache gleichzusetzen ist.

Den überzahlten Betrag kann der Käufer gem. § 346 Abs. 1 BGB zurück verlangen (§ 441 Abs. 4 Satz 2 BGB). Der Verkäufer kann sich somit nicht auf den Wegfall der Bereicherung (§ 818 Abs. 3 BGB) berufen. Zu den übrigen Voraussetzungen des Minderungsrechts (fruchtlose Fristsetzung ua.) sei auf die obigen Ausführungen zum Rücktrittsrecht verwiesen.

d) Schadensersatz

Die einzelnen Voraussetzungen der Schadensersatzansprüche sind nicht bei den kaufrechtlichen Vorschriften des besonderen Teils geregelt. Vielmehr verweist § 437 vollständig auf die Anspruchsgrundlagen im allgemeinen Schuldrecht bei den Leistungsstörungen. 44

Ist ein **Mangel von Anfang an unbehebbar**, gilt § 437 Nr. 3 iVm. § 311a BGB: Der Käufer hat Anspruch auf Ersatz seiner Schäden oder kann wahlweise Ersatz seiner Aufwendungen verlangen. Ist der **Mangel nicht von Anfang an unbehebbar**, wird zunächst auf § 280 Abs. 1 BGB verwiesen. Danach hat der Verkäufer, wenn er den Mangel zu vertreten hat, die hierdurch entstandenen Schäden zu ersetzen. **Schadensersatz statt der Leistung** kann der Käufer aber nur unter zusätzlichen Voraussetzungen verlangen. Entweder muss die zur Nacherfüllung gesetzte Frist fruchtlos abgelaufen sein, der Verkäufer hat die Nacherfüllung ernsthaft und endgültig verweigert, besondere Interessen rechtfertigen die sofortige Geltendmachung des Schadensersatzanspruchs (§ 281 Abs. 2), die Nacherfüllung ist fehlgeschlagen oder sie ist für den Käufer unzumutbar (§ 440 BGB). Sind diese zusätzlichen Voraussetzungen erfüllt, kann der Käufer sowohl den kleinen Schadensersatzanspruch wählen (er behält die Kaufsache und berechnet seinen Schaden nach der Wertminderung der Kaufsache) oder aber den großen Schadensersatzanspruch (er gibt die Sache zurück und rechnet seinen vollen Schaden ab), dazu Erman/Grunewald § 437 BGB Rz. 16 ff.

45 Daneben kann der Käufer diejenigen Schäden ersetzt verlangen, die ihm trotz durchgeführter Nachbesserung verbleiben. Zum einen kann es sich dabei um **Mangelschäden** handeln. Mangelschäden entstehen dann, wenn der Kauf trotz eines nachgebesserten Mangels zu Vermögensschäden beim Käufer geführt hat (beispielsweise durch Kosten für Gutachten, Gewinnausfall oder einen mangelbedingten Minderwert). Daneben können auch **Mangelfolgeschäden**, die durch Nacherfüllung nicht beseitigt werden können, ersatzfähig sein. Solche Mangelfolgeschäden entstehen an anderen Rechtsgütern des Käufers. Ersatzfähig ist schließlich auch der **Verzögerungsschaden** unter der Voraussetzung, dass der Verkäufer in Verzug war. Es kann sich hierbei sowohl um einen Verzug mit der Lieferung als auch um einen Verzug mit der Nachbesserung handeln.

46 Die Haftung des Verkäufers erfordert grundsätzlich Verschulden (§§ 276, 278 BGB). Allerdings sieht § 280 Abs. 1 Satz 2 BGB eine Umkehr der Beweislast vor, so dass der Verkäufer darzulegen und nachzuweisen hat, dass er den Mangel nicht verschuldet hat.

47 Gem. § 437 Nr. 3 BGB kann der Käufer alternativ Schadensersatz oder **Ersatz vergeblicher Aufwendungen** verlangen. Dies bedeutet indes nicht, dass die anderen Schadensersatzansprüche vollständig ausgeschlossen werden. Der Ersatz vergeblicher Aufwendungen ist eine Alternative allein zum Schadensersatz statt der Leistung und nicht zum Schadensersatz schlechthin (BGH NJW 2005, 2848, 2850).

4. Einwendungen des Verkäufers

48 Der Verkäufer hat eine ganze Reihe von Möglichkeiten, sich gegen die Mängelansprüche des Käufers zu wehren. Folgende Möglichkeiten sind herauszustellen:

Der Verkäufer hat unter gewissen Voraussetzungen Rechte zur **Verweigerung der Nacherfüllung**. Sie ergeben sich aus § 439 Abs. 3 Satz 1 BGB bzw. § 275 BGB. Voraussetzung ist jeweils ein unverhältnismäßiger Aufwand für den Verkäufer.

49 Der Verkäufer kann sich beim Rücktritt auf einen **Ausschluss des Rücktrittsrechts** berufen. Gem. § 323 Abs. 5 Satz 2 BGB ist der Rücktritt ausgeschlossen, wenn der Sachmangel lediglich unerheblich ist. Ein unerheblicher Mangel wäre beispielsweise ein defektes Radio im gekauften Pkw oder der Austausch einiger weniger Fliesen im gekauften Haus (Palandt/Grüneberg § 323 BGB Rz. 32).

50 Die Haftung des Verkäufers ist außerdem ausgeschlossen, wenn der **Käufer den Sachmangel** bei Kaufabschluss **kannte** (§ 442 BGB). Die Kenntnis hat der Verkäufer zu beweisen. Hat der Käufer einen Mangel grob fahrlässig nicht erkannt, haftet der Verkäufer, wenn er den Mangel arglistig verschwiegen oder eine Garantie übernommen hat.

51 Der Verkäufer kann sich schließlich auf **Haftungsausschlüsse** berufen. So schließt beispielsweise eine Klausel „gekauft wie besichtigt" die Haftung für sichtbare Mängel aus. Der Verkauf eines Grundstücks „wie es steht und liegt" stellt sogar einen vollständigen Haftungsausschluss dar. Allerdings sind die Grenzen der Haftungsausschlüsse nach den §§ 307 ff. BGB (Allgemeine Geschäftsbedingungen) zu beachten. Im Übrigen ist bei Verbrauchsgüterkäufen die Haftung des Unternehmers für Sachmängel weitestgehend unabdingbar (§ 475 BGB, vgl. aber für Schadensersatzansprüche § 475 Abs. 3 BGB). Schließlich können Mängelrechte nicht ausgeschlossen werden, wenn der Verkäufer eine Beschaffenheitsgarantie übernommen oder den Mangel arglistig verschwiegen hat.

5. Garantieerklärungen

Neben der Sachmängelhaftung besteht eine Garantiehaftung, wenn der Verkäufer oder ein Dritter eine Beschaffenheitsgarantie übernommen hat (§ 443 BGB). Dem Käufer stehen dann unabhängig von den Mängelansprüchen und unabhängig von einem etwaigen Verschulden die in der Garantie festgelegten Ansprüche gegen den Garantiegeber zu. Bei der Verkäufergarantie kommen dabei alle Mängelansprüche in Betracht, bei der Garantie eines Dritten scheiden Rücktritt und Minderung naturgemäß aus, da diese Rechte nur gegenüber dem Verkäufer geltend gemacht werden können. 52

6. Verjährung

Die Verjährungsfristen für die Mängelansprüche sind geregelt in § 438 BGB. Sie betragen fünf Jahre bei Bauwerken bzw. bei für Bauwerke verwendeten Baustoffen und Bauteilen sowie zwei Jahre für die sonstige Masse der Kaufverträge. Die Verjährung beginnt gem. § 438 Abs. 2 BGB bei Grundstücken mit der Übergabe, ansonsten mit der Ablieferung der Sache. Arglistig verschwiegene Mängel verjähren in der regelmäßigen Verjährungsfrist (drei Jahre ab Kenntnis, § 195 BGB), jedoch nicht bevor die kaufrechtliche Verjährungsfrist abgelaufen ist. § 475 Abs. 2 BGB schließt bei Verbraucherverträgen eine Verkürzung der Verjährungsfrist von zwei Jahren bei neuen Sachen aus, bei gebrauchten Sachen kann eine Verjährungsfrist von einem Jahr vereinbart werden. 53

M 13.1 Kaufvertrag über ein gebrauchtes Kraftfahrzeug

Kaufvertrag zwischen Herrn/Frau ... (Adresse, Geburtsdatum)
und Herrn/Frau ... (Adresse, Geburtsdatum)[1].

§ 1 Kaufgegenstand

1.1. Der Verkäufer verkauft an den Käufer folgendes Kfz:
Hersteller ...
Typ ...
Amtl. Kennzeichen ...
Fahrzeug-Identifizierungsnummer ...
Nummer Fahrzeugbrief/Zulassungsbescheinigung Teil II ...
Erstzulassung ...
Abgelesene Fahrleistung ...
1.2. Mitverkauft wird das serienmäßige Zubehör (Reserverad, Bordwerkzeug, Warndreieck, Verbandskasten); ebenfalls mitverkauft werden folgende Zusatzausstattungen:
4 Winterräder mit Felgen
Abschleppseil ...

§ 2 Kaufpreis

Der Kaufpreis beträgt ... Euro.

1 Die persönlichen Daten sollten unbedingt durch Vorlage eines Passes oder Personalausweises nachgeprüft werden. Insbesondere wenn Zweifel bestehen, ob der Verkäufer oder Käufer minderjährig ist, sollte eine Nachprüfung erfolgen. Die Eintragung des Geburtsdatums dient daher als Gedächtnisstütze. Sofern Käufer oder Verkäufer minderjährig sind, besteht die Gefahr, dass die gesetzlichen Vertreter das Geschäft nicht genehmigen und der Kaufvertrag deshalb unwirksam ist.

§ 3 Zusicherungen des Verkäufers

Der Verkäufer sichert Folgendes zu:

3.1. Das verkaufte Fahrzeug steht in meinem unbeschränkten Eigentum[2]

3.2. Das Fahrzeug hat in der Zeit, in der es in meinem Eigentum stand, keine/folgende Unfallschäden erlitten[3] *...*

3.3. Das Fahrzeug wurde in der Zeit, in der es in meinem Eigentum stand, nicht gewerblich genutzt.

§ 4 Erklärungen des Verkäufers

Der Verkäufer erklärt, dass nach seiner Kenntnis

4.1. das Kfz auch vor seiner Eigentümerstellung keinen Unfall hatte

4.2. das Kfz keinen Austauschmotor hat

4.3. die auf dem Tachometer ablesbare Fahrleistung richtig ist

4.4. das Kfz auch vorher nicht gewerblich genutzt wurde

4.5. das Kfz kein Importfahrzeug ist.

§ 5 Abwicklung des Halterwechsels

5.1. Der Käufer bestätigt, Fahrzeugbrief/Zulassungsbescheinigung Teil II und Fahrzeugschein/Zulassungsbescheinigung Teil I, das Kfz nebst ... Schlüsseln sowie die Bescheinigungen über die letzte Haupt- und Abgasuntersuchung erhalten zu haben.

5.2. Der Käufer versichert, das Fahrzeug unverzüglich auf sich anzumelden[4]*.*

5.3. Der Verkäufer bestätigt, den Kaufpreis iHv. ... Euro in bar erhalten zu haben[5]*.*

§ 6 Einbeziehung der Vertragsbedingungen

Im Übrigen gelten die umseitigen Vertragsbedingungen[6]*.*

... (Ort, Datum)

(Unterschrift Verkäufer) *(Unterschrift Käufer)*

---

2 Sofern der Verkäufer nicht im Fahrzeugbrief ausgewiesen ist, sollte sich der Käufer eine schriftliche Verkaufsvollmacht vorlegen lassen, da ansonsten Zweifel an der Gutgläubigkeit des Erwerbers beim Erwerb aufkommen könnten.

3 Auch geringfügige Unfallschäden müssen vom Verkäufer im Rahmen eines Kaufabschlusses offenbart werden, vgl. Reinking/Eggert Rz. 3097 f.

4 Mit dem Eigentumswechsel am Fahrzeug geht auch die Versicherung über. Der Schadensfreiheitsrabatt des Verkäufers wird also nicht berührt, wenn der Käufer noch vor Ummeldung des Fahrzeugs einen Schaden verursacht.

5 Grundsätzlich sollte immer Barzahlung vereinbart werden. Die Vereinbarung von Ratenzahlungen oder die Bezahlung durch Schecks kann zu Schwierigkeiten führen. Die Ratenzahlungsvereinbarung führt faktisch zu einer Vorleistungspflicht des Verkäufers und Schecks können ungedeckt sein. Die Hingabe eines Schecks führt im Übrigen nicht zur Erfüllung, sondern stellt lediglich eine Zahlung erfüllungshalber dar. Erfüllung tritt erst ein, wenn die bezogene Bank leistet.

6 In diesem Zusammenhang sei auf die **M 12.1** und **M 12.2** verwiesen. Sofern lediglich eine Regelung zur Haftung und zu Mängelansprüchen getroffen werden soll, kann alternativ anstatt des Verweises auf die Geschäftsbedingungen die unter Nr. 6 der genannten Formulare formulierte Gewährleistungserklärung übernommen werden.

M 13.2 Veräußerungsanzeige bei Kfz-Verkauf, Mitteilungsschreiben für die Kfz-Zulassungsstelle

An die Kfz-Zulassungsstelle . . .

Veräußerungsanzeige und Empfangsbestätigung (§ 13 Abs. 4 FZV)[1]

Als Eigentümer des Kfz mit dem Kennzeichen . . ., Hersteller . . ., Typ . . ., Fahrzeug-Ident-Nr. . . . teile ich mit, dass ich das Fahrzeug an . . . (Name und Anschrift des Käufers) verkauft habe.

. . . (Name und Anschrift des Verkäufers)

. . . (Ort/Datum)

(Unterschrift)

Als Käufer des oben genannten Fahrzeuges bestätige ich, dass mir heute um . . . (Uhrzeit) folgende Unterlagen überreicht wurden:

Kraftfahrzeugbrief (bzw. Zulassungsbescheinigung Teil II)

Kraftfahrzeugschein (bzw. Zulassungsbescheinigung Teil I)

bei stillgelegtem Fahrzeug: Stilllegungsbescheinigung

Bescheinigung über die letzte Hauptuntersuchung

Bescheinigung über die letzte Abgasuntersuchung

. . . (Ort/Datum)

(Unterschrift des Käufers)

---

1 Der Veräußerer hat gem. § 13 Abs. 4 FZV die Pflicht, die Zulassungsstelle von der Veräußerung des Fahrzeugs in Kenntnis zu setzen und die Anschrift des Erwerbers mitzuteilen. Ferner hat der Verkäufer dem Erwerber Fahrzeugschein und Fahrzeugbrief, bei stillgelegten Fahrzeugen die Stilllegungsbescheinigung sowie den Untersuchungsbericht über die letzte Hauptuntersuchung und die Abgasuntersuchung auszuhändigen.

M 13.3 Veräußerungsanzeige bei Kfz-Verkauf, Mitteilung an die Haftpflichtversicherung des Verkäufers[1]

An die . . . Versicherung

Mitteilung über Veräußerung des Fahrzeuges

Als Eigentümer des Kfz mit dem amtl. Kennzeichen . . ., Hersteller . . ., Typ . . ., Fahrzeug-Ident-Nr. . . ., Versicherungsnummer teile ich mit, dass ich das Fahrzeug an Herrn/Frau/Firma . . . (vollständige Anschrift) verkauft habe. Das Fahrzeug wurde am . . . um . . . übergeben.

. . . (Anschrift des Verkäufers)

. . . (Ort/Datum)

(Unterschrift des Verkäufers)

(Unterschrift des Käufers)

---

1 Die Veräußerung des Fahrzeuges ist dem Versicherer anzuzeigen (vgl. § 6 Abs. 1 Satz 4 AKB). Folge der Veräußerung ist, dass der Erwerber in die Rechte und Pflichten des Versicherungsnehmers aus dem Versicherungsvertrag eintritt. Sowohl Veräußerer des Fahrzeugs als auch Versicherer sind berechtigt, den Versicherungsvertrag bei Veräußerung zu kündigen (§ 6 Abs. 2 AKB). Auch der Erwerber kann kündigen. Zu den Fristen der Kündigung vgl. § 6 Abs. 2 AKB. Die Vorlage einer Deckungsbestätigung (Doppelkarte) einer anderen Versicherung wird als Kündigung des übernommenen Vertrages angesehen.

M 13.4 Nachbesserungsaufforderung

An den Elektronikmarkt . . .

Mängel am Fernsehgerät Star TV

Sehr geehrte Damen und Herren,

vor ca. zwei Wochen habe ich bei Ihnen das Fernsehgerät Star TV 550 R zum Preis von 699 Euro gekauft. Nachdem das Gerät anfänglich noch funktionierte, ist seit gestern nur noch der Ton, aber kein Bild mehr vorhanden.

Ich bitte Sie, das Gerät in den nächsten Tagen nach Vorankündigung bei mir abzuholen[1] *und mir ein neues Gerät zur Verfügung zu stellen*[2]*.*

Sollten Sie dieser Aufforderung nicht innerhalb von zwei Wochen nachkommen[3]*, werde ich vom Kaufvertrag zurücktreten, mir ein Ersatzgerät kaufen und Ihnen den Differenzbetrag in Rechnung stellen.*

(Unterschrift)

1 Gem. § 439 Abs. 2 BGB hat der Verkäufer die Transportkosten zu tragen. Dem Käufer sollen durch die Mangelhaftigkeit also keinerlei finanzielle Nachteile entstehen, dazu Erman/Grunewald § 439 BGB Rz. 4.

2 In diesem Formular macht der Käufer von dem Recht auf Lieferung einer mangelfreien Sache gem. § 439 Abs. 1 Alt. 2 BGB Gebrauch. Alternativ hätte er auch die Beseitigung des Mangels verlangen können.

3 Die Frist von zwei Wochen für die Ersatzlieferung eines Fernsehgerätes ist zweifellos angemessen im Sinne von § 281 Abs. 1 bzw. 323 Abs. 1 BGB.

M 13.5 Rücktritt durch den Käufer

An den Elektronikmarkt . . .

Mängel am Fernsehgerät Star TV

Sehr geehrte Damen und Herren,

ich nehme Bezug auf mein Schreiben vom . . . Nachdem meine Aufforderung, mir ein mangelfreies Fernsehgerät zu liefern, ergebnislos abgelaufen ist, trete ich hiermit vom Kaufvertrag zurück. Das mangelhafte Gerät kann jederzeit bei mir abgeholt werden. Bitte überweisen Sie mir den Kaufpreis iHv. 699 Euro auf mein Konto Nr. . . . bei der . . . Bank. Ich behalte mir vor, evtl. entstehende Schäden bei der Ersatzbeschaffung bei Ihnen geltend zu machen[1]*.*

(Unterschrift)

1 Anspruchsgrundlage für diesen Ersatzanspruch ist § 437 Nr. 3 BGB iVm. §§ 280, 281 BGB.

M 13.6 Minderungsverlangen

An das Möbelhaus . . .

Couchgarnitur „Siegrid"

Sehr geehrte Damen und Herren,

am . . . habe ich bei Ihnen die Couchgarnitur „Siegrid" zu einem Preis von 1000 Euro gekauft. Ein Sessel weist Farbunterschiede auf. Sie hatten mir telefonisch mitgeteilt, dass es sich bei der Garnitur um einen Restposten gehandelt hat, der nicht mehr lieferbar ist. Es ist daher nach Ihrer Aussage nicht möglich, den Mangel zu beseitigen[1]*. Ich erkläre deshalb die Minderung des Kaufpreises.*

1 In einem solchen Fall ist eine Nachbesserungsfrist entbehrlich, da der Mangel unbehebbar ist.

Angesichts der je nach Lichteinfall deutlich sichtbaren Farbunterschiede erscheint mir ein Minderungsbetrag von 200 Euro angemessen[2].

(Unterschrift)

2 Die Minderung kommt durch die Erklärung des Käufers gem. § 441 Abs. 1 zustande. Ob der Käufer beim Minderungsverlangen einen bestimmten Betrag zu nennen hat, ist streitig (dafür Palandt/Weidenkaff § 441 BGB Rz. 10; dagegen Erman/Grunewald § 441 BGB Rz. 2). Sinnvollerweise sollte der Kläger seine Vorstellung angeben, damit er nicht Gefahr läuft, seine Rechte zu verlieren.

M 13.7 Mängelrüge beim Handelskauf[1]

An die . . . (Firma)

Lieferung der Schrauben, Auftrags-Nr. 642510

Sehr geehrte Damen und Herren,

mit Auftrag vom . . . bestellten wir bei Ihnen 100 000 Stück vernickelte Schrauben 6 × 15. Bei der Lieferung mussten wir feststellen, dass bei ca. 80 % der Schrauben die Beschichtung am Schraubenkopf beschädigt war. Die Schrauben sind deshalb nicht verwendbar, weil sie zum einen nicht mehr korrosionsbeständig sind und zum anderen auch optische Mängel aufweisen. Wir haben Ihnen die gesamte Charge deshalb unfrei zurückgeschickt.

Mit freundlichen Grüßen

(Unterschrift)

1 Gem. § 377 HGB hat beim beiderseitigen Handelsgeschäft der Käufer die Ware unverzüglich nach Ablieferung zu untersuchen und dem Verkäufer Mängel anzuzeigen. Unterlässt der Käufer diese unverzügliche Anzeige, gilt die Ware als genehmigt. Dies wiederum hat zur Folge, dass der Käufer alle seine Mängelansprüche verliert (näher zu den Rechtsfolgen Baumbach/Hopt § 377 HGB Rz. 45 ff.).

VII. Besondere Arten des Kaufs

1. Kauf auf Probe

Gem. § 454 BGB ist der Kauf auf Probe ein Kaufvertrag, der unter der aufschiebenden oder auflösenden Bedingung geschlossen wird, dass der Käufer den Kauf billigt bzw. missbilligt. Ist – wovon gem. § 454 Abs. 1 Satz 2 BGB im Zweifel auszugehen ist – der Kaufvertrag unter einer aufschiebenden Bedingung geschlossen, tritt der Gefahrübergang erst mit der Billigung ein. Sofern eine Billigungsfrist nicht vereinbart ist, wird diese vom Verkäufer bestimmt (§ 455 Satz 1 BGB). Äußert sich der Käufer nicht, gilt sein Schweigen als Billigung (§ 455 Satz 2 BGB). 54

M 13.8 Kauf auf Probe

Auszug aus dem Kaufvertrag

Der Käufer erhält den Kaufgegenstand auf Probe. Die Probezeit endet eine Woche nach Erhalt des Kaufgegenstandes.

Die Kosten der Besichtigung trägt der Käufer. Sofern der Käufer den Kaufgegenstand nicht billigt, was er innerhalb der o.g. Frist erklären muss, trägt er die Kosten der Rücksendung. Ein Anspruch auf Nutzungsvergütung für die Zeit der Billigungsfrist steht dem Verkäufer nicht zu[1].

1 Zu dieser Regelung vgl. OLG Schleswig NJW-RR 2000, 1656.

2. Wiederkauf

55 Durch die Einräumung eines Wiederkaufsrechts wird der Käufer aufschiebend bedingt verpflichtet, den Kaufgegenstand gegen Zahlung des Wiederkaufpreises zurück zu übertragen, wenn der Verkäufer eine Wiederkaufserklärung abgibt (§ 456 BGB). Gem. § 457 BGB ist der Wiederverkäufer verpflichtet, nach Ausübung des Wiederkaufsrechts dem Wiederkäufer den gekauften Gegenstand herauszugeben. Mangels einer anderweitigen Vereinbarung gilt der ursprüngliche Verkaufspreis auch für den Wiederkauf (§ 456 Abs. 2 BGB).

3. Vorkaufsrecht

56 Vorkaufsrecht ist die Befugnis des Berechtigten, durch einseitige Willenserklärung einen Kauf mit dem Verpflichteten zu den Bedingungen zustande zu bringen, die der Verpflichtete mit einem Dritten vereinbart hat. Zu unterscheiden ist zwischen dem schuldrechtlichen und dem dinglichen Vorkaufsrecht. Das dingliche Vorkaufsrecht belastet ein Grundstück mit Wirkung gegenüber jedem. Das schuldrechtliche Vorkaufsrecht wirkt nur zwischen den Parteien, die die schuldrechtliche Vorkaufsrechtsvereinbarung getroffen haben. In der Praxis werden Vorkaufsrechte vor allem bei Grundstücken vereinbart. Dort haben auch gesetzliche Vorkaufsrechte besondere Bedeutung. Zum Vorkaufsrecht bei Grundstücken s. im Einzelnen die Erläuterungen in Kap. 55.

Praktisch wichtig ist die Mitteilungspflicht des Vorkaufsverpflichteten gem. § 469 BGB. Sie ist Voraussetzung dafür, dass der Vorkaufsberechtigte von seinem Vorkaufsrecht Gebrauch machen kann.

M 13.9 Vorkaufsrechtsvereinbarung

Vorkaufsrechtsvereinbarung

zwischen

. . . (Name, Anschrift)

– Vorkaufsverpflichteter –

und

. . . (Name, Anschrift)

– Vorkaufsberechtigter –

Vorbemerkung

Der Vorkaufsverpflichtete ist Eigentümer des Pkw . . . (Marke), amtl. Kennzeichen . . ., Fahrgestell-Nr. . . . Er möchte sein Fahrzeug derzeit nicht veräußern, erklärt sich aber bereit, für den Fall einer Veräußerung dem Vorkaufsberechtigten Zugriff auf das Fahrzeug zu geben. Vor diesem Hintergrund schließen die Parteien folgende Vereinbarung:

§ 1

Der Vorkaufsverpflichtete räumt dem Vorkaufsberechtigten ein Vorkaufsrecht an dem Pkw . . . (Marke), amtl. Kennzeichen . . ., Fahrgestell-Nr. . . . ein.

§ 2

Der Vorkaufsverpflichtete hat dem Vorkaufsberechtigten innerhalb von einer Woche nach Abschluss eines Kaufvertrages mit einem Dritten schriftlich Mitteilung zu machen und dem Vorkaufsberechtigten eine Kopie des Kaufvertrages zu übersenden[1].

1 Erforderlich ist gem. § 469 BGB nur die Mitteilung des Inhalts des Vertrages. Das Muster sieht eine Übersendung des schriftlichen Vertrages vor, was sinnvoll ist, damit der Vorkaufsberechtigte genaue Kenntnis von den vertraglichen Vereinbarungen hat, in die er eintreten soll.

§ 3

Der Vorkaufsberechtigte hat innerhalb von drei Wochen gegenüber dem Vorkaufsverpflichteten zu erklären, ob er von seinem Vorkaufsrecht Gebrauch macht[2].

... (Ort/Datum)

(Unterschriften)

2 Gem. § 469 Abs. 2 Satz 1 BGB ist bei beweglichen Gegenständen das Vorkaufsrecht innerhalb von einer Woche zu erklären. Diese Vorschrift ist aber abdingbar (§ 469 Abs. 2 Satz 2 BGB). Eine Verlängerung ist jedenfalls dann sinnvoll, wenn eine längere Überlegungsfrist geboten erscheint.

M 13.10 Mitteilung des Eintritts eines Vorkaufsfalls an den Vorkaufsberechtigten

... (Name)

– Vorkaufsverpflichteter –

An ... (Name)

– Vorkaufsberechtigter –

Verkauf meines Pkw ... (Marke)

hier: Vorkauf

Sehr geehrte(r) ...,

unter Bezugnahme auf unsere Vorkaufsrechtsvereinbarung vom ... teile ich Ihnen hiermit mit, dass ich am gestrigen Tage einen Kaufvertrag mit ... (Name, Anschrift) abgeschlossen habe. Beigefügt erhalten Sie eine Mehrfertigung des schriftlichen Kaufvertrages mit der Bitte, innerhalb der Drei-Wochen-Frist, die im Vorkaufsrechtsvertrag vereinbart ist, eine Erklärung über die Ausübung oder Nichtausübung des Vorkaufsrechts abzugeben.

Mit freundlichen Grüßen

(Unterschrift)

2. Abschnitt. Versand- und Onlinehandel

Kapitel 14 Versand- und Onlinehandel

Literatur: S. zur AGB-rechtlichen Literatur die Hinweise zu Kap. 12. Ferner *Bierekoven/Crone*, Umsetzung der Verbraucherrechte-RL – Neuerungen im deutschen Schuldrecht – Ein erster Überblick, MMR 2013, 687 ff.; *Bittner/Clausnitzer/Föhlisch*, Das neue Verbrauchervertragsrecht, 2014; *Eckhardt*, Datenschutzerklärungen und Hinweise auf Cookies, ITBR 2005, 46 ff.; *Föhlisch/Dyakova*, Das Widerrufsrecht im Onlinehandel, MMR 2013, 71 ff.; *Heinig*, Verbraucherschutz – Schwerpunkte der EU-Verbraucherrechte-Richtlinie, MDR 2012, 323 ff.; *Hoeren/Föhlisch*, Ausgewählte Praxisprobleme des Gesetzes zur Umsetzung der Verbraucherrechterichtlinie, CR 2014, 242 ff.; *Hossenfelder/Schilde*, Praxisprobleme bei der Nutzung der Muster-Widerrufsbelehrung im E-Commerce, CR 2014, 456 ff.; *Köhler/Bornkamm*, Gesetz gegen den unlauteren Wettbewerb, 33. Aufl. 2015; *M. Möller*, Die Änderung der rechtlichen Rahmenbedingungen des Direktmarketings, WRP 2010, 321 ff.; *Moos* (Hrsg.), Datennutzungs- und Datenschutzverträge, 2014; *Oelschlägel*, Neues Verbraucherrecht mit Auswirkungen auf den Fernabsatz/E-Commerce, MDR 2013, 1317 ff.; *Oelschlägel/Scholz* (Hrsg.), Handbuch Versandhandelsrecht – E-Commerce, M-Commerce, Katalog, 2013; *Plath*, BDSG Kommentar, 2013; *Schirmbacher/Grasmück*, Neues Verbraucherrecht: Muster-Widerrufsformular und Online-Widerrufserklärung, ITRB 2014, 20 ff.; *Schirmbacher/Schmidt*, Verbraucherrecht 2014 – Handlungsbedarf für den E-Commerce, CR 2014, 107 ff.; *Schneider*, Handbuch des EDV-Rechts, 4. Aufl. 2009; *Scholz*, Zur Unlauterkeit der Verwendung unwirksamer AGB im B2C Onlinehandel, MDR 2013, 690 ff.; *Solmecke* (Hrsg.), Handel im Netz, 2014; *van Raay/Meyer-van Raay*, Opt-in, Opt-out und (k)ein Ende der Diskussion, VuR 2009, 103 ff.; *Wendehorst*, Das neue Gesetz zur Umsetzung der Verbraucherrechterichtlinie, NJW 2014, 577 ff.; *Zscherpe*, Datenschutz im Internet – Grundsätze und Gestaltungsmöglichkeiten für Datenschutzerklärungen, K&R 2005, 264 ff.

I. Einführung

1 Die wirtschaftliche Bedeutung des **Distanzhandels** zwischen Unternehmern und Verbrauchern, insbesondere des Angebots von Waren und Dienstleistungen über **Online-Shops**, wächst stetig. Nicht nur Internethändler, sondern auch Katalogversandhandelsunternehmen und stationäre Händler nutzen flankierend das Internet als Vertriebsweg. Handelsplattformen wie eBay oder Amazon Marketplace eröffnen auch kleineren Unternehmen und Privatpersonen Zugang zum Onlineabsatz. Neben klassische Online-Shops tritt zunehmend auch der Absatz per **Mobile-Commerce** und dort insbesondere über **Apps**.

2 Versand- und Onlinehändler müssen eine Vielzahl überwiegend nicht abdingbarer Vorgaben bei der **Gestaltung der Verträge** (s. dazu **M 14.1**) und zahlreiche **Informationspflichten** (s. dazu die Gestaltungshinweise bei Rz. 80) beachten. Daneben treten u.a. **wettbewerbs-** und **datenschutzrechtliche** Anforderungen (vgl. zu datenschutzrechtlich gebotenen Hinweisen **M 14.3** und zur Einwilligungserklärung **M 14.4**).

➲ **Praxistipp:** Mit der Gestaltung von Versandhandels- oder Online-AGB beauftragte Berater sollten zur Vermeidung von Abmahnrisiken auch auf die Einhaltung der im Fern- und Onlineabsatz regelmäßig einschlägigen gesetzlichen Informationspflichten und die Beachtung wettbewerbs- und datenschutzrechtlicher Vorgaben hinwirken. 3

II. Rechtlicher Rahmen

Die rechtlichen Rahmenbedingungen des Versand- und Onlinehandels sind komplex. Einschlägig sind **vertrags- und AGB-rechtliche** Bestimmungen (s. Rz. 5 ff.), daneben die im Distanzhandel zwischen Unternehmen und Verbrauchern geltenden Vorschriften über den **Fernabsatz** (s. Rz. 8 und Rz. 17 ff.) und beim Onlineabsatz zusätzlich die (größtenteils auch gegenüber Unternehmern geltenden) internetspezifischen Regelungen über den **elektronischen Geschäftsverkehr** (s. Rz. 45 ff.). Zu beachten sind ferner zahlreiche im Onlinehandel typischerweise relevante **wettbewerbsrechtliche, telemedienrechtliche** und **datenschutzrechtliche** Vorschriften (s. Rz. 52 ff.). Wegen des regelmäßig gegebenen Auslandsbezugs sind schließlich bei der Vertragsgestaltung und der Behandlung von Streitfällen **IPR**- und **zuständigkeitsrechtliche** Vorgaben zu berücksichtigen (s. Rz. 65 f.). 4

1. Kauf- und AGB-Recht

Im Distanzhandel kommt überwiegend **Kaufrecht** zur Anwendung. Dies liegt bei dem Verkauf **beweglicher Sachen** auf der Hand, gilt aber auch für die im Internethandel zunehmend anzutreffende Bereitstellung von **Software** und sonstigen **digitalen Inhalten** (zB E-Books, E-Paper, Musik, Hörbüchern, Fotos oder Filmen) zum Download zur dauernden Nutzung gegen Einmalzahlung (vgl. zur kaufrechtlichen Qualifikation von Softwareüberlassungsverträgen Schneider C Rz. 139 und O Rz. 368). Daher geht auch das AGB-Muster **M 14.1** von einem kaufrechtlichen Sachverhalt aus. Denkbar sind aber auch **andere Vertragstypen**, wie zB beim mietrechtlich zu qualifizierenden Onlinevertrieb von Software nach dem Modell „Software as a Service (SaaS)" (so Pohle/Ammann K&R 2009, 625, 626 f.), bei online angebotenen Zeitungs- oder E-Paper-Abonnements oder bei der Teilnahme an Onlinespielen (s. dazu Diegmann/Kuntz NJW 2010, 561, 562). 5

In aller Regel sind Anbieter Unternehmer und Abnehmer Verbraucher. **Unternehmer** ist nach § 14 BGB jede natürliche oder juristische Person oder rechtsfähige Personengesellschaft, die den Vertrag in Ausübung ihrer gewerblichen oder selbständigen beruflichen Tätigkeit schließt. Dies ist der Fall bei jedem planmäßigen und dauerhaften entgeltlichen Waren- oder Leistungsangebot (für eBay-Verkäufer bejaht bei über 200 Bewertungen und eigenem eBay-Shop, OLG Frankfurt/M. NJW 2004, 3433, und für sog. „Powerseller" mit bestimmtem Mindesthandelsvolumen, OLG Karlsruhe WRP 2006, 1038, 1040). **Verbraucher** ist gem. § 13 BGB jede natürliche Person, die den Vertrag zu Zwecken schließt, welche überwiegend weder ihrer gewerblichen noch ihrer selbständigen beruflichen Tätigkeit zugerechnet werden können. Ein objektiv zu privaten Zwecken geschlossener Vertrag kann nur dann als Unternehmergeschäft eingestuft werden, wenn die dem Vertragspartner erkennbaren Umstände eindeutig und zweifelsfrei darauf hinweisen, dass die natürliche Person in Verfolgung ihrer gewerblichen oder selbständigen beruflichen Tätigkeit handelt (BGH WRP 2010, 103, 104). Verkauft ein Unternehmer neue bewegliche Sachen an einen Verbraucher, sind die Bestimmungen über den **Verbrauchsgüterkauf** (§§ 474 ff. BGB) zu beachten. Danach sind die Bestimmungen über Sach- und Rechtsmängel nicht disponibel; lediglich (auch mangelbedingte) Schadensersatzansprüche können auch beim Verbrauchsgüterkauf im Rahmen des AGB-rechtlich Zulässigen beschränkt werden (§ 475 BGB, vgl. dazu näher Kap. 13 Rz. 51). Zu **weiteren Rechtsfolgen** der Unternehmer- und Verbrauchereigenschaft s. Rz. 8 ff., Rz. 51 und Rz. 53. 6

Vertragsbedingungen für den Versand- und Onlinehandel sind immer für eine Vielzahl von Fällen vorformuliert und daher gem. § 305 Abs. 1 Satz 1 BGB **Allgemeine Geschäftsbedingungen**. Damit ist der **Spielraum für vertragliche Gestaltungen** zusätzlich erheblich **beschränkt** (vgl. zum AGB-Recht allgemein Kap. 12, zur Einbeziehung von AGB im Fernabsatz und Onlinehandel Rz. 69 und zu fernabsatz- und onlinespezifischen AGB-Klauseln Rz. 67 ff. und **M 14.1**). 7

2. Verbraucher- und Fernabsatzrecht (§§ 312c ff. BGB)

8 Das BGB enthält in § 312a BGB und in §§ 312c ff. BGB Sondervorschriften für **Verbraucher- und Fernabsatzverträge**. Die früher im Fernabsatzgesetz geregelten und seit der Schuldrechtsreform in das BGB übernommenen fernabsatzrechtlichen Bestimmungen wurden **mehrfach geändert**, etwa durch das Gesetz zur Umsetzung der Verbraucherkreditrichtlinie, des zivilrechtlichen Teils der Zahlungsdiensterichtlinie sowie zur Neuordnung der Vorschriften über das Widerrufs- und Rückgaberecht v. 29.7.2009 mit Wirkung v. 11.6.2010 (BGBl. I 2009, 2355), durch das Gesetz zur Anpassung der Vorschriften über den Wertersatz bei Widerruf von Fernabsatzverträgen und über verbundene Verträge v. 27.7.2011 (BGBl. I 2011, 1600), durch das Gesetz zur Änderung des BGB zum besseren Schutz der Verbraucherinnen und Verbraucher vor Kostenfallen im elektronischen Geschäftsverkehr vom 10.5.2012 (BGBl. I 2012, 1084) mit Wirkung v. 1.8.2012 (sog. „Button-Lösung") und zuletzt durch das **Gesetz zur Umsetzung der Verbraucherrechterichtlinie** und zur Änderung des Gesetzes zur Regelung der Wohnungsvermittlung v. 20.9.2013 (BGBl. I 2013, 3642) mit Wirkung v. 13.6.2014, das in vielen Punkten zu **durchgreifenden Änderungen der bisherigen Rechtslage** geführt hat (vgl. dazu Bierekoven/Crone, MMR 2014, 687 ff.; Bittner/Clausnitzer/Föhlisch, Das neue Verbrauchervertragsrecht, mit Synopse S. 113 ff.; Heinig, MDR 2012, 323 ff.; Hoeren/Föhlisch, CR 2014, 242 ff.; Hossenfelder/Schilde, CR 2014, 456 ff.; Oelschlägel, MDR 2013, 1317 ff.; Rätze in Solmecke, Handel im Netz, S. 149 ff.; Wendehorst, NJW 2014, 577 ff.). Die Generaldirektion Justiz der **EU-Kommission** hat im Juni 2014 einen **Leitfaden** zur wirksamen Anwendung der Verbraucherrechterichtlinie veröffentlicht, der eine unverbindliche Orientierungshilfe für die praktische Umsetzung bietet (vgl. Leitfaden der Generaldirektion Justiz der EU-Kommission zur Richtlinie 2011/83/EU des Europäischen Parlaments und des Rats vom 25.10.2011 über die Rechte der Verbraucher, zur Abänderung der Richtlinie 93/13/EWG des Rats und der Richtlinie 1999/44/EG des Europäischen Parlaments und des Rats sowie zur Aufhebung der Richtlinie 85/577/EWG des Rats und der Richtlinie 97/7/EG des Europäischen Parlaments und des Rats, http://ec.europa.eu/justice/consumer-marketing/files/crd_guidance_de.pdf, im Folgenden auch „EU-Leitfaden").

9 In Umsetzung der Verbraucherrechterichtlinie sieht nunmehr § 312a BGB neben den erwähnten fernabsatzrechtlichen Bestimmungen auch **allgemeine Pflichten und Grundsätze für Verbraucherverträge** vor, die auch im stationären Handel zu beachten, teilweise aber – in Ergänzung zu den fernabsatzrechtlichen Bestimmungen – auch im hier behandelten Distanzhandel von Bedeutung sind.

10 Insbesondere die fernabsatzrechtlichen Bestimmungen sind sowohl für die Vertragsgestaltung (s. Rz. 73 und **M 14.1**) als auch für die Erfüllung der zahlreichen Informationspflichten (s. Rz. 36 ff.) von Bedeutung.

a) Allgemeine verbraucherrechtliche Anforderungen

11 Generell gilt für B2C-Geschäfte – also sowohl beim stationären Handel als auch beim B2C-Distanzhandel – nach § 312a Abs. 1 BGB, dass Unternehmer, wenn sie (potentielle) Verbraucherkunden zur Vertragsanbahnung **anrufen**, zu Beginn des Gesprächs die Identität des Anrufers und des Unternehmens sowie den geschäftlichen Zweck nennen müssen. Die sonstigen Anforderungen an die Zulässigkeit solcher Werbeanrufe, insbesondere das Erfordernis der vorherigen ausdrücklichen Einwilligung (§ 7 Abs. 2 Nr. 2 UWG), blieben unberührt.

12 Weiter sieht § 312a Abs. 3 BGB vor, dass **entgeltliche Nebenleistungen** nur ausdrücklich wirksam vereinbart werden können und im elektronischen Geschäftsverkehr, also insbesondere dem Onlinehandel, nicht per „Voreinstellung" Vertragsbestandteil werden.

13 ➲ **Praxistipp:** In Webshops sollten dem Kunden in Bezug auf Extrazahlungen für Nebenleistungen also keine schon mit Häkchen versehenen Bestellfelder präsentiert werden, sondern nur Felder, die der Kunde aktiv anklicken muss.

14 Entgelte, die im Fall einer Bestellung ohnehin mindestens anfallen, also z.B. die **Versandkosten** nach dem günstigsten Tarif, dürften allerdings keine entgeltlichen Nebenleistungen iSv. § 312a Abs. 3 BGB sein und daher auch ohne von dem Kunden erst anzuklickendes „opt-in"-Feld Ver-

tragsbestandteil werden (str., wie hier Hoeren/Föhlisch, CR 2014, 242, 248 mwN auch zur Gegenmeinung).

Ferner gilt (auch) für den Fernabsatz, dass **Zahlungspflichten für die Nutzung eines bestimmten Zahlungsmittels** nicht wirksam vereinbart werden können, wenn dem Verbraucherkunden keine gängige und zumutbare unentgeltliche Zahlungsmöglichkeit gewährt wird oder das vereinbarte Entgelt höher als die Kosten ist, die dem Unternehmer durch die Nutzung des Zahlungsmittels entstehen (§ 312a Abs. 4 BGB). 15

Schließlich ist die Vereinbarung eines **Entgelts für Anrufe** eines Verbraucherkunden **wegen Fragen oder Erklärungen zu einem geschlossenen Vertrag** unter einer dazu bereitgestellten Telefonnummer unwirksam, wenn das Entgelt die Vergütung „für die bloße Nutzung des Telekommunikationsdienstes" übersteigt, also das ortsübliche Festnetzentgelt (§ 312a Abs. 5 BGB; Föhlisch in Bittner/Clausnitzer/Föhlisch, Das neue Verbrauchervertragsrecht, Rz. 62). Davon unberührt bleibt das Recht des Unternehmens, für telefonisch erbrachte Leistungen (z.B. Rechtsberatung oder Hilfestellung im Rahmen entgeltlicher Software-Hotline) eine Vergütung zu verlangen (Föhlisch in Bittner/Clausnitzer/Föhlisch, Das neue Verbrauchervertragsrecht, Rz. 60; Palandt/Grüneberg § 312a Rz. 6). 16

b) Fernabsatzrecht: B2C-Distanzhandel

Fernabsatzverträge sind nach § 312c Abs. 1 BGB über Fernkommunikationsmittel **zwischen Unternehmer und Verbraucher** (zum Begriff s. Rz. 6) geschlossene Verträge. Aus § 312 Abs. 1 BGB ergibt sich, dass die fernabsatzrechtlichen Anforderungen nur für solche Verträge gelten, die eine entgeltliche Leistung des Unternehmers zum Gegenstand haben, also die Lieferung einer Ware oder Erbringung einer Dienstleistung gegen Entgelt (Palandt/Grüneberg § 312 BGB Rz. 3; Föhlisch in Bittner/Clausnitzer/Föhlisch, Das neue Verbrauchervertragsrecht, Rz. 26). Fernkommunikationsmittel erfassen gem. § 312c Abs. 2 BGB **alle Formen des Distanzhandels**, also Verträge, die per Brief, Katalog, Telefax, E-Mail, Telefon, SMS, Rundfunk und Telemedien angebahnt oder abgeschlossen werden, also zB Online-Shops. Anders als die allgemeinen Bestimmungen über den elektronischen Geschäftsverkehr (§ 312i BGB) ist Fernabsatz also per Definition Verbraucherrecht und beschränkt sich nicht auf Internetgeschäfte, sondern betrifft neben dem B2C-Onlinehandel zB auch klassische Katalogbestellungen. Unternehmer, die – wie auch im Muster **M 14.1** vorausgesetzt – über das Internet (also im elektronischen Geschäftsverkehr iSv. § 312i BGB) an Verbraucher verkaufen, müssen **sowohl** die **verbraucherrechtlichen** Fernabsatzbestimmungen **als auch** die **internetspezifischen** Regeln über den elektronischen Geschäftsverkehr beachten. 17

Die Fernabsatzbestimmungen finden **keine Anwendung**, wenn der Vertrag nicht im Rahmen eines für den Fernabsatz organisierten Vertriebs- oder Dienstleistungssystems geschlossen wird, zB bei gelegentlich ausgeführten telefonischen Bestellungen in einem Ladengeschäft (Palandt/Grüneberg § 312c BGB Rz. 6). Die Anwendung ist ferner generell nach § 312 Abs. 2 BGB in den dort genannten Fällen ausgeschlossen, etwa im Grundstücksrecht, bei Verträgen über die Beförderung von Personen, bei Verträgen über Reiseleistungen iSv § 651a BGB und unter bestimmten Voraussetzungen bei der Lieferung von Lebensmitteln, Getränken oder Haushaltsgegenständen des täglichen Bedarfs (s. zu den Bereichsausnahmen näher Föhlisch in Bittner/Clausnitzer/Föhlisch, Das neue Verbrauchervertragsrecht, Rz. 31 ff.). Vgl. zum **Ausschluss** lediglich des **Widerrufsrechts** Rz. 20 und zur ordnungsgemäßen **Belehrung** bei (möglicherweise) nicht bestehendem Widerrufsrecht **M 14.1** Fn. 12. 18

c) Widerrufsrecht

Da der Verbraucher die Ware im Distanzhandel anders als im Ladengeschäft erstmals nach Abschluss des Vertrags zu Gesicht bekommt, muss der Unternehmer zum Ausgleich dieses Informationsdefizits zum einen zahlreiche Informationen geben (§ 312d BGB, s. dazu Rz. 36 ff.), zum anderen steht dem Verbraucher gem. § 312g Abs. 1 BGB ein gesetzliches **Widerrufsrecht** zu (Rz. 19 ff.). Mit Inkrafttreten des Gesetzes zur Umsetzung der Verbraucherrechterichtlinie am 13.6.2014 (Rz. 8) ist die bislang in § 356 BGB aF vorgesehene Möglichkeit weggefallen, statt des Widerrufsrechts ein 19

Rückgaberecht zu vereinbaren, das nur durch Rücksendung der Ware ausgeübt werden konnte (s. dazu Voraufl. Kap. 14 Rz. 23).

20 § 312g Abs. 2 Nr. 1 bis Nr. 13 BGB nennt zahlreiche Fälle, in denen das Widerrufsrecht, wenn nicht abweichend vereinbart, **nicht besteht**, etwa bei Waren, für deren Herstellung eine individuelle Auswahl oder Bestimmung durch den Verbraucher maßgebend ist oder die auf seine persönlichen Bedürfnisse zugeschnitten sind (Nr. 1), bei versiegelten Waren, die aus hygienischen Gründen nicht zur Rückgabe geeignet sind und deren Versiegelung der Verbraucher entfernt hat (Nr. 3) oder bei versiegelt gelieferten Datenträgern mit gespeicherter Software oder Audiodateien nach Entfernung der Versiegelung (Nr. 6) (vgl. zu den gesetzlichen Ausnahmetatbeständen und den Änderungen gegenüber der bisherigen Gesetzeslage näher Bittner in Bittner/Clausnitzer/Föhlisch, Das neue Verbrauchervertragsrecht, Rz. 198 ff.; Rätze in Solmecke, Handel im Netz, S. 159 ff.). Die früher umstrittene Frage, ob bei Verträgen über zum Download bereitgestellte digitale Inhalte ein Widerrufsrecht besteht, ist nach neuem Recht (arg. § 356 Abs. 5 BGB) dahin geklärt, dass das Widerrufsrecht zwar grundsätzlich besteht, es aber unter den in der genannten Bestimmung geregelten Voraussetzungen vorzeitig erlischt (vgl. dazu Rz. 31).

aa) Grundlagen

21 Nach §§ 312g Abs. 1 Satz 1, 355 BGB steht dem Verbraucher bei Fernabsatzverträgen ein **Widerrufsrecht** zu. Das Widerrufsrecht kann **nicht** zulasten des Verbrauchers **abbedungen** werden (§§ 312k Abs. 1 Satz 1, 361 Abs. 2 Satz 1 BGB). Der Verbraucher und der Unternehmer sind an ihre auf den Abschluss des Vertrags gerichteten Willenserklärungen **nicht mehr gebunden**, wenn der widerrufsberechtigte Verbraucher seine Erklärung **fristgerecht** (vgl. zur Frist Rz. 28 ff.) **widerrufen** hat (§ 355 Abs. 1 Satz 1 BGB). Auch von dem Unternehmer noch nicht angenommene Bestellungen und Bestellungen, die zu **nichtigen Verträgen** geführt haben, können widerrufen werden (BGH ZIP 2010, 136 f.).

bb) Widerrufserklärung

22 Gem. § 355 Abs. 1 Satz 2 BGB erfolgt der Widerruf durch Erklärung des Verbrauchers gegenüber dem Unternehmer. Nach § 355 Abs. 1 Satz 3 BGB muss sich aus der Widerrufserklärung der Entschluss des Verbrauchers zum Vertragswiderruf **eindeutig** ergeben. Anders als nach früherem Recht (§ 355 Abs. 1 Satz 3 BGB aF) genügt die bloße Rücksendung der Sache als solche zur Erklärung des Widerrufs nicht. Nach der gesetzlichen Neuregelung kann der Wiederruf **formfrei** erklärt werden. Textform ist also nicht mehr erforderlich, ausreichend kann auch eine mündliche telefonische Erklärung sein, wenn sie hinreichend deutlich ist.

23 ➲ **Praxistipp:** Während nach altem Recht wegen des damaligen Textformerfordernisses für die Erklärung des Widerrufs im Zusammenhang mit der Widerrufsbelehrung keine Telefonnummer zur Entgegennahme des Widerrufs angegeben werden durfte, weil der Verbraucher sonst zur Erklärung eines formunwirksamen Widerrufs veranlasst worden wäre (OLG Hamm MMR 2009, 850), ist nun u.a. die **Angabe einer Telefonnummer** in der Widerrufsbelehrung vorgeschrieben (vgl. Gestaltungshinweis 2 des gesetzlichen Belehrungsmusters in Anlage 1 zu Art. 246a § 1 Abs. 2 Satz 2).

24 Der Widerruf ist nicht an bestimmte Voraussetzungen wie zB Irrtum, Täuschung, Mängel der Kaufsache oder sonstige Pflichtverletzungen des Verkäufers geknüpft und muss nach § 355 Abs. 1 Satz 4 BGB **nicht begründet** werden.

25 ➲ **Praxistipp:** Der Unternehmer sollte also weder in AGB noch sonstigen Formularen oder Hinweisen den Widerruf von der Angabe bestimmter Gründe abhängig machen oder den Anschein erwecken, dass nur bei Angabe von Gründen widerrufen werden kann. Falls im Interesse des Kundendialogs und der Verbesserung des Warenangebots um die Angabe von Gründen für den Widerruf gebeten wird, sollte ausdrücklich klargestellt werden, dass ein Widerruf auch ohne solche Angaben möglich ist. Solche Bitten sollten zudem außerhalb der Widerrufsbelehrung platziert werden.

Das Muster für die Widerrufsbelehrung gem. Anlage 1 zu Art. 246a § 1 Abs. 2 Satz 2 EGBGB sieht vor, dass der Belehrung ein **Muster-Widerrufsformular** (vgl. Anlage 2 zu Art. 246a § 1 Abs. 2 Satz 1 Nr. 1 und § 2 Abs. 2 Nr. 2 EGBGB) beizufügen ist, das der Verbraucher zur Erklärung eines Widerrufs verwenden kann, aber nicht muss. 26

➲ **Praxistipp:** Verbraucher sollten zur Vermeidung von Auslegungsunsicherheiten zur Erklärung des Widerrufs das der Widerrufsbelehrung beigefügte Muster-Widerrufsformular nutzen. 27

cc) Widerrufsfrist

Die **Widerrufsfrist** beträgt nach § 355 Abs. 2 Satz 1 BGB **14 Tage.** Die früher in § 355 Abs. 2 Satz 3 BGB aF für den Fall verspäteter Widerrufsbelehrung vorgesehene einmonatige Widerrufsfrist ist weggefallen. Auch bei verspäteter Belehrung gilt daher die 14-tägige Frist (Palandt/Grüneberg § 355 BGB Rz. 9; Bittner in Bittner/Clausnitzer/Föhlisch, Das neue Verbrauchervertragsrecht, Rz. 219). 28

Die Widerrufsfrist **beginnt** nach § 355 Abs. 2 Satz 2 BGB, wenn nichts anderes bestimmt ist, grundsätzlich bereits **mit Vertragsschluss.** Bei Fernabsatzverträgen beginnt die Frist jedoch nicht, bevor der Unternehmer gem. Art. 246a § 1 Abs. 2 Satz 1 Nr. 1 EGBGB über das **Widerrufsrecht informiert** hat (§ 356 Abs. 3 Satz 1 BGB). Ansonsten hängt der Fristbeginn von den Umständen des Einzelfalls ab: So beginnt die Frist zB im Fall des **Verbrauchsgüterkaufs** iSv. § 474 Abs. 1 BGB grundsätzlich mit **Erhalt der Ware** (§ 356 Abs. 2 Nr. 1 Buchstabe a BGB), wobei bei Lieferung mehrerer einheitlich bestellter Waren die **letzte erhaltene Ware** maßgebend ist (§ 356 Abs. 2 Nr. 1 Buchstabe b BGB), bei in mehreren Teilsendungen oder Stücken gelieferten Waren die **letzte erhaltenen Teilsendung bzw. das letzte Stück** (§ 356 Abs. 2 Nr. 1 Buchstabe c BGB) und bei Verträgen über die regelmäßige Lieferung von Waren über einen festgelegten Zeitraum die **erste erhaltene Ware** (§ 356 Abs. 2 Nr. 1 Buchstabe d BGB) (vgl. dazu und zu denkbaren Abgrenzungsproblemen Palandt/Grüneberg, § 356 BGB Rz. 4 f.; Bittner in Bittner/Clausnitzer/Föhlisch, Das neue Verbrauchervertragsrecht, Rz. 227 mwN; vgl. ferner zu Problemen bei der Formulierung der Widerrufsbelehrung Rz. 77). Bei Fernabsatzverträgen über **Dienstleistungen** bzw. über die Lieferung von nicht auf Datenträgern gespeicherten, also zB zum Download angebotenen **digitalen Inhalten** (vgl. dazu die Legaldefinition in § 312f Abs. 3 BGB) kommt es dagegen nicht auf den Leistungs- bzw. Lieferzeitpunkt an, sondern bleibt es bei der Grundregel des Fristbeginns bei **Vertragsschluss** (§ 355 Abs. 2 Satz 2 BGB bzw. klarstellend für digitale Inhalte § 356 Abs. 1 Nr. 2 BGB; vgl. Palandt/Grüneberg, § 356 BGB Rz. 6; Bittner in Bittner/Clausnitzer/Föhlisch, Das neue Verbrauchervertragsrecht, Rz. 228). 29

Das Widerrufsrecht **erlischt** nach § 356 Abs. 3 Satz 2 BGB **spätestens zwölf Monate und 14 Tage** nach Vertragsschluss (§ 355 Abs. 2 Satz 2 BGB) bzw. im Fall des Verbrauchsgüterkaufs nach dem gem. § 356 Abs. 2 Nr. 1 BGB maßgebenden Lieferzeitpunkt. Dies gilt auch bei fehlender oder nicht ordnungsgemäßer Widerrufsbelehrung; das in diesen Fällen nach § 355 Abs. 4 Satz 3 BGB aF bestehende „ewige Widerrufsrecht" ist nach neuem Recht weggefallen (Bittner in Bittner/Clausnitzer/Föhlisch, Das neue Verbrauchervertragsrecht, Rz. 230). 30

Das Widerrufsrecht **erlischt vorzeitig** bei Verträgen über **Dienstleistungen** (§ 356 Abs. 4 Satz 1 BGB), wenn der Unternehmer die Dienstleistung vollständig erbracht und mit der Vertragserfüllung erst begonnen hat, nachdem der Verbraucher dem ausdrücklich zugestimmt und zudem seine Kenntnis davon bestätigt hat, dass er sein Widerrufsrecht mit vollständiger Erfüllung durch den Unternehmer verliert. Dazu dürfte ein voreingestellter Button nicht ausreichen, sondern ein aktives Anklicken erforderlich sein (Schirmbacher/Schmidt, CR 2014, 107, 114; Bittner in Bittner/Clausnitzer/Föhlisch, Das neue Verbrauchervertragsrecht, Rz. 231). Ähnliches gilt für nicht auf Datenträgern gespeicherte **digitale Inhalte**, im Wesentlichen also Downloadfälle: Gem. § 356 Abs. 5 BGB endet das grundsätzlich auch hierfür bestehende Widerrufsrecht dann vorzeitig, wenn der Unternehmer mit der „Ausführung des Vertrags begonnen" hat und der Verbraucher zuvor der Ausführung des Vertrags vor Ablauf der Widerrufsfrist ausdrücklich zugestimmt und seine Kenntnis vom Verlust des Widerrufsrechts mit Beginn der Vertragsausführung bestätigt hat. Eine solche Zustimmung und Kenntnisbestätigung des Verbrauchers muss der Unternehmer in der gem. § 312f Abs. 2 BGB auf einem dauerhaften Datenträger zu übermittelnden Vertragsbestätigung (vgl. dazu Rz. 40) aufnehmen (§ 312f Abs. 3). 31

32 ➲ **Praxistipp:** Bietet der Unternehmer in einem Online-Shop digitale Inhalte zum Download an, sollte er die Möglichkeit vorsehen, dass der Verbraucher ein Feld anklicken kann, mit dem er der Vertragsausführung vor Ablauf des Widerrufsrechts zustimmt und seine Kenntnis vom Erlöschen des Widerrufsrechts bestätigt.

dd) Rechtsfolgen des Widerrufs

33 Die **Rechtsfolgen** des frist- und formgerecht erklärten Widerrufs richten sich bei Fernabsatzverträgen nach §§ 355 Abs. 3, 357 BGB. Der Verweis auf die Vorschriften über das gesetzliche Rücktrittsrecht in § 357 Abs. 1 Satz 1 BGB aF ist nach neuem Recht weggefallen. Die Parteien haben danach die empfangenen Leistungen spätestens nach 14 Tagen zurückzugeben, wobei der Unternehmer im Fall des Verbrauchsgüterkaufs die Rückzahlung bis zum Erhalt der Ware oder eines Rücksendenachweises verweigern kann (§ 357 Abs. 4 Satz 1 BGB).

34 Nach § 357 Abs. 2 Satz 1 BGB hat der Unternehmer dem Verbraucher bezahlte Versandkosten, also die **Kosten der Hinsendung**, zu erstatten. Erhöhte Kosten für eine von dem Verbraucher gewünschte besondere Versandart, z.B. eine Expresslieferung, kann der Verbraucher dagegen nicht beanspruchen (§ 357 Abs. 2 Satz 1 BGB). Die **Kosten der Rücksendung** trägt – anders als nach altem Recht (§ 357 Abs. 2 Satz 2 BGB aF) – nun grundsätzlich kraft Gesetzes der Verbraucher, wenn der Unternehmer den Verbraucher hierüber unterrichtet und sich nicht bereiterklärt hat, die Rücksendekosten zu tragen (§ 357 Abs. 6 Sätze 1 und 2 BGB). Es bedarf also keiner Vertragsregelung (entsprechend den früher weit verbreiteten „40-Euro-Klauseln") mehr, um die Rücksendekosten dem Verbraucher aufzuerlegen.

35 Nach § 357 Abs. 7 BGB hat der Verbraucher nach Widerruf **Wertersatz** für einen Wertverlust der **gelieferten Sache** zu leisten, wenn der Wertverlust auf einen für die Warenprüfung nicht notwendigen Umgang mit der Ware zurückzuführen ist und der Verbraucher entsprechend den gesetzlichen Anforderungen über sein Widerrufsrecht belehrt wurde. Widerruft der Verbraucher einen Vertrag über **Dienstleistungen**, muss er dem Unternehmer nach § 357 Abs. 8 BGB für bereits erbrachte Leistungen unter Berücksichtigung des vereinbarten Gesamtpreises Wertersatz leisten, wenn der Unternehmer zuvor entsprechend belehrt und der Verbraucher die Ausführung der Leistung vor Ablauf der Widerrufsfrist ausdrücklich verlangt hat. Im Fall des Widerrufs eines Vertrags über per Download erworbene **digitale Inhalte** besteht kein Wertersatzanspruch (§ 357 Abs. 9 BGB).

d) Informationspflichten, insbesondere Widerrufsbelehrung

36 Neben dem Widerrufsrecht sind für den Fernabsatz die zahlreichen gesetzlichen Informationspflichten charakteristisch. Die vorgeschriebenen Informationen sollen dem Verbraucher beim Abschluss von Verträgen im Distanzhandel eine **informierte Entscheidung** ermöglichen.

37 Die Informationspflichten sind in § 312d BGB geregelt, der wegen der Einzelheiten auf Art. 246a EGBGB verweist. Art. 246a § 1 Abs. 1 Nr. 1 bis 16 EGBGB enthält einen **umfassenden Katalog** von Informationspflichten. Der in Umsetzung der Verbraucherrechterichtlinie neu eingeführte Art. 246a § 3 EGBGB sieht für Fernabsatzverträge mittels Fernkommunikationsmitteln, die nur begrenzten Raum oder begrenzte Zeit für Verbraucherinformationen bieten, va. also für im **M-Commerce** über mobile Endgeräte mit erheblich beschränkten Darstellungsmöglichkeiten geschlossene B2C-Geschäfte, demgegenüber deutlich **reduzierte Informationspflichten** vor (vgl. zur Problematik und den entsprechenden, der Neuregelung zugrunde liegenden Richtlinienbestimmungen Klinger in Oelschlägel/Scholz, Handbuch Versandhandelsrecht, Kap. 4 B Rz. 185 ff.).

38 ➲ **Praxistipp:** Bei der Gestaltung von Online-Shops, Versandkatalogen, Bestellformularen oder M-Commerce-Angeboten sollte zur Minimierung von Abmahnrisiken stets anhand der hier nicht im Einzelnen wiedergegebenen einschlägigen gesetzlichen Pflichtenkataloge als **Checkliste** die Einhaltung der Vorgaben überprüft werden.

39 Der Unternehmer muss die vorgeschriebenen Informationen dem Verbraucher **vor Abgabe von dessen Vertragserklärung** in einer **den benutzten Fernkommunikationsmitteln angemessenen**

Weise – also nicht zwingend in Textform – (zB in einem Online-Shop durch Angaben auf der Website, im klassischen Versandhandel im Katalog) klar und verständlich geben (Art. 246a § 4 Abs. 1 und 3 EGBGB). Diese vorvertragliche Informationspflicht besteht noch nicht in der Phase der bloßen Produktwerbung, soll nach der Rechtsprechung zum alten Recht aber bereits greifen, wenn einer Werbeanzeige ein Bestellformular beigefügt ist (BGH GRUR 2012, 188 Rz. 12 – Computer-Bild; OLG Hamburg GRUR-RR 2005, 236). Angesichts des begrenzen Darstellungsraums dürfte in solchen Fällen, ebenso wie für kurze Werbeflyer, nun Art. 246a § 3 EGBGB einschlägig sein, der nur eingeschränkte Informationspflichten vorsieht.

Nach § 312f Abs. 2 BGB muss der Unternehmer außerdem den Vertragsinhalt zusammen mit den 40 in Art. 246a EGBGB verlangten Verbraucherinformationen **innerhalb angemessener Frist nach Vertragsschluss, spätestens mit der Lieferung der Ware bzw. vor Ausführung der Dienstleistung** auf einem dauerhaften Datenträger geben. Der Unternehmer kann von der nachvertraglichen Mitteilung der in Art. 246a EGBGB genannten Informationen nach § 312f Abs. 2 Satz 2 absehen, wenn er diese Informationen bereits vorvertraglich mit Bezug zu dem Vertrag (Föhlisch in Bittner/Clausnitzer/Föhlisch, Das neue Verbrauchervertragsrecht, Rz. 119) auf einem dauerhaften Datenträger zur Verfügung gestellt hat. Nach § 126b BGB ist ein **dauerhafter Datenträger** jedes Medium, das es dem Empfänger ermöglicht, eine auf dem Datenträger gespeicherte, an ihn persönlich gerichtete Erklärung so aufzubewahren oder zu speichern, dass sie ihm während eines angemessenen Zeitraums zugänglich ist, und das zur unveränderten Wiedergabe der Erklärung geeignet ist. Ausreichend sind danach E-Mails (Palandt/Grüneberg, § 126b Rz. 7). Die Bereitstellung von Informationen auf allgemein zugänglichen Webseiten genügt dagegen nicht (Palandt/Grüneberg § 126b Rz. 7); teilweise wird es allerdings für ausreichend gehalten, wenn Informationen bereitgestellt werden auf „Webseiten, die persönlich an den Verbraucher gerichtet sind", wie zB in nur für konkrete Verbraucher zugänglichen Login-Bereichen (Föhlisch in Bittner/Clausnitzer/Föhlisch, Das neue Verbrauchervertragsrecht, Rz. 133 mwN).

Wesentlich ist die Pflicht, über ein **bestehendes Widerrufsrecht** zu informieren (Art. 246a § 1 41 Abs. 2 EGBGB). Die Belehrungspflicht bezieht sich nach Art. 246a § 1 Abs. 2 Nr. 1 EGBGB auf die Bedingungen, die Fristen und das Verfahren für die Ausübung des Widerrufsrechts. Außerdem muss der Unternehmer dem Verbraucher mit der Widerrufsbelehrung das gesetzlich vorgegebene Muster-Widerrufsformular zur Verfügung stellen. Er kann dem Verbraucherkunden zusätzlich die Erklärung des Widerrufs auch online über seine Webseite ermöglichen, muss ihn dann aber entsprechend belehren und einen online erklärten Widerruf per E-Mail bestätigen (vgl. Gestaltungshinweis 3 des gesetzlichen Belehrungsmusters Anlage 1 zu Art. 246a § 1 Abs. 2 Satz 2 EGBGB). Der Verbraucher muss ferner ua. darüber informiert werden, dass er im Widerrufsfall ggf. die Rücksendekosten zu tragen hat und bei Dienstleistungsverträgen uU einen angemessenen Betrag für schon erbrachte Leistungen schuldet.

Nach Art. 246a § 1 Abs. 3 EGBGB muss der Unternehmer auch über das **Nichtbestehen eines Widerrufsrechts** und über die ggf. in Betracht kommenden Umstände des **vorzeitigen Erlöschens** des Widerrufsrechts informieren. Nach Auffassung des BGH (NJW 2010, 989 Rz. 24 ff.) muss eine Belehrung über gesetzliche Ausschlusstatbestände nicht für jeden Artikel gesondert erfolgen und darf dem Verbraucher die Beurteilung überlassen, ob die von ihm erworbene Ware unter einen Ausschlusstatbestand fällt. Es besteht zudem keine Verpflichtung, sämtliche gesetzlichen Ausschlusstatbestände aufzuführen.

Die korrekte Abfassung einer Widerrufsbelehrung ist wegen der vielfältigen Anforderungen an die 42 Belehrung und im Hinblick auf die komplizierten gesetzlichen Regelungen über Voraussetzungen, Fristen, Ausübung, Ausschluss und Erlöschen äußerst schwierig. Die Anlage 1 zu Art. 246a § 1 Abs. 2 Satz 2 EGBGB enthält deshalb ein **gesetzliches Belehrungsmuster** mit Gestaltungshinweisen für unterschiedliche Fallkonstellationen. Nach Art. 246a § 1 Abs. 2 Satz 2 EGBGB können die gesetzlichen Anforderungen an die korrekte Widerrufsbelehrung durch Verwendung des zutreffend ausgefüllten und in Textform übermittelten Belehrungsmusters erfüllt werden. Es besteht also zwar keine gesetzliche Verpflichtung zur Verwendung des Musters, doch führen Abweichungen zum Verlust der Gesetzlichkeitsfiktion und damit zu beträchtlichen Unwirksamkeitsrisiken.

43 ➲ **Praxistipp:** Es empfiehlt sich daher grundsätzlich, die durch gesetzliche Anordnung als gesetzeskonform geltende **Musterbelehrung wörtlich** zu verwenden und selbst kleinere Änderungen möglichst zu vermeiden. Vgl. zu Umsetzungsproblemen jedoch die Hinweise bei Rz. 77.

44 Ebenso wie die sonstigen Informationen ist auch die Widerrufsbelehrung sowohl **vor Abgabe der Bestellung** durch den Verbraucher in einer den benutzten Fernkommunikationsmitteln angepassten Weise, in einem Online-Shop also zB durch Hinweis auf der Webseite, (Art. 246a § 4 Abs. 1 und 3 EGBGB) als auch – in Textform (Art. 246a § 1 Abs. 2 Satz 2 EGBGB) – **nachvertraglich** spätestens mit der vollständigen Vertragserfüllung mitzuteilen (§ 312f Abs. 2 BGB; s. dazu bereits Rz. 39 f.).

3. Elektronischer Geschäftsverkehr (§§ 312i f. BGB)

a) Anwendungsbereich: Onlinegeschäfte

45 Die §§ 312i f. BGB enthalten besondere Pflichten für den elektronischen Geschäftsverkehr. Verträge im **elektronischen Geschäftsverkehr** sind nach § 312i Abs. 1 Satz 1 BGB Verträge über die Lieferung von Waren oder über die Erbringung von Dienstleistungen, die ein Unternehmer mit Hilfe von Telemedien schließt. Hauptanwendungsfälle sind der Abschluss von Verträgen über **Online-Shops**, über mobile Endgeräte im **M-Commerce**, über **Apps** oder **Internetplattformen** wie zB eBay. Erfasst ist auch der Vertragsschluss per **E-Mail**, allerdings sind in diesem Fall eines individuellen elektronischen Vertragsschlusses die auf die Besonderheiten des Online-Handels zugeschnittenen Anforderungen der §§ 312i Abs. 1 Satz 1 Nr. 1–3, 312j Abs. 2–4 BGB nicht anwendbar (§§ 312i Abs. 2 Satz 1, 312j Abs. 5 Satz 1 BGB). § 312i BGB ist zwischen Unternehmern teilweise disponibel (§ 312e Abs. 2 Satz 2 BGB), zwischen Unternehmer und Verbraucher dagegen zwingend.

46 Während § 312i BGB sowohl für **B2B- als auch für B2C-Verträge** gilt (vgl. dazu im Einzelnen Rz. 47 ff.), sieht § 312j BGB besondere, zusätzlich zu beachtende Pflichten für **B2C-Onlineverträge** vor (vgl. Rz. 51). Da es sich bei letzteren immer auch um Fernabsatzverträge handelt, sind daneben auch die **fernabsatzrechtlichen** Bestimmungen anwendbar (vgl. Rz. 17).

b) Allgemeine Informationspflichten

47 § 312i Abs. 1 Satz 1 Nr. 2 BGB iVm. Art. 246c EGBGB sieht bestimmte **Informationspflichten** vor, die die **Transparenz des Bestellprozesses** gewährleisten sollen: Der Unternehmer muss seinen Kunden (gleich ob Unternehmer oder Verbraucher) vor Abgabe der Online-Bestellung klar und verständlich ua. darüber informieren, welche technischen Schritte zum Vertragsschluss führen, ob der Vertragstext vom Unternehmer gespeichert wird und dem Kunden zugänglich ist, wie der Kunde vor seiner Bestellung Eingabefehler erkennen und berichtigen kann, welche Sprachen zum Vertragsschluss zur Verfügung stehen und über ggf. einschlägige Verhaltenskodizes, denen sich der Unternehmer unterwirft, einschließlich des elektronischen Zugangs dazu. Ein Verstoß gegen diese Pflichten kann lauterkeitsrechtliche Abmahnungen und ggf. zivilrechtliche Schadensersatzansprüche begründen; dagegen ist der Beginn der fernabsatzrechtlichen Widerrufsfrist nicht mehr wie nach altem Recht an die Einhaltung dieser Anforderungen geknüpft.

c) Allgemeine Anforderungen an den Bestellprozess

48 Neben den onlinespezifischen Informationspflichten enthält § 312i BGB Anforderungen an die **Gestaltung des Bestellprozesses:** Nach § 312i Abs. 1 Satz 1 Nr. 1 BGB muss der Unternehmer im Onlinehandel angemessene, wirksame und leicht zugängliche technische Mittel bereit stellen, mit denen der Kunde vor Abgabe seiner Bestellung **Eingabefehler erkennen und berichtigen** kann. Nach § 312i Abs. 1 Satz 1 Nr. 3 BGB ist der Unternehmer verpflichtet, den **Zugang** einer Online-Bestellung des Kunden auf elektronischem Wege, also per E-Mail, zu **bestätigen**.

49 ➲ **Praxistipp:** Bei der Formulierung der vorgeschriebenen, meist automatisch versandten elektronischen Bestellbestätigung ist darauf zu achten, dass darin nicht (unbeabsichtigt) aus Sicht eines verständigen Erklärungsempfängers (§§ 133, 157 BGB) über die bloße Zugangsbestäti-

gung hinaus die Annahme der Bestellung erklärt wird. Es empfiehlt sich daher ein klarstellender Hinweis, dass in der Bestellbestätigung noch keine Annahme der Bestellung liegt, sondern die Annahme entweder durch gesonderte Erklärung oder durch Lieferung der Ware erfolgt (vgl. zur Auslegung einer Bestellbestätigung mwN OLG Nürnberg MMR 2010, 13 f., ferner den Gestaltungshinweis Rz. 68).

Schließlich hat der Unternehmer dem Kunden im Online-Shop gem. § 312i Abs. 1 Satz 1 Nr. 4 BGB die Möglichkeit zu verschaffen, die **Vertragsbestimmungen einschließlich der AGB** bei Vertragsschluss **abzurufen** und in wiedergabefähiger Form zu **speichern**. Mit Erfüllung dieser Anforderung wird in aller Regel auch eine wirksame Einbeziehung von AGB erreicht; Maßstab hierfür ist allerdings allein § 305 Abs. 2 BGB (vgl. Rz. 69). 50

d) Besondere verbraucherrechtliche Anforderungen im elektronischen Geschäftsverkehr

Zusätzlich zu den allgemeinen Bestimmungen in § 312i BGB gelten für Onlineverträge zwischen Unternehmern und Verbrauchern die besonderen Pflichten gem. § 312j BGB. Danach muss der Unternehmer auf Webseiten zusätzlich spätestens bei Beginn des Bestellvorgangs mitteilen, ob irgendwelche **Lieferbeschränkungen** bestehen, und welche **Zahlungsmittel** akzeptiert werden (§ 312j Abs. 1 BGB). Bei entgeltlichen Leistungen müssen nach § 312j Abs. 2 BGB einige der ohnehin nach dem allgemeinen Informationspflichtenkatalog zu gebenden, besonders **wichtige Informationen** (ua. die wesentlichen Produktmerkmale, der Gesamtpreis und anfallende Liefer- oder Versandkosten) unmittelbar vor Abgabe der Bestellung klar und verständlich **in hervorgehobener Weise** zur Verfügung gestellt werden. Nach § 312j Abs. 3 BGB, der sog. **„Button-Lösung"**, muss der für Bestellungen in Online-Shops übliche Bestell-Button mit „zahlungspflichtig bestellen" oder einer ähnlich eindeutigen Formulierung beschriftet sein; andernfalls kommt der Kaufvertrag nicht zustande (§ 312j Abs. 4 BGB). 51

4. Sonstige relevante Bestimmungen

a) UWG

Der Fernabsatz und insbesondere der Onlinehandel bietet vielfältige Berührungspunkte mit dem **Recht über den unlauteren Wettbewerb**. So sind etwa fernabsatzrechtliche Informationspflichten, insbesondere die Pflicht, über bestehende Widerrufsrechte zu belehren, als **Marktverhaltensregeln** eingestuft und folglich unzureichende Belehrungen als Wettbewerbsverstoß iSv. § 4 Nr. 11 UWG untersagt worden (vgl. BGHZ 121, 52, 57 f. – Widerrufsbelehrung; BGH GRUR 2002, 1085, 1086 – Belehrungszusatz; KG MMR 2010, 27 f.; OLG Hamm MMR 2009, 850; ferner mwN Scholz in Oelschlägel/Scholz, Handbuch Versandhandelsrecht, Kap. 10 Rz. 18). 52

Zudem sieht § 5a Abs. 3 Nr. 1 bis Nr. 5 UWG für konkrete Warenangebote gegenüber Verbrauchern **besondere Informationspflichten** vor, die sich allerdings weitgehend decken mit den fernabsatzrechtlichen und nach anderen Gesetzen bestehenden Informationspflichten. Die Besonderheit ist, dass eine Verletzung dieser Pflichten im Regelfall als geschäftlich relevanter Wettbewerbsverstoß gilt (Köhler/Bornkamm § 5a UWG Rz. 57). 53

Ferner ist bedeutsam, dass nach der Rechtsprechung des BGH auch der **Einsatz AGB-rechtswidriger Vertragsbedingungen** zugleich als unlauter gilt und daher durch Wettbewerber per Abmahnung, einstweiliger Verfügung und Klage angegriffen werden kann (vgl. BGH, MDR 2010, 1412 Rz. 29 – Gewährleistungsausschluss im Internet; BGH, MDR 2012, 982 Rz. 45 ff. – Missbräuchliche Vertragsstrafe; BGH, WRP 2013, 479 Rz. 31 – Pharmazeutische Beratung über Call-Center; vgl. auch mwN Scholz, MDR 2013, 690 ff.). 54

Da der Fernabsatz und insbesondere der Onlinehandel häufig mit **Direktmarketingmaßnahmen** einhergehen, ist schließlich das Verbot **belästigender Werbung** durch unverlangte Telefon-, Telefax- oder E-Mail-Werbung in § 7 Abs. 2 und 3 UWG von Bedeutung. Die für E-Mail- und SMS-Werbung und für die gezielte werbliche Ansprache über soziale Netzwerke nach § 7 Abs. 2 Nr. 3 UWG erforderliche **vorherige ausdrückliche Einwilligung** des Werbeadressaten kann nur durch gesonderte, „aktiv" durch zusätzliche Unterschrift oder individuelles Markieren eines entsprechen- 55 den Feldes abzugebende Erklärung („Opt-in"-Erklärung) erteilt werden (BGHZ 177, 253, 263 ff.; vgl. **M 14.4**; s. zur ggf. daneben erforderlichen datenschutzrechtlichen Einwilligung Rz. 64).

56 Nach § 7 Abs. 3 UWG ist E-Mail-Werbung auch **ohne vorherige Einwilligung** ausnahmsweise keine wettbewerbswidrige Belästigung, wenn der Unternehmer die E-Mail-Adresse des Kunden anlässlich einer Bestellung erhalten hat (§ 7 Abs. 3 Nr. 1 UWG), für eigene ähnliche Waren geworben wird (§ 7 Abs. 3 Nr. 2 UWG), der Kunde dem nicht widersprochen hat (§ 7 Abs. 3 Nr. 3 UWG) und er bei Erhebung der E-Mail-Adresse und bei jeder Verwendung klar und deutlich darauf hingewiesen wurde, dass er der Verwendung jederzeit widersprechen kann, ohne dass hierfür andere als die Übermittlungskosten nach den Basistarifen entstehen (§ 7 Abs. 3 Nr. 4 UWG). Eine danach ohne (wettbewerbsrechtliche) Einwilligung zulässige E-Mail-Werbung sollte auch datenschutzrechtlich ohne gesonderte Einwilligung rechtmäßig sein (so auch Plath/Frey CR 2009, 613, 617).

57 ➲ **Praxistipp:** Wenn in Online-Shops oder Bestellformularen um die Angabe der E-Mail-Adresse des Bestellers gebeten wird, sollte dabei – und bei jeder nachfolgenden E-Mail-Werbung – stets ein Hinweis nach § 7 Abs. 3 Nr. 4 UWG erfolgen (vgl. auch Ziff. 3 des Musters **M 14.3**).

b) Preisangaben

58 Von besonderer Bedeutung sind ferner die Vorgaben der Preisangabenverordnung (PAngV). Danach sind bei gewerbs- oder geschäftsmäßigen Waren- oder Leistungsangeboten gegenüber Letztverbrauchern stets **Gesamtpreise**, also die Preise einschließlich der Umsatzsteuer und sonstiger Preisbestandteile, anzugeben (§ 1 Abs. 1 Satz 1 PAngV). Die **fernabsatzspezifische** Regelung in § 1 Abs. 2 PAngV verlangt zusätzlich die Angabe, dass die angegebenen Preise die Umsatzsteuer und sonstige Preisbestandteile enthalten, ferner ob zusätzliche Fracht-, Liefer- und Versandkosten oder sonstige Kosten anfallen. Außerdem ist die Höhe solcher anfallender Kosten anzugeben, soweit sich die Kosten vernünftigerweise im Voraus berechnen lassen.

59 In Online-Shop-Angeboten muss die Information **alsbald** sowie **leicht erkennbar und gut wahrnehmbar** auf einer gesonderten Seite mitgeteilt werden, die noch **vor Einleitung des Bestellvorgangs** notwendig aufgesucht werden muss (BGH WRP 2008, 98 Tz. 31 – Versandkosten). Im Internetvertrieb genügt es, den Hinweis „zzgl. Versandkosten" unmittelbar im Zusammenhang mit der Produktwerbung aufzunehmen, wenn sich bei Anklicken oder Ansteuern dieses Hinweises ein Fenster mit transparenter Erläuterung der Berechnungsmodalitäten öffnet und bei Aufruf des virtuellen Warenkorbs die Höhe der Versandkosten ausgewiesen wird (BGH WRP 2010, 370, 373 Tz. 27 – Kamerakauf in Internet). Bei einer Warenwerbung in Preisvergleichslisten einer Internetsuchmaschine dürfen die Versandkosten nicht erst auf der eigenen, erst über einen Link erreichbaren Internetseite des werbenden Unternehmens, angegeben werden (BGH WRP 2010, 245, 246 – Versandkosten bei Froogle I; BGH WRP 2010, 1498, 1500 – Versandkosten bei Froogle II). Wirbt ein Versandhändler über eine Preissuchmaschine, so handelt er irreführend und damit wettbewerbswidrig, wenn dort noch drei Stunden nach einer Preiserhöhung der ursprüngliche Preis angezeigt wird (BGH, WRP 2010, 1246 – Espressomaschine).

60 Nach §§ 66a, 66d TKG ist bei angegebenen Nummern von **Service-Diensten (0180er-Nummern)** neben dem Festnetzpreis der Mobilfunkhöchstpreis mitzuteilen (aus dem Festnetz höchstens 0,14 Euro inkl. MwSt./Min. oder 0,20 Euro inkl. MwSt. pro Anruf und aus den Mobilfunknetzen höchstens 0,42 Euro inkl. MwSt./Min. oder 0,60 Euro inkl. MwSt.pro Anruf). Zu beachten ist, dass nach § 312a Abs. 5 BGB für Anrufe eines Verbraucherkunden wegen Fragen oder Erklärungen zu einem geschlossenen Vertrag nur das ortsübliche Festnetzentgelt anfallen darf (s. Rz. 16). Für vertragsbezogene Nachfragen darf demnach nicht auf teurere Nummern verwiesen werden; im Zusammenhang mit der Angabe von Service-Nummern sollte darauf hingewiesen werden, dass diese nicht für Fragen zu bestehenden Verträgen eingerichtet sind (vgl. Rätze in Solmecke, Handel im Netz, S. 157 f.).

c) Telemediengesetz

61 Daneben sind im elektronischen Geschäftsverkehr die Vorschriften des **Telemediengesetzes** (TMG) zu beachten. Wer als Unternehmer einen Online-Shop über eine Website bereitstellt, muss dort die

in § 5 Abs. 1 TMG aufgelisteten Informationen leicht erkennbar, unmittelbar erreichbar und ständig verfügbar halten (üblicherweise über eine von der Startseite der Website aufrufbare Verlinkung mit der Bezeichnung „**Impressum**"). Auch weniger schwer wiegende Verstöße können zugleich wettbewerbswidrig sein (OLG Hamm MMR 2009, 552 f.: fehlende Angabe der Handelsregisternummer; OLG Düsseldorf MMR 2009, 266 f.: fehlende Wiedergabe des vollständig ausgeschriebenen Vornamens eines GmbH-Geschäftsführers). Ferner sind die für die kommerzielle Kommunikation – also auch Online-Shops – nach § 6 TMG zusätzlich geforderten Angaben zu machen (vgl. **M 14.2**).

d) Datenschutz

Schließlich werden im Distanzhandel stets auch personenbezogene Daten erhoben, gespeichert und verarbeitet, so dass auch **datenschutzrechtliche Bestimmungen** zu beachten sind (vgl. den Überblick zu Datenschutzfragen im Versand- und Onlinehandel bei Bauer in Oelschlägel/Scholz, Handbuch Versandhandelsrecht, Kap. 9 A Rz. 1 ff., und Wahlers in Solmecke, Handel im Netz, Kap. 9 Rz. 1 ff.). 62

Dazu zählen zunächst **Informationspflichten:** Grundsätzlich muss der Anbieter vor jeder Datenerhebung u.a. über die verantwortliche Stelle, die beabsichtigte Nutzung der erhobenen Daten und ggf. auf die Freiwilligkeit der Angabe hinweisen (§ 4 Abs. 3 BDSG; für Onlineangebote § 13 Abs. 1 TMG), vgl. dazu das Muster **M 14.3.** 63

Die Datennutzung ist nur aufgrund einer gesetzlichen Erlaubnis oder einer von dem Betroffenen erklärten Einwilligung zulässig (§ 4 Abs. 1 BDSG, § 12 Abs. 1 TMG). **Ohne Einwilligung kraft Gesetzes zulässig** ist zB die Datennutzung zur Abwicklung des Vertrags (§ 28 Abs. 1 Nr. 1 BDSG), unter bestimmten Voraussetzungen auch zu Werbezwecken (§ 28 Abs. 3 BDSG; vgl. dazu und zum sog. Listenprivileg Plath, BDSG, § 28 Rz. 113 ff., s. ferner Rz. 82). Weiterreichende, nicht durch gesetzliche Bestimmungen gestattete Nutzungen sind nur mit **Einwilligung des Betroffenen** zulässig. Die datenschutzrechtliche Einwilligung kann drucktechnisch hervorgehoben auch formularmäßig in Verbindung mit einer ankreuzbaren „Opt-out"-Erklärung, also zB einem vorbereiteten Kästchen für die Versagung der Einwilligung, abgegeben werden (BGHZ 177, 253, 259 ff.). Ausreichend ist auch eine drucktechnisch hervorgehobene formularmäßige Einwilligung in Verbindung mit einem Hinweis auf die Möglichkeit, die Einwilligungsklausel zu streichen (BGH WRP 2010, 278, 280 ff. – HappyDigits). Sonderregelungen gelten für die Einwilligung zu Werbezwecken nach § 28 Abs. 3a BDSG und für eine nach dem TMG erforderliche datenschutzrechtliche Einwilligung (§ 13 Abs. 2 TMG). Die nach dem TMG erforderliche Einwilligung ist nur wirksam, wenn zuvor auf das Recht zum jederzeitigen Widerruf für die Zukunft hingewiesen wurde (§ 13 Abs. 3 TMG). Vgl. zur Einwilligung ferner das Muster **M 14.4**, zur ggf. für bestimmte Arten der Werbeansprache (zB Telefon oder E-Mail) daneben erforderlichen wettbewerbsrechtlichen Einwilligung Rz. 55. 64

5. Internationale Zuständigkeit und IPR

Versand- und Onlinehandel erfolgt regelmäßig grenzüberschreitend. Die **internationale Zuständigkeit** der Gerichte bestimmt sich in der EU nach der Verordnung (EU) Nr. 1215/2012 v. 12.12.2012 (EuGVVO). Danach kann der **Verbraucher** in aller Regel vor den Gerichten des Landes klagen, in dem er seinen **Wohnsitz** hat (Art. 17 f. EuGVVO). Denn Versandhandels- und Onlineangebote sind ganz überwiegend auf die Wohnsitzstaaten der angesprochenen Verbraucher im Sinne dieser Bestimmungen „ausgerichtet". Abweichende **Gerichtsstandsvereinbarungen** über die internationale Zuständigkeit sind zulasten von Verbrauchern nicht möglich (Art. 19 EuGVVO), gegenüber Unternehmern scheitern sie regelmäßig an Formerfordernissen. Die in Art. 25 Abs. 2 EuGVVO zugelassene „elektronische Übermittlung" gestattet zwar Vereinbarungen per E-Mail (BGH, IHR 2014, 56), ist aber wohl durch Online-Bestellungen und deren konkludente Annahme durch Lieferung nicht gewahrt (iE bejahend für den Vertragsschluss im Internet allerdings Reithmann/Martiny/Hausmann, Internationales Vertragsrecht, 7. Aufl. 2010, Rz. 6443). Verbraucherverbände können gegen den Einsatz missbräuchlicher AGB Klauseln durch Anbieter mit Sitz im EU-Ausland gem. Art. 7 Nr. 2 EuGVVO am **Gerichtsstand der unerlaubten Handlung** vor deutschen Gerichten klagen (BGH WRP 2009, 1545, 1546). 65

66 Das auf die Verträge **anwendbare Recht** bestimmt sich einheitlich nach der Rom I-VO. Nach Art. 3 Rom I-VO ist eine **Rechtswahl** – auch gegenüber Verbrauchern – möglich. Allerdings kann durch die Rechtswahl Verbrauchern der Schutz nach **zwingenden Normen** des Staates ihres gewöhnlichen Aufenthalts **nicht entzogen** werden, wenn der Anbieter des Online-Shops bzw. der Versandhändler sein Angebot – wie regelmäßig der Fall – auch auf dieses Land „ausgerichtet" hat (Art. 6 Abs. 2 Rom I-VO). Inländische Anbieter müssen also trotz der Wahl inländischen Rechts stets auch mit der Anwendung bestimmter zwingender Regelungen ausländischer Rechtsordnungen rechnen. Angesichts des hohen Schutzniveaus der deutschen Verbraucherschutzregelungen und der nach Umsetzung der Verbraucherrechte-RL weitgehenden Harmonisierung der einschlägigen nationalen Regelungen in der EU begründet dies für deutsche Anbieter keine nennenswerten Risiken. **Fehlt eine Rechtswahl**, so findet gegenüber Unternehmern das Recht des Anbieters Anwendung (Art. 4 Abs. 1 lit. a Rom I-VO), gegenüber Verbrauchern hingegen grundsätzlich das Recht ihres **gewöhnlichen Aufenthaltsorts** (Art. 6 Abs. 1 Rom I-VO).

III. Gestaltungshinweise

1. AGB-Gestaltung

a) Regelung des persönlichen, sachlichen und räumlichen Anwendungsbereichs

67 Es empfiehlt sich, den persönlichen, sachlichen und räumlichen Anwendungsbereich der AGB zu definieren. Damit lassen sich die Versandhandels- bzw. Onlinebedingungen von anderen gegebenenfalls vom Anbieter – etwa für den stationären Handel oder andere Geschäftsfelder – eingesetzten Verkaufsbedingungen abgrenzen. Der Anwendungsbereich hat außerdem Einfluss auf die AGB-Kontrolle, etwa im Hinblick auf die unterschiedlichen Kontrollmaßstäbe gegenüber Unternehmern oder Verbrauchern. Die gelegentlich empfohlene Beschränkung des Anwendungsbereichs auf Verbrauchergeschäfte ist nur sinnvoll, wenn entweder tatsächlich nur an Verbraucher verkauft wird oder für B2B-Geschäfte gesonderte Bedingungen bereitgestellt werden. Auch räumliche Beschränkungen sollten nur aufgenommen werden, wenn gewährleistet ist, dass von Kunden außerhalb des vorgesehenen Anwendungsbereichs keine Angebote angenommen werden oder für solche Kundenbestellungen besondere Bedingungen existieren.

b) Vertragsschluss und AGB-Einbeziehung

68 In den AGB sollte klargestellt werden, wie Verträge zustande kommen. Wesentlich ist der Hinweis, dass die Darstellung und Bewerbung von Artikeln im Online-Shop oder in Katalogen – wie im Distanzhandel üblich – regelmäßig **noch kein bindendes Angebot** im Sinne von § 145 BGB ist, sondern dass Verträge erst durch Annahme von Kundenbestellungen zustande kommen (vgl. BGH WRP 2009, 628, 629 mwN; OLG Nürnberg MMR 2010, 31 f.; Palandt/Grüneberg § 312c BGB Rz. 7). Es sollte auch darauf hingewiesen werden, dass die im elektronischen Geschäftsverkehr obligatorische **Bestellbestätigung** (§ 312i Abs. 1 Satz 1 Nr. 3 BGB) **keine Annahmeerklärung** darstellt (vgl. Rz. 49). Ausschlaggebend für den Vertragsschluss ist jedoch die konkrete Ausgestaltung sowohl des Warenangebots im Online-Shop als auch der Bestellbestätigung. Wenn sich also aus einer besonderen Gestaltung aus Sicht eines verständigen Erklärungsempfängers (§§ 133, 157 BGB) ergibt, dass (ausnahmsweise) schon mit dem Warenangebot ein konkretes Angebot unterbreitet oder aber zugleich mit der Bestellbestätigung eine verbindliche Annahme erklärt wird, so ließe sich einem somit wirksam geschlossenen Vertrag eine anderslautende AGB-Bestimmung nicht entgegenhalten.

69 Voraussetzung für die **Einbeziehung** von AGB ist nach § 305 Abs. 2 BGB ua., dass der Verwender seinen Kunden bei Vertragsabschluss ausdrücklich auf die AGB hinweist und ihm die Möglichkeit verschafft, in zumutbarer Weise von ihrem Inhalt Kenntnis zu nehmen, bevor sich der Kunde durch eine auf die Einbeziehung der AGB gerichtete Erklärung bindet (BGH WRP 2010, 278, 283 – HappyDigits mwN). Diese Einbeziehungsvoraussetzung ist regelmäßig erfüllt, wenn der Anbieter seinen Pflichten aus § 312i Abs. 1 Satz 1 Nr. 4 BGB nachkommt (vgl. Rz. 50; s. auch BGH NJW 2006, 2976, 2977: gut sichtbarer Link „AGB" auf der Bestellseite ausreichend, wenn AGB dort aufgerufen und ausgedruckt werden können). Das für die Einbeziehung weiter erforderliche Einver-

ständnis des Kunden mit der Geltung der AGB ist gegeben, wenn das Bestellformular oder bei Internetbestellungen die Bestellmaske zB die Erklärung „Ich bin mit der Geltung der AGB einverstanden" oä. enthält und der Kunde dies – durch Unterzeichnen des Formulars oder Anklicken eines Buttons – vor Anklicken des Bestellbuttons „kostenpflichtig bestellen" akzeptiert.

c) Zahlungsbedingungen

Der Versandhändler kann im Distanzhandel idR formularmäßig zulässigerweise eine **Vorleistungspflicht des Kunden** vorsehen, also in den Lieferbedingungen vereinbaren, dass nur gegen **Vorkasse** geliefert wird (OLG Hamburg NJW 2007, 2264, 2266 für Fernabsatzgeschäft über eBay; Palandt/Grüneberg § 309 BGB Rz. 13). Wenn dies nur in bestimmten Fällen gelten soll (etwa bei Bestellungen aus dem Ausland), sind die Anwendungsfälle möglichst transparent zu beschreiben. Der Anbieter kann grundsätzlich auch formularmäßig die Teilnahme am **Lastschriftverfahren** (in Form des Einzugsermächtigungsverfahrens) vorsehen (BGH NJW 2008, 2495 f.). Der BGH hat dagegen eine Klausel für unwirksam gehalten, wonach die bestellte Ware nur gegen **Nachnahme** ausgeliefert wird, weil damit das Recht des Kunden ausgeschlossen werde, mit unbestrittenen oder rechtskräftig festgestellten Forderungen aufzurechnen (BGHZ 139, 190, 192 ff.). Dies überzeugt nicht, weil die Lieferung gegen Nachnahme der Zug-um-Zug-Leistung noch näher kommt als die Vorkasseregelung und deshalb – sieht man von den (geringen) Nachnahmegebühren ab – noch eher im Kundeninteresse liegen dürfte (kritisch deshalb mit Recht Jung NJW 1999, 2950 f. mit Gestaltungsvorschlag und G. Christensen in Ulmer/Brandner/Hensen Teil 2 (35) Versandhandelsverträge Rz. 4). 70

d) Lieferzeit

Zu den üblicherweise geregelten Lieferbedingungen zählen Regelungen über die Lieferzeit. Damit soll zu Gunsten des Anbieters die Regelung in § 271 BGB abbedungen werden, wonach im Zweifel sofort zu liefern ist. Solche Klauseln und deutliche Hinweise auf abweichende Lieferzeiten sind gerade bei Online-Shops von großer Bedeutung, weil der Verbraucher im Internetversandhandel mangels anderslautender Angaben **sofortige Verfügbarkeit** der beworbenen Waren erwartet (so BGH NJW 2005, 2229, 2230 f. – Internet-Versandhandel). Die Formulierung einer hinreichend flexiblen und praktikablen und zugleich AGB-rechtlich transparenten (§ 308 Nr. 1 BGB) **Lieferzeitklausel** bereitet Schwierigkeiten. In der Rechtsprechung wurden als **unwirksam** eingestuft Klauseln, wonach Lieferfristen mangels gegenteiliger Zusage grundsätzlich „unverbindlich" sind (OLG Frankfurt MDR 2006, 919 f.) oder nur „in der Regel" gelten (OLG Bremen MMR 2010, 26 f.; KG NJW 2007, 2266, 2267), ferner Klauseln, wonach der Anbieter sich lediglich „bemühen" will, termingerecht zu liefern (OLG Oldenburg NJW-RR 1992, 1527, 1528). Dagegen sind nach überwiegender und zutreffender Auffassung Klauseln **zulässig**, die angegebene Lieferzeiten als nur ungefähren Zeitpunkt ausweisen, etwa mit dem Hinweis „Circa-Frist" (OLG Bremen aaO; Staudinger/Coester-Waltjen § 308 Nr. 1 BGB Rz. 17; Palandt/Grüneberg § 308 BGB Rz. 8; kritisch, aber im Ergebnis offen lassend KG NJW 2007, 2266, 2267). 71

e) Gewährleistung und Haftung

Beim Verbrauchsgüterkauf (s. Rz. 6) sind die Vorschriften über die **Sach- und Rechtsmängelhaftung** des Verkäufers nicht abdingbar (§ 475 Abs. 1 BGB). Wird nach den Bedingungen auch an Unternehmer verkauft, kann eine differenzierte Regelung ratsam sein, die für diese Fälle nach allgemeinen AGB-Regeln zulässige (vgl. dazu G. Christensen in Ulmer/Brandner/Hensen § 309 Nr. 8 BGB Rz. 48 mwN) Beschränkungen vorsieht. Zulässig sind gem. § 475 Abs. 3 BGB auch beim Verbrauchsgüterkauf Beschränkungen der auch mängelbedingten **Schadenersatzhaftung** des Anbieters (vgl. dazu Rz. 6 und §§ 8 Abs. 1, 9 des Musters **M 14.1**). 72

f) Regelungsbedarf zum gesetzlichen Widerrufsrecht

Das Widerrufsrecht besteht bei Fernabsatzverträgen kraft Gesetzes, also auch dann, wenn es nicht eigens vereinbart ist. Wenn – wie häufig und auch ratsam – die Widerrufsbelehrung in die AGB 73 aufgenommen wird, empfiehlt sich die Regelung, dass das Widerrufsrecht ausschließlich für Fernabsatzverträge **nach Maßgabe der gesetzlichen Bestimmungen** gilt. So wird vermieden, dass vertraglich ein Widerrufsrecht auch in Fällen gewährt wird, in denen es nach dem Gesetz nicht greift, etwa bei B2B-Geschäften oder wenn gesetzliche Ausnahmetatbestände gegeben sind.

g) Hinweise zum Muster M 14.1

74 Das nachfolgende Muster geht von folgendem **Sachverhalt** aus: Es betrifft den Verkauf von Waren durch Unternehmer über einen Online-Shop an Verbraucher und Unternehmer. Räumliche Beschränkungen sind nicht vorgesehen, so dass auch grenzüberschreitende Verkäufe erfasst sind. Einschlägig sind daher ua. die Bestimmungen über den Verbrauchsgüterkauf, AGB-rechtliche und fernabsatzrechtliche Bestimmungen, die Regelungen über den elektronischen Geschäftsverkehr und – wegen des Auslandsbezugs – die einschlägigen Bestimmungen der Rom I-VO und der EuGVVO. Das Muster beschränkt sich auf im Distanzhandel typische Regelungen und verzichtet – außer beim Widerrufsrecht, bei der Rechtswahl und beim Gerichtsstand – auf denkbare Differenzierungen gegenüber Verbrauchern und Unternehmern.

75 Das Muster sollte nicht ohne sorgfältige **einzelfallbezogene Prüfung** des jeweiligen Regelungsbedarfs, des gewünschten Regelungsinhalts und insbesondere der AGB-rechtlichen Zulässigkeit eingesetzt werden. Angesichts der strengen AGB-Kontrolle und der umfangreichen und nicht immer einheitlichen Rechtsprechung lassen sich über die Zulässigkeit einzelner Klauseln kaum verlässliche Aussagen treffen, zumal sich AGB-rechtliche Fragen zunehmend auch als Vorfrage in lauterkeitsrechtlichen Auseinandersetzungen stellen (s. dazu Rz. 54).

76 Die vorgeschlagene **Widerrufsbelehrung** geht von dem Fall aus, dass nur paketversandfähige Waren geliefert, also weder Dienstleistungen erbracht noch digitale Inhalte zum Download bereit gestellt werden. Ferner soll dem Kunden nicht die optionale Möglichkeit der Erklärung des Widerrufs über die Webseite eingeräumt werden (vgl. dazu Rz. 41). Dem Kunden wird nicht die Abholung der Ware bei ihm angeboten; die Rücksendekosten soll der Kunde tragen.

77 Problematisch ist die Umsetzung der gesetzlichen **Regelung zum Fristbeginn** (vgl. § 356 Abs. 2 BGB, s. dazu Rz. 29) und des korrespondierenden Gestaltungshinweises 1 zum gesetzlichen Belehrungsmuster (Anlage 1 zu Art. 246a § 1 Abs. 2 Satz 2 EGBGB). Danach wird u.a. danach unterschieden, ob nur eine Ware bestellt wurde (dann Fristbeginn Erhalt der Ware) oder mehrere Waren Gegenstand einer einheitlichen Bestellung waren (dann Fristbeginn Erhalt der letzten Ware) und ob im Fall der Bestellung einer Ware diese in mehreren Teilsendungen oder Stücken geliefert wird (dann Fristbeginn Erhalt der letzten Teilsendung oder des letzten Stücks). Der gesetzliche Gestaltungshinweis geht davon aus, dass nur eine der Regelungsvarianten in die Belehrung genommen wird. Tatsächlich werden dagegen regelmäßig mehrere der gesetzlich unterschiedenen Fallkonstellationen auftreten können, so dass die Gefahr besteht, dass mit lediglich einer Belehrungsvariante nur unvollständig und damit unrichtig belehrt wird. In der Literatur wird deshalb u.a. diskutiert, ob – abweichend von dem gesetzlichen Muster – die verschiedenen Varianten unter Nennung der jeweiligen Voraussetzungen kombiniert werden sollten, oder ob einheitlich nur auf den Erhalt der letzten Ware abzustellen ist (für letzteres Clausnitzer in Bittner/Clausnitzer/Föhlisch, Das neue Verbrauchervertragsrecht, Rz. 175; vgl. auch Schirmbacher/Schmidt, CR 2014, 107, 116; Hoeren/Föhlisch, CR 2014, 242, 246 f.). Nach dem EU-Leitfaden (S. 49; vgl. zu dem Leitfaden Rz. 8) soll es, wenn die verschiedenen ggf. auftretenden Bestell- und Liefervarianten nicht vorhersehbar sind, zulässig sein, generell auf den Tag abzustellen, an dem der Verbraucher „in den physischen Besitz der letzten Ware oder Partie der Bestellung gelangt“. Das nachfolgende Muster orientiert sich an dieser im EU-Leitfaden genannten und wohl auch in der Literatur favorisierten Formulierung. Ganz unproblematisch ist auch diese Gestaltung allerdings nicht, weil dem Kunden nur ein Teil der in Betracht kommenden Varianten mitgeteilt wird und zudem die jeweiligen Voraussetzungen der genannten Varianten nicht erwähnt werden. Die Belehrung könnte daher – z.B. bei mehreren, zeitlich eng aufeinander folgenden Einzelbestellungen – zu Irritationen und Missverständnissen führen (vgl. dazu auch Hoeren/Föhlisch, CR 2014, 242, 246). Schlüssiger (aber ungleich länger und komplizierter) wäre es wohl, alle Varianten des Fristbeginns einschließlich der jeweiligen Tatbestandsvoraussetzungen aufzunehmen. Die Gesetzlichkeitsfiktion ist bei allen vom Gesetzeswort-

laut abweichenden Gestaltungsvarianten nicht gesichert. Es bleibt abzuwarten, wie die Gerichte die verschiedenen Gestaltungsalternativen bewerten werden.

M 14.1 Allgemeine Verkaufsbedingungen Online-Shop[1]

§ 1 Geltungsbereich[2]

(1) Diese Allgemeinen Verkaufsbedingungen (im Folgenden: AGB) gelten für alle über unseren Online-Shop geschlossenen Verträge zwischen uns, der (vollständige Unternehmensbezeichnung und Postanschrift), und Ihnen als unseren Kunden. Die AGB gelten unabhängig davon, ob Sie Verbraucher, Unternehmer oder Kaufmann sind.

(2) Maßgebend ist die jeweils bei Abschluss des Vertrags gültige Fassung der AGB.

(3) Abweichende Bedingungen des Kunden akzeptieren wir nicht. Dies gilt auch, wenn wir der Einbeziehung nicht ausdrücklich widersprechen.

§ 2 Vertragsschluss[3]

(1) Mit der Darstellung und Bewerbung von Artikeln in unserem Online-Shop geben wir kein bindendes Angebot zum Verkauf bestimmter Artikel ab.

(2) Mit dem Absenden einer Bestellung über den Online-Shop durch Anklicken des Buttons „kostenpflichtig bestellen" geben Sie eine rechtsverbindliche Bestellung ab. Für die zeitliche Bindung an Ihre Bestellung gilt die gesetzliche Regelung (§ 147 Abs. 2 BGB).

(3) Wir werden den Zugang Ihrer über unseren Online-Shop abgegebenen Bestellung unverzüglich per E-Mail bestätigen. In einer solchen E-Mail liegt noch keine verbindliche Annahme der Bestellung, es sei denn, darin wird neben der Bestätigung des Zugangs zugleich die Annahme erklärt.

(4) Ein Vertrag kommt erst zustande, wenn wir Ihre Bestellung annehmen.

(5) Bestellungen von Lieferungen ins Ausland können wir nur ab einem Mindestbestellwert berücksichtigen. Den Mindestbestellwert können Sie den in unserem Online-Shop bereit gestellten Preisinformationen entnehmen.

§ 3 Preise und Versandkosten[4]

(1) Sämtliche Preisangaben in unserem Online-Shop sind Bruttopreise inklusive der gesetzlichen Umsatzsteuer. Anfallende Versandkosten kommen hinzu und sind von Ihnen zu tragen.

(2) Die Versandkosten sind in unseren Preisangaben in unserem Online-Shop angegeben. Der Preis einschließlich Umsatzsteuer und anfallender Versandkosten wird außerdem in der Bestellmaske angezeigt, bevor Sie die Bestellung absenden.

(3) Wenn wir Ihre Bestellung gemäß § 5 Abs. 1 durch Teillieferungen erfüllen, entstehen Ihnen nur für die erste Teillieferung Versandkosten. Erfolgen die Teillieferungen auf Ihren Wunsch, berechnen wir für jede Teillieferung Versandkosten.

§ 4 Zahlungsbedingungen[5]

(1) Der Kaufpreis und die Versandkosten sind spätestens binnen zwei (2) Wochen ab Zugang unserer Rechnung zu bezahlen.

(2) Sie können den Kaufpreis und die Versandkosten nach Ihrer Wahl auf unser im Online-Shop angegebenes Konto überweisen, uns eine Einzugsermächtigung erteilen oder per EC-/Maestro- oder Kreditkarte bezahlen. Im Fall einer erteilten Einzugsermächtigung oder der Zahlung per EC-/Maes-

1 Vgl. die Hinweise zum Muster bei Rz. 74 f.
2 Vgl. Rz. 67.
3 Vgl. Rz. 68. Für eBay-Verkäufe muss die Klausel modifiziert werden, weil dort der Vertrag bereits mit dem höchsten Kundengebot zustande kommt.
4 Vgl. zu preisangabenrechtlichen Anforderungen Rz. 58 f.
5 Vgl. Rz. 70.

tro- oder Kreditkarte werden wir die Belastung Ihres Kontos frühestens zu dem in Abs. 1 geregelten Zeitpunkt veranlassen. Eine erteilte Einzugsermächtigung gilt bis auf Widerruf auch für weitere Bestellungen.

§ 5 Lieferbedingungen und Vorbehalt der Vorkassezahlung

(1) Wir sind zu Teillieferungen berechtigt, soweit dies für Sie zumutbar ist.

(2) Lieferfristen sind Circa-Fristen.[6] Die Lieferfrist beträgt circa fünf (5) Werktage, wenn nicht im Online-Shop für den gewünschten Artikel vor Abgabe Ihrer Bestellung eine abweichende Lieferfrist angegeben ist. Die Lieferfrist beginnt – vorbehaltlich der Regelung in Abs. 3 – mit Vertragsschluss.

(3) Bei Bestellungen von Kunden mit Wohn- oder Geschäftssitz im Ausland oder bei begründeten Anhaltspunkten für ein Zahlungsausfallrisiko behalten wir uns vor, erst nach Erhalt des Kaufpreises nebst Versandkosten zu liefern (Vorkassevorbehalt).[7] Falls wir von dem Vorkassevorbehalt Gebrauch machen, werden wir Sie unverzüglich unterrichten. In diesem Fall beginnt die Lieferfrist mit Bezahlung des Kaufpreises und der Versandkosten.

§ 6 Selbstbelieferungsklausel und Eigentumsvorbehalt

(1) Falls wir einen bestellten Artikel aus von uns nicht zu vertretenden Gründen infolge ausbleibender, verspäteter oder fehlerhafter Belieferung durch einen Lieferanten nicht oder nicht rechtzeitig liefern können, obwohl wir vor Vertragsschluss einen entsprechenden Einkaufsvertrag mit dem Lieferanten geschlossen haben, sind wir berechtigt, uns von der Lieferverpflichtung zu lösen. Wenn Sie als Verbraucher (§ 7 Abs. 1) bestellt haben, sind wir in diesem Fall verpflichtet, Sie unverzüglich über die Nichtverfügbarkeit des Artikels zu unterrichten und Ihnen eine gegebenenfalls erbrachte Gegenleistung unverzüglich zu erstatten.

(2) Die gelieferten Artikel bleiben bis zur vollständigen Bezahlung des Kaufpreises in unserem Eigentum.

§ 7 Widerrufsrecht[8]

(1) Wenn Sie Verbraucher sind (also eine natürliche Person, die die Bestellung zu einem Zweck abgibt, der überwiegend weder ihrer gewerblichen oder selbständigen beruflichen Tätigkeit zugerechnet werden kann), steht Ihnen nach Maßgabe der gesetzlichen Bestimmungen ein Widerrufsrecht zu.

(2) Für das Widerrufsrecht gelten die gesetzlichen Bestimmungen und die Regelungen, die im Einzelnen wiedergegeben sind in der folgenden

***Widerrufsbelehrung:**[9]*

Widerrufsrecht

Sie haben das Recht, binnen vierzehn Tagen ohne Angabe von Gründen diesen Vertrag zu widerrufen.

***Die Widerrufsfrist beträgt vierzehn Tage ab dem Tag, an dem Sie oder ein von Ihnen benannter Dritter, der nicht der Beförderer ist, die letzte Ware bzw. die letzte Teilsendung oder das letzte Stück in Besitz genommen haben bzw. hat.**[10]*

Um Ihr Widerrufsrecht auszuüben, müssen Sie uns** [hier sind einzufügen Name, Anschrift und, soweit verfügbar, Telefonnummer, Telefaxnummer und E-Mail-Adresse des Unternehmers] **mittels einer eindeutigen Erklärung (z.B. ein mit der Post versandter Brief, Telefax oder E-Mail)

---

6 Vgl. zur Zulässigkeit solcher Circa-Fristen Rz. 71.

7 Vgl. dazu Rz. 70.

8 Vgl. zu regelungsbedürftigen Punkten im Zusammenhang mit dem gesetzlichen Widerrufsrecht Rz. 73.

9 Vgl. zur hier gewählten Belehrung Rz. 76 f. Obwohl dies gesetzlich nicht mehr vorgesehen ist, kann (und sollte) die Widerrufsbelehrung weiterhin in den AGB-Text aufgenommen werden (vgl. dazu Föhlisch in Bittner/Clausnitzer/Föhlisch, Das neue Verbrauchervertragsrecht, Rz. 114; anders als nach früherem Recht (vgl. Art. 246 § 1 Abs. 1 Nr. 10 iVm. Art. 246 § 2 Abs. 3 Satz 2 EGBGB aF) ist eine drucktechnische Hervorhebung nicht mehr vorgeschrieben, aber unbedenklich und aus Transparenzgründen ratsam.

10 Vgl. zur Problematik der korrekten Belehrung über den Fristbeginn Rz. 77.

über Ihren Entschluss, diesen Vertrag zu widerrufen, informieren. Sie können dafür das beigefügte Muster-Widerrufsformular verwenden, das jedoch nicht vorgeschrieben ist.

Zur Wahrung der Widerrufsfrist reicht es aus, dass Sie die Mitteilung über die Ausübung des Widerrufsrechts vor Ablauf der Widerrufsfrist absenden.

Folgen des Widerrufs

Wenn Sie diesen Vertrag widerrufen, haben wir Ihnen alle Zahlungen, die wir von Ihnen erhalten haben, einschließlich der Lieferkosten (mit Ausnahme der zusätzlichen Kosten, die sich daraus ergeben, dass Sie eine andere Art der Lieferung als die von uns angebotene, günstigere Standardlieferung gewählt haben), unverzüglich und spätestens binnen vierzehn Tagen ab dem Tag zurückzuzahlen, an dem die Mitteilung über Ihren Widerruf dieses Vertrags bei uns eingegangen ist. Für diese Rückzahlung verwenden wir dasselbe Zahlungsmittel, das Sie bei der ursprünglichen Transaktion eingesetzt haben, es sei denn, mit Ihnen wurde ausdrücklich etwas anderes vereinbart; in keinem Fall werden Ihnen wegen dieser Rückzahlung Entgelte berechnet. Wir können die Rückzahlung verweigern, bis wir die Waren wieder zurückerhalten haben oder bis Sie den Nachweis erbracht haben, dass Sie die Waren zurückgesandt haben, je nachdem, welches der frühere Zeitpunkt ist.

Sie haben die Waren unverzüglich und in jedem Fall spätestens binnen vierzehn Tagen ab dem Tag, an dem Sie uns über den Widerruf dieses Vertrags unterrichten, an *[hier sind nach dem gesetzlichen Gestaltungshinweis ggf. Name und Anschrift der von dem Unternehmer zur Entgegennahme der Ware ermächtigten Person einzufügen]* ***zurückzusenden oder zu übergeben. Die Frist ist gewahrt, wenn Sie die Waren vor Ablauf der Frist von vierzehn Tagen absenden.***

Sie tragen die unmittelbaren Kosten der Rücksendung der Waren.

Sie müssen für einen etwaigen Wertverlust der Waren nur aufkommen, wenn dieser Wertverlust auf einen zur Prüfung der Beschaffenheit, Eigenschaften und Funktionsweise der Waren nicht notwendigen Umgang mit ihnen zurückzuführen ist.

Muster-Widerrufsformular[11]

(Wenn Sie den Vertrag widerrufen wollen, dann füllen Sie bitte dieses Formular aus und senden Sie es zurück.)

- *An [hier ist der Name, die Anschrift und gegebenenfalls die Telefaxnummer und E-Mail-Adresse des Unternehmers durch den Unternehmer einzufügen]:*
- *Hiermit widerrufe(n) ich/wir (*) den von mir/uns (*) abgeschlossenen Vertrag über den Kauf der folgenden Waren (*)/die Erbringung der folgenden Dienstleistung (*)*
- *Bestellt am (*)/erhalten am (*)*
- *Name des/der Verbraucher(s)*
- *Anschrift des/der Verbraucher(s)*
- *Unterschrift des/der Verbraucher(s) (nur bei Mitteilung auf Papier)*
- *Datum*

(*) Unzutreffendes streichen

Hinweise zu gesetzlichen Ausnahmen vom Widerrufsrecht:[12]

Das Widerrufsrecht steht Ihnen nach den gesetzlichen Bestimmungen u.a. nicht zu bei Verträgen zur Lieferung von Waren, die nicht vorgefertigt sind und für deren Herstellung eine individuelle Auswahl oder Bestimmung durch den Verbraucher maßgeblich ist oder die eindeutig auf die persönlichen Bedürfnisse des Verbrauchers zugeschnitten sind, ferner nicht bei Verträgen zur Lieferung von Ton- oder Videoaufnahmen oder Computersoftware in einer versiegelten Packung, wenn die Versiegelung nach der Lieferung entfernt wurde.

11 Vgl. dazu Rz. 26.

12 Vgl. zur Pflicht, auch über das Nichtbestehen oder das vorzeitige Erlöschen des Widerrufsrechts hinzuweisen, Rz. 41. Die im Muster wiedergegebenen Ausschlusstatbestände orientieren sich an § 312g Abs. 2 Satz 1 Nr. 1 und Nr. 6 BGB.

§ 8 Sach- und Rechtsmängel

(1) Bei etwaigen Sach- oder Rechtsmängeln gelieferter Artikel stehen Ihnen alle nach den gesetzlichen Bestimmungen bestehenden Rechte zu, jedoch mit der Maßgabe, dass für Ansprüche auf Schadensersatz oder Ersatz vergeblicher Aufwendungen die in § 8 vorgesehenen Beschränkungen und Ausschlüsse gelten.

(2) Etwaige von uns gegebene Verkäufergarantien für bestimmte Artikel oder von den Herstellern bestimmter Artikel eingeräumte Herstellergarantien treten neben die Ansprüche wegen Sach- oder Rechtsmängeln im Sinne von Abs. 1. Einzelheiten des Umfangs solcher Garantien ergeben sich aus den Garantiebedingungen, die den Artikeln gegebenenfalls beiliegen.

§ 9 Haftung

(1) Wir haften Ihnen gegenüber in allen Fällen vertraglicher und außervertraglicher Haftung bei Vorsatz und grober Fahrlässigkeit nach Maßgabe der gesetzlichen Bestimmungen auf Schadensersatz oder Ersatz vergeblicher Aufwendungen.

(2) In sonstigen Fällen haften wir – soweit in Abs. 3 nicht abweichend geregelt – nur bei Verletzung einer Vertragspflicht, deren Erfüllung die ordnungsgemäße Durchführung des Vertrags überhaupt erst ermöglicht und auf deren Einhaltung Sie als Kunde regelmäßig vertrauen dürfen (so genannte Kardinalpflicht), und zwar beschränkt auf den Ersatz des vorhersehbaren und typischen Schadens. In allen übrigen Fällen ist unsere Haftung vorbehaltlich der Regelung in Abs. 3 ausgeschlossen[13].

(3) Unsere Haftung für Schäden aus der Verletzung des Lebens, des Körpers oder der Gesundheit und nach dem Produkthaftungsgesetz bleibt von den vorstehenden Haftungsbeschränkungen und -ausschlüssen unberührt.

§ 10 Anwendbares Recht und Gerichtsstand[14]

(1) Es gilt das Recht der Bundesrepublik Deutschland unter Ausschluss des UN-Kaufrechts. Wenn Sie die Bestellung als Verbraucher abgegeben haben und zum Zeitpunkt Ihrer Bestellung Ihren gewöhnlichen Aufenthalt in einem anderen Land haben, bleibt die Anwendung zwingender Rechtsvorschriften dieses Landes von der in Satz 1 getroffenen Rechtswahl unberührt.

(2) Wenn Sie Kaufmann sind und Ihren Sitz zum Zeitpunkt der Bestellung in Deutschland haben, ist ausschließlicher Gerichtsstand (ergänzen: Sitz des Verkäufers). Im Übrigen gelten für die örtliche und die internationale Zuständigkeit die anwendbaren gesetzlichen Bestimmungen.

13 Vgl. dazu Rz. 72.
14 Vgl. dazu Rz. 65 f.

2. Erfüllung gesetzlicher Informations- und Gestaltungspflichten

a) Inhalt

78 Die Wesentlichen beim Versand- und Onlinehandel zu beachtenden Informationspflichten ergeben sich aus dem Fernabsatzrecht (vgl. Rz. 36 ff.), den Bestimmungen zum elektronischen Geschäftsverkehr (vgl. Rz. 47 und Rz. 51), dem UWG (Rz. 53), der PAngV (Rz. 59), dem TMG (Rz. 61) und datenschutzrechtlichen Bestimmungen (Rz. 63). Es ist jedoch jeweils zu prüfen, ob es weitere, ggf. produktspezifische Informationspflichten gibt (wie zB Hinweispflichten nach § 18 Abs. 1 BatterieG).

b) Form und Zeitpunkt der Information

79 Aus den jeweiligen Rechtsgrundlagen der Informationspflichten ergibt sich auch, in welcher Form und zu welchem Zeitpunkt die vorgeschriebenen Mitteilungen zu machen sind. Die fernabsatzrechtlichen Informationen müssen zB sowohl **vor Abgabe der Kundenbestellung** als auch – und zwar auf einem dauerhaften Datenträger – spätestens **mit Lieferung** gegeben werden (vgl. Rz. 39 f.). Die onlinespezifischen Angaben gem. § 312i Abs. 1 Satz 1 Nr. 2, 312j BGB sind vor Abgabe der Online-Bestellung klar und verständlich zu machen (vgl. Rz. 51). Auch die vorgeschriebe-

nen Preisangaben müssen bereits vor Abgabe der Bestellung leicht erkennbar und gut wahrnehmbar mitgeteilt werden (vgl. Rz. 59).

c) Praktische Ausgestaltung

Das Gesetz stellt Anforderungen an Inhalt, Form und Zeitpunkt der vorgeschriebenen Verbraucherinformation. Die konkrete Ausgestaltung bliebt dem Unternehmer überlassen. Es ist insbesondere nicht gesetzlich vorgesehen, die erforderlichen Informationen zusammengefasst in einem Dokument unter einer Rubrik „Verbraucherinformationen" oä. zu geben. Dies mag zwar aus Gründen der Transparenz und Übersichtlichkeit vorteilhaft erscheinen. Andererseits würde eine in einem Dokument zusammengefasste Verbraucherinformation nicht selten zu Redundanzen und Verweisen führen, weil zumindest ein wesentlicher Teil der Informationen typischerweise ohnehin an verschiedenen Stellen im Online-Shop oder Katalog gegeben wird, zB zusammen mit der Produktpräsentation oder im Bestellprozess. Einige Informationen – wie etwa die Widerrufsbelehrung und andere vertragsbezogene Informationen – können auch in die AGB eingebunden werden (vgl. Fn. 9 zum Muster **M 14.1**). Nicht zuletzt angesichts der großen Zahl der Informationspflichten und der Vielzahl denkbarer Gestaltungsvarianten wird daher von der Wiedergabe eines Musters zur Erfüllung der gesetzlichen Informationspflichten abgesehen und im nachfolgenden **Muster M 14.2** nur ein Gestaltungsvorschlag für das in jedem Online-Shop nach § 5 TMG vorzuhaltende Impressum gemacht. Hilfreiche Hinweise zur Erfüllung der Informationspflichten finden sich im **EU-Leitfaden** (vgl. Rz. 8), der im Anhang I Muster für die Darstellung von Verbraucherinformationen zu **digitalen Online-Produkten** enthält und in Anhang II eine Übersicht und Gegenüberstellung der Verbraucherinformationspflichten in der Verbraucherrechterichtlinie, der Dienstleistungsrichtlinie und der Richtlinie über den elektronischen Geschäftsverkehr. 80

M 14.2 Impressum Website[1]

Diensteanbieter ist die
. . . GmbH
(Postanschrift)
Geschäftsführer: (Vor- und Nachname).
E-Mail: . . .
Telefon: . . .
Telefax: . . .
Die Gesellschaft ist im Handelsregister des Amtsgerichts . . . unter der Nummer HRB . . . eingetragen. Die Umsatzsteueridentifikationsnummer gemäß § 27a UStG lautet . . .

1 Vgl. im Einzelnen den gesetzlichen Informationspflichtenkatalog in § 5 TMG. Das Muster betrifft den typischen Fall einer GmbH als Diensteanbieter; vgl. zu zahlreichen weiteren Varianten Oelschlägel in Oelschlägel/Scholz, Handbuch Versandhandelsrecht, Kap. 2 Rz. 74 ff.

3. Datenschutzrechtliche Hinweise und datenschutz- und wettbewerbsrechtliche Einwilligung

a) Unterrichtung über gesetzlich zulässige Datennutzung (Muster M 14.3)

Nach dem BDSG und datenschutzrechtlichen Sonderregelungen (zB §§ 11 ff. TMG) sind bestimmte Datenerhebungen und -nutzungen bereits **gesetzlich erlaubt**. Es muss dazu also keine Einwilligung des Betroffenen vorliegen. Allerdings muss der Betroffene vor Erhebung der Daten über Art, Umfang und Zweck der Datenerhebung und -nutzung **unterrichtet** werden (§§ 4 Abs. 3 BDSG, 13 Abs. 1 TMG; vgl. Rz. 63). Von der häufig anzutreffenden Aufnahme solcher Datenschutzhinweise in die AGB ist eher abzuraten. Dazu besteht in der Regel schon deshalb kein Anlass, weil die Hin- 81 weise nur der Erfüllung gesetzlicher Hinweispflichten dienen und keinerlei Regelungsgehalt haben. Die Aufnahme in die AGB würde außerdem neben den ohnehin bestehenden gesetzlichen Pflichten zusätzlich Vertragspflichten begründen und die Datenschutzhinweise zudem ohne Not der AGB-Kontrolle unterstellen. Sinnvoll kann die Aufnahme in die AGB allenfalls sein, wenn die betroffene datenschutzrechtlich relevante Maßnahme möglicherweise nur mit Einwilligung des Kunden zulässig ist und deshalb (vorsorglich) eine solche Einwilligung eingeholt werden soll (vgl. zu den Anforderungen an eine formularmäßige Einwilligung Rz. 64).

82 Das **Muster M 14.3** enthält Hinweise auf einige typische gesetzlich zulässige Datennutzungen. Es umfasst in Ziffer (2) insbesondere einige nach der BDSG-Novelle noch eingeschränkt fortgeltende Fälle des sog. **Listenprivilegs** (vgl. dazu näher die Erläuterungen in den Fußnoten des Musters, ferner Rz. 64 und Plath/Frey BB 2009, 1762, 1763 ff.; Plath/Frey CR 2009, 613, 615 ff.; Nowak/Zieger in Moos, Datennutzungs- und Datenschutzverträge, Teil 6 II Rz. 11). Ob die vorgeschlagenen Formulierungen einer rechtlichen Prüfung standhalten, lässt sich mangels gefestigter Rechtsprechung insbesondere zu den Neuregelungen des BDSG, aber auch zu Streitfragen wie zB dem Personenbezug von in Cookies gespeicherten IP-Adressen (vgl. dazu mwN Plath/Frey CR 2009, 613, 615; Plath/Schreiber in Plath, BDSG, § 3 Rz. 20 ff. mwN) nicht sicher sagen. Das Muster dient lediglich zur Orientierung und kann nicht die einzelfallbezogene Prüfung ersetzen. Dazu muss jeweils ermittelt werden, welche Daten zu welchen Zwecken tatsächlich erhoben und genutzt werden sollen und ob dies nach den einschlägigen gesetzlichen Bestimmungen zulässig ist. Sowohl die jeweils betroffenen Daten als auch die Nutzung sollten so konkret wie möglich umschrieben sein.

M 14.3 Datenschutzerklärung Online-Shop[1]

(1) Nutzung von Daten zur Vertragsabwicklung[2]

Wir, die ... GmbH, (Postanschrift), nehmen Bestellungen nur an, wenn Sie uns Ihren Vor- und Nachnamen, Ihre Postanschrift, die gegebenenfalls hiervon abweichende Lieferanschrift, die für den maßgebenden Zahlungsweg erforderlichen Bank- bzw. Karteninformationen, Ihre E-Mail-Adresse und – zur Vermeidung von Identitätsverwechslungen und Prüfung Ihrer Geschäftsfähigkeit – Ihr Geburtsdatum[3] *(ggf. weitere Daten angeben) mitteilen. Diese in der Bestellmaske als erforderlich gekennzeichneten Angaben benötigen wir für die Bearbeitung Ihrer Bestellung und den Abschluss und die Erfüllung des Vertrags mit Ihnen. Wir speichern und nutzen diese Angaben zu den genannten Zwecken. Dies schließt Bonitätsanfragen an die ... GmbH, (Postanschrift) ein, bei denen – auch aufgrund von Anschriftendaten des Kunden – Wahrscheinlichkeitswerte für das künftige Verhalten des Kunden erhoben und verarbeitet werden. Außerdem werden ggf. erforderliche Daten an im Rahmen der Vertragsabwicklung beauftragte Dienstleister wie zB Transportunternehmen (gegebenenfalls weitere eingeschaltete Dienstleister nennen) weitergegeben.*

(2) Nutzung von Daten zu Werbezwecken

Darüber hinaus speichern und nutzen wir Ihren Vor- und Nachnamen, Ihre Postanschrift, Ihr Geburtsjahr und – soweit Sie diese zusätzlichen, in der Bestellmaske als freiwillig gekennzeichneten Angaben gemacht haben – Ihren Titel, Ihren akademischen Grad und Ihre Berufs-, Branchen- oder Geschäftsbezeichnung, soweit diese Daten listenmäßig oder sonst mit Daten einer bestimmte Personengruppe zusammengefasst sind[4]*, entsprechend den datenschutzrechtlichen Bestimmungen*

(a) zur weiteren Pflege unserer Kundenbeziehung mit Ihnen, also zB zur Information über unsere Produkte durch Zusendung von Katalogen oÄ per Post durch uns;[5]

---

1 Vgl. die Hinweise in Rz. 81 f.

2 Vgl. § 28 Abs. 1 Nr. 1 BDSG.

3 Vgl. zu den Voraussetzungen, unter denen das Geburtsdatum erhoben werden darf, BGH WRP 2009, 56, 61 – PayBack.

4 Vgl. zu diesen so genannten Listendaten § 28 Abs. 3 Satz 2 BDSG.

5 Vgl. § 28 Abs. 3 Satz 2 Nr. 1 BDSG; die Beschränkung auf die Werbung per Post ist aufgenommen, weil andernfalls grundsätzlich eine vorherige wettbewerbsrechtliche Einwilligung erforderlich ist (§ 7 Abs. 2 UWG); vgl. aber zur E-Mail-Werbung Ziffer (3) des Musters.

(b) zur Information über unsere Produkte im Rahmen Ihrer beruflichen Tätigkeit per Post durch uns an Ihre berufliche Anschrift, falls Sie uns diese in Ihrer Bestellung angegeben haben;[6]

(c) zur Werbung für interessante Produkte oder Dienstleistungen sorgfältig ausgewählter Unternehmen der . . .-Branche mit Sitz in Deutschland und/oder mit uns nach §§ 15 ff. AktG verbundener Unternehmen durch uns, zB durch Beilagen zu unseren Katalogen oder sonstigen Werbemitteln oder durch von uns per Post versandte Empfehlungswerbung für solche Unternehmen;[7]

(d) zur Nutzung durch von uns sorgfältig ausgewählte Unternehmen im Sinne von Unterziffer (c) zur Werbung für deren Produkte und Dienstleistungen. In diesem Fall werden wir dafür sorgen, dass wir als für die Nutzung der Daten verantwortliche Stelle eindeutig erkennbar sind;[8]

(e) zur Übermittlung an[9] *von uns sorgfältig ausgewählte Unternehmen im Sinne von Unterziffer (c), damit diese – gegebenenfalls unter Einschaltung sorgfältig ausgewählter Dienstleister – Ihnen interessante Angebote zu ihren Produkten und Dienstleistungen machen können. In diesem Fall werden wir entsprechend den gesetzlichen Vorgaben die Herkunft der Daten und den Empfänger für die Dauer von zwei Jahren speichern, Ihnen hierüber auf Verlangen Auskunft erteilen und dafür sorgen, dass wir als das Unternehmen, das Ihre Daten erhoben hat, in der Werbung des ausgewählten Unternehmens genannt werden.*[10]

Der Nutzung Ihrer Daten zu Werbezwecken gemäß dieser Ziffer (2) können Sie uns gegenüber jederzeit mit Wirkung für die Zukunft – insgesamt oder nur in Bezug auf einzelne Nutzungen – widersprechen.[11]

(3) Nutzung Ihrer E-Mail-Adresse

Wir werden Sie kostenlos gegebenenfalls auch per E-Mail an die in Ihrer Bestellung angegebene E-Mail-Adresse über interessante Angebote unseres Unternehmens zu ähnlichen Artikeln informieren. Wenn Sie keine Information per E-Mail wünschen, können Sie dem jederzeit mit Wirkung für die Zukunft durch formlose Mitteilung an uns widersprechen, zB per E-Mail an die E-Mail-Adresse . . . . Durch einen solchen Widerspruch entstehen Ihnen keine über die Übermittlungskosten nach den Basistarifen hinausgehenden Kosten.[12]

(4) Cookies[13]

Wenn Sie unsere Website besuchen, werden auf Ihrem Rechner kleine Dateien, so genannte Cookies, abgelegt. In den Cookies werden außer der dynamischen IP-Adresse des Rechners, von dem aus unsere Website aufgerufen wird, nur folgende, vom Web-Server unserer Website generierten Informationen für die Dauer von . . . gespeichert: . . . Diese Informationen lassen regelmäßig keinen Rückschluss auf Ihre Person zu. Wenn unsere Website von dem betreffenden Rechner aus erneut besucht wird, werden die Informationen ausgelesen. Die Informationen werden dabei zu dem Zweck genutzt, . . . Sie können über Einstellungen Ihrer Browsersoftware verhindern, dass Cookies gespeichert werden. Wenn Sie von dieser Möglichkeit Gebrauch machen, stehen Ihnen die Funktionen unserer Website nur eingeschränkt zur Verfügung, insbesondere ist . . . dann nicht möglich.

(4) Wir werden Ihnen unter den gesetzlichen Voraussetzungen auf Verlangen unentgeltlich Auskunft über auskunftspflichtige Datenerhebungen, -speicherungen und -nutzungen erteilen.

---

6 Vgl. § 28 Abs. 3 Satz 2 Nr. 2 BDSG.

7 Vgl. § 28 Abs. 3 Satz 5 BDSG.

8 Diese Variante betrifft die Bereitstellung erhobener Daten für Fremdwerbung über Listbroker im so genannten Lettershop-Verfahren, die nach überwiegender Auffassung nach § 28 Abs. 3 Satz 5 BDSG gestattet ist.

9 Vgl. § 28 Abs. 3 Satz 4 BDSG.

10 Vgl. §§ 28 Abs. 3 Satz 4, 34 Abs. 1a Satz 1 BDSG.

11 Vgl. § 13 Abs. 3 TMG.

12 Vgl. § 7 Abs. 3 UWG und Rz. 56.

13 Vgl. zur Streitfrage, ob in Cookies gespeicherte IP-Adressen personenbezogene Daten sind, Rz. 82. Im Einzelfall sind die technischen Gegebenheiten der Datenerhebung und -nutzung sorgfältig zu recherchieren und möglichst konkret wiederzugeben.

b) Einwilligungsbedürftige Nutzung (Muster M 14.4)

83 Soweit die Erhebung und Nutzung personenbezogener Daten nicht schon nach gesetzlichen Erlaubnistatbeständen zulässig ist (vgl. Rz. 64 und 81 f.), ist die Einwilligung des Betroffenen erforderlich. Neben der datenschutzrechtlich gebotenen Einwilligung kann für bestimmte Formen der Werbeansprache zusätzlich eine wettbewerbsrechtliche Einwilligung erforderlich sein (vgl. Rz. 55 und 64 aE). Das Muster **M 14.4** betrifft den Fall, dass die Einwilligung sowohl datenschutzrechtlich als auch – wegen der dort vorgesehenen Ansprache per E-Mail bzw. Telefon – wettbewerbsrechtlich erforderlich ist. Es wird deshalb die für Letztere erforderliche „aktive" Ankreuzmöglichkeit („Opt-in") vorgesehen (vgl. dazu mwN Rz. 55).

M 14.4 Einwilligungserklärung E-Mail- und Telefonwerbung[1]

Damit Sie aktuelle interessante Angebote von uns oder von sorgfältig ausgewählten anderen Unternehmen auch über die in unseren Datenschutzhinweisen vorgesehenen Möglichkeiten hinaus schnell und bequem erhalten, gestatten Sie uns außer der Nutzung der in Ziffer 2 unserer Datenschutzhinweise genannten Daten (bitte Zutreffendes ankreuzen)

(1) die Nutzung Ihrer (ggf. weitere erhobene und genutzte Daten hinzufügen) sowie Ihrer E-Mail-Adresse zur kostenlosen Information per E-Mail über

☐ *unsere aktuellen interessanten Angebote durch uns.*

☐ *aktuelle interessante Angebote durch von uns sorgfältig ausgewählte Unternehmen der...-Branche mit Sitz in Deutschland und/oder mit uns nach §§ 15 ff. AktG verbundene Unternehmen.*

(2) die Nutzung Ihrer (ggf. weitere erhobene und genutzte Daten hinzufügen) sowie Ihrer Telefonnummer zur kostenlosen telefonischen Information über

☐ *unsere aktuellen interessanten Angebote durch uns.*

☐ *aktuelle interessante Angebote durch von uns sorgfältig ausgewählte Unternehmen der...-Branche mit Sitz in Deutschland und/oder mit uns nach §§ 15 ff. AktG verbundene Unternehmen.*

Sie können die Einwilligung jederzeit mit Wirkung für die Zukunft – insgesamt oder nur in Bezug auf einzelne Nutzungen – widerrufen.

1 Vgl. Erläuterung Rz. 83.

3. Abschnitt. Schenkung

Kapitel 15 Schenkung

Literatur: *Derleder*, Die Verfassungswidrigkeit der Zurücksetzung des Ehegatten durch die Regelung der Pflichtteilsergänzung nach § 2325 Abs. 3 S. 3 BGB, ZEV 2014, 8; *Geck*, Die steuerlichen Rahmenbedingungen der vorweggenommenen Erbfolge 2003 bis 2013 – ein Rückblick auf ereignisreiche Jahre, ZEV 2013, 169; *Herrmann*, Vollzug von Schenkungen nach § 518 II BGB, 1978; *Hüttemann/Rawert*, Pflichtteil und Gemeinwohl – Privilegien für gute Zwecke?, ZEV 2007, 107; *Jaeger*, Zur rechtlichen Deutung ehebezogener (sog. unbenannter) Zuwendungen und zu ihrer Rückabwicklung nach Scheitern der Ehe, DNotZ 1991, 431; *Kollhosser*, Ehebezogene Zuwendungen und Schenkungen unter Ehegatten, NJW 1994, 2313; *Langenfeld/Günther*, Grundstückszuwendungen zur lebzeitigen Vermögensnachfolge, 6. Aufl. 2010; *Mayer*, Es kommt auf die Sekunde an – Zum Pflichtteilsrecht bei Lebensversicherungen, DNotZ 2011, 89; *Meincke*, Erbschaft- und Schenkungsteuergesetz, 15. Aufl. 2009; *von Proff*, Ende des Ausgleichsverbots bei gescheiterter nichtehelicher Lebensgemeinschaft, NJW 2008, 3266; *Rastätter*, Grundstücksschenkungen an Minderjährige, BWNotZ 2006, 1; *Röthel*, Pflichtteil und Stiftungen: Generationengerechtigkeit versus Gemeinwohl?, ZEV 2006, 8; *Seiler*, Über die sog. unbenannten Zuwendungen unter Ehegatten – ein skeptischer Zwischenbericht, in FS Heinrich, 2000, S. 551; *Seyfarth*, Schenkungsrückforderung wegen Notbedarfs, 1998; *Speckbrock*, Pflichtteilsergänzung bei Zuwendungen an eine gemeinnützige Stiftung und Auswirkungen der Erbrechtsreform, Rpfleger 2009, 597; *Wall*, Ehegatten-Innengesellschaft und Zugewinnausgleich im Vergleich, FamRB 2010, 348; *Westermann*, Störungen bei vorweggenommener Erbfolge, in FS Kellermann, 1991, S. 505.

I. Begriff, Abgrenzung, Regelungstypen und Form

1. Begriff

Die Schenkung gilt als Prototyp des **unentgeltlichen Zuwendungsvertrags**. Sie ist somit kein einseitiges Rechtsgeschäft, sondern nach den §§ 516 Abs. 1, 518 Abs. 1 BGB Schuldvertrag. Sowohl die Handschenkung nach § 516 Abs. 1 BGB als auch die Verpflichtungsschenkung nach § 518 Abs. 1 BGB setzt objektiv eine Bereicherung des Empfängers infolge einer Zuwendung aus dem dadurch entreicherten Vermögen des Gebers (bei Handschenkung) bzw. eine diesbezügliche Verpflichtung (bei Verpflichtungsschenkung) und subjektiv eine entsprechende Einigung der Beteiligten über die Unentgeltlichkeit der Zuwendung voraus. Die letztgenannte Voraussetzung unterscheidet den zivilrechtlichen maßgebend vom steuerrechtlichen Schenkungsbegriff des § 7 Abs. 1 Nr. 1 ErbStG, bei dem die Freigebigkeit der Zuwendung, mithin der einseitige Schenkungswille des Gebers unabhängig von einem korrespondierenden Schenkungswillen des Empfängers genügt (Meincke § 7 ErbStG Rz. 11). 1

2 Gem. § 517 BGB stellen das bloße **Unterlassen eines Vermögenserwerbs** (etwa die Nichtannahme eines Vertragsangebotes), der Verzicht auf ein angefallenes, noch nicht endgültig erworbenes Recht (beispielsweise der Verzicht auf Grundbucheintragung nach Auflassung) und die Ausschlagung einer Erbschaft oder eines Vermächtnisses keine Schenkung dar. Auf das Motiv oder die Wertekategorie einer Schenkung kommt es hingegen nicht an.

3 Ob bzw. inwieweit begrifflich eine Schenkung vorliegt, hat erhebliche Bedeutung insbesondere für die Anwendbarkeit der **Formvorschrift** nach § 518 Abs. 1 BGB (vgl. dazu Rz. 32 ff.) und das Bestehen eventueller **Rückforderungs- bzw. Widerrufsrechte** des Zuwendungsgebers bzw. des nach Überleitung gem. § 93 Abs. 1 SGB XII berechtigten Sozialhilfeträgers, **Pflichtteilsergänzungsansprüche** nach § 2325 BGB und **Herausgaberechte** des Vertragserben bzw. vertragsmäßig bedachten Vermächtnisnehmers nach §§ 2287, 2288 BGB, die unter den Voraussetzungen des § 822 BGB auch gegenüber einem Dritten bestehen, der den Schenkungsgegenstand als Zweitbeschenkter seitens des Beschenkten unentgeltlich erhalten hat (BGH MittBayNot 2014, 249 ff.), jedoch selbst bei Leistungen des Beschenkten ohne rechtliche Bindung, etwa mittels dessen Sorge um Haus, Garten, Einkäufe bzw. Reinigung ohne entsprechende Wart- und Pflegeverpflichtung wegen lebzeitigen Eigeninteresses des Erblassers ausgeschlossen sein können (BGH DNotI-Report 2012, 5 f. Abruf-Nr. 11012R).

3a ➲ **Wichtig:** Pflichtteilsergänzungsansprüche nach § 2325 Abs. 1 BGB setzen die Pflichtteilsberechtigung des Anspruchstellers ausschließlich im Zeitpunkt des Erbfalls, nicht jedoch zusätzlich im Sinne einer Doppelberechtigung auch schon bei Schenkung voraus und kommen daher insbesondere auch bei Schenkungen vor Geburt von Abkömmlingen in Betracht (BGH ZEV 2012, 478 ff. unter Aufgabe seiner entgegengesetzten früheren Rspr. NJW 1973, 40 bzw. ZEV 1997, 373). Dabei dürften Pflichtteilsergänzungsansprüche wegen der grammatikalischen, historischen und teleologischen Argumentation des BGH (Röhl MittBayNot 2013, 146, 148) trotz dessen nunmehr speziell für nachgeborene Abkömmlinge aus Art. 3 Abs. 1 GG abgeleiteter verfassungsrechtlicher Vorgabe auch zugunsten von erst nach der maßgebenden Schenkung durch Eheschließung pflichtteilsberechtigt gewordenen Ehegatten (bzw. Lebenspartnern iSd. LPartG) bestehen (Lange DNotZ 2012, 865; Langenfeld/Fröhler, Testamentsgestaltung, 2. Kap. Rz. 114; Otte ZEV 2012, 478, 482, Reimann FamRZ 2012, 1386; Röhl MittBayNot 2013, 146, 148; kritisch Bonefeld ZErb 2012, 225 ff.; Litzenburger FD-ErbR 2012, 336179; Klassen NJ 2012, 428, 429; Burandt/Jensen NWB 2013, 143, 145 ff.). Soweit derartige erst durch Eheschließung nach Schenkungszuwendung entstehende Pflichtteilsergänzungsansprüche des diesbezüglich nachrückenden Ehegatten ausgeschlossen sein sollen, muss daher zwischen den (künftigen) Ehegatten ein insoweit ggfs. gegenständlich beschränkter Pflichtteilsverzichtsvertrag (s. dazu Langenfeld/Fröhler, Testamentsgestaltung, 2. Kap. FB 1) beurkundet werden (RöhlMittBayNot 2013, 146, 148).

3b Seit dem 1.1.2010 können Pflichtteilsergänzungsansprüche nach § 2325 Abs. 3 BGB nicht mehr während zehn Jahren nach Leistung in Höhe des vollen Zuwendungswertes, sondern abschmelzend nur im ersten Jahr nach Leistung in voller Höhe und sodann jährlich um ein Zehntel gemindert geltend gemacht werden, wobei die Frist mangels Leistung insbesondere bei Vorbehalt von Nießbrauch (BGH NJW 1994, 1791), dinglichem Wohnungs- oder schuldrechtlichem Nutzungsrecht am überwiegenden Objektteil ohne erhebliche Genussentbehrung (OLG Karlsruhe ZEV 2008, 244 f.) und Rückforderungsrechten im Fall der Weiterveräußerung bzw. Belastung des Zuwendungsobjektes ohne Zustimmung des Zuwendenden (OLG Düsseldorf DNotZ 2009, 67 m. abl. Anm. Diehn) nicht zu laufen beginnt. Gleiches gilt nach § 2325 Abs. 3 S. 3 BGB sogar unabhängig von eventuellen sich durch den Zuwendenden vorbehaltenen Gegenleistungen bei unentgeltlichen Zuwendungen des einen an den anderen Ehegatten (kritisch im Hinblick auf eine eventuelle diesbezügliche Verfassungswidrigkeit Derleder ZEV 2014, 8 ff.) zur bzw. nach § 10 Abs. 6 S. 2 LPartG iVm. § 2325 Abs. 3 S. 3 BGB für gleichgeschlechtliche Lebenspartner iSd. LPartG (BZ-Drucks. 14/3751, 40; Palandt/Brudermüller § 10 LPartG Rz. 5; Leipold ZEV 2001, 218; Elling RNotZ 2002, 249, 266 mwN; aA Mayer ZEV 2001, 169, 173).

3c Schenkt ein späterer Erblasser einer anderen Person ein Grundstück, das dieser spätere Erblasser mit dem ihm von dieser anderen Person unentgeltlich überlassenen Geld erworben hat, steht diese vorherige Geldschenkung der Auslösung eines Pflichtteilsergänzungsanspruchs gegen diesen Grundbesitzerwerber zumindest dann nicht entgegen, wenn dessen Geldzuwendung uneigennützig und ohne Erwartung einer späteren Gegenleistung erfolgte (LG Berlin NJW-Spezial 2011, 72).

Wurde eine Zuwendung auf Grund entsprechender Vereinbarung bereits unentgeltlich erbracht, ist auf Grund einer **späteren Vereinbarung** der Parteien keine nachträgliche Behandlung als entgeltliches Geschäft mehr möglich (OLG Düsseldorf NJW-RR 2001, 1518; aA MünchKomm.BGB/Kollhosser § 516 BGB Rz. 21). 4

➲ **Praxistipp:** Im Rahmen der rechtsgestaltenden Beratung ist daher zur Ausschließung vermeidbarer Zugriffsmöglichkeiten des Sozialhilfeträgers aus überleitbaren künftigen Rückforderungsrechten des Schenkers nach § 528 BGB bzw. eventueller Pflichtteilsergänzungsansprüche Dritter nach § 2325 BGB mit größter Vorsicht und Präzision zu klären, ob und inwieweit bereits innerhalb des Zuwendungsvertrags **Gegenleistungspflichten** zur Reduzierung des Schenkungsbetrags vereinbart werden können. Insbesondere sollten Verpflichtungen zur persönlichen Pflege bis Pflegestufe 2 und zur Grabpflege, vor allem wenn sie ohnehin als Selbstverständlichkeit erbracht würden, ausdrücklich als schenkungsmindernde Gegenleistungspflichten vereinbart werden. 5

Erfolgte eine Zuwendung in der Vergangenheit zwar ohne Verpflichtung bzw. Leistungsversprechen, jedoch in der erkennbaren Absicht künftiger Ausgleichsforderungen, kann ein erstmaliger, dann entgeltlicher Vertrag mit der **nachträglichen Entlohnung** zu Stande kommen, wobei die vorherige Leistung als vorweggenommene Erfüllungshandlung für diese erst später zu Stande gekommene causa einzustufen ist (BGH NJW 1992, 2566, 2567 f.) 6

Eine **Sicherheitsleistung** des Schuldners ist keine Schenkung, da der Gläubiger nicht bereichert wird (Erman/Herrmann § 516 BGB Rz. 10). Wird die Sicherheit durch einen Dritten geleistet, kann je nach Vereinbarung über die Unentgeltlichkeit gegenüber dem Schuldner (BGH MDR 1955, 283) bzw. dem Gläubiger (BGH BB 1956, 447) eine schenkweise Zuwendung vorliegen. 7

Das Gesetz sieht verschiedene **Schenkungsverbote** vor, um das Vermögen besonders schutzbedürftiger Personen zu erhalten. Soweit nicht einer sittlichen Pflicht oder einer auf den Anstand zu nehmenden Rücksicht entsprochen wird, können daher insbesondere 8

- nach § 1641 BGB Eltern ihre Kinder,
- nach § 1804 BGB ein Vormund sein Mündel,
- nach § 1908i iVm. § 1804 BGB ein Betreuer sein Mündel und
- nach § 1915 Abs. 2 BGB ein Pfleger sein Mündel als Schenkgeber nicht wirksam vertreten,

da jeweils gesetzlich bereits die Vertretungsmacht beschränkt wird und das Rechtsgeschäft nach § 134 BGB nichtig ist (Erman/Michalski § 1641 BGB Rz. 1).

Gem. § 14 HeimG (Bund) iVm. § 134 BGB sind Rechtsgeschäfte zwischen Heimbewohnern einerseits und dem Träger, der Leitung oder Bediensteten des Heims andererseits nichtig, die über Geld oder geldwerte Leistungen neben der aus dem Heimvertrag vereinbarten Vergütung geschlossen werden, sofern die Zuwendung nicht nur geringwertig oder keine Ausnahmegenehmigung erteilt ist. Soweit die Länder nicht von ihrer seit der Föderalismusreform bestehenden diesbezüglichen Gesetzgebungskompetenz aus Artt. 70, 74 Abs. 1 Nr. 7 GG Gebrauch machen (so aber bspw. Baden-Württemberg GBl. BW 2008, 169 bzw. Bayern BayGVBl. 2008, 346 durch entsprechende Regelungen; vgl. Länderübersicht bei Spall MittBayNot 2010, 9, 10) gilt das Bundesrecht nach Art. 125a GG fort. Nach § 11 AnfG hat der Leistungsempfänger das durch eine anfechtbare Rechtshandlung, zu der insbesondere Schenkungen zählen, erhaltene Vermögen dem Gläubiger zur Verfügung zu stellen.

Übertragen Eltern Grundbesitz unentgeltlich auf ihr Kind, das seinerseits an den eigenen Ehegatten im unmittelbaren Anschluss daran freigebig, ohne dazu gegenüber den zuwendenden Eltern verpflichtet zu sein, unentgeltlich einen Miteigentumsanteil weiterüberträgt, liegt schenkungssteuerlich keine Zuwendung der Eltern an das Schwiegerkind vor (BFH DNotZ 2014, 103, 104 ff.). Ob jedoch tatsächlich keinerlei, eine schenkungssteuerliche Zuwendung der Eltern an das Schwiegerkind 8a begründende Weitergabeverpflichtung des erstbeschenkten Kindes gegenüber seinen schenkenden Eltern besteht, folgt aus den abgeschlossenen Verträgen, deren inhaltlicher Abstimmung untereinander und den damit erkennbar angestrebten Zielen der Beteiligten (BFH DNotZ 2014, 103, 104). Dabei kann die förmliche Zusammenfassung in ein und derselben Urkunde für eine Weitergabeverpflichtung sprechen, da das erstbeschenkte Kind wegen der zeitgleichen Beurkundung regelmäßig keine anderweitige Entscheidungsfreiheit mehr hat (BFH DNotZ 2014, 103, 105 – dort waren Erstschenkung und Weitergabezuwendung in zwei einzelnen unmittelbar hintereinander beurkundeten Dokumenten erstellt worden). Jedoch ist die bloße Kenntnis der schenkenden Eltern von bzw. deren Einverständnis mit einer derartigen Weiterübertragung für die Annahme einer Weitergabeverpflichtung alleine unschädlich (BFH DNotZ 2014, 103, 105). Auch wird regelmäßig eine freigebige Zuwendung an das eigene Kind zwecks Anrechnung des gesamten Zuwendungswertes auf Pflichtteilsrechte bzw. Hinzurechnung zum Anfangsvermögen nach § 1374 Abs. 2 BGB anzunehmen sein (BFH DNotZ 2014, 103, 106). Die vollständige ungebundene Übertragung durch die Eltern an das Kind muss zudem vor Weiterübertragung bereits ausgeführt sein, was neben dem wirksamen Schenkungsversprechen die diesbezügliche Auflassung und Eintragungsbewilligung, nicht jedoch den Eintragungsantrag voraussetzt (BFH DNotZ 2014, 103, 107; Langenfeld/Fröhler, Testamentsgestaltung, 2. Kap. Rz. 100).

8b ➲ **Praxistipp:** Zur Vermeidung steuerlicher Nachteile sollten daher zwei getrennte Urkunden über die Schenkung durch die Eltern an ihr Kind einerseits und die nachfolgende Zuwendung des beschenkten Kindes an dessen Ehegatten andererseits erstellt werden. Dabei sollte im Beurkundungstext klargestellt werden, dass das beschenkte Kind gegenüber seinen schenkenden Eltern keiner Weitergabeverpflichtung unterliegt.

2. Abgrenzung

9 Neben der Schenkung kennt das BGB **weitere unentgeltliche Rechtsgeschäfte**, insbesondere Stiftung, Leihe, unentgeltliches Darlehen, Auftrag und unentgeltliche Verwahrung, für die eigene vorrangige gesetzliche Regelungen bestehen (zur Systematik und Abgrenzung MünchKomm.BGB/Kollhosser § 516 BGB Rz. 54).

10 **Immaterielle Güter** (zB Kunstgenuss) können nicht Gegenstand einer Schenkung sein.

11 Gleiches gilt für **Gebrauchsüberlassungen, Arbeits- oder Dienstleistungen**. Nach der Gesetzessystematik handelt es sich vielmehr bei zeitlich begrenzter, unentgeltlicher Gebrauchsüberlassung um Leihe (§§ 598 ff. BGB) – dies gilt auch für ein auf Lebenszeit gewährtes Wohnungsrecht (BGHZ 82, 354, 356 ff.; Erman/Herrmann § 516 BGB Rz. 10; aA LG Köln NJW 1973, 1880 f.) –, bei entsprechender Kapitalüberlassung um unverzinsliches Darlehen (§ 488 Abs. 1 Satz 2 BGB) und bei unentgeltlicher Dienstleistung um Auftrag (§§ 662 ff. BGB). Je nach Einzelfall kann jedoch in dem Verzicht auf eine übliche Vergütung bzw. Nutzungsentschädigung oder in deren Erlass eine Schenkung liegen (BGH FamRZ 1987, 910, 911).

12 Endgültige unentgeltliche Zuwendungen an eine gemeinnützige Stiftung zur Förderung des Stiftungszwecks mittels freier oder gebundener **Spenden** bzw. **Zustiftungen** sind – nach deutschem Recht im Gegensatz zu dem österreichischen Privileg pflichtteilsfreier Schenkungen zu gemeinnützigen Zwecken gem. § 785 Abs. 3 Satz 1 Alt. 2 österr. AGBG (dazu Hüttemann/Rawert ZEV 2007, 108, 109) – pflichtteilsergänzungspflichtige Schenkungen iSd. §§ 2325, 2329 BGB iVm. § 516 BGB, soweit mangels Kündigungsrechts des Spenders bzw. Vermögensrückfalls bei Insolvenz des Spendenempfängers kein fiduziarisches Treuhandverhältnis begründet wird, aufgrund satzungsgemäßer Eigenverwendung der Zuwendungen keine bloße Beauftragung des Spendenempfängers als Mittels- bzw. Durchgangsperson erfolgt und letztlich tatsächlich das Vermögen des Spendenempfängers (bspw. die durch Spenden sanierte im Eigentum einer erbbauberechtigten Stiftung stehende Dresdner Frauenkirche) bereichert wird (BGH ZEV 2004, 115 ff. m. Anm. Kolhosser; Palandt/Weidenkaff § 516 BGB Rz. 6; Langenfeld/Fröhler, Testamentsgestaltung, 2. Kap. Rz. 109; Röthel ZEV 2006, 8, 10; Speckbrock Rpfleger 2009, 597, 598; aA OLG Dresden NJW 2002, 3181, 3182).

13 **Gefälligkeitshandlungen** des täglichen Lebens (zB Einladung zum Essen, Überlassen eines geringwertigen Gebrauchsgegenstands) sind im Allgemeinen schon deshalb keine Schenkungen, weil von

vornherein ein rechtlicher Bindungswille fehlt, erkennbar also überhaupt kein Rechtsgeschäft gewollt ist.

Unentgeltliche **Zusatzleistungen an Arbeitnehmer** (Zulagen, Weihnachtsgeld, Urlaubsgeld, andere Gratifikationen usw., auch Zuwendungen an Pensions- oder Unterstützungskassen) sind – selbst ohne Rechtspflicht – keine Schenkungen, sondern Teil des Arbeitsentgelts (BAG JZ 1956, 322; BB 1965, 1458). 14

Soweit **Gesellschaftsbeteiligungen** betroffen sind, ist hinsichtlich des Schenkungscharakters zu differenzieren: Wird ein Gesellschafter ohne Kapitaleinlage in eine OHG aufgenommen, liegt wegen des Arbeitseinsatzes und des Haftungsrisikos des Aufgenommenen regelmäßig keine Schenkung vor (BGHZ 112, 40); ausnahmsweise wird von einer eine Teilschenkung begründenden Teilunentgeltlichkeit ausgegangen, wenn nach den Gesamtumständen eine auffällig große Begünstigung des Aufgenommenen feststellbar ist (BGH NJW 1981, 1956 ff.). Eine unentgeltliche Übertragung eines Kommanditanteils stellt regelmäßig eine Schenkung dar (BGHZ 112, 40). 15

Zuwendungen unter Ehegatten werden als Rechtsinstitut sui generis behandelt. Sie dienen grundsätzlich – soweit keine andere Vereinbarung getroffen ist – der Verwirklichung, Ausgestaltung, Erhaltung bzw. Sicherung der ehelichen Lebensgemeinschaft und der haftungsmäßig günstigen Organisation des Familienvermögens. Terminologisch ist insbesondere von **unbenannten**, **ehebedingten** bzw. **ehebezogenen** Zuwendungen die Rede (BGHZ 116, 167, 169). Liegt neben der vorstehend beschriebenen Zweckrichtung keine Gegenleistung vor und sind sich die Eheleute über die diesbezügliche Unentgeltlichkeit einig, ist hinsichtlich der Wirkungen zu differenzieren: 16

- Erbrechtlich werden derartige Zuwendungen wie Schenkungen mit der Konsequenz behandelt, dass die Schutzvorschriften der §§ 2113, 2205, 2325, 2287, 2288 BGB Anwendung finden (BGHZ 116, 167, 169 ff.). An der dazu erforderlichen objektiven Unentgeltlichkeit fehlt es jedoch, wenn sich die ehebedingte Zuwendung im Rahmen einer nach den konkreten Verhältnissen angemessenen Alterssicherung des begünstigten Ehegatten bewegt, wobei die Altersabsicherungsabsicht als solche nicht ausdrücklich bezeichnet werden muss, aber sicherheitshalber so bezeichnet werden sollte (OLG Schleswig ZEV 2010, 369 ff. zu § 2325 BGB; Sarres FamRB 2011, 250, 251). Schenkungssteuerrechtlich gilt die Einzahlung eines Geldbetrags durch einen der beiden Ehegatten auf deren als Oder-Konto geführtes Gemeinschaftskonto nur dann als Schenkung an den nicht einzahlenden Ehegatten, wenn letzterer tatsächlich hälftig beteiligt wird, was anhand objektiver Tatsachen nachweisbar sein muss und sich insbesondere durch häufigen Zugriff des nicht einzahlenden Ehegatten auf das Guthaben manifestieren kann (BFH FamRB 2012, 249 f.).
- Bei Ehescheidung gelten für eine Rückabwicklung dieser Zuwendungen im gesetzlichen Güterstand der Zugewinngemeinschaft, soweit nicht ausnahmsweise Ehegatteninnengesellschaft vereinbart ist und daher ergänzend schuldrechtliche Ausgleichsansprüche nach den §§ 730 ff. BGB bestehen (BGH NJW 2006, 1268, 1269; Wall FamRB 2010, 348 ff.), wobei eine diesbezügliche konkludente Vereinbarung auch durch Sachzuwendungen oder Mitarbeit an den freiberuflich tätigen Ehegatten möglich ist, jedoch ein Fehlen derselben Berufsqualifikation des zuwendenden Ehegatten und die Geltung des gesetzlichen Güterstandes indiziell gegen das Zustandekommen einer derartige Gesellschaft sprechen (OLG Hamm FamRB 2012, 301 f. mit Anm. Herr), grundsätzlich abschließend die Regelungen der §§ 1372 ff. BGB und nur in Ausnahmefällen zur Vermeidung unzumutbarer Ergebnisse ergänzend die Grundsätze über den Wegfall der Geschäftsgrundlage (BGHZ 127, 48, 51), beim Güterstand der Gütertrennung die Grundsätze über den Wegfall der Geschäftsgrundlage (BGHZ 127, 48, 52; zu weiteren Einzelheiten s. Kap. 65). Schenkungsrecht und damit insbesondere Herausgabeansprüche nach den §§ 530 Abs. 1, 531 Abs. 2 BGB kommen nur dann in Betracht, wenn eine Zuwendung ausnahmsweise nach dem Willen beider Ehegatten unentgeltlich im Sinne echter Freigiebigkeit und nicht wie regelmäßig in Erwartung des Fortbestehens der Ehe erfolgt (BGH NJW 2008, 3277, 3278 f.). Entsprechendes gilt für gleichgeschlechtliche Lebenspartnerschaften iSd. LPartG.

Bei Beendigung einer **nichtehelichen Lebensgemeinschaft** verschiedengeschlechtlicher Partner ist hinsichtlich unentgeltlicher Zuwendungen nach den Umständen des Einzelfalls zu differenzieren. Wegen wesentlicher Beiträge eines Partners, mit denen ein Vermögenswert von erheblicher wirt- 17 schaftlicher Bedeutung geschaffen wurde, kommen – insbesondere bei Divergenzen zwischen Leistungs- und Eigentumsanteil an bebauten Immobilien – nicht nur Ausgleichsansprüche aus Innengesellschaft nach §§ 730 ff. BGB (BGH NJW 2006, 1268, 1270; BGH NJW 2008, 3277, 3278 f.: bei Alleineigentum des Anspruchsgegners; BGH NJW 2008, 3282 f.: bei Miteigentum des Anspruchsstellers), sondern auch Ansprüche aus ungerechtfertigter Bereicherung nach § 812 Abs. 1 Satz 2 2. Alt. BGB und nach den Grundsätzen über den Wegfall der Geschäftsgrundlage aus § 313 BGB in Betracht (BGH NJW 2008, 3277, 3279 ff.; BGH NJW 2008, 3282 f.; von Proff NJW 2008, 3266; Grziwotz FamRZ 2009, 750, 752 f.). Dies kann auch für ein gemeinsam zeitweise im Jahr genutztes Ferienhaus im Ausland und dabei hinsichtlich der Verringerung der Verbindlichkeiten des ausgleichspflichtigen durch den ausgleichsberechtigten Partner gelten (OLG Bremen FamRB 2010, 338 f. mit Anm. Burger). Im Gegensatz dazu sind bloße Gefälligkeiten bzw. alltägliche Beistandsleistungen regelmäßig nicht auszugleichen (BGH NJW 2008, 3277, 3281; Grziwotz FamRZ 2009, 750, 753). Diese Grundsätze gelten auch für Zuwendungen, die vor einer späteren Eheschließung erfolgt sind (BGH NJW 2006, 1268, 1270).

18 Eine unentgeltliche Übertragung ist im Gegensatz zur Schenkung gem. § 1624 Abs. 1 BGB **Ausstattung**, wenn bzw. soweit sie das den Vermögensverhältnissen des Übertragenden entsprechende Maß nicht überschreitet und einem Kind von Elternseite zur Begründung oder Erhaltung der Selbständigkeit zugewendet wird. Sie unterliegt damit nur dann als Schenkung der Pflichtteilsergänzung nach § 2325 BGB, wenn sie im Übermaß gewährt wurde (Staudinger/Olshausen § 2325 BGB Rz. 5; Haegele BWNotZ 1978, 29). Dieselbe Zuwendung kann damit auch teils Schenkung, teils Ausstattung sein.

19 Diese Differenzierung hat weit reichende Folgen im Bereich des **Erbausgleichungs- und Pflichtteilsrechts.** Während die Ausstattung gem. § 2050 Abs. 1 BGB bis zu einer spätestens bei Zuwendung erfolgten Nichtausgleichungsanordnung des Zuwendenden im Rahmen einer Erbauseinandersetzung auszugleichen ist, aber keinem Pflichtteilsergänzungsanspruch unterliegt, verhält es sich bei einer Schenkung umgekehrt. Schenkungen sind nur auf ausdrückliche, spätestens bei Zuwendung erfolgte Anordnung des Erblassers erbausgleichungspflichtig, unterliegen jedoch der Pflichtteilsergänzung. Während eine rechtzeitige Ausgleichungsanordnung für eine Schenkung pflichtteilsrechtliche Fernwirkungen iSd. § 2316 Abs. 1 BGB entfaltet, wird eine rechtzeitige Nichtausgleichungsanordnung hinsichtlich einer Ausstattung gem. § 2316 Abs. 3 BGB bei der Pflichtteilsbestimmung nicht berücksichtigt, soweit nicht gemeinsam mit den übrigen betroffenen Abkömmlingen ein förmlicher Pflichtteilsverzichtsvertrag notariell beurkundet ist.

Für beide Institutionen gilt nach § 2315 BGB gleichermaßen, dass sich der Zuwendungsempfänger den Wert des Zugewandten nur dann auf eigene Pflichtteilsansprüche anrechnen lassen muss, wenn der Erblasser spätestens bei der Zuwendung eine entsprechende Anrechnungsbestimmung getroffen hat. Innerhalb der Grenze des § 2053 BGB ist die grundsätzliche Erbausgleichungspflicht für Ausstattungen über § 1624 Abs. 1 BGB hinaus auf entferntere Abkömmlinge als Kinder erweitert (Palandt/Edenhofer § 2050 BGB Rz. 8). Zu den Einzelheiten der Erbausgleichung (Kap. 81 Rz. 1–34 und **M 81.1** bis **M 81.9**), ihrer pflichtteilsrechtlichen Fernwirkungen (Kap. 81 Rz. 35–45 und **M 81.10**), der Pflichtteilsanrechnung (Kap. 81 Rz. 46–74 und **M 81.11** bis **M 81.19**) und der diesbezüglichen Erbrechtsreform vgl. ausführlich Kap. 81.

20 ➲ **Praxistipp:** Es ist daher dringend zu empfehlen, bereits innerhalb des Verpflichtungsvertrags die Zuwendungsart klarzustellen und eindeutig zu regeln, ob der Zuwendungsempfänger den Zuwendungswert bei einer Erbauseinandersetzung auszugleichen und/oder sich auf Pflichtteilsansprüche anrechnen zu lassen hat (s. Kap. 81 Rz. 4, 7 und 50 sowie **M 81.1**, **M 81.2** und **M 81.11**).

3. Regelungstypen

21 Das Schenkungsrecht kennt insbesondere folgende Schenkungstypen:

a) Versprechensschenkung

22 Die Versprechensschenkung ist in § 518 Abs. 1 BGB geregelt. Im zugrunde liegenden Vertrag verpflichtet sich der Schenker dem Beschenkten gegenüber zum **späteren Vollzug** der unentgeltlichen

Zuwendung. Typische Verpflichtungsschenkungen sind neben der unentgeltlichen Übertragung von Grundbesitz (dazu s. Kap. 44 Rz. 1 ff. mit **M 44.1** und **M 44.2**) die schenkweise Begründung einer Forderung, etwa einer Geldrente, oder Überlassung einer stillen Beteiligung.

M 15.1 Schenkung einer Geldrente

(Notarielles Beurkundungsprotokoll[1] – Auszug)

(Eingang; Schenkungsvertrag)

Schenkung

... (Name des Schenkers) verspricht hiermit seinem dies annehmenden Neffen ... (Name des Beschenkten), der in diesem Jahr an der Universität ... (Name und Ort der Universität) im Fach ... (Studienfach und andere nähere Angaben) ein Studium beginnen wird, aus Anlass ... (Angabe des Anlasses für diese Schenkung) als Schenkung folgende Studienbeihilfe:

a) einmalig einen Betrag von ... Euro sowie

b) jeweils am Monatsersten einen monatlichen Betrag von ... Euro; diese Zahlung beginnt am ... (Zeitpunkt) und endet drei Monate nach Abschluss des Studiums, spätestens mit Vollendung des ... Lebensjahres von ... (Name wie zuvor).

Diese Zuwendung ist als Schenkung rechtsverbindlich. Die daraus entstehende Verpflichtung soll auf meine Erben übergehen. Sie kann, soweit sie die monatliche Beihilfe betrifft, von mir nach meiner freien Entscheidung für mehrere Monate im Voraus vollzogen werden. Das gleiche Recht haben meine Erben.

Der Notar hat insbesondere über eventuelle Pflichtteilsergänzungsansprüche Dritter und Rückforderungsrechte nach § 528 BGB belehrt. Er übernimmt keine steuerliche Beratung und wird insoweit von jeder Haftung befreit.

...

(Schluss)

1 Da es sich um eine Versprechensschenkung handelt, besteht nach § 518 Abs. 1 BGB Beurkundungspflicht.

Kosten: *Notargebühr:* 2,0-Gebühr gem. Nr. 21100 KV GNotKG. Geschäftswert gem. §§ 97 Abs. 1, 52 Abs. 2 GNotKG.

b) Handschenkung

Die Handschenkung ist in § 516 Abs. 1 BGB geregelt. Sie ist **sofort vollzogene Schenkung**. Hierunter fallen insbesondere die direkte schenkweise Übergabe einer beweglichen Sache, etwa von Bargeld, mit Einigung über den Eigentumsübergang oder der unentgeltlich vereinbarte sofort wirksame Forderungserlass. Ebenfalls davon erfasst ist der Verzicht auf ein nur zur persönlichen Ausübung gewährtes, aber trotz dauerhafter gesundheitlich bedingter Verhinderung nicht von selbst erlöschendes dingliches Wohnungsrecht iSd. § 1093 Abs. 1 Satz 1 BGB bspw. nach endgültigem Umzug des Wohnungsberechtigten in ein Pflegeheim, da die diesbezügliche Aufgabe bzw. Löschung insoweit geldwert ist, als der bisher belastete Eigentümer den betroffenen Grundbesitz erst jetzt vollständig wirtschaftlich nutzen kann, wobei dies zugleich eine erbschaftssteuerbare freigiebige Zuwendung iSd. § 7 Abs. 1 Nr. 1 ErbStG verkörpert und darüber hinaus neben Pflichtteilsergänzungsansprüchen Sozialhilferegress bei Verarmung des Schenkers iSd. §§ 528 Abs. 1, 818 Abs. 2 BGB droht (OLG Nürnberg ZEV 2014, 37, 38 f.; Michael notar 2013, 367, 371). Ungeachtet dieser schenkungsrechtlichen Einordnung nach § 516 BGB muss die vormundschafts- bzw. betreuungsrechtliche Regelung aus § 1908i Abs. 1 iVm. § 1804 Satz 1 BGB, wonach unentgeltliche Verfügungen des gesetzlichen Vertreters ebenso wie solche des gesetzlich Vertretenen selbst zum Schutz des Vertretenen vor Vermögensnachteilen unheilbar nichtig und gerichtlich nicht genehmigungsfähig sind (OLG Nürnberg ZEV 2014, 37, 39), bei einem Wohnungsrechtsverzicht zumindest dann teleo- 23 logisch reduziert werden, wenn eine Wiederaufnahme der Wohnungsnutzung nicht mehr in Betracht kommt und der Wohnungsrechtsberechtigte durch diesen Verzicht umgekehrt ihm obliegende Unterhaltungskosten wie Hausgeld und Nebenkosten einspart bzw. eine anderweitige wirtschaftliche Nutzung mangels Gestattung von Vermietung und wegen Verweigerung einer Abfindung ausgeschlossen ist, das Wohnungsrecht daher keinen realen Vermögenswert darstellt und dessen Aufgabe den Inhaber nicht benachteiligt (BGH ZEV 2012, 371, 372; Locher FamRB 2012, 217, 218). Wegen des sofortigen Vollzugs ist nach § 518 Abs. 2 BGB keine notarielle Beurkundung erforderlich, aus Beweisgründen – etwa bei Tod des Schenkers – gegenüber den Erben für die Geschäftsfähigkeit bzw. den Willen des Schenkers und einen nach den §§ 929 ff. BGB wirksamen Vollzug jedoch gleichwohl sinnvoll (dann wie **M 15.1** mit zusätzlicher Bestätigung von Besitz- und Eigentumsübergang, vgl. auch 15. Aufl. **M 14.3**). Während die unentgeltliche Einräumung eines dinglichen Wohnungsrechts eine Schenkung verkörpert, ist die rein schuldrechtliche Vereinbarung einer unentgeltlichen Gebrauchsüberlassung einer Wohnung bloßer Leihvertrag, der nicht der Form des § 518 Abs. 1 Satz 1 BGB bedarf (BGH NJW 1982, 820).

c) Zweckschenkung

24 Bei einer Zweckschenkung ist als **Geschäftsgrundlage** des Schenkungsvertrages vereinbart, dass sich der Schenknehmer für einen bestimmten Zweck einzusetzen hat. Wird der vereinbarte Zweck nicht erreicht, steht dem Schenkgeber ein bereicherungsrechtlicher Herausgabeanspruch nach § 812 Abs. 1 Satz 2 Fall 2 BGB, jedoch kein Anspruch auf Auflagenerfüllung und kein Rückforderungsrecht nach den §§ 525 ff. BGB zu (BGH NJW 1984, 233).

d) Remuneratorische Schenkung

25 Das Gesetz hat den gemeinrechtlichen Begriff der remuneratorischen Schenkung nicht übernommen. Hierunter wird eine Schenkung verstanden, mit der eine Leistung oder ein sonstiges Verhalten eines anderen gerade *nicht ent*lohnt, sondern – **ohne Rechtspflicht** hierzu – *be*lohnt werden soll (Bsp.: unentgeltliche Einräumung eines Holzschlagrechts für langjährige Dienstleistungen, BGH NJW-RR 2005, 1718). Vielfach wird die remuneratorische bzw. belohnende Schenkung im Bereich der Zweckschenkung oder der Pflicht- und Anstandsschenkung nach § 534 BGB abgehandelt.

e) Pflicht- und Anstandsschenkung

26 Die Pflicht- und Anstandsschenkung ist in § 534 BGB geregelt. Eine Pflichtschenkung setzt über das allgemeine Gebot sittlicher Nächstenliebe hinaus die Erfüllung einer besonderen, in den Geboten der Sittlichkeit wurzelnden Verpflichtung (BGH MDR 1963, 575, 576), eine Anstandsschenkung den bei Nichtleistung drohenden Verlust von Ansehen und Achtung des Schenkers (BGH NJW 1981, 111) voraus. Gem. § 534 BGB sind eine **Rückforderung** wegen Notbedarfs nach §§ 528 f. BGB und ein **Widerruf** wegen groben Undanks nach §§ 530 ff. BGB **ausgeschlossen**. Im Umkehrschluss ist damit ein Herausgabeanspruch wegen Nichtvollziehung einer vereinbarten Auflage nach § 527 BGB möglich (Erman/Herrmann § 534 BGB Rz. 4; aA OLG Nürnberg BB 1965, 1426). Auf die Pflicht- und Anstandsschenkung wird zudem in den §§ 1425 Abs. 2, 1641, 1804, 2113 Abs. 2, 2205, 2207, 2330 BGB Bezug genommen.

f) Schenkung unter Auflage

27 Die Schenkung unter Auflage ist in § 525 BGB geregelt. Über den Grundfall der Schenkung hinaus ist zusätzlich vertraglich vereinbart, dass der Schenker von dem Beschenkten nach Zuwendung des Schenkgegenstands eine **Leistung** verlangen kann, ohne dass der Wert der Schenkung den Wert der Auflage übersteigen müsste. Der Schenker kann wahlweise nach § 525 BGB Erfüllung der Auflage oder – bei Nichterfüllung der Auflage – nach § 527 BGB Rückforderung des Schenkgegenstands durchsetzen.

M 15.2 Schenkung unter Auflage

(Notarielles Beurkundungsprotokoll[1] – Auszug)
(Eingang; Schenkungsvertrag)

...

Schenkung

I. ... (Vor- und Nachname des Schenkers) erklärt:

Ich schenke hiermit meiner Nichte ... (Vor- und Nachname der Beschenkten) einen Geldbetrag in Höhe von ... Euro in bar. Diese Schenkung erfolgt unter der Auflage, dass die Beschenkte diesen Betrag als ihre Kommanditeinlage in die mit mir bis spätestens ... (Datum) zu gründende Kommanditgesellschaft einbringt, deren Komplementär ich selbst als Schenker und deren Kommanditistin meine Nichte ... (Name wie zuvor) als Beschenkte werden.

II. ... (Vor- und Nachname der Beschenkten) erklärt:

Ich nehme hiermit diese Schenkung einschließlich Auflage an und bestätige zugleich, das Eigentum und den Besitz an dem genannten Bargeld erhalten zu haben.

Der Notar hat insbesondere über eventuelle Pflichtteilsergänzungsansprüche Dritter und Rückforderungsrechte nach § 528 BGB belehrt. Er übernimmt keine steuerliche Beratung und wird insoweit von jeder Haftung befreit.

...

(Schluss)

1 Wegen des sofortigen Vollzugs ist nach § 518 Abs. 2 BGB keine notarielle Beurkundung erforderlich, aus Beweisgründen – etwa bei Tod des Schenkers – gegenüber den Erben für die Geschäftsfähigkeit, den Willen des Schenkers und einen nach den §§ 929 ff. BGB wirksamen Vollzug gleichwohl sinnvoll.

Kosten: *Notargebühr:* 2,0-Gebühr gem. Nr. 21100 KV GNotKG. Geschäftswert gem. § 97 Abs. 1 GNotKG (Geldbetrag).

g) Gemischte Schenkung

Unter einer gemischten Schenkung, die gesetzlich nicht ausdrücklich geregelt ist, wird ein einheitlicher Austauschvertrag verstanden, bei dem Leistung und Gegenleistung objektiv in einem Wertemissverhältnis zu einander stehen und sich die Parteien subjektiv über den Zufluss des **Mehrwertes** an den Empfänger einig sind (BGH NJW 1992, 2566, 2567), ohne dass der objektive Wert der Zuwendung mindestens das Doppelte der Gegenleistung betragen müsste (BGH FamRB 2012, 121). Formpflichtig iSd. § 518 BGB ist zwar ausschließlich der unentgeltliche Teil des Vertrags, bei Formverstoß tritt jedoch regelmäßig über § 139 BGB Gesamtnichtigkeit des ganzen Vertrags ein (Erman/Herrmann § 516 BGB Rz. 16a). Angesichts der Unteilbarkeit der Zuwendung ist ein Rücktritt nach § 473 Nr. 2 BGB ausschließlich am gesamten Schenkgegenstand, nicht aber lediglich am unentgeltlichen Zuwendungsteil möglich, während eine Minderung nach §§ 437 Nr. 2, 441 BGB alleine den entgeltlichen Teil betrifft. Bei Widerruf wegen groben Undanks ist nach dem vereinbarten Schwerpunkt des Rechtsgeschäfts zu differenzieren: Wäre das Rechtsgeschäft ohne den geschenkten Teil nicht geschlossen worden und überwiegt der unentgeltliche Teil, kann der Schenker die Zuwendung Zug-um-Zug gegen Wertausgleich zurückfordern (BGHZ 112, 40, 53; 30, 120, 123), wäre das Rechtsgeschäft auch ohne den geschenkten Teil zu Stande gekommen, ist lediglich der Differenzwert zwischen verkehrsüblicher und vereinbarter Gegenleistung rückforderbar (Erman/Herrmann § 516 BGB Rz. 16a). Keine gemischte Schenkung, sondern eine entgeltliche Leistung liegt regelmäßig vor, wenn die Parteien einen entgeltlichen Zuwendungsvertrag wollen, obwohl sie ein Missverhältnis zwischen Leistung und Gegenleistung erkennen (BGH FamRZ 1964, 431 für einen Kauf zum Freundschaftspreis bzw. BGH NJW 2003, 510, 511 für einen Notverkauf zu besonders günstigem Preis). Durch eine gemischte Schenkung tritt grundsätzlich kein Vorkaufsfall ein. Eine Ausnahme besteht jedoch dann, wenn ein Umgehungsgeschäft vorliegt (RGZ 101, 99, 101 f.). Ist 28

Grundbesitz durch eine Grundschuld oder anderweitig dinglich belastet, bleibt diese Last bei der Berechnung von Pflichtteilsansprüchen nach § 2313 Abs. 2 Satz 1 iVm. Abs. 1 Satz 1 BGB außer Ansatz, solange ihre tatsächliche Verwirklichung wie bspw. bei einer diesbezüglichen Absicherung einer gegenüber einem Dritte bestehenden Verbindlichkeit unsicher ist (BGH NJW 2011, 606, 607 f.).

h) Mittelbare Schenkung

29 Eine mittelbare Schenkung liegt vor, wenn der Schenker entweder nicht unmittelbar, sondern **über einen Dritten** – etwa im Wege der Anweisung – eine unentgeltliche Zuwendung leistet oder die Zuwendung zwar unmittelbar, jedoch zu dem Zweck erfolgt, dass der Beschenkte dadurch etwas anderes erwirbt, beispielsweise durch Geldzuwendung ein bestimmtes Grundstück. In der letztgenannten Variante ist lediglich bei geringem Auswahl- und Entschließungsermessen des Beschenkten das durch diesen mittelbar Erworbene (im vorstehenden Beispiel das Grundstück), andernfalls das unmittelbar Zugewendete (im vorstehenden Beispiel der Geldbetrag) Schenkungsgegenstand (Erman/Herrmann § 516 BGB Rz. 15).

i) Verschleierte Schenkung

30 Unter verschleierten Schenkungen werden Rechtsgeschäfte verstanden, die tatsächlich unentgeltlich gewollt, jedoch nach außen als entgeltlich dargestellt werden. Verschleierte Schenkungen sind daher Scheingeschäfte. Daraus folgt, dass das lediglich zum Schein angegebene Rechtsgeschäft gem. § 117 Abs. 1 BGB unwirksam ist und auf die tatsächlich vereinbarte Regelung nach § 117 Abs. 2 BGB die gesetzlichen Vorschriften für das verdeckte Rechtsgeschäft Anwendung finden.

31 ➲ **Wichtig:** Ist tatsächlich eine Verpflichtungsschenkung gewollt, führt eine nach außen als entgeltliches Rechtsgeschäft dargestellte verschleierte Schenkung nicht nur nach § 117 Abs. 1 BGB zur Unwirksamkeit des entgeltlichen Scheingeschäfts, sondern – bis zu einer eventuellen Heilung durch Vollzug nach § 518 Abs. 2 BGB – zugleich zur Formunwirksamkeit des verdeckten Schenkungsvertrags nach §§ 117 Abs. 1, 518 Abs. 1, (und ggf. zudem nach) 311b BGB. Neben eventuellen strafrechtlichen Konsequenzen (häufig dienen verschleierte Schenkungen der Steuerhinterziehung) sind daher auch die zivilrechtlichen Folgen derartiger Konstruktionen zu bedenken. Liegen dem Notar Anhaltspunkte für eine entsprechende Verschleierung vor, hat er die Beurkundung abzulehnen.

4. Form

a) Anwendungsbereich

32 Während die Handschenkung gem. §§ 516 Abs. 1, 518 Abs. 2 BGB keiner besonderen Form bedarf, ist eine Verpflichtungsschenkung nach § 518 Abs. 1 BGB iVm. § 125 Satz 1 BGB ohne Rücksicht auf ihren Wert zum Schutz vor Übereilung nur dann rechtsgültig, wenn sie **notariell beurkundet** ist. Dabei ist grundsätzlich jedoch ausschließlich das Schenkungsversprechen des Schenkers und nicht zugleich die Annahmeerklärung des Versprechensempfängers formpflichtig. Der gesamte Schenkungsvertrag ist ausnahmsweise dann beurkundungspflichtig, wenn dies durch vorrangige gesetzliche Regelungen angeordnet wird, so insbesondere bei Schenkungsverträgen über Grundbesitz gem. § 311b Abs. 1 BGB oder Geschäftsanteile einer GmbH nach § 15 Abs. 4 GmbHG. Selbst wenn keine Formpflicht hinsichtlich der Annahmeerklärung besteht, empfiehlt sich gleichwohl deren Mitbeurkundung regelmäßig aus Beweisgründen.

b) Heilung von Formmängeln durch Vollzug

33 Nach § 518 Abs. 2 BGB wird ein Mangel in der Form durch **Bewirkung** der Leistung geheilt. Dazu muss die Leistung durch den Schenker freiwillig erfolgen. Verschafft sich der Beschenkte die Leistung selbst – zB durch Zwangsvollstreckung oder Aufrechnung – tritt keine Heilung ein. Die Leistung ist erst dann iSd. § 518 Abs. 2 BGB bewirkt, wenn der Schenker das zur Leistung seinerseits

Erforderliche getan und der Beschenkte eine gewisse gesicherte Position erhalten hat (BGHZ 99, 97, 99; dazu kritisch Erman/Herrmann § 518 BGB Rz. 5: der Leistungserfolg müsse eingetreten sein).

Ob ein die Leistung bewirkender **Vollzug** erfolgt und eine Schenkung dadurch trotz Formfehlers wirksam ist, muss unter Berücksichtigung des Einzelfalls entschieden werden. 34

Schenkungsvollzug wird insbesondere bei beweglichen Sachen mit Einigung über den Eigentumsübergang und Übergabe bzw. deren Surrogation, bei Grundbesitz mit Auflassung, Bewilligung und Beantragung des Eigentumswechsels, mithin mit Entstehung des Anwartschaftsrechts, bei Forderungsübertragung mit Abtretung der Forderung – bei Sparguthaben ist die Übergabe des Sparbuchs als qualifiziertes Legitimationspapier (§§ 952, 808 BGB) nicht erforderlich, möglicherweise jedoch Anzeichen für eine konkludente Forderungsabtretung – und bei Forderungserlass bereits mit der Erlassvereinbarung **bejaht**. 35

Bei schenkweiser Begründung einer Forderung wird ein heilender Vollzug alleine durch **vertragliche Forderungsvereinbarung verneint**. Vielmehr ist hier eine notarielle Beurkundung dieser Vereinbarung unerlässliche Wirksamkeitsvoraussetzung. 36

Die Leistung ist im Gegensatz zu § 2301 Abs. 2 BGB auch dann noch nach § 518 Abs. 2 BGB bewirkt, wenn sie **nach dem Tod** des Schenkers, etwa durch dessen Erben oder postmortal Bevollmächtigten, erfolgt. 37

c) Umdeutung eines formnichtigen Schenkungsversprechens in eine Verfügung von Todes wegen

Ggf. kann ein nach § 518 Abs. 1 iVm. § 125 Satz 1 BGB formnichtiges Schenkungsversprechen gemäß § 140 BGB in eine Verfügung von Todes wegen umgedeutet werden, soweit die diesbezüglichen Voraussetzungen bzw. Formvorschriften beachtet werden. Insoweit kommt insbesondere die Umdeutung in ein eigenhändiges Testament iSd. § 2247 BGB in Betracht. Dabei ist im Hinblick auf § 2087 Abs. 2 BGB jedoch zu berücksichtigen, dass die Zuwendung eines Einzelgegenstandes regelmäßig lediglich als Vermächtnis- und nicht als Erbeinsetzung auszulegen sein wird (KG FGPrax 2009, 170, 171). 37a

II. Schenkungen auf den Todesfall

1. Schenkung unter Überlebensbedingung

§ 2301 BGB regelt den Fall einer Verpflichtungsschenkung, die unter der – meist aufschiebenden – Bedingung steht, dass der Beschenkte den Schenker überlebt. Zur Vermeidung einer **Umgehung der erbrechtlichen Bestimmungen** finden in diesen Konstellationen nach § 2301 Abs. 1 Satz 1 BGB die Vorschriften über Verfügungen von Todes wegen Anwendung, soweit nicht nach § 2301 Abs. 2 BGB auf Grund Vollzugs der Leistung durch den Schenker ersatzweise Schenkungsrecht bzw. die allgemeinen Regeln für Rechtsgeschäfte unter Lebenden zur Anwendung gelangen, die dann nicht nur im Deckungsverhältnis (bspw. zwischen Kreditinstitut und Erblasser durch Vertrag zugunsten Dritter), sondern auch im Valutaverhältnis (bspw. zwischen schenkendem Erblasser und Beschenktem) und dabei sowohl für die rechtliche Einordnung der im Valutaverhältnis begründeten Rechtsbeziehungen als auch für die Anfechtung derselben gelten (BGH NJW 2004, 767, 768 f.). Vollzug iSd. § 2301 Abs. 2 BGB liegt abweichend von § 518 Abs. 2 BGB jedoch nur dann vor, wenn die Leistung vor dem Tod des Erblassers erfolgt. 38

Eine analoge Anwendung der Regelungen des § 2301 BGB auf ähnlich gelagerte Schenkungen kommt nicht in Betracht, auch nicht auf eine durch den Tod des Schenkers **befristete** Schenkung, die sich vielmehr nach den §§ 516, 163, 158 BGB beurteilt (BGHZ 99, 97, 100 f.). Neben dem unterschiedlichen Vollzugsbegriff der §§ 518 Abs. 2 und 2301 Abs. 2 BGB ist insbesondere die Differenzierung wesentlich, dass bei Tod des Beschenkten vor dem Schenker die Schenkung unter Überlebensbedingung nach § 2301 BGB untergeht, während der Beschenkte bei der auf den Tod des Schenkers befristeten Schenkung sofort einen – noch nicht fälligen – Anspruch erwirbt, der vererb- 39 lich ist (dazu MünchKomm.BGB/Kollhosser § 516 BGB Rz. 55). Bei der Auslegung des Vertrags wird der Rechtsgedanke des § 2084 BGB zugrunde gelegt, indem dem Willen des Erblassers möglichst zur Geltung zu verhelfen ist (BGH NJW 1988, 2731).

2. Vertrag zu Gunsten Dritter auf den Todesfall

40 Bei dem in § 331 BGB geregelten Vertrag zu Gunsten Dritter auf den Todesfall vereinbaren ein Versprechensgeber und ein Versprechensempfänger/Schenker im **Deckungsverhältnis**, dass der Versprechensgeber im **Vollzugsverhältnis**, das kein vertragliches Rechtsverhältnis darstellt (BGHZ 54, 147), an den Dritten/Beschenkten eine Leistung erbringt. Rechtsgrund für diese Leistung ist das durch Schenkungsvertrag ausgestaltete Valutaverhältnis zwischen Versprechensempfänger/Schenker und Drittem/Beschenktem, der nach den §§ 328, 330 BGB im Zweifel gegenüber dem Versprechensgeber ein eigenes Forderungsrecht erwirbt, das gem. § 331 BGB im Zweifel erst nach dem Tod des Versprechensempfängers/Schenkers entsteht. § 2301 BGB findet keine Anwendung. Anstelle der Regelungen über Verfügungen von Todes wegen ist im Valutaverhältnis Schenkungsrecht anwendbar. Hauptanwendungsfälle sind die Anlegung eines Sparbuches zu Gunsten eines Dritten (BGHZ 46, 198 f.) und die Bestimmung eines Bezugsberechtigten bei der Kapitallebensversicherung (OLG Hamm VersR 2002, 1409). Wird der Lebensversicherer aufgrund Einräumung einer Bezugsberechtigung durch den Versicherungsnehmer konkludent damit beauftragt, dem Bezugsberechtigten nach dem Tod des Versicherungsnehmers das Schenkungsangebot zur Begründung des Valutaverhältnisses, das den Bezugsberechtigten erst zum Behaltendürfen der Versicherungssumme berechtigt, anzutragen, geschieht dies regelmäßig noch nicht durch dessen Anfordern von Unterlagen zur Prüfung des Sachverhaltes (bspw. des Versicherungsscheins und einer Sterbeurkunde des Versicherungsnehmers) bei dem die Versicherungsleistung gegenüber dem Versicherer fordernden Bezugsberechtigten, sondern erst durch Auszahlung der Versicherungssumme durch den Versicherer an den Bezugsberechtigten, so dass der Bezugsberechtigte im Falle eines Widerrufs des Schenkungsangebots durch die Erben noch vor Auszahlung der Versicherungssumme die Schenkung mangels wirksamen Angebots nicht mehr annehmen kann und daher die Versicherungssumme gegenüber den Erben bei nachfolgender Auszahlung nicht behalten darf (BGH NJW 2008, 2702 ff.; BGH NJW 1975, 382, 383 f.; aA Leipold ZEV 2008, 395, 396: zur Vermeidung von Zufällen bei dieser Wettlauflösung müsse Vertrag zugunsten Dritter Rechtsgrund im Valutaverhältnis sein).

40a Wendet der Erblasser die Todesfallleistung aus einem **Lebensversicherungsvertrag** einem Dritten über ein widerrufliches Bezugsrecht schenkweise zu, so berechnet sich ein Pflichtteilsergänzungsanspruch gem. § 2325 Abs. 1 BGB weder nach der Versicherungsleistung (so aber LG Göttingen ZErb 2007, 307; Bamberger/Roth/J. Mayer § 2325 BGB Rz. 9) noch nach der Summe der vom Erblasser gezahlten Prämien (so noch die frühere anschließend jedoch aufgegebene BGH-Rechtsprechung BGHZ 7, 134 und OLG Stuttgart ZEV 2008, 145), sondern vielmehr alleine nach dem Wert, den der Erblasser aus den Rechten seiner Lebensversicherung in der letzten – juristischen – Sekunde seines Lebens nach objektiven Kriterien für sein Vermögen hätte umsetzen können, wobei in aller Regel auf den Rückkaufswert abzustellen ist, je nach Einzelfall ggf. auch ein – objektiv belegter – höherer Veräußerungswert heranzuziehen sein kann (BGH ZEV 2010, 305, 306 ff.; kritisch J. Mayer DNotZ 2011, 89, 91 ff.).

40b Tritt jedoch ein Versicherungsnehmer seine Ansprüche aus einer Lebensversicherung als **Sicherheit an einen Kreditgeber** ab und widerruft er dazu ein widerruflich gewährtes Bezugsrecht, dann gehört der Anspruch auf die Versicherungssumme in Höhe der gesicherten Schuld zu seinem Nachlass und ist ebenso wie die gesicherte Schuld zur Berechnung des Pflichtteils nach § 2311 BGB zu berücksichtigen, während lediglich der über die gesicherte Schuld hinausgehende Differenzbetrag der Versicherungssumme nach Eintritt des Versicherungsfalls unmittelbar dem Bezugsberechtigten außerhalb des Nachlasses zufällt (BGH NJW 1996, 2230, 2231) und sich die diesbezügliche Berechnung von Pflichtteilsergänzungsansprüchen gem. § 2325 Abs. 1 BGB nach den vorstehend erörterten Kriterien (s. Rz. 40a) richtet.

40c Der Erwerb eines Anspruchs aus einem durch den Arbeitgeber zugunsten und mit Einverständnis des Erblassers abgeschlossenen **Direktversicherungsvertrag** unterliegt nur dann nach § 3 Abs. 1 Nr. 4 ErbStG der Erbschaftssteuer, wenn der Bezugsberechtigte wie bspw. ein bloßer Lebensgefährte die persönlichen Voraussetzungen nach §§ 46 bis 48 SGB VI für den Bezug einer Rente aus der gesetzlichen Rentenversicherung des Erblassers nicht erfüllt (BFH ZEV 2014, 213, 214 f.).

M 15.3 Vereinbarung zwischen Schenker und Bank bei Vertrag zu Gunsten eines Dritten auf den Todesfall (Schenkung eines Sparguthabens)

(Formularvereinbarung gegenüber Bank/Sparkasse – Auszug)

...

Kto.-Nr. ...

Sparbuch Nr. ...

Name, Vorname, Firma des Kontoinhabers ...

Anschrift des Kontoinhabers ...

...

Der Kontoinhaber ist Inhaber des angegebenen Sparkontos mit gesetzlicher Kündigungsfrist. Weitere besondere Vereinbarungen hinsichtlich dieses Kontos bestehen nicht.

Der Kontoinhaber erklärt hiermit ausdrücklich, dass mit seinem Tode sämtliche Rechte aus dem oben genannten Konto unmittelbar auf ... (Name, Anschrift, ...) (Drittbegünstigter) übergehen. Der Tod wird durch Vorlage einer entsprechenden Sterbeurkunde nachgewiesen.

Der Kontoinhaber ist berechtigt, diesen Vertrag zu Gunsten eines Dritten auf den Todesfall durch einseitige schriftliche Erklärung gegenüber der Bank/Sparkasse zu widerrufen. Dieses Widerrufsrecht erlischt mit seinem Tod. Den Erben des Kontoinhabers steht daher kein Widerrufsrecht zu. Dieser Vertrag wird unwirksam, wenn der Drittbegünstigte vor dem Kontoinhaber verstirbt.

Der Kontoinhaber bleibt bis zu seinem Tode weiterhin berechtigt, hinsichtlich des oben angegebenen Sparkontos Verfügungen jeglicher Art frei zu treffen.

Das Recht der Bank/Sparkasse, an den Inhaber des Sparbuches zu dem genannten Sparkonto mit befreiender Wirkung zu leisten, wird durch diesen Vertrag zu Gunsten eines Dritten nicht berührt.

Die Bank/Sparkasse ist ermächtigt, aber nicht verpflichtet, nach dem Tode des jetzigen Kontoinhabers den Drittbegünstigten von diesem Vertrag zu unterrichten.

Der Kontoinhaber wird sein Rechtsverhältnis zu dem Drittbegünstigen, das durch diesen Vertrag nicht berührt wird, außerhalb dieser Urkunde in formgerechter Weise regeln[1].

... (Ort, Datum)

(Unterschrift/en)

---

1 Eine derartige Vereinbarung betrifft lediglich das Verhältnis zwischen Kontoinhaber und Kreditinstitut. Rechtlich unabhängig hiervon ist das Valutaverhältnis zwischen Kontoinhaber und Drittbegünstigtem, welches hier als Schenkung zu qualifizieren ist und einer separaten Regelung in der Form des § 518 Abs. 1 BGB bedarf.

M 15.4 Bestimmung der Bezugsberechtigung aus einem Lebensversicherungsvertrag

(Schreiben an die Versicherungsgesellschaft – Auszug)

...

Betr.: ... (Versicherungszweig, hier also: Lebensversicherung)

Ihr VN: ... (Name und Anschrift des Versicherungsnehmers)

VS-Nr.: ... (Nr. der Lebensversicherungs-Police des Versicherungsnehmers) hier: Benennung eines Bezugsberechtigten

Sehr geehrte Damen und Herren,

den vorstehend genannten Lebensversicherungsvertrag habe ich am ... (Datum) abgeschlossen und benenne hiermit als Bezugsberechtigten aus diesem Vertrag Herrn ... (Name und Anschrift des künftig Bezugsberechtigten).

Einen Widerruf dieser Benennung einer bezugsberechtigten Person schließe ich ausdrücklich aus.

Ferner gebe ich Ihnen bekannt, dass ich der heute als bezugsberechtigt benannten Person weitere Befugnisse eingeräumt habe. Ich habe mich ihr gegenüber verpflichtet, ihr künftige Beitragszahlungen jeweils vor Ablauf der Zahlungsfrist unaufgefordert nachzuweisen. Zudem habe ich ihr gestattet, sie allerdings nicht dazu verpflichtet, künftig Beiträge und andere Zahlungen auf den o.a. Versicherungsvertrag, auch solche zu einer Wiederinkraftsetzung des Versicherungsvertrages, zu meinen Lasten zu erbringen.

...

(Schluss)

III. Schenkung an nicht volljährige Kinder

41 Bei Schenkungen an nicht volljährige Kinder ist zwischen geschäftsunfähigen und beschränkt geschäftsfähigen minderjährigen Beschenkten zu unterscheiden.

1. Kinder unter sieben Jahren

42 Kinder sind bis zum Beginn (00.00 Uhr) desjenigen Geburtstages, an dem sie sieben Jahre alt werden, nach § 104 Nr. 1 BGB **geschäftsunfähig** und bedürfen unabhängig davon, ob das in Rede stehende Rechtsgeschäft für sie lediglich rechtlich vorteilhaft ist, stets einer gesetzlichen Vertretung. Diese erfolgt grundsätzlich gem. § 1629 Abs. 1 iVm. § 1626 Abs. 1 BGB durch beide Eltern gemeinschaftlich. Sind diese nicht miteinander verheiratet und haben keine Sorgeerklärung iSd. § 1626a Abs. 1 Nr. 1 BGB abgegeben, vertritt die Mutter nach § 1629 Abs. 1 iVm. § 1626a Abs. 2 BGB alleine.

43 Die Eltern können insoweit nach §§ 1629 Abs. 2, 1795 Abs. 1 Nr. 1 BGB insbesondere dann von der Vertretung ausgeschlossen sein, wenn das Rechtsgeschäft zwischen dem Kind und einem Elternteil oder einem Verwandten in gerader Linie geschlossen wird. In derartigen Fällen ist die Bestellung und Mitwirkung eines **Ergänzungspflegers** nach § 1909 BGB erforderlich.

44 ➲ **Wichtig:** Wird erst im Beurkundungstermin festgestellt, dass ein Ergänzungspfleger bestellt werden muss, ist aber der Vertragsinhalt mit dem nach §§ 23a Abs. 1 Nr. 1, 23b Abs. 1 Satz 1 GVG iVm. § 151 Nr. 5 FamFG sachlich zuständigen Familiengericht inhaltlich bereits besprochen, muss im Hinblick auf die **Insichgeschäftsbeschränkung** nach § 181 BGB (zur Anwendbarkeit des § 181 BGB bei Vertretung ohne Vertretungsmacht Fröhler BWNotZ 2006, 97, 102 f.) darauf geachtet werden, dass die für den noch zu bestellenden Ergänzungspfleger auftretende Person nicht zugleich anderweitig Partei bzw. Vertreter einer Partei des Vertrags ist, da auch ein Gericht nicht von den Beschränkungen des § 181 BGB befreien und damit keine wirksame Genehmigung zu einem Insichgeschäft erteilen kann (BGHZ 21, 229, 234; RGZ 71, 162, 164).

45 Soweit das Rechtsgeschäft für das Kind jedoch **lediglich rechtlich vorteilhaft** ist, findet der Rechtsgedanke des § 181 BGB und damit auch das Vertretungsverbot der §§ 1629 Abs. 2, 1795 Abs. 1 Nr. 1 BGB sowohl bei geschäftsunfähigen als auch bei dann ohnehin insoweit alleine handlungsfähigen minderjährigen Kindern keine Anwendung (BayObLG NJW 1998, 3574; Fröhler BWNotZ 2006, 97, 104). Zur Abgrenzung zwischen vorteilhaften und nachteiligen Rechtsgeschäften Rz. 49 ff.

46 Je nach Regelungsgegenstand bedürfen sowohl Eltern als auch Ergänzungspfleger der **familiengerichtlichen Genehmigung** (Eltern nach § 1643 Abs. 1 iVm. §§ 1821, 1822 BGB bzw. §§ 1643 Abs. 2, 2347 Abs. 1 BGB; Ergänzungspfleger nach § 1915 Abs. 1 iVm. §§ 1821, 1822 BGB bzw.

§ 2347 Abs. 1 BGB). Dies gilt insbesondere nach §§ 1643 Abs. 2, 2347 Abs. 1 BGB für Pflichtteilsverzichtsverträge und Grundbesitzübertragungen unter rechtlich nachteilig gestaltetem Rückübertragungsvorbehalt iSd. § 1821 Abs. 1 Nr. 4 BGB bzw. vereinbarter (teil-)entgeltlicher Gegenleistung bspw. durch Darlehensübernahme iSd. § 1821 Abs. 1 Nr. 5 BGB auch als gemischte Schenkung. Umgekehrt löst weder die lediglich rechtlich vorteilhafte und damit keinen Ergänzungspfleger voraussetzende Grundbesitzübertragung unter Nießbrauchsvorbehalt (vgl. dazu Rz. 51) noch die rechtlich nachteilige und daher eine Genehmigung eines Ergänzungspflegers erfordernde Übertragung von Wohnungseigentum (vgl. dazu Rz. 55) eine familiengerichtliche Genehmigungspflicht aus, da es jeweils an Entgeltlichkeit iSd. § 1821 Abs. 1 Nr. 5 BGB fehlt und insbesondere die aus dem Wohnungseigentum resultierende persönliche Haftung gesetzlich bedingt, mithin nicht vereinbart ist (Groll/Fröhler, Erbrechtsberatung, BX Rz. 7; Fembacher/Franzmann MittBayNot 2002, 78, 82).

2. Zwischen sieben und 17 Jahre alte Kinder

Im Gegensatz zu geschäftsunfähigen Kindern unter sieben Jahren sind minderjährige Kinder zwischen sieben und siebzehn Jahren nach § 106 BGB **beschränkt geschäftsfähig**. Sie bedürfen zu einer Willenserklärung nur dann der Einwilligung des gesetzlichen Vertreters, wenn sie dadurch nicht lediglich einen rechtlichen Vorteil erlangen. Dies gilt auch in dem Fall, dass das betroffene nachteilige Rechtsgeschäft unter der aufschiebenden Bedingung des Eintritts der Volljährigkeit des Beschenkten vereinbart wird, da der diesbezügliche Schutzzweck nicht ausschließlich auf die Verhinderung von Nachteilen noch während der Minderjährigkeit des minderjährigen Beschenkten beschränkt ist, sondern auch solche nach Erreichen der Volljährigkeit erfasst, wenn diese noch während der Minderjährigkeit des Beschenkten angelegt werden (KG FGPrax 2011, 79, 80; Langenfeld/Fröhler, Testamentsgestaltung, 10. Kap. Rz. 54). Zur Abgrenzung zwischen vorteilhaften und nachteiligen Rechtsgeschäften Rz. 49 ff. 47

Ist das in Rede stehende Rechtsgeschäft nicht lediglich rechtlich vorteilhaft und daher eine **Mitwirkung des gesetzlichen Vertreters** erforderlich, gilt der Vertretungsausschluss nach §§ 1629 Abs. 2, 1795 Abs. 1 Nr. 1 BGB samt Notwendigkeit eines Ergänzungspflegers iSd. § 1909 BGB. Aufgrund der familiengerichtlichen Genehmigungserfordernisse nach §§ 1643, 1821, 1822 bzw. 2347 BGB (zum Genehmigungsverfahren vgl. Rz. 57) bedarf eine Grundstücksveräußerung auch dann der gerichtlichen Genehmigung gem. § 1643 Abs. 1 BGB iVm. § 1821 Abs. 1 Nr. 1 BGB, wenn diese durch eine GbR erfolgt, an der auch der gesetzlich Vertretene beteiligt ist, deren Satzung nicht nach dem Gesellschaftszweck den Erwerb samt der Veräußerung von Grundbesitz vorsieht und dadurch ausnahmsweise die Genehmigung zum Gesellschaftsbeitritt iSd. § 1822 Nr. 3 BGB bereits die Grundbesitzveräußerung nach § 1821 Abs. 1 Nr. 3 BGB miterfasst, da die Änderung der BGH-Rspr. zur Rechtsfähigkeit einer GbR den Schutz des gesetzlich Vertretenen nicht einschränkt (OLG Nürnberg NJW 2013, 82 f.; Langenfeld/Fröhler, Testamentsgestaltung, 10. Kap. Rz. 53; Michael notar 2013, 367, 369). 48

3. Lediglich rechtlicher Vorteil

Ein lediglich rechtlicher Vorteil kommt insbesondere bei Schenkungen in Betracht. Maßgebend ist zum Schutz des Kindes dabei grundsätzlich entgegen der früheren Durchbrechung des Abstraktionsprinzips durch Gesamtbetrachtung des schuldrechtlichen und dinglichen Vertrags (BGH NJW 1981, 109 ff.) nunmehr jeweils eine isolierte Prüfung, insbesondere alleine des dinglichen Erwerbsgeschäfts (BGH NJW 2010, 3643 ff.). Dabei kann eine Auflassung sogar bei rechtlichem Nachteil gerichtlich genehmigungsfrei sein und – wenn auch ohne Rechtsgrund – im Grundbuch vollzogen werden (BGH NJW 2005, 415, 416 ff.). 49

➲ **Wichtig:** Der Notar sollte im Hinblick auf eine derartige eventuelle isolierte Unwirksamkeit des schuldrechtlichen Vertrages jedoch unbedingt auf die Risiken einer **drohenden Kondiktion** hinweisen und empfehlen, dass der Grundbuchvollzug nach § 53 BeurkG einvernehmlich von der jeweiligen Genehmigung des Ergänzungspflegers und des Familiengerichts abhängig gemacht wird. 50

51 Eine der praktisch häufigsten Gestaltungen in diesem Zusammenhang ist die unentgeltliche Übertragung von Grundbesitz durch Eltern auf ihre Kinder bzw. von Großeltern an ihre Enkel unter **Nießbrauchsvorbehalt** (s. Kap. 54 Rz. 132 f.), über den meist auch die außergewöhnlichen Lasten durch den Nießbrauchsberechtigten getragen werden. Dabei gelten derartige Übertragungen nur unter der Voraussetzung als für den Übernehmer lediglich rechtlich vorteilhaft, dass der Nießbrauchsberechtigte auch sämtliche Kosten für außergewöhnliche Ausbesserungen und Erneuerungen sowie die außergewöhnlichen Grundstückslasten trägt (OLG Celle RNotZ 2014, 317, 318 f. unter Aufgabe seiner entgegengesetzten früheren Rspr. BeckRS 2001, 30162324; Stößer FamRB 2014, 94), wobei es keinen Unterschied macht, ob der Nießbrauch bereits auf dem übertragenen Grundbesitz lastet oder erst anlässlich der Übertragung vorbehalten wird. Selbst wenn die laufenden öffentlichen Lasten durch den Übernehmer zu tragen sind, handelt es sich um unschädliche, typischerweise ungefährliche Rechtsnachteile, die die lediglich rechtliche Vorteilhaftigkeit nicht in Frage stellen (BGH NJW 2005, 415, 417 f.; OLG Karlsruhe FamRZ 2001, 181).

52 Die dingliche Übertragung ist jedoch im Gegensatz zu einer ausschließlich isolierten schuldrechtlichen Schenkungsvereinbarung, durch die noch kein gesetzlicher Eintritt in einen Mietvertrag ausgelöst wird und deren dinglicher Vollzug erst in einem gesonderten späteren Vertrag nach Eintritt der Volljährigkeit des Beschenkten geregelt werden soll, soweit keine dann für den Beschenkten doch nachteilige schuldrechtliche interne Haftungsfreistellungsverpflichtung zugunsten des Schenkers mitvereinbart ist (KG FGPrax 2011, 79, 80 f.), dann nicht mehr lediglich rechtlich vorteilhaft, wenn der Grundbesitz bei Übergabe bereits **vermietet** oder **verpachtet** war – unproblematisch soll hingegen die bloße Möglichkeit einer späteren Vermietung bzw. Verpachtung durch den Nießbrauchsberechtigten sein –, da den Erwerber insbesondere gem. §§ 536a, 581 Abs. 2, 586 Abs. 2 BGB Schadens- und Aufwendungsersatzpflichten sowie die Pflicht zur Rückgewähr einer durch den Mieter oder Pächter geleisteten Sicherheit treffen können (BGH DNotZ 2005, 625, 626 f.; kritisch dazu Fembacher DNotZ 2005, 627, 629 f.).

53 ➲ **Wichtig:** Da nach der vorstehenden Entscheidung die **bloße Möglichkeit** einer späteren Vermietung bzw. Verpachtung durch den Nießbrauchsberechtigten insoweit unschädlich ist, wird vereinzelt zur Ermöglichung der lediglich rechtlichen Vorteilhaftigkeit der Übertragung vorgeschlagen, dass der Übergeber/Nießbrauchsberechtigte mit dem Mieter bzw. Pächter für den Zeitraum der Überlassung einen Aufhebungsvertrag schließt (Everts ZEV 2005, 211). Hiervon ist jedoch abzuraten, da auf diese Weise die Vorgaben der vorstehenden BGH-Rechtsprechung nicht erfüllt werden und die Notwendigkeit einer Ergänzungspflegerbestellung nicht entfällt.

54 Erfolgt die Schenkung unter einem **Rücktrittsvorbehalt**, ist eine entsprechende Rückforderungsklausel nur dann mit der Folge der Entbehrlichkeit der Mitwirkung eines Ergänzungspflegers iSd. § 1909 BGB und einer familiengerichtlichen Genehmigung iSd. § 1821 Abs. 1 Nr. 4 BGB lediglich rechtlich vorteilhaft, wenn sich die Haftung des Übernehmers auf den Zustand des Zugewendeten im Zeitpunkt der Geltendmachung der Rückübertragung beschränkt, keine Wert- oder Schadensersatzpflicht insbesondere wegen zwischenzeitlicher Verschlechterung der Sache droht (BGH NJW 2005, 414, 416) und der Übernehmer Ersatz für seine zwischenzeitlichen Verwendungen verlangen kann. Dabei ist insbesondere ausdrücklich zu regeln, dass das Haftungsrisiko nicht über die gesetzlichen bereicherungsrechtlichen Rückforderungsrechte wegen Verarmung des Schenkers nach § 528 BGB oder erfolgten Widerrufs bei grobem Undank nach § 530 BGB hinausgeht. Damit sind bei Ausübung des Rücktrittsrechts vor allem Ansprüche des Berechtigten auf Wert- bzw. Schadensersatz, insbesondere wegen zwischenzeitlicher Verschlechterung der Sache auszuschließen (BayObLG DNotZ 1975, 219, 220; OLG Köln Rpfleger 1998, 159; OLG Dresden MittBayNot 1996, 288, 289 ff.; Langenfeld/Fröhler, Testamentsgestaltung, 10. Kap. Rz. 61; Fembacher/Franzmann MittBayNot 2002, 78, 82 f.). Die Eintragung einer Erwerbsvormerkung schadet der lediglich rechtlichen Vorteilhaftigkeit ebenso wenig (OLG Dresden MittBayNot 1996, 288, 290) wie die Einräumung derartiger Rückübertragungsansprüche zu Gunsten Dritter (OLG Köln Rpfleger 1998, 159).

M 15.5 Lediglich rechtlich vorteilhafter Rückübertragungsvorbehalt

(Notarielles Beurkundungsprotokoll – Auszug)

(Eingang; Übertragung; Rückübertragungsvorbehalt)

...

Die vorstehend vorbehaltene Rückübertragung richtet sich ausschließlich nach den Grundsätzen des Bereicherungsrechts und kann nur Zug-um-Zug gegen Ersatz der Verwendungen des Übernehmers bzw. dessen Gesamtrechtsnachfolgern (Erben) verlangt werden.

...

(Schluss)

Kosten: *Notargebühr:* Bei Übergabe- und Überlassungsverträgen sind Leistungen zugunsten der Übergeber regelmäßig Gegenleistungen nach § 97 Abs. 3 GNotKG. Der Rückübertragungsvorbehalt ist Sicherungsgeschäft iSv. § 109 Abs. 1 S. 2 GNotKG.

Die Schenkung von **Wohnungs- bzw. Teileigentum** ist seit Inkrafttreten der WEG-Novelle zum 1.7.2007 aufgrund der persönlichen, unbeschränkten und einer Handelsgesellschaft iSd. §§ 128, 129 HGB ähnlichen Haftung jedes Wohnungseigentümers nach § 10 Abs. 8 WEG bzw. § 16 Abs. 2 WEG stets rechtlich nachteilig, ohne dass es auf eine nach früherem Gesetzesstand noch maßgebende konkrete Prüfung einer nicht unerheblichen Verschärfung der gesetzlichen Regelungen durch die Gemeinschaftsordnung (BGH NJW 1981, 109: zB Wiederaufbaupflicht nach Gebäudezerstörung) oder eines Eintritts in einen Zahlungspflichten auslösenden Verwaltervertrag (OLG Celle NJW 1976, 2214; BayObLG NJW 1981, 144 – nach zwischenzeitlicher Anerkennung der Teilrechtfähigkeit der Wohnungseigentümergemeinschaft als alleinigem Verwaltervertragspartner dürfte jedoch insoweit kein rechtlicher Nachteil mehr bestehen können, vgl. DNotI-Gutachten DNotI-Report 2008, 131, 132) ankommt (BGH NJW 2010, 3643 f.; OLG München RNotZ 2008, 346, 348). Das Rechtsgeschäft wird in derartigen Fällen selbst dann nicht lediglich rechtlich vorteilhaft, wenn ein Nießbrauch bestellt ist und der Nießbrauchsberechtigte auch die außergewöhnlichen Lasten trägt, da sich eine solche Regelung nicht auf das Verhältnis zwischen Übernehmer und übrigen Wohnungseigentümern auswirkt (BayObLG Rpfleger 1998, 70, 71). Zwar ist dann ein Ergänzungspfleger iSd. § 1909 BGB erforderlich, mangels Einschlägigkeit des § 1821 Abs. 1 Nr. 5 BGB gleichwohl eine familiengerichtliche Genehmigung entbehrlich (Fembacher/Franzmann MittBayNot 2002, 78, 82). Soweit einem Kind Wohnungs- bzw. Teileigentum jedoch vermächtnisweise zugeteilt ist, erfolgt die Übereignung im Wege einer insofern ausreichenden Erfüllung einer testamentarischen Verbindlichkeit sogar ohne Erfordernis eines Ergänzungspflegers (OLG München DNotZ 2013, 205, 206 ff. mit zust. Anm. Müller; OLG München DNotZ 2012, 193 unter Aufgabe seiner entgegengesetzten früheren Rspr. ZEV 2011, 263; BayObLG DNotZ 2004, 925, 926 f.; DNotI-Gutachten DNotI-Report 2008 131, 132 f.; Langenfeld/Fröhler, Testamentsgestaltung, 10. Kap. Rz. 62; aA Staudinger/*Schilken*, § 181 BGB Rz. 62a), jedoch bedarf die diesbezügliche Auflassung dann ausnahmsweise nach § 1643 Abs. 1 BGB iVm. § 1822 Nr. 10 BGB der familiengerichtlichen Genehmigung wegen Übernahme einer fremden Verbindlichkeit durch gesamtschuldnerische persönlicher Haftung aller Bruchteilseigentümer für Lasten und Kosten des Wohnungs- und Teileigentums aus § 16 Abs. 2 WEG, wenn das Wohnungs- und Teileigentum lediglich in Bruchteilen übertragen wird (OLG München DNotZ 2013, 205, 206 ff. mit zust. Anm. Müller; KG NZM 2011, 78). 55

Eine Grundbesitzschenkung unter Vorbehalt eines **Wohnungsrechts** (BayObLG Rpfleger 1979, 197), dinglicher Übernahme eines **Grundpfandrechts** (BGH FamRZ 1955, 43), **Erbausgleichungsanordnung** nach § 2050 Abs. 3 BGB im Gegensatz zu einer schuldrechtlich verpflichtenden Auflage iSd. § 525 BGB (BGH NJW 1955, 1353), **Ausschlusses der Aufhebung der Miteigentümergemeinschaft** (LG Münster Rpfleger 1999, 73 f.) bzw. Vorbehalt oder Übernahme eines dinglichen **Vorkaufsrechts** (BayObLG DNotZ 1999, 589, 592 f.) ist ebenso wie der Erwerb unter Nießbrauchsvorbehalt (vgl. Rz. 51) lediglich rechtlich vorteilhaft. Umgekehrt verkörpert die Übernahme einer **Reallast** wegen der aus § 1108 Abs. 1 BGB resultierenden persönlichen Haftung des Eigentümers 56 einen rechtlichen Nachteil, soweit diese nicht durch abweichende Vereinbarung und deren Grundbucheintragung (Schöner/Stöber Grundbuchrecht Rz. 1310) ausgeschlossen ist.

57 Eine **Pflichtteilsanrechnungsbestimmung** iSd. § 2315 BGB ist im Gegensatz zur Anordnung einer Ausgleichungspflicht nach § 2050 BGB (dazu Rz. 56) nicht lediglich rechtlich vorteilhaft, da der Anrechnungspflichtige nach § 2315 Abs. 2 Satz 2 BGB das Risiko ggf. erheblicher Wertminderungen am Zuwendungsgegenstand zwischen Zuwendung und Erbfall (zB bei Aktien) trägt (MünchKomm.BGB/Lange § 2315 BGB Rz. 9; Staudinger/Haas § 2315 BGB Rz. 26 und 32; Keim MittBayNot 2008, 8, 12; Langenfeld/Fröhler, Testamentsgestaltung, 10. Kap. Rz. 63; insoweit offen gelassen OLG München DNotZ 2008, 199 ff.; aA OLG Dresden MittBayNot 1996, 288, 291 ohne Erörterung des Risikos eines ggf. erheblichen Zuwendungswertverlustes jenseits des Pflichtteilsanrechnungsbetrags). Die empfangsbedürftige Anrechnungserklärung kann daher weder persönlich durch ein minderjähriges Kind noch durch die iSd. § 1795 Abs. 1 BGB von der Vertretung ausgeschlossenen Eltern für ein geschäftsunfähiges Kind wirksam entgegengenommen werden. Hierzu bedarf es vielmehr eines Ergänzungspflegers iSd. § 1909 BGB, der seinerseits analog §§ 1822 Nr. 2, 2347 Abs. 1 BGB (MünchKomm.BGB/Lange § 2315 BGB Rz. 9; Staudinger/Haas § 2315 BGB Rz. 32; Bamberger/Roth/Mayer § 2315 BGB Rz. 8) eine familiengerichtliche Genehmigung benötigt. Im diesbezüglichen Genehmigungsverfahren ist nach Inkrafttreten des FamFG zum 1.9.2009 die frühere Vorbescheids- durch eine Suspensivlösung ersetzt worden. Dabei wird die gerichtliche Genehmigung entgegen der früheren Rechtslage (FGG) noch nicht mit ihrer Bekanntgabe an den gesetzlichen Vertreter, sondern gem. § 40 Abs. 2 Satz 1 FamFG erst mit Rechtskraft wirksam, die nach § 45 FamFG durch Ablauf der Rechtsmittelfrist eintritt, die wiederum gegenüber dem Kind, dem der Genehmigungsbeschluss nach §§ 40 Abs. 3, 41 Abs. 3 FamFG bekannt zu geben ist, nur dann zu laufen beginnt, wenn die Genehmigungsentscheidung dem Verfahrensbeistand des Kindes analog § 158 FamFG (DNotI-Gutachten DNotI-Report 2009, 145, 148 f.: auf vermögensrechtliche Angelegenheiten findet § 158 FamFG analog Anwendung; aA Zorn Rpfleger 2009, 421, 426: einem zweiten Ergänzungspfleger mit der alleinigen Aufgabe der Entgegennahme des Genehmigungsbeschlusses) und bei einem über 14-jährigen Kind nach § 164 Satz 1 FamFG zusätzlich dem Kind selbst bekannt gegeben wird. Die Beschwerdefrist beträgt nach § 63 Abs. 2 Nr. 2 iVm. Abs. 3 Satz 1 FamFG bezüglich der Genehmigung eines Rechtsgeschäfts jeweils zwei Wochen ab schriftlicher Bekanntgabe des Genehmigungsbeschlusses an den jeweiligen Beteiligten. Der bekanntgabeunabhängige Fristablauf fünf Monate und zwei Wochen nach Beschlusserlass ist restriktiv zu handhaben und setzt gemäß § 63 Abs. 3 Satz 2 FamFG voraus, dass eine schriftliche Bekanntgabe objekt unmöglich ist (Prütting/Helms/Abramenko § 63 FamFG Rz. 11). Weiter ist zu beachten, dass nach § 75 FamFG – unter den dort genannten Voraussetzungen – alternativ unter Übergehung der Beschwerdeinstanz auf Antrag unmittelbar die Rechtsbeschwerde (Sprungrechtsbeschwerde) zulässig ist, für die nach § 75 Abs. 2 FamFG iVm. §§ 566 Abs. 2 Satz 2, 548 ZPO eine einmonatige Antragsfrist gilt. Die Frist läuft auch dann nicht, wenn die nach § 39 FamFG vorgeschriebene Rechtsbehelfsbelehrung fehlt oder hinsichtlich des geforderten Mindestinhalts unrichtig ist, wobei auf die Möglichkeit der Sprungrechtsbeschwerde nicht hingewiesen werden muss (Prütting/Helms/Abramenko § 39 FamFG Rz. 6 u. 16).

58 ➲ **Praxistipp:** Das Familiengericht prüft dabei im Genehmigungsverfahren unter Gesamtabwägung aller Umstände, ob das Gesamtgeschäft im Ganzen für das Mündel vorteilhaft ist, ohne jede Einzelregelung isoliert auf ihre Wirkung zu untersuchen, so dass eine Pflichtteilsanrechnung je nach Inhalt der sonstigen Regelungen ggf. auch dann genehmigungsfähig sein kann, wenn der Anrechnungswert nicht auf den beim Erbfall noch vorhandenen Zuwendungswert begrenzt wird (OLG München DNotZ 2008, 199 ff.). Um trotz eventueller Wertverluste des Übergabeobjektes nach der Übertragung die Erteilung der familiengerichtlichen Genehmigung des Zuwendungsvertrags nicht alleine wegen des Inhalts der Anrechnungsbestimmung zu gefährden, sollte sicherheitshalber gleichwohl ausdrücklich vorgesehen werden, dass die Höhe des Anrechnungsbetrags auf den Wert des Zuwendungsobjekts im Zeitpunkt des Todes des Übergebers begrenzt (vgl. dazu Fembacher/Franzmann MittBayNot 2002, 78, 85) und die Anrechnungspflicht im Falle eines Rückübertragungsvorbehalts durch eine seitens des Zuwendenden veranlasste Rückübertragung auflösend bedingt ist (Langenfeld/Fröhler, Testamentsgestaltung, 10. Kap. Rz. 68).

M 15.6 Lediglich rechtlich vorteilhafte Bestimmung einer Pflichtteilsanrechnung

(Notarielles Beurkundungsprotokoll – Auszug)
(Eingang; Übertragung; Rückübertragungsvorbehalt)

...

Der Zuwendungsempfänger ... (Name) hat sich den Zuwendungswert iSd. § 2315 Abs. 2 Satz 2 BGB, der klarstellend mit ... Euro vorbehaltlich eines zusätzlich zu berücksichtigenden Kaufkraftschwunds zwischen Zuwendung und Erbfall festgestellt wird, auf den Tod des Zuwendenden, ... (Name), auf Pflichtteilsansprüche anrechnen zu lassen, höchstens jedoch in Höhe des Wertes zum Zeitpunkt des Todes des Zuwendenden.

Zusatz bei Rückübertragungsvorbehalt: Die vorstehende Anrechnungspflicht ist durch eine seitens des Zuwendenden veranlasste Rückübertragung des Zuwendungsobjektes auflösend bedingt.

...

(Schluss)

Kosten: *Notargebühr:* 2,0-Gebühr gem. Nr. 21100 KV GNotKG. Geschäftswert gem. § 97 Abs. 1 GNotKG.
Gerichtsgebühr: 0,5 Gebühr gem. Nr. 1310 KV FamGKG für die Genehmigung des Familiengerichts, Wert gem. § 36 GNotKG; für einen Ergänzungspfleger 0,5 Gebühr gem. Nr. 1313 KV FamGKG, Wert § 46 Abs. 2 FamGKG.

IV. Mängelhaftung, Rückforderung und Widerruf

1. Mängelhaftung

59 Das charakteristische Merkmal der Unentgeltlichkeit der Schenkung hat den Gesetzgeber dazu veranlasst, den Schenker durch Sonderregelungen stärker als die Parteien zahlreicher anderer Vertragstypen in **Schutz** zu nehmen. Neben dem bereits erörterten, dem Übereilungsschutz dienenden Formzwang für Verpflichtungsschenkungen wird dies insbesondere durch folgende Instrumentarien erreicht:

60 – **Reduzierung des Haftungsmaßstabs** für den Schenker auf Vorsatz und grobe Fahrlässigkeit nach § 521 BGB,

61 – **Haftungsmilderung für Rechtsmängel** nach § 523 BGB auf Arglist, wenn der Schenkungsgegenstand bereits zum Vermögen des Schenkers gehört, bzw. auf Kenntnis oder grob fahrlässige Unkenntnis, wenn der Schenker den Schenkungsgegenstand erst noch erwerben muss,

62 – entsprechende **Haftungsmilderung für Sachmängel** nach § 524 BGB auf Arglist, wenn der Schenkungsgegenstand bereits zum Vermögen des Schenkers gehört, bzw. auf Kenntnis oder grob fahrlässige Unkenntnis, wenn der Schenker den Schenkungsgegenstand erst noch erwerben muss.

2. Rückforderung und Widerruf

63 Zum weiteren Schutz des Schenkers sieht das Gesetz **Einschränkungen des Vertragstreuegrundsatzes** insbesondere durch eine Notbedarfseinrede nach § 519 BGB, ein Rückforderungsrecht wegen Nichtvollziehung einer Auflage nach § 527 BGB bzw. wegen Verarmung nach § 528 BGB und ein Widerrufsrecht wegen groben Undanks nach § 530 BGB vor. Im Einzelnen bestehen insbesondere folgende Möglichkeiten:

a) Rückforderung des Schenkungsgegenstandes wegen Nichterfüllung einer Auflage

64 Soweit die Vollziehung der Auflage ganz oder teilweise unterblieben ist, besteht nach § 527 BGB ein Rückforderungsrecht, wenn zudem die Voraussetzungen eines Rücktrittsrechts wegen Unmög-

lichkeit der Auflagenerfüllung nach § 326 Abs. 5 BGB bzw. wegen Verzugs des Beschenkten mit der Auflagenerfüllung nach § 323 BGB vorliegen und kein Dritter die Vollziehung der Auflage verlangen kann. Der Beschenkte muss die vorstehenden Umstände nicht zu vertreten haben. Der Anspruch aus § 527 BGB besteht **wahlweise** statt des Erfüllungsanspruchs aus § 525 BGB oder eines Sekundäranspruchs nach den §§ 280, 283 bzw. 281 BGB.

b) Rückforderung des Schenkungsgegenstandes wegen Verarmung des Schenkers

65 Der Rückforderungsanspruch nach § 528 BGB ergänzt nach bereits erfolgter Leistung das durch § 519 BGB vor Bewirkung der Zuwendung gewährte Leistungsverweigerungsrecht im Falle der Verarmung des Schenkers. Macht der Beschenkte von seiner Ersetzungsbefugnis nach § 528 Abs. 1 Satz 2 BGB Gebrauch, kann er später keinen Wechsel mehr zurück zur Herausgabeverpflichtung geltend machen. Soweit der Sozialhilfeträger an den Schenker Sozialhilfe leistet, kann er den Rückforderungsanspruch des Schenkers aus § 528 BGB gem. § 93 Abs. 1 Satz 1 SGB XII auf sich überleiten. Eine **Überleitung** ist nach § 93 Abs. 1 Satz 4 SGB XII auch dann möglich, wenn der Anspruch seinerseits weder übertragbar noch pfändbar noch verpfändbar ist. Der Rückforderungsanspruch erlischt auch dann nicht, wenn der Notbedarf durch den Sozialhilfeträger gedeckt wird oder der Schenker vor (BGHZ 147, 288, 292 f.) bzw. nach Anspruchsüberleitung (BGHZ 123, 264, 267) stirbt. Ist der Schenkungsgegenstand – wie insbesondere bei Grundbesitz – unteilbar und wird lediglich Teilwertersatz geschuldet, erfasst die Überleitung nach § 93 Abs. 1 Satz 1 SGB XII gem. §§ 528 Abs. 1 Satz 1, 818 Abs. 2 BGB auch den Wertersatzanspruch (BGH NJW 2001, 1063, 1064).

c) Schenkungswiderruf wegen groben Undanks

66 Ein Schenkungswiderruf nach § 530 BGB setzt groben Undank des Beschenkten durch eine **schwere Verfehlung** voraus. Dies erfordert objektiv ein erhebliches Gewicht des Fehlverhaltens und subjektiv einen erkennbaren Mangel an Dankbarkeit (BGHZ 145, 35, 38 f.). Hierzu zählen neben eindeutigen Fällen wie vorsätzlicher körperlicher Misshandlung beispielsweise auch Kränkungen des Schenkers durch Verleumdung dessen Sohnes (OLG Koblenz NJW-RR 1996, 781) oder vermeidbare Belastungen des Schenkers in einem Ermittlungsverfahren trotz Zeugnisverweigerungsrechts (BGHZ 112, 40, 50 ff.). Letztlich ist mittels Gesamtwürdigung aller relevanten Einzelfallumstände wie insbesondere Gegenstand und Bedeutung der Schenkung für die Vertragsbeteiligten sowie die näheren Umstände für die Schenkung und ihre Durchführung zu prüfen, ob der Beschenkte den seitens des Schenkers im Rahmen einer von Dankbarkeit geprägten Rücksichtnahme erwartbaren Belangen genügt, was bspw. nicht mehr der Fall ist, wenn der Schenker und dessen mittels Wohnungsrechts beschenkte Partnerin trotz Unabhängigkeit vom Fortbestand ihrer Beziehung übereinstimmend die dauerhafte Aufgabe der bisherigen Prostitution der Partnerin als Schenkungsgrundlage vereinbart haben, die Partnerin nach Zuwendung des Wohnungsrechts jedoch ihre Prostitution wieder aufnimmt (BGH DNotZ 2013, 292, 293 ff.). Zum Anspruch nach § 1301 BGB auf Rückgabe von Verlobungsgeschenken bei Unterbleiben der Eheschließung besteht Anspruchskonkurrenz (Erman/Herrmann § 530 BGB Rz. 6).

M 15.7 Widerruf einer Schenkung wegen groben Undanks

(Widerrufsschreiben[1] – Auszug)

...

Lieber ... (Name des Beschenkten),

am ... habe ich Dir schenkweise ... (Benennung des Schenkgegenstands) übertragen. Aufgrund ... (möglichst genaue Benennung der Vorfälle, die den groben Undank begründen) hast Du Dich als in besonders grober Weise undankbar gezeigt.

1 Für den Widerruf ist keine besondere Form einzuhalten. Aus Beweisgründen sollte das Schreiben per Einschreiben mit Rückschein versandt werden.

Ich widerrufe deshalb hiermit die Schenkung des ... (Bezeichnung des Schenkungsgegenstands)[2]. Gleichzeitig fordere ich Dich auf, den ... (Schenkungsgegenstand) innerhalb von drei Tagen an mich unter der o.g. Anschrift zurückzuschicken.

... (Ort, Datum)

(Unterschriften)

2 Der Widerruf stützt sich auf die §§ 530, 531 Abs. 1 BGB.

V. Schenkungsteuerliche Folgen einer Schenkung

Schenkungen unter Lebenden (§ 1 Abs. 1 Nr. 2 ErbStG, § 7 ErbStG) unterliegen wie auch **Zweckzuwendungen** (§ 1 Abs. 1 Nr. 3 ErbStG, § 8 ErbStG) der Erbschaftsteuer bzw. der (inhaltlich im Wesentlichen gleichen) Schenkungsteuer. Die Schenkungsteuer ist eine Ergänzung zur Erbschaftsteuer und soll die Umgehung der Erbschaftsteuer durch Schenkung zu Lebzeiten verhindern. Dabei beurteilt sich die Schenkungsteuer unbenannter (freigebiger) Zuwendungen unter Ehegatten nach den allgemeinen Voraussetzungen des § 7 Abs. 1 Nr. 1 ErbStG. Als **Schenkung** gilt danach **jede freigebige Zuwendung unter Lebenden**, soweit der Bedachte durch sie auf Kosten des Zuwendenden bereichert wird. 67

Bei Ehegatten gehört hierzu nach § 7 Abs. 1 Nr. 4 ErbStG weiterhin die Bereicherung eines Ehegatten durch Vereinbarung der Gütergemeinschaft (§ 1415 BGB). Besonderheiten bei Ehegatten jedoch § 13 Abs. 1 Nr. 4a, 4b, 9, 9a, 11 ErbStG. **Nicht freigebig** und daher nicht unter das Schenkungsteuerrecht fallende Tatbestände sind **Unterhaltszuwendungen**, die **auf gesetzlicher Unterhaltspflicht** beruhen.

Die Begrifflichkeit des „Schenkungsteuergesetzes" indiziert inhaltliche Identität zwischen dem zivilrechtlichen Begriff der Schenkung (§§ 516 ff. BGB) einerseits und dem Besteuerungstatbestand des Schenkungsteuergesetzes andererseits. **Anknüpfungspunkt der Besteuerung** ist insoweit der Begriff der **Bereicherung** (vgl. insbesondere Tatbestände des § 7 ErbStG, wie § 7 Abs. 1 Nr. 5 ff., Abs. 3 ErbStG). Das Schenkungsteuergesetz erfasst folglich grundsätzlich die zivilrechtlichen Schenkungen, allerdings geht der steuerliche Begriff der Bereicherung über die zivilrechtliche Begrifflichkeit deutlich hinaus. Hierzu mit Angabe der rechtlichen Grundlagen näher Staudinger/Cremer Vorbem. zu §§ 516 ff. BGB Rz. 8 ff. und ausführlich in Kap. 80 Rz. 60 ff. 68

Deutlich wird dies auch bei **gesellschaftsrechtlichen Vereinbarungen** zum **Ausscheiden eines Gesellschafters gegen Vergütung des Buchwertes** (und damit unter Nichtberücksichtigung potentieller stiller Reserven, die anteilig auf den Gesellschafter während seiner Zugehörigkeit zur Gesellschaft „erwirtschaftet" wurden). Für Bereicherungszwecke im Sinne des Schenkungsteuerrechts setzt der Gesetzgeber (den ansonsten stets berücksichtigten Vorrang der gesellschaftsrechtlichen Vereinbarung vgl. §§ 109, 163 HGB nicht um, sondern setzt) sich über die durch Gesellschaftsvertrag geschaffenen Bestimmungen hinweg. Vielmehr normiert er, die Bestimmung finde bei der Feststellung der Bereicherung keine Berücksichtigung (§ 7 Abs. 5 ErbStG); soweit die Bereicherung den Buchwert des Kapitalanteils übersteige, gelte sie als auflösend bedingt erworben. 69

Als Schenkungsgegenstand kommen bestimmte Sonderformen der Schenkung in Betracht. Von Bedeutung sind hier insbesondere die **gemischte Schenkung** und die **Schenkung unter Auflage.** Der gemischten Schenkung liegt – vereinfacht – ein ungleicher Vertrag zu Grunde; der Wert der Leistung entspricht nur zum Teil der Gegenleistung, so dass hieraus eine Bereicherung erfolgt. Eine Schenkung unter Auflage liegt dann vor, wenn der Schenkung eine zusätzliche Nebenabrede beigefügt wird, die letztlich zu einer Beschwerung der Schenkung führt. Steuerlich ergeben (und ergaben vgl. Rz. 71) sich hieraus Bewertungsprobleme; systemgerecht erfolgte die Bewertung des übernommenen Vermögens einerseits und die Bewertung der Verpflichtung (als „Schuld" nach § 10 Abs. 1 S. 2 ErbStG) andererseits. Problematisch war die Regelung vor dem Hintergrund der durch den Gesetzgeber nicht erfolgten Wertanpassungen (vgl. Rz. 71), so dass in früheren Jahren (bis 2008) der „Steuerwert" (insbesondere bei Grundvermögen) nicht dem Verkehrswert entsprach, und somit die vorgenannte systematische steuerliche Umsetzung (begünstigter Steuerwert einerseits, voller Ansatz der Verpflichtung zum „Verkehrswert" andererseits) zu einem unzutreffenden 70

Ergebnis führte (vgl. insoweit sogenannte Einheitstheorie BFH, HFR 1965, 269). Unter Berücksichtigung der tatsächlichen rechtlichen Gegebenheiten gab der BFH (BStBl. 1982 II, 83 zuletzt v. 8.2.2006, BStBl 2006 II, 475) diese Sichtweise auf und berücksichtigte im Rahmen des **Steuerwertes der freigebigen Zuwendung** vereinfacht gesagt, das Verhältnis des Steuerwertes der Zuwendung (Vermögen abzüglich Belastung) im Verhältnis zum Verkehrswert. Mit der Reform des ErbStR 2009 entfielen die Besonderheiten des „Steuerwertes", da die Bewertung grds. zum gemeinen Wert erfolgt (insbesondere Grundvermögen). Die Grundproblematik wirkt beim Betriebsvermögen fort (vgl. Rz. 72); zum Lösungsansatz insoweit gleichlautende Ländererlasse v. 20.5.2011, BStBl 2011 I, 562; R E 7.4 Abs. 1 und 2 ErbStR). Ähnlich stellte sich die (steuerliche) Problematik bei der **mittelbaren Schenkung** dar. IdR will der Zuwendende den Gegenstand zuwenden, den er dem Bedachten tatsächlich unmittelbar überträgt. Wird jedoch unmittelbar Geld übertragen mit dem der Bedachte (mittelbar) einen anderen Vermögensgegenstand erwirbt, ist im Einzelfall klärungsbedürftig, ob das Geld oder der hiermit erworbene Gegenstand der Gegenstand der Schenkung ist.

71 Die Wertermittlung für die Besteuerungsgrundlagen bestimmt sich im Wesentlichen nach dem BewG. Um für steuerliche Zwecke von einem einheitlichen Wertermittlungsverfahren und einem einheitlichen Wert auszugehen, hatte der Gesetzgeber insoweit ursprünglich den „Einheitswert" geschaffen, der einheitlich für alle Steuerarten Bedeutung haben sollte (Grundsteuer, Erbschaft-, Schenkungsteuer, ggf. Grunderwerbsteuer). Die unterbliebenen wertmäßigen Anpassungen des Gesetzgebers (die ursprünglich alle sechs Jahre vorgesehen waren, jedoch nie erfolgten, führten) zuletzt (zu einer Bewertung) nach den Wertverhältnissen auf den 1.1.1964 für die **Einheitsbewertung**; die Zugrundelegung dieser Werte im steuerlichen Zusammenspiel mit anderen Einkünften (Betriebsvermögen, land- und forstwirtschaftliches Vermögen und sonstiges Vermögen, wozu insbesondere Kapitalvermögen zählte), die nach den tatsächlichen Werten ermittelt wurden, führte letztlich zu einem Verfassungsverstoß nach Art. 3 GG. Als Folge dieser Entscheidung (BVerfG 93, 165) führte der Gesetzgeber 1996 die sogenannte **Bedarfsbewertung** (§§ 12 Abs. 3 ErbStG, 138 ff. BewG) ein, wonach nur noch im Bedarfsfalle für Zwecke der Erbschaftsteuer eine gesonderte Feststellung des Bedarfswerts erfolgte (wertmäßig in dieser Form nur zwischen 1996 und 2008). Bei der Bedarfsbewertung war bereits die Unterscheidung zwischen Grundvermögen und Betriebsvorrichtungen von Bedeutung. Handelte es sich bei dem Bauwerk um eine Betriebsvorrichtung, war es – wie im Übrigen bereits bei der Einheitsbewertung – bei der Erbschaft-/Schenkungsteuer separat zu erfassen. Ist das Bauwerk dagegen ein Gebäude, ein Gebäudebestandteil oder eine Außenanlage, ist der Wert des Bauwerks mit dem Ansatz des Grundbesitzwerts abgegolten. Zur Abgrenzung des Grundvermögens von den Betriebsvorrichtungen gibt es die gleich lautenden Ländererlasse v. 15.3.2006, BStBl. I 2006, 314. Da auch der **Bedarfswert** im Zusammenwirken mit den übrigen zu bewertenden Vermögenswerten (Kapitalvermögen etc.) idR den Verkehrswert der Immobilien deutlich unterschritt, mangelte es auch hier erneut an der Verfassungsmäßigkeit (BVerfG-Beschl. v. 7.11.2006 – 1 BvL 10/02, BVerfGE 117, 1 ff. = BStBl. II 2007, 192 ff.), wenn – wie tatsächlich – die durch § 19 Abs. 1 ErbStG angeordnete Erhebung der Erbschaftsteuer mit einheitlichen Steuersätzen auf den Wert des Erwerbs erfolgt und hierbei an Steuerwerte anknüpft, deren Ermittlung bei wesentlichen Gruppen von Vermögensgegenständen (Betriebs-, Grundvermögen, Anteilen an Kapitalgesellschaften und land- und forstwirtschaftlichen Betrieben) den Anforderungen des Art. 3 GG nicht genügt.

Zum **1.1.2009** wurde die **Bewertung des Grundvermögens** nach **§§ 12 Abs. 3 ErbStG, 157 Abs. 3, 159, 176 ff. BewG** neu geregelt. Danach erfolgt die Bewertung nunmehr grundsätzlich im Vergleichswertverfahren (§ 183 BewG), die einer Ableitung des Wertes aus vergleichbaren Grundstücksverkäufen auf der Grundlage der von den Gutachterausschüssen mitgeteilten Vergleichspreise entspricht. Daneben besteht die Möglichkeit des Ertragswertverfahrens (§§ 184 bis 188 BewG) bzw. der Bewertung im Sachwertverfahren (§§ 189 bis 191 BewG).

72 Während nach den alten Rechtslagen (bis 1995 bzw. 2008) die Ungleichbehandlung aus den Bewertungsvorgaben folgte, setzte der Gesetzgeber über die §§ 13a ff. ErbStG die politisch motivierte Begünstigung des Betriebsvermögens in der Reform von 2009 um. Bei der Schenkung- bzw. Erbschaftsteuer wird das **inländische Betriebsvermögen** zurzeit gegenüber dem übrigen Vermögen mehrfach **begünstigt**. Der Erste Senat des BVerfG hatte mit Urteil v. 17.12.2014 (1 BvL 21/12, BStBl 2015 II, 50) die diesbezüglichen Regelungen der §§ 13a, 13b iVm § 19 ErbStG für verfassungswidrig erklärt; eine Weitergeltung der Regelungen ist (bis zur Neufassung durch den Gesetz-

geber) längstens bis zum 30.6.2016 möglich. Nach dem bisherigen Diskussionsstand beabsichtigt der Gesetzgeber insoweit keine rückwirkende Anpassung, vielmehr sollen die Neuregeleungen (vgl. hierzu im Nachgang) nur auf Erwerbe Anwendung finden, für die die Steuer nach dem Tag der Verkündung des geplanten Anpassungsgesetzes entsteht (vgl. insoweit auch § 37 Abs. 10 S. 1 ErbstG-E lt. Referentenentwurf d. BMF v. 2.6.2015).

Bei der Ermittlung des steuerpflichtigen Erwerbs bleibt nach bisheriger (alter Regelung) nach § 13a Abs. 1 ErbStG der Wert von Betriebsvermögen, land- und forstwirtschaftlichem Vermögen und Anteilen an Kapitalgesellschaften im Sinne des § 13b Abs. 4 ErbStG insgesamt außer Ansatz (sog. **Verschonungsabschlag**). Eine detaillierte Bezeichnung des begünstigten Vermögens trifft § 13b ErbStG 2009. Voraussetzung ist bei Betrieben von mehr als 20 Beschäftigten, dass die Summe der maßgebenden jährlichen Lohnsummen innerhalb von fünf Jahren nach dem Erwerb insgesamt 400 Prozent der Ausgangslohnsumme nicht unterschreitet. Ausgangslohnsumme ist dabei die durchschnittliche Lohnsumme der letzten fünf vor dem Zeitpunkt der Entstehung der Steuer endenden Wirtschaftsjahre. Darüber hinaus gewährt § 13a Abs. 2 ErbStG 2009 einen zusätzlichen Abzugsbetrag in Höhe von 150 000 Euro für den nicht unter § 13b Abs. 4 ErbStG fallenden Teil des Vermögens. Nach § 13b Abs. 4 ErbStG 2009 ist das nach § 13b Abs. 1 ErbStG 2009 benannte Vermögen zu 85 % begünstigt.

An der grundsätzlichen Begünstigung des Betriebsvermögens für erbschaftsteuerliche Zwecke beabsichtigt der Gesetzgeber (vgl. Gesetzentwurf der Bundesregierung lt. Beschluss des Bundeskabinettes v. 8.7.2015 bezüglich eines Gesetzes zur Anpassung des Erbschaftsteuer- und Schenkungsteuergesetzes an die Rechtsprechung des Bundesverfassungsgerichts) auch weiterhin festzuhalten. Die bereits 2009 eingeführte **Systematik von Regel- und Optionsverschonung** soll diesbezüglich **weiter modifiziert** werden. Gesetzessytematisch regelt der Entwurf der Bundesregierung die Begünstigung des Betriebsvermögens in § 13a ErbStG-E; § 13b ErbStG-E definiert zukünftig das begünstigte Vermögen, § 13c ErbStG-E den Verschonungsabschlag bei Großerwerben von begünstigtem Vermögen (Erwerb von mehr als 26 Mio. Euro). Die bisherigen Regelungen des § 13c ErbStG 2009 werden zum § 13d ErbStG-E. Zusätzlich kommt nach dem Entwurf der § 28a ErbStG-E die Regelung einer Verschonungsbedarfsprüfung hinzu. 72a

Eine **Regelverschonung** sieht der Entwurf zukünftig nur für begünstigtes Betriebsvermögen **bis** zu einem Wert von **26 Mio. EuroEuro** vor (Verschonungsabschlag von 85 %, sowie eine Optionsverschonung mit einem Verschonungsabschlag von 100 % bei erhöhten Lohnsummen). Bezugsgröße für die Abschlagsgewährung ist der Wert des begünstigten Vermögens, nicht der Unternehmenswert als solcher. Bei Großerwerben von mehr als 26 Mio Euro (bzw. mehr als 52 Mio. Euro bei Familienunternehmen und bis zu 116 Mio Euro) sieht der Entwurf ein stufenweises Abschmelzen des Verschonungsabschlages vor. Dem Entwurf folgend, verringert sich der Verschonungsabschlag um jeweils einen Prozentpunkt für jede vollen 1,5 Millionen Euro, die der Wert des begünstigten Vermögens den Betrag von 26 Mio Euro (bzw. 52 Mio. Euro bei Familienunternehmen) übersteigt. Die modifizierte **Lohnsummenklausel** sieht für Kleinst- und Kleinfälle für bis zu drei Arbeitnehmer eine Bagatellregelung vor, bei vier bis zehn Arbeitnehmern beträgt sie 250 %, bei mehr als zehn, aber nicht mehr als 15 Beschäftigten 300 % und darüber 400 % der Mindestlohnsumme (bei Optionsverschonung – 100 % – bis drei Arbeitnehmern entfällt zukünftig die Lohnsummenklausel, für vier bis zehn beläuft sie sich auf 500 %, ab dem elften bis zum 15. Arbeitnehmer soll sie sich auf 565 % der Mindestlohnsumme belaufen). Besonderheiten sollen für Familienunternehmen gelten (Erhöhung der Prüfschwelle auf 52 Mio Euro); ab einem begünstigten Vermögen von mehr als 116 Mio Euro bestehe nach dem Entwurf ein konstanter Verschonungsabschlag von 20 % bei der Regel- und 35 % bei der Optionsverschonung.

Neben der Modifikation der Lohnsummenregelungen beabsichtigt der Gesetzgeber die gesetzliche Neudefinition des begünstigten Vermögens in § 13b ErbStG-E. Nach bisheriger Regelung kam eine erbschaft- und schenkungsteuerliche Begünstigung – des an sich begünstigungsfähigen Vermögens – nicht bei Vorliegen von sogenanntem Verwaltungsvermögen in Betracht. Ähnlich dem (bis 1992 gültigen) EW-BV sieht die Entwurfsdefinition die Erläuterung des Begriffs des begünstigten Vermögens vor, das alle Wirtschaftsgüter (des Betriebs) umfassen soll, die zu mehr als 50 % einer land- und forstwirtschaftlichen, gewerblichen oder freiberuflichen Tätigkeit als Hauptzweck dient (§ 13b Abs. 3 ErbStG-E). Nicht zum begünstigten Vermögen gehören danach folglich Wirtschaftsgüter mit einer betrieblichen Verwendung von bis zu 50 %.

Die Regelung zur Verschonungsbedarfsprüfung (§ 28a ErbStG-E) sieht die Möglichkeit des Erlasses auf Antrag des Erwerbers vor, wenn dieser bei Überschreiten der Grenze von 26 Mio Euro nachweislich nicht in der Lage ist, die auf das begünstigte Vermögen entfallende Steuer aus seinem verfügbaren Vermögen zu begleichen.

Das weitere Gesetzgebungsverfahren bleibt insoweit abzuwarten.

73 Zudem ist bei schenkungsbedingten Erwerben von natürlichen Personen der Steuerklasse II oder III (zB Eltern, Großeltern, Geschwister, Stiefeltern, geschiedene Ehegatten) nach **§ 19a ErbStG** zusätzlich ein **Entlastungsbetrag** für Betriebsvermögen möglich. Diese steuerlichen Privilegien entfallen allerdings rückwirkend, wenn das übertragene Vermögen innerhalb von fünf Jahren steuerschädlich verwendet wird (§ 19a Abs. 5 ErbStG 2009). § 28 ErbStG 2009 sieht für Betriebsvermögen oder land- und forstwirtschaftliches Vermögen noch die Besonderheit vor, die **Steuer auf Antrag** bis zu **zehn Jahre** zu **stunden**, soweit dies zur Erhaltung des Betriebs notwendig ist.

74 Einstweilen frei.

75 **Besteuerungsgrundlage** bei der Schenkungsteuer ist der steuerpflichtige Erwerb, dh. die endgültige Bereicherung des Erwerbers, soweit sie nicht steuerfrei ist. § 13 ErbStG enthält eine Vielzahl sachlicher **Steuerbefreiungen**. Unter Berücksichtigung ggf. früherer Erwerbe („Vorschenkungen innerhalb eines Zehnjahreszeitraums", § 14 ErbStG) sowie der persönlichen und besonderen Freibeträge (§§ 16, 17 ErbStG) ist die Steuer letztlich abhängig von der Höhe des steuerpflichtigen Erwerbs und der zugrunde zu legenden Steuerklasse I, II oder III (§ 19 ErbStG) zu ermitteln.

76 Zur Anwendung des Schenkungsteuerrechts der DDR nach dem Beitritt zur Bundesrepublik Deutschland s. § 37a ErbStG und BFH v. 30.5.2001, BStBl. II 2001, 607.

VI. Einkommensteuerliche Folgen einer Schenkung

77 Schenkungen gehören grds. zu keiner Einkunftsart iSd. EStG. Einkommensteuerliche Folgen und Besonderheiten können sich bei der Schenkung von **Grundstücken** (zur Vorwegnahme der Erbfolge), bei schenkweise begründeten **Darlehensverhältnissen** und schenkweise begründeten **Familiengesellschaften** ergeben.

78 Die Schenkung eines **zum Betriebsvermögen gehörenden Grundstücks** führt regelmäßig zur gewinnrealisierenden Entnahme, da die Entnahme dem Grunde nach ein persönlicher und damit privat motivierter Vorgang des Stpfl. ist (es sei denn, das Grundstück gehört zum Sonderbetriebsvermögen des Schenkers, der es seinem ebenfalls an der Gesellschaft beteiligten Kind schenkt, und es wechselt vom Sonderbetriebsvermögen des Stpfl. in dasjenige seines Kindes – vorweggenommene Erbfolge; BFH BStBl. II 1986, 713; seit 2001 § 6 Abs. 5 S. 3 EStG).

79 Die **Schenkung** eines Grundstücks zur **vorweggenommenen Erbfolge** hat regelmäßig nur teilweise **entgeltlichen Charakter** (BFH GrS v. 5.7.1990, BStBl. II, 847), **soweit** durch den Begünstigten eine **Abstandszahlung** erfolgt.

Im (steuerlichen) Privatvermögen folgt dem, dass dem Beschenkten **nur insoweit** (also hinsichtlich des für die Abstandszahlung erworbenen Anteils **abschreibungsfähige) Anschaffungskosten** entstehen; für steuerliche Zwecke ist ein solches WG insoweit „ideell" in den entgeltlich und unentgeltlich erworbenen Anteil „aufzuteilen". Maßgebend für die spätere Abschreibung sind letztlich nur die tatsächlich entstandenen Anschaffungskosten des WG; sie stellen folglich die Bemessungsgrundlage für die Abschreibung dar. Soweit das Wirtschaftsgut unentgeltlich erworben wurde, führt der Erwerber (anteilig) die Abschreibung des Rechtsvorgängers fort.

Im **betrieblichen Bereich** entspricht dies der steuerwirksamen Aufdeckung stiller Reserven (vgl. hierzu BMF v. 13.1.1993, BStBl. I 1993, 80 unter Berücksichtigung der Änderungen durch BMF v. 26.2.2007, BStBl. I 2007, 269). Die Finanzverwaltung folgt insoweit der Rechtsprechung und nimmt nach den Grundsätzen der Einheitstheorie (im Gegensatz zur Trennungstheorie bei Privatvermögen) **Entgeltlichkeit erst** an, wenn die vom **Vermögensübernehmer zu erbringenden Leistungen** bei Erwerb eines Betriebes zu einem Veräußerungspreis führen, der **über** dem **steuerlichen Kapitalkonto des Übergebers** liegt.

Zu wiederkehrenden Leistungen anlässlich einer Vermögensübertragung zur vorweggenommenen Erbfolge vgl. BMF v. 11.3.2010, BStBl. I 227; beachte insoweit aber auch die einschränkende Rechtslage bei Vereinbarung von Versorgungsleistungen ab 2008 (§ 10 Abs. 1 Nr. 1a EStG), die ertragsteuerlich als unentgeltlicher Vorgang gelten. Der steuerwirksame Abzug derartiger Versorgungsleistungen kommt danach nur noch bei der Übertragung von Mitunternehmeranteilen (Gesellschaftsanteilen an Personengesellschaften), im Zusammenhang mit der Übertragung von Betrieben bzw. im Zusammenhang mit der Übertragung eines mindestens 50 %igen Anteils an einer Kapitalgesellschaft in Betracht.

Die Schenkung eines Grundstücks im Rahmen einer Betriebsübertragung hat die Buchwertfortführung durch den Einzelrechtsnachfolger zur Konsequenz (§ 6 Abs. 3 EStG), so dass die unmittelbare Besteuerung der stillen Reserven vermieden wird (vgl. hierzu BMF v. 3.3.2005, BStBl. I 2005, 458 unter Berücksichtigung der Änderungen des BMF v. 7.12.2006, BStBl I, 766); sie setzt sich insoweit quasi beim Vermögenserwerber in Gestalt der Buchwertfortführung fort. Bei einer Schenkung eines Grundstücks des Privatvermögens ist der Einzelrechtsnachfolger (bei einkunftsrelevanter Grundstücksnutzung) an die Fortführung der Abschreibung des Rechtsvorgängers gebunden (§ 11d EStDV). 80

Eine **mittelbare Grundstücksschenkung führt zu** einem **unentgeltlichen Erwerb** und nicht zu Anschaffungskosten (BFH v. 8.6.1994, BStBl. II 1994, 779). Das Steuerrecht greift zur Definition des Anschaffungskostenbegriffs mangels eigener Definition auf § 255 HGB zurück. § 255 Abs. 2 HGB setzt zur Annahme von Anschaffungskosten sowohl für Zwecke der Gewinn- wie der Überschusseinkünfte Aufwand des Stpfl. voraus, um einen Vermögensgegenstand zu erwerben und ihn in einen betriebsbereiten Zustand zu versetzen. Dieser (getätigte) Aufwand des Stpfl. liegt beim unentgeltlichen Erwerb gerade nicht vor. 81

Schenkweise begründete Darlehensverhältnisse zwischen nahen Angehörigen sind aus Steuerersparnisgründen beliebt, bergen jedoch aufgrund der restriktiven Rechtsprechung des BFH erhebliche Risiken. Die Steuerersparnis bei derartigen Vertragsgestaltungen liegt auf der Hand: Der Unternehmer schenkt seinen meist minderjährigen Kindern erhebliche Geldbeträge, die diese ihm dann als Darlehen für betriebliche Zwecke wieder zur Verfügung stellen. Die Darlehenszinsen sind als Betriebsausgabe abziehbar und mindern unter den Voraussetzungen des § 8 Nr. 1 GewStG gegebenenfalls anteilig den Gewerbeertrag bei der Gewerbesteuer. Bei den Kindern fällt aufgrund ihrer geringen Einkünfte idR keine Einkommensteuer an. Nach st. Rspr. des BFH kann ein Darlehensvertrag durchaus auch dann steuerlich anzuerkennen sein, wenn die Valutabeträge aus Mitteln stammen, die den Kindern zuvor von den Eltern geschenkt wurden. Die Vermögensbereiche der Beteiligten stehen sich von vornherein selbständig gegenüber, wenn der Gläubiger das Darlehen allein aus seinen Mitteln gewährt. Andererseits liegt jedenfalls dann keine Schenkung mit anschließendem Darlehensvertrag vor, sondern ein befristetes Schenkungsversprechen ohne betriebliche Veranlassung, wenn Schenkungs- und Darlehensvertrag in einer Urkunde zusammengefasst sind. Dem liegt die Erwägung zugrunde, dass unter den genannten Voraussetzungen im Zeitpunkt der „Schenkung" eine **endgültige Vermögensverschiebung** zwischen Eltern und Kindern noch nicht vorliegt. Vielmehr existiert lediglich ein privat veranlasstes Versprechen, künftig (mit „Darlehensrückgewähr") Geldbeträge zuzuwenden. Dies hat zur Folge, dass die Zinsen zB keine abziehbaren Betriebsausgaben, sondern nicht abziehbare Zuwendungen iS des § 12 Nr. 2 EStG sind. Die angeblichen Darlehensbeträge bleiben Eigenkapital des Schenkers. 82

Bei der steuerlichen Beurteilung der Vereinbarungen ist nicht nur der sog. Fremdvergleich heranzuziehen, sondern auch die **Gesamtplanrechtsprechung** des BFH. So begründet die Kürze der zwischen Schenkung und Darlehensgewährung liegenden Zeit noch keine unwiderlegbare Vermutung für das Bestehen einer gegenseitigen Abhängigkeit der beiden Verträge (BFH v. 18.1.2001, BStBl. II 2001, 393). Umgekehrt kann selbst bei längeren Abständen zwischen den Verträgen keine steuerrechtlich beachtliche Schenkung mit betrieblich veranlasstem Darlehen vorliegen, wenn zwischen den Verträgen eine auf einem Gesamtplan beruhende sachliche Verknüpfung besteht (BFH v. 22.1.2002, BStBl. II 2002, 685). Dies wird zu bejahen sein, wenn die Zuwendung der Beträge von vornherein an die Voraussetzung geknüpft war, sie dem Zuwendenden wieder zur Nutzung zu überlassen. Der Darlehensbetrag verbleibt tatsächlich und wirtschaftlich beim Schenker. Hierfür ist 83 es ohne Bedeutung, ob der Darlehensvertrag und seine Durchführung in allen Punkten der zwischen Fremden üblichen Gestaltung entspricht.

84 Zu den steuerlichen Anforderungen an die Anerkennung von **schenkweise begründeten Familienpersonengesellschaften** s. Kap. 109 Rz. 23.

85 Grundstücksschenkungen unterliegen grds. nicht der Grunderwerbsteuer (§ 3 Nr. 2 GrEStG).

4. Abschnitt. Miete, Pacht, Landpacht

Kapitel 16 Wohnraummiete

Literatur: *Blank/Börstinghaus*, Miete, Kommentar, 4. Aufl. 2014; *Bub/Treier*, Handbuch der Geschäfts- und Wohnraummiete, 4. Aufl. 2014; *Emmerich/Sonnenschein*, Miete, 11. Aufl. 2014; *Hannemann/Wiegner*, Münchener Anwaltshandbuch Mietrecht, 4. Aufl. 2014; *Lammel*, Heizkostenverordnung, Verordnung über die verbrauchsabhängige Abrechnung der Heiz- und Warmwasserkosten, Kommentar, 4. Aufl. 2015; *Langenberg*, Betriebskostenrecht der Wohn- und Gewerberaummiete, 7. Aufl. 2014; *Lindner-Figura/Oprée/Stellmann*, Geschäftsraummiete, 3. Aufl. 2012; *Lützenkirchen*, Anwaltshandbuch Mietrecht, 5. Aufl. 2015; *Lützenkirchen*, Mietrecht Kommentar, 2. Aufl. 2015; *Schmidt-Futterer*, Mietrecht, Kommentar, 12. Aufl. 2015; *Sternel*, Mietrecht aktuell, 4. Aufl. 2009; *Stürzer/Koch*, Vermieterlexikon, 13. Aufl. 2013; *Weitnauer*, Wohnungseigentumsgesetz, 9. Aufl. 2004; *Graf von Westphalen*, Vertragsrecht und AGB-Klauselwerke, Loseblatt, 35. Aufl. 2014.

I. Anwendungsbereich des Wohnraummietrechtes

1. Wohnraummiete

Wohnräume sind Räume (Innenteile eines Gebäudes), die zum Wohnen (insbesondere zum Schlafen, Essen, Kochen, dauernder privater Nutzung) bestimmt sind, also Einzelräume und Wohnungen. Zum Wohnraum gehören auch die Nebenräume wie Bad, WC, Flur, Abstellraum und Keller. Bewegliche Sachen, wie beispielsweise Wohnwagen und Schiffsräume stellen keine Wohnräume im Sinne des Wohnraummietrechts dar. Ebenfalls nicht zum Wohnraum gehören die Räume von Beherbergungsbetrieben. 1

Für Wohnraummietverhältnisse gelten die speziellen Regelungen der §§ 549–577a sowie §§ 536 Abs. 4, 547 Abs. 2 BGB. Diese besonderen Vorschriften für „Mietverhältnisse über Wohnraum“ werden ergänzt durch „Allgemeine Vorschriften für Mietverhältnisse“, die §§ 535–548 BGB, die für alle Mietverhältnisse gelten. Mit Inkrafttreten des Mietrechtsreformgesetzes wurde das Gesetz zur Regelung der Miethöhe (MHG) in das BGB eingegliedert. 2

➲ **Wichtig:** Die Schutzvorschriften im Wohnraummietrecht stellen zwingendes Recht dar und können nicht zum Nachteil des Mieters abgeändert werden (soziales Mietrecht). 3

Grundrechtlichen Schutz (vgl. Eigentumsgarantie des Art. 14 Abs. 1 GG) genießen das Grundeigentum des Vermieters sowie das Besitzrecht des Mieters an einer Wohnung (BVerfG MDR 1993, 728 m. Anm. Sternel = NJW 1993, 2035). Sowohl Vermieter als auch Mieter haben daher die Möglichkeit, durch Erhebung der Verfassungsbeschwerde Verletzungen ihrer Grundrechte geltend zu machen.

2. Abgrenzung zur Geschäftsraummiete

a) Vertragszweck

Die Zuordnung zu Wohnraum oder Geschäftsraum richtet sich nach dem vereinbarten vom Mieter verfolgten Vertragszweck (BGH NJW 1997, 1845). Wohnraummiete liegt vor, wenn die Räume dem Mieter vertragsgemäß zur Befriedigung seiner eigenen Wohnbedürfnisse und/oder der Wohnbedürfnisse seiner Familie dienen sollen (Blank in Schmidt-Futterer, Vor § 535 BGB Rz. 94). Es 4 liegt daher kein Wohnraummietverhältnis vor, wenn für Wohnzwecke geeignete Räume zur gewerblichen Nutzung vermietet worden sind (BGH WuM 1969, 625). Umgekehrt wird aus einem Mietverhältnis über Gewerberaum nicht deshalb ein Wohnraummietverhältnis, weil der Mieter vertragswidrig dort wohnt (OLG Hamburg ZMR 1995, 120).

Nutzt der Mieter die Wohnräume entgegen der getroffenen Vereinbarung nicht zu Wohnzwecken, sondern zu gewerblichen Zwecken, liegt ein vertragswidriger Gebrauch vor, für den aber weiterhin die Vorschriften für Wohnraummietverhältnisse maßgebend sind. Der Vermieter muss gewerbliche Aktivitäten seines Mieters in der Wohnung, die nach außen in Erscheinung treten, ohne entsprechende vorherige Vereinbarung nicht dulden. Er kann aber im Einzelfall nach Treu und Glauben verpflichtet sein, eine Erlaubnis zur teilweisen gewerblichen oder (frei-)beruflichen Nutzung zu erteilen, wenn keine weitergehenden Einwirkungen auf die Mietsache oder Mitmieter ausgehen als bei einer üblichen Wohnnutzung. Dies ist etwa bei einer Tätigkeit ohne Mitarbeiter und ohne ins Gewicht fallenden Kundenverkehr der Fall (BGH NJW 2009, 3157; BGH MDR 2013, 698).

Kein Wohnraummietverhältnis, sondern ein gewerbliches Mietverhältnis ist bei der Anmietung von Wohnraum zur gewerblichen oder nicht gewerblichen **Weitervermietung** gegeben (BGH NJW 1981, 1377; BGH MDR 2004, 1348; OLG Hamburg ZMR 1993, 271). Der Vertragszweck liegt hierbei nicht im Wohnen, sondern in der Weitervermietung. Auch **juristische Personen** können Räume schon begrifflich nicht zu eigenen Wohnzwecken anmieten, so dass dann ein Mietverhältnis über Geschäftsräume vorliegt (BGH NJW 2008, 3361).

5 Grundsätzlich hat der Eigentümer gegen den **Untermieter** bei Vertragsende einen Anspruch auf Herausgabe des gemieteten Raumes (§ 546 Abs. 2 BGB), wovon es aber Ausnahmen gibt:

6 **aa)** Soll der Mieter nach dem Mietvertrag den gemieteten Wohnraum **gewerblich** einem Dritten zu Wohnzwecken **weitervermieten,** ist der Wohnungsmieter rechtlich zwar ebenfalls Untermieter. Hier gilt aber § 565 BGB, wonach der Hauptvermieter bei der Beendigung des Mietverhältnisses in die Rechte und Pflichten aus dem Mietverhältnis zwischen dem Mieter und dem Dritten eintritt. Schließt der Hauptvermieter erneut einen Mietvertrag zur gewerblichen Weitervermietung mit einem Dritten ab, so tritt der Mieter anstelle der bisherigen Vertragspartei in die Rechte und Pflichten aus dem Mietverhältnis mit dem Dritten ein.

7 **bb)** Die Kündigungsschutzvorschriften des Wohnraummietrechts gelten, wenn der **Zwischenmieter** ein **Arbeitgeber** ist und der Eigentümer ihm gegenüber das Recht hat, auf den Inhalt des Endmietvertrages sowie die Auswahl des Endmieters (Arbeitnehmers) Einfluss zu nehmen (BayObLG RE WM 1995, 645).

8 **cc)** Schließlich kann sich der Untermieter gegenüber dem Hauptvermieter auf den Kündigungsschutz und die Sozialklausel berufen, wenn Hauptvermieter und Mieter (= Zwischenvermieter) einverständlich rechtsmissbräuchlich zusammengearbeitet haben, um dem Untermieter den Kündigungsschutz abzuschneiden (allgM).

b) Mischmietverhältnis

9 Ein sog. Mischmietverhältnis liegt vor, wenn durch einen einheitlichen Vertrag Räume zum Teil zum Bewohnen, zum Teil zu gewerblichen Zwecken (als Geschäftsraum) vermietet werden (zB Wohnung mit Garage, Gaststätte mit Gastwirtswohnung). Auf den gesamten Mietvertrag ist dann entweder einheitlich Wohn- oder Gewerberaummietrecht anzuwenden, je nachdem, wo das **Schwergewicht** des Vertrages liegt (BGH NJW-RR 1986, 877; KG MDR 2010, 1446). Abzustellen ist auf den Parteiwillen bzw. den vereinbarten Vertragszweck (OLG Düsseldorf NZM 2002, 739, 740; OLG Köln ZMR 2007, 114). Fehlt eine ausdrückliche Regelung, ist die überwiegende Nutzungsart entscheidend. Die Bezeichnung der Vertragsurkunde als Wohnraum- oder Geschäftsraummietvertrag ist nicht ausschlaggebend. Verwenden die Parteien aber ein für die Wohnraummiete gedachtes Formular, ist dies ein Indiz dafür, dass für den gesamten Vertrag Wohnraummietrecht gelten soll (OLG Stuttgart ZMR 2008, 795). Bei einer Gleichwertigkeit der Nutzungszwecke wird vertreten, dass Wohnraummietrecht anzuwenden ist (Sternel Rz. VI 12).

10 Bei Vermietung einer Wohnung und einer Garage in separat abgeschlossenen Verträgen spricht eine tatsächliche Vermutung für die rechtliche Selbständigkeit der beiden Verträge, die nur durch be-

sondere Umstände widerlegt werden kann. Ein solcher Umstand kann sein, dass Wohnung und Garage auf demselben Grundstück liegen (BGH NJW-RR 2013, 1355; BGH NJW 2012, 224). Allerdings kann der Umstand, dass für beide Verträge unterschiedliche Kündigungsfristen vereinbart wurden, den Schluss zulassen, dass die Parteien gerade keine Einheit der Verträge gewollt haben, so dass für den Garagenmietvertrag dann kein Wohnraummietrecht gilt (BGH WuM 2013, 421). Bei Vermietung der Wohnung und Garage in einem einheitlichen Mietvertrag ist eine Teilkündigung grundsätzlich unzulässig (BGH NJW 2012, 224; LG Braunschweig ZMR 1986, 165).

c) Wohnheime

Bei Wohnheimen, insbesondere Altersheimen, kann es zu Abgrenzungsschwierigkeiten kommen: 11
Bei einer Heimunterbringung im Altersheim gilt das Heimgesetz, da in der Regel neben der Überlassung von Wohnraum auch Betreuungs- und Verpflegungsleistungen vorgehalten werden. Das HeimG enthält zum Schutz der Bewohner zwingende Vorschriften, welche den §§ 535 ff. BGB vorgehen. Bietet der Vermieter lediglich einen allgemeinen Grundservice, einen Notruf und Vermittlung weiterer Dienste und ist das Entgelt hierfür im Verhältnis zur Miete von untergeordneter Bedeutung, so ist das Heimrecht nicht anwendbar und es gilt das allgemeine Wohnraummietrecht (vgl. § 1 Abs. 2 Heimgesetz).

Beim sog. „Betreuten Wohnen“ gibt es ein breites Angebotsspektrum. Es kann sowohl das Heimrecht als auch das Wohnraummietrecht Anwendung finden, je nach konkreter vertraglicher Ausgestaltung. Da der Wohnzweck meist im Vordergrund steht, soll der Schwerpunkt des Vertrags in der Regel im Mietrecht liegen (AG Rendsburg NZM 2001, 423).

3. Nicht geschützte Wohnraummietverhältnisse

Grundsätzlich unterliegen die Wohnraummietverhältnisse dem Schutz des sozialen Mietrechts. 12
Dies gilt für alle Wohnraummietverhältnisse mit folgenden **Ausnahmen** (§ 549 Abs. 2 BGB):

a) Wohnraum, der nur zum vorübergehenden Gebrauch vermietet ist;

b) Wohnraum, der Teil der vom Vermieter selbst bewohnten Wohnung ist und den der Vermieter überwiegend mit Einrichtungsgegenständen auszustatten hat, sofern der Wohnraum dem Mieter nicht zum dauernden Gebrauch mit seiner Familie oder mit Personen überlassen ist, mit denen er einen auf Dauer angelegten gemeinsamen Haushalt führt;

c) Wohnraum, den eine juristische Person des öffentlichen Rechts oder ein anerkannter privater Träger der Wohlfahrtspflege angemietet hat, um ihn Personen mit dringendem Wohnungsbedarf zu überlassen, wenn sie den Mieter bei Vertragsschluss auf die Zweckbestimmung des Wohnraums und die Ausnahme von den genannten Vorschriften hingewiesen hat;

d) Wohnraum in einem Studenten- oder Jugendwohnheim.

Demgegenüber haben auf Dauer angemietete **Ferienhäuser** grundsätzlich den Kündigungsschutz 13
des § 573 BGB (vgl. OLG Hamburg ZMR 1992, 530), wenn nicht ein vorübergehender Gebrauch bezweckt ist, wie dies insbesondere bei der Anmietung von Ferienwohnungen für die Dauer einiger Tage oder einiger Wochen oder Hotel- und Pensionszimmern der Fall ist.

4. Energieeinsparverordnung (EnEV 2014)

Am 1.5.2014 ist die neue Energiesparverordnung (EnEV 2014) in Kraft getreten. Je nach Art des 14
Gebäudes ergeben sich besondere Anforderungen an den Vermieter.

Vermieter müssen künftig u.a. dem Interessenten den Energieausweis zum Zeitpunkt der Besichtigung unaufgefordert vorlegen. Wird sodann ein Mietvertrag abgeschlossen, muss dem Mieter der Ausweis oder zumindest eine Kopie unverzüglich ausgehändigt werden (§ 16 Abs. 2 EnEV). Vorher musste der Ausweis bei der Wohnungsbesichtigung nur vorgelegt werden, wenn der Mieter danach fragte. Ab 2015 gilt, dass Heizkessel, die älter als 30 Jahre sind, nicht mehr betrieben werden dürfen (§ 10 EnEV). Dies gilt nicht für Niedrigtemperatur- und Brennwertkessel und für selbstgenutzte Ein- und Zweifamilienhäuser.

In einer Vermietungsanzeige müssen künftig die energetischen Kennwerte aus dem Energieausweis angegeben werden (§ 16a EnEV). Die Anzeige muss folgende Pflichtangaben enthalten:

- die Art des Energieausweises (Energiebedarfsausweis oder Energieverbrauchsausweis?)
- den im Energieausweis genannten Wert des Endenergiebedarfs oder Endenergieverbrauchs für das Gebäude
- die im Energieausweis genannten wesentlichen Energieträger für die Heizung des Gebäudes
- bei Wohngebäuden das im Energieausweis genannte Baujahr
- bei Wohngebäuden die im Energieausweis genannte Energieeffizienzklasse.

15 Bei einem Verstoß gegen die EnEV drohen erhebliche Bußgelder. Wird zB der Energiesparausweis bei einer Besichtigung nicht vorgezeigt, wird ein Bußgeld von bis zu 15 000 Euro fällig (§ 27 Abs. 2 Nr. 3 EnEV iVm. § 8 Abs. 1 Nr. 2 EnEG). Durch die zuständigen Behörden der Bundesländer erfolgen regelmäßige Stichprobenkontrollen (§ 26d EnEV).

II. Wohnraummustermietvertrag

1. Allgemeines

16 Das Bundesministerium für Justiz hatte bereits im Jahre 1976 einen **Mustermietvertrag** (MMV) als Vorschlag für einen Wohnraummietvertrag vorgelegt, der kein allgemein verbindliches Vertragsformular darstellt, vielmehr eine umfassende Information und objektive Orientierungshilfe für Mieter und Vermieter geben sollte. Obwohl in manchen Punkten inzwischen durch geänderte Rechtsprechung und durch die Gesetzgebung überholt, stellt dieser Mustermietvertrag immer noch eine wertvolle Orientierungshilfe und einen recht gelungenen Interessenausgleich zwischen Mieter und Vermieter dar. Es erfolgt hier deshalb in Anlehnung an den Mustermietvertrag unter Berücksichtigung von Gesetzesänderungen und aktueller Rechtsprechung ein Überblick über die wichtigsten in einem Mietvertrag bzw. zwischen Mieter und Vermieter zu regelnden Punkte.

17 ➲ **Hinweis:** Alle Regelungen des **M 16.1** sind AGB mit der Folge, dass alle Klauseln einer gesetzlichen Inhaltskontrolle (§§ 307–309 BGB) unterliegen. Es können hierbei sowohl der Vermieter als auch der Mieter als Verwender in Betracht kommen, je nachdem, welche Seite die Klauseln stellt.

2. Zustandekommen des Mietvertrages

18 Ein Mietvertrag kommt dadurch zustande, dass sich die Vertragspartner über alle wesentlichen Punkte geeinigt haben, insbesondere über den Mietgegenstand, die Mietzeit, den Mietzins und die Vertragsparteien.

Die Übersendung eines fertig ausgefüllten und unterschriebenen Mietvertrages durch den Vermieter ist ein verbindlicher Antrag auf Abschluss eines Mietvertrages (BGH NJW 1962, 1388).

19 Für den Fall, dass sich die Parteien zwar vertraglich binden wollen, dem Abschluss des Hauptvertrages aber noch rechtliche oder tatsächliche Hindernisse entgegen stehen (zB weil das Gebäude noch nicht fertiggestellt ist, notwendige Genehmigungen nicht vorliegen, die Parteien noch nicht alle Vertragsbedingungen ausgehandelt haben oder die Wohnung noch anderweitig vermietet ist), kommt ein **Mietvorvertrag** in Betracht, der formfrei geschlossen werden kann. Der Vorvertrag stellt einen voll wirksamen Vertrag dar, aus dem jede Partei auf Erfüllung, dh. auf Abschluss des Mietvertrages klagen kann. Der Abschluss eines Vorvertrages birgt nicht selten Risiken für die Parteien. Können sich die Parteien über die offen gebliebenen Punkte nicht einigen, hätte dies zur Folge, dass der weitere Vertragsinhalt durch ergänzende Vertragsauslegung durch das Gericht oder gem. §§ 315, 316 BGB durch eine Vertragspartei bestimmt wird (Lindner-Figura NZM 2000, 1193). Liegen die oben beschriebenen rechtlichen oder tatsächlichen Hindernisse vor (zB fehlende Genehmigungen), empfiehlt es sich, statt eines Vorvertrages einen Mietvertrag unter einer aufschiebenden oder auflösenden Bedingung oder mit einem Rücktrittsrecht abzuschließen.

a) Form des Mietvertrages

Ein Mietvertrag kann jederzeit formfrei, also auch mündlich geschlossen werden. Die **Schriftform** ist nur dann erforderlich, wenn der Mietvertrag für längere Zeit als ein Jahr geschlossen werden soll, zB durch Vereinbarung einer bestimmten Mietzeit (§ 550 BGB). Relevant wird dies vor allem bei langfristigen gewerblichen Mietverträgen. S. dazu Kap. 17 Rz. 7 ff. 20

b) Parteien des Mietvertrages und Personenmehrheit

Mieter oder Vermieter werden grundsätzlich nur die Personen, die im Mietvertrag auch entsprechend aufgeführt sind. Grundsätzlich ist der Mietvertrag auch **von allen Vertragspartnern zu unterschreiben**, es sei denn, einer von mehreren unterschreibt erkennbar und mit Vollmacht im Namen der oder des anderen. Auch Eheleute müssen grundsätzlich beide den Mietvertrag unterschreiben. Sind beide Eheleute im Vertragskopf genannt, unterschreibt jedoch nur ein Ehegatte, wird vertreten, dass der andere ohne Hinzutreten weiterer, für eine Bevollmächtigung sprechender Umstände, nicht Vertragspartner wird (LG Berlin GE 2004, 1096; aA OLG Düsseldorf ZMR 2000, 210). 21

Ist in Formularverträgen oder Mustern von „der Vermieter" oder „der Mieter" die Rede, so sind stets sämtliche Mietvertragspartner gemeint. Da ihnen die Rechte aus dem Mietvertrag nur **gemeinschaftlich** zustehen, müssen sie grundsätzlich bei jeder Rechtsausübung auch gemeinschaftlich handeln. Dies bedeutet, dass jede Abmahnung, Fristsetzung, Kündigung, Mieterhöhungserklärung, Kündigungswiderspruchserklärung und dergleichen von allen Vertragspartnern abgegeben, dh. unterschrieben werden muss. Sind auf der Empfängerseite mehrere Vertragspartner (zB ein Mieterehepaar bei der Kündigung durch den Vermieter), so muss die Erklärung gegenüber allen Vertragspartnern erklärt werden (zB Anrede „Herrn ... und Frau ...") und allen zugehen. Mehrere Vertragspartner haben untereinander die Stellung von Gesamtgläubigern bzw. Gesamtschuldnern. 22

Es ist aber zulässig, auch per Formularmietvertrag, dass sich Mieter gegenseitig zum *Empfang* einer Kündigung **bevollmächtigen** (vgl. BGH MDR 1997, 1111 = NJW 1997, 3437). Es genügt dann, dass die Kündigung einem der Mieter zugeht, sie muss aber an beide Mieter gerichtet sein. 23

Klauseln hingegen, in denen sich mehrere Mieter gegenseitig zur *Abgabe* von Willenserklärungen ohne weitere Einschränkungen ermächtigen, werden von der Rechtsprechung zT als unwirksam angesehen, da hierdurch auch der Bestand des Mietverhältnisses betroffen ist (vgl. OLG Düsseldorf ZMR 2008, 44). Dies soll nicht gelten, wenn die Vollmachtsklausel solche Erklärungen ausdrücklich ausklammert, die sich auf den Kernbereich des Mietverhältnisses beziehen (OLG Celle v. 29.12.1989 – 2 U 200/88, WuM 1990, 103). Zum Kernbereich zählen insb. der Mietgegenstand, Miethöhe und Mietdauer, so dass etwa Kündigungen, Aufhebungsverträge, Mieterhöhungen oder Vereinbarungen über Schönheitsreparaturen von einer solchen Klausel ausgeklammert werden sollten. Vom BGH wurde die Frage der Wirksamkeit einer Abgabevollmacht offen gelassen. Er hat insoweit aber entschieden, dass eine Klausel, die eine Empfangsvollmacht und eine Abgabevollmacht enthält, nicht insgesamt unwirksam ist, sondern eine teilbare Regelung vorliegt. Die Wirksamkeit einer Empfangsvollmacht kann danach losgelöst von der Wirksamkeit einer Abgabe-bzw. Erklärungsvollmacht beurteilt werden (vgl. BGH MDR 1997, 1111). S. im Übrigen **M 16.1** (§ 16).

3. Befristung, Zeitmietvertrag

Seit der Mietrechtsreform 2001 gibt es die Möglichkeit eines Zeitmietvertrages ohne einen gesetzlich zugelassenen Befristungsgrund nicht mehr. Das Gesetz (§ 575 Abs. 1 BGB) sieht nur noch **drei Befristungsmöglichkeiten** vor: 24

1. Der Vermieter muss die Räume für sich, seine Familienangehörigen oder Angehörige seines Haushalts nutzen wollen oder
2. der Vermieter muss in zulässiger Weise die Räume beseitigen oder so wesentlich verändern oder instand setzen wollen, dass die Maßnahmen durch eine Fortsetzung des Mietverhältnisses erheblich erschwert würden oder
3. der Vermieter muss die Räume an einen zur Dienstleistung Verpflichteten vermieten wollen.

Der Vermieter muss dem Mieter bei Vertragsschluss einen dieser Gründe schriftlich mitteilen, andernfalls gilt der Mietvertrag als auf unbestimmte Zeit abgeschlossen. Die Wiederholung des Gesetzeswortlauts reicht in der Regel nicht aus (AG Düsseldorf NZM 2005, 702). Es muss ein konkreter Lebenssachverhalt dargelegt werden, der es dem Mieter ermöglicht, die Wirksamkeit der Befristung zu überprüfen (BGH NJW 2007, 2177). Zur Vereinbarung eines Zeitmietvertrages s. **M 16.3.**

25 ➲ **Hinweis:** Alle **Zeitmietverträge, die nach dem alten Recht vor dem 1.9.2001 abgeschlossen wurden**, werden noch nach den alten Rechtsvorschriften abgewickelt, sie haben **Bestandsschutz** (Übergangsregelung in Art. 229 § 3 Abs. 3 EGBGB).

Dies bedeutet, dass der Mieter in einem solchen Fall nach Ablauf der fest vereinbarten Mietzeit einen Anspruch auf Fortsetzung des Vertrages haben kann, wenn er einen alten Zeitmietvertrag mit Kündigungsschutz unterschrieben hat (vgl. § 564c Abs. 1 BGB aF).

4. Miethöhe und Mieterhöhungen

25a Als Miete kommt jede geldwerte Leistung in Betracht (BGH NJW 2002, 3322); daher etwa auch Dienstleistungen (zB des Hausmeisters) oder Gebrauchsüberlassung anderer Sachen (BGH MDR 1994, 796). Die Gegenleistung des Mieters muss nicht in periodisch wiederkehrenden Geldzahlungen bestehen (BGH MDR 1994, 796). In der Regel wird die Zahlung in Geld vereinbart. Die Höhe muss bestimmt oder bestimmbar sein. Haben sich die Parteien nur auf die entgeltliche Überlassung geeinigt, kann damit die angemessene oder ortsübliche Miete als vereinbart gelten (BGH MDR 2002, 1362).

a) Mieterhöhungen nach §§ 558 ff. BGB

26 Im frei finanzierten Wohnungsmarkt hat der Vermieter nach § 558 BGB einen Anspruch gegenüber dem Mieter, die Zustimmung zu einer Mieterhöhung unter folgenden Voraussetzungen zu verlangen:

- Die Miete muss im Zeitpunkt des Eintritts der Erhöhung **seit 15 Monaten unverändert** sein. Das Erhöhungsverlangen kann frühestens 1 Jahr nach der letzten Mieterhöhung geltend gemacht werden (§ 558 Abs. 1 BGB). Ein Erhöhungsverlangen, das dem Mieter vor Ablauf der Jahresfrist zugeht, ist unwirksam (BGH NJW 1993, 2109; NJW-RR 2004, 945).
- Die neue Miete darf die **ortsübliche Vergleichsmiete** nicht übersteigen. Die ortsübliche Vergleichsmiete wird gebildet aus den üblichen Entgelten, die in der Gemeinde oder einer vergleichbaren Gemeinde für Wohnraum vergleichbarer Art, Größe, Ausstattung, Beschaffenheit und Lage einschließlich der energetischen Ausstattung und Beschaffenheit (eingefügt durch das am 1.5.2013 in Kraft getretene Mietrechtsänderungsgesetz [MietRÄndG]) in den letzten vier Jahren vereinbart oder geändert worden sind (§ 558 Abs. 2 BGB). Zur Begründung im Einzelnen s. **M 16.6**.
- Die Miete darf sich innerhalb von drei Jahren nicht um mehr als 20 % erhöhen (sog. **Kappungsgrenze,** § 558 Abs. 3 BGB). Gem. § 558 Abs. 3 Satz 2 BGB (eingeführt durch das seit 1.5.2013 in Kraft getretene MietRÄndG), beträgt die Kappungsgrenze in Gemeinden oder Teilen von Gemeinden, in denen die ausreichende Versorgung der Bevölkerung mit Mietwohnungen zu angemessenen Bedingungen besonders gefährdet ist, 15 %. Die Landesregierungen wurden ermächtigt, die maßgeblichen Gebiete durch Rechtsverordnung für die Dauer von jeweils höchstens fünf Jahren zu bestimmen (so zB ua. erfolgt in Berlin, München und Hamburg).
- Am 1.6.2015 ist das Gesetz zur Einführung der **Mietpreisbremse** und zur Stärkung des Bestellerprinzips bei der Maklercourtage (Gesetz zur Dämpfung des Mietanstiegs auf angespannten Wohnungsmärkten und zur Stärkung des Bestellerprinzips bei der Wohnungsvermittlung (Mietrechtsnovellierungsgesetz – MietNovG v. 21.4.2015, BGBl. I 2015, S. 610) in Kraft getreten. Gem. §§ 556d BGB ff. darf b**ei der Neuvermietung von Bestandswohnungen** die zulässige Miete künftig höchstens 10 % über der ortsüblichen Vergleichsmiete liegen. Die Landesregierungen wurden ermächtigt, bis zum 31.12.2020, für höchstens fünf Jahre, Gebiete mit angespannten Wohnungsmärkten auszuweisen, in denen diese Mietpreisbegrenzung gilt. Neubau-

wohnungen, die nach dem 1.10.2014 erstmals vermietet werden, und die erste Vermietung einer Wohnung nach umfassender Modernisierung fallen nicht unter die Beschränkung.

Die Mieterhöhung ist dem Mieter in Textform zu erklären und auch stets zu begründen (§ 558a BGB). Wegen weiterer Einzelheiten zu Form und Inhalt des Mieterhöhungsverlangens vgl. **M 16.6.** 27

Der Vermieter hat daneben die Möglichkeit einer Mieterhöhung nach durchgeführten **Modernisierungsmaßnahmen** (§§ 559–559b BGB) und bei Anstieg der **Betriebskosten** (§ 560 BGB). Wegen Inhalt und Form s. **M 16.8** und **M 16.10.** 28

Übergangsvorschrift: Gem. Art. 229 § 29 EGBGB sind auf ein bis zum 1.5.2013 entstandenes Mietverhältnis die §§ 536, 554, 559 bis 559b, 578 BGB in der bis zum 1.5.2013 geltenden Fassung weiter anzuwenden, wenn bei Modernisierungsmaßnahmen die Mitteilung nach § 554 Abs. 3 Satz 1 BGB dem Mieter vor dem 1.5.2013 zugegangen ist. 29

b) Vertragliche Mieterhöhungsvereinbarungen

Gem. § 557 BGB können die Parteien die Miethöhe während des Mietverhältnisses auch frei vereinbaren, wobei die Höhe beschränkt ist durch § 5 WiStrG und § 291 StGB (Wucher). Künftige Mieterhöhungen können die Parteien als Staffelmiete (§ 557a BGB) oder Indexmiete (§ 557b BGB) vereinbaren. Einzelheiten und Muster s. **M 16.4** und **M 16.5.** 30

c) Preisgebundener Wohnraum

Öffentlich geförderte Wohnungen (Sozialwohnungen), die nach dem 20.6.1948 bezugsfertig geworden sind, unterliegen einer Belegungs- und Preisbindung. Bei mit öffentlichen Mitteln finanziertem Wohnraum ist wie folgt zu unterscheiden: 31

Bei nach dem **Wohnraumförderungsgesetz** (WoFG) geförderten Wohnungen wird zwischen öffentlichem Darlehensgeber und dem Bauherrn eine höchstzulässige Miete vereinbart. Mieterhöhungen richten sich hierbei unter Berücksichtigung der Vereinbarungen im Darlehensvertrag nach den Regeln des freien Wohnungsbaus und somit nach den allgemeinen mietrechtlichen Vorschriften (Rz. 26 ff.), jedoch mit der Beschränkung in § 28 Abs. 3 und Abs. 5 WoFG. 32

Für den **Altbestand der Sozialwohnungen**, die nicht nach dem Wohnraumförderungsgesetz gefördert wurden, verbleibt es bei den bisherigen Regelungen. Für diese Wohnungen kann höchstens die sog. Kostenmiete verlangt werden. Kostenmiete ist die Miete, die zur Deckung der laufenden Aufwendungen erforderlich ist (§ 8 Abs. 1 WoBindG). Zu den laufenden Aufwendungen gehören Kosten für Fremd- und Eigenkapital, sowie die Bewirtschaftungskosten (Abschreibung, Verwaltungskosten, Betriebskosten, Instandhaltungskosten und das Mietausfallswagnis). Die Mieterhöhungserklärung richtet sich nach § 10 WoBindG und ist eine einseitige empfangsbedürftige Willenserklärung, die nicht auf Zustimmung des Mieters gerichtet ist, sondern auf die Erhöhung der Kostenmiete. Die Mieterhöhung muss berechnet und erläutert werden, für die Ermittlung der Kostenmiete ist eine Wirtschaftlichkeitsberechnung aufzustellen. Zu den Anforderungen an die beizufügende Wirtschaftlichkeitsberechnung bzw. eines Auszugs oder einer Zusatzberechnung vgl. BGH NJW 1984, 1032; OLG Hamm NJW 1984, 2835. 33

5. Betriebskosten

Betriebskosten sind vom Mieter nur auf Grund ausdrücklicher vertraglicher Vereinbarungen zu bezahlen (vgl. § 556 Abs. 1 BGB). Zu den Betriebskosten gehören alle in § 2 der Betriebskostenverordnung genannten Kostengruppen. Stets muss es sich um laufende, regelmäßig wiederkehrende Kosten im Zusammenhang mit dem Haus oder dem Grundstück handeln. Nicht zu den Betriebskosten gehören Verwaltungskosten sowie Instandhaltungs- und Instandsetzungskosten. 34

Betriebskosten, die mit dem Mieter nicht vereinbart sind, muss dieser nicht zahlen. Ausreichend ist es, wenn im Mietvertrag auf § 2 der seit dem 1.1.2004 geltenden **Betriebskostenverordnung** (bzw. früher Anlage 3 zu § 27 der II. BV) Bezug genommen wird (BGH, WuM 2007, 571). Näheres s. **M 16.1.** 35

§ 556c BGB, neu eingefügt durch das seit 1.5.2013 in Kraft getretene MietRÄndG, regelt die Umlage von Kosten der Wärmelieferung als Betriebskosten im laufenden Mietverhältnis unter den dortigen Voraussetzungen. Die Umstellung ist dem Mieter spätestens drei Monate zuvor in Textform anzukündigen (§ 556c Abs. 2 BGB).

36 Betriebskosten können als **Pauschale** oder als **Vorauszahlung** ausgewiesen werden. In der Praxis werden überwiegend Vorauszahlungen vereinbart, die in angemessener Höhe festzusetzen sind (§ 556 Abs. 2 BGB). Ist eine Pauschale vereinbart, so umfasst diese nicht die Heiz- und Warmwasserkosten. Diese sind gem. der gesetzlich vorgeschriebenen Heizkostenverordnung (HeizKV) abzurechnen.

37 Über die Vorauszahlungen für Betriebskosten ist zwingend **jährlich abzurechnen** (Muster s. **M 16.9**). Die Abrechnung ist dem Mieter spätestens bis zum Ablauf des zwölften Monats nach Ende des Abrechnungszeitraums mitzuteilen. Nach **Ablauf dieser Frist** ist die Geltendmachung einer Nachforderung durch den Vermieter **ausgeschlossen**, es sei denn, der Vermieter hat die verspätete Geltendmachung nicht zu vertreten (§ 556 Abs. 3 BGB). Der Mieter muss **Einwendungen** gegen die Abrechnung binnen zwölf Monaten nach Zugang der Abrechnung erheben, sonst ist er damit ausgeschlossen (§ 556 Abs. 3 Satz 5 BGB). Ist die Abrechnung jedes Jahr aus dem gleichen Grund fehlerhaft, muss der Mieter die entsprechende Einwendung jedes Jahr neu innerhalb der Frist erheben (BGH MDR 2010, 980).

37a Die Abrechnung muss eine geordnete Zusammenstellung der Einnahmen und Ausgaben enthalten, aufgegliedert nach einzelnen Betriebskostenarten unter Angabe der Gesamtkosten, der Angabe und Erläuterung des zugrunde gelegten Verteilerschlüssels, der Berechnung des Anteils des Mieters und der Vorauszahlungen des Mieters. Werden anstatt der tatsächlich gezahlten die vereinbarten (aber nicht gezahlten) Vorauszahlungen (Soll-Vorschüsse) berücksichtigt, macht dies die Abrechnung nicht formell unwirksam (BGH NJW 2009, 3575). Es handelt sich „nur" um einen inhaltlichen Fehler, der korrigiert werden kann, allerdings nach Ablauf der Abrechnungsfrist nicht zu Lasten des Mieters; die Nachforderung darf dann das Ergebnis der fristgemäß vorgelegten Abrechnung weder in den Einzelpositionen noch insgesamt überschreiten (BGH MDR 2005, 263 L). Die Betriebskostenabrechnung muss zu ihrer Wirksamkeit nicht gegenüber allen Mietern gemeinsam erteilt werden, es reicht, wenn sie nur einem von mehreren Mietern gegenüber erteilt und eine Nachforderung von diesem verlangt wird (BGH MDR 2010, 798 = NJW 2010, 1965).

38 Im Mietvertrag sollte der **Abrechnungsmaßstab** für Betriebskosten vereinbart werden. Die gebräuchlichsten Verteilerschlüssel orientieren sich entweder an der Wohnungsgröße, der Personenzahl oder Anzahl der Wohneinheiten.

Wird im Mietvertrag kein Verteilerschlüssel vereinbart, sind die Betriebskosten für alle Abrechnungszeiträume, die nach dem 31.8.2001 enden, zwingend nach dem Anteil der Wohnfläche umzulegen (§ 556a Abs. 1 BGB).

39 ➲ **Hinweis:** Zu beachten ist, dass ein erfasster Verbrauch stets auch verbrauchsabhängig abgerechnet werden muss. Der Vermieter hat den Grundsatz der Wirtschaftlichkeit bei Entstehung und Erhöhung von Betriebskosten zu beachten.

40 Ergibt sich nach der jährlichen Abrechnung der Betriebskosten, dass die vereinbarten Vorauszahlungen zu hoch oder zu niedrig sind, können sowohl der Mieter als auch der Vermieter eine **Anpassung der Betriebskosten** in Textform geltend machen (§ 560 Abs. 4 BGB), vgl. hierzu **M 16.10**.

6. Instandhaltung, Instandsetzung und Schönheitsreparaturen

a) Instandhaltung, Instandsetzung

41 Die Instandhaltung dient der Erhaltung eines ordnungsgemäßen Zustands und ist somit als vorbeugende Maßnahme zu verstehen. Nach der Definition des § 28 Abs. 1 S. 1 der Zweiten Berechnungsverordnung (II. BV) sind Instandhaltungskosten die Kosten, die während der Nutzungsdauer zur Erhaltung des bestimmungsmäßigen Gebrauchs aufgewendet werden müssen, um die durch Abnutzung, Alterung und Witterungseinwirkung entstehenden baulichen oder sonstigen Mängel ordnungsgemäß zu beseitigen. Die Instandsetzung ist die Wiederherstellung des ordnungsgemäßen

Zustandes, insbesondere durch Reparatur von Schäden oder Erneuerung nicht reparaturfähiger Teile oder Einrichtungen.

Sowohl Instandhaltung als auch Instandsetzung sind grundsätzlich Sache des Vermieters. Die gesetzliche Instandhaltungs- und Instandsetzungspflicht des Vermieters ist zwingend und es kann bei Wohnraum nur in geringem Umfang hiervon abgewichen werden.

Zulässig sind im Mietvertrag Klauseln, wonach der Mieter kleinere Instandsetzungen oder Bagatell- 42
reparaturen bezahlen (nicht aber selbst ausführen) muss. Sog. **Kleinreparaturklauseln** sind aber nur wirksam, wenn es sich tatsächlich um Kleinigkeiten handelt, die einzelne Reparatur somit höchstens ca. 75–100 Euro kostet (vgl. AG Bingen am Rhein v. 4.4.2013 – 25 C 19/13, WuM 2013, 349), eine Höchstgrenze für einen bestimmten Zeitraum (zB Jahresobergrenze) vereinbart ist und die Klausel sich auf solche Teile der Mietwohnung bezieht, die dem direkten und häufigen Zugriff des Mieters ausgesetzt sind (BGH NJW 1989, 2247). Dazu zählen zB gem. § 28 Abs. 3 Satz 2 der II. BV Installationsgegenstände für Elektrizität, Wasser und Gas, Heiz- und Kocheinrichtungen, Fenster- und Türverschlüsse sowie Verschlussvorrichtungen von Fensterläden. Ein Betrag in Höhe von 200 Euro je Einzelreparatur ist als unwirksam angesehen worden (vgl. AG Brandenburg GE 2008, 449). Näheres s. **M 16.1**.

b) Schönheitsreparaturen

Schönheitsreparaturen sind Maßnahmen zur Beseitigung von Mängeln, die durch vertragsgemäßen 43
Gebrauch entstanden sind (BGH NJW-RR 1995, 123). Der Begriff der Schönheitsreparaturen umfasst gem. § 28 Abs. 4 Satz 3 II. BV das Tapezieren, Anstreichen oder Kalken der Wände und Decken, das Streichen der Fußböden, Heizkörper einschließlich Heizrohre, der Innentüren sowie der Fenster und Außentüren von innen. Das Streichen der Fußböden ist nicht mehr zeitgemäß, so dass die (chemische) Grundreinigung des vom Vermieter gestellten Teppichbodens an dessen Stelle unter die Schönheitsreparaturen fällt (BGH NJW 2009, 512).

Nicht zu den Schönheitsreparaturen gehören das Erneuern von Teppichböden (OLG Stuttgart NJW-RR 1995, 1101) oder das Abschleifen und Versiegeln von Parkett (OLG Düsseldorf ZMR 2003, 921).

Ansonsten gilt, dass der Mieter gem. § 280 BGB für alle Schäden haftet, die nicht auf normaler Ab- 44
nutzung beruhen und schuldhaft verursacht wurden. Hier kommt allerdings oft ein Abzug vom Neupreis (sog. Abzug „neu für alt") unter Berücksichtigung des Zeitwertes in Betracht.

Ohne besondere Vereinbarung erstreckt sich die Verpflichtung zur Durchführung der Schönheits- 45
reparaturen nicht auf den Keller (AG Langen WuM 1997, 40), Speicherräume oder Garagen. Schönheitsreparaturen sind vom Mieter nur dann zu erbringen, wenn sie durch vertragliche Vereinbarung wirksam auf den Mieter übertragen wurden. Hierbei ist auf exakte Formulierungen und aktuelle Rechtsprechung zu achten, denn viele formularvertragliche Klauseln halten einer Überprüfung durch die Gerichte nicht stand. **Unwirksam** sind insbesondere

- die Vereinbarung von „**starren Fristen**". Eine mietvertragliche Klausel darf nicht bestimmen, 46
  dass der Mieter nach Ablauf bestimmter Fristen unabhängig vom tatsächlichen Renovierungsbedarf (zB durch Formulierungen wie „mindestens" oder „spätestens") renovieren muss (BGH NJW 2004, 2586; KG NZM 2008, 643). Die Folge einer entsprechenden unwirksamen Klausel ist, dass der Mieter überhaupt nicht renovieren muss.
- isolierte Formularklauseln, die den Mieter verpflichten, bei Vertragsende unabhängig vom Zeitpunkt der zuletzt vom Vermieter oder Mieter ausgeführten Renovierung die Schönheitsreparaturen durchzuführen, sog. Endrenovierungsklausel (BGH NJW 2007, 3776).
- die Verpflichtung, neben laufenden Schönheitsreparaturen eine Anfangsrenovierung durchzuführen (BGH WuM 1993, 175; OLG Hamburg ZMR 1991, 469). Im Rahmen einer **echten Individualvereinbarung** kann diese Verpflichtung allerdings dem Mieter auferlegt werden.
- Formularklauseln, die den Mieter (ohne angemessenen Ausgleich) zur Ausführung von Schönheitsreparaturen verpflichten, wenn der Mieter die Wohnung unrenoviert übernommen hat (BGH MDR 2015, 578).

- Klauselkombinationen von laufender- und **Endrenovierung** (hier tritt Gesamtunwirksamkeit auf Grund des Summierungseffektes ein, auch wenn eine der Klauseln für sich betrachtet wirksam ist, BGH NJW 2003, 3192).
- die Kombination von laufender wirksamer Renovierungsklausel mit **individueller Endrenovierungsklausel** (Unwirksamkeit der Formularklausel auf Grund des Summierungseffektes, BGH NJW 2006, 2116); wenn unwirksame laufende Renovierungsklausel mit nachträglicher im Übergabeprotokoll vereinbarter individueller Endrenovierungsklausel zusammentrifft, ist letztere wirksam (BGH NZM 2009, 233).
- Klauseln, die dem Mieter vorgeben, die Schönheitsreparaturen während der Mietzeit in neutralen, deckenden, hellen Farben und Tapeten auszuführen (BGH NJW 2008, 2499). Farbwahlklauseln beeinträchtigen den Mieter nur dann nicht unangemessen, wenn sie ausschließlich für den Zeitpunkt der Rückgabe Geltung beanspruchen und dem Mieter noch einen gewissen Spielraum lassen (BGH MDR 2012, 454).
- Schönheitsreparaturenklauseln, die auch das Streichen der Wohnungseingangstüren und Fenster durch den Mieter umfassen, da das Streichen der Wohnungseingangstüren und Fenster von *außen* – und so muss die Klausel dann ausgelegt werden – in § 28 Abs. 4 Satz 3 II. BV nicht aufgeführt ist (BGH WuM 2010, 231 f.).
- Schönheitsreparaturverpflichtungen, die dem Mieter aufgeben, Türblätter, Türrahmen, Fensterflügel und Fensterrahmen (ausgenommen Kunststoff-, Aluminium- und Dachfenster sowie fertig beschichtete Türblätter) nur weiß zu lackieren (BGH NJW-RR 2010, 666).
- Klauseln, die dem Mieter die Ausführung der Schönheitsreparaturen in Eigenleistung verbieten bzw. vorschreiben, eine Fachfirma zu beauftragen (zB durch den Wortlaut „ausführen zu lassen“). Die Klausel ist dann insgesamt unwirksam (BGH MDR 2010, 916).

47 **Quoten- oder Abgeltungsklauseln**, die den Mieter verpflichten, sich (im Hinblick auf bei Vertragsende noch nicht fällige Schönheitsreparaturen) an den Schönheitsreparaturen je nach Zeitablauf seit Durchführung der letzten Renovierung zu beteiligen, sind nach der aktuellen BGH-Rechtsprechung unwirksam (BGH MDR 2015, 636). Ursprünglich hatte der BGH bei der Quotenabgeltungsklausel eine Bemessung des vom Mieter zu tragenden Anteils nach „starren“ Fristen für zulässig erachtet und dies später dahin modifiziert, dass derartige Klauseln nur dann der Inhaltskontrolle standhielten, wenn sie den vom Mieter zu zahlenden Anteil nach dem Verhältnis zwischen der Mietdauer seit Durchführung der letzten Schönheitsreparaturen und dem Zeitraum bemessen würden, nach dem bei einer hypothetischen Fortsetzung aufgrund des Wohnverhaltens des Mieters voraussichtlich Renovierungsbedarf bestünde (BGH MDR 2008, 75). Nunmehr hat der BGH unter Aufgabe seiner bisherigen Rspr. entschieden, dass derartige Quotenklauseln den Mieter unangemessen benachteiligen und daher unwirksam sind.

48 ➲ **Wichtig:** Eine unwirksame Quotenklausel infiziert eine an sich wirksame Schönheitsreparaturenklausel nicht, letztere bleibt also (jedenfalls nach bisheriger BGH-Rspr.) wirksam (BGH NJW 2006, 3778; NZM 2008, 605).

49 Einstweilen frei.

50 Es ist darauf hinzuweisen, dass dem Mieter, der auf Grund einer unwirksamen Vereinbarung über Schönheitsreparaturen Arbeiten ausgeführt oder Kosten übernommen hat, ein **Rückerstattungsanspruch** nach §§ 812 ff. BGB zustehen kann (BGH NJW 2009, 2590).

Zur Fristsetzung zur Vornahme von Schönheitsreparaturen s. **M 16.20.**

7. Beendigung des Mietvertrages

a) Mietaufhebungsvereinbarung

51 Mietverträge können jederzeit einvernehmlich zwischen Mieter und Vermieter zum übereinstimmend vereinbarten Zeitpunkt beendet werden. Dies geschieht durch einen grundsätzlich formfrei abzuschließenden Mietaufhebungsvertrag. Die Klausel „Änderungen und Ergänzungen des Mietvertrages bedürfen der Schriftform“ bezieht sich nicht auf den Abschluss eines Mietaufhebungsver-

trages (so LG Düsseldorf WuM 2003, 621). Wegen der Formulierung und weiterer Einzelheiten s. **M 16.19**.

b) Kündigung durch den Mieter

aa) Ordentliche Kündigung des Mieters

Das auf unbestimmte Zeit eingegangene Mietverhältnis kann durch den Mieter unter Einhaltung der gesetzlichen Kündigungsfristen frei ohne besonderen Grund gekündigt werden. Die Kündigung bedarf der Schriftform (§ 568 BGB). 52

Die Kündigung durch den Mieter ist unabhängig von der Dauer des Mietvertrages spätestens am dritten Werktag eines Kalendermonats zum Ablauf des übernächsten Monats zulässig (§ 573c BGB).

➲ **Wichtig:** Bei Abschluss eines **Zeitmietvertrages** (s. **M 16.3**) besteht **kein ordentliches Kündigungsrecht** während der fest vereinbarten Zeitdauer. 53

Ferner besteht kein Kündigungsrecht, wenn auf dieses durch den Mieter wirksam **verzichtet** wurde bzw. ein **beiderseitiger Kündigungsausschluss** wirksam vereinbart wurde. Nach der Rechtsprechung des BGH ist es zulässig, einen beiderseitigen zeitlich begrenzten Ausschluss des Kündigungsrechtes in einem Formularmietvertrag zu vereinbaren. Allerdings ist ein beidseitiger formularmäßiger Ausschluss des Kündigungsrechtes von mehr als 4 Jahren wegen unangemessener Benachteiligung des Mieters unwirksam (BGH NJW 2005, 1574; NJW 2006, 1059). Ein einseitiger formularmäßiger Kündigungsausschluss zu Lasten des Mieters ist nur wirksam, wenn er mit einer Staffelmietvereinbarung vereinbart wird und nicht länger als 4 Jahre seit Abschluss der Staffelmietvereinbarung dauert (BGH NJW 2006, 1056). 54

bb) Außerordentliche Kündigung des Mieters

Zu unterscheiden ist zwischen einer **außerordentlichen fristlosen Kündigung**, die ohne Einhaltung einer Kündigungsfrist erfolgen kann und der **außerordentlichen befristeten Kündigung** unter Einhaltung der gesetzlichen Kündigungsfrist, die grundsätzlich drei Monate beträgt (§§ 573d Abs. 2, 575a Abs. 3 BGB). 55

Die fristlose Kündigung ist stets aus **wichtigem Grund** möglich (§ 543 Abs. 1 BGB). Ein wichtiger Grund liegt vor, wenn die Fortsetzung des Mietvertrages nach umfassender Interessenabwägung nicht mehr zumutbar ist. Das Verschulden kann, muss aber hierbei keine Rolle spielen. Als wichtiger Grund werden im Gesetz zB folgende Fallgruppen aufgeführt: 56

- dem Mieter wird der vertragsgemäße Gebrauch der Mietsache ganz oder zum Teil nicht rechtzeitig gewährt oder wieder entzogen (§ 543 Abs. 2 Satz 1 BGB);
- erhebliche Gefährdung der Gesundheit durch Benutzung des gemieteten Wohnraums (§ 569 Abs. 1 BGB); s. **M 16.18**.
- nachhaltige Störung des Hausfriedens (§ 569 Abs. 2 BGB, zB unbefugtes Betreten der Wohnung durch Vermieter in Abwesenheit des Mieters, LG Berlin NJW-RR 2000, 676).

➲ **Hinweis:** Zu beachten ist, dass der außerordentlichen fristlosen Kündigung des Mieters bei Verletzung einer Pflicht aus dem Mietvertrag stets eine zur Abhilfe bestimmte angemessene **Frist** bzw. eine erfolglose **Abmahnung** vorauszugehen hat, es sei denn, dass die Frist oder Abmahnung offensichtlich keinen Erfolg verspricht oder die sofortige Kündigung aus besonderen Gründen unter Abwägung der beiderseitigen Interessen gerechtfertigt ist (vgl. § 543 Abs. 3 BGB; s. auch Rz. 64). 57

Die außerordentliche Kündigung mit **gesetzlicher Frist** kommt für den Mieter in folgenden Fällen in Betracht: 58

- bei nicht erteilter Erlaubnis zur Untervermietung (§ 540 Abs. 1 Satz 2 BGB)
- bei Mietvertrag, der über mehr als 30 Jahre abgeschlossen wurde (§ 544 BGB)
- bei Tod des Mieters durch überlebende Mitmieter (§ 563a Abs. 2 BGB)

- bei Tod des Mieters durch die Erben (§ 564 BGB)
- bei Kündigung durch den Insolvenzverwalter (§ 109 Abs. 1 InsO)

In diesen Fällen gilt beim außerordentlichen Kündigungsrecht die gesetzliche allgemeine Kündigungsfrist des § 573c Abs. 1 BGB, somit drei Monate.

c) Kündigung durch den Vermieter

aa) Ordentliche Kündigung des Vermieters

59 Das freie Kündigungsrecht ist bei Mietverhältnissen über Wohnraum weitgehend ausgeschlossen und gilt nur in den vom Kündigungsschutz ausgenommenen Fällen s. Rz. 12.

60 Auch für die Kündigung des Vermieters ist grundsätzlich Schriftform erforderlich (§ 568 BGB). Die Kündigung ist spätestens am dritten Werktag eines Kalendermonats zum Ablauf des übernächsten Monats zulässig. Die Kündigungsfrist verlängert sich nach fünf und acht Jahren seit der Überlassung des Wohnraums um jeweils drei Monate (§ 573c BGB). Die Kündigungsfrist beträgt somit für den Vermieter längstens neun Monate. Für die Kündigung des Vermieters ist ein berechtigtes Interesse an der Vertragsbeendigung erforderlich. Der Vermieter hat sein **berechtigtes Interesse** im Kündigungsschreiben anzugeben (§ 573 Abs. 3 BGB). Nach dem Gesetz liegt ein berechtigtes Interesse an der Beendigung des Mietverhältnisses für den Vermieter insbesondere vor, wenn

- der Mieter seine vertraglichen Pflichten schuldhaft nicht unerheblich verletzt hat (§ 573 Abs. 2 Nr. 1 BGB, zB wiederholte unpünktliche Zahlung, die noch keine fristlose Kündigung rechtfertigt; wiederholte Verursachung von Wasserschäden (AG Wiesbaden NJW-RR 1992, 76); unerlaubte Tierhaltung trotz Abmahnung (LG Hildesheim WuM 2006, 525); Beleidigungen und andere Straftaten gegen den Vermieter (LG Hamburg NZM 1999, 304; LG Halle ZMR 2012, 19), s. **M 16.12**,
- der Vermieter die Räume als Wohnung für sich, seine Familienangehörigen oder Angehörige seines Haushalts benötigt (Eigenbedarf, § 573 Abs. 2 Nr. 2 BGB) oder
- der Vermieter durch die Fortsetzung des Mietverhältnisses an einer angemessenen wirtschaftlichen Verwertung des Grundstücks gehindert ist und dadurch erhebliche Nachteile erleiden würde (§ 573 Abs. 2 Nr. 3 BGB).

61 Hinsichtlich der Kündigungsgründe des Eigenbedarfs und der Hinderung einer angemessenen wirtschaftlichen Verwertung ist die **Kündigungsbeschränkung bei Wohnungsumwandlung** gem. § 577a BGB zu beachten. Ist an den vermieteten Wohnräumen nach der Überlassung an den Mieter Wohnungseigentum begründet und das Wohnungseigentum veräußert worden, so besteht hier eine Kündigungssperrfrist von drei Jahren seit der Veräußerung. Die Sperrfrist kann bis zu zehn Jahre betragen, wenn die Landesregierungen durch Rechtsverordnung Gebiete bestimmt haben, bei denen die ausreichende Versorgung der Bevölkerung mit Mietwohnungen zu angemessenen Bedingungen in einer Gemeinde oder einem Teil einer Gemeinde besonders gefährdet ist.

61a Macht der Vermieter Eigenbedarf geltend, haben die Gerichte grundsätzlich zu respektieren, welchen Wohnbedarf der Vermieter für sich oder seine Angehörigen als angemessen sieht. Rechtsmissbräuchlich ist nicht schon der überhöhte, sondern erst der weit überhöhte Wohnbedarf. Die Wertung, ob der geltend gemachte Wohnbedarf weit überhöht ist, haben die Gerichte unter Abwägung der beiderseitigen Interessen anhand objektiver Kriterien unter konkreter Würdigung der Einzelfallumstände zu treffen (BGH MDR 2015, 637).

Eine **juristische Person** als Vermieterin kann Wohnraume weder als Wohnung für sich noch für Angehörige im Rahmen von Eigenbedarf benötigen (BGH NJW 2008, 144).

Zur Kündigung des Vermieters bei Einliegerwohnung/Zweifamilienhaus s. **M 16.13**.

bb) Außerordentliche Kündigung des Vermieters

62 Auch hier ist zwischen der **außerordentlich fristlosen Kündigung** und der **außerordentlichen Kündigung mit gesetzlicher Frist** durch den Vermieter (§ 575a BGB) zu unterscheiden.

Die außerordentliche fristlose Kündigung durch den Vermieter bedarf eines **wichtigen Grundes** (§ 543 Abs. 1 BGB). Hierfür gilt sinngemäß das Gleiche wie für die außerordentliche fristlose Kündigung durch den Mieter.

Für den Vermieter liegt nach dem Gesetz insbesondere ein wichtiger Grund vor,

- wenn der Mieter für zwei aufeinander folgende Termine mit der Entrichtung der Miete oder eines nicht unerheblichen Teils der Miete in Verzug ist oder in einem Zeitraum, der sich über mehr als zwei Termine erstreckt, mit der Entrichtung der Miete in Höhe eines Betrages in Verzug ist, der die Miete für zwei Monate erreicht (vgl. § 543 Abs. 2 Nr. 3 BGB). Der Zahlungsrückstand gem. § 543 Abs. 2 Nr. 3 lit. a BGB ist dann nicht unerheblich, wenn er die Miete für einen Monat übersteigt, § 569 Abs. 3 Nr. 1 BGB. S. im Übrigen **M 16.14**,
- wenn der Mieter die Miete fortdauernd unpünktlich zahlt sowie auch nach der Abmahnung erneut unpünktlich zahlt und dadurch das Vertrauen des Vermieters in die Wiederherstellung einer pünktlichen Zahlungsweise nachhaltig erschüttert wurde (BGH MDR 2006, 864).
- wenn der Mieter die Rechte des Vermieters dadurch in erheblichem Maße verletzt, dass er die Mietsache durch Vernachlässigung der ihm obliegenden Sorgfalt erheblich gefährdet oder sie unbefugt einem Dritten überlässt (§ 543 Abs. 2 Nr. 2 BGB),
- bei nachhaltiger Störung des Hausfriedens durch den Mieter (§ 569 Abs. 2 BGB), zB schwere Beleidigung des Vermieters (LG Köln DWW 1988, 325); Veranlassung von mehreren Polizeieinsätzen innerhalb kurzer Zeit durch den Mieter (LG Mannheim DWW 1994, 50; LG Hamburg WuM 2005, 768); Handeln mit Heroin in der Wohnanlage (AG Pinneberg NZM 2003, 553); häufige Lärmstörungen zur Nachtzeit.
- wenn der Mieter mit einer Sicherheitsleistung nach § 551 BGB in Höhe eines Betrages im Verzug ist, der der zweifachen Monatsmiete entspricht, wobei eine Nebenkostenvorauszahlung oder Pauschale bei der Berechnung der Monatsmiete nicht zu berücksichtigen ist (§ 569 Abs. 2a BGB). Erfasst wird nur die Barkaution durch Bereitstellung eines Geldbetrages (auch durch Verpfändung eines Sparkontos). Bei einer Mietbürgschaft ist die Kündigung nur gem. § 543 Abs. 1 oder § 573 Abs. 2 Nr. 1 BGB möglich. Einer Abhilfefrist oder einer Abmahnung nach § 543 Abs. 3 Satz 1 BGB bedarf es nicht, § 569 Abs. 2a BGB. § 569 Abs. 3 Nr. 2 S. 1 und § 543 Abs. 2 S. 2 BGB gelten entsprechend (s. Rz. 63). Der Kündigungstatbestand des § 569 Abs. 2a BGB wurde durch das MietRÄndG 2013 in das BGB eingefügt. Er gilt nicht für Mietverhältnisse, die vor dem 1.5.2013 entstanden sind (Art. 229 § 29 EGBGB).

Die fristlose Kündigung wegen Zahlungsverzugs ist **ausgeschlossen**, wenn der Vermieter vorher befriedigt wird. Sie wird **unwirksam**, wenn sich der Mieter von seiner Schuld durch Aufrechnung befreien konnte und unverzüglich nach der Kündigung die Aufrechnung erklärt (§ 543 Abs. 2 S. 2 BGB). Ferner wird die Kündigung unwirksam, wenn der Vermieter spätestens bis zum Ablauf von zwei Monaten nach Eintritt der Rechtshängigkeit des Räumungsanspruchs hinsichtlich der gesamten fälligen Miete und Entschädigung nach § 546a Abs. 1 BGB befriedigt wird oder sich eine öffentliche Stelle zur Befriedigung verpflichtet (§ 569 Abs. 3 Nr. 2 BGB). Die **Heilungsmöglichkeit** besteht nicht mehr, wenn der Kündigung vor nicht länger als zwei Jahren bereits eine auf Grund nachträglicher Heilung unwirksam gewordene Kündigung vorausgegangen ist. Die Heilung tritt zu Gunsten des Mieters auch dann ein, wenn der gesamte Mietrückstand, nicht aber der darüber hinausgehende Schaden, beispielsweise Prozesskosten und Zinsen bezahlt werden (LG Berlin MDR 1989, 357). 63

➲ **Hinweis:** Bei der fristlosen Kündigung wegen Zahlungsverzuges sowie wegen Verzuges mit der Sicherheitsleistung in Höhe der zweifachen Monatsmiete bedarf es keiner weiteren Fristsetzung oder Abmahnung (§ 543 Abs. 3 Nr. 3 BGB) 64

Die **außerordentliche Kündigung mit gesetzlicher Frist** kann für den Vermieter **in folgenden Fällen** in Betracht kommen: 65

- bei einem Mietvertrag, der über mehr als 30 Jahre abgeschlossen wurde (§ 544 Abs. 1 BGB),
- bei Eintritt einer anderen Person in das Mietverhältnis nach Tod des Mieters, wenn in der Person des Eingetretenen ein wichtiger Grund vorliegt (§ 563 Abs. 4 BGB),
- bei Fortsetzung des Mietverhältnisses mit dem Erben bei Tod des Mieters (§ 564 Satz 2 BGB),

- bei Beendigung des Nießbrauches (§ 1056 Abs. 2 BGB),
- bei Eintritt der Nacherbfolge (§ 2135 BGB),
- bei Veräußerung des Mietobjektes durch den Insolvenzverwalter kann der Erwerber für den ersten Termin, für den die Kündigung zulässig ist, kündigen (§ 111 InsO),
- Kündigungsrecht des Erstehers in der Zwangsversteigerung, für den ersten Termin, für den die Kündigung zulässig ist (§ 57a ZVG) und
- bei Veräußerung des Dauerwohnrechtes im Wege der Zwangsvollstreckung (§ 37 Abs. 3 WEG iVm. § 57a ZVG).

d) Kündigungswiderspruch (Sozialklausel)

66 Bei Kündigung durch den Vermieter soll dieser gem. § 568 Abs. 2 BGB den Mieter auf die Möglichkeit, die Form und die Frist des Widerspruchs nach den §§ 574 bis 574b BGB rechtzeitig hinweisen (gilt nicht, wenn ein Grund vorliegt, der den Vermieter zur außerordentlichen fristlosen Kündigung berechtigt). Der Hinweis ist keine Pflicht, aber eine Obliegenheit des Vermieters; bei Unterlassen des Hinweises führt dies nicht zur Unwirksamkeit der Kündigung, sondern lediglich zu einer verlängerten Widerspruchsfrist des Mieters (§ 574b BGB).

Die sog. Sozialklausel ist Teil des Bestandsschutzes für den Mieter und kann zur Fortsetzung des Mietverhältnisses führen, obwohl die Voraussetzungen einer wirksamen Vermieterkündigung vorliegen. Ein Verzicht des Mieters auf das Widerspruchsrecht vor Zugang der Kündigung ist unwirksam. Zu Inhalt und Form s. **M 16.17**.

8. Sicherheiten

66a Es sind die Vorgaben des § 551 BGB zu beachten. Die Mietsicherheit darf höchstens das Dreifache der auf einen Monat entfallenden Miete ohne die als Pauschale oder als Vorauszahlung ausgewiesenen Betriebskosten betragen. Bei einer Barkaution ist der Mieter zu drei gleichen monatlichen Teilzahlungen berechtigt. Die erste Teilzahlung ist zu Beginn des Mietverhältnisses fällig. Die weiteren Teilzahlungen werden zusammen mit den unmittelbar folgenden Mietzahlungen fällig (eingefügt durch das am 1.5.2013 in Kraft getretene MietRÄndG).

Als Mietsicherheit kommt neben der Barkaution auch eine Bürgschaft in Betracht, daneben auch alle Anlageformen, die Erträge bringen können, zB festverzinsliche Wertpapiere oder sogar Aktien. Eine Verwertung der Mietkaution während des laufenden Mietverhältnisses ist bei streitigen Forderungen des Vermieters unzulässig (BGH MDR 2014, 704). Bei Beendigung des Mietverhältnisses muss der Vermieter über die Kaution nebst Zinsen abrechnen. Hierfür steht ihm in der Regel eine angemessene Überlegungsfrist zu, die auch mehr als sechs Monate betragen kann (BGH MDR 1987, 929), erst danach wird der Rückzahlungsanspruch fällig. Die Abrechnungsfrist kann aber auch kürzer sein, wenn der Vermieter alsbald feststellen kann, dass keine Ansprüche gegen den Mieter bestehen (OLG Düsseldorf ZMR 2003, 921). Steht noch eine Betriebskostenabrechnung aus, darf der Vermieter bei einer zu erwartenden Nachzahlung einen angemessenen Teil der Kaution bis zum Ablauf der Abrechnungsfrist einbehalten (BGH MDR 2006, 1100 = NJW 2006, 1422).

9. Verjährung

67 Mit dem Gesetz zur Modernisierung des Schuldrechts gilt auch im Mietrecht einheitlich mit Ausnahme der nachstehend erwähnten Sonderregelungen gem. § 195 BGB **die regelmäßige Verjährungsfrist für alle Ansprüche von drei Jahren**. Die regelmäßige Verjährungsfrist beginnt mit dem Schluss des Jahres, in dem der Anspruch entstanden ist und der Gläubiger Kenntnis der anspruchsbegründenden Tatsachen erlangt oder ohne grobe Fahrlässigkeit erlangen müsste, zu laufen (§ 199 BGB). Die dreijährige Frist gilt somit insbesondere für Ansprüche des Vermieters auf Zahlung der laufenden Miete, Nachforderungsansprüche aus erteilter Betriebskostenabrechnung, Nutzungsentschädigung gem. § 546a BGB oder für konkurrierende Anspruchsgrundlagen (BGH NZM 2002, 563) sowie auf Zahlung der Mietkaution (LG Darmstadt NZM 2007, 801). Der Kautionsrückzahlungsanspruch verjährt drei Jahre nach seiner Entstehung, dh. nachdem es dem Vermieter zumut-

bar geworden ist, noch offene Ansprüche aus dem Mietverhältnis abzurechnen (OLG Düsseldorf MietRB 2010, 3; MDR 2005, 981). Ebenso gilt die dreijährige Verjährungsfrist für Rückforderungsansprüche des Mieters im Falle der Mietpreisüberhöhung oder bei Erstattung überzahlter Miete sowie auf Grund nicht berechtigter Nebenkostenforderungen des Vermieters (OLG Hamburg NJW 1988, 1097).

➲ **Wichtig:** Stets im Auge zu behalten ist die mietrechtliche Verjährungsregelung des **§ 548 BGB.** Gem. § 548 Abs. 1 BGB verjähren die Ersatzansprüche des Vermieters wegen Veränderung oder Verschlechterung der Mietsache bereits in **sechs Monaten**, die Verjährung beginnt mit dem Zeitpunkt, in dem der Vermieter die Mietsache zurückerhält. 68

Unter diese kurze Verjährungsregelung fallen beispielsweise auch die in der Praxis bedeutsamen Schadensersatzansprüche wegen unterlassener Schönheitsreparaturen (BGH NZM 2000, 547) und wegen Beschädigungen der Mietsache sowie die Ansprüche auf Wiederherstellung des ursprünglichen Zustands der Mietsache (BGH NZM 2002, 605; NZM 1999, 478).

Ferner verjähren die Ansprüche des Mieters auf Ersatz von Aufwendungen oder auf Gestattung der Wegnahme einer Einrichtung ebenfalls in sechs Monaten, hierbei beginnt die Verjährung mit Beendigung des Mietverhältnisses (§ 548 Abs. 2 BGB).

III. Steuerliche Rechtsfolgen

1. Steuerliche Behandlung beim Vermieter

Abgestellt auf den wirtschaftlichen Gehalt der vereinbarten Gebrauchs- oder Nutzungsüberlassung 69
und unabhängig von den bürgerlich-rechtlichen Begriffen „Vermietung" und „Verpachtung" werden Einnahmen aus einer Vermietung und Verpachtung von unbeweglichem Vermögen beim Vermieter regelmäßig der (dem steuerlichen Privatvermögen zugehörigen) **Einkunftsart Vermietung und Verpachtung** zugeordnet (§ 21 Abs. 1 Nr. 1 EStG). Die der Einkommensteuer unterliegenden Einkünfte werden hierbei als **Überschuss der Einnahmen über die Werbungskosten** ermittelt. Zu den **Einnahmen** können auch Zuschüsse gehören, allerdings nur dann, wenn sie eine Gebrauchs- oder Nutzungsüberlassung konkret entgelten sollen (BFH v. 14.7.2009, BStBl. II 2010, 34). Als Folge der vorgenannten systematischen Besteuerung der Einkunftsquelle (sogenannte Quellentheorie) gehören nicht zu den Einkünften aus Vermietung und Verpachtung die Einnahmen aus der Veräußerung des zum Privatvermögen gehörenden Wirtschaftsgutes (vergleichbar den stillen Reserven beim Betriebsvermögen).

Insoweit kommt es nur dann zu einer Besteuerung (im Privatvermögen), wenn der Gesetzgeber insoweit einen Besteuerungstatbestand normiert hat. Folglich kann es hierbei zu steuerpflichtigen Einkünften aus **privaten Veräußerungsgeschäften** iSd. § 23 EStG und damit zu sonstigen Einkünften kommen (bei Erwerb und Veräußerung der vermieteten Immobilie innerhalb von zehn Jahren). Werden mehrere Objekte veräußert, könnte dies als gewerbliche Tätigkeit zu beurteilen sein (Stichwort: **gewerblicher Grundstückshandel**). Zur Abgrenzung zwischen privater Vermögensverwaltung und gewerblichem Grundstückshandel hat das BMF zuletzt mit Schreiben v. 26.3.2004 Stellung genommen (BStBl. I 2004, 434). Seitdem hat sich der BFH zur Thematik des gewerblichen Grundstückshandels in zahlreichen Entscheidungen geäußert. Für die Abgrenzung zwischen Gewerbebetrieb einerseits und Vermögensverwaltung andererseits stellt die Rechtsprechung dabei auf das Gesamtbild der Verhältnisse und die Verkehrsanschauung ab. In Zweifelsfällen ist maßgebend, ob die Tätigkeit, soll sie in den gewerblichen Bereich fallen, dem Bild entspricht, das nach der Verkehrsanschauung einen Gewerbebetrieb ausmacht und einer privaten Vermögensverwaltung fremd ist. **Anhaltspunkt** für einen solchen **gewerblichen Grundstückshandel** ist die **Veräußerung** von **mehr als drei Objekten innerhalb** eines **engen zeitlichen Zusammenhangs** zwischen Anschaffung/Herstellung auf der einen und der Veräußerung auf der anderen Seite (sog. Drei-Objekt-Grenze). Allerdings kommt es nach Auffassung des GrS des BFH darauf dann nicht an, wenn sich bereits aus anderen Umständen zweifelsfrei eine von Anfang an bestehende oder aber fehlende Veräußerungsabsicht ergibt. Daraus folgt, dass trotz Überschreitens der Drei-Objekt-Grenze ein gewerblicher Grundstückshandel dann nicht anzunehmen ist, wenn eindeutige Anhaltspunkte gegen eine von Anfang an bestehende Veräußerungsabsicht sprechen. Andererseits können auch bei Veräußerung von weniger als vier Objekten besondere Umstände auf eine gewerbliche Tätigkeit schließen lassen (BFH v. 18.8.2009, BStBl. II 2009, 965).

70 Zu den **Werbungskosten** (§ 9 EStG) gehören sämtliche durch das Mietverhältnis veranlasste Aufwendungen (zB Finanzierungskosten, Erhaltungsaufwand, öffentliche Abgaben, Versicherungen, Heizung) sowie die Absetzung für Abnutzung (AfA), dh. vor allem die Gebäude-AfA nach § 7 Abs. 4 oder Abs. 5 EStG und unter bestimmten Voraussetzungen die AfA nach § 7h und § 7i EStG. Notwendige Voraussetzung für die Berücksichtigung der Werbungskosten, ist die rechtliche und wirtschaftliche Belastung des Einkünfte erzielenden Stpfl. Abzugsfähig sind insbesondere die eigenen Aufwendungen. Unproblematisch sind insoweit Fallgestaltungen des **abgekürzten Zahlungsweges**. Insoweit erkennt der BFH berücksichtigungsfähigen Eigenaufwand (BFH v. 2.12.1999, BStBl. II 2000, 312). Dieser liegt vor, wenn ein Dritter dem Steuerpflichtigen in der Weise einen Geldbetrag zuwendet, dass er im Einvernehmen mit dem Steuerpflichtigen dessen Schuld tilgt, anstatt ihm direkt den Betrag zuzuwenden. Der Dritte leistet hier nicht auf eine eigene Verbindlichkeit, sondern für Rechnung des Steuerpflichtigen an den Gläubiger. Echter **Drittaufwand** dagegen **führt nicht zu** einem **Werbungskostenabzug** beim Steuerpflichtigen. *Beispiel:* A ist Alleineigentümer eines Mehrfamilienhauses. Die nötige Dachreparatur finanziert seine Ehefrau, indem sie ihren Lebensversicherungsvertrag belieh und die Darlehensmittel A überließ. Die Ehefrau zahlt für dieses Policendarlehen die Schuldzinsen. Die Kosten der Dachreparatur kann A als Werbungskosten geltend machen. Es handelt sich insoweit um Eigenaufwand. Nicht abzugsfähig sind jedoch die von der Ehefrau getragenen Schuldzinsen. Insoweit liegt nicht abziehbarer Drittaufwand vor (BFH v. 24.2.2000, BStBl. II 2000, 314), da die Frau Schuldner des Darlehensvertrags und folglich der Schuldzinsen ist. Die Schuldzinsen können jedoch abgezogen werden, wenn der Eigentümerehegatte sie aus eigenen Mitteln bezahlt, zB wenn er seine Mieteinnahmen mit der Maßgabe auf das Konto des anderen Ehegatten überweist, dass dieser daraus die Schuldzinsen entrichten soll (BFH v. 2.12.1999, BStBl. II 2000, 310).

Es gilt noch eine weitere Variante zu beachten, nämlich die des **abgekürzten Vertragswegs**. Danach sind Erhaltungsaufwendungen auch dann Werbungskosten des Steuerpflichtigen bei den Einkünften aus Vermietung und Verpachtung, wenn sie auf einem von einem Dritten im eigenen Namen, aber im Interesse des Steuerpflichtigen abgeschlossenen Werkvertrag beruhen und der Dritte die geschuldete Zahlung auch selbst leistet (BFH v. 15.1.2008, BStBl. II 2008, 203). Die Finanzverwaltung erkennt die Rechtsgrundsätze dieses Urteils auch für den Bereich der Betriebsausgaben an, lässt allerdings bei Kreditverbindlichkeiten und anderen Dauerschuldverhältnissen, zB Miet- und Pachtverträge, eine Berücksichtigung der Zahlung unter dem Gesichtspunkt der Abkürzung des Vertragswegs weiterhin nicht zu (BMF v. 7.7.2008, BStBl. I 2008, 717). Beim Abzug von Schuldzinsen sollte im Vorfeld ggf. Folgendes beachtet werden: Dient ein Gebäude nicht nur dem Erzielen von Einkünften aus Vermietung und Verpachtung, sondern auch der (nicht steuerbaren) Selbstnutzung, und werden die zur Bestreitung des Kaufpreises aufgenommenen Darlehensmittel lediglich teilweise zur Einkünfteerzielung verwandt, so sind auch die Darlehenszinsen nur anteilig als Werbungskosten abziehbar. Der Steuerpflichtige kann allerdings zur Optimierung seines Schuldzinsenabzugs ein Darlehen mit steuerrechtlicher Wirkung gezielt einem bestimmten, der Einkünfteerzielung dienenden Gebäudeteil zuordnen. Will er so vorgehen und die Zinsen aus diesem Darlehen in vollem Umfang abziehen, muss er dem jeweils vermieteten Gebäudeteil die darauf entfallenden Anschaffungskosten gesondert zuordnen und die so zugeordneten Anschaffungskosten mit Geldbeträgen aus dem dafür aufgenommenen Darlehen gesondert bezahlen (BFH v. 1.4.2009, BStBl. II 2009, 663). Wird jedoch wie so häufig der gesamte Kaufpreis von einem Girokonto oder Notaranderkonto an den Verkäufer des erworbenen Gebäudes überwiesen, sind die Darlehenszinsen und damit einhergehend auch die Geldbeschaffungskosten nur anteilig als Werbungskosten abziehbar. Unbeschadet der Vermischung der Darlehensvaluten mit Eigenmitteln auf einem Girokonto fehlt es dann an der nach der Rechtsprechung des BFH erforderlichen Zahlung entsprechend der Darlehenszuordnung (BMF v. 16.4.2004, BStBl. I 2004, 464). Das vorgenannte BMF-Schreiben regelt die Problematik der Zuordnung von Finanzierungskosten bei gemischter Nutzung in Anschaffungs- und Herstellungsfällen unter Berücksichtigung der BFH-Rechtsprechung.

Die Einnahmen und Werbungskosten werden grds. nach dem sog. **Zu- und Abflussprinzip** ermittelt (§ 11 EStG). Werden Ausgaben (insbesondere Erbbauzinsen) für eine Nutzungsüberlassung von mehr als fünf Jahren im Voraus geleistet, sind (ab 2004) insgesamt auf den Zeitraum gleichmäßig zu verteilen, für den die Vorauszahlung geleistet wird (§ 11 Abs. 2 Satz 3 EStG). Korrespondierend hierzu kann auf der Einnahmenseite entsprechend verfahren werden (§ 11 Abs. 1 Satz 3 EStG). Die Grundsätze der Verteilung sind auf ein Damnum oder Disagio nicht anzuwenden, soweit dieses marktüblich ist (§ 11 Abs. 2 Satz 4 EStG); Marktüblichkeit wird bei einem Damnum von bis zu 5 % (für Darlehensverträge, die nach dem 31.12.2003 abgeschlossen werden) angenommen.

Abweichend vom Abflussprinzip, können (ab 2004 wieder) **entstandene größere Aufwendungen** für die Erhaltung von Gebäuden, die im Zeitpunkt der Leistung des Erhaltungsaufwands nicht zu einem Betriebsvermögen gehören und – gemessen an dem Verhältnis der Nutzflächen – überwiegend Wohnzwecken dienen, auf **zwei bis fünf Jahre gleichmäßig verteilt** werden (§ 82b EStDV). 71

Abzugrenzen hiervon sind größere Erhaltungsaufwendungen im zeitlichen Anschluss an die Anschaffung des Grundstücks; hier stellt sich die Problematik der sog. **anschaffungsnahen Herstellungskosten.** Liegen diese vor, können die Aufwendungen nur im Wege der AfA berücksichtigt werden und führen damit faktisch zu einer deutlich geringeren steuerlichen Auswirkung. Anschaffungsnaher Herstellungsaufwand liegt vor, wenn die **Summe der Netto-Aufwendungen** (Aufwendungen abzüglich darin enthaltener Umsatzsteuer) für Instandsetzungs- und Modernisierungsmaßnahmen, die **innerhalb von drei Jahren nach** der **Anschaffung** des Gebäudes durchgeführt werden, **15 % der Anschaffungskosten des Gebäudes** übersteigen (§ 6 Abs. 1 Nr. 1a EStG). Die Anschaffungsnebenkosten werden hier mit einbezogen. Um die Berechnung durchführen zu können, müssen die Anschaffungs- und Anschaffungsnebenkosten des Grundstücks um die Kosten des Grund- und Bodens bereinigt werden. Die aktuelle Gesetzesfassung geht auf eine bereits seit Jahrzehnten bestehende frühere Richtlinienfassung (faktisch inhaltsgleich) zurück und wurde erforderlich, als die Rechtsprechung diesen Verwaltungsvollzug zu Gunsten des Steuerbürgers liberaler handhabte und zur Jahrtausendwende den Begriff der Herstellungskosten ausschließlich unter Berücksichtigung des § 255 Abs. 2 HGB (vor dem Hintergrund der deutlichen Zustandsverbesserung) würdigte. Bei **teilentgeltlichem Erwerb des Gebäudes** (insbes. im Rahmen vorweggenommener Erbfolge) können anschaffungsnahe Herstellungskosten nur im Verhältnis zum entgeltlichen Teil des Erwerbsvorgangs gegeben sein (R 6.4. Abs. 1 Satz 2 EStR). Modernisierungs- und Instandsetzungsmaßnahmen im Anschluss an den Erwerb eines Gebäudes sind ungeachtet darin enthaltener laufender Instandsetzungsaufwendungen und Schönheitsreparaturen als einheitliche, nach § 6 Abs. 1 Nr. 1a EStG zu beurteilende Maßnahme zu sehen (BFH v. 25.8.2009, BStBl. II 2010, 125), sofern es sich bei den Erhaltungsmaßnahmen nicht um Aufwendungen handelt, die jährlich üblicherweise anfallen.

Zur **Abgrenzung** der Anschaffungs- und **Herstellungskosten von** den **Erhaltungsaufwendungen** im Zusammenhang mit der Instandsetzung und Modernisierung von Gebäuden (vgl. auch Rz. 41 ff., Änderung der st. Rechtsprechung zur Jahrtausendwende vgl. Rz. 71) hat das BMF mit Schreiben vom 18.7.2003 (BStBl I, 386) im Zusammenhang mit der Auslegung und Anwendung der diesbezüglichen höchstrichterlichen Rechtsprechung Stellung bezogen. Hierbei differenziert das BMF grds. zweierlei Arten: zum einen die Aufwendungen zur Herbeiführung der Betriebsbereitschaft, die stets zu Herstellungskosten führen; dies umfasst auch die Aufwendungen zur Hebung des Standards. Zum Anderen geht es um den Begriff der über den ursprünglichen Zustand hinausgehenden wesentlichen Zustandsverbesserung (iSd. § 255 Abs. 2 HGB), den das BMF nicht bereits bei einer Generalüberholung annimmt. Handelt es sich insoweit um substanzerhaltende Maßnahmen wie der Ersatz einzelner Bestandteile oder Instandsetzungs- oder Modernisierungsmaßnahmen, die das Gebäude als Ganzes in ordnungsgemäßem Zustand erhalten, liegt Erhaltungsaufwand vor. Zentrale Ausstattungsmerkmale, die prägend für den Standard eines Gebäudes sind, sind danach insbesondere die Heizungs-, Sanitär- und Elektroinstallationen sowie die Fenster. Führt ein Bündel von Baumaßnahmen von mindestens drei der vorgenannten Bereiche zentraler Ausstattungsmerkmale zu einer Erhöhung bzw. Erweiterung des Gebrauchswertes der Immobilie, hebt sich der Gebäudestandart, so dass das BMF insoweit Herstellungsaufwand erkennt. 72

Einkünfte aus Vermietung und Verpachtung sind **anderen Einkunftsarten** zuzurechnen, soweit sie zu diesen gehören (§ 21 Abs. 3 EStG). Vermietet zB ein Arbeitnehmer ein in seinem Haus bzw. in seiner Wohnung gelegenes Büro, das er für die Erbringung seiner Arbeitsleistung nutzt, an seinen Arbeitgeber, ist die Unterscheidung zwischen Arbeitslohn einerseits und Einkünften aus Vermie- 73 tung und Verpachtung anderseits danach vorzunehmen, in wessen vorrangigem Interesse die Nutzung des Büros erfolgt (BFH v. 16.9.2004, BStBl. II 2006, 10).

74 Gehören das vermietete Gebäude oder der vermietete Gebäudeteil zu einem **Betriebsvermögen**, so stellen die Mieteinnahmen Betriebseinnahmen dar. Die durch die Vermietung veranlassten Aufwendungen sind Betriebsausgaben (§ 4 Abs. 4 EStG).

75 Der entstandene Vermietungsertrag unterliegt bei einem aktiv tätigen gewerblichen Betrieb zusätzlich der **Gewerbesteuer**. Gehört nach dem EStG oder nach dem KStG der Grundbesitz zu Beginn des Kalenderjahres der Steuerfestsetzung zum Betriebsvermögen, wird für Zwecke der Gewerbesteuer die Summe des Gewinns und der Hinzurechnungen um 1,2 % des Einheitswerts des zum Betriebsvermögen des Unternehmens gehörenden und nicht von der Grundsteuer befreiten inländischen Grundbesitzes gekürzt (§ 9 Nr. 1 Satz 1 GewStG).

76 **Umsatzsteuerlich** ist die langfristige Vermietung und Verpachtung von Grundstücken grds. steuerfrei (§ 4 Nr. 12a UStG). Allerdings kann der Unternehmer auf die Steuerbefreiung verzichten, wenn der Umsatz an einen anderen Unternehmer für dessen Unternehmen ausgeführt wird (§ 9 Abs. 1 UStG). Diese (den Vorsteuerabzug auslösende) **Option zu** einer **umsatzsteuerpflichtigen Vermietung** und Verpachtung ist aber **nur zulässig, soweit** der **Leistungsempfänger** das Grundstück **ausschließlich für Umsätze verwendet** oder zu verwenden beabsichtigt, **die** den **Vorsteuerabzug nicht ausschließen**. Der Unternehmer hat die Voraussetzungen nachzuweisen.

77 Der **Verzicht auf** die **Umsatzsteuerbefreiung** hat zur Folge, dass der leistende Unternehmer **zum Vorsteuerabzug berechtigt** wird. So kann er vor allem die Vorsteuern, die bei der Herstellung des Gebäudes angefallen sind, geltend machen. Sofern sich jedoch innerhalb von zehn Jahren nach der erstmaligen Verwendung die für den ursprünglichen Vorsteuerabzug maßgebenden Verhältnisse ändern, ist für jedes Kalenderjahr der Änderung ein Ausgleich durch eine Berichtigung des Abzugs der auf die Anschaffungs- oder Herstellungskosten entfallenden Vorsteuerbeträge vorzunehmen (§ 15a Abs. 1 UStG).

78 Die Vermietung von Plätzen für das Abstellen von Fahrzeugen ist nach § 4 Nr. 12 Satz 2 UStG ebenso umsatzsteuerpflichtig (vgl. **M 17.5**), wie die Entgelte aus der Beherbergung in Wohn- u. Schlafräumen, die ein Unternehmer zur vorübergehenden Beherbergung von Fremden bereithält (zB Gaststätten, Hotels, Pensionen), da es sich hier um die kurzfristige Überlassung handelt. Kurzfristig/vorübergehend i.d.S. ist bei einem Zeitraum von bis zu sechs Monaten anzunehmen.

2. Steuerliche Behandlung beim Mieter

79 Die steuerliche Abzugsfähigkeit der Mietaufwendungen richtet sich nach der **Nutzung** der angemieteten Räume **durch den Mieter**.

a) Werden die Räume **eigenbetrieblich oder eigenberuflich** genutzt, so ist die Miete als Betriebsausgabe oder Werbungskosten abziehbar (§ 4 Abs. 4 EStG, Veranlassungsprinzip). Bei umsatzsteuerpflichtiger Vermietung kommt ggf. ein Vorsteuerabzug (§ 15 UStG) in Betracht.

b) Kosten für die **Anmietung einer Wohnung** betreffen den Bereich der **privaten Lebensführung** und sind daher einkommensteuerlich nicht abziehbar. Unter Umständen können sich jedoch **Abzugsmöglichkeiten** insbesondere in folgenden Fällen ergeben:

   – Der Mieter nutzt in seiner Wohnung einen separaten Raum ausschließlich zu beruflichen Zwecken als **Arbeitszimmer**. Hier sind die auf diesen Raum entfallenden Kosten, die nach dem Verhältnis der Wohnfläche zu ermitteln sind, also insbesondere die Mietaufwendungen, als Werbungskosten oder Betriebsausgaben abziehbar (BFH BStBl. II 1987, 500). Seit 1996 ist ein Kostenabzug jedoch nur noch unter eingeschränkten Voraussetzungen möglich (§ 4 Abs. 5 Nr. 6b EStG iVm. § 9 Abs. 5 EStG). Aufwendungen für ein häusliches Arbeitszimmer können **ab 2007** nur noch dann **unbeschränkt** als Betriebsausgaben oder Werbungskosten steuerlich berücksichtigt werden, **wenn** das häusliche **Arbeitszimmer** den **Mittelpunkt** der **gesamten betrieblichen** und beruflichen **Tätigkeit** bildet (§ 4 Abs. 5 Satz 1 Nr. 6b EStG). Ein Abzug in Höhe von max. 1250 Euro kommt in Betracht, wenn für die betriebliche oder berufliche Tätigkeit kein anderer Arbeitsplatz zur Verfügung steht. Von der eingeschränkten

Abziehbarkeit der Aufwendungen für ein häusliches Arbeitszimmer sind **Aufwendungen für Arbeitsmittel** wie zB Schreibtisch, Bücherregal und PC **nicht betroffen.**

- Werden Teile der Wohnung **untervermietet**, so erzielt der Mieter seinerseits aus der Untervermietung Mieteinnahmen nach § 21 Abs. 1 Nr. 1 EStG und ist daher berechtigt, die auf die untervermieteten Räume entfallende Miete als Werbungskosten abzuziehen.
- Wird die gemietete Wohnung ganz oder teilweise an eine dem Steuerpflichtigen oder seinem Ehegatten gegenüber **gesetzlich unterhaltsberechtigte Person** unentgeltlich **zur Nutzung überlassen**, handelt es sich **insoweit** um **Unterhaltsaufwendungen**, die in Abhängigkeit von den eigenen Einkünften und Bezügen sowie vom Vermögen der unterstützten Person einkommensteuerlich auf Antrag bis zu 8652 Euro für 2016 (für 2015 8472 Euro, 2014 8354 Euro, 2013 8130 Euro und – ab 2009 8004 Euro) im Kalenderjahr vom Gesamtbetrag der Einkünfte abgezogen werden können (§ 33a Abs. 1 EStG). Bei zum Haushalt des Steuerpflichtigen gehörenden unterhaltsberechtigten Personen geht die Finanzverwaltung regelmäßig davon aus, dass Unterhaltsaufwendungen in Höhe des maßgeblichen Höchstbetrags erwachsen, ohne dass ein Nachweis im Einzelnen erforderlich ist (R 33a.1 Abs. 1 Satz 5 EStR 2012). Sofern die angemietete Wohnung jedoch an ein Kind überlassen wird, für das die Eltern Anspruch auf einen Kinderfreibetrag oder Kindergeld haben, ist ein Abzug der Mietkosten als Unterhaltsaufwendungen ausgeschlossen. Anstelle dessen kann jedoch zur Abgeltung des Sonderbedarfs eines sich in Berufsausbildung befindenden, auswärtig untergebrachten Kindes, für das Anspruch auf einen Kinderfreibetrag oder Kindergeld besteht, ein Freibetrag iHv. 924 Euro im Kalenderjahr abgezogen werden (§ 33a Abs. 2 EStG).

3. Besonderheiten bei Verträgen zwischen nahen Angehörigen

Verträge zwischen nahen Angehörigen können **einkommensteuerlich** nur **berücksichtigt** werden, 80
wenn sie **zivilrechtlich wirksam** vereinbart werden und sowohl die Gestaltung als auch die **tatsächliche Durchführung** des Vereinbarten **einem Fremdvergleich standhalten**. Maßgebend für die Beurteilung ist die Gesamtheit der objektiven Gegebenheiten. Einzelnen dieser Beweisanzeichen kann je nach Lage des Falles im Rahmen der Gesamtbetrachtung eine unterschiedliche Bedeutung zukommen. Diese Rechtsgrundsätze gelten auch für Mietverträge zwischen Eltern und Kindern, wobei die Rechtsprechung mittlerweile die strengen (formalen) Anforderungen an Angehörigenverträge zugunsten einer auf die Hauptleistungspflichten konzentrierten Gesamtwürdigung des Vertragsverhältnisses gelockert hat. Nicht jede Abweichung vom Üblichen schließt notwendigerweise die steuerliche Anerkennung des Vertragsverhältnisses aus (zB bei teilweise unregelmäßiger Mietzahlung, BFH v. 7.5.1996, BStBl. II 1997, 196). Eine fehlende Nebenkostenabrechnung muss ebenfalls nicht zur Versagung der steuerlichen Anerkennung führen (BFH v. 17.2.1998, BStBl. II 1998, 349). Steht allerdings zweifelsfrei fest, dass eine Zahlung der Miete in Form einer endgültigen Vermögensminderung des Mieters und einer endgültigen Vermögensmehrung des Vermieters nicht stattgefunden hat, ist ein Mietvertrag steuerlich nicht anzuerkennen (BFH v. 28.1.1997, BStBl. II 1997, 655).

Von Bedeutung ist dies vor allem dann, wenn den Kindern ein **Grundstück übertragen** oder ihnen 81
an dem Grundstück ein **Nießbrauchsrecht eingeräumt** wird, um sodann das Grundstück an den übertragenden/rechtseinräumenden Unternehmer für dessen betriebliche Zwecke zu vermieten. Einkommensteuerlich soll hierdurch erreicht werden, dass der Unternehmer den Mietaufwand als Betriebsausgaben abziehen kann, während andererseits die bei den Kindern zu erfassende Miete häufig (mangels anderer Einkünfte) entweder nur gering oder überhaupt nicht besteuert wird. Allerdings muss bei diesen Gestaltungen nicht nur darauf hingewiesen werden, dass für die steuerliche Anerkennung eines Mietvertrages zwischen Eltern und minderjährigen Kindern unbedingt die Mitwirkung eines Ergänzungspflegers bei Abschluss des Mietvertrages erforderlich ist (BFH BStBl. II 1992, 1024), sondern dass derartige Gestaltungen von der Rechtsprechung häufig als Gestaltungsmissbrauch (§ 42 AO) angesehen werden. Dies gilt insbesondere dann, wenn es sich um Minderjährige, einkommens- und vermögenslose Kinder handelt (BFH BStBl. II 1991, 205 und BStBl. II 1991, 607).

82 Die **Vermietung an Kinder** unterliegt dennoch selbst bei einer fremdüblichen Vertragsvereinbarung und Vertragsdurchführung der kritischen Überprüfung durch die Rechtsprechung und durch die Finanzverwaltung im Hinblick auf einen möglichen **Gestaltungsmissbrauch** (§ 42 AO). Diese nicht nur bei der Vermietung zwischen nahen Angehörigen zu beachtende Regelung ist erfüllt, wenn eine rechtliche Gestaltung gewählt wird, die, gemessen an dem erstrebten Ziel, unangemessen ist, der Steuerminderung dienen soll und durch wirtschaftliche oder sonst beachtliche nichtsteuerliche Gründe nicht zu rechtfertigen ist.

83 Hier ist wie folgt zu unterscheiden:

- Der BFH hat in Fällen der Vermietung an ein unterhaltsberechtigtes Kind die Annahme von Gestaltungsmissbrauch ausdrücklich verneint, wenn das Kind die **Miete aus dem Barunterhalt der Eltern bestreitet** und die Zahlung der Miete durch Verrechnung mit dem Barunterhalt erfolgt (BFH v. 19.10.1999, BStBl. II 2000, 223). Die Unterhaltszahlung einerseits und die Erfüllung der mietvertraglichen Vereinbarungen andererseits sind zwei bürgerlich-rechtlich und wirtschaftlich unterschiedliche und auch steuerlich zu trennende Vorgänge.
- Dies gilt auch für den umgekehrten Fall, dass das Kind an die unterhaltsberechtigten Eltern vermietet (BFH v. 19.12.1995, BStBl. II 1997, 52).
- Bestreitet das Kind seinen Lebensunterhalt und damit auch die Miete **aus eigenen Einkünften und Bezügen** und/oder aus (ihm von den Eltern zuvor geschenktem) Vermögen, ist der Mietvertrag steuerlich anzuerkennen (BFH v. 23.2.1994, BStBl. II 1994, 694).
- Die steuerliche Anerkennung des Mietverhältnisses ist auch nicht allein dadurch ausgeschlossen, dass eine **verbilligte Vermietung** vorliegt (BFH v. 22.7.2003, BStBl. II 2003, 806). Die Grenze zur steuerlich relevanten Betätigung wird jedoch nicht überschritten, wenn sich die entgeltliche Nutzungsüberlassung im Rahmen einer familiären Haushaltsgemeinschaft vollzieht. Daher können Wohnräume im Haus der Eltern, die keine abgeschlossene Wohnung bilden, nicht mit steuerrechtlicher Wirkung an volljährige unterhaltsberechtigte Kinder vermietet werden (BFH v. 16.1.2003, BStBl. II 2003, 301).
- Ein Gestaltungsmissbrauch liegt nicht schon deshalb vor, weil das **Objekt vor der Vermietung vom jetzigen Mieter gegen wiederkehrende Leistungen auf den Vermieter übertragen** wurde. Dem Eigentümer eines Immobilienobjekts steht es nämlich frei, dieses ohne jede Auflage oder Einschränkung zu übertragen oder im Zuge der entgeltlichen oder unentgeltlichen Übertragung mit dem Erwerber eine – wie auch immer geartete – Nutzungsmöglichkeit für sich vorzusehen. Auch hier ist zu beachten, dass die Eigentumsübertragung einerseits und die anschließende Vermietung andererseits jeweils zivilrechtlich und wirtschaftlich getrennt und deshalb auch steuerrechtlich grundsätzlich unabhängig voneinander zu beurteilen sind (BFH v. 10.12.2003, BStBl. II 2004, 643).
- Ebenso wenig liegt ein Gestaltungsmissbrauch vor, wenn **auf die Ausübung eines** im Zusammenhang mit einer Grundstücksübertragung eingeräumten **unentgeltlichen Wohnungsrechts verzichtet** und stattdessen zwischen dem Übertragenden und dem neuen Eigentümer des Grundstücks ein Mietvertrag geschlossen wird; der Fortbestand des dinglichen Wohnungsrechts allein hindert die Wirksamkeit des Mietvertrages nicht (BFH v. 17.12.2003, BStBl. II 2004, 646). Anders verhält es sich dagegen, wenn es durch gegenläufige Rechtsgeschäfte auf der Nutzungsebene nach der wirtschaftlichen Substanz der Vereinbarungen nicht zu einer entgeltlichen Nutzung des Übertragenden kommt. Es ist daher rechtsmissbräuchlich, wenn die Beteiligten durch zivilrechtlich mögliche Gestaltungen zwar wechselseitige Zahlungspflichten begründen, damit aber die Position des unentgeltlich Nutzenden tatsächlich und wirtschaftlich nicht verändern. Wird ein im Zusammenhang mit einer Grundstücksübertragung eingeräumtes, unentgeltliches Wohnungsrecht gegen Vereinbarung einer dauernden Last aufgehoben und gleichzeitig ein Mietverhältnis mit einer Miete in Höhe der dauernden Last vereinbart, handelt es sich um Gestaltungsmissbrauch (BFH v. 17.12.2003, BStBl. II 2004, 648). Die steuerwirksame Übertragung von Immobilien gegen Versorgungsleistungen hat der Gesetzgeber seit 2008 jedoch erheblich eingeschränkt und gilt nur noch für Altimmobilien (deren Übertragung vor 2008 erfolgte) fort.

4. Gestaltungsmöglichkeiten bei verbilligter Vermietung

Insbesondere bei der Vermietung an nahe Angehörige wird es im Vergleich zu der erzielbaren ortsüblichen Miete häufig zu einer verbilligten Überlassung kommen. Nicht zuletzt als Folge der Abschaffung der Eigenheimzulage wird eine verbilligte Wohnungsüberlassung an nahe Angehörige häufig anzutreffen sein. Wie bei einer entgeltlichen Überlassung an fremde Dritte gilt auch hier, dass bei einer langfristigen Vermietung unter nahen Angehörigen grds. vom Vorliegen eines Einkunftserzielungstatbestandes auszugehen ist, wenn das Mietentgelt nicht weniger als 75 % der ortsüblichen Marktmiete beträgt. 84

Folgende Konsequenzen sind dennoch zu beachten: 85

- Die Nutzungsüberlassung ist in einen entgeltlichen und in einen unentgeltlichen Teil aufzuteilen, wenn das Entgelt für die Überlassung einer Wohnung zu Wohnzwecken (Kaltmiete und gezahlte Umlagen) **weniger als 66 %** (früher 56 %) der ortsüblichen Marktmiete beträgt (§ 21 Abs. 2 EStG). In diesem Fall werden somit nur die auf den entgeltlichen Teil entfallenden Werbungskosten steuerlich berücksichtigt und es unterbleibt die Prüfung der Einkunftserzielungsabsicht in Bezug auf die verbilligte Miete (BFH v. 22.7.2003, BStBl. II 2003, 806). Allerdings gelten trotzdem die Grundsätze zur Prüfung des Einkunftserzielungstatbestandes.
- Bei einer Wohnung in einem aufwändig gestalteten oder ausgestatteten Wohnhaus ist die Einkunftserzielungsabsicht dennoch zu prüfen. In die Überschussprognose (Prognosezeitraum beträgt 30 Jahre) sind die Werbungskosten nur in Höhe des entgeltlichen Teils der Nutzungsüberlassung einzubeziehen, der dem Verhältnis der vereinbarten zur marktüblichen Miete entspricht. Wird ein Totalüberschuss nicht erzielt, ist der Werbungskostenabzug **insgesamt** zu versagen (BFH v. 6.10.2004, BStBl. II 2005, 386).
- Beträgt das Mietentgelt **nicht weniger als 75 %** der ortsüblichen Marktmiete, ist auch bei einer auf Dauer angelegten Vermietung an nahe Angehörige die Einkunftserzielungsabsicht des Vermieters grds. zu unterstellen. Die Einnahmen und Ausgaben werden ungekürzt berücksichtigt.
- Beträgt das Mietentgelt **mindestens 66 %**, jedoch **weniger als 75 %** der ortsüblichen Marktmiete, ist nunmehr die Einkunftserzielungsabsicht anhand einer Totalüberschussprognose zu prüfen, die einen Prognosezeitraum von 30 Jahren umfasst. Führt diese zu positiven Ergebnissen, sind die mit der verbilligten Vermietung zusammenhängenden Werbungskosten in voller Höhe abziehbar. Ist die Überschussprognose negativ, muss die Vermietungstätigkeit ebenfalls in einen entgeltlichen und in einen unentgeltlichen Teil aufgeteilt werden und nur die auf den entgeltlichen Teil entfallenden Werbungskosten sind abziehbar.

Die Finanzverwaltung hat zur Einkunftserzielung bei den Einkünften aus Vermietung und Verpachtung, ua. auch zur Vermietung von **Ferienwohnungen** und zur **Ermittlung des Totalüberschusses** umfassend Stellung genommen (BMF v. 8.10.2004, BStBl. I 2004, 933). Zu beachten ist, dass die Prüfung der **Einkunftserzielungsabsicht** nicht grundstücksbezogen, sondern für **jede einzelne vermietete Immobilie gesondert zu prüfen** ist, wenn sich die Vermietungstätigkeit nicht auf das gesamte Gebäude bezieht, sondern auf darauf befindliche Gebäude oder Gebäudeteile (BFH v. 1.4.2009, BStBl. II 2009, 776). Vermietet ein Steuerpflichtiger aufgrund einheitlichen Mietvertrags ein bebautes zusammen mit einem unbebauten Grundstück, so gilt die § 21 Abs. 1 Satz 1 Nr. 1 EStG zugrunde liegende Typisierung der Einkunftserzielungsabsicht bei auf Dauer angelegter Vermietungstätigkeit grundsätzlich nicht für die Vermietung des unbebauten Grundstücks (BFH v. 26.11.2008, BStBl. II 2009, 370). Zur Einkunftserzielungsabsicht bei jahrelangem **Leerstand des Gebäudes** gilt Folgendes: Zeigt sich aufgrund bislang vergeblicher Vermietungsbemühungen, dass für das Objekt, so wie es baulich gestaltet ist, kein Markt besteht und die Immobilie deshalb nicht vermietbar ist, so muss der Steuerpflichtige – will er seine fortbestehende Vermietungsabsicht belegen – zielgerichtet darauf hinwirken, unter Umständen auch durch bauliche Umgestaltungen einen vermietbaren Zustand des Objekts zu erreichen. Bleibt er untätig und nimmt den Leerstand auch künftig hin, spricht dieses Verhalten gegen den endgültigen Entschluss zu vermieten oder – sollte er bei seinen bisherigen, vergeblichen Vermietungsbemühungen mit Einkunftserzielungsabsicht gehandelt haben – für deren Aufgabe (BFH v. 25.6.2009, BStBl. II 2010, 124). 86

5. Beendigung des Mietverhältnisses

87 **Abstandszahlungen** des Eigentümers **für die vorzeitige Räumung** des Gebäudes durch den Mieter sind regelmäßig als Werbungskosten abziehbar, wenn eine weitere Vermietung der Räume beabsichtigt ist (BFH BStBl. II 1980, 187). Entsprechendes gilt für in diesem Zusammenhang anfallende **Prozesskosten.** Steht allerdings die Erwartung der besseren Verwertung des Vermietungsobjekts im Vordergrund, indem entweder das Objekt überhaupt erst verkäuflich wird oder ein höherer Verkaufspreis erzielbar wird, so mangelt es an der Veranlassung durch die Einkunftsart Vermietung und Verpachtung, so dass ein Werbungskostenabzug derartiger Aufwendungen ausscheidet (BFH BFH/NV 1989, 485). Gleiches tritt ein, wenn der Vermieter die Nutzung zu eigenen Wohnzwecken beabsichtigt (BFH v. 7.7.2005, BStBl. II 2005, 760).

88 Die aus der systematischen Betrachtung der Besteuerung der Einkunftsquelle folgende Konsequenz, dass nach dem Fortfall der Einkunftsquelle keine „nachträglichen Schuldzinsen" mehr entstehen können, hat die Rechtsprechung zugunsten einer vergleichbaren Betrachtung mit dem betrieblichen Bereich gewandelt. Unter bestimmten Fallgestaltungen kann es folglich auch hinsichtlich der **nach Veräußerung des Mietobjekts anfallenden Aufwendungen** (wie insbesondere Schuldzinsen für nicht vollständig abgelöste Verbindlichkeiten) nunmehr zu sogenannten nachträglichen Werbungskosten kommen. Hinsichtlich der steuerlichen Beurteilung verbleibender, nicht abgelöster Verbindlichkeiten hat das BMF mit Schreiben vom 28.3.2013 (BStBl. I 2013, 508) zu Schuldzinsen für fremdfinanzierte Anschaffungskosten einer Immobilie nach Veräußerung der Immobilie als nachträgliche Werbungskosten bei Vermietung und Verpachtung zum Zwecke des einheitlichen Verwaltungsvollzuges Stellung bezogen. Gleiches gilt für Schuldzinsen für darlehensfinanzierte sofort abziehbare Werbungskosten, denen Erhaltungsaufwand zu Grunde lag, hinsichtlich der steuerlichen Behandlung als nachträgliche Werbungskosten nach Veräußerung des Mietobjekts (BMF v. 15.1.2014, BStBl. I 2014, 108); worin sich die Verwaltung der BFH-Rechtsprechung letztlich angeschlossen hat. Schon bislang waren Zinsen für ein Darlehen, mit dem sofort abziehbare Werbungskosten (zB Erhaltungsaufwendungen) finanziert worden sind, als nachträgliche Werbungskosten bei den Einkünften aus Vermietung und Verpachtung abziehbar (§ 24 Nr. 2 EStG); es kam insoweit nicht darauf an, ob ein etwaiger Veräußerungserlös zur Schuldentilgung ausgereicht hätte (BFH v. 12.10.2005, BStBl. II 2006, 407 sowie BMF v. 3.5.2006, BStBl. I 2006, 363). Der durch die tatsächliche Verwendung des Darlehens zur Finanzierung sofort abziehbarer Werbungskosten geschaffene Zusammenhang mit der Einkunftsart Vermietung und Verpachtung blieb auch nach Aufgabe der Vermietungstätigkeit bestehen.

M 16.1 Mietvertrag Wohnraum[1]

Zwischen

... (Name, Anschrift)

(Vermieter),

vertreten durch ...,

und

... (Name, Anschrift)

(Mieter)

1 Vgl. Rz. 16 ff. Das Muster stellt lediglich eine Orientierungshilfe dar und sollte stets den Erfordernissen des Einzelfalls angepasst werden.
Wichtiger Hinweis: An den mit ☐ bezeichneten Stellen ist das Gewünschte unbedingt anzukreuzen. Geschieht das nicht und werden die mit „..." versehenen Stellen nicht ausgefüllt, so gilt die gesetzliche Regelung oder der Vertrag kann unvollständig und damit uU ganz oder teilweise nicht wirksam zu Stande gekommen sein. Soweit der Wortlaut des Musters für den jeweiligen Einzelfall nicht zutrifft, müssen die entsprechenden Stellen gestrichen, geändert oder ergänzt werden. Alle Eintragungen und Änderungen des Vertrages sind gleichlautend sowohl in dem für den Vermieter als auch in dem für den Mieter bestimmten Vertragstext vorzunehmen.

§ 1 Mietsache

(1) Der Vermieter vermietet dem Mieter zu Wohnzwecken die

Wohnung im Hause . . . (Ort, Straße, Hausnummer), im . . . Geschoss . . . (zB rechts-links-mitte; Nr. . . . des Geschossplans), bestehend aus . . . Zimmer(n), . . . Küche/Kochnische, . . . Bad, . . . WC, . . . Flur, . . . Diele, . . . Balkon, . . . Keller, . . . Bodenraum, . . .

Mitvermietet werden ☐ Garage, ☐ Stellplatz Nr. . . ., ☐. . . .

(2) Folgende Einrichtungen werden mitvermietet:

. . .[2]

(3) Die Wohnung ist ☐ eine öffentlich geförderte Wohnung (Sozialwohnung) oder eine gesetzl. sonst preisgebundene Wohnung, ☐ eine Dienstwohnung, ☐ eine Werkwohnung, ☐ eine Eigentumswohnung, ☐ eine werkgeförderte Wohnung, ☐. . . .

(4) Die Wohnfläche beträgt ca. . . . qm. Diese Angabe dient wegen möglicher Messfehler nicht zur Feststellung oder Festlegung des Mietgegenstandes. Der räumliche Umfang der gemieteten Sache ergibt sich vielmehr aus der Angabe der vermieteten Räume. Die Größe der Wohnung wird somit nicht als Beschaffenheit der Mietsache vereinbart.[3]*.*

(5) Der Mieter ist berechtigt, folgende gemeinschaftliche Einrichtungen und Anlagen nach Maßgabe der Hausordnung mitzubenutzen: ☐ Waschküche, ☐ Waschmaschine, ☐ Trockenplatz, ☐ Trockenboden, ☐ Hofplatz, ☐ Garten.

(6) Dem Mieter werden spätestens bei Vertragsbeginn folgende Schlüssel ausgehändigt:

. . . Hauseingang-, . . . Wohnungseingang-, . . . Zimmer-, . . . Boden-, . . . Keller-, . . . Briefkastenschlüssel.

§ 2 Mietzins und Betriebskosten

(1) Die Grundmiete beträgt monatlich		*. . . Euro*[4]
davon:	*für die Wohnräume*	*. . . Euro*
	für den Stellplatz/Garage	*. . . Euro*[5]

☐ Die Wohnung ist preisgebunden und die Miete daher auf Grund einer Wirtschaftlichkeitsberechnung ermittelt. Die Miete kann sich nach Maßgabe der gesetzlichen Vorschriften erhöhen oder ermäßigen.

Neben der Miete werden anteilig sämtliche Betriebskosten[6] *iSd. § 2 Betriebskostenverordnung (BetrKV) auf den Mieter umgelegt.*

Zudem wird die Umlage folgender sonstiger Betriebskosten iSv. § 2 Nr. 17 BetrKV[7] *vereinbart: . . . (Auflistung der sonstigen Betriebskosten, die nicht in § 2 BetrKV aufgeführt sind).*

---

2 ZB Einbauküche (Herd, Spüle etc.), Einbauschränke, Regale und dergl.

3 Die Angabe der Wohnfläche ist freigestellt, wobei aus Sicht des Vermieters die obige Einschränkung aufgenommen werden sollte, dass diese nicht zur Festlegung des Mietgegenstands dient (BGH MDR 2011, 20). Ohne diese Einschränkung handelt es sich um eine Beschaffenheitsvereinbarung mit der Folge, dass ein zur Minderung berechtigender Mangel vorliegt, wenn die Wohnung mehr als 10 % kleiner ist als im Mietvertrag angegeben (BGH WM 2004, 268). Für öffentlich geförderten Wohnraum gilt seit dem 1.1.2004 die Wohnflächenverordnung.

4 Bei preisgebundenem Wohnraum sind die zwingenden gesetzlichen Vorschriften zu beachten.

5 Nur auszufüllen, soweit kein gesondertes Formular verwendet wird.

6 Unter Betriebskosten fallen alle in § 2 der Betriebskostenverordnung aufgezählten Kosten. Eine formularmäßige Bezugnahme auf die Betriebskosten in § 2 der Betriebskostenverordnung bzw. auf die bis zum 1.1.2004 geltende Anlage 3 zu § 27 Abs. 1 der II. BV ist ausreichend, ohne dass eine begriffliche Erläuterung oder Aushändigung dieser Anlage durch den Vermieter erfolgen muss (BGH NJW 2007, 3060). Aus praktischen Gründen kann es sich aber empfehlen, den § 2 BetrKV als Anlage beizufügen.

7 Hierzu gehören Betriebskosten, die von den Nummern 1–16 des § 2 BetrKV nicht erfasst sind und die extra vereinbart werden müssen, zB Kosten der regelmäßigen Dachrinnenreinigung (BGH NZM 2004, 417) oder der Abwasserreinigungsanlage (Kinne ZMR 2001, 10).

Die monatlichen Vorauszahlungen betragen für

a) Die Heizungs- und Warmwasserkosten	*... Euro*
b) Die übrigen Betriebskosten	*... Euro*
Gesamtbetrag Vorauszahlungen	*... Euro*
Die monatlich insgesamt zu zahlende Miete beträgt somit:	
Grundmiete:	*... Euro*
Heiz- und Warmwasserkostenvorauszahlungen:	*... Euro*
Betriebskostenvorauszahlungen:	*... Euro*
Gesamtbetrag:	***... Euro***

(2) Sind Vorauszahlungen vereinbart, so wird über sie jährlich einmal abgerechnet. Die Abrechnung hat spätestens 12 Monate nach Ende des Abrechnungszeitraums zu erfolgen. Der Mieter ist berechtigt, in angemessener Zeit nach Zugang der Abrechnung die Unterlagen während der üblichen Geschäftszeiten bei dem Vermieter oder der von ihm bestimmten Stelle einzusehen.

(3) Werden öffentliche Abgaben neu eingeführt oder entstehen Betriebskosten neu, so können diese vom Vermieter im Rahmen einer ordnungsgemäßen Bewirtschaftung unter Berücksichtigung der gesetzlichen Vorschriften umgelegt und angemessene Vorauszahlungen festgesetzt werden.

(4) Die abzurechnenden Kosten werden auf den Mieter wie folgt umgelegt:

a) der Umlagemaßstab für die Kosten der Heizung und der Warmwasserversorgung richtet sich nach den Vorschriften der Heizkostenverordnung;

b) die Kosten des Betriebs des Aufzugs/der Aufzüge[8] *werden ☐ nach dem Anteil der Wohnfläche, ☐ nach Anzahl der Personen, ☐ nach Wohneinheiten, ☐ ausgenommen die Erdgeschosswohnungen*[9] *umgelegt.*

☐ Die Kosten des Betriebs maschineller Wascheinrichtungen werden entsprechend dem Verbrauch erhoben.

Alle anderen Kosten werden nach dem Anteil der Wohnfläche umgelegt[10]*.*

(5) Umlegungsmaßstab und Abrechnungszeitraum können vom Vermieter nach billigem Ermessen festgesetzt werden, wenn dies vertraglich nicht oder nicht vollständig geregelt ist. Der Umlegungsmaßstab kann nach billigem Ermessen durch Erklärung in Textform geändert werden, wenn ein anderer Maßstab die Kosten verursachungsgerechter auf die Mieter verteilt oder dringende Gründe einer ordnungsgemäßen Bewirtschaftung es erfordern, zB bei Umstellung der Heizung.

(6) Der Vermieter ist berechtigt, die Miete einschließlich der Nebenkostenvorauszahlungen nach Maßgabe der gesetzlichen Vorschriften zu erhöhen bzw. anzupassen. Dies gilt auch für Mietverhältnisse auf bestimmte Zeit.

§ 3 Mietzahlungen

(1) Die Miete und die Betriebskosten sind monatlich im Voraus, spätestens bis zum dritten Werktag[11] *eines jeden Monats kostenfrei auf das Konto des Vermieters*

Bank: ...

Kto: ...

BLZ[12]*: ...*

zu überweisen.

8 Hier können auch andere/weitere Kosten mit einem gesonderten Umlageschlüssel aufgelistet werden.

9 Grundsätzlich muss auch der Erdgeschossmieter Aufzugskosten zahlen, es sei denn, er kann seine Wohnung mit dem Aufzug nicht erreichen (BGH NJW 2006, 3557; 2009, 2058).

10 S. § 556a BGB.

11 Die Miete ist spätestens bis zum 3. Werktag des Monats fällig, § 556b Abs. 1 BGB. Bei nicht rechtzeitiger Zahlung kommt der Mieter ohne Mahnung in Verzug (§ 286 Abs. 2 Nr. 1 BGB). Zu den Verzugszinsen s. § 288 BGB.

12 Alternativ Angabe der IBAN und BIC (nach SEPA-Einführung).

☐ Der Mieter erteilt dem Vermieter ein/eine SEPA-Lastschriftmandat/Einzugsermächtigung für die gesamten Mietzahlungen gemäß anliegendem Formular[13].

(2) Für die Rechtzeitigkeit der Zahlung kommt es nicht auf die Absendung, sondern auf den Zugang des Geldes beim Vermieter an.

§ 4 Mietzeit

(1) Das Mietverhältnis beginnt am . . . ☐ und läuft auf unbestimmte Zeit[14].

(2) Das Kündigungsrecht des Mieters und des Vermieters richtet sich nach den gesetzlichen Vorschriften. Die Kündigung muss schriftlich erfolgen. Für die Rechtzeitigkeit der Kündigung kommt es nicht auf die Absendung, sondern auf den Zugang des Kündigungsschreibens an.

(3) Setzt der Mieter den Gebrauch der Mietsache nach Ablauf der Mietzeit fort, so gilt das Mietverhältnis nicht als verlängert. § 545 BGB findet keine Anwendung. Fortsetzung oder Erneuerung des Mietvertrages nach seinem Ablauf müssen schriftlich vereinbart werden.

§ 5 Mietsicherheit[15]

(1) Der Mieter hat dem Vermieter für die Erfüllung sämtlicher Verpflichtungen aus dem Mietverhältnis eine Kaution in Höhe von . . . Euro zu zahlen. Die Kaution darf höchstens das Dreifache der auf einen Monat entfallenden Miete (ohne Betriebskosten) betragen.

(2) Im Übrigen gelten die gesetzlichen Bestimmungen.

§ 6 Schönheitsreparaturen[16]

(1) Die Schönheitsreparaturen innerhalb der Mietsache übernimmt während der Mietdauer auf eigene Kosten ☐ der Vermieter ☐ der Mieter.

(2) Zu den Schönheitsreparaturen gehören das Tapezieren, Anstreichen oder Kalken der Wände und Decken, das Streichen bzw. die sachgemäße Reinigung und Pflege der Fußböden, das Streichen der Heizkörper einschließlich der Heizrohre, der Innentüren sowie der Fenster und Außentüren von innen[17].

§ 7 Bagatellschäden[18]

(1) Der Mieter ist verpflichtet, die Kosten für Kleinreparaturen innerhalb der Mieträume wie folgt an den Vermieter zu zahlen:

Der Mieter übernimmt die Kosten für Kleinreparaturen im Einzelfall bis zu einem Betrag von 75 Euro. Für jede einzelne Reparatur dürfen die Kosten 75 Euro somit nicht übersteigen. Der Jahreshöchstbetrag für diese Reparaturen darf nicht mehr als 7 %[19] *der Jahresmiete (ohne Betriebskosten) betragen.*

---

13 Zu beachten sind dabei die Vorgaben gem. den Regelwerken für das SEPA-Lastschriftverfahren.

14 Zum Zeitmietvertrag s. **M 16.3**. Es besteht auch die Möglichkeit, einen beiderseitigen, zeitlich begrenzten Ausschluss des Kündigungsrechtes in einem Formularmietvertrag zu vereinbaren (s. Rz. 54).

15 Vgl. § 551 BGB. Die Kaution muss im Mietvertrag vereinbart werden. S. auch Rz. 66a.

16 S. hierzu insbesondere Rz. 43 ff.

17 In Anlehnung an § 28 Abs. 4 S. 3 II BV. Fristen müssen nicht im Mietvertrag angegeben werden. Sind im Mietvertrag keine Zeitintervalle aufgeführt, werden überwiegend folgende Zeitintervalle zur Vertragsauslegung herangezogen: Küchen, Bäder, Duschen: alle 5 Jahre; Wohn- und Schlafräume, Flure, Dielen und Toiletten: alle 8 Jahre; in sonstigen Räumen: alle 10 Jahre. Diese Fristen können je nach Renovierungsbedarf länger oder kürzer sein. Die Fristen im Mustermietvertrag des BMJ (3, 5, 7 Jahre) werden mittlerweile in der überwiegenden Literatur als zu kurz angesehen.

18 Formularklauseln, die den Mieter zur *Durchführung* der Kleinreparaturen verpflichten, sind unwirksam (BGH ZMR 1992, 332), ebenso wie Regelungen, wonach der Mieter verpflichtet wird, sich an allen Reparaturen oder Neuanschaffungen anteilig oder mit einem bestimmten Betrag zu beteiligen (BGH MDR 1989, 906).

19 Eine Jahresobergrenze von mehr als 7 % der Jahresmiete wird als unwirksam angesehen (AG Hannover WuM 2008, 721). Für die Einzelreparatur wird eine Obergrenze von 75 bis 100 Euro als zulässig angesehen; 120 Euro sollen dagegen unangemessen sein (AG Bingen am Rhein v. 4.4.2013 – 25 C 19/13, WuM 2013, 349); s. auch Rz. 42.

(2) Kleinreparaturen umfassen das Beheben kleiner Schäden an den zu den Mieträumen gehörenden Installationsgegenständen, die dem direkten und häufigen Zugriff des Mieters ausgesetzt sind, wie den Installationsgegenständen für Elektrizität, Wasser und Gas, den Heiz- und Kocheinrichtungen, den Fenster- und Türverschlüssen sowie den Verschlussvorrichtungen von Fensterläden und dergleichen.

§ 8 Aufrechnung und Zurückbehaltung[20]

Der Mieter kann gegenüber Mietforderungen nur mit einer Forderung auf Grund der §§ 536a, 539 BGB oder aus ungerechtfertigter Bereicherung wegen zu viel gezahlter Miete aufrechnen oder wegen einer solchen Forderung ein Zurückbehaltungsrecht ausüben, wenn er seine Absicht dem Vermieter mindestens einen Monat vor der Fälligkeit der Miete in Textform angezeigt hat.

§ 9 Antennen

(1) Benötigt der Mieter zum Betrieb eines Fernseh- oder Rundfunkgerätes eine Empfangsanlage, so ist er verpflichtet, eine vorhandene Gemeinschaftsantenne oder einen vorhandenen Breitbandanschluss zu nutzen. Der Mieter ist verpflichtet, auch dann seinen Anteil an den entsprechenden Betriebskosten zu zahlen, wenn er von der Empfangsmöglichkeit keinen Gebrauch macht.

(2) Ist keine gemeinschaftliche Empfangsanlage vorhanden, so bedarf die Anbringung einer Antenne außerhalb der Mieträume einschließlich einer Parabol-Antenne oder ähnlicher Vorrichtungen für den Satellitenempfang der vorherigen Zustimmung des Vermieters. In diesem Fall ist die Antenne vom Mieter fachmännisch anzubringen. Die Kosten für die Installation sowie für die Unterhaltung hat der Mieter zu tragen. Im Falle der Beendigung des Mietverhältnisses gilt § 12 Abs. 2.

Der Vermieter kann eine erteilte Erlaubnis aus wichtigem Grund widerrufen, so etwa, wenn Auflagen nicht eingehalten, Hausbewohner oder Nachbarn belästigt werden oder wenn die Mietsache oder das Grundstück beeinträchtigt wird.

(3) Der Mieter hat eine vom Vermieter nach Abschluss des Mietvertrages installierte Gemeinschaftsantenne oder einen Breitbandkabelanschluss nach den gesetzlichen Vorschriften zu dulden.

§ 10 Benutzung der Mietsache, Untervermietung

(1) Der Mieter darf die Mietsache nur zu den im Vertrag bestimmten Zwecken benutzen. Will der Mieter die Mietsache oder einen Teil derselben zu anderen Zwecken nutzen oder nutzen lassen, bedarf er der vorherigen Zustimmung des Vermieters.

(2) Der Mieter ist ohne ausdrückliche Erlaubnis des Vermieters nicht zur Untervermietung oder sonstiger Gebrauchsüberlassung der Mietsache an Dritte berechtigt. Die Rechte aus § 553 BGB bleiben hiervon unberührt.

§ 11 Tierhaltung

(1) Das Halten von Haustieren bedarf der Zustimmung des Vermieters[21].

Ohne Zustimmung des Vermieters dürfen Kleintiere (wie zB Ziervögel, Zierfische oder Goldhamster) in den Wohnräumen gehalten werden[22].

(2) Der Vermieter kann die Zustimmung versagen oder die erteilte Zustimmung widerrufen, wenn von dem Haustier Gefährdungen ausgehen, Hausbewohner oder Nachbarn unzumutbar belästigt werden oder die Mietsache bzw. das Grundstück unzumutbar beeinträchtigt werden.

20 Die mietvertragliche Regelung folgt dem Gesetz (§ 556b BGB). Eine zum Nachteil des Mieters abweichende Vereinbarung ist unwirksam.

21 Unwirksam ist eine AGB-Klausel, die die Haltung von Hunden und Katzen in der Mietwohnung generell verbietet (BGH MDR 2013, 580).

22 Das Halten von Kleintieren wie beispielsweise Ziervögeln, Meerschweinchen, Zwergkaninchen, Hamstern, Zierfischen gehört zum vertragsgemäßen Gebrauch und kann dem Mieter nicht verboten werden.

§ 12 Bauliche Veränderungen

(1) Um-, Aus-, An- und Einbauten sowie Installationen oder andere Veränderungen der Mietsache durch den Mieter bedürfen der vorherigen Zustimmung des Vermieters.

(2) Bei Beendigung des Mietverhältnisses hat der Mieter den ursprünglichen Zustand auf seine Kosten wieder herzustellen und etwaige Um-, Aus-, An- und Einbauten sowie Installationen oder andere Veränderungen der Mietsache zu beseitigen, sofern nichts anderes schriftlich vereinbart ist. Einrichtungen, mit denen der Mieter die Mietsache versehen hat, hat er wegzunehmen. Der Vermieter kann die Ausübung des Wegnahmerechts durch Zahlung einer angemessenen Entschädigung abwenden, es sei denn, dass der Mieter ein berechtigtes Interesse an der Wegnahme hat (§ 552 BGB). Die Rechte aus § 554a BGB (Barrierefreiheit) bleiben hiervon unberührt.

§ 13 Beschädigung der Mietsache, Reinigung und Haftung

(1) Der Mieter verpflichtet sich, die Mietsache und die zur gemeinschaftlichen Benutzung bestimmten Räume, Einrichtungen und Anlagen schonend und pfleglich zu behandeln. Er hat für ordnungsgemäße Reinigung der Mietsache und für ausreichende Lüftung und Heizung der ihm überlassenen Räume zu sorgen.

(2) Schäden oder Mängel an der Mietsache hat der Mieter dem Vermieter unverzüglich anzuzeigen[23].

(3) Der Mieter haftet für Schäden an der Mietsache, die durch schuldhafte Verletzung der ihm obliegenden Sorgfalts- und Anzeigepflicht oder durch sonstiges Verschulden des Mieters entstehen, besonders wenn technische Anlagen und andere Einrichtungen unsachgemäß behandelt, die überlassenen Räume nur unzureichend gelüftet, geheizt oder gegen Frost geschützt werden. Insoweit haftet der Mieter auch für das Verschulden von Familienangehörigen, Hausangestellten, Untermietern und Personen, die sich mit seinem Willen in der Wohnung aufhalten oder ihn aufsuchen. Dem Mieter obliegt der Beweis dafür, dass ein Verschulden nicht vorgelegen hat.

(4) Die verschuldensunabhängige Haftung des Vermieters nach § 536a BGB wegen anfänglicher Mängel ist ausgeschlossen[24].

§ 14 Betreten der Mietsache durch den Vermieter

(1) Der Vermieter oder von ihm Beauftragte dürfen die Mietsache zB zur Prüfung ihres Zustandes oder zum Ablesen von Messgeräten in angemessenen Abständen oder aus besonderem Anlass nach rechtzeitiger Ankündigung betreten. In Fällen dringender Gefahr ist dem Vermieter das Betreten der Mieträume zu jeder Tages- und Nachtzeit zu gestatten.

(2) Will der Vermieter das Grundstück/die Eigentumswohnung verkaufen oder endet der Mietvertrag, so sind der Vermieter oder von ihm Beauftragte auch zusammen mit Kauf- oder Mietinteressenten berechtigt, die Mietsache werktags zwischen 10.00 und 13.00 Uhr und 15.00 und 18.00 Uhr sowie an Sonn- und Feiertagen zwischen 10.00 und 13.00 Uhr nach rechtzeitiger vorheriger Anmeldung zu besichtigen.

(3) Bei längerer Abwesenheit hat der Mieter sicherzustellen, dass die Rechte des Vermieters nach Abs. 1 und 2 ausgeübt werden können.

§ 15 Rückgabe der Mietsache

Bei Beendigung des Mietvertrags hat der Mieter die Mietsache vollständig geräumt und in sauberem vertragsgemäßem Zustand zurückzugeben. Alle Schlüssel, auch vom Mieter selbst beschaffte, sind dem Vermieter zu übergeben. Der Mieter haftet für alle Schäden, die dem Vermieter oder einem Mietnachfolger aus der Nichtbefolgung dieser Pflicht entstehen.

---

23 Die Pflicht zur Mängelanzeige durch den Mieter ergibt sich aus dem Gesetz (§ 536c BGB). Bei schuldhafter Verletzung der Anzeigepflicht macht sich der Mieter schadensersatzpflichtig.

24 Der Vermieter kann seine verschuldensunabhängige Haftung wegen anfänglicher Sachmängel wirksam durch Formularklausel ausschließen (BGH NJW-RR 1991, 74). Für Vermieter ist ein entsprechender Haftungsausschluss empfehlenswert.

§ 16 Personenmehrheit als Mieter

(1) Mehrere Personen als Mieter haften für alle Verpflichtungen aus dem Mietverhältnis als Gesamtschuldner.

(2) Erklärungen, die das Mietverhältnis betreffen, müssen von oder gegenüber allen Mietern abgegeben werden. Die Mieter bevollmächtigen sich jedoch unter Vorbehalt schriftlichen Widerrufs bis auf weiteres gegenseitig zur Entgegennahme solcher Erklärungen. Diese Vollmacht gilt auch für die Entgegennahme von Kündigungen[25]. Ein Widerruf der Vollmacht wird erst für Erklärungen wirksam, die nach seinem Zugang abgegeben werden.

(3) Jeder Mieter muss Tatsachen in der Person oder dem Verhalten eines Familienangehörigen oder eines anderen berechtigten Benutzers der Mietsache, die das Mietverhältnis berühren oder einen Schadensersatzanspruch begründen, für und gegen sich gelten lassen.

§ 17 Hausordnung

(1) Vermieter und Mieter verpflichten sich zur Wahrung des Hausfriedens und zur gegenseitigen Rücksichtnahme.

(2) Zur Aufrechterhaltung der Ordnung im Hause und für die Benutzung der Gemeinschaftsanlagen gilt die diesem Vertrag beigefügte Hausordnung[26]. Sie kann vom Vermieter nur geändert werden, sofern dringende Gründe der Ordnung oder der Bewirtschaftung dies erfordern und dem Mieter dadurch nicht einseitig neue Pflichten auferlegt werden; diese Gründe sind dem Mieter zugleich mit der neuen Hausordnung mitzuteilen. Durch Bestimmungen der Hausordnung können Bestimmungen dieses Vertrages sowie der Wohnungsbeschreibung und Übergabeverhandlung nicht geändert werden.

§ 18 Zusätzliche Vereinbarungen

...

... (Ort, Datum)

(Unterschrift Vermieter) *(Unterschrift Mieter)*

25 S. Rz. 23.

26 Die Hausordnung ist dem Mietvertrag als Anlage beizufügen. Soweit keine solche existiert, ist der § 17 zu streichen.

M 16.2 Übergabeprotokoll (Einzug) Wohnraum[1]

Mietobjekt: ... *Datum der Wohnungsübergabe: ...*

Name des Vermieters: ... *Name des Mieters: ...*

Name des/der Zeugen: ...

Bei der Besichtigung der Wohnung am ... wurden ☐ keine Mängel festgestellt ☐ folgende Mängel festgestellt:

Wohnzimmer: ...

Schlafzimmer: ...

... Zimmer: ...

1 Empfehlenswert ist auch die Erstellung eines Abnahmeprotokolls bei Auszug des Mieters, in das die Verpflichtung des Mieters aufgenommen werden kann, innerhalb bestimmter Fristen Mängel in der Wohnung zu beseitigen. Enthält das von beiden Parteien unterschriebene Protokoll keine Beanstandungen, kann hierin ein negatives Schuldanerkenntnis des Vermieters dahingehend gesehen werden, dass keine Mängel vorhanden sind. Der Vermieter hat dann keinen Schadensersatzanspruch (LG Hamburg NZM 1999, 838); eine Ausnahme gilt bei verborgenen Mängeln.

Flur: ...

Küche: ...

Bad/WC: ...

Keller: ...

Balkon/Terrasse: ...

Garage: ...

Folgende Schlüssel wurden dem Mieter ausgehändigt:

... Hauseingang-, ... Wohnungseingang-, ... Zimmer-, ... Boden-, ... Keller-, ... Briefkastenschlüssel.

Zählerstände:

Zähler-Nr. Stromzähler: ... *Zählerstand: ...*

Zähler-Nr. Gas: ... *Zählerstand: ...*

Zähler-Nr. Wasser: ... *Zählerstand: ...*

Der Vermieter verpflichtet sich, die folgenden Arbeiten bis zum ... (Tag, Monat, Jahr) auszuführen: ...

... (Ort, Datum)

(Unterschrift Vermieter) *(Unterschrift Mieter)* *(Unterschrift Zeuge)*

M 16.3 Zeitmietvertrag Wohnraum[1]

*§ 4 des Wohnraummietvertrages (**M 16.1**) wird wie folgt abgefasst:*

§ 4 Mietdauer

(1) Der Mietvertrag wird als Zeitmietvertrag gem. § 575 BGB abgeschlossen.

Das Mietverhältnis beginnt am ... und endet mit Ablauf des ...

(2) Der Vermieter erklärt, dass er nach Ablauf der Mietzeit

- *die Räume als Wohnung für sich*
- *die Räume als Wohnung für folgende Familienangehörige[2]: ...*
- *die Räume als Wohnung für folgende zu seinem Haushalt gehörende Personen[3]: ...*
- *nutzen will.*
- *die Räume in zulässiger Weise beseitigen will*

1 Seit dem 1.9.2001 können Zeitmietverträge nur noch nach neuem Recht abgeschlossen werden. Eine feste Laufzeit kann nur vereinbart werden, wenn eine von den drei gesetzlich zugelassenen Verwendungsmöglichkeiten vom Vermieter in Anspruch genommen wird und dies dem Mieter bei Vertragsschluss bereits schriftlich – nicht zwingend im Mietvertrag – mitgeteilt wird. Das Befristungsinteresse muss stets so genau beschrieben werden, dass eine Unterscheidung von anderen Interessen möglich ist (s. Rz. 24). Allerdings kann eine unwirksame Befristung im Einzelfall als beidseitiger Kündigungsverzicht ausgelegt werden (BGH NZM 2014, 235). Zum Kündigungsverzicht s. Rz. 54.

2 Familienangehörige müssen nicht im Haushalt des Vermieters leben. Zu ihnen gehören der Ehegatte, die Kinder, Enkel, Eltern, Großeltern sowie Geschwister des Vermieters. Auch weiter entfernte Verwandte können unter den Begriff „Familienangehörige" fallen; so zB ein Neffe (LG Münster NJW-RR 1991, 1356) oder eine Kusine (OLG Braunschweig NJW-RR 1994, 598).

3 Haushaltsangehörige sind Personen, die der Vermieter schon bisher dauerhaft in seinem Haushalt aufgenommen hat, zB der Lebenspartner oder dessen Kind, auch Hausangestellte. Personen, die der Vermieter ohne Notwendigkeit erst in seinen Haushalt aufzunehmen beabsichtigt, gehören nicht dazu.

- *die Räume durch folgende Maßnahmen so wesentlich verändern/instand setzen will, dass die Maßnahmen durch eine Fortsetzung des Mietverhältnisses erheblich erschwert würden: . . . (Baumaßnahmen genau beschreiben)*
- *die Räume an einen zur Dienstleistung Verpflichteten[4] vermieten will*

(3) Setzt der Mieter den Gebrauch der Mietsache nach Ablauf der Mietzeit fort, so gilt das Mietverhältnis nicht als verlängert. § 545 BGB findet keine Anwendung. Fortsetzung oder Erneuerung des Mietvertrages nach seinem Ablauf müssen schriftlich vereinbart werden.

4 Hier genügt es, wenn der Vermieter mitteilt, dass er die Räume nach Ablauf der Vertragszeit „einem Arbeitnehmer" überlassen möchte.

M 16.4 Staffelmietvereinbarung Wohnraum[1]

Für den nachfolgenden Zeitraum vereinbaren die Parteien folgende Staffelmiete:
Die Miete (ohne Betriebskosten) beträgt[2]

1. *vom . . . bis zum Ablauf des . . . . . . Euro*
2. *vom . . . bis zum Ablauf des . . . . . . Euro*
3. *vom . . . bis zum Ablauf des . . . . . . Euro*
4. *vom . . . bis zum Ablauf des . . . . . . Euro*
5. *vom . . . bis zum Ablauf des . . . . . . Euro*
6. *vom . . . bis zum Ablauf des . . . . . . Euro*
7. *vom . . . bis zum Ablauf des . . . . . . Euro*
8. *vom . . . bis zum Ablauf des . . . . . . Euro*

Die Miete bleibt jeweils mindestens ein Jahr unverändert[3].

Während der Laufzeit der Staffelmietvereinbarung sind Mieterhöhungen nach den §§ 558–559b BGB ausgeschlossen.

1 Mit der Staffelmiete werden die Höhe der Grundmiete und die Steigerung der Miete von vornherein für einen längeren Zeitraum festgelegt. Eine Staffelmiete kann sowohl für Mietverhältnisse auf unbestimmte als auch auf bestimmte Zeit vereinbart werden. Die Miete verändert sich hierbei zum vereinbarten Zeitpunkt ohne weitere Erklärung des Vermieters von selbst. Der Mietvertrag bleibt weiter entsprechend den dortigen Vereinbarungen kündbar; die Staffelmietvereinbarung kann aber nicht gesondert gekündigt werden. Das Kündigungsrecht des Mieters kann höchstens für vier Jahre seit Abschluss der Staffelmietvereinbarung ausgeschlossen werden.
2 Die Erhöhung muss stets betragsmäßig ausgewiesen werden und darf nicht in Prozenten angegeben werden.
3 Es ist unabdingbar, dass die Miete zumindest ein Jahr jeweils unverändert bleiben muss.

M 16.5 Indexmietvereinbarung Wohnraum[1]

(1) Zwischen den Parteien wird folgende Regelung zur Höhe der Miete getroffen:

Die Miete wird durch den vom Statistischen Bundesamt ermittelten Preisindex für die Lebenshaltung aller privaten Haushalte in Deutschland (Verbraucherpreisindex für Deutschland) bestimmt (Indexmiete, § 557b BGB).

Verändert sich der vom Statistischen Bundesamt monatlich festgestellte Preisindex für die Lebenshaltung aller privaten Haushalte in Deutschland (Verbraucherpreisindex) künftig gegenüber dem Stand bei Mietbeginn oder einer Neuregelung nach oben oder unten, so sind beide Vertragspartner berechtigt, die Miete im gleichen prozentualen Verhältnis anzupassen.

(2) Die Änderung der Miete muss durch Erklärung in Textform geltend gemacht werden[2]. Dabei sind die eingetretenen Änderungen des Preisindexes sowie die jeweilige Miete oder die Erhöhung in einem Geldbetrag anzugeben. Die geänderte Miete ist mit Beginn des übernächsten Monats nach dem Zugang der Erklärung zu entrichten. Weitere Anpassungen der Miete erfolgen nach Maßgabe der Ziff. 1.

(3) Während der Geltung einer Indexmiete muss die Miete, von Erhöhungen nach den §§ 559 bis § 560 BGB abgesehen, jeweils mindestens ein Jahr unverändert bleiben. Eine Erhöhung nach § 559 BGB kann nur verlangt werden, soweit der Vermieter bauliche Maßnahmen auf Grund von Umständen durchgeführt hat, die er nicht zu vertreten hat. Eine Erhöhung gem. § 558 BGB ist während der Geltung der Indexmiete ausgeschlossen.

(4) Die Dauer der Indexmietvereinbarung ist unbestimmt (alternativ: wird beschränkt bis zum . . .).

---

1 Die Vereinbarung orientiert sich am gesetzlichen Wortlaut des § 557b BGB und ist seit dem 1.9.1993 anwendbar. Solange die Indexvereinbarung gilt, sind andere Mieterhöhungen ausgeschlossen, nicht aber wegen Modernisierungsmaßnahmen, die der Vermieter durchgeführt, aber nicht zu vertreten hat (vgl. §§ 557b Abs. 2, 559 BGB). Theoretisch ist auch eine Mietsenkung möglich; bei der allgemeinen Preisentwicklung sind derzeit aber nur Erhöhungen zu erwarten. Die Indexvereinbarung muss gem. § 557b Abs. 1 BGB schriftlich abgeschlossen werden. Eine Mietanpassungsvereinbarung hat für den Vermieter den Vorteil, dass er ein an die Entwicklung der Lebenshaltungskosten gekoppeltes Entgelt erhält und nicht das komplizierte Mieterhöhungsverfahren nach den §§ 558 ff. BGB durchführen muss. Eine Mindestlaufzeit gibt es für indexierte Wohnraummietverträge nicht mehr. Die Vorschrift geht als spezialgesetzliche Regelung den Vorschriften des Preisklauselgesetzes vor, § 1 Abs. 3 PreisKlG.

2 Die Erhöhung oder Ermäßigung der Miete erfolgt nicht automatisch, sondern nur durch entsprechende Erklärung des Berechtigten, für die Textform (zB per E-Mail oder Computer-Fax) erforderlich, aber auch ausreichend ist. Der Vermieter ist nicht verpflichtet, die Erhöhung entsprechend der Veränderung des Indexes geltend zu machen.

M 16.6 Mieterhöhung Wohnraum bis zur ortsüblichen Vergleichsmiete[1]

(Schreiben des Vermieters an Mieter – Auszug)

. . .

Die Miete für Ihre Wohnung iHv. . . . Euro zzgl. eines Vorauszahlungsbetrages für Betriebskosten iHv. . . . Euro ist seit über einem Jahr unverändert[2]. Ihre Miete entspricht bei einer Wohnungsgröße von . . . qm . . . Euro/qm netto.

Das Haus wurde . . . erbaut. Ihre Wohnung besteht aus . . . und hat folgende Ausstattung: . . .

---

1 Vgl. § 558 BGB.

2 Der Mieter kann eine Mieterhöhung erst nach Ablauf von einem Jahr nach der letzten Mieterhöhung geltend machen. Maßgebend für den Beginn der Frist ist der Zeitpunkt, seit dem die bisherige Miete erstmals zu zahlen war. Da zur Jahresfrist die Überlegungsfrist hinzuzurechnen ist, muss die Miete also immer mindestens 15 Monate unverändert sein.

Ich mache hiermit von meinem Recht auf Mieterhöhung gem. § 558 BGB Gebrauch. Die Miete wird ab dem[3] ... von bisher ... Euro netto auf ... Euro netto erhöht. Dies entspricht ... Euro/qm. Hinzu kommen die oben genannten unveränderten Vorauszahlungen auf die Betriebskosten, so dass die Miete ab dem ... insgesamt ... Euro beträgt. Diese Miete übersteigt die ortsübliche Vergleichsmiete nicht.

Zurzeit beträgt das übliche Entgelt für vergleichbare Wohnungen ohne Nebenkosten monatlich mindestens ... Euro/qm. Dies ergibt sich aus[4]:

> *dem beigefügten Mietspiegel der Stadt ... vom ... Ihre Wohnung ist in das Mietspiegelfeld ... einzuordnen. Danach beträgt die ortsübliche Miete ... Euro/qm ... (weitere Erläuterung)*

alternativ:

> *den folgenden Vergleichsobjekten aus Ihrer Gemeinde, die Ihrer Wohnung in den maßgeblichen Ausstattungsmerkmalen entsprechen:*
>
> *1 ...*
>
> *2 ...*
>
> *3 ...*

alternativ:

> *dem beigefügten Gutachten des öffentlich bestellten und vereidigten Sachverständigen ... vom ....*

---

3 Die erhöhte Miete ist mit Beginn des dritten Kalendermonats nach dem Zugang des Erhöhungsverlangens geschuldet (§ 558b Abs. 1 BGB).

4 Zur Begründung der Mieterhöhung lässt das Gesetz insbesondere vier Möglichkeiten zu:

a) Die Bezugnahme auf einen Mietspiegel (§§ 558c, 558d BGB). Für eine wirksame Mieterhöhung muss die Einordnung in die maßgebliche Sparte des Mietspiegels nachvollziehbar dargestellt werden. Der Vermieter muss die dort genannte Mietenspanne oder das die Kategorie der Wohnung betreffende Mietspiegelfeld, in dem die Spanne angegeben ist, die zugrunde gelegten Ausstattungsmerkmale und die verlangte Miete angeben (BGH MDR 2008, 312; LG Hannover WuM 2013, 362). Weist der Mietspiegel Nettomieten aus, ist im Mietvertrag aber eine Bruttomiete vereinbart, so muss zur Vergleichbarkeit der unterschiedlichen Mietstrukturen eine Umrechnung erfolgen. Bei einem qualifizierten Mietspiegel müssen dessen Daten zwingend mit aufgeführt werden, auch wenn er nicht als Begründungsmittel herangezogen wird, § 558a Abs. 3 BGB. Der Mietspiegel selbst muss nicht beigefügt werden, wenn dieser, sei es auch gegen eine geringfügige Schutzgebühr, allgemein zugänglich ist (BGH MDR 2010, 18).

b) Eine Auskunft aus einer Mietdatenbank (§ 558e BGB). Die Mietdatenbank ist eine Sammlung von Mieten, die von einer Gemeinde oder von Interessenvertretern der Vermieter und der Mieter gemeinsam geführt und anerkannt wird und für einzelne Wohnungen einen Schluss auf die ortsübliche Vergleichsmiete zulässt.

c) Ein Gutachten eines öffentlich bestellten und vereidigten Sachverständigen, § 558a Abs. 2 Nr. 3 BGB. Das Gutachten muss begründet sein und regelmäßig auch Angaben über Mietpreis und Adressen von Vergleichswohnungen enthalten. Der Sachverständige muss die Wohnung, die bewertet werden soll, zumindest besichtigt haben.

d) Die Benennung von drei Vergleichswohnungen, § 558a Abs. 2 Nr. 4 BGB. Der Vermieter muss diese so genau beschreiben, dass der Mieter die Wohnungen ohne weitere Nachforschungen finden kann. Hierzu reicht es aus, wenn dem Mieter Adresse, Geschoss und Quadratmeterpreis bekannt geben werden. Befinden sich mehrere Wohnungen auf demselben Geschoss, muss die genaue Lage im Geschoss, ggf. auch durch Angabe einer Wohnungsnummer oder des Mieternamens, angegeben werden (BGH NJW 2003, 229). Die Vergleichswohnungen müssen im Wesentlichen mit der Wohnung des Mieters vergleichbar sein. Die Vergleichbarkeit muss nicht hinsichtlich aller Wohnwertmerkmale gegeben sein. Haben die Vergleichswohnungen aber auf den ersten Blick nichts mit der Wohnung des Mieters zu tun, sind sie als Vergleichswohnungen ungeeignet (LG Zwickau GE 2012, 830). Es ist empfehlenswert, mehr als drei Vergleichswohnungen zu benennen, damit nach Wegfall der nicht vergleichbaren noch drei vergleichbare Wohnungen übrig bleiben. Die Wohnungen können auch im selben Haus liegen und demselben Vermieter gehören (OLG Karlsruhe RE WM 1984, 188). Der Vermieter kann nicht mehr als den Mietpreis verlangen, der für die günstigste der drei Vergleichswohnungen gezahlt wird, es ist nicht zulässig einen Durchschnittspreis für die drei Vergleichswohnungen zu bilden (OLG Karlsruhe RE WM 1984, 21).

Bei der Mieterhöhung ist von mir die gesetzlich vorgesehene Kappungsgrenze[5], wonach sich die Miete innerhalb von drei Jahren nicht um mehr als 20 % erhöhen darf, beachtet worden.

Ich erbitte Ihre Zustimmung zu einer neuen Nettomiete von monatlich ... Euro/qm. Die neue Nettomiete beträgt demnach monatlich ... Euro zzgl. Neben- und Heizkostenvorauszahlung wie bisher und ist erstmals mit Beginn des 3. Monats, der auf den Zugang dieses Schreibens folgt, also am ..., fällig. Ich bitte Sie, bis zum Ablauf des zweiten Kalendermonats, der auf den Zugang dieses Schreibens folgt, also bis zum[6] ... auf dem beigefügten Doppel Ihre Zustimmung zu der neuen Miete zu erklären.

Bei Nichtzustimmung sieht das Gesetz Klage auf Zustimmung beim zuständigen Amtsgericht vor.

...

5 S. Rz. 26.

6 Soweit der Mieter der Mieterhöhung nicht bis zum Ablauf des zweiten Kalendermonats nach dem Zugang des Erhöhungsverlangens zustimmt, kann der Vermieter auf Erteilung der Zustimmung klagen (vgl. § 558b Abs. 2 Satz 1 BGB). Die Klage muss dann innerhalb von drei weiteren Monaten erhoben werden.

M 16.7 Modernisierungsankündigung bei Wohnraum[1]

(Schreiben des Vermieters an Mieter – Auszug)

...

Ich beabsichtige, in der von Ihnen gemieteten Wohnung folgende Modernisierungsmaßnahmen durchzuführen: ... (Genaue Bezeichnung der Maßnahmen; bei energetischer Modernisierung muss dargelegt werden, dass die Maßnahmen eine nachhaltige Einsparung bewirken)[2].

Mit den Bauarbeiten wird voraussichtlich am ... (genaues Datum) begonnen.

Die voraussichtliche Dauer der Maßnahmen beträgt ... (genauen Zeitraum angeben mit voraussichtlichem Enddatum).

Die jährliche Miete kann nach § 559 BGB um 11 % der für Ihre Wohnung aufgewendeten Kosten erhöht werden. Die voraussichtlichen Kosten der Baumaßnahme werden sich gem. den beigefügten Angeboten der ausführenden Firmen auf ca. ... Euro belaufen. Davon entfallen auf Ihre Wohnung Kosten iHv. voraussichtlich ... Euro. Bei einer Mieterhöhung von 11 % ergibt dies einen Jahresbetrag von ... Euro. Die monatliche Mieterhöhung beträgt somit voraussichtlich ... Euro. Die auf die Betriebskosten zu leistende Vorauszahlung wird künftig voraussichtlich ca. ... Euro betra-

1 Vgl. § 555b BGB. Die §§ 555a ff. BGB sind durch das seit 1.5.2013 in Kraft getretene MietRÄndG umfangreich überarbeitet bzw. zT neu eingefügt worden. Der Mieter muss gem. § 555b BGB bauliche Veränderungen, durch die in Bezug auf die Mietsache Endenergie nachhaltig eingespart wird (energetische Modernisierung) oder durch die nicht erneuerbare Primärenergie nachhaltig eingespart oder das Klima nachhaltig geschützt wird, sofern nicht bereits eine energetische Modernisierung vorliegt oder durch die der Wasserverbrauch nachhaltig reduziert wird oder durch die der Gebrauchswert der Mietsache nachhaltig erhöht wird oder durch die die allgemeinen Wohnverhältnisse auf Dauer verbessert werden oder die auf Grund von Umständen durchgeführt werden, die der Vermieter nicht zu vertreten hat, und die keine Erhaltungsmaßnahmen nach § 555a sind, oder durch die neuer Wohnraum geschaffen wird grundsätzlich dulden, es sei denn, es liegt eine besondere Härte iSd. § 555d Abs. 2 BGB vor. Gem. § 555c BGB hat der Vermieter die Maßnahme spätestens drei Monate vor deren Beginn in Textform anzukündigen. Bei Bagatellmaßnahmen bedarf es keiner Modernisierungsankündigung, § 555c Abs. 4 BGB.
Nach Mietvertragsschluss können konkrete Erhaltungs- oder Modernisierungsmaßnahmen im Übrigen auch zwischen den Parteien vereinbart werden, § 555f BGB (neu eingeführt durch das MietRÄndG). Die Maßnahmen können dabei auch vom Mieter ausgehen. S. insoweit das Vertragsmuster des Bundesministeriums der Justiz, vgl. hierzu Landfermann NJW 1982, 2344.

2 Die Art der Maßnahme ist ganz genau mitzuteilen, im Übrigen ist es ausreichend, den voraussichtlichen Umfang und Beginn, die voraussichtliche Dauer mitzuteilen; ein exaktes Datum muss nicht benannt werden. Es genügt als Angabe Anfang, Mitte oder Ende eines Monats zu benennen.

gen[3]. Die Mieterhöhung wird Ihnen mit einem gesonderten Schreiben aufgeschlüsselt und genau berechnet mitgeteilt werden.

Ich fordere Sie hiermit auf, die vorstehend mitgeteilte Modernisierungsmaßnahme zu dulden und bitte Sie, zum Zeichen Ihres Einverständnisses, das beigefügte Doppel dieses Schreibens versehen mit Ihrer Unterschrift bis spätestens . . . an mich zurückzusenden.

Sollten Umstände vorliegen, die eine Härte im Hinblick auf die Duldung oder die Mieterhöhung begründen (§ 555d Abs. 2 BGB), so sind mir diese bis zum Ablauf des Monats, der auf den Zugang der Modernisierungsankündigung folgt, in Textform mitzuteilen.[4]

Ich weise darauf hin, dass Ihnen ein Sonderkündigungsrecht gem. § 555e BGB zusteht. Eine Kündigung ist nur bis zum Ablauf des Monats, der auf den Zugang dieser Mitteilung folgt, zum Ablauf des übernächsten Monats zulässig.

(Unterschrift Vermieter)

---

3 Die zu erwartende Mieterhöhung und die voraussichtlichen künftigen Betriebskosten (soweit sich diese durch die Maßnahme ändern) sind ebenfalls mitzuteilen, wobei für die zu erhöhende Miete ein bestimmter Geldbetrag anzugeben ist, Prozentsätze allein genügen nicht. Bei den Betriebskosten reicht ein geschätzter Betrag.

4 Den Härteeinwand hat der Mieter bis zum Ablauf des Monats, der auf den Zugang der Modernisierungsankündigung folgt, in Textform mitzuteilen. Der Vermieter soll den Mieter in der Modernisierungsankündigung auf die Form und die Frist des Härteeinwands hinweisen (§ 555c Abs. 2 BGB), andernfalls muss der Mieter für seine Mitteilung die Form und Frist nicht einhalten. Die Ausschlussfrist muss auch dann nicht beachtet werden, wenn die tatsächliche Mieterhöhung mehr als 10 % über der mitgeteilten Mieterhöhung liegt, § 559 Abs. 5 BGB.

M 16.8 Mieterhöhung wegen Modernisierung von Wohnraum[1]

(Schreiben des Vermieters an Mieter – Auszug)

. . .

Mit Schreiben vom . . . hatten wir Ihnen die Durchführung von Modernisierungsmaßnahmen angekündigt[2] und die zu erwartende Mieterhöhung ab dem . . . mitgeteilt. Zwischenzeitlich sind die Baumaßnahmen abgeschlossen. Es wurden folgende Maßnahmen durchgeführt . . . (Bezeichnung der Maßnahmen und Begründung)[3]. Auf Grund dieser Modernisierungsmaßnahme bin ich berechtigt, die jährliche Miete um 11 % der für Ihre Wohnung aufgewendeten Kosten zu erhöhen.

---

1 Vgl. § 559 BGB. Für das Mieterhöhungsverlangen genügt die Textform (vgl. § 559b Abs. 1 BGB). Zu einer Mieterhöhung berechtigen nur Maßnahmen gem. § 555b Nr. 1, 3, 4, 5 oder 6 BGB.

2 Wurde dem Mieter die zu erwartende Erhöhung der Miete nicht mitgeteilt oder liegt die tatsächliche Mieterhöhung mehr als 10 % über der mitgeteilten Mieterhöhung, schuldet der Mieter die erhöhte Miete erst sechs Monate später als bei korrekt angekündigter Mieterhöhung, § 559b Abs. 2 BGB.

3 Zur Erläuterungspflicht des Vermieters gehört es, dass die Baumaßnahmen bezeichnet und plausibel begründet werden und die Voraussetzungen des § 559 Abs. 1 BGB vorliegen. Bei Maßnahmen zur Heizenergieeinsparung muss dargelegt werden, dass die Maßnahmen eine nachhaltige Einsparung bewirken (BGH MDR 2002, 875). Hierzu bedarf es der Angabe des Dämmmaterials und der Intensität bzw. des Umfangs der Dämmung sowie der Mitteilung der Änderung des Wärmedurchgangskoeffizienten (AG Hamburg v. 27.5.2010 – 44 C 117/09; KG WuM 2006, 450). Der Beifügung einer Wärmebedarfsrechnung bedarf es nicht (BGH WuM 2004, 154). Weiter müssen für jede Baumaßnahme die einzelnen Rechnungspositionen offen gelegt werden, die Angabe eines Endbetrages reicht nicht aus (LG Görlitz WM 2001, 613). Sind die baulichen Maßnahmen für mehrere Wohnungen durchgeführt worden, so sind die Kosten angemessen auf die einzelnen Wohnungen aufzuteilen (§ 559 Abs. 3 BGB). Sind Kosten für fällige Erhaltungsmaßnahmen (§§ 555a, 559 Abs. 2 BGB) anlässlich der Modernisierung erspart oder im Rahmen der Modernisierungsmaßnahme durchgeführt worden, müssen diese Kosten in Abzug gebracht werden (OLG Celle MDR 1981, 761); der Vermieter muss in der Erhöhungserklärung nachvollziehbar darlegen, welche Kosten er in welcher Höhe von den angegebenen Gesamtkosten vorab als Instandsetzungskosten in Abzug gebracht hat (AG Berlin-Charlottenburg GE 2007, 989). Zur Anrechnung von Drittmitteln s. § 559a BGB.

Anhand der nachfolgend aufgeführten Kosten der durchgeführten baulichen Maßnahmen errechnet sich die Mieterhöhung gem. § 559 Abs. 1 BGB wie folgt:

(... Kurzbeschreibung der Baumaßnahme)

Kosten gem. Rechnung der Firma ... vom ...	*... Euro*
Die Kosten betragen bei einer Gesamtfläche des Hauses von ... m²	*... Euro/m²*
Bei Ihrer Wohnfläche von ... m² ergibt dies einen Betrag von	*... Euro*
11 % vom vorstehenden Betrag ergibt einen Jahreszuschlag von	*... Euro*

Hieraus ergibt sich insgesamt ein monatlicher Mieterhöhungsbetrag von ... Euro. Ich darf Sie deshalb bitten, ab dem ...[4] *folgende Miete zu bezahlen:*

Bisherige Miete:	*... Euro*
Erhöhungsbetrag:	*... Euro*
Betriebskostenvorauszahlung:	*... Euro*
Gesamt:	***... Euro***

Vorsorglich weise ich darauf hin, dass Ihnen bis zum Ablauf des zweiten Monats nach Zugang dieser Erklärung ein Sonderkündigungsrecht zum Ablauf des übernächsten Monats[5] *zusteht. Falls Sie das Mietverhältnis kündigen, tritt die Mieterhöhung nicht ein.*

...

4 Der Mieter schuldet die erhöhte Miete mit Beginn des dritten Monats nach dem Zugang der Erklärung.

5 Der Mieter hat gem. § 561 BGB ein Sonderkündigungsrecht, unabhängig davon, ob die Mieterhöhung rechtlich wirksam ist oder nicht.

M 16.9 Betriebskostenabrechnung bei Wohnraum[1]

(Schreiben des Vermieters an Mieter – Auszug)

...

Anbei übermittle ich Ihnen die Betriebskostenabrechnung für das Jahr ... (Abrechnungszeitraum 1.1.–31.12. ...). Hieraus ergibt sich für Sie eine Nachzahlung (alternativ: eine Gutschrift) iHv. ... Euro. Ich darf Sie bitten, diesen Betrag bis zum ... auf das Mietkonto zu überweisen (alternativ: dieses Guthaben wird Ihnen bis zum ... auf das Mietkonto erstattet).

Alle der Abrechnung zu Grunde liegenden Belege können bei mir nach vorheriger Terminsabsprache eingesehen werden[2]*.*

Die Abrechnung stellt sich wie folgt dar[3]*:*

Abrechnung der Betriebskosten vom 1.1. ... bis 31.12. ...	
Nutzungszeitraum: ...	
Name des Vermieters: ...	*Name des Mieters: ...*
Mietobjekt: ...	

1 Über die Vorauszahlungen der Betriebskosten ist jährlich in schriftlicher Form abzurechnen. Die Abrechnung ist dem Mieter spätestens bis zum Ablauf des 12. Monats nach Ende des Abrechnungszeitraums vorzulegen (vgl. § 556 Abs. 3 BGB). Nach Fristablauf ist der Vermieter mit einer Nachforderung ausgeschlossen, soweit er die verspätete Abrechnung zu vertreten hat.

2 Einen grundsätzlichen Anspruch auf Übersendung von Kopien der Belege hat der Mieter nicht (BGH NJW 2006, 1419). Solange der Vermieter die Einsicht in Originalbelege verweigert, braucht der Mieter eine geforderte Nachzahlung nicht zu leisten, die Abrechnung ist nicht fällig (BGH NJW 2006, 1419).

3 Ein Vorwegabzug der auf Gewerbeflächen entfallenden Kosten für alle oder einzelne Betriebskostenarten ist nicht erforderlich, wenn diese Kosten nicht zu einer ins Gewicht fallenden Mehrbelastung der Wohnraummieter führen (BGH NJW 2006, 1419).

Kostengruppe	*Kosten gesamt in Euro*	*Verteilerschlüssel*			*Ihr Anteil in Euro*
		Gesamt	*Anteilig*	*Bezeichnung des Schlüssels*	
Grundsteuer				*m² Wohnfläche*	
Kosten für Kaltwasser				*m² Wohnfläche*	
Entwässerungskosten				*m² Wohnfläche*	
Müllabfuhr				*Anzahl Personen*	
Gebäudereinigung				*Anzahl Whg.*	
Wohngebäudeversicherung				*m² Wohnfläche*	
Haushaftpflichtversicherung				*m² Wohnfläche*	
Heizkosten				*S. anliegende Rg. Fa. . . .*	
Gartenpflege				*m² Wohnfläche*	
Allgemeinstrom				*m² Wohnfläche*	
Hausmeisterkosten				*m² Wohnfläche*	
Ihre Kosten					*. . . Euro*
Ihre Vorauszahlungen					*. . . Euro*
Nachzahlung/Guthaben					*. . . Euro*

M 16.10 Anpassung der Betriebskostenvorauszahlungen bei Wohnraum[1]

(Schreiben des Vermieters an Mieter – Auszug)

. . .

Die Ihnen bereits übersandte Abrechnung der Betriebskosten hat für das letzte Jahr eine Nachzahlung für Sie iHv. . . . Euro ergeben. Ich darf Sie darauf hinweisen, dass gem. § 560 Abs. 4 BGB jede Vertragspartei nach einer Abrechnung durch Erklärung in Textform eine Anpassung der Betriebskostenvorauszahlung auf eine angemessene Höhe vornehmen kann. Ausgehend von der letzten Abrechnung der Betriebskosten verlange ich deshalb eine Erhöhung der monatlichen Betriebskostenvorauszahlungen von derzeit . . . Euro auf künftig . . . Euro. Damit werden die Vorauszahlungen den zu erwartenden Betriebskosten im nächsten Jahr angemessen angepasst.

Bitte beachten Sie, dass die Zahlung der erhöhten Betriebskostenvorauszahlung nunmehr ab dem 1. des nächsten Monats von Ihnen zu leisten ist[2].

. . .

1 Vgl. § 560 Abs. 4 BGB. Die nach dem Gesetz vorgesehene Anpassung der Betriebskostenvorauszahlungen umfasst sowohl eine mögliche Erhöhung als auch Herabsetzung. Je Abrechnung besteht ein einmaliges Recht auf Anpassung. Die Erklärung der Anpassung kann einseitig jede Partei abgeben, Textform genügt.

2 Die Erklärung bewirkt die Anpassung ab Zugang, hat also keine Rückwirkung.

M 16.11 Mietminderung wegen Mängeln bei Wohnraum[1]

(Schreiben des Mieters an Vermieter – Auszug)

...

In der von mir gemieteten Wohnung sind folgende Mängel vorhanden:

... (konkrete Angabe der Mängel, zB Schimmelbildung in der linken oberen Ecke des Schlafzimmers, Legionellen[2]). Ich bitte um kurzfristige Beseitigung der Mängel.

Bis zur Beseitigung der Mängel mache ich von meinem gesetzlich mir zustehenden Recht auf Minderung der Miete Gebrauch. Die Mietminderung wird von mir iHv. ... % der geschuldeten Miete einschließlich der Betriebskostenvorauszahlung als angemessen angesehen und vorgenommen[3]. Bis zur Behebung des Mangels zahle ich deswegen nur noch die geminderte Miete iHv. ... Euro abzgl. ... % = ... Euro monatlich.

Für den laufenden Monat ergibt sich somit ein Rückzahlungsanspruch wegen zu viel bezahlter Miete (§ 812 BGB) in Folge der Minderung iHv. ... Euro. Mit diesem Rückzahlungsanspruch werde ich gegen laufende Mietforderungen ab dem ... aufrechnen[4].

---

1 S. § 536 BGB. Treten während der Mietzeit Mängel an der Wohnung auf, die der Mieter nicht selbst verursacht oder verschuldet hat, ist die Miete nach dem Gesetz automatisch gemindert, solange ein Mangel vorliegt (BGH WM 1991, 544). Das Recht des Mieters auf Mietminderung kann bei Wohnraum nicht beschränkt oder ausgeschlossen werden. Für die Dauer von drei Monaten bleibt eine Minderung außer Betracht, soweit diese auf Grund einer Maßnahme eintritt, die einer energetischen Modernisierung nach § 555b Nr. 1 BGB dient (eingefügt durch das am 1.5.2013 in Kraft getretene MietRÄndG). § 536 BGB ist auf ein bis zum 1.5.2013 entstandenes Mietverhältnis in der bis zum 1.5.2013 geltenden Fassung weiter anzuwenden, wenn bei Modernisierungsmaßnahmen die Mitteilung nach § 554 Abs. 3 Satz 1 BGB dem Mieter vor dem 1.5.2013 zugegangen ist oder bei Modernisierungsmaßnahmen, auf die § 554 Abs. 3 Satz 3 BGB in der bis zum 1.5.2013 geltenden Fassung anzuwenden ist, der Vermieter mit der Ausführung der Maßnahme vor dem 1.5.2013 begonnen hat (Art. 229 § 29 EGBGB).
Ausgeschlossen ist das Mietminderungsrecht, wenn der Mieter den Mangel bei Vertragsabschluss kannte oder er ihm in Folge grober Fahrlässigkeit unbekannt geblieben ist und der Vermieter ihn nicht arglistig verschwiegen hat, § 536b BGB. Ferner entfällt das Mietminderungsrecht, wenn der Mieter einen im Laufe der Mietzeit aufgetretenen Mangel dem Vermieter nicht unverzüglich angezeigt hat und der Vermieter in Folge dessen keine Abhilfe schaffen konnte, § 536c BGB. Verweigert der Mieter beharrlich die Duldung der Mängelbeseitigung, so ist die Minderung ebenfalls ausgeschlossen (AG Stuttgart-Bad Cannstadt WuM 2008, 594).
Streitig ist, wann der Mieter sein Minderungsrecht wegen vorbehaltloser Zahlung trotz Kenntnis des Mangels verliert. Der Mieter kann sein Minderungsrecht verwirken (BGH NJW 2003, 2601, 2603), so etwa, wenn er bei längerem Zeitablauf durch sein Verhalten (vorbehaltlose ungekürzte Mietzahlung) beim Vermieter das Vertrauen erweckt hat, er werde sein Minderungsrecht nicht mehr geltend machen (OLG Düsseldorf NJW-RR 2003, 153: für Gewerberäume).

2 Legionellen in der Wasserversorgungsanlage stellen einen Mangel dar (AG Dresden GE 2014, 396).

3 Für die Zeit, während der die Tauglichkeit gemindert ist, hat der Mieter nur eine angemessen herabgesetzte Miete zu entrichten (§ 536 Abs. 1 Satz 2 BGB). Entscheidend ist der Umfang der Beeinträchtigung.
Bewertungsgrundlage für die Minderung ist die Bruttomiete (Miete einschließlich aller Nebenkosten). Dabei ist unerheblich, ob die Nebenkosten als Pauschale oder Vorauszahlung geschuldet werden (vgl. BGH NJW 2005, 1713).

4 Der Mieter kann auch entgegen einer vertraglichen Bestimmung gegen eine Mietforderung wegen zu viel gezahlter Miete aufrechnen, wenn er diese Absicht dem Vermieter mindestens einen Monat vor der Fälligkeit der Miete in Textform angezeigt hat (§ 556b Abs. 2 BGB).

M 16.12 Ordentliche Kündigung des Vermieters von Wohnraum wegen Pflichtverletzung[1]

(Schreiben des Vermieters an Mieter – Auszug)

(Zustellungsvermerk[2])

...

Hiermit kündige[3] ich das mit Ihnen bestehende Mietverhältnis über die Wohnung in der ... Str., Nr. ... in ... gem. Mietvertrag vom ... fristgerecht zum ...

Die Kündigung wird wie folgt begründet[4]:

... (Schilderung des Sachverhaltes, auf den die Kündigung gestützt wird, und Feststellung, dass der Mieter deswegen seine vertraglichen Pflichten schuldhaft nicht unerheblich verletzt hat).

Ich fordere Sie auf, die Räume bis zum oben genannten Termin in vertragsgemäßem Zustand, vollständig geräumt und mit allen mitvermieteten Einrichtungen und Schlüsseln an mich herauszugeben. Vereinbaren Sie bitte mit mir unverzüglich einen Termin zur Übergabe der Räume. Sollte keine fristgemäße Übergabe erfolgen, müssen Sie damit rechnen, dass sofort Räumungsklage erhoben wird.

Ich weise darauf hin, dass Sie dieser Kündigung gem. § 574 BGB widersprechen können, wenn die Beendigung des Mietverhältnisses für Sie, Ihre Familie oder einen anderen Angehörigen Ihres Haushalts eine Härte bedeuten würde, die auch unter Würdigung meiner berechtigten Interessen nicht zu rechtfertigen ist[5]. Der Widerspruch muss schriftlich erfolgen und spätestens zwei Monate vor dem oben genannten Beendigungszeitpunkt bei mir eingehen. Sofern Sie Widerspruch erheben, bitte ich um Mitteilung Ihrer Gründe (§ 574b Abs. 1 BGB).

Einer stillschweigenden Fortsetzung des Mietverhältnisses gem. § 545 BGB widerspreche ich hiermit ausdrücklich[6].

Vom Zeitpunkt der Beendigung des Mietverhältnisses bis zur endgültigen Rückgabe der Mietsache beanspruche ich Nutzungsentschädigung, mindestens in Höhe der von Ihnen bisher geschuldeten Miete.

...

1 Vgl. § 573 BGB.

2 Die Kündigung wird nur mit Zugang wirksam. Es sollte deshalb auf die Nachweisbarkeit des Zugangs geachtet werden und die Art des Zugangs bereits im Schreiben aufgeführt werden (zB per Gerichtsvollzieher oder per Bote).

3 Die Schriftform ist bei Kündigung eines Wohnraummietverhältnisses zwingend vorgeschrieben (vgl. § 568 Abs. 1 BGB).

4 Die Gründe für ein berechtigtes Interesse des Vermieters sind in dem Kündigungsschreiben genau anzugeben (vgl. § 573 Abs. 3 BGB). Einzelne Vorfälle sind mit Datum konkret zu beschreiben. Unpünktliche Mietzahlungen sind mit Datum des Zahlungseingangs aufzulisten.

5 Der Hinweis auf das Widerspruchsrecht des Mieters muss nicht zwingend in der Kündigung erfolgen (vgl. § 568 Abs. 2 BGB „Soll"-Vorschrift), ist aber empfehlenswert. Wird auf den Widerspruch nicht hingewiesen, berührt dies die Wirksamkeit der Kündigung nicht, führt aber zu einer verlängerten Widerspruchsfrist für den Mieter (vgl. § 574b Abs. 2 Satz 2 BGB).

6 Dieser Hinweis sollte in der Kündigung enthalten sein, um eine stillschweigende Verlängerung des Mietverhältnisses gem. § 545 BGB nach Ablauf der Mietzeit zu vermeiden.

M 16.13 Erleichterte Kündigung des Vermieters bei Einliegerwohnung/ Wohnraum im vom Vermieter bewohnten Ein-/Zweifamilienhaus[1]

(Schreiben des Vermieters an Mieter – Auszug)

...

Hiermit kündige ich das mit Ihnen bestehende Mietverhältnis über die von Ihnen in meinem Haus angemietete Wohnung im ...-Geschoss (alternativ: über die in meiner von mir bewohnten Wohnung im ...-Geschoss angemieteten Zimmer ...) ordentlich zum .... Ich weise Sie darauf hin, dass ich ausdrücklich von der ordentlichen Kündigungsmöglichkeit gem. § 573a Abs. 1 (alternativ: Abs. 2) BGB Gebrauch mache. Nach dieser Vorschrift kann ein Mietverhältnis über eine Wohnung in einem vom Vermieter selbst bewohnten Gebäude mit nicht mehr als zwei Wohnungen (alternativ: über Wohnraum innerhalb der vom Vermieter selbst bewohnten Wohnung) – dieser Fall ist hier gegeben – durch den Vermieter gekündigt werden, ohne dass es eines berechtigten Interesses im Sinne des § 573 BGB bedarf. In diesem Fall verlängert sich die Kündigungsfrist[2] um drei Monate, sodass das Mietverhältnis am ... endet.

Ich fordere Sie auf, die Räume bis zum oben genannten Beendigungszeitpunkt in vertragsgemäßem Zustand, vollständig geräumt und mit allen mitvermieteten Einrichtungen und Schlüsseln an mich herauszugeben. Sollte keine fristgemäße Rückgabe erfolgen, müssen Sie damit rechnen, dass sofort Räumungsklage erhoben wird.

Einer stillschweigenden Fortsetzung des Mietverhältnisses gem. § 545 BGB über den Beendigungszeitpunkt hinaus widerspreche ich bereits jetzt ausdrücklich.

Ich weise Sie darauf hin, dass Sie gegen diese Kündigung gem. § 574 BGB Widerspruch[3] einlegen können, wenn die vertragsgemäße Beendigung des Mietverhältnisses für Sie, Ihre Familie oder einen anderen Angehörigen Ihres Haushalts eine Härte bedeuten würde, die auch unter Würdigung meiner berechtigten Interessen nicht zu rechtfertigen ist. Der Widerspruch muss schriftlich erfolgen und spätestens zwei Monate vor dem oben genannten Beendigungszeitpunkt bei mir eingehen. Sollten Sie Widerspruch erheben, bitte ich schon jetzt um Mitteilung Ihrer Gründe hierfür (§ 574b Abs. 1 Satz 1 BGB).

Vom Zeitpunkt der Beendigung des Mietverhältnisses bis zur endgültigen Rückgabe der Mietsache beanspruche ich Nutzungsentschädigung, mindestens in Höhe der von Ihnen bisher geschuldeten Miete.

...

1 Vgl. § 573a BGB. Bei Einliegerwohnungen in einem vom Vermieter selbst bewohnten Haus mit nicht mehr als 2 Wohnungen bzw. Wohnraum innerhalb der vom Vermieter selbst bewohnten Wohnung hat der Vermieter die Wahl: Er kann ordentlich kündigen unter Darlegung eines berechtigten Interesses oder *ohne* Angabe von Gründen, wobei er bei Letzterem ausdrücklich angeben muss, dass er die Kündigung auf die Voraussetzungen des § 573a Abs. 1 oder Abs. 2 BGB stützt. Die Angabe kann später nicht nachgeholt werden. Der Vermieter kann sich grundsätzlich auch in erster Linie auf sein erleichtertes Kündigungsrecht berufen, hilfsweise zusätzlich ein berechtigtes Interesse für die Kündigung zur Begründung heranziehen. Ist im Haus eine dritte Wohnung dergestalt möglich, dass in den weiteren Räumen ein eigenständiger Haushalt geführt werden kann, so ist das Gebäude kein Zweifamilienhaus. So auch, wenn zwei Parteien in dem Haus wohnen und die weiteren Räumlichkeiten früher einmal als Wohnung und nun als Gewerberäume genutzt werden (BGH MDR 2015, 501).

2 Die ordentliche Kündigungsfrist ist einzuhalten. Die Kündigungsfrist verlängert sich gem. § 573 Abs. 1 Satz 2 BGB um drei Monate.

3 Zum Mieterwiderspruch vgl. **M 16.17**.

M 16.14 Fristlose Kündigung des Vermieters von Wohnraum bei Zahlungsverzug[1]

(Schreiben des Vermieters an Mieter – Auszug)

...

Hiermit kündige ich das mit Ihnen bestehende Mietverhältnis über die Wohnung in ... gem. Mietvertrag vom ... wegen Zahlungsverzugs (§§ 543 Abs. 2 Nr. 3, 569 Abs. 3 BGB) fristlos, hilfsweise fristgemäß[2] zum nächstmöglichen Zeitpunkt.

Sie haben für die Monate ... die Miete einschließlich der Betriebskostenvorauszahlungen nicht gezahlt. Laut Mietvertrag ist die Miete in Höhe von mtl. ... jeweils zum dritten Werktag eines Monats im Voraus zu zahlen.

Somit sind Sie bis heute mit der Zahlung der Miete iHv. ... Euro in Zahlungsverzug geraten[3].

Ich habe Sie aufzufordern, die Mieträume innerhalb von 14 Tagen, bis spätestens zum ... zu räumen und in vertragsgerechtem Zustand und mit allen mitvermieteten Einrichtungen und Schlüsseln an mich herauszugeben[4].

Nach erfolglosem Ablauf der obigen Räumungsfrist werde ich unverzüglich Räumungsklage erheben.

Einer stillschweigenden Fortsetzung des Mietverhältnisses gem. § 545 BGB wird bereits jetzt ausdrücklich widersprochen.

Soweit die Kündigung hilfsweise fristgerecht erfolgte, können Sie ihr gem. § 574 BGB widersprechen, wenn die vertragsgemäße Beendigung des Mietverhältnisses für Sie, Ihre Familie oder einen anderen Angehörigen Ihres Haushalts eine nicht zu rechtfertigende Härte darstellt. Der Widerspruch muss schriftlich erfolgen und spätestens zwei Monate vor dem nächstmöglichen Beendigungszeitpunkt bei mir eingehen. Sollten Sie Widerspruch erheben, bitte ich schon jetzt um Mitteilung Ihrer Gründe hierfür (§ 574b Abs. 1 Satz 1 BGB).

Vom Zeitpunkt der Beendigung des Mietverhältnisses bis zur endgültigen Rückgabe der Mietsache beanspruche ich Nutzungsentschädigung, mindestens in Höhe der von Ihnen bisher geschuldeten Miete.

...

1 Vgl. §§ 543 Abs. 2 Nr. 3, 569 Abs. 3 BGB.

2 Es ist empfehlenswert, hilfsweise auch eine ordentliche Kündigung auszusprechen für den Fall, dass die fristlose Kündigung nicht wirksam sein sollte. So ist eine Heilung der Kündigung durch nachträgliche Zahlung gem. § 569 Abs. 3 Nr. 2 BGB bei der fristgemäßen Kündigung nicht möglich.

3 Die Kündigung muss schriftlich erfolgen (§ 568 Abs. 1 BGB). Die Kündigung muss begründet und der Zahlungsrückstand nachvollziehbar dargestellt werden; in einfachen Fällen reicht die Angabe des Gesamtrückstands und die Benennung des Zahlungsverzugs als Kündigungsgrund aus (vgl. BGH NJW 2004, 850). Wird die Kündigung auch auf frühere Rückstände gestützt, genügt es, dass der Mieter anhand der Begründung des Kündigungsschreibens erkennen kann, von welchem Mietrückstand der Vermieter ausgeht, um mit Hilfe dieser Angaben die Kündigung eigenständig auf ihre Stichhaltigkeit überprüfen zu können (BGH WuM 2010, 484). S. auch Rz. 62 f.

4 Auch bei fristloser Kündigung kann eine Räumungsfrist gesetzt und gewährt werden.

M 16.15 Abmahnung des Mieters von Wohnraum wegen vertragswidrigen Verhaltens[1]

(Schreiben des Vermieters an Mieter – Auszug)

...

Als Mieter der Wohnung in ... haben Sie sich in letzter Zeit vertragswidrig verhalten. Das vertragswidrige Verhalten ergibt sich aus Folgendem:

a) ...

b) ...

(konkrete Angabe des vertragswidrigen Verhaltens[2], zB der Störungen des Hausfriedens oder der Nachtruhe durch den Mieter oder seine Angehörigen mit konkreter Sachverhalts- und Datumsangabe oder unerlaubte bauliche Veränderungen in den vermieteten Räumen oder unpünktliche Mietzahlungen unter Angabe der einzelnen verspäteten Zahlungseingänge etc.).

Ich mahne Sie hiermit ausdrücklich wegen obiger Pflichtverletzungen ab und fordere Sie auf, das vertragswidrige Verhalten unverzüglich zu unterlassen und Ihren mietvertraglichen Verpflichtungen künftig nachzukommen. Sollten Sie die beanstandeten Verhaltensweisen trotz dieser Abmahnung fortsetzen, müssen Sie damit rechnen, dass das Mietverhältnis von mir – ggf. fristlos – gekündigt wird. Schadenersatzansprüche jeglicher Art bleiben vorbehalten.

...

1 Die Abmahnung kann formfrei erfolgen, jedoch ist die Schriftform aus Beweisgründen zu empfehlen. Regelmäßig ist eine vorangegangene erfolglose Abmahnung Voraussetzung für eine fristlose Kündigung des Mietverhältnisses, mit Ausnahme der im Gesetz genannten Fälle (§ 543 Abs. 3 BGB).

2 Die Abmahnung muss das beanstandete Verhalten konkret bezeichnen; allgemeine Formulierungen (zB „Sie haben wiederholt gegen die Hausordnung verstoßen") genügen nicht.

M 16.16 Fristlose Kündigung des Vermieters von Wohnraum wegen Pflichtverletzung[1]

(Schreiben des Vermieters an Mieter – Auszug)

...

Hiermit kündige ist das mit Ihnen bestehende Mietverhältnis über die Wohnung in ... gem. Mietvertrag vom ... gem. § 543 Abs. 1/§ 543 Abs. 2/§ 569 Abs. 2 BGB[2] aus wichtigem Grund fristlos[3], hilfsweise fristgemäß zum nächstmöglichen Zeitpunkt.

Die Kündigung rechtfertigt sich wie folgt[4]:

(Schilderung des Sachverhaltes, auf den die Kündigung gestützt wird und Feststellung, dass der Mieter deswegen seine vertraglichen Pflichten schwerwiegend verletzt hat. Die der Kündigung zu Grunde liegenden Vorfälle sind konkret, möglichst unter Angabe von Datum und Uhrzeit zu schildern, auf vorangegangene Abmahnungen sollte hingewiesen werden).

1 Vgl. §§ 543, 569 BGB. Sowohl Vermieter als auch der Mieter können das Mietverhältnis aus wichtigem Grund außerordentlich fristlos kündigen (s. Rz. 55 f., 62 f.).

2 Unzutreffendes ist zu streichen.

3 Die außerordentliche Kündigung ist an keine Frist gebunden, allerdings kann ein zu langes Abwarten zu der Annahme führen, eine Fortsetzung des Mietverhältnisses ohne fristlose Kündigung sei zumutbar (vgl. BGH NJW-RR 1988, 77).

4 Besteht der wichtige Grund in der Verletzung einer Pflicht aus dem Mietvertrag, so bedarf es vor Ausspruch einer fristlosen Kündigung – mit Ausnahme der im Gesetz genannten Fälle (§ 543 Abs. 3 BGB) – erst einer Abmahnung.

Ihr vertragswidriges Verhalten haben Sie trotz Abmahnung vom . . . nicht eingestellt. Unter diesen Umständen ist es für mich nicht zumutbar, das Mietverhältnis mit Ihnen fortzusetzen.

Ich fordere Sie auf, die Mieträume bis spätestens . . . zu räumen und in vertragsgemäßem Zustand und mit allen mitvermieteten Einrichtungen und Schlüsseln an mich herauszugeben. Sollten Sie dieser Räumungsaufforderung nicht nachkommen, werde ich unverzüglich Räumungsklage erheben.

Bereits jetzt widerspreche ich ausdrücklich einer stillschweigenden Fortsetzung des Mietverhältnisses gem. § 545 BGB.

Soweit die Kündigung hilfsweise fristgerecht erfolgte, können Sie ihr gem. § 574 BGB widersprechen, wenn die vertragsgemäße Beendigung des Mietverhältnisses für Sie, Ihre Familie oder einen anderen Angehörigen Ihres Haushalts eine nicht zu rechtfertigende Härte darstellt. Der Widerspruch muss schriftlich erfolgen und spätestens zwei Monate vor dem nächstmöglichen Beendigungszeitpunkt bei mir eingehen. Sollten Sie Widerspruch erheben, bitte ich schon jetzt um Mitteilung Ihrer Gründe hierfür (§ 574b Abs. 1 Satz 1 BGB).

Vom Zeitpunkt der Beendigung des Mietverhältnisses bis zur endgültigen Rückgabe der Mietsache beanspruche ich Nutzungsentschädigung, mindestens in Höhe der von Ihnen bisher geschuldeten Miete.

. . .

M 16.17 Kündigungswiderspruch des Mieters von Wohnraum[1]

(Schreiben des Mieters an Vermieter – Auszug)

. . .

Mit Schreiben vom . . . haben Sie das zwischen uns bestehende Wohnraummietverhältnis zum . . . gekündigt. Der Kündigung widerspreche ich hiermit fristgerecht[2] und verlange die Fortsetzung des Mietverhältnisses (ggf.: /auf . . . Jahre/auf . . . Monate[3], also bis zum . . .).

Der Widerspruch wird wie folgt begründet[4]:

(genaue Angabe der Gründe, beispielsweise das Fehlen einer angemessenen Ersatzwohnung, unzumutbarer Zwischenumzug bei in Aussicht stehender Ersatzwohnung in naher Zeit, schwere Krankheit, Gebrechen, Behinderung, Schwangerschaft, Erschwerung der Berufsausübung oder Ausbildung etc.)

. . .

1 Die sog. Sozialklausel (§ 574 BGB) dient dem Bestandsschutz des Mieters. Für die Beendigung eines Zeitmietvertrages auf Grund einer vereinbarten Befristung als auch bei außerordentlicher fristloser Kündigung aus wichtigem Grund ist kein Widerspruchsrecht des Mieters gegeben (Ausnahme § 575a Abs. 2 BGB).

2 Der Widerspruch muss dem Vermieter spätestens zwei Monate vor der Beendigung des Mietverhältnisses zugehen (vgl. § 574b Abs. 2 BGB) und bedarf der Schriftform. Hat der Vermieter nicht rechtzeitig vor Ablauf der Widerspruchsfrist auf die Möglichkeit des Widerspruchs hingewiesen, so kann der Mieter den Widerspruch noch im ersten Termin des Räumungsrechtsstreits erklären (§ 574 Abs. 2 Satz 2 BGB).

3 Nichtzutreffendes streichen. Grds. ist das Mietverhältnis auf bestimmte Zeit fortzusetzen (§ 574 Abs. 1 Satz 1 BGB). Ausnahmsweise erfolgt die Fortsetzung auf unbestimmte Zeit, wenn ungewiss ist, wann die Härteumstände wegfallen (§ 574 Abs. 2 Satz 2 BGB).

4 Der Mieter ist nicht verpflichtet, den Widerspruch zu begründen. Auf Verlangen des Vermieters soll der Mieter aber unverzüglich die Gründe seines Widerspruchs mitteilen, § 574b Abs. 1 Satz 2 BGB. Die Angabe der Gründe ist dem Mieter zu empfehlen, da er sonst ggf. Kostennachteile im Räumungsprozess zu befürchten hat (vgl. § 93b Abs. 2 ZPO).

M 16.18 Fristlose Kündigung des Mieters von Wohnraum wegen Gesundheitsgefährdung[1]

(Schreiben des Mieters an Vermieter – Auszug)

...

Hiermit kündige ich das mit Ihnen bestehende Mietverhältnis über die Wohnung in ... gemäß Mietvertrag vom ... fristlos, hilfsweise fristgemäß wegen erheblicher Gefährdung der Gesundheit nach § 569 Abs. 1 BGB.

Die Kündigung rechtfertigt sich wie folgt[2]:

(Darlegung der erheblichen Gesundheitsgefährdung durch konkrete Schilderung der Umstände, die die Annahme einer erheblichen Gesundheitsgefährdung rechtfertigen und, soweit vorhanden, Vorlage eines entsprechenden Gutachtens)

Auf Grund der geschilderten Zustände ist für mich ein weiterer Verbleib in der Wohnung nicht mehr zumutbar. Eine Abhilfe wurde durch Sie nicht geschaffen, obwohl ich bereits mit Schreiben vom ... die Beseitigung der geschilderten Gesundheitsgefahren verlangt hatte[3].

Ich werde Ihnen die Wohnung zum ... geräumt zurückgeben.

Wegen der genauen Modalitäten der Übergabe werde ich mich mit Ihnen kurzfristig in Verbindung setzen.

Ich bitte um kurzfristige Bestätigung der Vertragsbeendigung.

...

1 Gem. § 569 Abs. 1 BGB liegt ein wichtiger Grund für eine außerordentliche fristlose Kündigung durch den Mieter vor, wenn der gemietete Wohnraum so beschaffen ist, dass seine Benutzung mit einer erheblichen Gefährdung der Gesundheit verbunden ist. Dies gilt selbst dann, wenn dem Mieter bei Vertragsschluss die gesundheitsgefährdenden Umstände bekannt waren. Das Kündigungsrecht ist allerdings dann ausgeschlossen, wenn der Mieter den gesundheitsgefährdenden Zustand selbst herbeigeführt hat (BGH NJW 2004, 848).

2 Ausreichend ist die erhebliche Gesundheitsgefährdung, eine Gesundheitsschädigung muss noch nicht eingetreten sein (vgl. BGH NJW 1989, 218). Ein Kündigungsgrund ist von der Rechtsprechung unter anderem bejaht worden bei erhöhter Bleikonzentration über dem Grenzwert der Trinkwasserverordnung (LG Hamburg WM 1991, 161), erhöhter Formaldehydkonzentration (LG München I NJW-RR 1991, 975), hoher Lindanbelastung (OLG Nürnberg DWW 1992, 143) und Schimmelpilzbefall mit Toxinbildung (KG ZMR 2004, 513). Zur besseren Begründung sowie aus Gründen der Beweissicherung empfiehlt sich die Einholung eines Sachverständigengutachtens.

3 Eine Abhilfefrist ist gem. § 543 Abs. 3 Satz 1 BGB dann erforderlich, wenn die gesundheitsgefährdende Beschaffenheit der Mietsache auf einer Pflichtverletzung des Vermieters beruht. Sie ist zB dann entbehrlich, wenn eine unverzügliche Abhilfe nicht möglich ist oder der Vermieter die Abhilfe endgültig verweigert.

M 16.19 Mietaufhebungsvertrag über Wohnraum[1]

Zwischen

... (Name, Anschrift)

(Vermieter)

und

1 Ein Aufhebungsvertrag kann jederzeit formfrei zwischen Mieter und Vermieter abgeschlossen werden. Aus Beweisgründen ist Schriftform empfehlenswert. Zu beachten ist, dass der Mietaufhebungsvertrag auch von allen Parteien des Mietvertrages abgeschlossen wird. So müssen bei Ehepaaren beide zustimmen und unterzeichnen. Ist der Mieter bereits ausgezogen, ist es auch möglich, das Mietverhältnis rückwirkend einvernehmlich aufzuheben.

. . . (Name, Anschrift)
(Mieter)
wird folgender

Mietaufhebungsvertrag

geschlossen:

1. *Das bestehende Mietverhältnis über die Wohnung im Hause . . . in . . . gemäß Mietvertrag vom . . . wird einvernehmlich zum . . . beendet.*
2. *Der Mieter verpflichtet sich, die Wohnung im . . . EG/OG des Hauses . . . bestehend aus . . . Zimmern, Küche, Bad, Flur, . . . (ggf. weitere Räume) und dem dazugehörigen Keller zu räumen und mit sämtlichen Schlüsseln (im Einzelnen . . .) zum vereinbarten Beendigungszeitpunkt an den Vermieter herauszugeben. Der Mieter erklärt ausdrücklich, dass er auf die Stellung von Räumungsschutzanträgen gem. § 721 ZPO – soweit gesetzlich zulässig – verzichtet[2].*
3. *Dem Mieter wird das Recht eingeräumt, vor dem vereinbarten Beendigungszeitpunkt nach vorheriger schriftlicher Ankündigung mit einer Frist von zwei Wochen auszuziehen[3]. Der Mieter schuldet in diesem Fall die Miete bis zum Ablauf des Monats, in dem der Auszug erfolgt.*
4. *Der Mieter verpflichtet sich, bis spätestens zu seinem Auszug folgende Schönheitsreparaturen fachgerecht durchzuführen: . . . (Angabe der einzelnen Räume und Art der Durchführung, zB Streichen von Decke und Wänden in Küche, WC und Schlafzimmer, Tapezieren mit Raufaser im Wohnzimmer).*
5. *Der Mieter kann die von ihm eingebrachte Einbauküche in der Wohnung belassen. Die Einbauküche wird vom Vermieter zum Kaufpreis von . . . Euro übernommen. Im Übrigen verpflichtet sich der Mieter, die von ihm eingebrachten Einrichtungen und Einbauten zu entfernen und den früheren Zustand wieder herzustellen.*
6. *Von dieser Vereinbarung bleiben Ansprüche des Vermieters gegen den Mieter wegen Beschädigung der Mietsache und wegen nicht ausgeführter Schönheitsreparaturen unberührt. Feststellungen hierzu werden erst nach Rückgabe der Mietsache getroffen.*
7. *Die Parteien verzichten übereinstimmend auf die Abrechnung der Betriebskosten für den Abrechnungszeitraum . . . .*
8. *Der Vermieter verpflichtet sich, über die vom Mieter geleistete Kaution nebst Zinsen abzurechnen, sobald er die Mietsache zurückerhalten hat und eine Feststellung etwaiger Ansprüche des Vermieters aus der Wohnungsrückgabe erfolgt ist.*
9. *Eine Verlängerung des Mietverhältnisses gem. § 545 BGB über den vorgenannten Auszugstermin hinaus wird ausgeschlossen.*
10. *Mündliche Nebenabreden außerhalb dieser Vereinbarung wurden nicht getroffen. Änderungen und Ergänzungen dieses Vertrages bedürfen der Schriftform.*

. . .

---

2 Der Mieter kann nicht bereits im Voraus auf sein Recht verzichten, beim Vollstreckungsgericht wegen besonderer Härte die Aufhebung, einstweilige Einstellung oder Untersagung einer Zwangsvollstreckungsmaßnahme zu beantragen (vgl. § 765a ZPO). Ein Verzicht auf Räumungsschutz (§§ 721, 794a ZPO) soll dagegen zulässig sein.

3 Ist dem Vermieter an einem vorzeitigen Auszug des Mieters gelegen, wird der Vermieter oftmals bereit sein, auf die Einhaltung einer Kündigungsfrist durch den Mieter zu verzichten oder ggf. auch eine Abstandszahlung zu leisten (so insbesondere bei Eigenbedarfskündigungen oder Kündigung des Vermieters wegen beabsichtigter Modernisierungen).

M 16.20 Fristsetzung zur Vornahme von Schönheitsreparaturen bei Wohnraum nach Vertragsende[1]

(Schreiben des Vermieters an Mieter – Auszug)

...

Nach Beendigung des Mietverhältnisses und Ihrem Auszug musste ich feststellen, dass Sie keine Schönheitsreparaturen in den Mieträumen durchgeführt haben.

Ich darf Sie darauf aufmerksam machen, dass Sie gem. § ... des Mietvertrages verpflichtet sind, die Schönheitsreparaturen entsprechend der dortigen Regelung zu erbringen. Da Sie nunmehr ... Jahre in der Wohnung gewohnt haben und während des Mietverhältnisses keine Schönheitsreparaturen erbracht wurden (alternativ: da die letzten von Ihnen durchgeführten Schönheitsreparaturen bereits ... Jahre zurückliegen), sind Sie nunmehr zur Ausführung der Schönheitsreparaturen verpflichtet. Die Räume befinden sich auch in einem renovierungsbedürftigen Zustand (Zustand der Zimmer möglichst genau wiedergeben, zB vergilbte/abgenutzte/verschmutzte Wände/Tapete, Decken, Türen; ggf. auch Bezugnahme auf ein beiden Parteien vorliegendes Übergabeprotokoll)[2].

Folgende Arbeiten sind von Ihnen auszuführen:

(Genaue Bezeichnung der Art und des Umfangs der Renovierungsarbeiten. Es müssen somit die einzelnen Räume mit den hierin auszuführenden Arbeiten zB streichen, tapezieren der Wände in ... Zimmer) bezeichnet werden. Der Mieter muss genau erkennen können, was von ihm verlangt wird.)

Ich habe Sie aufzufordern, die vorstehend aufgeführten Arbeiten bis[3] *... fachgerecht auszuführen.*

Nach erfolglosem Ablauf der Frist werde ich einen Maler mit der Durchführung der Arbeiten beauftragen und die dadurch entstandenen Kosten als Schadensersatz gegen Sie geltend machen. Die Geltendmachung weiterer Schadensersatzansprüche[4] *bleibt vorbehalten.*

...

1 Zunächst ist zu prüfen, ob der Mietvertrag überhaupt eine wirksame Übertragung der Schönheitsreparaturen auf den Mieter enthält. S. hierzu Rz. 43 ff.

2 Nach Ablauf der von der Rspr. anerkannten „Erfahrungsfristen" spricht eine widerlegliche Vermutung dafür, dass die Schönheitsreparaturen durchzuführen sind. Ungeachtet dessen ist zu empfehlen, den Zustand der Räume aufzuführen, insbesondere weil der Mieter die Vermutung der Renovierungsbedürftigkeit uU widerlegen kann. Der Vermieter wiederum kann aber auch darlegen, dass schon vor Ablauf der Fristen eine Renovierungsbedürftigkeit besteht, wobei hieran hohe Anforderungen gestellt werden.

3 Der Vermieter kann erst dann Schadensersatz wegen nicht erbrachter Schönheitsreparaturen durch den Mieter geltend machen, wenn er dem Mieter zuvor erfolglos eine angemessene Frist zur Leistungserbringung gesetzt hat (vgl. §§ 280, 281 Abs. 1 BGB). Grundsätzlich wird davon ausgegangen, dass eine 14-Tages-Frist zur Vornahme der Renovierung einer kompletten Wohnung ausreichend ist (KG NZM 2007, 356). Wird eine zu kurze Frist gesetzt, wird die angemessene Frist in Lauf gesetzt (BGH NJW1985, 2640). Eine Fristsetzung ist dann entbehrlich, wenn der Mieter die Durchführung von Schönheitsreparaturen endgültig ablehnt. Auch der kommentarlose Auszug des Mieters, ohne Schönheitsreparaturen zu erbringen, kann eine endgültige Erfüllungsverweigerung darstellen, insb. wenn die Wohnung offensichtlich dekorationsbedürftig ist (BGH NJW 1998, 1303; 1991, 2416, 2417; 1968, 491; aA OLG Hamburg WM 1992, 70). Maßgeblich sind jedoch die Umstände des Einzelfalls.

4 Nach erfolglosem Ablauf der Frist kann der Vermieter Schadensersatz in Höhe seiner notwendigen Auslagen, also der Kosten, die für die erforderlichen Arbeiten durch einen Fachbetrieb anfallen, ersetzt verlangen. Der Schadensersatz umfasst neben den Renovierungskosten ggf. auch noch den Mietausfallschaden, falls die Wohnung nicht rechtzeitig weiter vermietet werden kann. Insoweit muss der Vermieter, zB durch Benennung von Mietinteressenten, nachweisen, dass er die Wohnung aufgrund des vertragswidrigen Zustands nicht weitervermieten konnte.
Zu beachten ist, dass der Schadensersatzanspruch gem. § 548 BGB sechs Monate ab Rückerhalt der Mietsache verjährt.

Kapitel 17 Gewerberaummiete und Miete anderer Sachen

Literatur: *Dröge*, Handbuch der Mietpreisbewertung für Wohnung und Gewerberaum, 4. Aufl. 2014; *Fritz*, Gewerberaummietrecht, 4. Aufl. 2005; *Hörndler*, Anwalts-Checkbuch Gewerberaummietverträge, 2002; *Lindner-Figura/Oprée/Stellmann*, Geschäftsraummiete, 3. Aufl. 2012; *Neuhaus*, Handbuch der Geschäftsraummiete, 5. Aufl. 2014; *Wolf/Eckert/Ball*, Handbuch des gewerblichen Miet-, Pacht- und Leasingrechts, 10. Aufl. 2009; s. auch die Literaturhinweise zu Kap. 16.

I. Einführung

1 Die mietrechtlichen Vorschriften im BGB sind in drei Abschnitte aufgeteilt:

- Allgemeine Vorschriften für Mietverhältnisse (§§ 535–548 BGB)
- Mietverhältnisse über Wohnraum (§§ 549–577a BGB)
- Mietverhältnisse über andere Sachen (§§ 578–580a BGB)

Für das **Gewerbemietrecht** gelten deshalb zunächst die allgemeinen Vorschriften für Mietverhältnisse, daneben ist zwischen Mietverhältnissen über Grundstücke und über Räume, die keine Wohnräume sind sowie zwischen Mietverhältnissen über andere Sachen zu unterscheiden.

2 Hinsichtlich der **Mietverhältnisse über Grundstücke** sind gem. § 578 Abs. 1 BGB die Vorschriften der §§ 550, 562–562d, 566–567b sowie 570 BGB entsprechend anzuwenden.

3 Ferner sind auf **Mietverhältnisse über Räume**, die **keine Wohnräume** sind, zusätzlich die §§ 552 Abs. 1, 555a Abs. 1–3 BGB, §§ 555b, 555c Abs. 1–4, 555d Abs. 1–6, 555e Abs. 1 und 2, 555f und § 569 Abs. 2 BGB entsprechend anzuwenden. § 556c Abs. 1 und 2 BGB sowie die auf Grund des § 556c Abs. 3 BGB erlassene Rechtsverordnung sind entsprechend anzuwenden, abweichende Vereinbarungen sind zulässig (geändert durch das am 1.5.2013 in Kraft getretene Mietrechtsänderungsgesetz). Sind die Räume zum Aufenthalt von Menschen bestimmt, so gilt außerdem § 569 Abs. 1 BGB entsprechend (§ 578 Abs. 2 BGB). Im Gegensatz zum Wohnraummietrecht sind bei der Gestaltung von gewerblichen Mietverträgen die gesetzlichen Bestimmungen größtenteils abdingbar. Vom Gesetz abweichende Regelungen im gewerblichen Mietrecht sind deshalb einer AGB-rechtlichen Prüfung der §§ 305 ff. BGB zu unterziehen.

4 Der Begriff der **„Geschäftsräume"** wird im Gesetz nicht definiert. Er ist zwangsläufig enger als sonstige Räume und umfasst alle Räume, die zu geschäftlichen Zwecken bzw. zu anderen als zu Wohnzwecken gemietet sind (zB Lagerräume, Ladengeschäfte, Büros, Garagen).

Da der Bereich der Gewerbe- bzw. Geschäftsraummiete die größte praktische Bedeutung hat, wird hierauf gesondert und ausführlicher eingegangen.

II. Besonderheiten der Gewerberaummiete

Hinsichtlich der wichtigsten Regelungsbereiche eines Gewerberaummietvertrages wird auf nachfolgende Erläuterungen unter Hervorhebung wichtiger Abweichungen zum Wohnraummietrecht hingewiesen. 5

Zu den Erfordernissen der neuen **Energieeinsparverordnung (EnEV 2014)** s. Kap. 16 Rz. 14. Bei Gewerberäumen ist u.a. § 16 Abs. 4 EnEV besonders zu beachten. Danach müssen Eigentümer von Gebäuden, in denen sich mehr als 500 qm Nutzfläche mit starkem Publikumsverkehr befinden, der nicht auf behördlicher Nutzung beruht, einen Energieausweis an einer für die Öffentlichkeit gut sichtbaren Stelle auszuhängen, sobald für das Gebäude ein Energieausweis vorliegt. Wenn die Fläche nicht oder nicht überwiegend vom Eigentümer selbst genutzt wird, so trifft die Pflicht zum Aushang des Energieausweises den Nutzer (Mieter), dem der Energieausweis vom Vermieter dazu ausgehändigt werden muss. Dies kann zB u.a. Ladengeschäfte, Einkaufszentren, Supermärkte, Hotels oder Diskotheken etc. betreffen. 6

1. Form des Mietvertrages

Der gewerbliche Mietvertrag kann formfrei, also auch mündlich geschlossen werden. Die **Schriftform** ist nur dann erforderlich, wenn der Mietvertrag für längere Zeit als ein Jahr geschlossen werden soll (§ 550 BGB). Bei Gewerberäumen ist dies nahezu die Regel. Eine Laufzeit von mehr als einem Jahr liegt zB auch vor, wenn die ordentliche Kündigung um mehr als ein Jahr ausgeschlossen wurde (BGH ZMR 2008, 883) oder der Vertrag auf Lebenszeit (BGH NJW 1958, 2062) oder mit einer auflösenden Bedingung (OLG Köln ZMR 2001, 963, 966) abgeschlossen wurde. 7

Der Schriftform unterliegen alle wesentlichen Vertragsbedingungen, insbesondere die „Essentialia" des Mietvertrages, also die Vertragsparteien, der Mietgegenstand, der Mietzins und die Mietdauer. Wird die Schriftform nicht eingehalten, gilt der Vertrag als für unbestimmte Zeit geschlossen und ist mit den gesetzlichen Fristen (§ 580a BGB) kündbar; eine Kündigung ist dann frühestens zum Ablauf eines Jahres nach Überlassung der Mieträume zulässig (§ 550 S. 2 BGB).

Zur Wahrung der Schriftform müssen beide Parteien auf einer Urkunde unterzeichnen (Briefwechsel reicht nicht). Bei Unterzeichnung in Abwesenheit der anderen Partei muss zur Wahrung der Schriftform sowohl der Antrag als auch die Annahmeerklärung jeweils dem Vertragsgegner schriftlich zugehen (BGH NJW 1962, 1388). Wird der Vertrag nur mit Änderungen unterzeichnet und stimmt der andere Vertragspartner den Änderungen in einem gesonderten Schreiben zu, ist die Schriftform verfehlt (BGH NJW 2001, 221). Die Schriftform soll aber dann nicht verfehlt sein, wenn vom Gegenzeichnenden lediglich die Person des Vertreters im Vertragsrubrum geändert wird (OLG Köln MDR 2006, 259).

Mehrere Blätter müssen zu einer Einheit zusammengefasst sein. Nach der Auflockerungsrechtsprechung des BGH ist keine feste körperliche Verbindung der Blätter notwendig, wenn sich die Einheit der Urkunde aus anderen Merkmalen, zB fortlaufende Paginierung oder fortlaufende Nummerierung der einzelnen Bestimmungen ergibt (BGH NJW 1998, 58). Bei **Anlagen** reicht es aus, wenn der Mietvertrag auf diese Bezug nimmt und diese so genau bezeichnet, dass die Zusammengehörigkeit von Vertrag und Anlagen zweifelsfrei feststeht (BGH NJW 1999, 1104). Eine Rückverweisung in den Anlagen auf den Mietvertrag ist nicht erforderlich (BGH NZM 2003, 281). 8

Die Schriftform/Urkundeneinheit ist auch bei **Nachträgen** (Änderungen des Mietvertrages) zu beachten, wenn der Mietvertrag noch länger als ein Jahr laufen soll und es sich um wesentliche Änderungen handelt (zB Änderung der Vertragsparteien, der Mietfläche, der Betriebskostenumlage, der Mietzeit, wesentliche Änderung der Miete, vgl. OLG Jena NZM 2008, 572; KG MDR 2005, 982). Die **Aufhebung des Mietvertrages** unterliegt nicht der Schriftform (OLG Düsseldorf ZMR 2002, 510).

Ausreichend ist es, wenn der Nachtrag auf den Ursprungsmietvertrag nebst etwaiger weiterer Nachträge oder Vereinbarungen Bezug nimmt und ausdrücklich oder konkludent erklärt wird, dass es im Übrigen bei den Regelungen des Mietvertrages verbleibt (BGH NZM 2000, 381; KG MDR 2014, 1020). Einer körperlichen Verbindung bedarf es nicht (BGH NZM 2008, 484, 485). Durch einen formgerechten Nachtrag können auch ursprüngliche Schriftformfehler im Mietvertrag geheilt werden. Demgegenüber kann ein nicht der Schriftform entsprechender Nachtrag die Formwirksamkeit des Mietvertrages und sämtlicher vorangegangener Vereinbarungen zerstören (BGH MDR 1990, 711).

Für den **Mietvorvertrag** gilt das Schriftformerfordernis nicht (BGH NZM 2007, 445, 446).

Die **Berufung auf den Formmangel** verstößt in der Regel nicht gegen § 242 BGB, da in erster Linie der Erwerber der Mietsache geschützt werden soll (BGH NJW 2004, 1103). Ausnahmsweise kann die Berufung auf einen Schriftformmangel treuwidrig sein, etwa dann, wenn der Vertragspartner den Formmangel bewusst herbeigeführt hat (BGH NJW-RR 1990, 518), wenn der Kündigende durch die nicht der Schriftform genügende Regelung einseitig begünstigt worden ist (BGHZ 65, 49, 55) oder sich der Kündigende selbst zur Erfüllung der gesetzlichen Schriftform verpflichtet hatte, so zB im Rahmen einer sog. Schriftformheilungsklausel. Die Wirksamkeit Letzterer ist zumindest umstritten (zulässig nach OLG Düsseldorf NZM 2005, 147; OLG Köln GuT 2006, 14; OLG Hamm MDR 2013, 1026; einschränkend Leo in NZM 2006, 815; OLG Rostock NZM 2008, 646; offen gelassen vom BGH in MDR 2014, 951). Der Grundstückserwerber jedenfalls soll an eine Schriftformheilungsklausel nicht gebunden sein (BGH MDR 2014, 951; 2014, 334). S. auch **M 17.1** Fn. 40.

2. Option und Vormietrecht

9 Hinsichtlich der Option ist zwischen der **Begründungsoption** und der **Verlängerungsoption** (s. § 3 im Muster **M 17.1**) zu unterscheiden. Während die Begründungsoption erst zum Abschluss eines Mietvertrages führt, räumt die Verlängerungsoption dem Mieter bei Ablauf der Mietzeit das Recht ein, durch einseitige Erklärung die Verlängerung der Mietzeit um einen weiteren bestimmten Zeitraum herbeizuführen. Haben mehrere Personen den Vertrag unterschrieben, muss das Optionsrecht von allen Mietern ausgeübt werden.

10 Die **Begründungsoption** berechtigt dazu, einen vollständig ausgearbeiteten oder zumindest nach vereinbarten Bedingungen inhaltlich festzulegenden Mietvertrag in Kraft zu setzen. Auch der Vermieter kann Optionsberechtigter sein. Eine Optionsausübung unter Abänderung des Mietvertragsentwurfes ist als neuer Antrag iSv. § 145 BGB auszulegen, der vom Vertragspartner wiederum angenommen werden kann.

10a ➲ **Praxistipp:** Die Vereinbarung einer Optionsfrist ist dringend anzuraten. Ansonsten wäre der Vertragspartner des Optionsberechtigten auf unbestimmte Zeit blockiert. In die Vereinbarung kann auch ein Rücktrittsrecht von der Optionsbindung aufgenommen werden, zB für den Fall, dass bei Eintritt bestimmter Bedingungen der Mietvertrag gar nicht zu Stande kommen kann. Hierbei kann dann je nach Fallgestaltung bei Ausübung des Rücktrittsrechtes die Festlegung eines Aufwendungsersatzes oder einer pauschalen Abfindung ausgeschlossen oder ausdrücklich in bestimmter Höhe bereits vereinbart werden.

10b Die Begründungsoption wird insbesondere dann in Betracht kommen, wenn der Abschluss des Mietvertrages seitens des Optionsberechtigten noch vom Eintritt weiterer Voraussetzungen abhängig ist (zB Darlehenszusage, behördliche Genehmigungen etc.). Dies kann allerdings ebenso durch die Vereinbarung einer aufschiebenden oder auflösenden Bedingung oder eines Rücktrittrechts im Mietvertrag geschehen, so dass die Begründungsoption in der Praxis kaum Relevanz hat. Die Begründungsoption ist auch deshalb eher nicht zu empfehlen, weil diese zumeist dazu führt, dass es allein von der Entscheidung einer Partei abhängt, den Vertragsabschluss herbeizuführen oder nicht (Lindner-Figura in NZM 2000, 1193). Zum **Mietvorvertrag** s. Kap. 16 Rz. 19.

11 Die **Verlängerungsoption** muss vertraglich vereinbart werden (s. § 3 im Muster **M 17.1**). Die Vereinbarung bedarf der Schriftform, wenn die Optionszeit mehr als ein Jahr beträgt (BGH NJW-RR 1987, 1227; OLG Frankfurt NZM 1998, 1006; OLG Düsseldorf ZMR 2013, 431). Die **Optionserklärung** muss dem Vermieter **vor Ablauf der Mietzeit** in der vertraglich vereinbarten Frist (soweit vereinbart) **zugehen**. Ob die Ausübung der Option ebenfalls der Schriftform bedarf, ist umstritten (so OLG Köln NZM 2006, 464; aA. BGH NJW 2008, 2178). Im Vertrag sollte zumindest vorgesehen werden, dass die Optionsausübung schriftlich zu erfolgen hat. Sicherheitshalber empfiehlt sich auch bei der Optionsausübung der Abschluss eines Nachtrages, um eine Gefährdung der Schrift-

form gänzlich auszuschließen. Bei gewerblichen Mietverhältnissen können sich die Parteien schon bei Abschluss des Mietvertrages darüber einigen, dass mit Ausübung des Optionsrechts gleichzeitig auch ein neuer Mietpreis gelten soll (OLG Düsseldorf ZMR 2002, 593). Ohne entsprechende Regelung darf der Vermieter nach Ausübung des Optionsrechtes allein deshalb die Miete nicht erhöhen (OLG Düsseldorf NZM 2000, 462). Eine Ausnahme hiervon soll aber gelten, wenn die ergänzende Vertragsauslegung ergibt, dass der Mieter die Räume nur zu einer angemessenen, dh. erhöhten Miete weiter anmieten kann (OLG Düsseldorf NZM 2000, 462).

Das **Vormietrecht** ermöglicht es dem Berechtigten, durch einseitige empfangsbedürftige Willenserklärung gegenüber dem Vermieter ein Mietverhältnis zu begründen und zwar zu den Bedingungen eines anderen Vertrages, den der Vermieter mit einem Dritten geschlossen hat. Dies kann sinnvoll sein, wenn der Mieter sich vom Vermieter Mietflächen sichern will, ohne diese schon im Mietvertrag fest anzumieten. Schließt der Vermieter mit dem Dritten dann einen Mietvertrag ab, muss er dem Berechtigten dessen Inhalt unverzüglich mitteilen. Der Berechtigte kann das Vormietrecht binnen zwei Monaten nach Erhalt der Mitteilung ausüben (§ 469 Abs. 2 Satz 1 BGB analog). Übt er sein Vormietrecht aus, kommt der Mietvertrag mit dem Berechtigten zu den Bedingungen des Mietvertrages mit dem Dritten zu Stande. Das Vormietrecht kann formlos vereinbart werden. Beträgt die Vertragszeit für den Mietvertrag aber mehr als ein Jahr, ist Schriftform erforderlich. 12

➲ **Hinweis:** Da der Vermieter bei Vormietrechtsausübung zwei Mietverträge über dieselbe Mietsache zu erfüllen hat, liegt ein Rechtsmangel iSv. § 536 Abs. 3 BGB vor. Der Vermieter sollte daher möglichst im Erstvertrag entsprechend Vorsorge treffen, zB durch Ausschluss diesbzgl. Schadenersatzansprüche des Mieters oder Vereinbarung eines Vorbehalts des Rücktritts des Vermieters für den Fall der Ausübung des Vormietrechts. 13

3. Konkurrenzschutz, Betriebspflicht

Nach ständiger Rechtsprechung des BGH hat der Vermieter gewerblich zu nutzender Räume auch ohne Bestehen einer vertraglichen Regelung die Pflicht, den Mieter gegen Konkurrenz im selben Gebäude bzw. auf demselben Grundstück oder auf seinem angrenzenden Grundstück zu schützen, sog. **vertragsimmanenter Konkurrenzschutz** (BGH NJW-RR 1989, 1422). Der Konkurrenzschutz ohne vertragliche Regelung erstreckt sich allerdings nur auf sog. „**Hauptartikel**". Als Hauptartikel werden diejenigen Waren bezeichnet, die den Zweck des Geschäfts bestimmen und ihm das eigentümliche Gepräge geben. Eine scharfe Grenzziehung zu Nebenartikeln ist kaum möglich. Gerade deshalb sollten Konkurrenzschutzklauseln klare Regelungen enthalten; s. Muster **M 17.2**. 14

Konkurrenzschutz kann durch eine Formularklausel ausgeschlossen werden (OLG Düsseldorf NJW-RR 1992, 1290). Ob die Kombination einer Konkurrenzschutzausschlussklausel mit einer **Betriebspflicht** für den Mieter bei gleichzeitiger **Sortimentsbindung** wirksam ist, ist streitig (wirksam: OLG Naumburg NZM 2008, 772; vom BGH offen gelassen in NZM 2010, 361: bei diffuser Sortimentsbeschränkung; unwirksam: OLG Schleswig NZM 2000, 1008; OLG Brandenburg MDR 2015, 18). Die Kombination einer Betriebspflicht bei gleichzeitigem Ausschluss von Konkurrenzschutz soll hingegen unproblematisch sein (OLG Rostock NZM 2004, 460; OLG Hamburg ZMR 2003, 254). Auch für Angehörige freier Berufe gilt der Konkurrenzschutz (OLG Köln NJW-RR 2005, 1680). Eine Besonderheit besteht für Einkaufszentren. Hier wird zunehmend die Auffassung vertreten, dass der Vermieter überhaupt keinen vertragsimmanenten Konkurrenzschutz schuldet, da diese typischerweise gerade von der Konkurrenzsituation leben und der Mieter die Geschäftsräume in der Regel auch gerade wegen des attraktiven Branchenmixes anmietet (BGH NJW 1979, 1404; OLG Dresden MDR 1998, 211, 212; KG ZMR 2011, 30). Gleiches gilt u.U. auch in einer großstädtischen Einkaufsstraße (LG Frankfurt/Main NJW-RR 1989, 1246).

Ein **Verstoß** gegen die Pflicht zum Konkurrenzschutz soll zu einem Mangel der Mietsache führen (OLG Düsseldorf NZM 1998, 307). Hat der Vermieter die Räume noch nicht an den Dritten vermietet, kann der Mieter dem Vermieter im Wege der einstweiligen Verfügung die Vermietung/Überlassung der Räume an den Dritten untersagen lassen (OLG Hamm NJW-RR 1990, 1236). Sind die Räume bereits an den Konkurrenten vermietet, ist der Vermieter auf Verlangen des Mieters im Rahmen der rechtlichen Möglichkeiten verpflichtet, auf eine Auflösung des Mietvertrages mit dem

Konkurrenten oder auf eine entsprechende Änderung des Vertragszwecks hinzuwirken (OLG Frankfurt a.M. MDR 2012, 5159).

15 Insbesondere in Shoppingcentern hat der Vermieter ein Interesse daran, dass der Mieter sein Geschäft auch betreibt. In diesen Fällen sollte eine **Betriebspflicht** vereinbart werden, was auch **formularmäßig** geschehen kann (BGH NJW-RR 1992, 1032). Allerdings können bestimmte Klauselkombinationen die Betriebspflicht unwirksam machen, zB die Vereinbarung einer Betriebspflicht bei gleichzeitiger Sortimentsbindung des Mieters unter Versagung jeglichen Konkurrenz- und Sortimentsschutzes (OLG Schleswig NZM 2000, 1008; OLG Brandenburg MDR 2015, 18; s. Rz. 14).

In Einzelhandelsmietverträgen wird dem Mieter oft gleichzeitig aufgegeben, sein Geschäft zu bestimmten, angegebenen, Öffnungszeiten oder während der gesetzlichen Ladenöffnungszeiten offen zu halten. S. Muster **M 17.1**.

16 Verstößt der Mieter gegen die vertragliche Betriebspflicht, kann die Betriebsfortführung gerichtlich durchgesetzt und nach § 888 ZPO durch Festsetzung von Zwangsgeld vollstreckt werden (OLG Celle NJW-RR 1996, 585). Zudem kann der Vermieter das Mietverhältnis ggf. kündigen oder den Mieter auch im Wege der einstweiligen Verfügung zur Weiterführung seines Betriebes verpflichten (OLG Frankfurt ZMR 2009, 446; KG NZM 2013, 731). Daneben können Schadensersatzansprüche des Vermieters bestehen. Zudem können die Parteien für den Fall der schuldhaften Verletzung der Betriebspflicht eine Vertragsstrafe vereinbaren. S. Muster **M 17.1**.

4. Untervermietung

17 Das Recht zur Untervermietung ist für viele gewerbliche Mieter ein wichtiger Punkt und sollte deshalb, wenn eine Untervermietung von vornherein geplant ist, in jedem Fall geregelt werden.

Mangels abweichender Vereinbarung ist der Vermieter grundsätzlich nicht verpflichtet, seine Zustimmung zur Untervermietung zu erteilen. Verweigert der Vermieter seine Zustimmung, ohne dass ein in der Person des Dritten liegender wichtiger Grund (zB abweichender Mietzweck, s. BGH MDR 1984, 571; mangelnde Zahlungsfähigkeit des Untermieters) vorliegt, so hat der Mieter gem. § 540 Abs. 1 Satz 2 BGB ein außerordentliches Kündigungsrecht unter Einhaltung der gesetzlichen Frist.

Der formularmäßige Ausschluss des Sonderkündigungsrechts des Mieters soll unwirksam sein (LG Bonn NJW-RR 2002, 1234: bei gleichzeitigem Ausschluss der Untervermietung; BGH NJW 1995, 2034: jedenfalls, wenn die Untervermietung nach dem Vertrag nicht ausgeschlossen ist, die Nichterteilung der Untervermietungserlaubnis aber in das Belieben des Vermieters gestellt ist). Mit einer Individualvereinbarung ist dies jedoch grundsätzlich möglich. Ob auf Seiten des Vermieters der gänzliche Ausschluss des Rechts zur Untervermietung formularmäßig zulässig ist, ist höchstrichterlich noch nicht geklärt und sehr streitig (offen gelassen: BGH NJW 1987, 1692; nicht zulässig: LG Bonn NJW-RR 2002, 1234). Ein individueller Ausschluss soll dagegen wirksam sein.

Eine Vertragsbestimmung, wonach das Untermietverhältnis nach Auflösung des Hauptmietvertrages endet (auflösende Bedingung) ist rechtlich unbedenklich (OLG Bremen ZMR 2007, 363; BGH MDR 1985, 647). S. im Übrigen auch Muster **M 17.1**.

5. Ersatzmieter (Nachmieter)

18 Ein Ersatzmieter ist ein Mieter, der in ein bestehendes Mietverhältnis als Ersatz für einen ausscheidenden Mieter eintritt bzw. mit dem nach Ausscheiden des alten Mieters ein neuer Mietvertrag abgeschlossen wird. Im Gesetz ist weder der Begriff des Ersatzmieters noch das Recht auf Stellung eines Ersatzmieters geregelt, sodass es einer entsprechenden vertraglichen Vereinbarung bedarf. Da noch nicht höchstrichterlich entschieden ist, ob und inwieweit dies formularvertraglich möglich ist, sollten solche Klauseln individualvertraglich vereinbart werden.

Insoweit wird unterschieden zwischen „unechter" Ersatzmieterklausel (Mieter kann bei Stellung eines geeigneten Ersatzmieters verlangen, aus dem Mietvertrag entlassen zu werden, ohne dass der Vermieter einen Mietvertrag mit diesem schließen muss, mithin auch wenn dieser den Mietinteressenten ablehnt) und „echter" Ersatzmieterklausel (Mieter kann einen geeigneten Ersatzmieter stellen, mit dem der Vermieter – soweit zumutbar – einen neuen Mietvertrag abschließen bzw. – je nach Regelung – den alten Mietvertrag fortsetzen muss). S. Muster **M 17.3.** Ohne eine solche **Nach- oder Ersatzmieterklausel** im Mietvertrag kann der Mieter keine vorzeitige Entlassung aus dem langfristigen Mietvertrag verlangen, auch wenn dem Vermieter ein zumutbarer Ersatzmieter angeboten wird (OLG Naumburg WuM 2002, 537). Der Vermieter ist nur ganz ausnahmsweise nach dem Grundsatz von **Treu und Glauben** verpflichtet, einen **zumutbaren Ersatzmieter** als Nachfolger des Mieters zu akzeptieren, so wenn das berechtigte Interesse des Mieters an der Aufhebung des Mietvertrages dasjenige des Vermieters am Bestand des Vertrages ganz erheblich überragt, der Mieter die Umstände nicht bewusst selbst verursacht hat und der Vertragsabschluss mit dem Nachmieter für den Vermieter zumutbar ist (offen gelassen für Gewerbemietrecht von OLG Düsseldorf MDR 1994, 1008). Letzteres ist nicht der Fall, wenn der Nachmieter wesentliche Vereinbarungen ändern möchte. Für den gewerblichen Bereich gilt, dass der Mieter das sog. „Verwendungsrisiko“ trägt, sodass insbesondere enttäuschte Umsatzerwartungen grundsätzlich kein berechtigtes Interesse an der Vertragsaufhebung darstellen (BGH MDR 2000, 821).

➲ **Hinweis:** Will der Mieter sich vom langfristigen Mietvertrag lösen und verweigert der Vermieter die Nachmieterstellung, wird in der Praxis oft versucht, das Problem über die Untervermietung zu lösen. Verweigert der Vermieter nämlich die Erlaubnis, ohne dass in der Person des Untermieters ein wichtiger Grund vorliegt, kann sich der Mieter auf sein Sonderkündigungsrecht gem. § 540 Abs. 1 Satz 2 BGB berufen (s. Rz. 17). 19

6. Instandhaltung, Instandsetzung und Schönheitsreparaturen

Sofern nichts Abweichendes zwischen den Parteien vereinbart ist, werden unter den Kosten der **Instandhaltung** in Anlehnung an § 28 I der II. BerechnungsVO die Kosten verstanden, die zur Erhaltung des bestimmungsgemäßen Gebrauchs aufgewendet werden müssen, um die durch Abnutzung, Alterung und Witterungseinwirkung entstehenden baulichen und sonstigen Mängel ordnungsgemäß zu beseitigen. Bei den Kosten der **Instandsetzung** handelt es sich in der Regel um Kosten aus Reparatur und Wiederbeschaffung (BGH MDR 2006, 17 = NJW-RR 2006, 84). 20

Bei Gewerberaummietverträgen ist es grundsätzlich zulässig, durch Formularvertrag in weiterem Umfang als bei der Wohnraummiete über die Schönheitsreparaturen hinausgehende Instandhaltungs- und Instandsetzungsarbeiten ohne Betragsbegrenzung dem Mieter aufzuerlegen. Unwirksam ist aber stets die **formularvertragliche** Überwälzung der gesamten Instandhaltung bzw. Instandsetzung auf den Mieter einschließlich derer an „Dach- und Fach“. Durch Individualvereinbarung kann dem Mieter aber die Instandhaltung an Dach und Fach übertragen werden (OLG Rostock MDR 2010, 141). Die formularvertragliche Abwälzung der Kosten für die Instandhaltung und Instandsetzung an Gemeinschaftsflächen ohne kostenmäßige Begrenzung ist unwirksam (vgl. OLG Naumburg NJW-RR 2000, 823; OLG Dresden NJW-RR 1997, 395; BGH NJW-RR 2006, 84). Ebenso ist es unzulässig, dem Mieter die Verpflichtung zur Behebung anfänglicher Mängel wie auch die Verpflichtung zur Beseitigung von Schäden, die von Dritten verursacht wurden und die nicht im Risikobereich des Mieters liegen, zu übertragen (BGH NJW-RR 2006, 84). Zulässig ist hingegen die formularvertragliche Überwälzung der Verpflichtung zur Instandhaltung und Instandsetzung im Inneren der Mietsache, wenn und soweit die Instandhaltungs- und Instandsetzungsarbeiten durch den Mietgebrauch veranlasst oder dem Risikobereich des Mieters zuzuordnen sind (BGH MDR 2006, 17 = NJW-RR 2006, 84). Näheres s. **M 17.1.**

Zum Begriff der Schönheitsreparaturen s. Kap. 16 Rz. 43 f. Hinsichtlich der **Schönheitsreparaturen** wird der gewerbliche Mieter zwischenzeitlich dem Wohnraummieter nahezu gleichgestellt. In der Rechtsprechung besteht zunehmend die Tendenz, keine geringere Schutzbedürftigkeit des Geschäftsraummieters bei der **formularvertraglichen** Überwälzung von Schönheitsreparaturen anzunehmen. So ist die vertragliche Übernahme der Schönheitsreparaturen durch den Mieter bei gleichzeitiger Verpflichtung zur Endrenovierung auch in der Gewerberaummiete unzulässig (BGH NJW 2005, 2006). Unwirksam ist auch die Vereinbarung eines starren Fristenplans (BGH MDR 2009, 77). Formularvertragliche Abgeltungsklauseln mit starren Fristen, die den Mieter bei Vertragsende und noch nicht fälligen Schönheitsreparaturen unabhängig vom tatsächlichen Zustand 21 der Mietsache verpflichten, sich anteilig an den Kosten der Schönheitsreparaturen zu beteiligen, sind ebenfalls unwirksam (OLG Düsseldorf GuT 2007, 211). S. auch BGH MDR 2015, 636.

22 Dem gegenüber kann der Mieter durch **Individualvereinbarung** weitgehend zu Reparaturen und Instandsetzungsarbeiten verpflichtet werden, selbst wenn dies zu einer verschuldensunabhängigen Haftung des Mieters führt (BGH ZMR 2002, 735).

23 Hat der Vermieter die Absicht, nach Beendigung des Mietverhältnisses Umbaumaßnahmen in den Mieträumen durchzuführen, tritt an die Stelle der vertraglichen Verpflichtung des Mieters zur Ausführung von Schönheitsreparaturen und Instandsetzungs- bzw. Instandhaltungsmaßnahmen nicht automatisch ein Ausgleichsanspruch in Geld. Ein solcher Ausgleichsanspruch setzt vielmehr voraus, dass die Mieträume tatsächlich umgebaut werden (BGH v. 12.2.2014 – XII ZR 76/13, NJW 2014, 1521 = MDR 2014, 706).

7. Kündigung und Kündigungsfristen

24 Im Bereich der Gewerberaummiete können sowohl der Vermieter als auch der Mieter das unbefristete Mietverhältnis ohne Angabe von Gründen **ordentlich** kündigen, ein Kündigungsschutz wie im Wohnraummietrecht existiert nicht.

25 ➲ **Praxistipp:** Um eine ordentliche Kündigung zu verhindern, kann der Mietvertrag für eine bestimmte längere Laufzeit und ggf. mit einem Optionsrecht des Mieters auf Verlängerung abgeschlossen werden.

26 Die Kündigung ist formlos, also auch mündlich, per Telefax oder E-Mail möglich, soweit dafür vertraglich keine Schriftform vereinbart ist. Zu Beweiszwecken zu empfehlen ist aber eine schriftliche Kündigung (bestenfalls durch Gerichtsvollzieherzustellung oder durch Boten).

Bei den Kündigungsfristen ist wie folgt zu differenzieren: Bei einem **Mietverhältnis über Geschäftsräume** ist die Kündigung spätestens zum dritten Werktag eines Kalendervierteljahres zum Ablauf des nächsten Kalendervierteljahres zulässig, sie beträgt somit faktisch sechs Monate (§ 580a Abs. 2 BGB).

Bei einem **Mietverhältnisse über Grundstücke, über Räume, die keine Geschäftsräume sind,** ist die ordentliche Kündigung zulässig, wenn die Miete nach Tagen bemessen ist, an jedem Tag zum Ablauf des folgendes Tages; wenn die Miete nach Wochen bemessen ist, spätestens am ersten Werktag einer Woche zum Ablauf des folgenden Sonnabends; wenn die Miete nach Monaten oder längeren Zeitabschnitten bemessen ist, spätestens am dritten Werktag eines Kalendermonats zum Ablauf des übernächsten Monats, bei einem Mietverhältnis über gewerblich genutzte unbebaute Grundstücke jedoch nur zum Ablauf eines Kalendervierteljahrs (vgl. § 580a Abs. 1 BGB). Bei einem **Mietverhältnis über bewegliche Sachen** ist die ordentliche Kündigung zulässig, wenn die Miete nach Tagen bemessen ist, an jedem Tag zum Ablauf des folgenden Tages und wenn die Miete nach längeren Zeitabschnitten bemessen ist, spätestens am dritten Tag vor dem Tag, mit dessen Ablauf das Mietverhältnis enden soll (§ 580a Abs. 3 BGB).

27 Das Recht zur **außerordentlichen fristlosen Kündigung** besteht daneben nach den §§ 543, 569 Abs. 1 und 2, 578 Abs. 2 BGB. Der neu durch das MietRÄndG (Mietrechtsänderungsgesetz 2013) eingefügte § 569 Abs. 2a BGB (das Recht des Vermieters zur außerordentlichen Kündigung, wenn der Mieter mit einer Sicherheitsleistung nach § 551 BGB in Höhe eines Betrages im Verzug ist, der der zweifachen Monatsmiete entspricht), gilt nur für Wohnraum. Bei der Gewerberaummiete gilt die Nichtzahlung der Kaution grundsätzlich als wichtiger Grund zur fristlosen Kündigung gem. § 543 Abs. 1 BGB (BGH MDR 2007, 1009).

Die fristlose Kündigung muss bei Gewerberäumen nicht begründet werden, da § 578 Abs. 2 BGB nicht auf § 569 Abs. 4 BGB verweist. Auf Verlangen muss der Vermieter dem Mieter aber unverzüglich den Kündigungsgrund mitteilen (Palandt/Grüneberg § 314 BGB Rz. 10).

28 Daneben kommen gesetzliche **Sonderkündigungsrechte** (zB §§ 540 Abs. 1 Satz 1, 544, 555e BGB iVm. §§ 578 Abs. 2, 580, 1056 Abs. 2 BGB, § 57a ZVG, § 109 InsO) in Betracht und (bei entsprechender Vereinbarung) auch vertragliche Sonderkündigungsrechte.

8. Sicherheiten

Die Höhe der Kaution ist im gewerblichen Mietverhältnis frei vereinbar, wobei umstritten ist, ob eine über drei Monatsmieten hinausgehende Kaution nicht nur individuell vereinbart werden kann (Lindner-Figura/Oprée/Stellmann, Kap. 12 Rz. 36). Nach dem OLG Düsseldorf kann eine Kaution von sechs Monatsmieten auch formularmäßig vereinbart werden (OLG Düsseldorf GE 2009, 1043). Der gewerbliche Mieter hat auch keinen Anspruch auf ratenweise Zahlung der Kaution, § 551 BGB gilt hier nicht. Die Übergabe der Mietsache kann von der Zahlung der Kaution abhängig gemacht werden. Aus dem Treuhandverhältnis bezüglich der Sicherheitsleistung ist der Vermieter nach herrschender Auffassung verpflichtet, die **Barkaution** auch im Gewerbemietverhältnis getrennt von seinem Vermögen und insolvenzsicher anzulegen (KG MDR 2014, 144; LG Aurich MDR 2013, 511; OLG Nürnberg MDR 2006, 1100; KG Berlin NZM 1999, 376; aA KG Berlin GE 1998, 1373). Die Pflicht endet nicht, bevor er über die Kaution abgerechnet hat (KG MDR 2014, 144). Sofern nichts Abweichendes vereinbart wurde, ist der Vermieter verpflichtet, die Kaution zu dem für Spareinlagen mit dreimonatiger Kündigungsfrist üblichen Zinssatz zu verzinsen (BGH NJW 1994, 3287; LG Aurich MDR 2013, 511). Wird die Sicherheit als **Bürgschaft** vereinbart, sollte im Mietvertrag genau definiert werden, welche Forderungen damit gesichert werden sollen und wie die Bürgschaft ausgestaltet sein soll. Es sollte vereinbart werden, dass die Bürgschaft selbstschuldnerisch unter Verzicht auf die Einrede der Vorausklage und unbefristet gewährt werden muss. Der Verzicht auf die Einreden der Anfechtbarkeit und der Aufrechenbarkeit ist ebenfalls sinnvoll, wobei der Verzicht auf die Einrede der Aufrechenbarkeit formularvertraglich nicht für unbestrittene oder rechtskräftig festgestellte Gegenforderungen des Mieters gefordert werden kann, diese müssen vom Verzicht ausgeschlossen sein (BGH MDR 2003, 585; KG MDR 2006, 1158). Bzgl. des Verzichts auf die Einrede der Anfechtbarkeit wird vertreten, dass dieser Verzicht unwirksam ist, da damit unzulässigerweise auch eine Anfechtung wegen arglistiger Täuschung ausgeschlossen wäre (LG Köln NJOZ 2013, 1380). 29

Die Bürgschaft sollte keinerlei Einschränkungen enthalten; das Recht zur Hinterlegung sollte ausgeschlossen sein. Sofern die Bürgschaft von einem Kreditinstitut gestellt wird, kann die Bürgschaft zudem auf erstes Anfordern bestellt werden. Die Zahlung auf erstes Anfordern ist formularmäßig wegen der damit verbundenen hohen Risiken nur möglich, wenn die Bürgschaft von einem Kreditinstitut (Bank, Sparkasse, Versicherung) oder sonstigen Personen, die Bürgschaften gewerbsmäßig erteilen, gestellt wird (LG Hamburg WuM 2003, 36; BGH MDR 1998, 759; BGH WM 1990, 1410). Zur Kaution bei Beendigung des Mietverhältnisses s. Kap. 16 Rz. 66a. S. auch **M 17.1**.

Daneben kommt als Sicherungsmittel für den Vermieter auch eine sog. **Patronatserklärung** in Betracht, allerdings ist diese nur dann sinnvoll, wenn der „Patron" tatsächlich zahlungskräftig und die Patronatserklärung so formuliert ist, dass sie eine unbedingte und unwiderrufliche Garantie für die vollständige und rechtzeitige Erfüllung aller im Mietvertrag übernommenen Verpflichtungen darstellt.

Die Patronatserklärung kommt in der Praxis vor allem bei konzernierten Gesellschaften vor und beinhaltet meist die Erklärung des Patrons (Muttergesellschaft), die Tochtergesellschaft mit den für die Vertragserfüllung erforderlichen Mitteln auszustatten (sog. „harte" Patronatserklärung). S. **M 17.4**.

III. Sonstige Mietverträge

Für den **Garagenmietvertrag** (s. **M 17.5**) gelten die Regelungen über die Vermietung sonstiger Räume, die keine Wohnräume sind (§ 578 BGB). Der Schutz des Wohnraummietrechts erstreckt sich jedoch dann auf Garagenmietverträge, wenn ein einheitlicher Mietvertrag über die Garage und die Wohnung vorliegt. In letzterem Fall kann die Garage nur zusammen mit der Wohnung nach den Kündigungsvorschriften des Wohnraummietrechts gekündigt werden (Näheres s. Kap. 16 Rz. 10). 30

Auf Mietverhältnisse über **bewegliche Sachen** (zB Kraftfahrzeuge, Fahrräder und Baugeräte) sind die Vorschriften der §§ 535 bis 548 BGB sowie die §§ 579 Abs. 1 Satz 1 und 2, 580, 580a Abs. 3 und 4 BGB anwendbar. Zu beachten sind zudem die Kataloge der §§ 308, 309 BGB sowie der Auffangtatbestand des § 307 BGB. Der Hauptverband der Deutschen Bauindustrie e.V., Berlin und 31 der Zentralverband des Deutschen Baugewerbes e.V., Berlin haben einen **Mustermietvertrag für Baugeräte** erarbeitet, welcher im Jahr 2003 im Geräteausschuss vollständig überarbeitet wurde. Zu finden ist dieser auf der Website des Hauptverbands der Deutschen Bauindustrie e.V. unter www.bauindustrie.de.

M 17.1 Gewerberaummietvertrag

Zwischen

... (Name, Anschrift)

(Vermieter[1])

und

... (Name, Anschrift)

(Mieter)

wird folgender

Gewerberaummietvertrag

abgeschlossen:

§ 1 Mietsache

(1) In dem Objekt ... (genaue Anschrift) werden folgende Flächen vermietet:

Im Erdgeschoss: ... (zB Verkaufs- oder Bürofläche, Lager-/Nebenraum) ca. ... qm[2]

Im 1. Obergeschoss: ... ca. ... qm

Im Kellergeschoss: ... ca. ... qm

...

(2) Die Lage der vermieteten Räume ist aus den als Anlage 1 beigefügten Grundrissplänen ersichtlich, in denen die Mietflächen rot markiert sind[3]. Die Anlage 1 ist Gegenstand dieses Mietvertrages.

(3) Die Größenangaben dienen nicht zur Festlegung oder Feststellung des Mietgegenstandes. Der räumliche Umfang ergibt sich vielmehr aus der Angabe der vermieteten Flächen. Die Größe des Mietgegenstandes wird somit nicht als Beschaffenheit der Mietsache vereinbart[4].

---

1 Um dem Schriftformerfordernis bei langfristigen Mietverträgen zu genügen, müssen die Parteien konkret und bestimmbar bezeichnet werden. Bei einer GbR etwa müssen sämtliche Gesellschafter im Rubrum aufgeführt werden und den Mietvertrag unterzeichnen, da sonst zweifelhaft ist, ob die Unterschriftenleistung ggf. noch nicht abgeschlossen ist oder ob einzelne Gesellschafter nicht unterschreiben wollen. Tritt ein Vertreter auf, muss dies durch einen die Vertretung kenntlich machenden Zusatz deutlich werden (BGH NJW 2010, 1453; BGH ZMR 2004, 19, NZM 2008, 482). Ein solcher Zusatz kann auch in der Verwendung des vom Geschäftsinhaber autorisierten Firmen- oder Betriebsstempels liegen (BGH MDR 2013, 395). Bei einer GmbH ist es nicht erforderlich, dass die Unterschrift mit einem die Vertretung kennzeichnenden Zusatz versehen wird (BGH MDR 2007, 1414).

2 Empfehlenswert ist es (mangels bindender gesetzlicher Vorgaben) anzugeben, auf welcher Grundlage die Fläche ermittelt wurde (zB Wohnflächenverordnung, DIN 277 oder gif-Richtlinie), insbesondere, wenn die Miete sich nach der Fläche berechnet.

3 Wenn in dem Gebäude auch Mietflächen an andere Mieter vermietet sind, muss die Lage der Mieträume innerhalb des Gebäudes bestimmbar sein, um die Schriftform bei langfristigen Mietverträgen zu wahren (s. Rz. 7 f.). Insoweit empfiehlt sich die Beifügung eines Grundrissplans, in dem die Flächen farblich markiert sind.

4 Ist die tatsächliche Mietfläche kleiner als die vereinbarte Mietfläche liegt ein Mangel vor, wenn die Abweichung mehr als 10 % beträgt (BGH NZM 2005, 500). Um dies auszuschließen, sollte die obige Einschränkung aufgenommen werden (BGH MDR 2011, 20).

§ 2 Mietzweck, Konkurrenzschutz, Betriebspflicht

(1) Die Mieträume werden ausschließlich zum Betrieb eines/einer ... (Angabe des Mietzwecks/Art des Gewerbes) vermietet. Eine Änderung der Zweckbestimmung bedarf der ausdrücklichen schriftlichen Zustimmung des Vermieters, auf die der Mieter keinen Anspruch hat.

(2) Konkurrenzschutz wird dem Mieter nicht gewährt[5].

(3) Das Geschäftslokal ist im Rahmen der jeweils geltenden gesetzlichen Bestimmungen über die Ladenschlusszeiten an allen Verkaufstagen zu den vom Vermieter festgelegten Öffnungszeiten offen zu halten. Aus der bloßen Duldung abweichender Öffnungszeiten durch den Vermieter kann der Mieter keine Rechte herleiten. Zeitweise Schließungen (wie Inventuren, Betriebsversammlungen oder zwecks Durchführung der vertragsgemäß durchzuführenden Schönheitsreparaturen) sind von der Betriebspflicht ausgenommen[6].

Im Falle des schuldhaften Verstoßes gegen die Betriebspflicht hat der Mieter für jeden Tag, an dem er gegen die Betriebspflicht verstößt, eine Vertragsstrafe in Höhe von ... EUR[7] *zu zahlen*[8].

§ 3 Mietzeit

(1) Das Mietverhältnis beginnt am ...[9] *und wird für die Dauer von zehn Jahren fest abgeschlossen. Es endet am ...*[10].

(2) Der Mieter erhält ein zweimaliges Optionsrecht zur Verlängerung des Mietverhältnisses um jeweils fünf Jahre. Die Option ist jeweils spätestens sechs Monate vor Ablauf der Festmietmietzeit bzw. der jeweiligen Optionszeit schriftlich gegenüber dem Vermieter auszuüben, wobei es für die Rechtzeitigkeit auf den Zugang beim Vermieter ankommt. Im Falle der Optionsausübung gelten die Bestimmungen dieses Mietvertrages unverändert fort[11].

(3) Setzt der Mieter nach Ablauf der Mietzeit den Gebrauch der Mietsache fort, so gilt das Mietverhältnis nicht als verlängert. § 545 BGB ist ausgeschlossen. Fortsetzung oder Erneuerung des Mietvertrages nach seinem Ablauf müssen schriftlich vereinbart werden.

---

5 S. alternativ auch **M 17.2**.

6 Insb. in Shoppingcentern oder Einkaufsstraßen sollte für Geschäfte zusätzlich eine Betriebspflicht vereinbart werden, deren Ausgestaltung – je nach Einzelfall – umfangreich sein kann. Die im Muster vorgesehene Formulierung ist angelehnt an eine vom BGH für ein Geschäftslokal für unbedenklich gehaltene Klausel (BGH MDR 2010, 738), wobei hier eine Anpassung an die „jeweils geltenden" Ladenöffnungszeiten erfolgt ist. Wird nur auf die „gesetzlichen Bestimmungen" verwiesen, ist dies nach dem BGH so auszulegen, dass die Regelung die zur Zeit des Vertragsschlusses geltende Gesetzeslage in Bezug nimmt (BGH ZMR 2007, 187). Sofern es sich nicht zB um Einkaufszentren handelt oder die Pflicht zur dauerhaften Öffnung des Betriebes nicht in der Miete Niederschlag gefunden hat, wird vertreten, dass die Klausel zeitweilige Schließungen nicht ausschließen darf (KG GE 2010, 202; Schmidt-Futterer, Rz. 257). Bei Einkaufszentren hat der BGH entschieden, dass der Ausschluss zeitweiliger Schließungen „wie Mittagspause, Ruhetage, Betriebsferien" den Mieter nicht unangemessen benachteiligt (BGH MDR 2010, 738).

7 Das OLG Rostock hat eine Vertragsstrafe pro Tag in Höhe von 5 % der Nettokaltmiete bzw. 125 % der auf den Werktag entfallenden Miete (in dem Fall 340,00 DM = 174,00 Euro/Tag) nicht als überhöht angesehen. Abzustellen sei darauf, in welchem Verhältnis der täglich anfallende Betrag zu dem steht, was ein Leerstand des Gebäudes verbunden mit einem Wertverlust und erschwerter Vermietbarkeit für den Vermieter bedeutet (OLG Rostock NZM 2004, 460).

8 Engel MietRB 2012, 245, 248.

9 Bei noch nicht fertig gestellten Mietsachen kann der Mietbeginn oft nicht genau bestimmt werden. Der BGH sieht die Schriftform auch als gewahrt an, wenn vereinbart wird, dass das Mietverhältnis mit der Übergabe beginnt (BGH NJW 2006, 139).

10 Der Mietvertrag kann auch auf unbestimmte Zeit (mit beiderseitigem Kündigungsrecht) abgeschlossen werden. Es ist empfehlenswert, dann aufzunehmen, dass die Kündigung schriftlich erklärt werden muss.

11 Nach Ablauf der Optionszeit bzw. bei Nichtausübung einer Option kann sodann noch eine automatische Vertragsverlängerung um jeweils ein Jahr vereinbart werden mit Kündigungsmöglichkeit der Parteien.

§ 4 Mietzins[12], Betriebskosten, Umsatzsteuer

(1) Die monatliche Grundmiete beträgt netto . . . Euro zzgl. der jeweils geltenden gesetzlichen Umsatzsteuer in Höhe von zurzeit 19 %, mithin zzgl. . . . Euro.

Die monatliche Grundmiete beträgt somit ***. . . Euro****.*

(2) Neben der Grundmiete hat der Mieter sämtliche Betriebskosten im Sinne von § 2 der Betriebskostenverordnung – auf die ausdrücklich Bezug genommen wird[13] sowie folgende Kosten – zzgl. der jeweils geltenden gesetzlichen Umsatzsteuer – zu tragen:. . . (Auflistung weiterer sonstiger Kosten)[14]

Auf die Betriebskosten hat der Mieter monatliche Vorauszahlungen in Höhe von . . . Euro zzgl. der jeweils geltenden gesetzlichen Umsatzsteuer von zurzeit 19 %, mithin zzgl. . . . Euro, zusammen mit den monatlichen Mietzahlungen zu leisten.

Insgesamt hat der Mieter somit folgende monatliche Zahlungen zu leisten: ***. . . Euro****.*

Die Vorauszahlungen können vom Vermieter für die Zukunft durch Erklärung in Textform nach billigem Ermessen auf einen den tatsächlichen Kosten entsprechenden Betrag angehoben oder gesenkt werden, wenn und soweit sie zur Deckung der tatsächlich anfallenden Kosten nicht ausreichen.

Werden nach Vertragsschluss öffentliche Abgaben oder Steuern neu eingeführt oder entstehen Betriebskosten neu, die unter Beachtung des Grundsatzes der Wirtschaftlichkeit für den Betrieb oder die Unterhaltung des Mietobjektes erforderlich sind, können diese Kosten ebenfalls vom Vermieter vom Zeitpunkt ihrer Entstehung an entsprechend den in diesem Vertrag getroffenen Regelungen durch Erklärung in Textform auf den Mieter umgelegt und angemessene Vorauszahlungen festgesetzt werden. In der Erklärung muss der Grund für die Umlage erläutert werden.

(3) Über die Betriebskosten wird jährlich abgerechnet[15]. Die Umlage der Betriebskosten erfolgt, soweit diese nicht direkt vom Mieter auszugleichen sind, wie folgt:

a) Heizungs- und Warmwasserkosten werden vom Vermieter nach der Verordnung über die verbrauchsabhängige Abrechnung der Heiz- und Warmwasserkosten (HeizkostenV) abgerechnet.

b) Die übrigen Betriebskosten werden nach dem Anteil der Mietfläche im Verhältnis zur Gesamtfläche des Objektes umgelegt.

Der Vermieter ist berechtigt, den Umlagemaßstab nach billigem Ermessen durch einen angemessenen anderen Maßstab zu ersetzen, wenn ein anderer Maßstab die Kosten verursachungsgerechter auf die Mieter verteilt. Der Vermieter kann auch die Abrechnungsperiode nach billigem Ermessen abändern.

---

12 In Einkaufszentren wird häufig eine Umsatzmiete vereinbart. Dabei erhält der Vermieter einen bestimmten Prozentsatz des vom Mieter erwirtschafteten Umsatzes. Vermieter sollten zusätzlich eine Mindestmiete vereinbaren, um nicht das Geschäftsrisiko des Mieters mitzutragen. Der Vertrag sollte dann noch Regelungen zur Definition des Umsatzbegriffs, zur Abrechnung, Kontrolle und dem Einsichtsrecht des Vermieters in Geschäftsbücher, Belege etc. enthalten. Formularvertraglich ist die Umsatzmiete jedenfalls bei Ladengeschäften unproblematisch. Bei Apotheken steht dem jedoch § 8 S. 2 Apothekengesetz entgegen.

13 Auch bei Gewerberaum kann formularmäßig auf die Betriebskosten in § 2 BetrKV Bezug genommen werden.

14 Bei Gewerbeobjekten fallen oft weitere Kosten an, die nicht in der BetrKV geregelt sind (zB. Kosten für Betrieb und Wartung der Klimaanlage; Kosten der regelmäßigen TÜV-Abnahme, der Verwaltung etc.). Diese müssten hier konkret aufgeführt werden. Der Verweis auf „sonstige Kosten" reicht nicht. Verwaltungskosten können formularvertraglich ohne weitere Angaben und ohne Höchstbetrag auf den Mieter umgelegt werden: Kosten des Center-Managements müssen hingegen näher aufgeschlüsselt werden (BGH MDR 2014, 1308).

15 Die Folge des § 556 Abs. 3 S. 3 BGB, wonach nach Ablauf der Abrechnungsfrist der Vermieter mit Nachforderungen ausgeschlossen ist, gilt nicht bei der Gewerberaummiete (KG NZM 2008, 128). Allein durch die Übersendung der Betriebskostenabrechnung und den vorbehaltlosen Ausgleich der Nachforderung oder die Entgegennahme eines Guthabens durch den Mieter, kommt auch noch kein deklaratorisches Schuldanerkenntnis zustande, die Abrechnung kann somit nachträglich korrigiert werden (BGH MDR 2014, 1068 = NJW 2014, 2780).

(4) Sämtliche Zahlungen an den Vermieter verstehen sich zzgl. der jeweils geltenden gesetzlichen Umsatzsteuer (zzt. 19 %)[16].

Der Mieter darf – außerhalb der steuerlichen Bagatellgrenze von 5 % – nur Umsätze tätigen, die umsatzsteuerpflichtig sind. Andernfalls haftet er für alle dem Vermieter daraus entstehenden Schäden. Der Mieter ist verpflichtet, dem Vermieter auf Aufforderung sämtliche zur Führung der entsprechenden Nachweise bei den Finanzbehörden erforderlichen Informationen zur Verfügung zu stellen.

Der Mieter ist verpflichtet, die vorstehenden Verpflichtungen an einen etwaigen Untermieter weiterzugeben.

§ 5 Zahlung der Miete und der Betriebskosten

Die Miete und die Vorauszahlungen auf die Betriebskosten sind monatlich im Voraus, spätestens am 3. Werktag des Monats[17] *kostenfrei auf das Konto des Vermieters*

Bank: . . .

Kto: . . .

BLZ: . . . (alternativ Angabe der IBAN und BIC)

zu entrichten.

Für die Rechtzeitigkeit der Zahlung kommt es auf den Eingang der Zahlungen auf dem Konto des Vermieters an.

§ 6 Anpassung des Mietzinses[18]

(1) Ändert sich der vom statistischen Bundesamt ermittelte Verbraucherpreisindex für Deutschland (Basis 2010 = 100) gegenüber dem Stand bei Mietbeginn oder der letzten Mietpreisanpassung um mehr als 10 %[19] *nach oben oder unten, so ändert sich der Mietzins automatisch im gleichen prozentualen Verhältnis und zwar mit Wirkung ab dem auf die Änderung folgenden Monat, ohne dass es hierzu besonderer Erklärungen auch nur einer Vertragspartei bedarf.*

---

16 Eine Umsatzsteuerpflicht besteht nicht automatisch. Vielmehr ist die Vermietung und Verpachtung von Grundstücken und Räumen grundsätzlich umsatzsteuerfrei, der Vermieter kann aber unter bestimmten Voraussetzungen zur Umsatzsteuer optieren. Wird zur Umsatzsteuer optiert (bei Gewerberaum nahezu die Regel) sollten die Mieterpflichten und etwaige Rechtsfolgen im Falle eines Verstoßes im Vertrag geregelt werden. Ist die berufliche Tätigkeit des Mieters umsatzsteuerbefreit (§ 4 UStG), so kann die Umsatzsteuer nicht beansprucht werden.

17 S. § 556b Abs. 1, 579 Abs. 2 BGB. Bei Vermietung von Grundstücken gilt § 579 Abs. 1 BGB.

18 Die Möglichkeit von Mietanpassungen sollte in gewerblichen Mietverträgen zwingend geregelt werden, da hier abweichend von Wohnraummietverträgen Mieterhöhungen bis zur ortsüblichen Vergleichsmiete nicht möglich sind. Die Gleitklausel im Muster setzt voraus, dass die Mietzinsentwicklung sich nach einem in § 3 PrKG genannten Index (zB Verbraucherpreisindex für Deutschland) bestimmt und eine zehnjährige Vertragslaufzeit oder Vertragsbindung des Vermieters gewährleistet ist, wobei die Mindestmietdauer durch eine fest vereinbarte Mietzeit oder durch eine kürzere Mietdauer in Verbindung mit einer Verlängerungsoption geregelt sein kann. Das vorliegende Muster setzt daher eine 10-jährige Laufzeit voraus. Die Wertsicherung bezieht sich grundsätzlich auf die Grundmiete. Mit Inkrafttreten des PrKG ist das Genehmigungsverfahren vollständig entfallen. Preisklauseln, bei denen nach altem Recht ein Anspruch auf Erteilung der Genehmigung bestand, sind nach dem neuen PrKG grundsätzlich zulässig. Für alle anderen Preisklauseln gilt, dass die Unwirksamkeit zunächst der gerichtlichen Feststellung bedarf (§ 8 PrKG). Solange dies nicht geschehen ist, ist eine eigentlich unwirksame Klausel zunächst schwebend wirksam.
Neben der im Muster enthaltenen Wertsicherungsklausel kann eine Mietanpassung auch durch Vereinbarung einer Staffelmiete erreicht werden (vgl. hierzu **M 16.4**, wobei die letzten beiden Sätze in dem dortigen Muster nicht für die Gewerberaummiete gelten).

19 Es kann eine Untergrenze vereinbart werden, die vor einer Anpassung erst überschritten werden muss. Dieser Untergrenze kann sich auf eine bestimmte prozentuale Veränderung der Indexwerte (so das Muster) oder eine bestimmte Indexpunktzahl beziehen. Bei einer Punkteregelung muss neben dem maßgeblichen Index noch angegeben werden, auf welches Basisjahr der Index berechnet werden soll; da Punkteregelungen nur noch schwer zu berechnen sind, werden in der Praxis idR Prozenteklauseln verwendet.

(2) Weitere Anpassungen der Miete erfolgen nach Maßgabe der Ziff. 1, wobei Ausgangsbasis jeweils der Indexstand zum Zeitpunkt der letzten Anpassung ist.

(3) Sollte das Statistische Bundesamt die Weiterführung dieses Indexes ganz oder teilweise einstellen, so tritt an seine Stelle der entsprechende Nachfolgeindex bzw. ein Index, der die von den Vertragsparteien beabsichtigte Wertsicherung des Mietzinses im gleichen Umfang gewährleistet wie der zuletzt für sie maßgeblich gewesene Index.

§ 7 Mietkaution

(1) Zur Sicherung aller Ansprüche des Vermieters gegen den Mieter aus diesem Mietverhältnis hat der Mieter eine Kaution in Höhe der 3-fachen monatlichen Gesamtmiete spätestens bis . . . auf das in diesem Vertrag benannte Konto des Vermieters einzuzahlen.

(2) Dem Mieter ist gestattet, die Kaution durch eine selbstschuldnerische, unbefristete und unbedingte Bürgschaft einer deutschen Großbank oder Sparkasse zur Zahlung auf erstes Anfordern[20] *unter Verzicht auf die Einrede der Vorausklage*[21] *bis . . . zu erbringen. Die Bürgschaft darf keinerlei Einschränkungen enthalten; das Recht zur Hinterlegung muss ausgeschlossen sein. Die Bürgschaft muss sämtliche Ansprüche aus dem Mietverhältnis und seiner Beendigung abdecken. Sollte die Bürgschaft nicht fristgemäß in ordnungsgemäßer Form vorliegen, kann der Vermieter vom Mieter alternativ verlangen, dass der Mieter die Mietsicherheit in bar entsprechend Ziff. 1 auf das benannte Vermieterkonto leistet*[22]*.*

(3) Wird die Kaution nicht geleistet, besteht kein Anspruch des Mieters auf Übergabe der Mietsache. Die Mietzahlungsverpflichtung des Mieters bleibt dadurch unberührt. Das außerordentliche Kündigungsrecht des Vermieters bleibt ebenfalls unberührt.

§ 8 Aufrechnung, Minderung, Zurückbehaltungsrecht

(1) Der Mieter kann gegenüber den Forderungen des Vermieters aus dem Mietverhältnis mit einer Gegenforderung nur aufrechnen oder ein Minderungs- oder Zurückbehaltungsrecht nur ausüben, wenn die Gegenforderung rechtskräftig festgestellt oder unbestritten ist[23]*. In diesem Fall muss der Mieter den Vermieter mindestens einen Monat vor Fälligkeit der Forderung, gegen welche aufgerechnet bzw. die gemindert bzw. zurückbehalten werden soll, schriftlich benachrichtigen.*

(2) Die Geltendmachung eines Minderungsrechts setzt voraus, dass der Mieter dem Vermieter zuvor eine angemessene Frist für die Beseitigung des behaupteten Mangels gesetzt hat.

(3) Rückforderungsansprüche des Mieters nach § 812 BGB bleiben von den vorstehenden Regelungen unberührt.

§ 9 Übergabe, Zustand der Mieträume[24]*, Mietgebrauch, Haftung*

(1) Die Übergabe der Mietsache erfolgt am Tag des vereinbarten Mietbeginns (oder alternativ: am . . .)

Die Parteien werden spätestens bei der Übergabe der Mietsache ein Übergabeprotokoll[25] *fertigen und dieses formwirksam im Rahmen eines Nachtrages zum Mietvertrag nehmen.*

---

20 Die Zahlung auf erstes Anfordern ist formularmäßig nur möglich, wenn die Bürgschaft von einem Kreditinstitut oder sonstigen Personen, die Bürgschaften gewerbsmäßig erteilen, gestellt wird (s. Rz. 29).

21 Wegen des Verzichts auf die Einreden der Aufrechenbarkeit und der Anfechtbarkeit s. Rz. 29.

22 Es empfiehlt sich eine Regelung für den Fall, dass die Bürgschaft nicht vom Mieter erbracht wird, da andernfalls auf Gestellung der Bürgschaft geklagt werden muss und die Vollstreckung aus dem Titel problematisch ist.

23 Diese Einschränkung ist zulässig, soweit sie sich auf unbestrittene oder rechtskräftig festgestellte Forderungen bezieht (OLG Celle ZfIR 2012, 516 L; OLG Düsseldorf GE 2006, 255; BGH MDR 85, 50).

24 Sofern vom Vermieter oder Mieter vor oder nach der Übergabe noch Arbeiten im Mietobjekt durchgeführt werden sollen, sollten diese hier aufgeführt oder durch Beifügung einer Baubeschreibung konkretisiert werden.

25 Stets sollte bei der Übergabe der Mieträume ein von beiden Vertragsparteien unterschriebenes Übergabeprotokoll angefertigt und im Rahmen eines Nachtrags dem Mietvertrag beigefügt werden.

(2) Der Mieter hat die Mieträume besichtigt und erkennt diese als für den Vertragszweck geeignet an.

(3) Der Mieter hat in der Mietsache für gehörige Reinigung, Lüftung und Heizung zu sorgen und die Räume sowie darin befindliche Anlagen, Einrichtungen und Zubehörstücke pfleglich zu behandeln.

(4) Für Beschädigungen der Mietsache und des Gebäudes sowie der dazugehörenden Einrichtungen und Anlagen ist der Mieter ersatzpflichtig, soweit diese Schäden von ihm, seinen Angehörigen, Arbeitnehmern, Untermietern, Besuchern, Lieferanten oder von von ihm beauftragten Handwerkern schuldhaft verursacht worden sind.

(5) Die verschuldensunabhängige Haftung des Vermieters nach § 536a BGB wegen anfänglicher Mängel ist ausgeschlossen[26].

§ 10 Wartung, Instandhaltung und Instandsetzung[27]*, Schönheitsreparaturen*

(1) Wartung, Instandhaltung und Instandsetzung im Inneren der Mietsache sowie der mitvermieteten Anlagen und Einrichtungen obliegen dem Mieter auf seine Kosten, soweit sie durch den Mietgebrauch veranlasst wurden oder der Risikosphäre des Mieters zuzuordnen sind. Gleiches gilt hinsichtlich der technischen Einrichtungen und Anlagen[28]*, die ausschließlich vom Mieter genutzt werden sowie der Verglasung der zum Mietbereich gehörenden und diesen umschließenden Fenster und Türen und der hierzu gehörenden Beschlagteile.*

(2) Im Übrigen obliegen Wartung, Instandhaltung und Instandsetzung des Gebäudes und der Mietsache, insbesondere des Daches und der konstruktiven Teile des Gebäudes (Dach und Fach), mit Ausnahme der den Mietbereich umschließenden Verglasung der Fenster und Türen und der dazu gehörenden Beschlagteile, dem Vermieter[29].

(3) Schönheitsreparaturen innerhalb der Mietsache sind vom Mieter auf eigene Kosten durchzuführen[30]*. Die Schönheitsreparaturen umfassen insbesondere das Anstreichen, Kalken oder Tapezieren der Wände und Decken, die Grundreinigung von Teppichböden, den Innenanstrich der Fenster und Außentüren, das Streichen der Innentüren und der Heizkörper einschließlich der Heizrohre.*

(4) Etwaige Mängel oder drohende Gefahren für die Mietsache hat der Mieter dem Vermieter unverzüglich anzuzeigen (§ 536c Abs. 1 BGB).

§ 11 Bauliche Eingriffe und Veränderungen

(1) Der Vermieter ist nach vorheriger Ankündigung berechtigt, Instandhaltungs- und Instandsetzungsarbeiten sowie Ausbesserungen und bauliche Veränderungen, die zur Erhaltung oder zum Ausbau des Gebäudes oder der Mietsache oder zur Abwendung drohender Gefahren oder zur Beseitigung von Schäden notwendig werden, auch ohne Zustimmung des Mieters durchzuführen. Das gilt auch für Arbeiten und bauliche Maßnahmen, die zwar nicht notwendig, aber zweckmäßig sind, insbesondere der (auch energetischen) Modernisierung des Gebäudes oder der Mietsache dienen, es sei denn, dass diese Maßnahmen eine nicht zu rechtfertigende Härte für den Mieter bedeu-

---

26 Der Vermieter kann seine verschuldensunabhängige Haftung wegen anfänglicher Sachmängel wirksam durch Formularklausel ausschließen (BGH NJW-RR 1991, 74). Für Vermieter ist ein solcher Haftungsausschluss empfehlenswert.

27 Auch im Gewerbemietrecht ist die vollständige Übertragung der Instandhaltung und Instandsetzung auf den Mieter als unzulässig anzusehen (OLG Naumburg NJW-RR 2000, 823; OLG Dresden NJW-RR 1997, 395). Es bedarf daher der Einschränkung auf Arbeiten im Inneren der Mietsache, die dem Mietgebrauch oder der Risikosphäre des Mieters zuzuordnen sind (BGH MDR 2006, 17).

28 Um Streitigkeiten vorzubeugen, sollten die Einrichtungen/Anlagen möglichst aufgelistet werden.

29 Sofern es gemeinschaftlich mit anderen Mietern genutzte (technische) Einrichtungen gibt, empfiehlt es sich, zusätzlich die Mieter an den Kosten der Instandhaltung und Instandsetzung dieser Gemeinschaftseinrichtungen zu beteiligen, wobei eine Kostenbegrenzung erforderlich ist, zB. 10 % der Jahresnettomiete zzgl. Umsatzsteuer innerhalb eines Kalenderjahres (BGH MDR 2006, 17; MDR 2014, 1308).

30 Umgekehrt kann auch geregelt werden, dass der Vermieter die Schönheitsreparaturen trägt. Dann sind die übrigen Regelungen anzupassen.

ten würden, die auch unter Würdigung der berechtigten Interessen sowohl des Vermieters als auch anderer Mieter in dem Gebäude sowie von Belangen der Energieeinsparung und des Klimaschutzes nicht zu rechtfertigen ist[31].

(2) Der Mieter hat die betroffenen Räume zugänglich zu machen. Die Ausführung der Arbeiten darf vom Mieter nicht behindert oder verzögert werden. Soweit es sich nicht um die Abwendung drohender Gefahren handelt, wird der Vermieter auf die geschäftlichen Belange und den Betriebsablauf des Mieters Rücksicht nehmen und dem Mieter die Maßnahmen so rechtzeitig ankündigen, dass der Mieter seinen Betrieb darauf einstellen kann.[32]

(3) Das Sonderkündigungsrecht des Mieters bei Modernisierungsmaßnahmen nach § 555e Abs. 1 BGB und der Aufwendungsersatzanspruch des Mieters bei Erhaltungsmaßnahmen nach § 555a Abs. 3 BGB sind ausgeschlossen[33]*. Andere Kündigungsvorschriften bleiben davon unberührt.*

(4) Der Mieter darf bauliche Veränderungen, Aus-, Um- und Einbauten und dergl. an der Mietsache nur nach vorheriger schriftlicher Zustimmung des Vermieters vornehmen. Soweit der Vermieter dem zugestimmt hat, obliegen die Einholung etwaiger behördlicher Genehmigungen und alle damit verbundenen Kosten dem Mieter.

(5) Bei Beendigung des Mietverhältnisses ist der Mieter verpflichtet, die von ihm geschaffenen Aus-, Um- und Einbauten und dgl. zu beseitigen und den ursprünglichen Zustand auf seine Kosten wiederherzustellen.

(6) Der Vermieter kann verlangen, dass die vom Mieter vorgenommenen Aus-, Um- und Einbauten u. dgl. in den Mieträumen verbleiben. Wenn der Vermieter sich für die Übernahme entscheidet, steht dem Mieter kein Recht zu, die von ihm vorgenommenen Aus-, Um- und Einbauten u. dgl. zu entfernen, es sei denn, der Mieter hat ein berechtigtes Interesse an der Wegnahme. Sofern der Vermieter sich für die Übernahme entscheidet und der Mieter kein berechtigtes Interesse an der Wegnahme hat, hat der Mieter Anspruch auf eine angemessene Entschädigung.

§ 12 Betreten der Mieträume

(1) Dem Vermieter oder seinem Beauftragten steht die Besichtigung der Mieträume nach vorheriger Absprache während der Geschäftszeiten (insbesondere zur Prüfung ihres Zustandes, zur Ablesung von Messgeräten oder aus anderen wichtigen Gründen) frei. In Fällen dringender Gefahr ist ihm das Betreten der Mieträume zu jeder Tages- und Nachtzeit zu gestatten.

(2) Der Mieter hat im Falle der Beendigung des Mietverhältnisses zwecks anderweitiger Vermietung oder bei beabsichtigtem Verkauf des Grundstücks die Besichtigung der Mieträume nach vorheriger Absprache zu gestatten.

(3) Nach der Kündigung des Mietverhältnisses hat der Mieter die Anbringung von Vermietungshinweisen an der Mietsache zu gestatten.

31 In der Durchführung einer vom Mieter gem. § 555d BGB nicht zu duldenden Modernisierungsmaßnahme liegt ein zum Schadensersatz verpflichtender Umstand (BGH NZM 2013, 20).

32 Im Gewerberaummietrecht kann der Vermieter bei Modernisierungsmaßnahmen die Miete nur bei entsprechender Vereinbarung erhöhen. Bei einer Formularklausel sollte das „Ob" und der Umfang einer Mieterhöhung in entsprechender Anwendung des § 559 BGB an einen konkreten Vorteil für die vertragliche Nutzung des Mieters geknüpft werden (Leo/Ramm NZM 2014, 63). Eine Regelung zur Mieterhöhung sollte zur Vermeidung überraschender Klauseln bei den Regelungen zum Mietzins bzw. zu dessen Anpassung untergebracht sein; bei einer Regelung nur im Rahmen der Duldungspflicht sollte zumindest in der Überschrift die Mieterhöhung erwähnt sein.

33 § 555e BGB ist bei der Gewerberaummiete abdingbar, da er nur für Wohnraum zwingend ist. Ein formularvertraglicher Ausschluss dürfte dann wirksam sein, wenn er ausdrücklich die Kündigungsmöglichkeiten nach anderen Vorschriften (zB. § 543 BGB) unberührt lässt (Leo/Ramm NZM 2014, 63). Für den Vermieter ist der Kündigungsausschluss zu empfehlen. Auch der Aufwendungsersatzanspruch des Mieters bei Erhaltungsmaßnahmen nach § 555a Abs. 3 BGB kann ausgeschlossen werden. Umgekehrt dürfte für den Mieter empfehlenswert sein, den Minderungsausschluss des § 536 Abs. 1a BGB bei energetischer Modernisierung auszuschließen.

§ 13 Werbung, Namens- und Firmenschilder

(1) Der Vermieter gestattet dem Mieter, am Mietobjekt bzw. an der Außenfassade im Bereich ... ein Werbe- oder Firmenschild[34] *anzubringen, soweit dies behördlich genehmigt ist. Größe, Gestaltung und Platzierung der Werbung sind mit dem Vermieter abzustimmen und von diesem zu genehmigen. Der Vermieter kann die Genehmigung von Werbeanlagen aus wichtigem Grund versagen, wobei ein wichtiger Grund insbesondere dann vorliegt, wenn durch die Werbeanlagen andere Mieter oder Dritte gestört oder beeinträchtigt werden oder die Werbeanlage mit dem Gesamtobjekt oder den Werbeanlagen anderer Mieter nicht in Einklang zu bringen ist.*

(2) Im Übrigen bedarf der Mieter zur Anbringung von Schildern, Werbung und dergl. der schriftlichen Zustimmung des Vermieters.

(3) Die Kosten und dgl. für die Anbringung und Nutzung der Außenwerbung, des Firmenschildes und dgl. sind vom Mieter zu tragen.

(4) Die Instandhaltung und Reinigung der vom Mieter angebrachten Außenwerbung/Schilder und dgl. obliegen diesem auf eigene Kosten und Risiko. Er hat dafür Sorge zu tragen, dass die Außenwerbung stets in einem den technischen Anforderungen entsprechenden sowie äußerlich ansprechenden Zustand ist und haftet für etwaige dadurch verursachte Schäden.

(5) Im Falle der vom Vermieter durchzuführenden Fassadenreinigung bzw. einer etwa erforderlich werdenden Erneuerung der Fassade ist der Mieter verpflichtet, die von ihm angebrachte Außenwerbung auf eigene Kosten zu entfernen. Für die Wiederanbringung der Außenwerbung nach einer Erneuerung der Fassade bedarf der Mieter erneut der Zustimmung des Vermieters. Bei unveränderten Verhältnissen hat der Mieter einen Anspruch auf die Zustimmung durch den Vermieter.

(6) Bei Beendigung des Mietverhältnisses hat der Mieter auf eigene Kosten die Außenwerbung zu entfernen und den früheren Zustand wieder herzustellen.

§ 14 Gebrauchsüberlassung an Dritte[35]

(1) Die Untervermietung der Mieträume oder von Teilen hiervon bedarf der vorherigen schriftlichen Zustimmung des Vermieters.

Der Vermieter kann die Zustimmung zur Untervermietung versagen oder widerrufen, wenn in der Person des Dritten ein wichtiger Grund vorliegt. Der Vermieter kann die Zustimmung davon abhängig machen, dass der Mieter einen angemessenen Untermietzuschlag bezahlt.

(2) Für den Fall der Untervermietung tritt der Mieter bereits jetzt seine Ansprüche gegen seinen Untermieter, insb. auf Zahlung der Untermiete bis zur Höhe der dem Vermieter gegen den Mieter aus diesem Vertrag zustehenden Ansprüche zur Sicherheit an den Vermieter ab. Er wird dem Vermieter auf Anforderung eine besondere Urkunde über diese Abtretung erteilen, dem Dritten diese Abtretung anzeigen und die vom Dritten durch Gegenzeichnung anerkannte Abtretungsanzeige dem Vermieter aushändigen.

Person, Anschrift und Vertreter des Dritten sowie die wesentlichen Vertragsdaten sind dem Vermieter jeweils rechtzeitig vor Abschluss eines Untermietvertrages oder einer sonstigen Vereinbarung über die Gebrauchsüberlassung schriftlich anzuzeigen. Die mit dem Dritten geschlossenen Verträge sind dem Vermieter in Kopie zu übergeben.

Der Vermieter darf den Untermieter nur dann direkt auf Zahlung in Anspruch nehmen, wenn und soweit der Mieter mit seinen Mietzahlungen in Rückstand geraten ist.

§ 15 Rückgabe der Mietsache, Nutzungsentschädigung, Mietausfall

(1) Bei Beendigung des Mietverhältnisses hat der Mieter die Mieträume einschließlich der Nebenräume in vertragsgemäßen Zustand zu versetzen, vollständig zu räumen und mit allen Schlüsseln an den Vermieter herauszugeben.

(2) Setzt der Mieter den Mietgebrauch nach Beendigung des Mietverhältnisses fort, ist als Nutzungsentschädigung mindestens die zuletzt geschuldete vertragliche Miete zuzüglich der zuletzt

34 Steht die Art der Werbung schon fest, sollte diese genau beschrieben werden.

35 Zur Untervermietung vgl. Rz. 17.

geschuldeten Betriebskostenvorauszahlungen weiter zu bezahlen. Dem Vermieter bleibt die Geltendmachung weiterer Schäden vorbehalten.

(3) Endet das Mietverhältnis durch fristlose Kündigung des Vermieters, so haftet der Mieter bis zum Ablauf der vereinbarten Mietzeit für den Mietausfall, der durch das Leerstehen der Mietsache oder dadurch entsteht, dass im Falle der Neuvermietung nicht der bisherige Mietzins erzielt werden kann. Die Haftung entfällt, wenn der Vermieter sich um einen neuen Mieter nicht genügend bemüht oder den Abschluss des Mietvertrages mit einem geeigneten Mieter ohne triftigen Grund abgelehnt hat.

§ 16 Versicherungen[36]

(1) Der Mieter hat auf seine Kosten im branchenüblichen Umfang eine Betriebshaftpflichtversicherung sowie alle für seinen Betrieb üblichen Versicherungen einschließlich Feuer, Mobiliar, Glas, Einbruchschäden und Betriebsunterbrechung mit ausreichenden Versicherungssummen abzuschließen, während der gesamten Laufzeit des Mietvertrages aufrecht zu erhalten und Prämien bei Fälligkeit zu bezahlen.

Ladenscheiben sind vom Mieter zu versichern. Auftauvorrichtungen für die Schaufenster dürfen nur mit Genehmigung der Glasversicherungsgesellschaft angebracht werden.

(2) Der Vermieter hat das Gebäude gegen Feuer-, Leitungswasser- und Sturmschäden zu versichern und eine Gebäudehaftpflichtversicherung abzuschließen (Sach- und Haftpflichtversicherung). Die dafür aufzuwendenden Versicherungsprämien werden anteilig als Betriebskosten auf den Mieter umgelegt. Etwaige Schadensersatzansprüche des Mieters für versicherte Risiken sind – außer in Fällen von Vorsatz und grober Fahrlässigkeit – auf die Höhe der Versicherungssumme begrenzt.

§ 17 Behördliche Genehmigungen

Soweit behördliche Genehmigungen, Konzessionen oder ähnliche Verwaltungsakte mit der Person oder dem Betrieb des Mieters zusammenhängen, obliegen ihre Einholung sowie alle damit verbundenen Maßnahmen, Auflagen und Kosten allein dem Mieter. Werden Genehmigungen etc. aus personen- oder betriebsbezogenen Gründen versagt oder nur unter Auflagen erteilt, kann der Mieter daraus keine Rechte gegenüber dem Vermieter herleiten[37]*.*

§ 18 Mehrere Personen als Mieter

Mehrere Personen als Mieter haften als Gesamtschuldner. Die Mieter bevollmächtigen sich gegenseitig zur Entgegennahme von Erklärungen, die das Mietverhältnis betreffen, mit Wirkung für alle. Diese Vollmacht gilt insbesondere auch für die Entgegennahme von Kündigungen des Vermieters. Die Vollmacht kann aus wichtigem Grund schriftlich widerrufen werden.

§ 19 Hausordnung[38]

Die als Anlage 2 beigefügte Hausordnung ist Bestandteil dieses Vertrages.

§ 20 Zusätzliche Vereinbarungen

...

§ 21 Schlussbestimmungen, Wirksamkeit, Schriftform

(1) Sollten einzelne Bestimmungen dieses Vertrages oder eine künftig in ihn aufgenommene Bestimmung ganz oder teilweise nicht rechtswirksam oder nicht durchführbar sein, berührt dies die Wirksamkeit des Vertrages im Übrigen nicht. Das Gleiche gilt, wenn der Vertrag eine Regelungs-

36 Hier muss unabhängig von den Beispielen im Muster in jedem Einzelfall entschieden werden, welche Versicherungen für einen konkreten Mietvertrag von beiden Parteien abgeschlossen werden. Will der Mieter sichergehen, dass der Vermieter auch bei vollständiger Zerstörung des Mietobjekts zum Wiederaufbau verpflichtet ist, sollte er sich dies zusätzlich vertraglich zusichern lassen (im Muster nicht vorgesehen).

37 Zum Kündigungsrecht des Vermieters bei nicht erteilter Konzession s. KG MDR 2014, 952.

38 Oft gibt es keine Hausordnung, so dass dieser Paragraph dann gestrichen werden kann.

lücke enthält. Die Parteien verpflichten sich, die unwirksame oder nicht durchführbare Klausel oder eine Lücke durch eine Regelung zu ersetzen, die – soweit rechtlich möglich – dem Parteiwillen rechtlich und wirtschaftlich am Nächsten kommt oder die die Parteien nach dem Zweck des Vertrages gewollt haben würden, sofern sie bei Abschluss dieses Vertrages oder dessen späterer Ergänzung diesen Punkt bedacht hätten[39].

(2) Dieser Vertrag enthält alle zwischen den Vertragsparteien vereinbarten Bestimmungen bezüglich des Mietverhältnisses. Mündliche Nebenabreden bestehen nicht. Ergänzungen oder Änderungen dieses Vertrages bedürfen zu ihrer Wirksamkeit der Schriftform.

(3) Den Parteien ist bekannt, dass dieser Mietvertrag gem. § 550 BGB iVm. §§ 578, 126 BGB der Schriftform bedarf, sofern er eine Laufzeit von mehr als einem Jahr hat. Sie verpflichten sich deshalb gegenseitig, auf jederzeitiges Verlangen einer Partei, alle Handlungen vorzunehmen und Erklärungen abzugeben, die erforderlich sind, um den gesetzlichen Schriftformerfordernissen Genüge zu tun. Sie verpflichten sich zudem, den Mietvertrag nicht unter Berufung auf die Nichteinhaltung der Schriftform vorzeitig zu kündigen. Das gilt nicht nur für diesen Ursprungsvertrag, sondern auch für Nachtrags-, Änderungs- oder Ergänzungsvereinbarungen.[40]

(4) Wird dieser Vertrag zunächst nur von einer Partei unterzeichnet und der anderen ausgehändigt, so gilt dies als Angebot zum Abschluss des Mietvertrages, das die andere Partei gem. § 148 BGB durch Gegenzeichnung und Rückgabe des Mietvertrages nur binnen vier Wochen ab Unterschriftsdatum der Erstunterzeichnung annehmen kann.

Anlagen zum Mietvertrag sind:[41]

- *Anlage 1: Grundrissplan*
- *Anlage 2: Hausordnung*

. . . (Ort/Datum) *. . . (Ort/Datum)*

(Unterschrift Vermieter) *(Unterschrift Mieter)*

39 Die Vermutung der Gesamtnichtigkeit bei Teilnichtigkeit (§ 139 BGB) gilt nicht, wenn der Vertrag eine „salvatorische Klausel" enthält. Die salvatorische Klausel schließt eine Gesamtnichtigkeit dann zwar nicht generell aus. Eine solche ist aber nur anzunehmen, wenn die Vertragsauslegung ergibt, dass die Aufrechterhaltung des Vertrages ohne die nichtige Vereinbarung vom Parteiwillen nicht mehr getragen wird (BGH NJW 2010, 1660). Eine salvatorische Klausel verpflichtet die Vertragsparteien nicht zur Nachholung der nicht gewahrten Schriftform (BGH MDR 2008, 18). Die salvatorische Klausel sollte individualvertraglich vereinbart werden, da zumindest die Ersetzungsklausel (eine unwirksame Bestimmung ist durch eine solche zu ersetzen, die dem wirtschaftlich Gewollten am Nächsten kommt) AGB-rechtlich bedenklich ist (BGH NZM 2005, 502).

40 Bei langfristigen Mietverträgen empfiehlt sich zur Vermeidung einer vorzeitigen Kündigung eine Regelung zur Heilung der Schriftform für den Fall, dass die Schriftform nicht eingehalten ist. Die Klausel verpflichtet die Parteien zur Heilung des Schriftformmangels. Ein Grundstückserwerber ist an eine Schriftformheilungsklausel nicht gebunden (BGH MDR 2014, 951 und MDR 2014, 334). ZT wird die Auffassung vertreten, dass der Ausschluss des Kündigungsrechts nur wirksam vereinbart werden kann, wenn sogleich eine Einschränkung dahingehend erfolgt, dass die Rechte des Erwerbers dadurch nicht berührt werden (Leo in NZM 2006, 815); s. iÜ auch Rz. 8.

41 Wesentliche Anlagen (zB. Grundrisse, wenn sich nur daraus die Mietfläche ergibt) müssen dem Mietvertrag bei Unterzeichnung beigefügt sein, um die gesetzliche Schriftform zu wahren.

M 17.2 Konkurrenzschutzklausel bei Gewerberaum

Der Vermieter verpflichtet sich, während der Mietdauer im Mietobjekt und im Umkreis von . . . m keine Flächen an ein Unternehmen oder Geschäft zu vermieten, das die vom Mieter geführten Waren (Haupt- und Nebenartikel) vertreibt. Er verpflichtet sich auch, selbst kein solches Geschäft zu betreiben oder durch Dritte betreiben zu lassen.

M 17.3 Echte Ersatzmieterklausel[1] bei Gewerberaum

Sollte der Mieter das Mietverhältnis aus wichtigem Grund (... Beispielsgründe aufführen) vor Ablauf der vereinbarten Vertragslaufzeit nicht fortführen können, ist er berechtigt, vorzeitig aus dem Mietverhältnis auszuscheiden, sofern er dem Vermieter einen zumutbaren Ersatz- bzw. Nachmieter stellt, der in den Mietvertrag anstelle des Mieters eintritt und den Vertrag für die weitere Vertragslaufzeit fortsetzt.[2] *Die Ersatzmietergestellung ist dem Vermieter mindestens 3 Monate vor dem beabsichtigten Mieterwechsel anzubieten.*

Der Vermieter kann den Ersatzmieter aus wichtigem Grund ablehnen. Ein solcher ist insbesondere gegeben, wenn der Ersatzmieter keine ausreichende Bonität aufweist, der Ersatzmieter den Vertrag nicht zu den bestehenden Konditionen übernehmen will oder der Mietzweck gegen bestehende Konkurrenzschutzbestimmungen mit anderen Mietern verstößt.

1 Ähnliche Vorteile bietet dem Mieter die Vereinbarung eines Sonderkündigungsrechts für bestimmte Fälle. Allerdings kann sich für ihn eine Nachmieterklausel anbieten, wenn sein Inventar vom Nachmieter übernommen werden soll. Ohne vertragliche Vereinbarung muss der Vermieter sich nicht auf einen Nachmieter einlassen. Ein besonderer Ausnahmefall, in dem sich der Mieter unter Benennung eines geeigneten Nachmieters auf Treu und Glauben (§ 242 BGB) berufen kann, wird nur in seltenen Fällen vorliegen. Ist die Restlaufzeit nur noch kurz, wird ein solches berechtigtes Interesse in der Regel nicht vorliegen.

2 Alternativ kann hier auch vereinbart werden, dass mit dem Nachmieter ein neuer Mietvertrag geschlossen wird.

M 17.4 „Harte“ Patronatserklärung[1] bei Gewerberaum

Wir verpflichten uns, dafür zu sorgen, dass der Mieter während des Bestehens der Verpflichtungen aus diesem Mietvertrag finanziell so ausgestattet wird, dass er jederzeit in der Lage ist, seine Verpflichtungen aus dem Mietvertrag pünktlich zu erfüllen.

1 S. Rz. 29.

M 17.5 Garagen-/Stellplatzmietvertrag[1]

Zwischen

... Name, Anschrift)

(Vermieter)

und

... (Name, Anschrift)

(Mieter)

wird folgender Mietvertrag geschlossen:

1 Wird die Garage/der Stellplatz zur Hauptfläche hinzugemietet, ist ein separater Garagen- oder Stellplatzmietvertrag nicht zwingend nötig. Die Garage/der Stellplatz kann auch zusammen mit der Hauptfläche in einem einheitlichen Mietvertrag mitvermietet werden. Bei der Vermietung einer Wohnung und einer Garage in einem einheitlichen Mietvertrag kann dies aber für eine rechtliche Einheitlichkeit sprechen, so dass dann für den gesamten Vertrag Wohnraummietrecht anwendbar ist. S. hierzu Kap. 16 Rz. 10.

§ 1 Mietsache

Vermietet wird auf dem Grundstück[2]*. . . in . . . (genaue Anschrift oder – falls nicht vorhanden – Flur/Flurstück gemäß Grundbuch) die Garage/der Stellplatz Nr. . . . zur Unterstellung eines Pkw (. . . Mietzweck ggf. erweitern).*

§ 2 Mietzeit

(1) Das Mietverhältnis beginnt am . . . und läuft auf unbestimmte Zeit[3]*. Es kann von beiden Parteien spätestens am dritten Werktag eines Kalendermonats zum Ablauf des übernächsten Monats gekündigt werden. Die Kündigung ist schriftlich zu erklären.*

(2) Setzt der Mieter nach Ende der Mietzeit die Nutzung fort, so gilt das Mietverhältnis nicht als verlängert. § 545 BGB ist ausgeschlossen.

§ 3 Mietzins

(1) Der Mietzins beträgt monatlich netto . . . Euro zzgl. der jeweils geltenden gesetzlichen Umsatzsteuer in Höhe von zurzeit 19 %[4]*.*

(2) Neben dem Mietzins trägt der Mieter anteilige Betriebskosten iSv. § 2 BetrKV, auf welche ausdrücklich Bezug genommen wird. Auf die Betriebskosten hat der Mieter monatliche Vorauszahlungen in Höhe von . . . Euro zzgl. der jeweils geltenden gesetzlichen Umsatzsteuer in Höhe von zurzeit 19 % zu zahlen.

Die Vorauszahlungen können vom Vermieter für die Zukunft durch Erklärung in Textform nach billigem Ermessen auf einen den tatsächlichen Kosten entsprechenden Betrag angehoben werden, wenn und soweit sie zur Deckung der tatsächlich anfallenden Kosten nicht ausreichen.

Werden nach Vertragsschluss öffentliche Abgaben oder Steuern neu eingeführt oder entstehen Betriebskosten neu, die unter Beachtung des Grundsatzes der Wirtschaftlichkeit für den Betrieb oder die Unterhaltung der Mietsache erforderlich sind, können diese Kosten ebenfalls vom Vermieter vom Zeitpunkt ihrer Entstehung an entsprechend den in diesem Vertrag getroffenen Regelungen durch Erklärung in Textform auf den Mieter umgelegt und angemessene Vorauszahlungen festgesetzt werden. In der Erklärung muss der Grund für die Umlage bezeichnet und erläutert werden.

Die Miete und die Vorauszahlungen auf die Betriebskosten sind monatlich im Voraus, spätestens am 3. Werktag des Monats[5]*, kostenfrei auf das Konto des Vermieters zu entrichten.*

Für die Rechtzeitigkeit der Zahlung kommt es nicht auf die Absendung, sondern auf den Eingang der Zahlungen auf dem Konto des Vermieters an.

§ 4 Mietgebrauch, Haftung

(1) Der Mieter verpflichtet sich

a) bei der Ein- und Ausfahrt Rücksicht auf die Hausbewohner zu nehmen, insbesondere unnötiges Hupen und sonstigen Lärm zu vermeiden;

---

2 Die Lage des Stellplatzes/der Garage sollte, ggf. auch durch Beifügung eines Lageplans, konkretisiert werden. Bei Mietverhältnissen von mehr als einem Jahr kann sonst die Schriftform verfehlt sein, s. Rz. 7f.

3 Das Mietverhältnis kann auch zeitlich befristet werden, s. hierzu **M 17.1**. Bei Mietverhältnissen von mehr als einem Jahr ist dann die Schriftform zu beachten, s. Rz. 7f.

4 **Steuer:** Die Vermietung von Plätzen für das Abstellen von Fahrzeugen ist nach § 4 Nr. 12 UStG **umsatzsteuerpflichtig**. Hierzu zählen nicht nur Stellplätze zB in Parkhäusern, Tiefgaragen oder Einzelgaragen, sondern auch Stellplätze im Freien wie zB Parkplätze oder Bootsanlegeplätze. Die Vermietung von Stellplätzen ist dagegen umsatzsteuerfrei, wenn sie lediglich Nebenleistung zu einer umsatzsteuerfreien Hauptleistung, insbesondere zu einer nach § 4 Nr. 12 Satz 1 UStG umsatzsteuerfreien Grundstücksvermietung ist. Dies erfordert vor allem einen räumlichen Zusammenhang zwischen Grundstück und Stellplatz. Ein solcher Zusammenhang liegt vor, wenn der Stellplatz Teil eines einheitlichen Gebäudekomplexes ist oder sich in unmittelbarer Nähe des Grundstücks befindet. Für die Annahme einer Nebenleistung ist es unschädlich, wenn – vorausgesetzt es handelt sich jeweils um dieselben Vertragspartner – die Grundstücksvermietung und die Garagenvermietung in getrennten Verträgen vereinbart werden.

5 § 579 Abs. 1 BGB kann abbedungen werden (Palandt/Weidenkaff § 579 BGB Rz. 3). Ein Stellplatz in einer Sammelgarage fällt unter den Raumbegriff des § 579 Abs. BGB (Schmidt-Futterer § 578 BGB Rz. 7).

b) die einschlägigen behördlichen Vorschriften zu beachten, insbesondere die Mietsache nicht mit Feuer oder offenem Licht zu betreten, Betriebsstoffe oder feuergefährliche Gegenstände nicht in der Mietsache zu lagern und den Motor nicht bei geschlossener Garage laufen zu lassen;

c) für die verkehrssichere Erhaltung der Garagen-/Stellplatzzufahrt zu sorgen.

(2) Das Fahrzeug darf weder in der Mietsache noch auf dem Grundstück des Vermieters gewaschen werden. Reparaturen außerhalb der Garage dürfen auf dem Grundstück nicht vorgenommen werden.

(3) Der Mieter haftet für alle Schäden, die bei der Benutzung der Mietsache oder infolge Nichtbeachtung vorstehender Vorschriften durch ihn selbst, seine Angestellten oder Beauftragten oder durch sonstige Personen, denen er die Benutzung seines Kraftfahrzeuges oder das Betreten der Mietsache gestattet hat, verursacht werden.

(4) Der Vermieter übernimmt keinerlei Haftung für Beschädigung (einschl. Frostschaden) oder Abhandenkommen des eingestellten Fahrzeuges, Zubehörs sowie sonstiger Gegenstände am Fahrzeug.

(5) Die verschuldensunabhängige Haftung des Vermieters nach § 536a BGB wegen anfänglicher Mängel ist ausgeschlossen.

§ 5 Mietzweck, Untervermietung

Der Mieter darf die Garage nur zu den vertraglich in § 1 bestimmten Zwecken benutzen. Will er sie zu anderen Zwecken benutzen, bedarf er der vorherigen schriftlichen Zustimmung des Vermieters.

Die Untervermietung oder unentgeltliche Überlassung der Garage an einen Dritten bedarf der vorherigen schriftlichen Zustimmung des Vermieters.

Der Vermieter kann die Zustimmung zur Untervermietung versagen oder widerrufen, wenn in der Person des Dritten ein wichtiger Grund vorliegt.[6].

§ 6 Aufrechnung, Minderung, Zurückbehaltungsrecht

(1) Der Mieter kann gegenüber den Forderungen des Vermieters aus dem Mietverhältnis mit einer Gegenforderung nur aufrechnen oder ein Minderungs- oder Zurückbehaltungsrecht nur ausüben, wenn die Gegenforderung rechtskräftig festgestellt oder unbestritten ist. In diesem Fall kann der Mieter nur aufrechnen oder ein Minderungs- oder Zurückbehaltungsrecht ausüben, wenn er den Vermieter mindestens einen Monat vor Fälligkeit der Forderung, gegen welche aufgerechnet bzw. die gemindert bzw. zurückbehalten werden soll, schriftlich benachrichtigt.

(2) Rückforderungsansprüche des Mieters nach § 812 BGB bleiben von den vorstehenden Regelungen unberührt.

§ 7 Beendigung des Mietverhältnisses

Bei Beendigung des Mietverhältnisses ist der Mieter verpflichtet, die Garage/den Stellplatz in gereinigtem Zustand mit sämtlichen dazugehörigen Schlüsseln an den Vermieter zurückzugeben.

§ 8 Selbständigkeit des Vertrages[7]

Vermieter und Mieter sind sich darüber einig, dass die Vermietung der Garage von der Vermietung einer Wohnung an den Mieter im gleichen Anwesen rechtlich, tatsächlich und wirtschaftlich unabhängig ist.

---

6 Ob die Untervermietung formularvertraglich ausgeschlossen werden kann, ist höchstrichterlich noch nicht geklärt.

7 Diese Regelung ist bei der Anmietung neben gewerblichen Hauptflächen entbehrlich. Wird die Garage/der Stellplatz zu einer Wohnung hinzugemietet, empfiehlt sich die Regelung, wenn der Garagenmietvertrag unabhängig vom Hauptmietvertrag sein soll (s. Kap. 16 Rz. 10).

§ 9 Schlussbestimmungen, Wirksamkeit, Schriftform[8]

...

... (Ort/Datum) *... (Ort/Datum)*

(Unterschrift Vermieter) *(Unterschrift Mieter)*

8 Es können noch weitere Punkte vereinbart werden, wie zB. Mietkaution oder Instandhaltung/Instandsetzung (zu Letzterem s. **M 17.1** § 10, soweit der Stellplatz/die Garage nicht einheitlich mit Wohnraum angemietet wurde). Im Übrigen können hier die Regelungen in **M 17.1**, dort § 21 „Schlussbestimmungen, Wirksamkeit, Schriftform" ergänzt werden; zur Schriftformheilung bei langfristigen Verträgen vgl. die dortigen Anmerkungen in den Fußnoten.

Kapitel 18 Pacht (einschließlich Landpacht)

Literatur: *Bühler*, Brauerei- und Gaststättenrecht: Höchst- und obergerichtliche Rechtsprechung, 14. Aufl. 2013; *Lange/Wulff/Lüdtke-Handjery*, Landpachtrecht, 4. Aufl. 1997; *Wahl*, Der optimale Pachtvertrag im Gastgewerbe, 1999; s. auch die Literaturhinweise zu Kap. 16 und Kap. 17.

I. Begriff und Wesen der Pacht

Der Pachtvertrag ist ein schuldrechtlicher gegenseitiger Vertrag, wonach sich der Verpächter verpflichtet, dem Pächter gegen Zahlung des vereinbarten Pachtzinses den Gebrauch des Pachtgegenstands und den Genuss der Früchte, soweit sie nach den Regeln einer ordnungsmäßigen Wirtschaft als Ertrag anzusehen sind, während der Pachtzeit zu gewähren (§ 581 Abs. 1 BGB). Gegenstand der Pacht können Sachen, Rechte (zB. Nießbrauch, persönliche Dienstbarkeiten, Jagdrecht) sowie auch Sach- und Rechtsgesamtheiten (zB gewerbliche Unternehmen) sein. 1

Beispiele 1a

für Pacht: Gaststätte, Hotel, Ausbeutung von Bodenschätzen, Abschuss jagdbarer Tiere, uU Lizenzvertrag.

Wesensnotwendig für die Pacht ist der **Fruchtbezug**. Früchte sind dabei einmal solche in natürlichem Sinne (Erzeugnisse der Sache, dh. tierische und pflanzliche Produkte sowie Bodenprodukte, zB Milch, Eier, Obst) wie auch sog. Rechtsfrüchte (Erträge eines Rechtes, wie Unternehmensertrag, Lizenzgebühr, Jagdbeute), vgl. §§ 99, 581 Abs. 1 BGB. Nutzungen sind neben den Früchten auch die Gebrauchsvorteile, zB der Gewinn aus einem Gewerbebetrieb, vgl. § 100 BGB. 2

II. Abgrenzung Miete/Pacht

3 Miete und Pacht unterscheiden sich wie folgt:

Gegenstand eines Mietvertrages können nur Sachen sein, nicht aber **Rechte** wie beim Pachtvertrag. Im Gegensatz zum Mieter darf der Pächter über den Gebrauch der Sache hinaus auch die **Früchte ziehen**, soweit sie nach den Regeln einer ordnungsgemäßen Wirtschaft als Ertrag anzusehen sind (§ 581 Abs. 1 Satz 1 BGB). Als Pachtobjekt kommen deshalb Sachen und Rechte in Betracht, die Sach- und Rechtsfrüchte abwerfen können (BGH NJW-RR 1986, 1243).

So ist die Überlassung von leeren Räumen, zB für eine Anwaltspraxis in der Regel Miete. Pacht hingegen liegt vor, wenn die Räume mit einer zur Fruchtziehung geeigneten Ausstattung überlassen werden sollen (BGH ZMR 1981, 306). Pacht liegt somit vor, wenn Räume für den beabsichtigten Betrieb geeignet und **vom Verpächter eingerichtet und ausgestattet** sind, zB Bäckerei mit Backstube und Ladeneinrichtung, Gaststätte mit Inventar, Hotel oder eingerichtete Arzt- oder Zahnarztpraxis. Soll das Inventar erst durch den Unternehmer beschafft werden, liegt Miete vor. Werden durch einheitlichen Vertrag mehrere Sachen teils nur zum Gebrauch, teils auch zum Fruchtgenuss oder Sachen und Rechte überlassen, so kommt es für die Einordnung auf den Hauptgegenstand und auf den wesentlichen Vertragszweck an.

III. Anzuwendendes Recht

1. Allgemein

4 Auf den Pachtvertrag finden grundsätzlich mit Ausnahme des Landpachtvertrages die Vorschriften über den Mietvertrag entsprechende Anwendung (§ 581 Abs. 2 BGB). Stets ist im Einzelfall zu überprüfen, in welchem Umfang die mietrechtlichen Vorschriften tatsächlich auf Pachtverhältnisse übertragbar sind; so sind beispielsweise die auf Sachen zugeschnittenen Mietvorschriften auf Pachtverhältnisse über Rechte nur sehr beschränkt anwendbar. Pachtrechtliche Sonderbestimmungen finden sich in §§ 582–584b BGB.

Hinsichtlich der **Schriftform** bei langfristigen Verträgen sind zunächst die zum Mietvertrag geltenden Grundsätze (mit den nachfolgenden vertragsspezifischen Einschränkungen) entsprechend anzuwenden (§§ 550, 578, 581 Abs. 2 BGB), s. Kap. 17 Rz. 7 f.

4a **Für das Beitrittsgebiet gilt:**

Auf Pachtverhältnisse, die vor dem 3.10.1990 geschlossen wurden (vgl. §§ 60–66 ZGB), findet ab dem Stichtag das Pachtrecht des BGB Anwendung (Art. 232 § 3 Abs. 1 EGBGB).

Die vorgesehene Umwandlung der Nutzungsverhältnisse in Pachtverhältnisse sowie die vorläufig kündbare Bodennutzung (§§ 51 und 52 des Landwirtschaftsanpassungsgesetzes) werden durch die BGB-Regelung nicht berührt (Art. 232 § 3 Abs. 2 EGBGB).

Verträge über die Nutzung von land- und forstwirtschaftlich nicht genutzten Bodenflächen zur Erholung, die vor dem 3.10.1990 (gem. § 312 ZGB) geschlossen waren (sog. Datschen-Regelung), bleiben mit bisherigem Inhalt (§ 13 ZGB, Beendigung gem. § 314 ZGB) bestehen (Art. 232 § 4 Abs. 1 EGBGB). Abweichende Regelungen bleiben einem gesonderten Gesetz vorbehalten. Durch Rechtsverordnung kann die angemessene Gestaltung der Nutzungsentgelte geregelt werden (vgl. Art. 232 § 4 Abs. 2).

Für Nutzungsverhältnisse innerhalb von Kleingartenanlagen gilt zusätzlich § 20a BKleingG gem. Anlage I Kapitel XIV Abschnitt II Nr. 4 zum Einigungsvertrag (Art. 232 § 4 Abs. 3 EGBGB).

2. Grundstücks- und Raumpacht

5 Hier gelten entsprechend den Verweisungsregelungen des § 581 Abs. 2 BGB iVm. § 578 Abs. 1 BGB insbesondere die Vorschriften der §§ 550, 562–562d, 566–567b sowie 570 BGB entsprechend.

Für die Kündigungsfrist ist die Sonderregelung für Pachtverträge gem. § 584 BGB innerhalb ihres Anwendungsbereiches zu berücksichtigen. Die Kündigung kann bei unbefristetem Vertrag also am dritten Werktag des halben Jahres, mit dessen Ablauf die Pacht enden soll, zum Schluss des Pachtjahres erfolgen. Bestimmte mietrechtliche Kündigungsrechte (bei nicht erteilter Erlaubnis zur Untervermietung gem. § 540 Abs. 1 BGB oder bei Tod des Mieters gem. § 580 BGB) bestehen für den Pächter nicht (§ 584a BGB).

Die Kündigungserklärung bedarf, soweit die Parteien nichts anderes vereinbart haben, grundsätzlich keiner Form. Die außerordentliche fristlose Kündigung aus wichtigem Grund ist auch im Pachtverhältnis stets möglich.

3. Landpacht

Die Regelungen über die Landpacht sind durch das Gesetz zur Neuordnung des landwirtschaftlichen Pachtrechtes vom 8.11.1985 ins BGB eingefügt worden. Nach der Übergangsregelung des Art. 219 EGBGB erfasst dieses Gesetz auch früher geltende Pachtverträge, wobei die frühere Inventarregelung durch Erklärung bis 30.6.1986 beibehalten werden konnte. 6

Landpacht ist die Pacht eines **Grundstücks mit oder ohne seiner Bewirtschaftung dienenden Wohn- oder Wirtschaftsgebäuden** (Betrieb) zur Landwirtschaft (§ 585 Abs. 1 BGB), dh. zur Bodenbewirtschaftung, zur mit der Bodennutzung verbundenen Tierhaltung sowie zur gartenbaulichen Erzeugung (§ 585 Abs. 1 Satz 2 BGB). Für die Landpacht **gelten die mietrechtlichen Vorschriften grundsätzlich nicht** (außer bei gesetzlicher Verweisung, so in §§ 586 Abs. 2, 587 Abs. 2, 592 Satz 4, 593b, 594e BGB), sondern es gelten gem. § 585 Abs. 2 BGB die §§ 581 Abs. 1, 582–583a BGB (Inventar) sowie die Sonderregelungen der §§ 585–597 BGB. 7

Nach dem Landpachtverkehrsgesetz sind der Abschluss sowie bestimmte Änderungen von Landpachtverträgen vom Verpächter durch Vorlage des schriftlich geschlossenen Pachtvertrages oder im Falle eines mündlichen Vertragsabschlusses durch inhaltliche Mitteilung des Landpachtvertrags innerhalb eines Monats der zuständigen Behörde zur Kontrolle und eventuellen Beanstandung anzuzeigen (§ 2 Landpachtverkehrsgesetz). Zur Regelung aller Streitigkeiten aus Landpachtverträgen ist das Amtsgericht als Landwirtschaftsgericht zuständig (vgl. § 2 des Gesetzes über das gerichtliche Verfahren in Landwirtschaftssachen – LwVfG).

Ein Landpachtvertrag, der für länger als zwei Jahre geschlossen wird, bedarf der **Schriftform**; bei Nichtbeachtung dieser Form gilt der Vertrag als auf unbestimmte Zeit geschlossen (§ 585a BGB); Näheres zur Schriftform s. Kap. 17 Rz. 7 f.). Die **Kündigung** eines Landpachtvertrages bedarf stets der Schriftform (§ 594f BGB). Die ordentliche Kündigung eines unbefristeten Landpachtvertrages kann nach dem Gesetz spätestens am dritten Werktag eines Pachtjahres (im Zweifel: Kalenderjahr) für den Schluss des nächsten Pachtjahres – also mit zweijähriger Frist – erklärt werden (§ 594a Abs. 1 BGB). Für Pachtverträge mit bestimmter Laufzeit gilt § 594 BGB. Ist der Pachtvertrag auf mindestens drei Jahre geschlossen worden, verlängert er sich auf unbestimmte Zeit, wenn auf eine Anfrage des Pächters oder Verpächters, ob die andere Partei zur Fortsetzung des Pachtverhältnisses bereit ist, die Fortsetzung nicht binnen drei Monaten vom anderen Teil abgelehnt wird (§ 594 S. 2 BGB). Die schriftliche Anfrage muss spätestens am letzten Tag des drittletzten Pachtjahres erfolgen und auf die Folgen der Nichtbeachtung hinweisen. § 594 S. 2 BGB kann im Pachtvertrag abbedungen werden (s. **M 18.2** § 3). 8

Die außerordentliche fristlose Kündigung aus wichtigem Grund ist in entsprechender Anwendung der §§ 543, 569 Abs. 1 und 2 BGB zulässig (§ 594e BGB). Abweichend von § 543 Abs. 2 Nr. 3 BGB muss der Pächter bei einer Pacht, die nach Zeitabschnitten von mindestens einem Jahr bemessen ist (jährliche Pachtzahlung), mit der Entrichtung der Pacht oder eines nicht unerheblichen Teils mehr als drei Monate in Verzug sein. Bei einer Pacht, die nach Zeitabschnitten von weniger als einem Jahr bemessen ist, kann gekündigt werden, wenn der Pächter für zwei aufeinander folgende Termine mit der Entrichtung der Pacht oder eines nicht unerheblichen Teils der Pacht in Verzug ist. Es wird vertreten, dass es bei der Kündigung wegen Zahlungsverzugs nach § 594e Abs. 2 S. 1 BGB keiner vorherigen Abmahnung bedarf, da § 594e Abs. 2 BGB ausdrücklich Bezug nimmt auf § 543 Abs. 2 Nr. 3a und b BGB und diese in Bezug genommenen Kündigungstatbestände gerade diejenigen sind, bei denen es gem. § 543 Abs. 3 S. 2 Nr. 3 BGB keiner Abmahnung bedarf (OLG Stuttgart MDR 2014, 1071; aA Palandt/Weidenkaff, § 594e BGB Rz. 1). Im Hinblick auf die streitigen Ansichten sollte vorsorglich vorher immer eine Abmahnung ausgesprochen werden. 8a

Die Erklärung der außerordentlichen Kündigung eines Landpachtverhältnisses muss innerhalb einer angemessenen Frist nach dem Eintritt des Kündigungsgrundes und dessen Kenntnis bei dem Kündigungsberechtigten dem anderen Teil zugehen (BGH NJW-RR 2010, 1500).

9 Zum Landpachtrecht s. **M 18.2** (Pachtvertrag über einen Hof, der auf die sog. Betriebspacht zugeschnitten ist).

4. Kleingartenpacht

10 Es gilt das **Bundeskleingartengesetz** (BKleingG) als Sondergesetz zum Pachtrecht des BGB. Kleingarten ist ein Garten, der dem Nutzer (Kleingärtner) zur nicht erwerbsmäßigen gärtnerischen Nutzung und zur Erholung dient und in einer Anlage liegt, in der mehrere Einzelgärten mit gemeinschaftlichen Einrichtungen zusammengefasst sind. Regelmäßig ist es ausreichend, wenn ein Drittel der Fläche zum Anbau von Gartenerzeugnissen für den Eigenbedarf genutzt wird (BGH NJW-RR 2004, 1241).

Von den Bestimmungen des Bundeskleingartengesetzes kann **nicht zum Nachteil des Kleingärtners abgewichen werden** (§ 13 BKleingG). Die Folge eines Verstoßes ist die Nichtigkeit. Für Kleingartenpachtverträge gelten die Vorschriften des Bürgerlichen Gesetzbuchs über den Pachtvertrag, soweit sich aus diesem Gesetz nichts anderes ergibt (§ 4 BKleingG). Für die neuen Bundesländer gilt für Nutzungsverhältnisse innerhalb von Kleingartenanlagen zusätzlich § 20a BKleingG gem. Anlage I Kapitel XIV Abschnitt II Nr. 4 zum Einigungsvertrag (Art. 232 § 4 Abs. 3 EGBGB).

Formularvertraglich kann wirksam vereinbart werden, dass der Pächter nach Beendigung des Vertrags, für den Fall, dass kein Nachpächter vorhanden ist, den Kleingarten bis zur Neuverpachtung unter Fortzahlung der vereinbarten Entgelte und Gebühren zu bewirtschaften oder die Baulichkeiten einschließlich Fundamente, befestigte Wege und Anpflanzungen zu entfernen und den Kleingarten im umgegrabenen Zustand zu übergeben hat (BGH MDR 2013, 452).

5. Apothekenpacht

11 Die **Verpachtung** einer Apotheke ist **gem. Apothekengesetz grundsätzlich verboten** und **nichtig** (§§ 9, 12 ApoG). Ausnahmsweise ist die Verpachtung einer Apotheke zulässig,

a) wenn und solange der Verpächter im Besitz der Erlaubnis ist und die Apotheke durch einen in seiner Person liegenden wichtigen Grund nicht selbst betreiben kann oder die Erlaubnis wegen des Wegfalls einer der Voraussetzungen nach § 2 Abs. 1 Nr. 7 (weil er in gesundheitlicher Hinsicht ungeeignet ist, eine Apotheke ordnungsgemäß zu leiten) widerrufen oder durch Widerruf der Approbation wegen des Wegfalls einer der Voraussetzungen nach § 4 Abs. 1 Satz 1 Nr. 3 der Bundes-Apothekerordnung (weil er in gesundheitlicher Hinsicht zur Ausübung des Berufs ungeeignet ist) erloschen ist,

b) nach dem Tode eines Erlaubnisinhabers durch seine erbberechtigten Kinder bis zu dem Zeitpunkt, in dem das jüngste der Kinder das 23. Lebensjahr vollendet. Ergreift eines dieser Kinder vor Vollendung des 23. Lebensjahres den Apothekerberuf, so kann die Frist auf Antrag verlängert werden, bis es in seiner Person die Voraussetzungen für die Erteilung der Erlaubnis erfüllen kann,

c) durch den überlebenden erbberechtigten Ehegatten oder Lebenspartner bis zu dem Zeitpunkt der Heirat oder der Begründung einer Lebenspartnerschaft, sofern er nicht selbst eine Erlaubnis gemäß § 1 erhält.

Die Vermietung von leeren Räumen zum Betrieb einer Apotheke ist zulässig (BGH NZM 1998, 192; NJW 1979, 2351). Es muss allerdings darauf geachtet werden, dass auf diese Weise kein unzulässiges Umgehungsgeschäft vorgenommen wird, etwa durch Beteiligung an einer Apotheke in Form einer stillen Gesellschaft (unzulässig gem. § 8 ApoG). Unzulässig ist auch die Festlegung einer umsatzabhängigen Miete (§ 8 ApoG), sei es auch nur für die Mitvermietung der Einrichtung (BGH NZM 1998, 192).

6. Jagd- und Fischereipacht

Bei der Jagdpacht sind als Rahmengesetz die Bestimmungen des **Bundesjagdgesetzes** zu beachten, ergänzt durch Ausführungsgesetze der Länder. Die Vorschriften der §§ 581 ff. BGB sind entsprechend anzuwenden, soweit nicht spezielle jagdrechtliche Bestimmungen oder jagdrechtliche Besonderheiten entgegenstehen (BGH NJW-RR 1987, 839). Die §§ 566 bis 567b BGB, § 57 ZVG werden durch § 14 BJagdG für entsprechend anwendbar erklärt. 12

Pachtgegenstand ist das Jagdausübungsrecht des Eigentümers. Der Jagdpachtvertrag bedarf der Schriftform (§ 11 Abs. 4 BJagdG), ebenso der Vorvertrag (BGH NJW 1973, 1839). Im Einzelfall kann in der Überlassung von Jagdausübungsrechten und Pächterrechten eine Unterverpachtung liegen, so wenn Jagdpächter und Jagderlaubnisinhaber vereinbaren, dass die Erlaubnisinhaber im Innenverhältnis zu den Jagdpächtern in Bezug auf die Wahrnehmung des Jagdausübungsrechts und der sonstigen Pächterrechte eine völlig gleichberechtigte Stellung innehaben (BGH NZM 2000, 241).

Der Vertrag ist der zuständigen Behörde zu eventuellen Beanstandungen anzuzeigen (§ 12 BJagdG).

Die Pachtdauer soll mindestens neun Jahre betragen (§ 11 Abs. 4 BJagdG), eine Kündigung ist nur außerordentlich aus wichtigem Grund möglich, §§ 581 Abs. 2, 543 BGB.

Die gesetzlichen Grundlagen zum **Fischereipachtvertrag** finden sich in den Fischereigesetzen der Länder. Pachtgegenstand ist nicht das Gewässer, sondern das Fischereirecht (Palandt/Weidenkaff Einf. vor § 581 BGB Rz. 18).

7. Gaststätten- und Hotelpacht

Bei der Gaststättenpacht kommt der Pachtvertrag häufig mit einer Brauerei zustande und enthält dann eine (ausschließliche) **Getränkebezugspflicht** (vgl. dazu Gruber NZM 1999, 1073). Unterliegt der Vertrag keiner Bindung hinsichtlich des Bezugs von Speisen und Getränken und der Aufstellung von Automaten, kann es sich empfehlen, dies klarstellend in den Vertrag aufzunehmen mit dem Hinweis, dass der Pächter keine vertraglichen Bindungen eingehen darf, die über seine persönliche Einstandspflicht und die Pachtdauer hinaus geeignet sind, eine Bindung des Verpächters herbeizuführen. 13

Bei den Hotelbetreiberverträgen sind verschiedene Typen und Mischverträge üblich.

Wird dem Pächter zugleich eine **Wohnung** überlassen, so ist Pachtrecht anzuwenden, wenn das Pachtverhältnis die Wohnung umfasst und einheitlich ist (vgl. Palandt/Weidenkaff Einf. vor § 581 BGB Rz. 20). Zur Gaststättenpacht s. **M 18.1**.

Einstweilen frei. 14–16

IV. Steuerliche Rechtsfolgen

Im Prinzip gelten dieselben Rechtsfolgen wie bei der Vermietung, so dass auf die Erläuterungen zu Kap. 16 Rz. 69 ff. verwiesen werden kann. Besonderheiten ergeben sich bei einer **Betriebsverpachtung im Ganzen**, (vgl. hierzu im Einzelnen H 16 Abs. 5 EStR 2012). Hierbei handelt es sich grds. um eine Betriebsaufgabe, da die werbende Tätigkeit eingestellt wird. Voraussetzung einer Betriebsverpachtung im Ganzen ist die Verpachtung der wesentlichen Betriebsgrundlagen und die objektiv gegebene Möglichkeit, dass der Steuerpflichtige oder sein Rechtsnachfolger, den Betrieb später fortführt. Der Verpächter eines Gewerbebetriebs kann dann wählen, ob er die Verpachtung als Betriebsaufgabe im Sinne von § 16 Abs. 3 EStG behandeln und damit die Wirtschaftsgüter seines Betriebs in sein Privatvermögen überführen will mit der Folge der sofortigen Versteuerung der in den Buchwerten dieser Wirtschaftsgüter enthaltenen stillen Reserven, oder ob er den Betrieb nicht als aufgegeben ansehen und das bisherige Betriebsvermögen auch während der Verpachtung als solches fortführen will. Erklärt der Steuerpflichtige, dass er den (Teil-)Betrieb mit der Verpachtung nicht aufgibt, oder gibt er keine Erklärung ab, so gilt der Betrieb als fortbestehend. Die verpachteten Wirtschaftsgüter des Betriebs bleiben dann Betriebsvermögen mit allen sich daraus ergebenden steuerlichen Folgen. Die Pachteinnahmen gehören zwar, solange der Verpächter nicht die Betriebs- 17 aufgabe erklärt, einkommensteuerlich zu den Einkünften aus Gewerbebetrieb, sie unterliegen jedoch nicht mehr der **Gewerbesteuer**, da es sich bei der Betriebsverpachtung nicht mehr um einen stehenden Gewerbebetrieb im Sinne des § 2 GewStG handelt. Deshalb muss für das Wirtschaftsjahr, in dem die Verpachtung beginnt, der auf die Zeit bis zum Pachtbeginn entfallende Gewinn für die Gewerbesteuer besonders ermittelt werden. Für diese Gewinnermittlung gelten die allgemeinen Grundsätze. Aus Vereinfachungsgründen wird es nicht beanstandet, wenn der Gewinn des Wirtschaftsjahrs, in dem die Verpachtung beginnt, durch Schätzung auf die Zeiträume vor und nach Pachtbeginn aufgeteilt wird, zB entsprechend dem Verhältnis der Betriebseinnahmen für diese Zeiträume.

Da die Betriebsverpachtung im Ganzen lediglich eine Fortführung des bisherigen Betriebes in anderer Form darstellt, gelten für die Betriebsverpachtung im Regelfall die allgemeinen ertragsteuerrechtlichen Grundsätze, z.B. über die Gewinnermittlung nach § 4 Abs. 1 oder Abs. 3 EStG, die Bilanzierung, die Buchführung oder die Entnahme von Wirtschaftsgütern, entsprechend. Wertschwankungen des verpachteten Betriebsvermögens sind im Rahmen des § 6 EStG zu berücksichtigen. Nicht möglich ist die Bildung eines Investitionsabzugsbetrags nach § 7g EStG, da dies ausschließlich bei Betrieben möglich ist, die aktiv am wirtschaftlichen Verkehr teilnehmen und eine in diesem Sinne werbende Tätigkeit ausüben (BFH v. 27.9.2001, BStBl. II 2002, 136, vgl. auch BMF v. 20.11.2013, BStBl I, 1493 i.V.m. BMF v. 8.5.2009, BStBl I, 633). Die in dem verpachteten Betriebsvermögen enthaltenen stillen Reserven sind erst zu versteuern, wenn der Steuerpflichtige die verpachteten Wirtschaftsgüter in sein Privatvermögen überführt oder sie veräußert. Dabei sind die im Zeitpunkt der Überführung oder der Veräußerung vorhandenen stillen Reserven zu erfassen. Der Verpächter kann die Aufgabe des Betriebs und die Überführung des bisherigen Betriebsvermögens in das Privatvermögen mit der Folge der Versteuerung der dann noch vorhandenen stillen Reserven während der Verpachtung jederzeit erklären. Hierbei ist zu beachten, dass eine **Betriebsaufgabeerklärung** wegen der mit ihr verbundenen Rechtswirkung **klar und eindeutig** sein muss. Nicht ausreichend ist die Erklärung von Einkünften aus Vermietung und Verpachtung oder die bloße – gewinnneutrale – Ausbuchung der betrieblichen Wirtschaftsgüter. Die anlässlich einer Veräußerung, Entnahme oder Aufgabe erzielten Gewinne unterliegen ebenfalls **nicht der Gewerbesteuer**, da es sich insoweit nicht mehr um Gewinne aus einem aktiv tätigen Gewerbebetrieb handelt. Hinweis: Das Verpächterwahlrecht kann nur von natürlichen Personen und nicht gewerblich geprägten Personengesellschaften ausgeübt werden. Kapitalgesellschaften und gewerblich geprägte Personengesellschaften haben kein Wahlrecht, weil diese Unternehmen grds. nur Einkünfte aus Gewerbebetrieb und gewerbliches Betriebsvermögen haben (vgl. auch § 13 Abs. 3 GmbHG). Die Einkünfte aus der Betriebsverpachtung unterliegen in derartigen Fällen auch der Gewerbesteuer, da die Gewerbesteuer hierbei an die Rechtsform anknüpft.

Hinweise zur Umsatzsteuer: Soweit die Pacht auf überlassene Grundstücke einschließlich aufstehender Gebäude oder auf standfeste Scheinbestandteile entfällt, sind die Pachteinnahmen gemäß § 4 Nr. 12 Buchst. a UStG steuerfrei. Dadurch wird eine zeitanteilige Berichtigung des Vorsteuerabzugs nach § 15a Abs. 1 und 6 UStG ausgelöst, wenn der Verpächter im Rahmen der Regelbesteuerung Vorsteuerbeträge aus (nachträglichen) Anschaffungs- oder Herstellungskosten abgezogen hat und der Zehnjahreszeitraum bei Verpachtungsbeginn noch nicht abgelaufen ist. Eine Vorsteuerberichtigung entfällt jedoch, wenn der Verpächter zulässigerweise auf die Steuerbefreiung der (anteiligen) Pacht verzichtet, § 9 UStG.

18 Der Verpächter eines Betriebs kann die Fortführung des Betriebs und damit das **Hinausschieben der Versteuerung der stillen Reserven** allerdings **nur** wählen, wenn und solange eine Verpachtung des Betriebs im Ganzen vorliegt, d.h. nicht nur zu Beginn der **Verpachtung**, sondern während der **gesamten Dauer** des Pachtverhältnisses. So müssen **alle wesentlichen Grundlagen des Betriebes als einheitliches Ganzes** verpachtet sein. Entfällt dies, so muss eine Aufgabe des Betriebs angenommen werden mit der Folge, dass die vorhandenen stillen Reserven zu versteuern sind, auch wenn der Verpächter die Aufgabe des Betriebs nicht erklärt. Zu beachten ist, dass der Abschluss eines Pachtvertrags und die fehlende Betriebsaufgabeerklärung nicht automatisch die Betriebsaufgabe verhindern, wenn der Betrieb nach den tatsächlichen Umständen eindeutig endgültig aufgegeben wird.

Ein landwirtschaftlicher Betrieb kann im Rahmen einer sog. **Eisernen Verpachtung** derart verpachtet werden, dass der Pächter Gegenstände des Betriebsvermögens zu ihrem Wert bei Pachtbeginn unter der Verpflichtung übernimmt, bei Pachtende und Rückgabe der zum Betrieb gehörenden Gegenstände, Wertausgleich bis zur Höhe des Übernahmewerts zu leisten. Im Unterschied zum Regelfall eines Pachtverhältnisses trägt bei einer solchen Vertragsgestaltung der Pächter den Wertverzehr der überlassenen Gegenstände für die Dauer des Pachtvertrags (vgl. hierzu und zur Gewinnermittlung BMF v. 21.2.2002. BStBl. I 2002, 262). Verpachtungsumsätze unterliegen darüber hinaus stets der Besteuerung nach den allgemeinen umsatzsteuerrechtlichen Vorschriften. Verpachtet ein Land- und Forstwirt seinen landwirtschaftlichen Betriebszweig ganz oder nur zum Teil, unterliegen die Verpachtungsumsätze nicht der Durchschnittssatzbesteuerung nach § 24 UStG, auch wenn er nach der Verpachtung weiterhin als Land- oder Forstwirt tätig ist (vgl. BFH v. 6.12.2001, BStBl. II 2002, 555). Hingabe und Rückgabe des „eisernen Inventars" stellen keine Lieferungen dar. Ein sich bei der Rückgabe ergebender Mehrwert, den der Verpächter auszugleichen hat, ist Entgelt für eine sonstige Leistung des Pächters. 19

M 18.1 Pachtvertrag über eine Gaststätte[1]

Zwischen

... (Name, Anschrift)

(Verpächter)

und

... (Name, Anschrift)

(Pächter)

wird folgender

Pachtvertrag

geschlossen:

§ 1 Pachtobjekt

Verpachtet wird die auf dem Grundstück in ... (genaue Anschrift oder – falls nicht vorhanden – Flur/Flurstück gemäß Grundbuch) belegene Gaststätte ..., bestehend aus folgenden Räumen und Nutzflächen: ... (Beschreibung der einzelnen Räume, Anzahl, Geschoss). Die Räumlichkeiten sind in dem als Anlage 1 beigefügten Grundrissplan rot markiert.

Mitverpachtet wird auch das gesamte vorhandene Inventar, welches in der als Anlage 2[2] beigefügten Inventarliste aufgeführt ist. Der Pächter hat die Pachträume besichtigt und erkennt die Pachträume für den beabsichtigten Geschäftszweck als geeignet an.

Mitverpachtet werden auch ... (Beschreibung der Flächen: zB Parkplätze, Außenflächen etc., ggf. unter Beifügung von Grundrissen).

§ 2 Pachtzweck

Die Verpachtung erfolgt zum Betrieb einer ... -Gaststätte (Art der Gaststätte).

Jede Änderung der Nutzung bedarf der ausdrücklichen schriftlichen Zustimmung des Verpächters.

1 Die entgeltliche Überlassung von Gaststättenräumen mit allen betriebsnotwendigen Inventargegenständen ist auch dann ein Pachtvertrag, wenn die Gegenstände nicht im Eigentum des Verpächters stehen, der Pächter sie vielmehr von einem Dritten erwerben muss (OLG Düsseldorf NJW-RR 1994, 399).

2 Wird die Inventarliste nicht beigefügt, kann die Schriftform trotzdem eingehalten sein, wenn sich aus der Gesamtschau ergibt, dass die Vertragsparteien bei der Vertragsunterzeichnung darüber einig waren, dass sämtliches am Tage des Vertragsschlusses vorhandenes Inventar mitverpachtet wurde (BGH MDR 2000, 79).

§ 3 Aufrechnung, Zurückbehaltung, Minderung[3]

(1) Der Pächter kann gegenüber den Forderungen des Verpächters aus dem Pachtverhältnis mit einer Gegenforderung nur aufrechnen oder ein Minderungs- oder Zurückbehaltungsrecht nur ausüben, wenn die Gegenforderung rechtskräftig festgestellt oder unbestritten ist. In diesem Fall muss der Pächter den Verpächter mindestens einen Monat vor Fälligkeit der Forderung, gegen welche aufgerechnet bzw. die gemindert bzw. zurückbehalten werden soll, schriftlich benachrichtigen.

(2) Die Geltendmachung eines Minderungsrechts setzt voraus, dass der Pächter dem Verpächter zuvor eine angemessene Frist für die Beseitigung des behaupteten Mangels gesetzt hat.

(3) Rückforderungsansprüche des Pächters nach § 812 BGB bleiben von den vorstehenden Regelungen unberührt.

§ 4 Pachtdauer[4]

(1) Das Pachtverhältnis beginnt am ... und endet am ...

(2) Es verlängert sich danach jeweils um ein Jahr, wenn es nicht sechs Monate vor Ablauf der Laufzeit des Vertrages von einer der Parteien gekündigt wird. Die Kündigung bedarf der Schriftform.

Setzt der Pächter den Gebrauch der Pachtsache nach Ablauf der Pachtzeit fort, so gilt das Pachtverhältnis nicht als verlängert. § 545 BGB findet keine Anwendung. Fortsetzung oder Erneuerung des Pachtvertrages nach seinem Ablauf müssen schriftlich vereinbart werden.

§ 5 Pachtzins und Nebenkosten

(1) Der monatliche Pachtzins beträgt ... Euro zzgl. der jeweils geltenden gesetzlichen Umsatzsteuer von zurzeit 19 %, mithin zzgl. ... Euro. Der monatliche Pachtzins beträgt somit insgesamt ... Euro[5]*.*

(2) Neben dem monatlichen Pachtzins hat der Pächter sämtliche für das Pachtobjekt anfallenden Betriebskosten im Sinne von § 2 BetrKV (Betriebskostenverordnung) zu tragen[6]*.*

Auf die Betriebskosten hat der Pächter eine monatliche Vorauszahlung in Höhe von ... Euro zzgl. der gesetzlichen USt. von zurzeit 19 % zu zahlen.

Die Pacht sowie die Vorauszahlungen auf die Betriebskosten sind bis zum 3. Werktag eines jeden Monats im Voraus auf das Konto des Verpächters

Bank: ...

Kto: ...

BLZ: ... (alternativ Angabe der IBAN und BIC)

zu zahlen.

Für die Rechtzeitigkeit der Zahlung kommt es auf den Eingang der Zahlungen auf dem Konto des Verpächters an.

Der Pächter hat bzgl. der Versorgung der Pachträume mit Gas, Wasser, Wärmeenergie und Elektrizität, soweit möglich, direkt Versorgungsverträge mit den jeweiligen Versorgungsträgern abzuschließen und die Kosten direkt dorthin zu zahlen.

(3) In der jährlichen Abrechnung über die Betriebskosten kann der Verpächter die Höhe der Vorauszahlungen auf einen den tatsächlichen Kosten entsprechenden Betrag anheben oder senken.

(4) Sämtliche Zahlungen an den Verpächter verstehen sich zzgl. der jeweils geltenden gesetzlichen Umsatzsteuer (zzt. 19 %)[7]*.*

---

3 Im Gaststättenpachtvertrag kann auch als allgemeine Geschäftsbedingung wirksam vereinbart werden, dass die Aufrechnung des Pächters nur mit rechtskräftig festgestellten oder unbestrittenen Forderungen zulässig ist (OLG Celle ZfIR 2012, 516 L; OLG Düsseldorf NZM 2005, 667; BGH NJW-RR 1993, 519).

4 Der Pachtvertrag kann auch auf unbestimmte Zeit abgeschlossen werden. Zur Kündigung s. § 584 Abs. 1 BGB. Oftmals ist die Einräumung eines Optionsrechtes sinnvoll, s. **M 17.1** § 3.

5 Zur Vereinbarung einer Wertsicherungsklausel s. **M 17.1** § 6.

6 Hier gelten keine Besonderheiten im Vergleich zur Gewerberaummiete, vgl. **M 17.1**; die dortigen ergänzenden Regelungen zu neuen Betriebskosten etc. können entsprechend übernommen werden.

7 S. Rz. 17.

Der Pächter darf – außerhalb der steuerlichen Bagatellgrenze von 5 % – nur Umsätze tätigen, die umsatzsteuerpflichtig sind. Andernfalls haftet er für alle dem Verpächter daraus entstehenden Schäden. Der Pächter ist verpflichtet, dem Verpächter auf Aufforderung sämtliche zur Führung der entsprechenden Nachweise bei den Finanzbehörden erforderlichen Informationen zur Verfügung zu stellen.

§ 6 Kaution[8]

. . .

§ 7 Instandhaltung, Instandsetzung, Schönheitsreparaturen, Haftungsausschluss, Vertragsbeendigung

(1) Das Pachtobjekt nebst Inventar wird in gebrauchsfähigem Zustand übergeben und vom Pächter als vertragsgemäß anerkannt.

Die verschuldensunabhängige Haftung des Verpächters nach § 536a Abs. 1, 1. Alt. BGB wegen anfänglicher Mängel ist ausgeschlossen.[9]

Der Pächter ist verpflichtet, die Pachtsache pfleglich zu behandeln und stets in ordnungsgemäßem Zustand zu halten.

(2) Die Wartung, Instandhaltung und Instandsetzung im Inneren des Pachtobjekts sowie der mitverpachteten (auch technischen) Anlagen und Einrichtungen (zB der Anlagen für Wasser, Elektrizität und Gas, der sanitären Einrichtungen, der Verschlüsse von Fenstern und Türen, der Rollläden, Öfen und Herde, der Zapf- und Schankanlage etc.) obliegen dem Pächter auf seine Kosten, soweit sie durch den Pachtgebrauch veranlasst wurden oder dem Risikobereich des Pächters zuzuordnen sind.

(3) Im Übrigen obliegen Wartung, Instandhaltung und Instandsetzung des Gebäudes, insbesondere hinsichtlich des Daches und der grundlegenden konstruktiven Bauteile des Gebäudes („Dach und Fach") dem Verpächter.

(4) Schönheitsreparaturen in der Pachtsache sind vom Pächter auf eigene Kosten durchzuführen.

(5) Schäden am Pachtobjekt oder den dazugehörenden Einrichtungen und Anlagen, die über die Ziff. 2–4 hinausgehen, hat der Pächter auf seine Kosten beseitigen zu lassen, wenn und soweit ihn, seine Angehörigen, Arbeiter, Angestellten, Unterpächter, Besucher, Lieferanten oder sonstige Personen, die sich mit seinem Willen in den Pachträumen aufhalten durch Vernachlässigung der Obhuts- und Sorgfaltspflichten ein Verschulden trifft.

(6) Sollte der Pächter mit einer der vorstehenden Verpflichtungen in Verzug geraten, so ist der Verpächter nach vorheriger Fristsetzung zur Ersatzvornahme auf Kosten des Pächters berechtigt.

(7) Die Pachträume sind bei Beendigung des Pachtverhältnisses vollständig geräumt und in vertragsgemäßem Zustand an den Verpächter zurückzugeben.

§ 8 Versicherungen

(1) Der Pächter verpflichtet sich, alle für seinen Betrieb üblichen Risiken (Feuer-, Mobiliar-, Leitungswasser-, Sturmschäden sowie Einbruch-, Diebstahl- und Glasschäden, Betriebsunterbrechung) in ausreichender Höhe zu versichern. Auf Verlangen sind dem Verpächter der entsprechende Versicherungsabschluss sowie die Prämienzahlungen nachzuweisen.

(2) Der Verpächter verpflichtet sich, das Gebäude gegen Feuer-, Leitungswasser- und Sturmschäden zu versichern und eine Gebäudehaftpflichtversicherung abzuschließen.

---

8 Hier kann auf die entsprechende Regelung im Geschäftsraummietvertrag zurückgegriffen werden (s. **M 17.1** § 7). § 551 Abs. 3 BGB soll entsprechend auch auf Pachtverträge anwendbar sein (Münchener Kommentar zum BGB, § 581 BGB Rz. 49).

9 Der Ausschluss der verschuldensunabhängigen Haftung für anfängliche Sachmängel in den AGB eines unter Kaufleuten geschlossenen Pachtvertrags ist zulässig (BGH NJW-RR 1993, 519).

§ 9 Inventar

(1) Die Erhaltung, Instandsetzung und Instandhaltung des mitverpachteten Inventars obliegt dem Pächter. Er trägt auch die Gefahr des zufälligen Untergangs. Die ersatzweise angeschafften Inventarstücke werden Eigentum des Verpächters[10].

(2) Der Pächter ist befugt, über einzelne Inventarstücke im Rahmen eines ordnungsgemäßen Geschäftsbetriebs zu verfügen.

(3) Bei Beendigung des Pachtverhältnisses ist das Inventar in vertragsgemäßem Zustand an den Verpächter herauszugeben.

§ 10 Unterverpachtung/Untervermietung

Eine Unterverpachtung oder Untervermietung des Pachtobjektes oder von Teilen davon bedarf der vorherigen schriftlichen Zustimmung des Verpächters.

Der Verpächter kann die Zustimmung zur Unterverpachtung versagen oder widerrufen, wenn in der Person des Dritten ein wichtiger Grund vorliegt.[11]

§ 11 Behördliche Genehmigungen[12]

(1) Soweit behördliche Genehmigungen, Konzessionen oder ähnliche Verwaltungsakte mit der Person oder dem Betrieb des Pächters zusammenhängen, obliegen ihre Einholung sowie alle damit verbundenen Maßnahmen, Auflagen und Kosten allein dem Pächter. Der Pächter hat auch die für seinen Betrieb geltenden Umweltschutzvorschriften einzuhalten.

(2) Der Verpächter übernimmt keine Haftung für die für den Gaststättenbetrieb erforderlichen behördlichen Genehmigungen bzw. für den Fortbestand derselben, sofern die Gründe der Versagung bzw. der Aufhebung nicht auf der Beschaffenheit des Pachtobjekts beruhen, sondern die Versagung bzw. Aufhebung etwa aus personen- oder betriebsbezogenen Gründen erfolgt.

§ 12 Verkehrssicherungspflichten

Die Verkehrssicherungspflicht hinsichtlich des Pachtobjekts einschließlich der von ihm eingebrachten Anlagen und Einrichtungen und aller mitverpachteter Parkplätze und der Zuwege obliegt dem Pächter. Er stellt den Verpächter von jeglichen Ansprüchen Dritter frei, die sich aus einer Verletzung dieser Pflicht ergeben.

§ 13 Bauliche Änderungen durch den Pächter

(1) Der Pächter darf bauliche Veränderungen, Aus-, Um- und Einbauten und dergleichen an der Pachtsache nur nach vorheriger schriftlicher Zustimmung des Verpächters vornehmen. Soweit der Verpächter dem zugestimmt hat, obliegen die Einholung etwaiger behördlicher Genehmigungen und alle damit verbundenen Kosten dem Pächter.

(2) Bei Beendigung des Pachtverhältnisses ist der Pächter verpflichtet, die von ihm geschaffenen Aus-, Um- und Einbauten und dergleichen zu beseitigen und den ursprünglichen Zustand auf seine Kosten wiederherzustellen. Dem Verpächter steht allerdings das Recht zu, den vom Pächter geschaffenen Zustand zu übernehmen. In diesem Fall steht dem Pächter kein Recht zu, die von ihm vorgenommenen Aus-, Um- und Einbauten u. dergleichen zu beseitigen, es sei denn, der Pächter hat ein berechtigtes Interesse an der Wegnahme. Sofern der Verpächter sich für die Übernahme entscheidet und der Pächter kein berechtigtes Interesse an der Wegnahme hat, hat er Anspruch auf eine angemessene Entschädigung nach dem Zeitwert.

10 Diese Klausel wird als wirksam angesehen (OLG Celle ZfIR 2012, 516 L).

11 S. im Übrigen die weiteren Regelungen in **M 17.1** § 14.

12 Die Klausel in einem Gaststättenpachtvertrag, wonach der Pächter grds. behördliche Auflagen (auch solche, die mit der Beschaffenheit und Lage des Mietobjekts im Zusammenhang stehen) auf eigene Kosten zu erfüllen hat, wurde als unwirksam angesehen (OLG Celle MDR 1999, 1434 = NJW-RR 2000, 873).

§ 14 Betreten der Pachträume

(1) Dem Verpächter oder seinem Beauftragten steht die Besichtigung der Pachträume nach vorheriger Absprache während der Geschäftszeiten (insbesondere zur Prüfung ihres Zustandes, zur Ablesung von Messgeräten oder aus anderen wichtigen Gründen) frei. In Fällen dringender Gefahr ist ihm das Betreten der Pachträume zu jeder Tages- und Nachtzeit zu gestatten.

(2) Der Pächter hat im Falle der Beendigung des Pachtverhältnisses zwecks anderweitiger Verpachtung oder bei beabsichtigtem Verkauf des Grundstücks die Besichtigung der Pachträume nach vorheriger Absprache zu gestatten.

(3) Nach der Kündigung des Pachtverhältnisses hat der Pächter die Anbringung von Verpachtungs- bzw. Vermietungshinweisen an der Pachtsache zu gestatten.

§ 15 Zusätzliche Vereinbarungen[13]

...

§ 16 Schlussbestimmungen[14]

...

Anlagen zum Pachtvertrag:

...

... (Ort/Datum) *... (Ort/Datum)*

(Unterschrift Verpächter) *(Unterschrift Pächter)*

13 Regelungen zu Konkurrenzschutz und Betriebspflicht können ebenfalls sinnvoll sein, s. **M 17.1** § 2. Bei einem Wechsel des Betreibers der Gaststätte ist bei bestehenden Arbeitsverhältnissen immer zu prüfen, ob nach § 613a BGB ein Betriebsübergang vorliegt mit der Folge, dass der Pächter in die Rechte und Pflichten aus den im Zeitpunkt des Übergangs bestehenden Arbeitsverhältnissen eintritt.

14 Hier kann auf die entsprechenden Regelungen unter § 21 des Geschäftsraummietvertrages **M 17.1** zurückgegriffen werden.

M 18.2 Pachtvertrag über einen Hof (Landpachtvertrag)[1]

Zwischen

... (Name, Anschrift)

(Verpächter)

und

... (Name, Anschrift)

(Pächter)

wird folgender

Pachtvertrag

geschlossen:

§ 1 Pachtgegenstand

(1) Verpachtet wird die in ... (genaue Anschrift oder – falls nicht vorhanden – Flur/Flurstück gem. Grundbuch) belegene Hoffläche ... mit einer Größe von ... .

1 Zur Geltung des Landpachtrechts des BGB vgl. Rz. 6 ff., auch zum Begriff des Landpachtvertrages. Das vorliegende Muster ist für die Pacht eines landwirtschaftlichen Betriebes bestimmt (Grundbesitz mit Wohn- und Wirtschaftsgebäuden, die der Landwirtschaft für dieses Grundstück dienen). Es kann auch für die (bloße) Pacht eines landwirtschaftlichen Grundstücks ohne Wohn- und Gewerbegebäude verwendet werden, wenn die Klauseln zu §§ 1 Abs. 2, 2, 5 Abs. 2 und 3 und § 9 weggelassen bzw. angepasst werden.

Folgende Gebäude werden mit verpachtet:. . . (Beschreibung der Gebäude)

Die Hoffläche und die verpachteten Gebäude sind in dem als Anlage 1 beigefügten Lageplan rot markiert.

(2) Die zu dem Hof gehörenden und verpachteten sowie von der Verpachtung ausgenommene Gebäude und Flächen werden in der Hofbeschreibung aufgeführt. Die Parteien verpflichten sich, bei Beginn des Pachtverhältnisses die Hofbeschreibung gemeinsam anzufertigen und darin den Umfang und den Zustand der Pachtsache festzuhalten. Sie verpflichten sich weiter, diese Beschreibung mit dem Datum der Anfertigung zu versehen, zu unterzeichnen und in einen gemeinsamen Nachtrag zum Pachtvertrag zu nehmen[2].

(3) Der Pächter darf Rechte, die mit dem Eigentum an den verpachteten Grundstücken verbunden sind, ohne Erhöhung des Pachtpreises ausüben, auch wenn sie im Grundbuch und der Hofbeschreibung nicht vermerkt sind.

§ 2 Inventar[3]

(1) Der Pächter übernimmt das zum Hof gehörige lebende und tote Inventar zum Schätzwert. Einzelheiten zum Inventar und zum Schätzwert sind in der Hofbeschreibung aufgeführt.

(2) Der Pächter kann innerhalb der Grenzen einer ordnungsmäßigen Wirtschaft über die einzelnen Inventarstücke verfügen. Er hat das Inventar in dem Zustand zu erhalten und in dem Umfang laufend zu ersetzen, der den Regeln einer ordnungsmäßigen Wirtschaft entspricht. Die von ihm angeschafften Stücke werden mit der Einverleibung in das Inventar Eigentum des Verpächters, sofern vor Anschaffung der Stücke schriftlich nichts Gegenteiliges mit dem Verpächter vereinbart wurde

Der Pächter trägt die Gefahr des zufälligen Untergangs und einer zufälligen Verschlechterung des Inventars.

(3) Bei Beendigung des Pachtverhältnisses hat der Pächter das vorhandene Inventar dem Verpächter zurückzugewähren. Der Verpächter kann die Übernahme solcher vom Pächter angeschaffter Inventarstücke ablehnen, welche nach den Regeln einer ordnungsgemäßen Wirtschaft für den Hof überflüssig oder zu wertvoll sind. Mit der Ablehnung geht das Eigentum an den abgelehnten Stücken auf den Pächter über. Besteht zwischen dem Gesamtschätzwert des übernommenen und dem des zurückzugewährenden Inventars ein Unterschied, so ist dieser in Geld auszugleichen. Den Schätzwerten sind die Preise im Zeitpunkt der Beendigung des Pachtverhältnisses zugrunde zu legen (§ 582a Abs. 3 BGB).

(4) Dem Pächter steht für Forderungen gegen den Verpächter, die sich auf das mitgebrachte Inventar beziehen, ein Pfandrecht an den in seinen Besitz gelangten Inventarstücken zu (§ 583 Abs. 1 BGB).

§ 3 Pachtdauer

(1) Das Pachtverhältnis beginnt am . . . und wird für die Dauer von . . . Jahren geschlossen. Es endet am . . . .

2 Die Verpflichtung, die Beschreibung anzufertigen, resultiert aus § 585b BGB.

3 Das Muster geht in § 2 von verpächtereigenem Inventar aus, das zum Schätzwert vom Pächter übernommen wird mit der Verpflichtung, es bei Pachtende zum Schätzwert zurückzugewähren (sog. eisernes Inventar, vgl. § 582a BGB). Stattdessen kann auch vereinbart werden, dass das Inventar vom Pächter (käuflich) zu Eigentum erworben wird und später angeschaffte Inventarstücke in sein Eigentum übergehen (pächtereigenes Inventar). In diesem Fall kann folgende Formulierung gewählt werden (vgl. § 583a BGB):
„Das lebende und tote Inventar des Hofes ist Eigentum des Pächters, soweit nicht ausdrücklich einzelne Gegenstände in der Hofbeschreibung als mitverpachtetes Inventar aufgeführt sind. Der Verpächter verpflichtet sich, bei Pachtende das gesamte Inventar zum Schätzwert zu übernehmen. Der Pächter kann über Inventarstücke während der Pachtzeit frei verfügen."
Lebendes Inventar sind Tiere, totes Inventar umfasst zB Geräte oder Betriebsanlagen. Ist die Nichtgewährung der Nutzung durch den Landpächter auf die Rechtsausübung eines Dritten zurückzuführen, so liegt nicht nachträgliche Unmöglichkeit vor, sondern es besteht eine Haftung wegen Rechtsmangels gem. §§ 586 Abs. 2, 536, 536a BGB (BGH NJW 1991, 3277).

(2) Das Pachtverhältnis verlängert sich nach Ablauf der Pachtzeit automatisch jeweils um ein Jahr, wenn es nicht von einem der Vertragspartner in schriftlicher Form mit einer Frist von sechs Monaten zum Ende der Pachtzeit gekündigt wird. Für die Rechtzeitigkeit der Kündigung kommt es nicht auf die Absendung, sondern auf den Zugang des Kündigungsschreibens beim Kündigungsempfänger an. Die Verlängerungsmöglichkeit gem. § 594 Satz 2–4 BGB wird ausdrücklich ausgeschlossen.

Setzt der Pächter den Gebrauch der Pachtsache nach Ablauf der Pachtzeit fort, so gilt das Pachtverhältnis nicht als verlängert. § 545 BGB findet keine Anwendung. Fortsetzung oder Erneuerung des Pachtvertrages nach seinem Ablauf müssen schriftlich vereinbart werden.

(3) Der Pächter kann die Fortsetzung des Pachtverhältnisses nach Maßgabe des § 595 BGB vom Verpächter verlangen, sofern der Betrieb die wirtschaftliche Lebensgrundlage des Pächters bildet und die vertragsgemäße Beendigung der Pacht für ihn oder seine Familie eine nicht zu rechtfertigende Härte bedeuten würde, die auch unter Würdigung der berechtigten Interessen des Verpächters nicht zu rechtfertigen ist. Es gilt insoweit die gesetzliche Regelung in § 595 BGB.

(4) Das Pachtjahr läuft jeweils vom 1. Oktober bis zum 30. September.

§ 4 Pachtzins[4]

(1) Der Pachtzins beträgt vierteljährlich ... Euro (ggf. zzgl. gesetzl. USt).

(2) Neben dem Pachtzins hat der Pächter folgende Betriebskosten zu tragen: ... (die Kosten hier einzeln aufführen, zB Grundsteuer, Müllabfuhr etc.)

Auf diese Betriebskosten ist eine Vorauszahlung von vierteljährlich ... Euro (ggf. zzgl. gesetzl. USt) zu zahlen, die zusammen mit dem Pachtzins fällig wird. Über die Betriebskosten wird jährlich abgerechnet.

(3) Der Pachtzins und die Betriebskostenvorauszahlungen sind im Voraus, jeweils spätestens am ersten[5] *Werktag des Vierteljahres auf das Konto des Verpächters*

Bank: ...

Kto: ...

BLZ: ... (alternativ Angabe der IBAN und BIC)

zu entrichten. Für die Rechtzeitigkeit der Zahlung kommt es nicht auf die Absendung, sondern auf den Eingang der Zahlungen auf dem Konto des Verpächters an.

§ 5 Lasten, Versicherungen, Verkehrssicherungspflicht

(1) Die auf dem Hof ruhenden Lasten trägt der Verpächter[6]*, soweit diese nicht gem. § 4 Ziff. 2 vom Pächter getragen werden. Die Beträge zur landwirtschaftlichen Berufsvertretung tragen die Parteien je zur Hälfte. Den Beitrag zur Berufsgenossenschaft trägt der Pächter.*

(2) Der Verpächter verpflichtet sich, die Gebäude gegen Feuer-, Leitungswasser- und Sturmschäden zu versichern und eine Gebäudehaftpflichtversicherung abzuschließen. Der Pächter verpflichtet sich, das Inventar, die Erzeugnisse und Vorräte gegen Feuer-, Leitungswasser und Sturmschäden zu versichern.

(3) Jede Partei kann von der anderen den Nachweis fordern, dass sie in angemessener Höhe die Versicherungen abgeschlossen hat, zu deren Abschluss sie nach Abs. 2 verpflichtet ist. Jede Partei ist ferner der anderen gegenüber berechtigt, von dem Versicherungsunternehmen eine Nachricht zu verlangen, falls die Aufhebung des Versicherungsschutzes droht. In diesem Fall kann die Partei an Stelle und für Rechnung der anderen die fällige Prämie zahlen und die sonst notwendigen Maß-

---

4 Zur Vereinbarung einer Wertsicherungsklausel s. **M 17.1** § 6. Zur Umsatzsteuer s. Rz. 17 f.

5 S. § 587 Abs. 1 BGB.

6 Gem. § 586a BGB hat der Verpächter die auf der Pachtsache ruhenden Lasten zu tragen. Die Vorschrift ist im Rahmen der §§ 305 ff. BGB und §§ 134, 138 BGB abdingbar. Formularvertraglich soll eine völlige Übertragung der Lasten auf den Pächter nur möglich sein, wenn ein angemessener Ausgleich, etwa Ermäßigung des Pachtzinses, vorgesehen wird. Eine entsprechende vertragliche Vereinbarung bedarf der Anzeige nach § 2 Abs. 2 Nr. 2 LPachtVG (BeckOK BGB/C. Wagner § 586a BGB Rz. 1). Die Vorschrift gilt nicht für Lasten, die von vornherein nur den Pächter persönlich treffen (wie Beiträge zu den Berufsgenossenschaften und Landwirtschaftskammern).

nahmen zur Sicherung eines ausreichenden Versicherungsschutzes ergreifen. Zahlt der Pächter die Prämie, so kann er mit seiner Ersatzforderung gegen die Pachtforderung aufrechnen.

(4) Dem Pächter obliegen die Verkehrssicherungspflichten hinsichtlich des verpachteten Objektes. Er stellt den Verpächter von jeglichen Ansprüchen Dritter frei, die sich aus einer Verletzung dieser Pflicht ergeben.

§ 6 Wildschaden und Jagd

(1) Der Ersatz des Wildschadens richtet sich nach den geltenden jagdrechtlichen Vorschriften.

(2) Bildet der Hof einen Eigenjagdbezirk oder ist er Teil eines Eigenjagdbezirks, in dem der Verpächter jagdberechtigt ist, so hat der Verpächter dem Pächter den Wildschaden zu ersetzen, wenn der Pächter nicht zugleich Jagdpächter ist. Hat der Verpächter die Jagd an einen anderen verpachtet und dieser den Ersatz des Wildschadens übernommen, so haftet der Verpächter dem Pächter nur insoweit, als der Pächter nicht vom Jagdpächter Ersatz des Wildschadens erlangen kann.

§ 7 Bodenbestandteile

Nicht verpachtet ist das Recht auf Gewinnung von Bruchsteinen, Kalk, Gips, Ton, Lehm, Mergel, Kies, Torf und ähnlichen Bodenbestandteilen. Der Pächter darf sie jedoch unentgeltlich entnehmen, soweit es zur ordnungsgemäßen Fortführung, insbesondere zur laufenden Unterhaltung und zu den gewöhnlichen Ausbesserungen des Hofes erforderlich ist und soweit die Entnahme den Regeln einer ordnungsgemäßen Wirtschaft entspricht.

§ 8 Gewährleistung[7]

Die Gewährleistung für Mängel richtet sich nach den gesetzlichen Vorschriften.

§ 9 Instandhaltung, Ausbesserungen

(1) Die gewöhnlichen Ausbesserungen der Pachtsache, insbesondere der Wohn- und Wirtschaftsgebäude, der Wege, Gräben, Dränungen und Einfriedungen obliegen dem Pächter auf seine Kosten. Ausbesserungen umfassen alle Maßnahmen, die gewöhnlich und regelmäßig zur Erhaltung oder Wiederherstellung der Gebrauchs- und Nutzungsfähigkeit der Pachtsache erforderlich sind. Dazu gehören die laufenden Wartungs- und Pflegearbeiten, Schönheitsreparaturen und Maßnahmen wegen laufender Witterungseinflüsse.[8]

(2) Die über Ziff. 1 hinausgehenden Ausbesserungs-, Instandhaltungs- und Instandsetzungsarbeiten obliegen dem Verpächter.

(3) Der Ersatz von Gebäuden und sonstigen baulichen Anlagen, die dem Verpächter gehören, obliegt dem Verpächter[9]*.*

(4) In jedem Jahr findet im Monat März eine Hofbesichtigung statt. Bei der Besichtigung ist auch festzustellen, welche Arbeiten notwendig sind und welcher Art (Abs. 1, 2 oder 3) diese sind. Einigen sich die Parteien nicht, so wird die Feststellung auf Antrag einer oder beider Parteien durch einen von der Industrie- und Handelskammer oder einer sonstigen Stelle zu benennenden Sachverständigen getroffen.

(5) Jeden an der Pachtsache entstandenen Schaden oder Mangel, für den der Pächter nach diesem Pachtvertrag nicht selbst beseitigungspflichtig ist, hat er dem Verpächter unverzüglich anzuzeigen. Für einen durch nicht rechtzeitige Anzeige verursachten weiteren Schaden ist der Pächter ersatzpflichtig. Das Gleiche gilt, wenn sich ein Dritter Rechte anmaßt.

---

7 Zur Berechnung des entgangenen Gewinns aus einem landwirtschaftlichen Betrieb vgl. BGH NJW 1991, 3277.

8 Vgl. BGH NJW-RR 1993, 521. S. im Übrigen § 586 Abs. 1 S. 2 BGB. Zu den Ausbesserungsarbeiten zählen zB das Weißen und Desinfizieren der Ställe, Reparaturen an Gräben oder Anlagen, der Ersatz von zerbrochenen Fensterscheiben ua.

9 Die Wiederaufbaupflicht des Verpächters bei zerstörtem Gebäude entfällt, wenn die Nutzung des landwirtschaftlichen Anwesens ohne das Gebäude möglich ist oder wenn der Pächter die Zerstörung zu vertreten hat (BGH NJW 1992, 1036).

§ 10 Verwendungen des Pächters, Verbesserungen des Verpächters

(1) Der Verpächter hat dem Pächter von diesem getätigte nützliche Verwendungen[10], denen der Verpächter zugestimmt hat, bei Pachtende zu ersetzen, wenn diese den Wert der Pachtsache über die Pachtzeit hinaus erhöhen[11]. Verweigert der Verpächter die Zustimmung zu den Verwendungen, so kann diese auf Antrag des Pächters gem. § 591 Abs. 2 BGB durch das Landwirtschaftsgericht erteilt werden.

Die Festsetzung des Mehrwerts und die Zahlung desselben kann gem. § 591 Abs. 3 BGB auf Antrag durch das Landwirtschaftsgericht bestimmt werden.

(2) Der Pächter hat Maßnahmen zur Erhaltung und Verbesserung der Pachtsache durch den Verpächter nach Maßgabe von § 588 Abs. 1 und 2 BGB zu dulden. Der Verpächter kann eine Erhöhung der Pacht unter den Voraussetzungen des § 588 Abs. 3 BGB verlangen.

§ 11 Unterverpachtung

Die Unterverpachtung oder sonstige Gebrauchsüberlassung des Hofes, der Gebäude oder von Teilen davon an einen Dritten oder an eine Produktionsgemeinschaft bedürfen der vorherigen schriftlichen Zustimmung des Verpächters.

Der Verpächter kann die Zustimmung zur Unterverpachtung versagen oder widerrufen, wenn in der Person des Dritten ein wichtiger Grund vorliegt.

§ 12 Vertragsänderung bei nachhaltiger Änderung der Verhältnisse

Haben sich nach Vertragsschluss die für die Festsetzung der Vertragsleistungen maßgebenden Verhältnisse so nachhaltig geändert, dass die gegenseitigen Verpflichtungen in ein grobes Missverhältnis zueinander geraten sind, so kann jeder Vertragsteil eine Änderung des Vertrages nach Maßgabe des § 593 BGB verlangen.

§ 13 Tod des Pächters

Stirbt der Pächter, so sind sowohl seine Erben als auch der Verpächter innerhalb eines Monats, nachdem sie vom Tod des Pächters Kenntnis erlangt haben berechtigt, das Pachtverhältnis mit sechsmonatiger Kündigungsfrist zum Ende eines Kalendervierteljahres zu kündigen (§ 594d BGB). Die Kündigung bedarf der Schriftform.

§ 14 Beendigung des Pachtverhältnisses[12]

(1) Bei Beendigung des Pachtverhältnisses ist der Pächter verpflichtet, die Pachtsache in dem Zustand zurückzugeben, der einer bis zur Rückgabe fortgesetzten ordnungsgemäßen Bewirtschaftung entspricht.[13]

(2) Die Parteien verpflichten sich, bei Beendigung des Pachtverhältnisses gemeinsam eine Hofbeschreibung anzufertigen und darin den Umfang und den Zustand der Pachtsache bei Pachtende festzuhalten. Sie verpflichten sich weiter, diese Beschreibung mit dem Datum der Anfertigung zu versehen und zu unterzeichnen.[14]

---

10 Das sind idR Aufwendungen, die den Bestand verbessern oder solche, die anlässlich einer notwendigen Verwendung (§ 590b BGB) über diese hinausgehen (BeckOK BGB/C. Wagner § 591 BGB Rz. 3–4).

11 Kein Mehrwertanspruch besteht für den Pächter wegen der auf den Verpächter übergegangenen Milchreferenzmenge (BGH NJW 1991, 3279) oder des weinbaulichen Wiederbepflanzungsrechts (BGH NJW-RR 2001, 272). Über Ausgleichsansprüche des Pächters bei Anbringung von Koppelzäunen vgl. OLG München ZMR 1997, 235.

12 Gem. § 591b BGB verjähren Ersatzansprüche des Verpächters wegen Veränderungen oder Verschlechterungen der Pachtsache sowie die Ansprüche des Pächters auf Ersatz von Verwendungen oder auf Gestattung der Wegnahme einer Einrichtung in sechs Monaten.

13 S. § 596 BGB. Eine Klausel, wonach der Pächter verpflichtet ist, die für die Pachtfläche zugeteilten Zahlungsansprüche im Verhältnis zur Pachtfläche bei Beendigung des Vertrages unentgeltlich auf den Nachfolger zu übertragen, wird als wirksam angesehen (BGH NZM 2010, 553).

14 S. § 585b BGB.

(3) Der Pächter hat von den bei Pachtende vorhandenen landwirtschaftlichen Erzeugnissen so viel zurückzulassen, wie zur Fortführung der Wirtschaft bis zur nächsten Ernte nötig ist, auch wenn er bei Beginn des Pachtverhältnisses solche Erzeugnisse nicht übernommen hat. Soweit er solche Erzeugnisse in größerer Menge oder besserer Beschaffenheit zurücklassen muss, als er bei Pachtantritt übernommen hat, kann er vom Verpächter Ersatz des Wertes verlangen (§ 596b BGB).

(4) Der Pächter ist berechtigt, Einrichtungen, mit denen er die Pachtsache versehen hat, wegzunehmen. Der Verpächter kann die Ausübung des Wegnahmerechts durch Zahlung einer angemessenen Entschädigung abwenden; es sei denn, dass der Pächter ein berechtigtes Interesse an der Wegnahme hat.[15]

§ 15 Zusätzliche Vereinbarungen

...

§ 16 Schlussbestimmungen, Wirksamkeit, Schriftform

(1) Jede Partei erhält eine Ausfertigung dieses Vertrages. Eine Vertragsausfertigung wird binnen eines Monats ab Vertragsschluss vom Verpächter der zuständigen Behörde gem. § 2 des Landpachtverkehrsgesetzes zur Kontrolle vorgelegt.

(2) ...[16]

... (Ort/Datum)	*... (Ort/Datum)*
(Unterschrift Verpächter)	*(Unterschrift Pächter)*

15 S. § 591a BGB.

16 Hier kann im Übrigen auf die entsprechenden Regelungen unter § 21 des Geschäftsraummietvertrages **M 17.1** zurückgegriffen werden.

5. Abschnitt. (Bau-)Werkvertrag und VOB-Verträge

Kapitel 19 Werkvertragsrecht

Literatur: (Kommentare und Monografien): *Basty*, Der Bauträgervertrag, 8. Aufl. 2014; *Eschenbruch*, Recht der Projektsteuerung, 3. Aufl. 2009; *Glatzel/Hofmann/Frikell*, Unwirksame Bauvertragsklauseln nach dem AGB-Gesetz, 11. Aufl. 2008; *Heiermann/Riedl/Rusam*, Handkommentar zur VOB, Teile A und B, 13. Aufl. 2012; *Ingenstau/Korbion*, VOB, 18. Aufl. 2013; *Kapellmann/Schiffers*, Vergütung, Nachträge und Behinderungsfolgen beim Bauvertrag, Bd. 1, 6. Aufl. 2011; *Kapellmann/Schiffers*, Vergütung, Nachträge und Behinderungsfolgen beim Bauvertrag, Bd. 2, Pauschalvertrag, 5. Aufl. 2011; *Kleine-Möller/Merl/Glöckner*, Handbuch des privaten Baurechts, 5. Aufl. 2014; *Locher/Koeble/Frik*, HOAI, 12. Aufl. 2014; *Messerschmidt/Voit*, Privates Baurecht, 2. Aufl. 2012, *Pause*, Bauträgerkauf und Baumodelle, 5. Aufl. 2011; *Schill*, Der Projektsteuerungsvertrag, 2000; *Schmalzl/Krause-Allenstein*, Berufshaftpflichtversicherung des Architekten und Bauunternehmers, 2. Aufl. 2006; *Vygen/Joussen*, Bauvertragsrecht nach VOB und BGB, 5. Aufl. 2013; *Werner/Pastor*, Der Bauprozess, 15. Aufl. 2014.

I. Bau-Werkvertrag

1. Wesen des Werkvertrags

Der Werkvertrag ist ein **gegenseitiger Vertrag zwischen dem Besteller und dem Unternehmer,** 1
bei dem sich der Unternehmer zur Herstellung eines bestimmten Werks und der Besteller zur Zahlung der hierfür vereinbarten Vergütung verpflichtet, § 631 BGB. In dieser reinen Grundform des Werkvertrags schuldet der Unternehmer dem Besteller einen bestimmten Arbeitserfolg, die Herstellung des vereinbarten Werks. Das hergestellte Werk muss der vertraglichen Vereinbarung entsprechen, somit mangelfrei sein. Der Unternehmer schuldet damit nicht die Arbeit oder die Diensterbringung, sondern die Herbeiführung des Erfolgs. Gegenstand seiner Leistung ist eine Wertschöpfung. Hieraus ergibt sich, dass im Grundsatz der Unternehmer weisungsunabhängig die Herstellung des Werks vornehmen kann. Der Erfolg kann sich zum einen körperlich ergeben (Bauwerk), kann aber auch in einer geistigen Leistung liegen (planerische Arbeit des Architekten). Ausgehend hiervon hat der Unternehmer auch das Risiko der Herbeiführung des Erfolgs zu tragen. Soweit der Unternehmer das vertraglich vereinbarte Werk vertragsgemäß herstellt, ist der Besteller zur Entrichtung der vereinbarten Vergütung verpflichtet.

a) Grundtyp des Werkvertrags

2 Das typische Element des Werkvertrags ist die **Erfolgsbezogenheit** der Herstellungsverpflichtung des Unternehmers. Im Gegensatz hierzu schuldet der Dienstverpflichtete das bloße Bewirken der Leistung und nicht unmittelbar eine Wertschöpfung auf Seiten des Bestellers. Gerade diese Wertschöpfung ist kennzeichnend für den Werkvertrag. Im Rahmen eines Dienstvertrags ist der Dienstverpflichtete lediglich zu einer erfolgreichen Arbeit verpflichtet. Er hat sorgfältig und nach seinem besten Wissen seinen Dienst zu verrichten. Er hat aus diesem auch nur dafür einzustehen, dass er diesen sorgsam erbringt. Das Risiko des Gelingens seiner Bemühungen hat er hingegen nicht zu tragen.

3 Der **Bauvertrag** ist dem Vertragstypus des Werkvertrags zuzuordnen. Das vereinbarte Werk ist eine Bauleistung, die durch Bauarbeiten erbracht wird. Bauarbeiten können in der Neuschaffung eines Bauwerks, in der Veränderung von bestehenden Bauwerken oder in der Erhaltung des Bauwerks bestehen. Im Regelfall wird der Bauunternehmer das Bauwerk aus von ihm selbst gelieferten Stoffen herstellen. Hieraus ergibt sich aber nicht, dass ein Werklieferungsvertrag nach § 651 BGB vorliegt. Nach § 651 Abs. 2 BGB liegt **kein Werklieferungsvertrag** vor, wenn der Auftragnehmer nur zur Beschaffung von Zutaten oder sonstigen Nebensachen verpflichtet ist. Im Regelfall stellt der Auftraggeber das Baugrundstück, so dass dieses nicht zu dem vom Bauunternehmer zu beschaffenden Stoffen gehört und er daher dem Auftraggeber nicht die hergestellte Sache übergeben und ihm das Eigentum an der Sache verschaffen kann. Die vom Bauunternehmer zur Herstellung des Werks bereit gestellten Stoffe werden grundsätzlich wesentliche Bestandteile des Baugrundstücks, so dass ein Werklieferungsvertrag ausscheidet.

4 Ausgehend von diesem Grundtyp des Bau-Werkvertrags haben sich in der Praxis viele besondere Arten von Bauverträgen und Werkverträgen entwickelt. Gemeinsam ist allen die Erfolgsbezogenheit der Leistungspflicht des Bauunternehmers. Vielfach enthalten die Bauverträge auch Elemente des Dienstvertragsrechts und der Geschäftsbesorgung. Es handelt sich dann um **typengemischte Verträge**, bei denen im Einzelfall untersucht werden muss, in welchem Bereich der Schwerpunkt des Vertrags liegt, um diesen dann rechtlich entsprechend qualifizieren zu können.

b) Vergabe- und Vertragsordnung für Bauleistungen (VOB)

5 Die gesetzlichen Regelungen des Werkvertrags enthalten keine besonderen Regelungen über die Erbringung von Bauleistungen. Lediglich in § 632a BGB (Abschlagszahlungen/Sicherheitsleistung), in § 634a Abs. 1 Nr. 2 BGB (Verjährungsregelung), in § 648 BGB (Sicherungshypothek des Bauunternehmers) und in § 648a BGB (Bauhandwerkersicherung) wird auf die Besonderheit des Bau-Werkvertrags eingegangen. Aus diesem Umstand heraus entstand die Verdingungsordnung für Bauleistungen und jetzige Vergabe- und Vertragsordnung für Bauleistungen. Der Teil A der Vergabe- und Vertragsordnung für Bauleistungen enthält allgemeine Bestimmungen über die Vergabe von Bauleistungen. Die Teile B und C der Vergabe- und Vertragsordnung für Bauleistungen enthalten allgemeine Vertragsbedingungen für die Ausführung von Bauleistungen (VOB/B) und allgemeine technische Vertragsbedingungen für Bauleistungen (ATV = VOB/C). Die VOB/B und die VOB/C stellen ein Vertragswerk dar, das die Regelungen des gesetzlichen Werkvertragsrechtes ändert und ergänzt. Die VOB/B und die VOB/C finden Anwendung bei entsprechender vertraglicher Vereinbarung für die Erbringung von Bauleistungen.

6 Der Bearbeitung liegt die VOB/B idF ihrer amtlichen Bekanntmachung vom 31.7.2012 zugrunde.

7 Die **Bauleistungen** werden in § 1 VOB/A **definiert**. Danach sind Bauleistungen Arbeiten jeder Art, durch die eine bauliche Anlage hergestellt, in Stand gehalten, geändert oder beseitigt wird. Bei der Vergabe- und Vertragsordnung handelt es sich bei den Teilen B und C um Vertragsrecht. Dies bedeutet, dass die Regelungen nur dann zur Anwendung kommen, wenn sie vertraglich zwischen den Parteien vereinbart worden sind. Rechtlich stellen sie **AGB** dar, da sie für eine Vielzahl von Verträgen vorformuliert sind. Aus diesem Grund müssen sich die Regelungen der VOB/B auch an den §§ 307 ff. BGB messen lassen.

8 Die **Rechtsprechung** kreierte eine weitergehende Privilegierung der VOB/B. Die VOB/B sollte demzufolge ausgewogen sein und deshalb keiner Kontrolle nach den §§ 305 ff. BGB unterliegen, wenn

sie ohne wesentliche Änderung in den Vertrag eingebunden wurde (BGH BauR 1983, 161 zum AGB-Gesetz).

Diese Rechtsprechung wurde zurückliegend immer mehr eingeschränkt (BGH BauR 2004, 668; BGH BauR 2004, 1142) und jede vertragliche Abweichung von der VOB/B führt nunmehr dazu, dass diese nicht als Ganzes vereinbart ist und somit der AGB-rechtlichen Inhaltskontrolle unterliegt.

➲ **Wichtig:** Bei der Bauvertragsgestaltung muss berücksichtigt werden, dass eine Abweichung 8a
von der VOB/B – sei sie auch nur geringfügig – die vollständige Kontrolle jeder einzelnen Bestimmung der VOB/B zur Folge hat.

Gegen diese Rechtsprechung wenden sich in der **Literatur** verstärkt Stimmen, die zum einen da- 9
rauf hinweisen, dass die Rechtsprechung die Praxis vor erhebliche Probleme stellt, soweit nämlich die Beurteilung erforderlich ist, ob die VOB/B als Ganzes vereinbart wurde. Diese Beurteilung setzt letztendlich die Sichtung und rechtliche Wertung des gesamten Vertragswerks voraus. Darüber hinaus wird der Vorwurf erhoben, dass eine entsprechende Privilegierung zumindest aus dem Gesetz nicht ables- oder ableitbar ist, vielmehr die zur Gewohnheit gewordene Rechtsprechung des BGH (seit dem 1.1.2002 mehr denn je) nicht tragfähig ist (vgl. hierzu Koch, Zum Verbot der isolierten Inhaltskontrolle der VOB/B, BauR 2001, 162 ff.).

Neben dieser grundsätzlichen Kritik geriet die VOB/B auch durch die **Richtlinie über missbräuch-** 10
liche Klauseln in Verbraucherverträgen unter Druck (vgl. hierzu Kutschka in FS von Craushaar, 1997, S. 149 ff.). So soll nach der Schlussfolgerung eines vom Bundesverband Verbraucherzentrale in Auftrag gegebenen Rechtsgutachtens zur VOB/B 2002 das Gros privater Bauverträge gegen EU-Recht verstoßen (Micklitz, Die Richtlinie des Rates der Europäischen Gemeinschaften vom 5.4.1993 über missbräuchliche Klauseln in Verbraucherverträgen und ihre Bedeutung für die VOB Teil B, Gutachten, www.vzbv.de/go/dokumente/290/2/6/index.html).

Ursprünglich für öffentliche Bauaufträge entwickelt, sei die VOB/B aktuell auch Vertragsgrundlage 11
für geschätzte 70–80 % aller privaten Bauvorhaben. Hier führe sie in nicht weniger als 24 Klauseln zu massiven Verbraucherbenachteiligungen.

Laut einem eingeholten **Rechtsgutachten** hätte gemäß der EU-Richtlinie über missbräuchliche 12
Klauseln in Verbraucherverträgen (93/13/EWG) der deutsche Gesetzgeber spätestens im Dezember 1994 einschreiten und die Vertragsklauseln auf ihre Rechtswidrigkeit hin überprüfen müssen. Doch stattdessen sei die VOB/B in den vergangenen Jahren durch Gesetz und Rechtsprechung von einer gesetzlichen Kontrolle freigestellt worden.

Um dies zukünftig zu ändern, hat der **Bundesverband der Verbraucherzentralen** den Urheber und Verfasser der VOB/B, den Deutschen Vergabe- und Vertragsausschuss für Bauleistungen (DVA), abgemahnt.

Der Verbraucherzentrale Bundesverband vertritt die Auffassung, dass

> „die VOB/B bei Verträgen mit privaten Bauherren in der vorliegenden Form nichts zu suchen hat. Dass der Gesetzgeber über ein Vierteljahrhundert Nachteile für private Bauherren geduldet und sich seit 1995 auch über geltendes EU-Recht hinweggesetzt hat, muss endlich ein Ende haben. Es kann nicht sein, dass in einem außerparlamentarischen kontrollfreien Raum entschieden wird, was Recht für private Bauherren sein soll."

Weitere Bedenken bestehen, da die VOB/B weder ein Gesetz noch eine Rechtsverordnung ist, son- 13
dern ein **vorformuliertes Vertragswerk** darstellt. Solche Bedingungen unterliegen wie dargestellt einer gesetzlichen Kontrolle, um zu vermeiden, dass einseitig entwickelte Vertragsbedingungen zu Lasten des Vertragspartners des Verwenders gehen. Von dieser gesetzlichen Kontrolle ist die VOB/B jedoch seit 1977 durch Ausnahmebestimmungen zum einen im BGB, zum anderen durch die hierauf aufbauende Rechtsprechung freigestellt. Durch diesen kontrollfreien Raum wird der DVA, ohne Gesetzgebungskompetenz zu haben, zum Quasi-Gesetzgeber im Organisationsbereich des Bundesministeriums.

Der DVA hat zwar in den zurückliegenden Jahren versucht, der vorgebrachten Kritik Rechnung zu 14
tragen, inwieweit dies jedoch von Erfolg gekrönt ist, erscheint fraglich. Der BGH hat zumindest hinsichtlich der Regelungen des § 16 Abs. 3 Nr. 2–5 VOB/B bescheinigt, dass auch die Regelung in der der Entscheidung zugrundeliegenden Fassung der VOB/B vom 19.7.1990 gemessen an den

Maßstäben des damals geltenden AGB-Gesetzes missglückt ist (BGHZ 138, 176 ff.). Weiter zeigt das Gutachten Micklitz, dass auch aus europäischer Sicht zumindest Zweifel verbleiben.

15 Trotz der dargestellten Probleme entsprach es seit der Entscheidung des BGH v. 16.12.1982 ständiger Rechtsprechung, dass eine **Inhaltskontrolle** einzelner VOB/B-Bestimmungen auf der Grundlage des AGB-Gesetzes nicht in Betracht kam, wenn die „VOB/B als Ganzes" vereinbart worden war, da die VOB/B „einen auf die Besonderheiten des Bauvertragsrechts abgestimmten, im Ganzen einigermaßen ausgewogenen Ausgleich der beteiligten Interessen enthält." (BGH BauR 1983, 161).

16 Während man ursprünglich noch erwartet hatte, dass zumindest im Rahmen des **Schuldrechtsmodernisierungsgesetzes** und den damit einhergehenden Änderungen der gesetzlichen Regelungen die nachhaltigen Diskussionen zur VOB/B berücksichtigt würden und dass vom Gesetzgeber darüber Klarheit geschaffen würde, inwieweit die richterliche Rechtsfortbildung zur Privilegierung der VOB/B gesetzlich abgesichert oder korrigiert wird, besteht zwischenzeitlich die Gewissheit, dass die in den Gesetzgeber gesetzten Erwartungen vollständig enttäuscht wurden.

17 Im Gegenteil war die gesetzgeberische Maßnahme zumindest geeignet, Zweifel daran zu wecken, ob es bei der Privilegierung der VOB/B als Ganzes bleiben kann. Dies deshalb, da die ursprünglich in § 23 Abs. 2 Nr. 5 AGB-Gesetz definierte Privilegierung der § 12 Abs. 5 und 13 Abs. 4 VOB/B in modifizierter Form in die §§ 308 Nr. 5 lit. b und 309 Nr. 8 lit. b ff. BGB aufgenommen wurde. Die dort aufgeführten Klauselverbote galten „nicht für Verträge, in die Teil B der Verdingungsordnung für Bauleistungen insgesamt einbezogen war".

18 Durch das Forderungssicherungsgesetz v. 23.10.2008 wurde mit Wirkung v. 1.1.2009 die allgemeine Privilegierung der VOB/B in § 308 Nr. 5 BGB und § 309 Nr. 8a BGB aufgehoben und in § 310 Abs. 1 Satz 3 BGB für Verträge im Geschäftsverkehr mit Unternehmern oder der öffentlich Hand festgeschrieben.

19 Von besonderer Bedeutung ist die **VOB/B im Verbund mit zusätzlichen Vertragsbedingungen**. Rechtlich problematisch wird dies, wenn die zusätzlichen Vertragsbedingungen einzelne VOB/B-Bestimmungen aufheben, ändern oder ergänzen. Da es sich bei zusätzlichen Vertragsbedingungen um AGB handelt, die der Inhaltskontrolle der §§ 305 ff. BGB unterliegen, läge insofern die Vermutung nahe, dass solche Klauseln der zusätzlichen Vertragsbedingungen, welche bereits selbst gem. den §§ 307–309 BGB unwirksam sind, die VOB/B nicht berührten. Zu Gunsten des Klauselverwenders ließe sich immerhin argumentieren, dass eine unwirksame Klausel nicht existent sei und infolgedessen die VOB/B auch nicht ändern könne. Andernfalls käme es einer „Doppelbestrafung" des Klauselverwenders gleich, da einerseits die Klausel unwirksam wäre, darüber hinaus jedoch bei der Frage, ob ein Eingriff in die VOB/B vorliege, Berücksichtigung fände.

20 Nach der Entscheidung des BGH v. 17.11.1994 (BGH BauR 1995, 234 ff.) ist allerdings richtigerweise davon auszugehen, dass – auch wenn eine Klausel in den zusätzlichen Vertragsbedingungen wegen Verstoßes gegen das AGB-Gesetz (heute die §§ 305 ff. BGB) unwirksam ist – eine solche Klausel dennoch zur Prüfung, ob die VOB/B eine Änderung erfahren hat, mit berücksichtigt werden muss.

21 ➲ **Wichtig:** Geschützt ist nur der Vertragspartner des Verwenders vor ihn benachteiligenden Regelungen, nicht etwa der Verwender selbst, so dass nur solche VOB-Regelungen unwirksam werden können, die den Vertragspartner des Verwenders gegenüber der gesetzlichen Regelung unzumutbar benachteiligen.

22 Zur Frage, **welche Regelungen der VOB/B der Inhaltskontrolle standhalten**, hat der BGH bereits in erheblichem Umfang für Klärung gesorgt:

Der Inhaltskontrolle halten stand:

- § 1 Abs. 4 Satz 1, § 2 Abs. 5 Satz 1 und § 18 Abs. 4 VOB/B (BGH BauR 1996, 378),
- § 13 VOB/B mit fünfjähriger Frist in einem vom Bauträger dem Bauhandwerker gestellten Vertrag (BGH BauR 1989, 323).

23 Der Inhaltskontrolle halten nicht stand:

- § 2 Abs. 8 Nr. 1 Satz 1 VOB/B aF (BGHZ 113, 315),

- § 13 Nr. 4 VOB/B aF, zweijährige Verjährungsfrist (BGHZ 96, 129; BGH BauR 2004, 1142, und dies auch bei Verwendung gegenüber Kaufleuten; BGHZ 90, 273),
- § 16 Nr. 3 Abs. 2 VOB/B aF, vorbehaltlose Annahme der Schlusszahlung (BGHZ 101, 357),
- § 16 Abs. 3 Nr. 2 VOB/B (BGH ZfBR 1998, 193; BGHZ 157, 346),
- § 16 Nr. 6 VOB/B aF, Zahlung an Subunternehmer (BGH BauR 1990, 727, Überblick über die Rechtsprechung der Instanzgerichte bei Schlünder BauR 1998, 1126);
- kritisch zu einzelnen Regelungen der VOB/B Tempel NZBau 2002, 465, 471.

Genauso wie die VOB/B muss auch die Geltung der VOB/C vertraglich vereinbart werden. Zu beachten ist, dass bei einer wirksamen Einbeziehung der VOB/B die VOB/C auf Grund der Regelung des § 1 Nr. 1 Satz 2 VOB/B automatisch Vertragsbestandteil wird. Dies gilt nur dann nicht, wenn dies die Vertragsparteien in der vertraglichen Vereinbarung ausgeschlossen haben. 24

2. Abschluss des Werkvertrags

Der Abschluss eines Bauvertrags bedarf keiner Form. Er kann mündlich, durch schlüssiges Verhalten oder schriftlich geschlossen werden. Voraussetzung für den wirksamen Abschluss eines Bauvertrags sind zwei übereinstimmende Willenserklärungen, Angebot und Annahme desselben. Die übereinstimmenden Willenserklärungen müssen hinsichtlich der wesentlichen Vertragselemente vorliegen. Dies sind beim Bauvertrag zum einen die Herstellungspflicht des Unternehmers und zum anderen die Einigung darüber, dass eine Vergütung zu entrichten ist. Nicht notwendig ist, dass eine Einigung über eine bestimmte Höhe der Vergütung getroffen wurde. Aufgrund der Regelung des § 632 Abs. 1 BGB kann die Höhe der Vergütung fingiert werden. 25

Keine Frage der mangelnden Form eines Bauvertrags ist die **fehlende Vertretungsmacht** bei Abschluss von Verträgen mit öffentlich-rechtlichen Körperschaften. Häufig ist die Vertretungsmacht der Organe öffentlich-rechtlicher Körperschaften beschränkt (Gemeinderatsbeschluss). Hier geht es nicht um die Frage der Form, sondern um die Einhaltung der internen Vertretungsregelungen über die Beschränkung der Vertretungsmacht. Bei Nichteinhaltung dieser Vertretungsregelung liegt daher auch keine Formnichtigkeit vor, sondern eine Überschreitung der Vertretungsmacht durch das jeweilige Organ. 26

Ein **Formzwang** für den Abschluss eines Bauvertrags kann sich jedoch ergeben, wenn der Bauvertrag mit einem formbedürftigen anderen Vertrag derart eine Einheit bildet, dass sich der für den anderen Vertrag geltende Formzwang auf den Bauvertrag erstreckt. Dies ist häufig der Fall, wenn im Zusammenhang mit dem Bauvertrag die Verpflichtung begründet wird, das Eigentum an einem Grundstück zu übertragen oder zu erwerben. Der Regelung des § 311b BGB unterliegen alle Vereinbarungen, aus denen sich nach dem Willen der Parteien das schuldrechtliche Veräußerungsgeschäft zusammensetzt. Maßgebend ist hierbei die von den Parteien gewollte gegenseitige Abhängigkeit der beiden Rechtsgeschäfte oder ihre Unabhängigkeit voneinander und nicht die äußere Gestaltung des Vertragswerks (BGH NJW 1984, 974). 27

Die **Geltung der** Vergabe- und Vertragsordnung für Bauleistungen (**VOB**) kann grundsätzlich auch **formlos vertraglich vereinbart** werden. Im unternehmerischen Geschäftsverkehr und bei Vertragsabschlüssen mit juristischen Personen des öffentlichen Rechts kann die Einbeziehung durch ausdrückliche Erklärung wie auch durch schlüssiges Verhalten der Vertragsparteien zustande kommen. (BGH NJW 1992, 1232). Entgegen weit verbreiteter Ansicht ergibt sich die Geltung der VOB auch nicht aus dem Gesichtspunkt der Branchenüblichkeit. Die Geltung der VOB/B ist gerade nicht branchenüblich im Sinne der hierzu ergangenen Rechtsprechung. Bei Vertragsabschlüssen mit Nichtunternehmern und nichtjuristischen Personen des öffentlichen Rechts gilt die Regelung des § 305 Abs. 2 BGB. In diesen Fällen wird die Vergabe- und Vertragsordnung nur dann Vertragsbestandteil, wenn der Verwender bei Vertragsabschluss die andere Vertragspartei ausdrücklich auf die AGB hinweist und der anderen Vertragspartei die Möglichkeit verschafft, in zumutbarer Weise von dem Inhalt der Bedingungen Kenntnis zu nehmen und die andere Vertragspartei mit der Geltung dieser Bedingungen für den Vertrag einverstanden ist, § 305 Abs. 2 Nr. 1 und Nr. 2 BGB. Eine Einbeziehung der Vergabe und Vertragsordnung durch schlüssiges Verhalten ist daher ausgeschlossen (BGH NJW-RR 1987, 112, 113). Das weitere Kriterium der Möglichkeit der Kenntnisnahme 28 über die Regelungen der Vergabe- und Vertragsordnung muss gegenüber im Baugewerbe tätigen oder sonst im Baubereich bewanderten Vertragspartnern nicht gewahrt werden. Hier reicht der Hinweis auf die VOB/B aus. Dies gilt auch dann, wenn ein privater Bauherr von einer Person beraten wird, die ihrerseits Kenntnis von dem Inhalt der VOB/B hat. Beispielsweise sind dies die Fälle, wo der Bauherr von einem Architekten beraten wird. Ansonsten muss gegenüber privaten Auftraggebern der Text der VOB/B ausgehändigt werden.

3. Abgrenzung zu besonderen Vertragstypen

29 Von dem Grundtyp des Bau-Werkvertrags haben sich eine Vielzahl von speziellen Bau-Werkverträgen oder auch Dienstverträgen herausgebildet.

a) Nachunternehmervertrag

30 Bei dem Nachunternehmervertrag (s. Muster **M 19.5**) handelt es sich grundsätzlich um den Grundtyp des Bau-Werkvertrags. Die Besonderheit des Nachunternehmervertrags liegt darin, dass der Hauptunternehmer einerseits Auftragnehmer des Bauherrn ist und andererseits Auftraggeber des Nachunternehmers. Dies führt dazu, dass der Hauptunternehmer nicht Bauherr ist und damit auch nicht über die Art und Weise der Ausführung des Bauvorhabens entscheiden kann. Die Position des **Hauptunternehmers als Auftragnehmer und Auftraggeber** führt regelmäßig dazu, dass die wirtschaftliche, technische und rechtliche Gestaltungsmöglichkeit beschränkt ist. Nach § 641 Abs. 2 Nr. 1 BGB wird die Vergütung für ein Werk, dessen Herstellung der Besteller einem Dritten versprochen hat, spätestens fällig, wenn der Besteller von dem Dritten für das versprochene Werk wegen dessen Herstellung seine Vergütung oder Teile davon erhalten hat, oder wenn das Werk des Bestellers von dem Dritten abgenommen worden ist oder als abgenommen gilt (§ 641 Abs. 2 Nr. 2 BGB) oder wenn der Unternehmer dem Besteller erfolglos eine angemessene Frist zur Auskunft über die in § 641 Abs. 2 Nr. 1 und 2 BGB dargestellten Umstände bestimmt hat (§ 641 Abs. 2 Nr. 3 BGB). Weiter ist nach § 16 Abs. 6 VOB/B zu beachten, dass der Hauptauftraggeber berechtigt ist, bei Zahlungsverzug des Hauptunternehmers mit befreiender Wirkung Zahlungen an den Nachunternehmer zu leisten.

b) Generalunternehmer

31 Der Generalunternehmervertrag (s. Muster **M 19.4**) ist ebenfalls ein Grundtyp des Bau-Werkvertrags. Die Besonderheit liegt darin, dass sich der Generalunternehmer gegenüber dem Bauherrn zur schlüsselfertigen Herstellung des gesamten Bauwerks verpflichtet, dh. zur Herstellung des Bauwerks zur bestimmungsgemäßen Nutzung. Der Generalunternehmer ist damit zugleich auch **Hauptunternehmer und Auftraggeber**, der die Ausführung von Teilleistungen an Nachunternehmer beauftragt. Im Regelfall wird bei einem Generalunternehmervertrag die Vergütung pauschaliert.

c) Generalübernehmer

32 Der Generalübernehmervertrag stellt im Grunde einen Generalunternehmervertrag dar. Die Abweichung hierzu liegt lediglich darin begründet, dass der Generalübernehmer selbst überhaupt keine Bauleistungen ausführt, sondern die Ausführung sämtlicher Bauleistungen an Nachunternehmer beauftragt.

d) GMP-Vertrag (garantierter Maximalpreis)

33 Bei dem GMP-Vertrag handelt es sich um einen Generalunternehmervertrag, bei dem jedoch die Besonderheit in der Vergütungsvereinbarung liegt. Im Rahmen eines GMP-Vertrags garantiert der Generalunternehmer seinem Auftraggeber einen Höchstpreis. Im Regelfall werden die eigenen Leistungen des Generalunternehmers zu einem Pauschalpreis vergütet und die Nachunternehmerleistungen zu dem Marktpreis.

e) Fertighausvertrag

Im Regelfall verpflichtet sich der Fertighausunternehmer bei Abschluss eines Fertighausvertrags zur Herstellung der Fertigteile und zu deren Montage. Es liegt dann ein Werkvertrag vor (BGH BauR 1983, 261). In den Fällen, in denen sich der Fertighausunternehmer lediglich verpflichtet, die Fertigteile herzustellen, ist Kaufrecht anzuwenden, wenn die Fertigteile nach Material, Form und Größe genormt sind und serienmäßig produziert werden. 34

f) Baubetreuungsvertrag

Der Baubetreuungsvertrag ist dadurch gekennzeichnet, dass sich der Baubetreuer verpflichtet, auf dem Grundstück des Bauherrn für dessen Rechnung ein Bauvorhaben durchzuführen. Der Baubetreuer handelt für den Bauherrn und auf Rechnung des Bauherrn und verwaltet auch die vom Bauherrn bereitgestellten Mittel. Der Baubetreuer schließt im Namen des Bauherrn die Verträge mit den am Bauvorhaben beteiligten Unternehmern ab. Der in diesem Sinne auf die umfassende Errichtung des Bauwerks ausgerichtete Baubetreuungsvertrag wird als Werkvertrag qualifiziert (BGH NJW 1976, 1635). Aufgrund dessen, dass ein Grundstückskaufvertrag nicht im Zusammenhang mit dem Baubetreuungsvertrag vorliegt, bedarf er der notariellen Beurkundung nicht. 35

g) Bauträgervertrag

Im Gegensatz zum Baubetreuungsvertrag ist beim Bauträgervertrag der Bauträger verpflichtet, das Bauwerk auf einem eigenen oder von ihm noch zu beschaffenden Grundstück auf fremde Rechnung zu errichten. Der Bauträger tritt im eigenen Namen auf und schließt die Verträge mit den ausführenden Unternehmern im eigenen Namen. Der Vertrag zwischen dem Bauträger und dem Erwerber bedarf der notariellen Beurkundung. Der Bauträgervertrag wird rechtlich als Werkvertrag qualifiziert. Dies gilt selbst dann, wenn das Bauwerk bei Vertragsabschluss bereits fertiggestellt ist (BGH BauR 1991, 85). Die Vergabe- und Vertragsordnung für Bauleistungen kann in einem Bauträgervertrag nicht vereinbart werden. Dies liegt darin begründet, dass eine Vielzahl der Regelungen der Vergabe- und Vertragsordnung für Bauleistungen nicht zu dem Bauträgervertrag passen. 36

II. Rechte und Pflichten aus dem Werkvertrag

1. Pflichten des Auftragnehmers

a) Hauptleistungspflichten

Die Hauptleistungspflicht des Auftragnehmers besteht in der **rechtzeitigen vertragsgemäßen Herstellung** des vereinbarten Werks. Maßgeblich ist hierbei die Herstellung des Gesamtwerks (BGH NJW-RR 1997, 1376). Im Grundsatz muss der Auftragnehmer die Herstellung des vereinbarten Werks nicht persönlich erbringen. Er kann auch Nachunternehmer zur Erstellung des Werks beauftragen. Etwas anderes gilt nur, wenn die Vergabe und Vertragsordnung für Bauleistungen vereinbart wurde oder eine vertragliche Vereinbarung getroffen wurde, wonach der Auftragnehmer höchstpersönlich die Werkleistung zu erbringen hat. Mit der Herstellungspflicht des Werks korrespondiert die **Ablieferungspflicht** des Auftragnehmers. Hierzu gehört die Besitz- und Eigentumsverschaffung des Werks. 37

b) Nebenpflichten

Dem Auftragnehmer obliegen eine Vielzahl von Nebenpflichten aus dem Werkvertrag. Dies sind **Aufklärungs-, Prüfungs- und Beratungspflichten**. Die Rechtsprechung hat eine Vielzahl von einzelnen Pflichten herausgebildet. So hat der Auftragnehmer den Auftraggeber darüber aufzuklären, wenn die Angaben im Leistungsverzeichnis lückenhaft oder unklar sind (BGH NJW-RR 1987, 1306). Hat der Auftragnehmer Bedenken gegen die vorgegebenen Baustoffe, so muss er dies dem Auftraggeber gegenüber äußern (BGH DB 1993, 26). Muss der Auftragnehmer zur Ausführung seines Werks auf Vorarbeiten anderer Unternehmer aufbauen, so hat er die Vorarbeiten der anderen Unternehmer auf die Brauchbarkeit hin zu überprüfen (BGHZ 95, 128). Diese Aufklärungs- und 38

Beratungspflichten haben ihre **Grenze in der Zumutbarkeit**. Dies hängt vom jeweiligen Einzelfall ab. Es kommt darauf an, welches Fachwissen an den Unternehmer zu stellen ist, sowie an die Möglichkeit der Prüfung der Vorarbeiten. Unerheblich ist hingegen, ob der Auftraggeber selbst fachkundig ist. Der Auftragnehmer kann sich nicht darauf verlassen, dass trotz der Fachkunde der Auftraggeber mögliche Bedenken gegen die Art und Weise der Ausführung erkennt (BGH MDR 2001, 502). Gleiches gilt, wenn sich der Auftraggeber zur Erstellung des Bauvorhabens sachkundiger Hilfspersonen bedient.

39 Neben diesen Aufklärungs- und Beratungspflichten bestehen die Fürsorge- und Obhutspflichten des Auftragnehmers. Er hat im Rahmen der Ausführung seiner Werkleistungen Schäden vom Auftraggeber abzuwenden. Hierzu gehören der sorgfältige Umgang mit dem Besitz und Eigentum des Auftraggebers (BGH NJW 1983, 113) und die Ausführung von entsprechenden Schutzmaßnahmen. Schließlich können auch Pflichten des Auftragnehmers zur Auskunft und Rechnungslegung bestehen. Hier kommt es auf den Einzelfall an.

2. Pflichten des Auftraggebers

a) Hauptleistungspflichten

40 Die Hauptleistungspflicht des Auftraggebers besteht in der **Entrichtung der Vergütung**. Die Verpflichtung bezieht sich zum einen auf die entsprechende Höhe der Vergütung und zum anderen, soweit eine Vergütung nicht vereinbart ist, auf die nach § 632 BGB stillschweigend vereinbarte Vergütung.

41 Als weitere Hauptpflicht des Auftraggebers ist die **Abnahme** der Werkleistung anzusehen. Die Abnahme besteht in der körperlichen Hinnahme des Werks verbunden mit der Billigung als vertragsgemäß. Da die Abnahme maßgebende Bedeutung im Bauvertrag hat, ist sie nicht nur eine Obliegenheit des Auftraggebers, sondern eine wirkliche Hauptpflicht.

b) Nebenpflichten

42 Den Auftraggeber treffen auch **Mitwirkungs-, Aufklärungs-, Schutz- und Obhutspflichten**. Der Auftraggeber hat im Rahmen der Herstellung des Werks mitzuwirken, soweit ohne seine Mitwirkung das Werk nicht hergestellt werden kann. Beispielsweise hat der Auftraggeber dem Auftragnehmer den Zutritt auf das Baugrundstück zu gewähren, damit dort das vereinbarte Werk hergestellt werden kann. Der Auftraggeber hatte des Weiteren dem Auftragnehmer eine vollständige und klare Leistungsbeschreibung zur Verfügung zu stellen. Kommt er dem nicht nach, so bestehen ggf. Schadensersatzansprüche des Auftragnehmers (BGH NJW 1966, 498). Der Auftraggeber hat den Auftragnehmer auch über sämtliche bedeutsamen Umstände aufzuklären, die dieser nicht kennt oder falsch eingeschätzt hat (OLG Stuttgart NJW-RR 1997, 1241). Der Auftragnehmer hat jedoch keinen Anspruch auf Überwachung der Ausführung seiner Leistungen durch den Auftraggeber. Selbst wenn der Auftraggeber einen Sonderfachmann eingeschaltet hat, der für ihn die Ausführung überwacht, so kann sich der Auftragnehmer auf eine mangelhafte Überwachung durch den Sonderfachmann nicht berufen, da eben gerade dieser Anspruch nicht besteht (BGH NJW 1973, 518).

43 Die **VOB/B** enthält weitere Nebenpflichten. Nach § 3 Abs. 1 VOB/B hat der Auftraggeber dem Auftragnehmer die für die Ausführung nötigen Unterlagen unentgeltlich und rechtzeitig zu übergeben. Gemeint sind damit die Pläne und Zeichnungen, Statiken und Berechnungen und auch die öffentlich-rechtlichen Genehmigungen und Erlaubnisse. Nach § 4 Abs. 4 VOB/B hat der Auftraggeber die vorhandene Infrastruktur zu überlassen. Nach § 3 Abs. 4 VOB/B ist der Zustand der Straßen- und Geländeoberfläche gemeinsam festzustellen.

44 Der Auftragnehmer hat korrespondierend hierzu nach § 3 Abs. 3 VOB/B die übergebenen Unterlagen zu überprüfen und den Auftraggeber auf Mängel hinzuweisen. Ferner besteht nach § 4 Abs. 3 VOB/B **die Bedenken- und Hinweispflicht**. Nach § 4 Abs. 5 VOB/B bestehen Erhaltungspflichten gegen Diebstahl, Beschädigungen sowie Winterschäden und Grundwasser.

3. Bauzeit

Die Bauzeit hat heute maßgeblichen Anteil daran, ob ein Bauwerk wirtschaftlich und technisch mangelfrei erstellt werden kann. Dies zeigt bereits, dass der Auftraggeber bei einer längeren Bauzeit höhere Finanzierungskosten hat. Ggf. können auch Fördermittel verloren gehen. Dem Auftraggeber droht regelmäßig auch ein Schaden durch die verspätete Nutzung des Bauwerks. Für den Auftragnehmer hat eine längere Bauzeit im Regelfall höhere Kosten für die Vorhaltung der Baustelleneinrichtung, Gerätschaften und den Einsatz von Personal zur Folge. Aus diesem Grund gehört zu der Hauptleistungspflicht des Auftragnehmers auch die zeitgerechte Herstellung des Werks. Das BGB enthält keine Regelungen über die Bauzeit. Es kommen die Regelungen des allgemeinen Schuldrechts, die §§ 271, 280, 281, 286, 293 ff. BGB zur Anwendung. Lediglich zu Gunsten des Auftragnehmers bestehen nach § 642 BGB ein Entschädigungsanspruch bei fehlender Mitwirkung des Auftraggebers und das damit verbundene Kündigungsrecht nach § 643 BGB. 45

Die **VOB/B** enthält in den §§ 5, 6 und 11 VOB/B Regelungen über die Bauzeit und zu den Rechtsfolgen bei Nichteinhaltung der Bauzeit. § 5 Abs. 1 VOB/B stellt klar, dass der Auftraggeber Anspruch auf fristgerechten Beginn, angemessene Förderung und fristgerechte Vollendung der Werkleistungen hat. Weiter wird durch § 5 Abs. 1 Satz 2 VOB/B klargestellt, dass die in einem Bauzeitenplan genannten Einzelfristen nur bei ausdrücklicher Vereinbarung als Vertragsfristen anzusehen sind. Soweit zwischen den Parteien keine Vereinbarung über den Baubeginn getroffen wurde, regelt § 5 Abs. 2 VOB/B das Abrufrecht des Auftraggebers sowie einen Auskunftsanspruch des Auftragnehmers über den voraussichtlichen Beginn. Danach hat der Auftragnehmer innerhalb von zwölf Werktagen nach Abruf durch den Auftraggeber zu beginnen. Der Auftragnehmer hat dem Auftraggeber den Baubeginn anzuzeigen. Nach § 5 Abs. 3 VOB/B hat der Auftraggeber bei drohender Bauzeitverzögerung einen Anspruch auf entsprechende Maßnahmen durch den Auftragnehmer (Personal-, Material- und/oder Geräteaufstockung). Verletzt der Auftragnehmer die Pflichten nach § 5 Abs. 1–3 VOB/B, steht dem Auftraggeber entweder ein Schadensersatzanspruch unter Aufrechterhaltung des Vertrags nach § 5 Abs. 4 iVm. § 6 Abs. 6 VOB/B zu oder er hat das Recht zur Kündigung nach entsprechender Fristsetzung mit Androhung der Auftragsentziehung nach § 5 Abs. 4 iVm. § 8 Abs. 3 VOB/B. 46

Grundsätzlich sollten zur Klarheit über die Bauzeit **Vertragsfristen** vereinbart werden. Nur so kann der Auftraggeber die Regelung des § 5 Abs. 1 VOB/B für sich beanspruchen. Voraussetzung für die Vereinbarung von Vertragsfristen ist bei der Vertragsgestaltung, dass diese klar und eindeutig vereinbart sind. 47

➲ **Praxistipp:** Bei der Vertragsgestaltung sollten unbedingt vage Angaben vermieden werden, wie „circa“, „ungefähr“, „voraussichtlich bis zum“. Ebenfalls sind Zusätze „je nach Witterung“ zu unbestimmt. 47a

Kann die Bauzeit nicht eingehalten werden, so liegt dies uU auch daran, dass der Auftragnehmer in der Ausführung seiner Leistung behindert ist. Die **Behinderung** umfasst alle Umstände, die sich störend auf den Ablauf der Bautätigkeit auswirken. Hierzu gehören auch geänderte oder zusätzliche Leistungen oder die Ausführung von Mehr- oder Mindermengen. § 6 VOB/B regelt aus diesem Grund die jeweiligen Pflichten und Rechtsfolgen, wenn Behinderungen bei der Bauausführung auftreten. Zunächst legt § 6 Abs. 1 VOB/B fest, dass der Auftragnehmer dem Auftraggeber unverzüglich die Behinderung durch eine schriftliche Anzeige mitzuteilen hat, wenn er sich in der ordnungsgemäßen Ausführung der Leistung behindert sieht. Hintergrund dieser Regelung ist, dass der Auftraggeber dann die Möglichkeit hat, die hindernden Umstände zu überprüfen, zu beseitigen und entsprechende Abhilfemaßnahmen einzuleiten (BGH NJW 2000, 1336). Diese Pflicht besteht nur dann nicht, wenn die hindernden Umstände und die Folge der drohenden Behinderung für die Arbeiten des Auftragnehmers offenkundig sind. Offenkundig sind die Behinderungsumstände für den Auftraggeber, wenn er diese bereits kennt oder sie ihm tatsächlich nicht verborgen bleiben konnten. 48

Soweit der Auftragnehmer der Verpflichtung nach § 6 Abs. 1 Satz 2 VOB/B nachkommt, werden die **Ausführungsfristen verlängert**, wenn die Behinderung durch folgende Umstände verursacht wurde: 49

- durch einen Umstand aus dem Risikobereich des Auftraggebers;
- durch Streik oder eine von der Berufsvertretung des Arbeitgebers angeordnete Aussperrung im Betrieb des Auftragnehmers oder in einem unmittelbar für ihn arbeitenden Betrieb;
- durch höhere Gewalt oder andere für den Auftragnehmer unabwendbare Umstände;
- durch für den Auftragnehmer bei der Angebotsabgabe nicht vorhersehbare Witterungseinflüsse während der Ausführungszeit.

Unabhängig von der Frage, in wessen Verantwortungsbereich die Behinderungen fallen, hat der Auftragnehmer nach § 6 Abs. 3 VOB/B alles ihm zumutbare zu tun, um die Weiterführung der Arbeiten zu ermöglichen. Dies bedeutet, dass er bei Wegfall der hindernden Umstände unverzüglich die Arbeiten wieder aufzunehmen hat mit der entsprechenden Benachrichtigung des Auftraggebers.

50 ➲ **Praxistipp:** Bei einer grundlegenden Störung der vertraglich vereinbarten Bauzeit auf Grund von Behinderungen wird insgesamt die vereinbarte Ausführungsfrist regelmäßig hinfällig. Dies bedeutet auch, dass die im Bauvertrag vereinbarte Vertragsstrafe nicht mehr wirksam ist (BGH BauR 1993, 600; OLG Düsseldorf BauR 1975, 57).

51 Schließlich besteht nach § 6 Abs. 6 VOB/B für den geschädigten Vertragspartner, wenn die hindernden Umstände vom anderen Teil zu vertreten sind, ein Anspruch auf **Ersatz des** nachweislich entstandenen **Schadens**, des entgangenen Gewinns aber nur bei Vorsatz oder grober Fahrlässigkeit. Kommt es zu einer Unterbrechung der Ausführung von mehr als drei Monaten, besteht sowohl für den Auftraggeber als auch für den Auftragnehmer nach Ablauf dieser Zeit ein **Kündigungsrecht**. Die Kündigung muss schriftlich ausgeübt werden. Die Abrechnung erfolgt nach § 6 Abs. 5 und 6 VOB/B.

4. Abnahme

52 Die Abnahme ist der zentrale Begriff des Werkvertragsrechts. Abnahme bedeutet die körperliche Entgegennahme des vom Unternehmer vertragsgemäß hergestellten Werks und die hiermit verbundene Erklärung des Auftraggebers, dass er das Werk als in der Hauptsache vertragsgemäß geleistet anerkennt (BGH NJW 1993, 1063; BGH NJW 1996, 1749). Die Abnahme der Werkleistungen führt zu folgenden **Rechtswirkungen**:

- Das Erfüllungsstadium wird beendet (BGH NJW 1962, 1569);
- Umkehr der Beweislast (auf den Auftraggeber für den Zustand der Leistung);
- Beginn der Verjährungsfrist für Gewährleistungsansprüche;
- Übergang der Vergütungs- und Leistungsgefahr auf den Auftraggeber;
- Fälligkeit der Vergütung;
- Verzinsung der Werklohnforderung nach § 641 Abs. 4 BGB;
- Beginn der Verjährung der Werklohnforderung (§§ 201, 196 BGB);
- Entfallen des Kündigungsrechts nach §§ 649, 323 BGB bzw. §§ 8, 9 VOB/B;
- Rechtsverlust des Auftraggebers bei fehlendem Vorbehalt (Vertragsstrafe, bekannte Mängel);
- Entfallen der Schutzpflicht des Auftragnehmers nach § 4 Abs. 5 VOB/B (OLG Celle BauR 2003, 550).

53 Aufgrund der Rechtswirkung der Abnahme besteht ein **Anspruch des Auftragnehmers auf Abnahme**, der auch gerichtlich durchsetzbar ist. Der Auftraggeber kann den Anspruch des Auftragnehmers auf Abnahme nur verweigern, wenn wesentliche Mängel vorliegen. § 640 Abs. 1 Satz 2 BGB bestimmt, dass der Auftraggeber wegen unwesentlicher Mängel die Abnahme nicht verweigern kann. In § 12 Abs. 3 VOB/B ist die gleichlautende Regelung vorhanden. Nach ganz einhelliger Meinung ist ein Mangel unwesentlich, wenn er an Bedeutung so weit zurücktritt, dass es unter Abwägung der beiderseitigen Interessen für den Auftraggeber zumutbar ist, eine zügige Abwicklung des gesamten Vertragsverhältnisses nicht länger aufzuhalten und deshalb nicht mehr auf den Vorteilen zu bestehen, die sich ihm vor vollzogener Abnahme bieten (BGH NJW 1981, 1448).

a) Abnahmeformen

Die Abnahme der Werkleistung kann in verschiedenen Formen erfolgen. Sowohl die Regelung des BGB als auch die Regelungen der VOB/B sehen verschiedene Formen der Abnahme vor. 54

Förmliche Abnahme: Unter förmlicher Abnahme versteht man die Abnahmebegehung zwischen dem Auftragnehmer und dem Auftraggeber und die Erstellung eines Abnahmeprotokolls (Muster **M 19.8**, **M 19.9**). Die förmliche Abnahme kann vertraglich vereinbart werden. Bei Vereinbarung der VOB/B kann sie jede Partei verlangen. 55

➲ **Praxistipp:** Bei vertraglicher Vereinbarung einer förmlichen Abnahme und Vereinbarung der VOB/B wird die Abnahmefiktion nach § 12 Abs. 5 VOB/B hierdurch ausgeschlossen. Hingegen wird bei Vereinbarung einer förmlichen Abnahme und Nichtgeltung der VOB/B die Abnahmefiktion des § 640 Abs. 1 Satz 3 BGB nicht ausgeschlossen. Diese tritt danach ein, wenn der Auftragnehmer eine förmliche Abnahme in einer angemessenen Frist verlangt und der Auftraggeber hierzu verpflichtet ist, jedoch innerhalb der Frist nicht abnimmt. 55a

Konkludente Abnahme: Eine konkludente Abnahme ist anzunehmen, wenn dem Verhalten des Auftraggebers zu entnehmen ist, dass er die Leistung als im Wesentlichen vertragsgerecht billigt (BGH NJW-RR 1999, 1246). Die konkludente Abnahme kann darin liegen, dass der Auftraggeber das Bauwerk bezieht oder in Benutzung nimmt und sich aus seinem Verhalten ergibt, dass er die Werkleistungen abnehmen will (BGH NJW 1985, 731). Dies gilt nur dann nicht, wenn der Auftraggeber gezwungen ist, in das Gebäude einzuziehen oder dieses zu benutzen. Eine konkludente Abnahme kann ferner angenommen werden, wenn der Auftraggeber den vereinbarten Werklohn vollständig begleicht (BGH NJW-RR 1994, 373). 56

➲ **Praxistipp:** Im Rahmen eines Nachunternehmervertrags ist darauf zu achten, dass die Abnahme zwischen dem Bauherrn und dem Hauptunternehmer noch nicht dazu führt, dass eine Abnahme im Verhältnis zwischen Hauptunternehmer und Nachunternehmer anzunehmen ist. 56a

Fiktive Abnahme nach dem BGB: Gem. § 640 Abs. 1 Satz 3 BGB steht es der Abnahme gleich, wenn der Auftraggeber das abnahmefähige Werk nicht innerhalb einer ihm vom Unternehmer bestimmten angemessenen Frist abnimmt. Dies bedeutet, dass nach Ablauf der Frist die Abnahmewirkungen eintreten. 57

➲ **Praxistipp:** Der Anspruch auf Vertragsstrafe geht auch bei der fiktiven Abnahme verloren, wenn der Vorbehalt nicht innerhalb der Frist erklärt wird. 57a

Voraussetzung für die fiktive Abnahme ist, dass die Werkleistungen vertragsgemäß erbracht sind. Die Fristsetzung muss ferner angemessen sein. Bei der Frage der Angemessenheit der Frist muss auf die Umstände des Einzelfalls abgestellt werden, maßgeblich kommt es hier auf die Art und den Umfang der Werkleistungen an. Eine zu kurze Frist führt jedoch nicht dazu, dass die Abnahmewirkungen nicht eintreten können, vielmehr wird eine angemessene Frist in Lauf gesetzt. 57b

Fiktive Abnahme nach der VOB/B: Nach § 12 Abs. 5 Abs. 1 VOB/B gilt die Leistung als abgenommen mit Ablauf von zwölf Werktagen nach schriftlicher Mitteilung über die Fertigstellung der Leistung, wenn keine Abnahme verlangt wird. Die Mitteilung über die Fertigstellung der Leistung kann auch in der Übersendung der Schlussrechnung gesehen werden (BGH NJW 1993, 1916; BGH NJW-RR 1989, 979). Des Weiteren gilt die Abnahme nach Ablauf von sechs Werktagen nach Beginn der Benutzung als erfolgt, wenn der Auftraggeber die Leistung oder einen Teil der Leistung in Benutzung genommen hat und eine Abnahme nicht verlangt worden ist und nichts anderes vereinbart wurde. Hierbei ist die Benutzung von Teilen einer baulichen Anlage zur Weiterführung der Arbeiten nicht als Abnahme anzusehen. Voraussetzung für die fiktive Abnahme ist aber immer, dass die Werkleistungen fertig gestellt sind und keine wesentlichen Mängel aufweisen oder die Benutzung lediglich auf Grund einer Zwangslage erfolgte (BGH NJW 1975, 1701; OLG Düsseldorf NJW-RR 1994, 408). 58

➲ **Praxistipp:** Die Abnahme nach § 12 Abs. 5 Abs. 1 VOB/B kann nicht fingiert werden, wenn eine förmliche Abnahme vertraglich vereinbart ist oder eine Abnahme bereits verlangt wurde. 58a

b) Anspruch auf Teilabnahme

59 Eine Teilabnahme ist zum einen möglich bei einer entsprechenden vertraglichen Vereinbarung, zum anderen nach § 12 Abs. 2 VOB/B für in sich abgeschlossene Leistungen. In sich abgeschlossene Leistungen liegen vor, wenn diese selbständig bewertbar sind. Welche Leistungen dies im Einzelnen sind, hängt von den Umständen des Einzelfalls ab (vgl. BGHZ 73, 140; BGHZ 50, 160, 162; OLG Hamm BauR 1997, 472).

5. Vergütung

a) Arten der Vergütung

60 In der Praxis wird regelmäßig entweder ein Einheitspreisvertrag, ein Pauschalvertrag oder ein Stundenlohnvertrag vereinbart. Der Anspruch auf Vergütung des Auftragnehmers richtet sich nach der vertraglichen Vereinbarung. Kennzeichen des **Einheitspreisvertrags** ist, dass sich die Vergütung zu Einheitspreisen für technische und wirtschaftliche Teilleistungen, deren Menge nach Maß, Gewicht und Stückzahl vorgegeben wird, bemisst. Beim **Pauschalvertrag** wird eine Leistung zu einem bestimmten Preis vereinbart. § 4 Abs. 1 Nr. 2 VOB/A legt fest, dass ein Pauschalpreis nur vereinbart werden soll, wenn die Leistung nach Ausführungsart und Umfang genau bestimmt ist und mit einer Änderung der Ausführung nicht zu rechnen ist. Regelmäßig besteht bei Pauschalverträgen der Streit darüber, ob die streitgegenständliche Werkleistung noch von dem Pauschalpreis umfasst ist oder nicht.

61 ➲ **Praxistipp:** Zur Vermeidung von Streitigkeiten ist bei der Vereinbarung eines Pauschalpreises exakt festzulegen, welche Leistungen mit dem Pauschalpreis abgegolten sind. Die Definition des geschuldeten Bausolls erfolgt im Rahmen des Bauvertrags in der Regel im Rahmen der Leistungsbeschreibung. In diesem Rahmen kann die Leistung exakt und detailreich beschrieben werden und so bereits von Anfang an die zu erbringende Bauleistung klargestellt werden.

62 Es ist aber auch möglich, die Leistung lediglich als Zielvorgabe oder aber funktional zu beschreiben. Auf Grund der unterschiedlichen Beschreibung der Leistung gibt es zum einen den **Detail-Pauschalvertrag** und zum anderen den **Global-Pauschalvertrag**. Beim Detail-Pauschalvertrag wird lediglich die Vergütung pauschaliert bei gleichzeitig detaillierter Darstellung der geschuldeten Leistung auf der Leistungsseite des Auftragnehmers. Beim Global-Pauschalvertrag werden die Vergütung und die Leistung pauschaliert. Die Leistung wird global oder funktional vorgegeben. Beim Detail-Pauschalvertrag führt dies dazu, dass der Auftragnehmer zu dem Pauschalpreis die detailliert beschriebene Leistung schuldet, nicht mehr und nicht weniger. Bei dem Global-Pauschalvertrag bezieht sich die Leistungsverpflichtung des Auftragnehmers auf das vorgegebene Leistungsziel. Zwischen diesen beiden Pauschalvertragstypen sind fließende Übergänge möglich.

63 Auftraggeber versuchen vielfach, durch sog. **Abgeltungs- oder Komplettheitsklauseln** in Detail-Pauschalverträgen die Leistungspflicht des Auftragnehmers dahingehend zu erweitern, dass dieser sämtliche Leistungen schuldet, die zur vertragsgemäßen Erbringung der Werkleistungen notwendig sind. Es wird hierdurch versucht, das Risiko von Leistungen, die nicht im Detail beschrieben sind, auf den Auftragnehmer zu überwälzen. Derartige Klauseln können individualvertraglich jederzeit wirksam vereinbart werden. Im Rahmen von AGB bestehen hier jedoch erhebliche Bedenken. Bei einem Detail-Pauschalvertrag würde durch eine Abgeltungs- und Komplettheitsklausel eine systemfremde Rollenverschiebung eintreten. Aus diesem Grund muss eine vom Auftraggeber in AGB aufgenommen Abgeltungs- oder Komplettheitsklausel als unwirksam angesehen werden (Kapellmann/Schiffers, Bd. 2, S. 93, 157).

64 ➲ **Wichtig:** Bei einem Global-Pauschalvertrag kann eine Abgeltungs- bzw. Komplettheitsklausel auch in AGB wirksam vereinbart werden. Hier haben sich beide Vertragsparteien gezielt und bewusst auf die Pauschalierung der Leistungspflichten geeinigt.

b) Fälligkeit der Vergütung

Bei Geltung der VOB/B hat der Auftragnehmer Anspruch auf Zahlung von **Abschlagsrechnungen**. Nach § 16 Abs. 1 Nr. 3 VOB/B sind Abschlagszahlungen innerhalb von 21 Tagen nach Zugang der prüffähigen Abschlagsrechnung zu leisten. Eine (Teil-)Abnahme der in Rechnung gestellten Leistungen ist nicht erforderlich. Durch Zahlungen auf Abschlagsrechnungen anerkennt der Auftraggeber jedoch nicht die bis dahin erbrachten und in Rechnung gestellten Leistungen als vertragsgemäß oder zutreffend abgerechnet. Hierin liegt weder ein Anerkenntnis noch eine Abnahme. Der Auftragnehmer kann Abschlagsrechnungen jedoch nur solange stellen, wie er nicht in der Lage ist, eine Schlussrechnung zu stellen. 65

➲ **Praxistipp:** Nach Fertigstellung der Vertragsleistung bzw. nach Vertragsbeendigung durch Kündigung kann der Auftragnehmer nur noch die Schlussrechnung stellen und geltend machen. 65a

Zahlt der Auftraggeber auf eine prüffähige Abschlagsrechnung innerhalb der 21 Tage nicht, so kann der Auftragnehmer die Zahlung anmahnen. Nach § 16 Abs. 5 Nr. 3 VOB/B kommt der Auftraggeber jedoch nur in Zahlungsverzug, wenn der Auftragnehmer eine angemessene Nachfrist zur Zahlung setzt (BGH NJW 1961, 1969 ff.). 66

Die Zahlung auf eine **prüfbare Schlussrechnung** wird spätestens 30 Tage nach deren Zugang fällig. Verzögert sich die Prüfung, ist ein eventuell unbestrittenes Guthaben sofort als Abschlagszahlung auszuzahlen. Im Rahmen der Geltung der VOB/B ist weiter zu beachten, dass nach § 16 Abs. 3 Nr. 2 VOB/B die vorbehaltlose Annahme der Schlusszahlung Nachforderungen ausschließt, wenn der Auftragnehmer über die Schlusszahlung schriftlich unterrichtet und auf die Ausschlusswirkung hingewiesen wurde. Voraussetzung für die Anwendung dieser Regelung ist allein, dass eine Schlussrechnung gestellt wurde (BGH BauR 1984, 182), diese muss nicht prüffähig sein (BGH BauR 1987, 329). Die Schlusszahlungserklärung und die Belehrung über deren Folgen sollte durch den Auftraggeber in einem gesonderten Schreiben vorgenommen werden (OLG Köln NJW-RR 1994, 1501). Der Auftragnehmer muss nach Erhalt einer Schlusszahlungserklärung innerhalb von 28 Tagen nach Zugang der Erklärung den Vorbehalt erklären. Erklärt er diesen nicht, so sind sowohl die in der Schlussrechnung noch aufgeführten Werklohnforderungen als auch eventuell früher gestellte, aber unerledigte Forderungen ausgeschlossen, vgl. § 16 Abs. 3 Nr. 4 VOB/B. Der Vorbehalt kann auch mündlich erklärt werden. Der erklärte Vorbehalt wird jedoch wieder hinfällig, wenn nicht innerhalb weiterer 28 Tage eine prüfbare Schlussrechnung über die vorbehaltene Forderung eingereicht oder, wenn dies nicht möglich ist, der Vorbehalt eingehend begründet wird. War die eingereichte Schlussrechnung bereits prüffähig, bedarf es keiner nochmaligen Einreichung oder einer Begründung. Dem Auftraggeber ist dann nämlich bekannt, welche Forderungen der Auftragnehmer geltend macht (BGH BauR 1985, 484). 67

c) Verjährung

Der Werklohnanspruch des Auftragnehmers verjährt in der regelmäßigen Verjährungsfrist des § 195 BGB (drei Jahre). Die Verjährung des Werklohnanspruchs beginnt mit dem Schluss des Jahres, in dem der Anspruch entstanden ist und der Gläubiger von den den Anspruch begründenden Umständen und der Person des Schuldners Kenntnis erlangt oder ohne grobe Fahrlässigkeit erlangen müsste. Ohne Rücksicht auf die Kenntnis oder grob fahrlässige Unkenntnis verjährt der Vergütungsanspruch in zehn Jahren von seiner Entstehung an. Der Anspruch ist dann entstanden, wenn er fällig ist. Bei Abschluss eines BGB-Werkvertrags wird die Forderung auf Vergütung mit der Abnahme fällig. Bei Vereinbarung der VOB/B ist die Abnahme auch Fälligkeitsvoraussetzung. Hinzu kommt jedoch, dass die Fälligkeit von der Erteilung einer Schlussrechnung abhängt. Die Schlussrechnung muss auch prüfbar sein. 68

d) Geänderte/Zusätzliche Leistungen

Bei Geltung der **Vergabe- und Vertragsordnung** ist zu beachten, dass nach § 2 Abs. 1 VOB/B durch die vereinbarten Preise alle Leistungen abgegolten werden, die nach der Leistungsbeschreibung, den besonderen Vertragsbedingungen, den zusätzlichen Vertragsbedingungen, den zusätzli- 69 chen technischen Vertragsbedingungen, den allgemeinen technischen Vertragsbedingungen für Bauleistungen und der gewerblichen Verkehrssitte abgegolten werden. Im Rahmen eines Einheitspreisvertrags und im Rahmen eines Detail-Pauschalvertrags ist es häufig so, dass vorgegebene Mengenangaben nach Fertigstellung der Werkleistungen korrigiert werden müssen oder aber, dass während der Bauausführung Ausführungsdetails geändert oder zusätzliche Leistungen beauftragt werden. Diese Änderungen bedingen auch, dass der Auftragnehmer als Ausgleich dafür eine Anpassung seines Vergütungsanspruchs erstrebt. Diese nachträglichen Änderungen im Bereich der vom Auftragnehmer zu erbringenden Leistungen hat die Vergabe- und Vertragsordnung, im Gegensatz zu den gesetzlichen Regelungen des Werkvertrags, dadurch Rechnung getragen, dass bereits in der Vergütungsregelung des § 2 VOB/B **Vergütungs- und Preisanpassungsregelungen** enthalten sind. Dies sind im Einzelnen Folgende:

- § 2 Abs. 3 VOB/B bei Mengenüberschreitung oder Mengenunterschreitung im Einheitspreisvertrag
- § 2 Abs. 4 VOB/B wenn der Auftraggeber die gemäß den vertraglichen Regelungen vom Auftragnehmer zu erbringenden Werkleistungen selbst erbringt;
- § 2 Abs. 5 VOB/B bei ändernden Anordnungen hinsichtlich der im Vertrag vorgesehenen Leistungen (auch soweit sie sich lediglich auf die Bauzeit beziehen);
- § 2 Abs. 6 VOB/B bei im Vertrag nicht vorgesehenen, zusätzlichen Leistungen und
- § 2 Abs. 8 VOB/B bei auftragslos erbrachten Leistungen.

70 Im Rahmen der Vertragsgestaltung finden sich in **AGB** vielfach Regelungen, die den Vergütungsanspruch nach § 2 VOB/B zu Lasten des Auftragnehmers abändern. Häufig finden sich Klauseln wie „Massenabweichungen und Massenänderungen bedingen keine Änderung der angebotenen Einheitspreise" oder „Massenänderungen führen nicht zu Änderungen der Einheitspreise". Diese Klauseln sind nach der ganz hM unwirksam. Die Klauseln schließen sämtliche Preisanpassungsmöglichkeiten bei Mengenänderungen aus und verstoßen deshalb gegen die §§ 305 ff. BGB (OLG Bamberg Baurechts-Report 11/94; Glatzel/Hofmann/Frikell S. 154). Gleiches gilt für Klauseln, die auch im Falle der Selbstübernahme durch den Auftraggeber dem Auftragnehmer einen Ausgleichsanspruch ausschließen. Dies stellt ebenfalls eine für den Auftragnehmer unangemessene Benachteiligung dar und ist daher unwirksam. Regelungen, die § 2 Nr. 5 VOB/B in AGB abändern, sind häufig ebenfalls unwirksam. Durchaus **häufig anzutreffende Regelungen** lauten wie folgt:

„Nachtragsangebote müssen vor Arbeitsbeginn schriftlich genehmigt werden" oder „Verlangt der Auftraggeber Leistungsänderungen oder zusätzliche Arbeiten, muss der Auftragnehmer unaufgefordert ein schriftliches Nachtragsangebot vorlegen. Die Arbeiten dürfen erst begonnen werden, wenn der Auftraggeber einen schriftlichen Auftrag auf dieses Nachtragsangebot erteilt hat".

71 Derartige Klauseln zielen darauf ab, dass die Wirksamkeit des Auftrags für eine geänderte Leistung von einer schriftlichen Auftragserteilung abhängig sein soll. Die Klauseln sind in aller Regel unwirksam (vgl. OLG Düsseldorf BauR 1989, 335 ff.; Glatzel/Hofmann/Frikell S. 33 ff.). Ebenfalls im Rahmen von § 2 Nr. 6 VOB/B wird häufig bei der Vertragsgestaltung in AGB versucht, die Regelung aufzunehmen, dass ein zusätzlicher Vergütungsanspruch nur dann bestehen soll, wenn Nachtragsangebote schriftlich genehmigt wurden. Derartige Regelungen sind grundsätzlich unwirksam.

6. Sicherheiten

72 Sowohl für den Auftragnehmer als auch für den Auftraggeber besteht ein Sicherungsbedürfnis für die jeweiligen gegenseitigen Ansprüche. Dieses Bedürfnis besteht im Regelfall bereits mit Abschluss des Werkvertrags. Das Risiko für den Auftragnehmer besteht nach Abschluss des Werkvertrags in seiner Vorleistungspflicht und damit einhergehend mit der Tragung des Risikos, dass der Auftraggeber zahlungsunfähig wird. Für den Auftraggeber besteht das Risiko, dass der Auftragnehmer den Vertrag nicht ordnungsgemäß erfüllt und im Rahmen der Gewährleistung seine Gewährleistungsverpflichtung nicht erfüllt.

73 Für den **Auftragnehmer** bestehen verschiedene Möglichkeiten, das für ihn bestehende Risiko zu minimieren. Grundsätzlich hat der Auftragnehmer die Möglichkeit, für jeweils nachgewiesene, erbrachte Leistungen Abschlagszahlungen zu verlangen (bei Vereinbarung der VOB/B). Beim BGB-

Werkvertrag ist indes eine ausdrückliche oder stillschweigende Vereinbarung erforderlich, es sei denn, die Voraussetzungen des § 632a BGB liegen vor. Soweit der Auftraggeber die Abschlagsrechnung nicht ausgleicht, kann der Auftragnehmer nach entsprechender Nachfristsetzung die Arbeiten einstellen. Das Recht zur Einstellung der Arbeiten folgt bei Vereinbarung der VOB/B aus § 16 Abs. 5 Nr. 3 Satz 3 VOB/B. Bei einem BGB-Werkvertrag kann von den Möglichkeiten des § 321 BGB Gebrauch gemacht werden. Das Recht zur Arbeitseinstellung sichert jedoch nicht den bereits entstandenen Vergütungsanspruch. Es bestehen daher folgende Möglichkeiten:

a) Sicherungshypothek

Nach § 648 BGB hat der Auftragnehmer Anspruch auf Einräumung einer Sicherungshypothek. 74
Hierdurch kann, auch im Wege der einstweiligen Verfügung, die Eintragung einer Vormerkung im Grundbuch erreicht werden. Im Regelfall ist das Grundstück jedoch bereits stark belastet, so dass die Bauhandwerkersicherungshypothek kein adäquates Sicherungsmittel darstellt. Häufig ist es auch so, dass keine Identität zwischen Eigentümer des Grundstücks und dem Auftraggeber des Bauvertrags besteht. Aus diesem Grund erweist sich häufig die Vorgehensweise nach § 648 BGB nicht als Erfolg versprechend.

b) Sicherheit nach § 648a BGB

Durch das Forderungssicherungsgesetz wurde die Vorschrift komplett umgestaltet. Es besteht nunmehr ein Anspruch auf Leistung einer Sicherheit. 75
Nach § 648a Abs. 1 BGB kann der Unternehmer eines Bauwerks, einer Außenanlage oder eines Teils davon vom Besteller Sicherheit für die von ihm zu erbringenden Vorleistungen einschließlich zugehöriger Nebenforderungen verlangen, die mit 10 % des zu sichernden Vergütungsanspruchs anzusetzen sind (zur Anforderung s. Muster **M 19.6**). Dem Besteller ist zur Leistung der Sicherheit eine angemessene Frist zu setzen. Die Sicherheit kann bis zur Höhe des voraussichtlichen Vergütungsanspruchs, wie er sich aus dem Vertrag oder einem nachträglichen Zusatzauftrag ergibt, sowie wegen Nebenforderungen verlangt werden.

Anwendung findet die Vorschrift auf alle Auftragnehmer, die Bauleistungen iSd. § 1 VOB/A erbringen. 76
Ebenfalls ist die Regelung für Architekten und Ingenieure anwendbar.

Anwendung findet die Regelung des § 648a BGB jedoch nicht, wenn der Auftraggeber eine juristische Person des öffentlichen Rechts ist oder es sich um ein öffentlich-rechtliches Sondervermögen handelt. 77
Ebenfalls findet die Vorschrift keine Anwendung, wenn es um die Herstellung oder Instandsetzung eines Einfamilienhauses mit oder ohne Einliegerwohnung geht. Hierzu gehören auch Doppel- und Reihenhäuser.

➲ **Wichtig:** Der Auftraggeber kann die Sicherheit auch noch nach Abnahme verlangen (OLG Stuttgart BauR 2001, 421; OLG Hamm NJW-RR 2003, 520; OLG Naumburg BauR 2001, 1603). 78

➲ **Praxistipp:** Im Rahmen der Vertragsgestaltung ist zu beachten, dass nach § 648a Abs. 7 BGB Vereinbarungen ausgeschlossen sind, die von den Regelungen der Abs. 1–5 des § 648a BGB abweichen. 79

Der Auftragnehmer von Bauleistungen kann die Sicherheit bereits mit Vertragsschluss verlangen. 80
Bei Architekten- und Ingenieurleistungen kann die Sicherheit erst verlangt werden, wenn sich diese Leistungen im Grundstück realisieren.

Wird durch den Auftragnehmer eine entsprechende Sicherheit verlangt innerhalb einer angemessenen 81
Frist und **kommt der Auftraggeber diesem Verlangen nicht nach**, kann der Auftragnehmer den Werkvertrag außerordentlich kündigen (Muster **M 19.7**). Es ist keine Nachfristsetzung mehr erforderlich. Die Rechtsfolgen nach einer erfolgten Kündigung richten sich nach § 649 BGB. Nach Ablauf der gesetzten Frist kann der Auftragnehmer aber auch sich darauf beschränken die Leistung zu verweigern und/oder den Anspruch auf Sicherheit gerichtlich geltend zu machen.

82 Wichtige Änderung zur bisherigen Rechtslage ist weiter, dass der Auftragnehmer Sicherheit auch für Ansprüche verlangen kann, die **an die Stelle der Vergütung** treten. Dies sind Ansprüche des Auftragnehmers nach Kündigung und sonstiger Vertragsbeendigung wie auf Schadensersatz.

c) Vertragserfüllungsbürgschaft/Gewährleistungsbürgschaft

83 Die Vergabe- und Vertragsordnung stellt dem Auftraggeber keine Regelung zur Verfügung, wonach dieser einen Anspruch auf Einräumung einer Sicherheit hat. Ein derartiger Anspruch wurde im BGB durch das Forderungssicherungsgesetz in § 632a Abs. 3 BGB nur für den Auftraggeber geschaffen, der Verbraucher ist. Nach dieser Regelung ist dem Auftraggeber bei der ersten Abschlagsrechnung eine Sicherheit für die rechtzeitige Herstellung des Werks ohne wesentliche Mängel in Höhe von 5 % des Vergütungsanspruchs zu leisten. Der Auftragnehmer kann die Sicherheit stellen, indem ein Einbehalt von seiner Forderung vorgenommen wird.

84 Da im Übrigen keine weitergehenden Regelungen vorhanden sind, sind die Sicherheiten vertraglich zu vereinbaren.

84a ➲ **Praxistipp:** Das Vertragserfüllungs- und Gewährleistungsrisiko kann nur durch vertragliche Vereinbarungen abgesichert werden. Die Vereinbarung muss ausdrücklich und inhaltlich zweifelsfrei getroffen werden.

85 Die Höhe kann entweder durch einen bezifferten Betrag angegeben werden oder durch eine prozentuale Berechnung auf der Grundlage des Auftragsvolumens. Die Art der Sicherheitsleistung kann frei vereinbart werden. Nach § 17 Abs. 3 VOB/B hat der Auftragnehmer das Wahlrecht zwischen der Sicherheit durch Einbehalt oder Hinterlegung von Geld und der Sicherheit durch Bürgschaft. Die Bürgschaft hat dabei die in § 17 VOB/B vorgegebenen Voraussetzungen zu erfüllen. Der Bürge muss danach von dem Auftraggeber als tauglich anerkannt sein. Die Bürgschaftserklärung ist schriftlich abzugeben. Sie hat selbstschuldnerisch und ohne zeitliche Begrenzung zu sein. Nach § 17 Abs. 4 Satz 3 VOB/B hat der Auftraggeber keinen Anspruch auf eine **Bürgschaft auf erstes Anfordern**. Wird trotzdem in dem Werkvertrag die Stellung einer Bürgschaft auf erstes Anfordern vereinbart, so muss unterschieden werden, ob es sich um eine Individualvereinbarung oder um eine allgemeine Geschäftsbedingung handelt. Im Rahmen einer Individualvereinbarung kann die Stellung einer Bürgschaft auf erstes Anfordern wirksam vereinbart werden. Durch AGB kann eine derartige Vereinbarung jedoch nicht wirksam vereinbart werden. Dies gilt sowohl für die Vertragserfüllungsbürgschaft als auch für die Gewährleistungsbürgschaft (BGH NJW 2002, 2388, 2389; BGH NJW 2002, 3098; BGH NJW 2002, 894). Die Unwirksamkeit der Bürgschaftsvereinbarung führt dazu, dass überhaupt keine Sicherheiten wirksam vereinbart sind. Eine geltungserhaltene Reaktion, etwa dahingehend, dass eine einfache Bürgschaft vereinbart ist, kommt nicht in Betracht.

7. Vertragsstrafe

86 Regelmäßig werden in Bauverträgen Vertragsstrafenvereinbarungen getroffen. Die Vertragsstrafenregelungen sind häufig in allgemeinen Geschäftsbedingungen aufgenommen (allgemeine Vorbemerkung, zusätzliche Vertragsbedingungen oä.). Während in individuell vereinbarten Vertragsstrafenregelungen grundsätzlich eine Unwirksamkeit der Vereinbarung in Betracht kommt, wenn die Vertragsstrafe entweder sittenwidrig ist oder aus sonstigen Gründen gegen gesetzliche Normen verstößt, findet bei AGB eine Überprüfung nach den §§ 305 ff. BGB statt. Nach der **Rechtsprechung des BGH** hat eine Vertragsstrafenregelung in AGB drei Hürden zu überwinden, um wirksam zu sein (BGH BauR 1989, 245). Es ist zum einen die Höhe des Tagessatzes, zum zweiten die erforderliche Maximalbegrenzung der insgesamt auflaufenden Vertragsstrafe und zum dritten die Verschuldensabhängigkeit. Der BGH hat in zwei Entscheidungen klargestellt, dass ein Tagessatz iHv. 0,3 % pro Werktag bzw. 0,2 % pro Kalendertag einer Überprüfung anhand des damals geltenden AGB-Gesetzes Stand hält (BGH BauR 1979, 56). In weiteren Entscheidungen hat der BGH festgestellt, dass eine Vertragsstrafenregelung iHv. 0,5 %, unabhängig von einer etwa vereinbarten Obergrenze, unwirksam ist (BGH BauR 2002, 790; BGH NZBau 2002, 383). Ist bei einer Vertragsstrafenregelung in AGB eine Maximalbegrenzung nicht enthalten, ist die Klausel allein aus diesem Grund unwirksam. Der BGH hat seine **Rechtsprechung** mit Urteil v. 23.1.2003 **geändert**. Der

BGH hat in dieser Entscheidung seine Rechtsprechung zu der Höhe der Maximalbegrenzung aufgegeben. Er hat festgestellt, dass eine Vertragsstrafenvereinbarung mit einer Maximalbegrenzung von 10 % unwirksam ist, da der Höchstsatz von 10 % den Auftragnehmer unangemessen benachteiligt (BGH BauR 2003, 870). Ausgeführt wurde in der Entscheidung, dass eine Vertragsstrafenvereinbarung in AGB auch die Interessen des Auftragnehmers ausreichend berücksichtigen muss. Eine unangemessen hohe Vertragsstrafe führt zur Nichtigkeit der Klausel. Eine geltungserhaltende Reduktion findet nicht statt. Grundsätzlich muss eine Vertragsstrafenregelung unter Berücksichtigung ihrer Druck- und Kompensationsfunktion in einem angemessenen Verhältnis zu dem Werklohn stehen, den der Auftragnehmer mit seiner Leistung verdient. Die Schöpfung neuer, vom Sachinteresse des Auftraggebers losgelöster Geldforderungen ist nicht Sinn der Vertragsstrafe. Diese ständige Rechtsprechung berücksichtigend, hat der BGH durch Urteil vom 6.12.2012 klargestellt, dass auch eine Vertragsstrafenvereinbarung für Zwischenfristen in einem angemessenen Verhältnis zu dem bis dahin verdienten Werklohn des Unternehmers stehen muss. Knüpft die Vertragstrafenobergrenze für einen vertragsstrafenbewehrten Zwischentermin an die Gesamtauftraggsumme an, liegt eine unangemessene Benachteiligung des Auftragnehmers vor, die zur Unwirksamkeit der Klausel führt (BGH, IBR 2013, 69).

➲ **Praxistipp:** Bei Bauverträgen sind deshalb Vertragsstrafen für die verzögerte Fertigstellung unangemessen, wenn diese die Obergrenze von 5 % der Auftragssumme überschreiten. 86a

Nach den Entscheidungen des BGH muss sich daher die Vertragsstrafe innerhalb der voraussichtlichen Schadensbeträge halten. Auch die Druckfunktion der Vertragsstrafe muss berücksichtigen, welche Auswirkungen die Vertragsstrafe auf den Auftragnehmer hat und sich in wirtschaftlich vernünftigen Grenzen halten. 87

Für die **vor dem Bekanntwerden der Entscheidung des BGH vom 23.1.2003 geschlossenen Verträge** mit einer Auftragssumme von bis 13 Mio. DM (ca. 6,65 Mio. Euro) besteht grundsätzlich Vertrauensschutz hinsichtlich der Zulässigkeit einer Obergrenze von bis zu 10 %. Die Verwender können sich jedoch nicht auf Vertrauensschutz berufen, wenn die Auftragssumme den Betrag von 13 Mio. DM (ca. 6,65 Mio. Euro) um mehr als das Doppelte übersteigt (kritisch hierzu Wolter BauR 2003, 1274 ff.). 88

Werden entgegen der Regel **mehrere Vertragsfristen als verbindliche Fristen** vereinbart und für die einzelnen Fristen jeweils auch Vertragsstrafenregelungen getroffen, so muss darauf geachtet werden, dass die insgesamt mögliche Vertragsstrafe bei sämtlichen einzelnen Vertragsfristen kumulativ der Maximalbegrenzung unterworfen wird und sich bei vertragstrafenbewehrten Zwischenterminen die Obergrenzen zudem am anteiligen Auftragswert orientiert. Es ist nicht möglich, jede einzelne Vertragsstrafe auf max. 5 % der Gesamtauftragssumme zu beschränken. Ansonsten würde kumulativ eine Vertragsstrafe auflaufen, die einen beachtlichen Anteil der Gesamtwerklohnvergütung innerhalb kürzerer Zeit aufbraucht. 89

Die Vertragsstrafenregelung in AGB muss auch stets **verschuldensabhängig** sein (BGH BauR 1989, 254). Ansonsten ist die Regelung nach den §§ 305 ff. BGB unwirksam (BGH BauR 1987, 92 ff.). Ausreichend ist, wenn in der Klausel innerhalb der AGB auf die Regelung des § 11 VOB/B verwiesen wird. Hierdurch wird ausreichend dokumentiert, dass die Vertragsstrafenregelung selbst auf dieser Bestimmung der VOB/B aufbaut und dort die Verschuldensabhängigkeit eindeutig geregelt ist (BGH BauR 1987, 92). 90

➲ **Hinweis:** Unter Berücksichtigung der aktuellen Rechtsprechung kann eine Vertragsstrafenregelung in AGB wirksam vereinbart werden, wonach der Auftragnehmer für jede schuldhafte Bauzeitüberschreitung dem Auftraggeber eine Vertragsstrafe iHv. 0,2 % pro Kalendertag (alternativ 0,3 % pro Werktag) der Bruttoauftragssumme, maximal begrenzt jedoch auf 5 % derselben schuldet. 91

Häufig ist es so, dass die im Vertrag vereinbarte **Fertigstellungsfrist vertragsstrafenbewehrt** ist. Kommt es im Rahmen der Ausführung dann zu Verzögerungen, ohne dass der Auftragnehmer dies zu vertreten hat, so entfällt nach überwiegender Ansicht die ursprünglich vereinbarte Vertragsstrafe (KG, IBR 2014, 468). Es muss eine neue Vertragsstrafe auf die neuen Fertigstellungstermine vereinbart werden. 92

93 Im Rahmen der Vertragsverhältnisse zwischen **Auftraggeber, Generalunternehmer und Subunternehmer** kann der Generalunternehmer die bei ihm anfallende Vertragsstrafe an den Nachunternehmer durchstellen, soweit dieser allein für die Versäumung der Fertigstellungsfrist verantwortlich ist (BGH NZBau 2000, 195). Sinnvollerweise sollte der Generalunternehmer in das Vertragsverhältnis mit dem Nachunternehmer aufnehmen, dass die Vertragsstrafenregelung im Vertrag mit dem Auftraggeber vereinbart ist und in welcher Höhe diese anfällt.

8. Kündigung

a) Kündigung durch den Auftraggeber

94 Der Auftraggeber hat sowohl bei Abschluss eines BGB-Bauvertrags als auch bei Abschluss eines VOB/B-Bauvertrags ein **ordentliches Kündigungsrecht**. Der Auftraggeber kann das Vertragsverhältnis bis zur Abnahme der Werkleistungen jederzeit kündigen. Durch die Kündigung entfallen die vertraglichen Leistungspflichten für die Zukunft. Daneben besteht bei Abschluss eines BGB-Werkvertrags die Möglichkeit, **von dem Vertrag zurückzutreten**. Das gesetzliche Rücktrittsrecht ist in seinen Wirkungen dem vertraglichen Rücktrittsrecht gleichgestellt. Der Vertrag wird in ein Abwicklungsverhältnis umgestaltet. Die Kündigung ist bei einem BGB-Bauvertrag formlos möglich. Bei einem VOB/B-Bauvertrag muss diese schriftlich erfolgen, § 8 Abs. 5 und § 9 Abs. 2 Satz 1 VOB/B.

95 Daneben kann der Auftraggeber auch den Vertrag **fristlos aus wichtigem Grund kündigen**. Dies ist dann der Fall, wenn dem Auftraggeber ein Festhalten am Vertrag durch einen Umstand, der aus der Sphäre des Auftragnehmers stammt, nicht mehr zumutbar ist. Dies bedeutet, dass der Auftragnehmer eine schwere Gefährdung des Vertragszweckes zu vertreten haben muss, so dass der Auftraggeber kein Vertrauen mehr in die weitere Zusammenarbeit haben kann und ihm die Fortsetzung des Vertrags nicht zumutbar ist (BGHZ 45, 372).

96 Die **VOB/B** enthält daneben außerordentliche Kündigungsrechte des Auftraggebers in § 8 Abs. 2–4 VOB/B. Der Auftraggeber kann nach § 8 Abs. 2 VOB/B beim Vermögensverfall, insbesondere bei Zahlungseinstellungen und Insolvenz des Unternehmers den Werkvertrag außerordentlich kündigen. Nach § 8 Abs. 3 VOB/B besteht ein Kündigungsrecht, wenn der Auftragnehmer trotz Fristsetzung Mängel bei der Bauausführung nicht beseitigt oder mit der Bauausführung nicht begonnen hat. Gem. § 8 Abs. 4 VOB/B kann der Auftraggeber wegen wettbewerbswidrigen Verhaltens des Auftragnehmers bei der Vergabe kündigen.

b) Kündigung durch den Auftragnehmer

97 Dem Auftragnehmer steht zum einen ein außerordentliches Kündigungsrecht zu, wenn eine vom Auftraggeber zu vertretene **Gefährdung des Vertragszweckes** eingetreten ist und er kein Vertrauen mehr in die weitere Zusammenarbeit haben kann und dem Auftragnehmer deshalb die Fortsetzung des Vertrags **nicht zumutbar** ist. Nach § 9 VOB/B steht dem Auftragnehmer ein außerordentliches Kündigungsrecht bei unterbliebener und notwendiger Mitwirkung des Bauherrn bei der Bauausführung und bei Zahlungsverzug des Bauherrn zu.

98 Nach § 642 BGB iVm. § 643 BGB gilt der Vertrag als aufgehoben, wenn die angemahnte Mitwirkungshandlung nicht innerhalb der gesetzten Frist nachgeholt wird. Durch diese Regelung wird der Werkvertrag mit Wirkung ebenfalls für die Zukunft beendet.

c) Rechtsfolgen einer Kündigung

99 Der Auftragnehmer hat nach einer Kündigung stets **Anspruch auf Vergütung** der erbrachten Leistungen (BGH NJW 1993, 1972). Bei einer ordentlichen Kündigung durch den Auftraggeber oder bei einer Kündigung, die der Auftraggeber zu vertreten hat, steht dem Auftragnehmer darüber hinaus die gesamte vertraglich vereinbarte Vergütung zu. Der Auftragnehmer hat sich jedoch das anrechnen zu lassen, was er in Folge der Aufhebung des Vertrags an Kosten erspart oder durch ander-

weitige Verwendung seiner Arbeitskraft und seines Betriebes erwirbt oder zu erwerben böswillig unterlässt.

Bis zum 11.5.2006 entsprach es allgemeiner Meinung und der Rechtsprechung des BGH, dass der Vergütungsanspruch auch ohne Abnahme zur Zahlung fällig ist (BGH NJW 1987, 382). Mit Urteil v. 11.5.2006 (VII ZR 146/04, IBR 2006, 432) hat der BGH diese Rechtsprechung geändert. Danach wird die Werklohnforderung grundsätzlich erst mit Abnahme der bis dahin erbrachten Leistungen fällig.

➲ **Hinweis:** Der Auftragnehmer muss nach Kündigung zwingend die Abnahme verlangen. 99a

Die **Abrechnung der Werkleistungen** bei einem Einheitspreisvertrag bereitet in der Praxis in der Regel keine Schwierigkeiten. Schwierigkeiten bereitet die Abrechnung bei Vereinbarung eines **Pauschalpreises.** Bei einem gekündigten Pauschalvertrag muss die Vergütung für die erbrachten Leistungen aus dem Vertragspreis abgeleitet werden. Hierfür ist es unerlässlich, dass der Auftragnehmer die erbrachten Teilleistungen bewertet. Der Auftragnehmer hat demnach diese Bewertung vorzunehmen und auch das Verhältnis der bewirkten Leistung zur vereinbarten Gesamtleistung und des Preisansatzes für die Teilleistung zum Pauschalpreis darzustellen (BGH NJW 1995, 2712). Diese Abrechnungsmodalität gilt nur dann nicht, wenn im Zeitpunkt der Kündigung nur geringfügige Leistungen noch nicht erbracht sind. In diesen Fällen können die noch nicht erbrachten Leistungen bewertet werden und von dem vereinbarten Pauschalpreis in Abzug gebracht werden (BGHZ 144, 242). Nicht möglich ist es, die Abrechnung in der Weise vorzunehmen, dass auf einen vereinbarten Zahlungsplan abgestellt wird. 100

Die Abrechnung der **Vergütung für noch nicht erbrachte Leistungen** muss, **sofern sich der Auftragnehmer nicht auf die in § 649 Satz 3 BGB enthaltene Vermutung beruft**, in der Weise vorgenommen werden, dass der Auftragnehmer darlegt, welche ersparten Aufwendungen er im Einzelnen hatte und diese entsprechend beziffert. Dies muss in der Weise geschehen, dass der Auftraggeber in die Lage versetzt wird, zu prüfen, ob der Auftragnehmer ersparte Kosten auf der Grundlage der konkreten, dem Vertrag zu Grunde liegenden Kalkulation, zutreffend berücksichtigt hat. Darüber hinaus hat der Auftragnehmer anzugeben, welchen anderweitigen Erwerb er hatte. 101

➲ **Praxistipp:** Im Rahmen der Vertragsgestaltung ist zu beachten, dass bei Verwendung von AGB der Anspruch auf Vergütung für die noch nicht erbrachten Leistungen nicht wirksam ausgeschlossen werden kann, da damit gegen § 307 Abs. 2 BGB verstoßen wird. 101a

Möglich ist es indes, den Anspruch auf Vergütung für die nicht erbrachten Leistungen zu **pauschalieren.** Der mit Inkrafttreten des Forderungssicherungsgesetz zum 1.1.2009 neu eingeführte § 649 Satz 3 BGB enthält zugunsten des Auftragnehmers nunmehr die widerlegliche Vermutung, dass dem Unternehmer nach einer freier Kündigung durch den Auftraggeber 5 % der vereinbarten Vergütung zustehen, die auf den noch nicht erbrachten Teil der Werkleistung entfallen, maW, dass die ersparten Aufwendungen und der anderweitige Erwerb (bzw. böswillig unterlassene Erwerb) 95 % des auf die offene Restleistung entfallenden Werklohns ausmachen (BGH NZBau 2011, 669). 102

Zu beachten ist, dass die Klausel zu keiner unangemessenen Benachteiligung führen darf. Deshalb sind Klauseln, nach denen nur die Ersparnis abgezogen wird, nicht jedoch der anderweitige Erwerb, unwirksam (BGH BauR 1997, 157). Auch Klauseln, die dem Auftraggeber den Nachweis einer höheren Ersparnis versagen, sind unwirksam. Die vereinbarte Vergütungspauschale darf nicht unangemessen hoch sein. Klauseln, die eine Vergütungspauschale iHv. 5–10 % vorsehen, dürften wirksam vereinbart werden können (BGHZ 144, 133; BGH BauR 1985, 79, 82).

9. Gewährleistung

Unabhängig von der Vereinbarung der VOB/B besteht die Verpflichtung des Auftragnehmers, ein mangelfreies Werk herzustellen. Die Frage, welche Ansprüche dem Auftraggeber bei Vorliegen eines Mangels zustehen, beurteilt sich dann unterschiedlich, je nachdem, ob die VOB/B wirksam vereinbart wurde oder nicht. Auf Grund des Schuldrechtsmodernisierungsgesetzes und auch der VOB in der Fassung 2002 ergeben sich wesentliche Abweichungen zu der bis dahin bestehenden Rechtslage. Im Nachfolgenden wird nur die jetzt geltende Rechtslage dargestellt. 103

a) Mangelbegriff

104 Zentraler Punkt im Rahmen des Gewährleistungsrechts ist der Mangelbegriff. Nach § 633 Abs. 2 BGB ist das Werk frei von **Sachmängeln**, wenn es die vereinbarte Beschaffenheit hat. Soweit die Beschaffenheit nicht vereinbart worden ist, ist das Werk frei von Sachmängeln, wenn es sich für die nach dem Vertrag vorausgesetzte, sonst für die gewöhnliche Verwendung eignet und eine Beschaffenheit aufweist, die bei Werken der gleichen Art üblich ist und die der Besteller nach Art des Werkes erwarten kann. Einem Sachmangel steht es gleich, wenn der Unternehmer ein anderes als das bestellte Werk oder das Werk in zu geringer Menge herstellt. Nach § 633 Abs. 3 BGB ist das Werk frei von **Rechtsmängeln**, wenn Dritte in Bezug auf das Werk keine oder nur die im Vertrag übernommenen Rechte gegen den Besteller geltend machen können. Die Frage der Mangelhaftigkeit beurteilt sich in erster Linie nach der vertraglichen Vereinbarung.

105 Die **VOB/B** regelt in § 13 Abs. 1 VOB/B, dass die Leistung zur Zeit der Abnahme frei von Sachmängeln ist, wenn sie die vereinbarte Beschaffenheit hat und den anerkannten Regeln der Technik entspricht. Entspricht sie dem nicht, so ist die Leistung frei von Sachmängeln, wenn sie sich für die nach dem Vertrag vorausgesetzte, sonst für die gewöhnliche Verwendung eignet und eine Beschaffenheit aufweist, die bei Werken der gleichen Art üblich ist und die der Auftraggeber nach der Art der Leistung erwarten kann.

106 Im **BGB-Werkvertrag** gilt selbstverständlich auch, dass die Leistung den allgemein anerkannten Regeln der Technik entsprechen muss.

b) Mängelansprüche nach dem BGB

107 Bei Vorliegen eines Mangels stehen dem Auftraggeber die in § 634 BGB festgelegten Ansprüche zu. Dies ist der Anspruch auf Nacherfüllung nach § 635 BGB, der Anspruch auf Ersatzvornahmekosten nach § 637 BGB, der Rücktritt nach den §§ 636, 323, 326 Abs. 5 BGB, der Anspruch auf Schadensersatz nach den §§ 636, 280, 281, 283, 311a BGB sowie der Anspruch auf Minderung nach § 638 BGB und auf Aufwendungsersatz nach § 284 BGB. Die jeweiligen Voraussetzungen für die Geltendmachung der einzelnen Gewährleistungsansprüche ergeben sich aus den oben genannten Rechtsnormen, die im Einzelnen hier nicht wiedergegeben werden.

c) Mängelansprüche beim VOB-Werkvertrag

108 Vor Abnahme hat der Auftraggeber bei Vorliegen eines Mangels einen Mangelbeseitigungs-, bzw. Erfüllungsanspruch nach § 4 Abs. 7 VOB/B. Kommt der Auftragnehmer diesem Anspruch nach entsprechender Fristsetzung und Kündigungsandrohung nicht nach, so hat der Auftraggeber die Möglichkeit, den Vertrag zu kündigen und eine Ersatzvornahme durchzuführen. In der Literatur wird die Meinung vertreten, dass die Voraussetzung einer Kündigung des Vertrags, um die Ersatzvornahme durchzuführen, nicht sachgerecht ist. Es sei genügend, dass eine angemessene Frist zur Mängelbeseitigung fruchtlos abläuft. Die Rechtsprechung hat sich dieser Auffassung bisher nicht angeschlossen. Nach wie vor ist es zwingende Voraussetzung, dass vor Ausführung der Ersatzvornahme der Vertrag gekündigt bzw. teilweise gekündigt wird. Nach Abnahme hat der Auftraggeber Anspruch auf Nachbesserung nach § 13 Abs. 5 Abs. 1 Satz 1 VOB/B, auf Minderung nach § 13 Abs. 6 VOB/B und auf Schadensersatz nach § 13 Abs. 7 VOB/B. Hinsichtlich der einzelnen Anspruchsvoraussetzungen wird auf die in diesen Rechtsnormen geregelten Tatbestände verwiesen. Bei Geltung der VOB/B ist weiter zu beachten, dass eine Mängelhaftung des Auftragnehmers entfällt, wenn dieser der ihm obliegenden Prüfungs- und Hinweispflicht ordnungsgemäß genügt hat, § 13 Abs. 3 VOB/B (vgl. BGH BauR 2002, 613, 617). Die Rechtsprechung wendet diese Grundsätze auch beim BGB-Werkvertrag an (BGH BauR 1987, 79; BGH BauR 2001, 622).

d) Verjährung der Gewährleistungsansprüche

109 Die Gewährleistungsfrist beginnt mit der **Abnahme** zu laufen. Sie beträgt für Mängel an Bauwerken und diesbezüglichen Planungs- bzw. Überwachungsleistungen nach § 634 Abs. 1 Nr. 2 BGB fünf Jahre. Die Frist beginnt mit der Abnahme. Für alle anderen Werkleistungen beträgt die Verjäh-

rungsfrist nach §§ 634a Abs. 1 Nr. 3, 195, 199 BGB drei Jahre vom Ende des Jahres an, in dem der Auftraggeber Kenntnis von dem aufgetretenen Mangel hat bzw. ohne grobe Fahrlässigkeit hätte haben müssen. Bei arglistig verschwiegenen Mängeln oder bei dem nach der Rechtsprechung gleich behandelten Organisationsverschulden verjähren diese ebenfalls in drei Jahren vom Ende des Jahres, in dem der Auftraggeber Kenntnis von dem arglistig verschwiegenen Mangel oder dem Organisationsverschulden hat bzw. ohne grobe Fahrlässigkeit hätte haben müssen. Die Verjährung tritt jedoch nicht vor Ablauf von fünf Jahren von dessen Abnahme ein, soweit es sich um einen Baumangel handelt.

Die **VOB/B** regelt in § 13 Abs. 4 Satz 1 VOB/B eine Gewährleistungsfrist für Bauwerke von vier Jahren, für Arbeiten an einem Grundstück und für die vom Feuer berührten Teile von Feuerungsanlagen zwei Jahre. Abweichend von der Regelung in § 13 Abs. 4 Abs. 1 Satz 1 VOB/B beträgt die Verjährungsfrist für feuerberührte und Abgas dämmende Teile von industriellen Feuerungsanlagen ein Jahr. Bei Vereinbarung der VOB/B gibt es darüber hinaus auch die sog. **Quasi-Unterbrechung** der Verjährungsfrist nach § 13 Abs. 5 Abs. 1 VOB/B. Ab dem Zugang einer schriftlichen Mängelrüge beim Auftragnehmer tritt eine verjährungsunterbrechende Wirkung ein. Der Zugang der schriftlichen Mängelrüge setzt den Lauf einer zweijährigen Gewährleistungsfrist in Gang. 110

10. Forderungssicherungsgesetz

Das Forderungssicherungsgesetz ist mit Wirkung zum 1.1.2009 in Kraft getreten. Sinn und Zweck dieses Forderungssicherungsgesetzes ist es, die wirtschaftliche Lage der Werkunternehmer, insbesondere in der Baubranche, zu verbessern. Die Zahlungsmoral und die Möglichkeit der Durchsetzung von Werklohnforderungen soll durch das Gesetz gestärkt werden. Folgende Regelungen wurden geschaffen: 111

- **Abschlagszahlungen** 112

  Die Regelung des § 632a BGB sieht vor, dass der Unternehmer entsprechend der Regelungen der VOB/B Abschlagszahlungen verlangen kann. In § 632a Abs. 3 BGB ist ferner ein Anspruch des Verbrauchers auf Stellung einer Erfüllungssicherheit geschaffen worden. Danach hat der Besteller bei der ersten Abschlagszahlung die Möglichkeit, eine Sicherheit für die rechtzeitige Herstellung des Werkes ohne wesentliche Mängel iHv. 5 % des Vergütungsanspruches einzubehalten.

- **Fälligkeit des Vergütungsanspruchs** 113

  Die Regelung des § 641 BGB ist in den Abs. 2 und 3 neu gefasst worden. Es wurde so eine Durchgriffsfälligkeit geschaffen unter Beseitigung der bisherigen Probleme bei der Anwendung des § 641 Abs. 2 BGB. Danach wird der Vergütungsanspruch des Unternehmers (Nachunternehmer gegenüber seinem Auftraggeber) spätestens fällig, soweit der Besteller von dem Dritten für das versprochene Werk wegen dessen Herstellung seine Vergütung oder Teile davon erhalten hat, soweit das Werk des Bestellers von dem Dritten abgenommen worden ist oder als abgenommen gilt oder wenn der Unternehmer dem Besteller erfolglos eine angemessene Frist zur Auskunft über die in Nr. 1 und 2 bezeichneten Umstände bestimmt hat.

  In § 641 Abs. 3 BGB ist geregelt, dass das Zurückbehaltungsrecht in der Regel das Doppelte der für die Beseitigung des Mangels erforderlichen Kosten beträgt. Hierdurch wird dem Umstand Rechnung getragen, dass ansonsten ein sehr hoher Betrag vom Auftraggeber zurückbehalten wird.

- **Sicherheitsleistung nach § 648a BGB** 114

  In der Neuregelung wird klargestellt, dass die Vorschrift des § 648a BGB auf die Zeit nach Abnahme anwendbar ist.

115 – **Vergütung für nicht erbrachte Leistungen**
Schließlich wurde in § 649 BGB aufgenommen, dass vermutet wird, dass nach der Kündigung dem Unternehmer 5 % der vereinbarten noch nicht verdienten Vergütung zusteht. Die Fertigstellungsmitteilung nach § 649a BGB wurde in diesem Zusammenhang gestrichen.

11. Vertragsmuster

116 Die nachfolgenden Vertragsmuster sind Vorschläge für die Vertragsgestaltung. Zu beachten ist immer, dass jeder Vertrag an die individuellen Gegebenheiten des Bauvorhabens angepasst werden muss und bei jedem Vertrag die Problematik der Vereinbarung der VOB/B als Ganzes zu sehen ist (s. Rz. 5 ff.).

M 19.1 BGB-Bauwerkvertrag

Zwischen

Herrn/Frau . . .

– im Folgenden Auftraggeber –[1]

und

Herrn/Frau . . .

– im Folgenden Auftragnehmer –[1]

wird folgender

Bauvertrag

geschlossen:

§ 1 Vertragsgegenstand

Der Auftraggeber beauftragt den Auftragnehmer mit der Ausführung der Werkleistung gemäß dem Angebot des Auftragnehmers vom . . .[2]*.*

§ 2 Grundlagen des Vertrags

Folgende Unterlagen sind ausschließlich in der nachfolgenden Reihenfolge Vertragsgrundlage:

1. *das Angebot des Auftragnehmers vom . . .; Anlage 1*
2. *die Pläne gemäß beiliegender Planliste; Anlage 2*
3. *der Terminplan vom . . .; Anlage 3*

Bei Widersprüchen gelten die oben bezeichneten Vertragsbestandteile nacheinander in der ausgeführten Reihenfolge. Sofern zwischen den oben bezeichneten Vertragsunterlagen offensichtliche

---

1 Die Vertragsparteien und die Rechtsform sind exakt zu bezeichnen. Ansonsten bestehen bei der gerichtlichen Durchsetzung und Zwangsvollstreckung Schwierigkeiten. Bei Gesellschaften des Bürgerlichen Rechts sind sämtliche Gesellschafter mit Vor- und Zunamen zu bezeichnen. Bei Vertragsabschlüssen durch Vertreter der jeweiligen Vertragsparteien ist eine Vollmachtsurkunde dem Vertrag beizulegen. Gleiches gilt bei Abschluss eines Werkvertrags mit einer Arbeitsgemeinschaft, wenn nur ein ARGE-Partner den Vertrag unterschreibt.

2 Die Beschreibung der Leistung ist so exakt wie nur möglich vorzunehmen. Nur eine exakte und widerspruchslose Beschreibung der Leistung führt dazu, dass Streitigkeiten über den Umfang der Leistungspflicht vermieden werden. Als Grundlagen des Vertrags können selbstverständlich auch weitergehende Unterlagen vereinbart werden, beispielsweise die Baugenehmigung. Die Hierarchie und Rangfolge der Vertragsgrundlagen sollte unbedingt vereinbart werden, da häufig Widersprüche innerhalb der einzelnen Vertragsgrundlagen erst später zu Tage treten. Bei Verwendung von Reihenfolgen in Vertragsgrundlagen als allgemeine Geschäftsbedingung kann jedoch eine Unwirksamkeit nach § 307 BGB eintreten, wenn dies als unklar und überraschend angesehen wird (OLG München NJW-RR 1988, 786).

Widersprüche und Abweichungen bestehen, ist der Auftragnehmer verpflichtet, den Auftraggeber auf diesen Umstand hinzuweisen[3].

§ 3 Vergütung

Die vertraglich vereinbarten Werkleistungen werden wie folgt vergütet:

- *Vergütung nach Einheitspreisen*
- *Pauschalpreis*

Die vereinbarte Vergütung beträgt netto ... Euro[4] *zzgl. Umsatzsteuer in gesetzlicher Höhe.*

§ 4 Zahlungen

Bei Überweisung oder Auszahlung von einem Konto des Auftraggebers gilt als Tag der Zahlung der Tag der Hingabe oder Absendung des Auftrags an die Post oder an das Geldinstitut[5].

§ 5 Fristen, Vertragsstrafe

(1) Die beauftragten Leistungen sind bis spätestens zum ... fertig zu stellen[6].

(2) Die Parteien vereinbaren eine Vertragsstrafe für den Fall der schuldhaften Überschreitung des Fertigstellungstermins durch den Auftragnehmer iHv. 0,1 % der Nettoauftragssumme für jeden Werktag der verschuldeten Fristüberschreitung, höchstens jedoch 5 % der Nettoauftragssumme[7].

3 Bei Verwendung der Regelung in AGB bestehen erhebliche Bedenken an der Wirksamkeit. Durch die Regelung wird dem Auftragnehmer das Risiko übertragen, dass Widersprüche und Abweichungen bestehen, die beispielsweise auf den Vergütungsanspruch Auswirkungen haben könnten. Derartige Regelungen, insbesondere beispielsweise, wenn der Auftragnehmer erklären soll, dass er diese Unterlagen geprüft habe und trotzdem an dem vereinbarten Werklohn festhält, halten einer Inhaltskontrolle im Regelfall nicht Stand (OLG München BB 1986, 554; OLG Frankfurt BauR 2003, 269; BGH IBR 2004, 125).

4 Bei fehlendem Hinweis auf die zusätzlich zu zahlende Umsatzsteuer kann davon ausgegangen werden, dass es sich bei dem Betrag um einen Bruttobetrag handelt (BGH NJW 2002, 2312). Die Umsatzsteuer ist deshalb zusätzlich explizit auszuweisen.

5 Die Vereinbarung von Abschlagszahlungen in AGB ist höchst problematisch, insbesondere von Thode wird die Auffassung vertreten, dass nach der Regelung des § 632a BGB bei einem Bauträgervertrag keine Abschlagszahlungen mehr nach der MABV vereinbart werden könnten. Er hat dies damit begründet, dass § 632a BGB ein Leitbild für die Abschlagszahlungen darstelle, von dem nicht abgewichen werden kann. Legt man diese Auffassung zu Grunde, so könnte wirksam lediglich die Abschlagszahlungsregelung des § 632a BGB vereinbart werden. Die dort vorgesehenen Abschlagszahlungen für in sich abgeschlossene Teile des Werkes sind in der Praxis jedoch wenig hilfreich. Diese liegen nämlich im Regelfall erst vor, wenn das Werk vollständig fertig gestellt ist. Die Regelung von Abschlagszahlungen sollte daher individualvertraglich erfolgen.

6 Ohne Vereinbarung einer Fertigstellungsfrist schuldet der Auftragnehmer, die Herstellung in angemessener Frist herbeizuführen (BGH BauR 1986, 5449). Denkbar ist auch, dass Teilerfolge vereinbart werden und der Auftragnehmer dann bei Nichterreichen der Teilerfolge zu der bestimmten Zeit in Verzug gerät (BGH BauR 2005, 400, 405).

7 Die vorgeschlagene Vertragsstrafenregelung berücksichtigt die neueren Entscheidungen des BGH, wonach eine höhere Vertragsstrafe als 5 % der Abrechnungssumme bei größeren Bauvorhaben (14 Mio. Euro) unzulässig ist (BGH BauR 2003, 870, 876; BGH BauR 2004, 1609). Die Vertragsstrafe kann auch an die verschuldete Versäumung von Zwischenfristen angeknüpft werden. Die Höhe der Vertragsstrafe hat dann in einem angemessenen Verhältnis zu dem bis dahin verdienten Werklohn des Unternehmers zu stehen (BGH IBR 2013, 69). In AGB ist eine Wirksamkeit jedoch höchst fraglich, da die Vertragsstrafe verwirkt werden kann in voller Höhe, obwohl der Auftragnehmer dann doch den Endtermin einhält. Denkbar ist auch, dass bei Regelung von Zwischenfristen und entsprechenden Vertragsstrafen diese insgesamt anfällt, obwohl der Auftragnehmer nur einmal in Verzug gekommen ist (BGH BauR 1999, 645; OLG Jena NJW-RR 2001, 1178). Die Vertragsstrafen bei Zwischenfristen dürfen jedoch die 5 %-Obergrenze auf keinen Fall überschreiten. Aus Sicht des Auftragnehmers kann in diesem Zusammenhang noch die Regelung eingefügt werden, dass dieser die Vertragsstrafe bis zur Schlusszahlung geltend machen kann. Dies ist auch im Rahmen von AGB als zulässig anzusehen (BGH BauR 2000, 1758).

§ 6 Abtretung

Forderungen des Auftragnehmers gegen den Auftraggeber können nur mit Zustimmung des Auftraggebers abgetreten werden[8].

§ 7 Vertragsänderung/Nebenabreden

Änderungen und Ergänzungen dieses Vertrags bedürfen zu ihrer Wirksamkeit der Schriftform. Dieses Schriftformerfordernis kann ebenfalls nur schriftlich abbedungen werden[9].

§ 8 Salvatorische Klausel

Eine etwaige Unwirksamkeit einzelner Vertragsbestimmungen berührt die Wirksamkeit der übrigen Bestimmungen nicht[10].

... (Ort, Datum)

... (Unterschrift Auftraggeber) *... (Unterschrift Auftragnehmer)*

8 Ein Abtretungsverbot kann im kaufmännischen Verkehr auf Grund der Regelung des § 354a HGB nicht vereinbart werden. Bisher nicht geklärt ist, ob eine Abtretung ohne die Zustimmung des Auftraggebers in AGB unwirksam ist.

9 Die Regelung ist in AGB unwirksam. Nach der Rechtsprechung sind Klauseln, wonach das Schriftformerfordernis seinerseits nur schriftlich abbedungen werden kann, in AGB unwirksam, da der Ausschluss von übereinstimmenden mündlichen Vereinbarungen der Vertragsparteien nicht zulässig ist (BGH NJW 1986, 1809).

10 Salvatorische Klauseln, die weitergehende Regelungen enthalten, dürften nach §§ 307 ff. BGB im Rahmen von AGB unwirksam sein.

M 19.2 VOB-Bauvertrag Auftraggeber[1]

Zwischen

Herrn/Frau ...

– im Folgenden Auftraggeber –[2]

und

Herrn/Frau ...

– im Folgenden Auftragnehmer –[2]

wird folgender

Bauvertrag

geschlossen:

§ 1 Gegenstand des Vertrags

(1) Der Auftraggeber beauftragt den Auftragnehmer mit der Ausführung der Werkleistungen für das Bauvorhaben ...[3].

(2) Die vom Auftragnehmer zu erbringenden Leistungen ergeben sich aus den in § 2 genannten Vertragsgrundlagen.

1 Es handelt sich um ein Muster aus Sicht des Auftraggebers, das für diesen vorteilhafte Regelungen enthält. Zum Muster aus Sicht des Auftragnehmers s. **M 19.3**.

2 Die Vertragsparteien sind rechtlich zutreffend zu bezeichnen. Bei natürlichen Personen sind Vor- und Familienname anzugeben. Bei BGB-Gesellschaften sind sämtliche Gesellschafter mit Vor- und Zunamen und entsprechender Adresse aufzunehmen. Bei Vertragsabschlüssen mit Vertretern des Vertragspartners ist die Vollmacht dem Vertrag beizufügen.

3 Zur Definition der geschuldeten Werkleistung ist der Gegenstand zu beschreiben. Dies sollte nach dem Ort der Bauausführung, nach der Bezeichnung des Bauvorhabens und nach Art des Gewerkes erfolgen.

§ 2 Vertragsgrundlagen

(1) Grundlagen des Vertrags sind folgende:
- *die Regelungen dieses Vertrags;*
- *das Angebot des Auftragnehmer vom . . .; Anlage 2*
- *der Terminplan; Anlage 3*
- *der Zahlungsplan; Anlage 4*
- *die Vergabe- und Vertragsordnung für Bauleistungen, VOB/C, allgemeine technische Vertragsbedingungen;*
- *die Vergabe- und Vertragsordnung für Bauleistungen, VOB/B, allgemeine Vertragsbedingungen für die Ausführung von Bauleistungen in der Fassung von 2002;*
- *die Bestimmungen des BGB.*

(2) Bei Widersprüchen gelten die oben bezeichneten Vertragsgrundlagen nacheinander in der aufgeführten Reihenfolge[4].

§ 3 Vergütung

Für die nach diesem Vertrag zu erbringenden Werkleistungen vereinbaren die Parteien folgende Vergütung:
- *einen Pauschalpreis iHv. . . . Euro zzgl. der gesetzlichen Umsatzsteuer*[5]

Der Pauschalpreis umfasst die gesamten zur funktionsfähigen und mangelfreien bezugsfertigen Erstellung des Bauvorhabens notwendigen Leistungen.
- *der vorläufige Angebotspreis beträgt . . . Euro zzgl. der gesetzlichen Umsatzsteuer.*

Die endgültige Vergütung ergibt sich aus der Summe der Einheitspreise und der erbrachten Massen/Mengen.

§ 4 Ausführungsfristen

(1) Die Werkleistungen sind durch den Auftragnehmer bis zum . . . fertig zu stellen.

Als Ausführungsbeginn wird der . . . vereinbart.

Im Übrigen vereinbaren die Parteien folgende Zwischentermine als Vertragsfristen[6]*:*

. . .

---

4 Die Reihenfolge der Vertragsunterlagen, gerade auch im Hinblick auf Widersprüche, ist zwingend anzugeben. Darüber hinaus ist auch die Regelung des § 305c Abs. 2 BGB zu beachten. Soweit eine Baugenehmigung vorliegt, ist diese ebenfalls als Vertragsgrundlage zu bezeichnen.

5 Der gesonderte Verweis auf die Umsatzsteuer ist erforderlich, da im Zweifel ansonsten bei der genannten Vergütung von einem Bruttobetrag auszugehen ist (BGH NJW 2002, 2312). Denkbar ist auch, dass im Rahmen der Vergütungsregelung Preisanpassungsklauseln eingefügt werden. Zu beachten ist aber, dass nach § 309 Nr. 1 BGB Klauseln unwirksam sind, welche die Erhöhung des Entgelts für Waren oder Leistungen vorsehen, die innerhalb von vier Monaten nach Vertragsabschluss geliefert oder erbracht werden sollen. Des Weiteren sind Klauseln, die eine Preisherabsetzung anordnen, an der Regelung des § 307 BGB zu messen. Mengenklauseln, die in Abweichung von § 2 Nr. 3 VOB/B eine Preisanpassung nur bei höheren Prozentsätzen der Abweichung oder ganz ausschließen, können individualvertraglich vereinbart werden. In AGB jedoch nur, soweit nicht die Geschäftsgrundlage berührt wird. Im Übrigen sind auch die Grundsätze über die Eingriffe in die VOB/B zu beachten, s. hierzu Rz. 19 f.

6 Bei der Vereinbarung von Ausführungsfristen ist sowohl für den Anfangszeitpunkt als auch für den Endzeitpunkt auf Kalenderdaten abzustellen. Sollte dies nicht möglich sein, so kann auch die Ausführungsfrist festgelegt werden. Hier muss berücksichtigt werden, dass der Zeitpunkt des Ausführungsbeginns noch nicht feststeht und dann möglicherweise die Werkleistungen in einer schlechten Witterungsperiode ausgeführt werden müssen. Die Ausführung beginnt hierbei grundsätzlich mit der Einrichtung der Baustelle. Die Baustelleneinrichtung gehört daher auch zur vertraglich vereinbarten Ausführungsfrist. Nicht vereinbart werden kann indes in AGB, dass der Auftragnehmer das Risiko von Schlechtwetter trägt (OLG Köln NJW-RR 1988, 654). Gleiches gilt für Regelungen, die vorsehen, dass der Auftragnehmer sämtliche zusätzlichen Leistungen ohne gesonderte Vergütung erbringen muss, um den vereinbarten Fertigstellungstermin einzuhalten (OLG Karlsruhe NJW-RR 1993, 1435). Zwischenfristen, insbesondere in einem Bauzeitenplan, gelten nur als Vertragsfristen, wenn sie auch als solche vereinbart werden.

(2) Bei Ausführung von geänderten oder zusätzlichen Leistungen hat der Auftragnehmer vor Ausführung in seinem Nachtragsangebot schriftlich auf zeitliche Verzögerungen hinzuweisen. Wird dieser Hinweis durch den Auftragnehmer nicht erteilt, so ist ein Anspruch des Auftragnehmers auf Verlängerung der Bauzeit ausgeschlossen. Dies gilt nur dann nicht, wenn die zeitliche Verlängerung offenkundig ist[7].

§ 5 Vertragsstrafe

(1) Die Parteien vereinbaren eine Vertragsstrafe für den Fall der schuldhaften Überschreitung des Fertigstellungstermins durch den Auftragnehmer iHv. 0,1 % der Nettoauftragssumme für jeden Werktag der verschuldeten Fristüberschreitung, höchstens jedoch 5 % der Nettoauftragssumme[8].

(2) Bei schuldhafter Überschreitung der vereinbarten Zwischenfristen vereinbaren die Parteien eine Vertragsstrafe für jeden Werktag der verschuldeten Fristüberschreitung iHv. 0,1 % des entfallenden Anteils der Nettoauftragssumme, auf die sich die jeweilige Zwischenfrist bezieht, jedoch höchstens 5 % der bis dahin anteilig verdienten Vergütung des Unternehmers[9]. *Bei Überschreitung weiterer Zwischenfristen werden die verwirkten Vertragsstrafen der vorangegangenen Zwischenfristen berücksichtigt. Eine Kumulierung der einzelnen Vertragsstrafen findet nicht statt*[10].

(3) Insgesamt wird zwischen den Parteien vereinbart, dass die Vertragsstrafe max. 5 % der Nettoauftragssumme beträgt und die Höchstbeträge für die Überschreitung des Fertigstellungstermins und der Überschreitung von Zwischenfristen nicht einzeln für sich gelten[11].

(4) Die Vertragsstrafenansprüche kann sich der Auftraggeber bis zur Schlusszahlung vorbehalten[12].

(5) Für den Fall, dass dem Aufraggeber weitergehende Schäden entstanden sind, bleibt deren Geltendmachung von der Vertragsstrafenvereinbarung unberührt. Die Vertragsstrafe wird in diesem Fall jedoch auf die Schadensersatzansprüche angerechnet[13].

---

7 Die Regelung entspricht zunächst § 6 Nr. 1 VOB/B, wonach Behinderungen anzuzeigen sind, es sei denn sie sind offenkundig. Hierdurch wird der Auftraggeber auch in die Lage versetzt, zu überprüfen, ob die durch die Ausführung der geänderten/zusätzlichen Leistung eintretende Bauzeitverzögerung im Verhältnis zu der geänderten/zusätzlichen Leistung steht und entsprechend, trotz der Bauzeitverlängerung, auszuführen ist. In AGB ist die vorgeschlagene Regelung wirksam nicht zu vereinbaren. Sie stellt eine unangemessene Benachteiligung des Auftragnehmers dar. Der Auftragnehmer kann sich grundsätzlich auch gegenüber einem Vertragsstrafenanspruch des Auftraggebers auf Grund der Nichteinhaltung des Fertigstellungstermins darauf berufen, dass ihn an der Fristüberschreitung kein Verschulden trifft, unabhängig davon, ob er eine Behinderungsanzeige abgegeben hat. Dies kann er auch gegenüber dem Schadensersatzanspruch des Auftraggebers nach § 6 Nr. 6 VOB/B einwenden (OLG Saarbrücken BauR 1998, 1010; BGH BauR 1999, 645).

8 Hinsichtlich der Höhe der Vertragsstrafe wird auf Rz. 86 verwiesen.

9 Die Höhe der Vertragsstrafe für einen vertragstrafenbewehrten Zwischentermin hat in einem angemessenen Verhältnis zu dem bis dahin verdienten Werklohn des Unternehmers zu stehen (BGH IBR 2013, 69).

10 Bei Erstellung dieser Regelung durch den Auftraggeber in AGB ist zu beachten, dass Vertragsstrafenregelungen, die an die Überschreitung von Zwischenfristen anknüpfen, unwirksam sein können, wenn durch zahlreiche Zwischenfristen bei einer Überschreitung der ersten Frist eine sehr hohe Vertragsstrafe erreicht werden kann (OLG Bremen NJW-RR 1987, 468; OLG Hamm BauR 2000, 1202). Des Weiteren ist das Kumulierungsverbot zu beachten (BGH BauR 1999, 645). Bei Unwirksamkeit einer Vertragsstrafenregelung findet eine geltungserhaltende Reduktion nicht statt (BGH BauR 1981, 374). Bei Unwirksamkeit einer Vertragsstrafenregelung über Zwischenfristen wird indes die Vertragsstrafenregelung über die Einhaltung des Fertigstellungstermins hiervon nicht berührt (BGH BauR 2001, 791).

11 Es wird auf die Ausführungen in Rz. 89 verwiesen.

12 Die Regelung ist für den Auftraggeber sehr zu empfehlen, da er ansonsten Gefahr läuft, bei einer konkludenten Abnahme oder einer Abnahmefiktion den Vertragsstrafenanspruch allein auf Grund des nicht erklärten Vorbehaltes zu verlieren. Eine Regelung, die die Verpflichtung zum Vorbehalt einer Vertragsstrafe komplett abbedingt, kann individualvertraglich getroffen werden, in AGB jedoch nicht (BGH BauR 1997, 1036). In AGB kann jedoch der Zeitpunkt, in dem der Vorbehalt erklärt werden muss, auf die Schlusszahlung verschoben werden (BGH BauR 2001, 758). Der Zeitpunkt ist hierbei die Fälligkeit der Schlusszahlung.

13 In AGB kann die Regelung des § 340 Abs. 2 und des § 341 Abs. 2 BGB nicht abbedungen werden. Aus diesem Grund muss die Vertragsstrafe auf einen etwaigen Schadensersatzanspruch angerechnet werden, auch im kaufmännischen Verkehr (OLG Düsseldorf BauR 2003, 94; BGH NJW 1985, 53).

(6) Bei Verschiebung der Bauzeit auf Grund berechtigter Ansprüche des Auftragnehmers auf Verlängerung der Bauzeit ist die Vereinbarung einer neuen Vertragsstrafenregelung nicht notwendig. Die in diesem Vertrag vereinbarte Vertragsstrafenregelung knüpft an die neuen Termine an[14].

§ 6 Abrechnung/Zahlung

(1) Die Parteien vereinbaren, dass Abschlagszahlungen bis zur Höhe von insgesamt 95 % der vertraglichen Gesamtvergütung erfolgen[15].

(2) Der Auftragnehmer verpflichtet sich, innerhalb von 14 Tagen nach Vertragsschluss eine gültige Freistellungserklärung nach § 48b EStG vorzulegen[16].

§ 7 Abtretung

Eine Abtretung von Ansprüchen des Auftragnehmers gegen den Auftraggeber ist nur mit Zustimmung des Auftraggebers wirksam[17].

§ 8 Abnahme

Die Abnahme soll möglichst förmlich erfolgen. Im Übrigen gilt § 12 VOB/B[18].

§ 9 Gewährleistung

(1) Die Parteien vereinbaren abweichend von § 13 Abs. 4 Nr. 1 und Nr. 2 VOB/B eine Verjährungsfrist von fünf Jahren. Die Verjährungsfrist beginnt mit der Abnahme der vertraglichen Leistungen[19].

(2) Im Übrigen gilt § 13 VOB/B.

---

14 Auf Grund der nicht einheitlichen Rechtsprechung bestehen erhebliche Bedenken, ob die vorgeschlagene Regelung einer gerichtlichen Überprüfung standhält. Aus diesem Grund sollte der neue Fertigstellungstermin und die Vertragsstrafe individualvertraglich neu vereinbart werden. Bei einer wesentlichen Verschiebung muss auf alle Fälle eine neue Vereinbarung getroffen werden (BGH BauR 1999, 645; OLG Düsseldorf BauR 1997, 1041). Gerade auch weil die Frage, wann eine wesentliche Verschiebung vorliegt, höchst streitig ist, sollte auf alle Fälle eine neue Vereinbarung hinsichtlich der Vertragsfrist und der Vertragsstrafe getroffen werden (zu der Wirksamkeit der vorgeschlagenen Regelung vgl. OLG Dresden BauR 2000, 1881; OLG Düsseldorf BauR 2000, 921; OLG Celle BauR 2004, 1307).

15 Die Regelung führt dazu, dass die VOB/B nicht mehr als Ganzes vereinbart ist. Des Weiteren bestehen bei Verwendung durch den Auftraggeber im Rahmen von AGB Zweifel an der Wirksamkeit der vorgeschlagenen Regelung, da die Regelung des § 632a BGB eine nur 95 %ige Auszahlung nicht vorsieht. Die Regelung versucht sicherzustellen, dass keine Überzahlung des Auftragnehmers erfolgt, soweit ein Gewährleistungseinbehalt iHv. 5 % vereinbart wurde. Ansonsten besteht die Gefahr bei einer 100 %igen Auszahlung der Abschlagsforderungen, dass der Sicherheitseinbehalt nicht mehr zur Verfügung steht.

16 Die Regelung entspricht der gesetzlichen Regelung.

17 Ein Abtretungsverbot ohne Zustimmungsvorbehalt des Auftraggebers kann individualvertraglich wirksam vereinbart werden. In AGB bestehen jedoch Bedenken gegenüber der Wirksamkeit ohne Zustimmungsvorbehalt. In AGB ist das Abtretungsverbot mit Zustimmungsvorbehalt als wirksam anzusehen. Zu beachten ist in jedem Fall aber die Regelung des § 354a HGB, wonach trotz eines vereinbarten Abtretungsverbotes die Abtretung rechtswirksam ist, wenn das Rechtsgeschäft, mit dem die Forderung begründet wurde, für beide Teile ein Handelsgeschäft ist oder wenn der Auftraggeber eine juristische Person des öffentlichen Rechts oder eines öffentlich-rechtlichen Sondervermögens ist.

18 Von der Vereinbarung einer förmlichen Abnahme sollte abgesehen werden. Dies führt dazu, dass die VOB/B nicht mehr als Ganzes vereinbart ist und dann die Regelung des § 12 Nr. 5 VOB/B nicht mehr der Inhaltskontrolle Stand hält. Andererseits kann es aus Sicht des Auftraggebers von größerer Bedeutung sein, dass die förmliche Abnahme vereinbart wird und sich dann die übrigen Regelungen der VOB der isolierten Inhaltskontrolle stellen müssen. Dies ist bei der Vertragsgestaltung zu beachten.

19 In AGB des Auftraggebers kann eine fünfjährige Verjährungsfrist wirksam vereinbart werden (BGH NJW 1989, 1602). Die Regelung führt jedoch wiederum dazu, dass die VOB/B nicht mehr als Ganzes vereinbart ist und sich somit jede Regelung der Inhaltskontrolle unterziehen muss.

§ 10 Sicherheit[20]

(1) Der Auftragnehmer verpflichtet sich, dem Auftraggeber innerhalb von 14 Tagen nach Abschluss dieses Vertrags eine unbefristete, selbstschuldnerische Vertragserfüllungs- und Mängelbürgschaft[21] *iHv. 5 % der vertraglich vereinbarten Nettovergütung zu übergeben, zur Sicherung aller sich aus diesem Vertrag ergebenden Verpflichtungen(auch hinsichtlich geänderter und zusätzlicher Leistungen auf Grundlage von § 1 Abs. 3, Abs. 4 Satz 1 VOB/B), insbesondere für die vertragsgemäße Ausführung der Leistung einschließlich Abrechnung, Mängelbeseitigung (inkl. sämtlicher mit Mängeln zusammenhängender Zahlungs- und Schadensersatzansprüche) und Schadensersatz sowie die Erstattung von Überzahlungen einschließlich der Zinsen. Kommt der Auftragnehmer dieser Verpflichtung nicht nach, so ist der Auftraggeber berechtigt, fällige Abschlagszahlungen bis zur Höhe des Bürgschaftsbetrages zurückzuhalten*[22]*. Im Übrigen gilt § 17 Abs. 8 Nr. 2 Satz 2 VOB/B.*

(2) Von der Regelung unberührt bleiben die Regelungen des § 17 Abs. 6 VOB/B.

§ 11 Schlussbestimmungen

(1) Mündliche Nebenabreden wurden nicht getroffen. Ergänzungen und Änderungen dieses Vertrags bedürfen der Schriftform. Dies gilt auch für die Aufhebung der vereinbarten Schriftform[23].

(2) Gerichtsstand und Erfüllungsort ist . . .[24].

. . . (Ort, Datum)

. . . (Unterschrift Auftraggeber) *. . . (Unterschrift Auftragnehmer)*

---

20 Der nachfolgend vorgeschlagene Abschluss einer kombinierten Vertragserfüllungs- und Mängelsicherheit in Höhe von 5 % berücksichtigt die Rechtsprechung des BGH (BGH, IBR 2014, 325), wonach es der Praxis in der privaten Bauwirtschaft entspricht, eine Gewährleistungsbürgschaft in Höhe von höchstens 5 % der Auftragssumme zu vereinbaren. Eine darüber hinausgehende Sicherheit, wie sie insbesondere bei einer Überlagerung von Vertragserfüllungs- und Mängelbürgschaft im Zeitraum der Abnahme vorliegen kann, ist unangemessen.

21 Die Vereinbarung einer Bürgschaft in AGB auf erstes Anfordern ist unwirksam, soweit dem Auftragnehmer auch die Rechte nach § 17 Nr. 3 VOB/B und 17 Nr. 5 VOB/B genommen werden (BGH BauR 2000, 1052). Von einer derartigen Regelung ist daher abzusehen. Im Übrigen wird auf die Ausführung bei Rz. 83 verwiesen.

22 Die Regelung über die Sicherheitsleistung ist notwendig, da § 17 VOB/B keinen Anspruch auf Sicherheitsleistung gibt. Der Höhe nach wird bei der vorgeschlagenen Regelung § 14 VOB/A berücksichtigt. Danach sind 5 % der Auftragssumme zu Grunde zu legen. Die Vereinbarung einer Bürgschaft auf erstes Anfordern in AGB ist unwirksam (BGH BauR 2002, 1239).

23 Die vorgeschlagene Regelung ist nur individualvertraglich möglich. Verwendet der Auftraggeber die Regelung in AGB, so ist sie unwirksam. Nach der Rechtsprechung kann auf Grund des § 305b BGB der Vorrang der Individualabrede durch AGB nicht ausgeschlossen werden (BGH NJW 1983, 1853). Des Weiteren darf die Schriftformklausel für den anderen Vertragspartner nicht die Bedeutung haben, dass mündliche Vereinbarungen keine Wirksamkeit haben (BGH NJW 1991, 1750). Wirksam kann in AGB jedoch eine Klausel vereinbart werden, die ausdrücklich festhält, dass die Schriftform nur zu Beweiszwecken einzuhalten ist oder nur bei einseitigen Erklärungen der Vertragsparteien Geltung hat. Es darf daher insgesamt die Wirksamkeit der Vereinbarung nicht von der Schriftform abhängig gemacht werden.

24 Die Vereinbarung kann wirksam nur im kaufmännischen Geschäftsverkehr getroffen werden oder wenn eine Vertragspartei ihren allgemeinen Gerichtsstand im Ausland hat.

M 19.3 VOB-Bauvertrag Auftragnehmer[1]

Zwischen
Herrn/Frau . . .
– im Folgenden Auftraggeber –[2]
und
Herrn/Frau . . .
– im Folgenden Auftragnehmer –[2]
wird folgender

Bauvertrag

geschlossen:

§ 1 Gegenstand des Vertrags

Der Auftraggeber beauftragt den Auftragnehmer entsprechend seinem Angebot vom . . . mit der Ausführung der dort bezeichneten Werkleistungen an dem Bauvorhaben . . .[3]*.*

§ 2 Vertragsbestandteile

Vertragsbestandteile sind in nachfolgender Reihenfolge:

- *das Angebotsschreiben des Auftragnehmers vom . . .; Anlage 1*
- *der Zahlungsplan vom . . .; Anlage 2*
- *die Vergabe- und Vertragsordnung für Bauleistungen VOB/C, allgemeine technische Vertragsbedingungen;*
- *die Vergabe- und Vertragsordnung für Bauleistungen, VOB/B, allgemeine Vertragsbedingungen für die Ausführung von Bauleistungen in der Fassung von 2002;*
- *die Bestimmungen des BGB.*

Bei Widersprüchen gelten die oben genannten Vertragsbestandteile nacheinander in der aufgeführten Reihenfolge[4]*.*

§ 3 Vergütung

Die Parteien vereinbaren für die Ausführung der oben bezeichneten Werkleistungen folgende Vergütung:

- *Einheitspreis*

Die Vergütung des Auftragnehmers beträgt vorläufig nach dem Angebot . . . Euro netto. Die abschließende Vergütung ergibt sich aus den tatsächlich erbrachten Mengen/Massen zzgl. der jeweils geltenden gesetzlichen Umsatzsteuer.

---

1 Es handelt sich um ein Muster aus Sicht des Auftragnehmers, das für diesen vorteilhafte Regelungen enthält. Zum Muster aus Sicht des Auftraggebers s. **M 19.2**.

2 Die Vertragsparteien und die Rechtsform sind exakt zu bezeichnen. Ansonsten bestehen bei der gerichtlichen Durchsetzung und Zwangsvollstreckung Schwierigkeiten. Bei Gesellschaften des Bürgerlichen Rechts sind sämtliche Gesellschafter mit Vor- und Zunamen zu bezeichnen. Bei Vertragsabschlüssen durch Vertreter der jeweiligen Vertragsparteien ist eine Vollmachtsurkunde dem Vertrag beizulegen. Gleiches gilt bei Abschluss eines Werkvertrags mit einer Arbeitsgemeinschaft, wenn nur ein ARGE-Partner den Vertrag unterschreibt.

3 Das Bauvorhaben ist exakt zu bezeichnen.

4 Die Reihenfolge der Vertragsunterlagen, gerade auch im Hinblick auf Widersprüche, ist zwingend anzugeben. Darüber hinaus ist auch die Regelung des § 305c Abs. 2 BGB zu beachten. Soweit eine Baugenehmigung vorliegt, ist diese ebenfalls als Vertragsgrundlage zu bezeichnen.

– *Pauschalpreis*

Die vereinbarte Vergütung beträgt netto ... Euro zzgl. gesetzlicher Umsatzsteuer. Dies ist ein Pauschalpreis[5].

§ 4 Zahlungen

(1) Bei Überweisungen oder Auszahlungen von einem Konto des Auftraggebers gilt der Tag der Gutschrift auf dem Konto des Auftragnehmers als Tag der Zahlung[6].

(2) Abschlagszahlungen erfolgen

- *in Höhe der jeweils nachgewiesenen Leistungen zzgl. der gesetzlichen Umsatzsteuer*
- *nach dem diesem Vertrag als Anlage 2 beigefügten Zahlungsplan gemäß Baufortschritt.*

§ 5 Sonstige Bestimmungen

(1) Die Regelung des § 632a Abs. 3 BGB wird ausgeschlossen.

(2) Zu ihrer Wirksamkeit bedürfen alle Änderungen oder Ergänzungen dieses Vertrags der Schriftform. Das Schriftformerfordernis kann seinerseits nur schriftlich abbedungen werden[7].

(3) Eine evtl. Ungültigkeit einzelner Vertragsbestimmungen berührt nicht den sonstigen Teil des Vertrags. An die Stelle der unwirksamen oder nichtigen Bestimmungen tritt die gesetzliche Regelung[8].

... (Ort, Datum)

... (Unterschrift Auftraggeber) *... (Unterschrift Auftragnehmer)*

5 Der gesonderte Verweis auf die Umsatzsteuer ist erforderlich, da im Zweifel ansonsten bei der genannten Vergütung von einem Bruttobetrag auszugehen ist (BGH NJW 2002, 2312).

6 Die Regelung enthält eine Abweichung von der gesetzlichen Regelung, wonach als Tag der Zahlung der Tag der Gutschrift auf dem Konto des Auftragnehmers gilt. Dies hat dann Bedeutung, wenn zwischen den Parteien eine Skontovereinbarung getroffen wird.

7 Die vorgeschlagene Regelung ist nur individualvertraglich möglich. Verwendet der Auftraggeber die Regelung in AGB, so ist sie unwirksam. Nach der Rechtsprechung kann auf Grund des § 305b BGB der Vorrang der Individualabrede durch AGB nicht ausgeschlossen werden (BGH NJW 1983, 1853). Des Weiteren darf die Schriftformklausel für den anderen Vertragspartner nicht die Bedeutung haben, dass mündliche Vereinbarungen keine Wirksamkeit haben (BGH NJW 1991, 1750). Wirksam kann in AGB jedoch eine Klausel vereinbart werden, die ausdrücklich festhält, dass die Schriftform nur zu Beweiszwecken einzuhalten ist oder nur bei einseitigen Erklärungen der Vertragsparteien Geltung hat. Es darf daher insgesamt die Wirksamkeit der Vereinbarung nicht von der Schriftform abhängig gemacht werden.

8 Die salvatorische Klausel kann nur bei individuell ausgehandelten Verträgen wirksam vereinbart werden.

M 19.4 Generalunternehmervertrag[1]

Zwischen

Herrn/Frau ...

– im Folgenden Auftraggeber –[2]

und

Herrn/Frau ...

– im Folgenden Auftragnehmer –[2]

1 S. dazu die Erläuterungen Rz. 31.

2 Die Vertragsparteien und die Rechtsform sind exakt zu bezeichnen. Ansonsten bestehen bei der gerichtlichen Durchsetzung und Zwangsvollstreckung Schwierigkeiten. Bei Gesellschaften des Bürgerlichen Rechts sind sämtliche Gesellschafter mit Vor- und Zunamen zu bezeichnen. Bei Vertragsabschlüssen durch Vertreter der jeweiligen Vertragsparteien ist eine Vollmachtsurkunde dem Vertrag beizulegen. Gleiches gilt bei Abschluss eines Werkvertrags mit einer Arbeitsgemeinschaft, wenn nur ein ARGE-Partner den Vertrag unterschreibt.

wird folgender

Bauvertrag

geschlossen:

§ 1 Gegenstand des Vertrags

Der Auftraggeber beabsichtigt, auf dem Grundstück ... in ... den Neubau einer/eines ... Mit der schlüsselfertigen Erstellung des Bauvorhabens beauftragt der Auftraggeber hiermit den Auftragnehmer[3].

§ 2 Vertragsgrundlagen

Für die Ausführung der Werkleistungen für das Bauvorhaben gelten in nachfolgender Reihenfolge folgende Grundlagen:

- *die Bestimmungen dieses Vertrags;*
- *das Verhandlungsprotokoll vom ...; Anlage 1*
- *die Leistungsbeschreibung vom ...; Anlage 2*
- *die Pläne (genauere Bezeichnung); Anlage 3*
- *das Baugrundgutachten vom ...; Anlage 4*
- *die Baugenehmigung vom ...; Anlage 5*
- *der Bauzeitenplan; Anlage 6*
- *der Zahlungsplan; Anlage 7*
- *die Regelungen der VOB/C*
- *die Regelungen der VOB/B in der bei Vertragsschluss geltenden Fassung;*
- *die Regelungen des BGB*

Bei Widersprüchen der Vertragsgrundlagen gelten diese in der oben bezeichneten Reihenfolge[4].

§ 3 Umfang der Leistungspflichten

(1) Der Auftragnehmer verpflichtet sich, sämtliche Werkleistungen zur schlüsselfertigen und funktionsgerechten Erstellung des Bauvorhabens und nach Maßgabe der §§ 1 und 2 des Vertrags zu errichten.

(2) Der Auftragnehmer verpflichtet sich, die Werkplanung vollständig zu erbringen und dem Auftraggeber vier Wochen vor Ausführung vorzulegen.

(3) Der Auftragnehmer hat alle für die Durchführung der Baumaßnahme erforderlichen öffentlichrechtlichen Genehmigungen zu beschaffen, mit Ausnahme der bereits vorliegenden Baugenehmigung. Die hierfür erforderlichen Kosten sind mit dem Pauschalpreis abgegolten.

(4) Die nach der Verordnung über Sicherheits- und Gesundheitsschutz auf Baustellen obliegenden Maßnahmen hat der Auftragnehmer zu treffen. Diese Leistungen sind ebenfalls mit dem Pauschalpreis abgegolten.

(5) Der Auftragnehmer ist verpflichtet, sämtliche Bestands- und Revisionspläne und Bedienungsunterlagen in dreifacher Ausfertigung dem Auftraggeber vorzulegen[5].

3 Das Bauvorhaben ist exakt zu bezeichnen.

4 Alle vorhandenen und geeigneten Unterlagen zur Beschreibung der Leistung und des Vertragsgegenstandes sind aufzuführen. Im Streitfall können dies wertvolle Hinweise und Auslegungskriterien für die Entscheidung der Streitfrage sein. Im Übrigen s. **M 19.2** Fn. 4.

5 Bei Festlegung des Umfangs der Leistungspflichten des Generalunternehmers ist zu beachten, dass Vollständigkeitsklauseln in AGB unwirksam sind (vgl. Glatzel/Hofmann/Frikell S. 115 ff.). Hinsichtlich der übertragenen Planungsleistungen gilt dies indes nicht, da bei Übernahme dieser Leistungsverpflichtung die Planungsleistung grundsätzlich vollständig zu erbringen ist. Komplettheitsklauseln, Bestätigungsklauseln sowie Schlüsselfertigkeitsklauseln sollten daher zwingend individualvertraglich vereinbart werden.

§ 4 Nachunternehmer

Der Auftragnehmer ist verpflichtet, Nachunternehmerleistungen nur an besonders erfahrene und leistungsfähige Unternehmer zu vergeben. Der Generalunternehmer hat mit dem Auftraggeber die jeweilige Beauftragung von Nachunternehmerleistungen im Einzelnen abzustimmen. Der Auftraggeber ist berechtigt, Nachunternehmer aus wichtigem Grund abzulehnen[6].

§ 5 Leistungsänderung/zusätzliche Leistungen

(1) Bei der Anordnung von geänderten oder zusätzlichen Leistungen ist auf Basis der Urkalkulation des Auftragnehmers ein neuer Preis zu ermitteln. Hierbei ist ein Generalunternehmerzuschlag von ... % zu berücksichtigen.

(2) Ist die Preisermittlung auf Grundlage der Urkalkulation nicht möglich, so ist bei einer Vergabe dieser Leistungen an Nachunternehmer dieser Preis zu Grunde zu legen zzgl. des Generalunternehmerzuschlages von ... %. Die Preise der Nachunternehmer haben jedoch den ortsüblichen Preisen zu entsprechen[7].

§ 6 Vertragsfristen

(1) Die Parteien vereinbaren als Baubeginn den ...

(2) Die Leistungen sind fertig zu stellen bis zum ...

(3) Im Übrigen gelten folgende Einzelfristen als Vertragsfristen[8]*: ...*

§ 7 Vertragsstrafe

(1) Bei schuldhafter Überschreitung des Fertigstellungstermins verpflichtet sich der Auftragnehmer, dem Auftraggeber je Werktag des Verzuges eine Vertragsstrafe iHv. 0,1 % des Nettopauschalpreises zu zahlen, max. jedoch 5 % des Nettopauschalpreises.

(2) Der Anspruch des Auftraggebers auf Erstattung eines übersteigenden Schadens bleibt hiervon unberührt.

(3) Der Auftraggeber ist berechtigt, sich die Geltendmachung der Vertragsstrafe bis zur Schlusszahlung vorzubehalten.

(4) Für den Fall der Verschiebung des vertraglich vereinbarten Fertigstellungstermins ist eine neue Vertragsstrafe nicht zu vereinbaren, diese gilt entsprechend[9].

§ 8 Vergütung

(1) Die vereinbarte Vergütung beträgt ... Euro zzgl. der gesetzlichen Umsatzsteuer. Dies ist ein Pauschalfestpreis. Mit diesem Pauschalfestpreis sind alle vom Auftragnehmer nach diesem Vertrag zu erbringenden Leistungen abgegolten.

---

6 Die Regelung dient dem Schutz des Auftraggebers, dass nur leistungsfähige Nachunternehmer beauftragt werden. Im Übrigen ergibt sich die Verpflichtung zur Zustimmung des Auftraggebers aus § 4 Nr. 8 VOB/B.

7 Die Regelung stellt nur nochmals klar, dass entsprechend den Regelungen der VOB/B der neue Preis zu bilden ist. Die Festlegung des Generalunternehmerzuschlags dient der Streitvermeidung, da der Zuschlag dann auch bei den Nachtragsleistungen hinzu zu rechnen ist.

8 Bei der Vereinbarung von Ausführungsfristen ist sowohl für den Anfangszeitpunkt als auch für den Endzeitpunkt auf Kalenderdaten abzustellen. Sollte dies nicht möglich sein, so kann auch die Ausführungsfrist festgelegt werden. Hier muss berücksichtigt werden, dass der Zeitpunkt des Ausführungsbeginns noch nicht feststeht und dann möglicherweise die Werkleistungen in einer schlechten Witterungsperiode ausgeführt werden müssen. Die Ausführung beginnt hierbei grundsätzlich mit der Einrichtung der Baustelle. Die Baustelleneinrichtung gehört daher auch zur vertraglich vereinbarten Ausführungsfrist. Nicht vereinbart werden kann indes in AGB, dass der Auftragnehmer das Risiko von Schlechtwetter trägt (OLG Köln NJW-RR 1988, 654). Gleiches gilt für Regelungen, die vorsehen, dass der Auftragnehmer sämtliche zusätzlichen Leistungen ohne gesonderte Vergütung erbringen muss, um den vereinbarten Fertigstellungstermin einzuhalten (OLG Karlsruhe NJW-RR 1993, 1435). Zwischenfristen, insbesondere in einem Bauzeitenplan, gelten nur als Vertragsfristen, wenn sie auch als solche vereinbart werden.

9 Aus Gründen der Rechtssicherheit sollte indes bei einer Verschiebung immer eine neue Vereinbarung getroffen werden.

(2) Sobald der Auftragnehmer vor Vertragsabschluss bereits Leistungen erbracht hat, sind diese ebenfalls mit dem Pauschalfestpreis abgegolten[10].

§ 9 Zahlungen

Abschlagszahlungen auf den Pauschalfestpreis erfolgen insgesamt bis zur Höhe von 95 % der Auftragssumme zzgl. der gesetzlichen Umsatzsteuer. Es gilt hierbei der vereinbarte Zahlungsplan[11].

§ 10 Sicherheit[12]

(1) Der Auftragnehmer verpflichtet sich, dem Auftraggeber innerhalb von 14 Tagen nach Abschluss dieses Vertrags eine unbefristete, selbstschuldnerische Vertragserfüllungs- und Mängelbürgschaft[13] *iHv. 5 % der vertraglich vereinbarten Nettovergütung, zur Sicherung aller sich aus diesem Vertrag ergebenden Verpflichtungen(auch hinsichtlich geänderter und zusätzlicher Leistungen auf Grundlage von § 1 Abs. 3, Abs. 4 Satz 1 VOB/B), insbesondere für die vertragsgemäße Ausführung der Leistung einschließlich Abrechnung, Mängelbeseitigung (inkl. sämtlicher mit Mängeln zusammenhängender Zahlungs- und Schadensersatzansprüche) und Schadensersatz sowie die Erstattung von Überzahlungen einschließlich der Zinsen, Kommt der Auftragnehmer dieser Verpflichtung nicht nach, so ist der Auftraggeber berechtigt, fällige Abschlagszahlungen bis zur Höhe des Bürgschaftsbetrages zurückzuhalten*[14]*. Im Übrigen gilt § 17 Abs. 8 Nr. 2 Satz 2 VOB/B.*

(2) Von der Regelung unberührt bleiben die Regelungen des § 17 Abs. 6 VOB/B.

§ 11 Abnahme

Die Abnahme soll möglichst förmlich erfolgen. Im Übrigen gilt die Regelung des § 12 VOB/B[15].

§ 12 Gewährleistung

(1) Die Parteien vereinbaren abweichend von der Regelung der VOB/B eine Gewährleistungszeit von fünf Jahren[16].

(2) Der Auftragnehmer tritt bereits jetzt sämtliche ihm zustehende Gewährleistungsansprüche gegenüber den Nachunternehmer und Lieferanten an den Auftraggeber ab. Dem Auftraggeber bleibt es indes unbenommen, seine Gewährleistungsansprüche gegenüber dem Auftragnehmer geltend

---

10 Die Vergütungsregelung dient der Klarstellung, welche Leistungen zu dem Pauschalfestpreis abgegolten sind. Die Regelung in Abs. 2 dient ebenfalls der Klarstellung, soweit, wie häufig in der Praxis üblich, der Generalunternehmer Planungsleistungen erbracht hat, die möglicherweise in einem aufkommenden Streit gesondert abgerechnet werden sollen.

11 Anknüpfungspunkt für die Vereinbarung von Abschlagszahlungen nach einem Zahlungsplan sollten jeweilige Bautenstände sein. Dies erleichtert wiederum eine Vereinbarung zwischen dem Generalunternehmer und dem Nachunternehmer über entsprechende Fälligkeiten von Abschlagszahlungen. Im Übrigen wird hinsichtlich der Höhe der Zahlungen auf **M 19.2** Fn. 14 verwiesen.

12 Der nachfolgend vorgeschlagene Abschluss einer kombinierten Vertragserfüllungs- und Mängelsicherheit in Höhe von 5 % berücksichtigt die Rechtsprechung des BGH (BGH IBR 2014, 325), wonach es der Praxis in der privaten Bauwirtschaft entspricht, eine Gewährleistungsbürgschaft in Höhe von höchstens 5 % der Auftragssumme zu vereinbaren. Eine darüber hinausgehende Sicherheit, wie sie insbesondere bei einer Überlagerung von Vertragserfüllungs- und Mängelbürgschaft im Zeitraum der Abnahme vorliegen kann, ist unangemessen.

13 Die Vereinbarung einer Bürgschaft in AGB auf erstes Anfordern ist unwirksam, soweit dem Auftragnehmer auch die Rechte nach § 17 Nr. 3 VOB/B und 17 Nr. 5 VOB/B genommen werden (BGH BauR 2000, 1052). Von einer derartigen Regelung ist daher abzusehen. Im Übrigen wird auf die Ausführung bei Rz. 83 verwiesen.

14 Die Regelung über die Sicherheitsleistung ist notwendig, da § 17 VOB/B keinen Anspruch auf Sicherheitsleistung gibt. Der Höhe nach wird bei der vorgeschlagenen Regelung § 14 VOB/A berücksichtigt. Danach sind 5 % der Auftragssumme zu Grunde zu legen. Die Vereinbarung einer Bürgschaft auf erstes Anfordern in AGB ist unwirksam (BGH BauR 2002, 1239).

15 Die Vereinbarung einer förmlichen Abnahme führt dazu, dass die VOB/B nicht mehr als Ganzes vereinbart ist. Jede einzelne Regelung der VOB/B muss sich daher einer gesonderten Inhaltskontrolle unterziehen. Aus diesem Grund wird die Regelung der VOB/B nicht abgeändert.

16 S. **M 19.2** Fn. 18.

zu machen. In diesem Fall ist jedoch der Auftraggeber verpflichtet, die Gewährleistungsansprüche gegenüber den Nachunternehmer wieder an den Auftragnehmer abzutreten[17].

§ 13 Versicherungen

(1) Der Auftragnehmer ist verpflichtet, für die Dauer der Bauzeit auf seine Kosten folgende Versicherungen bei einem deutschen Versicherer abzuschließen:

...

(2) Der Auftragnehmer hat den Abschluss der vorgenannten Versicherungen dem Auftraggeber vor Baubeginn durch Übersendung der entsprechenden Versicherungsverträge nachzuweisen. Kommt er dieser Verpflichtung trotz Nachfristsetzung nicht nach, ist der Auftraggeber berechtigt, die Versicherungsverträge selbst abzuschließen und dem Auftragnehmer in Rechnung zu stellen[18].

§ 14 Urheberrecht

Der Auftraggeber ist berechtigt, alle Planungen und sonstige Leistungen des Auftragnehmers für das Bauvorhaben umfassend zu benutzen, zu ändern und zu verwerten. Der Auftragnehmer verpflichtet sich, diese Verpflichtung entsprechend an seine Nachunternehmer, Architekten und Ingenieure weiterzugeben[19].

§ 15 Gerichtsstand

Gerichtsstand für alle Streitigkeiten aus diesem Vertrag ist ...[20].

§ 16 Schlussbestimmungen

Änderungen dieses Vertrags können nur schriftlich vereinbart werden. Dies gilt auch für die Aufhebung der vereinbarten Schriftform[21].

... (Ort, Datum)

... (Unterschrift Auftraggeber) *... (Unterschrift Auftragnehmer)*

---

17 Die Abtretungsvereinbarung sichert für den Auftraggeber die Durchsetzung von Gewährleistungsansprüchen auch gegenüber den Nachunternehmern des Generalunternehmers. Bei Inanspruchnahme des Generalunternehmers sind jedoch unter AGB-rechtlichen Gesichtspunkten die Ansprüche wiederum zurück abzutreten.

18 In Betracht kommen der Abschluss und der Nachweis einer Betriebshaftpflichtversicherung, einer Bauleistungsversicherung oder auch einer Feuerversicherung. Selbstverständlich kann der Auftraggeber auch entsprechende Versicherungen abschließen und die Kosten beim Generalunternehmer in Abzug bringen.

19 Die Regelung dient zur Klarstellung, wem die Nutzungs-, Änderungs- und Verwertungsrechte zustehen. Derartige Vereinbarungen sind zulässig (BGH NJW 1995, 3252). Soweit es möglich ist, sind die geistigen Leistungen des Generalunternehmers (Planungen usw.) im Einzelnen detailliert zu beschreiben. Ansonsten besteht die Gefahr, dass die Übertragung nur eingeschränkte Benutzungsbefugnisse umfasst (BGHZ 131, 8).

20 S. **M 19.2** Fn. 21.

21 S. **M 19.2** Fn. 22.

M 19.5 Nachunternehmervertrag[1]

Zwischen

Herrn/Frau ...

– im Folgenden Auftraggeber –[2]

und

---

1 S. dazu die Erläuterungen Rz. 30.

2 S. **M 19.2** Fn. 2.

Herrn/Frau . . .
– im Folgenden Auftragnehmer –[2]
wird folgender

Nachunternehmervertrag

geschlossen:

§ 1 Gegenstand des Vertrags

Der Auftraggeber beauftragt den Auftragnehmer mit der Ausführung von Werkleistungen am Bauvorhaben . . . nach Maßgabe des Angebots des Nachunternehmers vom . . .[3]*.*

§ 2 Vertragsgrundlagen

Grundlage für Art und Umfang der zu erbringenden Leistungen sind die folgenden Vertragsgrundlagen in der angegebenen Reihenfolge:

- *dieser Vertrag;*
- *das Angebot des Nachunternehmers vom . . .*
- *der Bauzeitenplan;*
- *die allgemeinen Vertragsbedingungen für die Ausführung von Bauleistungen;*
- *die allgemeinen technischen Vorschriften für Bauleistungen VOB/C;*
- *das gesetzliche Werkvertragsrecht des BGB.*

Bei Widersprüchen gelten die oben bezeichneten Vertragsbestandteile nacheinander in der aufgeführten Reihenfolge[4]*.*

§ 3 Vergütung

Für die beauftragten Werkleistungen wird eine Vergütung iHv. . . . Euro zzgl. der gesetzlichen Umsatzsteuer als Pauschalpreis vereinbart.

In den Preisen ist alles enthalten, was zur ordnungsgemäßen, vollständigen und termingerechten Ausführung der Leistung notwendig ist[5]*.*

§ 4 Ausführungstermine/Vertragsstrafe

(1) Die Parteien vereinbaren als Vertragstermine:

Arbeitsbeginn . . .

Zwischentermine . . .

Fertigstellungstermin . . .[6]

(2) Der Auftragnehmer haftet für alle dem Auftraggeber entstehenden Schäden im Fall der schuldhaften Überschreitung der Vertragstermine[7]*.*

---

3 S. **M 19.2** Fn. 3.

4 S. **M 19.2** Fn. 4.

5 Vergütungsregelungen im Nachunternehmervertrag, die dessen Vergütung davon abhängig machen, dass dem Hauptunternehmer ein entsprechender Vergütungsanspruch gegenüber seinem Auftraggeber zusteht, sind in AGB des Hauptunternehmers unwirksam (OLG München BB 1984, 1386). Die vorgeschlagene Regelung soll lediglich klarstellen, dass mit den beschriebenen Leistungen auch die enthaltenen Nebenleistungen nach der VOB/C abgegolten sind. Regelungen, die generell sämtliche Leistungen, die zur mangelfreien Herstellung des Werkes erforderlich sind, abgelten, sind in AGB unwirksam. Zulässig sind nur Regelungen, die von dem Auftragnehmer diejenigen Leistungen verlangen, die bei der Abgabe des Angebotes für ihn erkennbar und kalkulierbar sind.

6 Es gilt auch hier, dass die Vertragstermine ausdrücklich zu vereinbaren sind. Die Regelung ist auf den Generalunternehmervertrag abzustimmen. Im Übrigen s. **M 19.2** Fn. 8–11.

7 Die Regelung dient lediglich zur Klarstellung, dass der Nachunternehmer für entsprechende Schäden einzustehen hat. Zur Klarstellung kann weiter eingefügt werden, dass zwischen dem Generalunternehmer und dessen Auftraggeber eine Vertragsstrafe in der vereinbarten Höhe vereinbart wurde.

(3) Für die schuldhafte Überschreitung der vereinbarten Zwischentermine hat der Auftragnehmer für jeden Werktag des Verzuges eine Vertragsstrafe in Höhe von 0,2 % der Nettoauftragssumme der zum jeweiligen überschrittenen Zwischentermin fertig zu stellenden Teilleistung zu zahlen. Für die Überschreitung von Zwischenterminen angefallene Vertragsstrafen werden auf Vertragsstrafen für folgende Zwischentermine bzw. den Fertigstellungstermin angerechnet.

(4) Für die schuldhafte Überschreitung des Fertigstellungstermins hat der Auftragnehmer für jeden Werktag des Verzuges eine Vertragsstrafe in Höhe von 0,2 % der Nettoauftragssumme zu zahlen.

(5) Die Vertragsstrafe wird auf insgesamt 5 % der Nettoauftragssumme begrenzt.

(6) Die Geltendmachung von Schadensersatzansprüchen neben der Vertragsstrafe bleibt unberührt. Jedoch wird eine verwirkte Vertragsstrafe auf solche Schadensersatzansprüche angerechnet.

(7) Die Vertragsstrafe kann bis zur Schlusszahlung vorbehalten werden.

(8) Soweit sich Vertragsfristen aufgrund etwaiger berechtigter Bauzeitverlängerungsansprüche des Auftragnehmers verschieben oder soweit Vertragsfristen einvernehmlich neu festgelegt werden, knüpft die vorstehende Vertragsstrafenregelung an die neuen Termine an, ohne dass es hierzu einer erneuten besonderen Vereinbarung hinsichtlich der Vertragsstrafenregelung bedarf.

§ 5 Ausführung

(1) Der Auftragnehmer verpflichtet sich, ein Bautagebuch zu führen[8]*.*

(2) Der Auftragnehmer hat die nach der Landesbauordnung verantwortlichen Bauleiter vor Ausführung der Arbeiten zu benennen und entsprechend zu stellen[9]*.*

§ 6 Sicherheit[10]

(1) Der Auftragnehmer verpflichtet sich, dem Auftraggeber innerhalb von 14 Tagen nach Abschluss dieses Vertrags eine unbefristete, selbstschuldnerische Vertragserfüllungs- und Mängelbürgschaft[11] *iHv. 5 % der vertraglich vereinbarten Nettovergütung, zur Sicherung aller sich aus diesem Vertrag ergebenden Verpflichtungen (auch hinsichtlich geänderter und zusätzlicher Leistungen auf Grundlage von § 1 Abs. 3, Abs. 4 Satz 1 VOB/B), insbesondere für die vertragsgemäße Ausführung der Leistung einschließlich Abrechnung, Mängelbeseitigung (inkl. sämtlicher mit Mängeln zusammenhängender Zahlungs- und Schadensersatzansprüche) und Schadensersatz sowie die Erstattung von Überzahlungen einschließlich der Zinsen, zu übergeben.*

Kommt der Auftragnehmer dieser Verpflichtung nicht nach, so ist der Auftraggeber berechtigt, fällige Abschlagszahlungen bis zur Höhe des Bürgschaftsbetrages zurückzuhalten[12]*. Im Übrigen gilt § 17 Abs. 8 Nr. 2 Satz 2 VOB/B.*

(2) Von der Regelung unberührt bleiben die Regelungen des § 17 Abs. 6 VOB/B.

---

8 Der Generalunternehmer ist darauf angewiesen, dass sein Nachunternehmer die Bauausführung entsprechend dokumentiert. Aus diesem Grund sollte die Pflicht zur Führung eines Bautagebuchs explizit vereinbart werden.

9 Im Regelfall wird der Generalunternehmer verpflichtet sein, einen entsprechenden Bauleiter zu stellen bzw. auch berechtigt sein, diese Aufgabe an den Nachunternehmer zu übertragen. Aus diesem Grund ist die Regelung dann entsprechend in dem Nachunternehmervertrag weiterzugeben.

10 Der nachfolgend vorgeschlagene Abschluss einer kombinierten Vertragserfüllungs- und Mängelsicherheit in Höhe von 5 % berücksichtigt die Rechtsprechung des BGH (BGH IBR 2014, 325), wonach es der Praxis in der privaten Bauwirtschaft entspricht, eine Gewährleistungsbürgschaft in Höhe von höchstens 5 % der Auftragssumme zu vereinbaren. Eine darüber hinausgehende Sicherheit, wie sie insbesondere bei einer Überlagerung von Vertragserfüllungs- und Mängelbürgschaft im Zeitraum der Abnahme vorliegen kann, ist unangemessen.

11 Die Vereinbarung einer Bürgschaft in AGB auf erstes Anfordern ist unwirksam, soweit dem Auftragnehmer auch die Rechte nach § 17 Nr. 3 VOB/B und 17 Nr. 5 VOB/B genommen werden (BGH BauR 2000, 1052). Von einer derartigen Regelung ist daher abzusehen. Im Übrigen wird auf die Ausführung bei Rz. 83 verwiesen.

12 Die Regelung über die Sicherheitsleistung ist notwendig, da § 17 VOB/B keinen Anspruch auf Sicherheitsleistung gibt. Der Höhe nach wird bei der vorgeschlagenen Regelung § 14 VOB/A berücksichtigt. Danach sind 5 % der Auftragssumme zu Grunde zu legen. Die Vereinbarung einer Bürgschaft auf erstes Anfordern in AGB ist unwirksam (BGH BauR 2002, 1239).

§ 7 Gewährleistung

Die Gewährleistungsfrist beginnt mit Abnahme der Nachunternehmerleistung. Als Gewährleistungsfrist vereinbaren die Parteien fünf Jahre[13].

§ 8 Kündigung

Neben den Kündigungsregeln nach den §§ 8, 9 VOB/B vereinbaren die Parteien, dass der Auftraggeber den Vertrag mit den Auftragnehmer auch dann kündigen kann, wenn durch seinen Auftraggeber der Generalunternehmervertrag gekündigt wird. In diesem Fall steht dem Auftragnehmer lediglich eine Vergütung in Höhe der bis zum Zeitpunkt der Kündigung erbrachten Leistungen zu[14].

... (Ort, Datum)

... (Unterschrift Auftraggeber) *... (Unterschrift Auftragnehmer)*

13 Das Interesse des Generalunternehmers geht dahin, eine genauso lange Gewährleistungsverpflichtung seines Nachunternehmers zu erhalten, wie er selbst gegenüber seinem Auftraggeber in der Gewährleistungsverpflichtung steht. In AGB kann indes die Verjährung der Gewährleistungsansprüche nicht an die Verjährung der Gewährleistungsansprüche des Auftraggebers gegenüber dem Generalunternehmer geknüpft werden. Denkbar ist lediglich, dass die Verjährungsfrist auf fünf Jahre und sechs Monate verlängert wird. Eine explizite, gerichtliche Entscheidung hierüber ist bisher jedoch nicht veröffentlicht. Soweit eine derartige Regelung getroffen wird, sollte dies individualvertraglich vereinbart werden. Im Rahmen der Regelung kann auch eine Abtretungsvereinbarung getroffen werden, wonach der Nachunternehmer seine Ansprüche gegenüber seinen Lieferanten und Auftragnehmern an den Generalunternehmer abtritt.

14 Die vorgeschlagene Regelung kann nur individualvertraglich getroffen werden. Soweit es sich um AGB handelt, ist die Regelung unwirksam (BGH NJW 1995, 526). Die Regelung sollte in dem Fall ersatzlos gestrichen werden. Im Regelfall wird der Generalunternehmer hierdurch auch nicht benachteiligt. Wird nämlich dem Generalunternehmer der Vertrag durch seinen Auftraggeber ordentlich gekündigt, so stehen dem Generalunternehmer die Ansprüche nach § 649 BGB zu. Er kann dann in diesem Rahmen die Ansprüche seines Nachunternehmers weiterreichen. Wird der Generalunternehmervertrag durch den Auftraggeber außerordentlich gekündigt und beruht die außerordentliche Kündigung auf einem Fehlverhalten des Nachunternehmers, so kann der Generalunternehmer seinerseits dem Nachunternehmer auch außerordentlich kündigen. Lediglich in der Konstellation, in der der Generalunternehmer selbst den außerordentlichen Kündigungsgrund gesetzt hat und daher dem Nachunternehmer nur ordentlich kündigen kann, muss er allein die wirtschaftlichen Folgen hieraus tragen.

M 19.6 Anforderung der Sicherheitsleistung nach § 648a BGB[1]

Anschrift Auftraggeber

Anschrift Auftragnehmer

Bauvorhaben ...

hier: Werkvertrag vom ...

Sicherheitsleistung gem. § 648a BGB

Sehr geehrte Damen und Herren,

auf Grund des zwischen uns bestehenden Werkvertrags sind wir berechtigt, von Ihnen Sicherheit bis zur Höhe des voraussichtlichen Vergütungsanspruchs für die von uns zu erbringenden Leistungen zzgl. 10 % für Nebenforderungen zu verlangen. Wir fordern Sie daher auf, uns eine entsprechende Sicherheit iHv. ... Euro bis spätestens

... (Datum)

zu übergeben.

... (Unterschrift)

1 S. dazu die Erläuterungen Rz. 75 ff.

M 19.7 Außerordentliche Kündigung nach fruchtloser Aufforderung zur Sicherheitsleistung nach § 648a BGB[1]

Anschrift Auftragnehmer

Anschrift Auftraggeber

Bauvorhaben . . .

Werkvertrag vom . . .

Kündigung/Sicherheitsleistung nach § 648a BGB

Sehr geehrte Damen und Herren,

wir hatten Sie mit Schreiben vom . . . unter Fristsetzung bis zum . . . aufgefordert, uns gem. § 648a BGB eine Sicherheit iHv. . . . Euro zu übergeben. Diesem Verlangen sind Sie nicht nachgekommen. Hiermit kündigen wir den zwischen uns abgeschlossenen Werkvertrag fristlos. Gleichzeit fordern wir Sie auf, die Abnahme der von uns erbrachten Leistungen bis zum . . . zu erklären.

Mit freundlichen Grüßen

. . . (Unterschrift)

1 Dazu oben Rz. 81.

M 19.8 Abnahmeprotokoll Auftraggeber

Abnahmeprotokoll

Zu dem heutigen Abnahmetermin, am . . ., sind folgende Personen erschienen:

. . .

Bei dem Abnahmetermin wurde Folgendes festgestellt:

1. *Es wurden Mängel an den Werkleistungen festgestellt, die in der beiliegenden Anlage 1 aufgelistet sind. Der Auftragnehmer verpflichtet sich, diese bis spätestens zum . . . zu beseitigen.*
2. *Die in dem Werkvertrag vereinbarte Vertragsstrafe wird durch den Auftraggeber vorbehalten.*
3. *Die Gewährleistungsansprüche des Auftraggebers verjähren am . . .*
4. *Der Auftraggeber nimmt die erbrachten Werkleistungen mit den oben aufgeführten Vorbehalten ab*[1].

. . . (Ort, Datum)

. . . (Unterschrift Auftraggeber) *. . . (Unterschrift Auftragnehmer)*

1 Klarstellend ist darauf hinzuweisen, dass das unterschriebene Abnahmeprotokoll nicht die Richtigkeit der dort enthaltenen tatsächlichen Feststellungen beweist. Durch die Unterschrift des Auftragnehmers wird auch eine vorbehaltene Vertragsstrafe nicht anerkannt. Er erklärt durch seine Unterschrift lediglich, dass er die Vorbehalte des Auftraggebers zur Kenntnis genommen hat. Die förmliche Abnahme hat in dieser Form stattzufinden, wenn eine Vertragspartei es verlangt (bei Vereinbarung der VOB/B). Bei Geltung des gesetzlichen Werkvertragsrechts muss die förmliche Abnahme explizit vereinbart werden. Das Abnahmeprotokoll bzw. eine Mehrfertigung hiervon steht jedem der Vertragsparteien zu (§ 12 Nr. 4 VOB/B).

M 19.9 Abnahmeprotokoll Auftragnehmer

Abnahmeprotokoll

Zu dem heutigen Abnahmetermin, am . . ., sind folgende Personen erschienen:

. . .

Bei dem Abnahmetermin wurde Folgendes festgestellt:

1. *Bei dem heutigen Abnahmetermin wurden die in der Anlage 1 aufgeführten Mängel festgestellt. Der Auftragnehmer verpflichtet sich, diese bis spätestens zum . . . zu beseitigen.*
2. *Die Mängelansprüche des Auftraggeber verjähren am . . .*
3. *Die Werkleistung wird vom Auftraggeber mit Ausnahme der in der Anlage 1 aufgeführten Mängel abgenommen*[1].

. . . (Ort, Datum)

. . . (Unterschrift Auftraggeber) *. . . (Unterschrift Auftragnehmer)*

1 In dem Muster dieses Abnahmeprotokolls sind formularmäßig keine Vorbehalte aufgeführt. Bei Verwendung durch den Auftragnehmer empfiehlt es sich gerade nicht, den Auftraggeber durch ein Formular dazu zu bringen, dass er entsprechende Vorbehalte nur ankreuzen muss. Unterlässt es der Auftraggeber, den Vorbehalt zu erklären, so ist er mit der Geltendmachung der Vertragsstrafe ausgeschlossen.

M 19.10 Aufforderung zur Mängelbeseitigung unter Fristsetzung

Anschrift Auftraggeber
Anschrift Auftragnehmer
Werkvertrag vom . . .
hier: Mängelanzeige

Sehr geehrte Damen und Herren,

an den von Ihnen erbrachten Werkleistungen haben sich folgende Mängel gezeigt:

. . .

Wir fordern Sie auf, die oben bezeichneten Mängel bis spätestens zum . . . zu beseitigen.

Zur Koordinierung der Mängelbeseitigungsarbeiten bitten wir um rechtzeitige telefonische Terminabsprache[1].

Mit freundlichen Grüßen

. . . (Unterschrift)

1 Die Aufforderung zur Mängelbeseitigung hat unter angemessener Fristsetzung zu erfolgen. Wie lang die angemessene Frist ist, richtet sich nach Art und Umfang der Mängelbeseitigungsarbeiten. Dem Auftragnehmer muss es möglich sein, innerhalb der Frist, den Mangel zu beseitigen. Dem Unternehmer ist es überlassen, in welcher Art und Weise er die Mängelbeseitigung vornimmt. Einzulassen braucht sich der Auftraggeber jedoch nicht auf untaugliche Mängelbeseitigungsversuche. Die Mängelrüge setzt auch die sog. Quasi-Unterbrechung nach § 13 Nr. 5 Abs. 1 VOB/B in Lauf. Nicht geklärt ist hierbei, ob diese Regelung bei einer isolierten Inhaltskontrolle (wenn die VOB/B nicht als Ganzes vereinbart ist) stand hält (vgl. Schwenker/Heinze BauR 2002, 1143, 1151).

III. Steuerfolgen von Werkverträgen

1. Allgemeines

117 Die steuerliche Behandlung des Werkvertrags wirft keine grundlegend anderen Fragen auf als etwa die des Kaufs. Der Werkvertrag als solcher ist als obligatorisches Geschäft, also als reines Verpflichtungsgeschäft idR ebenso wenig steuerlich bedeutsam wie der Kauf. Bei der steuerlichen Würdigung der Sachverhalte „Kauf" und „Werkvertrag" stehen an Stelle des abstrakten, juristisch relevanten Abschlusses eines schuldrechtlichen Rechtsgeschäftes jeweils die entsprechenden wirtschaftlichen Vorgänge im Vordergrund, also die jeweiligen Erfüllungsgeschäfte. Insoweit kommt dem tatsächlichen Erfüllungsgeschäft insbesondere im Zusammenhang mit der Bilanzierung (erst) Bedeutung zu. Insbesondere bei länger laufenden Werkverträgen (wie im Zusammenhang mit Immobilienerrichtungen etc.) über mehrere Bilanzstichtage können sich insoweit Bilanzierungsverpflichtungen ergeben, sofern mit der Erfüllung (in Gestalt der Herrichtung) begonnen wurde, obgleich eine Abnahme des (noch unfertigen) Werkes noch nicht erfolgte (vgl. 4., Rz. 133).

2. Ertragsteuerliche Fragen

a) Wirtschaftsgüter durch werkvertragliche Leistungen

118 Für die Bilanz sind die einzelnen Vermögenspositionen zu aktivieren bzw. zu passivieren. Während das Handelsrecht insoweit von **Vermögensgegenständen** (vgl. zB §§ 240 Abs. 1, 246 Abs. 1 HGB) spricht, benennt sie das Steuerrecht als **Wirtschaftsgüter** (vgl. §§ 4 Abs. 1 und 3, 5 Abs. 2, 6, 6b, 6c, 7, 7a, 7g usw. EStG), was in der Sache letztlich rein begrifflicher Natur ist. Nach ständiger Rechtsprechung können Wirtschaftsgüter sowohl (körperliche) Sachen als auch Rechte sein. Der Begriff des Wirtschaftsgutes ist dabei viel weitreichender, in dem er abstrakt **wirtschaftliche Vorteile** für den Betrieb nennt, die **durch Aufwendungen** erlangt, nach der Verkehrsauffassung **selbständig bewert- und handelbar** sind und dem Betrieb einen über das Ende des Wirtschaftsjahres hinausgehenden Nutzen zu bringen versprechen (st. Rspr.). Nur bei der **längerfristigen** (mehr als einem Jahr währenden) **Nutzbarkeit** stellt sich die Frage der Aktivierung und Abschreibung. Darüber hinaus sind Bilanzierungsverbote (nach Handels- bzw. Steuerrecht) zu beachten (vgl. § 248 HGB, § 5 Abs. 2, 4a ff. EStG).

119 Durch werkvertragliche Leistungen kann nicht nur ein neues Wirtschaftsgut entstehen, sondern sie können sich auch auf ein bereits vorhandenes Wirtschaftsgut beziehen. Die entsprechenden Aufwendungen sind zu aktivieren, wenn es sich um **Herstellungsaufwand** handelt. Handelt es sich bei den Aufwendungen für ein bereits vorhandenes Wirtschaftsgut nicht um Herstellungsaufwand, sondern um **Erhaltungsaufwand**, ist ein **Sofortabzug** möglich. In diesem Zusammenhang ist zu beachten, dass Erhaltungsaufwendungen auch dann Werbungskosten des Steuerpflichtigen, zB bei den Einkünften aus Vermietung und Verpachtung, sind, wenn sie auf einem von einem Dritten im eigenen Namen, aber im Interesse des Steuerpflichtigen abgeschlossenen Werkvertrag beruhen und der Dritte die geschuldete Zahlung auch selbst leistet (BFH v. 15.1.2008, BStBl. II 2008, 203). Entsprechendes gilt für Betriebsausgabenabzug nach § 4 Abs. 4 EStG.

b) Unternehmervergütung als Herstellungskosten

120 Werkvertragliche Leistungen eines Unternehmers werden, wenn sie einen größeren Umfang haben, eher als Herstellungskosten einzuordnen sein.

121 Für den **Begriff der Herstellungskosten** (vgl. §§ 4, 6 und 7 EStG) wird auch für steuerliche Zwecke auf § 255 Abs. 2 HGB zurückgegriffen, da der Steuergesetzgeber insoweit keine eigene Definition des Begriffes vorgenommen hat. Herstellungskosten sind danach die Aufwendungen, die durch den Verbrauch von Gütern und die Inanspruchnahme von Diensten für die Herstellung eines Vermögensgegenstands, seine Erweiterung oder für eine über seinen ursprünglichen Zustand hinausgehende wesentliche Verbesserung entstehen. Gleiches gilt für **Herstellungskosten eines Gebäudes**; insoweit aber BMF v. 18.7.2003, BStBl. I 2003, 386 insbesondere zum Begriff der Standarthebung bei Bestandsgebäuden.

Das Handelsrecht normiert in § 255 Abs. 2 Satz 2 HGB die zwingend einzubeziehenden Kosten (Material- und Fertigungseinzelkosten sowie die zugehörigen Gemeinkostenanteile und im Satz 3 entsprechende wahlweise einzubeziehende Kosten (insbesondere soziale Leistungen und Kosten der allgemeinen Verwaltung). Der (handelsrechtliche) Kaufmann übt vor dem Hintergrund der jeweils gewünschten Gewinnwirkung das Wahlrecht zur Aktivierung aus oder nicht; da die Kosten zuvor über Aufwand gebucht wurden, führt die Aktivierung unter Ausübung der Wahlrechte folglich zu einem höheren Gewinn. Von dieser gesetzlichen Vorgabe des Handelsrechtes (Pflichtaktivierungen als sogenannte Herstellungskosten I bzw. unter Einbeziehung der Wahlrechte als sogenannte Herstellungskosten II) hat sich das Steuerrecht im Erlasswege gelöst (vgl. BMF v. 12.3.2010, BStBl. I, 239 Tz. 7 und gibt unter Auslegung der Maßgeblichkeit der handelsrechtlichen Grundsätze ordnungsgemäßer Buchführung für die steuerliche Gewinnermittlung nunmehr zwingend vor, dass der steuerliche Begriff der Herstellungskosten nach § 6 Abs. 1 Nr. 2 EStG der handelsrechtliche Begriff der Herstellungskosten unter Einbeziehung der Wahlrechte (§ 255 Abs. 2 S. 3 HGB) zu Grunde zu legen ist. Dem folgt auch R 6.3 EStR 2012 für den einheitlichen Verwaltungsvollzug. Die insoweit in der Praxis sehr umstrittene (weil mit erheblichen Mehrkosten für die Industrie, die nunmehr – gegebenenfalls nur für Zwecke der Steuerbilanz – zusätzliche betriebswirtschaftliche Kostenstellen einrichten und bewirtschaften muss, verbundene) Neuregelung wurde für steuerliche Zwecke mit BMF-Schreiben v. 25.3.2013 (BStBl I, 296) zeitgleich mit der Bekanntgabe der neuen Richtlinienfassung zunächst suspendiert. Danach wird es zzt. nicht beanstandet, wenn bis zur Verifizierung des (mit der vorgenannten Verschärfung für steuerliche Zwecke) Erfüllungsaufwandes, spätestens aber bis zu einer Neufassung der Einkommensteuerrichtlinien bei der Ermittlung der Herstellungskosten nach der bisherigen Rechtslage (R 6.3 Abs. 4 EStR 2008) weiter verfahren wird (Verfahren entsprechend der Handhabung in der Handelsbilanz; Mindestansatz für steuerliche Zwecke somit die Herstellungskosten I – ohne Einbeziehung der Wahlrechte nach § 255 Abs. 2 S. 3 HGB).

Für im Privatvermögen gehaltene, **zu Einkunftszwecken dienende Gebäude** sieht das EStG eben- 122
falls verschiedene AfA-Methoden vor.

c) Fehlinvestierte Aufwendungen für werkvertragliche Leistungen

Gelegentlich kommt es vor, dass ein Werk bestellt, aber nicht ausgeführt oder nicht zur Einkunfts- 123
erzielung verwendet wird. Dem Aufwand steht also kein adäquater, uU sogar kein Gegenwert gegenüber (Fehlinvestition oder fehlgeschlagener Aufwand). Kommt dem Aufwand aus der Perspektive des Bestellers beurteilt Werbungskosten- bzw. Betriebsausgabencharakter zu, dürfte seiner ertragsmindernden Berücksichtigung kaum etwas entgegenstehen (evtl. Nachweisprobleme!). Steuerlich ist zu differenzieren (sofortige Abzugsfähigkeit oder Aktivierung oder Abschreibung) je nach Zugehörigkeit zu einer der verschiedenen möglichen Fallgruppen.

3. Umsatzsteuerliche Fragen

a) Werkvertrag und Umsatzsteuer allgemein

Zentraler Anknüpfungspunkt der Umsatzsteuer sind nach § 1 Abs. 1 Nr. 1 UStG die steuerbaren 124
Lieferungen und sonstigen Leistungen. Dabei ist unter Berücksichtigung gemeinschaftsrechtlicher Vorgaben das „Wesen" eines Umsatzes als Lieferung oder sonstige Leistung im Rahmen einer Gesamtbetrachtung der verschiedenen Leistungselemente zu bestimmen (vgl. EuGH v. 2.5.1996 – Rs. C-231/94, Faaborg-Gelting Linien, BStBl. II 1998, 282). Bei werkvertraglichen Leistungen ist umsatzsteuerlich zwischen einer **Werklieferung** und einer **Werkleistung** zu unterscheiden. Eine Werklieferung liegt vor, wenn der Werkhersteller für die Be- oder Verarbeitung eines Gegenstands selbstbeschaffte Stoffe verwendet, die nicht nur Zutaten oder sonstige Nebensachen sind (§ 3 Abs. 4 UStG). Unter **„Zutaten"** und **„sonstige Nebensachen"** sind Lieferungen zu verstehen, die bei der Gesamtbetrachtung aus der Sicht des Durchschnittsbetrachters nicht das Wesen des Umsatzes bestimmen (BFH v. 9.6.2005, BStBl. II 2006, 98). Die sog. **Materialbeistellung** durch den Auftraggeber zur Werklieferung scheidet nach der Praxis aus dem Leistungsaustausch aus, da das Material nicht in die Verfügungsmacht des Werkunternehmers übergeht. Demgegenüber handelt es sich um

eine Werkleistung, wenn der Unternehmer bei der Be- oder Verarbeitung des Werks keine selbst beschafften (Haupt-)Stoffe verwendet, wobei eigene Zutaten oder sonstige Nebensachen unschädlich sind. Verwendet der Werkunternehmer nicht die beigestellten Stoffe, sondern andere, ist unter den Voraussetzungen des § 3 Abs. 10 UStG ebenfalls eine Werkleistung anzunehmen.

b) Entstehung und Bemessungsgrundlage der Umsatzsteuer

125 Die umsatzsteuerbare Leistung ist bei einer Werklieferung ausgeführt und führt damit grds. zur Entstehung der Umsatzsteuer, wenn dem Auftraggeber die Verfügungsmacht über das fertig gestellte Werk verschafft wird. Verschaffung der Verfügungsmacht bedeutet, den Auftraggeber zu befähigen, im eigenen Namen über das auftragsgemäß fertig gestellte Werk zu verfügen. In der Regel setzt die **Verschaffung der Verfügungsmacht** die **Übergabe und Abnahme** des **fertig gestellten Werks** voraus. Auf die Form der Abnahme kommt es dabei nicht an. Sonstige Leistungen, insbesondere Werkleistungen, sind grds. im Zeitpunkt ihrer Vollendung ausgeführt. Dies wird häufig mit dem Zeitpunkt der Abnahme zusammenfallen.

126 Wird für bestimmte Teile einer wirtschaftlich teilbaren Leistung das Entgelt gesondert vereinbart, gilt dies auch für die dann vorliegenden sog. **Teilleistungen** (§ 13 Abs. 1 Satz 1 Nr. 1 lit. a UStG). Teilleistungen sind wirtschaftlich abgrenzbare Teile, für die das Entgelt gesondert vereinbart wird und die demnach statt der einheitlichen Gesamtleistung geschuldet werden. Sowohl der Aufraggeber als auch der Auftragnehmer müssen sich darüber einig sein, dass eine bestimmte Gesamtleistung wirtschaftlich, rechtlich und tatsächlich in Teilleistungen aufgespalten werden soll und kann; danach muss dann auch verfahren werden. Der Begriff der Teilleistung ist an folgende vier Voraussetzungen geknüpft: Es muss sich um einen wirtschaftlich abgrenzbaren Teil einer Werklieferung oder Werkleistung handeln (wirtschaftliche Teilbarkeit), der Leistungsteil muss, wenn er Teil einer Werklieferung ist, abgenommen worden sein (gesonderte Abnahme); ist er Teil einer Werkleistung, muss er vollendet oder beendet worden sein, es muss vereinbart worden sein, dass für Teile einer Werklieferung oder Werkleistung entsprechende Teilentgelte zu zahlen sind (gesonderte Vereinbarung) und das Teilentgelt muss gesondert abgerechnet werden (gesonderte Abrechnung). Nach dem Grundsatz der Einheitlichkeit der Leistung kann eine Werklieferung bzw. eine Werkleistung nicht in Lieferelemente und in sonstige Leistungen aufgeteilt werden (vgl. UStAE 2014/2015 Abschn. 3.10). Die wirtschaftliche Teilbarkeit einer Werklieferung bzw. Werkleistung setzt somit voraus, dass die Teilleistung selbst eine Werklieferung bzw. Werkleistung ist. Die Leistungen der Architekten und Ingenieure nach der HOAI werden jedoch grds. als einheitliche Leistungen erbracht. Etwas anderes gilt dann, wenn hinsichtlich einzelner Leistungsbilder nach der HOAI Teilleistungen **vereinbart, abgenommen und abgerechnet** werden.

127 Nach § 13b Abs. 2 Satz 1 Nr. 4 Satz 1, Abs. 5 UStG ist (ab 2004) die **Steuerschuldnerschaft des Leistungsempfängers** bei bestimmten Bauleistungen zu beachten, wenn der leistende Unternehmer ein im **Inland** ansässiger Unternehmer ist. Hierunter fallen insbesondere Werklieferungen und sonstige (Werk-)Leistungen, die der Herstellung, Instandsetzung, Instandhaltung, Änderung oder Beseitigung von Bauwerken dienen. Ein Leistungsempfänger, der eine Bauleistung von einem Unternehmer bezieht, bei dem die Steuer nach § 19 Abs. 1 UStG (Kleinunternehmerregelung) nicht erhoben wird, schuldet die Umsatzsteuer nicht nach § 13b UStG, vgl. § 13b Abs. 5 Satz 4 UStG. Dagegen kann ein Kleinunternehmer als Leistungsempfänger, sofern er selbst Bauleistungen erbringt, die Umsatzsteuer ua. nach § 13b UStG schulden.

128 Die Unterscheidung zwischen Werklieferung und Werkleistung ist nicht nur für die Bestimmung des umsatzsteuerlichen Leistungsorts von Bedeutung, sondern auch für die umsatzsteuerliche Bemessungsgrundlage. Bei einer Werklieferung unterliegt das gesamte vom Leistungsempfänger zu entrichtende Entgelt der Umsatzsteuer, während bei einer Werkleistung lediglich das Entgelt für die Arbeitsleistung des Werkunternehmers und dessen ggf. verwendete Zutaten oder sonstige Nebensachen der Umsatzsteuer unterliegen.

129 Der Unternehmer ist bei Ausführung einer steuerpflichtigen Werklieferung oder sonstigen (Werk-) Leistung im Zusammenhang mit einem Grundstück stets verpflichtet, innerhalb von sechs Monaten nach Ausführung der Leistung eine Rechnung auszustellen (§ 14 Abs. 2 Satz 1 Nr. 1 UStG).

c) Gebäude-(werk-)vertrag und Insolvenz

aa) Umsätze bis zum 31.3.2004

Da die Umsatzsteuer insolvenzrechtlich (erst) mit der Ausführung einer Leistung begründet wird, richtet sich die Einordnung der Umsatzsteuer auf vom Insolvenzschuldner bereits vor Eröffnung des Verfahrens vereinnahmte Voraus-, An- oder Abschlagszahlungen zu den Insolvenz- oder den Masseverbindlichkeiten danach, ob die der Zahlung zugrunde liegende Leistung vor oder nach Eröffnung des Insolvenzverfahrens ausgeführt wurde. Wird über das Vermögen eines Werkunternehmers das Insolvenzverfahren eröffnet, bevor das zu errichtende Gebäude fertig gestellt und übergeben werden konnte, entsteht die Umsatzsteuer für die gesamte Werklieferung als Masseschuld, wenn der Insolvenzverwalter das Werk fertig stellt und die Verschaffung der Verfügungsmacht nach Eröffnung des Insolvenzverfahrens erfolgt (BFH v. 2.2.1978, BStBl. II 1978, 483). Vor Verfahrenseröffnung entstandene Umsatzsteuerforderungen, die sich aus vom Schuldner vereinnahmten Abschlagszahlungen ergeben haben (Mindest-Istversteuerung, § 13 Abs. 1 Nr. 1 lit. a Satz 4 UStG), bleiben hiervon unberührt. 130

Lehnt der Insolvenzverwalter die Erfüllung des Werkvertrags ab, entsteht ein neuer Leistungsgegenstand, der im Zeitpunkt der Eröffnung des Insolvenzverfahrens geliefert wird. 131

bb) Umsätze nach dem 31.3.2004

Für nach dem 31.3.2004 ausgeführte Bauleistungen iSd. § 13b Abs. 2 Satz 1 Nr. 4 UStG gilt die Steuerschuldnerschaft des Leistungsempfängers (vgl. BMF v. 31.3.2004, BStBl. I 2004, 453 mit Ergänzungen v. 2.12.2004, BStBl. I 2004, 1129). Umsätze der Masse ergeben sich insoweit nicht. 132

4. Sonstige steuerliche Fragen

a) Halbfertige Bauten

Werden auf einem Grundstück des Steuerpflichtigen bauliche Maßnahmen vorgenommen, die am Ende des Kalender- oder Wirtschaftsjahrs noch nicht abgeschlossen sind, treten unterschiedliche Steuerfolgen ein. 133

Sog. **halbfertige Bauten** auf fremdem Grund und Boden werden **handels- und einkommensteuerrechtlich** als **Forderungen besonderer Art/Werklohnforderung** von Bauunternehmern gegen den Bauherrn und damit als Umlaufvermögen im Sinne von § 266 Abs. 2 B 1.3. HGB behandelt. Die begriffliche Differenzierung ist von Bedeutung, da es sich im vorliegenden Fall nicht um klassische Forderungen handelt. Der Unterschied zur „normalen“ Forderung besteht in der noch nicht erfolgten Abnahme des Werkes nach § 640 BGB, der jedoch Voraussetzung für das Vorliegen (und damit bilanziell abzubildende) Erfüllungsgeschäft ist. Im vorliegenden Fall hat der Bauunternehmer vielmehr Baumaterialien in den Grund und Boden des Bauherrn eingebracht, der damit idR nach § 94 BGB Eigentümer dieser wesentlichen Bestandteile wird. Der insoweit erfolgten Bereicherung des Grundstückseigentümers einerseits, steht nach §§ 946, 812 BGB ein wertgleicher Aufwendungsersatzanspruch des Bauunternehmers gegenüber, der sich wertmäßig an den eingebrachten Baumaterialien (Aufwendungen) orientiert. Dieser Aufwendungsersatzanspruch liegt der vorgenannten Forderung besonderer Art faktisch zu Grunde und ist insoweit auch im Buchführungswerk kenntlich zu machen. Mit der endgültigen Abnahme des Bauwerkes, erfolgt die „Wandlung“ in eine normale Forderung unter Erfassung der zutreffenden Gewinnwirkungen. 134

Die Bewertung der Werklohnforderung ist gem. § 6 Abs. 1 Nr. 2 Satz 1 und 2 EStG mit den Herstellungskosten vorzunehmen – und zwar, da der Begründung dieser Forderungen kein Anschaffungsvorgang zugrunde liegt, mit den Herstellungskosten der halbfertigen Arbeiten. Die in den Arbeiten enthaltenen, noch nicht aufgedeckten Gewinnanteile resultieren aus den diesen Arbeiten zugrunde liegenden, beiderseits noch nicht erfüllten vertraglichen Vereinbarungen, die im laufenden Geschäftsbetrieb ihrerseits als schwebende Geschäfte bilanziell nicht auszuweisen sind. Sie schlagen sich infolge der in § 6 Abs. 1 Nr. 2 EStG bestimmten Obergrenze deshalb bei dem einbringenden Unternehmen nicht in der Bewertung der bereits erbrachten halbfertigen Arbeiten nieder. **Wirtschaftlich betrachtet** wird den erfassten Aufwendungen des Bauunternehmers folgerichtig ein entsprechender Ertrag aus der Aktivierung der Forderung besonderer Art entgegengesetzt, so dass aus diesem noch nicht erfüllten Geschäft **noch keine** (gegen das handelsrechtliche Realisationsprinzip § 252 Abs. 1 Nr. 4 HGB verstoßende) **Ertragswirksamkeit** folgt.

Steht allerdings fest, dass der auf die halbfertigen Bauten entfallende Anteil der vereinbarten Vergütung am Bilanzstichtag unter den bisher angefallenen Herstellungskosten liegt und diese Wertminderung voraussichtlich von Dauer ist (wie bei Fehlkalkulationen der Aufwendungen einerseits, denen eine Festpreisvergütung durch den Bauherrn andererseits gegenübersteht), sind die halbfertigen Arbeiten nach den (handelsrechtlichen) Grundsätzen der verlustfreien Bewertung mit dem niedrigeren Wert zu bewerten; steuerlich mit dem niedrigeren Teilwert. Hierzu zwingt das handels- und steuerrechtlich das Vorsichtsprinzip (§ 252 Abs. 1 Nr. 4 HGB, 5 Abs. 1 S. 1 EStG).

135 Durch den **Ansatz** mit dem anteiligen **niedrigere**n **Erlös** wirkt sich der bisher aufgelaufene Verlust bei der Bewertung des Wirtschaftsguts der halbfertigen Arbeiten steuerlich aus, nicht jedoch ein anteiliger künftiger Verlust, der auf noch zu erbringende Leistungen entfällt. Derartige **drohende Verluste** aus schwebenden Geschäften sind nicht in die nach den allgemeinen Grundsätzen vorzunehmende Bewertung der als Forderungen auszuweisenden halbfertigen Bauten auf fremdem Grund und Boden einzubeziehen (vgl. BMF v. 14.11.2000, BStBl. I 2000, 1514). Das Verbot der Rückstellungen für drohende Verluste nach § 5 Abs. 4a EStG begrenzt eine mögliche Teilwertabschreibung aber nicht; die Bewertung mit dem niedrigeren Teilwert geht dem Rückstellungsverbot vor, so dass eine Bewertung des Wirtschaftsgutes bis auf 0 Euro in Betracht kommen kann. Die Teilwertabschreibung auf teilfertige Bauten auf fremdem Grund und Boden ist nicht nur hinsichtlich des dem jeweiligen Stand der Fertigstellung entsprechenden, auf die Bauten entfallenden Anteils der vereinbarten Vergütung, sondern hinsichtlich des gesamten Verlustes aus dem noch nicht abgewickelten Bauauftrag zulässig (BFH v. 7.9.2005, BStBl. II 2006, 298).

136 **Stellt der Werkunternehmer die Arbeiten** an dem vereinbarten Werk **vorzeitig ein**, weil der Besteller – ohne eine eindeutige Erklärung abzugeben – nicht willens oder in der Lage ist, seinerseits den Vertrag zu erfüllen, wird das bis dahin errichtete halbfertige Werk zum Gegenstand der Werklieferung; es wird in dem Zeitpunkt geliefert, in dem für den Werkunternehmer nach den gegebenen objektiven Umständen feststeht, dass er wegen fehlender Aussicht auf die Erlangung weiteren Werklohns nicht mehr leisten werde.

b) Rückstellungsverbot nach § 5 Abs. 4b Satz 1 EStG im Zusammenhang mit Bauleistungen

137 Nach § 5 Abs. 4b Satz 1 EStG besteht ein Rückstellungsverbot für Aufwendungen, die zu Anschaffungs- oder Herstellungskosten für ein Wirtschaftsgut führen. Am Bilanzstichtag abgenommene (§ 640 BGB), aber noch nicht abgerechnete Bauleistungen sind zu aktivieren. Bei Bauvorhaben wird regelmäßig ein Werkvertrag iSd. §§ 631 ff. BGB abgeschlossen, bei dem die Verpflichtung des Auftragnehmers, das versprochene Werk herzustellen, der Verpflichtung des Auftraggebers gegenübersteht, die vereinbarte Vergütung zu zahlen. Sofern ein Festpreis vereinbart wurde, ist die Zahlungsverpflichtung dem Auftraggeber bekannt. Nach Abnahme des fertigen Werks ist eine entsprechende Verbindlichkeit zu passivieren. Die Frage des Rückstellungsverbots nach § 5 Abs. 4b Satz 1 EStG stellt sich in diesen Fällen jedoch nicht. Liegt dem Werkvertrag ein Kostenvoranschlag iSv. § 650 BGB zugrunde und ist eine Rechnung noch nicht erstellt, ist unter Umständen wegen der noch nicht genau feststehenden Zahlungsverpflichtung eine Rückstellung zu passivieren. Nach Sinn und Zweck der Regelung in § 5 Abs. 4b Satz 1 EStG sind nur Aufwendungen für Anschaffungs- oder Herstellungskosten eines in künftigen Wirtschaftsjahren zu aktivierenden Wirtschaftsguts nicht rückstellungsfähig. Der Ansatz eines Passivpostens wegen der Zahlungsverpflichtung für den Erwerb eines bereits aktivierten Wirtschaftsguts ist auch dann zulässig, wenn auf Grund der ungewissen Höhe der Verbindlichkeit eine Rückstellung zu bilden ist. Zu beachten bleibt aber das steuerliche Verbot zur Bildung von Drohverlustrückstellungen (§ 5 Abs. 4a EStG).

c) Grunderwerbsteuer

Ob Gegenstand des Erwerbsvorgangs das Grundstück in bebautem oder unbebautem Zustand ist, richtet sich nach den Vereinbarungen der Parteien. Haben sie das **bebaute Grundstück** zum Vertragsgegenstand gemacht, ist es in diesem Zustand zu besteuern, unabhängig davon, ob das Grundstück im Zeitpunkt des Abschlusses des Verpflichtungsgeschäfts noch unbebaut war. Fehlen derartige Vereinbarungen – was häufig vorkommt –, ist grds. der Zustand maßgeblich, in dem sich das Grundstück bei Vertragsabschluss befindet. Die Frage, in welchem Zustand ein Grundstück zu besteuern ist, stellt sich insbesondere dann, wenn getrennte Verträge über den Erwerb des Grundstücks und über die Errichtung eines Gebäudes abgeschlossen werden. Solche Verträge können bereits zivilrechtlich verknüpft sein, sie können aber auch nach den besonderen grunderwerbsteuerlichen Grundsätzen als Einheit zu behandeln sein. 138

Hat der Verkäufer die Verpflichtung übernommen, das **Grundstück im erschlossenen Zustand** zu verschaffen, wird das Grundstück in diesem Zustand Gegenstand des Erwerbsvorgangs, mit der Folge, dass der auf die Erschließung entfallende Teil des Kaufpreises Gegenleistung für den Erwerb des Grundstücks darstellt. Hat sich dagegen der Verkäufer durch eine weitere, rechtlich selbständige Vereinbarung (zB Werkvertrag) neben der Grundstücksübertragung auch selbst zur Durchführung der Erschließung verpflichtet, ist das Entgelt hierfür nicht als Gegenleistung für die Grundstücksübertragung zu behandeln, auch wenn beide Verpflichtungen zusammen beurkundet werden. Liegen zwar mehrere Verträge vor, sind sie dennoch als ein einheitlicher Vertrag zu werten, wenn ihre Gültigkeit ausdrücklich voneinander abhängig ist (BGH v. 24.11.1983, NJW 1983, 869) oder – auch ohne ausdrückliche Bestandsverknüpfung –, wenn sie nach dem Willen der Parteien derart voneinander abhängig sind, dass sie miteinander „stehen und fallen" sollen. 139

Die zivilrechtliche Einheit von getrennten Verträgen führt daher zu einer Besteuerung des bebauten Grundstücks. 140

Für die Grunderwerbsteuer haben die (schwierigen) Zivilrechtsfragen jedoch an Bedeutung verloren, weil auch bei fehlender zivilrechtlicher Verknüpfung Gegenstand des Erwerbsvorgangs das bebaute Grundstück sein kann, wenn die Voraussetzungen eines **objektiv engen sachlichen Zusammenhangs** vorliegen. Ein objektiv enger sachlicher Zusammenhang kann vorliegen, wenn der Erwerber (spätestens) mit Abschluss des Grundstückskaufvertrags in seiner Entscheidung über das „Ob" und „Wie" einer Bebauung gegenüber der Veräußererseite nicht mehr frei war. Das ist der Fall, wenn er dem Veräußerer gegenüber rechtlich oder faktisch im Zeitpunkt des Abschlusses des Kaufvertrags an ein Bebauungskonzept gebunden ist (zB BFH v. 27.10.1999, BStBl. II 2000, 34). 141

Kapitel 20 Bauträgervertrag (mit Bauträgermerkblatt)

Literatur: *Basty*, Der Bauträgervertrag, 8. Aufl. 2014; *Blank*, Bauträgervertrag, 4. Aufl. 2010; *Grziwotz*, MaBV (Komm.), 2. Aufl. 2012; *Grziwotz/Koeble*, Handbuch Bauträgerrecht, 2004; *von Heymann/Wagner/Rösler*, MaBV für Notare und Kreditinstitute, 2000; *Marcks*, Makler- und Bauträgerverordnung, 8. Aufl. 2010; *Pause*, Bauträgerkauf und Baumodelle, 5. Aufl. 2011; *Reithmann/Meichssner/von Heymann*, Kauf vom Bauträger, 7. Aufl. 1995; *Thode/Quack*, Abnahme und Gewährleistungen im Bau- und Bauträgervertrag – höchstrichterliche Rechtsprechung, 2003; *Werner/Pastor*, Der Bauprozess, 15. Aufl. 2014.

I. Vorbemerkung

1 Die folgenden Muster behandeln den Ersterwerb eines Grundstücks mit einem vom Verkäufer/Bauträger noch zu errichtenden oder neu errichteten Gebäude (**M 20.2**) bzw. eines vom Verkäufer/Bauträger noch zu errichtenden oder neu errichteten Wohnungseigentums (**M 20.3**). Die Vertragsmuster folgen dabei im Prinzip den allgemeinen Regeln für einen Kaufvertrag über Grundbesitz; allerdings unterliegt der Bauträgervertrag überwiegend dem Werkvertragsrecht (OLG Celle MDR 1997, 1008) sowie den nachfolgend aufgeführten Sonderbestimmungen.

2 Besonderheiten ergeben sich aus dem Käuferschutz dienenden gesetzlichen Bestimmungen, insbesondere

- der **Makler- und Bauträgerverordnung** (MaBV) idF der Bekanntmachung v. 7.11.1990 BGBl. I S. 2479; zuletzt geändert durch Artikel 2 V v. 2.5.2012, BGBl. I S. 1006, und
- den §§ 305 ff. BGB über die Gestaltung rechtsgeschäftlicher Schuldverhältnisse durch **AGB** (früher AGB-Gesetz).

3 Die danach zu beachtenden Regeln (zumeist zwingendes Recht) sind beschrieben und erläutert im **Bauträgermerkblatt** der Landesnotarkammer Bayern, Stand Mai 2009, das den Vertragsmustern als „Checkliste" voran gestellt ist (**M 20.1**).

II. Erläuterungen

4 Die nachfolgenden Erläuterungen beschränken sich auf die zu beachtenden **Besonderheiten beim Bauträgervertrag**; sie gelten für beide Muster gleichermaßen. Zusätzliche Besonderheiten beim Bauträgervertrag für ein Wohnungseigentum sind gekennzeichnet.

1. Tatsächliche Objektbeschreibung

5 Wegen des Bestimmtheitsgrundsatzes ist beim Verkauf eines noch nicht fertiggestellten Kaufobjekts und bestehender Errichtungspflicht des Verkäufers die genaue Beschreibung der Bauverpflichtung unerlässlich. Sie erfolgt idR mit Worten (**Baubeschreibung**) und durch die **Baupläne** (genehmigte Baupläne, bei Wohnungseigentum auch Aufteilungsplan); diese Unterlagen sind zum Bestandteil des Vertrages zu machen, entweder durch Beifügen als Anlage (§ 9 Abs. 1 Satz 2 BeurkG) oder durch Verweisung nach § 13a BeurkG auf die zuvor anderweitig beurkundete Baubeschreibung sowie auf behördliche Pläne, idR die genehmigten Baupläne, bei Wohnungseigentum auch die Abgeschlossenheitsbescheinigung mit Aufteilungsplan. Bei Verweisung nach § 13a BeurkG müssen die Urkunden den Beteiligten inhaltlich bekannt sein und „sollen" im Termin zumindest in beglaubigter Abschrift, die Pläne „zur Durchsicht", vorliegen. Die Beteiligten können sowohl auf das Vorlesen (§ 13a Abs. 1 Satz 1 BeurkG) als auch auf das Beifügen zum Kaufvertrag (§ 13a Abs. 2 Satz 1 BeurkG) verzichten.

6 ➲ **Wichtig:** Bei einer Mitbeurkundung durch Verweisung nach § 13a BeurkG muss auch die Bezugsurkunde, auch wenn sie von ihrem Inhalt her (wie die Baubeschreibung) dieser Form nicht bedarf, beurkundet sein, und zwar nur von einem **deutschen Notar** oder deutschen Konsularbeamten (Winkler, Beurkundungsgesetz, 17. Aufl. 2013, § 13a BeurkG Rz. 36).

6a Die Beschreibung der Bauverpflichtung ist auch bei einem bereits fertig gestellten Kaufobjekt als Maßstab für die Sachmängelhaftung erforderlich.

2. Rechtliche Objektbeschreibung (relevant nur für Wohnungseigentum)

Die rechtliche Beschreibung von Grundbesitz erfolgt idR durch Verweisung auf das Grundbuch. 7
Bei einem im Grundbuch eingetragenen Wohnungseigentum werden damit auch die Festlegung der Raumeinheiten (mit ihrer Abgrenzung zu anderen Raumeinheiten und zum Gemeinschaftseigentum durch den Aufteilungsplan) und die Regeln der Gemeinschaftsordnung Inhalt der Vereinbarung.

Erfolgt die Beurkundung **vor Anlegung der Wohnungsgrundbücher** und damit vor der recht- 8
lichen Entstehung des Sondereigentums, müssen zur näheren rechtlichen Beschreibung des Kaufobjekts die Teilungserklärung und der Aufteilungsplan mitbeurkundet werden, entweder unmittelbar durch Beifügen als Anlage (§ 9 Abs. 1 Satz 2 BeurkG) oder durch Verweisung nach § 13a BeurkG. Dabei sind die in Rz. 5 f. dargelegten Formalien zu beachten.

3. Makler- und Bauträgerverordnung

Die Käuferschutzbestimmungen der Makler- und Bauträgerverordnung (MaBV) betreffen vor al- 9
lem die Gestaltung der Kaufpreisfälligkeit (nach Baufortschritt, dh. keine Vorleistungen des Käufers und die Käufersicherung.

4. Zwangsvollstreckungsunterwerfung

Eine – von Bauträgern häufig gewünschte – Erklärung des Käufers, mit der er sich wegen seiner 10
Zahlungsverpflichtungen der sofortigen Zwangsvollstreckung unterwirft, verbunden mit einem Nachweisverzicht hinsichtlich der Fälligkeit, ist bei Anwendbarkeit der AGB-Bestimmungen wegen Verstoßes gegen § 308 BGB (BGH MDR 2002, 27), bei Anwendbarkeit der MaBV auch nach §§ 3, 12 MaBV iVm. § 134 BGB (BGH MDR 1999, 32) nichtig. Auch die Einschränkung, dass der Nachweisverzicht im Vollstreckungsverfahren keine Beweislastumkehr bedeute, rechtfertigt keine andere Bewertung, weil der Käufer bereits durch die Aushändigung eines Vollstreckungstitels „ohne rechtfertigenden Grund" in eine Verteidigerrolle gedrängt wird (BGH MDR 2002, 27). – S. auch OLG Jena DNotI-Report 1999, 10 sowie Gutachten DNotI-Report 1999, 141. Grund für die Regelung zur Zwangsvollstreckungsunterwerfung in Bauträgerverträgen war ferner die vor der Schuldrechtsmodernisierung geltende kurze Verjährungsfrist für den Vergütungsanspruch des Bauträgers von zwei Jahren. Auf Grund dieser kurzen Verjährung wurde versucht, über den Umweg der Zwangsvollstreckungsunterwerfung eine Verlängerung der Verjährungsfrist auf 30 Jahre zu erreichen. Da der Vergütungsanspruch des Bauträgers nunmehr in der Frist des § 196 Abs. 1 Nr. 1 BGB verjährt, ist dies nicht mehr erforderlich. Darüber hinaus kann nach § 202 Abs. 2 BGB nach der Schuldrechtsmodernisierung auch eine Verlängerung der Verjährungsfrist vereinbart werden.

➲ **Hinweis:** Eine Zwangsvollstreckungsunterwerfung ohne den Nachweisverzicht ist praktisch 11
nutzlos, da ein vom klauselerteilenden Notar nachprüfbarer (und in öffentlich beglaubigter Form zu erbringender) Fälligkeitsnachweis nicht möglich ist. In den Mustern wurde deshalb auf die Unterwerfungserklärung verzichtet.

5. Mängelhaftungsregelung

Verträge über Ersterwerb vom Bauträger sind idR dem Bereich der Formularverträge iSv. § 305 12
BGB zuzuordnen mit der Folge, dass sie der richterlichen Inhaltskontrolle unterliegen und die Klauselverbote der §§ 307 ff. BGB greifen. Da für die Bauleistung Werkvertragsrecht gilt (seit BGH NJW 1973, 1235; WM 1985, 1478), bedeutet dies vor allem, dass zum Nachteil des Käufers vom Werkvertragsrecht abweichende vorformulierte Mängelhaftungsklauseln den Klauselverboten des § 309 BGB unterliegen; das gilt insbesondere für eine Erleichterung der Verjährungsfristen (§ 309 Nr. 8 lit. f BGB), für eine Beschränkung auf Nacherfüllung (§ 309 Nr. 8 lit. b bb BGB) sowie für die Verweisung auf Dritte (§ 309 Nr. 8 lit. b aa BGB), die sog. Subsidiaritätsklausel (BGH MDR 2002, 1060). – S. auch das Bauträgermerkblatt (**M 20.1**).

13 ➲ **Wichtig:** Die fünfjährige Verjährungsfrist (§ 634a Abs. 1 Nr. 2 BGB) darf auch für Jahre nach der Fertigstellung erfolgende Erst-Veräußerungen durch den Bauträger nicht abgekürzt werden (BGH NJW 1986, 1551 für Verkauf einer seit mehr als zwei Jahren fertiggestellten Wohnung). Beim Verkauf von Wohnungseigentum (Nachzüglerkauf) hat dies zur Folge, dass die Verjährung der Mängelansprüche außer für das Sondereigentum auch für das Gemeinschaftseigentum den Zeitraum von fünf Jahren überschreitet, zum Vorteil auch der früheren Käufer. Vertragliche Regelungen, die die Verjährungsfrist für die Ansprüche des Nachzüglers hinsichtlich des Gemeinschaftseigentums zu verkürzen sind unwirksam.

6. Bestand/Sanierungsobjekte

14 Aufgrund der immer weniger werdenden Möglichkeiten, Neubauten planen und ausführen zu können, werden vermehrt **bestehende Raumressourcen im Bestand aktiviert**. Insbesondere aktuell erforderlicher Wohnraumbedarf in den Innenstädten wird derzeit überwiegend im Bestand gedeckt.

15 Planen und Bauen im Bestand stellt in erster Linie an die Leistenden **höhere Anforderungen**, als dies bei einem Neubau der Fall ist. Aufgrund des Bestands ist das Überraschungsmoment im Vergleich zum Neubau deutlich größer. Beim Neubau sind grundsätzlich das Baugrundrisiko und Risiken aus eventuell bestehenden Vorleistungen anderer Unternehmungen zu beachten.

15a ➲ **Hinweis:** Zusätzlich sind beim Bauen im Bestand die aufgrund des Bestands resultierenden Risiken zu berücksichtigen. Bereits im Rahmen der Planung ist die Grundlage jeder weiterführenden Planungsüberlegung der einzubeziehende Bestandsbau, der jedoch – mit wirtschaftlich sinnvollem Einsatz – nur eingeschränkt abschließend ermittelt werden kann.

16 Die **Baubeschreibungen** sind meist unvollständig, ungenau, nicht transparent oder sogar wenig aussagekräftig. Die leider häufig anzutreffende mangelhafte Sorgfalt bei der Erstellung der Baubeschreibungen war bereits bei Neubauten in der Vergangenheit häufigste Quelle von Auseinandersetzungen in Bausachen und wird sich bei Bestandsbauvorhaben sicherlich noch ausweiten. Hieran wird sich zukünftig nicht zuletzt wegen der seit dem Schuldrechtsmodernisierungsgesetz (SchRModG) geltenden gesetzlichen Definition des Mangels in den §§ 633 Abs. 2 BGB und § 13 Nr. 4 VOB/B nichts ändern.

16a ➲ **Hinweis:** Primär ist gemäß der gesetzlichen Regelung darauf abzustellen, ob das Werk die vereinbarte Beschaffenheit aufweist.

17 Bezüglich der **Haftungsfragen des Bauträgers** sind aufgrund der veröffentlichten Entscheidungen drei Fallgruppen zu bilden.

Die beiden unproblematischen Fallgruppen betreffen die Veräußerung eines unsanierten Altbaus und die Veräußerung eines total sanierten Altbaus. Hinsichtlich dieser Gruppen kann auf bewährte Grundsätze zurückgegriffen werden. Eine Dritte, nämlich die rechtlich schwierige Fallgruppe stellt die des teilsanierten Altbaus dar.

18 Bei Veräußerung von **unsanierten Altbauten** ist der Vertrag als **Kaufvertrag** zu qualifizieren, während der Verkauf eines **totalsanierten Altbaus** einem **Neubau** gleichgestellt wird und als Werkvertrag qualifiziert wird (BGH v. 7.5.1984, NJW 1988, 490; BGH v. 16.12.2004, IBR 2005, 153, 154, 155, 206 = BauR 2005, 542 = NZBau 2005, 216). Hiervon zu unterscheiden ist allerdings die Frage, ob vom Bauträger die anerkannten Regeln der Technik zum Zeitpunkt der Abnahme einzuhalten sind. Der BGH hat in seiner Entscheidung v. 16.12.2004 Folgendes entschieden:

1. Ist auf den Erwerb eines sanierten Altbaus Werkvertragsrecht anzuwenden, weil der Erwerb des Grundstücks mit einer umfassenden Herstellungsverpflichtung verbunden ist, so richtet sich die Gewährleistung für auf dem Grundstück befindliche Anlagen, die zwar nicht unmittelbar dem Altbauobjekt zuzuordnen sind, jedoch dessen Funktion dienen, ebenfalls nach Werkvertragsrecht.
2. Verspricht der Veräußerer eines Altbaus eine Sanierung bis auf die Grundmauern, darf der Erwerber dies grundsätzlich dahin verstehen, dass der Veräußerer zu diesem Zweck im Rahmen des technisch Möglichen die Maßnahmen angewandt hat, die erforderlich sind, um den Stand der anerkannten Regeln der Technik zu gewährleisten. Etwas anderes kann sich ergeben, wenn die berechtigte Erwartung des Erwerbers unter Berücksichtigung der gesamten Vertragsumstände, insbesondere des konkreten Vertragsgegenstands und jeweiligen Gegebenheiten des Bauwerks darauf nicht gerichtet ist.

3. Der Veräußerer eines nach Umfang und Bedeutung einer Neuherstellung gleichkommenden sanierten Altbaus kann auch dann nach Werkvertragsrecht haften, wenn die geschuldete Modernisierung oder Sanierung bei Abschluss des Vertrages bereits fertiggestellt ist.

Der BGH hat zur dritten Fallgruppe (**teilsanierter Altbau**) in einer weiteren Entscheidung v. 6.10.2005 (BauR 2006, 99 = NZBau 2006, 113; noch zur alten Rechtslage) entschieden: 19

1. Der Veräußerer eines Altbaus oder einer Altbauwohnung haftet für Sachmängel der gesamten Bausubstanz nach den Gewährleistungsregelungen des Werkvertragsrechts, wenn er vertraglich Bauleistungen übernommen hat, die insgesamt nach Umfang und Bedeutung mit Neubauarbeiten vergleichbar sind.
2. Hat der Veräußerer eine Herstellungsverpflichtung übernommen, die insgesamt nach Umfang und Bedeutung mit Neubauarbeiten nicht vergleichbar ist, sind wegen Mängeln des Objekts die Gewährleistungsregeln des Werkvertragsrechts anwendbar, soweit die Herstellungsverpflichtung verletzt ist. Ist das nicht der Fall, ist Kaufrecht anwendbar.
3. In einem Individualvertrag über den Erwerb eines Altbaus oder einer Altbauwohnung können die Parteien wirksam den Ausschluss der verschuldensunabhängigen Sachmängelgewährleistung für Mängel der von der Modernisierung des erworbenen Objekts unberührt gebliebenen Altbausubstanz vereinbaren. Eine notarielle Belehrung über Umfang und Bedeutung des Gewährleistungsausschlusses ist auch dann nicht Voraussetzung für die Wirksamkeit des Gewährleistungsausschlusses, wenn dieser in einer formelhaften Klausel enthalten ist.

Aus den genannten Entscheidungen können nachstehende **Folgerungen für die Mängelhaftung** des Bauträgers bei Altbausanierung gezogen werden: 20

Hat sich der Bauträger vertraglich ausdrücklich zur **Sanierung des betroffenen Bauteils** verpflichtet, ist **Werkvertragsrecht** anwendbar. Vorrangig gelten vereinbarte globale Leistungsziele, die Baubeschreibung hat insoweit grundsätzlich nur erläuternde Funktion.

Fehlt eine ausdrückliche Sanierungspflicht, müssen die Leistungsversprechen des Bauträgers daraufhin untersucht werden, ob sie nach Art um Umfang mit Neubauarbeiten vergleichbar sind (Totalsanierung), damit Werkvertragsrecht hinsichtlich der gesamten Bausubstanz Anwendung findet.

Liegen die Voraussetzungen der Totalsanierung nicht vor (**Teilsanierung**), haftet der Bauträger für Mängel an der nicht sanierten Altbausubstanz grundsätzliche nach **Kaufrecht**, es sei denn, er hat eine ihm obliegende Untersuchungspflicht verletzt, dann richtet sich seine Haftung wiederum nach Werkvertragsrecht.

Ein **Ausschluss der Haftung** für Mängel der Werkleistung ist in (bei **Bauträgerverträgen** mit Verbrauchern stets vorliegenden) Allgemeinen Geschäftsbedingungen nicht und in formelhaften individualvertraglichen Klauseln grundsätzlich nur dann möglich, wenn der Erwerber vom Notar eindringlich über die Folgen belehrt wurde. 21

Ist **Kaufrecht** auf die Altbausubstanz anwendbar, ist ein Haftungsausschluss ohne besondere Belehrung des Notars sowohl individualvertraglich, als auch grundsätzlich in Allgemeinen Geschäftsbedingungen zulässig. 22

Im Rahmen von Altbausanierungen und deren Verkauf kommt es damit für die jeweiligen Rechtsfolgen entscheidend darauf an, wie der **Bauträgervertrag zum reinen Kaufvertrag abzugrenzen** ist. Soweit Kaufrecht anwendbar ist, gelten die kaufrechtlichen Gewährleistungsregeln. 23

➲ **Praxistipp:** In der Baubeschreibung sollte zur eindeutigen Abgrenzung detailliert vereinbart werden, welche Leistungen ausgeführt werden und welche Leistungen in der Substanz belassen werden. Es sollten zwei Baubeschreibungen erstellt und vereinbart werden (Leistungs- und Nicht-Leistungsbeschreibung). 23a

7. Sicherheit nach § 632a Abs. 3 BGB

Die durch das Forderungssicherungsgesetz mit Wirkung zum 1.1.2009 geschaffene Regelung sieht vor, dass der Unternehmer eine Vertragserfüllungssicherheit in Höhe von 5 % des Vergütungsanspruchs zu leisten hat. Die Regelung ist auch im Bauträgervertrag anzuwenden (Basty Rz. 43; Werner/Pastor Rz. 1218e). Im Verbraucher-Bauträgervertrag, der der Klauselkontrolle unterliegt, kann § 632a Abs. 3 BGB nicht wirksam abbedungen werden (Verstoß gegen §§ 307 Abs. 2, 309 Nr. 2 BGB). Bei Vereinbarung eines Ausschlusses der Regelung ist aufgrund des Verbots der gel- 24 tungserhaltenen Reduktion die gesamte Ratenzahlungsvereinbarung nichtig mit der Folge, dass die Vergütung erst nach Abnahme zur Zahlung fällig wird.

8. Änderungsvollmacht (nur relevant bei Wohnungseigentum)

25 Bei Wohnungseigentum kann sich die Notwendigkeit von Änderungsvollmachten, die der Käufer dem Bauträger erteilen soll, dann ergeben, wenn der Kaufvertrag bereits in einem frühen Stadium der Bauerrichtung oder sogar vor Baubeginn abgeschlossen wird. Ergibt sich dann im Verlauf der Bauerrichtung aus bautechnischen Gründen, durch Käuferwünsche oder behördliche Auflagen ein Änderungsbedarf für die in der Teilungserklärung erfolgten Festlegungen, müssen alle durch eine Auflassungsvormerkung gesicherten Käufer und Grundpfandrechtsgläubiger mitwirken, was bei einer immer größer werdenden Anzahl von Käufern mit einem erheblichen Zeit- und Kostenaufwand verbunden und nicht selten gar nicht mehr praktikabel ist. Der Wunsch der Bauträger nach einer im Kaufvertrag erteilten Änderungsvollmacht ist deshalb verständlich und legitim.

26 Derartige Vollmachten sind in engen Grenzen zulässig, für den Käufer aber nicht unproblematisch. Die Rechtsprechung verlangt **„gleichlautende und bestimmt umrissene"** (OLG Frankfurt OLGReport 2005, 35 mwN) Vollmachten. Sowohl zeitlich als auch inhaltlich unbeschränkte Vollmachten sind unzulässig (OLG Frankfurt OLGReport 2005, 35). Die Festlegung des Inhalts hängt von den konkreten Umständen und dem dadurch bedingten möglichen Änderungsbedarf ab.

27 Eine wirksame Kontrolle der Vollmachtsverwendung durch den Käufer ist jedenfalls nach außen nicht zu bewerkstelligen. Denn jede Einschränkung im Außenverhältnis, die dem Käuferschutz (und seiner Beruhigung) dienen soll, beinhaltet die Gefahr, dass die Vollmacht nicht verwertbar ist, weil der Adressat, zumeist das Grundbuchamt, solche Einschränkungen nicht überprüfen kann.

28 ➲ **Praxistipp:** In der Vollmacht enthaltene Beschränkungen oder Bedingungen für ihre Verwendung, deren Beachtung das Grundbuchamt nicht überprüfen kann, machen die Vollmacht wertlos.

29 **Beispiele hierzu aus der Rechtsprechung:**

- BayObLG (DNotZ 1994, 233 mit Anm. Röll): Eine Änderungsvollmacht, von der Gebrauch gemacht werden darf, solange „dem Käufer keine zusätzlichen Verpflichtungen auferlegt werden, sein Sondereigentum unangetastet bleibt und die Benutzung des Gemeinschaftseigentums nicht eingeschränkt wird", ist keine geeignete Grundlage für eine Grundbucheintragung.
- OLG Düsseldorf (DNotI-Report 1997, 119): Eine Zusatzbedingung „für den Fall, dass die Teilungserklärung noch einer Änderung bedarf", macht die Vollmacht mangels hinreichender Bestimmtheit unwirksam.
- BayObLG (DNotZ 1995, 610): Die einschränkende Formulierung „soweit das Sondereigentum des Käufers nicht unmittelbar betroffen ist" ist dagegen zulässig und dahin auslegbar, dass lediglich Änderungen ausgeschlossen sind, durch die die im Sondereigentum stehenden Räume (des Kaufobjekts) in ihrer Lage und Größe verändert werden.

30 Betreffen solche Verstöße gegen den Bestimmtheitsgrundsatz nur einzelne Teile einer Vollmacht, ist gleichwohl die gesamte Vollmacht unwirksam (BayObLG DNotZ 1995, 612).

31 **Abzuraten** ist von der **Zwischenschaltung Dritter** als „Kontrolleure", da die Problematik dadurch lediglich verlagert wird; das gilt insbesondere für die Bestimmung, dass „von der Vollmacht nur vor dem beurkundenden Notar" Gebrauch gemacht werden darf; dadurch wird eine Scheinsicherheit suggeriert, die der Notar gar nicht gewährleisten kann (weshalb er seine Beteiligung in dieser Weise ablehnen sollte).

32 Aus den vorstehenden Darlegungen ergibt sich folgendes **Fazit:** Wenn schon – wie zumeist – die Beschränkung der Änderungsvollmacht auf bestimmte genau beschriebene Punkte nicht möglich ist, sollte dem Käufer die Tragweite vor Augen geführt und er auf den Vertrauenscharakter deutlich hingewiesen werden. Der Käufer steht materiell-rechtlich zwar nicht schutzlos da, wenn der Bau-

träger ihm in Ausübung der Vollmacht Schaden zufügt. Die ihn beeinträchtigende Veränderung wird sich idR aber nicht mehr beseitigen lassen.

M 20.1 Bauträgermerkblatt[1]

Einleitung

I. Inhalt des Merkblatts

1. *Dieses Merkblatt informiert über Verträge zum Erwerb neuen Wohnraums von gewerblichen Unternehmern. Es soll typische Risiken derartiger Verträge aufzeigen und Möglichkeiten darstellen, solche Risiken durch ausgewogene Vertragsgestaltung zu vermindern. Es lassen sich jedoch nicht alle Risiken durch Vertragsgestaltung ausschalten; Bonität und Zuverlässigkeit des Vertragspartners sind daneben von entscheidender Bedeutung.*
2. *Das Merkblatt behandelt*
   - *den Bauträger-Vertrag (Teil A), mit dem ein Haus oder eine Eigentumswohnung verkauft wird, die von einem gewerblichen Verkäufer (= Bauträger) als Bauherr in eigener Regie errichtet wurde oder wird;*
   - *das „verdeckte Bauherren-Modell" (Teil B), das zwar ebenfalls den Erwerb von neuem Wohnraum betrifft, bei dem aber der an sich einheitliche Erwerbsvorgang in einen Grundstückskauf und einen Bauvertrag mit jeweils verschiedenen Vertragspartnern aufgespalten wird.*
3. *Das Merkblatt befasst sich nicht mit „geschlossenen Immobilienfonds" und ähnlichen Modellen. Erkundigen Sie sich wegen der bei diesen Gestaltungsformen auftretenden Risiken bei Ihrer Notarin oder Ihrem Notar!*

II. Wichtige Gesetze

Der Gesetzgeber hat die Interessen desjenigen, der vom Bauträger erwirbt, insbesondere durch folgende Vorschriften geschützt, auf die verschiedentlich verwiesen wird:

1. *Das Bürgerliche Gesetzbuch (BGB[2]) enthält nicht nur Vorschriften zu (Grundstücks-)Kaufvertrag und (Bau-)Werkvertrag (etwa zu Sachmängeln oder zur Kaufpreiszahlung) (§§ 433, 631 ff. BGB), sondern regelt auch, welche Klauseln in Allgemeinen Geschäftsbedingungen (AGB) und in Verbraucherverträgen (d.h. beim Erwerb durch einen Privatmann von einem gewerblichen Bauträger) unwirksam sind (§§ 305 ff., 310 BGB).*
2. *Die Makler- und Bauträgerverordnung (MaBV[3]) und die darauf verweisende „Verordnung über Abschlagszahlungen bei Bauträgerverträgen"[4] bezwecken, den Erwerber vor dem Verlust seiner dem Bauträger zur Verfügung gestellten Vermögenswerte zu sichern. Kernstück der MaBV sind die §§ 3 und 7, die dem Bauträger untersagen, Voraus- oder Abschlagszahlungen des Erwerbers entgegenzunehmen, bevor bestimmte Sicherungen vorliegen (vgl. Teil A. II. und III.).*
3. *Die Beurkundungspflicht nach § 311b Abs. 1 BGB dient u.a. dem Zweck, die Einhaltung der soeben genannten und anderer Käuferschutzvorschriften sicherzustellen. Beurkundungspflichtig sind alle Verträge, mit denen sich jemand zum Erwerb oder zur Veräußerung von Grundbesitz verpflichtet sowie alle damit im Zusammenhang stehenden Vereinbarungen (z.B. Mietgarantien). Die Beurkundungspflicht erstreckt sich insbesondere auf Sonderwünsche, die bei Vertragsschluss bereits feststehen. Werden Vertragsteile nicht beurkundet, ist der gesamte Vertrag unwirksam; dann schützt auch die Vormerkung den Erwerber nicht (vgl. Teil A. Abschnitt II. Ziff. 2).*

---

1 Abgedruckt mit freundlicher Genehmigung der Landesnotarkammer Bayern (www.notare.bayern.de). Stand Mai 2009.

2 Den jeweils aktuellen Text des BGB stellt das Bundesjustizministerium im Internet unter www.gesetze-im-internet.de/bgb zur Verfügung.

3 www.gesetze-im-internet.de/gewo_34cdv.

4 www.gesetze-im-internet.de/abschlagsv.

III. Aufgaben des Notars

1. Belehrung und faire Vertragsgestaltung

Aufgabe des Notars bei der Beurkundung ist insbesondere die Klärung des Sachverhalts, die Beratung über Gestaltungsmöglichkeiten und die Belehrung über die rechtliche Tragweite des Geschäftes (§ 17 BeurkG[5]). Der Notar ist verpflichtet, eine faire und ausgewogene Vertragsgestaltung vorzuschlagen.

Der Notar kann diese verbraucherschützende Funktion nur erfüllen und auf eine sachgerechte Vertragsgestaltung hinwirken, wenn ihm die Beteiligten den Sachverhalt vollständig vortragen. Insbesondere müssen die Beteiligten dem Notar mitteilen, falls Sonderwünsche abweichend von der Baubeschreibung vereinbart wurden oder falls der Erwerber (entgegen der MaBV) bereits eine Anzahlung geleistet hat.

2. Eigene Erkundigungen des Erwerbers

Technische, wirtschaftliche und finanzielle Fragen prüft der Notar als rechtlicher Berater nicht, insbesondere nicht ob das Objekt nach Lage, Art und Ausstattung den Vorstellungen des Erwerbers entspricht und ob der Preis angemessen ist. Der Erwerber sollte daher Pläne, Baubeschreibung und das Bauwerk – soweit bereits erstellt – genau prüfen!

Weiterhin sind dem Erwerber folgende Erkundigungen vor Vertragsschluss zu empfehlen:

- *Wurde für das Bauvorhaben eine erforderliche Baugenehmigung erteilt (abzuklären bei der Baugenehmigungsbehörde des Landkreises oder der kreisfreien Gemeinde)?*
- *Bestehen Rückstände an Erschließungsbeiträgen (bei der Gemeinde)?*
- *Kann der Bauträger einen Energieausweis nach dem Energieeinspargesetz (EnEG[6]) vorlegen?*
- *Ggf. bestehen schädliche Bodenveränderungen, die im Altlastenverzeichnis eingetragen sind (Landkreis oder kreisfreie Gemeinde).*

3. Entwurf zwei Wochen vor der Beurkundung

Erwirbt ein Verbraucher von einem gewerblichen Bauträger, so muss der Erwerber den beabsichtigten Text (= Entwurf) des Vertrages mindestens zwei Wochen vor der Beurkundung erhalten (§ 17 Abs. 2a BeurkG). Dies gilt grundsätzlich auch für die Baubeschreibung und bei Eigentumswohnungen für die Teilungserklärung (mit Gemeinschaftsordnung).

Die Zwei-Wochen-Frist soll dem Erwerber insbesondere ermöglichen, technische Fragen (etwa hinsichtlich der Bauausführung), finanzielle Fragen (Bankfinanzierung) und ggf. steuerliche Fragen vorab zu klären. Auch kann sich der Erwerber überlegen, was er den Notar zum Vertragsinhalt fragen will. Selbstverständlich steht der Notar auch vor der Beurkundung für Fragen zum Entwurf zur Verfügung.

4. Persönliche Anwesenheit des Erwerbers

Ist der Erwerber Verbraucher, darf der Vertrag grundsätzlich nur bei seiner persönlichen Anwesenheit beurkundet werden, (§ 17 Abs. 2a BeurkG). Nur so kann der Notar ihn belehren und seine Fragen beantworten. Ist der Erwerber ausnahmsweise verhindert, kann er sich durch eine Vertrauensperson (z.B. durch seinen Ehegatten) vertreten lassen.

Der Erwerber sollte darauf bestehen, dass er bei der Beurkundung mit einem verantwortlichen Vertreter des Bauträgers zusammentrifft. Denn nur so können beide Teile über den Inhalt des Vertrages und über mögliche Änderungen oder Ergänzungen unter gleichzeitiger Beratung durch den Notar verhandeln. Von einer Aufspaltung in Angebot und Annahme ist daher ebenso abzuraten wie von einem Vertragsschluss vorbehaltlich Genehmigung.

Soweit die Aufspaltung aus sachlichen Gründen gerechtfertigt ist, soll das Angebot vom Verbraucher ausgehen. Dabei darf die Bindungsfrist des Angebotes nicht unangemessen lang sein.

---

5 www.gesetze-im-internet.de/beurkg.

6 www.gesetze-im-internet.de/eneg.

Teil A. Bauträgervertrag

I. Errichtung des Bauwerkes

1. Teilungserklärung und Gemeinschaftsordnung

Bei Wohnungseigentum (Eigentumswohnungen) regelt die Teilungserklärung, welcher Miteigentumsanteil am Grundstück und welche Räume als Sondereigentum zum jeweiligen Wohnungseigentum gehören. Die Gemeinschaftsordnung regelt das Verhältnis der Wohnungseigentümer untereinander, etwa die Beschlussfassung im Rahmen der Wohnungseigentümerversammlung oder die Einräumung von Sondernutzungsrechten für einzelne Wohnungseigentümer (etwa an Gartenflächen oder an Kfz-Stellplätzen).

Deshalb sollte der Erwerber vor dem Kauf auch die Gemeinschaftsordnung genau durchlesen und ggf. den Notar zu ihrem Inhalt befragen!

2. Baubeschreibung

Die vom Bauträger geschuldete Bauleistung wird vor allem durch Baubeschreibung und Baupläne festgelegt. Sie bestimmen Größe, Zuschnitt und Ausstattung der verkauften Immobilie. Die Baubeschreibung muss beurkundet werden, auch wenn der Bauträger die nach der Baubeschreibung geschuldete Leistung zum Zeitpunkt des Vertragsabschlusses bereits ausgeführt hat. Dies kann auch durch Verweisung auf eine andere notarielle Urkunde geschehen.

Aus der Teilungserklärung, der Baubeschreibung oder aus dem Vertrag selbst sollten sich auch die Wohnfläche und deren Berechnungsgrundlage ergeben.

Abweichungen und Ergänzungen gegenüber der Baubeschreibung sind in den beurkundeten Vertrag aufzunehmen, ebenso Angaben des Bauträgers über Abweichungen zwischen verwendeten Prospekten und Baubeschreibung bzw. Bauausführung.

Der Bauträger darf sich Änderungen in der Bauausführung nur insoweit vorbehalten, als hierfür ein triftiger Grund besteht und sie dem Erwerber unter Berücksichtigung der Interessen des Bauträgers zugemutet werden können (§ 308 Nr. 4 BGB). Davon zu unterscheiden ist eine dem Bauträger erteilte Vollmacht zu Änderungen der Teilungserklärung, die den Miteigentumsanteil, das Sondereigentum und Sondernutzungsrechte des Erwerbers nicht unmittelbar berühren.

3. Fertigstellung

Bauträgerverträge sollen einen kalendermäßig bestimmten Fertigstellungstermin enthalten, wobei zwischen bezugsfertiger Herstellung und vollständiger Fertigstellung differenziert werden kann. Bei Terminüberschreitungen können dem Erwerber Schadensersatzansprüche zustehen. Für die rechtzeitige Herstellung des Werkes hat der Bauträger eine Sicherheit von 5 % des Vergütungsanspruchs zu leisten (vgl. V). Im Vertrag kann auch eine Vertragsstrafe oder eine Entschädigung für den Nutzungsausfall vereinbart werden. Der Vertrag kann allerdings nicht verhindern, dass das Werk, z.B. wegen Insolvenz des Bauträgers, nicht oder nicht rechtzeitig hergestellt wird.

4. Sonderwünsche

Stehen bei der Beurkundung Sonderwünsche des Erwerbers über eine von der Baubeschreibung abweichende Bauausführung schon fest, so müssen die Sonderwünsche beurkundet werden. Andernfalls ist möglicherweise der gesamte Bauträgervertrag unwirksam.

II. Fälligkeit des Kaufpreises:

Grundvoraussetzungen

1. Grundsatz

Zahlungen des Erwerbers (auch Anzahlungen) dürfen nach § 3 Abs. 1 MaBV frühestens geleistet werden, wenn

a) der Vertrag notariell beurkundet ist,

b) zum Vertrag etwa notwendige Genehmigungen erteilt sind,

c) der Anspruch des Erwerbers auf Übertragung des Eigentums am Vertragsobjekt durch Eintragung einer Auflassungsvormerkung gesichert ist (unten 2.),

d) die Lastenfreistellung von bestehenden dinglichen Belastungen gesichert ist (unten 3.),

e) die Baugenehmigung erteilt ist oder – wenn eine Baugenehmigung nicht erforderlich ist – nach den baurechtlichen Vorschriften mit dem Bauvorhaben begonnen werden darf (unten 4.) und

f) kein Rücktrittsrecht des Bauträgers (mehr) besteht (unten X).

Zur Höhe der einzelnen Abschlagszahlungen (Raten) siehe nachfolgend III.

Nimmt der Bauträger Zahlungen des Erwerbers entgegen, bevor diese Grundvoraussetzungen vorliegen oder die über die zulässigen Raten hinausgehen, so begeht er eine Ordnungswidrigkeit. Außerdem muss er die erhaltenen Zahlungen zurückerstatten.

2. Auflassungsvormerkung

a) Sicheren Schutz für die Eigentumsübertragung bietet nur die Eintragung einer Auflassungsvormerkung. Bei Eigentumswohnungen muss die Teilungserklärung im Grundbuch vollzogen und die Vormerkung am einzelnen Wohnungseigentum eingetragen sein.

b) Ist der Bauträger selbst noch nicht als Eigentümer im Grundbuch eingetragen, so gewähren die Abtretung des Übereignungsanspruchs des Bauträgers und der Vermerk der Abtretung bei der Auflassungsvormerkung des Bauträgers im Grundbuch dem Erwerber keine ausreichende Sicherheit.

c) Die Bestätigung des Notars über die Vorlage des Antrags auf Eintragung der Auflassungsvormerkung beim Grundbuchamt kann die Eintragung der Auflassungsvormerkung nicht ersetzen.

3. Sicherung der Lastenfreistellung

Die Vormerkung sichert nur gegen nachrangige (d.h. später eingetragene) Belastungen des Grundstücks. In der Regel ist das Kaufobjekt aber bereits mit einer Grundschuld belastet, die der Bauträger zu seiner Finanzierung benötigt („Globalgrundschuld“). Daher muss auch die Lastenfreistellung von bestehenden Belastungen gesichert sein.

Typischerweise geschieht dies, indem die Bank (Kreditinstitut), die den Bauträger finanziert, dem Erwerber ein Freigabeversprechen erteilt, in dem sich die Bank zur Freistellung des Vertragsobjekts von ihrem Grundpfandrecht verpflichtet. Als Bedingung der Freigabe verlangt die Bank meist, dass der Kaufpreis direkt an sie auf ein bestimmtes Konto gezahlt wird; nur bei Zahlung auf dieses Konto muss die Bank ihre Grundschuld löschen.

Die MaBV schreibt den Inhalt des Freigabeversprechens genau vor. Insbesondere muss das Freigabeversprechen auch für den Fall gelten, dass das Bauvorhaben nicht vollendet wird; für diesen Fall kann sich die Bank aber auch die Rückzahlung der geleisteten Zahlungen vorbehalten; allerdings muss sie nie mehr als den anteiligen Wert des Vertragsobjektes zurückzahlen.

Trotz des Freigabeversprechens können dem Erwerber bei Insolvenz des Bauträgers vor Fertigstellung erhebliche Schäden entstehen. Denn in der Regel reicht der vom Erwerber noch nicht geleistete Restkaufpreis nicht aus, um das Bauvorhaben zu vollenden. Außerdem kann der Erwerber bei einer Rückerstattung seiner Zahlungen verpflichtet sein, seiner eigenen Bank eine Vorfälligkeitsentschädigung für eine vorzeitige Beendigung des Darlehensvertrages zu bezahlen.

4. Bebaubarkeit

Zur Bebauung eines Grundstücks ist häufig eine Baugenehmigung erforderlich. Wenn jedoch eine Baugenehmigung nicht oder nicht zwingend vorgeschrieben ist, genügt das Vorliegen einer Bestätigung der zuständigen Behörde, dass die Baugenehmigung als erteilt gilt oder nach den baurechtlichen Vorschriften mit dem Bauvorhaben begonnen werden darf. Sehen die landesrechtlichen Bestimmungen eine derartige Bestätigung nicht vor, so genügt eine entsprechende Bestätigung des Bauträgers. In diesem Fall sind Zahlungen erst einen Monat nach Eingang der Bestätigung des Bauträgers beim Erwerber zulässig, damit dieser die Richtigkeit der Bestätigung nachprüfen kann.

III. Fälligkeit des Kaufpreises:

Baufortschritt

1. Abschlagszahlungen

Stets ist darauf zu achten, dass den Zahlungen jeweils ein entsprechender Grundstücks- und Bauwert gegenübersteht. Bei Zweifeln kann sich der Erwerber bei einem technischen Fachmann informieren. Durch die Zahlung nach Baufortschritt ist das Fertigstellungsrisiko, das der Erwerber jedes erst zu errichtenden Gebäudes trägt, zwar nicht ausgeschlossen, aber doch vermindert.

2. Sieben Raten nach MaBV

Zahlungen dürfen nicht vor Vorliegen der Voraussetzungen gemäß Abschnitt II. fällig werden. Die MaBV sieht dann eine Ratenzahlung entsprechend dem Bauablauf mit bis zu sieben Raten (Abschlagszahlungen) vor (§ 3 Abs. 2 MaBV). Die Raten können aus folgenden Teilbeträgen – bezogen auf die volle Vertragssumme unter Einbeziehung von Sonderwünschen – zusammengesetzt werden:

30,0 % nach Beginn der Erdarbeiten,

28,0 % nach Rohbaufertigstellung, einschließlich Zimmererarbeiten,

5,6 % für die Herstellung der Dachflächen und Dachrinnen,

2,1 % für die Rohinstallation der 9 Heizungsanlagen,

2,1 % für die Rohinstallation der Sanitäranlagen,

2,1 % für die Rohinstallation der Elektroanlagen.

7,0 % für den Fenstereinbau, einschließlich der Verglasung,

4,2 % für den Innenputz, ausgenommen Beiputzarbeiten,

2,1 % für den Estrich,

2.8 % für die Fliesenarbeiten im Sanitärbereich,

8,4 % nach Bezugsfertigkeit und Zug um Zug gegen Besitzübergabe,

2,1 % für die Fassadenarbeiten,

3,5 % nach vollständiger Fertigstellung.

Die Zusammensetzung dieser Raten sollte vorab im notariellen Vertrag festgelegt werden. Sofern einzelne dieser Leistungen („Gewerke") nicht anfallen (etwa beim Eigenausbau), ist der jeweilige Prozentsatz anteilig auf die übrigen Raten zu verteilen. Eine Unterteilung einzelner Raten ist unzulässig.

IV. Fälligkeit des Kaufpreises:

Bürgschaftssicherung

1. Grundvoraussetzungen

Anstelle der Sicherheiten nach vorstehendem Abschnitt II. Ziff. 1–4 können Zahlungen des Käufers auch dadurch gesichert werden, dass der Bauträger dem Käufer die selbstschuldnerische Bürgschaft einer Bank, Sparkasse oder Versicherung aushändigt, in welcher der Bürge für alle etwaigen Ansprüche des Erwerbers auf Rückgewähr oder Auszahlung seiner Vermögenswerte einsteht (§ 7 MaBV).

Gesichert werden müssen sämtliche Zahlungen, die der Erwerber geleistet hat. Es reicht daher nicht aus, wenn dem Erwerber nur hinsichtlich eines Teils der von ihm bezahlten Beträge eine Bürgschaft gestellt wird. Daher ist eine auf die letzte(n) Rate(n) beschränkte Bürgschaft unzureichend. Unzureichend ist auch eine Bürgschaft, die sich mit dem Baufortschritt reduziert.

2. Zahlung nach Baufortschritt

Zahlungen zu späteren als den in Abschnitt III. genannten Zeitpunkten können stets vereinbart werden. Abschlagszahlungen zu früheren Zeitpunkten können jedenfalls dann vereinbart werden, wenn dem Erwerber eine Bürgschaft ausgehändigt wird, die den in vorstehender Ziff. 1. genannten

Anforderungen entspricht, und wenn die Zahlungen den Wert der erbrachten Leistungen nicht übersteigen.

V. Fälligkeit des Kaufpreises:

Fertigstellungssicherheit

Der Bauträger hat in jedem Fall eine Sicherheit in Höhe von 5 % des gesamten Vergütungsanspruchs für die rechtzeitige Herstellung des Werkes ohne wesentliche Mängel zu leisten. Dabei hat er die Wahl, ob er eine Bürgschaft über diesen Betrag stellt (sog. Vertragserfüllungsbürgschaft) oder die erste Rate entsprechend angepasst wird, der Erwerber also zunächst weniger zahlt. In diesem Fall beträgt die erste Rate nur 25 %, beim Erbbaurecht 15 %.

VI. Finanzierung des Kaufpreises

Bei der Finanzierung des Kaufpreises ist auf Folgendes zu achten:

1. Rechtzeitig Finanzierung abklären!

Bereits vor der Beurkundung des Bauträgervertrages sollte der Erwerber mit seiner Bank die Finanzierung geklärt haben. Dann kann die Finanzierungsgrundschuld unmittelbar nach dem Abschluss des Bauträgervertrages beurkundet werden (was auch Grundbuchgebühren sparen kann). In jedem Falle sollte der Erwerber darauf achten, dass die Fälligkeit des Kaufpreises und der Auszahlungszeitpunkt der Darlehensbeträge aufeinander abgestimmt sind.

2. Finanzierungsvollmacht

Der Bauträgervertrag wird vom Notar so gestaltet, dass die Finanzierung des Kaufpreises durch Darlehen in banküblicher Weise möglich ist. Dazu gehört die Verpflichtung des Bauträgers, bei der Bestellung von Grundschulden mitzuwirken und im Falle der Bürgschaftssicherung für eine Gestaltung der Bürgschaft zu sorgen, die dem Erwerber eine Finanzierung ermöglicht.

Will der Bauträger – wie in der Regel – bei der Bestellung der Finanzierungsgrundpfandrechte nicht persönlich mitwirken, so kann er den Erwerber zur Abgabe der entsprechenden Erklärungen bevollmächtigen (Finanzierungsvollmacht). Der Erwerber als Betroffener muss an der Beurkundung grundsätzlich selbst teilnehmen oder sich von einer Vertrauensperson vertreten lassen (§ 17 Abs. 2a BeurkG). Die Vertretung des Erwerbers durch den Bauträger oder Angestellte des Notars ist grundsätzlich unzulässig.

3. Erwerb unvermessener Teilflächen

Beim Erwerb von noch nicht vermessenen Teilflächen besteht die Gefahr, dass der Erwerber zur Zahlung von Kaufpreisteilen an den Veräußerer verpflichtet ist, ohne dass deren Finanzierung über Darlehen durch Eintragung entsprechender Grundpfandrechte am Kaufobjekt gesichert werden kann. Hier bieten sich Gestaltungsmöglichkeiten an wie die Bürgschaft (oben IV.), eine Fälligkeit des Kaufpreises erst nach Vollzug der Grundstücksteilung oder – nach Abstimmung mit dem Kreditinstitut des Erwerbers – eine Verpfändung des Eigentumsverschaffungsanspruches des Erwerbers.

4. Öffentliche Wohnraumförderung

Soweit der Erwerber öffentliche Mittel für den Erwerb einsetzen will, sind die Bekanntmachungen des jeweiligen Bundeslandes über die Mindestanforderungen an Verträge als Voraussetzung der öffentlichen Förderung des Kaufs von Kaufeigenheimen und Kaufeigentumswohnungen zu beachten. Sind die öffentlichen Mittel zum Zeitpunkt des Vertragsschlusses noch nicht bewilligt, kann es erforderlich sein, in den Vertrag ein Rücktrittsrecht für den Erwerber aufzunehmen. Die erforderlichen Bewilligungsbedingungen sollte der Erwerber unbedingt vorab mit der Bewilligungsbehörde abklären. Sonst kann die Förderung versagt werden.

VII. Sachmängel

1. Mangel

Die Rechte des Erwerbers bei Baumängeln neu errichteter Bauwerke richten sich nach dem Werkvertragsrecht des BGB (§§ 633 ff. BGB), für Sachmängel des Grundstücks nach Kaufvertragsrecht (§§ 434 ff. BGB). Die Verdingungsordnung für Bauleistungen (VOB/B) kann im Bauträgervertrag nicht vereinbart werden.

Ein Mangel des Bauwerks liegt vor, wenn es von der Baubeschreibung abweicht oder wenn es nicht den anerkannten Regeln der Baukunst oder dem Stand der Technik entspricht. Üblicher Verschleiß ist kein Mangel.

2. Abnahme

Die Abnahme ist die Billigung des Werkes als im Wesentlichen vertragsgemäße Leistung (§ 640 BGB). Sie erfolgt regelmäßig bei einer gemeinsamen Besichtigung des Vertragsobjektes durch den Erwerber und den Bauträger. Beim Erwerb einer Eigentumswohnung muss nicht nur die Wohnung selbst (Sondereigentum), sondern auch das Gemeinschaftseigentum (z.B. Treppenhaus, Gemeinschaftsräume, Außenwände, Dach) abgenommen werden; hierfür können zwei getrennte Abnahmen vorgesehen werden.

Bei der Abnahme muss sich der Erwerber seine Rechte wegen ihm bekannter Mängel vorbehalten; sonst verliert er die Mängelrechte (mit Ausnahme des Anspruchs auf Schadensersatz).

3. Minderung, Rücktritt, Schadensersatz und Aufwendungsersatz

Sind Grundstück oder Bauwerk mangelhaft, kann der Erwerber zunächst Nacherfüllung (Nachbesserung, d.h. Beseitigung des Mangels) verlangen und bei deren Fehlschlagen nach seiner Wahl entweder den Kaufpreis mindern oder – wenn der Mangel erheblich ist – vom Vertrag zurücktreten. Bei Verschulden des Bauträgers kann er auch Schadensersatz fordern. Bei Werkmängeln kann er stattdessen wahlweise den Ersatz der zur Beseitigung erforderlichen Aufwendungen verlangen.

Beim Kauf neu hergestellter oder erst noch zu errichtender Immobilienobjekte kann das Recht des Erwerbers auf Minderung (Herabsetzung des Kaufpreises) und Rücktritt nicht vertraglich eingeschränkt werden (§ 309 Nr. 8b) bb) BGB).

Unwirksam ist auch eine Vereinbarung, durch die der Erwerber wegen Sachmängeln auf die Bauhandwerker, Lieferanten, Architekten usw. verwiesen wird und der Bauträger seine eigene Haftung vollständig ausschließt oder von der vorherigen Geltendmachung gegenüber den anderen Baubeteiligten abhängig macht. Der Bauträger muss somit stets selbst die Gewährleistung für Sachmängel übernehmen, auch wenn er im Vertrag zusätzlich seine Ansprüche gegen die Bauhandwerker an den Erwerber abtreten kann – z.B. für den Fall seiner Insolvenz.

Rechte wegen Mängeln des Grundstücks, insbes. so genannter Altlasten, kann der Bauträger nicht ausschließen, soweit sie das Bauwerk oder seine Benutzbarkeit beeinträchtigen.

4. Verjährung

Die gesetzliche Verjährungsfrist für Rechte wegen Mängeln an Bauwerken beträgt 5 Jahre ab der Abnahme (oben VII. 2.). Sie kann nicht abgekürzt werden (§ 309 Nr. 8b) ff.) BGB).

5. Zurückbehaltungsrecht und Bürgschaft

Werden Mängel erkennbar, bevor der Kaufpreis vollständig bezahlt ist, so hat der Erwerber das Recht, einen angemessenen Teil seiner Zahlungen bis zur Mängelbeseitigung zurückzubehalten (doppelte Mängelbeseitigungskosten für bei der Abnahme festgestellte Mängel). Solche Zurückbehaltungsrechte können nach § 309 Nr. 2b) BGB nicht eingeschränkt werden.

Hat der Bauträger eine Bürgschaft nach § 7 MaBV gestellt (s.o. Abschnitt IV.), so sichert die Bürgschaft grundsätzlich auch Zahlungsansprüche wegen Sachmängeln, sofern der Erwerber die Mängel spätestens bei der Abnahme geltend macht.

6. Kein vorschneller Rücktritt!

Vorsicht vor einer vorschnellen Rücktrittserklärung wegen Mängeln: Dadurch verliert der Erwerber seinen Vormerkungsschutz und seinen Freistellungsanspruch gegen die Bank. Ihm verbleibt nur ein Rückzahlungsanspruch gegen den Bauträger; dieser ist nicht gesichert und im Falle einer Insolvenz des Bauträgers wertlos.

VIII. Erschließungskosten

Nach der vertraglichen Regelung trägt der Bauträger im Regelfall alle Kosten der Ersterschließung, für naturschutzrechtliche Ausgleichsmaßnahmen u.ä. Erschließungsbeiträge sind unter anderem die Kosten für öffentliche Straßen, Wasserversorgungs- und Abwasseranlagen. Die Kosten für den Anschluss des Gebäudes an die Ver- und Entsorgungsleitungen gehören hingegen zu den Baukosten und sind ebenfalls grundsätzlich im Kaufpreis enthalten.

Die Erschließungsbeiträge nach dem Baugesetzbuch (BauGB) und die Beiträge nach den Kommunalabgabengesetzen ruhen als öffentliche Last auf dem Grundstück. Das bedeutet, dass der Erwerber der Gemeinde für rückständige Erschließungsbeiträge und Kommunalabgaben für die Immobilie haftet, nachdem er Eigentümer geworden ist, wenn der Bauträger seiner Verpflichtung zur Zahlung dieser Beiträge nicht nachgekommen ist. Der Erwerber sollte daher vor der Beurkundung durch Rückfrage bei der Gemeinde klären, ob sämtliche Erschließungsanlagen bereits abgerechnet und die Erschließungskosten durch den Bauträger gezahlt wurden. Sofern dies nicht der Fall ist und die Übernahme der Kosten für die Ersterschließung zum Leistungsumfang des Bauträgers gehört, hat dieser dafür Sorge zu tragen, dass der Erwerber nicht für diese Kosten in Anspruch genommen wird.

IX. Sonstige Rechte des Bauträgers

1. Vollmacht zur Löschung der Auflassungsvormerkung

Dem Bauträger darf keine Vollmacht gegeben werden, das zentrale Sicherungsmittel des Käufers, die Auflassungsvormerkung, zu löschen, auch nicht für den Fall des Rücktritts vom Vertrag.

2. Abbuchungsermächtigung

Eine dem Bauträger gegebene Vollmacht zur Verfügung über Konten des Käufers ist unzulässig.

3. Zwangsvollstreckungsunterwerfung

Eine Zwangsvollstreckungsunterwerfung des Erwerbers wegen seiner Zahlungsverpflichtung ist nach der Rechtsprechung grundsätzlich unzulässig.

X. Rücktrittsrecht des Bauträgers

Rücktrittsrechte des Bauträgers können nur bei einem sachlich gerechtfertigten Grund vereinbart werden (§ 308 Nr. 3 BGB). Das Rücktrittsrecht muss erloschen sein, bevor Zahlungen des Erwerbers fällig werden (§ 3 Abs. 1 S. 1 Nr. 1 MaBV).

XI. Auflassung

Die Auflassung ist die Erklärung, dass das Grundstückseigentum vom Verkäufer auf den Erwerber übertragen wird. Das Eigentum geht dann mit der Eintragung der Auflassung im Grundbuch auf den Erwerber über (§§ 873, 925 BGB).

Der Bauträger muss die Auflassung Zug um Zug gegen Zahlung des geschuldeten Kaufpreises erklären.

XII. Altbausanierung

Für die Sanierung von Altbauten gelten grundsätzlich die vorstehenden Hinweise entsprechend. Folgende Besonderheiten sind zu beachten:

1. Ratenplan

Die Fälligkeit der ersten Rate (Grundstücksrate) kann unabhängig vom Baubeginn nach Vorliegen der Fälligkeitsvoraussetzungen (oben II.1. bis 4.) vereinbart werden. Dies gilt auch für die Teilbeträge, die auf bereits erbrachte Leistungen (d.h. in der Altbausubstanz unverändert schon vorhandene Gewerke) entfallen.

2. Sachmängel

Der Bauträger kann seine Haftung für Mängel der Altbausubstanz nicht ausschließen, wenn er sich zu einer umfassenden Sanierung „bis auf die Grundmauern" verpflichtet hat. Für Mängel der von ihm zu erbringenden Leistungen oder für eine Verletzung von Untersuchungspflichten haftet er auf jeden Fall: Der Vertrag kann nichts Abweichendes vorsehen. Der Vertrag sollte daher eine Vereinbarung über die Abgrenzung enthalten und insbesondere auch regeln, zu welchen Untersuchungen an der Altbausubstanz der Bauträger verpflichtet ist.

XIII. Erbbaurechte

Beim Erwerb eines Kaufobjekts im Erbbaurecht gilt nach der MaBV ein abweichender Ratenplan. Die erste Rate (Grundstücksrate) beträgt hier höchstens 20 % des Kaufpreises (anstelle von sonst 30 %); die übrigen Raten erhöhen sich entsprechend.

Besondere Probleme ergeben sich hier bei der Finanzierung des Kaufpreises. Sie sollte daher vor Vertragsschluss geklärt sein. Weitere Risiken ergeben sich aus der Gestaltung des Erbbaurechtsvertrages. Diesen muss der Erwerber zusammen mit dem Entwurf des Bauträgervertrages zwei Wochen vor Vertragsschluss erhalten.

Teil B. Verdecktes Bauherrenmodell

Vorbemerkung

1. Keine Trennung bei Personenidentität

Der Erwerb von Wohnraum kann in zwei Verträge nur aufgespalten werden, wenn zwei verschiedene Vertragspartner vorhanden sind. Werden Grundstück und Bauleistung von einer Person angeboten, kann nur ein Bauträgervertrag über die Gesamtleistung abgeschlossen werden. Ist bei Vertragsschluss mit dem Bau bereits begonnen, so gehören die vorhandenen Teile des Bauwerkes kraft Gesetzes dem Grundstückseigentümer.

2. Beurkundungserfordernis

Grundstückskauf- und Werkvertrag sind zur Vermeidung ihrer Nichtigkeit beide notariell zu beurkunden, wenn der Grundstückskaufvertrag nicht ohne den Werkvertrag abgeschlossen worden wäre. Das ist regelmäßig der Fall, wenn Grundstück und Gebäude gemeinsam angeboten waren oder der Unternehmer den Käufer des Grundstücks bestimmen kann oder sich auf sonstige Weise zur Verschaffung des Grundstücks verpflichtet, ebenso wenn der Erwerber eine Gesamtleistung zu einem feststehenden Gesamtpreis erwerben will.

Der durch die Pflicht zur notariellen Beurkundung bezweckte Verbraucherschutz wird nur gewährleistet, wenn beide Verträge beurkundet werden, so dass der Notar die Gestaltung der Verträge im Sinn der nachstehenden Empfehlungen prüfen und beeinflussen und die beabsichtigte Bebauung im Grundstückskaufvertrag berücksichtigen kann. Eine Forderung des Unternehmers, nur den Grundstückskaufvertrag zu beurkunden, sollte der Käufer deshalb im eigenen Interesse ablehnen.

Insbesondere trifft es nicht zu, dass dadurch Grunderwerbsteuer gespart werden könnte. Umgekehrt fällt hingegen infolge der Trennung auf die Bauleistung Umsatzsteuer an.

3. Schutz des Käufers

Baut der Käufer beim verdeckten Bauherrenmodell auf seinem eigenen, neu erworbenen Grundstück, so ist er selbst Bauherr und hat daher die damit verbundenen Risiken zu tragen, gegen die er sich nur zum Teil versichern kann.

Wird hingegen auf dem Grundstück eines Dritten gebaut, so sind für den Käufer die üblichen Sicherungsmittel erforderlich (insbes. Auflassungsvormerkung und Sicherstellung der Lastenfreistellung, vgl. A.II.).

4. Abhängigkeit der Verträge bei Vertragsstörungen

Der Käufer genießt grundsätzlich nicht den Schutz der für den Bauträgervertrag geltenden Bestimmungen. Infolge der Vertragstrennung berühren Störungen des einen Vertragsverhältnisses (z.B. Nichterfüllung) nicht ohne weiteres den Bestand und die Verpflichtungen aus dem anderen Vertragsverhältnis. Hierüber sollten ausdrückliche vertragliche Regelungen getroffen werden.

Im Interesse des Käufers sollte die Eigentumsverschaffung nicht von der Erfüllung des Werkvertrages abhängen. Umgekehrt kann ggf. dem Käufer ein Rücktrittsrecht auch vom Grundstückskaufvertrag für den Fall eingeräumt werden, dass der Werkvertrag rückabgewickelt wird.

Muss der Käufer hingegen bei einer Rückabwicklung des Werkvertrages auch das Grundstück zurückgeben, so sind die Schutzbestimmungen der MaBV anwendbar.

5. Eigentumswohnungen

Der Erwerb von Eigentumswohnungen im verdeckten Bauherrenmodell ist wirtschaftlich sehr risikoreich. Eine ausreichende vertragliche Vorsorge ist in aller Regel nicht möglich, so dass hiervon meist abgeraten werden muss.

I. Fälligkeit des Grundstückskaufpreises

Voraussetzung für die Fälligkeit des Grundstückskaufpreises sollte zunächst sein, dass der lastenfreie Eigentumsübergang gesichert ist (vgl. hierzu Teil A.II.1. bis 3.). Daneben sollte aber auch die Baugenehmigung erteilt oder die Bebaubarkeit auf andere Weise (Teil A.II.4.) gesichert sein. Sonst trägt der Erwerber das Risiko, trotz Zahlung des Kaufpreises das beabsichtigte Gebäude nicht errichten zu können und das nicht in der geplanten Weise bebaubare Grundstück behalten zu müssen.

II. Fälligkeit des Gebäudepreises

Die Gegenleistung für das Gebäude darf nur nachträglich, d.h. für bereits erbrachte Bauleistungen fällig werden (§ 307 Abs. 2 Nr. 1 BGB iVm. § 641 BGB). Ratenzahlungen dürfen den Wert der Teilleistungen des Bauträgers nicht übersteigen. Als Anhaltspunkt kann § 3 Abs. 2 Nr. 2 MaBV dienen, der im Bauträgervertrag für den auf die Bauleistung entfallenden Kaufpreisteil die Zahlung in sechs Raten vorsieht (Teil A. III.). Insoweit ist auch eine Fertigstellungssicherheit (Teil A. V.) zu leisten. Die Gegenleistung für das Gebäude sollte auf keinen Fall – auch nicht teilweise – fällig werden, solange nicht der Grundstückskaufpreis fällig ist, also der lastenfreie Eigentumsübergang und die Bebaubarkeit gesichert sind (oben Teil A. II.). Andernfalls riskiert der Erwerber, ungesicherte Vorleistungen für einen Bau auf fremdem Grund und Boden zu erbringen.

III. Errichtung des Bauwerks

Bei der Gestaltung des Werkvertrages über die Errichtung des Bauwerkes sind die Hinweise in Teil A. I. zu beachten.

IV. Sachmängel

Während der Grundstücksverkäufer seine Haftung weitgehend ausschließen kann, muss der Unternehmer im Werkvertrag die Gewährleistung für das Gebäude übernehmen. Hierfür gelten die Hinweise in Teil A.VII. entsprechend. Insbesondere kann die VOB/B wegen des vom Unternehmer zu erbringenden Leistungsbündels insoweit grundsätzlich nicht vereinbart werden. Schlechte oder ausbleibende Erfüllung des Werkvertrages haben keinen Einfluss auf den Grundstückskaufvertrag. Der Käufer muss deshalb das Grundstück abnehmen und bezahlen, auch wenn der Unternehmer das Gebäude nicht oder so mangelhaft errichtet, dass der Käufer es eigentlich nicht behalten will. Ein Rücktrittsrecht des Käufers für diesen Fall besteht nur, wenn es mit dem Verkäufer ausdrücklich vereinbart ist.

V. Erschließungskosten

Soweit die entsprechenden Einrichtungen und Anlagen nicht bereits hergestellt und vom Grundstücksverkäufer bezahlt sind, muss der Werkvertrag zur Klarstellung eine Regelung vorsehen, ob Erschließungskosten und Anschlussbeiträge im Preis enthalten sind und ob der Unternehmer den Anschluss des Gebäudes an Ver- und Entsorgungsleitungen vornimmt. Gegenüber der Gemeinde haftet jedoch nicht der Unternehmer, sondern nur der Käufer als Grundstückseigentümer. Im Einzelnen vgl. Teil A.VIII.

VI. Vollmachten

Weitreichende Vollmachten des Käufers für den Unternehmer, die zum Teil in Verträgen des verdeckten Bauherrenmodells vorgesehen sind, bringen Risiken und Missbrauchsgefahren mit sich. Sie sind regelmäßig nicht erforderlich und im sonstigen Grundstücksverkehr nicht üblich (oben Teil A.IX.). Insbesondere darf der Unternehmer keine Vollmachten erhalten, Aufträge an Baubeteiligte im Namen des Käufers zu vergeben.

M 20.2 Bauträgervertrag[1] (Ersterwerb Wohngebäude)

(Urkundeneingang[2])

Die Käuferpartei erklärt vorab,

a) dass sie den Entwurf dieses Vertrages vor mehr zwei Wochen erhalten hat und damit ausreichend Gelegenheit hatte, den Inhalt zur Kenntnis zu nehmen und sich mit dem Gegenstand der Beurkundung auseinander zu setzen[3],

b) dass sie für eigene Rechnung im Sinne von § 8 GWG (Geldwäschegesetz) erwirbt.

Die Beteiligten erklären sodann zur notariellen Niederschrift:

Bauträgervertrag

§ 1 Grundstück und Grundbuchstand

(1) Die Verkäuferpartei ist Eigentümer folgenden Grundbesitzes: Grundbuch von ... (Ort) Band/Blatt ... (Nummer): Flurstück Nr. ... (Nummer und weitere Grundstücksbeschreibung).

(2) Das Grundstück ist wie folgt belastet: ... (Belastungen).

(3) Von diesen Belastungen sollen auf Kosten der Verkäuferpartei gelöscht werden: ... (Ergänzung).

Der Löschung wird hiermit zugestimmt, der Vollzug beantragt. Die Löschungsbewilligungen werden von ... (Name) beschafft und nachgereicht.

§ 2 Bauvorhaben und Bauerrichtungsverpflichtung

(1) Auf dem Grundstück errichtet die Verkäuferpartei ... (Beschreibung des Bauvorhabens).

(2) Errichtung und Ausbau erfolgen unter Beachtung der anerkannten Regeln der Baukunst nach der dieser Urkunde als Anlage angeschlossenen Baubeschreibung sowie den ebenfalls beigefügten Bauplänen. Die Anlagen stellen einen Bestandteil der Urkunde dar; die Baubeschreibung wurde mit vorgelesen, die Pläne von den Beteiligten eingesehen.

oder (Alternative):

(2) Errichtung und Ausbau erfolgen unter Beachtung der anerkannten Regeln der Baukunst nach den behördlich genehmigten Bauplänen (genehmigt von ... [Behörde] unter der Nr. ... [Nummer]) sowie der Baubeschreibung, die dieser Urkunde als Anlage angeschlossen ist, einen Bestandteil der

1 Rz. 1 ff.

2 Form nach § 311b Abs. 1 Satz 1 BGB.

3 Gem. § 17 Abs. 2a Nr. 2 BeurkG. Nichteinhaltung der Frist ist aber kein Grund, die Beurkundung abzulehnen.

Urkunde darstellt und mit vorgelesen wurde. Auf die genehmigten Baupläne, die im Termin zur Durchsicht vorlagen, wird verwiesen[4]. Auf das Beifügen dieser Unterlagen wurde von den Beteiligten verzichtet. Es wurde darüber belehrt, dass diese Unterlagen damit Inhalt dieses Vertrages werden.

oder (Alternative):

(2) Errichtung und Ausbau erfolgen unter Beachtung der anerkannten Regeln der Baukunst nach den behördlich genehmigten Bauplänen (genehmigt von ... [Behörde] unter der Nr. ... [Nummer]) sowie der Baubeschreibung, die in der Urkunde des Notars ... (Name und Ort) vom ... (Datum) unter der Urkundenrolle Nr. ... (UR-Nummer) enthalten ist. Auf die genehmigten Baupläne und die Baubeschreibung wird verwiesen. Die Käuferpartei ist im Besitze einer beglaubigten Abschrift der Baubeschreibung, die im Termin vorlag; ferner lagen die genehmigten Baupläne zur Durchsicht vor. Auf das Beifügen dieser Unterlagen und das Vorlesen der Baubeschreibung wurde von den Beteiligten verzichtet. Es wurde darüber belehrt, dass diese Unterlagen damit Inhalt dieses Vertrages werden.

(3) Für die Durchführung des Bauvorhabens gilt im Einzelnen:

1. *Die Verkäuferpartei ist verpflichtet, das Bauvorhaben entsprechend der näheren Beschreibung in Nr. 2 schlüsselfertig zu errichten. Sie ist zur Änderung der Bauausführung, der Baustoffe und der Einrichtungsgegenstände berechtigt, soweit sich dies aufgrund technischer Notwendigkeiten, statischer Erfordernisse oder behördlicher Auflagen als notwendig oder zweckmäßig erweist, damit keine Wert- oder Nutzungsminderung des Kaufobjektes verbunden und die Änderung der Käuferpartei zumutbar ist[5]. Bei Widersprüchen zwischen Plänen und Baubeschreibung ist die Baubeschreibung maßgebend. Die in den Plänen eingezeichneten Einrichtungsgegenstände gehören nicht zum Leistungsumfang, ausgenommen die Einrichtungen in den Sanitärräumen.*
2. *Die Gestaltung der Außenanlagen wird von der Verkäuferin nach ihrem Ermessen unter Berücksichtigung der Festlegungen in der Baubeschreibung vorgenommen.*
3. *Der Baubeginn ist für ... (Datum) vorgesehen, die Herstellung der Bezugsfertigkeit im Sinne von § 6 Abs. 2 erfolgt voraussichtlich bis ... (Datum), die Gesamtfertigstellung einschließlich Außenanlagen bis ... (Datum). Unbeschadet der Verpflichtung der Verkäuferpartei, den vorstehend beschriebenen Zeitrahmen nach Möglichkeit einzuhalten, wird für die vorgesehenen Fertigstellungszeitpunkte aber keine Garantie übernommen[6].*
4. *Verzögerungen aufgrund höherer Gewalt, Streik oder allgemeiner Materialsperre hat die Verkäuferpartei nicht zu vertreten. Dasselbe gilt für Verzögerungen, die durch Sonderwünsche oder Eigenleistungen der Käuferpartei verursacht sind.*

§ 3 Kaufobjekt

(1) Die Verkäuferpartei veräußert nunmehr an die Käuferpartei das in § 1 bezeichnete Grundstück mit dem darauf gem. Baubeschreibung und Plänen im beschriebenen Umfang zu errichtenden Gebäude.

(2) Der Erwerbsanspruch wird durch eine Auflassungsvormerkung gesichert.

(3) Mehrere Käufer erwerben Miteigentum zu gleichen Bruchteilen.

§ 4 Kaufpreis

(1) Der Kaufpreis beträgt ... Euro (in Worten ... Euro).

---

4 Sofern es genehmigte Baupläne gibt. Handelt es sich um ein Bauvorhaben, für das keine förmliche Genehmigung erteilt werden muss, ist die Beifügung von Bauplänen zur Urkunde unerlässlich (wie in erster Alternative formuliert); eine Verweisung nach § 13a BeurkG scheidet dann aus, da keine „von einer öffentlichen Behörde mit Unterschrift und Siegel oder Stempel versehenen" Pläne vorhanden sind (anders bei Kauf von Wohnungseigentum, wo der zur amtlichen Abgeschlossenheitsbescheinigung gehörende Aufteilungsplan vorhanden ist).

5 Ein Vorbehalt „Änderungen der Bauausführung, der Material- bzw. Baustoffwahl, soweit sie gleichwertig sind, bleiben vorbehalten" ist unwirksam (BGH DNotI-Report 2005, 157).

6 Ein zu unverbindlicher Fertigstellungstermin („wird sich bemühen", „wird angestrebt") ist unwirksam (Gutachten DNotI-Report 2005, 4 mwN).

Der im Kaufpreis enthaltene Anteil für Grundstückskosten einschließlich Erschließungs- und Anliegerbeiträge beträgt . . . Euro.

(2) Der Kaufpreis ist ein Festpreis. Er umfasst die Kosten für Grund und Boden sowie die Kosten für die schlüsselfertige Errichtung des Kaufobjektes entsprechend der Baubeschreibung und den Bauplänen einschließlich aller Baunebenkosten wie Architekten- und Statikergebühren, Bauleitungskosten, Genehmigungsgebühren sowie etwaiger Vermessungskosten.

(3) Im Kaufpreis sind auch alle Erschließungs- und Anliegerbeiträge nach Bundesbaugesetz, Kommunalabgabengesetz und örtlichen Satzungen enthalten, die mit der bestehenden oder geplanten Erschließung und der Bauerrichtung zusammenhängen. Die Verkäuferpartei erklärt und sichert zu, dass alle derartigen Beiträge erhoben und bezahlt sind.

Im Kaufpreis enthalten sind auch sämtliche Kosten, die für den Anschluss an die öffentlichen oder privaten Versorgungs- und Entsorgungsleitungen und -einrichtungen (Wasser, Abwasser, Elektrizität, Gas, Heizungswärme, Telefon und dergl.) bauseits aufzuwenden sind.

(4) Nicht im Kaufpreis enthalten und von der Käuferpartei gesondert zu tragen sind die Notariats- und Grundbuchkosten, die Grunderwerbsteuer sowie die Kosten der Kaufpreisfinanzierung.

§ 5 Kaufpreisfälligkeit

(1) Der Kaufpreis ist in sieben Teilbeträgen entsprechend dem Bauablauf jeweils nach Erreichen folgender Bautenstände zu entrichten[7]*:*

1.	*Nach Beginn der Erdarbeiten*	*30,0 %*	*. . . Euro*
2.	*nach Rohbaufertigstellung einschl. Zimmerarbeiten*	*28,0 %*	*. . . Euro*
3.	*für die Herstellung der Dachflächen und Dachrinnen*	*5,6 %*	*. . . Euro*
4.	*für die Rohinstallation der Heizungsanlagen (2,1 %), der Sanitäranlagen (2,1 %) und der Elektroanlagen (2,1 %)*	*6,3 %*	*. . . Euro*
5.	*für den Fenstereinbau einschl. der Verglasung (7,0 %) sowie den Innenputz, ausgenommen Beiputzarbeiten (4, 2 %)*	*11,2 %*	*. . . Euro*
6.	*für den Estrich (2,1 %), die Fliesenarbeiten im Sanitärbereich (2,8 %) sowie nach Bezugsfertigkeit und Zug um Zug gegen Besitzübergabe (8,4 %)*	*13,3 %*	*. . . Euro*
7.	*für die Fassadenarbeiten (2,1 %) und nach vollständiger Fertigstellung (3,5 %)*	*5,6 %*	*. . . Euro*
	zusammen	*100,0 %*	*. . . Euro*

(2) Zur Sicherung der Käuferpartei wird vereinbart, dass die Fälligkeit unabhängig vom angegebenen Bautenstand erst eintritt, wenn folgende weiteren Voraussetzungen vorliegen:

1. Der Vertrag muss vom Notar als rechtswirksam bestätigt sein.

2. Die Baugenehmigung muss erteilt sein. Ist eine Baugenehmigung nicht oder nicht zwingend erforderlich, muss von der zuständigen Baubehörde oder, falls eine solche Bestätigung der Baubehörde nicht vorgesehen ist, von der Verkäuferpartei bestätigt worden sein, dass

7 Ratenzahlung nach Baufortschritt entsprechend § 3 Abs. 2 MaBV; Abweichungen zu Lasten des Erwerbers sind unwirksam mit der Folge, dass Werkvertragsrecht gilt (BGH MDR 2001, 503), was seit Einführung der Abschlagszahlungen nach § 632a BGB für den Bauträger zu einer erträglicheren Ersatzregel führt (s. auch Quadbeck MDR 2000, 1111). – Die höchstens zulässigen sieben Teilbeträge können aus den insgesamt 13 Bautenstandsetappen beliebig zusammengestellt werden. **Vorauszahlungen** auf Herstellungskosten, für die der Stpfl. infolge **Insolvenz** des Bauunternehmers keine Bauleistungen erhalten hat und die er auch nicht zurückerlangen kann, gehören nicht zu den Herstellungskosten des Gebäudes. Stehen ihnen jedoch Herstellungsleistungen des Bauunternehmers gegenüber, gehören sie zu den Herstellungskosten eines Gebäudes, selbst wenn die Herstellungsleistungen mangelhaft sind (BFH v. 31.3.1992, BStBl. II 1992, 805). Vorauszahlungen auf Anschaffungskosten können unter den allgemeinen Voraussetzungen als Betriebsausgaben oder Werbungskosten abgezogen werden, wenn das Anschaffungsgeschäft nicht zustande gekommen ist und eine Rückzahlung nicht erlangt werden kann (BFH v. 28.6.2002, BStBl. II 2002, 758).

a) die Baugenehmigung als erteilt gilt oder

b) nach den baurechtlichen Vorschriften mit dem Bauvorhaben begonnen werden darf.

Ferner muss nach Eingang einer solchen Bestätigung bei der Käuferpartei mindestens ein Monat vergangen sein[8].

3. *Die Bescheinigung der Gemeinde muss vorliegen, dass ein gesetzliches Vorkaufsrecht nicht besteht oder nicht ausgeübt wird.*
4. *Etwa fehlende Genehmigungen oder Vollmachtsbestätigungen zu diesem Vertrag müssen in gehöriger Form beim Notar oder Grundbuchamt vorliegen.*
5. *Die Eintragung der für die Käuferpartei bewilligten Auflassungsvormerkung muss erfolgt sein.*
6. *Der Auflassungsvormerkung dürfen nur die nach diesem Vertrag übernommenen bzw. mit Zustimmung der Käuferpartei bestellten Belastungen sowie zunächst die in § 1 Abs. 3 aufgeführten Grundpfandrechte im Rang vorgehen.*
7. *Für die in § 1 Abs. 3 aufgeführten Grundpfandrechte muss die bindende schriftliche Zusicherung der Gläubiger vorliegen, dass die Löschung bzw. Pfandentlassung für das Kaufobjekt bewilligt wird, falls der Kaufpreis entsprechend den vorstehenden Vereinbarungen gezahlt wird, und zwar auch für den Fall, dass die Verkäuferpartei ihre Verpflichtungen nicht vollständig erfüllt und die Käuferpartei deshalb nur einen Teilkaufpreis schuldet.*

Die Käuferpartei wurde darüber belehrt, dass sie den Eintritt dieser weiteren Fälligkeitsvoraussetzungen selbst überwachen muss und der Notar insoweit keine Betreuungsfunktion übernommen hat.

(3) Nach Eintritt aller Fälligkeitsvoraussetzungen gem. Abs. 2 wird die Verkäuferpartei die Käuferpartei unter Beifügung einer Bautenstandbestätigung des bauleitenden Architekten schriftlich zur Zahlung der entsprechenden Rate auffordern; diese Rate wird zwei Wochen nach der Zahlungsaufforderung fällig.

(4) Der Verkäufer hat dem Käufer bei der ersten Rate eine Sicherheit gemäß § 632a Abs. 3 und 4 BGB in Höhe von 5 % des vereinbarten Kaufpreises für die rechtzeitige Herstellung des Werkes ohne wesentliche Mängel zu leisten. Wurde dem Käufer bis zur Fälligkeit der ersten Rate keine Sicherheit geleistet, so ist er berechtigt von der ersten Rate 5 % des Kaufpreises einzubehalten.

Eine Sicherheit ist zurückzugeben bzw. der einbehaltene Betrag ist zur Zahlung fällig, wenn der Sicherungszweck nicht mehr eintreten kann.

(5) Zahlt die Käuferpartei zum Fälligkeitszeitpunkt nicht, kommt sie ohne Mahnung in Verzug. In diesem Fall hat sie Verzugszinsen iHv. fünf Prozentpunkten jährlich über dem jeweiligen Basiszins zu entrichten. Die Geltendmachung eines weiteren Schadens ist nicht ausgeschlossen.

(6) Die einzelnen Raten sind auf folgendes Bausonderkonto der Verkäuferpartei zu überweisen: ... (Konto).

Wichtiger Hinweis

Sollte dieses Konto nicht mit dem von der Grundschuldgläubigerin in der Freistellungsverpflichtung angegebenen Konto identisch sein, ist das Gläubigerkonto maßgebend. Belehrung hierzu wurde erteilt.

§ 6 Besitzübergang/Abnahme

(1) Die Übergabe erfolgt mit Bezugsfertigkeit und Zahlung der bis dahin fällig gewordenen Kaufpreisraten. Die Bezugsfertigkeit setzt die Fertigstellung der zugangsfähigen Außenanlagen nicht voraus, ein gefahrloser Zugang zum Kaufobjekt muss aber gewährleistet sein.

Bei Bezugsfertigkeit ist der Käufer zur Abnahme verpflichtet.

8 Regeln nach § 3 Abs. 1 Satz 1 Nr. 4 MaBV. Für die Alternative der Eigenbestätigung durch den Bauträger wird dem Käufer eine Bescheinigung der Baubehörde vorzulegen sein, dass eine Bestätigung durch diese „nicht vorgesehen" ist. Die Monatsfrist gewährt der Käuferpartei Spielraum für eigene Erkundigungen.

(2) Bei der Übergabe/Abnahme findet eine gemeinsame Besichtigung des Vertragsobjektes statt. Hierzu ist ein Abnahmeprotokoll anzufertigen, in das noch fehlende Leistungen und Mängel aufzunehmen sind, auch soweit hierüber Streit besteht. Andere Formen der Abnahme sind damit nicht ausgeschlossen.

(3) Der Verkäufer hat dem Käufer den Termin der Übergabe mindestens 14 Tage vorher schriftlich mitzuteilen. Diese Mitteilung ist entbehrlich, wenn alle Beteiligten bei der Abnahme anwesend bzw. wirksam vertreten sind.

(4) Ab dem Tag der Übergabe gehen Besitz und Nutzen sowie alle Lasten, insbesondere auch die laufenden Steuern und öffentlichen Abgaben, die Gefahr eines zufälligen Untergangs und einer zufälligen Verschlechterung auf den Käufer über. Ferner geht die Verkehrssicherungspflicht ab dem Tag der Übergabe auf den Käufer über.

§ 7 Haftung für Rechts- und Sachmängel[9]

(1) Die Verkäuferpartei hat der Käuferpartei lastenfreien Besitz und lastenfreies Eigentum zu verschaffen, ausgenommen Lasten, die nach dem Inhalt dieses Vertrages ausdrücklich übernommen worden sind. Die Haftung für Rechte und Ansprüche, die sich aus altrechtlichen, nicht im Grundbuch eingetragenen Dienstbarkeiten ergeben könnten, wird ausgeschlossen. Die Verkäuferpartei erklärt, dass ihr von solchen Dienstbarkeiten nichts bekannt ist.

(2) Die Haftung der Verkäuferpartei für Sachmängel am Grundstück wird ausgeschlossen. Die Verkäuferpartei haftet insbesondere nicht für Größe, Güte und Beschaffenheit des Vertragsgrundstücks, für den Grenzverlauf sowie die bauliche Nutzung der Nachbargrundstücke, ferner nicht für die Eignung des Kaufobjekts zur Erreichung bestimmter steuerlicher Ziele. Die Verkäuferpartei erklärt hierzu, dass ihr nicht erkennbare Mängel, insbesondere Altlasten, nicht bekannt sind. Baulasten bestehen nach Angaben der Verkäuferpartei nicht.

(3) Die Haftung der Verkäuferpartei für die von ihr erbrachten bzw. zu erbringenden Bauleistungen richtet sich nach Bestimmungen des Bürgerlichen Gesetzbuchs über den Werkvertrag. Die Käuferpartei hat gegen die Verkäuferpartei aber zunächst nur einen Anspruch auf Nacherfüllung. Bei Fehlschlagen der Nacherfüllung kann die Käuferpartei jedoch den Kaufpreis mindern oder vom Vertrag zurücktreten.

(4) Garantieerklärungen werden seitens der Verkäuferpartei nicht abgegeben. Von den vorstehenden Haftungsbeschränkungen ausgenommen ist eine Haftung für Vorsatz oder arglistiges Verschweigen eines Mangels.

(5) Für etwaige Rechte und Ansprüche wegen Mängeln gilt die gesetzliche Verjährungsfrist von fünf Jahren. Soweit nach Ablauf der Verjährungsfrist zwischen den Vertragsbeteiligten der Verkäuferpartei noch Mängelansprüche gegen an der Bauplanung und Bauerrichtung beteiligte Personen oder Unternehmen zustehen, ist sie verpflichtet, diese ggf. im Interesse der Käuferpartei noch geltend zu machen oder die Ansprüche unter Übergabe der zugehörigen, für die Durchsetzung der Ansprüche erforderlichen Unterlagen an die Käuferpartei abzutreten.

(6) Soweit in dieser Urkunde Haftungsbeschränkungen oder Haftungsausschlüsse vereinbart sind, wird ergänzend folgendes vereinbart:

Die Haftung für Schäden aus der Verletzung des Lebens, des Körpers oder der Gesundheit, die auf einer vorsätzlichen oder fahrlässigen Pflichtverletzung des Bauträgers oder seines Vertreters oder Erfüllungsgehilfen beruhen, sowie für sonstige Schäden, die auf einer vorsätzlichen oder grob fahrlässigen Pflichtverletzung des Bauträgers oder seines Vertreters oder Erfüllungsgehilfen beruhen, bleibt unberührt.

§ 8 Sonderwünsche

(1) Als Sonderwunsch gelten alle von der Käuferpartei gewünschten Abweichungen von dem vertraglichen Leistungsumfang (Standardausführung), wie er in der Baubeschreibung und ggf. durch in diesem Vertrag vereinbarte Ergänzungen zur Baubeschreibung festgelegt ist.

9 Rz. 12 f.

(2) Sonderwünsche können berücksichtigt werden, sofern sie rechtzeitig geltend gemacht werden, technisch durchführbar sind, den Baufortschritt nicht beeinträchtigen, keine baurechtliche Genehmigung erfordern und nicht die Rechte Dritter beeinträchtigen.

(3) Die Ausführung von Sonderwünschen bedarf einer schriftlichen Zustimmung der Verkäuferpartei. Sofern nichts anderes vereinbart ist, erfolgen die Auftragserteilung an die Handwerker und die Abrechnung mit diesen unmittelbar durch die Käuferpartei. Eine Sachmängelhaftung der Verkäuferpartei für Sonderwunschleistungen besteht nicht.

(4) Architekten- und Ingenieurleistungen, die im Zusammenhang mit der Ausführung von Sonderwünschen anfallen, werden, sofern nichts anderes vereinbart ist, ausschließlich von der Verkäuferpartei in Auftrag gegeben und zwischen den Vertragsbeteiligten abgerechnet.

(5) Etwaige Vergütungen für Entfallpositionen erfolgen entsprechend der Sonderwunschvereinbarung und werden mit der letzten Kaufpreisrate verrechnet.

(6) Soweit der Verkäuferpartei für eine Prüfung von geltend gemachten Sonderwünschen Kosten entstehen, hat die Käuferpartei diese auch dann zu erstatten, wenn die Sonderwünsche nicht in Auftrag gegeben werden oder nicht durchführbar sind.

(7) Die Verkäuferpartei übernimmt keine Haftung für Terminverzögerungen, die durch die Ausführung von Sonderwünschen entstehen.

§ 9 Kosten und Steuern

(1) Die Kosten dieses Vertrages und seines Vollzuges sowie die Grunderwerbsteuer trägt die Käuferpartei.

(2) Die Kosten für die Löschung nicht übernommener Belastungen trägt die Verkäuferpartei.

(3) Kosten für Vollmachtsbestätigungen, Genehmigungen und dergl. trägt jeweils der Vertragsbeteiligte, der sie durch seine Abwesenheit im Termin ausgelöst hat.

§ 10 Mehrere Käufer

(1) Die Käufer haften für alle Verpflichtungen, die sie in diesem Vertrag übernommen haben, als Gesamtschuldner.

(2) Ansprüche aus diesem Vertrag stehen ihnen als Gesamtgläubiger nach § 428 BGB zu, sofern nicht ausdrücklich eine andere Gläubigerschaft vereinbart ist.

(3) Die Käufer erteilen sich gegenseitig die von der Wirksamkeit dieses Vertrages unabhängige, übertragbare und über den Tod der Vollmachtgeber hinaus gültige

Vollmacht

alle diesen Vertrag und seine Abwicklung betreffenden Erklärungen mit Wirkung für und gegen alle Käufer abzugeben und entgegenzunehmen.

Die Vollmacht berechtigt auch zu folgenden Erklärungen und Rechtshandlungen:

1. *Abgabe von Schuldanerkenntnissen einschließlich persönlicher Zwangsvollstreckungsunterwerfung, Übernahme der gesamtschuldnerischen Haftung,*
2. *Abgabe von Grundbucherklärungen jeder Art für das Kaufobjekt, insbesondere Rangerklärungen, Belastungen, Löschungen, dingliche Zwangsvollstreckungsunterwerfung,*
3. *Erklärung von Ehegattenzustimmungen.*

Von den Beschränkungen des § 181 BGB wird Befreiung erteilt.

Die Vollmacht erlischt mit der Eigentumsumschreibung auf die Käuferpartei. Vorher abgegebene Erklärungen bleiben aber wirksam.

Grundbucherklärungen

Auflassungsvormerkung

Die Verkäuferpartei bewilligt und die Käuferpartei beantragt die Eintragung einer Vormerkung zur Sicherung ihres Erwerbsanspruchs nach § 3 Abs. 1 und 3 im Grundbuch.

Löschung der Vormerkung

Die Löschung der Vormerkung wird bewilligt für den Fall der Eigentumsumschreibung unter der Voraussetzung, dass keine Zwischeneintragungen ohne Mitwirkung der Käuferpartei erfolgt oder beantragt sind.

Der Löschungsantrag wird später gestellt.

Löschung von Belastungen

Auf § 1 Abs. 3 wird Bezug genommen.

Auflassungsvollmacht und Auflassungsverpflichtung

Die Käuferpartei erteilt der Verkäuferpartei hiermit die von der Wirksamkeit dieses Vertrages unabhängige, übertragbare und über den Tod des Vollmachtgebers hinaus gültige Vollmacht, die Auflassung des Kaufobjektes zu erklären und die Eigentumsumschreibung zu beantragen.

Die Vollmacht berechtigt ferner zur Beantragung der Löschung der Auflassungsvormerkung in Vollzug der oben erklärten bedingten Löschungsbewilligung.

Die Verkäuferpartei ist zur Erklärung der Auflassung und Veranlassung der Eigentumsumschreibung auf die Käuferpartei verpflichtet, sobald der Kaufpreis in voller Höhe einschließlich etwaiger Verzugszinsen bezahlt ist.

Kaufpreisfinanzierung

Die Käuferpartei finanziert den Kaufpreis mit Darlehen, für die zu Lasten des Kaufobjekts Grundpfandrechte eingetragen werden müssen. In diesem Zusammenhang treffen die Beteiligten folgende Vereinbarungen:

I. Belastungsverpflichtung

Die Verkäuferpartei verpflichtet sich, bei der Belastung des Kaufobjekts mit Grundpfandrechten, ggf. mit Nebenrechten, zugunsten der den Kaufpreis mitfinanzierenden Geldgeber der Käuferpartei mitzuwirken, sofern eine persönliche Haftung damit nicht verbunden und die Auszahlung der gesicherten Darlehen bis zur Kaufpreishöhe an die Verkäuferpartei sichergestellt ist.

II. Abtretung und Weisung

Die Käuferpartei tritt bereits jetzt alle Auszahlungsansprüche gegen ihre Darlehensgeber, für die auf dem Kaufobjekt ein Grundpfandrecht eingetragen wird, bis zur Höhe des Kaufpreises erfüllungshalber an die Verkäuferpartei ab, die die Abtretung annimmt, und weist jeden Gläubiger an, sein Grundpfandrecht bis zur vollständigen Kaufpreiszahlung nur für Zahlungen auf den Kaufpreis entsprechend den Vereinbarungen in diesem Vertrag zu valutieren. Eine Valutierung für andere Zwecke darf bis dahin nicht erfolgen.

Der Notar wird beauftragt und angewiesen, jedem Gläubiger, für den auf dem Kaufobjekt aufgrund der unten vorgesehenen Weisung ein Grundpfandrecht bestellt wird, die Abtretung und Weisung mitzuteilen.

III. Belastungsvollmacht[10]

1. *Alle Vertragsbeteiligten erteilen hiermit den Notariatsbediensteten*
   a) ... (Name 1),
   b) ... (Name 2),
   und zwar jedem einzeln, die Vollmacht, zu Lasten des Kaufobjekts Grundpfandrechte bis zur Höhe des Kaufpreises einschließlich dinglicher Zwangsvollstreckungsunterwerfung zu bestellen, für die Käuferpartei ferner Schuldanerkenntnisse, Haftungsübernahmen und dergl. gegenüber Gläubigern zu erklären und ihr gesamtes Vermögen der sofortigen Zwangsvollstreckung zu un-

10 Zur Möglichkeit und Problematik von Belastungsvollmachten Kap. 43 Rz. 68 f.

terwerfen. Der Bevollmächtigte darf ferner mit der für die Käuferpartei bewilligten Auflassungsvormerkung hinter Grundpfandrechte im Range zurücktreten.

2. *Die Vollmacht wird unabhängig von der Wirksamkeit dieses Vertrages erteilt und soll durch den Tod eines Vollmachtgebers nicht erlöschen. Von den Beschränkungen des § 181 BGB wird Befreiung erteilt.*
3. *Eine Haftung der Bevollmächtigten wird, ausgenommen bei Vorsatz, ausgeschlossen.*
4. *Von dieser Vollmacht darf nur Gebrauch gemacht werden, wenn die Erklärungen vom Urkundsnotar oder seinem amtlichen Vertreter oder Nachfolger beurkundet oder beglaubigt werden.*
5. *Die Bevollmächtigten übernehmen keinen Auftrag und keine Verpflichtung, von dieser Vollmacht Gebrauch zu machen. Es ist allein Sache der Beteiligten, für die fristgerechte Bestellung der etwa erforderlichen Finanzierungsgrundpfandrechte Sorge zu tragen.*

IV. Interner Weisungsvorbehalt zur Finanzierungsvollmacht[11]

Im Innenverhältnis wird vereinbart, dass von der Vollmacht nur Gebrauch gemacht werden darf, wenn beide Vertragsbeteiligten den Bevollmächtigten oder dem Notar eine schriftliche Weisung zur Bestellung bestimmter Grundpfandrechte erteilen und die hierfür benötigten Unterlagen (Grundpfandrechtsformulare, Gläubigerweisungen und dergl.) aushändigen. Von Dritten, insbesondere vom Grundbuchamt, braucht das Vorliegen der Weisung nicht überprüft zu werden.

Für die Bevollmächtigten besteht keine Verpflichtung, aufgrund einer Weisung der Beteiligten von der Vollmacht Gebrauch zu machen. Wollen sie einer Weisung nicht nachkommen, haben sie dies unverzüglich den Beteiligten mitzuteilen.

V. Abtretung von Rückgewährsansprüchen und Eigentümerrechten

Die Verkäuferpartei tritt mit Wirkung ab Eigentumsumschreibung auf die Käuferpartei alle bis dahin entstandenen Eigentümerrechte und Rückgewährsansprüche an den unter Mitwirkung beider Beteiligten bestellten Grundpfandrechten an die Käuferpartei – an mehrere Käufer an diese als Gesamtgläubiger nach § 428 BGB – ab und bewilligt den Vermerk der Abtretung im Grundbuch; ein Vollzugsantrag wird hierzu nicht gestellt.

Ermächtigung

Der Notar wird ermächtigt, die Anträge einzeln einzureichen sowie sie einzeln oder zusammen namens aller Beteiligten zurückzunehmen.

Schluss

Beantragt werden folgende Abschriften und Ausfertigungen:

- *Grundbuchamt ... (Ort) – ohne Auflassung und ohne Löschungserklärung zur Auflassungsvormerkung – zum Vollzug,*
- *an das Finanzamt ... (Ort) zur Erteilung der steuerlichen Unbedenklichkeitsbescheinigung,*
- *an die ... (Stadt/Gemeinde) zur Entschließung über das gesetzliche Vorkaufsrecht,*
- *an den Gutachterausschuss (Stadt/Gemeinde),*
- *eine für oben bezeichnete(n) Gläubiger als Mitteilung der Abtretung und Weisung,*
- *... (Anzahl) für die Verkäuferpartei,*
- *... (Anzahl) für die Käuferpartei.*

Mit der Einholung der Vorkaufsrechtsbescheinigung sowie etwaiger Genehmigungen wird das Notariat beauftragt.

Genehmigungen und Zustimmungserklärungen sollen auch mit ihrem Eingang beim beurkundenden Notar oder seinem Vertreter im Amt allen Beteiligten gegenüber wirksam werden.

(Schlussformel)

11 Weisungsvorbehalt zum Schutze aller Beteiligten vor Missbrauch. Ggf. entbehrlich oder ersetzbar durch Gläubigererklärungen.

Kosten: *Notargebühr:* 2,0-Gebühr gem. Nr. 21100 KV GNotKG (Kaufvertrag, Auflassung und Belastungsvollmacht sind gegenstandsgleich, § 109 Abs. 1 S. 1 und 2 und S. 4 Nr. 1c GNotKG). Geschäftswert gem. §§ 97 Abs. 1, 47 GNotKG. Für die Vollzugstätigkeiten 0,5-Gebühr gem. Nr. 22110, Wert gem. § 112 GNotKG. Für die Betreuungstätigkeiten 0,5-Gebühr gem. Nr. 22200, Wert gem. § 113 GNotKG. Daneben fallen Auslagen nach Nrn. 32000 ff. KV GNotKG an.

Gerichtsgebühr: 0,5-Gebühr gem. Nr. 14150 KV GNotKG für die Eintragung der Auflassungsvormerkung. Geschäftswert gem. §§ 47, 45 Abs. 3 GNotKG. Für die Eintragung des neuen Eigentümers 1,0-Gebühr gem. Nr. 14110; Geschäftswert gem. § 47 GNotKG. Für die Löschung der Auflassungsvormerkung 25 Euro gem. Nr. 14152 KV GNotKG. Für die Eintragung von Belastungen Gebühren nach den Nrn. 14120, 14121 KV GNotKG; für die Löschung von Belastungen nach Nr. 14140 KV GNotKG. Geschäftswert § 53 Abs. 1 GNotKG.

M 20.3 Bauträgervertrag[1] (Ersterwerb Wohnungseigentum)

(Urkundeneingang)

Die Käuferpartei erklärt vorab,

a) dass sie den Entwurf dieses Vertrages vor mehr zwei Wochen erhalten hat und damit ausreichend Gelegenheit hatte, den Inhalt zur Kenntnis zu nehmen und sich mit dem Gegenstand der Beurkundung auseinander zu setzen[2],

b) dass sie für eigene Rechnung im Sinne von § 8 GWG (Geldwäschegesetz) erwirbt.

Die Beteiligten erklären sodann zur notariellen Niederschrift:

Bauträgervertrag

§ 1 Objektbeschreibung und Grundbuchstand

(1) Die Verkäuferpartei ist Eigentümerin folgenden Grundbesitzes:

... (Beschreibung des Grundstücks)

Durch Teilungserklärung nach § 8 WEG vom ... (Datum) ist das Grundstück in Wohnungs- und Teileigentum nach dem Wohnungseigentumsgesetz (WEG) aufgeteilt worden. Die vollzogene Teilungserklärung[3] wurde beurkundet von Notar ... (Name) in ... (Ort) am ... (Datum) – Urkundenrolle Nr. ... (Nummer).

(2) Das Grundstück insgesamt ist wie folgt belastet:

... (Belastungen).

Die Belastungen der Abt. III werden von der Käuferpartei nicht übernommen und sind nach Maßgabe der Vereinbarungen in § 4 Abs. 4 auf dem Kaufobjekt zu löschen.

§ 2 Bauvorhaben und Bauerrichtungsverpflichtung

(1) Auf dem Grundstück errichtet die Verkäuferpartei derzeit ein Mehrfamilienhaus mit Tiefgaragenstellplätzen.

(2) Errichtung und Ausbau erfolgen unter Beachtung der anerkannten Regeln der Baukunst entsprechend den genehmigten Bauplänen sowie der Baubeschreibung, die in der in § 1 Abs. 1 bezeichneten notariellen Urkunde enthalten ist. Eine beglaubigte Abschrift der Baubeschreibung so-

---

1 Rz. 1 f.

2 Gem. § 17 Abs. 2a Nr. 2 BeurkG. Nichteinhaltung der Frist ist aber kein Grund, die Beurkundung abzulehnen.

3 Verweisung auf das Grundbuch genügt bei vollzogener Teilungserklärung, Rz. 7 f. Vor Grundbuchvollzug müsste formuliert werden: „Eine beglaubigte Abschrift dieser Urkunde sowie die mit behördlichem Siegel versehene Abgeschlossenheitsbescheinigung vom ... (Datum, ggf. Aktenzeichen) nebst Aufteilungsplan lagen im Termin zur Durchsicht vor. Auf diese Urkunden wird verwiesen. Die Beteiligten erklären, dass ihnen der Inhalt bekannt ist. Auf das Beifügen dieser Unterlagen zu dieser Urkunde und auf das Vorlesen der Teilungserklärung wurde von den Beteiligten verzichtet. Es wurde darüber belehrt, dass diese Urkunden damit zur näheren rechtlichen Beschreibung der Kaufobjekte Inhalt dieses Vertrages werden."

wie die Abgeschlossenheitsbescheinigung, ausgestellt von ... (Behörde, Datum, Aktenzeichen) nebst Aufteilungsplan, der nach Zusicherung der Verkäuferpartei den genehmigten Baupläne entspricht, der Plan zur Durchsicht, lagen im Termin vor. Auf diese Urkunden wird verwiesen. Die Beteiligten erklären, dass ihnen auch der Inhalt dieser Urkunden bekannt ist. Auf das Beifügen dieser Unterlagen sowie auf das Vorlesen der Baubeschreibung wurde verzichtet. Es wurde darüber belehrt, dass diese Unterlagen damit zur näheren Beschreibung der Bauverpflichtung[4] Inhalt des Vertrages werden.

(3) Die Verkäuferpartei ist verpflichtet, das Bauvorhaben, insbesondere die Kaufobjekte, entsprechend der näheren Beschreibung in Abs. 2 schlüsselfertig zu errichten. Sie ist zur Änderung der Bauausführung, der Baustoffe und der Einrichtungsgegenstände berechtigt, soweit sich dies technisch oder aufgrund behördlicher Auflagen als notwendig erweist, damit keine Wert- oder Nutzungsminderung der Kaufobjekte verbunden und die Änderung der Käuferpartei zumutbar ist[5]. Bei Widersprüchen zwischen Plänen und Baubeschreibung ist die Baubeschreibung maßgebend. Die in den Plänen eingezeichneten Einrichtungsgegenstände gehören nicht zum Leistungsumfang, ausgenommen die Einrichtungen in den Sanitärräumen.

(4) Die Fertigstellung des Bauvorhabens soll bis spätestens ... (Datum) erfolgen.

Unbeschadet der Verpflichtung zur zügigen Fertigstellung wird hierfür aber keine Garantie übernommen[6].

§ 3 Kaufobjekt

(1) Die Verkäuferpartei veräußert nunmehr an die Käuferpartei das folgende Wohnungs- und Teileigentum an dem in § 1 bezeichneten Grundstück:

1. *Wohnungsgrundbuch[7] Blatt ... (Nummer):*

   Miteigentumsanteil von ... (Bruchteil)/10 000, verbunden mit dem Sondereigentum an der Wohnung Nr. ... (Nummer) nebst entsprechend bezeichnetem Keller.

   Die Wohnfläche beträgt ... (Größe) qm.

2. *Teileigentumsgrundbuch Blatt ... (Nummer):*

   Miteigentumsanteil von ... (Bruchteil)/10 000, verbunden mit dem Sondereigentum an dem PKW-Stellplatz Nr. ... (Nummer) in der Tiefgarage.

(2) Mehrere Käufer erwerben Miteigentum zu gleichen Bruchteilen.

(3) Die Kaufobjekte sind wie folgt belastet:

... (Belastungen).

Diese Belastungen sind auf Kosten der Verkäuferpartei auf den Kaufobjekten zu löschen. Der Löschung wird zugestimmt, der Vollzug später gesondert beantragt; die Erklärung der Gläubiger wird von der Verkäuferpartei beschafft und nachgereicht.

§ 4 Kaufpreis

(1) Der Kaufpreis beträgt ... Euro (in Worten: ... Euro).

Hiervon entfallen

1. *auf die Wohnung ... Euro,*
2. *auf die Garage ... Euro,*
3. *auf das Grundstück ... Euro.*

(2) Der Kaufpreis ist ein Festpreis. Er umfasst die Kosten für Grund und Boden sowie die Kosten für die schlüsselfertige Errichtung der Kaufobjekte entsprechend der Baubeschreibung und den Baupla-

4 § 13a BeurkG; Rz. 5.

5 Ein Vorbehalt „Änderungen der Bauausführung, der Material- bzw. Baustoffwahl, soweit sie gleichwertig sind, bleiben vorbehalten" ist unwirksam (BGH DNotI-Report 2005, 157).

6 Ein zu unverbindlicher Fertigstellungstermin („wird sich bemühen", „wird angestrebt") ist unwirksam (Gutachten DNotI-Report 2005, 4 mwN).

7 Die Zeile entfällt, wenn die Wohnungsgrundbücher noch nicht angelegt sind; dann die alte Grundbuchblattnummer angeben.

nen einschließlich aller Baunebenkosten wie Architekten- und Statikergebühren, Bauleitungskosten, Genehmigungsgebühren sowie etwaiger Vermessungskosten.

(3) Im Kaufpreis sind auch alle Erschließungs- und Anliegerbeiträge nach Baugesetzbuch, Kommunalabgabengesetz und örtlichen Satzungen enthalten, die mit der bestehenden oder geplanten Erschließung und der Bauerrichtung zusammenhängen. Die Verkäuferpartei erklärt und sichert zu, dass alle derartigen Beiträge erhoben und bezahlt sind.

Im Kaufpreis enthalten sind auch sämtliche Kosten, die für den Anschluss an die öffentlichen oder privaten Versorgungs- und Entsorgungsleitungen und -einrichtungen (Wasser, Abwasser, Elektrizität, Gas, Heizungswärme, Telefon und dergl.) bauseits aufzuwenden sind.

(4) Nicht im Kaufpreis enthalten sind die Notariats- und Grundbuchkosten sowie die Geldbeschaffungs- und Finanzierungskosten.

§ 5 Zahlung des Kaufpreises

(1) Der Kaufpreis ist wie folgt zu entrichten[8]:

1. Nach Beginn der Erdarbeiten	*30,0 %*	*... Euro (Rate)*
2. nach Rohbaufertigstellung einschl. Zimmerarbeiten	*28,0 %*	*... Euro (Rate)*
3. für die Herstellung der Dachflächen und Dachrinnen	*5,6 %*	*... Euro (Rate)*
4. für die Rohinstallation der Heizungsanlagen (2,1 %), der Sanitäranlagen (2,1 %) und der Elektroanlagen (2,1 %)	*6,3 %*	*... Euro (Rate)*
5. für den Fenstereinbau einschl. der Verglasung (7,0 %) sowie den Innenputz, ausgenommen Beiputzarbeiten (4,2 %)	*11,2 %*	*... Euro (Rate)*
6. für den Estrich (2,1 %), die Fliesenarbeiten im Sanitärbereich (2,8 %) sowie nach Bezugsfertigkeit und Zug um Zug gegen Besitzübergabe (8,4 %)	*13,3 %*	*... Euro (Rate)*
7. für die Fassadenarbeiten (2,1 %) und nach vollständiger Fertigstellung (3,5 %)	*5,6 %*	*... Euro (Rate)*
zusammen		*... Euro (Summe)*

(2) Zur Sicherung der Käuferpartei wird vereinbart, dass die Fälligkeit unabhängig vom angegebenen Fälligkeitspunkt erst eintritt, wenn folgende weiteren Voraussetzungen vorliegen:

1. *Der Kaufvertrag muss rechtswirksam sein[9].*
2. *Die Baugenehmigung muss erteilt sein[10]. Ist eine Baugenehmigung nicht oder nicht zwingend erforderlich, muss von der zuständigen Baubehörde oder, falls eine solche Bestätigung der Baubehörde nicht vorgesehen ist, von der Käuferpartei bestätigt worden sein, dass*
   - *die Baugenehmigung als erteilt gilt oder*
   - *nach den baurechtlichen Vorschriften mit dem Bauvorhaben begonnen werden darf.*

   Ferner muss nach Eingang einer solchen Bestätigung bei der Käuferpartei mindestens ein Monat vergangen sein.

8 Ratenplan nach § 3 Abs. 2 MaBV; Abweichungen zum Nachteil des Käufers sind unwirksam mit der Folge, dass Werkvertragsrecht gilt (BGH MDR 2001, 503), was seit Einführung der Abschlagszahlungen nach § 632a BGB für den Bauträger zu einer erträglicheren Ersatzregel führt (s. Quadbeck MDR 2000, 1111). Die insgesamt 13 Bautenstandsetappen dürfen auf höchstens sieben Kaufpreisteilbeträge aufgeteilt werden, die beliebig zusammengestellt werden können. Die Zusammenstellung der sieben Raten kann im Vertrag auch weggelassen und dem Bauträger überlassen werden.

9 § 3 Abs. 1 Nr. 1 und 4 MaBV. Die Fälligkeitsvoraussetzung „Rechtswirksamkeit" ist vom Notar festzustellen und den Beteiligten mitzuteilen. Tritt die Rechtswirksamkeit mit der Vertragsunterzeichnung ein, kann dies sofort in der Urkunde bestätigt werden.

10 Regeln nach § 3 Abs. 1 Satz 1 Nr. 4 MaBV. Falls die Eigenbestätigung durch den Bauträger in Betracht kommt, wird dem Käufer durch Bescheinigung der Baubehörde nachzuweisen sein, dass eine Bestätigung durch diese Behörde „nicht vorgesehen" ist. Steht die Art der Bestätigung bei Vertragsbeurkundung fest, ist der Text entsprechend zu beschränken.

3. *Die Eintragung der für die Käuferpartei bewilligten Auflassungsvormerkungen muss erfolgt sein*[11].
4. *Den Auflassungsvormerkungen dürfen nur folgende Rechte im Range vorgehen*[12]*:*
   a) *Folgende mit Zustimmung der Käuferpartei bestellte Belastungen:*
   . . . (Belastungen für Geldgeber der Käuferpartei).
   b) *Zunächst ferner folgende bereits eingetragenen Grundpfandrechte für Geldgeber der Verkäuferpartei:*
   . . . (Belastungen für Geldgeber und Käuferpartei).
   c) *Für die Grundpfandrechte der Geldgeber der Verkäuferpartei, die der Auflassungsvormerkung im Range vorgehen, muss die bindende schriftliche Zusicherung der Gläubiger vorliegen, dass die Löschung bzw. Pfandentlassung für die Kaufobjekte bewilligt wird, falls der Kaufpreis entsprechend den vorstehenden Vereinbarungen bezahlt wird, und zwar auch für den Fall, dass die Verkäuferpartei ihre Verpflichtungen nicht vollständig erfüllt und die Käuferpartei deshalb nur einen Teilkaufpreis schuldet.*

Den Eintritt der Rechtswirksamkeit des Vertrages wird der Notar den Beteiligten mitteilen; mit der Mitteilung wird diese Fälligkeitsvoraussetzung herbeigeführt.

Die Käuferpartei wurde darüber belehrt, dass sie den Eintritt der weiteren Fälligkeitsvoraussetzungen selbst überwachen muss und der Notar insoweit keine Betreuungsfunktion übernommen hat.

(3) Die einzelnen Raten sind sodann nach dem Baufortschritt, den der bauleitende Architekt mitteilt, innerhalb von 14 Tagen nach schriftlichem Abruf auf folgendes Bausonderkonto der Verkäuferpartei zu überweisen: . . . (Bausonderkonto und Bank).

Wichtiger Hinweis:

Sollte dieses Konto mit dem von der Grundpfandrechtsgläubigerin in der Freistellungsverpflichtung angegebenen Konto nicht identisch sein, ist das Gläubigerkonto maßgebend. Belehrung hierzu wurde erteilt.

(4) Der Verkäufer hat dem Käufer bei der ersten Rate eine Sicherheit gemäß § 632a Abs. 3 und 4 BGB in Höhe von 5 % des vereinbarten Kaufpreises für die rechtzeitige Herstellung des Werkes ohne wesentliche Mängel zu leisten. Wurde dem Käufer bis zur Fälligkeit der ersten Rate keine Sicherheit geleistet, so ist er berechtigt von der ersten Rate 5 % des Kaufpreises einzubehalten.

Eine Sicherheit ist zurückzugeben bzw. der einbehaltene Betrag ist zur Zahlung fällig, wenn der Sicherungszweck nicht mehr eintreten kann.

(5) Bei Zahlung nach Eintritt aller Fälligkeitsvoraussetzungen sind Verzugszinsen iHv. fünf Prozentpunkten jährlich über dem jeweiligen Basiszins zu entrichten.

§ 6 Sonderwünsche

(1) Die Käuferpartei kann als Sonderwunsch eine von der vorgesehenen Bauausführung abweichende Ausstattung verlangen, soweit dies technisch und baurechtlich möglich ist und der Baufortschritt nicht verzögert wird.

(2) Derartige Sonderwünsche sind mindestens sechs Wochen vor Beginn der betreffenden Arbeiten bei der Verkäuferpartei geltend zu machen, die sie direkt an den Handwerker oder Unternehmer weitergibt. Auftraggeber für Sonderwünsche ist unmittelbar die Käuferpartei, so dass insoweit keine Vertragsbeziehungen zwischen den Beteiligten dieses Vertrages zustande kommen, somit auch keine Mängelhaftung der Verkäuferpartei begründet wird.

---

11 § 3 Abs. 2 MaBV. Es reicht aus, wenn die unwiderrufliche Eintragungsbewilligung nebst Antrag beim Grundbuchamt vorliegt.

12 § 3 Abs. 1 Nr. 3 sowie Abs. 1 letzter Absatz MaBV. Hierzu gibt es zahlreiche weitere Gestaltungsmöglichkeiten, zB Freigabe nach der ersten Rate, die über Treuhänder gezahlt wird; Rangrücktritt des „alten" Gläubigers gegen Abtretung des Kaufpreisanspruchs ua. Wichtig ist vor allem, dass die Freistellungsverpflichtung den Fall des Steckenbleibens des Bauvorhabens umfasst.

(3) Durch Sonderwünsche entstandene Mehrkosten trägt die Käuferpartei; sie sind direkt an den Unternehmer zu bezahlen.

(4) Gutschriften für Einsparungen erhält die Käuferpartei nur, wenn und soweit auch der Unternehmer eine Gutschrift gewährt oder den Werklohn herabsetzt.

(5) Die Verkäuferpartei erhält für ihre Verwaltungsarbeit eine Kostenpauschale von 5 % des gutgeschriebenen Betrages bzw. der Mehrkosten.

§ 7 Eigenleistungen

(1) Die Käuferpartei ist berechtigt, folgende Teile der Innenausbauarbeiten an ihrem Wohnungseigentum (Sondereigentum) in Eigenleistung zu erbringen: ... (Gewerke).

Die Eigenleistung darf jeweils nur für ein Gewerk insgesamt übernommen werden.

(2) Für die Eigenleistungen erhält die Käuferpartei eine Gutschrift auf den Kaufpreis, deren Umfang sich nach den Ausschreibungsergebnissen richtet. Die Verkäuferpartei erhält für ihre Verwaltungsarbeit eine Kostenpauschale von 5 % des gutgeschriebenen Betrages.

(3) Die Absicht auf Erbringung von Eigenleistungen ist mindestens sechs Wochen vor Beginn der Arbeiten an dem betroffenen Gewerk der Verkäuferpartei schriftlich mitzuteilen. Es ist Sache der Käuferpartei, sich rechtzeitig nach dem voraussichtlichen Beginn der Arbeiten zu erkundigen.

(4) Die Erbringung von Eigenleistungen bedarf der schriftlichen Zustimmung der Verkäuferpartei. Die Zustimmung ist bei rechtzeitiger Mitteilung zu erteilen, sofern durch die Eigenleistungen der geordnete Ablauf des Bauvorhabens im Übrigen nicht beeinträchtigt wird. Ergibt sich während der Erbringung der Eigenleistungen eine solche Beeinträchtigung, kann die Verkäuferpartei eine Frist zum Abschluss der Eigenleistungen setzen und nach deren fruchtlosem Ablauf die Arbeiten auf Kosten der Käuferpartei in Standardausführung fertigstellen.

(5) Mit der Zustimmung zur Erbringung der Eigenleistungen entfallen insoweit die Bauleistungspflicht sowie die Mängelhaftung der Verkäuferpartei.

§ 8 Abnahme/Besitzübergang

(1) Die Übergabe erfolgt mit Bezugsfertigkeit und Zahlung der bis dahin fällig gewordenen Kaufpreisraten. Die Bezugsfertigkeit setzt die Fertigstellung der zugangsfähigen Außenanlagen nicht voraus, ein gefahrloser Zugang zum Kaufobjekt muss aber gewährleistet sein.

Bei Bezugsfertigkeit ist der Käufer zur Abnahme verpflichtet. Dies gilt für Gemeinschaftseigentum aber nur insoweit, als es ausschließlich im Bereich des Sondereigentums des Erwerbers liegt oder dem Erwerber zur Sondernutzung zugewiesen ist. Auf Verlangen des Verkäufers ist auch sonstiges Gemeinschaftseigentum, soweit dieses zu diesem Zeitpunkt abnahmefähig hergestellt ist, vom Käufer abzunehmen. Sonstiges Gemeinschaftseigentum ist nach vollständiger Fertigstellung abzunehmen.

(2) Bei der Übergabe/Abnahme findet eine gemeinsame Besichtigung des Vertragsobjektes statt. Hierzu ist ein Abnahmeprotokoll anzufertigen, in das noch fehlende Leistungen und Mängel aufzunehmen sind, auch soweit hierüber Streit besteht. Andere Formen der Abnahme sind damit nicht ausgeschlossen.

(3) Der Verkäufer hat dem Käufer den Termin der Übergabe mindestens 14 Tage vorher schriftlich mitzuteilen. Diese Mitteilung ist entbehrlich, wenn alle Beteiligten bei der Abnahme anwesend bzw. wirksam vertreten sind.

(4) Ab dem Tag der Übergabe gehen Besitz und Nutzen sowie alle Lasten, insbesondere auch die laufenden Steuern und öffentlichen Abgaben, die Gefahr eines zufälligen Untergangs und einer zufälligen Verschlechterung auf den Käufer über. Ferner geht die Verkehrssicherungspflicht ab dem Tag der Übergabe auf den Käufer über.

(5) Der Käufer tritt vom Tage des Besitzübergangs in alle Rechte und Pflichten ein, die sich für ihn aus der Teilungserklärung ergeben. Der Käufer hat seinen Rechtsnachfolger in diese Rechtsverhält-

nisse eintreten zu lassen. Ein Wohngeld für das Kaufobjekt hat bis zum Besitzübergang der Verkäufer, ab diesem Zeitpunkt der Käufer zu zahlen[13].

§ 9 Haftung für Rechts- und Sachmängel

(1) Die Verkäuferpartei verpflichtet sich, der Käuferpartei das Eigentum frei von Lasten zugunsten Dritter zu verschaffen, ausgenommen solche Lasten, die nach dem Inhalt dieses Vertrages von der Käuferpartei übernommen worden sind.

(2) Die Verkäuferpartei übernimmt keine Gewähr für Größe, Güte und Beschaffenheit von Grund und Boden. Sie sichert insoweit keine besonderen Eigenschaften zu und haftet nicht dafür, dass das Kaufobjekt frei ist von öffentlichen oder privaten Lasten, die nicht im Grundbuch vermerkt oder nicht zur Eintragung im Grundbuch geeignet sind. Sie versichert aber, dass ihr solche Lasten nicht bekannt sind.

(3) Die Haftung der Verkäuferpartei für die von ihr erbrachten Bauleistungen richtet sich nach den Bestimmungen des Bürgerlichen Gesetzbuchs über den Werkvertrag. Die Käuferpartei hat gegen die Verkäuferin aber zunächst nur einen Anspruch auf Nacherfüllung. Bei Fehlschlagen der Nacherfüllung kann die Käuferpartei jedoch den Kaufpreis mindern oder vom Vertrag zurücktreten.

(4) Soweit nach Ablauf der Verjährungsfrist zwischen den Vertragsbeteiligten der Verkäuferpartei noch Mängelansprüche gegen an der Bauplanung und -errichtung beteiligte Personen oder Unternehmen zustehen, ist sie verpflichtet, diese ggf. im Interesse der Käuferpartei noch geltend zu machen oder die Ansprüche unter Übergabe der zugehörigen, für die Durchsetzung der Ansprüche erforderlichen Unterlagen an die Käuferpartei abzutreten.

§ 10 Belastungsverpflichtung, Rangverschaffung

(1) Die Verkäuferpartei verpflichtet sich, bei der Belastung des Kaufobjekts mit Grundpfandrechten, ggf. mit Nebenrechten, zugunsten der den Kaufpreis mitfinanzierenden Geldgeber der Käuferpartei mitzuwirken, sofern eine persönliche Haftung damit nicht verbunden und die Auszahlung der gesicherten Darlehen bis zur Kaufpreishöhe an die Verkäuferpartei sichergestellt ist. Ferner muss sichergestellt sein, dass die Verkäuferpartei für die Kosten der Bestellung und ggf. Eintragung der Grundpfandrechte nicht in Anspruch genommen werden kann.

(2) Die Käuferpartei tritt hiermit ihren Auszahlungsanspruch gegen folgende Gläubiger an die Verkäuferpartei ab[14] *und weist die Gläubiger unwiderruflich an, das Darlehen bis zur Kaufpreishöhe für das Pfandrecht nur an die Verkäuferpartei bzw. sonstigen vereinbarten Empfänger entsprechend den Vereinbarungen in diesem Kaufvertrag auszubezahlen:*

. . . (Gläubiger, Aktenzeichen, Darlehensbetrag).

In gleicher Weise werden Auszahlungsansprüche abgetreten und Weisungen erteilt gegenüber jetzt noch nicht feststehenden Darlehensgebern, für die auf Veranlassung und unter Mitwirkung der Käuferpartei noch Grundpfandrechte bestellt werden. Eine beglaubigte Abschrift dieser Urkunde soll vom Notar als Mitteilung der Abtretung und Weisung den Gläubigern übersandt werden. Für später benannte Darlehensgeber besteht die Mitteilungspflicht des Notars nur, wenn ihm diese von

---

13 Bei Kaufverträgen über gebrauchtes oder jedenfalls schon länger bestehendes Wohnungseigentum sind ferner zu erörtern und ggf. zu regeln: Haftung für Wohngeldrückstände (BGH Rpfleger 1988, 357); Übergang des Anteils an der Instandsetzungsrücklage (nach KG NJW-RR 1988, 844 automatischer Übergang); Angabe der Höhe der anteiligen Instandsetzungsrücklage, da das gleichzeitig mit einer Eigentumswohnung erworbene Guthaben aus einer Instandhaltungsrücklage nicht in die grunderwerbsteuerliche Gegenleistung einzubeziehen ist (BFH v. 9.10.1991, BStBl. II 1992, 152, StRK GrEStG 1983 § 9 R. 21). Das gilt nach dieser Rechtsprechung auch für eine vom Erwerber beim Wohnungserwerb eingegangene Verpflichtung zur Einzahlung in eine Instandhaltungsrückstellung. Denn dieser Kaufpreisbestandteil ist wirtschaftlich gesehen eine Vorauszahlung auf eine den Erwerber künftig ohnedies treffende finanzielle Belastung. Eintritt in den Verwaltervertrag erfolgt automatisch, für rückständige Verwaltervergütungen haftet Erwerber nicht (BayObLG NJW-RR 1987, 80).

14 Abtretung ist auch für künftige Ansprüche aufgrund noch gar nicht bestehenden Schuldverhältnisses zulässig (Palandt/Grüneberg § 398 BGB Rz. 11). Bei Abtretung im Rahmen der Grundschuldbestellung entstehen erhebliche Mehrkosten.

einem Beteiligten mitgeteilt oder im Rahmen einer Grundpfandrechtsbestellung bekannt gegeben werden. Andernfalls übernimmt die Verkäuferpartei die Mitteilung selbst.

(3) Etwaige Rangrücktrittserklärungen seitens eingetragener Gläubiger hinter Grundpfandrechte, die die Käuferpartei zum Zwecke der Kaufpreisfinanzierung eintragen lassen muss, hat die Verkäuferpartei zu beschaffen. Die im Zusammenhang damit entstehenden Kosten gehen zu Lasten der Verkäuferpartei. Dieser ist bekannt, dass die Käuferpartei bis zur Erwirkung des von Geldgebern bedungenen Ranges unter Umständen ihre Zahlungsverpflichtungen nicht erfüllen kann. Tritt ein solcher Fall ein, so entfällt der Anspruch der Verkäuferpartei auf Verzugsschaden, bis sie die Voraussetzungen für die rangrichtige Eintragung herbeigeführt hat.

(4) Soweit in der Person der Verkäuferpartei Eigentümerrechte und Rückgewährungsansprüche an den für die Geldgeber der Käuferpartei bestellten Grundpfandrechten entstehen, tritt sie diese mit Wirkung ab Eigentumsumschreibung der Kaufobjekte auf die Käuferpartei an diese – an mehrere Käufer als Gesamtgläubiger nach § 428 BGB – ab, bewilligt die Eintragung der Abtretung im Grundbuch und ermächtigt sie zur freien Verfügung über diese Rechte und Ansprüche.

§ 11 Kosten und Steuern

(1) Die Kosten dieses Vertrages und seines Vollzuges trägt die Käuferpartei.

(2) Die Käuferpartei trägt auch die anfallende Grunderwerbsteuer.

(3) Die Kosten für die Löschung nicht übernommener Belastungen trägt die Verkäuferpartei.

(4) Kosten für Vollmachtsbestätigungen, Genehmigungen und dergl. trägt jeweils der Vertragsbeteiligte, der sie durch seine Abwesenheit im Termin ausgelöst hat.

§ 12 Mehrere Käufer

(1) Mehrere Käufer haften für alle Verpflichtungen, die sie in diesem Vertrag übernommen haben, als Gesamtschuldner.

(2) Ansprüche aus diesem Vertrag stehen ihnen als Gesamtgläubiger nach § 428 BGB zu, sofern nicht ausdrücklich eine andere Gläubigerschaft vereinbart ist.

(3) Die Käufer erteilen sich gegenseitig die von der Wirksamkeit dieses Vertrages unabhängige, übertragbare und über den Tod der Vollmachtgeber hinaus gültige Vollmacht[15]*, alle diesen Vertrag und seine Abwicklung betreffenden Erklärungen mit Wirkung für und gegen alle Käufer abzugeben und entgegenzunehmen.*

Die Vollmacht berechtigt auch zu folgenden Erklärungen und Rechtshandlungen:

1. *Abgabe von Schuldanerkenntnissen einschließlich persönlicher Zwangsvollstreckungsunterwerfung, Übernahme der gesamtschuldnerischen Haftung,*
2. *Abgabe von Grundbucherklärungen jeder Art für die Kaufobjekte, insbesondere Rangerklärungen, Belastungen, Löschungen, dingliche Zwangsvollstreckungsunterwerfung,*
3. *Erklärung von Ehegattenzustimmungen.*

Von den Beschränkungen des § 181 BGB wird Befreiung erteilt.

Die Vollmacht erlischt mit der Eigentumsumschreibung auf die Käuferpartei. Vorher abgegebene Erklärungen bleiben aber wirksam.

Grundbucherklärungen
Auflassungsvormerkungen

Die Verkäuferpartei bewilligt und die Käuferpartei beantragt die Eintragung von Vormerkungen zur Sicherung ihres Erwerbsanspruchs nach § 3 Abs. 1 und 2 im Grundbuch.

---

15 Die Vollmacht ist insbes. für spätere Grundpfandrechtsbestellungen zweckmäßig: Es braucht dann nur ein Käufer zu erscheinen. Die verbreitete Belastungsvollmacht zugunsten eines Beteiligten oder eines Notariatsbediensteten ist letztlich nie unproblematisch, Kap. 43 Rz. 68 ff. (zur „überwachbaren Vollmacht" s. zB Reithmann/Meichssner/von Heymann G Rz. 101 ff.). Zur Belastungsvollmacht und dinglichen Unterwerfungserklärung s. OLG Düsseldorf Rpfleger 1988, 474.

Löschung der Vormerkungen

Die Löschung der Vormerkungen wird bewilligt für den Fall der Eigentumsumschreibung im Range der Vormerkungen. Der Löschungsantrag wird später gestellt[16].

Löschung von Belastungen

Auf § 3 Abs. 3 wird Bezug genommen.

Ermächtigung

Der Notar wird ermächtigt, die Anträge einzeln einzureichen, sowie sie einzeln oder zusammen namens aller Beteiligten zurückzunehmen.

Auflassungsvollmacht

Die Käuferpartei erteilt der Verkäuferpartei hiermit die von der Wirksamkeit dieses Vertrages unabhängige, übertragbare und über den Tod des Vollmachtgebers hinaus gültige Vollmacht, die Auflassung der Kaufobjekte zu erklären und die Eigentumsumschreibung zu beantragen.

Die Vollmacht berechtigt ferner zur Beantragung der Löschung der Auflassungsvormerkungen in Vollzug der oben erklärten Löschungsbewilligung.

Die Verkäuferpartei ist zur Erklärung der Auflassung und Veranlassung der Eigentumsumschreibung auf die Käuferpartei verpflichtet, sobald der Kaufpreis in voller Höhe einschließlich etwaiger Verzugszinsen bezahlt ist[17].

Vollmacht zur Änderung der Teilungserklärung[18]

Im Zuge der Durchführung des Bauvorhabens kann sich die Notwendigkeit oder Zweckmäßigkeit für folgende Erklärungen und Maßnahmen ergeben:

1. *Änderung der Teilungserklärung zB in folgenden Bereichen:*
   a) *Änderung der Nutzungsart (Wohnung in gewerbliche Einheit und umgekehrt).*
   b) *Abweichende bauliche Ausführung, insbesondere Teilung oder Zusammenlegung von Einheiten, Einbeziehung von Flurbereichen in Sondereigentum, Einbau von Dachgauben oder Dachliegefenstern.*
   c) *Zuweisung, Aufhebung oder Änderung von Sondernutzungsrechten an Grundstücksflächen oder Gebäudeteilen.*
2. *Vereinbarungen mit anderen Grundstückseigentümern, Ver- und Entsorgungsunternehmen oder der Gemeinde über Ver- und Entsorgungseinrichtungen sowie Erschließungswege einschließlich Unterhaltungsregelungen, und zwar sowohl zu Lasten des Grundstücks als auch zu seinen Gunsten, sowie die Bestellung entsprechender Dienstbarkeiten, wobei den Dienstbarkeiten der Vorrang vor der für die Käuferpartei bewilligten Auflassungsvormerkung eingeräumt werden darf.*

Die Käuferpartei erteilt hiermit der Verkäuferpartei die von der Wirksamkeit des Vertrages unabhängige Vollmacht, solchen Änderungen und Vereinbarungen zuzustimmen und alle Erklärungen abzugeben und entgegenzunehmen, die zur Durchführung nach dem Ermessen der Verkäuferpartei erforderlich sind. Die Vollmacht berechtigt aber nicht zu Erklärungen, durch die das Kaufobjekt unmittelbar (Lage, Größe, Aufteilung, Miteigentumsanteil) betroffen ist.

Von den Beschränkungen des § 181 BGB wird Befreiung erteilt. Untervollmacht ist zulässig. Die Vollmacht soll durch den Tod des Vollmachtgebers nicht erlöschen.

Die Vollmacht erlischt mit der Eigentumsumschreibung auf die Käuferpartei; vorher abgegebene Erklärungen bleiben aber wirksam.

---

16 Die bedingte (zulässige Rechtsbedingung) Löschungsbewilligung beeinträchtigt die Schutzwirkung der Vormerkung nicht und löst, im Vertrag erklärt, keine besondere Gebühr aus. Die Antragsvollmacht für den Verkäufer ist angesichts der Bedingung unproblematisch.

17 Die getrennt erklärte Auflassung kann hinsichtlich der Kosten eine falsche Sachbehandlung darstellen, OLG Frankfurt DNotZ 1990, 672.

18 S. zur Bedeutung und Problematik einer solchen Vollmacht Rz. 25 ff.

Die Käuferpartei wurde über den Umfang der Vollmacht belehrt und darauf hingewiesen, dass sie großes Vertrauen in die Verkäuferpartei voraussetzt.

Schluss

(1) Die Grundakten lagen bei der Beurkundung vor. Auf Grundbucheinsicht durch den Notar wurde verzichtet.

(2) Eine Verwalterzustimmung ist für diese Veräußerung nicht erforderlich[19]*.*

(3) Beantragt werden:

1. *Ausfertigung für das Grundbuchamt ... (Ort) zum Vollzug.*
2. *Beglaubigte Abschriften an das Finanzamt ... (Ort) zur Erteilung der steuerlichen Unbedenklichkeitsbescheinigung.*
3. *Beglaubigte Abschrift an den Gutachterausschuss der Gemeinde ... (Ort).*
4. *... (Anzahl) beglaubigte Abschriften an die Verkäuferpartei.*
5. *... (Anzahl) beglaubigte Abschriften an die Käuferpartei.*

(4) Für die Wirksamkeit dieses Vertrages erforderliche oder mitteilungs- und empfangsbedürftige Erklärungen sollen auch mit ihrem Eingang beim Notar, dem entsprechende Vollmacht erteilt wird, allen Beteiligten gegenüber wirksam werden.

(5) Der Notar hat darüber belehrt, dass der Vollzug vom Vorliegen folgender Voraussetzungen abhängt:

1. *Die Löschung von Belastungen vom Vorliegen der Löschungserklärungen und -urkunden der Gläubiger bzw. Berechtigten,*
2. *die spätere Eigentumsumschreibung vom Vorliegen folgender weiterer Urkunden:*
   a) steuerliche Unbedenklichkeitsbescheinigung des Finanzamts.
   b) Auflassungserklärung durch die Verkäuferpartei.

(Schlussformel)

---

19 Falls dies zutrifft; sonst Einholung der Veräußerungszustimmung.

Kosten: *Notargebühr:* 2,0-Gebühr gem. Nr. 21100 KV GNotKG (Kaufvertrag, Auflassung und Belastungsvollmacht sind gegenstandsgleich, § 109 Abs. 1 S. 1 und 2 und S. 4 Nr. 1c GNotKG). Geschäftswert gem. §§ 97 Abs. 1, 47 GNotKG. Für die Vollzugstätigkeiten 0,5-Gebühr gem. Nr. 22110, Wert gem. § 112 GNotKG. Für die Betreuungstätigkeiten 0,5-Gebühr gem. Nr. 22200, Wert gem. § 113 GNotKG. Daneben fallen Auslagen nach Nrn. 32000 ff. KV GNotKG an.

Gerichtsgebühr: 0,5-Gebühr gem. Nr. 14150 KV GNotKG für die Eintragung der Auflassungsvormerkung. Geschäftswert gem. §§ 47, 45 Abs. 3 GNotKG. Für die Eintragung des neuen Eigentümers 1,0-Gebühr gem. Nr. 14110; Geschäftswert gem. § 47 GNotKG. Für die Löschung der Auflassungsvormerkung 25 Euro gem. Nr. 14152 KV GNotKG. Für die Eintragung von Belastungen Gebühren nach den Nrn. 14120, 14121 KV GNotKG; für die Löschung von Belastungen nach Nr. 14140 KV GNotKG. Geschäftswert § 53 Abs. 1 GNotKG.

M 20.4 Bauträgervertrag Bestand/Sanierung

Die Käuferpartei erklärt vorab,

a) dass sie den Entwurf dieses Vertrages vor mehr zwei Wochen erhalten hat und damit ausreichend Gelegenheit hatte, den Inhalt zur Kenntnis zu nehmen und sich mit dem Gegenstand der Beurkundung auseinander zu setzen[1]*,*

b) dass sie für eigene Rechnung im Sinne von § 8 GWG (Geldwäschegesetz) erwirbt.

Die Beteiligten erklären sodann zur notariellen Niederschrift:

---

1 Gem. § 17 Abs. 2a Nr. 2 BeurkG. Nichteinhaltung der Frist ist aber kein Grund, die Beurkundung abzulehnen.

Kaufvertrag

§ 1 Grundbuchstand

(1) Der Verkäufer wird Eigentümer von folgendem im Grundbuch von ... eingetragenen Grundstück Blatt 2950

Flst.-Nr. 226/5

Lage des Grundstücks: *... mit 1648 m²*

(2) Das Grundstück ist wie folgt belastet:

Abteilung II.: *lastenfrei*

Abteilung III.

Die Belastungen in Abt. III werden nicht übernommen.

Der Pfandfreigabe und auch der Löschung der Globalgrundschulden spätestens bei Eigentumsumschreibung des Kaufobjektes zu Gunsten des Käufers wird zugestimmt und allseits zugesichert. Zur Antragsstellung sind der beurkundende Notar und die jeweiligen Justizangestellten des Urkundsnotars bevollmächtigt, nicht beauftragt.

Der Grundbesitz wird im Zuge des Bauvorhabens zusätzlich mit Dienstbarkeiten, Reallasten und Baulasten belastet werden. Solche Belastungen sind von der Käuferpartei zu übernehmen.

(3) Auf diesem Grundstück befindet sich ein Mehrfamilienhaus, das durch Umbau- und Teilsanierungsmaßnahmen in Wohnungen und Gewerbeeinheiten umgewandelt werden soll.

(4) Die Abgeschlossenheitsbescheinigung des Landratsamtes ... wurde mit Datum vom ..., Aktenzeichen ..., erteilt, und wurde nebst dem Aufteilungsplan mit vorgenannter Urkunde zum Gegenstand der Teilungserklärung gemacht und wird beim Grundbuchamt zum Vollzug eingereicht werden. Eine beglaubigte Abschrift der Abgeschlossenheitsbescheinigung mit Siegel und Unterschrift nebst mit behördlichem Siegel versehenen Aufteilungsplänen lagen im Termin zur Durchsicht vor; darauf wird verwiesen. Die Beteiligten erklären, dass ihnen der Inhalt bekannt ist. Auf das Beifügen diese Unterlagen zu diesem Kaufvertrag sowie auf das Vorlesen wurde verzichtet. Die Beteiligten wurden vom Notar darüber belehrt, dass diese Unterlagen zur näheren rechtlichen Beschreibung des Kaufobjektes Inhalt dieses Kaufvertrages werden.

§ 2 Bauvorhaben und Bauverpflichtung

(1) Auf dem Grundstück befindet sich ein Mehrfamilienhaus. Der Verkäufer wird unter weitgehender Beibehaltung des äußeren Erscheinungsbildes des Gebäudes durch Teilsanierungs- und Umbaumaßnahmen voraussichtlich ... Wohnungen und ... Gewerbeeinheiten herstellen.

(2) Die Baumaßnahmen zur Teilsanierung und zum Umbau erfolgen unter Verwendung normgerechter Baustoffe und unter Beachtung der allgemein anerkannten Regeln der Technik. Inhalt und Umfang der Bauverpflichtung richten sich nach der Baubeschreibung und der Nicht-Baubeschreibung, welche bei Beurkundung in beglaubigter Abschrift vorlag, einschließlich des Aufteilungsplans, welcher nach Versicherung des Verkäufers den Bauplänen entspricht. Die Altbausubstanz und Teile der Gewerke bzw. Bauteile bleiben substanziell unverändert, hieran werden im Umfang der Baubeschreibung Schönheitsreparaturen durchgeführt. Es wird insbesondere klargestellt, dass der Deckenaufbau prinzipiell nicht verändert, sondern nur ergänzt wird. Es ist daher möglich, dass sowohl bei bestehenden Wohnungsdecken als auch bei den Treppenanlagen des Kaufobjektes die Mindestanforderungen der DIN 4109 „Schallschutz im Hochbau" an die Luft- und Trittschalldämmung nicht eingehalten werden. Es wird auch darauf hingewiesen, dass selbst bei Einhalten der Schalldämm-Maße der DIN 4109 dies noch nicht dem heute üblichen Komfortstandard hinsichtlich des Schallschutzes entspricht. Die Einhaltung der Mindestanforderungen der DIN 4109 stellen nur insoweit anerkannte Regeln der Technik dar, als es um die Abschirmung von unzumutbaren Belästigungen geht.

Auch die Verrohrung der Heizungsinstallation bleibt im Bestand erhalten. Die Heizungsrohre sind in die Wände eingeputzt, was bedeutet, dass hier eine Körperschallentkopplung nach den heutigen geltenden Vorschriften nicht gegeben ist.

Der Käufer wird darüber belehrt, dass dies einen verminderten Schallschutz bedeutet, der dem Stand der anerkannten Regeln der Technik, wie er bei einem Neubau heute zu erwarten ist, nicht entspricht. Es kann hierdurch deutlich hellhöriger sein, als dies nach heutigem Stand der Technik erwartbar wäre, insbesondere können Geräusche aus den Nachbarwohnungen und dem Treppenhaus wahrnehmbar sein.

Der Käufer erklärt sich in Kenntnis dieses Umstandes und nach ausführlicher Belehrung über die Rechtsfolgen trotzdem ausdrücklich mit einem Haftungsausschluss und mit einem Verzicht auf eventuelle Gewährleistungsrechte wegen Schallmängeln der vorbezeichneten Art einverstanden[2].

(3) Die Verkäuferin verpflichtet sich, das hier verkaufte Sondereigentum und das Gemeinschaftseigentum nach Maßgabe der vorgenannten Aufteilungspläne und der Baubeschreibungen sowie unter Beachtung der Vorgaben der Baugenehmigung herzustellen.

(4) Die Verkäuferin ist zur Änderung der Bauausführung, der Baustoffe und der Einrichtungsgegenstände berechtigt, soweit sich dies technisch oder aufgrund behördlicher Auflagen als notwendig erweist, damit keine Wert- oder Nutzungsminderung der Kaufobjekte verbunden und die Änderung der Käuferpartei zumutbar ist[3]*. Bei Widersprüchen zwischen Plänen und Baubeschreibung ist die Baubeschreibung maßgebend. Die in den Plänen eingezeichneten Einrichtungsgegenstände gehören nicht zum Leistungsumfang, ausgenommen die Einrichtungen in den Sanitärräumen.*

(5) Eine abweichende Herstellung des Gemeinschaftseigentums ist zulässig, soweit das künftige Sondereigentum einschließlich etwaiger Sondernutzungsrechte der Käufer nicht unmittelbar betroffen ist, der Wert und/oder die Gebrauchstauglichkeit nicht wesentlich vermindert wird und die Abweichung der Käuferpartei zumutbar ist.

Änderungen in Bezug auf Gebäudeteile, die nicht das Sondereigentum des Käufers betreffen, sind zulässig, soweit sie nicht den vertragsgemäßen Gebrauch des Gemeinschaftseigentums unzumutbar beeinträchtigen. Die Abweichungen dürfen Güte, Wert und Gebrauchsfähigkeit des Kaufobjektes nicht mindern.

Bei Zweifeln über die zu erbringenden Leistungen geht die Baubeschreibung den Bauplänen vor; im Übrigen ist der Verkäufer berechtigt, den Inhalt der Leistungen nach billigem Ermessen zu bestimmen.

Mit den Bauarbeiten wird voraussichtlich am ... begonnen. Die Bauzeit beträgt 12 bis 14 Monate. Behinderungen bei der Herstellung des Objektes aus Umständen, die vom Verkäufer nicht zu vertreten sind, zum Beispiel höhere Gewalt, Streik, Ausführung von Sonderwünschen, verlängern die Bauzeit um die Dauer der Behinderung. Ein Fertigstellungstermin wird nicht zugesichert.

§ 3 Kaufobjekt

(1) Der Verkäufer veräußert an den Käufer das folgende Wohnungs- und Teileigentum an dem in § 1 bezeichneten Grundstück:

... (Bruchteil)/10 000 Miteigentumsanteil an dem vorgenannten Grundstück, Blatt ...
verbunden mit dem Sondereigentum an der im Aufteilungsplan mit Nr. ..., bezeichneten Wohnung im ... geschoss (Haus), samt Balkon Nr. ... und Kellerraum Nr. ...

... (Bruchteil)/10 000 Miteigentumsanteil an dem vorgenannten Grundstück, Blatt ...

verbunden mit dem Sondereigentum an dem im Aufteilungsplan mit TG ... bezeichneten Tiefgaragen-Stellplatz.

Mehrere Käufer erwerben Miteigentum zu gleichen Bruchteilen.

Der Erwerbsanspruch wird durch eine Auflassungsvormerkung gesichert.

---

2 Das Muster geht davon aus, dass in der Baubeschreibung vereinbart ist, dass die Decken und Heizungsrohre nicht saniert werden. Wird beispielsweise auch keine neue Wärmedämmung ausgeführt, ist ein entsprechender Haftungsausschluss, wie beim Schallschutz, zu vereinbaren.

3 Ein Vorbehalt „Änderungen der Bauausführung, der Material- bzw. Baustoffwahl, soweit sie gleichwertig sind, bleiben vorbehalten" ist unwirksam (BGH DNotI-Report 2005, 157).

§ 4 Kaufpreis

(1) Der Kaufpreis beträgt insgesamt . . . Euro (in Worten: . . . Euro).

Von dem Kaufpreis entfallen auf den TG-Stellplatz . . . Euro.

(2) Der Kaufpreis ist ein Festpreis. Er umfasst die Kosten für Grund und Boden sowie die Kosten für die Errichtung des Kaufobjektes entsprechend der Baubeschreibung und den Bauplänen einschließlich aller Baunebenkosten wie Architekten- und Statikergebühren, Bauleitungskosten, Genehmigungsgebühren sowie etwaiger Vermessungskosten.

(3) Im Kaufpreis sind auch alle Erschließungs- und Anliegerbeiträge nach Baugesetzbuch, Kommunalabgabengesetz und örtlichen Satzungen enthalten, die mit der bestehenden oder geplanten Erschließung und der Bauerrichtung zusammenhängen. Die Verkäuferpartei erklärt und sichert zu, dass alle derartigen Beiträge erhoben und bezahlt sind.

Im Kaufpreis enthalten sind auch sämtliche Kosten, die für den Anschluss an die öffentlichen oder privaten Versorgungs- und Entsorgungsleitungen und -einrichtungen (Wasser, Abwasser, Elektrizität, Gas, Heizungswärme, Telefon und dergl.) bauseits aufzuwenden sind.

(4) Nicht im Kaufpreis enthalten sind die Notariats- und Grundbuchkosten sowie die Geldbeschaffungs- und Finanzierungskosten.

(5) Sollte nach der Bauausführung das Kaufobjekt von den Größenangaben im Prospekt oder in den Plänen abweichen, so ist dies beim Kaufpreis entsprechend nur auszugleichen, wenn dies nicht durch Sonderwünsche oder Eigenleistungen des Käufers bedingt ist und wenn die Abweichungen mehr als 3 % betragen. Berechnungsgrundlage für die Wohnflächenberechnung ist die Wohnflächenverordnung (WoFlV).

§ 5 Kaufpreiszahlung

(1) Der Kaufpreis ist wie folgt zu entrichten[4]*:*

1. 30 % (Rate a) des Gesamtkaufpreises binnen 2 Wochen nach Vorliegen der Vorrausetzungen des Absatzes 2, nicht jedoch vor Beginn der Erdarbeiten.

2. 28 % (Rate b) nach Rohbaufertigstellung einschließlich der Zimmererarbeiten.

3. 7 % (Rate c) nach dem Fenstereinbau einschließlich Verglasung.

4. 11,9 % (Rate d) nach Herstellung der Dachflächen und Dachrinnen, nach der Rohinstallation der Heizungs-, Sanitär- und der Elektroanlage.

5. 6,3 % (Rate e) nach Innenputz, ausgenommen Beiputzarbeiten und nach Einbringung des Estrichs.

6. 13,3 % (Rate f) nach Fliesenarbeiten im Sanitärbereich und nach Fertigstellung einschließlich der Fassadenarbeiten und Zug um Zug gegen Besitzübergabe.

7. 3,5 % (Rate g) nach vollständiger Fertigstellung des Kaufobjektes und des Gemeinschaftseigentums, Beseitigung der im Übergabeprotokoll festgestellten Mängel und Nachweis oder Sicherstellung der vollständigen Bezahlung aller Erschließungskosten und Anliegerbeiträge.

Alternative:

(1) Die Beteiligen erklären, dass folgende Arbeiten derzeit bereits vollständig fertig gestellt sind: Rohbau einschließlich Zimmererarbeiten, Fenstereinbau einschließlich Verglasung und Dachflächen und Dachrinnen sowie Heizungs-, Sanitär- und Elektroanlagen.

Aufgrund dessen ist ein Teilbetrag in Höhe von 76,9 % des Kaufpreises zur Zahlung fällig.

---

4 Bei Bestandsimmobilien ist zu beachten, dass die Raten in ihrer Höhe und ihren Voraussetzungen nicht nach den jeweiligen Besonderheiten des Einzelfalls festgelegt werden können. § 3 Abs. 2 Satz 4 MaBV sieht aber vor, dass bei der Altbausubstanz, für die keine Modernisierungsarbeiten geschuldet sind, entsprechende Teilbeträge schon vor Baubeginn fällig werden. Werden beispielsweise keine Dachdeckerarbeiten samt Dachrinnen ausgeführt, wird die Rate nach den Voraussetzung des § 3 Abs. 1 MaBV fällig. Hinsichtlich der Baubeginnrate wird diese bereits nach § 3 Abs. 1 MaBV fällig, wenn keinerlei Erdarbeiten geschuldet sind. Ist dies der Fall, so wird die erste Rate nach vorliegender Voraussetzung des § 3 Abs. 1 MaBV unabhängig vom Baubeginn fällig (vgl. Basty Rz. 588).

Der Restbetrag ist in Raten in vom-Hundert-Sätzen aus der Vertragssumme wie folgt zu zahlen:
4,2 % für den Innenputz ausgenommen der Beiputzarbeiten,
2,1 % für den Estrich,
2,8 % für die Fliesenarbeiten im Sanitärbereich,
8,4 % nach Bezugsfertigkeit und Zug um Zug gegen Besitzübergabe,
2,1 % für die Fassadenarbeiten,
3,5 % nach vollständiger Fertigstellung.

Die Raten sind jeweils fällig, wenn die entsprechenden Arbeiten durchgeführt sind und die Voraussetzungen des § 5 Abs. 2 dieses Vertrages vorliegen.[5]

(2) Zur Sicherung der Käuferpartei wird vereinbart, dass die Fälligkeit unabhängig vom angegebenen Fälligkeitszeitpunkt erst eintritt, wenn folgende weiteren Voraussetzungen vorliegen:

1. *Der Kaufvertrag muss rechtswirksam sein*[6].
2. *Die Baugenehmigung muss erteilt sein*[7]*. Ist eine Baugenehmigung nicht oder nicht zwingend erforderlich, muss von der zuständigen Baubehörde oder, falls eine solche Bestätigung der Baubehörde nicht vorgesehen ist, von der Käuferpartei bestätigt worden sein, dass*
   - *die Baugenehmigung als erteilt gilt oder*
   - *nach den baurechtlichen Vorschriften mit dem Bauvorhaben begonnen werden darf.*

   Ferner muss nach Eingang einer solchen Bestätigung bei der Käuferpartei mindestens ein Monat vergangen sein.
3. *Die Eintragung der für die Käuferpartei bewilligten Auflassungsvormerkungen muss erfolgt sein*[8].
4. *Den Auflassungsvormerkungen dürfen nur folgende Rechte im Range vorgehen*[9]*:*
   a) *Folgende mit Zustimmung der Käuferpartei bestellte Belastungen:*
   . . . (Belastungen für Geldgeber der Käuferpartei).
   b) *Zunächst ferner folgende bereits eingetragenen Grundpfandrechte für Geldgeber der Verkäuferpartei:*
   . . . (Belastungen für Geldgeber und Käuferpartei).
   c) *Für die Grundpfandrechte der Geldgeber der Verkäuferpartei, die der Auflassungsvormerkung im Range vorgehen, muss die bindende schriftliche Zusicherung der Gläubiger vorliegen, dass die Löschung bzw. Pfandentlassung für die Kaufobjekte bewilligt wird, falls der Kaufpreis entsprechend den vorstehenden Vereinbarungen bezahlt wird, und zwar auch für den Fall, dass die Verkäuferpartei ihre Verpflichtungen nicht vollständig erfüllt und die Käuferpartei deshalb nur einen Teilkaufpreis schuldet.*

Den Eintritt der Rechtswirksamkeit des Vertrages wird der Notar den Beteiligten mitteilen; mit der Mitteilung wird diese Fälligkeitsvoraussetzung herbeigeführt.

---

5 Diese Alternative kommt zur Anwendung, wenn entsprechende Modernisierungsarbeiten bei diesem Gewerk nicht durchgeführt werden oder bereits erbracht sind. Das Muster ist entsprechend anzupassen, wenn andere Gewerke nicht ausgeführt bzw. die genannten Gewerke teilweise ausgeführt werden; entsprechend sind die Prozentsätze anzugleichen.

6 § 3 Abs. 1 Nr. 1 und 4 MaBV. Die Fälligkeitsvoraussetzung „Rechtswirksamkeit" ist vom Notar festzustellen und den Beteiligten mitzuteilen. Tritt die Rechtswirksamkeit mit der Vertragsunterzeichnung ein, kann dies sofort in der Urkunde bestätigt werden.

7 Regeln nach § 3 Abs. 1 Satz 1 Nr. 4 MaBV. Falls die Eigenbestätigung durch den Bauträger in Betracht kommt, wird dem Käufer durch Bescheinigung der Baubehörde nachzuweisen sein, dass eine Bestätigung durch diese Behörde „nicht vorgesehen" ist. Steht die Art der Bestätigung bei Vertragsbeurkundung fest, ist der Text entsprechend zu beschränken.

8 § 3 Abs. 2 MaBV. Es reicht aus, wenn die unwiderrufliche Eintragungsbewilligung nebst Antrag beim Grundbuchamt vorliegt.

9 § 3 Abs. 1 Nr. 3 sowie Abs. 1 letzter Absatz MaBV. Hierzu gibt es zahlreiche weitere Gestaltungsmöglichkeiten, z.B. Freigabe nach der ersten Rate, die über Treuhänder gezahlt wird; Rangrücktritt des „alten" Gläubigers gegen Abtretung des Kaufpreisanspruchs ua. Wichtig ist vor allem, dass die Freistellungsverpflichtung den Fall des Steckenbleibens des Bauvorhabens umfasst.

Die Käuferpartei wurde darüber belehrt, dass sie den Eintritt der weiteren Fälligkeitsvoraussetzungen selbst überwachen muss und der Notar insoweit keine Betreuungsfunktion übernommen hat.

(3) Die einzelnen Raten sind sodann nach dem Baufortschritt, den der bauleitende Architekt mitteilt, innerhalb von 14 Tagen nach schriftlichem Abruf auf folgendes Bausonderkonto der Verkäuferpartei zu überweisen: . . . (Bausonderkonto und Bank).

Wichtiger Hinweis:

Sollte dieses Konto mit dem von der Grundpfandrechtsgläubigerin in der Freistellungsverpflichtung angegebenen Konto nicht identisch sein, ist das Gläubigerkonto maßgebend. Belehrung hierzu wurde erteilt.

(4) Der Verkäufer hat dem Käufer bei der ersten Rate eine Sicherheit gemäß § 632a Abs. 3 und 4 BGB in Höhe von 5 % des vereinbarten Kaufpreises für die rechtzeitige Herstellung des Werkes ohne wesentliche Mängel zu leisten. Wurde dem Käufer bis zur Fälligkeit der ersten Rate keine Sicherheit geleistet, so ist er berechtigt von der ersten Rate 5 % des Kaufpreises einzubehalten.

Eine Sicherheit ist zurückzugeben bzw. der einbehaltene Betrag ist zur Zahlung fällig, wenn der Sicherungszweck nicht mehr eintreten kann.

(5) Bei Zahlung nach Eintritt aller Fälligkeitsvoraussetzungen sind Verzugszinsen iHv. fünf Prozentpunkten jährlich über dem jeweiligen Basiszins zu entrichten.

§ 6 Abnahme, Besitzübergang, Verkehrssicherungspflichten

(1) Die Übergabe erfolgt mit Bezugsfertigkeit und Zahlung der bis dahin fällig gewordenen Kaufpreisraten. Die Bezugsfertigkeit setzt die Fertigstellung der zugangsfähigen Außenanlagen nicht voraus, ein gefahrloser Zugang zum Kaufobjekt muss aber gewährleistet sein.

Bei Bezugsfertigkeit ist der Käufer zur Abnahme verpflichtet. Dies gilt für Gemeinschaftseigentum aber nur insoweit, als es ausschließlich im Bereich des Sondereigentums des Erwerbers liegt oder dem Erwerber zur Sondernutzung zugewiesen ist. Auf Verlangen des Verkäufers ist auch sonstiges Gemeinschaftseigentum, soweit dieses zu diesem Zeitpunkt abnahmefähig hergestellt ist, vom Käufer abzunehmen. Sonstiges Gemeinschaftseigentum ist nach vollständiger Fertigstellung abzunehmen.

(2) Bei der Übergabe/Abnahme findet eine gemeinsame Besichtigung des Vertragsobjektes statt. Hierzu ist ein Abnahmeprotokoll anzufertigen, in das noch fehlende Leistungen und Mängel aufzunehmen sind, auch soweit hierüber Streit besteht. Andere Formen der Abnahme sind damit nicht ausgeschlossen.

(3) Der Verkäufer hat dem Käufer den Termin der Übergabe mindestens 14 Tage vorher schriftlich mitzuteilen. Diese Mitteilung ist entbehrlich, wenn alle Beteiligten bei der Abnahme anwesend bzw. wirksam vertreten sind.

(4) Ab dem Tag der Übergabe gehen Besitz und Nutzen sowie alle Lasten, insbesondere auch die laufenden Steuern und öffentlichen Abgaben, die Gefahr eines zufälligen Untergangs und einer zufälligen Verschlechterung auf den Käufer über. Ferner geht die Verkehrssicherungspflicht ab dem Tag der Übergabe auf den Käufer über.

(5) Der Käufer tritt vom Tage des Besitzübergangs in alle Rechte und Pflichten ein, die sich für ihn aus der Teilungserklärung ergeben. Der Käufer hat seinen Rechtsnachfolger in diese Rechtsverhältnisse eintreten zu lassen. Ein Wohngeld für das Kaufobjekt hat bis zum Besitzübergang der Verkäufer, ab diesem Zeitpunkt der Käufer zu zahlen.

§ 7 Haftung

(1) Der Verkäufer übernimmt keine Gewähr für Größe, Güte und Beschaffenheit von Grund und Boden. Der Verkäufer sichert keine besonderen Eigenschaften zu und haftet nicht dafür, dass das Kaufobjekt nicht frei von öffentlichen oder privaten Lasten ist, die nicht im Grundbuch vermerkt oder nicht zur Eintragung im Grundbuch geeignet sind. Der Verkäufer versichert, dass ihm solche Lasten nicht bekannt sind. Der Ausschluss der Haftung gilt nicht bei einer Haftung bei Vorsatz oder Arglist. Hinsichtlich von Schadenersatzansprüchen bleibt auch die Haftung für grob fahrlässig verursachte Schäden und für Schäden aus der Verletzung des Lebens, des Körpers oder der Gesund-

heit, die auf einer fahrlässigen Pflichtverletzung des Verkäufers, ihres gesetzlichen Vertreters oder ihres Erfüllungsgehilfen beruhen, unberührt.

Der Käufer hat das Kaufobjekt im aktuellen Bestand besichtigt. Für Mängel derjenigen Teile des Vertragsobjektes, bezüglich derer der Verkäufer keine Arbeiten schuldet, also insbesondere bezüglich der nicht zu verändernden Altbausubstanz, wie sie sich aus den Baubeschreibungen und den Bestimmungen dieses Vertrages ergibt, sind Ansprüche und Rechte des Käufers ausgeschlossen.

Für Mängel der von dem Verkäufer geschuldeten Teilsanierungs- und Umbaumaßnahmen haftet er nach den Bestimmungen des bürgerlichen Gesetzbuches über den Werkvertrag, über die der Notar belehrt hat.

(2) Das Kaufobjekt muss bei Besitzübergang frei von Rechtsmängeln sein, so dass Dritte keine Rechte gegen den Käufer geltend machen können, soweit in dieser Urkunde nichts anderes bestimmt ist.

(3) Der Grundbesitz wird lastenfrei verkauft. In § 1 genannte Grundschulden müssen bei Eigentumsumschreibung gelöscht werden.

(4) Dem Käufer ist bekannt, dass es durch die Fertigstellung noch nicht bezogener Wohnungen und des Allgemeinbereiches der Wohnanlage zu Beeinträchtigungen durch Baulärm und Bauschmutz kommen kann. Ebenso kann es durch stattfindende Besichtigungen von Musterwohnungen, hauptsächlich am Wochenende, zu Beeinträchtigungen kommen. Hierzu wird auch das vorhandene Bauschild nach Bezug der Wohnungen noch vor Ort stehen bleiben bzw. werden zu den Besichtigungsterminen Hinweisschilder aufgestellt.

Der Käufer verzichtet hiermit ausdrücklich wegen dieser Beeinträchtigungen auf die Geltendmachung von Ersatzansprüchen. Sofern der Käufer das Vertragsobjekt nicht selbst nutzt, verpflichtet er sich, seine Mieter sowohl auf diese Beeinträchtigungen hinzuweisen als auch auf die Geltendmachung von Ersatzansprüchen hieraus zu verzichten.

§ 8 Sonderwünsche/Eigenleistungen

(1) Ein Anspruch auf Ausführung von Sonderwünschen besteht nicht. Eigenleistungen des Käufers sind vor Besitzübergang nur mit Genehmigung und Abstimmung mit dem Verkäufer zulässig.

(2) Der Verkäufer erklärt die Bereitschaft, im Einzelfall Sonderwünsche des Käufers zu berücksichtigen, wenn sie technisch durchführbar sind und die geordnete Abwicklung des Bauvorhabens nicht behindern, erschweren oder verzögern. Für den Verkäufer werden die Sonderwünsche nur dann verbindlich, wenn sie von ihm schriftlich bestätigt werden. Die Abrechnung erfolgt separat und wird dem Käufer vor Ausführung mitgeteilt. Die Abrechnung ist nach Ausführung der Sonderwünsche zur Zahlung fällig. Durch Sonderwünsche entstandene Mehrkosten trägt der Käufer.

*(Weiter wie **M 20.3** ab § 10 mit folgenden Änderungen:*

Grundbucherklärungen

Auflassungsvormerkungen

Die Verkäuferpartei bewilligt und die Käuferpartei beantragt die Eintragung von Vormerkungen zur Sicherung ihres Erwerbsanspruchs nach § 3 im Grundbuch.

Löschung von Belastungen

Auf § 1 Abs. 2 wird Bezug genommen.)

Kapitel 21 Architektenvertrag und Verträge mit Sonderfachleuten

Literatur: *Eschenbruch*, Projektmanagement und Projektsteuerung für die Immobilien- und Bauwirtschaft, 4. Aufl. 2015; *Korbion/Mantscheff/Vygen*, HOAI, 8. Aufl. 2013; *Locher/Koeble/Frik*, Kommentar zur HOAI, 12. Aufl. 2014; *Motzke/Preussner/Kehrberg*, Die Haftung des Architekten, 10. Aufl. 2015; *Schill*, Der Projektsteuerungsvertrag, 2000.

I. Architektenvertrag

1. Abschluss des Vertrags

1 Der Architektenvertrag kann nach den Regelungen des BGB zwar grundsätzlich **formlos** geschlossen werden. Bei einem lediglich mündlich oder konkludent geschlossenen Architektenvertrag stellt sich aber häufig das Problem der Abgrenzung zwischen stillschweigender/konkludenter Beauftragung und bloßer **Akquisition**. Eine generelle Grenzziehung kann hierbei nicht erfolgen. Die Beurteilung ist stets eine Frage des Einzelfalls. IdR dokumentiert der Auftraggeber seinen rechtsgeschäftlichen Bindungswillen mit der Verwertung der Architektenleistungen (Unterschrift des Bauherrn unter Pläne, Einreichung der Baugenehmigung, Nutzung der Pläne im Rahmen der Vermarktung eines Objekts (KG NZBau 2005, 522).

2 ➲ **Hinweis:** Auch wenn das BGB keine Schriftform für den Abschluss eines Architektenvertrags fordert, können **Schriftformerfordernisse** aufgrund gemeinderechtlicher, kirchenrechtlicher oder sonstiger öffentlich-rechtlicher Vorschriften gelten.

3 In Verträgen mit der öffentlichen Hand aber auch privaten Auftraggebern finden sich des Öfteren Regelungen zur bloßen stufen- oder abschnittsweisen Beauftragung. Bei der stufenweisen Beauftragung werden zwar alle Architektenleistungen Vertragsgegenstand, der rechtsgeschäftliche Auftrag wird jedoch in Stufen erteilt. Während der Architekt bereits ein bindendes Angebot für die Erbringung seiner Leistungen abgibt, bleibt der Auftraggeber frei in seiner Entscheidung, ob er die jeweiligen Stufen beauftragt oder nicht. Der Auftrag wird erst mit dem Abruf der weiteren Leistung erteilt (BGH BauR 2009, 264).

4 ➲ **Hinweis:** Im Hinblick auf mögliche Honorarvereinbarungen und die für das Honorar einschlägige Fassung der HOAI kann die Tatsache, dass der Auftrag erst mit dem Abruf der Leistung erteilt wird, für beide Seiten von erheblicher Bedeutung sein (OLG Koblenz NJW-Spezial 2014, 77).

5 Bei der abschnittsweisen Beauftragung wird der Architekt hingegen mit der Erbringungen von (Teil-)Leistungen an einem Bauwerk oder bei mehreren Objekten mit nur einem Objekt beauftragt.

Dem Auftraggeber wird in Bezug auf das Angebot des Architekten zur Erbringung der weiteren Leistungen eine Option zur Annahme des Angebots des Architekten eingeräumt.

Eine Unwirksamkeit des Architektenvertrags (bspw. bei einem beiderseitigen Verstoß gegen das Gesetz zur Bekämpfung der Schwarzarbeit BGH NJW 2013, 3167) kommt nach den allgemeinen Regelungen des BGB in Betracht. Zudem kann eine Unwirksamkeit des Architektenvertrags wegen eines Verstoßes gegen das sog. **Koppelungsverbot** vorliegen, wenn der Architektenvertrag in Zusammenhang mit Grundstücksgeschäften abgeschlossen wurde (§ 3 Artikel 10 MRVG). 6

Durch das zur Umsetzung der Europäischen Verbraucherrechterichtlinie 2011/83/EU (VRRL) in nationales Recht am 13.6.2014 in Kraft getretene „Gesetz zur Umsetzung der Verbraucherrechterichtlinie und zur Änderung des Gesetzes zur Regelung der Wohnungsvermittlung" steht Verbrauchern bei außerhalb von Geschäftsräumen geschlossenen Verträgen nunmehr gem. § 312g Abs. 1 BGB ein **Widerrufsrecht** von 14 Tagen zu. 7

➲ **Wichtig:** Über das Widerrufsrecht und die Widerrufsbedingungen muss der Architekt den Verbraucher in Textform belehren. Bei fehlender Belehrung kann der Verbraucher den Vertrag 12 Monate und 14 Tage nach Vertragsschluss widerrufen, § 356 Abs. 3 BGB. 8

2. Inhalt des Architektenvertrags

Das BGB sieht für den Architektenvertrag keinen eigenständigen Vertragstypus vor. IdR ist der Architektenvertrag ein **Werkvertrag**, auf den die Regelungen der §§ 631 ff. BGB anzuwenden sind. Die **Leistungspflichten** des Architekten ergeben sich primär aus der vertraglichen Vereinbarung. Zudem schuldet der Architekt regelmäßig die Entstehung des Bauwerks in technisch und wirtschaftlich einwandfreier Sicht. 9

➲ **Hinweis:** Die in der HOAI dargestellten Leistungsbilder begründen ohne entsprechende vertragliche Vereinbarung keine unmittelbaren Leistungspflichten. Die HOAI beschreibt lediglich die typischerweise notwendigen Leistungen für die Erfüllung eines bestimmten Honoraranspruchs. 10

Neben den vertraglichen Leistungspflichten bestehen auch **Aufklärungs- und Beratungspflichten** als **Nebenpflichten** des Architekten. 10a

3. Leistungspflichten des Architekten

Auch wenn feststeht, welche Leistungen durch den Architekten zu erbringen sind, ist der Architekt gehalten, nur diejenigen Leistungsphasen oder Teilleistungen zu erbringen, die jeweils nach dem Stand der Planung des Bauvorhabens erforderlich sind. Werden durch den Architekten vorschnell, sich im Nachhinein als überflüssig herausstellende Leistungen erbracht, sind diese daher nur dann honorarpflichtig, wenn sie vom Bauherrn in Kenntnis des Risikos abverlangt wurden oder aus anderen Gründen zB zeitlichen Anforderungen notwendig waren. 11

➲ **Praxistipp:** Da sich Inhalt und Umfang der zu erbringenden Architektenleistungen allein aus dem Vertrag ergeben, müssen die vertraglichen Leistungspflichten im Einzelnen genau und konkret vereinbart werden. 12

4. Vergütung

Der Vergütungsanspruch des Architekten folgt aus der **vertraglichen Vereinbarung**. Für eine Vergütungsvereinbarung innerhalb der **Mindest- und Höchstsätze** der HOAI ist eine **schriftliche Vereinbarung**zwingend erforderlich, § 7 Abs. 5 HOAI. Wurde keine Vereinbarung über die Vergütung getroffen oder eine unwirksame Vereinbarung, gelten die Mindestsätze als vereinbart (vgl. § 7 Abs. 6 HOAI). 13

Für die in Anlage 1 zur HOAI aufgeführten **Beratungsleistungen** und die in Anlage 2 zur HOAI aufgeführten (nicht abschließenden) **Besonderen Leistungen** kann seit der HOAI 2009 das Honorar frei – dh. ohne jegliche Beschränkung – vereinbart werden. Auch die sonstigen Wirksamkeits- 14 voraussetzungen für Honorarvereinbarungen (§ 7 Abs. 1 HOAI) gelten für die Honorierung Besonderer Leistungen nicht mehr, insbesondere bedarf es keiner schriftlichen Vereinbarung mehr.

15 Für alle anderen Architektenleistungen, insbesondere die objektbezogenen Grundleistungen für Bauten aller Art, haben sich die preisrechtlichen Vereinbarungen grundsätzlich innerhalb der Mindest- und Höchstsätze der HOAI zu bewegen.

16 ➲ **Hinweis:** Oftmals wird bei der Honorarvereinbarung übersehen, dass eine wirksame Vereinbarung oberhalb der Mindestsätze bereits **bei Auftragserteilung schriftlich** getroffen werden muss (vgl. § 7 Abs. 1 und 6 HOAI).

17 Grundsätzlich möglich ist die Vereinbarung eines **Pauschalhonorars** oder auch die Vereinbarung eines **Zeit-/Stundenhonorars**. Werden verbindlichen Planungsleistungen erbracht, sind die vorgegebenen Mindest- und Höchstsätze im Rahmen der Vergütungsvereinbarung zu beachten (BGH NZBau 2009, 450).

18 ➲ **Wichtig:** Die Unwirksamkeit der Honorarvereinbarung berührt nicht die Wirksamkeit des Architektenvertrags.

19 Die mit der HOAI 2009 eingeführte Möglichkeit der Vereinbarung eines **Erfolgs- oder eines Malus-Honorars** (§ 7 Abs. 7 HOAI aF) wurde auch in der HOAI 2013 (§ 7 Abs. 6 HOAI) beibehalten. Für den Architekten birgt insbesondere die Vereinbarung eines Malus-Honorars beträchtliche Risiken, da eine Honorarkürzung auch in Form einer Unterschreitung der Mindestsätze auch ohne ein Verschulden des Architekten möglich ist.

20 Werden vereinbarte **Einzelleistungen nicht erbracht**, ist die Leistung des Architekten mangelhaft, da der insoweit geschuldete Teilerfolg fehlt. Liegen dann die Voraussetzungen des § 634 BGB vor, kann der Vergütungsanspruch des Architekten durch den Auftraggeber gemindert werden (BGH BauR 2004, 1640; BGH NZBau 2011, 622). Die Höhe der Minderung wird nach Auffassung des BGH NZBau 2005, 163 nach der Steinfort Tabelle oder ähnlichen Berechnungswerken vorgenommen werden.

21 ➲ **Wichtig:** Auch die Vereinbarung eines Pauschalhonorars unterhalb der Mindestsätze schließt eine Minderung nicht aus (OLG Hamm BauR 2005, 1350).

22 Fehlt eine vertragliche Regelung über den Umfang der Leistungspflichten, müssen die zur Herbeiführung des geschuldeten Werkerfolgs erforderlichen Teilleistungen ermittelt werden. Dies führt zu Unsicherheiten bei der Beurteilung, ob eine Honorarminderung gerechtfertigt ist.

5. HOAI-Novelle 2013

23 Durch die 6. HOAI-Novelle 2009 wurde die Struktur der HOAI stark verändert. Nicht nur die bisherige Gliederung, sondern auch die einzelnen Paragraphen wurden neugefasst. Die hierbei vorgenommenen Änderungen wurden als zum Teil willkürlich, unvollständig und inhaltlich problematisch gerügt.

24 Im Rahmen der 7. HOAI-Novelle, die zum 17.7.2013 in Kraft trat, wurde versucht, die Defizite der vorangehenden 6. Novelle zu beseitigen. Gleichzeit wurden Änderungen und Aktualisierungen in den Leistungsbildern vorgenommen. Die wichtigsten Änderungen der HOAI 2013 zur HOAI 2009 sind:

- Eine Anhebung der Tafelwerte im Durchschnitt um rund 17 %, der allerdings eine Ergänzung bzw. Erweiterung der Leistungsbilder insbesondere für Gebäude und Innenräume gegenübersteht.
- Der Begriff der Grundleistungen wurde wieder eingeführt.
- Der durch die HOAI 2009 in § 3 Abs. 2 HOAI aF eingeführte missverständliche Begriff der „anderen Leistungen" wurde ersatzlos gestrichen.
- In § 2 Abs. 7 HOAI wird nunmehr die Definition der „mitzuverarbeitenden Bausubstanz" normiert, die nach § 4 Abs. 3 HOAI bei den anrechenbaren Kosten wieder „angemessen" Berück-

sichtigung findet. Die mit der HOAI 2009 in § 35 Abs. 1 HOAI aF eingeführte Möglichkeit, als Kompensation für die Nichtberücksichtigung der technisch und gestalterisch mitverarbeiteten Bausubstanz einen Umbauzuschlag von bis zu 80 % zu vereinbaren, ist entfallen. Der mögliche Umbauzuschlag wurde auf 33 % bzw. 50 % reduziert, § 36 Abs. 1 und 2 HOAI.

- In § 10 HOAI finden sich nunmehr Regelungen für eine Anpassung des Honorars bei geänderten Leistungen (Abs. 1) und eines zusätzlichen Honorars für die Erbringung von Wiederholungsleistungen (Abs. 2).
- Die Fälligkeit der Honorarschlussrechnung setzt nunmehr in Annäherung an das BGB die Abnahme der Leistung voraus, § 15 Abs. 1 HOAI. Eine „bloße" vertragsgemäße Erbringung der Leistung ist nicht mehr ausreichend.
- Die in der HOAI 2009 auf 4 Jahre verkürzte Frist für die Überwachung der Mangelbeseitigung wurde wieder auf 5 Jahre erweitert.

Nach wie vor beibehalten wurde in der 7. HOAI-Novelle die Abkoppelung der Honorare von den tatsächlichen Baukosten. So erfolgt die Honorarermittlung für die Objekt- und Fachplanung gem. § 6 Abs. 1 Nr. 1 HOAI einheitlich für alle Leistungsphasen nach den anrechenbaren Kosten des Objekts auf der Grundlage der Kostenberechnung. 25

Das durch die HOAI 2009 in § 6 Abs. 2 HOAI aF eingeführte Baukostenvereinbarungsmodell, ist nach der höchstrichterlichen Rechtsprechung (BGH IBR 2013, 278) unwirksam, da es von der gesetzlichen Ermächtigungsgrundlage in Artikel 10 § 1 und 2 MRVG nicht gedeckt ist. Hieraus folgend dürfte auch der gleichlautende § 6 Abs. 3 HOAI 2013 unwirksam sein. 26

II. Generalplanervertrag

1. Abschluss des Vertrages

Für den Abschluss eines Generalplanervertrags sind keine Besonderheiten zu beachten. Es gelten die vorgenannten Ausführungen zum Architektenvertrag. 27

2. Inhalt des Vertrages

Inhalt des Generalplanervertrags ist im Regelfall die Erbringung **sämtlicher für ein Bauwerk erforderlicher Planungsleistungen** (Architekten-, Ingenieur-, Statiker- und Vermessungsleistungen). Der Generalplanervertrag ist daher ein **Werkvertrag** (Rz. 9 und 35). Der Generalplaner beauftragt dann seinerseits die entsprechenden Subplaner. Für den Auftraggeber bietet der Generalplanervertrag den Vorteil, dass er nur einen Ansprechpartner hat. 28

Der Generalplaner ist grundsätzlich einem erhöhten Risiko ausgesetzt. Ihn trifft das **Insolvenzrisiko** seiner Subplaner im Verhältnis zum Auftraggeber und im Verhältnis zu den Subplanern das Insolvenzrisiko des Auftraggebers. Auch im Rahmen der Haftung ergeben sich Risiken für den Generalplaner, da seine Mängelansprüche gegenüber den Subplanern möglicherweise früher verjähren (je nach Abnahme der jeweiligen Leistung), als die **Mängelansprüche** des Auftraggebers gegen ihn selbst. Darüber hinaus besteht für den Generalplaner grundsätzlich das große Risiko, dass seine Subplaner ihm gegenüber im Streitfall nach den Mindestsätzen abrechnen statt nach dem unterhalb der Mindestsätze vereinbarten Pauschalhonorar, der Generalplaner seinerseits vom Aufraggeber für die Leistungen aber eine geringeres Honorar erhält. 29

3. Vergütung des Generalplaners

Für Generalplanerleistungen wird in der Praxis regelmäßig ein **Pauschalhonorar** vereinbart. Für die durch den Generalplaner zu erbringenden Koordinationsleistungen hinsichtlich der Subplaner und des von ihm übernommenen Insolvenz- und Haftungsrisikos sollte der Generalplaner dabei regelmäßig einen Generalplanerzuschlag in Höhe von 5–10 % des Honorars des Subplaners verlangen. 30

31 Zu berücksichtigen ist beim Abschluss eines Generalplanervertrags unter Zugrundelegung des Mindestsatzes bei der Honorarvereinbarung zudem, dass aufgrund der Degression der Honorartafeln die Subplaner möglicherweise ein höheres Honorar erhalten als der Generalplaner gegenüber seinem Auftraggeber beanspruchen kann. Die Honorierung muss daher zwingend mit der Honorierung der Subplaner abgestimmt werden.

32 Darüber hinaus ergeben sich hinsichtlich der Vergütung des Generalplaners keine Besonderheiten zu der Vergütung eines Architekten. Insbesondere gilt die HOAI mit ihrem Mindestpreischarakter auch für Verträge zwischen dem Generalplaner und seinen Subplanern. Pauschalhonorarvereinbarungen zwischen dem Generalsplaner und seinen Subplanern unterhalb der Mindestsätze sind daher grundsätzlich unwirksam. Wird ein Pauschalhonorar vereinbart, das unterhalb der Mindestsätze liegt, ohne dass ein Ausnahmefall vorliegt (§ 7 Abs. 3 HOAI), ist eine Abrechnung nach den Mindestsätzen nur dann nicht möglich, wenn der Auftraggeber auf die Wirksamkeit der Pauschalhonorarvereinbarung vertraut hat und hierauf vertrauen durfte und sich insoweit auch darauf eingerichtet hat, dass ihm die Zahlung des Differenzbetrages nach Treu und Glauben nicht zugemutet werden kann. Selbst die Kenntnis des Subplaners, dass der Generalplaner mit seinem Auftraggeber ebenfalls ein Honorar unterhalb den Mindestsätzen vereinbart hat, soll nach der herrschenden Auffassung dem Mindestsatzverlangen des Subplaners gegenüber dem Generalplaner nicht entgegen stehen (OLG Koblenz v. 7.4.2004 – 3 U 1235/02, BauR 2006, 554).

4. Haftung

33 Die normale Berufshaftpflichtversicherung für Architekten umfasst das Generalplanerrisiko regelmäßig nicht, hierfür bedarf es entweder des Abschluss einer besonderen Haftpflichtversicherung oder einer Objektversicherung.

III. Ingenieurvertrag

1. Abschluss des Vertrags

34 Ungeachtet etwaiger gemeinde-, kirchen- oder landesrechtlicher Besonderheiten kann auch ein Ingenieurvertrag grundsätzlich **formlos** abgeschlossen werden.

2. Inhalt des Vertrags

35 Der Ingenieurvertrag ist im Regelfall ein **Werkvertrag**. Dies wurde neben dem Tragwerksplaner für den Vertrag des Vermessungsingenieurs (BGH NZBau 2013, 175), des Heizungsingenieurs (OLG München NJW 1974, 2238) und der Leistungen der Geotechnik (BGH NJW 1979, 214) angenommen.

3. Vergütung

36 Es ergeben sich keine Besonderheiten, es gelten die in der HOAI niedergelegten Abrechnungsgrundsätze.

4. Mängelansprüche

37 Ist die Leistung des Architekten oder auch des Ingenieurs mangelhaft, ist grundsätzlich danach zu differenzieren, ob sich die Mängel bereits im Bauwerk niedergeschlagen haben. In diesem Fall ist die Setzung und der Ablauf einer angemessenen **Frist zur Nacherfüllung** gegenüber dem Architekten entbehrlich (BGH BauR 2007, 2083). Ebenso, wenn sich der Architekt/Ingenieur ernsthaft und endgültig weigert, die Nacherfüllung vorzunehmen oder wenn besondere Umstände vorliegen, die unter Abwägung der beiderseitigen Interessen die sofortige Selbstvornahme rechtfertigen oder die Nacherfüllung fehlgeschlagen oder dem Auftraggeber unzumutbar ist (§ 637 Abs. 2, 323 Abs. 2 BGB).

Architekt und Ingenieur können wegen desselben Bauwerkmangels **gesamtschuldnerisch** haften (BGH BauR 2003, 1918). Voraussetzung hierfür ist, dass eine Mitverantwortlichkeit des Architekten für den Planungsfehler des Ingenieurs besteht. Nach der Rechtsprechung ist dies der Fall, wenn der Architekt aufgrund seines Fachwissens den Fehler des Ingenieurs erkennen konnte (BGH NZBau 2003, 567; OLG Bamberg IBR 2004, 151) oder sich dem Architekt begründete Zweifel an der durch den Sonderfachmann erbrachten Leistungen stellen müssen (BGH BauR 2001, 823). Im Grunde gilt aber, dass sich der Architekt auf das Spezialwissen des Ingenieurs verlassen kann. Werden dem Architekten fehlerhafte Pläne zu den zu beachtenden Boden- und Grundwasserverhältnissen durch den Bauherrn gestellt, hat sich dieser das Planungsverschulden des von ihm beauftragten Fachplaners im Verhältnis zum Architekt zurechnen zu lassen (BGH BauR 2013, 1468). 38

Im Übrigen hat auch der Ingenieur die wirtschaftlichen Vorstellungen und Wünsche des Auftraggebers im Rahmen der Planung zu beachten und kann seine Leistungen nicht unberücksichtigt der wirtschaftlichen Gegebenheiten erbringen. 39

IV. Projektsteuerungsvertrag

Eine gesetzliche Definition des Begriffs der Projektsteuerung existiert nicht. In der Regel beabsichtigt der Auftraggeber durch die Beauftragung eines Projektsteuerers seine Entlastung, indem der Projektsteuerer die Funktion des Auftraggebers bei der Steuerung seiner Projekte mit mehreren Fachgebieten übernimmt. Ziel ist es, eine Kontrolle des Projekts hinsichtlich Qualität und Quantität, Kosten und Terminen zu erhalten. Entsprechend formulierte der BGH, NJW 2000, 202 die durch den Projektsteuerer zu erbringenden Leistungen auch wie folgt: 40

„Der Projektsteuerer übernimmt beratend oder handelnd die Wahrung der Qualitäts-, Termin- und Kostensicherheit für den Auftraggeber. Er ist damit maßgeblich am Kernbereich der Investitionsentscheidung und des Investitionserfolgs beteiligt." 41

Die ursprünglich in § 31 HOAI a.F. enthaltene beispielhafte Beschreibung von durch den Projektsteuerer zu erbringenden Kernleistungen, ist mit der Neufassung der HOAI 2009 ersatzlos entfallen. Da die in § 31 HOAI a.F. beispielhaft aufgezählten Leistungen zudem tatsächlich nicht geeignet waren, die auftraggeber- und auftragnehmerseitigen Anforderungen an ein spezifiziertes Leistungsbild für Projektsteuerungsleistungen zu erfüllen, entwarf die AHO-Fachkommission „Projektsteuerung/Projektmanagement" erstmals 1996 ein Leistungsbild, das sich seither kontinuierlich fortentwickelt. 42

Hiernach stellen die **Beratungs-, Koordinations-, Informations- und Kontrollle**istungen die primäre Aufgabe des Projektsteuerers dar. Während planungsergänzende Leistungen zur zweifelsfreien Abgrenzung der Leistungsbilder und Erhaltung der Haftungsgrenzen durch den Planer erbracht werden. Lediglich Leistungen, die Grundlagen der Planungs- und Entscheidungsvorbereitung schaffen sollen (bspw. Standortanalyse, Aufstellen eines Raum- und Funktionsprogramms, Überprüfung von Wertermittlungen für Grundstücke und Gebäude) können entweder vom Planer oder vom Projektsteuerer erbracht werden. 43

1. Abschluss des Vertrags

Der Abschluss des Projektsteuerungsvertrages kann formlos erfolgen. Das in § 31 Abs. 2 HOAI a.F. niedergelegte Schriftformerfordernis für die Honorarvereinbarung wurde durch den BGH NJW 1994, 1694) wegen fehlender gesetzlicher Ermächtigung für nichtig erklärt. Zudem wurde durch den BGH NZBau 2007, 315 ausgeführt, dass die **HOAI** auf den Projektsteuerer, der keine in der HOAI beschreiben Architekten- oder Ingenieuraufgaben wahrnimmt, **nicht anwendbar** ist. 44

Der Projektsteuerungsvertrag kann sowohl ein **Dienst- als auch ein Werkvertrag** sein. Die Einordnung des jeweiligen Vertragstypus hängt von den im konkreten Projektsteuerungsvertrag vereinbarten Leistungen ab. Maßgeblich für die Einordnung als Werkvertrag ist nach dem BGH (BGH, Urteil vom 10.6.1999 VII ZR 215/98), ob die vertraglichen Vereinbarungen erfolgsorientiert sind oder der Unternehmer ein Bündel von verschiedenen Aufgaben übernommen hat und *„die erfolgsorientierten Aufgaben dermaßen überwiegen, dass sie den Vertrag prägen"*. Wobei erfolgsorientierte Pflich- 45 ten in der Regel dann vorliegen, wenn durch den Projektsteuerer überwachende oder kontrollierende Aufgaben übernommen werden.

46 Übernimmt der Projektsteuerer überwiegend die finanzwirtschaftliche Betreuung eines Bauvorhabens handelt es sich hingegen um einen Dienstvertrag (BGH NZBau 2005, 509).

2. Leistungen des Projektsteuerers

47 Die Leistungspflicht des Projektsteuerers beurteilt sich nach der vertraglichen Vereinbarung. Die Leistungspflichten des Projektsteuerers sind daher im Einzelnen im Vertrag zu regeln.

48 In der Praxis haben sich eine Vielzahl von einzelnen Leistungen des Projektsteuerers entwickelt, die je nach Bauvorhaben beauftragt werden. Am meisten verbreitet hat sich der Entwurf eines Leistungsbildes der AHO-Fachkommission Projektsteuerung (aktuell 4. Fassung Mai 2014).

49 Die AHO-Fachkommission (Ausschuss der Verbände und Kammern der Ingenieure und Architekten für die Honorarordnung e.V.) hat in Anlehnung an die sonstigen in der HOAI enthaltenen Leistungsbilder ein vollständiges Leistungsbild entwickelt. Die Leistungen werden in fünf Projektstufen gegliedert (Projektvorbereitung, Planung, Ausführungsvorbereitung, Ausführung, Projektabschluss), die jeweils für die Erbringung von fünf Handlungsbereichen bewertet werden:

A Organisation, Information, Koordination und Dokumentation

B Qualitäten und Quantitäten

C Kosten und Finanzierung

D Termine, Kapazitäten und Logistik

E Verträge und Versicherungen

50 Zu beachten ist, dass die Vereinbarung von Projektsteuerungsleistungen nach dem AHO-Modell eine ausdrückliche Vereinbarung sowohl hinsichtlich der beauftragten Projektsteuerungsleistungen als auch der Honorierung voraussetzt.

3. Haftung

51 Ist der Projektsteuerungsvertrag als Werkvertrag (Rz. 45) zu qualifizieren, richtet sich die Haftung des Projektsteuerers nach den allgemeinen Vorschriften des Werkvertragsrechts.

52 ➲ **Hinweis:** Die **Erfolgsbezogenheit** der vertraglichen Leistungspflichten sollte im Vertrag daher ausdrücklich klargestellt werden

53 Ein Mangel der Projektsteuerungsleistung liegt vor, wenn sie nicht die vereinbarte Beschaffenheit hat, § 633 Abs. 2, Nr. 1 BGB. Eine Abweichung von der vereinbarten Beschaffenheit liegt insbesondere vor, wenn das Werk nicht die vereinbarte **Funktionstauglichkeit** aufweist. Fehlt es an eine Beschaffenheitsvereinbarung im Vertrag, liegt ein Mangel vor, wenn sich die Leistung nicht für die nach dem Vertrag vorausgesetzte oder für die gewöhnliche Verwendung eignet oder nicht eine Beschaffenheit aufweist, die bei Werken der gleichen Art üblich ist und der Auftraggeber nach Art des Werkes erwarten kann, § 633 Abs. 2 Nr. 2 BGB.

54 Liegt eine von der vertraglich bestimmten Beschaffenheit abweichend Leistung vor, ist das Werk des Projektsteuerers auch dann mangelhaft, wenn ihn kein Verschulden trifft.

55 Grundsätzlich stehen dem Auftraggeber bei einer mangelhaften Leistung des Projektsteuerers nach Abnahme die Mängelansprüche nach §§ 633 ff. BGB zu. Vor der Abnahme besteht vorrangig der Erfüllungsanspruch (Anspruch auf Verschaffung einer mangelfreien Werkleistung), sowie Ansprüche aus dem allgemeinen Leistungsstörungsrecht, §§ 275 ff., 323 ff. BGB.

4. Honorar des Projektsteuerers

56 Findet sich vertraglich keine Vergütungsregelung, ist nach den allgemeinen Grundsätzen des Werkvertragsrechts die **übliche Vergütung** geschuldet, § 632 Abs. 1 BGB. Grundsätzlich kann die Ver-

gütungsform des Projektsteuerers frei vereinbart werden. In der Praxis haben sich Pauschalen oder eine Vergütung nach Zeitaufwand bewährt. In Betracht kommt aber auch eine Honorierung nach anrechenbaren Kosten auf Grundlage von § 4 AHO Heft Nr. 9. Zu berücksichtigen gilt es, dass sich der Auftraggeber eventuell auch mit den Honorarregelungen der HOAI konfrontiert sieht, wenn im Rahmen der Erbringung der Projektsteuerungsleistungen auch Architekten- oder Ingenieurleistungen zu erbringen sind und diese den Gesamtcharakter des Vertrags prägen (BGH, NJW 1998, 1228)

Fällig wird die Vergütung des Projektsteuerer mit der Abnahme der Werkleistung, § 641 BGB. Das Recht auf Abschlagszahlungen für vertragsgemäß erbrachte Leistungen steht dem Projektsteuerer aus § 632a BGB folgend zu. 57

➲ **Praxistipp:** Abschlagszahlungen sollten zeit-, oder leistungsbezogen im Vertrag oder einem dem Vertrag als Anlage beigefügten Zahlungsplan vereinbart werden. 58

M 21.1 Architektenvertrag[1]

Zwischen

Herrn/Frau . . . (Name, Anschrift)

– im Folgenden Auftraggeber –[2]

und

Herrn/Frau . . . (Name, Anschrift)

– im Folgenden Architekt –

wird folgender Architektenvertrag geschlossen:

§ 1 Gegenstand des Vertrags

Gegenstand dieses Vertrags sind Architektenleistungen für Gebäude/Innenräume/Freianlagen[3] *für das Bauvorhaben: . . .*[4] *auf dem Grundstück . . . (Grundbuchbezeichnung, Band, Blatt, Flurstück).*

§ 2 Grundlagen des Vertrags

1. Vertragsbestandteile, die bei nicht auflösbaren Widersprüchen in nachgenannter Reihenfolge als Rangfolge gelten, sind[5]*:*

a) die Regelungen dieses Vertrags;

b) der Terminplan vom . . .; Anlage 2

c) das Baugrundgutachten vom . . .; Anlage 3

d) Siemon-Tabelle/Steinfort-Tabelle; Anlage 4

1 Von der in den Vorauflagen praktizierten Abfassung eines Vertragsmusters für den Auftraggeber/Auftragnehmer wird nunmehr Abstand genommen. Zum einen sind eine Vertragspartei privilegierende Klauseln in Allgemeinen Geschäftsbedingungen häufig ohnehin unwirksam. Zum anderen veranlassen unausgewogene Verträge den Verhandlungspartner oftmals selbst zu einseitigen (unausgewogenen) Gegenforderungen.

2 Die Vertragsparteien sind exakt zu bezeichnen.

3 Nichtzutreffendes streichen.

4 Die Beschreibung des Gegenstands des Vertrags hat möglichst konkret zu erfolgen. Sie dient der Eingrenzung und Bestimmung der jeweiligen Architektenleistungen. Soweit die Leistungspflichten bereits hier konkret beschrieben werden können (Neubau, Umbau, Renovierung/Instandsetzung oder Ähnliches), kann auf die in § 2 HOAI enthaltenen Begriffsbestimmungen zurückgegriffen werden.

5 Die Vertragsgrundlagen sind zur Bestimmung des Umfangs und der Grenzen des Vertrags anzugeben. Die Vertragsbestandteile müssen abhängig vom jeweiligen Bauvorhaben formuliert werden. Die Rangfolgenregelung dient der Vermeidung von Unklarheiten.

2. Grundlage des Vertrags sind die für das Bauvorhaben einschlägigen gesetzlichen[6], öffentlich-rechtlichen und behördlichen Vorschriften, Verordnungen, Richtlinien sowie technische Bestimmungen und die allgemein anerkannten Regeln der Technik und Baukunst[7].

§ 3 Leistungsumfang[8]

1. Der Architekt verpflichtet sich für das in § 1 dieses Vertrags genannte Bauvorhaben die nachfolgen genannten Leistungen[9] zu erbringen[10]. Die Beauftragung der Leistungen erfolgt in 4 Stufen[11]. Sofern nicht anders vereinbart, wird dem Architekten zunächst die Erbringung der Leistungsphasen 1 bis 4 als Beauftragungsstufe 1 übertragen. Die Beauftragung der Leistungsphase 5 (Stufe 2), der Stufe 3 (Leistungsphasen 6 bis 8) sowie der Objektbetreuung (Stufe 4) oder einzelner Leistungen oder Teilleistungen daraus bleibt dem AG vorbehalten (freie Option[12]). Ein Anspruch des AN auf Beauftragung weiterer, über die erste Stufe hinausgehender Stufen oder Leistungsphasen oder auch (Teil-)Leistungen besteht nicht.

2. Die Beauftragung weiterer Stufen hat schriftlich zu erfolgen. Der Architekt verpflichtet sich, die weiter übertragenen Leistungen zu dem bereits vereinbarten (Teil-)Honorar zu erbringen, sofern sie ihm spätestens ... Monate[13] nach der Fertigstellung der letztbeauftragten Stufe und deren Freigabe durch den Auftraggeber beauftragt werden.

3. Soweit für die Herbeiführung des durch den Architekten geschuldeten Erfolgs, die Erbringung von weiteren Leistungen, über die jeweils beauftragten hinaus erforderlich ist, sind diese ebenfalls geschuldet. Eine etwaige Honorierung solcher Leistungen folgt aus §§ 8 und 9 dieses Vertrags.

4. Die einzelnen Beauftragungsstufen beinhalten folgende Leistungen:

Stufe 1

Grundlagenermittlung

- *Klären der Aufgabenstellung*
- *Ortsbesichtigung und Beratung zum Leistungs- und Untersuchungsbedarf*

---

6 Die HOAI ist zwingendes Preisrecht. Sie muss daher nicht gesondert als Vertragsbestandteil oder -grundlage erwähnt werden. Auch das BGB muss nicht erwähnt werden. Der Architektenvertrag ist ein Werkvertrag, der den Vorschriften der §§ 631 ff. BGB unterfällt.

7 Für den Architekten empfiehlt sich ein Hinweis auf den für die Leistungserbringung maßgeblichen Stand der Vertragsgrundlagen (Zeitpunkt Vertragsschluss oder Abnahme). Ohne entsprechende Vereinbarung schuldet der Architekt die auszuführende Leistung entsprechend den zum Zeitpunkt der Abnahme einschlägigen allgemein anerkannten Regeln der Technik. Insbesondere bei auf Dauer angelegten Architektenverträgen können sich durch eine mögliche Änderung beispielsweise der anerkannten Regeln der Technik relevante Änderungen ergeben.

8 Das vorliegende Vertragsmuster führt die durch den Architekten zu erbringenden Leistungen lediglich exemplarisch auf. Erforderlich ist es jeweils, die zu erbringenden Leistungen im Einzelnen abzustimmen.

9 Bei den zu erbringenden Leistungen sollte der Architekt darauf achten, dass für die übernommenen Leistungen auch ein Deckungsschutz seiner Haftpflichtversicherung besteht.

10 Die HOAI ist reines Preisrecht und beschreibt lediglich Honorierungstatbestände. Ihr kommt daher grundsätzlich keine vertragsrechtliche Bedeutung zu. Die Parteien müssen auf den Inhalt der HOAI Bezug nehmen und diesen ausdrücklich vereinbaren, wenn sie die in der HOAI beschriebenen Leistungsphasen und Leistungsschritte zum Inhalt ihres Vertrages machen wollen. Im Gegensatz zum Ingenieurvertragsmuster werden hier die einzelnen in der HOAI beschrieben Teilleistungen nicht als Teilerfolge vereinbart. Die Reglung ist aus Sicht des Architekten daher vorteilhafter. Er behält im Zweifel seinen Honoraranspruch, auch wenn er einzelne Teilleistungen aus den jeweiligen Leistungsphasen nicht erbracht hat.

11 In AGB und Formularverträgen des Auftraggebers begegnen Klauseln zur stufenweisen Beauftragung verschiedenen Bedenken. Wirksam dürfte eine vertragliche Regelung sein, bei der bei Durchführung des Projekts eine Verpflichtung des Auftraggebers und Verwenders zur Beauftragung besteht. Gängig (nicht zwingend) ist die Aufteilung in 3 Stufen: Leistungsphasen 1–4 als Stufe 1, die Leistungsphase 5–7 als Stufe 2 und die Leistungsphase 8–9 als Stufe 3.

12 Für den Architekt macht es Sinn, die dargestellt freie Option zu begrenzen und an den Eintritt bzw. Nichteintritt bestimmter Bedingungen zu knüpfen.

13 Um auch den Interessen des Architekten gerecht zu werden, der zeitlich nicht unbegrenzt an einen Architektenvertrag gebunden sein soll ohne zu wissen, ob und wann er die Leistung erbringen soll, sollten vereinbart werden, dass der Architekt nur eine gewisse Zeit an den Vertag gebunden bleibt. Erfolgt innerhalb der vereinbarten Zeitspanne kein weiterer Auftrag, entfällt die Bindung des Architekten.

Vorplanung

- *Erarbeiten der Vorplanung, Untersuchen, Darstellen und Bewerten von Varianten nach gleichen Anforderungen, Zeichnungen im Maßstab nach Art und Größe des Objekts*
- *Bereitstellen der Arbeitsergebnisse als Grundlage für die anderen an der Planung fachlich Beteiligten sowie Koordination und Integration von deren Leistungen*
- *Vorverhandlungen über die Genehmigungsfähigkeit*
- *Kostenschätzung nach DIN 276*
- *Erstellen eines Terminplans mit den wesentlichen Vorgängen des Planungs- und Bauablaufs*

Entwurfsplanung

- *Erarbeiten der Entwurfsplanung*
- *Zeichnungen im Maßstab 1:100 und bei Innenräumen im Maßstab 1:50 bis 1:20*
- *Bereitstellen der Arbeitsergebnisse als Grundlage für die anderen an der Planung fachlich Beteiligten sowie Koordination und Integration von deren Leistungen*
- *Verhandlungen über die Genehmigungsfähigkeit*
- *Kostenberechnung nach DIN 276 und Vergleich mit der Kostenschätzung*

Genehmigungsplanung

- *Erarbeiten und Zusammenstellen der Vorlagen und Nachweise für öffentlich-rechtliche Genehmigungen oder Zustimmungen einschließlich der Anträge auf Ausnahmen und Befreiungen, sowie notwendiger Verhandlungen mit Behörden unter Verwendung der Beiträge anderer an der Planung fachlich Beteiligter*
- *Einreichen der Vorlagen*
- *Ergänzen und Anpassen der Planungsunterlagen, Beschreibungen und Berechnungen*

Stufe 2

Ausführungsplanung

- *Erarbeiten der Ausführungsplanung*
- *Ausführungs-, Detail-, und Konstruktionszeichnungen im Maßstab 1:50 bis 1:1*
- *Bereitstellen der Arbeitsergebnisse als Grundlage für die anderen an der Planung fachlich Beteiligten, sowie Koordination und Integration von deren Leistungen*

Stufe 3

Vorbereitung der Vergabe

- *Aufstellen von Leistungsbeschreibungen und Leistungsverzeichnissen nach Leistungsbereichen*
- *Zusammenstellen der Vergabeunterlagen für alle Leistungsbereiche*

Mitwirkung bei der Vergabe

- *Einholen von Angeboten*
- *Prüfen und Werten der Angebote*
- *Mitwirken bei der Auftragserteilung*

Objektüberwachung

- *Überwachen der Ausführung des Objekts auf Übereinstimmung mit der öffentlich-rechtlichen Genehmigung oder Zustimmung, den Verträgen mit ausführenden Unternehmen, den Ausführungsunterlagen, den einschlägigen Vorschriften sowie mit den allgemein anerkannten Regeln der Technik*
- *Koordinieren der an der Objektüberwachung fachlich Beteiligten*
- *Rechnungsprüfung einschließlich Prüfen der Aufmaße der bauausführenden Unternehmen*
- *Kostenfeststellung, z.B. nach DIN 276*
- *Organisation der Abnahme der Bauleistungen, Feststellung von Mängeln*
- *Antrag auf öffentlich-rechtliche Abnahmen und Teilnahme daran*

- *Auflisten der Verjährungsfristen für Mängelansprüche*
- *Überwachen und Beseitigung der bei der Abnahme festgestellten Mängel*

Stufe 4

Objektbetreuung

Objektbegehung zur Mängelfeststellung vor Ablauf der Verjährungsfristen für Mängelansprüche gegenüber den ausführenden Unternehmen.

5. Bei einer etwaigen schriftlichen Folgebeauftragung gelten die Bedingungen dieses Vertrages. Dem Architekten steht aus der stufen- oder abschnittsweisen Beauftragung und einer damit zusammenhängenden Unterbrechung kein Anspruch auf Erhöhung seines Honorars oder sonstige Ansprüche zu. Insbesondere kann er keine Entschädigung nach § 642 BGB verlangen[14].

§ 4 Pflichten des Architekten

1. Der Architekt ist verpflichtet, den Auftraggeber unverzüglich über wesentliche Umstände hinsichtlich Qualitäts-, Termins- oder Kostenabweichungen zu unterrichten und entsprechende Lösungen zu erarbeiten.

2. Der Architekt hat den Auftraggeber über die Notwendigkeit des Einsatzes von Sonderfachleuten und Fachingenieuren zu beraten und die von ihnen erbrachten Leistungen fachlich und zeitlich zu koordinieren, mit seinen Leistungen abzustimmen und diese einzuarbeiten. Bevor der Architekt die von den Sonderfachleuten/Fachingenieuren erbrachten Leistungen zur Grundlage seiner eigenen Leistungen macht, hat er sie auf Richtigkeit und Plausibilität zu prüfen.

3. Hat der Architekt Bedenken gegenüber Entscheidungen des Auftraggebers, so hat er diesen unverzüglich schriftlich darauf hinzuweisen und ggf. Alternativvorschläge zu unterbreiten. Die Hinweis-, Prüfungs- und Beratungspflichten des Architekten sind durch den vereinbarten Leistungsumfang in § 3 dieses Vertrags begrenzt.[15]

4. Der Architekt hat die ihm beauftragten Leistungen selbst in seinem Büro mit eigenen angestellten Mitarbeitern zu erbringen. Zu einer Übertragung von Leistungen an Dritte (z.B. Subplaner oder freie Mitarbeiter) ist er nur berechtigt, wenn der Auftraggeber dem zustimmt.

5. Die dem Architekten durch den Auftraggeber zur Verfügung gestellten Unterlagen dürfen nur nach vorheriger Zustimmung des Auftraggebers an Dritte weitergegeben werden. Der Architekt verpflichtet sich zur absoluten Verschwiegenheit im Verhältnis zu Dritten hinsichtlich sämtlicher ihm zugänglicher Kenntnisse und Informationen über das Projekt.

§ 5 Vollmacht des Architekten

Der Architekt ist nicht berechtigt, finanzielle Verpflichtungen für seinen Auftraggeber einzugehen. Er ist jedoch berechtigt und verpflichtet, die Interessen und Rechte des Auftraggebers zu wahren. Er hat hierbei den am Bau Beteiligten die entsprechenden Weisungen zu erteilen[16].

§ 6 Verpflichtungen des Auftraggebers

1. Der Auftraggeber verpflichtet sich, Arbeitsergebnisse der hinzuzuziehenden Sonderfachleute dem Architekten rechtzeitig zur Verfügung zu stellen.

---

14 Eine gewisse Unterbrechung ist der stufen- bzw. abschnittsweisen Beauftragung immanent. Diese ist daher von der vereinbarten Honorierung erfasst.

15 Auch bei den Pflichten des Auftragnehmers ist jeweils das konkret zu erbringende Bauvorhaben zu berücksichtigen. So kann sich zusätzlich die Vereinbarung von einer besonderen Beschaffenheit des Bauvorhabens empfehlen. Beispielsweise dann, wenn Planungsleistungen für einen Bauträger erbracht werden sollen und das dem Architekten vorgegebene Budget eine verbindliche Kostenobergrenze darstellen soll, da es der Kalkulation für den Verkauf an Dritte zugrunde gelegt wird.

16 Eine originäre allumfassende Architektenvollmacht gibt es nicht. Insbesondere ist der Architekt nicht berechtigt, Zusatz- oder Änderungsaufträge an ausführende Unternehmen zu erteilen, Rechnungen oder Stundenlohnzettel anzuerkennen oder sonstige vertragliche Vereinbarungen im Namen des Auftraggebers zu treffen.

2. Der Auftraggeber verpflichtet sich, nach vertragsgemäßer Erbringung/Fertigstellung der beauftragten Leistungen eine förmliche Abnahme mit dem Architekt durchzuführen.

3. Auf Verlangen des Architekten hat der Auftraggeber nach Erbringung der Leistungsphase 8 aus Stufe 3 eine Teilabnahme durchzuführen, sofern der Auftragnehmer auch mit der Erbringung von Leistungen für die Leistungsphase 9 (Stufe 4) beauftragt wird[17].

§ 7 Termine[18]

1. Allgemein gilt: Der Architekt hat seine Leistungen so zügig zu beginnen, zu fördern, auszuführen und zu vollenden, dass die einzelnen Planungsschritte und das Bauvorhaben ohne zeitliche Verzögerungen und unter Einhaltung der nachfolgend vereinbarten Termine realisiert werden können.

2. Die Parteien vereinbaren, dass der Architekt aus Stufe 1 folgende Leistungen zu den folgenden Terminen erbringt:

- *Einreichung des vollständigen und genehmigungsfähigen Bauantrags bis spätestens zum ...*[19].

3. Die Festlegung weiterer verbindlicher Vertragstermine[20] *für die weiteren Leistungsstufen bedarf aufgrund der vertraglich vorgesehenen Stufenbeauftragung einer entsprechenden Abstimmung nach der jeweiligen Beauftragung. Die Parteien werden sich insoweit über die folgende Termine einigen, bevor es zu einer weiteren Beauftragung kommt:*

Beauftragungsstufe 2

- *Fertigstellung der Ausführungsplanung zum ...*

Beauftragungsstufe3

- *Fertigstellung der Leistungsverzeichnisse ...*
- *Vergabe ca. ...*
- *Gesamtfertigstellung ca. ...*.

§ 8 Honorar

1. Die Vergütung erfolgt auf Grundlage der HOAI[21] *in der zum Zeitpunkt des Vertragsschuss geltenden Fassung. Die anrechenbaren Kosten werden unter Zugrundelegung der anrechenbaren Kosten*[22] *des Objekts auf der Grundlage der Kostenberechnung ermittelt*[23].

Das Objekt entspricht Honorarzone (§ 5 HOAI): ...[24]

Vereinbart wird folgender Honorarsatz (§ 7 HOAI): ...

---

17 Die Aufnahme dieser Regelung ist insbesondere für den Architekten von Vorteil. Ein Anspruch auf Abnahme besteht grundsätzlich erst nach Erbringung sämtlicher Leistungen auch aus Leistungsphase 9. Dies führt zu einer für den Architekten nicht hinnehmbaren Ausweitung der Verjährungsfrist für Mängelansprüche auf insgesamt 10 Jahre.

18 Die Vereinbarung von Terminen ist aus Sicht des Auftraggebers zwingend erforderlich. Klarzustellen ist, dass die Einhaltung der Termine nur die Architektenleistung betrifft.

19 Bei der Aufzählung handelt es sich lediglich um Vorschläge. Je nach Bauvorhaben kann auch eine detaillierte Terminvereinbarung Sinn machen.

20 Die Vereinbarung einer Vertragsstrafe empfiehlt sich, wenn die Einhaltung von Vertragsfristen/Vertragsterminen für den Auftraggeber von besonderer Bedeutung ist, etwa weil im Falle der Nichteinhaltung des Fertigstellungstermins erhebliche wirtschaftliche Schäden und Nachteile drohen.

21 Die HOAI stellt, sofern es sich bei den zu erbringenden Leistungen um in Anlage 10 der HOAI beschriebene Grundleistungen handelt, zwingendes Preisrecht dar.

22 Bei Umbauarbeiten der Umfang der mitzuarbeitenden Bausubstanz ist bei den anrechenbaren Kosten angemessen zu berücksichtigen (§ 2 Abs. 7 HOAI). Der Umfang der mitzuverarbeitenden Bausubstanz ist zum Zeitpunkt der Kostenberechnung oder sofern keine Kostenberechnung vorliegt, zum Zeitpunkt der Kostenschätzung objektbezogen zu ermitteln und schriftlich zu vereinbaren.

23 Bei Umbauten und Modernisierungen sollte zudem ein Umbauzuschlag vereinbart werden, § 36 HOAI. Treffen die Parteien keine schriftliche Vereinbarung über die Höhe des Umbauzuschlags wird vermutet, dass ein Zuschlag in Höhe von 20 % ab einem durchschnittlichen Schwierigkeitsgrad vereinbart ist. Über den Zeitpunkt der Vereinbarung des Zuschlags ist in § 6 Abs. 2 HOAI nichts geregelt.

24 Auch die Falscheinordnung der Honorarzone kann zu einer unzulässigem Unter-, oder Überschreitung der Mindest- bzw. Höchstsätze führen, mit der Unwirksamkeit der Vereinbarung als Folge.

Die dem Architekten nach diesem Vertrag übertragenen Leistungen werden gemäß § 34 Abs. 3 HOAI wie folgt vergütet:

Grundlagenermittlung 2 %

Vorplanung 7 %

Entwurfsplanung 15 %

Genehmigungsplanung 3 %

Ausführungsplanung 25 %

Vorbereitungen der Vergabe 10 %

Mitwirkung bei der Vergabe 4 %

Objektüberwachung 32 %

Objektbetreuung 2 %[25]

2. Sämtliche Nebenkosten werden mit einer Pauschale von . . . % des Nettohonorars berechnet[26].

3. Umsatzsteuer in der jeweils gesetzlichen Höhe wird zu allen Honoraren und Nebenkosten zusätzlich in Rechnung gestellt (§ 16 HOAI).

§ 9 Besondere Leistungen, zusätzliche und geänderte Leistungen

1. Der Auftraggeber beauftragt den Architekten mit der Erbringung der folgenden Besonderen Leistungen: . . .

Die Parteien vereinbaren für die Erbringung der Besondern Leistung einen Pauschalpreis in Höhe von: . . .[27]

Für den Fall, dass durch den Auftraggeber während der Vertragslaufzeit die Erbringung weiterer Besondere Leistungen verlangt wird, werden diese Leistungen auf Grundlage der nachfolgend vereinbarten Stundensätze vergütet.

2. Der Auftraggeber ist berechtigt, Änderungen des beauftragten Leistungsumfangs anzuordnen, die eine Erweiterung oder Wiederholung des Leistungsinhalts bzw. der erbrachten und freigegebenen Leistungen beinhalten, und er ist berechtigt Änderungen des Leistungszieles, der Vertragsziele oder des Leistungsablaufs sowie zusätzliche Leistungen anzuordnen. Bei zusätzlichen Leistungen besteht das Anordnungsrecht nur, wenn der Geschäftsbetrieb des Architekten auf solche Leistungen eingestellt ist und sie im sachlichen Zusammenhang mit der Vertragsausführung stehen.

Der Architekt ist verpflichtet, solche Leistungsänderungen, Leistungserweiterungen oder Zusatzleistungen auszuführen.

3. Der Architekt ist verpflichtet, dem Auftraggeber die Ausführung der Änderungs- oder Zusatzleistungen vor deren Ausführung schriftlich anzukündigen.

4. Bei Änderungs- oder Zusatzleistungen, die eine Änderung der anrechenbaren Kosten nach sich ziehen, wird das Honorar entsprechend § 10 Abs. 1 HOAI angepasst. Änderungen- oder Zusatzleistungen, die keine nachweisbaren Auswirkungen auf die Höhe der anrechenbaren Kosten haben, werden nach Zeitaufwand gemäß den nachfolgend vereinbarten Stundensätzen vergütet, sofern sich die Vertragsparteien nicht auf eine anderweitige Abrechnung einigen. Bei einer Änderungs- oder Zusatzleistung, die eine Wiederholung der vertraglichen Leistungen dieses Vertrages darstellt,

---

25 Pauschalhonorarvereinbarungen sind nach der HOAI nur innerhalb der Mindest- und Höchstsätze wirksam. Darüber hinaus ist die Vereinbarung bei Auftragserteilung, schriftlich zu treffen (§ 7 HOAI). Pauschalhonorarvereinbarungen unterhalb der Mindestsätze sind grundsätzlich unwirksam, es sei denn, der Vertragspartner hat auf die Wirksamkeit der Pauschalhonorarvereinbarung vertraut und konnte hierauf vertrauen (BGH, NJW 1997, 2329). Eine Mindestsatzunterschreitung liegt auch dann vor, wenn der Vergütungsvereinbarung beispielsweise eine falsche Honorarzone zugrunde gelegt wurde.

26 Die pauschale Abrechnung von Nebenkosten setzt eine schriftliche Vereinbarung voraus (§ 14 Abs. 3 HOAI). Ohne entsprechende schriftliche Vereinbarung, ist eine Abrechnung der Nebenkosten nur nach Einzelnachweis möglich.

27 Die Vergütung für die Erbringung Besonderer Leistungen kann nunmehr frei vereinbart werden. Es entspricht daher dem Interesse des Auftraggebers, für bereits zum Zeitpunkt des Vertragsschluss absehbar zu erbringende Besondere Leistungen, ein Pauschalhonorar zu vereinbaren.

steht dem Architekten eine zusätzliche Vergütung gemäß § 10 Abs. 2 HOAI zu, sofern deren Ausführung oder Notwendigkeit nicht vom Architekten veranlasst oder gar zu vertreten ist.

5. Sofern durch den Architekten Leistungen erbracht werden, die nach dem Vertrag auf Stundenbasis abzurechnen sind, oder für den Fall, dass der Architekt aus sonstigen Gründen Anspruch auf Vergütung auf Stundenbasis hat, werden folgende Stundensätze vereinbart:

Architekt/Ingenieur: . . . Euro pro Stunde zzgl. Mehrwertsteuer

technischer Mitarbeiter: . . . Euro pro Stunde zzgl. Mehrwertsteuer

sonstige Mitarbeiter: . . . Euro pro Stunde zzgl. Mehrwertsteuer

§ 10 Zahlung

1. Der Architekt ist berechtigt, Abschlagzahlungen nach Maßgabe des § 15 HOAI für nachgewiesene Leistungen zu fordern. Abschlagszahlungen sind 14 Tage nach Vorlage der prüfbaren Abrechnung beim Auftraggeber zur Zahlung fällig.

2. Die Schlusszahlung wird nach Abnahme der beauftragten Leistungen und Vorlage einer prüffähigen Schlussrechnung fällig.

§ 11 Sicherheit für den Auftraggeber[28]

1. Für die ordnungsgemäße und mangelfreie Vertragserfüllung und zur Sicherheit von Mängelansprüchen vereinbaren die Parteien eine Sicherheitsleistung in Höhe von 5 % des Nettohonorars des Architekten. Die Sicherheit dient zur Absicherung aller Erfüllungs-, Schadensersatz-, Vertragsstrafen- und Zahlungsansprüche des Auftraggebers aus dem Zeitraum der Vertragserfüllung bis zum Ende der Verjährungsfrist für Mängelansprüche[29]*. Die Sicherheit ist durch Stellung einer Bürgschaft zu leisten. Die Bürgschaft ist binnen 2 Wochen nach Abschluss dieses Vertrages vorzulegen. Wird die Bürgschaft nicht gestellt, darf der Auftraggeber Zahlungen an den Architekt bis zu einem Betrag in Höhe der vereinbarten Sicherheit einbehalten*[30]*. Den Einbehalt kann der Architekt jederzeit durch eine den vertraglichen Anforderungen entsprechende Bürgschaft ablösen. Die Sicherheit ist dem Architekten auf sein Verlangen hin spätestens 5 Jahre nach Abnahme der Leistungsphase 9 zurückzugeben.*

2. Die Bürgschaft muss unbefristet, selbstschuldnerisch, unter Verzicht auf die Einreden der Anfechtbarkeit und unter Ausschluss des Hinterlegungsrechts ausgestellt sein. Tauglicher Bürge ist jedes inländische, in Deutschland als Zoll- und Steuerbürge zugelassene Kreditinstitut oder ein in Deutschland ansässiger Kreditversicherer. Die Bürgschaften müssen als Gerichtsstand den Ort des Bauvorhabens vorsehen.

---

28 Die Vereinbarung von Sicherheiten macht für den Auftraggeber Sinn, wenn kein Versicherungsschutz des Architekten (mehr) besteht, etwa aufgrund eines bewussten Verstoß dessen, der Ausschöpfung des Haftungshöchstbetrags oder einer Obliegenheitsverletzung des Architekten, die den Deckungsanspruch einschränkt.

29 Nach der höchstrichterlichen Rechtsprechung (BGH NJW 2011, 2195; BGH NJW 2014, 1725) wird durch die bisherige Handhabe der Praxis und die Vereinbarung sog. Kombisicherheiten (Vertragserfüllungs- und Mängelsicherheit) der Auftragnehmer unangemessen benachteiligt. Durch die bisherigen Formulierungen der Sicherheitsabreden konnte es zu einer zumindest temporären Überschneidung der Vertragserfüllungssicherheit und der Mängelsicherheit für dieselben Mängel kommen und dadurch zu einer Abweichung von der üblichen und akzeptablen Höhe für Mängelsicherheiten von höchstens 5 % der Auftragssumme. Durch die vorliegende Vereinbarung von nur einer Sicherheit in Höhe von 5 % wird dieser Rechtsprechung genüge getan.

30 Zu berücksichtigen ist, dass eine Klausel in Allgemeinen Geschäftsbedingungen des Auftraggebers, wonach dem Architekten- oder Ingenieur Abschlagszahlungen in Höhe von 95 % des Honorars für die nachgewiesenen Leistungen einschließlich Umsatzsteuer gewährt wird vom gesetzlichen Leitbild des § 8 Abs. 2 HOAI a.F. abweicht, wenn sie in einem Vertrag verwendet wird, der die Leistungen aller Leistungsphasen des § 15 Abs. 2 HOAI enthält, eine Teilschlusszahlung lediglich nach Genehmigung der bis zur Leistungsphase 4 erbrachten Leistungen vereinbart ist und die Schlusszahlung für die Leistungsphasen 5–9 erst fällig wird, wenn der Auftragnehmer sämtliche Leistungen aus dem Vertrag erfüllt hat (BGH IBR 2006, 212).

§ 12 Sicherheit für den Architekten

1. Zur Sicherung der Honoraransprüche des Architekten vereinbaren die Parteien die Stellung einer Zahlungsbürgschaft durch den Auftraggeber in Höhe von . . . % der Nettoauftragssumme. Die Zahlungsbürgschaft ist dem Auftraggeber durch den Architekten zurückzugeben, wenn keine gesicherten Honoraransprüche des Architekten mehr bestehen. Sofern der Höchstbetrag der Bürgschaft die noch offenen Honoraransprüche des Architekten übersteigt, ist ab Anforderung des Auftraggebers die Bürgschaft aus dem noch offenen Betrag zu enthaften.

2. Sofern über die Beauftragungsstufe 1 hinaus, die Erbringung weiterer Stufen beauftragt wird, verpflichten sich die Parteien, über eine prozentuale Erhöhung der Sicherheit für den Architekt zu verhandeln.

3. Die Bürgschaft muss die in § 11 Ziffer 2 dieses Vertrags genannten Anforderungen erfüllen.

4. Fordert der Architekt eine Sicherheit gem. § 648a BGB, kann der Auftraggeber die nach Ziffer 1 vereinbarte Zahlungsbürgschaft zurückverlangen, Zug um Zug gegen Überreichung der Sicherheit nach § 648a BGB[31]*.*

5. § 648 BGB wird ausgeschlossen.

§ 13 Haftung

Die Haftung des Architekten und die Verjährung der Mängelansprüche richten sich nach den gesetzlichen Bestimmungen

§ 14 Haftpflichtversicherung[32]

1. Der Architekt ist verpflichtet eine Haftpflichtversicherung abzuschließen. Die Deckungssumme der Versicherung muss betragen:

Für Personenschäden: . . . Euro

Für sonstige Schäden: . . . Euro.

2. Der Architekt hat die Versicherung bis zum Ablauf der Verjährungsfrist für Mängelansprüche aufrechtzuerhalten.

3. Der Architekt hat innerhalb von 14 Tagen nach Abschluss des Vertrags dem Auftraggeber den Versicherungsschutz nachzuweisen. Kommt der Architekt seiner Verpflichtung trotz Nachfristsetzung nicht nach, so ist der Auftraggeber zur Kündigung des Vertrags aus wichtigem Grund berechtigt.

§ 15 Kündigung

1. Der Auftraggeber kann den Vertrag jederzeit, der Architekt nur aus wichtigem Grund kündigen. Die Kündigung hat schriftlich zu erfolgen[33]*.*

2. Im Fall der ordentlichen Kündigung durch den Auftraggeber oder bei einer außerordentlichen Kündigung durch den Architekten, die der Bauherr zu vertreten hat, steht dem Architekten das vertraglich vereinbarte Honorar zu. Der Architekt muss sich jedoch dasjenige anrechnen lassen, was er in Folge der Aufhebung des Vertrages an Aufwendungen erspart oder durch anderweitige Ver-

---

31 § 648a BGB findet unter anderem keine Anwendung bei Verträgen mit juristischen Personen des öffentlichen Rechts sowie Verträgen mit einer natürlichen Person die Bauarbeiten zur Herstellung oder Instandsetzung eines Einfamilienhauses mit oder ohne Einliegerwohnung ausführen lässt, § 648a Abs. 6 BGB.

32 Der Nachweis einer Haftpflichtversicherung ist aus Sicht des Auftraggebers eine wesentliche Regelung des Vertrags. Der Versicherungsschutz durch den Architekten ist unter Umständen die einzige Möglichkeit, bei mangelhaften Leistungen Forderungen erfolgreich durchsetzen zu können. Die Regelung in Abs. 2 sieht den Nachweis der sog. Nachhaftung durch Vorlage des Versicherungsscheins vor. Abs. 3 der Regelung dient dazu, dem Auftraggeber einen Anspruch auf Vorlage und Nachweis des Versicherungsscheins einzuräumen. Im Streitfall sind Architekten häufig nicht bereit, Name, Anschrift und Versicherungsnummer ihrer Versicherungsgesellschaft anzugeben.

33 Die Kündigung ist grundsätzlich formfrei möglich und kann damit auch mündlich wirksam erklärt werden. Zur Klarstellung und zur Vermeidung von Beweisschwierigkeiten, sollte jedoch die Schriftform als Wirksamkeitsvereinbarung im Vertrag vereinbart werden.

wendung seiner Arbeitskraft erwirbt oder zu erwerben böswillig unterlässt. Sofern der Auftraggeber im Einzelfall keinen höheren Anteil an ersparten Aufwendungen nachweist, wird dieser mit 20 %[34] *des Honorars für die vom Architekten noch nicht erbrachten Leistungen vereinbart. Unberührt hiervon bleibt ein etwaiger Abzug wegen Erwerbs durch anderweitige Verwendung der Arbeitskraft des Architekten oder der böswilligen Unterlassung anderweitigen Erwerbs Bei einer Kündigung aus wichtigem Grund durch den Auftraggeber, die der Architekt zu vertreten hat, steht dem Auftragnehmer eine Vergütung nur für die bis zur Kündigung beauftragten, mängelfrei erbrachten und verwertbaren Leistungen zu.*

3. Der Auftraggeber kann den Vertrag aus wichtigem Grund ohne Einhaltung einer Kündigungsfrist insbesondere in nachfolgenden Fällen kündigen[35]*:*

- *Wenn der Architekt angemessene Nachfristen bei Überschreitung der vertraglich vereinbarten Termine und Fristen verstreichen lässt.*
- *Bei nachhaltiger schuldhafter Vertragsverletzung durch den Architekten, insbesondere bei Vorliegen von Umständen, die es dem Auftraggeber unzumutbar machen, das Vertragsverhältnis mit ihm fortzusetzen.*

4. Bei einer vorzeitigen Beendigung des Vertrags ist der Architekt verpflichtet, sämtliche bei ihm vorhandenen Unterlagen über das Bauvorhaben an den Auftraggeber auszuhändigen.

§ 16 Urheberrecht

1. Mit Abschluss des Vertrages überträgt der Architekt sämtliche Verwertungs- Nutzungs- und Änderungsrechte an den von ihm für das Bauvorhaben erstellten Unterlagen sowie den an dem Bauvorhaben erbrachten Leistungen an den Auftraggeber. Der Auftraggeber kann diese Rechte auch an Dritte übertragen.

2. Der Auftraggeber kann die in Abs. 1 bezeichneten Unterlagen und Leistungen ohne Mitwirkung des Auftragnehmers nutzen und ändern. Dies schließt die Veröffentlichung des nach den Plänen des Architekten errichteten Bauwerks ein.

3. Sämtliche Ansprüche des Architekten im Zusammenhang mit der Übertragung der Verwertungs- Nutzungs- und Änderungsrechte an für das Bauvorhaben erstellten Unterlagen und erbrachten Leistungen sind mit der vereinbarten Vergütung abgegolten.

4. Der Architekt steht dafür ein, dass seine Planung frei von Rechten Dritter ist[36].

§ 17 Vertragsänderungen/Ergänzungen

Änderungen und Ergänzungen dieses Vertrags sind schriftlich zu vereinbaren. Die Schriftform ist auch für Änderungen oder Aufhebungen des Schriftformerfordernisses notwendig.

---

34 Die Vereinbarung einer pauschalen Bewertung der ersparten Aufwendungen ist trotz der Entscheidung des BGH (BGH, BauR 1997, 156; BGH 1999, 167) und der Regelung in § 649 Satz 3 BGB weiterhin zulässig. Die Klausel ist aber nur wirksam, wenn ein etwaiger Abzug wegen Erwerbs durch anderweitige Verwendung der Arbeitskraft des Architekten oder wegen böswilliger Unterlassung anderweitigen Erwerbs nach wie vor möglich ist und der Auftraggeber die Möglichkeit hat, einen höheren Anteil an ersparten Aufwendungen nachzuweisen. Für den Architekten ist eine Pauschalierung im Einzelfall vorteilhafter, da dann die Auflistung der ersparten Aufwendungen nicht nötig ist. Andererseits darf nicht übersehen werden, dass bei kleineren Architekturbüros der ersparte Aufwand im Regelfall sehr niedrig sein wird. Hier geht es um die Ersparnis von Büromaterial, Fahrtkosten u.ä., was den Vergütungsanspruch für die nicht erbrachten Leistungen nur unwesentlich reduziert.

35 Die Kündigungsgründe sind auf das jeweilige Bauvorhaben anzupassen.

36 Leistungen des Architekten sind grundsätzlich nach § 2 Abs. 1 Nr. 4 UrhG schutzfähig. Der Architekt ist Schöpfer des Werks im Sinn des UrhG. Hieraus ergeben sich Ansprüche des Architekten bei Verletzung seines Urheberrechts. Dies gilt insbesondere bei baulichen Veränderungen und Umgestaltungen. Aus Sicht des Auftraggebers sind daher zwingend Regelungen über die Übertragung des Verwertungs- Nutzungs- und Änderungsrechts zu vereinbaren. Die Abgeltung dieser Rechte bei einer Vollbeauftragung des Architekten ist unproblematisch möglich (BGH BauR 1975, 363). Gegebenenfalls, kann sich der Auftragnehmer einen Anspruch auf Mitsprache/Beauftragung bei späteren Umbauten einräumen lassen oder aber auch die Namensnennung bei Veröffentlichung durch den Auftraggeber bestehen.

§ 18 Salvatorische Klausel[37]

Sofern eine Bestimmung dieses Vertrags unwirksam sein sollte, werden hierdurch die übrigen Vereinbarungen nicht berührt. Auftraggeber und Architekt verpflichten sich, die unwirksame Regelung durch eine solche zu ersetzen, die dem Vertragszweck wirtschaftlich entspricht. Entsprechendes gilt, wenn sich bei der Durchführung dieses Vertrags eine Regelungslücke ergeben sollte.

Unterschrift Auftraggeber *Unterschrift Architekt*

(Ort, Datum) *(Ort, Datum)*[38]

37 Eine salvatorische Klausel kann nur individualvertraglich vereinbart werden.

38 Sofern der Vertrag mit einem Verbraucher abgeschlossen wird, und der Vertrag außerhalb der Geschäftsräume des Architekten unterzeichnet wird, ist es zwingend notwendig, den Verbraucher auf sein Widerrufsrecht hinzuweisen.

M 21.2 Generalplanervertrag

Zwischen

Herrn/Frau

... (Name, Anschrift)

– im Folgenden Auftraggeber[1] *–*

und

Herrn/Frau

... (Name, Anschrift)

– im Folgenden Generalplaner –

wird folgender Generalplanervertrag geschlossen:

§ 1 Gegenstand des Vertrags

Gegenstand des vorliegenden Vertrags sämtliche Planungs- und Überwachungsleistungen für die Errichtung des Bauvorhabens ...[2]*.*

Das Bauvorhaben befindet sich auf dem Grundstück Flurstück ... der Gemarkung ..., mit ... m² Größe, in ... (Stadt), eingetragen im Grundbuch ..., Blatt ....

§ 2 Grundlagen des Vertrags

1. Grundlage des Vertrags sind die nachfolgenden Unterlagen, bei Widersprüchen innerhalb der Vertragsunterlagen gelten die Unterlagen in nachgenannter Reihenfolge:

a) die Bestimmung dieses Vertrags

b) die Projekt-/Leistungsbeschreibung vom ...; Anlage 1

c) der Terminplan vom ...; Anlage 3

d) die öffentlich-rechtlichen und privatrechtlichen Normen betreffend die Errichtung des Bauvorhabens, insbesondere die planungs- und bauordnungsrechtlichen Bestimmungen.

e) die Honorarordnung für Architekten und Ingenieure in der zum Vertragsschluss geltenden Fassung.

2. Der Generalplaner verpflichtet sich, sämtliche Unterlagen und Pläne die Grundlage dieses Vertrages sind, eigenverantwortlich zu prüfen. Sollten sich innerhalb der Vertragsunterlagen Widersprüche ergeben, verpflichtet sich der Generalplaner, den Auftraggeber hierauf hinzuweisen und eine Klärung der Widersprüche herbeizuführen.

1 Es ist darauf zu achten, dass die Vertragsparteien exakt bezeichnet werden.

2 Das zu realisierende Bauvorhaben sollte genau beschrieben werden.

§ 3 Leistungsumfang des Generalplaners

1. Der Generalplaner wird mit der Erbringung der folgenden Leistungen beauftragt[3]:
- *Objektplanung für Gebäude und Innenräume gem. Anlage 10 zu § 34 Abs. 1 35, Abs. 6 HOAI;*
- *Objektplanung für Freianlagen gem. Anlage 11 zu § 39 Abs. 4, § 40 Abs. 5 HOAI;*
- *Tragwerksplanung Anlage 14 zu § 51 Abs. 6, § 52 Abs. 2 HOAI;*
- *technische Ausrüstung gem. Anlage 15, zu § 55 Abs. 3, 56 Abs. 3 HOAI;*
- *thermische Bauphysik gem. Anlage 1 zu § 3 Abs. 1 HOAI;*
- *Leistungen für Schallschutz und Raumakustik gem. Anlage 1 zu § 3 Abs. 1 HOAI;*
- *Leistung Geotechnik gem. Anlage 1 zu § 3 Abs. 1 HOAI;*
- *vermessungstechnische Leistungen gem. Anlage 1 zu § 3 Abs. 1 HOAI;*
- *vorbeugender Brandschutz.*

2. Der jeweilige Leistungsumfang[4] und auch die jeweiligen vom Generalplaner zu erbringenden Teilerfolge aus den jeweiligen Leistungsphasen ergeben sich aus der als Anlage 1 beigefügten Projekt-/Leistungsbeschreibung.

3. Der Generalplaner schuldet im Rahmen der ihm übertragenen Leistungen alle Leistungen, die zur mangelfreien und ordnungsgemäßen Erfüllung dieses Vertrags und zur Verwirklichung des Bauvorhabens erforderlich sind, auch wenn sie vorstehend oder in der als Anlage zum Vertrag beigefügten Leistungsbeschreibung nicht ausdrücklich benannt sind.

§ 4 Vollmacht des Generalplaners[5]

1. Der Auftraggeber bevollmächtigt den Generalplaner, Verhandlungen mit den am Bau beteiligten Unternehmen sowie mit Behörden zu führen und alle Maßnahmen zu ergreifen, die für eine ordnungsgemäße Leistungserbringung notwendig sind. Auf Anforderung hat der Auftraggeber dem Generalplaner eine entsprechende Vollmachtsurkunde auszustellen.

2. Der Generalplaner ist nicht berechtigt, finanzielle Verpflichtungen für den Auftraggeber einzugehen.

§ 5 Pflichten des Auftraggebers

1. Der Auftraggeber verpflichtet sich, dem Generalplaner sämtliche notwendigen Informationen und Unterlagen, die für die Durchführung des Bauvorhabens erforderlich sind, zu beschaffen und zu übergeben.

2. Der Auftraggeber verpflichtet sich, die notwendigen und erforderlichen Entscheidungen in angemessenem zeitlichem Rahmen zu treffen und entsprechend mitzuwirken.

---

3 Sinnvoll ist insbesondere beim Generalplanervertrag für den Auftraggeber eine stufen- oder abschnittsweise weise Beauftragung.

4 Im vorliegenden Vertragsmuster werden die jeweiligen Teilleistungen und Teilerfolge der zu erbringenden Leistungsphasen nicht dargestellt. Diese sind daher in einer separaten Anlage, die Vertragsbestandteil wird, zu vereinbaren. Wird die Erbringung von Teilleistungen vereinbart, sind diese als Teilerfolge durch den Generalplaner geschuldet. Der Auftraggeber kann bei der Nichterbringung von vereinbarten Teilleistungen bei Vorliegen der Voraussetzungen für Mängelansprüche eine Minderung der Vergütung beanspruchen. (BGH NJW 2004, 2588). Der Generalplaner sollte daher darauf achten, dass er mit seinen Subplanern ebenfalls die entsprechenden Teilleistungen als Teilerfolge vereinbart.

5 Insbesondere um die Verhandlungen mit den Unternehmen und Behörden zu führen, benötigt der Generalplaner die Vollmacht seines Auftraggebers. In der Vollmacht klarzustellen ist, dass der Generalplaner nicht berechtigt ist, finanzielle Verpflichtungen für den Auftraggeber einzugehen. Dies entspricht der originären Architektenvollmacht.

§ 6 Verbindliches Budget[6]

1. Der Auftragnehmer ist zur Kostenermittlung nach DIN 276-1:2008-12 verpflichtet. Aufgrund der bisherigen Kenntnisse und Vertragsgrundlagen gehen die Parteien davon aus, dass Kosten in Höhe von maximal ... Euro anfallen werden. Der Generalplaner verpflichtet sich, diesen Kostenrahmen einzuhalten.

2. Sofern dem Generalplaner ersichtlich wird, dass das Budget nicht eingehalten werden kann, ist er verpflichtet, den Auftraggeber unverzüglich über den Grund und die Mehrkosten im Einzelnen schriftlich zu informieren. Weiterhin ist er verpflichtet, entsprechende Lösungsvorschläge zu unterbreiten.

3. Das vorgegebene Budget dient als Beschaffenheitsvereinbarung und nicht als Kostengarantie.

§ 7 Leistungsänderung[7]

1. Der Auftraggeber ist berechtigt, Änderungen und Erweiterungen oder auch Reduzierungen der beauftragten Leistung vorzunehmen. Bedingen die Änderungen eine Änderung der anrechenbaren Kosten oder Flächen, so steht dem Generalplaner ein Anspruch auf gesonderte Vergütung gem. § 10 Abs. 1 HOAI zu.

2. Bei nur geringfügigen und unwesentlichen Planungsänderungen, deren Zeitaufwand sich im Rahmen üblicher Optimierungen hält, insbesondere Änderungen, die keine Auswirkungen auf konstruktive Bauwerksteile oder die anrechenbaren Kosten oder Flächen haben, besteht kein zusätzlicher Vergütungsanspruch.

3. Der Generalplaner hat den Auftraggeber vor Beginn der Ausführung der geänderten Leistung auf die zusätzliche Vergütungspflicht hinzuweisen.

§ 8 Vergütung

1. Für die beauftragten Leistungen nach § 3 des Vertrags erhält der Generalplaner ein Pauschalhonorar in Höhe von ... Euro netto.

2. Für die durch den Generalplaner übernommenen zusätzlichen Aufgaben und Verpflichtungen in den Bereichen Organisation, Information, Dokumentation, Qualitätskontrolle, Vertragsmanagement, Zahlungsabwicklung und Versicherungswesen sowie das von ihm übernommene Gesamtrisiko wird auf das unter Ziffer 1 vereinbarte Pauschalhonorar ein Zuschlag in Höhe von 5 % vereinbart.

3. Die Nebenkosten werden pauschal in Höhe von ... % des Nettopauschalhonorars vergütet.

4. Für den Fall, dass Leistungen auf Stundenbasis zu erbringen sind, werden folgende Stundensätze vereinbart:

Generalplaner	*... Euro/Stunde*
technischer Mitarbeiter	*... Euro/Stunde*
Hilfskraft	*... Euro/Stunde.*

5. Für das Honorar ist jeweils die geltende gesetzliche Umsatzsteuer zu zahlen.

---

6 Die Einhaltung der Baukosten ist ein wesentliches Element für den Auftraggeber. Aus diesem Grund sollte dem Generalplaner auch die Verpflichtung auferlegt werden, den Kostenrahmen einzuhalten und den Auftraggeber bei allem absehbaren Abweichen vom Kostenrahmen unverzüglich zu informieren. Der Auftraggeber kann dann entsprechende Änderungen am Leistungsumfang vornehmen, um den vereinbarten Kostenrahmen einzuhalten. Die Vereinbarung des Kostenrahmens ist als Beschaffenheitsvereinbarung anzusehen. Zwar steht dem Auftraggeber bei schuldhafter Nichteinhaltung des vereinbarten Budgets ein Anspruch gegenüber dem Generalplaner zu. Ein Toleranzrahmen besteht nur in geringem Umfang. Eine Kostengarantie würde jedoch dazu führen, dass der Generalplaner für jeden Cent der Überschreitung des vereinbarten Kostenrahmens Schadensersatz in Höhe des überschrittenen Betrages zahlen müsste.

7 Nach dem gesetzlichen Werkvertragsrecht des BGB steht dem Auftraggeber kein Anspruch auf Planungsänderung der vereinbarten Leistung zu. Lediglich kleinere, notwendige Änderungen hat der Auftragnehmer, abgeleitet aus Treu und Glauben, auch nach dem Werkvertragsrecht des BGB auszuführen. Es sollte daher darauf geachtet werden, dass sich der Auftraggeber im Vertrag ein Änderungsrecht ausbedingt.

6. Verlängert sich die vertraglich vorgesehen Planungs- und Bauzeit durch Umstände, die der Generalplaner nicht zu vertreten hat um mehr als x Monate, steht dem Generalplaner ein zusätzliches Honorar in Höhe des entstandenen Mehraufwands zu[8]. Der Mehraufwand berechnet sich pauschal wie folgt:

Honorar Lph 8 / Monate Soll × (zusätzliche Monate – . . . Monate) × . . . %

Ein Anspruch auf den pauschalierten Mehraufwand besteht nicht, wenn der Auftraggeber nachweist, dass der Mehraufwand nicht entstanden oder geringer ist.

§ 9 Zahlungen

1. Ein Anspruch auf Abschlagszahlungen besteht in angemessenem zeitlichem Abstand für nachgewiesene vertragsgemäß erbrachte Leistungen. Abschlagszahlungen sind innerhalb von . . . Tagen nach Zugang der Rechnung an den Auftragnehmer zu bezahlen.

2. Die Schlusszahlung ist innerhalb von . . . Tagen nach Eingang der prüffähigen Schlussrechnung beim Auftraggeber fällig.

§ 10 Abnahme

Eine Abnahme von Teilleistungen ist ausgeschlossen[9]. Die Abnahme erfolgt förmlich, sobald der Generalplaner die ihm übertragenen Leistungen vertragsgemäß erbracht hat und dies dem Auftraggeber schriftlich mitgeteilt wurde.

§ 11 Subplaner

1. Der Generalplaner ist berechtigt, die ihm übertragenen Leistungen durch Dritte erbringen zu lassen. Der Auftragnehmer beabsichtigt, die nachfolgend aufgeführten Subplaner für die jeweiligen Einzelleistungen zu beauftragen:

2. Der Auftraggeber kann der Beauftragung von einzelnen Subplanern widersprechen, wenn wichtige Gründe vorliegen, die eine vertragsgemäße Erfüllung der Leistungen durch den Subplaner nicht erwarten lassen. Stellt der Auftraggeber während der Dauer des Vertragsverhältnisses solche Gründe fest, kann er vom Generalplaner den Austausch der Subplaner verlangen.

3. Der Generalplaner hat in den Verträgen mit den von ihm eingesetzten Subplanern vorzusehen, dass eine weitere Untervergabe nur nach Einwilligung des Auftraggebers zulässig ist.

§ 12 Mängelansprüche

1. Die Verjährungsfrist für Mängelansprüche richtet sich nach den Regelungen des Werkvertragsrechts.

2. Der Generalplaner tritt die ihm zustehenden Mängelansprüche gegen die von ihm beauftragten Subplaner bereits jetzt an den Auftraggeber ab[10]. Dem Auftraggeber bleibt es unbenommen, den Generalplaner selbst in Anspruch zu nehmen. Er ist in diesem Fall jedoch verpflichtet, dem Generalplaner die Mängelansprüche gegenüber den Subplanern wieder abzutreten.

---

8 Empfehlenswert für den Generalplaner ist die Vereinbarung eines Zusatzhonorars, sofern sich die vertraglich vereinbarte Planungs- und Bauzeit bedingt durch Umstände aus dem Bereich des Auftraggebers verlängert. Ohne entsprechende Vereinbarung ist eine Durchsetzung von zusätzlichen Vergütungsansprüchen nahezu unmöglich.

9 Die vorliegende Regelung ist für den Auftraggeber günstig, da sämtliche Leistungen erst mit Erbringung der Leistungen aus letzten zur Erbringung vereinbarten Leistungsphase abgenommen werden. Dies führt zu einer Haftung des Generalplaners gegenüber dem Auftraggeber von insgesamt 10 Jahren nach Fertigstellung.

10 Eine vorzeitige Abtretung der Gewährleistungsansprüche des Generalplaners gegen die Subplaner empfiehlt sich für den Auftraggeber. Dieser hat bei einer Insolvenz des Generalplaners dann die Möglichkeit, direkt auf die Subplaner zuzugehen.

§ 13 Sicherheit für den Auftraggeber[11]

1. Für die ordnungsgemäße und mangelfreie Vertragserfüllung und zur Sicherheit von Mängelansprüchen vereinbaren die Parteien eine Sicherheitsleistung in Höhe von 5 % des Nettohonorars des Generalplaners. Die Sicherheit dient zur Absicherung aller Erfüllungs-, Schadensersatz-, Vertragsstrafen- und Zahlungsansprüche des Auftraggebers aus dem Zeitraum der Vertragserfüllung bis zum Ende der Verjährungsfrist für Mängelansprüche[12]*. Die Sicherheit ist durch Stellung einer Bürgschaft zu leisten. Die Bürgschaft ist binnen 2 Wochen nach Abschluss dieses Vertrages vorzulegen. Wird die Bürgschaft nicht gestellt, darf der Auftraggeber Zahlungen an den Generalplaner bis zu einem Betrag in Höhe der vereinbarten Sicherheit einbehalten*[13]*. Den Einbehalt kann der Generalplaner jederzeit durch eine den vertraglichen Anforderungen entsprechende Bürgschaft ablösen. Die Sicherheit ist dem Generalplaner auf sein Verlangen hin spätestens 5 Jahre nach Abnahme der Leistungsphase 9 zurückzugeben.*

2. Die Bürgschaft muss unbefristet, selbstschuldnerisch, unter Verzicht auf die Einreden der Anfechtbarkeit und unter Ausschluss des Hinterlegungsrechts ausgestellt sein. Tauglicher Bürge ist jedes inländische, in Deutschland als Zoll- und Steuerbürge zugelassene Kreditinstitut oder ein in Deutschland ansässiger Kreditversicherer. Die Bürgschaften müssen als Gerichtsstand den Ort des Bauvorhabens vorsehen.

§ 14 Sicherheit für den Generalplaner

1. Zur Sicherung des Honoraranspruchs des Generalplaners vereinbaren die Parteien die Stellung einer Zahlungsbürgschaft durch den Auftraggeber in Höhe von ... % der Nettoauftragssumme. Die Zahlungsbürgschaft ist dem Auftraggeber durch den Generalplaner zurückzugeben, wenn keine gesicherten Honoraransprüche des Generalplaners mehr bestehen. Sofern der Höchstbetrag der Bürgschaft die noch offenen Honoraransprüche des Generalplaners übersteigt, ist ab Anforderung des Auftraggebers die Bürgschaft aus dem noch offenen Betrag zu enthaften.

2. Die Bürgschaft muss die in § 13 Ziffer 2 dieses Vertrags genannten Anforderungen erfüllen.

3. Fordert der Generalplaner eine Sicherheit gem. § 648a BGB, kann der Auftraggeber die nach Ziffer 1 vereinbarte Zahlungsbürgschaft zurückverlangen, Zug um Zug gegen Überreichung der Sicherheit nach § 648a BGB[14]*.*

4. § 648a BGB wird ausgeschlossen.

---

11 Die Vereinbarung von Sicherheiten macht für den Auftraggeber Sinn, wenn kein Versicherungsschutz des Architekten (mehr) besteht, etwa aufgrund eines bewussten Verstoß dessen, der Ausschöpfung des Haftungshöchstbetrags oder einer Obliegenheitsverletzung des Architekten, die den Deckungsanspruch einschränkt.

12 Nach der höchstrichterlichen Rechtsprechung (BGH NJW 2011, 2195; BGH, NJW 2014, 1725) wird durch die bisherige Handhabe der Praxis und die Vereinbarung sog. Kombisicherheiten (Vertragserfüllungs- und Mängelsicherheit) der Auftragnehmer unangemessen benachteiligt. Durch die bisherigen Formulierungen der Sicherheitsabreden konnte es zu einer zumindest temporären Überschneidung der Vertragserfüllungssicherheit und der Mängelsicherheit für dieselben Mängel kommen und dadurch zu einer Abweichung von der üblichen und akzeptablen Höhe für Mängelsicherheiten von höchstens 5 % der Auftragssumme. Durch die vorliegende Vereinbarung von nur einer Sicherheit in Höhe von 5 % wird dieser Rechtsprechung genüge getan.

13 Zu berücksichtigen ist, dass eine Klausel in Allgemeinen Geschäftsbedingungen des Auftraggebers, wonach dem Architekten- oder Ingenieur Abschlagszahlungen in Höhe von 95 % des Honorars für die nachgewiesenen Leistungen einschließlich Umsatzsteuer gewährt wird vom gesetzlichen Leitbild des § 8 Abs. 2 HOAI a.F. abweicht, wenn sie in einem Vertrag verwendet wird, der die Leistungen aller Leistungsphasen des § 15 Abs. 2 HOAI enthält, eine Teilschlusszahlung lediglich nach Genehmigung der bis zur Leistungsphase 4 erbrachten Leistungen vereinbart ist und die Schlusszahlung für die Leistungsphasen 5–9 erst fällig wird, wenn der Auftragnehmer sämtliche Leistungen aus dem Vertrag erfüllt hat (BGH IBR 2006, 212).

14 § 648a BGB findet unter anderem keine Anwendung bei Verträgen mit juristischen Personen des öffentlichen Rechts sowie Verträgen mit einer natürlichen Person die Bauarbeiten zur Herstellung oder Instandsetzung eines Einfamilienhauses mit oder ohne Einliegerwohnung ausführen lässt, § 648a Abs. 6 BGB.

§ 15 Haftung

Die Haftung des Auftragnehmers und die Verjährung der Mängelansprüche richten sich nach den gesetzlichen Bestimmungen

§ 16 Haftpflichtversicherung[15]

1. Der Generalplaner hat innerhalb von 14 Tagen nach Abschluss dieses Vertrags nachzuweisen, dass eine Berufshaftpflichtversicherung mit folgenden Deckungssummen besteht:

für Personenschäden: ... Euro[16]

für sonstige Schäden: ... Euro

Die Deckungssummen müssen in jedem Versicherungsjahr mindestens ...-fach zur Verfügung stehen.

2. Der Generalplaner hat die Versicherung bis zum Ablauf seiner Gewährleistungsfrist aufrecht zu erhalten.

3. Kommt der Generalplaner seiner Verpflichtung zum Nachweis der Berufshaftpflichtversicherung trotz einer gesetzten angemessenen Nachfrist durch den Auftraggeber nicht nach, ist dieser zu einer Kündigung des Generalplanervertrages aus wichtigem Grund berechtigt.

§ 17 Kündigung[17]

Für den Fall der ordentlichen Kündigung durch den Auftraggeber oder im Fall einer außerordentlichen Kündigung, die der Auftraggeber zu vertreten hat, besteht ein Anspruch des Generalplaners auf die vertraglich vereinbarte Vergütung. Der Generalplaner muss sich jedoch dasjenige anrechnen lassen, was er in Folge der Aufhebung des Vertrags an Aufwendungen erspart oder durch anderweitige Verwendung seiner Arbeitskraft erwirbt oder zu erwerben unterlässt. Sofern der Auftraggeber im Einzelfall keinen höheren Anteil an ersparten Aufwendungen nachweist, wird dieser mit ... % des Honorars für die vom Generalplaner noch nicht erbrachten Leistungen vereinbart[18]*. Ein etwaiger Abzug wegen Erwerbs durch anderweitige Verwendung ist hiervon nicht berührt.*

§ 18 Verwertungs- und Nutzungsrechte

1. Die vom Generalplaner gefertigten Unterlagen und Berechnungen dürfen nur für das in § 1 beschriebene Bauvorhaben verwendet werden. Der Auftraggeber ist zur Veröffentlichung des vom Generalplaner geplanten Bauwerks nur unter Namensangabe des Generalplaners berechtigt.

2. Der Generalplaner ist berechtigt, das Bauwerk oder die bauliche Anlage auch nach Beendigung dieses Vertrages in Abstimmung mit dem Auftraggeber zu betreten, um fotografische oder sonstige

---

15 Das Risiko der Fachplaner muss ein Generalplaner besonders versichern bzw. über die Haftpflichtversicherung der Subplaner versichern. Für den Auftraggeber ist der Versicherungsschutz von großer Bedeutung, da er über diesen Weg auch bei einer Insolvenz des Generalplaners entsprechende Schadensersatzansprüche erfolgreich durchsetzen kann.

16 Die Versicherungssummen müssen auf das jeweilige Bauvorhaben abgestimmt werden.

17 Eine im Verhältnis zwischen dem Generalplaner und seinem Auftraggeber ausgesprochene Kündigung aus wichtigem Grund stellt im Verhältnis des Generalplaners zu den Subplanern nicht notwendigerweise ebenfalls einen zur Kündigung berechtigenden wichtigen Grund dar. Im Verhältnis zu seinem Subplaner sollte der Generalplaner deshalb darauf achten, mit dem Subplaner eine mögliche Kündigung aus wichtigem Grund bei einer Kündigung durch den Bauherrn zu vereinbaren. Ggf. kann im Verhältnis zum Subplaner auch eine nur stufenweise Beauftragung erfolgen. Die Stufen sollten dann in engeren Stufen als mit dem Bauherrn vereinbart werden.

18 In § 649 Satz 3 BGB ist nunmehr die widerlegliche Vermutung enthalten, dass dem Unternehmer 5 % des auf den noch nicht erbrachten Teil der Werkleistung entfallenden Teils der Vergütung zustehen. Die Vereinbarung einer Pauschale von über 5 % steht dem nicht entgegen. Der Gesetzgeber wollte mit § 649 Satz 3 BGB ausschließlich eine Erleichterung für die sekundäre Darlegungslast des Unternehmers schaffen. Das bisher übliche und von der Rechtsprechung gebilligte Vorgehen, Pauschalierungsabreden zu treffen, sollte durch die Regelung in § 649 Satz 3 BGB nicht beschränkt werden. Maßstab für Pauschalierungsabreden in allgemeinen Geschäftsbedingungen ist daher nach wie vor § 308 Abs. 7a BGB. Danach kommt es darauf an, ob die pauschalierte Vergütung unangemessen hoch ist. Die Unangemessenheit wird aber nicht durch § 649 Satz 3 BGB indiziert (BGH v. 5.5.2011 – VII ZR 181/10).

Aufnahmen zu fertigen. Dem Generalplaner steht weiter das Recht zu, auf den Planunterlagen, am Bauwerk oder an baulichen Anlagen namentlich genannt zu werden.

3. Der Generalplaner überträgt dem Auftraggeber die Verwertungs-, Nutzungs- und Änderungsrechte aller von ihm für das Bauvorhaben erstellten Unterlagen sowie an den für das Bauvorhaben erbrachten Leistungen. Der Auftraggeber ist berechtigt, die Verwertungs-, Nutzungs- und Änderungsrechte auf Dritte zu übertragen.

4. Der Auftraggeber bzw. dessen Rechtsnachfolger darf die Unterlagen, die Leistungen des Generalplaners für das Bauvorhaben und das ausgeführte Werk ohne Mitwirkung des Generalplaners nutzen und ändern. Bei Vorliegen eines Urheberpersönlichkeitsrechts ist dieses grundsätzlich zu wahren und der Generalplaner ist anzuhören, bevor das Bauwerk geändert wird.

§ 19 Aufbewahrungspflichten

Der Generalplaner ist verpflichtet, die Bauunterlagen 10 Jahre nach Abnahme seiner Leistungen aufzubewahren. Vor Vernichtung der Unterlagen ist der Generalplaner verpflichtet, die Unterlagen dem Auftraggeber anzubieten.

§ 20 Schlussbestimmungen

1. Änderungen, Ergänzungen und Nebenabreden zu diesem Vertrag müssen schriftlich erfolgen.

2. Gerichtsstand für Streitigkeiten aus und in Zusammenhang mit diesem Vertrag ist . . .[19]

Unterschrift Auftraggeber	*Unterschrift Generalplaner*
(Ort, Datum)	*(Ort, Datum)*

19 Die im Vertragsmuster vorgesehene Gerichtsstandsvereinbarung kommt nur in Betracht, wenn die Vertragsparteien Kaufleuten, juristischen Personen des öffentlichen Rechts oder öffentlich-rechtliche Sondervermögen sind, § 38 Abs. 1 ZPO.

M 21.3 Ingenieurvertrag Tragwerksplanung[1]

zwischen

Herrn/Frau

. . . (Name, Anschrift)

– im Folgenden Auftraggeber –[2]

und

Herr/Frau

. . . (Name, Anschrift)

– im Folgenden Ingenieur –

wird folgender Ingenieurvertrag geschlossen:

§ 1 Gegenstand des Vertrags

Der Auftraggeber beauftragt den Ingenieur mit Leistungen der Tragwerksplanung für das Bauvorhaben . . .[3].

1 Dem Vertragsmuster liegt die Fassung HOAI 2013 zugrunde.

2 Es ist darauf zu achten, die Vertragsparteien genau anzugeben. Bei juristischen Personen sind die gesetzlichen Vertreter zu benennen, bei Personengesellschaften die persönlich haftenden Gesellschafter. Darüber hinaus ist darauf zu achten, dass die vertretungsberechtigten Parteien den Vertrag unterzeichnen.

3 Die Regelung dient der Bestimmung des Gegenstands der Leistungspflicht und somit als Auslegungshilfe bei etwaigen Streitigkeiten. Im Einzelnen ist zu beschreiben, auf welches Bauvorhaben und welche Leistungen sich der Vertrag bezieht.

§ 2 Grundlagen des Vertrags sind:

a) die Planung des Architekten vom . . .; Anlage 1;
b) das Baugrundgutachten vom . . .; Anlage 2[4].

§ 3 Leistungen des Ingenieurs

Der Auftraggeber beauftragt den Ingenieur mit folgenden Leistungen aus dem Bereich der Tragwerksplanung[5]*:*

Grundlagenermittlung

a) Klärende Aufgabenstellung aufgrund der Vorgaben oder der Bedarfsplanung des Auftraggebers im Benehmen mit dem Objektplaner

b) Zusammenstellen der die Aufgabe beeinflussenden Planungsabsichten

c) Zusammenfassen, Erläutern und Dokumentieren der Ergebnisse

Leistungsphase 2 Vorplanung (Projekt- und Planungsvorbereitung)

a) Analysieren der Grundlagen

b) Beraten in statisch- konstruktiver Hinsicht unter Berücksichtigung der Belange der Standsicherheit, der Gebrauchsfähigkeit und der Wirtschaftlichkeit

c) Mitwirken bei dem Erarbeiten eines Planungskonzepts einschließlich Untersuchung der Lösungsmöglichkeit des Tragwerks und zu gleichen Objektbedingungen mit skizzenhafter Darstellung, Klärung und Angabe der für das Tragwerk wesentlichen konstruktiven Feststellungen für zum Beispiel Baustoffe, Bauarten und Herstellungsverfahren, Konstruktionsraster und Gründungsart

d) Mitwirken bei Vorverhandlungen mit Behörden und anderen an der Planung fachlich Beteiligten über die Genehmigungsfähigkeit

e) Mitwirken bei der Kostenschätzung und bei der Terminplanung

f) Zusammenfassen, Erläutern und Dokumentieren der Ergebnisse

Leistungsphase 3 Entwurfsplanung (System- u. Integrationsplanung)

a) Erarbeiten der Tragwerkslösung, unter Beachtung der durch die Objektplanung integrierten Fachplanung, bis zum konstruktiven Entwurf mit zeichnerischer Darstellung

b) Überschlägige statische Berechnung und Bemessung

c) Grundlegende Festlegung der konstruktiven Details und Hauptabmessungen des Tragwerks für zum Beispiel Gestaltung der tragenden Querschnitte, Aussparungen und Fugen; Ausbildung der Auflage- und Knotenpunkte sowie der Verbindungsmittel

d) Überschlägiges Ermitteln der Betonstahlmengen im Stahlbetonbau, der Stahlmengen im Stahlbau und der Holzmengen im Ingenieurholzbau

e) Mitwirken bei der Objektbeschreibung bzw. beim Erläuterungsbericht

f) Mitwirken bei Verhandlungen mit Behörden und anderen an der Planung fachlich Beteiligten über die Genehmigungsfähigkeit

g) Mitwirken bei der Kostenberechnung und bei der Terminplanung

h) Mitwirken beim Vergleich der Kostenberechnung und der Kostenschätzung

i) Zusammenfassen, Erläutern und Dokumentieren der Ergebnisse.

Leistungsphase 4 Genehmigungsplanung

a) Aufstellen der prüffähigen statischen Berechnungen für das Tragwerk unter Berücksichtigung der vorgegebenen bauphysikalischen Anforderungen

---

4 Bei den zu benennenden Grundlagen des Vertrags ist im Einzelnen anzugeben, was dem Ingenieur im Rahmen seiner Leistungsverpflichtung als Grundlagen zur Verfügung steht.

5 Das Vertragsmuster legt die Grundleistungen der Anlage 14 zu § 51 Abs. 6, § 52 Abs. 2 HOAI 2013 zugrunde. Sinnvoll ist es, die zu erbringenden Leistungen jeweils für das konkrete Bauvorhaben abzustimmen.

b) Bei Ingenieurbauwerken: Erfassen von normalen Bauzuständen

c) Anfertigen der Positionspläne für das Tragwerk oder Eintragen der statischen Positionen, der Tragwerksabmessungen, der Verkehrslasten, der Art und Güte der Baustoffe und der Besonderheiten der Konstruktionen in die Entwurfszeichnungen des Objektplaners

d) Zusammenstellen der Unterlagen der Tragwerksplanung zur Genehmigung

e) Abstimmen mit Prüfämtern und Prüfingenieuren oder Eigenkontrolle

f) Vervollständigen und Berichtigen der Berechnungen und Pläne

Leistungsphase 5 Ausführungsplanung

a) Durcharbeiten der Ergebnisse der Leistungsphasen 3 und 4 unter Beachtung der durch die Objektplanung integrierten Fachplanungen

b) Anfertigen der Schalpläne in Ergänzung der fertiggestellten Ausführungspläne des Objektplaners

c) Zeichnerische Darstellung der Konstruktionen mit Einbau- und Verlegeanweisungen, z.B. Bewehrungspläne, Stahlbau- oder Holzkonstruktionspläne mit Leitdetails (keine Werkstattzeichnung)

d) Aufstellen von Stahl- oder Stücklisten als Ergänzung zur zeichnerischen Darstellung der Konstruktionen mit Stahlmengenermittlung

e) Fortführen der Abstimmung mit Prüfämtern und Prüfingenieuren oder Eigenkontrolle

Leistungsphase 6 Vorbereitung der Vergabe

a) Ermitteln der Betonstahlmengen im Stahlbetonbau, der Stahlmengen im Stahlbau und der Holzmengen im Ingenieurholzbau als Ergebnis der Ausführungsplanung und als Beitrag zur Mengenermittlung des Objektplaners

b) Überschlägiges Ermitteln der Mengen der konstruktiven Stahlteile und statische erforderlichen Verbindungs- und Befestigungsmittel im Ingenieurholzbau

c) Mitwirken beim Erstellen der Leistungsbeschreibung als Ergänzung zu den Mengenermittlungen als Grundlage für das Leistungsverzeichnis des Tragwerks.[6]

§ 4 Pflichten des Auftraggebers

1. Der Auftraggeber ist verpflichtet, dem Ingenieur nachfolgende Unterlagen zur Verfügung zu stellen[7]*:*

. . .

2. Der Auftraggeber ist verpflichtet, die nachfolgenden Sonderfachleute im eigenen Namen zu beauftragen:

- *Architekt;*
- *Ingenieurleistungen für die technische Ausrüstung;*
- *Bodengutachten (Gründungsberatung);*
- *Sicherheits- und Gesundheitskoordinator;*
- *Vermesser.*

6 Durch die Aufzählung der einzelnen Grundleistungen in den jeweiligen Leistungsphasen wird zum Ausdruck gebracht, dass der Auftragnehmer die Einzelleistungen als Teilerfolge schuldet. Die vertragliche Vereinbarung der Einzelleistungen führt dazu, dass diese als Werkvertrag geschuldet sind. Erbringt der Ingenieur die Einzelleistung nicht, so führt dies zu einer Honorarminderung soweit die Voraussetzungen von Mängelansprüchen gegeben sind. Denkbar ist es auch, die Einzelleistungen nicht in den Vertrag mit aufzunehmen mit der Folge, dass der Auftragnehmer nur die für die mangelfreie Ausführung des Werks erforderlichen Leistungen schuldet.

7 Hier sollten die durch den Auftraggeber dem Tragwerksplaner zu überlassenden Unterlagen für die Erbringung der Leistung durch den Tragwerksplaner im Einzelnen aufgelistet werden. Hierdurch werden die Mitwirkungspflichten des Auftraggebers konkretisiert.

§ 5 Vergütung des Ingenieurs

1. Die Parteien vereinbaren eine Vergütung nach HOAI 2013. Hierbei wird folgendes zugrunde gelegt:

Honorarzone (§ 5 Abs. 1, § 52 Abs. 2 HOAI)[8]

Honorarsatz (§ 7 Abs. 1 HOAI)

Die in § 3 des Vertrags aufgeführten Grundleistungen werden wir folgt bewertet:

Grundlagenermittlung	*3 %*
Vorplanung	*10 %*
Entwurfsplanung	*15 %*
Genehmigungsplanung	*30 %*
Ausführungsplanung	*40 %*
Vorbereitung der Vergabe	*2 %*

Die Ermittlung der anrechenbaren Kosten erfolgt bei Gebäuden und zugehörigen baulichen Anlagen für die Leistungsphasen 1–6 nach der vom Auftraggeber vorzunehmenden Kostenberechnung.

2. Die Nebenkosten werden mit einer Pauschale in Höhe von . . . % des Nettohonorars berechnet[9]*.*

3. Die Umsatzsteuer zum Honorar und den Honorarnebenkosten wird zusätzlich in Rechnung gestellt[10]*.*

§ 6 Zahlungen

1. Der Ingenieur kann für nachgewiesene und vertragsgemäß erbrachte Teilleistungen Abschlagszahlung verlangen. [11]

2. Die Schlusszahlung wird fällig, wenn die Leistung abgenommen und eine prüffähige Honorarschlussrechnung überreicht worden ist.[12]

§ 7 Haftpflichtversicherung

1. Der Ingenieur ist verpflichtet, eine Berufshaftpflichtversicherung durch Vorlage einer Kopie des Versicherungsscheins nachzuweisen. Der Nachweis hat innerhalb von 14 Tagen nach Abschluss dieses Vertrags zu erfolgen. Die Deckungssummen dieser Versicherung müssen mindestens betragen:

Für Personenschäden	*. . . Euro*
für sonstige Schäden	*. . . Euro.*

2. Kommt der Ingenieur seiner Verpflichtung zur Vorlage des Versicherungsnachweises trotz Nachfristsetzung durch den Auftraggeber nicht nach, so ist der Auftraggeber zur außerordentlichen Kündigung des Vertrags berechtigt. [13]

§ 8 Verjährungsfrist Mängelansprüche

Mängelansprüche verjähren innerhalb von 5 Jahren nach Abnahme der Leistung des Ingenieurs.

8 Die Honorarzone ist nicht verhandelbar sondern nach objektiven Kriterien zu ermitteln.

9 Sinnvoll ist es grundsätzlich, eine Pauschale für die Nebenkosten zu vereinbaren, ansonsten besteht ein Anspruch auf Zahlung von Nebenkosten nur auf entsprechenden Einzelnachweis.

10 Gemäß § 16 HOAI ist die Umsatzsteuer gesondert auszuweisen.

11 Gemäß § 15 Abs. 2 HOAI können Abschlagszahlungen entweder zu den schriftlich vereinbarten Zeitpunkten oder in angemessenen zeitlichen Abständen für nachgewiesene Grundleistungen gefordert werden.

12 Durch die HOAI 2013 wurde in § 15 HOAI zudem das Erfordernis der Abnahme mit aufgenommen.

13 Die Vereinbarung einer solchen Regelung ist aus Sicht des Auftraggebers sinnvoll, da es im Streitfall schwierig sein kann, die Versicherungsgesellschaft des Tragwerksplaners mit der entsprechenden Versicherungsnummer ausfindig zu machen.

§ 10 Urheberrechte/Nutzungsrechte

Leistungen des Ingenieurs darf der Auftraggeber nur für das nach diesem Vertrag vereinbarte Bauwerk verwenden.

...	...
(Unterschrift Auftraggeber)	*(Unterschrift Ingenieur)*
...	...
(Ort, Datum)	*(Ort, Datum)*

Widerrufsrecht[14]

Sie können ihre Vertragserklärung innerhalb von 14 Tagen ohne Angaben von Gründen in Textform (z.B. Brief, Fax, E-Mail) widderrufen. Die Frist beginnt nach Erhalt dieser Belehrung in Textform, jedoch nicht vor Abschluss des Vertrags. Zur Wahrung der Widerrufsfrist genügt die rechtzeitige Absendung des Widerrufs. Der Widerruf ist zu richten an ....

Widerrufsfolgen

Im Falle eines wirksamen Widerrufs sind die beiderseits empfangenen Leistungen zurück zu gewähren und gegebenenfalls gezogene Nutzungen herauszugeben. Können Sie die empfangenen Leistungen sowie Nutzungen (z.B. Gebrauchsvorteile) nicht oder teilweise nicht oder nur in verschlechterten Zustand gewähren bzw. herausgeben, müssen Sie uns insoweit Wertersatz leisten. Verpflichtungen zur Erstattung von Zahlungen müssen innerhalb von 30 Tagen erfüllt werden. Die Frist beginnt für Sie mit der Absendung Ihrer Widerrufserklärung für uns mit deren Empfang.

...

(Ort und Datum, Unterschrift Auftraggeber)

In Kenntnis der vorstehenden Widerrufsbelehrung verlange ich ausdrücklich, dass bereits vor Ablauf der Widerrufsfrist mit der Ausführung der Leistung begonnen wird. Mir ist bekannt, dass ich für den Fall der vollständigen Vertragserfüllung durch den Ingenieur mein Widerrufsrecht verliere.

...

(Ort und Datum, Unterschrift Ingenieur)

14 Vgl. §§ 355 ff. BGB.

Kapitel 22 Vergabe von Bauleistungen

Literatur: *Franke/Kemper/Zanner/Grünhagen*, Kommentar zur VOB, 5. Aufl. 2013; *Hertwig*, Praxis der öffentlichen Auftragsvergabe, 5. Aufl. 2014; *Ingenstau/Korbion*, Kommentar zur VOB, 18. Aufl. 2013; *Kapellmann/Messerschmidt*, Kommentar zur VOB, 4. Aufl. 2013; *Kulartz/Kus/Portz*, Kommentar zum GWB-Vergaberecht, 3. Aufl.

2014; *Leinemann*, Die Vergabe öffentlicher Aufträge, 5. Aufl. 2011; *Noch*, Vergaberecht kompakt, 6. Aufl. 2015; *Weyand*, Praxiskommentar zu GWB, VgV, VOB/A, VOL/A, VOF, 4. Aufl. 2013; *Willenbruch/Bischoff*, Kompaktkommentar Vergaberecht, 3. Aufl. 2014.

I. Begriff des Vergaberechts

Das Bundesverfassungsgericht versteht unter dem Vergaberecht die Gesamtheit der Normen, „die ein Träger öffentlicher Verwaltung bei der Beschaffung von sachlichen Mitteln und Leistungen, die er zur Erfüllung von Verwaltungsaufgaben benötigt, zu beachten hat." (BVerfG, Beschl. v. 13.6.2006 – 1 BvR 1160/03, NJW 2006, 3701). Darüber hinaus können unter den Begriff auch die Rechts- und Verfahrensregeln gefasst werden, nach denen die am Vergabeverfahren beteiligten Unternehmen Rechtsschutz wegen der Verletzung der soeben erwähnten „Gesamtheit der Normen" erlangen können. 1

Während sich der Beschaffungsvorgang nach der üblichen Unterscheidung als Bauauftrag, Lieferauftrag oder Dienstleistungsauftrag darstellen kann, wird hier im sachlichen Zusammenhang zum Werkvertragsrecht nur das Recht der **Vergabe von Bauaufträgen** behandelt. Nach den vom Bundesministerium für Verkehr, Bau- und Wohnungswesen für das Jahr 2000 veröffentlichten Daten betrug das Volumen der öffentlichen Bauaufträge umgerechnet ca. 43 Mrd. Euro, was einem Anteil von knapp über 15 % an allen Bauaufträgen entsprach. 2

II. Struktur des deutschen Bauvergaberechts

Ob ein bestimmter Beschaffungsvorgang den Regeln des Vergaberechts unterfällt, ist von einem entsprechenden Anwendungsbefehl abhängig. Aufgrund der für das deutsche Vergaberecht typischen, vom Auftragswert abhängigen Zweiteilung in sog. **nationale Vergabeverfahren** einerseits und sog. **europaweite Vergabeverfahren** andererseits ist dieser Anwendungsbefehl ganz unterschiedlichen Normen zu entnehmen (aus Gründen der Übersichtlichkeit ohne die besonderen Regeln für Auftraggeber im Verteidigungs- und Sicherheitsbereich [vgl. dazu Vergabeverordnung für die Bereiche Verteidigung und Sicherheit zur Umsetzung der Richtlinie 2009/81/EG des Europäischen Parlaments und des Rates vom 13.7.2009 über die Koordinierung der Verfahren zur Vergabe bestimmter Bau-, Liefer- und Dienstleistungsaufträge in den Bereichen Verteidigung und Sicherheit und zur Änderung der Richtlinien 2004/17/EG und 2004/18/EG sowie Abschnitt 3 der VOB/A 2012]): 3

	nationale Ausschreibung (unterhalb der Schwellenwerte)	**europaweite Ausschreibung (oberhalb der Schwellenwerte)**			
		Sonstige Aufträge		Öffentliche Aufträge im Zusammenhang mit Sektorentätigkeiten	
Lieferung und Leistung	Haushaltsrecht VOL/A Abschnitt 1	>207 000 Euro	RL 2004/18/EG GWB VgV VOL/A Abschnitt 2	>414 000 Euro	*RL 2004/17/EG GWB SektVO*
freiberuflich	–		VOF		
Bauleistung	Haushaltsrecht VOB/A 2012 Abschnitt 1	>5 186 000 Euro	RL 2004/18/EG GWB VgV VOB/A 2012 Abschnitt 2	>5 186 000 Euro	

Abb. 1: Rechtsgrundlagen des Vergaberechts und Schwellenwerte

Im Unterschied zu nationalen Vergabeverfahren werden europaweite Vergabeverfahren durch die Anwendung von Rechtsakten der Europäischen Union bestimmt. Zum Zeitpunkt des Erscheinens dieses Werkes (2015) ist der Rechtszustand in Deutschland von der Umsetzung der in der Übersicht genannten Richtlinien gekennzeichnet (insb. Richtlinie 2004/18/EG des Europäischen Parlaments und des Rates vom 31. März 2004 über die Koordinierung der Verfahren zur Vergabe öffentlicher Bauaufträge, Lieferaufträge und Dienstleistungsaufträge sowie Richtlinie 2004/17/EG des Europäischen Parlaments und des Rates vom 31. März 2004 zur Koordinierung der Zuschlagserteilung durch Auftraggeber im Bereich der Wasser-, Energie- und Verkehrsversorgung sowie der Postdienste). Zum April 2016 wird der deutsche Gesetzgeber allerdings die Richtlinie 2014/24/EU des Europäischen Parlaments und des Rates vom 26.2.2014 über die öffentliche Auftragsvergabe und zur Aufhebung der Richtlinie 2004/18/EG (sog. *Basisvergaberichtlinie* [Jaeger NZBau 2014, 259]), Richtlinie 2014/25/EU des Europäischen Parlaments und des Rates vom 26.2.2014 über die Vergabe von Aufträgen durch Auftraggeber im Bereich der Wasser-, Energie- und Verkehrsversorgung sowie der Postdienste und zur Aufhebung der Richtlinie 2004/17/EG (sog. *Sektorenrichtlinie* [Prieß/Stein NZBau 2014, 323]) und die Richtlinie 2014/23/EU des Europäischen Parlaments und des Rates vom 26.2.2014 über die Konzessionsvergabe (sog. *Konzessionsvergaberichtlinie* [Knauff/Badenhausen NZBau 2014, 395]) umgesetzt haben müssen.

➲ **Hinweis:** Ausschreibungspflichten im weiteren Sinne ergeben sich auch außerhalb des hier behandelten Bauvergaberechts zB über das EG-Beihilfenrecht, das Gebührenrecht, das Kartellrecht oder Zuwendungs- bzw. Subventionsbescheide.

1. Abhängigkeit vom Auftragswert (Schwellenwert)

4 Die Höhe der Auftragswerte, von denen an europäisches Vergaberecht Geltung beansprucht, wird in regelmäßigen Abständen durch Verordnung der Kommission festgelegt. Mit Wirkung vom 1.1.2014 gilt die Verordnung (EU) Nr. 1336/2013 der Kommission vom 13.12.2013.

Sie bestimmt für Bauleistungen einen Schwellenwert von 5 186 000 Euro ohne Umsatzsteuer. Aufträge mit einem geschätzten voraussichtlichen Auftragswert oberhalb dieses Wertes müssen daher europaweit nach den dafür geltenden Regeln ausgeschrieben werden, sofern die entsprechenden Vergabeverfahren nach dem 1.1.2014 begonnen werden. Maßgeblich für den Beginn des Vergabeverfahrens in diesem Sinne ist dabei die Bekanntmachung iSv. § 12 EG VOB/A 2012. Vorschriften für die Schätzung der Auftragswerte enthalten § 3 VgV bzw. § 2 SektVO.

5 ➲ **Wichtig:** Die früher bestehende Problematik der Übernahme geänderter Schwellenwerte in § 2 VgV besteht seit der Siebenten Verordnung zur Änderung der Verordnung über die Vergabe öffentlicher Aufträge, die am 25.10.2013 in Kraft getreten ist, nicht mehr. Für das gesamte deutsche Vergaberecht gelten nun einheitlich sog. dynamische Verweisungen (§ 2 Abs. 1 VgV, § 1 Abs. 2 SektVO sowie § 1 Abs. 2 VSVgV). Dass der Gesetzgeber im Fall § 2 VgV die Verweisung versehentlich auf die in Art. 7 Richtlinie 2004/18/EG genannten Schwellenwerte beschränkt hat, ist durch richtlinienkonforme Auslegung des geänderten § 2 Abs. 1 VgV zu korrigieren (vgl. Overbuschmann, VPR 2014, 1026).

2. Rechtsgrundlagen oberhalb der Schwellenwerte

6 Im Bereich oberhalb der Schwellenwerte ist für die Vergabe von Bauaufträgen eine weitere Unterscheidung danach zu machen, ob es sich um einen Bauauftrag im Zusammenhang mit sog. Sektorentätigkeiten handelt oder nicht (vgl. Rz. 3 Abb. 1).

a) Vergabe von Bauaufträgen im Zusammenhang mit Sektorentätigkeiten

7 Bauverträge, die im Zusammenhang mit Tätigkeiten auf dem Gebiet der Trinkwasser- oder Energieversorgung oder des Verkehrs (kurz: den sog. Sektorentätigkeiten) stehen, werden auf oberster (europarechtlicher) Ebene von der Richtlinie 2004/17/EG des Europäischen Parlaments und des Rates vom 31.3.2004 zur Koordinierung der Zuschlagserteilung durch Auftraggeber im Bereich der Wasser-, Energie- und Verkehrsversorgung sowie der Postdienste erfasst. Zur Umsetzung dieser Regelungen in nationales Recht dient neben den Regelungen der §§ 97 ff. GWB als Teil der Vergaberechtsreform die Verordnung zur Neuregelung der für die Vergabe von Aufträgen im Bereich des Verkehrs, der Trinkwasserversorgung und der Energieversorgung anzuwendenden Regeln (SektVO, vgl. Opitz, Die neue Sektorenverordnung, VergabeR 2009, 689 ff.) vom 23.9.2009.

Die Sektorenverordnung gilt mit Wirkung vom 29.9.2009 an einheitlich für die Vergabe von Bau-, Liefer- und Dienstleistungsaufträgen im Sektorenbereich. Sie ersetzt die Abschnitte 3 und 4 der VOB/A bzw. der VOL/A. Mit der Sektorenverordnung wird die in Abschnitt 3 der VOB/A früher angelegte, aber von der EU-Sektorenrichtlinie nicht verlangte unterschiedliche Behandlung der staatlichen oder staatsnahen Sektorenauftraggeber einerseits und der reinen (privaten) Sektorenauftraggeber andererseits aufgegeben. Die Sektorenverordnung beschränkt sich in Umsetzung der Vorgaben der EU-Sektorenrichtlinie für alle öffentlichen Auftraggeber des § 98 Nr. 1–4 GWB, die auf dem Gebiet der Sektoren tätig sind (vgl. § 1 Abs. 1 SektVO), auf den von der Sektorenrichtlinie vorgegebenen Mindeststandard, wie er zuvor dem Grundsatz nach in Abschnitt 4 der VOB/A (= VOB/A-SKR) enthalten war. Während also zuvor die Anwendung des 3. oder 4. Abschnitts der VOB/A von der rechtlichen Konstituierung des Auftraggebers abhing, kommt es darauf heute nicht mehr an. Die Sektorenverordnung gilt unterschiedslos für alle Auftraggeber nach §§ 98 Nr. 1–4 GWB. Die relevanten Sektorentätigkeiten sind in Anlage 4 zu § 98 GWB aufgezählt. Für das Zusammentreffen von Sektorentätigkeiten und anderen Tätigkeiten und für das Zusammentreffen von Sektorentätigkeiten und nicht ausschreibungspflichtigen Tätigkeiten trifft § 99 Abs. 8 GWB Regelungen. 8

b) Vergabe von Bauaufträgen außerhalb der Sektorentätigkeiten

Bauverträge, die nicht im Zusammenhang mit Sektorentätigkeiten stehen, sind zunächst durch die Richtlinie 2004/18/EG des Europäischen Parlaments und des Rates vom 31. März 2004 über die Koordinierung der Verfahren zur Vergabe öffentlicher Bauaufträge, Lieferaufträge und Dienstleistungsaufträge geregelt. Der Umsetzung in nationales Recht dienen die §§ 97 ff. GWB, die auf dieser Grundlage erlassene Verordnung über die Vergabe öffentlicher Aufträge (VgV)sowie schließlich Abschnitt 2 des vom Deutschen Vergabe- und Vertragsausschuss für Bauleistungen (DVA) beschlossenen Teils A der Vergabe- und Vertragsordnung für Bauleistungen (VOB/A). Die aktuelle Fassung 2012 der VOB ist im Bundesanzeiger vom 13.7.2012 veröffentlicht. 9

3. Rechtsgrundlagen unterhalb der Schwellenwerte

Unterhalb der Schwellenwerte sind Auftraggeber im institutionellen Sinn, dh. Auftraggeber, die Teile des Staates oder seiner untergliederten Gebietskörperschaften sind (zB Bund, Land, Kommune) über das jeweils maßgebliche Haushaltsrecht zur Anwendung der VOB Teil A, 1. Abschnitt, verpflichtet. Am Beispiel der Kommunen des Landes Baden-Württemberg ergibt sich der Befehl zur Beachtung der VOB/A letztlich aus § 31 Abs. 2 GemHVO (Gemeindehaushaltsverordnung) iVm. Ziff. 2.1.1 VergabeVwV (Verwaltungsvorschrift des Innenministeriums über die Vergabe von Aufträge im kommunalen Bereich). 10

➲ **Wichtig:** Die Paragrafen des 2. Abschnitts der VOB/A werden seit der Neufassung 2012 und dem Hinweis in Fußnote 2 wie folgt zitiert: „§ x EG Absatz y VOB/A“. Die Neufassung der VOB/A 2009 hat nicht nur eine völlige Neuordnung der Paragrafenreihenfolge und des Gliederungssystems gebracht, sie hat mit einem zwingenden und bieterschützenden Nachforderungsverfahren für fehlende Erklärungen und Nachweise (§ 16 Abs. 1 Nr. 3 VOB/A) auch eine für die Praxis wesentliche und hoffentlich segensreiche Neuerung eingeführt. Seit der Entscheidung des Bundesgerichtshofes im Beschluss v. 18.2.2003 – X ZB 43/02 galt in ständiger Rechtsprechung, dass das Fehlen von Erklärungen, Nachweisen bzw. Preisen zum zwingenden Ausschluss des Angebots auch dann führt, wenn der Fehler nicht wettbewerbserheblich ist. Konsequenz dieser Rechtsprechung war, dass – auch als Folge einer oft unbedachten Gestaltung der Ausschreibungsunterlagen – häufig die wirtschaftlichsten Angebote wegen inhaltlich eigentlich harmloser Fehler ausgeschlossen werden mussten. § 16 Abs. 1 Nr. 3 VOB/A sieht nunmehr vor, dass die Vergabestelle, dh. die ausschreibende Stelle, fehlende geforderte Erklärungen oder Nachweise nachfordert. Dabei sind die fehlenden Erklärungen bzw. Nachweise spätestens innerhalb von 6 Kalendertagen nach Aufforderung durch den Auftraggeber vorzulegen. 11

➲ **Praxistipp:** Vorsicht ist erneut geboten bei der Fristenberechnung nach § 16 Abs. 1 Nr. 3 VOB/A: Die Frist von 6 Kalendertagen beginnt am Tag nach der Absendung der Aufforderung 12 durch den Auftraggeber. Es ist für den Fristenlauf egal, wann dem Bieter das Nachforderungsverlangen zugeht, ob im Lauf der Frist von 6 Kalendertagen Feiertage oder Wochenende liegen oder ob der letzte Tag der Frist von 6 Kalendertagen auf einen Samstag, Sonntag oder Feiertag fällt. Auch eine unverschuldete Fristversäumnis (z.B. Postlaufzeit von 3 Tagen) berechtigt nicht zur Wiedereinsetzung. Allein diskriminierungsfreie Fristverlängerungen sind möglich.

4. Praktische Umsetzung der Ausschreibungspflicht

13 ➲ **Praxistipp:** Für die praktische Umsetzung der Pflicht zur europaweiten Ausschreibung unterhält die Europäische Union unter der Bezeichnung „eNotices" ein Online-Tool zur Erstellung von Bekanntmachungen für das öffentliche Auftragswesen und deren Veröffentlichung im Supplement zum Amtsblatt der Europäischen Union http://simap.europa.eu/).

14 eNotices enthält einen kostenlosen Zugang zu allen im europäischen Auftragswesen verwendeten **Standardformularen**. Die Standardformulare selbst legt die Europäische Kommission regelmäßig durch Verordnung fest (zuletzt Durchführungsverordnung (EU) Nr. 842/2011 der Kommission vom 19.8.2011 zur Einführung von Standardformularen für die Veröffentlichung von Vergabebekanntmachungen auf dem Gebiet der öffentlichen Aufträge und zur Aufhebung der Verordnung (EG) Nr. 1564/2005").

Da sich der Einkauf von Lieferungen und Leistungen auch für staatliche Institutionen nicht nach dem öffentlichen Recht beurteilt, folgt der Vertragsschluss als grundsätzlicher Abschlusspunkt des Vergabeverfahrens den Regeln des BGB. Ausschreibungsverfahren selbst sind keine Verwaltungsverfahren (§ 9 VwVfG), sondern vorvertragliche Auswahlverfahren eigener Art. Ihre Rechtmäßigkeit beurteilt sich nach den Maßstäben des Vergaberechts. Vergaberechtsspezifisch sind dabei in Abhängigkeit von der Überschreitung der Schwellenwerte Regelungen zu beachten, die der Information der beteiligten Bieter und – oberhalb der Schwellenwerte – der Sicherung der bestehenden Rechtsschutzmöglichkeiten dienen.

15 Im **nationalen Vergabeverfahren** gilt hierzu § 19 VOB/A: Nach dessen Absatz 1 sollen Bieter, deren Angebote ausgeschlossen worden sind und solche, deren Angebote nicht in die engere Wahl kommen, unverzüglich unterrichtet werden. Die übrigen Bieter sind zu unterrichten, sobald der Zuschlag erteilt worden ist. § 19 Abs. 2 VOB/A sieht vor, dass auf besonderes Verlangen den nicht berücksichtigten Bietern innerhalb einer Frist von 15 Kalendertagen auch die Gründe für die Nichtberücksichtigung ihres Angebots in Textform mitzuteilen sind. Besondere Informationspflichten für den Fall der Aufhebung der Ausschreibung regelt § 17 Abs. 2 VOB/A. Danach sind die Bieter von der Aufhebung der Ausschreibung unter Angabe der Gründe, gegebenenfalls über die Absicht, ein neues Vergabeverfahren einzuleiten, unverzüglich in Textform zu unterrichten.

16 Im **Bereich oberhalb der Schwellenwerte** kommen die Vorschriften der §§ 101a, 101b GWB zur Anwendung. Die Vorschriften stellen im Interesse eines effektiven Bieterrechtsschutzes sicher, dass die Bieter Gelegenheit zur Überprüfung der Rechtmäßigkeit der Vergabeentscheidung haben, bevor der wirksam erteilte Zuschlag den Primärrechtsschutz vereiteln würde. § 101a GWB enthält dabei die zu beachtenden Verfahrensvorschriften (dh. im Kern die vorherige schriftliche Unterrichtung der Bieter von der beabsichtigten Zuschlagserteilung), § 101b GWB sanktioniert Verletzungen dieser Vorschriften über die Unwirksamkeit des dennoch erteilten Zuschlags. Bei der Unwirksamkeit handelt es sich um eine speziell vergaberechtliche Rechtsfolge, die sich von der Sanktion der Nichtigkeit unterscheidet. Die Unwirksamkeit kann nämlich nur festgestellt werden, wenn sie im Nachprüfungsverfahren innerhalb von 30 Kalendertagen ab Kenntnis des Verstoßes, jedoch nicht später als sechs Monate nach Vertragsschluss geltend gemacht worden ist (§ 101b Abs. 2 GWB).

5. Rechtsschutzsystem

17 Auch für die Frage nach dem Rechtsschutz des Bieters im Vergabeverfahren ist zu unterscheiden zwischen solchen Vergabeverfahren, die oberhalb der Schwellenwerte liegende Aufträge betreffen, und solchen, die geringere Auftragswerte zum Gegenstand haben. Daneben unterscheidet man wei-

ter zwischen **primärem und sekundärem Rechtsschutz**. Während das Ziel des Bieters im primären Rechtsschutz die Beseitigung des behaupteten Vergaberechtsverstoßes und die Zuschlagserteilung auf das eigene Angebot ist, ist Ziel des sekundären Rechtsschutzes (nur) die Erlangung von Schadensersatz als Ausgleich für den Nachteil, den der Bieter durch den Rechtsverstoß erlitten hat.

Primärer Rechtsschutz	**§§ 102 ff. GWB**
	Der Bieter hat die Möglichkeit, eine korrekte Vergabeentscheidung bis zur Erteilung des Zuschlags über ein Vergabenachprüfungsverfahren nach den Regeln der §§ 102 ff. GWB zu erzwingen. Zuständig sind in erster Instanz die Vergabekammern.
Sekundärer Rechtsschutz	**§ 280 BGB**
	Voraussetzungen und Rechtsfolgen entsprechen der Rechtslage unterhalb der Schwellenwerte (s. Abb. 4).
	§ 126 GWB
	In Ergänzung räumt § 126 GWB bei Verletzung bieterschützender Vorschriften dem Bieter, dessen Angebot „eine echte Chance“ auf den Zuschlag gehabt hätte, ausdrücklich einen Anspruch auf Ersatz der Kosten für die Vorbereitung der Angebotserstellung und der Teilnahme am Vergabeverfahren ein. Der praktische Nutzen der Vorschrift ist bisher gering geblieben.

Abb. 2: Rechtsschutz oberhalb der Schwellenwerte

Primärer Rechtsschutz	**§ 21 VOB/A**
	Ein allgemeines Rechtsschutzsystem gegen rechtswidrige Vergabepraktiken besteht nicht. Die in der Rechtsordnung dem übergangenen Konkurrenten eingeräumten Möglichkeiten des Rechtsschutzes gegen Entscheidungen über die Vergabe öffentlicher Aufträge mit Auftragssummen unterhalb der Schwellenwerte genügen den Anforderungen des Justizgewährungsanspruchs (Art. 20 Abs. 3 GG). Es verletzt nicht den Gleichheitssatz, Art. 3 Abs. 1 GG, dass der Gesetzgeber den Rechtsschutz gegen Vergabeentscheidungen unterhalb der Schwellenwerte anders gestaltet hat als den gegen Vergabeentscheidungen, die die Schwellenwerte übersteigen (BVerfG, Beschl. v. 13.6.2006 – 1 BvR 1160/03, NJW 2006, 3701). Dem Bieter steht in jedem Fall die Möglichkeit offen, sich an die zuständigen Nachprüfungsstellen bzw. die Rechtsaufsichtsbehörden zu wenden und noch vor Zuschlagserteilung auf eine Behebung des Fehlers zu drängen.
	§ 123 VwGO
	Für Streitigkeiten über die Vergabe von öffentlichen Aufträgen mit einem Auftragswert unterhalb der in der Vergabeverordnung genannten Schwellenwerte ist nicht der Rechtsweg zu den Verwaltungsgerichten, sondern der ordentliche Rechtsweg gegeben. (BVerwG, Beschl. v. 2.5.2007 – 6 B 10.07, VergabeR 2007, 337.)
	§§ 935 ff. ZPO
	Es bestehen Unterlassungsansprüche gegen den Auftraggeber, wenn dieser gegen Regeln, die er bei der Auftragsvergabe einzuhalten versprochen hat, verstößt und dies zu einer Beeinträchtigung der Chancen des Bieters führen kann. Auf eine willkürliche Abweichung des Auftraggebers kommt es nicht an. Diese Unterlassungsansprüche können im Wege des Verfahrens auf Erlass einer einstweiligen Verfügung durchgesetzt werden. Dazu ist nicht erforderlich, dass der Antragsteller eine (echte) Chance auf den Zuschlag hat. Jedoch kann im Rahmen der gebotenen Abwägung der Verfügungsgrund fehlen, wenn unwahrscheinlich ist, dass der Antragsteller den Zuschlag letztlich erhalten kann. (OLG Düsseldorf, Urt. v. 13.1.2010 – 27 U 1/09, VergabeR 2010, 531.)

Abb. 3: Primärrechtsschutz unterhalb der Schwellenwerte

Sekundärer Rechtsschutz	**§§ 311 Abs. 2, 280 Abs. 2 BGB**	
	Voraussetzungen	**Rechtsfolgen = Schadensersatz**
	(1) vorvertragliches Vertrauensverhältnis	**(1) negatives Interesse**
	Aufgrund einer öffentlichen Ausschreibung entsteht ein vorvertragliches Vertrauensverhältnis. Der Bieter darf darauf vertrauen, dass der Auftraggeber das Vergabeverfahren nach den maßgeblichen Bestimmungen der VOB/A abwickeln wird.	Hier wird der Bieter vermögensmäßig so gestellt, wie wenn er an der Ausschreibung nicht teilgenommen hätte. Der Anspruch ist daher im Wesentlichen auf die nutzlos aufgewandten Kosten der Angebotsbearbeitung gerichtet.
	(2) Schutzwürdigkeit des Vertrauens	**(2) positives Interesse**
	Die Schutzwürdigkeit des Vertrauens entfällt, wenn der Bieter bei der ihm zumutbaren Prüfung erkannt hat oder hätte erkennen müssen, dass der Auftraggeber von den für ihn geltenden Regeln abweicht.	Hier wird der Bieter so gestellt, wie er bei Bezuschlagung und Auftragsdurchführung stünde. Der Anspruch umfasst daher den entgangenen Gewinn. Das positive Interesse kann der Bieter nur verlangen, wenn der ausgeschriebene Auftrag auch tatsächlich erteilt worden ist.
	(3) Vergaberechtsverstoß	
	Die Vergabestelle hat das geltende Vergaberecht objektiv nicht richtig angewendet.	
	(4) Verursachung eines Schadens	
	Bei korrekter Anwendung des Vergaberechts hätte der Bieter den Zuschlag erhalten müssen. Das Angebot des Bieters muss daher zuschlagsfähig gewesen sein und es muss das objektiv wirtschaftlichste sein.	

Abb. 4: Sekundärrechtsschutz unterhalb der Schwellenwerte

M 22.1 Rüge nach § 107 Abs. 3 GWB

... (Name und Anschrift Bieter)[1]

... (Name und Anschrift der Vergabestelle)[2]

Vergabeverfahren ...

Hier: Rügeschreiben gem. § 107 Abs. 3 GWB[3]

---

1 Eine Bietergemeinschaft muss durch einen zur Vertretung im Vergabeverfahren bevollmächtigten Gesellschafter oder durch alle Gesellschafter gemeinsam rügen. Die Rüge eines Mitglieds genügt nicht. Es reicht auch nicht, wenn das Mitglied rügt, das gem. § 13 Abs. 5 VOB/A für den Fall des Zuschlags als bevollmächtigter Vertreter „für den Abschluss und die Durchführung des Vertrages" angegeben ist.

2 Die Rüge ist zwingend an den in der Bekanntmachung bzw. den Vergabeunterlagen genannten Auftraggeber zu versenden. Eine Übersendung an das ausschreibende Architektur- oder Ingenieurbüro genügt nur, wenn es eine entsprechende ausdrückliche Regelung, insb. in der Bekanntmachung, gibt.

3 Im Anwendungsbereich der §§ 97 ff. GWB ist der Bieter gem. § 107 Abs. 3 GWB zur Rüge behaupteter Vergaberechtsverstöße verpflichtet. Diese Regelung soll der Einleitung unnötiger Nachprüfungsverfahren durch Spekulation mit Vergabefehlern entgegenwirken. Sobald ein Bieter einen Vergabeverstoß erkennt, soll er ihn gegenüber dem Auftraggeber unverzüglich rügen, damit jener den Fehler korrigieren und ein Nachprüfungsverfahren vermeiden kann. Versäumt der Bieter eine danach gebotene Rüge, verliert er sein subjektives Recht nach § 97 Abs. 7 GWB auf Beachtung der Vergabebestimmungen in Bezug auf diejenigen Vergabefehler, die er nicht fristgerecht gerügt hat. Der Bieter kann daher auf solche Vergaberechtsverstöße weder im Nachprüfungsverfahren seinen Primärrechtsschutz noch im Zivilrechtsstreit einen Schadensersatzanspruch stützen.

Sehr geehrte Damen und Herren,

mit Vorabinformationsschreiben vom ... (Datum)[4] *haben Sie uns mitgeteilt, dass Sie beabsichtigen, unser Angebot gem. § 16 Abs. 1 VOB/A auszuschließen. Zur Begründung haben Sie mitgeteilt, der Verdacht einer Mischkalkulation unseres Angebots habe insbesondere hinsichtlich der Pos ... nicht ausgeräumt werden können.*

Zur Kalkulation der genannten Positionen teilen wir Ihnen mit[5]*:*

...

In Anbetracht der nach § 101a GWB laufenden Frist fordern wir Sie hiermit auf, zu unseren Argumenten bis spätestens ... (Datum) hier eingehend Stellung zu nehmen[6]*.*

Sollte Ihre Stellungnahme hier nicht fristgerecht eingehen, sind wir gezwungen, ein Nachprüfungsverfahren vor der zuständigen Vergabekammer einzuleiten. Das Gleiche gilt, soweit Sie zur Abhilfe und Wertung unseres Angebots nach wie vor nicht bereit sind.

Mit freundlichen Grüßen

(Unterschrift)[7]

---

4 Die nach § 107 Abs. 3 GWB gebotene Rüge muss unverzüglich erhoben werden. Sie ist daher sobald zu erklären, wie es für den Antragsteller unter Berücksichtigung der für die Prüfung und Begründung der Rüge notwendigen Zeit möglich und zumutbar ist. Hierbei ist auch eine angemessene Überlegungsfrist zuzugestehen, innerhalb derer der Antragsteller die Qualität seiner Argumente überprüfen und eine Chancen-Risiko-Abwägung vornehmen kann. Außerdem ist die Schwierigkeit der Sach- und Rechtslage in Ansatz zu bringen. Angesichts der zum Teil divergierenden Rechtsprechung zur Frage, wie viele Tage in der Regel anzusetzen sind, befindet sich der Bieter „auf der sicheren Seite" nur mit einer Rüge innerhalb von 2–3 Werktagen nach Kenntniserlangung.

Wichtig: Mit Urteil vom 28.1.2010 – C-406/08 hat der EuGH entschieden, dass Art. 1 Abs. 1 Rechtsmittelrichtlinie 89/665/EWG einer nationalen Bestimmung entgegensteht, auf deren Grundlage ein nationales Gericht einen Nachprüfungsantrag in Anwendung des nach Ermessen beurteilten Kriteriums der Unverzüglichkeit der Verfahrenseinleitung wegen Fristversäumnis zurückweisen kann. Mit Urteil v. 8.5.2014 hat der EuGH aktuell nochmals hervorgehoben, dass nationale Fristen für die Einreichung eines Nachprüfungsantrags (oder die Erhebung einer Rüge) zwar grundsätzlich zulässig, aber immer darauf zu überprüfen sind, ob sie mit dem Gebot eines effektiven Rechtsschutzes kollidieren (EuGH v. 8.5.2014 – Rs. C-161/13, NZBau 2014, 448). Nach diesen Maßstäben ist § 107 Abs. 3 Nr. 1 GWB (unverzügliche Rüge bei erkannten Vergaberechtsverstößen) richtiger – aber nicht unbestrittener (vgl. OLG München v. 6.8.2012 – Verg 14/12; VergabeR 2013, 78) – Auffassung nach unwirksam und nicht mehr anwendbar (vgl. Summa jurisPK-Vergaberecht, 4. Aufl. 2013, § 107 GWB Rz. 182).

5 Inhaltlich ist es ausreichend, wenn der Bieter die Tatsachen, aus denen sich die behauptete Rechtsverletzung ergibt, konkret benennt und hieraus die Behauptung eines Vergaberechtsverstoßes ableitet. Die Angabe einschlägiger Vorschriften der VOB/A ist ebenso wenig erforderlich wie nähere Ausführungen zur Rechtslage. Einer Fristsetzung bedarf es gleichfalls nicht zwingend, sie ist aber ratsam. Die Rüge muss nämlich objektiv so deutlich sein, dass die Vergabestelle erkennt, dass der Bieter nicht bloß Kritik oder Unverständnis hinsichtlich des Inhalts der Ausschreibung oder des Verfahrensablaufs äußert, sondern dass er eine Behebung des vermeintlichen Verstoßes zwingend erwartet. Eine bloße Vermutung ohne jede tatsächliche Grundlage stellt keine „Rüge" iSd. § 107 Abs. 3 GWB dar. Sie ist als „Rüge ins Blaue hinein" unbeachtlich.

6 § 101a GWB sieht vor: Ein Vertrag darf erst 15 Kalendertage nach Absendung der Vorabinformation geschlossen werden. Wird die Information per Fax oder auf elektronischem Weg versendet, verkürzt sich die Frist auf zehn Kalendertage. Vor Ablauf dieser Frist darf und kann wirksam kein Vertrag abgeschlossen werden. Sollte der Auftraggeber ausnahmsweise innerhalb dieser Frist den Vertrag abschließen, so wäre der Vertrag nach § 101b GWB nichtig. Der Bieter muss daher den Tag der Absendung anhand des Datums des Schreibens ermitteln und von hier ab die Frist von 10 bzw. 15 Kalendertagen berechnen. Innerhalb der sich so ergebenden Frist muss insbesondere ein eventueller Nachprüfungsantrag bei der Vergabekammer eingegangen und dem Antragsgegner zugestellt sein. Hierfür sollten mindestens 48 Stunden eingerechnet werden.

7 Soweit ein Anwalt oder sonst Bevollmächtigter rügt, ist § 174 BGB zum Nachweis der Bevollmächtigung nicht entsprechend anwendbar. Bei begründeten Bedenken gegen die ordnungsgemäße Bevollmächtigung, kann die Vergabestelle entsprechend § 14 Abs. 1 Satz 3 VwVfG die Vorlage einer schriftlichen Vollmacht verlangen.

M 22.2 Antrag auf Durchführung eines Nachprüfungsverfahrens[1]

Vorab per FAX an ... (Name, Anschrift)

Vorab per E-Mail an ... (Name, Anschrift)

Vergabekammer ...[2]

Antrag auf Durchführung eines Nachprüfungsverfahrens (§ 107 Abs. 1 GWB)

... (Name, Anschrift)

– Antragstellerin –

Verfahrensbevollmächtigte:

... (Name, Anschrift)

gegen

... (Name, Anschrift, Tel., Fax)[3]

– Antragsgegnerin –

Verfahrensbevollmächtigte:

... (Name, Anschrift, Tel., Fax)

wegen: Nachprüfung des Offenen Vergabeverfahrens

...

Bekanntmachung-Nr. 5 Es ist unbedingt ratsam, die Bekanntmachungsnr. aus dem Supplement zum Amtsblatt der Europäischen Union (vgl. http://ted.europa.eu) anzugeben, da sich aus der Bekanntmachung zahlreiche für die erste Bearbeitung maßgebliche Tatsachen, so z.B. zur Vergabestelle, zum Auftraggeber, zum gewählten Verfahren, zu Fristen etc. ergeben.: 2010/...

Wir zeigen unter Vorlage uns legitimierender Vollmacht (Anlage Ast. 1) die Vertretung der rechtlichen Interessen der ... (Antragstellerin) an.

Eine Vorabinformation nach § 101a GWB liegt noch nicht vor.

Die Zuschlagsfrist endet am ... (Datum).[4]

Wir beantragen,[5]

1. *die Antragsgegnerin in Textform über diesen Nachprüfungsantrag gem. § 115 Abs. 1 GWB zu informieren,*
2. *die Durchführung eines Nachprüfungsverfahrens gem. §§ 107 ff. GWB,*

---

1 Das folgende Muster eines Nachprüfungsantrags soll über § 108 GWB hinaus die formalen Mindestanforderungen darstellen. Da die Vergabekammer nur solche Anträge an den Auftraggeber übermittelt, die nicht offensichtlich unzulässig oder unbegründet sind (§ 110 Abs. 2 Satz 3 GWB), muss der Antragsteller angesichts des immensen Zeitdrucks, unter dem die Prüfung durch die Vergabekammer meist erfolgen wird, besonderes Augenmerk darauf legen, der Vergabekammer die Informationen an die Hand zu geben, die zur Prüfung und anschließenden Übermittlung erforderlich sind.

2 Zu den Vergabekammern vgl. zunächst §§ 104–106a GWB. Die Vergabekammern sind keine Gerichte, sondern Verwaltungsbehörden mit einer freilich gerichtsähnlichen Stellung. Sie entscheiden über Nachprüfungsanträge in erster Instanz.

3 Der Antragsgegner sollte mit allen verfügbaren Angaben zur Kontaktaufnahme benannt werden, um der Vergabestelle die Übermittlung des Antrags zu erleichtern.

4 Diese Angaben sind hilfreich, um der Vergabekammer die Dringlichkeit der Übermittlung anzuzeigen. Das hier gewählte Beispiel bezieht sich auf die in § 107 Abs. 3 Nr. 4 GWB genannte Frist von 15 Kalendertagen. In jedem Fall muss aus der Antragsbegründung hervorgehen, dass das Vergabeverfahren noch nicht durch wirksamen Zuschlag beendet wurde, da der Antrag andernfalls unzulässig wäre.

5 Das Nachprüfungsverfahren muss ein zulässiges Antragsziel verfolgen, dh. eine Vornahme oder Unterlassung in einem bestimmten Vergabeverfahren. Kritisch ist der oft gesehene Antrag, den Auftraggeber zu verpflichten, dem Antragsteller den Zuschlag auf dessen Angebot zu erteilen. Ein solcher Anspruch besteht grundsätzlich nicht. Vielmehr besteht ein Anspruch auf ordnungsgemäße Wertung der Angebote.

3. *die Antragsgegnerin zu verpflichten, das Angebot der Beigeladenen gem. § 16 Abs. 1 Nr. 1 VOB/A auszuschließen,*
4. *die Hinzuziehung der Verfahrensbevollmächtigten der Antragstellerin für notwendig zu erklären,*
5. *der Antragstellerin Einsichtnahme in die Vergabeakten gem. § 111 GWB zu gewähren, sobald diese bei der Vergabekammer eingegangen sind.*

Einen Kostenvorschuss[6] in Höhe von 2500,00 Euro zahlen wir mit beigefügtem Verrechnungsscheck.

Vgl. Kopie V-Scheck; Anlage Ast. 2

Im Hinblick auf §§ 108 Abs. 2 HS 2, 109 GWB teilen wir weiter mit, dass die Interessen der aus den folgenden Unternehmen gebildeten Bietergemeinschaft ... durch die Entscheidung schwerwiegend berührt werden können:

... GmbH (Anschrift, Tel., Fax)

... GmbH (Anschrift, Tel., Fax)

Begründung:

Mit dem vorliegenden Nachprüfungsantrag begehrt die Antragstellerin, die das nach dem verlesenen Submissionsergebnis bestplatzierte Angebot abgegeben hat, eine Korrektur der durch die Antragsgegnerin angekündigten Vergabeentscheidung.

I. Sachverhalt[7]

1. Bekanntmachung

Die Bekanntmachung der Ausschreibung erfolgte am ... (Datum) im Supplement zum Amtsblatt der Europäischen Union unter der Nr ...

Beweis[8]: Bekanntmachung im Supplement zum Amtsblatt der EU Nr ...; Anlage Ast. 3

Gegenstand der Ausschreibung sind ...-arbeiten zur ...

2. Rügeschreiben gem. § 107 Abs. 3 GWB und weitere Korrespondenz[9]

...

II. Rechtliche Würdigung

1. Zulässigkeit

a) Schwellenwert gem. § 100 Abs. 1 GWB[10]

Der vierte Teil des GWB ist anwendbar. Der gem. § 100 Abs. 1 GWB iVm. § 2 Nr. 4 VgV erforderliche Schwellenwert ist überschritten.

b) Antragsbefugnis[11]

Die Antragstellerin ist antragsbefugt. Sie hat ein Angebot abgegeben und hat damit gem. § 107 Abs. 2 Satz 1 GWB ein Interesse an dem Auftrag. Außerdem macht sie eine Verletzung in ihren

---

6 Die Mindestgebühr beträgt 2500,00 Euro (vgl. § 128 Abs. 2 GWB). Es ist in jedem Fall sinnvoll, die Einzahlung dieses Betrages in geeigneter Form nachzuweisen.

7 Es bedarf einer einzelfallbezogenen Darstellung der Tatsachen, aus denen sich der behauptete Vergaberechtsverstoß ergibt.

8 Vgl. § 108 Abs. 2 GWB.

9 Der Antrag muss Ausführungen dazu enthalten, ob und in welcher Form die Vergaberechtsverstöße gerügt wurden (§ 108 Abs. 2 GWB).

10 Der Antrag muss darlegen, dass der Anwendungsbereich des 4. Teils des GWB eröffnet ist. Dazu gehört insb. die Überschreitung des Schwellenwerts sowie Angaben zur Eigenschaft des Auftraggebers als Öffentlicher Auftraggeber (§ 98 GWB) sowie zum Vorliegen eines Öffentlichen Auftrags, wobei die beiden zuletzt genannten Kriterien bei vielen Bauvergaben offensichtlich vorliegen werden.

11 Darlegungen zur Antragsbefugnis sind unverzichtbar. Antragsbefugnis ist gegeben, wenn ein antragsbefugtes Unternehmen ein Interesse am Auftrag hat, eine Verletzung in seinen Rechten nach § 97 Abs. 7 GWB durch Nichtbeachtung von Vergabevorschriften geltend macht, dem Unternehmen durch die behauptete Verletzung der Vergabevorschriften ein Schaden entstanden ist oder zu entstehen droht und wenn ein allgemeines Rechtsschutzinteresse besteht.

Rechten nach § 97 Abs. 7 GWB durch Nichtbeachtung von Vergabevorschriften im Zuge der Angebotswertung geltend (§ 16 VOB/A). Durch die Verletzung des Vergaberechts droht der Antragstellerin ein Schaden zu entstehen (§ 107 Abs. 2 Satz 2 GWB). Die Antragstellerin hat bei zutreffender Prüfung der eingegangenen Angebote mit dem bestplatzierten Angebot gute Aussichten auf den Zuschlag.

c) Unverzügliche Rüge[12]

Die Rüge der Vergaberechtsverstöße erfolgte durch ... (Name, Anschrift?) am ... (Datum) rechtzeitig, weil unverzüglich nach Bekanntwerden der Entscheidung der Antragsgegnerin im Telefax vom ... (Datum).

2. Begründetheit

....

III. Akteneinsicht (§ 111 GWB)

Der bisher von der Antragsgegnerin geschilderte Geschehensablauf ist nicht in allen Details glaubhaft. ...

Weitere Ausführungen hierzu bleiben nach Akteneinsicht vorbehalten.

(Unterschrift)

---

12 Der Nachprüfungsantrag sollte unbedingt Ausführungen zur Wahrung der Fristen des § 107 Abs. 3 GWB enthalten.

Kosten: *Rechtsanwaltskosten:* Geschäftsgebühr nach Nr. 2300 VV RVG; Rahmengebühr von 0,5 bis 2,5. Gegenstandswert § 23 Abs. 1 S. 3 RVG (entsprechende Anwendung von § 50 Abs. 2 GKG).

Kosten der Vergabekammer: Nach § 128 Abs. 2 GWB beträgt die Gebühr mindestens 2500 Euro; dieser Betrag kann aus Gründen der Billigkeit bis auf ein Zehntel ermäßigt werden. Die Gebühr soll den Betrag von 50 000 Euro nicht überschreiten; sie kann im Einzelfall, wenn der Aufwand oder die wirtschaftliche Bedeutung außergewöhnlich hoch sind, bis zu einem Betrag von 100 000 Euro erhöht werden.

Kapitel 23 Maklervertrag

Literatur: *Büchner*, Schadensersatzpflicht des Maklers und Verwirkung des Provisionsanspruchs, ZfIR 2003, 453; *Dehner*, Maklerrecht, Leitfaden für die Praxis, 2001; *Dehner*, Das Maklerrecht in der neuen höchstrichterlichen Rechtsprechung, 2. Aufl. 1993; *Ibold*, Maklerrecht, 2. Auflage 2009; *Lehner*, Maklerklausel und Provisionsversprechen im notariellen Kaufvertrag, NJW 2000, 2405; *Hamm/Schwerdtner*, Maklerrecht, 6. Aufl. 2012; *Seydel/Heinbuch*, Maklerrecht, 4. Aufl. 2005; *Waas*, Risikoteilung zwischen Auftraggeber und Makler bei fehlerhaftem Hauptvertrag, NZM 2001, 453; *Lechner*, Der Immobilienmakler in den Fängen des Europarechtes, NZM 2013, 751.

I. Allgemeines

1. Begriff des Maklervertrags

Unter einem Maklervertrag versteht man einen Vertrag, wonach sich der Makler verpflichtet, gegen Entgelt den Abschluss von Verträgen oder die Gelegenheit zum Abschluss von Verträgen zu vermitteln. Unterschieden wird zwischen **Zivil- und Handelsmaklern**. Handelsmakler vermitteln Verträge, die Versicherungen, Wertpapiere oder sonstige Gegenstände des Handelsverkehrs zum Gegenstand haben. Zivilmakler vermitteln Verträge, die Kapitalgeschäfte, Grundstückgeschäfte, Leasingverträge oder Miet- und Pachtverträge zum Gegenstand haben. 1

Weiter wird innerhalb dieser Differenzierung unterschieden zwischen Wohnungsmaklern, Immobilienmaklern und Versicherungsmaklern. Gegenstand der Wohnungsmaklertätigkeit ist die Vermittlung von Mietverträgen. In diesem Bereich gilt das **Wohnungsvermittlungsgesetz.** Dieses bestimmt, dass eine Provision lediglich für den Fall verlangt werden kann, dass ein Mietvertrag erstmalig und tatsächlich abgeschlossen wird. Nicht ausreichend ist der Nachweis einer Möglichkeit zum Vertragsabschluss. Darüber hinaus ist die Provision der Höhe nach beschränkt auf zwei Monatsmieten. Die Wohnungsmaklertätigkeit ist im Übrigen für den Verwalter, den Vermieter und Eigentümer ausgeschlossen. 2

➲ **Hinweis:** Der WEG-Verwalter gilt nicht als Verwalter von Wohnräumen im Sinne des § 2 Abs. 2 Satz 1 Nr. 2 WoVermittG. Ihm kann deshalb ein Provisionsanspruch für die Vermittlung oder den Nachweis einer Gelegenheit zum Abschluss von Mietverträgen über Wohnräume nicht versagt werden. 3

➲ **Wichtig:** Zu beachten ist aber, dass dem Wohnungseigentumsverwalter kein Anspruch auf Maklerprovision zusteht bei der Vermittlungstätigkeit für Wohnungen, für die er auch mit der Sondereigentumsverwaltung betraut ist. 4

Zum 1.6.2015 ist hier eine bedeutende Gesetzesänderung in Kraft getreten, mit der das sog. Bestellerprinzip umgesetzt wurde. Dies bedeutet, dass nach einer Neuregelung des § 2 Abs. 1a des Gesetzes zur Regelung der Wohnungsvermittlung Makler künftig nur noch von denjenigen eine Provision verlangen können, die ihnen einen Vermittlungsauftrag erteilt haben. In der Regel sind dies die Vermieter. Von einem Mieter kann der Makler nur noch dann eine Provision für die Vermittlung einer Wohnung erhalten, wenn der Mieter sich mit einem Suchauftrag direkt an den Makler gewendet hat und der Makler dann ausdrücklich für seinen Mietkunden eine Wohnung sucht. Dabei darf der Makler dann aber auch keine Wohnung aus einem vorhandenen Bestand von Vermietern aussuchen, sondern er muss ausdrücklich für den Mietinteressenten suchen. 5

Die Tätigkeit des Immobilienmaklers ist die Vermittlung von Immobilien und/oder die Gelegenheit zum Abschluss von Verträgen über Immobilien nachzuweisen. Notwendig hierfür ist eine Erlaubnis nach § 34c GewO. Ferner sind auch die Vorschriften der Makler- und Bauträgerverordnung zu beachten. Gegenstand der Versicherungsmaklertätigkeit ist die Vermittlung entsprechender gewünschter Versicherungen. 6

2. Rechtsnatur des Maklervertrags

Der Maklervertrag ist rechtlich als **Vertrag eigener Art** zu qualifizieren. Dies ist darin begründet, dass der Maklervertrag für den Makler keine Verpflichtung begründet, ein Tätigwerden zu entfalten (BGH NJW 1974, 694). Gleichfalls ist der Auftraggeber nicht verpflichtet, das in Aussicht genommene Geschäft zu tätigen (BGH NJW 1966, 1404). Der Provisionsanspruch des Maklers ist zwar von einem Erfolg (ähnlich wie beim Werkvertrag) abhängig, da hier jedoch eine Pflicht zur Tätigkeit des Maklers nicht besteht, kommt eine Qualifizierung als Werkvertrag nicht in Betracht. Anders liegt der Fall natürlich, wenn sich der Makler verpflichtet, einen bestimmten Erfolg herbeizuführen. Hierbei kann dann ein Maklervertrag vorliegen, der den § 631 ff. BGB unterliegt. 7

3. Vertragsabschluss

8 Der Maklervertrag kann **formlos** geschlossen werden, somit auch stillschweigend und durch schlüssiges Verhalten. Bis vor der 6. Novelle zum GWB bestand für den Abschluss eines Alleinauftrages ein Schriftformerfordernis (BGH NJW-RR 1998, 1260). Durch die 6. Novelle zum GWB ist dieses Schriftformerfordernis jedoch entfallen.

9 An einen **stillschweigenden** Vertragsabschluss sind strenge Anforderungen zu stellen. Ein stillschweigender Vertragsschluss kann nur angenommen werden, wenn der Kaufinteressent klar und eindeutig auf das Provisionsverlangen des Maklers hingewiesen wird und er in Kenntnis dieser Forderung Dienste vom Makler entgegennimmt. Beispielsweise wird bei einer Zeitungsanzeige des Maklers und einer entsprechenden Nachfrage durch einen Interessenten zur Benennung von entsprechenden Objekten noch kein Maklervertrag abgeschlossen. Dies wäre nur anzunehmen, wenn der Makler den Kunden zuvor auf seine Provisionsforderung gegenüber dem Interessenten klar und deutlich hingewiesen hätte (BGH IBR 2006, 51). Fraglich ist, ob ein eindeutiges Provisionsverlangen bereits dann vorliegt, wenn ein Makler ein Baugrundstück mit Größe und Kaufpreis sowie dem Hinweis „Provision x %“ inseriert. Der BGH hat hierbei ein eindeutiges Provisionsverlangen bejaht, wenn sich ein Käufer auf eine solche Anzeige hin die Adresse und die Daten des Verkäufers vom Makler mitteilen ließ und das Grundstück gekauft hat (BGH IMR 2012, 298). Demgegenüber hatte noch das OLG Hamm das Zustandekommen eines Maklervertrags bei nahezu gleichem Sachverhalt verneint mit der Begründung, aus der Nennung der Maklerprovision in einer Anzeige könne nicht geschlossen werden, dass der Makler eine Provisionszahlung vom Käufer an sich verlangt. Die Anzeige könne auch so verstanden werden, dass der Verkäufer zusätzlich zum Kaufpreis auch noch vom Käufer verlangt, dass eine von ihm (dem Verkäufer) geschuldete Provision vom Käufer übernommen wird (OLG Hamm 18 U 70/04). Bei einem Inserat eines Maklers im Internet kommt ein Maklervertrag nicht schon dadurch zustande, dass sich nach einem Inserat des Maklers ein Kaufinteressent bei dem vom Verkäufer beauftragten Makler nach der Adresse des zu vermakelnden Grundstücks erkundigt und diese mitgeteilt bekommt, ohne zunächst auf die Provisionspflichtigkeit hingewiesen zu werden (OLG Brandenburg, NJW/RR 2009, 1145).

10 Die Regelungen des BGB über den Maklervertrag sind recht dürftig. In der Praxis wurden daher eine Vielzahl von Vertragsregelungen entwickelt. Diese Vertragsbedingungen sind im Regelfall **AGB**. Es gibt daher zahlreiche Entscheidungen, die die Wirksamkeit von derartigen Bedingungen anhand des AGB-Gesetzes bzw. der §§ 305 ff. BGB überprüft haben. Generell kann festgestellt werden, dass einseitig den Makler begünstigende Klauseln, die im Widerspruch zum gesetzlichen Leitbild des Maklers stehen, nach der Generalklausel des § 307 BGB unwirksam sind (BGH MDR 1986, 294; BGH NJW 1992, 2568).

11 Ein großes praktisches Problem für die Wirksamkeit des Maklervertrags hat spätestens die Umsetzung der EU-Verbraucherrechte-Richtlinie vom 14.6.2013 mit Geltung ab dem 13.6.2014 gebracht. Gem. den §§ 312b 312c, 312d, 312g BGB soll grundsätzlich jeder außerhalb von Geschäftsräumen geschlossene Vertrag belehrungspflichtig und widerruflich sein. Der Maklervertrag ist Dienstleistungsvertrag iSd. Verbraucherrechte-Richtlinie 2011/83/EU vom 25.10.2011. Hieraus folgt, dass der Makler bei Abschluss des Maklervertrags in der praktisch häufigen Form durch Telefon, Fax, Brief oder Internet und E-Mail stets dem Risiko des Widerrufs durch seinen Auftraggeber ausgesetzt ist. Abhilfe für den Makler bringt hier nur eine **doppelte Belehrung** seines Kunden, nämlich über das bestehende Widerrufsrecht und die Zusatzbelehrung darüber, dass das Widerrufsrecht für den Kunden für den abgeschlossenen Maklervertrag dann erlischt, wenn der Makler die Dienstleistung vollständig erbracht und mit der Ausführung der Dienstleistung erst begonnen hat, nachdem er von seinem Kunden dazu seine ausdrückliche Zustimmung erhalten und gleichzeitig der Kunde seine Kenntnis davon bestätigt hat, dass er sein Widerrufsrecht bei vollständiger Vertragserfüllung durch den Makler verliert (vgl. § 356 Abs. 4 BGB). Zu dem Thema Widerrufsrecht generell s. Kap. 21, wobei beim Makler der praktische Bedarf womöglich naheliegt.

12 Fraglich kann allerdings sein, ob ein Immobilienmakler mit dem bloßen Nachweis eines Kaufinteressenten oder eines Kaufobjektes seine Dienstleistung bereits vollständig erbracht hat. Dies dürfte aber jedenfalls dann zu bejahen sein, wenn der Makler sich vertraglich nicht verpflichtet hatte, auch noch den Vertragstext des zu Grunde liegenden Hauptvertrags zu liefern.

II. Beiderseitige Pflichten aus dem Maklervertrag

1. Pflichten des Maklers

Nach § 652 Abs. 1 BGB besteht die Leistung des Maklers im Nachweis der Gelegenheit zum Abschluss eines Vertrags oder in der Vermittlung eines Vertrags. Unerheblich ist, in welchem Umfang der Makler die Tätigkeit ausübt. Maßgeblich ist allein der Erfolg. 13

Beim **Nachweis** der Gelegenheit zum Abschluss eines Vertrags bestehen die Tätigkeit und die Leistung des Maklers darin, dem Kunden einen ihm noch nicht bekannten Vertragspartner für den angestrebten Vertragsschluss zu benennen. Der Nachweis hat die Lage und Beschaffenheit des Vertragsgegenstandes und Name und Anschrift des Verkäufers zu beinhalten (BGHZ 141, 40, 46). Die Leistung bei der **Vermittlung** eines Vertrags besteht darin, dass der Makler auf eine dritte Person einwirkt, um den vom Auftraggeber gewünschten Vertrag abzuschließen (BGH NJW 1990, 2745). 14

Der **Erfolg** der Maklertätigkeit besteht darin, dass der gewünschte Vertrag rechtlich wirksam mit einem Dritten abgeschlossen wird. Im Immobilienbereich ist es notwendig, dass ein notariell beurkundeter Grundstückskaufvertrag vorliegt. Dies ist auch ausreichend. Es kommt nicht darauf an, ob der Vollzug des Grundstücksgeschäftes im Grundbuch vollzogen ist oder wird. Maßgeblich ist allein die Wirksamkeit des Grundstückskaufvertrags. Dies ist nicht der Fall, wenn der Hauptvertrag gegen ein gesetzliches Verbot verstößt, der Hauptvertrag unter einer aufschiebenden Bedingung geschlossen wird und die Bedingung noch nicht eingetreten ist oder der Kaufvertrag wegen Irrtums oder Täuschung wirksam angefochten wird. 15

Die Leistung und Tätigkeit des Maklers muss darüber hinaus auch für das Zustandekommen des Hauptvertrags **kausal** geworden sein. Der Auftraggeber muss ferner von ihr Kenntnis haben (BGH VersR 1996, 500). Genügend in diesem Sinne ist hierbei eine Mitverursachung. An der Ursächlichkeit für den Abschluss des Hauptvertrags fehlt es in der Regel, wenn der Käufer das Objekt schon vorher kennt. 16

Der Makler muss im Übrigen auch **wirtschaftlich unabhängig** sein. Ansonsten liegt kein Nachweis eines Dritten oder die Vermittlung eines Dritten vor. Selbst bei einer nur 25 %-igen Beteiligung des Maklers an der Verkäuferfirma wird im Regelfall an eine Maklerprovision zu versagen sein (BGHZ 112, 240). 17

Dem Makler obliegen im Übrigen die sich aus § 242 BGB ergebenden **Treue- und Schutzpflichten**. So hat der Makler beispielsweise wesentliche Umstände, die erkennbar für den Auftraggeber wichtig sind, ungefragt zu offenbaren (BGH MDR 1982, 567). 18

2. Pflichten des Auftraggebers

Der Auftraggeber ist nicht verpflichtet, die durch den Makler verschaffte Möglichkeit zum Vertragsabschluss wahrzunehmen. Der Auftraggeber hat bei Eintritt des Erfolges (Abschluss des Hauptvertrages) die **Provision** in der vereinbarten Höhe zu zahlen. Der Zahlungsanspruch wird mit der Vollwirksamkeit des Hauptvertrags fällig. Einen gesonderten **Aufwendungsersatz** gibt es nach der gesetzlichen Regelung für den Makler nicht. Nach § 652 Abs. 2 BGB kann jedoch ein gesonderter Aufwendungsersatzanspruch vereinbart werden. 19

Der Auftraggeber muss den Makler informieren, wenn er seine Absicht, das geplante Geschäft zu tätigen, aufgibt. Ansonsten läuft er Gefahr, für unnötige Kosten des Maklers aufkommen zu müssen.

Der **Provisionsanspruch entsteht** bei wirksamem Abschluss des Hauptvertrags, der ursächlich durch die Maklertätigkeit zu Stande kam. Eine Zahlungspflicht besteht im Umkehrschluss nicht, wenn der Hauptvertrag beispielsweise auf Grund einer Zuschlagserteilung in der **Zwangsvollstreckung** zu Stande kommt (BGH NJW 1990, 2744). Ebenfalls besteht kein Provisionsanspruch, wenn der Kausalzusammenhang zwischen der Leistung des Maklers und dem Abschluss des Hauptvertrags unterbrochen wurde. Der Provisionsanspruch bedarf auch der **wirtschaftlichen Identität** des beabsichtigten Vertrags mit dem tatsächlich abgeschlossenen Vertrag. Beim Erwerb des nachgewiesenen Objektes durch einen Dritten kann dies bejaht werden, wenn zwischen dem Maklerkunden und dem Dritten enge persönliche oder wirtschaftliche Beziehungen bestehen. Es ist nicht notwen- 20 dig, dass der Maklerkunde bewusst nur vorgeschoben wurde (BGH NJW-RR 2004, 851). Zwar besteht grundsätzlich kein Provisionsanspruch, wenn die Tätigkeit des Maklers zum Abschluss eines Vertrags mit einem Dritten führt. Dies gilt aber dann nicht, wenn der Maklerkunde mit dem Abschluss durch einen Dritten wirtschaftlich denselben Erfolg erzielt. Dies nimmt die Rechtsprechung an, wenn zwischen dem Maklerkunden und dem Dritten besonders enge persönliche oder besonders ausgeprägte wirtschaftliche Bedingungen bestehen und der Vertragsschluss dem Maklerkunden ähnlich zugute kommt, wie ein eigener Vertragsabschluss.

21 Nach § 654 BGB besteht der Provisionsanspruch des Maklers nicht, wenn der Makler dem Inhalt des Vertrags zuwider für den anderen Teil tätig gewesen ist. Dies gilt aber nur dann, wenn keine erlaubte **Doppeltätigkeit** vorliegt. Dies ergibt sich aus dem Vertrag. Des Weiteren kann die Doppeltätigkeit erlaubt sein, wenn eine Interessenkollision nicht in Betracht kommt (BGH NJW 1970, 1075).

3. Fallbeispiele zur Entstehung des Provisionsanspruchs

22 – Der Hauptvertrag muss **formwirksam** abgeschlossen sein – der Auftraggeber kann sich darauf berufen, dass der Vertrag formnichtig ist.

  Bei nachträglicher Heilung des Formmangels entsteht damit der Provisionsanspruch.

– Der Erwerb durch die **Zwangsversteigerung** begründet keinen Provisionsanspruch, falls die Parteien nicht ausdrücklich einen entsprechenden zusätzlichen provisionsbegründeten Tatbestand durch Individualabrede vereinbart haben (vgl. BGH NJW 1992, 2568; BGH NJW 1990, 2744)

– Bei rechtswirksamer **Anfechtung** des Hauptvertrags entfällt der Provisionsanspruch, unerheblich ist, wer den Anfechtungsgrund herbeigeführt oder die Anfechtungserklärung abgegeben hat. Es besteht auch kein Provisionsanspruch, wenn arglistiges Verhalten des Auftraggebers zur Anfechtung geführt hat (vgl. BGH NJW 1979, 975).

– Eine **Störung der Geschäftsgrundlage** lässt den entstandenen Provisionsanspruch unberührt, da der Hauptvertrag wirksam zustande gekommen ist (vgl. BGH VersR, 2005, 1729).

– Bei Abschluss des Hauptvertrags unter einer **aufschiebenden Bedingung** entsteht der Provisionsanspruch mit Bedingungseintritt; bei Abschluss des Vertrags unter **auflösender Bedingung** besteht ein Anspruch auf Provision von Anfang an an und der Eintritt der Bedingung berührt den Vergütungsanspruch des Maklers nicht mehr, anders aber wenn es dem Auftraggeber erkennbar gerade auf den unbedingten Vertragsabschluss ankam (vgl. BGH, WM 1977, 21).

– Bei einem **vertraglichen Rücktrittsrecht** ist zu differenzieren:

  Kein Provisionsanspruch, bei Ausübung eines vertraglich vereinbarten Rücktrittvorbehaltes, sofern es sich nicht um die Nachbildung eines gesetzlichen Rücktritts handelt (vgl. BGH, MDR 1974, 568; OLG Koblenz, NJW-RR 1997, 887 f.) auch kein Provisionsanspruch, solange das Rücktrittsrecht einer aufschiebenden Bedingung gleichsteht.

  Bei Ausübung des **gesetzlichen Rücktrittsrechts,** z.B. wegen Mängelrechten, bleibt der Provisionsanspruch unberührt, falls nicht im Maklervertrag ausdrücklich etwas anderes vereinbart wurde (vgl. BGH, NJW 2009, 2810).

– Bei Ausübung eines **Vorkaufsrechtes** kein Provisionsanspruch für den vom Käufer beauftragten Makler, wenn deswegen das Geschäft nicht abgeschlossen werden kann, dies gilt auch bei Ausübung eines gesetzlichen Vorkaufsrechtes, selbst wenn das Grundstück anschließend im Wege des Zwangsversteigerung erworben wird (vgl. BGH, MDR 1999, 604 = NJW 1999, 2271).

  Die Provisionspflicht für den Verkäufer, der den Makler beauftragt hat, bleibt bei Ausübung des Vorkaufrechtes aber regelmäßig bestehen, da diesem der wirtschaftliche Erfolg der Vermittlertätigkeit verbleibt.

– Der Abschluss eines **Vorvertrags** löst noch keinen Provisionsanspruch aus.

– Bei einem **erheblichen Preisnachlass** von mehr als 50 % fehlt regelmäßig die wirtschaftliche Kongruenz, so dass ein Maklerlohn entfällt (BGH NJW 2014, 2352).

  Der Provisionsanspruch des Maklers entfällt aber bei einer Preisabweichung zu Gunsten des Maklerkunden nicht, wenn sich die Abweichung im Rahmen dessen hält, womit Makler und Kunde bei der Beauftragung gerechnet haben.

4. Beendigung des Maklervertrags

Der Maklervertrag erlischt nach § 362 BGB durch Erfüllung. Des Weiteren kann der Maklerauftrag analog § 671 BGB gekündigt werden. Dies gilt nicht bei einer Kündigung zu Unzeit. Schließlich kann der Maklervertrag auch aus wichtigem Grund von beiden Seiten gekündigt werden, vgl. § 626 BGB. 23

5. Sonderregelung für den Darlehensvermittlungsvertrag zwischen einem Unternehmer und einem Verbraucher

Durch das Schuldrechtsmodernisierungsgesetz wurde das Recht der Darlehensvermittlung ins Maklerrecht eingefügt. Die Regelungen gelten für die Vermittlung von Verbraucherdarlehensverträgen. Ein Darlehensvermittlungsvertrag in diesem Sinne liegt vor, wenn ein Unternehmer einem Verbraucher einen Verbraucherdarlehensvertrag vermittelt oder ihm die Gelegenheit zum Abschluss eines solchen Vertrags nachweist. Nach § 655b BGB muss der Darlehensvermittlungsvertrag schriftlich geschlossen werden, der Darlehensvermittler hat dem Verbraucher den Vertragsinhalt in Textform mitzuteilen. Der Darlehensvermittler hat auch anzugeben, ob er für die Vermittlung von einem Dritten ein Entgelt erhält (falls ja dessen Höhe), ob er ausschließlich für einen oder mehrere Darlehensgeber oder unabhängig tätig wird und gegebenenfalls weitere vom Verbraucher verlangte Nebenentgelte sowie deren Höhe (vgl. EGBGB 247 § 13 Abs. 2)Schließlich darf der Vertrag nicht mit dem Antrag auf Hingabe des Darlehens verbunden werden. Werden diese Anforderungen nicht erfüllt, so ist der Darlehensvermittlungsvertrag nach § 655b Abs. 2 BGB nichtig. Der Provisionsanspruch des Darlehensvermittlers wird erst fällig, wenn das Widerrufsrecht des Verbrauchers nach § 355 BGB nicht mehr besteht (§ 655c BGB). Darüber hinaus ist zu beachten, dass bei einer Umschuldung ein Provisionsanspruch nur besteht, wenn sich der effektive Jahreszins oder der anfänglich effektive Jahreszins nicht erhöht. Nach § 655d BGB darf der Darlehensvermittler für Leistungen, die mit der Vermittlung des Verbraucherdarlehensvertrags oder mit dem Nachweis der Gelegenheit zum Abschluss eines Verbraucherdarlehensvertrag zusammenhängen, außer der Vergütung nach § 655c Satz 1 BGB kein Entgelt vereinbaren. Die Erstattung von Auslagen darf jedoch vereinbart werden. 24

➲ **Wichtig:** Von diesen Sondervorschriften abweichende Vereinbarungen dürfen nicht getroffen werden. 25

M 23.1 Grundstücksmaklervertrag

Herr/Frau . . .

beauftragt[1]

den Makler . . .

mit dem Nachweis von Kaufobjekten oder Verkäufern oder mit der Vermittlung eines Kaufvertragsabschlusses[2] *zum Verkauf des nachfolgenden Objektes:*

1 Die Formulierung „Auftrag" wird in der Praxis verwendet. Es handelt sich aber nicht um einen Auftrag iS der §§ 662 ff. BGB.

2 Aus Sicht des Maklers ist es sinnvoll, mit beiden Varianten der Tätigkeit beauftragt zu werden. Er kann hierdurch erreichen, dass er trotz Vorkenntnisse des Auftraggebers auf Grund der Vermittlungstätigkeit seine Provision verdient. Die Eingangsformulierung geht nicht von einem Alleinauftrag aus. Dem Auftraggeber bleibt es unbenommen, mehrere Makler entsprechend zu beauftragen. Aus Sicht des Maklers ist es nicht sinnvoll, da hier die Gefahr besteht, trotz nachhaltiger Bemühungen und den damit verbundenen Aufwendungen keinen Provisionsanspruch zu erhalten. Ergänzend ist darauf hinzuweisen, dass der vorgeschlagene Maklervertrag nur auf Grundstücke und Wohnungen Anwendung findet. Bei Mietwohnungen sind die Regelungen des Wohnungsvermittlungsgesetzes ergänzend zu beachten.

zu einem Kaufpreis von ca .... Euro. Folgende Bedingungen werden zwischen den Parteien vereinbart:

§ 1 Auftraggeber

Der Auftraggeber erklärt, dass er Eigentümer des oben bezeichneten Verkaufsobjektes ist. Er verpflichtet sich, für die Dauer dieses Vertrags keinen anderen Makler zur Erreichung der Ziele dieses Vertrags zu beauftragen[3]*. Unberührt bleibt das Recht des Auftraggebers, ein provisionsfreies Eigengeschäft durchzuführen.*

§ 2 Rechte und Pflichten des Maklers

(1) Der Makler verpflichtet sich, den Auftrag sorgfältig und unter Wahrung der Interessen des Auftraggebers auszuführen[4]*.*

(2) Der Makler verpflichtet sich, den Auftraggeber unverzüglich über sämtliche Umstände zu informieren, die für die Verkaufsentscheidung des Auftraggebers von Bedeutung sein können.

(3) Der Makler ist berechtigt, nach vorheriger Ankündigung das Verkaufsobjekt mit Interessenten zu besichtigen.

§ 3 Rechte und Pflichten des Auftraggebers

(1) Der Auftraggeber verpflichtet sich, dem Makler sämtliche Unterlagen über das Verkaufsobjekt (Grundbuchauszüge, Pläne, Versicherungsunterlagen und ähnliches) in Kopie zur Verfügung zu stellen.

(2) Der Auftraggeber verpflichtet sich, dem Makler unverzüglich mitzuteilen, wenn ein Kaufinteressent ihm bereits bekannt ist[5]*.*

§ 4 Provision

(1) Für den Fall der notariellen Beurkundung des Kaufvertrags verpflichtet sich der Auftraggeber, an den Makler eine Provision in Höhe von ... % des Gesamtkaufpreises zuzüglich der gesetzlichen Umsatzsteuer zu bezahlen[6]*.*

(2) Die Provision ist 14 Tage nach Abschluss des wirksamen Hauptvertrags zur Zahlung fällig[7]*.*

Dies gilt auch dann, wenn der der Abschluss des Hauptvertrags erst nach Beendigung des Maklervertrags, aber aufgrund der Tätigkeit des Maklers zustande kommt.

§ 5 Vertragsdauer

Der Maklerauftrag beginnt am ... und läuft fünf Kalendermonate. Der Maklerauftrag verlängert sich jeweils um weitere zwei Monate, wenn er nicht von einer Vertragspartei unter Einhaltung einer Kündigungsfrist von einem Monat gekündigt wird. Nach Ablauf von einem Jahr nach Vertragsbeginn endet der Auftrag auch ohne Kündigung[8]*.*

---

3 Mit dieser Regelung verzichtet der Auftraggeber auf sein Recht, während der Laufzeit der Dienste anderer Makler zu gleichen in Anspruch zu nehmen. Eine solche Regelung ist auch in AGB zulässig.

4 Die Regelung gibt § 347 Abs. 1 HGB wieder.

5 Die Regelung hat deklaratorischen Charakter. Die Verpflichtung ergibt sich bereits aus § 242 BGB. Die Regelung dient dem Schutz des Maklers, um ihn vor unnötigen Aufwendungen zu schützen.

6 Die Maklervergütung wird regelmäßig als Prozentsatz vereinbart. Beim Fehlen einer Vereinbarung über die Höhe der Provision gilt nach § 653 Abs. 2 BGB der übliche Lohn. Bei Vereinbarung der Provisionshöhe mit einem nicht-kaufmännischen Auftraggeber enthält diese die gesetzliche Umsatzsteuer. Preisanpassungsklauseln wegen Erhöhung der gesetzlichen Umsatzsteuer, wie die vorgeschlagene Regelung, verstoßen gegen § 309 Nr. 1 BGB (BGH NJW 1980, 2133).

7 Vor Abschluss des Hauptvertrags entsteht der Provisionsanspruch nicht und kann auch nicht durch AGB auf ein früheren Zeitpunkt vereinbart werden.

8 Im Rahmen von AGB kann eine unangemessen lange Dauer der Bindung nicht vereinbart werden. Im Alleinauftrag gilt als angemessene Frist ein Zeitraum von sechs Monaten.

§ 6 Schlussbestimmungen

(1) Der Auftraggeber ist damit einverstanden, dass der Makler die Objektunterlagen an Interessenten im erforderlichen Umfang übermittelt.

(2) Mündliche Nebenabreden zu diesem Vertrag sind nicht getroffen.

M 23.2 Muster einer Widerrufsbelehrung für den Maklervertrag

1. Widerrufsrecht[1]

Sie haben das Recht, binnen 14 Tagen ohne Angabe von Gründen diesen Vertrag zu widerrufen. Die Widerrufsfrist beträgt 14 Tage und beginnt nach Erhalt dieser Belehrung, jedoch nicht vor Abschluss des Maklervertrags

Um Ihr Widerrufsrecht auszuüben, müssen Sie uns mittels einer eindeutigen Erklärung (zB ein mit der Post versandter Brief, Telefaxschreiben oder per E-Mail) über Ihren Entschluss, diesen Vertrag zu widerrufen, informieren.

Zur Wahrung der Widerrufsfrist reicht es aus, dass Sie die Mitteilung über die Ausübung des Widerrufsrechts vor Ablauf der Widerrufsfrist absenden.

Der Widerruf ist zu richten an:

(Name und Anschrift des Maklers mit Angaben zu Telefax und E-Mail)

2. Folgen des Widerrufs[2]

Im Falle eines wirksamen Widerrufs sind die beiderseits empfangenen Leistungen zurück zu gewähren. Dies bedeutet, dass wir Ihnen alle Zahlungen, die wir von Ihnen erhalten haben, einschließlich der Lieferkosten (mit Ausnahme der zusätzlichen Kosten, die sich daraus ergeben, dass Sie eine andere Art der Lieferung als die von uns angebotene, günstigste Standardlieferung gewählt haben), unverzüglich und spätestens binnen vierzehn Tagen ab dem Tag zurückzuzahlen haben, an dem die Mitteilung über Ihren Widerruf dieses Vertrags bei uns eingegangen ist. Für die Rückzahlung verenden wir dasselbe Zahlungsmittel, das Sie bei der ursprünglichen Transaktion eingesetzt haben, es sei denn, mit Ihnen wurde ausdrücklich etwas anderes vereinbart; in keinem Fall werden Ihnen wegen dieser Rückzahlung Entgelte berechnet.

Sie sind zur Zahlung von Wertersatz für die bis zum Widerruf erbrachte Dienstleistung von uns verpflichtet, wenn Sie vor Abgabe Ihrer Vertragserklärung auf diese Rechtsfolge hingewiesen wurden und ausdrücklich zugestimmt haben, dass wir vor dem Ende der Widerrufsfrist mit der Ausführung der Gegenleistung beginnen. Besteht eine Verpflichtung zur Zahlung von Wertersatz, kann dies dazu führen, dass Sie die vertraglichen Zahlungsverpflichtungen für den Zeitraum bis zum Widerruf dennoch erfüllen müssen.

3. Belehrung über den Verlust des Widerrufsrechtes bei vollständiger Vertragserfüllung[3]

Hiermit bestätige ich, ... (der Kunde) ausdrücklich, davon Kenntnis genommen zu haben, dass mein Widerrufsrecht für den abgeschlossenen Maklervertrag erlischt, wenn mir von ... (Firma des Maklers einsetzen) die vollständigen Unterlagen für ... (das zu vermakelnde Objekt) übergeben wurden und eine Besichtigung stattgefunden hat und ich mich nur noch zu entscheiden habe, ob ich das mir vermittelte Objekt durch notariellen Kaufvertrag erwerben will, ohne dass es weiterer Nachweis- oder Vermittlungstätigkeiten durch den Makler bedarf.

(Ort, Datum) *(Unterschrift des Kunden/Auftraggebers)*

1 S. hierzu § 312g BGB iVm. § 360 BGB und bezüglich des Musters für die Widerrufbelehrung Anlage 1 zu EGBGB 246a § 1.
2 S. hierzu § 357 BGB.
3 Vgl. hierzu die gesetzliche Regelung des § 356 Abs. 4 BGB.

6. Abschnitt. Darlehen, Bürgschaft, Schuldanerkenntnis

Kapitel 24 Darlehensrecht

Literatur: *Blaurock*, Aktuelle Probleme aus dem Kreditsicherungsrecht, 3. Aufl. 1990; *Bülow*, Recht der Kreditsicherheiten, 8. Aufl. 2012; *Bülow/Artz*, Verbraucherkreditrecht, 8. Aufl. 2014; *Bülow*, Verbraucherkreditrecht im BGB, NJW 2002, 1145; *Canaris*, Bankvertragsrecht, Teil 1 aus Handelsgesetzbuch 2005; *Habersack*, Verbraucherkredit- und Haustürgeschäfte nach der Schuldrechtsmodernisierung, BKR 2001, 72; *Köndgen*, Modernisierung des Darlehensrechts: eine Fehlanzeige, in Ernst/Zimmermann (Hrsg.), Zivilrechtswissenschaft und Schuldrechtsreform, 2001, 457; *Köndgen*, Darlehen, Kredit und finanzierte Geschäfte nach neuem Schuldrecht – Fortschritt oder Rückschritt?, WM 2001, 1637; *Lange*, Die Klauselwerke der Kreditwirtschaft, 1995; *Lauer*, Notleidender Kredit, 3. Aufl. 1998; *Lindberg*, Das Zinsabschlaggesetz, 1992; *Lwowski/Merkel*, Kreditsicherheiten, 8. Aufl. 2003; *Reifner*, Schuldrechtsmodernisierungsgesetz und Verbraucherschutz bei Finanzdienstleistungen, ZBB 2001, 193; *Schweizer*, Bürgenhaftung für Darlehenszinsen, MDR 1994, 752; *Scholz/Lwowski*, Das Recht der Kreditsicherung, 8. Aufl. 2000; *H. Weber*, Kreditsicherungsrecht, 9. Aufl. 2012.

I. Begriff und Formen des Darlehens

1 Seit der Schuldrechtsmodernisierung unterscheidet das Darlehensrecht systematisch zwischen **(Geld-)Darlehen** (Überlassung eines Geldbetrags, §§ 488–498 BGB) und **Sachdarlehen** (Überlassung anderer vertretbarer Sachen als Geld, §§ 607–609 BGB). Mit dem Begriff „Darlehen" ist nur noch die Überlassung eines Geldbetrags gemeint. Auch haben die Regelungen des Verbraucherkreditgesetzes Eingang ins BGB gefunden: in §§ 491–498 BGB ist der Verbraucherdarlehensvertrag geregelt.

II. Darlehen (Gelddarlehen)

1. Grundsätzliches

2 Durch den Darlehensvertrag verpflichtet sich der Darlehensgeber, dem Darlehensnehmer den vereinbarten Geldbetrag zu überlassen (§ 488 Abs. 1 Satz 1 BGB). Der Darlehensgeber hat den Geldbetrag „zur Verfügung zu stellen". Damit hat die bisher schon herrschende Konsensualvertragstheorie Eingang in den Gesetzeswortlaut gefunden. „Zur Verfügung stellen" meint, dem Darlehensnehmer die Zugriffsmöglichkeit – auch bargeldlos – zu verschaffen. Der Darlehensnehmer verpflichtet sich zur Zahlung des vereinbarten Darlehenszinses, zur Abnahme des Darlehens und zur Rückzahlung bei Fälligkeit. Die Zurverfügungstellung des Geldbetrags und die Zinszahlung sowie

die Abnahmepflicht, nicht aber die Rückzahlungspflicht stehen dabei im Gegenseitigkeitsverhältnis (BGH WM 1991, 1817).

Ein **Vorvertrag** ist möglich und folgt den **allgemeinen Regeln.** Er kann in der Zusage des Darlehens liegen, wenn dieses nicht bereits Teil des als gegenseitiger Vertrag ausgestalteten Darlehensvertrages ist. Im Geschäftsverkehr ist ein Vorvertrag nicht unüblich und gerade im Bankenbereich, wenn einzelne Vertragsbedingungen noch nicht vorliegen, häufig. 3

2. Form

Das Darlehen ist grundsätzlich formfrei, es sei denn es handelt sich um einen Verbraucherdarlehensvertrag (Rz. 25) oder der Darlehensvertrag soll derart mit einem formbedürftigen Rechtsgeschäft verbunden werden, dass die Einzelverträge nach dem Willen der Parteien miteinander stehen und fallen sollen. 4

➲ **Praxistipp:** Zur Beweis- und Nachweiserleichterung (Höhe des Darlehens, Verzinslichkeit, Rückzahlung usw.) empfiehlt sich jedoch die Einhaltung der Schriftform. 5

Bei einem Verbraucherdarlehensvertrag wahrt die Unterschrift des Darlehensnehmers auf einem elektronischen Schreibtablett nicht die Schriftform nach §§ 492 Abs. 1 Satz 1, 126 BGB. Angesichts des eindeutigen Willens des Gesetzgebers bei der Umsetzung der E-Commerce-Richtlinie und der Änderung des § 492 BGB im Jahr 2009 ist in einem solchen Fall auch eine entsprechende Anwendung der §§ 126, 126a BGB ausgeschlossen (OLG München NJW 2012, 3584). 6

3. Ordentliches Kündigungsrecht

Die Kündigung des Darlehensvertrags beendet den Vertrag mit Wirkung für die Zukunft. Das ordentliche Kündigungsrecht mit einer **Frist von drei Monaten** gem. § 488 Abs. 3 BGB gilt **für beide Seiten.** Das Kündigungsrecht und die Kündigungsfrist unterliegen der Disposition der Parteien. Es wird bei Festdarlehen abbedungen, hinsichtlich der Kündigungsfrist auch bei den meisten Kündigungsdarlehen. 7

Daneben hat der **Darlehensnehmer** bei **Darlehen mit Festzinsvereinbarung** nach § 489 Abs. 1 BGB ein nicht dispositives ordentliches Kündigungsrecht, 8

- wenn die Sollzinsbindung vor der für die Rückzahlung bestimmten Zeit endet und keine neue Vereinbarung über den Sollzinssatz getroffen ist, unter Einhaltung einer Kündigungsfrist von einem Monat frühestens für den Ablauf des Tages, an dem die Sollzinsbindung endet; ist eine Anpassung des Sollzinssatzes in bestimmten Zeiträumen bis zu einem Jahr vereinbart, so kann der Darlehensnehmer jeweils nur für den Ablauf des Tages, an dem die Sollzinsbindung endet, kündigen;
- in jedem Fall nach Ablauf von zehn Jahren nach dem vollständigen Empfang unter Einhaltung einer Kündigungsfrist von sechs Monaten; wird nach dem Empfang des Darlehens eine neue Vereinbarung über die Zeit der Rückzahlung oder den Sollzinssatz getroffen, so tritt der Zeitpunkt dieser Vereinbarung an die Stelle des Zeitpunkts des Empfangs.

Unbefristete Darlehen mit variablem Zinssatz kann der Darlehensnehmer jederzeit unter Einhaltung der dispositiven gesetzlichen Kündigungsfrist von drei Monaten gem. § 489 Abs. 2 BGB kündigen. Die Kündigung erfolgt durch eine formlose, einseitige empfangsbedürftige Willenserklärung. Sie kann auch konkludent erklärt werden; es genügt das Verlangen des Darlehensgebers, dass das Darlehen nunmehr zurückgezahlt werden muss. 9

➲ **Wichtig:** Die ordentliche Kündigung nach § 489 Abs. 1 und 2 BGB durch den Darlehensnehmer gilt nach der Fiktion des § 489 Abs. 3 BGB als nicht erfolgt, wenn der Darlehensnehmer den Darlehensbetrag nicht innerhalb von zwei Wochen vollständig zurückgezahlt hat. 10

Der früheren Rechtsprechung, die davon ausging, der Darlehensvertrag sei erst nach Auszahlung des Darlehens kündbar, ist mit der gesetzlichen Regelung der Boden entzogen. 11

12 Für **Verbraucherdarlehensverträge** gilt seit dem 11.6.2010, dass der Darlehensnehmer diese, wenn eine Zeit für die Rückzahlung nicht bestimmt ist, ganz oder teilweise kündigen kann, ohne eine Frist einzuhalten (§ 500 Abs. 1 BGB). Eine Vereinbarung über eine Kündigungsfrist von mehr als einem Monat ist unwirksam. Eine Vereinbarung über die Kündigungsfrist des Darlehensgebers ist gem. § 499 Abs. 1 BGB unwirksam, wenn eine bestimmte Vertragslaufzeit vereinbart wurde oder die Kündigungsfrist zwei Monate unterschreitet.

13 Der Darlehensgeber kann einen Verbraucherdarlehensvertrag bei einem Darlehen, das in Teilzahlungen zu tilgen ist, nur unter den zusätzlichen Voraussetzungen des § 498 BGB kündigen. Gem. § 498 Satz 1 Nr. 1 BGB muss der Darlehensnehmer mit mindestens zwei aufeinander folgenden Teilzahlungen ganz oder teilweise und mit mindestens zehn Prozent, bei einer Laufzeit des Verbraucherdarlehensvertrags von mehr als drei Jahren mit mindestens fünf Prozent des Nennbetrags des Darlehens in Verzug sein; gem. § 498 Abs. 1 Nr. 2 BGB muss der Darlehensgeber dem Darlehensnehmer zudem vorher erfolglos eine zweiwöchige Frist zur Zahlung des rückständigen Betrages gesetzt haben, verbunden mit der Erklärung, dass bei Nichtzahlung innerhalb der Frist die gesamte Restschuld verlangt werde.

Die Kündigung eines Verbraucherdarlehensvertrages ist dabei unwirksam, wenn die vorausgegangene Mahnung des Darlehensgebers einen zu hohen Zahlungsrückstand genannt hat (OLG Karlsruhe ZIP 2014, 964).

§ 503 BGB trifft abweichende Regelungen für die Kündigung von Immobiliendarlehensverträgen. Hochstreitig ist aktuell die Frage des Umfangs und des Inhalts eines Schadensersatzanspruchs der Bank bei berechtigter vorzeitiger Kündigung eines grundpfandrechtlich gesicherten Festzinsdarlehens wegen Verzuges des Darlehensnehmers („Vorfälligkeitsentschädigung"), wenn der Bank zugleich ein Verzögerungsschadensersatzanspruch wegen nicht erfolgter Rückzahlung der Darlehenssumme zusteht. Für eine Vorfälligkeitsentschädigung: OLG Stuttgart v. 11.2.2015 – 9 U 153/14, juris; ablehnend: OLG Frankfurt v. 13.4.2011 – 23 U 386/09, juris und OLG Hamburg v. 7.11.2007 – 10 U 5/07, juris.

4. Außerordentliches Kündigungsrecht

14 Der **Darlehensgeber** hat ein außerordentliches **fristloses** Kündigungsrecht, wenn sich die Vermögensverhältnisse des Darlehensnehmers oder die Werthaltigkeit einer für das Darlehen bestellten Sicherheit wesentlich verschlechtern (§ 490 Abs. 1 BGB). Die **Verschlechterung** muss **nach Vertragsschluss** eingetreten sein. Liegt der den Rückzahlungsanspruch gefährdende Umstand dagegen schon bei Vertragsschluss vor, kommt allenfalls ein Anfechtungsrecht nach § 119 Abs. 2 BGB wegen Irrtums über eine verkehrswesentliche Eigenschaft in Betracht. Das Kündigungsrecht nach § 490 Abs. 1 BGB ist dagegen ausgeschlossen. Dies gilt unabhängig davon, ob dem Darlehensgeber diese Umstände bei Vertragsschluss bekannt waren. Zudem muss durch die Verschlechterung der Vermögensverhältnisse des Darlehensnehmers oder der Werthaltigkeit der Sicherheit der **Rückzahlungsanspruch** des Darlehensgebers gefährdet werden. Unerheblich ist, ob die Gefährdung vor oder nach Auszahlung des Darlehens eintritt. Jedoch besteht vor der Auszahlung „stets" das Recht zur fristlosen Kündigung, nach der Auszahlung nur „in der Regel". Hier müssen auch die Belange des Darlehensnehmers im Rahmen einer Gesamtwürdigung berücksichtigt werden. Der Darlehensgeber kann auch zur Teilkündigung des Darlehens berechtigt sein, wenn in den Vermögensverhältnissen des Darlehensnehmers oder der Werthaltigkeit einer für das Darlehen bestellten Sicherheit eine wesentliche Verschlechterung eintritt (OLG Celle NJW-RR 10, 406).

15 Der **Darlehensnehmer** hat bei Darlehen mit gebundenem Sollzinssatz, die durch Grund- oder Schiffspfandrecht gesichert sind, ein außerordentliches **vorzeitiges** Kündigungsrecht, wenn seine berechtigten Interessen dies ausnahmsweise gebieten (§ 490 Abs. 2 BGB). Die Kündigung kann nach §§ 490 Abs. 2 Satz 1, 489 Abs. 1 Nr. 2 BGB erst nach Ablauf von sechs Monaten nach vollständigem Empfang der Valuta mit einer Frist von drei Monaten erfolgen. Ein berechtigtes Interesse liegt im Regelfall vor, wenn der Darlehensnehmer das finanzierte Grundstück anderweitig verwerten will, zB durch Verkauf aufgrund von Geldbedarf, Scheidung, Umzug. Er kann dann den Darlehensvertrag frühestens sechs Monate nach Empfang des Darlehens mit einer Frist von drei Mona-

ten kündigen. Er hat dem Darlehensgeber die erstmals in § 490 Abs. 2 BGB gesetzlich definierte **Vorfälligkeitsentschädigung** zu zahlen.

5. Nichtigkeit

Zwei Fallgruppen spielen bei der Nichtigkeit von Darlehensverträgen eine Rolle. Dies sind zum einen Fälle, in denen in einem persönlichen Näheverhältnis zum Darlehensnehmer stehende Personen trotz **krasser finanzieller Überforderung** Mithaftende des Darlehensnehmers sein sollten; hierzu die Grundsatzentscheidungen BVerfGE 89, 214; BGHZ 106, 269; 107, 92; BGH NJW 1991, 2015; 1992, 896 usw., BGHZ 120, 272 (Mitverpflichtung des einkommens- und vermögenslosen Ehepartners) sowie in der Rspr. BGH BKR 2004, 317; OLG Celle NJW 2003, 2598; LG Kiel WM 2006, 808 und BGH WM 2009, 645 (Klarstellung, dass die kreditgebende Bank grundsätzlich darlegen und beweisen muss, dass die Voraussetzungen für eine echte Mitdarlehensnehmerschaft vorliegen, also auch, dass der Mitdarlehensnehmer bei Abschluss des Darlehensvertrags ein eigenes Interesse an der Kreditaufnahme besaß sowie im Wesentlichen gleichberechtigt über die Auszahlung beziehungsweise Verwendung der Darlehensvaluta beziehungsweise bestimmten Teilen davon mitentscheiden durfte. Ein solches Interesse kann einem nichtehelichen Lebenspartner nicht zugebilligt werden bei der Aufnahme eines Kredites, der nach dem übereinstimmenden Willen der Vertragsschließenden ausschließlich der Finanzierung des Kaufpreises für ein von seinem Lebensgefährten alleine erworbenen Grundstücks dient. [OLG Frankfurt v. 24.6.2013 – 23 U 86/12, juris]. Nur, wenn der Wortlaut des Darlehensvertrags eindeutig für die Mitdarlehensnehmerschaft spricht, muss der Darlehensnehmer selbst im Rahmen der sekundären Beweislast dartun, dass er nicht das für eine Mitdarlehensnehmerschaft notwendige Eigeninteresse an der Kreditaufnahme besaß.). 16

Zum anderen ist die Frage von Bedeutung, bei welchen Konditionen Darlehensverträge wegen **Sittenwidrigkeit** als nichtig anzusehen sind. Grundlegend hierzu statt vieler BGHZ 110, 336 (auffälliges Missverhältnis zwischen Leistung und Gegenleistung). 17

6. Verwandtendarlehen

Die Motive für den Abschluss eines Darlehensvertrags unter Verwandten sind unterschiedlich. Häufig liegen **Gefälligkeitserwägungen** vor. Auch bei der **steuerlichen Gestaltung** spielt das Darlehen unter unterhaltspflichtigen Verwandten eine Rolle. So werden häufig Darlehensverträge unter Verwandten abgeschlossen, in denen der unterhaltsverpflichtete Darlehensgeber die Unterhaltsverpflichtungen zu Zinszahlungen umqualifiziert mit der Folge, dass diese sich im Zusammenhang mit einer Einkunftsquelle als Betriebsausgaben/Werbungskosten steuermindernd auswirken können. Für die steuerliche Anerkennung stellt die Rechtsprechung darauf ab, ob ein Gestaltungsmissbrauch gem. § 42 AO vorliegt. Dieser wird nicht angenommen, wenn der Darlehensvertrag unter bürgerlich-rechtlichen Gesichtspunkten wirksam zustande gekommen ist und in seiner Gestaltung und seiner Durchführung dem zwischen Fremden Üblichen entspricht. Dabei ist das Gesamtbild der Verhältnisse entscheidend. Unabhängig von einem Gestaltungsmissbrauch ist zu beachten, dass bei einer ungewöhnlich hohen Verzinsung, die dem Darlehensgeber nicht nur die Begleichung der Refinanzierungskosten, sondern auch der Tilgungsbeträge ermöglicht, eine verschleierte Schenkung vorliegen kann (BFH v. 25.1.2000, BStBl. II 2000, 393). Für die Fremdüblichkeit einer Besicherung ist entscheidend, ob ein fremder Gläubiger unter gleichen oder ähnlichen Verhältnissen eine Sicherheit gefordert hätte (BFH v. 23.4.2009, BFH/NV 2009, 1427, juris). 18

Hinsichtlich schenkweise begründeter Darlehensverträge hat der BFH mit Urteil v. 18.1.2001 (BStBl. II 2001, 393 = StRK EStG 1975 § 4 Abs. 4 R. 374) entschieden, dass allein in der Kürze der zwischen Schenkung und Darlehensgewährung liegenden Zeit keine unwiderlegbare Vermutung für die gegenseitige Abhängigkeit der beiden Verträge liegt. 19

Demgegenüber kann bei einem längeren Abstand zwischen Schenkungs- und Darlehensvertrag eine auf einem **Gesamtplan** beruhende Verknüpfung bestehen mit der Folge, dass beide Verträge steuerlich unbeachtlich bleiben (BFH v. 22.1.2002, BStBl. II 2002, 685).

Wenn ein Betriebsinhaber seinen Kindern Geldbeträge unentgeltlich zuwendet, die die Kinder dem Vertrag zufolge sogleich wieder als „Darlehen“ zur Verfügung zu stellen haben (vgl. BFH v. 3.6.2009,

BFH/NV 2009, 1641, zitiert nach juris, m.w.N.), liegt darin einkommensteuerlich keine Schenkung mit anschließendem Darlehensvertrag, sondern ein befristetes Schenkungsversprechen.

M 24.1 Einfacher Darlehensvertrag unter Verwandten[1]

Darlehensvertrag

zwischen

A, ... (Name, Anschrift)

– nachfolgend Darlehensgeber –

und B, ... (Name, Anschrift)

– nachfolgend Darlehensnehmer –

1. *Der Darlehensgeber gewährt dem Darlehensnehmer ein Darlehen iHv. ... Euro, auszuzahlen am ... (Datum).*
2. *Das Darlehen ist jährlich mit ... % über dem jeweiligen Basiszinssatz des § 247 BGB zu verzinsen. Die Zinsen sind in monatlichen Raten jeweils zum dritten Werktag eines Monats/eines Kalendervierteljahrs[2] zu zahlen[3].*
3. *Das Darlehen ist am ... (Datum) zurückzuzahlen.*
4. *Der Darlehensnehmer begibt folgende Sicherheiten:*

   ... (hier beispielsweise Sicherungsübereignung eines Kfz, Bestellung und Eintragung eines Grundpfandrechts).
5. *Der Darlehensvertrag ist nach den Vorschriften der §§ 488, 489 BGB kündbar. Die Kündigungserklärung bedarf der Schriftform.*
6. *Der Darlehensnehmer ist zur vorzeitigen Rückzahlung des Darlehens jederzeit berechtigt[4].*

... (Ort, Datum)

... (Unterschrift Darlehensgeber)

... (Ort, Datum)

... (Unterschrift Darlehensnehmer)

1 Grundsätzlich bedürfen Darlehensverträge zwischen Privatpersonen nicht der Schriftform. Die schriftliche Fixierung ist aber zur Beweiserleichterung und zur eventuellen Darlegung gegenüber Finanzbehörden dringend anzuraten. Sind minderjährige Kinder beteiligt, so ist die Mitwirkung eines Pflegers gem. §§ 181, 1629 Abs. 2, 1795, 1909 BGB zwingende Voraussetzung.

2 Gem. § 488 Abs. 2 BGB sind die Zinsen ohne abweichende Regelung jeweils nach Ablauf eines Jahres zu entrichten.

3 Die Zinszahlungspflicht beginnt bei Privatpersonen mit Auszahlung des Darlehens.

4 Aus dieser Formulierung ergibt sich, dass eine Vorfälligkeitsentschädigung bei vorzeitiger Rückzahlung nicht anfällt.

7. Arbeitgeberdarlehen

20 Das Arbeitgeberdarlehen wird zu besonders günstigen Bedingungen an Betriebsangehörige vergeben und ist eine Möglichkeit, neben der Vereinbarung von Gehalt und Sozialleistungen Leistungsträger an den Betrieb zu binden. Bestehen bei einem formularmäßig vereinbarten Arbeitgeberdarlehen Unklarheiten bezüglich der Zinsregelung, geht dies zu Lasten des Arbeitgebers (vgl. BAG v. 16.10.1991 – 5 AZR 35/91, juris). Der Arbeitgeber ist in der Gewährung frei, diese kann aber der Mitbestimmung der Arbeitnehmervertretung unterliegen. Daraus für den Arbeitnehmer entstehende geldwerte Vorteile müssen unter bestimmten Voraussetzungen versteuert werden. Häufig erfolgt die Rückzahlung durch ratenweise Verrechnung mit dem Lohn. Die Beendigung des Arbeitsverhältnisses berechtigt den Arbeitgeber nicht ohne Weiteres zur vorzeitigen Beendigung des Darlehensvertrags, auch nicht nach § 313 BGB. Eine vertragliche Regelung, wonach dem Ar-

beitgeber bei Beendigung des Arbeitsverhältnisses ein Recht zur Kündigung des Darlehens eingeräumt wird, ist unwirksam, wenn sie zu weit gefasst ist und Fallgestaltungen erfasst, in der kein schützenswertes Interesse des Arbeitgebers vorliegt (vgl. BAG v. 12.12.2013 – 8 AZR 829/12, juris). Spezielle Vereinbarungen im Zusammenhang mit der Beendigung, wie zB höhere Zinsen nach Ende des Arbeitsverhältnisses, sind in den Grenzen der AGB-rechtlichen Inhaltskontrolle an sich zulässig, können aber dann unwirksam sein, wenn sie zu einer unzulässig langen Betriebsbindung führen.

➲ **Wichtig:** Wie eng ein solches Darlehen mit dem Arbeitsverhältnis verknüpft ist und ob der Rückzahlungsanspruch des Arbeitgebers aufgrund einer Ausgleichsklausel erlischt, die nicht auch Ansprüche, die mit dem Arbeitsverhältnis nur in Verbindung stehen, sondern lediglich alle Ansprüche aus dem Arbeitsverhältnis erfasst, hängt von der konkreten Ausgestaltung des Darlehensvertrags ab (vgl. BAG v. 19.1.2011 – 10 AZR, 873/08, juris, BAG v. 19.3.2009, NZA 2009, 896 und 28.7.2009 – 3 AZR 250/07 nv, juris). Zur Frage, ob eine tarifliche Verfallklausel auch Ansprüche auf Rückzahlung des Arbeitgeberdarlehens erfasst: Vgl. BAG DB 2010, 675. 21

M 24.2 Darlehen zwischen Arbeitnehmer und Arbeitgeber

Zwischen der Firma ... (Name, Firmensitz)
– nachfolgend Arbeitgeber –
und
Herrn A ... (Name, Anschrift)
– nachfolgend Arbeitnehmer –
wird mit Rücksicht auf das Arbeitsverhältnis folgender

Darlehensvertrag

geschlossen:

1. *Der Arbeitgeber gewährt dem Arbeitnehmer ein Darlehen iHv. ... Euro.*
2. *Das Darlehen ist mit ... %, beginnend mit dem ... (Datum) zu verzinsen*[1].
   Die Zinsen werden monatlich/kalendervierteljährlich berechnet.
3. *Das Darlehen ist in monatlichen/kalendervierteljährlichen Raten iHv. ... Euro zurückzuzahlen.*
4. *Die Zinsen sind in dem auf die Fälligkeit folgenden Monat neben den Rückzahlungsraten zu zahlen.*
5. *Der Arbeitgeber ist berechtigt, an den Fälligkeitstagen auszuzahlende Vergütungsansprüche mit den fälligen Zinsen zu verrechnen.*
6. *Im Falle der Beendigung des Arbeitsverhältnisses aufgrund arbeitgeberseitiger verhaltensbedingter Kündigung sowie im Falle einer arbeitnehmerseitigen ordentlichen und nicht durch treuwidriges Verhalten der Arbeitgeberseite veranlassten, dh. ausschließlich in der Sphäre des Arbeitnehmers wurzelnden Eigenkündigung, ist die Arbeitgeberin ihrerseits zur Kündigung der Darlehensverträge berechtigt.*[2] *Fälligkeit tritt ein mit dem Zeitpunkt der Wirksamkeit der Kündigung.*
7. *Der Arbeitnehmer übereignet dem Arbeitgeber zur Sicherung des Darlehens sein Kfz ... (Marke, Fahrgestellnummer, pol. Kennzeichen).*
   Er übergibt den Fahrzeugbrief.

1 Werden keine Zinsen berechnet, kann lohnsteuerpflichtiges Entgelt in der zinsfreien Gewährung liegen.

2 Die Vereinbarung der Fälligkeit für den Fall der arbeitnehmerseitigen Kündigung ist nach der Rechtsprechung des BAG (Urteil v. 12.12.2013, 8 AZR 829/13) unzulässig, da die Formulierung zu weit gefasst ist und auch Fälle miteinbezieht, in denen die Kündigung des Arbeitnehmers durch vertragswidriges Verhalten des Arbeitgebers veranlasst wurde.

8. Nach vollständiger Rückzahlung des Darlehens wird der Arbeitgeber dem Arbeitnehmer das Kfz übereignen und den Fahrzeugbrief herausgeben.

Der Arbeitgeber überlässt dem Arbeitnehmer o.g. Kfz leihweise. Laufende Unterhaltskosten, Steuern und Haftpflichtkosten trägt der Arbeitnehmer. Der Arbeitnehmer muss das Fahrzeug Teilkasko/Vollkasko versichern. Auch hierfür hat er die Kosten zu tragen.

... (Ort, Datum)

... (Unterschrift Darlehensgeber)

... (Ort, Datum)

... (Unterschrift Darlehensnehmer)

III. Sachdarlehen

22 Der Anwendungsbereich der Vorschriften über das Sachdarlehen ist so begrenzt, dass im Gesetzgebungsverfahren die Streichung der Vorschriften in Erwägung gezogen wurde. Im Rahmen der sog. „Wertpapierleihe" besteht aber eine gewisse Bedeutung (hierzu zuletzt: BGHZ 180, 154). Zudem sind bestimmte Verträge über die Überlassung von wieder verwendbaren Verpackungs- und Transportmitteln (Container, Paletten) als Sachdarlehen zu qualifizieren.

23 Der Sachdarlehensgeber hat dem Darlehensnehmer eine vereinbarte **vertretbare Sache** zu überlassen. Er muss die Sache zwingend übereignen, ansonsten liegen je nach Vereinbarung eines Entgelts Miete oder Leihe vor. Der Darlehensnehmer hat den vereinbarten Zins zu zahlen und bei Fälligkeit **Sachen gleicher Art und Güte** zurückzuerstatten.

IV. Verbraucherdarlehen

24 Die bis zur Schuldrechtsmodernisierung im Verbraucherkreditgesetz geregelten Vorschriften des Verbraucherkreditrechts verfolgen den Zweck, den Verbraucher vor der übereilten Übernahme von langwierigen Zahlungsverpflichtungen zu schützen. Der Schutz soll durch zwingende **Information** des Verbrauchers in bestimmten Punkten sowie die Regelung eines **Widerrufsrechts** erreicht werden. § 491a BGB begründet seit dem 11.6.2010 erstmals umfangreiche **vorvertragliche Informationspflichten** bei Verbraucherdarlehensverträgen, deren nähere Ausgestaltung im EGBGB erfolgt und die die Art. 5 und 6 der Verbraucherkreditrichtlinie umsetzen. Der Darlehensgeber muss den Darlehensnehmer rechtzeitig vor Vertragsschluss über die sich aus Art. 247 EGBGB ergebenden Einzelheiten in Textform unterrichten. Damit entstehen europaweit einheitliche vorvertragliche Informationspflichten. Mit der Auskunft soll der Darlehensnehmer in die Lage versetzt werden, auf der Grundlage der vom Darlehensgeber angebotenen Vertragsbedingungen und unter Berücksichtigung seiner eigenen Wünsche verschiedene Angebote miteinander zu vergleichen und eine eigenverantwortliche Entscheidung für oder gegen einen Vertragsabschluss zu fällen (vgl. BT-Drucks. 16/11643, S. 78). Rechtzeitig ist die Information deswegen nur dann, wenn der Darlehensnehmer Gelegenheit hat, die Informationen in Abwesenheit des Darlehensgebers ausgiebig zu prüfen (BT-Drucks. 16/11643, S. 121, Erwägungsgrund 19 VKred-Rili).

Der Darlehensgeber hat den Darlehensnehmer unter Verwendung der Europäischen Standardinformationen für Verbraucherkredite gemäß dem Muster in Anlage 3 zu Art. 247 § 2 EGBGB zu unterrichten.

Die Verpflichtung zur **Unterrichtung** nach § 491a Abs. 1 BGB gilt als erfüllt, wenn der Darlehensgeber dem Darlehensnehmer das ordnungsgemäß ausgefüllte Muster in Textform übermittelt hat.

Wenn ein Vertrag gem. § 495 Abs. 2 Nr. 1 BGB (Umschuldung) oder § 504 Abs. 2 BGB (Überziehungskreditmöglichkeiten) geschlossen werden soll, kann der Darlehensgeber zur Unterrichtung die Europäische Verbraucherkreditinformation gemäß dem Muster in Anlage 5 zu Art. 247 § 2 EGBGB verwenden. In diesem Fall ist die Verwendung des Musters fakultativ.

Für grundpfandrechtlich gesicherte Verträge gem. § 503 BGB kann der Darlehensgeber fakultativ das Europäische Standardisierte Merkblatt (Anlage 6 zu Art. 247 § 2 EGBGB) verwenden. Verwendet der Darlehensgeber die Muster aber nicht, so muss er die Pflichtangaben gleichartig gestalten.

Die kreditgebende Bank ist dagegen zur Risikoaufklärung über das finanzierte Geschäft (beispielsweise bei steuersparenden Bauherren-, Bauträger- oder Erwerbermodellen) im Regelfall nicht verpflichtet. Anders kann dies allerdings bewertet werden, wenn die Bank aufgrund eines institutionalisierten Zusammenwirkens mit dem Verkäufer oder Vertreiber des finanzierten Objekts über einen konkreten Wissensvorsprung verfügt (BGH NJW-RR 2011, 124 ff.).

1. Mindestinhalte

So bedarf für das Verbraucherdarlehen nicht nur der Darlehensvertrag selbst der **Schriftform**, sondern auch bestimmte Mindestinhalte, die in § 492 BGB, Art. 247 §§ 6–13 EGBGB geregelt sind. Dies sind im Einzelnen: 25

- Name und Anschrift des Darlehensgebers, Art. 247 § 3 Abs. 1 Nr. 1 EGBGB;
- Art des Darlehensvertrags, Art. 247 § 3 Abs. 1 Nr. 2 EGBGB;
- effektiver Jahreszins, Art. 247 § 3 Abs. 1 Nr. 3 EGBGB;
- Nettodarlehensbetrag, Art. 247 § 3 Abs. 1 Nr. 4 EGBGB;
- Sollzinssatz (die Angabe zum Sollzinssatz muss die Bedingungen und den Zeitraum für seine Anwendung sowie die Art und Weise seiner Anpassung enthalten. Ist der Sollzinssatz von einem Index oder Referenzzinssatz abhängig, sind diese anzugeben. Sieht der Verbraucherdarlehensvertrag mehrere Sollzinssätze vor, sind die Angaben für alle Sollzinssätze zu erteilen. Sind in diesem Fall Teilzahlungen vorgesehen, ist anzugeben, in welcher Reihenfolge die ausstehenden Forderungen des Darlehensgebers, für die unterschiedliche Sollzinssätze gelten, durch die Teilzahlungen getilgt werden), Art. 247 § 3 Abs. 1 Nr. 5 EGBGB, 3 Abs. 4 EGBGB;
- Vertragslaufzeit, Art. 247 § 3 Abs. 1 Nr. 6 EGBGB;
- Betrag, Zahl und Fälligkeit der einzelnen Teilzahlungen, Art. 247 § 3 Abs. 1 Nr. 7 EGBGB;
- vom Darlehensnehmer zu entrichtender Gesamtbetrag, Art. 247 § 3 Abs. 1 Nr. 8 EGBGB;
- Auszahlungsbedingungen, Art. 247 § 3 Abs. 1 Nr. 9 EGBGB;
- alle sonstigen Kosten, insbesondere in Zusammenhang mit der Auszahlung oder der Verwendung eines Zahlungsauthentifizierungsinstruments, mit dem sowohl Zahlungsvorgänge als auch Abhebungen getätigt werden können, sowie die Bedingungen, unter denen die Kosten angepasst werden können, Art. 247 § 3 Abs. 1 Nr. 10 EGBGB;
- Verzugszinssatz und Art und Weise seiner etwaigen Anpassung sowie gegebenenfalls anfallende Verzugskosten, Art. 247 § 3 Abs. 1 Nr. 11 EGBGB;
- Warnhinweis zu den Folgen ausbleibender Zahlungen, Art. 247 § 3 Abs. 1 Nr. 12 EGBGB;
- Hinweis auf ein etwaiges Widerrufsrecht, Art. 247 § 3 Abs. 1 Nr. 13 EGBGB (Angaben zu einem Widerrufsrecht nach § 495 BGB, zur Frist gem. § 355 BGB und anderen Umständen für die Erklärung des Widerrufs gem. § 360 BGB, sowie ein Hinweis auf die Verpflichtung des Darlehensnehmers, ein bereits ausbezahltes Darlehen zurückzuzahlen und Zinsen zu vergüten. Der pro Tag zu zahlende Zinsbetrag ist anzugeben.);
- Recht des Darlehensnehmers, das Darlehen vorzeitig zurückzuzahlen, Art. 247 § 3 Abs. 1 Nr. 14 EGBGB;
- Name und Anschrift des Darlehensnehmers, Art. 247 § 6 Abs. 1 Nr. 2 EGBGB;
- für den Darlehensgeber zuständige Aufsichtsbehörde, Art. 247 § 6 Abs. 1 Nr. 3 EGBGB;
- Hinweis auf den Anspruch des Darlehensnehmers auf einen Tilgungsplan nach Art. 247 § 492 Abs. 3 Satz 2 des Bürgerlichen Gesetzbuchs, Art. 247 § 6 Abs. 1 Nr. 4 EGBGB;
- einzuhaltendes Verfahren bei Kündigung des Vertrags, Art. 247 § 6 Abs. 1 Nr. 5 EGBGB;
- sämtliche weiteren Vertragsbedingungen, Art. 247 § 6 Abs. 1 Nr. 6 EGBGB;
- weitere Angaben gem. Art. 247 § 7–13 EGBGB, wenn diese für den Vertrag relevant sind.

Rechtsfolge des Verstoßes gegen dieses Schriftformerfordernis ist gem. § 494 BGB vor Inanspruchnahme des Darlehens die **Nichtigkeit** des Darlehensvertrags. **Mit Inanspruchnahme** des Darlehens wird ein grundsätzlich nichtiger Verbraucherdarlehensvertrag **geheilt**, soweit der Darlehensnehmer 26 das Darlehen in Anspruch genommen hat, bei Teilinanspruchnahme also nur in Höhe des in Anspruch genommenen Betrags. Wird das Darlehen später voll ausgezahlt, erstreckt sich die Heilung auf den gesamten Vertrag. Der wirksame Darlehensvertrag wird dann zugunsten des Verbrauchers modifiziert. Die wohl wichtigste **Modifikation** liegt darin, dass nicht der vertraglich vereinbarte Nominalzins zu zahlen ist, sondern dass der Darlehensnehmer vom Darlehensgeber die Neuberechnung der monatlichen Leistungsraten unter Berücksichtigung der auf den gesetzlichen Zinssatz verminderten Zinsen und gem. § 812 Abs. 1 Satz 1 Alt. 1 BGB die Rückzahlung überzahlter Zinsen verlangen kann, wenn Angaben über den effektiven Jahreszins, den Nominalzins oder den Gesamtbetrag der vom Darlehensnehmer zu leistenden Zahlungen fehlen (BGHZ 149, 302, 310). Ein Wahlrecht des Verbrauchers, stattdessen die den gesetzlichen Zinssatz übersteigenden, in den vereinbarten Ratenzahlungen enthaltenen Zinsen zur Tilgung des Darlehensrückzahlungsanspruchs zu verrechnen, besteht aber nicht (vgl. dazu BGHZ 179, 260).

2. Widerrufsrecht

27 Das Widerrufsrecht ist in §§ 495, 355 BGB geregelt. In der Sache entspricht es einem 14-tägigen Überlegungsrecht des Verbrauchers, an dem Vertrag festzuhalten oder sich zu lösen. Die 14-Tages-Frist beginnt erst zu laufen mit Übergabe einer Abschrift des Vertrages und einer deutlich gestalteten **Belehrung in Textform**, die der Verbraucher unterschreiben muss (zur Ordnungsgemäßheit der Widerrufsbelehrung im Verbraucherdarlehensvertrag vgl. eingehend LG Münster v. 1.4.2014 – 14 O 206/13 sowie Kropf, WM 2013, 2250). Die Rechtsfolgen des Widerrufs entsprechen den Rechtsfolgen beim gesetzlichen Rücktritt gem. §§ 357 Abs. 1, 346 Abs. 1 BGB. Die gewährten Leistungen sind zurück zu gewähren und die gezogenen Nutzungen herauszugeben.

In Anlehnung an die Vorschriften der Kündigung gilt ein Widerruf des Verbrauchers nach Auszahlung des Darlehens als nicht erfolgt, wenn der Darlehensnehmer das Darlehen nicht innerhalb von 14 Tagen nach dem Widerruf zurückzahlt.

M 24.3 Verbraucherdarlehensvertrag

Die A-GmbH . . . (Name, ladungsfähige Anschrift)

– nachfolgend Darlehensgeber –

(falls zutreffend)

Kreditvermittler . . . (Name, Anschrift für Kontakte mit dem Verbraucher)

stellt

Herrn B . . . (Name, Anschrift)

– nachfolgend Darlehensnehmer –

zum Zwecke . . . ein Darlehen mit einem Gesamtbetrag von . . . Euro bereit.

1. *Das Darlehen hat eine Laufzeit von . . . Jahren ab dem . . . (Datum Auszahlungstag). Es wird wie folgt ausgezahlt: in einem Betrag/in . . . monatlichen Raten à . . . Euro zum . . . (Datum) per Überweisung auf das Konto . . . (Kontonummer, Bankleitzahl, Kreditinstitut).*
2. *Voraussetzungen zur Auszahlung des Darlehens sind . . . (Abschluss einer Kreditversicherung, Inanspruchnahme anderer mit dem Darlehensvertrag zusammenhängender Nebenleistungen, Vorlage von bestimmten Unterlagen, Eintritt von Bedingungen, Nachweis von Voraussetzungen).*
3. *Das Darlehen wird zu einem Auszahlungskurs von . . . % ausgezahlt/das Disagio beträgt . . . Euro. Es ist am . . . (Datum) fällig.*
4. *Der Sollzinssatz beträgt . . . % p.a./. . . %-Punkte über dem Basiszinssatz der Europäischen Zentralbank. Zinsen sind jeweils monatlich/am Ende des Kalendervierteljahres/am Ende des Jahres zu zahlen. Der Basiszinssatz beträgt derzeit . . .*
5. *Das Darlehen ist ab dem . . . (Datum) in . . . monatlichen Raten von . . . Euro jeweils zum . . . (Datum) zurück zu zahlen/am . . . (Datum) zur Rückzahlung in einer Summe fällig. Der zu zah-*

lende Gesamtbetrag beträgt bei vertragsgemäßer Erfüllung aus heutiger Sicht und unter den heutigen Konditionen ... Euro. Höhe und Anzahl der Raten, Dauer der Raten sowie anfängliche Belastung und Zinssatz können sich ändern. Damit kann sich auch der Gesamtbetrag ändern[1].

6. *Der effektive Jahreszins beträgt ... Die Gesamtkosten betragen jährlich ... % des Gesamtkreditbetrags.*

   Für ausbleibende Zahlungen wird Ihnen ein Zinssatz in Höhe von ... (anwendbarer Zinssatz und ggf. Verzugskosten) berechnet.

   Ausbleibende Zahlungen können schwerwiegende Folgen für Sie haben (z.B. Zwangsverkauf) und die Erlangung eines Kredits erschweren.

7. *Der Darlehensnehmer ist jederzeit berechtigt, das Darlehen vorzeitig in voller Höhe/in Teilbeträgen von mindestens ... Euro zurück zu zahlen. Beträgt die Restlaufzeit des Darlehens mehr als ..., so ist mit der Schlusszahlung eine Vorfälligkeitsentschädigung von ... % des Darlehensbetrages fällig.*

8. *Zur Sicherung des Darlehens stellt der Darlehensnehmer dem Darlehensgeber folgende Sicherheiten: ... (Bezeichnung der Sicherheiten).*

9. *Die Kosten des Darlehensvertrages betragen ... Euro. Sie sind vom Darlehensnehmer zu tragen*[2].

10. *Der Darlehensnehmer kann das Darlehen jederzeit mit einer Frist von zwei Monaten zum Ende eines Monats kündigen. Die Kündigungsrechte aus §§ 489, 490 BGB bleiben unberührt.*

11. *Der Darlehensgeber kann den Darlehensvertrag mit einer Frist von drei Monaten zum Ende eines Kalendermonats kündigen, wenn*

    - *der Darlehensnehmer mit der Zahlung von mehr als zwei Monatsraten und zugleich mit mindestens 10 % des gesamten Darlehensbetrages in Rückstand gerät und der Darlehensgeber dem Darlehensnehmer erfolglos eine Frist zur Zahlung gesetzt und darauf hingewiesen hat, dass im Falle des erfolglosen Verstreichens der Frist der Restbetrag des Darlehens auf einmal zur Rückzahlung fällig wird,*
    - *wenn sich die Vermögensverhältnisse des Darlehensnehmers erheblich verschlechtern oder zu verschlechtern drohen oder in der Werthaltigkeit der Sicherheit eine erhebliche Verschlechterung eintritt oder einzutreten droht und dadurch die Rückerstattung des Darlehens auch unter Verwertung der Sicherheit gefährdet wird*[3].

12. *Erfüllungsort für sämtliche Zahlungen ist der Sitz des Darlehensgebers. Gerichtsstand ist ... (Gerichtsstandsvereinbarung gem. § 29 ZPO).*

    Der Darlehensnehmer ist verpflichtet, dem Darlehensgeber jede Änderung seiner Anschrift sowie seiner tatsächlichen und wirtschaftlichen Verhältnisse unverzüglich bekannt zu geben.

---

1 Beim Verbraucherdarlehensvertrag muss ein Gesamtbetrag angegeben werden, damit der Verbraucher seine Gesamtbelastung vor Augen hat. Dieser kann als Festbetrag angegeben werden. Liegt wie hier ein veränderlicher Zinssatz vor, ist die Laufzeit ungewiss oder kann das Darlehen in Teilzahlungen abgerufen werden, so kann nur ein fiktiver Gesamtbetrag nach den Anfangskonditionen errechnet werden. Auf die Möglichkeit einer Änderung ist dann hinzuweisen.

2 Beim Verbraucherdarlehensvertrag muss den Voraussetzungen der § 492 BGB, Art. 247 EGBGB Rechnung getragen werden. Es sind sämtliche bekannten Kosten der Höhe nach, alle übrigen Kosten dem Grunde nach anzugeben. In Darlehensverträgen zwischen Kreditinstituten und Verbrauchern findet sich oftmals eine Bestimmung über ein Bearbeitungsentgelt. Auch wenn dieses nicht in bestimmter Höhe ausgewiesen ist, gilt eine entsprechende Bestimmung als vorformuliert iSv. § 305 Abs. 1 Satz 1 BGB, wenn diese zum Zwecke künftiger wiederholter Einbeziehung in Vertragstexte „im Kopf" des Kreditinstituts als Klauselverwender gespeichert ist oder wenn der Klauselverwender beim Abschluss von Darlehensverträgen regelmäßig ein Bearbeitungsentgelt in Höhe festgelegter Prozentsätze verlangt oder er das Entgelt anhand der Daten des individuellen Darlehensvertrags nach bestimmten Vorgaben errechnet und es sodann in den Vertrag einbezogen wird. Eine entsprechende Klausel ist regelmäßig gem. § 307 Abs. 1 Satz 1, Abs. 2 Nr. 1 BGB unwirksam (vgl. BGH MDR 2014, 912; vgl. zur Thematik auch Tiffe, VuR 2012, 127).

3 Die Formulierung entspricht dem außerordentlichen Kündigungsrecht des Darlehensgebers aus § 490 BGB.

13. Die Unwirksamkeit einzelner Vertragsbestimmungen berührt die Wirksamkeit des Vertrages im Übrigen nicht. Die Vertragsparteien verpflichten sich, unwirksame Regelungen durch andere Regelungen zu ersetzen, die dem wirtschaftlichen Zweck der Regelung am nächsten kommen.

... (Ort, Datum)

... (Unterschrift Darlehensnehmer)

... (Ort, Datum)

... (Unterschrift Darlehensgeber)

Widerrufsbelehrung[4]: ein Muster für eine Widerrufsinformation für Verbraucherdarlehensverträge kann Anlage 7 (zu Artikel 247 § 6 Absatz 2 und § 12 Absatz 1)entnommen werden.

4 Die Widerrufsbelehrung ist neben dem Darlehensvertrag dem Darlehensnehmer zu übergeben. Ein Muster einer Widerrufsbelehrung ist in Anlage 7 zu Art. 247 § 6 Abs. 2 und § 12 Abs. 1 EGBGB enthalten. Dieses sollte im Hinblick auf die aktuelle Rechtsprechung des BGH, nach der die eigene, auch nur geringfügige, Bearbeitung des Musters die Unwirksamkeit der Belehrung zur Folge haben kann, unverändert in jeweils aktueller Fassung übernommen werden, da die unwirksame Widerrufsbelehrung zum Recht des unbefristeten Widerrufs führt, vgl. BGH v. 18.3.2014 – II ZR 109/13, juris.

28 Einstweilen frei.

V. Schuldumwandlung

29 Eine auf **anderem Rechtsgrund** beruhende Schuld kann durch Vereinbarung der Parteien in eine Darlehensschuld umgewandelt werden. Auf Gläubigerseite kann eine solche Vereinbarung den Zweck haben, eine eventuelle kurze Verjährungsfrist durch längere bzw. neu beginnende Verjährungsfristen zu ersetzen. Sie kann aber auch im Interesse des Schuldners liegen. Im laufenden Unterhaltsverfahren kann sie beispielsweise dazu führen, dass dem Schuldner, der auf eine tatsächlich nicht oder nicht in der Höhe bestehende Unterhaltsschuld geleistet hat, nicht der Einwand der Entreicherung gem. § 818 Abs. 3 BGB entgegen gehalten werden kann.

30 ➲ **Praxistipp:** Steht im Unterhaltsverfahren ein Titel im Raum, aus dem die Zwangsvollstreckung droht, kann es sinnvoll sein, freiwillig Unterhaltszahlungen zu erbringen und für diese zuvor die darlehensweise Leistung zu vereinbaren. So kann die Zwangsvollstreckung verhindert und die Entreicherungseinrede umgangen werden.

M 24.4 Umwandlung einer auf einem anderen Rechtsgrund beruhenden Schuld in ein Darlehen

Schuldschein[1]

Ich, ... (Name, Anschrift), bestätige hiermit, dass ich von Herrn/Frau/Firma ... (Name, Anschrift) ein/eine ... (Liefergegenstand) gemäß Rechnung Nr .... vom ... (Datum) im Wert von ... Euro ordnungsgemäß erhalten habe. Nachdem ich auf diese Rechnung bisher ... Euro bezahlt habe, schulde ich ihm/ihr noch ... Euro.

Ich erkläre mich ausdrücklich damit einverstanden, dass diese Schuld mit sofortiger Wirkung in eine Darlehensschuld umgewandelt wird, so dass ich den Betrag von ... Euro nunmehr als Darlehen schulde. Die frühere Kaufpreisschuld in derselben Höhe ist hierdurch erloschen[2]. Der jetzt geschuldete Darlehensbetrag von ... Euro ist ab ... (Datum) mit ... % jährlich zu verzinsen.

1 Bei dem hier vorliegenden Muster handelt es sich um einen zweiseitigen Vertrag, der durch formlose Annahme des Gläubigers zustande kommt.

2 Die Umwandlung wird hier dazu genutzt, um Vereinbarungen zu Zins und Ersatz etwaiger sonstiger Aufwendungen des Gläubigers zu treffen. Daneben beginnt eine neue Verjährungsfrist zu laufen.

Dieses Darlehen ist ab ... (Datum) in gleichen monatlichen Teilbeträgen von ... Euro zu tilgen, zahlbar jeweils bis spätestens zum dritten Werktag eines Monats auf das Konto ... (Kto.-Nr., Bank des Gläubigers). Sollte ich mit mehr als einer monatlichen Rate, mindestens aber 10 % der jeweils noch bestehenden Restschuld in Verzug geraten, kann die gesamte Restschuld mit sofortiger Wirkung fällig gestellt werden[3].

... (etwaige weitere Kündigungsgründe)

...

Ich erkenne an, dass die gelieferten Waren sich bis zur vollständigen Begleichung der Darlehensschuld im Eigentum des/der ... (Name des Gläubigers) befinden[4].

Etwaige Kosten, die Herrn/Frau/Firma ... (Name des Gläubigers) in Verfolgung seiner/ihrer Interessen mir gegenüber erwachsen, sind von mir zu tragen, im Falle meines Verzuges ohne Nachweis iHv. ... % meiner am heutigen Tage bestehenden Restschuld.

... (Ort, Datum)

... (Unterschrift des Schuldners)

3 Sollte es sich um einen Verbraucherkredit handeln, sind insbesondere §§ 498 und 503 BGB zu berücksichtigen.

4 Zur Sicherstellung der Gläubigerinteressen wird nicht Sicherungseigentum vereinbart, sondern Vorbehaltseigentum.

VI. Weitere Arten des Darlehens

Darlehen werden nach verschiedenen Kriterien unterschieden: beispielsweise nach der Laufzeit in kurz-, mittel- und langfristige Kredite, nach dem Kreditvolumen in (persönliche) Klein-, Millionen- und Großkredite, nach der rechtlichen Ausgestaltung in Darlehen, Wechsel-, Kontokorrent-, Dispositions-, Überziehungs-, Raten-, Lombardkredite usw., nach dem Verwendungszweck in Investitions-, Produktions-, Betriebsmittel-, Verbraucher-(Konsumenten-), Bau-, Bauzwischen-(finanzierungs-)kredite, Brauerei-, Bauspar-, Anschaffungsdarlehen usw. (vgl. nur Lück, Lexikon der Betriebswirtschaft, 6. Aufl. 2003, Stichwort: „Kreditarten", „Großkredite", „Millionenkredite" usw.). 31

Zur Gewährung von Bankdarlehen werden heute in der Regel umfangreiche Vordrucke der Bank verwendet, auf die der Verbraucher keinen Einfluss hat. Daher wurde hier vom Abdruck eines Gestaltungsvorschlags abgesehen. Entsprechende Muster finden sich in der Fachliteratur zum Bankrecht. 32

Kapitel 25 Bürgschaft

Literatur: *von Bernoth*, Harte Patronatserklärungen in der Klauselkontrolle, ZIP 1999, 1501; *Bülow*, Recht der Kreditsicherheiten, 8. Aufl. 2012; *Fischer*, Bürgschaft und Verbraucherkreditgesetz, ZIP 2000, 828; *Horn*, Bürgschaften und Garantien, 8. Aufl. 2001; *Graf Lambsdorff/Skora*, Handbuch des Bürgschaftsrechts, 1994; *Lwowski/Fischer/Langenbucher*, Das Recht der Kreditsicherung, 9. Aufl. 2011; *Michalski*, Die Patronatserklärung, WM 1994, 1229; *Reinicke/Tiedtke*, Bürgschaftsrecht, 3. Aufl. 2008; *Schimansky/Bunte/Lwowski*, Bankrechts-Handbuch, 4. Aufl. 2011; *Schmolke*, Bürgschaft und Verjährung – Zur Reichweite der Durchsetzungsakzessorietät im Bürgschaftsrecht, WM 2013, 148; *Graf von Westphalen*, Bürgschaft, in Graf von Westphalen, Vertragsrecht und AGB-Klauselwerke, Loseblatt.

I. Begriff

1 Die Bürgschaft stellt unverändert die **wichtigste Personalsicherheit** im Bereich der Sicherungsrechte dar; dies insbesondere im Kreditsicherungsrecht. Die Bürgschaft ist ein einseitig verpflichtender Vertrag, durch den sich der Bürge gegenüber dem Gläubiger eines nicht am Vertrag beteiligten Dritten (des Hauptschuldners) verpflichtet, für die Erfüllung der Verbindlichkeiten des Dritten einzustehen (§ 765 Abs. 1 BGB). Der Gläubiger will sich durch die Bürgschaft für den Fall einer Zahlungsunfähigkeit seines Schuldners absichern. Hierfür wird zwischen dem Gläubiger des Hauptschuldners und dem Bürgen ein rechtlich selbständiges Schuldverhältnis begründet. Dem Gläubiger entstehen aus dem Bürgschaftsvertrag keine Leistungspflichten. Er kann zum einen vom Hauptschuldner Erfüllung der Hauptforderung verlangen und zum anderen kann er, wenn der Hauptschuldner nicht erfüllt (s. aber bei Rz. 15), die Forderung auf der Grundlage des Bürgschaftsvertrags beim Bürgen einfordern.

Die Bürgschaft steht in Abhängigkeit zur Verpflichtung des Hauptschuldners gegenüber dem Gläubiger; für den Bestand der Verpflichtung des Bürgen ist der jeweilige Bestand der Hauptverbindlichkeit maßgebend, sog. **Akzessorietät** (Rz. 14). Aufgrund der Akzessorietät erlischt die Bürgschaft mit dem Fortfall der Hauptschuld (§ 767 Abs. 1 Satz 1 BGB); ebenso kann sich der Bürge grundsätzlich auf die Verjährung der Hauptforderung berufen.

II. Übernahme, Form, Umfang und Wirksamkeit

1. Übernahme der Bürgschaft

Die Bürgschaft kommt durch einen Vertrag zwischen Bürgen und Gläubiger zustande. Die Einigung folgt den allgemeinen Regeln. Der Wille zur Verpflichtung im Rahmen einer Bürgschaft muss erkennbar sein. Bereits das Behalten einer übersandten Bürgschaftserklärung durch den Gläubiger gilt als Bestätigung seines Annahmewillens iSd. § 151 BGB, wenn dieser zuvor die Übernahme einer Bürgschaft verlangt hatte (OLG Brandenburg WM 2006, 1855). Des Weiteren kann die Bürgschaft durch einen Vertrag zwischen Bürgen und Hauptschuldner zugunsten des Gläubigers des Hauptschuldners iSd. § 328 BGB (Vertrag zu Gunsten Dritter) zustande kommen. 2

2. Formvorschriften

Für die Abgabe der Bürgschaftserklärung ist **Einhaltung der Schriftform** vorgeschrieben (§ 766 Satz 1 BGB). Grund hierfür ist das erhöhte Risiko, welches der Bürge mit der Übernahme einer Bürgschaft für eine fremde Verbindlichkeit übernimmt (Warnfunktion). Für die Erklärung des Gläubigers ist Schriftform nicht erforderlich. Sofern die Bürgschaft jedoch von einem Kaufmann als Handelsgeschäft übernommen wird, ist die Abgabe der Bürgschaftserklärung formfrei (vgl. §§ 350, 344 Abs. 1 HGB; vgl. auch BGH NJW 1997, 1779); darüber hinaus soll auch die Bürgschaft eines geschäftsführenden Gesellschafters oder Komplementärs in analoger Anwendung formfrei möglich sein (BGH NJW 1982, 569; Baumbach/Hopt § 105 HGB Rz. 22). Bei der Schriftform ist auf § 126 BGB zu verweisen; die Übernahme einer Bürgschaft mittels Telefax genügt dem Schriftformerfordernis nicht (BGHZ 121, 224, 229 f.). Des Weiteren hat der Gesetzgeber in § 766 Satz 2 BGB ausdrücklich die Erteilung der Bürgschaft in elektronischer Form ausgeschlossen. Bei Blanketturkunden bedarf es hinsichtlich der Ermächtigung zum Ausfüllen dieser Blanketturkunde ebenfalls der Wahrung der Schriftform nach § 126 BGB (BGHZ 132, 122; BGH WM 2005, 1330–1332). Soweit der Bürge die Hauptverbindlichkeit jedoch erfüllt, wird der Mangel der Form geheilt (§ 766 Satz 3 BGB). 3

Die Vorschriften des **Verbraucherdarlehensrechts** (§§ 491 ff. BGB) finden auf das Recht der Bürgschaft weder mittelbar noch unmittelbar Anwendung (insoweit enthält auch die Richtlinie über den Verbraucherkredit keine Vorgaben, vgl. EuGH NJW 2000, 1323; Fischer ZIP 2000, 828). Inwieweit das Recht der **Haustürgeschäfte** Anwendung findet, war streitig. Im Anschluss an ein Urteil des EuGH (EuGH NJW 1998, 1295; Pfeiffer ZIP 1998, 1129; Reinicke/Tiedtke ZIP 1998, 893 ff.) bejahte die Rechtsprechung zunächst ein Widerrufsrecht gem. §§ 312, 355 BGB, wenn die Bürgschaft eines Verbrauchers die Forderung aus einem Haustürgeschäft mit einem Verbraucher sicherte (BGHZ 113, 287). In weiterer Abänderung lässt die Rechtsprechung es nunmehr genügen, wenn der Bürge sich in einer Haustürsituation für einen gewerblichen Zwecken dienenden Kredit verbürgt (BGH ZIP 2006, 363 ff.; 1995, 1813 ff.), so dass nun jede Verbraucherbürgschaft in den sachlichen Anwendungsbereich des § 312 BGB einbezogen werden kann. 4

3. Umfang der Bürgschaftsverpflichtung

Für die wirksame Übernahme der Bürgschaft ist zunächst erforderlich, dass die **Hauptforderung** zumindest **bestimmbar** ist (st. Rspr.; vgl. ua. BGH NJW 1995, 43). Wenn die Hauptforderung bestimmbar ist, kann die Bürgschaft auch für künftige oder bedingte Verbindlichkeiten des Hauptschuldners übernommen werden (§ 765 Abs. 2 BGB). Die Frage der Bestimmbarkeit betrifft den Inhalt des Zahlungsversprechens. Ein Verstoß gegen den Bestimmtheitsgrundsatz ist deswegen auch bei einer Bürgschaft auf erstes Anfordern bereits im Erstprozess zu berücksichtigen (OLG Düsseldorf, NZG 2012, 739). 5

Der Inhalt und Umfang des Bürgschaftsversprechens sind maßgeblich anhand seines **Wortlautes,** im Übrigen durch Auslegung zu bestimmen. Hierbei verbleibende Unklarheiten gehen zu Lasten des Gläubigers (BGHReport 2003, 1075; OLG Düsseldorf, NZG 2012, 739).

Ferner ist § 767 BGB (Umfang der Bürgschaftsschuld) von besonderer Bedeutung: der Bürge haftet nur für eine **Erweiterung der Hauptschuld**, soweit diese nicht durch das rechtsgeschäftliche Ver- 6 halten des Hauptschuldners nach Bürgschaftsabschluss begründet ist, also etwa Nebenforderungen wie Prozess- oder Verzugszinsen. Sofern die Hauptschuld nach Bürgschaftsübernahme durch Rechtsgeschäfte des Hauptschuldners verändert wird, wirkt sich dieses auf die Verpflichtung des Bürgen nur insoweit aus, als die Hauptschuld eingeschränkt wird.

6a ➲ **Wichtig:** Der Hauptschuldner kann grundsätzlich nicht durch Rechtsgeschäft nach der Bürgschaftsübernahme das Haftungsrisiko des Bürgen erweitern (vgl. auch BGH ZIP 2005, 2214 bzgl. einer Verwertungsabrede des Insolvenzverwalters ohne Zustimmung des Bürgen).

6b Etwas anderes gilt nur dann, wenn der **Bürge dieser Erweiterung zustimmt**, wobei für diese Erklärung ebenfalls das Schriftformerfordernis gem. § 766 BGB zu beachten ist. Rechtsgeschäftliche Haftungsverkürzungen kommen dem Bürgen hingegen ohne Weiteres zugute.

7 § 767 BGB ist ein Ausfluss des Akzessorietätsprinzips. Diese Vorschrift ist im Zusammenhang mit sog. **Höchstbetragsbürgschaften** (s. Rz. 19, **M 25.3**) von Bedeutung. Sofern ein Höchstbetrag für die Bürgschaft zwischen den Parteien vereinbart wird, ist eine mögliche Erweiterung der Hauptschuld gem. § 767 Abs. 1 Satz 2 BGB auf diesen Höchstbetrag beschränkt; jedoch auch bei Höchstbetragsbürgschaften ist § 767 Abs. 1 Satz 3 BGB zu beachten!

8 ➲ **Praxistipp:** Es sollte ausdrücklich vereinbart werden, dass die Bürgschaft fortbestehen soll, wenn die **Hauptschuld**, etwa im Rahmen eines **Kontokorrentkredits, zeitweise zurückgeführt** werden kann und der Bürge für eine spätere Inanspruchnahme der Kontokorrentlinie erneut haften soll. Hier bedarf es aufgrund der besonderen Warnfunktion der ausdrücklichen Vereinbarung der Parteien.

9 ➲ **Wichtig:** Hinsichtlich der Bestimmtheit der Hauptschuld und deren Umfang ist darauf hinzuweisen, dass eine Bürgschaft für sämtliche, sich aus einer bestimmten Geschäftsverbindung ergebenden Verbindlichkeiten (**Globalbürgschaft**) im Regelfall gem. § 307 Abs. 2 BGB unwirksam ist. Durch Formularvertrag kann eine Globalbürgschaft selbst mit summenmäßiger Begrenzung nicht vereinbart werden. Soweit die Klausel nicht schon gem. § 305c Abs. 1 BGB überraschend ist, verstößt sie jedenfalls gegen § 307 Abs. 2 iVm. § 767 Abs. 1 Satz 3 BGB (vgl. BGHZ 130, 19).

10 Im Rahmen der umfangreichen Rechtsprechung zu Bankbürgschaften hat der BGH ausgeurteilt, dass eine Klausel, wonach der Bürge für alle zukünftigen Ansprüche aus der Geschäftsverbindung des Hauptschuldners haften soll, und zwar auch über den **Anlass der Bürgschaft** hinaus, mit dem gesetzlichen Leitbild des § 767 Abs. 1 Satz 3 BGB unvereinbar ist. Die Rechtsprechung hat in diesen Fällen die Unwirksamkeit der weiten Zweckerklärung angenommen und eine Teilwirksamkeit der Bürgschaft hinsichtlich derjenigen Hauptschuld, welche Anlass der Bürgschaftsbestellung gewesen ist (BGH ZIP 2002, 167 ff.; Übernahme der sog. Anlassrechtsprechung des BGH zum Grundschuldrecht auf das Recht der Bürgschaften: vgl. BGHZ 126, 174, 180; BGHZ 130, 19, 34 ff.; Horn ZIP 2000, 95 ff. sowie BGH NJW 1995, 2553; NJW 1996, 924; NJW 1999, 3195 zu der Anlassrechtsprechung bei Grundschulden). Sofern somit die Bürgschaft für eine bestimmte Verbindlichkeit, etwa aus einem konkret zu bezeichnenden Kreditvertrag, übernommen wird, bildet dieser Kreditvertrag die Obergrenze der Haftung für den Bürgen. Bei formularmäßigen Bürgschaftserklärungen ist auf diesen Punkt besonders zu achten.

11 Etwas anderes soll jedoch gelten, soweit der **Bürge** etwa als persönlich haftender Gesellschafter, Mehrheitsgesellschafter oder Geschäftsführer des Hauptschuldners selber die Ausweitung der Hauptschuld, und damit das **Risiko aus der Bürgschaft steuern und beeinflussen kann** (BGH NJW 1994, 2145; 1995, 2553 [gewöhnliche Kommanditistenstellung nicht ausreichend – vgl. jedoch auch BGH ZIP 2002, 1395 ff. sowie 2249 ff.]; NJW 1996, 3205 – GmbH-Geschäftsführer; ZIP 1998, 196, 198; ZIP 2000, 451 ff.; ZIP 2001, 1954 ff.; ZIP 2003, 621, 623 f. – Minderheitsbeteiligung an GmbH nicht ausreichend, wenn kein Einfluss auf die Geschäftsführung).

4. Leistungsfähigkeit des Bürgen und Sittenwidrigkeit der Bürgschaft

12 Aufgrund des besonders erhöhten Risikos durch Eingehung einer Bürgschaft war es in der Vergangenheit heftig umstritten, in welchem Umfang Bürgschaftsverpflichtungen von Verbrauchern wirk-

sam begründet werden können. Dieses betrifft zum einen, wie ausgeführt (Rz. 5 ff.), den **Umfang des Sicherungszwecks**, zum anderen auch die Bürgschaften, in denen sich **vermögenslose (Ehe-)Partner** und **geschäftsunerfahrene** Kinder für Verbindlichkeiten, insbesondere für Bankkredite verbürgt hatten, und die Frage, inwieweit diese Bürgschaften wegen **Sittenwidrigkeit gem. § 138 Abs. 1 BGB** nichtig sind (vgl. hierzu ua. BVerfGE 89, 214; BVerfG ZIP 1996, 956; BGH ZIP 2005, 432 ff.; 2003, 2193 ff.; BGHReport 2003, 157 ff.; BGHZ 106, 269; 107, 92; 125, 206; 128, 230; BGH NJW 1992, 896; 1994, 1341; 1996, 513 und 1274; BGH FamRZ 2006, 1024; BGH WM 2009, 1460; 2010, 32 ff.). Nach der neueren Rechtsprechung des BGH sind Bürgschaften, die eine **krasse finanzielle Überforderung** für den Bürgen darstellen und über die Hauptschuld einer mit dem Bürgen **emotional verbundenen** Person abgegeben werden, nach § 138 Abs. 1 BGB sittenwidrig, wenn der Gläubiger nicht nachweisen kann, dass die Bürgschaft unabhängig von der persönlichen Situation und Nähe des Bürgen von diesem autonom übernommen wurde (vgl. ausführlich zu diesem Themenkomplex MünchKomm.BGB/Habersack § 765 BGB Rz. 22 ff.). Diese Grundsätze sollen jedoch nicht für Bürgschaften von GmbH-Gesellschaftern für Verbindlichkeiten der GmbH gelten, und dies unabhängig von der Stellung als Mehrheitsgesellschafter (BGH ZIP 2003, 288 ff.; streitig). Bei der Beurteilung der Sittenwidrigkeit ist zu bedenken, dass eine krasse finanzielle Überforderung des Bürgen ausscheidet, wenn die Bürgschaftsschuld durch den Wert eines im Eigentum des Bürgen stehenden Grundstücks abgedeckt ist (vgl. BGH WM 2014, 989 ff.); dingliche Belastungen des Grundbesitzes sind zu berücksichtigen (BGH ZIP 2002, 1187 ff.).

Die Rechtsprechungsgrundsätze zur Anwendung des § 138 Abs. 1 BGB auf von Kreditinstituten mit privaten, dem Hauptschuldner persönlich nahe stehenden Bürgen oder Mitverpflichteten geschlossenen Bürgschafts- oder Mithaftungsverträge gelten grundsätzlich nicht für Bürgschaftserklärungen von GmbH-Gesellschaftern für Verbindlichkeiten der GmbH (Schleswig-Holsteinisches OLG, WM 2011, 79). 12a

➲ **Wichtig:** Somit sind der Anlass der Bürgschaft, die persönliche Verbundenheit des Bürgen zu dem Hauptschuldner, die Möglichkeit des Bürgen, auf die Entwicklung der Hauptschuld Einfluss zu nehmen, sowie seine Leistungsfähigkeit besonders zu beachten und zu prüfen. 13

5. Akzessorietät und Erlöschen der Bürgschaft

Wie bereits ausgeführt (Rz. 1), stellt die Bürgschaft eine eigene Verbindlichkeit des Bürgen dar, jedoch jeweils nur in enger Abhängigkeit zur Hauptschuld. Dies führt zu folgenden **Konsequenzen**: 14

- Entstehung, Fortbestand und Umfang der Bürgenhaftung sind von der Hauptschuld abhängig (vgl. bereits BGHZ 6, 395).
- Fraglich war lange Zeit, wann der Anspruch gegen den Bürgen entsteht und fällig wird und wann somit Verjährung eintritt. Zunächst hat der BGH (BGHZ 175, 161; BGH WM 2008, 1731 ff. und 2165 ff.; BGH GWR 2010, 98) für den Fall einer selbstschuldnerischen Bürgschaft festgestellt, dass die Fälligkeit der Bürgschaftsforderung mit der Fälligkeit der Hauptschuld eintritt. Einer Leistungsaufforderung des Gläubigers gegenüber dem Bürgen und der Vorlage von die Hauptschuld belegenden Unterlagen bedarf es dazu nicht (BGH WM 2011, 541 ff.). Werden dem Bürgen die notwendigen Informationen zur Hauptschuld vom Gläubiger nicht erteilt, gerät er allerdings nicht in Verzug, wenn ihn kein eigenes Verschulden daran trifft, dass er sie nicht erhalten hat. Ein eigenes Verschulden trifft den Bürgen, wenn er nicht selbst ausreichende, ihm zumutbare Anstrengungen unternimmt, die ihm fehlenden Informationen zu erlangen (BGH, aaO). In AGB ist die Formulierung, nach der der Bürge nach Aufforderung durch die Bank Zahlung zu leisten hat, wirksam und führt zur Fälligkeit der Bürgschaftsforderung mit Aufforderung durch die Bank, obgleich es dadurch die Bank in der Hand hat, durch die Verzögerung der Aufforderung auch den Verjährungsbeginn hinauszuzögern (BGH NJW 2013, 1803).
- Zwischenzeitlich hat der BGH zudem entschieden, dass der Anspruch des Auftraggebers aus einer Gewährleistungsbürgschaft entsteht, wenn die Voraussetzungen des § 13 Nr. 5 Abs. 2 VOB/B vorliegen, ohne dass zusätzlich der Auftraggeber dem Auftragnehmer gegenüber einen auf Gewährleistung gestützten Zahlungsanspruch geltend machen müsste (BGH NJW 2013, 1228).
- Grundsätzlich kann der Bürge dem Gläubiger alle dem Hauptschuldner zustehenden Einreden und Einwendungen (zB Verjährung der Hauptforderung) entgegenhalten (§ 768 Abs. 1 Satz 1

BGB). Er kann zwar nicht die Gestaltungsrechte des Hauptschuldners ausüben (also insbesondere das der Verbindlichkeit des Hauptschuldners zugrunde liegende Rechtsgeschäft anfechten oder mit fälligen Forderungen des Hauptschuldners aufrechnen); deren Geltendmachung bleibt ausschließlich dem Hauptschuldner vorbehalten. Allerdings kann der Bürge bis zur möglichen Ausübung der Gestaltungsrechte die Befriedigung des Gläubigers gem. § 770 BGB verweigern. Der Bürge verliert seine Einreden nicht durch Verzicht des Hauptschuldners (§ 768 Abs. 2 BGB). Auch ein Anerkenntnis der Hauptschuld muss er sich nicht entgegenhalten lassen (BGH WM 2007, 2232).

- Grundsätzlich verjähren Hauptschuld und Bürgschaftsforderung getrennt. Die Hemmung der Verjährung der Hauptforderung kann im Einzelfall die Hemmung der Verjährung der Bürgschaftsforderung auslösen (verneinend für die Hemmung der Verjährung durch Anmeldung der Hauptforderung zur Insolvenztabelle: BGH MDR 2009, 40; bejahend für die Hemmung der Verjährung durch Verhandlung über den Bestand der Hauptschuld zwischen Gläubiger und Hauptschuldner: BGH NJW-Spezial 2010, 173 und BGHZ 182, 76–85). Verzichtet der Hauptschuldner auf die Einrede der Verjährung, verliert der Bürge gem. § 768 Abs. 2 BGB die Einrede nicht. Dies gilt unabhängig davon, ob die Verjährung im Zeitpunkt des Verzichts bereits eingetreten war oder nicht (BGH WM 2007, 2230).
- Sofern es zu einer Auswechslung des Hauptschuldners kommen sollte, besteht die Bürgschaft anders als bei der Abtretung in der Regel nicht fort (§§ 414 ff., 418 Abs. 1 BGB; OLG Frankfurt NJW-RR 2012, 149; BGH NJW 1993, 1917); ein Wechsel des Gläubigers des Hauptschuldners berührt hingegen den Bestand der Bürgschaftsverpflichtung nicht (§ 401 Abs. 1 BGB analog; BGHZ 95, 88, 92 ff.), so etwa bei der Mietbürgschaft und Verkauf des Mietobjektes.
- Die Bürgenhaftung erlischt mit Erfüllung der Hauptschuld (§§ 765 Abs. 1, 767 Abs. 1 Satz 1 BGB), oder wenn die Verbindlichkeit nicht mehr entstehen kann.
- Der Erlass der Bürgschaft durch den Gläubiger führt ebenfalls zur Beendigung der Bürgschaft.
- Die Bürgschaft erlischt nach § 776 BGB zudem durch Aufgabe einer weiteren für dieselbe Hauptforderung bestehenden Sicherheit. Diese Rechtsfolge entfällt auch dann nicht, wenn der Gläubiger die Sicherheit später zurückerwirbt (BGH WM 2013, 1318 ff.).
- Auch durch die Kündigung der Bürgschaft kann die Bürgschaft entfallen (s. Rz. 35).

6. Subsidiarität der Bürgenhaftung und deren Aufhebung

15 Grundsätzlich ist vom Gesetzgeber die Subsidiarität der Bürgenhaftung vorgesehen. Gem. § 771 BGB kann der Bürge die Zahlung verweigern, „solange nicht der Gläubiger eine Zwangsvollstreckung gegen den Hauptschuldner ohne Erfolg versucht hat", sog. **Einrede der Vorausklage** (die Bezeichnung ist allerdings irreführend, da eine Klage weder ausreichend noch erforderlich ist). Zum Schutze des Gläubigers ist die Verjährung des Anspruches des Gläubigers gegenüber dem Bürgen für diesen Zeitraum gehemmt (§ 771 Satz 2 BGB). Diese Subsidiarität ist nochmals gesteigert bei der Ausfallbürgschaft (vgl. Rz. 25 und **M 25.7**).

16 Der Bürge kann jedoch auch vorab auf die Einrede der Vorausklage verzichten; in diesem Fall wird von einer sog. **selbstschuldnerischen Bürgschaft** gesprochen (vgl. auch Rz. 18). Diese ist gängige Praxis bei Bankbürgschaften. Gem. § 349 HGB ist dem Kaufmann die Einrede der Vorausklage verwehrt, wenn die Bürgschaft für ihn ein Handelsgeschäft iSv. § 343 HGB ist.

7. Checkliste Bürgschaftsübernahme

17 **Checkliste: Bürgschaftsübernahme**

☐ Risiko der Übernahme der Bürgschaft in wirtschaftlicher Hinsicht prüfen;

☐ Schriftformerfordernis beachten;

☐ Sicherungszweck genau umschreiben; Vorsicht vor Globalbürgschaften in Bürgschaftsformularen;

☐ Umfang der Bürgschaft ggf. beschränken (Höchstbetrags- oder Teilbürgschaft);

- ☐ Vereinbarung bzgl. Nebenforderungen treffen;
- ☐ soll Bürgschaft auch bei teilweiser Rückführung der Hauptschuld und späterem Wiederaufleben fortbestehen (etwa bei Kontokorrentkredit);
- ☐ Prüfung, ob Leistungsfähigkeit des Bürgen gegeben ist, oder aber eine wirtschaftliche Überforderung vorliegt;
- ☐ hilfsweise prüfen, ob eigenes wirtschaftliches Interesse und Beeinflussbarkeit der Höhe der Hauptverbindlichkeit gegeben ist;
- ☐ auf den Umfang des Einredeverzichtes achten, insbesondere bei nicht individualvertraglichen Bürgschaftsformularen.

M 25.1 Gewöhnliche Bürgschaft

Bürgschaftserklärung

Herrn Architekten ... (Name, Anschrift des Gläubigers) steht aufgrund des Architektenvertrages vom ... (genaue Bezeichnung der Hauptschuld) gegen Herrn/Frau/Firma ... (Name, Anschrift des Hauptschuldners) eine restliche Honorarforderung von ... (Betrag/Höhe der Hauptschuld)[1] zu.

Für diese Forderung nebst Zinsen übernehme ich die Bürgschaft.

... (Ort, Datum)

... (Unterschrift des Bürgen)

1 Sofern eine Ratenzahlung der Hauptschuld vereinbart ist, sollte diese in die Bürgschaftserklärung sogleich mit aufgenommen werden.

III. Besondere Arten der Bürgschaft

1. Selbstschuldnerische Bürgschaft

Die selbstschuldnerische Bürgschaft ist dadurch gekennzeichnet, dass der Bürge auf die Einrede der Vorausklage gem. § 771 BGB verzichtet (§ 773 Abs. 1 Nr. 1 BGB, vgl. **M 25.2** und **M 25.4**). Sie stellt eine Abweichung des gesetzlichen Leitbildes gem. § 771 BGB dar, wonach der Bürge grundsätzlich die Einrede der Vorausklage erheben kann, sofern die Bürgschaft nicht ein Handelsgeschäft für den Bürgen als Kaufmann ist oder aber der Bürge, wie in diesem Formular ausdrücklich vorgesehen, auf diese Einrede verzichtet (§ 773 Abs. 1 Nr. 1 BGB). Hier wird die Subsidiarität der Bürgschaft aufgehoben, nicht aber ihre Akzessorietät. Die selbstschuldnerische Bürgschaft erhöht nochmals das Risiko des Bürgen. Deshalb unterliegt dieser Verzicht auf die Vorausklage zum einen ebenfalls dem Formerfordernis, zum anderen ist bei einem formularmäßigen Verzicht zur Wahrung des Transparenzgebotes klar und unmissverständlich auf den Wegfall der subsidiären Haftung hinzuweisen. Teilweise wird hierzu vertreten, dass nicht die Verwendung „selbstschuldnerisch" oder „Verzicht auf § 771 BGB" genügt (vgl. Erman/Herrmann § 773 BGB Rz. 2; MünchKomm.BGB/Habersack § 773 BGB Rz. 3; aA Palandt/Sprau § 773 BGB Rz. 2: auf den Wortlaut komme es nicht an). 18

M 25.2 Selbstschuldnerische Bürgschaft

(Auszug)

*... (wie **M 25.1**, jedoch anstelle des letzten Satzes folgende Formulierung:)*

Für diese Forderung nebst Zinsen übernehme ich die selbstschuldnerische Bürgschaft[1].

1 Bei der Verwendung eines **Bürgschaftsformulars** sollte in jedem Fall die Alternative verwendet werden. Ein weiterer Einredeverzicht des Bürgen gem. §§ 768, 770 BGB ist in diesem Bürgschaftsformular nicht vorgesehen.

Alternativ:

Für diese Forderung nebst Zinsen übernehme ich unter Verzicht auf die Einrede der Vorausklage gegenüber dem Hauptschuldner die Bürgschaft.

2. Höchstbetragsbürgschaft

19 Mit einer Höchstbetragsbürgschaft kann das Risiko des Bürgen kraft Vereinbarung eines Höchstbetrags beschränkt werden, indem die Bürgschaft entweder selbst summenmäßig begrenzt wird oder auf eine durch Höchstbetrag begrenzte Hauptschuld, etwa eine Kreditlinie, Bezug nimmt. Nur die erste Alternative der Höchstbetragsbürgschaft begrenzt das Risiko des Bürgen tatsächlich, da bei der zweiten Alternative (Begrenzung auf eine bestimmte Höhe der Hauptschuld) sich die Haftung des Bürgen noch durch Nebenforderungen oder Leistungsstörungen erhöhen kann (insbesondere um Verzugszinsen und Kosten der Rechtsverfolgung). Haftungserweiterungsklauseln bezüglich weiterer Nebenforderungen sind zumindest im Fall einer Verbraucherbürgschaft zumeist überraschend und werden somit gem. § 305c Abs. 1 BGB nicht Bestandteil des Vertrages (zur Unwirksamkeit gem. § 307 Abs. 1, 2 Nr. 2 vgl. BGH NJW 2002, 3167, 3169). Wesentlich ist auch, dass sich die Haftung des Bürgen trotz der Beschränkung der Höhe nach auf den gesamten Umfang der Hauptschuld erstreckt (vgl. **M 25.3** und **M 25.4**).

Bei der Höchstbetragsbürgschaft mit enger Zweckerklärung (vgl. insoweit auch Rz. 10) ist der Anlass der Verbürgung im Rahmen von § 307 BGB objektiv zu bestimmen; die subjektive Sicht des Bürgen ist insoweit nicht maßgeblich. Sofern der Bürge eine Bürgenhaftung pauschal übernimmt, ist auf das aktuelle Sicherungsbedürfnis des Gläubigers (hier der Bank) abzustellen. In diesem Fall sind nur die zum Zeitpunkt der Bürgschaftsübernahme existenten Forderungen der Bank aus bereits geschlossenen Verträgen bis zu dem vereinbarten Höchstbetrag abgesichert. Forderungen aus später geschlossenen Verträgen, nachträglichen Vertragserweiterungen oder späteren Erhöhungen der Kreditlinie eines Kontokorrentkredits werden von der Bürgschaft nicht mehr erfasst, und zwar unabhängig von einer noch möglichen Ausschöpfung des Höchstbetrags (vgl. insoweit § 767 Abs. 1 Satz 3 BGB). Eine Ausnahme soll jedoch dann gelten, wenn der Bürge selbst in der Lage ist, eine Erweiterung der Verbindlichkeit durch den Hauptschuldner zu verhindern, etwa wenn der Bürge geschäftsführender Gesellschafter der Hauptschuldnerin ist (vgl. insoweit BGH WM 1996, 438).

M 25.3 Höchstbetragsbürgschaft

(Auszug)

*... (wie **M 25.1**, jedoch ergänzt um folgende Formulierung:)*

, jedoch nur bis zu einem Höchstbetrag von ... Euro[1].

1 Höchstbetragsbürgschaften sind von besonderer Bedeutung bei Kreditbürgschaften, wobei selbstverständlich dem Hauptschuldner nicht verwehrt ist, weiteren Kredit über den Höchstbetrag hinaus bei dem Kreditinstitut aufzunehmen. Für diese weiteren Kredite haftet jedoch der Bürge nicht (vgl. insoweit auch § 767 Abs. 1 Satz 3 BGB).

M 25.4 Selbstschuldnerische Höchstbetragsbürgschaft zur Sicherung eines Bankkredits

... (Name und Anschrift des/der Bürgen)

Ich (im Folgenden „der Bürge" genannt) übernehme hiermit die selbstschuldnerische Bürgschaft bis zum Höchstbetrag von

... (Betrag, Währung)(in Worten: ... [Betrag, Währung])

für alle bestehenden, künftigen und bedingten Ansprüche, die der Bank gegen ... (Name und Anschrift des Hauptschuldners) aus dem Kontokorrentkredit (Beispiel für eine zu verbürgende Forderung) zustehen.

Der Kontokorrentkredit, der zunächst auf ... befristet ist, kann periodisch verlängert werden. Die Verpflichtung des Bürgen aus dieser Bürgschaft bleibt im Falle der Verlängerung dieses Kontokorrentkredits bestehen, sofern dessen Zweck nicht geändert wird[1].

1. Umfang der Bürgschaft

Die Bürgschaft umfasst alle Ansprüche am Kapital und darüber hinaus für Zinsen, Provisionen, Spesen und Kosten aller Art, welche der Bank aus diesem Kreditgeschäft entstanden sind oder noch entstehen sollten. Die Haftung ist auf den genannten Höchstbetrag beschränkt.

2. Fortbestand der Bürgschaft

Es handelt sich bei der verbürgten Forderung um einen Kontokorrentkredit; die vorübergehende Rückführung des Kontokorrentkredits durch den Hauptschuldner führt nicht dazu, dass die Bürgschaft insoweit erlischt[2].

3. Inanspruchnahme aus der Bürgschaft, Verzicht auf Einreden[3]

Der Bürge verzichtet hiermit auf die Einreden der Anfechtbarkeit, der Aufrechenbarkeit und der Vorausklage (§§ 770, 771 BGB). Der Verzicht gilt nicht für den Fall, dass die Gegenforderung des Hauptschuldners unbestritten oder rechtskräftig festgestellt ist[4]. *Die Bank ist somit nicht verpflichtet, zunächst gegen den Hauptschuldner vorzugehen oder die ihr gestellten Sicherheiten zu verwerten.*

4. Übergang der Ansprüche der Bank sowie der dazugehörigen Sicherheiten

Die Ansprüche der Bank gegen den Hauptschuldner gehen auf den Bürgen erst über, nachdem die Bank für ihre sämtlichen Ansprüche gegen den Hauptschuldner vollständig befriedigt ist. Bis dahin gelten die Zahlungen des Bürgen als Sicherheitsleistungen[5].

Alternativ wird zum Teil folgender Zusatz erwogen:

Wenn Sicherheiten kraft Gesetzes auf den Bürgen übergehen (zB Pfandrechte), verbleibt es bei der gesetzlichen Regelung des § 774 BGB; sofern die Ansprüche der Bank den vereinbarten Höchstbetrag übersteigen und die kraft Gesetz auf den Bürgen übergehenden Sicherheiten auch zur Si-

1 Es handelt sich hier um eine Höchstbetragsbürgschaft mit enger Zweckerklärung; vgl. insoweit Rz. 19.

2 Aufgrund der Akzessorietät der Bürgschaft sowie § 767 Abs. 1 Satz 1 BGB sollte eine ausdrückliche Regelung dahingehend aufgenommen werden, dass die zu sichernde Hauptschuld auch vorübergehend vollständig zurückgeführt werden kann, ohne dass damit ein Erlöschen der Bürgschaft in endgültiger Weise einhergeht.

3 **Vorsicht!** Ein formularmäßiger Verzicht auf Einreden nach § 768 BGB ist gem. § 307 Abs. 1 Satz 1, Abs. 2 BGB unwirksam; vgl. Erman/Herrmann § 768 BGB Rz. 6 mit Verw. auf BGH NJW 2003, 59, 61; NJW 2001, 2327, 2329.

4 **Vorsicht!** Der Verzicht auf die Einreden nach §§ 770, 771 BGB wurde lange als in AGB zulässig betrachtet (vgl. BGHZ 95, 350, 361). Die Rechtsprechung (grundlegend: BGH v. 16.1.2003 – XI ZR 171/00, juris und aus der neueren Rechtsprechung OLG Dresden v. 23.3.2014 – 12 U 97/14, juris und OLG Frankfurt v. 27.9.2012, 5 U 7/12, juris)) sieht im Verzicht auf die Einrede der Aufrechenbarkeit allerdings dann eine unangemessene Benachteiligung iSd § 307 BGB, wenn der Ausschluss auch für den Fall gilt, dass die Gegenforderung des Hauptschuldners unbestritten oder rechtskräftig festgestellt ist; ggf. ist der Verzicht insgesamt unwirksam, selbst wenn im konkreten Fall die Gegenforderung weder unbestritten noch rechtskräftig festgestellt ist (BGHZ 153, 293).

5 Vgl. insoweit Rz. 18 ff.; nach der Rechtsprechung des BGH ist die Vorschrift des § 774 BGB abdingbar, so dass sie entsprechend vertraglich abgeändert oder ausgeschlossen werden kann. Die Formularklausel hielt bislang der richterlichen Inhaltskontrolle jedenfalls dann stand, wenn die Bürgschaft sämtliche Forderungen aus der bankmäßigen Geschäftsbeziehung mit dem Hauptschuldner sicherte (BGH WM 2001, 1060).

cherung des nicht verbürgten Teils der Ansprüche dienen, so steht hierfür der Bank gegenüber dem Bürgen ein vorrangiges Befriedigungsrecht zu[6].

5. Zusätzliche Bürgschaftserklärungen

Die Bürgschaft gilt zusätzlich zu etwaigen weiteren vom Bürgen bereits abgegebenen Bürgschaftserklärungen[7].

6. Kündigungsrecht des Bürgen[8]

(1) Die Bürgschaft kann von Seiten des Bürgen nach Ablauf eines Jahres ab dem Zeitpunkt der Übernahme schriftlich gekündigt werden; die Kündigung wird sodann mit einer Frist von drei Monaten ab Zugang der Kündigungserklärung bei der Bank wirksam.

(2) Ein Kündigungsrecht ist ausgeschlossen, sofern es sich um eine zeitlich befristete Bürgschaft oder um eine Bürgschaft für einen Kredit mit fest vereinbarter Laufzeit handelt. Sofern ein solcher Kredit prolongiert wird, kann der Bürge mit einer Kündigungsfrist von drei Monaten zum Ende der jeweiligen Laufzeit kündigen.

(3) Das Recht auf Kündigung aus wichtigem Grund bleibt unberührt.

6 Von einer Abbedingung des § 776 BGB (Aufgabe einer Sicherheit) im Formularvertrag sollte Abstand genommen werden, da § 776 BGB nur durch einzelvertragliche Regelung abgedungen werden kann (vgl. BGH NJW 2000, 1566, 1568 und 2580 ff.).

7 Zur Ausräumung von möglichen Zweifeln, dass lediglich die letzte Bürgschaftserklärung Gültigkeit haben soll, sollte diese klarstellende Klausel in das Formular aufgenommen werden.

8 Vgl. Rz. 35.

3. Bürgschaft auf erstes Anfordern

20 Bei der Übernahme einer Bürgschaft auf erstes Anfordern verzichtet der Bürge einstweilig auf Einwendungen aus dem Hauptschuldverhältnis und verpflichtet sich, auf einfaches Verlangen des Gläubigers zu leisten. Diese Bürgschaft soll die rasche Inanspruchnahme und damit verbunden alsbaldige Liquidität sicherstellen. Da es sich jedoch nur um die Sicherstellung des Gläubigers handelt und diese auch hier nicht unabhängig von der verbürgten Schuld erfolgen soll, ist über den Eintritt des materiell-rechtlichen Bürgschaftsfalles ggf. in einem sog. Rückforderungsprozess zu entscheiden. Der Bürge kann zum einen diesen Rückforderungsprozess gegenüber dem Gläubiger führen, zum anderen aber auch beim Hauptschuldner aufgrund der erbrachten Leistung Rückgriff nehmen. Diese Form der Bürgschaft erhöht das Risiko nochmals, auch gegenüber der unter Rz. 18 angeführten selbstschuldnerischen Bürgschaft. Denn der Bürge hat im Ergebnis kaum Möglichkeiten, sich einer vorläufigen Inanspruchnahme zu entziehen, selbst wenn der Sicherungsfall überhaupt nicht eingetreten ist und der Anspruch des Gläubigers nicht besteht (vgl. ausführlich Timme MDR 2003, 1094; Mertins JZ 2012, 492).

21 ➲ **Wichtig:** Aufgrund des erheblich erhöhten Risikos des Bürgen ist der formularmäßige Abschluss solcher Bürgschaften nur sehr eingeschränkt zulässig. Sofern der Bürge nicht selbst Verwender des Bürgschaftsformulars ist, gilt die Bürgschaft auf erstes Anfordern **grundsätzlich** als **überraschend und unangemessen** (vgl. BGH NJW 2002, 3627). Etwas anderes soll nur dann gelten, wenn die Bürgschaft von einem Unternehmen abgegeben wird, dessen Geschäftsbetrieb die Abgabe von Bürgschaften auf erstes Anfordern typischerweise umfasst. Grundsätzlich sollte jedoch die Bürgschaft auf erstes Anfordern individualvertraglich vereinbart werden; so ist auch ein genereller Ausschluss der Einreden aus § 768 BGB durch AGB nicht zulässig (vgl. BGH NJW 2001, 1857; s. dazu auch **M 25.4** Fn. 5).

4. Mit- und Teilbürgschaft

22 Bei einer **Mitbürgschaft** verbürgen sich gem. § 769 BGB Mehrere für dieselbe Verbindlichkeit und haften insoweit als Gesamtschuldner, auch wenn sie die Bürgschaft nicht gemeinschaftlich übernehmen. Die gesamtschuldnerische Haftung entsteht kraft Gesetzes, unabhängig von dem Wissen

der einzelnen Bürgen untereinander. Grund für die gesamtschuldnerische Haftung ist die Mitbürgschaft zur Sicherung **derselben Schuld**. Hat einer von mehreren Mitbürgen den Gläubiger befriedigt, richtet sich aufgrund ihrer Haftung als Gesamtschuldner ihre Ausgleichspflicht untereinander nach den für Gesamtschuldner geltenden Regelungen. Durch Vereinbarung kann von der gesamtschuldnerischen Haftung abgewichen werden. Der Mitbürge kann keine Einwendungen aus dem Gesamtschuldverhältnis mit dem anderen Bürgen herleiten (vgl. BGH NJW 2002, 1491).

Bei einer **Teilbürgschaft** verbürgen sich mehrere für Teilbeträge einer einheitlichen Gesamtverbindlichkeit. Die Teilbürgschaft unterscheidet sich von der Höchstbetragsbürgschaft dahingehend, dass Gläubiger und Teilbürge im Hinblick auf das Bestimmtheitserfordernis von der Gesamtforderung einen gegenständlichen individualisierbaren Teil abgrenzen müssen. 23

M 25.5 Teilbürgschaft

(Auszug)

*. . . (wie **M 25.1**, jedoch ergänzend folgende Formulierung für jeden der (Teil-)Bürgen)*

, und zwar für einen Betrag bis zu . . . Euro[1].

1 Eine Teilbürgschaft in dieser Form begrenzt die Haftung des jeweiligen Bürgen insgesamt auf den für ihn angegebenen Betrag einschließlich etwaiger Zinsen und sonstiger Kosten. Wenn die Formulierung lauten würde „... für einen Teilbetrag von ... Euro", dann würde sich diese Formulierung auf den Teil der Hauptforderung beziehen, so dass Zinsen und Kosten noch zusätzlich von der Haftung des Bürgen erfasst wären.

5. Zeitbürgschaft

Der Gesetzgeber hat in § 777 BGB ausdrücklich die Bürgschaft auf Zeit geregelt. Bei einer Zeitbürgschaft kann sich die Bürgschaft entweder auf künftige, in der konkret bestimmten Zeit entstehende Hauptforderungen erstrecken oder die Bürgenhaftung ist zeitlich beschränkt, wobei § 777 BGB nur die letztere Form als Zeitbürgschaft bezeichnet. Damit der Bürge in der Haftung verbleibt, muss der Gläubiger zumindest unverzüglich nach Ablauf des vereinbarten Zeitpunktes nach Maßgabe des § 772 BGB die Vollstreckung seiner Forderung betreiben (bei Bestehen der Einrede der Vorausklage), oder nach § 777 Abs. 1 Satz 2 BGB unverzüglich dem Bürgen gegenüber Anzeige über die Forderung machen. Zur Beschränkung der Haftung (entweder auf den Umfang der Hauptverbindlichkeit zum Zeitpunkt der Beendigung der Maßnahmen nach § 772 BGB oder – bei bloßer Anzeige – in Höhe der Hauptverbindlichkeit zum Zeitpunkt des Zeitablaufes) vgl. § 777 Abs. 2 BGB. 24

M 25.6 Zeitbürgschaft[1]

(Auszug)

*. . . (wie **M 25.1**, jedoch ergänzt um folgende Formulierung:)*

Die Bürgschaft erlischt am . . . (Datum), falls ich als Bürge nicht bis zu diesem Zeitpunkt in Anspruch genommen werde[2].

1 Anders als bei der Teilbürgschaft wird hier die Bürgschaft zeitlich limitiert; vgl. insoweit auch § 777 BGB. Anders als bei der Festlegung eines Erlöschenszeitpunktes der Bürgschaft kann eine Zeitbürgschaft auch dahingehend erteilt werden, dass sie zur Sicherung aller (bestimmten) Forderungen dient, die während eines bestimmten Zeitraumes entstehen.

2 Der Vorteil dieser Formulierung ist, dass damit der Beendigungszeitpunkt der Bürgschaft klar festgelegt ist. Wenn die Bürgschaft lediglich zu einem bestimmten Termin enden würde, könnte streitig sein, ob auch die Inanspruchnahme aus der Bürgschaft bis zu diesem Termin abschließend erfolgt sein müsste.

6. Ausfallbürgschaft

25 Die Ausfallbürgschaft ist besonderer Ausdruck des Subsidiaritätsprinzips der Bürgschaft und verstärkt damit – umgekehrt zu der selbstschuldnerischen Bürgschaft – die Stellung des Bürgen. Der Gläubiger kann den Ausfallbürgen erst dann in Anspruch nehmen, wenn er neben den weiteren Anspruchsvoraussetzungen insbesondere nachgewiesen hat, dass er trotz der Ausnutzung aller Vollstreckungsmöglichkeiten und sonstiger rechtlicher Zwangsmaßnahmen weder vom Schuldner noch von etwaigen Bürgen oder aus sonstigen Sicherheiten Befriedigung erlangen konnte. Ausfallbürgschaften werden häufig von der öffentlichen Hand bzw. im Rahmen von Förderprogrammen gestellt.

Befriedigt der Ausfallbürge den Gläubiger der Hauptforderung, so steht ihm ein interner Ausgleichsanspruch gegen den Regelbürgen zu, der selbständig neben die kraft Gesetzes mit der Hauptforderung auf den Ausfallbürgen übergehende Bürgschaftsforderung gegen den Regelbürgen tritt (BGH WM 2012, 930).

M 25.7 Ausfallbürgschaft

(Auszug)

*. . . (wie **M 25.1**, jedoch ergänzt um folgende Formulierung:)*

Diese Bürgschaft wird als Ausfallbürgschaft erteilt, so dass Herr/Frau/Firma . . . (Name des Gläubigers) aus dieser Bürgschaft nur Ansprüche geltend machen kann, sofern trotz Ausnutzung aller Vollstreckungsmöglichkeiten und sonstiger rechtlicher Zwangsmaßnahmen weder vom Schuldner noch von etwaigen Bürgen oder aus sonstigen Sicherheiten Befriedigung erlangt werden kann.

7. Nachbürgschaft und Rückbürgschaft

26 Hier verbürgt sich der Nachbürge gegenüber dem Gläubiger für die Verbindlichkeiten einer ersten Bürgschaft, so dass der erste Bürge hier Hauptschuldner aus der Sicht des Nachbürgen ist. Da die Haftung des Nachbürgen aufgrund der Akzessorietät von der Verbindlichkeit des Vorbürgen abhängig ist, wirkt sich die Verbindlichkeit des eigentlichen Hauptschuldners nur mittelbar aus; der Nachbürge kann jedoch sowohl die Einreden des eigentlichen Hauptschuldners als auch die des Vorbürgen geltend machen (vgl. Erman/Herrmann vor § 765 BGB Rz. 15).

M 25.8 Nachbürgschaft

(Auszug)

*. . . (wie **M 25.1**, jedoch in folgender Weise ergänzt:)*

hat Herr . . . (Name, Anschrift) die selbstschuldnerische Bürgschaft übernommen.

Zusätzlich übernehme ich gegenüber dem Gläubiger, Frau . . . (Name, Anschrift), hiermit die Nachbürgschaft.

27 Die **Rückbürgschaft** dient hingegen der Absicherung des Bürgen für den Fall, dass er tatsächlich in Anspruch genommen wird.

M 25.9 Rückbürgschaft

(Auszug)

. . . (wie ***M 25.1****, jedoch in folgender Weise ergänzt:)*

hat Herr . . . (Name, Anschrift) die Bürgschaft übernommen. Ich übernehme meinerseits gegenüber dem Bürgen, Firma . . . (Name, Anschrift), hiermit die Rückbürgschaft.

8. Prozessbürgschaft

Die Prozessbürgschaft (vgl. § 108 ZPO) ist im Rahmen der prozessualen Sicherheitsleistung von herausragender Bedeutung; der Gegenstand der Prozessbürgschaft richtet sich nach Anlass und Zweck der Sicherheitsleistung. Auch wenn die rechtskräftige Verurteilung des Hauptschuldners ohne Rechtskraftwirkung gegenüber dem Bürgen ist, erkennt der Bürge einer Prozessbürgschaft regelmäßig den Ausgang des Rechtsstreits auch für sich als verbindlich an. Die Prozessbürgschaft hat immer eine selbstschuldnerische Bürgschaft zu sein (§ 108 Abs. 1 ZPO). Wegen der weiteren Einzelheiten wird auf die Kommentierung bei Thomas/Putzo § 108 ZPO Rz. 7 ff. verwiesen. 28

M 25.10 Prozessbürgschaft

In dem Rechtsstreit . . . (Name, Anschrift)

– Kläger –

gegen . . . (Name, Anschrift)

– Beklagter –

wegen . . . (Verfahrensgegenstand)

ist der Beklagte durch das Urteil des . . . gerichts . . . (Instanz, Sitz) vom . . . (Datum) verurteilt worden, an den Kläger . . . Euro nebst . . . % Zinsen hieraus seit . . . (Datum) zu zahlen. Das Urteil ist gegen Sicherheitsleistung iHv. . . . Euro vorläufig vollstreckbar. Die Sicherheit kann nach dem Urteil (ggf.: dem Beschluss) des . . . gerichts . . . (Instanz, Sitz) vom . . . (Datum) durch die selbstschuldnerische Bürgschaft einer deutschen Bank geleistet werden.

Demgemäß übernehmen wir hiermit im Auftrag des Klägers gegenüber dem Beklagten die selbstschuldnerische, unwiderrufliche und unbefristete Bürgschaft bis zur Höhe von . . . Euro für alle Ansprüche, die dem Beklagten im Falle der Aufhebung oder Abänderung des genannten Urteils durch die Vollstreckung oder durch eine zur Abwendung der Vollstreckung erbrachte Leistung etwa zustehen sollten.

Wir behalten uns vor, uns jederzeit von dieser Bürgschaft dadurch zu befreien, dass wir den Betrag von . . . Euro in bar bei der zuständigen Hinterlegungsstelle als Sicherheit anstelle dieser Bürgschaft hinterlegen.

Die Bürgschaft erlischt nach § 158 Abs. 2 BGB, wenn diese Bürgschaftsurkunde vom Sicherheitsberechtigten oder mit dessen Zustimmung von einem Dritten zurückgegeben wird[1].

(Beglaubigungsvermerk)[2]

. . . (Ort, Datum)

. . . (Unterschrift)

---

1 Vgl. auch § 109 ZPO.

2 Hängt die Zwangsvollstreckung von einer Sicherheitsleistung ab, so darf mit der Zwangsvollstreckung nur begonnen werden oder sie nur fortgesetzt werden, wenn die Sicherheitsleistung durch eine öffentliche oder öffentlich beglaubigte Urkunde nachgewiesen und eine Abschrift dieser Urkunde bereits zugestellt ist oder gleichzeitig zugestellt wird (§ 751 Abs. 2 ZPO).

Kosten: *Notargebühr:* Beglaubigung der Unterschriften ohne Entwurf 0,2-Gebühr gem. Nr. 25100 KV GNotKG, mindestens 20 Euro, höchstens 70 Euro. Bei Entwurf der Bürgschaft 0,5-Gebühr gem. Nr. 24102 KV GNotKG. Geschäftswert §§ 119, 53 Abs. 2 GNotKG (Betrag der Forderung).

9. Warenkreditbürgschaft

29 Mit der Warenkreditbürgschaft übernimmt der Bürge die Bürgschaft für Ansprüche aus Warenlieferungen in einer zu vereinbarenden Höhe. Bei Vorliegen eines Handelsgeschäftes, was die Regel sein wird, bedarf es gem. §§ 343, 344, 350 HGB für diese Bürgschaft nicht der Schriftform. Für die Bestimmtheit der Hauptschuld soll es genügen, wenn die künftigen Kaufgeschäfte bzw. Warenlieferungen, aus denen die Verbindlichkeiten entstehen, für deren Erfüllung der Bürge haftet, im Voraus allgemein bezeichnet werden. Die Bürgschaft kann auch für alle Ansprüche aus der Geschäftsverbindung des Hauptschuldners mit einem bestimmten Gläubiger erfolgen (sog. Globalbürgschaft).

30 ➲ **Wichtig:** Diese Globalbürgschaft muss jedoch in individualvertraglicher Form vereinbart werden. Vgl. Rz. 9. Eine Bürgschaftsübernahme für künftige Forderungen ist formularmäßig nur wirksam, wenn der Bürge bei Übernahme der Haftung bereits weiß, aus welchem Grund und bis zu welcher Höhe er aus der Bürgschaft in Anspruch genommen werden kann.

M 25.11 Warenkreditbürgschaft

zwischen der ... (Name, Anschrift der Bank)

– nachstehend Bürge –

und Herrn ... (Name, Anschrift des Gläubigers)

– nachstehend Gläubiger –

(1) Der Gläubiger steht in ständiger Geschäftsbeziehung mit der Firma ... (Name) in ... (Ort) – Hauptschuldner. Im Rahmen dieser Geschäftsbeziehung liefert der Gläubiger dieser Firma als Hauptschuldner laufend ... (Produkt), teils zur Weiterverarbeitung, teils zur Weiterveräußerung. Für alle Ansprüche, die dem Gläubiger gegenwärtig oder zukünftig, bedingt oder unbedingt aus der Lieferung von ... (Produkt) gegen den Hauptschuldner zustehen, übernimmt der Bürge die Bürgschaft unter Verzicht auf die Einreden der Vorausklage, der Anfechtbarkeit und der Aufrechenbarkeit. Der Verzicht gilt nicht für den Fall, dass die Gegenforderung des Hauptschuldners unbestritten oder rechtskräftig festgestellt ist.[1]

(2) Der Bürge haftet bis zu einem Höchstbetrag von ... Euro einschließlich Zinsen, Provisionen, Spesen, Kosten und sonstigen Nebenforderungen aller Art[2].

(3) Die Bürgschaft erlischt nicht durch einen vorübergehenden Ausgleich aller offenen Forderungen des Gläubigers aus den entsprechenden Lieferungen.

(4) Sofern der Gläubiger wegen seiner sämtlichen Ansprüche gegenüber dem Hauptschuldner noch nicht vollständig befriedigt sein sollte, gehen die Ansprüche des Gläubigers gegen den Hauptschuldner weder ganz noch teilweise auf den Bürgen über. Die Zahlungen des Bürgen gelten bis dahin als Sicherheitsleistungen für die Bürgschaftsschuld. Der Gläubiger ist jedoch befugt, sich jederzeit aus den gezahlten Beträgen zu befriedigen[3].

(5) Der Gläubiger ist berechtigt, alle von dem Hauptschuldner oder für dessen Rechnung an den Gläubiger geleistete Zahlungen oder etwaige Gegenforderungen oder den Erlös aus den zugunsten

1 **Wichtig:** Zum Teil wird vertreten, dass auch hier ein Verzicht des Bürgen nur in individualvertraglicher Form zulässig sei. Zur Sicherheit sollte daher der Verzicht für den Fall der unbestrittenen oder rechtskräftig festgestellten Gegenforderung ausgeschlossen werden. Vgl. insoweit auch **M 25.4** Fn. 3.

2 Eine entsprechende Begrenzung einer solchen Globalbürgschaft ist üblich und empfehlenswert; andernfalls wäre die Haftung des Bürgen wegen der Einbeziehung von künftigen Verbindlichkeiten unüberschaubar. Aus diesem Grunde sollte auch der Höchstbetrag bereits Zinsen, Provision und sonstige Kosten mit umfassen.

3 Vgl. BGH ZIP 1985, 18 ff.

des Gläubigers anderweitig bestellten Sicherheiten zunächst auf den durch diese Bürgschaft nicht gedeckten Betrag seiner genannten Ansprüche anzurechnen, wenn die genannten Ansprüche des Gläubigers gegen den Hauptschuldner den verbürgten Betrag übersteigen.

(6) Die Haftung des Bürgen bleibt abweichend zu § 776 BGB auch dann in voller Höhe bestehen, wenn der Gläubiger sonstige Sicherheiten aufgibt.[4]

(7) Die Ansprüche des Gläubigers aus Lieferungen von ... (Produkt) haben gegenüber Ansprüchen der Bank gegen den Hauptschuldner Vorrang.

(8) Diese Bürgschaft gilt für alle Ansprüche des Gläubigers – auch bedingte oder betagte – gegenüber dem Hauptschuldner aus Lieferungen von ... (Produkt), die bis zum ... (Datum) begründet worden sind. § 777 BGB findet keine Anwendung[5].

(9) Der Bürge kann jedoch jederzeit bei der zuständigen Hinterlegungsstelle als Sicherheit für die bisher durch diese Bürgschaft gesicherten Ansprüche des Gläubigers gegen den Hauptschuldner den Bürgschaftsbetrag hinterlegen und sich von dieser Bürgschaft dadurch befreien[6].

(10) Gerichtsstand für alle Streitigkeiten, die sich aus dieser Bürgschaft ergeben sollten, ist ... (Ort)[7].

4 **Wichtig:** Vgl. oben **M 25.4** Fn. 6.

5 Es handelt sich somit um eine gegenständlich beschränkte Bürgschaft, wonach der Bürge nur für die innerhalb der Frist entstandenen Verbindlichkeiten haftet, für diese jedoch sodann unbefristet. Mit dieser Regelung wird die sog. „Nachfrist" des § 777 Abs. 1 BGB abbedungen (vgl. BGH ZIP 1981, 1310).

6 Vgl. BGH ZIP 1985, 525 ff.

7 Vgl. § 38 Abs. 1 ZPO; es ist davon auszugehen, dass es sich auf beiden Seiten um Kaufleute handelt.

IV. Rückgriffsansprüche des Bürgen

Die Rückgriffsansprüche des Bürgen können zum einen unmittelbar auf den gesetzlichen Forderungsübergang gem. §§ 774, 412, 401 BGB gestützt werden, zum anderen ggf. auf das Rechtsverhältnis zwischen Bürgen und Hauptschuldner, welches Grundlage für die Abgabe der Bürgschaft gewesen ist. Dabei wird es sich regelmäßig um einen Auftrag oder Geschäftsbesorgungsvertrag handeln (Innenverhältnis). Diese Differenzierung ist auch hinsichtlich der möglichen Einwendungen bedeutsam: Gegen die gesetzlich übergegangene Forderung kann der Hauptschuldner alle Einwendungen gegenüber dem Bürgen erheben, bei einer Anspruchsverfolgung aus dem Innenverhältnis hingegen nur Einwendungen aus eben diesem Innenverhältnis. 31

Nach hM soll die Vorschrift des § 774 BGB **nachgiebiges Recht** sein, so dass sie entsprechend vertraglich abgeändert oder ausgeschlossen werden kann (vgl. BGHZ 92, 374; OLG Köln NJW-RR 1989, 1266; Erman/Herrmann § 774 BGB Rz. 11; aA MünchKomm.BGB/Habersack § 774 BGB Rz. 14: die Vorschrift sei zwar dispositiv; der vollständige Ausschluss der cessio legis des § 774 Abs. 1 Satz 1 BGB verändere aber den Charakter der Interzession; das Rechtsverhältnis zwischen dem Gläubiger und dem Interzedenten sei dann ggf. als Garantie zu qualifizieren.). 32

Der **gesetzliche Forderungsübergang** gem. § 774 BGB umfasst den Übergang der abhängigen Nebenrechte, z.B. Hypothek oder Pfandrecht aufgrund der Akzessorietät der Bürgschaft. Hinsichtlich der selbständigen Sicherungsrechte wie Sicherungsgrundschulden, Sicherungseigentum oder Eigentumsvorbehalte ist festzuhalten, dass diese nicht kraft Gesetzes übergehen, der Gläubiger des Hauptschuldners aber analog zu §§ 774, 401 BGB mangels anderweitiger Vereinbarung schuldrechtlich verpflichtet ist, diese selbstständigen Sicherungsrechte auf den Bürgen zu übertragen (vgl. BGHZ 110, 41, NJW 1999, 1182). 33

Die Übertragung der Sicherungsrechte soll auch durch eine **Formularklausel aufschiebend bedingt** werden können, bis alle Forderungen des Gläubigers befriedigt sind. Es ist aber darauf hinzuweisen, dass diese Formularklausel ggf. nicht der richterlichen Inhaltskontrolle standhält. Die Zulässigkeit wurde zumindest insoweit bejaht, als die Bürgschaft sämtliche Forderungen der Bank aus der Geschäftsverbindung mit dem Hauptschuldner sichert (vgl. BGHZ 92, 374, 382 ff., BGH NJW 2001, 2327). Grund, weshalb diese Klausel als zulässig angesehen werden sollte, ist, dass diese den gesetzlichen Forderungsübergang nicht ausschließt, sondern diesen bis möglichst zur vollstän- 34 digen Befriedigung des Gläubigers aufschiebt. Etwas anderes gilt jedoch, wenn der Gläubiger zum Ausdruck bringt, dass eine Erfüllung der Hauptschuld durch die gezahlte Bürgschaftssumme eingetreten ist und er die Leistung des Bürgen nicht mehr als Sicherheit betrachtet. Dann gehen die Hauptforderung und die akzessorischen Sicherheiten in entsprechender Höhe gem. § 774 BGB auf den Bürgen über (BGH NJW 1987, 376).

V. Kündigung; Entlassung aus der Bürgschaft

35 Grundsätzlich sieht das Gesetz keine Kündigungsmöglichkeit der Bürgschaft vor. Für den Fall, dass die Bürgschaft auf unbestimmte Zeit zur Sicherung eines **Dauerschuldverhältnisses** übernommen wurde, wird von der Rechtsprechung eine Kündigungsmöglichkeit zugelassen. Diese Kündigungsmöglichkeit steht jedoch unter der Voraussetzung, dass die Kündigung aufgrund eines längeren Zeitablaufes oder des Eintritts eines wichtigen Grundes erfolgt. Nach BGH WM 1985, 969 soll eine Kündigung nach einem längeren Zeitraum, zumindest nach Ablauf von mehr als drei Jahren, möglich sein. Selbstverständlich kann dieser Kündigungszeitraum auch formularmäßig verkürzt werden, da dieses Kündigungsrecht eine Besserstellung des Bürgen bedeutet. Die Kündigung hat zur Folge, dass sich die Bürgenhaftung auf die im Zeitpunkt des Wirksamwerdens der Kündigung bereits begründeten Verbindlichkeiten des Hauptschuldners gegenüber dem Gläubiger beschränkt.

Das Kündigungsrecht aus **wichtigem Grund** besteht bei Dauerschuldverhältnissen, für die die Bürgschaft eingegangen wurde, immer unabhängig vom Zeitablauf. Ein solcher wichtiger Grund könnte etwa sein, dass der Bürge aus der Gesellschaft, für deren Schulden er sich verbürgt hat, ausgeschieden ist und Motivation für die Übernahme der Bürgschaft eben gerade die Gesellschafterstellung des Bürgen gewesen ist. Aufgrund der Neufassung des § 488 Abs. 3 Satz 2 BGB wird eine Mindestkündigungsfrist von drei Monaten als erforderlich angesehen.

M 25.12 Entlassung aus der Bürgschaft

(Bürgschaftsentlassungsschreiben – Auszug)

... durch Erklärung vom ... (Datum) haben Sie mir gegenüber für meine Forderung aus ... (Anspruchsgrund) gegen Herrn ... (Name, Anschrift) die selbstschuldnerische Bürgschaft iHv. ... Euro übernommen.

Nachdem Herr ... (Hauptschuldner) meine Forderung vollständig ausgeglichen hat, entlasse ich Sie hiermit aus der Bürgschaft.

***Alternativ** bei vorzeitiger Entlassung: Hiermit verzichte ich auf die Sicherheit und entlasse Sie vorzeitig aus der Bürgschaft.*

In der Anlage überreiche ich dementsprechend Ihre Bürgschaftserklärung.

VI. Verwandte Sicherungsverträge

36 Die Bürgschaft ist zu anderen bürgschaftsähnlichen Geschäften abzugrenzen; hier sind insbesondere die Kreditgarantie, der Kreditauftrag sowie die Patronatserklärung zu nennen.

1. Kreditgarantie

37 Die Kreditgarantie zeichnet sich gegenüber der Bürgschaft dadurch aus, dass sie ein selbstständiger Vertrag ist, jedoch ohne Akzessorietät zu einer Hauptschuld. Der selbstständige Garantievertrag verpflichtet den Garanten, für den Eintritt eines bestimmten Erfolges einzustehen oder aber die Gefahr eines künftigen Schadens zu übernehmen, wobei der Garant auch für alle nicht typischen Zufälle haftet (vgl. BGH NJW 1996, 2569). Bei der Kreditgarantie hat der Garant für den Forderungsausfall des Kreditgebers zu haften. Trotz des nochmals gesteigerten Risikos des Garanten finden die Vorschriften über die Bürgschaft auf die Kreditgarantie keine entsprechende Anwendung, so dass

diese Garantie auch **formlos** vereinbart werden kann, sofern sie nicht im Zusammenhang mit einem Grundstückserwerb oder -veräußerungsgeschäft steht.

Im Zweifel ist bei der Auslegung der Personalsicherheit zum Schutze des Verpflichteten von einer Bürgschaft auszugehen (vgl. BGH WM 1985, 1417; OLG Bamberg OLGReport 2003, 176). Ein wesentlicher Anhaltspunkt ist das **Eigeninteresse des Garanten** an der Erfüllung der Hauptverpflichtung, so etwa wenn ein Gesellschafter-Geschäftsführer einer GmbH dem Lieferanten der GmbH Erfüllung der Kaufpreisschuld zusagt (vgl. BGH WM 2001, 1567). 38

Der **Inhalt der Garantie** richtet sich grundsätzlich nach der getroffenen Vereinbarung und ist ggf. durch Auslegung zu ermitteln, so etwa der Eintritt der Garantiepflicht (Garantiefall) sowie deren Umfang und inwieweit der Eintritt der Garantiepflicht von bestimmten Umständen abhängig gemacht wird. Wie bei der Bürgschaft ist auch im Rahmen des Kreditgeschäfts die Vereinbarung einer Kreditsicherungsgarantie auf erstes Anfordern möglich (vgl. hierzu Mettke, Schulz, WM 2014, 54). 39

M 25.13 Kreditgarantie

An die ... (Bank)

Gegenüber der Firma ... (Kreditnehmer, Name, Anschrift), an der ich als Hauptgesellschafter beteiligt bin, haben Sie am ... (Datum) die Gewährung eines Kredits iHv ... Euro unter der Bedingung zugesagt, dass sämtliche Gesellschafter der Firma ... (Name) die Garantie für die Rückzahlung übernehmen. Dies vorausgeschickt, garantiere ich Ihnen unter der Voraussetzung, dass die übrigen Gesellschafter der Firma ... Ihnen gegenüber gleichfalls eine Garantieerklärung abgeben sowie dieser Kreditbetrag bis zum ... ausgezahlt ist, dass ich unabhängig vom Kreditvertrag die Rückzahlung des vorbezeichneten Kredits nebst Zinsen iHv. ... p.a.[1] leisten werde.

Ich werde auf Ihr erstes schriftliches Anfordern Zahlung leisten[2].

*Ich werde aus dieser Garantieerklärung insoweit frei, als Sie einen meiner Mitgesellschafter aus seiner Garantieverpflichtung entlassen (**hier ggf. den Text anpassen**). Im Übrigen berührt die Aufgabe einer Sicherheit durch Sie meine Garantieverpflichtung nicht.*

Diese Garantie erlischt, wenn Sie mich nicht bis zum ... auf Zahlung in Anspruch genommen haben.

1 Wie in Rz. 37 ausgeführt, unterscheidet sich die Forderungsgarantie von der Bürgschaft durch das Fehlen der Akzessorietät.

2 Vgl. BGHZ 90, 287, 294; BGH ZIP 1985, 729, 731.

2. Kreditauftrag

Auch der Kreditauftrag ist formlos gültig und in § 778 BGB geregelt. Nach der Schuldrechtsreform regelt § 778 BGB die Beauftragung eines anderen, in eigenem Namen und auf eigene Rechnung einem Dritten ein Darlehen oder eine Finanzierungshilfe zu gewähren. Dieses führt aufgrund der neuen Systematik nach §§ 488 ff., 607 BGB dazu, dass Sachdarlehen nicht mehr unmittelbar unter § 778 BGB fallen; eine analoge Anwendung wird jedoch empfohlen (vgl. Erman/Herrmann § 778 BGB Rz. 1). Die sachliche Nähe zur Bürgschaft resultiert daraus, dass der Auftraggeber dem Beauftragten für die aus dem Darlehen oder der Finanzierungshilfe entstehenden Verbindlichkeiten als Bürge haftet. 40

3. Patronatserklärung

Patronatserklärungen werden insbesondere im internationalen Wirtschafts- und Rechtsverkehr als Kreditsicherungsmittel eingesetzt. Die Patronatserklärung erfolgt von Seiten einer Muttergesellschaft gegenüber dem Gläubiger der Tochtergesellschaft, um die Kreditfähigkeit der Tochtergesell- 41 schaft zu stärken. Hierbei ist zwischen den sog. „weichen“ Patronatserklärungen und den „harten“ Patronatserklärungen zu differenzieren. Erstere stellt letztlich nur eine unverbindliche Absichtserklärung dar, etwa dergestalt: „Es gehört zu unseren Geschäftsprinzipien, für die Bonität unserer Tochtergesellschaften zu sorgen“. Hier maßgeblich sind die sog. harten Patronatserklärungen. Mit einer „harten“ Patronatserklärung übernimmt der Patron eine Pflicht zur Leistung an die Tochtergesellschaft; bei Verletzungen dieser Leistungspflicht steht dem Gläubiger ein Schadensersatzanspruch unmittelbar gegenüber der Muttergesellschaft zu (vgl. BGH NJW 1992, 2093, 2094). Das harte Patronat begründet eine selbstständige Haftung neben der Verpflichtung des Schuldners. Zur Aufhebung von harten Patronatserklärungen vgl. Tetzlaff, WM 2011, 1016.

M 25.14 „Harte“ Patronatserklärung

(Patronatserklärungsschreiben – Auszug)

...

Sie haben Ihre Bereitschaft erklärt, der Firma ... (Name, Anschrift), die unsere Tochtergesellschaft ist, eine Kreditlinie von ... Euro einzuräumen. Wir verpflichten uns, dafür zu sorgen, dass die Firma ... während der Zeit, in der sie den von Ihnen gewählten Kredit in Anspruch nimmt, in der Weise geleitet und finanziell so ausgestattet wird, dass sie jederzeit in der Lage ist, ihre Verpflichtungen aus dem Kreditvertrag pünktlich zu erfüllen.

... (Ort, Datum)

... (Unterschrift)

VII. Steuerrecht

1. Einkommensteuer- und Körperschaftsteuer

a) Bürgschaften Privater

42 Bürgschaften Privater sind grds. dem privaten Bereich zuzuordnen und bleiben **steuerlich neutral**. Eine Berücksichtigung als außergewöhnliche Belastungen im Rahmen von § 33 EStG wird idR aufgrund der fehlenden Zwangsläufigkeit nicht möglich sein.

43 Werden Bürgschaften von Privatpersonen übernommen und fließen hierfür **Bürgschaftsprovisionen**, führen diese zu **sonstigen Einkünften** nach § 22 Nr. 3 EStG.

44 Soweit ein **Arbeitnehmer aufgrund beruflicher Veranlassung** für seinen Arbeitgeber eine **Bürgschaft übernimmt**, können die im Fall der Inanspruchnahme des Arbeitnehmers anfallenden Bürgschaftsverluste als **Werbungskosten** bei den Einkünften aus nichtselbständiger Arbeit berücksichtigt werden (BFH v. 29.2.1980, BStBl. II 1980, 395). Dies kann insbesondere bei GmbH-Geschäftsführern und AG-Vorstandsmitgliedern zutreffen.

b) Bürgschaften im Rahmen eines Gewerbebetriebs

45 Eine im Rahmen eines Gewerbebetriebes übernommene Bürgschaft führt zunächst zu keinen steuerrechtlichen Folgen. Bei einem bilanzierenden Steuerpflichtigen ist die potenzielle Haftungsverpflichtung lediglich außerhalb der Bilanz auszuweisen (§§ 251, 268 HGB). Erst wenn zum Bilanzstichtag eine Inanspruchnahme aus der betriebsnotwendigen Bürgschaft konkret droht, muss eine gewinnmindernde Rückstellung in der Bilanz gebildet werden. Ein gegen den Hauptschuldner bestehender werthaltiger Rückgriffsanspruch ist dabei zugleich als Forderung auszuweisen. Die Passivierung führt insoweit zu einer Gewinnminderung, als der zu aktivierende Rückgriffsanspruch gegen den Hauptschuldner wegen Wertminderung abzuschreiben ist, bzw. soweit der Rückgriffsanspruch letztlich den Wert der Bürgschaftsinanspruchnahme unterschreitet. Bürgschaftsverpflichtungen sind nicht den drohenden Verlusten aus schwebenden Geschäften zuzuordnen (§ 5 Abs. 4a

EStG). Einer Rückstellungsbildung für Bürgschaftsverpflichtungen steht auch die Vorschrift des § 5 Abs. 4b S. 1 EStG nicht entgegen (OFD München v. 12.4.2002 – StEK EStG § 5 Rückst. Nr. 171).

c) Bürgschaften im gesellschaftsrechtlichen Bereich

Ähnlich verhält es sich bei Bürgschaften im gesellschaftsrechtlichen Bereich. So hat die Übernahme 46 einer Bürgschaft durch einen **Kommanditisten** für Verbindlichkeiten der KG aus betrieblichen Gründen keinen Einfluss auf die Höhe des laufenden Gewinns/Verlusts der Gesellschaft. Die Bürgschaftsübernahme führt auch nicht zu Sonderbetriebsausgaben des betreffenden Kommanditisten. Droht die Inanspruchnahme des Kommanditisten aus der Bürgschaft oder wurde er bereits aus der Bürgschaft in Anspruch genommen, kann er in seiner Sonderbilanz keine Rückstellung bilden bzw. keine Verbindlichkeit einstellen (vgl. BFH v. 26.9.1996, BStBl. II 1997, 277). Die in Erfüllung einer Bürgschaftsverpflichtung geleisteten Zahlungen sind einkommensteuerrechtlich als Kapitaleinlage zu beurteilen. Dies gilt nicht nur für den Fall, dass die Übernahme der Bürgschaft und die Zahlung der Bürgschaftssumme auf dem Gesellschaftsverhältnis beruhende Beitragsleistungen des Kommanditisten darstellen, die während des Bestehens der Gesellschaft keinen Ersatzanspruch des Kommanditisten begründen. Eine Einlage liegt vielmehr auch vor, wenn dem Kommanditisten zivilrechtlich als Folge der Bürgschaftsleistung ein selbständiger, noch nicht erfüllter Ersatzanspruch gegenüber der KG oder den persönlich haftendenden Gesellschaftern zusteht. Ein etwaiges Wertloswerden einer solchen Forderung, die zum Sonderbetriebsvermögen des Kommanditisten gehört, wirkt sich nicht schon während des Bestehens, sondern erst mit der Beendigung der Gesellschaft oder bei einem Ausscheiden des Kommanditisten steuerlich aus. Sollte der Kommanditist wider Erwarten später seinen Aufwendungsersatzanspruch nach § 774 BGB ganz oder teilweise realisieren, ist das steuerliche Ergebnis für das Jahr der Beendigung der Gesellschafterstellung rückwirkend zu berichtigen (§ 175 Abs. 1 Satz 1 Nr. 2 AO).

Relevanz erlangt die Bürgschaftsübernahme auch in Zusammenhang mit einer **wesentlichen Beteiligung an einer Kapitalgesellschaft** iSv. **§ 17 EStG** (Beteiligung von mehr als 1 % der Anteile an 47 einer Kapitalgesellschaft). Mit der Übernahme der Bürgschaft für Verbindlichkeiten der Gesellschaft wird dieser noch kein Vermögensvorteil zugewendet. **Zahlungen aufgrund** einer **Bürgschaftsinanspruchnahme** können zudem erst dann zu **nachträglichen Anschaffungskosten** iSv. § 17 EStG führen, **wenn** sie **durch** das **Gesellschaftsverhältnis veranlasst** sind und der Gesellschafter-Bürge auf seine Rückgriffsforderung gegenüber der Gesellschaft verzichtet. Eine solche Veranlassung durch das Gesellschaftsverhältnis ist nur dann gegeben, wenn und insoweit die Übernahme der Bürgschaft eigenkapitalersetzenden Charakter hat. Die Bürgschaftsübernahme wurde bislang im Anschluss an die Rechtsprechung des BGH als eigenkapitalersetzend angesehen, wenn die Bürgschaft zu einem Zeitpunkt übernommen worden war, in dem sich die Gesellschaft bereits in der sog. Krise befand oder wenn die Bürgschaft (auch) für den Fall der Krise bestimmt war. Diesen in der Krise übernommenen Bürgschaften und krisenbestimmten Bürgschaften sollten die sog. Finanzplanbürgschaften gleichstehen, die vom Gesellschafter im Rahmen eines erkennbaren Finanzplans übernommen worden waren. Weiterhin sollte eine Bürgschaft eigenkapitalersetzenden Charakter erlangen, wenn sie zu einem Zeitpunkt übernommen worden war, in dem sich die Gesellschaft noch nicht in der Krise befunden hatte, sie aber bei Eintritt der Krise stehen gelassen wurde (BFH v. 6.7.1999, BStBl. II 1999, 817).

Durch das MoMiG (BGBl. I S. 2026) wurde das Eigenkapitalersatzrecht zum 1.11.2008 grundlegend dereguliert. Die Bestimmungen über kapitalersetzende Darlehen (§§ 32a, 32b GmbHG) wurden aus dem GmbHG entfernt und stattdessen im Insolvenzrecht sowie im Anfechtungsgesetz (AnfG) neu geordnet. Damit hat der Gesetzgeber auch den zu den §§ 30, 31 GmbHG entwickelten Rechtsprechungsgrundsätzen die gesetzliche Grundlage entzogen. Kern der ab 2008 geltenden Neuordnung in den §§ 39 Abs. 1 Nr. 5, 44a, 135, 143 Abs. 3 InsO ist eine gesetzlich normierte Nachrangigkeit aller Rückzahlungsansprüche aus Gesellschafterdarlehen in der Insolvenz, unabhängig davon, ob sie in der Krise gewährt wurden oder nicht.

Der BGH hat – für den Übergangszeitraum – klargestellt, dass das MoMiG auf Gesellschafterleistungen oder -sicherheiten, die vor seinem Inkrafttreten Eigenkapitalersatzcharakter erlangt haben, keine Anwendung findet. Für Altfälle soll das zur Zeit der Verwirklichung des Entstehungstatbestandes des Schuldverhältnisses geltende „alte" Gesetzesrecht weiterhin Anwendung finden (vgl.

BGHZ 179, 249 ff.; OLG Jena WM 2009, 1034 ff.). Zum Zwecke des einheitlichen Verwaltungsvollzuges aufgrund der Neuregelungen durch das MoMiG hat das BMF mit Schreiben vom 21.10.2010 (BStBl. I 2010, 832) Stellung bezogen.

48 Zu Bürgschaftserklärungen im Rahmen von **Gesellschafter-Fremdfinanzierung** (§ 8a KStG a.F.) vgl. BMF v. 22.7.2005, BStBl I, 829 s.; OFD Frankfurt, Rundvfg. v. 2.7.2009 – S 2742a, A-3-St 51.

2. Umsatzsteuer

49 Das Entgelt für die Übernahme und Vermittlung von Bürgschaften ist umsatzsteuerfrei (§ 4 Nr. 8 lit. g UStG). Zum Entgelt für die Übernahme der Bürgschaft gehören zB Bürgschaftsprovisionen, Bearbeitungsgebühren und Spesen.

3. Verbürgung für Steuerschulden

50 Bürgschaften können auch als Sicherheiten für Steuerschulden hingegeben werden (§§ 241 Abs. 1 Nr. 7, 244 AO). Für die Person des Bürgen gelten hierbei jedoch noch besondere Voraussetzungen. Zudem wird eine selbstschuldnerische Bürgschaft verlangt (s. hierzu OFD Frankfurt/M v. 21.3.1990, StEK AO 1977 § 244 Nr. 1).

Kapitel 26 Schuldversprechen, Schuldanerkenntnis

Literatur: *Bergmann*, Schuldanerkenntnis und Schuldbekenntnis bei Verkehrsunfällen, MDR 1974, 989; *Crezelius*, Konstitutives und deklaratorisches Schuldanerkenntnis, DB 1977, 1541; *Harle/Kulemann*, Forderungsverzicht gegen Besserungsschein, GmbHR 2004, 733; *Künnell*, Die Rechtsnatur des Schuldanerkenntnisses und seine Wirkungen, VersR 1984, 706; *Lützenrath/Thiele*, Finanzinstrumente zur Sanierung von Unternehmen, Kreditpraxis 2001, 18.

I. Allgemeines

1 Mit Schuldversprechen oder Schuldanerkenntnis gem. §§ 780, 781 BGB kann **losgelöst von einem Vertrag** eine Schuld begründet oder anerkannt werden. Zur Begründung der Schuld ist kein zugrunde liegendes Rechtsverhältnis erforderlich, obgleich dieses regelmäßig vorliegen wird, denn niemand wird ohne Rechtsgrund ein Schuldverhältnis nach §§ 780, 781 BGB eingehen. Schuldversprechen und Schuldanerkenntnis sind eng miteinander verwandt. Sie unterscheiden sich wesentlich nur im Bereich der Formulierung; inhaltlich und in der Praxis gehen sie ineinander über. Beide können für sich einen eigenen Rechtsgrund (causa) bilden.

II. Begriffliches und Anwendungsbereiche

1. Schuldversprechen

Das Schuldversprechen ist ein Vertrag, durch den eine Leistung in der Weise versprochen wird, dass das Versprechen die Verpflichtung selbständig begründen soll. 2

2. Schuldanerkenntnis

Das Schuldanerkenntnis ist ein Vertrag, durch den das Bestehen eines Schuldverhältnisses anerkannt wird. Beim Schuldanerkenntnis werden abstraktes (konstitutives) und deklaratorisches Schuldanerkenntnis unterschieden. 3

Das **abstrakte oder konstitutive** Schuldanerkenntnis bildet für sich selbst „abstrakt" einen **neuen Rechtsgrund** mit der Konsequenz, dass Einwendungen gegen den ursprünglichen Rechtsgrund nicht durchgreifen (s. Rz. 12), so dass das Schuldanerkenntnis insbesondere hinsichtlich der Verjährung nicht das Schicksal des ursprünglichen Rechtsgrundes teilt, sondern eigenständig – in der Regel später – verjährt. 4

Das **deklaratorische** Schuldanerkenntnis begründet selbst keine neue Schuld, kann aber eine bestehende oder möglicherweise **bestehende Schuld bestätigen** und damit Zweifel oder Meinungsverschiedenheiten der Parteien beenden. In der Regel schließt es alle Einwendungen des Schuldners aus, die er beim Abschluss kannte oder mit denen er rechnen musste. Das deklaratorische Schuldanerkenntnis verlagert nicht die Beweislast; es beseitigt mögliche Beweisfragen durch materielles Recht (BGH NJW 2003, 2386). 5

Ob ein konstitutives oder ein deklaratorisches Schuldanerkenntnis vorliegt, muss im Einzelfall durch **Auslegung** ermittelt werden. Dabei sind der mit dem Anerkenntnis verfolgte Zweck, die Interessenlage und die allgemeine Verkehrsauffassung über die Bedeutung eines solchen Anerkenntnisses maßgeblich (zu den Voraussetzungen eines konstitutiven Schuldanerkenntnisses in Abgrenzung zu einem (lediglich) deklaratorischen Schuldanerkenntnis vgl. AG Ahrensburg v. 19.12.2013 – 46 C 1395/12, juris). Vom Vorliegen eines konstitutiven Schuldanerkenntnisses mit den weitergehenden Rechtsfolgen darf nicht leichtfertig ausgegangen werden. Ergibt sich bei der Auslegung einer Klausel im Formularvertrag deren Zweideutigkeit, dass also sowohl in Betracht kommt, dass ein Kreditnehmer Rückzahlung eines Darlehens verspricht oder sich diesbezüglich der Vollstreckung unterwirft, als auch, dass er eine neue und selbständige Verpflichtung übernimmt, so geht dieser Zweifel gem. § 305c Abs. 2 BGB zu Lasten des Kreditgebers. 6

➲ **Praxistipp:** Ein deklaratorisches Schuldanerkenntnis muss nicht ausdrücklich abgegeben und mit „Schuldanerkenntnis" bezeichnet sein. So entschied der BGH (NZM 2006, 292), dass eine Mieterin mit der schriftlichen Bitte um Fristverlängerung zur Durchführung von Schönheitsreparaturen ein deklaratorisches Schuldanerkenntnis abgegeben habe, mit der Folge, dass sie später nicht mehr vorbringen konnte, die Reparaturen seien nicht notwendig gewesen. Auch hat der BGH der Feststellung des Jahresabschlusses die Wirkung eines deklaratorischen Schuldanerkenntnisses zwischen Gesellschaft und Gesellschaftern zuerkannt (BGH v. 2.3.2009 – II ZR 264/07, juris). Im vorbehaltlosen Ausgleich einer Nachforderung von Betriebskosten soll dagegen kein deklaratorisches Schuldanerkenntnis liegen, das einer nachträglichen Korrektur der Betriebskostenabrechnung entgegen stünde (so für die Gewerberaummiete BGH MDR 2014, 1068 und für die Wohnraummiete BGH MDR 2011, 214). 7

3. Praktische Anwendungsbereiche

Schuldversprechen kommen in der Praxis beispielsweise vor als zusätzlich zu einer Darlehensrückzahlungsverpflichtung abgegebene Versprechen, so dass ein Grundpfandrecht vor allem der Sicherung des Anspruches aus § 780 BGB dient (selbst in AGB nicht zu beanstanden; BGH MDR 2006, 343); die dabei regelmäßig erklärte Vollstreckungsunterwerfung ist ebenfalls nicht als überraschende Klausel zu beanstanden, BGH MDR 2010, 880, ferner im Wertpapierrecht bei der Inhaber- 8 schuldverschreibung (§§ 793 ff. BGB), dem kaufmännischen Verpflichtungsschein (§ 363 Abs. 1 Satz 2 HGB) und einigen Sonderformen des Wechsels.

Das **Schuldanerkenntnis** hat seine praktisch wichtigste Erscheinungsform in dem **Saldoanerkenntnis** im Rahmen eines Kontokorrentverhältnisses (vgl. § 355 HGB), in dem Rechnungsabschlüsse einen neuen Schuldgrund darstellen (vgl. BGHZ 50, 277; st. Rspr.). Auf Nr. 7 Abs. 3 AGB Banken, nach der eine Belastungsbuchung aus einer Lastschrift aufgrund Einzugsermächtigung als genehmigt gilt, wenn der Kunde nicht innerhalb von 6 Wochen schriftlich Einwendungen geltend macht, wird hingewiesen.

III. Formvorschriften

9 Zur Wirksamkeit von Schuldversprechen und Schuldanerkenntnis muss jeweils mindestens die **Schriftform** eingehalten werden. Dies ergibt sich aus § 780 Abs. 1 Halbs. 2 BGB sowie § 781 Abs. 1 Halbs. 2 BGB. Formbedürftig ist nur die **Erklärung des Versprechenden** oder Anerkennenden, nicht auch diejenige des Empfängers. Diese kann auch schlüssig erfolgen. Die Erteilung in elektronischer Form ist jeweils ausgeschlossen (vgl. § 780 Satz 2, § 781 Satz 2 BGB). Zu Ausnahmen vom Formerfordernis s. §§ 782 BGB, 350 HGB.

10 Im Einzelfall kann die **notarielle Beurkundung** erforderlich sein. Dies gilt insbesondere bei einer Unterwerfung unter die Zwangsvollstreckung, die gem. § 794 Abs. 1 Nr. 5 ZPO für sich der notariellen Beurkundung bedarf.

11 ➲ **Hinweis:** Die Vollstreckungsunterwerfung und die notarielle Beurkundung liegen oftmals im Gläubigerinteresse.

12 Wird das Bestehen eines formbedürftigen Schuldverhältnisses anerkannt, so ist das **Formerfordernis dieses Schuldverhältnisses** einzuhalten. So ist bei der Schenkung gem. § 518 Abs. 1 Satz 2 BGB für das schenkweise erteilte Schuldversprechen oder Schuldanerkenntnis die notarielle Beurkundung erforderlich.

IV. Kondiktion von Schuldversprechen oder Schuldanerkenntnis

13 § 812 Abs. 2 BGB stellt klar, dass **Schuldversprechen und konstitutives Schuldanerkenntnis** Leistungen iSd. § 812 Abs. 1 BGB sind, sofern nicht der Zweck von Versprechen oder Anerkenntnis entgegensteht. Sie können deswegen im Falle eines fehlenden Rechtsgrundes herausverlangt werden. Ein Rechtsgrund für die Abgabe von Schuldversprechen oder Anerkenntnis fehlt, wenn die gesicherte Schuld tatsächlich nicht entstanden ist oder wenn der mit dem Vertrag bezweckte Erfolg nicht eintritt. Die Einrede ist ausgeschlossen, wenn der Schuldner das Schuldversprechen in Kenntnis der Einrede abgegeben hat. In Individualvereinbarungen kann der Schuldner auf die Bereicherungseinrede verzichten. Nach der neueren Rechtsprechung der Instanzgerichte ist allerdings höchst fraglich, ob ein Verzicht im Formularvertrag noch als zulässig angesehen werden wird (ablehnend: LG Hannover v. 16.10.2009 – 14 S 60/09, juris). Ein umfassender Verzicht auf alle Einreden und Einwendungen wird im Formularvertrag nach § 307 BGB jedenfalls unwirksam sein mit der Konsequenz, dass gem. § 306 Abs. 2 BGB an seine Stelle die gesetzliche Regelung tritt (Zulässigkeit aller Einwendungen gegen die zugrundeliegende Forderung, nicht nur derjenigen, die dem Schuldner bei Unterzeichnung bekannt waren oder hätten bekannt sein müssen (BAG NJW 2005, 3164 ff.).

14 **Wichtig:** Die Verjährung der zugrundeliegenden Darlehensforderung innerhalb der kurzen Verjährungsfrist gem. § 195 BGB führt nicht dazu, dass der Schuldner gem. § 812 Abs. 1 und 2 BGB Herausgabe des als Sicherheit dienenden konstitutiven Schuldanerkenntnisses, für das gem. § 197 Abs. Nr. 4 BGB die 30jährige Verjährungsfrist gilt, verlangen kann. Nach der neueren Rechtsprechung des BGH ist § 216 Abs. 2 BGB analog anzuwenden, sodass das zur Sicherung des Darlehens abgegebene konstitutive Schuldanerkenntnis von der Verjährung der Darlehensforderung nicht berührt wird (vgl. BGH WM 2010, 28 ff. und 308 ff.).

Das **deklaratorische Schuldanerkenntnis** unterliegt nicht der Rückforderbarkeit nach ungerechtfertigter Bereicherung, wenn sich hinterher herausstellt, dass die als bestehend anerkannte Schuld tatsächlich nicht besteht. Ist die anerkannte Forderung nichtig, beispielsweise aufgrund von Gesetz- oder Sittenwidrigkeit, so ist auch das deklaratorische Schuldanerkenntnis nichtig (BGHZ 104, 18). 15

➲ **Wichtig:** Eine Ausnahme von dem genannten Grundsatz gilt dann, wenn gerade über die etwaige Gesetz- oder Sittenwidrigkeit des Ausgangsverhältnisses ernsthaft Streit oder Zweifel herrschten, die durch das Anerkenntnis behoben werden sollten (BGH MDR 2011, 1341). 16

M 26.1 Schuldanerkenntnis mit Unterwerfung unter die sofortige Zwangsvollstreckung[1]

Verhandelt am ... in ...

Vor dem unterzeichnenden Notar ...

erschienen

Herr A, wohnhaft ...

Herr B, wohnhaft ...

Die Erschienenen erklärten:

Herr A und Herr B erkennen an, als Gesamtschuldner Herrn C ... Euro nebst 5 % Zinsen seit dem ... (Datum), zahlbar am ... (Datum) zu schulden.

Die vorstehenden Schuldanerkenntnisse erfolgen in der Weise, dass sie die Verpflichtungen der Herren A und B selbständig begründen sollen[2]. Alle Einreden und Einwendungen, die bereits bekannt sind, insbesondere die zwischen den Parteien bereits diskutierte Einrede des nicht erfüllten Vertrags, sind ausgeschlossen.

Alternativ *(in Individualvereinbarungen)[3]:*

Alle bekannten und unbekannten Einwendungen, die sich nicht aus dieser Vereinbarung selbst ergeben, insbesondere die Einwendung wegen ungerechtfertigter Bereicherung, sind ausgeschlossen.

Wegen der sich aus dieser Urkunde ergebenden Zahlungsverpflichtung unterwerfen sich Herr A und Herr B persönlich der Zwangsvollstreckung in ihr gesamtes Vermögen[4].

Herr A und Herr B ermächtigen Herrn C, sich jederzeit ohne den Nachweis des Entstehens, des Bestehens und der Fälligkeit der Forderung vollstreckbare Ausfertigungen dieser Urkunde erteilen zu lassen[5].

... (Ort, Datum)

... (Unterschrift)

1 Grundsätzlich bedarf das Schuldanerkenntnis lediglich der Schriftform (s. dazu Rz. 9 f.).

2 Das Schuldanerkenntnis ist hier konstitutiv und begründet eine eigene Schuld. Dies hat zur Folge, dass eine Verjährung der ursprünglichen Schuld nicht durchgreift.

3 S. zur Unwirksamkeit eines formularmäßigen Ausschlusses von Einreden und Einwendungen Rz. 13 f.

4 Die notarielle Urkunde ist hier eigenständiger Titel gem. § 794 Abs. 1 Nr. 5 ZPO, mit der Folge, dass selbständig aus ihr vollstreckt werden kann.

5 Diese Klausel ist grundsätzlich wirksam. Denn die Unterwerfung gehört nicht schon selbst zur Zwangsvollstreckung (vgl. BGH NJW 1981, 2757).

Kosten: *Notargebühr:* 2,0-Gebühr gem. Nr. 21100 KV GNotKG. Wert nach § 36 GNotKG (Betrag der Forderung). Das Schuldanerkenntnis und die Unterwerfungserklärung haben denselben Gegenstand iSd. § 109 Abs. 1 GNotKG.

M 26.2 Schuldanerkenntnis mit Ratenzahlungsvereinbarung

Die Unterzeichnende, Frau ... (Schuldnerin), wohnhaft ..., erkennt an, der Firma ... (Gläubigerin) in ... (Firmensitz) den Betrag von ... Euro, nebst Zinsen aus jeweils ... seit dem ... (Datum), dem ... (Datum), und dem ... (Datum) aus dem zwischen den Parteien durch Mietvertrag vom ... (Datum) zum ... (Datum) begründeten Mietverhältnis[1] zu schulden.

Die Schuldnerin verpflichtet sich, diesen Betrag in Monatsraten von ... Euro, beginnend mit ... (Datum) an die Gläubigerin zu zahlen.

Gerät der Schuldner mit der Zahlung einer Rate ganz oder teilweise länger als ... Tage in Rückstand, so wird der noch offen stehende Restbetrag auf einmal fällig[2].

... (Ort, Datum)

... (Unterschrift)

---

1 Hier wird lediglich eine vertragliche Schuld bestätigt. Die Rechtswirkungen dieses deklaratorischen Schuldanerkenntnisses gehen weniger weit als die des konstitutiven Schuldanerkenntnisses. Das deklaratorische Schuldanerkenntnis dient insbesondere der Beweiserleichterung.

2 Der Schuldner kann sich nicht hinsichtlich des jeweils noch ausstehenden Betrages der Zwangsvollstreckung unterwerfen, sondern lediglich hinsichtlich des vollen und damit bestimmten Betrages. Eine notarielle Beurkundung wäre sonst mangels Bestimmbarkeit der Forderung, hinsichtlich derer der Schuldner sich der Vollstreckung unterwerfen möchte, nicht möglich.

V. Besserungsschein

17 Ein weiteres Anwendungsbeispiel für das Schuldanerkenntnis nach § 781 BGB ist der sog. Besserungsschein (zum Begriff des Besserungsscheins BGH MDR 1985, 212, 213). Ein Besserungsschein ist eine vertragliche Vereinbarung zwischen Schuldner und Gläubiger, die in der Regel auf Betreiben des Schuldners hin abgeschlossen wird, der sein Unternehmen durch Verzicht der Gläubiger auf ihre Forderungen aus einer (beispielsweise durch Überschuldung oder Zahlungsunfähigkeit eingetretenen) Krise führen möchte. Der Besserungsschein beinhaltet die **Zusage des Schuldners**, bestehende Verpflichtungen ganz oder teilweise zu erfüllen, sobald sich seine wirtschaftliche Lage verbessert hat und die Erfüllung der dann entstehenden Zahlungspflicht keine Beeinträchtigung des Geschäftsbetriebs des betroffenen Unternehmens und keine Gefährdung der anderen Gläubiger bewirkt. Im Gegenzug **verzichtet** der Gläubiger auf einen Teil der Forderung und/oder stundet die (Rest-)Forderung bzw. erklärt den Rangrücktritt; verpflichtet sich also, seine Forderung in der Insolvenz erst nach der Befriedigung aller anderen Gläubiger geltend zu machen.

18 ➲ **Hinweis:** In der Praxis sind Zahlungen auf Besserungsscheine selten. In der Regel stehen Besserungsscheine im Zusammenhang mit einem (außergerichtlichen) Vergleich zwischen Schuldner und Gläubiger. Auch ansonsten ist der wirtschaftliche Nutzen eines einfachen Besserungsscheins gering. Zwar werden die Rechte des Gläubigers teilweise aufrechterhalten, Sicherheiten werden jedoch nicht oder nur in geringem Maße gewährt. Für den wieder liquiden Schuldner bedeutet die Verpflichtung aus dem Besserungsschein jedoch eine erhebliche Einschränkung in der wirtschaftlichen Freiheit und in den Investitionsmöglichkeiten.

19 Alternativ werden sie von Gesellschaftern als Gläubiger der Gesellschaft ausgestellt, die den **Rangrücktritt** erklären. Neben die vom Eigenkapitalrecht erzwungene Subordination der Forderung tritt dann eine privatautonom vereinbarte. Damit entfällt die Passivierungspflicht der Gesellschaft; die Forderung ist für die Höhe der Verschuldung nicht mehr zu berücksichtigen (zur Formulierung des Rangrücktritts, insbesondere zur Berücksichtigung der Rechtsprechung von BGH und BFH und zum Rundschreiben des BFM Leuering/Simon, Neue Anforderungen an die Gestaltung eines Rangrücktritts, NJW-Spezial 2004, 315). Daher wird der Besserungsschein mit Rangrücktritt als Sanierungsinstrument genutzt.

Vom Kaufmann ausgestellt, ist der Besserungsschein **kaufmännischer Verpflichtungsschein** iSd. § 363 HGB und kann an Order gestellt durch Indossament übertragen werden. Gem. §§ 350 f. HGB kann der Gewerbetreibende, der § 4 HGB nicht erfüllt, einen Besserungsschein als Handelsgeschäft auch formfrei ausstellen. 20

Der Forderungsverzicht gegen Besserungsschein des Gesellschafters einer Kapitalgesellschaft führt 21 bei der Gesellschaft in Höhe des Nominalbetrags zu einer Vermögensmehrung in Höhe der Werthaltigkeit der Forderung. Der Erlass einer Forderung eines Gesellschafters gegenüber der Gesellschaft (§ 397 Abs. 1 BGB) führt aus Sicht der Gesellschaft zum Erlöschen einer Verbindlichkeit. Die Vereinbarung, dass die Forderung bei Eintritt der im Besserungsschein genannten Bedingungen wieder auflebt, steht dem nicht entgegen (BFH v. 30.5.1990, BStBl. II 1991, 588). Für die **steuerrechtliche Beurteilung** des Forderungsverzichts gegen Besserungsschein auf Ebene der Gesellschaft gelten die Grundsätze des Beschlusses des Großen Senats GrS 1/94 v. 9.6.1997 (BStBl. II 1998, 307). Die bisher bei der Gesellschaft ausgewiesene Verbindlichkeit gegenüber dem Gesellschafter ist in Höhe des Betrags des Forderungsverzichts auszubuchen. Dies führt bei der Gesellschaft in Höhe des Betrags des Forderungsverzichts zu einer Vermögensmehrung. Ist der Forderungsverzicht durch das Gesellschaftsverhältnis veranlasst, liegt in Höhe des werthaltigen Teils der Verbindlichkeit eine (verdeckte) Einlage des Gesellschafters vor, die gem. § 6 Abs. 1 Nr. 5 EStG mit dem Teilwert zu bewerten ist und bei der Gewinnermittlung der Gesellschaft den Unterschiedsbetrag iSd. § 4 Abs. 1 Satz 1 EStG iVm. § 8 Abs. 1 Satz 1 KStG mindert. Vgl. auch BMF-Schreiben v. 2.12.2003, BStBl. I 2003, 648, StEK KStG 1977 § 8 Nr. 208.

M 26.3 Besserungsschein nach außergerichtlichem Vergleich[1]

*Nachdem der Firma ...-GmbH (Name der Schuldnerin) durch heutigen außergerichtlichen Vergleich mit dem Einzelkaufmann A 50 % ihrer Verbindlichkeiten gegenüber Herrn A erlassen worden sind (**alternativ**: der Gläubiger hinsichtlich seiner Forderung den Rangrücktritt erklärt hat), erteile ich als Geschäftsführer der Firma folgenden Besserungsschein:*

*Die Firma ... (Name) verpflichtet sich, die nach dem außergerichtlichen Vergleich noch offenen 50 % der Verbindlichkeiten (**alternativ**: die Verbindlichkeiten) gegenüber Herrn A zum Zeitpunkt der Fälligkeit, also am ... (Datum) an Herrn A zu zahlen und darüber hinaus Herrn A weitere 20 % ihrer ursprünglichen Verbindlichkeiten nebst Zinsen iHv. ... % ab ... (Datum) bis ... (Datum) ganz oder in Teilbeträgen zu zahlen, falls und soweit es der Firma ... (wie oben) aufgrund einer Besserung ihrer Vermögensverhältnisse möglich sein wird, die Zahlung ohne zu starke Beeinträchtigung[2] ihres Geschäftsbetriebes aufzubringen.*

... (Ort, Datum)

... (Unterschrift)

1 Dies ist der Regelfall, s. den Hinweis in Rz. 17.

2 Die gezwungenermaßen unpräzise Formulierung bietet neues Konfliktpotential.

7. Abschnitt. Unerlaubte Handlung

Kapitel 27 Unerlaubte Handlung

Literatur: *Ahrens*, Deliktsrecht, 6. Aufl. 2014; *Biela/Böhme*, Kraftverkehrs-Haftpflicht-Schäden, 25. Aufl. 2013; *Filthaut*, Haftpflichtgesetz, 8. Aufl. 2010; *Fuchs/Pauker*, Delikts- und Schadenersatzrecht, 8. Aufl. 2012; *Geigel*, Der Haftpflichtprozess, 27. Aufl. 2015; *Grüneberg*, Haftungsquoten bei Verkehrsunfällen, 12. Aufl. 2012; *Hacks/Wellner/Häcker*, Schmerzensgeld-Beträge 2014, 32. Aufl. 2014; *Küppersbusch/Höher*, Ersatzansprüche bei Personenschaden, 11. Aufl. 2013.

I. Regelungsgehalt

1 Die Regelungen der §§ 823 ff. BGB dienen in erster Linie dem Ausgleich rechtswidrig erlittener Nachteile durch widerrechtliche Eingriffe in allgemeine Rechtspflichten. Eine Verletzung dieser gegenüber jedermann bestehenden und von jedem zu beachtenden Rechtspflichten begründet ein gesetzliches Schuldverhältnis zwischen Schädiger und Verletztem, welches als Rechtsfolge einen Schadensersatzanspruch vorsieht.

Aufgrund des Kumulationsprinzips wird auch durch ein bestehendes Vertragverhältnis die deliktische Haftung weder ausgeschlossen noch nach Maßgabe des Leistungsstörungsrechts modifiziert. Praktisch bedeutsam ist dies im Hinblick auf die unterschiedliche Haftung für Hilfspersonen (§ 278 BGB bei Vertrag; § 831 BGB bei unerlaubter Handlung).

1. Geschützte Rechtsgüter

2 Von diesem Schutzzweck umfasst sind alle absoluten, gegenüber jedermann wirkenden Rechtsgüter (im Unterschied hierzu: kraft Vertrags begründete relative Rechte, die nur inter partes wirken).

§ 823 Abs. 1 BGB schützt ausdrücklich das Leben, den Körper, die Gesundheit, die Freiheit, das Eigentum und sonstige Rechte. Unter die sonstigen Rechte fallen vor allem das allgemeine Persönlichkeitsrecht, dingliche Rechte sowie der Besitz (vgl. Erman/Schiemann § 823 BGB Rz. 35 ff.).

Nicht unter sonstige Rechte fällt jedoch das **Vermögen** als solches. Vermögensbeschädigungen, die 3
nicht auch den Tatbestand des § 823 Abs. 1 BGB erfüllen, sind nur unter den Voraussetzungen der §§ 823 Abs. 2, 824, 826, 839 und 839a BGB ersatzfähig.

Allen unerlaubten Handlungen gemeinsam ist das Erfordernis ihrer Rechtswidrigkeit. Darüber hi- 4
naus wird grundsätzlich ein schuldhaftes Handeln verlangt (Ausnahmen zB: Tierhalterhaftung gem. § 833 Satz 1 BGB, Haftung aus Billigkeitsgründen gem. § 829 BGB, Gefährdungshaftung, Zufallshaftung).

2. Besondere Haftungstatbestände

a) Produzentenhaftung

Die Produzentenhaftung ist ein spezieller Fall der Haftung für die Verletzung von Verkehrssiche- 5
rungspflichten. Sie knüpft daran an, dass von einem Hersteller oder Händler ein Produkt in den Verkehr gebracht wird, dem entweder für Verbraucher nicht erkennbare Gefahren anhaften oder solche, die bei unsachgemäßer Verwendung drohen, oder bei fehlerhafter Herstellung vermeidbare Gefahren bergen (instruktiv zum Fehlerbegriff: BGH VersR 2013, 469; OLG Saarbrücken IBR 2013, 710). Anspruchsgrundlage der deliktischen Haftung ist auch hier § 823 Abs. 1 BGB (Erman/Schiemann § 823 BGB Rz. 111).

Neben der **Produzentenhaftung** aus **§ 823 Abs. 1 BGB** gibt es die Haftung aus **§ 1 ProdHaftG**. 6
Die Produzentenhaftung aus § 823 Abs. 1 BGB wird durch das ProdHaftG nicht berührt (s. § 15 Abs. 2 ProdHaftG). Auch zu vertraglichen Mängelansprüchen besteht eine echte Anspruchskonkurrenz, was wiederum zur Konsequenz hat, dass auch bezüglich der Verjährung jeder Anspruch seinen eigenen Regeln folgt.

➲ **Wichtig:** Erheblicher Vorteil der Produzentenhaftung gegenüber der Produkthaftung ist, dass 7
keine Höchstbetragsgrenze bei Tod oder Körperverletzung (§ 10 ProdHaftG) festgelegt ist, keine Selbstbeteiligung bei Sachschäden an privat genutzten Sachen (§ 11 ProdHaftG) bestimmt ist und ein Schaden im Gegensatz zur Produkthaftung (§ 1 Abs. 1 Satz 2 ProdHaftG) auch dann ersetzt wird, wenn dieser an einer anderen *gewerblich genutzten Sache* entstanden ist. Deshalb behält die Produzentenhaftung aus § 823 Abs. 1 BGB ihre hohe praktische Relevanz.

Die deliktische Produzentenhaftung ist im Gegensatz zur verschuldensunabhängigen Haftung nach 8
dem ProdHaftG (Gefährdungshaftung) eine **Verschuldenshaftung.** Das Verschulden des Herstellers liegt im Rahmen der deliktischen Haftung regelmäßig in dem zumindest fahrlässigen Verstoß gegen seine **Verkehrsicherungspflichten** beim Inverkehrbringen seines Produktes (vgl. OLG Saarbrücken NJW-RR 2013, 271). Diese Verkehrssicherungspflichten bestehen in allen Produktionsphasen und orientieren sich hinsichtlich ihres Umfangs an dem Maßstab, den der angesprochene Verkehrskreis bei objektiver Betrachtung für erforderlich hält (BGH NJW 2009, 1669). Herausgebildet hat sich insbesondere die Pflicht, bei der Konstruktion, Produktion und Instruktion den erkennbaren und ermittelbaren Stand der Technik zu Grunde zu legen (BGH NJW 2009, 2952). Ebenso sind Organisations-, Instruktions-, und Produktbeobachtungspflichten, aber auch die Rückrufpflicht bei gesundheits- oder lebensgefährdenden Produkten anerkannt (im Detail Erman/Schiemann § 823 Rz. 108 ff.; Geigel/Wellner 14. Kap. Rz. 270 ff.).

➲ **Wichtig:** Darlegungs- und Beweislast für den Fehler, den Schaden und den ursächlichen Zu- 9
sammenhang zwischen Fehler und Schaden trägt der Geschädigte (BGH VersR 2013, 469; OLG Saarbrücken IBR 2013, 710); der Nachweis für den Ursachenzusammenhang zwischen Produktfehler und Schaden ist oftmals schwierig zu führen (vgl. OLG Saarbrücken NJW-RR 2012, 797).

b) Verletzung eines Schutzgesetzes

10 § 823 Abs. 2 BGB sieht einen Schadensersatz für den Fall der Verletzung eines Schutzgesetzes vor. Ein Schutzgesetz kann grundsätzlich jede, den Schutz eines Dritten bezweckende, Norm iSd Art. 2 EGBGB sein, unabhängig vom Rechtsgebiet. Hierunter fallen ua. §§ 858, 909 BGB, praktisch sämtliche Straftatbestände, §§ 12, 56 GewO usw.

Eine umfangreiche Übersicht über Schutzgesetze gibt Erman/Schiemann § 823 BGB Rz. 160 ff.

11 Die Verletzung eines Schutzgesetzes wird regelmäßig in der Erfüllung des schutzgesetzlich normierten Tatbestandes gesehen. Zudem muss der Gläubiger in den persönlichen Schutzbereich des Gesetzes fallen und der entstandene Schaden vom sachlichen Schutzbereich des Schutzgesetzes gedeckt sein (BGH ZIP 2012, 318). Dass die Rechtsnorm daneben oder sogar in erster Linie das Interesse der Allgemeinheit im Auge hat, schadet nicht (BGH NJW 2008, 3565; Schutzgesetzkatalog s. MünchKomm.BGB/Wagner, 6. Aufl. 2013, § 823 Rz. 420 ff.).

12 ➲ **Wichtig:** Der Schaden kann hier auch ein Vermögensschaden sein.

13 Die **Rechtswidrigkeit** der Handlung wird durch die Schutzgesetzverletzung indiziert.

14 Im Rahmen des § 823 Abs. 2 BGB bezieht sich das **Verschulden** auf die Verletzung des Schutzgesetzes. Der Verletzte muss also bei Schutzgesetzen, die ein Verschulden voraussetzen, im Zeitpunkt der Verletzungshandlung die geforderte Schuldform verwirklichen (BGH NJW-RR 2007, 759–761). Aber auch dann, wenn der Verstoß gegen die Gesetzesnorm ohne Verschulden möglich ist, setzt der Schadenersatzanspruch wegen Schutzgesetzverletzung ein Verschulden voraus (vgl. BGH NJW 2008, 3565), welches nach zivilrechtlichen Kriterien (§ 276 BGB) zu prüfen ist.

c) Vorsätzliche sittenwidrige Schädigung

15 § 826 BGB gewährt einen Anspruch auf Ersatz des Vermögensschadens für eine Schadenzufügung auch ohne Verletzung eines der in §§ 823, 824 BGB geschützten Rechtsgüter.

16 Als sittenwidrig stellt sich ein Verhalten dar, welches nach seinem Gesamtcharakter, der durch umfassende Würdigung von Inhalt, Beweggrund und Zweck zu ermitteln ist, gegen das Anstandsgefühl aller billig und gerecht Denkenden verstößt (BGH WM 2014, 71–74). Im Allgemeinen soll dafür nicht ausreichend sein, dass der Handelnde vertragliche Pflichten oder das Gesetz verletzt oder bei einem anderen einen Vermögensschaden hervorruft. Vielmehr muss eine besondere Verwerflichkeit seines Verhaltens hinzutreten, die sich aus dem verfolgten Ziel, den eingesetzten Mitteln, der zutage tretenden Gesinnung oder den eingetretenen Folgen ergeben kann (BGH MDR 2013, 906), die es nach den Maßstäben der allgemeinen Geschäftsmoral und des als „anständig" geltenden verwerflich machen (BGH MDR 2014, 171).

17 Erhebliche Relevanz besitzt § 826 BGB in Fällen des Kapitalanlagerechts, weil ein Verstoß gegen die Verpflichtung künftigen Anlegern ein zutreffendes Bild über das Beteiligungsobjekt zu vermitteln, d.h. über alle Umstände, die für die Entschließung von wesentlicher Bedeutung sind oder sein können, insbesondere über Tatsachen, die den Vertragszweck vereiteln können, nach den Maßstäben der allgemeinen Geschäftsmoral und des als „anständig" Geltenden verwerflich und damit sittenwidrig im Sinne von § 826 BGB ist (BGH MDR 2014, 171).

18 Der Schädigungsvorsatz enthält ein „Wissens-" und ein „Wollenselement". Der Handelnde muss die Umstände, auf die sich der Vorsatz beziehen muss, gekannt bzw. vorausgesehen und in seinen Willen aufgenommen haben. Als nicht ausreichend wird angesehen, wenn die relevanten Tatumstände lediglich objektiv erkennbar waren und sich dem Handelnden hätten aufdrängen müssen (BGH MDR 2014, 88).

19 ➲ **Wichtig:** Die Beweislast für die schädigende Handlung, die Sittenwidrigkeit, den Schaden einschließlich Zurechnungszusammenhang trägt der Geschädigte, wobei Beweiserleichterungen für die Vertragshaftung nicht ohne Weiteres gelten (BGH MDR 2013, 338). In Bezug auf den Schädigungsvorsatz lässt sich häufig aus der Art und Weise des sittenwidrigen Verhaltens, insbesondere dem Grad der Leichtfertigkeit des Schädigers, die Schlussfolgerung ziehen, dass dieser mit Schädigungsvorsatz handelte (BGH MDR 2013, 87).

d) Haftung für den Verrichtungsgehilfen

Nach der Vorschrift des § 831 BGB haftet der Geschäftsherr auch für die unerlaubte Handlung seines Verrichtungsgehilfen. Verrichtungsgehilfe iSv. § 831 BGB ist nur, wer von den Weisungen seines Geschäftsherrn abhängig ist (BGH NJW 2013, 1002; BGH VersR 2014, 466 ff.). Erforderlich ist ferner, dass die Schadenszufügung in unmittelbarem inneren Zusammenhang mit der Verrichtung geschieht, d.h. „in Ausführung der Verrichtung" und nicht nur „bei Gelegenheit" (OLG Hamm NJW-RR 2010, 454). Von dieser Haftung kann sich der Geschäftsherr gem. § 831 Abs. 1 Satz 2 BGB exkulpieren, sofern er hinsichtlich der Verletzung seiner Auswahl- und Überwachungspflicht den Entlastungsbeweis führen kann. 20

e) Haftungsvorschriften außerhalb des BGB

Auch außerhalb des BGB existiert eine große Anzahl von Haftungsvorschriften. Diese sind vorwiegend spezialgesetzliche Ausprägungen der Gefährdungshaftung, wie etwa §§ 1 ff. HaftpflG, 7 StVG, 33 ff. LuftVG, 22 WHG, 84 AMG, 25 ff. AtomG, 32 GentechnG, 1 ProdHaftG und 1, 2 UmweltHG. 21

3. Ansprüche des Verletzten

Über den gesetzlichen Wortlaut, der als Rechtsfolge Schadensersatz vorsieht, hinaus sind durch die Rechtsprechung auch weitere Ansprüche anerkannt. 22

a) Schadensersatz

aa) Grundsatz

Umfang, Art und Inhalt des Schadensersatzes richten sich nach den allgemeinen Grundsätzen der §§ 249 ff. BGB, ggf. einschließlich Schmerzensgeld (§ 253 Abs. 2 BGB). Sie gelten auch für Schadenersatzansprüche, die außerhalb des BGB normiert sind, wie zB das ProdHaftG, CMR (s. für Haftung nach CMR BGH NJW-RR 2005, 1277). Bei Personenschäden werden sie durch die §§ 842–846 BGB, bei Sachschäden durch die §§ 848–851 BGB ergänzt. Zu ersetzen ist idR das negative Interesse, d.h. der Verletzte ist so zu stellen, wie er ohne das haftungsbegründende Ereignis stünde, da die deliktische Haftung nicht an das Bestehen einer Verbindlichkeit und deren Nicht- oder Schlechterfüllung anknüpft (BGH GmbHR 2012, 899). 23
Eine rasche Schadensbezifferung liegt im Interesse des Geschädigten.

➲ **Wichtig:** Doch gilt zu beachten, dass es durchaus Gründe geben kann, die ein Abwarten der weiteren Schadensentwicklung geboten sein lassen können. Zu denken ist hier insbesondere an Personenschäden, die sich ggf. erst nach einem bestimmten Zeitraum abschließend beurteilen lassen, Nachforschungen des Geschädigten nach weiteren Unfallzeugen, eigene Untersuchungen des Geschädigten zum Mitverschulden oder das Zuwarten auf eine voraussichtlich einschlägige (ober-)gerichtliche Entscheidung. 24

bb) Immaterieller Schaden

➲ **Hinweis:** Die deliktische Regelung zum Ersatz des immateriellen Schadens, § 847 BGB, ist durch das 2. Schadensrechtsänderungsgesetz aufgehoben worden. Den Anspruch auf Schmerzensgeld normiert nunmehr § 253 Abs. 2 BGB in den allgemeinen Schadensersatzregelungen. 25

➲ **Wichtig:** Bei Verletzung einer der in § 253 Abs. 2 BGB benannten Rechtsgüter besteht ein Schmerzensgeldanspruch auch in den Fällen, in denen der Schädiger aus Gefährdungshaftung, Vertrag oder c.i.c. zum Schadenersatz verpflichtet ist. 26

§ 253 Abs. 2 BGB gilt für alle unerlaubten Handlungen des BGB, einschließlich der §§ 831, 836 und 839 BGB. Die billige Entschädigung in Geld für den erlittenen immateriellen Schaden ist zusätzlich zum Ersatz des Vermögensschadens einzufordern. 27

28 ➲ **Hinweis:** Die Höhe eines angemessenen Schmerzensgeldes kann mit Hilfe von Schmerzensgeldtabellen, die einschlägige Gerichtsentscheidungen auflisten, bemessen werden (vgl. zB *Hacks/Wellner/Häcker*, Schmerzensgeld-Beträge). Bei Heranziehung älterer Entscheidungen ist die inzwischen eingetretene Geldentwertung zu berücksichtigen (LG Dortmund NJW-RR 2005, 678).

29 Der Schmerzengeldanspruch kann grundsätzlich nur einheitlich geltend gemacht werden.

30 ➲ **Wichtig:** Ausnahmsweise ist eine Begrenzung des Anspruchs auf den Zeitpunkt der letzten mündlichen Verhandlung zulässig, wenn die Schadensentwicklung noch nicht abgeschlossen und unüberschaubar ist (BGH NJW 2004, 1243; OLG Saarbrücken NJW 2011, 3169). Ein unbezifferter Klageantrag ist zulässig, wenn der Kläger ausreichende Tatsachen für die Bemessung des Anspruchs vorträgt und die ungefähre Größenordnung des Anspruchs angibt (BGH NJW 2002, 3769).

cc) Mitverschulden und Schadensminderungspflicht

31 Auch im deliktischen Schadensersatzrecht gelten die allgemeinen Regelungen hinsichtlich des Mitverschuldens (§ 254 BGB). Verschulden im Sinne des § 254 BGB ist ein vorwerfbarer Verstoß gegen Gebote des eigenen Interesses, die Verletzung einer sich selbst gegenüber bestehenden Obliegenheit (BGH NJW 2009, 582). Zu denken ist hier insbesondere an die Schadensminderungspflicht, welche besonders im Kraftverkehrshaftpflichtrecht Bedeutung hat.

dd) Verzinsungsregelung

32 Anstelle des Ersatzes des konkreten Nutzungsausfalls einer zerstörten oder beschädigten Sache können für diesen Zeitraum auch abstrakte Zinsen als Schadensersatz gefordert werden, § 849 BGB.

b) Unterlassungsanspruch

33 Der Unterlassungsanspruch ist gesetzlich nicht als Rechtsfolge einer unerlaubten Handlung normiert. In Fortbildung des allgemeinen Rechtsgedankens aus §§ 12, 862, 1004 BGB, § 14 MarkenG, §§ 1, 2 UKlaG etc. hat die Rechtsprechung jedoch den Anspruch für weitere Sachverhalte anerkannt. Denn der Schutz eines Rechts durch einen nachträglichen, repressiven Schadensersatzanspruch gem. § 823 BGB muss ergänzt werden durch einen präventiven, bereits die Entstehung der Rechtsverletzung und des Schadens verhindernden Schutz, weil ein präventiver, rechtzeitig eingreifender Schutz nicht nur im Interesse des Rechtsinhabers ist, sondern auch im Interesse des Verletzers liegt, dem dadurch eine Schadensersatzverpflichtung erspart bleibt.

34 Erforderlich ist ein objektiv widerrechtlicher Eingriff in ein gem. § 823 Abs. 1 BGB geschütztes Recht oder in ein durch eine andere Vorschrift der §§ 823 ff. BGB geschütztes Rechtsgut (BGH CR 2008, 691). Maßgeblich ist die Rechtslage im Zeitpunkt der Entscheidung (BGH NJW 2007, 2558). Die Erstbegehungs- oder Wiederholungsgefahr ist materielle Voraussetzung des Unterlassungsanspruchs. Wenn sie entfällt, erlischt auch der zukunftsgerichtete Unterlassungsanspruch (BGH MDR 2013, 652). Der Anspruch kann, auch bei vorangegangener einstweiliger Verfügung, durch eine (vorbeugende) Unterlassungsklage durchgesetzt werden. Der Unterlassungsanspruch kann, zB im Falle der unverlangten Zusendung von Werbe-Mails (vgl. BGH NJW 2009, 2958 f.) oder der Verletzung des allgemeinen Persönlichkeitsrechts (vgl. BGH MDR 2013, 652) relevant werden.

c) Beseitigungsanspruch

35 Darüber hinaus besteht die Möglichkeit, dass der Inhaber eines geschützten Rechtsgutes von dem Störer die Beseitigung einer durch die unerlaubte Handlung hervorgerufenen, fortbestehenden Beeinträchtigung verlangt (Palandt/Sprau vor § 823 BGB Rz. 28). Zum Löschungsanspruch bei Datenspeicherung s. BGH NJW 2009, 2888.

II. Besondere Haftungsausschlüsse

Durch konkurrierende Ausgleichs- und Schadensersatzansprüche aufgrund versorgungs- und sozialversicherungsrechtlicher Reglungen können die allgemeinen Schadensersatzansprüche aus unerlaubter Handlung beschränkt sein (Palandt/Sprau vor § 823 BGB Rz. 9 f.). 36

1. Arbeitsunfälle

Bei Personenschäden eines gesetzlich unfallversicherten Arbeitnehmers im Rahmen der betrieblichen Tätigkeit wird die Ersatzpflicht eines versicherungspflichtigen Unternehmers aus unerlaubter Handlung durch §§ 104–107 SGB VII ausgeschlossen (vgl. BGH NZS 2012, 548; Burmann/Jahnke NZV 2014, 5 ff.). Auch Personenschäden, die durch andere Arbeitnehmer verursacht werden, sind hiervon umfasst. 37

2. Schulunfälle

Auch bei Schulunfällen kommt eine Haftungsfreistellung des Schädigers in Betracht. Die gesetzliche Unfallversicherung verlagert den Schadensausgleich bei Schulunfällen aus dem individualrechtlichen in den sozialrechtlichen Bereich. Die zivilrechtliche Haftung des Sachkosten-/Schulträgers (§ 136 Abs. 3 Nr. 3 SGB VII) für fahrlässiges Verhalten bei Personenschäden gegenüber dem Schüler wird durch die öffentlich-rechtliche Leistungspflicht der Träger der gesetzlichen Unfallversicherung abgelöst (§ 104 SGB VII). Mit dieser Ablösung einher geht eine entsprechende Haftungsfreistellung aller Schulangehörigen bei Schulunfällen (§ 105 SGB VII). Der Geschädigte muss weder ein Verschulden des Schädigers nachweisen noch sich ein eigenes Mitverschulden auf seine Ansprüche anrechnen lassen, weil diese vielmehr ohne Verzögerung durch langwierige und mit einem Prozessrisiko behaftete Auseinandersetzungen mit dem Schädiger von Amts wegen festgestellt werden (BGH MDR 2012, 462). 38

➲ **Wichtig:** Die Ausschlussregelung gilt jedoch nicht bei vorsätzlicher Schädigung und für Sachschäden. 39

3. Dienstunfälle

Einem Beamten stehen, von Ausnahmen abgesehen, gem. § 46 BeamtVG bei einem Dienstunfall gegenüber seinem Dienstherrn keine Schadensersatzansprüche zu. Er ist lediglich berechtigt, Versorgungsansprüche nach §§ 30 bis 43a BeamtVG geltend zu machen. 40

➲ **Wichtig:** Die Ausschlussregelung gilt jedoch nicht bei vorsätzlicher Schädigung oder Teilnahme am allgemeinen Verkehr (ErwZulG 4) (BGH NJW-RR 2004, 234). 41

Schadensersatzansprüche des Dienstherrn gegenüber einem Beamten regelt § 75 BBG. Ist der Dienstherr aufgrund seiner Alimentationspflicht eintrittspflichtig, kann er gem. § 76 BBG bei dem Schädiger Rückgriff nehmen. 42

4. Weitere Ausschlüsse und Haftungsbeschränkungen

Zu denken ist darüber hinaus auch an gesetzliche Haftungsbeschränkungen unter Gesellschaftern (§ 708 BGB), unter Ehegatten (§ 1359 BGB) und Lebenspartnern (§ 4 LPartG) sowie zwischen Eltern und Kindern (§ 1664 BGB). Auch eine vertragliche Haftungsbeschränkung bzw. ein Ausschluss ist möglich, soweit die gesetzlichen Grenzen, insbesondere §§ 138, 242, 276 Abs. 3 und 305 ff. BGB, eingehalten werden. 43

III. Verjährung

Nachdem die speziellen deliktischen Verjährungsvorschriften des § 852 BGB durch das Gesetz zur Modernisierung des Schuldrechts aufgehoben wurden, enthält § 852 Satz 2 BGB für die Verjährung 44 des Anspruchs auf Herausgabe des durch eine unerlaubte Handlung Erlangten eine eigenständige Spezialregelung, die inhaltlich derjenigen in § 199 Abs. 3 Satz 1 Nr. 1 und 2 BGB angeglichen ist.

45 Ausschlaggebend für die Verjährung im Übrigen sind die allgemeinen Verjährungsvorschriften in §§ 194 ff. BGB, insbesondere §§ 195, 199 BGB. Gem. § 195 BGB beträgt die **regelmäßige Verjährungsfrist** drei Jahre. Sie beginnt mit dem Schluss des Jahres in dem der Anspruch entstanden und der Verletzte Kenntnis von den anspruchsbegründenden Umständen und der Person des Ersatzpflichtigen Kenntnis erlangt hat, bzw. hätte ohne grobe Fahrlässigkeit erlangen müssen (§ 199 Abs. 1 BGB). Unabhängig vom Kenntnisstand des Gläubigers gelten für Sach- und Vermögensschäden die **Höchstfristen** des § 199 Abs. 3 BGB (10 bzw. 30 Jahre), für die sonstigen Schäden die Höchstfrist gem. § 199 Abs. 2 BGB (30 Jahre).

IV. Haftung im Kraftfahrzeugverkehr

46 Sofern die Rechtsverletzung im Kraftfahrzeugverkehr geschieht, können neben den Vorschriften der §§ 823 ff. BGB die Bestimmungen des StVG, hier insbesondere §§ 7, 17 und 18 StVG Anwendung finden. Die Vielzahl derartiger Unfälle hat in der Praxis zu speziellen Handhabungen geführt. So haben der HUK-Verband und der deutsche Anwaltsverein einen „Fragebogen für Anspruchsteller" erarbeitet, der der einheitlichen Aufnahme der für die Beurteilung der Sach- und Rechtslage erforderlichen Angaben dienen kann (hierzu **M 27.1**). Für die Finanzierung von Kfz-Reparaturen nach Unfällen haben die Zentralverbände des Kfz-Handels und des Kfz-Handwerks in Zusammenarbeit mit dem HUK-Verband eine vereinheitlichte Reparaturkosten-Übernahmebestätigung eingeführt. Weiteres ergibt sich aus den Mustern **M 27.2–5**. Zu beachten sein können zudem die im Internet abrufbaren DAV-Empfehlungen *„Merkblatt zur Abwicklung von Kfz-Haftpflichtschäden/Anwaltsgebühren bei der Unfallschadenregulierung, Stand: März 2004"*.

47 Besteht für den Schädiger **Versicherungsdeckung bei einer inländischen Kraftfahrthaftpflichtversicherung**, so ist es empfehlenswert, die Ansprüche direkt bei dieser Versicherung geltend zu machen. In der Regel kann sich das erste Anspruchschreiben, dh. solange eine gegenteilige Darstellung des Schädigers nicht bekannt ist, darauf beschränken, die Anspruchsvoraussetzungen in allgemeiner Form darzulegen.

48 ➲ **Wichtig:** Allerdings gibt es auch Fälle, in denen es tunlich oder sogar erforderlich ist, Schadensersatzansprüche unmittelbar gegenüber dem Schädiger geltend zu machen. So zB bei einem Bagatellschaden, den die Beteiligten untereinander regeln wollen oder in den Fällen, in denen keine Kraftfahrthaftpflichtversicherung zu Gunsten des Schädigers mit einem Direktanspruch des Geschädigten besteht, zB bei einer Schädigung durch ein Kind oder einen Hundehalter. Ratsam ist es, in diesen Fällen zu eruieren, ob nicht eine Privathaftpflicht- oder eine Tierhalterversicherung besteht.

49 Für den Fall, dass ein **ausländisches Kraftfahrzeug** im Inland einen Unfall verursacht, wird der Unfall durch das unter dem Titel „Verein Deutsches Büro Grüne Karte e.V." firmierende Büro reguliert, dessen Anschrift wie folgt lautet:

Deutsches Büro Grüne Karte e.V.
Wilhelmstraße 43/43 G
10117 Berlin
Telefon: +49 30 20205757
Telefax: +49 30 20206757
E-Mail: dbgk@gruene-karte.de

V. Produkthaftung nach ProdHaftG

50 Die Produkthaftung nach dem ProdHaftG regelt die Haftung des Herstellers für Körper-, Gesundheits- und Sachschäden, die durch die Nutzung eines seiner fehlerhaften Produkte verursacht worden sind. Geschützt wird hier, in Abgrenzung zur vertraglichen Mängelhaftung, nicht das Äquivalenz-, sondern das Integritätsinteresse.

Der Fehlerbegriff nach ProdHaftG entspricht nach höchstrichterlicher Rechtsprechung dem deliktsrechtlichen (BGH VersR 2009, 1125). Unter den Begriff des Produkts fällt auch die „Elektrizität", § 2 ProdHaftG. 51

Abweichend von § 823 Abs. 1 BGB setzt § 1 ProdHaftG nicht eine Eigentumsverletzung voraus, sondern die Beschädigung einer Sache. 52

➲ **Hinweis:** Diese Differenzierung hat praktische Konsequenz für die Aktivlegitimierung, als es nämlich keine Rolle spielt, ob der Anspruchsteller Eigentümer ist oder war, sondern neben dem Eigentümer auch Inhaber beschränkt dinglicher Rechte oder eines Anwartschaftsrechts oder der rechtmäßige Besitzer Anspruchsinhaber sind. 53

Sachschäden werden nach dem ProdHaftG nur dann ersetzt, wenn sie nicht das fehlerhafte Produkt selbst betreffen, sondern an einer anderen Sache entstanden sind, welche ihrer Art nach für den **privaten Ge- und Verbrauch** bestimmt ist und von dem Geschädigten hauptsächlich auch so eingesetzt wird (§ 1 Abs. 1 ProdHaftG). 54

Im Gegensatz zur deliktischen Haftung statuiert das ProdHaftG in § 1 ProdHaftG eine verschuldensunabhängige **Gefährdungshaftung**. Dementsprechend entfällt im Rahmen der Produkthaftung die Exkuplationsmöglichkeit des Herstellers, auch für nicht vermeidbare Fehler an Einzelstücken („Ausreißern"). 55

Anspruchseinschränkend sind im ProdHaftG Haftungshöchstbeträge bei Tod oder Körperverletzung (§ 10 ProdHaftG) und eine Selbstbeteiligung bei Sachschäden (§ 11 ProdHaftG) festgelegt. Das ProdHaftG schließt in § 1 Abs. 2 ProdHaftG in nicht unerheblichem Umfang Ersatzpflichten des Herstellers und den Ersatz von Vermögensschäden und Arzneimittelschäden (§ 15 Abs. 1 ProdHaftG) aus. 56

VI. Rechtsanwaltsgebühren

Bei außergerichtlicher Vertretung fällt nach dem RVG eine Geschäftsgebühr nach Nr. 2300 VV RVG an. Diese ist innerhalb eines Satzrahmens von 0,5 bis 2,5 nach den in § 14 Abs. 1 RVG genannten Kriterien zu bestimmen. Eine Gebühr von mehr als 1,3 kann nur gefordert werden, wenn die Tätigkeit umfangreich oder schwierig war. Daneben können noch die Auslagen nach Teil 7 VV RVG verlangt werden. Leistet der Schuldner Zahlung an den Rechtsanwalt, die dieser an seinen Auftraggeber weiterzuleiten hat, so kann der Rechtsanwalt eine Hebegebühr nach Nr. 1009 VV RVG berechnen. 57

➲ **Hinweis:** Die Höhe der Hebegebühr ergibt sich nicht, wie die anderen Gebühren, aus der Tabelle zu § 13 RVG, sondern der Rechtsanwalt erhält einen gewissen Prozentsatz des weiterzuleitenden Betrages. Nr. 1009 VV RVG bestimmt folgende Sätze: 58

1. bis einschließlich 2500 Euro	1,0 %
2. von dem Mehrbetrag bis einschließlich 10 000 Euro	0,5 %
3. von dem Mehrbetrag über 10 000 Euro	0,25 %

VII. Steuerliche Aspekte

Bei unerlaubten Handlungen und deren steuerlichen Folgen, sind die Regelungen der §§ 40 f. AO zu berücksichtigen. Danach ist es für die Besteuerung unerheblich, ob ein Verhalten, das den Tatbestand eines Steuergesetzes ganz oder zum Teil erfüllt, gegen ein gesetzliches Gebot oder Verbot oder gegen die guten Sitten verstößt (§ 40 AO). Die Wirksamkeit bzw. Unwirksamkeit eines Rechtsgeschäftes ist darüber hinaus für die Besteuerung unerheblich, solange die Beteiligten das wirtschaftliche Ergebnis des Rechtsgeschäftes eintreten und bestehen lassen (§ 41 Abs. 1 S. 1 AO); lediglich Scheingeschäfte bzw. Scheinhandlungen sind für die Besteuerung unerheblich. 59

Die aufgrund einer unerlaubten Handlung entstandenen Aufwendungen werden vorwiegend im Bereich der Gewinneinkunftsarten wiederzufinden sein. Da für eine unerlaubte Handlung mehrere Ursachen für die Entstehung des Aufwands bzw. Vermögensverlusts in Betracht kommen können und eine willentliche Beziehung des Steuerpflichtigen zur Wertabgabe typischerweise fehlt, ist zur Abgrenzung von den nicht abziehbaren Kosten der privaten Lebensführung (§ 12 Nr. 1 EStG) zu prüfen, ob ein objektiver, tatsächlicher oder wirtschaftlicher Zusammenhang mit dem Betrieb besteht. Das gilt vor allem, wenn eine unerlaubte Handlung, die zu einem Verlust an Betriebsvermögen führt, aus einer Situation heraus begangen wurde, in der private und berufliche/betriebliche Momente eng miteinander verwoben sind oder einander überlagern. Dies kann zB der Fall sein, wenn ein Sohn zum Nachteil seines Vaters und Arbeitgebers bereits (bilanziell) entstandene Forderungen erst zu einem Zeitpunkt in Rechnung stellt, in dem er nach dem vertraglich vereinbarten Forderungsübergang zivilrechtlich Berechtigter oder wirtschaftlicher Inhaber war. Die hiermit verbundenen Vermögensverluste des geschädigten Vaters sind daher nur dann gewinnwirksam, wenn einwandfrei feststeht, dass das auslösende Moment für die in Frage stehende Wertabgabe ausschließlich im betrieblich/beruflichen Bereich liegt (zB BFH v. 16.11.2005, BFH/NV 2006, 534). Auch durch Straftaten verursachte Geld- bzw. Vermögensverluste (Diebstahl, Unterschlagung, Untreue oder Raub) können zu Betriebsausgaben führen. Bei diesen sog. Zwangsaufwendungen muss jedoch objektiv einwandfrei feststehen, dass das auslösende Moment für die in Frage stehende Minderung des Betriebsvermögens im betrieblichen und nicht im privaten Bereich liegt. Da in einem solchen Fall mehrere Ursachen für die Entstehung des Vermögensverlusts in Betracht kommen können und eine willentliche Beziehung des Steuerpflichtigen zur Wertabgabe typischerweise fehlt, bedarf deren objektiver, tatsächlicher oder wirtschaftlicher Zusammenhang mit dem Betrieb zur Abgrenzung von den nicht abziehbaren Kosten der privaten Lebensführung besonders sorgfältiger Prüfung (BFH v. 11.3.2008, BFH/NV 2008, 958).

VIII. Muster

M 27.1 Fragebogen für Anspruchsteller

Um eine rationelle, einheitliche und formularmäßige Erfassung von Verkehrsunfällen zu gewährleisten, entstand das seinerzeit vom HUK-Verband erstellte Formular eines „Fragebogens für Anspruchsteller". Dieser Fragebogen ist im Internet abrufbar und erleichtert die Schadensregulierung wesentlich, weil er die wichtigsten Punkte, die es in diesem Zusammenhang zu beachten gilt, enthält. So können Angaben zu folgenden Punkten gemacht werden[1]*:*

I. Persönliche Angaben des Anspruchstellers

Name, Vorname, Anschrift, Beruf, Telefon, Vorsteuerabzugsberechtigung

II. Angaben über den Unfallgegner/Verursacher des Schadens

Name, Vorname, Anschrift; versichernde Gesellschaft einschließlich der Nummer seines Versicherungsscheins, amtliches Kennzeichen

III. Angaben zum Schadenshergang

Schadenort, Schadentag, Uhrzeit, polizeiliche Unfallaufnahme, wenn ja, durch welche Polizeidienststelle, wer wurde gebührenpflichtig verwarnt?, Andere am Vorfall beteiligte Personen, Tiere, Maschinen, Fahrzeuge, Namen und Anschrift von Zeugen

IV. Genaue Schadensschilderung[2]

1 Keineswegs sollte der Anspruchsteller sich davor scheuen, auf einem separaten Blatt zusätzliche Hinweise und Bemerkungen zu geben. Denn eine genaue, vollständige und wahrheitsgetreue Beantwortung aller Frage hilft, Verzögerungen in der Schadenabwicklung zu vermeiden. Zweckmäßig ist ferner, dem Fragebogen für Anspruchsteller zugleich Belege und Quittungen beizufügen, um der gegnerischen Haftpflichtversicherung Feststellungen/Überprüfungen zur Schadenhöhe zu ermöglichen.

2 Insbesondere zum Unfallhergang sollte eine genaue und vollständige Schilderung, die ggf. durch eine Skizze auf einem besonderen Blatt ergänzt wird, erfolgen.

V. Bei Ansprüchen wegen Sachschäden allgemeiner Art[3]*:*

Was wurde beschädigt? Art und Umfang der Beschädigung? Wer ist Eigentümer der beschädigten Sache?, Wann und zu welchem Preis ist die beschädigte Sache angeschafft worden?, Voraussichtliche Höhe des Schadens/der Reparaturkosten, Reparaturdauer, Wann und wo kann die beschädigte Sache besichtigt werden?, Vorschäden der beschädigten Sache(n): (Anzahl und Schadenhöhe)

Bei beschädigten Kraftfahrzeugen zusätzlich auszufüllen:

Name und Anschrift des Fahrers, Fahrzeugart, Fabrikat, Baujahr, km-Stand, amtl. Kennzeichen, Anzahl der im Kraftfahrzeugbrief eingetragenen Vorbesitzer, wo kann das Fahrzeug besichtigt werden, bei welcher Gesellschaft und unter welcher Vers.-Schein-Nummer war das Fahrzeug zum Zeitpunkt des Unfalls versichert unter Nennung der betreffenden Gesellschaft und Versicherungsnummer, bestand eine Vollkaskoversicherung oder eine Teilkaskoversicherung mit Höhe der Selbstbeteiligung

Hinweis:

Falls kein Totalschaden vorliegt, ist unter dem Gesichtspunkt der Schadenminderungspflicht die sofortige Inangriffnahme der Reparatur ratsam. Denn ein Schaden, der durch verspätete Auftragserteilung entsteht, geht nicht zu Lasten des Schädigers.

Die Reparaturwerkstatt sollte dahingehend informiert werden, dass die Reparaturrechnung unter Berücksichtigung der Arbeitswertliste des Herstellerwerks aufzustellen ist.

VI. Bei Ansprüchen wegen Personenschäden:

Name und Anschrift der/des Verletzten, Geburtsdatum, Familienstand, Anzahl und Alter der Kinder, ausgeübter Beruf, Selbständigkeit oder Anstellungsverhältnis, monatliches Nettoeinkommen, Art und Umfang der Verletzungen, Angaben zum Krankenhausaufenthalt einschließlich Nennung und Anschrift des Krankenhauses, Angaben zu einer Krankschreibung einschließlich Nennung und Anschrift des behandelnden Arztes, Angaben zur Krankenkasse bzw. -versicherung des Verletzten, Bestehen einer Rentenversicherung ggf. mit Nennung des betreffenden Rentenversicherungsträgers, Frage, ob ein Berufsunfall vorliegt bzw. sich der Unfall auf dem Weg zur Arbeit ereignete und bejahendenfalls welche Berufsgenossenschaft zuständig ist, Ausstattung des Fahrzeugs mit Sicherheitsgurten und Frage, ob diese angelegt waren, Tragen eines Schutzhelms

Schließlich enthält der Fragebogen eine Entbindung der behandelnden Ärzte von der Schweigepflicht gegenüber dem Versicherungsunternehmen.

3 Bedingt durch die erste Aufregung bei einem Verkehrsunfall werden oftmals sonstige beschädigte oder sogar zerstörte Sachen übersehen, wie zB Kleidungsstücke, Gepäck, sonstige transportierte Gegenstände. Auch diesbezüglich kann es angebracht sein, eine vollständige Aufstellung auf einem besonderen Blatt zu fertigen.

M 27.2 Geltendmachung von Ansprüchen aus Verkehrsunfall gegenüber dem Schädiger

(Anspruchsschreiben – Auszug)[1]

... hiermit zeige ich an, dass mich Herr/Frau/Firma ... (Name, Anschrift) aus Anlass der vorstehend genannten Unfallangelegenheit mit der Wahrnehmung seiner/ihrer rechtlichen Interessen beauftragt hat. Meine Vollmacht, die ersichtlich auch eine Geldempfangsvollmacht umfasst, ist im Original in der Anlage beigefügt.

Mein Mandant, Herr/Frau/Firma ... (Name) ist Eigentümer des Pkw mit dem amtlichen Kennzeichen ... Zur Unfallezeit am ... (Datum) befuhr mein Mandant, Herr/Frau ... (Name), mit seinem Fahrzeug ... (Hersteller, Typ) gegen ... Uhr die ... (Straße) in Richtung ... (Straße). Im Kreuzungsbereich zur ... (Straße) brachte er den Pkw vor der dort auf Rot geschalteten Lichtzeichenanlage

1 Zur Möglichkeit eines Schreibens an die Versicherung s. Rz. 47.

zum Halten. Sodann fuhren Sie auf das bereits mehrere Sekunden stehende Fahrzeug meines Mandanten auf.

Der Verkehrsunfall wurde bei der Polizei ... aufgenommen. Darüber hinaus stehen als Unfallzeugen Herr ... und Frau ..., wohnhaft ... (Anschrift) zur Verfügung.

Somit sind die Voraussetzungen des § 7 Abs. 1 StVG gegeben. Die Ersatzpflicht ist auch nicht ausgeschlossen. Der Unfall wurde auch nicht durch höhere Gewalt gem. § 7 Abs. 2 StVG verursacht.

Sie sind meinem Mandanten somit zum Ersatz des entstandenen Schadens verpflichtet, der sich wie folgt zusammensetzt:

1. Reparaturkosten	*... Euro*
2. Nutzungsentschädigung für drei Tage à ... Euro	*... Euro*
3. Allgemeine Unkosten (pauschal) ...	*... Euro*
Gesamt	***... Euro***

Den vorstehend ausgewiesenen Gesamtbetrag zuzüglich der aus der Anlage ersichtlichen Kosten meiner Inanspruchnahme[2] *wollen Sie bitte auf mein nachstehend aufgeführtes Konto unter Angabe des Aktenzeichens ... überweisen. Meine Beauftragung war erforderlich, nachdem Sie es nicht für erforderlich gehalten haben, auf das Schreiben meines Mandanten vom ... (Datum) zu reagieren. Für den Eingang der Zahlung habe ich mir eine Frist bis spätestens ... (Datum) notiert.*

Mit freundlichen Grüßen

... (Unterschrift)

Hinweis:

Reparaturkosten

Der Geschädigte darf, sofern die Voraussetzungen für eine fiktive Schadensberechnung vorliegen, dieser grundsätzlich die üblichen Stundenverrechnungssätze einer markengebundenen Fachwerkstatt zugrunde legen, die ein von ihm eingeschalteter Sachverständiger auf dem allgemeinen regionalen Markt ermittelt hat. Grundsätzlich besteht nämlich ein Anspruch des Geschädigten auf Ersatz der in einer markengebundenen Vertragswerkstatt anfallenden Reparaturkosten unabhängig davon, ob er den Wagen tatsächlich voll, minderwertig oder überhaupt nicht reparieren lässt. Allerdings ist zu beachten, dass unter Umständen ein Verweis des Schädigers auf eine günstigere Reparaturmöglichkeit in einer mühelos und ohne Weiteres zugänglichen anderen markengebundenen oder „freien" Fachwerkstatt möglich ist. Dies ist dann der Fall, wenn der Schädiger darlegt und gegebenenfalls beweist, dass eine Reparatur in dieser Werkstatt vom Qualitätsstandard her der Reparatur in einer markengebundenen Fachwerkstatt entspricht und der Geschädigte keine Umstände aufzeigt, die ihm eine Reparatur außerhalb der markengebundenen Fachwerkstatt unzumutbar machen (BGH MDR 2013, 775).

Nutzungsausfall

Verbleibt das Fahrzeug länger als im Gutachten vorgesehen zur Reparatur in der Werkstatt und ist dadurch eine höhere Nutzungsausfallentschädigung zu zahlen, ist dies grundsätzlich nicht dem Geschädigten anzulasten. Auch insoweit trägt der Schädiger das Werkstattrisiko (LG Hamburg DV 2014, 39).

2 Dazu Rz. 57.

M 27.3 Meldung von Schäden aus Verkehrsunfall gegenüber dem Haftpflichtversicherer des Schädigers[1]

(Schadensmeldung – Auszug)[2]

Betr. ... Versicherungs AG (in der Regel die Kraftfahrzeughaftpflichtversicherung)

Ihr VN: Herr/Frau ... (Name und Anschrift des Schädigers)

Schaden-Nr./VS-Nr./Az. ... (idR Nr. der Versicherungspolice des Schädigers)

Schaden vom ...

Pkw ..., amtl. Kennzeichen ...[3]

...

Herr/Frau ..., wohnhaft ... (Anschrift), hat mich ausweislich der im Original beigefügten Vollmacht damit beauftragt, aus Anlass der im Betreff genannten Verkehrsunfallangelegenheit seine rechtlichen Interessen wahrzunehmen und Ersatzansprüche geltend zu machen.

Zur Begründung der hiermit geltend gemachten Ersatzansprüche verweise ich zunächst auf den als weitere Anlage beigefügten „Fragebogen für Anspruchsteller"[4]*, dem Sie bitte die Schilderung des Unfallhergangs*[5] *sowie die sonstigen wesentlichen Einzelheiten entnehmen wollen. Insbesondere verweise ich darauf, dass der Unfall von der Polizeidienststelle ... (Anschrift) unter Tagebuch-Nummer ... aufgenommen wurde und ein unbeteiligter Zeuge vorhanden ist, der den von meinem Mandanten geschilderten Unfallhergang bestätigt. Herr/Frau ... (Name und Anschrift) hat den Unfallhergang von ... (zB Straßenrand) aus beobachtet.*

Den von meinem Mandanten enthaltenen Angaben muss ich entnehmen, dass neben Ihrem Versicherungsnehmer Ihr Unternehmen in vollem Umfang für den Schaden haftet, der meinem Mandanten infolge des Unfalls entstanden ist.

An dem Fahrzeug meines Mandanten entstand ein erheblicher Sachschaden, der derzeit sachverständig begutachtet wird. Nach Zugang des Gutachtens werde ich den Schaden gesondert beziffern[6].

---

1 Wird durch ein ausländisches Kraftfahrzeug im Inland ein Straßenverkehrsunfall verursacht, erfolgt eine Versicherungsdeckung durch das Grüne-Karte-System. In diesem Fall ist das Anspruchschreiben an das Deutsche Büro Grüne Karte e.V. zu richten (s. Rz. 49).

2 Bei diesem Anschreiben handelt es sich um die Meldung des Schadensfalles, mit der der Geschädigte zugleich seiner gesetzlichen Anzeigepflicht (§ 119 Abs. 2 VVG) genügt. Diese Anzeige dient darüber hinaus insbesondere in den Fällen, in denen es der Schädiger bislang unterlassen hat, seiner Versicherung den Unfall anzuzeigen oder dieser nur mangelhaft gemeldet wurde, der Beschleunigung der Schadensabwicklung. Es handelt sich hierbei um den Regelfall der Vorgehensweise, denn nicht selten wird von einem Schädiger die Auffassung vertreten, dass für die Regulierung eines Verkehrsunfalls generell – und womöglich allein – seine Haftpflichtversicherung zuständig sei. Die Inanspruchnahme des Versicherers empfiehlt sich für den Geschädigten oftmals auch deshalb, weil dieser in der Regel über die Kompetenz in der Schadensregulierung verfügt und gerade bei größeren Schäden nicht damit gerechnet werden kann, sich mit dem Schädiger in angemessener Zeit gütlich zu einigen. Nach dem Rechtsgedanken des § 119 Abs. 3 VVG ist der Versicherer wiederum berechtigt, vom Geschädigten zwecks Feststellung des Schadensereignisses und der Höhe des Schadens Auskunft zu verlangen und die Vorlage von Belegen anzufordern, soweit dies dem Geschädigten billigerweise zugemutet werden kann.

3 Diese Angaben dienen der raschen Schadenserfassung und -bearbeitung.

4 Durch die im beigefügten „Fragebogen für Anspruchsteller", vgl. **M 27.1**, gemachten Angaben wird in der Regel die Schadensbearbeitung schon deshalb erleichtert, weil die wesentlichen Angaben formularmäßig und in übersichtlicher Form dargestellt sind.

5 Sollte die Schilderung des Unfallhergangs vom Geschädigten im „Fragebogen für Anspruchsteller" nur unzureichend erfolgen, empfiehlt es sich, zur Begründung der Haftung dem Grunde nach ergänzend auszuführen. Denn die in Anspruch genommene Versicherung wird ihre Einstandspflicht dem Grund nach nur dann anerkennen, wenn sie von ihrer Einstandspflicht überzeugt ist. **Praxistipp:** Je prägnanter die Schilderung des Unfallhergangs erfolgt, desto eher ist die Versicherung geneigt, keine umfangreichen Nachforschungen zum Unfallgeschehen anzustellen.

6 Dazu Rz. 24.

Mein Mandant erlitt infolge des Unfalls nicht unerhebliche Verletzungen. Der Personenschaden wurde im ... (Anschrift)-Krankenhaus erst- und bei ... (Anschrift des weiterbehandelnden Arztes) weiterbehandelt. Sobald mir das ärztliche Attest vorliegt, werde ich auch zu dem Personenschaden gesondert Stellung nehmen[7].

Abschließend bitte ich um möglichst umgehende Anerkennung Ihre Haftung dem Grunde nach im Rahmen der gesetzlichen Haftungsbestimmungen. Für den Eingang Ihrer Stellungnahme habe ich mir hier eine Frist bis spätestens ... (Datum) notiert.

...

7 **Praxistipp:** Es kann sich ferner anbieten, darauf hinzuweisen, dass der Mandant finanziell nicht so gestellt ist, um den Unfallschaden vorzufinanzieren und zur Meidung eines Zinsschadens eine angemessene Akontierung der Ansprüche geltend zu machen.

M 27.4 Geltendmachung von Schäden aus einem Verkehrsunfall gegenüber dem Haftpflichtversicherer des Schädigers

(Auszug aus dem Abrechnungsschreiben)

...

Betr. Schadennummer

Ihr Schreiben vom ... (Datum)

...

Anknüpfend an Ihr Schreiben vom ... (Datum), mit dem Sie Ihre Ersatzpflicht aufgrund der gesetzlichen Haftpflichtbestimmungen dem Grunde nach vollumfänglich anerkannt haben, erlaube ich mir, Ihnen ergänzend zu den bereits mit Schreiben vom ... (Datum) überreichten Unterlagen in der Anlage folgende Unterlagen zu übersenden:

- *Gutachten des Kfz-Sachverständigen ... (Name) vom ... (Datum) zur*
  - *a) Unabwendbarkeit des Unfalls für meinen Mandanten sowie*
  - *b) zur unfallbedingten Dauer der Reparatur.*
- *ärztliche Stellungnahme des Herrn/Frau ... (Name des behandelnden Arztes) vom ... (Datum) zum Umfang der erlittenen Verletzungen meines Mandanten.*
- *durchnummeriert von ... (zB 1–6) Rechnungen und sonstige Belege meines Mandanten zum Zweck des Nachweises der Höhe der nachfolgend aufgeführten Schadenspositionen.*

M 27.5 Kostendeckungsanfrage an Rechtsschutzversicherer

(Auszug aus einer schriftlichen Anfrage nach einem Verkehrsunfall)

...

Betr. ... Versicherungs AG (zB Rechtsschutzversicherung)

Mandant und Ihr VN: Herr/Frau ... (Name und Anschrift des Mandanten und Versicherungsnehmers)

Schaden-Nr./VS-Nr./Az. ... (Nr. der Versicherungspolice des Mandanten)

...

Ihr Versicherungsnehmer, Herr/Frau ..., wohnhaft ... (Anschrift), hat mich ausweislich der im Original beigefügten Vollmacht damit beauftragt, aus Anlass des am ... (Datum) erfolgten Verkehrsunfalls seine zivilrechtlichen Ansprüche geltend zu machen.

Aus diesem Grunde übersende ich als Anlage 1 den „Fragebogen für Anspruchsteller" und als Anlage 2 eine Abschrift der Schadensanzeige gegenüber der gegnerischen Haftpflichtversicherung[1]. *Von einer detaillierten Darstellung des Unfallgeschehens sehe ich an dieser Stelle ab und erlaube mir bezüglich der Schilderung des Unfallhergangs sowie der sonstigen wesentlichen Details auf den „Fragebogen für Anspruchsteller" zu verweisen.*

Bedingt durch den erheblichen Schadensumfang sowie den Umstand, dass ein Mitverschulden meines Mandanten nicht gänzlich ausgeschlossen werden kann, muss ich davon ausgehen, dass die Regulierung des Schadens sowohl in tatsächlicher als auch rechtlicher Hinsicht einen erheblichen Umfang annehmen wird. Eine anwaltliche Vertretung ist aus diesem Grunde und unter Berücksichtigung des Umstandes, dass im Falle einer ggf. notwendigen Klageerhebung das Landgericht zuständig ist[2], *geboten.*

Namens und im Auftrag meines Mandanten möchte ich Sie deshalb um Zusage eines kostendeckenden Rechtsschutzes zunächst für die außergerichtliche Geltendmachung der Schadenersatzansprüche gegenüber der gegnerischen Haftpflichtversicherung bitten. Sollte die gerichtliche Durchsetzung von Schadenersatzansprüchen notwendig werden, werde ich Sie mit gesondertem Schreiben hierüber in Kenntnis setzen und um Zusage eines kostendeckenden Rechtsschutzes auch für die gerichtliche Geltendmachung bitten[3].

Über den Fortgang der Angelegenheit werde ich Sie unaufgefordert und zur gegebenen Zeit unterrichten und verbleibe in Erwartung Ihrer Stellungnahme[4].

...

1 Auch in diesem Fall gilt, dass es den an der Schadensregulierung Beteiligten, zu denen auch der Rechtsschutzversicherer gehört, oftmals die Bearbeitung erleichtert, wenn die wesentlichen Angaben im „Fragebogen für Anspruchsteller" (vgl. **M 27.1**) in übersichtlicher und bekannter Form dargelegt werden.

2 Ein Hinweis auf den gem. § 78 Abs. 1 ZPO normierten Anwaltszwang.

3 Eine Kostendeckungszusage kann verständlicherweise nur dann erwartet werden, wenn durch den Rechtsschutzversicherungsvertrag das entsprechende Risiko dem Grunde nach überhaupt versichert wurde. Dem Umfang nach sind die einschlägigen Vertragsbedingungen sowie die Allgemeinen Bedingungen für die Rechtsschutzversicherung – ARB maßgeblich.

4 Insbesondere die Rechtsanwälte, die mit der betroffenen Rechtsschutzversicherung in Erstkontakt treten, müssen damit rechnen, dass diese Rückfragen wegen der Erfolgsaussichten stellt und die Abwicklung des Rechtsschutzfalls genauer verfolgt.

8. Abschnitt. Verpfändung, Eigentumsvorbehalt und Sicherungsgeschäfte

Kapitel 28 Pfandrecht an beweglichen Sachen und Rechten

Literatur: *Baur/Stürner*, Sachenrecht, 18. Aufl. 2009; *Bülow*, Recht der Kreditsicherheiten, 8. Aufl. 2012; *Habersack*, Sachenrecht, 7. Aufl. 2012; *Lwowski/Fischer/Langenbucher*, Das Recht der Kreditsicherung, 9. Aufl. 2011; *Reinicke/Tiedtke*, Kreditsicherung, 5. Aufl. 2006; *Schimansky/Bunte/Lwowski*, Bankrechts-Handbuch, 4. Aufl. 2011; *Vieweg/Werner*, Sachenrecht, 6. Aufl. 2013; s. ferner die Literaturhinweise zu Kap. 29.

I. Einleitung

1. Merkmale des Pfandrechts

1 Das Pfandrecht ist ein gesetzlich ausgeformtes Mittel der Kreditsicherung. Es wird **zur Sicherung** einer Forderung **an beweglichen Sachen (§ 1204 Abs. 1 BGB) oder Rechten (§ 1273 ff. iVm. 1204 ff. BGB)**, insbesondere aber auch **Forderungen (§§ 1279 ff. BGB) bestellt**. Durch das Pfandrecht wird dem Gläubiger das beschränkt dingliche Recht eingeräumt, den verpfändeten Gegenstand im Sicherungsfall zu verwerten, um sich hinsichtlich der gesicherten Forderung aus dem Erlös zu befriedigen (§§ 1204, 1273 BGB), ohne dass die Eigentumsverhältnisse am Gegenstand verändert werden.

2 Das Pfandrecht ist vom Bestand der Forderung, die es sichern soll, abhängig (Akzessorietät). Die zu sichernde Forderung kann künftig oder bedingt sein (§ 1204 Abs. 2 BGB). Ausreichend ist, dass sie **ihrem Entstehungsgrund nach bestimmbar** ist (BGHZ 86, 340, 346); ihrer Höhe nach muss sie nicht von vornherein feststehen. Auch ein Pfandrecht zur Sicherung „aller gegenwärtigen und künftigen Forderungen" gegen einen bestimmten Schuldner oder zur Sicherung „aller Forderungen des Gläubigers aus laufendem Kredit" ist daher zulässig (Palandt/Bassenge § 1204 BGB Rz. 11). Rechtswirksamkeit kann die Verpfändung einer künftigen Forderung aber erst entfalten, nachdem diese selbst entstanden ist (BGH MDR 2010, 774).

3 Das Pfandrecht gibt dem Gläubiger für den Fall, dass ein Dritter die Zwangsvollstreckung in den verpfändeten Gegenstand betreibt, ein **Recht auf vorzugsweise Befriedigung (§ 805 ZPO)**. In der Insolvenz des Eigentümers des Pfandes hat der Pfandgläubiger ein Recht auf abgesonderte Befriedigung nach § 50 InsO iVm. §§ 166–173 InsO.

a) Akzessorietät

4 Das Pfandrecht kann nicht ohne Forderung entstehen und erlischt mit der zu sichernden Forderung (§ 1252 BGB – Akzessorietät). Als streng akzessorisches Sicherungsrecht geht das Pfandrecht gem. §§ 1250 Abs. 1, 398, 401 Abs. 1 BGB mit Abtretung der gesicherten Forderung auf den Erwerber über. In diesem Fall erwirbt der Zessionar das Pfandrecht in dem Haftungsumfang und mit dem Inhalt, wie es sich zuletzt beim Zedenten befand (Vieweg/Werner § 10 Rz. 29). Einreden gegen die Forderung können dementsprechend auch gegen das Pfandrecht geltend gemacht werden (§ 1211 BGB).

b) Spezialität

Für das Pfandrecht gilt der **Grundsatz der Spezialität**. Nur einzelne Sachen oder Rechte können als Pfand dienen. Die Bestellung eines Pfandrechts an Sachgesamtheiten ist nicht möglich (Erman/J. Schmidt § 1204 BGB Rz. 8). Eine zusammenfassende Bezeichnung mehrerer verpfändeter Einzelgegenstände oder Rechte hindert aber die Entstehung des Pfandrechts nicht. Für ein und dieselbe zu sichernde Forderung kann ein Pfandrecht auch an mehreren Sachen oder Rechten bestellt werden (§ 1222 BGB). 5

c) Publizität

Ein weiteres wesentliches Merkmal des Pfandrechts ist das Erfordernis der Publizität. Das Pfandrecht muss nach außen hin erkennbar sein. Zur Bestellung des Pfandrechts an einer Sache ist deshalb erforderlich, dass der Gläubiger den **Besitz** an der Pfandsache erhält und Eigentümer sowie Gläubiger sich darüber einig sind, dass dem Gläubiger das Pfandrecht zustehen soll (§ 1205 BGB). Die Verpfändung einer Forderung muss dem Schuldner **angezeigt** werden (§ 1280 BGB) – was man in der Praxis gerne vermeiden möchte und deshalb die Sicherungsabtretung wählt. Bei der Bestellung eines Pfandrechts an einem sonstigen Recht findet der Grundsatz der Publizität in der Weise Anwendung, dass die Pfandrechtsbestellung nach den für die Übertragung des Rechts geltenden Vorschriften erfolgt; ist zur Übertragung des Rechts die Übergabe einer Sache erforderlich, finden für die Verpfändung des Rechts zusätzlich die Bestimmungen über die Verpfändung von Sachen Anwendung (§ 1274 Abs. 1 Satz 2 BGB). 6

Einige sondergesetzliche Regelungen außerhalb des BGB lassen anstelle des Besitzübergangs die Eintragung des Pfandrechts in ein **öffentliches Register** genügen. Hierzu gehören beispielsweise das Gesetz über Rechte an Luftfahrzeugen und das Pachtkreditgesetz. 7

Manche der kraft Gesetzes entstehenden Pfandrechte sind **besitzlose** Pfandrechte, etwa das des Vermieters (§ 562 BGB), des Verpächters (§ 592 BGB) und das des Gastwirts (§ 704 BGB) an den von deren Vertragspartnern **eingebrachten Sachen**. 8

M 28.1 Verpfändung mit Übergabe

(Verpfändungsvertrag – Auszug)[1]

...

Hiermit bestätige ich, dass mir Herr/Frau/Firma ... (Name, Anschrift) am ... (Datum) ein Darlehen iHv. ... (Betrag) Euro gewährt hat. Das Darlehen ist zum ... (Datum) zur Rückzahlung fällig und iHv. ... (Prozentsatz) % zu verzinsen.

Zur Sicherung des vorgenannten Darlehens verpfände ich Herrn/Frau/Firma ... (Name) hiermit ... (Bezeichnung des Gegenstandes)[2]*. Dieser in meinem Eigentum*[3] *stehende Pfandgegenstand, den ich ... (Datum) zum Preis von ... (Preis) Euro/DM erworben hatte, hat nach unserer übereinstimmenden Einschätzung einen gegenwärtigen Wert von etwa ... (Betrag) Euro.*

Der Pfandgegenstand wurde heute von mir an Herrn/Frau/Firma ... (Name und ggf. Anschrift) ausgehändigt. Der Gläubiger verpflichtet sich, den Pfandgegenstand sorgfältig zu verwahren[4]*.*

1 Das vorliegende Angebot zum Abschluss eines Pfandvertrags kann vom Gläubiger mündlich oder sogar stillschweigend angenommen werden.

2 Aus Gründen hinreichender Klarheit empfiehlt es sich, den Pfandgegenstand näher zu spezifizieren, also zB Angaben zu Hersteller, Typ und ggf. Herstellungsnummer einer Armbanduhr, die jedenfalls dann, wenn es sich um einen bekannten Markenhersteller handelt, als ein relativ wertbeständiger Pfandrechtsgegenstand anzusehen ist, zu machen.

3 Von Gesetzes wegen wird davon ausgegangen, dass der Verpfänder Eigentümer des Pfandgegenstands ist, § 1205 Abs. 1 BGB. Dessen ungeachtet ist aber auch gem. § 1207 BGB ein gutgläubiger Erwerb eines dem Verpfänder nicht gehörenden Pfandgegenstands möglich.

4 Die Verpflichtung zur ordnungsgemäßen Verwahrung des Pfandgegenstands folgt aus § 1215 BGB.

Mit Begleichung der Forderung aus dem vorstehend aufgeführten Darlehensvertrag, also Rückzahlung des zu verzinsenden Darlehensbetrages an Herrn/Frau/Firma ... (Name) ist Herr/Frau/Firma ... (Name) dazu verpflichtet, mir den Pfandgegenstand zurückzugeben[5].

Gerate ich mit der Rückzahlung des zu verzinsenden Darlehensbetrages länger als eine Woche[6] *in Verzug, ist Herr/Frau/Firma ... (Name) dazu berechtigt, sich aus dem Pfandgegenstand nach den gesetzlichen Bestimmungen über den Pfandverkauf zu befriedigen.*

---

5 Das Pfandrecht endet nicht nur durch Erlöschen der gesicherten Forderung, § 1252 BGB, sondern auch dadurch, dass der Pfandgegenstand vom Pfandgläubiger an den Verpfänder zurückgegeben wird, § 1253 BGB und durch einseitige Verzichtserklärung des Pfandgläubigers, § 1255 Abs. 1 BGB.

6 Mit dieser Abrede wird wirksam von der gesetzlich vorgesehenen Monatsfrist (§ 1234 Abs. 2 BGB) abgewichen, § 1245 BGB. S. Rz. 42.

d) Priorität

9 Das Pfandrecht unterliegt gleichfalls dem sachenrechtlichen Prioritätsprinzip; eine Sache kann also (nacheinander) auch mit mehreren Pfandrechten belastet werden. Für die Rangfolge ist der Zeitpunkt der Bestellung entscheidend (§ 1209 BGB).

10 ➲ **Wichtig:** Durchbrochen wird dieser Grundsatz durch § 1208 BGB und § 366 Abs. 2 HGB. Ferner für die gesetzlichen Pfandrechte des Kommissionärs, Frachtführers, Spediteurs und Lagerhalters nach § 433 HGB.

2. Beteiligte

11 Die an der Verpfändung (und ihrer Abwicklung) beteiligten Personen sind der persönliche **Schuldner** sowie der **Pfandeigentümer/Verpfänder**. Die Rechtsstellungen von Schuldner und Eigentümer können in einer Person zusammenfallen. Möglich ist jedoch auch, dass ein Sacheigentümer, der selbst nichts schuldet, seine Sache zur Sicherung der Forderung eines anderen (Schuldners) verpfändet. Vier Personen sind schließlich beteiligt, wenn fremde Sachen für fremde Schulden verpfändet werden (vgl. § 1207 BGB). Regelmäßig sind Forderungs- und Pfandgläubiger jedoch identisch.

12 Die gesetzliche Regelung der §§ 1204 ff. BGB betrifft die **sachenrechtlichen (dinglichen) Beziehungen** von Pfandgläubiger und Verpfänder, einschließlich Pfandverwertung. Die **schuldrechtlichen Beziehungen**, die für den Schuldner die Verpflichtung begründen, ein Pfandrecht zu bestellen oder durch einen Dritten (Eigentümer) bestellen zu lassen, werden durch Verträge geregelt; im Rahmen solcher Verträge werden gelegentlich die Beziehungen zwischen Verpfänder und Pfandgläubiger abweichend von den Bestimmungen der §§ 1204 ff. BGB gestaltet.

3. Wirtschaftliche Bedeutung

13 Insbesondere das Prinzip der Publizität, also die Übergabe des Pfandes bzw. die Anzeige an den Schuldner, ist Grund dafür, dass die wirtschaftliche Bedeutung des **vertraglichen Pfandrechts** gering ist. Die Praxis des allgemeinen Geschäfts-, insbesondere des Bankverkehrs, bedient sich zur Sicherung von Forderungen vorrangig des Eigentumsvorbehalts bzw. der Sicherungsübereignung (s. Kap. 29).

14 Bedeutung hat das **vertragliche Pfandrecht** für die gewerbliche Pfandleihe (Pfandhäuser) und bei Verpfändung von Wertpapieren (Lombardkredit). Häufigere Anwendung finden die **gesetzlichen Pfandrechte** (Rz. 29 f.) des BGB und HGB, zB Vermieter (§§ 562 ff. BGB), Werkunternehmer (§ 647 BGB), Kommissionär (§ 397 HGB), Spediteur (§ 464 HGB) usw. Hierzu insgesamt: Erman/J. Schmidt Einl. § 1204 BGB Rz. 1 f.

4. Irreguläre Pfandrechte

15 Abweichungen von den oben genannten Grundsätzen findet man bei den sog. irregulären Pfandrechten. Bei ihnen wird der Pfandgläubiger ermächtigt, die zur Sicherung einer Forderung ihm

übergebene Sache für sich zu verwenden und an ihrer Stelle eine gleichartige Sache zurückzugewähren (BGHZ 127, 138, 140). Ob ein irreguläres Pfandrecht vereinbart wurde, ist durch Ermittlung des Parteiwillens festzustellen.

Der **wichtigste Fall** eines irregulären Pfandrechts ist die **Barkaution**, bei der Geld zum Zwecke der Forderungssicherung übereignet wird (vgl. BGHZ 127, 138, 140 ff.). Auf diese sind die §§ 1204 ff., insbes. §§ 1213, 1214 (BGH NJW-RR 2010, 633), 1223, 1247 Satz 2, 1252 und 1254 BGB entsprechend anwendbar. Umstritten ist die Behandlung des **Flaschenpfands**, bei dem der Anspruch des Händlers auf Rückgabe der dem Abnehmer überlassenen Flaschen oder Getränkekisten durch die Hingabe von Geld gesichert wird. 16

Im Falle der **Barkaution** wird vereinbart, dass der Sicherungsnehmer Eigentümer bleibt und er bei Wegfall des Sicherungszweckes dem Sicherungsgeber einen gleichen Gegenstand zurück zu übertragen hat.

Die rechtliche Behandlung des **Flaschenpfands** ist umstritten (Weber NJW 2008, 948 ff.). Die pfandrechtlichen Vorschriften finden auf das Flaschenpfand nach aktueller Rechtsprechung keine Anwendung. Vielmehr kommt es in Abhängigkeit vom jeweiligen Flaschentyp zu einer Eigentumsübertragung (BGH NJW 2007, 2912; vgl. auch BGH NJW-RR 2010, 1432).

II. Entstehung des Pfandrechtes

Pfandrechte können **rechtsgeschäftlich bestellt** werden oder **kraft Gesetzes** entstehen, außerdem begründet eine Pfändung als staatlicher Hoheitsakt im Rahmen der Zwangsvollstreckung ein Pfandrecht (§§ 803 ff. ZPO), dessen Rechtsnatur umstritten ist (zum Theorienstreit Zöller/Stöber § 804 ZPO Rz. 2; BGH NJW 1992, 2570; zur Handhabung BGH NJW 1989, 2536). 17

1. Rechtsgeschäftliche Bestellung einschließlich gutgläubigen Erwerbs

a) Einigung und Übergabe

Ein Pfandrecht an einer beweglichen Sache wird in der Weise bestellt, dass der Eigentümer (Verpfänder) und der Pfandgläubiger beim sachenrechtlichen Vollzug der schuldrechtlichen Sicherungsabrede sich über die Bestellung des Pfandrechts einig werden (§ 1205 Abs. 1 BGB) und entweder den Pfandgegenstand übergeben (§ 1205 Abs. 1 BGB) oder in den Fällen des unmittelbaren Besitzes eines Dritten der mittelbare Besitz an der Pfandsache übertragen (§ 1205 Abs. 2 BGB) oder aber dem Pfandgläubiger Mitbesitz eingeräumt wird (§ 1206 BGB). 18

Aufgrund des Publizitätsgrundsatzes (s. Rz. 6 ff.) ist es nicht möglich, die Übergabe durch Vereinbarung eines Besitzmittlungsverhältnisses (§ 930 BGB) derart zu ersetzen, dass der Verpfänder zum unmittelbaren Besitz berechtigt ist (Erman/J. Schmidt § 1205 BGB Rz. 10). Sofern der Verpfänder nur mittelbarer Besitzer der Pfandsache ist, kann die Übergabe jedoch durch Übertragung des mittelbaren Besitzes auf den Pfandgläubiger (§§ 870, 398 BGB) *und* Anzeige der Verpfändung gegenüber dem Besitzer, also dem Verpfänder, ersetzt werden (§ 1205 Abs. 2 BGB). 19

Aufgrund der Akzessorietät muss darüber hinaus auch noch eine zu sichernde Forderung bestehen. Entstehung (§ 1204 Abs. 1 BGB), Übertragung (§ 1250 BGB) und Fortbestand (§ 1252 BGB) hängen untrennbar mit dem Schicksal der zu sichernden Forderung zusammen. 20

Hierbei gilt zu beachten, dass die Sittenwidrigkeit der zu sichernden Forderung gem. § 138 Abs. 1 BGB auf die Wirksamkeit der Bestellung des Pfandrechts keinen Einfluss hat, weil bei § 138 Abs. 1 BGB die Unwirksamkeit des Grundgeschäfts nicht automatisch die Unwirksamkeit des Verfügungsgeschäfts (Pfandrechtsbestellung) nach sich zieht (LG Krefeld v. 2.10.2012 – 12 O 36/11, juris). 21

b) Gutgläubiger Erwerb des Pfandrechts

Gehört die Pfandsache nicht dem Verpfänder, wurde er als Nichteigentümer nicht zur Verpfändung ermächtigt (§ 185 Abs. 1 BGB) oder stimmt der Eigentümer nachträglich nicht zu (§ 185 Abs. 2 22

BGB) oder ist die Sache mit dem Recht eines Dritten belastet, so kommt ein gutgläubiger Erwerb des Pfandrechts (§ 1207 BGB iVm. §§ 932, 934, 935 BGB) oder des Vorrangs (§ 1208 BGB) in Betracht.

23 ➲ **Wichtig:** Wer den Eigentumserwerb bestreitet, trägt die Beweislast dafür, dass der Veräußerer nicht Eigentümer und der Erwerber nicht in gutem Glauben war (OLG Hamm NJW-RR 2014, 277).

24 In entsprechender Anwendung der Bestimmungen über den gutgläubigen Eigentumserwerb nach §§ 932 ff. BGB wird infolge des den Rechtsschein begründenden Besitzes des Verfügenden und der Gutgläubigkeit des Erwerbers das Eigentum des Verpfänders ersetzt, sofern die sonstigen Voraussetzungen der Verpfändung vorliegen. Welche Gutglaubensvorschrift konkret anzuwenden ist, hängt mit der Art der Pfandrechtsbestellung zusammen. Erfolgt die Verpfändung durch einen nichtberechtigten Kaufmann im Betrieb seines Handelsgewerbes, reicht gem. § 366 Abs. 1 HGB ausnahmsweise bereits die Gutgläubigkeit des Erwerbers hinsichtlich der Verfügungsbefugnis des Kaufmanns (s. Oetker/Maultzsch, Vertragliche Schuldverhältnisse, § 366 Rz. 54).

25 Den gutgläubigen Erwerb des Eigentums an der Pfandsache im Rahmen der **Verwertung** regelt § 1244 BGB.

c) Formvorschriften

26 Für eine Pfandrechtsbestellung ist grundsätzlich **keine** besondere **Form** einzuhalten. Etwas anderes kann bei der Verpfändung von Rechten gelten, da sich die Bestellung eines Pfandrechts an einem Recht gem. § 1274 Abs. 1 BGB nach den für die Übertragung des Rechts (grds. §§ 398 ff. BGB) geltenden Vorschriften richtet, wie zB im Falle der Übertragung von GmbH-Geschäftsanteilen, § 15 Abs. 3 GmbHG.

27 ➲ **Praxistipp:** Aus **Beweisgründen** empfiehlt sich aber stets eine schriftliche Vereinbarung.

M 28.2 Verpfändung durch Abtretung des Herausgabeanspruchs

(Verpfändungsvertrag – Auszug)

...

Hiermit bestätige ich, dass mir Herr/Frau/Firma ... (Name, Anschrift) am ... (Datum) ein Darlehen iHv. ... (Betrag) Euro gewährt hat. Das Darlehen ist zum ... (Datum) zur Rückzahlung fällig und iHv. ... (Prozentsatz) % zu verzinsen.

Zur Sicherung des vorgenannten Darlehens verpfände ich, Herr/Frau/Firma ... (Name des Verpfänders), hiermit die aus der Anlage (Aufzählung und genaue Bezeichnung der Gegenstände) zu diesem Vertrag ersichtlichen Gegenstände, die bei der Speditionsfirma ... (Firmierung und Anschrift) lagern. Zur Verpfändung der in der Anlage aufgeführten Gegenstände trete ich an Herrn/Frau/Firma ... (Name des Pfandgläubigers) den mir zustehenden Anspruch auf Herausgabe der Gegenstände gegenüber der Speditionsfirma ... (Firmierung) ab[1].

Herr/Frau/Firma ... (Name des Pfandgläubigers) ist berechtigt, die Waren versteigern zu lassen oder durch einen öffentlichen Makler zu verkaufen, sollte ich, Herr/Frau/Firma ... (Name des Verpfänders), nicht binnen einer Woche nach Fälligkeit des Darlehens den geschuldeten Betrag zurückzahlen. Einer vorherigen Androhung des Verkaufs, der Innehaltung einer Frist oder einer Benachrichtigung von Zeit und Ort der Versteigerung bedarf es nicht[2].

1 Die Verpfändung erfolgt mangels unmittelbaren Besitzes des Verpfänders gem. § 1205 Abs. 2 BGB.

2 Es gilt zu beachten, dass weder auf die Form der öffentlichen Versteigerung vor dem Eintritt der Pfandreife verzichtet werden kann, noch auf die öffentliche Bekanntmachung (§ 1245 Abs. 2 BGB), wohl aber auf die Androhung der Monatsfrist nach Eintritt der Verkaufsberechtigung, § 1245 Abs. 1 iVm. § 1234 BGB.

Der Speditionsfirma ... (Firmierung) werde ich, Herr/Frau/Firma ... (Name des Verpfänders), die Abtretung meines Anspruchs auf Herausgabe der Gegenstände an Herrn/Frau/Firma ... (Name des Pfandgläubigers) unverzüglich mitteilen[3].

...

3 Gem. § 1205 Abs. 2 BGB ist im Falle der Verpfändung durch Einräumung des mittelbaren Besitzes eine Anzeige an den (unmittelbaren) Besitzer erforderlich.

M 28.3 Pfandrecht an beweglichen Sachen ohne Besitzübertragung

(Verpfändungsvertrag – Auszug)[1]

...

Mit Vertrag vom ... (Datum) hat Herr/Frau ... (Name und Anschrift des Pächters) mit dem Eigentümer des ...-Gutes (genaue Bezeichnung des gepachteten landwirtschaftlichen Gutes), Gemeinde ... (Name der Gemeinde) einen Pachtvertrag geschlossen. Dieser Pachtvertrag hat eine Laufzeit bis zum ... (Datum).

Die ... Bank (Firmierung und Anschrift) hat Herrn/Frau ... (Name) ein mit jährlich ... (Prozentsatz) % zu verzinsendes Darlehen iHv. ... (Betrag) Euro und mit einer Laufzeit bis zum ... (Datum) gewährt.

Zur Sicherung dieses Darlehens bestellt Herr/Frau ... (Name) der ... Bank (Firmierung) ein Pfandrecht an dem gesamten in seinem Eigentum stehenden Inventar des Pachtgutes in ... (genaue Bezeichnung des gepachteten landwirtschaftlichen Gutes)[2]*, mit Ausnahme der ... (zB einer bestimmten Maschine, die genau, dh. mit Fabrikat und Fabrikationsnummer bezeichnet werden sollte)*[3].

Die verpfändeten Gegenstände, die gemeinsam mit Herrn ... (Name) von der ... Bank (Firmierung) am ... (Datum) in Augenschein genommen worden sind, sind in der Anlage zu diesem Vertrag aufgeführt.

Die Parteien sind sich darüber einig, dass das Pfandrecht an dem verpfändeten Inventar der Bank zustehen soll.

Das verpfändete Inventar bleibt aufgrund des PachtkredG vom ... im Besitz von Herrn/Frau ... (Name des Pächters), der/die über das verpfändete Inventar nach den Regeln einer ordnungsgemäßen Wirtschaft verfügen darf. Die ... Bank (Firmierung) wird diesen Verpachtungsvertrag gem. §§ 2, 15 des PachtkredG bei dem Amtsgericht ... (Name) hinterlegen[4].

Herr/Frau ... (Name des Pächters) verpflichtet sich, alle Änderungen am verpfändeten Inventar, insbesondere auch den Zugang neuer Inventarstücke, der ... Bank (Firmierung) unverzüglich schriftlich anzuzeigen.

...

1 Durch das sog. Pachtkreditgesetz vom 5.8.1951 (Erman/J. Schmidt Vor § 1204 BGB Rz. 12) wird dem Pächter eines landwirtschaftlichen Grundstücks (§ 1 PachtkredG) die Möglichkeit eröffnet, sich einen Darlehenskredit gegen Verpfändung des landwirtschaftlichen Inventars zu verschaffen, ohne dass dem kreditgewährenden Institut Besitz an dem Inventar eingeräumt werden muss.

2 Der zwischen Pächter und Pfandgläubiger zu schließende Verpfändungsvertrag bedarf gem. § 2 Abs. 1 Satz 2 PachtkredG der Schriftform. Zum zwingend notwendigen Inhalt s. § 2 Abs. 1 Satz 3 PachtkredG.

3 Die Parteien können gem. § 3 Abs. 1 PachtkredG vereinbaren, dass einzelne Inventarstücke von der Verpfändung ausgenommen werden. Im Verpfändungsvertrag müssen die ausgenommenen Inventarstücke dann einzeln und unter Angabe ihrer kennzeichnenden Merkmale bezeichnet werden.

4 Der Verpfändungsvertrag muss beim Amtsgericht des Betriebssitzes hinterlegt werden (s. § 16 Abs. 2 PachtkredG).

Kosten: *Gerichtsgebühr für die Niederlegung des Verpfändungsvertrags:* 0,5-Gebühr gem. Nr. 15112 KV GNotKG. Geschäftswert ist der Betrag der durch das Pfandrecht gesicherten Forderung, höchstens der geringere Wert des verpfändeten Inventars (§ 53 Abs. 2 GNotKG).

M 28.4 Verpfändung eines Sparguthabens

(Verpfändungsvertrag – Auszug)

...

Von der ... (Firmierung und Anschrift der Bank/Sparkasse) wurde mir heute ... (Datum) ein Darlehen iHv. ... (Betrag) Euro gewährt, welches ich in drei Monaten, also am ... (Datum), zzgl. Zinsen iHv. ... (Prozentsatz) % zurückzuzahlen habe.

Als Sicherheit für diese Forderung nebst Zinsen (und Kosten) verpfände ich mein bei der ... (Firmierung und Anschrift der Bank/Sparkasse) bestehendes Sparguthaben[1] *iHv. ... (Betrag) nebst Zinsen.*

Das Guthaben unterliegt der gesetzlichen Kündigungsfrist.

Ich übergebe der ... (Firmierung der Bank/Sparkasse) das darüber ausgestellte Sparbuch Nr. ... nebst Kontrollkarte[2]*.*

Diese Verpfändung habe ich der ... (Firmierung der Bank/Sparkasse) mit dem in Abschrift/Kopie beigefügten Schreiben angezeigt[3]*.*

...

1 Rechtlich betrachtet handelt es sich um die Verpfändung einer gegenüber der Bank/Sparkasse bestehenden Forderung in Höhe des jeweiligen Sparguthabens nebst Zinsen. Aus diesem Grunde sind die §§ 1279 ff. BGB anwendbar. Da es sich bei einem Sparbuch nach überwiegender Auffassung um ein Wertpapier im Sinne des § 808 BGB handelt (vgl. Erman/R. Wilhelmi § 808 BGB Rz. 5), sind die besonderen Regelungen der §§ 1291 ff. BGB nicht einschlägig.

2 Die Verpfändung eines Sparguthabens bedarf nicht der Übergabe des Sparbuches (oder der Kontrollkarte) an die Bank/Sparkasse, Erman/J. Schmidt § 1280 Rz. 2; RG 124, 217. Da die Bank bzw. Sparkasse aber gem. § 808 BGB dazu berechtigt ist, das Sparguthaben trotz der Verpfändungsanzeige gegen Vorlage des Sparbuches auszuzahlen, ist eine Übergabe des Sparbuchs, welches auch zu treuen Händen bei einem Notar hinterlegt werden kann, sinnvoll.

3 Die Verpfändung einer Forderung an eine Bank bzw./Sparkasse ist ihr gem. § 1280 BGB anzuzeigen (RG 124, 220).

M 28.5 Verpfändung von Wertpapieren

Die AGB der Banken enthalten in Nr. 14 eine Pfandrechtsklausel, um eine schnelle und reibungslose Verwertung von Kundenwerten zu sichern. Das Pfandrecht erstreckt sich auf die Wertpapiere und sonstige bewegliche Sachen, an denen eine inländische Geschäftsstelle der jeweiligen Bank im bankenmäßigen Geschäftsverkehr Besitz erlangt hat oder noch erlangen wird sowie auf die Ansprüche, die dem Kunden gegen die Bank aus der bankmäßigen Geschäftsverbindung zustehen oder künftig zustehen werden. Nicht erfasst werden die Werte, die mit ausdrücklicher Zustimmung für eine bestimmte Verwendung in die Verfügungsmacht der Bank gelangt sind (zB Bareinzahlung für die Ausführung einer bestimmten Überweisung).

(Verpfändungsvertrag – Auszug – Schuldner und Verpfänder sind verschiedene Personen)

...

Herr/Frau/Firma ... (Name und Anschrift des Verpfänders) unterhält bei der ... (Firmierung und Anschrift der Bank/Sparkasse) ein Wertpapierdepot mit der Nummer ... und folgenden Inhalts[1]*:*

1 Die Inhaber- (§ 793 BGB) und/oder Orderpapiere (§ 363 HGB – im Wesentlichen Namensaktien nach § 68 Abs. 1 AktG oder Namensanteilsscheine nach § 95 Abs. 1 KABG), die für Zwecke des Pfandrechts als bewegliche Sachen (§§ 1292, 1293 BGB) gelten, sollten aus Gründen hinreichender Bestimmtheit stets genau bezeichnet werden, beispielsweise also *„a) die mit den Wertpapiernummern bezeichneten 100 Aktien der ... AG in ... (Firmierung und Anschrift), mit einem Nennwert von jeweils ... und einem derzeitigen Kurswert von insgesamt ... (Betrag); b) die aus der Serie 6 mit Nr. ... bezeichneten 20 Schuldverschreibungen der 8 %-Anleihe von 1995 der ... AG in ... (Firmierung und Anschrift), jeweils mit einem Nennwert iHv. ... (Betrag) Euro."*

a) ...

b) ...

c) ...

Ein aktueller Depotauszug ist beigefügt[2]

Herr/Frau/Firma ... (Name und Anschrift des Schuldners) hat bei der ... (Firmierung und Anschrift der Bank/Sparkasse) einen Kredit bis zu einem Betrag iHv. ... (Betrag) Euro in Anspruch genommen.

Zur Sicherung dieses von Herrn/Frau/Firma ... (Name des Schuldners) in Anspruch genommenen Kredits verpfändet Herr/Frau/Firma ... (Name und Anschrift des Verpfänders) an die ... (Firmierung der Bank/Sparkasse) hiermit die vorstehend unter lit. a-c aufgeführten Wertpapiere[3]*. Diese sollen in ihrem jeweiligen Bestand haften, jedoch nicht über einen Betrag iHv. ... (Betrag) hinaus. Die Wertpapiere werden innerhalb einer Frist von ... Tagen Herrn Notar ... (Name und Anschrift) zur treuhänderischen Verwahrung übergeben, und zwar einschließlich der Zins- und Erneuerungsscheine*[4]*.*

Die ... (Firmierung der Bank/Sparkasse) wird ermächtigt, die fällig werdenden Zinsen und Dividenden einzuziehen und diese unter gleichzeitiger Mitteilung an Herrn/Frau/Firma ... (Name des Verpfänders) auf seine/ihre Forderung gegen Herrn/Frau ... (Name des Schuldners) zur Verrechnung zu bringen, vorausgesetzt, dass ihm/ihr im Zeitpunkt der Fälligkeit der Zins- und Dividendenansprüche[5] *diese zustehen.*

Die ... (Bank/Sparkasse) ist berechtigt, bei Fälligkeit ihrer Forderung aus dem gewährten Kredit aus den verpfändeten Wertpapieren unter Beachtung ihrer allgemeinen Geschäftsbedingungen Befriedigung zu suchen, vorausgesetzt, dass sie das Herrn/Frau/Firma ... (Name des Schuldners) mindestens 14 Tage vorher angekündigt hat. Soweit die Wertpapiere einen Börsen- oder Marktpreis haben, kann die Verwertung im Wege des freihändigen Verkaufs durch einen zu derartigen Verkäufen öffentlich ermächtigten Handelsmakler oder durch eine zu öffentlichen Versteigerungen befugte Person erfolgen[6]*. Für den Fall, dass die Wertpapiere keinen Börsen- oder Marktpreis haben, erfolgt die Verwertung im Wege der öffentlichen Versteigerung.*

...

2 Der Depotauszug dient als Nachweis des aktuellen Wertpapierbestands.

3 Primär einschlägig sind die §§ 1291–1296 BGB. Für die Bestellung eines Pfandrechts an sog. Inhaberpapieren (vgl. Erman/J. Schmidt § 1293 BGB Rz. 1) sind die Vorschriften über das Pfandrecht an beweglichen Sachen einschlägig, § 1293 BGB. Ein Orderpapier (vgl. Erman/J. Schmidt § 1292 BGB Rz. 1) kann entweder gem. § 1274 BGB durch Einigung und Übergabe des nichtindossierten oder mit Vollmachtindossament (gem. Art. 18 Abs. 1 WechselG) versehenen Papiers oder gem. § 1292 BGB durch Einigung und Übergabe des Papiers mit Pfand (Art. 19 Abs. 1 WechselG) oder Vollindossament verpfändet werden.

4 Eine Übergabe ist bei im Depot befindlichen Wertpapieren nicht erforderlich. Inhaberpapiere, insbesondere die börsenzugelassenen, werden regelmäßig bei der als Wertpapiersammelbank (§ 1 Abs. 3 DepotG) fungierenden Clearstream Banking AG verwahrt. Der Bankkunde erhält Miteigentum nach Bruchteilen (§ 6 Abs. 1 DepotG) am Sammelbestand gleichartiger Wertpapiere, das ihm durch seine Depotbank, soweit sie der Clearstream Banking AG angeschlossen ist, vermittelt wird.

5 Gem. § 1296 Satz 1 BGB erstreckt sich das Pfandrecht auf die zu dem Papier gehörenden Zins- und Dividendenscheine.

6 Pfandgut, welches einen Börsen- oder Marktpreis hat, kann, insofern vom Regelfall der Versteigerung (§ 1235 Abs. 1 BGB) abweichend, durch Verkauf über die Börse oder den Markt verkauft werden (§ 1235 Abs. 2, 1221 BGB). Zur öffentlichen Versteigerung befugt ist der Gerichtsvollzieher, ein öffentlicher Versteigerer im Sinne von § 34b Abs. 5 GewO oder der Notar. Sollte ein Unternehmer, eine juristische Person des öffentlichen Rechts oder öffentlich-rechtliches Sondervermögen Eigentümer der verpfändeten Sache sein, kann Pfandgut, das einen Börsen- oder Marktpreis hat, auch vom Pfandgläubiger selbst durch Verkauf zum laufenden Preis verwertet werden (§ 1259 BGB).

M 28.6 Verpfändung einer Lebensversicherung

(Verpfändungsvertrag – Auszug)

...

Zur Sicherung ... (Bezeichnung der zu sichernden Forderung) einschließlich Zinsen und Kosten verpfände ich hiermit an Herrn/Frau/Firma ... (Name und Anschrift des Gläubigers) meine sämtlichen Ansprüche gegen die ... (Firmierung und Anschrift der Lebensversicherung) aus meinem mit dieser Versicherung geschlossenen Vertrag über eine Lebensversicherung über ... (Betrag) Euro – Versicherungsschein Nr. ... –, und zwar meine Rechte auf den Rückvergütungswert und auf die Versicherungssumme[1].

Ich verpflichte mich, wie bislang erfolgt, die künftig anfallenden Versicherungsprämien weiter zu bezahlen, was ich durch Vorlage entsprechender Zahlungsbelege innerhalb einer Frist von 14 Tagen ab Fälligkeitszeitpunkt gegenüber Herrn/Frau/Firma ... (Name des Gläubigers) erledigen werde. Herr/Frau/Firma ... (Name des Gläubigers) ist im Falle einer unterlassenen Zahlung der Versicherungsprämie dazu berechtigt, aber nicht verpflichtet, diese zu meinen Lasten gehend einzuzahlen[2].

Wie der Versicherungsvertrag ausweist, ist meine Ehefrau ... (Name) als Bezugsberechtigte angegeben. Ich widerrufe hiermit das meiner Ehefrau gewährte Bezugsrecht bis zur Höhe des Betrages, welcher der Summe der durch die Verpfändung zu sichernden Forderung entspricht[3]*. Sobald die zu sichernde Forderung erloschen ist, lebt das meiner Ehefrau eingeräumte Bezugsrecht wieder auf*[4].

Den Versicherungsschein händige ich Herrn/Frau/Firma ... (Name des Gläubigers) aus[5]*. Dieser ist mir unverzüglich und unaufgefordert zurückzugeben, sobald Herrn/Frau/Firma ... (Name des Gläubigers) wegen seiner Forderung, zu deren Sicherheit diese Verpfändung dient, befriedigt ist*[6].

Der ... (Name der Versicherungsgesellschaft) werde ich die Verpfändung und den Widerruf der Bezugsberechtigung durch Übersendung einer Zweitschrift dieses Verpfändungsvertrages unverzüglich anzeigen[7].

...

1 Zu prüfen ist zunächst, ob der Versicherungsschein (Police) eine Verpfändung der Ansprüche aus der Lebensversicherung nicht ausschließt oder beschränkt. Wenn dies nicht der Fall ist, sind die §§ 1279 ff. BGB zu beachten.

2 Grundsätzlich ist der Versicherungsnehmer gem. §§ 1 Satz 2 VVG dazu verpflichtet, die Versicherungsprämien zu bezahlen; zu beachten sind ferner die §§ 38–40 VVG.

3 Der bisherige Bezugsberechtigte bleibt Bezugsberechtigter, aber nur im Nachrang hinter dem erstrangigen Bezugsrecht des Sicherungsnehmers (BGH VersR 2002, 218).

4 Der bisherige Bezugsberechtigte erhält den ersten Rang nach Erledigung des Sicherungszwecks zurück (BGH NJW 1996, 2230; OLG Hamm VersR 1997, 1386).

5 Aus Rechtsgründen nicht erforderlich. Gemäß § 1280 BGB knüpft die erforderliche Anzeige der Verpfändung nicht an die Schriftform an, weshalb die Anzeige auch stillschweigend oder durch konkludentes Handeln erfolgen kann (OLG Köln NJW-RR 1990, 485).

6 Erledigt sich der Sicherungszweck vor dem Versicherungsfall, fällt die abgetretene Versicherungsforderung nicht automatisch auf den Versicherungsnehmer zurück. Er hat vielmehr nach der Sicherungsvereinbarung idR nur einen schuldrechtlichen Rückgewähranspruch, was aber streitig ist (BGHZ 109, 67).

7 Vgl. § 1280 BGB.

28 Zur **Verpfändung eines Eigentumsverschaffungsanspruchs** s. **M 46.5**.

2. Gesetzliche Pfandrechte

29 Gesetzliche Pfandrechte entstehen durch die Verwirklichung eines gesetzlichen Tatbestands s. BGH NJW 1999, 3716 f.), d.h. entweder durch Inbesitznahme seitens des Gläubigers (Besitzpfandrechte) oder dadurch, dass sie in den räumlichen Herrschaftsbereich des Gläubigers verbracht werden (Einbringungspfandrechte). Zu den gesetzlichen Pfandrechten gehören z.B. das Vermieterpfand-

recht (§ 562 BGB), das Pfandrecht des Werkunternehmers (§ 647 BGB) oder die handelsrechtlichen Pfandrechte (§§ 397, 441, 464, 475b HGB). Ist das gesetzliche Pfandrecht einmal entstanden, finden die Vorschriften über das vertragliche Pfandrecht entsprechende Anwendung, wie § 1257 BGB ausdrücklich anordnet. Grund für das gesetzliche Pfandrecht ist das Risiko und das daraus resultierende Sicherungsbedürfnis des Vorleistenden.

Ob ein gutgläubiger Erwerb an einem gesetzlichen Pfandrecht möglich ist, ist umstritten. Ausgeschlossen wird er zumindest bei besitzlosen Pfandrechten, da es an einem entsprechenden Rechtsscheinstatbestand fehlt. Für handelsrechtliche Pfandrechte besagt § 366 Abs. 3 HGB, dass ein gutgläubiger Erwerb möglich ist (OLG Düsseldorf, MDR 2008, 1365; Oetker/Maultzsch, Vertragliche Schuldverhältnisse, § 366 Rz. 54). Ob auch nach bürgerlichem Recht ein gesetzliches Besitzpfandrecht, man denke zuvorderst an das Werkunternehmerpfandrecht (§ 647 BGB), gutgläubig erworben werden kann, ist umstritten (zum Streitstand Erman/J. Schmidt § 1257 Rz. 7). 30

III. Haftungsumfang

Der in § 1210 BGB normierte Umfang der Haftung unterliegt **vorrangig der Parteidisposition**. Die gesetzliche Regelung greift nur, soweit keine Parteivereinbarungen getroffen worden sind (vgl. Erman/J. Schmidt § 1210 BGB Rz. 1). 31

Das Pfandrecht erstreckt sich zum einen auf den verpfändeten Gegenstand und zum anderen nach § 1212 BGB auch auf die von der Pfandsache getrennten **Erzeugnisse**. Hiervon umfasst sind **nur Sachfrüchte** iSv. § 99 Abs. 1 BGB. Auf andere Früchte zB Miete, Pacht, Überbaurente, Brandversicherungssumme (sog. Zivilfrüchte nach § 99 Abs. 3 BGB) erstreckt sich das Pfandrecht nur bei besonderer Vereinbarung. Surrogate werden nur in den gesetzlich geregelten Fällen (zB §§ 1219 Abs. 2, 1247 BGB) vom Pfandrecht erfasst (BGH NZM 2008, 456), d.h. es gibt kein Pfandrecht am Schadenersatz, Entschädigungs- oder Versicherungsforderungen). 32

Sofern der Pfandgläubiger nach § 1213 BGB berechtigt ist, die **Nutzungen** des Pfandes zu ziehen, ist der Reinertrag der Nutzungen auf die geschuldete Leistung anzurechnen, und zwar zunächst auf Kosten und Zinsen, sofern diese ebenfalls geschuldet sind (§ 1214 Abs. 2 BGB). § 1214 BGB ist entsprechend anwendbar, wenn der Pfandgläubiger beispielsweise bei einem gesetzlichen Pfandrecht die Nutzung ohne Ermächtigung zieht (BGH NJW 2007, 216). 33

Im vorstehenden Umfang haftet das Pfand für die Forderung in ihrem jeweiligen Bestand (§ 1210 BGB), sowie ua. auch für Zinsen und Vertragsstrafen (§ 1210 Abs. 1 BGB) und für die in § 1210 Abs. 2 BGB genannten Kosten des Gläubigers. Zur Benutzung der Pfandsache ist der Pfandgläubiger nicht berechtigt. 34

Das Pfandrecht umfasst auch **wesentliche Bestandteile** der verpfändeten Sache, nicht jedoch ihr Zubehör. Dieses wird nur aufgrund besonderer Vereinbarung vom Pfandrecht umfasst. 35

IV. Verjährung

➲ **Wichtig:** Die Verjährung der durch ein Pfandrecht gesicherten Forderung hindert den Gläubiger nicht, sich trotzdem aus dem Pfandgegenstand zu befriedigen (§ 216 BGB). Dies gilt auch für gesetzliche Pfandrechte. 36

V. Befriedigung des Gläubigers

Die Befriedigung des Pfandgläubigers kann auf verschiedenen Wegen erfolgen: aufgrund eines persönlichen Titels auf Zahlung der Schuld und Pfändung und Verwertung der dem Schuldner gehörigen Sache nach der ZPO; aufgrund eines dinglichen Titels auf Duldung der Pfandverwertung durch privaten oder durch gerichtlichen Pfandverkauf (ohne Pfändung) nach ZPO; oder aber – und dies wird regelmäßig der Fall sein – durch den Pfandverkauf nach §§ 1233 ff. BGB (Erman/J. Schmidt § 1228 BGB Rz. 3). In Betracht kommt auch noch ein freihändiger Verkauf gem. §§ 1235 Abs. 2 iVm. § 1221 BGB, wenn die Sache einen Börsen- oder Marktpreis hat. Auch Gold- oder Sil- 37 bersachen können freihändig verkauft werden (§ 1240 Abs. 2 BGB). Abweichende Vereinbarungen zwischen Eigentümer und Pfandgläubiger sind gem. § 1245 Abs. 1 BGB möglich.

Die Verwertung setzt voraus, dass die Forderung ganz oder teilweise **fällig** ist, § 1228 Abs. 2 Satz 1 BGB (Pfandreife). Besteht der geschuldete Gegenstand nicht in Geld, ist die Verwertung erst zulässig, wenn die Forderung in eine Geldforderung übergegangen ist (§ 1228 Abs. 2 Satz 2 BGB).

38 Die Verwertung durch **Verkauf** des Pfandgegenstandes (§ 1228 Abs. 1 BGB) erfolgt nach näherer Bestimmung der §§ 1234–1240 BGB.

39 ➲ **Wichtig:** Zu beachten ist, dass die über § 1245 Abs. 1 BGB mögliche Abweichung von dieser Regel durch § 1245 Abs. 2 BGB wiederum erheblich eingeschränkt wird, weshalb bei Abschluss eines Verpfändungsvertrages dann Vorsicht geboten ist, wenn eine abweichende Vereinbarung ins Auge gefasst wird.

40 ➲ **Wichtig:** Eine Vereinbarung, nach der dem Pfandgläubiger das Eigentum an der Pfandsache zufallen oder übertragen werden soll, sofern er nicht oder nicht rechtzeitig befriedigt wird, kann wirksam erst **nach Pfandreife** getroffen werden (§ 1229 BGB).

41 Meist erfolgt der Verkauf durch öffentliche Versteigerung nach §§ 1228 Abs. 1, 1235 Abs. 1 BGB. Der Pfandgläubiger muss jedoch zuvor dem Eigentümer den Verkauf androhen; erst nach Ablauf einer **Wartefrist** von einem Monat nach Androhung kann der Verkauf erfolgen (§ 1234 BGB). Dies gilt auch in den Fällen des Verkaufs von Wertpapieren (LG Nürnberg-Fürth NJW-RR 2003, 184).

42 ➲ **Praxistipp:** Es besteht jedoch die Möglichkeit, die Wartefrist vertraglich zu verkürzen (§ 1245 BGB). Eine Verkürzung der Wartefrist auf eine Woche enthalten die Bestimmungen der §§ 368 Abs. 1, 371 Abs. 2 HGB für die dort genannten Pfandrechte und des § 816 ZPO für das Pfändungspfandrecht.

43 Verstößt der Pfandgläubiger gegen die Bestimmung des § 1234 BGB, so ist der Pfandverkauf gleichwohl rechtmäßig; der Gläubiger macht sich unter Umständen jedoch schadensersatzpflichtig nach § 1243 Abs. 2 BGB.

44 ➲ **Wichtig:** Ein Verkauf vor Ablauf der Monatsfrist ist hingegen möglich, wenn „der Verderb" des Pfands im Sinne des § 1219 Abs. 1 BGB droht.

45 Im Fall eines rechtmäßigen Pfandverkaufs erwirbt der Käufer gem. §§ 929 ff. BGB **Eigentum** am Pfandgegenstand.

In Bezug auf den **Erlös** ist zu differenzieren. Übersteigt er die Höhe der Forderung einschl. Zinsen nicht, erwirbt der Pfandgläubiger gem. §§ 929 ff. BGB Alleineigentum am Erlös (Vieweg/Werner § 10 Rz. 42). Die Forderung erlischt in diesem Fall gem. § 1247 Satz 1 BGB in Höhe des Erlöses.

46 ➲ **Beachte:** § 1247 Satz 1 BGB regelt nur die schuldrechtlichen, nicht aber die dinglichen Wirkungen der Pfandverwertung.

47 Übersteigt hingegen der Erlös die Höhe der Forderung einschl. Zinsen, ergibt sich die dingliche Rechtslage zum Teil aus § 1247 Satz 2 BGB und zum Teil aus §§ 929 ff. BGB: Da der Erlös dem Pfandgläubiger nicht in voller Höhe zusteht, setzt sich das Eigentum an der Pfandsache gem. § 1247 Satz 2 BGB im Wege der dinglichen Surrogation an einem Teil des Erlöses fort. In Höhe der Forderung erwirbt der Pfandgläubiger gem. §§ 929 ff. BGB Eigentum am Erlös, am Mehrerlös erwerben Pfandgläubiger und Verpfänder Miteigentum (§ 1008 BGB) (Erman/J. Schmidt § 1247 BGB Rz. 4). Die Forderung des Gläubigers erlischt. Die Auseinandersetzung der Miteigentumsgemeinschaft hat wiederum gem. §§ 749, 752 BGB zu erfolgen.

Rechtswidrig ist eine Veräußerung des Pfandgegenstandes dann, wenn gegen eine der in § 1243 Abs. 1 BGB (abschließend) genannten Bestimmungen verstoßen wird, beispielsweise bei fehlender Pfandreife, Verkauf nicht im Wege öffentlicher Versteigerung oder fehlende öffentliche Bekanntmachung. Eine solche rechtswidrige Veräußerung hat zur Folge, dass die dingliche Rechtslage am Pfand bestehen bleibt – sofern nicht ein gutgläubiger Erwerb nach § 1244 BGB erfolgt ist – und die gesicherte Forderung nicht erlischt (Erman/J. Schmidt § 1243 BGB Rz. 4).

M 28.7 Androhung eines Pfandverkaufs[1]

(Schreiben des Pfandgläubigers an den Verpfänder/Schuldner – Auszug)

...

Wie Ihnen bekannt, haben Sie mir als Sicherheit für das Ihnen von mir gewährte Darlehen iHv. ... (Betrag) gem. Verpfändungsvertrag vom ... (Datum) den in Ihrem Eigentum stehenden Pfandgegenstand ... (detaillierte Beschreibung des Pfandgegenstandes) verpfändet.

Nachdem Sie die Rückzahlung des mit ... (Prozentsatz) zu verzinsenden Darlehens iHv. ... (Betrag)[2] trotz der am ... (Datum) eingetretenen Fälligkeit[3] nicht bewirkt haben, zeige ich Ihnen hiermit an, dass ich ohne weitere Vorankündigung und unverzüglich die Versteigerung des Pfandgegenstandes bewirken lasse, sollte der geschuldete Betrag nicht binnen eines Monats[4] nach Zugang dieses Schreibens von Ihnen bezahlt werden.

1 Der Pfandgläubiger ist gem. § 1234 Abs. 1 Satz 1 BGB dazu verpflichtet, dem Verpfänder/Schuldner den Verkauf des Pfandgegenstandes vor dem Verkauf anzudrohen.

2 Gem. § 1234 Abs. 1 Satz 1 BGB ist der Pfandgläubiger auch dazu verpflichtet, den Geldbetrag zu bezeichnen, wegen dessen der Verkauf stattfinden soll.

3 Gem. § 1228 Abs. 2 Satz 1 BGB ist der Pfandgläubiger zum Verkauf berechtigt, sobald die Forderung ganz oder zum Teil fällig ist.

4 Zu beachten ist, dass grundsätzlich eine Wartefrist von einem Monat einzuhalten ist, § 1234 Abs. 2 Satz 1 BGB. Diese Frist kann gem. § 1245 Abs. 1 Satz 1 BGB allerdings abbedungen werden.

M 28.8 Anzeige des Pfandverkaufs[1]

(Schreiben des Pfandgläubigers an den Verpfänder/Schuldner – Auszug)

...

Leider habe ich zur Kenntnis nehmen müssen, dass Sie trotz meines Mahnschreibens vom ... (Datum) den geschuldeten Betrag nicht bezahlt haben.

Wie angekündigt[2] habe ich aus diesem Grund Herrn Gerichtsvollzieher ... (Name und Anschrift) mit der Versteigerung des Pfandgegenstandes beauftragt. Die Versteigerung wird am ... (Datum) im Pfandhaus ... (Name und Anschrift) erfolgen.

...

1 Die Verpflichtung zur Anzeige des Pfandverkaufs ist gem. § 1237 Satz 2 BGB grundsätzlich geboten.

2 Mit dieser Formulierung wird auf die in **M 28.7** im zweiten Absatz erfolgte Androhung gem. § 1234 Abs. 1 Satz 1 BGB Bezug genommen.

VI. Pfandrecht an Rechten

Nach § 1273 Abs. 1 BGB kann Gegenstand des Pfandrechts auch ein Recht sein. Verpfändbar sind mithin insbesondere Forderungen, soweit diese übertragbar sind und die Leistung ohne Veränderung ihres Inhalts auch an einen anderen erbracht werden kann. In der Praxis geschieht dies regelmäßig gemäß der Allgemeinen Geschäftsbedingungen der Banken, Genossenschaftsbanken und Sparkassen. So ist der Bank zB ein Sparguthaben des Kunden verpfändet und sichert so eine Forderung der Bank gegen den Kunden, zB bei Überziehung des Girokontos. Auch Gesellschaftsanteile (für GmbH-Geschäftsanteile BGH MDR 2010, 774), Anwartschaftsrechte, etc. sind verpfändbar. 48

Die unter Rz. 1 ff. in den Erläuterungen genannten Grundsätze gelten auch für Pfandrechte an Rechten. Nach § 1273 Abs. 2 BGB sind grundsätzlich die Vorschriften über das Fahrnispfandrecht (§§ 1204 ff. BGB) entsprechend anzuwenden. Die Sondervorschriften der §§ 1274–1296 BGB haben jedoch Vorrang. Dazu Rz. 50 ff.

49 Auch **künftige Rechte** können Gegenstand der Verpfändung sein. Voraussetzung hierfür ist die vorherige Einigung über die Verpfändung für den Fall der Entstehung. Darüber hinaus muss das Recht, in Anlehnung an die Erfordernisse, die bei der Abtretung künftiger Forderungen gelten, zumindest bestimmbar sein. Das Pfandrecht selbst entsteht erst, wenn das Recht entstanden ist. Für den Rang hingegen ist der Zeitpunkt der Bestellung ausschlaggebend.

M 28.9 Forderungsverpfändung

(Verpfändungsvertrag – Auszug)[1]

...

Herr/Frau/Firma ... (Name, Anschrift) hat mir am ... (Datum) ein Darlehen iHv. ... (Betrag) Euro gewährt. Das Darlehen ist zum ... (Datum) zur Rückzahlung fällig[2] *und iHv. ... (Prozentsatz) % zu verzinsen.*

Zur Sicherung des vorgenannten Darlehens verpfände ich Herrn/Frau/Firma ... hiermit meine Kaufpreisforderung iHv. ... (Betrag) Euro, die mir aus dem Verkauf des ... (Gegenstand) gegenüber Herrn/Frau/Firma ... (Name und Anschrift) zusteht[3].

Herrn/Frau/Firma ... (Name und Anschrift) werde ich noch heute über die Verpfändung der Kaufpreisforderung durch entsprechende Mitteilung von dieser Vereinbarung informieren. Ferner werde ich Herrn/Frau/Firma ... (Name) anweisen, die Zahlung des Kaufpreises an Herrn/Frau/Firma ... (Name und Anschrift des Pfandgläubigers) zu leisten[4].

1 Im Falle der Verpfändung einer Forderung sind die §§ 1279–1290 BGB einschlägig.

2 Um den Zeitpunkt des Eintritts der Pfandreife bestimmen zu können, ist es ratsam, das Fälligkeitsdatum aufzunehmen.

3 Das Pfandrecht an einer Forderung wird gem. § 1274 Abs. 1 Satz 1 iVm. § 398 BGB, also durch formlos mögliche Einigung über die Bestellung des Pfandrechts, und Anzeige des Verpfänders an seinen Schuldner gem. § 1280 BGB bestellt. Wegen der wirtschaftlichen Schwerfälligkeit und der aus kaufmännischen Überlegungen oftmals nicht gewünschten Offenlegung der Verpfändung, sind an die Stelle der Forderungspfändung andere Sicherungsmittel, insbesondere die Sicherungsabtretung, getreten, die keiner Anzeige bedürfen.

4 Vor Fälligkeit der gesicherten Forderung ist diese gem. § 1284 BGB zulässige Anzeige deshalb geboten, weil der Schuldner der verpfändeten Forderung gem. § 1281 Satz 1 BGB sonst nur an den Gläubiger und Pfandgläubiger gemeinsam leisten darf. Sobald die gesicherte Forderung fällig ist, hat der Schuldner gem. § 1282 BGB an den Pfandgläubiger zu leisten.

M 28.10 Verpfändungsanzeige

(Verpfändungsanzeige an den/die Kaufpreisschuldner/Kaufpreisschuldnerin)

...

Hiermit habe ich Ihnen anzuzeigen, dass ich Herrn/Frau/Firma ... (Name und Anschrift des Pfandgläubigers) zur Sicherheit des mir gewährten Darlehens den mir Ihnen gegenüber bestehenden Anspruch auf Zahlung des Kaufpreises aus dem Verkauf des ... (Gegenstand) verpfändet habe. Eine Abschrift des Verpfändungsvertrages habe ich anliegend beigefügt. Ich bitte Sie aus diesem Grunde höflich um Zahlung des zum ... (Datum) fälligen Kaufpreises an Herrn/Frau/Firma ... (Name und Anschrift des Pfandgläubigers) und Bestätigung des Empfangs dieser Mitteilung zu meinen Händen.

1. Bestellung

50 Voraussetzung ist zunächst, dass das zu verpfändende Recht übertragbar ist (§ 1274 Abs. 2 BGB). Die Bestellung des Pfandrechts selbst richtet sich nach den Vorschriften, die für die Übertragung

des betreffenden Rechtes gelten. Folglich ist insbesondere darauf zu achten, dass die Einigung, die die Bestellung eines Pfandrechts für den bestimmten Pfandgläubiger, das Pfand – also das bestimmte Recht – und die gesicherte Forderung umfassen muss, in der für die Rechtsübertragung erforderlichen Form erfolgt. So erfordert beispielsweise die Verpfändung von GmbH-Anteilen eine Beurkundung der Einigung gem. § 15 Abs. 3 GmbHG. Die Verpfändung einer Hypotheken-Forderung erfolgt bei einer Buchhypothek durch formlose Einigung und Eintragung der Verpfändung im Grundbuch (§§ 1154 Abs. 3, 873 BGB), die eine nach § 29 GBO notariell beglaubigte Eintragungsbewilligung voraussetzt. Handelt es sich um eine Briefhypothek, so erfolgt die Verpfändung der Forderung durch Einigung mit schriftlicher Verpfändungserklärung und Briefübergabe (§ 1154 Abs. 1 BGB).

Für die Übergabe des Briefes gelten die Bestimmungen der §§ 1205, 1206 BGB (§ 1274 Abs. 1 51 Satz 2 BGB).

Eine wirksame Verpfändung von **Forderungen**, zu deren Übertragung ein Abtretungsvertrag aus- 52 reicht, ist nur möglich, wenn der Gläubiger gegenüber dem Schuldner die Verpfändung anzeigt (§ 1280 BGB). Zu den Anforderungen an die Verpfändung anderer Rechte ausführlich Erman/ J. Schmidt § 1274 BGB Rz. 11 ff.

Im Übrigen richtet sich die Verpfändung von Forderungen (§ 1279 BGB) nach den Sondervorschriften der §§ 1280–1290 BGB.

2. Befriedigung

Anders als beim Fahrnispfand (§§ 1233 ff. BGB) bedarf der Pfandgläubiger eines Rechts zu seiner 53 Befriedigung eines **vollstreckbaren Titels** gegen den Rechtsinhaber. Die Verwertung richtet sich dann nach den Vorschriften des Zwangsvollstreckungsrechts (vgl. § 1277 BGB).

Die Verwertung setzt auch hier Pfandreife voraus (§ 1273 Abs. 2 iVm. § 1228 BGB). Gesondert gere- 54 gelt ist die Pfandverwertung spezieller Rechte: nach § 1282 BGB kann der Pfandgläubiger einer Forderung diese einziehen; gleiches gilt bei verpfändeter Grund- oder Rentenschuld (§ 1291 BGB). Eine weitere Ausnahme bildet die Verwertung von verpfändeten Inhaberpapieren (§§ 1293 ff. BGB).

In all diesen Fällen bleibt jedoch das Recht des Gläubigers, seine Befriedigung nach den Voraussetzungen von § 1277 BGB zu suchen, unberührt.

Darüber hinaus ist bei einem Pfandrecht an Forderungen zu beachten, dass der Schuldner vor 55 Pfandreife mit befreiender Wirkung nur an Pfandgläubiger und Pfandschuldner gemeinschaftlich leisten kann, da Pfandgläubiger und Pfandschuldner Gesamtgläubiger der gepfändeten Forderung sind, diese also nur von ihnen gemeinsam geltend gemacht werden kann (§ 1281 BGB). Nach Pfandreife, d.h. Fälligkeit der gesicherten Forderung, kann der Pfandgläubiger vom Schuldner der verpfändeten Forderung Leistung an sich verlangen; der Schuldner darf nur an den Pfandgläubiger leisten (§ 1282 BGB).

VII. Erlöschen des Pfandrechts

Das Pfandrecht erlischt ua. bei rechtmäßiger Veräußerung (§ 1242 BGB) oder wenn die gesicherte 56 Forderung erlischt (§ 1252 BGB), dh. der Forderungsschuldner die Forderung begleicht. In diesem Fall geht die Forderung und damit auch das Pfandrecht gem. § 1225 Satz 1 BGB auf den Forderungsschuldner über.

Ein Erlöschen der gesicherten Forderung kann auch durch Zusammenfallen von Schuldner- und 57 Gläubigerstellung (Konfusion) erfolgen. Handelt es sich jedoch um eine künftige Forderung (§ 1204 Abs. 2 BGB), wie beispielsweise Sicherung von Forderungen aus laufendem Kredit, dann erlischt das Pfandrecht erst, wenn feststeht, dass die Forderung nicht mehr entstehen kann (BGH NJW 1983, 1120).

Darüber hinaus erlischt das Pfandrecht grundsätzlich, wenn der Pfandgläubiger auch der Eigentü- 58 mer der Pfandsache wird (sog. Konsolidation, § 1256 Abs. 1 Satz 1 BGB). Abweichend von diesem Grundsatz erlischt das Pfandrecht dann nicht, wenn die gesicherte Forderung mit dem Recht eines

Dritten belastet ist (§ 1256 Abs. 1 Satz 2 BGB) oder der Eigentümer an dem Fortbestand des Pfandrechts ein rechtliches Interesse hat (§ 1256 Abs. 2 BGB), wenn beispielsweise nachrangige Rechte vorrücken würden oder wenn er die Forderung mit vorrangigem Pfandrecht übertragen will.

59 Hebt der Gläubiger das Pfandrecht durch Abgabe einer Verzichtserklärung auf (§ 1255 BGB; ggf. ist die Zustimmung eines Dritten erforderlich, § 1255 Abs. 2 BGB) oder gibt er das Pfand dem Verpfänder oder Eigentümer zurück (§ 1253 BGB), wobei auch nur die vorübergehende, unbewusste oder erzwungene Rückgabe ausreicht (Palandt/Bassenge § 1253 BGB Rz. 4), so erlischt das Pfandrecht ebenfalls.

60 Weitere Gründe für das Erlöschen eines Pfandrechts sind der gutgläubige Erwerb bei unrechtmäßigem Pfandverkauf (§ 1244 BGB), Abtretung der gesicherten Forderung unter Ausschluss des Überganges des Pfandrechtes (§ 1250 Abs. 2 BGB) sowie der Untergang oder die dauernde Wertlosigkeit des Pfandes (vgl. RGZ 96, 184). Daneben kommt ein Erlöschen des Pfandrechts mit Eintritt einer auflösenden Bedingung, infolge einer Versteigerung oder durch einen gutgläubigen lastenfreien Erwerb nach § 936 BGB in Betracht.

VIII. Steuerliche Behandlung des Pfandrechts

61 Die **Zugehörigkeit eines Wirtschaftsgutes** zum steuerlichen **Betriebsvermögen** stützt sich auf die Verwendung desselben für den Betrieb; ist das Wirtschaftsgut (idR.) dauerhaft (nachhaltig) dem Betrieb zu dienen bestimmt, liegt damit Anlagevermögen (§ 247 Abs. 2 HGB, § 5 Abs. 1 S. 1 EStG) vor, das als Bilanzposition zu aktivieren ist. Das Pfandrecht dient letztlich der Sicherung eines Forderungsanspruchs (§ 1204 BGB); betrieblicher Vermögenswert ist in derartigen Fallgestaltungen der originäre Forderungsanspruch.

Bestehende Pfandrechte an WG des Betriebsvermögens sind idR unter der Bilanz zu vermerken (§§ 251, 268 Abs. 7) bzw. bei Kapitalgesellschaften im Anhang zu erläutern (§ 285 Nr. 27 HGB).

Das **Pfandrecht** kann zum **Betriebsvermögen** zu zählen sein, sofern es zur Ziehung von Nutzungen berechtigt (§§ 1213 Abs. 2 BGB); doch ist das Pfandrecht nach § 1213 Abs. 1 BGB grds. kein Nutzungspfandrecht.

62 Gehört ein Pfandrecht – ausnahmsweise – zum Betriebsvermögen des Pfandgläubigers (vgl. Rz. 61), dürften die im Zusammenhang mit ihm getätigten, nicht vom Schuldner zu erstattenden Aufwendungen nach den Grundsätzen des BFH-Urteils (BStBl. II 1979, 38) **abschreibungsfähig** sein, da das Pfandrecht zeitlich begrenzt ist.

63 Gerade weil das Pfandrecht nach der Vorstellung des BGB-Gesetzgebers grds. kein Nutzungspfandrecht ist, beinhaltet die Verpfändung grds. keine Verlagerung eines Wirtschaftsgutes, die aktivierungspflichtig wäre. Für die **Aktivierung von Forderungen** kann sich ein Pfandrecht allerdings in der Weise auswirken, dass das Sicherungsrecht das Forderungsausfallwagnis beseitigt und damit eine auf dieses Wagnis gestützte Teilwertabschreibung ausschließt oder begrenzt (BFH v. 25.2.1986, BFH/NV 1986, 458). Dies dürfte insbesondere für Zwecke der betrieblichen Pauschalwertberücksichtigung dergestalt berücksichtigt werden, dass insoweit keine Einbeziehung derart gesicherter Ansprüche in die betrieblichen Erfahrungssätze über die Forderungsausfälle erfolgt.

64 Die Vorschriften der §§ 1204 ff. BGB finden auch auf das Flaschenpfand als unregelmäßiges Pfandrecht Anwendung, soweit sich nicht Besonderheiten aus der Übereignung des „Pfandes“ ergeben. Nach § 1223 BGB ist der Pfandgläubiger zur Rückgabe des Pfandes (= Pfandgeld) erst nach dem Erlöschen des Pfandrechts verpflichtet. Im Regelfall tritt das Erlöschen des Pfandrechts nach § 1252 BGB erst dann ein, wenn auch die Forderung, zu deren Sicherung es bestellt ist, erlischt. Das bedeutet für das Pfandgeld, dass der Anspruch auf Erstattung des Pfandgeldes erst mit der Rückgabe des Leergutes entsteht. Hat ein Getränkehändler einerseits an seinen Lieferanten Pfandgelder für die an ihn gelieferten Kästen und Flaschen gezahlt und andererseits von seinen Kunden Pfandgelder in gleicher Höhe vereinnahmt, so gleichen sich diese Vorgänge in der Regel bilanziell aus. Der Händler ist nur bei Vorliegen besonderer Umstände berechtigt, in seiner Bilanz insoweit ein Verlustgeschäft auszuweisen (BFH v. 6.10.2009, BStBl. II 2010, 232).

Kapitel 29 Eigentumsvorbehalt, Sicherungsübereignung und andere Sicherungsgeschäfte

Literatur: *Baur/Stürner*, Sachenrecht, 18. Aufl. 2009; *Reinicke/Tiedtke*, Kaufrecht, 8. Aufl. 2009; *Reinicke/Tiedtke*, Kreditsicherung, 5. Aufl. 2006; *Rösler/Mackenthun/Pohl*, Handbuch Kreditgeschäft, 6. Aufl. 2002; s. ferner die Literaturhinweise zu Kap. 28.

I. Einführung

1. Bedeutung

1 Als Kreditsicherheit kann jeder Vermögensgegenstand dienen, der vom Kreditgeber zu Geld verwertet werden kann. Für bewegliche Sachen wurde vom Gesetzgeber das Pfandrecht (§§ 1204 ff. BGB; s. Kap. 28) als Verwertungsrecht vorgesehen. Das Pfandrecht setzt jedoch gem. § 1205 BGB voraus, dass dem kreditgewährenden Gläubiger der Besitz an der Sache übergeben werden muss (sog. Besitzpfand oder Faustpfand). Die Übergabe des Besitzes führt dazu, dass dem Eigentümer die Möglichkeit des Einsatzes der Sache in seinem Betrieb oder Geschäft genommen ist, was regelmäßig mit den tatsächlich bestehenden wirtschaftlichen Bedürfnissen nicht harmoniert. Aus diesem Grund bedient sich die Praxis des Kreditverkehrs häufig anderer Sicherungsmittel, nämlich des Eigentumsvorbehalts und der Sicherungsübereignung in der Form des § 930 BGB. Diese Sicherungsmittel, die im Unterschied zum Pfandrecht mit Ausnahme des „einfachen" Eigentumsvorbehalts (§ 499 BGB) keine nähere Regelung erfahren haben, weisen den Vorteil auf, dass der Gläubiger dem Schuldner den unmittelbaren Besitz an der Sache belassen kann. Diesem wird somit die Möglichkeit geboten, mit der Sache zu arbeiten, um dadurch beispielsweise die für die Rückzahlung des Kredits erforderlichen Mittel zu erwirtschaften. Nachteilig sind diese Sicherungsformen lediglich wegen ihres Mangels an Publizität.

2. Formen

2 Behandelt werden in diesem Kapitel vor allem folgende von der Rechtsprechung anerkannte, in der Praxis bedeutsame Sicherungen: der **Eigentumsvorbehalt** einschließlich Modifikationen (hierzu Rz. 4 ff. und 31 ff.) und die **Sicherungsübereignung** (hierzu Rz. 56 ff.).

In dieses System von Sicherungsmitteln gehört auch, obwohl sie nicht Sachen zum Gegenstand hat, die Sicherungsabtretung von **Forderungen** einschließlich Global- und Mantelzession, weshalb hierzu ebenfalls Ausführungen erfolgen (s. Rz. 126 ff.).

3 Bedingt durch die – mit Ausnahme des Eigentumsvorbehalts – nicht erfolgte gesetzliche Regelung sind bei der praktischen Anwendung Zweifelsfragen bezüglich der Verwertung derartiger Sicherungen und der Rangverhältnisse mehrerer Sicherungsmittel zueinander im Falle der Kollision aufgetreten: Dies hat zu einer umfangreichen Rechtsprechung geführt.

II. Eigentumsvorbehalt

1. Allgemeines

a) Anwendungsbereich

4 Der Eigentumsvorbehalt (§ 449 BGB) ist ein Mittel der **Kreditsicherung für den Verkäufer** und vor allem im **Warenverkauf** von großer Bedeutung. Als **einfacher Eigentumsvorbehalt** wird er dann vereinbart, wenn der Verkäufer davon ausgeht, dass der Käufer die Ware bis zur Bezahlung im Besitz hat (Maschinen, Inventar). Der Verkäufer gewährt dem Käufer einen Kredit in der Form, dass er auf die sofortige Bezahlung des Kaufpreises verzichtet (beispielsweise bei Lieferung gegen Rechnung „zahlbar innerhalb von ... Tagen"), gleichwohl aber die Sache bereits an den Käufer übergibt, allerdings unter Eigentumsvorbehalt. Bezahlt der Käufer die ausstehende (restliche) Kaufpreisforderung nicht wie vereinbart, ist der Verkäufer als Eigentümer der Sache berechtigt, diese vom Käufer zurückzuverlangen.

5 Mit dem Eigentumsvorbehalt sichert sich der Verkäufer einer Ware somit das Eigentum an dieser bis zur vollständigen Bezahlung der Kaufpreisforderung. Der **Käufer** seinerseits erwirbt durch den Besitz an der Sache ein übertragbares **Anwartschaftsrecht** (vgl. Erman/Grunewald § 449 BGB Rz. 27). Dieses erstarkt zum Vollrecht Eigentum mit vollständiger Bezahlung der Kaufpreisforderung. Einem Anspruch des Verkäufers auf Herausgabe der Sache gem. § 985 BGB steht bis zum Eigentumsübergang das durch den Kaufvertrag bestehende Recht zum Besitz seitens des Käufers entgegen (§ 986 BGB). Das Recht zum Besitz kann der Verkäufer nur durch einen Rücktritt gem. § 346 BGB beseitigen (§ 449 Abs. 2 BGB) (BGH NJW-RR 2008, 818).

Abweichend vom gesetzlichen Grundsatz der Zug-um-Zug-Leistungen wird in synallagmatischen Verträgen in diesem Fall vereinbart, dass das Eigentum nach aufschiebend bedingter Einigung (§§ 929, 158 Abs. 1 BGB) erst mit Zahlung des Kaufpreises, ex nunc wirkend, ohne weitere Willenserklärung des Verkäufers auf den Käufer übergeht. 6

Wichtig ist die Vereinbarung eines Eigentumsvorbehalts insbesondere in den Fällen, in denen **Dritte beim Käufer vollstrecken**. Denn eine Pfändung der unter Eigentumsvorbehalt an den Käufer übergebenen Sache ist unzulässig, da der Verkäufer noch Eigentümer ist. Der Verkäufer hat die Möglichkeit, mit der Drittwiderspruchsklage gem. § 771 ZPO gegen die Pfändung vorzugehen (vgl. Zöller/Herget § 771 ZPO Rz. 14). Im Falle einer Insolvenz des Käufers steht dem Verkäufer wegen seiner Eigentümerstellung ein Aussonderungsrecht gem. § 47 InsO zu (vgl. OLG Brandenburg IBR 2011, 273). Er ist dazu berechtigt, vom Insolvenzverwalter die Herausgabe der Sache zu verlangen, falls dieser gem. § 103 InsO die Erfüllung des Kaufvertrages ablehnt (vgl. BGH NJW 2008, 1803). Durch die Rücknahme der Sache steht der Veräußerer in der Regel besser da als im Falle der Weiterverfolgung seines Kaufpreisanspruchs im Rahmen der Insolvenz, da die schuldrechtliche Forderung lediglich mit der Insolvenzquote berücksichtigt wird. 7

b) Regelungsgehalt – Rücktrittsrecht

Das BGB enthält keine schuldrechtliche Anspruchsgrundlage aus der Vereinbarung des Eigentumsvorbehalts. Vielmehr gilt allgemeines Recht der Pflichtverletzung. Dementsprechend ist grundsätzlich eine angemessene **Fristsetzung** zur Zahlung des Kaufpreises nach § 323 Abs. 1 BGB erforderlich (vgl. Erman/Grunewald § 449 BGB Rz. 12). Vom Vertrag kann somit erst nach Ablauf dieser Frist zurückgetreten werden, sofern nicht die in § 323 Abs. 2 Nr. 1–3 BGB geregelten Ausnahmen vom Fristsetzungserfordernis einschlägig sind. Ferner stellt § 449 Abs. 2 BGB klar, dass Rechte aus dem Eigentum nur nach Rücktritt (dh. in der Regel nach Fristsetzung und Fristablauf) geltend gemacht werden können. 8

➲ **Wichtig bei Verbrauchergeschäften:** Gem. § 498 BGB kann der Verkäufer (= Kreditgeber) erst dann zurücktreten, wenn der Käufer mit zwei aufeinanderfolgenden Teilzahlungen ganz oder teilweise und mit mindestens 10 Prozent, bei einer Laufzeit des Verbraucherdarlehensvertrags von mehr als drei Jahren mit mindestens 5 Prozent des Nennbetrags des Darlehens in Verzug ist und der Verkäufer, erfolglos, eine zweiwöchige Frist zur Zahlung des rückständigen Betrags mit der Erklärung gesetzt hat, dass er bei Nichtzahlung innerhalb der Frist die gesamte Restschuld verlange. Dies ist eine zwingende Begrenzung des Rücktrittsrechts des Verkäufers. 9

➲ **Hinweis:** Uneinheitlich beantwortet wird die Frage, ob das **Erfordernis** der Nachfristsetzung und die Regel „keine Rücknahme ohne Rücktritt" (§ 449 Abs. 2 BGB) **abdingbar** ist, so dass in Umkehrung des Regel-Ausnahme-Prinzips der alten Regelung des § 455 BGB die Möglichkeit gegeben sein könnte, durch abweichende Vertragsvereinbarungen ein Rücktrittsrecht des Verkäufers (bei Verzug des Käufers mit der Kaufpreiszahlung) auch ohne Fristsetzung und Berücksichtigung der Ausnahmeregelungen des § 323 Abs. 2 BGB zu vereinbaren (vgl. BGH MDR 2008, 441 f.). 10

Individualvertraglich wird von der gesetzlichen Regelung wohl abgewichen werden können (übereinstimmend MünchKomm.BGB/Westermann § 449 BGB Rz. 38; Schulz/Kienle NJW 2002, 2842). 11

Anders beurteilt sich die Situation jedoch für **Verbraucherverträge**. Zwar erstreckt sich das Verbot abweichender Vereinbarungen beim Verbrauchsgüterkauf (§ 475 Abs. 1 BGB) nicht auf Eigentumsvorbehalte (§ 449 BGB), jedoch ist unter Berücksichtigung der Sondervorschriften über **Teilzahlungsgeschäfte gegenüber Verbrauchern** (§ 506 Satz 1 BGB) ein Fristverzicht regelmäßig unwirksam (BGH MDR 2008, 441 f.). 12

Bei **AGB im nichtunternehmerischen Geschäftsverkehr** findet § 309 Nr. 4 BGB Anwendung. Hiernach kann der Verwender nicht von der gesetzlichen Obliegenheit freigestellt werden, dem anderen Vertragsteil eine Frist zu setzen (vgl. BGH NJW 1986, 842). Somit ist davon auszugehen, dass eine Klausel mit Fristverzicht an der eindeutigen Regelung des § 309 BGB scheitert. 13

14 Da im **unternehmerischen Geschäftsverkehr** hauptsächlich § 307 BGB zum Zuge kommt, hängt die Wirksamkeit einer entsprechenden Klausel hier von der Frage ab, ob § 449 Abs. 2 BGB eine Leitbildfunktion iSv. § 307 BGB zuzusprechen ist. Wegen der besondern Gegebenheiten des Handelsverkehrs, in welchem § 307 BGB Anwendung findet, sollen hierfür die typischen Parteiinteressen maßgebend berücksichtigt werden. Bislang wird die Frage der Leitbildfunktion jedoch uneinheitlich beantwortet (vgl. hierzu, auch insgesamt, Erman/Grunewald § 449 BGB Rz. 14; MünchKomm.BGB/Westermann § 449 BGB Rz. 38, Schulz/Kienle NJW 2002, 2842, 2843 jeweils mwN).

15 Sind durch die Nachfristsetzung die Voraussetzungen des Rücktritts geschaffen worden, besteht nunmehr grundsätzlich auch die Möglichkeit, im Rahmen des Schadensersatzes nach § 281 BGB die **Herausgabe der Sache** zu verlangen (Erman/Grunewald § 449 BGB Rz. 14).

c) Gegenstand des Eigentumsvorbehalts

16 Gegenstand des Eigentumsvorbehalts können dem Wortlaut des § 449 Abs. 1 BGB nach grundsätzlich nur **bestimmt bezeichnete einzelne bewegliche Sachen** sein (Grundsatz der Spezialität des Sachenrechts). Der Eigentumsvorbehalt an unbeweglichen Sachen ist wegen der Frist- und Bedingungsfeindlichkeit der Auflassung nicht möglich (§ 925 Abs. 2 BGB). Ferner kann er auch nicht bei Forderungen und sonstigen Rechten oder bei wesentlichen Bestandteilen einer anderen beweglichen Sache (§ 93 BGB) angewendet werden.

d) Verjährung der Kaufpreisforderung

17 Ist die Kaufpreisforderung verjährt, ist ein Rücktritt nach § 216 Abs. 2 Satz 2 BGB möglich, weil der Eigentumsvorbehalt den Kaufpreisanspruch sichern soll (Habersack/Schürbrand JuS 2002, 833, 837; Palandt/Weidenkaff § 449 Rz. 27). Der Verkäufer kann daher nach dem Rücktritt vom Kaufvertrag die Sache nicht nur aus § 985 BGB herausverlangen, sondern auch gem. § 346 Abs. 1 BGB.

2. Begründung und Beendigung des Eigentumsvorbehalts

18 Die Vereinbarung eines Eigentumsvorbehalts (§ 449 BGB) hat sowohl schuldrechtliche als auch sachenrechtliche Bedeutung.

a) Schuldrechtliche Seite

19 Schuldrechtlich wird ein Kaufvertrag grundsätzlich unbedingt geschlossen, so dass der Verkäufer grundsätzlich zur unbedingten Übereignung verpflichtet ist (§ 433 BGB). Wird schuldrechtlich vereinbart, dass sich der Verkäufer der beweglichen Sache das Eigentum an dieser bis zur Zahlung des Kaufpreises vorbehält (Definition § 449 BGB), ist der Verkäufer zur Übergabe der beweglichen Sache und zur bedingten Übereignung (§§ 929, 158 Abs. 1 BGB) verpflichtet.

20 Ist **im Kaufvertrag** die Lieferung unter **Eigentumsvorbehalt vereinbart** worden, was im Geschäftsverkehr oftmals durch Verwendung von AGB, eines Formularvertrags oder Bestätigungsschreibens geschieht, hat der Verkäufer seine ihm nach § 433 BGB obliegenden vertraglichen Verpflichtungen mit der aufschiebend bedingten Übereignung erfüllt.

21 Vor Übergabe der Sache kann der Verkäufer eine unbedingt erklärte Übereignung nach hM zurücknehmen und einen Eigentumsvorbehalt nachschieben (BGH NJW 2006, 3488). Bringt der Verkäufer nunmehr einseitig, vor oder bei Übergabe der Sache zum Ausdruck, dass er nur bedingt übereignen will, spricht man von einem vertragswidrigen Eigentumsvorbehalt. Da ein solcher nachträglicher (vertragswidriger) Eigentumsvorbehalt den Verkäufer vertragsbrüchig macht, ist dieser (vertragswidrige) Eigentumsvorbehalt nur dann wirksam vereinbart, wenn der Käufer sich damit einverstanden erklärt.

22 Ist nach dem Kaufvertrag eine unbedingte Übereignung geschuldet und will der Verkäufer nur bedingt übereignen, muss er dies deutlich erklären. Eine **Erklärung** auf einem Lieferschein kann nur genügen, wenn sie **spätestens bei der Übergabe** erfolgt (Erman/Grunewald § 449 BGB Rz. 2). Eine

Erklärung durch eine nachträglich übersandte Rechnung ist zu spät (Palandt/Weidenkaff § 449 BGB Rz. 11). Es bleibt den Parteien aber unbenommen, eine nachträgliche Vereinbarung über einen Eigentumsvorbehalt zu treffen (sog. nachträglich vereinbarter Eigentumsvorbehalt, Palandt/Weidenkaff § 449 BGB Rz. 21).

Ein (vertragswidriger) Eigentumsvorbehalt kann zwischen den Parteien auch **stillschweigend** vereinbart werden. Der BGH lässt dazu genügen, dass der Käufer den Vorbehalt hinnimmt, wobei allerdings an die Klarheit einer solchen Eigentumsvorbehalts-Erklärung erst bei Übergabe der Sache ein strenger Maßstab anzulegen ist (BGHZ 64, 395, 397). 23

Die Vereinbarung eines Eigentumsvorbehalts bedarf keiner besonderen **Form**. Aus Beweisgründen wird er jedoch regelmäßig schriftlich vereinbart, in der Regel durch entsprechende AGB im Kaufvertrag. Solche formularmäßigen Vereinbarungen sind in den durch §§ 305 ff. BGB gesetzten Grenzen grundsätzlich wirksam. 24

Bei Kollision einer Eigentumsvorbehalts-Klausel in AGB des Verkäufers mit einer **Abwehr-Klausel** in AGB des Käufers behält der Verkäufer grundsätzlich das Eigentum (Palandt/Weidenkaff § 449 BGB Rz. 20 mwN). 25

b) Sachenrechtliche Seite

Der Eigentumsübergang tritt erst mit vollständiger Bezahlung der Kaufpreisforderung einschließlich der Umsatzsteuer ein. Bis zur vollständigen Bezahlung begründet der Kaufvertrag unter Eigentumsvorbehalt ein **Besitzmittlungsverhältnis** und ein **Recht des Käufers zum Besitz** (Erman/Grunewald § 449 BGB Rz. 16). Der Vorbehaltskäufer besitzt die Sache bis zur vollständigen Zahlung des Kaufpreises nicht als ihm gehörend, weshalb er unmittelbarer Fremdbesitzer ist, der dem Verkäufer den Besitz vermittelt. Der Verkäufer ist bis zum Bedingungseintritt mittelbarer Eigenbesitzer (Erman/Grunewald § 449 BGB Rz. 17). 26

Der Käufer ist aber gegen weitere Verfügungen des Veräußerers geschützt, da sie gem. § 161 Abs. 1 BGB ihm gegenüber unwirksam sind, es sei denn, ein Dritter erwürbe gutgläubig (§ 161 Abs. 3 BGB). 27

Durch die aufschiebend bedingte Übereignung erlangt der Käufer mit der Übergabe ein **Anwartschaftsrecht** (ein echtes dingliches Recht, das man als „wesensgleiches minus" gegenüber dem Eigentum ansieht, BGHZ 28, 16, 21; vgl. MünchKomm.BGB/Westermann § 449 BGB Rz. 40 ff.), das mit der vollständigen Bezahlung des Kaufpreises zum Voll-Eigentum erstarkt. Das Anwartschaftsrecht ist als subjektives Recht vererblich und unter Lebenden übertragbar. Es wird übertragen wie das Vollrecht (Eigentum an beweglichen Sachen §§ 929 ff. BGB analog, Grundstücke nach §§ 873 ff. BGB analog). Die Übertragung ist ohne Zustimmung des Vorbehaltsverkäufers möglich (Erman/Grunewald § 449 BGB Rz. 28). Mit dem Eintritt der Bedingung (im Verhältnis Vorbehaltsverkäufer/-käufer) erlangt der Erwerber unmittelbar vom Verkäufer Eigentum an der Sache. 28

Das Anwartschaftsrecht kann nach § 930 BGB im Rahmen einer Sicherungsübereignung auch zur Sicherheit übertragen werden (vgl. Erman/Grunewald § 449 BGB Rz. 28). Es kann grundsätzlich auch belastet werden, sei es mit einem Nießbrauch oder einem Pfandrecht; es unterliegt auch den gesetzlichen Pfandrechten (vgl. Kap. 28; vgl. Palandt/Bassenge § 929 BGB Rz. 39). 29

c) Beendigung des Eigentumsvorbehalts

Mit vollständiger Bezahlung des Kaufpreises, also dem Eintritt der Bedingung, erlischt der Eigentumsvorbehalt. Er erlischt auch mit Weiterveräußerung der Sache, wenn der Vorbehaltsverkäufer der Übertragung des Voll-Eigentums zugestimmt hat (§ 185 Abs. 1 BGB); ebenso durch gutgläubigen Erwerb (§ 932 BGB) oder Verzicht des Vorbehaltsverkäufers auf den Eigentumsvorbehalt. Weitere Erlöschenstatbestände sind die Verbindung, Vermischung (§§ 947, 948 BGB) oder Verarbeitung (§ 950 BGB) der Kaufsache (Erman/Grunewald § 449 BGB Rz. 40). 30

M 29.1 Kaufvertrag mit Ratenzahlung und Eigentumsvorbehalt[1]

Herr/Frau/Firma . . . (Name/Firma und Anschrift)

– nachstehend Verkäufer –

und

Herr/Frau/Firma . . . (Name/Firma und Anschrift)

– nachstehend Käufer –

schließen hiermit folgenden

Kaufvertrag

§ 1 Gegenstand

(1) Der Verkäufer verkauft an den Käufer hiermit das . . .-Gerät, Marke . . . und Fabrikationsnummer . . . zum Preis von . . . Euro brutto.

(2) Das . . .-Gerät steht am . . . (Datum) zur Abholung beim Verkäufer bereit.

§ 2 Ratenzahlung

(1) Bei Abholung ist eine Teilzahlung iHv. . . . Euro zur Zahlung fällig.

(2) Den Kaufpreisrest iHv. . . . Euro wird der Käufer in zwölf Monatsraten à . . . Euro zahlen. Der jeweilige Kaufpreisrest ist mit . . . % zu verzinsen. Der Zins wird mit der letzten Rate fällig.

(3) Die erste Rate ist am . . . (Datum) zur Zahlung auf unser Konto . . . (Kontonummer) bei der . . .-Bank (Bankleitzahl . . .) fällig, die Folgeraten jeweils zum . . . (Datum) eines Monats.

§ 3 Eigentumsvorbehalt

(1) Das verkaufte Gerät bleibt bis zur vollständigen Zahlung des Kaufpreises sowie der vereinbarten Teilzahlungszuschläge Eigentum des Verkäufers. Mit Zahlung der letzten Rate geht das Eigentum am Gerät auf den Käufer über[2].

(2) Der Käufer verpflichtet sich, das Gerät bis zum Eigentumsübergang sachgemäß und pfleglich zu behandeln, zu reinigen und ggf. instand zu setzen. Etwaige Beschädigungen wird er dem Verkäufer unverzüglich anzeigen. Die Gefahr der Beschädigung und des Untergangs des Gerätes trägt der Käufer.

(3) Bis zur vollständigen Zahlung des Kaufpreises wird der Käufer das Gerät weder verleihen, verkaufen, vermieten, verpfänden noch in sonstiger Weise über dieses verfügen. Für den Fall, dass Dritte beabsichtigen, das Gerät zu pfänden, wird er den Verkäufer unverzüglich unterrichten. Alle zur Beseitigung von Pfändungen und Einbehaltungen sowie zur Wiederbeschaffung des Gerätes aufzuwendenden gerichtlichen und außergerichtlichen Kosten sind vom Käufer zu erstatten.

§ 4 Zahlungsverzug

Gerät der Käufer mit der Zahlung von zwei aufeinander folgenden Teilzahlungsbeträgen ganz oder teilweise in Verzug, ist der Verkäufer nach seiner Wahl dazu berechtigt, die Zahlung des Restbetrages in einer Summe zu verlangen oder ohne Fristsetzung vom Vertrag zurückzutreten und das Gerät abholen zu lassen oder dessen Rückgabe binnen einer Frist von . . . Tagen zu fordern[3].

---

1 Einfacher Kaufvertrag mit in § 2 enthaltener Ratenzahlungsvereinbarung unter in § 3 vereinbartem Eigentumsvorbehalt.

2 Vereinbart ist ein einfacher Eigentumsvorbehalt, der sich lediglich auf das verkaufte Gerät erstreckt und mit Zahlung der letzten Kaufpreisrate gem. § 449 BGB erlischt. Bedingung für den Erwerb des Volleigentums ist die vollständige Zahlung des Kaufpreises zuzüglich der Umsatzsteuer und der vom Käufer zu zahlenden Teilzahlungszuschläge.

3 Zur Sicherung der Vorleistung des Verkäufers bedarf es der Regelungen von Rechtsfolgen für den Fall der Nichterfüllung der Ratenzahlungsverpflichtung.

§ 5 Mängelansprüche

Die gegenüber dem Hersteller des Gerätes bestehenden Mängelansprüche werden hiermit unter Übergabe des auf das Gerät ausgestellten Garantiescheins auf den diese Abtretung annehmenden Käufer übertragen.

§ 6 Salvatorische Klausel

Sollte eine Bestimmung dieses Vertrages ganz oder teilweise unwirksam sein oder diese nicht durchgeführt werden, berührt dies die Gültigkeit dieses Sicherungsvertrages im Übrigen nicht.

III. Sonderformen des Eigentumsvorbehalts

Die vorstehend geschilderten Regelungen für den einfachen Eigentumsvorbehalt, der sich lediglich auf die verkaufte, unter Eigentumsvorbehalt übereignete Sache erstreckt, gelten grundsätzlich auch für die nachfolgend behandelten Arten des Eigentumsvorbehalts. 31

1. Erweiterter Eigentumsvorbehalt

Hier ist der Eigentumsübergang nicht nur von der Tilgung der Kaufpreisforderung abhängig, sondern von der Tilgung weiterer Forderungen des Veräußerers. Der erweiterte Eigentumsvorbehalt existiert in zwei Formen, dem Kontokorrentvorbehalt und dem Konzernvorbehalt, wobei ein Konzernvorbehalt seit dem 1.1.1999 **nicht mehr zulässig** (§ 449 Abs. 3 BGB) und nichtig (§ 134 BGB) ist (Erman/Grunewald § 449 BGB Rz. 60). 32

Das vorbehaltene Eigentum sichert im Falle des **Kontokorrentvorbehalts** nicht nur die Kaufpreisforderung für die Vorbehaltssache, sondern je nach Vereinbarung **alle** zur Zeit des Vertragsschlusses **bestehenden oder** auch **künftig** aus der Geschäftsverbindung zwischen Eigentumsvorbehaltsverkäufer und -käufer **entstehenden Forderungen** (ein echter Kontokorrentvorbehalt setzt darüber hinaus die Beteiligung eines Kaufmannes und das Bestehen eines echten Kontokorrent iSv. § 355 HGB voraus). Hinsichtlich der künftigen Forderungen ist zu beachten, dass sie zumindest bestimmbar sein müssen (Erman/Grunewald § 449 BGB Rz. 58). 33

➲ **Hinweis:** Die Vereinbarung eines solchen Eigentumsvorbehalts, auch in AGB, ist im **kaufmännischen Bereich** üblich und grundsätzlich unbedenklich. Eine ausdrückliche Freigaberegelung für den Fall der Übersicherung ist nicht Wirksamkeitsvoraussetzung (BGH MDR 2011, 886). 34

M 29.2 Kontokorrentvorbehalt

(1) Alle gelieferten Waren bleiben bis zur Erfüllung sämtlicher Ansprüche, die uns aus der Geschäftsverbindung zustehen, unser Eigentum. Dies gilt auch für künftige und bedingte Forderungen. Bei laufender Rechnung dient das vorbehaltene Eigentum zur Sicherung unserer Saldoanforderung.

(2) Übersteigt der Wert der für uns bestehenden Sicherheiten unsere Forderungen um insgesamt 20 Prozent, geben wir auf Verlangen des Käufers Sicherheiten in entsprechender Höhe nach unserer Wahl frei.

Im Verhältnis zu **Nichtkaufleuten** wird eine solche AGB-Klausel wohl wegen Verstoßes gegen § 307 Abs. 2 Nr. 2 BGB unwirksam sein (Erman/Grunewald § 449 BGB Rz. 58). 35

2. Verlängerter Eigentumsvorbehalt

36 Ein verlängerter Eigentumsvorbehalt, der im kaufmännischen Verkehr grundsätzlich auch in AGB wirksam vereinbart werden kann, sofern er dem Bestimmtheitsgebot genügt (BGH WM 2013, 510), ist gegeben, wenn die Parteien vereinbaren, dass der Käufer berechtigt ist, die unter Eigentumsvorbehalt übertragene Sache (zB im ordentlichen Geschäftsbetrieb) zu verarbeiten, weiterzuverkaufen etc. und dafür an die Stelle des durch Weiterveräußerung, Verbindung, Vermischung oder Verarbeitung erloschenen „einfachen" Eigentumsvorbehalts eine **Sicherheit am wirtschaftlichen Surrogat** tritt; also bei Weiterveräußerung an der dadurch erlangten Kaufpreisforderung oder bei Verbindung, Vermischung oder Verarbeitung (Mit-)Eigentum an der daraus entstehenden neuen Sache entsteht.

37 Im Falle der Vorausabtretung ermächtigt der Verkäufer den Käufer zur Weiterveräußerung (§ 185 Abs. 1 BGB) und lässt sich zur Sicherheit die aus der Weiterveräußerung entstehende künftige Kaufpreisforderung des Käufers gegen den Abnehmer im Voraus abtreten (§§ 433, 398 BGB) (hierzu Rz. 38 ff.). Durch Verbindung (§§ 946, 947 BGB), Vermischung (§ 948 BGB) und Verarbeitung (§ 950 BGB) erlischt der Eigentumsvorbehalt nach §§ 946 ff. BGB. Aus diesem Grund wird im Falle von Verbindung, Vermischung oder Verarbeitung zur Sicherheit die Wirkung des § 950 BGB ausgeschlossen (sog. Verarbeitungsklausel; hierzu Rz. 45 ff.).

a) Vorausabtretung

38 Zur **Wirksamkeit** einer Vorausabtretung ist erforderlich, dass die abgetretene **Forderung bestimmt** oder **zumindest bestimmbar** ist (BGH NJW 2000, 276, 277; Erman/Grunewald § 449 BGB Rz. 46). Hierfür ist nach ständiger Rechtsprechung des BGH ausreichend, wenn die Forderung spätestens im Zeitpunkt ihrer Entstehung bestimmt werden kann (BGH NJW 2000, 276, 277). Daher muss im Falle der Vorausabtretung die Forderung nach Gegenstand (zB Kaufpreisforderung) und Umfang (zB in Höhe des Wertes der Ware) bezeichnet werden. Der Vorbehaltskäufer wird in der Regel zum Forderungseinzug ermächtigt.

39 Zur weiteren Sicherung des Vorbehaltsverkäufers kann hierbei vereinbart werden, dass der Vorbehaltskäufer die aus der Veräußerung resultierenden Forderungen für den Vorbehaltsverkäufer einzuziehen, für ihn zu verwahren (also als **Fremdgeld zu behandeln**) und an ihn abzuführen hat (sog. **Verkaufserlös-/Weiterveräußerungsklausel**).

40 Ist die im Voraus **abzutretende Forderung gar nicht abtretbar** (§ 399 BGB), zB hat der Dritte, an den der Vorbehaltskäufer die Sache weiterveräußert, die Abtretung gegen ihn gerichteter Forderungen von seiner Zustimmung abhängig gemacht, so liegt in der Weiterveräußerung eine zum Schadensersatz verpflichtende Vertragsverletzung (Erman/Grunewald § 449 BGB Rz. 47). Liegt der Abtretung ein beiderseitiges Handelsgeschäft zugrunde, ist § 354a HGB zu beachten, der die Gültigkeit von Abtretungsverboten einschränkt.

41 Für den Fall, dass der **Wert der abgetretenen Kaufpreisforderung höher** ist als der des vorbehaltenen Eigentums, soll die Rechtsprechung des BGH zur Sicherungsübereignung entsprechend Anwendung finden (so AnwK. BGB/Büdenbender § 449 BGB Rz. 18).

42 Häufig trifft der verlängerte Eigentumsvorbehalt mit einer anderen Zession eben dieser Forderung zusammen. In diesem Fall kommt es für die Entscheidung der Frage, wer Forderungsinhaber geworden ist, in erster Linie auf die zeitliche **Reihenfolge der Abtretungen** an, sog. **Prioritätsprinzip** (Erman/Grunewald § 449 BGB Rz. 52).

43 **Sicherungskollisionen** können entstehen, wenn neben der Vereinbarung eines verlängerten Eigentumsvorbehalts bereits eine globale Forderungsabtretung aller zukünftigen Forderungen des Käufers (**Globalzession**) an dessen Bank besteht. In diesem Fall wäre nach den Grundsätzen des Prioritätsprinzips, welches im Rahmen der §§ 398 ff. BGB Anwendung findet, stets der Geldgläubiger, in der Regel die Bank, begünstigt und der Verkäufer an seinem Sicherungsmittel gehindert. Der BGH hat in diesen Fällen mehrfach entschieden, dass eine Globalzession, die auch die Forderungen eines Warenlieferanten ergreift, sittenwidrig und nichtig ist, soweit sie dem Lieferanten die Sicherung durch einen branchenüblichen verlängerten Eigentumsvorbehalt entzieht (BGH MDR 2005, 523 f.).

➲ **Praxistipp:** Die Sittenwidrigkeit kann verhindert werden, indem mit der Bank die Vereinbarung getroffen wird, dass die Globalabtretung auf den Teil der Forderung beschränkt wird, welcher die Kaufpreisforderung des Lieferanten übersteigt, sog. „dinglicher Teilverzicht" (BGH NJW 1999, 940; BGH v. 12.10.2006 – IX ZR 105/03, juris). 44

b) Verarbeitungsklausel

Ware, die unter Eigentumsvorbehalt gekauft oder zur Sicherung übereignet wird, soll oftmals vom Sicherungsgeber noch verarbeitet werden. Eine solche Verarbeitung kann nach § 950 BGB bewirken, dass der Sicherungsgeber das Eigentum erwirbt. Die Sicherung durch den Eigentumsvorbehalt oder die Sicherungsübereignung wäre dann nicht „verarbeitungsbeständig". Aus diesem Grunde vereinbaren die Parteien in der Regel eine sog. Verarbeitungsklausel mit der, abweichend von der Regelung des § 950 BGB, vereinbart wird, dass sich der Eigentumsvorbehalt an der gelieferten Ware nach deren Verarbeitung an dem daraus entstehenden Produkt fortsetzen soll (vgl. Erman/Grunewald § 449 BGB Rz. 44; OLG Dresden ZInsO 2008, 564). Der Eigentumserwerb des Herstellers ist allerdings ausgeschlossen, wenn der Wert der Verarbeitung erheblich geringer ist, als der Wert der verarbeiteten Stoffe, § 950 Abs. 1 Satz 1 BGB (vgl. OLGReport Düsseldorf 2001, 417: Grenze 40 %; OLGReport Köln 2009, 571 ff.). 45

➲ **Hinweis:** Wer eigene Sachen verarbeitet, trägt die Beweislast dafür, dass eine neue Sache entstanden und das Wertverhältnis iSd. § 950 BGB erfüllt ist. 46

Ist der Verarbeitungswert höher, wird der Verkäufer Miteigentümer der neuen Sache, und zwar entsprechend § 947 BGB im Verhältnis des Wertes seiner Stofflieferung zum Wert des Endproduktes. 47

Auch eine Verarbeitungsklausel fordert im Interesse der Rechtssicherheit ein **gewisses Maß an Bestimmtheit und Eindeutigkeit.** Daher hängt die Frage, in welchem Umfang Halb- oder Fertigfabrikate beim Fabrikanten dem Miteigentum des Lieferanten unterliegen, davon ab, dass für jeden, der die Parteiabreden kennt, ohne weiteres ersichtlich ist, welche individuell bestimmten Sachen von der Übereignung erfasst werden (BGHZ 46, 117, 122). Aufwand und Betriebskosten des Verarbeiters sind nicht als Bemessungsgrundlage geeignet, da sonst eine Arbeit schutzfähiger wäre, je arbeitsintensiver sie ausgeführt worden ist. 48

➲ **Hinweis:** Wirksam sind dagegen Vereinbarungen, die sich auf die Relation zwischen dem Wert des verarbeiteten Rohstoffs zum Wert des Fertigfabrikates beziehen (BGHZ 46, 117, 122; 58, 88, 90). 49

Sicherungskollisionen sind auch hier möglich. Denkbar sind sie dann, wenn das hergestellte Produkt durch Verwendung von Waren entstanden ist, die **von mehreren Lieferanten unter verlängertem Eigentumsvorbehalt geliefert** wurden. Mangels besonderer Abrede erwerben die Lieferanten an der neu hergestellten Sache im Verhältnis der Werte der einzelnen vermischten Sachen zueinander Allein- oder Miteigentum (§§ 947, 948 BGB). 50

M 29.3 Erweiterter und verlängerter Eigentumsvorbehalt im kaufmännischen Verkehr

(Auszug aus den AGB im kaufmännischen Verkehr)

§ 1 Geltungsbereich

(1) Diese Verkaufsbedingungen finden ausschließlich Anwendung gegenüber Unternehmern, juristischen Personen des öffentlichen Rechts oder öffentlich-rechtlichem Sondervermögen im Sinne von § 310 Abs. 1 BGB.

(. . .)

§ . . . Eigentumsvorbehalt[1]

(1) Der hier geregelte Eigentumsvorbehalt dient der Sicherung aller jeweils derzeit bestehenden und künftig entstehenden Forderungen aus der zwischen uns und dem Besteller bestehenden Lieferbeziehung.

(2) Das Eigentum an der gelieferten Ware behalten wir uns bis zur vollständigen Zahlung sämtlicher Forderungen aus dem Liefervertrag vor. Dies gilt auch für alle künftigen Lieferungen, und zwar auch für den Fall, dass wir uns nicht stets ausdrücklich hierauf berufen.

(3) Der Besteller ist verpflichtet, die Vorbehaltsware so lange pfleglich zu behandeln, bis das Eigentum auf ihn übergegangen ist. Insbesondere ist er dazu verpflichtet, diese auf eigene Kosten gegen Diebstahl-, Feuer- und Wasserschäden ausreichend zum Neuwert zu versichern. Für den Fall, dass Wartungs- und Inspektionsarbeiten an der Kaufsache durchgeführt werden müssen, wird der Besteller diese auf eigene Kosten rechtzeitig ausführen.

(4) Solange das Eigentum noch nicht übergegangen ist, hat uns der Besteller unverzüglich schriftlich zu benachrichtigen, sollte die gelieferte Vorbehaltsware gepfändet oder sonstigen Eingriffen Dritter ausgesetzt sein. Ferner wird der Besteller unverzüglich darauf hinweisen, dass die Vorbehaltsware in unserem Eigentum steht. Der Besteller ist weitergehend verpflichtet, uns alle Angaben zu machen und Unterlagen zur Verfügung zu stellen, die für eine Drittwiderspruchsklage gem. § 771 ZPO erforderlich sind. Soweit der Dritte nicht in der Lage ist, uns die gerichtlichen und außergerichtlichen Kosten einer Klage gem. § 771 ZPO zu erstatten, haftet der Besteller für den uns entstandenen Ausfall.

(5) Die Be- und Verarbeitung der Vorbehaltsware durch den Besteller erfolgt stets namens und im Auftrag für uns. In diesem Fall setzt sich das Anwartschaftsrecht des Bestellers an der Vorbehaltsware an der bearbeiteten bzw. verarbeiteten Vorbehaltsware fort. Sofern die Vorbehaltsware mit anderen, nicht uns gehörenden Waren verarbeitet wird, erwerben wir das Miteigentum an der neuen Sache im Verhältnis des Rechnungs-Endbetrags unserer Vorbehaltsware zu den anderer bearbeiteten Gegenständen im Zeitpunkt der Verarbeitung. Dasselbe gilt für den Fall der Vermischung. Sofern die Vermischung in der Weise erfolgt, dass die Sache des Bestellers als Hauptsache anzusehen ist, gilt als vereinbart, dass der Besteller uns regelmäßig Miteigentum überträgt und das so entstandene Alleineigentum oder Miteigentum für uns verwahrt[2]*. Zur Sicherung unserer Forderungen gegen den Besteller tritt der Besteller auch solche Forderungen an uns ab, die ihm durch die Verbindung der Vorbehaltsware mit einem Grundstück gegen einen Dritten erwachsen*[3]*; die Abtretung nehmen wir hiermit an.*

(6) Der Besteller ist dazu befugt, die Vorbehaltsware im normalen Geschäftsverkehr weiter zu veräußern. Die Forderungen des Bestellers aus der Weiterveräußerung der Vorbehaltsware tritt dieser bereits hiermit an uns ab, und zwar in Höhe des Rechnungs-Endbetrages (einschließlich Umsatzsteuer) unserer Forderung[4]*. Die Abtretung gilt unabhängig davon, ob die Vorbehaltsware ohne oder nach Verarbeitung weiterverkauft worden ist. Der Besteller bleibt zur Einziehung der Forderung auch nach der Abtretung ermächtigt*[5]*. Unsere Befugnis, die Forderung selbst einzuziehen, bleibt davon unberührt. Wir werden jedoch die Forderung nicht einziehen, solange der Besteller seinen Zahlungsverpflichtungen aus den vereinnahmten Erlösen nachkommt, nicht in Zahlungsverzug gerät oder Zahlungseinstellung vorliegt*[6]*.*

---

1 Für den Fall, dass die folgenden Bestimmungen für eine Individualvereinbarung genutzt werden sollen, sind sie sprachlich entsprechend anzupassen.

2 Durch Verarbeitung und Umbildung kann der Lieferant gem. § 950 BGB, durch Verbindung und Vermischung gem. §§ 947, 948 BGB, sein Eigentum an den Besteller verlieren. Im Gegensatz zu § 950 BGB stehen die §§ 947, 948 BGB aber nicht zur Disposition der Parteien.

3 Für den Fall, dass die Vorbehaltsware wesentlicher Bestandteil eines Grundstücks wird, was in der Regel beim Einbau in ein Gebäude der Fall ist, scheidet der Erwerb von Miteigentum aus (§ 946 BGB).

4 Zu dieser Konkretisierung vgl. Palandt/Grüneberg § 398 BGB Rz. 17.

5 Mit dieser Bestimmung wird eine stille Zession gestaltet. Solange die Abtretung „still" erfolgt, kann der Dritte an den Vorbehaltskäufer mit befreiender Wirkung zahlen (§§ 407, 408 BGB).

6 Die dem Vorbehaltskäufer erteilte Einziehungsermächtigung kann widerrufen werden. Die Voraussetzungen, nach denen ein Widerruf in Betracht kommt, sind beispielhaft genannt.

(7) Wir verpflichten uns, die uns zustehenden Sicherheiten auf Verlangen des Bestellers frei zu geben, soweit ihr Wert die zu sichernden Forderungen um mehr als 20 % übersteigt.

(8) Treten wir wegen vertragswidrigen Verhaltens des Bestellers – insbesondere Zahlungsverzug – vom Vertrag zurück, sind wir berechtigt, die Vorbehaltsware heraus zu verlangen.

3. Weitergeleiteter Eigentumsvorbehalt

Im Falle der Vereinbarung eines weitergeleiteten Eigentumsvorbehalts ist der Vorbehaltskäufer zwar dazu berechtigt, die Sache zu veräußern, er muss aber den **Eigentumsvorbehalt an den Erwerber weitergeben** und so durch Offenlegung seiner vertraglichen Beziehungen zum Vorbehaltsverkäufer offenbaren, dass er nur unter Eigentumsvorbehalt erworben hat. Aus diesem Grunde, wie auch der Wirkung auf Kaufinteressenten, ist der weitergeleitete Eigentumsvorbehalt eher unüblich (s. BGH MDR 1991, 724). 51

Die Veräußerung kann durch Übertragung des Anwartschaftsrechts oder durch bedingte Übereignung an einen Dritten mit Einwilligung (§ 185 Abs. 1 BGB) des Vorbehaltsverkäufers geschehen. 52

M 29.4 Weitergeleiteter Eigentumsvorbehalt

Der Käufer verpflichtet sich zur Wahrung des Eigentumsvorbehalts zugunsten des Verkäufers, die dem Eigentumsvorbehalt unterliegenden Waren nur in der Weise zu übereignen, dass wir Vorbehaltseigentümer bleiben. Dem erwerbenden Dritten/Zweiterwerber wird lediglich das Anwartschaftsrecht des Käufers bzw., mit unserer Einwilligung als Vorbehaltseigentümer, bedingtes Eigentum übertragen. Der Vorbehaltskäufer verpflichtet sich ferner, dem Zweiterwerber den bestehenden Eigentumsvorbehalt mitzuteilen.

4. Nachgeschalteter Eigentumsvorbehalt

Im Grundsatz unbedenklich, wenn auch selten praktisch, ist der sog. nachgeschaltete Eigentumsvorbehalt, bei dem der **Vorbehaltskäufer** die Kaufsache gleichfalls **unter Vereinbarung eines Eigentumsvorbehalts an einen Abnehmer weiterverkauft.** 53

Hierbei muss der Vorbehaltskäufer nicht offenbaren, dass er selbst nur unter Eigentumsvorbehalt gekauft hat (MünchKomm.BGB/Westermann § 449 BGB Rz. 96). Damit liegen zwei selbständige Eigentumsvorbehalte vor. Sachenrechtliche Kollisionen sind dabei ausgeschlossen (vgl. BGHZ 56, 34, 36). Der vom Vorbehaltskäufer erwerbende Dritte erlangt das Eigentum an der Kaufsache bereits dann, wenn er seine eigene Kaufpreisschuld getilgt hat, da der Vorbehaltskäufer als Nichtberechtigter mit Zustimmung des Erstverkäufers über dessen Eigentum verfügt. (§§ 185 Abs. 1, 158 Abs. 1 BGB; vgl. BGH NJW 1971, 1038, 1039). 54

➲ **Hinweis:** Zur Kompensation dieses Eigentumsverlustes kann der nachgeschaltete Eigentumsvorbehalt **mit einem verlängerten Eigentumsvorbehalt**, also der Vorausabtretung der dem Erstverkäufer gegen den Zweitkäufer zustehenden Kaufpreisforderung aus den neuen Kaufvertrag (§§ 389, 433 Abs. 2) **verbunden** werden (vgl. Palandt/Weidenkaff § 449 BGB Rz. 17). 55

M 29.5 Nachgeschalteter Eigentumsvorbehalt mit Vorausabtretungsklausel

(1) Der Käufer ist befugt, unsere Vorbehaltsware ohne Offenlegung des bereits bestehenden Eigentumsvorbehalts im ordnungsgemäßen Geschäftsbetrieb weiter zu veräußern. Er kann seinerseits einen Eigentumsvorbehalt vereinbaren, ohne dass dadurch das vorbehaltliche Eigentum auf den Besteller übergeht.

(2) Die Forderungen des Käufers aus der Weiterveräußerung der Vorbehaltsware nebst allen Nebenrechten werden bereits jetzt in voller Höhe an uns abgetreten. Wird die Vorbehaltsware vom Auftraggeber zusammen mit anderen uns nicht gehörenden Waren veräußert, wird die Forderung nur in Höhe des Rechnungsbetrags an uns abgetreten.

(3) Wird die nach Verbindung, Vermischung oder Verarbeitung mit anderen, uns nicht gehörenden Waren veräußert, erfolgt die Abtretung nur in Höhe unseres Miteigentumsanteils an der veräußerten Sache oder dem veräußerten Bestand.

(4) Wird die Vorbehaltsware vom Auftraggeber zur Erfüllung eines Werk- oder Werklieferungsvertrags verwendet, so wird die Forderung des Käufers hieraus im gleichen Umfang an uns abgetreten, wie für die Weiterveräußerung bestimmt. Die abgetretenen Forderungen dienen uns in gleicher Weise als Sicherheit wie die Vorbehaltsware.

(5) Bis auf Widerruf und solange er sich nicht in Verzug befindet, ist der Käufer berechtigt, die uns abgetretenen Forderungen einzuziehen.

IV. Sicherungsübereignung

56 Die Sicherungsübereignung ist eine gesetzlich nicht geregelte Form der Mobiliarsicherheit, also eine rechtsgeschäftliche Übertragung des Eigentums vom Schuldner (= Sicherungsgeber) auf den Gläubiger (= Sicherungsnehmer), so dass die §§ 929 ff. BGB anwendbar sind.

1. Anwendungsbereich, Voraussetzungen und Bedeutung

a) Anwendungsbereich und Bedeutung

57 Der Publizitätsgrundsatz verhindert die Bestellung eines Pfandrechts an einer beweglichen Sache durch die Vereinbarung eines Besitzkonstituts gem. § 868 BGB. Diese rechtliche Konstruktion ermöglicht zwar ausreichende Sicherheit bei Gewährung von Krediten, würde aber in den meisten Fällen nicht zu dem gewünschten Erfolg, der alsbaldigen Rückzahlung des Kredites, führen. In der Praxis ist der Kreditnehmer oftmals auf die Sache, die er über den Kredit finanziert, angewiesen, dh. er muss sie nutzen können, um damit einen wirtschaftlichen Ertrag zu erzielen. Aus diesem Grund trat an die Stelle der Verpfändung schon sehr früh die Sicherungsübereignung, dh. Übereignung gem. §§ 929, 930 BGB. Die Sicherungsübereignung ist genauso wie der Eigentumsvorbehalt ein praktisch sehr bedeutsames Sicherungsmittel.

58 Der Unterschied zwischen der Sicherungsübereignung und dem Eigentumsvorbehalt besteht darin, dass es beim Eigentumsvorbehalt um die Sicherung einer Forderung gerade des Verkäufers geht, wohingegen die Sicherungsübereignung auch zur Sicherung von Forderungen Dritter, vor allem Banken, vereinbart werden kann.

59 Bei der Sicherungsübereignung lässt sich der Kreditgeber zur Sicherung seiner Darlehensrückforderung bewegliche Sachen des Kreditnehmers unter Vereinbarung eines **Besitzmittlungsverhältnisses** zu Eigentum übertragen, so dass **unmittelbarer Besitz beim Schuldner** verbleibt. Der Sache nach stellt die Sicherungsübereignung ein besitzloses Pfandrecht dar, s. im Vergleich §§ 1204, 1205 Abs. 1 Satz 1 BGB.

60 ➲ **Wichtig:** In § 930 BGB wird zwar die Vereinbarung eines konkreten Besitzmittlungsverhältnisses gefordert, doch wird heute bereits die in der Sicherungsabrede getroffene Vereinbarung der Sicherungsübereignung als ausreichend für die Begründung eines Besitzmittlungsverhältnisses angesehen (BGH NJW-RR 2005, 280), wie es auch stillschweigend begründet werden kann (OLGReport Saarbrücken 2006, 657). Gegenstand der Sicherungsübereignung kann auch das Anwartschaftsrecht des Vorbehaltskäufers sein (Erman/Bayer Anh §§ 929–931 BGB Rz. 2). Wie bei der Abtretung nach § 398 BGB genügt bei künftigen Forderungen deren Bestimmbarkeit.

61 Die **Übereignung** soll nur **vorübergehenden** Charakter haben. Erfüllt der Schuldner seine Verbindlichkeit, soll das Eigentum an ihn zurückfallen. Der Gläubiger erhält das Eigentum somit zu

treuen Händen. Bei der Sicherungsübereignung handelt es sich mithin um ein fiduziarisches Sicherungsmittel, dh. ein Sicherungsmittel mit Treuhandcharakter.

M 29.6 Anzeige an den Versicherer von der Erledigung eines Kfz-Sicherungsscheins[1]

(Auszug aus dem Mitteilungsschreiben des Sicherungsnehmers an eine Kasko und Haftpflichtversicherung)

Betr. Ihr Versicherungsnehmer ... (Name und Anschrift)
Versicherungsschein-Nr.
der Kraftfahrzeug-Haftpflicht- und Kaskoversicherung ...
Kraftfahrzeug-Sicherungsschein zu dieser Versicherung
(...)

Unter vorstehend aufgeführter Versicherungsschein-Nr. haben Sie für das Kraftfahrzeug ... (Hersteller/Typ/amtl. Kennzeichen) Versicherungsschutz gewährt und am ... (Datum) einen Kfz-Sicherungsschein[2] ausgestellt und uns übersandt. Von Herrn/Frau ... (Name/Anschrift) war uns dieses Fahrzeug zur Sicherung von Forderungen sicherungsübereignet worden.

Wir dürfen Ihnen nunmehr anzeigen, dass unsererseits keine durch das Fahrzeug gesicherte Forderung mehr besteht und wir seit dem ... (Datum) nicht mehr Sicherungseigentümer des Fahrzeugs sind. Der Sicherungsschein hat sich damit erledigt, weshalb wir ihn in der Anlage zu unserer Entlastung beifügen.

(...)

1 Vom Abdruck eines Antrags auf Ausstellung eines Sicherungsscheins wird an dieser Stelle abgesehen, da dies in der Praxis meist durch bereits vorhandenes Bank-Formular geschieht.

2 Zu beachten ist, dass es im Versicherungsfall für die Frage, in welchem Umfang Versicherungsschutz zu gewähren ist, allein auf die in dem jeweiligen Sicherungsschein getroffenen Regelungen ankommt (OLG-Report Düsseldorf 2001, 529).

Voraussetzungen der **Sicherungsübereignung**: Die Sicherungsübereignung besteht idR aus drei Rechtsverhältnissen: a) der dinglichen Sicherungsübereignung, dh. der Übereignung des Sicherungsguts durch Einigung und Besitzkonstitut (§§ 929, 930 BGB), b) der Sicherungsabrede (Sicherungsvertrag), dh. der Vereinbarung zwischen Sicherungsgeber und Sicherungsnehmer, nach der die Sicherungsübereignung der Sicherung einer bestimmten Forderung des Sicherungsnehmers gegen den Sicherungsgeber dienen soll und c) der zu sichernden Forderung. 62

Einigung iSd § 929 S. 1 BGB, dass der Sicherungsnehmer Sicherungseigentum erlangen soll. Der Bestimmtheitsgrundsatz verlangt, dass sich die Einigung auf ein bestimmtes Wirtschaftsgut bezieht, d.h. nicht ausreichend sind bloße Wert- oder Mengenangaben, rechtliche Unterscheidungsmerkmale („soweit im Eigentum des Veräußerers"), Abgrenzung erst durch Nachfragen von Mitarbeitern. 63

An die Stelle der Übergabe der Sache gem. § 929 Satz 1 BGB tritt die Vereinbarung eines konkreten Besitzmittlungsverhältnisses (§ 868 BGB) (**Besitzkonstitut**; § 930 BGB), zB eines Verwahrungsvertrages oder einer Leihe, zwischen Veräußerer und Erwerber. Insbesondere bedarf es nach hM eines konkreten Besitzmittlungsverhältnisses iSd. § 868 BGB, dh. eines Rechtsverhältnisses, das den Parteien bestimmte Nutzungsrechte und Pflichten auferlegt und eine Besitzrechtsbeziehung auf Zeit begründet. Das erforderliche konkrete Besitzmittlungsverhältnis ist idR in der Sicherungsabrede zu sehen, weil sich aus ihr ergibt, dass der Sicherungsgeber die Sache solange besitzen darf, bis sie der Sicherungsnehmer zur Verwertung herausverlangen kann. 64

Die Sicherungsübereignung hat ebenso wie der Eigentumsvorbehalt eine schuldrechtliche Seite, **den Sicherungsvertrag**, der die Regelungen über das Innenverhältnis zwischen Sicherungsgeber 65 und -nehmer sowie über das Verwertungsrecht des Sicherungsnehmers enthält (Erman/Bayer Anh §§ 929–931 BGB Rz. 4). Im Sicherungsvertrag regeln die Parteien die Rechte und Pflichten im Verhältnis zueinander, damit der Sicherungszweck, die Befriedigung der Forderung des Gläubigers zu gewährleisten, erreicht werden kann. Die sachenrechtliche Seite stellt **die Übereignung des Sicherungsguts** dar.

b) Nichtakzessorietät

66 Das mit der Sicherungsübereignung erworbene Sicherungseigentum des Kreditgebers ist im Gegensatz zum Pfand ein nicht-akzessorisches, also in seiner Existenz **nicht an den Bestand einer bestimmten Forderung gebundenes** Sicherungsrecht. Aus diesem Grund hat das Nichtbestehen der Forderung nur einen schuldrechtlichen Rückübereignungsanspruch hinsichtlich des Sicherungsgutes zur Folge. Tritt der Sicherungsnehmer die Forderung ab, so geht das Sicherungseigentum nicht nach § 401 BGB auf den neuen Gläubiger über (Erman/Bayer Anh §§ 929–931 BGB Rz. 5).

67 ➲ **Hinweis:** Die Sicherungsübereignung als dingliches Erfüllungsgeschäft ist grundsätzlich unabhängig vom Bestand der zu sichernden Forderung und von der Wirksamkeit der Sicherungsabrede. Allerdings gibt es folgende Ausnahmen:

- Verbindung mit der zu sichernden Forderung durch Bedingungszusammenhang in Form der Vereinbarung einer auflösenden Bedingung (§ 158 Abs. 2 BGB – Rückfall des Eigentums mit Erlöschen der Forderung) oder einer aufschiebenden Bedingung (§ 158 Abs. 1 BGB – Übereignung erst mit Entstehen der Forderung).
- Verbindung mit der Sicherungsabrede durch Vereinbarung einer Geschäftseinheit iSd. § 139 BGB (vgl. OLG Frankfurt v. 17.12.2012, 24 U 25/12, Rz. 10, juris) oder durch Vereinbarung, dass die Sicherungsübereignung unter der aufschiebenden Bedingung (§ 158 Abs. 1 BGB) der Wirksamkeit der Sicherungsabrede steht

c) Verjährung

68 Die Verjährung der gesicherten Forderung hindert den Gläubiger/Sicherungsnehmer nicht, die sicherungsübereignete Sache zu verwerten (Palandt/Ellenberger § 216 BGB Rz. 2, 4). Dieser ist gem. § 216 Abs. 2 Satz 1 BGB nicht zur Rückübergabe verpflichtet, sondern kann entsprechend § 216 Abs. 1 BGB durch Verwertung des Sicherungsgutes seine Befriedigung suchen (Erman/Schmidt-Räntsch § 216 BGB Rz. 4).

2. Sicherungsvertrag

a) Regelungsgehalt

69 Der Sicherungsvertrag (Sicherungsabrede oder Zweckerklärung), Vertrag eigener Art im Sinne des § 311 Abs. 1 BGB oder Nebenabrede, ist die schuldrechtliche causa – der Rechtsgrund – der Übereignung. Er regelt das schuldrechtliche Innenverhältnis von Sicherungsgeber und Sicherungsnehmer und bestimmt somit deren Rechte und Pflichten. Als obligatorischer Vertrag ist er in seinem Bestand von der Sicherheitenbestellung, dh. dem dinglichen Vertrag, unabhängig.

70 Der Sicherungsvertrag enthält zum einen die sog. **Zweckbestimmungserklärung**, dh. die Abrede, dass sich

- der Sicherungsgeber gegenüber dem Sicherungsnehmer verpflichtet, eine bestimmte Sicherheit für einen Kredit zu bestellen oder zu belassen und
- der Sicherungsnehmer sich wiederum gegenüber dem Sicherungsgeber verpflichtet, über die Sicherheit nur im Rahmen des Sicherungszwecks zu verfügen.

Ferner enthält er die Abrede, dass der Sicherungsnehmer zur **Rückübereignung des Sicherungsgutes verpflichtet** ist, wenn die gesicherte Forderung erloschen ist – Hauptfall: Erfüllung der Forderung sowie eine Aussage zu der Frage, wann der Sicherungsfall eingetreten ist. Dieser gilt als eingetreten, wenn der Sicherungsgeber auf die Forderung nicht vertragsgemäß zahlt. Daneben enthält er regelmäßig weitere Abreden wie zB. die Pflicht zur sorgfältigen Behandlung des Sicherungsgutes durch den Sicherungsgeber, eine Auskunftspflicht des Sicherungsgebers über das Schicksal des Sicherungsgutes und der Art der Verwertung des Gutes bei Fälligkeit der gesicherten Forderung.

Im Fall der Sicherungsübereignung von **Warenlagern und sonstigen Sachgesamtheiten** kann der Sicherungsnehmer dem Sicherungsgeber die Befugnis einräumen, im eigenen Namen im Rahmen einer ordnungsgemäßen Wirtschaft über das Sicherungsgut zu verfügen. 71

➲ **Hinweis:** Ausreichende Sicherheit schafft in diesem Fall eine Vereinbarung über die Vorausabtretung der Kaufpreisforderung (**verlängerte Sicherungsübereignung**). 72

Auch die Vereinbarung einer **Befugnis zur Verarbeitung** des sicherungsübereigneten Materials ist möglich. Der Gläubiger/Sicherungsnehmer wird dann zur Sicherung seiner bestehenden Forderung diese Befugnis mit der Übertragung des nach § 950 BGB erworbenen Eigentums an der neuen Sache durch vorweggenommene Vereinbarung eines Besitzmittlungsverhältnisses verknüpfen. 73

➲ **Praxistipp:** Es empfiehlt sich, im Sicherungsvertrag auch zu regeln, dass der Sicherungsgeber das **Sicherungsgut** (auf seine Kosten) **versichern lassen** muss und welche Rechtsstellung sich für den Sicherungsnehmer aus dem Versicherungsverhältnis ergibt. Wird der Sicherungsnehmer nicht Partner des Versicherungsvertrages, hat der Sicherungsgeber dem Versicherer gegenüber bestimmte Anzeigepflichten (§§ 69 ff. VVG). 74

Für den Fall, dass die **Sicherungsabrede unwirksam** ist, sind die §§ 677, 681 Satz 2 BGB anwendbar (vgl. BGH NJW 1994, 2885, 2886). 75

Die Sicherungsabrede ist grundsätzlich **formfrei** (Ausnahme § 311b Abs. 1, 3 BGB) und kann gegebenenfalls auch konkludent abgeschlossen werden (BGH NJW-RR 1991, 305; BGH WM 2009, 117). Zur Vermeidung etwaiger Beweisschwierigkeiten empfiehlt es sich aber stets, den Sicherungsvertrag schriftlich zu fixieren. Häufig wird der Sicherungsvertrag zB mit dem Kreditvertrag geschlossen. 76

➲ **Wichtig:** Der Sicherungsvertrag ist **nicht mit dem Rechtsgeschäft** (zB Darlehen) **identisch, dem die gesicherte Forderung entspringt**, mögen beide Verträge häufig auch in einer Urkunde verbunden sein. Sind das Geschäft, aus dem die zu sichernde Forderung erwächst, und die Sicherungsabrede zu einer rechtlichen Einheit verbunden, hat die Nichtigkeit des Vertrages, der die zu sichernde Forderung begründen soll, auch die Nichtigkeit des Sicherungsvertrages zur Folge (BGH NJW 1994, 2885). 77

Die Übereignung selbst bleibt gleichwohl dinglich wirksam; dem Sicherungsgeber steht in diesem Fall aber ein Anspruch aus § 812 BGB zu (BGH NJW 1994, 2885; Erman/Bayer Anh §§ 929–931 BGB Rz. 3). Für den Fall aber, dass die Sicherungsübereignung nach § 930 BGB vollzogen wurde (was die Regel sein wird), ist auch die Übereignung unwirksam (vgl. BGHZ 7, 111, 115). Denn dann fehlt es an der wirksamen Begründung eines Besitzmittlungsverhältnisses (vgl. Palandt/Bassenge § 930 BGB Rz. 15). 78

b) Übersicherung, Knebelung und Gefährdung der Interessen anderer Gläubiger

Die Sicherungsübereignung birgt immer die Gefahr der Benachteiligung anderer Gläubiger in sich, da sie gegenüber diesen nicht offenbart wird. Da der Sicherungsgeber im Besitz der Sicherungsgüter bleibt, ist es möglich, dass ein potentieller Gläubiger des Sicherungsgebers die wirtschaftliche Lage des Schuldners falsch einschätzt. Ferner kann auch der Sicherungsgeber durch den Sicherungsvertrag übermäßig eingeschränkt werden. Die Grenzen der zulässigen Sicherungsübereignung ergeben sich grundsätzlich aus §§ 134, 138, 307 BGB und § 826 BGB. Hierzu haben sich **mehrere Fallgruppen** herausgebildet. 79

aa) Übersicherung

Sittenwidrigkeit kann vorliegen, wenn Übersicherung des Sicherungsnehmers vorliegt. Dies ist dann der Fall, wenn dieser Vorteile erlangt, die zu seinem Sicherungsbedürfnis nach Art und Umfang in einem groben Missverhältnis stehen. Wenn die Betriebseinrichtung, sämtliche Waren und in Verarbeitung befindliche Produkte sowie die aus Verarbeitung und Veräußerung stammenden 80

Forderungen eines Gewerbetreibenden der Bank „gehören", kann der unternehmerische Spielraum so weit eingeschränkt sein, dass eigenverantwortliches Handeln des Schuldners nicht mehr möglich ist.

81 Es ist zwischen anfänglicher und nachträglicher Übersicherung zu unterscheiden:

(1) Anfängliche Übersicherung

82 Eine anfängliche Übersicherung liegt vor, wenn bereits bei Vertragsschluss gewiss ist, dass im noch ungewissen Verwertungsfall ein auffälliges (krasses) Missverhältnis zwischen dem realisierbaren Wert der Sicherheit und der gesicherten Forderung bestehen wird und zudem eine verwerfliche Gesinnung des Sicherungsnehmers hinzutritt (BGH WM 2010, 834; Köln ZIP 2010, 1137, 1139).

Um dieser Gefahr zu begegnen, werden häufig Freigabeklauseln in die Sicherungsverträge aufgenommen, die dem Sicherungsgeber einen Anspruch darauf gewähren, nicht mehr zur Sicherung benötigte Sicherheiten zurückzuerhalten (etwa Teile eines Warenlagers). Zwar gibt es hierzu keine allgemeine Richtschnur, doch darf von einem auffälligen Missverhältnis dann ausgegangen werden, wenn der Wert des Sicherungsgutes den Wert der gesicherten Forderung um 100 % übersteigt (vgl. BGH NJW 2002, 57 und OLG Düsseldorf WM 2007, 2009, 2011).

83 ➲ **Wichtig:** Grundsätzlich können sicherungsübereignete Warenbestände bei der Bemessung des Sicherungswertes nicht mit ihrem Nominalwert angesetzt werden, weil dieser Wert im Verwertungsfall nicht zu erzielen ist. Vielmehr können diese Waren regelmäßig nur mit einem Bruchteil ihres allgemeinen Marktwertes, nämlich dem sog. Zerschlagungswert angesetzt werden.

(2) Nachträgliche Übersicherung

84 Im Zuge der Tilgung der gesicherten Forderung kann es schrittweise zu einer nachträglichen Übersicherung kommen. Um dieser Gefahr zu begegnen, werden häufig Freigabeklauseln in die Sicherungsverträge aufgenommen, die dem Sicherungsgeber einen Anspruch darauf gewähren, nicht mehr zur Sicherung benötigte Sicherheiten zurückzuerhalten (etwa Teile eines Warenlagers). Bei nachträglicher Übersicherung war nach der bis 1997 einschlägigen BGH-Rechtsprechung der Sicherungsvertrag nichtig, wenn nicht eine Freigabeklausel bestimmten Inhalts vereinbart worden war.

85 ➲ **Wichtig:** Der Große Senat des BGH für Zivilsachen hat, auf Vorlagen des IX. und des XI. Zivilsenats, im Beschluss vom 27.11.1997 (NJW 1998, 671 ff.; BGHZ 137, 212, 219) die **Wirksamkeitsanforderungen an formularmäßig bestellte revolvierende Globalsicherungen** in Hinblick auf den Schutz des Sicherungsgebers geklärt und in den Leitsätzen Folgendes herausgestellt:

- Der Sicherungsgeber hat bei formularmäßig bestellten revolvierenden Globalsicherungen im Falle nachträglicher Übersicherung wegen des Treuhandverhältnisses einen vom Ermessen des Sicherungsnehmers unabhängigen **Freigabeanspruch** auch dann, wenn der Sicherungsvertrag keine oder eine ermessensabhängig ausgestaltete Freigabeklausel enthält (vgl. auch BGH WM 2005, 742 ff.).
- Bei formularmäßig bestellten revolvierenden Globalsicherungen sind weder eine ausdrückliche Freigaberegelung noch eine zahlenmäßig bestimmte Deckungsgrenze noch eine Klausel für die Bewertung der Sicherungsgegenstände **Wirksamkeitsvoraussetzungen**.
- Enthält die formularmäßige Bestellung revolvierender Globalsicherungen keine ausdrückliche oder unangemessene **Deckungsgrenze**, so beträgt diese Grenze (unter Berücksichtigung der Kosten für die Verwaltung und Verwertung der Sicherheit), bezogen auf den realisierbaren Wert der Sicherungsgegenstände, 110 % der gesicherten Forderungen.

86 Um den Freigabeanspruch nicht zu entwerten und den besonderen Schwierigkeiten des Sicherungsgebers, eine Übersicherung zu beweisen (Ermittlung der angemessenen Deckungsgrenze; Bewertung des Sicherungsgutes [zum Zeitpunkt der Verwertung], Notwendigkeit mehrerer Gutachten etc.) Rechnung zu tragen, hat der Große Senat eine aus §§ 232 ff. BGB abgeleitete einfache **Ver-**

mutungs- und Beweislastregel aufgestellt: ein Freigabeanspruch entsteht, wenn der geschätzte Marktpreis bzw. der Einkaufs- oder Herstellungspreis dieser Waren **150 % der gesicherten Forderungen** ausmacht oder anders ausgedrückt:

➲ **Wichtig:** Der (geschätzte) Wert des Sicherungsgutes darf den Betrag der gesicherten Forderung höchstens um ⅓ (des Wertes des Sicherungsgutes) übersteigen. 87

Formel nach Baur/Stürner § 57 Rz. 28:

Deckungsgrenze = 110 % vom realisierbaren Wert oder
= 150 % vom Schätz- bzw. Nennwert

Der Schätzwert sicherungsübereigneter Waren ist der aktuelle Verkehrswert zur Zeit der Entscheidung über das Freigabeverlangen. Bei Waren ohne Verkehrswert wird im Interesse einer schnellen Entscheidung über das Freigabeverlangen auf ihren Einkaufspreis bzw. Herstellungswert abgestellt. Bei der Sicherungszession von Forderungen ist maßgeblich ihr Nennwert.

Liegt ein grobes Missverhältnis vor, indiziert dies nicht die verwerfliche Gesinnung des Sicherungsnehmers. Diese ist vielmehr vom Sicherungsgeber substantiiert dazulegen und zu beweisen (BGH WM 2010, 834 ff.). 88

bb) Knebelung

Eine Knebelung kann dann vorliegen, wenn etwa der Sicherungsgeber nicht mehr frei über seine Mittel verfügen kann oder wenn er zur Befriedigung bzw. Sicherung anderer Gläubiger nicht mehr in der Lage ist (Lähmung der wirtschaftlichen Bewegungsfreiheit) (BGH NJW 1993, 1587, 1588). 89

cc) Gefährdung der Interessen anderer Gläubiger

Eine Gläubigergefährdung liegt bei mangelnder Rücksicht gegenüber den anderen Gläubigern des Sicherungsgebers, insbes. dann vor, wenn die Sicherungsübereignung dazu geeignet ist, über die (mangelnde) Kreditwürdigkeit des Sicherungsgebers hinwegzutäuschen und diese Möglichkeit so nahe liegt, dass der Sicherungsnehmer hiermit rechnen musste (Palandt/Ellenberger § 138 BGB Rz. 86; BGH NJW 1995, 1668). 90

3. Übereignung des Sicherungsgutes

a) Allgemeines

Die Sicherungsübereignung stellt eine ganz normale Übereignung nach den gesetzlich geregelten sachenrechtlichen Grundsätzen der §§ 929 ff. BGB dar, dh. sie kann in einer der in §§ 929 ff. BGB enthaltenen Formen erfolgen. Aufgrund der wirtschaftlichen Bedürfnisse erfolgt sie praktisch bedeutsam allein nach §§ 929, 930, 868 BGB, um dem Sicherungsgeber den unmittelbaren Besitz zu erhalten (Einigung über den Eigentumsübergang und Vereinbarung eines Besitzkonstituts). 91

Erforderlich ist, dass die Parteien ein **konkretes Besitzmittlungsverhältnis** im Sinne von § 868 BGB – zumindest stillschweigend – vereinbaren. Es genügt nicht die Abrede, dass der Schuldner künftig für den Gläubiger besitzen solle (hM, OLG Karlsruhe MDR 2005, 1155; Erman/Bayer § 930 BGB Rz. 4). Der Sicherungsvertrag kann ohne weitere Ausgestaltung als Grundlage für ein Besitzmittlungsverhältnis ausreichen (hM, Erman/Bayer Anh. §§ 929–930 BGB Rz. 5; MünchKomm.BGB/Oechsler Anh. §§ 929–936 BGB Rz. 15). 92

Die dingliche Einigung wird vielfach als auflösend bedingte Einigung (§§ 929 Satz 1, 158 Abs. 2 BGB) vereinbart, so dass das Eigentum mit vollständiger Bezahlung automatisch an den Sicherungsgeber zurückfällt. In diesem Falle behält der Sicherungsgeber ein durch §§ 160, 161 BGB geschütztes Anwartschaftsrecht auf Rückerwerb des Eigentums. Dies kann er nach den Bestimmungen der §§ 929 ff. BGB veräußern. Einen allgemeinen Rechtsgrundsatz, dass die Sicherungsübereignung stets auflösend bedingt ist, gibt es aber nicht (BGH NJW 1991, 353, 354). 93

94 Als **Sicherungsgut** kommen sowohl einzelne bewegliche Sachen oder Sachgesamtheiten, also auch Wertpapiere sowie ein Anwartschaftsrecht aus bedingter Übereignung in Betracht. Die Sicherungsübereignung ist unabhängig davon möglich, ob es sich um pfändbare oder nach § 811 ZPO unpfändbare Sachen handelt.

95 Auch bei der Sicherungsübereignung ist der sachenrechtliche **Bestimmtheitsgrundsatz** zu beachten (Palandt/Bassenge § 930 BGB Rz. 2). Im Falle der Sicherungsübereignung einer einzelnen beweglichen Sache kann diesem Erfordernis in der Regel ohne Schwierigkeiten Rechnung getragen werden.

b) Sachgesamtheiten

96 Problematischer gestaltet sich es sich jedoch bei der Sicherungsübereignung von Sachgesamtheiten (wie zB Warenlagern). Einigung und Besitzübergabe müssen sich aufgrund des sachenrechtlichen Spezialitätsprinzips auf eine bestimmte Sache beziehen. Probleme können sich also dann ergeben, wenn ein **Warenlager in seinem gegenwärtigen und künftigen Bestand** zur Sicherheit übereignet wird.

97 ➲ **Wichtig:** Nach ständiger Rechtsprechung wird dem Bestimmtheitsgrundsatz nur dann hinreichend Rechnung getragen, wenn bereits in dem Übereignungsvertrag die übereigneten Sachen durch einfache äußere Merkmale so bestimmt bezeichnet sind, dass jeder, der den Inhalt des Vertrages kennt, das Sicherungsgut von allen anderen gleichartigen Sachen unterscheiden kann (sog. Beobachtungsformel) (vgl. BGH WM 2006, 2351; LG Berlin ZInsO 2008, 1027). Maßgeblich kommt es auf den für den Eigentumsübergang vereinbarten Zeitpunkt an (BGHZ 73, 253, 254; NJW 1995, 2348, 2350).

98 Entsprechend kann die Bestimmtheit der Verfügung auch nicht davon abhängen, ob **außervertragliche Umstände** zur Auslegung der Verfügung herangezogen werden müssen (BGH NJW 1994, 133, 134; MünchKomm.BGB/Oechsler Anh. § 929–936 BGB Rz. 6). Die Zwecke des Bestimmbarkeitserfordernisses gebieten, dass keine Spielräume für eigenständige Interpretationen der Parteien verbleiben. Die Notwendigkeit einer **räumlichen Abgrenzung** von Sicherungsgut besteht aber nur dort, wo eine eindeutige Feststellung der zu übereignenden Gegenstände nicht auf andere Weise gewährleistet ist (vgl. BGH NJW 1994, 133, 134). Dies ist zB der Fall bei Warenlagern mit wechselndem Bestand. Dem Bestimmbarkeitserfordernis wird durch die sog. „All-Formel" genügt (BGH NJW 1994, 133, 134; LG Bielefeld ZInsO 2014, 612 ff. mwN); es reicht aus, wenn der Umfang des Sicherungsgutes gattungsmäßig umschrieben wird.

99 Für den Fall, dass die Parteien vereinbaren, durch die Verfügung alle in einem Raum aufbewahrten Sachen zu erfassen, schließen sie einen sog. **Raumsicherungsvertrag.**

100 Ebenfalls möglich ist eine Markierung des Sicherungsgutes (sog. **Markierungsvertrag**). Hierbei erfolgt die Bestimmung der zu übereignenden Teile durch die Bezugnahme auf die in der Einigung oder Sicherungsabrede vereinbarte, an den Sachen vorgenommenen Markierungen (Schilder, Zettel, farbige Zeichen etc.) Auch eine Kennzeichnung der nicht von der Sicherungsübereignung erfassten Gegenstände ist möglich (BGH NJW 1992, 1161, 1162; OLG Frankfurt NStZ-RR 2010, 379 ff.). Entscheidend ist, dass es sich um ein äußerlich erkennbares, unterscheidungskräftiges Merkmal handelt.

101 Für den Fall, dass sich in einer solchen Sachgesamtheit nicht nur im Eigentum des Sicherungsgebers stehende Sachen befinden, sondern daneben auch solche, die mit einem Eigentumsvorbehalt belastet sind, ist eine räumliche Trennung und unterschiedliche Kennzeichnung nicht erforderlich. Es steht den Parteien dann die Möglichkeit offen zu vereinbaren, dass an den unter Eigentumsvorbehalt gelieferten Sachen das Anwartschaftsrecht des Sicherungsgebers an den Gläubiger/Sicherungsnehmer übergehen soll – sofern eine Übertragung des Anwartschaftsrechts nicht vertraglich ausgeschlossen war (vgl. BGH NJW 1986, 1985, 1986).

M 29.7 Sicherungsübereignung eines Warenlagers

Herr/Frau/Firma ... (Name/Firma und Anschrift)
– nachstehend Sicherungsgeber –
und
Herr/Frau/Firma ... (Name/Firma und Anschrift)
– nachstehend Sicherungsnehmer –
schließen hiermit folgenden Vertrag zur Sicherungsübereignung eines Warenlagers:

§ 1 Gegenstand der Sicherungsübereignung

(1) Der Sicherungsgeber übereignet dem Sicherungsnehmer hiermit den gesamten jeweiligen Bestand des Warenlagers, der sich in ...
... (genaue Anschrift)
... (genaue Bezeichnung des Gebäudeteils, zB Halle 3)
... (genaue Bezeichnung der Räumlichkeit, zB Etage)
befindet und künftig dorthin verbracht wird[1]*. Gegenstand sind alle beweglichen Gegenstände in diesem Raum*[2]*.*

(2) Das Warenlager ist in der beigefügten Lageskizze, die Bestandteil dieses Vertrages ist, wie folgt gekennzeichnet: ...

(3) Der Sicherungsgeber hat sicherzustellen, dass der Wert des im Warenlagers befindlichen Sicherungsgutes die Summe der nach diesem Vertrag zu sichernden Forderungen (Deckungssumme) nicht unterschreitet[3]*.*

§ 2 Sicherungsübereignung

Soweit der Sicherungsgeber Eigentum oder Miteigentum an dem Sicherungsgut hat oder dieses künftig erwirbt oder Anwartschaftsrechte auf Eigentumserwerb an den von seinen Lieferanten unter Eigentumsvorbehalt gelieferten Waren hat, überträgt er der Bank das Eigentum oder Miteigentum oder Anwartschaftsrecht[4]*. Eigentum, Miteigentum und Anwartschaftsrechte gehen mit Abschluss dieses Vertrages oder bei späterer Verbringung der Gegenstände in das Warenlager zu diesem Zeitpunkt auf den Sicherungsnehmer über.*

§ 3 Übergabeersatz

Die Übergabe des Sicherungsgutes an die Bank wird dadurch ersetzt, dass der Sicherungsgeber es für die Bank sorgfältig unentgeltlich verwahrt[5]*. Soweit Dritte unmittelbaren Besitz am Sicherungs-*

1 Wichtig ist, dass dem Bestimmtheitsgrundsatz Rechnung getragen wird, was mit dieser Klausel erreicht wird. Es muss stets klar sein, auf welche einzelnen Gegenstände sich der Übereignungswille der Parteien erstreckt. Durch Wahl einfacher äußerer Abgrenzungskriterien muss für jeden, der die Vereinbarung zwischen den Parteien in dem für die Eigentumsübertragung vereinbarten Zeitpunkt kennt, ersichtlich sein, welche individuell bestimmten Sachen übereignet werden (BGH NJW 2006, 2351).

2 Die gewählte Formulierung „alle beweglichen Gegenstände in diesem Raum" genügt dem Erfordernis der Bestimmtheit (Palandt/Bassenge § 930 BGB Rz. 4), weshalb man in diesem Fall auch von einem sog. Raumsicherungsvertrag spricht.

3 Mit dieser Bestimmung wird dem berechtigten Interesse des Sicherungsnehmers an dem Umstand, dass der Wert des Warenlagers etwa durch Abverkauf die Rückzahlung des Darlehens nicht gefährden darf, Rechnung getragen.

4 Die Übertragung der Anwartschaft erfolgt ebenfalls gem. §§ 929 ff. BGB. Für den Fall, dass unter Eigentumsvorbehalt gelieferte Waren vorhanden sind und neben dem Eigentum Anwartschaftsrechte, die an diesen Vorbehaltswaren begründet wurden, übertragen werden, bedarf es hierfür einer ausdrücklichen Vereinbarung (BGH NJW 1955, 544).

5 Mit dieser Vertragsformulierung wird die gem. § 930 BGB erforderliche Vereinbarung eines konkreten Besitzmittlungsverhältnisses im Sinne des § 868 BGB (unentgeltliche Verwahrung) getroffen.

gut erlangen, tritt der Sicherungsgeber bereits jetzt seine bestehenden und künftigen Herausgabeansprüche an die Bank ab.

§ 4 Sicherungszweck

(1) Die Übereignung und die Übertragung der sonstigen mit diesem Vertrag bestellten Rechte dient der Sicherung aller bedingt oder unbedingt bestehenden sowie künftigenAnsprüche, die dem Sicherungsnehmer aus der Geschäftsverbindung gegen den Sicherungsgeber zustehen.

(2) Hat der Sicherungsgeber die Haftung für Verbindlichkeiten eines anderen Kunden des Sicherungsnehmers übernommen (zB als Bürge), so sichert die Übereignung die aus der Haftungsübernahme folgende Schuld erst ab deren Fälligkeit und nur dann, wenn der Kreditnehmer zugleich der Sicherungsgeber ist.

§ 5 Bestandslisten

(1) Der Sicherungsgeber hat dem Sicherungsnehmer bei Abschluss des Vertrages und zu den mit diesem vereinbarten Zeitpunkten, mindestens jedoch einmal jährlich, eine Bestandsliste über das übertragene Sicherungsgut einzureichen[6]*. Zur Wahrung seiner berechtigten Belange ist der Sicherungsnehmer berechtigt, auch in kürzeren als den vereinbarten Zeitabständen und auch mehr als einmal jährlich die Übersendung von Bestandslisten zu verlangen.*

(2) Die Bestandsliste hat die Ware nach Gegenstand und Menge, soweit vorhanden, Fabriknummern und ähnlichen individualisierenden Merkmalen sowie unter Angabe des Herstellers, soweit Vorbehaltsrechte von Lieferanten bestehen, des Lieferanten und über Einkaufs- und Verkaufspreise zu enthalten. Der Sicherungsgeber ist verpflichtet, bei Veränderungen im Bestand die Bestandsliste zu aktualisieren und dem Sicherungsnehmer jederzeit eine vollständige und aktuelle Bestandsliste auszuhändigen.

(3) Der tatsächlich vorhandene Bestand ist auch dann übereignet, wenn die Bestandslisten unrichtig oder in irgendeiner Weise unvollständig sind.

§ 6 Verfügung über das Sicherungsgut

Der Sicherungsnehmer gestattet dem Sicherungsgeber, im Rahmen eines ordnungsgemäßen Geschäftsbetriebes über das Sicherungsgut zu verfügen, soweit hierdurch die in § 1 Abs. 3 bestimmte Deckungsgrenze nicht unterschritten wird[7]*.*

§ 7 Ablösung von Eigentumsvorbehalten

Der Sicherungsgeber ist verpflichtet, einen etwa bestehenden Eigentumsvorbehalt durch Zahlung des Kaufpreises zum Erlöschen zu bringen. Der Sicherungsnehmer ist befugt, eine Kaufpreisrestschuld des Sicherungsgebers auf dessen Kosten an die Lieferanten zu zahlen.

§ 8 Behandlung und Kennzeichnung des Sicherungsgutes

Vorbehaltlich der dem Sicherungsgeber gem. § 6 eingeräumten Verfügungsbefugnis hat dieser das Sicherungsgut in dem Warenlager zu belassen und es auf seine Kosten sorgfältig zu behandeln. Der Sicherungsnehmer ist zur Wahrung seiner berechtigten Belange dazu befugt, das Sicherungsgut in einer ihm zweckmäßig erscheinenden Weise als sein Eigentum zu kennzeichnen. Der Sicherungsgeber hat die Übereignung mit dem Namen des Sicherungsnehmers in seinen Unterlagen kenntlich zu machen.

---

6 Die Bestandliste dient Kontrollzwecken. Sie soll dem Sicherungsnehmer vorrangig einen Überblick darüber verschaffen, in welcher Höhe seine Forderungen gegen den Sicherungsgeber zumindest nominell abgesichert sind.

7 Um dem Sicherungsgeber die Möglichkeit zu geben, mit dem Sicherungsgut wirtschaften zu können, ist es üblich, dem Sicherungsgeber eine Weiterverfügungsbefugnis einzuräumen. Ferner wird mit dieser Vereinbarung dem Umstand Rechnung getragen, dass der Sicherungsnehmer nicht ohne Grund dazu befugt ist, die Sicherungsübereignung offen zu legen (vgl. BGH NJW 1980, 226).

§ 9 Versicherung des Sicherungsgutes[8]

(1) Der Sicherungsgeber wird das gesamte Sicherungsgut für die Dauer der Übereignung auf eigene Kosten und in voller Höhe gegen die Gefahren, gegen die dem Sicherungsnehmer Versicherungsschutz erforderlich erscheint, versichert halten. Der Sicherungsgeber tritt hiermit alle aus dem Versicherungsverhältnis entstehenden gegenwärtigen und künftigen Ansprüche gegen die Versicherungsgesellschaft an den Sicherungsnehmer ab. Der Sicherungsgeber wird die Versicherungsgesellschaft darüber unterrichten,

1. *dass das Sicherungsgut Eigentum des Sicherungsnehmers ist,*
2. *dass sämtliche Rechte aus dem Versicherungsvertrag, soweit sie das Sicherungsgut betreffen, dem Sicherungsnehmer zustehen sowie*
3. *dass der Sicherungsnehmer nur in die Rechte und nicht in die Pflichten des Versicherungsvertrages eintritt mit der Maßgabe, dass der Sicherungsgeber zur Aufhebung der Versicherung ohne Zustimmung der Bank nicht berechtigt ist.*

(2) Der Sicherungsgeber wird die Versicherungsgesellschaft ersuchen, dem Sicherungsnehmer einen entsprechenden Sicherungsschein zu übersenden.

(3) Für den Fall, dass der Sicherungsgeber die Versicherung nicht oder nicht ausreichend bewirkt, ist der Sicherungsnehmer dazu berechtigt, dies auf Kosten des Sicherungsgebers zu tun.

§ 10 Pfandrechte Dritter

Soweit gesetzliche Pfandrechte Dritter, zB Vermieter, Verpächter, Lagerhalter, an dem Sicherungsgut bestehen, hat der Sicherungsgeber auf Verlangen des Sicherungsnehmers innerhalb von 5 Bankarbeitstagen nach Fälligkeit der Miete, Pacht oder des Lagergeldes deren Zahlung nachzuweisen. Für den Fall, dass dieser Nachweis vom Sicherungsgeber nicht erbracht wird, ist der Sicherungsnehmer dazu berechtigt, nicht aber verpflichtet, zur Abwendung der Pfandrechte die Miete, Pacht oder das Lagergeld auf Kosten des Sicherungsgebers zu bezahlen[9].

§ 11 Informationspflichten des Sicherungsgebers

(1) Wenn Rechte des Sicherungsnehmers durch Pfändung oder sonstige Maßnahmen Dritter beeinträchtigt oder gefährdet werden sollten, ist der Sicherungsgeber verpflichtet, dies dem Sicherungsnehmer unverzüglich anzuzeigen. Er wird hierzu eine Abschrift des Pfändungsprotokolls sowie aller sonstigen zu einem Widerspruch gegen die Pfändung erforderlichen Schriftstücke an den Sicherungsnehmer übersenden. Ferner wird der Sicherungsgeber den Pfändungsgläubiger oder sonstige Dritte unverzüglich schriftlich von dem Eigentumsrecht des Sicherungsnehmers informieren.

(2) Der Sicherungsgeber übernimmt ferner die Verpflichtung, den Sicherungsnehmer auch über sonstige das Sicherungsgut betreffenden Ereignisse, insbesondere Verlust und Schaden am Sicherungsgut, in Kenntnis zu setzen.

§ 12 Prüfungsrecht des Sicherungsnehmers

(1) Der Sicherungsnehmer ist berechtigt, das Sicherungsgut in Bezug auf Menge, Beschaffenheit und Zustand am jeweiligen Lagerort zu überprüfen oder durch seine Beauftragten überprüfen zu lassen. Zu diesem Zweck hat der Sicherungsgeber jede erforderliche und zweckdienliche Auskunft zu erteilen und Einblick in die betreffenden Unterlagen zu gewähren.

(2) Soweit sich das Sicherungsgut in unmittelbarem Besitz Dritter (zB Lagerhalter) befindet, wird der Sicherungsgeber diese anweisen, dem Sicherungsnehmer Zugang zum Sicherungsgut zu gewähren.

---

8 Um den wirtschaftlichen Wert des Sicherungsgutes zu erhalten, empfiehlt es sich tunlich, dieses ausreichend versichern zu lassen.

9 Das Sicherungseigentum kann mit gesetzlichen Pfandrechten (zB dem Vermieterpfandrecht) zusammentreffen. Gegenüber diesen Rechten ist das Sicherungseigentum nach hM nachrangig (vgl. BGHZ 117, 200). Aus diesem Grund wird der Sicherungsnehmer dazu befugt, die Pfandrechte durch Zahlung abzuwenden.

§ 13 Herausgabe des Sicherungsgutes an den Sicherungsnehmer

Zur Wahrung seiner berechtigten Belange ist der Sicherungsnehmer dazu befugt, die Verfügungsbefugnis zu widerrufen und die Herausgabe des Sicherungsgutes zu verlangen, vorausgesetzt, dass der Sicherungsgeber in erheblichem Umfang gegen die ihm obliegende Pflicht zur sorgfältigen Behandlung des Sicherungsgutes verstößt oder er über das Sicherungsgut Verfügungen trifft, die nicht im Rahmen eines ordnungsgemäßen Geschäftsbetriebes liegen. Die Befugnis zum Widerruf steht dem Sicherungsnehmer auch für den Fall zu, dass der Sicherungsgeber seine Zahlungen eingestellt hat oder die Eröffnung eines gerichtlichen Insolvenzverfahrens über sein Vermögen beantragt worden ist.

§ 14 Verwertungsrecht des Sicherungsnehmers

(1) Zur Verwertung des Sicherungsgutes ist der Sicherungsnehmer dann befugt, wenn der Sicherungsgeber mit fälligen Zahlungen auf die durch diesen Vertrag gesicherten Forderungen in Verzug ist. Der Sicherungsnehmer wird Sicherungsgut nur in dem Umfange verwerten, als dies zur Erfüllung der rückständigen Forderungen erforderlich ist.

(2) Die Verwertung wird der Sicherungsnehmer dem Sicherungsgeber unter Fristsetzung schriftlich androhen. Für den Fall, dass der Abschluss dieses Vertrages für den Sicherungsgeber ein Handelsgeschäft darstellt, wird die Frist mindestens eine Woche betragen. In allen übrigen Fällen beträgt sie einen Monat.

(3) Der Sicherungsnehmer ist dazu befugt, dass Sicherungsgut auch durch freihändigen Verkauf im eigenen Namen oder im Namen des Sicherungsgebers unter Rücksicht auf die berechtigten Belange des Sicherungsgeber zu veräußern. Der Sicherungsnehmer ist auch dazu berechtigt, vom Sicherungsgeber zu verlangen, dass dieser nach seinen Weisungen das Sicherungsgut bestmöglich verwertet oder bei der Verwertung mitwirkt. Der Sicherungsgeber ist verpflichtet, alles im Zuge der Verwertung des Sicherungsgutes Erlangte unverzüglich an den Sicherungsnehmer herauszugeben.

(4) Nach Verwertung des Sicherungsgutes wird der Sicherungsnehmer den ihm nach Abführung der Umsatzsteuer verbleibenden Erlös zur Abdeckung der gesicherten Ansprüche verwenden. Für den Fall, dass der Verwertungsvorgang der Umsatzsteuer unterliegt, wird der Sicherungsnehmer eine Gutschrift erteilen, die als Rechnung für die Lieferung der als Sicherheit dienenden Sache gilt und den Voraussetzungen des Umsatzsteuerrechts entspricht.

§ 15 Rückübertragung, Freigabe von Sicherheiten

(1) Nach Befriedigung der durch diesen Vertrag gesicherten Ansprüche wird der Sicherungsnehmer die mit diesem Vertrag übertragenen Sicherheiten an den Sicherungsgeber zurückübertragen und einen etwaigen Übererlös aus der Verwertung an diesen auskehren. Für den Fall, dass der Sicherungsnehmer hierzu verpflichtet ist, was zB dann der Fall ist, wenn der Sicherungsgeber zugleich der Kreditnehmer ist und ein Bürge die Bank befriedigt hat, wird er jedoch diese Sicherheiten an einen Dritten übertragen.

(2) Der Sicherungsnehmer ist schon vor vollständiger Befriedigung seiner durch die Sicherungsübereignung gesicherten Ansprüche verpflichtet, auf Verlangen das ihm übertragene Sicherungsgut sowie auch etwaige andere, ihm bestellte Sicherheiten (zB Grundschulden) nach seiner Wahl an den jeweiligen Sicherungsgeber ganz oder teilweise freizugeben, sofern der realisierbare Wert sämtlicher Sicherheiten 110 % der gesicherten Ansprüche des Sicherungsnehmers nachhaltig überschreitet. Die Parteien vereinbaren, dass die Erreichung dieser Grenze widerleglich vermutet wird, sobald der Nominalwert 150 % dieses Betrags erreicht hat[10]*.*

(3) Der Sicherungsnehmer wird im Zuge der Auswahl der freizugebenden Sicherheiten den berechtigten Belangen des Sicherungsgebers und der Besteller zusätzlicher Sicherheiten Rücksicht tragen.

---

10 Mit dieser Formulierung wird der bei der Übereignung eines Warenlagers bestehenden Gefahr der Übersicherung (vgl. BGH NJW 1998, 2047 für die anfängliche Übersicherung und BGH NJW 1998, 679 sowie BGHZ 138, 367 für die nachträgliche Übersicherung) Rechnung getragen.

§ 16 Bewertung des Sicherungsgutes

(1) Der im Warenlager vorhandene Wert des Sicherungsgutes wird von den Parteien wie folgt ermittelt: Maßgeblich ist

1. der Einkaufspreis für Sicherungsgut, das vom Sicherungsgeber gekauft worden ist,

2. der Gestehungspreis für Sicherungsgut, das vom Sicherungsgeber selbst hergestellt oder be- oder verarbeitet worden ist.

(2) Von dem vorstehend festgestellten Wert wird zunächst der Wert derjenigen Sicherungsgüter abgezogen, an denen ein Dritter ein vorrangiges Sicherungsrecht (zB Pfandrecht) hat. Der Abzug erfolgt jedoch nur in Höhe der gesicherten Ansprüche des jeweiligen Gläubigers.

(3) Für den Fall, dass es sich bei dem Sicherungsgut um Umlaufvermögen handelt, wird von dem gem. Abs. 2 ermittelten Wert ein Sicherungsabschlag iHv. ⅓ wegen möglicher Mindererlöse (zB bei Zwangsverkauf, veraltetem Sicherungsgut) vorgenommen.

(4) Handelt es sich bei dem Sicherungsgut um bewegliches Anlagevermögen, wird von dem nach Abs. 2 ermittelten Wert ebenfalls ein Sicherungsabschlag iHv. ⅓ vorgenommen.

(5) Beide Parteien können unabhängig voneinander eine Änderung des Sicherungsabschlages verlangen, falls der tatsächliche Wert des Sicherungsgutes infolge zwischenzeitlicher Veränderungen von dem vorstehend ermittelten Wert erheblich abweicht.

§ 17 Verarbeitungsbefugnis

(1) Der Sicherungsnehmer gestattet dem Sicherungsgeber, das Sicherungsgut in eigenen oder fremden Betrieben zu ver- oder bearbeiten. Die Ver- oder Bearbeitung wird im Auftrag des Sicherungsnehmers unentgeltlich erfolgen, und zwar in der Art und Weise, dass der Sicherungsnehmer in jedem Zeitpunkt und in jedem Grade der Ver- oder Bearbeitung das Eigentum, Miteigentum oder Anwartschaftsrecht an den Erzeugnissen behält oder erwirbt (§ 950 BGB).

(2) Für den Fall, dass bei der Ver- oder Bearbeitung das Eigentum, Miteigentum oder Anwartschaftsrecht des Sicherungsnehmers an dem Sicherungsgut trotzdem untergehen sollte, sind sich Sicherungsnehmer und Sicherungsgeber einig, dass das Eigentum, Miteigentum oder Anwartschaftsrecht an den neuen Sachen auf den Sicherungsnehmer in dem Zeitpunkt übergeht, in dem der Sicherungsgeber diese Rechte erwirbt. Die Übergabe an den Sicherungsnehmer wird dadurch ersetzt, dass der Sicherungsgeber die neuen Sachen für den Sicherungsnehmer sorgfältig unentgeltlich verwahrt. Sollten Dritte Besitzer der neuen Sachen sein oder werden, tritt der Sicherungsgeber hiermit seine bestehenden und künftigen Herausgabeansprüche an den dies annehmenden Sicherungsnehmer ab.

(3) Der Sicherungsnehmer ist befugt, die in § 17 vereinbarte Verarbeitungsbefugnis zu widerrufen, wenn der Sicherungsgeber seine Befugnis missbraucht (insbesondere die Bearbeitung ausserhalb eines ordnungsgemäßen Geschäftsbetriebs erfolgt), der Sicherungsnehmer seine Pflichten aus diesem Vertrag, insbesondere zur Erhaltung des Sicherungsguts, erheblich verletzt oder dem Sicherungsnehmer gemäß § 14 dieses Vertrages ein Verwertungsrecht zusteht.

§ 18 Salvatorische Klausel

Sollte eine Bestimmung dieses Vertrages ganz oder teilweise unwirksam sein oder diese nicht durchgeführt werden, berührt dies die Gültigkeit dieses Sicherungsvertrages im Übrigen nicht.

4. Verwertung des Sicherungsguts

a) Voraussetzungen

Grundsätzlich erforderlich für die Verwertung des Sicherungsgutes ist die **Verwertungsreife** (entsprechend § 1228 Abs. 2 BGB), der **Eintritt des Sicherungsfalles.** Hiernach kann der Sicherungsnehmer zur Durchsetzung seiner gesicherten Forderung den Durchgriff auf das Sicherungsgut vornehmen. 102

103 Ein Verwertungsrecht kann aber auch dann gegeben sein, wenn der Sicherungsgeber wesentliche Pflichten aus dem Sicherungsvertrag so verletzt, dass der **Sicherungszweck gefährdet** ist. Hierbei muss dann aber der Gläubiger mittels **Kündigung** gem. § 314 BGB die sofortige Fälligkeit herbeiführen (MünchKomm.BGB/Oechsler Anh. §§ 929–936 BGB Rz. 48).

104 Die **Art und Weise der Verwertung** wird durch den Sicherungsvertrag festgelegt (BGH NJW 1980, 226, 227); für den Fall, dass dieser keine ausdrückliche Bestimmung enthält, ist auf die Vorschriften für das Mobiliarpfandrecht zurückzugreifen (zu Verwertungsvereinbarungen Mitlehner ZIP 2012, 649 ff.).

105 ➲ **Hinweis:** Dies jedoch nur soweit, als die Vorschriften sich nicht auf die Beziehung des Pfandgläubigers zu Dritten beziehen bzw. nicht aus den Strukturmerkmalen des Pfandrechts folgen (Erman/Bayer Anh § 929–931 BGB Rz. 25). Ein genereller Rückgriff ist wegen der fiduziarischen Eigentumsübertragung abweichend vom Pfandrecht jedenfalls abzulehnen.

106 Problematisch ist in diesem Zusammenhang die **Vereinbarung von Modalitäten der Verwertung** im Sicherungsvertrag. So wird die Bestimmung, bei Eintritt des Sicherungsfalles eine Verwertung des Sicherungsgutes ohne vorherige Androhung durchführen zu können, im Formularvertrag gem. § 307 Abs. 1 BGB unwirksam sein.

107 Im üblichen Fall der Verwertung durch den Sicherungsnehmer muss dieser bei Verwertungsreife zunächst die **Herausgabe des Sicherungsgutes** vom Sicherungsgeber **verlangen** (BGH NJW 1991, 1415, 1416). Möglich ist jedoch auch die Wegnahme im Wege der Selbsthilfe, sofern diese wirksam vereinbart bzw. erlaubt ist (AnwK. BGB/Schilken § 930 BGB Rz. 78).

108 Hinsichtlich der Art der Verwertung kommen je nach Vereinbarung der **freihändige Verkauf** oder die **öffentliche Versteigerung** in Betracht.

109 ➲ **Wichtig:** Es besteht allerdings grundsätzlich keine Pflicht zur Verwertung. Deshalb verwirkt der Sicherungsnehmer sein Verwertungsrecht auch dann nicht, wenn er nicht in unmittelbarer Nähe zum Sicherungsfall zur Tat schreitet (BGH NJW-RR 2007, 781). Etwas anderes kann sich aber dann ergeben, wenn der Sicherungsgeber zur Verwertung auffordert.

110 Ist die Sicherungsübereignung nicht auflösend bedingt, ist der Sicherungsnehmer zur Rückübereignung der Sache verpflichtet, da die Sicherungsübereignung nicht akzessorisch ist (BGH NJW 1984, 1184, 1186) und deshalb auch ohne die gesicherte Forderung wirksam bleibt.

111 Die im Zusammenhang mit der Verwertung entstehenden **Kosten** hat der Schuldner/Sicherungsgeber in entsprechender Anwendung des § 788 ZPO zu tragen.

b) Pflicht zur Interessenwahrung

112 Bei der Verwertung hat der Gläubiger/Sicherungsnehmer auf die Interessen des Vertragsgegners in zumutbarem Umfange Rücksicht zu nehmen (BGH NJW 2000, 352, 353; NJW 2000, 3273, 3274). Unter dieses **Gebot zur bestmöglichen Verwertung** fällt auch, den Freihändigen Verkauf der öffentlichen Versteigerung vorzuziehen. Dieser wird, sofern es für die Sache einen Markt gibt, in der Regel einen höheren Erlös als die Versteigerung erbringen.

113 Unterlässt es der Sicherungsgeber, das Sicherungsgut günstig zu verwerten und/oder befriedigt er sich über den notwendigen Umfang hinaus, macht er sich dem Schuldner/Sicherungsgeber gegenüber wegen Vertragsverletzung gem. § 280 BGB schadensersatzpflichtig (BGH NJW 2000, 352, 353; OLG Düsseldorf BB 1990, 1016 f.). Im Außenverhältnis ist jedoch auch die unzulässige Verwertung wirksam.

5. Zwangsvollstreckung und Insolvenz

a) Zwangsvollstreckung gegen den Sicherungsgeber

114 Vollstrecken Gläubiger des Sicherungsgebers in das Sicherungsgut, kann der Sicherungsnehmer nach hM (ua. BGHZ 118, 201, 206 f.) Drittwiderspruchsklage nach § 771 ZPO erheben. Das Sicherungseigentum stellt ein „die Veräußerung hinderndes Recht“ dar. Nach aA ist das Sicherungs-

eigentum dem besitzlosen Pfandrecht gleichzustellen und der Sicherungsnehmer kann nur Klage auf vorzugsweise Befriedigung nach § 805 ZPO erheben (MünchKomm.BGB/Oechsler Anh. §§ 929–936 BGB Rz. 54).

b) Zwangsvollstreckung gegen den Sicherungsnehmer

Befindet sich das Sicherungsgut in unmittelbarem Besitz des Sicherungsgebers, steht dem Sicherungsgeber grundsätzlich die Möglichkeit der Drittwiderspruchsklage gem. § 771 ZPO zu, da er nach wirtschaftlicher Betrachtungsweise wie ein Eigentümer anzusehen ist und der Sicherungsgeber nur Treuhänder ist (vgl. BGHZ 72, 141, 146; 118, 201, 206). Gleiches gilt, wenn die gesicherte Forderung noch besteht und noch keine Verwertungsreife eingetreten ist. Nach dem Eintritt der Verwertungsreife steht dem Schuldner/Sicherungsgeber das Widerspruchsrecht aus § 771 ZPO nicht mehr zu (BGHZ 72, 141, 146). 115

Befindet sich das Sicherungsgut in unmittelbarem Besitz des Sicherungsnehmers, kann der Sicherungsgeber auch nach §§ 766, 809 ZPO vorgehen.

c) Insolvenz des Sicherungsgebers

Der Sicherungsnehmer hat in der Insolvenz des Sicherungsgebers lediglich ein **Absonderungsrecht** nach §§ 50, 51 Nr. 1 InsO, das sich ggf. in einem Ersatzabsonderungsrecht analog § 48 Abs. 1 InsO fortsetzt (BGH WM 2009, 237). Er kann somit keine Aussonderung (§ 47 InsO) verlangen (vgl. OLG Nürnberg ZIP 2014, 280). Dies ist darin begründet, dass der Gläubiger nach der Sicherungsabrede nicht den vollen Wert des Sicherungsguts verlangen kann, sondern sich auf die Höhe seiner Forderung beschränken muss. Soweit, wie beim Sicherungseigentum üblich, der Insolvenzverwalter die Sache in Besitz hat, wird dieser die Sache verwerten (§ 166 InsO) und ist dazu berechtigt, bei der Verteilung des Erlöses (§ 170 InsO) einen Kostenbeitrag zu berechnen (§ 171 InsO). Für den Fall, dass der Gläubiger die Sache in Besitz hat, ist dieser berechtigt, gem. § 173 InsO zu verwerten. 116

d) Insolvenz des Sicherungsnehmers

Soweit der Sicherungsgeber die gesicherte Forderung erfüllt oder sich der Sicherungszweck in sonstiger Weise erledigt hat, steht diesem ein **Aussonderungsrecht** zu und er kann Rückübertragung des Eigentums verlangen, soweit er dazu berechtigt ist. Dem Insolvenzverwalter steht jedoch so lange ein Recht zum Besitz zu, als der Schuldner/Sicherungsgeber die durch die Sicherungsübereignung gesicherte Forderung nicht getilgt hat (vgl. Palandt/Bassenge § 930 BGB Rz. 36). 117

6. Rechte Dritter am Sicherungsgut

Da der Sicherungsnehmer das Eigentum nicht durch Übertragung des unmittelbaren Besitzes erlangt (§ 930 BGB), bleiben Rechte Dritter an der Sache so lange bestehen, bis der Sicherungsnehmer sie, zB zwecks Verwertung, in unmittelbaren Besitz nimmt (§ 936 Abs. 1 Satz 3 BGB). Abweichendes kann dann der Fall sein, wenn er bei Erlangung dieses Besitzes nicht in gutem Glauben ist (§ 936 Abs. 2 BGB). Dies dürfte bei Bestehen eines Vermieterpfandrechtes (§§ 562 f. BGB) oder einer Hypothekenhaftung von Zubehörstücken (§ 1120 BGB) der Fall sein (MünchKomm.BGB/Oechsler Anh. §§ 929–936 BGB Rz. 23 f.). 118

➲ **Hinweis:** Aus diesem Grund wird in der Praxis der Versuch unternommen, das Vermieterpfandrecht dadurch auszuschließen, dass die Sicherungsübereignung vor Einbringung der zu übereignenden Sachen vorgenommen wird. Der Vermieter muss sich mit der Erklärung des Mieters begnügen, dass die einzubringenden Sachen sein Eigentum und nicht mit Rechten Dritter belastet sind. 119

7. Beweislast

120 Der Sicherungseigentümer trägt die Behauptungs- und Beweislast, mittelbarer Eigenbesitzer geworden zu sein (§ 1006 BGB). Die andere Seite muss demzufolge die Unwirksamkeit der Übertragung behaupten und beweisen (MünchKomm.BGB/Oechsler Anh. §§ 929–936 BGB Rz. 59).

M 29.8 Sicherungsübereignungsvertrag

Herr/Frau/Firma ... (Name/Firma und Anschrift)
– nachstehend Sicherungsgeber –
und
Herr/Frau/Firma ... (Name/Firma und Anschrift)
– nachstehend Sicherungsnehmer –
schließen hiermit folgenden Sicherungsübereignungsvertrag:

§ 1 Gegenstand der Sicherungsübereignung

(1) Der Sicherungsgeber überträgt hiermit an den Sicherungsgeber das Eigentum an folgendem Kraftfahrzeug[1]*:*
Hersteller ...
Typ ...
Fahrgestellnummer ...
Amtl. Kennzeichen ...
Tag der Erstzulassung ...
Km-Stand ...
Kaskoversicherung (Name und Anschrift) sowie Versicherungsschein-Nr. ...

(2) Das Sicherungsgut steht in der Garage des Sicherungsgebers. Eine dauerhafte Veränderung des Standortes bedarf der Einwilligung des Sicherungsnehmers.

(3) Für die Dauer der Übereignung des Sicherungsgutes übergibt der Sicherungsgeber dem Sicherungsnehmer den über das Sicherungsgut ausgestellten Kraftfahrzeugbrief[2]*.*

(4) Die Übergabe des Sicherungsgutes an den Sicherungsnehmer wird dadurch ersetzt, dass der Sicherungsnehmer das Sicherungsgut dem Sicherungsnehmer leihweise zur Nutzung überlässt[3]*. Soweit Dritte unmittelbaren Besitz an dem Sicherungsgut erlangen, tritt der Sicherungsgeber bereits hiermit seine Herausgabeansprüche an den Sicherungsnehmer ab.*

(5) Der Sicherungsgeber ist berechtigt, das Sicherungsgut im Rahmen des üblichen Gebrauchs zu nutzen. Er verpflichtet sich, dass Sicherungsgut auf seine Kosten pfleglich zu behandeln, in ordnungsgemäßem und betriebsfähigem Zustand zu halten und etwaige notwendige Reparaturen auf seine Kosten unverzüglich durchführen zu lassen[4]*. Der Sicherungsnehmer ist jederzeit dazu berechtigt, das Sicherungsgut am Standort einer Überprüfung zu unterziehen. Zu diesem Zweck wird ihm vom Sicherungsgeber freier Zutritt zum Standort gewährt. Sollte sich das Fahrzeug in unmittelbarem Besitz Dritter befinden, werden diese vom Sicherungsgeber angewiesen, dem Sicherungsnehmer Zutritt zum Sicherungsgut zu gewähren.*

---

1 Es gilt zu beachten, dass bei der Sicherungsübereignung dem sachenrechtlichen Bestimmtheitsgrundsatz Rechnung getragen wird, weshalb das Sicherungsgut genau zu kennzeichnen ist (Palandt/Bassenge § 930 BGB Rz. 2).

2 Entspricht § 952 BGB.

3 Mit dieser Formulierung wird die gem. § 930 BGB erforderliche Vereinbarung eines konkreten Besitzmittlungsverhältnisses im Sinne des § 868 BGB erzielt.

4 Um dem erheblichen Interesse des Sicherungsnehmers am Werterhalt Rechnung zu tragen, ist der Sicherungsgeber durch Aufnahme entsprechender Verpflichtungen anzuhalten, pfleglich mit der Sache umzugehen.

§ 2 Sicherungszweck

Die Übereignung und die Übertragung aller in diesem Vertrag begründeten Rechte erfolgt zur Sicherung aller gegenwärtigen und künftigen – auch bedingten oder befristeten – Forderungen, die dem Sicherungsnehmer gegenüber dem Sicherungsgeber aus dem Darlehensvertrag vom ... iHv. ... zuzüglich Zinsen iHv. ... % p.a. zustehen[5]*. Dies gilt auch für den Fall, dass die vereinbarte Laufzeit des Darlehensvertrages prolongiert wird*[6]*.*

§ 3 Deckungsgrenze

Der Wert des Sicherungsgutes wird von den Parteien auf der Grundlage der aktuellen Schwacke-Liste bei Vertragsabschluss in der Form angesetzt als er ... % (Deckungsgrenze) der zu sichernden Forderung gem. § 2 hiervor bzw. einem Wert von ... Euro entspricht. Für den Fall, dass der Wert des zur Sicherung übereigneten Fahrzeugs die Deckungsgrenze nachhaltig übersteigt, ist der Sicherungsgeber berechtigt, vom Sicherungsnehmer gegen Übereignung anderer werthaltiger Sachen die Freigabe des gem. § 1 übereigneten Fahrzeugs zu verlangen[7]*.*

§ 4 Verfügungsrecht, Lasten und sonstige Maßnahmen Dritter[8]

(1) Der Sicherungsgeber steht im Sinne eines selbständigen Garantieversprechens dafür ein, dass er unbeschränkter Eigentümer oder Inhaber des Sicherungsgutes ist, dieses nicht mit Rechten Dritter belastet ist und er zur unbeschränkten Verfügung über das Sicherungsgut berechtigt ist.

(2) Ferner versichert der Sicherungsgeber, dass keine Prämienrückstände gegenüber dem Haftpflicht- und/oder dem Kaskoversicherer bestehen und keine Forderungen wegen Garagen- und Stellplatzmiete, durch die ein Vermieterpfandrecht begründet sein könnten, rückständig sind.

(3) Für den Fall, dass das Sicherungsgut in gemieteten Räumen abgestellt wird, verpflichtet sich der Sicherungsgeber, auf Verlangen des Sicherungsnehmers unverzüglich den Nachweis zu erbringen, dass die Mietzahlungen erfolgt sind.

(4) Der Sicherungsgeber wird den Sicherungsnehmer unverzüglich informieren, sobald Pfändungen oder sonstige Maßnahmen Dritter in das Sicherungsgut erfolgen und den Dritten auf das Recht am Sicherungsgut hinzuweisen. Ferner wird der Sicherungsgeber den Sicherungsnehmer vollumfänglich informieren und alle Unterlagen unverzüglich zur Verfügung stellen, die der Sicherungsnehmer für den Widerspruch gegen die Pfändung oder sonstige Maßnahme benötigt[9]*.*

§ 5 Ein- und Ausbau von Teilen

Für den Fall, dass nach Abschluss dieses Sicherungsübereignungsvertrages Teile aus dem Sicherungsgut ausgebaut werden, verbleiben diese im Eigentum des Sicherungsnehmers jedenfalls so lange, bis sie durch gleichwertige Teile ersetzt sind. Vom Sicherungsgeber hinzu erworbene Teile und Zubehör werden mit Einbau bzw. Einbringung in das Sicherungsgut Eigentum des Sicherungsnehmers; sie werden dem Sicherungsgeber gleichfalls leihweise zur Benutzung überlassen.

5 Nach höchstrichterlicher Rechtsprechung reicht die Sicherungsabrede auch ohne nähere Ausgestaltung („Übereignung zur Sicherheit") als Besitzmittlungsverhältnis aus, da die Sicherungsabrede die typische Rechtsbeziehung zwischen Sicherungsgeber und Sicherungsnehmer hinreichend konkretisiert (BGH NJW-RR 2005, 280).

6 Bedingt durch die fehlende Akzessorietät zwischen Forderung und Sicherung ist die zu sichernde Forderung unverwechselbar zu bezeichnen und herauszustellen, dass das Sicherungsgut zum Zweck der Sicherung dieser Forderung übereignet wird.

7 Zu beachten ist, dass die Deckungsgrenze nicht zu hoch angesetzt wird, da anderenfalls die Gefahr der Übersicherung und daraus folgend, der Vertragsnichtigkeit besteht. Der Rechtsprechung des BGH folgend beträgt die Grenze 110 % der gesicherten Forderung (BGH NJW 1998, 671).

8 Bedingt durch den Umstand, dass der Sicherungsnehmer nicht unmittelbar Besitz am Sicherungsgut erlangt, ist zu beachten, dass bereits erworbene Rechte Dritter, wie etwa das Vermieter- oder Werkpfandrechte (§§ 562, 647 BGB) bestehen bleiben oder nachträglich entstehen können.

9 S. **M 29.9** Fn. 9.

§ 6 Tragung der Lasten[10]

(1) Sämtliche das Sicherungsgut betreffende Gefahren, Steuern, Abgaben sowie alle sonstigen Lasten, auch soweit sie mit dem Betrieb des Sicherungsgutes im Zusammenhang stehen, werden vom Sicherungsgeber getragen. Insbesondere bleibt der Sicherungsgeber Halter des Sicherungsgutes im Sinne von § 7 StVG.

(2) Der Sicherungsgeber wird den Sicherungsnehmer von allen Verbindlichkeiten frei stellen, die ihn als Eigentümer des Sicherungsgutes etwa treffen sollten.

§ 7 Versicherungen

(1) Der Sicherungsgeber wird das Sicherungsgut für die Dauer der Sicherungsübereignung im Rahmen einer Vollkaskoversicherung ohne Selbstbeteiligung/mit Selbstbeteiligung iHv. . . . Euro sowie einer Haftpflichtversicherung versichern. Die entsprechende Versicherung bzw. deren Abschluss sowie die folgenden Prämienzahlungen sind dem Sicherungsnehmer unverlangt durch Übersendung geeigneter Unterlagen nachzuweisen. Für den Fall, dass kein Schutz aus einer Haftpflichtversicherung besteht, ist es untersagt, das Sicherungsgut zu nutzen.

(2) Der Sicherungsgeber tritt hiermit sämtliche aus dem Versicherungsverhältnis gegenwärtig und künftig resultierenden Ansprüche an den diese Abtretung annehmenden Sicherungsnehmer unter Maßgabe des in § 2 vereinbarten Sicherungszwecks ab.

(3) Der Sicherungsgeber wird dem Versicherer nach Abschluss dieses Vertrages mitteilen, dass das Sicherungsgut dem Sicherungsnehmer zu Eigentum übertragen und alle Rechte aus dem Versicherungsverhältnis, soweit sie das Sicherungsgut gem. § 1 dieses Vertrages betreffen, dem Sicherungsnehmer zustehen, ohne dass dieser in die Pflichten des Versicherungsvertrages eintritt[11]*.*

(4) Der Sicherungsgeber wird die Versicherungsgesellschaft ersuchen, dem Sicherungsnehmer einen entsprechenden Sicherungsschein zu übersenden.

(5) Für den Fall, dass der Sicherungsgeber die Versicherung nicht oder nicht ausreichend bewirkt, ist der Sicherungsnehmer dazu berechtigt, dies auf Kosten des Sicherungsgebers zu tun.

§ 8 Verwertung[12]

(1) Für den Fall, dass der Sicherungsgeber gegen die ihm obliegenden Verpflichtungen aus diesem Sicherungsübereignungsvertrag verstößt oder er insbesondere seinen Zahlungsverpflichtungen nicht nachkommt oder der Wert des Sicherungsgutes durch vertragswidrige Nutzung oder unsachgemäße Handhabung gefährdet oder gemindert ist, ist der Sicherungsnehmer berechtigt, die Nutzungsbefugnis zu widerrufen und die Herausgabe des Sicherungsgutes zu verlangen.

(2) Sollte sich der Sicherungsgeber mit den ihm obliegenden Verpflichtungen zur Zahlung der durch diesen Vertrag gesicherten Forderung und Nebenleistung in Verzug befinden, ist der Sicherungsnehmer überdies dazu berechtigt, das Sicherungsgut in Besitz zu nehmen und zu verwerten.

(3) Der Sicherungsnehmer wird dem Sicherungsgeber die Verwertung des Sicherungsgutes mit einer Fristsetzung von einem Monat schriftlich androhen.

(4) Im Verwertungsfall ist der Sicherungsnehmer dazu berechtigt, das Sicherungsgut nach eigener Wahl öffentlich versteigern zu lassen oder freihändig zu verkaufen. Den Erlös aus der Versteigerung oder dem freihändigen Verkauf darf er zur Abdeckung der durch diesen Vertrag gesicherten Forderung verwenden.

(5) Für den Fall, dass nach Abfuhr der Umsatzsteuer ein Überschuss verbleibt, wird der Sicherungsnehmer diesen an den Sicherungsgeber auskehren.

---

10 Zwar erhält der Sicherungsnehmer durch die Sicherungsübereignung nach außen hin die Stellung eines Eigentümers. Da tatsächlich aber der Sicherungsgeber das Sicherungsgut besitzt, ist es ratsam, den Sicherungsnehmer von etwaigen Ansprüchen im Zusammenhang mit dem Sicherungsgut frei zu stellen.

11 Um zu verhindern, dass der Versicherer von seiner Leistung frei wird, ist der Sicherungsgeber zu verpflichten, die Sicherungsübereignung unverzüglich der Versicherung anzuzeigen (§ 71 VVG).

12 Die Verwertung richtet sich nach den im Vertrag getroffenen Bestimmungen (NJW 1980, 226), da gesetzliche Regelungen zu den Voraussetzungen einer Verwertung des Sicherungsgutes und ihrer Durchführung fehlen. Lediglich hilfsweise und im Innenverhältnis ist auf die Vorschriften der Pfandverwertung (§§ 1233 ff. BGB) zurückzugreifen (Palandt/Bassenge § 930 BGB Rz. 29).

§ 9 Rückübertragung und Freigabe von Sicherheiten

(1) Sobald die durch diesen Sicherungsübereignungsvertrag gesicherten und sich aus ihm ergebenden Forderungen vollumfänglich getilgt sind, hat der Sicherungsnehmer das Eigentum an dem Sicherungsgut auf den Sicherungsgeber zurück zu übertragen.

(2) Dessen ungeachtet ist der Sicherungsnehmer dazu verpflichtet, das zur Sicherung übergebene Fahrzeug an den Sicherungsgeber ganz oder teilweise frei zu geben, sobald dessen Schätzwert ... % der gesicherten Forderung nachhaltig übersteigt. In diesem Fall hat der Sicherungsgeber dem Sicherungsnehmer einen anderen werthaltigen Gegenstand zur Sicherung anzubieten[13].

§ 10 Salvatorische Klausel

Sollte eine Bestimmung dieses Vertrages ganz oder teilweise unwirksam sein oder diese nicht durchgeführt werden, berührt dies die Gültigkeit dieses Sicherungsvertrages im Übrigen nicht.

13 Um die Nichtigkeit des Vertrages gem. § 138 BGB bzw. gem. § 307 BGB zu vermeiden, ist eine Regelung aufzunehmen, mit der ein in Betracht kommender nachträglicher Übersicherungsfall vermieden wird. Es gilt zu beachten, dass die Grenze für das Entstehen eines ermessensunabhängigen Freigabeanspruch für das Sicherungsgut von der Rechtsprechung (BGH NJW 1998, 671) bei 150 % des Schätzwertes festgelegt wurde, vgl. § 237 Satz 1 BGB.

V. Sicherungsabtretung, Global- und Mantelzession

1. Anwendungsbereich und Wesensgehalt

Unter einer Sicherungsabtretung versteht man die als vorübergehend gedachte Abtretung einer Forderung gegen einen Dritten oder eines sonstigen Rechts durch den Sicherungsgeber (Zedent) an den Sicherungsnehmer (Zessionar) zur Sicherung von Forderungen. Hauptanwendungsgebiet der Sicherungsabtretung ist die Besicherung von Bankkrediten. Der Kreditgeber – meist Kreditinstitute – schließt zu diesem Zweck mit seinem Kreditnehmer einen (schuldrechtlichen) Sicherungsvertrag, der die Abtretung von Forderungen sicherheitshalber zum Gegenstand hat. Dabei fungiert die Bank als Zessionar und der Kreditnehmer als Zedent. 121

Solange der Verwertungsfall nicht eintritt, soll der Sicherungsgeber gegenüber dem Drittschuldner weiterhin als alleiniger Forderungsinhaber auftreten, dh. dem Drittschuldner wird in aller Regel die Abtretung nicht angezeigt, um keine Zweifel an der Kreditwürdigkeit des Sicherungsgebers aufkommen zu lassen („stille Zession").

Als Sicherungsmittel kommen grundsätzlich alle Forderungen und sonstigen Rechte in Betracht, die nach den §§ 398, 413 BGB abtretbar sind. Wirtschaftlich steht die Abtretung von Forderungen, die auf Zahlung von Geld oder eine andere Leistung gerichtet sein können, im Vordergrund. 122

Der Spezialitätengrundsatz des Sachenrechts gilt auch für Verfügungen über Forderungen, dh., die **Forderung**, die Gegenstand der Abtretung ist" muss im Zeitpunkt der Abtretung bestimmt oder wenigstens bestimmbar sein (BGH NJW 2011, 2713 f.; BGH WM 2012, 2292).

Die Sicherungsabtretung ist dinglich betrachtet eine normale Forderungsabtretung gem. §§ 398 ff. BGB und gesetzlich nicht als Spezialform vorgesehen. 123

Im Zuge der Abtretung ist relevant, dass der Zessionar einer **treuhänderischen Bindung** gemäß der **Zweckbestimmung**, die im **Sicherungsvertrag** enthalten ist, unterliegt. Nach dieser ist er im Innenverhältnis schuldrechtlich in der Verwendung und Verwertung der Forderung beschränkt. Zu beachten ist in diesem Zusammenhang, dass gerade die getroffene Verwertungsregelung für den Sicherungsgeber von existentieller Bedeutung sein und deren Unwirksamkeit die Unwirksamkeit der Abtretung als solche zur Folge haben kann (BGH WM 2005, 742 ff.). 124

Damit der Sicherungsgeber gegenüber dem Schuldner weiterhin als Gläubiger auftreten kann, wird ihm vom Sicherungsnehmer eine **Einziehungsermächtigung** gem. § 185 Abs. 1 BGB erteilt. 125

2. Globalzession

126 Im Wirtschaftsleben haben sich Sicherungsabtretungen in der Ausprägung der Globalzession als typisches Sicherungsmittel des Geldkreditgebers etabliert. Globalzession bedeutet, dass nicht eine einzige Forderung oder wenige einzelne Forderungen als Sicherheit abgetreten werden, sondern eine **Vielzahl, insbesondere auch Forderungen, die zum Übertragungszeitpunkt noch nicht entstanden sind (sog. „Vorausabtretung"** oder **„Antizipation")**. Rechtswirkung entfaltet die Globalzession mit dem jeweiligen Entstehungszeitpunkt jeder einzelnen Forderung (vgl. BGH NJW 2008, 1153 ff.; BGH NJW-RR 2010, 192 ff.), dh. werden Forderungen beglichen, so werden diese unmittelbar durch eine neu entstandene Forderung ersetzt. Prinzipiell wirft die Globalzession kaum Bestimmtheitsprobleme auf, weil ja alle Forderungen abgetreten sind und ferner auch die künftigen Forderungen abgetreten werden können (BGH NJW-RR 2005, 1408; Palandt/Grüneberg § 398 BGB Rz. 11). Nötig ist für den Fall der Abtretung künftiger Forderungen lediglich die Möglichkeit der Entstehung einer solchen Forderung und die bestimmte oder bestimmbare Bezeichnung von Schuldner und Forderung (BGH NJW 2000, 276). Problematischer stellt sich die Lage allerdings dar, wenn nur ein Teilbestand abgetreten wird (vgl. BGH NJW 2011, 2713 f.). In diesem Fall sind Rahmen und Kriterien festzulegen, nach denen der Geltungsbereich der Forderungsabtretung durch den Schuldner bestimmt werden kann.

127 ➲ **Hinweis:** Auch bei der Globalzession stellt sich das Problem der **Übersicherung.**

Eine ursprüngliche (oder anfängliche) Übersicherung liegt dann vor, wenn bereits bei Vertragsschluss feststeht, dass im noch ungewissen Verwertungsfall zwischen dem realisierbaren Wert der Sicherheit und der gesicherten Forderung ein auffälliges (krasses) Missverhältnis bestehen wird und zudem eine verwerfliche Gesinnung des Sicherungsnehmers hinzutritt. Dabei hat der BGH folgende Grundsätze aufgestellt (BGH MDR 2010, 799 f.):

- Bei Grundstückskaufverträgen genügt für die Annahme eines groben Missverhältnisses, dass der Kaufpreis etwa doppelt so hoch ist wie der Wert des Grundstücks. Dieses grobe Missverhältnis begründet gleichzeitig eine tatsächliche Vermutung für die verwerfliche Gesinnung des Begünstigten.

In den anderen Fällen kommt es „bei der anfänglichen Übersicherung nicht darauf an, welchen Nennbetrag die bestellten *Grundpfandrechte* bei Vertragsschluss haben. Entscheidend ist vielmehr, welcher Erlös bei Vertragsschluss aus einer Verwertung dieser *Grundpfandrechte* unter Berücksichtigung der Werte der belasteten *Grundstücke* und des *Rangs der Rechte* im späteren noch ungewissen Verwertungsfall zu erwarten und wie sicher dies bei Vertragsschluss zu beurteilen war. (…) Die verwerfliche Gesinnung muss (…) dargelegt und anhand der Umstände des Einzelfalls festgestellt werden."

Die Globalzession muss in ihrer Reichweite so bemessen sein, dass im Zeitpunkt der Vereinbarung das aktuelle oder zu erwartende Volumen der zu sichernden Ansprüche unter Berücksichtigung von einerseits Kosten und andererseits dem Verwertungsrisiko nur in einem akzeptablen Ausmaß übersteigt.

Im Falle einer (unerwarteten) nachträglichen Übersicherung muss eine Freigabeverpflichtung als Gültigkeitsvoraussetzung auch bei einer Formularzession nicht mehr ausdrücklich vereinbart werden (MünchKomm.BGB/Roth § 398 BGB Rz. 146).

M 29.9 Globalzessionsvertrag

Herr/Frau/Firma … (Name/Firma und Anschrift)

– nachstehend Sicherungsgeber –

und

Herr/Frau/Firma … (Name/Firma und Anschrift)

– nachstehend Sicherungsnehmer –

schließen hiermit folgenden Vertrag über eine Globalzession:

§ 1 Gegenstand der Abtretung

(1) Der Sicherungsgeber tritt hiermit an den Sicherungsnehmer alle ihm zustehenden gegenwärtigen und künftigen Forderungen ab[1]

- *aus Warenlieferungen und Leistungen*
- *sowie aus . . . (Bezeichnung der Rechtsverhältnisse)*

gegen

1. *. . . (Name/Firma des Drittschuldners)*
2. *alle Schuldner des Sicherungsgebers mit den Anfangsbuchstaben von . . . bis einschließlich . . .*

(2) Für die Feststellung der Anfangsbuchstaben ist maßgeblich

1. *bei Nichtkaufleuten, Einzelfirmen, Personengesellschaften und sonstigen Drittschuldnern, deren Name (Firmenbezeichnung) aus Personennamen besteht oder mit solchen beginnt, der erste Familienname,*
2. *bei allen anderen Drittschuldnern das erste Wort der Firmenbezeichnung oder sonstigen Bezeichnung.*

(3) Für den Fall, dass eine abgetretene Forderung von einem Lieferanten des Sicherungsgebers aufgrund eines branchenüblichen verlängerten Eigentumsvorbehalts gegenwärtig oder künftig in Anspruch genommen werden kann, wird die Abtretung erst mit Erlöschen des Eigentumsvorbehalts wirksam[2]*.*

Der Sicherungsnehmer ist berechtigt, nicht aber verpflichtet, den verlängerten Eigentumsvorbehalt durch Befriedigung des Lieferanten abzulösen.

§ 2 Bewertung der Forderungen[3]

(1) Zum Zweck der Ermittlung des realisierbaren Wertes einer abgetretenen Forderung gehen die Parteien vom Nennwert der in den Bestandslisten als abgetreten angezeigten Forderungen aus. Hiervon abzusetzen sind Forderungen,

1. *die gem. § 1 Abs. 3 dieses Vertrages wegen eines branchenüblichen verlängerten Eigentumsvorbehalts nicht an den Sicherungsnehmer abgetreten worden sind;*
2. *denen aufrechenbare Gegenforderungen gegenüberstehen;*
3. *die einredebehaftet sind und*
4. *bei denen die Abtretung wegen des Sitzes des Drittschuldners im Ausland und/oder die Geltung ausländischen Rechts nicht wirksam vorgenommen worden ist.*

(2) Der Sicherungsnehmer ist in Zweifelsfällen dazu berechtigt, die betroffene Forderung an den Sicherungsgeber zurück zu übertragen.

(3) Von dem so ermittelten Nennbetrag ist ein Sicherheitsabschlag iHv. . . . % wegen etwaig möglicher Forderungsausfälle vorzunehmen. Den Parteien steht es frei, die Höhe des vorzunehmenden Sicherheitsabschlags einvernehmlich zu ändern.

---

1 Die Formulierung „sämtliche bestehenden und künftigen Forderungen aus Warenlieferung und Leistungen" genügt der von der Rechtsprechung gestellten Anforderung, dass abgetretene Forderungen spätestens im Zeitpunkt ihrer Entstehung ohne umständliches Verfahren bestimmbar sein müssen (BGH NJW 2000, 276).

2 Mit dieser Formulierung wird der Kollision zwischen Vorausabtretungen im Rahmen eines verlängerten Eigentumsvorbehalts und Globalzession Rechnung getragen. Die sog. dingliche Teilverzichtsklausel wird als erforderlich angesehen, um die Unwirksamkeit der Globalzession gem. § 138 BGB zu vermeiden (BGH NJW 2005, 1192).

3 Wegen der in § 9 geregelten Freigabe von Sicherheiten empfiehlt es sich, die Ermittlung des realisierbaren Wertes aller Sicherheiten festzulegen (BGH WM 1994, 1283), auch wenn dies rechtlich nicht notwendig ist (BGH WM 1995, 1267).

§ 3 Übergang der Forderungen sowie der Rechte und Sicherheiten

(1) Alle gegenwärtigen Forderungen gehen mit Abschluss dieses Vertrages auf den Sicherungsnehmer über, alle künftig entstehenden Forderungen jeweils mit ihrer Entstehung[4].

(2) Mit den abgetretenen Forderungen gehen die Rechte aus den diesen zu Grunde liegenden Rechtsgeschäften auf den Sicherungsnehmer über. Für den Fall, dass für die Forderungen Sicherheiten bestellt sind, die nicht schon kraft Gesetzes auf den Sicherungsnehmer übergehen, kann dieser deren Übertragung auf sich verlangen.

§ 4 Sicherungszweck

(1) Der Abschluss dieses Vertrages erfolgt zur Sicherung aller gegenwärtig bestehenden, künftigen und bedingten Ansprüche, die der Sicherungsnehmer aus der laufenden Geschäftsbeziehung aus eigenem oder abgetretenem Recht oder aus kraft Gesetzes übergegangenem Recht gegen den Sicherungsgeber zustehen[5].

(2) Für den Fall eines Inhaberwechsels oder einer Rechtsformänderung auf Seiten des Sicherungsgebers behält dieser Vertrag Gültigkeit auch für die Sicherung der Ansprüche aus künftiger Geschäftsverbindung.

§ 5 Bestandslisten

(1) Der Sicherungsgeber wird dem Sicherungsnehmer jeweils bis zum . . . (Zeitpunkt) eines Monats, mindestens jedoch einmal halbjährlich eine Bestandsliste über die an . . . (zB die Bank) abgetretenen, noch ausstehenden Forderungen einreichen. Zur Wahrung seiner Interessen ist der Sicherungsgeber verpflichtet, dem Sicherungsnehmer auf Verlangen auch zu anderen Zeitpunkten die Bestandsliste zur Verfügung zu stellen. Die Bestandsliste soll, vorbehaltlich einer abweichenden Vereinbarung, Name und Anschrift des Drittschuldners, den Forderungsbetrag sowie Rechnungs- und Fälligkeitszeitpunkt ausweisen[6].

(2) Die gem. § 1 dieses Vertrages abgetretenen Forderungen stehen dem Sicherungsnehmer auch dann zu, wenn die Bestandslisten unrichtig oder in irgendeiner Weise unvollständig sind.

(3) Für den Fall, dass zwischen dem Sicherungsgeber und den Drittschuldnern ein echtes oder unechtes Kontokorrentverhältnis bestehen oder ein solches künftig begründet werden sollte, tritt der Sicherungsgeber hiermit an den Sicherungsnehmer den Anspruch auf Kündigung eines derartigen Kontokorrents, die Forderungen aus gezogenen oder zu ziehenden Salden sowie das Recht auf Feststellung des jeweils aktuellen Saldos ab[7].

§ 6 Haftung

(1) Die Haftung für den Bestand der nach diesem Vertrag abgetretenen Forderung übernimmt der Sicherungsgeber[8].

(2) Der Sicherungsgeber erklärt ausdrücklich, dass er dazu berechtigt ist, über alle nach diesem Vertrag abgetretenen Forderungen zu verfügen, die Forderungen insbesondere keinem Abtretungsverbot unterliegen.

---

4 Künftige Forderungen gehen im Zeitpunkt ihrer Entstehung, also ohne neue Rechtshandlung auf den Sicherungsnehmer über (BGH WM 1990, 197).

5 Mit dieser Bestimmung ist die Zweckbestimmungserklärung abgegeben. Sie ist zulässig, wenn Kreditnehmer und Sicherungsgeber identisch sind (BGHZ 109, 197).

6 Die Bestandliste dient Kontrollzwecken. Sie soll dem Sicherungsnehmer vorrangig einen Überblick darüber verschaffen, in welcher Höhe seine Forderungen gegen den Sicherungsgeber zumindest nominell abgesichert sind.

7 Die im Muster gewählte Formulierung der Abtretung von (kreditorischen) Kontokorrentsalden (§ 355 HGB) hat zur Folge, dass in die laufende Rechnung eingestellte Einzelforderungen zu unselbständigen Rechnungsposten werden und nicht mehr für sie abgetreten werden können (BGH BB 1978, 222).

8 Die hier gewählte Formulierung trägt dem Umstand Rechnung, dass der Sicherungsgeber für den rechtlichen Bestand der Forderung, nicht aber für die Bonität des Drittschuldners haftet (so noch zum „alten" Recht Palandt/Putzo, 61. Aufl., § 437 BGB Rz. 7).

§ 7 Einziehungsbefugnis und Abtretungsanzeige

(1) Dem Sicherungsgeber wird gestattet, die an den Sicherungsnehmer abgetretenen Forderungen im Rahmen eines ordnungsgemäßen Geschäftsbetriebes einzuziehen[9].

(2) Für den Fall, dass der Sicherungsgeber mit fälligen Zahlungen auf die durch diesen Vertrag gesicherten Forderungen in Verzug gerät, seine Zahlungen einstellt, eine wesentliche Vertragsobliegenheit verletzt oder die Eröffnung eines gerichtlichen Insolvenzverfahrens über sein Vermögen beantragt wird[10]*, ist der Sicherungsnehmer dazu berechtigt, die Einziehungsbefugnis zu widerrufen. Ferner ist sie dazu ermächtigt, die Forderungsabtretung auch im Namen des Sicherungsgebers gegenüber den Drittschuldnern offen zu legen und die Forderungen einzuziehen. Der Sicherungsgeber ist in diesem Fall dazu verpflichtet, dem Sicherungsnehmer alle Auskünfte zu erteilen und Unterlagen zur Verfügung zu stellen, die zum Zweck der Prüfung und Einziehung der abgetretenen Forderungen erforderlich sind.*

§ 8 Zahlung

(1) Die von dem Sicherungsnehmer vereinnahmten Beträge sind zur Tilgung der durch die Globalzession gesicherten Forderung zu verwenden.

(2) Für den Fall, dass die Forderungen mit Schecks oder Wechseln bezahlt werden, tritt der Sicherungsgeber die ihm daraus zustehenden Ansprüche bereits hiermit sicherungshalber an den Sicherungsnehmer ab.

§ 9 Freigabe von Sicherheiten[11]

(1) Nach Befriedigung der durch Abtretung gesicherten Ansprüche des Sicherungsnehmers hat dieser an den Sicherungsgeber die abgetretenen Forderungen rückzuübertragen und einen etwaigen Übererlös aus der Verwertung an diesen auszukehren.

(2) Der Sicherungsnehmer ist schon vor vollständiger Befriedigung seiner durch die Abtretung gesicherten Ansprüche verpflichtet, auf Verlangen die ihr abgetretenen Forderungen sowie etwaig ihr bestellte andere Sicherheiten nach ihrer Wahl an den Sicherungsgeber ganz oder teilweise frei zu geben, sofern der realisierbare Wert aller Sicherheiten ... % der gesicherten Ansprüche des Sicherungsnehmers nachhaltig überschreitet.

(3) Im Zuge der Auswahl der freizugebenden Sicherheiten wird der Sicherungsnehmer auf die berechtigten Belange des Sicherungsgebers Rücksicht nehmen.

§ 10 Informationspflicht des Sicherungsgebers

(1) Für den Fall, dass sich bei den abgetretenen Forderungen Veränderungen, zB durch Pfändungen, Reklamationen, Nachlässe, etc., ergeben, wird der Sicherungsgeber den Sicherungsnehmer unaufgefordert und unverzüglich informieren und hinsichtlich dieser Forderung nach Weisung des Sicherungsnehmers verfahren. Im Falle einer Pfändung wird der Sicherungsnehmer den Pfandgläubiger unverzüglich schriftlich vom Sicherungsrecht des Sicherungsnehmers informieren und diesem alle Angaben und Unterlagen zur Verfügung stellen, die dieser zur Verteidigung seiner Rechte benötigt[12].

---

9 Um den berechtigten Interessen des Sicherungsgebers Rechnung zu tragen, wird eine „stille Sicherungsabtretung" vereinbart.

10 Mit dieser Formulierung wird dem Umstand Rechnung getragen, dass eine zu weit gehende Widerrufsmöglichkeit gem. § 242 BGB unwirksam sein kann (BGH NJW 1989, 2383).

11 Mit den gewählten Formulierungen wird der Rechtsprechung Rechnung getragen, wonach Freigaberegelungen nur dann zu keiner unangemessenen Benachteiligung des Sicherungsgebers führen, wenn die Vertragsbedingungen eine objektive Bezugsgröße zwischen Sicherheit und zu sichernder Forderung (Deckungsgrenze) ausweisen und ferner eine Bestimmung die Verpflichtung zur Freigabe von Sicherheiten im Falle des Überschreitens der Bezugsgröße festlegt (BGH WM 1994, 1283; NJW 1998, 671).

12 Im Falle der Pfändung in die Forderung durch Gläubiger des Sicherungsgebers ist der Sicherungsnehmer grundsätzlich zur Drittwiderspruchsklage gem. § 771 ZPO berechtigt (Palandt/Grüneberg § 398 BGB Rz. 26). Die zur Sicherheit abgetretene Forderung wird im Verhältnis zu den Gläubigern des Sicherungsnehmers – und im Falle der Insolvenz des Sicherungsgebers auch im Verhältnis zu seinen Gläubigern – als noch zu dem Vermögen des Sicherungsgebers gehörend angesehen. Von der hM werden diese Grundsätze auch auf die Sicherungsübereignung angewendet (Staudinger/Busche Einl zu §§ 398 ff. BGB Rz. 96).

(2) Der Sicherungsgeber wird den Sicherungsnehmer gleichfalls unaufgefordert und unverzüglich informieren, sobald ihm Umstände bekannt werden, welche die Zahlungsfähigkeit eines Drittschuldners beeinträchtigen können.

§ 11 Salvatorische Klausel

Sollte eine Bestimmung dieses Vertrages ganz oder teilweise unwirksam sein oder diese nicht durchgeführt werden, berührt dies die Gültigkeit dieses Sicherungsvertrages im Übrigen nicht.

3. Mantelzession

128 Ferner spielt im Wirtschaftsleben auch die sog. Mantelzession eine Rolle. In diesem Fall verpflichtet sich der Sicherungsgeber, dem Sicherungsnehmer gegenwärtig bestehende **Forderungen in bestimmbarer oder variabler Höhe** abzutreten und dem Sicherungsnehmer zu bestimmten Zeitpunkten die abgetretenen Forderungen aufzulisten. Mit der Übersendung des Forderungsverzeichnisses werden die im Forderungsverzeichnis aufgeführten Forderungen an den Sicherungsnehmer abgetreten (konstitutive Wirkung) (Palandt/Grüneberg § 398 BGB Rz. 16), so dass dem Bestimmtheitserfordernis genügt wird (LG Berlin WM 1984, 224, 225).

129 ➲ **Wichtig:** Der Sicherungsnehmer hat bis zum Zeitpunkt des Zugangs des Forderungsverzeichnisses keinen Schutz gegen Pfändung und Abtretung.

M 29.10 Mantelzessionsvertrag

(auszugsweise)[1]

§ 1 Verpflichtung zur Forderungsabtretung

(1) Der Sicherungsgeber verpflichtet sich, an den Sicherungsnehmer laufend Forderungen abzutreten.

(2) Der zu realisierende Wert der abgetretenen Forderungen muss mindestens ... % der Verbindlichkeiten des Sicherungsgebers gegenüber dem Sicherungsnehmer betragen.

§ 3 Übergang der Forderungen

Sicherungsgeber und Sicherungsnehmer sind sich dahingehend einig, dass mit Übergabe der Listen mit den abzutretenden Forderungen (Zessionslisten) oder Durchschriften der erteilten Rechnungen die Forderungen jeweils auf den Sicherungsnehmer übergehen[2].

§ 4 Sicherungszweck

Der Abschluss dieses Vertrages erfolgt zur Sicherung aller gegenwärtig bestehenden, künftigen und bedingten Ansprüche, die der Sicherungsnehmer aus der laufenden Geschäftsbeziehung aus eigenem oder abgetretenem Recht oder aus kraft Gesetzes übergegangenem Recht gegen den Sicherungsgeber zustehen[3].

1 Wegen der weiteren Regelungen, auf die in diesem Muster verzichtet wurde, s. **M 29.9**.

2 Der Übergang der künftigen Forderungen erfolgt erst mit Einreichung der Zessionslisten oder Rechnungsdurchschriften beim Sicherungsgeber (Palandt/Grüneberg § 398 BGB Rz. 16). Werden die Forderungen beglichen, muss der Sicherungsgeber immer wieder neue Forderungen in ein zu aktualisierendes Forderungsverzeichnis aufnehmen, um den vereinbarten Mindestdeckungsbestand aufrecht zu halten. Deshalb sind bei der Mantelzession aktualisierte Debitorenlisten zu führen.

3 Mit dieser Bestimmung ist die Zweckbestimmungserklärung abgegeben. Sie ist zulässig, wenn Kreditnehmer und Sicherungsgeber identisch sind (BGHZ 109, 197).

4. Rechtliche Unterschiede

130 Im Falle der Globalzession erfolgt die Abtretung sämtlicher in den vereinbarten Rahmen fallenden Forderungen bereits mit Abschluss des Zessionsvertrages, dem allerdings nur **deklaratorische Bedeutung** zukommt. Im Falle der Mantelzession tritt der Sicherungsgeber ein bestimmtes Volumen seiner bestehenden Forderungen ab. Darüber hinaus verpflichtet er sich, die entfallenden Forderungen regelmäßig durch die Abtretung neu entstandener zu ersetzen (vgl. Erman/Westermann § 398 BGB Rz. 10). Wie bereits vorstehend ausgeführt, kommt der Übersendung des Forderungsverzeichnisses aber eine weitaus größere Bedeutung zu, da es sich um ein Verpflichtungsgeschäft handelt, welches als Rechtsübertragung **konstitutive** Bedeutung hat.

131 Der Globalzession kommt im Wirtschaftsleben die größere Bedeutung zu, da sie dann ein probates Kreditsicherungsmittel darstellt, wenn der Kreditnehmer einen so großen, sich ständig erneuernden Forderungsbestand zur Verfügung hat, dass eine einigermaßen gleich bleibende Deckung gewährleistet ist.

VI. Konkurrenzen und Kollisionen von Sicherungsrechten

132 Im Fall der Kollision von Sicherungsrechten ist nach ständiger Rechtsprechung vom **Grundsatz der Priorität** auszugehen. Bei mehrfacher Abtretung einer Forderung, auch künftiger, wird somit nur die zeitlich erste wirksam (BGH NJW 2005, 1192, 1193).

133 Vielfach diskutiert wird jedoch der Fall der **Konkurrenz mehrerer Globalzessionen** zB in der Form, dass eine Globalzession eines Schuldners an eine Bank – als Sicherheit für ein Darlehen – mit einer Globalzession an einen Warenlieferanten – als Sicherheit für die Kaufpreisforderung – konkurriert. Hier ist neben dem Prioritätsgrundsatz zu prüfen, ob die Globalzession, die sich auf Forderungen erstreckt, die der Schuldner seinem Lieferanten aufgrund verlängerten Eigentumsvorbehalts künftig abtreten muss und abtritt, nicht wegen Verleitung des Zedenten zur Täuschung oder zum Vertragsbruch (Vertragsbruchtheorie) nach § 138 BGB nichtig ist (vgl. BGH NJW 2005, 1192, 1193; Palandt/Grüneberg § 398 BGB Rz. 28). Dies wird insbesondere dann der Fall sein, wenn aufgrund der Branchenüblichkeit des verlängerten Eigentumsvorbehalts eine tatsächliche Vermutung für die (sittlich zu missbilligende) Kenntnis des Kreditinstitutes besteht (str. Rspr. vgl. etwa BGH NJW 1999, 2588, 2589).

134 ➲ **Praxistipp:** Zu umgehen ist die Kollisionsproblematik durch eine dahingehende vertragliche Regelung, dass die Globalzession hinsichtlich freier Forderungen wirksam ist. Mit einer **dinglichen Teilverzichtsklausel** kann geregelt werden, dass erst mit Erlöschen des verlängerten Eigentumsvorbehaltes die Abtretungen von Ansprüchen, die einen Lieferanten aufgrund eines verlängerten Eigentumsvorbehaltes zustehen, wirksam werden sollen (BGH NJW 1999, 940; Palandt/Grüneberg § 398 BGB Rz. 28; zur gesamten Problematik eingehend Erman/Westermann § 398 BGB Rz. 21 ff.).

VII. Insolvenzfestigkeit

135 Die Insolvenzfestigkeit ist eine der Haupteigenschaften aller Kreditsicherheiten. Hierzu ist erforderlich, dass die Globalzession als „kongruente“ Sicherheit im Sinne des § 130 InsO qualifiziert wird. Soweit unterinstanzliche Gerichtsurteile dazu beigetragen haben, dass das Instrument der Globalzession als nicht insolvenzfest angesehen werden konnte, hat der BGH diese Rechtsunsicherheit beseitigt und klargestellt, dass Globalzessionsverträge auch hinsichtlich der zukünftig entstehenden Forderungen in der Regel als kongruente Deckung nach § 130 InsO anfechtbar sind (BGH ZIP 2008, 183). Danach musste die Bank die aus ihrer Globalzession in der Krise ihres Kreditnehmers vereinnahmten Forderungen nicht an den Insolvenzverwalter herausgeben.

VIII. Steuerliche Behandlung von Sicherungsrechten

136 Die Zurechnung eines Wirtschaftsgutes (WG) ist für Besteuerungszwecke von erheblicher Bedeutung, da hieran einerseits die Zuweisung zum Privat- oder Betriebsvermögen und die Erfassung

des Besteuerungstatbestands (§ 1 EStG) andererseits anknüpft. Grds. folgt das Steuerrecht dem zivilrechtlichen Eigentum (§ 39 Abs. 1 AO). Bei Übertragungsvorgängen wird idR auf das wirtschaftliche Ergebnis (sog. wirtschaftliche Betrachtungsweise) abgestellt. Insbes. bei Sicherungsgeschäften ist daher nach § 39 Abs. 2 Nr. 1 AO abweichend von der tatsächlichen Sachherrschaft über das WG die Zurechnung weiterhin beim Sicherungsgeber vorzunehmen.

Sicherungsrecht	**Zurechnung zu Eigentum**	**Steuerlich relevanter Vorgang**	**Nachweise**
Eigentumsvorbehalt (§ 39 Abs. 2 Nr. 1 Satz 2 AO)	für Einkommen-, Kirchen-, Gewerbe-, Grunderwerb- und Erbschaftsteuer gilt: (wirtschaftlicher) Eigentümer ist der **Vorbehaltskäufer**	Lieferung unter Eigentumsvorbehalt ist Lieferung iSd. Umsatzsteuerrechts (UStAE A 3.1 Abs. 3 S. 4 UStAE 2014/2015); **Zurechnung** der **Einkünfte** aus dem Sicherungsgut beim **Vorbehaltskäufer**; er hat die offene **Kaufpreisschuld** zu **passivieren**.	BFH BStBl. II 1978, 684; Tipke/Kruse § 39 AO Rz. 55, 72; Braun/Günther, Das Steuerhandbuch, Stichw. Eigentum, wirtschaftliches
Sicherungsübereignung (§ 39 Abs. 2 Nr. 1 Satz 2 Alt. 2 AO)	für Einkommen-, Kirchen-, Gewerbe-, Grunderwerb- und Erbschaftsteuer gilt: (wirtschaftlicher) **Eigentümer** ist der **Sicherungsgeber**	die **offene Schuld** (ggf. aus Kreditverhältnis) hat der **Sicherungsgeber** zu **passivieren**; **USt: bei Verwertung** des **Sicherungsguts** liegt Doppelumsatz vor: Sicherungsgeber → Sicherungsnehmer zgl. Sicherungsnehmer → Erwerber (UStAE A. 1.2 UStAE 2014/2015); **Sicherungsgeber schuldet** als Leistungsempfänger die **USt** aufgrund der Lieferung vom Sicherungsgeber (§ 13b Abs. 2 Nr. 2 UStG)	st. Rspr. (zB BFH BStBl. II 1994, 483)
Globalzession	s. unter Sicherungsübereignung	**Sicherungszession** ist **kein umsatzsteuerpflichtiger Vorgang**; zur Haftung nach § 13c UStG vgl. BMF v. 30.1.2006, BStBl. I 2006, 207.	Tipke/Kruse § 39 AO Rz. 49, 50
Mantelzession	s. unter Sicherungsübereignung	s. unter Globalzession	

137 Der Sicherungsnehmer einer Sicherungsübereignung oder Sicherungsabtretung wird idR kein Verfügungsberechtigter iSv. § 35 AO, da er zur Verwertung des Sicherungsgutes lediglich zum Zweck seiner Befriedigung befugt und insoweit einem Pfandrechtsgläubiger vergleichbar ist. Auf Seiten des Sicherungsnehmers sollte aber beachtet werden, dass sich im Einzelfall zB aufgrund vorbehaltener wirtschaftlicher Verfügungsrechte im Betrieb des Sicherungsgebers eine Rechtsstellung als Verfügungsberechtigter nach § 35 AO ergeben kann. Hieraus ergeben sich für den Sicherungsnehmer die Pflichten eines gesetzlichen Vertreters (§ 34 AO), was durchaus haftungsrechtliche Konsequenzen nach § 69 AO nach sich ziehen kann.

Vierter Teil. Wirtschaftsrechtliche Verträge

1. Abschnitt. Leasing

Kapitel 30 Leasing

Literatur: *Arnold*, Miete und Leasing nach der Schuldrechtsreform, in Dauner-Lieb/Konzen/K. Schmidt, Das neue Schuldrecht in der Praxis, 2003, S. 589 ff.; *Beckmann/Scharff*, Finanzierungsleasing, 4. Aufl. 2015; *Bordewin/Tonner*, Leasing im Steuerrecht, 5. Aufl. 2008; *Bülow*, Finanzierungsleasing als sonstige Finanzierungshilfe nach § 506 I BGB, WM 2014, 1413 ff.; *Bülow*, Der neugefasste § 13 BGB – überwiegende Zweckbestimmung,

WM 2014, 1 ff.; *Canaris*, Grundprobleme des Finanzierungsleasing im Lichte des Verbraucherkreditgesetzes, ZIP 1993, 401 ff.; *Canaris*, Interessenlage, Grundprinzipien und Rechtsnatur des Finanzierungsleasing, AcP 190 (1990), 410 ff.; *Dötsch*, Kündigungsrecht des Leasinggebers bei erheblicher Beschädigung des Leasingobjekts?, WM 2009, 1349 ff.; *Engel*, Die Verjährung im Kfz-Leasinggeschäft, DB 1997, 761 ff.; *Glos/Sester*, Aufsichtsrechtliche Erfassung der Leasing. Und Factoringunternehmen, WM 2009, 1209 ff.; *Habersack*, Verbraucherleasing nach der Schuldrechtsreform, BB 2003, Beilage Nr. 6, 2 ff.; *Habersack*, Risikoverteilung beim Projektleasing – Kritische Bemerkungen zu OLG Hamm WM 2007, 2012, WM 2008, 809 ff.; *Harriehausen*, Die aktuellen Entwicklungen im Leasingrecht, NJW 2015, 1422 ff.; *Harriehausen*, Die aktuellen Entwicklungen im Leasingrecht, NJW 2014, 3407 ff.; *Harriehausen*, Der Gewährleistungsausschluss im Finanzierungsleasingvertrag, NJW 2013, 3393 ff.; *Löbbe*, Der Finanzierungsleasingvertrag nach der Schuldrechtsreform, BB 2003, Beilage Nr. 6, S. 7 ff.; *Lösekrug*, Zurechnungen von Lieferantenzusagen im Leasingvertrag und Folgen der Sittenwidrigkeit des Kaufvertrages für den Leasingvertrag, WM 2014, 202 ff.; *Martinek*, Moderne Vertragstypen, Bd. I. Leasing und Factoring, 1991; *Martinek*, Das Leasinggeschäft, in Schimansky/Bunte/Lwowski, Bankrechts-Handbuch, 4. Aufl. 2011, § 101 Rz. 1 ff.; *Martinek/Stoffels/Wimmer-Leonhardt*, Handbuch des Leasingrechts, 2. Aufl. 2008; *Omlor*, Finanzierungsleasing unter der neuen Verbraucherkreditrichtlinie, NJW 2010, 2694 ff.; *Peters*, Umsetzung der EU-Verbraucherkreditrichtlinie und das Leasinggeschäft, WM 2011, 865 ff.; *Schattenkirchner*, Die aktuellen Entwicklungen im Leasingrecht, NJW 2013, 2398 ff.; *Schattenkirchner*, Die Entwicklung des Leasingrechts von Mitte 2009 bis Ende 2011, NJW 2012, 197 ff.; *Sester*, in Langenbucher/Bliesener/Spindler, Bankrechts-Kommentar, 2014, Kap. 18 A Rz. 1 ff.; *Skousa*, Anwendbarkeit der Verbraucherschutzvorschriften auf Leasing- und Mietkaufverträge, NJW 2011, 2993 ff.; *Spittler*, Leasing für die Praxis, 6. Aufl. 2004; *Tavakoli*, Das Leistungsverweigerungsrecht des Leasingnehmers – Der mangelhafte Landrover, NJW 2010, 2768 ff.; *Tiedtke/Möllmann*, Auswirkungen der Schuldrechtsreform im Leasingrecht, DB 2004, 583 ff.; *Tiedtke/Möllmann*, Entwicklung der aktuellen Rechtsprechung des BGH zum Leasingrecht, DB 2004, 915 ff.; *Reinking*, Der Nacherfüllungsanspruch auf Lieferung eines mangelfreien Fahrzeugs im Rahmen des Kfz-Leasingvertrages, DAR 2002, 496 ff.; *Weber*, Die Entwicklung des Leasingrechts von Mitte 2007 bis Mitte 2009, NJW 2009, 2927 ff.; *Graf von Westphalen*, Der Leasingvertrag, 7. Aufl. 2014; *Graf von Westphalen*, Verbraucherleasing und das Europäische Kaufrecht, BB 2012, 1495 ff.; *Graf von Westphalen*, Die Auswirkungen der Schuldrechtsreform auf die Abtretungskonstruktion beim Leasing, ZIP 2001, 2258 ff.; *Wolf/Eckert/Ball*, Handbuch des gewerblichen Miet-, Pacht- und Leasingrechts, 10. Aufl. 2009; *Zahn*, Der kaufrechtliche Nacherfüllungsanspruch – ein Trojanisches Pferd im Leasingvertrag?, DB 2002, 985 ff.

I. Erscheinungsformen

1 Bei der Umschreibung der verschiedenen Erscheinungsformen des Leasings kann man zunächst nach den unterschiedlichen Laufzeiten des Leasingvertrags differenzieren, also zwischen „Short-Leasing" und „Long-Leasing", sofern die Laufzeit des Leasingvertrags mehr als drei Jahre beträgt. Differenziert man nach dem Leasinggut, so ist die Differenzierung zwischen Mobilien- und Immobilien-Leasing üblich. Gelegentlich wird auch die Unterscheidung zwischen „direktem" und „indirektem" Leasing verwendet, wobei man unter einem „direkten" Leasing die Fälle versteht, in denen der Leasinggeber das Instrument des Leasing im Rahmen der Direktvermietung – also: unter Ausschaltung einer herstellerunabhängigen Leasinggesellschaft – einsetzt. Bezogen auf die Person des Leasinggebers ist dann auch von Hersteller- und Händlerleasing die Rede; und um die tendenzielle Unabhängigkeit des Leasinggebers zu betonen, wird von Finanzierungsleasing gesprochen. Alle diese Unterscheidungsmerkmale geben für die rechtliche und steuerrechtliche Beurteilung des Leasings sehr wenig her. Die Rechtsprechung des BGH (BGH BB 1985, 1624) hat es ausdrücklich abgelehnt, zwischen Finanzierungs- und Hersteller- bzw. Händlerleasing eine dogmatische Differenzierung vorzunehmen (vgl. im Einzelnen Berger, Typus- und Rechtsnatur des Herstellerleasing, 1988; Ulmer/H. Schmidt DB 1983, 2558 ff., 2615 – Hersteller- und Händlerleasing). Dem ist zu folgen.

2 Eindeutig ist allerdings, dass zwischen Finanzierungs-Leasing und Operating-Leasing Unterschiede bestehen, weil Operating-Leasing regelmäßig ein kurzfristiger Leasingvertrag ist (Flume DB 1972, 1, 2; Graf von Westphalen Kap. A Rz. 86 f.; Beckmann/Scharff, § 1 Rz. 10). Freilich ist nach Auffassung des BGH auch beim Operating-Leasingvertrag eine Finanzierungsfunktion des Leasinggebers anzuerkennen, so dass auch der Operating-Leasingvertrag durch eine Vertragsgestaltung geprägt ist, welche vom Mietrecht der §§ 535 ff. BGB abweicht, ohne dass dies gem. § 307 Abs. 2 Nr. 1 BGB zu beanstanden wäre (BGH NJW 1990, 1785; kritisch Graf von Westphalen ZIP 1991, 639 ff.).

II. Ertragsteuerliche Unterscheidungskriterien

3 Von **„Leasing"** ist nur dann zu sprechen, wenn eine Vertragsgestaltung gewählt wird, wonach der **Leasinggeber** rechtlicher und **wirtschaftlicher Eigentümer des Leasingguts** iSv. § 39 Abs. 2 Nr. 1 AO ist. Der **Herausgabeanspruch des Leasinggebers** gem. § 985 BGB muss durch die Vertragsbedingungen folglich so ausgestaltet sein, dass der Leasinggeber ihn – wirtschaftlich vernünftiges Handeln vorausgesetzt – bei **Ablauf der Grundmietzeit realisiert** (umfassend Heyd/Nemet, in Graf von Westphalen Kap. B Rz. 5 ff.; Bordewin/Tonner Kap. 2 Rz. 12 ff.). Unter Berücksichtigung dieser Ausgangslage ist beim **Mobilien-Leasing** weiterhin der Vollamortisations-Erlass v. 19.4.1971 (BB 1971, 506; BStBl I 1971, 264) und der Teilamortisationserlass vom 22.12.1975 (BB 1976, 172) zu beachten. Zu Finanzierungsleasingverträgen über **unbewegliche Wirtschaftsgüter** vgl. BMF v. 21.3.1972 (BStBl I 1972, 188 iVm BMF v. 9.6.1987, BStBl I 1987, 440); hier nicht tiefergehend behandelt.

1. Vollamortisations-Erlass vom 19.4.1971

4 Danach liegt ein Vollamortisationsvertrag dann vor, wenn die **unkündbare Grundmietzeit mindestens 40 %** der **betriebsgewöhnlichen Nutzungsdauer des Leasingguts** beträgt, **nicht** aber **mehr als 90 %,** und wenn der Leasingnehmer während dieser Grundmietzeit durch **Zahlung der Leasingraten mindestens** die **Anschaffungs- oder Herstellungskosten sowie alle Nebenkosten** einschließlich der Finanzierungskosten des Leasinggebers **deckt**. Unter dieser Prämisse ist das Leasinggut dem **Leasinggeber** zuzurechnen, wenn

- der Leasingvertrag eine unkündbare Grundmietzeit innerhalb dieser durch die AfA-Tabellen bestimmten zeitlichen Grenzen aufweist, so dass der Leasingnehmer verpflichtet ist, das Leasinggut nach Ablauf dieser Dauer dem Leasinggeber zurückzugeben, oder wenn
- dem Leasingnehmer nach Ablauf der Grundmietzeit eine **Kaufoption** eingeräumt ist, wobei freilich der für die Ausübung des Optionsrechts vorgesehene Kaufpreis nicht niedriger sein darf als der unter Anwendung der linearen AfA nach der amtlichen AfA-Tabelle ermittelte **Buchwert oder** der **niedrigere gemeine Wert** im Zeitpunkt der Veräußerung, oder wenn
- dem Leasingnehmer nach Ablauf der Grundmietzeit eine **Mietverlängerungsoption** eingeräumt ist, sofern die **Anschlussmiete** so bemessen ist, dass sie den Wertverzehr für das Leasinggut deckt, der sich auf der Basis des unter Berücksichtigung der linearen AfA nach der amtlichen AfA-Tabelle ermittelten **Buchwert** oder des **niedrigeren gemeinen Wert** und der Restnutzungsdauer laut AfA-Tabelle ergibt.

2. Teilamortisations-Erlass vom 22.12.1975

5 Gemeinsames Merkmal der von diesem Erlass erfassten Vertragsmodelle ist auch hier, dass die unkündbare Grundmietzeit mindestens 40 % der betriebsgewöhnlichen Nutzungsdauer des Leasingguts, maximal jedoch 90 % beträgt. Der entscheidende **Unterschied zum Vollamortisationsvertrag** auf Basis des Erlasses vom 19.4.1971 besteht darin, dass eine Vertragsgestaltung zu wählen ist, wonach dem **Leasinggeber als** rechtlichem und **wirtschaftlichem Eigentümer** – bei Beendigung des Leasingvertrags – die **Chance der Wertsteigerung** verbleibt, während der Leasingnehmer verpflichtet ist, das **Risiko der Wertminderung** zu tragen (zur AGB-rechtlichen Unbedenklichkeit OLG Hamm NJW-RR 1996, 503). Diese Konstellation wird in drei Modellen widergespiegelt.

a) Vertragsmodell mit Andienungsrecht des Leasinggebers

6 Bei diesem Modell (vgl. **M 30.5 und M 30.6**) wird schon bei Abschluss des Leasingvertrags ein **Restkaufpreis vereinbart**: Der **Leasingnehmer** ist **verpflichtet**, das **Leasinggut** nach **Ablauf der Grundmietzeit zu** diesem **Restkaufpreis** käuflich **zu erwerben**, sofern der Leasinggeber von seinem Andienungsrecht Gebrauch macht. Dies wird der Leasinggeber jedoch nur dann tun, wenn das Leasinggut – nach Ablauf der Grundmietzeit – auf dem Markt keinen höheren Preis erzielt, als im „Restwert" vertraglich vorgesehen. Hierin liegt die Chance der Wertsteigerung, die das wirtschaftliche Eigentum des Leasinggebers repräsentiert. Umgekehrt: Wenn das Leasinggut nach Ab-

lauf der Grundmietzeit einen niedrigeren Preis erzielt, als im Restwert vereinbart, dann macht der Leasinggeber von seinem Andienungsrecht Gebrauch, so dass auf diese Weise der Leasingnehmer das Risiko der Wertminderung trägt: Die während der Grundmietzeit gezahlten Leasingraten zuzüglich des bei Abschluss des Leasingvertrags vereinbarten Restwertes in Form des Restkaufpreises ergeben, dass der Leasinggeber auch bei diesem Modell seinen Vollamortisationsanspruch realisiert; er erhält also mindestens die gesamten Anschaffungs-, Herstellungs- und Nebenkosten, einschließlich seiner Finanzierungskosten und seines Gewinns.

b) Vertragsmodell mit Aufteilung des Mehrerlöses

7 Hier **veräußert der Leasinggeber nach** Ablauf der **Grundmietzeit** das **Leasinggut** (vgl. **M 30.7** und **M 30.8**). Ist jedoch der Veräußerungserlös niedriger als die Differenz zwischen den Gesamtkosten des Leasinggebers (einschließlich seines Gewinns) und den in der Grundmietzeit entrichteten Leasingraten, so ist der **Leasingnehmer verpflichtet**, in Höhe der **Differenz eine Abschlusszahlung zu entrichten**. Darin dokumentiert sich, dass auch bei diesem Modell der Leasingnehmer das Risiko der Wertminderung trägt. Hingegen steht die Chance der Wertsteigerung dem Leasinggeber zu, weil ein die Gesamtkosten des Leasinggebers (einschließlich seines Gewinns) überschießender Mehrerlös zu 25 % dem Leasinggeber als rechtlichem und wirtschaftlichem Eigentümer zugerechnet wird; 75 % kommen dem Leasingnehmer zugute.

c) Kündbarer Teilamortisationsvertrag mit Anrechnung des Veräußerungserlöses

8 Bei diesem Modell darf der **Leasingnehmer** nach Ablauf der unkündbaren Grundmietzeit (40 % der betriebsgewöhnlichen Nutzungsdauer des Leasingguts) den **Leasingvertrag kündigen** (**M 30.9**). Das Leasinggut wird dann vom Leasinggeber veräußert; lediglich 90 % des Verwertungserlöses werden auf den Restamortisationsanspruch des Leasinggebers angerechnet. Dies bedeutet: **Reichen** die während der Nutzungsdauer entrichteten **Leasingraten zuzüglich 90 % des erzielten Veräußerungserlöses nicht** aus, die **Gesamtkosten** des Leasinggebers (einschließlich seines Gewinns) **zu decken**, so ist der Leasingnehmer verpflichtet, in Höhe der **Differenz eine Abschlusszahlung** zu entrichten. Darin äußert sich der Grundtatbestand des Teilamortisationserlasses, dass nämlich der Leasingnehmer das Risiko der Wertminderung trägt. Auch hier kommt jedoch ein Mehrerlös dem Leasinggeber in vollem Umfang zugute.

3. Einkommen- und Körperschaftsteuer

9 Ist das Leasinggut dem **Leasinggeber** als rechtlichem und wirtschaftlichem Eigentümer des Leasingguts **zuzurechnen**, ist er verpflichtet, das Leasinggut als **Anlagevermögen** zu aktivieren (BFH BStBl. II 1981, 35; Heyd/Nemet in Graf von Westphalen Kap. B Rz. 30 ff.; Bordewin/Tonner Kap. 3 Rz. 2 ff.). Gem. § 6 Abs. 1 Nr. 1 EStG geschieht dies durch Aktivierung der Anschaffungs- und Herstellungskosten (iSd. § 255 HGB); Absetzungen für Abnutzungen (AfA) werden unter Berücksichtigung der amtlichen AfA-Tabelle und der betriebsgewöhnlichen Nutzungsdauer des Leasingguts vorgenommen, **nicht nach** der **Leasingzeit**. Zulässig ist die lineare als auch die degressive AfA gem. § 7 EStG. Die vom Leasingnehmer zu zahlenden **Leasingraten** sind beim Leasinggeber Betriebseinnahmen; beim Leasingnehmer sind sie in dem Geschäftsjahr, in welchem sie anfallen, sofort **abzugsfähige Betriebsausgaben**.

Ist jedoch das Leasinggut dem **Leasingnehmer** als wirtschaftlichem Eigentümer **zuzurechnen**, hat dieser es mit den Anschaffungs- und Herstellungskosten zu aktivieren. Anschaffungs- und Herstellungskosten sind hierbei die Kosten, die der Berechnung der Leasingraten zugrunde gelegt worden sind. Gleichzeitig passiviert der Leasingnehmer eine Verbindlichkeit gegenüber dem Leasinggeber; die Leasingraten sind in einen Zins- und Kostenanteil sowie einen Tilgungsanteil aufzuspalten: Zins- und Kostenanteile sind steuerwirksame Betriebsausgaben; der Tilgungsanteil ist erfolgsneutral (BMF v. 19.4.1971, BStBl. I 1971, 264). Die Zurechnung des Leasinggegenstands ändert sich nicht dadurch, dass die künftigen Ansprüche aus dem Leasingvertrag (künftige Leasingraten, künftiger Erlös aus der Verwertung des Leasinggegenstands) forfaitiert werden (vgl. weiterhin hierzu BMF v. 9.1.1996, BStBl. I 1996, 9; dazu auch Kap. 32).

4. Gewerbesteuer

Kredite, die zur Finanzierung von Leasinggeschäften aufgenommen wurden, sind beim Leasinggeber Dauerschulden, wenn die Leasinggegenstände dem Leasinggeber zuzurechnen sind (Bordewin/Tonner Kap. III Rz. 52 ff.). 10

Seit 2008 sind bei der Ermittlung des Gewerbeertrags des Leasingnehmers 25 % des Finanzierungsanteils der Leasingraten hinzuzurechnen (diese Zahl schließt das Immobilienleasing ein), wobei beim Mobilienleasing – und darum handelt es sich hier – **20 % der Leasingraten pauschaliert** werden (§ 8 Nr. 1d GewStG). **Voraussetzung** ist das **Überschreiten des Freibetrages von Entgelten für Schulden** iHv. insgesamt **100 000 Euro** überschritten wird (Beckert/Schilling BB 2009, 360, 361). Beim Leasinggeber erfolgt zusätzlich eine Hinzurechnung von Entgelten für Schulden iHv. 25 % des Abschlags, der auf die regelmäßig vorgenommene Forfaitierung von Forderungen zu beziehen ist (§ 8 Nr. 1a Satz 3 GewStG). Die darin liegende Doppelbelastung von Leasinggeber und Leasingnehmer wurde allerdings durch die Neuformulierung von § 19 GewStDV – Ausweitung des bisherigen Bankenprivilegs auf Leasingunternehmen – (ab 2008) beseitigt. Folge: Bei Leasinggebern, die ein Finanzdienstleistungsinstitut iSv. § 1 Abs. 1a Satz 1 KWG sind und ausschließlich Finanzdienstleistungen iSv. § 1 Abs. 1a Satz 2 KWG tätigen, ist eine Hinzurechnung von Entgelten für Schulden nur dann vorzunehmen, wenn die Refinanzierung eines leasinguntypischen Geschäfts das Eigenkapital übersteigt (§ 19 Abs. 3 Nr. 2 GewStDV iVm. § 1 Abs. 1a Satz 2 KWG; s. Beckert/Schilling aaO).

Kredite mit einer **Laufzeit von erheblich mehr als zwölf Monaten**, die ein Leasingunternehmen zur Finanzierung des Erwerbs von in seinem rechtlichen und wirtschaftlichen Eigentum verbleibenden, jedoch längerfristig vermieteten Wirtschaftsgütern aufnimmt, sind ebenso Dauerschulden (BFH v. 9.4.1981, BStBl. II 1981, 481) wie Kredite mit einer zwölf Monate übersteigenden Laufzeit, die der Leasingnehmer zB zur Finanzierung von Sonderzahlungen aufgenommen hat.

5. Umsatzsteuer

Umsatzsteuerlich folgt die Behandlung des Leasings der ertragsteuerlichen Zurechnung des Leasinggegenstands. 11

Erfolgt die Zurechnung des Leasinggegenstandes dem **Leasinggeber**, liegt umsatzsteuerlich eine **sonstige Leistung** vor, die idR durch mtl. Teilleistungen bewirkt wird. Bemessungsgrundlage ist das Entgelt in Form der jeweiligen Leasingrate.

Die Zurechnung des Leasinggegenstandes auf den **Leasingnehmer**, führt zur Annahme einer **Lieferung**. Der Leasinggeber hat bei der Sollversteuerung bereits im Zeitpunkt der Übertragung der Verfügungsmacht die Umsatzsteuer vom Gesamtbetrag der Gegenleistung zu entrichten. Diese bestimmt sich aus der Summe aller Leasingraten bis zum Ablauf der Grundmietzeit einschließlich des Kaufpreises bei Ausübung der Kaufoption oder der Verlängerungsraten. Bei einem variablen Kaufpreis ist dieser zunächst anhand der Vereinbarung oder im Wege der Schätzung zu ermitteln und kann später über § 17 UStG korrigiert werden.

Die zutreffende ertragsteuerliche Zurechnung des Leasinggegenstands ist auch im Falle eines **Sale-and-Lease-back-Leasing** relevant. Beim Sale-and-Lease-back-Geschäft veräußert der Leasingnehmer einen Gegenstand an einen Leasinggeber. Dieser vermietet den Gegenstand an den Leasingnehmer. Das zivilrechtliche Eigentum geht auf den Leasinggeber über und wird nach Ablauf der Mietzeit auf den Leasingnehmer zurückübertragen. Je nach Sachverhaltsgestaltung fällt das Eigentum automatisch auf den Leasingnehmer zurück oder es wird zur Rückübertragung ein gesonderter Vertrag geschlossen. Ob die Übertragungen des zivilrechtlichen Eigentums an dem Gegenstand zu Lieferungen führen oder ob ihnen bloße Sicherungs- und Finanzierungsfunktion zukommt, hängt von den Umständen des Einzelfalles ab (BFH v. 9.2.2006, BStBl. II 2006, 727). Eine Lieferung des Gegenstandes vom Leasingnehmer an den Leasinggeber, eine Vermietung und anschließende Rücklieferung vom Leasinggeber an den Leasingnehmer liegt nur vor, wenn der Gegenstand ertragsteuerlich dem Leasinggeber zuzurechnen ist. Ist der Gegenstand dagegen ertragsteuerlich dem Leasingnehmer zuzurechnen, handelt es sich umsatzsteuerlich um eine Kreditgewährung durch den Leasinggeber an den Leasingnehmer.

Betankt ein **Leasingnehmer** das **geleaste Fahrzeug** bei Tankstellen **mittels** einer **Kreditkarte des Leasinggebers** entsprechend einer „Übereinkunft über Kraftstoffverwaltung" für Rechnung des Leasinggebers, so liegt keine Kraftstofflieferung des Leasinggebers an den Leasingnehmer vor. Die Mineralölgesellschaft verschafft nicht dem Leasinggeber, sondern dem Leasingnehmer die Verfügungsmacht an dem Treibstoff. Die „Übereinkunft über Kraftstoffverwaltung" ist in diesen Fällen kein Vertrag über Kraftstofflieferung, sondern ein Vertrag über die Finanzierung des Bezugs von Kraftstoff (BFH v. 24.2.2003, BStBl. II 2004, 571; vgl. zudem BMF v. 15.6.2004, BStBl. I 2004, 605).

Zur umsatzsteuerlichen Behandlung von **Ausgleichszahlungen** im Zusammenhang mit der Beendigung von Leasingverträgen ist Folgendes zu beachten: Es kann aufgrund vertraglich vereinbarter Kündigungsrechte, zB im Falle eines Totalschadens, des Zahlungsverzuges oder der Insolvenz des Leasingnehmers, zu einer vorzeitigen Beendigung des Leasingvertrags kommen. In diesen Fällen sehen die Leasingverträge einen Ersatz für künftige Leasingraten und einen möglichen Minderwertausgleich für Beschädigungen oder für einen über den vertraglich vereinbarten Gebrauch des Leasinggegenstands hinausgehenden Gebrauch vor. Soweit Zahlungen zum **Ausgleich für künftige Leasingraten** geleistet werden, handelt es sich um einen echten Schadensersatz. Durch die Kündigung ist die vertragliche Hauptleistungspflicht des Leasinggebers – Nutzungsüberlassung des Leasinggegenstands – beendet und deren Erbringung tatsächlich nicht mehr möglich. Eine Zahlung, die der Leasingnehmer für den Ausfall künftiger Leasingraten zu erbringen hat, steht daher nicht mehr im Austauschverhältnis mit einer Leistung des Leasinggebers. Soweit Zahlungen zum **Ausgleich eines Minderwerts** geleistet werden, handelt es sich hingegen um Entgelt für eine bereits erfolgte Leistung in Form der Gebrauchsüberlassung und Duldung der Nutzung über den vertragsgemäßen Gebrauch hinaus. Im Rahmen der für einen auf volle Amortisation abzielenden Leasingvertrag typischen Mischkalkulation stellt der Minderwertausgleich eine leasingtypische vertragliche Gegenleistung für die Überlassung des Leasinggegenstands durch den Leasinggeber dar. Dementsprechend hat der Leasingnehmer – anders als der Mieter – auch für diejenigen Veränderungen und Verschlechterungen einzutreten, die auf Zufall und höherer Gewalt beruhen. Der für den Leasingnehmer verbrauchte Vorteil liegt in der „übervertraglichen" substanzbeeinträchtigenden Nutzung. Der erforderliche Leistungswille des Leasinggebers ergibt sich insofern aus der vertraglichen Wertminderungsklausel. In dieser ist die konkludente Zustimmung zu dem entsprechenden „übervertraglichen Gebrauch" zu sehen. Auch im Falle des planmäßigen Verlaufs eines Leasingvertrags gilt, dass der Minderwertausgleich eine leasingtypische vertragliche Gegenleistung für die Überlassung des Leasinggegenstands durch den Leasinggeber darstellt, der durch die vereinbarte Wertminderungsklausel seine dahingehende Leistungs- bzw. Duldungsbereitschaft manifestiert hat. Gleiches gilt für Zahlungen zum Ausgleich für die Überschreitung von Kilometervereinbarungen. Es handelt sich jeweils um Entgelte für bereits geleistete Vertragsverpflichtungen seitens des Leasinggebers. Grundsätzlich gilt, dass die Zahlung eines Minderwertausgleichs nicht als echter Schadensersatz zu beurteilen ist (UStAE A1.3 Abs. 17 UStAE 2014/2015, beachte aber Anpassung aufgrund BFH v. 20.3.2014, BStBl II 2014, 206 vgl. auch unten), wenn der wertgeminderte Gegenstand zum Gebrauch im Rahmen eines Leasingvertrags überlassen wurde. Auf die Art des Leasingvertrags und des überlassenen Leasinggegenstands sowie die Ursache für die Wertminderung kommt es dabei nicht an (BMF v. 22.5.2008, BStBl. I 2008, 632 unter Berücksichtigung der Änderungen durch BMF v. 6.2.2014, BStBl I 2014, 267 aufgrund des BFH v. 20.3.2013, BStBl II 2014, 206). Verpflichtet sich ein Leasingnehmer im Leasingvertrag, für am Leasingfahrzeug durch nicht vertragsgemäße Nutzung eingetretene Schäden durch nachträglichen Minderwertausgleich zu begleichen, unterliegt diese Zahlung nicht der Umsatzsteuer. Hiervon unberührt sind Vergütungen für Mehr- oder Minderkilometer; hier liegt idR zusätzliches Entgelt oder eine Entgeltminderung vor, gleiches gilt bei Entschädigungszahlungen aufgrund verspäteter Rückgabe.

III. Zivilrechtliche Grundfragen

1. Formularbedingungen

12 Leasingverträge sind durchweg vom Leasinggeber vorformuliert; es handelt sich um AGB-Klauseln reinsten Wassers iSv. § 305 Abs. 1 Satz 1 BGB. Dass vom Leasinggeber gestellte AGB gem. § 305 Abs. 1 Satz 3 BGB im Einzelnen „ausgehandelt" werden (BGH NJW 2013, 856, 858), ist in der Praxis ausgesprochen selten.

➲ **Hinweis:** Die nachfolgenden Muster dienen daher in erster Linie dazu, **zu Gunsten des Leasingnehmers einen Mindeststandard zu sichern**; freilich ist dabei die sich ständig fortentwickelnde BGH-Judikatur im Auge zu behalten: Leasing ist klassisches „case law". Es ist nur sehr rudimentär im Gesetz (§§ 535 ff. BGB) geregelt. 12a

2. Rechtsnatur

Für die Praxis ist unter Berücksichtigung der BGH-Judikatur festzuhalten, dass der Leasingvertrag als atypischer Mietvertrag einzuordnen ist, so dass gem. § 307 Abs. 2 Nr. 1 BGB bei der erforderlichen richterlichen Inhaltskontrolle „in erster Linie" die Bestimmungen der §§ 535 ff. BGB heranzuziehen sind (BGH WM 1987, 1338 ff.; BGH WM 1990, 103, 105; BGH NJW 1990, 247, 248; dagegen Lieb DB 1988, 946 ff., 2495 ff.; Canaris AcP 190, 410 ff.; Roth AcP 190, 292 ff.). Das hat der BGH noch vor einiger Zeit im Rahmen eines Projekt-Leasingvertrages (Habersack WM 2008, 809 ff. – kritisch) bestätigt (BGH NJW 2009, 575). Das wird allerdings nach wie vor in Teilen der Literatur mit Nachdruck anders gesehen (Staudinger/Stoffels Leasing Rz. 75 ff.; Martinek in Martinek/Stoffels/Wimmer-Leonhardt § 4 Rz. 42 ff.; aM freilich und der Judikatur folgend Palandt/Weidenkaff vor § 535 BGB Rz. 38; Beckmann § 1 Rz. 42 f.; Wolf/Eckert/Ball Rz. 1749). Danach wird, vor allem unter Beachtung statutarischer Bestimmungen der §§ 474 ff., 506 Abs. 2 Nr. 3 BGB –, die Rechtsnatur des Finanzierungsleasing als Vertrag sui generis gewertet (Martinek aaO). Denn der Gesetzgeber ordnet die Verträge, bei denen der „Unternehmer vom **Verbraucher** den Erwerb des Gegenstandes verlangen kann" (Nr. 2) oder bei denen der Verbraucher „bei Beendigung des Vertrags für einen bestimmten Wert des Gegenstandes einzustehen hat" (Nr. 3), der „sonstigen Finanzierungshilfe" iSd. § 506 Abs. 2 BGB zu. Indessen ist darauf aufmerksam zu machen, dass die gesetzliche Umschreibung in dieser Norm die Fälle des Vollamortisationsvertrags nicht erfasst, sondern – merkwürdig genug – auf die des Teilamortisationsvertrags zugeschnitten ist. Doch ändert auch diese gesetzliche Neuregelung nichts an der bisher von der Rechtsprechung vorgenommenen Qualifikation des Leasingvertrags (BGH NJW 2014, 1171 – Kilometer-Abrechnungsvertrag; BGH NJW 2013, 2421 – dito; BGH NJW-RR 2013, 1067 – dito). Freilich hat sich die Judikatur bislang von allen dogmatischen Angriffen aus der Literatur gänzlich unbeeindruckt gezeigt (Wolf/Eckert/Ball Rz. 1749 ff.). Daher ist bis auf weiteres davon auszugehen, dass es bei der bisherigen Einordnung des Leasings als ein Dauerschuldverhältnis bleibt, auf das in erster Linie mietrechtliche Vorschriften anwendbar sind (Nachweise bei Wolf/Eckert/Ball Rz. 1753). Die richterliche Inhaltskontrolle von AGB-Klauseln folgt also dem Grundschema des § 307 Abs. 2 Nr. 1 BGB. 13

Bei allen **Teilamortisationsverträgen** kommt jedoch hinzu, dass sich die Verpflichtung des Leasingnehmers nicht in der Zahlung der Leasingraten erschöpft, sondern darauf gerichtet ist, das Risiko der Wertminderung zu tragen, mithin die Vollamortisation des Leasinggebers – im Rahmen einer Restwertgarantie – zu garantieren (Graf von Westphalen Kap. A Rz. 45 ff.; Martinek Bd. I 88 ff.). Diese Vollamortisationsgarantie des Leasingnehmers ist als selbständige Vertragspflicht – begrenzt auf Teilamortisationsverträge – einzuordnen. Dies wird jetzt auch durch die gesetzliche Bestimmung in § 506 Abs. 2 Nr. 3 BGB festgeschrieben.

Offen ist allerdings die Frage, wie denn **Kilometer-Abrechnungsverträge**, bei denen ja der Leasinggeber die Risiken der Amortisation trägt, im Rahmen dieser Norm einzuordnen sind (hierzu im Einzelnen Zahn, in Graf von Westphalen Kap. O Rz. 92 ff.). Die Rechtsprechung des OLG Düsseldorf (NJW-RR 2013, 1069) bejaht eine Analogie zu § 506 Abs. 2 Nr. 3 BGB, was allerdings das LG Bielefeld zurückweist (LG Bielefeld DAR 2012, 643). Die Literatur geht wohl mehrheitlich von einer analogen Anwendung dieser Bestimmung aus (MünchKomm/Koch/BGB, Finanzierungsleasing Rz. 63; Palandt/Weidenkaff § 506 Rz. 5; AGB-Klauselwerke/Graf von Westphalen – Leasing Rz. 251; umfassend Zahn Rz. 55 ff.; a.M. Scharff in Beckmann/Scharff, § 21 Rz. 5 ff.). Eine BGH-Entscheidung bleibt abzuwarten. Indessen stellen einige neue Entscheidungen des BGH sehr nachhaltig darauf ab, dass eine volle Amortisation durch den Leasingnehmer auch bei diesem Modell vertraglich abgesichert wird (BGH NJW-RR 2013, 1067; BGH NJW 2014, 2421), weil es auf eine „ordnungsgemäße" Rückgabe des Leasingguts bei Ende des Leasingvertrages entscheidend ankommt (vgl. Nitsch NZV 2011, 14 ff. – eine „unendliche Geschichte"). 13a

3. Vertragsabschluss – Sachverschaffungspflicht des Leasinggebers

14 Der Leasinggeber ist verpflichtet, im Rahmen seiner Gebrauchsverschaffungspflicht dem Leasingnehmer das Leasinggut zur Nutzung zur Verfügung zu stellen (hierzu Staudinger/Stoffels Leasing Rz. 80 ff.). Das gilt auch im Falle des „Umtausches" des ursprünglichen Leasinggegenstandes gegen einen anderen (vgl. BGH ZIP 1997, 1703, 1705). Ob neben dieser Sachverschaffungspflicht des Leasinggebers auch eine selbständige Pflicht zur Finanzierung besteht, erscheint zweifelhaft, weil sie sich im kaufrechtlichen Erwerbsvorgang erschöpft, der zwischen Leasinggeber und Lieferant vereinbart wird (vgl. auch Staudinger/Stoffels Leasing Rz. 87). Der Lieferant des Leasingguts ist stets Erfüllungsgehilfe des Leasinggebers iSv. § 278 BGB (BGH NJW 1988, 198, 199; BGH WM 1988, 979, 983). Folglich haftet der Leasinggeber für jedes Verschulden des Lieferanten als seines Erfüllungsgehilfen (im Einzelnen Beckmann in Beckmann/Scharff § 10 Rz. 6 ff.). Diese Rechtsstellung des Lieferanten gilt allerdings nicht für die vom Leasingnehmer zu fertigende Übernahmebestätigung (BGH NJW 2005, 365). Der Lieferant des Leasingguts kann aber auch – abhängig von den Umständen des Einzelfalls – Verhandlungsgehilfe des Leasinggebers sein, wenn und soweit er mit Wissen und Wollen des Leasinggebers bei Vorbereitung und Abschluss des Leasingvertrags tätig wird (BGH WM 1985, 906; BGH WM 1988, 84; BGH WM 1988, 1122, 1123 f.) Dies ist jedenfalls dann zu bejahen, wenn der Leasinggeber dem Lieferanten Vertragsformulare überlässt und der Lieferant den Abschluss des Leasingvertrags in Verhandlungen mit dem Leasingnehmer vorbereitet (vgl. Lösekrug WM 2014, 202 ff.). Sofern der Leasinggeber gem. § 278 BGB für ein Fehlverhalten des Lieferanten haftet (Assies, in Graf von Westphalen Kap. D Rz. 98 ff.), verstoßen Haftungsfreizeichnungsklauseln in den Leasing-AGB gegen § 307 Abs. 2 Nr. 1 BGB und sind unwirksam (BGH WM 1985, 906). Dies führt nach der Rechtsprechung des BGH (BGH NJW 2009, 575) dazu, dass der Leasinggeber nicht vom Leasingvertrag zurücktreten darf, wenn der Lieferant seine Leistungen nicht fristgerecht aus Gründen erbringt, die er zu vertreten hat (kritisch Habersack WM 2008, 809 ff. – Projektleasing; wie BGH so auch OLG Hamm WM 2007, 2012). Dies verstößt gegen die Grundregel des § 308 Nr. 3 BGB, welche auch im unternehmerischen Verkehr gem. § 307 BGB anwendbar ist und ohne sachlich gerechtfertigten und im Vertrag angegebenen Grund kein Vertragslösungsrecht zugunsten des AGB-Verwenders gewährt (BGH NJW 2009, 575, 576). Insbesondere ist es nach § 307 Abs. 2 Nr. 1 BGB unwirksam, wenn in diesen Fällen die AGB bestimmen, dass der Leasinggeber berechtigt sein soll, die bis zum Zeitpunkt des Rücktritts erbrachten Lieferungen/Leistungen dem Leasingnehmer zum „Selbstkostenpreis" anzudienen (BGH NJW 2009, 575, 577). Denn dieses „Recht" ist das glatte Gegenteil von der Erfüllungspflicht des Leasinggebers iSv § 535 BGB.

14a ➲ **Hinweis:** Wenn eine Abbedingung des § 377 HGB (zu dieser Norm Rz. 15) erwogen wird, dann sollte dies Bestandteil des Vertrags zwischen Lieferant und Leasinggeber werden (im Einzelnen auch Beckmann in Beckmann/Scharff § 12 Rz. 1 ff.). Doch können sich möglicherweise hier Schwierigkeiten im Blick auf die richterliche Inhaltskontrolle nach § 307 Abs. 2 Nr. 1 BGB einstellen, weil der Norm des § 377 HGB ein hoher Gerechtigkeitscharakter zuzumessen ist (BGH NJW 1991, 2633, 2634; Wimmer-Leonhardt in Martinek/Stoffels/Wimmer-Leonhardt § 4 Rz. 14).

15 Bei der **Annahme des Leasingguts** ist demgegenüber der Leasingnehmer Erfüllungsgehilfe des Leasinggebers gem. § 278 BGB (BGH WM 1984, 694). Daher ist der Leasingnehmer gem. § 377 HGB verpflichtet, eine ordnungsgemäße **Wareneingangskontrolle** durchzuführen (Beckmann § 4 Rz. 68 ff.) und etwaige Mängel dem Lieferanten des Leasingguts unverzüglich anzuzeigen (Assies in Graf von Westphalen Kap. F Rz. 6 ff.). Die Verpflichtung des Leasingnehmers gem. § 377 HGB gilt dann, wenn der Leasingnehmer Verbraucher iSd. § 13 BGB ist (BGH WM 1990, 510; Woitkewitsch in Graf von Westphalen Kap. M Rz. 126 ff.; a.M. Beckmann in Beckmann/Scharff § 12 Rz. 22 – teleologische Reduktion), denn dieser Umstand fällt in den Risikobereich des Leasinggebers, so dass der Leasingnehmer als Verbraucher nicht zu einer an § 377 HGB orientierten Mängelanzeige formularmäßig verpflichtet werden kann (Woitkewitsch Kap. M Rz. 129; vgl. auch Wimmer-Leonhardt in Martinek/Stoffels/Wimmer-Leonhardt § 4 Rz. 12; Graf von Westphalen BB 1990, 1, 4 ff.; aM Beckmann § 4 Rz. 77 ff.). Eine nach § 377 Abs. 2 HGB **verspätete Mängelrüge** befreit daher den Lieferanten, verpflichtet aber den Leasinggeber gem. §§ 535 ff. BGB zur Erfüllung. Dieses Risiko kann praktisch dadurch ausgeschlossen werden, dass zwischen Leasinggeber und Lieferant des

Leasingguts – regelmäßig liegen hier Rahmenverträge vor – § 377 HGB abbedungen wird, sofern der Leasingnehmer Verbraucher ist (s. Rz. 14 aE; hierzu auch Graf von Westphalen DB 1993, 921 ff.). Dass wäre nicht zu beanstanden.

16 Bei Annahme des Leasingguts ist der Leasingnehmer regelmäßig verpflichtet, eine **Abnahme- oder Übernahmebestätigung** auszustellen (im Einzelnen Assies, in Graf von Westphalen Kap. F. Rz. 11 ff.; auch Wolf/Eckert/Ball Rz. 1826 ff.). Insoweit ist freilich der Lieferant nicht mehr Erfüllungsgehilfe des Leasinggebers (BGH NJW 2005, 365). Vielmehr ist hier der Leasingnehmer Erfüllungsgehilfe für den Leasinggeber als Käufer des Leasingguts, soweit die Ausstellung einer Abnahmebestätigung in der Rede steht (BGH NJW 2005, 365, 366). In der Ausstellung der Übernahmebestätigung liegt freilich nicht die Anerkennung der Vertragsgemäßheit des Leasingguts (BGH WM 1987, 1131). Vielmehr handelt es sich hierbei lediglich um eine Quittung im Sinne von § 363 BGB (BGH WM 1989, 1574). Einen Anspruch auf eine Bestätigung gerade mit dem von ihm vorformulierten Text hat der Leasinggeber nicht (BGH WM 1993, 955; BGH NJW 1995, 187, 188). Unrichtige Abnahme- oder Übernahmebestätigungen führen möglicherweise zu einer Schadensersatzhaftung des Leasingnehmers, sofern der Leasinggeber – nach Erhalt der Abnahme- oder Übernahmebestätigung – den Kaufpreis an den Lieferanten zahlt, im Regressfall dann aber wegen der Insolvenz des Lieferanten ausfällt (BGH NJW 2005, 365). Dabei ist die Kenntnis des Lieferanten von der Unrichtigkeit der Übernahmebestätigung nicht dem Leasinggeber gem. § 166 BGB analog zuzurechnen (BGH NJW 2005, 365).

4. Leasingtypische „Abtretungskonstruktion"

17 Üblicherweise tritt der Leasinggeber – unter gleichzeitiger Freizeichnung von seiner mietvertraglichen Eigenhaftung gem. §§ 535 ff. BGB – alle ihm gegenüber dem Lieferanten des Leasingguts zustehenden kauf- oder werkvertraglichen Gewährleistungsansprüche an den Leasingnehmer ab (BGH WM 1984, 1089; BGH WM 1985, 573; BGH ZIP 1987, 240; BGH ZIP 1990, 175, 177). Das hat der BGH erst jüngst noch bestätigt (BGH NJW 2014, 1583); diese Regel gilt auch gegenüber einem Leasingnehmer als Verbraucher (BGH NJW 2006, 1066). In jedem Fall ist der Leasinggeber verpflichtet, das Ergebnis der vom Leasingnehmer gegenüber dem Lieferanten des Leasingguts geltend gemachten Ansprüche als verbindlich hinzunehmen (BGH WM 1981, 1219; 1221; BGH ZIP 1990, 175, 177). Allerdings bereitet das in § 439 BGB enthaltene Recht der Nacherfüllung in Form einer **Ersatzlieferung** erhebliche strukturelle Schwierigkeiten (Beckmann in Beckmann/Scharff § 3 Rz. 108 ff.; Wolf/Eckert/Ball Rz. 1874; im Einzelnen auch Graf von Westphalen Kap. I Rz. 35 ff.), die sowohl im Blick auf die Wirksamkeit eines Ausschlusses dieses Rechtsbehelfs als auch in Bezug auf die dann eintretenden Rechtsfolgen noch ungelöst sind, soweit ein **Verbraucher als Leasingnehmer** auftritt (hierzu Zahn DB 2002, 985 f.; Wolf/Eckert/Ball Rz. 1874 mit eigenem Lösungsvorschlag; vgl. auch Graf von Westphalen Kap. H Rz. 4; Rz. 180 ff.; vgl. auch Vorschlag bei Beckmann in Beckmann/Scharff § 3 Rz. 137) für den Ausschluss dieses Anspruchs Staudinger/Stoffels Leasing Rz. 221; aM Graf von Westphalen ZIP 2001, 2258, 2259).

18 **Geklärt ist** inzwischen die Streitfrage, von welchem Zeitpunkt an der Leasingnehmer berechtigt ist, wegen der Mangelhaftigkeit des Leasingguts die Einrede des nicht erfüllten Vertrages zu erheben und die Zahlung der Raten zu verweigern oder ob dieses Recht nach § 320 BGB erst dann eingreift, wenn der Leasingnehmer sich entscheidet, die Gestaltungsrechte des Rücktritts oder der Minderung nach § 437 Nr. 2 BGB auszuüben (so BGH NJW 2014, 1583; BGH NJW 2010, 2788; OLG Frankfurt NJOZ 2009, 2531; hierzu Staudinger/Stoffels Leasing Rz. 230; Zahn DB 2002, 985, 986 f.; Wolf/Eckert/Ball Rz. 1895 f.). Dem dürfte in der Praxis zu folgen sein (n (Graf von Westphalen Kap. I Rz. 76 ff.).

19 Eine etwaige Zahlungsklage des Leasinggebers gegen den Leasingnehmer ist nach § 148 ZPO in dem Zeitpunkt **auszusetzen**, in welchem der Leasingnehmer Klage auf Rücktritt oder Minderung gegenüber dem Lieferanten erhebt, und zwar solange, bis über die vorgreifliche Rechtsfrage entschieden worden ist, ob nämlich das Leasinggut mangelfrei oder mangelbehaftet ist (BGH WM 1986, 591, 593 f.). Erweist sich der Gewährleistungsanspruch des Leasingnehmers als begründet und wird folglich der Rücktritt nach den §§ 437 Nr. 2, 346 ff. BGB vollzogen, so fehlt dem Leasingvertrag von vornherein die **Geschäftsgrundlage** iSv. § 313 BGB (BGH WM 1977, 447, 449; BGH

WM 1981, 1219, 1221; BGH WM 1985, 573, 574; zu einer Neuorientierung vgl. Staudinger/Stoffels Leasing Rz. 249 ff.). Gleiches gilt dann, wenn der Lieferant in Insolvenz gefallen ist (BGH NJW 2014, 1583; BGH ZIP 1990, 175, 176). Ein Wegfall der Geschäftsgrundlage gem. § 313 BGB ist auch dann anzunehmen, wenn ein den Rücktritt/die Minderung bestätigendes Versäumnisurteil gegen den Lieferanten des Leasingguts ergangen ist (BGH ZIP 1991, 519, 520 f.; OLG Düsseldorf MDR 1990, 628). Den Leasingnehmer trifft in diesem Zusammenhang eine vertragliche Nebenpflicht, den Leasinggeber über etwaige Gewährleistungsansprüche, insbesondere über den Beginn eines Gewährleistungsprozesses (Erhebung der Rücktritts- oder der Minderungsklage) rechtzeitig zu unterrichten (BGH ZIP 1987, 240, 242; BGH ZIP 1991, 519, 521). Unterlässt er dies, macht er sich aus §§ 241 Abs. 2, 280 BGB schadensersatzpflichtig. Nicht hingegen ist der Leasingnehmer auf Grund der Abtretung der Gewährleistungsansprüche berechtigt, die Forderungen des Leasinggebers aus dem erklärten Rücktritt teilweise zu erlassen (BGH WM 1992, 1609). Ob diese Rechtsfolgen auch dann gelten, wenn der Leasingnehmer **Verbraucher** ist, ist ungeklärt, weil ihm auf Grund der kaufrechtlichen Abtretung die Norm des § 309 Nr. 2 lit. a BGB zur Seite steht (bejahend Wolf/Eckert/Ball Rz. 1896).

Umstritten ist nach wie vor die Frage, ob denn in diesen Fällen wegen der Regelung von § 313 Abs. 3 Satz 2 BGB der Rückgriff auf den Fortfall der Geschäftsgrundlage auch in den Fällen gilt, in denen es sich wie hier beim Leasingvertrag um ein Dauerschuldverhältnis handelt, für das eigentlich die Regeln der Kündigung vorgesehen sind. Der **BGH** hat dies allerdings kürzlich im Blick auf § 313 BGB bestätigt und seine bisherige Rechtsprechung fortgesetzt (BGH NJW 2014, 1583, 1586 so auch Beckmann in Beckmann/Scharff § 17 Rz. 251 ff.). Der Unterschied wäre freilich erheblich, weil nur im ersten Fall eine **Rückwirkung** auch in Bezug auf das Rechtsverhältnis zwischen den Parteien des Leasingvertrages stattfindet, im zweiten dagegen nur eine Wirkung ex nunc (hierzu im Einzelnen Beckmann in Martinek/Stoffels/Wimmer-Leonhardt § 29 Rz. 25 ff.; Wolf/Eckert/Ball Rz. 1898 ff.; Graf von Westphalen Kap. I Rz. 181 ff.). Da der Rücktritt des Leasingnehmers gegenüber dem Lieferanten stets rückwirkend eingreift, wird man zweckmäßigerweise auch an der bisher von der Rechtsprechung vertretenen Auffassung festhalten können (BGH NJW 2014, 1583, 1586; OLG Düsseldorf NJOZ 2008, 3407, 3408; Wolf/Eckert/Ball Rz. 1900).

20 Die Rückabwicklung des **Liefervertrags** erfolgt im Rahmen der Abtretungskonstruktion gem. §§ 437 Nr. 2, 346 ff. BGB, indem die Rückzahlung des Kaufpreises unmittelbar zu Gunsten des Leasinggebers durchzuführen ist (BGH WM 1981, 1219, 1222). Im Vertragsverhältnis zwischen Leasinggeber und Leasingnehmer gilt dann **Bereicherungsrecht** gem. §§ 812 ff. BGB (BGH WM 1985, 226, 228; BGH ZIP 1990, 175, 178): Die Zahlung des Kaufpreises an den Lieferanten des Leasingguts kann nicht bereicherungsmindernd berücksichtigt werden (BGH ZIP 1990, 175, 178 f.). Das Risiko des „Fehlschlagens" des Leasingvertrags verbleibt beim Leasinggeber; etwaige Aufwendungs- oder Ersatzansprüche stehen ihm nicht zu (BGH WM 1985, 1447; BGH ZIP 1990, 175, 177). Das Risiko der **Insolvenz** des Lieferanten trägt der Leasinggeber (BGH NJW 2014, 1583); Formularklauseln sind nicht geeignet, dieses Risiko – gleichgültig, ob im unternehmerischen oder im Verkehr mit dem Verbraucher – auf den Leasingnehmer zu überwälzen, ohne dass die Sperre von § 307 Abs. 2 Nr. 1 BGB eingreift (BGH WM 1984, 1089, BGH ZIP 1991, 519). Nach Ablauf der kauf- oder werkvertraglichen Verjährungsfristen gem. §§ 438, 634a BGB stehen dem Leasingnehmer im Fall der Mangelhaftigkeit des Leasingguts keine weiteren Ansprüche gegenüber dem Leasinggeber zu; die Freizeichnung von der mietvertraglichen Eigenhaftung gem. §§ 536 f. BGB ist nach § 307 Abs. 2 Nr. 1 BGB nicht zu beanstanden.

Von gewisser praktischer Bedeutung ist die gesetzliche Festlegung in dem neu geschaffenen **§ 506 BGB**, wonach gem. Abs. 1 die Vorschriften über verbundene Geschäfte der §§ 358 bis 359a BGB – **Einwendungsdurchgriff** – auch beim Finanzierungsleasing nach § 506 Abs. 2 BGB entsprechende Anwendung finden (hierzu Woitkewitsch, in Graf von Westphalen Kap. M Rz. 412 ff.; Bartels ZGS 2009, 545 ff.; Palandt/Weidenkaff § 506 BGB Rz. 2 f.). Doch hat der BGH erst vor kurzem entschieden, dass die Normen der §§ 358, 359 BGB auch dann auf Leasingverträge **keine Anwendung** finden, wenn es sich um den Fall des so genannten „Einstiegsmodells" handelt, d.h. der Leasingnehmer schließt zunächst einen Kaufvertrag über das Leasinggut ab, um sodann diesen Vertrag mit Zustimmung aller Beteiligten in einen Leasingvertrag umzuwandeln (BGH WM 2014, 1048; kritisch hierzu Woitkewitsch Rz. 418 ff.). Was aber für das „Einsteigemodell" gilt, muss erst recht für den „normalen" Leasingvertrag gelten, so dass die Regeln über den Einwendungsdurchgriff im Ergebnis beim Leasing leer laufen.

➲ **Hinweis:** Offen aber ist die weitere Frage, ob denn nicht im Rahmen des neu geschaffenen § 360 BGB – zusammenhängender Vertrag künftig etwas anderes gilt (Harriehausen NJW 2014, 1519, 1521). Insoweit sollte unbedingt der weitere Gang der Rechtsprechung im Auge behalten werden, weil die BGH-Entscheidung (WM 2014, 1048) nicht unbedingt das „letzte" Wort ist. Die Anwendung des § 360 BGB hätte dann auch direkte Auswirkungen auf die Formulierung der – erweiterten – Widerrufsbelehrung. 20a

5. Überwälzung der Sach- und Preisgefahr

Es entspricht leasingtypischer Vertragsgestaltung, dass der Leasinggeber die Sach- und Preisgefahr auf den Leasingnehmer nach kaufrechtlichem Vorbild gem. § 446 BGB abwälzt (Artz, in Graf von Westphalen Kap. J Rz. 1 ff.). Weder im kaufmännischen/unternehmerischen Verkehr noch im Bereich der Rechtsgeschäfte mit dem Verbraucher ist dies gem. § 307 Abs. 2 Nr. 1 BGB zu beanstanden (BGH WM 1975, 1203, 1204; BGH WM 1977, 1133; BGH ZIP 1990, 866; BGH NJW 1990, 1785, 1788). Für den Bereich des Kfz-Leasings gilt freilich eine Ausnahme (BGH WM 1987, 38; BGH NJW 1996, 1888 f.; hierzu Rz. 37 ff.). Grundsätzlich ist entscheidend, dass der Leasinggeber berechtigt ist, den Leasingnehmer zum Abschluss entsprechender **Versicherungen** zu verpflichten, welche das Risiko der Sachgefahr eindecken (BGH WM 1987, 1338). Etwaige Ersatzleistungen der Versicherung sind auf die Entgeltspflicht des Leasingnehmers anzurechnen (hierzu BGH NJW 2004, 1041 – das gilt selbst bei fehlender Vereinbarung auf Grund des Rechtsgedankens des § 255 BGB). Denn die Versicherung dient dem Schutz des Sacherhaltungsinteresses des Leasinggebers (BGH NJW 1988, 460). Es handelt sich daher auch um eine Versicherung für fremde Rechnung iSv §§ 43 ff. VVG. 21

6. Ordentliche Beendigung des Leasingvertrags

Aus § 546 BGB folgt, dass der Leasingnehmer verpflichtet ist, nach Ablauf der Grundmietzeit das Leasinggut zurückzugeben, indem er dem Leasinggeber den unmittelbaren Besitz verschafft (Palandt/Weidenkaff § 546 BGB Rz. 4). Grundsätzlich ist der Leasingnehmer verpflichtet, das Leasinggut in dem Zustand zurückzugeben, in welchem es sich bei Ablauf des Leasingvertrags tatsächlich befindet (BGH NJW 1974, 556; BGH NJW 1983, 1049, 1050). Soweit eine **übermäßige Abnutzung** des Leasingguts in Rede steht, trägt der Leasinggeber nach allgemeinen Regeln die Darlegungs- und Beweislast (vgl. Artz, in Graf von Westphalen Kap. K Rz. 8 ff.; Palandt/Weidenkaff § 546 BGB Rz. 16). Bei Einbauten besteht ein Wegnahmerecht des Leasingnehmers, welches auf eigene Kosten zu vollziehen ist (Artz, in Graf von Westphalen Kap. K Rz. 12 ff.). Freilich bleibt es dem Leasinggeber unbenommen, in den AGB zu bestimmen, dass das Leasinggut Zubehör iSv. § 95 BGB für die Dauer des Leasingvertrags bleibt (Artz, in Graf von Westphalen Kap. K Rz. 13). 22

Setzt der Leasingnehmer – trotz Ablauf der Grundmietzeit – die Nutzung des Leasingguts fort, so kommt es entscheidend darauf an, ob dann ein **Vorenthalten** des Leasingguts iSv. § 546a Abs. 1 BGB vorliegt, was nur dann zu bejahen ist, wenn die Nichtrückgabe des Leasingguts dem Willen des Leasinggebers widerspricht (BGH DB 2004, 367; BGH NJW-RR 2005, 1081). Setzt der Leasingnehmer den Gebrauch des Leasingguts nach Ende der Grundmietzeit fort, so gilt § 545 BGB – mit der Folge, dass sich der Leasingvertrag auf unbestimmte Zeit verlängert. Dies setzt allerdings voraus, dass der Leasingnehmer die Sache dem Leasinggeber vorenthält, was in einer entsprechenden Klausel eindeutig zum Ausdruck kommen muss (BGH DB 2004, 367). Es gehört also zu den wesentlichen Grundgedanken der gesetzlichen Bestimmung, dass die Nicht-Rückgabe dem Willen des Leasinggebers widerspricht (Tiedtke/Möllmann DB 2004, 915, 929). 23

Auch bei einem **kündbaren Teilamortisationsvertrag** ist der Leasingnehmer verpflichtet, das Vertragsverhältnis im Wege der ordentlichen Kündigung zu beenden und das Leasinggut rechtzeitig zurückzugeben (BGH NJW 1990, 247; BGH BB 1990, 234). Versäumt der Leasingnehmer – trotz des Erreichens der Vollamortisationsgrenze – eine ordentliche Kündigung und daher auch eine Rückgabe des Leasingguts, so bleibt er weiterhin zur Zahlung der Leasingraten verpflichtet (Wolf/ 24

Eckert/Ball Rz. 1978; kritisch Canaris AcP 190, 410, 441 ff.; Tiedtke ZIP 1989, 1437 ff.; Tiedtke WM 1990, 337 ff.). Der Leasingnehmer schuldet gerade auch in diesen Fällen die Restamortisation (BGH ZIP 1986, 439). Zur Berechnung des Ausgleichsanspruchs vgl. BGH NJW 1986, 1746; BGH NJW 1991, 221; im Einzelnen auch Wolf/Eckert/Ball Rz. 2015 ff.

25 Die Verjährungsbestimmung des § 548 BGB erfasst nur Ersatzansprüche des Leasinggebers wegen Veränderung oder Verschlechterung des Leasingguts sowie Ansprüche des Leasingnehmers auf Ersatz von Verwendungen oder auf Gestattung der Wegnahme einer Einrichtung; die Verjährungsfrist beträgt sechs Monate (BGH NJW-RR 2011, 1625 – keine Umsatzsteuer auf den Minderwertausgleich). Diese Verjährungsregel gilt nicht für den Vollamortisationsanspruch des Leasinggebers (BGH NJW-RR 2013, 1067); denn es handelt sich insoweit um einen Erfüllungsanspruch (BGH NJW-RR 2000, 1303, 1304; BGH WM 1986, 458, 460; BGH NJW 1996, 2860, 2861; Engel DB 1997, 761 ff.; aA OLG Koblenz WM 1991, 2001, 2005; OLG München NJW-RR 1994, 738).

Zu Spezialproblemen des kündbaren Teilamortisationsvertrags **M 30.9**, **M 30.10**.

7. Fristlose Kündigung des Leasinggebers

26 Im Vordergrund steht in der Praxis das fristlose Kündigungsrecht des Leasinggebers wegen Zahlungsverzugs des Leasingnehmers. Dabei ist § 543 Abs. 2 Nr. 3 BGB zu beachten (Graf von Westphalen Kap. K Rz. 10 ff.; s. aber **M 30.2** Abschnitt IV Nr. 5). Die Ausübung des fristlosen Kündigungsrechts bewirkt, dass der Leasingvertrag als Dauerschuldverhältnis in ein **Abwicklungsverhältnis** umgestaltet wird (BGH WM 1981, 1378, 1380; BGH WM 1982, 7, 8 f.; BGH WM 1990, 1243, 1245; BGH WM 1990, 2043, 2045). Gleichzeitig steht dem Leasinggeber ein Schadensersatzanspruch zu (BGH WM 1985, 860). Dieser unterliegt nicht der Mehrwertsteuer (BGH NJW-RR 2007, 1066). Damit realisiert der Leasinggeber seinen Vollamortisationsanspruch – unabhängig davon, welches Modell dem Vertrag zugrunde liegt (BGH NJW 2014, 2490). Im Vordergrund steht dabei die Notwendigkeit, den Schadensersatzanspruch konkret zu berechnen (vgl. dazu BGH NJW 1995, 954; BGH NJW 1995, 1541, 1542 ff.; im Einzelnen Beckmann in Beckmann/Scharff § 18 Rz. 103 ff.). Doch ist darauf hinzuweisen, dass sich im Wesentlichen die Berechnungsmodalitäten des Ersatzanspruchs mit denjenigen decken, welche für die Amortisation des Erfüllungsanspruchs des Leasinggebers zuvor (Rz. 24) angedeutet worden sind. Denn der Nichterfüllungsanspruch wird durch die Höhe des jeweiligen Erfüllungsanspruchs begrenzt (BGH NJW 2002, 2713; Wolf/Eckert/Ball Rz. 2037 ff.) Daher ist neben der Verwertung des Leasingguts eine Abzinsung ebenso vorzunehmen wie die Anrechnung ersparter Aufwendungen (im Einzelnen Artz, in Graf von Westphalen Kap. K Rz. 55 ff.).

IV. Leasingmodelle (Mobilien)

1. Vollamortisationsvertrag zwischen Kaufleuten

27 Von besonderem Belang ist stets die Frage, ob der Abschluss des Leasingvertrags für eine bereits ausgeübte gewerbliche oder selbständige berufliche Tätigkeit iSv. § 14 BGB bestimmt ist (vgl. Bülow WM 2014, 1 ff. zur Neufassung von § 13 BGB). Handelt es sich nämlich um die sog. „Existenzgründungsphase", für welche der Leasingvertrag abgeschlossen wird, gelten gem. § 512 BGB die Bestimmungen der §§ 491 ff. BGB (Palandt/Weidenkaff § 512 Rz. 3; Scholz DB 1993, 261 ff.; OLG Köln NJW-RR 1995, 816); allerdings ist die Grenze gem. § 512 BGB zu beachten: Der Gesamtbetrag der geschuldeten Leasingraten darf **75 000 Euro** nicht übersteigen, sofern der Leasingvertrag „für die Aufnahme einer gewerblichen oder selbstständigen beruflichen Tätigkeit bestimmt ist". Dabei ist auf den Anschaffungswert des Leasingguts abzustellen. Es ist deshalb stets abzuklären, ob gegenüber „Existenzgründern" (vgl. im Einzelnen auch Woitkewitsch, in Graf von Westphalen, Der Leasingvertrag Kap. M Rz. 21 ff.) auf dieses Muster oder zweckmäßigerweise auf das Muster **M 30.2** zurückgegriffen wird. S. Rz. 28 f.

27a ➲ **Hinweis:** Die seit der Schuldrechtsmodernisierung aufgetretenen **Streitfragen** sind von der Rechtsprechung bislang noch nicht abschließend aufgegriffen worden. Die Sollbruchstellen sind kenntlich gemacht (durch Verweis in den Fußnoten auf diesem Hinweis).

M 30.1 Vollamortisationsvertrag Kaufleute/Unternehmer – gewerblich/beruflich[1]

Zwischen

. . . Leasing GmbH . . . (genaue Anschrift)

– nachfolgend Leasinggeber –

und

. . . (genaue Anschrift)

– nachfolgend Leasingnehmer –

wird zu den Bedingungen dieses Vertrages sowie den beigefügten Leasing-Bedingungen nachfolgender

Leasingvertrag

geschlossen:

I. Vertragsgegenstand

(1) Der Leasinggeber überlässt dem Leasingnehmer das vom Leasingnehmer beim Lieferanten ausgesuchte Leasinggut, nämlich:

. . . (genaue Bezeichnung des Leasingguts und Anschrift des Lieferanten).

(2) Die Grundmietzeit beträgt . . . Monate unter Berücksichtigung einer betriebsgewöhnlichen Nutzungsdauer des Leasingguts von . . . Monaten laut amtlicher AfA-Tabelle.

(3) Die monatliche Leasingrate beträgt . . . Euro zzgl. gesetzlicher Umsatzsteuer.

(4) Standort des Leasingguts ist . . . (genaue Anschrift).

(5) Der Leasingvertrag kommt mit der schriftlichen Annahme dieses Antrags durch den Leasinggeber zu Stande. Der Leasinggeber verpflichtet sich, das Leasinggut beim oben genannten Lieferanten zu erwerben: dem Vertrag liegen die Lieferanten-AGB, die dem Leasingnehmer bekannt/unbekannt (Zutreffendes markieren) sind, zugrunde[1].

(6) Der Leasingnehmer ist verpflichtet, zur Prüfung seiner Bonität testierte Bilanzen der drei letzten Geschäftsjahre zu überlassen; darüber hinaus ist der Leasingnehmer verpflichtet, jährlich die testierten Bilanzen dem Leasinggeber gem. § 18 KWG unaufgefordert zur Verfügung zu stellen.

(7) Der Leasinggeber ist an diesen Antrag für die Dauer eines Monats gebunden; er ist verpflichtet, sowohl die Annahme als auch die Ablehnung des Leasingvertrages unverzüglich dem Leasingnehmer schriftlich mitzuteilen.

(8) Alle Zahlungen des Leasingnehmers sind auf das Konto des Leasinggebers bei der . . . Bank Konto-Nr. . . ./BLZ . . . zu leisten.

. . . (Ort, Datum)

. . . (Unterschriften Leasinggeber, Leasingnehmer)

II. Vertragsbedingungen

§ 1 Vertragsbeginn – Mietzahlungen

(1) Der Leasinggeber räumt dem Leasingnehmer das Recht ein, das Leasinggut am angegebenen Standort bestimmungsgemäß zu nutzen.

(2) Sofern nichts anderes schriftlich vereinbart, beginnt die Mietzeit mit der Abnahme des Leasingguts; sie endet mit Ablauf der Grundmietzeit.

---

1 Sofern dem Leasingnehmer die Lieferanten-AGB unbekannt sind, ist unbedingt aus Vorsichtsgründen dafür Sorge zu tragen, dass diese ihm übermittelt werden. Denn die BGH-Judikatur tendiert auch im Rahmen der §§ 145 ff. BGB zur Strenge (BGH ZIP 1992, 404 – keine formularmäßige Geltungserstreckung von AGB auf künftige Verträge unter Kaufleuten bei bloßer Möglichkeit der Kenntnisnahme).

(3) Der Leasingnehmer ist verpflichtet, die Leasingraten im Voraus bis zum Dritten eines jeden Monats zu zahlen; die erste Leasingrate ist innerhalb von 14 Tagen nach Abnahme des Leasingguts fällig. Alle Leasingraten sind – unter Angabe der jeweiligen Vertragsnummer – auf das vorstehend bezeichnete Konto des Leasinggebers zu zahlen; sie werden vom Leasinggeber im Wege des SEPA-Lastschriftverfahrens eingezogen. Hierfür erteilt der Leasingnehmer dem Leasinggeber das erforderliche Mandat.

§ 2 Anpassung der Leasingraten

(1) Sofern zwischen Leasinggeber und Lieferant des Leasingguts eine Preisanpassungsklausel wirksam vereinbart wird, hat der Leasinggeber das Recht und auch die Pflicht, die Leasingraten entsprechend anzugleichen, sofern er einen höheren oder niedrigeren Preis auf Grund der Preisanpassungsklausel für den Erwerb des Leasingguts zu entrichten hat.

(2) Die Leasingraten sind auf Basis der bei Abschluss des Vertrages geltenden Steuersätze berechnet. Ändern sich diese während der Laufzeit des Leasingvertrages oder werden neue Steuern eingeführt, die der Leasinggeber in seiner Eigenschaft als rechtlicher und wirtschaftlicher Eigentümer des Leasingguts zu tragen verpflichtet ist, so behält er sich das Recht vor, die Leasingraten entsprechend zu erhöhen; zu einer Ermäßigung ist er verpflichtet.

(3) Ändert sich während der Laufzeit des Leasingvertrages der Umsatzsteuersatz, so ändert sich die Brutto-Leasingrate entsprechend.

§ 3 Abnahme – Übernahmebestätigung

(1) Der Leasingnehmer ist verpflichtet, das ihm ordnungsgemäß angelieferte Leasinggut unverzüglich auf seine Gebrauchs- und Funktionstauglichkeit gem. § 377 HGB zu untersuchen und etwaige Mängel des Leasingguts gegenüber dem Lieferanten unverzüglich schriftlich zu rügen.

(2) Innerhalb einer Frist von drei Arbeitstagen, gerechnet ab Abnahme des Leasingguts ist der Leasingnehmer verpflichtet, gegenüber dem Leasinggeber die Übernahme des Leasingguts schriftlich zu bestätigen. Der Leasingnehmer nimmt zustimmend davon Kenntnis, dass der Leasinggeber auf die Richtigkeit der Übernahmebestätigung vertraut und deshalb nach Erhalt der Übernahmebestätigung den Kaufpreis an den Lieferanten des Leasingguts auszahlt. Der Leasingnehmer ist verpflichtet, den Leasinggeber von allen Schäden freizuhalten, die daraus entstehen, dass der Leasingnehmer aus Gründen, die er zu vertreten hat, eine unvollständige oder fehlerhafte Übernahmebestätigung ausstellt.

(3) Sofern nichts anderes schriftlich vereinbart, ist der Leasingnehmer verpflichtet, die Kosten der Anlieferung sowie der Montage des Leasingguts zu tragen.

(4) Die Schadensersatzhaftung des Leasinggebers wegen eines vom Lieferanten zu vertretenden Lieferverzugs ist ausgeschlossen[2]*; es gelten die allgemeinen Haftungsregeln gem. § 5 dieses Vertrages. Vorbehalten bleibt der dem Leasingnehmer zustehende Anspruch auf Nutzungsüberlassung sowie auf Rücktritt oder Kündigung; diese Ansprüche sind gegenüber dem Leasinggeber im Fall des Verzugs geltend zu machen.*

§ 4 Überwälzung der Sach- und Preisgefahr

(1) Die Gefahr eines zufälligen Untergangs des Leasingguts trägt der Leasingnehmer; dies gilt auch, wenn das Leasinggut dem Leasingnehmer gestohlen wird oder abhanden kommt.

---

2 Folgt man einer in der Literatur vertretenen Auffassung (Martinek I S. 136 f.), so ist die leasingtypische „Abtretungskonstruktion" auf die Gewährleistung gem. §§ 434 ff. BGB zu begrenzen (vgl. aber auch Graf von Westphalen, Der Leasingvertrag Kap. I Rz. 66 ff.; Rz. 112 ff.). Dies hat dann für die Vertragsgestaltung die Konsequenz, dass der Ausschluss der Verzugshaftung des Leasinggebers unter Berücksichtigung der Wertungskriterien von § 309 Nr. 8 lit. a und § 309 Nr. 9 BGB gem. § 307 Abs. 2 Nr. 1 BGB unwirksam ist; Gleiches gilt für die Schadensersatzhaftung statt der Leistung nach §§ 280 Abs. 2, 281 BGB, und zwar auch im Bereich einfacher Fahrlässigkeit (vgl. BGH ZIP 2005, 1785 – „Kardinalpflicht"), nicht nur für den Fall von Vorsatz oder grober Fahrlässigkeit (Palandt/Grüneberg § 307 BGB Rz. 42 ff.). Da der Leasinggeber die Nutzungsverschaffung als Hauptpflicht schuldet, liegt in der rechtzeitigen Verschaffung der Nutzungsmöglichkeit eine wesentliche Vertragspflicht iSv. § 307 Abs. 2 Nr. 2 BGB (vgl. BGH ZIP 1994, 461, 465; AGB-Klauselwerk/Graf von Westphalen, 2013, Freizeichnungsklauseln Rz. 36 ff.).

(2) Der Leasingnehmer ist verpflichtet, das Leasinggut sorgfältig und pfleglich zu behandeln; er ist insbesondere verpflichtet, etwa erforderlich werdende Reparaturen unverzüglich fachmännisch auszuführen oder ausführen zu lassen. Darüber hinaus ist er verpflichtet, das Leasinggut ordnungsgemäß selbst oder durch Dritte warten zu lassen.

(3) Der Leasingnehmer ist zur Instandhaltung und zur Instandsetzung des Leasingguts verpflichtet.

(4) Alle Ereignisse gem. Abs. 1–3 entbinden den Leasingnehmer nicht von den Verpflichtungen auf Grund dieses Leasingvertrages; insbesondere ist der Leasingnehmer nicht berechtigt, auf Grund dieser Ereignisse etwaige Zahlungen zurückzubehalten.

(5) Der Leasingnehmer ist verpflichtet, das Leasinggut gegen die in Abs. 1 bezeichneten Risiken (Feuer, Wasser, Diebstahl, Einbruch) ausreichend zu versichern[3]; er ist verpflichtet diese Versicherung während der Grundmietzeit aufrechtzuerhalten und jederzeit auf schriftliches Verlangen dies dem Leasinggeber nachzuweisen. Schon jetzt tritt der Leasingnehmer alle ihm gegenüber dem Versicherer zustehenden Ersatzansprüche an den Leasinggeber ab.

(6) Im Falle eines Teilschadens am Leasinggut ist der Leasinggeber verpflichtet, die von der Versicherung bezahlte Entschädigung für die Instandsetzung des Leasingguts einzusetzen. Im Falle eines Totalschadens steht dem Leasingnehmer das Recht zu, den Leasingvertrag fristlos zu kündigen; gleichwohl bleibt der Leasingnehmer verpflichtet, die abgezinste Restamortisation dem Leasinggeber gutzubringen.

§ 5 Abtretung von Ansprüchen – Haftung des Leasinggebers

(1) Der Leasinggeber ist verpflichtet, ein gebrauchstaugliches und funktionstüchtiges Leasinggut dem Leasingnehmer zur Nutzung zu überlassen. Diese Verpflichtung ist in dem Zeitpunkt erfüllt, in welchem der Leasingnehmer das Leasinggut gem. § 3 Abs. 1 abgenommen hat[4].

(2) Der Leasinggeber tritt dem Leasingnehmer alle Schadensersatzansprüche und Nichterfüllungsansprüche – gleich, aus welchem Rechtsgrund – sowie alle Gewährleistungsansprüche einschließlich des Rechts auf Rücktritt und Minderung ab, die ihm, dem Leasinggeber, gegenüber dem Lieferanten des Leasingguts zustehen. Der Leasingnehmer nimmt die Abtretung an. Ausgeschlossen ist die Abtretung des Anspruchs auf Nacherfüllung in Form einer Ersatzlieferung[5]. Der Leasingnehmer ist verpflichtet, nach Abnahme des Leasingguts etwaige Ansprüche – insbesondere Mängelansprüche – unmittelbar gegenüber dem Lieferanten des Leasingguts geltend zu machen. Soweit er dies tut, ist er verpflichtet dies dem Leasinggeber unverzüglich schriftlich anzuzeigen. Dies gilt insbesondere dann, wenn der Leasingnehmer gegenüber dem Lieferanten des Leasingguts Ansprüche gerichtlich anhängig macht. Im Rahmen der dem Leasingnehmer abgetretenen Ansprüche ist die Haftung des Leasinggebers gegenüber dem Leasingnehmer ausgeschlossen.

(3) Soweit der Leasingnehmer Mängelansprüche gegenüber dem Lieferanten des Leasingguts geltend macht, ist er nicht berechtigt, die Zahlung von Leasingraten gegenüber dem Leasinggeber zurückzuhalten. Hierzu ist er erst berechtigt, wenn er Klage wegen Rücktritts oder Minderung erhoben hat.

(4) Soweit der Lieferant des Leasingguts mit einem Minderungs- oder Rücktrittsbegehren des Leasingnehmers einverstanden oder eine entsprechende Klage rechtskräftig zugunsten des Leasingnehmers entschieden worden ist, entfällt die Geschäftsgrundlage des Leasingvertrages rückwirkend bezogen auf den Zeitpunkt des Vertragsabschlusses. Der Leasingnehmer ist verpflichtet, sich eine etwaige Nutzung des Leasingguts anrechnen zu lassen; der Leasinggeber ist verpflichtet, die ihm gezahlten Leasingraten – unter Anrechnung der vom Leasingnehmer gezogenen Nutzungen – an

---

3 Es ist notwendig, im Vertrag die Risiken exakt zu spezifizieren, die vom Versicherungsschutz im Einzelnen zu erfassen sind. Geschieht dies nicht, besteht die Gefahr, dass die Risikoüberwälzung gem. § 307 Abs. 1 Satz 1 oder Satz 2 BGB unwirksam ist (BGH ZIP 1992, 625 – allerdings: Verbraucher).

4 S. Hinweis Rz. 27. Auf eine ausdrückliche Freizeichnung des Leasinggebers ist verzichtet (hierzu Beckmann in Beckmann/Scharff § 3 Rz. 10 ff.); sie ist aber wohl als eigenständige Freizeichnung kaum mit § 307 Abs. 2 Nr. 1 BGB vereinbar (vgl. BGH ZIP 2005, 1785).

5 S. Hinweis Rz. 27. Das Problem liegt darin, ob § 439 Abs. 1 BGB wirklich abbedungen werden kann und welche Anrechnungspflichten ggf. dann im Rahmen einer Ersatzlieferung entstehen (Wolf/Eckert/Ball Rz. 1874 ff.; Vorschläge auch bei Graf von Westphalen, Der Leasingvertrag Kap. I Rz. 38 ff.).

diesen zurückzuzahlen. Sofern der Leasingnehmer gegenüber dem Lieferanten des Leasingguts Minderungs- oder Rücktrittsklage erhebt, ist er verpflichtet im Klageantrag sicherzustellen, dass der Lieferant den Kaufpreis ganz oder teilweise unmittelbar an den Leasinggeber zurückzahlt.

(5) Der Leasinggeber trägt das Insolvenzrisiko des Lieferanten des Leasingguts[6]*.*

(6) Der Leasingnehmer nimmt zustimmend davon Kenntnis, dass ihm gegenüber dem Leasinggeber keine Gewährleistungsansprüche zustehen, sofern diese Ansprüche im Verhältnis zum Lieferanten verjährt sind. Das Risiko rechtzeitiger Rechtsverfolgung gegenüber dem Lieferanten obliegt dem Leasingnehmer.

(7) Soweit der Leasingnehmer gegenüber dem Lieferanten des Leasingguts Ansprüche aus abgetretenem Recht verfolgt, geschieht dies auf eigenes Risiko und auf eigene Kosten des Leasingnehmers.

§ 6 Zahlungspflicht des Leasingnehmers – Verzug

(1) Kommt der Leasingnehmer mit einer fälligen Zahlung in Verzug, so ist der Leasinggeber berechtigt, als Verzugsschaden Zinsen iHv. 8 % über dem jeweiligen Basiszinssatz p.a. auf den rückständigen Betrag geltend zu machen. Außerdem ist er berechtigt, eine Pauschale von 40,00 Euroals Bearbeitungsentgelt zu verlangen.

(2) Der Leasinggeber ist berechtigt für jede Mahnung nach Eintritt des Verzugs eine Pauschale von 1,50 Euro geltend zu machen.

§ 7 Sonstige Pflichten des Leasingnehmers

(1) Der Leasingnehmer ist nicht berechtigt das Leasinggut unterzuvermieten oder an Dritte weiter zu vermieten; beides bedarf jeweils der schriftlichen Zustimmung des Leasinggebers.

(2) Der Leasingnehmer ist berechtigt, unwesentliche technische Änderungen und Einbauten auf eigene Kosten vorzunehmen, sofern dadurch die Funktionsfähigkeit und Werthaltigkeit des Leasingguts nicht verschlechtert wird. Einbauten, die zu Bestandteilen des Leasingguts geworden sind, gehen in das Eigentum des Leasinggebers über.

(3) Wird das Leasinggut mit einem Grundstück oder Gebäude oder einer beweglichen Sache fest verbunden oder auf einem Grundstück eingebracht, so geschieht dies iSv. § 95 BGB lediglich zu einem vorübergehenden Zweck; dieser endet mit Ablauf der Grundmietzeit.

(4) Auf Verlangen des Leasinggebers ist der Leasingnehmer verpflichtet, das Leasinggut an gut sichtbarer Stelle mit einem Kennzeichen auszustatten, das auf das Eigentum des Leasinggebers hinweist. Von Zwangsvollstreckungsmaßnahmen in das Leasinggut hat der Leasingnehmer den Leasinggeber unverzüglich schriftlich zu unterrichten, um dem Leasinggeber die Möglichkeit zu eröffnen, Drittwiderspruchsklage gem. § 771 ZPO zu erheben. Soweit der Leasinggeber nicht in der Lage ist, die insoweit anfallenden Kosten vom Vollstreckungsgläubiger ersetzt zu bekommen, ist der Leasingnehmer verpflichtet, dem Leasinggeber den nicht erstatteten Anteil der gerichtlichen und außergerichtlichen Rechtsverfolgungskosten zu begleichen.

(5) Der Leasingnehmer ist nicht berechtigt das Leasinggut von seinem vertraglich vorgesehenen Standort zu entfernen, ohne zuvor die schriftliche Zustimmung des Leasinggebers eingeholt zu haben.

---

6 Zu erwägen bleibt freilich, ob nicht die Möglichkeit besteht, durch eine Individualvereinbarung (BGH NJW 2013, 856; BGH NJW 2000, 1110, 1111 f. – zu den Voraussetzungen eines „Aushandelns") das Insolvenzrisiko des Lieferanten auf den Leasingnehmer zu überwälzen (dazu auch Rz. 20). Dies setzt freilich voraus, dass iSv. § 305 Abs. 1 Satz 3 BGB die Klausel „im Einzelnen ausgehandelt" worden ist (BGH NJW 2013, 856, 858; BGH NJW 2000, 1110, 1111): Unter Berücksichtigung aller Umstände des Einzelfalls muss also die Überwälzung des Insolvenzrisikos auf den Leasingnehmer von diesem als angemessene Risikoverteilung bewertet werden, die er aus freien Stücken übernimmt, nachdem er die reale Möglichkeit der Einflussnahme ausgeübt und der Leasinggeber den „gesetzesfremden Kerngehalt" der vorgeschlagenen Klausel ernst zur Disposition gestellt hat (BGH NJW 1985, 305, 308; BGH ZIP 1987, 1576). Gegenüber einem Verbraucher aber scheidet diese Möglichkeit in der Regel nach § 310 Abs. 3 Nr. 2 BGB aus, soweit der Verbraucher auf den Inhalt der Klausel keinen Einfluss genommen hat (vgl. BGH NJW 2008, 2250 – Beweislastfragen).

§ 8 Kündigung

(1) Während der Grundmietzeit ist dieser Leasingvertrag unkündbar; das Kündigungsrecht der Erben gem. § 564 BGB ist ausgeschlossen.

(2) Der Leasinggeber ist zur fristlosen Kündigung des Leasingvertrages berechtigt, wenn hierfür Gründe vorliegen, wonach es dem Leasinggeber unzumutbar ist, das Vertragsverhältnis mit dem Leasingnehmer bis zum Ende der Grundmietzeit fortzusetzen. Solche Kündigungsgründe liegen insbesondere dann vor, wenn

1. *der Leasingnehmer mit der Zahlung von zwei Leasingraten in Verzug geraten ist;*
2. *der Leasingnehmer das Leasinggut vertragswidrig benutzt und diesen Fehlgebrauch – trotz schriftlicher Abmahnung des Leasinggebers mit angemessener Fristsetzung – nicht beendet;*
3. *über das Vermögen des Leasingnehmers ein Insolvenz- oder Vergleichsverfahren beantragt oder eröffnet wird*[7]*.*

(3) die Kündigung des Leasingvertrages muss schriftlich erfolgen.

§ 9 Schadensersatzsanktionen

(1) Dem Leasinggeber steht das Recht zu, Schadensersatz statt der Leistung zu verlangen, nachdem der Leasinggeber den Leasingvertrag aus Gründen gekündigt hat, die der Leasingnehmer zu vertreten hat.

(2) Der Leasinggeber ist berechtigt, seinen Schaden in der Weise zu berechnen, dass er die noch entstehenden, während der Grundmietzeit geschuldeten Leasingraten als Einzelbetrag geltend macht. Bei der Berechnung des Schadensersatzanspruches ist der Leasinggeber verpflichtet, eine Abzinsung zu dem Zinssatz vorzunehmen, mit dem er sich bei Vertragsabschluss refinanziert hat. Außerdem sind die ersparten Aufwendungen in Abzug zu bringen. Diese sind mit 10,00 Euro/Monat zu pauschalieren.

(3) Der Leasinggeber ist des Weiteren nach fristloser Kündigung des Leasingvertrages verpflichtet, das Leasinggut optimal zu verwerten. Zu diesem Zweck wird er dem Leasingnehmer Gelegenheit geben, innerhalb einer Frist von drei Wochen, gerechnet ab Zugang der entsprechenden Mitteilung einen geeigneten Käufer zu benennen, der bereit und von seiner Bonität her in der Lage ist, das Leasinggut käuflich zu erwerben[8]*. Soweit hierbei Verwertungskosten (Sachverständigenkosten) anfallen, sind diese vom Leasingnehmer zu tragen. Der erzielte Verwertungserlös, einschließlich etwaiger Umsatzsteuer, ist auf den Schadensersatzanspruch des Leasinggebers anzurechnen, sobald und soweit der Verwertungserlös beim Leasinggeber eingegangen ist.*

§ 10 Rückgabepflicht

(1) Nach Beendigung des Leasingvertrages ist der Leasingnehmer verpflichtet, das Leasinggut auf eigene Kosten an den Leasinggeber zurückzusenden; die Kosten der Transportversicherung trägt der Leasingnehmer.

(2) Hat der Leasingnehmer an dem Leasinggut wesentliche technische Änderungen oder Einbauten vorgenommen, so ist er auf Verlangen des Leasinggebers verpflichtet, bei Beendigung des Leasingvertrages den ursprünglichen technischen Zustand des Leasingguts auf eigene Kosten wiederherzustellen.

(3) Stellt sich bei Beendigung des Leasingvertrages heraus, dass das Leasinggut Mängel aufweist, die über den durch die vertragsgemäße Nutzung entstandenen Verschleiß nicht unwesentlich hi-

---

7 Vgl. Wolf/Eckert/Ball Rz. 2060 ff.

8 Die Rechtsprechung lässt es nicht genügen (vgl. Beckmann in Beckmann/Scharff § 18 Rz. 38 ff.), wenn lediglich der von einem Sachverständigen geschätzte Händlereinkaufspreis zugrunde gelegt wird (BGH NJW 2004, 2823, 2824; BGH NJW 1996, 455 f.; OLG Koblenz NJW 1995, 1227 f.). Außerdem ist nicht der Händlereinkaufspreis maßgebend, sondern im Zweifel der Händlerverkaufspreis (OLG Düsseldorf NJW-RR 2004, 1208), sofern zwischen beiden eine Differenz von mehr als 10 % liegt. Lässt sich bei Einreichung der Klage auf Schadensersatz noch nicht ermessen, welcher Verwertungserlös abzuziehen ist, wenn eine optimale Verwertung durchgeführt werden wird, dann kann der Schaden nominal geltend gemacht werden, ohne dass hypothetisch der Schaden um einen auf Basis eines Sachverständigengutachtens ermittelter Restwert abgezogen wird (BGH NJW 1985, 1539, 1544; OLG Dresden NJW-RR 2003, 194, 195).

nausgehen, ist der Leasinggeber berechtigt, diese auf Kosten des Leasingnehmers beseitigen zu lassen oder den Leasingnehmer aufzufordern, diese auf eigene Kosten zu beseitigen. Das Recht des Leasinggebers, Mangelbeseitigung zu verlangen, erlischt innerhalb einer Frist von einem Monat, gerechnet ab Wiederinbesitznahme des Leasingguts.

(4) Gibt der Leasingnehmer das Leasinggut nach Beendigung des Leasingvertrags nicht zurück, so ist der Leasinggeber berechtigt, für die Dauer der Vorenthaltung des Leasingguts als Entschädigung das vereinbarte Leasingentgelt pro Monat/Tag zu verlangen.

§ 11 Refinanzierungsvorbehalt

(1) Der Leasinggeber ist berechtigt, die ihm auf Grund dieses Vertrages zustehenden Rechte – gleich, welcher Art diese sein mögen – zum Zweck der Refinanzierung an eine refinanzierende Bank abzutreten; er ist des weiteren berechtigt, das Leasinggut der refinanzierenden Bank zur Sicherheit zu übereignen. Hiervon werden die Rechte und Pflichten des Leasingnehmers, wie sie sich aus diesem Vertrag ergeben, nicht berührt.

(2) Gleiches gilt, sofern sich der Leasinggeber entschließt, die ihm aus dem Leasingvertrag zustehenden Ansprüche an eine refinanzierende Bank zu forfaitieren.

§ 12 Sonstiges

(1) Der Leasinggeber ist berechtigt, während der normalen Geschäftszeiten – nach vorheriger telefonischer Ankündigung – die Geschäftsräume des Leasingnehmers zu betreten, um sich über den Zustand des Leasingguts zu unterrichten.

(2) Alle im Rahmen dieses Vertrages getroffenen Vereinbarungen sind in dieser Urkunde enthalten.

(3) Gerichtsstand und Erfüllungsort für alle Verpflichtungen, die sich aus oder im Zusammenhang mit diesem Vertrag ergeben, ist ...; der Leasinggeber ist jedoch berechtigt, den Leasingnehmer an dessen zuständigem Wohnsitzgericht zu verklagen.

§ 13 Geltungsbereich

Diese Vertragsbedingungen gelten nur gegenüber Kaufleuten/Unternehmern.

2. Vollamortisationsvertrag mit Verbrauchern

a) Verbraucher als Leasingnehmer

28 Auf einen Leasingvertrag mit einem Verbraucher findet stets § 506 Abs. 2 Nr. 2 und Nr. 3 BGB Anwendung; es handelt sich insoweit um eine entgeltliche Finanzierungshilfe. In der Sache geht es immer um eine Vollamortisationspflicht des Leasingnehmers, welche das Grundmerkmal des Finanzierungsleasings nach § 506 Abs. 2 BGB ist (Woitkewitsch in Graf von Westphalen Kap. M Rz. 294 ff.). Eine **Kaufverpflichtung** des Leasingnehmers nach § 506 Abs. 2 Nr. 2 BGB ist jedenfalls dann anzuerkennen, wenn es sich um den Fall eines Teilamortisationsvertrag mit Andienungsrecht des Leasinggebers handelt. Doch der **Hauptanwendungsfall** ist in § 506 Abs. 2 Nr. 3 BGB geregelt (Möller, in Bamberger/Roth § 506 Rz. 13 ff.), weil danach immer dann von einem Finanzierungsleasing zu sprechen ist, wenn der Leasingnehmer bei Ende des Leasingvertrages verpflichtet ist, für einen „bestimmten Wert des Gegenstandes einzustehen" (vgl. auch MünchKomm/BGB/Koch, Finanzierungsleasing Rz. 62). Das erfasst alle Vollamortisations- und auch Teilamortisationsverträge, weil sie alle auf – mit unterschiedlicher Ausgestaltung – darauf gerichtet sind, dass der Leasinggeber seine Anschaffungs-, Finanzierungskosten und einen angemessenen Gewinn durch die Zahlung der Leasingraten und eine etwa geschuldete Restamortisation erwirtschaftet. Vieles spricht dafür, dass der klassische **Kilometer-Abrechnungsvertrag** auch in den Anwendungsbereich von § 506 Abs. 2 Nr. 3 BGB fällt, weil und soweit der Leasingnehmer auch bei diesem Modell im Ergebnis – Stichwort: Rückgabepflicht im ordnungsgemäßen Zustand – verpflichtet ist, für die Vollamortisation des Leasinggebers zu sorgen (BGH NJW 2014, 2490, 2942; im Einzelnen zum Meinungsstreit Zahn, in Graf von Westphalen, Der Leasingvertrag Kap. O Rz. 92 ff.).

29 Die Bestimmung des § 512 BGB regelt den Tatbestand des **Existenzgründers** (hierzu im Einzelnen Möller, in Bamberger/Roth § 512 Rz. 4 ff.; BGH NJW 2005, 1273; BGH NJW 2008, 435). Zum Problem der mehrfachen Existenzgründung (vgl. BGH NJW 1998, 540, 541; BGH NJW 1995, 722), die jeweils wieder den Schutz des § 512 BGB auslöst, weil es ausschließlich auf die konkrete Tätigkeit des Leasingnehmers im Einzelfall ankommt BGH NJW-RR 2000, 1221; OLG Hamm ZIP 1992, 1224, 1226; Erman/Saenger § 512 BGB Rz. 5). AGB-rechtlich gewertet sind Existenzgründer in der Regel bereits Unternehmer iSv § 14 BGB (Palandt/Weidenkaff § 512 Rz. 7), so dass sich die richterliche Inhaltskontrolle nach §§ 310 Abs. 1, 307 BGB ausrichtet (im Einzelnen kritisch Woitkewitsch, in Graf von Westphalen Kap. M Rz. 26 ff.). Die Grenze für den Schutzbereich eines Existenzgründers im Blick auf die Anwendbarkeit von § 506 Abs. 2 BGB ist seit 11.6.2010 der Betrag in Höhe von 75 000 Euro. Insoweit entscheidet der Barzahlungspreis (Palandt/Weidenkaff § 506 Rz. 5). Die Phase der Existenzgründung **endet** mit der Eröffnung eines Geschäftslokals oder dem ersten Geschäftsabschluss (Graf von Westphalen/Emmerich/von Rottenburg, VerbrKrG, 2. Aufl., § 1 Rz. 41). Die Bestimmungen der §§ 491 bis 511 BGB sind deshalb dann gem. § 512 BGB nicht anwendbar, wenn „nach dem Inhalt des Vertrags" der jeweils abgeschlossene Leasingvertrag für eine „bereits ausgeübte gewerbliche oder selbständige berufliche Tätigkeit bestimmt ist" (OLG Köln NJW-RR 1995, 816). Ob eine bereits „ausgeübte" gewerbliche oder berufliche Tätigkeit des Leasingnehmers vorliegt, für welche der Abschluss des Leasingvertrags bestimmt ist, entscheidet sich letzten Endes nach der Verkehrsanschauung, dh. die gewerbliche oder berufliche Tätigkeit des Leasingnehmers muss bereits – im Zeitpunkt des Abschlusses des Leasingvertrags – nach außen als solche erkennbar sein (Erman/Saenger § 512 BGB Rz. 4). Sofern Zweifelsfälle verbleiben, ist darauf hinzuweisen, dass § 512 BGB **keine Beweislastregelung** enthält, so dass es Sache des Existenzgründers ist, sich darauf zu berufen, dass die entsprechenden Voraussetzungen gegeben sind (Erman/Saenger § 512 Rz. 9).

30 Die **Auswirkungen** der Norm des § 506 Abs. 2 BGB für den Abschluss von Leasingverträgen mit Verbrauchern sind darin zu sehen, dass die Vorschriften der 491a – 502 BGB gem. § 506 Abs. 1 BGB anwendbar sind. Also sind **vorvertragliche Informationen** nach § 491a BGB geschuldet (Scharff in Beckmann/Scharff § 21 Rz. 34 ff.). Diese werden hier nicht dargestellt. Es ist daher geboten, die Erfüllung dieser Pflichten in jedem Einzelfall sicherzustellen und die Besonderheiten zu beachten, die hier gesetzlich in Art. 247 EGBGB verankert sind (vgl. Muster in Anlage 4 zu Art. 247 EGBGB). Ferner sind die Erfordernisse der **Schriftform** nach § 492 BGB zu beachten. Dies schließt nach § 492 Abs. 2 BGB ein, dass auch die Besonderheiten von Art. 247 §§ 6–13 EGBGB beachtet werden. Auch diese werden hier nicht dargestellt. Ihre Erfüllung ist daher bezogen auf den Einzelfall sicherzustellen. Liegt ein Formmangel vor, dann kann eine Heilung nach § 494 Abs. 2 BGB in Betracht kommen, wenn der Kaufpreis für das Leasinggut an den Lieferanten bezahlt ist. Denn dieses Faktum dürfte dem Tatbestand des erhaltenen Darlehens (§ 494 Abs. 2 BGB) am nächsten liegen. § 495 BGB erwähnt sodann das Widerrufsrecht des Leasingnehmers, wobei diese Norm auf § 355 BGB verweist. Auf den Abdruck der Widerrufsbelehrung wird hier verzichtet, weil es ausreicht, auf die in Anlage 7 zu Art. 247 EGBGB vorgesehene **Musterwiderrufsbelehrung** hinzuweisen, welche der Leasinggeber mit den nach Art. 247 § 12 Abs. 1 EGBGB erforderlichen Anpassungen verwenden sollte, aber nicht muss (vgl. Scharff in Beckmann/Scharff § 21 Rz. 40; OLG Düsseldorf NJOZ 2011, 445). Schließlich ist darauf aufmerksam zu machen, dass sich aus dem Verweis in § 506 Abs. 1 BGB auf die Norm des § 498 BGB ergibt, dass das fristlose Kündigungsrecht des Leasinggebers wegen Zahlungsverzugs des Leasingnehmers an die **qualifizierten Voraussetzungen eines Zahlungsverzugs** gebunden sind und dass der Leasinggeber verpflichtet ist, dem Leasingnehmer spätestens mit der Fristsetzung eine Gesprächsangebot zu unterbreiten.

b) Widerrufsbelehrung – Widerruf

31 Die Frist für das Widerrufsrecht des Leasingnehmers beträgt gem. §§ 495, 355 Abs. 2 BGB zwei Wochen. Dem Formerfordernis von § 506 Abs. 2 BGB in Verbindung mit § 491a BGB ist nur dann Genüge getan, wenn sich die Widerrufsbelehrung vom normalen Vertragstext drucktechnisch – unübersehbar – unterscheidet und als solche hervortritt; es ist ein **auffälliges Druckbild** zu wählen (vgl. BGH NJW-RR 1990, 368, 370). Werden die gesetzlich geschuldeten vorvertraglichen oder auch vertraglichen Informationspflichten nach § 506 Abs. 2 in Verbindung mit § 491a BGB nicht

erfüllt, dann besteht nach § 311 Abs. 2 BGB eine Sanktion auf Ersatz des Schadens. Dieser ist gem. § 249 BGB nicht notwendigerweise auf den Ersatz des negativen Interesses begrenzt.

c) Verbundene Geschäfte – § 358 BGB

32 Ein verbundenes Geschäft iSv. § 358 Abs. 3 Satz 2 BGB liegt immer dann vor, wenn eine „wirtschaftliche Einheit" zwischen Kaufvertrag und Kreditvertrag deswegen anzunehmen ist, weil der Leasinggeber sich bei der Vorbereitung oder dem Abschluss des Leasingvertrags der **Mitwirkung des Verkäufers** bedient (hierzu Palandt/Grüneberg § 358 BGB Rz. 12). Doch hat der BGH – wie bereits betont – klargestellt, dass es sich beim Leasing nicht um ein verbundenes Geschäft handelt, so dass der Einwendungsdurchgriff nicht stattfindet (BGH WM 2014, 1048).

32a ➲ **Hinweis:** Doch ist die weitere Entwicklung der Rechtsprechung unter der Perspektive des § 360 BGB (gültig ab dem 13.6.2014; hierzu Wendt/Lorscheid-Kratz BB 2013, 2434 ff.) – zusammenhängender Vertrag – zu beachten und zu verfolgen. Denn es könnte durchaus sein, dass Leasingverträge als solche Verträge im Sinn von § 360 Abs. 2 BGB bewertet werden (vgl. Möller, in Bamberger/Roth § 360 BGB Rz. 1 f.). Sinn und Zweck dieser neuen gesetzlichen Bestimmung ist es nämlich zu erreichen, dass der Verbraucher nicht durch einen weiteren mit dem Unternehmer oder einem Dritten bestehenden Vertrag vom Widerruf abgehalten wird (BT-Drucks. 17/12637 S. 67).

Weitgehend ungeklärt ist zudem, wie die zwingenden Regeln des Verbrauchsgüterkaufs nach den §§ 474 ff. BGB gegenüber der Abtretungskonstruktion im Einzelnen zu behandeln sind (BGB ZIP 2006, 1001; vgl. auch Woitkewitsch, in Graf von Westphalen Kap. M Rz. 45 ff.). Dies ist nicht zuletzt auch ein Problem der Ersatzlieferung nach § 439 Abs. 1 BGB (Graf von Westphalen Kap. I Rz. 35 ff.).

M 30.2 Vollamortisationsvertrag Verbraucher

Zwischen

der ... Leasing GmbH ... (genaue Anschrift)

– nachfolgend Leasinggeber –

und

dem ... (genaue Anschrift)

– nachfolgend Leasingnehmer –

wird zu den Bedingungen dieses Vertrages, den beigefügten Lieferanten-Bedingungen sowie den nachfolgenden Leasing-Bedingungen ein

Leasingvertrag

geschlossen:

I. Vertragsgegenstand

(1) Der Leasinggeber überlässt dem Leasingnehmer das vom Leasingnehmer beim Lieferanten ausgesuchte Leasinggut, nämlich:

... (genaue Bezeichnung des Leasingguts) ...

(2) Die unkündbare Grundmietzeit beträgt ... Monate.

(3) Die monatliche Miete beträgt ... Euro zzgl. gesetzlicher Umsatzsteuer in ihrer jeweiligen Höhe.

(4) Standort des Leasingguts ist ... (genaue Anschrift).

(5) Der Leasingnehmer ist verpflichtet, zur Prüfung seiner Bonität die Steuerbescheide der letzten drei Kalenderjahre dem Leasinggeber zur Prüfung zu überlassen; soweit noch keine Steuerbescheide ergangen sind, ist er verpflichtet, für die entsprechenden Kalenderjahre seine Steuererklärungen – versehen mit einer Bestätigung seines Steuerberaters – dem Leasinggeber zu überlassen.

(6) Der Leasinggeber ist an diesen Antrag für die Dauer eines Monats gebunden; er ist verpflichtet, sowohl die Annahme als auch die Ablehnung des Leasingvertrages unverzüglich dem Leasingnehmer schriftlich mitzuteilen.

(7) Alle Zahlungen des Leasingnehmers sind auf das Konto des Leasinggebers bei der ... Bank, Kto.-Nr. .../BLZ ... zu leisten.

(8) Der Leasinggeber erwirbt das Leasinggut zu den AGB des Lieferanten; diese sind diesem Vertrag beigefügt; wesentliche Rechte des Leasingnehmers – insbesondere Gewährleistungsrechte – richten sich unter Berücksichtigung dieser Bedingungen unmittelbar gegen den Lieferanten. Auch diese Bedingungen sind beigefügt.

(9) Leasinggeber und Leasingnehmer sind sich darüber einig, dass das Leasinggut für private Zwecke bestimmt ist.

... (Ort, Datum)

... (Unterschriften Leasinggeber, Leasingnehmer)

II. Widerruf

Musterbelehrung nach Art. 247 Anl. 7 EGBGB (Einzelheiten beachten – Art. 247 § 12 EGBGB)

III. Informationspflichten

Im Blick auf Art. 247 § 12 Abs. 1 EGBGB sind die Informationspflichten nach den §§ 1 bis 11 ***zwingend*** *zu beachten. Maßgebend ist dabei gem. Art. 247 § 2 EGBGB das in Anlage 4 vorgesehene Formular betreffend* ***Europäische Standardinformationen für Verbraucherkredite****. Auf den Abdruck dieses umfangreichen Formulars wird verzichtet.*

IV. Vertragsbedingungen

*Wie beim Vollamortisationsvertrag (**M 30.1**),* jedoch mit folgenden Änderungen:

1. *Die Regelung von § 3 Abs. 1 entfällt.*
2. *Die Regelung von § 5 Abs. 3 ist um einen Satz 2 wie folgt zu ergänzen:*
   Dies gilt jedoch dann nicht, sofern die Mangelbeseitigung gegenüber dem Lieferanten des Leasinguts „fehlgeschlagen" ist.
3. *§ 6 Abs. 1 ist dahin zu ändern, dass an Stelle von 8 % über dem jeweiligen Basiszins 5 % (Satz 1) gefordert werden können.*
4. *§ 6 Abs. 2 ist ersatzlos zu streichen.*
5. *Die Regelung von § 8 Abs. 2 Nr. 1 ist im Hinblick auf § 498 BGB wie folgt neu zu fassen:*
   Solche Kündigungsgründe liegen insbesondere dann vor, wenn
   1. *der Leasingnehmer mit mindestens zwei aufeinander folgenden Teilzahlungen ganz oder teilweise und mindestens 10 %, bei einer Laufzeit des Leasingvertrages über drei Jahre mit 5 % der Summe aller während der Grundmietzeit zu entrichtenden Leasingraten, einschließlich einer Mietsonderzahlung, in Verzug ist und der Leasinggeber dem Leasingnehmer erfolglos eine zweiwöchige Frist zur Zahlung des rückständigen Betrages mit der Erklärung gesetzt hat*[1]*, dass er bei Nichtzahlung innerhalb der Frist die gesamten, noch offen stehenden Leasingraten verlangen wird.*
   2. *Der Leasingnehmer wird in den Fällen von Nr. 1 dem Leasingnehmer spätestens mit der Fristsetzung ein Gespräch über die Möglichkeiten einer einverständlichen Regelung anbieten.*

   Der bisherige Abs. 2 Nr. 2 wird dann Nr. 3 und Nr. 3 wird Nr. 4.
6. *Die Regelung von § 9 Abs. 2 erhält folgende Neufassung:*

   Der Leasinggeber ist berechtigt, seinen Schaden in der Weise zu berechnen, dass er die noch ausstehenden, während der Grundmietzeit geschuldeten Leasingraten als Einmalbetrag geltend

1 Nach OLG Oldenburg DAR 2003, 460 reicht es aus, wenn die letzte Zahlungsaufforderung den rückständigen Betrag ziffernmäßig ausweist, nicht die noch ausstehenden Raten (zustimmend Weber NJW 2001, 2195, 2197; vgl. auch BGH BB 2005, 572).

macht. Dieser vermindert sich um die Zinsen und sonstigen laufzeitabhängigen Kosten des Leasingvertrages, welche bei staffelmäßiger Berechnung auf die Zeit nach Wirksamwerden der Kündigung entfallen; ersparte Aufwendungen hat der Leasinggeber zu berücksichtigen.

7. *Die Regelung von § 12 Abs. 1 entfällt ersatzlos.*
8. *Die Regelung von § 12 Abs. 3 ist im Hinblick auf § 38 ZPO wie folgt neu zu fassen:*

   Gerichtsstand ist der Wohnsitz des Leasingnehmers. Abweichend hiervon ist der Leasinggeber jedoch berechtigt, den Leasingnehmer an seinem Firmensitz zu verklagen, sofern der Leasingnehmer nach Abschluss des Leasingvertrages seinen Wohnsitz oder gewöhnlichen Aufenthaltsort aus der Bundesrepublik Deutschland verlegt hat oder wenn sein Wohnsitz oder gewöhnlicher Aufenthalt im Zeitpunkt der Klageerhebung nicht bekannt ist.
9. *Die Regelung von § 13 entfällt ersatzlos.*

3. Vollamortisationsverträge mit Kaufoption des Leasingnehmers

a) Steuerrechtliche Prämissen

33 Ein Leasingvertrag mit Kaufoption des Leasingnehmers liegt nur dann vor, wenn die zuvor dargestellten Voraussetzungen des Vollamortisations-Erlasses vom 19.4.1971 (BB 1971, 506; s. Rz. 4) erfüllt sind. Dies bedeutet konkret: Die Zusage, dass der Leasingnehmer das Leasinggut käuflich erwerben kann, darf sich nicht auf irgendeinen Zeitpunkt während der unkündbaren Grundmietzeit beziehen, sie darf sich vielmehr erst **nach Ablauf der Grundmietzeit** realisieren. Darüber hinaus ist zu beachten, dass das Entgelt nicht niedriger sein darf als der Rest-Buchwert unter Berücksichtigung der amtlichen AfA-Tabelle, es sei denn, der aktuelle Verkehrswert des Leasingguts ist niedriger als der Rest-Buchwert.

34 Diese Vertragskonstellation ist vom **Mietkauf** zu unterscheiden. Dieser ist eine Kombination von mietvertraglichen und kaufvertraglichen Elementen (Staudinger/Stoffels Leasing Rz. 39 ff.). Danach erhält der Mieter das unwiderrufliche Recht, unter voller Anrechnung der gezahlten Mietraten das Wirtschaftsgut käuflich zu erwerben. Der käufliche Erwerb des Wirtschaftsguts ist also von Anfang an gewollt; er ist das Ziel des Geschäfts. Darüber hinaus ist der Mietkauf häufig dadurch charakterisiert, dass der Mieter berechtigt ist, zu irgendeinem Zeitpunkt während der Dauer der Mietzeit die ihm eingeräumte Kaufoption zu realisieren.

b) Anwendung des § 506 Abs. 2 Nr. 3 BGB

35 Es war im Einzelnen strittig, in welchem Umfang die Ausnahmebestimmung von § 506 BGB auf alle Arten des Finanzierungsleasings Anwendung findet (Martinek/Oechsler ZIP 1993, 81 ff.; Canaris ZIP 1993, 401 ff.; Slama FLF 1993, 83 ff.). Durch die **Neufassung von § 506 Abs. 1 BGB** ist diese Frage für Vollamortisationsverträge mit Kaufoption des Leasingnehmers nunmehr abschließend geklärt: Die entsprechende Anwendung der §§ 358–359a BGB ist ebenso geboten wie die Beachtung der Angabepflichten nach den §§ 491a – 502 BGB (ausgenommen ist § 492 Abs. 4 BGB). Auf die Informationspflichten nach Art. 247 § 12 EGBGB wird erneut hingewiesen (vgl. Ziff. III).

M 30.3 Vollamortisationsvertrag mit Kaufoption Kaufleute/Unternehmer – gewerblich/beruflich

*Wie Vollamortisationsvertrag – Mobilien-Leasing (**M 30.1**), jedoch mit der Ergänzung in Ziff. I. Abs. 2:*

Die Grundmietzeit beträgt ... Monate unter Berücksichtigung einer betriebsgewöhnlichen Nutzungsdauer des Leasingguts von ... Monaten laut amtlicher AfA-Tabelle. Nach Ablauf der Grundmietzeit hat der Leasingnehmer die Option, das Leasinggut zum Rest-Buchwert laut amtlicher AfA-Tabelle oder – sofern er den entsprechenden Nachweis erbringt – zum Verkehrswert zu erwerben, sofern dieser niedriger ist als der Rest-Buchwert.

M 30.4 Vollamortisationsvertrag mit Kaufoption Verbraucher

*Wie **M 30.3** betreffend Kaufoption, im Übrigen wie Vollamortisationsvertrag – Privater Endverbraucher (**M 30.2 – einschließlich Widerrufsbelehrung und Erfüllung der Informationspflichten nach Ziff. III**) –, jedoch mit folgender Ergänzung zu Ziff. I. als Abs. 7:*

(7) Der Barzahlungspreis, dh. der Brutto-Anschaffungspreis des Leasinggebers gegenüber dem Lieferanten, beträgt für das Leasinggut . . . Euro.

Der Teilzahlungspreis als Summe aller vom Leasingnehmer zu entrichtenden Leasingraten beträgt . . . Euro.

Der effektive Jahreszins beträgt . . . % des Barzahlungspreises. Die Kosten der Versicherung, welche der Leasingnehmer gem. § 4 Abs. 5 dieses Vertrages abzuschließen hat, betragen . . . Euro bezogen auf die Dauer des Leasingvertrages.

4. Teilamortisationsverträge

Zu Teilamortisationsverträgen s. die folgenden Muster **M 30.5–M 30.10** – einschließlich Erfüllung 36
der Informationspflichten nach Ziff. III und der entsprechenden Widerrufsbelehrung.

M 30.5 Teilamortisationsvertrag mit Andienungsrecht des Leasinggebers Kaufleute/Unternehmer – gewerblich/beruflich

*Wie Vollamortisationsvertrag (**M 30.1**), doch mit folgenden Änderungen in Ziff. I. Abs. 2:*

Die Grundmietzeit beträgt . . . Monate unter Berücksichtigung einer betriebsgewöhnlichen Nutzungsdauer des Leasingguts von . . . Monaten laut amtlicher AfA-Tabelle. Drei Monate vor Ablauf der Grundmietzeit wird sich der Leasinggeber mit dem Leasingnehmer verständigen, ob der Leasingnehmer die Fortsetzung des Leasingvertrages wünscht, die dann zu zahlende Leasingrate wird gemeinsam festgelegt. Kommt eine Einigung zwischen Leasinggeber und Leasingnehmer nicht zu Stande, so ist der Leasinggeber als rechtlicher und wirtschaftlicher Eigentümer des Leasingguts berechtigt, vom Leasingnehmer den Abschluss eines Kaufvertrages zu verlangen; der vom Leasingnehmer zu entrichtende Kaufpreis entspricht dem Restwert des Leasingguts. Dieser wird schon jetzt verbindlich unter Berücksichtigung des Vollamortisationsanspruchs des Leasinggebers auf . . . Euro festgelegt. Der Leasingnehmer hat kein Recht, das Leasinggut käuflich zu erwerben.

Außerdem ist die Schadensersatzberechnung gem. § 9 Abs. 2 zu ändern, weil der modellspezifisch vereinbarte Restwert des Leasingguts zu berücksichtigen ist, und zwar:

(2) Der Leasinggeber ist berechtigt, seinen Schaden in der Weise zu berechnen, dass er die noch ausstehenden, während der Grundmietzeit geschuldeten Leasingraten, einschließlich des vereinbarten Restwertes, als Einzelbetrag geltend macht. Bei dieser Berechnung ist der Leasinggeber verpflichtet, eine Abzinsung der Leasingraten sowie des Restwertes zu dem Zinssatz vorzunehmen, mit dem er sich bei Vertragsabschluss refinanziert hat. Außerdem sind alle ersparten Aufwendungen in Abzug zu bringen. Diese betragen pauschal Euro 10,00/Monat.

M 30.6 Teilamortisationsvertrag mit Andienungsrecht des Leasinggebers Verbraucher

*Wie Vollamortisationsvertrag – Privater Endverbraucher (**M 30.2** – einschließlich Erfüllung der Informationspflichten – vgl. Ziff. III – und Widerrufsbelehrung), jedoch mit folgender **Änderung** in Ziff. I. Abs. 2.*

Die Grundmietzeit beträgt . . . Monate; nach Ablauf der Grundmietzeit steht dem Leasinggeber ein Andienungsrecht zu, so dass der Leasingnehmer verpflichtet ist, zum Restwert iHv. . . . Euro das Leasinggut käuflich zu erwerben, sofern keine Verlängerung des Leasingvertrages einvernehmlich festgelegt wird.

Der Leasingnehmer anerkennt, dass die von ihm während der Grundmietzeit zu zahlenden Leasingraten gem. Abs. 3 lediglich eine Teilamortisation der Anschaffungs- und Herstellungskosten des Leasinggebers sowie aller Nebenkosten einschließlich der Finanzierungskosten und des Gewinns des Leasinggebers ergeben. Da der Leasinggeber jedoch Anspruch auf Vollamortisation dieser Kosten einschließlich seines Gewinns hat, übernimmt der Leasingnehmer im Hinblick auf den Restwert iHv. . . . Euro die garantiemäßige Verpflichtung, diesen „Restwert" für den käuflichen Erwerb des Leasingguts zu zahlen, sofern der Leasinggeber von seinem Andienungsrecht nach Ablauf der Grundmietzeit Gebrauch macht. Dieses Andienungsrecht wird der Leasinggeber vor allem dann ausüben, wenn das Leasinggut nach Ablauf der Grundmietzeit einen niedrigeren Verkehrswert ausweist als im Restwert iHv. . . . Euro ausgewiesen.

Außerdem ist sowohl unter Berücksichtigung der modellspezifischen Festlegung eines Restwerts des Leasingguts eine Neuformulierung von § 9 Abs. 2 vorzunehmen, und zwar wie folgt:

Der Leasinggeber ist berechtigt, seinen Schaden in der Weise zu berechnen, dass er die noch ausstehenden, während der Grundmietzeit geschuldeten Leasingraten einschließlich des vertraglich vereinbarten Restwertes des Leasinggutes als Einzelbetrag geltend macht. Dieser vermindert sich jedoch um die Zinsen und sonstigen laufzeitabhängigen Kosten des Leasingvertrages (Leasingraten während der Grundmietzeit, einschließlich Restwert des Leasingguts), die bei staffelmäßiger Berechnung auf die Zeit nach Wirksamwerden der Kündigung entfallen.

M 30.7 Teilamortisationsvertrag – Mehrerlösbeteiligung des Leasingnehmers Kaufleute/Unternehmer – gewerblich/beruflich

*Der Vollamortisationsvertrag (**M 30.1**), jedoch mit folgender **Änderung** in Ziff. I. Abs. 2:*

Die Grundmietzeit beträgt . . . Monate unter Berücksichtigung einer betriebsgewöhnlichen Nutzungsdauer des Leasingguts von . . . Monaten laut amtlicher AfA-Tabelle. Nach Ablauf der Grundmietzeit wird der Leasinggeber als rechtlicher und wirtschaftlicher Eigentümer das Leasinggut veräußern. Sofern die während der Grundmietzeit vom Leasingnehmer entrichteten Leasingraten, einschließlich des vom Leasinggeber erzielten Verwertungserlöses, nicht ausreichen, die Vollamortisation des Leasinggebers zu sichern (Summe aus Anschaffungs-, Neben-, Finanzierungskosten und Gewinn), so ist der Leasingnehmer verpflichtet, in Höhe der Differenz eine Abschlussgebühr zu zahlen; diese ist auf erstes schriftliches Anfordern des Leasinggebers zur Zahlung fällig:

Soweit jedoch ein über die Vollamortisation hinausreichender Mehrerlös erzielt wird, steht dieser dem Leasingnehmer iHv. 75 % zu; 25 % verbleiben dem Leasinggeber.

Außerdem ändert sich die Regelung von Ziff. II. § 9 Abs. 2 wie folgt:

(2) Der Leasinggeber ist berechtigt, seinen Schaden in der Weise zu berechnen, dass er den gem. Ziff. I Abs. 2 ermittelten Vollamortisationsanspruch als Einzelbetrag geltend macht. Er ist jedoch verpflichtet, eine Abzinsung zu dem Zinssatz vorzunehmen, mit dem er sich bei Vertragsabschluss refinanziert hat. Außerdem sind alle ersparten Aufwendungen in Abzug zu bringen.

M 30.8 Teilamortisationsvertrag – Mehrerlösbeteiligung des Leasingnehmers Verbraucher

*Wie Vollamortisationsvertrag – Privater Endverbraucher (**M 30.2** – einschließlich Erfüllung der Informationspflichten gem. Ziff. III und der entsprechenden Widerrufsbelehrung), jedoch mit folgenden **Änderungen** in Ziff. I. Abs. 2:*

Die Grundmietzeit beträgt ... Monate. Nach Ablauf der Grundmietzeit wird der Leasinggeber das Leasinggut veräußern. Ergibt sich dabei, dass der vom Leasinggeber erzielte Verwertungserlös unter Hinzurechnung der vom Leasingnehmer bereits bezahlten Leasingraten nicht ausreicht, die gesamten Anschaffungs-, Neben-, Finanzierungs- und sonstigen Kosten, einschließlich des Gewinns des Leasinggebers, zu realisieren, so ist der Leasinggeber berechtigt, in Höhe einer Differenz eine Abschlusszahlung zu fordern.

Der Leasingnehmer anerkennt ausdrücklich, dass der Leasinggeber Anspruch auf volle Amortisation seiner gesamten Herstellungs-, Neben-, Finanzierungs- und sonstigen Kosten, einschließlich des kalkulierten Gewinns hat. Er übernimmt deshalb gegenüber dem Leasinggeber die Garantieverpflichtung, die Vollamortisation des Leasinggebers auch dann zu bewirken, wenn der Leasinggeber bei Verwertung des Leasingguts keinen verteilungsfähigen Mehrerlös erzielt.

Soweit jedoch – nach Erreichen der Vollamortisation zu Gunsten des Leasinggebers – ein Mehrerlös verbleibt, steht dieser iHv. 75 % dem Leasingnehmer und iHv. 25 % dem Leasinggeber zu.

Außerdem ist die Regelung in Ziff. III. Nr. 5 – bezogen auf die Bestimmung von § 9 Abs. 2 – wie folgt neu zu fassen:

Der Leasinggeber ist berechtigt, seinen Schaden in der Weise zu berechnen, dass er seinen Vollamortisationsanspruch gem. Ziff. I Abs. 2 der Schadensberechnung als Einzelbetrag zugrunde legt. Dieser vermindert sich jedoch um die Zinsen und sonstigen laufzeitabhängigen Kosten, die bei staffelmäßiger Berechnung auf die Zeit nach Wirksamwerden der Kündigung fallen. Außerdem sind alle ersparten Aufwendungen in Abzug zu bringen.

M 30.9 Kündbarer Teilamortisationsvertrag mit Abschlusszahlung des Leasingnehmers Kaufleute/Unternehmer – gewerblich/beruflich

*Wie Vollamortisationsvertrag (**M 30.1**), doch mit folgenden **Änderungen**:*

1. Ziff. I. Abs. 2 lautet:

Die Grundmietzeit beträgt ... Monate unter Berücksichtigung einer betriebsgewöhnlichen Nutzungsdauer des Leasingguts von ... Monaten laut amtlicher AfA-Tabelle. Nach Ablauf der Grundmietzeit ist der Leasingnehmer berechtigt, das Leasinggut gegen Zahlung der monatlichen Leasingrate gem. Abs. 3 weiter zu nutzen. Ihm steht aber auch das Recht zu, jeweils zum Ablauf von sechs Monaten, gerechnet ab Beendigung der Grundmietzeit, den Leasingvertrag mit Zustimmung des Leasinggebers zu beenden. Macht der Leasingnehmer von dieser Möglichkeit Gebrauch, so muss er dies dem Leasinggeber mindestens vier Wochen vorher schriftlich anzeigen, damit der Leasinggeber in den Stand gesetzt wird, die Verwertung des Leasingguts vorzubereiten und rechtzeitig durchzuführen.

Der Leasingnehmer anerkennt, dass die von ihm bis zur Beendigung des Leasingvertrages zu zahlenden Leasingraten lediglich eine Teilamortisation der gesamten Herstellungs-, Neben-, Finanzierungs- und sonstigen Kosten, einschließlich des Gewinns des Leasinggebers ergeben.

Des Weiteren anerkennt der Leasingnehmer, dass er die Garantieverpflichtung gegenüber dem Leasinggeber erfüllen muss, die Vollamortisation sicherzustellen. Diese errechnet sich nach Beendigung des Leasingvertrages und der vom Leasinggeber vorzunehmenden Verwertung des Leasingguts in der Weise, dass 90 % des vom Leasinggeber erzielten Verwertungserlöses zu den bereits vom Leasingnehmer entrichteten Leasingraten hinzugerechnet werden. Ergibt sich dabei, dass die Vollamortisation aller Gesamtkosten des Leasinggebers, einschließlich eines Gewinns nicht erzielt ist, so ist der Leasingnehmer verpflichtet, in Höhe der Differenz eine Abschlusszahlung zu entrichten. Soweit ein Mehrerlös erzielt wird, steht dieser ungeschmälert dem Leasinggeber zu.

2. Die Überschrift in Ziff. II. § 8 ist zu ändern in „Kündigung – Vollamortisationspflicht des Leasingnehmers".

3. Nach Ziff. II. § 8 Abs. 1 ist ein neuer Abs. 2 einzufügen, so dass der bisherige Abs. 2 Abs. 3 usw. wird.

(2) Nach Ablauf der Grundmietzeit ist der Leasingnehmer berechtigt, den Leasingvertrag fortzusetzen. Er ist berechtigt, mit dem Leasinggeber eine Aufhebungsvereinbarung jeweils zwölf, achtzehn usw. Monate nach Ablauf der Grundmietzeit abzuschließen. Er ist verpflichtet, dies mit einer Zwei-Wochen-Frist zuvor schriftlich dem Leasinggeber anzuzeigen. Der Leasinggeber wird sodann das Leasinggut veräußern; 90 % des Verwertungserlöses werden auf die Vollamortisationspflicht des Leasingnehmers angerechnet. Diese bemisst sich wie folgt:

Die noch nicht fälligen, auf die betriebsgewöhnliche Nutzungsdauer des Leasingguts kalkulierten Leasingraten werden mit dem Refinanzierungszins abgezinst, der im Zeitpunkt des Abschlusses des Leasingvertrages dem Leasinggeber in Rechnung gestellt wurde. Aufwendungen, die der Leasinggeber wegen Beendigung des Leasingvertrages erspart – Gleiches gilt für etwaige Objektsteuern und Versicherungen –, sind in Abzug zu bringen. Diesem so ermittelten Betrag sind die bis zur Beendigung des Leasingvertrages vom Leasingnehmer gezahlten Leasingraten, zuzüglich 90 % des Verwertungserlöses des Leasingguts gegenüberzustellen. Ein Anspruch auf Gewinn steht dem Leasinggeber nur für die Leasingraten zu, welche bis zur nächstmöglichen ordentlichen Kündigung fällig werden. Ergibt sich dabei eine Differenz, so ist der Leasingnehmer in dieser Höhe zu einer Abschlusszahlung verpflichtet.

M 30.10 Kündbarer Teilamortisationsvertrag mit Abschlusszahlung des Leasingnehmers Verbraucher

*Identische Vertragsgestaltung wie **M 30.9**, bei Verwendung von **M 30.2** im Übrigen.*

5. Kfz-Leasing

37 Bei der steuerrechtlichen Gestaltung von Privat-Leasingverträgen müssen die BFH-Urteile vom 26.7.1991 (VI R 82/89 sowie IV R 114/88) berücksichtigt werden (BFH DB 1991, 2633; hierzu auch Graf von Westphalen DB 1993, 2379 ff.). Im Übrigen hat sich seit der Neufassung von § 506 BGB die Praxis durchgesetzt, dass mit Verbrauchern praktisch nur noch Kilometer-Abrechnungsverträge abgeschlossen werden (Zahn, in Graf von Westphalen, Der Leasingvertrag Kap. O Rz. 2). Doch gibt es natürlich auch die Möglichkeit, dass alle im Vorstehenden erörterten Modelle eines Leasingvertrages auch für den Bereich des Pkw-Leasings anwendbar sind. In der Praxis hat sich der Kilometer-Abrechnungsvertrag durchgesetzt (hierzu auch Zahn/Bahmann, Kfz-Leasingvertrag, 1999; vgl. auch Michalski/Schmitt, Der Kfz-Leasingvertrag, 1995; Engel, Handbuch Kraftfahrzeugleasing, 3. Aufl. 2015). Dieser Typus ist nicht erlasskonform, aber dennoch Leasing im Sinn von § 39 Abs. 2 AO, so dass der Leasinggeber auch bei diesem Modell als wirtschaftlicher Eigentümer anzusehen ist. Danach übernimmt der Leasinggeber das Risiko der Wertminderung. Je nach der Vertragsgestaltung zahlt der Leasingnehmer auf Grund der internen Kalkulation des Leasinggebers Mehrkilometer; während ihm die Minderkilometer entsprechend vergütet werden. Im Übrigen kommt es entscheidend darauf an, dass der „Restwert" (oder auch die „Restwertgarantie") erreicht wird, welcher der Leasingkalkulation zugrunde liegt, so dass es entscheidend auf die vertraglich geschuldete **Ordnungsgemäßheit der Rückgabe** des Leasingguts ankommt (BGH NJW 2014, 2490; BGH NJW 2013, 1067, 1068; hierzu auch Zahn Kap. O Rz. 61 ff.)

38 In diesem Fall ist das nachfolgende Muster zu verwenden. Doch ergibt sich eine gewichtige Änderung: Da es keinen garantierten Restwert bei Ende des Vertrags gibt (vgl. § 1 Abs. 6), ist zu textieren:

„(6) Gesamtkilometerleistung: km …

Mehrkilometer … (einsetzen) Euro

Minderkilometer … (einsetzen) Euro"

39 Im Rahmen der **fristlosen Kündigung** des Kfz-Leasingvertrags (Kilometerabrechnungsvertrag) ist die Berechnung des zu ersetzenden Schadens (BGH NJW 2001, 1349) danach vorzunehmen, dass

der Leasinggeber das Risiko trägt, dass bei der Restverwertung das Fahrzeug nicht den Wert erreicht, der der internen Kalkulation des Leasinggebers entspricht (BGH NJW 2004, 2823, 2824). Ausgangspunkt für die **Berechnung des Schadens** (im Einzelnen Zahn, in Graf von Westphalen, Der Leasingvertrag Kap. O Rz. 124 ff.) sind daher – wie stets – die kalkulierten restlichen Raten, die ohne Kündigung zur Zahlung fällig geworden wären (BGH NJW 2004, 2823). Diese sind auf den Zeitpunkt der fristlosen Kündigung abzuzinsen (BGH NJW 1996, 455, 456). Davon sind die vom Leasinggeber ersparten laufzeitabhängigen Kosten abzuziehen (BGH NJW 2004, 2923, 2824). Des Weiteren ist in Rechnung zu stellen, dass das zurückzugebende Fahrzeug wegen der vorzeitigen Beendigung des Vertrags einen höheren Restwert verkörpert (BGH NJW 1996, 455, 456). Dieser ist anzurechnen; notfalls ist ein Gutachten eines Sachverständigen für den Ansatz dieses Wertes heranzuziehen (OLG Celle NJW-RR 1994, 743, 744). Der kalkulierte Restwert bleibt insoweit außer Betracht (BGH NJW 2004, 2823, 2824). Im Übrigen anerkennt die Rechtsprechung ein **Sonderkündigungsrecht** des Leasinggebers – bezogen auf die Risikotragung des Leasingnehmers (§ 446 BGB) –, wenn und soweit das Fahrzeug erheblich beschädigt oder zerstört worden ist (BGH NJW 1987, 377, 378; Zahn Kap. O Rz. 124 ff.). Die Grenze, von der an die Erheblichkeit einer Beschädigung – unfallbedingt – anzunehmen ist, sollte bei 60 % angesetzt werden (vgl. Graf von Westphalen, in Röhricht/Graf von Westphalen/Haas, HGB, 2014, Leasing Rz. 126). Die in diesen Fällen – Kasko-Versicherung – fällig werdenden Leistungen einer Versicherung (§§ 43 ff. VVG) decken das Interesse des Leasinggebers als rechtlicher und wirtschaftlicher Eigentümer des Leasingguts; sie sind zweckgebunden: Im Fall einer Reparatur stehen sie dem Leasingnehmer zu, der damit die fällige Reparaturrechnung zu bezahlen hat; im Fall einer Zerstörung des Leasingguts dem Leasinggebers, und zwar auch in Bezug auf einen **Übererlös** (BGH NJW 2011, 3709; Zahn Kap. O Rz. 141 ff.). Diese Sicht entspricht dem steuerrechtlichen Ansatz, dass nämlich bei Modellen des Teilamortisationserlasses der Leasinggeber auch die „Chance der Wertsteigerung“ hat. Doch wird man diesen Gedanken – bezogen auf sonstige Modelle – verallgemeinern dürfen. Auf die entsprechende Regel in § 7 wird ausdrücklich hingewiesen.

M 30.11 Kfz-Leasingvertrag für Privatwagen – Privatauto-Leasing-Bestellung[1]

... (Name des Leasingnehmers) *... (vermittelnder Betrieb)*

... (Adresse)

Ich bestelle bei der XY-Leasing GmbH zu umseitigen Leasing-Bedingungen[2] und zu den der Bestellung beigefügten Allgemeinen Verkaufs- und Lieferbedingungen des Fahrzeugherstellers folgendes Fahrzeug, das die XY-Leasing GmbH bei dem vermittelnden Betrieb (Verkäufer) auf meinen Wunsch erwirbt:

... (Modell-Nr. Stückzahl Modellbezeichnung Farbe Farbnummer)

Ausstattung: ...

(1) Vertragsdauer in Monaten: ...

(2) Jährliche Fahrtleistung in km: ...

Das Fahrzeug wird im üblichen Straßenverkehr normal genutzt: ja/nein (Unzutreffendes streichen)

Abweichende Nutzung: ...

(3) Liefertermin/Lieferfrist ab Vertragsabschluss: ...

verbindlich/unverbindlich (Unzutreffendes streichen)

---

1 Hinweis: Das Muster ist **kein Kilometer-Abrechnungsvertrag**. Es **verzichtet** zudem darauf, die nach Art. 247 § 12 Abs. 2 EGBGB zu erfüllenden umfangreichen **Informationspflichten** hier abzudrucken Das Muster geht weiter davon aus, dass sichergestellt ist: Die Verkaufs-AGB des Lieferanten des Pkw entsprechen dem Standard der §§ 474 ff. BGB. Darauf ist zu achten.

2 Es ist unbedingt dafür Sorge zu tragen, dass die Verkaufs- und Lieferbedingungen für Neufahrzeuge dem Vertrag iSv. §§ 506, 492 Abs. 1 Satz 1 BGB beigefügt sind; es ist vor allem darauf zu achten, dass eine körperlicher Verbindung der Gesamturkunde gegeben ist.

(4) Fahrgestellnummer: . . .

(5) Kalkulierter Zinssatz: . . . % p.a.

(6) Verbindlicher, vom Leasingnehmer garantierter Restwert[3] nach Vertragsdauer: . . . Euro einschl. Umsatzsteuer.

(7) Einmalige Sonderzahlung . . . Euro einschl. Umsatzsteuer.

. . .

Monatliche Leasing-Rate je Fahrzeug: . . .

Die während der Vertragsdauer zu entrichtenden Leasing-Raten berücksichtigen nicht die Überführungs- und Zulassungskosten. Diese werden vom ausliefernden Betrieb separat berechnet.

Besondere Vereinbarungen:

- ☐ *Kfz-Haftpflichtversicherung mit unbegrenzter Deckung,*
- ☐ *Kfz-Vollversicherung mit 300 Euro Selbstbeteiligung,*
- ☐ *Fahrzeug-Schadenabwicklung und Verauslagung unfallbedingter Reparaturkosten beim Leasing-Fahrzeug.*

Bei Abschluss bitte ankreuzen.

Zum Abschluss vorgenannter Versicherungen über die C-Versicherungsvermittlungs-GmbH wird der Leasinggeber hiermit ermächtigt. Die Prämie für die Fahrzeugversicherung wird nach Ausfertigung der Police im darin ausgewiesenen Umfang von dem Leasinggeber namens und für Rechnung des Versicherers eingezogen. Die Prämie ist nicht in der Leasing-Rate enthalten.

Der Leasingnehmer ermächtigt die XY-Leasing GmbH widerruflich, alle fälligen Forderungen aus dem Vertragsverhältnis (Ausnahme Sonderzahlung) bei der Bank/Ort . . . IBAN mittels Lastschrift einzuziehen.

***Widerrufsbelehrung**[4]*

Wie oben, s. ***M 30.2*** *II.*

. . . (Ort, Datum)

. . . (Unterschrift Leasingnehmer)

Leasing-Bedingungen

§ 1 Vertragsabschluss

(1) Der Leasingnehmer ist an die Bestellung („Antrag") für die Dauer von vier Wochen gebunden. Der Leasinggeber ist verpflichtet, sowohl Annahme als auch Ablehnung der Bestellung dem Leasingnehmer innerhalb dieser Frist schriftlich mitzuteilen.

(2) Sämtliche Vereinbarungen sind schriftlich niederzulegen. Dies gilt auch für Nebenabreden und Zusicherungen.

(3) Übertragungen von Rechten und Pflichten des Leasingnehmers aus dem Vertrag bedürfen der schriftlichen Zustimmung des Leasinggebers.

§ 2 Leasing-Fahrzeug

(1) Das Leasing-Fahrzeug wird vom Leasingnehmer in der vertraglich vereinbarten Ausführung und Ausstattung zu dem in der Leasing-Bestätigung für Kraftfahrzeuge – nachstehend Bestätigung – angegebenen Verwendungszweck übernommen.

(2) Konstruktions- oder Formänderungen, Abweichungen im Farbton sowie Änderungen des Lieferumfanges seitens des Herstellers bleiben während der Lieferzeit vorbehalten, sofern das Leasing-

3 Trotz der sehr nahen Verwandtschaft dieses Vertragstyps mit einem Kilometer-Abrechnungsvertrag ist diese Garantie der entscheidende Unterschied (vgl. BGH NJW 2014, 2490 – Kilometer-Abrechnungsvertrag).

4 Auf die Angabe sonstiger vorvertraglicher Informationspflichten wird in diesem Muster **verzichtet**; vgl. Art. 247 § 12 Abs. 2 EGBGB; Art. 247 § 3 EGBGB.

fahrzeug nicht erheblich geändert wird und die Änderungen für den Leasingnehmer zumutbar sind.

(3) Angaben in bei Vertragsabschluss gültigen Beschreibungen über Lieferumfang, Aussehen, Leistungen, Maße, Gewichte, Betriebsstoffverbrauch, Betriebskosten, Geschwindigkeit und Ladefähigkeit des Leasing-Fahrzeugs sind Vertragsinhalt.

§ 3 Laufzeit des Leasing-Vertrages

Die Laufzeit des Leasing-Vertrages, die der im Leasing-Vertrag genannten Vertragsdauer in Monaten entspricht, beginnt an dem mit dem Leasingnehmer vereinbarten Tag der Übergabe, der gleichzeitig Tag der Zulassung ist. Falls zur Einhaltung des vereinbarten Übergabezeitpunktes die Zulassung des Leasing-Fahrzeuges erfolgen muss, ist der Tag der Zulassung Beginn der Laufzeit. Kommt eine Vereinbarung über den Übergabezeitpunkt zu Stande, beginnt die Laufzeit des Leasing-Vertrages spätestens 14 Tage nach Anzeige der Bereitstellung des Leasing-Fahrzeugs.

§ 4 Leasingraten

(1) Die erste Leasingrate ist bei Übernahme des Fahrzeugs, spätestens 14 Tage nach Anzeige der Bereitstellung des Leasing-Fahrzeugs fällig. Die weiteren Leasingraten sind jeweils am Monatsersten im Voraus fällig. Die Anzahl der Leasingraten entspricht der vereinbarten Vertragsdauer in Monaten. Durch eine Sonderzahlung werden die Leasingraten nicht getilgt.

(2) Der Leasingnehmer hat Verzugszinsen iHv. 5 % über dem jeweiligen Basiszinssatz zu entrichten.

(3) Gegen die Ansprüche des Leasinggebers kann der Leasingnehmer nur dann aufrechnen, wenn die Gegenforderung des Leasingnehmers unbestritten ist oder ein rechtskräftiger Titel vorliegt; ein Zurückbehaltungsrecht kann er nur geltend machen, soweit es auf Ansprüchen aus dem Leasingvertrag beruht.

(4) Der Leasinggeber ist zur Änderung der Leasingraten berechtigt, wenn sich,

1. *der Lieferumfang nach Abschluss des Vertrages auf Wunsch des Leasingnehmers ändert,*
2. *objektbezogene Sondersteuern unter Berücksichtigung des vorerwähnten Termins neu eingeführt werden.*

(5) Ändert sich die Umsatzsteuer, ist der Leasinggeber berechtigt und verpflichtet, die Brutto-Leasingraten entsprechend anzupassen.

§ 5 Lieferung und Lieferverzug

(1) Die Schadensersatzhaftung des Leasinggebers wegen eines vom Hersteller oder vom vermittelnden Betrieb zu vertretenden Lieferverzugs ist ausgeschlossen; es gelten die allgemeinen Haftungsregeln gem. § 10 dieses Vertrages.

(2) Vorbehalten bleibt der dem Leasingnehmer zustehende Anspruch auf Nutzungsüberlassung sowie auf Rücktritt oder Kündigung; diese Ansprüche sind gegenüber dem Leasinggeber im Falle des Verzuges geltend zu machen.

§ 6 Abnahme und Zulassung

(1) Das Leasing-Fahrzeug wird vom Leasingnehmer in dem in der Bestätigung angegebenen vermittelnden Betrieb gegen Empfangsbestätigung übernommen. Der Leasingnehmer ist berechtigt, das Leasing-Fahrzeug anlässlich der Übergabe zu prüfen. Eine etwaige Probefahrt vor Abnahme ist in den Grenzen üblicher Probefahrten bis höchstens 20 km zu halten.

(2) Der Leasingnehmer trägt die Kosten der Überführung des Leasing-Fahrzeugs zum Auslieferungsort, der Zulassung und Abmeldung. Diese Kosten werden vom Leasinggeber direkt an den ausliefernden Betrieb gezahlt.

(3) Bei nachträglicher Änderung von Übergabeort und/oder Übergabezeitpunkt auf Wunsch des Leasingnehmers trägt dieser die dadurch angefallenen Mehrkosten.

(4) Bleibt der Leasingnehmer mit der Übernahme des Leasing-Fahrzeugs länger als 14 Tage ab Zugang der Bereitstellungsanzeige schuldhaft im Rückstand, ist der Leasinggeber nach Setzung einer Frist von 14 Tagen berechtigt, vom Vertrag zurückzutreten oder Schadensersatz statt der Leistung

zu verlangen. Der Setzung einer Frist bedarf es nicht, wenn der Leasingnehmer die Abnahme ernsthaft und endgültig verweigert oder offenkundig auch innerhalb dieser Zeit zur Erfüllung seiner Zahlungsverpflichtung aus dem Leasingvertrag nicht imstande ist.

(5) Der Kraftfahrzeugbrief und -schein für das Leasing-Fahrzeug werden vom Leasinggeber verwahrt. Während der Vertragszeit ist der Leasingnehmer Halter des Fahrzeugs. Er hat alle sich aus dem Betrieb und der Haltung des Leasing-Fahrzeugs ergebenden gesetzlichen Verpflichtungen zu erfüllen und den Leasinggeber von einer Inanspruchnahme Dritter aus einer etwaigen Haftung freizustellen.

§ 7 Versicherungsschutz und Tragung der Sach- und Preisgefahr

(1) Der Leasinggeber schließt im Namen und für Rechnung des Leasingnehmers auf dessen Wunsch für das Leasing-Fahrzeug zu den Allgemeinen Bedingungen für die Kraftfahrversicherung (AKB) eine Kfz-Haftpflichtversicherung (unbegrenzte Deckungssumme) und eine Kfz-Vollversicherung (Selbstbeteiligung: 300 Euro je Schadensereignis für den Leasingnehmer) ab. Der Leasinggeber ist ermächtigt, sich eine Sicherungsbestätigung ausstellen zu lassen. Der Leasingnehmer schuldet dem Leasinggeber die Prämien für die Fahrzeugversicherungen, die dieser auf Grund einer Einzugsermächtigung des Versicherers nach Ausfertigung der Versicherungs-Police neben der monatlichen Leasingrate berechnet. Die Höhe der Prämie richtet sich nach dem Inhalt der Versicherungspolice. Die Fälligkeit der Erstprämie ergibt sich aus der dort niedergelegten Regelung. Die Folgeprämien sind jeweils am 1. eines Kalendermonats fällig. Versichert der Leasingnehmer das Fahrzeug nicht über den Leasinggeber, hat er durch Vorlage einer Sicherungsbestätigung den Abschluss einer Fahrzeugvollversicherung, mit dem gleichen Umfang wie vorstehend, nachzuweisen.

(2) Im Schadensfall hat der Leasingnehmer unverzüglich dem Leasinggeber eine Schadensanzeige und Unterlagen über den Schadensumfang zuzuleiten. Sofern die geschätzten unfallbedingten Reparaturkosten des Leasing-Fahrzeugs über 1500 Euro liegen oder 60 % des Fahrzeug-Zeitwertes erreichen, ist der Leasinggeber unverzüglich zu verständigen. In diesem Fall bleibt dem Leasinggeber die Entscheidung über die Instandsetzung des Leasing-Fahrzeugs vorbehalten. Dem Leasingnehmer steht es in diesen Fällen frei, den Leasingvertrag fristlos zu kündigen; es gilt dann die Regelung gem. § 11 Abs. 3 entsprechend. Dies gilt auch dann, wenn das Leasing-Fahrzeug zerstört worden ist.

(3) Bei Versicherung des Leasing-Fahrzeugs über den Leasinggeber nimmt dieser die Schadensabwicklung vor und verauslagt bis zur endgültigen Abwicklung die unfallbedingten Reparaturkosten mit Ausnahme der Mietwagenkosten.

(4) Hat der Leasingnehmer das Fahrzeug nicht über den Leasinggeber versichert, hat er im Schadensfall die Reparaturkosten am Leasing-Fahrzeug selbst zu bezahlen. Vorbehaltlich eines Widerrufs ermächtigt und verpflichtet der Leasinggeber den Leasingnehmer, im eigenen Namen und auf eigene Kosten alle Ansprüche aus einem Schadensfall geltend zu machen und Entschädigungsleistungen zur sofortigen Wiederherstellung des beschädigten Leasing-Fahrzeugs in einem vom Hersteller anerkannten Reparaturbetrieb entgegenzunehmen. Nach Erhalt der Entschädigungsleistung ist unverzüglich mit dem Leasinggeber abzurechnen. Entschädigungsleistungen für Wertminderung des Leasing-Fahrzeugs sind dem Leasinggeber zu überweisen. Ein Übererlös aus einer Sach- oder Haftpflichtversicherung steht in jedem Fall dem Leasinggeber zu.

(5) Der Leasingnehmer trägt die Sach- und Preisgefahr für das Leasing-Fahrzeug; Abs. 2 gilt entsprechend.

§ 8 Reparaturen und Kosten

(1) Der Leasingnehmer trägt sämtliche Aufwendungen und Gebühren, die mit dem Betrieb des Leasing-Fahrzeuges verbunden sind.

(2) Bei notwendigen Reparaturen im In- oder Ausland hat der Leasingnehmer unverzüglich einen vom Hersteller anerkannten Reparaturbetrieb aufzusuchen. In Notfällen können, falls die Hilfe eines vom Hersteller anerkannten Reparaturbetriebs nicht oder nur unter unzumutbaren Schwierigkeiten erreichbar ist, Reparaturen in einem Kfz-Reparaturbetrieb, der die Gewähr für sorgfältige handwerksmäßige Arbeit übernimmt, durchgeführt werden.

(3) Begleicht der Leasinggeber Reparaturkostenrechnungen oder trägt er sonstige Kosten, die nicht auf Grund besonderer Vereinbarungen des Leasing-Vertrages von ihm zu tragen sind, kann er beim Leasingnehmer Regress nehmen.

§ 9 Sorgfaltspflichten

(1) Der Leasingnehmer hat dafür zu sorgen, dass das Leasing-Fahrzeug nach den Vorschriften der Betriebsanleitung des Herstellerwerkes behandelt wird. Das Leasing-Fahrzeug ist im Rahmen des vertraglichen Verwendungszweckes schonend zu behandeln und stets im betriebs- und verkehrssicheren Zustand zu erhalten. Die fälligen Wartungsarbeiten (lt. Hersteller-Vorschrift) sind pünktlich durchführen zu lassen. Der Leasingnehmer hat das Leasing-Fahrzeug nur Personen mit einer gültigen Fahrerlaubnis zu überlassen. Für Schäden, die diese Personen am oder mit dem Leasing-Fahrzeug anrichten, haftet der Leasingnehmer.

(2) Soweit es die Betriebsanleitung nicht generell ausschließt, darf das Leasing-Fahrzeug nur in Notfällen als ziehendes Fahrzeug verwendet werden.

(3) Nachträgliche Änderungen, zusätzliche Einbauten und Beschriftungen an dem Leasing-Fahrzeug bedürfen der schriftlichen Zustimmung des Leasinggebers. Der Leasinggeber ist berechtigt, zum Vertragsende vom Leasingnehmer die Wiederherstellung des ursprünglichen bzw. eines verkaufsfähigen Zustands auf dessen Kosten zu verlangen. Einbauten gehen, soweit sie nicht bereits wesentliche Bestandteile des Fahrzeugs geworden sind, bei Rückgabe des Leasing-Fahrzeuges in das Eigentum des Leasinggebers über. Änderungen und Einbauten begründen nur dann einen Entschädigungsanspruch gegen den Leasinggeber, wenn dieser schriftlich zugestimmt hat und durch die Veränderung eine Wertsteigerung des Fahrzeugs eingetreten ist.

(4) Schäden am Tachometer und an der Tachometerwelle sind innerhalb eines Tages nach ihrem Eintritt beheben zu lassen.

(5) Der Leasingnehmer hat das Fahrzeug von Rechten Dritter freizuhalten. Er darf es insbesondere weder verkaufen, verpfänden, verschenken, vermieten oder verleihen noch zur Sicherung übereignen. Die Überlassung an Familienangehörige ist gestattet. Der Leasingnehmer trägt die Kosten für Maßnahmen zur Abwehr des Zugriffs Dritter; die nicht vom Leasinggeber verursacht sind.

(6) Von Ansprüchen aus der Verletzung von Gesetzen, Verordnungen oder sonstigen allgemein verbindlichen Bestimmungen infolge der Nutzung des Leasing-Fahrzeuges ist der Leasinggeber vom Leasingnehmer freizustellen. Der Leasinggeber ist berechtigt, bei Inanspruchnahme zu leisten und beim Leasingnehmer Rückgriff zu nehmen.

(7) Der Leasinggeber ist berechtigt, in Abstimmung mit dem Leasingnehmer das Leasingfahrzeug zu besichtigen und auf seinen Zustand zu überprüfen.

(8) Der Leasingnehmer hat seine Wohnsitzwechsel unverzüglich dem Leasinggeber anzuzeigen.

§ 10 Mängelhaftung – Abtretung von Ansprüchen

(1) Der Leasinggeber haftet nach Gebrauchsüberlassung des Leasing-Fahrzeugs nicht gegenüber dem Leasingnehmer gem. §§ 536 f. BGB.

(2) Zur Kompensation der hiermit ausgeschlossenen mietvertraglichen Eigenhaftung tritt der Leasinggeber dem Leasingnehmer alle Ansprüche/Rechte – insbesondere auch Gewährleistungsansprüche – ab, die ihm gegenüber dem Hersteller des Leasing-Fahrzeugs oder gegenüber dem vermittelnden Betrieb zustehen. Der Leasingnehmer nimmt die Abtretung an. Die dem Leasingnehmer zustehenden Ansprüche ergeben sich aus den Verkaufs- und Lieferbedingungen für Neufahrzeuge.

(3) Macht der Leasingnehmer gegenüber dem Hersteller oder einem von diesem autorisierten Betrieb Ansprüche auf Mangelbeseitigung oder auf Minderung oder Rücktritt geltend, so ist er nicht berechtigt, Leasingraten zurückzuhalten. Dies gilt erst dann, wenn der Leasingnehmer Klage auf Rücktritt oder auf Minderung erhebt. Davon ist der Leasinggeber schriftlich zu verständigen.

(4) Sobald im Verhältnis zwischen Leasingnehmer und Hersteller der Rücktritt vollzogen ist, entfällt rückwirkend die Geschäftsgrundlage dieses Vertrages. Soweit eine Minderung (Herabsetzung der Vergütung) wegen mangelnder Gebrauchstauglichkeit des Leasing-Fahrzeugs vollzogen ist, werden die Leasingraten entsprechend der festgestellten Wertminderung des Leasing-Fahrzeugs rückwirkend neu festgesetzt.

(5) Soweit ein Rücktritt wegen fehlender Gebrauchstauglichkeit des Leasing-Fahrzeuges vollzogen ist, wird dieses unverzüglich dem Hersteller bzw. einem von diesem autorisierten Betrieb zurückgegeben. Pro 150 km Fahrleistung wird eine Nutzungsentschädigung iHv. 1 % des Fahrzeugwerts angesetzt[5]*. Entsprechend wird eine Verrechnung zwischen Leasinggeber und Leasingnehmer durchgeführt.*

§ 11 Kündigung

(1) Bei Untergang des Leasing-Fahrzeuges oder bei unfallbedingten Reparaturkosten von mehr als 60 % des Zeitwertes des Leasing-Fahrzeuges kann der Leasing-Vertrag von jeder Vertragspartei zum Ende eines Vertragsmonats gekündigt werden.

(2) Der Leasinggeber kann den Vertrag insbesondere dann fristlos kündigen, wenn

1. *der Leasingnehmer mit zwei aufeinander folgenden Leasingraten in Verzug ist*[6] *und der rückständige Betrag mindestens 5 % aller nach diesem Vertrag geschuldeten Leasingraten zuzüglich Sonderzahlung und Restwert des Leasing-Fahrzeugs ausmacht;*
2. *der Leasingnehmer stirbt und seine Erben oder der Leasinggeber die Fortsetzung des Vertrages ablehnen,*
3. *der Leasingnehmer seinen Wohnsitz in der Bundesrepublik Deutschland aufgibt,*
4. *der Leasingnehmer unrichtige Angaben gemacht oder Umstände verschwiegen hat, die für den Abschluss oder die Weiterführung des Vertrages von erheblicher Bedeutung waren,*
5. *der Leasingnehmer trotz schriftlicher Abmahnung Verletzungen des Vertrages nicht unterlässt oder bereits eingetretene Folgen von Vertragsverletzungen nicht unverzüglich beseitigt, so dass dem Leasinggeber die Fortsetzung des Vertragsverhältnisses bis zur nächstmöglichen Kündigung des Vertrages – trotz vorgeschalteter Abmahnung – nicht zuzumuten ist.*

(3) Im Falle einer fristlosen Kündigung hat der Leasingnehmer eine auf Vollamortisation gerichtete Abschlusszahlung zu erbringen, die sich nach den folgenden Regeln errechnet:

1. *Der Leasingnehmer hat die Leasingraten, die in der vereinbarten Vertragsdauer noch fällig geworden wären, unter Abzinsung mit dem der Kalkulation des Leasinggebers im Zeitpunkt des Vertragsabschlusses zugrunde gelegten Zinssatz als Grundbetrag zu zahlen sowie unter Abzug der sonstigen laufzeitabhängigen Kosten, welche bei staffelmäßiger Berechnung auf die Zeit nach Wirksamwerden der Kündigung entfallen;*
2. *auf diesen Grundbetrag ist der Verwertungserlös auf Basis des Händlerverkaufspreises anzurechnen, wobei dem Leasingnehmer das Recht einzuräumen ist, innerhalb einer Frist von drei Wochen sich selbst oder einen Dritten – hinreichende Bonität vorausgesetzt – als Käufer zu benennen; ersparte Aufwendungen sind, soweit nicht Nr. 1 eingreift, abzuziehen;*
3. *der Grundbetrag erhöht sich um eine Bearbeitungsgebühr von 50 Euro und die Kosten einer Zeitwertschätzung des Leasing-Fahrzeugs.*
4. *Falls der so ermittelte Grundbetrag den garantierten Restwert nicht erreicht, ist der Leasingnehmer verpflichtet, die Differenz auf erstes schriftliches Anfordern auszugleichen*[7].

§ 12 Rückgabe

(1) Am Tag der Beendigung des Vertrages ist das Leasing-Fahrzeug vom Leasingnehmer beim ausliefernden Betrieb in einem dem vertragsgemäßen Gebrauch entsprechenden Zustand frei von Schäden sowie verkehrs- und betriebssicher zurückzugeben.

---

5 Die Festlegung der Nutzungsvergütung ist selbstverständlich abhängig von der zu erwartenden Laufleistung des Pkw. Das Muster geht davon aus, dass die Laufleistung – nur kalkulatorisch/rechnerisch – von 150 000 km zu erwarten ist und dass es sich um einen Wagen handelt, dessen Kaufpreis etwa 10 000 Euro beträgt.

6 Hierzu **M 30.2** Fn. 1.

7 Auf die Pflicht des Leasinggebers zur bestmöglichen Verwertung bei Beendigung des Vertrags sei hingewiesen (hierzu im Einzelnen Zahn in Graf von Westphalen Kap. O Rz. 169 ff.; Wolf/Eckert/Ball Rz. 2001 ff.; vgl. BGH DB 1990, 2367; BGH NJW 1996, 955).

(2) Über den Zustand des Fahrzeugs wird bei Rückgabe ein gemeinsames Protokoll des Leasinggebers und Leasingnehmers angefertigt und von beiden Parteien bzw. ihren Bevollmächtigten unterzeichnet. Festgestellte Schäden und nicht vereinbarte Änderungen am Leasing-Fahrzeug kann der Leasinggeber auf Kosten des Leasingnehmers beseitigen. Wird keine Einigung über den Zustand erzielt, ist ein vereidigter Kfz-Sachverständiger einzuschalten. Seine Feststellungen sind verbindlich.

(3) Nach Ende des Vertrages hat der Leasingnehmer alle ihm überlassenen Unterlagen einschließlich der über die Kundendienst-Betreuung des Leasing-Fahrzeuges an den Leasinggeber zurückzugeben bzw. bei Unmöglichkeit der Rückgabe zu vergüten und die sich daraus ergebenden Schäden zu ersetzen, sofern er nicht nachweist, dass er die Unmöglichkeit nicht zu vertreten hat.

(4) Wird das Leasing-Fahrzeug nicht termingemäß zurückgegeben, werden dem Leasingnehmer für jeden überschrittenen Tag als Grundbetrag 1/30 der für die Vertragszeit vereinbarten monatlichen Leasingrate und die durch die Rückgabeverzögerung verursachten Kosten berechnet. Im Übrigen gelten während dieser Zeit die Pflichten des Leasingnehmers aus diesem Vertrag fort[8].

(5) Ein Erwerb des Leasing-Fahrzeugs durch den Leasingnehmer nach Vertragsablauf ist ausgeschlossen.

§ 13 Allgemeine Bestimmungen

Erfüllungsort ist ... Der Gerichtsstand ist das Gericht in ..., soweit der Leasingnehmer nach Vertragsabschluss seinen Wohnsitz oder gewöhnlichen Aufenthalt aus dem Inland verlegt oder sein Wohnsitz oder gewöhnlicher Aufenthaltsort zum Zeitpunkt der Klageerhebung nicht bekannt ist.

8 Hierzu BGH NJW-RR 2004, 558; BGH NJW-RR 2005, 1081.

2. Abschnitt. Factoring, Forfaitierung

Kapitel 31 Factoring

Literatur: *Bähr*, Factoring-Zession gefährdet verlängerten Eigentumsvorbehalt, NJW 1981, 1759; *Bähr*, Zur Lage der Factoring-Zession, DB 1982, 163 ff.; *Basedow*, Internationales Factoring zwischen Kollisionsrecht und Unidroit-Konvention, ZEuP 1997, 615 ff.; *Berger*, Die Abtretung ärztlicher Honorarforderungen, NJW 1995, 1584 ff.; *Brink*, Factoringvertrag, 1998; *Buchner*, Outsourcing in der Arztpraxis – zwischen Datenschutz und Schweigepflicht, MedR 2013, 337 ff.; *Canaris*, Bankvertragsrecht, 2. Aufl. 1988, Rz. 1652 ff.; *Glos/Sester*, Aufsichtsrechtliche Erfassung der Leasing- und Factoringunternehmen, WM 2009, 1209 ff.; *Godek*, Factoring – Möglichkeiten und Grenzen – Handlungsempfehlungen, BC 2014, 523 ff.; *Hagenmüller/Sommer/Brink*, Factoring-Handbuch, 3. Aufl. 1997; *Mankowski*, in Ferrari/Kieninger/Mankowski u.a., Internationales Vertragsrecht, 2. Aufl. 2011, UNIDROIT-Abkommen über Internationales Factoring (Ottawa 1988); *Martinek*, Moderne Vertragstypen, Bd. I, Leasing und Factoring 1991, 220 ff.; *Martinek*, in Schimansky/Bunte/Lwowski, Bankrechts-Handbuch, 4. Aufl. 2011, § 102; *Philipp*, Factoringvertrag, 2006; *Rossbach*, in Kümpel/Wittig, Bank- und Kapitalmarktrecht, 4. Aufl. 2011, Rz. 11.301 ff.; *Roßnagel/Jandt*, Factoring aus Behandlungsverträgen der Krankenhäuser – datenschutzrechtlich zulässig?, MedR 2013, 17 ff.; *Serick*, Eigentumsvorbehalt und Sicherungsübertragung Bd. IV, 1976; *Serick*, „Befremdliches" zur Behandlung der Barvorschusstheorie beim Factoring-Geschäft, NJW 1981, 794 ff.; *Serick*, Nochmals: Befremdliches zur Barvorschusstheorie beim Factoring, NJW 1981, 1715 ff.; *Sester*, in Langenbucher/Bliesener/Spindler, Bankrechts-Kommentar, 2013, Kap. 18 Rz. B 1 ff.; *Wagner*, Materiell-rechtliche und prozessuale Probleme des § 354a HGB, WM 1996, Beilage Nr. 1; *Wagner*, in Ebenroth/Boujong/Joost/Strohn, HGB, 2. Aufl. 2009, BankR V Rz. 1 ff.; *Wolf*, Die höchstrichterliche Rechtsprechung zum Factoring, WM 1979, 1374 ff.

I. Rechtsnatur

1. Vertragsabschluss

1 Das Finanzierungsinstrument Factoring ist vor allem eine Hilfe für den Mittelstand, weil insbesondere bei mittelständischen Firmen der Finanzierungsaspekt im Vordergrund steht (Philipp S. 2 f., 7 f.). Die volkswirtschaftliche Bedeutung des Factoring ist erheblich; die Factoringquote am BIP erreicht etwa 5 % (Sester, in Langenbucher/Bliesener/Spindler, Kap. 18 B Rz. 6). Dabei sind beim Factoring grundsätzlich drei Funktionen zu unterscheiden: Die Finanzierungs-, die Dienstleistungs- und die **Delkrederefunktion** des Factors (Martinek, in Schimansky/Bunte/Lwowski, Bankrechts-Handbuch, § 102 Rz. 2). Das Kernelement der Finanzierungsfunktion besteht – jedenfalls beim echten Factoring – darin, dass der Factor die angekauften Forderungen des Klienten in Höhe von 80–90 % des angekauften Umsatzes bevorschusst (Rossbach, in Kümpel/Wittig, Bank- und Kapitalmarktrecht, Rz. 11.301), so dass dieser trotz der gegenüber dem Anschlusskunden eingeräumten Zahlungsziele Liquidität kurzfristig erhält. Dafür aber stellt der Factor Zinsen in Rechnung (Martinek aaO § 102 Rz. 14). Es werden jedoch regelmäßig Limits vereinbart, bis zu deren Erreichen der Factor zum Ankauf der Forderungen verpflichtet ist. Die Dienstleistungsfunktion des Factors besteht darin, dass er regelmäßig die gesamte Buchhaltung, das Mahn- und das Inkassowesen des Klienten gegenüber dessen Schuldnern/Kunden übernimmt. Die Delkrederefunktion äußert sich darin, dass der Factor die Bonitätshaftung für den Anschlusskunden zugunsten seines Klienten übernimmt. Beim **unechten Factoring** ist es anders. Hier übernimmt der Factor lediglich die Funktion eines Darlehensgebers zugunsten seines Klienten (BGH NJW 1972, 1715). In der Praxis gibt es freilich auch **Mischformen**, weil der Factor für einen oder mehrere Kunden die Delkrederefunktion übernimmt, für andere aber nur Inkassoleistungen erbringt (Rossbach Rz. 11. 306). Beim sog. **Inhousefactoring** behält der Klient – bei gleichzeitiger Überwachung durch den Factor – die Debitorenbuchhaltung sowie das Mahnwesen (Sester, in Langenbucher/Bliesener/Spindler, Kap. 18 B Rz. 9). Für alle vom Factor erbrachten Leistungen zahlt der Klient eine Gebühr; sie richtet sich grundsätzlich nach dem Gesamtumsatz des Klienten, der Gegenstand des Factoring-Rahmenvertrages wird. Die Dienstleistungsprovision des Factors beträgt zwischen 0,5–3 % des Umsatzes (Martinek aaO § 102 Rz. 14). Die Delkredereprovision des Factors macht etwa 1 % des Umsatzes aus (zum Vergleich der Rentabilität zwischen Factoring, Warenkreditversicherung und Zessionskredit vgl. Mayer, in Hagenmüller/Sommer/Brink, S. 112 ff.). Der Zusammenarbeit zwischen dem Klienten und dem Factor geht regelmäßig eine Prüfung der Bonität des Klienten sowie der Bonität der Debitoren des Klienten voraus. Entschließen sich beide zur Zusammenarbeit, so wird ein Factoring-Vertrag abgeschlossen, dessen Laufzeit in der Regel zwei Jahre beträgt. Im Rahmen dieses Vertrags hat der Klient dem Factor sämtliche Forderungen gegen seine Debitoren (Anschlusskunden) zum Kauf anzubieten. Sodann wird für jeden einzelnen Debitor ein Warenkreditlimit festgelegt (Philipp S. 11, 19). In diesem Rahmen werden die Forderungen angekauft und der Gegenwert zwischen 80–90 % an den Klienten ausgezahlt oder auf seinen Wunsch direkt auf dessen Konto bei der Hausbank gutgebracht. Dabei ist zu unterscheiden, zu welchem Zeitpunkt die Forderungen angekauft werden. In der Regel leistet der Factor – nach Prüfung der Forderungen – einen Vorschuss und zahlt dann den „Rest" bei Fälligkeit der Forderungen (**Fälligkeitsfactoring** – Sester, Kap. 18 B 12). Es kann auch sein, dass der Factor die Forderung erst dann valutiert, wenn der Klient die entsprechende Rechnung bei ihm eingereicht hat (**Diskontverfahren** – Sester aaO). Der vom Factor vorgenommene Sicherheitseinbehalt von 10 –20 % des Rechnungsbetrages wird nach Eingang der jeweiligen Forderung beim Factor ebenfalls an den Klienten ausbezahlt. Auf diese Weise sichert sich der Factor gegen etwaige **Mängelrügen, Retouren, Skonti** etc., die der Debitor gegenüber dem Klienten geltend machen könnte. Betriebswirtschaftlicher Hintergrund der Factoring-Finanzierung ist: Die vom Factor angekauften Außenstände werden beim Klienten sofort zu Bargeld: Factoring

ist ein umsatzkongruentes Finanzierungsinstrument (Philipp S. 7). Es eignet sich insbesondere für umsatzexpansive Unternehmen, doch nicht für Sanierungsfälle. Das Factoringgeschäft ist als **Finanzdienstleistung** eine **erlaubnispflichtige Tätigkeit** im Sinn § 1 Abs. 1a Satz 2 Nr. 9 KWG (Rossbach Rz. 11.312 ff.; Sester, Kap. 18 B Rz. 20 ff.). Dies gilt allerdings nicht für das so genannte Fälligkeitsfactoring, weil hier eine Finanzierungsfunktion nicht zu erkennen ist (Sester, Kap. 18 B Rz. 21). Soweit die Vorschriften des **RDG** – Rechtsdienstleistungsgesetz – in Rede stehen, ist darauf hinzuweisen, dass der BGH schon für das Vorgängergesetz (RBerG) entschieden hat, dass weder das echte noch das unechte Factoring nach den Bestimmungen dieser Gesetze erlaubnispflichtig sind. Denn es handelt sich in beiden Fällen um Inkassoleistungen (BGH NJW 2001, 756; BGH NJW 1972, 1715). Diese Leistungen dürfen jedoch nur von solchen Gesellschaften erbracht werden, welche eine entsprechende Erlaubnis nach § 10 Abs. 1 Nr. 1 RDG haben.

2. Echtes – unechtes Factoring

Echtes Factoring ist der regresslose Ankauf von Forderungen (BGH NJW 1987, 1878; BGH NJW 1977, 1520, 1521). Zugrunde liegt regelmäßig eine Globalzession (hierzu Kap. 29 Rz. 98 f.). Der Ankauf der einzelnen Forderungen ist nach zutreffender Auffassung dem Kaufvertragsrecht zuzuordnen (BGH NJW 1977, 1520, 1521; Serick BB 1976, 425, 429, 431; Martinek S. 244 ff.; Palandt/Grüneberg § 398 BGB Rz. 36; Sester Kap. 18 B Rz. 31 ff.; Rossbach Rz. 11.326 ff.; aM Canaris Rz. 1655: Darlehen mit atypischer Rückzahlungspflicht). Folglich trägt der Factor das Risiko der Zahlungsfähigkeit des Debitors/Anschlusskunden (Philipp S. 82). Der vom Factor geschuldete Kaufpreis wird kontokorrentmäßig zu üblichen Konditionen verzinst, und zwar bis zum Eingang der Zahlung des Debitors bzw. bei Zahlungsunfähigkeit des Debitors bis zur Fälligkeit der Restzahlung aus dem Forderungskaufvertrag. Diese dem Factor zustehenden Kontokorrentzinsen zuzüglich der üblichen Factor-Gebühr sind die Gegenleistung des Klienten. 2

Beim **unechten Factoring** wird die Forderung lediglich erfüllungshalber iSv. § 364 Abs. 2 BGB an den Factor abgetreten (BGH BB 1972, 681; BGH NJW 1980, 44). Es ist ein Kreditgeschäft im Sinn der §§ 488 ff. BGB (BGH NJW 1972, 1715). Der Klient trägt das Insolvenzrisiko des Debitors. Der Factor haftet nicht für die Verität der übertragenen Forderung und auch nicht für die Zahlungsfähigkeit des Anschlusskunden/Debitors (BGH NJW 1978, 1520, 1521; BGH NJW 1972, 1715). Die Gutschrift des Gegenwerts der Forderung ist rechtlich als Kreditgeschäft aufzufassen, weil der Klient verpflichtet ist, das Darlehen dann wieder zurückzuerstatten, wenn es nicht beitreibbar ist (Rossbach Rz. 11.330; Sester Kap. 18 B 39; Palandt/Grüneberg § 398 BGB Rz. 37). Realisiert sich daher das Insolvenzrisiko des Debitors, dann hat der Faktor einen darlehensrechtlichen Rückgewähranspruch gegenüber seinem Klienten (Serick BB 1976, 425, 430 f.; Serick ZHR 143, 69 f.; Canaris Rz. 1655; Martinek S. 250 ff.; aM Blaurock ZHR 142, 325, 340 f.). 3

Regelmäßig wird das Factoring – und dies im Unterschied zur Forfaitierung (Kap. 32) – von Dienstleistungen des Factors begleitet, die einen integralen Bestandteil dieses Geschäftsmodells bilden: Der Factor übernimmt die Debitorenbuchhaltung, das Mahn- und Inkassowesen zu Gunsten seines Klienten. Mittlerweile steht der Datenaustausch im Online-Verfahren zwischen Factor und Klienten im Vordergrund, so dass sich die Dienstleistungsfunktion des Factors mehr und mehr auf das Inkassowesen ab erster Mahnung konzentriert. Rechtstechnisch handelt es sich hierbei um einen klassischen Geschäftsbesorgungsvertrag iSd. §§ 675, 611 ff. BGB. Dadurch erhält der Factoring-Vertrag den Charakter eines **Rahmenvertrags** in Form eines Dauerschuldverhältnisses. 4

II. Spezifische Problemlagen

1. Gewährleistungshaftung

Der Klient haftet beim echten Factoring gem. § 435 BGB für den Bestand – die Verität – der Forderung (BGH NJW 1977, 2207, 2208); maßgebend ist grundsätzlich der Zeitpunkt, in welchem der einzelne Kaufvertrag abgeschlossen wird. Gleichzeitig haftet der Klient für die Übertragbarkeit der Forderung; damit soll sichergestellt werden, dass solche Forderungen nicht für das Factoring geeignet sind, bei denen wirksame Abtretungsverbote (vgl. aber § 354a HGB) vereinbart sind (hierzu Rz. 8). Gleichzeitig übernimmt der Anschlusskunde notwendigerweise das gesamte klassische Ge- 5 währleistungsrisiko gem. §§ 434 ff. BGB; Factoring führt nicht dazu, dass das unternehmerische Risiko des Klienten auf den Factor übertragen wird.

2. Globalzession – verlängerter Eigentumsvorbehalt

6 Beim echten Factoring ist eine Globalzession auch insoweit nicht sittenwidrig gem. § 138 BGB, als sie Forderungen erfasst, auf die sich ein verlängerter Eigentumsvorbehalt erstreckt (Sester Kap. 18 B Rz. 40 ff.; Martinek § 102 Rz. 41 ff.; Rossbach Rz. 11.332 ff.). Dies gilt sowohl in dem Fall, dass der verlängerte Eigentumsvorbehalt – gemessen am Prioritätsprinzip – der Factoring-Globalzession nachfolgt (BGH NJW 1977, 2207, 2208; BGH ZIP 1987, 855, 866), als auch dann, wenn und soweit sich die Factoring-Globalzession auf künftige und bestehende Forderungen erstreckt, so dass Forderungen aus einem vorhergehenden verlängerten Eigentumsvorbehalt betroffen werden (BGHZ 72, 15 ff.; Sester Kap. 18 B Rz. 48). Es geht hier nicht um die Konkurrenz zweier Sicherungsgeber, wie dies für den Eigentumsvorbehalt und die Globalzession zutrifft (Sester Kap. 18 B Rz. 45), sondern um die Konkurrenz zweier Abtretungen. Denn der Vorbehaltsverkäufer wird durch die Zahlung des Factors so gestellt, als ob der Zweitkäufer selbst – oder an seiner Stelle ein Dritter – die Forderung aus dem Weiterverkauf an den einziehungsberechtigten Vorbehaltskäufer gezahlt hätte (BGH NJW 1978, 1972; Sester Kap. 18 B Rz. 48; Serick BB 1979, 845, 846; vgl. auch Bette/Marwede BB 1979, 121 ff.). Maßgebend ist insoweit die Auslegung der dem Vorbehaltskäufer erteilten Einzugsermächtigung (BGH WM 1991, 554, 556).

7 Beim **unechten Factoring** ist klargestellt (BGH BB 1981, 2024), dass hier die gleichen Grundsätze der BGH-Judikatur gelten, wie sie für die Kollisionsfälle zwischen einer Banken-Globalzession und Zessionen auf Grund von Warenkreditgebern entwickelt worden sind (hierzu Kap. 29 Rz. 40). Denn entscheidend ist, dass es sich in diesen Fällen um die Gewährung eines Darlehens handelt (Sester Kap. 18 B Rz. 51; Rossbach Rz. 11.338 ff.; Martinek § 102 Rz. 69 ff.). Es entscheidet also zunächst die Priorität unter den verschiedenen Abtretungen. Steht diese dem Vorbehaltslieferanten zu, so ist der Vorbehaltskäufer auf Grund der ihm regelmäßig erteilten Einziehungsermächtigung nicht berechtigt, die Forderung aus dem Weiterverkauf nochmals an einen Factor zu verkaufen und abzutreten. Es kollidieren hier die Interessen des Warenkreditgebers und die Geldkreditgebers (Martinek § 102 Rz. 69). Wie bei der Kollision zwischen Globalzession und verlängertem Eigentumsvorbehalt liegt hier ein Verleiten zum Vertragsbruch des Vorbehaltsverkäufers vor, so dass auch hier eine dinglich wirkende Teilverzichtsklausel in der Globalzession notwendig wird (Martinek § 102 Rz. 70; Serick BB 1979, 845, 847 ff.; Palandt/Grüneberg § 398 BGB Rz. 37). Folgt indessen die Factoring-Zession dem Eigentumsvorbehalt zeitlich nach, dann geht sie wegen des zu beachtenden **Prioritätsprinzips** ins Leere (Sester Kap. 18 B Rz. 53; Martinek § 102 Rz. 71). Zu erwähnen bleibt freilich, dass das **Schrifttum** teilweise auf dem Standpunkt steht, dass beide Formen des Factoring bei einer Konkurrenz zur Factoring-Zession gegenüber einem verlängerten Eigentumsvorbehalt gleich zu behandeln sein müssen, weil der Factor ja dem Debitor/Anschlusskunden in jedem Fall – auch unter Beachtung der Darlehenskonstruktion im unechten Factoring – liquide Mittel zur Verfügung stellt, so dass das Sittenwidrigkeitsurteil ausscheidet (Canaris NJW 1981, 249, 250 f.; Blaurock NJW 1978, 1974, 1975; hierzu im Einzelnen Martinek § 102 Rz. 73 ff.; dagegen Serick NJW 1981, 794, 796).

3. Abtretungsverbote

8 Das Problem, wie denn bei einem Factoringgeschäft Abtretungsverbote rechtlich zu behandeln sind (hierzu im Einzelnen Sester Kap. 18 B 56 ff.), hat sich durch § 354a HGB im Blick auf solche Verbote im Verhältnis zwischen Klient und Factor erledigt (Baumbach/Hopt § 354a HGB Rz. 1 ff.; vgl. auch Wagner WM 1996, Beilage Nr. 1): Die Abtretung ist trotz Abtretungsausschluss wirksam; der Schuldner bleibt aber berechtigt, an den Zedenten zu zahlen. Soweit Abtretungsverbote des Vorbehaltslieferanten in Rede stehen (Sester Kap. B 57), wonach es dem Vorbehaltskäufer untersagt ist, die einzuziehende Forderung an einen Dritten abzutreten, was allerdings nicht in den Anwendungsbereich von § 354a HGB fällt (Martinek § 102 Rz. 101), wohl aber nach § 307 Abs. 1 Satz 1 BGB zu beanstanden ist (AGB-Klauselwerke/Thüsing – Abtretungsausschluss Rz. 9). Ein Sonderproblem ergibt sich aus der strafbewehrten **Geheimhaltungspflicht** des § 203 StGB. Deren Beach-

tung bringt es mit sich, dass Abtretungen im Rahmen eines Factoringvertrags an § 134 BGB scheitern, sofern der jeweilige Kunde – etwa bei Abtretungen ärztlicher Honorarforderungen – keine ausdrückliche Zustimmung erteilt hat (BGH NJW 1991, 2955; vgl. auch kritisch Berger NJW 1995, 1584 ff.). Zum informationellen Selbstbestimmungsrecht des Bürgers auf Schutz der persönlichen Daten im Rahmen der Abtretung von Forderungen – Gedanke der Verkehrsfähigkeit der Forderung – vgl. BVerfG NJW 2007, 3707.

4. Steuerliche Besonderheiten

Beim echten Factoring, bei dem der Factor Forderungen seines Klienten ankauft, ohne gegen diesen bei Ausfall von Schuldnern ein Rückgriffsrecht zu haben, scheidet die Forderung des Klienten gegen den Schuldner aus seinem Vermögen aus. Der Klient darf sie daher nicht mehr bilanzieren. Anders ist dies beim unechten Factoring. Hier verbleibt die Forderung wirtschaftlich im Bereich des Klienten, weil es sich nur um eine aufschiebend bedingte Vorausabtretung handelt. Der Klient muss die Forderung aktivieren (§§ 246, 253 Abs. 1, 4 HGB, 5 Abs. 1 S. 1, 6 Abs. 1 Nr. 2 EStG) und zugleich das vom Factor gewährte Darlehen passivieren. 9

Umsatzsteuerrechtlich (vgl. auch UStAE Abschn. 2.4 UStAE 2014/2015) liegen beim echten Factoring keine Umsätze des Klienten an den Factor, sondern ausschließlich Umsätze des Factors an den Klienten vor. Die Abtretung der Forderung des Klienten an den Factor ist eine nicht umsatzsteuerbare Leistungsbeistellung. Im Falle des **echten Factorings** liegt eine **unternehmerische Tätigkeit** nach § 2 Abs. 1 UStG des Factors vor, wenn seine Dienstleistung im Wesentlichen darin besteht, dass der Klient von der Einziehung der Forderung und dem Risiko ihrer Nichterfüllung entlastet wird. Der Factor erhält damit auch die Möglichkeit zum Vorsteuerabzug nach § 15 UStG. Beim unechten Factoring, bei dem der Klient auf Grund eines dem Factor zustehenden Rückgriffsrechts bei Ausfall der Forderung nicht vom Ausfallrisiko der abgetretenen Forderung entlastet wird, gilt das Gleiche, wenn der Factor den Forderungseinzug übernimmt. Damit werden echtes und unechtes Factoring umsatzsteuerrechtlich letztlich gleichbehandelt. Der Ort der umsatzsteuerpflichtigen sonstigen Leistung des Factors bestimmt sich idR. nach § 3a Abs. 2 Satz 1 UStG. 10

Zur umsatzsteuerlichen Behandlung s. auch BMF v. 3.6.2004, BStBl. I 2004, 737.

Bei der Abtretung von Forderungen ist die **Haftungsvorschrift** des § 13c UStG zu beachten, wonach ua. der Abtretungsempfänger für die Umsatzsteuer des Abtretenden haftet. Auch der Factor haftet für die Abführung der Umsatzsteuer durch den Klienten (auch Anschlusskunde genannt) insoweit, wie die Umsatzsteuer in dem Differenzbetrag zwischen dem Nennbetrag der Forderung und dem vom Factor an den Anschlusskunden gezahlten Betrag enthalten ist (vgl. UStAE Abschn. 13c.1 Abs. 27 UStAE 2014/2015). 11

M 31.1 Factoring-Vertrag

zwischen

der Firma . . . (Ort, Straße)

– nachfolgend Firma –

und

der Factoring Bank (Factor) . . . (Ort, Straße)

– nachfolgend Factor –

§ 1 Angebot zum Forderungsankauf

(1) Die Firma verpflichtet sich, alle nach Abschluss dieses Factoring-Vertrages entstehenden Forderungen aus Warenlieferungen/Dienstleistungen gegen ihre sämtlichen Kunden (Debitoren) unverzüglich nach Geschäftsabschluss dem Factor zum Kauf anzubieten.

(2) Das Kaufangebot erteilt die Firma durch Übersendung von Kopien ordnungsgemäßer Auftragsbestätigungen und Ausgangsrechnungen. Diese müssen die Forderungen der Firma gegen den Debitor nach Art, Betrag und Fälligkeit ausweisen.

§ 2 Ankauf der Forderungen

(1) Der Factor ist verpflichtet, die ihm zum Kauf angebotenen Forderungen anzunehmen, wenn und soweit für den jeweiligen Debitor ein Kauflimit (§ 3) eingeräumt ist und dieses Limit unter Berücksichtigung der bereits angekauften Forderungen für den Ankauf der angebotenen Forderung unbeschränkt frei ist[1].

(2) Die Firma ist an ihr Kaufangebot hinsichtlich aller Forderungen, für die keine Ankaufsverpflichtung des Factors besteht, acht Tage ab Zugang ihres Angebots beim Factor gebunden.

(3) Die Kaufangebote der Firma werden durch Gutschriften des Kaufpreises auf dem Abrechnungskonto der Firma angenommen.

§ 3 Kauflimit

(1) Mit Abschluss dieses Factoring-Vertrages werden für die Debitoren der Firma Kauflimits eingeräumt, bis zu deren Höhe der Factor zum Ankauf verpflichtet ist. Über die Einräumung weiterer oder die Erhöhung bereits eingeräumter Limits entscheidet der Factor nach freiem Ermessen.

(2) Zur Herabsetzung oder Streichung eines rechtsverbindlich eingeräumten Limits ist der Factor nur berechtigt, wenn ihm negative Umstände bekannt werden, welche nachhaltig eine andere Beurteilung der Bonität des Debitors ergeben als diejenigen, welche der Entscheidung über die Limiteinräumung zugrunde gelegen haben. Dies gilt insbesondere bei schleppender Zahlungsweise des Debitors, Nichteinlösung von Schecks, Wechselprotesten uä. Limitänderungen sind nur für solche Forderungen zulässig, die nicht bereits ausgelieferte Waren an den Debitor betreffen.

§ 4 Nicht angekaufte Forderungen

(1) Die Firma beauftragt den Factor, die nicht angekauften Forderungen als Inkassoforderungen im eigenen Namen, aber für Rechnung der Firma einzuziehen.

(2) Der Einzug erfolgt auf ein Treuhandkonto (§ 19). Inkassoforderungen dienen dem Factor nicht als Sicherheit für seine Ansprüche aus dem Factoring-Verhältnis. Forderungseingänge im Rahmen eines Inkassos sind so zu handhaben, dass der Firma die ungekürzten Werte zufließen.

(3) Für die Inkassotätigkeit vergütet die Firma dem Factor pauschal ... % der jeweiligen Rechnungssumme incl. Umsatzsteuer.

§ 5 Abtretung

Die Firma tritt hiermit an den Factor im Voraus alle nach Abschluss dieses Factoring-Vertrages anstehenden künftigen Forderungen aus Warenlieferungen/Dienstleistungen ab, die ihr gegen ihre sämtlichen Debitoren zustehen oder zustehen werden. Dies geschieht unter der aufschiebenden Bedingung[2]*, dass über die jeweilige Forderung ein Kaufvertrag zu Stande kommt. Der Factor nimmt die Abtretungen an.*

§ 6 Sicherheiten

(1) Mit der verkauften und abgetretenen Forderung tritt die Firma an den Factor alle Ansprüche ab, die sie aus ihrem Vertrag mit dem Debitor erlangt, insbesondere Ansprüche auf Herausgabe oder Rückgabe gelieferter Waren.

---

1 Zu den unterschiedlichen Formen der Bedingungs-, Rücktritts- und „Gewährleistungsvariante" vgl. Martinek in Schimansky/Bunte/Lwowski, Bankrechts-Handbuch, § 102 Rz. 24 f. Letztere ist dadurch charakterisiert, dass der Factor die Forderungen bedingungslos erwirbt, aber dann nach Durchführung der Bonitätsprüfung – und ihrem negativen Ausgang – den Rücktritt erklärt und die Forderung daher wieder dem Klienten anheimfällt.

2 Hierzu Fn. 1 – „Bedingungsvariante". Sie ist in der Praxis die gebräuchliche Form, vgl. Martinek in Schimansky/Bunte/Lwowski § 102 Rz. 24 f.

(2) Firma und Factor sind sich darüber einig, dass das Vorbehalts- und Sicherungseigentum Eigentum oder Miteigentum des Factors wird. Firma und Factor sind sich auch darüber einig, dass sämtliche bestehenden und künftig entstehenden Anwartschaftsrechte auf den Factor übergehen, die die Firma an Gegenständen hat, die in Auftragsbestätigungen und den entsprechenden Rechnungen über verkaufte Forderungen enthalten sind. Die Übergabe wird durch Abtretung der Herausgabeansprüche gegen Drittbesitzer oder ggf. dadurch ersetzt, dass die Firma die Gegenstände unentgeltlich, treuhänderisch und getrennt von anderen Waren für den Factor verwahrt.

(3) Die Firma tritt auch ihre Ansprüche im Rahmen von Kaufverträgen gegen den Transporteur und ihr Verfolgungsrecht an der Ware an den Factor ab.

(4) Die Firma tritt schon jetzt ihre sämtlichen eventuellen Versicherungsansprüche in Bezug auf die abgetretenen Forderungen und übereigneten Waren (wie zB Kredit-, Transport-, Einbruchs-, Diebstahls-, Feuerversicherung etc.) sowie alle gegenwärtigen und künftigen auf die Waren bezogenen Schadensersatzansprüche an den Factor ab. Soweit die Abtretung von besonderen, weiter gehenden Voraussetzungen abhängig ist, verpflichtet sich die Firma, die Abtretung in der notwendigen Weise vorzunehmen.

(5) Soweit Nebenrechte nicht bereits kraft Gesetzes übergehen, verpflichtet sich die Firma, dem Factor alle Rechte, die der Durchsetzung und Sicherung der verkauften Forderung dienen, auf erstes Anfordern des Factors zu übertragen.

§ 7 Delkrederehaftung des Factors

Für alle von ihm angekauften Forderungen trägt der Factor das Risiko der Zahlungsunfähigkeit des Debitors (Delkredere). Die Haftung des Factors aus der Delkredereübernahme tritt 60 Tage nach Fälligkeit der Forderungen in Kraft.

§ 8 Haftung der Firma für die verkauften Forderungen

(1) Die Firma haftet ohne Rücksicht auf ein Verschulden für Bestand, Abtretbarkeit und Freiheit von Einreden und Einwendungen der verkauften Forderungen bis zu deren Erfüllung[3]*. Sie haftet dafür, dass die Forderung nicht nachträglich in ihrem rechtlichen Bestand verändert, insbesondere nicht durch Vereinbarung mit dem Schuldner oder durch Anfechtung oder Aufrechnung zum Erlöschen gebracht wird und/oder die dem Debitor von der Firma gelieferte Ware oder erbrachte Leistung nicht vertragsgemäß ist und der Debitor deswegen Minderung, Rücktritt, Schadensersatz statt der Leistung, Nacherfüllung (Nachbesserung/Ersatzlieferung) oder ein Zurückbehaltungsrecht geltend machen kann.*

(2) Der Factor kann in solchen Fällen unbeschadet sonstiger gesetzlicher Rechte von dem Kaufvertrag zurücktreten oder Schadensersatz statt der Leistung verlangen.

§ 9 Sicherheitsleistungen auf Sperrkonto und vorläufige Inanspruchnahme

(1) Die Firma hat zur Sicherung der möglichen Ansprüche des Factors aus diesem Vertrag (§ 8) eine allgemeine Sicherheit zu leisten, die aus einem auf einem Sperrkonto zu verbuchenden Betrag von 10 % des Kaufpreises (§ 10) besteht. Dieses Guthaben ist banküblich zu verzinsen.

(2) Bestreitet ein Debitor eine Forderung, so kann der Factor die Firma nach Ablauf einer Frist von 60 Tagen seit Fälligkeit der betreffenden Forderung wegen zu erwartender Haftung gem. § 8 aus dem Sperrkontoguthaben in Anspruch nehmen, bis geklärt ist, ob die bestrittene Forderung unter Delkredereschutz fällt.

(3) Mit der Belastung der Firma durch den Factor gem. Abs. 2 entfällt insoweit ab Buchungstag eine Verzinsung des vorschüssig gezahlten Kaufpreises (§ 10).

3 Vgl. aber BGH NJW 2006, 47 – garantiemäßige Haftung des Lieferanten verstößt in Einkaufs-AGB gegen § 307 Abs. 2 Nr. 1 BGB. Das ist aber wohl wegen der Besonderheiten des echten Factoring zu rechtfertigen.

§ 10 Kaufpreis[4]

Als Kaufpreis vergütet der Factor der Firma unverzüglich nach Ankauf der Forderung einen Betrag, der dem aus der Ausgangsrechnung an den jeweiligen Debitor ersichtlichen Zahlungsanspruch entspricht, abzüglich einer gesondert vereinbarten Factoring-Gebühr und abzüglich eines gesondert vereinbarten Zinses für die tatsächliche Laufzeit der Forderung (beginnend mit der Gutschrift des Kaufpreises auf dem Abrechnungskonto bis zum Zahlungseingang beim Factor oder dessen Eintritt im Delkrederefall).

§ 11 Debitoren-Buchhaltung

(1) Die Firma ist verpflichtet, die für eine ordnungsgemäße Debitoren-Buchhaltung erforderlichen Unterlagen dem Factor rechtzeitig und vollständig zuzuleiten.

(2) Der Factor verpflichtet sich, der Firma fortlaufend und geordnet Unterlagen zu übersenden, aus denen die Firma den jeweiligen Stand der Geschäftsbeziehungen zum Factor und zu ihren Debitoren ersieht. Die Mitteilungen des Factors haben die Firma in die Lage zu versetzen, eine den handels- und steuerrechtlichen Vorschriften entsprechende Buchhaltung zu führen.

§ 12 Mahnungen und weiter gehende Rechtsverfolgungsmaßnahmen

(1) Dem Factor obliegen Mahn- und weiter gehende Rechtsverfolgungsmaßnahmen für alle angekauften Forderungen.

(2) Mit den Kosten von Rechtsverfolgungsmaßnahmen wird im Verhältnis zur Firma der Factor belastet, wenn sie Bonitätsgründe hatten (§ 7); ergibt sich dagegen nach Durchführung von rechtlichen Maßnahmen eine Haftung der Firma (§ 8), so trägt diese die entstandenen Kosten.

(3) Bestreitet ein Debitor eine Forderung, so hat die Firma auf Anforderung des Factors die für die Rechtsverfolgung voraussichtlich notwendig werdenden Kosten unter Berücksichtigung der auf den Factor im Falle gänzlichen oder teilweisen Unterliegens zukommenden gesamten Gerichts- und Anwaltskosten vorschüsslich jeweils für eine Instanz zur Verfügung zu stellen. Kommt die Firma dieser Anforderung nicht nach, kann der Factor den Delkredereschutz versagen und nach § 8 Abs. 2 verfahren.

(4) Soweit der Factor für die nicht angekauften Forderungen lediglich zum Inkasso beauftragt ist, mahnt er auch diese Forderungen für die Firma an. Rechtsverfolgungsmaßnahmen wegen dieser Forderungen führt er nur ausnahmsweise auf Grund besonderer Vereinbarung mit der Firma und nur dann durch, wenn eine die voraussichtlichen Kosten des Verfahrens deckende Sicherheit vorher geleistet worden ist.

§ 13 Offenlegung des Factoring-Verfahrens[5]

(1) Die Debitoren sind von der Firma in geeigneter Weise über das Factoring-Verfahren und die Abtretung der Forderungen zu unterrichten.

(2) Die Rechnungen der Firma haben einen deutlich lesbaren Hinweis darauf zu enthalten, dass die Rechnungssumme an den Factor abgetreten ist und Zahlungen mit befreiender Wirkung nur an den Factor durch Überweisung auf dessen mitgeteilte Konten erfolgen können[6].

(3) Entsprechende Hinweise sind auch in die Liefer- und Zahlungsbedingungen der Firma aufzunehmen.

(4) Sollte ein Debitor nicht an den Factor, sondern an die Firma zahlen, so gilt die Regelung von § 15 dieses Vertrages. Im Übrigen verpflichtet sich der Factor, den Debitor wegen der bereits an die Firma geleisteten Zahlungen nicht erneut in Anspruch zu nehmen.

---

4 Das Factoringentgelt beträgt gewöhnlich 0,8 %–2,5 % des angekauften Bruttoumsatzes (Philipp S. 79).

5 Damit wird hier das so genannte „offene" Verfahren vorgeschlagen, vgl. Martinek in Schimansky/Bunte/Lwowski § 102 Rz. 26 ff. Es ist dies das übliche Verfahren.

6 Dieser Vermerk ist trotz § 354a HGB wesentlich (Philipp S. 94 ff.).

§ 14 Wahrung der Belange des Factors durch die Firma

(1) Die Firma ist verpflichtet, unverzüglich Mitteilung zu machen, wenn ihr negative Umstände bekannt werden, die die Zahlungsfähigkeit eines Debitors betreffen oder die die Durchsetzung einer abgetretenen Forderung gefährden können. Gleiches gilt, wenn ein Debitor, aus welchen Gründen auch immer, seine Zahlungspflicht ganz oder teilweise bestreitet oder Gegenforderungen geltend macht.

(2) Die Firma hat den Factor unverzüglich zu informieren, falls einer ihrer Lieferanten seine an die Firma erteilte Ermächtigung zur Weiterveräußerung der Vorbehaltsware und zum Einzug der Forderungen daraus widerruft oder modifiziert.

§ 15 Zahlungseingänge bei der Firma

(1) Zahlungseingänge auf angekaufte Forderungen bei der Firma oder auf Konten der Firma bei anderen Banken nimmt die Firma als Treuhänder für den Factor entgegen und leitet sie unverzüglich an diesen mit den Zahlungsbelegen weiter. Firma und Factor sind sich bereits jetzt darüber einig, dass alle Ansprüche in Höhe des vom Debitor gezahlten Betrages gegen die jeweilige Bank an den Factor abgetreten sind. Der Factor ist unwiderruflich bevollmächtigt, seinerseits die Bank zu beauftragen, die bei ihr eingegangenen Debitorenzahlungen an ihn zu überweisen.

(2) Firma und Factor sind sich darüber einig, dass das Eigentum an Wechseln, Schecks oder Postbarschecks, die bei der Firma für angekaufte Forderungen eingehen, auf den Factor übergeht, sobald die Firma die Papiere erwirbt. Die Firma tritt die ihr aus den Papieren zustehenden Rechte im Voraus an den Factor ab. Die Papiere werden von der Firma bis zur Übergabe an den Factor als Treuhänder verwahrt. Wird die Firma nicht unmittelbare Besitzerin, so tritt sie bereits jetzt ihren Herausgabeanspruch gegen Dritte an den Factor ab, der diese Abtretung annimmt. Die Firma wird die Papiere – soweit erforderlich – mit ihrem Indossament versehen und sie unverzüglich dem Factor ausliefern.

§ 16 Warenrücksendungen

(1) Warenrücksendungen wird die Firma dem Factor unter Angabe der Gründe unverzüglich mitteilen.

(2) Firma und Factor sind sich darüber einig, dass solche Waren, sofern der Factor nicht bereits Eigentümer ist, in das Eigentum des Factors übergehen. Die Firma verwahrt diese Waren getrennt von anderen für den Factor.

§ 17 Besondere Mitwirkungspflicht

Die Firma wird den Factor bei Durchsetzung der Forderungen durch Auskunftserteilung und Zurverfügungstellung von Unterlagen nach besten Kräften unterstützen. Die Firma wird alle Erklärungen abgeben, die ggf. zur Durchsetzung der Forderungen notwendig werden. Die Firma wird den Factor auch bei einer eventuellen Sicherheitenverwertung unterstützen.

§ 18 Einsicht in Geschäftsunterlagen

Der Factor ist berechtigt, zur Prüfung der an ihn abgetretenen Forderungen und der Einhaltung der Bestimmungen dieses Vertrages Einsicht in die Geschäftsbücher und sonstigen Unterlagen der Firma zu nehmen, soweit es der Prüfungszweck erfordert.

§ 19 Kontenführung

Der Factor führt folgende Konten:

- *Abrechnungskonto zur Verbuchung der Geschäftsvorfälle zwischen Factor und Firma, insbesondere zur Gutschrift der Kaufsummen,*
- *Sperrkonto, auf dem die Sicherungen nach § 9 dieses Vertrages verbucht werden,*
- *Treuhandkonto für Forderungen, die der Factor für fremde Rechnung einzieht.*

§ 20 Abtretung der Ansprüche an den Factor

Ansprüche der Firma gegen den Factor aus diesem Vertrag können nur mit schriftlicher Zustimmung des Factors abgetreten werden. Der Factor kann die Zustimmung nur aus wichtigem Grund versagen.

§ 21 Aufrechnung der Firma

Die Firma kann mit eigenen Ansprüchen nur aufrechnen, soweit diese vom Factor ausdrücklich anerkannt oder sie rechtskräftig festgestellt worden sind.

§ 22 Laufzeit und Kündigung des Vertragsverhältnisses

(1) Dieses Vertragsverhältnis kann erstmals zum Ablauf des 2. Vertragsjahrs mit einer Frist von sechs Monaten gekündigt werden. Danach läuft es auf unbestimmte Zeit weiter und kann mit einer Frist von sechs Monaten zum Schluss eines beliebigen Kalendermonats gekündigt werden.

(2) Beide Vertragsparteien haben das Recht, das Vertragsverhältnis jederzeit mit sofortiger Wirkung zu kündigen, wenn dafür ein wichtiger Grund vorliegt.

(3) Als ein solcher wichtiger Grund ist für den Factor insbesondere anzusehen, wenn schuldhaft unrichtige Angaben über die eigenen Vermögensverhältnisse oder die der Debitoren gemacht wurden und dadurch der Vertragszweck gefährdet wird oder wenn sich die Vermögensverhältnisse der Firma gegenüber dem Zeitpunkt des Vertragsschlusses derart ändern, dass dem Factor eine Fortsetzung des Vertrages bis zum nächsten ordentlichen Kündigungstermin nicht zumutbar erscheint. Das Gleiche gilt, wenn die Firma gegen maßgebende Vertragspflichten trotz Abmahnung verstößt und dem Factor dadurch die Ausübung seiner Rechte wesentlich erschwert oder vereitelt wird.

(4) Als ein wichtiger Kündigungsgrund ist es in jedem Falle anzusehen, wenn die Eröffnung des Vergleichs- oder Konkursverfahrens über das Vermögen der Firma beantragt wird, Scheck- oder Wechselproteste erfolgen, Zahlungsunfähigkeit oder Überschuldung eintritt.

§ 23 Vertragsabwicklung bei Beendigung des Vertragsverhältnisses

(1) Alle vor Vertragsbeendigung angedienten Forderungen, für die ein Limit frei ist (§ 2 Abs. 1), sind vom Factor anzukaufen, unabhängig davon, ob die Annahme des Angebots (§ 2 Abs. 4) noch vor oder erst nach Beendigung des Vertrages erfolgen kann.

(2) Für die angekauften Forderungen hat der Factor über den Beendigungszeitraum hinaus alle nach diesem Vertrag vereinbarten Factoring-Leistungen zu erbringen.

(3) Im Falle einer Kündigung des Vertrages aus wichtigem Grund (§ 22 Abs. 2 und 3) entfällt mit dem Zugang der Kündigung die Ankaufs- und Vorschusspflicht des Factors. Soweit auf angekaufte Forderungen Vorschüsse gewährt werden, entfällt dafür mit dem Zugang der Kündigung auch der Rechtsgrund; die Vorschüsse sind zurückzuführen (§§ 812 ff. BGB). Die bereits bestehende Wirksamkeit der über die Einzelforderungen abgeschlossenen Kaufverträge und das Delkredere werden von der Kündigung aus wichtigem Grund nicht berührt.

§ 24 Schriftform

Alle getroffenen Vereinbarungen sind schriftlich in dieser Urkunde enthalten.

§ 25 Erfüllungsort, Gerichtsstand

Erfüllungsort und Gerichtsstand für alle Streitigkeiten aus diesem Vertrag ist . . . (Ort).

Kapitel 32 Forfaitierung

Literatur: *Bauer/Seeger*, in Kümpel/Wittig, Bank- und Kapitalmarktrecht, 4. Aufl. 2011, Rz. 13.271 ff.; *Baumbach/Hopt*, HGB, 36. Aufl., 2014, Bankgeschäfte (7) Rz. J/4 ff.; *Hakenberg*, in Ebenroth/Boujong/Strohn, HGB, 2. Aufl. 2009, BankR VI Rz. 1 ff.; *Hakenberg*, Juristische Aspekte der Exportforfaitierung, RIW 1998, 906 ff.; *Milatz*, Forfaitierung von Andienungsrechten bei Teilamortisations-Mobilien-Leasingverträgen, DB 1996, 841 ff.; *Nielsen*, Bankrecht und Bankpraxis (BuB) Bd. 3, Rz. 5/213 ff.; *Martinek*, in Schimansky/Bunte/Lwowski, Bankrechts-Handbuch, 4. Aufl. 2011, § 103 Rz. 1 ff.; *Sester*, in Langenbucher/Bliesener/Spindler, Bankrechts-Kommentar, Kap. 18 C Rz. 1 ff.; *Graf von Westphalen*, Rechtsprobleme des Factoring und des Forfaits von Exportforderung, RIW/AWD 1977, 80 ff.; *Graf von Westphalen*, Rechtsprobleme der Exportfinanzierung, 3. Aufl. 1987, S. 482 ff.; *Graf von Westphalen*, Forfaitierungsverträge unter dem Gesichtswinkel des Schuldrechts-Modernisierungsgesetzes, WM 2001, 1837 ff.; *Zahn*, in Graf von Westphalen, Der Leasingvertrag, 7. Aufl. 2014, Kap. S Rz. 1 ff.; s. auch die Literaturhinweise zu Kap. 31.

I. Erscheinungsform

Forfaitierungsverträge kommen vor allem bei Auslandsforderungen vor (Hakenberg RIW 1998, 906 ff.). Aber auch im Rahmen von Leasingverträgen hat das Forfait im Rahmen einer Refinanzierung des Leasinggebers erhebliche praktisch Bedeutung (Zahn, in Graf von Westphalen, Der Leasingvertrag, 7. Aufl. 2014, Kap. S Rz. 16 ff.). In all diesen Fällen übernimmt der Forfaiteur auf Grund eines Forderungskaufs (BGH NJW 1994, 2483, 2484; Sester Kap. 18 C Rz. 9) gem. § 453 BGB – also gegen Übertragung/Abtretung der Forderung und Zahlung eines entsprechenden Kaufpreises – das Risiko der wirtschaftlichen Durchsetzbarkeit der Forderung – bezogen auf die Bonität des Kunden – sowie das Risiko der politischen Durchsetzbarkeit im Hinblick auf Konvertierbarkeit, Transferierbarkeit sowie in Bezug auf das Nichtbestehen eines Moratoriums oder Zahlungsverbots des Schuldnerlandes (BGH NJW 1994, 2483 f.; Martinek § 103 Rz. 1 ff.; Graf von Westphalen RIW/AWD 1977, 80, 83; Schütze WM 1979, 962). In der Exportfinanzierung hat deshalb das Forfaitgeschäft erhebliche Bedeutung (Graf von Westphalen S. 482 ff.; Nielsen BuB Rz. 5/213 ff.), vor allem bei der Finanzierung von grenzüberschreitenden Großprojekten (vgl. Martinek, in Schimansky/Bunte/Lwowski § 103 Rz. 2). Es geht hier stets um den regresslosen Ankauf von Wechsel- und Akkreditivforderungen, teilweise auch von Hermes-gedeckten Forderungen (Martinek § 103 Rz. 6 f.) oder auch um den Erwerb von Buchforderungen. Forfaitierung von Forderungen bedeutet immer **regressloser Ankauf von Forderungen.** Im **Inland** hat, wie bereits angedeutet, die Forfaitierung vor allem Bedeutung bei der Refinanzierung von Leasingforderungen (Zahn, in Graf von Westphalen, Kap. S Rz. 16 ff.; Sester Kap. 18 C Rz. 14 ff.; Schölermann/Schmidt-Burgk WM 1992, 933 ff.; Peters WM 1993, 1661 ff.; Bernstein DB 1989, 567 ff.). Zum Problemkreis der betrügerischen Refinanzierung von Leasingforderungen BGH NJW 2005, 359 – Flowtex. Zur **steuerlichen Behandlung** vgl. BMF-Schreiben v. 9.1.1996 (BStBl. I, 9). 1

II. Unterschied zum Factoring

Ähnlich wie das Factoring bedeutet das Forfait, dass der Forfaiteur die Forderungen seines Kunden regresslos kauft (Martinek § 103 Rz. 1 ff.). Während beim Forfait – jedenfalls bei Exportforderungen – regelmäßig Wechsel zugrunde liegen (Graf von Westphalen S. 482 ff.), bezieht sich das Factoring auf Buchforderungen. Das vom Factor übernommene Risiko beschränkt sich beim echten Factoring auf das Bonitätsrisiko des Debitors; beim Forfaitgeschäft kommt noch das politische Risiko der Durchsetzbarkeit der Exportforderung hinzu. Entscheidend ist im Übrigen, dass der Forfaiteur keine zusätzlichen Dienstleistungen im Rahmen eines Geschäftsbesorgungsvertrags gem. §§ 675, 611 ff. BGB übernimmt. Folglich ist das Forfait auch kein Dauerschuldverhältnis. Das For- 2 faitgeschäft stellt darüber hinaus auf die jeweilige Einzelforderung ab; beim Factoring liegt eine Globalzession zugrunde. Das Factoring dient schließlich der Finanzierung kurz- und mittelfristiger Forderungen; das Forfaitgeschäft eignet sich auch für mittel- und langfristige Forderungen, sofern ausreichende Sicherheiten bestehen (Graf von Westphalen S. 483 f.).

3 Auch beim Forfaitgeschäft kann – ähnlich wie beim Factoring – ein unechtes Forfaitgeschäft vereinbart werden (BFH DStR 1999, 1310), weil es sich in der Sache nicht um einen Forderungskauf, sondern um ein **Darlehen** handelt. Diese Fälle sind jedoch selten.

4 Bei der Forfaitierung von Leasingforderungen liegen klassische Buchforderungen dem regresslosen Ankauf zugrunde. Triebfeder für diese Art der Refinanzierung ist die Vermeidung von Gewerbesteuern (Kap. 30 Rz. 10).

III. Rechtsnatur

5 Der Forfaitierungsvertrag ist ein Kaufvertrag in Form des Rechtskaufs gem. § 453 BGB (BGH NJW 1994, 2483, 2484; OLG Hamburg ZIP 1983, 46, 47; Martinek, in Schimansky/Bunte/Lwowski § 103 Rz. 14 ff.; Graf von Westphalen S. 486; Sester Kap. 18 C Rz. 9; Schultz-Meister AWD 1972, 230, 232). Die Haftung für den rechtlichen Bestand der Forderungen ergibt sich aus § 434 Abs. 1 BGB. Die Einzelheiten der Haftungsverteilung werden im Rahmen eines Forfaitvertrages in der Regel eingehend geregelt (vgl. auch Martinek § 103 Rz. 8 ff.). Werden Wechsel forfaitiert, dann ist dringend darauf zu achten, dass es sich um Sola-Wechsel, nicht aber um Tratten handelt, weil sonst die wechselmäßige Haftung des Ausstellers nach Art. 10 WG nicht abbedungen werden kann. Es ist dann auf eine Freistellung auszuweichen. Zu betonen bleibt, dass die Forfaitierung von Buchforderungen eine anerkannt hohe Bonität des Schuldners voraussetzt (Martinek in Schimansky/Bunte/Lwowski § 103 Rz. 26).

M 32.1 Forfaitierungs-Vertrag von Buchforderungen (Export)

zwischen

der Firma . . .

– im Folgenden Firma –

und

der Bank . . .

– im Folgenden Bank –.

Die Firma hat mit der Firma X in . . . am . . . einen Vertrag über die Lieferung/Leistung . . . zu einem Preis von . . . Euro abgeschlossen.

Der Kaufpreis ist wie folgt fällig . . . .

Zur Sicherung des Kaufpreises hat die Y-Bank am . . . eine Garantie auf erstes Anfordern gestellt.

. . . (nähere Bezeichnung, Nummer etc.).

Dies vorausgeschickt vereinbaren die Parteien Folgendes:

§ 1

(1) Die Bank kauft mit dem Recht der Weiterübertragung von der Firma die in der Präambel näher bezeichneten Forderungen[1] *gegen die Firma X . . . im Gesamtwert von . . . Euro*[2]*. Dieser Betrag be-*

1 Werden **Wechselforderungen**, was sehr häufig der Fall ist, forfaitiert, dann ist naturgemäß sicherzustellen, dass dann die Wechsel „oO" – „without recourse" vom Inhaber an den Forfaiteur indossiert werden (vgl. auch Welter, in Schimansky/Bunte/Lwowski, § 66 Rz. 24 ff.). Dafür passt das Vertragsschema allerdings nur dann, wenn auch die zugrunde liegende Forderung ihrerseits verkauft wird.

2 Es ist stets auch darauf zu achten, ob für die betreffende Forderung nicht eine Hermes-Deckung besteht, weil dann die Abtretung dieser Forderungen dem Zustimmungsvorbehalt des Bundes unterliegt, vgl. Martinek in Schimansky/Bunte/Lwowski § 103 Rz. 6.

inhaltet außer Kapitalraten auch ... % p.a. Kundenzinsen und ist in folgenden Raten zur Zahlung fällig.

...

(2) Die Firma tritt hiermit der Bank sämtliche gegenwärtigen und zukünftigen Ansprüche, die der Firma aus dem zwischen der Firma und der Firma X ... geschlossenen Vertrag vom ... nebst allen vertraglichen und gesetzlichen Nebenansprüchen, einen etwaigen Umsatzsteuererstattungsanspruch sowie vertraglich vereinbarte Zinsansprüche ab. Die Firma tritt weiterhin ihre Ansprüche aus der in der Präambel genannten Garantie auf erstes Anfordern an die Bank ab[3]*. Die Bank nimmt die Abtretung an.*

(3) Die Firma wird die Firma X und die garantierende Bank ... beauftragen, Leistungen unwiderruflich nur an die Bank zu erbringen. Die Benachrichtigung hat in der Form, wie sie in den Schreiben in Anlage 1 und 2 zu diesem Vertrag enthalten ist, zu erfolgen.

§ 2

Der Kauf erfolgt – außer in den in § 5 genannten Fällen – unter Ausschluss des Rückgriffes auf die Firma.

§ 3

Als Kaufpreis zahlt die Bank der Firma den Nennwert der Forderungen von ... Euro abzüglich ... % p.a. Diskont auf Basis 365/360. Die Zahlung des Kaufpreises erfolgt in folgender Weise ... unter dem Vorbehalt, dass die Firma X und die ... Y-Bank der Forderungsabtretung gem. der diesem Vertrag beigefügten Abtretungsanzeige (Anlage 1 und 2) schriftlich zustimmen und bestätigen werden, dass die fälligen Beträge künftig nur an die Bank gezahlt werden.

§ 4

Die Firma versichert und garantiert[4]*, dass*

1. *die forfaitierte Forderung nach dem anwendbaren Recht besteht;*
2. *die Garantie nach dem anwendbaren Recht gültig ist;*
3. *die forfaitierte Forderung und die Garantieforderung einredefrei sind;*
4. *die Forderung und Garantieforderung nicht nachträglich in ihrem rechtlichen Bestand verändert, insbesondere nicht durch Anfechtung oder Aufrechnung zum Erlöschen gebracht werden;*
5. *sämtliche Genehmigungen staatlicher oder anderer Stellen vorliegen, die für eine ordnungsgemäße Erfüllung der Verbindlichkeiten erforderlich sind;*
6. *Forderung und Garantieforderung abtretbar sind*[5] *und die Bank diese durch die Abtretung erwirbt;*
7. *die Firma sämtliche Verpflichtungen aus dem in der Präambel näher bezeichneten Vertrag ordnungsgemäß erfüllt hat bzw. erfüllen wird, insbesondere Lieferungen und Leistungen mängelfrei und vollständig erbracht hat bzw. erbringen wird.*

---

3 Man wird hier wegen des Auslandsbezugs keine durchgreifenden Bedenken im Sinne des § 307 BGB gegen die Wirksamkeit einer solchen abstrakten Garantie haben müssen (Graf von Westphalen, in Graf von Westphalen/Jud, Die Bankgarantie im internationalen Handelsverkehr, 4. Aufl, 2014, Kap. B Rz. 40 ff.; Graf von Westphalen ZIP 2004, 1433; vgl. aber für Bürgschaft auf erstes Anfordern – unwirksam – BGH ZIP 2002, 1198; BGH ZIP 2002, 1690). Zur Besicherung durch eine Garantie und deren Abtretung auch Martinek in Schimansky/Bunte/Lwowski § 103 Rz. 18.

4 Auch hier wird man wegen der anders gelagerten Interessen die Garantiehaftung als unbedenklich einstufen dürfen (vgl. BGH NJW 2006, 47 – bei Rechtsmängelhaftung unwirksam).

5 Wird die Forderung aus einem Akkreditiv forfaitiert, dann muss dieses zum einen ein Zahlungsziel aufweisen und zum anderen muss das Akkreditiv abtretbar sein.

§ 5

(1) Auf erstes Anfordern der Bank wird die Firma den Kaufpreis (soweit teilweise an die Bank gezahlt ist, den Restkaufpreis) zuzüglich Diskontzinsen für die Zeit von der Zahlung des Kaufpreises bis zu dessen Rückzahlung zurückzahlen gegen die schriftliche Erklärung der Bank, dass die Firma X . . . und die . . . Y-Bank bei Fälligkeit die Zahlung verweigert haben unter Berufung auf Gründe, deren Nichtvorliegen die Firma in § 4 zugesichert hat.

(2) Die Firma wird den Kaufpreis nebst Zinsen auf erste schriftliche Anforderung der Bank bereits vor Fälligkeit der Forderungen zurückzahlen, wenn die Bank die Unrichtigkeit der Zusicherungen nach § 4 nachweist.

(3) Die Bank wird die forfaitierte Forderung Zug um Zug gegen Zahlung auf die Firma zurückübertragen.

§ 6

Bei verspäteter Zahlung durch die Firma X . . . und/oder die . . . Y-Bank an die Bank trägt die Firma die Zinsen zu dem in § 3 genannten Satz für den Verzugszeitraum.

§ 7

Die Firma verpflichtet sich, der Bank auf ihre Kosten alle Auskünfte zu erteilen und alle Rechtshandlungen vorzunehmen, die zur Geltendmachung der verkauften und übertragenen Ansprüche erforderlich sind.

§ 8

Gebühren, Steuern, Abgaben uä., die die Bank im Zusammenhang mit dem Erwerb der Forderung und/oder Geltendmachung der Forderung und Garantieforderung zu zahlen verpflichtet ist, wird die Firma erstatten. Dasselbe gilt, wenn derartige Gebühren, Steuern, Abgaben uä. von der Schuldnerin einbehalten werden.

§ 9

Im Übrigen gelten die AGB der Bank.

§ 10

Dieser Vertrag unterliegt dem Recht der Bundesrepublik Deutschland.

§ 11

Gerichtsstand ist . . .

. . . (Ort/Datum)

. . . (Unterschrift)

Abtretungsanzeige an den Käufer Anlage 1

Betr.: Vertrag Nr. . . .

Abtretungsanzeige

Hierdurch zeigen wir Ihnen an, dass wir die aus dem Vertrag vom . . . Nr. . . . uns zustehende Forderung von . . . Euro an die . . . Bank abgetreten haben.

Wir bitten Sie, Zahlungen nur noch an die . . . Bank zu leisten und dieser Bank unwiderruflich zu bestätigen, dass Sie von der Abtretung zustimmend Kenntnis genommen haben und Leistungen nur noch an die . . . Bank erbringen werden. Wir bitten Sie, diese Bestätigung auf anliegender, von Ihnen rechtsverbindlich unterzeichneter Kopie dieses Schreibens zu bewirken.

. . . (Ort/Datum)

. . . (Unterschrift)

Zahlungsgarantie Anlage 2

Wir, das Bankhaus AW AG mit Geschäftssitz in . . ., sind davon in Kenntnis gesetzt worden, dass unser Kunde, die Fa. XY GmbH mit Sitz in . . ., einen Vertrag über eine Industrieanlage zur Herstellung von 120 tato Schwefel bei der italienischen Gesellschaft F. mit Sitz in . . . unter dem . . . (Datum) abgeschlossen hat.

Weiter sind wir darüber unterrichtet, dass es eine Bedingung dieses Vertrages ist, dass unser Kunde, die Fa. XY GmbH mit Sitz in . . ., hierfür einen Preis iHv. . . . Euro in zehn gleichen Halbjahresraten, beginnend mit dem . . . zahlt.

Schließlich sind wir darüber in Kenntnis gesetzt worden, dass unser Kunde, die Fa. XY GmbH mit Sitz in . . ., sich verpflichtet hat, in Höhe des vorerwähnten Kaufpreises eine Zahlungsgarantie zu erstellen, um die Zahlungsansprüche der italienischen Gesellschaft F. mit Sitz in . . . abzusichern.

Dies alles vorausgeschickt, übernehmen wir, das Bankhaus AW AG mit Geschäftssitz in . . . gegenüber der italienischen Gesellschaft F. mit Sitz in . . . die unwiderrufliche Verpflichtung, auf erstes schriftliches Anfordern dieser Gesellschaft an diese als den Begünstigten einen Betrag bis zu . . . Euro (in Worten: . . . Euro) zu zahlen.

Diese Garantie gilt nur zu Gunsten des Begünstigten, der italienischen Gesellschaft F. mit Sitz in . . ., soweit wir keine anderweitige Zustimmung zur Abtretung des Zahlungsanspruchs erteilen.

Diese Garantie erlischt spätestens am . . . (Datum). Sie ist uns ohne Aufforderung nach Erlöschen oder nach erfolgter Inanspruchnahme zurückzugeben.

Gerichtsstand ist . . . (Sitz der Bank).

. . . (Ort, Datum)

. . . (Unterschrift und Stempel)

M 32.2 Rahmenvertrag über Forderungsverkauf – Forfaitierung – Leasing

Zwischen
der XY-Bank AG
(im Folgenden „Käuferin")
und
der XY-Leasing-GmbH
(im Folgenden „Verkäuferin")
wird folgender

Forfaitierungs-Vertrag[1]

geschlossen.

Präambel

Die Verkäuferin erwirbt als Leasinggeberin Gegenstände zum Zweck der Vermietung; sie ist ausschließliche Eigentümerin der Leasinggüter und schließt mit den Leasingnehmern Verträge nach dem in der Anlage beigefügten Muster ab, und zwar Vollamortisationsverträge nach dem Muster A[2] *und Teilamortisationsverträge nach den Mustern B-D*[3].

Die Käuferin ist bereit, von der Verkäuferin Leasingforderungen käuflich zu erwerben; der Umfang und die Höhe der zu erwerbenden Leasingforderungen werden in einer gesonderten Vereinbarung festgelegt.

1 Der Forderungsverkauf erfreut sich bei Leasinggesellschaften (BGH ZIP 2004, 2384 – Flowtex) gegenüber der herkömmlichen Refinanzierung großer Beliebtheit (vgl. auch Zahn in Graf von Westphalen, Der Leasingvertrag, 7. Aufl. 2015, Kap. S Rz. 16 ff.).

2 **M 30.1–M 30.4**.

3 **M 30.5–M 30.11**.

Für jeden zwischen der Käuferin und der Verkäuferin abzuschließenden Einzelvertrag über den Ankauf einer Leasingforderung aus einem Mobilien-Leasingvertrag gelten, sofern im Einzelfall nicht ausdrücklich etwas anderes vereinbart worden ist, folgende Allgemeine Vertragsbedingungen:

§ 1 Kaufgegenstand

Kaufgegenstand ist die in den einzelnen Leasingverträgen der Verkäuferin mit den jeweiligen Leasingnehmern ausgewiesene Summe der Leasingraten oder, sofern vertraglich vereinbart, ein gesonderter Teilbetrag dieser Summe; die Summen verstehen sich ohne gesetzliche Umsatzsteuer. Kaufgegenstand ist darüber hinaus bei Teilamortisationsverträgen die in den einzelnen Leasingverträgen der Verkäuferin ausgewiesene Summe der Leasingraten und der Anspruch aus der Restwertgarantie des Leasingnehmers; die Leasingraten verstehen sich ohne die gesetzliche Umsatzsteuer.

§ 2 Vertragsabschluss

(1) Die Verkäuferin bietet der Käuferin den Abschluss eines Forderungskaufvertrages an und übergibt der Käuferin hierzu folgende Unterlagen:

1. *rechtsverbindlich unterzeichnetes Original des von ihr mit dem jeweiligen Leasingnehmer abgeschlossenen Leasingvertrages;*
2. *die Übernahme- und Abnahmebestätigung des Leasingnehmers mit exakter Spezifikation des jeweiligen Leasingguts;*
3. *Kopien der Rechnung des Herstellers/Lieferanten des Leasingguts;*
4. *Bestätigung des Herstellers/Lieferanten des Leasingguts, das Eigentum am Leasinggut vorbehaltlos und lastenfrei auf die Verkäuferin übertragen zu haben;*
5. *Auszug aus dem Handelsregister des dort eingetragenen Leasingnehmers;*
6. *Bestätigung des Leasingnehmers, dass er von der Abtretung der Rechte und Ansprüche aus dem Leasingvertrag und der gleichzeitig erfolgenden Sicherungsübereignung des Leasingguts Kenntnis genommen hat, dass ihm sonstige Rechte Dritter an der abgetretenen Forderung nicht bekannt sind und dass die monatlichen Leasingraten vom Leasingnehmer jeweils auf das von der Käuferin angegebene Konto überwiesen werden;*
7. *alle erforderlichen Unterlagen, die für eine Bonitätsprüfung des Leasingnehmers erforderlich sind, und zwar Gewinn- und Verlustrechnung, einschließlich der Jahresabschlüsse der letzten drei Geschäftsjahre (vgl. § 18 KWG);*
8. *eventuell der Verkäuferin zustehende Zusatzsicherheiten, wie etwaige Bürgschaften, Kreditversicherungsverträge etc., jeweils im Original.*

(2) Die Käuferin nimmt das Kaufangebot an, sofern sie dieses schriftlich durch ihre Aufnahmeerklärung bestätigt. Eine Annahme der Käuferin liegt jedenfalls dann vor, wenn sie den Kaufpreis auf das von der Verkäuferin zu benennende Konto überwiesen hat.

(3) Die Käuferin ist nicht zur Annahme des jeweiligen Vertragsangebots der Verkäuferin verpflichtet.

§ 3 Gewährleistungshaftung der Verkäuferin

(1) Die Verkäuferin haftet nicht für die Zahlungsfähigkeit des Leasingnehmers.

(2) Die Verkäuferin haftet jedoch dafür, dass die Kaufforderung, so wie sie im Leasingvertrag umschrieben ist, im Zeitpunkt ihres Ankaufs durch die Käuferin besteht und nicht mit Einreden oder Einwendungen behaftet ist[4]*. Ferner haftet die Verkäuferin dafür, dass die im Leasingvertrag umschriebene Kaufforderung nicht nachträglich in ihrem rechtlichen Bestand verändert wird, sei es*

4 Es ist zweifelhaft, ob in dieser Formulierung eine verschuldensunabhängige Haftung für die Verität der abgetretenen Forderung begründet ist, vgl. zum einen BGH NJW 2006, 47 – durchgreifende Bedenken gegen eine verschuldensunabhängige Haftung für Rechtsmängel auf Grund vorformulierter Verträge iSv. § 305 Abs. 1 Satz 1 BGB; zur praktischen Notwendigkeit, das Moment des Verschuldens wegen der Bedeutung der Haftung bei allen Forfaitierungsverträgen auszuschließen, vgl. Graf von Westphalen WM 2001, 1837 ff.

durch Anfechtung oder Aufrechnung oder in sonstiger Weise durch Geltendmachung von Gegenansprüchen, wie insbesondere durch Wandelung oder Minderung.

(3) Die Verkäuferin haftet ferner dafür, dass zum Zeitpunkt des Ankaufs der Forderung aus dem jeweiligen Leasingvertrag die gestellten Sicherheiten rechtsbeständig sind und während der gesamten Vertragslaufzeit nicht in ihrem Bestand beeinträchtigt werden. Dies gilt auch insoweit, als die Verkäuferin der Käuferin Sicherungseigentum am Leasinggut verschafft.

(4) Sofern der Leasingnehmer seine Zahlungsverpflichtung ganz oder teilweise bestreitet, nimmt die Käuferin die Verkäuferin aus ihrer Haftung für den rechtlichen Bestand der Forderung solange und insoweit in Anspruch, als die Verkäuferin die Zahlungsverpflichtung des Leasingnehmers nicht durch rechtskräftiges Urteil nachgewiesen hat. Unabhängig davon bleibt die Verkäuferin auf Verlangen der Käuferin verpflichtet, die Kaufforderung in der zum Zeitpunkt des Bestreitens bestehenden Höhe zurückzuerwerben. Der Rückkaufpreis entspricht der Höhe der jeweils zurückzuerwerbenden Kaufforderung, abzüglich nicht verbrauchter Zinsen; er ist bei Geltendmachung des Rückkaufverlangens durch die Käuferin fällig.

(5) Die Haftung der Verkäuferin für den rechtlichen Bestand der Kaufforderung gem. Abs. 1 und Abs. 2 ist unabhängig davon, ob die Käuferin etwaige Rechtsmängel beim Ankauf der Forderungen kannte oder kennen musste.

§ 4 Absicherung der Forderung der Käuferin

(1) Globalzessionsvereinbarungen[5]

(2) Sicherungsübereignung am Leasinggut[6]

(3) Freigabeverpflichtung unter Berücksichtigung der jeweils anzugebenden Deckungsgrenze[7]

§ 5 Kaufpreis

(1) Der von der Käuferin zu entrichtende Kaufpreis ist der Barwert der abgezinsten Leasingforderungen ohne Berücksichtigung der gesetzlichen Umsatzsteuer.

(2) Bei Teilamortisationsverträgen ist der Kaufpreis der Barwert der abgezinsten Leasingforderung, einschließlich der Restwertgarantie, jedoch ohne Berücksichtigung der gesetzlichen Umsatzsteuer.

(3) Der Abzinsungssatz wird auf Grund der aktuellen Marktverhältnisse von Fall zu Fall zwischen den Parteien vereinbart; er gilt für die gesamte Laufzeit des Leasingvertrages unverändert.

(4) Die Käuferin schreibt den Kaufpreis der Verkäuferin mittels Überweisung auf ein von dieser zu benennendes Konto gut.

§ 6 Rückkaufsrecht

(1) Die Verkäuferin ist berechtigt, die Kaufforderung jederzeit entsprechend ihrem jeweiligen Stand oder in Teilbeträgen zurückzuerwerben.

(2) Bei Teilamortisationsverträgen erhält die Verkäuferin das Recht, den ebenfalls verkauften Anspruch aus der Restwertgarantie des Leasingnehmers zurückzuerwerben, wenn die Verkäuferin das Leasinggut anderweitig oder den Leasingnehmer aus einem anderen Grund aus der Restwertgarantie nicht in Anspruch nehmen will.

(3) Der Kaufpreis wird berechnet aus dem Restamortisationsanspruch, der sich durch Abzinsung mit dem für den jeweiligen Forderungskaufvertrag geltenden Abzinsungssatz ergibt.

(4) Mit der Rückübertragung der Forderung gibt die Käuferin sämtliche aus dem jeweiligen Leasingvertrag bestellten Sicherheiten frei.

(5) Im Einzelfall ist die Käuferin auch berechtigt, das Rückkaufverlangen der Verkäuferin abzulehnen, ohne dass es hierfür einer Angabe von Gründen bedarf.

5 Gem. Kap. 29 Rz. 98 f.
6 Gem. Kap. 29 Rz. 48 ff.
7 Gem. Kap. 29 Rz. 62 ff.

§ 7 AGB

Ergänzend gelten die AGB der Käuferin in der jeweils gültigen Fassung.

§ 8 Erfüllungsort und Gerichtsstand

Erfüllungsort und Gerichtsstand ist ...

... (Ort, Datum)

... (Unterschriften)

3. Abschnitt. Handelsvertreter, Kommission, Vertragshändler

Kapitel 33 Recht der Handelsvertreter

Literatur: *Emde*, Vertriebsrecht, 2. Aufl. 2011; *Emde*, Die Novellierung des § 89b HGB – was hat sich ergeben?, WRP 2010, 844 ff.; *Emde*, Rechtsprechungs- und Literaturübersicht zum Vertriebsrecht, BB 2015, 1539 ff. und 1667 ff.; BB 2014, 2435 ff.; BB 2013, 2627 ff.; *Funke/Just*, Neue Wettbewerbsregeln für den Vertrieb: Die Verordnung (EU) Nr. 330/2010 für Vertikalverträge, DB 2010, 1389; *Jacoby*, Lösungsklauseln in der Insolvenz, ZIP 2014, 649 ff.; *Küstner/Thume*, Handbuch des gesamten Außendienstrechts, Band 1–3; *Lettl*, Die neue Vertikal-GVO (EU Nr. 330/2010), WRP 2010, 807; *Löwisch* in Ebenroth/Boujong/Joost/Strohn, HGB, Band 1, 3. Aufl. 2014, §§ 84 ff.; *Malec/von Bodungen*, Die neue Vertikal-GVO und ihre Auswirkungen auf die Gestaltung von Liefer- und Vertriebsverträgen, BB 2010, 2383; *Martinek/Semler/Habermeier/Flohr* (Hrsg.), Handbuch des Vertriebsrechts, 3. Aufl. 2010; *H. Schmidt*, in Ulmer/Brandner/Hensen, AGB-Recht, 11. Aufl., Teil 2 (15) Handelsvertreterverträge; *Semler*, EuGH „Semen" – Neues zum Ausgleichsanspruch oder mehr?", BB 2009, 2327 ff.; *Thume*, Grenzüberschreitende Vertriebsverträge, IHR 2009, 141 ff.; *Thume*, Neue Entwicklungen zum Ausgleichsanspruch gem. § 89b HGB, IHR 2011, 7 ff.; *Thume*, Das Handelsvertreterrecht in Deutschland, IHR 2006, 191 ff.; *Thume*, Der Ausgleichsanspruch des Handelsvertreters gem. § 89b HGB im Lichte der Europäischen Union, BB 2004, 2473 ff.; *Thume*, Zur richtlinienkonformen Anwendung der §§ 84 ff. HGB im gesamten Vertriebsrecht, BB 2011, 1800; *Thume*, Der Ausgleichsanspruch des Handelsvertreters beim Vertrieb von Dauerverträgen, BB 2015, 387 ff.; *Wagner/Wexler-Ulrich*, Vertriebsmittlerverträge in der Insolvenz – Handelsvertreterverträge, BB 2010, 2454; *Wauschkuhn/Fröhlich*, Der nachvertragliche Provisionsanspruch des Handelsvertreters, BB 2010, 524 ff.

I. Einführung

Der Handelsvertreter ist einer von mehreren **Vertriebstypen**, derer sich Hersteller und Dienstleister beim Absatz ihrer Produkte bedienen. Der Handelsvertreter ist ein **Vermittler**, der Waren oder Dienstleistungen in fremdem Namen und auf fremde Rechnung vertreibt. Er vermittelt fortlaufend für den Unternehmer (Prinzipal) Geschäfte, die dieser dann direkt mit dem geworbenen Kunden abschließt. 1

Der Handelsvertreter unterscheidet sich folgendermaßen vom **Kommissionär** (Kap. 34) und vom **Vertragshändler** (Kap. 35): Der Kommissionär vertreibt (oder erwirbt) Waren/Dienstleistungen ebenfalls auf fremde Rechnung, aber im eigenen Namen. Der Vertragshändler vertreibt im eigenen Namen und auf eigene Rechnung. Vom Makler unterscheidet sich der Handelsvertreter dadurch, dass er ständig damit betraut ist, Geschäfte für den Prinzipal zu vermitteln, ihn also eine fortgesetzte Tätigkeitspflicht trifft, vgl. OLG Düsseldorf v. 22.12.2011 – I-16 U 133/10, IHR, 2013, 36. 2

Bei diesen Vertriebstypen ist das **wirtschaftliche Risiko** unterschiedlich verteilt. Während sich die Tätigkeit des Handelsvertreters auf die reine Vermittlung von Geschäften richtet, tritt der Kommissionär in unmittelbare Vertragsbeziehungen mit dem Kunden, kann also beispielsweise Sachmängelhaftungsansprüchen des Kunden direkt ausgesetzt sein. Der Vertragshändler wiederum trägt für die von ihm vertriebenen Waren das volle Absatzrisiko. Den unterschiedlichen Stufen des wirtschaftlichen Risikos entspricht umgekehrt ein Gefälle an **rechtlichen Kontroll- und Einbindungsmöglichkeiten** des Prinzipals. Während der Handelsvertreter eng in das Vertriebsnetz eingebunden werden kann und weisungsgebunden ist, bleibt der Vertragshändler in seiner Tätigkeit vergleichsweise frei und kann zum Beispiel nur eingeschränkt durch Wettbewerbsbeschränkungen gebunden werden. Andererseits hat die Rechtsprechung über viele Jahre hinweg eine **analoge Anwendung der (Schutz-)Vorschriften** des Handelsvertreterrechts auf den Vertragshändler entwickelt, wenn dieser vergleichbar einem Handelsvertreter in die Vertriebsorganisation eingebunden ist (vgl. dazu näher Kap. 35). Weitere Vertriebstypen sind der Handelsmakler und der Franchisenehmer (vgl. hierzu Kap. 36). 3

Möglich sind gemischte Verträge, die Elemente verschiedener Typen enthalten. Ein Vertragshändler soll zB in bestimmten Fällen Geschäfte nicht selbst abschließen, sondern an den Unternehmer weiterleiten. Im Gegenzug enthält er eine Provision für solche Geschäfte. 4

II. Rechtlicher Rahmen

1. Regelungsgrundlagen

Die gesetzlichen Vorgaben für Handelsvertreterverträge finden sich in den **§§ 84 ff. HGB**. Gem. § 84 HGB sind Handelsvertreter natürliche Personen oder Gesellschaften, die als **selbständige Gewerbetreibende** ständig damit betraut sind, für einen anderen Unternehmer **Geschäfte zu vermitteln** oder in dessen Namen **abzuschließen,** vgl. BGH v. 12.3.2015 – VII ZR 336/13, NJW 2015, 1754. 5

§ 84 Abs. 1 Satz 2 HGB definiert das Merkmal der **Selbständigkeit**: Selbständig ist, wer im Wesentlichen frei seine Tätigkeit gestalten und seine Arbeitszeit bestimmen kann. Werden diese Kriterien nicht erfüllt, gilt der Handelsvertreter als Angestellter (vgl. § 84 Abs. 2 HGB, Thume in Röhricht/Graf von Westphalen/Haas, HGB, § 84 HGB Rz. 24 ff., OLG Düsseldorf v. 31.3.2015 – I-16 U 70/14).

➲ **Praxistipp:** Die Vorschriften der §§ 84 ff. HGB sind weitgehend **nicht abdingbar**. Das Leitbild des Gesetzgebers geht davon aus, dass der Handelsvertreter in der Beziehung zum Unternehmer die schwächere Position hat und deswegen schutzbedürftig ist. Generelle Ausnahmen von der Nichtabdingbarkeit finden sich in § 92b und § 92c HGB. Wichtigste Beispiele sind 6 der Handelsvertreter im **Nebenberuf** und der Handelsvertreter, der nach dem Handelsvertretervertrag seine Tätigkeit außerhalb der **EU** oder der **EWR-Staaten** ausübt (s. Rz. 83).

7 Das deutsche Handelsvertreterrecht in seiner heutigen Ausgestaltung beruht weitgehend auf der Umsetzung der **europäischen Handelsvertreter-Richtlinie** v. 18.12.1986 (Richtlinie 86/653/EWG, abgedr. in ABl. L 382, S. 17). Die Richtlinie hat für eine weitgehende **Vereinheitlichung** des Handelsvertreterrechts innerhalb der europäischen Union und der EWR-Staaten gesorgt. Das deutsche Handelsvertreterrecht unterliegt insoweit auch der europäischen Rechtsprechung, vgl. Thume, BB 2011, 1800 ff.

8 Da es sich bei Handelsvertreterverträgen häufig um **Formularverträge** handelt, die der Unternehmer mit mehreren Handelsvertretern gleichlautend abschließt, müssen bei der Vertragsgestaltung außerdem die Vorschriften der **§§ 307 ff. BGB** zum Recht der Allgemeinen Geschäftsbedingungen beachtet werden.

9 Zum Handelsvertreterrecht und zum Recht der Allgemeinen Geschäftsbedingungen gibt es umfangreiche **Rechtsprechung**, die das Handelsvertreterrecht weiterentwickelt hat (vgl. zB die Jahresübersichten von Emde BB 2013, 2627 ff., BB 2012, 3029 ff. und 3087 ff.). Mit der Gesetzesänderung aus dem Jahr 2009 wurde § 89b Abs. 1 HGB neu gefasst (s. Rz. 70).

2. Abschluss eines Handelsvertretervertrags

10 Der Handelsvertretervertrag kann grundsätzlich **formfrei** abgeschlossen werden. Gem. § 85 HGB kann jede Vertragsseite jedoch verlangen, dass der Vertragsinhalt und spätere Vereinbarungen in eine unterzeichnete **Urkunde** aufgenommen werden. Dieser Anspruch ist nicht abdingbar.

11 Aufgrund der Formfreiheit kann der Handelsvertretervertrag auch durch **schlüssiges Handeln** zustande kommen. Dabei kommt es auf die Gesamtumstände an, vgl. OLG München v. 21.1.2010 – 23 U 4124/09. Ausreichend kann die wiederholte Geschäftsvermittlung durch den Handelsvertreter und Abschluss der vermittelten Geschäfte durch den Unternehmer sein. Eventuell genügt aber auch die **erstmalige Annahme** der Dienste des Handelsvertreters, wenn sich aus den Umständen ergibt, dass der Unternehmer die Dienste des Handelsvertreters auch künftig für eine unbestimmte Anzahl von Geschäften annehmen wird (vgl. Baumbach/Hopt § 85 HGB Rz. 2).

12 Das Gesetz schreibt **Schriftform** für die Übernahme der **Delkrederehaftung** (§ 86b Abs. 1 Satz 3 HGB) und für die Vereinbarung einer **nachvertraglichen Wettbewerbsabrede** (§ 90a Abs. 1 Satz 1 HGB; dazu Rz. 20 f.) vor.

3. Pflichten des Handelsvertreters

13 Das Gesetz benennt die wesentlichen Pflichten des Handelsvertreters in § 86 HGB. Der Handelsvertreter muss fortlaufend sich um die Vermittlung bzw. den Abschluss von Geschäften für den Unternehmer bemühen. Er muss den Unternehmer über jede Geschäftsvermittlung/jeden Geschäftsabschluss unverzüglich informieren.

14 Der Handelsvertretervertrag ist ein Dienstvertrag über **Geschäftsbesorgung**. Die allgemeinen Bestimmungen des Dienstvertragsrechts und des Auftragsrechts (§§ 611 ff., 662 ff. BGB) sind auf das Handelsvertreterverhältnis neben den Spezialvorschriften der §§ 84 ff. HGB anwendbar, soweit dies nicht aufgrund der selbständigen Stellung des Handelsvertreters ausgeschlossen ist (vgl. Schröder in Küstner/Thume Bd. 1 Kap. II Rz. 4 ff.). Der Handelsvertreter hat bei seiner Tätigkeit für den Unternehmer dessen **Interessen** wahrzunehmen (§ 86 Abs. 1 2. Halbs. HGB). Er hat seine Pflichten außerdem mit der **Sorgfalt eines ordentlichen Kaufmanns** wahrzunehmen (§ 86 Abs. 3 HGB). Aus der Pflicht, die Interessen des Unternehmens wahrzunehmen, ergibt sich für den Handelsvertreter während der Vertragslaufzeit ein grundsätzliches **Wettbewerbsverbot** (s. Rz. 18). Der Handelsvertreter ist außerdem verpflichtet, die **Bonität** der von ihm vermittelten Geschäftspartner zu überprüfen (s. Rz. 17). Schließlich ist der Handelsvertreter verpflichtet, die **Weisungen** des Unternehmers zu befolgen. Per Weisung darf der Unternehmer allerdings nur bereits bestehende Pflichten des Handelsvertreters präzisieren, nicht aber den Umfang der Tätigkeit des Handelsvertreters verändern oder diesem zusätzliche Pflichten auferlegen (vgl. MünchKomm.HGB/von Hoyningen-

Huene § 86 HGB Rz. 13). Die Weisungen dürfen nicht die Selbständigkeit des Handelsvertreters in ihrem Kerngehalt beeinträchtigen. Tun sie dies, sind sie grundsätzlich unverbindlich. Hat sich der Unternehmer allerdings ein derartig weitgehendes Weisungsrecht vertraglich vorbehalten, ist der Handelsvertreter im Zweifel als Angestellter einzustufen (MünchKomm.HGB/von Hoyningen-Huene § 86 HGB Rz. 14).

a) Geschäftsvermittlung/-abschluss

Art und Umfang der Vermittlungspflicht bestimmen sich in erster Linie danach, was im Vertrag vereinbart ist. Ohne konkrete Vereinbarungen ist der Handelsvertreter zumindest verpflichtet, den Markt zu beobachten, Absatzmöglichkeiten zu suchen und diese für die Vermittlung der Vertragsprodukte nutzbar zu machen. Er muss neue Kunden werben und sich um den Weiterbestand/Ausbau bereits existierender Kundenbeziehungen bemühen (ausführlich zum Ganzen Schürr in Küstner/Thume Bd. 1 Kap. III Rz. 15 ff.). Zum **Abschluss** von Rechtsgeschäften im Namen des Unternehmers ist der Handelsvertreter nur berechtigt, wenn der Unternehmer ihn entsprechend **beauftragt** und **bevollmächtigt** hat. Ein vom Handelsvertreter abgeschlossenes Geschäft kann allerdings nach den Grundsätzen der **Duldungs- oder Anscheinsvollmacht** gegenüber dem Unternehmer wirksam sein (vgl. Löwisch in Ebenroth/Boujong/Joost/Strohn § 84 HGB Rz. 59). Zur (Abschluss-)Vollmacht bzw. zum Missbrauch der Vertretungsmacht durch den Handelsvertreter vgl. §§ 91, 91a HGB. Zur Haftung des Unternehmers für den Handelsvertreter gem. § 278 BGB vgl. BGH v. 15.3.2012 – III ZR 148/11, MDR 2012, 644. 15

b) Persönliche Dienstleistungen

Nach § 613 BGB muss der Handelsvertreter seine Vertragspflichten im Zweifel persönlich erbringen. Nach einhelliger Meinung kann der Handelsvertreter aber **Hilfspersonal** zur Wahrnehmung seiner Aufgaben einsetzen. Dabei kann es sich um Angestellte oder auch um selbständige Untervertreter handeln. 16

c) Bonitätsprüfung

Der Handelsvertreter muss im Rahmen der Vertragsvermittlung die Vertrauens- und Kreditwürdigkeit der potentiellen Kunden überprüfen. Er muss dem Unternehmer Zweifel an der Kreditwürdigkeit mitteilen. Für die tatsächliche Bonität muss der Handelsvertreter allerdings gegenüber dem Unternehmer nicht einstehen, soweit nicht eine **Delkrederehaftung** (§ 86b HGB) schriftlich vereinbart ist. Den Handelsvertreter kann aber dann eine Schadenersatzpflicht treffen, wenn er seiner Verpflichtung zur Bonitätsprüfung nicht ordnungsgemäß nachgekommen ist und dadurch dem Unternehmer ein Schaden entstanden ist (vgl. im Einzelnen Schürr in Küstner/Thume Bd. 1 Kap. III Rz. 27 ff.). 17

d) Wettbewerbsverbot

Es ist unumstritten, dass der Handelsvertreter während der Laufzeit des Vertrags nicht in Konkurrenz zum von ihm vertretenen Unternehmen treten darf. Das betrifft sowohl die Vertretung von **Konkurrenzunternehmen** als auch den Wettbewerb durch Vertrieb **eigener konkurrierender Produkte**. Das Wettbewerbsverbot ergibt sich aus der allgemeinen Interessenwahrnehmungspflicht des Handelsvertreters gem. § 86 Abs. 1 2. Halbs. HGB. Es muss im Vertrag **nicht ausdrücklich** geregelt sein und unterliegt einem strengen Maßstab, vgl. OLG München v. 18.2.2015 – 7 U 4696/14, IHR 2015, 112. Eine vertragliche Regelung kann trotzdem sinnvoll sein, insbesondere, wenn bestimmte Verhaltenspflichten im Zusammenhang mit dem Wettbewerbsverbot genauer geregelt werden sollen, so zB die Pflicht des Handelsvertreters, die beabsichtigte Übernahme anderer Vertretungen anzuzeigen, damit geklärt werden kann, ob die Übernahme dieser Vertretung im Widerspruch zum Wettbewerbsverbot steht. 18

➲ **Praxistipp:** Das der Interessenwahrungspflicht entspringende Wettbewerbsverbot umfasst diejenigen Tätigkeiten, die geeignet sind, die Interessen des Unternehmers zu beeinträchtigen. 19

Das Wettbewerbsverbot ist daher **sachlich, räumlich und zeitlich** durch den Umfang des Handelsvertretervertrags **beschränkt**. Außerhalb dieser Reichweite liegende Wettbewerbsverbote können grundsätzlich vertraglich vereinbart werden. Insoweit sind aber die einschlägigen **kartellrechtlichen** Vorschriften zu beachten (s. Rz. 85 ff.).

20 Im Rahmen der Grenzen des § 90a HGB kann auch ein **nachvertragliches** Wettbewerbsverbot vereinbart werden. Dieses bedarf jedoch der Schriftform (vgl. § 90a Abs. 1 Satz 1 HGB). Das nachvertragliche Wettbewerbsverbot kann höchstens für **zwei Jahre** ab Beendigung des Vertragsverhältnisses vereinbart werden. Es darf sich nur auf den dem Handelsvertreter im Vertrag zugewiesenen Bezirk (s. **M 33.1** § 1 (2)) oder Kundenkreis und nur auf die Vertragsgegenstände beziehen. Zudem muss der Unternehmer dem Handelsvertreter für die Dauer der nachvertraglichen Wettbewerbsbeschränkung eine **angemessene Entschädigung** zahlen (weitere Einzelheiten Baumbach/Hopt § 90a HGB Rz. 1 ff.).

21 Soweit sich das nachvertragliche Wettbewerbsverbot im Rahmen von § 90a HGB hält, ist keine Verletzung **kartellrechtlicher** Vorschriften zu erwarten (vgl. MünchKomm.HGB/von Hoyningen-Huene § 90a HGB Rz. 10). Über den Rahmen von § 90a HGB hinausgehende Klauseln zum Nachteil des Handelsvertreters sind nach § 90a Abs. 4 HGB **nichtig**, so dass sich schon aus diesem Grund eine kartellrechtliche Prüfung weitergehender Abreden erübrigt (vgl. zum nachvertraglichen Wettbewerbsverbot und zu den Konsequenzen unwirksamer Abreden, BGH v. 25.10.2012 – VII ZR 56/11, BB 2012, 3098 und Semler in Martinek/Semler/Habermeier/Flohr § 21 Rz. 17 ff.).

e) Benachrichtigungs- und Informationspflichten

22 Der Handelsvertreter muss den Unternehmer **unverzüglich** über sämtliche getätigten Vermittlungen bzw. Abschlüsse informieren. Er ist daneben auch verpflichtet, allgemein über den Stand der Geschäfte zu berichten und Einzelheiten über seine Tätigkeiten mitzuteilen. Bei größeren Geschäften kann es auch erforderlich sein, Zwischenberichte zu geben. Der Handelsvertreter muss dem Unternehmer seine Zweifel an der Bonität von Kunden mitteilen. Außerdem muss er dem Unternehmer von Kundenwünschen, Meinungsäußerungen sowie gegebenenfalls von Vertragsverletzungen der Kunden berichten.

23 Inhalt, Umfang und Häufigkeit der Berichte richten sich danach, was im **objektiven Interesse** des Unternehmers liegt. Kriterien sind der Wert des jeweiligen Geschäfts und die Dringlichkeit des Anlasses. Eine Form ist gesetzlich nicht vorgeschrieben. In der Regel wird je nach Art und Umfang der Vertretung jedoch eine **schriftliche** Berichterstattung erforderlich sein. Einzelheiten zur Berichterstattung können vertraglich vereinbart oder durch Weisung des Unternehmers festgelegt werden (vgl. Baumbach/Hopt § 86 HGB Rz. 40 ff.).

f) Aufbewahrungs- und Herausgabepflichten

24 Der Handelsvertreter muss die ihm vom Unternehmer überlassenen Gegenstände **sorgfältig** behandeln und verwahren. Er muss Geschäftsunterlagen vor dem unberechtigten Zugriff Dritter schützen.

25 In der Regel muss der Handelsvertreter ihm überlassene Muster nicht von sich aus **versichern**. Bei Überlassung umfangreicher oder wertvoller Muster empfiehlt sich eine entsprechende vertragliche Vereinbarung (vgl. Baumbach/Hopt § 86 HGB Rz. 17).

26 Nach § 667 BGB muss der Handelsvertreter dem Unternehmer alles **herausgeben**, was er zur Ausführung des Auftrags erhält und was er aus seiner Tätigkeit für den Unternehmer erlangt hat. Dies betrifft insbesondere von Kunden einkassierte Geldbeträge, Unterlagen, wie Bestellschreiben, Kundenlisten etc. Die Herausgabe muss je nach Art des Gegenstandes entweder nach Erledigung des betreffenden Geschäftes oder – bei Gegenständen, die dem Handelsvertreter dauerhaft für seine Tätigkeit überlassenen wurden – erst bei Beendigung des Handelsvertreterverhältnisses erfolgen. Der Handelsvertreter darf schriftliche Unterlagen wie z.B. Kundenlisten nach Vertragsende nicht für eigene Zwecke nutzen, vgl. LG Köln v. 21.1.2010 – 31 O 675/09 mwN.

4. Pflichten des Unternehmers

Hauptpflicht des Unternehmers ist die Zahlung der geschuldeten **Provisionen** gem. § 87 HGB (s. Rz. 28 ff.). Daneben regelt § 86a HGB einige **Nebenpflichten** des Unternehmers. Gem. § 86a Abs. 1 HGB muss der Unternehmer dem Handelsvertreter die notwendigen **Unterlagen** zur Verfügung stellen, vgl. BGH v. 4.5.2011 – VIII ZR 10/10. Gem. § 86a Abs. 2 HGB muss er dem Handelsvertreter die erforderlichen **Nachrichten** geben. Das betrifft insbesondere die Annahme, Ablehnung oder Nichtausführung eines vermittelten Geschäfts. Außerdem treffen den Unternehmer die aus dem Handelsvertretervertrag bzw. aus § 242 BGB erwachsenden **Unterstützungs- und Rücksichtnahmepflichten** (vgl. zu den Einzelheiten ausführlich MünchKomm.HGB/von Hoyningen-Huene § 86a HGB Rz. 1. ff.). 27

5. Provisionen

§§ 87 ff. HGB regeln den Provisionsanspruch des Handelsvertreters sowie die Abrechnungsmodalitäten. § 87 HGB legt fest, welche Geschäfte provisionspflichtig sind (s. Rz. 31). § 87a HGB verbindet bestimmte Voraussetzungen für den Provisionsanspruch mit der Ausführung des jeweiligen Geschäfts durch den Unternehmer und den Kunden (s. Rz. 41 ff.). § 87b HGB trifft Regelungen zur Höhe des Provisionsanspruchs und zur Berechnungsgrundlage (s. Rz. 46). § 87c HGB behandelt die Abrechnung über den Provisionsanspruch sowie Auskunftsrechte des Handelsvertreters (s. Rz. 48 ff.). § 87d HGB schließlich regelt den Aufwendungsersatz. 28

➲ **Praxistipp:** Die Regelungen in §§ 87 bis 87d HGB sind größtenteils **nicht zum Nachteil des Handelsvertreters abdingbar**. Dies gilt insbesondere für die Voraussetzungen des Provisionsanspruches nach § 87a HGB sowie für die Abrechnungsmodalitäten und Informationsrechte nach § 87c HGB. 29

Provisionsansprüche unterliegen der **Regelverjährung** von drei Jahren gem. § 195 BGB, die frühere vierjährige Verjährungsfrist des alten § 88a HGB wurde Ende 2004 aufgehoben. Die **Abkürzung** der Verjährungsfrist durch Vereinbarung ist grundsätzlich zulässig. In Formularverträgen kann die Verjährung für beide Seiten auf bis zu sechs Monate abgekürzt werden, wenn die Frist mit der Kenntnis von der Anspruchsentstehung verknüpft wird. Eine einseitige Verkürzung zu Lasten des Handelsvertreters ist nicht zulässig (vgl. H. Schmidt in Ulmer/Brandner/Hensen AGB-Recht Teil 2 [15] Rz. 7). 30

a) Provisionspflichtige Geschäfte

Die Provision ist eine **erfolgsbezogene Vergütungsform.** Der Handelsvertreter erhält eine Vergütung nur insoweit, als die von ihm vermittelten Geschäfte erfolgreich zum Abschluss gekommen sind. Andere Vergütungsformen können vereinbart werden, zB eine feste Vergütung oder eine Beteiligung am Gesamtumsatz/Gewinn des vertretenen Unternehmens. Dann sind die §§ 87 bis 87d HGB gegebenenfalls nicht oder nur teilweise anwendbar (vgl. Baumbach/Hopt § 87 HGB Rz. 5). 31

Der Provisionsanspruch besteht grundsätzlich nur für Geschäfte, die **während der Vertragslaufzeit** vom Unternehmer abgeschlossen werden. Es muss sich um endgültige, rechtswirksame **Vertragsabschlüsse** handeln. Bei auflösender Bedingung, Rücktritt, Anfechtung etc. entfällt der Provisionsanspruch. Im Fall von Leistungsstörungen kommt es allerdings darauf an, wie diese verursacht sind, vgl. hierzu § 87a Abs. 2 und 3 HGB. 32

➲ **Praxistipp:** Der Unternehmer ist in der Annahme der vom Handelsvertreter vermittelten Geschäfte **frei**. Der Handelsvertreter hat keinen Anspruch auf Abschluss des Geschäfts. Etwas anderes gilt nur, wenn der Handelsvertreter selbst zum Abschluss berechtigt ist und das Geschäft im Namen des Unternehmers innerhalb der ihm zustehenden Vertretungsbefugnis abgeschlossen hat. Nimmt der Unternehmer vermittelte Geschäfte nicht an, können aber im Einzelfall **Schadenersatzansprüche** wegen unnützer Aufwendungen oder entgangenem Gewinn für den Handelsvertreter bestehen; gegebenenfalls ist er auch zur außerordentlichen Kündigung berechtigt. 33

34 Die Geschäftsabschlüsse müssen zum Handelsvertreter zumindest **mitverursacht** sein. Er muss nicht alle Schritte zum erfolgreichen Abschluss selbst herbeigeführt haben (vgl. Baumbach/Hopt § 87 HGB Rz. 11 ff.). Nicht ausreichend für die Mitverursachung sind lediglich ganz nebensächliche Mitwirkungen, wie bloße Schreib- oder Übersetzungshilfe etc.

35 Gem. § 87 Abs. 1 Satz 1 Fall 2 HGB hat der Handelsvertreter auch Anspruch auf Provisionen für **Nachbestellungen und Folgeaufträge**, die von Kunden platziert werden, die der Handelsvertreter beworben hat, und die gleichartig mit den ursprünglich zustande gekommenen Geschäften sind. Dies kann im Vertrag allerdings abweichend geregelt werden. Für **Versicherungsvertreter** gelten insofern spezielle Provisionsregelungen gem. § 92 Abs. 3 Satz 1 HGB.

36 ➲ **Praxistipp:** Damit der Unternehmer bei der Mitwirkung **mehrerer Handelsvertreter** nicht in die Lage kommt, an mehrere Handelsvertreter volle Provisionssätze bezahlen zu müssen, empfiehlt es sich, für diese Fälle eine vertragliche Regelung zu treffen, wonach die Provision **aufgeteilt** werden kann. Klar geregelt ist im Gesetz allerdings, dass dem Handelsvertreter kein Provisionsanspruch zusteht, wenn dieser noch dem **Vorgänger** gem. § 87 Abs. 3 HGB zusteht.

37 Ist **Bezirks-/Kundenkreisschutz** vereinbart, hat der Handelsvertreter gem. § 87 Abs. 2 HGB auch dann Anspruch auf Provision, wenn er die Geschäfte nicht unmittelbar vermittelt hat. Der Anspruch besteht für alle **bezirksansässigen Kunden** (vgl. aber EuGH NJW 2008, 1211). Es kommt nicht darauf an, wohin die Ware geliefert wird. Die Zuweisung eines Bezirks/Kundenkreises erfolgt in der Regel durch Vereinbarung, diese ist auch konkludent möglich. Die Regelung des § 87 Abs. 2 HGB ist vertraglich abdingbar (vgl. Baumbach/Hopt § 87 HGB Rz. 48; BGH v. 24.4.2014 – VII ZR 163/13, WM 2014, 1196).

38 Nicht zu verwechseln ist die Bezirksvertretung mit der **Alleinvertretung** (s. **M 33.1** Fn. 4). Während bei der Bezirksvertretung lediglich ein Provisionsanspruch des Handelsvertreters für Geschäfte besteht, die mit bezirksansässigen Kunden abgeschlossen werden, kann der Handelsvertreter bei einer Alleinvertretung schon das Tätigwerden des Unternehmers oder anderer Handelsvertreter **untersagen** bzw. Schadensersatzansprüche hieraus geltend machen. Ein solches Wettbewerbsverbot zu Lasten des Unternehmers muss ausdrücklich vereinbart sein, vgl. OLG Karlsruhe v. 6.11.2014 – 9 U 58/14, BB 2015, 786.

39 Geschäftsabschlüsse, die erst **nach Ende** des Handelsvertretervertrags erfolgen, sind nach § 87 Abs. 3 HGB provisionspflichtig. Dazu muss gem. § 87 Abs. 3 Satz 1 Nr. 1 HGB der Handelsvertreter das Geschäft vermittelt oder so eingeleitet oder vorbereitet haben, dass der Abschluss **überwiegend auf seine Tätigkeit** zurückzuführen ist. Außerdem muss das Geschäft innerhalb einer **angemessenen Frist** nach Beendigung des Handelsvertretervertrags abgeschlossen worden sein. Nach § 87 Abs. 3 Satz 1 Nr. 2 HGB besteht ein Provisionsanspruch daneben auch, wenn vor Beendigung des Handelsvertretervertrags das **Angebot des Dritten** zum Abschluss des Geschäfts dem Handelsvertreter oder dem Unternehmer zugegangen ist.

40 ➲ **Praxistipp:** Aus Sicht des Unternehmers ist es empfehlenswert, Provisionsansprüche für erst nach Ende des Handelsvertretervertrags abgeschlossene Geschäfte auf bestimmte Zeiträume zu begrenzen oder ganz auszuschließen. Solche abweichenden Vereinbarungen sind grundsätzlich zulässig (vgl. Baumbach/Hopt § 87 HGB Rz. 48; Löwisch in Ebenroth/Boujong/Joost/Strohn § 87 HGB Rz. 78). Damit können zusätzliche nachvertragliche Diskussionen und ggf. auch Auskunftsansprüche des Handelsvertreters vermieden werden. Ggf. erhöht sich durch den Ausschluss oder die Begrenzung der Provisionsansprüche der Ausgleichsanspruch des Handelsvertreters, weil ihm nachvertragliche Provisionen entgehen, vgl. Thume in Küstner/Thume Bd. 1 Kap. V Rz. 191.

b) Ausführung des Geschäfts als Voraussetzung für den Provisionsanspruch

41 Gem. § 87a Abs. 1 HGB hat der Handelsvertreter Anspruch auf Provision, **sobald und soweit** der Unternehmer das Geschäft **ausgeführt** hat. Bei abweichenden Vereinbarungen hat der Handelsvertreter einen Anspruch auf angemessenen **Vorschuss**. Spätestens wenn der Dritte das Geschäft ausgeführt hat, besteht jedoch der Provisionsanspruch, vgl. BGH v. 12.3.2015 – VII ZR 336/13, NJW 2015, 1754.

Ausführung des Geschäfts bedeutet die **Erbringung** der vertraglich geschuldeten Leistung, unabhängig davon, ob diese bereits fällig ist oder ob sie mangelhaft ist. Es kommt auf die Leistungshandlung, nicht den Leistungserfolg an (vgl. ausführlich Löwisch in Ebenroth/Boujong/Joost/Strohn § 87a HGB Rz. 6 ff.). Bei **Teilausführungen** des Geschäfts entsteht ein anteiliger Provisionsanspruch (vgl. Baumbach/Hopt § 87a HGB Rz. 5). 42

Steht fest, dass der **Dritte nicht leistet, entfällt** gem. § 87a Abs. 2 HGB der Provisionsanspruch. 43
Bereits erhaltene Provisionsbeträge muss der Handelsvertreter dem Unternehmer zurückzahlen. Es muss **objektiv** feststehen, dass der Dritte nicht leistet, d.h. dass er das Geschäft endgültig nicht ausführt. Der Unternehmer muss grundsätzlich erst seine Rechte einklagen, soweit gerichtliches Vorgehen nicht unzumutbar ist (vgl. Baumbach/Hopt § 87a HGB Rz. 15). Nichtleistung des Dritten nach § 87a Abs. 2 HGB liegt allerdings nicht vor, soweit sie auf Nichtleistung des Unternehmers oder sonstige von diesem zu vertretende Gründe nach § 87a Abs. 3 HGB (s. Rz. 44) zurückzuführen ist (vgl. BGH v. 5.3.2008 -VIII ZR 31/07, WM 2008, 923).

Nach § 87a Abs. 3 HGB besteht ein Anspruch auf Provision auch dann, wenn feststeht, dass der 44
Unternehmer das Geschäft ganz oder teilweise **nicht ausführt**, es sei denn, der Unternehmer hat die Nichtausführung nicht zu vertreten. Voraussetzung für den Provisionsanspruch nach § 87a Abs. 3 HGB ist zunächst, dass ein Geschäft überhaupt wirksam zu Stande gekommen ist (s. Rz. 32). Zur Nicht- oder Andersausführung zählt auch die **mangelhafte oder verspätete Lieferung**. Die Nichtausführung durch den Unternehmer muss objektiv feststehen. Allerdings muss der Dritte anders als bei den Voraussetzungen des § 87a Abs. 2 HGB die Ausführung nicht unbedingt klageweise geltend gemacht haben, bevor Nichtleistung anzunehmen ist (vgl. Baumbach/Hopt § 87a HGB Rz. 22). Der Unternehmer schuldet keine Provision, wenn er die Nichtausführung **nicht zu vertreten hat**. Unmöglichkeit der Leistung oder Unzumutbarkeit der Ausführung des Geschäfts sind hierfür nicht erforderlich. Zum Begriff des Vertretenmüssens vgl. BGH v. 5.3.2008 – VIII ZR 31/07, WM 2008, 923 und Löwisch in Ebenroth/Boujong/Joost/Strohn § 87a HGB Rz. 23. Zum Vertretenmüssen gehört danach alles, was in die unternehmerische oder betriebliche **Risikosphäre** des Unternehmers fällt.

Abweichende Vereinbarungen von § 87a Abs. 2 1. Halbs. und Abs. 3 HGB sind nach § 87a Abs. 5 45
HGB unwirksam, soweit sie zum Nachteil des Handelsvertreters gehen. § 87a Abs. 4 und 5 HGB regeln außerdem zu Gunsten des Handelsvertreters zwingend die **Fälligkeit** des Provisionsanspruchs.

c) Höhe der Provision und Berechnungsgrundlagen

§ 87b HGB trifft Regelungen zur Höhe des Provisionsanspruchs und zur Berechnungsgrundlage. 46
Gem. § 87b Abs. 2 sind insbesondere gewährte Nachlässe bei der Provisionsberechnung nicht zu berücksichtigen; auch Nebenkosten, die nicht besonders in Rechnung gestellt werden sowie Umsatzsteuer sollen in die Provisionsberechnung einfließen. § 87b Abs. 3 HGB regelt die Berechnung der Provision bei der Vermittlung von Gebrauchsüberlassungs- und Nutzungsverträgen (Dauerschuldverhältnissen).

➲ **Praxistipp:** § 87b HGB ist **komplett abdingbar**. Üblicherweise werden Provisionen für Wa- 47
renlieferungen auf Grundlage der Nettopreise und ohne Einbeziehung der Nebenkosten berechnet. Dies muss aber entsprechend vereinbart sein, da sonst die gesetzliche Regelung zur Anwendung kommt.

d) Abrechnung und Informationsrechte des Handelsvertreters

§ 87c Abs. 1 HGB gewährt dem Handelsvertreter einen Anspruch auf **zeitnahe** Abrechnung. Sie 48
hat monatlich, maximal dreimonatlich bis zum Ende des jeweils nächsten Monats zu erfolgen. Daneben hat der Handelsvertreter zur Vorbereitung und Durchsetzung seines Provisionsanspruchs ein Recht auf **Buchauszug, Auskunft** und **Bucheinsicht**. Bei diesen Rechten handelt es sich um Hilfsansprüche, die der Handelsvertreter nicht losgelöst vom Provisionsanspruch geltend machen kann. Die Ansprüche können auch nur in der vom Gesetz vorgesehenen **Reihenfolge** geltend gemacht werden (vgl. Baumbach/Hopt § 87c HGB Rz. 1).

49 Die Abrechnung stellt ein **abstraktes Schuldanerkenntnis** des Unternehmers dar. Der Unternehmer muss daher nur solche Geschäfte abrechnen, für die nach seiner Auffassung ein Provisionsanspruch entstanden ist. Die Abrechnung ist **schriftlich** zu erteilen. Sie muss eine **vollständige, klare** und **übersichtliche** Zusammenstellung über die im Abrechnungszeitraum angefallenen Geschäfte enthalten. Zur Geltendmachung des Abrechnungsanspruchs im Prozess und seiner Vollstreckung vgl. Baumbach/Hopt § 87c HGB Rz. 11 ff.

50 Auf Verlangen des Handelsvertreters muss der Unternehmer gem. § 87c Abs. 2 HGB in Ergänzung zur Abrechnung einen Buchauszug über alle provisionspflichtigen Geschäfte und deren Ausführung erteilen. Der Anspruch auf Buchauszug ist an **keine besonderen Voraussetzungen** geknüpft, wie etwa Zweifel an der Richtigkeit oder Vollständigkeit der Abrechnung, und wird von der Rechtsprechung sehr weit zu Gunsten des Handelsvertreters ausgelegt (vgl. OLG Karlsruhe v. 10.5.2005 – 8 U 242/04, OLGR Karlsruhe 2005, 947).

51 ➲ **Praxistipp:** Der Anspruch auf Buchauszug ermöglicht dem Handelsvertreter die Durchsetzung der Provisionsansprüche oder gegebenenfalls von Schadensersatzansprüchen. Häufig wird der Anspruch auf Buchauszug auch als **Druckmittel** gegen den Unternehmer eingesetzt, für diesen ist der Buchauszug in der Regel nämlich mit erheblichem **Aufwand und Kosten** verbunden. Bei Unvollständigkeit oder begründeten Zweifeln an der Richtigkeit des Buchauszuges kann der Handelsvertreter neben Ergänzung des Buchauszuges auch die Einsicht in die Bücher gem. § 87c Abs. 4 HGB verlangen (s. Rz. 54). Kommt der Unternehmer auch diesem Verlangen nicht ausreichend nach, kann der Handelsvertreter die Abgabe einer **eidesstattlichen Versicherung** gem. §§ 249, 260 BGB verlangen. Spätestens an dieser Stelle kommt es in der Regel zu (finanziellen) Zugeständnissen des Unternehmers, um ein derartiges Verfahren zu vermeiden.

52 Der Buchauszug muss wie die Abrechnung eine vollständige, klare und übersichtliche Darstellung der geschuldeten Informationen enthalten (vgl. zu den Anforderungen BGH v. 21.3.2001 – VIII ZR 149/99, NJW 2001, 2333 und BGH v. 20.1.2011 – I ZB 67/09, WM 2011, 1380).

53 Neben dem Anspruch auf Abrechnung im Buchauszug kann der Handelsvertreter gem. § 87c Abs. 3 HGB **Mitteilung über alle Umstände** verlangen, die für den Provisionsanspruch, seine Fälligkeit und seine Berechnung wesentlich sind, soweit sich diese nicht schon aus den vorgelegten Unterlagen des Unternehmens ergeben.

54 Wird der Buchauszug verweigert oder bestehen begründete Zweifel an der Richtigkeit oder Vollständigkeit der Abrechnung oder des Buchauszuges, so kann der Handelsvertreter nach § 87c Abs. 4 HGB **Einsicht in die Geschäftsbücher** oder die sonstigen Urkunden (zB Verträge, Korrespondenzen, Belege) des Unternehmers verlangen. Nach Wahl des Unternehmers ist die Einsicht entweder dem Handelsvertreter selbst oder einem vom Handelsvertreter zu bestimmenden Wirtschaftsprüfer oder vereidigten Buchsachvollständigen zu gewähren. Die **Kosten** für die Prüfung durch den Wirtschaftsprüfer/Buchsachvollständigen trägt der Handelsvertreter, gegebenenfalls hat sie der Unternehmer aber im Weg des Schadensersatzes zu erstatten. Zur Durchsetzung des Einsichtsrechts im Prozess und der Vollstreckung vgl. Baumbach/Hopt § 87c HGB Rz. 28, OLG Karlsruhe v. 10.11.2014 – 9 W 37/14, MDR 2015, 69.

55 Die in § 87c HGB dem Handelsvertreter gewährten Rechte sind nach § 87c Abs. 5 HGB **zwingend**. Der Unternehmer kann gegenüber diesen Ansprüchen **kein Zurückbehaltungsrecht** wegen etwaiger Gegenansprüche geltend machen. Ein Verzicht auf die Rechte aus § 87c HGB ist nur für die Vergangenheit möglich, zB durch eine ausdrückliche Bestätigung der Abrechnung im Wege des Vergleichs, nicht aber durch ggf. auch längerfristige stillschweigende Hinnahme der Provisionsabrechnungen (vgl. BGH NJW 1996, 588).

6. Vertragsbeendigung

56 §§ 89 und 89a HGB regeln die Beendigung des Vertrags durch Kündigung. Daneben kann der Handelsvertretervertrag – wie andere Verträge auch – durch andere Ereignisse enden, zB durch **Zeitablauf** bei befristeten Verträgen, **Tod** des Handelsvertreters, **Insolvenz** des Unternehmers (vgl. §§ 115, 116 InsO, s. Wagner/Wexler-Ulrich, BB 2010, 2454 ff.), Aufhebung etc. (vgl. ausführlich

Löwisch in Ebenroth/Boujong/Joost/Strohn § 89 HGB Rz. 7 ff.). Nach dem Urteil des BGH v. 15.11.2012 – IX ZR 169/11, BGHZ 195, 348 zur Unwirksamkeit von insolvenzabhängigen Lösungsklauseln ist derzeit umstritten, ob (außerordentliche) Kündigungen bei der Insolvenz des Vertriebspartners (noch) zulässig sind, vgl. Jacoby, ZIP 2014, S. 649 ff.

a) Ordentliche Kündigung

§ 89 Abs. 1 HGB gibt **Mindestkündigungsfristen** vor, die nach Dauer des bestehenden Vertrags **gestaffelt** sind. Laut § 89 Abs. 2 HGB können die Kündigungsfristen durch Vereinbarung nur **verlängert** werden, dabei darf die (verlängerte) Frist für den Unternehmer nicht kürzer sein als für den Handelsvertreter. Das Kündigungsrecht darf nicht durch die Verbindung finanzieller Nachteile mit der Vertragsbeendigung erschwert werden, vgl. OLG Oldenburg v. 30.3.2015 – 13 U 71/14. Gem. § 89 Abs. 3 HGB wandeln sich **befristete Verträge**, die von beiden Teilen nach Ende der vereinbarten Laufzeit fortgesetzt werden, in unbefristete Verträge um. Für die Bestimmung der Kündigungsfristen gilt dann die Gesamtdauer des bestehenden Vertrags. 57

➲ **Praxistipp:** Die Vorgaben von § 89 HGB sind bei der vertraglichen Festlegung von Kündigungsfristen unbedingt zu beachten. Insbesondere darf nicht übersehen werden, dass Absprachen über den **Kündigungstermin** gem. § 89 Abs. 1 Satz 3 HGB zulässig sind. Dies kann zu ungewollten Ergebnissen führen, wenn etwa eine zu kurze Frist („drei Monate") mit einem zulässigen Kündigungstermin („zum Jahresende") verknüpft wird. Bei einer Vertragslaufzeit von über fünf Jahren würde dies dazu führen, dass der Kündigungstermin („Jahresende") bestehen bleibt, dieser aber nur mit einer Kündigungsfrist von sechs Monaten gewahrt wird. Dies führt zu einer Verlängerung der Kündigungsfrist auf bis zu 18 Monate. 58

Für Handelsvertreter im Nebenberuf sind die Fristen des § 89 HGB nicht anwendbar (vgl. § 92b Abs. 1 HGB). Zur Wirksamkeit von Kündigungsfristen für Handelsvertreter im Nebenberuf in Formularbedingungen s. BGH v. 21.3.2013 – VII ZR 224/12, WM 2013, 878. 59

Die Kündigungserklärung ist **formlos** möglich, aber **empfangsbedürftig**. Sie muss eindeutig sein (vgl. Baumbach/Hopt § 89 HGB Rz. 15). 60

Teilkündigungen sind nicht zulässig. Soll beispielsweise der Vertreterbezirk verkleinert werden etc., muss der Unternehmer eine **Änderungskündigung** des ganzen Vertrags mit der Folge der Ausgleichspflicht nach § 89b HGB aussprechen. Die Vereinbarung eines Teilkündigungsrechts ist allenfalls individualvertraglich zulässig (vgl. Löwisch in Ebenroth/Boujong/Joost/Strohn § 89 HGB Rz. 22). 61

b) Wirkung der ordentlichen Kündigung

Der Vertrag endet bei der ordentlichen Kündigung erst mit Ablauf der Kündigungsfrist. Bis zum Vertragsende bleiben beide Seiten an ihre vertraglichen Verpflichtungen gebunden. Ein **einseitiges Freistellungsrecht** hat der Unternehmer nur, wenn er sich dieses im Vertrag vorbehalten hat. Nach hM dürfen dem Handelsvertreter durch die Freistellung keine finanziellen Nachteile entstehen, zumindest muss er einen **angemessenen Ausgleich** erhalten. Wie hoch dieser sein muss, ist umstritten (vgl. Emde § 89 HGB Rz. 53; MünchKomm.HGB/von Hoyningen-Huene § 89 HGB Rz. 65; Löwisch in Ebenroth/Boujong/Joost/Strohn § 89 HGB Rz. 44). Der Handelsvertreter muss auch während der Freistellung die vertraglichen Verpflichtungen, insbesondere das Wettbewerbsverbot beachten. 62

c) Außerordentliche Kündigung

§ 89a HGB ist eine Sonderregelung zur Kündigung aus wichtigem Grund (§ 314 BGB), aber ohne wesentliche inhaltliche Unterschiede. Im Wesentlichen kann daher auf die Kommentierung zu § 314 BGB zurückgegriffen werden, allerdings ist die Rechtsprechung zu § 89a HGB zu beachten. Die §§ 626–628 BGB zur fristlosen Kündigung von Dienstverhältnissen werden durch § 89a HGB ersetzt (vgl. Baumbach/Hopt § 89a HGB Rz. 1 ff.). 63

64 **Wichtige Kündigungsgründe** für den **Unternehmer** können sein: wesentliche Vertragsverletzungen durch den Handelsvertreter wie zB grob eigennützige Missachtung der Interessen des Unternehmers, endgültige unberechtigte Dienstverweigerung, Nichtbefolgung von Weisungen des Unternehmers, allgemeine Pflichtvernachlässigung mit der Folge eines Umsatzrückgangs, Vertrauensverstöße, nachhaltiges Zerwürfnis, unzulässiger Wettbewerb, Unmöglichkeit der Erfüllung wesentlicher Vertragspflichten durch den Handelsvertreter, zB wegen Eröffnung des Insolvenzverfahrens über sein Vermögen, vgl. aber Rz. 56, etc. In Ausnahmefällen können auch beim Unternehmer vorliegende Umstände den Unternehmer zur außerordentlichen Kündigung berechtigen. Dazu gehören allerdings nicht vorhersehbare Betriebsumstellungen oder -einstellungen wegen wirtschaftlicher Verluste.

65 **Wichtige Kündigungsgründe** für den **Handelsvertreter** können sein: wesentliche Vertragsverletzungen des Unternehmers, zB wiederholte Säumnis von Abrechnung und Zahlung, vertragswidrige Beschneidung des Vertriebsgebiets, unzulässiger Wettbewerb durch den Unternehmer etc. Auch beim Handelsvertreter vorliegende Umstände können ausnahmsweise einen wichtigen Kündigungsgrund darstellen. Vgl. ausführlich zu den wichtigen Kündigungsgründen Löwisch in Ebenroth/Boujong/Joost/Strohn § 89a HGB Rz. 63 ff.

66 Die außerordentliche Kündigung muss innerhalb **angemessener Frist** erfolgen, nachdem der Kündigende vom Kündigungsgrund Kenntnis erlangt hat. Die strenge Zwei-Wochen-Frist gem. § 626 Abs. 2 BGB ist auf Handelsvertreter allerdings nicht anwendbar (vgl. Baumbach/Hopt § 89a HGB Rz. 30). Regelmäßig wird eine Überlegungsfrist von **einem Monat** als angemessen angesehen, während ein zweimonatiges Zuwarten meist nicht mehr genügen dürfte. In der Rechtsprechung wird insoweit jeweils stark auf den Einzelfall abgestellt (vgl. Löwisch in Ebenroth/Boujong/Joost/Strohn § 89a HGB Rz. 43 ff.).

67 Kündigt ein Vertragspartner berechtigterweise außerordentlich, so ist er gem. § 89a Abs. 2 HGB zusätzlich zum **Schadensersatz** berechtigt, wenn der andere Teil die Kündigung durch sein Verhalten veranlasst hat. Eine **unberechtigte** außerordentliche Kündigung berechtigt den Gekündigten seinerseits, außerordentlich zu kündigen und Schadensersatzansprüche geltend zu machen.

7. Ausgleichsanspruch des Handelsvertreters

68 § 89b HGB regelt den Ausgleichsanspruch des Handelsvertreters bei Vertragsbeendigung. Der Anspruch entsteht, soweit der Unternehmer **Vorteile** aus Geschäftsverbindungen mit **neuen Kunden** hat, die der Handelsvertreter **geworben** hat, wobei der Werbung neuer Kunden auch die Intensivierung der Geschäftsverbindung mit alten Kunden gleichkommt, vgl. Vorabentscheidungsersuchen des BGH an den EuGH v. 14.5.2014 – VII ZR 328/12, MDR 2014, 846. Die Zahlung des Ausgleichs muss unter Berücksichtigung aller Umstände der **Billigkeit** entsprechen. Hierbei ist insbesondere zu berücksichtigen, dass dem Handelsvertreter aus Geschäften mit den von ihm geworbenen Kunden **Provisionen entgehen**. Gem. § 89b Abs. 2 HGB beträgt der Ausgleich höchstens eine nach dem Durchschnitt der letzten fünf Jahre der Tätigkeit des Handelsvertreters berechnete Jahresprovision/Jahresvergütung.

69 Das Bestehen des Ausgleichsanspruchs dem Grunde und der Höhe nach führt auf Grund der komplexen Regelung des § 89b HGB zu vielfältigen Problemen in der Praxis. Insofern wird auf die ausführliche Kommentierung bei Thume in Röhricht/Graf von Westphalen/Haas, § 89b HGB, Rz. 1 ff., MünchKomm.HGB/von Hoyningen-Huene § 89b HGB Rz. 26 ff. oder Emde § 89b HGB Rz. 1 ff. sowie die jeweils aktuelle Rechtsprechung (vgl. zB Emde BB 2015 1667 ff.) verwiesen. Sehr instruktiv zur Berechnung des Ausgleichsanspruches ist Löwisch in Ebenroth/Boujong/Joost/Strohn § 89b HGB Rz. 160 ff. und OLG Düsseldorf v. 15.11.2012 – I-16 U 47/11, BB 2013, 788. Zum Ausgleichsanspruch beim Vertrieb von Dauerverträgen vgl. Thume BB 2015, 387 ff.

70 Auf Grund des Urteils des EuGH v. 26.3.2009 – C 3 48/07 (Semen), BB 2009, 1607, wurde § 89b Abs. 1 HGB **neu gefasst**. Die ursprüngliche Nr. 2 (**Provisionsverluste des Handelsvertreters** wegen Vertragsbeendigung) wurde gestrichen. Die bisher gesonderte Voraussetzung, dass der Handelsvertreter durch die Vertragsbeendigung Provisionsverluste erleidet, ist damit deutlich herabgestuft worden. Sie bleibt allerdings als besonderes Merkmal bei den **Billigkeitserwägungen** erhalten. Die

neue Regelung gilt seit dem 5.8.2009, ggf. auch für Altverträge, vgl. BGH v. 23.12.2011 – VIII ZR 203/10. Eine von der bisherigen Methode abweichende Berechnung ist in vielen Fällen nicht erforderlich, insbesondere dann nicht, wenn angenommen werden kann, dass die Unternehmervorteile in der Höhe den Provisionsverlusten entsprechen (vgl. BGH v. 15.7.2009 – VIII ZR 171/08, WRP 2009, 1266; Emde WRP 2010, 844 ff.; Thume IHR 2011, 7 ff.).

Der **Anspruch besteht** laut § 89b Abs. 3 HGB **nicht**, wenn der Handelsvertreter das Vertragsverhältnis gekündigt hat, es sei denn der Unternehmer hat die Kündigung veranlasst oder dem Handelsvertreter ist die Fortsetzung seiner Tätigkeit auf Grund von Alter oder Krankheit nicht zumutbar. Der Anspruch besteht außerdem nicht, wenn der Unternehmer auf Grund schuldhaften Verhaltens des Handelsvertreters aus wichtigem Grund gekündigt hat (vgl. dazu BGH v. 16.2.2011 – VIII ZR 226/07, WM 2011, 620) oder wenn auf Grund einer Vereinbarung zwischen dem Unternehmer und dem Handelsvertreter ein Dritter in das Vertragsverhältnis eintritt. 71

Der Ausgleichsanspruch kann **nicht im Voraus** ausgeschlossen werden (vgl. § 89b Abs. 4 HGB). Zu sogenannten Einstandsvereinbarungen vgl. OLG Düsseldorf v. 15.11.2012 – I-16 U 47/11. 72

➲ **Praxistipp:** Wegen der Schwierigkeiten bei der Berechnung des Ausgleichsanspruchs wird häufig ein **Vergleich** zwischen den Parteien abgeschlossen. Hierbei muss beachtet werden, dass eine solche abschließende Regelung nicht vor Vertragsbeendigung, sondern nur nach oder gleichzeitig mit der Vertragsbeendigung getroffen werden kann. Zulässig ist zB eine einvernehmliche Vertragsaufhebung, die gleichzeitig den Ausgleichsanspruch regelt (vgl. BGH NJW 1996, 2867). 73

Für **Versicherungsvertreter** legt § 89b Abs. 5 HGB besondere Regelungen fest. 74

Für Handelsvertreter im **Nebenberuf** ist § 89b HGB nicht anwendbar (vgl. § 92b Abs. 1 Satz 1 HGB). In Verträgen mit Handelsvertretern, die **außerhalb der EU/des EWR** tätig werden, kann § 89b HGB gem. § 92c HGB ausgeschlossen werden (s. Rz. 83). Zu beachten sind dann aber eventuell zwingende Vorschriften zu Gunsten der Handelsvertreter, die sich aus dem Recht des Drittstaats ergeben können, in dem der Handelsvertreter tätig ist. Nach deutschem Recht sollen diese zwar der Anwendbarkeit von § 92c Abs. 1 HGB nicht entgegenstehen (vgl. Thume IHR 2009, 141, 148); zu Problemen kann es aber kommen, wenn für die Geltendmachung des Ausgleichsanspruchs kein deutscher Gerichtsstand anwendbar ist. 75

8. Sonstige Vorschriften

§§ 91, 91a HGB regeln Fragen zur **Vertretungsmacht** des Handelsvertreters (s. Rz. 15). § 92 HGB enthält Sondervorschriften für **Versicherungsvertreter**. 76

§ 92a HGB enthält eine Ermächtigungsgrundlage zur Festsetzung von **Mindestarbeitsbedingungen** für Einfirmenvertreter und Versicherungsvertreter. Praktische Bedeutung hat § 92a HGB insofern, als sich in Verbindung mit **§ 5 Abs. 3 ArbGG** die Zuständigkeit der Arbeitsgerichte auf den in § 92a HGB genannten Personenkreis ergibt, wenn diese während der letzten 6 Monate des Vertragsverhältnisses im Durchschnitt monatlich nicht mehr als 1000,00 Euro verdient haben (vgl. Löwisch in Ebenroth/Boujong/Joost/Strohn § 92a HGB Rz. 11; BGH v. 18.7.2013 – VII ZB 45/12, NJW-RR 2013, 1511 zur Rechtswegabgrenzung). 77

9. Internationale Bezüge

a) Anwendbares Recht

Das auf den Handelsvertretervertrag anwendbare Recht bestimmt sich zunächst nach den Vorschriften der Verordnung (EG) Nr. 593/2008 v. 17.6.2008 (Rom I-VO, ABl. L177/6 v. 4.7.2008). Diese Verordnung ersetzt seit dem 17.12.2009 die Art. 27 ff. EGBGB aF. Gem. Art. 3 der Verordnung können die Vertragsparteien grundsätzlich **frei wählen**, welchem Recht der Vertrag unterliegen soll. Soweit keine Rechtswahl getroffen wird, unterliegen die Handelsvertreterverträge gem. Art. 4 Abs. 1b) bzw. f) Rom I-VO dem Recht des Staates, in dem der Handelsvertreter seinen **gewöhnlichen Aufenthalt** hat (vgl. Palandt/Thorn Rom I 4, Rz. 19). Gem. Art. 19 Rom I-VO gilt, 78 dass der gewöhnliche Aufenthalt der Ort der (Haupt-)Niederlassung des Handelsvertreters ist. Die Rechtswahl kann auch **konkludent** erfolgen (Art. 3 Abs. 1 Satz 2 Rom I-VO, vgl. auch Thume IHR 2009, 141, 145). Anzuwendendes Recht kann gem. Art. 2 der Verordnung auch das Recht eines **Drittstaates** sein, der nicht Mitglied der EU ist.

79 Durch die Rechtswahl kann gem. Art. 3 Abs. 3 und 4 Rom I-VO nicht die Anwendung **zwingender Bestimmungen** eines Staates verhindert werden, wenn alle Elemente des Sachverhalts zum Zeitpunkt der Rechtswahl in diesem Staat belegen sind. Dies gilt gem. Abs. 3 für die Abwahl eines nationalen Rechts und gem. Abs. 4 für die Abwahl von **zwingenden EU-rechtlichen** Vorschriften. Soweit das Vertriebsgebiet des Handelsvertreters innerhalb der EU liegt, kann damit nicht durch Rechtswahl von den gem. der EU-Handelsvertreterrichtlinie von 1986 (vgl. Rz. 7) zwingend geltenden Regelungen abgewichen werden.

b) Internationale Zuständigkeit

80 Die internationale Zuständigkeit für Handelsvertreterstreitigkeiten ergibt sich aus §§ 12 ff. ZPO bzw. aus den Vorschriften der EU-Verordnung Nr. 1215/2012 (EuGVO 2012), insbesondere aus Art. 7 Nr. 1b EuGVO (Erfüllungsort), vgl. (noch zur Vorgängerverordnung Nr. 44/2001) OLG Oldenburg v. 25.2.2014 – 13 U 86/13, IHR 2014, 112.

81 Die Vertragspartner können die Zuständigkeit eines bestimmten Gerichts **vereinbaren**, vgl. ausführlich Lakkis in Martinek/Semler/Habermeier/Flohr § 78 Rz. 4 ff.; Kindler in Ebenroth/Boujong/Joost/Strohn § 92c HGB Anh Rz. 26 ff. Zur Unwirksamkeit einer solchen Abrede, wenn dadurch dem innerhalb der Europäischen Union tätigen Handelsvertreter der Ausgleichsanspruch verwehrt wird, vgl. BGH v. 5.9.2012 – VII ZR 25/12, IHR 2013, 35.

82 Je nachdem, in welchem Land der Vertragspartner seinen Sitz hat, kann es auch sinnvoll sein, eine **Schiedsgerichtsvereinbarung** zu treffen. So kann die Vollstreckung eines ausländischen Schiedsspruches in bestimmten Staaten erheblich einfacher sein als die Vollstreckung eines ausländischen staatlichen Urteils. Viele Staaten, die ausländische staatliche Urteile nicht akzeptieren, sind Vertragsstaaten des New Yorker UN-Übereinkommens über die Anerkennung und Vollstreckung ausländischer Schiedssprüche v. 10.6.1958 (vgl. Bredow in Martinek/Semler/Habermeier/Flohr § 80 Rz. 17).

c) Abdingbarkeit von zwingenden Vorschriften nach § 92c HGB

83 In Verträgen mit Handelsvertretern, die ihre Tätigkeit nicht innerhalb der EU oder der EWR-Staaten ausüben, sowie mit Schifffahrtsvertretern kann von **allen Vorschriften** der §§ 84 ff. HGB **abgewichen** werden (vgl. § 92c HGB). § 92c HGB ist keine Kollisionsnorm und kommt daher nur zur Anwendung, soweit auf den Vertrag **deutsches Recht** anwendbar ist (vgl. Thume IHR 2009, 141, 147). Wichtig ist dabei, dass die Vertragspartner die einzelnen zwingenden Normen, von denen sie abweichen wollen, auch **tatsächlich vertraglich ausschließen**, weil diese sonst anwendbar bleiben. Dies wird gelegentlich vergessen. Zur Ausschließbarkeit von § 89b HGB nach § 92c HGB vgl. oben Rz. 75.

84 Ist der Handelsvertreter sowohl **innerhalb als auch außerhalb** der EU/des EWR für den Unternehmer tätig, ist § 92c Abs. 1 HGB nach hM auf den gesamten Vertrag **nicht** anwendbar. Strittig ist, ob dies dadurch gelöst werden kann, dass mit dem Handelsvertreter zwei getrennte Verträge geschlossen werden, einer für das Gebiet der EU/des EWR und einer für das Gebiet außerhalb der EU/des EWR (vgl. Thume IHR 2009, 141, 148).

10. Kartellrechtliche Fragen

85 Bei Verträgen mit Auswirkungen auf den Binnenmarkt sind Art. 101 ff. des Vertrags über die Arbeitsweise der Europäischen Union (ex-Art. 81 ff. EG) zu beachten. Sogenannte **echte** Handelsvertreterverträge fallen nicht unter das **Kartellverbot** des Art. 101 Abs. 1 AEUV. Dies hat die EU-Kommission in ihren Leitlinien für vertikale Beschränkungen (ABl. C 130 v. 19.5.2010) erneut

festgestellt (s. Leitlinien Rz. 18). Dies gilt allerdings nur für Handelsvertreterverträge, die der Definition in Abschnitt II 2.1. der Leitlinien entsprechen. Insbesondere darf der Handelsvertreter im Zusammenhang mit seiner Tätigkeit für den Unternehmer **keine oder nur unbedeutende Risiken** tragen (vgl. Leitlinien Rz. 15). Trägt der Handelsvertreter ein oder mehrere der von der Kommission beschriebenen Risiken, gilt der gesamte Vertrag nicht als „echter" Handelsvertretervertrag mit der Wirkung, dass die Vorschriften des Art. 101 Abs. 1 AEUV auf den Vertrag anwendbar sind.

Wettbewerbsbeschränkende Vereinbarungen zwischen den Vertragspartnern sind dann anhand Art. 101 AEUV bzw. an der **Gruppenfreistellungsverordnung** für Vertikalvereinbarungen (Verordnung (EU) Nr. 330/2010 der Kommission v. 20.4.2010, ABl. L 102 v. 23.4.2010) zu überprüfen. Diese neue Vertikal-GVO ist seit dem 1.6.2010 in Kraft; dazu ausführlich Lettl, WRP 2010, 807 ff.; Malec/von Bodungen, BB 2010, 2382 ff.; Funke/Just, Der Betrieb 2010, 1389 ff. 86

Im **deutschen Kartellrecht** übernimmt § 2 Abs. 1 GWB die Freistellungsvoraussetzungen des Art. 101 Abs. 3 AEUV (ExArt. 81 Abs. 3 EG). § 2 Abs. 2 GWB legt die entsprechende Anwendung der EU-Gruppenfreistellungsverordnungen fest. Damit sind auch rein innerdeutsche Sachverhalte, auf die das GWB anwendbar ist, nach den Voraussetzungen des EU-Rechts zu prüfen (vgl. ausführlich zum europäischen und zum deutschen Kartellrecht Habermeier und Rahlmeyer in Martinek/Semler/Habermeier/Flohr §§ 36 ff.; MünchKomm.HGB/von Hoyningen-Huene vor § 84 HGB Rz. 23 ff.). Soweit **Drittstaaten** betroffen sind, müssen die dort geltenden Wettbewerbsvorschriften berücksichtigt werden. 87

M 33.1 Handelsvertretervertrag[1, 2]

Zwischen
der Gesellschaft ... (Bezeichnung, Anschrift)
– nachfolgend Gesellschaft –
und
... (Name, Anschrift des Handelsvertreters)
– nachfolgend Handelsvertreter –
wird folgender

Handelsvertretervertrag

geschlossen:

§ 1 Umfang der Vertretung

(1) Die Gesellschaft überträgt dem Handelsvertreter mit Wirkung vom ... die Vertretung für ihre sämtlichen Erzeugnisse[3]:

...

1 Formularverträge, die für eine vielfache Verwendung vorformuliert sind, unterliegen den AGB-rechtlichen Vorgaben der §§ 305 ff. BGB. Diese Vorschriften müssen neben den zwingenden Bestimmungen der §§ 84 ff. HGB beachtet werden, weil die Grenzen der Inhaltskontrolle des § 307 BGB enger sind (vgl. H. Schmidt in Ulmer/Brandner/Hensen AGB-Recht Teil 2 (15) Rz. 1 ff.).

2 Das vorliegende Muster ist eine allgemeine Grundfassung. Bei einigen Punkten, wie zB der Frage der Exklusivität, den Provisionsregelungen etc., sind – innerhalb der zwingenden rechtlichen Vorgaben – Verschiebungen zu Gunsten der einen oder der anderen Vertragspartei denkbar. Die Verwender des Formulars sollten daher im Einzelfall sorgfältig die Interessen der Beteiligten prüfen und danach entscheiden, welche Regelungen im konkreten Fall erforderlich bzw. sinnvoll sind, um die gewollte Geschäftsbeziehung vertraglich abzubilden.

3 Gegebenenfalls muss es hier heißen *„für die folgenden Erzeugnisse ..."* oder auch *„für die in Anlage ... genannten Erzeugnisse"*, soweit die Gesellschaft dem Handelsvertreter nur bestimmte Produktgruppen zur Vertretung überlassen will.

(2) Vertragsgebiet: . . .[4]

(3) Erzeugnisse, die die Gesellschaft künftig in ihr Vertriebsprogramm aufnimmt, werden nur dann Vertragsbestandteil, wenn es sich um unmittelbare Nachfolgeprodukte der bereits vereinbarten Erzeugnisse handelt, oder wenn die Vertragspartner dies ausdrücklich vereinbaren.

(4) Die Gesellschaft behält sich vor, selbst oder durch Dritte im Vertragsgebiet tätig zu werden.[5]

Alternativ könnte zum Schutze des Handelsvertreters folgende Klausel vorgesehen werden:

Der Gesellschaft ist es untersagt, im Vertragsgebiet weitere Handelsvertreter zu bestellen oder selbst oder durch Beauftragte zur Werbung von Kunden oder zur Vermittlung oder zum Abschluss von Geschäften tätig zu werden.

(5) Der Handelsvertreter übernimmt den im Vertragsgebiet vorhandenen Kundenstamm der Gesellschaft, der in dem diesem Vertrag als Anlage . . . beigefügten Verzeichnis aufgeführt ist.[6]

(6) Der Handelsvertreter hat gegenwärtig die in der Anlage . . . zu diesem Vertrag aufgeführten Vertretungen inne.

Alternativ:

Der Handelsvertreter hat gegenwärtig keine Vertretung für eine andere Gesellschaft inne.

Der Handelsvertreter wird die Übernahme weiterer Vertretungen dem Unternehmen unverzüglich schriftlich anzeigen. Die Gesellschaft kann einer Übernahme widersprechen, wenn sie berechtigten Anlass zu der Annahme hat, dass die Übernahme der weiteren Vertretung den Vertrieb ihrer Erzeugnisse beeinträchtigen wird.

§ 2 Pflichten des Handelsvertreters

(1) Der Handelsvertreter hat die Aufgabe, im Vertragsgebiet Kunden für die Gesellschaft zu gewinnen und Verkaufsgeschäfte für die Gesellschaft zu vermitteln. Er hat dabei die von der Gesellschaft festgesetzten Preise gemäß der jeweils aktuellen Preisliste sowie die jeweils gültigen Liefer- und Zahlungsbedingungen zu beachten.

(2) Der Handelsvertreter hat die Interessen der Gesellschaft mit der Sorgfalt eines ordentlichen Kaufmanns wahrzunehmen und ihre Weisungen zu beachten. Er ist insbesondere verpflichtet,

- *den Absatz der Erzeugnisse nach besten Kräften zu fördern,*
- *die Kunden regelmäßig zu besuchen und auf Anforderung der Gesellschaft an einschlägigen Messen und Ausstellungen teilzunehmen,*
- *die Bonität der Kunden zu prüfen und Zweifel an ihrer Zahlungsfähigkeit unverzüglich der Gesellschaft mitzuteilen,*
- *die Gesellschaft über seine Tätigkeit und die Marktverhältnisse im Vertragsgebiet sowie über die Tätigkeit von Wettbewerbern laufend in geeigneter Form zu unterrichten,*
- *die Gesellschaft von etwaigen Mängelrügen der Kunden unverzüglich zu unterrichten und sie bei deren Aufklärung und Regulierung zu unterstützen,*
- *der Gesellschaft bei der Sicherung von gewerblichen Schutzrechten sowie der Abwehr fremden unlauteren Wettbewerbs behilflich zu sein.*

4 Sofern eine Beschränkung auf ein bestimmtes Vertragsgebiet erwünscht ist, sollte dieses klar umschrieben werden; bei inländischen Handelsvertretungen zB durch Angabe der Postleitzahlengebiete oder die Beifügung eines entsprechenden Kartenausschnitts als Anlage zum Vertrag. Möglich ist auch die Festlegung von bestimmten Kundenkreisen (zum Bezirks-/Kundenkreisschutz Rz. 37). An dieser Stelle kann auch geregelt werden, ob der Vertreter Bezirksvertreter oder Alleinvertreter ist (s. oben Rz. 38).

5 Ist dem Vertreter ein bestimmter Bezirk zugewiesen, sind grundsätzlich alle Geschäfte, die die Gesellschaft während der Dauer des Handelsvertretervertrags im Bezirk abschließt, provisionspflichtig (vgl. § 87 Abs. 2 HGB; dazu auch Rz. 37). Dies wird in der Provisionsregelung berücksichtigt (s. unten § 5).

6 Dem Verzeichnis sollte möglichst auch eine Aufstellung der Umsätze beigefügt sein, die mit den genannten Kunden in den letzten zwölf Monaten vor Abschluss des neuen Handelsvertretervertrags erzielt wurden. Auf dieser Grundlage lässt sich später leichter ermitteln, ob der Handelsvertreter das Geschäft mit diesen Kunden so ausgebaut hat, dass es zu einem Ausgleichsanspruch nach § 89b Abs. 1 Satz HGB kommen kann.

(3) Der Handelsvertreter hat keine Abschlussvollmacht.[7] *Er hat jeden Auftrag unverzüglich an die Gesellschaft weiterzuleiten. Der Handelsvertreter ist ohne vorherige schriftliche Zustimmung der Gesellschaft nicht berechtigt, Eigengeschäfte mit den Erzeugnissen abzuschließen. Er ist nicht berechtigt, die Gesellschaft rechtsgeschäftlich zu vertreten und Erklärungen mit Wirkung für oder gegen die Gesellschaft abzugeben oder entgegenzunehmen.*

(4) Zahlungen darf der Handelsvertreter nur entgegennehmen, wenn er dazu im Einzelfall ausdrücklich ermächtigt ist. Er ist jedoch verpflichtet, die Gesellschaft bei der Einziehung ihrer Forderungen zu unterstützen.[8]

(5) Der Handelsvertreter muss die aus diesem Vertrag resultierenden Pflichten grundsätzlich persönlich erbringen. Soweit er Untervertreter einsetzt, bleibt er trotzdem gegenüber der Gesellschaft persönlich verantwortlich. Insbesondere erfolgen Provisionsabrechnungen und -zahlungen der Gesellschaft nur an ihn.

§ 3 Geheimhaltung und Wettbewerb

(1) Der Handelsvertreter darf Geschäfts- und Betriebsgeheimnisse der Gesellschaft, von denen er im Rahmen seiner Tätigkeit unter diesem Vertrag Kenntnis erlangt, weder für sich verwerten, noch Dritten mitteilen. Diese Pflicht besteht auch nach Beendigung dieses Vertrages fort.[9]

(2) Der Handelsvertreter hat jeden direkten oder indirekten Wettbewerb zum Nachteil der Gesellschaft zu unterlassen. Er darf sich ohne schriftliche Zustimmung der Gesellschaft weder an Wettbewerbsunternehmen beteiligen noch für Konkurrenzerzeugnisse als Vertreter oder Händler oder in sonstiger Form als Vertriebspartner auftreten.[10]

(3) Für jeden Verstoß gegen Abs. 1 oder Abs. 2 hat der Handelsvertreter der Gesellschaft eine Vertragsstrafe in Höhe von ... Euro zu zahlen. Die Gesellschaft behält sich die Geltendmachung eines darüber hinausgehenden Schadenersatzanspruches ausdrücklich vor.[11]

§ 4 Pflichten der Gesellschaft[12]

(1) Die Gesellschaft wird dem Handelsvertreter alle für seine Tätigkeit notwendigen Informationen und Unterlagen, insbesondere Muster, Werbeprospekte, Preislisten und Lieferbedingungen rechtzeitig unentgeltlich zur Verfügung stellen und ihn bei der Ausübung seiner Tätigkeit unterstützen.

(2) Werbematerial und sonstige Gegenstände, die die Gesellschaft dem Handelsvertreter überlässt, bleiben Eigentum der Gesellschaft.

(3) Die Gesellschaft wird den Handelsvertreter über jeden Geschäftsabschluss mit Kunden im Vertragsgebiet unterrichten und ihm Kopien aller diesbezüglichen Rechnungen zuleiten.

---

7 Laut § 84 Abs. 1 Satz 1 2. Alt. HGB kann dem Handelsvertreter auch eine Abschlussvollmacht erteilt werden (s. Rz. 15). Dies ist in der Praxis aber eher die Ausnahme.

8 Nach § 86 HGB kann für bestimmte Geschäfte oder bestimmte Kunden mit dem Handelsvertreter auch vereinbart werden, dass er für die Erfüllung der Verbindlichkeit aus einem abgeschlossenen Geschäft einzustehen hat. Er hat dann Anspruch auf die so genannte Delkredereprovision.

9 Vgl. § 90 HGB.

10 Hat der Handelsvertreter bei Vertragsschluss konkurrierende Vertretungen inne, sollte geregelt werden, ob er diese behalten darf oder ob er sie aufgeben muss. Abs. 2 könnte zB wie folgt ergänzt werden: *„Ausgenommen sind die in Anlage ... aufgelisteten Vertretungen des Handelsvertreters, die dieser bei Vertragsabschluss bereits inne hat."*

11 Soweit die Vertragsstrafenklausel formularmäßig verwendet wird, sind die AGB-rechtlichen Vorgaben zu beachten. Die Höhe der vereinbarten Vertragsstrafe muss einem im konkreten Verletzungsfall realistischer Weise zu erwartenden Schaden in angemessener Weise entsprechen. Hier wird es auf die konkreten Umstände, insbesondere auf die Branche, die Art und den Umfang der vertraulichen Information etc. ankommen. Die Vereinbarung einer zu hohen Vertragsstrafe kann zur Unwirksamkeit der gesamten Vertragsstrafenregelung führen. Die Gesellschaft kann dann nur noch den ihr tatsächlich entstandenen Schaden geltend machen. Dieser ist oft nur schwer nachzuweisen. Es kann daher vorteilhafter sein, nur einen moderaten Betrag als Strafe festzulegen.

12 Von den in § 86a HGB vorgeschriebenen Informations- und Unterstützungspflichten der Gesellschaft darf durch Vertrag nicht abgewichen werden.

§ 5 Provision

(1) Der Handelsvertreter erhält für alle von ihm vermittelten Geschäfte, die die Gesellschaft mit Kunden im Vertragsgebiet über die Erzeugnisse zum Listenpreis abschließt, eine Provision gemäß Anlage ...[13]*. Für Geschäfte, die ohne seine Mitwirkung im Vertragsgebiet zustande kommen, erhält der Handelsvertreter ebenfalls eine Provision nach Satz 1.*[14] *Geschäfte, die erst nach Vertragsende abgeschlossen werden, sind nicht provisionspflichtig.*[15]

(2) Bei Verkäufen zu Preisen, die den jeweils gültigen Listenpreis von mehr als x % unterschreiten, wird die Gesellschaft die Provision angemessen herabsetzen, höchstens jedoch auf die Hälfte.

(3) Sind an einem Geschäft mehrere Handelsvertreter beteiligt (zB weil die Einkaufszentrale und der Lieferort in verschiedenen Gebieten liegen), kann die Gesellschaft die Provision angemessen auf die beteiligten Vertreter verteilen.

(4) Berechnungsgrundlage für die Provision ist der fakturierte Nettoverkaufspreis abzüglich Kosten für Fracht, Verpackung, Versicherung, Barzahlungsnachlässe etc. sowie sonstiger Nachlässe oder Aufwendungen, auch wenn sie nicht gesondert in Rechnung gestellt werden.[16]

(5) Der Provisionsanspruch entsteht, sobald der Kunde die Rechnung der Gesellschaft bezahlt hat.[17] *Die Gesellschaft ist nur verpflichtet, einen Kunden auf Zahlung zu verklagen bzw. Zahlungsansprüche zu vollstrecken, wenn dafür ausreichend Aussichten auf Erfolg bestehen oder wenn der Handelsvertreter dies ausdrücklich verlangt und sich an den Verfahrenskosten angemessen beteiligt.*

(6) Über die Provision wird monatlich abgerechnet, und zwar bis zum 15. des Folgemonats, nachdem der Kunde bezahlt hat. Der Handelsvertreter erhält zusammen mit der Abrechnung eine Aufstellung der provisionspflichtigen Geschäfte.[18]

(7) Der Provisionsanspruch wird am letzten Tag des Monats fällig, in dem gemäß Abs. 6 abzurechnen ist.

(8) Der Provisionsanspruch verjährt in zwölf Monaten nach Kenntnis von der Entstehung des Anspruchs, spätestens jedoch drei Jahre nach Fälligkeit.[19]

§ 6 Verhinderung des Handelsvertreters

(1) Ist der Handelsvertreter voraussichtlich länger als einen Monat an der Ausführung seiner Tätigkeit gehindert, hat er die Gesellschaft hierüber unverzüglich zu unterrichten.

(2) In diesem Fall kann die Gesellschaft einen Dritten beauftragen, die Pflichten des Handelsvertreters während seiner Verhinderung wahrzunehmen. Die dadurch entstehenden Kosten gehen zur Hälfte zu Lasten des Handelsvertreters. Überschreitet die Verhinderung des Handelsvertreters die

13 Der Provisionssatz kann auch direkt in der Klausel vereinbart werden, zB durch folgenden Wortlaut: „*... eine Provision in Höhe von ... %*". Die Regelung in einer separaten Anlage empfiehlt sich dann, wenn beispielsweise gestaffelte Prozentsätze oder verschiedene Prozentsätze für verschiedene Warensorten vereinbart werden sollen.

14 Gem. § 87 Abs. 2 HGB hat der Bezirksvertreter auch bei Geschäften, die ohne seine Mitwirkung im zugeteilten Bezirk zu Stande kommen, Anspruch auf Provision (s. Rz. 37). Hiervon abweichende Regelungen sind grundsätzlich zulässig, müssen aber ausreichend klar sein und dürfen auch sonst nicht den Vorgaben des AGB-Rechts widersprechen (vgl. OLG Karlsruhe v. 10.5.2005 – 8 U 242/04, OLGR Karlsruhe 2005, 847).

15 § 87 Abs. 3 HGB sieht grundsätzlich eine Vergütungspflicht auch für Geschäfte vor, die nach Beendigung des Handelsvertretervertrags abgeschlossen sind (s. Rz. 39).

16 § 87b Abs. 2 HGB sieht die Einbeziehung der meisten hier genannten Positionen in die Provisionsgrundlage ein. Im Rahmen der Grenzen von §§ 138, 242 BGB kann hiervon allerdings auch in Formularverträgen abgewichen werden (vgl. Baumbach/Hopt § 87b HGB Rz. 18).

17 Nach § 87a Abs. 1 Satz 3 HGB hat der Handelsvertreter Anspruch auf einen angemessenen Vorschuss, sobald die Gesellschaft das Geschäft ausgeführt hat (s. Rz. 41). Nach § 87a Abs. 1 Satz 3 HGB entsteht der Provisionsanspruch in jedem Fall, sobald der Kunde bezahlt hat, auch wenn die Gesellschaft das Geschäft noch nicht ausgeführt hat.

18 Hier sind auch andere Regelungen denkbar, die zwingenden Vorgaben von § 87c HGB müssen aber beachtet werden, s. Rz. 48 ff.

19 S. Rz. 30.

Dauer von sechs Monaten, kann jeder Vertragspartner eine angemessene Anpassung dieses Vertrags an die Situation verlangen.

§ 7 Vertragsdauer

(1) Der Vertrag wird auf unbestimmte Zeit geschlossen. Er kann im ersten Vertragsjahr mit einer Frist von einem Monat, im zweiten Jahr mit einer Frist von zwei Monaten und im dritten bis fünften Jahr mit einer Frist von drei Monaten gekündigt werden. Danach gilt eine Kündigungsfrist von sechs Monaten, jeweils zum Monatsende.[20]

(2) Nach Ausspruch der Kündigung kann die Gesellschaft den Handelsvertreter von der weiteren Erfüllung seiner Pflichten freistellen. In diesem Fall steht dem Handelsvertreter im Hinblick auf ersparte Kosten nur noch die Hälfte der Provision für danach abgeschlossene Geschäfte zu.[21]

(3) Das Recht zur fristlosen Kündigung aus wichtigem Grund bleibt unberührt.

(4) Nach Vertragsende hat der Handelsvertreter der Gesellschaft sämtliche überlassenen Muster und Geschäftsunterlagen unverzüglich herauszugeben, soweit sie nicht bestimmungsgemäß verbraucht wurden.

(5) Die Kündigung muss schriftlich erfolgen.

§ 8 Schlussbestimmungen

(1) Nebenabreden sind nicht getroffen. Änderungen des Vertrags bedürfen der Schriftform. Das Gleiche gilt für den Verzicht auf das Schriftformerfordernis.

(2) Gerichtsstand ist . . .[22]

(3) Sollte eine Bestimmung dieses Vertrags unwirksam sein, wird dadurch die Gültigkeit der übrigen Bestimmungen nicht berührt. Die Vertragsparteien werden die unwirksame Bestimmung einvernehmlich durch eine wirksame Regelung ersetzen, die dem Inhalt der unwirksamen Klausel wirtschaftlich möglichst nahe kommt.

. . . (Ort, Datum) *. . . (Ort, Datum)*

. . . (Unterschrift der Gesellschaft) *. . . (Unterschrift des Handelsvertreters)*

20 Bei der Laufzeitgestaltung gibt es verschiedene Varianten, zB auch die Möglichkeit, den Vertrag zu befristen. Allerdings sind die zwingenden Vorgaben von § 89 HGB zu beachten, s. Rz. 57 f.

21 Umstritten, vgl. Rz. 62.

22 Über den Gerichtsstand sollte je nach Interessenlage entschieden werden. Bei Verträgen mit Auslandsbezug sind die Vor- und Nachteile der unterschiedlichen Gerichtsstände ebenfalls sorgfältig abzuwägen, ggf. empfiehlt sich eine Schiedsklausel, s. Rz. 82. Auch beim anzuwendenden materiellen Recht kommt es auf die Interessen im konkreten Einzelfall an. Gemäß §§ 93 ff. GVG sind die Kammern für Handelssachen innerhalb der Landgerichte zuständig, wenn beide Seiten Kaufleute sind. Zur Zuständigkeit der Arbeitsgerichte bei Einfirmenvertretern gem.§ 92a HGB, s. Rz. 77.

Kapitel 34 Kommissionsgeschäft

Literatur: *Emde*, Vertriebsrecht, 2011; *Heyers*, Gewährleistung und Gewährleistungsausschluss im Kunstauktionshandel, GRUR 2012, 1206 ff.; *Krüger*, in Ebenroth/Boujong/Joost/Strohn, Handelsgesetzbuch Band 2, 2. Aufl. 2009, §§ 383 ff.; *Küstner/Thume*, Handbuch des gesamten Außendienstrechts Band 1–3; *Lenz*, in Röhricht/Graf von Westphalen/Haas (Hrsg.), HGB 4. Aufl. 2014, §§ 383 ff.; *Martinek/Semler/Habermeier/Flohr* (Hrsg.), Handbuch des Vertriebsrechts, 3. Aufl. 2010.

I. Einführung

1 Zu den verschiedenen Vertriebstypen und zu deren Abgrenzung vgl. die Einführung zu Kap. 33 Rz. 1 ff., zur Abgrenzung zwischen Kommissionsgeschäft und Kauf vgl. Lenz, § 383 HGB Rz. 22.

2 Der Kommissionär übernimmt es gewerbsmäßig, Waren oder Wertpapiere für **Rechnung** des Kommittenten **im eigenen Namen zu kaufen oder zu verkaufen** (§ 383 Abs. 1 HGB). Daneben können auch andere Geschäfte Gegenstand der Kommission sein (§ 406 HGB). Der Kommissionär führt die ihm übertragenen Geschäfte im eigenen Namen **in mittelbarer Stellvertretung** des Kommittenten durch, vgl. Baumbach/Hopt § 383 HGB Rz. 1, 17.

2a ➲ **Hinweis:** Das Kommissionsgeschäft wird heute hauptsächlich noch bei der Effektenkommission beim Wertpapiergeschäft angewendet sowie im Kunst-, Antiquitäten- und Briefmarkenhandel und im Exportgeschäft.

3 Man unterscheidet folgende **Rechtsverhältnisse: Das Kommissionsgeschäft** betrifft das Innenverhältnis zwischen Kommittenten und Kommissionär. Kommissionsgeschäft ist jedes Geschäft, in dem sich der Kommissionär verpflichtet, mit Dritten im eigenen Namen und auf Rechnung eines anderen ein Geschäft zu schließen. Das **Ausführungsgeschäft** ist der (schuldrechtliche) Vertrag zwischen dem Kommissionär und dem Dritten, das auf Grundlage des Kommissionsgeschäfts geschlossen wird. Im **Abwicklungsgeschäft** wird das durch das Ausführungsgeschäft Erlangte vom Kommissionär an den Kommittenten übertragen.

4 **Kommissionsagent** ist, wer **ständig** damit betraut ist, Kommissionsgeschäfte für einen anderen durchzuführen und zwar zu von diesem vertraglich vorgegebenen Preisen und Konditionen (BGH v. 20.3.2003 – I ZR 225/00, WRP 2003, 981). Im Innenverhältnis zwischen Kommittenten und Kommissionsagenten sind neben den Vorschriften der §§ 383 ff. HGB grundsätzlich die Vorschriften des **Handelsvertreterrechts** entsprechend anzuwenden (BGH aaO). Insbesondere **Wettbewerbsverbote** und **Bezugsbindung** können danach im Innenverhältnis vereinbart werden. Andererseits genießt der Kommissionsagent den Schutz der zwingenden Vorschriften der §§ 84 ff. HGB (vgl. Lenz, § 383 HGB Rz. 25 sowie Küstner/Thume Bd. 3 Teil III Rz. 10 ff.). Da der Kommissionsagent nach außen hin im eigenen Namen auftritt, bleibt es hier bei den Vorschriften der §§ 383 ff. HGB.

II. Rechtlicher Rahmen

1. Regelungsgrundlagen

5 Das Kommissionsgeschäft ist in den **§§ 383 ff. HGB** geregelt. Die Vorschriften finden Anwendung auf den **Kaufmann**, der es im Betrieb seines Handelsgewerbes regelmäßig oder auch in Einzelfällen (so genannte **Gelegenheitskommissionen**) übernimmt, für Rechnung eines anderen in eigenem Namen mit Dritten Geschäfte zu schließen. Gem. § 383 Abs. 2 HGB finden die Vorschriften auch auf **Nicht-Kaufleute** Anwendung, die gewerbsmäßig als Kommissionäre tätig sind. In diesen Fällen finden nach § 383 Abs. 2 Satz 2 HGB auf das Kommissionsgeschäft auch die Vorschriften der §§ 343 bis 372 (1. Abschnitt des 4. Buchs) HGB Anwendung mit Ausnahme der §§ 348 bis 350 HGB.

6 Neben den vorrangigen Vorschriften der §§ 383 ff. HGB kommen subsidiär die gesetzlichen Regelungen über die **Geschäftsbesorgung** gem. § 675 Abs. 1, §§ 663, 665 bis 670, 672 bis 674 BGB und ergänzende **werk- oder dienstvertragliche** Vorschriften zur Anwendung (vgl. Baumbach/Hopt § 383 HGB Rz. 6). Ob der Kommissionsvertrag als **Werk- oder Dienstvertrag** einzustufen ist, hängt davon ab, ob das Ausführungsgeschäft als Erfolg geschuldet ist (dann Werkvertrag) oder der Kommissionär sich nach dem Vertrag um das Ausführungsgeschäft nur bemühen muss (dann Dienstvertrag). Bei **dauerhaften** Kommissionsverhältnissen liegt in der Regel Dienstvertrag vor.

Für **Wertpapiergeschäfte** gelten die speziellen Vorschriften des Gesetzes über den Wertpapierhandel (WpHG), das Gesetz über die Verwahrung und Anschaffung von Wertpapieren (Depotgesetz – DepotG) sowie die von den Kreditinstituten einheitlich verwendeten Sonderbedingungen für Wertpapiergeschäfte (AGB-WP-Geschäfte). 7

Zu den auf **Kommissionsagenten** anwendbaren Vorschriften vgl. Rz. 4. 8

Soweit Kommissionsgeschäfte in **Formularverträgen** abgeschlossen werden, müssen bei der Vertragsgestaltung außerdem die Vorschriften der §§ 307 ff. BGB zum Recht der allgemeinen Geschäftsbedingungen beachtet werden. Zur Zulässigkeit von AGB in Kommissions(agentur)-Verträgen vgl. BGH v. 20.3.2003 – I ZR 225/00, WRP 2003, 981. 9

Kommissionär iSd. §§ 383 ff. HGB ist, wer **selbständig** auftritt. Bei fehlender Selbständigkeit ist der „Kommissionär" **Arbeitnehmer** oder arbeitnehmerähnliche Person (BAG v. 8.9.1997 – 5 AZB 3/97, NJW 1998, 701). 10

Anders als das Handelsvertreterrecht ist das Recht des Kommissionsgeschäfts innerhalb der EU **nicht vereinheitlicht**. Zum anwendbaren Recht und zur gerichtlichen Zuständigkeit bei **internationalen** Sachverhalten vgl. Kap. 33 Rz. 78 ff. sowie MünchKomm.HGB/Häuser § 383 HGB Rz. 34 ff. Ggf. kann das Ausführungsgeschäft einem **anderen Recht** unterliegen als das Kommissionsgeschäft (vgl. MünchKomm.HGB/Häuser § 383 HGB Rz. 36). 11

2. Vertragsabschluss

Der Kommissionsvertrag ist in der Regel **formfrei**. Dies gilt grundsätzlich auch dann, wenn das beauftragte **Ausführungsgeschäft formbedürftig** ist. Die Formbedürftigkeit kann sich aber in Einzelfällen ergeben zB § 311b BGB bei Grundstücksgeschäften, vgl. dazu ausführlich MünchKomm.HGB/Häuser § 383 HGB Rz. 23 ff. Beim Kommissionsagenturvertrag hat der Kommissionsagent analog § 85 HGB Anspruch auf eine **Vertragsurkunde** (Küstner/Thume Bd. 3 Teil III Rz. 11). 12

3. Vertragsbeendigung

Das Kommissionsverhältnis endet mit der (ordnungsgemäßen) Vornahme und ggf. Abwicklung des **Ausführungsgeschäfts**. Daneben gelten die allgemeinen Beendigungstatbestände für entgeltliche Geschäftsbesorgungsverhältnisse. 13

Ohne Ausführung kann das Kommissionsverhältnis insbesondere enden durch 14

a) **Kündigung**, wobei hier die unterschiedlichen Regelungen zum Werkvertrag (§ 649 BGB) und zum Dienstvertrag (§§ 621 Nr. 5, 626, 627 Abs. 1, 675 Abs. 1 BGB) zu beachten sind, vgl. OLG Saarbrücken v. 7.2.2015 – 4 U 47/13,
b) **Zeitablauf**, wenn für das Kommissionsgeschäft eine bestimmte Zeit vereinbart ist,
c) **Insolvenz** des Kommittenten (§ 116 Satz 1, § 115 Abs. 1 InsO), vgl. hierzu ausführlich MünchKomm.HGB/Häuser § 383 HGB Rz. 91 ff. **Nicht:** Insolvenz des Kommissionärs, vgl. MünchKomm.HGB/Häuser § 383 HGB Rz. 97 ff.

Beim **Kommissionsagenturvertrag** kommen die §§ 89 ff. HGB entsprechend zur Anwendung. Insbesondere sind die dort festgelegten **Mindestkündigungsfristen** zu beachten (vgl. Kap. 33 Rz. 57 ff.). 15

4. Pflichten des Kommissionärs

Gem. § 384 Abs. 1 HGB hat der Kommissionär das übernommene Geschäft mit der **Sorgfalt eines ordentlichen Kaufmanns** auszuführen. Hierbei hat er das **Interesse** des Kommittenten wahrzunehmen und dessen **Weisungen** zu befolgen. Er muss dem Kommittenten die erforderlichen **Nachrichten** geben und **Rechenschaft** ablegen (§ 384 Abs. 2 HGB). Er ist verpflichtet, dem Kommittenten **herauszugeben**, was er aus der Geschäftsbesorgung erlangt hat (§ 384 Abs. 2 2. Halbs. HGB). Daneben gelten die Herausgabepflichten der §§ 667, 675 Abs. 1 BGB. 16

17 Gem. § 384 Abs. 3 HGB **haftet** der Kommissionär dem Kommittenten für die **Erfüllung** des Geschäfts, wenn er ihm nicht gleichzeitig mit der Ausführungsanzeige den Dritten nennt, mit dem er das Ausführungsgeschäft abgeschlossen hat. Er haftet für die Erfüllung außerdem ggf. im Rahmen der **Delkrederehaftung** gem. § 394 HGB (s. **M 34.1** § 5).

18 Verstößt der Kommissionär gegen die Weisungen des Kommittenten, ist er diesem zum **Schadenersatz** verpflichtet (§ 385 Abs. 1 1. Halbs. HGB). Der Kommittent braucht in diesem Fall das Ausführungsgeschäft nicht für seine Rechnung gelten zu lassen (§ 385 Abs. 1 2. Halbs. HGB). Nach herrschender Lehre kommt es hierbei auf ein Verschulden des Kommissionärs nicht an (vgl. Baumbach/Hopt § 386 HGB Rz. 4).

19 Weicht der Kommissionär zum Nachteil des Kommittenten vom **gesetzten Preis** ab, kann der Kommittent das Geschäft **zurückweisen**, dies muss er allerdings **unverzüglich** nach Anzeige der Ausführung tun, andernfalls gilt die Abweichung von der Preisbestimmung als **genehmigt** (§ 386 Abs. 1 HGB). Der Kommittent kann das Geschäft **nicht** zurückweisen, wenn sich der Kommissionär mit der Ausführungsanzeige zur Deckung des Preisunterschieds anbietet (§ 386 Abs. 2 HGB). **Vorteilhaftere Bedingungen** des Ausführungsgeschäfts muss der Kommissionär gem. § 387 HGB an den Kommittenten weiterreichen.

20 Der Kommissionär ist weiter verpflichtet:

- das Kommissionsgut auf **etwaige Mängel** zu prüfen,
- Rechte des Kommittenten gegen **Transport- und Lagerunternehmer** zu wahren (§ 388 Abs. 1 HGB),
- bei **Gefahr im Verzug** die Ware zu verkaufen (§ 388 Abs. 2 HGB),
- das Kommissionsgut sorgfältig **zu verwahren** (§ 390 Abs. 1 HGB); vgl. zur Haftung und Beweislast BGH v. 1.3.2007 – I ZR 79/04, BB 2007, 1412. Eine Pflicht zur **Versicherung** besteht, wenn der Kommittent eine entsprechende Weisung erteilt hat (§ 390 Abs. 2 HGB).
- ohne Zustimmung des Kommittenten **keinen Vorschuss oder Kredit** zu gewähren (§ 393 HGB).

Vgl. zu den Pflichten des Kommissionärs im Einzelnen die ausführliche Kommentierung bei MünchKomm.HGB/Häuser §§ 384 ff. HGB.

5. Rechte des Kommissionärs

a) Anspruch auf Provision und Aufwendungsersatz

21 Der Kommissionär hat gem. § 396 HGB Anspruch auf **Provision**, wenn er das Ausführungsgeschäft vorgenommen hat. Kommt es nicht zur Ausführung, hat er ggf. Anspruch auf eine **Auslieferungsprovision** (§ 396 Abs. 1 Satz 2 1. Halbs. HGB). Bei Übernahme einer Delkrederehaftung gem. § 394 HGB steht dem Kommissionär außerdem eine **Delkredereprovision** zu. Zur Auslegung vertraglicher Provisionsregelungen s. OLG Köln v. 9.1.2014 – 19 U 138/13.

22 Das Geschäft ist iSv. § 396 HGB ausgeführt, wenn sein **wirtschaftlicher Erfolg** im Wesentlichen hergestellt ist. Eine Teilausführung kann Anspruch auf **Teilprovision** ergeben, wenn und soweit die Teilleistung im Interesse des Kommittenten ist oder eine entsprechende Vereinbarung getroffen wurde. **Leistungsstörungen**, die dem Kommissionär zuzurechnen sind, führen zu einem **Verlust** des Provisionsanspruchs, vgl. Krüger in Ebenroth/Boujong/Joost/Strohn § 396 HGB Rz. 7 ff.

23 Kommt ein bereits abgeschlossenes Geschäft aus Gründen, die nur in der **Person des Kommittenten** liegen, nicht zur Ausführung, bleibt der Provisionsanspruch erhalten (§ 396 Abs. 1 Satz 2 2. Halb. HGB). Außerdem besteht ggf. ein Anspruch auf Auslieferungsprovision gem. § 396 Abs. 1 Satz 2 1. Halbs. HGB, wenn dies ortsgebräuchlich ist.

24 Neben dem Provisionsanspruch hat der Kommissionär gem. § 396 Abs. 2 HGB Anspruch auf **Ersatz seiner Aufwendungen** gem. §§ 670 und 675 BGB. Zu den ersatzfähigen Aufwendungen gehören u.a. die Benutzung von Lagerräumen und Beförderungsmitteln des Kommissionärs sowie Kosten der Inanspruchnahme fremder Arbeit (nicht des eigenen Personals).

25 Der Kommissionär kann gem. § 669 BGB **Vorschuss** verlangen.

b) Sicherungsrechte des Kommissionärs

Gem. § 397 HGB hat der Kommissionär an dem Kommissionsgut, das sich in seinem Besitz befindet, ein **Pfandrecht** zur Absicherung seiner Provisionsansprüche und Aufwendungsersatzansprüche sowie wegen gegebener Vorschüsse oder eingegangener Verbindlichkeiten und aller Forderungen aus laufender Rechnung in den Kommissionsgeschäften. 26

Gem. § 398 HGB hat der Kommissionär auch an **eigenem Kommissionsgut** ein pfandrechtsähnliches Befriedigungsrecht. Weiter kann er sich gem. § 399 HGB aus **Forderungen**, die aus dem abgeschlossenen Ausführungsgeschäft entstanden sind, befriedigen. Diese Forderungen gelten gem. § 392 Abs. 2 HGB nur im Innenverhältnis zwischen Kommittent und Kommissionär und dessen Gläubigern als Forderungen des Kommittenten. 27

6. Ausführungsgeschäft

Den Ausführungsvertrag schließt der Kommissionär mit dem Dritten in **eigenem Namen**. Daher stehen ihm die Rechte und Pflichten im Außenverhältnis aus diesem Vertrag **direkt** zu. Der Kommittent kann gem. § 392 Abs. 1 HGB Ansprüche gegen den Dritten erst geltend machen, wenn der Kommissionär ihm diese **abgetreten** hat. Allerdings gelten auch **nicht abgetretene** Forderungen im Verhältnis zwischen dem Kommittenten und dem Kommissionär oder dessen Gläubigern als Forderungen des Kommittenten (§ 392 Abs. 2 HGB). 28

Bei **Leistungsstörungen** kann der Dritte nur Ansprüche gegenüber dem Kommissionär geltend machen, vgl. Heyers, GRUR 2012, 1206 ff. Dieser haftet für Verschulden des Kommittenten nicht gem. § 278 BGB. Im Einzelfall können den Kommittenten aber Mitwirkungspflichten treffen (vgl. OLG Oldenburg v. 16.12.1998 – 3 U 105/98, NJW-RR 2000, 507). Umgekehrt kann der Kommissionär im Wege der **Drittschadensliquidation** von dem Dritten Ersatz des Schadens des Kommittenten fordern (vgl. Baumbach/Hopt § 383 HGB Rz. 21). 29

Bei den **Eigentumsverhältnissen** ist nach Verkaufskommission und Einkaufskommission zu unterscheiden. Bei der **Verkaufskommission** ist der Kommissionär, soweit ihm der Kommittent kein Eigentum an der Ware übertragen hat, (meist stillschweigend) **ermächtigt**, im Wege des Ausführungsgeschäfts Eigentum an den Dritten zu übertragen (§ 185 BGB). Zur Veräußerung von Sachen, die dem Kommittenten nicht gehören, vgl. Baumbach/Hopt § 383 HGB Rz. 23. Bei der **Einkaufskommission** erwirbt der Kommissionär in den meisten Fällen zunächst selbst Eigentum, welches er gem. § 384 Abs. 2 HGB im Wege der Herausgabe auf den Kommittenten zu übertragen hat. In der Regel kommt es hierbei zu einem **Durchgangserwerb** durch den Kommissionär. Eigentumsübertragung ohne Durchgangserwerb kommt in Betracht bei einer **offenen Vertretung** des Kommittenten (§ 164 BGB) oder bei einer **Übereignung an den, den es angeht**. Besonderheiten gibt es außerdem bei der Effekteneinkaufskommission (vgl. ausführlich zur Eigentumsübertragung Baumbach/Hopt § 383 HGB Rz. 26 ff.). 30

7. Selbsteintritt des Kommissionärs

Gem. § 400 HGB kann der Kommissionär beim Einkauf oder Verkauf von Kommissionsgut, das einen **Börsen- oder Marktpreis** hat, die Kommission in der Weise ausführen, dass er das Geschäft als **Eigengeschäft** durchführt, also das Gut selbst als Verkäufer liefert oder als Käufer übernimmt. Voraussetzung ist hierfür gem. § 400 Abs. 1 HGB, dass der Kommittent das Selbsteintrittsrecht nicht ausgeschlossen hat. 31

Zum **Schutz des Kommittenten** sehen die Regelungen in §§ 400 Abs. 2, 401 Abs. 1 und 2 HGB vor, dass der Selbsteintritt nicht zu ungünstigeren Bedingungen für den Kommittenten, insbesondere zu ungünstigeren Preisen, führt. Gem. § 402 HGB sind diese Regelungen **nicht abdingbar**. 32

Gem. § 403 HGB behält der Kommissionär auch beim Selbsteintritt seinen **Provisionsanspruch** und gem. § 404 HGB sein gesetzliches **Pfandrecht**. Er kann außerdem Ersatz der aufgewandten Kosten fordern, soweit der Selbsteintritt insgesamt den Kommittenten nicht benachteiligt (vgl. Baumbach/Hopt § 403 HGB Rz. 2). 33

8. Kartellrechtliche Fragen

34 Für den **Kommissionsagenten**, auf den Handelsvertreterrecht entsprechend anwendbar ist (s. Rz. 4), sind die Schranken des Kartellrechts in der Regel nicht anwendbar (vgl. MünchKomm.HGB/Häuser § 406 HGB Rz. 23). Nach der hM sollen außerdem solche **Wettbewerbsbeschränkungen** bei Kommissionsgeschäften zulässig sein, die dem Kommissionsvertrag „**wesensimmanent**" sind. Dazu gehören z.B. die Festsetzung von Preisen durch den Kommittenten und ggf. auch Wettbewerbsverbote (vgl. BGH v. 20.3.2003 – I ZR 225/00, WRP 2003, 981). Zur Anwendbarkeit kartellrechtlicher Vorschriften auf Vertriebsverträge vgl. im Übrigen Kap. 33 Rz. 85 ff.

9. Steuerliche Aspekte

35 Ertragsteuerlich sind der Kommittent und der Kommissionär als Gewerbetreibende iSd. § 15 Abs. 1 Nr. 1 EStG zu behandeln und (idR) buchführungspflichtig. Bei der Verkaufskommission bleibt der Kommittent Eigentümer des noch nicht veräußerten Kommissionsguts und hat dieses entsprechend zu aktivieren (§§ 246 HGB, § 5 Abs. 1 S. 1 EStG) und nach §§ 253 HGB, § 6 EStG (mit den Ak/HK) zu bewerten.

36 Abweichend vom Zivilrecht wird auch für die Ertragsteuern eine Lieferung zwischen dem Kommittenten und dem Kommissionär in dem Zeitpunkt fingiert, in dem dieser das Kommissionsgut tatsächlich an einen Dritten weiterveräußert (BFH BStBl. II 1987, 278).

37 Eine entsprechende Fiktion ergibt sich für die Umsatzsteuer aus § 3 Abs. 3 UStG. Danach liegt beim Kommissionsgeschäft nach § 383 HGB eine Lieferung (§ 1 Abs. 1 Nr. 1, § 3 Abs. 1 UStG) zwischen dem Kommittenten und dem Kommissionär vor. Bei der Verkaufskommission gilt der Kommissionär, bei der Einkaufskommission der Kommittent als Abnehmer. Zeitpunkt der fingierten Lieferung ist jeweils der Zeitpunkt der tatsächlichen Lieferung des Kommissionsgutes an den Abnehmer (UStAE Abschn. 3.1 Abs. 3 S. 7 UStAE 2014/2015).

38 Für die Verkaufskommission ergeben sich folgende umsatzsteuerliche Konsequenzen: Der Kommittent liefert an den Kommissionär und hat das für diese Lieferung eingenommene Entgelt – abzüglich der dem Kommissionär gezahlten Provision – zu versteuern, gleichgültig, ob der Kommissionär die Vergütung sogleich von dem Entgelt für die Kommissionsware einbehält oder sie erst zu einem späteren Zeitpunkt erhält. Der nach § 383 HGB im eigenen Namen handelnde Kommissionär hat entsprechend – ohne dass es auf eine Übereignung im zivilrechtlichen Sinne ankäme – das volle Leistungsentgelt für die Lieferung an den Abnehmer zu versteuern. Im Ergebnis wird somit auf Ebene des Kommissionärs durch die Verrechnung von Eingangs- und Ausgangsleistung bzw. Vor- und Umsatzsteuer lediglich die jeweilige Provision steuerlich erfasst (BFH DStR 2000, 1346 ff.). Diese unterliegt insbesondere nicht noch zusätzlich der Umsatzsteuer.

39 Als Nebenfolge dieser Handhabung kann bei Kommissionsgeschäften die Differenzbesteuerung gem. § 25a UStG Anwendung finden, die insbesondere im Kunst- und Antiquitätenhandel von Bedeutung ist.

40 Nach st. Rspr. (BFH UR 2002, 600) ist die Vorschrift des § 3 Abs. 3 UStG auch anwendbar, wenn ein Unternehmer Dienstleistungen im eigenen Namen, aber für fremde Rechnung erbringt. Insoweit wird unterstellt, dass er diese Dienstleistung zunächst selbst erhalten und dann eigenständig erbracht hat.

M 34.1 Kommissionsvertrag[1]

Die Gesellschaft . . . (Bezeichnung, Anschrift)

– nachfolgend Gesellschaft –

und

1 Das Muster bezieht sich auf die in §§ 383 ff. HGB vorgesehene Grundform der Warenverkaufskommission.

... (Name, Anschrift des Handelsvertreters)
– nachfolgend Kommissionär –
schließen hiermit folgenden

Kommissionsvertrag:

§ 1 Gegenstand der Kommission

(1) Die Gesellschaft überlässt dem Kommissionär das in Anlage 1 näher bezeichnete Kommissionsgut. Der Kommissionär wird das Kommissionsgut im eigenen Namen auf Rechnung der Gesellschaft verkaufen.

(2) Die Vertragspartner können durch schriftliche Ergänzung der Anlage 1 die Übernahme von weiterem Kommissionsgut vereinbaren.[2]

§ 2 Eigentum am Kommissionsgut, Aufbewahrung und Versicherung

(1) Das Kommissionsgut bleibt bis zur ordnungsgemäßen Weiterveräußerung durch den Kommissionär nach den Vorgaben dieses Vertrags Eigentum der Gesellschaft. Der Kommissionär wird das Kommissionsgut getrennt von anderen Waren aufbewahren und deutlich als Eigentum der Gesellschaft kennzeichnen.

(2) Der Kommissionär wird das Kommissionsgut mit der Sorgfalt eines ordentlichen Kaufmanns verwahren und insbesondere vor Verlust und Beschädigung schützen. Er ist verpflichtet, das Kommissionsgut im Namen und auf Rechnung der Gesellschaft ausreichend zu den üblichen Bedingungen zu versichern.[3]

§ 3 Verkauf des Kommissionsguts

(1) Der Kommissionär wird das übernommene Geschäft mit der Sorgfalt eines ordentlichen Kaufmanns ausführen. Er hat dabei die Interessen der Gesellschaft wahrzunehmen und deren Weisungen zu befolgen.[4]

(2) Der Kommissionär wird insbesondere:

- *der Gesellschaft unverzüglich die Ausführung des Geschäfts mitteilen und über das Geschäft Rechenschaft ablegen*
- *der Gesellschaft dasjenige herausgeben, was er aus dem Geschäft erlangt hat*
- *die von der Gesellschaft mitgeteilten Preise nicht ohne vorherige schriftliche Zustimmung der Gesellschaft unterschreiten oder von anderen von der Gesellschaft festgelegten Liefer- und Zahlungskonditionen zu Lasten der Gesellschaft abweichen.*

Der Kommissionär wird insbesondere die Allgemeinen Liefer- und Zahlungsbedingungen der Gesellschaft, die diesem Vertrag als Anlage 2 beigefügt sind, beachten.[5]

(3) Der Kommissionär tritt bereits hiermit sämtliche aus den Ausführungsgeschäften entstehenden Forderungen an die Gesellschaft ab. Er ist jedoch berechtigt, im Rahmen seines üblichen Geschäfts-

2 Dieser Zusatz empfiehlt sich, da dann bei weiterer Kommissionsware ein Warenkontingent mit Verweis auf diesen Grundlagenvertrag vereinbart werden kann.

3 Vgl. § 390 Abs. 2 HGB: Der Kommissionär muss die Versicherung nur auf Weisung des Kommittenten abschließen. Eine Versicherung erscheint aus Sicht des Kommittenten sinnvoll, da der Kommissionär für von ihm nicht verschuldeten Verlust oder Beschädigung des Guts nicht haftet, vgl. § 390 Abs. 1 HGB.

4 Diese Regelung entspricht § 384 Abs. 1 HGB. Aus Gründen der Klarstellung empfiehlt sich aber die Aufnahme in den Vertragstext.

5 Gem. § 670 BGB ist die Gesellschaft verpflichtet, dem Kommissionär von den gemachten Aufwendungen freizustellen, soweit der Kommissionär diese Aufwendungen für erforderlich halten darf. Soweit die Gesellschaft zB in der Sachmängelhaftung oder in der allgemeinen Haftung von den gesetzlichen Vorgaben abweichen will, sollte dies dem Kommissionär daher ausdrücklich mitgeteilt werden und zum Gegenstand des Vertrags gemacht werden.

verkehrs diese Forderungen selbst einzuziehen. Die Gesellschaft kann diese Ermächtigung jederzeit widerrufen.

§ 4 Selbsteintritt des Kommissionärs

(1) Der Kommissionär darf nur nach vorheriger schriftlicher Zustimmung der Gesellschaft selbst als Käufer in das Geschäft eintreten. Erteilt die Gesellschaft die Zustimmung, gelten für den Selbsteintritt des Kommissionärs die gesetzlichen Regelungen, soweit nicht im Einzelfall etwas anderes schriftlich zwischen den Vertragspartnern vereinbart ist.[6]

§ 5 Delkredere[7]

Der Kommissionär hat für die Erfüllung der Verbindlichkeit des Dritten, mit dem er das Geschäft für Rechnung der Gesellschaft abschließt, einzustehen. Er hat im Gegenzug Anspruch auf eine Delkredere-Provision. Diese beträgt, soweit im Einzelfall nichts anderes vereinbart ist, . . .[8]

§ 6 Provision

(1) Der Kommissionär erhält für die von ihm ausgeführten Geschäfte eine Provision in Höhe von . . . %[9]

(2) Kommt ein Geschäft nicht zur Ausführung, so besteht kein Anspruch auf Auslieferungsprovision.[10]

(3) Berechnungsgrundlage für die Provision ist der fakturierte Nettoverkaufspreis abzüglich Kosten für Fracht, Verpackung, Versicherung, Barzahlung, Nachlässe etc. oder sonstige Aufwendungen, auch wenn sie nicht gesondert in Rechnung gestellt werden.

(4) Mit der Provision sind sämtliche Kosten und Spesen des Kommissionärs abgegolten.[11]

---

6 Der Kommittent ist für den Fall des Selbsteintritts des Kommissionärs durch die §§ 400 ff. HGB geschützt. Er kann den Selbsteintritt aber auch komplett ausschließen (vgl. § 400 Abs. 1). Es sollte je nach Interessenlage entschieden werden, ob der Selbsteintritt grundsätzlich möglich sein soll bzw. zu welchen Bedingungen er möglich sein soll. Dies gilt insbesondere auch für die Frage, ob bei Selbsteintritt des Kommissionärs eine Provision geschuldet ist (vgl. § 403 HGB).

7 Die Übernahme des Delkrederes ist die Ausnahme. Es sollte seitens des Kommissionärs genau geprüft werden, ob eine Delkrederehaftung tatsächlich vertraglich vereinbart werden sollte. Des Weiteren ist zu prüfen, inwieweit die Übernahme des Delkredere vor Ort Handelsbrauch ist; die Beweislast trägt hier der Kommittent. Im Übrigen wird auf § 393 Abs. 3 HGB verwiesen (Verkauf auf Kredit). Nach der Rspr. sind an die konkludente Vereinbarung einer Delkrederehaftung aufgrund der erheblichen Risiken strenge Anforderungen zu stellen (vgl. KG Berlin KGReport 1994, 29).

8 Vgl. § 394 HGB. Das Gesetz sieht die Delkredere-Haftung des Kommissionärs grundsätzlich nur dann vor, wenn dies am Ort seiner Niederlassung Handelsbrauch ist. Um dieser Unsicherheit zu entgehen, empfiehlt sich die vertragliche Vereinbarung der Delkredere-Haftung.

9 Alternativ kann der Provisionssatz auch in einer Anlage zum Vertrag vereinbart werden, zB gemäß folgenden Wortlaut: „... *eine Provision gemäß Anlage* ...". Die Regelung in einer separaten Anlage empfiehlt sich dann, wenn beispielsweise gestaffelte Prozentsätze oder verschiedene Prozentsätze für verschiedene Warensorten vereinbart werden sollen.

10 Vgl. § 396 Abs. 1 Satz 2 HGB. Dort ist vorgesehen, dass eine Auslieferungsprovision besteht, sofern sie ortsgebräuchlich ist. Zur Vermeidung von Unsicherheiten sollte dies ausgeschlossen werden. Im Zweifel kann der Anschluss wirtschaftlich dadurch ausgeglichen werden, dass die Provisionssätze für ausgeführte Geschäfte entsprechend angepasst werden.

11 § 396 Abs. 2 HGB sieht eine für den Kommissionär im Vergleich zu § 87d HGB großzügigere Regelung vor. Gegenüber dem Kommissionsagenten ist § 87d HGB einschlägig. Etwaige Aufwendungsersatzansprüche des Kommissionärs oder des Kommissionsagenten können auch pauschal über die Provision abgegolten werden, vgl. Küstner/Thume, Bd. 3 III Rz. 17.

§ 7 Vertragsdauer[12]

(1) Dieser Vertrag tritt mit Wirkung zum ... (Datum) in Kraft. Er kann mit einer Frist von ... Monaten zum Monatsende ordentlich gekündigt werden.

(2) Das Recht zur fristlosen Kündigung aus wichtigem Grund bleibt unberührt.

(3) Nach Vertragsende hat der Kommissionär der Gesellschaft das in seinem Besitz befindliche Kommissionsgut sowie sonstige von der Gesellschaft überlassene Unterlagen unverzüglich herauszugeben.

§ 8 Schlussbestimmungen

...[13]

12 Bezieht sich der Vertrag nur auf einzelne Kommissionsgegenstände, endet der Vertrag mit der Ausführung der vereinbarten Kommissionsgeschäfte. Es bedarf dann keiner gesonderten Vereinbarung der Laufzeit oder einer ausdrücklichen Erklärung der Beendigung. Im vorliegenden Muster ist der Vertrag so angelegt, dass auch weitere Kommissionsgeschäfte beauftragt werden können (vgl. § 1). Es handelt sich daher um einen Dienstvertrag. Auf die Kündigung finden daher die Vorschriften der §§ 626, 627, 675 BGB Anwendung (vgl. Flohr/Pohl in Martinek/Semler/Habermeier/Flohr § 31 Rz. 48). Bei einer auf Dauer angelegten Zusammenarbeit empfiehlt es sich, eine ordentliche Kündigungsfrist zu vereinbaren, um Streitigkeiten über die ordnungsgemäße Beendigung des Vertrages zu vermeiden. Beachte aber auch die Hinweise zu den Kündigungsmöglichkeiten beim Kommissionsagenturvertrag, Rz. 15.

13 Vgl. hierzu das Vertragsmuster zum Handelsvertretervertrag **M 33.1**.

Kapitel 35 Vertragshändler

Literatur: S. zunächst die Literaturhinweise zu Kap. 33; außerdem: *Billing/Metzlaff*, E-Commerce in Franchise- und anderen Vertriebssystemen – zulässiger Vertriebskanal oder vertragswidrige Konkurrenz durch den Franchisegeber?, BB 2015, 1347 ff.; *Emde*, Der Ausgleichsanspruch des Kfz-Vertragshändlers analog § 89b HGB, MDR 2001, 537; *Emde*, Die Unzulässigkeit längerer als fünfjähriger Wettbewerbsverbote in Vertragshändlerverträgen, WRP 2005, 1492; *Emde*, Vertriebsverträge – Wirksame und unwirksame AGB-Klauseln, MDR 2007, 994; *Emde*, Belieferungspflichten mit Ersatzteilen, MDR 2013, 1079; *Köhnen*, Paradigmenwechsel – Die geplanten Änderungen der EU-Kommission für den Kfz-Vertrieb ab 2010, BB 2010, 781; *Nolte*, Weniger ist mehr: Die Neuerungen im EU-Kartellrecht für den Kfz-Vertrieb, BB 2013, 1667; *Rheinländer*, Belieferungsanspruch eines diskriminierten Händlers aus Artikel 81 Abs. 2 EG, GRUR 2007, 383; *Schultze/Wauschkuhn/Spenner/Dau*, Der Vertragshändlervertrag, 4. Aufl. 2008; *Thume*, Die Bedeutung des Kundenstammes im Vertriebsrecht, BB 2009, 1026; *Thume*, Zur Anwendbarkeit des § 92c HGB im Vertriebsrecht, IHR 2014, 52; *Ulmer/Schäfer* in Ulmer/Brandner/Hensen, AGB-Recht, 11. Aufl. 2011, Teil 2 (36) Vertragshändlerverträge; *Wauschkuhn/Teichmann*, Der Investitionsersatzanspruch des Vertragshändlers im europäischen Vergleich, RIW 2009, 614; *Wauschkuhn/Teichmann*, Typische Probleme bei der Beendigung von Vertragshändlerverträgen, ZVertriebsR 2013, 139.

I. Einführung

1 Zu den verschiedenen Vertriebstypen und zu deren Abgrenzung vgl. die Einführung zu Kap. 33 Rz. 1 ff.

2 Der Begriff des Vertragshändlers ist **gesetzlich nicht geregelt**, sondern wurde von der Literatur und Rechtsprechung entwickelt. Verbreitet wird die **Definition** von Rittner (ZHR 135 (1971), 62 ff.) verwendet: Danach ist Vertragshändler, „wer als selbständiger Gewerbetreibender ständig damit betraut ist, **im eigenen Namen und auf eigene Rechnung** Waren eines Unternehmers zu vertreiben und ihren Absatz zu fördern". Der Vertragshändler übernimmt den Vertrieb von Waren eines Herstellers/Unternehmers nicht von Fall zu Fall, sondern auf Grundlage eines **(Rahmen-)Vertrags**, der die Verpflichtung zum **ständigen Vertrieb** und zur **Absatzförderung** festschreibt. In der Regel wird auch ein **Vertragsgebiet** vereinbart.

3 Die vertraglichen Beziehungen zwischen dem Unternehmer und dem Vertragshändler verlaufen auf **zwei Ebenen:** Die Grundlage bildet der Rahmenvertrag oder **Vertragshändlervertrag**. Auf diesen aufbauend schließen der Unternehmer und der Vertragshändler (fortlaufend) **einzelne Kaufverträge** ab, wobei die Bedingungen, zu denen die Kaufverträge abgeschlossen werden, meist im Rahmenvertrag geregelt sind.

4 Der Vertragshändlervertrag ist ein **Dauerschuldverhältnis**, durch das der Vertragshändler in die **Verkaufsorganisation des Herstellers eingegliedert** wird (vgl. BGH v. 9.10.2002 – VIII ZR 95/01, BB 2002, 2520). Die Beziehung zwischen dem Unternehmer und dem Vertragshändler geht über eine bloße Verkäufer-Käuferbeziehung hinaus (vgl. BGH v. 10.2.1993 – VIII ZR 47/92, BB 1993, 2399).

5 Je enger der Vertragshändler in die Vertriebsorganisation des Unternehmers eingebunden ist, desto stärker ist auch seine wirtschaftliche Abhängigkeit vom Unternehmer. Nach der hM ist daher in vielen Fällen auf den Vertragshändlervertrag **Handelsvertreterrecht analog** anwendbar. Dies betrifft insbesondere den **Ausgleichsanspruch** analog § 89b HGB bei Vertragsbeendigung (s. Rz. 47 ff.).

II. Rechtlicher Rahmen

1. Anwendbare Vorschriften

6 Da es keine gesetzlichen Spezialregelungen für den Vertragshändlervertrag gibt, unterliegt er den **allgemeinen Regelungen des BGB und des HGB**.

7 Der Vertragshändlervertrag enthält insbesondere **Dienst- und Geschäftsbesorgungsvertragliche** Elemente. Daher finden grundsätzlich die §§ 675 ff., 611 ff. BGB Anwendung (vgl. Küstner/Thume Bd. 3 II.1. Rz. 12).

8 Auf die **einzelnen Kaufverträge** sind neben den im Rahmenvertrag getroffenen Regelungen je nach Einzelfall die Regelungen des Handelskaufs, §§ 373 ff. HGB, des allgemeinen Kaufrechts, §§ 433 ff. BGB, und gegebenenfalls des UN-Kaufrechts bei grenzüberschreitenden Verträgen anwendbar.

9 Für Vertragshändler, die **Existenzgründer** sind, gelten außerdem die Vorschriften über Finanzierungshilfen, §§ 506 ff. BGB (vgl. Küstner/Thume Bd. 3 II.2. Rz. 5 ff.).

10 In Einzelfällen können die Regelungen des **Handelsvertreterrechts** gem. §§ 84 ff. HGB entsprechend anwendbar sein (vgl. Küstner/Thume Bd. 3 II.2. Rz. 47 ff.)

11 Da Vertragshändlerverträge, wie andere Vertriebsverträge auch, häufig als **Formularverträge** ausgestaltet sind, die der Unternehmer mit mehreren Händlern gleichlautend abschließt, müssen bei der Vertragsgestaltung außerdem die Vorschriften der §§ 307 ff. BGB zum Recht der allgemeinen Geschäftsbedingungen beachtet werden (vgl. Emde MDR 2007, 994 ff.).

12 Zum Vertragshändlerrecht und zum Recht der allgemeinen Geschäftsbedingungen in diesem Bereich existiert umfangreiche **Rechtsprechung**, die hauptsächlich zum Kfz-Vertrieb herausgebildet wurde, vgl. zB BGH v. 26.11.1984 – VIII ZR 214/83, BB 1985, 218; v. 12.1.1994 – VIII ZR 165/92, BB 1994, 885; v. 20.7.2005 – VIII ZR 121/04, WM 2005, 2002; v. 13.7.2004 – KZR 10/03, GRUR

2005, 62 sowie die Übersichten von Emde BB 2013“ 2627 ff., BB 2012, 3029 ff. und 3087 ff. für die vergangenen Jahre.

Europäische Rechtsnormen finden auf das Vertragshändlerrecht insbesondere Anwendung, soweit die Vorschriften des Handelsvertreterrechts entsprechend anwendbar sind, und bei kartellrechtlichen Fragen (s. Rz. 54 ff.). 13

Zum anwendbaren Recht bei **grenzüberschreitenden Verträgen** und zur **internationalen Zuständigkeit** vgl. Kap. 33 Rz. 78 ff. 14

2. Abschluss des Vertragshändlervertrags

Der Vertragshändlervertrag kann grundsätzlich **formfrei** abgeschlossen werden, auch durch schlüssiges Verhalten, wenn eine entsprechende Vertriebspartnerschaft zwischen den Beteiligten aufgenommen wird. Schriftform ist nur erforderlich, soweit der Vertragshändler **Existenzgründer** ist und ihm vom Unternehmer Finanzierungshilfen gewährt werden (s. Rz. 9). Soweit die Vorschriften der §§ 84 ff. HGB entsprechend anwendbar sind, hat jede Vertragsseite Anspruch darauf, dass der Vertragsinhalt in eine unterzeichnete **Urkunde** aufgenommen wird (vgl. Küstner/Thume Bd. 3 II.3. Rz. 2). Auch ein **nachvertragliches Wettbewerbsverbot** bedarf bei entsprechender Anwendung von § 90a HGB der Schriftform (Küstner/Thume Bd. 3 II.3 Rz. 4). 15

➲ **Praxistipp:** Zu den **wesentlichen Vertragsinhalten** des Vertragshändlervertrags gehören die Festlegung der vom Vertragshändler zu vertreibenden Produkte, ggf. das Vertragsgebiet/bestimmte Kundenkreise, evtl. Alleinvertriebsrechte/Bezugsbindungen, Einkaufspreise, Detaillierung der Absatzförderungspflicht, Informationspflichten sowie Kündigungsmodalitäten. Weitere übliche Vertragsinhalte sind u.a. Vereinbarungen über Serviceleistungen des Vertragshändlers, Lagerhaltung sowie Rückgaberechte und -pflichten bei Vertragsende. Da der Vertragshändlervertrag gesetzlich nicht geregelt ist, sollten die Vertragspartner die Rechte und Pflichten beider Seiten möglichst **umfassend vertraglich** festlegen. 16

3. Pflichten des Vertragshändlers

Der Vertragshändler ist regelmäßig dazu verpflichtet, die Vertragsprodukte (beim Unternehmer) **abzunehmen** und deren weiteren Absatz zu fördern. Zur **Absatzförderungspflicht** gehören insbesondere die ständige **Marktbeobachtung**, die aktive **Kundenpflege** und die Durchführung von **Werbemaßnahmen**. Die Absatzförderungspflicht kann vom Vertragshändler auch eine maßvolle **Preisgestaltung** (aber Achtung: **keine** Preisbindung durch den Unternehmer erlaubt!) und eine ausreichende **Lagerhaltung** der Vertragsprodukte und ggf. von **Ersatzteilen** verlangen. 17

Mindestabnahmeverpflichtungen treffen den Vertragshändler nur, soweit diese vertraglich vereinbart sind. Solche Vereinbarungen sind grundsätzlich unbedenklich, vgl. Küstner/Thume Bd. 3 II.5. Rz. 35 ff. 18

➲ **Praxistipp:** Für den Unternehmer kann es sinnvoll sein, im Vertragshändlervertrag bestimmte **Rechtsfolgen** an das Nichterreichen der vereinbarten Mindestabnahmemengen zu knüpfen. So können sich zB bei Nichterreichen der vereinbarten Menge die Einkaufspreise für den Vertragshändler erhöhen. Weiter kann vereinbart werden, das Vertragsgebiet abzuändern oder eine vereinbarte Exklusivität aufzuheben. Ggf. können auch einzelne Produkte aus dem Vertriebssortiment genommen werden. All diese Rechtsfolgen müssen aber – insbesondere bei Formularverträgen – im Hinblick auf die wechselseitigen Interessen der Vertragspartner **angemessen** sein (vgl. BGH v. 12.1.1994 – VIII ZR 165/92, BB 1994, 885; vgl. auch OLG Koblenz v. 22.4.2010 – 2 U 352/09, BB 2010, 1691). 19

Als Vertriebspartner des Unternehmers treffen den Vertragshändler **Treue- und Interessenwahrungspflichten**. Hierzu gehört auch, dass der Vertragshändler den Unternehmer über die Vertriebssituation und die durch seine Tätigkeit gewonnenen Erkenntnisse **unterrichtet**. Weiter kann der Vertragshändler verpflichtet sein, sich über Produkte und Marktanforderungen regelmäßig **fortzubilden** und entsprechende Schulungsveranstaltungen (des Unternehmers) zu besuchen. Meist sind solche Verpflichtungen des Vertragshändlers ausdrücklich im Vertrag geregelt. 20

21 Der Vertragshändler muss die **Geschäfts- und Betriebsgeheimnisse** des Unternehmers wahren. Er darf vertrauliche Informationen, die er im Rahmen seiner Tätigkeit vom Unternehmer erhalten hat, nicht an Dritte weitergeben. Diese Geheimhaltungspflicht gilt grundsätzlich auch **nach Beendigung** des Vertragshändlervertrags fort (vgl. hierzu die Kommentierung bei MünchKomm.HGB/von Hoyningen-Huene zu § 90 HGB).

22 Weitere typische Pflichten, die der Vertragshändler übernimmt, betreffen die Unterhaltung eines **Kundendienstes und/oder von Reparaturwerkstätten**. Häufig wird auch vereinbart, dass der Vertragshändler **Gewährleistungs- und Garantiepflichten** des Herstellers gegenüber den Endkunden übernimmt, vgl. BGH v. 26.11.1984 – VIII ZR 214/83, BB 1985, 218.

23 Übernimmt der Vertragshändler Garantieleistungen für den Hersteller, hat er gegen diesen einen **Vergütungsanspruch**, der den Ersatz der getätigten Aufwendungen und einen angemessenen kalkulatorischen Gewinn umfasst. Vertragsklauseln in Formularverträgen, die hiervon in unangemessener Form abweichen, sind nichtig (BGH v. 20.7.2005 – VIII ZR 121/04, WM 2005, 2002 sowie v. 13.7.2004 – KZR 10/03, GRUR 2005, 62).

24 Zur Zulässigkeit von Vereinbarungen hinsichtlich des Bezugs von **Ersatzteilen**, der Einrichtung von **Auslieferungs- und Konsignationslagern** s. ausführlich Küstner/Thume Bd. 3 II.5. Rz. 77 ff.

25 Dem Vertragshändler kann ein **Wettbewerbsverbot** auferlegt werden. Dabei sind jedoch insbesondere die **kartellrechtlichen Vorgaben** zu beachten (vgl. Rz. 54 ff.). **Während der Laufzeit** des Vertragshändlervertrags ist ein Wettbewerbsverbot gem. Art. 5 Abs. 1 lit. a der sog. Vertikal-GVO (VO (EG) Nr. 330/2010 v. 20.4.2010, ABl. L 102 v. 23.4.2010) grundsätzlich für eine Dauer von **fünf Jahren** zulässig (vgl. aber auch Art. 5 Abs. 2 Vertikal-GVO). Zwar ergibt sich aus der **analogen Anwendung von § 86 HGB** auf Vertragshändler, die ähnlich einem Handelsvertreter in die Absatzorganisation des Unternehmers eingegliedert sind, ein zeitlich unbeschränktes Wettbewerbsverbot während der Laufzeit des Vertrags. Soweit auf einen Vertragshändlervertrag aber die kartellrechtlichen Vorschriften wegen der **Spürbarkeit der Wettbewerbsbeschränkung** anwendbar sind, gehen diese Regelungen der analogen Anwendbarkeit von § 86 HGB vor (vgl. ausführlich Emde WRP 2005, 1492 ff.; allg. EuGH v. 11.9.2008 – C-279/06, EWS 2008, 441).

26 Ein **nachvertragliches Wettbewerbsverbot** ist bei **analoger Anwendung von § 90a HGB** in den dortigen Grenzen zulässig (vgl. Kap. 33 Rz. 20 f.). Zu beachten ist aber auch hier ggf. die Begrenzung aus Art. 5 Abs. 1 lit. b, Abs. 3 Vertikal-GVO, die bei kumulativem Vorliegen der dort genannten Bedingungen ein nachvertragliches Wettbewerbsverbot von **maximal einem Jahr** zulässt.

4. Pflichten des Unternehmers

27 Ebenso wie den Vertragshändler treffen den Unternehmer **Treue- und Interessenwahrungspflichten.** Grundsätzlich hat der Unternehmer auch eine **Lieferpflicht**, auch wenn diese nicht ausdrücklich im Vertrag vereinbart ist. Zwar behält der Unternehmer in der Regel seine Freiheit, die Produktion und den Vertrieb nach seinen eigenen Vorstellungen zu gestalten. Er muss aber auf die berechtigten Interessen des Vertragshändlers Rücksicht nehmen und darf die Belieferung nicht willkürlich einschränken oder beenden (vgl. Küstner/Thume Bd. 3 II.5. Rz. 1 ff. sowie BGH v. 12.1.1994 – VIII ZR 165/92, BB 1994, 885). Zur Belieferung mit Ersatzteilen vgl. Emde, MDR 2013, 1079 ff.

28 Der Unternehmer kann sich aber vertraglich **Direktverkäufe** an bestimmte Großabnehmer vorbehalten. Tut er dies in allgemeinen Geschäftsbedingungen, müssen diese vorsehen, dass der Vertragshändler insoweit eine **angemessene Entschädigung** erhält (BGH v. 20.7.2005 – VIII ZR 121/04, WM 2005, 2002). Hat der Unternehmer dem Vertragshändler ein **Alleinvertriebsrecht** eingeräumt (vgl. **M 35.1** § 1 Abs. 3), darf er dieses, soweit nicht vertraglich ausdrücklich anders vereinbart, weder selbst noch durch Dritte unterlaufen. Dem Vertragshändler stehen im Verletzungsfall **Unterlassungs- und Schadenersatzansprüche** zu. Laut OLG Frankfurt v. 11.12.2007 – II U 44/07 (Kart) kann der passive Verkauf dem Hersteller nicht wirksam verboten werden, vgl. auch Billing/Metzlaff BB 2015, 1347 ff.; a.A. Emde VersR 2012, 536 ff.

➲ **Hinweis:** Will der Unternehmer sich gegenüber dem zum Alleinvertrieb berechtigten Händler den Vertrieb über das Internet oder einen anderen Vertriebskanal vorbehalten, empfiehlt sich eine ausdrückliche Vereinbarung. Im Fall eines Alleinvertriebsrechts ist es für den Unternehmer zudem sinnvoll, sich zumindest für die Zeit zwischen Kündigung und Vertragsende das Recht einräumen zu lassen, selbst oder durch Dritte im Vertragsgebiet tätig zu werden. Damit kann der Unternehmer verhindern, dass das Vertragsgebiet während der Kündigung vom Vertragshändler nicht mehr optimal bearbeitet wird. Zur Freistellung des Vertragshändlers s. Rz. 43. 29

Bei Vertragsbeendigung ist der Unternehmer zur **Rücknahme** von Waren und Ersatzteilen verpflichtet, die der Vertragshändler zur Bevorratung erworben hat. Dies gilt grundsätzlich auch dann, wenn eine solche Rücknahmevereinbarung zwischen den Parteien nicht ausdrücklich getroffen wurde (BGH v. 18.7.2007 – VIII ZR 227/06, WRP 2007, 1210). Die Rücknahmepflicht kann **entfallen**, wenn sich der Zustand der Waren durch Verschulden des Vertragshändlers verschlechtert hat oder wenn der Vertragshändler durch fehlerhaftes Wirtschaften überhöhte Lagerbestände angehäuft hat, vgl. auch OLG Düsseldorf v. 29.3.2012 – I -16 U 199/10 zu Vorführfahrzeugen. 30

➲ **Praxistipp:** Wegen der fehlenden gesetzlichen Regelungen und der vielschichtigen Rechtsprechung empfiehlt es sich für beide Vertragsseiten, Rücknahmepflichten **im Vertrag klar zu regeln**. Hierbei muss insbesondere aus Unternehmersicht darauf geachtet werden, dass die Regelungen AGB-rechtlich wirksam sind, wenn sie in Formularverträgen vereinbart werden sollen. Zur vertraglichen Vereinbarung von Rücknahmepflichten vgl. BGH v. 9.12.2009 – VIII ZR 91/08, WRP 2010, 393; v. 18.6.2008 – VIII ZR 154/06, MDR 2008, 1026; v. 18.7.2007 – VIII ZR 227/06, WRP 2007, 1210; Küstner/Thume Bd. 3 II.8. Rz. 17 ff.; Ulmer/Schäfer Rz. 35 ff. 31

Der Unternehmer ist verpflichtet, dem Vertragshändler die erforderlichen **Informationen** rechtzeitig (vgl. aber auch BGH v. 26.11.1984 – VIII ZR 214/83, BB 1985, 218) und in angemessener Weise mitzuteilen. Dies betrifft zB geplante Änderungen im Produktsortiment/bei Preisen, Lieferschwierigkeiten sowie Qualitätsmängel, von denen der Unternehmer Kenntnis erlangt. Der Unternehmer muss dem Vertragshändler außerdem alle **Unterlagen** zur Verfügung stellen, die der Vertragshändler für seine Tätigkeit benötigt. Dazu gehören insbesondere Produktinformationen, Kataloge, Anleitungen, Werbemittel etc. Häufig vereinbaren die Parteien auch, dass der Unternehmer sich mit einem **Werbekostenzuschuss** an den Aufwendungen des Vertragshändlers beteiligt. 32

5. Vertragsbeendigung

Außer durch ordentliche und außerordentliche **Kündigung** kann der Vertragshändlervertrag – wie andere Dauerschuldverhältnisse auch – durch andere Ereignisse enden, zB durch **Zeitablauf** bei befristeten Verträgen, durch einvernehmliche **Aufhebung**, durch **Tod** des Vertragshändlers, wenn dieser eine natürliche Person ist, oder durch **Insolvenz** des Unternehmers (vgl. §§ 115, 116 InsO). 33

a) Ordentliche Kündigung

Für die Kündigung des Vertragshändlervertrags gelten zunächst dieselben Anforderungen wie für die Kündigung anderer Dauerschuldverhältnisse. Die Kündigung ist danach eine **einseitige empfangsbedürftige Willenserklärung.** 34

➲ **Praxistipp:** Eine bestimmte **Form** ist für die Kündigung nicht vorgesehen. Schon aus **Beweiszwecken** empfiehlt es sich aber, die Kündigung **schriftlich** vorzunehmen und für einen **Zugangsnachweis** (zB per Einwurf-Einschreiben) zu sorgen. Häufig wird im Vertrag für die Kündigung die Schriftform vereinbart. 35

Teilkündigungen sind grundsätzlich nicht zulässig. Umstritten ist, ob sie durch vertragliche Vereinbarung vorbehalten werden können (Küstner/Thume Bd. 3 II.7. Rz. 4). Der Unternehmer kann aber eine **Änderungskündigung** aussprechen und dem Vertragshändler gleichzeitig anbieten, den Vertrag zu geänderten Bedingungen fortzusetzen. Für die Änderungskündigung gelten die Regelun- 36 gen der ordentlichen Kündigung (Kündigungsfristen, Ausgleichsanspruch etc.), vgl. auch BGH v. 28.2.2007 – VIII ZR 30/06, WRP 2007, 653.

37 Grundsätzlich können beim unbefristeten Vertragshändlervertrag die **Kündigungsfristen** frei vereinbart werden. Ist der Vertragshändler allerdings ähnlich einem Handelsvertreter in die Absatzorganisation des Unternehmers eingegliedert, sind grundsätzlich auch die **Mindestkündigungsfristen** nach § 89 HGB entsprechend anzuwenden. Zu beachten ist bei **Formularverträgen** außerdem die Inhaltskontrolle nach § 307 BGB.

38 ➲ **Hinweis:** Es gibt in Rechtsprechung und Literatur unterschiedliche Auffassungen über angemessene Mindestkündigungsfristen für Vertragshändler, vgl. Spenner in Schultze/Wauschkuhn/Spenner/Dau Rz. 605 ff. mwN. Eine ausdrückliche Regelung im Vertrag, die mindestens die Vorgaben von § 89 HGB sowie die tatsächlichen Umstände berücksichtigt, ist deswegen zu empfehlen.

b) Außerordentliche Kündigung

39 Für die außerordentliche Kündigung des Vertragshändlervertrags gilt **§ 314 BGB** und ggf. **§ 89a Abs. 1 HGB analog** (vgl. Kap. 33 Rz. 63 ff.). Bei Vorliegen eines wichtigen Grundes ist danach jede Vertragsseite berechtigt, den Vertrag fristlos zu kündigen, wenn ihr ein weiteres Festhalten am Vertrag bis zum Ende der ordentlichen Kündigungsfrist nicht zumutbar ist. Ein wichtiger Kündigungsgrund ist insbesondere gegeben, wenn der andere Vertragspartner seine Pflichten aus dem Vertrag trotz Abmahnung wiederholt oder fortgesetzt verletzt (vgl. zu einzelnen Kündigungsgründen Küstner/Thume Bd. 3 II.7. Rz. 3 ff.). Zur Kündigung wegen Insolvenz des Vertragshändlers vgl. Kap. 33 Rz. 56.

40 Die außerordentliche Kündigung muss innerhalb **angemessener Frist**, nachdem der Kündigende von dem wichtigen Grund Kenntnis erlangt hat, gegenüber dem Vertragspartner erklärt werden. Diese Frist sollte in der Regel **einen Monat** nicht überschreiten (vgl. Kap. 33 Rz. 66).

41 Hat der Vertragspartner durch sein **schuldhaftes Verhalten** Anlass zur außerordentlichen Kündigung gegeben, kann der Kündigende auch einen Anspruch auf **Schadensersatz** haben. Umgekehrt hat der Gekündigte bei einer **unberechtigten** außerordentlichen Kündigung in der Regel ebenfalls Anspruch auf Schadensersatz und ist seinerseits zur außerordentlichen Kündigung berechtigt.

c) Folgen der Vertragsbeendigung

42 Bei einer **ordentlichen Kündigung** bestehen die beiderseitigen vertraglichen Verpflichtungen bis zum Vertragsende fort. Der Unternehmer ist verpflichtet, den Vertragshändler weiter zu **beliefern**, der Vertragshändler ist verpflichtet, seine **Vertriebstätigkeit** fortzusetzen. Auch die übrigen Rechte und Pflichten bleiben bestehen. Ist ein **Wettbewerbsverbot** vereinbart, gilt dieses auch für die Zeit bis zum Ende des Vertrags fort, der Vertragshändler darf aber bereits Kontakt zu etwaigen Wettbewerbern des Unternehmers aufnehmen, um eine **zukünftige Tätigkeit** für die Zeit nach Vertragsende **vorzubereiten**.

43 Der Unternehmer kann für die Zeit zwischen Kündigung und Vertragsende – auch bei vereinbartem Alleinvertriebsrecht – bereits einen **neuen Vertriebspartner** einsetzen, wenn dies vertraglich vereinbart ist. Dafür muss er dem Vertragshändler eine **angemessene Entschädigung** leisten, vgl. Kap. 33 Rz. 62 und Küstner/Thume Bd. 3 II.7. Rz. 23.

44 Der Unternehmer ist grundsätzlich verpflichtet, Einzelkaufverträge, die **vor Vertragsende** abgeschlossen wurden, noch **ordnungsgemäß auszuführen**. Umgekehrt darf der Vertragshändler wegen seiner allgemeinen vertraglichen Treuepflicht bei bevorstehendem Vertragsende Waren beim Unternehmer nur noch in dem **Umfang bestellen**, wie er sie auch erwartungsgemäß bis Vertragsende noch absetzen kann. Er darf insbesondere keine überzogenen Lagerbestände anhäufen, die der Unternehmer dann ggf. nach Vertragsende zurücknehmen müsste (vgl. Rz. 30).

45 **Gewährleistungs- und ggf. Garantiepflichten** des Händlers gegenüber seinen Kunden, aber auch des Unternehmers gegenüber dem Vertragshändler, bleiben von der Vertragsbeendigung unberührt.

Hier gelten, soweit vertraglich nichts anderes vereinbart ist, die gesetzlichen Vorschriften zum Kauf.

Der Vertragshändler ist nach Vertragsende verpflichtet, die ihm vom Unternehmer zur Verfügung gestellten **Unterlagen und Materialien** zurückzugeben (§§ 675, 667 BGB). Zu den Rücknahmepflichten des Unternehmers an bereits verkaufter Ware vgl. Rz. 30. Zum **nachvertraglichen Wettbewerbsverbot** s. Rz. 26, zu einem etwaigen **Investitionsersatzanspruch** des Vertragshändlers s. Rz. 53. 46

6. Ausgleichsanspruch des Vertragshändlers

Der Vertragshändler hat nach gefestigter Meinung in Rechtsprechung und Literatur (vgl. zB BGH v. 1.10.2008 – VIII ZR 13/05, BB 2008, 2594; v. 13.6.2007 – VIII ZR 352/04, MDR 2007, 1084 sowie Küstner/Thume Bd. 3 II.9. Rz. 1 ff.) bei **Vertragsbeendigung** in der Regel einen Ausgleichsanspruch gem. **§ 89b HGB analog.** 47

Voraussetzung für den Ausgleichsanspruch des Vertragshändlers ist, dass der Händler **ähnlich wie ein Handelsvertreter in die Absatzorganisation des Herstellers eingegliedert** ist und daher in seiner Stellung, insbesondere durch die ihm vertraglich auferlegten Aufgaben, einem Handelsvertreter entspricht (vgl. BGH v. 13.6.2007 – VIII ZR 352/04, MDR 2007, 1084; BGH v. 6.10.2012, VIII ZR 209/07, IHR 2011, 159). Voraussetzung ist weiter, dass der Vertragshändler vertraglich verpflichtet ist, dem Unternehmer während der Vertragslaufzeit oder bei Beendigung des Vertrags seinen **Kundenstamm** zu überlassen, so dass der Unternehmer die ihm dadurch entstehenden Vorteile ohne Weiteres für sich nutzen kann, vgl. im Einzelnen Löwisch in Ebenroth/Boujong/Joost/Strohn § 89b HGB Rz. 213 ff.; BGH v. 5.2.2015 – VII ZR 315/13, NJW 2015, 1357. 48

Der Ausgleichsanspruch entsteht mit **Beendigung** des Händlervertrags. Die **Ausschlussgründe gem. § 89b Abs. 3 HGB** sind entsprechend anwendbar, vgl. Kap. 33 Rz. 71; BGH v. 16.2.2011 – VIII ZR 226/07, WM 2011, 620. 49

Zur **Ausgleichsberechnung** vgl. Kap. 33 Rz. 68 f. Weil die Vergütungssysteme von Handelsvertretern und Vertragshändlern stark unterschiedlich sind (Provisionen vs. Rabatte), müssen bei der Berechnung des Ausgleichsanspruchs des Vertragshändlers solche **Vergütungsbestandteile außer Acht** bleiben, die nur für den Vertragshändler vertragstypisch sind, nicht aber für den Handelsvertretervertrag. Vgl. im Übrigen zu den Einzelheiten der Berechnung Löwisch in Ebenroth/Boujong/Joost/Strohn, § 89b HGB Rz. 219 ff. sowie Emde MDR 2010, 537 ff. 50

Bei (zulässiger) Vertragsbeendigung wegen Insolvenz des Vertragshändlers kann der Unternehmer nicht mit Insolvenzforderungen gegen den Ausgleichsanspruch des Vertragshändlers aufrechnen, vgl. BGH v. 7.5.2013 – IX ZR 191/12, WM 2013, 1132. 51

Soweit die Voraussetzungen für eine analoge Anwendung von § 89b HGB im Einzelfall gegeben sind, ist der Ausgleichsanspruch **zwingend** und kann nicht vertraglich ausgeschlossen werden (vgl. OLG Düsseldorf v. 28.2.2007 – U(Kart) 22/06). Umstritten ist, inwieweit auch **§ 92c HGB analog** auf den Vertragshändler anwendbar ist (vgl. Thume, IHR 2014, 52 ff.). § 92c Abs. 1 HGB wird wohl jedenfalls dann analog anzuwenden sein, wenn der Vertragshändler seinen Sitz oder sein Tätigkeitsgebiet in Deutschland hat. Strittig ist, ob auch dann, wenn zwar deutsches Recht durch Rechtswahl oder aufgrund der Anknüpfungsregelungen des internationalen Privatrechts anwendbar ist, aber der Vertragshändler seinen Sitz oder sein Tätigkeitsgebiet nicht in Deutschland hat, die Vorschriften der §§ 84 ff. HGB zwingend sind, vgl. Thume IHR 2014, 52 und BB 2011, 1800 ff. 52

7. Investitionsersatzanspruch des Vertragshändlers

Umstritten ist, ob der Vertragshändler (neben dem Ausgleichsanspruch) einen Anspruch auf Ersatz von Investitionen hat, die bei Vertragsende noch **nicht amortisiert** sind. Ein solcher Anspruch soll sich ausnahmsweise aus § 242 BGB iVm. einer ergänzenden Vertragsauslegung gem. §§ 133, 157 BGB ergeben können (vgl. Löwisch in Ebenroth/Boujong/Joost/Strohn § 84 HGB Rz. 155). Soweit 53 ein solcher Ersatzanspruch überhaupt besteht, kann er aber nur solche Investitionen betreffen, die **durch den Unternehmer veranlasst** und **speziell für diesen** vom Vertragshändler getätigt wurden, und die vom Vertragshändler nach Vertragsbeendigung **nicht anderweitig verwertbar** sind (vgl. im Einzelnen, insbesondere auch zur Rechtslage im europäischen Vergleich, Wauschkuhn/Teichmann RIW 2009, 614 ff. und ZVertriebsR 2013, 139 ff.).

8. Kartellrechtliche Aspekte

54 Anders als bei den sog. echten Handelsvertreterverträgen unterfallen Wettbewerbsbeschränkungen in Vertragshändlerverträgen grundsätzlich den nationalen und EU-rechtlichen Regelungen zum Kartellrecht. Einschlägig hierzu sind insbesondere die Vorschriften von **Art. 101 Abs. 1 AEUV sowie die Freistellungen der Vertikal-GVO**, die über **§ 2 Abs. 1 GWB** auch im deutschen Recht Anwendung finden (vgl. Kap. 33 Rz. 85 f.).

55 **Typische Wettbewerbsbeschränkungen** in Vertragshändlerverträgen, die kartellrechtlich relevant sein können, sind insbesondere die Festlegung (exklusiver) Vertriebsgebiete, Alleinbezugsvereinbarungen, gebiets- oder kundenkreisbezogene Vertriebsbindungen, Vereinbarungen zu selektiven Vertriebssystemen (vgl. EuGH v. 13.10.2011 – C439/09, BB 2011, 2956 und EuGH v. 14.6.2012 – C 158/11, BB 2012, 1883) sowie Wettbewerbsverbote (s. Rz. 25 f.). Zur Beschränkung des Vertriebs über Online-Plattformen s. OLG Schleswig v. 5.6.2014, 16 U Kart 154/13 und den Fallbericht des Bundeskartellamts v. 27.6.2014 – B3-137/12 („adidas").

56 Für den wirtschaftlich besonders wichtigen Bereich des **Kfz-Vertriebs** existierte bis 2010 eine eigene Gruppenfreistellungsverordnung (VO (EG) Nr. 1400/2002 der Kommission v. 31.7.2002, ABl. L 203 v. 1.8.2002). Deren Anwendung wurde durch die Kfz-GVO (VO (EG) Nr. 461/2010 v. 27.5.2010) für den **Vertrieb von Neufahrzeugen** bis zum 31.5.2013 verlängert. Seit dem 1.6.2013 ist die Vertikal-GVO (Nr. 330/2010) auch auf diesen Bereich anwendbar. Für den **Vertrieb von Ersatzteilen sowie für Instandsetzungs- und Wartungsdienstleistungen** enthält Artikel 5 der Kfz-GVO Nr. 461/10 eigene Kernbeschränkungen, die auch in Zukunft neben den allgemeinen Freistellungsvoraussetzungen der Vertikal-GVO zu beachten sind. Zu den Einzelheiten vgl. Nolte BB 2013, 1667 ff.

M 35.1 Vertragshändlervertrag

Die Gesellschaft . . . (Bezeichnung, Anschrift)

– nachfolgend Gesellschaft –

und

. . . (Name, Anschrift)

– nachfolgend Vertragshändler –

schließen hiermit folgenden

Vertragshändlervertrag

§ 1 Vertragsgegenstand

(1) Die Gesellschaft räumt dem Vertragshändler das Recht ein, die in Anlage 1 aufgeführten Produkte (im Folgenden: Vertragsprodukte) im Vertriebsgebiet zu vertreiben.[1] *Der Vertrag erstreckt sich auch auf Nachfolgeprodukte oder Weiterentwicklungen sowie auf sonstige Modifizierungen einschließlich ihrer Ersatzteile.*

1 In der Regel empfiehlt es sich, die Vertragsprodukte in einer gesonderten Anlage aufzuführen. Im Einzelfall kann dies entbehrlich sein, zB wenn das gesamte Produktportfolio des Lieferanten vom Vertragshändler vertrieben werden soll oder der Vertrag sich nur auf einzelne Gegenstände bezieht.

(2) Der Vertragshändler kauft und verkauft die Vertragsprodukte im eigenen Namen und auf eigene Rechnung. Er wird als freier und selbständiger Unternehmer tätig und ist nicht berechtigt, im Namen der Gesellschaft aufzutreten oder die Gesellschaft in irgendeiner Weise zu verpflichten.

(3) Der Vertragshändler hat im Vertragsgebiet kein Alleinvertriebsrecht.[2]

§ 2 Vertragsgebiet

Vertragsgebiet ist . . .[3]

§ 3 Pflichten des Vertragshändlers

(1) Der Vertragshändler wird sich nach Kräften für den bestmöglichen Absatz der Vertragsprodukte einsetzen und die Voraussetzungen für die erforderliche Marktdurchdringung und für das Erreichen der jeweiligen Umsatzziele schaffen. Insbesondere ist der Vertragshändler zur systematischen Organisation und Durchführung von Werbemaßnahmen für die Vertragsprodukte verpflichtet.

(2) Der Vertragshändler wird die Gesellschaft auf deren Nachfrage hin bei der Teilnahme an Messen und Ausstellungen, insbesondere auch bei deren Vorbereitung unterstützen.[4]

(3) Der Vertragshändler wird seine Marketingaktivitäten, insbesondere seine Werbung und Präsentationen, lokale Ausstellungen und Sonderveranstaltungen mit der Gesellschaft im Voraus abstimmen.

(4) Die Vertragsparteien bestimmen jeweils bis zum 30.9. eines Kalenderjahres die Mindestmengen der Vertragsprodukte, die vom Vertragshändler während des kommenden Kalenderjahres abzunehmen sind. Bis zum Ende des ersten Kalenderjahres nach Vertragsschluss sind folgende Mengen vereinbart: . . . .[5] *Können die Vertragsparteien sich nicht auf neue Mindestmengen einigen, gelten die zuletzt vereinbarten Mindestmengen weiter.*[6] *Falls sich der Vertragshändler nicht an die entsprechenden Abnahmemengen hält, kann die Gesellschaft einen Mengenaufpreis fordern. Dieser beträgt x % der Differenz zwischen der vereinbarten und der tatsächlich erreichten Mindestauftragsmenge und wird bei Ablauf des Kalenderjahres fällig.*[7]

---

2 Alternativ kann an dieser Stelle auch geregelt werden, dass der Vertragshändler ein exklusives Vertriebsrecht haben soll. Ist das Vertriebsgebiet des Lieferanten in mehrere Gebiete aufgeteilt, die der Lieferant seinen Vertriebshändlern exklusiv überlässt, kann unter Umständen auch vereinbart werden, dass der aktive Vertrieb auf das vertraglich festgelegte Vertriebsgebiet beschränkt ist. Hierzu sind aber die kartellrechtlichen Vorgaben zu beachten, insbesondere Art. 4 der sog. Vertikal-GVO (Rz. 25), die über § 2 GWB auch auf rein innerdeutsche Vertriebsverhältnisse entsprechend anwendbar sind (s. Rz. 54 ff.). Besteht kein Alleinvertriebsrecht, kann der Lieferant trotzdem aufgrund seiner Treuepflichten gegenüber dem Vertragshändler zum Ausgleich verpflichtet sein, wenn er Direktlieferungen vornimmt (BGH v. 12.1.1994 – VIII ZR 165/92, BB 1994, 885).

3 Sofern eine Beschränkung auf ein bestimmtes Vertragsgebiet erwünscht ist, sollte dieses klar umschrieben werden. Bei inländischen Vertragshändlern zB durch Angabe der Postleitzahlengebiete oder die Beifügung eines entsprechenden Kartenausschnitts als Anlage zum Vertrag. Möglich ist auch die Festlegung von bestimmten Kundenkreisen. Auch hier sind allerdings die kartellrechtlichen Vorgaben zu beachten, vgl. Fn. 2.

4 Alternativ können auch bestimmte Messen festgelegt werden, an denen der Vertragshändler gegebenenfalls eigenständig teilnehmen soll. Es empfiehlt sich dann, auch Regelungen hinsichtlich der Ausgestaltung des Messestandes zu treffen bzw. festzulegen, dass der Vertragshändler die Gestaltung des Messestandes mit dem Lieferanten im Voraus abstimmen muss.

5 Je nach Umfang des Produktportfolios können die Mengen auch in einer Anlage aufgeführt werden, die zum Vertrag genommen wird. Generell gilt, dass die Vereinbarung von Mindestmengen eher im Interesse des Lieferanten ist. Andererseits kann die Vereinbarung von Mengen auch zum Anlass genommen werden, dem Vertragshändler vergünstigte Konditionen einzuräumen.

6 Möglich ist auch die Vereinbarung einer jährlichen Steigerung der Abnahmemengen um einen bestimmten Anteil.

7 Auch hier sind andere Gestaltungen ohne weiteres möglich, zB ein Sonderkündigungsrecht für den Lieferanten etc., vgl. aber Rz. 19.

(5) Der Vertragshändler berichtet der Gesellschaft regelmäßig – jeweils spätestens zum ... – über die Gesamtmarktsituation, seine Aktivitäten und die Konkurrenz im Vertragsgebiet.[8]

(6) Der Vertragshändler darf Geschäfts- und Betriebsgeheimnisse der Gesellschaft, von denen er im Rahmen seiner Tätigkeit unter diesem Vertrag Kenntnis erlangt, weder für sich verwerten noch Dritten mitteilen. Diese Pflicht besteht auch nach Beendigung dieses Vertrages fort.[9]

§ 4 Pflichten der Gesellschaft

(1) Die Gesellschaft wird das erforderliche Verkaufsförderungsmaterial, wie zB Prospekte, Kataloge etc. dem Vertragshändler in angemessener Anzahl zur Verfügung stellen. Sonderaktionen, wie zB Messen werden von der Gesellschaft nach Absprache unterstützt.

oder

(1) Die Gesellschaft wird dem Vertragshändler in angemessenem Umfang mit Werbematerial ausstatten. Der Vertragshändler erhält einen Werbekostenzuschuss in Höhe von ... Euro pro Kalenderjahr. Sonderaktionen, wie zB Messen, werden von der Gesellschaft nach Absprache unterstützt, regelmäßig übernimmt die Gesellschaft einen Mindestbetrag in Höhe von ... Euro. Die Beteiligung der Gesellschaft an solchen Sonderaktionen ist (nicht) auf den Werbekostenzuschuss anzurechnen.

(2) Von der Gesellschaft zur Verfügung gestelltes Werbematerial bleibt im Eigentum der Gesellschaft.

§ 5 Preise und Lieferbedingungen

(1) Die Gesellschaft gewährt dem Vertragshändler auf ihre jeweils im Zeitpunkt der Lieferung geltenden Listenpreise die in Anlage ... aufgeführten Rabatte und Zahlungsziele. Die aktuelle Preisliste ist als Anlage ... beigefügt. Ergänzend gelten die allgemeinen Lieferbedingungen der Gesellschaft, deren derzeitige Fassung als Anlage ... beigefügt ist.[10]

(2) Die Gesellschaft wird den Vertragshändler spätestens ... Monate vor Inkrafttreten über Preisänderungen informieren.

(3) Der Vertragshändler ist bei der Gestaltung seiner Verkaufspreise und -bedingungen frei.[11]

§ 6 Service

(1) Der Vertragshändler unterhält einen angemessenen Kundenservice und wird eventuelle Gewährleistungsfälle schnell und zuverlässig abwickeln. Er wird insbesondere anfallende Kundendienst- und Reparaturarbeiten an den Vertragsprodukten durch ausreichend geschultes Wartungspersonal durchführen und die notwendigen Mengen an Ersatzteilen auf Lager halten, um zu gewährleisten, dass die Ersatzteile für Kundendienstarbeiten auch möglichst jederzeit vorhanden sind und Kunden kurzfristig mit Ersatzteilen beliefert werden können.

---

8 Bei der Ausgestaltung der Berichtspflichten, insbesondere auch bei der Verpflichtung des Vertragshändlers, Kundendaten an den Lieferanten weiterzugeben, ist zu beachten, dass dem Vertragshändler bei Vertragsbeendigung ein Ausgleichsanspruch nach § 89b HGB analog zustehen kann, wenn der Lieferant ihn in seine Absatzorganisation in einer Weise eingebunden hat, die der Stellung eines Handelsvertreters vergleichbar ist. S. Rz. 47.

9 S. Rz. 21.

10 Aus Sicht des Vertragshändlers kann es im Einzelfall günstiger sein, wenn statt der allgemeinen Lieferbedingungen des Lieferanten das Gesetz zur Anwendung kommt. Allerdings kann nach den relativ strengen ABG-Vorschriften im deutschen Recht durch ABG ohnehin nur im geringen Umfang vom Gesetz abgewichen werden. Aus Sicht des Lieferanten ist es in der Regel einfacher, sämtliche Lieferungen, also auch die an externe Vertriebspartner, zu einheitlichen Bedingungen abzuwickeln.

11 Die gewährten Rabatte verschaffen dem Vertragshändler die Möglichkeit, eine einträgliche Marge zu erzielen. Darin liegt im weiteren Sinn die „Vergütung" des Vertragshändlers für die von ihm übernommenen Pflichten zur Förderung des Absatzes der Produkte des Lieferanten. Der Lieferant darf dem Vertragshändler keine festen Wiederverkaufspreise vorgeben, allenfalls unverbindliche Preisempfehlungen. Zur Änderung der Vergütung und Preisanpassungen durch den Lieferanten s. Dau in Schultze/Wauschkuhn/Spenner/Dau Rz. 348 ff.

(2) Der Vertragshändler sorgt dafür, dass die Endkunden, die für die Vertragsprodukte erforderlichen Instruktionen erhalten und – soweit erforderlich – in die Bedienung und Wartung der Vertragsprodukte eingewiesen werden.

§ 7 Wettbewerb[12]

(1) Der Vertragshändler wird während der ersten fünf Jahre der Laufzeit dieses Vertrages ohne vorherige schriftliche Zustimmung der Gesellschaft keine Produkte beziehen, herstellen oder vertreiben, die in Konkurrenz zu den Produkten stehen, die ihm mit diesem Vertrag anvertraut sind. Er wird Konkurrenzprodukte weder innerhalb noch außerhalb des Vertragsgebiets – weder direkt noch indirekt – vermarkten. Dies gilt auch für die Vermarktung gebrauchter Produkte. Er wird Unternehmen, die in Konkurrenz zur Gesellschaft stehen, auch nicht in sonstiger Weise fördern.

(2) Der Vertragshändler hat bei Inkrafttreten dieses Vertrages nur die in Anlage ... aufgeführten Vertretungen inne. Er wird der Gesellschaft die Übernahme jeder weiteren Vertretung – auch wenn sie keine Konkurrenzvertretung ist – unverzüglich anzeigen. Er wird dabei Name und Adresse des anderen Lieferanten sowie den Gegenstand der übernommenen Vertretung (Produkte, Gebiet und Inkrafttreten des Vertrages) angeben.

§ 8 Vertragsdauer

(1) Der Vertrag wird auf unbestimmte Zeit geschlossen. Er kann von jeder Partei mit einer Frist von sechs Monaten zum Monatsende gekündigt werden.[13]

(2) Das Recht zur fristlosen Kündigung aus wichtigem Grund bleibt unberührt.

(3) Die Kündigung muss schriftlich erfolgen.

§ 9 Folgen der Vertragsbeendigung

(1) Im Fall der ordentlichen Kündigung wird die Gesellschaft den Vertragshändler solange weiterbeliefern, wie dies zur ordnungsgemäßen Erfüllung aller bis zum Ende des Vertrages vom Vertragshändler abgeschlossenen Einzelgeschäfte erforderlich ist. Die Gesellschaft kann jedoch nach einer ordentlichen Kündigung Bestellungen des Vertragshändlers ablehnen, die den bis dahin üblichen Umfang überschreiten, und bei Bestellungen, die erst nach der Kündigung erfolgen, Zahlungen per Vorauskasse verlangen.[14]

(2) Zahlungsverpflichtungen werden bei Vertragsende sofort fällig.

(3) Der Vertragshändler hat der Gesellschaft nach Vertragsende sämtliche Gegenstände und Unterlagen der Gesellschaft (inklusive Kopien), unaufgefordert herauszugeben oder nach Anweisung der Gesellschaft zu vernichten.

(4) Der Vertragshändler ist nicht verpflichtet, während oder nach Ende des Vertrages seinen Kundenstamm an die Gesellschaft zu überlassen.[15]

(5) die Gesellschaft wird nach Vertragsbeendigung die vom Vertragshändler noch nicht weiterverkauften Vertragsprodukte zum ursprünglich berechneten Preis, höchstens jedoch zum Zeitwert zurücknehmen. Die Gesellschaft ist berechtigt, von diesen Beträgen einen pauschalen Abschlag in Höhe von ... % zur Deckung der Rücknahmekosten zu machen.[16]

§ 10 Schlussbestimmungen

(1) Nebenabreden sind nicht getroffen, Änderungen des Vertrages bedürfen der Schriftform. Das gilt auch für den Verzicht auf das Schriftformerfordernis.

---

12 S. Rz. 25.

13 S. Rz. 34.

14 Zum Recht des Lieferanten, bei einem Alleinvertriebsrecht des Vertragshändlers selbst tätig zu werden, s. Rz. 28 und 43.

15 Dieser Satz dient mehr der Klarstellung. Selbst wenn der Vertragshändler vertraglich nicht (ausdrücklich) verpflichtet ist, Kundendaten zu überlassen, kann sich nach der Rechtsprechung eine Überlassungsverpflichtung auch aus konkludenten Handeln ergeben, s. Rz. 48.

16 S. Rz. 30.

(2) Gerichtsstand ist ....[17]

(3) Sollte eine Bestimmung dieses Vertrages unwirksam sein, wird dadurch die Gültigkeit der übrigen Bestimmungen nicht berührt. Die Vertragsparteien werden die unwirksame Bestimmung einvernehmlich durch eine wirksame Regelung ersetzen, die dem Inhalt der unwirksamen Klausel wirtschaftlich möglichst nahe kommt.

... (Ort/Datum)	*... (Ort/Datum)*
... (Unterschrift Gesellschaft)	*... (Unterschrift Vertragshändler)*

17 **M 33.1** Fn. 22.

4. Abschnitt. Franchising

Kapitel 36 Franchising

Literatur: *Bauder*, Der Franchise-Vertrag, 1988; *Bechtold*, Leitlinien der Kommission und Rechtssicherheit – am Beispiel der neuen Horizontal-Leitlinien, GRUR 2012, 107 ff.; *Böhner*, Vier Maximen zur ungefragten und gefragten Aufklärungspflicht bei Franchiseverträgen: Vertragszweck, Vertragsrisiko, Due Diligence und Beweislast, BB 2011, 2248 ff.; *Czibere/Weise*, Zivilrechtliche Folgen von (Hardcore)-Kartellverstößen in Franchiseverhältnissen, ZVertriebsR 2014, 275 ff.; *Eilmannsberger* in Streinz, EUV/AEUV, 2. Aufl. 2012, Art. 101 AEUV Rz. 205 ff.; *Ekkenga*, Die Inhaltskontrolle von Franchise-Verträgen, 1990; *Ellger* in Immenga/Mestmäcker, EU-Wettbewerbsrecht, 5. Aufl. 2012, Art. 101 AEUV Rz. 534 ff.; *Emde*, BB-Rechtsprechungs- und Literaturreport zum Vertriebsrecht des Jahres 2013, BB 2014, 2435 ff.; *Emde*, BB-Rechtsprechungs- und Literaturreport zum Vertriebsrecht des Jahres 2012, BB 2013, 2627 ff.; *Emde*, BB-Rechtsprechungs- und Literaturreport zum Vertriebsrecht des Jahres 2011 – Teil 1, BB 2012, 3029 ff.; *Emde*, BB-Rechtsprechungs- und Literaturreport zum Vertriebsrecht des Jahres 2011 – Teil 2, BB 2012, 3087 ff.; *Eßer*, Franchising, 2. Aufl. 1995; *Flohr*, Musterfranchisevertrag 2004; *Flohr*, Die vorvertragliche Aufklärung beim Abschluss von Vertriebsverträgen, ZVertriebsR 2013, 71 ff.; *Flohr*, Aktuelle Tendenzen im Franchise-Recht, BB 2006, 389 ff.; *Flohr/Wuschkuhn*, Vertriebsrecht 2014; *Giesler*, Praxishandbuch Vertriebsrecht, 2005; *Giesler* in Röhricht/Graf von Westphalen/Has, HGB, 4. Aufl. 2014, Franchiseverträge; *Giesler/Güntzel*, Haftung und Schutz Dritter beim Franchising, ZIP 2013, 1264 ff.; *Freiherr von Hoyningen-Huene* in MünchKomm/HGB, § 84 Rz. 17 ff.; *Kroll*, Ist der Franchisenehmer in eine fremde Absatzorganisation eingegliedert? – Zu den Voraussetzungen des Ausgleichsanspruchs nach § 89b HGB analog, ZVertriebsR 2014, 290 ff.; *Liesegang*, Der Franchise-Vertrag, 7. Aufl. 2010; *Martinek*, Franchising, 1987; *Martinek*, Moderne Vertragstypen, Bd. II, Franchising, Know-how-Verträge, Management- und Consultingverträge, 1992, S. 35 ff.; *Martinek*, Franchising im Handelsrecht, ZIP 1988, 1362 ff.; *Martinek/Semler/Habermeier/Flohr*, Handbuch des Vertriebsrechts, 3. Aufl. 2010; *Metzlaff*, Praxishandbuch Franchising, 2003; *Petsche/Lager* in Liebscher/Flohr/Petsche, Handbuch der EU-Gruppefreistellungsverordnungen, 2. Aufl. 2012, § 7 Rz. 119 ff.; *Skaupy*, Franchising – Handbuch für die Betriebs- und Rechtspraxis, 1987; *Thume*, Zur richtlinienkonformen Anwendung der §§ 84 ff. HGB im gesamten Vertriebsrecht, BB 2011, 1800 ff.; *Thume*, Die Bedeutung des Kundenstamms im Vertriebsrecht, BB 2009, 1026 ff.; *Tietz*, Handbuch Franchising, 2. Aufl. 1991; *Vortmann*, Franchiseverträge, 2. Aufl. 1990; *Graf von Westphalen*, Das Dispositionsrecht des Prinzipals im Vertragshändlervertrag, NJW 1982, 2465 ff.; *Winkler von Mohrenfels*, Franchise- und Vertriebsverträge im internationalen Privatrecht, ZVertriebsR 2014, 281 ff.

I. Begriffsmerkmale

Als Definition des Begriffs „Franchising" (vgl. auch jeweils differenzierend Skaupy NJW 1992, 1785 ff.; Martinek in Martinek/Semler/Habermeier/Flohr, Vertriebsrecht, § Rz. 15 ff.; Metzlaff, Praxishandbuch Franchising, § 2 Rz. 1 ff.) bietet sich nach wie vor das Definitionsmuster an, welches die EG-Kommission in ihrer – inzwischen außer Kraft getreten – VO 4087/88 vom 30.11.1988 unterbreitet hat (ABl. EG Nr. L 359/46 v. 28.12.1988). Gem. Art. 1 Nr. 3 lit. a bedeutet dabei „Franchise": 1

„‚Franchise' ist eine Gesamtheit von Rechten an gewerblichem oder geistigem Eigentum wie Warenzeichen, Handelsnamen, Ladenschildern, Gebrauchsmustern, Geschmacksmustern, Urheberrechten, Know-how oder Patenten, die zum Zwecke des Weiterverkaufs von Waren oder der Erbringung von Dienstleistungen an Endverbraucher genutzt wird."

Art. 1 Nr. 3 lit. b der – inzwischen außer Kraft getretenen, aber hinsichtlich der Umschreibung durchaus noch brauchbaren – VO Nr. 4087/88 der EG-Kommission definiert dann den Begriff „Franchise-Vereinbarungen" wie folgt:

„‚Franchise-Vereinbarungen' sind Vereinbarungen, in denen ein Unternehmen, der Franchisegeber, es einem anderen Unternehmer, dem Franchisenehmer, gegen unmittelbare oder mittelbare finanzielle Vergütung gestattet, eine Franchise zum Zwecke der Vermarktung bestimmter Waren und/oder Dienstleistungen zu nutzen. Sie müssen den folgenden Gegenstand enthalten:

- Die Benutzung eines gemeinsamen Namens oder Zeichens sowie die einheitliche Aufmachung der vertraglich bezeichneten Geschäftslokale und/oder Transportmittel;
- die Mitteilung von Know-how durch den Franchisegeber an den Franchisenehmer;
- eine fortlaufende kommerzielle oder technische Unterstützung des Franchisenehmers durch den Franchisegeber während der Laufzeit der Vereinbarung."

Zu anderen Definitionsvorschlägen vgl. Giesler § 1 Rz. 59 ff. zu dem des „Deutschen Franchiseverbandes" (vgl. Martinek § 3 Rz. 16). Danach gilt:

„Franchising ist ein vertikal-kooperativ organisiertes Absatzsystem rechtlich selbständiger Unternehmen auf der Basis eines vertraglichen Dauerschuldverhältnisses. Das System tritt am Markt einheitlich auf und wird geprägt durch das arbeitsteilige Leistungsprogramm der Systempartner sowie durch ein Weisungs- und Kontrollsystem zur Sicherung eines systemkonformen Verhaltens. Das Leistungsprogramm des Franchisegebers ist das Franchisepaket; es besteht aus einem Beschaffungs-, Absatz- und Organisationskonzept, der Gewährung von Schutzrechten, der Ausbildung des Franchisenehmers und der Verpflichtung des Franchisegebers, den Franchisenehmer aktiv und laufend zu unterstützen und das Konzept ständig weiterzuentwickeln. Der Franchisenehmer ist im eigenen Namen und für eigene Rechnung tätig; er hat das Recht und die Pflicht, das Franchisepaket gegen Entgelt zu nutzen. Als Leistungsbeitrag liefert er Arbeit, Kapital und Informationen".

Teilweise wird die Übertragung von Know-how auf den Franchisenehmer als wesentlich angesehen (so schon Skaupy BB 1969, 113 ff.; näher auch Giesler/Kroll § 4 Rz. 85 ff.).

II. Typologie

Ausgehend von der von *Martinek* entwickelten Differenzierung (Martinek, Moderne Vertragstypen, S. 146 ff.; vgl. auch Skaupy S. 24 ff.), kann man zunächst nach dem Gegenstand der Franchise differenzieren (Giesler/Kroll § 4 Rz. 51 ff.). Es kann sich also um Produkt-Franchise, um Vertriebs-Franchise oder um Dienstleistungs-Franchise handeln. Auch ist eine weitere Differenzierung zwi- 2 schen dem Einsatz und dem Umfang des Franchising angezeigt (Giesler/Kroll § 4 Rz. 58 f.). Diese Merkmale kommen auch in der Terminologie des EuGH in der Pronuptia-Entscheidung vom 28.1.1986 vor (EuGH NJW 1986, 1415 ff.). Weiter ist eine Differenzierung nach den jeweiligen Marktstufen angezeigt (Skaupy S. 31 ff.; Giesler/Kroll § 4 Rz. 55 ff.). Also: Franchise zwischen Hersteller – Hersteller betreffend Verarbeitung, Bearbeitung und Veredelung von Produkten, Franchise zwischen Hersteller – Großhändler und Franchise zwischen Hersteller – Einzelhändler/Handwerker. Auf der Stufe des Handels ist zu differenzieren: Franchise zwischen Großhändler – Einzelhändler/Handwerker, Franchise im Servicebereich und Franchise, welches sich zwischen Franchisenehmer und Unterfranchisenehmer abspielt. Des Weiteren ist eine Differenzierung nach Macht- und Interessenkonstellation angezeigt (Martinek S. 159 ff., 256 ff.; 378 ff.; Giesler/Kroll § 4 Rz. 60 ff.). Unterschieden wird hierbei nach der Intensität der Integration und Kooperation der Partner. Auf der einen Seite steht das Subordinations-Franchising, auf der anderen Seite das **Partnerschafts-Franchising**; die Trennlinie ist fließend, sie wird jedoch maßgebend davon beeinflusst, inwieweit die Weisungsbefugnis des Franchisegebers das Vertragsgefüge beherrscht. Im Übrigen bleibt zu unterstreichen, dass in der Praxis Mischformen gang und gäbe sind, weil es sich beim Franchising um eine flexible Methode zum Aufbau eines Vertriebssystems handelt (Giesler/Kroll § 4 Rz. 50). Ob mit diesen Definitionen für die juristische Erfassung des Franchise in der Tat viel gewonnen ist, darf bezweifelt werden.

III. Abgrenzung zu verwandten Vertragstypen

3 Wichtiger ist allemal die Abgrenzung zwischen dem Franchise und verwandten Erscheinungsformen des modernen Vertriebsrechts. Als erstes ist hier der **Handelsvertreter** zu erwähnen (im Einzelnen Flohr/Pohl, in Martinek/Semler/Habermeier/Flohr, §§ 17 ff.). Dieser vermittelt gem. §§ 84 ff. HGB Kundenverträge oder schließt diese in fremdem Namen ab (dazu Kap. 33); er ist kein Franchisenehmer (Bauder S. 41; Skaupy in Metzlaff, § 4 Rz. 1 ff.). Sofern dem Handelsvertreter keine Delkredere-Provision gem. § 86b HGB zusteht, trägt er kein eigenes Warenrisiko (einschränkend Ekkenga S. 17). Der **Kommissionär** oder Kommissionsagent, der sich zwar rechtsgeschäftlich gegenüber seinem Kunden verpflichtet, dabei aber für Rechnung des Auftraggebers handelt (dazu Kap. 34), ist ebenfalls kein Franchisenehmer (BGH NJW 2003, 3049; Skaupy S. 12, 41). Wesentlich ist, dass der Franchisenehmer als **Eigenhändler** auftritt (BGH NJW 2015, 945, 946). Die Abgrenzung zum Vertragshändler (Kap. 35) ist daher nicht leicht (hierzu im Einzelnen Manderla in Martinek/Semler/Habermeier/Flohr, §§ 22 ff.; Bauder S. 46 ff.). Zutreffend ist es, nach der Dichte, Enge und Straffheit der Kooperation zwischen der Absatzzentrale und dem Absatzmittler zu differenzieren: Je enger das Verhältnis ist, um so eher liegt Franchise vor (Martinek S. 227). Das äußert sich etwa darin, dass der Franchisegeber auf Grund der nachvertraglichen Treuepflicht – wie der Hersteller gegenüber dem Vertragshändler – gehalten ist, das Warenlager des Franchisenehmers zurückzukaufen (BGH NJW 1998, 540). Die Nähe zum Handelsvertretervertrag liegt in diesen Fällen oft auf der Türschwelle (BGH NJW-RR 2007, 1286 – Tankstelle/Shop). Verschiedentlich wird aber auch der Vertragshändlervertrag als Unterart des Franchise-Vertrags qualifiziert (Ekkenga S. 19).

IV. Rechtsnatur

4 Die Hauptpflichten der Parteien, welche einander gegenüberstehen und den klassischen Fall des **Subordinations-Franchise-Vertrags** ausmachen (hierzu auch Martinek/Habermeier, § 26 Rz. 21 ff.), sind im Rahmen der vertikalen Absatzkooperation als komplexes Synallagma ausgebildet (Giesler in Röhricht/Graf von Westphalen/Haas, Franchising Rz. 26 ff.): Zum einen ist die Absatzförderungs- und die Gebührenpflicht des Franchisenehmers zu nennen (etwa auch Weitergabe von Einkaufsvorteilen an den Franchisenehmer vgl. BGH NJW-RR 2003, 1635 – Apollo-Optik; BGH NJW-RR 2006, 776 – Hertz), zum anderen die Betriebseingliederungs- und Betriebsförderungspflicht des Franchisegebers (Martinek ZIP 1988, 1362, 1373). Den Gegensatz zu diesem Typ bildet das **Partnerschafts-Franchising**, welches dadurch charakterisiert wird, dass es durch ein gleichberechtigtes Zusammenwirken beider Parteien geprägt ist (Martinek/Habermeier § 26 Rz. 24 – etwa in 30 % der Fälle anzutreffen). In beiden Fällen ist der Franchise-Vertrag ein Rahmenvertrag mit Dauerschuldcharakter (Martinek S. 257 ff.). Er ist ein Mischvertrag (BGH NJW 1985, 1894, 1895 – Kün-

digung wegen Verstoßes gegen Richtlinien – McDonald). Er ist daher aber auch gleichzeitig ein Typenkombinations-Vertrag (Giesler Rz. 28), der auf eine Geschäftsbesorgung durch den Franchisenehmer gem. §§ 675, 611 ff. BGB zu Gunsten des Franchisegebers und des Absatzes seiner Produkte zielt (Palandt/Weidenkaff vor § 581 BGB Rz. 23; Giesler/Kroll § 4 Rz. 71; offen gelassen von BGH WM 2000, 783), wobei freilich die Nuancen und Gewichtungen schwanken. Daher werden verschiedene – abweichende – theoretische Ansätze vertreten, etwa eine geschäftsbesorgungsrechtliche Ausrichtung (Ebenroth S. 68 ff.; Gitter, Gebrauchsüberlassungsverträge, 1988, S. 496 f.; aM Ekkenga S. 72 ff.) oder auch eine lizenzvertragliche im Blick auf die dem Franchise zugrunde liegende Geschäftsidee und das zur Verfügung gestellte Know-How (Skaupy NJW 1992, 1785, 1789; vgl. auch LG Karlsruhe NJW-RR 1989, 822 – Sittenwidrigkeit: Lizenzgebühr). Schließlich ist anzumerken, dass auch eine gesellschaftsrechtliche Perspektive in den Vordergrund gerückt wird, um die Typisierung der Rechte und Pflichten der Vertragsparteien in den Griff zu bekommen (vgl. Giesler Rz. 31). Es verbieten sich einfach anzuwendende Schemata. Im Vordergrund steht hier stets die Frage nach der **Selbständigkeit** des Franchisenehmers (Billing in Flohr/Wauschkuhn, § 84 HGB Rz. 80 fff.). Hinzutritt eine höchst sorgsam durchzuführende Auslegung der jeweiligen vertraglich vereinbarten Rechte und Pflichten. Notwendigerweise hat die **typologische Einordnung** der Rechtsnatur des Franchise-Vertrags unmittelbare Auswirkungen auf die entweder nach § 307 Abs. 2 Nr. 1 BGB oder nach § 307 Abs. 2 Nr. 2 BGB durchzuführende Kontrolldichte vorformulierter AGB-Klauseln (OLG München BeckRS 2002, 30268497; Giesler Rz. 32 ff.; Ekkenga S. 110 ff.). Je mehr die vertraglich geregelten Rechte und Pflichten an eines der Typenbilder des BGB angenähert sind – etwa: Dienstvertrag oder auch Geschäftsbesorgung – desto mehr findet eine Inhaltskontrolle nach Maßgabe von § 307 Abs. 2 Nr. 1 BGB – ausgerichtet an eben diesem vertraglichen Leitbild – statt. Ergibt hingegen das Ergebnis der Auslegung, dass es sich um einen Mischvertrag handelt, der sich weder ganz noch teilweise in den Typenkatalog einfügen lässt, dann vollzieht sich die Inhaltskontrolle nach § 307 Abs. 2 Nr. 2 BGB (vgl. BGH NJW-RR 200, 1159, 1160 – Restaurantbetrieb). **Einkommensteuerlich** ist ein Franchise-Vertrag als schwebendes Geschäft zu behandeln (vgl. Bauer in Kirchhof/Söhn § 5 EStG Rz. F 365). Die laufende Franchisegebühr gehört zu den Betriebsausgaben. Von Franchisenehmern etwa in einen „gemeinsamen Werbeetat" eingezahlte und zum Bilanzstichtag noch nicht verbrauchte zweckgebundene Werbebeiträge zur Finanzierung der dem Franchisegeber obliegenden überregionalen Werbung sind beim Franchisegeber erfolgsneutral zu behandeln (BFH v. 22.8.2007, BStBl. II 2008, 284). Zur umsatzsteuerlichen Bemessungsgrundlage Hinweis auf BFH v. 20.4.1988 (BFH/NV 1989, 199).

V. Kartellrechtliche Schranken

1. Deutsches Kartellrecht – § 1 GWB

Ob deutsches Kartellrecht auf die Bestimmungen eines Franchisevertrags anwendbar sind, ergibt 5
aus der Generalklausel des § 1 GWB (hierzu Zimmer in Immenga/Mestmäcker, Wettbewerbsrecht, 2014, § 1 GWB Rz. 335 ff.; Metzlaff in Flohr/Wauschkuhn, § 1 GWB Rz. 69 ff.). Maßgebend sind dabei nach wie vor die Kriterien, welche sich aus der EuGH-Entscheidung vom 28.1.1986 (Rs. 161/84) ableiten lassen (EuGH NJW 1986, 1415 – Pronuptia). Keine Wettbewerbsbeschränkungen sind danach alle die Vereinbarungen, welche dem **Schutz des Know-Hows** des Franchisegebers dienen (EuGH NJW 1986, 1415, 1416) und ein entsprechendes Verhalten des Franchisenehmers einfordern. Ferner sind alle die Maßnahmen wettbewerbsrechtlich nicht zu beanstanden, welche dazu dienen, dass der Schutz der Identität, des Namens und der Geschäftsbezeichnung dienen (EuGH; Giesler Rz. 142). Unbedenklich sind aber auch ausschließliche Bezugsbindungen, sofern diese dafür notwendig sind, dass einheitliche Qualitätsstandards innerhalb des „Systems" erreicht werden (Zimmer Rz. 335). Man kann sagen, dass alle für Franchiseverträge typischen – und notwendigen – Klauseln keine Beschränkung des Wettbewerbs enthalten. Das **Verbot der Preisbindung** des Franchisenehmers gilt aber jedenfalls dann, wenn dieser das wirtschaftliche Risiko trägt (BGH NJW 1999, 2671). Eine unverbindliche Preisempfehlung ist grundsätzlich unproblematisch, sofern sie keine Umgehung für eine unzulässige Preisbindung darstellt (BGH).

2. EU-Kartellrecht

6 Die soeben erwähnte EuGH-Entscheidung in Sachen „Pronuptia" ist auch für den Bereich des europäischen Kartellrechts nach Maßgabe von Art. 101 Abs. 1 AEUV (Eilmannsberger, in Streinz, EUV/AEUV, Art. 101 205 ff.) weithin maßgebend (Zimmer, in Immenga/Mestmäcker, EU-Wettbewerbsrecht, 5. Aufl., 2012, Art. 101 Rz. 296; Giesler Rz. 141). Doch noch entscheidender ist im praktischen Ergebnis, dass nunmehr die **EU-Gruppenfreistellungs-VO Nr. 330/2010** (ABl. 2010 L 102/1) auch für die wettbewerbsrechtliche Beurteilung von Franchiseverträgen Maß gibt (hierzu im Einzelnen Flohr/Pohl, in Liebscher/Flohr/Petsche, Handbuch der EU-Gruppenfreistellungsverordnungen, 2. Aufl. 2012, § 3 Rz. 20 ff.; Eilmannsberger Art. 101 Rz. 208 ff.). Von großer Bedeutung ist, dass die EU-Kommission für die Interpretation dieser Vertikal-VO **Leitlinien** erlassen hat (ABl. EU 2010 Nr. C 130 S. 1 ff.; hierzu vor allem auch Bechtold GRUR 2012, 107 ff.; Metzlaff in Flohr/Wauschkuhn, Art. 101 AEUV – Anhang). Diese sind im Zweifel zu Rate zu ziehen. Es handelt sich hierbei um keine verbindlichen Vorschläge für die Auslegung, welche gar für die Gerichte bindend wären, sondern um eine durchaus sehr ernst zu nehmende Meinungsäußerung der Kommission (Rahlmeyer in Martinek/Semler/Habermeier/Flohr § 37 Rz. 22). Da das EU-Kartellrecht nicht für rein nationale Wettbewerbsbeschränkungen anwendbar ist, sondern in Art. 101 Abs. 1 AEUV darauf abstellt, dass die getroffenen Vereinbarungen/Maßnahmen geeignet sein müssen, den Handel zwischen den Mitgliedstaaten zu beeinträchtigen (Giesler Rz. 136), kommt es entscheidend darauf an, dass auch das Merkmal der Spürbarkeit erfüllt ist. So gesehen kommt es auf die Marktanteile von 30 % an (Absatzwert), welche vom Franchisegeber auf dem **relevanten Markt** (zu dieser Berechnung vgl. Bekanntmachung der EU-Kommission – ABl. EG 1997 Nr. C 372 S. 5) erreicht wird (Rahlmeyer § 37 Rz. 37 ff.; Eilmannsberger Art. 101 Rz. 210 f.; Giesler Rz. 138 ff.), was in der Praxis mit einigen Unsicherheiten belastet ist, da sich ja der Marktanteil im Lauf des Vertrages ändern kann (Rahlmeyer § 37 Rz. 41 ff.). In Bezug auf etwaige Verstöße gegen das EU-Kartellrecht, ist zwischen den **besonders schweren** und den minder gravierenden zu unterscheiden. Zur ersten Gruppe zählen: Bindung der Wiederverkaufspreise, Aufteilung des Marktes und/oder der Kunden und die so genannte Beschränkung des „passiven" Verkaufs, d.h. die Erfüllung von Vertragsangeboten von Kunden, welche außerhalb eines zugewiesenen Vertragsgebiets liegen, ohne aktiv vom Franchisenehmer angeworben worden zu sein (vgl. Czibere/Weise, ZVertriebsR 2014, 275 ff.).

3. Freistellung

7 Grundsätzlich ist davon auszugehen, dass Subordinations-Franchiseverträge – entsprechend dem hier vorgelegten Muster eines **Vertriebs-Franchise (M 36.1)** – kartellrechtlich nicht zu beanstanden sind, solange es sich um übliche und auch in der Sache notwendige Klauseln handelt (EuGH NJW 1996, 1415 – Pronuptia). Vorbehalten bleibt selbstverständlich die **Marktschwelle** von 30 % nach Art. 3 Abs. 1 der VO 330/2010 (hierzu Metzlaff in Flohr/Wauschkuhn, Art. 101 AEUV Rz. 183 ff.).

VI. AGB-rechtliche Schranken

8 Ohne Anspruch auf Vollständigkeit (Giesler/Kroll § 4 Rz. 238 ff.; vor allem auch Giesler Rz. 75 ff.; Schmidt in Ulmer/Brandner/Hensen, AGB-Recht, Teil 2 (13) Rz. 8 ff.; AGB-Klauselwerke/Graf von Westphalen – Franchiseverträge Rz. 1 ff.; Stoffels in Wolf/Lindacher/Pfeiffer, AGB-Recht, 6. Aufl., 2013 – Klauseln (F) Rz. 81 ff.) sind folgende typische Klauseln in den Franchise-Verträgen unter Berücksichtigung von § 307 BGB (Kap. 12 Rz. 26 ff.; Flohr in Flohr/Wauschkuhn, § 307 Rz. 4 ff.) zu bedenken:

1. Bindung an Richtlinien

9 Qualitäts- und Absatzrichtlinien sind mit § 307 Abs. 2 Nr. 1 BGB vereinbar, soweit sie der Sicherung der für das Franchising typischen einheitlichen und gleich bleibenden Qualität und Aufmachung der unter dem Namen und Firmenzeichen des Franchisegebers angebotenen Waren und Dienstleistungen dienen (vgl. H. Schmidt in Ulmer/Brandner/Hensen, AGB-Recht, 11. Aufl. 2011, Teil 2 (13) Rz. 8; Giesler Rz. 75; Liesegang BB 1991, 2381, 2382). Dies gilt – unter Berücksichtigung der jeweiligen Regelung des Einzelfalls – insoweit als unbedenklich, als auch die Interessen des

Franchisenehmers angemessen im Rahmen von § 307 Abs. 1 Satz 1 BGB berücksichtigt werden. Erforderlich ist also, die Prüfung der jeweiligen Qualitäts- und Absatzrichtlinien unter Berücksichtigung der beiderseitigen Interessen vorzunehmen. Folglich liegt eine unangemessene Benachteiligung iSv. § 307 Abs. 1 Satz 1 BGB vor, wenn sich herausstellt, dass die jeweilige Regelung in den Qualitäts- und Absatzrichtlinien mit den berechtigten Belangen des Franchisegebers nicht mehr im Einklang steht. Denn die vorgenommene Systemeingliederung des Franchisenehmers stellt zugleich seine wirtschaftliche Existenzgrundlage dar, so dass eine hinreichend gesicherte wirtschaftliche Freiheit gesichert sein sollte (hierzu auch Giesler/Kroll § 4 Rz. 101 ff.). Das bedingt eine angemessene Rücksichtnahme. Die Nagelprobe ist in diesen Fällen in der Regel, ob und in welchem Umfang die vom Franchisegeber ausgeübten **Kontrollrechte** für den Franchisenehmer noch hinnehmbar sind (Giesler Rz. 76). Dies ist dann unbedenklich, wenn ihr Inhalt und ihre tatsächliche Ausübung sachlich vertretbar und daher im Blick auf die Sicherung der Qualität der vom Franchisenehmer in den Verkehr gebrachten Produkte/Dienstleistungen gerechtfertigt sind. Maßstab dürfte hier die Abwägung sein, welche der EuGH in seiner Pronuptia-Entscheidung vorgenommen hat (EuGH NJW 1986, 1415).

2. Bezugsbindungen

Bezugsbindungen des Franchisenehmers sind nach § 307 Abs. 1 Satz 1 BGB nur dann unbedenklich, wenn der Schutz des Franchise-Systems und dessen einheitliche Repräsentation am Markt auch durch Einhaltung objektiver Qualitätskriterien erreicht werden kann (Gielser Rz. 88 ff.). 10

➲ **Hinweis:** Es dürfte jedoch regelmäßig der ökonomischen Effizienz des Absatzsystems abträglich sein, wenn der Franchisegeber auf die Bezugsbindung verzichtet und statt dessen eine kostenaufwendige Überwachung installiert, damit die systemtypischen Leistungen – und das systemtypische Leistungsniveau – im Interesse des „Systems“ gewahrt bleiben (hierzu auch Metzlaff, §§ 7–8; Ekkenga S. 59; Liesegang BB 1991, 2381, 2382). 10a

Der Bezugsbindung entspricht eine Belieferungspflicht des Franchisegebers (Giesler/Kroll § 4 Rz. 132). 10b

3. Berichtspflichten – Kontrollrechte

Mit § 307 Abs. 1 Satz 1 BGB sind Berichtspflichten des Franchisenehmers und Kontrollrechte des Franchisegebers (Flohr S. 176 ff.) immer dann vereinbar, wenn sie zur Sicherung von Identität und Integrität des Franchise-Systems erforderlich sind (H. Schmidt in Ulmer/Brandner/Hensen Teil 2 (13) Rz. 8; Giesler Rz. 76; Liesegang BB 1991, 2381, 2383). Diese Pflichten beziehen sich unmittelbar auf die Absatzförderungspflichten des Franchisenehmers (Ekkenga S. 76 ff.). Ihnen entspricht eine Systemanwendungspflicht (Giesler/Kroll § 4 Rz. 144 ff.) und eine Interessenwahrungspflicht. Es handelt sich hierbei sowohl um organisationsvertragliche als auch um lizenzvertragliche Betriebspflichten (Ekkenga S. 117 ff.). 11

➲ **Hinweis:** Dabei ist auch – lizenzvertraglich vorgeprägt – zu berücksichtigen, dass der Franchisegeber ein Interesse an der Einhaltung von Betriebspflichten und entsprechenden Kontrollrechten hat, weil dies für die ordnungsgemäße Abrechnung der zumeist umsatzbezogenen Franchise-Gebühr erforderlich ist (Liesegang BB 1991, 2381, 2382). 11a

4. Weisungsrechte – Know-how

Dem Franchisenehmer steht ein weisungsfreier Kernbereich unternehmerischen Handels zu, der sich auf die Organisation seines eigenen Unternehmens und auf die eigenverantwortliche Gestaltung – insbesondere auf die Personalverantwortlichkeit (Stichwort: erforderliche **Selbständigkeit** – vgl. Billing in Flohr/Wauschkuhn, § 84 HGB Rz. 88 ff.) – bezieht. Dies darf nicht durch etwaige Weisungsrechte des Franchisegebers unangemessen beeinträchtigt werden (Giesler Rz. 79). Daher ist gerade in diesem Zusammenhang – unter Berücksichtigung der nach § 307 Abs. 1 Satz 1 BGB gebotenen Abwägung der beiderseitigen Interessen – darauf zu achten, dass Weisungsvorbehalte des Franchisegebers nicht die berechtigten Autonomie-Interessen des Franchisenehmers beein- 12 trächtigten, soweit sie für den Franchisenehmer nicht das Risiko begründen, künftig unbestimmten Leistungspflichten unterworfen zu sein (Ekkenga S. 120). Auf der anderen Seite ist das vom Franchisegeber zur Verfügung gestellte Know-How, die Marke etc. ebenfalls schutzbedürftig und rechtfertigt ein Weisungsrecht des Franchisegebers.

12a ➲ **Wichtig:** Weisungsrechte werden auch und vor allem im Zusammenhang mit dem Schutz des Know-how des Franchisegebers bedeutsam (Flohr S. 38 ff.). Von einem schützenswerten Know-how kann aber nur dann die Rede sein, wenn und soweit es für den Betrieb des Franchisenehmers wesentlich oder sogar unerlässlich ist (Flohr S. 38 ff.).

5. Vertragsgebiet – Änderungsvorbehalte – Mindestabnahmen

13 Es entspricht üblicher Vertragspraxis, dass der Franchisegeber dem Franchisenehmer ein bestimmtes **Vertragsgebiet** zuweist, ohne ihm in der Regel auch einen Gebietsschutz oder ein Recht auf Ausschließlichkeit einzuräumen (Giesler Rz. 100 ff.). Zu achten ist u.a. darauf, dass es bedenklich ist, wenn sich der Franchisegeber das Recht der Selbstbelieferung an Kunden innerhalb des dem Franchisenehmer zugewiesenen Vertragsgebiets vorbehält, ohne dem Franchisenehmer dafür einen angemessenen Ausgleich zukommen zu lassen (BGH ZIP 2005, 1785 – Honda). Hinsichtlich des zu vertreibenden Produkts, des Vertragsgebiets sowie der allgemeinen Geschäftsabwicklung/Geschäftspolitik enthalten im Übrigen Franchise-Vereinbarungen häufig **einseitige Änderungsvorbehalte** zu Gunsten des Franchisegebers. Diese sind gem. § 307 Abs. 1 Satz 1 BGB nur dann wirksam, wenn sie in ihren Voraussetzungen sowie in ihren jeweiligen – vorhersehbaren – Änderungen ausreichend konkretisiert sind. Regelmäßig müssen schwer wiegende Gründe vorliegen, um einen Änderungsvorbehalt gem. § 307 Abs. 1 Satz 1 BGB zu rechtfertigen, weil auch die Interessen des Franchisenehmers stets angemessen zu berücksichtigen sind (BGH ZIP 2005, 1785, 1791 – Honda; BGH NJW 1996, 1060 – Daihatsu; vgl. auch BGH BB 1985, 218, 221 – Opel; Graf von Westphalen in FS für Thume, 2008, 57 ff.; Ekkenga S. 146 f.; Liesegang BB 1991, 2381, 2383). Im Hintergrund stehen dabei auch in der Regel **Mindestabnahmepflichten** des Franchisenehmers, weil der Franchisegeber ein vitales Interesse daran hat, dass sein „System" im Markt erfolgreich durchgesetzt wird. Sie sind daher im Grundsatz nicht zu beanstanden (Giesler Rz. 93 ff.). Dabei ist es jedoch erforderlich, dass auch die Interessen des Franchisenehmers hinreichend berücksichtigt werden; Mindestabnahme- oder auch entsprechende Bezugspflichten müssen also im Ergebnis als angemessen einzuordnen sein. Zu bedenken ist dabei auch, ob der Franchisegeber berechtigt ist, diese einseitig (§ 315 BGB) zu ändern und ob die Festlegung von solchen Mindestabnahme- und **Bezugspflichten** durch eine Formularklausel iSv § 305 Abs. 1 Satz 1 BGB erreicht wird oder das Ergebnis eines ausgehandelten Individualvertrages nach § 305 Abs. 1 Satz 3 BGB ist (vgl. BGH NJW 2013, 856, 858; BGH NJW 2000, 1110, 1111). Letzteres setzt stets voraus, dass der Franchisenehmer in der Lage war, seine eigenen Interessen eigenverantwortlich durchzusetzen, weil der Franchisegeber ihm die „reale" Möglichkeit eingeräumt hat, auf den Inhalt dieser Pflichten tatsächlich auch – interessegemäß – Einfluss (BGH NJW 2010, 1131/1133) zu nehmen (BGH NJW 2013, 856, 858).

13a ➲ **Praxistipp:** Im Zweifel ist in diesen Fällen wegen der besonderen Problematik, eine AGB-fest und daher wirksame Änderungsklausel zu vereinbaren, an eine Änderungskündigung zu denken. Freilich ist dies praktisch höchst aufwendig. Aber es ist festzuhalten, dass der BGH bislang alle Änderungsklauseln in Vertriebsverträgen kassiert hat.

6. Kündigungsbestimmungen

14 Notwendigerweise kommt gem. § 307 Abs. 2 Nr. 1 BGB ein fristloses Kündigungsrecht nur dann in Betracht (BGH NJW 1999, 1177; BGH NJW 1985, 1894 – McDonald's), wenn das Vertragsverhältnis so schwer wiegend durch das Verhalten/Unterlassen einer Partei zerrüttet ist, dass es der anderen Partei schlechterdings nicht mehr zuzumuten ist (BGH NJW-RR 2003, 1635), das Vertragsverhältnis – es ist als Dauerschuldverhältnis zu qualifizieren – bis zum nächsten ordentlichen Kündigungstermin fortzusetzen. Es ist stets eine Gesamtwürdigung des Verhaltens beider Parteien vorzunehmen (BGH NJW 1999, 1177). So ist zB die Festlegung einer „ernsthaften" Störung des Vertrauensverhältnisses iSv. § 314 BGB sowie von § 89a HGB kein hinreichender Kündigungsgrund (BGH NJW-RR 2003, 1635). Klauseln dürfen daher nur die ohnedies anerkannten fristlosen Kün-

digungsgründe – ausgerichtet auch an der Rechtsprechung zu § 89a HGB (BGH NJW-RR 2002, 1554, 1555 – § 89 HGB) – konkretisieren (vgl. auch Flohr in Flohr/Wauschkuhn, § 89a HGB Rz. 11 ff.; Stoffels in Wolf/Lindacher/Pfeiffer – Klauseln (F) Rz. 90). Besonders problematisch im Rahmen von § 307 Abs. 2 Nr. 1 BGB ist die Festlegung von **ordentlichen Kündigungsfristen**: Je länger – vor allem beim Subordinationsfranchising – unter Beachtung von § 89 HGB (Wauschkuhn in Flohr/Wauschkuhn, § 89 HGB Rz. 146 ff.) das Vertragsverhältnis andauert, je höher das „Eintrittsgeld", je mehr Investitionen, die der Franchisenehmer durchgeführt hat, vom Franchisegeber veranlasst worden sind, um so längere Kündigungsfristen wird man generell vorsehen müssen, um der Unwirksamkeit einer solchen Klausel aus dem Weg zu gehen (Giesler Rz. 108; Ekkenga 169 ff.). Entscheidend kommt es auch darauf an, inwieweit ein Vertrauensschutz vom Franchisegeber gegenüber dem Franchisenehmer erweckt worden ist, dass die vom Franchisenehmer durchgeführten Investitionen sich während der Vertragslaufzeit amortisieren werden (hierzu umfassend Martinek, Moderne Vertragstypen Bd. II, S. 133 ff.; Flohr S. 47 ff.; vgl. auch Foth BB 1987, 1270 ff.). Erweist sich das Vertrauen – ungeachtet einer ausgesprochenen Kündigung – als schutzbedürftig und schutzwürdig, so ist stets zu prüfen, ob dem Franchisenehmer nicht ein Schadensersatzanspruch zusteht (Anspruchgrundlage ist letztlich § 280 BGB; Martinek, Moderne Vertragstypen Bd. II, S. 136 ff.). Doch ist dies in der Praxis umstritten (Giesler Rz. 110). In gleicher Weise ist zu bedenken, welche **zeitlichen Obergrenzen** für einen Franchisevertrag in Betracht kommen können, soweit es sich um eine Formularklausel handelt (BGH NJW 2000, 1110 – fünf Jahre Pachtvertrag: Tankstellen-Shop). Eine Erstlaufzeit von zehn Jahren dürfte an der oberen grenze des Zulässigen liegen (Giesler Rz. 109; vgl. auch Stoffels in Wolf/Lindacher/Pfeiffer – Klauseln (F) Rz. 9 – „überlange" Zeit: bedenklich), entspricht im Übrigen auch der Grenze, welche der BGH für Bezugspflichten bei Bierlieferungsverträgen – allerdings über die Grenze des § 138 BGB argumentierend – für 15 Jahre aufgestellt hat (BGH NJW 1992, 2145).

➲ **Hinweis:** An dieser Stelle liegt in der Praxis oft das entscheidende Haftungsrisiko für den Franchisenehmer – Vorsicht! 14a

7. Vorvertragliche Haftungen

Der Franchisegeber haftet insbesondere aus § 311 BGB (BGH NJW 1987, 635; Flohr ZVertriebsR 2013, 71 ff.; Böhner BB 2011, 2248; Flohr S. 25 ff.; Metzlaff § 7 Rz. 1 ff.) bei unrichtiger oder unvollständiger Aufklärung über die Rentabilität des Franchisesystems (Habermeier/Martinek § 27 Rz. 1 ff.; OLG München BB 1988, 865; OLG Hamburg DB 2003, 1059; Haager NJW 2005, 3394, 3399 f.). Solche Ansprüche sind dann darauf gerichtet, die noch nicht amortisierten Investitionen vom Franchisegeber ersetzt zu erhalten (vgl. OLG München BB 2001, 1759, 1761 – Aufina; besprochen auch bei Haager NJW 2003, 1463, 1469; OLG München BB 2003, 443 – Total; OLG Köln besprochen bei Haager NJW 2003, 1463, 1470). Hier kommt jedoch alles auf die Umstände des Einzelfalls an (vgl. auch OLG Brandenburg NJW-RR 2006, 51; umfassend Giesler Rz. 55 ff.); generelle Aussagen verbieten sich (vgl. bereits Foth BB 1987, 1270, 1272; zurückhaltend auch Liesegang BB 1981, 2381, 2384). Es gelten hier jedoch nicht die allgemeinen Grundsätze der Prospekthaftung (OLG München BB 2001, 1759). Der Franchisegeber hat daher auch nicht die Pflichten eines Existenzgründungsberaters (OLG Düsseldorf ZVertriebsR 2014, 46; OLG Schleswig NJW-RR 2009, 64, 65). Stets ist für eine etwaige Haftung des Franchisegebers nach § 311 Abs. 2 BGB scharf bei der tatsächlichen Aufklärung zu Beginn des Vertrages zwischen Prognosen einerseits (hierzu umfassend Giesler Rz. 69 ff.) und Tatsachen andererseits zu unterscheiden (BGH NJW-RR 2004, 308 – Wirtschaftlichkeitsberechnung auf Grund fremden Datenmaterials: keine Haftungszurechnung; vgl. auch OLG Düsseldorf ZVertriebsR 2014, 46), weil fehlerhafte Prognosen grundsätzlich keine Haftung des Franchisegebers begründen, wenn und soweit sie als solche erkennbar sind. Trifft dies nicht zu, dann kann auch auf § 123 BGB zurückgegriffen werden. Die hier zu beachtende Trennlinie betont bei – fehlerhaften – Prognosen das eigenständige unternehmerische Risiko des Franchisenehmers, was auf der anderen Seite auch oft als mangelnde Aufklärung zum Ansatz einer Haftung gemacht wird, soweit es sich um Rentabilitäts- oder auch Umsatzprognosen handelt (OLG München BB 2003, 443 – Total). Doch ist eine zutreffende Aufklärung über die **Rentabilität** geboten (OLG Düsseldorf ZVertriebsR 2014, 46; OLG Frankfurt BeckRS 2013, 22599). Doch ist der Franchisegeber wiederum nicht verpflichtet, einen Businessplan für den Franchisenehmer aufzustellen (OLG Frankfurt BeckRS 2013, 22599). Entscheidend ist im Ergebnis für eine Haftung des Franchisegebers, ob die vom Franchisegeber zur Verfügung gestellten Daten inhaltlich falsch, nicht aktuell oder in ihrer Gesamtschau irreführend sind (OLG Düsseldorf ZVertriebsR 2014, 46, 47; im Einzelnen Flohr ZVertriebsR 2013, 71 ff.). Zur Haftung des Dritten als Sachwalter nach § 311 Abs. 3 BGB vgl. Haager NJW 2005, 3394, 3400.

8. Rücknahmepflicht bei Kündigung

16 Aufgrund der gegenseitigen Treuebindung ist der Franchisegeber verpflichtet, Vertragsprodukte/Ersatzteile vom Franchisenehmer bei Beendigung des Vertrags zurück zu erwerben (BGH NJW 1995, 524). Es ist mit § 307 Abs. 1 Satz 1 BGB nicht zu vereinbaren, diese Verpflichtung von vornherein abzubedingen (Stoffels in Wolf/Lindacher/Pfeiffer – Klauseln (F) Rz. 91; Giesler Rz. 112 f.; Liesegang BB 1981, 2381, 2385). Die Pflicht setzt freilich voraus, dass der Franchisenehmer – auf Veranlassung des Franchisegebers – gehalten war, Vertragsprodukte/Ersatzteile vorzuhalten. Davon aber ist regelmäßig auszugehen (Wauschkuhn in Flohr/Wauschkuhn, Vorb. zu § 89 HGB Rz. 27 ff.; 79).

9. Ausgleichsanspruch gem. § 89b HGB analog?

17 Für den Bereich des Vertragshändlervertrags ist anerkannt, dass eine analoge Anwendung von § 89b HGB in Betracht kommt, sofern der Vertragshändler wie ein Handelsvertreter in die Absatz- und Vertriebsorganisation des Prinzipals eingegliedert worden ist (BGH ZIP 1987, 1383; BGH NJW 1981, 1961; BGH NJW 1982, 2819; hierzu auch Ekkenga S. 175 ff.; Horn ZIP 1988, 137 ff.). Ob eine analoge Anwendung von § 89b HGB auf den Franchisenehmer in Betracht kommt, ist noch nicht für alle in der Praxis relevanten Konstellationen abschließend geklärt (bejahend LG Frankfurt – zitiert nach Haager NJW 2002, 1463, 1471; hierzu auch Flohr BB 2006, 389, 400), aber im Ergebnis wegen der Anonymität des Kundenstamms zu verneinen (BGH NJW 2015, 945; OLG Schleswig ZVertriebsR 2015, 48; bejahend Martinek/Habermeier § 29 Rz. 74 ff.; Giesler Rz. 114 ff.; Flohr S. 230; Patrick, in Dauner-Lieb/Langen Anh. III zu § 535–580a Rz. 75 ff.; MünchKomm/HGB/von Hoyningen-Huene § 89b Rz. 24). Gelangt man wegen der Besonderheiten des Falls zu einem abweichenden Ergebnis, so ist die aktuelle **Berechnung eines Ausgleichsanspruchs** zugunsten eines Franchisenehmers nach wie vor nicht ganz einfach zu ermitteln (Martinek/Habermeier § 29 Rz. 85 f.; Wauschkuhn in Flohr/Wauschkuhn, § 89b HGB Rz. 418 ff.). Man wird deshalb, sofern man dem BGH (BGH NJW-RR 2015, 945) nicht folgen will, der nach § 89b HGB einzufordernden Analogie am besten gerecht, wenn man hier auf eine entsprechende Beachtung vergleichbarer Provisionen eines Handelsvertreters abstellt (Martinek/Habermeier § 29 Rz. 86).

VII. Anwendbarkeit des Arbeitsrechts

18 Immer wieder spielt die Frage in der Praxis eine wichtige Rolle, ob denn der Franchisenehmer als arbeitnehmerähnliche Person (dazu Kap. 97 Rz. 3) einzuordnen ist (BAG NJW 1997, 2973 – Eismann; BGH NJW 1999, 218; BGH NJW-RR 2000, 1436). Zur Abgrenzung gegenüber einem Franchisenehmer, der als **selbständiger Gewerbetreibender** anzusehen ist, kommt es stets auf die konkrete Ausgestaltung des Vertrags an (BGH NJW-RR 2003, 277). In Bezug auf das Merkmal der Selbständigkeit kommt es dabei auf die Wertung des § 84 Abs. 1 Satz 2 HGB an. Damit steht auch die praktische Handhabung des Vertrags, nicht nur dessen Wortlaut auf dem Prüfstand (Problem des Weisungsrechts). Ist der Franchisenehmer nach alledem ein Arbeitnehmer oder eine arbeitnehmerähnliche Person, weil er wirtschaftlich abhängig und deshalb auch sozial schutzbedürftig ist (BAG NJW 1997, 2973 – Eismann I, BGH NJW 1999, 218 – Eismann II), dann sind die Zivilgerichte nicht zuständig, weil dann eine arbeitsgerichtliche Streitigkeit im Sinn des § 5 Abs. 1 Satz 2 ArbGG vorliegt (Giesler Rz. 42 ff.; Haager NJW 2005, 3394 f.), so dass die Zuständigkeit der Arbeitsgerichte gegeben ist.

VIII. Anwendbarkeit des Sozialversicherungsrechts

Der Sozialversicherungsträger muss im Einzelfall den Nachweis führen, dass der Franchisenehmer im sozialversicherungsrechtlichen Sinn abhängig und nicht selbständig ist (Flohr BB 2006, 389, 391). Maßstab ist die Rechtsregel des § 7 Abs. 1 Satz 1 SGB IV. 19

IX. Anwendung von § 510 Abs. 1 Nr. 2 BGB – Ratenlieferungsvertrag

Seit der grundlegenden Entscheidung des BGH v. 16.4.1986 (BGH NJW 1986, 1988) steht fest, dass die Bestimmungen des AbzG auf Franchise-Verträge – Ratenlieferung: wiederkehrender Bezug von Waren oder Dienstleistungen – Anwendung finden. Unter Berücksichtigung von § 510 Abs. 1 Nr. 3 BGB gilt dies auch für Franchise-Verträge (Palandt/Weidenkaff § 510 Rz. 4), welche nach dem 1.1.1991 abgeschlossen wurden (vgl. Graf von Westphalen/Emmerich/von Rottenburg, Verbraucherkreditgesetz, 1996, § 2 Rz. 33; Flohr ZAP Fach 6 S. 159, 162). Dies wird auch von der Judikatur bestätigt (BGH NJW 1995, 722, 723; OLG Hamm ZIP 1992, 1224). Das nachfolgende Muster geht davon aus, dass der Franchisenehmer **kein Verbraucher** ist (BGH NJW 2005, 1273), sondern stets Existenzgründer nach § 512 BGB. 20

M 36.1 Franchise-Vertrag[1]

zwischen

. . .

– im Folgenden Franchisegeber –

und

. . .

– im Folgenden Franchisenehmer –.

Präambel

(1) Der Franchisegeber hat ein System für einen besonders wirtschaftlichen Betrieb von . . . entwickelt.

(2) Dieses System wird unter dem Namen „XY" betrieben.

(3) Aufgrund der Verbreitung des Franchisenetzes ist der Name „XY" für die Verbraucher als Kunden zu einem Marken-Begriff geworden und hat durch die Art seiner Verwendung im Zusammenhang mit dem Geschäftsbetrieb der Franchisenehmer eine besondere Kennzeichnungskraft erlangt. Die mit großen Buchstaben geschriebenen Worte erscheinen regelmäßig in . . . Schrift auf . . . Hintergrund. Als weiteres Merkmal ist dem Namen das Bild einer . . . beigefügt. Die Worte . . . werden mit dieser Farb- und Formgebung insbesondere an der Außenfront aller Geschäftslokale, im Rahmen der Ausstattung und Inneneinrichtung der Geschäftslokale auf den Werbematerialien, den Geschäftspapieren und der Verpackung der Produkte hervorgehoben.

(4) Typisch für das System sind neben der Namensgebung in Wort und Bild die Art und Anordnung der Einrichtung und Organisation des Betriebs, die Qualität der Produkte, die Verhaltensformen, die Kleidung und die Ausbildung des Personals, das Werbekonzept sowie weiteres Know-how, das den Erfolg des Systems bedingt.

(5) Der Franchisegeber hat sich entschlossen, das entwickelte Know-how und die gesammelten Erfahrungen an die Franchisenehmer weiterzugeben, um gegenüber dem Verbraucher einheitlich aufzutreten. Der Franchisenehmer kommt damit auch in den Genuss des vom Franchisegeber geschaffenen Goodwill.

(6) Die Vertragsparteien sind sich darüber einig, dass das einheitliche Auftreten gegenüber dem Verbraucher notwendig ist, und dass daher im Interesse des Franchisesystems und des einzelnen

1 Dieses Muster gilt für ein Vertriebs-Franchise und geht davon aus, dass der Franchisenehmer allemal durch Unterzeichnung des Vertrags Existenzgründer nach § 510 BGB ist (BGH NJW 2008, 435, 436).

Franchisenehmers die Regelungen dieses Vertrages und des Geschäftsordnungssystems strikt eingehalten werden.

(7) Die Vertragsparteien werden in vertrauensvoller Zusammenarbeit mit dem gemeinsamen Ziel tätig werden, eine aktive Absatzpolitik zu betreiben und ein erfolgreiches Geschäft aufzubauen. Der Franchisenehmer wird den Ruf und den Namen des Franchisegebers in jeder Weise aufrechterhalten und alles unterlassen, was sich auf Ruf und Namen des Franchisegebers nachteilig auswirken könnte.

§ 1 Vertragsgegenstand

(1) Der Franchisegeber stellt XY und andere Produkte her[2]*. Die vom Franchisegeber hergestellten und von ihm gehandelten Waren*[3] *(nachfolgend als Vertragsprodukte bezeichnet) sowie die Franchisebetriebe und das gesamte Franchisesystem sind gekennzeichnet durch:*

1. *den Firmen- und Handelsnamen . . .,*
2. *die Wort-Bild-Marke Nr. . . . mit einer Gültigkeit für ein . . .,*
3. *die besonderen Produktenamen, Wortzeichen, Werbesätze, Symbole und Bilder, insbesondere in . . . Farbe auf . . .,*
4. *besonderes technisches Know-how und das in dem Franchise-Geschäftsordnungssystem näher umschriebene Erfahrungswissen insbesondere auf dem Gebiet der Erstellung und Vermarktung von . . .,*
5. *kundenorientierte Einbauanleitungen und weiteres Informationsmaterial,*
6. *Art und Anordnung der Einrichtung des Betriebes, die Sortimentsgestaltung, die Abwicklung des Verkaufs, die Verhaltensformen und Kleidung des Personals sowie weitere Details, die den besonderen Geschäftswert der Geschäfte ausmachen (Franchisegeber-typisches Organisations- und Marketing-System).*

(2) Der Franchisegeber räumt dem Franchisenehmer für das Vertragsgebiet . . . (genaue Bezeichnung) das Recht der Nutzung aller in Abs. 1 aufgeführten Rechte, des gesamten Know-how und des Erfahrungswissens sowie der sonstigen Kennzeichnungen des Franchisesystems zur Herstellung und zum Vertrieb der vom Franchisegeber hergestellten Vertragsprodukte in diesem Bezirk ein. Das Vertragsgebiet bestimmt sich nach den öffentlichen Grenzen der genannten Gemeinden zum Zeitpunkt des Vertragsschlusses. Der Franchisenehmer ist verpflichtet, die ihm eingeräumten Rechte gem. den Festlegungen des Vertrages zu nutzen und auszuüben.

(3) Der Franchisegeber kann die Vertragsprodukte unter Wahrung der gemeinsamen Interessen der Vertragspartner und nach rechtzeitiger Information des Franchisenehmers ändern und/oder die Produktion bzw. den Handel mit einzelnen Produkten einstellen; irgendwelche Rechte kann der Franchisenehmer hieraus nicht ableiten, es sei denn, die betreffenden Maßnahmen sind für den Franchisenehmer unzumutbar.

(4) Weitere und/oder neue Produkte werden nur durch ausdrückliche schriftliche Zusatzvereinbarung zu Vertragsprodukten.

(5) Herstellung und Vertrieb werden im Geschäftslokal des Franchisenehmers in . . . erfolgen und beginnen so früh wie möglich, jedoch spätestens innerhalb von drei Monaten nach Vertragsunterzeichnung.

(6) Das Geschäftslokal und der Geschäftsbetrieb des Franchisenehmers werden unter der Bezeichnung „. . ." geführt.

(7) Der Franchisegeber wird in dem in Abs. 2 definierten Vertragsgebiet nicht mit einem Dritten eine Kooperation in dem in diesem Vertrag niedergelegten Sinne eingehen. Der Franchisegeber wird im Vertragsgebiet mit Ausnahme des Franchisenehmers und der nachfolgend aufgeführten Firmen keine Dritten mit den in Abs. 1 genannten Vertragsprodukten beliefern. Folgende Firmen wird der Franchisegeber selbst beliefern . . . (aufzählen).

---

2 Fälle des Dienstleistungsfranchising sind hier nicht erfasst.

3 Zur besonderen Problematik, dass ein Franchisenehmer (Esso-Tankstelle) auch noch nach den Formulierungen des Pachtvertrags Handelsvertreter im Nebenberuf (§ 92c HGB) sein soll, um Kraft- und Schmierstoffe auf diese Weise zu vertreiben, vgl. BGH NJW 2007, 1286 – teilweise Unwirksamkeit der AGB.

§ 2 Verpflichtung des Franchisenehmers als natürliche Person

(1) Vertragspartner des Franchisegebers ist die als Franchisenehmer bezeichnete Person persönlich. Gründet oder übernimmt der Franchisenehmer zum Betrieb des Geschäftes eine Personen- oder Kapitalgesellschaft, so gehen die Rechte und Pflichten aus diesem Vertrag nicht auf die Gesellschaft über. Mit vorheriger schriftlicher Zustimmung des Franchisegebers kann jedoch der Gesellschaft die Nutzung der in diesem Vertrag zu Gunsten des Franchisenehmers vorgesehenen Rechte gestattet werden.

(2) Der Franchisegeber wird seine Zustimmung nicht unbillig verweigern. In jedem Fall ist sicherzustellen, dass der Franchisenehmer rechtlich und tatsächlich in der Lage bleibt, alleinverantwortlich und autonom entscheidend die in diesem Vertrag niedergelegten Verpflichtungen zu erfüllen. Andernfalls kann eine Zustimmung nach Abs. 1 fristlos widerrufen werden.

§ 3 Allgemeine Pflichten des Franchisegebers

(1) Der Franchisegeber unterstützt den Franchisenehmer durch Beratung und Information hinsichtlich der kaufmännischen und werblichen Gestaltung seines Geschäftes, der Einrichtung und Ausstattung des Ladens, der Ausbildung des Personals, der Verkaufstechnik, der Produkte, des Einkaufs, des Marketing und ganz allgemein hinsichtlich der Umstände, die den Umsatz und die Rentabilität des Geschäfts maßgeblich beeinflussen[4]*. Im Einzelnen erbringt der Franchisegeber u.a. folgende Leistungen:*

- *Standortanalyse;*
- *Einrichtungspläne unter Berücksichtigung des vorhandenen Ladenlokals einschließlich Innen- und Außendekoration;*
- *Finanzierungs- und Liquiditätspläne;*
- *Werbepläne*
  - *für die Eröffnungswerbung;*
  - *für die laufende Werbung einschließlich besonderer Werbeveranstaltungen;*
- *Beratung und Hilfe bei Erlangung öffentlich-rechtlicher Genehmigungen;*
- *Aufforderungs- und Auswahlkriterien zur Personaleinstellung;*
- *Geschäfts- und Organisationsanweisungen;*
- *Schulung des Personals;*
- *Kundendienst- und Montageanleitungen;*
- *Standortprogramm für das Rechnungswesen (Buchhaltung, Statistik und betriebswirtschaftliche Auswertung mit Vergleichszahlen zur Branche und zu anderen Franchisenehmern einschließlich des dazugehörigen Formularwesens).*

Die Einzelheiten sind in den Richtlinien und Grundsätzen niedergelegt (vgl. § 5 Anlage 1). Sie sind diesem Vertrag als Anlage beigefügt.

(2) Der Franchisegeber stellt dem Franchisenehmer Ausstellungstücke von Vertragsprodukten im Wert von ... Euro (Netto-Einkaufspreis) kostenlos zur Verfügung.

(3) Der Franchisegeber gibt dem Franchisenehmer die Möglichkeit, zur Weiterbildung mindestens zweimal jährlich mit bis zu zehn Mitarbeitern an Zwei-Tages-Seminaren des Franchisegebers kostenlos teilzunehmen. Die Kosten für Anreise, Unterkunft und Verpflegung trägt der Franchisenehmer. Der Franchisenehmer und der verantwortliche Verkaufs-Mitarbeiter sind verpflichtet, zumindest an einem Verkaufs- und Schulungsseminar teilzunehmen.

(4) Der Franchisegeber stellt dem Franchisenehmer Unterlagen, Kataloge, Prospekte, Werbeträger, Preislisten und dergleichen kostenlos zur Verfügung. Die in Satz 1 dieses Absatzes genannten Materialien bleiben im Eigentum des Franchisegebers, sofern und soweit sie nicht im Rahmen eines ordentlichen Geschäftsbetriebs an Kunden weitergegeben werden.

(5) Der Franchisegeber wird den Franchisenehmer regelmäßig, mindestens vierteljährlich, über die Entwicklung der Vertragsprodukte und der Marktsituation informieren.

4 Hierzu im Einzelnen Flohr S. 122 ff. mit entsprechenden Mustern.

§ 4 Stellung und allgemeine Pflichten des Franchisenehmers

(1) Der Franchisenehmer bleibt wirtschaftlich und rechtlich selbständiger Unternehmer[5]*. Er kauft und verkauft im eigenen Namen und auf eigene Rechnung. Er ist zur Vertretung des Franchisegebers nicht befugt.*

(2) Mindestens ... % der vom Franchisenehmer hergestellten und/oder vertriebenen Waren müssen Vertragsprodukte (§ 1 Abs. 1 Satz 2) des Franchisegebers sein. Maßgebend ist der Verkaufs-Jahresumsatz des Franchisenehmers. Die Lieferanten für die übrigen Waren sind frei, soweit sie nicht vom Franchisegeber gesperrt sind. Werden entgegen dieser Vereinbarung mehr Fremdprodukte vertrieben, so erhält der Franchisegeber als pauschalierten Schadensersatz 25 % des Nettoverkaufsumsatzes aller Fremdumsätze, die den nach Satz 1 zugelassenen Umfang übersteigen. Der Franchisegeber ist berechtigt, einen darüber hinausgehenden Schaden geltend zu machen. Der Franchisenehmer ist berechtigt, dem Franchisegeber nachzuweisen, dass diesem gar kein Schaden oder ein wesentlich niedrigerer Schaden entstanden ist. Soweit ein höherer oder geringerer Schaden nachgewiesen wird, ist dieser zu ersetzen.

(3) Folgende Lieferanten sind gesperrt: ...

(4) Der Franchisenehmer verpflichtet sich, die Vertragsprodukte wegen des zu Grunde liegenden Patentschutzes, der Kompatibilität aller Vertragsprodukte, der Qualitätssicherung sowie der ständigen auch modisch bedingten Fortentwicklung des Gesamtsortiments während der Dauer des Vertrages ausschließlich vom Franchisegeber oder von anderen Franchisenehmern oder von vom Franchisegeber autorisierten Händlern zu beziehen.

1. *Der Verkauf der vom Franchisegeber bezogenen Produkte darf nur unter Verwendung der Firmenbezeichnung und der Marke des Franchisegebers erfolgen.*
2. *Der Franchisenehmer ist verpflichtet, den insbesondere durch Ruf und Namen des Franchisesystems verkörperten hohen geschäftlichen Standard bei seiner Geschäftstätigkeit in jeder Weise aufrechtzuerhalten und alles zu unterlassen, was sich auf Ruf und Namen des Franchisesystems nachteilig auswirken könnte.*

(5) Der Franchisenehmer verpflichtet sich, die vom Franchisegeber überlassenen Unterlagen, Materialien, Ausstellungsstücke usw. sorgfältig zu behandeln und insbesondere die Kataloge und anderen Werbemittel des Franchisegebers ordnungsgemäß zu verteilen. Im Übrigen gilt § 3 Abs. 4 Satz 2.

(6) Der Franchisenehmer ist entsprechend § 3 Abs. 3 zur Teilnahme an Schulungsseminaren verpflichtet.

(7) Der Franchisenehmer wird dem Franchisegeber über die Geschäftsentwicklung, die regionale Marktsituation und die Tätigkeit von Konkurrenzunternehmen im Vertragsgebiet mindestens halbjährlich sachgerecht berichten. Er ist insoweit verpflichtet, dem Franchisegeber sachdienliche Auskunft zu erteilen.

(8) Der Franchisenehmer wird die Regeln des lauteren Wettbewerbs beachten und zu den anderen Franchisenehmern des Franchisegebers (nachfolgend Franchise-Partner genannt) ein kooperatives Verhältnis anstreben.

§ 5 Identität des Systems

(1) Der Franchisegeber hat Richtlinien und Grundsätze (vgl. Anlage 1) entwickelt und entwickelt diese weiter, die insbesondere den Geschäftsablauf, die Zusammenarbeit mit dem Franchisenehmer und den anderen Franchise-Partnern beschreiben und festlegen, welche die Festigung der Identität und Integrität des Systems und die Optimierung der Systemanwendung in allgemeiner wirtschaftlicher Hinsicht sicherstellen.

(2) Änderungen der Richtlinien und Grundsätze gegenüber dem Stand bei Vertragsabschluss werden vom Franchisegeber jeweils rechtzeitig vor Inkrafttreten bekannt gemacht. Änderungen wer-

5 Durch den Abschluss des Franchise-Vertrags wird der Franchisenehmer Unternehmer (s. Rz. 20; BGH NJW 2005, 1273 – Existenzgründer kein Verbraucher). Dies dispensiert aber nicht von der Erfüllung vorvertraglicher Informations- und Aufklärungspflichten (Rz. 15).

den ausschließlich in dem Umfang vorgenommen, der aus Marketing-, organisatorischen, technischen oder betriebswirtschaftlichen Gründen als zweckmäßig erscheint. Der Franchisegeber hat dabei die Interessen des Franchisenehmers angemessen zu berücksichtigen.

(3) Die Richtlinien und Grundsätze regeln insbesondere folgende Bereiche:

- *Geschäftsablauf im Verhältnis zum jeweiligen Auftraggeber; Kundenbetreuung;*
- *Auftragsvermittlung und -abschluss;*
- *Versicherungswesen;*
- *Verwaltungsangelegenheiten;*
- *Transportfahrzeuge;*
- *das EDV-System;*
- *Werberichtlinien (insbesondere Beschriftung der Transportfahrzeuge);*
- *Formularwesen.*

(4) Der Franchisenehmer hat das Recht, die gültigen Richtlinien und Grundsätze vor Vertragsabschluss in Gegenwart des Franchisegebers einzusehen. Ein Exemplar dieser Richtlinien und Grundsätze wird dem Franchisenehmer nach Zahlung des Einmalhonorars (§ 6 Abs. 1) übergeben.

§ 6 Vergütungen

(1) Für die Überlassung der Richtlinien und Grundsätze (Know-how) zahlt der Franchisenehmer ein einmaliges Honorar iHv. ... Euro zuzüglich gesetzlicher Umsatzsteuer. Das Honorar ist mit Abschluss des Vertrages fällig.

(2) Als Gegenleistung für die Vorteile, die dem Franchisenehmer durch die Ausschließlichkeit des Verkaufs der Waren und Dienstleistungen unter der Bezeichnung ... eingeräumt werden, und für die anderen in diesem Vertrag niedergelegten Rechte und Leistungen zahlt der Franchisenehmer an den Franchisegeber eine monatliche Vergütung von ... % des Verkaufsumsatzes des Franchisebetriebes zuzüglich der gesetzlichen Umsatzsteuer. Die Vergütung ist jeweils am fünfzehnten Werktag eines jeden Monats für den vorangegangenen Monat fällig. Sie berechnet sich auf Grund des vom Franchisenehmer jeweils erzielten Verkaufsumsatzes.

Verkaufsumsatz im Sinne dieser Vorschrift bedeutet die Summe aller Verkaufsumsätze des Franchisebetriebes (dh. einschließlich der Verkaufsumsätze nicht vom Franchisegeber bezogener Produkte) abzüglich in Rechnung gestellter Umsatzsteuer.

(3) Der Franchisenehmer ist verpflichtet, dem Franchisegeber eine Einzugsermächtigung zur Abbuchung der Vergütung und der Kaufpreise für die Produkte des Franchise-Gebens zu erteilen.

(4) Erbringt der Franchisegeber über die in diesem Vertrag vorgesehenen Leistungen hinaus weitere Leistungen auf Grund besonderer Abmachung, so sind dafür jeweils gesonderte Honorare festzusetzen, die nach Rechnungsstellung ohne Abzug fällig sind und die über die Einzugsermächtigung (Abs. 3) abgewickelt werden.

§ 7 Geschäftslokal

(1) Der Franchisenehmer verpflichtet sich, seine geschäftliche Tätigkeit ausschließlich in dem von ihm zur Verfügung gestellten Geschäftslokal auszuüben. Das Geschäftslokal ist entsprechend den vom Franchisegeber gegebenen Anweisungen hinsichtlich des Gebrauchs der in § 1 Abs. 1 aufgeführten Namen, Wortzeichen, Werbesätze, Bilder usw. einzurichten, auszustatten und zu erhalten, und zwar mit dem Ziel, das Markenbild des Franchisegebers am günstigsten in Erscheinung treten zu lassen. Insbesondere sind im Rahmen der Außenwerbung mindestens zwei neonbeleuchtete Tafeln mit dem Warenzeichen anzubringen.

Die Kosten für diese Einrichtungen und die sonstige Geschäftseinrichtung trägt der Franchisenehmer.

(2) Eine Verlegung des von dem Franchisenehmer benutzten Geschäftslokals oder eine Veränderung der Ausstellungsfläche oder der Aufmachung des Geschäftslokals, welche den Gesamteindruck verändern kann, bedarf der vorherigen schriftlichen Zustimmung des Franchisegebers.

(3) Der Franchisegeber ist berechtigt und verpflichtet, den Franchisenehmer zu beraten und zur Einhaltung der Vertragsbestimmungen anzuhalten. Hierzu erlaubt der Franchisenehmer dem oder den Beauftragten des Franchisegebers, das Ladenlokal einschließlich der Nebenräume zu den üblichen Öffnungszeiten zu betreten und die notwendigen Feststellungen zu treffen, wobei vom Franchisenehmer jede vertrags- und sachbezogene Auskunft zu erteilen ist und die notwendigen Unterlagen vorzulegen sind.

(4) Die Eröffnung weiterer Geschäftslokale zum Vertrieb der Vertragsprodukte durch den Franchisenehmer in dem ihm eingeräumten Kundenbezirk oder in anderen Bezirken bedarf der vorherigen schriftlichen Zustimmung des Franchisegebers. Stimmt der Franchisegeber zu, gilt der Vertrag auch für diese Geschäftslokale.

(5) Der Mietvertrag für das Objekt, in dem der Franchisebetrieb eingerichtet werden soll, muss so gestaltet sein, dass der Franchisegeber die Nachfolge im Mietverhältnis des Franchisenehmers antreten kann, wenn dieser aus dem vorliegenden Vertragsverhältnis ausscheidet. Aus diesem Grunde ist der Mietvertrag vor Abschluss dem Franchisegeber zur Genehmigung vorzulegen.

(6) Das Geschäftslokal und die Geschäftsfront sind stets in einem ordentlichen, sauberen Zustand zu halten. Der Franchisenehmer hat in angemessenen Abständen Schönheitsreparaturen vorzunehmen oder vornehmen zu lassen. Die Einzelheiten regeln die als Anlage beigefügten Richtlinien und Grundsätze des Franchisegebers.

(7) Die Schaufensterbeleuchtung und die Beleuchtung der Werbeanlage sind spätestens vor Eintritt der Dämmerung einzuschalten und frühestens um 24.00 Uhr abzuschalten.

(8) Der Name des Franchisenehmers tritt nach außen nur in der durch zwingende Rechtsvorschriften geforderten Form in Erscheinung (zB Beschriftung an der Ladentür auf Grund gewerberechtlicher Vorschriften.

(9) Wird das Geschäftslokal zerstört oder ist es aus sonstigen Gründen ganz oder zu einem erheblichen Teil nicht mehr zu den in diesem Vertrag vorausgesetzten Zwecken nutzbar, so ist der Franchisenehmer verpflichtet, unverzüglich das Geschäftslokal zu erneuern bzw. wieder herzurichten oder nach entsprechender vorheriger schriftlicher Zustimmung des Franchisegebers ein anderes, dem bisherigen Geschäftslokal entsprechendes Geschäftslokal zu der vertraglich vorgesehenen Nutzung zu erwerben und herzurichten. Für das neue Geschäftslokal gelten die Bestimmungen dieses Vertrages in gleicher Weise.

(10) Ändert der Franchisegeber die Kennzeichnungen seines Franchisesystems, insbesondere die in § 1 Abs. 1 Nr. 4 aufgeführten Merkmale, so ist der Franchisenehmer verpflichtet, die Kennzeichnung und Aufmachung seines Geschäftslokals innen und außen entsprechend anzupassen. Übersteigt der dafür aufzuwendende Geldbetrag die Summe von vier Monatsvergütungen nach § 5 Abs. 2 binnen eines Zeitraumes von vier Jahren, so hat der Franchisegeber zwei Drittel des übersteigenden Betrages zu übernehmen. Dieser Betrag ist einen Monat nach Rechnungseinreichung durch den Franchisenehmer fällig.

§ 8 Werbung

(1) Der Franchisegeber übernimmt die allgemeine nationale und überregionale Werbung. Diese ist auf die Sicherstellung des Bekanntheitsgrades der Marke und der Vertragsprodukte gerichtet.

(2) Der Franchisenehmer übernimmt die lokale Werbung. Der Franchisegeber stellt dafür Vorlagen, Layouts etc. zur Verfügung. Soweit der Franchisenehmer von den Vorlagen des Franchisegebers abweicht, ist er verpflichtet, den Franchisegeber von beabsichtigten Werbemaßnahmen zu informieren. Der Franchisegeber hat nur dann das Recht, derartige Werbemaßnahmen zu untersagen, wenn seine Interessen oder diejenigen des Franchisesystems betroffen sind. In jedem Fall hat der Franchisenehmer bei seinen Werbemaßnahmen entsprechend den Festlegungen im Geschäftsordnungssystem die Marke des Systems hervorzuheben.

(3) Gem. den Richtlinien im Geschäftsordnungssystem verpflichten sich die Vertragspartner zur Vornahme einer Eröffnungswerbung.

(4) Die Einzelheiten der Werbung und insbesondere die kostenmäßige Verteilung der Werbemaßnahmen sind in den als Anlage beigefügten Richtlinien und Grundsätzen festgelegt.

§ 9 Kundendienst, Depotabrede

(1) Der Franchisenehmer verpflichtet sich, den Kundendienst – insbesondere Gewährleistungs- und allgemeine Reparaturarbeiten und die sonstige Betreuung der Kunden im Vertragsgebiet zu übernehmen. Dies gilt auch für solche Kunden, welche bereits vor Inkrafttreten dieses Vertrages vom Franchisegeber herstammende Produkte bezogen haben oder welche von anderen Franchise-Partnern oder von vom Franchisegeber autorisierten Händlern die Vertragsprodukte erworben haben. Die Einzelheiten im Hinblick auf die Abrechnung, die Beteiligung des Franchisegebers an diesen Dienstleistungen und deren Kosten sind in den als Anlage beigefügten Richtlinien und Grundsätzen festgelegt.

(2) Der Franchisenehmer ist verpflichtet, entsprechend den in den Richtlinien und Grundsätzen niedergelegten Festlegungen die erforderlichen Kundendiensteinrichtungen in sachlicher und personeller Hinsicht vorzuhalten.

(3) Der Franchisenehmer ist verpflichtet, entsprechend den in den Richtlinien und Grundsätzen enthaltenen Festlegungen Warenvorräte sowie Vorräte der gewöhnlich benötigten Ersatzteile in ausreichendem Umfang im Lager vorzuhalten. Einzelheiten regelt das Geschäftsordnungssystem.

§ 10 Schutzrechte, Know-how[6]

(1) Der Franchisenehmer ist verpflichtet, den Franchisegeber über alle ihm bekannt gewordenen Verletzungen der diesem Vertrag zu Grunde liegenden Schutzrechte und des sonstigen Know-how unverzüglich zu unterrichten.

(2) Der Franchisegeber ist berechtigt, gegen solche Maßnahmen eines Dritten einzuschreiten, auch wenn sich die Verletzungshandlungen allein auf das dem Franchisenehmer gewährte Vertragsgebiet beziehen. Sofern der Franchisegeber nicht binnen angemessener Frist gegen die Verstöße Dritter einschreitet, ist der Franchisenehmer berechtigt, selbst die Schutzrechtsverletzung zu verfolgen. Beide Vertragsparteien verpflichten sich bei Verstößen durch Dritte zur gegenseitigen Hilfe, Unterstützung und Beratung.

(3) Die Kosten der Abwehr der Verletzung durch den Dritten trägt bei eigenem Vorgehen der Franchisegeber, sonst der Franchisenehmer. Erlangte Entschädigungszahlungen oder Schadensersatzansprüche stehen dem jeweils tätig gewordenen Vertragspartner zu. Werden Schadensersatzansprüche im Drittinteresse durchgesetzt, so erhält die klagende Partei ein Drittel der Schadensersatzforderung von dem Vertragspartner dessen Schaden im Wege der Drittschadensliquidation durchgesetzt wurde, als pauschalen Auslagenersatz und Tätigkeitsvergütung. Eine vergleichsweise Erledigung einer Auseinandersetzung mit dem Dritten bedarf der Zustimmung beider Vertragspartner. Sieht der Franchisegeber von der Verfolgung einer Schutzrechtsverletzung durch einen Dritten ab, so werden die Vertragspartner über eine mögliche Minderung der Vergütung nach § 6 des Vertrages verhandeln, wenn die Nutzungshandlungen des Dritten zu einer erheblichen Einschränkung der Nutzungsmöglichkeiten des Franchisenehmers und einer Umsatz- und Gewinnschmälerung führen.

(4) Die Vertragspartner werden sich wechselseitig über etwaige konstruktive Änderungen und Verbesserungen der Vertragsprodukte, über auftretende Probleme und deren Lösung unverzüglich informieren. Allgemein werden sich die Vertragspartner bei der Nutzung und Verteidigung des in § 1 des Vertrages umschriebenen Franchisesystems wechselseitig unterstützen und beraten.

(5) Zukünftige Fortentwicklungen des Franchisesystems durch eine der Vertragsparteien werden ebenfalls zum Vertragsgegenstand nach § 1 des Vertrages. Sie stehen der uneingeschränkten Nutzung aller im Franchisesystem Beteiligten zu, sofern die Vertragspartner nicht etwas anderes vereinbaren. Die Vertragsparteien treffen im Einzelfall Absprachen über eventuelle Schutzrechtsmeldungen und eine etwaige Veränderung der Vergütung nach § 6 des Vertrages.

(6) Wird die Schutzrechtserteilung auf ein Vertragsrecht rechtskräftig versagt, so wird dadurch die Rechtswirksamkeit des Vertrages im Übrigen nicht berührt. Entsprechendes gilt, wenn ein Vertragsrecht für nichtig erklärt, beschränkt wird oder erlischt. Die Vertragspartner werden – sofern diese

6 Auf etwaige kartellrechtliche Grenzen, falls das Know-how nicht wesentlich sein sollte, sei ausdrücklich hingewiesen (Flohr S. 50 ff.; Metzlaff § 8 Rz. 129 ff.). Maßgebend ist hier sicherlich wieder die EuGH-Entscheidung in Sachen „Pronuptia" (EuGH NJW 1986, 1415).

Umstände erhebliche Auswirkungen auf das gesamte Franchisesystem insbesondere hinsichtlich der Gewinnerwartung des einzelnen Franchisenehmers haben – über entsprechende neue vom Franchisegeber binnen angemessener Frist zu schaffende (Ersatz-)Schutzrechte und – falls dies nicht möglich ist oder der Franchisegeber auf diese Möglichkeit verzichtet – über eine Anpassung der in § 6 des Vertrages niedergelegten Vergütung Verhandlungen aufnehmen.

§ 11 Versicherungen, Haftung

(1) Der Franchisenehmer ist verpflichtet, folgende Versicherungen abzuschließen und bis zur Vertragsbeendigung aufrechtzuerhalten:

1. *Versicherungsschutz gegen Feuer-, Einbruch-, Diebstahl- und Beraubungs-, Leitungswasser- und Sturmschäden.*
2. *Versicherungsschutz gegen Betriebsunterbrechung als Folge einer der unter Nr. 1 erwähnten Gefahren.*
3. *Versicherungsschutz gegen Glasbruch von Fensterscheiben und Spiegeln sowie Beschädigung von Transparenten mit Leuchtröhren.*
4. *Versicherungsschutz gegen Haftpflichtansprüche Dritter (inkl. Produktionshaftpflicht) mit, einer Mindestdeckungssumme von . . . Euro/Schadensfall.*
5. *Versicherungsschutz gegen Unterschlagung und Veruntreuung von Geld und Wertpapieren durch angestellte Personen.*

(2) Der Franchisenehmer ist verpflichtet, dem Franchisegeber jederzeit Auskunft und Einblick in die Versicherungsunterlagen zu geben bzw. zu gestatten.

(3) Der Franchisenehmer haftet für sämtliche von Dritten im Zusammenhang mit dem Geschäftsbetrieb oder dem Geschäftslokal des Franchisenehmers geltend gemachten Ansprüche gleich welcher Art, soweit er nicht nachweist, dass er die den Schaden begründete Handlung oder Unterlassung nicht zu vertreten hat.

§ 12 Rechnungswesen und Jahresabschluss

(1) Der Franchisenehmer ist verpflichtet, sein Rechnungswesen, insbesondere seine Buchführung nach den Richtlinien des Franchisegebers zu gestalten. Der Franchisenehmer wird dem Franchisegeber je ein Exemplar der monatlichen betriebswirtschaftlichen Auswertungen und der geprüften Jahresbilanzen einschließlich Gewinn- und Verlustrechnung zur Verfügung stellen. Die monatlichen Auswertungen sind binnen 30 Tagen und die jährlichen Auswertungen binnen 90 Tagen nach Ablauf des jeweiligen Zeitraumes an den Franchisegeber zu übermitteln.

(2) Der Franchisegeber ist berechtigt, auf seine Kosten die Buchführung und den Jahresabschluss des Franchisenehmers durch einen von ihm beauftragten Wirtschaftsprüfer überprüfen zu lassen. Unbeschadet weiterer Ansprüche trägt der Franchisenehmer die gesamten Kosten der Überprüfung einschließlich der Reisekosten usw., wenn der vom Franchisegeber beauftragte Prüfer Unterschiede von mehr als 5 % zwischen den gemeldeten und nach § 6 Abs. 2 abgerechneten Umsätzen einerseits und den tatsächlichen Umsätzen andererseits feststellt.

§ 13 Abwerbeverbot

Der Franchisenehmer darf keinen Mitarbeiter des Franchisegebers oder eines Franchise-Partners mittelbar oder unmittelbar abwerben, anstellen oder in sonstiger Weise beschäftigen oder mit diesem in Kontakt treten, es sein denn, der Mitarbeiter ist bereits seit sechs Monaten aus den Diensten des Franchisegebers oder des Franchise-Partners ausgeschieden, oder der betreffende Arbeitgeber/Dienstherr hat vorher seine schriftliche Zustimmung zu dem Vorhaben gegeben.

§ 14 Verschwiegenheit

Der Franchisenehmer und seine Mitarbeiter und Erfüllungsgehilfen haben über den Inhalt dieses Vertrages des Franchise-Geschäftsordnungssystems und der sonst dem Vertrag beigefügten Unterlagen Verschwiegenheit zu bewahren. Das Gleiche gilt hinsichtlich sonstiger Geschäfts- und Betriebsgeheimnisse des Franchisegebers. Diese Verpflichtung gilt auch für die Zeit nach Beendigung des Vertragsverhältnisses.

§ 15 Abtretung, Geschäftsveräußerung, Tod

(1) Der Franchisenehmer kann die Rechte und Pflichten aus diesem Vertrag nicht ohne vorherige schriftliche Zustimmung des Franchisegebers auf Dritte übertragen. Eine Abtretung einzelner Rechte, eine Verpachtung, eine Verpfändung oder eine andere Verfügung, gleich welcher Art, ist ohne Zustimmung des Franchisegebers unzulässig.

(2) Beabsichtigt der Franchisenehmer den Franchise-Betrieb zu veräußern, so hat er dies dem Franchisegeber unverzüglich schriftlich anzuzeigen und dabei alle persönlichen und finanziellen Angaben hinsichtlich des in Aussicht genommenen Erwerbers mitzuteilen, die es dem Franchisegeber ermöglichen, zu entscheiden, ob der vorliegende Vertrag für die ursprünglich vereinbarte Dauer mit dem Erwerber fortgesetzt wird. In jedem Fall hat der in Aussicht genommene Erwerber die allgemeinen Anforderungen, die der Franchisegeber an seine Franchisenehmer stellt, zu erfüllen. Dies bezieht sich insbesondere auf Bonität, Seriösität, Sachkunde und Geschäftserfahrung.

(3) Der Franchisegeber wird innerhalb von zwei Monaten nach Empfang der Ankündigung und der vollständigen Angaben entscheiden, ob der Veräußerung und Vertragsfortführung zugestimmt wird oder ob der Franchisegeber selbst oder durch einen von ihm benannten Dritten das Geschäft erwerben will.

(4) Hat der Franchisenehmer den Willen, das Geschäft zu verkaufen, gegenüber dem Franchisegeber nach Abs. 2 kundgetan, so ist er auf entsprechende Aufforderung binnen zwei Monaten nach Eingang der schriftlichen Mitteilung über die Verkaufsabsicht verpflichtet, das Geschäft mit allen Aktiven und Passiven nach den nachfolgenden Regelungen auf den Franchisegeber oder auf einen von ihm benannten Dritten innerhalb von weiteren drei Monaten zu übertragen.

1. *Der Preis und die Bedingungen der Veräußerung richten sich nach der Vereinbarung zwischen dem Franchisegeber und dem Franchisenehmer. Die Verkaufsbedingungen haben denjenigen zu entsprechen, die zwischen nichtverbundenen Dritten üblicherweise vereinbart würden. Können sich die Parteien innerhalb von drei Monaten, nachdem der Franchisegeber seine Erwerbsabsicht oder diejenige des Dritten bekannt gemacht hat, nicht über den Preis und/oder die Verkaufsbedingungen einigen, so kann jede Seite den für den Sitz des Franchisegebers zuständigen Präsidenten der Industrie- und Handelskammer um ein Schiedsgutachten eines Wirtschaftsprüfers ersuchen, das für beide Parteien gleichermaßen bindend ist. Hinsichtlich der Bedingungen des Kaufvertrages hat sich der Schiedsgutachter anderer erfahrener Personen, wie zum Beispiel eines im Wirtschaftsrecht erfahrenen Anwaltes, zu bedienen.*
   Die Kosten des Schiedsgutachtens tragen die jeweiligen Parteien je zur Hälfte.
2. *Mit dem Vollzug des Verkaufs an den Franchisegeber oder an den vom Franchisegeber benannten Dritten scheidet der bisheriger Vertragspartner einvernehmlich aus dem Vertrag aus, und der Erwerber wird Vertragspartner (sofern nicht der Franchisegeber selbst das Geschäft erwirbt). Bis dahin begründete Rechte und Verpflichtungen der Parteien bleiben unberührt.*

(5) Möchte der Franchisegeber das Geschäft nicht selbst oder durch einen Dritten erwerben (lassen), oder äußert sich der Franchisegeber auf die Mitteilung der Verkaufsabsichten des Franchisenehmers innerhalb der in Abs. 4 genannten Frist nicht, so ist der Franchisenehmer berechtigt, das Geschäft zu veräußern.

(6) Stirbt der Franchisenehmer oder wird er dauernd geschäftsunfähig, so wird der Franchisegeber den Wunsch des Franchisenehmers, der Mitgesellschafter oder der Erben, das Geschäft an Stelle des Vertragspartners fortzuführen oder an einen Dritten zu veräußern prüfen. Dabei hat der Franchisegeber die in Abs. 2 niedergelegten Kriterien zugrunde zu legen. Im Falle der Veräußerung gelten die übrigen Regelungen entsprechend.

§ 16 AGB des Franchisegebers

(1) Auf die Lieferungen des Franchisegebers an den Franchisenehmer finden im Übrigen die AGB des Franchisegebers (insbes. die Verkaufs-, Liefer-, Zahlungs- und Montagebedingungen) in ihrer jeweils gültigen Form Anwendung, ohne dass es hierfür, im Einzelfall einer besonderen Vereinbarung bedarf.

(2) Die den Lieferungen zu Grunde liegenden Preise ergeben sich aus der jeweils gültigen Preisliste des Franchisegebers für Franchise-Partner[7]*.*

(3) Der Franchisegeber informiert den Franchisenehmer jeweils über Änderungen der AGB und der Preisliste. Die im Zeitpunkt des Vertragsabschlusses geltenden Fassungen sind in der Anlage zum Vertrag beigefügt.

§ 17 Wettbewerbsverbot[8]

(1) Der Franchisenehmer verpflichtet sich, während der Dauer des Vertrages sich weder unmittelbar oder mittelbar an einem anderen Unternehmen zu beteiligen, ein Unternehmen zu erwerben oder zu errichten noch für ein anderes Unternehmen in irgendeiner Form unmittelbar oder mittelbar, selbständig oder unselbständig tätig zu sein, das mit dem Franchisegeber in Konkurrenz steht. Zulässig ist allein eine Kapitalbeteiligung an konkurrierenden Unternehmen, die es dem Franchisenehmer nicht ermöglicht, einen wesentlichen Einfluss auf das geschäftliche Verhalten dieses Unternehmens auszuüben.

(2) In jedem Fall der Beendigung des Vertragsverhältnisses[9] *ist es dem Franchisenehmer für die Dauer von einem Jahr untersagt, im Verkaufsgebiet ein Gewerbe zu betreiben, das sich mit dem Verkauf von . . . (genaue allgemeine Definition der Produkte, die zu den Vertragsprodukten in Konkurrenz stehen) befasst. Das Gleiche gilt für jede Tätigkeit für ein Konkurrenzunternehmen, gleichgültig ob diese Tätigkeit unmittelbar oder mittelbar in einem Anstellungsverhältnis oder selbständig oder durch eine Mittelsperson ausgeübt wird. Der Franchisenehmer darf sich in dem genannten Zeitraum an einem solchen Unternehmen auch nicht direkt oder indirekt beteiligen oder es auf andere Weise fördern. Zulässig ist jedoch eine Beteiligung der in Abs. 1 Satz 2 genannten Art. Der Franchisenehmer erhält eine angemessene Entschädigung iHv. maximal der Hälfte des auf die genannten Produktgruppen entfallenden jährlichen Durchschnittsgewinns der letzten drei Jahre, sofern ihm auf Grund besonderer individueller Umstände eine Tätigkeit außerhalb des Vertragsgebietes nicht zumutbar ist, so dass die Entschädigung wegen der besonderen Schutzwürdigkeit des Franchisenehmers rechtlich geboten erscheint*[10]*. Kündigt der Franchisegeber aus wichtigem Grund fristlos (§ 19), so hat der Franchisenehmer keinen Anspruch auf Entschädigung. Verzichtet der Franchisegeber schriftlich auf die Wettbewerbsbeschränkung, so ist der Franchisegeber mit Ablauf von vier Monaten seit der Erklärung von der Verpflichtung zur Zahlung der Entschädigung befreit.*

(3) Die Entschädigung ist während der Dauer des Wettbewerbsverbots zu entrichten; sie ist nachträglich vierteljährlich auszuzahlen.

(4) Ein während der Dauer des nachvertraglichen Wettbewerbsverbots vom Franchisenehmer erzielter anderweitiger oder ein böswillig unterlassener Erwerb ist auf die Wettbewerbsentschädigung in vollem Umfang anzurechnen.

§ 18 Vertragsdauer und ordentliche Kündigung

(1) Dieser Vertrag wird bis zum Ablauf des Kalenderjahres fest abgeschlossen, in dem das Vertragsverhältnis . . . Jahre besteht.

(2) Nach Ablauf der in Abs. 1 vereinbarten Vertragszeit verlängert sich der Vertrag jeweils um vier Jahre, wenn er nicht durch eine der Parteien zwölf Monate vor seinem Ablauf gekündigt wird.

(3) Die Kündigung muss durch eingeschriebenen Brief mit Rückschein erfolgen. Das Datum des Poststempels ist für die Einhaltung der Kündigungsfrist maßgeblich.

---

7 Hier könnten Gefahren nach § 307 Abs. 1 Satz 1 BGB lauern, vgl. BGH NJW 2000, 515, 520 f. – Kawasaki: Rahmenvertrag. Doch sind kaum andere Formulierungen im Blick auf die Dispositionsfreiheit des Franchisegebers vorstellbar.

8 Hierzu auch Flohr S. 206 ff.

9 Hierzu Spenner in Flohr/Wauschkuhn, § 90a HGB Rz. 60 ff.

10 Hier ist § 90a Abs. 1 HGB und die hierzu ergangene Rechtsprechung zu beachten.

§ 19 Außerordentliche Kündigung

(1) Sofern der jährliche Einkaufsumsatz (einschließlich Umsatzsteuer) des Franchisenehmers für Produkte des Franchisegebers

... Euro für das erste Vertragsjahr

... Euro für das zweite Vertragsjahr

... Euro für das dritte Vertragsjahr

nicht erreicht, kann jede Vertragspartei nach Ablauf des jeweiligen Jahres diesen Vertrag mit einer Frist von sechs Monaten zum Ende eines jeden Kalenderjahres kündigen, ohne dass hieraus gegenseitige Ansprüche entstehen. Dies gilt nicht, soweit der Franchisenehmer nachweist, dass er die Nichterreichung der Umsatzziele nicht zu vertreten hat.

Es bleibt den Vertragsparteien unbenommen, eine Änderung des Vertrages auszuarbeiten.

(2) Wenn der Franchisenehmer eine ihm nach diesem Vertrag obliegende wesentliche Vertragspflicht trotz Abmahnung mittels eingeschriebenen Briefes nicht binnen vier Wochen nach Zugang des Briefes erfüllt, ist der Franchisegeber berechtigt, diesen Vertrag fristlos zu kündigen.

(3) Das Recht zur fristlosen Kündigung des Vertrages ist ferner in allen Fällen gegeben, in denen wichtiger Grund dazu besteht.

Ein wichtiger Grund liegt insbesondere vor bei:

- *Einstellung der geschäftlichen Tätigkeit durch den Franchisenehmer;*
- *Versagung, Widerruf oder Rücknahme etwa erforderlicher Genehmigungen zur Ausübung des Franchiseunternehmens, sofern dadurch der Franchisebetrieb vorübergehend oder auf Dauer nicht aufgenommen oder fortgeführt werden kann;*
- *Zahlungsunfähigkeit oder Zahlungseinstellung seitens eines Vertragspartners;*
- *Nichtbeseitigung einer nachhaltigen Pfändungsverfügung auf das Vermögen eines Vertragspartners binnen vier Wochen;*
- *Eröffnung des Insolvenzverfahrens über das Vermögen eines Vertragspartners oder Ablehnung der Eröffnung des Verfahrens mangels Masse;*
- *Verurteilung des Franchisenehmers wegen eines Vermögensdeliktes;*
- *Verletzung des Wettbewerbsverbots durch den Franchisenehmer oder seine Erfüllungsgehilfen;*
- *Zahlungsverzug des Franchisenehmers um mindestens 14 Tage in drei hintereinander liegenden Fällen trotz schriftlicher Mahnung;*
- *länger andauernder und den Franchisenehmer unzumutbar belastende Lieferunfähigkeit des Franchisegebers.*

(4) Das Recht zur fristlosen Kündigung kann nur binnen einem Monat ausgeübt werden, nachdem der Berechtigte von den Kündigungstatsachen Kenntnis erlangt hat.

(5) § 16 Abs. 3 gilt entsprechend.

§ 20 Folgen der Beendigung des Vertrages

(1) Nach Beendigung des Vertrages ist der Franchisenehmer nicht berechtigt, die vom Franchisegeber hergestellten oder gehandelten Produkte zu vertreiben.

(2) Wird der Vertrag – gleichgültig aus welchem Grunde – beendet, so darf der Franchisenehmer die Namen, Warenzeichen und sonstigen in § 1 genannten Merkmale der Produkte und Dienstleistungen des Franchisesystems nicht mehr gebrauchen. Er hat sämtliche vom Franchisegeber überlassenen Unterlagen, Prospekte, Broschüren, Preislisten, etc. sowie davon gefertigte Fotokopien an den Franchisegeber unverzüglich herauszugeben und darf selbst hergestellte und auf den Franchisegegenstand bezogene Broschüren usw. nicht mehr verwenden. Das Gleiche gilt für alle vom Franchisegeber bezogenen Ausstattungsgegenstände und für sonstige im Eigentum des Franchisegebers stehende Gegenstände. Der Franchisenehmer hat ferner alle Zeichen, Beschriftungen und sonstigen Kennzeichen aus dem Geschäftslokal zu entfernen, die auf den Franchisegeber oder das Franchisesystem hinweisen.

(3) Noch im Warenlager oder als Ausstellungsstücke beim Franchisenehmer vorhandene und vom Franchisegeber gelieferte Produkte werden vom Franchisegeber gegen Erstattung von 90 % des vom Franchisenehmer gezahlten Einstandspreises Zug um Zug zurückgenommen. Dies gilt nicht, wenn die Produkte im Zeitpunkt der Vertragsbeendigung sich nicht mehr in einem verkaufsfähigen Zustand befinden, nicht mehr im Verkaufssortiment des Franchisegebers enthalten sind oder das Warenlager infolge falsch disponierter Lagerbestände bzw. deshalb besteht, weil es der Franchisenehmer versäumt hat, bei Vertragsende seine Lagerbestände in zumutbarer Weise zu veräußern.

(4) Dem Franchisenehmer steht ein Pfand- und Zurückbehaltungsrecht an Vermögensgegenständen des Franchisegebers und an den ihm zur Verfügung gestellten Unterlagen, Prospekten, Broschüren, Preislisten und dergleichen nicht zu.

(5) Der Franchisegeber hat das Recht, die im Beendigungsstichtag bei dem Franchisenehmer vorhandenen Aufträge und Angebote, die auf das Franchisesystem bezogen sind, selbst oder durch einen Dritten zu bearbeiten und in die Verpflichtungen des Franchisenehmers einzutreten. Der Franchisenehmer erhält für diese Aufträge eine pauschale Provision iHv. . . . % der aus dem jeweiligen Auftrag tatsächlich erhaltenen Zahlung des Franchisegebers bzw. des Dritten.

§ 21 Vertragsstrafe

Der Franchisenehmer wird an den Franchisegeber unbeschadet weiter gehender Ansprüche für jeden Fall der schuldhaften Zuwiderhandlung gegen eine der in den §§ . . . (zB 6, 8 Abs. 1, 16) dieses Vertrages niedergelegten Verpflichtungen eine Vertragsstrafe iHv. bis zu . . . Euro (in Worten . . . Euro) zahlen.

§ 22 Beirat

Bei dem Franchisegeber wird ein beratender Beirat gebildet. Dem Beirat gehören fünf von den Franchise-Partnern (vgl. § 3 Abs. 8) gewählte Franchisenehmer an. Die Wahl kann schriftlich im Postweg erfolgen. Der Beirat berät den Franchisegeber in allen Fragen der Geschäftspolitik. Er arbeitet auf Grund einer eigenen Geschäftsordnung.

Wird der Beirat nicht gebildet, nimmt er seine Arbeit nicht auf oder stellt er diese ein, so werden dadurch die Verpflichtungen der Vertragspartner nach dem vorliegenden Vertrag nicht berührt. Gleiches gilt im Hinblick auf die Auswirkungen sämtlicher sonstiger Handlungen oder Unterlassungen des Beirats.

§ 23 Verjährung

Alle Ansprüche aus diesem Vertrag verjähren in 24 Monaten nach ihrer Fälligkeit und Kenntnis oder grob fahrlässiger Unkenntnis des Franchisenehmers vom Anspruchsgrund.

§ 24 Höhere Gewalt, Verzug, Haftungsbeschränkung, Aufrechnung

(1) Wird eine von den Vertragsparteien geschuldete Leistung durch unvorhersehbare und unverschuldete Umstände verzögert (zB Arbeitskämpfe, Betriebsstörungen, Transporthindernisse, behördliche Maßnahmen – jeweils auch bei den Vertragspartnern des Franchisegebers), so ist die Vertragspartei berechtigt, die Leistungen um die Dauer der Behinderung hinauszuschieben.

(2) Sollte dem Franchisenehmer auf Grund eines vom Franchisegeber verschuldeten Verzuges Schaden erwachsen, so ist der Franchisenehmer berechtigt, eine Verzugsentschädigung zu fordern. Die Höhe der Verzugsentschädigung beträgt pro vollendete Woche 1 %, maximal 10 % des Wertes desjenigen Teils der Leistung, der infolge des Verzugs nicht rechtzeitig erbracht wurde. Dies gilt nicht, falls die Schadensursache auf Vorsatz oder grober Fahrlässigkeit beruht. Der Anspruch auf Rücktritt bleibt unberührt[11]*.*

11 Vgl. BGH NJW 2001, 292.

(3) Die Schadensersatzhaftung des Franchisegebers begrenzt sich bei einfachem Verschulden und der Verletzung einer wesentlichen Vertragspflicht[12] auf den Ersatz des üblicher- und typischerweise eintretenden, vorhersehbaren Schadens. Eine solche wesentliche Vertragspflicht ist immer dann anzunehmen, wenn es sich um eine Vertragspflicht des Franchisegebers handelt, auf deren ordnungsgemäße Erfüllung der Franchisenehmer vertraut hat und auch redlicherweise vertrauen durfte.

(4) Die Haftung wegen Verletzung des Lebens, des Körpers oder der Gesundheit bleibt unberührt. Dies gilt auch für Ansprüche aus dem Produkthaftungsgesetz.

(5) Der Franchisenehmer kann wegen eigener Ansprüche gegen die Forderungen des Franchisegebers nur aufrechnen, sofern seine Gegenforderungen rechtskräftig festgestellt, unbestritten oder anerkannt sind. Ein Zurückbehaltungsrecht steht dem Franchisenehmer nur zu, soweit er auf dem gleichen Vertragsverhältnis beruht.

§ 25 Gerichtsstand, anwendbares Recht, Vertragssprache

(1) Gerichtsstand ist . . .

(2) Es gilt ausschließlich das Recht der Bundesrepublik Deutschland.

(3) Die Vertragssprache ist deutsch.

§ 26 Frühere Vereinbarungen, Nebenabreden, Änderungen

(1) Alle Vereinbarungen, die zwischen den Parteien getroffen worden sind, sind in diesem Vertrag enthalten.

(2) Änderungen bedürfen der Schriftform[13]. Dies gilt auch für eine Abänderung dieser Klausel.

. . . (Ort, Datum)

. . . (Unterschriften)

12 Vgl. BGH NJW 1993, 335 – ständige Rechtsprechung; BGH NJW 2013, 291 – Verwendung dieses Begriffs gegenüber Verbraucher anerkannt; vgl. BGH ZIP 2005, 1785 – Honda – betreffend den Problembereich der „Kardinalpflicht", was intransparent wäre. Doch nunmehr sogar für den Verkehr mit dem Verbraucher als wirksam und hinreichend transparent bejaht (BGH NJW 2013, 291 – „vertragswesentliche" Pflicht).

13 Ob diese Klausel nach § 307 Abs. 1 Satz 1 BGB wirksam ist, soweit sie auch nachträgliche Änderungen des Vertrags davon abhängig macht, dass dem Erfordernis der Schriftform Rechnung getragen ist, dürfte zweifelhaft sein, vgl. Ulmer/Schäfer in Ulmer/Brandner/Hensen, AGB-Recht, § 305b Rz. 29 ff.

5. Abschnitt. Software-Überlassungsverträge

Kapitel 37 Software-Überlassungsverträge

Literatur: *Bartsch*, Rechtsmängelhaftung bei der Überlassung von Software, CR 2005, 1 ff.; *Försterling/Hoeren*, Online-Vertrieb gebrauchter Software – Hintergründe und Konsequenzen der EuGH-Entscheidung „UsedSoft", MMR 2012, 642 ff.; *Fuchs/Meierhöfer/Morsbach/Pahlow*, Agile Programmierung – Neue Herausforderungen für das Softwarevertragsrecht? – Unterschiede zu den „klassischen" Softwareentwicklungsprojekten, MMR 2012, 427 ff.; *Grützmacher*, in Wandtke/Bullinger, Praxiskommentar zum Urheberrecht, 4. Aufl. 2014, vor §§ 69a Rz. 11 ff.; *Hauck*, Gebrauchthandel mit digitalen Gütern, NJW 2014, 3616 ff.; *Heussen*, Unvermeidbare Softwarefehler, CR 2004, 1 ff.; *Hoeren*, AGB-Klauselwerke 2010; *Jakopp/Hoeren*, Der Erschöpfungsgrundsatz im digitalen Umfeld – Notwendigkeit eines binnenmarktkonformen Verständnisses, MMR 2014, 646 ff.; *Junker*, Die Entwicklung des Computerrechts in den Jahren 2000/2001, NJW 2003, 2792 ff.; *Kilian*, in Kilian/Heussen, Computerrechts-Handbuch, 2008, Elektronische Verträge und Softwareverträge, Rz. 1 ff.; *Koch*, Urheberrechtliche Zulässigkeit technischer Beschränkungen und Kontrolle der Software-Nutzung, CR 2002, 629 ff.; *Lehmann*, in Loewenheim, Handbuch des Urheberrechts, 2. Aufl. 2010, § 76; *Marly*, Praxishandbuch Softwarerecht, 5. Aufl. 2009; *Moritz*, in Kilian/Heussen, Computerrechts-Handbuch, Leistungsstörungen Rz. 1 ff.; *Müller-Hengstenberg*, Vertragstypologie der Computersoftwareverträge, CR 2004, 161 ff.; *Neuber*, Online-Erschöpfung doch nur für Software?, WRP 2014, 1274 ff.; *Nordemann*, AGB-Kontrolle von Nutzungseinräumungen durch den Urheber, NJW 2012, 3121 ff.; *Osterloh*, Inhaltliche Beschränkungen des Nutzungsrechts an Software, GRUR 2009, 311 ff.; *Redeker*, IT-Recht, 5. Aufl. 2012; *Redeker*, IT-Recht, Kap. B, Der Erwerb von Soft- und Hardware, Rz. 278 ff.; *Redeker*, Softwareerstellung § 651 BGB, CR 2004, 88 ff.; *Runte/Potinecke*, Software und GPSG, CR 2004, 725 ff.; *Schneider*, Handbuch des EDV-Rechts, 4. Aufl. 2009; *Schneider*, Softwareerstellung und Softwareanpassung – Wo bleibt der Dienstvertrag?, CR 2003, 317 ff.; *Scholz/Haines*, Hardwarebezogene Verwendungsbeschränkung in Standardverträgen zur Überlassung von Software, CR 2003, 393 ff.; *Schneider/Graf von Westphalen*, Softwareerstellungsverträge, 2014; *Scholz/Wagener*, Kartellrechtliche Bewertung hardwarebezogener Verwendungsbeschränkung in Software-Überlassungsverträgen, CR 2003, 880 ff.; *Schröder*, Softwareverträge, 2008; *Senftleben*, Die Fortschreibung des urheberrechtlichen Erschöpfungsgrundsatzes im digitalen Umfeld, NJW 2012, 2924 ff.; *Söbbing*, Die rechtliche Betrachtung von IT-Projekten – Rechtliche Fragestellungen in den unterschiedlichen Phasen eines IT-Projekts, MMR 2010, 222 ff.; *Spindler*, Neues im Vertragsrecht der Internet-Provider, CR 2004, 203 ff.; *Spindler*, IT-Sicherheit und Produkthaftung – Sicherheitslücken, Pflichten der Hersteller und der Softwarenutzer, NJW 2004, 3145 ff.; *Spindler/Wiebe*, Open Source-Vertrieb, CR 2003, 873 ff.; *Thewalt*, Softwareerstellung als Kaufvertrag mit werkvertraglichem Einschlag; § 651 BGB nach der Schuldrechtsreform, CR 2002, 1 ff.; *Taeger*, Die Entwicklung des IT-Rechts im Jahr 2010, NJW 2010, 3759; *Taeger*, Die Entwicklung des IT-Rechts im Jahr 2011, NJW 2011, 3696 ff.; *Taeger*, Die Entwicklung des IT-Rechts im Jahr 2012, NJW 2013, 19 ff.; *Taeger*, Die Entwicklung des IT-Rechts im Jahr 2013, 3698 ff.; *Taeger*, Die Entwicklung des IT-Rechts im Jahr 2014, NJW 2014, 3759 ff.; *Weisser/Färber*, Weiterverkauf gebrauchter Software – UsedSoft-Rechtsprechung und ihre Folgen, MMR 2014, 364 ff.; *Wicker*, Haftungsbegrenzung des Cloud-Anbieters trotz AGB-Recht? – Relevante Haftungsfragen in der Cloud, MMR 2014, 787 ff.

I. Einordnung in das System der Schuldverträge

1. Rechtsnatur

1 Begrifflich ist vorab klarzustellen, dass es sich bei den Software betreffenden Verträgen stets um komplexe Verträge handelt. Der Begriff „Software" bezeichnet – im Gegensatz zur Hardware – als Sammelbegriff die Gesamtheit aller Anweisungen, die der Hardware zur Erledigung bestimmter Aufgaben gestellt werden (Moritz in Kilian/Heussen, Mängelansprüche, Rz. 2). Dabei kann die Entwicklung/Erstellung von Software ein bereits bestehendes Standard-Programm als Ausgangspunkt haben; es kann aber auch sein – und das dürfte der Regelfall sein –, dass eine bestimmte Software erst zu planen und dann zu realisieren ist (im Einzelnen Schneider in Schneider/Graf von

Westphalen, Softwareerstellungsverträge, Kap. C Rz. 1 ff.). Ziel des Planungsprozesses ist es dabei, im Endergebnis ein **Pflichtenheft** für den Auftragnehmer zu entwickeln (Schneider Kap. C Rz. 13 ff.). Dabei ist nach der Rechtsprechung des BGH (BGH NJW 1986, 192, 195 – Inkassoprogramm) zwischen der Analysephase („generelle Problemlösung") und der „näheren Projektion der Problemlösung" zu unterscheiden. Man kann diesen Zusammenhang auch dahin beschreiben, dass in der Regel zwischen einem Grob- und einem erst während der durchzuführenden Arbeiten zu erstellendes Feinkonzept zu differenzieren ist (vgl. OLG Köln NJW 1999, 51; OLG Köln NJW 1993, 1528; BGH NJW 2001, 1718; vgl. auch Moritz in Kilian/Heussen, Leistungsstörungen, Rz. 15 ff.; Redeker Rz. 302 ff.). Dabei ist von Wichtigkeit, dass die Bereitstellung der Programmvorgaben in die Verantwortung des Auftraggebers fällt (BGH NJW-RR 1988, 1396 – Registrierkassen). Doch ist dieses Arbeitsergebnis in der Praxis oft auch das Resultat eines ständigen Dialogs zwischen den Vertragsparteien (OLG Köln NJW-RR 1993, 1528; OLG Köln NJW-RR 1999, 51). Wegen dieser Vielgestaltigkeit von Rechten und Pflichten, welche bei der Erstellung von Software regelmäßig auftreten, empfehlen sich dringend **eindeutige vertragliche Regelungen**, die stets den Einzelfall bedenken und auch regeln müssen (Redeker Rz. 308 ff.). Eingebürgert dürfte sich die Differenzierung haben, welche nach Software-Planung, Software-Erstellung und Software-Pflege differenziert (Moritz in Kilian/Heussen, Mängelansprüche, Rz. 49).

a) Werkvertrag

Die Rechtsprechung des BGH geht inzwischen – wie selbstverständlich – davon aus, dass der Vertrag über Planung und auch **Erstellung** einer Individual-Software als Werkvertrag gem. §§ 631 ff. BGB zu qualifizieren ist (BGH NJW 2001, 1718; BGH WM 1971, 615; BGH CR 1986, 377; BGH CR 1988, 124, 126; BGH NJW 1990, 3011, 3012; BGH CR 1991, 273, 275; BGH CR 1993, 681, 682; umfassend Redeker in Schneider/Graf von Westphalen Kap. D Rz. 42 ff.). Zu den werkvertraglichen Hauptpflichten gehört auch regelmäßig, dass der Auftragnehmer eine Dokumentation erstellt, welche den Auftraggeber in die Lage versetzt, mit dem Software-System überhaupt zu arbeiten (BGH NJW 2001, 1718, 1719; BGH NJW 1987, 1259). Die **Nutzungsrechte** an der erstellten Software werden dabei regelmäßig auf den Auftraggeber übertragen Von Wichtigkeit für die Praxis ist dabei die Antwort auf die Frage, ob denn der Auftragnehmer auch verpflichtet ist, den Quellcode zu überlassen oder ob es ausreicht, wenn der Auftraggeber mit dem Auftragnehmer einen Pflegevertrag abschließt (hierzu im Einzelnen Karger in Kilian/Heussen Rz. 61 ff.). Neben der Erstellung von Individual-Software kann es durchaus sein, dass der Vertrag auf Lieferung und **Anpassung** von bereits bestehender Software gerichtet ist (im Einzelnen Witzel in Schneider/Graf von Westphalen Kap. G Rz. 27 ff.). Auf diesen Vertrag wendet der BGH § 651 BGB a.F. an (vgl. auch Rz. 6) und behandelt ihn als Werklieferungsvertrag, der – abhängig vom Inhalt der jeweiligen Pflichten des Auftragnehmers – entweder dem Bereich des Kauf- oder dem des Werkvertragsrechts (BGH NJW 2010, 2299, 2201) zuzuweisen ist (BGH CR 1993, 681 – Verkaufsabrechnung). Ähnlich wie bei einem Forschungs- und Entwicklungsvertrag verpflichtet sich der Auftragnehmer, aus bestimmten Vorgaben des Auftraggebers eine Leistung zu erbringen, so dass das Entwicklungs- und Herstellungsrisiko ausschließlich beim Auftragnehmer liegt (Köhler/Fritzsche in Lehmann [Hrsg.], Rechtsschutz und Verwertung von Computer-Programmen, 2. Aufl. 1993, XIII. Rz. 140 ff.). Doch die Praxis ist ausgesprochen vielgestaltig. Zum Urheberrechtsschutz s. Rz. 19 ff.; BGH v. 23.7.2009 – VII ZR 151/08 zu § 651, dazu BGH CR 2009, 640; BGH CR 2010, 1; BGH ITRB 2010, 18, 44. Doch wird eine reine werkvertragliche Kategorisierung regelmäßig nicht ausreichen, sofern auch eine Nutzungsüberlassung der erstellten Software unter Berücksichtigung der jeweils getroffenen Vereinbarung Gegenstand des Leistungsaustauschverhältnisses ist (mitunter Kombination von werk- und dienstvertraglichen Elementen, welche auch auf Kooperation zwischen Auftraggeber und Auftragnehmer angelegt sein können). Oft wird es auch dann so sein, dass der Auftragnehmer die Verpflichtung übernimmt, die Software zu installieren, das Personal zu schulen (BGH NJW 2010, 1449 – Internet-System-Vertrag: Werkvertrag) und ggfs. auch Altdaten in die neue „Anlage" zu migrieren (vgl. Redeker in Schneider/Graf von Westphalen Kap. D Rz. 51 ff.). Entscheidend kommt es darauf an, die einzelnen Verantwortungsbereiche genau festzulegen und sie auch gegeneinander abzugrenzen (zu Fragen des Projektmanagements Witzel in Schneider/Graf von Westphalen Kap. H Rz. 25 ff.). Den Parteien ist auch in die Hand gegeben ist, den jeweiligen Vertragstypus zu bestimmen, ohne an die Typenvorgaben des BGB gebunden zu sein (Müller-Hengstenberg CR 2004, 161, 2

164). In Betracht kommt dann durchaus – wegen der Nutzungsüberlassung – auch ein **typenkombinierter Vertrag**, bestehend aus Elementen des Werk- und des Mietvertrags. Daher wird auch die Einordnung als Werkvertrag dann jedenfalls in Betracht zu ziehen sein, wenn Standard-Software an die Bedürfnisse des Kunden in erheblichem Umfang anzupassen ist (BGH NJW 1993, 1063; OLG Hamm CR 2008, 77; vgl. Junker NJW 1994, 899 ff.). Es wird in der Praxis auch vorkommen, dass die vertraglich geschuldeten Leistungen nicht dem Werk-, sondern dem **Dienstvertragsrecht** nach den §§ 611 ff. BGB zuzuweisen sind (zur Abgrenzung BGH NJW 2002, 3323 – betreffend Forschungs- und Entwicklungsarbeiten als Werk- oder Dienstvertrag). Doch diese Einordnung wird deswegen als selten gewollt anzusehen sein, weil dann der Auftraggeber darauf verzichtet, dass der werkvertraglich geschuldete Erfolg auch tatsächlich erreicht wird (Abnahme) und es ihm ausreicht, wenn nur bestimmte Leistungen erbracht werden (Witzel in Schneider/Graf von Westphalen Kap. G Rz. 63 ff.), wie z.B. Schulung von Mitarbeitern oder bei der Vergütung von Projektarbeiten, die nach Aufwand abgerechnet werden.

b) Kaufvertrag

3 Wird **Standard-Software** auf Dauer überlassen, so geht die BGH-Judikatur inzwischen davon aus, dass Kaufvertragsrecht zumindest analog Anwendung findet (BGH CR 1988, 124, 126; BGH CR 1990, 24; BGH CR 1990, 384; BGH NJW 1993, 824; OLG München CR 2008, 149; sehr weitgehend OLG Koblenz CR 2008, 146: Lieferung von Hard- und Software, Installation, Schulung und Einarbeitung; zum Steuerrecht BFH CR 1997, 461, 462). Dies gilt auch dann, wenn die Überlassung von Standard-Software im Rahmen eines Miet- oder Leasingvertrags vereinbart wird (BGH WM 1984, 1092; BGH WM 1985, 263; BGH CR 1988, 656; BGH CR 1989, 375). Es liegen also die Voraussetzungen eines Sachkaufs gem. §§ 433 ff. BGB vor, sofern die Standard-Software auf Dauer überlassen und gleichzeitig ein Datenträger erworben wird (BGH CR 1988, 124, 126; BGH CR 1990 24, 26; aA Müller-Hengstenberg NJW 1994, 3128, 3131 ff.). Datenträger und das darin verkörperte Programm sind deshalb körperliche Sachen iSv. § 90 BGB (Marly BB 1991, 432 ff.; König NJW 1993, 3121 ff.; aA Müller-Hengstenberg NJW 1994, 3128, 3131 ff.). Indessen fehlt es nach wie vor nicht an Gegenstimmen, welche in der Literatur diese Qualifizierung deswegen in Frage stellen, weil es sich bei der Überlassung von Software nicht um die Überlassung einer Sache handelt, weil es immer entscheidend auf das in der CD/Datenträger verkörperte **Wissen** des Softwarehauses ankommt (Redeker NJW 1992, 1739 f.; Junker NJW 1993, 824 f.; kritisch vor allem auch Müller-Hengstenberg CR 2004, 161 ff.). Doch die Rechtsprechung zeigt sich unbeeindruckt (OLG München CR 2008, 149; OLG Koblenz CR 2008, 146). Wegen der durch die Schuldrechtsmodernisierung neu gefassten Regel des **§ 651 BGB** hat diese Debatte wieder etwas an Fahrt aufgenommen (vgl. Rz. 6), weil danach die Typizität des **Kaufrechts** in den Vordergrund gerückt worden ist (im Einzelnen Schneider in Schneider/Graf von Westphalen Kap. 32 ff.). Doch hat das Urteil des BGH v. 23.7.2009 (BGH NJW 2009, 2877) inzwischen weitgehend für die Praxis Klarheit gebracht: Kaufrecht ist danach für sämtliche Verträge nach § 651 BGB anwendbar, welche den Lieferant dazu verpflichten, bewegliche Sachen herzustellen oder zu erzeugen (vgl. auch Fritzemeyer NJW 2011, 2918). Zum Online-Vertrieb von Software – Stichwort: **Gebrauchte Software/UsedSoft** – Erschöpfung des Urheberrechts – (BGH NJW-RR 2014, 360; EuGH NJW 2012, 2565; Försterling/Hoeren, MMR 2012, 642 ff.), vgl. Rz. 17.

c) Pachtähnlicher Vertrag

4 Ob ein auf zeitlich begrenzte Nutzungsüberlassung oder ein auf Dauer gerichteter EDV-Vertrag vorliegt, entscheidet sich vor allem auch danach, ob die Parteien ein Einmalentgelt vereinbart haben. Ist das der Fall, liegt darin regelmäßig ein Indiz dafür, dass ein Dauerschuldverhältnis im Sinn der §§ 581, 535 ff. BGB nicht gewollt ist (BGH CR 1986, 124, 126). Ist hingegen das Entgelt in Raten zu entrichten, so spricht einiges dafür, dass es sich dann um ein pachtähnliches Vertragsverhältnis (aA LG Köln CR 1996, 154: Miete) handelt, auf welches die §§ 581, 535 ff. BGB Anwendung finden. In diese Kategorie fallen vor allem **Lizenzverträge** (BGH NJW 2006, 915, 916; Lehmann in Loewenheim, Handbuch des Urheberrechts, § 76 Rz. 44; zum Problem der „copyleft“-Software vgl. Fechtner in Schneider/Graf von Westphalen Kap. A Rz. 350 ff.). Dies gilt vor allem auch dann, wenn sonstige Beschränkungen der Verfügungsbefugnis des Nutzers vorgesehen sind, was sich vor

allem aus den noch darzustellenden (Rz. 19) urheberrechtlichen Beschränkungen des § 69a UrhG herleitet (hierzu im Einzelnen Karger in Schneider/Graf von Westphalen, Kap. A Rz. 69 ff.; Lehmann NJW 1993, 1822 ff.). Daher kommt es sehr darauf an, ob die Begriffe „Lizenz" oder „Nutzungsrecht" verwendet werden (vgl. Schröder Softwareverträge, S. 58 ff.), weil diese für die Einordnung des Vertrages gewisse Indizwirkung entfalten können. Im Übrigen ist zu unterstreichen, dass der BGH auch den ASP-Vertrag als Mietvertrag eingeordnet hat (BGH NJW 2007, 2394), was in der Literatur befürwortet wird (Klett/Pohle DRiZ 2007, 198).

d) Software-Leasing

Unter Berücksichtigung dieser Kategorisierung (hierzu Gennen in Schneider/Graf von Westphalen Kap. R Rz. 1 ff.) ist auch der zwischen Softwarehaus und Leasinggeber abzuschließende Nutzungsvertrag entweder dem Kauf- oder dem Mietrecht zuzuordnen (BGH NJW 2009, 575; vgl. aber auch Habersack WM 2008, 809 ff. – abweichende Einordnung; vgl. auch Graf von Westphalen BB 1989, Beilage Nr. 3 S. 1, 5 – allerdings: dominant Mietrecht; BGH aaO; OLG Hamm WM 2007, 2012). Dass der Leasinggeber rechtlicher und wirtschaftlicher Eigentümer der jeweiligen Hardware ist, ergibt sich insoweit aus dem Vollamortisationserlass vom 19.4.1971 (BB 1971, 506; Kap. 30 Rz. 4) oder aus dem Teilamortisationserlass vom 22.12.1975 (BB 1976, 72; Kap. 30 Rz. 5). Freilich sind diese Erlasse auf die Software nicht anwendbar, weil es sich hierbei nicht um eine Mobilie, sondern – steuerlich gewertet – um ein immaterielles Wirtschaftsgut handelt (BFH CR 1987, 576; BGH CR 1990, 24, 27). Sofern – und dies entspricht üblicher Vertragspraxis beim EDV-Leasing – eine Einmalzahlung des Leasinggebers gegenüber dem Softwarehaus erfolgt, ist iSv. § 5 Abs. 5 Nr. 1 EStG ein Rechnungsabgrenzungsposten zu bilden. Es handelt sich nämlich um ein schwebendes Geschäft. Jedenfalls auf Grund der Umsetzung der EG-Richtlinie v. 14.5.1991 (ABl. EG Nr. L 122, 42) über den Rechtsschutz von Computerprogrammen (BGBl. I 1993, 910; Lehmann NJW 1993, 1822 ff.) ist beim Leasinggeber kein Erwerbsvorgang iSv. § 5 Abs. 2 EStG zu bilanzieren, weil dem Softwarehaus das Urheberrecht verbleibt, und zwar auch rückwirkend für Verträge, welche vor dem 1.1.1993 kontrahiert worden sind. Zur bilanzsteuerrechtlichen Beurteilung von Aufwendungen zur Einführung eines betriebswirtschaftlichen Softwaresystems s. BMF v. 18.11.2005, BStBl. I 2005, 1025. Ist Gegenstand der Verträge mit dem Anbieter und/oder mit Dritten ein eingerichtetes Softwaresystem, liegt ein aktivierungspflichtiger Anschaffungsvorgang vor. Dies gilt auch, wenn die erworbene Software ganz oder teilweise mit eigenem Personal implementiert wird (Herstellung der Betriebsbereitschaft). 5

e) Neuordnung gem. § 651 BGB

Es ist für die Vertragspraxis von hoher Bedeutung (Schneider in Schneider/Graf von Westphalen Kap. B Rz. 14 ff.), dass der Gesetzgeber im Zug der Schuldrechtsmodernisierung den Typus des Werklieferungsvertrags nach § 651 BGB neu gestaltet und diesen dem Bereich des Kaufrechts zugewiesen hat (BGH NJW 2009, 2877). Es handelt sich hierbei um eine Verweisungsnorm, welche nicht der Parteidisposition zur Verfügung steht (Witzel in Schneider/Graf von Westphalen Kap. G Rz. 98). Entscheidend ist, dass bei der Herstellung von Sachen (BGH NJW 2009, 2877) die Regeln über die Abnahme nach § 640 BGB gem. § 651 BGB nicht anwendbar sind, was auch dazu führt, dass die kaufrechtlichen Verjährungsbestimmungen zu Anwendung berufen sind (Redeker ITRB 2002, 119). Da nach der Rechtsprechung des BGH (BGH NJW 2009, 2877) Kaufrecht zwingend auf Erstellung und Erzeugung von beweglichen Sachen anwendbar ist (BGH BB 2010, 1561), hat die Streitfrage um den rechten Ansatz bei § 651 BGB allein dann praktische Bedeutung, wenn man bei der Abfassung eines auf Erstellung einer Individualsoftware gerichteten Vertrags entsprechende vertragliche Regeln (Abnahmeverfahren, Gewährleistung, Change Request, Mitwirkungspflichten des Auftraggebers) – vor allem betreffend die **Abnahme** und das für die Durchführung der Abnahme maßgebende Verfahren sowie **Verjährung** – keine interessengerechten Vertragsbestimmungen getroffen hat, weil dann dispositives **Kaufrecht** eingreift (BGH NJW-RR 2004, 850 – Lieferung und Montage einer Solaranlage: Kaufvertragsrecht). 6

f) AGB-Kontrolle

7 Aus dieser typologischen Einordnung von Verträgen betreffend Software folgt, dass Formularklauseln bei Software-Erstellungsverträgen wegen des dominanten werkvertraglichen Charakters der §§ 631 ff. BGB stets nach § 307 Abs. 2 Nr. 1 BGB, nicht aber als Vertrag sui generis gem. § 307 Abs. 2 Nr. 2 BGB zu kontrollieren sind. Dadurch wird – je nach der konkreten Ausgestaltung des einzelnen Vertrags – eine Anlehnung der richterlichen Inhaltskontrolle an kauf- oder miet- oder werkvertragliche Vorschriften erreicht, was zwangsläufig ein höheres Maß an **Rechtssicherheit** erzeugt. Denn bei einer Berücksichtigung von § 307 Abs. 2 Nr. 2 BGB herrschen im Kern die Interessen der Partei, welche als AGB-Verwenderin aufgetreten ist. Denn sie hat dann den Vertragsinhalt einseitig vorgegeben. Es fehlt in diesem Fall ein verlässlicher Maßstab, der in weit höherem Maß dann zur Verfügung steht, wenn im Hintergrund die Kontrolle von Klauseln auf Basis des dispositiven Rechts vorgenommen werden kann.

2. Regelungen der Leistungspflichten

8 Es ist von hoher praktischer Bedeutung, dass in einem Softwareüberlassungsvertrag exakt und gründlich alle Aspekte vertraglich erfasst und einer eindeutigen Regelung zugeführt werden (Lastenheft/Pflichtenheft/Änderungen des Leistungsinhalts; vgl. zB **M 37.3** § 2), welche sich auf die beiderseitigen Leistungen beziehen, insbesondere aber auf die Leistungen, welche der Auftragnehmer zu erbringen hat (im Einzelnen Witzel in Schneider/Graf von Westphalen Kap. G Rz. 27 ff.). Dies gilt vor allem auch, wenn man bedenkt, dass die Typisierung der Verträge durch die Rechtsprechung noch nicht in allen Einzelheiten fixiert ist, so dass es ungewiss ist, welche BGB-Regeln im Fall der Lückenfüllung heranzuziehen sind (vgl. Müller-Hengstenberg CR 2004, 161 ff.).

8a ➲ **Hinweis:** Die „Kunst", Softwareverträge „wasserdicht" zu vereinbaren (vgl. zu den „Projektsünden" Schneider, EDV-Recht, H Rz. 38a), liegt genau an dieser Stelle: Eine exakte und sorgfältige Auflistung und Abgrenzung der beiderseitigen Pflichten ist elementar. Vorsicht: Änderungsvereinbarungen beachten und stets sorgfältig fixieren (Fallstudien bei Witzel in Schneider/Graf von Westphalen Kap. G Rz. 35 ff.)!

3. Gewährleistungsregeln

9 Von besonderer Bedeutung ist bei der Abfassung von Software-Verträgen stets die Regelung der Gewährleistungsbestimmungen (im Einzelnen Redeker in Schneider/Graf von Westphalen Kap. D Rz. 245 ff.; zur AGB-rechtlichen Fragestellung vgl. Graf von Westphalen in Schneider/Graf von Westphalen Kap. K Rz. 1 ff.; Schneider, EDV-Recht, H Rz. 234 ff.). Die Rechtsprechung zu der Fehlerproblematik bei IT-Projekten ist abundant (Redeker Rz. 260 ff.); sie kann hier nicht im Einzelnen wiedergegeben werden. Dabei sind naturgemäß auch die Bestimmungen des AGB-Rechts in aller Regel einschlägig (Schmidt in Wolf/Lindacher/Pfeiffer – Klauseln (S) Rz. 215; Schmidt in Ulmer/Brandner/Hensen – Teil 2 (28) Rz. 8 ff.). Festzuhalten ist allerdings, dass es im Rahmen einer **AGB-Klausel** praktisch nach § 307 BGB ausgeschlossen ist, das Risiko eines auf Grund eines Fehlers entstandenen Schadens (BGH NJW 1993, 335) oder gar das eines Scheiterns eines Softwarevertrages hinreichend rechtssicher – Stichwort: Verletzung einer wesentlichen Vertragspflicht (BGH NJW 2013, 291) und Zufügung eines Körper- oder Personenschadens (§ 309 Nr. 7a BGGB) – zu begrenzen oder gar auszuschließen, soweit es sich nicht um einen Individualvertrag gem. § 305 Abs. 1 Satz 3 BGB handelt (BGH NJW 2013, 856, 858; BGH NJW 2000, 1110, 1111). Hier ergeben sich – wie bei allen komplexen Langzeitverträgen – unmittelbare Verzahnungen zur jeweils geschuldeten Beratungs- und Aufklärungspflicht.

a) Inhalt und Umfang von Beratungs- und Aufklärungspflichten

10 Ob und in welchem Umfang das Softwarehaus verpflichtet ist, den **Auftraggeber** nach § 241 Abs. 2 BGB (§ 311 Abs. 2 BGB) aufzuklären und zu beraten, ist in erster Linie abhängig von den Umständen des Einzelfalls; die jeweils geschuldeten Vertragspflichten sind daher zur Minimierung des Risikos exakt gegeneinander abzugrenzen (Schneider in Schneider/Graf von Westphalen Kap. B

Rz. 1 ff. – Beratung bis zur Realisierung eines Projekts; vgl. im Übrigen auch Schneider D Rz. 202 ff.; Marly Rz. 379 ff.). Dabei kommt es entscheidend darauf an, ob ein Laie oder ein Fachmann als Anwender Vertrauen in die Fachkunde des Softwarehauses gesetzt hat (BGH ZIP 1984, 962, 964 f.; Engel BB 1985, 1159, 1164; Köhler CR 1988, 623 ff.). Je geringer das Know-how des Anwenders ist, umso mehr ist das Softwarehaus verpflichtet, einen intensiven Dialog mit dem Anwender zu führen, um dabei zu konkretisieren, welche Bedürfnisse durch die EDV-spezifische Lösung zu befriedigen sind (OLG Stuttgart CR 1989, 598, 600; OLG Koblenz CR 1990, 41 ff.; OLG Köln NJW 1994, 1355). Für gewöhnlich ist daher der Auftragnehmer als Softwarehaus verpflichtet, Ziele und Aufgaben der Softwareentwicklung zu ermitteln und ein Pflichtenheft unter Definition der Eigenschaften und Leistungen des Programms zu erstellen (Nauroth CR 1987, 163 ff.; Köhler CR 1988, 623, 624 f.). Danach schuldet der Auftragnehmer die Erstellung eines groben Entwurfs mit einer groben Struktur des Programms sowie anschließend die Erstellung eines Feinentwurfs mit einer Beschreibung der Details der Programmteile und Programmabläufe (vgl. BGH NJW-RR 1992, 556; OLG Frankfurt CR 1990, 585, 586 f.). Unter dieser Voraussetzung ist es dann Sache des Auftraggebers, Nachfragen zu stellen, sofern er weiter beraten werden will (Malzer CR 1991, 203, 206). So gesehen bestehen auch **Mitwirkungspflichten** des Auftraggebers (Traeger NJW 2008, 3225, 3329).

b) Verhältnis Gewährleistungsansprüche und Ansprüche wegen Verschuldens bei Vertragsabschluss

Verletzt das Softwarehaus schuldhaft die gebotene Aufklärungs- und Beratungspflicht gem. § 241 Abs. 2 BGB gegenüber dem Anwender, so kommen Ansprüche wegen Verschuldens bei Vertragsabschluss gem. § 311 Abs. 2 BGB (§ 280 BGB) in Betracht. Diese Ansprüche sind aber durch die vorrangigen Gewährleistungsbestimmungen der §§ 434 ff. BGB ausgeschlossen, als sich die schuldhaft fehlerhafte Aufklärung oder Beratung auf Eigenschaften der Software bezieht (BGH WM 1976, 740; BGH ZIP 1984, 962, 964). Daran hat die Schuldrechtsmodernisierung nichts geändert (Palandt/Weidenkaff § 433 Rz. 23). Denn soweit es sich um die Verletzung einer vereinbarten Beschaffenheit der Software (Sache) iSd. § 434 Abs. 1 Satz 1 BGB handelt, begründet dies keine Haftung nach § 311 Abs. 2 BGB (Palandt/Grüneberg § 311 BGB Rz. 43). Stets sind exakt die jeweiligen Umstände des Einzelfalls zu erforschen, um – bezogen auf die jeweils verletzte Pflicht – entweder Ansprüche wegen Verschuldens bei Vertragsabschluss oder Gewährleistungsansprüche gem. §§ 434 ff. BGB zu bejahen: Wird eine EDV-spezifische „Problemlösung" angeboten, die für den Anwender unbrauchbar ist, so sperren die Sonderregeln der §§ 434 ff. BGB Ansprüche wegen Verschuldens bei Vertragsabschluss nach § 311 Abs. 2 BGB nicht (BGH ZIP 1984, 962, 964; OLG München NJW-RR 1988, 486; OLG Hamburg NJW-RR 1988, 438). Uneingeschränkt gilt dies, sofern konzeptionelle Fehler vorliegen (OLG Köln CR 1988, 723). Gleiches gilt dann, wenn Hardware mit der angebotenen Software nicht kompatibel ist (OLG Hamburg NJW-RR 1988, 438), oder wenn die Kapazität der Hardware nicht ausreicht (OLG München NJW-RR 1988, 436, 437). Selbstverständlich gilt dies nicht, wenn hier die Ursache in den Aufgaben- und Verantwortungsbereich des Anwenders fällt, wie zB bei einer nicht ordnungsgemäßen Leistungsvorgabe (OLG Oldenburg CR 1986, 552; Heussen CR 1988, 894, 895). Stets endet die Aufklärungs- und Beratungspflicht des Softwarehauses, wenn der Besteller selbst über die erforderliche Sachkenntnis verfügt (Köhler CR 1988, 623, 626 ff.). 11

c) Bedienerhandbuch/Dokumentation

Für gewöhnlich ist die Aushändigung eines anwenderorientierten Bedienerhandbuchs und einer Dokumentation **Hauptpflicht** des Softwarehauses (zu der Kategorisierung als Nebenpflicht vgl. Redeker in Schneider/Graf von Westphalen Kap. D Rz. 119 ff.) im Rahmen eines Werkvertrags (BGH NJW 2001, 1718: BGH ZIP 1989, 1333, 1335 f.; BGH NJW-RR 1993, 1461; OLG Karlsruhe BeckRS 2007, 08238). Beide müssen dem Auftraggeber die Informationen übergeben, die dieser benötigt, um die Software nutzen zu können (BGH NJW 2001, 1718; OLG Karlsruhe CR 2003, 95, 96): Die Dokumentation muss die Funktion des Programms vollständig, richtig, widerspruchsfrei und übersichtlich beschreiben (Koch, Handbuch Software- und Datenbankrecht, 2003, § 1 Rz. 74). Wird die Erstellung einer solchen Dokumentation unterlassen, kann der Anwender die Abnahme 12 verweigern (BGH NJW 1993, 1063; OLG Karlsruhe BeckRS 2007, 08238; OLG Düsseldorf CR 1996, 214, 215 f.). Ob bei Fehlen eines Bedienerbuchs oder einer Dokumentation bei der Überlassung von Software im Rahmen eines **Kaufvertrages** ein Sachmangel im Sinn der §§ 434 ff. BGB vorliegt oder ob es sich um teilweise Nichterfüllung handelt, welche die kaufvertraglichen Erfüllungspflichten unberührt lassen, ist im letzteren Sinne entschieden (BGH NJW 1993 461; Junker JZ 1993, 447, 451), hat aber angesichts der neuen Struktur der Gewährleistungshaftung als einer Haftung wegen Vertragsverletzung (§ 433 Abs. 1 Satz 2 BGB) ohnehin keine eigenständige dogmatische Bedeutung mehr. Die Lieferung des Quellcodes ist Nebenpflicht zum Kaufvertrag (Redeker Kap. D Rz. 136 ff.). Beim gewöhnlichen Softwareüberlassungsvertrag ist es wirksam, in den AGB die Pflicht auszuschließen, dem Auftraggeber Zugang zum Quellcode zu gestatten (LG Köln CR 2003, 484; Junker NJW 2005, 2829, 2833).

13 Von praktisch hoher Bedeutung beim Abschluss eines **Softwareerstellungsvertrags** ist stets die Festlegung des **Lastenhefts** und des entsprechenden **Pflichtenheftes** (grundlegend zu den sehr komplexen Fragen Schneider, in Schneider/Graf von Westphalen Kap. C Rz. 1 ff.; Moritz in Kilian/Heussen, Computerrechts-Handbuch, Leistungsstörungen, Rz. 47 ff.; Ihde CR 1999, 409 ff.). Denn grundsätzlich ist es so, dass ohne ein entsprechendes Pflichtenheft der Unternehmer nicht in der Lage ist, die Software ordnungsgemäß zu erstellen (zu den neuartigen Fragen agiler Verfahren Schneider in Schneider/Graf von Westphalen Kap. C Rz. 117 ff.; Fuchs/Meierhöfer/Morsbach/Pahlow, MMR 2012, 427 ff.). Das Fehlen eines Pflichtenhefts führt regelmäßig dazu, dass eine Hauptpflicht verletzt ist (BGH NJW-RR 1992, 556); der Auftragnehmer jedenfalls auf diesen Umstand im Sinn des § 241 Abs. 2 BGB ausdrücklich hinweisen muss, weil dies zum Gegenstand seiner vorvertraglichen Beratungspflichten zählt (vgl. Intveen/Lohmann CR 2003, 640, 642 ff.)

d) Verjährung

14 Ansprüche wegen Verschuldens bei Vertragsabschluss – Gleiches gilt für Ansprüche wegen allgemeiner Pflichtverletzung nach §§ 241 Abs. 2, 280 ff. BGB – verjähren nach den allgemeinen Regeln der §§ 195, 199 BGB. Die Verjährung der kaufrechtlichen Ansprüche nach § 437 BGB ergibt sich aus § 438 Abs. 1 BGB, was wiederum voraussetzt, dass man die Rechtsprechung des BGH zur Einordnung des Typs Softwareüberlassung als Kaufrecht nach den §§ 433 ff. BGB für zutreffend hält (Rz. 3). Die Verjährung beginnt aber erst mit vollständiger Ablieferung der Anlage (OLG Celle CR 1996, 538, 539).

14a ➲ **Hinweis:** Dies gilt freilich dann nicht, wenn ein **selbständiger Beratungsvertrag** vorliegt (hierzu auch Schneider in Schneider/Graf von Westphalen Kap. C Rz. 166 ff.) oder wenn Ansprüche wegen Verletzung von Nebenpflichten geltend gemacht werden, die mit dem Mangel der Kaufsache in keinem unmittelbaren Zusammenhang stehen (BGHZ 47, 312, 319). Liegt eine werkvertragliche Struktur dem Softwareerstellungsvertrag zugrunde, dann kommt es auf die Frage der Anwendbarkeit von § 651 BGB entscheidend an, was allerdings kontrovers ist (Rz. 6; Palandt/Sprau § 651 BGB Rz. 6 ff.).

e) Unvermeidbarkeit von Softwarefehlern?

15 Sofern in Softwareverträgen Programmfehler formularmäßig als „unvermeidbar" eingeordnet werden (Heussen CR 2004, 1 ff.; Lesshafft/Ulmer CR 1988, 813, 814; Heussen CR 1988, 894, 899 f.; Bömer CR 1989, 361 ff.), wird man Folgendes für wichtig erachten müssen: Zunächst stellt sich die Frage, nach welchen sachlichen Kriterien sich das Vorliegen eines Mangels begründet, weil nicht jedes suboptimale Funktionieren der Software, nicht jeder Komfortmangel auch ein Mangel iSd. §§ 434 ff. BGB ist. Nach zutreffender Ansicht des BGH ist – mangels einer besonderen Vereinbarung – ein Programm geschuldet, welchen von mittlerer Art und Güte ist und dem Stand der Technik entspricht (BGH NJW-RR 2004, 782, 783). Das führt dann mitunter auch zu der wenig fruchtbaren Debatte, ob es einen zentralen Unterschied zwischen einem rechtlichen und einem technischen Mangel gibt (Schneider, EDV-Recht, B Rz. 776 ff.).

Dann ist auch der Schuldmaßstab des § 276 Abs. 1 BGB für die von den Parteien zu erfüllenden Pflichten zu fixieren, insbesondere ist die Frage zu beantworten, ob eine „Garantie" und damit eine

Haftung ohne Verschulden begründet werden sollte. Dies setzt eine Risikoübernahme durch den Schuldner voraus (Palandt/Grüneberg § 276 BGB Rz. 29; Erman/Westermann § 276 BGB Rz. 23 f.). Deren Umfang ist stets durch Auslegung nach den §§ 133, 157 BGB zu bestimmen (Heussen CR 2004, 1, 6). Im Hinblick auf etwaige Mängelansprüche der Nacherfüllung sowie des Rücktritts und der Minderung, die ohnehin gem. §§ 434 ff. BGB verschuldensunabhängig sind, kommt es entscheidend darauf an, ob sich der Fehler im Zusammenhang einer vereinbarten Beschaffenheit der Software niederschlägt oder geeignet ist, die gewöhnliche Verwendung der Software zu beeinträchtigen (Redeker, in Schneider/Graf von Westphalen Kap. D 277 ff. – Werkvertrag; zu § 651 BGB vgl. Kap. D Rz. 362 ff.). Eine formularmäßige Begründung einer Garantiehaftung scheitert an § 307 Abs. 2 Nr. 1 BGB (BGH NJW 2006, 47). Denn eine vom Verschulden abhängige Haftung auf Ersatz des Schadens zählt zu den Grundlagen des deutsch-rechtlichen Haftungssystems. Erklärt der Lieferant formularmäßig, eine Haftung für „unvermeidbare" Softwarefehler werde nicht übernommen, so bestehen ohnedies gegen die Wirksamkeit einer solchen Freizeichnungsklausel durchgreifende Bedenken gem. § 307 Abs. 2 Nr. 1 BGB. Denn sie führt entweder dazu, dass die übernommene Hauptleistungspflicht – im Sinn einer wesentlichen Vertragspflicht (BGH NJW 2013, 291) – ausgehöhlt wird (hierzu AGB-Klauselwerke/Graf von Westphalen, Freizeichnungsklausel, Rz. 40 ff.). Im Übrigen ist diese Klausel aber auch gem. § 307 Abs. 1 Satz 2 BGB nicht ausreichend transparent (hierzu BGH NJW-RR 2005, 1493) und deshalb auch nach § 305c Abs. 2 BGB unklar. Sie steht letztlich auch bei der gebotenen generell abstrakten Bewertung im Widerstreit zur Verbotsnorm des § 309 Nr. 7a BGB, wonach die Haftung für Körper- und Gesundheitsschäden nicht abbedungen oder eingeschränkt werden darf, wobei anzumerken ist, dass dieses Verbot für alle Verträge gleichermaßen gilt (BGH NJW 2009, 1486 – Reisevertrag; BGH MDR 2015, 389 – Gebrauchtwagenvertrag).

f) Allgemeine Haftungsgrenzen

Auch für die Haftung bei Softwareverträgen gelten, soweit es sich um AGB-Klauseln handelt, die allgemeinen Regeln (im Einzelnen Graf von Westphalen, in Schneider/Graf von Westphalen Kap. K Rz. 1 ff.; auch AGB-Klauselwerke/Graf von Westphalen – Freizeichnungsklausel Rz. 40 ff.). Danach steht im Wesentlichen fest, dass es in AGB nicht wirksam ist, eine Freizeichnung vorzusehen, welche über die Rechtsfolgen hinausreicht, die bei der schuldhaften Verletzung einer als „wesentlich" einzustufenden Vertragspflicht iSd. § 307 Abs. 2 Nr. 2 BGB eintreten (Christensen in Ulmer/Brandner/Hensen, AGB-Recht, § 309 Nr. 7 BGB Rz. 37 ff.; Koch WM 2002, 2173, 2179; Palandt/Grüneberg § 307 BGB Rz. 42 ff.). Dies bringt es mit sich, dass eine verlässliche Begrenzung der Haftung in AGB (bei schuldhafter Pflichtverletzung) nur im Rahmen des typischerweise eintretenden, vorhersehbaren Schadens vorgenommen werden kann (hierzu Erman/Roloff § 309 BGB Rz. 73). Dabei ist hervorzuheben, dass es sich auch dann um die Verletzung einer wesentlichen Pflicht handelt, wenn der Auftragnehmer mangelhaft iSd. § 433 Abs. 1 Satz 2 BGB erfüllt hat. Es entspricht insoweit auch der Judikatur, dass die Haftung auf Ersatz des Mangelschadens – entgangenen Gewinns – nicht wirksam abbedungen werden kann (BGH NJW 2001, 292, 302). Daraus folgt **zwingend:** Abhängig von der Größe und dem Risikozuschnitt des Projekts besteht also nur im Rahmen eines **Individualvertrags** eine hinreichend sichere Möglichkeit, die Haftung des Lieferanten zu begrenzen, um bei Abschluss eines Softwareüberlassungsvertrags – wie auch jedes anderen Software-Vertrags – keine unbegrenzten Risiken einzugehen (vgl. **M 37.2** § 9; dazu auch Funk/Wenn CR 2004, 481 ff. – betreffend den Ausschluss mittelbarer Schäden bei internationalen Verträgen, S. 488; Schröder Softwareverträge, S. 103 ff. – allerdings mit Mustervorschlägen, was bei der Übernahme der vorgeschlagenen Klauseln dann „tödlich" sein könnte, denn es handelt sich dann um AGB – BGH MDR 2015, 389). 16

➲ **Hinweis:** Das ist ein oft übersehenes Risiko; Versicherungsschutz prüfen (hierzu im Einzelnen Koch in Schneider/Graf von Westphalen Kap. O Rz. 1 ff.) und in den Vertrag integrieren. 16a

g) Deliktische Haftung

Es ist unbestritten, dass auch eine deliktsrechtliche Haftung bei Softwarefehlern gem. § 823 Abs. 1 BGB in Betracht kommt (BGH JZ 1991, 63; Produkthaftungshandbuch/Foerste, 3. Aufl. 2012, § 24 17

Rz. 171). Das ist nicht anders im Kontext von § 3 ProdHaftG (im Einzelnen Graf von Westphalen in Foerste/Graf von Westphalen, § 47 Rz. 40 ff.).

h) Rechtsmängelhaftung

18 Es ist von einiger Wichtigkeit zu sehen, dass nach Inkrafttreten der Schuldrechtsreform gem. § 453 BGB die Haftung für Sach- und Rechtsmängel gleich geschaltet worden ist (hierzu im Einzelnen Bartsch CR 2005, 1 ff.). Das ist praktisch vor allem insoweit von Bedeutung, als fremde Urheberrechte der Nutzung der Software entgegenstehen können. Bei den Rechtsfolgen ist darauf zu achten, dass nach der Rechtsprechung des BGH (BGH NJW 2006, 47, 49) Bedenken dagegen bestehen, formularmäßig eine verschuldensunabhängige Haftung des Lieferanten vorzusehen, was im Unterschied zur früheren Rechtslage zu beachten ist (hierzu Schröder Softwareverträge S. 92 ff.).

II. Softwarespezifische Vertragsbestandteile

1. Vervielfältigungsverbote

19 Art. 4 lit. a der EG-Richtlinie vom 14.5.1991 über den Rechtsschutz von Computer-Programmen (ABl. EG Nr. L 122, 42) bestimmt – umgesetzt in § 69c Nr. 1 UrhG –, dass die dauerhafte oder vorübergehende Vervielfältigung eines Computer-Programms – gleichgültig, mit welchem Mittel und in welcher Form – unter den Urheberrechtsschutz gem. Art. 2 Abs. 1 der EG-Richtlinie fällt. Dieser allgemeine Urheberrechtsschutz für Computerprogramme ist jetzt in § 69a UrhG fixiert (im Einzelnen Karger in Schneider/Graf von Westphalen Kap. A Rz. 8 ff.; zur intertemporalen Geltung vgl. BGH NJW 1993, 3136). Computerprogramme werden danach geschützt, „wenn sie individuelles Wissen in dem Sinne darstellen, dass sie das Ergebnis der eigenen **geistigen Schöpfung** ihres Urhebers sind" (Karger Kap. A Rz. 36 ff.). Das wird auch bei der Vertragsgestaltung zu berücksichtigen sein. Denn Computerprogramme sind grundsätzlich urheberrechtlich geschützt (zum Schutz einer Website vgl. OLG Hamburg BeckRS 2012, 25278; Bildschirmoberfläche jedoch nicht OLG Karlsruhe MMR 2010, 622). Konsequenterweise bedürfen die Vervielfältigungsvorgänge der Einwilligung des Softwarehauses, sofern sie nicht ohnedies von dem vertraglich eingeräumten Nutzungsrecht erfasst werden (Marly Rz. 651 ff.). Für Arbeitsergebnisse, welche nicht Computerprogramme sind, kommt jedoch ein Schutz nach § 2 UrhG in Frage, wie etwa für Pflichtenhefte oder Handbücher/Dokumentationen (Karger Kap. A Rz. 43). Die **Verwertungsrechte** für Computerprogramme sind ausdrücklich in § 69c UrhG geregelt (im Einzelnen Karger Kap. A Rz. 80 ff.). Zustimmungspflichtig zugunsten des einzelnen Urhebers sind daher die **Vervielfältigung** (§ 69c Nr. 1 UrhG), die **Umarbeitung** (§ 69c Nr. 2 UrhG) und die **Verbreitung** nach § 69c Nr. 3. Deshalb sind formularmäßige Vervielfältigungsverbote nach § 307 Abs. 2 Nr. 1 BGB nicht zu beanstanden. Gleiches gilt aber auch dann, wenn kein Kopierverbot vertraglich vereinbart ist; dann kommt ein Rückgriff auf die Bestimmungen des Nutzungsumfangs gem. § 31 Abs. 5 UrhG in Betracht: Es sind stets nur die für die bestimmungsgemäße Nutzung erforderlichen Mindestpflichten von der eingeräumten Nutzungslizenz erfasst (Mehrings NJW 1986, 1904, 1905). Wenn sich der Hersteller deshalb durch Schutzvorrichtungen in den Programmen („expiration date") oder in der Hardware („dongle") gegen Raubkopien sichert, entspricht das seinen berechtigten Interessen (OLG Köln NJW 1996, 733, 734; OLG München CR 1996, 11, 17; OLG Karlsruhe CR 1996, 341, 342). Die **zustimmungsfreien** Maßnahmen (im Einzelnen Karger Kap. A Rz. 97 ff.) für die Benutzung von Computerprogrammen sind in §§ 69d und 69e UrhG geregelt (Vervielfältigung oder Umarbeitung im Rahmen einer bestimmungsgemäßen Nutzung – § 69d Abs. 1 UrhG – die Fertigung einer Sicherungskopie – § 69d Abs. 2 UrhG – Beobachten, Testen und Untersuchen – § 69d Abs. 3 UrhG – sowie das Dekomplilieren nach § 69d UrhG). Von einiger praktischer Bedeutung ist, dass § 69c Nr. 3 Satz 2 UrhG anordnet, dass sich das **Urheberrecht als Verbietungsrecht** – bezogen auf das Verbreitungsrecht – dann **erschöpft** (EuGH NJW 2012, 2565; BGH NJW-RR 2014, 366 – UsedSoft II), wenn der Urheber im Wege der Veräußerung innerhalb der EU/EWR ein Computerprogramm in den Verkehr bringt. Das gilt vor allem für **gebrauchte Software** (im Einzelnen (Försterling/Hoeren MMR 2012, 642 ff.; Jakopp/Hoeren MMR 2014, 646 ff.; Senftleben NJW 2012, 2924 ff.). Für isolierten Verkauf von Produktschlüsseln für Computerspiele (LG Berlin MMR 2014, 838). Wenn dieser vom EuGH anerkannte Erschöpfungsgrundsatz nicht in einem Vertrag beachtet wird – Weiter-

veräußerung erworbener Software – dann ist die betreffende Klausel (etwa Erfordernis der Zustimmung des Softwarehauses) unwirksam (LG Hamburg NJW-RR 2014, 1072).

2. Weitergabeverbote

Berücksichtigt man, dass Software gem. Art. 2 der EG-Richtlinie vom 14.5.1991 (s. Rz. 19) – umgesetzt durch § 69a UrhG – Urheberrechtsschutz genießt, so ist auf den in § 17 Abs. 1 UrhG festgeschriebenen Erschöpfungsgrundsatz – ausgeprägt in der Spezialvorschrift des § 69c Nr. 3 UrhG – zurückzugreifen: Ist das urheberrechtlich geschützte Werk – gleichgültig, ob im Original oder in Form eines Vervielfältigungsstücks – mit Zustimmung des Berechtigten im Wege der Veräußerung in den Verkehr gebracht, so ist gem. § 69c Nr. 3 UrhG seine Weiterverbreitung zulässig (vgl. zu § 17 Abs. 1 UrhG Haberstumpf in Lehmann, Rechtsschutz und Verwertung von Computerprogrammen, 1993, S. 63). Der Veräußerer muss allerdings wegen § 69c Nr. 1 UrhG ordnungsgemäß alle bei ihm zurückbleibenden Datenbestände löschen (Koch NJW-CoR 1994, 293, 295). Diese Grundsätze gelten auch für die Veräußerung von Software mittels Datenfernübertragung (Mäger CR 1996, 522, 526). Bei Vereinbarung eines Weiterveräußerungsverbots ist das Urteil des EuGH vom 3.7.2012 zu beachten (NJW 2012, 2565 – Usedsoft/Oracle; vgl. auch LG Berlin MMR 2014, 838; LG Hamburg NJW-RR 2014, 1072), weil der **Erschöpfungsgrundsatz** eingreifen kann. Dies gilt freilich nicht, sofern der Software-Überlassungsvertrag zeitlich befristet ist, weil dann im Zweifel nach der Typizität eines solchen Vertrags ein miet- oder pachtähnliches Rechtsverhältnis gem. §§ 581, 535 ff. BGB vorliegt. Dann greift die Regel von Art. 4 lit. c der EG-Richtlinie vom 14.5.1991 – umgesetzt durch § 69c Nr. 3 Satz 2 UrhG – ein: Die Weitervermietung bedarf, wie sich im Übrigen auch aus § 540 Abs. 1 BGB ergibt, stets der Zustimmung des Softwarehauses. Folglich sind Verbotsklauseln hier nicht nach § 307 Abs. 2 Nr. 1 BGB zu beanstanden. 20

3. Verbot der Nutzung auf verschiedenen Computern (CPU-Klausel)

Derartige **Systemvereinbarungen** kommen individualvertraglich praktisch nicht vor, weil sie in hohem Maß standardisiert sind (vgl. Scholz/Haines CR 2003, 393 ff.). Im Übrigen unterliegen sie folgender Bewertung (AGB-Klauselwerke/Hoeren – IT-Verträge Rz. 24 ff.): Handelt es sich bei diesen Beschränkungen um Bestimmungen, die Verträge betreffen, in denen der Käufer Programme gegen eine Einmalzahlung erworben hat, dann verstoßen sie gegen § 307 Abs. 2 Nr. 1 BGB (Moritz in Kilian/Heussen, Computerrechts-Handbuch – Leistungsstörungen Rz. 58 ff.; Schmidt in Ulmer/Brandner/Hensen Teil 2 (28) Rz. 15 f.), weil sie mit den wesentlichen Grundgedanken des Eigentums des Software-Anwenders und der entsprechenden Erschöpfung des Verbreitungsrechts (BGH CR 2000, 651 – OEM-Version) unvereinbar sind (OLG Frankfurt NJW-RR 1995, 182). Dies ist bei einem Softwarelizenzvertrag anders, dann halten CPU-Klauseln dem Test des § 307 Abs. 1 Satz 1 BGB stand (BGH NJW 2003, 2014). Wirksamkeit oder Unwirksamkeit hängt also vom Vertragstyp entscheidend ab (zum Problemkreis einer entsprechenden Drohung einer Sperre vgl. OLG Frankfurt CR 2000, 146; zum Problemkreis kartellrechtlicher Bedenken gegen solche Klauseln vgl. Wiebe in Spindler/Schuster, Recht der elektronischen Medien, 2012, § 69d UrhG Rz. 39), lässt sich nur unter Berücksichtigung des jeweiligen Vertrags abschließend sagen. Zu bedenken sind stets die sich durch eine CPU-Klausel ergebenden Beschränkungen, auf eine neue Hardware umzusteigen (Harte/Bavendamm/Wiebe in Kilian/Heussen, Computerrechts-Handbuch – Urheberrecht Rz. 98). Jedenfalls ist dann eine andere Beurteilung angezeigt, wenn die Software in einem solchen Maß an den CPU-Typ angepasst ist, dass bei einem CPU-Wechsel die Ablauffähigkeit und/oder Funktionalität der Software erheblich eingeschränkt würde, so dass ggf. umfangreiche Anpassungsarbeiten erforderlich würden (OLG Frankfurt NJW-RR 1995, 182). 21

4. Verbot der Mehrfachnutzung

Es ist auf den **bestimmungsgemäßen Gebrauch** der Software abzustellen, um festzulegen, ob die für die jeweilige Vervielfältigung erforderliche Zustimmung des berechtigten Urhebers vorliegt (Marly Rz. 771). Soweit ein solches Verbot formularmäßig verankert ist, bestehen gem. § 307 Abs. 2 Nr. 1 BGB keine durchgreifenden Bedenken. Fehlt hingegen eine ausdrückliche Regelung, so 22 ist – abhängig von den Umständen des Einzelfalls – danach zu differenzieren, ob die Software lediglich erkennbar für einen Einzelplatzrechner entwickelt wurde oder ob zugleich eine Mehrfachbenutzung ins Auge gefasst ist.

5. Programmänderungsverbote

23 Gem. Art. 6 Abs. 2 EG-Richtlinie vom 14.5.1991 (s. Rz. 19) ist ausdrücklich die Verwendung von bei einer zulässigen Dekompilierung gewonnenen Informationen und zu anderen Zwecken als zur Herstellung der Interoperabilität des unabhängig geschaffenen Programms sowie die Weitergabe dieser Informationen an Dritte untersagt, soweit nicht dies für die Interoperabilität des unabhängig geschaffenen Programms notwendig ist (vgl. Art. 6 Abs. 2 lit. b EG-Richtlinie). Die Einzelheiten ergeben sich aus § 69e UrhG. Da vertragliche Vereinbarungen, die von diesem Verbotstatbestand abweichen, gem. Art. 9 Abs. 1 Satz 2 EG-Richtlinie unwirksam sind, gilt dies sowohl im Rahmen der Individualvereinbarungen als auch bei Verwendung von Formularklauseln.

23a ➲ **Hinweis:** Höchste Sorgfalt bei Abfassung dieser Klausel; Interessen bedenken. Im Zweifel sehr umfassende und detaillierte Regelung. Rechtsprechung nach dem neusten Stand prüfen.

6. Quellcode

24 Nach der Rechtsprechung des BGH (BGH NJW-RR 2002, 1617; BGH NJW-RR 2004, 782) hängt die Frage, ob der Auftragnehmer verpflichtet ist (zur Herausgabepflicht nach § 809 BGB bei Verdacht der Verletzung eines Urheberrechts BGH NJW-RR 2013, 878; OLG Frankfurt NJW-RR 2006, 1344 – Bestehen einer gewissen Wahrscheinlichkeit einer Verletzungshandlung), den Quellcode des Programms seinem Kunden/Auftraggeber zu überlassen, entscheidend vom Inhalt der Vereinbarung ab (Karger in Kilian/Heussen, Computerrechts-Handbuch – Software-Hinterlegungsverträge, Rz. 57 ff.). Bei Standardprogrammen dürfte ein solcher Anspruch nicht bestehen (LG München CR 1992, 208). Wird aber vertraglich bestimmt, dass der Quellcode nicht zum Lieferumfang gehört, dann ist dies nach § 307 Abs. 1 Satz 1 BGB wirksam (LG Köln CR 2003, 484). Fehlt eine solche ausdrückliche Abrede, dann entscheidet die Auslegung nach Maßgabe der §§ 133, 157 BGB, ob eine solche Verpflichtung besteht (hierzu Hoeren CR 2004, 721 ff.). Diese kann dann etwa angenommen werden, wenn eine Dokumentation zu erstellen ist (OLG Karlsruhe CR 1999, 11), weil dann auch implizit die Pflicht zur Überlassung des Quellcodes mitgeschuldet wird (allgemein und umfassend zur **Herausgabe des Quellcodes** Schneider in Schneider/Graf von Westphalen Kap. L Rz. 112 ff.). Das kann sogar so weit gehen, dass der Hersteller verpflichtet ist, den Quellcode seinem Kunden zu überlassen, wenn die erstellte Individualsoftware für den weiteren Absatz an eigene Kunden des Auftraggebers dient (LG Aschaffenburg CR 1998, 203). Daraus folgt im Umkehrschluss: Will der Hersteller vermeiden, dass der Quellcode dem Kunden übergeben wird, dann muss er diese Pflicht – entgegen dem hier unterbreiteten Muster – ausdrücklich **ausschließen** (Hoeren CR 2004, 721, 724). Das ist wohl grundsätzlich zulässig. Dabei spielt stets die Frage eine praktisch entscheidende Rolle, ob die Herausgabe des Quellcodes auch im Fall der Insolvenz des **Auftragnehmers** verlangt werden kann (BGH CR 2006, 151; vgl. auch Schneider, in Schneider/Graf von Westphalen Kap. L 114; Hoeren CR 2004, 721, 724).

M 37.1 Softwareüberlassung auf Dauer – Kaufleute

Software-Kaufvertrag

zwischen

...

– nachfolgend Lieferant –

und

...

– nachfolgend Anwender –

§ 1 Vertragsgegenstand

(1) Der Anwender kauft das Computerprogramm „XY-Software" zum Preise von ... Euro. Der Preis ist am ... fällig.

(2) Das Programmpaket besteht aus ... Datenträgern, einem Benutzerhandbuch, ... Tastaturschablone sowie Produktinformationen. Die Einzelheiten sind in Anlage 1 festgelegt. Eine Pflicht zur Schulung der Mitarbeiter des Anwenders besteht nicht.

(3) Das Computerprogramm gem. Abs. 1 und das Programmpaket gem. Abs. 2 sind urheberrechtsgeschützt (§§ 69a ff. UrhG). Das Urheberrecht ist Gegenstand dieses Kaufvertrages.

§ 2 Einweisung

Der Lieferant wird den Anwender sowie ... seiner Mitarbeiter am ... (Zeitangabe einsetzen) in die Benutzung der Software einweisen Die Einweisung findet im Hause des Lieferanten statt. Die Kosten werden dem Anwender gesondert in Rechnung gestellt.

§ 3 Vervielfältigungsrechte und Zugriffsschutz

(1) Der Anwender darf das gelieferte Programm vervielfältigen, soweit die jeweilige Vervielfältigung für die Benutzung des Programms notwendig ist. Zu den notwendigen Vervielfältigungen zählen die Installation des Programms vom Originaldatenträger auf den Massenspeicher der eingesetzten Hardware sowie das Laden des Programms in den Arbeitsspeicher.

(2) Darüber hinaus kann der Anwender eine Vervielfältigung zu Sicherungszwecken vornehmen. Es darf jedoch jeweils nur eine einzige Sicherungskopie angefertigt und aufbewahrt werden. Diese Sicherungskopie ist als solche des überlassenen Programms zu kennzeichnen und mit dem der Programmdokumentation beiliegenden Herstelleraufkleber zu versehen.

(3) Der Anwender ist verpflichtet, den unbefugten Zugriff Dritter auf das Programm sowie die Dokumentation durch geeignete Vorkehrungen zu verhindern. Die gelieferten Originaldatenträger sowie die Sicherungskopien sind an einem gegen den unberechtigten Zugriff Dritter gesicherten Ort aufzubewahren. Die Mitarbeiter des Anwenders sind nachdrücklich auf die Einhaltung der vorliegenden Vertragsbedingungen sowie des Urheberrechts hinzuweisen.

(4) Weitere Vervielfältigungen, zu denen auch die Ausgabe des Programmcodes auf einen Drucker sowie das Fotokopieren des Handbuchs zählen, darf der Anwender nicht anfertigen. Ggf. für Mitarbeiter benötigte zusätzliche Handbücher sind über den Lieferanten zu beziehen.

§ 4 Mehrfachnutzungen und Netzwerkeinsatz

(1) Der Anwender darf die Software auf jeder ihm zur Verfügung stehenden Hardware einsetzen. Wechselt der Anwender jedoch die Hardware, muss er die Software aus der bisher verwendeten Hardware löschen.

(2) Ein zeitgleiches Einspeichern, Vorrätighalten oder Benutzen auf mehr als nur einer Hardware ist unzulässig. Möchte der Anwender die Software auf mehreren Hardwarekonfigurationen zugleich einsetzen, etwa durch mehrere Mitarbeiter, muss er eine entsprechende Anzahl von Programmpaketen erwerben.

§ 5 Rekompilierung und Programmänderungen

(1) Die Rückübersetzung des überlassenen Programmcodes in andere Codeformen (Rekompilierung) sowie sonstige Arten der Rückerschließung der verschiedenen Herstellungsstufen der Software (Reverse-Engineering) einschließlich einer Programmänderung sind für den eigenen Gebrauch zulässig, insbesondere zum Zwecke der Fehlerbeseitigung oder Erweiterung des Funktionsumfangs. Zum eigenen Gebrauch im Sinne dieser Regelung zählt insbesondere der private Gebrauch des Anwenders. Daneben zählt zum eigenen Gebrauch aber auch der beruflichen oder erwerbswirtschaftlichen Zwecken dienende Gebrauch, sofern er sich auf die eigene Verwendung durch den Anwender oder seiner Mitarbeiter beschränkt und nicht nach außen hin in irgendeiner Art und Weise gewerblich verwertet werden soll.

(2) Die Entfernung eines Kopierschutzes oder ähnlicher Schutzroutinen ist nur zulässig, sofern durch diesen Schutzmechanismus die störungsfreie Programmnutzung beeinträchtigt oder verhin-

dert wurde. Für die Beeinträchtigung oder Verhinderung störungsfreier Benutzbarkeit durch den Schutzmechanismus trägt der Anwender die Beweislast. § 11 Abs. 3 der vorliegenden Vertragsbedingungen ist zu berücksichtigen.

(3) Urhebervermerke, Seriennummern sowie sonstige der Programmidentifikation dienende Merkmale dürfen auf keinen Fall entfernt oder verändert werden.

§ 6 Weiterveräußerung und Weitervermietung

(1) Der Anwender darf die Software einschließlich des Benutzerhandbuchs und des sonstigen Begleitmaterials auf Dauer an Dritte veräußern oder verschenken, vorausgesetzt der erwerbende Dritte erklärt sich mit der Weitergeltung der vorliegenden Vertragsbedingungen auch ihm gegenüber einverstanden. Im Falle der Weitergabe muss der Anwender dem neuen Anwender sämtliche Programmkopien einschließlich ggf. vorhandener Sicherheitskopien übergeben oder die nicht übergebenen Kopien vernichten. Infolge der Weitergabe erlischt das Recht des alten Anwenders zur Programmnutzung. Er ist verpflichtet, der Informationspflicht des § 12 Abs. 1 dieses Vertrages nachzukommen.

(2) Der Anwender darf die Software Dritten nicht überlassen, wenn der begründete Verdacht besteht, der Dritte werde die Vertragsbedingungen verletzen, insbesondere unerlaubte Vervielfältigungen herstellen. Dies gilt auch im Hinblick auf Mitarbeiter des Anwenders.

§ 7 Zahlungsverzug – Verbot von Aufrechnungs- und Zurückbehaltungsrecht

(1) Kommt der Anwender mit der Zahlung des Kaufpreises gem. § 1 Abs. 1 oder mit der Zahlung der Kosten gem. § 2 in Verzug, so ist der Lieferant berechtigt, Verzugszinsen iHv. 8 % über dem jeweiligen Basiszinssatz[1] *p.a. zu verlangen.*

(2) Aufrechnungsrechte stehen dem Anwender nur zu, wenn seine Gegenforderung rechtskräftig festgestellt, unbestritten oder vom Lieferanten anerkannt ist.

(3) Zurückbehaltungsrechte stehen dem Anwender nur zu, soweit sie auf dem gleichen Vertragsverhältnis beruhen.

§ 8 Untersuchungs- und Rügepflicht

(1) Der Anwender wird die gelieferte Software einschließlich der Dokumentation innerhalb von acht Werktagen nach Lieferung untersuchen, insbesondere im Hinblick auf die Vollständigkeit der Datenträger und Handbücher sowie der Funktionsfähigkeit grundlegender Programmfunktionen. Mängel, die hierbei festgestellt werden oder feststellbar sind, müssen dem Lieferanten innerhalb weiterer drei Werktage schriftlich auf dem der Dokumentation beiliegenden Formular gemeldet werden. Die Mängelrüge muss eine nach Kräften zu detaillierende Beschreibung der Mängel beinhalten[2]*. Die Vorgaben des Mängelformulars sind zu beachten.*

(2) Mängel, die im Rahmen der beschriebenen ordnungsgemäßen Untersuchung noch nicht feststellbar sind, müssen innerhalb von drei Werktagen nach Entdeckung unter Einhaltung der dargelegten Rügeanforderungen gerügt werden.

§ 9 Mängelhaftung

(1) Mängel der gelieferten Software einschließlich der Handbücher und sonstiger Unterlagen werden vom Lieferanten innerhalb der Gewährleistungsfrist von 24 Monaten ab Lieferung nach entsprechender Mitteilung durch den Anwender unentgeltlich behoben. Dies geschieht nach Wahl des Lieferanten durch Nachbesserung oder Ersatzlieferung.

(2) Schlägt die Nacherfüllung fehl, dann kann der Anwender vom Vertrag zurücktreten oder Minderung fordern[3]*.*

1 Hierzu § 288 BGB.

2 Dies entspricht der Rechtsprechung zur Substantiierung der Mängelrüge (vgl. OLG Köln CR 1997, 213, 214).

3 Eine Klausel, die dem Verwender – hier dem Käufer bzw. Anwender – den Rücktritt vom Vertrag gestattet, wenn er die Software nicht für geeignet hält, ist unwirksam (vgl. BGH CR 1997, 470, 471 ff.).

(3) Soweit in §§ 9 und 10 nichts anderes bestimmt, haftet der Lieferant nicht für Schäden, die nicht an der gelieferten Software selbst entstanden sind; insbesondere übernimmt der Lieferant keine Haftung für Datenverlust oder sonstige Folgeschäden.

§ 10 Haftung

(1) Für Schäden wegen Rechtsmängeln, insbesondere wegen Verletzungen von Urheberrechten Dritter haftet der Lieferant unbeschränkt während der Verjährungsfrist von § 9 Abs. 1[4]*.*

(2) Der Lieferant haftet nach den gesetzlichen Bestimmungen, wenn die Schadensursache auf Vorsatz oder grober Fahrlässigkeit des Lieferanten, einschließlich seiner Vertreter oder Erfüllungsgehilfen beruht. Das Gleiche gilt, wenn ein Körper- oder Gesundheitsschaden oder der Tod des Anwenders auf Umständen beruht, die der Lieferant zu vertreten hat.

(3) Unberührt bleibt die Haftung des Lieferanten nach den Bestimmungen des Produkthaftungsgesetzes.

(4) Soweit der Lieferant eine „wesentliche" Pflicht schuldhaft verletzt, ist er dem Anwender gegenüber zum Ersatz des typischerweise eintretenden, vorhersehbaren Schadens verpflichtet. Eine solche wesentliche Pflicht liegt immer dann vor, wenn es sich um eine Pflicht handelt, auf deren ordnungsgemäßer Erfüllung der Anwender vertrauen konnte und auch redlicherweise vertrauen durfte.

(5) Bei der fahrlässigen Verletzung von sonstigen nicht wesentlichen Vertragspflichten ist die Haftung des Lieferanten ausgeschlossen; es gilt § 9 Abs. 3.

(Alternativ: Eine Klausel entsprechend ***M 37.2*** *§ 9, welche auf eine individualvertragliche Begrenzung der Schadensersatzhaftung abstellt.)*

§ 11 Obhutspflicht

Der Anwender wird die gelieferten Originaldatenträger an einem gegen den unberechtigten Zugriff Dritter gesicherten Ort aufbewahren sowie seine Mitarbeiter nachdrücklich auf die Einhaltung der vorliegenden Vertragsbedingungen sowie des Urheberrechts hinweisen.

§ 12 Informationspflichten

Der Anwender ist im Falle der Weiterveräußerung der Software verpflichtet, dem Hersteller den Namen und die vollständige Anschrift des Käufers schriftlich mitzuteilen.

§ 13 Eigentumsvorbehalt

Der Lieferant behält sich das Eigentum an der dem Anwender gelieferten Software bis zur vollständigen Bezahlung sämtlicher zum Zeitpunkt der Lieferung bestehender oder später entstehender Forderungen aus diesem Vertragsverhältnis vor, bei Bezahlung durch Scheck oder Wechsel bis zu deren Einlösung.

§ 14 Schriftform

Sämtliche Vereinbarungen sind in diesem Vertrag enthalten.

§ 15 Gerichtsstand

Gerichtsstand für alle sich im Zusammenhang mit diesem Vertrag ergebenden Streitigkeiten ist . . ., sofern der Anwender Kaufmann ist.

4 Zur Rechtsmängelhaftung BGH NJW 2006, 47.

M 37.2 Softwareüberlassung auf Zeit – Kaufleute

Software-Mietvertrag

zwischen

. . .

– nachfolgend Vermieter –

und

. . .

– nachfolgend Mieter –

§ 1 Allgemeines

(1) Vertragsgegenstand ist die „XY-Software". Sie umfasst die in der allgemeinen Leistungsbeschreibung – Anlage 1 – aufgelisteten Funktionen und ist auf der XY-Hardware unter dem Z-Betriebssystem ablauffähig.

(2) Das Programm wird auf . . . Datenträgern des Typs . . . ausgeliefert. Neben den Datenträgern werden ein Benutzerhandbuch sowie eine Installationsanleitung mitgeliefert.

(3) Das Computerprogramm gem. Abs. 1 und das Benutzerhandbuch sowie die Installationsanleitung gem. Abs. 2 sind für den Vermieter urheberrechtsgeschützt (§§ 69a ff. UrhG).

§ 2 Mietdauer und Kündigungsfristen

(1) Das Mietverhältnis beginnt am . . . Der Mieter kann die Software am Tage des Mietbeginns beim Vermieter abholen. Auf Wunsch wird die Software dem Mieter unfrei zugesandt.

(2) Das Mietverhältnis läuft auf unbestimmte Zeit. Es kann zum Ende eines Kalender-Quartals gekündigt werden, erstmals zum . . .

(3) Die Kündigungsfrist beträgt drei Monate. Die Kündigung muss schriftlich erfolgen und dem Vermieter spätestens am dritten Werktag des ersten Monats der Kündigungsfrist zugehen.

§ 3 Mietzahlung, Verzug

(1) Die monatliche Miete beträgt für den Zeitraum bis zum . . . Euro. Ab dem . . . beträgt die Miete . . . Euro. Zusätzlich zur vorstehend genannten Miete ist die Umsatzsteuer in der jeweiligen gesetzlichen Höhe zu entrichten.

(2) Die Miete nebst Umsatzsteuer ist monatlich im Voraus jeweils am ersten Werktag des Monats fällig. Der Mieter wird den Vermieter ermächtigen, die Miete nebst Umsatzsteuer im Lastschrifteinzugsverfahren einzuziehen, und für die erforderliche Deckung seines Bankkontos sorgen.

(3) Kommt der Mieter mit einer Mietzahlung in Verzug, so ist der Vermieter berechtigt, als Verzugsschaden 8 % über dem jeweiligen Basiszinssatz[1] *p.a. als Schaden geltend zu machen.*

(4) Aufrechnungsrechte stehen dem Mieter nur zu, wenn die Gegenforderung rechtskräftig festgestellt, anerkannt oder unbestritten ist.

§ 4 Vervielfältigungsrechte

(1) Der Mieter darf das gelieferte Programm vervielfältigen, soweit die jeweilige Vervielfältigung für die Benutzung des Programms notwendig ist. Zu den notwendigen Vervielfältigungen zählen die Installation des Programms auf den Massenspeicher der eingesetzten Hardware sowie das Laden des Programms in den Arbeitsspeicher.

(2) Darüber hinaus kann der Mieter eine Vervielfältigung zu Sicherungszwecken vornehmen. Es darf jedoch jeweils nur eine einzige Sicherungskopie angefertigt und aufbewahrt werden. Diese Sicherungskopie ist als solche des überlassenen Programms zu kennzeichnen und mit dem der Programmdokumentation beiliegenden Aufkleber zu versehen.

1 Vgl. § 288 BGB.

(3) Weitere Vervielfältigungen, zu denen auch die Ausgabe des Programmcodes auf einen Drucker sowie das Fotokopieren des Handbuchs zählen, darf der Mieter nicht anfertigen.

§ 5 Weiterveräußerung und Weitervermietung

(1) Der Mieter darf die Software einschließlich des Benutzerhandbuchs und des sonstigen Begleitmaterials Dritten weder veräußern noch zeitlich begrenzt überlassen, insbesondere nicht vermieten oder verleihen.

(2) Zulässig ist jedoch die Überlassung an Dritte, denen kein selbständiges Gebrauchsrecht eingeräumt wird und die sich hinsichtlich der Art und Weise der Benutzung dem Willen des Mieters beugen müssen. Dies ist insbesondere bei Angestellten des Mieters in der Regel der Fall. Das Verbot der Mehrfachbenutzung nach § 6 der vorliegenden Vertragsbedingungen ist jedoch auch in diesen Fällen zu beachten.

§ 6 Mehrfachnutzungen und Netzwerkeinsatz

(1) Der Mieter darf die Software auf jeder ihm zur Verfügung stehenden Hardware einsetzen.

(2) Der Einsatz der überlassenen Software innerhalb eines Netzwerkes oder eines sonstigen Mehrstations-Rechensystems ist unzulässig, sofern damit die Möglichkeit zeitgleicher Mehrfachnutzung des Programms geschaffen wird. Möchte der Mieter die Software innerhalb eines Netzwerks oder sonstiger Mehrstations-Rechensysteme einsetzen, muss er eine zeitgleiche Mehrfachnutzung durch Zugriffsschutzmechanismen unterbinden oder dem Vermieter eine besondere Netzwerkgebühr entrichten, deren Höhe sich nach der Anzahl der an das Rechensystem angeschlossenen Benutzer bestimmt. Die im Einzelfall zu entrichtende Netzwerkgebühr wird der Vermieter dem Mieter umgehend mitteilen, sobald dieser dem Vermieter den geplanten Netzwerkeinsatz einschließlich der Anzahl angeschlossener Benutzer schriftlich bekannt gegeben hat. Der Einsatz im Netzwerk ist erst nach der vollständigen Entrichtung der Netzwerkgebühr zulässig.

§ 7 Rekompilierung und Programmänderungen

(1) Eine Änderung der Software durch den Mieter ist unzulässig, sofern sie nicht der Beseitigung eines Mangels dient und der Vermieter mit der Beseitigung dieses Mangels in Verzug ist. Im letztgenannten Fall darf der Mieter nur einen solchen kommerziell arbeitenden Dritten mit der Fehlerbeseitigung beauftragen, der nicht mit dem Vermieter in einem potentiellen Wettbewerbsverhältnis steht, wenn durch die Vornahme der Fehlerbeseitigung eine Preisgabe wichtiger Programmfunktionen und -arbeitsweisen zu befürchten ist.

(2) Die Rückübersetzung des überlassenen Programmcodes in andere Codeformen (Rekompilierung) sowie sonstige Arten der Rückerschließung der verschiedenen Herstellungsstufen der Software (Reverse-Engineering) sind nur erlaubt, soweit sie die Funktionen des Programms beobachten, untersuchen oder testen, um die ihm zu Grunde liegenden Ideen, Grundsätze und anderen Aspekte zu ermitteln, die keinem Urheberrechtsschutz unterliegen. Weitere Zulässigkeitsvoraussetzung ist, dass die Rückerschließung oder Programmbeobachtung nur durch solche Handlungen erfolgt, zu denen der Mieter nach § 2 dieses Vertrages berechtigt ist. Insbesondere darf keine Ausgabe des Programmcodes auf einen Drucker erfolgen.

(3) Urhebervermerke, Seriennummern sowie sonstige der Programmidentifikation dienende Merkmale dürfen auf keinen Fall entfernt oder verändert werden.

§ 8 Gewährleistung und Kündigungsrecht

(1) Mängel der überlassenen Software einschließlich der Handbücher und sonstiger Unterlagen werden vom Vermieter nach entsprechender Mitteilung des Mangels durch den Mieter innerhalb angemessener Zeit unentgeltlich für den Anwender behoben. Die Mängelbehebung erfolgt nach Wahl des Vermieters durch kostenfreie Nachbesserung oder Ersatzlieferung.

(2) Soweit der Mieter zur Mietminderung berechtigt ist, kann er die vereinbarte Miete entsprechend kürzen.

(3) Schadensersatzansprüche des Mieters wegen Mängeln, die bei Beginn der Miete bereits vorhanden waren, sind insoweit ausgeschlossen[2]*, als der Vermieter nicht ohne Rücksicht auf eigenes Verschulden, unter Zurechnung des Verschuldens seiner Erfüllungsgehilfen (§ 278 BGB) haftet.*

§ 9 Haftung[3]

*(Wie **M 37.1**. Ansonsten dringende Empfehlung, die Haftungsfolgen – vor allem im Bereich des Schadensersatzes – individualvertraglich zu regeln, um so die Haftung wirksam zu begrenzen, was im Rahmen von AGB nicht mit der erforderlichen Verlässlichkeit möglich ist. Daher etwa wie folgt:)*

Die Haftung für Mängel der überlassenen Software ist – gleichgültig, aus welchem Rechtsgrund – begrenzt auf . . . Euro (in Worten: . . . Euro). Dies gilt nicht im Fall vorsätzlicher Pflichtverletzung sowie für die Verletzung eines Garantieversprechens oder ein Fall der Arglist.

§ 10 Obhutspflicht

(1) Der Mieter ist verpflichtet, den unbefugten Zugriff Dritter auf das Programm sowie die Dokumentation durch geeignete Vorkehrungen zu verhindern.

(2) Der Mieter wird die gelieferten Originaldatenträger an einem gegen den unberechtigten Zugriff Dritter gesicherten Ort aufbewahren sowie seine Mitarbeiter nachdrücklich auf die Einhaltung der vorliegenden Vertragsbedingungen und des Urheberrechts hinweisen. Insbesondere wird der Mieter seine Mitarbeiter auffordern, keine unberechtigten Vervielfältigungen des Programms oder des Benutzerhandbuchs anzufertigen.

§ 11 Rückgabe- und Löschungspflicht

(1) Bei Beendigung des Vertragsverhältnisses ist der Mieter zur Rückgabe sämtlicher Originaldatenträger sowie der vollständigen ihm überlassenen Dokumentationen, Materialien und sonstiger Unterlagen verpflichtet. Das Programm samt Dokumentation ist dem Vermieter kostenfrei zuzustellen. Bei einem Transport durch Dritte ist die Sendung auf gesichertem Transportweg (eingeschriebener Brief, Postwertpaket oder ähnliches) aufzugeben und in angemessener Höhe zu versichern, mindestens in Höhe der zwölffachen Monatsmiete.

(2) Die ordnungsgemäße Rückgabe umfasst auch die vollständige und endgültige Löschung sämtlicher ggf. vorhandener Kopien.

(3) Der Vermieter kann auf die Rückgabe verzichten und die Löschung des Programms sowie die Vernichtung der Dokumentation anordnen. Übt der Vermieter dieses Wahlrecht aus, wird er dies dem Mieter ausdrücklich mitteilen.

§ 12 Schriftform

Sämtliche Vereinbarungen zwischen den Parteien sind in diesem Vertrag enthalten.

§ 13 Gerichtsstand

Gerichtsstand für alle sich aus oder im Zusammenhang mit diesem Vertrag ergebenden Streitigkeiten ist . . .

. . . (Unterschriften Mieter, Vermieter)

---

2 Eine solche Freizeichnungsklausel ist wirksam, BGH NJW-RR 1991, 74.

3 Hinweis: Da Risiken eines komplexen Vertrags durch AGB nicht mehr sinnvoll und effektiv begrenzt werden können, ist es dringend, eine Individualabrede zu vereinbaren (BGH NJW 2013, 856, 858; BGH NJW 2000, 1110, 1111 f.). Der Gang der Verhandlungen ist protokollarisch zu Beweiszwecken festzuhalten. Eine AGB-Klausel, welche das Aushandeln autonom als Klausel festlegt, ist unwirksam (BGH NJW 2014, 1725).

M 37.3 Software-Erstellungsvertrag – Kaufleute

Software-Werkvertrag[1]

zwischen

. . .

– nachfolgend Hersteller –

und

. . .

– nachfolgend Anwender –

§ 1 Vertragsgegenstand

Gegenstand des Vertrages ist das vom Hersteller nach dem Lastenheft des Anwenders (Anlage 1) und basierend auf dem vom Hersteller erstellten Pflichtenheft (Anlage 2) zu entwickelnde und dem Anwender zu überlassende Computerprogramm „XY-Software" einschließlich Benutzungsanleitung, Quellcode, Herstellerdokumentation sowie weiterer schriftlicher Materialien zur Produktbeschreibung. Die Einzelheiten – außerhalb des Lasten- und des Pflichtenhefts – ergeben sich aus Anlage 3. Der Vertragsgegenstand ist für den Hersteller urheberrechtsgeschützt.

§ 2 Softwarespezifikation und Pflichtenheft

Die Software wird vom Hersteller entsprechend den im Pflichtenheft ausgearbeiteten Anforderungen zunächst als Grob-, sodann als Feinkonzept hergestellt. Das Pflichtenheft wird vom Anwender unter angemessener Beratung durch den Hersteller erstellt. Es ist als Anlage 2 Bestandteil des Vertrages. Ab Fertigstellung des ausgearbeiteten Pflichtenhefts wird dieses als Anlage zum vorliegenden Vertrag geführt. Für etwaige Änderungen gilt die Regelung von § 5 entsprechend.

§ 3 Fertigstellungstermin, Installation und Einweisung

(1) Die Software als Grobkonzept ist bis zum . . .; die Software als Feinkonzept, einschließlich vollständiger Benutzungsanleitung ist bis zum . . . fertigzustellen und auf der Hardware des Anwenders zu installieren. Unberührt bleibt die Abnahme nach § 8.

(2) Nach Installation des Programms wird der Hersteller den Anwender und drei seiner Mitarbeiter in die Benutzung des Programms einweisen. Die Einweisung erfolgt im Hause des Anwenders und umfasst mindestens vier Zeitstunden; die Einzelheiten ergeben sich aus Anlage 4.

(3) Auf Wunsch des Anwenders wird der Hersteller die Einweisung wiederholen und intensivieren. Die zusätzliche Einweisungszeit ist gesondert zu vergüten.

(4) Kommt der Hersteller mit der Fertigstellung der Software gem. Abs. 1 in Verzug, so ist der Anwender berechtigt, für jede vollendete Woche des Verzugs eine Verzugsentschädigung iHv. 1 % des Vertragspreises gem. § 4 als pauschalierten Schaden geltend zu machen, nicht jedoch mehr als 5 %, es sei denn, der Hersteller weist nach, dass als Folge des Verzugs dem Anwender gar kein Schaden oder ein wesentlich niedrigerer Schaden entstanden ist. Weiter gehende gesetzliche Ansprüche/Rechte bleiben vorbehalten.

§ 4 Vergütung

(1) Die Vergütung des Herstellers beträgt . . . Euro. Sämtliche vom Hersteller zu erbringenden Leistungen einschließlich der Beratung bei der Ausarbeitung des Pflichtenheftes sowie der Ersteinweisung nach Programminstallation werden mit ihr abgegolten. Lediglich die ggf. gewünschte und gesondert zu vereinbarende Zusatzeinweisung wird mit einem Stundensatz von . . . Euro gesondert vergütet.

(2) Die Vergütung ist iHv. ⅓ bei Abschluss des Vertrages zahlbar, iHv. ⅔ nach . . . Monaten, iHv. ⅓ bei Abnahme. Die Fälligkeit für die zweite Rate ist . . . Monate nach Abschluss des Vertrags, sofern

1 Die Typisierung hängt entscheidend von der Einordnung dieses Vertragstyps nach § 651 BGB ab (hierzu Rz. 6).

die Verzögerung nicht vom Hersteller zu vertreten ist, die Fälligkeit der dritten Rate ist ... Monate nach Vertragsabschluss, sofern die Verzögerung nicht vom Hersteller zu vertreten ist.

(3) Aufrechnungsrechte stehen dem Anwender nur zu, wenn die Gegenforderung rechtskräftig festgestellt, anerkannt oder unbestritten ist.

§ 5 Nachträgliche Änderungswünsche

(1) Änderungswünsche des Anwenders im Hinblick auf den Funktionsumfang, die Programmstruktur, die Bildschirmgestaltung oder sonstige Merkmale muss der Hersteller nicht berücksichtigen, soweit sie eine Abweichung vom ursprünglichen Vertragsinhalt darstellen, insbesondere nicht mit dem der Programmherstellung zugrunde gelegten Pflichtenheft oder sonstigen Leistungsbeschreibungen übereinstimmen.

(2) Dem Hersteller steht es frei, die gewünschten Änderungen gegen ein angemessenes zusätzliches Entgelt zu berücksichtigen. Grundlage der entsprechenden Entgeltfestsetzung sind der notwendige zeitliche Zusatzaufwand sowie der vom Hersteller für die Gesamtherstellung kalkulierte Vergütungssatz. Der Hersteller ist zur Offenlegung seiner Kalkulation nicht verpflichtet. Er muss die Höhe des Zusatzentgelts jedoch nachvollziehbar begründen. Als kalkulatorischer Stundensatz darf die Stundenvergütung für zusätzliche Einweisungen nach § 4 dieses Vertrages nicht überschritten werden.

(3) Alle Änderungen des Pflichtenhefts sind nur dann verbindlich, wenn sie von beiden Parteien unterzeichnet sind; sie sind fortlaufend zu nummerieren.

§ 6 Mitwirkungspflichten

(1) Die Mitwirkungspflicht des Anwenders umfasst insbesondere die Bereitstellung der für die Programmherstellung erforderlichen Informationen DV-technischer und projektorganisatorischer Art (Hardware- und Betriebssysteme, eingesetzte Standardsoftware, Organisationspläne) sowie ggf. der Hardware, auf der das Programm später eingesetzt werden soll. Die Einzelheiten sind in Anlage 3 festgelegt. Während erforderlicher Testläufe und des Abnahmetestes stellt der Anwender kompetente Mitarbeiter ab, die bevollmächtigt sind, über Mängel, Funktionserweiterungen, Funktionskürzungen sowie Änderungen der Programmstruktur zu urteilen und zu entscheiden. Der Anwender stellt ferner ggf. erforderliche Testdaten zur Verfügung.

(2) Sofern der Hersteller dem Anwender Entwürfe, Programmtestversionen oder ähnliches vorlegt, werden diese vom Anwender gewissenhaft geprüft. Reklamationen oder Änderungswünsche sind schriftlich anzumelden, soweit sie erkennbar sind.

(3) Sämtliche Unterlagen und Materialien, die einer Vertragspartei von der Gegenpartei für die Durchführung des Auftrags überlassen werden, sind pfleglich zu behandeln und dürfen nur für den Eigenbedarf vervielfältigt und Dritten nicht zugänglich gemacht werden. Sie sind der anderen Vertragspartei einschließlich der angefertigten Vervielfältigungsstücke zurückzugeben, sobald sie für die Programmherstellung nicht mehr benötigt werden.

(4) Schuldet der Hersteller auch die Installation der Software, muss der Besteller hierfür die Hardware bereitstellen und ggf. für den benötigten Zeitraum andere Arbeiten mit der Computeranlage einstellen.

§ 7 Quellcodeübergabe und Weiterverwertung[2]

(1) Der Hersteller ist neben der Überlassung des ablauffähigen Programms einschließlich Benutzerdokumentation auch zur Überlassung des dem Programm entsprechenden Quellcodes in der dem Pflichtenheft zu entnehmenden höheren Programmiersprache verpflichtet. Zum Quellcode zählt nicht nur der reine Programmiercode, sondern auch eine diesen beschreibende und erläuternde Dokumentation, deren Mindestumfang so zu bemessen ist, dass nach angemessener Einarbeitungszeit ein Verständnis des Aufbaus und der Arbeitsweise des Programms ermöglicht wird. Nach seiner Fertigstellung ist der Quellcode ... (Hinterlegungsstelle einsetzen) zu hinterlegen. Der Anwender ist nur dann berechtigt, den Quellcode herauszuverlangen, wenn über das Vermögen des Herstellers Antrag auf Insolvenz gestellt worden ist.

2 S. Rz. 24.

(2) Der Anwender darf die Software in jeder Form weiterentwickeln und beliebig verwerten, insbesondere an Dritte veräußern. Zu diesem Zwecke überträgt der Hersteller als Urheber dem Anwender für alle zurzeit bekannten Nutzungsarten ein ausschließliches, übertragbares, unwiderrufliches und unbeschränktes Nutzungsrecht.

(3) Der Hersteller ist nach vorheriger schriftlicher Zustimmung des Anwenders berechtigt, die Software oder einzelne, nicht nur unwesentliche Werkteile davon in veränderter oder unveränderter Form selbst zu benutzen oder an Dritte weiterzugeben. Der Anwender wird die Zustimmung erteilen, sofern dem keine wichtigen Gründe entgegenstehen, insbesondere keine Preisgabe von Geheimnissen an den Dritten zu befürchten ist, und eine Vereinbarung über eine angemessene Vergütung getroffen wird. Bei einer entgeltlichen Überlassung an Dritte richtet sich die dem Anwender zuzuerkennende Vergütung nach der Höhe des vom Hersteller dem Dritten abverlangten Überlassungsentgelts.

§ 8 Abnahme

(1) Die Abnahme erfolgt nach Fertigstellung der Gesamtleistung sowie nach der Installation des Programms auf der Hardware des Anwenders sowie der Ersteinweisung. Die Abnahme hat bis zum ... zu erfolgen. Für die Verzugsfolgen gilt § 3 Abs. 4 entsprechend.

(2) Nach der Installation des Programms weist der Hersteller durch angemessene Abnahmetests das Vorhandensein der vereinbarten Eigenschaften/Beschaffenheiten sowie der wesentlichen Programmfunktionen nach. Auf Verlangen des Anwenders sind für einen Abnahmetest von ihm bereitgestellte Testdaten zu verwenden sowie bestimmte Arten zusätzlicher Tests durchzuführen, die er für notwendig hält, um das Programm praxisnah zu prüfen.

(3) Hat die Software die Abnahmetests bestanden, ist der Anwender auf Verlangen des Herstellers verpflichtet, eine schriftliche Abnahmeerklärung abzugeben. Ggf. festgestellte kleinere Mängel sind in der Abnahmeerklärung festzuhalten.

(4) Die Abnahme darf nicht wegen unerheblicher Mängel verweigert werden. Der Hersteller kann zur Abgabe der Abnahmeerklärung eine angemessene Frist setzen, nach deren Ablauf die Software als abgenommen gilt, sofern sie aus Gründen verstreicht, die der Anwender nicht zu vertreten hat.

§ 9 Mängelhaftung

(1) Mängel der gelieferten Software einschließlich der Handbücher und sonstiger Unterlagen werden vom Hersteller innerhalb der Gewährleistungsfrist von zwei Jahren, gerechnet ab Abnahme nach entsprechender Mitteilung durch den Anwender unentgeltlich behoben. Dies geschieht nach Wahl des Herstellers durch Nachbesserung oder Ersatzlieferung.

(2) Schlägt die Nacherfüllung fehl, so ist der Anwender berechtigt, die gem. § 4 geschuldete Vergütung entsprechend herabzusetzen oder vom Vertrag zurückzutreten.

(3) Die Haftung für Rechtsmängel richtet sich nach den Bestimmungen in Abs. 1 und 2.

(4) Der Hersteller haftet nicht für Schäden, die nicht an der von ihm zu erstellenden Software selbst entstanden sind; insbesondere sind Schadensersatzansprüche wegen Datenverlust oder sonstiger Folgeschäden ausdrücklich ausgeschlossen, soweit sich nicht aus § 10 etwas anderes ergibt.

§ 10 Haftung

wie ***M 37.1*** *§ 10.*

§ 11 Haftpflichtversicherung

Zur Sicherung etwaiger Ersatzansprüche des Anwenders aus diesem Vertrag ist vom Hersteller eine Haftpflichtversicherung iHv. mindestens ... Euro/Schadensfall abzuschließen. Die Versicherungspolice ist dem Anwender unverzüglich nach Vertragsabschluss vorzulegen. Auf Verlangen des Anwenders ist der Hersteller während des Zeitraums der Programmherstellung verpflichtet, den Nachweis laufender Beitragszahlungen an die Haftpflichtversicherung zu erbringen.

§ 12 Geheimhaltungs- und Obhutspflicht

Der Anwender wird alle Informationen vertraulich behandeln, die ihm im Rahmen der Abwicklung dieses Vertragsverhältnisses zugänglich gemacht werden und vom Hersteller verwendete Metho-

den und Verfahren betreffen. Die Geheimhaltung gilt für die Dauer von fünf Jahren; sie endet, falls die geheimhaltungsbedürftigen Informationen allgemein bekannt werden oder während der Dauer der Geheimhaltungspflicht dem Anwender von dritter Seite ohne Auferlegung einer Geheimhaltungspflicht bekannt werden.

§ 13 Geltung der DIN-Normen

(1) Entstehen im Rahmen der Abwicklung dieses Vertragsverhältnisses zwischen den Vertragsparteien Uneinigkeiten über den Inhalt EDV-technischer Begriffe und Symbole, Qualitätserfordernisse, Formatanforderungen oder ähnliches, gilt die Einhaltung der jeweiligen zurzeit des Vertragsabschlusses geltenden DIN-Normen als vereinbart.

(2) Wird eine DIN-Norm nach Vertragsabschluss, aber vor der Abnahme des Programms geändert, ist der Hersteller im Rahmen des Zumutbaren gehalten, die Anforderungen der neuen Norm zu berücksichtigen. Wesentliche Änderungen der Programmierarbeiten sowie umfangreiche Programmänderungen muss er nicht vornehmen, soweit dies nur durch einen nicht unerheblichen zeitlichen oder finanziellen Mehraufwand zu erreichen ist. Er wird jedoch den Anwender bei wesentlichen Änderungen schriftlich in Kenntnis setzen, um diesen in die Lage zu versetzen, eine Änderungsvereinbarung zu treffen; § 5 gilt entsprechend.

§ 14 Schriftform

Sämtliche Vereinbarungen zwischen den Parteien sind in diesem Vertrag enthalten.

§ 15 Gerichtsstand

Gerichtsstand für alle sich aus oder im Zusammenhang mit diesem Vertrag ergebenden Streitigkeiten ist . . .

6. Abschnitt. Internetverträge

Kapitel 38 Internetverträge

Literatur: *Cichon*, Internetverträge, 2. Aufl. 2005; *Ernst*, Vertragsgestaltung im Internet, 2003; *Härting*, Internetrecht, 5. Aufl. 2014; *Hoeren/Sieber/Holznagel*, Handbuch Multimedia-Recht, Loseblatt, Stand 38. EL 2014; *Köhler/Arndt/Fetzer*, Recht des Internet, 7. Aufl. 2011; *Redeker*, Handbuch der IT-Verträge, Loseblatt, Stand 25. EL 2013; *Schneider*, Handbuch des EDV-Rechts, 4. Aufl. 2009; *Spindler* (Hrsg.), Vertragsrecht der Internet-Provider, 2. Aufl. 2004.

I. Domainnamen

Ausgangspunkt einer Internetpräsenz ist ein Domainname. Besonders griffige und einprägsame Domains sind begehrt und damit von erheblichem Wert. In den Anfangsjahren des Internet wurde massenhaft über Domainnamen prozessiert. Zwischenzeitlich sind die wesentlichen rechtlichen Fragen geklärt. 1

1. Registrierung

Ein Domainname ist zunächst nichts anderes als eine Chiffre für eine Ziffernfolge, die von weltweit im Internet verteilten Servern nach dem „Domain-Name-System" (DNS) übersetzt wird. Die Ziffernfolge, die sog. **IP-Adresse**, ist ein vierteiliger Ziffernblock (zB 198.176.154.132), mit dem jeder Rechner im Internet eindeutig identifiziert wird. Jeder Rechner muss eine unverwechselbare IP-Adresse haben, daher sind doppelte Vergaben von IP-Adressen wie von Domainnamen ausgeschlossen. 2

Die Domain setzt sich aus grundsätzlich zwei Bestandteilen zusammen, aus der **Top-Level-Domain** (TLD) und der **Second-Level-Domain** (SLD). Die TLD ist festgelegt auf verschiedene, nach den Regeln der in den USA ansässigen non-profit Organisation ICANN (bzw. IANA) bestimmte Zeichenfolgen. Am bekanntesten und gängigsten sind die nationalen Kürzel bei den länderspezifischen TLDs wie „.de" für Deutschland, „.ch" für Schweiz usw. oder die internationalen Kürzel der sog. generischen TLDs wie „.com", „.net" oder „.int" usw. Die SLD ist hingegen frei wählbar und dient der eigentlichen Unterscheidbarkeit der Domain, die dann zB lautet *beispiel.de*. 3

Zusätzlich können noch sog. **Third-Level-Domains** bzw. Subdomains als weitere Untergliederungen eingefügt werden (zB *erstes.beispiel.de*), was vor allem bei großen Unternehmen zur Aufgliederung in einzelne nationale, regionale oder inhaltliche Abteilungen mit eigener Website, Mailserver oÄ benutzt wird. Die Subdomains sind aber nicht Gegenstand der Domainvergabe bzw. -registrierung, sondern können vom Domaininhaber selbst gewählt und eingeführt werden. Für die Domainvergabe unter den einzelnen TLDs sind jeweils unterschiedliche, nicht staatliche Organisationen zuständig, für die in Deutschland gebräuchlichste, länderspezifische TLD „.de" ist es das Deutsche Network Information Center (DENIC eG) in Frankfurt.

Die Registrierung einer Domain mit der TLD „.de" kann direkt bei der **DENIC** (s. Rz. 3) erfolgen (www.denic.de), was jedoch relativ teuer ist. Regelmäßig übernimmt das deshalb der (Host-)**Provider**, über dessen Server die spätere Website in das Internet gestellt wird (s. Rz. 37 ff.). 4

Der Vertrag des Kunden mit seinem Provider zur Domainregistrierung ist als entgeltliche Geschäftsbesorgung anzusehen (§ 675 Abs. 1 BGB; vgl. Cichon Rz. 352; Härting Rz. 729), und zwar grundsätzlich mit Werkvertragscharakter (vgl. Spindler/Schuppert Teil VI Rz. 11; BGH CR 2010, 327 Rz. 22). Der Provider erwirbt bei der Anmeldung keine eigenen Rechte an der Domain, sondern nimmt die Registrierung in Stellvertretung gem. § 164 Abs. 1 BGB vor (vgl. Spindler/Schuppert aaO). Zu der Rechtsnatur des Domainregistrierungsvertrags mit der DENIC vgl. Cichon Rz. 355 ff.

2. Domainstreitigkeiten

a) Grundprinzip

Gegenstand rechtlicher Auseinandersetzungen ist regelmäßig die Befugnis zur Verwendung bestimmten Begriffe als Second-Level-Domains, aber es können selbstverständlich auch Subdomains als namens- oder kennzeichenrechtsverletzend (oder auch wettbewerbswidrig irreführend oder behindernd) angegriffen werden. Da der Verkehr die TLD – jedenfalls alter Prägung, d.h. bei den nicht frei wählbaren TLDs, s. Rz. 3 – nicht als Unterscheidungsmerkmal identifiziert, bleibt sie bei 5 der Betrachtung, ob eine Rechtsverletzung vorliegt, regelmäßig außer Betracht. Zum einen bedeutet das, dass sich die Verwechslungsgefahr nur an der SLD bemisst (etwas anderes mag ausnahmsweise gelten bei Domains wie „*bullypara.de*"). Zum anderen vermittelt damit ein durchgreifendes Recht an der SLD Ansprüche gegenüber Domains nicht nur mit der nationalen TLD „.de", sondern in Zweifel auch mit jeder anderen TLD (so bzgl. „.com": OLG Karlsruhe, CR 1999, 783 – badwildbad.com; bzgl. „info": BGH GRUR 2007, 259 = CR 2007, 36 – solingen.info, dort aber in Rz. 18 zweifelnd bzgl. der TLDs „.biz" oder „.pro").

Auch jenseits der bösgläubigen Registrierungen durch „Domain-Grabber" gibt es beinahe keinen Domainnamen, an dem nicht mehrere Beteiligte mehr oder weniger berechtigte Interessen haben, da er Eigennamen, Firmennamen, Abkürzungen, Gattungsbegriffe, Beschreibungen, Ortsangaben etc. oder Kombinationen daraus enthält. Da die Registrierungsbehörden grundsätzlich nach dem **Prioritätsprinzip** verfahren: „wer zuerst kommt, mahlt zuerst ..." (**„first come, first served"**), bleibt die Regelung von Kollisionsfällen den Beteiligten oder den Gerichten überlassen.

6 Der Domainname ist in das System der **Namens-, Kennzeichen- und Markenrechte** einzuordnen. Entscheidend ist damit, ob die Verwendung eines in der Domain enthaltenen Begriffs (Wort, Wortbestandteil, Abkürzung) in den Schutzbereich solcher Rechte eines Dritten eingreift. Gem. dem in Rz. 5 Gesagten ist dabei im Grundsatz zu unterstellen, dass der (Sub-Level-)Domain und ihren begrifflichen Bestandteilen (einschließlich Abkürzungen) Namens- und Kennzeichnungsfunktion zukommt (vgl. nur Schneider Teil C Rz. 726 mwN).

b) Markengesetz und Namensrecht

7 Liegt ein Kollisionsfall vor, ist er vorrangig nach Markenrecht zu entscheiden. Dessen Anwendungsbereich geht dem Namensschutz aus § 12 BGB vor (vgl. BGHZ 149, 191, 195 f. – shell.de). Verwendet daher der Domaininhaber den Domainnamen **im geschäftlichen Verkehr**, was sich daraus ergibt, welchen Inhalt die Website hat, ist der Fall ausschließlich nach den **markenrechtlichen Anspruchsgrundlagen** zu entscheiden. Es können also Ansprüche nach § 14 Abs. 2 Nr. 2 oder § 15 Abs. 2 MarkenG erhoben werden, was zumindest eine Branchennähe voraussetzt. Ist das nicht der Fall, können Ansprüche noch auf § 14 Abs. 2 Nr. 3 oder § 15 Abs. 3 MarkenG gestützt werden, was voraussetzt, dass es sich bei dem Konkurrenzkennzeichen um eine bekannte Marke oder ein bekanntes Unternehmenskennzeichen handelt. Geben die markenrechtlichen Anspruchsgrundlagen einen Unterlassungsanspruch nicht her, kann dann gegenüber einer Verwendung des Domainnamens im geschäftlichen Verkehr nicht ergänzend auf § 12 BGB zurückgegriffen werden, da dies eine Umgehung der Grenzen des Markengesetzes wäre (BGHZ 149, 191, 195 f. – shell.de).

8 Bei der Verwendung einer Domain (nur) **außerhalb des geschäftlichen Verkehrs** – also indem die darüber geschaltete Website keine geschäftlichen Inhalte hat (liegt ein Zweifelsfall vor, ist von einer rein privaten Nutzung auszugehen, vgl. BGH GRUR 2008, 1099 Rz. 12 – afilias.de) – oder außerhalb der Branchennähe oder wenn Rechtsfolgen (zB Löschung) begehrt werden, die das MarkenG generell nicht gewährt, kommt ein **namensrechtlicher Anspruch** aus § 12 BGB in Betracht (vgl. BGH GRUR 2014, 506 Rz. 8 – sr.de). Dabei ist zu beachten, dass der Namensschutz eines Unternehmens sich grundsätzlich „auf den Funktionsbereich des Unternehmens" beschränkt (vgl. BGHZ 149, 191, 198 – shell.de mwN). Eine Verletzung des Namensrechts ist im Domainbereich aus dem Aspekt der unberechtigten Namensanmaßung (§ 12 Abs. 1 Alt. 2 BGB) zu prüfen, die einen unbefugten Namensgebrauch, eine Zuordnungsverwirrung und eine Verletzung schutzwürdiger Interessen des Namensträgers voraussetzt.

9 Ansprüche aus Kennzeichen- oder Namensrechtsverletzung bestehen regelmäßig bereits dann, wenn eine entsprechende Domain **registriert** ist, eine Internetseite muss hierauf nicht konnektiert sein (vgl. BGHZ 155, 273, 276 f. – maxem.de). Eine Einschränkung erfährt das bei **Marken** oder auch **Unternehmenskennzeichen**, da die notwendige (Erstbegehungs-)Gefahr der Benutzung im geschäftlichen Verkehr (und im Sinne kennzeichenmäßiger Benutzung im Bereich der geschützten Waren und Dienstleistungen, s. auch Rz. 15) erfordert, dass dafür ernsthafte und greifbare Anhaltspunkte festgestellt sind. Allein die **Registrierung begründet die Gefahr nicht ohne Weiteres**, namentlich nicht bei Begriffen mit auch beschreibendem Charakter (vgl. BGH GRUR 2008, 912 = CR 2008, 730, Rz. 15 ff. – metrosex)

c) Generische Domain

Der BGH hat als rechtlich unbedenklich angesehen, dass **beschreibende Begriffe** oder **Gattungsbezeichnungen** (generische Begriffe) als Domainname für eine Person registriert und damit monopolisiert werden. Daraus kann sich per se **kein Verstoß** gegen UWG ergeben, insbesondere nicht wegen Behinderungswettbewerbs oder wegen eines Freihaltebedürfnisses (vgl. BGHZ 148, 1, 5 ff. – mitwohnzentrale.de; BGH GRUR 2005, 687, 689 = CR 2005, 593 – weltonline.de). 10

Der Domaininhaber muss lediglich darauf achten, dass er durch seinen Internetauftritt nicht den Eindruck einer **irreführenden Alleinstellungsbehauptung** nach UWG erweckt (vgl. BGHZ 148, 1, 13 – mitwohnzentrale.de; Irreführung (Spitzenstellungsbehauptung) bejahend: OLG Hamm CR 2003, 522 – Tauchschule Dortmund; OLG Stuttgart NJW 2006, 2273 – Bodenseekanzlei; verneinend: OLG Hamm MMR 2009, 52 – Domain aus Kanzleiname+Ortsname). 11

d) Konkurrenz Gleichnamiger

Grundsätzlich geklärt ist der rechtliche Umgang mit einem Streit zwischen Gleichnamigen; hier bleibt es zunächst beim **Prioritätsgrundsatz** der Domainregistrierung (s. Rz. 5): Auch ein stärkeres oder älteres Namens- oder Kennzeichenrecht begründet für sich genommen keinen Unterlassungsanspruch. Hat sich die Domain ein **Treuhänder** für den Namensträger oder Rechteinhaber registrieren lassen, kann sich dieser auf die Priorität seiner Registrierung nur berufen, wenn eine einfache und zuverlässige Möglichkeit besteht, die Treuhänderstellung zu überprüfen (wenn das nicht bei der Registrierungsstelle vermerkt werden kann, muss im Zweifel die Treuhand notariell beurkundet worden sein, so BGHZ 171, 104 = GRUR 2007, 811 = CR 2007, 590 – grundke.de; s. aber auch zum einfacheren Nachweis im Fall der Drittregistrierung für den Entertainer Harald Schmidt in Verbindung mit dessen Fernsehshow: OLG Celle K&R 2008, 111 – schmidt.de). 12

Nur im Ausnahmefall besonderer, **überragender Bekanntheit** kann ein Anspruch auch gegenüber der prioritären Registrierung durch einen Gleichnamigen bestehen (vgl. BGHZ 149, 191 – shell.de; s. auch BGH GRUR 2002, 706 – vossius.de; OLG Hamburg GRUR-RR 2002, 100 – derrick.de; ferner BGHZ 155, 273 – maxem.de; OLG Koblenz WRP 2002, 340 = CR 2002, 280 – vallendar.de; OLG Oldenburg CR 2004, 782 – schulenburg.de; OLG Karlsruhe WRP 1998, 900 – Zwilling). S. noch Rz. 17 zum Anspruch auf Domain-Sharing. 13

e) Verantwortlichkeit der DENIC

Mittlerweile auch geklärt ist, ob und wann die Registrierungsstelle (insbesondere die DENIC, s. Rz. 3) für rechtsverletzende Domainregistrierungen im Sinne einer **Störerhaftung** in Anspruch genommen werden kann. 14

Grundsätzlich muss nach höchstrichterlicher Rechtsprechung die DENIC bei der Registrierung **keine Prüfung** vornehmen, ob die Domainanmeldung Rechte Dritter verletzen kann. In der Regel erst bei **Hinweis** auf eine Domainverletzung kann eine Haftung (aufgrund der Monopolstellung ggf. auch aus Kartellrecht, vgl. dazu OLG Frankfurt v. 29.4.2008, GRUR-RR 2008, 321 = CR 2008, 656 zur Pflicht des DENIC, aufgrund des Diskriminierungsverbots des § 20 GWB eine aus zwei Buchstaben bestehende SLD zu registrieren – vw.de; ferner OLG Frankfurt v. 13.2.2007, MMR 2008, 614 zum insoweit sachlich gerechtfertigten Grund, eine Registrierung einer bloß aus Ziffern bestehenden SLD abzulehnen) in Frage kommen, aber auch nur dann, wenn die Rechtsverletzung offenkundig und leicht feststellbar ist. Im Normalfall kann der Anspruchsteller auf eine Klage gegen den Domaininhaber verwiesen werden (vgl. BGHZ 148, 13 – ambiente.de; ferner BGH GRUR 2004, 619 = CR 2004, 531 – kurt-biedenkopf.de).

f) Anspruchsinhalte

Als Folge einer Rechtsverletzung kann der Berechtigte neben der **Unterlassung** vom Domaininhaber grundsätzlich den **Verzicht** auf die Registrierung der Domain bzw. Einwilligung in deren **Löschung** verlangen, nicht aber die Übertragung auf sich (BGHZ 149, 191 – shell.de). Bei Markenrechtsverletzungen ist indes ein Verzicht meist nicht gerechtfertigt, da der Schutz dort begrenzt ist 15 auf die kennzeichenmäßige Benutzung des Zeichens und auf identische oder ähnliche Waren und Dienstleistungen, wie sie durch die Marke erfasst sind. Somit kann nur dann, wenn jede denkbare Verwendung des Domainnamens eine Rechtsverletzung darstellt, hier also insbesondere auch die Verwendung in anderen Branchen, auf Grund einer Markenrechtsverletzung ein Verzicht verlangt werden (vgl. BGH GRUR 2010, 235 Rz. 26 – AIDA/AIDU).

16 Um einen Verzicht nicht ins Leere laufen zu lassen und die Übertragung auf Dritte während der rechtlichen Auseinandersetzung zu verhindern, kann sich der Anspruchsteller bei „.de"-Domains durch einen sog. **„Dispute-Eintrag"** bei der DENIC absichern, der Zwischenverfügungen des Domaininhabers verhindert. Ohne diesen Eintrag kann sonst der alte Domaininhaber auch noch nach einer Verurteilung die Domain an einen Dritten weitergeben, so dass die ganze Auseinandersetzung nochmals mit dem neuen Inhaber geführt werden muss. Im schlimmsten Fall hat dieser sogar durchgreifende Rechte, so dass die Domain endgültig verloren ist. Hinweise und Formulare zum Dispute-Eintrag stehen auf der Internetseite www.denic.de zur Verfügung, dort auch zur Notwendigkeit der jährlichen Verlängerung und den vorzulegenden Nachweisen für Einrichtung und Verlängerung. Gegen unberechtigte Dispute-Einträge kann sich der Domaininhaber wehren.

16a ➲ **Wichtig:** Vor Beginn einer rechtlichen Auseinandersetzung über „.de"-Domains, regelmäßig vor dem ersten Anspruchsschreiben, ist unbedingt ein solcher Dispute-Eintrag zu veranlassen und jährlich zu verlängern.

17 Unter bestimmten Voraussetzungen kann es aus einer Interessenabwägung bei Gleichnamigkeit für beide Seiten geboten sein, ein **„Domain-Sharing"** (vgl. **M 38.2**) zu vereinbaren (vgl. BGH GRUR 2002, 706 – vossius.de).

3. Unternehmenskennzeichen durch Domainbenutzung

18 Durch die Benutzung einer Domain kann ein Schutz als Unternehmenskennzeichen im Sinne der §§ 4 Nr. 2, 5 Abs. 2 MarkenG begründet werden, vorausgesetzt, die Domainadresse wird zur Kennzeichnung des Geschäftsbetriebs bzw. der geschäftlichen Tätigkeit verwendet, wenn sie also für den Verkehr erkennbar einen **Herkunftshinweis** darstellt und **nicht nur als Adressbeschreibung** verwendet wird (und die Domain entsprechende Kennzeichnungskraft hat) (vgl. BGH GRUR 2005, 262 = CR 2005, 284 – soco.de). Die Registrierung eines Domainnamens per se begründet indes kein solches absolutes Recht (BGH GRUR 2008, 1099 Rz. 21 mwN – afilias.de). Es muss zur Entstehung eines Schutzrechts eine sonstige Benutzungsaufnahme als Unternehmenskennzeichen iSd § 5 Abs. 2 Satz 1 MarkenG erfolgen (s. Kap. 39 Rz. 6 f.), wobei die Registrierung als erster Schritt dieser Benutzung dann die Priorität begründet (vgl. BGH GRUR 2005, 430 = CR 2005, 362 Rz. 19 – mho.de). Das hat zur Folge, dass der Domain in einem solchen Fall kein Kennzeichenrecht entgegen gehalten werden kann, das erst nach der Domainregistrierung entstanden ist (BGH GRUR 2008, 1099 Rz. 28, 32 – afilias.de).

4. Die Domain im Rechtsverkehr

a) Grundsätzliches

19 Die Domain ist ein Nutzungsrecht, das als Vermögensgegenstand dem Domaininhaber zugewiesen ist und damit eine **eigentumsfähige Position** iSd. Art. 14 Abs. 1 GG darstellt, aber **kein absolutes Recht**, welches ähnlich der Inhaberschaft an einem Immaterialgüterrecht verdinglicht wäre (vgl. BVerfG GRUR 2005, 261 = CR 2005, 282 – ad acta.de; BGH GRUR 2008, 1099 Rz. 21 – afilias.de; BGHZ 192, 204 Rz. 23 mwN – gewinn.de; ferner Härting Rz. 1818 ff. mwN). Eine Domain ist veräußerlich, sie kann vermietet oder abgetreten werden, schließlich grundsätzlich auch gepfändet werden (vgl. BGH GRUR 2005, 969, 970 [in Form der „Gesamtheit der schuldrechtlichen Ansprüche" gem. § 857 Abs. 1 ZPO]; OLG München CR 2005, 72). Sie kann als „vermögensrechtlich nutzbarer Vorteil" Gegenstand einer Eingriffskondiktion sein (BGHZ 192, 204 Rz. 36 – gewinn.de).

19a Die Domain als ein Nutzungsrecht stellt **bilanzrechtlich** einen immateriellen Vermögensgegenstand iSd. § 266 Abs. 2 lit. A I 1 HGB und damit zugleich ein immaterielles Wirtschaftsgut dar. Wird die Domain entgeltlich erworben, sind bei einer Nutzung zur Einkünfteerzielung die Aufwendungen (Netto-Kaufpreis) als Anschaffungskosten nach § 255 HGB zu beurteilen. Eine Abschreibung soll im Regelfall nicht möglich sein, da die Nutzbarkeit der Domain weder unter rechtlichen noch unter wirtschaftlichen Gesichtspunkten zeitlich begrenzt ist und damit kein Wertverzehr eintritt (BFH v. 19.10.2006 – III R 6/05, BStBl. II 2007, 301). Für den Regelfall mag die Begründung zutreffen: Im Unterschied zu Computer-Software, deren wirtschaftlicher (Nutzungs-)Wert sich wegen der raschen technischen Entwicklung erfahrungsgemäß innerhalb einer bestimmten, meist kurzen Zeit erschöpft, kann die Domain im Betrieb dauerhaft und in ungeschmälerter Art und Weise genutzt werden und wird gem. § 7 Abs. 1 der DENIC-Domainbedingungen auf unbestimmte Zeit registriert. In seinem Urteil III R 6/05 hat der BFH zudem klargestellt, dass Aufwendungen für das Wirtschaftsgut Domainname von dem eigenständigen Wirtschaftsgut Website zu trennen sind, es entsteht kein einheitliches Wirtschaftsgut. Durch die Erstellung einer Website verliert der Domainname nicht seine selbständige Bewertbarkeit und damit auch nicht seine Eigenschaft als selbständiges Wirtschaftsgut.

Im Unterschied zu Marken ist die Domain von vornherein und auf Dauer und ohne zusätzliche werterhaltende Maßnahmen sowie unabhängig von Zeitgeist und Bewerbung nutzbar. Folgerichtig müsste aber ein Domain-Name dann **wirtschaftlich abnutzbar** sein, wenn der Name aus einem Schutzrecht wie zB einer Marke abgeleitet ist (sog. „qualified Domain"), weil in einem solchen Fall der Wert der Domain von dem ihr zugrunde liegenden Schutzrecht bestimmt wird (offen gelassen in BFH BStBl. II 2007, 301 Rz. 32 mwN).

Die Notwendigkeit einer Vertragsgestaltung über Domains im Rahmen rechtlicher Auseinandersetzungen ergibt sich vor allem in zwei Konstellationen: Entweder hat der Konkurrent, der „zu spät kam", keine Chance für ein rechtlich schlagendes Argument und verlegt sich stattdessen auf den **Domainkauf** (vgl. **M 38.1**). Oder die Beteiligten sehen sich in einer rechtlichen Pattsituation und besinnen sich darauf, anstatt möglicherweise im Rechtsstreit die Domain ganz zu verlieren bzw. gar nicht zu bekommen, die Domain „zu teilen", also eine gemeinsame Startseite zu schalten oder Ähnliches. Nicht selten wird dieses **Domain-Sharing** (vgl. **M 38.2**) auch im Rahmen prozessualer Vergleiche von Gleichnamigen (vgl. Rz. 17) vereinbart. Selbstverständlich kommt es insbesondere zu Domainkaufverträgen auch im Rahmen des normalen Geschäftsverkehrs, sei es bei einer Umfirmierung, einem (Teil-)Unternehmenskauf oder Ähnlichem. 20

b) Domainkauf

Da die Domain kein körperlicher Gegenstand und kein absolutes immaterielles Recht ist, sondern eine schuldrechtliche Nutzungsbefugnis (s. Rz. 19; vgl. auch Redeker/Reinholz 3.4 Rz. 29 mwN; Härting Rz. 737), ist die **Domainübertragung** als Verfügungsgeschäft letztlich die Übertragung eines (relativ wirkenden) **vertraglichen Nutzungsrechts** gem. §§ 398 ff. BGB. Das **schuldrechtliche** Verpflichtungsgeschäft hierzu ist bei entgeltlicher Übertragung ein Kaufvertrag, und zwar ein **Rechtskauf** gem. § 453 Abs. 1 BGB (vgl. Cichon Rz. 395 mwN; Redeker/Reinholz 3.4 Rz. 30 sowie in Rz. 31 mit Ausführungen zur dreiseitigen Vertragsübernahme). S. dazu Muster **M 38.1**. 21

Damit gelten die Regeln der **Mängelhaftung nach den §§ 434 ff. BGB**, wobei letztlich nur die Frage des Rechtsmangels – insbesondere Rechte Dritter – virulent werden kann. Entsprechend markenrechtlicher oder sonstiger Lizenzverträge muss insoweit ein (individualvertraglicher) Haftungsausschluss möglich sein, als Vorsatz und Arglist ausgenommen sind, insbesondere also keine Kenntnis möglicher Kollisionen oder Mängel an der Domaininhaberschaft besteht (vgl. ebenso Cichon Rz. 394 ff., 397 mwN; ferner Kap. 39 Rz. 72 ff., insb. Rz. 77).

c) Domainüberlassung, Domainpacht

Mitunter werden auch Domainüberlassungen **zur Nutzung auf Zeit** vereinbart. Hierbei kann es sich um Rechtspacht oder Dienstvertrag handeln (vgl. Cichon Rz. 389 ff.; Härting Rz. 741). 22

Eine solche Vertragsgestaltung ist nur begrenzt empfehlenswert, da der Domainverpächter nach den Regeln der **Störerhaftung** für Rechtsverstöße haften kann, die über die Website des Domainpächters stattfinden. Allein die Nutzungsüberlassung ist zunächst hinreichender Anknüpfungspunkt für den Vorwurf, im Sinne der Störerhaftung willentlich und adäquat kausal an einer vom Domainpächter vorgenommenen Verletzung absoluter Rechte Dritter wie Urheber- und Markenrechten aber auch des allgemeinen Persönlichkeitsrechts mitzuwirken und damit einem eigenen (verschuldensunabhängigen) Unterlassungsanspruch ausgesetzt zu sein. Der Domainverpächter hat die Möglichkeit, sich durch entsprechende Vertragsgestaltung den Einfluss auf die Internetseite vorzubehalten und muss diesen Einfluss im Falle der Verletzung der Rechte Dritter ausüben. Begrenzt wird seine Verantwortlichkeit nur über die Zumutbarkeit und daran zu messende Prüfungspflichten. Dabei ist es ihm zwar ohne konkrete Anhaltspunkte nicht zuzumuten, die Website seines Domainpächters allgemein dahingehend zu prüfen, ob sie Äußerungen enthält, die das Persönlichkeitsrecht anderer verletzen (BGH GRUR 2009, 1093 = CR 2009, 730 – Focus-Online; ferner BGH GRUR 2007, 724 = CR 2007, 586 – Meinungsforum). Regelmäßig wird aber spätestens mit Meldung des – möglichen – Rechtsverstoßes durch den Dritten der Domaininhaber „bösgläubig" und dessen Prüfungspflicht mit evtl. folgender Störerhaftung eröffnet. Eine **Haftungsfreistellung oder** ein **Kündigungsrecht** wirken nur im Innenverhältnis, helfen also nur begrenzt weiter. Da die Möglichkeit eines weltweiten Zugriffs unübersehbares Risikopotential beinhaltet, dürften diese Risiken von einer solchen Vertragsgestaltung abhalten. Stattdessen ist eine komplette Domainübertragung regelmäßig sinnvoller, abgesichert mit einer Rückgabeverpflichtung und der (abredegemäßen) Sicherung des früheren Inhabers durch einen „Dispute-Eintrag" (s. Rz. 16).

d) Domain-Sharing

23 Bei dem in der Praxis häufiger vorkommenden Domain-Sharing, also der **gemeinsamen Nutzung** einer Domain (s. auch Rz. 20, 17), gibt es im Wesentlichen zwei unterschiedliche Konstellationen:

- Betreiben einer **gemeinsamen Startseite**, von der aus mehrere Anbieter auf eine jeweils eigene, abweichende Domain verweisen (bietet sich vornehmlich bei Gattungsbezeichnung oder Ähnlichem an),
- Betreiben einer **gemeinsam gestalteten Startseite**, von der aus über einen Hyperlink auf die abweichende Domain des einen Anbieters verwiesen wird, über einen weiteren Link auf die Unterseiten des anderen Anbieters unter der Ausgangsdomain.

24 Im ersten Fall ist es sinnvoll, die Domain unter einer **gemeinsamen Gesellschaft** (GbR) zu betreiben und diese als Domaininhaber eintragen zu lassen, so dass beide (oder mehrere) Beteiligten direkten rechtlichen Zugriff haben. Wichtig ist die gesellschaftsrechtliche Ausgestaltung der Auflösung, Kündigung usw.

25 Bei der zweiten Variante (dazu **M 38.2**) (als nochmals „kleinere Lösung" ist das bloße Setzen eines Hyperlinks auf der vom Domaininhaber ansonsten frei gestalteten Startseite denkbar) wird in der Regel die Domaininhaberschaft bei demjenigen bleiben, der den Domainnamen auch für seine Unterseiten benutzt. Das ist allein schon aus haftungsrechtlichen Gründen (s. Rz. 22) geboten, der „Mitnutzer" kann sich durch einen Dispute-Eintrag sichern (s. Rz. 16).

M 38.1 Domainkaufvertrag

zwischen

... (Name des Verkäufers)

– nachfolgend Verkäufer –

und

... (Name des Käufers)

– nachfolgend Käufer –

§ 1 Vertragsgegenstand

(1) Der Verkäufer ist Inhaber der bei der DENIC eG in Frankfurt[1] eingetragenen Domain „....de" (Vertragsdomain).

1 Ggf. andere Vergabestelle eintragen bei Domains mit anderer TLD (s. Rz. 3).

(2) Gegenstand dieses Vertrags ist ausdrücklich allein die Domain, ohne Website, Providerleistungen und ohne diesbezügliche weitere Namens- oder Kennzeichenrechte, soweit nachfolgend nicht abweichend geregelt.

§ 2 Veräußerung, Kaufpreis, Kosten

(1) Der Verkäufer verpflichtet sich zur Übertragung der Vertragsdomain an den Käufer und zur Mitwirkung an dem entsprechenden Inhaberwechsel bei der DENIC sowie zur Abgabe aller dafür erforderlichen Erklärungen.

(2) Der Käufer verpflichtet sich zur Zahlung eines Kaufpreises in Höhe von ... Euro (in Worten: ... Euro) zzgl. gesetzlicher Umsatzsteuer.

(3) Der Kaufpreis wird fällig zur Hälfte mit Abschluss dieser Vereinbarung, zur Hälfte mit Eintragung des Käufers als Domaininhaber[2]*. Erfolgt die Eintragung als Domain nicht, weil der Käufer notwendige Mitwirkungshandlungen unterlässt, hat der Verkäufer gleichwohl alles zur Umschreibung Erforderliche getan, wird der gesamte restliche Kaufpreis fällig einen Monat nach der letzten dementsprechenden Handlung des Verkäufers und Aufforderung an den Käufer zur Vornahme seiner Mitwirkungshandlung.*

(4) Alle im Zusammenhang mit der Übertragung bei der Registrierungsstelle anfallenden Kosten übernimmt der Käufer.

§ 3 Abtretung

(1) Der Verkäufer tritt hiermit die Vertragsdomain mit allen Rechten und Pflichten an den Käufer ab. Der Käufer nimmt die Abtretung an[3]

(2) Bei Abschluss dieser Vereinbarung händigt der Verkäufer dem Käufer die zuvor über seinen Provider besorgte AuthInfo (Passwort), die Vertragsdomain betreffend, aus.[4] *Die AuthInfo muss bei Aushändigung noch mindestens 20 Tage Gültigkeit (von gesamt 30 Tagen) besitzen.*

(3) Der Käufer ist berechtigt und verpflichtet, unverzüglich mit Hilfe der AuthInfo über seinen Provider[5] *einen Inhaber- und Providerwechsel durchzuführen und insbesondere auch einen neuen Admin-C eintragen zu lassen. Er ist nicht berechtigt, unter der Domain Inhalte zu verbreiten, bevor Inhaber und Admin-C umgeschrieben sind.*[6]

(4) Der Verkäufer verpflichtet sich, unverzüglich seinen Provider über die Domainübertragung und den Providerwechsel zu informieren. Er weist diesen an, erforderlichenfalls den Providerwechsel auf Anforderung des Käufers, dessen Providers oder der DENIC unverzüglich zu bestätigen.

§ 4 Gewährleistung, Haftungsausschluss

(1) Der Verkäufer versichert, der Inhaber der Vertragsdomain zu sein und allein zu deren Nutzung und zur Verfügung über sie berechtigt zu sein.

(2) Dem Verkäufer sind Rechte Dritter, die an der Domain bestehen oder die dem Bestand der Domain entgegenstehen könnten, nicht bekannt. Er versichert, dass ihm gegenüber weder gerichtlich noch außergerichtlich Ansprüche in Bezug auf die Vertragsdomain geltend gemacht worden sind. Er versichert, dass weder ein Dispute-Eintrag noch eine Domain-Sharing-Vereinbarung bestehen.

---

2 Bei Veräußerung einer Domain, die bei einer anderen Registrierungsstelle eingetragen ist, ist die Klausel auf die korrekte Begrifflichkeit der Registrierungsposition anzupassen. Dasselbe gilt für die nachfolgenden Formulierungen, etwa in § 3 Abs. 2 und 3 etc.

3 Ausgehend von dem Recht an der Domain als übertragbares vertragliches Nutzungsrecht, s. Rz. 19 und 21.

4 Alternativ bei einer bei „DENICdirect" (ohne Provider) registrierten Domain (s. Fn. 5): *„Bei Abschluss dieser Vereinbarung händigt der Verkäufer dem Käufer einen von ihm unterzeichneten Änderungsauftrag für die Domainregistrierungsdaten (Update-Formblatt für DENICdirect), die Vertragsdomain betreffend, aus."*.

5 Auf Grund der Regeln der DENIC muss im Allgemeinen zu jeder Domain auch ein Provider benannt und beauftragt werden, der Mitglied der DENIC ist. Daneben gibt es auch den Service „DENICdirect", der bei einem Inhaberwechsel jedoch selten vorkommen dürfte. Näheres zu den Voraussetzungen einer Mitgliedschaft des Providers in der DENIC und weshalb diese notwendig ist, s. unter www.denic.de.

6 Notwendig, da Inhaber und Admin-C umfassend für unter der Domain begangene Rechtsverstöße haften.

(3) Der Verkäufer übernimmt keine Haftung dafür, dass die Domain unangreifbar ist, insbesondere nicht dafür, dass keine Namens-, Marken- oder sonstigen Kennzeichenrechte zu Ansprüchen gegen die Domain berechtigen. Eine Recherche nach entsprechenden Kollisionsrechten hat der Verkäufer nicht durchgeführt. Es stand und steht dem Käufer frei, dies nachzuholen[7]. Der Bestand der Domain steht im Risiko des Käufers. Außer den hier gemachten Erklärungen wird eine Haftung für Sach- und Rechtsmängel ausgeschlossen, ausgenommen Vorsatz oder Arglist.

(4) Soweit der Verkäufer im Zusammenhang mit der Eintragung, Benutzung, Konnektierung der Domain oder dem Betreiben einer Internetseite oder sonstiger Dienste unter der Vertragsdomain eigene Kennzeichenrechte erworben hat[8], tritt er diese hiermit an den Käufer ab. Der Verkäufer wird aus eigenen Rechten keine Ansprüche gegen die Domaininhaberschaft des Käufers ableiten. Zur entsprechenden Absicherung, auch gegenüber Rechtsnachfolgern des Verkäufers, räumt dieser dem Käufer vorsorglich ein einfaches und zusammen mit der Domain übertragbares Nutzungsrecht an derartigen Rechten ein, soweit dies zur ungestörten Domainnutzung erforderlich ist[9].

§ 5 Schlussbestimmungen

... (Rechtswahl, Gerichtsstandsvereinbarung, Schriftformabrede, Salvatorische Klausel)

... (Ort/Datum)

(Unterschriften)

7 Speziell bei der Kollision mit Markenrechten kann im Falle einer „markenmäßigen Benutzung" der Domain, die dann mit einer Marke eines Dritten kollidiert, nur eine durchgeführte Recherche vom Verschuldensvorwurf frei zeichnen, somit Schadensersatzansprüche verhindern; vgl. Kap. 39 Rz. 16.

8 Vgl. Rz. 18 zum Entstehen eines Unternehmenskennzeichens durch Benutzung einer Domain.

9 Dürfte sich bereits aus § 242 BGB ergeben, sollte insbesondere dann, wenn ein in der Domain verwendeter Begriff sich zugleich – teilweise – in der Bezeichnung des Unternehmens oder dessen Waren oder Dienstleistungen wiederfindet, ausdrücklich benannt und konkretisiert werden.

M 38.2 Domain-Sharing-Vertrag

zwischen

... (Name, Anschrift)

– im Folgenden Hauptbenutzer –

und

... (Name, Anschrift)

– im Folgenden Mitbenutzer –

§ 1 Vertragsgegenstand

(1) Der Hauptbenutzer ist bei der DENIC eG in Frankfurt als Inhaber der Domain

„....de" (Vertragsdomain)

registriert.

(2) Die Vertragsparteien streiten über Ansprüche an dieser Domain aus der Konkurrenz von Kennzeichen- bzw. Namensrechten. Zur einvernehmlichen Streitbeilegung werden die nachfolgenden Abreden getroffen[1].

§ 2 Inhaberschaft

(1) Der Hauptbenutzer bleibt alleiniger Inhaber der Vertragsdomain.

1 Zur hier vorausgesetzten Konstellation und zur rechtlichen Einordnung s. Rz. 23 ff. Selbstverständlich erfolgt Domain-Sharing auch außerhalb von Streitfällen, dann sind die entsprechenden Passagen im Muster darauf anzupassen.

(2) Der Hauptbenutzer verpflichtet sich, seine Domain nicht an Dritte zu übertragen, bevor er sie vorab dem Mitbenutzer zu denselben Konditionen angeboten hat. Erklärt sich dieser nicht innerhalb von zwei Monaten nach Zugang eines entsprechenden schriftlichen Angebots dazu bereit, die Domain zu übernehmen, und leitet er dann nicht unverzüglich die notwendigen Maßnahmen zur Domainübertragung ein, ist der Hauptbenutzer zur Übertragung an Dritte berechtigt.

(3) Der Mitbenutzer ist berechtigt, seine Position durch einen Dispute-Eintrag bei der DENIC eG zu sichern und diesen für die Dauer des Vertrags aufrecht zu erhalten und zu verlängern. Die Kosten dieses Eintrags trägt der Mitbenutzer. Für den Fall einer zulässigen Übertragung an Dritte ist der Mitbenutzer verpflichtet, auf seine Rechte aus dem Dispute-Eintrag zu verzichten bzw. diesen unverzüglich löschen zu lassen.

(4) Darüber hinaus verpflichtet sich der Hauptbenutzer, die Registrierung der Domain aufrecht zu erhalten, insbesondere die anfallenden laufenden Gebühren rechtzeitig an seinen Provider oder die DENIC eG zu zahlen. Das gilt auch und insbesondere dann, wenn der Mitbenutzer keinen Dispute-Eintrag veranlasst.

(5) Der Mitbenutzer hat darüber hinaus einen Anspruch auf Übertragung der Domain, wenn der Hauptbenutzer keine (gemeinsame) Startseite gem. § 3 Abs. 1 unter der Domain betreibt, und zwar sobald das Nicht-Betreiben die Dauer von zwölf Monaten im Falle gerichtlicher oder behördlicher Untersagung oder von drei Monaten in allen anderen Fällen übersteigt.

§ 3 Gemeinsame Nutzung

(1) Der Hauptbenutzer verpflichtet sich, als Startseite seines Internetauftritts eine gemeinsam gestaltete Seite zu schalten, auf der beide Vertragsparteien gleichrangig und deutlich erkennbar präsentiert sind. Die Seitenaufteilung erfolgt so, dass bei gängigem Seitenformat (PC/Tablet, Querformat) das Unternehmen des Hauptbenutzers auf der linken Seite, das Unternehmen des Mitbenutzers auf der rechten Seite präsentiert wird, jeweils mit aktuellem Unternehmensnamen, Unternehmenskennzeichen bzw. Marke und in den Unternehmensfarben. Er ist verpflichtet, auf Aufforderung des Mitbenutzers diesbezügliche Änderungen nach dessen Vorgaben in die Gestaltung unverzüglich zu übernehmen. Gleichermaßen ist er zu Anpassungen, sein Unternehmen betreffend, berechtigt. Eine Beispielsgestaltung für die aktuelle Situation liegt dieser Vereinbarung als Anlage bei.

(2) Der Hauptbenutzer verpflichtet sich, die gemeinsame Startseite bis spätestens zwei Monate nach Vertragsunterzeichnung im Internet zu schalten. Kommt der Mitbenutzer seinen Mitwirkungspflichten bei der Erstellung der gemeinsamen Startseite, insbesondere in Form der Hereingabe von Bilddateien für Logo, Schriftzug usw., nicht nach, verlängert sich die Frist um die daraus folgende Verzögerung.

(3) Bannerwerbung oder andere zusätzliche Hinweise auf der Startseite bedürfen der vorherigen Einwilligung beider Vertragsparteien. Hieraus gezogene Erlöse werden mangels abweichender Vereinbarung zwischen den Vertragsparteien 50:50 verteilt.

§ 4 Gewährleistung, Haftungsausschluss

(1) Dem Hauptbenutzer sind Rechte Dritter, die an der Domain bestehen oder die dem Bestand der Domain entgegenstehen könnten, nicht bekannt. Er steht jedoch weder für Unangreifbarkeit noch Bestand der Domain ein. Die Haftung für Sach- und Rechtsmängel, insbesondere wegen entgegen stehender Namens-, Marken- oder sonstiger Kennzeichenrechte Dritter wird ausgeschlossen, ausgenommen Vorsatz oder Arglist.

(2) Die Vertragsparteien verpflichten sich, die Vertragsdomain gemeinsam gegen Angriffe Dritter zu verteidigen. Sie bevollmächtigen und ermächtigen sich gegenseitig, erforderlichenfalls ihre Namens-, Marken- oder sonstigen Kennzeichenrechte Dritten gegenüber geltend zu machen. Etwaige Angriffs- oder Verteidigungskosten werden 70:30 zu Lasten des Hauptbenutzers geteilt.

(3) Abweichend von Abs. 2 steht es jeder Vertragspartei frei, an Stelle einer Verteidigung der Domain gegen Dritte die eigenen Ansprüche an der Domain zugunsten der anderen Vertragspartei aufzugeben bzw. zu übertragen.

(4) Wird der Hauptbenutzer auf Grund von Rechten Dritter verpflichtet, auf die Domain zu verzichten oder diese zu übertragen[2]*, so stehen dem Mitbenutzer hieraus keine Schadensersatzansprüche zu. Es steht ihm offen, auch mittels seines Dispute-Eintrags gem. § 1 Abs. 3, in Verhandlung mit dem Dritten über eine neue Domain-Sharing-Vereinbarung zu treten.*

§ 5 Kostenbeteiligung

(1) Der Mitbenutzer zahlt an den Hauptbenutzer zur Abgeltung seiner Mitnutzung der Domain, dem Betrieb und der Gestaltung der gemeinsamen Startseite und der laufenden Registrierungskosten und Providerkosten eine jährliche Gebühr in Höhe von ... Euro zzgl. gesetzlicher Umsatzsteuer, erstmals fällig zum Ersten des Folgemonats der Vertragsunterzeichnung. Der Betrag erhöht oder reduziert sich im Abstand von jeweils 3 Jahren automatisch im Umfang der prozentualen Veränderung des Verbraucherpreisindex für Deutschland auf Basis 2005 = 100 gegenüber dem Monat der Vertragsunterzeichnung[3]*.*

(2) Hiermit abgegolten sind die Anpassungen der gemeinsamen Startseite gem. § 3 Abs. 1 nur, soweit diese nicht mehr als einmal pro Kalenderjahr von dem Mitbenutzer veranlasst werden. Bei häufigerer Anpassung übernimmt der Mitbenutzer die hierfür entstehenden Kosten vollständig, wobei ihm vorher ein Angebot mit Kostenvoranschlag zu übermitteln ist.

§ 6 Inhalte

(1) Beide Vertragsparteien sind für die Inhalte ihrer jeweiligen Internetseiten selbst verantwortlich. Vorsorglich stellen sie sich gegenseitig von Ansprüchen Dritter frei, die durch Inhalte der anderen Vertragspartei begründet werden, insbesondere durch solche Inhalte, die auf Veranlassung des Mitbenutzers auf der gemeinsamen Startseite geschaltet werden[4]*.*

(2) Der Hauptbenutzer gestattet dem Mitbenutzer, für die Dauer dieses Vertrages auf die Vertragsdomain werblich hinzuweisen. Zur entsprechenden Absicherung auch gegenüber Rechtsnachfolgern des Hauptbenutzers räumt er dem Käufer vorsorglich ein einfaches Nutzungsrecht an seinen etwaigen entgegen stehenden Rechten ein, soweit dies zur ungestörten Mitnutzung der Domain gem. den Vereinbarungen dieses Vertrags erforderlich ist.

§ 7 Vertragsdauer, Kündigung

(1) Der Vertrag wird auf unbestimmte Zeit geschlossen, mit einer Mindestlaufzeit von 10 Jahren. Nach der Mindestlaufzeit gilt eine Kündigungsfrist von drei Monaten zum Monatsende.

(2) Der Vertrag ist für beide Seiten während der Mindestlaufzeit nur aus wichtigem Grund kündbar. Ein wichtiger Grund liegt insbesondere vor, wenn der Mitbenutzer seinen Zahlungsverpflichtungen nicht nachkommt oder schuldhaft rechtsverletzende Inhalte auf der Startseite platzieren lässt.

§ 8 Schlussbestimmungen

... (Gerichtsstandsvereinbarung, Schriftformabrede, Salvatorische Klausel)

... (Ort/Datum)

... (Unterschriften)

2 Zu den möglichen Anspruchsinhalten s. Rz. 15, 17.

3 Formuliert anhand der Regelungen des PrKG, hier idF v. 29.7.2009, insb. § 3 Abs. 1 Satz 1 Nr. 1 lit. d), dh. bei Vertragsdauer von mindestens 10 Jahren; vgl. aber Sanktion nur gem. § 8 PrKG (Unwirksamkeit ab rechtskräftiger Feststellung des Verstoßes). Daneben ist AGB-Recht zu beachten.

4 Abgesehen von dem letzten Halbsatz ist kaum eine Fallgestaltung denkbar, in der eine Haftung stattfinden könnte; über die Setzung eines Links kommt eine Haftung im Allgemeinen nicht zustande, vgl. BGH WRP 2004, 899 = CR 2004, 613 – Schöner Wetten; BGH WRP 2003, 1341 = CR 2003, 920 – Paperboy.

II. Website-Verträge

1. Webdesign

a) Grundkonstellation

Den eigentlichen Internetauftritt bildet die Website bzw. die Internetpräsenz als Gesamtbegriff der vom Benutzer über eine Domain abrufbaren Informationen und sichtbaren grafischen Gestaltung sowie der dahinter stehenden Programmierung. Vereinfacht gesprochen handelt es sich um einzelne Dokumente, die aus einer Kombination von Texten, Bildern, Grafiken einerseits und einer Verknüpfungsstruktur (Stichwort: „Hypertext") andererseits bestehen und eventuell hinterlegt sind mit Datenbanken, Ton- oder Filmdateien usw. Die beim Benutzer in seinem Webbrowser dargestellten Internetseiten sind grundsätzlich als „HTML"-Dokumente (Hypertext Markup Language) geschrieben. Die Darstellung der Website kann zusätzlich durch eine Programmierung in sogenannten Skriptsprachen gesteuert werden, sei es beim Betreiber (serverseitig, zB PHP) oder beim Benutzer (clientseitig, zB Java, Flash) (Stichwort: „dynamische Website"). 26

Der zwingende und zentrale Bestandteil der Erstellung eines Internetauftritts ist die **Programmierung bzw. HTML-Seitenerstellung**, weshalb für den Webdesign-Vertrag im Grundsatz dasselbe zu beachten gilt wie beim Vertrag über die Erstellung von Individual-Software (zur rechtlichen Einordnung s. Rz. 30). Eine weitere Hauptaufgabe des Webdesigners ist aber regelmäßig auch die **grafische Gestaltung** (die unter Umständen aber auch der Auftraggeber vorgibt, jedenfalls teilweise durch dessen „Corporate Design") und die **Benutzerführung** (also die sog. Navigation zwischen den verschiedenen Seiten). Die **Inhalte** wie Texte, Bilder usw. werden in der Praxis häufig vom Auftraggeber selbst gestellt oder aber gemeinsam mit dem Webdesigner erbracht. 27

Weiterer wichtiger Bestandteil ist das sog. **Content Management System** (CMS), das es dem Auftraggeber ermöglicht, ohne Programmierkenntnisse die Internetseiten zu aktualisieren, zu ergänzen und zu pflegen. Bei pflegeintensiven Seiten sind die Folgekosten für eine Fremdpflege deutlich höher als die erste Erstellung der Website. Wenn der Auftraggeber das nicht über ein CMS selbst übernehmen will, sollte er unbedingt zugleich mit dem Webdesignvertrag auch die Bedingungen der **Website-Pflege** aushandeln (s. Rz. 33). Wird eine „Eigenpflege" durch ein CMS vereinbart, muss im Vertrag bzw. im Pflichtenheft definiert werden, in welchem Umfang damit welche Änderungen ermöglicht werden sollen (vgl. **M 38.3** § 1 Abs. 6). 28

➲ **Wichtig:** Bei Abschluss des Webdesign-Vertrags muss bereits daran gedacht werden, wer wie zu welchen Konditionen die spätere Pflege und Aktualisierung der Website übernimmt. 28a

Wie bei der Softwareerstellung sollte auch beim Webdesign-Vertrag unbedingt die Erstellung eines **Pflichtenhefts** als Leistungsbeschreibung vorausgeschaltet sein, das die notwendigen Grundlagen der Vertragsleistung definiert. Es stellt eine Zusammenfassung der wesentlichen inhaltlichen und technischen Vorgaben des Auftraggebers dar und muss zwingend unter Mitwirkung und Anleitung des Webdesigners erstellt werden (vgl. **M 38.3** § 1 Abs. 2 mit Fn. 2). Rechtlich führt das zu einem **zweistufigen Vertragsablauf**, der nur im Fall der **Freigabe** der Konzeption im Pflichtenheft (und sinnvollerweise eines ersten sichtbaren Entwurfs, vgl. **M 38.3** § 1 Abs. 3 und 4) in die zweite Phase der eigentlichen Umsetzung und Programmierung mündet. In der Praxis wird die erste Phase regelmäßig nach Zeitaufwand vergütet und durch eine – für den Fall des vorzeitigen Abbruchs gekürzte – Pauschale gedeckelt (vgl. **M 38.3** § 1 Abs. 4 und § 4 Abs. 1 – auch zur Regelung der Verwertungsbefugnis des Auftraggebers). 29

b) Vertragstypus

Die Gestaltung einer Website bzw. die Seitenerstellung und Programmierung ist ein **Werkvertrag** (vgl. Härting Rz. 639 ff.; Schneider Teil O Rz. 343; Cichon Rz. 422 ff.; Spindler/Schmidt VIII Rz. 4; MünchKomm.BGB/Busche § 631 BGB Rz. 279 jew. mwN; ferner BGHZ 184, 345 = CR 2010, 327 Rz. 21 – Internet-System-Vertrag) (vergleichbar einerseits mit dem Software-Erstellungsvertrag, s **M 37.3** und andererseits mit dem Auftrag an eine Werbeagentur für eine Werbebroschüre, s. **M 40.5**). Das gilt auch, wenn auf bereits bestehende Texte, Layouts usw. zurückgegriffen wird, die etwa im Zuge einer Werbebroschüre erstellt wurden, da der Webdesigner die Vorlagen auf die Nut- 30 zung im Internet anpassen, also grafisch gestalten und anordnen, sowie die Navigation, den Gewohnheiten des Internetnutzers entsprechend, entwickeln muss. Insbesondere aber ist sowohl orientiert am Vertragserfolg als auch am Entgeltrisiko entscheidend die Erbringung einer vollständig lauffähigen und den Vorgaben des Auftraggebers entsprechenden Website.

31 Durch die nicht unwesentliche Bedeutung der Designarbeiten für die Werkleistung besteht eine „**künstlerische Prägung**“ der auf diese Teile bezogenen Tätigkeit, was bei der Bewertung etwa der Mängelfreiheit zu berücksichtigen ist und damit solche Fragen nur beschränkt justiziabel macht, es sei denn, die Einzelheiten solcher Anforderungen sind im Pflichtenheft beschrieben oder sonst bindend vereinbart (vgl. Cichon Rz. 429 ff.; MünchKomm.BGB/Busche § 631 BGB Rz. 66). Ganz lässt sich die Gestaltungsfreiheit auch dann nicht einschränken, jedenfalls im Bereich urheberrechtlich schutzfähiger Leistungen (vgl. BGHZ 19, 382 – Kirchenfenster).

32 Für die gestalterischen Teile des Webdesigns ist ganz wesentlich auf die Einräumung von **Nutzungsrechten** einschließlich der Einwilligung in **Bearbeitung und Umgestaltung** zu achten, da insbesondere Urheberrechte und Leistungsschutzrechte an den betreffenden Teilen der Website beim Webdesigner bzw. dessen Mitarbeitern entstehen können (Texte, Lichtbilder, Grafiken, Datenbanken; – Schutz als Computersoftware werden im Regelfall nur Skript-Programmierungen [s. Rz. 26 aE] erlangen, nicht aber die schlichte HTML-Seite, vgl. Schneider Teil O Rz. 347 mwN). Ohne solche Vereinbarungen kann das für den Auftraggeber schon Schwierigkeiten bereiten bei einer Veränderung der Website (vgl. § 23 UrhG), erst recht aber bei einer anderweitigen Nutzung und Verwertung, etwa in gedruckter Form, bei Präsentationen etc. S. dazu auch Kap. 40 Rz. 25 ff., 47 ff.

2. Website-Pflege

33 Zu trennen von dem werkvertraglichen Webdesign der erstmaligen Seitenerstellung des Internetauftritts sind Verträge über deren **laufende Pflege** und **Aktualisierung**. Dazu gehört neben dem Austausch und der Erneuerung von Inhalten auch die Änderung oder Erweiterung der internen Navigation und Verlinkung oder das Setzen externer Links usw. Mitunter werden Webdesign als Erstellung und Website-Pflege als Wartung in einem gemeinsamen Vertragswerk zusammengefasst, wovon jedoch aus Gründen der Übersichtlichkeit abzuraten ist (s. auch Rz. 28 und **M 38.3** § 1 Abs. 6 mit einem vereinfachten Regelungsvorschlag).

34 Die Website-Pflege kann ähnlich einem Wartungs- oder Pflegevertrag bei Computersoftware ausgestaltet werden und beinhaltet sowohl **dienstvertragliche** als auch **werkvertragliche** Elemente (vgl. Cichon Rz. 469 ff.; Härting Rz. 680 f.; BGH CR 2010, 327 Rz. 23 mwN).

3. Onlinewerbung

35 Im Rechtsverkehr spielen für den Betreiber einer Website neben insbesondere der rechtlich korrekten Gestaltung seines Angebots für den E-Commerce (Online-Shop) (dazu Kap. 14) oder Verträgen über die regelmäßige Lieferung aktualisierter Inhalte einer Website (Content-Vertrag) vor allem werbebezogene Verträge eine große praktische Rolle. Die verschiedenen und laufender Innovation unterliegenden Ausgestaltungen der Werbung auf Internetseiten werden unter „**Display-Advertising**“ zusammengefasst; die klassische Form ist die sog. „**Bannerwerbung**“, in weiteren Spielarten als „**Pop-Up**“ oder „**Layer**“ mit der Einbettung von Videoinhalten usw., die für viele kommerzielle Webseiten eine wesentliche Einnahmequelle begründet. In komplexerer Form wird dies in sog. „**Affiliate-Programme**“ eingebunden, die neben weiteren (Vertrags-)Partnern auch zusätzliche Werbemittel (Links, Keywords, Mailing etc.) beinhalten (vgl. Überblick bei Schneider Teil O Rz. 340 f.).

36 Die Bannerwerbung oder anderes Display-Advertising ist rechtlich vergleichbar mit der Schaltung einer Anzeige in einem Printmedium. Grundsätzlich dürfte es sich daher auch überall dort um einen **Werkvertrag** handeln (ausführlich Cichon Rz. 538 und 549 ff. mwN; ebenso Härting Rz. 757 ff.; abwägend mit dem ergänzenden Ansatz des Mietvertrags über Werbefläche: Schneider Teil O Rz. 320, 322; ähnlich Redeker/Schneider 3.7 Rz. 11 ff.; zur vergleichbaren Konstellation des Anzeigenvertrags: MünchKomm.BGB/Busche § 631 BGB Rz. 236 f.; Palandt/Sprau, Einf v § 631 Rz. 18).

Der Schwerpunkt der Vertragsgestaltung liegt in den zutreffenden Erfassung und Beschreibung der **Hauptleistungspflichten:**

Der Werbetreibende möchte klargestellt haben, wie seine Werbung platziert, ausgestaltet und bereitgestellt wird. Dabei ist zunächst die Art des Banners technisch zu definieren (zB ob statisch oder bewegt, ob besondere Formen wie Pop-Up oder Layer, welches Programmierungs- bzw. Dateiformat der Werbende stellt etc.), dessen Größe und – feste oder variable – Position auf der Website und ob es platziert wird auf der Hauptseite und/oder Unterseiten (bzw. den Gegebenheiten angepasst bei Einbindung der Werbung in sog. „Apps" für mobile Endgeräte), schließlich auch die – häufige – Verknüpfung zur Website des Werbenden mittels eines Hyperlinks. Bei der Werbung in Online-Kommunikationsdiensten, Suchdiensten oder Webshops usw. gehört zum üblichen Vertragsinhalt die Festlegung einer spezifisch nutzerbezogenen Werbung, also dass ein Anzeigen der Werbung von bestimmten Stichworten oder Bezugspunkten abhängt, die in den Angaben, Abfragen, Profilen oder dem Verhalten des Nutzers vorkommen (auch „Keyword-Advertising").

Der Betreiber der Website möchte seine Vergütung gesichert haben, die der Werbetreibende möglichst erfolgsorientiert von der Zahl der Zugriffe (**„Cost-per-Click"**) oder folgender Umsätze (**„Cost-per-Order"** bei Online-Shops oder **„Cost-per-Lead"** bei anmeldepflichtigen Seiten) abhängig machen wird. Wie bei sonstiger Werbung sind die denkbaren und vorkommenden Ausgestaltungen solcher die Werbewirkung („Ad-Impression") erfassender Vergütungssysteme zahlreich. Wichtig sind dabei die vertraglich hinreichend bestimmte Festlegung der Abrechnungsparameter und die Einigung über deren technische Feststellung, Dokumentation und Überprüfungsmöglichkeit.

Schließlich ist die **Haftungsfrage** zu klären, falls beispielsweise das Werbebanner eine rechtsverletzende Marke verwendet.

M 38.3 Webdesign-Vertrag

zwischen

. . . (Name, Anschrift)

– im Folgenden Auftraggeber –

und

. . . (Name, Anschrift)

– im Folgenden Auftragnehmer –

§ 1 Vertragsgegenstand, Pflichtenheft, Entwurf, Realisierung

(1) Gegenstand des Vertrages ist die Erstellung von Internetseiten zum Zwecke der Werbung und Information über Geschichte, Leistungen und Angebote des Unternehmens des Auftraggebers (Internetauftritt), insbesondere der Entwurf und die Realisierung hinsichtlich Inhalte, Layout, Navigation und Programmierung (Webdesign)[1]

(2) Grundlage des Auftrags ist ein noch zu erstellendes Pflichtenheft[2]*, in dem die Konzeption des Auftraggebers niedergeschrieben wird. Der Auftragnehmer wirkt an dem Pflichtenheft mit, indem er den Auftraggeber bei der Konzepterstellung berät, die Anforderungen an den Internetauftritt spezifiziert und diese Punkte für das Pflichtenheft niederschreibt. Das Pflichtenheft beruht damit auf Vorgaben des Auftraggebers, ist vom Auftragnehmer mitverfasst und insgesamt von ihm auf Vollständigkeit und Machbarkeit geprüft. Das Pflichtenheft wird als Leistungsbeschreibung Bestandteil des Vertrags.*

1 Zur rechtlichen Einordnung s. Rz. 30 f.

2 S. dazu auch **M 40.5** § 1; der Erstellung des Pflichtenhefts und der Erarbeitung des Konzepts kommt höchste Bedeutung zu (vgl. Rz. 29), sowohl für das praktische Gelingen wie für die rechtliche Anspruchsdurchsetzung bei einem fehlgeschlagenen Projekt. In der Praxis erkennt man den guten Webdesigner bereits daran, welchen Wert er selbst auf diese Vorarbeiten legt.

(3) Der Auftragnehmer erstellt auf Basis der Konzeption schrittweise den Internetauftritt. Vor der Realisierung liefert er einen Entwurf, der die grafische Grundgestaltung und die Navigationsstruktur zeigt und der daneben eine Beispielsanwendung mit einigen zentralen Seiten und deren Verlinkung beinhaltet. Der Auftragnehmer ist zu Nacharbeiten an dem Entwurf nicht verpflichtet.

(4) Erst nach Freigabe des Entwurfs durch den Auftraggeber erfolgt die Realisierung. Der Auftraggeber ist zu einer Freigabe nicht verpflichtet. Erfolgt keine Freigabe, erhält der Auftragnehmer eine Abgeltungszahlung von pauschal ... Euro zzgl. gesetzlicher Umsatzsteuer für seine Mitwirkung an dem Pflichtenheft und seine Entwurfsleistung. Wird kein vollständiger Entwurf erbracht, ist die Pauschale angemessen um bis zur Hälfte zu kürzen. Im Fall der Zahlung der vollen Abgeltungssumme erhält der Auftraggeber die uneingeschränkten Nutzungsrechte an den Entwurfsleistungen entsprechend den nachstehenden Regelungen dieses Vertrags eingeräumt[3].

(5) Die Programmierung wird in den im Pflichtenheft angegebenen Programmiersprachen und Dateiformaten ausgeführt.

(6) Die Möglichkeiten der Aktualisierung und Pflege des Internetauftritts durch den Auftraggeber über ein Content Management System (CMS)[4] *sind ebenfalls im Pflichtenheft zu regeln. Der Auftragnehmer erklärt sich daneben zur künftigen Aktualisierung und Pflege des Internetauftritts bereit. Für diesen Fall bedarf es einer ausdrücklichen Beauftragung nach den dieser Vereinbarung als Anlage beigefügten Bedingungen. Es steht dem Auftraggeber frei, diese Leistungen abzurufen oder sie ganz oder teilweise selbst auszuführen oder durch Dritte ausführen zu lassen.*

§ 2 Lieferumfang, Quellcode

(1) Der Auftragnehmer liefert den fertigen Internetauftritt durch Übergabe und Übereignung eines Datenträgers (DVD) ab, auf dem dieser ablauffähig gespeichert ist. Außerdem übergibt und übereignet er dem Auftraggeber eine Installations- und Administrationsanleitung sowie eine Hersteller- bzw. Projektdokumentation.

(2) Der Auftragnehmer ist daneben zur Überlassung des Quellcodes der Programmierungen verpflichtet. Das gilt insbesondere auch für etwaige gemäß Pflichtenheft eingebundene Programmierungen in Skriptsprachen (z.B. Java-Applets), ein erstelltes oder angepasstes Content Management System (CMS) oder Ähnliches. Dem Quellcode ist eine beschreibende und erläuternde Dokumentation beizufügen, die nach angemessener Einarbeitungszeit ein Verständnis des Aufbaus und der Arbeitsweise des Programms ermöglicht. Die entsprechende Dokumentation kann auch in Kommentarzeilen im Quellcode selbst enthalten sein, wobei zumindest ein zusammenhängender Gesamtüberblick in schriftlicher Form erforderlich ist.

§ 3 Urheber- und Nutzungsrechte[5]

(1) Das alleinige Recht zur Verwendung des Internetauftritts hat der Auftraggeber. Der Auftraggeber gilt als Hersteller der im Rahmen dieses Vertrages erstellten Datenbanken[6] *Für diejenigen Bestandteile des Internetauftritts, wie die Gestaltung oder die konkreten Inhalte (insbesondere Textbeiträge, Bilder, Grafiken, Programme etc.), die ganz oder teilweise vom Auftragnehmer oder dessen Arbeitnehmern oder Dienstverpflichteten erbracht werden, überträgt er bzw. räumt er dem Auftraggeber die ausschließlichen, zeitlich, räumlich und inhaltlich unbeschränkten Nutzungsrechte an allen geschützten Leistungsergebnissen ein, namentlich aus Urheber- oder Leistungsschutzrechten. Das betrifft gleichermaßen die Gesamtleistung und alle Teilleistungen (wie z.B. Lichtbilder) sowie Nebenleistungen (wie z.B. die Anleitungen und Dokumentationen). Die Rechtseinräumung*

3 Ohne Regelung besteht hohes Streitpotential über das Ende der Akquisitionsphase und den Umfang der Vergütungspflicht (vgl. Schneider Teil O Rz. 345 und 253). Es muss aber auch im Interesse des Auftraggebers sein, sich durch pauschale Zahlung die Verwertung der Vorarbeiten sichern zu können, ohne über die Nutzungsbefugnis an gemeinsam erarbeiteten Ergebnissen streiten zu müssen.

4 Die Regelung des CMS und dessen Anforderungen sind wesentlich für die spätere Pflege, also ob und inwieweit diese selbst vom Anwender oder nur vom Webdesigner übernommen werden kann, s. Rz. 28, 33.

5 Vgl. hierzu insgesamt Kap. 40 Rz. 25 ff. sowie die dortigen Muster, insbesondere **M 40.5** (Entwicklung einer Werbelinie).

6 Vgl. § 87a Abs. 2 UrhG und Kap. 40 Rz. 47 ff.

umfasst alle zur Verwendung erforderlichen Nutzungsarten, namentlich die Rechte zur Vervielfältigung, Verbreitung, öffentlichen Zugänglichmachung, Bearbeitung und Umgestaltung, einschließlich des Rechts, Programme zu dekompilieren, zu arrangieren, sonst umzuarbeiten und weiter zu entwickeln. Eine Verwendung oder Umsetzung des Internetauftritts in gedruckter Form ist nur gegen gesonderte, angemessene Vergütung gestattet. Der Auftraggeber kann Sublizenzen vergeben und die Nutzungsrechte weiter übertragen.

(2) Werden sonstige schutzfähige Leistungen (Programme, Bilder, Texte etc.), die nicht speziell für den Auftraggeber entwickelt wurden, in den Internetauftritt eingefügt, so erfolgt hieran die Einräumung oder Übertragung einer einfachen Lizenz nach Maßgabe der vorstehenden Regelungen; die Erteilung von Sublizenzen ist jedoch ausgeschlossen, es sei denn, dies ist zum bestimmungsgemäßen Gebrauch der Vertragsleistung erforderlich. Sind Rechte Dritter betroffen, die nicht Arbeitnehmer oder Dienstverpflichtete des Auftragnehmers sind, übergibt der Auftragnehmer hierfür gegen Empfangsbekenntnis die notwendigen Lizenzunterlagen.

(3) Die Rechtseinräumungen erfolgen mit Ablieferung der Website[7] *und aufschiebend bedingt auf die vollständige Zahlung der vereinbarten Vergütung.*

(4) Die zwingenden Urheberpersönlichkeitsrechte bleiben unberührt, insbesondere das Recht auf Anerkennung der Urheberschaft und auf Urheberbenennung in üblicher Form gem. § 13 UrhG. Der Auftragnehmer sorgt für entsprechende Hinweise in dem Internetauftritt.

§ 4 Vergütung

(1) Der Auftragnehmer erhält als Vergütung[8]*:*

- *für die Mitwirkung am Pflichtenheft einen Stundensatz von . . . Euro, gesamt maximal . . . Euro,*
- *für die fertige Programmierung (einschließlich Gestaltung, Applets etc.) pro Seite: . . . Euro,*
- *für die Fassung in englischer und französischer Sprache pro Seite: . . . Euro,*
- *für die Aktualisierung bestehender Seiten in allen Sprachen pro Seite: . . . Euro.*

Alle Preise verstehen sich zuzüglich gesetzlicher Umsatzsteuer.

(2) Die vereinbarten Preise sind Festpreise. Damit sind alle Lieferungen und Leistungen einschließlich der Einräumung der Nutzungsrechte abgegolten. Kosten oder Aufwendungen des Auftragnehmers werden nicht erstattet. Nachforderungen sind ausgeschlossen. Für Sonderleistungen ist im Pflichtenheft oder spätestens schriftlich bei deren nachträglicher Beauftragung eine besondere Vergütung festzulegen.

(3) Die Vertragsparteien gehen von einem Umfang von . . . Seiten aus und somit von einer Netto-Gesamtvergütung (ohne Pflichtenheft) von maximal . . . Euro. Sofern absehbar ist, dass sich dieser Umfang um mehr als . . .10. . . % erhöhen wird, ist der Auftragnehmer zur unverzüglichen schriftlichen Information des Auftraggebers unter Angabe des neuen prognostizierten Umfangs verpflichtet. Der Auftraggeber hat das Recht, daraufhin entgeltfrei eine Realisierung in reduzierter Form zu verlangen.

§ 5 Fälligkeit[9]

(1) Die Vergütung wird mit Abnahme des fertigen Internetauftritts und Vorliegen einer prüffähigen Abrechnung fällig.

(2) Für die Lieferung einzelner Teile gem. im Pflichtenheft enthaltener Meilensteine können dem Umfang entsprechende Abschlagszahlungen verlangt werden[10]*, wobei der Auftraggeber 10 % der jeweiligen Teilvergütung bis zur Abnahme der Gesamtleistung einbehält*[11]*.*

---

7 Vgl. § 9 Abs. 1 VerlG.

8 Statt einer Vergütung nach Seiten werden in der Praxis häufig Pauschalvergütungen vereinbart, die jedoch regelmäßig die eine oder andere Seite übermäßig belasten.

9 Zum Teil werden in diesem Zusammenhang Aufrechnungsverbote propagiert, was jedoch für den Auftraggeber problematisch sein kann, da er Druckpotential aufgibt; letztlich ist die Entscheidung über ein Aufrechnungsverbot auch abhängig von der Höhe der Abschlagszahlungen und der damit zu erwartenden Schlusszahlung nach Abnahme, auf die sich das Verbot in der Praxis bezieht.

10 Vgl. § 632a Satz 1 BGB.

11 Aufgrund des begrenzten Werts solcher isolierter Teilleistungen.

(3) Eine Vergütung über die vorstehende Gesamtsumme hinaus kann nur dann verlangt werden, wenn eine schriftliche Vereinbarung hierüber vorgelegt wird. Für eventuell später beauftragte Aktualisierungen gilt Entsprechendes.

§ 6 Zeitrahmen und Meilensteine

(1) Die zur Vertragserfüllung einzuhaltenden Termine (Meilensteine) werden in einem Zeitplan im Pflichtenheft festgelegt. Andere Termine werden in Absprache zwischen den Parteien bestimmt. Dem Interesse des Auftraggebers an Internetpräsenz bis spätestens . . . ist Rechnung zu tragen. Ein Fertigstellungstermin ist damit nicht vereinbart.

(2) Als Meilensteine sind wenigstens zu regeln:

- *Fertigstellung eines Entwurfs,*
- *Beginn mit der Realisierung,*
- *Vorstellung des fertigen Internetauftritts,*
- *Ablieferung mit Übergabe auf Datenträger einschließlich Quellcode,*
- *Übergabe der Anleitungen und Dokumentationen.*

(3) Sobald der Auftragnehmer erkennt, dass die Einhaltung von Terminen gefährdet ist, wird er den Auftraggeber hierüber unverzüglich schriftlich informieren.

(4) Die schuldhafte Nichteinhaltung von Meilensteinen löst Verzug aus[12]*. Der Auftragnehmer verspricht für diesen Fall eine auf Schadensersatz anzurechnende Vertragsstrafe von täglich 0,1 % ab dem dritten Tag, insgesamt jedoch nicht mehr als 2 % pro Meilenstein und nicht mehr als 5 % insgesamt, jeweils von der voraussichtlichen Netto-Gesamtvergütung. Die Vertragsstrafe muss innerhalb von 14 Tagen nach Zeitüberschreitung geltend gemacht werden. § 341 Abs. 3 BGB bleibt unberührt. Werden Überschreitungen später aufgeholt, entfällt der Anspruch.*

§ 7 Abnahme

(1) Die Abnahme der Vertragsleistung erfolgt gem. § 640 BGB. Teilabnahmen finden nur statt, wenn sie im Pflichtenheft vereinbart sind. Abnahmetermine werden einvernehmlich durch die Parteien bestimmt, sobald die Ablieferung erfolgt ist.

(2) Über die Abnahme wird ein Protokoll erstellt, das von beiden Seiten zu unterzeichnen ist. Vor der Abnahme muss der Auftragnehmer mindestens zwei Wochen nach Ablieferung Gelegenheit gehabt haben, anhand einer Testinstallation die Funktion, Ordnungsgemäßheit und Vollständigkeit der Vertragsleistung zu prüfen. Der Auftragnehmer unterstützt den Auftraggeber hierbei in angemessenem Rahmen. Die Funktionsprüfung im Rahmen der Abnahme erfolgt nach den Anforderungen des Pflichtenhefts.

(3) Ist die Leistung nicht vertragsgemäß und verweigert der Auftraggeber deshalb zu Recht die Abnahme oder erfolgt eine Abnahme unter Vorbehalt der Beseitigung von im Protokoll zu benennender Mängel, so ist der Auftragnehmer verpflichtet, jeweils unverzüglich eine vertragsgemäße Leistung zu erbringen und die Mängel zu beseitigen, die voraussichtliche Dauer der Mängelbeseitigung mitzuteilen und nach Abschluss der Nacharbeiten die Mängelbeseitigung anzuzeigen.

§ 8 Leistungsänderungen

(1) Der Auftraggeber ist berechtigt, Änderungen von Inhalt und Umfang der Leistungen zu verlangen. Das gilt auch für bereits erbrachte und abgelieferte Teile.

(2) Sofern Änderungen zu einer zeitlichen Verzögerung führen oder Mehraufwand verursachen oder erbrachte Vorleistungen nutzlos machen und das jeweils nicht nur unerheblich ist, unterrichtet der Auftragnehmer über das voraussichtliche Maß der Verzögerung und der Zusatzkosten. Finden die Parteien daraufhin nicht zu einer angemessenen Anpassung dieses Vertrags, ist der Auftragnehmer berechtigt, das Änderungsverlangen zurückzuweisen. Das gilt nicht, wenn der Auftraggeber die Folgen der Änderung kompensiert, indem er auf andere Teile der Leistung verzichtet.

12 Kann für den Auftragnehmer problematisch sein, gibt dem Auftraggeber gewisse Sicherheit, die sich aber im Preis niederschlagen kann. Die Klausel soll vor allem zu realistischen Meilensteinen einladen. Umgekehrt kann stattdessen eine „Beschleunigungsprämie" vereinbart werden.

(3) Ergeben sich Leistungsänderungen, die der Auftraggeber nicht zu vertreten hat, sind Mehrvergütungen hierfür ausgeschlossen.

(4) Über alle Leistungsänderungen ist vor Beginn der Ausführung eine schriftliche Zusatzvereinbarung zu treffen, in der insbesondere zusätzliche Vergütungen und Änderungen des Zeitablaufs und der Meilensteine festzuhalten sind.

§ 9 Mitwirkungspflichten des Auftraggebers, Information

(1) Der Auftraggeber ist zur Mitwirkung verpflichtet, soweit das im Pflichtenheft festgehalten ist oder sich aus seinen gesetzlichen oder in diesem Vertrag geregelten Pflichten ergibt. Der Auftraggeber wirkt insbesondere an der Erstellung von Lichtbildern und Textinhalten mit bzw. liefert solche nach Vereinbarung.

(2) Sofern kein bestimmter Zeitpunkt vereinbart ist, zu dem Mitwirkungsleistungen des Auftraggebers zu erbringen sind, erfolgen sie auf Anforderung des Auftragnehmers innerhalb einer Frist von mindestens 14 Tagen.

(3) Der Auftragnehmer wird auf Anfrage über den Stand des Projekts informieren. Der Auftraggeber kann in angemessenem Umfang Einsicht in die entsprechenden Unterlagen und Zwischenpräsentationen am Sitz des Auftragnehmers verlangen.

§ 10 Vertretung, Projektleiter, Subunternehmer

(1) Neben den gesetzlichen Vertretern sind im Zusammenhang mit diesem Vertrag folgende Personen zur rechtlichen Vertretung der Vertragsparteien berechtigt:

für den Auftraggeber: ... (Name, Telefon, E-Mail),

für den Auftragnehmer: ... (Name, Telefon, E-Mail).

(2) Projektleiter des Auftragnehmers ist ... Zur Erhaltung der Kontinuität innerhalb des Projektes darf der Projektleiter nur mit vorheriger Einwilligung des Auftraggebers ausgewechselt werden. Der Auftraggeber ist zur Einwilligung verpflichtet, wenn die Ablösung des bisherigen Projektleiters organisatorisch zwingend erforderlich ist und eine qualifizierte Ersatzperson zur Verfügung steht.

(3) Soweit im Pflichtenheft oder laut ausdrücklicher Vereinbarung nicht anders vorgesehen, darf der Auftragnehmer Subunternehmer nur nach vorheriger Einwilligung des Auftraggebers einschalten. Die Einwilligung darf nicht verweigert werden, sofern keine wesentlichen Interessen des Auftraggebers entgegenstehen. Hierfür sind auf Verlangen die Verträge mit dem Subunternehmer offen zu legen und ist auf Verlangen der Auftragnehmer durch Rechtsübertragung oder Abtretung von Ansprüchen so zu stellen, als stünde er in direktem Vertragsverhältnis zum Subunternehmer.

§ 11 Mängelhaftung

(1) Die Haftung des Auftragnehmers für Sach- und Rechtsmängel richtet sich nach den Regeln des BGB über den Werkvertrag, zunächst beschränkt auf Nacherfüllung, nach deren Scheitern gelten die weiteren gesetzlichen Rechte[13]*.*

(2) Der Auftragnehmer garantiert, dass alle Leistungen den vereinbarten und notwendigen technischen und sonstigen Spezifikationen entsprechen und die Anforderungen der Leistungsbeschreibung erfüllen.

§ 12 Schutzrechte Dritter

(1) Der Auftragnehmer versichert, dass seine Lieferungen und Leistungen frei von Rechten Dritter sind und ihre vertragsgemäße Nutzung nicht in Urheberrechte, gewerbliche Schutzrechte oder sonstige Rechte Dritter eingreifen[14]*.*

---

13 Vgl. § 309 Nr. 8 lit. b bb BGB.

14 Unter Umständen kann das um eine Versicherungspflicht mit Mindestsumme einschließlich der Abtretung von Versicherungsleistungen ergänzt werden, wie es bei der Softwareerstellung häufig praktiziert wird. Angesichts der überschaubaren Schadensgeneigtheit scheint das hier überzogen; Anderes kann gelten, wenn beispielsweise in der Internetseite ein Online-Shop für E-Commerce eingerichtet wird oÄ.

(2) Die Vertragspartner vereinbaren, sich unverzüglich gegenseitig zu informieren, wenn Dritte derartige Ansprüche geltend machen.

(3) Der Auftragnehmer stellt den Auftraggeber von Ansprüchen Dritter frei, die wegen Verletzung ihrer Rechte geltend gemacht werden. Der Auftragnehmer ist weiter verpflichtet, die Abwehr solcher Ansprüche zu übernehmen und dem Auftraggeber alle dennoch entstehenden Verteidigungskosten und sonstigen Schäden hieraus zu ersetzen.

(4) Der Auftragnehmer wird im Falle der Verletzung von Rechten Dritter die betroffenen Teile der Vertragsleistung auf eigene Kosten unverzüglich entsprechend abändern.

§ 13 Vertraulichkeit

(1) Beide Parteien verpflichten sich zur Vertraulichkeit über die in Zusammenhang mit diesem Vertrag erhaltenen Informationen, soweit diese nicht bereits öffentlich sind.

(2) Sämtliche Unterlagen oder Gegenstände oder Daten, die von der Gegenseite überlassen werden, sind entsprechend vertraulich zu behandeln und dürfen nur zu Vertragszwecken vervielfältigt oder Dritten zugänglich gemacht werden. Sie sind der anderen Seite zurückzugeben und Kopien zu vernichten, sobald sie für die Vertragsdurchführung nicht mehr benötigt werden oder der Vertrag erfüllt oder sonst beendet ist. Dieselben Pflichten gelten für Mitarbeiter und sonst eingeschaltete Dritte.

§ 14 Schiedsgutachter[15]

(1) Besteht Streit zwischen den Parteien über das Vorliegen eines Mangels oder technischen Fehlers oder über das Bestehen der vertraglich vereinbarten Funktionstüchtigkeit der Vertragsleistungen, werden diese Streitfragen für beide Parteien verbindlich durch einen Schiedsgutachter geklärt. Der Schiedsgutachter wird auf Antrag jeder Partei benannt durch die Deutsche Gesellschaft für Recht und Informatik (DGRI).

(2) Die Parteien verpflichten sich, den Schiedsgutachter nach Kräften zu unterstützen und ihm die Rechte eines gerichtlich bestellten Gutachters einzuräumen, insbesondere alle geforderten Informationen, Unterlagen, Programme und Gegenstände zu überlassen, erforderlichenfalls Zutritt zu ihren Räumen zu gewähren, technische Gerätschaften bereitzustellen und Mitarbeiten oder Dritte zu seiner Unterstützung anzuweisen. Die unterlassene Mitwirkung darf der Schiedsgutachter nach vorheriger Ankündigung zu Lasten der betreffenden Partei werten.

(3) Der Schiedsgutachter ist verpflichtet, vor Erstellung seines Gutachten die Parteien schriftlich oder – soweit eine Partei es verlangt – mündlich anzuhören. Das Gutachten ist auf Verlangen einer Partei schriftlich abzufassen und zu begründen.

(4) Die Gutachterkosten hat die Seite vorzuschießen, die die Begutachtung beantragt. Über die endgültige Verteilung entscheidet der Gutachter nach billigem Ermessen entsprechend dem festgestellten Gutachtenergebnis.

§ 15 Erfüllungsort, Gerichtsstand, Schlussvereinbarungen

(1) Erfüllungsort der gegenseitig geschuldeten Leistungen ist der Sitz des Auftraggebers.

(2) Als ausschließlicher sachlicher und örtlicher Gerichtsstand wird das Landgericht ... vereinbart[16].

... *(Schriftformabrede, Salvatorische Klausel)*

... *(Ort/Datum)*

... *(Unterschriften)*

15 Dies ist eine Option, die wegen der rasch hohen Kosten einer solchen Begutachtung genau bedacht werden sollte. Sie ist daher vor allem bei komplexen Website-Projekten sinnvoll, ansonsten überwiegen doch die Vorteile der üblichen (gerichtlichen) Klärung.

16 Nur zulässig, wenn § 38 Abs. 1 oder 2 ZPO erfüllt ist.

M 38.4 Vertrag über Bannerwerbung

zwischen

. . . (Name, Anschrift)

– im Folgenden Website-Betreiber –

und

. . . (Name, Anschrift)

– im Folgenden Werbekunde –

§ 1 Vertragsgegenstand

(1) Der Website-Betreiber verpflichtet sich, auf seiner Internetseite eine bestimmte, vom Werbekunden vorgegebene Werbe-Grafik-Datei (Werbebanner) mit Verlinkung (Hyperlink) auf die Website des Werbekunden zu platzieren.

(2) Für die Bannerwerbung gelten folgende Vorgaben:

1. *Das Werbebanner wird auf die Internetseite des Website-Betreibers unter der Adresse http://. . . aufgenommen.*
2. *Das Werbebanner wird auf der Seite . . . (Eingangsseite bzw. Unterseite konkret benennen) platziert.*
3. *Das Werbebanner wird an folgender Stelle der Seite positioniert: . . . (obere Leiste, im oberen Drittel, Frame links usw.) (s. beispielhaft in der Anlage).*
4. *Das Werbebanner wird über einen Hyperlink mit der Internetseite des Werbekunden verknüpft, aktuell mit der Adresse: http://. . . (genauer Zielort, ggf. Unterseite). Der Hyperlink wird durch Mausklick auf das Werbebanner aktiviert. Der Werbekunde ist berechtigt, bei Änderung seiner Domain oder seiner Seitenstruktur die Änderung des Ziellinks zu verlangen.*

§ 2 Spezifikation des Werbebanners

(1) Die Größe der Grafik bzw. des Werbebanners beträgt . . . × . . . Pixel.

(2) Das Werbebanner wird als statisches/animiertes/ . . . (Unzutreffendes streichen) Banner im Format .jpeg/.gif/. . . (Unzutreffendes streichen) ausgestaltet.

(3) Das Werbebanner wird als Datei mit einer Größe von maximal . . . kB ausgestaltet.

(4) Es gelten folgende weitere Spezifikationen: . . .[1]*.*

§ 3 Schaltung des Werbebanners

(1) Der Website-Betreiber wird das Werbebanner ab dem . . . auf seiner Website platzieren.

(2) Der Werbekunde wird hierzu das Werbebanner mindestens zwei Wochen vor dem Starttermin zur Verfügung stellen und dem Website-Betreiber per E-Mail übersenden.

(3) Der Website-Betreiber wird das Werbebanner für die gesamte Vertragslaufzeit während des gesamten Betriebs seiner Website geschaltet lassen. Die Vertragsparteien gehen von einem grundsätzlichen Betrieb der Website von täglich 24 Stunden aus.

§ 4 Vergütung

(1) Der Website-Betreiber erhält für die Aufnahme und Bereithaltung des Werbebanners auf seiner Website eine monatliche Pauschalvergütung von . . . Euro sowie zusätzlich eine zugriffsabhängige Vergütung von je . . . Euro je Klick auf den Werbebanner des Werbekunden („Cost-per-Click")[2]*. Die Anzahl der Zugriffe wird ermittelt und dokumentiert durch . . . . Alle Preise verstehen sich zzgl. der gesetzlichen Umsatzsteuer.*

---

1 ZB Öffnen als Pop-up-Fenster, Aktualisierungsrhythmus und -möglichkeit etc.

2 S. Rz. 36 zu weiteren Vergütungsmodellen.

(2) Die Vergütungszahlungen werden monatlich fällig, jeweils zehn Tage nach Zugang einer Abrechnung des Website-Betreibers. Der Abrechnung ist eine Statistik über die Zugriffe auf das Werbebanner beizufügen.

§ 5 Haftung des Werbekunden

(1) Der Werbekunde steht dafür ein, dass das von ihm gelieferte Werbebanner weder Rechte Dritter verletzt noch gegen geltendes Recht verstößt. Er sorgt insbesondere dafür, dass weder fremde Kennzeichen- oder Namensrechte oder Urheberrechte verletzt werden noch gegen das Gesetz gegen den unlauteren Wettbewerb verstoßen wird.

(2) Der Werbekunde stellt den Website-Betreiber von allen Ansprüchen Dritter frei, die gegen ihn auf Grund des Werbebanners des Werbekunden geltend gemacht werden. Der Website-Betreiber unterrichtet den Werbekunden unverzüglich, wenn Dritte Ansprüche geltend machen. Dieser kann die Verteidigung selbst übernehmen, wozu er hiermit bevollmächtigt und ermächtigt wird. Er ist verpflichtet, alle hierfür anfallenden Kosten zu übernehmen.

(3) Der Website-Betreiber ist berechtigt, bei von Dritten geltend gemachten Ansprüchen das Werbebanner sofort von seiner Website zu entfernen, sofern die Ansprüche nicht offensichtlich unbegründet sind.

§ 6 Haftung des Website-Betreibers

(1) Die Mängelhaftung des Website-Betreibers richtet sich nach den Vorschriften des BGB über den Werkvertrag.

(2) Eine jederzeitige Zugriffsmöglichkeit auf die Website des Website-Betreibers wird ausdrücklich nicht garantiert. Ansprüche, auch auf Minderung, kommen erst bei einer Nichterreichbarkeit von mindestens einer Stunde pro Tag oder fünf Stunden pro Woche in Betracht.

(3) Eine Haftung des Website-Betreibers wegen leichter Fahrlässigkeit wird ausgeschlossen[3]*. Das gilt nicht für eine Haftung für Personenschäden oder nach dem Produkthaftungsgesetz.*

§ 7 Laufzeit, Kündigung

(1) Der Vertrag wird auf unbestimmte Zeit geschlossen.

(2) Beiden Vertragsparteien steht das Recht zur ordentlichen Kündigung mit einer Frist von drei Monaten zum Monatsende zu.

(3) Eine fristlose Kündigung aus wichtigem Grund bleibt unberührt. Ein Kündigungsgrund für die jeweils andere Vertragspartei liegt insbesondere vor, wenn der Werbekunde seine Pflichten nach § 5 oder der Website-Betreiber seine Pflichten nach § 6 schuldhaft verletzt.

§ 8 Schlussvereinbarungen

(1) Für den Vertrag gilt deutsches Recht unter Ausschluss des Kollisionsrechts.

(2) Gerichtsstand für alle Streitigkeiten aus diesem Vertrag ist der Sitz des Website-Betreibers, sofern beide Vertragsparteien Kaufleute sind.

. . . (Schriftformabrede, Salvatorische Klausel)

. . . (Ort/Datum)

. . . (Unterschriften)

3 Vgl. § 309 Nr. 7 lit. b BGB, Haftungen nach Nr. 7 lit. a kommen denklogisch nicht in Frage.

III. Providerverträge

1. Host-Provider

37 Um die Website im Internet abrufen zu können, benötigt man einen Provider, der die Website auf einen mit dem Internet verbundenen Server stellt. Man spricht hier vom **Webhosting** und vom Host-Provider.

Die eigentliche Hauptleistungspflicht des Host-Providers ist die **Überlassung von Speicherplatz**, entweder auf dem eigenen Server oder auf dem Server eines Dritten. Dies wird überwiegend als **Mietvertrag** angesehen (Cichon Rz. 182; Härting Rz. 711 (in Rz. 712 ff. aber nach BGH CR 2010, 327 mit Tendenz zum Werkvertrag); Spindler/Schuppert Teil V Rz. 3). Hierbei ergeben sich nur wenige rechtlich problematische Punkte. Da die entsprechenden Vertragstexte zudem regelmäßig von dem jeweiligen Provider gestellt werden und nur in einzelnen speziellen Konstellationen ernsthaft verhandelbar sind, wird auf den Abdruck eines Musters an dieser Stelle verzichtet und stattdessen auf die ausführliche Darstellung beispielsweise bei Spindler/Schuppert Teil V Rz. 11 ff. verwiesen. 38

Neben der Speicherplatzüberlassung ist weitere wesentliche Vertragspflicht (wohl keine Hauptpflicht, dennoch ergänzende Anwendung **werk- und dienstvertraglicher Regeln** begründend; recht weitgehend BGH CR 2010, 327 Rz. 20), dass der Server des Host-Providers an das **Internet angebunden** ist. Wichtig für den Kunden ist, auf die Garantien zur **Aufrechterhaltung der Anbindung** zu achten. Provider versuchen gerne, sich auf ein „Bemühen" zurückzuziehen, wobei angesichts des heutigen technischen Stands der praktische Bedarf für nennenswerte Einschränkungen gering (und damit die rechtliche Begründung für die Einschränkung der Hauptleistungspflicht umso schwieriger, s.u.) sein sollte. Derartige Klauseln sind nicht unbedenklich hinsichtlich des AGB-Rechts, zunächst wenn sie gegenüber Verbrauchern verwendet werden (dort sind auch die allgemeinen Grenzen der Haftungsbegrenzung gem. § 309 Nr. 7 BGB zu beachten, vgl. BGH CR 2001, 181 (XI. Zivilsenat zur Zugriffsmöglichkeit der Kunden auf die Bankserver für Online-Banking), da sie wenigstens dann, wenn sie über nicht nur unerhebliche Einschränkungen hinausgehen, überraschend oder unangemessen sein dürften. Gegenüber Unternehmern dürften solche Einschränkungen der Vertragspflichten nicht weniger engen Grenzen unterliegen, da sie regelmäßig besonders auf die jederzeitige Erreichbarkeit der Website angewiesen sind. Es ist fraglich, ob es möglich ist, die Quantifizierung der Erreichbarkeit als einschränkende Definition der Vertragsleistung anzusehen, um so der Inhaltskontrolle nach AGB-Recht zu entgehen (vgl. hierzu Spindler/Schuppert Teil V Rz. 50). Sinnvolle und übliche Regelungen beinhalten Angaben von Prozentzahlen oder gehen von einer „Gesamtverfügbarkeit im Jahresdurchschnitt" aus. 39

Für Kunden, die auf jederzeitige Anbindung besonderen Wert legen, etwa für ihren Online-Shop, empfiehlt sich eine **Individualvereinbarung**, bei der man den technischen Aufwand (mit einer Definition der Sorgfaltspflicht) und die hierfür anfallenden Kosten klärt. Da ein Schaden bei Nichteinhaltung der zugesagten Verbindungszeiten schwer darzustellen sein wird, sollte ein Kunde, der auf die ständige Verfügbarkeit angewiesen ist, sich eine angemessene **Vertragsstrafe** versprechen lassen (zu den Anforderungen s. Spindler/Schuppert Teil V Rz. 60 ff.). 40

Neben der Anbindung an sich sind die **technischen Standards** der Anbindung ans Internet (Bandbreite usw.) gleichermaßen wichtig. 41

Für den Provider von Interesse ist eine Haftungsvermeidung für **rechtsverletzende Inhalte**, die der Vertragspartner ins Internet stellt. Grundsätzlich ist er nach § 10 Telemediengesetz (TMG) von der Haftung frei gestellt, da es sich um fremde Informationen handelt, die er nur zur Nutzung bereithält. Eine Haftung entsteht erst, wenn er **Kenntnis** oder **grob fahrlässige Unkenntnis** von der Rechtsverletzung oder den sie begründenden Umständen hat. Dann ist er verpflichtet, die Informationen unverzüglich zu entfernen oder den Zugang zu sperren. Auch wenn § 10 TMG außerhalb positiver Kenntnis nur auf Schadensersatz- und nicht auch auf Unterlassungs- und Beseitigungsansprüche anzuwenden ist, so dass dort für Letzteres die Grundsätze der Störerhaftung (dazu oben Rz. 22) zur Anwendung kommen (vgl. BGH GRUR 2007, 724 = CR 2007, 586 – Meinungsforum; BGH GRUR 2007, 708 = CR 2007, 523 – Internetversteigerung II), wird man dann über die Zumutbarkeitsgrenze und die daran zu messenden Prüfungspflichten letztlich meist zu demselben Ergebnis gelangen. Üblicherweise werden vorsorglich Erklärungen des Kunden verlangt, die Rechtsvorschriften einzuhalten und keine Rechte Dritter zu verletzen, verbunden mit der Verpflichtung, den Provider von etwaigen Ersatzansprüchen Dritter frei zu stellen, und dessen außerordentlichem Kündigungsrecht im Verstoßfalle. 42

Häufig wird mit dem Host-Provider auch vereinbart, dass dieser die **Domain** für den Kunden registrieren lässt und aufrecht erhält (dazu Rz. 1 ff., insb. Rz. 4). 43

2. Access-Provider

44 Gewissermaßen das Gegenstück zum Host-Provider ist der Access-Provider. Er vermittelt dem Internetnutzer den **Zugang zum Internet**. Im Allgemeinen wird der Vertrag mit diesem als **Dienstvertrag** eingeordnet (vgl. Härting Rz. 697; Spindler/Spindler Teil IV Rz. 93; jetzt auch Schneider Teil O Rz. 126; aA [Vertrag sui generis] MünchKomm.BGB/Busche § 631 BGB Rz. 279 mwN; offen gelassen, aber mit klarer Tendenz zum Dienstvertrag der III. Zivilsenat des BGH in CR 2005, 816 sowie CR 2010, 327 Rz. 18). Oft sind Host-Provider und Access-Provider personenidentisch. Vom Abdruck eines Musters wird auch hier aus den in Rz. 38 genannten Gründen abgesehen. Access-Providing ist ein Massengeschäft, so dass die Verträge nicht ohne besondere AGB- und Preis-Anpassungsklauseln auskommen, die einer sehr sorgfältigen Ausgestaltung bedürfen und wegen der strengen gerichtlichen Überprüfung einem erheblichen Unwirksamkeitsrisiko unterliegen.

45 Diskutiert werden bei Access-Provider-Verträgen regelmäßig die **Haftungsbeschränkungen bei Netzausfall**, ähnlich wie beim Host-Provider (s. Rz. 39). Hier kann realistischerweise keine 100 %ige Zugangsmöglichkeit garantiert werden, zumal in dem Massengeschäft. Ein Problem ergibt sich rechtlich – abgesehen von vereinbarten Vertragsstrafen (s. Rz. 40) – im Wesentlichen bezüglich eines Verschuldens des Providers, das auch in fehlenden oder zu gering dimensionierten Kapazitäten bestehen kann. Der Provider wird sich hier nicht ganz von einer Haftung freistellen können, abgesehen von dem Ausschluss der Haftung für leichte Fahrlässigkeit gem. § 309 Nr. 7 lit. b BGB wird eine weiter gehende Haftungsbeschränkung in AGB nicht möglich sein (vgl. Spindler/Spindler Teil IV Rz. 95 ff. mwN und BGH CR 2001, 181, vgl. Rz. 39).

3. E-Mail-Account

46 Entweder mit dem Host-Provider oder mit dem Access-Provider (wobei es sich auch dort ggf. um denselben Vertragspartner handelt) werden zudem sog. E-Mail-Account-Verträge geschlossen, häufig als Teil einer Gesamtvereinbarung über eine Mehrzahl benachbarter Leistungen. Beim E-Mail-Account wird – wie beim Webhosting – Speicherplatz für ein E-Mail-Postfach zur Verfügung gestellt, des Weiteren der Zugriff auf die gespeicherten E-Mails sowie die Versendung von E-Mails ermöglicht. Dementsprechend bestehen ähnlich dem Host-Provider-Vertrag **mietvertragsrechtliche Elemente** und daneben **werk- und dienstvertragsrechtliche Elemente** (ähnlich Härting Rz. 717; Spindler/Spindler IV Rz. 141 ff.).

47 Neben den auch hier parallel geltenden Haftungs- und Gewährleistungsfragen ist bei solchen Verträgen für beide Seiten die Regelung wichtig, wie viel **Speicherplatz** für E-Mails zur Verfügung gestellt werden kann bzw. ab Erreichen welcher Speichermenge bzw. nach welcher Zeit alte E-Mails gelöscht werden können. Das ist jedoch mehr eine praktische denn eine rechtliche Frage, so lange die Mengen bzw. Zeiten nicht überraschend oder unangemessen gering bzw. zu kurz bemessen sind und dem Kunden nicht suggeriert wird, er könne im Sinne einer „Cloud" dauerhaft und unbegrenzt seine E-Mails beim Provider ausgelagert lassen. Wegen des hohen Aufkommens der **Spam-Mails** und der in E-Mails versteckten **Viren** bzw. Trojaner werden die E-Mails standardmäßig schon beim Provider gefiltert, was einerseits zu einem Konflikt mit dem Telekommunikationsgeheimnis führt und andererseits Haftungsfragen aufwirft, wenn entweder E-Mails fälschlich aussortiert werden oder der Virenscanner nicht korrekt arbeitet (dazu vertiefend Härting Rz. 718 ff.; Spindler/Spindler IV Rz. 147, 154).

7. Abschnitt. Markenrecht, Gewerblicher Rechtsschutz

Kapitel 39 Markenrecht, Gewerblicher Rechtsschutz

Literatur: *Bartenbach*, Patentlizenz- und Know-how-Vertrag, 7. Aufl. 2014; *Bechtold*, Kartellgesetz, 7. Aufl. 2013; *Bechtold/Bosch/Brinker*, EG-Kartellrecht, 3. Aufl. 2014; *Benkard*, Patentgesetz, 10. Aufl. 2006; *Berlit*, Markenrecht, 9. Aufl. 2012; *Eisenführ/Schennen*, Gemeinschaftsmarkenverordnung, 4. Aufl. 2014; *Engels*, Patent-, Marken- und Urheberrecht, 9. Aufl. 2015; *Fezer*, Markenrecht, 4. Aufl. 2009; *Götting*, Gewerblicher Rechtsschutz, 10. Aufl. 2014; *Henn*, Patent- und Know-how-Lizenzvertrag, 5. Aufl. 2003; *Immenga/Mestmäcker*, Wettbewerbsrecht, 5. Aufl. 2012; *Ingerl/Rohnke*, Markengesetz, 3. Aufl. 2010; *Kraßer*, Patentrecht, 6. Aufl. 2009; *Mes*, Patentgesetz, Gebrauchsmustergesetz, 3. Aufl. 2011; *Pfaff/Osterrieth*, Lizenzverträge – Formularkommentar, 3. Aufl. 2010; *Schulte*, Patentgesetz mit Europäischem Patentübereinkommen, 9. Aufl. 2014; *Ströbele/Hacker*, Markengesetz, 11. Aufl. 2015; *Stumpf/Groß*, Der Lizenzvertrag, 8. Aufl. 2005.

I. Kennzeichen- und Markenrecht

1. Inhalt des Kennzeichenschutzes

a) Überblick über die Kennzeichenrechte

Unter dem Oberbegriff des Kennzeichenrechts ist der Schutz von **Bezeichnungen oder Zeichen** zusammengefasst, die der Zuordnung und Identifizierung bestimmter Personen, Unternehmen oder Waren und Dienstleistungen dienen. Speziell im Markenrecht spricht man hierbei von der **Herkunftsfunktion**. Kennzeichen und speziell Marken sind nicht auf Wort- oder Bildzeichen beschränkt (zu den Markenformen s. Rz. 19). Rechtsquellen des Kennzeichenrechts sind neben dem allgemeinen **Namensrecht** nach § 12 BGB und den Vorschriften über die **Firma** der Kaufleute 1

(§§ 17 ff. HGB) insbesondere das **Markengesetz** (MarkenG) für Deutschland und die **Gemeinschaftsmarkenverordnung** (GMVO) für die Europäische Union.

2 Bei den **Marken** unterscheidet das MarkenG:

- die eingetragene Marke oder Registermarke (§ 4 Nr. 1 MarkenG),
- die Benutzungsmarke mit Verkehrsgeltung (§ 4 Nr. 2 MarkenG) und
- die notorisch bekannte Marke (§ 4 Nr. 3 MarkenG).

Daneben sind im MarkenG als **weitere Kennzeichenrechte** geregelt:

- die geschäftliche Bezeichnung (§ 5 MarkenG) und
- die geografische Herkunftsangabe (§ 126 MarkenG).

Der Standardfall ist die **Registermarke** als die in einem öffentlichen Register (in Deutschland beim Deutschen Patent- und Markenamt (DPMA), in der EU beim Harmonisierungsamt für den Binnenmarkt (Marken, Muster und Modelle) (HABM)) eingetragene Marke (s. dazu Rz. 5).

Bei den im Gegensatz dazu nicht registrierten Kennzeichenrechten hat die größte praktische Bedeutung die **geschäftliche Bezeichnung** (s. dazu Rz. 7 ff.), und dort wiederum das Unternehmenskennzeichen mit Namenscharakter. Deren Schutz erfordert – mit Ausnahme des reinen Geschäftsabzeichens ohne Namenscharakter (§ 5 Abs. 2 Satz 2 MarkenG) – im Gegensatz zur **Benutzungsmarke** (s. dazu Rz. 8) keine Verkehrsgeltung.

Für die allgemeine Praxis weniger relevant sind die verbleibenden Kennzeichenrechte:

Die **notorisch bekannten Marken** beziehen sich auf die Pariser Verbandsübereinkunft und betreffen solche Marken, die im Ausland geschützt sind und im Inland zwar nicht benutzt werden, aber bekannt sind.

Bei **geografischen Herkunftsangaben** handelt es sich um Angaben oder Zeichen, die die geografische Herkunft einer Ware oder Dienstleistung kennzeichnen. Sie sind damit nicht auf einen bestimmten Betrieb, sondern auf Waren oder Dienstleistungen aus einem bestimmten Ort, einer Gegend usw. bezogen (§§ 126, 127 MarkenG). Sie sind nach allg.M. aus der Natur der Sache nicht lizenzierbar (vgl. BGH GRUR 2007, 884 Rz. 38 – Cambridge Institute).

3 Da die Kennzeichenrechte wie alle gewerblichen Schutzrechte grundsätzlich nur nationale Wirkung entfalten (**Territorialitätsgrundsatz**), somit im Prinzip parallele Markeneintragungen immer für sämtliche Länder, für die man Schutz benötigt, getrennt bei der jeweiligen nationalen Stelle veranlasst werden müssen, sind **internationale Abkommen** abgeschlossen worden, einerseits zur teilweisen inhaltlichen Harmonisierung, andererseits zur Erleichterung der Durchsetzung des Schutzes über Ländergrenzen hinweg. Ausgehend von der zentralen multilateralen Pariser Verbandsübereinkunft zum Schutz des gewerblichen Eigentums (**PVÜ**) mit erster Fassung von 1883 (die insbesondere auch den Patentschutz umfasst und wesentlich die Unionspriorität sichert sowie den Grundsatz der Inländerbehandlung festlegt), wurden als Sonderabkommen hierzu (vgl. Art. 19 PVÜ) das seit 1891 bestehende Madrider Markenabkommen (**MMA**) und, als dessen rechtlich selbstständige Fortschreibung, das seit 1989 bestehende Protokoll zum Madrider Markenabkommen (**PMMA**) geschlossen.

Diese beiden Abkommen haben hohe Praxisrelevanz, da sie eine parallele Markenanmeldung in den Mitgliedsländern deutlich erleichtern durch die vereinheitlichte **Internationale Registrierung** (IR) einer Marke. Hierbei kann, ausgehend von einer in einem Vertragsstaat eingetragenen oder (nur im Bereich des PMMA ausreichend:) angemeldeten nationalen Marke (Basismarke), die Erstreckung des Schutzes auf beliebig viele weitere Staaten des Verbandes veranlasst werden. Dies erfolgt durch Antrag auf internationale Registrierung beim nationalen Markenamt der Basismarke (vgl. § 108 MarkenG), welches dann die Anmeldung an die Weltorganisation für geistiges Eigentum (WIPO) in Genf weiterleitet. Nach der Veröffentlichung im dortigen Markenblatt leitet die WIPO den Antrag weiter an die nationalen Markenämter der im Antrag benannten Erstreckungsländer, die wiederum auf Erfüllung der dort geltenden Schutzvoraussetzungen prüfen. Soweit sich keine Beanstandungen ergeben, erhält der Markeninhaber dort dann den gleichen Schutz wie bei einer gewöhnlichen nationalen Marke des betreffenden Landes. Neben den Vorteilen der Vereinfachung des Verfahrens und der geringeren Gebühren ergeben sich mögliche nachteilige Besonderheiten aus der Abhängigkeit von der Basismarke. Außerdem sind die Regelungen zum Prioritätszeitpunkt zu beachten.

Daneben sind über das sog. Nizzaer Klassifikationsabkommen (**NKA**) die Waren- und Dienstleistungsklassen für die dortigen Vertragsstaaten vereinheitlicht worden (derzeit gültig ist die 10. Ausgabe in der „Version 2014" ab 1.1.2014 mit 45 Klassen, davon 34 für Waren und 11 für Dienstleistungen), s. dazu Rz. 22.

Parallel zum Schutz nach dem deutschen Markengesetz kann sich ein Markenschutz im Inland 4 auch gründen auf eine **Europäische Gemeinschaftsmarke** gemäß der Verordnung (EG) Nr. 40/94 des Rates über die Gemeinschaftsmarke (GMVO). Dabei handelt es sich – im Gegensatz zur IR-Marke als bloßes „Bündel" einzelner nationaler Schutzrechte – um ein einziges Schutzrecht, das einheitlich geprüft wird und nach Eintragung beim Harmonisierungsamt für den Binnenmarkt (Marken, Muster und Modelle) (HABM) gleichzeitig in allen EU-Staaten Schutz vermittelt. Grundsätzlich entsprechen die Regelungen der GMVO in den wesentlichen Punkten denjenigen des deutschen MarkenG, da dieses (wie die anderen nationalen Markengesetze der EU) in Umsetzung der Europäischen Markenrechtsrichtlinie erlassen wurde, die ihrerseits parallele Regelungen zur GMVO enthält (s. auch Rz. 18). Die GMVO kennt allerdings nur die Registermarke (Art. 6 GMVO), hingegen keine Benutzungsmarke oder geschäftliche Bezeichnung (neben der Gemeinschaftsmarke gibt es aber noch die gemeinschaftsrechtlich geregelte geographische Herkunftsangabe).

b) Eingetragene Marken, Benutzungsmarken

Die Kennzeichenrechte, die für die Vertragsgestaltung die größte Rolle spielen, sind die eingetrage- 5 nen **Registermarken**. Sie entstehen gem. § 4 Nr. 1 MarkenG mit Eintragung eines Zeichens im jeweiligen Markenregister, das in Deutschland beim Deutschen Patent- und Markenamt (DPMA) geführt wird (zum Anmeldeverfahren s. Rz. 14 ff.). Erst die eingetragene Marke ist in der Praxis ernsthaft „verkehrsfähig", dh. veräußerbar oder lizenzierbar.

Zwar kann ein Zeichen auch **ohne Eintragung** als sog. Benutzungsmarke gem. § 4 Nr. 2 MarkenG 6 Schutz erlangen (zur geschäftlichen Bezeichnung als weiteres Kennzeichen kraft Benutzung s. Rz. 9 ff.), aber nur wenn die Benutzung zur **Verkehrsgeltung** geführt hat. Abgesehen von den relativ hohen Anforderungen an die Verkehrsgeltung und die damit verbundenen materiell-rechtlichen Problemstellungen, steht der (vermeintliche) Markeninhaber im Verkaufs- und Lizenzierungsfall wie im Verletzerprozess vor dem Problem, die Verkehrsgeltung ausreichend dokumentieren bzw. darlegen und beweisen zu können. Damit ist eine Veräußerung oder Lizenzierung ohne eine vorherige Eintragung der Marke regelmäßig schwierig.

➲ **Praxistipp:** Auf den Schutz als Benutzungsmarke mit Verkehrsgeltung sollte man sich nie ver- 7 lassen, sondern möglichst die Marke auch zur Eintragung bringen, wenn man etwa im Rahmen einer Veräußerung oder Lizenzierung auf die nicht eingetragene Marke stößt. Gegen eine zusätzliche Anmeldung kann eigentlich nur (außer Zweifeln wegen absoluter Schutzhindernisse nach § 8 MarkenG) die Angst vor einer möglichen Auslösung von Widerspruch oder Klage eines Konkurrenten sprechen. Ungeachtet einer nachgeholten Eintragung hat die Benutzungsmarke indes weiterhin wegen ihrer früheren Priorität ihre Bedeutung, so dass auch dann noch „Beweise gesichert" werden sollten.

Register- wie Benutzungsmarken (und notorisch bekannte Marken) sind frei übertragbare Rechte 8 (vgl. § 27 MarkenG sowie Rz. 43 mit **M 39.1** und **M 39.2**) Die Lizenzierung von Marken iSv. § 4 Nr. 1 bis 3 MarkenG und deren Rechtsfolgen sind rudimentär geregelt in § 30 MarkenG (s. dazu näher Rz. 50 und allgemein zur Lizenzierung Rz. 57 ff. sowie **M 39.4**).

c) Geschäftliche Bezeichnungen

Nicht zu unterschätzen ist die praktische Bedeutung der **ohne Eintragung** Schutz erlangenden ge- 9 schäftlichen Bezeichnungen nach § 5 MarkenG. Deren Wert zeigt sich vor allem bei der Veräußerung eines Unternehmens oder im Fall einer Kollision mit einer jüngeren eingetragenen Marke. Ein eingeführtes Unternehmenskennzeichen, das unter Umständen sogar durchsetzungsfähig ist gegenüber anderen identischen oder ähnlichen Kennzeichen, etwa gegenüber eingetragenen Marken, kann nicht selten eines der wertvollsten Unternehmensgegenstände sein.

Die geschäftlichen Bezeichnungen werden unterteilt in

- die Unternehmenskennzeichen (§ 5 Abs. 2 MarkenG) und
- die Werktitel (§ 5 Abs. 3 MarkenG).

Die §§ 5 und 15 MarkenG beruhen nicht auf der Markenrechtsrichtlinie der EU (s. Rz. 4), so dass über deren Auslegung im Regelfall allein die **nationalen Gerichte** entscheiden und keine Vorlagen an den EuGH stattfinden (vgl. BGH GRUR 2009, 500 Rz. 25 – Beta Layout). Dennoch kann aus Gründen der Einheitlichkeit des Markenrechts die Spruchpraxis des EuGH auch auf die geschäftlichen Bezeichnungen durchschlagen.

10 Der Schutz des **Unternehmenskennzeichens** entsteht mit dessen schlichter **Benutzung** in geschäftlichem Verkehr, soweit es sich um den Namen, die Firma oder die besondere **Bezeichnung des Geschäftsbetriebs** handelt. Handelt es sich hingegen um ein reines **Geschäftsabzeichen ohne Namenscharakter**, muss das Unternehmenskennzeichen zusätzlich **Verkehrsgeltung** erlangt haben (§ 5 Abs. 2 Satz 2 MarkenG).

Im Unterschied zur Marke gibt ein Unternehmenskennzeichen keinen Hinweis auf die Herkunft von Waren oder Dienstleistungen, sondern es dient zur Identifizierung des Unternehmens selbst (wenn es auch regelmäßig über die Waren und Dienstleistungen transportiert wird und diese damit mittelbar zuordnet). Der räumliche Schutzbereich von Unternehmenskennzeichen umfasst zwar grundsätzlich auch das gesamte Bundesgebiet, etwas anderes gilt jedoch bei Unternehmen, die auf nur lokale oder regionale Tätigkeit zugeschnitten und nicht auf Expansion angelegt sind (zB Gaststätten, Apotheken, sonstige „Platzgeschäfte“): dort ist der Schutz auf das örtliche Tätigkeitsfeld beschränkt (vgl. BGH GRUR 2007, 884, 886 – Cambridge Institute). Auch sonst ist der Schutzumfang nicht immer derselbe wie bei der Marke (s. Rz. 36).

11 Der Schutz des **Werktitels** (insbesondere der Titel von Druckschriften, Filmwerken, Tonwerken und Bühnenwerken, vgl. § 5 Abs. 3 MarkenG) entsteht spätestens mit Aufnahme der **Benutzung** im geschäftlichen Verkehr. Um Investitionsschutz zu gewährleisten, kann unter bestimmten Voraussetzungen schon vor der Benutzung ein Schutz erlangt werden, nämlich durch die in der Praxis häufige **Titelschutzanzeige** (vgl. hierzu vertiefend Ingerl/Rohnke § 5 MarkenG Rz. 80 ff. und Rz. 83 ff.).

12 ➲ **Wichtig:** Bei nicht oder erst nachträglich registrierten Kennzeichen ist besonderer Wert auf die sorgfältige Dokumentation der Entstehung der Schutzvoraussetzungen bzw. des Schutzrechts zu legen. Das sollte rückwirkend stattfinden, sobald man dieses Manko erkennt. Ein Vertrag wird immer auf diese Unterlagen Bezug nehmen müssen und darf im beiderseitigen Interesse keine Missverständnisse über die Grundlagen des Kennzeichenschutzes und dessen eventuelle Angreifbarkeit zulassen. Darauf ist speziell beim Unternehmenskauf und bei der Formulierung der dort üblichen Verkäufergarantien zu achten, die sich daher nicht auf den Bestand des Rechts, sondern allenfalls auf die Schutzgrundlagen oder fehlende Kenntnis entgegenstehender Rechte Dritter beziehen dürfen.

13 Eine Lizenzierung einer geschäftlichen Bezeichnung ist nur in begrenztem Maße möglich. Rechtlich handelt es sich um eine rein schuldrechtliche Benutzungsgestattung (bzw. Verzicht auf Verbotsansprüche). § 30 MarkenG ist nicht anwendbar. Eine (dingliche) Lizenz am Unternehmenskennzeichen unter Ausschluss des Lizenzgebers oder eine Veräußerung des Rechts ohne Veräußerung – von Teilen – des Geschäftsbetriebs dürfte nicht möglich sein, da sie zur Trennung des Unternehmenskennzeichens vom Unternehmen und damit zum Erlöschen des Rechts führen würde (vgl. Ströbele/Hacker § 30 MarkenG Rz. 124 mwN, aA zur dinglichen Lizenz Fezer § 30 MarkenG Rz. 103). Dasselbe gilt bzgl. einer Trennung von Werktitel und Werk. Somit entfällt eine eingeräumte Nutzungsgestattung unmittelbar (und zwar folglich auch für „Sublizenzen“) durch Beendigung des Schuldrechtsverhältnisses, sei es durch Zeitablauf oder konkludent durch Beendigung der die Gestattung vermittelnden Zusammenarbeit oder durch Kündigung (vgl. Ströbele/Hacker § 30 MarkenG Rz. 125 mwN).

2. Eintragung einer Marke

a) Anmeldung

Für die eingetragenen Marken wird die Basis für spätere Auseinandersetzungen und für Verträge zur Veräußerung oder Lizenzierung im **Anmeldeverfahren** gelegt. Daher bedarf diese Phase sorgfältiger Vorbereitung. Hier etwas Geld in eine Beratung zu investieren, lohnt sich für den Anmelder. Als Berater sollte man die Eintragung keinesfalls oberflächlich und ohne genaue Vorbereitung angehen. Die Kosten für den Mandanten, wenn sich nachher die Eintragung als nicht optimal darstellt, können erheblich sein, ganz zu schweigen von eventuellen Schäden wegen Prioritätsverlusts. 14

Die **Formulare** für die Anmeldung finden sich im Internet auf den Seiten der zuständigen Markenämter (für das **DPMA** in Deutschland: http://dpma.de; für das **HABM** in der EU: http://oami.europa.eu) einschließlich sehr hilfreicher Hinweise. Ebenso ist dort die amtliche **Klassifizierung** der Waren und Dienstleistungen („Nizza-Klassifikation" – NKL) zu finden (s. Rz. 22), einschließlich umfangreicher Datenbanken mit den Begriffen der NKL einschließlich Übersetzungen und den vom Markenamt bereits akzeptierten Begriffen. Die Anmeldung einer Gemeinschaftsmarke beim DPMA („DPMAdirekt") und beim HABM ist auch online möglich (bei etwas reduzierten Gebühren).

Mit einer sorgfältigen Vorbereitung der Anmeldung kann einiges im Vorfeld vermieden werden, was zu einer Beanstandung oder gar Zurückweisung der Anmeldung führen kann, angefangen bei der Prüfung der Zulässigkeit der Zeichenform über die Prüfung auf absolute Schutzhindernisse bis hin zu der richtigen Angabe und Gruppierung sowie der zulässigen eindeutig abgrenzbaren Beschreibung und Zuordnung der Waren und Dienstleistungen.

b) Recherche

In der Regel empfehlenswert ist eine der Anmeldung vorausgehende Markenrecherche (im Rahmen des Eintragungsverfahrens der Gemeinschaftsmarke wird auf Antrag eine – die eigene vorherige Recherche indes nicht ersetzende – Amtsrecherche für derzeit 16 Länderregister angeboten, die Länderrecherchen sind seit 1.3.2008 optional (Art. 38 Abs. 2 GMVO), nur der Gemeinschaftsrecherchenbericht wird noch obligatorisch vom HABM (Art. 38 Abs. 1 GMVO) durchgeführt – bei der deutschen Markeneintragung beim DPMA gibt es Vergleichbares nicht). Eine Markenrecherche wird von spezialisierten Unternehmen angeboten, sollte aber mit professionellem Rechtsrat begleitet und ausgewertet werden. Für eigene (Vor-)Recherchen stehen Online-Suchmaschinen bei allen Registern zur Verfügung (DE: DPMAregister; EU: eSearch plus bzw. TMview; IR: ROMARIN). 15

Vor der Recherche muss **definiert** werden, nach welchen Markenformen gesucht werden soll, ob nur registrierte Marken oder auch Firmennamen oder geschäftliche Bezeichnungen usw., ob national beschränkt oder für mehrere Länder oder zB mit IR-Register, ob auch auf ähnliche Marken und auf welche Klassen bezogen. Somit entscheidet sich schon beim Auftrag die Brauchbarkeit des Ergebnisses. Liegt das Rechercheergebnis vor, muss es auf mögliche Kollisionsfälle hin ausgewertet und eine Einschätzung abgegeben werden, ob eines der gefundenen Kennzeichen einem Schutz hinderlich sein könnte, so dass eventuell von der Anmeldung Abstand genommen werden muss.

Die Recherche gibt aber nicht nur eine taugliche Grundlage dafür, ob ältere Rechte bestehen, mit denen die einzutragende Marke kollidieren könnte. Sie schützt zudem im späteren Kollisionsfall vor dem **Verschuldensvorwurf**. Das Unterlassen einer Recherche wird als Fahrlässigkeit ausgelegt und führt damit zu einer Schadensersatzpflicht gegenüber dem Inhaber älterer Rechte (st. Rspr., vgl. nur BGH GRUR 1970, 87, 88 – Muschi-Blix; Fezer § 14 MarkenG Rz. 1019 ff. mwN). 16

➲ **Wichtig:** Möglichst jeder Markeneintragung sollte eine – professionell begleitete – Recherche vorausgehen. Erstens gibt sie Investitionssicherheit, zweitens erhöht sie den Wert der Marke für eine spätere Veräußerung oder Lizenzierung, drittens verhindert sie regelmäßig den Schuldvorwurf im Verletzerprozess und damit das Entstehen von Schadensersatzansprüchen. Bei der Veräußerung, ggf. auch der Lizenzierung, sollten die Unterlagen und das Prüfungsergebnis der vor der Eintragung erfolgten Recherche übergeben werden. Die eventuell im Rahmen einer „due diligence" beim Kauf durchgeführte nochmalige Recherche ersetzt also die ursprüngliche Recherche keinesfalls. 17

c) Prüfungsumfang

18 Das Markenamt (nachfolgend beschrieben für das DPMA gem. dem MarkenG, im Grundsatz das Gleiche gilt für das HABM [s. Rz. 4] gem. der GMVO) beschränkt seine vor der Markeneintragung stattfindende Prüfung auf wenige Punkte, nämlich die generelle Eignung der Zeichenform als Marke, das Vorliegen absoluter Schutzhindernisse und die richtige Klassifizierung der Waren und Dienstleistungen, für die die Marke eingetragen werden soll.

19 Welche **Zeichenformen** einen Markenschutz erlangen können, bestimmt § 3 Abs. 1 MarkenG, nämlich insbesondere: Wörter, Abbildungen, Buchstaben, Zahlen, Hörzeichen, dreidimensionale Gestaltungen (einschließlich Warenform, Verpackung, Aufmachung) (dazu aber § 3 Abs. 2 MarkenG), Farben und Farbzusammenstellungen. Die Aufzählung ist nicht abschließend, es sind auch weitere Formen eintragungsfähig, soweit Unterscheidungseignung und (mittelbare) graphische Darstellbarkeit gegeben sind. Daneben sind auch Mischformen aller Art möglich, die praktisch bedeutsamste ist die Wort-Bildmarke als Verbindung einer Abbildung („Logo") mit Wörtern (zB dem Produktnamen).

20 Bei Feststellung eines **absoluten Schutzhindernisses** nach § 8 Abs. 2 MarkenG muss das DPMA von Amts wegen die Eintragung versagen (§ 37 MarkenG). Nicht eintragungsfähig sind insbesondere Zeichen mit fehlender **Unterscheidungskraft** (§ 8 Abs. 2 Nr. 1), für die ein **Freihaltebedürfnis** besteht (§ 8 Abs. 2 Nr. 2), die übliche **Gattungsbezeichnungen** sind (§ 8 Abs. 2 Nr. 3) oder die eine **ersichtliche Täuschungsgefahr** begründen (§ 8 Abs. 2 Nr. 4).

21 Eine Markeneintragung führt nicht dazu, dass das Fehlen absoluter Schutzhindernisse rechtsverbindlich festgestellt ist. Werden nach der Markeneintragung absolute Schutzhindernisse behauptet, ist das im **Löschungsverfahren** beim DPMA (§§ 54, 50 MarkenG) zu klären, für das jedermann antragsbefugt ist (mit Beschwerde beim BPatG und eventueller Rechtsbeschwerde beim BGH; zur Einleitung von Amts wegen s. § 50 Abs. 3 MarkenG). Für die wichtigsten absoluten Schutzhindernisse gilt eine Antragsfrist von 10 Jahren, danach ist die Eintragung bestandskräftig (§ 50 Abs. 2 Satz 2 MarkenG). Außerdem können sie im Wege der Verkehrsdurchsetzung überwunden werden (§ 8 Abs. 3 MarkenG; zu den Anforderungen s. zB BGH GRUR 2006, 760.Rz. 17 ff. – LOTTO). Unter bestimmten Voraussetzungen können absolute Schutzhindernisse auch im sog. Verletzerprozess geltend gemacht werden (vgl. § 22 Abs. 1 Nr. 2 Alt. 2 MarkenG) oder sie können dort jedenfalls eine Aussetzung des Verfahrens bis zur Entscheidung im Löschungsverfahren gebieten (zu den Einzelheiten vgl. BGH GRUR 2003, 1040, 1041 f. – Kinder I).

22 Die amtliche **Klassifizierung der Waren und Dienstleistungen** erfolgt beim DPMA nach der Anlage 1 zu § 19 Abs. 1 Markenverordnung (MarkenV) (als Umsetzung der Nizzaer Klassifikation gem. NKA, s. Rz. 14) sowie nach alphabetischen Listen bestimmter Begriffe laut Anlagen 2 und 3 zu § 19 Abs. 2 MarkenV, deren Verwendung die Eintragung erleichtert und beschleunigt. Die Begriffe müssen hinreichend bestimmt und abgegrenzt sein, möglichst den genannten Listen entsprechen oder verkehrsüblich sein (§ 20 Abs. 1 und 2 MarkenV).

23 ➲ **Wichtig:** Das Waren- bzw. Dienstleistungsverzeichnis muss in der Reihenfolge der Klasseneinteilung geordnet, also „gruppiert" eingereicht werden (§ 20 Abs. 3 MarkenV idF seit 1.6.2004). Fehlt die Gruppierung oder ist sie unrichtig, führt das zur Beanstandung und hat daher eine erheblich längere Bearbeitungsdauer zur Folge. Gelingt keine Klärung, kann die Anmeldung sogar zurückgewiesen werden.

d) Relative Schutzhindernisse, Widerspruch

24 Nicht von Amts wegen bei der Eintragung geprüft werden die relativen Schutzhindernisse gem. §§ 9 bis 13 MarkenG, nämlich das Bestehen **älterer Marken** oder **anderer Rechte** (eine Ausnahme sind die notorisch bekannten Marken, die gem. § 10 iVm. § 37 MarkenG als absolutes Schutzhindernis gelten). Hier muss der Inhaber des älteren Schutzrechts aktiv werden und ein **Löschungsverfahren** vor den ordentlichen Gerichten – vor den Spezialkammern der Landgerichte (vgl. § 140 Abs. 1, 2 MarkenG) – anhängig machen (§§ 55, 51 MarkenG) und/oder seine Rechte im **Verletzerprozess** geltend machen.

Erhält er von der Anmeldung rechtzeitig Kenntnis, kann er gegen die Eintragung **Widerspruch** einlegen (vgl. §§ 42, 43 MarkenG, Art. 41, 42 GMVO). Gegenüber Anmeldungen beim DPMA kann seit 1.10.2009 ein Widerspruch nicht nur auf ältere Registermarken (und notorisch bekannte Marken), sondern insbesondere auch auf Benutzungsmarken und geschäftliche Bezeichnungen gestützt werden (§ 42 Abs. 2 MarkenG); beim HABM kann ein Widerspruch auf nicht eingetragene Marken nur gestützt werden, wenn diese qualifizierte Voraussetzungen erfüllen (vgl. Art. 8 Abs. 4 iVm. Art. 41 Abs. 1 GMVO). Der Widerspruch ist **fristgebunden**, er muss drei Monate nach Veröffentlichung der Eintragung (§ 42 Abs. 1 MarkenG) bzw. der Anmeldung (Art. 41 Abs. 1 GMVO) beim Amt eingehen, innerhalb der Frist muss auch die Widerspruchsgebühr eingezahlt sein, sonst gilt der Widerspruch als nicht erhoben(§ 6 Abs. 2 PatKostG, Art. 41 Abs. 3 Satz 2 GMVO). Zur Widerspruchseinlegung stehen Formblätter der Markenämter zur Verfügung, die auch verwendet werden sollten (vgl. § 29 Abs. 2 MarkenV); beim DPMA wie beim HABM ist auch die Online-Einlegung („E-Opposition") möglich. Damit man als Markeninhaber von der Widerspruchsmöglichkeit Kenntnis erlangt, werden von Rechercheunternehmen (s. Rz. 15) laufende **Markenüberwachungen** angeboten, deren Kollisionshinweise auch hier einer rechtlichen Auswertung bedürfen. Auch das DPMA bietet unter „DPMAkurier" Überwachungen von Schutzrechten an. Aufgrund des gegenüber der Löschungsklage kostengünstigeren und einfacheren Widerspruchsverfahrens sind deren Kosten regelmäßig gut investiert. 25

➲ **Wichtig:** Die Markeneintragung hat damit nur eine geringe Aussagekraft zu Schutz und Wert der Marke, sie stellt im Wesentlichen den Zeitrang, also die **Priorität**, sicher. Auf Schutzfähigkeit, Schutzumfang oder gar Bestandskraft kann man sich allein aufgrund einer Eintragung nicht verlassen. Viele Anmelder sind darüber falsch orientiert, insbesondere dass Kollisionen mit prioritätsälteren, nicht eingetragenen Kennzeichenrechten bestehen können. 26

➲ **Praxistipp:** Als Berater sollte man bereits bei einer Markenanmeldung auf die Möglichkeit einer laufenden Markenüberwachung und auf deren Vorteile bei der Verteidigung der Marke gegen spätere Konkurrenzmarken durch frühzeitiges Agieren und sich daraus eröffnende Widerspruchsverfahren hinweisen. Die Markenüberwachung muss allerdings organisatorisch und rechtlich gehandhabt werden können. Sinnvollerweise startet man die Überwachung parallel zur Recherche bzw. ergänzt sie um eine Differenzrecherche für den Zwischenraum, um einen lückenlosen Kenntnisstand zu erlangen. 27

e) Benutzungspflicht

Um das Register vor nicht verwendeten Marken freizuhalten, muss eine Marke auch **„ernsthaft benutzt"** (§ 26 Abs. 1 MarkenG) werden, und zwar für (all) diejenigen Waren und Dienstleistungen, für die sie eingetragen ist, sowie grundsätzlich in ihrer eingetragenen Form. 28

Das MarkenG sieht eine **Schonfrist** für die Benutzung der Marke von fünf Jahren ab der Eintragung vor (§ 49 Abs. 1 Satz 1 MarkenG). Wird sie auch anschließend bzw. über einen insgesamt fünfjährigen Zeitraum nicht rechtserhaltend benutzt, droht der **Verfall** der Marke, der im Wege der Popularklage vor den ordentlichen Gerichten (§ 55 Abs. 2 Satz 1 MarkenG) oder durch Löschungsantrag beim DPMA (§ 53 Abs. 1 MarkenG) oder schließlich als Einrede im Verletzerprozess (vgl. Fezer § 49 Rz. 4 und § 55 Rz. 27) geltend gemacht werden kann (zur Gemeinschaftsmarke vgl. Art. 15 und Art. 50 Abs. 1 lit. a GMVO).

➲ **Wichtig:** Speziell beim Kauf von „Vorratsmarken", die sich der Verkäufer nur in der Absicht des Weiterverkaufs (also ohne Gebrauchsabsicht) hat eintragen lassen, muss auf die rechtzeitige Benutzungsaufnahme bzw. Ablauf der Schonfrist, in sonstigen Fällen auf die Übergabe von Nachweisen für die rechtserhaltende Benutzung geachtet werden. 29

f) Nationale Marke oder Gemeinschaftsmarke

Für jeden, der eine Marke in einem oder mehreren Ländern der EU anmelden möchte, stellt sich regelmäßig die Frage, ob er eine oder mehrere nationale Marken (ggf. gebündelt über die Internationale Registrierung, s. Rz. 3) anmeldet oder eine Gemeinschaftsmarke für die gesamte Europäi- 30 sche Union beim HABM. Hier gibt es kein Patentrezept. Wer sich sicher auf absehbare Zeit auf den nationalen oder einen gar nur regionalen Markt beschränkt, ist mit der nationalen Anmeldung beim DPMA bestens versorgt. Das Anmeldeverfahren ist dort deutlich einfacher, schneller und kostengünstiger durchzuführen.

31 ➲ **Praxistipp:** Die ohnehin grundsätzlich gegenüber dem HABM schnellere Eintragungszeit beim DPMA kann man durch einen kostengünstigen zusätzlichen Antrag auf beschleunigte Prüfung noch verkürzen (notwendig ist die beschleunigte Prüfung zur sicheren Inanspruchnahme der sog. Unionspriorität gem. Art. 4 PVÜ der Ursprungsmarke im Rahmen der anschließenden Registrierung als IR-Marke, s. Rz. 3).

32 Der klare Vorteil der EU-Gemeinschaftsmarke ist, mit einer Anmeldung und in einem Verfahren (und für in der Summe gegenüber mehreren nationalen (IR-)Anmeldungen geringere Gebühr) den Schutzumfang zu erreichen, den er sonst nur durch eine Vielzahl von Anmeldungen in verschiedenen Sprachen gegenüber verschiedenen Ämtern usw. erreichen kann. Die EU-Anmeldung macht damit auch Sinn, wenn die Marke nur in einigen Ländern der EU eingesetzt werden soll (die ernsthafte Benutzung nach Art. 15 GMVO erfordert keinesfalls eine gemeinschaftsweite Benutzung, selbst die ernsthafte Benutzung in nur einem einzigen Land der EU soll nach Auffassung der Kommission genügen). Zu bedenken ist aber, dass bei einer Anmeldung beim HABM aufgrund der höheren Kollisionswahrscheinlichkeit die Gefahr größer ist, sich einem Widerspruchsverfahren (s. Rz. 25) auszusetzen und damit die Marke nicht eingetragen zu bekommen; ein Widerspruch führt zur Zurückweisung der Anmeldung auch dann, wenn der konkurrierende Rechteinhaber sein Zeichen nur in einem einzigen EU-Land benutzt, unabhängig davon, ob man tatsächlich räumliche Berührungspunkte hat. Es besteht jedoch die befristete Möglichkeit einer anschließenden Umwandlung in eine Anmeldung für eine bzw. mehrere nationale Marken (Art. 108 ff. GMVO).

Häufig macht damit eine **gleichzeitige Anmeldung** von deutscher Marke und Gemeinschaftsmarke Sinn: Zunächst kann es sein, wegen der Kollision mit einer Marke in einem anderen EU-Land beim HABM in ein Widerspruchsverfahren zu geraten, während man davon unberührt beim DPMA eine Eintragung erlangt und so mit der nationalen Marke zumindest eine „Einstiegsposition" erreicht, auch um in Verhandlungen über eine Abgrenzungsvereinbarung mit dem Konkurrenten (s. **M 39.3**) zu treten. Hinzu kommt die bisweilen unterschiedliche Eintragungspraxis und Großzügigkeit der Ämter bzw. der Kontrollinstanzen bezüglich Markenfähigkeit oder absoluter Schutzhindernisse. Nicht zuletzt für die Lizenzierung oder den Verkauf sind regelmäßig zwei Marken mehr wert als eine.

3. Schutzumfang der Marke und Kollisionsfall

a) Priorität, Verletzungstatbestände

33 Der zentrale Ausgangspunkt bei der Bewertung, ob sich der Rechteinhaber bei einer aufgefundenen Kollision auf seinen Kennzeichenschutz mit Erfolg berufen kann, ist der **Grundsatz der Priorität**. Danach muss eine jüngere Marke hinter eine ältere Marke oder hinter ein sonstiges älteres Recht zurücktreten (s. §§ 9 bis 13 MarkenG). Der Prioritätsgrundsatz gilt für alle Kennzeichenrechte und ist Grundprinzip im gesamten Recht des gewerblichen Eigentums (vgl. EuGH GRUR 2005, 153 Rz. 98 – Anheuser Busch/Budvar). Bei der eingetragenen Marke ergibt sich der Zeitrang regelmäßig aus dem Tag der Anmeldung (§§ 6 Abs. 2, 33 MarkenG). Bei der Benutzungsmarke oder auch bei den geschäftlichen Bezeichnungen folgt der Zeitrang der Entstehung des Markenschutzes (§ 6 Abs. 3 MarkenG), also der Benutzungsaufnahme oder dem Erreichen der Verkehrsgeltung.

34 ➲ **Praxistipp:** Wird ein Vertrag über ein nicht eingetragenes Kennzeichenrecht geschlossen, sollte deshalb im Zusammenhang mit dem Lizenzgegenstand und den Gewährleistungen der Zeitrang definiert und dokumentiert werden, es sollten mit dem Vertragsabschluss Belege hierfür übergeben werden und schließlich sollte die Unterstützung bei späteren rechtlichen Auseinandersetzungen mit Dritten verabredet werden.

35 Eine Marke oder ein anderes Kennzeichenrecht gewährt nicht schlechthin aufgrund nur seines Zeitvorrangs Ansprüche gegen die Verwendung derselben oder vergleichbarer Zeichen, sondern nur im Rahmen bestimmter Tatbestandsvoraussetzungen.

Bei der Prüfung einer **Markenverletzung** nach § 14 MarkenG kommt es zunächst – neben dem Bestand der Marke und der rechtserhaltenden Benutzung (Rz. 17) – darauf an, ob der vermeintliche Verletzer sein Zeichen „**im geschäftlichen Verkehr**“ benutzt (§ 14 Abs. 2 MarkenG), d.h. nicht im privaten oder bloß innerbetrieblichen oder innerbehördlichen Bereich, und eine sog. „**markenmäßige Benutzung**“ vorliegt, d.h. die Bezeichnung „im Rahmen des Produkt- und Leistungsabsatzes auch der Unterscheidung der Waren oder Dienstleistungen eines Unternehmens von denen anderer Unternehmen“ dient (BGH GRUR 2009, 498 Rz. 11 – Bananabay; GRUR 2012, 835 Rz. 22 – POWER BALL, jeweils mwN; s. auch EuGH GRUR Int. 1999, 438 = WRP 1999, 407 – BMW/Deenik; zur evtl. Erweiterung der Fälle rechtsverletzender Benutzung in Folge der **Funktionenlehre** nach EuGH GRUR 2009, 756 – L'Oreal, vgl. Stroebele/Hacker § 14 MarkenG Rz. 72 ff., 87 ff., BGH GRUR 2013, 219 Rz. 21 – MOST-Pralinen).

Ist das gegeben, muss einer der drei Verletzungstatbestände vorliegen: die sog. Doppelidentität (**§ 14 Abs. 2 Nr. 1** MarkenG), die Begründung von Verwechslungsgefahr bei wenigstens Zeichen- sowie Waren- und Dienstleistungsähnlichkeit (**§ 14 Abs. 2 Nr. 2** MarkenG) oder der Schutz der bekannten Marke (**§ 14 Abs. 2 Nr. 3** MarkenG), einem nun im Markenrecht kodifizierten, ursprünglich wettbewerbsrechtlichen Schutz vor Rufausbeutung, Rufschädigung und Verwässerung, unabhängig von Waren- oder Dienstleistungsähnlichkeit (der als Sonderfall hier nicht vertieft behandelt wird).

§ 14 MarkenG ist die Grundnorm, die die Wirkung des Markenschutzes beschreibt und insb. Unterlassungs- und Schadensersatzansprüche gegenüber Verletzern vermittelt, ergänzend transferiert § 9 Abs. 1 die Tatbestände des § 14 Abs. 2 in das Widerspruchsverfahren bzw. in das Klagverfahren auf Löschung (zur Gemeinschaftsmarke vgl. Art. 9 und Art. 8 GMVO).

Im Grundsatz vergleichbar, aber nicht ganz parallel liegen die Tatbestände der **Verletzung der geschäftlichen Bezeichnung**, nämlich **§ 15 Abs. 2** MarkenG wegen Begründung von Verwechslungsgefahr und **§ 15 Abs. 3** MarkenG als Bekanntheitsschutz. Zwar bedarf es auch hier der Entstehung und des Bestands des Rechts sowie der Benutzung „im geschäftlichen Verkehr“ (§ 15 Abs. 2 MarkenG) und der kennzeichenmäßigen Verwendung (vgl. BGHZ 168, 28 Rz. 15 – Impuls). Doch ist zB zu beachten, dass über den Schutzumfang und die notwendige Verwechslungsgefahr (s. Rz. 39) im Ergebnis regelmäßig nur die Verwendung als Unternehmenskennzeichen untersagt werden kann (dazu Ströbele/Hacker § 15 MarkenG Rz. 16 ff. mwN). Ergänzend ist auf Rz. 9 ff. zu verweisen, dort auch zum uU räumlich begrenzten Schutzbereich. Die nachfolgenden Ausführungen gelten daher nicht unbesehen auch für die geschäftliche Bezeichnung. 36

b) Identität und Ähnlichkeit

Erster Aspekt des Schutzumfangs der Marke nach § 14 Abs. 2 Nr. 1 und 2 MarkenG ist einerseits die Identität oder Ähnlichkeit des Zeichens, andererseits die Identität oder Ähnlichkeit der Waren oder Dienstleistungen (zum Sonderfall des § 14 Abs. 2 Nr. 3 – Schutz der bekannten Marke – s. Rz. 35 und 39). 37

Über Identität streitet man nur selten, jedenfalls in Bezug auf die kollidierenden Zeichen, zumal der Begriff der **Zeichenidentität** eng auszulegen ist (nur Ähnlichkeit soll vorliegen bei Schreibweise desselben Begriffs in einerseits Groß- und andererseits Kleinbuchstaben: BGH GRUR 2012, 835 Rz. 32 – POWER BALL). 38

Liegt die sog. **Doppelidentität** vor, also sowohl beim Zeichen als auch bei den Waren und Dienstleistungen, begründet das allein die Markenverletzung, ohne dass es auf weitere Voraussetzungen wie etwa die Verwechslungsgefahr ankommt (**§ 14 Abs. 2 Nr. 1** MarkenG).

Die **Zeichenähnlichkeit** ist mitunter schwierig zu bestimmen. Bei einer Wortmarke kann sie sich ergeben aus dem optischen Eindruck (schriftbildlich), aber auch aus der Aussprache (klanglich) oder einen ähnlichen Wortsinn (begrifflich). Es kann aber auch Ähnlichkeit bestehen zwischen unterschiedlichen Markenformen, also zwischen einer Bildmarke und einer Wortmarke (zB Storch als Wort und als Abbildung).

Bei der **Waren- und Dienstleistungsähnlichkeit** gibt es zahlreiche Kriterien, nach denen diese zu bestimmen ist, etwa der Verwendungszweck und die Nutzung der betreffenden Produkte. Letztlich wird das immer erst nach Abwägung aller relevanten Umstände im Einzelfall zu entscheiden sein.

c) Verwechslungsgefahr

39 Zweiter Aspekt des Schutzumfangs der Marke ist die Verwechslungsgefahr. Sie muss als weitere Tatbestandsvoraussetzung bei bloßer Zeichen- und/oder Waren- und Dienstleistungsähnlichkeit hinzutreten (**§ 14 Abs. 2 Nr. 2** MarkenG). Da dies die in der Praxis häufigsten Fälle sind, ist das der in der Kollisionsprüfung bzw. im Verletzerprozess regelmäßig entscheidende Punkt. Nicht auf Verwechslungsgefahr kommt es an in den Fällen der Doppelidentität (§ 14 Abs. 2 Nr. 1 MarkenG) und beim Schutz der bekannten Marke (§ 14 Abs. 2 Nr. 3 MarkenG).

Die Verwechslungsgefahr bestimmt sich zwar nach der Verkehrsauffassung (vgl. § 14 Abs. 2 Nr. 2 MarkenG: „für das Publikum"), ist aber im Ergebnis Rechtsfrage (BGH GRUR 2000, 506 Rz. 60 – Attaché/Tisserand), basierend auf Erfahrungssätzen und tatrichterlichen Feststellungen etwa zum Gesamteindruck der Zeichen.

40 Entscheidend für die Beurteilung der Verwechslungsgefahr sind vor allem drei Punkte: erstens das Maß der Ähnlichkeit der Zeichen, zweitens das Maß der Ähnlichkeit der Waren oder Dienstleistungen, für die das Zeichen eingetragen ist bzw. benutzt wird, drittens die **Kennzeichnungskraft** des geschützten Zeichens, also dessen Einprägsamkeit, Originalität und Unterscheidungseignung. Dabei dürfen die einzelnen Elemente nicht isoliert betrachtet werden, sondern sie stehen in einer **Wechselwirkung** zueinander. Schließlich kann schon die Ähnlichkeit in einem Bestandteil des Zeichens ausreichend sein, um die Verwechslungsgefahr zu begründen, wenn dieser für den Gesamteindruck des Zeichens prägend ist (**„Prägetheorie"**; s. insbes. auch EuGH GRUR 2005, 1042 – Life/Thomson Life mit der Ergänzung um die **„selbstständig kennzeichnende Stellung"**, die wiederum zur Verwechslungsgefahr im weiteren Sinne bzw. der im Gesetz genannten Gefahr des gedanklichen Inverkehrbringens führt; vertiefend dazu Ströbele/Hacker § 9 MarkenG Rz. 329 ff. bzw. 411 ff.; BGH GRUR 2013, 833 Rz. 45 – Culinaria/Villa Culinaria).

Die Kennzeichnungskraft entscheidet dabei maßgeblich über den Schutzumfang und damit auch über den Wert einer Marke. Hingegen erhöht der wirtschaftliche Wert nicht zwangsläufig den rechtlichen Schutzumfang. Schließlich ist Zurückhaltung geboten, wenn ein Kennzeichen gerade deshalb besonders einprägsam ist, weil es an die Eigenschaft einer Ware oder an die Gattungsbezeichnung anknüpft oder es sich gar an eine Konkurrenzmarke anlehnt (vgl. §§ 8 und 9 MarkenG).

41 ➲ **Wichtig:** Im Hinblick auf durchgreifende Rechte Dritter oder auf Verletzungshandlungen Dritter werden in Kauf- oder Lizenzverträgen regelmäßig Garantien abgegeben und/oder Haftungen eingeschränkt oder ausgeschlossen. Das ist für die jeweils das Risiko tragende Partei nur kalkulierbar, wenn die Kollisionsfälle auf die Verletzungstatbestände und speziell die Verwechslungsgefahr hin abgeklärt sind, basierend auf einer (früheren oder jetzt durchzuführenden) Markenrecherche (Rz. 15) bzw. durch Markenüberwachung (Rz. 25).

d) Schutzdauer, Schutzschranken

42 Eine Besonderheit der Marke gegenüber allen anderen gewerblichen Schutzrechten und dem Urheberrecht ist deren letztlich **zeitlich unbegrenzter** Schutz. Sie ist gem. § 47 Abs. 1 MarkenG zehn Jahre ab Anmeldung geschützt, die Schutzdauer kann jedoch gem. § 47 Abs. 2 MarkenG immer wieder um jeweils weitere zehn Jahre – gegen Zahlung der Verlängerungsgebühren – verlängert werden (ebenso Art. 46, 47 GMVO).

Inhaltliche Schutzschranken ergeben sich aus § 23 MarkenG (beschreibende Benutzung, Ersatzteilgeschäft), § 24 MarkenG (Erschöpfung) sowie indirekt aus den §§ 25 und 26 MarkenG (mangelnde Benutzung) (vgl. Art. 12, 13, 15 GMVO).

4. Die Marke im Rechtsverkehr

43 Die Register- oder Benutzungsmarken sind **frei übertragbar** (§ 27 MarkenG; ebenso Art. 17 GMVO zur eingetragenen Gemeinschaftsmarke); s. zur geschäftlichen Bezeichnung Rz. 13 aE. Nachdem das Markengesetz gegenüber dem Warenzeichengesetz (WZG) die Verknüpfung der Marke mit dem Geschäftsbetrieb aufgegeben hat (unter dem WZG war Anmeldevoraussetzung die Unterhaltung eines Geschäftsbetriebs, der einen engen Zusammenhang mit den betreffenden Waren

oder Dienstleistungen aufweisen musste [vgl. § 1 Abs. 1 WZG], und bei der Rechtsübertragung des Warenzeichens musste dieser ganz oder teilweise mit übertragen werden [vgl. § 8 Abs. 1 WZG]), kann die Marke isoliert als selbstständiges Immaterialgüterrecht übertragen werden. Die Übertragung erfolgt **formfrei** nach §§ 398 ff. BGB (die Eintragung nach § 27 Abs. 3 MarkenG und Art. 17 Abs. GMVO hat im Wesentlichen verfahrensrechtliche Bedeutung und ist nicht konstitutiv), verbunden mit einem schuldrechtlichen Kausalgeschäft, meist einem Rechtskauf (§ 433 BGB).

Auch die **Lizenzierung** als vertragliche Einräumung von Nutzungsrechten ist umfassend möglich, sowohl als ausschließliche wie als einfache Lizenz (vgl. § 30 MarkenG, Art. 22 GMVO). Ob die Lizenz dinglichen oder schuldrechtlichen Charakter hat, ist umstritten, der Lizenznehmer genießt jedenfalls Sukzessionsschutz (§ 30 Abs. 5 MarkenG) und hat eigenes Klagerecht gegen Dritte (mit Zustimmung des Markeninhabers, § 30 Abs. 3 MarkenG) (nach dem WZG war nach hM eine Lizenzerteilung nur schuldrechtlich möglich bzw. als Verpflichtung, das Verbietungsrecht nicht geltend zu machen, vgl. Baumbach/Hefermehl, Warenzeichenrecht, 12. Aufl. 1985, Anh § 8 WZG Rz. 2 ff.). S. dazu noch Rz. 50, 57 ff.

Der Schwerpunkt in der Vertragsgestaltung liegt – neben den **Markenlizenzverträgen** (hierzu Rz. 45 ff., 50, sowie **M 39.4**) – bei der **Veräußerung und Übertragung** (vgl. **M 39.1** und **M 39.2**) von Markenrechten sowie bei den sog. **Abgrenzungsvereinbarungen** (vgl. **M 39.3**). Letztere sind Absprachen zwischen den Inhabern konkurrierender bzw. kollidierender Marken über die Reichweite ihrer Rechte. Häufig im Rahmen eines Widerspruchsverfahrens, aber auch in der vorgerichtlichen oder gerichtlichen Auseinandersetzung werden damit im Rahmen eines Vergleichs gewissermaßen die „Claims" gegeneinander abgesteckt, so dass unter Vermeidung von Verwechslungsgefahren beide Parteien ihre Rechte möglichst weitgehend erhalten können.

Grundsätzlich gelten ergänzend zu den §§ 27 ff. MarkenG die Bestimmungen des BGB (zum Vertragstypus des Kausalgeschäfts vgl. Rz. 62 f., zu den wesentlichen Regelungspunkten Rz. 64 ff.). Die grds. Vertragsfreiheit kann insb. an lauterkeits- oder kartellrechtliche Grenzen stoßen (vgl. Rz. 74 f., **M 39.3** Fn. 16; ferner: Stroebele/Hacker § 27 MarkenG Rz. 51 f., 53 f., § 30 MarkenG Rz. 94 f., 96 ff.).

5. Steuerliche Besonderheiten

Markenrechte sind mit Schutzpositionen ausgestattete, die Produktherkunft identifizierende Kenn- 44
zeichnungen. Ein Markenrechtsinhaber, auf dessen erfolgreiche Aktivitäten die Bedeutung der Marke zurückzuführen ist, wird kaum veranlasst sein, einem Dritten die Nutzung dieser Marke unentgeltlich zu überlassen und diesem die starke Stellung des Markenrechts einzuräumen. Nach dem zur Einheitsbewertung des Betriebsvermögens ergangenen BFH-Beschluss v. 4.9.1996 – II B 135/95 (BStBl. II 1996, 586) unterliegen entgeltlich erworbene Warenzeichen (Marken), die auf Dauer dem Betrieb dienen, in der Regel keinem Wertverzehr. Nach Auffassung der Finanzverwaltung aber kann eine Marke unter wirtschaftlichen Gesichtspunkten dennoch nur zeitlich begrenzt genutzt werden und ist dadurch dem Grunde nach ein **abnutzbares immaterielles Wirtschaftsgut** (§ 253 Abs. 2 Satz 1 HGB), das mit seinen Anschaffungskosten der linearen AfA nach § 7 Abs. 1 EStG unterliegt. Das gilt auch dann, wenn ihr Bekanntheitsgrad laufend durch Werbemaßnahmen gesichert wird. Als **betriebsgewöhnliche Nutzungsdauer** einer Marke gilt nach Auffassung der Finanzverwaltung in Anlehnung an § 7 Abs. 1 Satz 3 EStG ein Zeitraum von 15 Jahren, es sei denn, der Steuerpflichtige weist eine kürzere Nutzungsdauer nach (BMF v. 12.7.1999, BStBl. 1999 I, 686). Dies gilt zB auch für entgeltlich erworbene Arzneimittelzulassungen, bei denen der wirtschaftliche Vorteil in der Möglichkeit besteht, ein Arzneimittel in den Verkehr zu bringen. Nach einem Urteil des FG Düsseldorf v. 9.5.2000 unterliegen Warenzeichen einem nur durch werterhaltende Maßnahmen zu verhindernden Wertverfall. Sie sind daher wirtschaftlich abnutzbare Wirtschaftsgüter, und die betriebsgewöhnliche Nutzungsdauer ist nicht in Anlehnung an die auf Geschäfts- und Firmenwerte beschränkte Regelung des § 7 Abs. 1 Satz 3 EStG, sondern durch Schätzung im Einzelfall zu ermitteln (FG Düsseldorf v. 9.5.2000 – 6 K 2028/96 K, G, EFG 2000, 1177). Im Urteilsfall wurde vom FG eine betriebsgewöhnliche Nutzungsdauer von 5 Jahren zugrunde gelegt. Für eine Bemessung der betriebsgewöhnlichen Nutzungsdauer in Anlehnung an die Regelung in § 7 Abs. 1 Satz 3 EStG (so BMF, BStBl 1999 I S. 686 bei fehlendem Nachweis einer unter 15 Jahren liegenden Nutzungsdauer) sah der Senat keine Veranlassung. Zum einen ist die betriebsgewöhnliche Nutzungs-

dauer von Warenzeichen mangels Eingreifens der nach dem eindeutigen Gesetzeswortlaut auf Geschäfts- oder Firmenwerte beschränkten Regelung von § 7 Abs. 1 Satz 3 EStG auf der Grundlage von § 7 Abs. 1 Satz 2 EStG zu ermitteln, zum anderen erscheint es angesichts der erheblich geringer zu veranschlagenden betrieblichen Nutzungsdauer von Warenzeichen auch nicht sachgerecht, einen Abschreibungszeitraum von 15 Jahren zugrunde zu legen.

M 39.1 Kauf und Übertragung einer Marke

... (Name des Markeninhabers)

– nachfolgend Markeninhaber –

und

... (Name des Erwerbers)

– nachfolgend Erwerber –

treffen folgende Vereinbarung:

§ 1 Vertragsgegenstand

(1) Für den Markeninhaber ist unter der Nr. ... beim Europäischen Markenamt (HABM) am ... die Gemeinschaftsmarke[1]

... (Zeichen)

eingetragen für die Waren/Dienstleistungen der Klassen

... (Klassen-Nummer(n) und Beschreibung(en))

(nachfolgend: „Vertragsmarke")[2]*.*

(2) Die Vertragsmarke wird benutzt seit ... für die Waren/Dienstleistungen .../wurde bislang nicht benutzt.

§ 2 Verkauf, Kaufpreis

(1) Der Markeninhaber verkauft die Vertragsmarke an den Erwerber gegen Zahlung eines Kaufpreises iHv. ... Euro (in Worten: ... Euro).

(2) Der Kaufpreis wird fällig mit Abschluss dieser Vereinbarung, unabhängig vom Vollzug der Umschreibung der Markeninhaberschaft beim HABM.

§ 3 Übertragung, Umschreibung

(1) Der Markeninhaber überträgt hiermit die in § 1 bezeichnete Vertragsmarke mit allen Rechten und Pflichten an den Erwerber. Der Erwerber nimmt die Übertragung an.

(2) Mit Abschluss dieser Vereinbarung erhält der Erwerber die vom Markeninhaber mit den von seiner Seite erforderlichen Angaben versehenen und von ihm (mit-)unterzeichneten Übertragungserklärungen und/oder Umschreibungsanträge zur Eintragung des Rechtsübergangs der Vertragsmarke beim HABM (Formblatt des HABM: „Antrag auf sonstige Eintragung"[3]*)*[4]*.*

1 Für die Übertragung einer deutschen Marke gilt im Grundsatz dasselbe, wenn nicht nachfolgend anders erwähnt. Das Muster behandelt die vollständige Übertragung einer Marke, bei Teilübertragungen (für nur einen Teil der Waren/Dienstleistungen) gelten Besonderheiten, vgl. Art. 17 Abs. 1 GMVO, § 27 Abs. 1 und 4 MarkenG iVm der jw. DVO.

2 Werden mehrere Marken verkauft und übertragen (vgl. Art. 17 GMVO, § 27 MarkenG), ist zu regeln, ob der Vertrag auch bei Untergang einer Marke Bestand hat und ob dann eine Kaufpreisanpassung zu erfolgen hat oder nicht.

3 Zu erhalten im Internet über http://oami.europa.eu oder über das HABM, Avenida de Europa, 4, E-03008 Alicante, Spanien. Näheres bestimmt Regel 31 Abs. 1, 2 und 5 DVO, so zB zum Nachweis des Rechtsübergangs, für den die Unterzeichnung des Antrags durch beide genügt; beim DPMA (http://dpma.de) ergeben sich die – inhaltlich entsprechenden – Anforderungen aus § 28 DPMA V.

4 Die Eintragung ist keine konstitutive Voraussetzung für den Inhaberwechsel, vgl. Art. 17 Abs. 5 GMVO, ebenso für die deutsche Marke: § 27 Abs. 3 MarkenG, s. Rz. 43.

(3) Der Erwerber verpflichtet sich, unverzüglich die Unterlagen um die Angaben seiner Seite zu ergänzen, zu unterzeichnen, beim HABM einzureichen und damit die Eintragung des Rechtsübergangs im Register für Gemeinschaftsmarken zu beantragen[5] *und alle Voraussetzungen für eine Umschreibung zu schaffen, insbesondere fällig werdende Gebühren einzuzahlen. Etwaige Kosten der Umschreibung trägt der Erwerber*[6].

§ 4 Haftungsbeschränkung

(1) Der Erwerber hat sich über den Registerstand, den Registerinhalt und die Benutzungslage der Vertragsmarke selbst informiert[7].

(2) Dem Markeninhaber sind keine Widersprüche, Löschungsanträge oder gerichtliche oder außergerichtliche Geltendmachungen von Ansprüchen etc. wegen Rechten Dritter gegen die Vertragsmarke bekannt.

Variante bei anhängigem Widerspruch:

Dem Erwerber ist bekannt, dass ein Widerspruch gegen die Vertragsmarke am ... eingelegt wurde. Der Stand des Verfahrens AZ ... ist ihm bekannt, der Markeninhaber hat ihm alle vorhandenen Unterlagen hierzu gem. Anlage überlassen. Der Erwerber übernimmt die Fortsetzung des Verfahrens einschließlich dessen Kosten und des Risikos des Verfahrensausgangs. Für den Fall einer vollständigen Löschung der Marke innerhalb dieses Widerspruchsverfahrens erhält der Erwerber jedoch 25 % des Gesamtkaufpreises zurück, für den Fall der vollständigen Zurückweisung des Widerspruchs erhält der Markeninhaber eine Zusatzvergütung von 25 % des Kaufpreises nach § 3.

(3) Lizenzen, dingliche Rechte oder sonstige Nutzungsbefugnisse Dritter an der Vertragsmarke sind keine eingeräumt[8].

(4) Die vorstehenden Erklärungen des Markeninhabers sind keine Beschaffenheitsvereinbarung im Sinne des Gesetzes. Der Markeninhaber steht lediglich ein für den registermäßigen Bestand der Vertragsmarke und deren rechtserhaltende Benutzung, eine weitergehende Rechtsbeständigkeit oder Nichtangreifbarkeit werden nicht garantiert; künftige Löschungen infolge Nichtigkeit wegen absoluter oder relativer Schutzhindernisse oder wegen sonstigen Verfalls gehen zu Lasten des Erwerbers[9]*. Jede Haftung des Markeninhabers für Rechtsmängel ist insoweit ausgeschlossen, ausgenommen Vorsatz oder Arglist. Die Verwertbarkeit der Vertragsmarke einschließlich der Änderung der rechtlichen und tatsächlichen Rahmenbedingungen steht im Risiko des Erwerbers.*

§ 5 Besondere Nebenpflichten

(1) Der Markeninhaber übergibt dem Erwerber bei Abschluss dieser Vereinbarung alle Unterlagen zu der Vertragsmarke hinsichtlich Anmeldeverfahren, vorausgegangener Recherche, laufender Markenüberwachung und etwaig stattgefundener Widerspruchs- oder Verletzungsverfahren oder sonstiger rechtlicher Auseinandersetzungen (die wesentlichen Unterlagen sind in der Anlage aufgelistet).

(2) Der Markeninhaber wird dem Erwerber im Falle einer künftigen rechtlichen Auseinandersetzung über die Vertragsmarke auf Anforderung sämtliche Informationen und ggf. weitere Unterlagen liefern, die er hierzu beitragen kann, und ihn in jeglicher Form unterstützen, wie es ihm aus seiner Stellung als früherer Markeninhaber zur Erhaltung oder zur Verteidigung der Vertragsmarke möglich ist.

(3) Der Markeninhaber wird die Vertragsmarke weder angreifen noch Dritte bei solchen Angriffen unterstützen. Die Verpflichtung gilt ebenso für vom Erwerber oder von mit ihm verbundenen Un-

---

5 Der Antrag kann von dem ursprünglichen Inhaber oder dem Rechtsnachfolger gestellt werden, Art. 17 Abs. 5 GMVO, Regel 31 Abs. 5 DVO, ebenso § 28 Abs. 3 Nr. 1 DPMA V.

6 Ehem. Gebühr F-022 gem. Art. 157 Abs. 2 Nr. 4 GMVO m. Regel 31 Abs. 4 DVO, seit 25.7.2005 gebührenfrei; auch bei deutscher Marke beim DPMA gebührenfrei.

7 Zu der (nochmals) bei Erwerb zu empfehlenden Recherche vgl. Rz. 15 f. und 41.

8 Bestehende Lizenzen bleiben von einer Übertragung unberührt, § 30 Abs. 5 MarkenG; bestehen solche und werden nicht benannt, stellen das einen Rechtsmangel dar (§§ 435, 437 BGB).

9 Die hier gewählte Risikoverteilung dürfte im Wesentlichen der für gewöhnlich zu erwartenden Beschaffenheit entsprechen, (individualvertragliche) Haftungsbeschränkungen sind nach den allgemeinen Grundsätzen zur Begrenzung der Mängelhaftung zu bewerten, vgl. Rz. 71.

ternehmen neu angemeldete bzw. eingetragene identische oder ähnliche Marken oder Erweiterungen der Vertragsmarke oder Erweiterungen identischer oder ähnlicher Marken auf dieselben oder auf weitere[10] Waren- oder Dienstleistungsbereiche sowie für andere aus der Vertragsmarke abgeleitete (Kennzeichen-)Rechte, unabhängig von deren räumlichem Geltungsgebiet.

§ 6 Schlussbestimmungen

(1) Es gilt deutsches Recht einschließlich der Regelungen zur Gemeinschaftsmarke.

(2) Für Rechtsstreitigkeiten aus diesem Vertrag vereinbaren die Parteien als ausschließlichen Gerichtsstand . . .[11].

. . . (Schriftformabrede, Salvatorische Klausel)

. . . (Ort/Datum)

. . . (Unterschriften)[12]

10 Ggf. einschränkend ergänzen durch: „verwandte" oder um eine konkrete Auflistung.

11 Beachte § 40 Abs. 2 Nr. 2 ZPO mit § 140 Abs. 1 und 2 MarkenG: Es kann nur die (örtliche) Zuständigkeit eines der sachlich für Kennzeichenstreitsachen zuständigen Landgerichte vereinbart werden (s. Aufstellung der Gerichte zB bei Ströbele/Hacker § 140 MarkenG Rz. 27).

12 Gem. Art. 17 Abs. 3 GMVO muss die (isolierte) Übertragung der Gemeinschaftsmarke schriftlich erfolgen und sie bedarf der Unterschrift der Vertragsparteien (sofern sie nicht auf einer gerichtlichen Entscheidung beruht), andernfalls ist sie nichtig. Das Markengesetz sieht eine entsprechende Regelung in § 27 nicht vor, die Abtretung ist hier also formfrei wirksam (vgl. Ingerl/Rohnke § 27 MarkenG Rz. 7).

M 39.2 Übertragung einer noch nicht eingetragenen Marke gegen Kostenerstattung

*. . . (Vertragsrubrum wie **M 39.1**; statt: „Erwerber" „Gesellschaft")*
treffen zur Übertragung einer im Vorgriff auf die Gründung der Gesellschaft von den Gesellschaftern eingetragenen Marke folgende Vereinbarung[1]:

§ 1 Vertragsgegenstand

(1) Die Markeninhaber haben unter der Nr. . . . beim Europäischen Markenamt (HABM) am . . . die Gemeinschaftsmarke

. . . (Zeichen)

angemeldet für die Waren/Dienstleistungen der Klassen

. . . (Klassen-Nummer(n) und Beschreibung(en))

(nachfolgend Vertragsmarke).

(2) Die Marke ist noch nicht eingetragen.

(3) Die Marke wurde bislang nicht benutzt.

§ 2 Kostenerstattung

(1) Die Gesellschaft erstattet den Markeninhabern die für die Markenanmeldung entstandenen Kosten (Registergebühren, Anwaltsgebühren, Recherchekosten etc.). Diese sind in der Anlage zu diesem Vertrag aufgelistet.

(2) Ein Kaufpreis ist nicht geschuldet.

§ 3 Übertragung, Umschreibung

*. . . (wie **M 39.1** § 3)*

1 S. insgesamt die Erläuterungen in den Fn. bei **M 39.1**, auch zum grundsätzlich parallelen Fall der Übertragung einer beim DPMA registrierten deutschen Marke. Das Muster geht davon aus, dass die Eintragung noch nicht vollzogen ist, vgl. § 31 MarkenG.

§ 4 Keine Haftung

*(1) Der Gesellschaft ist der Stand des Anmeldeverfahrens und sind die Grundlagen, die Beauftragung und die Ergebnisse der der Anmeldung vorausgegangenen Recherchen bekannt. Den Markeninhabern sind keine Widersprüche ... (weiter wie **M 39.1** § 4 Abs. 2).*

*(2) ... (wie **M 39.1** § 4 Abs. 3).*

(3) Die Haftung der Markeninhaber, insbesondere für den Fall der Nicht-Eintragung oder wegen sonstiger Rechtsmängel der Vertragsmarke wird ausgeschlossen, ausgenommen die Haftung für Vorsatz oder Arglist[2]*. Im Hinblick auf die entgeltfreie Übertragung stellt die Gesellschaft die Markeninhaber zusätzlich von etwaigen Ansprüchen Dritter frei, auch wenn diese die Zeit vor dem Rechtsübergang betreffen sollten.*

*... (Rest wie **M 39.1** §§ 5 und 6).*

2 Vgl. BGH GRUR 1982, 481, 482 – Hartmetallkopfbohrer.

M 39.3 Abgrenzungsvereinbarung[1]

zwischen

... (Name, Anschrift, Vertretung – Inhaberin der prioritätsälteren Marke)

– im Folgenden Markeninhaberin A –

und

... (Name, Anschrift, Vertretung – Inhaberin der prioritätsjüngeren Marke)

– im Folgenden Markeninhaberin B –

Präambel

Die Markeninhaberin A hat gegen die Anmeldung der nachfolgend beschriebenen Vertragsmarke der Markeninhaberin B Nr. ... beim HABM am ... unter der Nr. ... Widerspruch eingelegt. Zur Erledigung dieses Widerspruchs und zur Vermeidung künftiger Rechtsstreitigkeiten schließen die Beteiligten diese Vereinbarung.

§ 1 Vertragsgegenständliche Marken, Lizenzen

(1) Die Markeninhaberin A ist Inhaber folgender Marken („Vertragsmarken"):

Eingetragene Gemeinschaftsmarke (HABM)

Wiedergabe der Marke: ...

Art der Marke: ...

Anmeldetag: ...

Tag der Eintragung: ...

Aktenzeichen der Marke: ...

sowie

Eingetragene deutsche Marke (DPMA)

Wiedergabe der Marke: ...

Art der Marke: ...

Anmeldetag: ...

1 Die Abgrenzungsvereinbarung dient der meist außergerichtlichen Streitbeilegung, regelmäßig im Rahmen des Widerspruchsverfahrens. Der prioritätsjüngere Anmelder erklärt hierin, die Waren und Dienstleistungsbereiche seiner Marke einzuschränken und diese entsprechend zu verwenden. Eine Lizenzierung oder gar Rechtsübertragung ist damit nicht verbunden, vgl. Ingerl/Rohnke § 30 MarkenG Rz. 97.

Tag der Eintragung: . . .

Aktenzeichen der Marke: . . .

(2) Die Markeninhaberin B ist Anmelderin folgender Marke („Vertragsmarke"):

Angemeldete Gemeinschaftsmarke (HABM)

Wiedergabe der Marke: . . .

Art der Marke: . . .

Anmeldetag: . . .

Tag der Veröffentlichung: . . .

Aktenzeichen der Marke: . . .

(3) Beide Vertragsparteien haben an ihren Vertragsmarken keine Lizenzen an Dritte eingeräumt[2]*. Sie verpflichten sich, bei künftigen Lizenzierungen ihre Lizenznehmer an die nachfolgenden Regelungen zu binden.*

§ 2 Beschränkung der jüngeren Marke[3]

(1) Die Markeninhaberin B verpflichtet sich, aus ihrer künftig eingetragenen Vertragsmarke („. . .") keine Rechte gegen die Vertragsmarken der Markeninhaberin A („. . .") herzuleiten. Sie verpflichtet sich des Weiteren, auch keine Rechte gegen sie abzuleiten aus anderen derzeit oder künftig bestehenden (Kennzeichen-)Rechten, die identisch oder ähnlich mit ihrer Vertragsmarke sind, und zwar auch gegenüber anderen derzeit oder künftig bestehenden (Kennzeichen-)Rechten, die identisch oder ähnlich mit der Vertragsmarke der Markeninhaberin A sind. Die Parteien konkretisieren das und schließen ein Untersagungsrecht aus für die Verwendung der Worte/Bezeichnung/Bestandteile „. . ." durch die Markeninhaberin A und nehmen ausdrücklich hiervon aus die Verwendung der Worte/Bezeichnung/Bestandteile „. . .", die der Markeninhaberin B vorbehalten bleiben.

(2) Die Markeninhaberin B verpflichtet sich, das Verzeichnis der Waren und Dienstleistungen ihrer Anmeldung der Vertragsmarke (AZ: . . .) wie folgt zu fassen bzw. zu ändern und einzuschränken sowie die Vertragsmarke nur zur Kennzeichnung entsprechender Waren/Dienstleistungen zu benutzen:

Klasse . . .: . . .

Klasse . . .: . . .

Klasse . . .: . . .

(3) Die Markeninhaberin B verpflichtet sich, ihre Vertragsmarke explizit nicht zur Kennzeichnung folgender Waren/Dienstleistungen zu benutzen:

. . .

. . .

§ 3 Beschränkung der älteren Marken

(1) Die Markeninhaberin A verpflichtet sich, die Eintragung und Benutzung der Vertragsmarke der Markeninhaberin B („. . .") oder anderer Kennzeichen entsprechend den in § 2 Abs. 1 genannten Regelungen zu dulden, gegen deren Nutzung keine Einwände zu erheben und ihren gegen die Eintragung der Vertragsmarke der Markeninhaberin B erhobenen Widerspruch Nr. . . . zurückzunehmen, keinen Widerspruch gegen § 2 Abs. 1 entsprechende künftige Anmeldungen einzulegen und keine Löschung solcher Marken zu beantragen.

(2) Die Markeninhaberin A behält für ihre Vertragsmarken (Az.: . . .) die Verzeichnisse der Waren und Dienstleistungen gemäß den bestehenden Eintragungen ohne Einschränkungen bei.

---

2 Andernfalls sollten entweder die Lizenznehmer in die Vereinbarung mit aufgenommen werden oder die Vertragspartner sich gegenseitig versichern, dass die Lizenznehmer entsprechend gebunden sind. Die nach § 30 Abs. 3 MarkenG notwendige Zustimmung des Markeninhabers für eine Verletzungsklage (einschließlich vorheriger Abmahnung) durch den Lizenznehmer ist dispositiv, so dass sie keine Sicherheit bietet; Art. 22 Abs. 3 GMVO schränkt das Zustimmungserfordernis von vorneherein ein.

3 Zu den kartellrechtlichen Grenzen s. Fezer § 14 Rz. 1102 ff., § 24 Rz. 185 ff.; Ströbele/Hacker § 30 MarkenG Rz. 116; BGH Urt. v. 24.1.2013 – I ZR 58/11 Rz. 46 mwN – Peek & Cloppenburg III.

(3) Ungeachtet der unveränderten Waren- und Dienstleistungsverzeichnisses verpflichtet sich die Markeninhaberin A gegenüber der Markeninhaberin B, ihre Vertragsmarke („. . .") nicht für die oben in § 2 Abs. 2 genannten Waren und Dienstleistungen zu verwenden, also namentlich nicht zur Kennzeichnung folgender Waren/Dienstleistungen:

...

...

§ 4 Geltungsbereich, Rechtsnachfolger

(1) Die Vereinbarung gilt für alle Länder weltweit/der Europäischen Union/für die Länder . . .

(2) Beide Vertragsparteien tragen dafür Sorge, dass die Vereinbarung ebenso für und gegen verbundene Unternehmen beider Seiten wirkt, für die zu der jeweiligen Vertragsmarke identische Marken oder Kennzeichen registriert bzw. geschützt sind/werden oder von ihnen benutzt werden.

(3) Beide Seiten verpflichten sich, die Verpflichtungen aus dieser Abgrenzungsvereinbarung ihren jeweiligen Rechtsnachfolgern sowie Lizenznehmern und Erwerbern der Vertragsmarken aufzuerlegen. Die Rechte aus dieser Abgrenzungsvereinbarung erstrecken sich auf die jeweiligen Rechtsnachfolger sowie Lizenznehmer und Erwerber der Vertragsmarken[4].

§ 5 Schlussvereinbarungen[5]

(1) Jede Seite trägt die ihr entstandenen Kosten einschließlich der Kosten des Widerspruchsverfahrens selbst.

(2) Für diese Vereinbarung gilt deutsches Recht unter Ausschluss des Kollisionsrechts.

(3) Für Rechtsstreitigkeiten aus diesem Vertrag vereinbaren die Parteien als ausschließlichen Gerichtsstand . . .[6].

. . . (Schriftformabrede, Salvatorische Klausel)

. . . (Ort/Datum)

. . . (Unterschriften)

4 Zur Wirkung für Rechtsnachfolger vgl. BGH GRUR 2002, 967, 970 – Hotel Adlon; noch gegen eine automatische Wirkung (unter Geltung des WZG): BGH GRUR 1981, 591, 592 – Gigi-Modelle.

5 Besondere Regelungen zur Laufzeit oder Kündigung sind hier nicht vorgesehen. Laut Fezer (§ 14 Rz. 1101 mwN) ist die Abgrenzungsvereinbarung Dauerschuldverhältnis und daher immer aus wichtigem Grund kündbar.

6 S. Fn. 10 zu § 6 Abs. 2 in **M 39.1.**

II. Lizenz- und Know-how-Verträge

1. Gegenstand von Lizenzverträgen

Bei gewerblichen Schutzrechten wird häufig an Stelle einer zulässigen Vollrechtsübertragung die **Lizenzierung** als beschränkte Rechtsübertragung gewählt. Heute wird der Begriff des Lizenzvertrags gerne unter den Oberbegriff des **Technologietransfers** gefasst, wobei letzterer neben der Befugnis zur Nutzung eines Schutzrechts auch die Übertragung speziellen Know-hows umfasst, welches entweder für die Schutzrechtsverwertung notwendig ist oder auch an Stelle eines – nicht beantragten oder nicht zu erlangenden – Schutzrechts (damit untechnisch) „lizenziert" wird (vgl. insgesamt zu den Begrifflichkeiten, Unterscheidungen und Zielrichtungen von Lizenzverträgen Bartenbach Rz. 1 ff.; Pfaff/Osterrieth/Pfaff/Nagel Teil A Rz. 1 ff.). 45

a) Gewerbliche Schutzrechte

Von einem Lizenzvertrag spricht man nach allgemeinem Verständnis bei der Einräumung einer Nutzungsbefugnis an **Immaterialgüterrechten** jeder Art. Hauptgegenstand sind die technischen Schutzrechte wie Patente und Gebrauchsmuster (dort häufig verbunden mit zusätzlich zu vermittelndem technischen Know-how), Marken und andere Kennzeichen, Designs bzw. Geschmacks- 46 muster sowie spezielle Schutzrechte nach Sortenschutzgesetz, Halbleiterschutzgesetz oder Schutzpositionen nach UWG. Auch Rechtseinräumungen im Bereich des Urheberrechts und der verwandten Schutzrechten, insbesondere bei Computerprogrammen oder Datenbanken, werden häufig als Lizenz bezeichnet.

47 Ein **Patent** ist ein Schutzrecht, das auf Antrag und nach schriftlicher Patentanmeldung durch das Patentamt nach Prüfung der Zulässigkeit und Begründetheit des Patentbegehrens aufgrund staatlicher Erteilung (als Verwaltungsakt) entsteht. Es setzt eine technische Erfindung voraus, die Neuheit besitzt (§ 3 PatG), auf erfinderischer Tätigkeit beruht (§ 4 PatG) und gewerblich anwendbar ist (§ 5 PatG). Von dem Patentrecht zu trennen ist die **Erfindung**, die für den Erfinder das **Recht auf das Patent** begründet (§ 6 Abs. 1 PatG), was wiederum zum **Anspruch auf Erteilung des Patents** nach Anmeldung führt (§ 15 Abs. 1 PatG). Nach Patenterteilung spricht man vom **Recht aus dem Patent**, dazu gehören das alleinige Benutzungsrecht und die Verbotsrechte sowie die daraus folgenden Ansprüche (§§ 9 ff., 139 ff. PatG). Die Patentdauer endet spätestens 20 Jahre nach der Anmeldung (§ 16 Abs. 1 Satz 1 PatG – Ausnahme: ergänzendes Schutzzertifikat gem. § 16a PatG iVm. den entspr. EU-VO mit Erweiterung für max. weitere 5 Jahre als Ausgleich für die Dauer besonderer Zulassungsverfahren), vorausgesetzt die – ansteigenden – Jahresgebühren werden gezahlt (§ 20 Abs. 1 Nr. 3 PatG). Da die Schutzwirkungen erst mit Veröffentlichung der Erteilung des Patents beginnen (58 Abs. 1 Satz 3 PatG), ist die faktische Schutzdauer des erteilten Patents regelmäßig kürzer. Zu den Schutzvoraussetzungen und zu dem Anmeldeverfahren kann im Übrigen auf die einschlägige Literatur verwiesen werden, bspw. auf die zusammenfassende Darstellung bei Kraßer §§ 23 ff. S. 438 ff. (sowie zu den Europäischen Patenten: Kraßer §§ 27 ff. S. 626 ff.). Die Einführung eines einheitlichen EU-Patents ist aktuell auf den Weg gebracht (vgl. VO (EU) Nr. 1257/2012 und 1260/2012 vom 31.12.2012).

48 In der Vertragspraxis wird häufig nicht erst das Patent als erteiltes Schutzrecht lizenziert, sondern es werden bereits **im Vorfeld** Lizenzverträge abgeschlossen, sowohl vor als auch nach einer Anmeldung. Abgesehen vom Zeitfaktor kann das seinen Grund darin haben, dass die Vorbereitung und Durchführung des Patentverfahrens dem Erfinder zu aufwändig oder zu teuer ist oder er selbst gar nicht daran interessiert ist, aus seiner Erfindung ein Patent abzuleiten und zu verwerten. Bei der Gestaltung solcher Verträge im Frühstadium ist nicht nur darauf zu achten, den Vertragsgegenstand genau zu beschreiben (Bestimmtheit, vgl. Schulte/Kühnen § 15 Rz. 12), sondern auch die Rechtsfolgen einer verweigerten Patenterteilung zu regeln (zu den Folgen einer Nichtregelung der Rechtsfolgen und zu den möglichen Vertragskonstellationen vgl. Bartenbach Rz. 196 ff.). Wird eine zwar patentfähige Erfindung lizenziert, die aber gar nicht zum Patent angemeldet werden soll, weil der Konkurrenz das dahinter stehende Wissen nicht offenbart werden soll (das Patentamt veröffentlicht alle Unterlagen zur Anmeldung, die dann jedermann zur Einsicht frei stehen, vgl. § 32 PatG), handelt es sich letztlich um einen reinen Know-how-Vertrag (s. Rz. 53). Die Erteilung von Lizenzen am Patent – wie auch die Übertragbarkeit des Rechts – ist in § 15 PatG ausdrücklich vorgesehen.

49 Gewissermaßen um ein „kleines Patent“ handelt es sich beim **Gebrauchsmuster**. Es ist ebenfalls ein technisches Schutzrecht, dessen Schutzvoraussetzungen etwas geringer sind als die des Patents, das aber insbesondere nicht umfassend geprüft wird. Für den erfinderischen Schritt als Schutzvoraussetzung gilt zwar im Grundsatz dasselbe wie für die erfinderische Tätigkeit beim Patent (BGHZ 168, 142 Rz. 19 f. – Demonstrationsschrank), jedoch ist der neuheitsschädliche Stand der Technik beschränkt (§ 3 Abs. 1 Satz 2 GebrMG) und es gilt eine Neuheitsschonfrist von 6 Monaten für jegliche Vorveröffentlichungen des Anmelders (§ 3 Abs. 1 Satz 3 GebrMG ggü. § 3 Abs. 5 PatG), so dass häufig wenigstens noch ein Gebrauchsmusterschutz möglich ist, wenn der Erfinder sich die für ein Patent erforderliche (absolute) Neuheit selbst zerstört hat. An Stelle des sachlichen Prüfungsverfahrens beim Patent mit abschließender Erteilung des Schutzrechts erfolgt beim Gebrauchsmuster nur ein Eintragungsverfahren mit Prüfung formeller Voraussetzungen (§§ 4, 8 GebrMG). Die maximale Schutzdauer des Gebrauchsmusters beträgt zehn Jahre ab Anmeldung zum Monatsende (§ 23 Abs. 1 GebrMG) bei Zahlung der nach drei, sechs und acht Jahren fälligen Aufrechterhaltungsgebühren (§ 23 Abs. 2 GebrMG). Die Lizenzierung und Übertragung von Gebrauchsmustern ist ebenso möglich wie beim Patent (§ 22 GebrMG).

50 Zu den **Marken** und sonstigen Kennzeichenrechten kann zunächst auf Rz. 1 ff. verwiesen werden. Ein ganz wesentlicher Unterschied zu allen anderen gewerblichen Schutzrechten ist die unbegrenzte Verlängerbarkeit der Schutzdauer (§ 47 MarkenG). Das Recht an einer Marke kann ebenfalls lizenziert (§ 30 Abs. 1 MarkenG, Art. 22 GMVO) oder übertragen (§ 27 MarkenG, Art. 17 GMVO) werden (s. auch Rz. 43). Die gesetzlichen Regelungen sind rudimentär: § 30 Abs. 2 MarkenG sieht im Sinne eines abschließenden Katalogs vor, dass der Markeninhaber die Verletzung der dort aufgezählten vertraglichen Regelungen als Verletzung (auch) seiner Rechte aus der Marke (§§ 14 ff. MarkenG) gegen den Lizenznehmer geltend machen kann; damit wirken solche lizenzvertraglichen Beschränkungen dinglich und nicht nur schuldrechtlich, was gegenüber Subrechtsinhabern oder für den Umfang der Erschöpfung nach § 24 MarkenG elementare Bedeutung hat (vgl. Ströbele/Hacker § 30 MarkenG Rz. 41; s. auch Kap. 40 Rz. 25). § 30 Abs. 3 MarkenG behält dem Markeninhaber das Zustimmungsrecht für Klagen des Lizenznehmers gegen Dritte wegen Markenrechtsverletzungen vor (was auch für die markenrechtliche Löschungsklage gilt, vgl. BGHZ 138, 394 ff. – MAC Dog), Abs. 4 eröffnet dem Lizenznehmer die Möglichkeit, einer Verletzungsklage des Markeninhabers beizutreten, Abs. 5 sichert die Unabhängigkeit einer Lizenzerteilung von der späteren Übertragung der Marke („Sukzessionsschutz").

51 Ein nach früherer Regelung dem Urheberrecht nahe stehendes, nunmehr „normales" gewerbliches Schutzrecht ist das **eingetragene Design bzw. Geschmacksmuster**. Darunter versteht man ein ästhetisch wirkendes gewerbliches Muster als zweidimensionale oder dreidimensionale Erscheinungsform eines Erzeugnisses oder eines Teils dessen (also insbesondere die [farbliche] Gestaltung oder Form eines Produkts, früher: Muster und Modelle; vgl. dazu § 1 DesignG), das neu ist und Eigenart hat (§ 2 Abs. 1 DesignG). Das seit 2014 in DesignG umgetaufte ehem. GeschmMG wurde zum 1.4.2004 grundlegend reformiert, Grundlage war die EU-Richtlinie 98/71/EG vom 13.10.1998 über den Schutz von Mustern und Modellen. Parallel zum Markenrecht gibt es auch ein eigenständiges **Europäisches Geschmacksmuster** nach der Gemeinschaftsgeschmacksmusterverordnung (EG) Nr. 6/2002 vom 12.12.2001 (GGV). Besonderheit gegenüber dem deutschen Recht ist dort der dreijährige Schutz für **nicht eingetragene** Geschmacksmuster nach Art. 11 GGV. Das nationale Geschmacksmuster bzw. eingetragene Design hat mit der Neuregelung eine wesentliche Aufwertung erfahren, das Schutzrecht hat jetzt absolute Sperrwirkung, bleibt aber ein sachlich ungeprüftes Recht. Nach § 29 DesignG kann das Schutzrecht übertragen werden, nach § 31 DesignG können Lizenzen erteilt werden, die Vorschrift entspricht im Wesentlichen § 30 MarkenG (s. dazu Rz. 50). Die Vertragsgestaltung unterscheidet sich letztlich nicht von der Lizenzierung eines Patents oder Gebrauchsmusters oder auch einer Marke. Inhaltlich hatten sich – jedenfalls nach alter Rechtslage – gewisse Modifizierungen aus der Nähe zum Urheberrecht ergeben (Übertragungszweckgedanke, vgl. BGH GRUR 1996, 121, 122 – Pauschale Rechtseinräumung, und Kap. 40 Rz. 35). Die Schutzdauer des eingetragenen Designs beträgt 25 Jahre ab Anmeldung (§ 27 Abs. 2 DesignG; nach dem Recht vor 2004 nur 20 Jahre), soweit die alle fünf Jahre fällige Aufrechterhaltungsgebühr bezahlt wird (§ 28 Abs. 1 DesignG).

b) Know-how

52 Oft wird in Lizenzverträgen nicht nur die Nutzungsbefugnis an einem Schutzrecht eingeräumt, sondern zugleich auch geheimes technisches oder unternehmerisches Wissen weitergegeben, was man gemeinhin als Know-how-Transfer bezeichnet, vgl. die **Legaldefinition** für „Know-how" in Art. 1 Abs. 1 lit. i GVO-TT [EG] Nr. 316/2014 vom 21.3.2014: „eine Gesamtheit nicht patentierter praktischer Kenntnisse, die durch Erfahrungen und Versuche gewonnen werden und die

(i) geheim, dh. nicht allgemein bekannt und nicht leicht zugänglich sind,

(ii) wesentlich, dh. die für die Produktion der Vertragsprodukte von Bedeutung und nützlich sind, und

(iii) identifiziert sind, dh. umfassend genug beschrieben sind,

so dass überprüft werden kann, ob es die Merkmale „geheim" und „wesentlich" erfüllt" (zum kartellrechtlichen Hintergrund s. Rz. 74 f.). Ohne dieses zusätzliche Wissen ist das Schutzrecht oft gar nicht oder nicht adäquat verwertbar.

Die **Fallgestaltungen** sind zahlreich: Es kann sich um solches technisches und/oder unternehmerisches Wissen handeln, das zB zur effizienten Umsetzung eines Patents in der Herstellung notwendig ist oder das in Kontakten zu bestimmten Lieferanten und den ihnen zu machenden Vorgaben besteht, um die Ausgangsstoffe in der notwendigen Qualität geliefert zu bekommen usw. Nicht selten ist im Rahmen von Patent- oder Gebrauchsmusterlizenzierungen das Know-how sogar der für den Erfolg der Verwertung wesentliche Übertragungsgegenstand. Speziell bei solchen kombinierten Verträgen der Schutzrechtslizenzierung mit „begleitender" Übertragung von Know-how kann es zu erheblichen praktischen und rechtlichen Problemen kommen, wenn nicht hinreichend geregelt ist, dass und in welchem Umfang die Lizenzierung mit Know-how-Transfer verbunden ist und welche Konsequenzen ein gänzliches oder teilweises Scheitern des Know-how-Transfers hat. Entsprechend zu regeln ist das Schicksal des Know-how-Transfers, falls das Schutzrecht nicht besteht oder später wegfällt. Hauptpunkte hierbei sind die Aufrechterhaltung oder Kündigungsmöglichkeit des Vertrags sowie die Vergütungs- bzw. Lizenzregelung (vgl. **M 39.6** § 5 Abs. 2).

53 Es gibt neben dem „reinen" Lizenzvertrag ohne Übertragung von Know-how und dem Lizenzvertrag unter gleichzeitiger Übertragung von Know-how auch die Vereinbarung **reinen Know-how-Transfers**. Gem. der in Rz. 52 genannten Legaldefinition kann es sich dabei auch um Geheimverfahren bzw. Erfindungen handeln, für die Patentschutz zwar möglich, aber (noch) nicht gewollt ist („nicht patentiert"). Häufig sind die Schutzschwellen indes nicht erreicht oder es handelt sich um erst noch zu erarbeitendes oder zu ergänzendes Know-how, was beides der grundsätzlichen Zulässigkeit und Wirksamkeit solcher Vereinbarungen nicht im Wege steht. Nicht selten wird in der Praxis angestrebt, über nur vorgeblichen Know-how-Transfer – dann in der Folge kartellrechtswidrige – Absprachen über Produktion, räumliche oder sachliche Märkte usw. zu transportieren, was aber rechtlich scheitert, wenn die Voraussetzungen der Legaldefinition der GVO-TT für das kartellrechtlich privilegierte Know-how („geheim, wesentlich, identifiziert") in Wahrheit nicht erfüllt sind und die Freistellung vom Kartellverbot damit nicht greift. Daher sind die Grenzen hier genau zu beachten (s. Rz. 74 f.).

Bei einer reinen Know-how-Übertragung muss klar gestellt sein bzw. bei der Vertragsgestaltung beachtet werden, dass keine Schutzrechte bestehen, somit der Lizenznehmer keine Position erlangt, aus der Dritten – außerhalb des Geheimnisverrats – Nachahmung oder Konkurrenz untersagt werden kann.

54 Zentraler Punkt bei der Vertragsgestaltung zum Know-how-Transfer ist, dass **so konkret wie möglich definiert** wird, was der geschuldete Leistungsgegenstand ist und wie die Know-how-Übertragung stattfinden soll, also welche Unterlagen, Zeichnungen oder Dateien übergeben werden und welche Einweisungen, Schulungen oder sonstigen Mitteilungen durch welche Personen stattfinden und was zur Vertragserfüllung notwendig, aber auch ausreichend ist. Dabei sind nicht zuletzt die in Rz. 52 genannten Voraussetzungen der Legaldefinition zur „Identifiziertheit" einzuhalten, wenn der Vertrag – wie meist – kartellrechtlich relevante Absprachen enthält. Ebenfalls empfiehlt es sich dringend, die Befugnis zur Anmeldung und Verwertung etwaiger Schutzrechte zu regeln, speziell wenn diese erst später aus der – eventuell gemeinsamen – Fortentwicklung des Know-how entstehen können. Besondere Beachtung bedarf hier auch die Regelung der Weiternutzung und Geheimhaltung des Know-how nach Vertragsende (s. Rz. 56).

55 ➲ **Wichtig:** Bei der Gestaltung von Lizenzverträgen und deren Grundkonzeption kommt es entscheidend darauf an, den jeweiligen Vertragsgegenstand exakt zu bestimmen und vor allem zwischen der Lizenzierung von Schutzrechten und der Übertragung von Know-how zu differenzieren, bei gemischten Vertragen darzustellen, welches Know-how zusätzlich in welcher Art übertragen werden soll, und bei reinen Schutzrechtslizenzen erforderlichenfalls klarzustellen, dass kein Know-how-Transfer geschuldet ist.

c) Geheimhaltungsvereinbarung

56 Bei der Lizenzierung gewerblicher Schutzrechte, vor allem aber bei einem begleitenden oder alleinigen Know-how-Transfer ist besonderes Augenmerk auf die Geheimhaltung des Know-how zu legen. Das gilt nicht nur während der Vertragsdauer, sondern auch nach Vertragsende.

Eine gesonderte Geheimhaltungsabrede ist erforderlich, wenn noch im Vorfeld einer Lizenzierung Know-how oder Geschäftsunterlagen etc. übergehen werden. Das passiert dann, wenn der Lizenznehmer den wirtschaftlichen Wert der Lizenz erst nach genauerer Prüfung (etwa in Form einer „due diligence“) ermessen kann, und der Lizenzgeber einen guten Abschluss nur bekommt, wenn der Lizenznehmer nicht „die Katze im Sack“ nehmen muss. Die isolierte Geheimhaltungsvereinbarung schützt hier den potentiellen Lizenzgeber vor allem für den Fall, dass der beabsichtigte Lizenzvertrag nicht zustande kommt (s. **M 39.7**).

2. Lizenzerteilung, Vertragstypus

a) Arten von Lizenzen

Alle gewerblichen Schutzrechte können Gegenstand einer **Rechtsübertragung** sein. Sie erfolgt im Wege der Abtretung nach §§ 398 ff. BGB (aufgrund eines schuldrechtlichen Kausalgeschäfts, meist Rechtskauf, § 433 BGB), was **formfrei** möglich ist (vgl. § 15 Abs. 1 PatG, § 22 Abs. 1 GebrMG, § 29 Abs. 1 DesignG; zur Marke s. Rz. 43) (Ausnahme: die Übertragung der europäischen Patentanmeldung bedarf der Schriftform, Art. 72 EPÜ, sonst ist sie unwirksam; BGH GRUR 1992, 692 – Magazinbildwerfer). Die Eintragung der Rechtsnachfolge im Register ist nicht konstitutiv (s. nur Kraßer § 40 II 1 S. 926). 57

Weitaus häufiger werden indes – als beschränkte Rechtsübertragung – ausschließliche oder einfache **Nutzungsrechte** eingeräumt.

Bei einem **ausschließlichen Nutzungsrecht** erhält der Lizenznehmer die allein ihm zustehende Befugnis, das vertragsgegenständliche Schutzrecht zu nutzen. Grundsätzlich wird durch die ausschließliche Lizenz somit auch der Lizenzgeber von der Nutzung ausgeschlossen (Exklusivlizenz oder „**single use-licence**“ im Gegensatz zur Alleinlizenz oder „**sole-licence**“, vgl. hierzu Bartenbach Rz. 79 mwN und **M 39.5** § 2 Abs. 1). Die ausschließliche Lizenz wird als gleichsam **dingliches, absolutes Recht** angesehen (vgl. BGHZ 83, 251, 258 – Verankerungsteil; Benkard/Ullmann § 15 PatG Rz. 92). Benutzungshandlungen Dritter muss der Lizenznehmer nicht dulden. Er ist insoweit unmittelbar berechtigt, aus seinem eigenen Recht **gegen Dritte** vorzugehen. Er hat ein selbstständiges Verwertungs- und Verbietungsrecht. Der ausschließliche Lizenzinhaber darf aus diesem Grund auch im Zweifel **Unterlizenzen** ohne Zustimmung des Rechtsinhabers vergeben. Davon unberührt kann eine ausschließliche Lizenz auch räumlich auf ein bestimmtes Vertragsgebiet, zeitlich auf eine bestimmte Vertragsdauer, sachlich auf einen bestimmten Anwendungsbereich **beschränkt** werden. 58

Beim **einfachen Nutzungsrecht** bleibt dem Patentinhaber nicht nur selbst das Nutzungsrecht vorbehalten, sondern auch das Recht zur Vergabe weiterer Lizenzen. Die einfache Lizenz gewährt daher nur eine Benutzungserlaubnis mit **schuldrechtlicher** Wirkung, nicht aber eine dingliche Berechtigung (BGHZ 83, 251, 256 – Verankerungsteil). Sie beinhaltet insbesondere nicht die Befugnis, Dritte von der Benutzung auszuschließen oder Unterlizenzen zu erteilen. Dennoch bleiben auch einfache Lizenzen bestehen, wenn das Schutzrecht an Dritte übertragen wird („Sukzessionsschutz“, vgl. § 15 Abs. 3 PatG, § 30 Abs. 5 MarkenG, § 33 UrhG; zur Erweiterung auf den Schutz des Unterlizenznehmers analog der Rspr. zum UrhR vgl. Schulte/Moufang § 15 PatG Rz. 43 mwN). Damit ist nach wohl herrschender Auffassung davon auszugehen, dass es sich bei der einfachen Lizenz nicht nur um eine sog. „negative Lizenz“ handelt, also nicht nur um den Verzicht des Inhabers des Schutzrechts, seine Verbotsrechte gegenüber dem Lizenznehmer geltend zu machen (vgl. dazu Stumpf/Groß Rz. 15 mwN; zum bereits strittigen Begriff der einfachen und negativen Lizenz: Kraßer § 40 V S. 930). 59

➲ **Praxistipp:** Der Lizenzvertrag sollte trotz der vorstehenden Ausführungen darauf eingehen, wer in welcher Form (und auf wessen Kosten) die Rechtsverteidigung gegenüber Dritten vornehmen darf und/oder muss. 60

➲ **Praxistipp:** Über die Berechtigung zur Erteilung von Unterlizenzen empfiehlt sich ebenfalls immer eine ausdrückliche Regelung, da sich aus dem Vertragszusammenhang auch Abweichendes von der vorgenannten Regel ergeben kann. 61

b) Vertragstypus

62 Nicht einheitlich ist die Auffassung zur rechtlichen Einordnung des Lizenzvertrags als Kausalgeschäft (die Einräumung der Nutzungsbefugnis stellt das Verfügungsgeschäft dar und ist die Lizenz im engeren Sinne). Er enthält als **gemischter Vertrag** (vgl. BGHZ 105, 374, 379 – Präsentbücher) regelmäßig Elemente verschiedener gesetzlicher Vertragstypen. Diese können kauf- oder werkvertragsrechtlicher Natur sein, häufig mit Elementen des Pachtvertrags (insbesondere bei der einfachen Lizenz). Schließlich können Lizenzverträge auch so ausgestaltet sein, dass sie dem Gesellschaftsrecht unterliegen. Unabhängig von der Einordnung oder dem Schwerpunkt ist in jedem einzelnen Fall zu überprüfen, inwieweit die Anwendung von Vorschriften, die für bestimmte zivilrechtliche Vertragstypen gelten, dem Lizenzvertrag allgemein und dem jeweiligen Vertrag in seiner konkreten Ausgestaltung gerecht werden. Letztlich wird man von einem Vertrag eigener Art ausgehen müssen, bei dem im Rahmen der Vertragsfreiheit (§ 311 BGB) der individuellen Vereinbarung besonderes Gewicht zukommt.

63 Zu berücksichtigen ist auch das spezifische Risiko der Verwertbarkeit und des Bestandes des Schutzrechts, das jeder Vereinbarung über ein immaterielles Schutzgut innewohnt und den Lizenzvertrag zum **„gewagten Geschäft"** macht (vgl. bspw. Benkard/Ullmann § 15 PatG Rz. 158, 83 und 60 ff.; Kraßer § 41 I 3 f. S. 937 f.; Bartenbach Rz. 25 ff.; Erman/Dickersbach Vor § 581 BGB Rz. 7; jeweils mwN).

Gemeinhin wird der Lizenzvertrag als **Dauerschuldverhältnis** angesehen, das fortlaufende Leistungs-, Rücksichtnahme- und Schutzpflichten begründet und das aus wichtigem Grund fristlos gekündigt werden kann, wenn besondere Tatsachen vorliegen, die seine Fortsetzung für den kündigenden Teil nach Treu und Glauben unzumutbar werden lassen (vgl. BGH GRUR 1997, 610, 611 – Tinnitus-Masker [X. Zivilsenat zum Patent]; BGH GRUR 1992, 112, 114 – Pulp-wash [I. Zivilsenat zur Marke]).

3. Vertragspflichten, Laufzeit und Kündigung, Kartellrecht

a) Rechtseinräumung, Verwertungspflicht

64 Basis jeder Lizenzvereinbarung ist die sorgfältige und klar bestimmbare Beschreibung des Vertragsgegenstands. Hierbei muss besonderes Augenmerk auf die detaillierte Benennung der sog. **Vertragsschutzrechte**, also der bestehenden Patente usw. sowie des etwaig zu transferierenden Vertrags-Know-how gelegt werden. Zwei Aspekte sollte man besonders beachten: erstens die Beschreibung als Grundlage der Übertragungspflichten sehen, zweitens die kartellrechtlichen Vorgaben im Blick behalten (dazu Rz. 74 f.).

65 Auf der Gegenseite zur Rechtseinräumung steht die Frage der **Verwertungspflicht**, also ob und in welchem Umfang der Lizenznehmer verpflichtet ist, den übertragenen Vertragsgegenstand auch zu nutzen. Grundsätzlich geht man davon aus, dass bei ausschließlichen Lizenzen eine Verwertungspflicht besteht, insbesondere bei Vereinbarung einer auf den Umsatz oder die Stückzahl bezogenen Lizenzzahlung (vgl. auch **M 39.5** § 5 Abs. 2 Fn. 9). Bei der einfachen Lizenz wird grundsätzlich keine Verwertungspflicht angenommen, was für den Lizenzgeber zumindest wirtschaftlich keine Nachteile mit sich bringt, da er andere einfache Lizenzen erteilen und so den Vertragsgegenstand anderweitig verwerten kann. Bei ausschließlichen Lizenzverträgen wird häufig die Verwertungspflicht dahingehend konkretisiert, dass bestimmte Mindeststückzahlen oder Mindestumsätze vereinbart werden, andernfalls eine Kündigungsmöglichkeit besteht oder die ausschließliche zur einfachen Lizenz wird.

b) Leistungsstörungen, Gewährleistung, Haftung

66 Die Leistungsstörungen in Lizenzverträgen sind mangels spezieller Regelung nach dem allgemeinen oder besonderen **Schuldrecht des BGB** zu lösen. Da bereits darüber gestritten werden kann, welche schuldrechtlichen Normen einschlägig sind, ob kauf-, werk- oder pachtvertragliche Regeln oder nur allgemeines Schuldrecht anzuwenden ist, zudem viele gesetzliche Regelungen dem Charakter und der gewollten Risikoverteilung des Lizenzvertrags nicht angemessen sind und auf ihn nicht

passen, ist der vertraglichen Gestaltung der Erfüllungsleistung und der Haftung besondere Aufmerksamkeit zu widmen. Im Wesentlichen geht es um drei Fragenkreise: um die Einräumung des Nutzungsrechts als Vertragserfüllung, um Bestand und Aufrechterhaltung des Schutzrechts sowie um Mängel der Schutzrechtsposition, sei es in Form von Rechtsmängeln oder Tauglichkeitsmängeln.

Für die Verletzung der Pflicht zur **Einräumung des Nutzungsrechts** („Verschaffungspflicht") gelten ohne besondere Vereinbarung grundsätzlich die allgemeinen Regeln des BGB zur **Leistungsstörung**, so dass über §§ 311a, 275 ff. BGB sowohl bei subjektivem Unvermögen als auch bei objektiver Unmöglichkeit der Vertrag wirksam bleibt und entweder Schadensersatz oder Aufwendungsersatz in Frage kommen kann (§ 311a Abs. 2 BGB). Liegt Nichterfüllung vor, obwohl der Lizenzgeber zur Leistung im Stande wäre, ergeben sich die entsprechenden Rechtsfolgen entweder unmittelbar aus §§ 280 ff. bzw. §§ 320 ff. BGB oder aus den kaufvertraglichen, werkvertraglichen oder pachtvertraglichen Regelungen (vgl. vertiefend die Darstellung bei Bartenbach Rz. 1370 ff.). 67

Eine Haftung kann zunächst daraus folgen, dass nach Verschaffen des Nutzungsrechts der Lizenzgeber sein Schutzrecht später verliert, dieses insbesondere (von Amts wegen oder auf Betreiben eines Dritten) **widerrufen**, für **nichtig** erklärt oder **gelöscht** wird. Dies ist kein Fall der anfänglichen Unmöglichkeit, auch wenn die entsprechende Beschränkung bereits bei Lizenzvergabe dem Schutzrecht innewohnte, da der Lizenznehmer ja zunächst das Schutzrecht nutzen konnte. Man wird richtigerweise diese Fälle über den Wegfall der Geschäftsgrundlage (§ 313 BGB) lösen und einen Anspruch auf Vertragsanpassung oder Vertragskündigung zuerkennen müssen (vgl. zur Rechtslage vor der Schuldrechtsreform nur BGH GRUR 1958, 231, 232 – Rundstuhlwirkware). Neben einer Vertragsänderung oder -aufhebung für die Zukunft kann ein Rückabwicklungs- und Schadensersatzanspruch (letzteres speziell im Fall unzureichender Verteidigung des Schutzrechts) nur in ganz besonderen Fällen gerechtfertigt sein. 68

Liegen **Rechtsmängel** vor, dh. bestehen Rechte Dritter in Bezug auf die Schutzrechtsposition (Nießbrauch, Pfandrecht, Lizenz), so kommt bei nachträglichem Auftreten ebenfalls Wegfall bzw. Störung der Geschäftsgrundlage in Betracht, bei anfänglich vorhandenen Belastungen eine Anfechtung wegen Täuschung oder aber Rechtsmängelhaftung, sei es nach kauf- oder pachtrechtlichen oder allgemeinen schuldrechtlichen Regeln (zB §§ 453, 435, 437 BGB oder § 311a BGB) – mit eingeschränkten Rechtsfolgen, wenn die Ausübung des Schutzrechts nicht nachhaltig beschränkt wird, etwa beim Bestehen eines Vorbenutzungsrechts oder einer einfachen Lizenz eines Dritten gegenüber dem ausschließlichen Lizenznehmer. Grundsätzlich kommen die Rechte auf Leistungsverweigerung, Rücktritt und Schadensersatz wegen Nichterfüllung in Betracht. 69

Des Weiteren können **Tauglichkeitsmängel** bestehen, die die technische Ausführbarkeit oder die Brauchbarkeit des Schutzrechts beeinträchtigen. Für die Rechtsfolgen gilt hier Ähnliches wie beim Rechtsmangel, teilweise werden sie aus Kaufrecht oder Pachtrecht, teilweise aus allgemeinem Schuldrecht abgeleitet. Die mangelnde kommerzielle Verwertbarkeit oder gar Konkurrenzfähigkeit der unter Verwendung des Schutzrechts hergestellten Erzeugnisse ist nach hM nicht als Mangel anzusehen (vgl. BGH GRUR 1974, 40, 43 – Bremsrolle). 70

Aufgrund der damit bestehenden Risiken und Unklarheiten der gesetzlichen Mängelfolgen und der Haftung des Lizenzgebers ist zu empfehlen, sowohl die Voraussetzungen wie die Rechtsfolgen möglichst **eingehend vertraglich** zu regeln. Hierbei kann man davon ausgehen, dass die gesetzlichen Regelungen umfassend dispositiv sind, Ausschlüsse (individuell) vereinbart werden können, jedenfalls soweit Vorsatz und Arglist ausgenommen sind und die Regelungen nicht an anderer Stelle gegebenen Garantien oder Zusicherungen widersprechen (vgl. nur Bartenbach Rz. 1532 mwN, Rz. 1370 ff.). 71

c) Laufzeit, Kündigung

Grundsätzlich können Lizenzen nur auf die Dauer des Schutzrechts gewährt werden. Bindungen über die **Schutzdauer** hinaus, die damit eine künstliche Verlängerung des Schutzrechts beinhalten, sind kartellrechtlich unzulässig (s. Rz. 74). Dasselbe gilt für die Fortdauer der Bindung trotz Wegfalls des Schutzrechts oder **offenkundig Werdens des Know-hows**. Die häufig anzutreffende Klau- 72 sel, dass bei Lizenzierung mehrerer Schutzrechte die Vereinbarung erst mit Ablauf des letzten Schutzrechts endet, ist nur im Rahmen von § 1 GWB und Art. 2 GVO-TT (s. Rz. 74 f.) und allenfalls dann zulässig, wenn es sich dabei um für die Vertragserzeugnisse wesentliche Schutzrechte handelt (vgl. insgesamt Benkard/Ullmann § 15 PatG Rz. 205 mwN; BGH GRUR 1980, 750, 751 – Pankreaplex II). Regelmäßig werden in Lizenzverträgen **feste Laufzeiten** vereinbart.

73 Bei den **Kündigungsmöglichkeiten** wird meist die ordentliche Kündigung ausgeschlossen. Bei der Kündigung aus wichtigem Grund werden gerne **Regelbeispiele** vereinbart, die in den persönlichen oder geschäftlichen Beziehungen (Wechsel handelnder Personen oder Anteilseigner), im Wegfall einzelner wichtiger Schutzrechte, in der Verletzung bestimmter Vertragspflichten (Qualitätsstandard, Verwertungspflicht, Zahlung und Abrechnung von Lizenzgebühren) sowie in der Einstellung des Geschäftsbetriebs etc. liegen können (vgl. umfassend zu den Gestaltungsmöglichkeiten sowie zu Beispielen aus der Rechtsprechung für Kündigungsgründe: Bartenbach Rz. 2436 ff.). Zum besonderen Problem der Lizenz in der **Insolvenz** des Lizenzgebers und das Wahlrecht des Insolvenzverwalters nach § 103 InsO sowie zu eventuellen Lösungsklauseln wegen der Insolvenz der Gegenpartei, s. Bartenbach Rz. 653 ff., 657 ff.).

d) Kartellrecht

74 Jeder Lizenzvertrag ist zugleich eine **wettbewerbsbeschränkende Absprache**. Das liegt in der Natur der Sache als Folge des Ausschließlichkeitsrechts. Nach früherer Regelung der §§ 17, 18 GWB waren lizenzvertragliche Vereinbarungen grundsätzlich für kartellrechtlich unbedenklich erklärt worden, soweit die Beschränkungen nicht über den Inhalt des Schutzrechts oder sonst lizenzierten Gegenstands hinaus gingen. Seit 1.7.2005 (zur Übergangsregelung s. Bechtold § 131 GWB Rz. 5) gelten die §§ 1, 2 GWB nun für Lizenzverträge wie für andere Vertikalverträge, so dass Beschränkungen im Rahmen der Freistellung gem. europäischem Kartellrecht zulässig sind. Im EU-Kartellrecht war vor Geltung der einschlägigen Freistellungsverordnungen darüber gestritten worden, ob und unter welchen Voraussetzungen Lizenzvereinbarungen unzulässige Wettbewerbsbeschränkungen darstellen oder mit Art. 101 AEUV vereinbar sind (vgl. EuGH GRUR Int. 1982, 530 ff. – Maissaatgut; EuGH GRUR Int. 1995, 490 ff. – Magill; vgl. auch Kap. 40 Rz. 43).

75 Entscheidende Grundlage für die kartellrechtliche **Freistellung** von Lizenzverträgen, sowohl nach europäischem Recht (Art. 101 Abs. 1 und 3 AEUV, ehem. Art. 81 Abs. 1 und 3 EGV) als auch nach deutschem Recht (§§ 1 und 2 GWB), ist die Freistellungsverordnung der Kommission auf Gruppen von Technologietransfer-Vereinbarungen (EG) Nr. 316/2014 vom 21.3.2014 (**GVO-TT**). Diese Verordnung ersetzt die frühere Gruppenfreistellungsverordnung aus dem Jahre 2004. Neben Vereinbarungen über gewerbliche Schutzrechte (außer Marken) und Know-how (zu dessen Legaldefinition nach der GVO-TT s. Rz. 52) sind auch Software-Lizenzverträge bestimmter Art erfasst. Schon mit der vorherigen Fassung von 2004 ist die frühere Höchstbegrenzung der Vertragslaufzeit von fünf bzw. zehn Jahren wegfallen. Anstelle eines Katalogs unbedenklicher („weißer") Klauseln, wie er noch in der Vorfassung von 1996 aufgelistet war, sind lediglich nicht freigestellte, unzulässige („schwarze") Klauseln als sog. Kernbeschränkungen bestimmt, unterschieden danach, ob es sich um konkurrierende oder nicht konkurrierende Unternehmen handelt (Art. 4 GVO-TT), sowie weitere nicht frei gestellte Beschränkungen aufgezählt (Art. 5 GVO-TT). Schließlich gilt die Freistellung grundsätzlich nur, wenn die betreffenden Unternehmen bestimmte Marktanteilsschwellen nicht überschreiten (Art. 3 GVO-TT). Die wesentlichen Klauselverbote betreffen Beschränkungen zur Preisfestsetzung durch den Verkäufer sowie bestimmte Marktzuweisungen oder Gebietsbeschränkungen (Art. 4 GVO-TT) sowie Exklusivlizenzen oder Rechtsübertragungen für Weiterentwicklungen und anderes (Art. 5 GVO-TT). Schließlich beschränkt Art. 2 GVO-TT die Freistellung ausdrücklich auf die Schutzdauer der lizenzierten Rechte bzw. die Zeit der Nichtoffenkundigkeit des Know-how.

Die kartellrechtliche Problematik scheidet aus bei sog. Bagatell-Kartellen, die die Grenze der Spürbarkeit nicht überschreiten. Hierzu liefert die **Bagatellbekanntmachung** der Kommission vom 30.8.2014 bzw. des Bundeskartellamts vom 13.3.2007 konkrete Schwellenwerte zu den Marktanteilen.

Ergänzend ist in entsprechenden Vertragskonstellationen noch an eine Freistellung nach der sog. Vertikal-GVO der Kommission (Nr. 330/2010 v. 20.4.2010) – s. Art. 2 Abs. 3 –, ggf. auch nach der – jetzt nach Art. 9 ausdrücklich gegenüber der GVO-TT vorrangigen – FuE-GVO (Nr. 1217/2010 v. 14.10.2010) oder der Spezialisierungs-GVO (Nr. 1218/2010 v. 14.10.2010), sowie an die Zulieferbekanntmachung der Kommission vom 18.12.1978 als Auslegungsregel zu Art. 101 AEUV – Stichwort: „verlängerte Werkbank" – oder die direkte Anwendung von Art. 101 Abs. 3 AEUV (mit dem Risiko der „Selbstveranlagung") zu denken.

M 39.4 Markenlizenzvertrag

zwischen

... (Name, Rechtsform, Anschrift, Vertretung des Lizenzgebers)

– im Folgenden Lizenzgeber –

und

... (Name, Rechtsform, Anschrift, Vertretung des Lizenznehmers)

– im Folgenden Lizenznehmer –

§ 1 Vertragsgegenstand

Der Lizenzgeber ist Inhaber der beim Deutschen Patent- und Markenamt (DPMA) am ... unter der Nr. ... eingetragenen deutschen Wortmarke (Vertragsmarke)

... (Zeichen)[1]

Die Marke ist eingetragen für folgende Waren/Dienstleistungen:

Klasse ...: ...

Klasse ...: ...

... (usw.)

Sie wird seit ... in der eingetragenen Form für die entsprechenden Waren- und Dienstleistungen von dem Lizenzgeber benutzt[2].

§ 2 Rechtseinräumung, Unterlizenz

(1) Der Lizenzgeber erteilt dem Lizenznehmer die einfache[3] *Lizenz, die Vertragsmarke zu benutzen.*

(2) Die Lizenz ist beschränkt auf die Benutzung der Vertragsmarke für die aus der Anlage ersichtlichen Waren und Dienstleistungen (Vertragsprodukte). Dem Lizenzgeber ist vorbehalten, die Vertragsmarke für bestimmte Waren und Dienstleistungen, die ebenfalls in der Anlage aufgeführt sind, ausschließlich selbst zu benutzen. In Zweifelsfällen der Zuordnung gilt eine Lizenz als nicht erteilt.

(3) Die Lizenz umfasst insbesondere die Kennzeichnung von Vertragsprodukten und deren Verpackungen, das in Verkehr Bringen von Vertragsprodukten im Vertragsgebiet sowie die Werbung für Vertragsprodukte.

(4) Die Lizenz beschränkt sich auf das Gebiet der Bundesrepublik Deutschland (Vertragsgebiet), eine Benutzung der Marke außerhalb des Vertragsgebiets ist dem Lizenznehmer nicht gestattet. Der Lizenzgeber ist dort durch weitere Markenrechte geschützt.

(5) Die Rechtsübertragung oder Erteilung von Unterlizenzen durch den Lizenznehmer ist nicht gestattet. Für den Fall einer gewünschten Nutzung durch ein mit dem Lizenznehmer verbundenes Unternehmen (§ 15 AktG) ist der Lizenzgeber verpflichtet, der Erteilung einer Unterlizenz zuzustimmen[4].

1 Im Falle einer anderen Markenform als der Wortmarke ist (ergänzend) auf eine Anlage zu verweisen, die der Anmeldung beim Markenamt entspricht; zu den verschiedenen Markenformen s. Rz. 19.

2 Zur „ernsthaften Benutzung" und zur Schonfrist s. Rz. 28.

3 Im Fall der ausschließlichen Lizenz sollte klargestellt werden, ob die Erteilung unter Ausschluss auch des Markeninhabers erfolgt (vgl. Rz. 58 f. und **M 39.5** § 2 Abs. 1 Fn. 4).

4 Das formale Zustimmungserfordernis dient primär der Kontrolle, da sie den Lizenznehmer zwingt, über die Unterlizenz zu informieren.

§ 3 Qualitätssicherung

(1) Zum Erhalt des Wertes der Vertragsmarke sind beide Vertragsparteien verpflichtet, die Marke nur für Vertragsprodukte zu verwenden, die einen bestimmten Qualitätsstandard erfüllen. Dieser Qualitätsstandard ist in der Anlage dargestellt und erläutert.

(2) Die Einhaltung der Qualität ist beiderseits durch ein entsprechendes Qualitätsmanagement nach EN ISO ... zu sichern. Beide Vertragsparteien sind berechtigt, den Nachweis entsprechender Qualitätssicherung ... durch Vorlage von ... zu verlangen. Der Lizenzgeber ist darüber hinaus berechtigt, in angemessenem Umfang Stichproben vorzunehmen, den Betrieb des Lizenznehmers zu diesem Zwecke zu betreten und die Qualitätssicherungsmaßnahmen zu kontrollieren sowie die Überlassung von kostenlosen Mustern zu verlangen.

(3) Erfüllt der Lizenznehmer die Qualitätsstandards nicht, so ist der Lizenzgeber befugt, die Qualitätsmängel unter angemessener Fristsetzung abzumahnen und nach fruchtlosem Fristablauf den Lizenzvertrag fristlos zu kündigen.

(4) Umgekehrt gilt ein entsprechendes Kündigungsrecht für den Lizenznehmer, falls der Lizenzgeber die Qualitätsstandards unterschreitet.

§ 4 Benutzungsform, Lizenzvermerk

(1) Der Lizenznehmer verpflichtet sich, die Vertragsmarke zu benutzen, und zwar nur in exakt der eingetragenen Form.

(2) Der Lizenznehmer hat auf die Tatsache der Benutzung in Lizenz hinzuweisen in der Weise: „hergestellt von ... in Lizenz der ...".

§ 5 Produkthaftung, Versicherung

(1) Jegliche Haftung für die von dem Lizenznehmer unter der Vertragsmarke gekennzeichneten und vertriebenen Vertragsprodukte trägt ausschließlich der Lizenznehmer.

(2) Der Lizenznehmer verpflichtet sich, den Lizenzgeber von etwaigen Haftungsansprüchen Dritter insoweit freizustellen. Er verpflichtet sich des Weiteren, eine Mindestversicherung über die Summe von ... Euro abzuschließen und für die Dauer dieses Vertrages aufrecht zu erhalten.

§ 6 Gewährleistung, Verteidigung

(1) Der Lizenzgeber versichert, Inhaber der Vertragsmarke zu sein. Er bestätigt, dass ihm keine dem Schutz der Vertragsmarke entgegenstehenden Rechte Dritter bekannt sind. Er hat hierzu dem Lizenznehmer Kopie der von ihm vor der Eintragung eingeholten Rechercheberichte, betreffend entgegenstehende Marken, Firmennamen und Geschäftszeichen gem. Anlage ausgehändigt. Darüber übernimmt er weder eine Haftung für den Bestand noch für die Nichtangreifbarkeit noch für die Verwertbarkeit oder Marktgängigkeit der Vertragsmarke.

(2) Der Lizenzgeber ist verpflichtet, den Schutz der Vertragsmarke für die Laufzeit des Vertrages aufrecht zu erhalten und etwaige Schutzfristverlängerungen zu veranlassen.

(3) Die Parteien werden sich gegenseitig unverzüglich davon unterrichten, falls sie Kenntnis davon erlangen, dass ein Dritter Kennzeichen oder Marken benutzt oder anmeldet, die in den Schutzbereich der Vertragsmarke eingreifen könnten, oder falls ein Dritter die Vertragsmarke angreift oder Rechte gegen sie geltend macht.

(4) In Streitfällen, ob und wie die Marke zu verteidigen ist, entscheidet der Lizenzgeber. Gerichtliche Schritte werden ausschließlich vom Lizenzgeber und nur nach vorheriger Abstimmung eingeleitet. Der Lizenznehmer ist nicht berechtigt, auf Abmahnungen oder Ähnliches Dritter zu antworten, ohne den Inhalt seiner Stellungnahme zuvor mit dem Lizenzgeber abgestimmt und dessen Einwilligung erhalten zu haben. Der Abschluss von Vergleichen oder sonstigen Vereinbarungen, die zu einer Rechtsbeschränkung in Bezug auf die Vertragsmarke führen, bedarf immer der vorherigen Abstimmung mit dem Lizenznehmer und der Einwilligung des Lizenzgebers[5]*.*

5 Vgl. zur gesetzlichen Regelung § 30 Abs. 3, 4 MarkenG und Rz. 50.

(5) Kosten zur Verteidigung oder Durchsetzung der Vertragsmarke tragen beide Vertragsparteien jeweils hälftig. Lediglich bei grob unangemessenen Entscheidungen des Lizenzgebers oder bei schuldhaft unterlassener vorheriger Abstimmung ist der Lizenznehmer nicht verpflichtet, sich an Verteidigungs- oder Angriffskosten zu beteiligen.

§ 7 Lizenzgebühren

(1) Für die Einräumung der Lizenz an der Vertragsmarke erhält der Lizenzgeber für die Laufzeit dieses Vertrages eine laufende Lizenzgebühr von ... % (in Worten: ...) der Nettoumsätze der unter der Vertragsmarke verkauften Waren und erbrachten Dienstleistungen.

(2) Maßgeblich ist der jeweilige Rechnungspreis abzüglich Rabatte, Kosten für Verpackung und Fracht sowie ohne Steuern, Zölle oÄ.

(3) Die Lizenzgebühren sind zuzüglich der gesetzlichen Umsatzsteuer zu zahlen.

(4) Die Abrechnung der Lizenzen erfolgt quartalsweise zum 15. des folgenden Monats, zugleich werden die Lizenzzahlungen fällig.

(5) Der Lizenzgeber ist berechtigt, in angemessenen Abständen die Richtigkeit der Abrechnungen anhand der Buchführung des Lizenznehmers durch einen unabhängigen vereidigten Buchprüfer oder Wirtschaftsprüfer prüfen zu lassen. Die Kosten trägt bei berechtigten Beanstandungen der Lizenznehmer.

§ 8 Vertragsdauer, Kündigung

(1) Dieser Lizenzvertrag gilt ab ... und für die Laufzeit von ... zehn ... Jahren.

(2) Der Lizenznehmer erhält die Option zu Laufzeitverlängerungen von jeweils ... zehn ... Jahren, wenn er die aus der Anlage ersichtlichen Mindestzahlen abgesetzter Waren, erzielter Umsätze und abgeführter Lizenzentgelte während der letzten zwei vollen Kalenderjahre vor Ausübung der Option erreicht hat. Die Verlängerungsoption ist auszuüben durch schriftliche Erklärung gegenüber dem Lizenzgeber, sie kann frühestens sechs Monate und spätestens drei Monate vor Ablauf der Vertragslaufzeit ausgeübt werden.

(3) Eine Kündigung ist nur aus wichtigem Grund möglich. Ein solcher liegt insbesondere vor bei Verletzung wesentlicher, in diesem Vertrag übernommener Pflichten, die trotz Abmahnung fortgesetzt bzw. nicht abgestellt oder deren Folgen nicht beseitigt werden.

(4) Der Vertrag endet darüber hinaus mit einer rechtskräftigen Löschung der Vertragsmarke, ohne dass es einer Kündigungserklärung bedarf (auflösende Bedingung).

(5) Nach Vertragsende entfällt das Recht des Lizenznehmers, die Vertragsmarke zu benutzen[6]. Aufbrauchsfristen bestehen nicht. Das gilt auch für den Fall einer fristlosen Kündigung[7].

§ 9 Schlussbestimmungen

(1) Erfüllungsort und Gerichtsstand ist der Sitz des Lizenzgebers.

(2) Änderungen und Ergänzungen des Vertrags bedürfen der Schriftform. Das gilt auch für die Abweichung von dieser Schriftformabrede. Mündliche Nebenabreden sind nicht getroffen.

... (Salvatorische Klausel)

... (Ort/Datum)

... (Unterschriften)

---

6 Bei einer ausschließlichen Lizenz wird häufig vereinbart, unter bestimmten Voraussetzungen die Vertragsmarke statt in ausschließlicher noch gewisse Zeit in einfacher Lizenz weiter zu nutzen. Meist ist es für den Lizenzgeber sinnvoller, dies erst zum Vertragsende (neu) zu entscheiden, je nach der dann bestehenden Situation (Steht ein neuer Vertragspartner für eine ausschließliche Lizenz bereit? Sind noch nennenswerte Lizenzentgelte vom alten Lizenznehmer zu erwarten?).

7 Unter besonderen Umständen kann eine Aufbrauchsfrist dennoch geboten sein, regelmäßig ist jedoch der wichtige Grund zur Kündigung auch hinreichender Anlass, einer Aufbrauchsfrist zu widersprechen.

M 39.5 Patentlizenzvertrag

zwischen

... (Name, Anschrift, Vertretung des Lizenzgebers)

– im Folgenden Lizenzgeber –

und

... (Name, Anschrift, Vertretung des Lizenznehmers)

– im Folgenden Lizenznehmer –

Präambel

Der Lizenzgeber ist Erfinder einer Entwicklung für ... und Inhaber dazugehörender Patente, die er selbst nicht nachhaltig auswerten kann und will. Der Lizenznehmer möchte unter Verwendung der Patente industriell Produkte herstellen und vertreiben und damit die Patente auswerten. Der Lizenzgeber wird bis auf Weiteres Kleinserien herstellen und in dem Bereich künftig weiter forschen und entwickeln.

§ 1 Vertragsgegenstand

(1) Der Lizenzgeber ist allein verfügungsberechtigter Inhaber folgender Vertragspatente:

Patent beim Deutschen Patent- und Markenamt (DPMA), Nummer ..., erteilt am ..., angemeldet am ...[1]*, über eine ...*

... (weitere Patente, ggf. Europäisches Patent gem. EPÜ und benannte Staaten[2]*)*

(2) Darüber hinaus bestehen Patente in folgenden weiteren Ländern bzw. sind angemeldet (PCT-Anmeldung[3] *vom ...): Europa: ..., weitere Länder: ...*

(3) Der Lizenznehmer hat sich anhand übergebener aktueller Patentunterlagen (insbesondere Patentschrift bzw. Patentanmeldung) über den Vertragsgegenstand informiert.

§ 2 Lizenzerteilung

(1) Der Lizenzgeber räumt dem Lizenznehmer eine ausschließliche Lizenz ein zur Herstellung, zum Gebrauch und zum Vertrieb von ... unter Verwendung des Vertragspatents (Vertragsprodukte). Der Lizenznehmer bleibt daneben zur eigenen Nutzung berechtigt (sole licence)[4]*.*

(2) Die Lizenz ist beschränkt auf das Gebiet der Bundesrepublik Deutschland (Vertragsgebiet). Ein aktiver Vertrieb in andere Staaten ist dem Lizenznehmer nicht gestattet[5]*. Lieferanfragen aus anderen Staaten hat er an den Lizenzgeber weiterzuleiten*[6]*. Diese Beschränkung und Verpflichtung gilt nur, soweit und solange in diesen Staaten parallele Patente oder vergleichbare Schutzrechte bestehen.*

---

1 Wichtig zur Bemessung der Patentdauer, § 16 Abs. 1 Satz 2 PatG, vgl. Rz. 47.

2 Europäische Anmeldung mit einheitlichem Erteilungsverfahren beim Europäischen Patentamt, das zu einem Bündel nationaler Patente führt (kein einheitliches Gemeinschaftspatent, dieses ist seit 1975 in der Diskussion und bislang nicht in Kraft gesetzt, s. aber den letzten Vorstoß als EU-Patent mit den VO (EU) Nr. 1257/2012 und 1260/2012 vom 31.12.2012), s. Rz. 47.

3 Internationale Anmeldung nach dem Patentzusammenarbeitsvertrag (Patent Cooperation Treaty – PCT) mit geteiltem Verfahren in eine internationale und eine nationale Phase, s. Kraßer § 7 Ic S. 82 f.; § 22 IIc S. 430 ff.

4 Im Gegensatz zur single-use licence, die die Eigennutzung ausschließt, vgl. Rz. 58; ggf. wäre der Umfang der Eigennutzung genauer zu beschreiben.

5 Der Verstoß gegen die Gebietsbeschränkung ist zugleich ein Vertragsverstoß und eine Patentverletzung (§ 15 Abs. 2 Satz 2 PatG).

6 Zu der praktischen Problematik sowie zu den kartellrechtlichen Voraussetzungen und zu den Konsequenzen eines Vertragsverstoßes bei Gebietslizenzen vgl. Benkard/Ullmann § 15 PatG Rz. 66, 73; Bartenbach Rz. 1215 ff., 1227 ff.; s. auch Art. 4 Abs. 1 lit. c und Abs. 2 lit. b (nun auch für Passivverkäufe) GVO-TT sowie Benkard/Ullmann § 15 PatG Rz. 285.

(3) Der Lizenznehmer ist zur Übertragung von Rechten aus diesem Vertrag an Dritte und zur Erteilung von Unterlizenzen nicht berechtigt[7].

(4) Es wird kein ergänzendes Know-how übertragen oder zur Verfügung gestellt.

§ 3 Lizenzgebühren

(1) Der Lizenzgeber erhält eine einmalige Abschlusslizenzgebühr von ... Euro (in Worten: ... Euro), die nicht rückforderbar und nicht auf andere Lizenzzahlungen anzurechnen ist[8].

(2) Der Lizenzgeber erhält außerdem eine laufende Umsatzbeteiligung iHv. ... % des den Abnehmern berechneten Nettoverkaufspreises (ohne Verpackung, Versand, Fracht, übliche Nachlässe und etwaige Verbrauchssteuern und Zölle), jedoch mindestens eine Stücklizenzzahlung für jedes verkaufte Vertragsprodukt, von netto ... Euro, angepasst jeweils zum 1.1. für das beginnende Kalenderjahr nach dem Verbraucherpreisindex für Deutschland auf Basis 2005 = 100, bezogen auf den 1.1. des Jahres der Vertragsunterzeichnung.

(3) Alle Lizenzgebühren sind zahlbar zuzüglich der gesetzlichen Umsatzsteuer.

§ 4 Abrechnung

(1) Die Abschlusslizenzgebühr ist mit Vertragsabschluss fällig.

(2) Die Umsatzlizenzgebühren und Stücklizenzzahlungen sind pro Quartal nach tatsächlichem Zahlungseingang beim Lizenznehmer jeweils zum 15. des auf das Quartalsende folgenden Monats abzurechnen und zugleich fällig.

(3) Zur Abrechnung der laufenden Lizenzgebühren ist eine schriftliche Aufstellung der hergestellten und verkauften Vertragsprodukte mit Namen der Abnehmer vorzulegen. Außerdem erhält der Lizenzgeber zum 10. jedes Monats eine Absatz- und Verkaufsstatistik für den Vormonat.

(4) Der Lizenzgeber ist berechtigt, in angemessenen Zeitabständen auf seine Kosten alle Bücher, Konten, Rechnungen und sonstige Unterlagen, die mit der Lizenzgebührenabrechnung zusammenhängen, durch einen unabhängigen, unparteilichen und zur Verschwiegenheit verpflichteten vereidigten Buchprüfer oder Wirtschaftsprüfer überprüfen zu lassen. Ergeben sich nach der Überprüfung Fehler in der Abrechnung des Lizenznehmers, ist er zur Erstattung der Kosten der Prüfung verpflichtet.

§ 5 Verwertung, Lizenzvermerk, Preise

(1) Die Herstellung der Vertragsprodukte erfolgt alleinverantwortlich durch den Lizenznehmer. Der Lizenznehmer erklärt ausdrücklich, in der Lage zu sein, anhand der Patentunterlagen und des eigenen Know-how die Vertragsprodukte herzustellen.

(2) Der Lizenznehmer verpflichtet sich zur Ausübung der Lizenz und Auswertung des Patents durch Herstellung ausreichender Mengen der Vertragsprodukte und Durchführung angemessener Werbemaßnahmen[9].

---

7 Bei einer ausschließlichen Lizenz darf der Inhaber ohne gegenteilige Vereinbarung grundsätzlich Unterlizenzen vergeben, vgl. Benkard/Ullmann § 15 PatG Rz. 92 mwN zur Rechtsprechung. Etwas anderes kann sich aus dem Charakter als unternehmensbezogene Betriebslizenz oder personengebundene Lizenz ergeben; vgl. Benkard/Ullmann § 15 PatG Rz. 39. S. auch Rz. 58 f. **Alternativ** kann auch ein Genehmigungsvorbehalt mit bestimmten Kriterien, die an den Unterlizenznehmer anzulegen sind (Einhaltung des Qualitätsstandards oder Ähnliches), vereinbart werden; zumindest empfiehlt sich eine formale Zustimmungspflicht oder eine Informationspflicht, damit der Lizenzgeber – schon im Hinblick auf einen Sukzessionsschutz, vgl. Rz. 59 – Kenntnis von der Unterlizenz erhält, einschließlich der dortigen Regelung zu den Lizenzgebühren.

8 Zu Gestaltungsmöglichkeiten von Lizenzmodellen im Detail und den evtl. Rückabwicklungsproblemen vgl. Bartenbach Rz. 1750 ff. mwN.

9 Die Ausübungspflicht des Lizenznehmers ist nicht ohne Weiteres gegeben. Bei einer ausschließlichen Lizenz ergibt sie sich im Zweifel daraus, dass die Lizenzgebühren nach Umsatz oder Stückzahl berechnet werden, vgl. BGHZ 52, 55, 58 – Frischhaltegefäß; zur Situation bei einer einfachen Lizenz vgl. BGH GRUR 80, 38, 40 – Fullplastverfahren (grundsätzlich keine Ausübungspflicht ohne ausdrückliche Abrede). Allgemein empfiehlt es sich, eine Ausführungspflicht zu regeln, am besten mit konkreten Stückzahlen, Umsatzmengen etc. S. auch Rz. 65.

(3) Der Lizenznehmer vertreibt die Vertragsprodukte unter eigener Marke. Er ist berechtigt und verpflichtet, auf den Produkten, den Verpackungen und in den Werbeunterlagen den Hinweis anzubringen: „hergestellt in Lizenz der ...".

(4) Die Kalkulation und Festlegung der Preise erfolgt durch den Lizenznehmer[10].

§ 6 Aufrechterhaltung, Verteidigung

(1) Der Lizenzgeber sorgt für die Aufrechterhaltung der Vertragspatente durch rechtzeitige Zahlung der Verlängerungsgebühren. Sofern er ein Vertragspatent vorzeitig fallen lassen möchte – auch durch Verzicht innerhalb einer Auseinandersetzung mit Dritten –, hat er es dem Lizenznehmer zur Übernahme und Aufrechterhaltung auf dessen eigene Kosten anzubieten. Erklärt dieser nicht innerhalb von zwei Monaten nach Zugang der Mitteilung die Bereitschaft zur Übernahme, so darf der Lizenzgeber das Patent fallen lassen.

(2) Der Lizenzgeber wird die Vertragspatente gegen Angriffe Dritter verteidigen und Verletzungen durch Dritte begegnen. Alle hierdurch entstehenden Kosten trägt der Lizenzgeber. Die Durchführung etwaiger Streitigkeiten sowie der Abschluss von außergerichtlichen oder gerichtlichen Vereinbarungen obliegt allein dem Lizenzgeber, wobei er den Lizenznehmer hiervon angemessen und möglichst vorher schriftlich unterrichtet. Er ist hierbei auch zu einer Beschränkung der Vertragspatente oder zur Einräumung einer einfachen Lizenz an etwaige Anspruchsteller berechtigt, sofern er den Lizenznehmer hiervon schriftlich vorab unterrichtet und ihm eine angemessene Vertrags- bzw. Lizenzanpassung anbietet.

(3) Der Lizenznehmer wird den Lizenzgeber von Verletzungen der Vertragspatente durch Dritte unterrichten. Er ist nicht berechtigt, sich mit Dritten wegen Verletzung der Vertragspatente ohne Zustimmung des Lizenzgebers außergerichtlich oder gerichtlich auseinander zu setzen. Wird er selbst von Dritten in Anspruch genommen, hat er hierauf nach Vorgaben des Lizenzgebers gerichtlich und außergerichtlich zu reagieren[11].

§ 7 Gewährleistung, Haftungsausschluss

(1) Der Lizenzgeber versichert, dass ihm keine Erkenntnisse vorliegen, wonach den Vertragspatenten Rechte Dritter entgegen stehen, sie von Dritten angegriffen werden oder Vorbenutzungsrechte Dritter bestehen oder anderes dem Bestand der Vertragspatente entgegen steht.

(2) Der Lizenzgeber übernimmt keine Haftung für die Schutzfähigkeit und den Bestand der Vertragspatente oder die Brauchbarkeit oder Umsetzbarkeit und Verwertbarkeit der Vertragspatente. Die Haftung wegen Sach- oder Rechtsmängeln ist ausgeschlossen, ausgenommen Vorsatz oder Arglist.

§ 8 Weiterentwicklungen

(1) Über Verbesserungen und Weiterentwicklungen des Vertragsgegenstands und der Vertragsprodukte unterrichten sich die Vertragsparteien gegenseitig.

(2) Die Vertragsparteien erklären sich bereit, sich für etwaige zur Verwertung notwendigen Verbesserungen und Weiterentwicklungen wechselseitig eine nicht ausschließliche[12] *Lizenz unter angemessenen Bedingungen einzuräumen, sofern hieran Schutzrechte angemeldet bzw. entstehen werden.*

§ 9 Geheimhaltung[13]

(1) Die Vertragsparteien sichern sich gegenseitig Geheimhaltung der wechselseitig erlangten Unterlagen und der sich daraus ergebenden Kenntnisse zu, einschließlich entsprechender Verpflichtung von Mitarbeitern oder sonstigen Dritten. Ausgenommen hiervon sind allgemein bekannte oder allgemein zugängliche Informationen und Unterlagen.

10 Vgl. Art. 4 Abs. 1 lit. a GVO-TT.

11 Abweichung vom Grundsatz bei der ausschließlichen Lizenz, vgl. Rz. 58.

12 Vgl. Art. 5 Abs. 1 lit. a GVO-TT.

13 Spielt vorliegend keine große Rolle, da keine Know-how-Übertragung vereinbart ist, dennoch kann es – zB gem. § 8 – zu einem entsprechendem Wissensaustausch kommen.

(2) Die Verpflichtung besteht über die Vertragslaufzeit hinaus, solange keine Offenkundigkeit eintritt[14].

§ 10 Laufzeit, Kündigung

(1) Die Vertragslaufzeit beginnt mit Unterzeichnung und endet mit Ablauf der Schutzdauer oder sonstigem Wegfall des letzten Vertragspatents[15].

(2) Der Vertrag ist aus wichtigem Grunde fristlos kündbar, hierzu zählen insbesondere:

- *Verletzung von Pflichten dieses Vertrags durch die andere Vertragspartei trotz vorheriger schriftlicher Abmahnung,*
- *Zahlungsverzug des Lizenznehmers mit Lizenzgebühren in nicht nur unerheblicher Höhe,*
- *Wechsel der Gesellschafter oder Anteilseigner der anderen Vertragspartei, sofern sich daraus ein sachlicher Grund gegen eine Vertragsfortführung ergibt,*
- *Angriff eines Vertragspatents durch den Lizenznehmer oder Unterstützung Dritter hierbei*[16]*,*
- *Eröffnung des Insolvenzverfahrens über die andere Vertragspartei oder Ablehnung der Eröffnung mangels Masse oder Liquidation oder Ähnliches mit Auswirkungen auf die ungestörte Durchführung dieses Lizenzvertrages, insbesondere bei Einstellung des Geschäftsbetriebs*[17].

§ 11 Schlussbestimmungen

(1) Der Vertrag unterliegt deutschem Recht unter Ausschluss des Kollisionsrechts.

(2) Erfüllungsort und Gerichtsstand[18] *ist der Sitz des Lizenzgebers.*

(3) Änderungen und Ergänzungen des Vertrags bedürfen der Schriftform. Das gilt auch für die Abweichung von dieser Schriftformabrede. Mündliche Nebenabreden sind nicht getroffen.

... (Salvatorische Klausel)

... (Ort/Datum)

... (Unterschriften)

---

14 Zu evtl. weiteren Inhalten einer Geheimhaltungsklausel vgl. **M 39.7**, insbesondere zur Absicherung durch eine Vertragsstrafe.

15 Ist kartellrechtlich nur zulässig, wenn sich das auf wesentliche Schutzrechte bezieht, vgl. BGH GRUR 1980, 750, 751 – Pankreaplex II und Rz. 74 f.

16 Vgl. Art. 5 Abs. 1 lit. c GVO-TT.

17 Zur Problematik dieser Klausel aufgrund des pachtrechtlichen Charakters des Lizenzvertrags und dem Klauselverbot des § 119 InsO s. Nachw. unter Rz. 73 und Pfaff/Osterrieth Teil B Rz. 250 mwN.

18 Häufig werden Schiedsgerichtsklauseln getroffen, insbesondere bei internationalem Bezug, was genau überlegt sein sollte; s. Darstellung der Vor- und Nachteile bei Bartenbach Rz. 3013 ff.

M 39.6 Lizenz- und Know-how-Vertrag

zwischen

... (Name, Anschrift, Vertretung des Lizenzgebers)

– im Folgenden Lizenzgeber –

und

... (Name, Anschrift, Vertretung des Lizenznehmers)

– im Folgenden Lizenznehmer –

Präambel

Der Lizenznehmer beabsichtigt, die in § 1 Abs. 4 näher beschriebenen Vertragsprodukte in Deutschland erstmals in den Markt einzuführen, welche der Lizenzgeber bereits – zum Teil langjährig – in anderen Ländern vertreibt. Der Lizenznehmer möchte hierzu die markenrechtlich geschützte Produktbezeichnung „..." und die geschützte Produktverpackung, eine deutsche Fassung der englischen Internetseite mit hiervon abgeleiteter Domain „. . . .de", eine elektronische Wissensdatenbank mit speziellen Datensätzen sowie das langjährig aufgebaute Know-how des Lizenzgebers für die Herstellung des Produkts einschließlich des Einkaufs der Rohstoffe nutzen. Für die Nutzung der Marke, des Herstellungs-Know-hows und der weiteren Rechte zahlt der Lizenznehmer eine Umsatzprovision an den Lizenzgeber[1].

§ 1 Vertragsschutzrechte usw., Know-how

(1) Der Lizenzgeber ist Inhaber folgender Vertragsschutzrechte in Deutschland:

eine beim DPMA unter der Nr. . . . eingetragene Wortmarke „. . ."

zur Kennzeichnung der Vertragsprodukte sowie

ein beim DPMA unter der Nr. . . . eingetragenes Design und

eine beim DPMA unter der Nr. . . . eingetragene dreidimensionale Marke

als Verpackung der Vertragsprodukte gem. Anlage.

Der Lizenznehmer hat sich anhand der in der Anlage aufgelisteten Registerauszüge, Anmeldeunterlagen, Recherche- und Überwachungsberichte über die Vertragsschutzrechte informiert.

(2) Der Lizenzgeber ist Inhaber der bei der DENIC registrierten Domain „. . . .de". Außerdem besitzt er die Urheber- und Leistungsschutzrechte an Inhalt, Aufbau und Gestaltung eines Internetauftritts in englischer Sprache, der unter der Domain „. . . .com" im Internet abrufbar ist.

(3) Der Lizenzgeber besitzt das ausschließliche Nutzungsrecht an einer elektronischen Datenbank als spezielle Wissensdatenbank zu den Vertragsprodukten, sowie die Rechte an der dazu gehörigen Software-Programmierung und an den dazu gehörigen Datensätzen.

(4) Der Lizenzgeber verfügt über Know-how in Form von umfangreichem Wissen und langjähriger Erfahrung zur Herstellung der Produkte „. . ." (Vertragsprodukte), deren Besonderheit gegenüber Konkurrenzprodukten ist, dass sie . . . Er verfügt zudem über wichtige Vertriebsbeziehungen zu Lieferanten spezieller, qualitativ hochwertiger Ausgangsrohstoffe der Vertragsprodukte. Das Know-how ist dokumentiert in Beschreibungen, Ablaufplanen, Zeichnungen, Listen, Tabellen und Datensätzen und ist gespeichert auf Datenträgern bzw. abrufbar über die in Abs. 3 genannte Wissensdatenbank (insgesamt: Vertrags-Know-how). Das Vertrags-Know-how ist für die Herstellung der Vertragsprodukte von wesentlicher Bedeutung und im Wesentlichen geheim[2].

§ 2 Lizenzierung usw.

(1) Der Lizenzgeber erteilt dem Lizenznehmer eine auf das Gebiet der Bundesrepublik Deutschland beschränkte, ausschließliche Lizenz, die Vertragsschutzrechte (Marken und eingetragenes Design nach § 1 Abs. 1) für die Herstellung, das Anbieten, das Inverkehrbringen und den Vertrieb der Vertragsprodukte zu benutzen.

(2) Der Lizenzgeber gestattet dem Lizenznehmer, seinen Internetauftritt unter „. . . .com" aus dem Englischen ins Deutsche zu übersetzen und räumt ihm das einfache Nutzungsrecht ein, die deutsche Version mit allen Bestandteilen unter der Domain „. . . .de" im Internet zu nutzen, insbesondere durch Vervielfältigung, Verbreitung, öffentlichen Zugänglichmachung, Bearbeitung und Umgestaltung[3]. Er übergibt hierzu einen Datenträger, auf dem der Internetauftritt ablauffähig und veränderbar gespeichert ist. Der Lizenzgeber überträgt die Domain „. . . .de" an den Lizenznehmer,

1 Der Vertragszweck ergibt sich aus der Präambel, es werden verschiedene Lizenzen mit einem Know-how-Transfer verknüpft. Das spiegelt eine häufige Fallgestaltung wider, in der ein Schutzrecht an dem eigentlichen Vertragsprodukt nicht besteht, der – nur schwache – reine Know-how-Schutz abgesichert wird insbesondere durch Lizenzierung von Markenrechten und weiteren Urheber- oder Leistungsschutzrechten.

2 S. Rz. 52 mit 74 f. zu der Bedeutung für und den Anforderungen an die kartellrechtliche Freistellung („geheim, wesentlich, identifiziert").

3 Die Übersetzung ist eine Bearbeitung, für die gem. § 23 UrhG – ein geschützter Inhalt vorausgesetzt – die Zustimmung des Urhebers erforderlich ist. Die Bearbeitung wiederum begründet eigenen (abhängigen) Urheberrechtsschutz, § 3 UrhG, so dass für die Nutzung der übersetzten Fassung beide Urheber zustimmen müssen. S. im Übrigen zum schutzfähigen Werk, zu den Nutzungsrechten und zur Bearbeitung Kap. 40 Rz. 1 ff., 17 ff., 23.

der sich verpflichtet, diese nach Beendigung des Vertrags auf den Lizenzgeber zurück zu übertragen[4].

(3) Der Lizenznehmer erhält eine einfache Lizenz, die ihn zur Verwendung der Wissensdatenbank einschließlich der dazu gehörigen Software-Programmierung und der Datensätze im Rahmen dieser Vereinbarung berechtigt.

(4) Zur Übertragung der Lizenzen oder Einräumung von Unterlizenzen ist der Lizenznehmer nicht berechtigt[5].

§ 3 Know-how-Übertragung und Lizenzierung

(1) Der Lizenzgeber gibt dem Lizenznehmer Kenntnis von seinem Know-how, so dass er in die Lage versetzt wird, die Vertragsprodukte in gleicher Qualität herzustellen. Die Übertragung erfolgt durch Schulung ausgewählter Mitarbeiter des Lizenznehmers in dem Betrieb des Lizenzgebers sowie Entsendung von Fachleuten des Lizenzgebers in den Betrieb des Lizenznehmers. Die Schulung erfolgt im angemessenen Umfang, auf Anforderung des Lizenznehmers und gegen Erstattung der dafür entstehenden Kosten und Auslagen. Sie erfolgt des Weiteren durch Übereignung eines Datenträgers, welcher das dokumentierte Vertrags-Know-how enthält, und durch Schulung der Mitarbeiter des Lizenznehmers über die Verwendung der Wissensdatenbank in entsprechender Weise.

(2) Der Lizenznehmer ist berechtigt, das Vertrags-Know-how zur Herstellung etc. der Vertragsprodukte und im Zusammenhang mit den Nutzungsbefugnissen nach § 2 zu benutzen und einzusetzen.

(3) Nach Beendigung des Vertrags, gleich aus welchem Grund, ist der Lizenznehmer nicht mehr berechtigt, das Vertrags-Know-how zu benutzen, soweit und solange es noch geheim ist.

§ 4 Rechtserweiterung, Information

(1) Ergibt sich im Zuge dieses Vertrags eine im Wesentlichen auf den Vertragsschutzrechten beruhende Ausdehnung des Marken- oder sonstigen Kennzeichenschutzes oder des Design- bzw. Geschmacksmusterschutzes, sei es infolge Benutzung oder Eintragung, ist Inhaber auch dieser weiteren Schutzrechte allein der Lizenzgeber. Sollten entsprechende Rechte beim Lizenznehmer entstehen, ist er zu deren Übertragung auf den Lizenzgeber verpflichtet.

(2) Die Wissensdatenbank wird laufend weitergeführt und vom Lizenzgeber abgeglichen und synchronisiert. Soweit hier Erweiterungen aufgrund von Eingaben des Lizenznehmers stattfinden, gilt nach übereinstimmender Auffassung der Vertragsparteien weiterhin der Lizenzgeber als deren Hersteller auch bezüglich dieser Eingaben[6].

(3) Die Vertragspartner verpflichten sich zur gegenseitigen laufenden, kostenlosen Information über neue Erkenntnisse zum Vertragsgegenstand.

§ 5 Ausschließlichkeit, Verwertungspflicht, Qualitätssicherung

(1) Der Lizenznehmer erhält das ausschließliche Recht, unter Einsatz des Vertrags-Know-how und der Vertragsschutzreche und weiteren Rechtspositionen nach § 2 (insgesamt: Vertragsgegenstände) die Vertragsprodukte in der Bundesrepublik Deutschland herzustellen und zu vertreiben. Dem Lizenzgeber und anderen Lizenznehmern für andere Gebiete, die er entsprechend verpflichten wird, ist der nicht aktive Vertrieb in der Bundesrepublik Deutschland, insbesondere über deren (nicht deutsche) Internetseite gestattet. Umgekehrt ist der Lizenznehmer nicht befugt, außerhalb der Bun-

---

4 Sehr kurz gefasst, vgl. ausführlicher **M 38.1** zum Domainkauf. Die Domainübertragung erfolgt aus Haftungsgründen, da der Domaininhaber Störer bzgl. etwaig rechtsverletzender Inhalte sein kann; bei Hinnahme der Haftungsrisiken ist auch eine andere Gestaltung, dann aber mit Freistellung, möglich (Domainpacht oder Betrieb durch den Lizenzgeber mit Kostenerstattung durch den Lizenznehmer). S. zur Domain auch Kap. 38 Rz. 1 ff., 21 ff.

5 In Bezug auf die ausschließliche Lizenz wäre er ohne Regelung dazu berechtigt, s. Rz. 58.

6 Vgl. § 87a Abs. 2 UrhG. Der Datenbankschutz wird für eine unternehmerische Leistung gewährt, ist also reiner Investitionsschutz. Der Hersteller ist diejenige (auch juristische) Person, die das wirtschaftliche Risiko trägt. Insoweit dürfte die vorstehende Regelung halten, alternativ müssten die Verhältnisse in einer speziellen BGB-Gesellschaft geregelt werden.

desrepublik Deutschland einen aktiven Vertrieb durchzuführen oder die Vertragsgegenstände dafür einzusetzen.

(2) Der Lizenznehmer verpflichtet sich zur bestmöglichen Verwertung der Vertragsgegenstände durch ordnungsgemäße Vertriebstätigkeit und angemessene Betreibung von Werbung, insbesondere in Form von . . . Andernfalls ist der Lizenzgeber berechtigt, unter Setzung einer angemessenen Nachfrist sämtliche Rechte zurückzurufen und den Vertrag zu kündigen.

(3) Der Lizenznehmer verpflichtet sich, die Vertragsgegenstände nur dafür zu verwenden, solche Qualitätsware zu vertreiben, die nach den Herstellungsvorgaben und -verfahren des Lizenzgebers und mit den Qualitätsrohstoffen der Lieferanten produziert werden. Der Lizenzgeber ist berechtigt, hierfür den Betrieb des Lizenznehmers in angemessenen Abständen zu kontrollieren, Warenproben anzufordern und Unterlagen einzusehen, soweit das zu diesem Zweck erforderlich ist.

§ 6 Gewährleistung, Haftungsausschluss, Verteidigung

(1) Der Lizenzgeber versichert, dass ihm keine Rechte Dritter bekannt sind, die den Bestand und/oder der Verwertung der Vertragsgegenstände entgegenstehen.

(2) Über diese Versicherung hinaus übernimmt der Lizenzgeber jedoch keine Haftung, insbesondere nicht für die nicht bestehende Offenkundigkeit des Vertrags-Know-how oder die Schutzfähigkeit oder den Bestand der Vertragsschutzrechte oder für deren Verwendbarkeit oder wirtschaftliche Verwertbarkeit. Die Haftung wegen Sach- oder Rechtsmängeln ist ausgeschlossen, ausgenommen Vorsatz oder Arglist. Schließlich übernimmt der Lizenzgeber auch keine Haftung für die Leistungsfähigkeit, die Herstellbarkeit, die Absetzbarkeit und Marktgängigkeit der Vertragsprodukte sowie dafür, dass keine vergleichbaren Konkurrenzprodukte vorhanden sind.

(3) Die Vertragsparteien entscheiden gemeinsam, ob die Vertragsschutzrechte gegen Angriffe Dritter verteidigt und Verletzungen durch Dritte begegnet werden. Im Streitfall entscheidet der Lizenzgeber allein. Etwa entstehende Kosten zur Verteidigung oder Durchsetzung der Vertragsschutzrechte gegen Dritte werden von den Vertragsparteien hälftig getragen, auch bei alleiniger Entscheidung des Lizenzgebers, sofern sie billigem Ermessen entspricht.

§ 7 Lizenzgebühr, Abrechnung

(1) Für die Einräumung der Lizenzen und die Überlassung und Nutzung des Vertrags-Know-how erhält der Lizenzgeber für die Dauer des Vertrages Umsatzlizenzgebühren auf die Verkäufe von Vertragsprodukten des Lizenznehmers.

(2) Als Vergütungssatz wird vereinbart: für jeden Verkauf: . . . % auf den Netto-Verkaufspreis. Berechnungsgrundlage ist die jeweilige Rechnung unter Abzug einer Pauschale von . . . % für Versand, Verpachtung, Versicherung, Zölle etc. sowie für etwaige Rabatte. Hinzu kommt die gesetzliche Umsatzsteuer.

(3) Eine Abschluss-, Mindest- oder pauschale Jahreslizenzgebühr ist nicht geschuldet.

(4) Die Abrechnung der Lizenzgebühren erfolgt vierteljährlich durch den Lizenznehmer bis spätestens vier Wochen nach Quartalsende. Die Umsätze sind mit einer schriftlichen Verkaufsstatistik darzulegen Die Abrechnung und Auszahlung erfolgt in Euro. Die Lizenzgebühren sind binnen vier Wochen nach Quartalsende fällig.

(5) Der Lizenzgeber ist berechtigt, in angemessenen Zeitabständen auf seine Kosten alle Bücher, Konten, Rechnungen und sonstige Unterlagen, die mit der Lizenzgebührenberechnung zusammenhängen, durch einen unabhängigen vereidigten Buchprüfer oder Wirtschaftsprüfer überprüfen zu lassen. Ergeben sich berechtigte Beanstandungen, trägt der Lizenznehmer die Kosten der Überprüfung.

§ 8 Geheimhaltung[7]

(1) Die Parteien verpflichten sich wechselseitig zur Geheimhaltung aller vor und während der Laufzeit dieses Vertrages ausgetauschten bzw. auszutauschenden Unterlagen und Informationen, berührten Betriebsvorgänge und erworbenen Kenntnisse, die Vertragsgegenstände betreffend.

---

7 Vgl. hierzu auch die Regelungen in **M 39.7**, insbesondere die Vereinbarung einer Vertragsstrafe für Know-how-Verletzungen sollte immer erwogen werden.

(2) Alle Mitarbeiter des Lizenznehmers oder sonstige Dritte, die mit wesentlichen Teilen des Vertrags-Know-how, insbesondere zur Herstellung der Vertragsprodukte, unmittelbar oder mittelbar vertraut gemacht werden, sind auf die Geheimhaltungspflicht und die Folgen der Verletzung von Betriebsgeheimnissen gesondert hinzuweisen und zur Unterzeichnung entsprechender schriftlicher Verpflichtungserklärungen, die direkte Ansprüche zu Gunsten des Lizenzgebers begründen, zu veranlassen.

(3) Die Geheimhaltungsverpflichtung besteht über die Laufzeit dieses Vertrages hinaus fort. Sie währt so lange, wie das Vertrags-Know-how nicht offenkundig ist.

§ 9 Laufzeit, Kündigung

(1) Der Vertrag wird auf die Dauer von ... zehn ... Jahren ab Datum der Unterzeichnung abgeschlossen. Beide Seiten haben die Option zur einmaligen Vertragsverlängerung um bis zu weiteren ... zehn ... Jahren. Die Option wird ausgeübt spätestens ... sechs ... Monate vor Ablauf der Laufzeit durch schriftliche Erklärung gegenüber dem anderen Vertragspartner.

(2) Der Vertrag ist aus wichtigem Grunde fristlos kündbar. Ein wichtiger Grund liegt insbesondere vor[8]*,*

- *wenn die andere Vertragspartei Geheimhaltungspflichten verletzt oder Vertragsschutzrechte angreift, aufgibt, unzulässig erweitert oder lizenziert oder Ähnliches,*
- *wenn der Lizenznehmer die Vertragsgegenstände nicht bestimmungsgemäß einsetzt, insbesondere außerhalb des Vertragsgebiets (§ 5 Abs. 1), oder die Vertragsgegenstände nicht ausreichend verwertet (§ 5 Abs. 2) oder die Qualitätsstandards verletzt (§ 5 Abs. 3),*
- *wenn der Lizenznehmer mit der Zahlung von Lizenzgebühren in nicht nur unerheblicher Höhe in Verzug ist,*
- *bei Verletzung von Pflichten dieses Vertrags durch die andere Vertragspartei trotz vorheriger schriftlicher Abmahnung,*
- *bei Wechsel der Gesellschafter oder Anteilseigner der anderen Vertragspartei, sofern sich daraus ein sachlicher Grund gegen eine Vertragsfortführung ergibt,*
- *bei Eröffnung des Insolvenzverfahrens über die andere Vertragspartei oder Ablehnung der Eröffnung mangels Masse oder Liquidation oder Ähnliches mit Auswirkungen auf die ungestörte Durchführung dieses Lizenzvertrages, insbesondere der Einstellung des Geschäftsbetriebs*[9]*.*

(3) Hat eine Vertragspartei die fristlose Kündigung zu vertreten, ist sie der anderen gegenüber schadensersatzpflichtig.

§ 10 Schlussbestimmungen

(1) Der Vertrag unterliegt deutschem Recht unter Ausschluss des Kollisionsrechts.

(2) Erfüllungsort und Gerichtsstand ist .... Der Kläger ist berechtigt, den Beklagten auch an seinem allgemeinen Gerichtsstand, insbesondere im Ausland, zu verklagen.

(3) Änderungen und Ergänzungen des Vertrags bedürfen der Schriftform. Das gilt auch für die Abweichung von dieser Schriftformabrede. Mündliche Nebenabreden sind nicht getroffen.

... (Salvatorische Klausel)

... (Ort/Datum)

... (Unterschriften)

---

8 Zu den hier ausführlichen Kündigungsregeln s. auch Rz. 73 mit dortigem Literaturnachw.

9 S. § 10 Abs. 2 in **M 39.5** mit Fn. 42.

M 39.7 Geheimhaltungsvereinbarung[1]

... (Name des Erfinders/Patentanmelders)
– im Folgenden Erfinder –
und
... (Name des potentiellen Lizenznehmers)
– im Folgenden Interessent –

vereinbaren zur Vorbereitung einer geplanten künftigen vertraglichen Zusammenarbeit Nachfolgendes:

§ 1 Vertragsgegenstand

(1) Die Vertragsparteien beabsichtigen, künftig im Rahmen eines Vertrags (Lizenzvertrag, Know-how-Transfer-Vertrag oder Ähnliches) zusammenzuarbeiten, wobei der Interessent die Entwicklung des Erfinders nutzen möchte.

(2) Bei der Entwicklung handelt es sich um folgende Technologie:

... (möglichst exakte und konkrete, fachlich-technische Beschreibung).

Die wesentlichen Teile der Entwicklung, dh. die zugrunde liegenden Informationen, das Know-how und die dazu vorhandenen Unterlagen sind geheim.

§ 2 Einblick in vertrauliche Informationen, Geheimhaltungspflicht

(1) Zur Prüfung, ob eine vertragliche Zusammenarbeit oder Lizenzierung erfolgversprechend ist, gewährt der Erfinder zur Vertragsvorbereitung und Bewertung Einblick in vertrauliche Informationen über die vertragsgegenständliche Entwicklung. Die vertraulichen Information können bestehen in:

- *dem Inhalt, der Zielsetzung und den Ideen zur Umsetzung der Entwicklung bzw. der Technologie einschließlich deren Bezeichnung,*
- *Know-how, verkörpert in Unterlagen – auch in elektronischer Form als Daten – wie zB in Dokumenten, Tabellen, Berechnungen, Spezifikationen, Zeichnungen, Mustern, Prototypen,*
- *Know-how, das mündlich vermittelt wird,*
- *Erfindungen oder nicht veröffentlichen Schutzrechten einschließlich der dazu gehörenden Lehre,*
- *anderen Informationen wie dem Wissen über betriebsinterne Verhältnisse und Abläufe.*

Allein der Erfinder entscheidet, welche Informationen in welcher Form und in welchem Umfang zur Kenntnis gebracht oder zur Verfügung gestellt werden. Die Informationen können auch von Dritten (zB externe Berater, verbundene Unternehmen) vermittelt werden.

(2) Der Interessent verpflichtet sich, sämtliche ihm im Rahmen dieser Vereinbarung zugänglich gemachten vertraulichen Informationen geheim zu halten und sie ausschließlich zum Zwecke dieser Vereinbarung zu verwenden.

(3) Die Geheimhaltungspflicht besteht unbefristet[2]/bis zum .../für die Dauer von ... Jahren ab schriftlicher Mitteilung einer der Vertragsparteien, dass keine weitere Informationsweitergabe erfolgt bzw. gewünscht ist. Kommt eine vertragliche Zusammenarbeit oder Lizenzierung zu Stande, besteht vorbehaltlich dortiger Sonderregelungen die Geheimhaltungspflicht mindestens für die Dauer von ... Jahren ab Beendigung dieser späteren Vereinbarung.

(4) Die Geheimhaltungspflicht gilt für alle vertraulichen Informationen, einschließlich deren Teilaspekte und Grundlagen, Umstände zu Patenten und Schutzrechten sowie deren Anmeldungen, betriebliche und technische Verfahrensabläufe, betriebswirtschaftliche und geschäftliche Daten usw., es sei denn, diese sind offenkundig, wurden beim Interessenten zuvor schon anderweitig

1 S. auch Rz. 56.

2 Beachte Art. 2 Abs. 2 Satz 2 GVO-TT; üblich sind Befristungen, die sich an den Innovationszeiträumen der Branche bzw. an der spezifischen Entwicklung orientieren.

selbst entwickelt oder wurden zuvor oder werden später rechtmäßig von einem nicht an Vertraulichkeit gebundenen Dritten erlangt oder werden später ohne Zutun des Interessenten offenkundig[3].

(5) Der Interessent verpflichtet sich, alle erforderlichen und möglichen Maßnahmen zu ergreifen, um zu verhindern, dass Dritte über ihn Kenntnis von den vertraulichen Informationen erlangen und diese verwerten können. Mitarbeiter und Angestellte sind nochmals gesondert zur Geheimhaltung zu verpflichten. Der Kreis der Personen, die bei ihm von den vertraulichen Informationen Kenntnis erlangen, ist vom Interessenten so klein wie möglich zu halten und vorab mit dem Erfinder abzustimmen.

§ 3 Recht zur Verwertung und Schutzrechtsanmeldung

(1) Der Interessent verpflichtet sich, soweit und solange die Geheimhaltungspflicht besteht, die vertraulichen Informationen und das ihm mitgeteilte Know-how ohne ausdrückliche schriftliche Einwilligung des Erfinders nicht selbst zu verwerten oder darauf mittelbar oder unmittelbar eigene Entwicklungen aufzubauen oder Dritte hierbei zu unterstützen. Rechte an eigenen Entwicklungen des Interessenten, die allein oder wesentlich auf den vertraulichen Informationen oder dem mitgeteilten Know-how beruhen, sind an den Erfinder abzutreten[4].

(2) Der Erfinder behält das alleinige und uneingeschränkte Recht an den vertraulichen Informationen und an dem Know-how einschl. des Eigentumsrechts an Unterlagen usw. und des Rechts einer etwaigen Schutzrechtsanmeldung, die ganz oder teilweise auf dem Know-how beruht. Der Interessent hat alles zu unterlassen, was einer Schutzrechtserteilung für den Erfinder hinderlich sein könnte, insb. wird er weder selbst noch durch Dritte aus der Einblicksgewährung oder sonst aus der Zusammenarbeit Einwände etwa gegen die Neuheit der Erfindung erheben[5].

§ 4 Dokumentation, Beweislast, Kopien

(1) Die Parteien verpflichten sich, sämtlichen Einblick in vertrauliche Informationen, insb. die Kenntnisgabe von Know-how identifizierbar zu dokumentieren, insbesondere durch Übergabeprotokolle, Besprechungsnotizen usw. Im Zweifel gehen die Parteien davon aus, dass die in solchen Protokollen genannten Informationen und Know-how geheim sind und damit unter den Schutz dieses Vertrages fallen[6].

(2) Davon unabhängig trägt der Interessent die Beweislast dafür, dass von ihm später verwendete Informationen oder eingesetztes Know-how, welche die vorgenannte Technologie betreffen, ihm nicht vom Erfinder mitgeteilt wurden oder nicht (mehr) der Geheimhaltungspflicht unterliegen.

(3) Kopien von Unterlagen, Daten etc. dürfen nur soweit als notwendig und erst nach Mitteilung an den Erfinder hergestellt werden.

§ 5 Rückgabe- und Löschungspflicht

(1) Der Interessent wird sämtliche Unterlagen, die er vom Erfinder erhalten hat bzw. erhalten wird, an den Erfinder zurückgeben, sobald eine der Vertragsparteien schriftlich mitteilt, dass keine weitere Informationsweitergabe erfolgt bzw. gewünscht ist oder eine spätere Vereinbarung über die vertragliche Zusammenarbeit oder Lizenzierung beendet wird.

---

3 Auf die Herausnahme offenkundigen Wissens usw. wird nicht nur der Interessent bestehen, sie ist auch aus kartellrechtlichen Gründen geboten, s. auch Art. 2 GVO-TT; Bartenbach Rz. 2228, 2245 ff. mwN.

4 Kartellrechtlich uU problematisch, s. auch Art. 5 Abs. 1 lit. b GVO-TT (der aber erst für den Lizenzvertrag gilt): Eigene abtrennbare Verbesserungen oder eigene neue Anwendungen dürfen nicht erfasst sein.

5 Die Geheimhaltungspflicht hindert grds., gegen die Neuheit gem. § 3 PatG (§ 1 Abs. 1, § 3 GebrMG) geltend zu machen, es habe eine Vorveröffentlichung oder Benutzungshandlung stattgefunden. Das gilt regelmäßig aber nicht bei Bruch der Verpflichtung, s. Benkard/Ullmann § 3 PatG Rz. 67 mwN sowie § 3 Abs. 4 Nr. 1 PatG.

6 Häufig wird auch vereinbart, Unterlagen entsprechend mit „geheim" oder „vertraulich" zu kennzeichnen. Das ist problematisch, da es in der Praxis umgesetzt werden muss. Wird dann die Kennzeichnung unterlassen, führt das uU dazu, dass die betreffenden Unterlagen nicht der Geheimhaltungspflicht unterliegen.

(2) Sämtliche auf Basis der vertraulichen Informationen vom Interessenten selbst erstellten Unterlagen, Daten etc. einschließlich Kopien erhaltener oder selbst erstellter Unterlagen, Daten etc. werden vom Interessenten zu demselben Zeitpunkt vernichtet bzw. endgültig gelöscht, was dem Erfinder schriftlich zu bestätigen ist.

§ 6 Vertragsstrafeversprechen[7]

Der Interessent verspricht für jeden Fall[8] *schuldhaften Verstoßes gegen eine Verpflichtung dieses Vertrags zur Geheimhaltung oder Verwendungsbeschränkung eine Vertragsstrafe in angemessener Höhe, mindestens ... Euro und höchstens ... Euro*[9]*. Die genaue Höhe bestimmt der Interessent nach billigem Ermessen. Die Vertragsstrafe kann ungeachtet eventueller Schadensersatzforderungen verlangt werden, ist aber hierauf anzurechnen*[10]*.*

§ 7 Schlussbestimmungen

(1) Für den Vertrag gilt deutsches Recht unter Ausschluss des Kollisionsrechts.

(2) Änderungen und Ergänzungen des Vertrags bedürfen der Schriftform. Das gilt auch für die Abweichung von dieser Schriftformabrede. Mündliche Nebenabreden sind nicht getroffen.

... (Gerichtsstandsvereinbarung oder Schiedsgerichtsklausel, Salvatorische Klausel)

... (Ort/Datum)

... (Unterschriften)

---

7 Wichtig, da sonst die Vereinbarung bestenfalls mühsam und deutlich weniger wirkungsvoll durchzusetzen ist, Unterlassung und Schadensersatz reichen praktisch nicht (Bartenbach Rz. 2238).

8 Zur evtl. Zusammenfassung mehrerer Einzelverstöße zu einer rechtlichen Einheit und der möglichen Grenze des § 307 Abs. 2 Nr. 1 BGB bei einem (in der Klausel nicht vorgesehenen) „Ausschluss der Einrede des Fortsetzungszusammenhangs" durch AGB s. BGHZ 121, 13, 18 – Fortsetzungszusammenhang und BGHZ 146, 318, 324 – Trainingsvertrag (I. Zivilsenat zu Unterlassungsverträgen nach Abmahnung); ferner als Beispiel einer expliziten Abrede: BGH GRUR 2009, 181 Rz. 39 – Kinderwärmekissen.

9 Die Vereinbarung einer Bandbreite erfolgt hier wegen der möglicherweise stark divergierenden Bedeutungen und Folgen unterschiedlicher Verstöße; zwar ist das rechtliche Risiko einer festen Summe grds. entschärft angesichts der Möglichkeit, nach BGH-Rspr. auch bei Kaufleuten trotz § 348 HGB die Strafhöhe nach § 242 BGB (indes nicht auf das Maß des § 343 BGB) herabzusetzen (BGH GRUR 2009, 181 Rz. 42 – Kinderwärmekissen), aber nicht wenn deren Höhe „auf den ersten Blick außer Verhältnis zu dem mit der Vertragsstrafe sanktionierten Verstoß und den Gefahren steht" (BGH GRUR 2014, 595 Rz. 19 – Vertragsstrafenklausel).

10 Die Kumulierung von Vertragsstrafe und Schadensersatz kann in einer nicht verhandelten Klausel problematisch sein. Ein Abbedingen von § 340 Abs. 2 BGB soll in AGB gegenüber Verbrauchern wegen § 309 Nr. 6 BGB unwirksam und gegenüber Unternehmern als unangemessene Benachteiligung gem. § 307 Abs. 2 Nr. 1 BGB anzusehen sein (BGH NJW 1992, 1097, 1098 zum Handelsvertretervertrag; BGHZ 63, 256, 258 ff. zum Automatenaufstellvertrag). Ob das der speziellen Situation bei Verletzung der Hauptleistungspflicht einer Geheimhaltungsabrede gerecht wird und daher auch hier gilt, erscheint zweifelhaft und nicht zwingend (vgl. zum Zweck der Vertragsstrafe als Druck- und Sanktionsmittel bei Verhaltenspflichten, unabhängig von einer feststellbaren Schädigung oder Gefährdung: BGH GRUR 1984, 72, 73 mwN – Vertragsstrafe für versuchte Vertreterabwerbung). Sicherheitshalber ist bei AGB klarzustellen, dass eine Anrechnung der Vertragsstrafe auf etwaige Schadensersatzansprüche erfolgt.

8. Abschnitt. Urheber- und Künstlerverträge

Kapitel 40 Urheber- und Künstlerverträge

Literatur: *Delp*, Der Verlagsvertrag, 8. Aufl. 2008; *Dreier/Schulze*, Urheberrechtsgesetz, 4. Aufl. 2013; *Engels*, Patent-, Marken- und Urheberrecht, 9. Aufl. 2015; *Fromm/Nordemann*, Urheberrecht, 11. Aufl. 2014; *Funke/Müller*, Handbuch zum Eventrecht, 3. Aufl. 2009; *Immenga/Mestmäcker*, Wettbewerbsrecht, 5. Aufl. 2012; *Köhler/Bornkamm*, Gesetz gegen den unlauteren Wettbewerb, 33. Aufl. 2015; *Mestmäcker/Schulze*, Kommentar zum deutschen Urheberrecht, Loseblatt, Stand 55. EL 2011; *Möhring/Nicolini*, Urheberrechtsgesetz, 3. Aufl. 2014; *Rehbinder/Peukert*, Urheberrecht, 17. Aufl. 2015; *Schack*, Urheber- und Urhebervertragsrecht, 16. Aufl. 2013; *Schricker*, Verlagsrecht, 3. Aufl. 2001; *Schricker/Loewenheim*, Urheberrecht, 4. Aufl. 2010; *Ulmer*, Urheber- und Verlagsrecht, 3. Aufl. 1980; *Wandtke/Bullinger*, Praxiskommentar zum Urheberrecht, 4. Aufl. 2014; *Wenzel/Burkhardt*, Urheberrecht für die Praxis, 5. Aufl. 2008; s. auch die Literaturhinweise zu Kap. 39.

I. Urheberrecht

1. Grundlagen des Urheberschutzes

a) Werkbegriff

Das Urheberrecht vermittelt den Urhebern Schutz für deren Werke der **Literatur, Wissenschaft und Kunst** (§ 1 UrhG). Mit der Nennung dieser drei Disziplinen geistig-ästhetischen Schaffens grenzt das Urheberrechtsgesetz seinen Schutzgegenstand inhaltlich von dem der technischen Schutzrechte wie dem Patent und Gebrauchsmuster ab (wobei derselbe Gegenstand uU gleichzeitig Urheberschutz und Patentschutz genießen kann, allerdings auf unterschiedliche Aspekte bezogen; vgl. zur Computersoftware BGH GRUR 2005, 143 Rz. 27 ff. – Rentabilitätsermittlung; BGH GRUR 1

1991, 449, 450 – Betriebssystem; BGHZ 144, 282 Rz. 25 ff. – Sprachanalyseeinrichtung). Das Urheberrechtsgesetz nimmt die drei Begriffe in § 2 Abs. 1 nochmals auf und konkretisiert sie durch einen Katalog der wichtigsten **Werkarten** und Kunstgattungen, der ausdrücklich nicht abschließend ist („insbesondere"), was zugleich bedeutet, dass neue Kunstformen genauso geschützt sind wie traditionelle.

2 Die Grundfrage im Urheberrecht ist die nach dem **schutzfähigen Werk**. Ein schutzfähiges Werk setzt eine **persönliche geistige Schöpfung** (§ 2 Abs. 2 UrhG) voraus. Dabei ist zentraler Aspekt das Erreichen von **schöpferischer Eigentümlichkeit**. Diese ergibt sich in zwei Schritten, nämlich der Feststellung der **Individualität** im Vergleich zum Vorbekannten und der **Gestaltungshöhe** gegenüber dem Durchschnittlichen. Die Leistung muss individuelle Züge aufweisen und über das übliche, auf rein handwerklichem Können beruhende Maß einer Durchschnittsgestaltung hinausgehen (vgl. BGHZ 9, 262, 268 – Lied der Wildbahn; 74, 276, 285 – Inkasso-Programm). Da selbstverständlich jeder Künstler auf seinen Vorgängern und auf Vorbekanntem aufbaut, ist wesentlich die Eigenständigkeit gegenüber anderen Werken durch „eigenschöpferische Leistung" des Urhebers (vgl. auch § 24 UrhG zur freien Benutzung eines fremden Werkes, wenn die eigenschöpferischen Züge des Ausgangswerkes gegenüber der Eigenart der Neuschöpfung verblassen) sowie eine gewisse, von der Person des Urhebers geprägte schöpferische Eigenart („persönliche Schöpfung von individueller Ausdruckskraft": BGHZ 129, 66, 70 – Mauer-Bilder). Eine praktikable „Testfrage" ist, ob ein vergleichbar fähiger Schöpfer das Werk vermutlich genau so geschaffen hätte, was in den Bereichen der „zweckfreien" Kunst aufgrund der beinahe unbegrenzten Gestaltungsvarianten zu relativ geringen Anforderungen führt. Die schöpferische Gestaltungshöhe darf nicht mit einem bestimmten – ohnehin nicht objektivierbaren – künstlerisch-ästhetischen Qualitätsmaßstab verwechselt werden. Darauf kommt es nicht an.

3 Die Anforderungen sind nicht bei allen Werkarten einheitlich, teilweise genügt schon eine sehr geringe Individualität und Gestaltungshöhe, so dass auch Werke ohne besondere oder gar hochstehende schöpferische Leistung, als die sog. **kleine Münze**, dem Urheberrecht unterfallen. Entsprechend geringe schöpferische Eigentümlichkeit reicht damit vor allem bei den „schönen Künsten" wie bei der Musik, bei literarischen Schriftwerken oder bei „zweckfreier" bildender Kunst.

4 Einschränkungen der Schutzfähigkeit gelten nach wie vor im Bereich der **„angewandten Kunst"**. Die Rechtsprechung hat beim Designschutz allerdings nach Einführung des neuen Geschmacksmustergesetzes im Jahr 2004, das seit 2014 nun Designgesetz heißt, seinen bisherigen Ansatz ausdrücklich aufgegeben. Nachdem sich das neue Recht nicht mehr als vom Urheberrecht abgeleitetes, sondern als eigenständiges gewerbliches Schutzrecht darstellt (dazu Kap. 39 Rz. 51), argumentiert der BGH nicht mehr mit dem Stufenverhältnis zwischen Designschutz und Urheberschutz (demnach musste bisher die urheberrechtsfähige Gestaltung sich nicht nur von einer Durchschnittsgestaltung abheben, sondern einen weiteren Abstand aufweisen und die Durchschnittgestaltung deutlich überragen, vgl. BGH GRUR 1995, 581, 582 – Silberdistel; GRUR 1987, 903, 904 – Le Corbusier-Möbel; auch noch BGH GRUR 2004, 941 Rz. 18 – Metallbett). Nunmehr dürfen an den Urheberrechtsschutz von Werken der angewandten Kunst „grundsätzlich keine anderen Anforderungen" gestellt werden „als bei Werken der zweckfreien bildenden Kunst oder des literarischen und musikalischen Schaffens" (BGHZ 199, 52 Rz. 26 – Geburtstagszug). Die Einschränkung liegt nun aber darin, dass all das nicht schutzbegründend sein darf, was „dem Gebrauchszweck geschuldet" ist, sondern nur, was „auf einer künstlerischen Leistung beruht" (BGHZ 199, 52 Rz. 41). Außerdem betont der BGH ausdrücklich, dass bei geringer Gestaltungshöhe eben nur ein enger Schutzbereich gewährt wird (BGHZ 199, 52 Rz. 41). Wie sich der neue Begründungsansatz bei der Praxisanwendung im Einzelfall auswirkt, ist noch unklar, Einschränkungen bei der kleinen Münze in der angewandten Kunst werden bleiben (vgl. dazu Fromm/Nordemann/A. Nordemann, § 2 Rz. 150b; Wandtke/Bullinger/Bullinger § 2 UrhG Rz. 97 ff.). Das BVerfG hat die unterschiedlichen Maßstäbe der (bisherigen) BGH-Rechtsprechung für „zweckgebundene" und „zweckfreie" Werke als verfassungsrechtlich unbedenklich gebilligt, da der Eigentumsschutz des Schöpfers über den Geschmacksmuster- bzw. Designschutz gewährleistet und eine willkürliche Ungleichbehandlung nicht erkennbar ist (BVerfG GRUR 2005, 410 – Laufendes Auge).

5 An Werke der **Baukunst** werden ebenfalls etwas abweichende Maßstäbe angelegt, so dass rein handwerkliches oder routinemäßiges Schaffen sowie technische und zwecknotwendige Lösungen

vom Urheberschutz ausgenommen sind (vgl. BGH GRUR 2008, 984, 985 – St. Gottfried; GRUR 1999, 230, 231 – Treppenhausgestaltung). Außerdem schränkt der BGH die Verbotsrechte des Urhebers hier in besonderer Weise durch eine Interessenabwägung ein, die den ersichtlichen Verwendungszweck und das Nutzungsinteresse des Sacheigentümers den Urheberinteressen gegenübergestellt (vgl. BGH GRUR 2012, 172 Rz. 7 mwN – Stuttgart 21).

Auch im Bereich der **nicht literarischen Schriftwerke** ist die Rechtsprechung mit den Anforderungen an Individualität und Gestaltungshöhe tendenziell strenger (vgl. BGH GRUR 1993, 34, 35 – Bedienungsanweisung; s. aber auch BGH GRUR 2002, 958, 959 f. – Technische Lieferbedingungen; vgl. insgesamt Schricker/Loewenheim/Loewenheim § 2 UrhG Rz. 38 ff.).

➲ **Praxistipp:** In der Praxis empfiehlt es sich, nicht literarische Texte vorsorglich „anzureichern" mit eindeutig schutzfähigen Bestandteilen, also zB eine Bedienungsanweisung zu ergänzen um Fotografien, technische Zeichnungen usw., so dass identische Nachahmungen jedenfalls wegen Kopie dieser Bestandteile rechtsverletzend sind. 6

Urheberrechtlich geschützt ist immer nur das Werk in seiner konkreten Verkörperung eines Gedankens, einer Lehre, eines Stils oder einer Idee („**wahrnehmbare Formgestaltung**"). Handlungen und Anregungen, die dem eigentlichen Schöpfungsakt vorausgehen oder zugrunde liegen, wie der Gedanke, die Lehre, der Stil oder die **Idee**, sind selbst nicht Gegenstand des Schutzes (vgl. BGH GRUR 1958, 500, 501 – Mecki; Schricker/Loewenheim/Loewenheim, § 2 UrhG Rz. 51 mwN). Lediglich in engen Grenzen können Vorstufen, wenn sie verkörpert sind und den Grad der Schutzfähigkeit erreichen, oder auch der gedankliche Inhalt, wenn er hinreichend konkretisiert und individuell gestaltet ist (die „Fabel" einer Dichtung oder das „Gewebe der Gedanken" einer wissenschaftlichen Lehre, vgl. Ulmer S. 122), als eigenständiges Werk urheberschutzfähig sein. 7

b) Schutzumfang

Der Schutzumfang eines urheberrechtlichen Werkes wird durch das **Maß der schöpferischen Eigentümlichkeit** bestimmt. Er ist also abhängig von der Individualität und Gestaltungshöhe. Zum einen sind nur diejenigen Teile vor Übernahmen geschützt, die individuelle Züge aufweisen, zum anderen ist der Schutzbereich umso größer, je individueller und eigenschöpferischer das Werk ist, also je deutlicher es sich von dem Vorbekannten abhebt, bzw. umgekehrt umso enger, je geringer das Maß der schöpferischen Eigentümlichkeit ist (vgl. BGH GRUR 1988, 812, 814 – Ein bisschen Frieden; GRUR 1991, 533, 534 – Brown Girl II; GRUR 1993, 34, 35 – Bedienungsanweisung; GRUR 2005, 854, 856 – Karten-Grundsubstanz; s. auch Rz. 3). Eine Urheberrechtsverletzung darzulegen, erfordert deshalb – neben der Darlegung der Schutzfähigkeit an sich – die Beschreibung der schutzfähigen Elemente des Ausgangswerkes und das Aufzeigen der Übernahme gerade dieser prägenden Elemente in der Kopie. 8

Folglich können auch **einzelne Teile** eines Werkes für sich genommen Schutz beanspruchen, wie eine Melodie oder ein Motiv eines Musikstücks oder ein Satz oder Abschnitt eines Schriftwerkes, soweit diese für sich betrachtet die Schutzanforderungen erfüllen bzw. prägende Elemente des Werkes sind (s. aber die Schrankenregelung für Zitate, § 51 UrhG).

Zum zeitlichen Schutzumfang s. Rz. 12, zum räumlichen Schutzbereich s. Rz. 13.

c) Entstehung des Schutzes

Der Urheberrechtsschutz entsteht unmittelbar mit der Schöpfung des Werks als **Realakt** (es ist keine Geschäftsfähigkeit erforderlich). Eine Anmeldung ist nicht vorgesehen, ebenso wenig muss das Werk veröffentlicht sein. 9

Der in der Praxis häufig gesehene **Copyright-Vermerk** (©) mit Namen des Urhebers und Jahreszahl der ersten Veröffentlichung ist keine Schutzvoraussetzung nach deutschem Recht. Er bezieht sich auf das Welturheberrechtsabkommen (Art. III Abs. 1 WUA) (s. Rz. 13) und hatte früher vor allem für den Schutz in den USA praktische Bedeutung, bevor diese der Berner Union (RBÜ, s. Rz. 13) beigetreten sind.

Der Copyright-Vermerk ist nicht ohne Weiteres gleichzusetzen mit einer **Urheberbezeichnung** nach § 10 UrhG (die werkabhängig „an üblicher Stelle, mit üblichem Inhalt" anzubringen ist) (zur Abgrenzung vgl. Wandtke/Bullinger/Thum § 10 UrhG Rz. 58 und 13 ff.).

10 ➲ **Praxistipp:** Trotz des formlosen Schutzes ist dennoch ein üblicher Urhebervermerk auf dem Vervielfältigungsstück oder dem Original des Werkes wichtig, da er bis zum Beweis des Gegenteils die **Vermutung der Urheberschaft** begründet (§ 10 Abs. 1 UrhG) (vgl. dazu BGH GRUR 2009, 1046 – Kranhäuser). Vgl. im Übrigen zur Verbesserung der Nachweismöglichkeit **M 40.1**.

11 Die Vermutungsregel des § 10 UrhG ist in Umsetzung der „Enforcement-Richtlinie" (Gesetz v. 7.7.2008) ausgeweitet worden und gilt nun in entsprechender Weise auch sowohl für die Inhaber der verwandten Schutzrechte (s. §§ 71 Abs. 1 Satz 3, 74 Abs. 3, 81 Satz 2, 85 Abs. 4, 87 Abs. 4, 87b Abs. 2, 94 Abs. 4 UrhG) wie für die Inhaber ausschließlicher Nutzungsrechte, hier allerdings begrenzt auf Verfahren einstweiligen Rechtsschutzes oder Unterlassungsansprüche (§ 10 Abs. 3 UrhG).

d) Schutzdauer

12 Die Schutzdauer des Urheberrechts ist begrenzt auf **70 Jahre nach dem Tode** des Urhebers (§ 64 UrhG) (bei anonymen und pseudonymen Werken gelten Besonderheiten [§§ 66 und 138 UrhG]). Wurde das Werk von mehreren Miturhebern geschaffen, berechnet sich die Schutzdauer nach dem Tod des Längstlebenden (§ 65 Abs. 1 UrhG). Für Filmwerke oder „Musikkompositionen mit Text" gilt Entsprechendes, auch wenn es sich nicht um Miturheberschaft handelt (§ 65 Abs. 2 und 3 UrhG). Der Schutz erlischt immer zum Ende des Kalenderjahres (§ 69 UrhG). Mit dem Ende der Schutzfrist erlöschen die Rechte des Urhebers einschließlich der Urheberpersönlichkeitsrechte, das Werk wird **gemeinfrei** (zum „droit moral" als ewigen Schutz der Urheberpersönlichkeitsrechte und dessen Geltung in einigen EU-Ländern vgl. Schricker/Loewenheim/Katzenberger § 64 UrhG Rz. 11, 31).

e) Internationaler Schutz

13 Das Urheberrecht hat eine auf das jeweilige Staatsgebiet beschränkte Wirkung (**territoriale Beschränkung**). Weltweit ist der Urheberschutz in den wichtigen Grundzügen harmonisiert und durch multilaterale Abkommen gesichert. Vor allem zu nennen sind die „revidierte Berner Übereinkunft" [**RBÜ**] und der als Sonderabkommen gem. Art. 20 Satz 1 RBÜ hierzu geschlossene WIPO Urheberrechtsvertrag [**WCT**], dem mit Wirkung zum 14.3.2010 nun auch die (restlichen) Mitgliedsstaaten der EU, darunter Deutschland, und die EU selbst beigetreten sind. Daneben besteht noch das **TRIPS**-Abkommen (als Teil des Zoll- und Handelsabkommens GATT), das gewisse Grundprinzipien und Mindeststandards für die Mitgliedsländer festlegt, so dass in dessen Lichte das nationale Urheberrecht bei dort geregelten Fragen auszulegen ist. Das bereits in Rz. 9 genannte Welturheberrechtsabkommen [**WUA**] hat Bedeutung im Wesentlichen nur noch für „Altfälle" und wenige verbliebene Länder, nachdem USA, Russische Föderation und VR China der RBÜ beigetreten sind. Damit greift der Urheberschutz beinahe weltweit auf im Grundsatz vergleichbaren Standards, allerdings eben nicht aufgrund eines einheitlichen Schutzrechts, sondern durch ein Bündel nationaler Schutzrechte (BGHZ 152, 317, 322 – Sender Felsberg), die ein Urheber notfalls einzeln durchsetzen muss (zum unterschiedlichen Streitgegenstand der Ansprüche aus den jeweiligen nationalen Urheberrechten, s. BGH GRUR 2004, 855, 856 – Hundefigur).

2. Rechteinhaber

a) Schöpfer als Urheber

14 Originärer Rechteinhaber ist immer der **Urheber**, der das Werk geschaffen hat, **als natürliche Person** (§ 7 UrhG). Eine Entstehung des Urheberrechts in einer anderen Person als dem Urheber, etwa in dem Auftraggeber eines Werks oder dem Arbeitgeber, ist nach deutschem Recht ausgeschlossen

(zu den davon zu trennenden werkvertraglichen Bindungen und Freiheiten des Urhebers vgl. BGHZ 19, 382 – Kirchenfenster).

Das gilt grundsätzlich auch bei **Computerprogrammen**, hier zeigt sich aber, dass das Urheberrecht für deren Schutz eher unpassend ist. Daher stärkt § 69b UrhG die Position des Arbeitgebers bzw. Dienstherrn gegenüber dem abhängigen Urheber, indem er ihm kraft Gesetzes alle vermögensrechtlichen Nutzungsbefugnisse an dem Werk zuspricht und den Urheber von der Verwertung ausschließt. Abweichungen muss sich der Urheber vertraglich vorbehalten. Diese Regelung geht damit weit über die allgemeine Vorschrift des § 43 UrhG hinaus, die auch bei **Urhebern in Arbeits- und Dienstverhältnissen** eine vertragliche Nutzungsrechtseinräumung verlangt, diese darf hier aber unter erleichterten Umständen bejaht werden. Das führt im Ergebnis auch hier bei sog. **„Pflichtwerken"** zur umfassenden Nutzungsrechtseinräumung an den Arbeitgeber oder Dienstherrn – regelmäßig im Wege der Vorausverfügung durch den Arbeitsvertrag, spätestens mit Werkübergabe –, bedarf aber einer besonderen Begründung über den arbeitsvertraglich vereinbarten Tätigkeitsbereich und unterliegt den Einschränkungen des § 31 Abs. 5 UrhG und des Übertragungszweckgedankens (s. Rz. 35). Häufig sind derartige umfassenden Nutzungsrechtsübertragungen auch in **Tarifverträgen** angestellter Künstler vorgesehen (dazu Schricker/Loewenheim/Rojahn § 43 UrhG Rz. 103 ff.; Wandtke/Bullinger/Wandtke § 43 UrhG Rz. 138 ff.). Weitere Sonderregelungen gelten nach §§ 88, 89 UrhG für **Filmwerke.**

b) Miturheber, verbundene Werke

Miturheber ist, wer jeweils eigenverantwortlich in eine gemeinsame Werkschöpfung eingebunden ist. Kein Miturheber ist, wer bloße Ideen oder Anregungen zu einem Werk gegeben hat, er muss vielmehr einen – ggf. auch nur geringfügigen – eigenschöpferischen Beitrag (vgl. Rz. 2 ff.) leisten (vgl. BGH GRUR 1995, 47, 48 – Rosaroter Elefant; GRUR 2005, 860 – Fash 2000; GRUR 2009, 1046 Rz. 43 – Kranhäuser jw. mwN). Den Miturhebern steht das Urheberrecht gemeinsam zu. Sie können über die Verteilung der Nutzungsbefugnisse und Erträge untereinander Vereinbarungen treffen, bis hin zum Verzicht eines Miturhebers auf seinen Anteil an der wirtschaftlichen Verwertung (§ 8 Abs. 4 UrhG); vgl. dazu auch **M 40.2** mit Anmerkungen. Laut BGH entsteht zum einen kraft Gesetzes mit dem gemeinsamen Schöpfungsakt der Miturheber zwischen ihnen eine Gesamthandsgemeinschaft zur Verwertung der Rechte (§ 8 Abs. 1 Halbs. 1 UrhG) (BGHZ 193, 49 Rz. 18 – Kommunikationsdesigner), und sie bilden zum anderen allein durch den Entschluss zur gemeinsamen Werkverwertung ebenfalls kraft Gesetzes und „ohne formellen Gründungsakt" eine Außengesellschaft, mangels abweichender Vereinbarung in Form einer Gesellschaft bürgerlichen Rechts (BGHZ 193, 49 Rz. 19 und 25). Dabei werden die Regelungen der GbR nach den §§ 705 ff. BGB durch § 8 UrhG und die urheberrechtlichen Grundsätze aus insbesondere den §§ 12 ff. UrhG überlagert (vgl. Wandtke/Bullinger/Thum § 8 UrhG Rz. 25 und 52 ff.). Hiervon abgesehen, steht es zusammenarbeitenden Künstlern offen, die gemeinsame Verwertung von Werken bei unterschiedlichsten Beiträgen und unabhängig von einer Urheberschaft im einzelnen Fall innerhalb einer BGB-Gesellschaft regeln (vgl. BGH GRUR 1998, 673 – Popmusikproduzenten). 15

Von der Miturheberschaft zu unterscheiden ist die Urheberschaft an **verbundenen Werken** (§ 9 UrhG). Dabei handelt es sich um eine willentliche Verbindung selbstständig verkehrsfähiger Werke zum Zwecke gemeinsamer Verwertung (also zB durch Textdichter und Komponist). Der Unterschied zum einheitlichen, gemeinsam geschaffenen Werk der Miturheber liegt in der objektiven Möglichkeit einer gesonderten Verwertung der jeweiligen Anteile (BGH GRUR 2009, 1046 Rz. 39 – Kranhäuser). Die Urheberrechte bleiben getrennt, zwischen den Urhebern wird durch die Verbindung der Werke zum Zweck deren gemeinsamer Verwertung eine Gesellschaft bürgerlichen Rechts begründet (vgl. BGH GRUR 1982, 743, 744 – verbundene Werke), für die zusätzlich § 9 UrhG gilt. 16

3. Rechteinhalte

a) Urheberpersönlichkeitsrechte

Ein wesentlicher Bestandteil des Urheberrechts, aus dem zugleich der notwendige Schutz des Urhebers abgeleitet wird, ist das Urheberpersönlichkeitsrecht (droit moral) als Ausschnitt des allgemei- 17 nen Persönlichkeitsrechts gem. Art. 1 Abs. 1 iVm. Art. 2 Abs. 1 GG (vgl. § 11 Satz 1 Halbs. 1 UrhG). Daraus folgt beispielsweise die Bindung des Rechts an den Urheber als natürliche Person mit dem Ausschluss der Übertragbarkeit (s. Rz. 14, 24).

Zu den zentralen persönlichkeitsrechtlichen Elementen des Urheberrechts zählen vor allem die Befugnisse und Rechte, das Werk zu **veröffentlichen** (§ 12 UrhG), als Urheber des Werkes **anerkannt** und an den Werkstücken **bezeichnet** zu werden (§ 13 UrhG) sowie das Verbot der **Beeinträchtigung** und **Entstellung des Werkes** (§ 14 UrhG, einschließlich der Änderung, vgl. § 39 UrhG). Die persönlichkeitsrechtlichen Befugnisse können sehr weitreichend sein: So kann eine Entstellung oder Beeinträchtigung schon in der Form und Art der Werkwiedergabe liegen, selbst wenn das Werk an sich unverändert bleibt (BGHZ 150, 32, 41 f. – Unikatrahmen; BGH GRUR 2009, 395 = CR 2009, 233 Rz. 14 – Klingeltöne für Mobiltelefone). Bei Werken der Baukunst gilt ebenfalls grundsätzlich das umfassende Änderungsverbot, auch und gerade gegenüber dem Eigentümer und Auftraggeber, da der Urheber ein Recht darauf hat, dass das Werk als Ausdruck seiner individuellen künstlerischen Schöpferkraft in seiner unveränderten Gestalt erhalten bleibt. Zur Auflösung des Interessenkonflikts zwischen Urheber und Eigentümer ist eine umfassende Abwägung vorzunehmen (s. Rz. 3 mwN sowie eingehend BGH GRUR 2008, 984 – St. Gottfried).

18 Die wesentlichen persönlichkeitsbezogenen Rechte oder jedenfalls deren **unverzichtbarer Kern** ist Verfügungen des Urhebers generell entzogen. Die Ausübung dieser Rechte kann nur in Grenzen übertragen werden oder es kann im Einzelfall auf die Geltendmachung bestimmter Aspekte verzichtet werden (vgl. BGH GRUR 1986, 458, 459 – Oberammergauer Passionsspiele I: zur Änderung ja, zur Entstellung nein; BGH GRUR 2009, 395 = CR 2009, 233 Rz. 24 ff. – Klingeltöne für Mobiltelefone: Rechtseinräumung zur Nutzung als Ruftonmelodie beinhaltet das Einverständnis in die dabei zu erwartenden Entstellungen und Änderungen), so insbesondere wenn sich das aus der Natur der Vereinbarung oder dem Branchenüblichen ergibt, wie das beim Urheber im Arbeits- oder Dienstverhältnis (vgl. § 43 UrhG) oder beim Ghostwriter (vgl. nur Ulmer § 41 S. 215 f., 217 f.; Schricker/Loewenheim/Dietz Vor §§ 12 ff. UrhG Rz. 26 ff.) der Fall sein kann. Die persönlichkeitsrechtlichen und die vermögensrechtlichen Befugnisse aus dem Urheberrecht müssen nicht in einer Hand liegen und können folglich getrennt voneinander übertragen werden; behält sich der Rechteinhaber etwa vor, aus dem ihm verbliebenen Urheberpersönlichkeitsrecht zuerst Zustimmung zu einer Bearbeitung zu erteilen, bevor das (so aufschiebend bedingt übertragene) Nutzungsrecht ausgeübt werden darf, dann hat dieser Vorbehalt sogar dingliche Wirkung (vgl. BGH GRUR 2010, 920 Rz. 35 f. – Klingeltöne für Mobiltelefone II).

19 ➲ **Wichtig:** Im Interesse beider Parteien ist darauf zu achten, dass gerade gewünschte Einschränkungen bei der Ausübung und Geltendmachung von Rechten, die auf dem Urheberpersönlichkeitsrecht basieren, vertraglich klar geregelt (und auf Zulässigkeit geprüft) werden, so beispielsweise die Änderungsbefugnis des Auftraggebers.

b) Verwertungsrechte

20 Praktisch bedeutsamer Hauptgegenstand vertraglicher Vereinbarungen ist das Recht des Urhebers, sein Werk wirtschaftlich zu verwerten. Die wirtschaftliche Verwertung des Urheberrechts kann erfolgen in **körperlicher** – Vervielfältigung (§ 16 UrhG), Verbreitung (§ 17 UrhG) und Ausstellung (§ 18 UrhG) – und in **unkörperlicher** Form – Vortrag, Aufführung und Vorführung (§ 19 UrhG), öffentliche Zugänglichmachung (in öffentlichen Netzen) (§ 19a UrhG), Sendung (§ 20 UrhG, mit Sonderregeln zu Satellit und Kabel in §§ 20a, 20b UrhG), Wiedergabe durch Bild- und Tonträger (§ 21 UrhG) sowie Wiedergabe von Funksendungen und öffentlichen Zugänglichmachungen (§ 22 UrhG). Die Aufzählung der Verwertungsrechte im UrhG ist nicht abschließend (§ 15 Abs. 1, 2 UrhG: „… insbesondere …“).

21 Dieser vermögensrechtliche Teil des Urheberrechts fällt unter die Eigentumsgarantie des Art. 14 GG (**„geistiges Eigentum“**) (vgl. BVerfGE 31, 229, 238). Im Übrigen ist eine strikte Trennung in einen persönlichkeitsrechtlichen und einen vermögensrechtlichen Teil des Urheberrechts weder möglich noch sachgerecht, alle urheberrechtlichen Befugnisse haben letztlich ihre Wurzeln in beiden Elementen (zum plastischen Bild des Urheberrechts als Baum, s. Ulmer § 18 II 4 S. 116).

Die **wirtschaftliche Verwertung** des Urheberrechts kann Dritten überlassen werden, indem der Urheber **Nutzungsrechte einräumt** (vgl. § 31 UrhG; dazu näher Rz. 25 ff.). Reine Zahlungsansprüche können gem. §§ 398 ff. BGB abgetreten werden. 22

c) Sonstige Rechte

Dem Urheber stehen schließlich weitere Rechte zu, die die Hauptbefugnisse ergänzen und sowohl persönlichkeits- als auch vermögensrechtlichen Ursprung haben, nämlich das Recht zur **Bearbeitung** (§ 23 UrhG; mit dem praktisch häufigen Abgrenzungsproblem zur freien Benutzung [§ 24 UrhG], die – abgesehen vom Melodienschutz des Abs. 2 – ohne Zustimmung erfolgen darf), auf **Zugang zu Werkstücken** (§ 25 UrhG), das **Folgerecht** als besonderer Vergütungsanspruch des bildenden Künstlers und Lichtbildurhebers (§ 26 UrhG) sowie der **Vergütungsanspruch** bei Vermietung und Verleihen (§ 27 UrhG). Daneben bestehen diverse Vergütungsansprüche als Kompensation für bestimmte gesetzliche Schranken des Urheberrechts (s. Rz. 44 f.). 23

4. Urhebervertragsrecht

a) Keine Übertragbarkeit, Erbfall

Eine Übertragung des Urheberrechts als solchem sieht das deutsche Urheberrecht nicht vor (§ 29 Satz 2 UrhG). Einzige Ausnahme ist die Übertragung im Zusammenhang mit dem **Erbfall** (§§ 29 Satz 1, 28 Abs. 2 UrhG), denn das Urheberrecht ist vererblich (§ 28 Abs. 1 UrhG). 24

b) Nutzungsrechtseinräumung

Der Urheber kann seine Verwertungsrechte durch andere wahrnehmen lassen, indem er ihnen Nutzungsrechte einräumt, und zwar sowohl **umfassend** als auch räumlich, zeitlich oder inhaltlich **beschränkt** (vgl. § 31 Abs. 1 Satz 2 UrhG). 25

Bei vertraglichen Beschränkungen von Gestattungen des Urhebers ist die Unterscheidung wesentlich, ob es sich um solche mit **dinglicher Wirkung** handelt, die also auch Dritten gegenüber wirksam sind, oder um rein schuldrechtliche Beschränkungen, die nur Rechte gegenüber dem Vertragspartner begründen.

Die Unterscheidung erlangt Bedeutung vor allem in Verbindung mit dem **Erschöpfungsgrundsatz** nach § 17 Abs. 2 UrhG, der eine zustimmungsfreie Weiterverbreitung (aber keine Vervielfältigung usw.) zulässt, sofern Original oder Vervielfältigungsstück zuvor mit Zustimmung des Berechtigten in den Verkehr gebracht wurden. Vereinbarte räumliche Begrenzungen des Nutzungsrechts verlieren damit rasch ihren Wert, da der Rechteinhaber, soweit es die Verbreitung in der EU und im EWR betrifft, wegen der räumlichen Erschöpfung dort keine Ansprüche gegen den Zweiterwerber, sondern (allenfalls) gegen seinen ursprünglichen Vertragspartner hat. Inhaltliche Beschränkungen wirken nur dann angesichts der Erschöpfung gegenüber dem Zweiterwerber, wenn es sich dabei um Aufspaltungen des Verbreitungsrechts in selbstständige **Nutzungsarten** handelt, die sich als „übliche, technisch und wirtschaftlich eigenständige" und damit nach der Verkehrsauffassung „klar abgrenzbare Nutzungsformen" darstellen (BGHZ 145, 7, 11 – OEM-Version; BGH GRUR 1992, 310, 311 – Taschenbuch-Lizenz, jw. mwN). Zu den erweiterten bzw. erleichterten Voraussetzungen der Erschöpfung für eine aus dem Internet heruntergeladene Programmkopie einer Computersoftware vgl. BGH GRUR 2014, 264 – UsedSoft II und GRUR 2011, 418 – UsedSoft I.

Bedeutsam ist die Unterscheidung zwischen dinglichen und schuldrechtlichen Beschränkungen des Weiteren für den Umfang und das Schicksal **abgeleiteter Nutzungsrechte**, zumal solche – zulässigerweise erteilten – Unterlizenzen bei Rückruf (vgl. BGHZ 180, 344 Rz. 17 ff. – Reifen Progressiv) oder bei Aufhebung (vgl. BGH GRUR 2012, 914 Rz. 15 ff. – Take five) oder Kündigung eines Lizenzvertrags (vgl. BGHZ 193, 136 Rz. 16 ff. – M2Trade) trotz des Erlöschens der Hauptlizenz fortbestehen; mangels (direkter) Vertragsbeziehung kann der Rechteinhaber auch dort nur solche Beschränkungen dem Dritten gegenüber geltend machen, die dinglich wirken.

26 ➲ **Praxistipp:** Bei der Vertragsgestaltung empfiehlt es sich dringend, Beschränkungen der Nutzungsrechtseinräumung anhand üblicher und anerkannter Nutzungsarten zu beschreiben. Auf Urheberseite läuft man sonst Gefahr, die (dann ggf. bloß schuldrechtlichen) Beschränkungen nur gegenüber seinem Vertragspartner geltend machen zu können, weil sie gegenüber Dritten urheberrechtlich irrelevant sind. Auf Seiten des Lizenznehmers reduziert man so die Möglichkeiten einer Eingrenzung der Nutzungsrechte über die Übertragungszweckregel, speziell über § 31 Abs. 5 UrhG (s. auch Rz. 35).

27 ➲ **Wichtig:** ist in der Praxis die inhaltliche Beschränkung auf bestimmte Verwertungsrechte oder die Begrenzung von Art und Umfang der Befugnisse (zB bestimmte abstrakte Vertriebswege) mit möglichst dinglicher Wirkung (s. Aufstellung bei Mestmäcker/Schulze/Scholz § 31 UrhG Rz. 45).

28 Die Rechtseinräumung erfolgt – wie bei den gewerblichen Schutzrechten – in Form **einfacher** oder **ausschließlicher Nutzungsrechte** (§ 31 Abs. 1, 2 UrhG). Beim ausschließlichen Nutzungsrecht ist auch der Urheber selbst von der Nutzung ausgeschlossen (§ 31 Abs. 3 Satz 1 UrhG), was abweichend vereinbart werden kann (§ 31 Abs. 3 Satz 2 UrhG). Nach der Rechtsprechung des BGH haben einfache wie ausschließliche Nutzungsrechte im Urheberrecht keinen schuldrechtlichen, sondern dinglichen Charakter (BGHZ 180, 344 Rz. 20 mwN – Reifen Progressiv). Zu den grundsätzlichen Fragen der ausschließlichen und einfachen Lizenz gilt im Übrigen das in Kap. 39 Rz. 58 f. Gesagte. Zu Urhebern in Arbeits- oder Dienstverhältnissen s. Rz. 14.

29 Der Inhaber eines Nutzungsrechts kann dieses grundsätzlich insgesamt – unter Verlust seiner eigenen Nutzungsbefugnis – **an Dritte** weiter übertragen (§ 34 UrhG) oder als ausschließlicher Nutzungsberechtigter – unter Verbleib eines Teils der Nutzungsrechte bei ihm – weitere einfache Nutzungsrechte einräumen (§ 35 und § 31 Abs. 3 UrhG). Hier gilt zur Abspaltung und zur Erschöpfung das unter Rz. 25 Gesagte.

30 ➲ **Wichtig:** Bei der Vertragsgestaltung sollte man auf die gängige Begrifflichkeit achten, also von Übertragung (= Weitergabe) oder Einräumung (= Abspaltung) der Nutzungsrechte im richtigen Zusammenhang sprechen.

31 Sowohl die Übertragung der Nutzungsrechte als auch die Einräumung von Nutzungsrechten durch den Nutzungsberechtigten an Dritte (als das Verfügungsgeschäft, nicht das zugrunde liegende Verpflichtungsgeschäft, s. dazu auch Rz. 41) bedarf allerdings grundsätzlich der **Zustimmung** des Urhebers (vgl. §§ 34, 35 UrhG), die nicht wider Treu und Glauben verweigert werden darf (§ 34 Abs. 1 Satz 1 UrhG sowie § 35 Abs. 2 Satz 1, Abs. 2 iVm. § 34 Abs. 1 Satz 1 UrhG). Die Regelung ist in beide Richtungen dispositiv (§ 34 Abs. 5 Satz 2 UrhG); entsprechende Abweichungen können sich auch konkludent bzw. im Wege der Auslegung anhand der Umstände ergeben (vgl. allg. Schricker/Loewenheim/Schricker/Loewenheim § 34 UrhG Rz. 24 ff. mwN). Wegen der Zustimmungspflicht nach Treu und Glauben, die sich aus dem Vertragszweck und der Abwägung der beiderseitigen Interessenlage ergeben kann (vgl. Schricker/Loewenheim/Schricker/Loewenheim § 34 UrhG Rz. 31 ff.; Wandtke/Bullinger/Wandtke/Grunert § 34 UrhG Rz. 11 f.), sowie der grundsätzlichen Zulässigkeit der Übertragung ohne Zustimmung im Zusammenhang mit einer Unternehmensveräußerung (§ 34 Abs. 3 Satz 1 UrhG, aber mit Rückrufsrecht nach Treu und Glauben gem. § 34 Abs. 3 Satz 2 UrhG) macht es Sinn, auch den gewollten Ausschluss ausdrücklich zu vereinbaren. Der Ausschluss hat dabei grundsätzlich dingliche Wirkung, da er eine inhaltliche Beschränkung des Nutzungsrechts iSd. § 31 Abs. 1 Satz 2 UrhG darstellt.

32 ➲ **Praxistipp:** Die Berechtigung, Unterlizenzen einzuräumen oder die Rechte weiter zu übertragen – ggf. mit Konkretisierung der Zustimmungsvoraussetzungen –, sollte aus Gründen der Klarheit und Rechtssicherheit immer im Vertrag ausdrücklich positiv wie negativ geregelt werden.

c) Beteiligungsgrundsatz, Übertragungszweckgedanke

33 Da der Urheber seine wirtschaftlichen Verwertungsrechte vollständig aus der Hand geben kann, indem er Dritten umfassende Nutzungsrechte einräumt, wird er geschützt durch den sog. Betei-

ligungsgrundsatz, wonach er **tunlichst angemessen an dem wirtschaftlichen Nutzen seines Werkes zu beteiligen** ist (st. Rspr., BGHZ 11, 135, 143 – Lautsprecher-Übertragung; BGHZ 133, 281, 288 – Klimbim; bereits RGZ 118, 282, 285 – Musikantenmädel; s. auch BGHZ 129, 66 ff. – Mauer-Bilder). Dieser in der Rechtsprechung entwickelte Grundsatz wurde 2002 auch gesetzlich in § 11 Satz 2 UrhG verankert, ohne dass sich hiermit an der bisherigen Rechtslage etwas geändert hat. Bedeutung erlangt dieser Grundsatz vor allem in der Vertragsauslegung oder bei der Vertrags- und Vergütungsanpassung. Er kann einerseits bestimmte Mindestvergütungen erforderlich machen (BGH GRUR 2013, 717 Rz. 26 – Covermount), bedeutet andererseits aber nicht, dass etwa (formularmäßige) Pauschalabgeltungsvereinbarungen unzulässig wären (BGHZ 193, 268 Rz. 16 ff. – Honorarbedingungen Freie Journalisten).

Konkretisiert und verstärkt wurde die Beteiligung des Urhebers an den Verwertungserlösen durch 34
neuere gesetzgeberische Aktivitäten (Gesetz zur Stärkung der vertraglichen Stellung von Urhebern und ausübenden Künstlern v. 22.3.2002; Gesetz zur Regelung des Urheberrechts in der Informationsgesellschaft v. 10.9.2003; Zweites Gesetz zur Regelung des Urheberrechts in der Informationsgesellschaft v. 26.10.2007). Speziell die §§ 32, 32a und 32b (auch 32c) UrhG haben dem Urheber Möglichkeiten eingeräumt, weiter gehend als früher durch **angemessene Vergütung** und Beteiligung an dem wirtschaftlichen Erfolg seines Werks zu partizipieren, wenn dieser sich im Nachhinein besser darstellt als ursprünglich erwartet (oder als im Zeitpunkt des Vertragsschlusses vom Urheber verhandel- und durchsetzbar).

Maßstab für die Angemessenheit sollen gemeinsame Vergütungsregeln von Vereinigungen beider Vertragsseiten werden (§ 36 mit § 36a UrhG). Die Einzelheiten der Berechnungen sind kompliziert und fall- wie branchenabhängig. Der BGH lehnt in Anwendung der neuen Rechtslage eine Branchenüblichkeit als Maßstab für die angemessene Vergütung nach § 32 Abs. 1 Satz 3 UrhG ab und spricht von **redlicherweise** zu leistender Vergütung. Eine von dem Umfang der Werknutzung unabhängige Pauschalvergütung mit ggf. einem Erfolgshonorar ist demnach für eine unbeschränkte Rechtseinräumung grundsätzlich unangemessen, da sie den Urheber nicht (wie bei einer Absatzvergütung) an den Chancen einer erfolgreichen Verwertung beteiligt (BGH GRUR 2009, 1148 Rz. 18 ff., 25 ff. – Talking to Addison [Übersetzer literarischer Werke]; als weitere Beispiele mit Berechnungs- und Prüfungsvorgaben des BGH an die nachfolgenden Instanzgerichte vgl. BGHZ 199, 52 – Geburtstagszug [Werk der angewandten Kunst]; BGH GRUR 2012, 496 – Das Boot [Kameramann als Miturheber]; GRUR 2012, 1248 – Fluch der Karibik [Synchronsprecher als ausübender Künstler]).

Ebenfalls der Schutzbedürftigkeit des Urhebers folgend und auf dem Beteiligungsgrundsatz basie- 35
rend, gilt im Urheberrecht der sog. **Übertragungszweckgedanke** (§ 31 Abs. 5 UrhG), der für die Vertragsgestaltung von großer Bedeutung ist. Danach bestimmt der Vertragszweck, wie weit die Rechtseinräumung in Zweifelsfall geht. Bei unklarer Regelung ist grundsätzlich zu Gunsten des Urhebers zu entscheiden. Dieser räumt im Zweifel Nutzungsrechte nur in dem Umfang ein, wie zur Erreichung des Vertragszwecks unbedingt erforderlich ist (BGHZ 9, 262, 265 – Lied der Wildbahn I; BGH GRUR 2004, 938, 939 – Comic-Übersetzungen III; st. Rspr.). Nur wenn der Umfang der eingeräumten Nutzungsrechte im Vertrag klar bestimmt ist, kommt eine Anwendung der Übertragungszweckregel nicht in Frage (BGH GRUR 1982, 727, 730 – Altverträge). Bei bloß pauschaler Vereinbarung kann der Übertragungszweckgedanke hingegen sogar zu einer hinter dem Wortlaut der Vertragsklausel bleibenden Auslegung führen (vgl. BGHZ 131, 8, 13 – Pauschale Rechtseinräumung). S. auch Rz. 25.

Schließlich enthalten auch §§ 37, 38 und 44 UrhG **Auslegungsregeln**, wonach im Zweifel Befugnisse oder Rechte des Urhebers im Zuge bestimmter Vereinbarungen nicht mit übertragen werden.

➲ **Wichtig:** Im Urheberrecht ist wegen der Übertragungszweckregel noch mehr als sonst einer- 36
seits auf die Darstellung der Interessenlage und der Zielrichtung der Vereinbarung – etwa in einer Präambel – sowie andererseits auf die genaue Beschreibung von Umfang und Reichweite der einzuräumenden Rechte und Befugnisse des Verwerters, aber auch der Vorbehalte des Urhebers zu achten.

Das frühere Verbot einer Rechteeinräumung für **unbekannte Nutzungsarten** (§ 31 Abs. 4 UrhG 37
aF.) ist mit dem Zweiten Gesetz zur Regelung des Urheberrechts in der Informationsgesellschaft

vom 26.10.2007 („Zweiter Korb") ersetzt worden durch erstens ein Schriftformerfordernis für solche Vereinbarungen (§ 31a Abs. 1 Satz 1 UrhG mit Ausnahme in Satz 2), zweitens ein befristetes Widerrufsrecht und Pflicht zur (wohl vorherigen, vgl. Wandtke/Bullinger/Wandtke/Grunert § 31a Rz. 84) Mitteilung über die Aufnahme der neuen Art der Nutzung (§ 31a Abs. 1 Satz 3 und 4 UrhG) und drittens einem Anspruch auf angemessene Vergütung (§ 32c und § 31a Abs. 2 UrhG). Neue bzw. unbekannte Nutzungsarten sind regelmäßig solche, die sich aus neuen technischen Entwicklungen ergeben (vgl. einerseits bejahend bei CD-ROM zu Zeitschrift BGHZ 148, 221 ff. – Spiegel CD-ROM; andererseits ablehnend bei DVD zu Video BGH GRUR 2005, 937 ff. – Der Zauberberg).

38 ➲ **Wichtig:** Es können nunmehr vertraglich auch unbekannte Nutzungsarten erfasst werden, wobei auf die Einhaltung der formellen Voraussetzungen und insbesondere die Vergütungsbeteiligung zu achten ist.

d) Künftige Werke, Rückrufsrecht

39 Nur begrenzt möglich ist der Abschluss von Verträgen über **künftige Werke**. Solche Verträge unterliegen bestimmten Voraussetzungen und Grenzen, sie bedürfen der Schriftform und sind spätestens nach fünf Jahren kündbar (§ 40 UrhG). Durch diese Einschränkung der Vertragsfreiheit wird der Urheber vor übermäßigen Bindungen geschützt, die ihn in seinem Fortkommen behindern und wirtschaftlich dauerhaft benachteiligen könnten.

40 Schließlich wird der Urheber gegenüber Nutzungsrechtsinhabern weiter abgesichert durch **Rückrufsrechte**, zum einen wegen gewandelter Überzeugung (§ 42 UrhG) auf persönlichkeitsrechtlicher Seite, zum anderen wegen Nichtausübung durch den Inhaber eines ausschließlichen Nutzungsrechts (§ 43 UrhG) auf vermögensrechtlicher Seite. Auf diese Rechte kann nicht verzichtet werden. Zum Fortbestehen der von einem ausschließlichen Nutzungsrecht abgeleiteten einfachen Nutzungsrechte beim Rückruf: BGHZ 180, 344 – Reifen Progressiv; Scholz GRUR 2009, 1107; sowie oben Rz. 25 f.

e) BGB-Vertragsrecht

41 Neben den wenigen Regelungen im UrhG zum Vertragsrecht (das Verlagsgesetz regelt gem. § 1 VerlG allein das Verlagsverhältnis betreffend Werke der Literatur und Tonkunst) gelten für urheberrechtliche Verträge ergänzend die Regeln des BGB-Schuldrechts, für das **Verfügungsgeschäft** die §§ 398 ff. BGB wie auch für das zugrunde liegende **Verpflichtungsgeschäft** (zum Abstraktionsgrundsatz vgl. BGHZ 27, 90, 95 f. – Privatsekretärin, allerdings auch § 9 Abs. 1 VerlG, was den BGH dazu bewogen hat, ohne dabei das Abstraktionsprinzip aufzukündigen, „im Regelfall" einen Rückfall der Nutzungsrechte „ipso jure" bei Kündigung des Lizenzvertrags anzunehmen, BGHZ 193, 136 Rz. 19 f. – M2Trade mwN). Auf das Verpflichtungsgeschäft finden beispielsweise die Bestimmungen des allgemeinen Schuldrechts zum **Wegfall der Geschäftsgrundlage** (jetzt § 313 BGB, vgl. dazu uA BGH GRUR 1990 1005 ff. – Salome I; GRUR 1970, 40, 41 f. – Musikverleger I), zu **AGB** (die §§ 305 ff. BGB sind grundsätzlich anwendbar), zur Sittenwidrigkeit, zur Anfechtung und zu den Leistungsstörungen Anwendung, einschließlich des besonderen Schuldrechts zu den jeweils einschlägigen Verträgen, die mit dem Rechteerwerb einhergehen und die meist einen kauf-, werk- oder dienstvertraglichem Schwerpunkt haben. Neben den „isolierten" Nutzungsrechtseinräumungen ergeben sich solche Rechteerwerbe regelmäßig begleitend aus dem Inhalt und Zweck anderer schuldrechtlicher Verpflichtungen, etwa aus der Vereinbarung zur Herstellung des Werkes bei einer Auftragsarbeit (als Werkvertrag; vgl. BGH GRUR 1984, 528, 529 – Bestellvertrag). Umgekehrt schlägt der Vertragsgegenstand – urheberrechtliches Werk – auf die Auslegung der schuldrechtlichen Verpflichtungen durch: So wird etwa im Bereich der Mängelhaftung die vorgelagerte Frage des vereinbarten Leistungsinhalts bzw. der vertragsgemäßen Beschaffenheit der Leistung davon beeinflusst, dass ein Künstler bei der Ausführung **künstlerische Gestaltungsfreiheit** genießt, und es ist daher das Risiko des Auftraggebers, wenn ein Werk nicht seinem Geschmack entspricht. Selbst wenn konkrete Vorgaben vereinbart werden und der Künstler sich insoweit beschränkt, erfordert das keine „maßstabsgetreue Ausführung" (BGHZ 19, 382 – Kirchenfenster; vgl. Staudinger/Peters/

Jacoby § 633 BGB Rz. 188). Bisweilen ist die urheberrechtliche Seite auch nur ein sehr untergeordneter Teil eines weit umfassenderen schuldrechtlichen (Werk- oder Dienst-)Vertrags, wie etwa bei der Beauftragung eines Architekten, der zusätzlich zu seinen bautechnischen Pflichten auch Nutzungsrechte an seiner Planung des schutzfähigen Gebäudes einräumt. Aufgrund der lückenhaften gesetzlichen Regelungen zu den schuldrechtlichen Maßgaben einer Nutzungsrechtseinräumung kommt in all diesen Fällen der Individualvereinbarung große Bedeutung zu, grundsätzlich besteht Vertragsfreiheit (vgl. dazu insgesamt auch Kap. 39 Rz. 57 f.).

Schließlich muss beim Erwerb eines Kunstwerkes getrennt werden zwischen der Übertragung des 42
Sacheigentums am Werkstück und der Rechtseinräumung am urheberrechtlichen Werk. So steht der Erwerb unbeschränkten Sacheigentums nicht gleich mit der umfassenden Rechtseinräumung, vielmehr werden im Zweifel Nutzungsrechte nicht eingeräumt (§ 44 Abs. 1 UrhG, s. aber Abs. 2 zur Ausstellungsberechtigung des Eigentümers). Ein Künstler kann durchaus sein Werkstück veräußern, aber sich (dinglich) wirksam das Recht zur Ausstellung vorbehalten (vgl. Dreier/Schulze § 44 UrhG Rz. 20; ferner **M 40.4** § 2 Abs. 1 Satz 4 mit Fn. 3 und 5). Das gilt in besonderer Weise für urheberpersönlichkeitsrechtliche Befugnisse, so dass aus der Eigentumsübertragung an Tagebüchern nicht ohne Weiteres die Übertragung der Befugnis zur Entscheidung über das urheberrechtliche Veröffentlichungsrecht abgeleitet werden kann (BGHZ 15, 249, 255 – Cosima Wagner).

f) Kartellrecht

Da Urheberrechte Monopole des Schutzrechts- oder Nutzungsrechtsinhabers begründen, können 43
sich aus vertraglichen Bindungen kartellrechtliche Probleme ergeben. Da indes die Monopolisierung gerade der Sinn des Schutzrechts und damit dessen zwangsläufige Folge ist, begegnet das nur insbesondere dann durchgreifenden Bedenken, wenn die Lizenzierung bzw. deren Verweigerung unter Hinzutreten weiterer Umstände zur Behinderung auf einem Zweitmarkt missbraucht wird (vgl. EuGH GRUR Int. 1995, 490 – Magill; Immenga/Mestmäcker/Ullrich Bd. 1/Teil 2 GRUR A Rz. 3 und Immenga/Mestmäcker/Ullrich/Heinemann Bd. 1/Teil 2 GRUR B Rz. 15 ff.; s. außerdem Kap. 39 Rz. 74 f.).

5. Schranken, Verwertungsgesellschaften

a) Schrankenregelungen, Vergütungsansprüche

Das Urheberrecht unterliegt gewissen inhaltlichen Schranken (vgl. §§ 44a ff. UrhG), großteils aus 44
dem **Aspekt der Gemeinnützigkeit** iSd. Art. 14 Abs. 2 GG (zB Schulbuchprivileg, § 46 UrhG, Zitierfreiheit, § 51 UrhG). Der Urheber muss hier die Werknutzung auch ohne seine Einwilligung dulden (zu der Schutzdauer als zeitliche Schranke s. Rz. 12).

Bei einigen dieser Schranken wird dem Urheber aus Gründen der Verhältnismäßigkeit des damit 45
verbundenen Eingriffs in seine Eigentumsposition als Ersatz für den Wegfall des Verbotsrechts ein **Vergütungsanspruch** zuerkannt („gesetzliche Lizenz"). Das gilt etwa für die Vervielfältigung zu privaten Zwecken durch Eigenkopie (§ 53 UrhG). Hier hat der Gesetzgeber erkannt, dass Verbote in der Praxis nicht kontrollierbar und nicht durchsetzbar sind, und stattdessen dem Urheber durch Pauschalabgaben zB auf Kopier- und Aufnahmegeräte und auf Tonträger zumindest einen finanziellen Ausgleich für die Werknutzung gesichert (vgl. §§ 54 ff. UrhG bzw. § 54a UrhG mit § 13a UrhWahrnG). Einige der Schrankenregelungen und die Vergütungsansprüche sind mit dem sog. Ersten und Zweiten Korb der Änderungen des UrhG (s. Rz. 37) neu gestaltet und ergänzt worden (s. §§ 45a Abs. 2, 52a Abs. 4, 52b 53a Abs. 2 und 54 bis 54h UrhG).

b) Verwertungsgesellschaften

Eine wichtige Aufgabe bei der Rechtewahrung und -verwertung im Massengeschäft und speziell bei 46
den gesetzlichen Vergütungsansprüchen kommt den Verwertungsgesellschaften zu, wie etwa der GEMA (Gesellschaft für musikalische Aufführungs- und mechanische Vervielfältigungsrechte) als gemeinsame und treuhänderische Vertreterin der Komponisten, Textdichter und Verleger (weitere sind zB die VG Wort, VG Bild-Kunst, GVL). Die Grundlage für die Tätigkeit der Verwertungs-

gesellschaften ist das Gesetz über die Wahrnehmung von Urheberrechten und verwandten Schutzrechten (UrhWahrnG). Die Verwertungsgesellschaften nehmen die Rechte und (Vergütungs-)Ansprüche der Urheber, aber auch der ausübenden Künstler (s. Rz. 53 ff., 58), kollektiv auf deren Rechnung wahr. Sie ermöglichen dem einzelnen Künstler ein Gegengewicht und eine Überwachungsmöglichkeit seiner Rechte dort, wo das für ihn alleine im Massenbetrieb nicht oder nicht adäquat möglich ist. Umgekehrt helfen sie den Werknutzern und Verwertern bei der Rechteerlangung, indem über einen einzigen (leicht auffindbaren) Ansprechpartner Nutzungsverträge abgeschlossen werden können, für die ein weitgehender Abschlusszwang der Verwertungsgesellschaften besteht (§ 11 UrhWahrnG). Teilweise sind nach dem UrhG allein die Verwertungsgesellschaften berechtigt, bestimmte (Pauschal-)Vergütungen geltend zu machen (zB §§ 26 Abs. 6, 27 Abs. 3, 54h, 77 Abs. 2 Satz 2, 85 Abs. 4, 94 Abs. 4 UrhG). Die Verwertungsgesellschaften werden nur aufgrund entsprechender Rechtseinräumung durch den Urheber berechtigt. Umgekehrt sind sie verpflichtet, auf Verlangen der Berechtigten die ihr übertragenen Rechte wahrzunehmen (§ 6 UrhWahrnG, „Wahrnehmungszwang"). Zu diesem Zweck werden entsprechende **Wahrnehmungs- oder Berechtigungsverträge** geschlossen, die der normalen urheberrechtlichen Bewertung und Kontrolle unterliegen (zB gilt die Übertragungszweckregel gem. Rz. 35, BGHZ 142, 388, 396 – Musical Gala). Die Verteilung der Anteile an den Erlösen aus den vergütungspflichtigen Werknutzungen (individuelle und pauschale Vergütungen) findet nach den Vorgaben des UrhWahrnG bzw. nach ihren entsprechenden Tarifen statt (§ 13 UrhWahrnG).

II. Verwandte Schutzrechte

1. Arten der Rechte

a) Gegenstand des Schutzes

47 Das Urheberrechtsgesetz schützt nicht nur den werkschaffenden Künstler. In den §§ 70 ff. UrhG sind Schutzpositionen für die dem Urheberrecht **verwandten Schutzrechte** (droits voisins) vorgesehen. Sie betreffen bestimmte **wissenschaftliche** und **künstlerische** Leistungen, die nicht schöpferischer Natur sind bzw. nicht den Werkcharakter des § 2 Abs. 2 UrhG erreichen, oder **unternehmerische** Leistungen, insbesondere bei der Verbreitung von urheber- oder leistungsschutzrechtlichen Inhalten, bei denen der Investitionsschutz im Vordergrund steht.

Die verwandten Schutzrechte sind erst mit der umfassenden **Urheberrechtsnovelle** vom 9.9.1965 in das UrhG aufgenommen worden. Zuvor waren mit verschiedenen Urteilen des BGH aus den 1960-er Jahren erste Leistungsschutzrechte zuerkannt worden, mit Begründung unter anderem aus dem fiktiven Bearbeiterurheberrecht des § 2 Abs. 2 LitUrhG und aus der Generalklausel des § 1 UWG aF. Die tragenden Erwägungen der Entscheidungen waren, dass der ausübende Künstler einerseits selbst die Grenzen der Verbreitung und Verwertung seiner Leistung bestimmen können muss und er andererseits an der weiteren wirtschaftlichen Verwertung seiner Darbietung beteiligt werden muss bzw. er nicht hinnehmen muss, ohne nochmalige Vergütung mit seiner eigenen beliebig wiederholbaren Darbietung „aus der Konserve" (Tonaufnahme oder Sendung) zu konkurrieren. Die Urteile sind für das Grundverständnis des Schutzbegründung weiterhin instruktiv (zum ausübenden Künstler: BGHZ 33, 20 – Figaros Hochzeit, BGHZ 33, 48 – Orchester Graunke [Tonbandaufnahme und deren Sendung], BGHZ 33, 38 – Rundfunk-Künstlerlizenz [Sendung], BGHZ 33, 1 – Schallplatten-Künstlerlizenz [öffentliche Wiedergabe von Sendungen oder Tonträgern]; zum Fernsehsendeunternehmen: BGHZ 37, 1 – AKI [Öffentliche Wiedergabe]; zum Veranstalter: BGHZ 39, 152 – Vortragsabend/Werner Finck [Tonbandaufnahme]).

b) Geschützte Leistungen

48 Gesetzliche Leistungsschutzrechte bestehen nur für die ausdrücklich im Gesetz genannten Leistungen. Anders als bei den Werkarten des Urheberrechts gilt hier also das Enumerationsprinzip. Geschützt sind: der Verfasser bzw. Herausgeber bestimmter **Ausgaben** (§ 70 und § 71 UrhG), der **Lichtbildner** (§ 72 UrhG, zum Urheberschutz für Lichtbildwerke s. § 2 Abs. 1 Nr. 5 UrhG), der **Tonträgerhersteller** (§§ 85 f. UrhG), das **Sendeunternehmen** (§ 87 UrhG), der **Datenbankhersteller** (§§ 87a ff. UrhG; zu Datenbankwerken s. § 4 Abs. 2 UrhG), der **Presseverleger** (§§ 87f ff.

UrhG) sowie der werkinterpretierende, **ausübende Künstler** (§§ 73 UrhG) einschließlich des **Veranstalters** als Unternehmer einer Darbietung des ausübenden Künstlers (§ 81 UrhG; dessen Schutzrecht zu Recht deutlich kritisiert wird, vgl. Möhring/Nicolini § 81 UrhG Rz. 2 mwN; Überblick bei Wandtke/Bullinger/Büscher § 81 UrhG Rz. 2; dazu auch **M 40.6** mit Fn. 10).

Grundsätzlich ist neben den gesetzlichen Leistungsschutzrechten nach UrhG (und neben dem Urheberrecht oder den gewerblichen Schutzrechten) auch ein **ergänzender wettbewerbsrechtlicher Leistungsschutz** für Erzeugnisse mit wettbewerblicher Eigenart möglich, der allerdings die Grenzen der Sonderschutzrechte zu beachten hat (zu den Einschränkungen dieses „Vorrangs der Sonderschutzrechte" und dem Verhältnis des wettbewerbsrechtlichen Leistungsschutzes zum Geschmacksmuster- bzw. Designrecht s. BGH GRUR 2006, 79 Rz. 18 – Jeans; BGH GRUR 2008, 790 Rz. 35 – Baugruppe; zum Urheberrecht s. BGH GRUR 2012, 58 Rz. 41 – Seilzirkus); er steht also nicht als Hilfskonstruktion für bewusst aus dem gesetzlichen Schutz herausfallende Leistungen zur Verfügung. Früher war Grundlage die Generalklausel des § 1 UWG aF, jetzt ist es § 4 Nr. 9 UWG (nicht abschließend, BGH GRUR 2007, 795 Rz. 50 f. – Handtaschen; GRUR 2011, 436 Rz. 19 ff. – Hartplatzhelden). Dogmatischer Anknüpfungspunkt für den Verbotsanspruch ist aufgrund der Vorrangthese ein anderer als bei den Sonderschutzrechten, jedenfalls im Hauptanwendungsfall der **vermeidbaren Herkunftstäuschung**, bei der allein die unlauteren Begleitumstände der Nachahmung (im Sinne der Irreführung) den Anspruch begründen sollen, wobei die theoretische Grenzziehung mitunter künstlich wirkt und dann doch wesentlich auf das übernommene Leistungsergebnis rekurriert wird (vgl. etwa BGH GRUR 2010, 80 Rz. 24 f. und 31 ff. – LIKEaBIKE). Tatsächlich gibt es unter dem Stichwort der **Behinderung** auch einen letztlich nur an dem Leistungsergebnis und an dessen Schutzwürdigkeit anknüpfenden wettbewerbsrechtlichen Leistungsschutz (va. bei Modeneuheiten, vgl. BGH GRUR 1998, 477 ff. – Trachtenjanker; dazu eingehend Götte, Die Schutzdauer im wettbewerbsrechtlichen Leistungsschutz, 2000, S. 69, 84, 93). Ein solcher wettbewerbsrechtlicher Leistungsschutz wegen Behinderung kommt insbesondere als Übergangslösung für neuartige Leistungen in Betracht, bis der Gesetzgeber hierauf mit neuen Schutzrechten reagieren kann (vgl. dazu nur Köhler/Bornkamm/Köhler § 4 UWG Rz. 9.1 ff., insb. Rz. 9.6 f. mwN; dort auch zum Vorläuferschutz von Datenbanken und von Computersoftware nach UWG). 49

2. Besonderheiten

a) Inhalt der Rechte

Die Befugnisse der Inhaber der verwandten Schutzrechte haben im Wesentlichen einen **wirtschaftlichen, seltener einen persönlichkeitsrechtlichen Hintergrund**. Sie sind teilweise ausgestaltet als Ausschlussrecht, teilweise als gesetzlicher Vergütungsanspruch zum Ausgleich für Schrankenregelungen (vgl. Rz. 44 f.). Die Rechte ergeben sich aus den Bestimmungen der §§ 70 ff. UrhG, die Rechtsfolgen sind dort teilweise speziell geregelt, teilweise wird pauschal oder einzeln auf die Verwertungsbefugnisse oder auf die persönlichkeitsrechtlichen Befugnisse des Urhebers (also auf die Vorschriften des ersten Teils des UrhG) verwiesen. 50

b) Schutzdauer

Wichtiger Unterschied gegenüber dem Urheberrecht ist die deutlich **kürzere Schutzdauer** der verwandten Leistungsschutzrechte, und zwar von 70 bzw. 50 Jahren beim ausübenden Künstler (§§ 82, 76 UrhG) und Tonträgerhersteller (§ 85 Abs. 3 UrhG), 50 Jahren beim Sendeunternehmen (§ 87 Abs. 3 UrhG) und Lichtbildner (§ 72 Abs. 2 UrhG), 25 Jahren für wissenschaftliche Ausgaben und nachgelassene Werke (§§ 70 Abs. 3, 71 Abs. 3 UrhG) und für den Veranstalter (§ 82 UrhG), 15 Jahren bei Datenbanken (§ 87d UrhG) oder ein Jahr für Presseverleger (§ 87g Abs. 2 UrhG). 51

Die Schutzfrist beginnt jeweils mit Erscheinen, hilfsweise mit Entstehung, Herstellung usw. zu laufen. Der Schutz endet wie beim Urheberrecht zum Ende des Kalenderjahres gem. § 69 UrhG, mit Ausnahme des § 87g UrhG für Presseerzeugnisse.

c) Internationaler Schutz

52 Auch die verwandten Schutzrechte sind rein nationale Rechte. Für sie besteht noch kein vergleichbar umfassender internationaler Schutz wie für die Urheberrechte.

Wichtigste internationale Regelung ist das **Rom-Abkommen** iVm. § 125 UrhG für ausübende Künstler, Tonträgerhersteller und Sendeunternehmen, daneben das **Genfer Tonträgerabkommen**. Für Bürger aus EU-Staaten gilt die Gleichbehandlung mit Inländern, nach einem Urteil des EuGH aufgrund des Diskriminierungsverbots, zwischenzeitlich vom Gesetzgeber umgesetzt in § 125 Abs. 1 Satz 2 iVm. § 120 Abs. 2 UrhG (vgl. EUGH GRUR 1994, 280 – Phil Collins; BGHZ 125, 382 – Rolling Stones; ferner BGH GRUR 1999, 49 – Bruce Springsteen; zur alten Rechtslage BGH GRUR 1987, 814 – Die Zauberflöte und BVerfG GRUR 1990, 438 – Bob Dylan).

3. Speziell: Ausübender Künstler, Tonträgerhersteller

a) Ausübender Künstler

53 Die ausübenden Künstler (§§ 73 ff. UrhG) stellen die wohl praktisch wichtigste Gruppe der Inhaber verwandter Schutzrechte dar. Sie erbringen künstlerische **Darbietungen von Werken** iSd. § 2 Abs. 2 UrhG (wozu auch Werke gehören, bei denen zB die Schutzdauer abgelaufen ist). Zu ihnen zählen insbesondere Schauspieler, Tänzer, Sänger, Musiker, Dirigenten und Regisseure, nicht aber beispielsweise Tonmeister, Bühnenbildner oder Maskenbildner, da diese nicht das Werk selbst darbieten, sondern nur mittelbar die Darbietung unterstützen (für ihre künstlerische Leistung können sie aber uU Urheberschutz beanspruchen, vgl. BGH GRUR 2002, 961 – Mischtonmeister). Speziell die Rechte der (eigene oder fremde) Werke interpretierenden Musiker sind aufgrund der wirtschaftlichen Bedeutung der Musik- und Unterhaltungsindustrie häufiger Regelungsgegenstand von Verträgen (vgl. **M 40.8**, **M 40.6**).

54 Die gesetzliche Regelung im UrhG erkennt – im Unterschied zum grundsätzlich umfassenden Verbotsrecht des Urhebers – dem ausübenden Künstler teils Verbotsrechte, teils allein Vergütungsansprüche zu. Der Künstler kann nur über die sog. **Erstverwertung** bestimmen (§ 77 Abs. 1 und 2 UrhG: Aufnahme, Vervielfältigung und Verbreitung; § 78 Abs. 1 UrhG: diverse öffentliche [Direkt-]Wiedergaben), bei der sog. **Zweitverwertung** (§ 78 Abs. 2 Nr. 1 bis 3 UrhG: Sendung von Tonträgern und öffentliche Wiedergabe von Tonträgern oder Sendungen oder aus öffentlichen Netzen) stehen ihm hingegen nur **Vergütungsansprüche** zu.

Schließlich ist der ausübende Künstler auch vor **Entstellung** und anderen Beeinträchtigungen seiner Darbietung geschützt (§ 75 UrhG) und er hat ein Recht auf **Anerkennung** und auf **Namensnennung** (§ 74 UrhG), vergleichbar mit den persönlichkeitsrechtlichen Aspekten des Urheberrechts (vgl. §§ 13 ff. UrhG, s. Rz. 17 f.).

55 Der ausübende Künstler kann weiter gehend als der Urheber über seine Verwertungsbefugnisse vertraglich verfügen. Die Rechte und Ansprüche aus §§ 77 und 78 UrhG können „übertragen" werden (§ 79 Abs. 1 UrhG). Seit Geltung dieser gesetzlichen Neuregelung vom 10.9.2003 (s. Rz. 34) geht man von der Möglichkeit einer **Vollrechtsübertragung** aus (vgl. Wandtke/Bullinger/Büscher § 79 UrhG Rz. 2 mwN; auch Dreier/Schulze/Dreier § 79 UrhG Rz. 2 – die in der früheren Regelung des § 78 UrhG aF. genannte „Abtretung" war überwiegend als Einräumung eines ausschließlichen Nutzungsrechts angesehen worden). Der Künstler kann indes nicht sein Leistungsschutzrecht als solches, sondern nur die einzelnen Verwertungsrechte und Vergütungsansprüche aus §§ 77, 78 UrhG übertragen. Die nach §§ 77 und 78 UrhG bestehenden Rechte stellen **echte Ausschließlichkeitsrechte** dar, so dass (anders als bei der früher in §§ 74 bis 76 UrhG aF. vorgesehenen „Einwilligung" als rein schuldrechtlich wirksamem Verzicht) die **Einräumung von Nutzungsrechten** (s. § 79 Abs. 2 UrhG) mit dinglicher Wirkung möglich ist (vgl. nur Dreier/Schulze § 79 UrhG Rz. 5; Wandtke/Bullinger/Bullinger § 79 UrhG Rz. 1), somit hier grundsätzlich Gleiches gilt wie beim Urheberrecht nach §§ 31 ff. UrhG (dazu Rz. 25 ff.). Durch § 79 Abs. 2 Satz 2 UrhG, der auf die §§ 31 ff. UrhG verweist (allerdings ohne §§ 31a und 32c UrhG für unbekannte Nutzungsarten), ist ein weitgehender Gleichklang zum Urheberrecht erreicht, ergänzt um § 79a UrhG als Sicherung der Beteiligung der Künstler an den zusätzlichen Erträgen infolge der im Jahr 2013 erfolgten Schutzfristverlängerung auf 70 Jahre.

Der **Übertragungszweckgedanke** ist auch auf den ausübenden Künstler anwendbar (vgl. BGH GRUR 1979, 637 – White Christmas; einschränkend v. Gamm, 1968, § 78 UrhG Rz. 6). Ansonsten sind Analogien zum Urheberrecht nur begrenzt und im Einzelfall möglich (vgl. Möhring/Nicolini § 73 UrhG Nr. 6; Schricker/Loewenheim/Krüger vor §§ 73 ff. UrhG Rz. 17 ff.).

Sonderregeln zu Rechten und Nutzungsbefugnissen ergeben sich gerade bei ausübenden Künstlern in Arbeits- und Dienstverhältnissen häufig aus **Tarifverträgen** (s. Übersicht bei Schricker/Loewenheim/Krüger § 79 UrhG Rz. 41 ff.; s. auch Rz. 14). 56

b) Tonträgerhersteller

Dem ausübenden Künstler steht der Tonträgerhersteller (§§ 85 f. UrhG) als wichtigster Verwerter nahe, der nicht nur die Leistung des ausübenden Künstlers verbreitet, sondern auch – sofern es kein gemeinfreies Werk (dazu Rz. 12) ist – die des Urhebers des dargebotenen Werkes. 57

Maßgebliche Leistung ist die **Fixierung der Darbietung** in Form einer Schallaufnahme, und zwar die Erstaufnahme, also weder die Produktion der Vervielfältigungsstücke noch der Mitschnitt eines abgespielten oder gesendeten Tonträgers. Rechteinhaber ist der Hersteller des Tonträgers, der auch eine juristische Person sein kann (vgl. § 85 Abs. 1 Satz 2 UrhG). Der Tonträgerhersteller ist danach entweder ein Produzent, der die Darbietung des Künstler aufnimmt, hierfür die wirtschaftliche Verantwortung trägt und die Aufnahme technisch und organisatorisch koordiniert (vgl. dazu **M 40.8**), oder es ist das Tonträgerunternehmen („Plattenfirma"), das entsprechende Koordinationsleistungen und Verantwortungen übernimmt. Häufig erwerben Tonträgerunternehmen jedoch mit dem sog. Bandübernahmevertrag nur die Auswertungsrechte von einem Produzenten, ohne an der Aufnahme und damit der Tonträgerherstellung selbst beteiligt zu sein.

c) Verwertungsgesellschaften

Die Vergütungsansprüche der ausübenden Künstler und Tonträgerhersteller aus der Zweitverwertung werden über die Gesellschaft zur Verwertung von Leistungsschutzrechten mbH (**GVL**) als Verwertungsgesellschaft (s. Rz. 46) gem. UrhWahrnG eingezogen und verteilt, sofern diese mit ihr entsprechende **Wahrnehmungsverträge** abgeschlossen haben. Bzgl. der öffentlichen Wiedergabe übernimmt die GEMA das Inkasso für die GVL, für die Geräte- und Leermedienabgaben (für Privatkopien) gilt der Gesellschaftsvertrag der Zentralstelle für private Überspielungsrechte (ZPÜ). Die GVL lässt sich über den Wahrnehmungsvertrag zwar auch die Rechte für die Erstverwertung übertragen (Ziff. I Abs. 1 Nr. 1), nimmt das aber in der Praxis nicht wahr. Hierüber schließen die Künstler direkte Verträge mit Veranstaltern oder Produzenten ab (vgl. **M 40.6**, **M 40.8**). 58

Die Vergütungen für Zweitverwertungsrechte sind auch der Hintergrund für manche Entscheidung über die Grenzen des Begriffs des ausübenden Künstlers, da die GVL eine Verteilung auf zu viele Berechtigte und/oder Erhöhung der Pauschalabgaben durch zu weite Auslegung des § 73 UrhG vermeiden möchte (vgl. BGH GRUR 1981, 419 – Quizmaster; BGH GRUR 1984, 730 – Filmregisseur).

M 40.1 Prioritätserklärung und Hinterlegungsprotokoll

. . . (Urkundeneingang)

Erschienen ist:

. . . (Name)

– im Folgenden Urheber –

und erklärt zur notariellen Niederschrift:

Urkunde über eidesstattliche Versicherung und Hinterlegung[1]

§ 1 Prioritätserklärung

Der Urheber versichert in notarieller Verhandlung an Eides statt[2]*, in Kenntnis der strafrechtlichen Folgen einer falschen eidesstattlichen Versicherung zur Vorlage bei Gericht*[3] *in einem etwaigen Urheberrechtsstreit und hierüber vom Notar belehrt*[4]*:*

Zu dem

Musikstück[5] *mit dem Titel „. . ."*

habe ich den Text und die Musik geschrieben, so wie es sich aus den dem Notar heute übergebenen Notenblättern mit Text und der CD ergibt.

Das Werk ist meine eigene Schöpfung und von mir am . . . vollendet worden.

Ich versichere weiter, keine Kenntnis von Schöpfungen Dritter zu haben, denen mein Ton- oder mein Sprachwerk entlehnt ist oder denen es sonst in relevanter Weise entspricht. Es handelt sich um ein selbstständiges Werk ohne die Nutzung der Werke Dritter.

§ 2 Bescheinigung und Hinterlegung[6]

Der beurkundende Notar bestätigt, dass ihm im Termin . . . DIN A4 Notenblätter mit Text unter der Überschrift „. . ." übergeben wurden, zu denen der Urheber erklärte, sie stellten sein Musikstück dar. Sie sind Bestandteil dieser Urkunde. Auf Verlesung dieses Teils wird verzichtet. Er bestätigt weiter, dass ihm eine CD mit der Aufschrift „. . ." und dem Datum „. . ." übergeben wurde, zu der der Urheber erklärte, sie enthalte die Tonaufnahme des Musikstücks sowie Datenfiles des Musikstücks für Sequenzer-Software (Midi-File und Steinberg Cubase/Apple Logic)[7]*. Die Schriftstücke und die CD werden bei dem Notar hinterlegt.*

---

1 Zweck der notariellen Urkunde ist, den im Plagiatsprozess häufig bestrittenen Zeitpunkt einer Werkschöpfung nachweisen zu können (selbstredend nicht den Werkcharakter, der ergibt sich allein aus Gesetz). Da eine Registrierung von Werken weder möglich (die Urheberrolle des § 138 UrhG dient allein der Schutzfristsicherung für anonym oder pseudonym erschienene Werke) noch notwendig ist und gerade bei unbekannten Urhebern häufig zwischen Werkschöpfung und Bekanntwerden bzw. Verwertung lange Zeiträume liegen, in denen das Werk dennoch nach außen gebracht wird – durch Aufführung, Versendung an Verlage usw. –, besteht hier sowohl die Gefahr eines Plagiats als auch das Problem, später schwer nachweisen zu können, wann das Werk geschaffen wurde. Die Vermutung des § 10 UrhG hilft dabei nicht weiter, da hierfür das Werk „erschienen" sein muss, also gem. § 6 Abs. 2 UrhG mit Zustimmung des Berechtigten Vervielfältigungsstücke des Werkes nach ihrer Herstellung in genügender Anzahl der Öffentlichkeit angeboten oder in Verkehr gebracht worden sein müssen. Vgl. insgesamt zur Problematik und zu Gestaltungsmöglichkeiten: Leistner MittBayNot 2003, 3 ff.; Heyn DNotZ 1998, 177 ff.; Wandtke/Bullinger/Thum § 10 UrhG Rz. 32 mwN; Möhring/Nicolini § 10 UrhG Rz. 6.

2 Gem. § 38 iVm. §§ 8 ff. BeurkG; vgl. Staudinger/Hertel Vorbem. zu §§ 127a, 128 BeurkG Rz. 594 ff.

3 Ohne die beabsichtigte Verwendung vor Gericht ist die eidesstattliche Versicherung keine solche, steht insbesondere nicht unter der Strafdrohung des § 156 StGB.

4 Der hierüber belehren soll laut § 38 Abs. 2 BeurkG.

5 Das Muster ist entsprechend für andere Werke verwendbar, insbesondere praxisrelevant sind Manuskripte von Schriftwerken oder Quellcodes von Computerprogrammen (sog. „Escrow"-Vereinbarungen, die aufgrund eines anderen Schwerpunkts jedoch einige spezielle Fragen aufwerfen und für die bei einer gewünschten technischen Verifizierung des Hinterlegungsgegenstands der Notar keine geeignete Verwahrungsstelle ist).

6 Tatsachenbescheinigung des Notars nach §§ 36 ff. BeurkG und untechnische Verwahrung gem. § 24 BNotO. Alternativ zur Hinterlegung beim Notar besteht die Möglichkeit, Schriftstücke und CD an eine (die einzige) Ausfertigung ansiegeln zu lassen und dem Urheber auszuhändigen. Dazu und wie eine spätere Öffnung und Austausch durch den Notar geregelt werden kann: Heyn DNotZ 1998, 177, 185 ff.; Leistner MittBayNot 2003, 9 f. (Ziff. 3).

7 Es empfiehlt sich alles drei, also traditioneller Notensatz, Audio- sowie Daten-CD, um eine möglichst breite Vergleichsbasis zu haben. Gibt es mehrere Arrangements, sollten auch diese genannt und hinterlegt werden.

§ 3 Aushändigung

Der Notar wird von mir als Autor unwiderruflich angewiesen, das Original der Urkunde und die hinterlegten Gegenstände ausschließlich an mich oder an meine Erben oder an Personen mit einer ausdrücklich hierauf bezogenen, notariell beglaubigten Vollmacht von mir oder meinen Erben herauszugeben. Die Aushändigung erfolgt unter Ansiegelung der hinterlegten Schriftstücke und der CD in versiegeltem Umschlag.

Beglaubigte Abschriften der Urkunde mit den hinterlegten Schriftstücken können jederzeit auch an einfach Bevollmächtigte herausgegeben werden.

Ich beantrage die Erteilung einer Abschrift dieser Urkunde einschließlich der hinterlegten Schriftstücke.

. . . (Schlussformel)[8]

8 Gem. § 15 Abs. 1 und 4 BeurkG.

Kosten: *Notargebühr:* Für die eidesstattliche Versicherung 1,0-Gebühr gem. Nr. 23300 KV GNotKG. Geschäftswert § 36 Abs. 1, 2 GNotKG. Für die Verwahrung entsteht eine 1,0-Gebühr gem. Nr. 25301 KV GNotKG (soweit der Wert 13 Mio. Euro übersteigt: 0,1 % des Werts). Wert nach § 124 GNotKG (orientiert am Wert der Sache).

M 40.2 Miturhebervereinbarung

zwischen

. . . (Name)

– im Folgenden Autor A –

und

. . . (Name)

– im Folgenden Autor B –

§ 1 Vertragsgegenstand[1]

(1) Autor A und Autor B haben gemeinsam[2] *ein Schriftwerk mit dem Titel „. . ." verfasst.*

(2) Autor A hat das Konzept und die Gliederung des Werks verfasst sowie grundlegende Recherche- und Quellenarbeiten durchgeführt. Autor B hat die sprachliche Überarbeitung des Gesamtwerkes übernommen sowie Kürzungen und Erweiterungen vorgenommen. Der Hauptteil der Kapitel . . . stammt von Autor A, der Hauptteil der Kapitel . . . stammt von Autor B, die restlichen Kapitel . . . sind auf Grund in etwa gleicher Beiträge entstanden.

(3) Nachdem zwar der Schaffensanteil von Autor A umfangreicher ist, hingegen die sprachliche Überarbeitung des Werks durch Autor B eine besondere Bedeutung für den Wert und die Verwertbarkeit des Werkes darstellt, sind sich beide Parteien darüber einig, dass sie jeweils zur Hälfte an der Schöpfung des Werkes mitgewirkt haben.

1 Der Vertrag geht davon aus, dass das Werk bereits vollständig oder wenigstens großteils geschaffen ist. Selbstverständlich kann eine solche Vereinbarung auch schon vor Beginn des Werkschaffens abgeschlossen werden. In dem Fall lohnt es sich aber kaum, allzu großen Wert auf ausformulierte gegenseitige Verpflichtungen zur Erstellung des Werkes zu legen, da man damit kaum ein verwertbares Ergebnis zustande bekommen wird. Klarzustellen ist allerdings, in wieweit dann Rechtsfolgen aus der Nichterfüllung entstehen sollen.

2 Zu den notwendigen Beiträgen, um als Miturheber zu gelten, s. Rz. 15.

§ 2 Verwertungserträge

(1) Die Parteien vereinbaren, das Werk gemeinsam zu verwerten[3]*. Dabei stehen alle Erträgnisse aus der Werknutzung grundsätzlich beiden je zur Hälfte zu. Das gilt unabhängig von den vorstehend beschriebenen, tatsächlichen Beiträgen an dem gemeinsamen Werk*[4]*.*

(2) Von den Erträgnissen ist vorab der Kostenaufwand abzuziehen, der einem der Autoren entsteht, um die Verwertung des Werkes zu ermöglichen. Hierzu gehören insbesondere Bürokosten, Reisekosten und sonstige konkret zuzuordnende Aufwendungen für Verhandlungen mit Verlagen und anderen Verwertern, soweit diese im beiderseitigen Einverständnis erfolgen und sich im angemessenen Rahmen halten. Gleiches gilt für die Teilnahme an direkten oder indirekten Werbemaßnahmen vor oder nach Erscheinen des Werkes. Von Dritten hierfür erhaltene Aufwandsentschädigungen oder Honorare sind je Fall anzurechnen, etwaige Überschüsse jedoch weder zu verteilen noch anderen Auslagen gegenzurechnen.

(3) Darüber hinaus ist eine zusätzliche Vorabvergütung von bis zu . . . 20 . . . % der Erträgnisse zu berücksichtigen, falls Aktivitäten zur wirtschaftlichen Verwertung des Werkes, insbesondere das Verhandeln von Verträgen und die Durchführung von Werbung, hauptsächlich von einem der beiden Autoren übernommen werden. Das setzt eine vorherige schriftliche Vereinbarung der Parteien voraus. Erst ab Unterzeichnung einer solchen schriftlichen Vereinbarung, in der der Prozentsatz der Vorabvergütung festgelegt sein muss, werden die ab diesem Zeitpunkt begründeten und eingehenden Vergütungen entsprechend abweichend verteilt. Die Rücknahme einer solchen Sonderregelung bedarf ebenfalls der Schriftform. Soweit darin nichts Abweichendes geregelt wird, entfaltet auch sie entsprechend Wirkung ab dem Zeitpunkt ihrer Unterzeichnung.

§ 3 Entscheidungsrecht

(1) Die Entscheidung über die Ausgestaltung des Werks, dessen Verwertung, Bearbeitung oder sonstige Veränderung treffen beide Parteien einvernehmlich und gemeinsam.

(2) In Abweichung zu § 8 Abs. 2 Satz 2 UrhG ist jedoch jeder der Miturheber verpflichtet, einer Verwertung zuzustimmen, wenn diese nicht seine wirtschaftlichen und insbesondere persönlichkeitsrechtlichen Interessen in schwerwiegender Weise beeinträchtigt[5]*.*

(3) Hinsichtlich der Veröffentlichung und Änderung des Werks bleibt es bei der gesetzlichen Regelung[6]*.*

§ 4 Verwertung, Verlagsvertrag

(1) Die Parteien sind sich einig, dass das gemeinsame Werk veröffentlicht und über die gesamte Schutzdauer durch einen Verlag vervielfältigt und verbreitet werden soll. Sie verpflichten sich gegenseitig, an den entsprechenden vertraglichen Vereinbarungen mitzuwirken. Verhandlungen werden nur nach vorheriger Abstimmung und im gegenseitigen Einverständnis geführt, Verträge nur gemeinsam und einheitlich abgeschlossen.

(2) Die gegenseitige Verpflichtung zur Unterzeichnung eines Verlagsvertrags besteht nur unter folgenden Voraussetzungen:

- *Der Verlag hat eine bestimmte Mindestgröße, ausgewiesen durch einen wenigstens bundesweiten Vertrieb an den Buchhandel und als E-Book mit entsprechender Bekanntheit und einen entsprechenden Werbeetat, sowie eine angemessene Zahl an vergleichbaren Werken in seinem Verlagsprogramm.*

---

3 Zum gesamthänderischen Rechtsverhältnis der Miturheber und der Begründung einer GbR iVm. § 8 UrhG kraft Gesetzes s. Rz. 15.

4 Es ist möglich, die Anteile unabhängig von den Beiträgen frei zu bestimmen (§ 8 Abs. 3 aE UrhG) oder ganz zu Gunsten des anderen Miturhebers auf seinen Anteil zu verzichten (§ 8 Abs. 4 UrhG); vgl. iÜ Rz. 15.

5 S. auch BGHZ 193, 49 Rz. 21 ff. – Kommunikationsdesigner zur Einwilligungspflicht des Miturhebers in Vergütungsanpassungen.

6 Bei noch nicht – vollständig – fertig gestelltem Werk sollten als weitere Sätze eingefügt werden: *„Hinsichtlich der Endfassung der Kapitel … entscheidet im Streitfall allein der Autor A, hinsichtlich der Endfassung der Kapitel … allein der Autor B. Der Veröffentlichung eines so zustande gekommenen Werkes darf der jeweils andere Autor nicht aus diesem Grunde widersprechen."*.

- *Ein branchenüblicher Verlagsvertrag, insbesondere mit angemessener Beteiligung der Urheber an den Erträgnissen (mindestens ... % am Ladenverkaufspreis oder entsprechende Regelung).*
- *Nennung beider Autoren in der Reihenfolge Autor A/Autor B und Verwendung des Werktitels „...".*

(3) Gegenüber dem Verlag ist zu vereinbaren, dass dieser die Verwertungserlöse den Miturhebern jeweils hälftig auskehrt, die vorstehenden Abweichungen hiervon werden durch Zahlungen der Urheber untereinander ausgeglichen. Treten bei den Ausgleichszahlungen Unregelmäßigkeiten auf, kann der ausgleichsberechtigte Urheber verlangen, dass ihm künftig die Auszahlungsansprüche gegenüber dem Verlag in entsprechender Höhe abgetreten werden. Er ist befugt, die Abtretung gegenüber dem Verlag anzuzeigen.

(4) Die Parteien sind sich darüber einig, dass eine Einwilligung zum Vertragsabschluss insbesondere dann verweigert werden kann, wenn ein unangemessenes Vertragsangebot vorgelegt oder eine nur auszugsweise Verwertung oder eine außerhalb des schriftstellerisch-literarischen Gegenstands liegende Verwertung beabsichtigt ist.

(5) Jegliche Vertragserklärungen, das gemeinsame Werk betreffend, bedürfen der vorherigen Abstimmung. Eine Kündigungserklärung aus wichtigem Grund oder andere Vertragserklärungen können jedoch dann mit Wirkung für und gegen den Miturheber erklärt werden, wenn eine vorherige Abstimmung nicht möglich ist und die Gefahr eines Rechtsverlustes bei weiterem Abwarten besteht[7]*.*

(6) Die Parteien verpflichten sich, das Werk der zuständigen Verwertungsgesellschaft (VG Wort) zu melden. Für die interne Verteilung der Vergütungen gilt das vorstehend zum Verlagsvertrag Gesagte.

§ 5 Regelungen im Todesfall

(1) Abweichend zum Vorstehenden gilt im Fall des Todes eines der Miturheber, dass der überlebende Miturheber allein berechtigt ist, über die Verwertung, Bearbeitung oder sonstige Veränderung des Werkes zu bestimmen sowie Vertragserklärungen, Vertragsänderungen und Kündigungen auch mit Wirkung für und gegen die Rechtsnachfolger des anderen Miturhebers zu erklären. Er ist hierbei nur insoweit begrenzt, als durch seine Entscheidungen nicht das Persönlichkeitsrecht und das Andenken des verstorbenen Miturhebers beeinträchtigt werden darf und keine Vereinbarungen getroffen werden dürfen, durch die die Rechtsnachfolger des Miturhebers ihm gegenüber benachteiligt werden oder durch die deren wirtschaftlichen Interessen in schwerwiegender Weise beeinträchtigt werden. Entscheidungen, denen der verstorbene Miturheber zu seinen Lebzeiten wirksam widersprochen hat, können auch nach dessen Tod nicht für oder gegen dessen Seite getroffen werden, auch nicht mit Zustimmung seiner Rechtsnachfolger.

(2) Nach dem Tode beider Urheber gelten an Stelle der Sonderregelungen dieses Paragraphen sowie der vorstehenden Regelungen in § 3 allein die gesetzlichen Bestimmungen des § 8 Abs. 2 UrhG, so dass Verwertungshandlungen und Änderungen sowie darauf bezogene Erklärungen grundsätzlich der Einwilligung und Beteiligung beider Seiten bedürfen. Abs. 1 Satz 3 bezüglich früherem Widerspruch gilt entsprechend.

(3) Jeder der Urheber verpflichtet sich für den Fall, dass das Urheberrecht nach seinem Tode mehreren Erben zusteht, einen Testamentsvollstrecker gem. § 28 Abs. 2 Satz 1 UrhG zur Ausübung des Urheberrechts einzusetzen. Unterbleibt eine solche Regelung und benennen mehrere Miterben nicht einen gemeinsamen Bevollmächtigten, ist die Gegenseite berechtigt, mit nur einem der Miterben zu korrespondieren, nur ihm gegenüber Erklärungen abzugeben und nur von ihm Erklärungen entgegen zu nehmen. Die übrigen Miterben sind über diese Vorgehensweise vorab einmal in Kenntnis zu setzen.

(4) Entsprechendes gilt für Folgeerbfälle.

---

7 Ob oder unter welchen Voraussetzungen eine Befugnis zur Kündigungserklärung usw. durch einen Miturheber auch für die anderen Miturheber besteht, ist unsicher, vgl. BGH GRUR 1982, 41, 43 – Musikverleger III (zu § 9 UrhG und § 744 Abs. 2 BGB = Notverwaltungsrecht) sowie GRUR 1990, 443, 446 – Musikverleger IV (zu § 8 UrhG und Gesamthand = Einwilligungspflicht); in der Literatur wird dies unterschiedlich beantwortet, vgl. bspw. Fromm/Nordemann/J.B. Nordemann vor §§ 31 ff. UrhG Rz. 141.

§ 6 Schlussbestimmungen

(1) Der Vertrag unterliegt deutschem Recht.

... (Gerichtsstandsvereinbarung, Schriftformabrede, Salvatorische Klausel)

... (Ort/Datum)

... (Unterschriften)

M 40.3 Galerievertrag für eine Ausstellung

zwischen

... (Name, Anschrift, ggf. Vertreter)

– nachfolgend Galerie –

und

... (Name, Anschrift)

– nachfolgend Künstler –

Präambel

Die nachfolgende Vereinbarung regelt die Ausstellung von Werken des Künstlers in den Räumlichkeiten der Galerie einschließlich der Bedingungen eines dadurch vermittelten Verkaufs der Werke[1].

§ 1 Ausstellung

(1) Die Galerie verpflichtet sich, Werke des Künstlers von ... bis ... in den Räumlichkeiten ... auszustellen.

(2) Die Ausstellung umfasst eine Zusammenstellung von Werken des Künstlers, wie in der Anlage (Werkliste) enthalten. Steht eine endgültige Werkliste bei Vertragsabschluss noch nicht zur Verfügung, verpflichtet sich der Künstler, diese schnellstmöglich nachzuliefern, spätestens bis ... (vor Ausstellungseröffnung)[2].

(3) Der Künstler verpflichtet sich, die auszustellenden Werke bis ... ausstellungsreif zu übergeben.

(4) Der Künstler versichert, Urheber der auszustellenden Werke und Inhaber der notwendigen Rechte an diesen zu sein. Andernfalls hat er – insbesondere bei Miturheberschaft – rechtzeitig auf Rechte Dritter hinzuweisen[3].

§ 2 Rückgabe, Abrechnung

(1) Die Galerie verpflichtet sich, bis ... oder jedenfalls 30 Tage nach Ausstellungsende dem Künstler alle nicht verkauften Werke zurückzugeben ..., es sei denn, es wird eine anschließende Kommission vereinbart.

(2) Über alle verkauften Werke erhält der Künstler 30 Tage nach Ausstellungsende eine Aufstellung der Verkaufspreise mit Name und Anschrift der Käufer[4]*, der abzuziehenden Provisionen und der Auszahlungsbeträge.*

1 Bei dem Vertrag handelt es sich um eine Kommissionsvereinbarung, also Geschäftsbesorgung mit dienstvertraglichem Charakter und ggf. Elementen des Werkvertrags und der Verwahrung. Verkäufe erfolgen im Namen der Galerie und auf Rechnung des Künstlers unter Provisionsbeteiligung der Galerie; das Verkaufsrisiko liegt beim Künstler.

2 In diesem Fall sollte bei Vertragsabschluss zumindest eine vorläufige Liste (mit den feststehenden Werken, der ungefähren Gesamtanzahl, dem Preisrahmen etc.) beigefügt werden.

3 Als „Warnhinweis", Sacheigentum an den Werken sollte vorausgesetzt werden können.

4 Hilfreich uU für die Realisierung des Folgerechts, § 26 UrhG, das durch die Folgerechts-Richtlinie nun für alle Länder der EU gilt.

(3) Dem Künstler stehen die Verkaufserlöse abzüglich Provisionen (§ 5) mit dem Verkauf eines Werkes zu[5]. Sie sind ihm zeitgleich mit der Abrechnung auszuzahlen. Vereinbarte Zahlungsmodalitäten (Zahlungsziele, Raten usw.) mit Käufern gehen zu Lasten der Galerie, es sei denn, der Künstler stimmt diesen zu.

§ 3 Transport, Haftung

(1) Den Transport der Werke zu den Ausstellungsräumlichkeiten und den Rücktransport zum Künstler übernimmt die Galerie.

(2) Bei Beschädigungen der Werke oder deren Abhandenkommen haftet die Galerie bei Vorsatz oder Fahrlässigkeit vom Zeitpunkt der Ablieferung durch den Künstler bis zur Rückgabe an diesen. Für Veränderungen oder Verschlechterungen durch den vertragsgemäßen Gebrauch wird nicht gehaftet.

§ 4 Gestaltung der Ausstellung

(1) Die Gestaltung der Ausstellung bestimmt die Galerie. Sie nimmt hierbei auf die Anregungen und Interessen des Künstlers Rücksicht.

(2) Die Ausstellung muss mindestens ... 20 ... Stunden die Woche geöffnet sein. Die Galerie darf keinen Eintritt verlangen.

(3) Der Künstler hat das Recht, während der Dauer der Ausstellung sich zu den Öffnungszeiten in den Ausstellungsräumlichkeiten aufzuhalten. Verkaufsverhandlungen führt allein die Galerie.

§ 5 Preise, Provision

(1) Die Verkaufspreise setzt der Künstler im Vorhinein in Abstimmung mit der Galerie fest. Sie werden als Bruttopreise einschließlich der gesetzlichen Umsatzsteuer auf der Werkliste (§ 1 Abs. 2) verzeichnet.

(2) Der Künstler sagt einen Verkauf zu diesen Preisen zu und verpflichtet sich, während der Dauer der Ausstellung die Werke nicht unter diesen Preisen zu verkaufen.

(3) Bei einem Verkauf vor Ende der Rückgabefrist erhält die Galerie eine Provision iHv. ... 40 ... %[6] des Nettoverkaufspreises zzgl. der gesetzlichen Umsatzsteuer.

(4) Die Galerie ist berechtigt, selbst Werke des Künstlers mit einem Nachlass von ... %[7] auf den festgelegten Nettoverkaufspreis zu erwerben.

§ 6 Werbemaßnahmen, Kosten

(1) Werbemaßnahmen erfolgen durch die Galerie in Abstimmung mit dem Künstler.

(2) Die Galerie ist zu folgenden Werbemaßnahmen verpflichtet: ...[8].

(3) Der Künstler erteilt die Einwilligung zur Nutzung seines Namens, autorisierten Lichtbildern seiner Person und von Abbildungen seiner auszustellenden Werke einschließlich der Vervielfältigung, Verbreitung und öffentlichen Zugänglichmachung zur – auch digital in online- und offline-Medien stattfindenden – Werbung für die Ausstellung[9].

(4) Die Kosten der Ausstellung einschließlich Werbung gehen zu Lasten der Galerie, etwaige abweichende Regelungen sind schriftlich zu vereinbaren.

§ 7 Anderweitige Vermittlungen

(1) Die Galerie kann dem Künstler bis 30 Tage nach Ausstellungsende Kaufinteressenten schriftlich nachweisen. Kommt es in Folge dieses Nachweises zu einem Kaufvertrag über ein Werk des Künstlers, erhält die Galerie eine Provision iHv. 8/10 der Provision nach § 5 dieses Vertrags. Das gilt glei-

5 Vgl. Herausgabepflicht des Geschäftsherrn bzw. Kommissionärs gem. § 384 Abs. 2 Halbs. 2 HGB.

6 Mittelwert, hängt von wirtschaftlichen (erwarteter Umsatz, Ausstellungs- und Werbekosten) und persönlichen Kriterien (Bekanntheit, Zugkraft beider Parteien) ab.

7 Abzustimmen mit Abs. 3.

8 ZB Vernissagen, Einladungen, Anzeigen, Plakate, Prospekte, Presseerklärungen, Internet.

9 Vgl. § 58 UrhG: „Katalogbildfreiheit" und grds. dazu BGHZ 126, 313 ff. – Museumskatalog; wobei die vorliegende Regelung etwas darüber hinaus geht, vgl. Wandtke/Bullinger/Lüft § 58 UrhG Rz. 5.

chermaßen für den Verkauf ausgestellter wie nicht ausgestellter Werke, vorausgesetzt, der Verkauf erfolgt spätestens innerhalb von sechs Monaten nach Ausstellungsende[10].

(2) Während der Dauer der Ausstellung wird der Künstler die in der Werkliste (§ 1) verzeichneten Werke nicht anderweitig ohne Hinzuziehung und Beteiligung der Galerie verkaufen.

(3) Sollten über die Ausstellungsdauer hinaus Werke des Künstlers bei der Galerie ausgestellt und von dieser verkauft werden, ist hierüber ein gesonderter Vertrag (Kommission) abzuschließen.

§ 8 Schlussvereinbarungen

(1) Änderungen des Vertrags bedürfen der Schriftform.

(2) Für diesen Vertrag gilt deutsches Recht.

. . . (Gerichtsstandsklausel, Salvatorische Klausel)

§ 9 Besondere Vereinbarungen

. . .[11]

. . . (Ort/Datum)

. . . (Unterschriften)

10 Die Klausel soll Umgehungsgeschäfte verhindern und der Galerie auch in begrenztem Umfang Folgeeffekte der Ausstellung sichern. Zur Klarheit der Regelung wurde auf die Feststellung einer Ursächlichkeit der Ausstellung für den Verkauf (über den Nachweis des Interessenten hinaus) verzichtet, dafür eine feste Zeitgrenze fixiert. Die Beschränkung auf nicht in der Ausstellung befindliche Werke erscheint nicht sachgerecht (so aber der Mustervertrag des Bundesverbands bildender Künstlerinnen und Künstler).

11 ZB Belegexemplare des Musterkatalogs für den Künstler, anschließende Kommission, erweiterte Exklusivität, Beteiligung an vermittelten Auftragsarbeiten, Anschlussveranstaltungen mit der Galerie oder Vermittlung solcher mit anderen Galerien, zusätzliche Betreuung in wirtschaftlicher oder rechtlicher Hinsicht usw.

M 40.4 Foto-Agenturvertrag

zwischen

. . . (Name, Anschrift)

– nachfolgend Agentur –

und

. . . (Name, Anschrift)

– nachfolgend Fotograf –

Präambel

Die nachfolgende Vereinbarung dient dazu, die Lichtbilder des Fotografen der Agentur zur umfassenden und exklusiven Vermarktung zur Verfügung zu stellen. Hierzu werden der Agentur die notwendigen Nutzungsrechte eingeräumt, damit sie diese an Dritte weiter übertragen kann.

§ 1 Bildmaterial

(1) Der Fotograf überlässt der Agentur Lichtbildwerke[1]*, Lichtbilder und Lichtbildern ähnliche Erzeugnisse*[2] *(Bildmaterial). Das Sacheigentum an dem Bildmaterial verbleibt beim Fotografen*[3].

1 Lichtbilder mit Schöpfungshöhe und Individualität gem. § 2 Abs. 1 Nr. 5 und Abs. 2 UrhG, vgl. Rz. 1 ff. sowie Rz. 48 und Schricker/Loewenheim § 2 UrhG Rz. 173 ff., 177.

2 Vgl. § 72 UrhG: „fotografieähnlich" bedeutet, „unter Benutzung strahlender Energie" erzeugt, BGHZ 37, 1, 6 – AKI.

3 Vgl. zu einer sonst evtl. möglichen Eigentumsübertragung BGH GRUR 2007, 693 Rz. 25 ff. – Archivfotos (allerdings unter Anwendung der Übertragungszweckregel auch auf die Eigentumsübertragung eine Übereignung verneinend).

(2) Der Fotograf führt eine laufend aktualisierte Inventarliste über das gesamte überlassene Bildmaterial, die er monatlich (wöchentlich/bei Bedarf) der Agentur übersendet, die verpflichtet ist, diese gegenzuzeichnen und zurückzusenden oder andernfalls unverzüglich schriftlich zu widersprechen. Die jeweils letzte, beiderseits unterzeichnete Inventarliste hat die Vermutung der Richtigkeit und Vollständigkeit.

(3) Die Versendung des Bildmaterials an die Agentur erfolgt auf Kosten und im Risiko des Autors. Die Agentur übersendet unmittelbar nach Erhalt eine allgemeine Eingangsbestätigung, die auch per E-Mail erfolgen kann.

§ 2 Rechtseinräumung, Exklusivität

(1) Der Fotograf räumt der Agentur sämtliche Nutzungsrechte[4]*, insbesondere zur Vervielfältigung und Verbreitung, auch in elektronischer Form, und zur öffentlichen Zugänglichmachung, an dem Bildmaterial ein. Die Agentur ist verpflichtet, die Rechte durch Vermarktung des Bildmaterials auszuüben. Die Agentur ist dabei berechtigt, sich weiterer Vermittler und Agenturen zu bedienen. Das Recht zur Ausstellung bleibt dem Fotografen vorbehalten*[5]*.*

(2) Die Agentur erhält das ausschließliche Nutzungsrecht an dem überlassenen Bildmaterial. Auch dem Fotografen ist die weitere Nutzung nicht gestattet. Die Rechtseinräumung gilt weltweit, für die gesamte Schutzdauer sowie inhaltlich unbeschränkt.

(3) Der Fotograf verpflichtet sich, ähnliche Motive nicht an andere Agenturen zu geben. Sofern vor Vertragsabschluss bereits ähnliche Motive anderweitig verwendet wurden, so ist der Fotograf auf Mitteilung eines Exklusivverkaufs durch die Agentur verpflichtet, ähnliche Motive für den entsprechenden Zeitraum oder den jeweiligen Medienbereich zu sperren.

§ 3 Verwertung, Rechtewahrnehmung

(1) Die Agentur ist berechtigt, einfache oder ausschließliche Nutzungsrechte, räumlich, zeitlich und inhaltlich beschränkt oder unbeschränkt Dritten einzuräumen bzw. an Dritte zu übertragen. Über die vertraglichen Bedingungen einer solchen Einräumung oder Übertragung von Nutzungsrechten entscheidet ausschließlich die Agentur. Sie soll hierbei jedoch die Interessen des Fotografen an einer angemessenen Vergütung sowie an der größtmöglichen Verbreitung sowie der Verbreitung in möglichst hochwertigem Umfeld und möglichst nur in der Originalfassung Rechnung tragen.

(2) Der Agentur ist es gestattet, Duplikate des Bildmaterials herstellen zu lassen, diese in gedruckter oder elektronischer Form zu reproduzieren und zu präsentieren. Sie hat durch geeignete Maßnahmen darauf zu achten, dass hierdurch keine unerlaubte Nutzung durch Dritte ermöglicht oder vereinfacht wird (insbesondere keine Kopiermöglichkeit über das Internet).

(3) Die Agentur wird ihre Abnehmer und Verwerter verpflichten, den Namen des Fotografen bei jeder Veröffentlichung in üblicher und angemessener Form zu nennen. Sie wird ermächtigt und verpflichtet sich, etwaige Verstöße gegen diese Pflicht sowie auf Anerkennung der Urheberschaft und Urheberbenennung (§ 13 UrhG) sowie andere Verletzungen von Urheber- und Leistungsschutzrechten bzgl. des Bildmaterials[6]* Dritten gegenüber zu verfolgen und sämtliche damit im Zusammenhang stehenden Ansprüche einschließlich Schadensersatzansprüche durchzusetzen. Das gilt nicht bei unverhältnismäßigen Kosten einer Rechtsverfolgung.*

4 Gem. § 31 Abs. 5 UrhG (bei einfachen Lichtbildern anwendbar über § 72 Abs. 1 UrhG) sind die gewünschten Nutzungsrechte einzeln zu benennen und klar bestimmt zu beschreiben, um nicht über den Übertragungszweckgedanken eingeschränkt zu werden, vgl. Rz. 35 und 25. Zur möglichen Ausdehnung auf künftige Nutzungsarten s. Rz. 37 (Formulierung zB *„Die Rechtseinräumung umfasst auch Nutzungen mittels erst künftig entstehender Technologien"*).

5 S. auch §§ 44 Abs. 2, 72 UrhG (aber hier die Regelung zum Sacheigentum in § 1 Abs. 1 Satz 2 des Vertrags) sowie Rz. 42.

6 Bei unlizenzierter Nutzung ohne Urheberbenennung muss der Verletzer grundsätzlich die doppelte übliche Lizenzgebühr zahlen, vgl. zB LG München I GRUR-RR 2009, 92 Rz. 40 ff.; Dreier/Schulze § 13 UrhG Rz. 35 mwN.

§ 4 Änderungen

(1) Die Agentur ist befugt, in begründeten Fällen einer Änderung oder Bearbeitung (Ausschnitte, Montagen, fototechnische oder computergestützte Nachbearbeitung oder Verfremdung) des Bildmaterials mit Wirkung für und gegen den Fotografen zuzustimmen. Sie hat bei gravierenden Eingriffen vorab Rücksprache mit dem Fotografen zu halten.

(2) Der Fotograf kann in Einzelfällen bestimmen, dass ein Bild nicht anders als in der Originalfassung verwendet werden darf. Das gilt insbesondere für Lichtbildwerke gem. § 2 Abs. 1 Nr. 5, Abs. 2 UrhG.

§ 5 Honorar

(1) Die durch Verwertung des Bildmaterials erzielten Erträge werden zwischen Agentur und Fotograf im Verhältnis 50:50 geteilt. Zu den Erträgen zählen die von Abnehmern, Verwertern oder anderen Bildagenturen gezahlten Vergütungen und Gebühren sowie Schadensersatzzahlungen wegen Verletzung von Urheberrechten oder verwandten Schutzrechten oder wegen sonstiger Beeinträchtigungen von Schutzrechten oder vertraglichen Verpflichtungen in Bezug auf das Bildmaterial.

(2) Der Ertrag berechnet sich aus den Nettoerlösen ohne Umsatzsteuer und abzüglich etwaiger Künstlersozialabgaben[7]*. Bei Schadensersatzzahlungen sind nicht erstattete Anwalts- oder Verfahrenskosten vorab abzuziehen.*

(3) Der Fotograf erhält auf die ihm zustehenden Anteile die gesetzliche Umsatzsteuer, soweit Umsatzsteuerpflicht besteht.

(4) Das Honorar wird vierteljährlich abgerechnet und jeweils bis spätestens zum 10. des Folgemonats an den Fotografen ausbezahlt. Der Fotograf hat das Recht, die Abrechnung durch einen vereidigten Buchprüfer nachprüfen zu lassen. Ergeben sich hieraus Nachforderungen, ist die Agentur verpflichtet, die Kosten des Beauftragten dem Fotografen zu erstatten.

(5) Der Fotograf erhält Belegexemplare von jeder Verwertung gemeinsam mit der Abrechnung, soweit solche zur Verfügung stehen.

§ 6 Gewährleistungen

(1) Der Fotograf versichert, dass das von ihm gelieferte Bildmaterial frei von Rechten Dritter ist. Er versichert, dass er selbst alleiniger Hersteller oder Urheber des überlassenen Bildmaterials ist und keine anderweitigen Nutzungsrechte hieran eingeräumt hat.

(2) Er versichert weiter, dass abgebildete Personen ihre Einwilligung zur Verbreitung und Veröffentlichung erteilt haben oder dass deren Einwilligung gesetzlich nicht erforderlich ist[8]*. Gleiches gilt für Urheber und Rechteinhaber von abgebildeten Werken*[9] *oder sonst vor der Abbildung geschützten Leistungen. Er verpflichtet sich, entsprechende Einwilligungen regelmäßig schriftlich einzuholen und zu dokumentieren und der Agentur auf Verlangen zur Verfügung zu stellen.*

(3) Sofern beabsichtigt ist, bestimmtes Bildmaterial für Werbung zu verwenden, so unterrichtet die Agentur den Fotografen hiervon vor Abschluss eines solchen Verwertungsvertrages vorab. Das gilt insbesondere bei der Verwendung von Lichtbildern, auf denen Personen abgebildet sind oder sonst Rechte Dritter beeinträchtigt werden könnten. Des Weiteren soll der Fotograf das Bildmaterial bereits bei der Überlassung entsprechend kennzeichnen („auch zur Werbung"/„nicht zur Werbung"). Ist das erfolgt, entfällt die Rückfragepflicht.

(4) Die Agentur sorgt mit geeigneten vertraglichen Vereinbarungen dafür, dass durch die Verwendung des Bildmaterials, etwa durch Kombination von Bild und Text oder Versendung der Bilder in einem sinnentstellenden oder abwertenden Zusammenhang keine Rechte Dritter verletzt werden.

(5) Sind auf den Lichtbildern Personen im Zusammenhang mit Ereignissen der Zeitgeschichte[10] *abgebildet, hat die Agentur sicher zu stellen, dass sie nur im erlaubten redaktionellen Zusammen-*

---

7 Ggf. bei ausländischen Fotografen ergänzen um Einbehalt der Ausländersteuer, vgl. **M 40.6** Fn. 7.

8 Vgl. § 22 KUG bzw. Schrankenregelung des § 23 KUG.

9 Vgl. Schrankenregelungen des § 59 UrhG (Lichtbilder von Werken an öffentlichen Plätzen – dazu BGH GRUR 2003, 1035 – Hundertwasser-Haus) und § 60 UrhG (Lichtbilder von Bildnissen).

10 § 23 Abs. 1 Nr. 1 KUG; vgl. zur Rechtsprechung des „abgestuften Schutzkonzepts" BGHZ 171, 275; 178, 213; 180, 114.

hang verwendet werden. Ggf. ist sicher zu stellen, dass möglicherweise problematische Verbreitungen und Veröffentlichungen nur nach Rückfrage bei dem Fotografen erfolgen.

(6) Die Parteien stellen sich gegenseitig von Forderungen Dritter frei, die einer Partei durch Verletzung der vorstehenden Gewährleistungen durch die jeweils andere Partei entstehen.

§ 7 Kündigung, Rückgabe

(1) Die Vertragslaufzeit ist unbestimmt, beträgt mindestens jedoch zwei Jahre. Der Vertrag kann ansonsten mit einer Frist von sechs Monaten zum Jahresende gekündigt werden. Das Recht zur fristlosen Kündigung aus wichtigem Grund bleibt unberührt. Jede Vertragskündigung ist schriftlich gegenüber der anderen Vertragspartei zu erklären.

(2) Ab Zugang der Kündigungserklärung wird die Agentur keine weiteren Verwertungsverträge über das Bildmaterial des Fotografen abschließen.

(3) Mit Vertragsende wird das gesamte Bildmaterial im Rahmen der laufenden Sortierarbeiten an den Fotografen zurück gegeben. Die Rückgabe muss bis drei Monate nach Vertragsende abgeschlossen sein. Kopien oder sonstige Duplikate, auch in elektronischer Form, sind nach Vertragsende an den Fotografen herauszugeben, sofern er hierfür die Gestehungskosten erstattet; andernfalls werden sie vernichtet oder gelöscht.

(4) Die Agentur haftet nicht für den Verlust oder die Beschädigung des überlassenen Bildmaterials, außer in Fällen von Vorsatz oder grober Fahrlässigkeit[11].

§ 8 Schlussvereinbarungen

(1) Erfüllungsort und Gerichtsstand ist der Sitz der Agentur, sofern der Fotograf Kaufmann ist oder im Inland keinen allgemeinen Gerichtsstand hat.

(2) Der Vertrag unterliegt deutschem Recht.

. . . *(Schriftformabrede, Salvatorische Klausel)*

§ 9 Besondere Vereinbarungen[12]

. . .

. . . *(Ort/Datum)*

. . . *(Unterschriften)*

11 Vgl. zur Haftung des Kunden, bei dem Originale verloren gehen, BGH GRUR 2002, 282 – Bildagentur.

12 UU Regelungen zur Anmeldung des Fotografen zur VG Bild-Kunst zur Sicherung entsprechender Vergütungen (Fotografen gehören zur Berufsgruppe II, die Agentur ist an der Erlösverteilung beteiligt), besondere Bedingungen zu eingeschränkten Befugnissen der Erben beim Tod des Fotografen etc. (vgl. **M 40.2** § 5).

M 40.5 Entwicklung einer Werbelinie

. . . *(Name, Anschrift, Vertretung der Agentur)*

– nachfolgend Werbeagentur –

und

. . . *(Name, Anschrift, Vertretung des Auftraggebers)*

– nachfolgend Auftraggeber –

vereinbaren:

Präambel

Die Werbeagentur soll für den Auftraggeber eine neue Werbebroschüre entwerfen und hierbei zugleich eine neue Werbelinie entwickeln. Hierfür treffen die Parteien nachfolgende Regelung über den Leistungsumfang, die Einräumung von Nutzungsrechten an den Leistungen und die zu zahlen-

de Vergütung. Die Nutzung des Leistungsergebnisses wie auch dessen Änderung soll dem Auftraggeber soweit als möglich unabhängig von der Mitwirkung der Werbeagentur zustehen.

§ 1 Vertragsleistungen, Zeitplan, Vorentwurf[1]

(1) Die Werbeagentur erbringt folgende Leistungen[2]*:*

- *Entwurf eines Logos,*
- *Entwicklung eines einheitlichen Erscheinungsbildes (corporate design) mit Logo, Farbgebung und Schriftgestaltung, einschließlich dessen Umsetzung für Briefpapier, Visitenkarten und Werbeanzeigen,*
- *Konzept, Entwicklung, Layout und Ausführung einer entsprechend gestalteten farbigen Werbebroschüre mit ... Seiten, Format ... × ... cm einschließlich Textteile, Fotografien von ... inklusive Bildbearbeitung.*

Alle Leistungen werden nach den Vorstellungen des Auftraggebers und auf Grund von aussagekräftigen Vorentwürfen der Werbeagentur mit ausreichenden Alternativvorschlägen erstellt.

(2) Die Leistungen der Werbeagentur werden gemäß dem in der Anlage befindlichen Zeitplan erbracht. Hierbei ist zu bestimmen, bis wann erste Vorentwürfe vorzulegen und bis wann jeweils die endgültige Teilleistung abnahmefähig vorzulegen ist.

(3) Nach Erhalt eines Vorentwurfs für den jeweiligen Teil der Vertragsleistungen teilt der Auftraggeber spätestens innerhalb eines Monats mit, ob er hiermit einverstanden ist oder welche Anpassungen er wünscht. Hält er einen Vorentwurf grundsätzlich für nicht geeignet, so hat die Werbeagentur die Möglichkeit, einen weiteren Vorentwurf zu liefern. Hält der Auftraggeber hiernach seine Ablehnung aufrecht, wird der Vertrag beendet. Die Werbeagentur erhält eine angemessene Abgeltungszahlung, deren Höhe sie nach billigem Ermessen anhand des von ihr darzulegenden erbrachten Zeitaufwands gegenüber dem Gesamtaufwand je Teilleistung bestimmt, die aber maximal – im Falle eines vollständigen Vorentwurfs – 20 % der Vergütung für die betreffende Teilleistung nach § 2 Abs. 1 betragen darf. Der Auftraggeber ist nicht berechtigt, diese Teilleistung der Werbeagentur in irgendeiner Weise zu verwenden. Im Übrigen gilt § 2 Abs. 4 entsprechend[3]*.*

§ 2 Vergütung

(1) Die Werbeagentur erhält als Vergütung insgesamt ... Euro.

Hiervon entfallen auf:

- *Entwurf des Logos: ... Euro*
- *Entwicklung des Erscheinungsbildes und Umsetzung: ... Euro*
- *Werbebroschüre: ... Euro*

Darüber hinaus werden folgende Leistungen nach Aufwand vergütet:

- *je Fotografie einschließlich Bildbearbeitung: ... Euro*
- *je Textseite der Werbebroschüre: ... Euro*

Alle vorstehenden Beträge verstehen sich zzgl. der gesetzlichen Umsatzsteuer.

(2) Nicht enthalten sind Druckkosten für Briefpapier, Visitenkarten und Werbebroschüre. Der Auftraggeber wird Dritte mit diesen Leistungen beauftragen. Die Werbeagentur unterstützt ihn bei der Abstimmung, auf Wunsch bis hin zum Vertragsabschluss im Namen des Auftraggebers.

(3) Ein Vergütungsanspruch besteht nur bei vollständiger Erbringung und nach Abnahme oder Verwertung aller geschuldeten Leistungen. Davon unabhängig sind Abschlagszahlungen zu erbringen

1 Der Vertrag ist ein Werkvertrag mit Teilen „urheberrechtsfreier" Leistungen und Teilen, an denen Schutzrechte entstehen können, deren künftige Nutzung zu regeln ist.

2 Denkbar ist die weitere Kombination mit dem Design und der Programmierung einer Internetseite, was hier eingefügt oder vertraglich verknüpft werden kann, s. dazu **M 38.3.**

3 Die Regelung der Vorphase mit einer Möglichkeit zur Lösung vom Vertrags(-partner) ist wichtig und sinnvoll aufgrund der notwendigen Vertrauensgrundlage und dem Einverständnis mit den gestalterischen Leistungen. Sie sollte anhand der konkreten Sachlage im Einzelfall weiter detailliert werden (vgl. auch die ausführlichere Regelung in **M 38.3** § 1).

nach vollständiger Lieferung und Abnahme der vorbenannten Teilleistungen in Höhe der darauf entfallenden Anteile abzgl. 10 % Einbehalt[4]*, sowie zusätzlich eine Abschlagszahlung nach Vorlage eines Vorabdrucks der Werbebroschüre iHv. 30 % des hierauf entfallenden Anteils.*

(4) Wird nicht die gesamte Leistung vertragsgemäß erbracht, hat der Auftragnehmer das Recht, nach seiner Wahl von dem Vertrag insgesamt zurückzutreten oder beliebige einzelne Teilleistungen zurückzuweisen. Im Falle des Rücktritts hat der Auftraggeber erhaltene Zahlungen zurück zu gewähren, bei Zurückweisung von Teilleistungen mindert sich die Vergütung um die entsprechenden vorstehenden Anteile.

(5) Mit der Vergütung sind zugleich sämtliche nachfolgend geregelten Rechtseinräumungen auch für die Zukunft abgegolten. Die Parteien sind sich über die Angemessenheit der Vergütung insoweit einig[5]*.*

§ 3 Rechtseinräumung, Schutzrechtsanmeldung, Namensnennung

(1) Die Werbeagentur verpflichtet sich, dem Auftraggeber die ausschließlichen Nutzungsrechte an allen Schutzrechten einzuräumen bzw. zu übertragen, die mit Erbringung der vorbeschriebenen Vertragsleistungen erwachsen, insbesondere an Urheberrechten oder Leistungsschutzrechten oder gewerblichen Schutzrechten an den Textteilen[6]*, künstlerischen oder technischen Zeichnungen oder Grafiken, Lichtbildwerken oder Lichtbildern, Datensammlungen. Der Auftraggeber ist zur umfassenden körperlichen und unkörperlichen Verwertung für alle beliebigen Zwecke und in allen denkbaren, derzeit bekannten Nutzungsarten und zur Nutzung mittels erst künftig entstehender Technologien*[7] *berechtigt, insbesondere zur unbegrenzten Vervielfältigung und Verbreitung und öffentlichen Zugänglichmachung*[8]*.*

(2) Der Auftraggeber ist des Weiteren zur Umgestaltung und Bearbeitung der vertragsgegenständlichen Leistungen in jeglicher Form berechtigt[9]*. Insbesondere die Werbebroschüre kann von dem Auftraggeber sowohl in der vorgelegten Form als auch in allen denkbaren anderen Formen (einschließlich digitaler bzw. elektronischer Form) sowie komplett oder ausschnittsweise vervielfältigt werden, einschließlich der Einbettung in das Internet mit entsprechender Anpassung. Unzulässig sind solche Änderungen, die den Kern des Persönlichkeitsrechts des Urhebers oder Herstellers betreffen, insbesondere unter das urheberrechtliche Entstellungsverbot fallen.*

(3) Die Rechtseinräumung bzw. -übertragung erfolgt mit der Ablieferung der fertigen (Teil-)Leistung an den Auftraggeber[10]*.*

(4) Die Rechtseinräumung erfolgt als ausschließliches Nutzungsrecht unter Ausschluss des Urhebers oder Herstellers oder sonstigen Rechteinhabers, weltweit sowie zeitlich und inhaltlich unbeschränkt.

(5) Die Anmeldung von Schutzrechten bleibt dem Auftraggeber vorbehalten, insbesondere von nationalen oder europäischen Markenrechten oder Design- bzw. Geschmacksmusterrechten. Die Werbeagentur hat alles zu unterlassen, was einem solchen Schutz hinderlich sein könnte.

(6) Der Auftraggeber verpflichtet sich, in der Broschüre in geeigneter Weise auf die Entwurfsleistungen der Werbeagentur hinzuweisen in Form eines branchenüblichen Hinweises (zB „Entwurf von ...“). Die Vertragsparteien sind sich einig, dass eine Namensnennung bzgl. der anderen Vertrags-

---

4 Abzug aufgrund des begrenzten Wertes bloßer Teilleistungen.

5 Aufgrund des § 32 UrhG sind Nachzahlungspflichten bei urheberrechtlich geschützten Werken zwar nie auszuschließen (s. Rz. 34), setzen aber grundsätzlich das Erzielen von Erträgen auf Seiten des Verwerters voraus, was in der vorliegenden Konstellation normalerweise ausscheidet.

6 Reine Werbetexte sind nur ausnahmsweise urheberrechtlich schutzfähig, vgl. BGH GRUR 1961, 85, 87 f. – Pfiffikus-Dose; das gilt schon wegen ihrer Kürze meist auch für Werbeslogans, vgl. OLG Frankfurt GRUR 1987, 44 ff. – WM-Slogan; als Marke eintragungsfähig ist ein Slogan nur dann, wenn er sich als Herkunftshinweis eignet und verstanden werden kann, vgl. EuGH GRUR 2010, 228 – Vorsprung durch Technik; ferner BGHZ 185, 152 Rz. 15 ff. – Marlene-Dietrich-Bildnis II.

7 Zur Gesetzeslage seit 1.1.2008 (§ 31a UrhG mit § 32c UrhG) s. Rz. 37.

8 Vgl. aber Übertragungszweckgedanke (auf den auch die Präambel ausgerichtet ist) und Rz. 35, weshalb speziell vorgesehene Nutzungen vorsorglich „insbesondere“ beschrieben werden sollten.

9 Abweichung von §§ 14, 39 UrhG, vgl. Rz. 17 f.

10 Vgl. § 9 Abs. 1 VerlG sowie Rz. 14.

leistungen grundsätzlich nicht branchenüblich bzw. nicht gewünscht ist. Soweit dennoch eine Urhebernennung zwingend erforderlich sein sollte, etwa bei Verwendung von Lichtbildwerken, wird die Werbeagentur dies mit Ablieferung der Vertragsleistung mitteilen.

§ 4 Gewährleistung

(1) Die Werbeagentur versichert, dass sie Inhaber sämtlicher Urheberrechte und sonstiger Schutzrechte an den betreffenden Leistungen bzw. Inhaber der ausschließlichen Nutzungsrechte hieran ist und dass Rechte Dritter durch diese Vereinbarung nicht verletzt sind.

(2) Sollten Dritte berechtigte Ansprüche anmelden, ist die Werbeagentur verpflichtet, sich soweit als möglich um den Erwerb der erforderlichen Nutzungsrechte zu bemühen bzw. ihre Leistung so anzupassen, dass sie in gleichwertiger Form frei von Rechten Dritter ist. Die entsprechenden Maßnahmen sind unverzüglich einzuleiten. Die Abänderungspflicht entsteht spätestens mit Vorliegen einer negativen Gerichtsentscheidung im einstweiligen Verfügungsverfahren nach mündlicher Verhandlung.

§ 5 Überlassung von Vorlagen

Die Werbeagentur verpflichtet sich, dem Auftraggeber reproduzierbare und abänderbare Vorlagen für die vertragsgegenständlichen Leistungen zu überlassen, also insbesondere Bilddateien für das Logo und für die Umsetzungen des Erscheinungsbilds sowie Layout- und Druckdateien für die Werbebroschüre einschließlich der dortigen Fotografien, Bilder und Grafiken.

§ 6 Schlussbestimmungen

Erfüllungsort und Gerichtsstand für alle Streitigkeiten im Zusammenhang mit diesem Vertrag ist der Sitz des Auftraggebers, soweit die Parteien Kaufleute oder juristische Personen des öffentlichen Rechts oder öffentlich-rechtliche Sondervermögen sind oder soweit die Werbeagentur keinen allgemeinen Gerichtsstand im Inland hat.

. . . (ggf. Rechtswahl, Schriftformabrede, Salvatorische Klausel)

. . . (Ort/Datum)

. . . (Unterschriften)

M 40.6 Konzertvertrag[1]

. . . (Name, Anschrift des Veranstalters, ggf. Rechtsform und Vertretung)

– im Folgenden Veranstalter –

und die Musikgruppe . . . (Name, Anschrift, Vertreter der Musikgruppe[2])

– im Folgenden Musikgruppe –

vereinbaren ein vom Veranstalter durchzuführendes Konzert mit musikalischen Live-Darbietungen der Musikgruppe . . . (Name) zu den folgenden Bedingungen.

1 Die Vereinbarung ist zugeschnitten auf ein Einzelengagement einer Musikgruppe (analog abzuändern auf einen Einzelkünstler); soll ein Vertrag für eine Konzertreihe geschlossen werden, besteht Regelungsbedarf bzgl. der Ausfall-, Ersatz- oder Kündigungsmöglichkeit einzelner Auftritte. Derartige Verträge über die Aufführung eines Ensembles oder Künstlers mit „bestimmter künstlerischer Wertschöpfung" sind nach richtiger Ansicht werkvertraglicher Natur. Überwiegend als Dienstvertrag anzusehen sind Engagements einzelner Mitwirkender nach Weisungen des Veranstalters an einer Gesamtaufführung (Musical, „Event", Gala usw.). Vgl. insgesamt dazu Staudinger/Peters/Jacoby Vorbem. zu §§ 631 ff. BGB Rz. 37; MünchKomm.BGB/Müller-Glöge § 611 BGB Rz. 136; MünchKomm.BGB/Busche § 631 BGB Rz. 244; Funke/Müller Teil B Rz. 205 ff. mwN.

2 Häufig wird der Vertrag mit dem Management als Vertreter abgeschlossen. Fehlt dem Manager oder Agenten die Vertretungsmacht, haftet er gem. § 179 BGB auf Schadensersatz.

§ 1 Auftrittsdaten[3]

(1) Datum der Veranstaltung: . . .

(2) Ort der Veranstaltung: . . .

(3) Zeitablauf der Veranstaltung:

Beginn der Veranstaltung bzw. Publikumseinlass: ca. . . . Uhr,

Beginn des Auftritts der Musikgruppe: ca. . . . Uhr,

Ende des Auftritts der Musikgruppe: ca. . . . Uhr.

Spieldauer der Musikgruppe: . . . Sets zu je ca. . . . Min., ggf. zzgl. Zugaben.

§ 2 Gage

(1) Die Musikgruppe erhält als Grundgage: . . . Euro.

Zusätzlich erhält sie eine Beteiligung von . . . % der Netto-Eintrittseinnahmen/. . . % der die Netto-Grundgage übersteigenden Netto-Eintrittseinnahmen/. . . für jedes vom Veranstalter verlangte weitere Set bzw. jede weitere halbe Stunde . . . Euro[4]*.*

Alle Beträge sind zahlbar zzgl. der gesetzlichen Umsatzsteuer (derzeit 7/19 %[5]*).*

(2) Die Gage wird der Musikgruppe in bar unmittelbar nach dem Auftritt ausgezahlt[6]*.*

(3) Die Musikgruppe teilt dem Veranstalter mit, falls sie bzw. ihre Mitglieder der Ausländersteuer unterliegen. Ist das der Fall, behält der Veranstalter die Ausländersteuer ein und führt sie direkt an das Finanzamt ab[7]*.*

(4) Der Eintrittspreis beträgt im Vorverkauf . . . Euro (ohne Vorverkaufsgebühr), an der Abendkasse . . . Euro. Die Zuschauerzahl beträgt max. . . . Personen[8]*.*

Der Eintritt wird vom Veranstalter kassiert und ist im Falle einer Beteiligung der Musikgruppe an den Eintrittseinnahmen unmittelbar nach Kassenschluss schriftlich gegenüber der Musikgruppe abzurechnen und zu bestätigen.

§ 3 Werbung

(1) Der Veranstalter sorgt für ausreichende Werbung, die er verantwortet und auf seine Kosten durchführt. Etwaige Werbe- oder Sponsoringpartner sind der Musikgruppe vor Vertragsabschluss zu benennen, ebenso im Bühnenbereich platzierte Werbung.

---

3 In der Praxis empfiehlt sich aus Gründen der Klarheit die besonders hervorgehobene Eintragung der konkreten Auftrittsdaten.

4 Hier gibt es zahllose Modelle und Vorlieben, auch abhängig von der Branche, s. auch Funke/Müller Teil B Rz. 225 ff.

5 Für Musikgruppen kann der ermäßigte Steuersatz gem. § 12 Abs. 2 Nr. 7 lit. a UStG in Anspruch genommen werden. Diese Steuerermäßigung betrifft bestimmte Leistungen der Theater, Konzerte und Museen sowie vergleichbare Leistungen ausübender Künstler. Die Anzahl der auf der Bühne tätigen Künstler ist ohne Bedeutung. Daher sollte hier der konkrete Satz mit angegeben werden.

6 Branchenüblich beim gewöhnlichen Einzelengagement, ab gewisser Höhe meist teils bar und teils per Bar- oder Verrechnungsscheck, auch mit Teilzahlung, zB die erste Hälfte unmittelbar vor dem Auftritt oder zur Pause usw. Bei bekannteren Künstlern ist auch (Teil-)Vorauszahlung nach Unterschrift bzw. vor dem Auftrittsdatum üblich.

7 Vgl. § 50a EStG; der Steuerabzug beträgt 25 %. Bei im Inland ausgeübten Tätigkeiten beträgt der Steuerabzug 20 %, wenn die gesamten Einnahmen über 1000 Euro betragen und der Zufluss nach dem 31.12.2002 erfolgt (bei Einnahmen von über 250 Euro bis 500 Euro 10 % und von über 500 Euro bis 1000 Euro 15 %). Er entsteht im Zuflusszeitpunkt der Vergütung. Von jeder Zahlung ist der Steuerabzug durch den Vergütungsschuldner einzubehalten und in vierteljährlichen Abständen beim Finanzamt anzumelden und abzuführen (§ 73e EStDV). Der Vergütungsschuldner haftet für die Einbehaltung und Abführung der Steuer (§ 73g EStDV). In den Fällen der Umsatzsteuerschuldnerschaft des Leistungsempfängers (§ 13b UStG) gehört die Umsatzsteuer nicht zur Bemessungsgrundlage für die Abzugsteuer nach § 50a EStG.

8 Da der Eintrittserlös (zzgl. begleitende Einnahmen durch Bewirtung etc.) beiderseitige Kalkulationsgrundlage ist, sollten diese Daten auch dann festgeschrieben werden, wenn die Musikgruppe keine Beteiligung erhält.

(2) Die Musikgruppe liefert dem Veranstalter als Werbematerial: ... Pressefotos (gratis), ... Informationsmappen (gratis), sowie ... Plakate DIN A 1 (gegen Schutzgebühr von 1,00 Euro pro Stück zzgl. Umsatzsteuer).

(3) Der Veranstalter übersendet von allen Vorberichten, Kritiken und Besprechungen des Konzertes je ein Belegexemplar an die Musikgruppe.

§ 4 Abgaben, Rechte, Einwilligung

(1) Aufführungsrechte und GEMA-Gebühren müssen vom Veranstalter erworben und bezahlt werden. Die Musikgruppe überlässt ihm nach dem Auftritt eine vollständige Aufstellung aller dargebotenen, urheberrechtlich geschützten Titel[9]*. Sonstige Abgaben einschließlich der Künstlersozialabgabe*[10] *werden ebenfalls vom Veranstalter abgeführt.*

(2) Aufnahmen auf Bild- oder Tonträger oder die öffentliche Zugänglichmachung (drahtgebunden oder drahtlos) oder Sendung oder das öffentlich wahrnehmbar Machen (außerhalb des Veranstaltungsraumes) von Darbietungen der Musikgruppe bedürfen deren vorheriger schriftlicher Gestattung, nicht aber der des Veranstalters, der insoweit für seinen Rechtsverzicht (auch gegenüber Dritten und einschließlich neuer unbekannter Nutzungsarten) an etwaigen Verwertungserlösen soweit als rechtlich zwingend erforderlich zu beteiligen ist[11]*. Der Veranstalter verpflichtet sich, ausreichende Vorkehrungen zur Verhinderung unerlaubter Mitschnitte usw. zu treffen und hiergegen einschließlich der Vervielfältigung oder Verbreitung solcher Mitschnitte notfalls gerichtlich vorzugehen.*

§ 5 Vorbereitung, Ablauf

(1) Die Organisation, Vorbereitung und Durchführung der Veranstaltung obliegt dem Veranstalter. Spezielle Pflichten ergeben sich aus der Bühnenanweisung[12]*, die untrennbarer Bestandteil des Vertrages ist. Sie ist vom Veranstalter vor Ort umzusetzen und als dessen Mitwirkungsleistung Voraussetzung dafür, dass die Musikgruppe ihre Vertragsleistungen erbringen kann.*

(2) Instrumente, Beschallungsanlage (P. A.) und Beleuchtung sind Sache der Musikgruppe, es sei denn, es ist in diesem Vertrag (§ 10) oder in der Bühnenanweisung anderes geregelt.

(3) Über die Art der Darbietung sowie die Gestaltung ihres Konzertauftritts entscheidet ausschließlich die Musikgruppe[13]*. Ablauf, Lautstärke uä. werden mit dem Veranstalter abgesprochen.*

(4) Der Veranstalter versichert, dass der Durchführung der Veranstaltung keine behördlichen Vorgaben oder sonstigen Vorschriften entgegenstehen. Er ist allein dafür verantwortlich, dass solche Vorgaben und Vorschriften eingehalten und Genehmigungen eingeholt werden und stellt die Musikgruppen von jeder daraus folgender Inanspruchnahme frei, ausgenommen die Musikgruppe verstößt vorsätzlich hiergegen.

§ 6 Unterbringung und Verpflegung

(1) Der Veranstalter hält ausreichenden Garderobenraum vor und sorgt für die Bewirtung und Verpflegung der Musikgruppe. Näheres regelt die Bühnenanweisung.

(2) Der Veranstalter besorgt der Musikgruppe zur Übernachtung nach der Veranstaltung auf seine Kosten ... Doppelzimmer und ... Einzelzimmer mit Dusche und Frühstück in der Nähe des Veranstaltungsorts.

---

9 Zur Ermöglichung der Anmeldung; s. Rz. 46. Formulare unter: www.gema.de.

10 S. dazu die eingehende Darstellung in Teil K bei Funke/Müller.

11 Die Rechte des Künstlers folgen bereits aus §§ 77 Abs. 1 und 78 Abs. 1 UrhG; das – zu Recht kritisierte – Verbotsrecht des Veranstalters (§ 81 UrhG), ist hiermit abbedungen, was jedenfalls gegen Beteiligung am Verwertungserlös zulässig sein dürfte, vgl. insgesamt Fromm/Nordemann/Schaefer § 81 UrhG Rz. 20; Wandtke/Bullinger/Büscher § 81 UrhG Rz. 11 und 2; Dreier/Schulze/Dreier § 81 UrhG Rz. 1.

12 Nachfolgend als **M 40.7**.

13 Vgl. Rz. 41 zum Gestaltungsspielraum mit Verw. auf BGHZ 19, 382. Zusätzlich starkes Indiz für den Werkvertrag. Ggf. kann im Interesse des Veranstalters allgemein das Genre der Darbietung beschrieben werden.

§ 7 Haftung, Konventionalstrafe

(1) Der Veranstalter verpflichtet sich, die Veranstaltung mit der notwendigen Sorgfalt vorzubereiten und einen spielbereiten Veranstaltungsort bereitzustellen. Jeder Schaden, der an den Instrumenten und der Anlage oder den Musikern und Technikern der Musikgruppe infolge ungenügender Vorbereitung, baulicher Sicherung, Bewachung usw. des Auftrittsortes entsteht, wird vom Veranstalter auch bei leichter Fahrlässigkeit ersetzt[14]*.*

(2) Aus einer Absage des Auftritts aus Gründen, die keine der beiden Vertragsparteien zu vertreten hat, können keine Ansprüche hergeleitet werden. Jeder Vertragspartner trägt die ihm entstandenen Aufwendungen selbst. Das gilt auch bei Krankheit eines Mitglieds der Musikgruppe, die einen Auftritt unmöglich macht, über die jedoch unverzüglich der Veranstalter unterrichtet werden muss, um die eventuelle Verpflichtung eines Ersatzes zu ermöglichen.

(3) Für jeden Fall schuldhafter Verletzung von wesentlichen Pflichten dieses Vertrags einschließlich der Bühnenanweisung durch den Veranstalter, die insbesondere die Durchführung des Konzerts verhindern oder wesentlich erschweren, wird eine Konventionalstrafe in Höhe der Netto-Grundgage zzgl. Umsatzsteuer festgesetzt[15]*. Die Musikgruppe ist in diesem Fall nicht mehr verpflichtet aufzutreten. Die Geltendmachung eines weiter gehenden Schadens bleibt davon unberührt, die Konventionalstrafe ist hierauf jedoch anzurechnen.*

§ 8 Vertragsabschluss, Rücktrittsrecht

(1) Die vorausgegangene fernmündliche Vereinbarung gilt abredegemäß bereits als bindender Vertrag[16]*.*

(2) Der schriftliche Vertragstext und die Bühnenanweisung sind bis zum ... (Datum) unterschrieben an die Musikgruppe zurückzuschicken. Einwände gegen Vertragsbedingungen sind unverzüglich mitzuteilen, Zusätze und Änderungen nur nach Absprache möglich.

(3) Im Falle des Verstreichens der vorstehenden Rücksendungsfrist hat die Musikgruppe das Recht, wegen der unvollständigen Informationen und fehlenden Vertragsunterlagen über den Termin anderweitig zu disponieren und von dem Vertrag zurückzutreten[17]*. Die Geltendmachung eines Schadens wegen der Terminblockierung bleibt davon unberührt.*

§ 9 Schlussbestimmungen

(1) Über den Vertragsinhalt wird Stillschweigen vereinbart, insbesondere das Gagengeheimnis ist zu wahren; für den Fall einer schuldhaften Verletzung der Geheimhaltungspflicht ist eine Konventionalstrafe nach den Regelungen des § 7 Abs. 3 verwirkt.

(2) Gerichtsstand ist ... (Ort), sofern beide Beteiligte Kaufleute sind oder die nicht an diesem Ort ansässige Partei keinen allgemeinen Gerichtsstand im Inland hat.

(3) Für Streitigkeiten aus dem Vertrag gilt deutsches Recht unter Ausschluss des Kollisionsrechts.

---

14 Klarstellung der Verkehrssicherungspflicht des Veranstalters; soweit man auf Verwahrung abstellte – was aber eher fraglich ist –, könnte andernfalls nur die „diligentia quam in suis" gelten (§§ 688, 690 BGB).

15 Die Vertragsstrafenregelung ist an § 307 Abs. 1 BGB zu messen. Beschränkt auf Verschulden und wesentliche Pflichten sollte die Klausel zulässig sein; ein Verstoß gegen § 309 Nr. 6 BGB ist nicht ersichtlich, wobei dieser nicht unmittelbar anwendbar ist, da die Gegenpartei regelmäßig Unternehmer ist (§§ 310 Abs. 1, 14 BGB). S. auch die Fn. zu § 6 in **M 39.7**. Ausgehend von der Musikgruppe als Verwender, sollte eine gegenseitige Konventionalstrafe nicht vereinbart werden wegen des Restrisikos, dass die Vertragsstrafe zu Lasten des Verwenders Bestand hat, nicht aber zu seinen Gunsten.

16 Vgl. § 125 Satz 2 BGB, der andernfalls uU zur Nichtigkeit der mündlichen Abrede führen könnte. Die Klausel hat selbstredend nur Indizwirkung bzw. führt nur zu c.i.c.-Pflichten, da sie einzig Bedeutung erlangt, wenn die schriftliche Vereinbarung (und damit auch die Vereinbarung über § 8 Abs. 1) nicht zustande kommt.

17 Nicht unproblematisch hinsichtlich § 307 Abs. 1 BGB (§ 308 Nr. 3 BGB greift nicht unmittelbar bei Verträgen mit Unternehmern, s. Fn. 13); es dürfte sich aber um einen sachlich gerechtfertigten Grund handeln, der im Vertrag angegeben ist (vgl. § 308 Nr. 3 BGB).

(4) Sollte eine Bestimmung dieses Vertrages unwirksam sein, so ist diese durch eine Regelung zu ersetzen, die den Zweck der Weggefallenen in künstlerischer und wirtschaftlicher Hinsicht mit größtmöglicher Näherung erreicht. Die Wirksamkeit des gesamten Vertrages wird dadurch nicht berührt.

§ 10 Sondervereinbarungen[18]

...

... (Ort/Datum)

... (Unterschriften)

18 ZB über bereitgestelltes Equipment (Instrumente, Beschallungsanlage [P. A.], Beleuchtung; s. § 5 Abs. 2), geplante Aufnahmen (vgl. § 4 Abs. 2 m. Fn. 10), besonderer Aufwendungsersatz für Personal, Gastmusiker, Techniker oder Gerätschaften usw. Eine mitunter anzutreffende Sonderklausel ist ein besonderes Rücktrittsrecht des Künstlers, wenn ihm zum selben Datum ein unverschiebbarer Auftritt in einer Fernsehsendung angeboten wird (vgl. **M 40.8** § 9 Abs. 3 Satz 3), häufig mit der Zusage, für „adäquaten Ersatz" zu sorgen; das gilt vor allem für „rein kommerzielle" Auftritte, wie die sprichwörtliche Möbelhauseröffnung (s. Mustervorschlag bei Funke/Müller Teil B Rz. 232a f. M7).

M 40.7 Bühnenanweisung[1]

Die Bühnenanweisung ist Bestandteil des Konzertvertrages mit der Musikgruppe ... (Name) für den Auftritt am ... in ... Sie ist vollständig und sorgfältig vom Veranstalter auszufüllen und unverzüglich mit dem Vertrag an die Musikgruppe zurückzusenden. Streichungen einzelner Punkte durch den Veranstalter sind nicht zulässig[2].

§ 1 Kontaktdaten, Anfahrt

(1) Genaue Anschrift des Auftrittsortes: ...

(2) Name und Telefon des örtlichen Ansprechpartners am Veranstaltungstag: ...

(3) Name, Anschrift und Telefon des Hotels: ...

(4) Der Veranstalter übersendet rechtzeitig vor dem Auftritt einen Stadtplan mit Kennzeichnung des Auftrittsortes, des Bühneneingangs und der Zufahrtswege sowie des Hotels einschließlich einer detaillierten Wegbeschreibung.

§ 2 Zeitablauf

(1) Aufbaubeginn: ... Uhr. Der Aufbau muss mindestens ... drei ... Stunden vor Publikumseinlass beginnen können. Die Musikgruppe muss während des Aufbaus ungehindert, ohne Publikum und in Konzertlautstärke ihren Soundcheck durchführen können.

(2) Publikumseinlass: ... Uhr. Der Publikumseinlass ist mit der Musikgruppe abzusprechen und darf bei Verzögerungen beim Aufbau oder Soundcheck erst mit Einwilligung der Musikgruppe erfolgen.

(3) Konzertbeginn: ... Uhr (frühestens ... vier ... Stunden nach Aufbaubeginn).

(4) Maximales Konzertende bzw. Sperrstunde: ... Uhr.

1 Die Bühnenanweisung ist gewissermaßen der Befugnisschein der Musikgruppe und deren Techniker gegenüber Dritten wie dem Hallenpersonal, um die Räumlichkeiten für den Aufbau zu nutzen, die Verpflegung usw. zu erhalten etc. Insoweit entspricht das durchaus einer Anweisung im Rechtssinne (§ 783 BGB).

2 Der Text ist im Detail den Gegebenheiten der Musikgruppe anzupassen, die hier gemachten Angaben sind eher knapp gehalten. Häufig bietet es sich an, die Bühnenanweisung aufzuteilen in den technischen Bühnenplan (Stage Rider/Technical Rider) und die Künstlerbetreuung (Artist Rider). Bühnenanweisungen bekannter Künstler haben mitunter den Umfang eines Handbuchs (s. Beispiele bei Funke/Müller Teil B Rz. 230a).

§ 3 Örtlichkeit

(1) Hallenmaße ca.: Breite . . . m, Tiefe . . . m, Höhe . . . m.

(2) Maximale Besucherzahl: . . . Personen.

(3) Bühnenmaße ca.: Breite . . . m, Tiefe . . . m (mind. . . . 6 × 4 . . . m), Höhe . . . m (mind. . . . 0,5. . . m), lichte Höhe . . . m (mind. . . . 3. . . m). Belastbarkeit von mind. . . . 750 . . . kg/qm, gesamt . . . kg.

(4) Entfernung des Transporters/LKW zur Bühne: ca. . . . m.

Sollten auf dem Weg bis zur Bühne mit technischem Gerät (flightcase) nicht befahrbare Hindernisse (Stufen, Treppen oÄ.) oder Wege über 20 m zu überwinden sein, stellt der Veranstalter für den Auf- und Abbau mindestens . . . zwei . . . Aufbauhelfer. Für jeden fehlenden Helfer zahlt der Veranstalter eine Strafe iHv. 500 Euro zzgl. Umsatzsteuer.

(5) Für . . . einen . . . Transporter 3,5 t/LKW 7,5 t/Sattelschlepper und . . . zwei . . . PKW müssen in unmittelbarer Nähe des Bühneneingangs Parkplätze bereitgestellt und freigehalten werden.

§ 4 Bereitgestellte Anlagen

(1) Sofern eine Lichtanlage installiert bzw. bereitgestellt wird, so ist die Ausstattung (mit kW-Angaben) in Einzelnen in der „Anlage Licht" darzustellen.

(2) Sofern eine P.A. oder Teile einer P.A. oder Instrumente zur Verfügung gestellt werden, ist eine genaue Aufstellung als „Anlage P.A." beizulegen.

§ 5 Bühnenaufbau und Sicherungen durch den Veranstalter

(1) Der Veranstalter oder ein mit der Bühnenanweisung vertrauter Beauftragter muss sich ab Aufbaubeginn bis nach Abbau der Anlage der Musikgruppe zur Verfügung halten.

(2) Die Bühne ist so aufzubauen und frei zu räumen, dass sie der Musikgruppe ab Aufbaubeginn zur Verfügung steht. Sie muss waagrecht, eben und fest gebaut sein und darf nicht schwingen.

(3) Für die Lautsprecher werden . . . zwei . . . Podeste zu je . . . m × . . . m (Höhe zwischen . . . 0,3 und 0,8 . . . m) benötigt, die seitlich neben der Bühne und mit deren vorderer Flucht abschließend aufgebaut sein müssen.

(3) Direkt an der Bühne müssen . . . getrennte, mit je . . . Ampere/mit je . . . Ampere (CEE-Stecker) abgesicherte Stromanschlüsse (220 V) zur Verfügung stehen, die den geltenden Vorschriften (VDE, TÜV) entsprechen. Während des Betriebs der Anlage darf die Stromzuführung nicht ohne Erlaubnis der Musikgruppe unterbrochen werden.

(4) Für Mischpult usw. (Steuerung von Ton, Licht) wird ein Podest zu . . . m × . . . m (Höhe ca. 1 m) benötigt, positioniert zentral in hinteren Drittel des Zuschauerraumes und mit ungehindertem Sichtkontakt zur Bühne. Die Kabelverbindung vom Mischpult zur Bühne (Multicore) (max. . . . m) ist vom Veranstalter in geschützter Weise vorzusehen, abzudecken oder anderweitig zu sichern, um deren Beschädigung und Gefährdungen Dritter zu verhindern.

(5) Bei Open-air-Veranstaltungen, Veranstaltungen in Zelten usw. muss für eine regendichte Überdachung, die auch von der Seite vor Nässe schützt, und ggf. Klimatisierung oder Beheizung der Bühne einschließlich der Lautsprecher und sonstiger Teile der P. A. und der Lichtanlage sowie der Mischpulte im Zuschauerbereich gesorgt werden.

(6) Bühne, Anlage einschließlich Instrumente und Mischpult sowie (soweit nicht abschließbar) Garderobe sind vom Veranstalter ausreichend zu bewachen.

§ 6 Garderobe, Bewirtung, Gäste

(1) Der Musikgruppe steht eine saubere, abtrennbare, gut klimatisierte oder beheizte bzw. belüftete, in Bühnennähe befindliche Garderobe für . . . Personen mit Waschgelegenheit und Spiegel sowie abgetrennte Dusche und WC mit üblichen Einrichtungen zur Verfügung. Garderobe, Dusche und WC sowie der Zugang von der Garderobe zur Bühne müssen vom Publikumsbereich abgetrennt sein.

(2) Der Veranstalter hält ... ein bis zwei ... Stunden (nach Absprache) vor/nach Konzertbeginn kostenloses warmes Essen (kein fast food, bevorzugt frische Qualität, kein Papp- und Plastikgeschirr) für die Musikgruppe incl. Techniker und Management (voraussichtlich ... Personen) bereit.

(3) Getränke sind für die Musikgruppe incl. Techniker und Management am Auftrittstage frei und stehen ab Aufbaubeginn in ausreichender Auswahl zur Verfügung. Auf Wunsch kann dem Veranstalter eine Liste der bevorzugten Getränke übersendet werden.

(4) Dem Künstler steht eine Gästeliste oder stehen Freikarten für bis zu ... Personen zu.

... (Ort/Datum)

... (Unterschrift Veranstalter)

M 40.8 Exklusiv-Produktionsvertrag

zwischen

... (Name, Adresse)

– im Folgenden Künstler –

und

... (Name, Adresse)

– im Folgenden Produzent –

§ 1 Vertragsgegenstand[1]

(1) Der Künstler berechtigt den Produzenten für die Vertragsdauer exklusiv, Tonträger jeder Art mit seinen Darbietungen[2] *herzustellen und zu verwerten. Er verpflichtet sich, zu diesem Zweck musikalische Werke zur Herstellung von Schallaufnahmen jeder Art vorzutragen bzw. beim Vortrag künstlerisch mitzuwirken.*

(2) Der Künstler wird vorrangig Werke aufnehmen, an deren Komposition oder Text er zumindest als Miturheber beteiligt ist und die zuvor nicht auf Tonträger veröffentlicht wurden[3].

§ 2 Rechtsübertragung, Verwertungspflicht

(1) Der Künstler überträgt[4] *dem Produzenten seine sämtlichen Rechte und Ansprüche nach §§ 77 und 78 UrhG an den vertragsgegenständlichen Aufnahmen seiner Darbietungen. Der Produzent er-*

1 Der Vertrag hat letztlich drei Teile: Erstens die Regelung der Übertragung der Rechte und Ansprüche des ausübenden Künstlers mit Exklusivbindung als Vertrag über verwandte Schutzrechte mit Ähnlichkeit zum Verlagsvertrag, zweitens die gegenseitige Verpflichtung zur Herstellung von Schallaufnahmen mit dienst- und werkvertraglichen Charakter, drittens die Verwertung der Aufnahmen als Dauerschuldverhältnis, die auch über die eigentliche Vertragsdauer hinausgeht. Die Lizenzentgelte sind Gegenleistung für alle drei Elemente. Zur möglicherweise bloßen Teilnichtigkeit gem. § 139 BGB bei Nichtigkeit eines dieser Vertragsteile vgl. OLG Frankfurt GRUR 2004, 144. Vgl. insgesamt dazu BGH GRUR 1989, 198, 201 – Künstlerverträge und GRUR 2001, 764 – Musikproduktionsvertrag.

2 Soll der Künstler nur in einer bestimmten Musikgruppe verpflichtet werden, ist das hier zu ergänzen oder der Vertrag von vornherein mit der gesamten Gruppe zu schließen.

3 Produktionsverträge mit Künstlern, die zugleich Urheber der Komposition oder der Texte sind, werden häufig kombiniert mit Verlagsverträgen zu Gunsten des Produzenten, auch mit Vorabbindungen gem. § 40 UrhG (s. dazu Rz. 39) im Produktionsvertrag. Hintergrund sind die Anteile des Verlegers an den Urheberrechtstantiemen (gem. GEMA-Verteilung 30 %). Diesen erheblichen Zusatzanteil, dem regelmäßig keinerlei verlegerische Aktivität ieS gegenüber steht, sollte der Künstler nicht ohne Weiteres hergeben, zumindest einen Co-Verlagsvertrag anstreben mit dem Verlag des Produzenten und dem eigenen Verlag des Künstlers.

4 Zur Begrifflichkeit und rechtlichen Einordnung s. Rz. 55; zur evtl. Problematik der Rechtsübertragung, die Aufnahme der Darbietung (§ 77 Abs. 1 UrhG) betreffend s. Schricker/Loewenheim/Krüger § 79 UrhG Rz. 4.

hält das zeitlich uneingeschränkte Recht, die aufgenommenen Darbietungen des Künstlers weltweit in jeder beliebigen Weise auf Tonträger oder in vergleichbarer Weise zu verwerten oder verwerten zu lassen. Zur Sicherung der persönlichen Ausschließlichkeit (§ 4 Abs. 1) überträgt der Künstler auch alle Rechte und Ansprüche, die durch seine Darbietungen bei etwaigen Schallaufnahmen und Mitschnitten Dritter entstehen.

(2) Die Rechtsübertragung an den Produzenten berechtigt ihn insbesondere, die Darbietungen auf Bild- und Tonträger aufzunehmen und die entsprechenden Bild- und Tonträger in jeglicher Art und in jeglicher technischer Form zu vervielfältigen und zu verbreiten oder vervielfältigen und verbreiten zu lassen, des Weiteren die aufgenommenen Darbietungen öffentlich zugänglich zu machen oder machen zu lassen und ganz oder teilweise öffentlich wiederzugeben oder wiedergeben zu lassen, sei es durch Sendung oder durch öffentliche Wahrnehmbarmachung in jeglicher Form[5].

(3) Der Produzent ist darüber hinaus zur Verwertung der aufgenommenen Darbietungen in Film, Fernsehen, Musikvideoclips, Computerprogrammen, Multimediaanwendungen oder sonstigen analogen oder digitalen audiovisuellen Wiedergaben jeglicher Art berechtigt.

(4) Der Produzent ist weiter zur Vervielfältigung und Verbreitung sowie zur öffentlichen Zugänglichmachung durch Online-, Medien- und Telekommunikationsdienste, insbesondere über das Internet, berechtigt, einschließlich dem Speichern in Datenbanken und Datennetzen und dem Ermöglichen des individuellen Abrufs durch deren Nutzer. Schließlich ist der Produzent zur Geltendmachung etwaiger Ansprüche aus der Vermietung und dem Verleihen der Bild- oder Tonträger und aus der Nutzung durch Kirche, Schule oder im Unterricht sowie dem sonstigen allgemeinen Gebrauch berechtigt (§ 27 iVm. § 77 Abs. 2 S. 2, §§ 45a, 46, 47, 52, 52a, 52b, 53a, 54 iVm. § 83 UrhG).

(5) Der Produzent verpflichtet sich, die ihm übertragenen Rechte durch Vornahme angemessener und branchenüblicher Verwertungshandlungen auszuüben[6]*. Bei jeder Verwertung ist auf die Interessen des Künstlers Rücksicht zu nehmen. Insbesondere im Zusammenhang mit Werbung kommerzieller oder politischer Art ist im Zweifelsfall dessen vorherige Einwilligung einzuholen. Der Produzent wie auch der Künstler können die Rechte auch durch eine Verwertungsgesellschaft nach deren Wahrnehmungsvertrag*[7] *wahrnehmen lassen. Die Entscheidung über die Vergabe von Unterlizenzen an Dritte obliegt ausschließlich dem Produzenten.*

(6) Vorbehalten bleiben dem Künstler die Rechte und Ansprüche aus seinen Darbietungen, die ein Dritter ausschließlich zu Film-, Funk- oder Fernsehzwecken aufnimmt und verwertet, sofern diese Verwertungsbeschränkung von der Film- oder Sendegesellschaft schriftlich bestätigt wird. Aufnahmen hiervon können indes nur durch den Produzenten durch Bild- oder Tonträger auf den Markt gebracht werden. Übernimmt der Produzent eine derartige Aufnahme des Künstlers, so unterfällt sie – mit Ausnahme der bereits ausgeübten oder übertragenen sowie etwaiger dem Dritten verbleibenden Rechte und Ansprüche – den Regelungen dieses Vertrags, als wäre sie unmittelbar vom Produzenten hergestellt worden[8]*. Ebenfalls vorbehalten bleiben Aufnahmen und deren geringfügige Vervielfältigung zu ausschließlich privaten, künstlerischen oder dokumentarischen Zwecken des Künstlers selbst, soweit dieser Zweck auch nach Vertragsbeendigung nicht geändert wird.*

§ 3 Gewährleistungen

(1) Der Künstler versichert, dass er über die unter diesen Vertrag fallenden Schutzrechte verfügen kann, insbesondere seine Rechte an den vertragsgegenständlichen Schallaufnahmen auf nieman-

5 Die Klausel erfasst die Erst- und Zweitverwertungen gem. §§ 77 Abs. 1, 2, 78 Abs. 1 Nr. 1 und Abs. 2 Nr. 1–3 UrhG. Nicht erfasst sind Verwertungen von Darbietungen des Künstlers, die unabhängig von Tonträgeraufnahmen sind, etwa die direkte Übertragung in öffentliche Netze gem. § 78 Abs. 1 Nr. 1 UrhG, die direkte Sendung gem. §§ 78 Abs. 1 Nr. 2 UrhG, die direkte öffentliche Wahrnehmbarmachung gem. §§ 78 Abs. 1 Nr. 3 UrhG, sowie die Zweitverwertungen gem. § 78 Abs. 2 Nr. 3 UrhG (öffentliche Wiedergabe einer Direktsendung oder Netzübertragung) (vgl. dazu auch Rz. 54 und nachfolgend Abs. 6).

6 Verwertungspflicht; wichtig für den Schutz des Künstlers, vgl. § 1 Satz 2 VerlG.

7 Hier die GVL (vgl. Rz. 58).

8 Ermöglicht insbesondere konfliktfreie (und lizenzfreie) Darbietungen des Künstlers in Rundfunk und Fernsehen, dem Produzenten bleibt die Verwertung auf Tonträger, soweit er mit dem Sender eine entsprechende Vereinbarung treffen kann.

den übertragen hat und in keiner anderen Weise gebunden oder sonst gehindert ist, diesen Vertrag einzugehen und zu erfüllen.

(2) Der Künstler wird den Produzenten darauf hinweisen, wessen Urheberrechte oder Leistungsschutzrechte für die von ihm vorzutragenden Werke betroffen sind[9]*. Das gilt auch für eventuell erforderliche Zustimmungen des Urhebers oder anderer Berechtigter wegen Bearbeitung oder Umgestaltung eines Werkes oder bei der Verwendung von Teilen fremder Werke oder geschützter Leistungen, etwa in Form von Melodien, Loops, Licks oder Samples*[10]*. Bei schuldhafter Verletzung der Urheberrechte Dritter am vorzutragenden Werk ist der Künstler verpflichtet, dem Produzent den hieraus entstehenden Schaden zu ersetzen*[11]*; § 254 BGB bleibt unberührt.*

(3) Der Künstler steht dafür ein, dass dem Produzenten gegenüber Ansprüche Dritter wegen entgegenstehender Rechte nicht geltend gemacht werden können. Sollten dennoch solche Ansprüche geltend gemacht werden, ist der Künstler verpflichtet, alle notwendigen gerichtlichen oder außergerichtlichen Maßnahmen zu ergreifen, einschließlich des Abschlusses von Vereinbarungen mit Dritten, um eine ungestörte Vertragserfüllung zu sichern. Der Produzent ist berechtigt, nicht aber verpflichtet, die vorstehenden Maßnahmen selbst zu ergreifen, einschließlich der Prozessführung auch im Namen des Künstlers. Der Künstler erteilt hiermit unwiderruflich entsprechende Vollmacht und Ermächtigung, auch über die Vertragslaufzeit hinaus. Der Produzent ist berechtigt, Forderungen Dritter für Rechnung des Künstlers selbst zu befriedigen. Der Künstler ist verpflichtet, den Produzenten bei einer etwaigen Auseinandersetzung in jeder Form zu unterstützen, ihm alle erforderlichen Auskünfte zu erteilen und Unterlagen zur Verfügung zu stellen sowie alle Rechtshandlungen vorzunehmen und Erklärungen abzugeben, um ihm bei der Aufrechterhaltung und ungestörten Erfüllung des Vertrags zu helfen.

(4) Der Künstler wird es weder gestatten noch dulden, dass während der Vertragsdauer unrechtmäßig Schallaufnahmen seiner Darbietungen hergestellt, veröffentlicht oder verbreitet werden, ebenso wenig, dass sein Name, Künstlername, seine Zeichen oder Logos oder seine Abbildungen von Dritten für solche Erzeugnisse verwendet werden. Abs. 3 gilt sinngemäß entsprechend, insbesondere wird der Produzent hiermit bevollmächtigt und ermächtigt, gegen unrechtmäßige Nutzungen Dritter vorzugehen[12]*.*

§ 4 Persönliche Ausschließlichkeit, Titelexklusivität

(1) Der Künstler wird – vorbehaltlich des § 2 Abs. 5 – während der Vertragsdauer niemandem außer dem Produzenten gestatten, Schallaufnahmen seiner Darbietungen[13] *herzustellen und insbesondere mittels Tonträger oder in vergleichbarer Weise zu verwerten (persönliche Ausschließlich-*

---

9 Bereits auf Tonträger erschienene Werke dürfen aufgenommen werden aufgrund der Zwangslizenz des § 42a UrhG, der einen Anspruch auf Lizenzierung, nicht aber eine gesetzliche Lizenz vermittelt. Der Anspruch kann gem. § 42a Abs. 6 UrhG im Klagewege, auch per einstweiliger Verfügung, durchgesetzt werden (vgl. BGH GRUR 1998, 376 – Coverversion). Die Rechte der Urheber sind zu beachten, so müssen zB die Komponisten auf dem Tonträger genannt werden (§ 13 Satz 2 UrhG).

10 Bei Samples ist „selbst die Entnahme kleinster Tonpartikel" ein Eingriff in die Rechte des Tonträgerherstellers nach § 85 Abs. 1 UrhG, worauf indes die Regelung des § 24 UrhG zur freien Benutzung unter Einschränkungen anwendbar sein kann (BGH GRUR 2009, 403 Rz. 14, 21 ff. – Metall auf Metall; GRUR 2013, 614 Rz. 13 – Metall auf Metall II), was somit engere Grenzen zieht als die Ansprüche aus dem Urheberrecht oder dem Künstlerleistungsschutzrecht (BGH GRUR 2009, 403 Rz. 29).

11 Etwaige Einschränkungen der Haftung sollten individuell vereinbart werden, da es sich hier um die Verletzung von Kardinalpflichten des Künstlers handeln dürfte, bei denen auch für einfache Fahrlässigkeit eine Haftungsbeschränkung durch AGB ausscheidet (BGHZ 164, 11 Rz. 83 ff. mwN).

12 Der Produzent kann bei einem ausschließlichen Nutzungsrecht aus eigenem Recht Unterlassungsansprüche etc. gegen Dritte geltend machen, vgl. BGH GRUR 2002 795, 796 – Titelexklusivität. Die Ermächtigung erfolgt vorsorglich auch bzgl. der weiteren Rechte: Neben den Ansprüchen aus UrhG kann eine Namensverwendung aus § 12 BGB, eine Kennzeichenverwendung insbesondere aus MarkenG, die Verwendung von Abbildungen zu Werbezwecken aus § 22 KUG untersagt werden.

13 Im Anschluss an Fn. 2 ist das ggf. auf Darbietungen in einer bestimmten Musikgruppe oder Formation zu beschränken. Das gilt zudem, wenn noch weitere Tätigkeit als Studiomusiker in Betracht kommt.

keit)[14]. *Er wird keinerlei Bindungen eingehen, auch nicht unter anderem Namen oder ohne Nennung seines Namens, welche die Erfüllung dieses Vertrages beeinträchtigen.*

(2) Nach Beendigung des Vertrages und der persönlichen Ausschließlichkeit bleiben die dem Produzenten eingeräumten Ausschließlichkeitsrechte für die unter diesem Vertrag aufgenommen Titel und Teile davon für weitere ... fünf ... Jahre bestehen (Titelexklusivität)[15]. *Das gilt nur, sofern und solange der betreffende Titel im Vertriebsprogramm des Produzenten bzw. eines Lizenznehmers ist und er mittels Tonträger oder vergleichbarem Medium (zB entsprechend vergütungspflichtiger Internet-Download) mindestens ...100 ... Mal pro Abrechnungszeitraum nach diesem Vertrag abrechenbar verwertet wird.*

§ 5 Mindestumfang, Auswahl der Aufnahmen, Rückstände

(1) Die Vertragspartner verpflichten sich, pro Vertragsjahr an Schallaufnahmen für mindestens zwischen ...14 ... und ...16 ... Titeln (eine CD mit ca. 60 Minuten) mitzuwirken bzw. diese herzustellen.

(2) Der Produzent wählt nach Vorschlag des Künstlers die aufzunehmenden Titel aus. Zu diesem Zweck kann er vorab die Mitwirkung an Probeaufnahmen verlangen. Er hat bei der Auswahl angemessen auf die Interessen des Künstlers einzugehen. Lehnt er Titel ab, muss der Künstler innerhalb angemessener Frist Ersatz liefern. Abgelehnte Titel unterfallen der persönlichen Ausschließlichkeit nach § 4 Abs. 1[16]*, nicht aber der erweiterten Titelexklusivität nach § 4 Abs. 2. Eine ausgesprochene Ablehnung ist endgültig, es sei denn, der Künstler schlägt den Titel erneut vor.*

(3) Sind bei Vertragsende Aufnahmen rückständig aus Gründen, die der Produzent zu vertreten hat, so kann der Künstler innerhalb eines Monats schriftlich die Nachholung einzelner oder aller Aufnahmen verlangen. Der Produzent wird diese Aufnahmen dann kurzfristig nachholen. Bezüglich der nachzuholenden Aufnahmen verlängert sich der Vertrag, ohne dass jedoch der Künstler weiterhin der persönlichen Ausschließlichkeitsbindung unterliegt.

(4) Sind bei Vertragsende Aufnahmen rückständig aus Gründen, die der Produzent nicht zu vertreten hat, so kann der Produzent innerhalb eines Monats schriftlich die Nachholung einzelner oder aller Aufnahmen verlangen. Dann verlängert sich der Vertrag unter Aufrechterhaltung der Ausschließlichkeitsbindung des Künstlers bis zur Durchführung der Aufnahmen, wobei der Produzent verpflichtet ist, die kurzfristige Nachholung der Aufnahmen zu ermöglichen.

§ 6 Durchführung der Aufnahmen, Abnahme

(1) Zeitpunkt, Ablauf, Ort und Produktionsbedingungen der Aufnahme legt der Produzent in Absprache mit dem Künstler fest. Der Künstler wird zu den Aufnahmeterminen pünktlich erscheinen und zum zügigen Ablauf der Aufnahmen beitragen. Er hat die ausgewählten Titel vor Beginn der Produktion aufnahmereif einzustudieren.

---

14 Die ausschließliche Bindung an den Produzenten ist üblich und dient dazu, ihm die Amortisation seiner Investitionen (Tonträgerproduktion, Suche nach einem Lizenznehmer bzw. Vertrieb und Werbung) zu sichern. Zur angemessenen Vertragsdauer s. Fn. 25. Die Vertragsgestaltung stößt hier an die Grenzen des § 138 BGB insbesondere dann, wenn dem Künstler „weitestgehend die Entscheidungsbefugnis über Art, Dauer und Inhalt seiner künstlerischen Tätigkeit genommen" ist (OLG Karlsruhe ZUM 2003, 785 Rz. 5 mit Vorinstanz LG Mannheim [Naidoo/Pelham]), aber auch bei in hohem Maße ungünstigen Vergütungs- und Abrechnungsregelungen oder unangemessen langer und/oder ungleicher Laufzeitregelung (OLG Karlsruhe ZUM 2003, 785 Rz. 6, 7).

15 Die erweiterte Titelexklusivität ist ebenfalls gängig und soll die „Eigenkonkurrenz" nach Vertragsende zugunsten des Produzenten begrenzen. Ab welcher Zeitdauer hier § 138 BGB (Knebelung) greift, ist eine Frage des Einzelfalls. Üblich sind fünf, aber auch zehn Jahre und mehr (s. Fn. 25). In der Praxis ist die Klausel bei Wechsel des Produzenten regelmäßig Grundlage für eine Vereinbarung mit dem neuen Produzenten, die Neuaufnahme gegen Beteiligung an den Erträgen zu gestatten. Vgl. iÜ BGH GRUR 2002 795, 796 – Titelexklusivität.

16 Es dürfte nicht zulässig sein, für abgelehnte Titel auch die verlängerte Titelexklusivität in Anspruch zu nehmen, wobei im vorliegenden Vertrag ohnehin die weiteren Voraussetzungen des § 4 Abs. 2 – fortlaufende Verwertung – nicht erfüllt wären.

(2) Die Aufnahme- und sonstigen Produktionskosten werden vollständig vom Produzenten getragen. Hierzu zählen auch verauslagte Reisekosten des Künstlers zum Aufnahmeort oder andere unmittelbar veranlasste Auslagen.

(3) Der Produzent wird dem Künstler Gelegenheit geben, die Aufnahmen direkt nach ihrer Herstellung abzuhören, um über die Freigabe und etwaige Einwände an Ort und Stelle zu entscheiden. Im beiderseitigen Interesse sind die Vertragspartner bereit, Aufnahmen, die nach Ansicht des Künstlers oder des Produzenten künstlerisch oder technisch unbefriedigend ausfallen, ohne besondere Entschädigung zu wiederholen, gegebenenfalls auch mehrmals.

(4) Die Entscheidung darüber, ob eine Aufnahme zur Veröffentlichung geeignet ist (Abnahme), trifft der Produzent. Eine vom Künstler nicht freigegebene Aufnahme soll nur veröffentlicht werden, wenn keine freigegebene, adäquate Alternativaufnahme zur Verfügung steht und nicht mit angemessenem Aufwand hergestellt werden kann[17].

§ 7 Veröffentlichung, Verwertung, Änderung

(1) Der Produzent trifft im Rahmen seiner grundsätzlichen Verwertungspflicht die freie Entscheidung über Zeitpunkt, Dauer, Art, Form und Inhalt der Veröffentlichung und Verwertung der Schallaufnahmen. Das gilt auch für die Festlegung des Verkaufspreises, die Gestaltung, die Aufmachung, den Titel, das Werbematerial und sonstige Promotionsaktivitäten. Der Produzent ist berechtigt, die Schallaufnahmen ganz oder in Teilen und unter jeder beliebigen Marke und Bezeichnung (Label) auszuwerten.

(2) Der Produzent kann vor Veröffentlichung die Schallaufnahmen durch Dritte umändern, ergänzen oder nachbessern lassen, wenn hierfür ein wichtiger Grund vorliegt und die zwingenden Persönlichkeitsrechte des Künstlers, insbesondere aus § 75 UrhG (Beeinträchtigung der Darbietung), gewahrt sind.

(3) Der Produzent ist berechtigt, Schallaufnahmen aus seinem Vertriebskatalog herauszunehmen oder herausgenommen Schallaufnahmen wieder aufzunehmen. Mit der Herausnahme von Schallaufnahmen aus dem Vertriebskatalog entfällt die Titelexklusivität gem. § 4 Abs. 2 für diese Aufnahmen, auch wenn eine Wiederaufnahme vor Beendigung des Vertrags erfolgt[18].

(4) Der Produzent erkennt an, dass er nach Vertragsende seine sämtlichen Vermarktungs- und Verwertungsaktivitäten koordinieren wird mit den dann stattfindenden Maßnahmen des Künstlers bzw. des nachfolgenden Produzenten und er wird auch eine insoweit erforderliche untergeordnete Zusammenarbeit akzeptieren[19].

§ 8 Nennung des Künstlers, Werbung

(1) Der Künstler ist in jeder Veröffentlichung seiner vertragsgegenständlichen Aufnahmen in branchenüblicher Form namentlich – nach seiner Vorgabe auch nur durch Künstlernamen – zu benennen. Dabei kann gem. § 74 Abs. 2 UrhG der Name einer Musikgruppe den Namen des Künstlers ersetzen.

(2) Der Produzent ist berechtigt, den Namen, einen etwaigen – auch späteren – Künstlernamen, Zeichen oder Logos sowie alle autorisierten Abbildungen des Künstlers zu benutzen, solange eine berechtigte Auswertung der Schallaufnahmen erfolgt und sich die Nutzung auf darauf bezogene Werbemaßnahmen beschränkt. Darüber hinaus darf er insoweit auch – nicht exklusiv und allein zu untergeordneten Werbezwecken – Gegenstände, gleich welcher Art, vertreiben, welche Namen,

17 Als „Stichentscheid"; es sind vielfältige Varianten denkbar. Generell gehört es gerade zu den Aufgaben eines Produzenten, die Darbietung des Künstlers optimal „auf Band" zu bringen, uU auch gegen die Vorstellungen des Künstlers selbst. Das setzt einen Produzenten voraus, der entweder selbst die künstlerische Kompetenz mitbringt oder einen kompetenten Tonmeister usw. stellt. Allgemein darf man die Wirkungskraft rechtlicher Regeln an diesem Punkt nicht überschätzen, da sich ein konfrontatives Vorgehen des Produzenten gegenüber dem Künstler ohnehin nicht auszahlt.

18 Eine verschärfende Abweichung zur dortigen Regelung.

19 Die Klausel versucht, mögliche Probleme zwischen früherem und nachfolgendem Produzenten bzw. Verwerter zu verhindern, zB durch unkoordinierte Marketingaktivitäten oder Neuauflagen bzw. Best-Of-Alben früherer Aufnahmen, die dann mit Neuaufnahmen konkurrieren.

einen etwaigen – auch späteren – Künstlernamen, Zeichen oder Logos oder autorisierte Abbildungen des Künstlers enthalten. Jedwede allgemeine Merchandising-Aktivitäten bleiben ausschließlich dem Künstler vorbehalten[20]*.*

(3) Die Entscheidung über Zeitpunkt, Dauer, Art, Form und Inhalt der Werbemaßnahmen obliegt dem Produzenten. Als Mindestmaß angemessener Werbung hat er zu erbringen: ... Der Künstler wird an der Erstellung geeigneten Werbe- und Bildmaterials einschließlich Texte zu Biographie und künstlerischem Wirken in angemessener Form mitwirken und dem Produzenten dies unter Verschaffung entsprechender Rechte zur Verfügung stellen. Alle Kosten der von ihm veranlassten Werbung trägt der Produzent.

(4) Der Künstler wird auf Anforderung des Produzenten gegen Auslagenerstattung insbesondere an der Erstellung von Musikvideos zu einzelnen der aufgenommenen Titel mitwirken, wobei sich die Parteien über weitere hierfür erforderliche Rechtsübertragungen und die hierfür angemessene Vergütung zu gegebener Zeit einigen, in entsprechender Anwendung der Bestimmungen dieses Vertrages. Die Ausgestaltung eines Musikvideos wird mit dem Künstler abgestimmt.

§ 9 Öffentliche Auftritte, Website des Künstlers

(1) Der Künstler verpflichtet sich, den Produzenten laufend über anstehende Konzertauftritte, Tourneen, Presse-, Rundfunk-, Film- und Fernsehverpflichtungen zu unterrichten. Wichtige Ereignisse sollen möglichst vorab mit ihm abgestimmt werden[21]*.*

(2) Der Künstler wird sich bemühen, bei seinen Auftritten im In- und Ausland die von diesem Vertrag erfassten und vom Produzenten aufgenommenen und verwerteten Titel in seinem Programm zu berücksichtigen.

(3) Der Künstler wird bei Werbeveranstaltungen, die der Produzent durchführt oder durchführen lässt, gegen Erstattung der in § 5 Abs. 2 benannten Kosten und Auslagen mitwirken. Dasselbe gilt für Presse-, Fernseh- und Rundfunktermine, die ihm von dem Produzenten angetragen werden, es sei denn, ihm ist die Teilnahme aus persönlichen oder künstlerischen Gründen nicht zumutbar. Er hat durch Gestaltung seiner Konzertverträge dafür zu sorgen, dass solchen Auftritten möglichst ein Vorrang zu gewähren ist[22]*.*

(4) Der Künstler wird eine Website einrichten, auf der er unter seinem Namen bzw. Künstlernamen sein künstlerisches Schaffen darstellt. Er räumt dem Produzenten die Möglichkeit ein, in von diesem festzulegender Weise auf dieser Website die Vermarktung seiner vertragsgegenständlichen Produkte zu betreiben, sofern dieser sämtliche daraus entstehenden Kosten übernimmt.

§ 10 Lizenz-Entgelt

(1) Als Entgelt für seine vertragsgemäßen Leistungen und Rechtsübertragungen erhält der Künstler für jeden verkauften Bild- oder Tonträger mit seinen Schallaufnahmen eine Umsatzbeteiligung[23] *wie folgt:*

1. für Verkäufe und sonstige Verwertungen weltweit durch Lizenznehmer einschließlich pauschal berechneter Vergütungen ... 50 ... % der Lizenzeinnahmen und sonstigen Erlöse des Produzenten, wobei sich die Lizenzvereinbarungen mit Dritten an den nachfolgenden Regeln orientieren sollen;

20 An dieser Stelle wird gerne versucht, dem Produzenten das umfassende sog. Merchandising zu sichern, das enorme wirtschaftliche Bedeutung haben kann. Das ist hier beschränkt auf den direkten Zusammenhang mit der Verwertung der Aufnahmen. Ist ein umfassendes Merchandising gewollt, empfiehlt sich dringend eine gesonderte Vereinbarung (mit kürzerer Laufzeit und meist besser mit einem anderen Vertragspartner).

21 Die Konzertveranstaltung fällt nicht unter diesen Vertrag, dennoch empfiehlt sich eine Koordinierung.

22 Vgl. **M 40.6** Fn. 16.

23 Bei bekannten Künstlern wird häufig ein – ggf. verlorener – Vorschuss auf die künftigen Lizenzentgelte gezahlt.

2. *für Verkäufe weltweit durch den Produzenten oder durch Unternehmen, an denen er beteiligt oder die mit ihm verbunden sind (vgl. § 15 AktG), einen Anteil am Händlerabgabepreis*[24] *(incl. Umsatzsteuer) von:*

   ... 10 ... % für den 1. bis 10 000. verkauften Tonträger;

   ... 12 ... % für den 10 001. bis 50 000. verkauften Tonträger;

   ... 16 ... % ab dem 50 001. verkauften Tonträger;

   im ersten Jahr vermindern sich die Anteile um je 2 %, im zweiten Jahr um je 1 %, wobei der Zeitraum berechnet wird ab dem Zeitpunkt der ersten Aufnahme[25]*;*

3. *für gleichwertige unkörperliche Verwertungen, insbesondere durch Online-, Medien- oder Telekommunikationsdienste (Download, Streaming etc.) gelten dieselben Vergütungssätze wie vorstehend zu Nr. 1 und Nr. 2 bestimmt, wobei an die Stelle des Händlerabgabepreises bei Nr. 2 der vom Betreiber an den Produzenten zu zahlende Preis, hilfsweise das Nutzerentgelt, hilfsweise der Händlerabgabepreis für Tonträger (ggf. anteilig je Titel) tritt;*

4. *für Verkäufe einer Low-Price-, Mail-Order-, Schallplattenclub-Verkäufe oder Gemeinschaftsveröffentlichung mit Nichttonträgergesellschaften ... 50 ... % des zu Nr. 1 bzw. Nr. 2 genannten Prozentsatzes, basierend auf den Abgabepreis des Produzenten;*

(2) Sind an den auf einem Tonträger enthaltenen Darbietungen mehrere Künstler beteiligt, so wird der Vergütungsanteil für den einzelnen Titel pro rata im Verhältnis zu der Gesamtzahl der Titel des Tonträgers abgerechnet (titelanteilige Abrechnung). Entsprechendes gilt bei Beteiligung mehrerer vergütungsberechtigter Künstler an einer Aufnahme (kopfanteilige Abrechnung).

(3) Abgerechnet werden die tatsächlich verkauften Tonträger, abzüglich Retouren (Rücksendung nicht verkaufter, umgetauschter, beschädigter Ware) und Rabattwaren (Naturalrabatte). Nicht der Umsatzbeteiligung unterliegen Bild- oder Tonträger, die für Werbezwecke dem Handel oder den Medien kostenlos überlassen werden, sowie Tonträger, die aus dem Vertriebsrepertoire des Produzenten gestrichen sind und zur Räumung des Lagers im Wege des Ausverkaufs für weniger als ⅓ des Händlerabgabepreises abgegeben werden. Der Wert der Ausstattung (Umhüllung, Kassette, Textbuch usw.) unterliegt der Umsatzbeteiligung nicht, er ist von den Umsätzen nach Abs. 1 abzuziehen, soweit Ausstattung anfällt[26]*.*

(4) Der Produzent ist berechtigt, unbeschadet sonstiger Ansprüche die Umsatzbeteiligung des Künstlers zurückzuhalten, falls dieser schuldhaft sonstige vertraglich übernommene Verpflichtungen verletzt oder an der Durchsetzung der Rechte gegenüber Dritten nicht in zumutbarer Weise mitwirkt.

§ 11 Abrechnung, Zahlung

(1) Die Abrechnung und Zahlung durch den Produzenten erfolgt halbjährlich, jeweils innerhalb von sechs Wochen nach Ablauf der Abrechnungsperiode zum 30 6. und 31.12. eines Jahres. Pauschalvergütungen und Zahlungen von Lizenznehmern an den Produzenten werden zum nächsten Termin nach deren Abrechnung oder Eingang beim Produzenten abgerechnet und gezahlt.

(2) Der Künstler hat das Recht, die der Abrechnung zugrunde liegenden Unterlagen durch einen neutralen vereidigten Buchprüfer oder Wirtschaftsprüfer einsehen und prüfen zu lassen. Ergeben sich berechtigte nicht nur unwesentliche Beanstandungen, ist der Produzent verpflichtet, die Kosten der Prüfung zu erstatten.

---

24 HAP oder PPD (price published to dealers): einfache Berechnungsgrundlage, nämlich der Preis, den der Händler einschl. Umsatzsteuer bezahlt. Häufig wird auch der Nettodetailpreis genommen, der jedoch schwieriger zu ermitteln ist (durchschnittlicher Endverbraucherpreis ohne Umsatzsteuer). Vorsicht ist geboten bei der Anknüpfung am Großhandelspreis, der regelmäßig so definiert wird, dass er nur rund die Hälfte des Nettodetailpreises darstellt und in der Hauptsache zur Darstellung vermeintlich hoher Prozentzahlen dient.

25 Die Vergütungssätze und die Anknüpfungswerte sind selbstverständlich nur ein Beispiel. Üblich sind 8–16 % beim HAP, bis 14 % beim Nettodetail mit Bandübernahme. Häufig wird nur ein fester Satz vereinbart, doch auch eine Staffelung nur nach der Absatzmenge oder nur nach Vertragsjahren ist üblich.

26 Auch als Taschen- oder Verpackungsabzug bezeichnet. Er wird meistens vom Tonträgerhersteller verlangt und beträgt in der Praxis zwischen 15 und 25 %.

(3) Sämtliche nach diesem Vertrag an den Künstler zu erbringenden Zahlungen erfolgen in Euro und zuzüglich der gesetzlichen Umsatzsteuer, soweit der Künstler der Umsatzsteuer unterliegt.

(4) Empfangsberechtigt für alle Zahlungen ist der Künstler selbst. Abtretungen sowie die Erteilung von Inkassoaufträgen bedürfen der schriftlichen Anzeige durch den Künstler an den Produzenten.

§ 12 Vertragsdauer, Kündigung

(1) Dieser Vertrag tritt am ... in Kraft und gilt für ... zwei ... Jahre[27]*. Der Produzent behält auch nach Beendigung des Vertrags das Recht zur Verwertung der vertragsgemäß hergestellten Schallaufnahmen unter vertragsgemäßer Beteiligung des Künstlers an den Erträgen.*

(2) Der Produzent kann den Vertrag durch eine mindestens drei Monate vor Vertragsablauf abzugebende schriftliche Erklärung einmal um zwei Jahre verlängern. Die Wahrnehmung der Option ist nur möglich, wenn der Produzent eine der vorherigen Produktionen an ein großes Tonträgerunternehmen („major company") bzw. eines deren Label zu marktüblichen Konditionen veräußern konnte und sie dort als CD erschienen ist[28]*. Außerdem müssen sämtliche Produktionen vertragsgemäß hergestellt und veröffentlicht worden sein bzw. innerhalb angemessener Frist veröffentlicht werden sowie alle fälligen Zahlungen an den Künstler erbracht sein.*

(3) Eine Kündigung des Vertrages ist nur wegen Wegfalls der Geschäftsgrundlage oder aus wichtigem Grund möglich, wozu insbesondere die Stellung eines Insolvenzantrags des Produzenten oder eine Eröffnung eines Insolvenzverfahrens oder dessen Ablehnung mangels Masse oder eine sonstige wesentliche Verschlechterung der Vermögensverhältnisse zählt, sofern jeweils zusätzlich eine Verletzung von Zahlungs- oder sonstigen nicht unwesentlichen Vertragspflichten gegenüber dem Künstler erfolgt. Mit einer solchen Kündigung entfallen alle Verwertungsrechte, Vergütungsansprüche und Ausschließlichkeitsrechte des Produzenten bzw. gehen zurück an den Künstler[29]*.*

§ 13 Schlussbestimmungen

(1) Für das Vertragsverhältnis gilt deutsches Recht.

(2) Erfüllungsort und Gerichtsstand ist ...

(3) Änderungen dieses Vertrages bedürfen der Schriftform.

... (Salvatorische Klausel)[30]

... (Ort/Datum)

... (Unterschriften)

---

27 Die Vertragsdauer sollte gut überlegt und ausgewogen sein. Zu Beginn einer Künstlerkarriere wird ein Produzent wegen der ungewissen Amortisationsdauer (und -möglichkeit) eine lange Laufzeit fordern, für den Künstler kann es gerade dann riskant sein, sich unter Wert zu verkaufen oder an einen im Erfolgsfall organisatorisch, künstlerisch oder wirtschaftlich überforderten Produzenten zu binden. Die Sittenwidrigkeit einer überlangen Vertragsdauer kann sich daraus ergeben, wie stark das Ungleichgewicht der Verhandlungspositionen ist, inwieweit für die Vertragsparteien Kündigungsmöglichkeiten bestehen usw. In der Regel sollte man nicht mehr als zwei oder drei Jahre vereinbaren, ab fünf Jahren bestehen ernsthafte Bedenken gem. § 138 BGB (s. OLG Karlsruhe ZUM 2003, 785 Rz. 7 mit Vorinstanz LG Mannheim [Naidoo/Pelham]: Dort war die Sittenwidrigkeit unter anderen mit der Vertragslaufzeit begründet worden, die durch eine dem Produzenten offen stehende Option „nach Belieben bei Erfolg ... weit über 5 Jahre hinaus" ausgedehnt werden konnte, während sich der Produzent „bei Nichtausüben der Optionsmöglichkeit kurzfristig vom Vertrag lösen konnte, falls sich dieser als wirtschaftlich uninteressant darstellen sollte").

28 Eine Erfolgsabhängigkeit sollte nach Möglichkeit vereinbart werden. Die Ausgestaltung hängt sehr vom Einzelfall ab, denkbar sind auch gewisse Lizenzvolumen, Stückzahlen usw.

29 Wichtig: Die Rechte des Produzenten als Tonträgerhersteller (§§ 85 f. UrhG) verbleiben ihm, so dass der Künstler keine Möglichkeit hat, die Aufnahmen ohne dessen Zustimmung selbst zu verwerten. Zur evtl. Problematik einer Rechterückfallklausel in der Insolvenz gem. § 112 UrhG und §§ 112, 119 InsO, vgl. Schricker/Krüger § 79 UrhG Rz. 8 einerseits und Dreier/Schulze § 112 UrhG Rz. 26 andererseits.

30 S. hierzu BGH GRUR 1989, 198, 203 – Künstlerverträge.

Fünfter Teil. Wettbewerbsrecht

Kapitel 41 Die vorgerichtliche Streiterledigung

Literatur: *Gloy/Loschelder/Erdmann*, Handbuch des Wettbewerbsrechts, 4. Aufl. 2010; *Harte-Bavendamm/Henning-Bodewig*, UWG, 3. Aufl. 2013; *Köhler/Bornkamm*, Gesetz gegen den unlauteren Wettbewerb (UWG), 33. Aufl. 2015; *Piper/Ohly/Sosnitza*, UWG, 6. Aufl. 2014; *Teplitzky*, Wettbewerbsrechtliche Ansprüche und Verfahren, 10. Aufl. 2011.

I. Die Abmahnung

1. Anwendungsbereich

Die Abmahnung ist das im Wettbewerbsrecht übliche Mittel zur **vorprozessualen Streiterledigung**. Sie dient der außergerichtlichen Sicherung von Unterlassungsansprüchen. Der Anwendungsbereich der Abmahnung erstreckt sich über das Wettbewerbsrecht im engeren Sinne (UWG und Nebengesetze wie HWG, LFGB, PAngV) hinaus auf den gesamten Bereich des gewerblichen Rechtsschutzes (Patent- und Gebrauchsmusterrecht, Urheber- und Designrecht, Markenrecht, Firmen- und Namensrecht) sowie auf Unterlassungsansprüche im Presserecht und wegen Verstoßes gegen bestimmte verbraucherschützende Vorschriften gem. §§ 1 ff. UKlaG. 1

2. Sinn der Abmahnung

Die Abmahnung ist eine bloße Obliegenheit, also **keine Rechtspflicht** und **keine Prozessvoraussetzung** im Sinne der Zulässigkeit eines gerichtlichen Vorgehens. Ihre Unterlassung kann aber zu **Kostennachteilen** führen. 2

a) Hauptzweck

Hauptzweck der Abmahnung ist die kurzfristige, vorgerichtliche Erledigung wettbewerbsrechtlicher Auseinandersetzungen und die dadurch bedingte **Entlastung der Gerichte von unnötigen Wettbewerbsstreitigkeiten**. Dieses Ziel wird erreicht, indem sich der Abgemahnte in einer Unterwerfungserklärung gegenüber dem Abmahnenden vertraglich zur Unterlassung des begangenen oder drohenden Wettbewerbsverstoßes und für jeden Fall der Zuwiderhandlung zur Zahlung einer angemessenen Vertragsstrafe verpflichtet. Eine solche Erklärung räumt die materielle Anspruchsvoraussetzung der Wiederholungs- bzw. Erstbegehungsgefahr aus, und zwar grundsätzlich auch im Verhältnis zu allen anderen potenziellen Unterlassungsgläubigern (BGH GRUR 1983, 186 – wiederholte Unterwerfung I; BGH GRUR 1987, 640 – wiederholte Unterwerfung II). Macht der Abmahnende neben dem Unterlassungsanspruch Schadensersatz- und Auskunftsansprüche geltend, wird dem Abgemahnten üblicherweise Gelegenheit gegeben, diese Ansprüche in seiner Unterwerfungserklärung dem Grunde nach anzuerkennen. 3

b) Vermeidung von Kostennachteilen im Prozess

Die Abmahnung dient ferner der Vermeidung von Kostennachteilen im Prozess. Wer dem Wettbewerbsstörer keine Gelegenheit zur vorgerichtlichen Streiterledigung gegeben hat, trägt nach einhelliger Meinung das Kostenrisiko aus § 93 ZPO. Im Falle eines sofortigen Anerkenntnisses des Beklagten werden nach st. Rspr. grds. dem obsiegenden Kläger die Kosten des Verfahrens auferlegt (Köhler/Bornkamm § 12 UWG Rz. 1.8; Teplitzky Kap. 41 Rz. 7 f. mwN). Hat der Anspruchsteller ohne mündliche Verhandlung eine einstweilige Verfügung erwirkt, kann der nicht abgemahnte Antragsgegner den Anspruch anerkennen, seinen Widerspruch (§ 924 ZPO) auf die Kostenentscheidung beschränken – sog. Kostenwiderspruch – und gem. § 93 ZPO eine isolierte Kostenentscheidung zu Lasten des Antragstellers erreichen (vgl. Köhler/Bornkamm § 12 UWG Rz. 1.9). 4

Das **Kostenrisiko aus § 93 ZPO entfällt** nur in seltenen Ausnahmefällen, in denen wegen besonderer Umstände eine vorherige Abmahnung nicht zumutbar erscheint. Dies kann bei besonderer Dringlichkeit oder erkennbarer Nutzlosigkeit zu bejahen sein, wenn der Schuldner bereits signalisiert hat, dass er sich nicht freiwillig zur Unterlassung verpflichten wird. Die bloße Tatsache, dass ein Wettbewerbsverstoß vorsätzlich begangen wurde, rechtfertigt nach heute herrschender Rechtsprechung aber nicht die Annahme der Nutzlosigkeit einer Abmahnung (vgl. OLG Koblenz WRP 1997, 367; OLG Hamburg WRP 1995, 1037; OLG Karlsruhe WRP 1986, 165). Geht es um die Dringlichkeit, reicht die beschränkte Dauer eines Wettbewerbsverstoßes im Allgemeinen nicht, um die Abmahnung als entbehrlich anzusehen. Aufgrund moderner Kommunikationsmittel ist es möglich und zumutbar, die Abmahnung auf wenige Tage oder gar Stunden zu befristen. Notfalls – etwa auf Messen – kann mündlich oder telefonisch abgemahnt werden (vgl. OLG Frankfurt MD 2001, 1382; OLG Schleswig NJWE-WettbR 2000, 248). Eine **besondere Dringlichkeit** wird somit 5 nur dann vorliegen, wenn dem Verletzten etwa aufgrund eines nicht wieder gutzumachenden drohenden Schadens jede weitere Verzögerung unzumutbar ist. Ein gerichtliches Vorgehen ohne vorherige Abmahnung ist regelmäßig mit dem Risiko behaftet, im Falle eines sofortigen Anerkenntnisses des Gegners mit den vollen Kosten des Verfahrens belastet zu werden.

c) Antwort- und Aufklärungspflichten des Abgemahnten

6 Im Übrigen bewirkt die Abmahnung, dass das durch den Wettbewerbsverstoß begründete gesetzliche Schuldverhältnis zwischen den Parteien konkretisiert und zu einer **„wettbewerbsrechtlichen Sonderbeziehung eigener Art“** verdichtet wird, aus der nach Treu und Glauben Antwort- und Aufklärungspflichten des Abgemahnten erwachsen. Er ist insbesondere verpflichtet, auf eine begründete Abmahnung fristgemäß durch Abgabe einer ausreichend strafbewehrten Unterlassungserklärung oder deren Ablehnung zu antworten (BGH WRP 1990, 276 – Antwortpflicht des Abgemahnten). Hat der Abgemahnte wegen derselben Verletzungshandlung bereits eine **Unterwerfungserklärung gegenüber einem Dritten** abgegeben, muss er den Abmahnenden darüber in Kenntnis setzen, denn die ernsthafte sog. „Drittunterwerfung“ lässt im Regelfall die Wiederholungsgefahr für den Wettbewerbsverstoß gegenüber allen Gläubigern entfallen (BGH GRUR 1983, 186 – wiederholte Unterwerfung I; BGH WRP 1986, 672 – Aufklärungspflicht des Abgemahnten). Diese Pflichten bestehen nicht nur gegenüber Mitbewerbern, sondern auch gegenüber den aus eigenem Recht gem. § 8 Abs. 3 Nr. 2 UWG klagebefugten Verbänden (BGH WRP 1989, 90 – Aufklärungspflicht gegenüber Verbänden). Der Empfänger einer **unbegründeten Abmahnung** ist indessen nicht verpflichtet, den Abmahnenden darüber aufzuklären, dass er für die beanstandete wettbewerbswidrige Handlung nicht verantwortlich ist (BGH WRP 1995, 300 – Kosten bei unbegründeter Abmahnung; zu den Grenzen der Aufklärungspflicht ferner OLG Stuttgart WRP 1994, 61).

7 Eine schuldhafte Verletzung der Antwort- und Aufklärungspflichten kann einen **Schadensersatzanspruch des Abmahnenden** wegen Vertragspflichtverletzung (§ 280 Abs. 1 BGB) bzw. aus Verzug (§ 286 Abs. 1 BGB) begründen (BGH WRP 1990, 276). Der vom Verletzer zu ersetzende Schaden besteht regelmäßig in den Kosten, die durch die Einleitung eines Rechtsstreits entstanden sind, der sich bei einer pflichtgemäßen Reaktion auf die Abmahnung erübrigt hätte. Dies gilt etwa dann, wenn der Verletzer erst nach Klageerhebung oder mit seinem Widerspruch gegen eine einstweilige Verfügung eine bereits **früher gegenüber einem Dritten abgegebene Unterwerfungserklärung** offenbart. Dann können sich die prozessualen Maßnahmen des Verletzten als von Anfang an unbegründet erweisen, so dass er zu deren Rücknahme gezwungen ist und ihm die Kosten auferlegt werden. Wurde der Verletzer zuvor abgemahnt und ist er seiner Aufklärungspflicht schuldhaft nicht nachgekommen, haftet er auf Ersatz der entstandenen Prozesskosten (BGH WRP 1986, 672 – Aufklärungspflicht des Abgemahnten).

8 Gibt der Verletzer eine zur Ausräumung der Wiederholungsgefahr geeignete **Unterwerfungserklärung erst nach Ablauf der ihm gesetzten Frist**, jedoch vor Zustellung der Klage ab, macht er deren Erfolgsaussichten zunichte. Nimmt der Verletzte daraufhin die Klage zurück, ist der Verletzer aufgrund der gesetzlichen Kostenfolge des § 269 Abs. 3 Satz 3 ZPO zur Kostentragung verpflichtet.

9 ➲ **Praxistipp:** Neben den dargestellten Vorteilen sind die möglichen **Nachteile einer Abmahnung** zu bedenken: Ist der Verletzer abgemahnt worden, wird er im Regelfall versuchen, den Wettbewerbsverstoß zu beenden. Der Verletzer wird also zB eine irreführende Aussage auf seiner Website ändern oder entfernen. Gibt der Verletzer auf die Abmahnung keine Unterlassungserklärung ab, muss der Verletzte den Rechtsweg beschreiten. Nach erfolgter Abmahnung ist es häufig zu spät, dafür noch Beweismittel zu sichern. Deshalb sollte schon vor der Abmahnung der gesamte Werbeauftritt des Verletzers so dokumentiert bzw. gesichert werden, dass ein späteres Gerichtsverfahren aussichtsreich geführt werden kann.

Die früher bestehende Möglichkeit des Verletzten, ohne vorherige Abmahnung gegen den Verletzer eine einstweilige Verfügung zu erwirken, besteht heute nicht mehr. In Fällen besonderer Dringlichkeit erlassen die Gerichte zwar nach wie vor eine schlüssig beantragte einstweilige Verfügung auch ohne vorherige mündliche Verhandlung, setzen dafür aber zumindest voraus, dass der Verletzer vor Einleitung des gerichtlichen Verfahrens abgemahnt wurde.

3. Anspruchsberechtigte und Anspruchsverpflichtete

a) Aktivlegitimation

Das Wettbewerbsrecht im engeren Sinn kennt – im Gegensatz zum Markenrecht (§ 55 Abs. 2 Nr. 1 MarkenG) – **keine Popularklage**. Wer zur Geltendmachung wettbewerbsrechtlicher Ansprüche befugt ist, ergibt sich aus den jeweils einschlägigen Gesetzen und Verordnungen. Dem einzelnen **Verbraucher** gewähren sie grds. keine Ansprüche (Harte-Bavendamm/Henning-Bodewig/Bergmann/Goldmann § 8 UWG Rz. 323). Für den Verbraucher sind Angaben des Verkäufers in der Werbung allerdings insoweit von Bedeutung, als sie eine Rolle spielen für die Beurteilung, ob der verkaufte Gegenstand einen Sachmangel aufweist (§ 434 Abs. 1 Satz 3 BGB). 10

aa) Aktivlegitimation für Unterlassungsansprüche aus dem UWG

Checkliste: Unterlassungsansprüche aus dem UWG können geltend machen 11

- ☐ jeder **Mitbewerber**, § 8 Abs. 3 Nr. 1 UWG. Nach der Legaldefinition des § 2 Abs. 1 Nr. 3 UWG ist Mitbewerber „jeder Unternehmer, der mit einem oder mehreren Unternehmern als Anbieter oder Nachfrager von Waren oder Dienstleistungen in einem konkreten Wettbewerbsverhältnis steht". Erforderlich ist also die – zumindest angestrebte – **Betätigung auf demselben sachlich, räumlich und zeitlich relevanten Markt**, so dass die beanstandete Wettbewerbshandlung den betreffenden Mitbewerber in seinem Absatz (oder Bezug) von Waren behindern oder stören kann (BGH GRUR 2001, 78 – falsche Herstellerpreisempfehlung; BGH GRUR 2007, 1079 – Bundesdruckerei; zur Marktabgrenzung Köhler/Bornkamm § 2 UWG Rz. 106 ff.).
- ☐ **Rechtsfähige Verbände**, § 8 Abs. 3 Nr. 2 UWG. Voraussetzung ist, dass ihr Satzungszweck die Förderung gewerblicher oder selbständiger beruflicher Interessen umfasst und sie aufgrund ihrer personellen, sachlichen und finanziellen Ausstattung im Stande sind, diese satzungsgemäße Aufgabe auch tatsächlich wahrzunehmen. Darunter fallen auch die als Körperschaften des öffentlichen Rechts verfassten **Kammern der freien Berufe**, und zwar sowohl in Bezug auf das Vorgehen gegen Wettbewerbsverstöße Dritter wie auch gegen Wettbewerbsverstöße ihrer Mitglieder (BGH GRUR 2002, 717 – Vertretung der Anwalts-GmbH; BGH GRUR 2006, 598 – Zahnarztbriefbogen: „Die Möglichkeit, im Zivilrechtsweg gegen berufswidrige Werbung von Kammerangehörigen vorzugehen, steht grundsätzlich neben den Befugnissen, die der Klägerin als Kammer gegenüber ihren Kammerangehörigen zustehen"). Die Durchsetzung von Ansprüchen gegen Kammermitglieder im Zivilrechtsweg darf jedoch nicht unverhältnismäßig sein (BGH GRUR 2006, 598 – Zahnarztbriefbogen: Keine Unverhältnismäßigkeit bei Vorgehen gegen irreführende Werbung).
- ☐ Außerdem müssen die betreffenden Verbände aufgrund ihrer **personellen, sachlichen und finanziellen Ausstattung** im Stande sein, die Verfolgung gewerblicher oder selbständiger beruflicher Interessen tatsächlich wahrzunehmen. Schließlich müssen den betreffenden Verbänden eine **erhebliche Zahl von Unternehmern** angehören, die Waren oder Dienstleistungen gleicher oder verwandter Art auf demselben Markt vertreiben und deren **Interessen durch die Zuwiderhandlung berührt** werden (vgl. Köhler/Bornkamm § 8 UWG Rz. 3.35 ff.).
- ☐ Bestimmte **Verbraucherschutzorganisationen**, § 8 Abs. 3 Nr. 3 UWG, insbesondere solche, die in die Liste qualifizierter Einrichtungen nach § 4 UKlaG eingetragen sind.
- ☐ Industrie- und Handelskammern sowie die Handwerkskammern, § 8 Abs. 3 Nr. 4 UWG.

bb) Aktivlegitimation für Schadensersatz- und Auskunftsansprüche nach dem UWG

Nach § 9 UWG sind nur die **Mitbewerber**, nicht jedoch die in § 8 Abs. 3 Nr. 2 bis 4 UWG genannten Verbände und Kammern zur Geltendmachung von Schadensersatz- und Auskunftsansprüchen befugt. 12

cc) Aktivlegitimation für Beseitigungsansprüche gegen Wettbewerbsstörungen

13 Führt eine unlautere geschäftliche Handlung zu einem rechtswidrigen Störungszustand, kann insoweit Beseitigung verlangt werden. Aktivlegitimiert sind die in Rz. 11 aufgeführten Anspruchsteller (§ 8 Abs. 1 UWG).

dd) Unterlassungsansprüche aus gewerblichen Schutzrechten

14 Zur Geltendmachung von Unterlassungsansprüchen aus gewerblichen Schutzrechten ist nur der **Inhaber des jeweiligen Schutzrechts** sowie unter bestimmten Voraussetzungen der Inhaber einer Lizenz befugt.

ee) Unterlassungsansprüche wegen Verletzung bestimmter verbraucherschützender Vorschriften

15 Zur Geltendmachung von Unterlassungsansprüchen wegen der Verletzung verbraucherschützender Vorschriften sind weder die Verbraucher selbst noch Mitbewerber des Verletzers aktivlegitimiert. Ansprüche können vielmehr von bestimmten **Verbänden** und Einrichtungen geltend gemacht werden, die gem. § 4 UKlaG in eine vom Bundesamt für Justiz geführte „**Liste qualifizierter Einrichtungen**" eingetragen sind.

b) Passivlegitimation

16 **Sämtliche wettbewerbsrechtlichen Ansprüche** richten sich jeweils gegen den **Verletzer** der anspruchsbegründenden Norm und gegen denjenigen, der für das wettbewerbswidrige Verhalten eines **Dritten** einzustehen hat.

aa) Geschäftliche Handlung

17 Die Verletzung wettbewerbsrechtlicher Normen setzt eine geschäftliche Handlung voraus.

18 ➲ **Wichtig:** Darunter fallen nicht nur Handlungen von Gewerbetreibenden im engeren Sinne, sondern „jedes Verhalten einer Person zugunsten des eigenen oder eines fremden Unternehmens vor, bei oder nach einem Geschäftsabschluss, das mit der Förderung des Absatzes oder des Bezugs von Waren oder Dienstleistungen oder mit dem Abschluss oder der Durchführung eines Vertrags über Waren oder Dienstleistungen objektiv zusammenhängt" (§ 2 Abs. 1 Nr. 1 UWG).

19 Die wettbewerbsrechtlichen Unterlassungs-, Beseitigungs- und Schadensersatzansprüche richten sich primär gegen die Person, die als **Täter** eine Zuwiderhandlung gegen § 3 UWG entweder selbst begangen hat oder als Teilnehmer (Anstifter oder Gehilfe) an der Zuwiderhandlung eines Dritten beteiligt war. Täter kann auch sein, wer „durch sein Handeln im geschäftlichen Verkehr die ernsthafte Gefahr begründet, dass Dritte durch das Wettbewerbsrecht geschützte Interessen von Marktteilnehmern verletzen" und keine Vorsorge trifft, „diese Gefahr im Rahmen des Möglichen und Zumutbaren zu begrenzen" (Verantwortlichkeit unter dem Aspekt der Verletzung wettbewerbsrechtlicher Verkehrspflichten; BGH 2007, 890 – jugendgefährdende Medien bei ebay).

bb) Einstandspflicht für dritte Personen

20 Die wettbewerbsrechtliche Verantwortlichkeit für dritte Personen richtet sich nach den allgemeinen Regeln des Deliktsrechts, wobei insbesondere die Organhaftung (§§ 31, 89 BGB) von Bedeutung sein kann (BGHZ 99, 298).

21 Demnach haftet der **Unternehmer** für die im Unternehmen begangenen Zuwiderhandlungen seiner Mitarbeiter und Beauftragten, § 8 Abs. 2 UWG. Die Begriffe des „Mitarbeiters" und des „Beauftragten" werden von der Rechtsprechung weit ausgelegt (Köhler/Bornkamm § 8 UWG Rz. 2.34 mwN). Die Regelung soll verhindern, dass sich der Geschäftsherr, dem die Wettbewerbshandlungen

zu Gute kommen, hinter von ihm abhängigen Dritten verstecken kann (BGH GRUR 2008, 187 – Telefonaktion). Beauftragter ist jeder, der, ohne Mitarbeiter zu sein, für das Unternehmen eines anderen aufgrund eines vertraglichen oder anderen Rechtsverhältnisses tätig und in die betriebliche Organisation eingegliedert ist. Dem Unternehmensinhaber muss im Hinblick auf die beanstandete Tätigkeit des Beauftragten ein bestimmender und durchsetzbarer Einfluss eingeräumt sein. Auch selbständige Unternehmer können Beauftragte sein, soweit ihre Tätigkeit dem bestimmenden Einfluss des Geschäftsherrn unterliegt (zB eine Werbeagentur, BGH GRUR 1973, 208, 209 – „Neues aus der Medizin; ein Franchise-Nehmer, BGH WRP 1995, 696 – Franchise-Nehmer; ein Werbepartner bzw. Affiliate, BGH GRUR 2009, 1167 – Partnerprogramm; OLG Köln GRUR-RR 2006, 205).

➲ **Wichtig:** Auf Schadensersatzansprüche ist § 8 Abs. 2 UWG nicht entsprechend anwendbar (BGH WRP 2000, 1263 – Neu in Bielefeld I). 22

4. Inhalt der Abmahnung

Der Inhalt der Abmahnung wird von ihrem Hauptzweck bestimmt, dem Verletzer Gelegenheit zur vorgerichtlichen Erledigung der wettbewerbsrechtlichen Auseinandersetzung zu geben, und zwar durch die vertragliche **Sicherung der geltend gemachten Ansprüche** (s. oben Rz. 3). 23

Checkliste: Eine Abmahnung muss deshalb enthalten 24

- ☐ Die konkrete Angabe des **beanstandeten Verhaltens,**
- ☐ die genaue Bezeichnung des **Wettbewerbsverstoßes,**
- ☐ die **Aufforderung** zur Abgabe einer Unterwerfungserklärung,
- ☐ die **Fristsetzung** und
- ☐ die **Androhung gerichtlicher Maßnahmen** für den Fall fruchtlosen Fristablaufs.

a) Angabe des Sachverhalts

Die Angabe des Sachverhalts dient dem Zweck, dem Abgemahnten klarzumachen, welches **konkrete Verhalten** beanstandet wird. Es muss deshalb klar und eindeutig bezeichnet werden, was für den Verletzer den „Stein des Anstoßes“ bildet (OLG Stuttgart WRP 1996, 1229; Köhler/Bornkamm § 12 UWG Rz. 1.15). Eine ausführliche Schilderung ist allerdings selten erforderlich. Oft genügt eine Bezugnahme zB auf eine bestimmte Werbung oder auf die konkrete Aufmachung einer Ware. 25

➲ **Wichtig:** Stellt sich nach der Abmahnung ein **anderer Sachverhalt** heraus, der unter anderen wettbewerbsrechtlichen Gesichtspunkten zu beanstanden ist, bedarf es zur Vermeidung des Kostenrisikos aus § 93 ZPO einer **erneuten Abmahnung.** 26

b) Bezeichnung des Wettbewerbsverstoßes

Die genaue Bezeichnung des beanstandeten Wettbewerbsverstoßes ist erforderlich, damit der Abgemahnte entscheiden kann, ob und gegebenenfalls in welchem Umfang er der Abmahnung Folge leistet oder es auf ein Gerichtsverfahren ankommen lässt (vgl. OLG Stuttgart WRP 1996, 1229). Dazu sind idR die Angabe der Anspruchsgrundlage und eine **kurze rechtliche Würdigung** des Sachverhalts geboten. Eine umfassende rechtliche Begründung ist entbehrlich, weil die Abmahnung nicht der Erteilung von Rechtsrat dient (Köhler/Bornkamm § 12 UWG Rz. 1.15; Harte-Bavendamm/Henning-Bodewig/Brüning § 12 UWG Rz. 42). Fehler bei der rechtlichen Beurteilung sind deshalb – im Gegensatz zu Fehlern bei der Darstellung des Sachverhalts – grundsätzlich unschädlich (OLG Hamburg GRUR-RR 2002, 145 f.; OLG Stuttgart WRP 1996, 1229). Zutreffende Rechtsausführungen und Hinweise auf einschlägige Rechtsprechung tragen jedoch häufig entscheidend zum Erfolg einer Abmahnung bei. 27

c) Aufforderung zur Abgabe einer Unterwerfungserklärung

aa) Aufforderung

28 Häufig fügt der Abmahnende seiner Abmahnung eine vorformulierte Unterwerfungserklärung bei. Damit erklärt er sich lediglich bereit, einen Vertrag zur außergerichtlichen Sicherung des geltend gemachten Anspruchs mit dem vorformulierten Inhalt abzuschließen. Es handelt sich dabei also um ein Vertragsangebot, das der Schuldner nur noch anzunehmen braucht. Zwingend ist die Beifügung einer vorformulierten Erklärung indessen nicht, denn auf die Abgabe einer in bestimmter Weise formulierten Unterwerfungserklärung besteht **kein Rechtsanspruch**. Es reicht daher aus, wenn der Schuldner aufgefordert wird, eine geeignete Unterwerfungserklärung abzugeben (vgl. Köhler/Bornkamm § 12 UWG Rz. 1.16).

29 ➲ **Praxistipp:** Dennoch entspricht die Beifügung einer vorformulierten Unterwerfungserklärung allgemeiner, bewährter Übung, weil die vom Abmahnenden selbst formulierte Unterwerfungserklärung den verfolgten Anspruch am deutlichsten konkretisiert und die Auseinandersetzung mit der Abgabe dieser Erklärung endgültig beigelegt wird.

bb) Unterwerfungserklärung

30 Der Abmahnende muss dem Schuldner eine Möglichkeit aufzeigen, die Angelegenheit **ohne Einschaltung der Gerichte** aus der Welt zu schaffen. Dies geschieht durch Abgabe einer zur außergerichtlichen Sicherung eines Unterlassungsanspruchs geeigneten **Unterwerfungserklärung**. Diese Erklärung muss zum einen die Verpflichtung des Verletzers enthalten, den Wettbewerbsverstoß künftig **zu unterlassen**, zum anderen ist zur Ausräumung der Wiederholungsgefahr nach bereits begangenen Verstößen das Versprechen des Verletzers erforderlich, für jeden Fall der Zuwiderhandlung gegen die erklärte Unterlassungspflicht eine **Vertragsstrafe** zu zahlen (BGH WRP 1996, 199 – Wegfall der Wiederholungsgefahr I; BGH WRP 1996, 284 – Wegfall der Wiederholungsgefahr II; hat der Schuldner noch keinen Verstoß begangen, sondern liegt lediglich eine „Erstbegehungsgefahr" drohender Wettbewerbsverstöße vor, gelten geringere Anforderungen: BGH GRUR 1987, 125 – Berühmung).

31 ➲ **Wichtig:** Fordert der Abmahnende eine zu weit gehende Unterwerfungserklärung, ist dies unerheblich. Denn es ist die Aufgabe des Abgemahnten, eine zur Ausräumung der Wiederholungsgefahr (noch) geeignete Erklärung abzugeben.

32 Lässt sich der Abgemahnte auf ein **zu weit gehendes Unterlassungsbegehren** ein und gibt er eine entsprechend weitgehende Unterlassungserklärung ab, bestehen gegen deren Wirksamkeit keine Bedenken, sofern die Unterlassungspflichten noch hinreichend bestimmt sind (Teplitzky WRP 1990, 26; OLG Karlsruhe WRP 1990, 51). Beschränkt der Abgemahnte eine von ihm verlangte, zu weit gefasste Unterlassungserklärung auf die **„konkrete Verletzungsform"**, bedarf diese Erklärung allerdings der Annahme durch den Abmahnenden, damit ein wirksamer Unterlassungsvertrag zu Stande kommt (BGH GRUR 2006, 878 – Vertragsstrafevereinbarung).

33 ➲ **Praxistipp:** Gibt sich der Abmahnende mit einer Unterwerfungserklärung zufrieden, die von der eigenen, vorformulierten Erklärung abweicht, muss er die geänderte Erklärung ausdrücklich annehmen, will er im Fall der Zuwiderhandlung die Vertragsstrafesanktion geltend machen. Eine Annahme der abgegebenen Erklärung empfiehlt sich auch dann, wenn weitergehende Ansprüche, die von der Unterwerfungserklärung nicht umfasst sind, gerichtlich weiterverfolgt werden sollen. Der Abmahnende sollte in diesem Fall aber darauf hinweisen, dass die Geltendmachung weitergehender Ansprüche vorbehalten bleibt.

34 ➲ **Wichtig:** Das **Vertragsstrafeversprechen** muss grundsätzlich zu Gunsten des Abmahnenden erfolgen. Das Versprechen des Abgemahnten, die Vertragsstrafe an einen Dritten (zB an eine gemeinnützige Einrichtung) zu zahlen, räumt in der Regel die Wiederholungsgefahr nicht aus, weil dies Zweifel an der Ernstlichkeit des Unterwerfungswillens begründet (BGH GRUR 1987, 748 = WRP 1987, 724 – getarnte Werbung II; Köhler/Bornkamm § 12 UWG Rz. 1.146).

Die **Höhe** der Vertragsstrafe richtet sich, ihrem Zweck entsprechend, nach den Umständen des Einzelfalles (vgl. § 343 BGB). Sie soll in erster Linie den Verletzer davon abhalten, gegen sein konkretes Unterlassungsversprechen zu verstoßen. Maßgebend sind deshalb vor allem die wirtschaftlichen Vorteile, die der Verletzer aus einem Verstoß gegen die übernommene Verpflichtung ziehen könnte. Die Zuwiderhandlung darf ihm nicht lohnend erscheinen (BGH GRUR 1994, 146 – Vertragsstrafebemessung). Es gibt **keine Richtsätze** für die Höhe eines angemessenen Vertragsstrafeversprechens, da die Bemessungskriterien vom Einzelfall abhängen. Üblich – wenn auch nicht immer sachgerecht – ist allerdings, einen Betrag zu verlangen, der für den Fall eines Streits über die Verwirkung der Vertragsstrafe die **Zuständigkeit des Landgerichts** begründet (§ 23 Nr. 1 GVG: zB 5001 Euro). 35

➲ **Praxistipp:** Streit zwischen den Parteien über die angemessene Höhe der versprochenen Vertragsstrafe kann vermieden werden durch ein Vertragsstrafeversprechen, das der Höhe nach **unbestimmt** und im Falle einer Zuwiderhandlung vom Verletzten (§ 315 Abs. 1 BGB) oder von einem Dritten (§ 317 BGB) – nicht jedoch unmittelbar von einem Gericht – festzusetzen ist, sog. „**Hamburger Brauch**" (BGH GRUR 1978, 121 – Hamburger Brauch). Kommt es nach einer Zuwiderhandlung zum Streit über die angemessene Höhe der festgesetzten Vertragsstrafe, entscheidet darüber gem. § 315 Abs. 3 BGB das zuständige Gericht. Das Versprechen einer Vertragsstrafe, deren Höhe erst nach einem Verstoß gegen die Unterlassungserklärung zu bestimmen ist, bietet den **Vorteil**, dem Charakter der späteren Zuwiderhandlung besser gerecht werden zu können. Bei einem vorsätzlichen Verstoß mit erheblichen Folgen für den Gläubiger kann eine höhere Vertragsstrafe verlangt werden als bei einer fahrlässigen Zuwiderhandlung mit geringen Auswirkungen. 36

Verlangt der Verletzte in der Abmahnung eine **überhöhte Vertragsstrafe**, ist dies unschädlich, weil die Abgabe einer zur Beseitigung der Wiederholungsgefahr geeigneten Unterwerfungserklärung allein dem Abgemahnten obliegt. Verspricht dieser eine niedrigere als die verlangte Vertragsstrafe, muss sich der Abmahnende entscheiden und dem Abgemahnten mitteilen, ob er die Erklärung akzeptiert (§§ 146, 150 Abs. 2 BGB). 37

Eine ausdrückliche Beschränkung des Vertragsstrafeversprechens auf den Fall einer **schuldhaften Zuwiderhandlung** gegen die Unterlassungspflicht ist ebenfalls unerheblich, weil die Verwirkung der Vertragsstrafe ohnehin Verschulden voraussetzt. Besteht der Abmahnende allerdings auf einem Vertragsstrafeversprechen, das unabhängig von einem Verschulden verwirkt sein soll, kann dies ein Anhaltspunkt für die rechtsmissbräuchliche Geltendmachung des Unterlassungsanspruchs gem. § 8 Abs. 4 UWG sein (BGH GRUR 2012, 730 – Bauheizgerät). Wird das Vertragsstrafeversprechen ausdrücklich auf den Fall einer **schuldhaften Zuwiderhandlung** gegen die Unterlassungspflicht beschränkt, ist damit keine Beweislastumkehr zu Lasten des Gläubigers verbunden (BGH GRUR 1982, 688 – Seniorenpass). 38

d) Fristsetzung

Die Länge der Frist, die dem Abgemahnten zur Abgabe der Unterwerfungserklärung zu gewähren ist, hängt vom **Grad der Dringlichkeit**, also von den Umständen des Einzelfalls, ab. Die Sicherung wettbewerbsrechtlicher Unterlassungsansprüche ist grundsätzlich eilbedürftig (vgl. § 12 Abs. 2 UWG). Eine Frist von einer Woche – von der Absendung der Abmahnung an gerechnet – ist deshalb in der Regel ausreichend. In besonders eilbedürftigen Fällen kann auch eine nach Stunden bemessene Frist und bei (Fern-)mündlicher Abmahnung sogar das Verlangen nach einer sofortigen Antwort angemessen sein. 39

➲ **Wichtig:** Eine vom Abmahnenden **zu kurz bemessene Frist** macht die Abmahnung nicht wirkungslos; der Abgemahnte ist vielmehr verpflichtet, innerhalb angemessener Frist zu antworten (BGH GRUR 1990, 381 – Antwortpflicht des Abgemahnten). 40

➲ **Praxistipp:** Der Abmahnende sollte eine zu kurze Fristsetzung vermeiden und das Ende der Frist nach Datum, erforderlichenfalls mit Uhrzeit (zB „bis Freitag, 13. Juli, 12 Uhr"), genau bestimmen. Es sollten **keine Stunden-, Tages- oder Wochenfristen** gesetzt werden, da solche Fristen erst ab Zugang beim Abgemahnten zu laufen beginnen und der Ablauf der Frist des- 41 halb nicht sicher bestimmt werden kann (Harte-Bavendamm/Henning-Bodewig/Brüning § 12 UWG Rz. 55).

e) Androhung gerichtlicher Maßnahmen

42 Der Zweck der Abmahnung, Gelegenheit zur vorgerichtlichen Streiterledigung zu geben, verlangt die Androhung gerichtlicher Schritte, damit der Abgemahnte die **Konsequenzen kennt**, die er durch die Abgabe der verlangten Unterwerfungserklärung vermeiden kann und soll. Einer ausdrücklichen Androhung gerichtlicher Maßnahmen bedarf es dazu nicht; dem Abgemahnten muss lediglich der „Ernst der Lage" verdeutlicht werden. Die Wahl der gerichtlichen Maßnahmen – Verfügungsantrag oder Klage – sollte sich der Abmahnende ohnehin vorbehalten.

5. Förmliche Erfordernisse

a) Form der Abmahnung

43 Die Abmahnung ist grundsätzlich **formfrei** (Köhler/Bornkamm § 12 UWG Rz. 1.22; Harte-Bavendamm/Henning-Bodewig/Brüning § 12 UWG Rz. 21). Sie kann deshalb auch (fern-)mündlich erfolgen (s. oben Rz. 5).

44 ➲ **Praxistipp:** Schon aus **Beweisgründen** empfiehlt sich regelmäßig, die Abmahnung in Schriftform zu versenden. Denn der Anspruchsteller muss zur Vermeidung einer Kostenentscheidung nach § 93 ZPO beweisen, den Gegner ordnungsgemäß abgemahnt zu haben (OLG Karlsruhe WRP 1982, 351; OLG Köln WRP 1984, 230). In eiligen Fällen sollte die Abmahnung deshalb zumindest – wenn möglich – per Telefax erfolgen.

b) Zugang der Abmahnung

45 Der Beklagte, der den geltend gemachten Anspruch im Prozess sofort anerkennt und zur Begründung einer Kostenentscheidung nach § 93 ZPO vorträgt, ihm sei vor Klageerhebung keine Abmahnung zugegangen, muss diese Behauptung darlegen und beweisen. Der Kläger ist lediglich gehalten, substantiiert darzulegen, dass das Abmahnschreiben abgesandt worden ist. Kann nicht festgestellt werden, ob das Abmahnschreiben zugegangen ist oder nicht, ist für eine Kostenentscheidung nach § 93 ZPO kein Raum (BGH GRUR 2007, 629 – Zugang des Abmahnschreibens).

46 ➲ **Praxistipp:** Grundsätzlich empfiehlt sich eine Abmahnung zusätzlich per Telefax, da die Vorlage eines aussagekräftigen Telefax-Sendeprotokolls zur substantiierten Darlegung der Absendung des Abmahnschreibens ausreichen dürfte (BGH NJW 1995, 665 – Telefax-Sendeprotokoll).

c) Vollmachtsurkunde

47 Der Wirksamkeit einer anwaltlichen Abmahnung steht nicht entgegen, dass dem Abmahnschreiben keine Vollmacht des Abmahnenden beigefügt war und der Abgemahnte die Abmahnung deshalb zurückweist. § 174 Satz 1 BGB ist auf die wettbewerbsrechtliche Abmahnung nicht anwendbar, auch wenn diese mit dem Angebot zum Abschluss eines Unterwerfungsvertrags – im Sinne einer vorformulierten Unterlassungserklärung – verbunden ist (BGH GRUR 2010, 1120 – Vollmachtsnachweis).

6. Kosten der Abmahnung

a) Erstattungsanspruch des Abmahnenden

48 Der Anspruch des Abmahnenden auf Ersatz der dafür „erforderlichen Aufwendungen" ist in § 12 Abs. 1 Satz 2 UWG geregelt. Ein Erstattungsanspruch besteht demnach, soweit die Abmahnung **„berechtigt"** ist. Dies gilt nur für Abmahnungen, die erforderlich sind, um dem Abgemahnten einen Weg zu weisen, den Abmahnenden ohne Inanspruchnahme der Gerichte klaglos zu stellen

(Köhler/Bornkamm § 12 UWG Rz. 1.80; BGH GRUR 2010, 354 – Kräutertee). Hatte sich der Abgemahnte also zum Zeitpunkt der Abmahnung bereits einem Dritten gegenüber wirksam zur Unterlassung verpflichtet oder liegt zum Zeitpunkt der Abmahnung gar ein rechtskräftiger Unterlassungstitel zu Gunsten eines anderen Gläubigers vor, kann der Abmahnende keine Kostenerstattung nach § 12 Abs. 1 Satz 2 UWG verlangen, denn in diesen Fällen bestand zum Zeitpunkt der Abmahnung keine Wiederholungsgefahr für den geltend gemachten Unterlassungsanspruch und daher auch keine Notwendigkeit des Abgemahnten, den Anspruchsteller „klaglos" zu stellen. Ein Wettbewerbsverband, der den Schuldner nach einer selbst ausgesprochenen, ohne Reaktion gebliebenen ersten Abmahnung ein zweites Mal von einem Rechtsanwalt abmahnen lässt, kann die Kosten dieser zweiten Abmahnung nicht erstattet verlangen (BGH GRUR 2010, 354 – Kräutertee).

➲ **Praxistipp:** Die isolierte Abgabe einer strafbewehrten Unterlassungserklärung stellt ohne weitere Anhaltspunkte, mit denen der Abgemahnte zu erkennen gibt, dass der Vorwurf des Abmahnenden zu Recht erfolgt ist, kein Anerkenntnis des zugrundeliegenden gesetzlichen Unterlassungsanspruchs und der Pflicht zur Übernahme der Abmahnkosten dar (BGH GRUR 2013, 1252 – Medizinische Fußpflege). Neben der Anspruchsgrundlage aus § 12 Abs. 1 Satz 2 UWG besteht auch ein Kostenerstattungsanspruch unter dem Gesichtspunkt des **Schadensersatzes** aus § 9 UWG. Dieser Anspruch steht jedoch nur **Mitbewerbern** zu, nicht den in § 8 Abs. 3 Nr. 2 bis 4 UWG genannten qualifizierten Einrichtungen, Kammern und Verbänden. 49

b) Erstattungsfähige Kosten

Mitbewerber sind grundsätzlich berechtigt, zur zweckentsprechenden Rechtsverfolgung einen Rechtsanwalt mit der Abmahnung zu beauftragen. Sie haben deshalb Anspruch auf Erstattung der Anwaltskosten. Dies gilt auch für Unternehmen mit eigener Rechtsabteilung (BGH GRUR 2008, 928). Ist der Anwalt zunächst nur mit der Abmahnung beauftragt, entsteht eine Geschäftsgebühr gem. §§ 2 Abs. 2, 13 RVG iVm. Nr. 2300 VV in Höhe des 0,5- bis 2,5-fachen der vollen Gebühr. Für Tätigkeiten, die nicht umfangreich oder schwierig sind, wird üblicherweise die **1,3-fache Gebühr** angesetzt (BGH GRUR 2010, 1120 – Vollmachtsnachweis). Hat der Anwalt im Zeitpunkt der Abmahnung bereits den Auftrag, erforderlichenfalls eine einstweilige Verfügung zu beantragen oder Klage zu erheben, kann eine 0,8-Erledigungsgebühr gem. Nr. 3101 VV-RVG anfallen. Der **Gegenstandswert** der Abmahnung richtet sich, weil sie auf die Verschaffung eines endgültigen Titels abzielt, nach dem Streitwert eines (möglichen) **Hauptsacheverfahrens** (Köhler/Bornkamm § 12 UWG Rz. 1.96). 50

Verbänden iSd. § 8 Abs. 3 Nr. 2 UWG steht für die Abmahnung grundsätzlich **kein Anspruch** auf Erstattung von Kosten beauftragter Anwälte zu, weil eine zweckentsprechende Rechtsverfolgung gebietet, dass sie ihre satzungsgemäßen Aufgaben selbst erfüllen (BGH GRUR 1984, 691 – Anwaltsabmahnung; BGH GRUR 2004, 448 – auswärtiger Rechtsanwalt IV; zuletzt – BGH GRUR 2010, 354 – Kräutertee). Allerdings kann der Verband den anteiligen Ersatz seiner Personal- und Sachkosten in Form einer **Kostenpauschale** beanspruchen (Teplitzky Kap. 41 Rz. 94). 51

War zur zweckentsprechenden Rechtsverfolgung ein **Testkauf** erforderlich, können auch dessen Kosten erstattungsfähig sein (OLG Karlsruhe WRP 1988, 184 und 381). 52

c) Verjährung

➲ **Wichtig:** Für Ansprüche auf Erstattung von Abmahnkosten gilt die **kurze Verjährungsfrist** des § 11 Abs. 1 UWG (6 Monate). 53

Schließt sich an eine erfolglose Abmahnung ein Gerichtsverfahren an, das mit der Verurteilung des Abgemahnten endet, kann die Geschäftsgebühr nicht im Kostenfestsetzungsverfahren geltend gemacht werden (BGH BB 2006, 127 – „Geltendmachung der Abmahnkosten"). 54

➲ **Praxistipp:** Im Fall einer **Unterlassungsklage** gegen den Abgemahnten empfiehlt es sich, die Abmahnkosten gleich mit einzuklagen. Im Fall eines **einstweiligen Verfügungsverfahrens** muss der Anspruch auf Erstattung der Abmahnkosten vor Ablauf der Verjährungsfrist, also gegebenenfalls noch vor der endgültigen Entscheidung im Verfügungsverfahren, separat ein- 55 geklagt werden (im Zusammenhang mit der Erstattung von Prozesskosten sind Vorbem. 3 Abs. 4 VV-RVG sowie § 15a Abs. 2 RVG zu beachten).

II. Reaktion des Abgemahnten

1. Entscheidungszwang

56 Der Abgemahnte muss sich **kurzfristig** entscheiden, ob er eine Unterwerfungserklärung abgibt oder sich streitig stellt. Betriebsinterne Schwierigkeiten, wie Betriebsurlaub oder Abwesenheit des zuständigen Mitarbeiters, befreien nicht von der Antwortpflicht. Der Abgemahnte sollte in solchen Fällen zumindest eine Fristverlängerung erbitten; ob der Abmahnende dieser Bitte entsprechen muss, ist eine Frage des Einzelfalles (OLG Frankfurt NJW-RR 1989, 236; OLG Hamburg GRUR 1991, 80).

2. Entscheidungskriterien

57 **Checkliste: Bei der Entscheidung des Abgemahnten stellen sich in der Regel folgende Fragen**

a) Entspricht die Abmahnung den **inhaltlichen Erfordernissen** (s. oben Rz. 23 ff.)?

b) Ist der Abmahnende **aktivlegitimiert** (s. oben Rz. 10)?

c) Liegt ein **Missbrauch** der Aktivlegitimation vor (§ 8 Abs. 4 UWG)?

d) Ist der geltend gemachte Unterlassungsanspruch materiell-rechtlich **begründet**?

e) Beschränkt sich die verlangte Unterlassungserklärung auf die **konkrete Verletzungsform**?

f) Ist die geforderte **Vertragsstrafe angemessen**?

g) Wird eine **Aufbrauchfrist** benötigt?

h) Sprechen taktische oder wirtschaftliche Gründe gegen die Abgabe einer Unterwerfungserklärung?

Zu a)

58 **Inhaltliche Mängel**, die so gravierend sind, dass die Abmahnung unwirksam ist, sind selten. Eine Antwortpflicht des Abgemahnten (s. oben Rz. 6) entsteht bereits dann, wenn in der Abmahnung der Sachverhalt sowie der gerügte Wettbewerbsverstoß hinreichend bezeichnet sind und zur Vermeidung gerichtlicher Schritte die Abgabe einer Unterwerfungserklärung verlangt wird. Fordert der Abmahnende eine **zu weit gefasste** Unterlassungserklärung, ist es Sache des Abgemahnten, sie auf die „konkrete Verletzungsform" zu beschränken. Ist das geforderte **Vertragsstrafeversprechen überzogen**, liegt es am Abgemahnten, die Sanktion auf ein angemessenes, zur Ausräumung der Wiederholungsgefahr ausreichendes Maß zu reduzieren. Wurde vom Abmahnenden eine **zu kurze oder unklare Frist** zur Abgabe der Unterwerfungserklärung gesetzt, muss der Abgemahnte jedenfalls innerhalb angemessener Frist antworten.

59 ➲ **Praxistipp:** In solchen Fällen kann eine begründete Bitte um Fristverlängerung spätere Streitigkeiten um die Angemessenheit der ursprünglich gesetzten Frist vermeiden. Verbleiben sonstige Unklarheiten, zB in Bezug auf die Vollmacht bei einer anwaltlichen Abmahnung, und besteht die grundsätzliche Bereitschaft zur Abgabe einer Unterlassungserklärung, so empfiehlt es sich rückzufragen und dabei diese Bereitschaft zum Ausdruck zu bringen.

Zu b)

60 Die **Aktivlegitimation** kann insbesondere bei der Abmahnung durch einen dem Abgemahnten unbekannten **Verband** fraglich sein, der die Anforderungen an seine Klagebefugnis gem. § 8 Abs. 3 Nr. 2 UWG nicht überzeugend darlegt (s. oben Rz. 11). Eine derartige Abmahnung sollte allerdings nicht unbeachtet bleiben, zumal die Aktivlegitimation des Verbandes gerichtsbekannt sein kann. In Eilfällen kommt anstelle einer Rückfrage beim abmahnenden Verband die Abgabe einer Unterwerfungserklärung in Betracht, die – je nach Dringlichkeit – unter der auflösenden oder aufschiebenden Bedingung des Nachweises der Aktivlegitimation innerhalb einer bestimmten Frist steht. Aus-

künfte zur Aktivlegitimation von Verbänden erteilt im Übrigen die Zentrale zur Bekämpfung unlauteren Wettbewerbs e.V. (www.wettbewerbszentrale.de).

Zu c)

Einen **Missbrauch der Aktivlegitimation** iSd. § 8 Abs. 4 UWG muss der Abgemahnte beweisen. 61
Der Beweis ist meist schwierig, weil es idR auf das Vorgehen des Abmahnenden in einer Vielzahl anderer Fälle ankommt, zB wenn ein Mitbewerber nicht im eigenen, sondern im Gebühreninteresse eines ihm nahestehenden Anwalts überregional abmahnen lässt (Köhler/Bornkamm § 8 UWG Rz. 4.12).

Zu d bis f)

Ob der geltend gemachte Anspruch **materiell-rechtlich** begründet und welche Unterwerfungs- 62
erklärung zur Ausräumung der Wiederholungs- oder Erstbegehungsgefahr geeignet und ausreichend ist, sind vom Einzelfall abhängige, oft schwierige Rechtsfragen, die der juristische Laie von seinem Rechtsberater beurteilen lassen sollte. Steht dem Abmahnenden ein Unterlassungsanspruch zu, ist es Aufgabe des Abgemahnten, eine von ihm verlangte, zu weit gehende Unterwerfungserklärung sachgerecht einzuschränken (zur Erstreckung der Wiederholungsvermutung auf kerngleiche Handlungen vgl. BGH WRP 1996, 199 – Wegfall der Wiederholungsgefahr I; BGH WRP 1996, 284 – Wegfall der Wiederholungsgefahr II).

Zu g)

Eine mit der Abgabe sofort wirksam werdende Unterwerfungserklärung kann für den Verletzer un- 63
verhältnismäßig hohe Schäden zur Folge haben, zB wenn er noch über große Bestände an Waren verfügt, deren Vertrieb er wegen einer von ihm nicht zu verantwortenden unzulässigen Kennzeichnung unterlassen soll. In solchen Fällen kann eine Interessenabwägung gem. § 242 BGB dazu führen, dass dem Verletzer eine angemessene **Aufbrauch- oder Umstellungsfrist** zu gewähren ist und die Unterlassungspflicht erst nach Ablauf dieser Frist in Kraft tritt (Köhler/Bornkamm § 8 UWG Rz. 1.58; Kisseler WRP 1991, 691). Eine Aufbrauchfrist lässt sich am besten im Verhandlungsweg erreichen, wobei der Abgemahnte seine Bereitschaft zur Abgabe einer Unterwerfungserklärung zum Ausdruck bringen sollte.

Zu h)

Checkliste: Gründe, die im Einzelfall gegen die Abgabe einer Unterwerfungserklärung sprechen 64

- ☐ Der Schuldner eines strafbewehrten Unterlassungsversprechens haftet grundsätzlich gem. § 278 BGB auch ohne eigenes Verschulden für die schuldhafte Zuwiderhandlung seiner **Erfüllungsgehilfen**. Demgegenüber setzt die Verhängung der Ordnungsmittel des § 890 ZPO wegen ihres strafähnliches Charakters eine **persönliche Schuld des Vollstreckungsschuldners** voraus (BVerfGE 20, 323; 58, 159). Zwar haftet der Titelschuldner nach strengen Maßstäben auch für ein **Organisationsverschulden** (Köhler/Bornkamm § 12 UWG Rz. 6.7), hat er jedoch die erforderlichen Weisungen erteilt und für ihre Ausführung gesorgt, kann er idR nicht wegen ihrer mangelnden Befolgung in Anspruch genommen werden.
- ☐ Gibt der Schuldner ein Vertragsstrafeversprechen in bestimmter Höhe ab, schuldet er grundsätzlich die Zahlung des versprochenen Betrags in voller Höhe für jeden einzelnen Fall der Zuwiderhandlung. Die Möglichkeit einer Zusammenfassung mehrerer Verstöße gegen eine vertragsstrafenbewehrte Unterlassungsverpflichtung hängt nach der Rechtsprechung davon ab, ob dies im Einzelfall dem Willen der Parteien beim Abschluss des Unterlassungsvertrages entsprach (BGH GRUR 2001, 758 – Trainingsvertrag).
- ☐ Hinzu kommt, dass eine in bestimmter Höhe versprochene Vertragsstrafe gerichtlich nur dann gem. § 343 BGB **herabgesetzt** werden kann, wenn es sich bei dem Unterlassungsschuldner nicht um einen Kaufmann im Sinne des Handelsgesetzbuchs handelt (§ 348 HGB). Demgegenüber haben die Gerichte bei der Ordnungsmittelvollstreckung einen **weiten Ermessensspielraum**, was die Höhe des festzusetzenden Ordnungsgeldes anbelangt (Köhler/Bornkamm § 12 UWG Rz. 6.12).

➲ **Praxistipp:** Die Abgabe einer Unterwerfungserklärung empfiehlt sich nur dann, wenn zu- 65
künftige Verstöße gegen die Unterlassungsverpflichtung vom Schuldner **sicher verhindert**

werden können. Falls der Schuldner nicht in der Lage ist, dies zu gewährleisten, kann es vorteilhafter sein, eine Verurteilung in Kauf zu nehmen. Entsprechende Überlegungen sind angezeigt, wenn Anhaltspunkte dafür bestehen, dass dem Abmahnenden weniger an der Unterlassung des Wettbewerbsverstoßes als vielmehr am Kassieren der Vertragsstrafe gelegen ist und er deshalb versucht sein könnte, durch Testkaufgespräche einen unzuverlässigen Mitarbeiter ausfindig zu machen, der den Wettbewerbsverstoß – zB eine irreführende Aussage – wiederholt.

66 Als gewichtiger **Vorteil** einer Unterwerfungserklärung bleibt indessen die kostengünstige, kurzfristige Streiterledigung mit der nur ihr zukommenden Drittwirkung, die Unterlassungsansprüche weiterer Gläubiger ausschließt.

3. Gegenmaßnahmen

67 Erweist sich eine Abmahnung als zweifelhaft oder unberechtigt, kommen als Gegenmaßnahmen die Hinterlegung einer **Schutzschrift**, die Erhebung einer **negativen Feststellungsklage** und die Forderung auf Erstattung der durch die Abwehr der Abmahnung entstandenen **Kosten** in Betracht.

a) Schutzschrift

68 Dieses Instrument ist gesetzlich nicht geregelt, in der forensischen Praxis jedoch allgemein anerkannt. Die Schutzschrift dient dem Zweck, den Erlass einer einstweiligen Verfügung ohne mündliche Verhandlung (§§ 937 Abs. 2, 944 ZPO) zu verhindern, indem sich der Abgemahnte durch die Einreichung eines Schriftsatzes **vorsorglich rechtliches Gehör** verschafft. Dementsprechend wird in einer Schutzschrift die Sach- und Rechtslage aus der Sicht des Abgemahnten dargelegt und beantragt, den zu erwartenden Verfügungsantrag zurückzuweisen, hilfsweise nicht ohne mündliche Verhandlung zu entscheiden.

69 Die Hinterlegung einer Schutzschrift unterliegt **keinem Anwaltszwang** (Harte-Bavendamm/Henning-Bodewig/Retzer § 12 UWG Rz. 610).

70 ➲ **Praxistipp:** Schutzschriften sollten stets sowohl an die Kammer für Handelssachen als auch an die Zivilkammer gerichtet werden, da sich der Verletzer an beide Kammern wenden kann (§ 96 Abs. 1 GVG).

b) Negative Feststellungsklage

71 Eine Abmahnung begründet das Rechtsschutzinteresse des Abgemahnten für eine Klage auf Feststellung, dass der gegen ihn geltend gemachte Unterlassungsanspruch nicht bestehe (BGH GRUR 1985, 571 – Feststellungsinteresse).

72 ➲ **Praxistipp:** Eine negative Feststellungsklage bietet sich an, wenn dem Abgemahnten von vornherein an einer endgültigen gerichtlichen Klärung in einem Rechtsstreit zur Hauptsache gelegen ist.

73 Der Abgemahnte braucht in der Regel nicht seinerseits abzumahnen, bevor er die Feststellungsklage erhebt. Eine **Gegenabmahnung** ist nur bei Vorliegen besonderer Gründe erforderlich, zB wenn der Abmahnende erkennbar von einem unzutreffenden Sachverhalt ausgegangen ist (BGH WRP 2004, 1032 – Gegenabmahnung), nicht aber dann, wenn der Abmahnende einen gegebenen Sachverhalt rechtlich unzutreffend gewürdigt hat (BGH GRUR 2006, 168 – Unberechtigte Abmahnung).

c) Die Kosten der Rechtsverteidigung bei unberechtigter Abmahnung

74 Die dem Abgemahnten im Zusammenhang mit der anwaltlichen Zurückweisung einer unberechtigten Abmahnung entstandenen Kosten hat der Abmahnende nur in Ausnahmefällen zu erstatten (BGH WRP 1995, 300 – Kosten bei unbegründeter Abmahnung).

In Betracht kommt vor allem ein **Schadensersatzanspruch des Abgemahnten** aus unerlaubter Handlung, wenn die Abmahnung die strengen Voraussetzungen des **§ 826 BGB** erfüllt (OLG Frankfurt WRP 1989, 391) oder einen Eingriff in den eingerichteten und ausgeübten Gewerbebetrieb iSd. **§ 823 Abs. 1 BGB** darstellt. Einen solchen Eingriff bejaht die Rspr. nur bei **unberechtigten Schutzrechtsverwarnungen** aus Patenten, Gebrauchsmustern, Geschmacksmustern und Urheberrechten (BGH GRUR 2005, 882 – unberechtigte Schutzrechtsverwarnung) sowie – aus denselben Erwägungen – bei behaupteten Wettbewerbsverstößen, bei denen eine den Immaterialgüterrechten vergleichbare Schutzposition in Anspruch genommen wird (zB in den Fällen des ergänzenden wettbewerbsrechtlichen Leistungsschutzes, § 4 Nr. 9 UWG). 75

M 41.1 Abmahnung wegen intransparenter Werbung für Verkaufsförderungsmaßnahmen

Einschreiben/Rückschein[1]

Firma . . .

. . . (Adresse)

Sehr geehrte Damen und Herren,

wir vertreten die Firma . . . . Die ordnungsgemäße Bevollmächtigung wird anwaltlich versichert[2] *Unsere Mandantin hat uns in folgender Angelegenheit beauftragt:*

1. *Sie haben in der „. . .-Zeitung" vom . . . eine Werbeanzeige verbreiten lassen, in der Sie folgende Rabattaktion ankündigen:*

   „Ab sofort 10 % Rabatt auf alle Damenpullis"[3].

2. *Die Ankündigung ist unlauter gem. § 4 Nr. 4 UWG*[4] *und damit wettbewerbswidrig. Bei Verkaufsförderungsmaßnahmen wie Preisnachlässen müssen die Bedingungen für ihre Inanspruchnahme klar und eindeutig angegeben sein. Im Falle Ihrer Werbeanzeige fehlt die Angabe eines Zeitraums, innerhalb dessen der Preisnachlass von 10 % gewährt wird.*

3. *Gem. §§ 3, 8 Abs. 1 UWG steht unserer Mandantin, die in ihrem Ladengeschäft ebenfalls Damenpullover verkauft, ein Unterlassungsanspruch gegen Sie zu. Zur außergerichtlichen Sicherung dieses Anspruchs geben wir Ihnen namens und in Vollmacht unserer Mandantin die Gelegenheit, die beigefügte Verpflichtungserklärung*[5] *bis spätestens*

   . . . (Datum)[6]

   rechtsverbindlich unterzeichnet an uns zurückzusenden. Sollte die Erklärung innerhalb dieser Frist nicht bei uns eingehen, würden wir unserer Mandantin empfehlen, ohne weitere Mahnung gerichtliche Schritte einzuleiten[7].

   Im Übrigen haben Sie unserer Mandantin nach § 12 Abs. 1 Satz 2 UWG die Kosten dieser Rechtsverfolgung ausweislich unserer anliegenden Kostenaufstellung zu erstatten[8]. *Den Eingang des dort genannten Betrages erwarten wir innerhalb von zwei Wochen.*

. . . (Unterschrift Rechtsanwalt)

1 S. Rz. 46.
2 S. Rz. 47.
3 Eine kurze Darstellung des wesentlichen Sachverhalts genügt, Rz. 25.
4 Eine weitere rechtliche Begründung ist nicht erforderlich, aber empfehlenswert, Rz. 27.
5 S. Rz. 30.
6 S. Rz. 41.
7 S. Rz. 42.
8 S. Rz. 48.

M 41.2 Verpflichtungserklärung (weit gefasst) zur Abmahnung nach Muster M 41.1

Die Firma . . . (Inhaber bzw. Rechtsform und gesetzliche Vertreter, Sitz und Anschrift) verpflichtet sich gegenüber

der Firma . . . (Inhaber bzw. Rechtsform und gesetzliche Vertreter, Sitz und Anschrift)

1. *es zu unterlassen, im geschäftlichen Verkehr in Werbeanzeigen mit Preisnachlässen auf Produkte aus dem Sortiment zu werben, ohne in der Anzeige den Zeitraum zu nennen, innerhalb dessen der Preisnachlass gewährt wird*[1]*;*
2. *für jeden Fall einer Zuwiderhandlung gegen die vorstehende Unterlassungsverpflichtung an die Firma . . . eine Vertragsstrafe in Höhe von 5100,– Euro*[2] *zu zahlen.*

. . . (Ort, Datum)

. . . (Unterschrift)

1 Die Unterlassungsverpflichtung erfasst über die „konkrete Verletzungsform" hinaus auch Preisnachlässe für andere Produkte aus dem Sortiment als Damen-Pullover.

2 S. Rz. 35.

M 41.3 Abmahnung wegen irreführender Werbung (§§ 3, 5 Abs. 1 UWG)

Vorab per Telefax[1]

Firma . . .

(Einleitung s. ***M 41.1****)*

1. *In Ihrem Werbeprospekt vom 2. Juni 2015 kündigen Sie für die Zeit bis zum 7. Juni 2015 eine Rabattaktion für Fernseh- und Küchengeräte mit den Worten an:*

   „15 % auf alle Fernseh- und Küchengeräte bis zum 7. Juni 2015".
2. *Diese Werbung ist aus folgenden Gründen irreführend gem. §§ 3, 5 Abs. 1 Nr. 2 UWG:*

   Testkäufe in der Zeit vor dem 2. Juni sowie am 3. Juni 2015 haben ergeben, dass 2 Fernsehgeräte (Hersteller . . ., Typ XYZ) sowie eine Küchenmaschine (Hersteller . . ., Typ abc) und ein Rührgerät (Hersteller . . ., Typ def) vor der angekündigten Rabattaktion über jeweils mehr als 2 Monate zu dem Preis angeboten wurden, zu dem die Waren während der Rabattaktion ausgezeichnet waren. In der Woche vor der Aktion galt für die vier genannten Artikel jedoch kurzfristig ein niedrigerer Preis, der dann jeweils unmittelbar zum Aktionsbeginn erhöht wurde. Die Rabattankündigung erweist sich daher als irreführend, weil die tatsächlich gewährte Preisermäßigung – bezogen auf die in der Woche vor der Aktion geltenden Preise – nicht 15 %, sondern für alle genannten Artikel durchweg weniger als 5 % betrug. Nach § 5 Abs. 1 Nr. 2 UWG wirbt irreführend, wer über die Höhe eines Preisvorteils täuscht. Nachdem feststeht, dass die Preise für die 4 genannten Artikel unmittelbar vor der Aktion angehoben wurden, greift die Irreführungsvermutung gem. § 5 Abs. 4 UWG ein, denn die angesprochenen Verbraucher verstehen die Ankündigung „15 % auf Fernseh- und Küchengeräte" in der Weise, dass eine entsprechende Preisermäßigung gegenüber den unmittelbar vor dem Aktionsbeginn geltenden Preisen erzielt werden kann (BGH GRUR 2009, 788).

1 S. Rz. 46.

3. *Nach den §§ 3, 5 Abs. 1, 8 Abs. 1 UWG sind Sie unserer Mandantin, die Waren gleicher Art vertreibt[2], zur Unterlassung dieser Werbung verpflichtet. Namens unserer Mandantin geben wir Ihnen daher zunächst bis zum*

   ... (Datum)[3]

   Gelegenheit, den Anspruch außergerichtlich durch Abgabe der beigefügten Verpflichtungserklärung zu sichern[4]. Sollte die Erklärung innerhalb dieser Frist nicht rechtsverbindlich unterzeichnet bei uns eingehen, müssen Sie mit gerichtlichen Maßnahmen rechnen[5].

   Vorsorglich weisen wir darauf hin, dass ein wettbewerbsrechtlicher Unterlassungsanspruch außergerichtlich nur durch die Abgabe einer Verpflichtungserklärung wirksam gesichert werden kann, die für jeden Fall der Zuwiderhandlung ein angemessenes Vertragsstrafeversprechen enthält[6].

   Schließlich steht unserer Mandantin gem. § 12 Abs. 1 Satz 2 UWG ein Anspruch gegen Sie auf Erstattung der Kosten unserer Tätigkeit zu[7]. Eine Kostenaufstellung ist beigefügt. Den Eingang des dort genannten Betrages erwarten wir innerhalb derselben Frist.

... (Unterschrift Rechtsanwalt)

---

2 S. Rz. 11.
3 S. Rz. 41.
4 S. Rz. 30.
5 S. Rz. 42.
6 Ein solcher Hinweis empfiehlt sich gegenüber rechtlich unerfahrenen Verletzern.
7 S. Rz. 48.

M 41.4 Verpflichtungserklärung (konkret gefasst) zur Abmahnung nach Muster M 41.3

Die Firma ...

verpflichtet sich gegenüber

der Firma ...,

1. *es ab sofort zu unterlassen, im geschäftlichen Verkehr für Fernseh- und Küchengeräte mit der Aussage „15 % Rabatt auf Fernseh- und Küchengeräte" eine befristete Preisermäßigung anzukündigen, soweit für Artikel in der Woche vor dem Beginn der Rabattaktion ein niedrigerer Verkaufspreis als derjenige verlangt wurde, auf den mit Aktionsbeginn 15 % Rabatt gewährt wird;*
2. *für jeden Fall einer Zuwiderhandlung gegen diese Unterlassungsverpflichtung an die Firma x eine Vertragsstrafe in Höhe von 5001,– Euro[1] zu zahlen.*

... (Ort, Datum)

... (Unterschrift)

---

1 S. Rz. 35.

M 41.5 Abmahnung wegen Verstoßes gegen gesetzliche Vorschriften, die das Marktverhalten regeln (§ 4 Nr. 11 UWG)

Per Boten[1]

Firma ...

(Einleitung s. ***M 41.1****)*

---

1 S. Rz. 46.

1. *Unsere Mandantin ist auf die Internet-Seite Ihres Elektronikversands „www. . . . .de" aufmerksam geworden, auf der Sie Waren Ihres Sortiments zum Kauf anbieten. Die Internetnutzer können die angebotenen Artikel anklicken und den Kaufvertrag durch Betätigen des „Kaufen"-Buttons sofort abschließen. Diese Bestellmöglichkeit steht allen Internetnutzern zur Verfügung, also auch privaten Verbrauchern. Eine Belehrung über das den Käufern beim Kauf über das Internet zustehende Widerrufsrecht erfolgt nicht.*
2. *Damit verstoßen Sie gegen zwingende Vorschriften zum Fernabsatzvertrag. Bei den Bestellungen, die Ihre Kunden unmittelbar über das Internet aufgeben, handelt es sich um Fernabsatzverträge gem. § 312c Abs. 1 BGB, sofern die Bestellung nicht der gewerblichen Tätigkeit des Kunden zugerechnet werden kann. Den Verbrauchern steht deshalb gem. § 312g Abs. 1 BGB ein Widerrufsrecht zu. Nach § 312a Abs. 2 BGB iVm. Art. 246 Abs. 3 EGBGB haben Sie die Verbraucher vor Abschluss eines Fernabsatzvertrags über das Bestehen dieses Widerrufsrechts zu informieren. Dabei handelt es sich um eine Marktverhaltensregelung iSv § 4 Nr. 11 UWG[2]. Außerdem nützen Sie die Rechtsunkenntnis der Verbraucher aus, wenn Sie die Belehrung unterlassen, § 4 Nr. 2 UWG. Die unterbliebene Belehrung über das Widerrufsrecht ist daher auch wettbewerbsrechtlich unlauter.*
3. *(Wie in **M 41.3**)*

. . . (Ort, Datum)

. . . (Unterschrift)

2 Vgl. Köhler/Bornkamm § 4 UWG Rz. 11.170.

M 41.6 Verpflichtungserklärung zur Abmahnung nach Muster M 41.5 Vertragsstrafe nach „Hamburger Brauch"

Die Firma . . . Computerhandel, . . . (Adresse)

verpflichtet sich gegenüber

der Firma . . ., . . . (Adresse)

1. *es zu unterlassen, im geschäftlichen Verkehr Verbrauchern im Internet den Abschluss von Verträgen über den Kauf von Elektroartikeln anzubieten, ohne sie vor Abschluss solcher Verträge auf das Bestehen eines Widerrufrechts hinzuweisen;*
2. *für jeden Fall einer Zuwiderhandlung gegen diese Unterlassungsverpflichtung an die Firma x eine angemessene Vertragsstrafe zu zahlen, die von der Firma x nach billigem Ermessen zu bestimmen und deren Höhe im Streitfall vom zuständigen Gericht zu überprüfen ist[1].*

. . . (Ort, Datum)

. . . (Unterschrift)

1 „Hamburger Brauch", s. Rz. 36.

M 41.7 Eilige Abmahnung wegen Verstoßes gegen das Ladenschlussgesetz, § 3 Nr. 1 LadSchlG, § 4 Nr. 11 UWG

Per Telefax[1]

Firma . . .

*(Einleitung s. **M 41.1**)*

1 S. Rz. 5 und Rz. 46.

1. *In der „B.-Zeitung" vom vergangenen Samstag, 23. August 2014, kündigen Sie in einer Werbebeilage eine „Konkursverwertung" von Orientteppichen mit „sensationellen Preisreduzierungen" in Ihren Geschäftsräumen für die Zeit von Samstag, 23. August 2014, bis Dienstag, 26. August 2014, an. Für den Sonntag war eine „freie Schau, keine Beratung, kein Verkauf" angekündigt. Entgegen dieser Ankündigung waren Ihre Geschäftsräume am Sonntag, 24. August 2014, für den geschäftlichen Verkehr mit Kunden geöffnet. Ihr Verkaufspersonal hat Kunden beraten und in mehreren Fällen Teppiche verkauft. Unter anderem wurde an einen Kunden eine Brücke zum Preis von 720,– Euro veräußert.*
2. *Sie verstoßen damit gegen das Verkaufsverbot an Sonntagen gem. § 3 Abs. 2 Nr. 1 Ladenöffnungsgesetz (Baden-Württemberg). Verboten sind demnach nicht nur Verkäufe, sondern auch verkaufsvorbereitende Handlungen, insbesondere das Beraten von Kunden. Das Ladenöffnungsgesetz stellt eine Marktverhaltensregelung iSv. § 4 Nr. 11 UWG dar. Ihr Verstoß gegen das Ladenöffnungsgesetz ist deshalb auch wettbewerbsrechtlich unlauter gem. § 3 UWG.*
3. *Unserer Mandantin stehen deshalb gem. den §§ 8 Abs. 1, 9 UWG Unterlassungs- und Schadensersatzansprüche gegen Sie zu. Unsere Mandantin wäre jedoch bereit, ihren Schadensersatzanspruch auf die Kosten der Rechtsverfolgung gemäß unserer beigefügten Kostenaufstellung zu beschränken, falls Sie sich außergerichtlich zur sofortigen Unterlassung gemäß der beigefügten Erklärung verpflichten[2]. Dazu geben wir Ihnen Gelegenheit, bis*

   ... (Datum, Uhrzeit)[3] (vorab per Telefax).

   Sollte uns bis dahin die Verpflichtungserklärung nicht rechtsverbindlich unterzeichnet vorliegen, würden wir unserer Mandantin empfehlen, sofort gerichtliche Hilfe in Anspruch zu nehmen[4].

... (Unterschrift Rechtsanwalt)

2 Dieses Angebot erleichtert oft eine vorgerichtliche Streiterledigung.
3 S. Rz. 41.
4 S. Rz. 42.

M 41.8 Verpflichtungserklärung zur Abmahnung nach Muster M 41.7

Die Firma ..., vertreten durch ...

verpflichtet sich gegenüber

der Firma ..., vertreten durch ...

1. *es ab sofort zu unterlassen, im geschäftlichen Verkehr in ihren Geschäftsräumen, insbesondere in ... (genaue Adresse), während der gesetzlichen Ladenschlusszeiten Kunden bei der Auswahl von Teppichen zu beraten und/oder beraten zu lassen und/oder Teppiche an Kunden zu verkaufen und/oder Teppiche an Kunden verkaufen zu lassen[1];*
2. *für jeden Fall einer Zuwiderhandlung gegen eine der Unterlassungsverpflichtungen gem. Ziffer 1 an die Firma ... eine angemessene, von ihr nach billigem Ermessen zu bestimmende und im Streitfall vom zuständigen Gericht zu überprüfende Vertragsstrafe von mindestens 3000,– Euro und höchstens 15 000,– Euro zu zahlen[2];*

1 Die auf die Begehung durch Dritte bezogenen Alternativen dienen lediglich der Klarstellung. Für das Handeln seiner Mitarbeiter und Beauftragten ist der Unternehmensinhaber gem. § 8 Abs. 2 UWG verantwortlich. Nach Abgabe der Unterlassungserklärung hat er gegenüber dem Unterlassungsgläubiger für deren Verschulden einzustehen, § 278 BGB.

2 Durch die Festlegung eines solchen „Korridors" erhält das Gericht Anhaltspunkte über die von den Vertragsparteien als angemessen erachtete Vertragsstrafe in leichten und schwerwiegenden Verletzungsfällen. Zugleich erhalten der Gläubiger und der Schuldner durch den Korridor die Sicherheit, dass im Einzelfall keine höhere bzw. niedrigere Vertragsstrafe festgesetzt werden kann.

3. der Firma … die Kosten der Rechtsverfolgung gemäß der beigefügten Honorarnote der Rechtsanwälte … zu erstatten.

… (Ort, Datum)

… (Unterschrift)

M 41.9 Gegenabmahnung[1]

(Schreiben an Rechtsvertreter der Firma … – Auszug)

…

Wir vertreten die Firma y, die Sie mit Schreiben vom … auf Unterlassung der Werbeaussage

„y – Das größte Bekleidungshaus in Z"

mit der Begründung in Anspruch genommen haben, es handele sich um eine irreführende Werbung im Sinne des § 5 Abs. 2 Nr. 3 UWG.

Der von Ihrer Mandantin geltend gemachte Unterlassungsanspruch besteht nicht, denn eine Alleinstellungswerbung ist grundsätzlich nur dann unzulässig, wenn sie nicht den Tatsachen entspricht. Unsere Mandantin kann jedoch jederzeit nachweisen, dass ihr Bekleidungshaus seit Jahren und mit erheblichem Vorsprung vor ihren Wettbewerben in Z über die größte Verkaufsfläche verfügt, das umfangreichste Warenangebot bereithält und den höchsten Umsatz erzielt.

Aufgrund der beigefügten Vollmacht fordern wir Ihre Mandantin auf, bis zum

… (Datum)

schriftlich zu unseren Händen auf den geltend gemachten Unterlassungsanspruch zu verzichten. Für den Fall, dass die Verzichtserklärung nicht rechtzeitig bei uns eingeht, sind wir beauftragt, negative Feststellungsklage[2] zu erheben.

Außerdem haben wir Ihre Mandantin aufzufordern, innerhalb derselben Frist die Kosten unserer Tätigkeit gemäß der anliegenden Honorarnote zu erstatten. Dazu ist Ihre Mandantin nach §§ 683, 670 BGB verpflichtet, weil Ihr unsere Mandantin Gelegenheit gegeben hat, auf den geltend gemachten Unterlassungsanspruch zu verzichten, um einen Rechtsstreit zu vermeiden[3].

… (Unterschrift Rechtsanwalt)

1 S. Rz. 73.
2 S. Rz. 71.
3 Der Kostenerstattungsanspruch kann nicht auf § 12 Abs. 1 Satz 2 UWG gestützt werden. Der Anspruch ergibt sich vielmehr aus Geschäftsführung ohne Auftrag, §§ 683, 670 BGB (BGH WRP 2004, 1032 – Gegenabmahnung).

Kapitel 42 Verhalten des Unterlassungsschuldners nach der Unterwerfung oder Verurteilung

Literatur: S. die Literaturhinweise zu Kap. 41.

I. Sorgfaltspflichten des Unterlassungsschuldners

Der Unterlassungsschuldner unterliegt **strengen Sorgfaltspflichten**, gleichgültig, ob er sich vorgerichtlich unterworfen hat oder gerichtlich verurteilt worden ist. Die Verwirkung der Vertragsstrafe setzt zwar ebenso Verschulden voraus wie die Verhängung der Ordnungsmittel des § 890 ZPO (Kap. 41 Rz. 64); leichte Fahrlässigkeit genügt jedoch in beiden Fällen. 1

➲ **Wichtig:** Der Schuldner muss deshalb **alle erforderlichen und zumutbaren Maßnahmen** zur Vermeidung von Verstößen treffen und die Ausführung seiner Anweisungen überwachen. 2

Werden seine Anweisungen nicht befolgt, haftet der Schuldner aus einer Unterwerfungserklärung gleichwohl über § 278 BGB (Kap. 41 Rz. 64). Die im Folgenden erwähnten Maßnahmen können deshalb grundsätzlich nur für den Fall einer Vollstreckung nach § 890 ZPO helfen, bei welcher der Schuldner nicht für Dritte, jedoch nach strengen Maßstäben für sein eigenes **Organisationsverschulden** einzustehen hat. 3

II. Maßnahmen zur Vermeidung von Verstößen

1. Innerbetriebliche Maßnahmen

Welche konkreten Maßnahmen des Betriebsinhabers im Einzelfall erforderlich sind, hängt zwangsläufig von der **Art der zu unterlassenden Handlung** ab. In keinem Fall genügt jedoch die bloße Information der zuständigen Mitarbeiter. Auch Belehrungen reichen grundsätzlich nicht aus. Der Betriebsinhaber muss vielmehr nach Möglichkeit ernsthafte Sanktionen für den Fall einer Zuwiderhandlung androhen (vgl. OLG Hamburg NJW-RR 1993, 1392). Geeignete Sanktionen sind vor allem der Ersatz des durch einen Verstoß entstehenden Schadens, die arbeitsrechtliche Abmahnung und im Wiederholungsfall die Kündigung des Arbeitsverhältnisses. 4

2. Maßnahmen gegenüber Werbeagenturen und Presseverlagen

Betrifft die Unterlassungspflicht den Bereich der Werbung, so genügt der Schuldner seiner Sorgfaltspflicht nicht bereits durch **mündliche Weisungen** an die mit der Verbreitung beauftragten Geschäftspartner (Köhler/Bornkamm § 12 UWG Rz. 6.7; OLG München GRUR 1993, 510). Dies gilt selbst dann, wenn ihm dabei versichert wird, die Weisung werde befolgt (OLG Köln WRP 1980, 168). Ebenso wenig kann sich der Schuldner dadurch entlasten, dass er der Werbeagentur die rechtliche Prüfung überlässt und sie beauftragt, in Zweifelsfällen einen Rechtsanwalt zu konsultieren (KG WRP 1985, 25). Der werbende Unternehmer muss die Vermeidung eines Verstoßes vielmehr selbst sicherstellen. Dazu ist eine **schriftliche Unterrichtung** der Werbeagentur bzw. des Presseunternehmens über die konkrete Unterlassungspflicht und die bei der einer Zuwiderhandlung drohenden Sanktionen erforderlich (KG GRUR 1989, 707; LG Frankfurt WRP 2008, 691). Außerdem sollte der Schuldner die schriftliche **Bestätigung** verlangen, dass die Unterlassungspflicht beachtet wird und die dafür erforderlichen Vorkehrungen getroffen worden sind. Gegebenenfalls muss der Schuldner Druckvorlagen zurückfordern oder sich bestätigen lassen, dass sie vernichtet oder in der EDV-Anlage gelöscht sind. Werbebeilagen, die nicht mehr verbreitet werden dürfen, müssen ebenfalls **zurückgefordert** werden (OLG Frankfurt WRP 1981, 29). 5

M 42.1 Schreiben an einen Zeitungsverlag

Vorab per Telefax

Einschreiben/Rückschein

An den

. . .-Verlag

Leiter der Anzeigenabteilung

Mit der in Kopie beigefügten Unterwerfungserklärung mussten wir uns gegenüber dem Verband . . . verpflichten, es ab sofort zu unterlassen, unser Unternehmen in der Werbung als

„Größtes Möbelhaus in F."

zu bezeichnen. Für jeden Fall einer Zuwiderhandlung haben wir an den Verband eine Vertragsstrafe in Höhe von 5100,– Euro zu zahlen. Diese Vertragsstrafe würde auch dann fällig, wenn die genannte Bezeichnung durch ein Verschulden Ihrer Mitarbeiter wiederholt werden sollte[1]*. Zu diesem Zweck bitten wir Sie insbesondere, alle unsere Anzeigendruckvorlagen umgehend an uns zurückzugeben und sämtliche entsprechenden Eingaben in Ihren Computersystemen zu löschen*[2]*. Den Eingang der Druckvorlagen erwarten wir bis zum . . .*

Den Haftungsbestimmungen in Ihren Geschäftsbedingungen widersprechen wir mit sofortiger Wirkung, soweit sie unsere Regressansprüche im Falle eines von uns nicht verschuldeten Erscheinens des Hinweises „größtes Möbelhaus in F." ausschließen oder beschränken.

. . . (Unterschrift)

---

1 S. Kap. 41 Rz. 64.

2 S. Rz. 5.

III. Das Abschlussschreiben und die Abschlusserklärung

1. Zweck und Bedeutung des Abschlussschreibens

6 Das Abschlussschreiben dient – ähnlich wie die Abmahnung (Kap. 41 Rz. 3) – der **außergerichtlichen Streiterledigung**, allerdings nach Erlass einer einstweiligen Verfügung. Sein konkreter Zweck besteht darin, das im einstweiligen Verfügungsverfahren ergangene vorläufige Verbot als **endgültige Regelung** zu vereinbaren und damit eine Fortsetzung dieses Verfahrens, jedenfalls aber einen Rechtsstreit zur Hauptsache, zu vermeiden.

7 Zur Einleitung des Hauptsacheverfahrens ist der Unterlassungsgläubiger auch nach Erlass einer einstweiligen Verfügung vor allem wegen **der kurzen Verjährung** wettbewerbsrechtlicher Ansprüche von nur 6 Monaten (§ 11 UWG) gezwungen. Die Verjährung des Unterlassungsanspruchs wird durch die Zustellung des Antrags auf Erlass einer einstweiligen Verfügung (im Falle einer Urteilsverfügung) bzw. durch dessen Einreichung (im Falle einer Beschlussverfügung) lediglich **gehemmt** – die Hemmung endet 6 Monate nach der rechtskräftigen Entscheidung oder „anderweitigen Beendigung des eingeleiteten Verfahrens", § 204 Abs. 1 Nr. 9, Abs. 2 BGB.

7a ➲ **Wichtig:** Nach Ablauf der Verjährungsfrist kann der Unterlassungsschuldner die Aufhebung der einstweiligen Verfügung ohne weiteres im Wege des Widerspruchs nach § 924 ZPO oder im Wege des Aufhebungsverfahrens nach § 927 ZPO erreichen.

8 Vor der Erhebung der Hauptsachenklage muss der Unterlassungsgläubiger abmahnen, wenn er das **Kostenrisiko aus § 93 ZPO** vermeiden will (Kap. 41 Rz. 4 f.), und zwar auch dann, wenn bereits eine einstweilige Verfügung ergangen ist (BGH GRUR 1973, 384 = WRP 1973, 263 – goldene Armbänder). Das Abschlussschreiben wird deshalb auch als „Abschlussmahnung" bezeichnet.

2. Inhalt des Abschlussschreibens und der Abschlusserklärung

Nach Erlass einer einstweiligen Verfügung besteht für den Verletzer grundsätzlich kein Anlass mehr, den Streit durch eine Unterwerfungserklärung beizulegen. Anstelle eines Unterwerfungsverlangens enthält das Abschlussschreiben vielmehr die Aufforderung, diejenigen Erklärungen abzugeben, welche der einstweiligen Verfügung die einem **rechtskräftigen Titel zur Hauptsache entsprechenden Wirkungen** verleihen. Welche Erklärungen dazu erforderlich und ausreichend sind, ist im Einzelnen umstritten (Teplitzky Kap. 43 Rz. 5 ff.). 9

a) Fest steht, dass der Schuldner zur Beendigung des streitigen Verfahrens auf seine prozessualen Angriffsmöglichkeiten **verzichten** muss. 10

Nach einer Beschlussverfügung sind dies der Widerspruch (§ 924 ZPO), der Antrag auf Anordnung der Klageerhebung (§ 926 ZPO) und der Aufhebungsantrag (§ 927 ZPO). Auf letzteren muss der Unterlassungsschuldner nicht vollumfänglich verzichten. Vielmehr sollte er sich – um sich etwa den Einwand einer nachträglichen Änderung der höchstrichterlichen Rechtsprechung zu erhalten – die Rechte aus § 927 ZPO insoweit vorbehalten, als die veränderten Umstände auch gegenüber einem in der Hauptsache ergangenen Titel geltend gemacht werden können (BGH GRUR 2009, 1096: „Bei wettbewerbsrechtlichen Unterlassungstiteln ist die Änderung einer höchstrichterlichen Leitentscheidung ebenso wie eine Gesetzesänderung als Einwendung im Sinne des § 767 ZPO zu behandeln"). 11

Nach einem erstinstanzlichen Urteil, mit dem die einstweilige Verfügung erlassen oder eine Beschlussverfügung bestätigt wird, tritt anstelle des Verzichts auf den Widerspruch der Verzicht auf die Berufung. 12

b) Umstritten ist die Frage, ob der Unterlassungsschuldner zusätzlich den der einstweiligen Verfügung zugrunde liegenden **Unterlassungsanspruch**, den sogenannten Verfügungsanspruch, **anerkennen** muss (zum Streitstand Harte-Bavendamm/Henning-Bodewig/Retzer § 12 UWG Rz. 641). Häufig wird empfohlen, dass der Schuldner „den Verfügungstitel als nach Bestandskraft und Wirkung einem rechtskräftigen Hauptsachetitel gleichwertig anerkennt und demgemäß auf alle Rechte des Vorgehens gegen den Titel oder den zugrunde liegenden Anspruch verzichtet, soweit auch ein Vorgehen gegen einen rechtskräftigen Hauptsachetitel ausgeschlossen wäre" (Köhler/Bornkamm § 12 UWG Rz. 3.74 nach OLG Köln WRP 2007, 899; ähnl. Teplitzky Kap. 43 Rz. 8). Im Übrigen ist die Forderung zu weit gehender Erklärungen ebenso unschädlich wie das Verlangen einer zu weit gefassten Unterlassungserklärung bei der Abmahnung (Kap. 41 Rz. 32), weil es Aufgabe des Unterlassungsschuldners ist, eine geeignete Abschlusserklärung abzugeben, die im Übrigen bedingungsfrei sein muss (BGH GRUR 1991, 76 – Abschlusserklärung). 13

c) Zur Abgabe der Abschlusserklärung ist dem Unterlassungsschuldner eine **Frist** zu setzen, die länger als bei einer Abmahnung sein und etwa der Berufungsfrist entsprechen sollte. Dies gilt allerdings nicht, wenn Verjährung droht. 14

3. Kosten des Abschlussschreibens

Der Unterlassungsschuldner, der auf die Aufforderung des Unterlassungsgläubigers eine Abschlusserklärung abgibt, hat die durch das Abschlussschreiben entstandenen **Kosten der Rechtsverfolgung** zu erstatten. Der Erstattungsanspruch wird üblicherweise auf die Grundsätze der Geschäftsführung ohne Auftrag gestützt (BGH GRUR 1973, 384 – Goldene Armbänder; BGH GRUR 2010, 1038 – Kosten für Abschlussschreiben; aA: Köhler/Bornkamm § 12 Rz. 3.73: Rechtsgrundlage ist § 12 Abs. 1 Satz 2 UWG analog). 15

Das Abschlussschreiben gehört nicht mehr zum einstweiligen Verfügungs-, sondern zum Hauptsacheverfahren, so dass sich die Gebühren aus dem **Gegenstandswert der Hauptsache** berechnen (BGH GRUR 1973, 384 – goldene Armbänder; OLG Karlsruhe WRP 1981, 405). Die Kosten für das Abschlussschreiben sind vom Unterlassungsschuldner nur dann zu erstatten, wenn das Schreiben erforderlich war. Insbesondere muss der Unterlassungsgläubiger dem Schuldner nach Zustellung der einstweiligen Verfügung ausreichend Zeit eingeräumt haben, aus eigenem Antrieb eine Abschlusserklärung abzugeben. Üblicherweise wird eine Frist von zwei Wochen zwischen dem Da- 16 tum der Zustellung der einstweiligen Verfügung und dem Zugang des Abschlussschreibens als angemessen erachtet (Köhler/Bornkamm § 12 UWG Rz. 3.73; BGH WRP 2008, 805 – Abschlussschreiben eines Rechtsanwalts: Eine dreiwöchige Frist ist ausreichend). Für ein Abschlussschreiben entsteht im Regelfall eine Geschäftsgebühr auf der Grundlage von Nr. 2300 RVG VV (BGH GRUR 2010, 1038 – Kosten für Abschlussschreiben).

4. Fristen

17 ➲ **Praxistipp:** Dem Schuldner sollte zwischen der Zustellung der einstweiligen Verfügung und dem Abschlussschreiben eine angemessene **Überlegungsfrist von mindestens zwei Wochen** gewährt werden, innerhalb der er von sich aus eine geeignete Abschlusserklärung abgeben kann. Dem Unterlassungsschuldner, der sich gegen eine einstweilige Verfügung nicht zur Wehr setzen will, ist zu empfehlen, sich alsbald nach deren Zustellung entsprechend zu erklären, um die Kostenerstattungspflicht zu vermeiden.

M 42.2 Abschlussschreiben nach Beschlussverfügung

Einschreiben/Rückschein[1]

Firma ... (Adresse)

Das Landgericht hat auf Antrag unserer Mandantin gegen Sie die einstweilige Verfügung vom ... erlassen, die Ihnen am ... zugestellt worden ist.

Die einstweilige Verfügung trifft nur eine vorläufige Regelung. Zur endgültigen gerichtlichen Sicherung des Unterlassungsanspruchs müsste unsere Mandantin deshalb nun noch eine Klage gegen Sie erheben. Um dies zu vermeiden, geben wir Ihnen namens unserer Mandantin Gelegenheit, die einstweilige Verfügung vom ... als nach Bestandskraft und Wirkung einem rechtskräftigen Hauptsachetitel gleichwertig anzuerkennen[2] *und auf die prozessualen Rechtsbehelfe des Widerspruchs (§ 924 ZPO), des Antrags auf Anordnung der Klageerhebung (§ 926 ZPO) sowie des Aufhebungsantrags (§ 927 ZPO) ausdrücklich zu verzichten*[3]*. Zur Abgabe dieser Erklärung setzen wir Ihnen eine Frist bis zum*

... (Datum)[4]

Nach Ablauf dieser Frist müssten wir unserer Mandantin empfehlen, Klage zu erheben.

Für den Fall, dass die Auseinandersetzung durch die Abgabe der verlangten Erklärung abgeschlossen wird, haben Sie unserer Mandantin die durch dieses Schreiben entstandenen Kosten zu erstatten[5]*. Eine Kostenaufstellung ist beigefügt. Den Eingang des dort genannten Betrages erwarten wir innerhalb derselben Frist.*

... (Unterschrift Rechtsanwalt)

1 S. Kap. 41 Rz. 46; die förmlichen Erfordernisse der Abmahnung gelten auch für das Abschlussschreiben.
2 S. Rz. 13.
3 S. Rz. 11.
4 S. Rz. 14.
5 S. Rz. 15.

M 42.3 Abschlusserklärung

Rechtsanwälte ...

Firma x/Firma y

Einstweilige Verfügung des Landgerichts A vom ... Az. ...

Aufgrund der beigefügten Vollmacht geben wir für die Firma y zu der oben genannten einstweiligen Verfügung folgende Erklärung ab:

Unsere Mandantin anerkennt die einstweilige Verfügung als nach Bestandskraft und Wirkung einem rechtskräftigen Hauptsachetitel gleichwertig und verzichtet auf die prozessualen Rechtsbehelfe des Widerspruchs (§ 924 ZPO), der Anordnung der Klageerhebung (§ 926 ZPO) sowie der Aufhebung wegen veränderter Umstände (§ 927 ZPO) mit Ausnahme solcher Umstände, die einem rechtskräftigen Hauptsachetitel entgegengesetzt werden können[1].

. . . (Unterschrift Rechtsanwalt)

1 S. Rz. 11; zur Einschränkung des Verzichts auf das Vorgehen nach § 927 ZPO s. BGH GRUR 2009, 1096 – Mescher weis.

M 42.4 Abschlussschreiben nach Urteilsverfügung

Rechtsanwälte . . .

Firma x/Firma y

Das Landgericht A hat die beantragte einstweilige Verfügung durch Urteil vom . . . erlassen. Zur Vermeidung des Hauptsacheverfahrens geben wir Ihrer Mandantin bis zum

. . . (Datum)[1]

Gelegenheit, die Urteilsverfügung als nach Bestandskraft und Wirkung einem rechtskräftigen Hauptsachetitel gleichwertig anzuerkennen[2]*, auf das Rechtsmittel der Berufung und die Rechtsbehelfe der §§ 926, 927 ZPO zu verzichten*[3] *sowie die durch dieses Schreiben angefallenen Kosten unserer Tätigkeit gemäß der anliegenden Honorarnote zu erstatten*[4].

. . . (Unterschrift Rechtsanwalt)

1 S. Rz. 14.
2 S. Rz. 13.
3 S. Rz. 12.
4 S. Rz. 15.

B. Liegenschaftsrecht

Erster Teil. Immobilienverträge

1. Abschnitt. Grundstückskauf, Grundstückstausch

Kapitel 43 Grundstückskauf, Grundstückstausch

Literatur: *Brambring*, Schuldrechtsreform und Grundstückskaufvertrag, DNotZ 2001, 590 und 2001, 904; *Grziwotz/Everts/Heinemann/Koller*, Grundstückskaufverträge, 2005; *Krauß*, Grundstückskaufverträge nach der Schuldrechtsreform, 2002; Würzburger Notarhandbuch, 4. Aufl. 2015, Teil 2 Kapitel 2 (bearb. v. *Hertel*); *Krauß*, Immobilienkaufverträge in der Praxis, 7. Aufl. 2014; *Krüger/Hertel*, Der Grundstückskauf, 10. Aufl. 2012; *Langenfeld*, Vertragsgestaltung, 3. Aufl. 2004; *Reithmann/Albrecht*, Handbuch der notariellen Vertragsgestaltung, 8. Aufl. 2001 mit Nachtr. 2002. Zur Mandanteninformation: Merkblatt der BNotK zum Grundstückskauf (Stand: 1.1.2010) und Informationen unter www.bnotk.de „Bürgerservice".

I. Besonderheiten des Liegenschaftsrechts

1 Eine Immobilie existiert – im Gegensatz zu einer beweglichen Sache – rechtlich erst mit ihrer Buchung in einem Grundbuch (vgl. zu buchungsfreien Grundstücken Art. 186 Abs. 2, 189 EGBGB,

§ 3 Abs. 2 GBO): Erst dann kann über sie verfügt werden. Im **schuldrechtlichen Bereich** unterscheiden sich Veräußerung und Erwerb von Immobilien vom Recht der beweglichen Gegenstände durch den umfassenden Formzwang (insbes. § 311b BGB). Im **sachenrechtlichen Bereich** sind die Regeln für den „Erwerb und Verlust des Eigentums" unterschiedlich: Bewegliche Sachen werden durch Einigung und Übergabe bzw. Hergabe erworben bzw. veräußert (§§ 929–984 BGB), Immobilien durch Einigung und Eintragung (§§ 925, 873 BGB).

Weitere Erläuterungen und Muster zur Veräußerung und Übertragung von Grundbesitz finden sich in Kap. 44 (Übergabe, Schenkung ua.), Kap. 45 (Änderung, Aufhebung), Kap. 46 (Auflassung, Abtretung) sowie Kap. 49 (Erbbaurecht). Zum Immobilien-Leasing s. Kap. 30. 2

II. Gesetzliche Grundlagen

1. Materiell-rechtliche Grundlage für den schuldrechtlichen Vertrag über Grundstücke und grundstücksgleiche Rechte (künftig zusammenfassend auch Grundbesitz genannt) sind die allgemeinen Bestimmungen des BGB zum Kauf (§§ 433 ff. BGB). Die Vorschriften über den Verbrauchsgüterkauf (§§ 474 ff. BGB) können nur im Hinblick auf mitverkaufte bewegliche Sachen Anwendung finden. 3

2. Besonderheiten ergeben sich im Bereich der Formvorschriften beim Abschluss des Vertrags (s. Rz. 15 ff.), den Regeln des Grundbuchrechts (Kap. 46 und 50) sowie aufgrund einer Reihe spezieller Genehmigungs- und Vollzugserfordernisse (zB aus Baugesetzbuch, Grundstücksverkehrsgesetz, Erbbaurechtsgesetz, Wohnungseigentumsgesetz, Steuerbestimmungen, ferner der Grundstücksverkehrsordnung und anderen Übergangsbestimmungen in den neuen Bundesländern). 4

III. Gegenstand und allgemeiner Inhalt

1. Gegenstand eines Grundstückskaufvertrags

Die nachfolgend dargelegten Regeln für den Grundstückskaufvertrag gelten außer für Grundstücke im eigentlichen Sinne und Miteigentums- oder Mitberechtigungsanteile hieran auch für eine Reihe von besonderen Erscheinungsformen von Immobilien: Wohnungs- und Teileigentum nach dem WEG (Kap. 47), Erbbaurechte (Kap. 49), Wohnungseigentum, Erbbaurecht, ferner auch für Anwartschaften auf solchen Grundbesitz (s. Kap. 46 Rz. 34 ff.). Grundbesitz besonderer Art ist das im sechsten Teil des EGBGB und dem DDR-ZGB geregelte Gebäudeeigentum in den neuen Bundesländern, dessen praktische Bedeutung zunehmend schwindet und das deshalb hier nicht mehr behandelt werden soll (s. 16. Aufl. Kap. 43 Rz. 6 ff.). 5

Einstweilen frei. 6–11

2. Allgemeiner Inhalt eines Grundstückskaufvertrags

Wie jeder Kaufvertrag enthält der Grundstückskaufvertrag auf Verkäuferseite die **Verpflichtung zur Übergabe des Kaufgegenstandes und Verschaffung des Eigentums** daran, auf Käuferseite die **Verpflichtung zur Zahlung des Kaufpreises** und zur Abnahme der Sache (§ 433 BGB). 12

Der weitere Inhalt kann auf der Grundlage der Vertragsfreiheit (Abschluss- und Inhaltsfreiheit) vielfältig sein und auch zu Mischformen (gemischte Schenkung; Kauf auf Rentenbasis, **M 43.6**; Tausch, **M 43.9**) sowie zu Abgrenzungsproblemen zu anderen gesetzlichen Vertragstypen führen (zB zum Werk- und Werklieferungsvertrag, s. BGH MDR 2009, 1155; 2005, 622; 2004, 987; BGHZ 165, 325). Besondere Erscheinungsformen sind die Option, das Angebot (**M 43.10–13**), die Ankaufsverpflichtung (**M 43.15**), das Vorkaufsrecht (Kap. 55), das Wiederkaufsrecht. 13

Wegen der inhaltlichen Gestaltung im Einzelnen s. Rz. 44 ff. 14

IV. Form des Grundstückskaufvertrags

1. Grundsatz und Zweck der Formbedürftigkeit

15 Der Grundstückskaufvertrag bedarf nach § 311b Abs. 1 Satz 1 BGB zwingend der **notariellen Beurkundung**, und zwar die Verpflichtungserklärung sowohl des Verkäufers als auch des Käufers. Der Formzwang gilt auch für die Veräußerung der Sonderformen von Grundeigentum in den neuen Bundesländern (s. Rz. 32).

Ein ohne Beachtung der Form abgeschlossener Vertrag ist nichtig (§ 125 Satz 1 BGB); betrifft die Nichtigkeit nur einen Teil des Rechtsgeschäfts, gilt § 139 BGB. Wegen der **Heilung des Formmangels** nach § 311b Abs. 1 Satz 2 BGB s. Rz. 40 ff.

16 Der Beurkundungszwang soll Veräußerer und Erwerber vor übereilten Abschlüssen bewahren und ihnen reifliche Überlegungsfreiheit sowie sachkundige und unparteiische Beratung durch den Notar gewähren (**Warn- und Schutzfunktion**) sowie den Inhalt der Vereinbarung klar und genau feststellen und die Beweisführung sichern (**Beweis- und Gewährsfunktion**).

2. Urkundspersonen und Beurkundungsverfahren

a) Urkundspersonen

17 Urkundsperson sind die **Notare**; ferner **Richter im Rahmen eines Prozessvergleichs** (§ 127a BGB); in **Baden-Württemberg** auch der sog. **Ratschreiber** (§ 32 Abs. 3 LFGG B.-W., das sind die Grundbuchhilfsbeamten), allerdings beschränkt auf Grundbesitz in ihrem Grundbuchamtsbezirk und auf „einfach gelagerte Fälle“ (§ 32 Abs. 3 Satz 2 LFGG B.-W.) und nur noch bis 2018; schließlich die **Konsularbeamten** (§ 10 Abs. 2 Konsulargesetz).

18 Ein Kaufvertrag über in Deutschland gelegenen Grundbesitz kann auch von einem **ausländischen Notar** oder einer sonst dort zuständigen Urkundsperson beurkundet werden (Art. 11 Abs. 1 Alt. 1 EGBGB bzw. Art. 11 Abs. 1 Rom I-VO), sofern eine dem deutschen Recht entsprechende Gleichwertigkeit der Urkundsperson und des Beurkundungsvorgangs gewährleistet ist (BGHZ 80, 76; str., s. Palandt/Thorn Art. 11 EGBGB Rz. 8 ff. mwN). Sieht das **Ortsrecht** eine andere Form – etwa die Schriftform – vor, so genügt nach Art. 11 Abs. 1 Alt. 2 EGBGB auch diese Ortsform (Erman/Hohloch Art. 11 EGBGB Rz. 18).

19 ➲ **Wichtig:** Die **Auflassung muss in jedem Fall vor einem deutschen Notar** oder einer sonstigen nach Rz. 17 zuständigen Urkundsperson erklärt werden (LG Ellwangen BWNotZ 2000, 45; KG MDR 1987, 56; Palandt/Thorn Art. 11 EGBGB Rz. 10).

20 Für die **separate Auflassungserklärung** gilt bei einer **Auslandsbeurkundung des Verpflichtungsgeschäfts** die **Gebührenermäßigung gem. KV Nr. 21102** nicht, sondern KV Nr. 21100 (zum früheren Recht OLG Hamm NJW-RR 1999, 77; BayObLG DNotZ 1978, 58; aA OLG Köln RNotZ 2002, 239; OLG Düsseldorf DNotZ 1991, 410; OLG Stuttgart DNotZ 1991, 411; OLG Zweibrücken DNotZ 1997, 245; OLG Jena OLGReport 1997, 115; OLG Karlsruhe OLGReport 1998, 172).

b) Beurkundungsvorgang

21 Der Beurkundungsvorgang besteht aus der Fertigung einer **Niederschrift über die abgegebenen Willenserklärungen**, die den Beteiligten in Gegenwart des Notars vorzulesen, von ihnen zu genehmigen und von ihnen und dem Notar zu unterschreiben ist (§§ 9, 13 BeurkG). Damit kommt der Kaufvertrag wirksam zustande, es sei denn, es bedarf noch bestimmter Wirksamkeitserfordernisse (zB Genehmigungen).

22 Die Beteiligten müssen beim Verpflichtungsgeschäft (anders bei der Auflassung!) nicht gleichzeitig anwesend oder vertreten sein (§ 128 BGB), dh. der Vertrag kann durch separate Erklärung von Angebot und Annahme zustande kommen, wobei Angebot und Annahme auch vor verschiedenen Notaren erklärt werden können (s. **M 43.10–M 43.13**).

c) Vertretung und Vollmacht

Der Vertrag kann auch durch einen **Bevollmächtigten oder Vertreter ohne Vertretungsmacht** abgeschlossen werden, wobei sowohl die **Vollmacht** (§ 167 Abs. 2 BGB) als auch die **Genehmigung** (§ 182 Abs. 2 BGB) grundsätzlich **nicht der Form des eigentlichen Rechtsgeschäftes bedürfen** (st. Rspr. des BGH, zB BGHZ 125, 218, zur Auflassung BGH MDR 1998, 585), also auch mündlich oder privatschriftlich erteilt werden können. Das gilt für die Genehmigung (Zustimmung zu einem bereits beurkundeten Vertrag) ausnahmslos (BGHZ 125, 218). 23

➲ **Wichtig: Für Vollmachten** gelten dagegen **Ausnahmen:** Handelt es sich um eine – rechtlich oder tatsächlich – „bindende Vollmacht", unterliegt ihre Erteilung der Form des § 311b Abs. 1 Satz 1 BGB; eine solche Bindung ist insbesondere gegeben, wenn die Vollmacht unwiderruflich erteilt wird (BGHZ 132, 119; BGH DNotZ 1966, 93) oder dem Vollmachtgeber aus tatsächlichen oder rechtlichen Gründen ein Abstandnehmen praktisch verwehrt ist (SchlHOLG OLGReport 2000, 350). Nach dem Vollständigkeitsgrundsatz bedarf in diesen Fällen nicht nur die Bevollmächtigung als solche, sondern das gesamte zugrundeliegende Rechtsgeschäft (Auftrag, Geschäftsbesorgungsvertrag) der notariellen Beurkundung (BayObLG DNotZ 1997, 312; Erman/Grziwotz § 311b BGB Rz. 33, s. auch BGH MDR 1993, 282, 1997, 228). S. auch Rz. 249 f. 24

Hilfreich für die Unterscheidung zwischen Formbedürftigkeit und Formfreiheit kann das **Motiv** für die Vollmachterteilung sein: Erfolgt sie lediglich aus Zweckmäßigkeit (räumliche Entfernung, Krankheit oder Gebrechlichkeit des Vollmachtgebers), gilt Formfreiheit; kommen aus dem Rechtsverhältnis zwischen Vollmachtgeber und Bevollmächtigtem (oder Dritten) aber tatsächliche oder rechtliche Umstände hinzu, die den Vollmachtgeber zur Vermeidung von Nachteilen zur Veräußerung oder zum Erwerb anhalten (zB aus einem Treuhandvertrag, bei wirtschaftlichen oder rechtlichen Nachteilen für den Fall des Nicht-Abschlusses), besteht Beurkundungsbedürftigkeit. 25

➲ **Wichtig:** Wegen der Ordnungsvorschrift des § 29 GBO ist **dem Grundbuchamt die Vollmacht oder Genehmigung aber in zumindest öffentlich beglaubigter Form nachzuweisen.** 26

Zu Vollmacht und Genehmigung s. Rz. 246 ff. und 252 ff. sowie **M 43.19–M 43.24.**

3. Fälle der Formbedürftigkeit

a) Unmittelbare Änderung im Eigentum

Formbedürftig sind Verpflichtungen, die auf eine unmittelbare Änderung im Eigentum abzielen, nicht dagegen Vereinbarungen über die Belastung von Grundbesitz (s. Kap. 49 ff.) und Verfügungsunterlassungsverpflichtungen. Ausnahmen: Verpflichtungen zur Bestellung eines Erbbaurechts (§ 11 ErbbauRG, Kap. 50) oder eines dinglichen oder schuldrechtlichen Vorkaufsrechts (so RGZ 72, 385; 148, 108; str., s. Kap. 55 Rz. 5) sind formbedürftig. 27

b) Einseitige oder bedingte Verpflichtungen

Der Formzwang umfasst auch einseitige oder bedingte Verpflichtungen wie Angebot und Annahme (des Verkäufers und des Käufers; **M 43.10–M 43.13**), Ankaufs-, Wiederkaufsrecht, ferner **Vorstufen** zur eigentlichen Verpflichtung wie Vorvertrag (BGH DNotZ 2006, 835; Krüger ZNotP 2006, 447), zumeist die Option, unter bestimmten Umständen die Vollmacht (s. Rz. 24, 249 f. sowie **M 43.19**), daneben auch einen **Auftrag** zum (ggf. treuhänderischen) Erwerb von Grundbesitz, sofern der Auftragnehmer – wie häufig – eine Erwerbsverpflichtung übernimmt (während die Verpflichtung aus § 667 BGB als solche keine Beurkundungspflicht auslöst, s. BGH MDR 1981, 658, BGHZ 127, 168). 28

c) Sachzusammenhang

Auch der Sachzusammenhang kann zur Formbedürftigkeit führen. Das gilt insbes. für Vereinbarungen, die für den Fall, dass bestimmter Grundbesitz nicht veräußert oder erworben wird, be- 29 stimmte Sanktionen auslösen und damit die Abschlussfreiheit einschränken (Vertragsstrafe, Abstandssumme, Aufwandsentschädigung, häufig im **Maklervertrag**, wobei die Verpflichtung zur Erstattung des tatsächlichen oder auch eines angemessenen pauschalierten Aufwands formfrei ist, Palandt/Grüneberg § 311b BGB Rz. 13; restriktiv OLG Frankfurt IMR 2011, 36: Aufwandsentschädigung von 40 % des Maklerhonorars formbedürftig; vgl. zum Ganzen Hülsdonk/Landbrecht ZfIR 2009, 456; zw. OLG Karlsruhe OLGReport 2009, 881: Formfreiheit trotz faktischen Zwangs zum Erwerb infolge ansonsten drohender gesetzlicher Ansprüche).

30 Die Formbedürftigkeit kann sich auch auf zusammengesetzte Verträge erstrecken. Bei zusammengesetzten Verträgen kann auf die Zusammenfassung in einer Urkunde verzichtet werden, solange die separaten Urkunden eine Verknüpfungsabrede enthalten (BGH MDR 2003, 719, BVerwG DNotZ 2010, 549, s. zu Gestaltungsfragen bei der Beurkundung zusammengesetzter Verträge auch Opgenhoff RNotZ 2006, 257, Keim DNotZ 2001, 827). Ein **Fertighausvertrag** ist formbedürftig, wenn gleichzeitig und in rechtlichem Zusammenhang damit ein Grundstück erworben wird (BGHZ 78, 348) oder mit ihm die Verpflichtung zum Erwerb eines bestimmten Grundstücks verbunden ist (OLG Hamm DNotZ 1982, 367; OLG Köln DNotI-Report 1997, 38), nicht aber bereits wegen des generellen Zwangs des Erwerbers, nun auch ein Grundstück beschaffen zu müssen (BGHZ 76, 43). Besteht nur eine **„einseitige Abhängigkeit"** der nicht formbedürftigen Vereinbarung von einer beurkundungsbedürftigen, bleibt erstere **formfrei** (BGH MDR 2002, 1187 für einen Bauvertrag mit Rücktrittsvorbehalt für den Fall, dass der vorgesehene Grundstückskauf nicht zustande kommt). Enthält ein **Baubetreuungsvertrag** die Verpflichtung zur Veräußerung oder zum Erwerb von Grundbesitz, ist er mit seinem gesamten Inhalt formbedürftig (BGH MDR 2009, 742). Das gilt ohne Weiteres für **Bauherrenmodelle** und vergleichbare Erscheinungsformen wie Erwerbermodell, Mietkauf, geschlossener Immobilienfonds uä. Sind die Vertragsparteien von Bauvertrag einerseits und Grundstückskaufvertrag andererseits nicht identisch, muss der Bauvertrag beurkundet werden, wenn die Parteien des Bauvertrags übereinstimmend davon ausgehen, dass der Grundstückserwerb nach dem Willen der Parteien des Kaufvertrags von dem Bauvertrag abhängt (BGHZ 186, 345).

31 Ein **Gesellschaftsvertrag** bedarf der Beurkundung, wenn sich ein Gesellschafter zur Einbringung von näher bestimmtem Grundbesitz verpflichtet oder der Gesellschaftszweck in der Nutzung eines bestimmten, noch zu erwerbenden Grundstückes besteht, so dass für die Organe eine Verpflichtung zum Erwerb begründet wird (zur Anwendung von § 311b Abs. 1 Satz 2 BGB Wolfsteiner DNotZ 2003, 626); das gilt aber nicht für die Übertragung von Anteilen an einer Gesellschaft, zu deren Vermögen Grundbesitz gehört (BGH MDR 1998, 55), es sei denn, die Übertragung der Gesellschaftsanteile ist – wie bei der GmbH – aufgrund gesellschaftsrechtlicher Bestimmungen formbedürftig (vgl. auch BGH MDR 2008, 810 zur Parallelproblematik bei GmbH-Geschäftsanteilen).

32 Von den **besonderen Grundbesitz-Sonderformen in den neuen Bundesländern** bedarf die Übertragung von Gebäudeeigentum der notariellen Beurkundung, es sei denn, das Gebäude ist als bewegliche Sache einzuordnen. Auch die Übertragung (Abtretung) von Rückgabeansprüchen (Restitutionsansprüchen) unterliegt den Regeln des Immobiliarsachenrechts: Verpflichtung und Abtretung bedürfen der notariellen Beurkundung (§ 3 Abs. 1 Halbs. 2 VermG). Schließlich bedarf auch die Veräußerung und Abtretung von Ansprüchen aufgrund des Sachenrechtsbereinigungsgesetzes (auf Erbbaurechtsbestellung oder Ankauf des Grundstücks oder Gebäudes der notariellen Beurkundung (§ 14 Abs. 3 SachenRBerG).

33 Zur **Vertragsänderung** und **Vertragsaufhebung** s. Kap. 45.

4. Umfang der Formbedürftigkeit, Beurkundungserleichterungen

34 Der Formzwang des § 311b Abs. 1 Satz 1 BGB erstreckt sich auf **alle Vereinbarungen**, die nach dem Willen der Beteiligten (oder auch nur nach dem – für den anderen erkennbaren – Willen eines Beteiligten) zum Grundstückskaufvertrag gehören sollen (BGH MDR 2002, 1187), auch soweit sie allein ihrer Natur nach formfrei getroffen werden könnten und unabhängig von ihrer (Un-)Wesentlichkeit (sog. Vollständigkeitsgrundsatz). Praktisch relevant ist dies etwa für mitvereinbarte Bauleistungen (OLG Celle IBR 2010, 337) und insbes. auch für Unternehmenskaufverträge (ausf. zur Beurkundungsbedürftigkeit von Asset Deals Werner GmbHR 2008, 1135). Ist eine Nebenabrede

nicht mitbeurkundet worden, gilt § 139 BGB (BGH MDR 2000, 874). Unberührt bleibt der Grundsatz der Unschädlichkeit der Falschbezeichnung (BGH MDR 2008, 498).

Schädlich ist die Nichtbeurkundung auch **bei Nebenbestimmungen**, denen die Beteiligten geringe Bedeutung beimessen, so dass von ihrer Geltung die Wirksamkeit des Vertrags nicht abhängen soll (hL, s. Erman/Grziwotz § 311b BGB Rz. 43; aA BGH DNotZ 1967, 496), unschädlich dagegen bei Informationen, Erläuterungen und Motiven ohne rechtsgeschäftlichen Gehalt sowie Punkten, die nur mittelbar in einem wirtschaftlichen Zusammenhang mit den Vereinbarungen stehen, zB die Frage der Kaufpreisfinanzierung, es sei denn, mit der Gewährung von bestimmten Darlehen oder dem Hereinkommen bestimmter Gelder (etwa Erlös aus einem anderweitigen Verkauf) soll der Grundstückskaufvertrag „stehen und fallen". Eine Verrechnungsabrede ist allerdings formbedürftig (BGH MDR 2000, 874), während die bloße Erklärung, dass Kaufpreiszahlung bereits erfolgt sei, nicht beurkundungsbedürftig sein soll (KG IBR 2011, 2393). 35

➲ **Wichtig:** Die Übernahme von **Pflichten des Verkäufers aus einem bestehenden anderen Schuldverhältnis** muss zwar unter hinreichender Identifizierung dieses Schuldverhältnisses im Kaufvertrag vereinbart, dessen Inhalt aber **nicht mitbeurkundet** werden (BGH DNotZ 1994, 476 für eine Gemeinschafts- und Miteigentumsordnung einschl. Wärmelieferungsvertrag). Dies gilt zB auch für bestehende Miet-, Pacht- und Erbbauverträge, übernommene Darlehensverpflichtungen uä. Hiervon abzugrenzen ist der (formbedürftige) Abschluss neuer Verträge im Zusammenhang mit der Grundstücksveräußerung (zB Mietvertrag zwischen Erwerber und Veräußerer). 36

Unzulässig ist die **Verweisung auf andere, nicht mitbeurkundete** (§ 9 Abs. 1 Satz 2 BeurkG) **Schriftstücke** (Prospekte, Kataloge, fremde Verträge), um auf diese Weise deren Inhalt auch zum Inhalt des Grundstückskaufvertrags zu machen. 37

Nach § **13a BeurkG** ist die **Verweisung** auf andere Urkunden aber dann **zulässig**, wenn es sich um **notarielle Urkunden** handelt. Erklären die Beteiligten hierzu, dass ihnen der Inhalt dieser anderen Urkunde bekannt ist, so können sie auf das Vorlesen und/oder Beifügen zum Kaufvertrag verzichten; dabei soll die Bezugsurkunde zumindest in beglaubigter Form bei der Beurkundung vorliegen. Das Gleiche gilt für **Karten und Zeichnungen**, die von **einer öffentlichen Behörde** im Rahmen ihrer Zuständigkeit ausgestellt worden sind (mit Unterschrift und Siegel oder Stempel); sie sind den Beteiligten zur Durchsicht vorzulegen (§ 13a Abs. 4 BeurkG). 38

➲ **Wichtig:** Die eingeschränkte Beifügungs- und Vorlesungspflicht nach § 13a BeurkG ist nur zulässig, wenn die Bezugsurkunde von einem **deutschen Notar** (oder einem mit notarieller Befugnis ausgestatteten deutschen Konsularbeamten) aufgenommen wurde (Winkler, 17. Aufl. 2013, § 13a BeurkG Rz. 34 f.). 39

5. Heilung des Formmangels

Die Nichtigkeitsfolge des § 125 Satz 1 BGB muss nicht endgültig sein: Zunächst ist die formwirksame Bestätigung (§ 141 BGB) denkbar (hierzu BGH MDR 1999, 1491: nur Bestätigung als solche formbedürftig; im Übrigen genügt einfache Bezugnahme, str.); ferner wird der Formmangel durch die wirksam erklärte Auflassung und den Grundbuchvollzug des Eigentumswechsels geheilt (§ 311b Abs. 1 Satz 2 BGB), dh. der Vertrag wird mit seinem gesamten Inhalt wirksam. Diese Wirkung setzt die Auflassung an den Erwerber aus dem formunwirksamen Geschäft voraus (BGH NJW 2012, 3171). Die Heilungswirkung erstreckt sich auch auf in dem formnichtigen Vertrag vereinbarte Rückübertragungsverpflichtungen, Wiederkaufsrechte etc. (BGH RNotZ 2010, 133), aber nicht auf Verpflichtungen im Hinblick auf weiteren Grundbesitz. 40

➲ **Wichtig:** Die Heilungswirkung tritt nicht rückwirkend, sondern erst mit dem Zeitpunkt der Grundbucheintragung ein. 41

Das bedeutet zB, dass eine aufgrund des nichtig gewesenen Kaufvertrags eingetragene Auflassungsvormerkung keine Wirkung erzeugt (BGH NJW 1983, 1545). Auch für den Beginn von Fristen (Verjährung, Verzug) und die Kenntnis des Käufers von Mängeln (§ 442 BGB) ist der Vollzugs- und damit Heilungszeitpunkt maßgebend (Palandt/Grüneberg § 311b BGB Rz. 55, 56). 42

43 ➲ **Wichtig:** Die Heilungswirkung tritt nicht für sonstige fehlende Wirksamkeitsvoraussetzungen ein, zB Genehmigung, Ehegattenzustimmung nach §§ 1365 f. BGB, auch nicht bei Nichtigkeit wegen Geschäftsunfähigkeit (§ 105 Abs. 1 BGB) oder Sittenwidrigkeit (§ 138 BGB).

V. Inhaltliche Gestaltung im Einzelnen

44 Der inhaltliche Gestaltungsbedarf eines Grundstückskaufvertrags kann vielfältig sein, wobei sich die Probleme aber häufig auf wenige Bereiche beschränken. Nur diese Problembereiche werden hier näher erläutert. Wegen der weiteren Vertragsteile wird auf die Fn. bei den Mustern verwiesen.

1. Rechts- und Sachmängelhaftung

45 Nach § 433 Abs. 1 Satz 2 BGB ist eine **Hauptpflicht des Verkäufers**, dem Käufer den **Kaufgegenstand frei von Sach- und Rechtsmängeln** zu verschaffen. Ein Verstoß gegen diese Verpflichtung löst die Rechte des Käufers gem. §§ 437 ff. BGB aus: Nacherfüllung, Rücktritt oder Minderung, Schadens- oder Aufwendungsersatz.

46 Die Haftung für Sach- und Rechtsmängel kann gem. § 444 BGB im Kaufvertrag **beschränkt oder ausgeschlossen** werden, wobei sich der Verkäufer auf eine solche Vereinbarung nicht berufen kann, soweit er den Mangel arglistig verschwiegen oder eine Beschaffenheitsgarantie übernommen hat. Ihm bekannte Mängel muss der Verkäufer dem Käufer ungefragt offenbaren (zuletzt BGHZ 180, 205). Verstößt der Verkäufer hiergegen und kannte der Käufer den Mangel nicht, greift ein Haftungsausschluss nicht ein (vgl. § 442 Abs. 1 BGB) und kann der Käufer den Vertrag bis zum Gefahrübergang anfechten (§ 119 Abs. 2 BGB).

47 Beim Verkauf gebrauchter Immobilien von Privat an Privat ist der umfassende Haftungsausschluss (in den Grenzen der §§ 276 Abs. 3, 444 BGB) üblich und unbedenklich. Grenzen werden vor allem durch § 309 Nr. 7 BGB im Verbraucher- und Formularvertrag gesetzt (näher Amann DNotZ 2003, 643; Albrecht MittBayNot 2008, 246; Leitzen NotBZ 2009, 212), s. Rz. 57.

47a Da das Vorhandensein eines Mangels an die Abweichung der Ist- von der Sollbeschaffenheit anknüpft, kommt ein Mangel von vornherein nicht in Betracht, wenn und soweit ein ganz bestimmter (zB gebrauchter) Zustand als vertragsgemäß vereinbart wird. Solchen Vereinbarungen sind aber Grenzen gesetzt, zumal die Rechtsprechung auch konkludente Beschaffenheitsvereinbarungen anerkennt (BGH MDR 2013, 262).

a) Rechtsmängel

48 Ein Rechtsmangel besteht nach § 435 Satz 1 BGB, wenn der Kaufgegenstand nicht frei ist von Rechten Dritter, die diese auch gegen den Käufer geltend machen können. Das Gleiche gilt für sog. Buchrechte, das sind eingetragene, aber materiell nicht oder nicht mehr bestehende Rechte, § 435 Satz 2 BGB.

49 Solche Rechte Dritter können sowohl dinglicher (in Abt. II und III des Grundbuchs eingetragene oder zur Eintragung beantragte) als auch obligatorischer Art (zB Nutzungsrechte Dritter aus Miet- oder Pachtvertrag wegen § 566 BGB: „Kauf bricht nicht Miete") sein. Keinen Rechtsmangel stellt die fehlende Verschaffung des Eigentums dar (BGHZ 174, 61; s. aber OLG Frankfurt NotBZ 2004, 440).

50 Ist die Beseitigung eines bekannten Rechtsmangels nicht möglich, so sind Regelungen hierzu im Kaufvertrag (zB Eintritt in Rechte und Pflichten zB eines Miet- oder Pachtvertrags) unerlässlich. Denn ein solcher **Rechtsmangel ist unschädlich**, wenn der Käufer ihn beim Vertragsabschluss kennt, § 442 Abs. 1 BGB (positive Kenntnis des Mangels und seiner Folgen erforderlich, BGHZ 13, 341). Die Vermittlung der Kenntnis obliegt dem Verkäufer.

51 **Trotz Kenntnis** des Käufers bleibt es aber bei der **Beseitigungspflicht für Grundbuchbelastungen** (§ 442 Abs. 2 BGB). Sollen solche Rechte Dritter bestehen bleiben, bedarf es einer Vereinbarung zur Übernahme.

Beispiele „Rechtsmängel“: 52

Beschränkte persönliche Dienstbarkeit für eine Fernwärmeleitung (BGH MDR 2000, 261);

Bestehen einer Überbaurente (OLG Hamm OLGReport 2001, 135; OLG Koblenz MDR 2008, 69);

„Wohnraum“, der laut Teilungserklärung nur als Teileigentum (Speicher) ausgewiesen ist (BGH MDR 2004, 84; ähnlich OLG Düsseldorf OLGReport 1997, 348); bei baurechtlicher Einschränkung = Sachmangel, s. Rz. 53 ff.;

bestehender Mietvertrag (BGH MDR 1998, 147; OLG Karlsruhe MietRB 2008, 181);

besondere Kündigungsschutzklausel im übernommenen Mietvertrag (OLG Zweibrücken Info M 2008, 189);

Sozialbindung (Mietpreisbindung) einer Wohnung (BGH MDR 2000, 510 mwN).

b) Sachmängel

Der Kaufgegenstand ist nach § 434 Abs. 1 BGB sachmängelfrei, wenn er die vereinbarte Beschaffenheit aufweist oder mangels einer solchen Vereinbarung sich für die nach dem Vertrag vorausgesetzte Verwendung oder die gewöhnliche Verwendung eignet und eine Beschaffenheit aufweist, die der Käufer bei Sachen der gleichen Art üblicherweise erwarten kann. Zur Beschaffenheit gehören in Abgrenzung zum Rechtsmängelrecht diejenigen tatsächlichen, wirtschaftlichen und rechtlichen Bezüge, die ihren Grund im tatsächlichen Zustand der Sache selbst haben und ihr auf eine gewisse Dauer anhaften (näher Palandt/Weidenkaff § 434 BGB Rz. 11, § 435 BGB Rz. 11 ff.). Für die Ermittlung der geschuldeten Beschaffenheit kann auch auf nicht in der Urkunde enthaltene Prospekte (BGH MDR 2008, 138) oder Werbeaussagen von Verkäufer oder Makler (BGH MDR 2004, 683; OLG Hamm OLGReport 2009, 161; OLG Hamm BeckRS 2010, 12147; OLG Koblenz ZMR 2013, 649; OLG Bremen NZM 2014, 401) zurückgegriffen werden. 53

Beispiele „Sachmängel“: 54

Asbestbelastung eines Wohnhauses (aber abhängig von den Umständen: BGHZ 180, 205, hierzu Kirchhof ZfIR 2009, 853 und Krüger ZNotP 2010, 42; OLG Celle BauR 2009, 1943; OLG München MDR 2010, 136);

Fehlende Baugenehmigung (BGH NJW 2013, 2182); Unbewohnbarkeit der Räume (RGZ 70, 82) oder auch nur auf einen bestimmten Personenkreis beschränkte Benutzbarkeit einer Wohnung im Gewerbegebiet (BGH MDR 2001, 150);

öffentlich-rechtliche Baubeschränkungen (BGHZ 117, 159; nicht aber Baubeschränkungen kraft privaten Rechts, die Rechtsmängel sind, BGH MDR 1993, 643), Aufnahme in die Denkmalschutzliste (OLG Saarbrücken NJW-RR 1996, 692);

Funktionsmängel an Betriebseinrichtungen, zB Entwässerungsanlage (BGH MDR 1968, 224);

Hausschwamm und Trockenfäule (BGH NJW 1961, 1860, BGH LM Nr. 8 zu § 463 BGB) sowie Hausbock (BGH LM Nr. 10 zu § 463 BGB);

Undichtigkeit eines Daches (OLG Koblenz MDR 2012, 392, dort auch zur Arglisthaftung bei Aussagen „ins Blaue hinein“);

extreme Durchfeuchtung der Kellerwände (OLG Saarbrücken OLGReport 2008, 827, aber nicht Feuchtigkeit im Keller schlechthin: BGHZ 180, 205; OLG Brandenburg IMR 2014, 1031);

Schwammverdacht (BGH DB 1969, 172; BGH NJW-RR 1987, 1415);

fehlende oder eingeschränkte Vermietbarkeit (BGH WPM 1970, 162);

ungeeignete Bodenbeschaffenheit (OLG Karlsruhe NJW-RR 1987, 1231), Bodenverunreinigung oder schon Verdacht derselben (BGH MDR 1995, 897, OLG Düsseldorf NJW 1996, 3284, OLG München NJW-RR 1999, 455); Belastung des Grundwassers (BGH NJW 2013, 1671);

ein zu duldender Überbau auf einem Bauplatz (BGH NJW 1981, 1362);

Lage eines Einfamilienhauses im Landschaftsschutzgebiet (OLG Düsseldorf OLGReport 2003, 157);

Beeinträchtigung durch fliegende Tauben (OLG Köln IMR 2014, 350);

„Wohnung", die baurechtlich nicht als solche zugelassen ist (BGH MDR 1991, 967; OLG Schleswig OLGReport 1999, 66).

55 **Beispiele „vereinbarte Beschaffenheit":**

Baulandeigenschaft (OLG Köln MDR 1865, 252; BGH DB 1971, 520);

Grundstücksgröße (§ 468 BGB);

Wohnfläche (BGH MDR 2004, 683, MDR 2008, 138; OLG Saarbrücken IMR 2012, 76);

Mietertrag (LG Berlin NZM 2006, 240; vgl. auch BGH NJW 2013, 1807 zur Offenbarungspflicht bei mangelnder Ertragsfähigkeit);

Nichtbebaubarkeit eines Nachbargrundstücks (RGZ 161, 330);

Meeresblick (BGH DB 1971, 2252);

erfolgte Zahlung der Erschließungsbeiträge (OLG München NJW 1970, 664);

Baujahr (OLG Schleswig MDR 1977, 929);

Freiheit von Immissionen (BGH NJW-RR 1988, 10 zu Geruchsbelästigungen);

baurechtlich zulässige Bewohnbarkeit von Nebenräumen, zB Keller (BGH WPM 1973, 612);

Energie-Kennwert/Energieverbrauch (vgl. Hertel DNotZ 2007, 486; Bachmayer BWNotZ 2007, 49; Manger ZfIR 2008, 642; Fehlen eines Energieausweises ist aber kein Sachmangel, unbeschadet der Ordnungswidrigkeit der Nichtvorlage an Interessenten).

c) Haftung für öffentliche Lasten

56 Nach § 436 Abs. 1 BGB hat der Verkäufer unabhängig vom Zeitpunkt des Entstehens der Beitragsschuld Erschließungsbeiträge und sonstige Anliegerbeiträge für Maßnahmen zu tragen, die bis zum Tage des Vertragsschlusses bautechnisch begonnen sind. Für die Freiheit von sonstigen öffentlichen Lasten und Abgaben (etwa Grundsteuer, Zweitwohnungssteuer), die zur Eintragung im Grundbuch nicht geeignet sind, haftet er nach § 436 Abs. 2 BGB nicht, es sei denn im Falle arglistigen Verschweigens; zumindest von der Regelung des Abs. 2 sollte im Regelfall durch Vereinbarung abgewichen werden.

d) Vereinbarungen zur Sach- und Rechtsmängelhaftung

57 Die **Vereinbarung von Haftungsausschlüssen oder -einschränkungen** findet ihre Grenze nicht nur in § 444 BGB (arglistiges Verschweigen, Übernahme einer Beschaffenheitsgarantie), sondern auch bei Sittenwidrigkeit (§ 138 BGB) und Verstoß gegen Treu und Glauben (§ 242 BGB). Über für den Kaufentschluss wesentliche Umstände muss der Verkäufer den Käufer ungefragt aufklären (OLG Frankfurt BauR 2005, 1821: schikanöse Nachbarn; BGH MDR 2012, 517: Fehlen einer Bodenuntersuchung durch Bauunternehmer). Dies gilt schon für einen dem Verkäufer bekannten Verdacht auf einen verdeckten Mangel (OLG Koblenz NJW-RR 2010, 989; OLG Brandenburg MDR 2013, 206), aber noch nicht für die Unkenntnis des Verkäufers von der Ursache eines offenkundigen Mangels (BGH MDR 2012, 638); hinreichend, aber auch notwendig ist Eventualvorsatz (BGH NJW 2013, 2182). Mit der Übergabe von Unterlagen, aus denen sich – irgendwo – der Mangel ergibt, genügt der Verkäufer seiner Offenbarungspflicht nicht (BGH DNotZ 2012, 846). In **formularmäßig verwendeten Verträgen** sind außerdem die **Klauselverbote für AGB** zu beachten (§§ 305 ff. BGB, hierzu Albrecht MittBayNot 2008, 246; Leitzen NotBZ 2009, 212).

58 ➲ **Praxistipp:** Für die **Übernahme einer Beschaffenheitsgarantie** empfiehlt sich eine detaillierte Aufnahme aller Zusicherungen in den Vertrag oder die Feststellung, dass Zusicherungen nicht gemacht worden sind; es kann auch das Nichtvorhandensein bestimmter Fehler garantiert werden („frei von Schwamm, Hausbock, usw …").

59 Bei nicht abgerechneten Grundstücken ist der Notar verpflichtet, auf der Grundlage der gesetzlichen Regelung in § 436 BGB die Problematik der **Kostentragung für Erschließungs- und Anliegerbeiträge**, ggf. auch für andere öffentliche Lasten, zu erörtern und auf Wunsch der Beteiligten eine geeignete vertragliche Regelung vorzuschlagen (BGH MDR 1994, 835). Soll der Veräußerer

noch nicht festgesetzte Kosten tragen, ist dem Risiko einer ungesicherten Vorleistung seitens des Erwerbers Rechnung zu tragen (BGHZ 175, 111).

Ein besonderer Gestaltungsbedarf besteht bei der Möglichkeit sog. **Altlasten.** Dabei handelt es sich um – vor allem auf gewerblich genutzten Grundstücken anzutreffende – Boden- oder Grundwasserverunreinigungen durch Schadstoffe, die die Benutzbarkeit des Grundstücks beeinträchtigen, Beseitigungs- oder Schadensersatzansprüche privater Dritter begründen und vor allem eine öffentlich-rechtliche Inanspruchnahme (Untersuchungs-, Beseitigungspflicht) auslösen können (vgl. § 2 BBodSchG). Bestehen Anhaltspunkte für eine mögliche Altlastenproblematik, sind Vertragsregelungen unentbehrlich. S. hierzu **M 43.5** und die dortigen Fn. 60

Die Vereinbarungen zur Sach- und Rechtsmängelhaftung bedürfen der **Form des Hauptgeschäftes,** bei Kaufverträgen über Grundbesitz somit der notariellen Beurkundung (§ 311b Abs. 1 Satz 1 BGB). Ein Formverstoß führt zur Nichtigkeit der Vereinbarung (zB des Haftungsausschlusses) nach § 125 BGB; der übrige Vertrag bleibt aber wirksam. Nicht der Beurkundung bedürfen hingegen Wissenserklärungen oder Hinweise der Beteiligten. 61

2. Vertragsabwicklung, Sicherungsvereinbarungen

Schon wegen der Notwendigkeit der Mitwirkung des Grundbuchamts zum Eigentumsübergang (§ 873 BGB) lässt sich ein Kaufvertrag über Grundbesitz nicht Zug um Zug abwickeln. Daraus ergibt sich ein besonderer Gestaltungsbedarf: Verkäufer und Käufer sind vor ungesicherten und damit risikobehafteten Vorleistungen zu bewahren. Dies gilt umso mehr, wenn im Zuge der Vertragsabwicklung Rechte Dritter zu beseitigen (Löschung von dinglichen Lasten) oder neu zu begründen sind (Eintragung von Grundpfandrechten für Geldgeber des Käufers). Den Beteiligten ist zwar unbenommen, auf Sicherungsvereinbarungen zu verzichten (ausgenommen bei Bauträgerverträgen mit Geltung der MaBV). In der Praxis beschränkt sich eine solche Vertragsgestaltung aber auf Verträge über geringwertige Kaufobjekte und Verträge zwischen nahestehenden Personen (s. **M 43.3**). 62

a) Verkäufersicherung

Die Verkäufersicherung besteht idR darin, dass die Eigentumsumschreibung auf den Käufer erst erfolgt, wenn der Kaufpreis bezahlt ist. Zum Schutz des Verkäufers vor vorzeitigem Eigentumsverlust stehen mehrere Möglichkeiten zur Verfügung (Krüger/Hertel, Der Grundstückskauf, 10. Aufl. 2012, Rz. 595 ff.; Dieckmann BWNotZ 2008, 134 ff.): Erstens die getrennte Beurkundung der Auflassung (materiell-rechtliche Absicherung, s. **M 43.7** Alt. Nr. 2), zweitens die beurkundungsrechtliche Absicherung durch Weisung an den Notar, die mitbeurkundete Auflassung zurückzuhalten, bis bestimmte Voraussetzungen eingetreten sind und vorher Ausfertigungen und beglaubigte Abschriften nur ohne Auflassung zu erteilen (beurkundungsrechtliche Lösung: „Vorlagesperre", s. Keim MittBayNot 2003, 21, **M 43.1**, **M 43.2**) sowie schließlich drittens die Erklärung der Auflassung unter ausdrücklichem Vorbehalt der Eintragungsbewilligung für die Eintragungsumschreibung (sog. „Bewilligungslösung", Ertl MittBayNot 1992, 102). Zu deren Abgabe kann der Notar oder eine sonstige Vertrauensperson bevollmächtigt werden. Der Vorteil: Es bedarf keiner Erklärung nach den Regeln des § 925 BGB, sondern lediglich einer öffentlich beglaubigten oder mit dem Notarsiegel versehenen Grundbuchbewilligung. Dagegen würde ein „Verzicht auf Antragstellung" durch die Käuferpartei keine Außenwirkung erzeugen (OLG Karlsruhe BWNotZ 1994, 69; näher Heinze ZNotP 2014, 24) und deshalb keinen gleichwertigen Schutz darstellen. 63

Bei **langfristiger Stundung** des Kaufpreises oder von Kaufpreisteilen kommt eine Kaufpreishypothek (oder Restkaufpreishypothek) in Betracht.

➲ **Wichtig:** Soll für den Käufer eine Vormerkung eingetragen werden, können im Einzelfall – dh. bei erhöhtem Risiko aufgrund atypischer Umstände (BGH MDR 1993, 1244) – Vorkehrungen zum Schutz des Verkäufers vor dem Fortbestand der Grundbucheintragung nach Scheitern der Vertragsdurchführung sinnvoll sein. In Betracht kommen hier die Aufnahme einer Löschungsvollmacht oder „Schubladen"-Löschungsbewilligung in den Kaufvertrag (s. **M 43.1**, § 6), daneben aber auch – zB bei erwerbenden ausländischen Gesellschaften, deren Existenz bei Beurkundung noch nicht nachgewiesen ist – die Bewilligung einer auflösend be- 64 dingten Vormerkung oder die Anweisung an den Notar, die Eintragung der Vormerkung erst nach Erbringung eines Existenznachweises zu beantragen (Hagenbucher MittBayNot 2003, 249; Bohrer DNotZ 2007, 500). Im Regelfall besteht für solche Vorkehrungen aber keine Notwendigkeit (Hagenbucher MittBayNot 2003, 249). Die vorab erteilte Löschungsbewilligung und die auflösend bedingte Vormerkung haben gegenüber der bloßen Löschungsvollmacht den Vorteil der beschränkten Insolvenzfestigkeit (zur kostenrechtlichen Behandlung BGH NJW-RR 2012, 1457).

b) Käufersicherung

65 Korrespondierend zum Verkäuferschutz ist die Käufersicherung zu gestalten. Die Absicherung des Käufers gegen das größte Risiko, das Risiko ungesicherter Kaufpreiszahlung, sollte im Regelfall dadurch erreicht werden, dass der Notar die Überwachung der Kaufpreisfälligkeit (einschließlich konstitutiver oder deklaratorischer Fälligkeitsmitteilung, s. Reithmann NotBZ 2000, 244; Maaß ZfIR 2001, 960) übernimmt und der Eintritt der Fälligkeit zumindest von solchen Voraussetzungen abhängig gemacht wird, bei deren Vorliegen die Eigentumsumschreibung auf den Käufer unter normalen Umständen gewährleistet ist. Hierzu zählt materiell-rechtlich vor allem die Zwischensicherung durch eine Auflassungsvormerkung (Eigentumsvormerkung) nach § 888 BGB (s. Kap. 51), deren Eintragung an sicherer Rangstelle – neben weiteren, die Vertragsdurchführung sicherstellenden Voraussetzungen – zur Fälligkeitsvoraussetzung für den Kaufpreis gemacht wird (s. **M 43.1** § 2); beim Erwerb vom Bauträger ist dies zwingend vorgeschrieben, § 3 Abs. 1 Satz 1 Nr. 2 MaBV; s. auch Rz. 72 und Kap. 20. Da Kreditinstitute die Auszahlung von Finanzierungsmitteln teilweise von der Eintragung einer Vormerkung für den Käufer abhängig machen, sollte auf die Bewilligung einer Vormerkung im Kaufvertrag im Zweifel auch dann nicht verzichtet werden, wenn der Käufer hierauf keinen Wert legt; im Bedarfsfall kann dann die Vormerkung auf einseitige Weisung des Käufers ohne separate Urkunde zur Eintragung gebracht werden.

c) Ablösung bestehender Belastungen, neue Belastungen

66 Sind bestehende Belastungen, zB aus dem Kaufpreis, abzulösen und/oder neue Belastungen, zB für Geldgeber des Käufers, einzutragen, bedarf es besonderer Vorkehrungen.

67 Bei der **Ablösung von Belastungen** muss vor Kaufpreiszahlung sichergestellt sein, dass die zu deren Löschung erforderlichen Bedingungen erfüllt sind oder erfüllt werden können, zB durch Zahlung eines aus dem Kaufpreis zu bestreitenden und auf ihn anzurechnenden Ablösebetrages. Dies kann durch eine Freistellungsverpflichtung des Berechtigten (beim Bauträgervertrag nach der MaBV zwingend) erfolgen, was aber nur bei völlig zuverlässigen Berechtigten empfehlenswert ist; oder durch die Aushändigung der Löschungsunterlagen an den Notar (oder einen anderen Treuhänder) mit der Auflage, sie erst nach Zahlungsmitteilung zur Löschung zu verwenden; im Einzelfall – insbesondere bei natürlichen Personen als abzulösenden Gläubigern – kann es auch empfehlenswert sein, die Löschbarkeit mittels der überlassenen Löschungsunterlagen durch eine Freigabevormerkung (Löschungsvormerkung) zu sichern oder den Kaufpreis auf Notaranderkonto zu hinterlegen. Der Notar hat darauf zu achten, dass die Treuhandauflagen erfüllbar sind und während des Zeitraums der voraussichtlichen Vertragsabwicklung nicht widerrufen werden können (vgl. Schilling ZNotP 2004, 138 ff.).

68 Sind zur Aufbringung des Kaufpreises **Grundpfandrechte für Geldgeber des Käufers** einzutragen, bedarf dies bei zurückgehaltener Eigentumsumschreibung noch der **Mitwirkung des Verkäufers**. Gleichzeitig ist aber sicherzustellen, dass das nun auf seinem Eigentum gesicherte fremde Darlehen auch nur zur Kaufpreiszahlung verwendet wird und keine anderweitige Valutierung erfolgt (durch entsprechende Gestaltung der Zweckerklärung oder Sicherungsvereinbarung mit dem Geldgeber, s. hierzu **M 57.16**, insbes. Fn. 1). Häufig erteilt der Verkäufer dem Käufer eine **Belastungsvollmacht** (auch Finanzierungsvollmacht genannt), die die Mitwirkung des Verkäufers bei der Beurkundung der Grundschuldbestellung entbehrlich macht.

69 Bei richtiger Gestaltung sind die Risiken einer solchen Gestaltung für den Verkäufer vertretbar, zumal die Finanzierung des Kaufpreises ohne Vorabbeleihung des Kaufobjekts häufig scheitern würde

(näher Kuhn RNotZ 2001, 306, 313 ff.). Besondere **Vorsicht** ist geboten, wenn der Käufer den Kaufpreis nicht vollständig fremdfinanziert, dh. einen Teil aus eigenen Mitteln aufbringen muss: Hier kann der Verkäufer im Falle des Rücktritts nach Nichtzahlung dieses Kaufpreisteils zur Rückzahlung des von der Käuferbank – ggf. zur Ablösung von Belastungen – geleisteten Kaufpreisteils gezwungen sein, wenn er die Zwangsvollstreckung in sein Eigentum verhindern will (vgl. BGH MDR 2009, 77 sowie Reymann MittBayNot 2008, 272 und Schilling ZNotP 2009, 138); das hierin liegende Restrisiko lässt sich durch die weitere Einschränkung des Sicherungszwecks (dergestalt, dass eine Verwertung nur bei vollständiger Kaufpreiszahlung möglich ist) ausschalten (was aber nur nach Rücksprache mit dem Gläubiger vereinbart werden sollte). **Abzuraten** ist von der **Abtretung des Darlehensauszahlungsanspruchs** des Käufers an den Verkäufer, und zwar nicht nur aufgrund des nach den **Banken-AGB** regelmäßig geltenden Abtretungsausschlusses, sondern auch weil die **Rechtsverhältnisse im Falle der Rückabwicklung** ebenso **unklar** wie aus Verkäufersicht **gefährlich** sind (Keim DNotZ 2009, 245 und Braun/Daum MittBayNot 2010, 275, 282 zum Urteil BGH MDR 2008, 1086). Auch auf ggf. für die Belastung der Immobilie erforderliche Zustimmungen Dritter ist zu achten (näher Wormuth/Trenkel ZfIR 2009, 400).

Das Muster **M 43.1** enthält eine Finanzierungsvollmacht mit flankierenden Schutzbestimmungen, 70
die die Schutzbedürfnisse sowohl der Beteiligten als auch der Bevollmächtigten weitgehend befriedigen. Verbreitet sind auch Bevollmächtigungen mehrerer Erwerber untereinander, vor allem im Hinblick auf die Abgabe vollstreckbarer persönlicher Haftungserklärungen; in dem Muster wurde hiervon abgesehen, nicht zuletzt, weil im Interesse einer besonderen Belehrung über die Rechtsfolgen der Haftung mit dem gesamten Vermögen die persönliche Anwesenheit des Betroffenen vorzugswürdig erscheint (s. auch OLG München NJW-RR 2011, 524 zu den Grenzen der Grundschuldbestellung durch einen von mehreren Käufern).

d) Vertragsabwicklung durch den Notar

Die zügige, grundbuchverfahrensgemäße und die Sicherungsinteressen beider Parteien berücksich- 71
tigende Abwicklung eines Immobilienkaufvertrags wird die Beteiligten im Regelfall überfordern. Auch wenn der Notar zur Urkundsabwicklung gesetzlich nicht verpflichtet ist und diesen nur kraft besonderen Auftrags übernehmen muss, sind die Parteien in aller Regel gut beraten, den Notar mit der Vertragsabwicklung zu beauftragen. Die Einschaltung des Notars kann dabei nicht nur dem Schutz der Interessen der Vertragsparteien dienen, sondern auch dem Schutz der Interessen Dritter, etwa von Grundpfandrechtsgläubigern (zB durch den Abschluss geeigneter Treuhandaufträge).

e) Ersterwerb vom Bauträger

Beim Ersterwerb vom Bauträger sind bestimmte dem Käuferschutz dienende Vertragsbestimmun- 72
gen in der MaBV **zwingend vorgeschrieben**. S. hierzu näher Kap. 20.

VI. Genehmigungserfordernisse

In bestimmten Fällen bedürfen der Grundstückskaufvertrag und/oder die dingliche Erfüllung auf- 73
grund des Kaufgegenstandes oder eines in der Person von Käufer oder Verkäufer liegenden Grundes einer behördlichen (auch: aufsichtsbehördlichen) oder gerichtlichen Genehmigung (zur Kaufvertragsgestaltung bei Genehmigungsverfahren nach dem FamFG Gutachten DNotI-Report 2009, 145; Litzenburger RNotZ 2010, 32); weitere vom Notar zu beachtende Anzeigepflichten können sich aus gesetzlichen Vorkaufsrechten ergeben (§ 20 BeurkG). Gegenstandsbezogene Genehmigungserfordernisse ergeben sich zB aus folgenden Gesetzen:

- **Grundstücksverkehrsgesetz** (GrdstVG) für **landwirtschaftliche Grundstücke** (§ 2 Abs. 1 74
GrdstVG; hierzu und zu den zahlreichen generellen und auf Länderbestimmungen beruhenden Ausnahmen und sonstigen Besonderheiten s. Schöner/Stöber Rz. 3933 ff.; Stavorinus NotBZ 2010, 208 sowie OLG Jena DNotI-Report 2010, 91).
- **Baugesetzbuch** für **Verfügungen** über Grundstücke **in Umlegungs-** (§§ 45 ff. BauGB) **oder Sa-** 75
nierungsgebieten (§§ 136 ff. BauGB). S. zu den Einzelheiten Schöner/Stöber Rz. 3818 ff.

76 – **Länderbestimmungen** für **Grundstücksteilungen**.

77 – §§ 35 ff. GWB (näher Kordel RNotZ 2008, 78).

78 Zu den Genehmigungserfordernissen in den **neuen Bundesländern** s. die Zusammenfassung von Böhringer, Genehmigungen, Erlaubnisse und Vorkaufsrechte im ostdeutschen Grundstücksverkehr, BWNotZ 1996, 49, sowie Schöner/Stöber Rz. 4108 ff. Zur Bedeutung eines Negativattests BGH ZIP 2009, 2343.

VII. Steuerfragen

1. Umsatzsteuer

79 Ein Grundstückserwerb ist als ein unter das GrEStG fallender Vorgang nach § 4 Nr. 9a UStG generell von der Umsatzsteuer befreit. Allerdings hat der veräußernde Unternehmer die Möglichkeit, **zur Steuerpflicht zu optieren**, wenn die Grundstücksveräußerung an einen **anderen Unternehmer für dessen Unternehmen** ausgeführt wird (§ 9 Abs. 1 UStG). Der Verzicht auf die Steuerbefreiung bei Lieferungen von Grundstücken im Zwangsversteigerungsverfahren durch den Vollstreckungsschuldner an den Ersteher ist nur bis zur Aufforderung zur Abgabe von Geboten im Zwangsversteigerungstermin zulässig (§ 9 Abs. 3 Satz 1 UStG). Bei anderen unter das GrEStG fallenden Umsätzen, ua. den klassischen Grundstücksverkäufen, kann die Option zur Steuerpflicht nur in dem gem. § 311b Abs. 1 BGB notariell zu beurkundenden Vertrag erklärt werden. Die **Bedeutung** des **Verzichts auf** die **Steuerbefreiung** liegt darin, dass der insbesondere auf die Gebäudeherstellungskosten vorgenommene **Vorsteuerabzug erhalten** bleibt und bei der Veräußerung für den Veräußerer **keine Berichtigung nach § 15a UStG** vorzunehmen ist. Außerdem kann der das Grundstück erwerbende Unternehmer die offen ausgewiesene Umsatzsteuer unter den weiteren Voraussetzungen des § 15 UStG als Vorsteuer abziehen.

80 Verzichtet der leistende Unternehmer bei Grundstücksumsätzen nach § 9 UStG auf die Steuerfreiheit wird der **Leistungsempfänger** nach **§ 13b** Abs. 2 Nr. 3, Abs. 1 UStG zum **Schuldner der USt**. Hintergrund der Neuregelung war die Sicherung des Steueraufkommens; sofern der leistende Unternehmer nicht mehr in der Lage war, die USt an das FA abzuführen, war der diesbezügliche Anspruch für den Staat verloren, während zugleich der Vorsteuerabzug (nach den vorgenannten Kriterien) zu gewähren war. Die Erhebung der USt beim Leistungsempfänger (also demjenigen, der zugleich den Vorsteuerabzug geltend macht), bestand für bestimmte Bereiche immer schon (wie insbesondere dem im Ausland ansässigen Unternehmer, der für den inländischen Unternehmer unternehmerische Leistungen erbrachte). Über § 13b UStG wurde dieser Gedanke ausgebaut.

Gesetzessystematisch ist – bevor über die Umsatzsteuerbefreiung bzw. über eine Option befunden werden kann – abzugrenzen, ob es sich beim zu beurteilenden Sachverhalt nach **§ 1 Abs. 1a UStG** um eine nicht steuerbare Geschäftsveräußerung im Ganzen handelt. Eine **nicht steuerbare Geschäftsveräußerung** liegt vor, wenn ein Unternehmen oder ein in der Gliederung eines Unternehmens **gesondert geführter Betrieb im Ganzen entgeltlich** oder **unentgeltlich übereignet** oder in eine Gesellschaft eingebracht wird. Näheres regelt UStAE Abschn. 1.5 UStAE 2014/2015. Danach ist es für die Annahme einer Geschäftsveräußerung grundsätzlich erforderlich, dass der Veräußerer dem Erwerber **alle wesentlichen Grundlagen seines Unternehmens** oder seines gesondert geführten Betriebs übereignet. Auch beim Verkauf eines von mehreren vermieteten Grundstücken unter Fortführung des Mietvertrags durch den Erwerber kann eine nicht steuerbare Geschäftsveräußerung vorliegen, wenn ein gesondert geführter Betrieb im Ganzen übereignet wird. Ein in der Gliederung eines Unternehmens gesondert geführter Betrieb liegt vor, wenn er wirtschaftlich selbständig ist. Dies setzt voraus, dass der veräußerte Teil des Unternehmens einen für sich lebensfähigen Organismus gebildet hat, der unabhängig von den anderen Geschäften des Unternehmens nach Art eines selbständigen Unternehmens betrieben worden ist und nach außen hin ein selbständiges, in sich abgeschlossenes Wirtschaftsgebilde gewesen ist. Soweit einkommensteuerlich eine Teilbetriebsveräußerung angenommen wird, kann umsatzsteuerlich von der Veräußerung eines gesondert geführten Betriebs ausgegangen werden. Besondere Einrichtungen einer betrieblichen Organisation muss ein Unternehmen im umsatzsteuerlichen Sinne nicht aufweisen, BFH v. 21.5.1987, BStBl. II 1987, 735. Nach Ansicht des BFH ist nach dem Gesamtbild der Verhältnisse zu entscheiden, ob ein Betriebsteil die für die Annahme eines Teilbetriebs erforderliche gewisse Selbständigkeit besitzt und dass den verschiedenen Abgrenzungsmerkmalen unterschiedliches Gewicht zukommt, je nachdem, um welche Art von Tätigkeit es sich handelt. Ein vermietetes Grundstück ist ein wirtschaftlich selbständiger Teilbetrieb. Tritt der Erwerber in die Mietverträge ein, kann er grundsätzlich die unternehmerische Tätigkeit ohne nennenswerte finanzielle Aufwendungen fortsetzen, BFH v. 1.4.2004, BStBl. II 2004, 802. Von der Übertragung eines gesondert geführten Betriebs ist auch dann auszugehen, wenn der Eigentümer eines Grundstücks, das nach dem Wohnungseigentumsgesetz aufgeteilt ist, nur ein Teileigentum veräußert. Eine nicht steuerbare Geschäftsveräußerung ist dagegen ausgeschlossen, wenn die Vermietung vor der Veräußerung des Grundstücks bereits eingestellt war, BFH v. 18.1.2005, BFH/NV 2005, 810, oder wenn das Grundstück an den bisherigen alleinigen Mieter veräußert wird, BFH v. 4.9.2008, BFH/NV 2009, 426. Bei der **Übertragung eines Grundstücks durch** ein **Bauträgerunternehmen** handelt es sich **nicht um** eine **Geschäftsveräußerung im Ganzen**, weil der Erwerber nicht das Bauträgerunternehmen fortführt, sondern ein Vermietungsunternehmen betreibt, BFH v. 18.9.2008, BStBl. II 2009, 254. In diesen Fällen ist die Veräußerung des Grundstücks grundsätzlich steuerfrei nach § 4 Nr. 9 lit. a UStG.

2. Grunderwerbsteuer

a) Befreiungstatbestände

Der Abschluss eines Kaufvertrages über inländischen Grundbesitz nach § 1 Abs. 1 Nr. 1 GrEStG löst Grunderwerbsteuer aus, sofern nicht nach den §§ 3, 4 und 5 GrEStG Befreiungstatbestände eingreifen, wie zB: 81

- Kaufpreis nicht mehr als 2500 Euro (Freigrenze nach § 3 Nr. 1 GrEStG), wobei dies für jeden Beteiligten auf Verkäufer- und Käuferseite gilt. Verkaufen zB Eheleute ihr je ½ Miteigentum jeweils zu gleichen Teilen an Eheleute wiederum zu je ½ Miteigentum, so wäre ein Kaufpreis bis zu 10 000 Euro grunderwerbsteuerfrei, da jeder Käufer von jedem Verkäufer Grundbesitz zum Kaufpreis von 2500 Euro erwirbt.
- Grunderwerb von Todes wegen, auch im Rahmen der Erbauseinandersetzung, § 3 Nr. 2 und 3 GrEStG.
- Verträge zwischen Ehegatten einschließlich Verträge im Zusammenhang mit einer Vermögensauseinandersetzung nach einer Scheidung, § 3 Nr. 4, 5, (bzw. für Vermögensauseinandersetzung aufgrund der Aufhebung einer eingetragenen Lebenspartnerschaft nach) Nr. 5a GrEStG.
- Verträge zwischen Verwandten in gerader Linie sowie deren Ehegatten (Schwiegereltern/Schwiegerkinder), § 3 Nr. 6 GrEStG. Dabei stehen Stiefkinder und deren Ehegatten den Abkömmlingen gleich.
- **Grunderwerb** von einer oder durch eine Gesamthand **im Umfang einer Personen- und Objektidentität** auf **Veräußerer- und Erwerberseite** (§§ 5, 6 GrEStG).

b) Steuerpflicht

Die Steuerpflicht wird bereits **durch das Verpflichtungsgeschäft** ausgelöst, aber auch durch die Verfügung ohne vorhergehendes Verpflichtungsgeschäft. Einseitige Bindungen genügen aber nicht (zB Angebot, Veräußerungsvollmacht), ebenso wenig Vorstufen zu einem Grundstückskaufvertrag (Option, Vorvertrag). Bei einem Tauschvertrag Grundbesitz gegen Grundbesitz ist der Erwerb jedes der beteiligten Grundstücke ein steuerpflichtiger Grunderwerb, so dass beide Erwerber Grunderwerbsteuer zahlen müssen. 82

Nach § 1 Abs. 1 Nr. 5 GrEStG unterliegt der Grunderwerbsteuer als sog. **Zwischengeschäft** auch ein Rechtsgeschäft, das einen Anspruch auf Abtretung eines Übereignungsanspruchs oder der Rechte aus einem Meistgebot begründet, nach § 1 Abs. 1 Nr. 6 GrEStG auch ein Rechtsgeschäft, das den Anspruch auf Abtretung der Rechte aus einem Kaufangebot begründet, was zB bei einem Angebot an noch zu benennende Dritte zur Entstehung einer doppelten Grunderwerbsteuer führen kann. 83

84 Nach § 1 Abs. 2 GrEStG löst auch die **Verschaffung der Verwertungsbefugnis** für ein Grundstück Grunderwerbsteuer aus. Eine solche Verwertungsbefugnis liegt vor, wenn jemandem rechtlich oder wirtschaftlich ermöglicht wird, ein Grundstück auf eigene Rechnung zu verwerten, und zwar ohne Begründung eines Übereignungsanspruchs. § 1 Abs. 2 GrEStG kann in Zusammenhang mit Treuhandverhältnissen oder bei Auftragserwerben ausgelöst werden (vgl. BFH v. 8.11.2000, BStBl. II 2001, 419). Typische Fälle einer Verwertungsbefugnis sind

- **atypische Maklerverträge**, bei denen dem Makler eine unwiderrufliche Verkaufsvollmacht unter Befreiung von den Beschränkungen des § 181 BGB erteilt wird und der Verkauf zwar im Namen des Eigentümers, aber auf Rechnung des Maklers erfolgt (BFH BStBl. III 1965, 561),
- eine **unwiderrufliche Verkaufsvollmacht** unter Befreiung von den Beschränkungen des § 181 BGB mit der Absprache, dass der einen bestimmten Betrag übersteigende Mehrerlös dem Bevollmächtigten zusteht (BFH BStBl. II 1977, 166) oder der Bevollmächtigte gegen Zahlung eines Grundschulddarlehens an den Eigentümer abgetreten erhält.

85 Zur Grunderwerbsteuer bei **Änderung, Aufhebung oder Rückgängigmachung** eines Kaufvertrages s. Kap. 45 Rz. 26 ff.

c) Steuersatz

86 Seit dem 1.9.2006 bestimmen die einzelnen Bundesländer über die Höhe des Grunderwerbsteuersatzes; bis 1982 belief sich dieser im Regelfall auf 7 %. Erhebliche Steuerbefreiungen, zu denen insbesondere selbstgenutztes Wohneigentum gehörte, führten dazu, dass 80 % der Grundstückstransaktionen bis dahin nicht der Grunderwerbsteuer unterlagen. 1983 bis 1996 belief sich der Steuersatz bundesweit auf 2 %, von 1997 bis August 2006 auf 3,5 % der Bemessungsgrundlage. Inzwischen ist der Steuersatz nach der Belegenheit der Grundstücke zu bestimmen:

Bundesland	Steuersatz seit 1998	Erhöhung ab	Steuersatz
Baden-Württemberg	3,50 %	5.11.2011	5,00 %
Bayern	3,50 %		
Berlin	3,50 %	1.1.2007	4,50 %
		1.4.2012	5,00 %
		1.1.2014	6,00 %
Brandenburg	3,50 %	1.1.2011	5,00 %
		1.7.2015	6,50 %
Bremen	3,50 %	1.1.2011	4,50 %
		1.1.2014	5,00 %
Hamburg	3,50 %	1.1.2009	4,50 %
Hessen	3,50 %	1.1.2013	4,50 %
		1.8.2014	6,00 %
Mecklenburg-Vorpommern	3,50 %	1.7.2012	5,00 %
Niedersachsen	3,50 %	1.1.2011	4,50 %
		1.1.2014	5,00 %
Nordrhein-Westfalen	3,50 %	1.10.2011	5,00 %
		1.1.2015	6,50 %
Rheinland-Pfalz	3,50 %	1.3.2012	5,00 %
Saarland	3,50 %	1.1.2012	4,50 %
		1.1.2013	5,50 %
Sachsen	3,50 %		
Sachsen-Anhalt	3,50 %	1.3.2012	5,00 %
Schleswig-Holstein	3,50 %	1.1.2012	5,00 %
	3,50 %	1.1.2014	6,50 %
Thüringen	3,50 %	7.4.2011	5,00 %

Der in Abhängigkeit von der Belegenheit des Grundstückes zu ermittelnde Steuersatz wird aus der Gegenleistung des Käufers berechnet, hilfsweise aus dem Grundstückswert (§ 8 GrEStG). Die Gegenleistung ist idR der vereinbarte Kaufpreis; hinzugerechnet werden ua. erstattete oder übernommene Anlieger- und Erschließungsbeiträge (sofern die Entrichtungsverpflichtung nicht erst nach Eintritt der Grunderwerbsteuerpflicht entsteht, BFH BStBl. II 1971, 252), eine vom Käufer übernommene, aber vom Verkäufer geschuldete Maklerprovision; zum Erwerb eines Erbbaurechts s. Kap. 49 Rz. 136 ff.

Auch bei der Erhebung der Grunderwerbsteuer spielt die Abgrenzung zwischen Grundvermögen und Betriebsvorrichtung eine Rolle. Da Steuergegenstand bei der Grunderwerbsteuer Rechtsvorgänge über inländische Grundstücke (§ 1 GrEStG) sind, gehören auch die Gebäudebestandteile, zB Heizungsanlagen, fest eingebaute Bad- und Sanitäreinrichtungen, Versorgungsleitungen für Strom, Wasser und Heizung sowie die Dacheindeckung dazu. Beim Erwerb eines bebauten Grundstücks rechnen Betriebsvorrichtungen nicht zu den Grundstücken, so dass der auf sie entfallende Teil des Entgelts nicht als Gegenleistung angesehen werden kann und damit nicht der Grunderwerbsteuer unterliegt.

d) Unbedenklichkeitsbescheinigung

Der Überwachung der Erfüllung von Grunderwerbsteuerpflichten dient die Anzeigepflicht nach §§ 18 ff. GrEStG, die insbesondere den Notar verpflichtet, jede die Veräußerung von Grundbesitz (und die Vorstufen hierzu) betreffende Vereinbarung oder Erklärung dem zuständigen Finanzamt mitzuteilen. Flankierend bestimmt § 22 GrEStG, dass das Grundbuchamt eine Eigentumsumschreibung erst vornehmen darf, wenn das Finanzamt zu dem Vertrag eine Unbedenklichkeitsbescheinigung ausgestellt hat, was idR erst nach Zahlung der Grunderwerbsteuer oder Feststellung der Steuerfreiheit erfolgt. Für bestimmte Geschäfte ist durch Erlass (zumeist der Länder) die Pflicht zur Vorlage der Unbedenklichkeitsbescheinigung aufgehoben, zB Verträge zwischen Verwandten in gerader Linie und deren Ehegatten, Verträge zwischen Ehegatten, Kaufpreis nicht mehr als 2500 Euro (s. Rz. 80); ferner, wenn Erwerber eine öffentlich-rechtliche Körperschaft ist (Bund, Länder, Gemeinden usw.). 87

3. Grundsteuer

Die Grundstücksveräußerung führt bewertungsrechtlich zu einer Zurechnungsfortschreibung auf den neuen Eigentümer. Sofern es sich um land- und forstwirtschaftliches Vermögen oder Grundvermögen handelt, unterliegt der Grundbesitz der Grundsteuer (§ 2 GrStG). 88

4. Einkommensteuer

a) Veräußerer

Bei den Steuerfolgen, die sich aus der Veräußerung eines Grundstücks ergeben können, ist zunächst zwischen Betriebsvermögen und Privatvermögen zu unterscheiden. 89

aa) Betriebsvermögen

Gehört das Grundstück zum Betriebsvermögen des Veräußerers, ergibt sich ein steuerpflichtiger Gewinn aus dem Unterschied zwischen dem Veräußerungserlös und dem Buchwert zum Zeitpunkt der Veräußerung (sog. stille Reserven). Unter den Voraussetzungen des § 6b EStG können die insoweit realisierten stillen Reserven des Grund und Bodens und des Gebäudes auf andere bestimmte Anlagegüter übertragen werden; für bestimmte Übertragungsvorgänge ohne bzw. mit Rechtsträgerwechsel kommt es nach § 6 Abs. 5 EStG ebenfalls nicht zu einer Aufdeckung der stillen Reserven. Sofern es sich um eine Veräußerung im Rahmen einer Betriebsveräußerung oder Betriebsaufgabe handelt, erfolgt eine ermäßigte Besteuerung nach § 34 Abs. 1 EStG. Auf Antrag kommt eine Steuerermäßigung nach § 34 Abs. 3 EStG in Betracht. Nach der Verwertung des gesamten Aktivver- 90 mögens noch verbleibende Verbindlichkeiten behalten auch weiterhin ihren betrieblichen Charakter mit der Folge, dass die gezahlten Schuldzinsen auch nach der Veräußerung als nachträgliche Betriebsausgaben abziehbar sind (§ 24 Nr. 2 EStG, BFH v. 11.12.1980, BStBl. II 1981, 460).

bb) Privatvermögen

91 Gehört das Grundstück zum **Privatvermögen** des Veräußerers, unterliegt eine sich durch die Veräußerung ergebende Vermögensmehrung grundsätzlich nicht der Einkommensteuer. Hier gilt es zwei **Ausnahmen** zu beachten:

92 Erfolgt die Veräußerung innerhalb eines Zeitraums von **zehn Jahren nach der Anschaffung** (maßgeblich ist jeweils der Abschluss des schuldrechtlichen Verpflichtungsgeschäfts; BFH v. 8.12.1981, BStBl. II 1982, 619), so ist ggf. ein privates Veräußerungsgeschäft (§ 23 Abs. 1 Satz 1 Nr. 1 EStG) zu versteuern. Der Veräußerungsgewinn oder -verlust berechnet sich nach folgender Formel:

Veräußerungspreis
./. Anschaffungs-/Herstellungskosten
./. Werbungskosten (durch die Veräußerung veranlasste Aufwendungen)
= Veräußerungsgewinn (-verlust)

Von der Besteuerung ausgenommen sind jedoch Grundstücke, die im Zeitraum zwischen Anschaffung oder Fertigstellung und Veräußerung ausschließlich zu eigenen Wohnzwecken oder im Jahr der Veräußerung und in den beiden vorangegangenen Jahren zu eigenen Wohnzwecken genutzt wurden. Zur Besteuerung privater Grundstücksveräußerungsgeschäfte vgl. BMF v. 5.10.2000, BStBl. I 2000, 1383 sowie BMF v. 7.2.2007, BStBl. I 2007, 262.

93 Bei Grundstücken, die **nach dem 31.7.1995 angeschafft und veräußert** wurden, sind die Anschaffungs- oder Herstellungskosten um die Absetzungen für Abnutzung, erhöhte Absetzungen und Sonderabschreibungen zu mindern, soweit sie bei der Ermittlung der Einkünfte abgezogen worden sind (§ 23 Abs. 3 Satz 4 EStG).

94 Der im Privatvermögen erzielte Veräußerungsgewinn bleibt steuerfrei, wenn der aus den privaten Veräußerungsgeschäften erzielte **Gesamtgewinn im Kalenderjahr weniger als 600 Euro** „Freigrenze" (bis 2007 512 Euro) beträgt. **Verluste** sind lediglich mit Gewinnen aus anderen privaten Veräußerungsgeschäften im gleichen Kalenderjahr ausgleichsfähig. Ein Verlustausgleich mit Einkünften aus anderen Einkunftsarten oder ein Verlustabzug (§ 10d EStG) ist ausgeschlossen (§ 23 Abs. 3 Satz 7 EStG). Die Verluste mindern jedoch nach Maßgabe des § 10d EStG die Einkünfte, die der Steuerpflichtige in dem unmittelbar vorangegangenen Veranlagungszeitraum oder in den folgenden Veranlagungszeiträumen aus privaten Veräußerungsgeschäften nach § 23 Abs. 1 EStG erzielt hat oder erzielt.

95 Die **zweite Ausnahme** greift bei der Überschreitung der Grenze von der privaten Vermögensverwaltung zum Gewerbebetrieb, wenn – bei Vorliegen der in § 15 Abs. 2 EStG genannten Voraussetzungen – nach dem Gesamtbild der Betätigung und unter Berücksichtigung der Verkehrsauffassung die Ausnutzung substantieller Vermögenswerte durch Umschichtung gegenüber der Nutzung von Grundbesitz im Sinne einer Fruchtziehung aus zu erhaltenden Substanzwerten (zB durch Selbstnutzung oder Vermietung) entscheidend in den Vordergrund tritt (Beschluss GrS 1/93, BStBl. II 1995, 617), Stichwort **gewerblicher Grundstückshandel**. Zur Konkretisierung dieser Unterscheidung im Bereich des gewerblichen Grundstückshandels hat der BFH die sog. **Drei-Objekt-Grenze** eingeführt, wonach kein gewerblicher Grundstückshandel vorliegt, sofern weniger als vier Objekte veräußert werden (BFH v. 9.12.1986, BStBl. II 1988, 244). Je geringer der Umfang von Anschaffungen und Veräußerungen ist, desto weniger ist anzunehmen, dass der Zweck der Vermögensmehrung durch Umschichtung (Ausnutzung substantieller Vermögenswerte) im Vordergrund steht. Werden dagegen innerhalb eines engen zeitlichen Zusammenhangs – in der Regel fünf Jahre – zwischen Anschaffung bzw. Errichtung und Verkauf mindestens vier Objekte veräußert, kann von einem gewerblichen Grundstückshandel ausgegangen werden, weil die äußeren Umstände zunächst den Schluss zulassen, dass es dem Steuerpflichtigen auf die Ausnutzung substantieller Vermögenswerte durch Umschichtung ankommt. Maßgeblich für die Abgrenzung zwischen privater Ver-

mögensverwaltung und gewerblichem Grundstückshandel ist auf das Merkmal der **Nachhaltigkeit** abzustellen. Eine Tätigkeit ist nachhaltig, wenn sie auf Wiederholung angelegt ist, also eine Wiederholungsabsicht in der Weise besteht, dass weitere Geschäfte geplant sind. Werden Wohnobjekte oder sonstige bebaute oder unbebaute Grundstücke mit einem einzigen Verkaufsgeschäft veräußert, hat die Rechtsprechung des BFH die Nachhaltigkeit in der Regel nur dann anerkannt, wenn sich aus anderen objektiven Umständen ergab, dass noch andere derartige Grundstücksgeschäfte geplant waren (zB BFH v. 15.4.2004, BStBl. II 2004, 868). Auch wenn daher sogar mehr als drei Objekte mit einem einzigen Verkaufsgeschäft veräußert werden, ist das Kriterium der Nachhaltigkeit in der Regel nur dann erfüllt, wenn sich aus den Umständen ergibt, dass noch andere derartige Grundstücksgeschäfte geplant waren (BFH v. 7.10.2004, BStBl. II 2005, 164).

Der Drei-Objekt-Grenze kommt allerdings nur **Indizwirkung** zu. Die durch das Überschreiten der 96 Drei-Objekt-Grenze indizierte innere Tatsache der bedingten Veräußerungsabsicht im Zeitpunkt des Erwerbs wird danach vornehmlich durch Gestaltungen des Steuerpflichtigen widerlegt, die eine spätere Veräußerung wesentlich erschweren oder unwirtschaftlicher machen. Dies kann eine langfristige Finanzierung oder eine langfristige Vermietung sein, wenn diese sich im Falle einer Veräußerung voraussichtlich ungünstig auswirken oder zusätzliche finanzielle Belastungen auslösen würden. Wenn sich jedoch bereits nach dem Gesamtbild der Verhältnisse eine Zuordnung zum Bild des Gewerbebetriebes ergibt, kann dieses Ergebnis nicht mehr auf Grund der Indizwirkung einer geringen Zahl von Objekten korrigiert werden. Daher können trotz der Veräußerung von weniger als vier Objekten besondere Umstände auf eine gewerbliche Betätigung schließen lassen. Dies gilt bspw. für eine gewerbliche Betätigung, wenn das im zeitlichen Zusammenhang mit der Bebauung und Veräußerung erworbene Grundstück schon vor seiner Bebauung verkauft worden ist oder ein solches Grundstück von vornherein auf Rechnung oder nach Wünschen des Erwerbers bebaut wird. In derartigen Gestaltungen kann die Wertung gerechtfertigt sein, dass es sich unabhängig von der Anzahl der Verkäufe um eine gewerbliche Tätigkeit handelt (BFH v. 1.12.2005, BStBl. II 2006, 259). Ebenso kann für eine gewerbliche Tätigkeit der Umstand sprechen, dass der Verkäufer über den bei Privatverkäufen üblichen Bereich hinaus Gewährleistungspflichten übernommen oder das Vorhaben nur kurzfristig finanziert hat. In derartigen Fällen wird der Veräußerer – sofern er das Grundstück für den Erwerber bebaut – wie ein Bauunternehmer, Generalübernehmer oder Baubetreuer tätig. Die Grenze zwischen privater Vermögensverwaltung und Gewerblichkeit ist selbst dann überschritten, wenn der Grundbesitz ursprünglich in der Absicht erworben wurde, ihn im Wege der Vermietung und Verpachtung zu nutzen. In den Fällen, in denen der Steuerpflichtige den Bereich der Vermögensverwaltung deswegen verlässt, weil er das bereits verkaufte Grundstück für den Erwerber bebaut, markieren die in Veräußerungsabsicht vorgenommenen neuen Aktivitäten den Zeitpunkt, in dem das Grundstück vom Gegenstand der privaten Vermögensverwaltung zum gewerblichen Umlaufvermögen geworden ist (BFH-Urteil v. 1.12.2005, BStBl. 2006 II, 259); maßgebend sind stets die Umstände des Einzelfalls. Wichtig ist hierbei, dass die persönlichen oder finanziellen Beweggründe der Veräußerung von Immobilien für die Zuordnung zum gewerblichen Bereich oder der Vermögensverwaltung grundsätzlich unerheblich sind. Darin liegt keine gesetzlich nicht abgesicherte feste Beweisregel, denn die sich aus der Anzahl der veräußerten Objekte und dem engen zeitlichen Zusammenhang ergebenden Beweisanzeichen für eine von Anfang an bestehende zumindest bedingte Veräußerungsabsicht können durch außergewöhnliche, im Rahmen der gebotenen Gesamtwürdigung zu berücksichtigende Umstände im jeweiligen Einzelfall widerlegt werden. Dafür kommen aber nur objektive Umstände in Betracht. Erklärungen des Steuerpflichtigen, er wolle seine Immobilie lange halten, widerlegen die bedingte Veräußerungsabsicht ebenso wenig wie ein gewerblicher Grundstückshandel durch die Angabe begründet werden kann, es solle mit Grundstücken gehandelt werden (BFH v. 18.8.2009, BStBl. II 2009, 965). Etwaige Motive des Steuerpflichtigen, nicht zu verkaufen, sind zudem insbesondere dann unerheblich, wenn er bereits bei Fertigstellung des Objektes damit rechnen muss, zur späteren Veräußerung gezwungen zu sein. Dies gilt auch, wenn von der Bank Druck ausgeübt wird, Wohnungen zu veräußern, um die Zwangsversteigerung zu vermeiden (BFH v. 17.12.2009, BStBl. II 2010, 541).

Zur Abgrenzung zwischen privater Vermögensverwaltung und gewerblichem Grundstückshandel vgl. auch BMF v. 26.3.2004, BStBl. I 2004, 434.

97 Die Veräußerung eines Kommanditanteils an einer gewerblich geprägten **Grundstücksgesellschaft** ist steuerrechtlich als – anteilige – Übertragung so vieler Objekte im Sinne der Rechtsprechung zum gewerblichen Grundstückshandel (Indizwirkung der sog. Drei-Objekt-Grenze) zu werten, wie sich im Gesamthandseigentum der Personengesellschaft befinden (BFH v. 28.11.2002, BStBl. II 2003, 250).

98 Die sachliche **Gewerbesteuerpflicht** beginnt erst, wenn der Gewerbebetrieb seine werbende Tätigkeit aufnimmt und Erträge aus dem stehenden Gewerbebetrieb erzielt (FG Berlin v. 21.4.2004, EFG 2004, 1473).

99 Sofern weder ein privates Veräußerungsgeschäft noch ein gewerblicher Grundstückshandel vorliegt, sind die durch die Grundstücksveräußerung anfallenden Kosten **einkommensteuerlich nicht abziehbar**. Dies gilt zB für geleistete Vorfälligkeitsentschädigungen (BFH v. 23.1.1990, BStBl. II 1990, 464), für im Kaufvertrag vereinbarte Schadensbeseitigungen durch den Veräußerer (BFH v. 23.1.1990, BStBl. II 1990, 465) sowie für Zahlungen, die der bisherige Grundstückseigentümer an den Grundstückserwerber leistet, um ihn von Schuldzinsen auf eine übernommene Grundstücksbelastung freizustellen (BFH v. 20.2.1990, BStBl. II 1990, 775).

100 Die aus der systematischen Betrachtung der Besteuerung der Einkunftsquelle folgende Konsequenz, dass nach dem Fortfall der Einkunftsquelle des steuerlichen Privatvermögens keine „nachträglichen Schuldzinsen“ mehr entstehen können, hat sich die Rechtsprechung zugunsten einer vergleichbaren Betrachtung mit dem betrieblichen Bereich gewandelt. Unter bestimmten Fallgestaltungen kann es folglich auch hinsichtlich der n**ach Veräußerung eines des Mietobjektes anfallenden Aufwendungen** (wie insbesondere Schuldzinsen für nicht vollständig abgelöste Verbindlichkeiten) nunmehr zu sogenannten nachträglichen Werbungskosten kommen. Hinsichtlich der steuerlichen Beurteilung verbleibender, nicht abgelöster Verbindlichkeiten hat das BMF mit Schreiben vom 28.3.2013 (BStBl I 2013, 508) zu Schuldzinsen für fremdfinanzierte Anschaffungskosten einer Immobilie nach Veräußerung der Immobilie als nachträgliche Werbungskosten bei Vermietung und Verpachtung zum Zwecke des einheitlichen Verwaltungsvollzuges Stellung bezogen. Gleiches gilt für Schuldzinsen für darlehensfinanzierte sofort abziehbare Werbungskosten, denen Erhaltungsaufwand zu Grunde lag, hinsichtlich der steuerlichen Behandlung als nachträgliche Werbungskosten nach Veräußerung des Mietobjektes (BMF v. 15.1.2014, BStBl. I 2014, 108); worin sich die Verwaltung der BFH-Rechtsprechung letztlich angeschlossen hat. Schon bislang waren Zinsen für ein Darlehen, mit dem sofort abziehbare Werbungskosten (zB Erhaltungsaufwendungen) finanziert worden sind, als nachträgliche Werbungskosten bei den Einkünften aus Vermietung und Verpachtung abziehbar (§ 24 Nr. 2 EStG); es kam insoweit nicht darauf an, ob ein etwaiger Veräußerungserlös zur Schuldentilgung ausgereicht hätte (BFH v. 12.10.2005, BStBl. II 2006, 407 sowie BMF v. 3.5.2006, BStBl. I 2006, 363). Der durch die tatsächliche Verwendung des Darlehens zur Finanzierung sofort abziehbarer Werbungskosten geschaffene Zusammenhang mit der Einkunftsart Vermietung und Verpachtung blieb auch nach Aufgabe der Vermietungstätigkeit bestehen.

Sofern der Veräußerungserlös nicht zur Ablösung der Kreditverbindlichkeiten, sondern festverzinslich angelegt wird, konnte (bis 2008) ein Werbungskostenabzug bei den erzielten Kapitalerträgen in Betracht kommen (BFH v. 1.10.1996, BStBl. II 1997, 454). Mit der Einführung der Abgeltungssteuer wurde ab 2009 zugleich der tatsächliche Werbungskostenabzug zu Gunsten eines erhöhten Werbungskostenpauschbetrages in Höhe von 801 Euro pro Steuerpflichtigem abgeschafft. Sofern die Einnahmen der Abgeltungssteuer unterliegen und keine Einbeziehung in die Veranlagung erfolgt, geht damit die alte Rechtslage ab dem Zeitpunkt der Geltung der Regelungen zur Abgeltungssteuer insoweit ins Leere.

b) Erwerber

101 Beim Erwerber richtet sich die steuerliche Behandlung seiner Anschaffungskosten nach der Grundstücksnutzung.

aa) Einkunftsrelevante Nutzung

Wird das Grundstück einkunftsrelevant (zB durch **Vermietung** oder für **eigenbetriebliche Zwecke**) genutzt, bilden die auf das Gebäude anfallenden Anschaffungskosten die Bemessungsgrundlage für die Abschreibung, die je nach Voraussetzungen entweder linear (§ 7 Abs. 4 EStG) oder degressiv (§ 7 Abs. 5 EStG) vorgenommen werden kann; wirtschaftlich liegt der Abschreibung faktisch die Verteilung der Anschaffungskosten für Wirtschaftsgüter auf deren voraussichtliche Nutzungsdauer zu Grunde, wobei von einer (technischen) Abnutzung durch den Gesetzgeber ausgegangen wird. Da Grund und Boden keiner Abnutzung unterliegt, erfolgt insoweit keine (Regel)Abschreibung. 102

Die **lineare Abschreibung** (§ 7 Abs. 4 EStG) eines Gebäudes oder Gebäudeteils (§ 7 Abs. 5a EStG) beträgt 2 % bei Fertigstellung des Gebäudes nach dem 31.12.1924 und 2,5 % bei Fertigstellung vor dem 1.1.1925. Sie erhöht sich auf 3 % bei sog. Wirtschaftsgebäuden, dh. Gebäuden oder Gebäudeteilen, die zum Betriebsvermögen gehören, nicht Wohnzwecken dienen und bei denen der Antrag auf Baugenehmigung nach dem 31.3.1985 gestellt wurde. Bei einer nachweislich niedrigeren Nutzungsdauer als vom Gesetzgeber unterstellt kann auch von den vorgenannten Abschreibungssätzen abgewichen und eine Abschreibung auf die tatsächlich niedrigere Nutzungsdauer vorgenommen werden (§ 7 Abs. 4 Satz 2 EStG). Die lineare Gebäudeabschreibung ist im Veranlagungszeitraum der Anschaffung/Herstellung/Veräußerung immer zeitanteilig vorzunehmen (R 7.4 Abs. 1 und Abs. 8 EStR). 103

Die ab dem 1.1.2006 abgeschaffte **degressive Gebäudeabschreibung** (§ 7 Abs. 5 EStG) kommt in erster Linie noch bei selbst hergestellten Gebäuden in Betracht. Der Erwerb eines Gebäudes ist nur unter bestimmten Zusatzvoraussetzungen begünstigt. Hier ist eine degressive Abschreibung nur möglich, wenn 104

- die Anschaffung (= der Übergang von Besitz, Nutzungen, Lasten und Gefahr) im Jahr der Fertigstellung erfolgt und
- der Veräußerer das Gebäude weder degressiv noch erhöht abgeschrieben und auch keine Sonderabschreibungen in Anspruch genommen hat.

Bei Gebäuden, die nicht zu einem Betriebsvermögen gehören, können – soweit sie fremden Wohnzwecken dienen – folgende **Beträge als Absetzung für Abnutzung abgezogen** werden: 105

Bei einem Gebäude, das auf Grund eines nach dem 31.12.1995 und vor dem 1.1.2004 gestellten Bauantrags hergestellt oder eines nach dem 31.12.1995 und vor dem 1.1.2004 abgeschlossenen Kaufvertrags angeschafft worden ist

- 5 % in den ersten acht Jahren,
- 2,5 % in den darauf folgenden sechs Jahren,
- 1,25 % in den darauf folgenden 36 Jahren.

Bei einem Gebäude, das auf Grund eines nach dem 31.12.2003 und vor dem 1.1.2006 gestellten Bauantrags hergestellt oder eines nach dem 31.12.2003 und vor dem 1.1.2006 abgeschlossenen Kaufvertrags angeschafft worden ist

- 4 % in den ersten zehn Jahren,
- 2,5 % in den darauf folgenden acht Jahren,
- 1,25 % in den darauf folgenden 32 Jahren.

Seit 2010 kann die degressive AfA auch für Gebäude in Anspruch genommen werden, die in einem anderen Mitgliedstaat der EU/EWR belegen sind (Gesetz zur Umsetzung steuerlicher EU-Vorgaben v. 8.4.2010, BGBl. I 2010, 386). Wegen des Wegfalls der degressiven Gebäudeafa ab 2006 ist dies nur noch für Altfälle von Belang. Im Gegensatz zur linearen Abschreibung wird die degressive Abschreibung **im Anschaffungsjahr** mit dem vollen Jahresbetrag gewährt (keine Zeitanteiligkeit H 7.4 „Teil des auf ein Jahr entfallenden AfA-Betrags" EStH 2012). **Im Jahr der Veräußerung** ist die AfA ebenfalls zeitanteilig anzusetzen. Die degressive AfA nach § 7 Abs. 5 EStG ist nur mit den in dieser Vorschrift angegebenen **Staffelsätzen** zulässig (R 7.4 Abs. 6 EStR). Auch ist ein **Wechsel zwischen degressiver und linearer Abschreibung unzulässig**. Allerdings muss ein Steuerpflichtiger 106 nicht zur linearen AfA gem. § 7 Abs. 4 Satz 1 Nr. 2a EStG übergehen, sondern kann weiterhin die degressive AfA beanspruchen, wenn ein zunächst zu fremden Wohnzwecken genutztes und degressiv abgeschriebenes Gebäude nunmehr zu fremdbetrieblichen Zwecken genutzt wird (BFH v. 15.2.2005, BStBl. II 2006, 51).

107 **AfA-Bemessungsgrundlage** sind im Falle der Anschaffung die auf das Gebäude/den Gebäudeteil entfallenden Anschaffungskosten. Hierzu gehören neben dem Kaufpreis insbesondere die Grunderwerbsteuer, die Notar- und Gerichtskosten, die im Zusammenhang mit der Eigentumsübertragung anfallen, Maklerkosten, Kosten für ein Wertgutachten etc. Die so ermittelten Anschaffungskosten sind um den auf den Grund und Boden entfallenden Teil der Anschaffungskosten zu mindern, da lediglich das Gebäude einer Abnutzung unterliegt.

108 Nicht zu den Anschaffungskosten zählen **Finanzierungskosten**, die im Zusammenhang mit dem Anschaffungsvorgang entstehen. Sie können in voller Höhe ebenso als Betriebsausgaben oder Werbungskosten abgezogen werden wie die laufenden Grundstücksaufwendungen (öffentliche Abgaben, Gebäudeversicherung etc.). Bei Modernisierungs- und Erhaltungsaufwendungen ist zu beachten, dass derartige Aufwendungen zwar grundsätzlich sofort abziehbar sind. Größere Erhaltungsaufwendungen im zeitlichen Anschluss an die Anschaffung des Grundstücks sind allerdings als sog. **anschaffungsnahe Herstellungskosten** zu behandeln und können nur im Wege der AfA berücksichtigt werden, wenn die Summe der Netto-Aufwendungen für Instandsetzungs- und Modernisierungsmaßnahmen, die innerhalb von drei Jahren nach der Anschaffung des Gebäudes durchgeführt werden, 15 % der Anschaffungskosten des Gebäudes übersteigen (§ 6 Abs. 1 Nr. 1a EStG). Die Prüfung des anschaffungsnahen Herstellungsaufwands ist gebäudebezogen vorzunehmen, dh., die Voraussetzungen des § 6 Abs. 1 Nr. 1a EStG liegen zB nicht vor, wenn nur die vermietete Wohnung eines erworbenen Mehrfamilienhauses anschaffungsnah mit Kosten >15 % renoviert wird und die anderen Wohnungen ebenfalls vermietet werden oder vom Eigentümer selbst oder von seinen Angehörigen unentgeltlich zu Wohnzwecken genutzt werden. Es handelt sich dann um sofort abzugsfähige Werbungskosten, für die wahlweise die gleichmäßige Verteilung auf zwei bis fünf Jahre gem. § 82b EStDV in Betracht kommt, wenn das Gebäude nicht zu einem Betriebsvermögen gehört. Werden dagegen in Sondereigentum aufgeteilte Eigentumswohnungen erworben, liegen selbstständige wirtschaftliche Einheiten vor. Da das EStG den Erwerb einer Eigentumswohnung mit dem Erwerb eines Gebäudes gleichstellt, vgl. § 7 Abs. 5a EStG, ist die 15 %-Grenze des § 6 Abs. 1 Nr. 1a EStG jeweils auf die einzelne Wohnung anzuwenden. Dies hätte im o.a. Beispiel zur Folge, dass hinsichtlich der Renovierungskosten für die vermietete Wohnung anschaffungsnahe Herstellungskosten nach § 6 Abs. 1 Nr. 1a EStG vorliegen.

Zur Abgrenzung von Anschaffungskosten, Herstellungskosten und Erhaltungsaufwendungen bei der Instandsetzung und Modernisierung von Gebäuden Hinweis auf BMF-Schreiben v. 18.7.2003 (BStBl. I 2003, 386).

109 Die Frage, ob ein Grundstück oder Grundstücksteil zum **Betriebsvermögen** gehört, ist ua. für die in Betracht kommende Abschreibungsmethode sowie für die steuerpflichtige Aufdeckung stiller Reserven bei Veräußerung oder Entnahme von Bedeutung. Der Erwerber hat folgende **Bilanzierungsgrundsätze** zu beachten:

- Ein Gebäude oder Gebäudeteil gehört zum **notwendigen Betriebsvermögen**, wenn es ausschließlich und unmittelbar für eigenbetriebliche Zwecke des Steuerpflichtigen genutzt wird. So gehört ein Gebäude, in dem der Betrieb geführt wird, stets zum notwendigen Betriebsvermögen. Andererseits ergibt sich die Betriebsvermögenseigenschaft nicht schon allein daraus, dass ein Grundstück mit betrieblichen Mitteln erworben wird oder der Sicherung betrieblicher Kredite dient. Rechnet ein Gebäude oder Gebäudeteil zum notwendigen Betriebsvermögen, so gilt dies entsprechend für den dazugehörigen Grund und Boden.
- Ein Gebäude oder Gebäudeteil gehört zum **notwendigen Privatvermögen**, wenn es der privaten Lebensführung des Erwerbers oder seiner Angehörigen dient. Dies gilt vor allem für zu eigenen Wohnzwecken genutzte Wohnungen.
- Gebäude oder Gebäudeteile, die nicht eigenbetrieblich genutzt werden und nicht eigenen Wohnzwecken dienen (also zB fremdvermietet sind), können als **gewillkürtes Betriebsver-**

mögen behandelt werden, wenn sie in einem gewissen objektiven Zusammenhang mit dem Betrieb stehen und ihm zu dienen oder ihn zu fördern bestimmt und geeignet sind. Bilanzierende Gewerbetreibende haben in der Regel die Möglichkeit, Mietwohngrundstücke als Betriebsvermögen zu behandeln.

- Die Bildung von gewillkürtem Betriebsvermögen ist grds. nur dem Bilanzierenden möglich, da sie eine eindeutige Einlagehandlung mit entsprechendem Ausweis in Buchführung und Bilanz erfordert. Mit Urteil v. 2.10.2003, BStBl. II 2004, 985, hat der BFH entschieden, dass die Bildung gewillkürten Betriebsvermögens auch bei einer Gewinnermittlung durch Einnahmenüberschussrechnung gem. § 4 Abs. 3 EStG möglich ist. Ob Gebäude oder Gebäudeteile als gewillkürtes Betriebsvermögen ausgewiesen werden sollen, ist wegen der hieran anknüpfenden Steuerfolgen bei Entnahme oder Veräußerung sorgfältig zu bedenken. Die Zuordnung eines Wirtschaftsguts zum gewillkürten Betriebsvermögen ist unmissverständlich und in eindeutiger Weise zu dokumentieren (BFH v. 2.10.2003, BStBl. II 2004, 985). Eine derartige unzweifelhafte Zuordnung (also Willkürung im vorgenannten Sinne) eines Wirtschaftsguts ist zB dessen zeitnahe Aufnahme, dh. bis zum Ende des Wirtschaftsjahres, in das betriebliche Grundstücksverzeichnis und damit die Aufnahme und Einlage in das Betriebsvermögen des Steuerpflichtigen.

Zu bestimmten Vereinfachungsregeln bei der Bilanzierung von Gebäuden oder Gebäudeteilen von untergeordnetem Wert Hinweis auf R 4.2 Abs. 8 und 10 EStR sowie auf § 8 EStDV. **Aufwendungen** für einen Grundstücksteil (einschließlich AfA), der eigenbetrieblich genutzt wird, sind – vorbehaltlich einer Beschränkung nach § 4 Abs. 5 Satz 1 Nr. 6b EStG für häusliche Arbeitszimmer – **auch dann Betriebsausgaben, wenn** der **Grundstück**steil **wegen** seines **untergeordneten Wertes nicht** als **Betriebsvermögen** behandelt wird.

bb) Nicht einkunftsrelevante Grundstücksnutzung

Nutzt der Erwerber das Grundstück nicht einkunftsrelevant, sondern ganz oder teilweise zu eigenen Wohnzwecken, kam bei einer **Anschaffung bis Ende 2005** nur die Förderung durch die **Eigenheimzulage** in Betracht. Danach erhielt der Steuerpflichtige für eine Wohnung in einem im Inland belegenen eigenen Haus oder einer im Inland belegenen eigenen Eigentumswohnung über einen Zeitraum von acht Jahren einen Fördergrundbetrag von jährlich 1 % der Anschaffungskosten für die Wohnung zuzüglich der Anschaffungskosten für den dazugehörigen Grund und Boden, max. jedoch 1250 Euro. Für jedes Kind wurde acht Jahre lang zusätzlich eine Kinderzulage von 800 Euro gezahlt. Grundvoraussetzung für die Inanspruchnahme der Eigenheimzulage war die Nutzung der Wohnung zu eigenen Wohnzwecken oder die unentgeltliche Nutzungsüberlassung an Angehörige (§ 15 AO) zu Wohnzwecken (§ 4 EigZulG). 110

Die Eigenheimzulage konnte letztmals von Anspruchsberechtigten beantragt werden, die im Fall der Anschaffung die Wohnung auf Grund eines vor dem 1.1.2006 rechtswirksam abgeschlossenen obligatorischen Vertrags oder gleichstehenden Rechtsakts angeschafft haben (Gesetz zur Abschaffung der Eigenheimzulage v. 22.12.2005, BGBl. I 3680). 111

c) Grundstücksveräußerung gegen Rente

Bei einer Grundstücksübertragung gegen wiederkehrende Leistungen unterscheidet die Rechtsprechung und ihr folgend die Finanzverwaltung (s. hierzu grundlegend BMF v. 16.9.2004, BStBl. I 2004, 922 und zur weiteren Anwendung aufgrund der Neuregelung des § 10 Abs. 1 Nr. 1a EStG ab 2008 vgl. BMF v. 11.3.2010, BStBl. I, 227) zwischen einer unentgeltlichen Vermögensübertragung gegen Versorgungsleistungen einerseits und entgeltlichen Vermögensübertragungen andererseits. Eine **unentgeltliche Vermögensübertragung gegen Versorgungsleistungen** liegt regelmäßig dann vor, wenn im Wege vorweggenommener Erbregelung eine existenzsichernde Wirtschaftseinheit an Abkömmlinge oder gesetzlich erbberechtigte entferntere Verwandte übertragen wird, die im Gegenzug lebenslängliche Versorgungsleistungen an den Vermögensübergeber, seinen Ehegatten oder gesetzlich erb- und pflichtteilsberechtigte Abkömmlinge erbringen. Liegt ein derartiger, bis zum 31.12.2007 abgeschlossener Vermögensübergabevertrag vor, führen die Versorgungsleistungen des Vermögensübernehmers nicht zu Anschaffungskosten, sondern berechtigen ihn (im Regelfall) zum 112

Sonderausgabenabzug (§ 10 Abs. 1 Nr. 1a EStG). Korrespondierend hierzu muss der Vermögensübergeber die wiederkehrenden Leistungen als sonstige Einkünfte (§ 22 Nr. 1b EStG) versteuern. Sind die Voraussetzungen für die Annahme einer unentgeltlichen Vermögensübergabe nicht erfüllt (= wiederkehrende Leistungen im Austausch mit einer Gegenleistung), führt der Barwert der wiederkehrenden Leistungen beim Vermögensübernehmer zu **Anschaffungskosten**, die – soweit nicht auf den Grund und Boden entfallend – bei einkunftsrelevanter Nutzung abgeschrieben werden können. Ab 2008 wurde das Rechtsinstitut der Vermögensübergabe gegen Versorgungsleistungen erheblich eingeschränkt. Begünstigtes Vermögen liegt nur noch im Zusammenhang mit den in § 10 Abs. 1 Nr. 1a lit. a–c EStG genannten betrieblichen Einheiten vor. Nicht mehr begünstigt sind vor allem privat genutzte Immobilien (z.B. selbstgenutztes Einfamilienhaus, vermietete Objekte). Die Restriktion ist grundsätzlich auf alle wiederkehrenden Leistungen im Zusammenhang mit einer Vermögensübertragung anzuwenden, die auf einem nach dem 31.12.2007 geschlossenen Übertragungsvertrag (Abschluss des schuldrechtlichen Rechtsgeschäfts) beruhen. Liegen demnach die Voraussetzungen einer begünstigten unentgeltlichen Vermögensübertragung im Zusammenhang mit Versorgungsleistungen nicht vor, sind nach Ausschluss nichtabziehbarer Unterhaltsleistungen (§ 12 Nr. 2 EStG) die Grundsätze zum Austausch mit einer Gegenleistung anzuwenden (vgl. BMF v. 11.3.2010, BStBl. I 2010, 227).

113 Lagen die Voraussetzungen einer begünstigten unentgeltlichen Vermögensübergabe nicht vor, konnte bei Nutzung zu eigenen Wohnzwecken und Anschaffung bis zum 31.12.2005 ggf. noch die Eigenheimzulage (Rz. 109 f.) in Betracht kommen. Die wiederkehrenden Leistungen sind (auch, sofern es sich um dauernde Lasten handelt) nur noch mit dem Zins- oder Ertragsanteil abziehbar, allerdings nur dann, wenn das Grundstück zur Erzielung von Einkünften genutzt wird. Ansonsten greift das Verbot des Abzugs privater Schuldzinsen (§ 12 Nr. 1 EStG). Ist der Barwert der wiederkehrenden Leistungen höher als der Wert des übertragenen Vermögens, ist Entgeltlichkeit in Höhe des angemessenen Kaufpreises anzunehmen. Der übersteigende Betrag ist eine nichtabzugsfähige Zuwendung iS des § 12 Nr. 2 EStG. Ist der Barwert der wiederkehrenden Leistungen mehr als doppelt so hoch wie der Wert des übertragenen Vermögens, liegt insgesamt eine Zuwendung iS des § 12 Nr. 2 EStG vor.

114 Der Berechtigte muss den in den wiederkehrenden Leistungen enthaltenen Zins- oder Ertragsanteil bei Leibrenten nach § 22 Nr. 1 Satz 3 Buchst. a lit. bb EStG, ansonsten (bei dauernden Lasten und Zeitrenten) als Kapitalertrag (§ 20 Abs. 1 Nr. 7 EStG) versteuern (s. hierzu im Einzelnen BMF v. 16.9.2004, BStBl. I 2004, 922 Rz. 55 ff. und bei Gesetzeslage ab 2008 BMF v. 11.3.2010, BStBl. I 2010, 227, Rz. 73 ff.).

115 Wird ein Betrieb, ein Teilbetrieb, ein Mitunternehmeranteil oder eine wesentliche Beteiligung iSd. § 17 EStG gegen eine Leibrente oder gegen einen in Raten zu zahlenden Kaufpreis (zur Verschaffung einer Versorgung) veräußert, hat der Veräußerer die Wahl zwischen der sofortigen Besteuerung eines Veräußerungsgewinns und einer nicht tarifbegünstigten Besteuerung als nachträgliche Betriebseinnahmen im Jahr des Zuflusses. Nur bei der **Sofortbesteuerung** kommen ggf. der Freibetrag nach § 16 Abs. 4 EStG und die Tarifbegünstigungen nach § 34 Abs. 1 und 3 EStG zur Anwendung. Die **Zuflussbesteuerung** setzt dagegen erst ein, wenn der Kapitalanteil der wiederkehrenden Leistungen das steuerliche Kapitalkonto zuzüglich etwaiger Veräußerungskosten des Veräußerers übersteigt (R 16 Abs. 11 EStR). Hinweis auf BMF-Schreiben v. 3.8.2004 (BStBl. I 2004, 1187).

116–130 Einstweilen frei.

M 43.1 Grundstückskaufvertrag mit Direktzahlung durch den Käufer, deklaratorischer Fälligkeitsmitteilung durch den Notar sowie Umschreibungssperre[1]

(Urkundeneingang[2])

Die Beteiligten erklären zur notariellen Niederschrift:

Kaufvertrag

§ 1 Grundbuchstand[3]

(1) Der Verkäufer ist im Grundbuch eingetragener Eigentümer des folgenden Grundbesitzes:

Grundbuch von . . . (Ort) Band/Blatt . . . (Nummer):

Flurstück Nr. . . . (Nummer und weitere Grundstücksbeschreibung).

– nachstehend auch „Grundbesitz" genannt –

(2) Der Grundbesitz ist wie folgt belastet:

Abt. II . . . (Belastungen)

Abt. III . . . (Belastungen).

(3) Die Grundpfandrechte werden nicht übernommen und sollen gelöscht werden. Die Rechte Abt. II Nrn. . . . werden übernommen[4]. Der Notar wird mit der Beschaffung der Unterlagen für die Löschung der nicht übernommenen Rechte beauftragt und bevollmächtigt, die Unterlagen zur Lastenfreistellung für alle am Vertrag oder an der Kaufpreisfinanzierung Beteiligten entgegenzunehmen und zu verwenden[5].

(4) Der Notar hat die Grundbuchdaten durch Einsicht in das elektronische Grundbuch am . . . (Datum) festgestellt. Der Notar hat ferner darauf hingewiesen, dass zu Lasten des Kaufobjektes Baulasten bestehen könnten, die sich zuverlässig nur aus dem Baulastenverzeichnis bei der Gemeinde ermitteln lassen. Die Beteiligten verzichten insoweit auf Feststellungen durch den Notar und auf eigene Feststellungen vor Beurkundung[6].

§ 2 Kaufgegenstand; Kaufpreis; Fälligkeit

(1) Der Verkäufer verkauft an den Käufer den vorbezeichneten Grundbesitz mit allen Bestandteilen und Zubehör.

Mehrere Käufer erwerben Miteigentum zu gleichen Anteilen[7].

(2) Der Kaufpreis beträgt . . . Euro

– in Worten: . . . Euro –.

Mehrere Käufer haften als Gesamtschuldner.

---

1 Vertrag mit beiderseitiger Absicherung und Abwicklung durch den Notar, aber ohne Abwicklung über Notaranderkonto, s. Rz. 62 ff.

2 Form nach § 311b Abs. 1 Satz 1 BGB.

3 Zur uU anzunehmenden Verpflichtung des Notars zur Unterrichtung über den Grundbuchstand auch hinsichtlich gelöschter Eintragungen BGH ZfIR 2010, 717.

4 Rz. 50.

5 In Verbindung mit einem entsprechenden Hinweis an den abzulösenden Gläubiger schützt diese Vollmacht die Beteiligten und die finanzierende Bank vor dem Widerruf des Treuhandauftrages des abzulösenden Gläubigers, s. Schilling ZNotP 2004, 138, 141 ff. Bei (befristet) unwiderruflich erteiltem Treuhandauftrag kann hierauf verzichtet werden.

6 Vorwegermittlungen bei der zuständigen Behörde über das Bestehen von Baulasten sind den Beteiligten dringend zu empfehlen; aus den Grundakten sind über Baulasten keine Informationen zu entnehmen.

7 Nach § 47 GBO erforderlich, wenn mehrere Personen kaufen; ggf. streichen bei Einzelkäufer oder ändern, wenn andere Anteile und/oder in anderer Gemeinschaftsform erworben wird.

(3) Mitveräußert und im Kaufpreis enthalten (Wertangabe[8] ... Euro) ist folgendes Inventar[9]: ... (Ergänzung, ggf. Bezugnahme auf mitbeurkundete Anlage). Die Beteiligten sind sich über den Eigentumsübergang der mitverkauften beweglichen Sachen aufschiebend bedingt auf die vollständige Kaufpreiszahlung einig. Die Übergabe erfolgt mit der Übergabe des Grundbesitzes.

(4) Der Kaufpreis ist fällig am ... (Datum), jedoch nicht vor Ablauf von 14 Tagen nach Eintritt sämtlicher nachgenannter Voraussetzungen:

(a) Fehlende Vollmachten[10], Zustimmungserklärungen sowie für Wirksamkeit oder Vollzug erforderliche Genehmigungen – ausgenommen die Unbedenklichkeitsbescheinigung des Finanzamtes – liegen dem Notar in grundbuchtauglicher Form vor[11],

(b) die nachstehend bewilligte Auflassungsvormerkung ist für den Käufer im Rang nur nach den in § 1 (2) aufgeführten Belastungen und etwaigen durch den Käufer bestellten Finanzierungsgrundpfandrechten eingetragen[12],

(c) die Bescheinigung der zuständigen Gemeinde, dass ein gesetzliches Vorkaufsrecht nicht besteht oder nicht ausgeübt wird[13], liegt in grundbuchtauglicher Form vor und

(d) dem Notar liegen die Löschungsunterlagen für die nicht übernommenen Grundpfandrechte Abt. III Nr. ... (Nummern) entweder auflagenfrei oder zu treuen Händen gegen aus dem Kaufpreis insgesamt erfüllbare Treuhandauflagen vor oder diese Belastungen sind gelöscht.

Der Notar wird den Beteiligten das Vorliegen dieser Fälligkeitsvoraussetzungen schriftlich mitteilen.

(Bei Nutzung des Kaufobjekts durch den Verkäufer:) Weitere, jedoch nicht vom Notar zu überprüfende Fälligkeitsvoraussetzung ist die besenreine Räumung des Grundbesitzes durch den Verkäufer.

(5) Soweit seitens der Grundpfandrechtsgläubiger im Zuge der Lastenfreistellung Zahlungsauflagen gemacht wurden, ist der Käufer berechtigt und verpflichtet, bei Fälligkeit des Kaufpreises für Rechnung des Verkäufers die Ablösungsbeträge aus dem Kaufpreis unmittelbar an diese zu entrichten. Der Notar wird den Käufer über diese Beträge in der Mitteilung nach (4) benachrichtigen; der Verkäufer erhält hiervon eine Abschrift. Notar und Käufer sind nicht berechtigt und nicht verpflichtet, die Berechtigung von Ablösebeträgen zu prüfen.

Soweit keine Zahlungsauflagen ergehen, ist der Kaufpreis auf das Konto des Verkäufers Nr. ... bei der ... (Bankverbindung) zu überweisen.

(6) Zahlt der Käufer bei Fälligkeit nicht, kommt er auch ohne Mahnung in Verzug. Verzug ohne Mahnung tritt jedoch frühestens zwei Wochen nach Zugang der Mitteilung des Notars nach (4) ein[14].

(7) Wegen des Kaufpreisanspruchs unterwirft sich jeder Käufer der sofortigen Zwangsvollstreckung aus dieser Urkunde in sein gesamtes Vermögen. Der Notar wird angewiesen, auf Antrag des Verkäufers eine vollstreckbare Ausfertigung nach Ablauf des in (4) genannten Datums sowie nach Absendung der Mitteilung nach (4) ohne Nachweis weiterer Fälligkeitsvoraussetzungen zu erteilen.

(8) Aufschiebend bedingt auf den Zeitpunkt der vollständigen Kaufpreiszahlung sind Käufer und Verkäufer sich im oben angegebenen Berechtigungsverhältnis über die Abtretung der dem Verkäu-

---

8 Angabe für das Finanzamt, da aus dem Inventaranteil keine GrESt geschuldet wird.

9 Wesentliche Bestandteile (§ 93 BGB) sind automatisch, Zubehör (§ 97 BGB) ist „im Zweifel" mitveräußert. Eine Auflistung der mitveräußerten beweglichen Gegenstände im Vertrag ist für Nicht-Zubehör zwingend.

10 Wegen § 29 GBO fällt hierunter auch die Vollmachtsbestätigung in mindestens beglaubigter Form, wenn der Vertrag aufgrund mündlicher oder privatschriftlicher Form abgeschlossen wird (was materiellrechtlich genügt, § 167 Abs. 2 BGB).

11 Hier sind etwa erforderliche Genehmigungen etc. möglichst konkret zu benennen; ist der Vertrag nach Ansicht des Notars mit Beurkundung wirksam und stehen auch keine Genehmigungen für den Vollzug aus, kann dieser Baustein ganz weggelassen werden.

12 Der *eingetragenen* Auflassungsvormerkung als Fälligkeitsvoraussetzung ist im Regelfall der Vorzug zu geben, da die Überprüfung des Sicherungseintritts durch die beim Grundbuchamt nur eingereichte Vormerkung mit Risiken verbunden ist.

13 Je nach den Umständen des Einzelfalls sind weitere Vorkaufsrechtsverzichtserklärungen anzufordern, etwa nach Naturschutzrecht (vgl § 66 BNatSchG) oder Denkmalschutzrecht.

14 Die deklaratorische Fälligkeitsmitteilung stellt hiernach ein „Ereignis" iSd. § 286 Abs. 2 Nr. 2 BGB dar, s. Hertel DNotZ 2001, 910, 922.

fer zustehenden Rückgewähransprüche und Eigentümerrechte hinsichtlich der im Grundbuch eingetragenen Grundpfandrechte einig und bewilligen entsprechende Grundbucheintragung.

§ 3 Besitz, Nutzen und Lasten; Beschaffenheit

(1) Besitz, Nutzen, Lasten[15]*, die Gefahr des zufälligen Untergangs und der zufälligen Verschlechterung sowie die Verkehrssicherungspflicht gehen mit vollständiger Kaufpreiszahlung auf den Käufer über*[16]*.*

(2) Der Verkäufer haftet für ungehinderten Besitz- und Eigentumsübergang und für Freiheit des Grundbesitzes von rückständigen öffentlichen Lasten und im Grundbuch eingetragenen Belastungen, soweit sie nicht in diesem Vertrag übernommen wurden.

(3) Der Käufer hat den Vertragsgegenstand eingehend besichtigt und übernimmt ihn, wie er steht und liegt, also im derzeitigen Zustand. Soweit nicht vor- oder nachstehend etwas anderes vereinbart ist, wird die Haftung des Verkäufers für sichtbare oder unsichtbare Sachmängel sowie für Rechtsmängel hiermit ausgeschlossen, insbesondere eine Haftung für die Beschaffenheit des Grundstücks und den baulichen Zustand vorhandener Gebäude sowie für Flächenmaßrichtigkeit. Der Verkäufer sichert zu, dass ihm keine versteckten Mängel, insbesondere keine schädlichen Bodenveränderungen oder Altlasten bekannt sind[17]*. Der Verkäufer haftet für Veränderungen und Verschlechterungen bis zum Besitzübergang nach den gesetzlichen Vorschriften, es sei denn sie sind auf den gewöhnlichen Gebrauch zurückzuführen*[18]*.*

Der vorstehend vereinbarte Haftungsausschluss bezieht sich auch auf die mitverkauften beweglichen Sachen[19]*.*

(4) Alle auf den Vertragsgegenstand entfallenden Erschließungskosten im weitesten Sinne einschließlich Anlieger- und Herstellungsbeiträgen nach dem BauGB und Kommunalabgabenrecht und einschließlich Kostenersatz für Haus-/Grundstücksanschlüsse trägt der Verkäufer, soweit ihm oder seinen Rechtsvorgängern hierfür bis zum heutigen Tag Bescheide zugegangen sind. Alle übrigen derartigen Kosten trägt der Käufer. Nach Angaben des Verkäufers sind die Erschließungsmaßnahmen abgeschlossen, und es liegen keine unerledigten Kostenbescheide vor[20]*.*

(5) (Bei vermietetem Grundbesitz:) Den Beteiligten ist bekannt, dass der Käufer von Gesetzes wegen in alle Rechte und Pflichten bestehender Mietverträge eintritt[21]*. Mieteransprüche auf Rückzahlung von Kautionen bestehen nicht*[22]*.*

(6) (Bei Leerstand:) Der Verkäufer versichert, dass am Vertragsgegenstand mit Dritten keinerlei Miet-, Pacht- oder sonstige Nutzungsvereinbarungen bestehen. (Bei Nutzung des Kaufobjekts durch den Verkäufer:) Das Kaufobjekt wird derzeit noch von dem Verkäufer bewohnt. Der Verkäufer verpflichtet sich zur Räumung des verkauften Grundbesitzes bis zum ... (Datum). Kommt er dieser Verpflichtung nicht nach, hat er dem Käufer – unbeschadet weitergehender Schadensersatzansprüche – für jeden angefangenen Monat der Weiternutzung einen pauschalierten Schadensersatz von

15 Zu den Lasten zählen auch Gebäudeversicherungsprämien; zu den Auswirkungen des neuen VVG auf Grundstückskaufverträge Leitzen RNotZ 2008, 534.

16 Dieser Zeitpunkt ist für den Beginn der steuerlichen Abschreibung maßgebend.

17 Vollständiger Haftungsausschluss, wie bei gebrauchten Immobilien üblich; aufzunehmen ggf. vereinbarte Instandsetzungspflichten des Verkäufers. Etwa noch bestehende Mängelansprüche gegen Voreigentümer oder Baufirmen/Architekt wären an den Käufer abzutreten. Ob Altlasten zu erwähnen sind (vgl. **M 43.5**), ist fallbezogen zu entscheiden. S. hierzu Rz. 142 ff.

18 S. hierzu Weigl MittBayNot 1996, 349.

19 Im Verbraucher-/Formularvertrag ist der Haftungsausschluss nach Maßgabe von § 309 Nr. 7 und evtl. Nr. 8 BGB einzuschränken.

20 Rz. 56, 59. Statt der hier verwendeten „Bescheidlösung" ist auch die sog. „Ausbauzustandslösung" denkbar, bei der für die Abgrenzung der Kostentragungspflichten auf den tatsächlichen Ausbauzustand bei Beurkundung oder Gefahrübergang abgestellt wird.

21 § 566 BGB; zum Verkauf vermieteter Immobilien allgemein Schmid ZNotP 2013, 91.

22 Sind Kautionen hinterlegt, wäre etwa zu formulieren: „Die von den Mietern gezahlten Kautionen sind dem Käufer nach Kaufpreiszahlung und Besitzübergang einschließlich der gesetzlich vorgeschriebenen Zinsen zu übertragen; diese übernimmt damit die Rückzahlungspflicht gegenüber den Mietern entsprechend den Regeln im Mietvertrag und aus dem Gesetz." Zur Behandlung von Mietsicherheiten im Kaufvertrag: Plagemann NotBZ 2013, 2.

... Euro zu entrichten[23]*. Wegen seiner Verpflichtung zur Räumung unterwirft sich der Verkäufer der sofortigen Zwangsvollstreckung aus dieser Urkunde mit der Maßgabe, dass eine Einweisung des Käufers in den Besitz nicht stattfinden darf*[24]*. Der Notar darf dem Käufer nach dem vorgenannten Räumungstermin vollstreckbare Ausfertigung erteilen.*

(7) Der Notar hat die Beteiligten auf ihre Pflichten aus § 16 EnEV hingewiesen[25]*.*

§ 4 Kosten; Steuern

(1) Die Kosten des Vertrags und seines Vollzugs einschließlich etwaiger Genehmigungen und Zeugnisse sowie die anfallende Grunderwerbsteuer trägt der Käufer.

(2) Die grundbuchlichen Kosten für die Löschung der in § 1 aufgeführten nicht übernommenen Belastungen sowie die von Dritten hierfür in Rechnung gestellte Kosten und Gebühren trägt der Verkäufer.

(3) Kosten für Vollmachtsbestätigungen, Genehmigungen und dergl. trägt jeweils der Vertragsbeteiligte, der sie durch seine Abwesenheit im Termin ausgelöst hat.

§ 5 Finanzierungsmitwirkung; Vollmacht[26]

(1) Der Verkäufer verpflichtet sich, zum Zwecke der Kaufpreisfinanzierung, bei der Belastung des Kaufobjekts mit – ggf. gem. § 800 ZPO vollstreckbaren – Grundpfandrechten in beliebiger Höhe nebst Zinsen und Nebenleistungen in beliebiger Höhe zugunsten von Kreditinstituten oder Versicherungen mit Erlaubnis zum Geschäftsbetrieb in Deutschland sowie bei der Abgabe entsprechender Sicherungszweckerklärungen mitzuwirken.

(2) Der Verkäufer erteilt daher dem Käufer – bei mehreren Käufern jedem einzeln – unwiderruflich und unter Befreiung von den Beschränkungen des § 181 BGB Vollmacht, alle im Zusammenhang mit der Bestellung und rangrichtigen Eintragung der Grundpfandrechte zweckmäßigen Erklärungen abzugeben. Der Käufer kann Untervollmacht erteilen.

(3) Im Hinblick auf die Grundpfandrechtsbestellung als dingliche Erklärung und im Namen des derzeitigen Eigentümers abzugebende dingliche Zwangsvollstreckungsunterwerfungserklärungen gilt diese Vollmacht unbeschränkt und unabhängig von ggf. noch ausstehenden Genehmigungen, jedoch mit der Maßgabe, dass von ihr nur durch Erklärung vor dem amtierenden Notar, seinem amtlich bestellten Vertreter oder Amtsnachfolger Gebrauch gemacht werden kann. Im Hinblick auf die gegenüber den Gläubigern abzugebenden (Sicherungs-)Zweckerklärungen zur Grundschuld wird die Vollmacht aber nur mit der Einschränkung erteilt, dass die Gläubigerin das Grundpfandrecht nur insoweit als Sicherheit verwerten oder behalten darf, als sie tatsächlich Zahlungen mit Tilgungsbestimmung auf die Kaufpreisschuld des Käufers geleistet hat und eine weitergehende Sicherungsabrede erst ab vollständiger Kaufpreiszahlung, in jedem Falle ab Eigentumsumschreibung,

23 Vereinbarungen zu den Folgen einer verspäteten Erfüllung der Räumungs- und Herausgabepflicht des Verkäufers können vielfältig sein. Es bedarf einer intensiven Erforschung der Interessenlage und der Auswirkungen solcher Verspätungen, um die passenden Regeln treffen zu können. Ein individuell ausgehandelter pauschalierter Schadensersatz verstößt nicht gegen § 309 Nr. 5 BGB.

24 Rintelen RNotZ 2001, 3, 20; s.a. Schmitz RNotZ 2001, 365, 370 f.; eine Einweisung des Käufers in den Besitz (§ 885 Abs. 1 Satz 1 ZPO) wäre wegen der damit verbundenen Vorleistung nicht unproblematisch; wird das Kaufobjekt nicht nur vom Verkäufer, sondern auch noch von Dritten genutzt (zB vom Ehepartner des Verkäufers), so sollten auch diese an der Beurkundung mitwirken und sich zur Räumung verpflichten.

25 Eine Verpflichtung des Notars zur Kontrolle der Einhaltung der Pflichten besteht nicht, so dass der Hinweis genügt; ein rechtsgültiger Verzicht auf die Vorlage eines Energieausweises ist jedenfalls nach Inkrafttreten der EnEV 2014 nicht mehr zulässig (Hertel DNotZ 2014, 258).

26 Rz. 68 f. Diesem Abschnitt ist wegen der Risiken der Vorwegbelastung für fremde Schulden besondere Sorgfalt zu widmen. Verbreitet, aber nicht zwingend notwendig ist es, die Vorkehrungen zum Schutz des Käufers zum Bestandteil der Vollmacht auch für den dinglichen Teil zu machen und in die Grundschuldbestellungsurkunde aufzunehmen (Kesseler ZNotP 2004, 433). Sofern auf Käuferseite mehrere Personen mitwirken, unter denen ein Vertrauensverhältnis besteht, können diese sich auch gegenseitig zur Grundpfandrechtsbestellung bevollmächtigen; in diesem Fall ist die Vollmacht um die Abgabe korrespondierender Schuldanerkenntnisse mit Zwangsvollstreckungsunterwerfung und um die Erklärung des Rangrücktritts hinsichtlich der Vormerkung zu erweitern.

gilt. Der Verkäufer ist ferner von Käufer und Grundpfandrechtsgläubigerin von allen im Zusammenhang mit der Grundpfandrechtsbestellung entstehenden Kosten freizustellen. Wird der Kaufvertrag aus vom Verkäufer nicht zu vertretenden Gründen nicht vollständig durchgeführt, muss die Grundpfandrechtsgläubigerin gegen Rückzahlung dieser Beträge auflagenfrei und ohne Kosten für den Verkäufer Löschungsbewilligung erteilen.

(4) Alle Eigentümerrechte und Rückgewähransprüche einschließlich aller Hilfs- und Nebenrechte werden hiermit mit Wirkung ab vollständiger Zahlung gemäß den Zahlungsbestimmungen dieses Kaufvertrags, in jedem Falle ab Eigentumsumschreibung, auf den Käufer übertragen. Entsprechende Grundbucheintragung wird bewilligt. Der Käufer weist seinen Kreditgeber unwiderruflich an, Zahlungen aus durch das Grundpfandrecht gesicherten Darlehen bis zur Höhe des Kaufpreises nur nach Maßgabe der Bestimmungen dieses Vertrags zu leisten. Der Notar soll die Zahlungsanweisung den Gläubigern mitteilen.

§ 6 Grundbucherklärungen

(1) Zur Sicherung des Erwerbsanspruchs nach § 2 bewilligt der Verkäufer und beantragt der Käufer die Eintragung einer Vormerkung[27] *zugunsten des Käufers (bei mehreren Käufern: zu je . . . Anteil) an nächstoffener Rangstelle.*

Die Löschung dieser Vormerkung Zug um Zug gegen Eigentumsumschreibung wird bewilligt und beantragt, vorausgesetzt, dass Zwischeneintragungen ohne Zustimmung des Käufers weder erfolgt sind noch deren Eintragung beantragt und beim Grundbuchamt im Zeitpunkt der Löschung zum Vollzug vorliegen[28]*.*

(2) Die Beteiligten stimmen der Löschung der nicht übernommenen Rechte Abt. III Nrn. . . . zu[29]*, der Verkäufer beantragt*[30] *den Vollzug.*

(3) Die Vertragsbeteiligten sind sich über den Eigentumsübergang des Grundbesitzes auf den Käufer – bei mehreren Käufern zu gleichen Miteigentumsanteilen – einig; der Verkäufer bewilligt und der Käufer beantragt die Eigentumsumschreibung im Grundbuch. Der Notar wird angewiesen, die Eigentumsumschreibung auf den Käufer erst zu beantragen, wenn ihm die Zahlung des geschuldeten Kaufpreises (ohne etwaige Verzugszinsen) von einem der Verkäufer bzw. den abzulösenden Gläubigern oder der finanzierenden Bank schriftlich bestätigt wurde. Bis dahin werden Ausfertigungen und beglaubigte Abschriften nur auszugsweise ohne Auflassung erteilt[31]*.*

(4) Die Anträge dürfen getrennt vollzogen werden[32]*.*

(5) Die Abtretung und Verpfändung des Anspruchs auf Übereignung ist vor vollständiger Kaufpreiszahlung ausgeschlossen[33]*.*

(6) Der Käufer bewilligt bereits hiermit die Löschung der zu seinen Gunsten zur Eintragung gelangenden Auflassungsvormerkung. Der Verkäufer beantragt die Löschung der Vormerkung. Der Notar ist nur befugt, von dieser Löschungsbewilligung nach Maßgabe der folgenden bindenden, einseitig unwiderruflichen Vollzugsanweisungen Gebrauch zu machen.

27 Zwischensicherung des Käufers bis zur Eigentumsumschreibung; zu den Wirkungen der Vormerkung s. Kap. 51.

28 Löschungsbewilligung und -antrag unter zulässigen, dem Käuferschutz dienenden Rechtsbedingungen. Diese Grundbucherklärung ist erst zusammen mit der Auflassung dem Grundbuchamt einzureichen.

29 Löschungszustimmung nach §§ 1183, 1192 BGB, § 27 GBO, vorsichtshalber auch von Käuferseite erklärt für den Fall, dass wegen Löschung nach Eigentumsumschreibung auch in deren Person noch Eigentümerrechte entstehen. Zur Pfandrechts- und/oder Schuldübernahme s. **M 43.4**.

30 § 13 GBO.

31 Sicherungsvereinbarung zum Schutze der Verkäuferpartei vor Eigentumsverlust, bevor der Kaufpreis bezahlt ist; s. Rz. 63 f.

32 Die Zulässigkeit des getrennten Vollzugs entspricht der Regel. Hier ergibt sie sich bereits aus der Vertragslogik.

33 Durch diese Regelung wird die Löschung der Vormerkung bei Scheitern des Vertrags gewährleistet; sie ist aber auch im Übrigen zweckmäßig. Zur Pfändbarkeit des Eigentumsverschaffungsanspruchs Knobloch NotBZ 2011, 17.

Der Notar wird angewiesen, bis zum Eintritt der nachfolgend aufgeführten Umstände oder bis zur Eintragung des Eigentums des Käufers im Grundbuch Ausfertigungen und beglaubigte Abschriften dieser Urkunde nur ohne den vorstehenden Absatz mit der Löschungsbewilligung zu erteilen.

Der Notar wird angewiesen, die Löschungsbewilligung für die Vormerkung des Käufers dem Grundbuchamt zum Vollzug vorzulegen,

- *wenn alle Vertragsteile den Notar entsprechend schriftlich anweisen oder*
- *wenn (1) der Notar die Fälligkeitsmitteilung nach diesem Vertrag zu Recht abgesandt hat und der Verkäufer dem Notar schriftlich mitgeteilt hat, dass der Käufer trotz mindestens zweimaliger schriftlicher Mahnung durch den Verkäufer den Kaufpreis in der Hauptsache nicht vollständig bezahlt hat und der Verkäufer deswegen vom Vertrag zurückgetreten ist oder Schadensersatz statt der ganzen Leistung verlangt hat und (2) der Käufer dem Notar auf die vom Notar per Einwurfeinschreiben dem Annehmenden an dessen letzte bekannte Anschrift übermittelte Aufforderung nicht innerhalb eines Monats nachgewiesen hat, dass der Kaufpreis vollständig gezahlt ist oder ein gerichtliches Verfahren zur Feststellung der Unwirksamkeit des Rücktritts anhängig ist. Macht der Käufer geltend, Teilleistungen geleistet zu haben, so darf die Löschung nur erfolgen, wenn sichergestellt ist, dass die Löschung erst nach Erstattung der gesamten Teilleistungen erfolgt.*

§ 7 Vollzugsauftrag; Hinweise und Belehrungen

(1) Der amtierende Notar und sein Stellvertreter und Nachfolger im Amt werden jeder einzeln beauftragt, den grundbuchamtlichen Vollzug dieser Urkunde herbeizuführen. Die Beteiligten erteilen den vorgenannten Personen Vollmacht zur Abgabe von Erklärungen sowie zur Stellung, Änderung und Zurücknahme von Anträgen, die zum Vollzug des Vertrags erforderlich oder zweckdienlich sind[34]. Die Vollmacht soll durch den Tod des Vollmachtgebers nicht erlöschen.

(2) Der Notar wird mit der Einholung der Vorkaufsrechtsbescheinigung sowie etwaiger Genehmigungen beauftragt und bevollmächtigt. Genehmigungen oder Zustimmungserklärungen sollen auch mit ihrem Eingang beim beurkundenden Notar oder seinem Vertreter im Amt allen Beteiligten gegenüber wirksam werden. Zur Entgegennahme der Ausübungserklärung wegen des Vorkaufsrechts oder der Versagung von Genehmigungen oder deren Erteilung unter Bedingungen ist der Notar ausdrücklich nicht bevollmächtigt.

(3) Der Notar hat die Beteiligten darauf hingewiesen, dass

- *auch sämtliche Nebenabreden zu diesem Vertrag beurkundet werden müssen und die Nichtbeurkundung die Nichtigkeit des gesamten Vertrags nach sich ziehen kann,*
- *dass das Eigentum erst mit Eintragung des Käufers im Grundbuch übergeht und die Umschreibung die Vorkaufsrechtsverzichtserklärung der Gemeinde und die Unbedenklichkeitsbescheinigung des Finanzamtes wegen der Grunderwerbsteuer voraussetzt,*
- *nach dem Gesetz Käufer und Verkäufer gesamtschuldnerisch für aufgrund dieses Vertrags anfallende Steuern und Gerichts- und Notarkosten haften.*

(4) Der Notar hat keine steuerliche Beratung übernommen.

(Schlussformel)

---

34 Ggf. können auch (namentlich benannte, s. OLG Frankfurt NotBZ 2008, 124 = DNotI-Report 2008, 135) Notarangestellte zu Vollzugserklärungen bevollmächtigt werden; die Bestellung von Finanzierungsgrundpfandrechten im Namen des Käufers sollte im Regelfall aber nicht auf der Grundlage einer Mitarbeitervollmacht beurkundet werden (§ 17 Abs. 2a BeurkG), s. OLG Schleswig DNotZ 2008, 151. Zum Umfang einer Angestelltenvollmacht OLG Celle RNotZ 2010, 46.

Kosten: *Notargebühren:* 2,0-Gebühr gem. Nr. 21100 KV GNotKG (Kaufvertrag, Auflassung und Belastungsvollmacht sind gegenstandsgleich, § 109 Abs. 1 S. 1 und 2 und S. 4 Nr. 1c GNotKG). Geschäftswert gem. §§ 97 Abs. 1, 47 GNotKG (Kaufpreis). Für die Vollzugstätigkeiten 0,5-Gebühr gem. Nr. 22110, Wert gem. § 112 GNotKG. Für die Betreuungstätigkeiten 0,5-Gebühr gem. Nr. 22200, Wert gem. § 113 GNotKG. Die Vollzugs- und die Betreuungsgebühr werden in demselben notariellen Verfahren jeweils nur einmal erhoben (§ 93 Abs. 1 GNotKG). Daneben fallen Auslagen nach Nrn. 32000 ff. KV GNotKG an.

Gerichtsgebühr: 0,5-Gebühr gem. Nr. 14150 KV GNotKG für die Eintragung der Auflassungsvormerkung. Geschäftswert gem. §§ 47, 45 Abs. 3 GNotKG. Für die Eintragung des neuen Eigentümers 1,0-Gebühr gem. Nr. 14110; Geschäftswert gem. § 47 GNotKG (Kaufpreis). Für die Löschung der Auflassungsvormerkung 25 Euro gem. Nr. 14143 KV GNotKG.

M 43.2 Grundstückskaufvertrag[1] mit Abwicklung über Notaranderkonto

(Urkundeneingang)

Die Beteiligten erklären zur notariellen Niederschrift:

Kaufvertrag

§ 1 Grundbuchstand

(1) Der Verkäufer ist im Grundbuch eingetragener Eigentümer des folgenden Grundbesitzes:

Grundbuch von . . . (Ort) Band/Blatt . . . (Nummer):

Flurstück Nr. . . . (Nummer und weitere Grundstücksbeschreibung).

– nachstehend auch „Grundbesitz" genannt –

(2) Der Grundbesitz ist wie folgt belastet:

Abt. II . . . (Belastungen)

Abt. III . . . (Belastungen).

(3) Die Grundpfandrechte werden nicht übernommen und sollen gelöscht werden. Die Rechte Abt. II Nrn. . . . werden übernommen. Der Notar wird mit der Beschaffung der Unterlagen für die Löschung der nicht übernommenen Rechte beauftragt und bevollmächtigt, die Unterlagen zur Lastenfreistellung für alle am Vertrag oder an der Kaufpreisfinanzierung Beteiligten entgegenzunehmen und zu verwenden.

(4) Der Notar hat die Grundbuchdaten durch Einsicht in das elektronische Grundbuch am . . . (Datum) festgestellt. Der Notar hat ferner darauf hingewiesen, dass zu Lasten des Kaufobjektes Baulasten bestehen könnten, die sich zuverlässig nur aus dem Baulastenverzeichnis bei der Gemeinde ermitteln lassen. Die Beteiligten verzichten insoweit auf Feststellungen durch den Notar und auf eigene Feststellungen vor Beurkundung.

§ 2 Kaufgegenstand; Kaufpreis; Fälligkeit

(1) Der Verkäufer verkauft an den Käufer den vorbezeichneten Grundbesitz mit allen Bestandteilen und Zubehör.

Die Käufer erwerben Miteigentum zu gleichen Anteilen.

(2) Der Kaufpreis beträgt . . . Euro

– in Worten: . . . Euro –.

Mehrere Käufer haften als Gesamtschuldner.

(3) Mitveräußert und im Kaufpreis enthalten (Wertangabe . . . Euro) ist folgendes Inventar: . . . (Ergänzung). Die Beteiligten sind sich über den Eigentumsübergang der mitverkauften beweglichen Sachen aufschiebend bedingt auf die vollständige Kaufpreiszahlung einig. Die Übergabe erfolgt mit der Übergabe des Grundbesitzes.

(4) Der Käufer ist verpflichtet, den Kaufpreis bis zum . . . (Datum) auf das Anderkonto des beurkundenden Notars Nr. . . . bei der . . . (Bankverbindung) einzuzahlen.

1 Diese Gestaltung sollte im Verhältnis zur Direktzahlung nach **M 43.1** der Ausnahmefall sein: Aus § 54a Abs. 1 BeurkG folgt, dass die Abwicklung über Notaranderkonto ein nur im Ausnahmefall gegebenes „berechtigtes Sicherungsinteresse" der Vertragsparteien voraussetzt; typische Fallgruppen hierfür sind die Herbeiführung möglichst frühzeitigen Besitzübergangs (so in **M 43.2**), die freihändige Veräußerung in der Zwangsversteigerung oder die Abhängigkeit der Vormerkungseintragung von der Voreinzahlung. Zu möglichen Problemfällen nach Kaufpreishinterlegung: Franken RNotZ 2010, 597.

(5) Die Parteien weisen den Notar in einseitig nicht abänderbarer Weise an, den vollständig hinterlegten Kaufpreis erst dann vom Notaranderkonto nach Maßgabe der nachstehenden Ziff. (6) auszuzahlen, wenn

(a) fehlende Vollmachten, Zustimmungserklärungen sowie für Wirksamkeit oder Vollzug erforderliche Genehmigungen – ausgenommen die Unbedenklichkeitsbescheinigung des Finanzamtes – beim Notariat in grundbuchtauglicher Form vorliegen,

(b) die nachstehend bewilligte Auflassungsvormerkung für den Käufer im Rang nur nach den in § 1 (2) aufgeführten Belastungen und etwaigen durch den Käufer bestellten Finanzierungsgrundpfandrechten eingetragen ist,

(c) die Bescheinigung der zuständigen Gemeinde in grundbuchtauglicher Form vorliegt, dass ein gesetzliches Vorkaufsrecht nicht besteht oder nicht ausgeübt wird, und

(d) dem Notar die Löschungsunterlagen für die nicht übernommenen Grundpfandrechte Abt. III Nr. . . . (Nummern) entweder auflagenfrei oder zu treuen Händen gegen aus dem Kaufpreis insgesamt erfüllbare Treuhandauflagen vorliegen oder diese Belastungen gelöscht sind.

(6) Die Auszahlung erfolgt

- *an die jeweiligen Berechtigten der vom Käufer nicht übernommenen Grundpfandrechte Abt. III Nrn . . . (Nummern) in Höhe der von diesen geforderten Beträge, wobei der Notar nicht berechtigt und nicht verpflichtet ist, die Berechtigung von Ablösebeträgen zu prüfen,*
- *im Übrigen an den Verkäufer auf dessen Konto Nr. . . . . . . bei der . . . (Bankverbindung), jedoch unter Zurückbehaltung der für die Löschung anfallenden Notar- und Gerichtskosten, die ebenfalls von dem hinterlegten Betrag zu begleichen sind.*

Bei mehreren Verkäufern erfolgt die Auskehrung an jeden von ihnen zu gleichen Bruchteilen. Mit Auszahlungsreife ist der Kaufpreisanspruch erfüllt.

(7) Zinsen vom Anderkonto stehen dem Verkäufer zu.

(8) Wenn bis zum . . . (Datum) die Auszahlungsvoraussetzungen nach (5) nicht vorliegen, ist auf Verlangen des Käufers der gesamte Betrag samt angefallener Zinsen abzüglich Bankspesen und Hinterlegungskosten an den Käufer zurückzuzahlen.

(9) Wegen des Kaufpreisanspruchs unterwirft sich der Käufer der sofortigen Zwangsvollstreckung aus dieser Urkunde in sein gesamtes Vermögen. Der Notar wird angewiesen, auf Antrag des Verkäufers eine vollstreckbare Ausfertigung nach Ablauf des in (4) genannten Datums zu erteilen. Die Vollstreckung ist nur auf Zahlung auf das vorstehend genannte Anderkonto zulässig.

(10) Aufschiebend bedingt auf den Zeitpunkt der Auszahlungsreife sind Käufer und Verkäufer sich im oben angegebenen Berechtigungsverhältnis über die Abtretung der dem Verkäufer zustehenden Rückgewähransprüche und Eigentümerrechte hinsichtlich der im Grundbuch eingetragenen Grundpfandrechte einig und bewilligen entsprechende Grundbucheintragung.

§ 3 Besitz, Nutzen und Lasten; Beschaffenheit

(1) Besitz, Nutzen, Lasten, die Gefahr des zufälligen Untergangs und der zufälligen Verschlechterung sowie die Verkehrssicherungspflicht gehen mit Eingang des Kaufpreises auf dem Notaranderkonto und sobald etwaige einseitige Treuhandauflagen des finanzierenden Kreditinstituts erledigt sind, auf den Käufer über.

(2) Der Verkäufer haftet für ungehinderten Besitz- und Eigentumsübergang und für Freiheit des Grundbesitzes von rückständigen öffentlichen Lasten und im Grundbuch eingetragenen Belastungen, soweit sie nicht in diesem Vertrag übernommen wurden.

(3) Der Käufer hat den Vertragsgegenstand eingehend besichtigt und übernimmt ihn, wie er steht und liegt, also im derzeitigen Zustand. Soweit nicht vor- oder nachstehend etwas anderes vereinbart ist, wird die Haftung des Verkäufers für sichtbare oder unsichtbare Sachmängel sowie für Rechtsmängel hiermit ausgeschlossen, insbesondere eine Haftung für die Beschaffenheit des Grundstücks und den baulichen Zustand vorhandener Gebäude sowie für Flächenmaßrichtigkeit. Der Verkäufer sichert zu, dass ihm keine versteckten Mängel, insbesondere keine schädlichen Bodenveränderungen oder Altlasten bekannt sind. Der Verkäufer haftet für Veränderungen und Ver-

schlechterungen bis zum Besitzübergang nach den gesetzlichen Vorschriften, es sei denn, sie sind auf den gewöhnlichen Gebrauch zurückzuführen.

Der vorstehend vereinbarte Haftungsausschluss bezieht sich auch auf die mitverkauften beweglichen Sachen.

(4) Alle auf den Vertragsgegenstand entfallenden Erschließungskosten im weitesten Sinne einschließlich Anlieger- und Herstellungsbeiträgen nach dem BauGB und Kommunalabgabenrecht und einschließlich Kostenersatz für Haus-/Grundstücksanschlüsse trägt der Verkäufer, soweit ihm oder seinen Rechtsvorgängern hierfür bis zum heutigen Tag Bescheide zugegangen sind. Alle übrigen derartigen Kosten trägt der Käufer. Nach Angaben des Verkäufers sind die Erschließungsmaßnahmen abgeschlossen, und es liegen keine unerledigten Kostenbescheide vor[2]*.*

(5) Das Kaufobjekt steht derzeit leer. Der Verkäufer versichert, dass am Vertragsgegenstand mit Dritten keinerlei Miet-, Pacht- oder sonstige Nutzungsvereinbarungen bestehen.

(6) Der Notar hat die Beteiligten auf ihre Pflichten aus § 16 EnEV hingewiesen.

§ 4 Kosten; Steuern

(1) Die Kosten des Vertrags und seines Vollzugs einschließlich etwaiger Genehmigungen und Zeugnisse sowie die anfallende Grunderwerbsteuer trägt der Käufer. Der Käufer trägt auch die durch die Abwicklung über Notaranderkonto entstehenden Kosten.

(2) Die grundbuchlichen Kosten für die Löschung der in § 1 aufgeführten nicht übernommenen Belastungen sowie die von Dritten hierfür in Rechnung gestellte Kosten und Gebühren trägt der Verkäufer.

(3) Kosten für Vollmachtsbestätigungen, Genehmigungen und dergl. trägt jeweils der Vertragsbeteiligte, der sie durch seine Abwesenheit im Termin ausgelöst hat.

§ 5 Finanzierungsmitwirkung; Vollmacht

(1) Der Verkäufer verpflichtet sich, zum Zwecke der Kaufpreisfinanzierung, bei der Belastung des Kaufobjekts mit – ggf. gem. § 800 ZPO vollstreckbaren – Grundpfandrechten in beliebiger Höhe nebst Zinsen und Nebenleistungen in beliebiger Höhe zugunsten von Kreditinstituten oder Versicherungen mit Erlaubnis zum Geschäftsbetrieb in Deutschland sowie bei der Abgabe entsprechender Sicherungszweckerklärungen mitzuwirken.

(2) Der Verkäufer erteilt daher dem Käufer – bei mehreren Käufern jedem einzeln – unwiderruflich und unter Befreiung von den Beschränkungen des § 181 BGB Vollmacht, alle im Zusammenhang mit der Bestellung und rangrichtigen Eintragung der Grundpfandrechte zweckmäßigen Erklärungen abzugeben. Der Käufer kann Untervollmacht erteilen.

(3) Im Hinblick auf die Grundpfandrechtsbestellung als dingliche Erklärung und im Namen des derzeitigen Eigentümers abzugebende dingliche Zwangsvollstreckungsunterwerfungserklärungen gilt diese Vollmacht unbeschränkt und unabhängig von ggf. noch ausstehenden Genehmigungen, jedoch mit der Maßgabe, dass von ihr nur durch Erklärung vor dem amtierenden Notar, seinem amtlich bestellten Vertreter oder Amtsnachfolger Gebrauch gemacht werden kann. Im Hinblick auf die gegenüber den Gläubigern abzugebenden (Sicherungs-)Zweckerklärungen wird die Vollmacht aber nur mit der Einschränkung erteilt, dass die Gläubigerin das Grundpfandrecht nur insoweit als Sicherheit verwerten oder behalten darf, als sie tatsächlich Zahlungen mit Tilgungsbestimmung auf die Kaufpreisschuld des Käufers geleistet hat und eine weitergehende Sicherungsabrede erst ab vollständiger Kaufpreiszahlung, in jedem Falle ab Eigentumsumschreibung, gilt. Der Verkäufer ist ferner von Käufer und Grundpfandrechtsgläubigerin von allen im Zusammenhang mit der Grundpfandrechtsbestellung entstehenden Kosten freizustellen. Wird der Kaufvertrag aus vom Verkäufer nicht zu vertretenden Gründen nicht vollständig durchgeführt, muss die Grundpfandrechtsgläubigerin gegen Rückzahlung dieser Beträge auflagenfrei und ohne Kosten für den Verkäufer Löschungsbewilligung erteilen.

(4) Alle Eigentümerrechte und Rückgewähransprüche einschließlich aller Hilfs- und Nebenrechte werden hiermit mit Wirkung ab vollständiger Zahlung gemäß den Zahlungsbestimmungen dieses

2 Rz. 56, 59.

Kaufvertrags, in jedem Falle ab Eigentumsumschreibung, auf den Käufer übertragen. Entsprechende Grundbucheintragung wird bewilligt. Der Käufer weist seinen Kreditgeber unwiderruflich an, Zahlungen aus durch das Grundpfandrecht gesicherten Darlehen bis zur Höhe des Kaufpreises nur nach Maßgabe der Bestimmungen dieses Vertrags zu leisten. Der Notar soll die Zahlungsanweisung den Gläubigern mitteilen.

§ 6 Grundbucherklärungen

(1) Zur Sicherung des Erwerbsanspruchs nach § 2 bewilligt der Verkäufer und beantragt der Käufer die Eintragung einer Vormerkung zugunsten des Käufers (bei mehreren Käufern: zu je . . . Anteil) an nächstoffener Rangstelle.

Die Löschung dieser Vormerkung Zug um Zug gegen Eigentumsumschreibung wird bewilligt und beantragt, vorausgesetzt, dass Zwischeneintragungen ohne Zustimmung des Käufers weder erfolgt sind noch deren Eintragung beantragt und beim Grundbuchamt im Zeitpunkt der Löschung zum Vollzug vorliegen[3].

(2) Die Beteiligten stimmen der Löschung der nicht übernommenen Rechte Abt. III Nrn. . . . (Nummern) zu, der Verkäufer beantragt den Vollzug.

(3) Die Vertragsbeteiligten sind sich über den Eigentumsübergang des Grundbesitzes auf den Käufer – bei mehreren Käufern zu gleichen Miteigentumsanteilen – einig; der Verkäufer bewilligt und der Käufer beantragt die Eigentumsumschreibung im Grundbuch. Der Notar wird angewiesen, die Eigentumsumschreibung auf den Käufer erst bei Auszahlungsreife des vollständigen vereinbarten Kaufpreises vom Anderkonto zum Vollzug vorzulegen – unabhängig von etwaigen Verzugszinsen. Bis dahin werden Ausfertigungen und beglaubigte Abschriften nur auszugsweise ohne Auflassung erteilt.

(4) Die Anträge dürfen getrennt vollzogen werden.

(5) Die Abtretung und Verpfändung des Anspruchs auf Übereignung ist vor Auszahlungsreife des vollständigen vereinbarten Kaufpreises ausgeschlossen.

§ 7 Vollzugsauftrag; Hinweise und Belehrungen

(1) Der amtierende Notar und sein Stellvertreter und Nachfolger im Amt werden jeder einzeln beauftragt, den grundbuchamtlichen Vollzug dieser Urkunde herbeizuführen. Die Beteiligten erteilen den vorgenannten Personen Vollmacht zur Abgabe von Erklärungen sowie zur Stellung, Änderung und Zurücknahme von Anträgen, die zum Vollzug des Vertrags erforderlich oder zweckdienlich sind. Die Vollmacht soll durch den Tod des Vollmachtgebers nicht erlöschen.

(2) Der Notar wird mit der Einholung der Vorkaufsrechtsbescheinigung sowie etwaiger Genehmigungen beauftragt und bevollmächtigt. Genehmigungen oder Zustimmungserklärungen sollen auch mit ihrem Eingang beim beurkundenden Notar oder seinem Vertreter im Amt allen Beteiligten gegenüber wirksam werden. Zur Entgegennahme der Ausübungserklärung wegen des Vorkaufsrechts oder der Versagung von Genehmigungen oder deren Erteilung unter Bedingungen ist der Notar ausdrücklich nicht bevollmächtigt.

(3) Der Notar hat die Beteiligten darauf hingewiesen, dass

- *auch sämtliche Nebenabreden zu diesem Vertrag beurkundet werden müssen und die Nichtbeurkundung die Nichtigkeit des gesamten Vertrags nach sich ziehen kann,*
- *dass das Eigentum erst mit Eintragung des Käufers im Grundbuch übergeht und die Umschreibung die Vorkaufsrechtsverzichtserklärung der Gemeinde und die Unbedenklichkeitsbescheinigung des Finanzamtes wegen der Grunderwerbsteuer voraussetzt,*
- *nach dem Gesetz Käufer und Verkäufer gesamtschuldnerisch für aufgrund dieses Vertrags anfallende Steuern und Gerichts- und Notarkosten haften.*

(4) Der Notar hat keine steuerliche Beratung übernommen.

(Schlussformel)

---

3 Löschungsbewilligung und -antrag unter zulässigen, dem Käuferschutz dienenden Rechtsbedingungen. Diese Grundbucherklärung ist erst zusammen mit der Auflassung dem Grundbuchamt einzureichen.

Kosten: *Notar- und Gerichtsgebühren:* wie M 43.1.

Für das Verwahrungsgeschäft (Notaranderkonto) erhält der Notar für alle Auszahlungen gem. Nr. 25300 KV GNotKG eine 1,0-Gebühr (soweit der Betrag 13 Mio. Euro übersteigt 0,1 % des Auszahlungsbetrags). Wert nach § 124 GNotKG (Höhe des ausgezahlten Betrags).

M 43.3 Grundstückskaufvertrag ohne beiderseitige Absicherung[1]

(Urkundeneingang)

Die Beteiligten erklären zur notariellen Niederschrift:

Kaufvertrag

§ 1 Grundbuchstand

(1) Der Verkäufer ist im Grundbuch eingetragener Eigentümer des folgenden Grundbesitzes:

Grundbuch von . . . (Ort) Band/Blatt . . . (Nummer):

Flurstück Nr. . . . (Nummer und weitere Grundstücksbeschreibung).

– nachstehend auch „Grundbesitz" genannt –

(2) Der Grundbesitz ist wie folgt belastet:

Abt. II . . . (Belastungen)

Abt. III: lastenfrei

(3) Der Käufer übernimmt die vorgenannten Belastungen in Abt. II, jedoch nicht solche Belastungen in Abt. II und III, die vorstehend nicht aufgeführt sind, insbesondere solche, die nach dem Datum der Grundbucheinsicht in das Grundbuch eingetragen werden.

(4) Der Notar hat die Grundbuchdaten durch Einsicht in das elektronische Grundbuch am . . . (Datum) festgestellt. Der Notar hat ferner darauf hingewiesen, dass zu Lasten des Kaufobjektes Baulasten bestehen könnten, die sich zuverlässig nur aus dem Baulastenverzeichnis bei der Gemeinde ermitteln lassen. Die Beteiligten verzichten insoweit auf Feststellungen durch den Notar und auf eigene Feststellungen vor Beurkundung.

§ 2 Kaufgegenstand; Kaufpreis; Fälligkeit

(1) Der Verkäufer verkauft an den Käufer den vorbezeichneten Grundbesitz mit allen Bestandteilen und Zubehör.

Mehrere Käufer erwerben Miteigentum zu gleichen Anteilen.

(2) Der Kaufpreis beträgt . . . Euro

– in Worten: . . . Euro –.

Mehrere Käufer haften als Gesamtschuldner.

(3) Mitveräußert und im Kaufpreis enthalten (Wertangabe . . . Euro) ist folgendes Inventar: . . . (Ergänzung). Die Beteiligten sind sich über den Eigentumsübergang der mitverkauften beweglichen Sachen aufschiebend bedingt auf die vollständige Kaufpreiszahlung einig. Die Übergabe erfolgt mit der Übergabe des Grundbesitzes.

(4) Der Kaufpreis ist fällig am . . . (Datum) und zahlbar auf das Konto des Verkäufers Nr. . . . . . . bei der . . . (Bankverbindung).

---

1 Der Verzicht auf Absicherung kommt insbesondere bei geringwertigen Kaufobjekten (zB kleines landwirtschaftliches Grundstück) und bei besonderem Vertrauensverhältnis zwischen den Beteiligten in Betracht. Besonders hier geboten ist die eindringliche Belehrung der Beteiligten (§ 17 BeurkG, näher Frenz ZNotP 2012, 122).

(5) Bei Zahlung nach Fälligkeitstermin sind, unbeschadet eines etwa weitergehenden Verzugsschadens, Verzugszinsen iHv. jährlich 5 Prozentpunkten über dem jeweiligen Basiszins zu entrichten[2]*. Entscheidend ist das Datum des Eingangs auf dem Konto des Verkäufers.*

(6) Wegen des Kaufpreisanspruchs unterwirft sich der Käufer der sofortigen Zwangsvollstreckung aus dieser Urkunde in sein gesamtes Vermögen. Der Notar wird angewiesen, auf Antrag des Verkäufers eine vollstreckbare Ausfertigung nach Ablauf des in (4) genannten Datums zu erteilen.

§ 3 Besitz, Nutzen und Lasten; Beschaffenheit

(1) Besitz, Nutzen, Lasten, die Gefahr des zufälligen Untergangs und der zufälligen Verschlechterung sowie die Verkehrssicherungspflicht gehen mit vollständiger Kaufpreiszahlung auf den Käufer über.

(2) Der Verkäufer haftet für ungehinderten Besitz- und Eigentumsübergang und für Freiheit des Grundbesitzes von rückständigen öffentlichen Lasten und im Grundbuch eingetragenen Belastungen, soweit sie nicht in diesem Vertrag übernommen wurden.

(3) Der Käufer hat den Vertragsgegenstand eingehend besichtigt und übernimmt ihn, wie er steht und liegt, also im derzeitigen Zustand. Soweit nicht vor- oder nachstehend etwas anderes vereinbart ist, wird die Haftung des Verkäufers für sichtbare oder unsichtbare Sachmängel sowie für Rechtsmängel hiermit ausgeschlossen, insbesondere eine Haftung für die Beschaffenheit des Grundstücks und den baulichen Zustand vorhandener Gebäude sowie für Flächenmaßrichtigkeit. Der Verkäufer sichert zu, dass ihm keine versteckten Mängel, insbesondere keine schädlichen Bodenveränderungen oder Altlasten bekannt sind. Der Verkäufer haftet für Veränderungen und Verschlechterungen bis zum Besitzübergang nach den gesetzlichen Vorschriften, es sei denn sie sind auf den gewöhnlichen Gebrauch zurückzuführen.

Der vorstehend vereinbarte Haftungsausschluss bezieht sich auch auf die mitverkauften beweglichen Sachen.

(4) Alle auf den Vertragsgegenstand entfallenden Erschließungskosten im weitesten Sinne einschließlich Anlieger- und Herstellungsbeiträgen nach dem BauGB und Kommunalabgabenrecht und einschließlich Kostenersatz für Haus-/Grundstücksanschlüsse trägt der Verkäufer, soweit ihm oder seinen Rechtsvorgängern hierfür bis zum heutigen Tag Bescheide zugegangen sind. Alle übrigen derartigen Kosten trägt der Käufer. Nach Angaben des Verkäufers sind die Erschließungsmaßnahmen abgeschlossen, und es liegen keine unerledigten Kostenbescheide vor.

(5) (Bei vermietetem Grundbesitz:) Den Beteiligten ist bekannt, dass der Käufer von Gesetzes wegen in alle Rechte und Pflichten bestehender Mietverträge eintritt. Mieteransprüche auf Rückzahlung von Kautionen bestehen nicht.

(6) (Bei Leerstand:) Der Verkäufer versichert, dass am Vertragsgegenstand mit Dritten keinerlei Miet-, Pacht- oder sonstige Nutzungsvereinbarungen bestehen. (Bei Nutzung des Kaufobjekts durch den Verkäufer:) Das Kaufobjekt wird derzeit noch von dem Verkäufer bewohnt. Der Verkäufer verpflichtet sich zur Räumung des verkauften Grundbesitzes bis zum . . . (Datum). Kommt er dieser Verpflichtung nicht nach, hat er dem Käufer – unbeschadet weitergehender Schadensersatzansprüche – für jeden angefangenen Monat der Weiternutzung einen pauschalierten Schadensersatz von . . . Euro zu entrichten. Wegen seiner Verpflichtung zur Räumung unterwirft sich der Verkäufer der sofortigen Zwangsvollstreckung aus dieser Urkunde mit der Maßgabe, dass eine Einweisung des Käufers in den Besitz nicht stattfinden darf. Der Notar darf dem Käufer nach dem vorgenannten Räumungstermin vollstreckbare Ausfertigung erteilen.

(7) Der Notar hat die Beteiligten auf ihre Pflichten aus § 16 EnEV hingewiesen.

2 Verzugszins nach §§ 288, 247 BGB (in den Fällen des § 288 Abs. 2. BGB: neun Prozentpunkte über Basiszinssatz; zum Verzugszins bei negativem Basiszinssatz: DNotI-Report 2013, 21). Wird der Verzugszins vom Verkäufer einseitig festgelegt, also nicht ausgehandelt, kann ein Verstoß gegen § 309 Nr. 5 lit. b) BGB vorliegen, weil dem Käufer der Nachweis eines geringeren Verzugsschadens abgeschnitten wird; BGH DNotI-Report 1996, 139 und 184. Dann sollte ergänzt werden. *„Dem Käufer bleibt der Nachweis eines geringeren Verzugsschadens vorbehalten.“*.

§ 4 Kosten; Steuern

(1) Die Kosten des Vertrags und seines Vollzugs einschließlich etwaiger Genehmigungen und Zeugnisse sowie die anfallende Grunderwerbsteuer trägt der Käufer.

(2) Die grundbuchlichen Kosten für die Löschung der in § 1 aufgeführten nicht übernommenen Belastungen sowie die von Dritten hierfür in Rechnung gestellte Kosten und Gebühren trägt der Verkäufer.

(3) Kosten für Vollmachtsbestätigungen, Genehmigungen und dergl. trägt jeweils der Vertragsbeteiligte, der sie durch seine Abwesenheit im Termin ausgelöst hat.

§ 5 Grundbucherklärungen

Die Vertragsbeteiligten sind sich über den Eigentumsübergang des Grundbesitzes auf den Käufer – bei mehreren Käufern zu gleichen Miteigentumsanteilen – einig; der Verkäufer bewilligt und der Käufer beantragt die Eigentumsumschreibung im Grundbuch.

§ 6 Vollzugsauftrag; Hinweise und Belehrungen

(1) Der amtierende Notar und sein Stellvertreter und Nachfolger im Amt werden jeder einzeln beauftragt und ermächtigt, den grundbuchamtlichen Vollzug dieser Urkunde herbeizuführen.

Die Vollmacht soll durch den Tod des Vollmachtgebers nicht erlöschen.

(2) Der Notar wird mit der Einholung der Vorkaufsrechtsbescheinigung sowie etwaiger Genehmigungen beauftragt. Genehmigungen oder Zustimmungserklärungen sollen auch mit ihrem Eingang beim beurkundenden Notar oder seinem Vertreter im Amt allen Beteiligten gegenüber wirksam werden. Zur Entgegennahme der Ausübungserklärung wegen des Vorkaufsrechts oder der Versagung von Genehmigungen oder deren Erteilung unter Bedingungen ist der Notar ausdrücklich nicht bevollmächtigt.

(3) Die Beteiligten wurden über die mit ungesicherten Vorleistungen verbundenen Risiken sowie über Möglichkeiten der Absicherung belehrt. Sie wollen aber keine besonderen Vereinbarungen hierzu treffen und den Vertrag im gegenseitigen Vertrauen abwickeln[3].

(4) Der Notar hat die Beteiligten darauf hingewiesen, dass

- *auch sämtliche Nebenabreden zu diesem Vertrag beurkundet werden müssen und die Nichtbeurkundung die Nichtigkeit des gesamten Vertrags nach sich ziehen kann,*
- *dass das Eigentum erst mit Eintragung des Käufers im Grundbuch übergeht und die Umschreibung die Vorkaufsrechtsverzichtserklärung der Gemeinde und die Unbedenklichkeitsbescheinigung des Finanzamtes wegen der Grunderwerbsteuer voraussetzt,*
- *nach dem Gesetz Käufer und Verkäufer gesamtschuldnerisch für aufgrund dieses Vertrags anfallende Steuern und Gerichts- und Notarkosten haften.*

(5) Der Notar hat keine steuerliche Beratung übernommen.

(Schlussformel)

3 Ggf. hier auch Hinweis auf die besonderen Beziehungen der Beteiligten (zB Verwandtschaft).

Kosten: *Notargebühren:* 2,0-Gebühr gem. Nr. 21100 KV GNotKG (Kaufvertrag und Auflassung sind gegenstandsgleich, § 109 Abs. 1 S. 1 und 2 GNotKG). Geschäftswert gem. §§ 97 Abs. 1, 47 GNotKG (Kaufpreis). Für die Vollzugstätigkeiten 0,5-Gebühr gem. Nr. 22110, Wert gem. § 112 GNotKG. Für die Betreuungstätigkeiten 0,5-Gebühr gem. Nr. 22200, Wert gem. § 113 GNotKG. Die Vollzugs- und die Betreuungsgebühr werden in demselben notariellen Verfahren jeweils nur einmal erhoben (§ 93 Abs. 1 GNotKG). Daneben fallen Auslagen nach Nrn. 32000 ff. KV GNotKG an.

Gerichtsgebühr: Für die Eintragung des neuen Eigentümers 1,0-Gebühr gem. Nr. 14110; Geschäftswert gem. § 47 GNotKG (Kaufpreis).

VIII. Pfandrechts- oder/und Schuldübernahme im Rahmen eines Kaufvertrags

1. Gründe

131 Die Übernahme eingetragener Grundschulden durch den Käufer (wegen der Forderungsabhängigkeit bei Hypotheken nur ausnahmsweise möglich) kann verschiedene Gründe haben (ist nach Inkrafttreten des GNotKG aber häufig nicht mit einer Gebührenersparnis verbunden):

132 – **Weiterverwendung für Geldgeber des Käufers**, sofern die Grundschuld nicht mehr valutiert ist oder eine den Verkäufer betreffende (Rest-)Valuta abgelöst wird. S. hierzu auch Ogilvie MittRhNotK 1990, 145; Pfeifer ZNotP 1999, 117. Finanziert der Käufer mit demselben Grundschuldgläubiger, bedarf es lediglich einer neuen Zweckerklärung; finanziert ein anderer Gläubiger, ist die Grundschuld an diesen abzutreten.

133 – **Echte Schuldübernahme**, dh. Übernahme der durch die Grundschuld gesicherten (Rest-)Darlehensschuld, zB wegen niedriger Zinsen oder zur Vermeidung einer Vorfälligkeitsentschädigung. (s. dazu Kap. 9 Rz. 2 ff.)

133a ➲ **Wichtig:** Erfolgt die Schuldübernahme durch Vereinbarung zwischen Verkäufer und Käufer und Genehmigung durch den Gläubiger, sind die (zum 11.6.2010 umfassend geänderten) §§ 491 ff. BGB nicht anwendbar (OLG Dresden OLGR 2007, 192; Kurz DNotZ 1997, 552; Mairose RNotZ 2012, 467). In den übrigen Fällen sind insbesondere die §§ 492, 495 Abs. 3 Nr. 2 zu beachten.

2. Gläubigergenehmigung

134 Für die echte Schuldübernahme ist die Gläubigergenehmigung erforderlich, damit der Verkäufer aus der Haftung entlassen wird. Bis zur Erteilung der Genehmigung gilt die Schuldübernahme nur im Innenverhältnis zwischen den Vertragsbeteiligten, dh. der Verkäufer haftet gegenüber dem Gläubiger weiter, der Käufer ist dem Verkäufer gegenüber aber verpflichtet, den Gläubiger rechtzeitig zu befriedigen (sog. Erfüllungsübernahme, § 415 Abs. 3 Satz 1 BGB).

135 ➲ **Wichtig:** Falls die Gläubigergenehmigung noch nicht vorliegt, ist im Vertrag klarzustellen, ob die Schuldübernahme unabhängig von deren Erteilung auf jeden Fall im Innenverhältnis gelten soll. Ist das nicht der Fall, ist zu erörtern und zu regeln, was bei Verweigerung der Zustimmung gilt. Dies kann von einer Alternativlösung (zB Darlehensablösung) über ein Rücktrittsrecht bis zur automatischen Unwirksamkeit des Vertrags reichen. Steht die Erteilung der Genehmigung bei Vertragsschluss noch nicht fest oder ist sie gar vorab abgelehnt worden, ist der Verkäufer eingehend über die Risiken zu belehren, die mit seiner Weiterhaftung im Außenverhältnis verbunden sind. Ist der Verkäufer nicht zur Übernahme dieses Risikos bereit, ist für den Fall der Versagung der Genehmigung die Löschung des Grundpfandrechts gegen Ablösung aus dem Kaufpreis zu vereinbaren (s. **M 43.4**).

3. Zwangsvollstreckungsunterwerfung

136 An die Genehmigung knüpft der Gläubiger idR **Bedingungen**, die vorher von den Beteiligten abzuklären sind. Hatte sich der Verkäufer wegen der gesicherten Verbindlichkeit hinsichtlich seines gesamten Vermögens der **(persönlichen) Zwangsvollstreckung** unterworfen, wird diese Erklärung zumeist auch vom übernehmenden Käufer verlangt; sie sollte dann in den Kaufvertrag aufgenommen werden. – Eine **dingliche Zwangsvollstreckungsunterwerfung** wird vom Eigentümerwechsel nicht berührt.

4. Alternative für die Übernahme von Grundpfandrechten

137 Im **M 43.4** sind folgende Alternativen für die Übernahme von Grundpfandrechten durch den Käufer geregelt:

– Übernahme der Grundschuld als Sicherungsmittel für Finanzierungsdarlehen des Käufers (1. Alt.). 138

– Echte Schuldübernahme unter Verrechnung auf den Kaufpreis (2. Alt.). 139

Die beiden Alternativen können auch kombiniert werden, sowohl hinsichtlich verschiedener Grundpfandrechte als auch bei einem Grundpfandrecht (teils Abtretung an neuen Gläubiger, teils Übernahme in Höhe der noch bestehenden Schulden). Es kommt auch die Teillöschung eines Grundpfandrechts in Höhe des nicht mehr valutierten Betrages in Betracht (zB um Platz zu schaffen für neue Gläubiger). 140

5. Abtretung von Eigentümerrechten

Da in der Person des Verkäufers bis zu dessen Eigentumsverlust durch bereits erfolgte und künftige Tilgungen Eigentümerrechte an den Grundpfandrechten entstanden sind bzw. noch entstehen können, ist eine Abtretung dieser Eigentümerrechte mit Wirkung ab Eigentumsumschreibung an die Käuferpartei notwendig; andernfalls müsste der Verkäufer der späteren Löschung dieser Grundpfandrechte zustimmen (s. **M 43.1**). In der Überlassung eines Grundpfandrechts (bei beiden Alternativen) kann aber die stillschweigende Abtretung dieser Rechte gesehen werden (BGH DNotZ 1992, 35). 141

M 43.4 Pfandrechts- oder/und Schuldübernahme im Rahmen eines Kaufvertrags[1]

*Die nachfolgenden Formulierungen können in die Muster **M 43.1** oder **M 43.2** übernommen werden.*

1. Alternative *(Pfandrechtsübernahme ohne Schuldübernahme)*[2]

In § 2 wäre zu formulieren:

Zu der Grundschuld Abt. III Nr. ... (Nummer) wird vereinbart:

a) Die durch diese Grundschuld gesicherten schuldrechtlichen Verbindlichkeiten des Verkäufers sind aus dem Kaufpreis gem. den nachstehend getroffenen Vereinbarungen abzulösen. Die Grundschuld soll aber von dem Käufer als Sicherheit für eigene Geldgeber verwendet werden.

b) Der Notar wird hiermit ermächtigt, die Abtretung der Grundschuld von der ... (bisherige Gläubigerin) an die ... (neue Gläubigerin) Zug um Zug gegen Zahlung des Ablösebetrages zu veranlassen sowie bei der ... (neuen Gläubigerin) eine Bestätigung über die Einschränkung des Sicherungszwecks bis zur vollständigen Kaufpreiszahlung einzuholen.

c) Der Verkäufer tritt an den Käufer – bei mehreren Käufern an diese als Gesamtgläubiger nach § 428 BGB – alle entstandenen und noch entstehenden Eigentümerrechte und Rückgewährsansprüche an der übernommenen Grundschuld mit Wirkung ab Eigentumsumschreibung hiermit ab, bewilligt die Eintragung der Abtretung im Grundbuch und ermächtigt den Käufer zur Verfügung über diese Rechte[3]*. Der Käufer nimmt die Abtretung an.*

Die die Löschung dieser Grundschuld betreffenden Erklärungen entfallen (auch bei den Grundbucherklärungen). Die Bestätigung der beteiligten Gläubiger über die Abtretung sowie der neuen Gläubigerin über die Einschränkung des Sicherungszwecks der Grundschuld bis zur vollständigen Kaufpreiszahlung sollten zur Voraussetzung der Kaufpreisfälligkeit gemacht werden.

2. Alternative *(Übernahme einer dinglich gesicherten Schuld unter Verrechnung auf den Kaufpreis)*[4]

---

1 S. Rz. 131 ff.

2 S. Rz. 132.

3 S. Rz. 141. Der Vermerk der Abtretung im Grundbuch ist zumeist entbehrlich, durch die erklärte Bewilligung aber jederzeit möglich.

4 Zu den möglichen Gründen s. Rz. 133, zur Einbeziehung des Gläubigers Rz. 134 ff.

In § 1 wäre nach der Aufzählung der Belastungen zu formulieren:

Zu der Grundschuld Abt. III Nr. . . . (Nummer) wird vereinbart:

a) Die Grundschuld wird einschließlich der schuldrechtlichen Verbindlichkeiten des Verkäufers gem. den nachstehend getroffenen Vereinbarungen übernommen.

b) Der Verkäufer tritt an den Käufer – bei mehreren Käufern an diese als Gesamtgläubiger nach § 428 BGB – alle entstandenen und noch entstehenden Eigentümerrechte und Rückgewährsansprüche an den übernommenen Grundpfandrechten mit Wirkung ab Eigentumsumschreibung hiermit ab, bewilligt die Eintragung der Abtretung im Grundbuch und ermächtigt den Käufer zur Verfügung über diese Rechte. Der Käufer nimmt die Abtretung an.

Die die Löschung dieser Grundschuld betreffenden Erklärungen entfallen (auch bei den Grundbucherklärungen).

In § 2 wäre an den entsprechenden Stellen zu formulieren:

Der Kaufpreis wird wie folgt erbracht:

1. Ein Teilbetrag von ca. . . . Euro nach Maßgabe des nachstehenden Abs. (4).

2. Der verbleibende Betrag von ca. . . . Euro durch die nachfolgend vereinbarte Schuldübernahme.

Die genaue Höhe des bar zu zahlenden Kaufpreisteiles Nr. 1 bestimmt sich nach der Höhe des Schuldübernahmebetrages, den der Gläubiger auf den vereinbarten Stichtag mitteilt.

Die Beteiligten vereinbaren nunmehr folgende

Schuldübernahme

1. Der Käufer – mehrere als Gesamtschuldner – übernimmt das Grundpfandrecht Abt. III Nr. . . . (Nummer) nebst den zugrunde liegenden schuldrechtlichen Verpflichtungen mit Wirkung ab dem Tag der Fälligkeit der ersten Kaufpreisrate zur alleinigen weiteren Verzinsung und Tilgung unter Anrechnung der Darlehensvaluta zum Stichtag auf den Kaufpreis. Die Valuta beträgt etwa . . . Euro[5]. Für die Anrechnung der Schuldübernahme auf den Kaufpreis ist der vom Gläubiger zum Übernahmestichtag geforderte Betrag verbindlich. Die Schuldübernahme ist auf einen Betrag in Höhe des Kaufpreises begrenzt.

2. Hinsichtlich dieses Grundpfandrechts übernimmt der Käufer – mehrere als Gesamtschuldner – für die Zahlung eines dem Grundpfandrecht nebst Zinsen und Nebenleistungen entsprechenden Betrages gegenüber dem Gläubiger die persönliche Haftung, aus welcher er ohne vorherige Zwangsvollstreckung in den belasteten Grundbesitz in Anspruch genommen werden darf. Wegen dieser persönlichen Haftung unterwirft sich der Käufer der sofortigen Zwangsvollstreckung aus dieser Urkunde in sein gesamtes Vermögen[6]. Der Gläubiger ist berechtigt, sich jederzeit ohne besonderen Nachweis eine vollstreckbare Ausfertigung dieser Urkunde auf Kosten der Schuldner erteilen zu lassen.

3. Die Beteiligten wurden darauf hingewiesen, dass nach §§ 414 ff. BGB eine Gläubigergenehmigung für die Schuldübernahme erforderlich ist, damit die bisherigen Schuldner aus der Haftung entlassen sind. Der Notar wird beauftragt, die Schuldübernahme dem Gläubiger unter Übersendung einer vollstreckbaren Ausfertigung der heutigen Urkunde mitzuteilen. Die erforderliche Genehmigung werden die Beteiligten selbst einholen.

Für den Fall, dass eine wirksame Schuldübernahme bis zum . . . (Datum) nicht zustande kommt[7]:

a) Der Verkäufer ist verpflichtet, dem Käufer das Eigentum frei auch von dieser Belastung zu verschaffen.

b) Die Grundschuld ist zur Löschung zu bringen; hierzu erteilt der Verkäufer hiermit die Löschungszustimmung. Der Kaufpreis ist auch insoweit nach Maßgabe der nachstehenden

---

5 Falls der genaue Betrag bei Beurkundung nicht feststeht.

6 Nur bei entsprechender Gläubigerbedingung, s. Rz. 136.

7 S. Rz. 134 f. Die Hilfsvereinbarung entfällt, wenn die Schuldübernahme mit dem Gläubiger bereits vereinbart ist.

Abs. (4) zu erbringen[8]*. Er ist fällig binnen vierzehn Tagen, nachdem der Notar dem Käufer schriftlich bestätigt hat, dass hinsichtlich des betroffenen Grundpfandrechts die Löschungsunterlagen vorliegen unter Zahlungsauflagen, die aus dem Kaufpreis erfüllbar sind.*

c) Die schuldrechtlichen Verpflichtungen sind nach den Bedingungen des Gläubigers gegen Zusage der Erteilung der Löschungsbewilligung aus dem Kaufpreis unter Verrechnung auf diesen abzulösen.

8 Ggf. kann hier auch ein Rücktrittsrecht beider Vertragsparteien für den Fall der Nichtgenehmigung vorgesehen werden.

Kosten: *Notar- und Gerichtsgebühren:* wie **M 43.1**.

Für die Löschung von Belastungen entstehen Gebühren nach Nr. 14140 KV GNotKG. Geschäftswert § 53 Abs. 1 GNotKG.

IX. Altlastenregelungen

1. Altlasten als Sachmängel

Literatur: *Knoche*, Sachmängel beim Kauf eines Altlastengrundstücks, NJW 1995, 1985; *Knopp*, Absicherungsstrategien beim Grundstückskauf und betriebsinterne Vorsorge, NJW 1992, 2658; *Körner*, Das Bundes-Bodenschutzgesetz im Grundstücksverkehr, DNotZ 2000, 344; *Mohr*, Das Haftungsrisiko des Notars und des Erwerbers bei der Protokollierung von Altlastenklauseln, ZfIR 2013, 453; *Oyda*, Altlastenklauseln in Grundstückskaufverträgen, RNotZ 2008, 245; *Pauly*, Das Baugrundrisiko im zivilen Baurecht, MDR 1998, 1453; Gutachten, DNotI-Report 1999, 85; *Schlemminger*, Die Gestaltung von Grundstückskaufverträgen bei festgestellten Altlasten oder Altlastenverdacht, BB 1991, 1433; *Schürmann*, „Altlasten" als Rechtsproblem beim Grundstücksgeschäft – Risikoanalyse und Risikovorsorge, MittRhNotK 1994, 1; *Schwartmann/Pabst*, Bauvorhaben auf Altlasten, 2001; *Sorge*, Das Bundes-Bodenschutzgesetz und seine Auswirkungen auf den Grundstückskaufvertrag, MittBayNot 1999, 232; *Steffen/Popp*, Das Bundesbodenschutzgesetz in der zivil- und verwaltungsrechtlichen Vertragsgestaltung, ZNotP 1999, 303; *Wächter*, Praktische Fragen der Gestaltung und Auslegung von Altlastenklauseln in Grundstücks- und Unternehmenskaufverträgen, NJW 1997, 2073.

Altlasten (iwS, s.u.) sind Sachmängel iSv. § 434 BGB; bereits der Verdacht auf das Vorhandensein 142 von Altlasten kann ein solcher Sachmangel sein (BGH NJW 1995, 1549; OLG Düsseldorf NJW 1996, 3284; OLG Celle NJW-RR 1997, 848). Bei der Verwendung des Begriffs „Altlast" ist zu beachten, dass das BBodSchG in § 2 Abs. 5 eine Legaldefinition bereithält, die vom (umfassenderen) landläufigen Altlastenbegriff abweicht und das BBodSchG daneben insbes. den Begriff der „schädlichen Bodenveränderung" verwendet.

Die Formulierungen im **M 43.5** sind in Anlehnung an die Vorschläge von Oyda RNotZ 2008, 245 143 gestaltet (vgl. auch Mohr BWNotZ 2009, 113 f.).

2. Vorabklärung des Bestehens von Altlasten

Eine Vorabklärung des Bestehens von Altlasten ist empfehlenswert, wird aber aus zumeist tech- 144 nischen Gründen nicht immer zuverlässig möglich sein.

➲ **Praxistipp:** Über die Durchführung von Bodenuntersuchungen kann auch vorweg eine Ver- 145 einbarung getroffen werden (s. **M 43.5**), die jedenfalls dann keiner besonderen Form bedarf, wenn aus dem Untersuchungsergebnis keine Verkaufs- oder Kaufpflicht hergeleitet werden kann.

3. Inhaltsgestaltung

Bei der Inhaltsgestaltung sind insbesondere folgende Punkte zu bedenken: 146

Die Aufnahme der **Begriffsdefinition** ist zweckmäßig. Zu empfehlen ist in diesem Zusammenhang 147 eine Definition unter Bezugnahme auf die gesetzlichen Bestimmungen. Im Einzelfall kann aber auch eine individuelle Definition zweckmäßig sein, insbesondere in Bezug auf die vereinbarte Beschaffenheit oder die „nach dem Vertrag vorausgesetzte Verwendung" iSv. § 434 Abs. 1 BGB.

148 **Haftungsumfang und Kostentragung** sind möglichst ausführlich zu regeln, da die gesetzlichen Regeln zumeist wenig hilfreich sind. Bei Sachmängelhaftung ist auch die Verjährungsfrist nach § 438 BGB (zwei Jahre) zu bedenken. – Zur Altlastensanierung bei einer Grundstückskäuferkette BGH MDR 2004, 1178; zu Grenzen der Zustandshaftung nach § 4 BBodSchG BVerfG DNotI-Report 2000, 146.

149 Für den Verkäufer besteht eine **Offenbarungspflicht**, wenn ihm eine altlastenträchtige Vornutzung bekannt ist (BGH NJW 1995, 1549; OLG Düsseldorf NJW 1996, 3284; jeweils für eine frühere Nutzung als Deponie).

150 Bei einer beim Vertragsabschluss noch **ungeklärten Altlastenfrage** sind Regelungen für den Fall zu treffen, dass Altlasten festgestellt werden. In Betracht kommen: Kostenverteilung zwischen den Beteiligten; teilweiser Kaufpreiseinbehalt mit bedingtem Minderungsanspruch; Rücktrittsrechte. Liegen keine Anhaltspunkte für das Vorliegen einer Altlast oder eines Altlastenverdachts vor, kann auf eine Regelung verzichtet werden.

151 ➲ **Praxistipp:** Bei Vereinbarung einer Kostenübernahme oder -verteilung ist die Festlegung von Höchstbeträgen („Schmerzgrenze") dringend zu empfehlen, auf jeden Fall zu erörtern, da die Beseitigung noch unbekannter Altlasten immense Kosten verursachen kann.

152 Da der Verkäufer auch **bei einem Haftungsausschluss** uU als Verursacher oder – bis zur Eigentumsumschreibung – als Zustandsstörer öffentlich-rechtlich in Anspruch genommen werden kann, ist eine **Freistellungsverpflichtung** des Käufers aufzunehmen. Das Gleiche gilt im umgekehrten Fall: Hier ist der Käufer freizustellen.

153 Ist eine (Mit-)Haftung des Verkäufers über den Eigentumswechsel hinaus vereinbart oder kommt sie kraft Gesetzes in Betracht, ist dem Käufer eine **Informationspflicht** aufzuerlegen und dem Verkäufer ein **Teilnahme- und Mitspracherecht** für den Fall einzuräumen, dass wegen Altlasten Untersuchungen durchgeführt, Verhandlungen geführt oder Ansprüche geltend gemacht werden.

154 Besteht möglicherweise eine Haftung von Drittverursachern (berechtigte oder unberechtigte Nutzer/Einwirker, Voreigentümer), ist – je nach Vereinbarungslage – eine **Abtretung von Ansprüchen gegen Drittverursacher** zweckmäßig. Insbesondere bei vertraglichen Nutzern ist wegen der häufig kurzen Verjährungsfristen eine Anspruchsabtretung allerdings wenig risikomindernd.

155 Je nach der Regelung der Haftung sind **Beweislastregeln** zweckmäßig, wobei eine genaue Erforschung des Regelungsbedarfs unerlässlich ist.

156 Wegen der angesichts der Regelungsmaterie kurzen **Verjährungsfrist** von zwei Jahren (§ 438 Abs. 1 BGB) ist gerade bei Altlasten eine Verlängerungsvereinbarung dringend zu empfehlen (zB auf drei bis fünf Jahre); im Verbrauchervertrag sollte aber hierauf verzichtet werden, sofern die Verlängerung sich zu Lasten des Verbrauchers auswirkt.

M 43.5 Altlastenregelungen[1]

Vorwegvereinbarung über Bodenuntersuchung[2]

... (Name des Kaufinteressenten) beabsichtigt, von ... (Name des Grundstückseigentümers) das Grundstück Flurstück Nr. ... (Nummer), gelegen in ... (Ort, Straße und Hausnummer), zu kaufen. Der Eigentümer verpflichtet sich, vorweg durch den Sachverständigen ... (Name) prüfen zu lassen, ob auf dem Grundstück Altlasten (Boden- oder Grundwasserverunreinigungen) vorhanden sind. An den Kosten dieses Gutachtens beteiligt sich der Kaufinteressent zur Hälfte. Beide Beteiligten sind aber unabhängig vom Ergebnis des Gutachtens nicht zum Abschluss eines Kaufvertrags verpflichtet.

1 S. Rz. 142 ff.

2 Die Vorabklärung ist die beste Lösung; s. aber Rz. 144 ff. Da ein Abschlusszwang ausgeschlossen ist, bedarf diese Vereinbarung keiner besonderen Form.

Regelungen im Rahmen eines Kaufvertrags

I. Rahmenbedingungen

1. Definition „Altlasten"[3]

Unter Altlasten im Sinne dieses Vertrags sind Altlasten und schädliche Bodenveränderungen i.S.d. § 2 BBodSchG, ferner Verunreinigungen des Grundwassers, Kampfmittelrückstände, Gebäudereste, Abfälle gemäß dem Kreislaufwirtschafts- und Abfallgesetz sowie Schadstoffbelastungen der aufstehenden oder in das Erdreich eingebrachten Gebäude und Gebäudeteile zu verstehen, sofern von ihnen (ggf. „im Rahmen der vom Käufer beabsichtigten Nutzung") Auswirkungen ausgehen, die eine Gefahr für die öffentliche Sicherheit und Ordnung darstellen oder die vorgesehene Nutzung in nicht nur unwesentlicher Weise beeinträchtigen.

2. Angaben zur beabsichtigten Nutzung[4]

Im Zusammenhang mit den über Altlasten getroffenen Vereinbarungen gibt der Käufer als vorgesehene Nutzungsart an: Ich beabsichtige, auf dem Grundstück ein Einfamilien-Wohnhaus mit Einliegerwohnung zu errichten.

II. Haftungsregelungen[5]

*(**1. Variante:** Käufer trägt Risiko allein)*

Haftungsausschluss trotz möglicher Altlasten[6]

Der Verkäufer hat den Käufer darauf hingewiesen[7]*, dass auf dem Grundstück früher ein ... (Bezeichnung des Betriebs) betrieben wurde und daher oder auch aus vorhergehender, dem Verkäufer im Einzelnen nicht bekannter Nutzung sog. Altlasten iSv. Abschnitt I Nr. 1 vorhanden sein könnten. Dieser Umstand wurde bei der Kaufpreisgestaltung berücksichtigt. Der Haftungsausschluss umfasst auch solche Sachmängel.*

Wird der Verkäufer wegen etwaiger Altlasten iSv. Abschnitt I Nr. 1 durch behördliche Anordnung dazu verpflichtet, Untersuchungs-, Sanierungs- oder sonstige Maßnahmen iS. des BBodSchG auf dem Kaufobjekt durchzuführen oder die Kosten dafür zu tragen, so hat der Käufer ihn von dieser Verpflichtung freizustellen[8]*. Die Freistellungspflicht umfasst allein die unmittelbaren Kosten der behördlicherseits angeordneten Maßnahmen. Nicht erfasst sind mittelbare Kosten des Verkäufers, etwa durch die Inanspruchnahme von Rechtsberatern etc. Jedoch hat der Käufer den Verkäufer außerdem von sämtlichen Kosten einer möglichen privaten Inanspruchnahme freizustellen. Eine Sicherung dieser Freistellungsverpflichtung durch Bürgschaftsleistung oder Eintragung eines Grundpfandrechts auf dem Kaufobjekt soll nach Belehrung durch den Notar über die Risiken nicht erfolgen.*

Soweit dem Verkäufer gegen Dritte Ansprüche wegen in der Vergangenheit oder Zukunft festgestellter Altlasten iSv. Abschnitt I Nr. 1 zustehen, tritt er diese in vollem Umfang an den Käufer ab, jedoch aufschiebend bedingt durch die Zahlung des Kaufpreises durch den Käufer und ohne Gewähr für Bestand und Durchsetzbarkeit[9]*. Der Käufer ist aber nicht verpflichtet, solche Ansprüche geltend zu machen. Mit der Geltendmachung gegen Dritte ist im Übrigen nicht der Verzicht auf entsprechende Ansprüche gegen den Verkäufer verbunden, soweit solche Ansprüche nach den Vereinbarungen dieses Vertrags noch bestehen.*

Ansprüche des Käufers gem. § 24 Abs. 2 BBodSchG oder anderweitige Ausgleichs- oder Rückgriffsansprüche wegen Altlasten i.S.v. Abschnitt I Nr. 1 werden ebenfalls ausgeschlossen. Der Käufer ver-

3 S. Rz. 147.

4 Zur näheren Definition für die „nach dem Vertrag vorausgesetzte Verwendung" iSv. § 434 Abs. 1 BGB, die für die Schädlichkeit von Altlasten bedeutsam sein kann.

5 S. Rz. 148.

6 Klausel für Käufer nur akzeptabel, wenn Risiko kalkulierbar und Verkäufer beim Kaufpreis entgegenkommt; oder wenn Käufer das Grundstück unter allen Umständen will.

7 Offenbarungspflicht des Verkäufers bei entsprechender Vornutzung, s. Rz. 149.

8 Notwendige Klausel, wenn Verkäufer nicht mehr haften soll, s. Rz. 152.

9 S. Rz. 154.

pflichtet sich gegenüber dem Verkäufer, das Kaufobjekt nur dann weiterzuveräußern bzw. die tatsächliche Sachherrschaft Dritten nur dann zu übergeben, wenn der Erwerber bzw. der nutzende Dritte seinerseits einen Verzicht auf einen möglichen Anspruch aus § 24 Abs. 2 BBodSchG gegenüber dem hiesigen Verkäufer erklärt und der Erwerber zusätzlich verspricht, den Verkäufer in gleicher Weise wie hier vereinbart von einer eventuellen behördlichen Inanspruchnahme freizustellen. Der Erwerber ist außerdem zu verpflichten, die vorstehenden Vereinbarungen seinerseits seinen Rechtsnachfolgern mit Weitergabeverpflichtung aufzuerlegen.

*(**2. Variante:** Verkäufer trägt Risiko allein)*

Zusicherung von Altlastenfreiheit[10]

Es wird als Beschaffenheit des Kaufobjektes vereinbart, dass auf dem Kaufobjekt keine Altlasten i.S.v. Abschnitt I Nr. 1 vorhanden sind. Der Verkäufer bzw. seine Familie befinden sich bereits seit mehr als 50 Jahren im Besitze des Grundstücks und hatten seither die Art der Nutzung stets unter Kontrolle. Sie haben zu keinem Zeitpunkt eine Nutzung vorgenommen, die zu Boden- oder Grundwasserverunreinigungen hätte führen können. Die Haftung des Verkäufers für Altlasten setzt voraus, dass das Vorhandensein solcher Altlasten durch das Gutachten eines öffentlich bestellten und vereidigten Sachverständigen bestätigt worden und die daraus sich ergebende Beeinträchtigung (ggf. „im Verhältnis zur beabsichtigten Nutzung") nicht nur unwesentlich ist. Die Person des Sachverständigen bestimmt bei Nichteinigung der Beteiligten der Präsident der Industrie- und Handelskammer. Die Verjährungsfrist für die Haftung für Altlasten iSv. Abschnitt I Nr. 1 wird auf … (Anzahl) Jahre verlängert[11]*. Soweit bei Einzelregelungen zu Altlasten andere Fristen vereinbart sind, gelten diese.*

(Haftungsfreistellung des Käufers)[12]

(wie bei Variante 1, jedoch mit umgekehrten Parteirollen)

*(**3. Variante:** Haftungsverteilung*[13]*:)*

Stellen sich innerhalb von … (Anzahl) Jahren, gerechnet ab heute, Altlasten iSv. Abschnitt I Nr. 1 heraus, hat der Verkäufer dem Käufer den sich daraus ergebenden unmittelbaren (zB Beseitigungskosten) und mittelbaren (zB Wertminderung) Schaden zu … (Prozentsatz) (ggf. auch voll) zu erstatten, wobei der Kostenanteil des Verkäufers aber auf höchstens … Euro begrenzt wird (ggf. auch ohne Höchstgrenze).

Übersteigt der Schaden den Betrag von … Euro, ist der Käufer zum Rücktritt von diesem Vertrag berechtigt. Das Rücktrittsrecht entfällt aber, wenn der Käufer auf dem Grundstück bereits andere als der Feststellung von Altlasten dienende Veränderungen vorgenommen hat, zum Beispiel durch den Beginn der Errichtung von Gebäuden oder sonstigen Anlagen und Einrichtungen, deren Entfernung nicht mehr ohne weiteres möglich ist.

III. Ergänzende Vereinbarungen

Informationspflicht[14]

Die Beteiligten verpflichten sich zu unverzüglicher gegenseitiger Information über sämtliche behördlichen oder gerichtlichen Verfahrenshandlungen und Entscheidungen hinsichtlich des Kaufobjekts in Bezug auf mögliche Altlasten. Dem jeweils anderen ist seitens des Adressaten eine Mitwirkung und Teilnahme an entsprechenden Gesprächen mit der Behörde zu gestatten.

10 Nur zu empfehlen, wenn die Altlastenfreiheit mit an Sicherheit grenzender Wahrscheinlichkeit anzunehmen ist. S. auch Fn. 6.

11 Verlängerung im Hinblick auf die kurze Verjährungsfrist von zwei Jahren (§ 438 Abs. 1 EGB) bei Altlasten dringend zu empfehlen, s. Rz. 156.

12 Wie Fn. 10 mit umgekehrten Vorzeichen: Hier wird der Käufer freigestellt.

13 Kostenverteilungsregeln sind an ihren extremsten Auswirkungen zu messen. Die Festlegung von „Schmerzgrenzen" ist zumeist unentbehrlich; s. Rz. 150 f.

14 Unerlässlich, wenn Verkäufer mithaftet oder das Grundstück (etwa durch Ausübung eines Rücktrittsrechts) wieder an ihn zurückfallen kann; s. Rz. 153.

Kosten: *Notar- und Gerichtsgebühren:* wie **M 43.1**.

X. Kauf auf Rentenbasis

1. Abgrenzung von Rentenkauf zum Ratenkauf

Hier ergeben sich folgende Unterschiede:

Beim **Kaufvertrag mit Ratenzahlung** wird ein fester Kaufpreis vereinbart, aber gestundet und dabei festgelegt, in welchen Teilbeträgen und Zeitabschnitten die Leistung erfolgt. Auch dies kann über einen langen Zeitraum erstreckt werden. Berechnungsgrundlage ist aber stets der vereinbarte Kaufpreis, der auch das Ende der Leistung bestimmt. Je nach Laufzeit ist eine Verzinsung oder auch Wertsicherung vorzunehmen. 157

Demgegenüber dient der **Kauf auf Rentenbasis** in der Regel der Alterssicherung des Verkäufers (oder auch eines Dritten). Dafür ist die Gewährung auf Lebenszeit des Berechtigten unerlässlich, so dass die Laufzeit ungewiss ist. Zur Vermeidung von krassen Missverhältnissen zwischen Leistung und Gegenleistung kann (wie in **M 43.6**) eine Mindestlaufzeit vereinbart und bei früherem Tod des Berechtigten die Vererblichkeit bis zum Ende der Mindestlaufzeit festgelegt werden. Seltener (und bei echten Versorgungsrenten abzuraten) ist die zusätzliche Vereinbarung einer Höchstdauer, die auch Probleme hinsichtlich der Wertsicherungsklausel auslösen kann (s. Rz. 170 ff.). 158

➲ **Hinweis:** Die Beteiligten können verpflichtet sein, eine unzulässige Wertsicherungsklausel durch eine zulässige Klausel, zB einen Leistungsvorbehalt, zu ersetzen (vgl. OLG Hamm OLG-Report 2000, 1 zur Ersetzung einer nicht genehmigungsfähigen Klausel durch eine zulässige Klausel). 159

2. Inhaltsgestaltung

Es sind insbesondere folgende Punkte zu bedenken: 160

Die **Festsetzung der Rentenhöhe** erfolgt bei sog. **Veräußerungsrenten** (anders als etwa bei Versorgungsrenten im Rahmen von Übergabeverträgen) in Anlehnung an den Objektwert und unter Berücksichtigung des Lebensalters des Berechtigten. Für die Festlegung der Rentenhöhe ist die Inanspruchnahme von fachkundigen Rentenberatern zweckmäßig. 161

Zu den Berechnungsgrundsätzen s. Heubeck DNotZ 1978, 643; s. auch v. Hertzberg, Sicherung von Geldleistungen bei Rentenkaufverträgen und Übertragungsverträgen über Grundstücke, MittRhNotK 1988, 55; Koenen, Die Verrentung von Kaufpreisen, MittRhNotK 1994, 329. 162

Bei der Festlegung einer **Mindestlaufzeit** ist zu berücksichtigen, dass der Käufer – je nach Alter des Rentenberechtigten – das Risiko einer sehr langen Laufzeit tragen kann. 163

Eine **Wertsicherung** ist bei einer Verrentung im Regelfall dringend zu empfehlen. Zu den durch das PreisklauselG gezogenen Grenzen s. Rz. 171 ff. 164

Der Schuldner kann sich persönlich der **sofortigen Zwangsvollstreckung gem. § 794 Abs. 1 Nr. 5 ZPO unterwerfen**. Hinsichtlich der Erhöhungsbeträge muss der Anspruch hinreichend bestimmt sein; das ist bei der Anknüpfung an einen amtlichen Index der Fall (OLG Düsseldorf NJW 1971, 437; BGH DNotI-Report 2005, 54; zu Einschränkungen BGH ZNotP 2010, 197). Eine dingliche Zwangsvollstreckungsunterwerfung nach § 800 ZPO ist nur für Grundpfandrechte zulässig, nicht auch für die Renten-Reallast (BayObLG NJW 1959, 1876; Lange-Parpart RNotZ 2008, 377, 381). 165

3. Sicherung durch Reallast, ggf. Vormerkung

Die Sicherung des Rentenanspruchs durch eine Reallast (im Einzelnen vgl. Kap. 56) ist idR unverzichtbar. Sie bewirkt, dass das belastete Grundstück für die Erbringung der Rente mit seinem wirtschaftlichen Wert haftet. Der Rentenberechtigte kann sich bei Säumigkeit des Schuldners durch Zwangsvollstreckungsmaßnahmen in den Grundbesitz befriedigen. 166

➲ **Wichtig:** Bei Eintragung einer Reallast haftet nach § 1108 BGB neben dem eigentlichen Schuldner (Käufer) auch der jeweilige Eigentümer persönlich für die Erbringung der Leistung, beschränkt auf die während der Dauer seines Eigentums fällig werdenden Leistungen. 167

168 Wie bei Grundpfandrechten stellt auch hier nur eine **günstige Rangstelle** (zur Bedeutung des Ranges im Grundbuch vgl. Kap. 52 Rz. 1) eine ausreichende Sicherheit dar.

169 Für den Grundbuchvollzug ist zum Schutze des Veräußerers unbedingt eine **Bestimmung nach § 16 Abs. 2 GBO** zu treffen: Die Eigentumsumschreibung auf den Erwerber darf nur gleichzeitig mit der rangrichtigen Eintragung der Sicherungsreallast erfolgen. Fehlt diese Bestimmung, kann sie sich gleichwohl konkludent aus dem Sachzusammenhang ergeben.

169a Zur weiteren Absicherung des Verkäufers gegen den Zahlungsausfall des Käufers kann es sich empfehlen, einen etwaigen Zahlungsanspruch des Verkäufers wegen des gesamten Restbetrags durch Eintragung eines Grundpfandrechts und den durch Rücktritt entstehenden Rückübereignungsanspruch durch Eintragung einer Rückauflassungsvormerkung zu sichern. Da beim Kauf auf Rentenbasis häufig kein Grundpfandrecht für finanzierende Banken eingetragen wird, haben die grundbuchlichen Sicherheiten für den Verkäufer häufig erheblichen praktischen Wert.

4. Wertsicherungsklauseln

170 Wertsicherungsklauseln (Indexklauseln, Preisklauseln) sind durch § 1 Abs. 1 des Preisklauselgesetzes im Grundsatz verboten. §§ 2 ff. PreisklauselG lassen aber Ausnahmen von diesem Verbot zu, wobei für die notarielle Praxis insbesondere die §§ 3 und 4 PreisklauselG von Bedeutung sind. Anders als nach früher geltendem Recht führt ein Verstoß gegen § 1 PreisklauselG nun nicht mehr automatisch zur Nichtigkeit. Vielmehr wird eine unzulässige Klausel erst mit ihrer gerichtlichen Ungültigerklärung nach § 8 PreisklauselG unwirksam, und zwar ex nunc (BGH NJW 2014, 2708; Kirchhoff DNotZ 2007, 913; Reul MittBayNot 2007, 445).

170a ➲ **Hinweis:** Die mit dem PreisklauselG verbundene Abschaffung des Erlaubnisvorbehalts erhöht aus Sicht der Praxis die Rechtsunsicherheit. Anders als früher steht die Möglichkeit der rechtsverbindlichen Genehmigung einer Klausel durch die zuständige Behörde nun nicht mehr zur Verfügung. Auch wenn die Rechtsfolgen unzulässiger Klauseln abgemildert sind, sollte dies Anlass sein, Wertsicherungsklauseln im Einzelfall besonders sorgfältig auf ihre Vereinbarkeit mit dem PreisklauselG zu prüfen.

171 Gem. § 1 Abs. 2 PreisklauselG **gilt das Verbot** von Wertsicherungsklauseln **von vornherein nicht** für sog.

- Leistungsvorbehalte (Anpassung bei Eintritt bestimmter Voraussetzungen mit Ermessensspielraum),
- Spannungsklauseln (Anknüpfung an gleichartige oder zumindest vergleichbare Bezugsgrößen),
- Kostenelementeklauseln (hier nicht relevant),
- Klauseln, die ausschließlich zu einer Ermäßigung der Geldschuld führen können.

172 **Zulässige Klauseln** sind u.a. Klauseln mit einer automatischen Anpassung der Rente, wenn (§ 3 Abs. 1 Ziff. 1 PreisklauselG)

(1) der geschuldete Betrag an den Preisindex für die Gesamtlebenshaltung (herausgegeben vom Statistischen Bundes- oder Landesamt) oder den Verbraucherpreisindex (herausgegeben vom Statistischen Amt der Europäischen Gemeinschaft) geknüpft ist und

(2) es sich um wiederkehrende Zahlungen handelt, die zu erbringen sind

- für die Lebenszeit des Gläubigers, Schuldners oder eines Beteiligten oder
- bis zum Erreichen der Erwerbsfähigkeit oder eines bestimmten Ausbildungszieles des Empfängers oder
- bis zum Beginn der Altersversorgung des Empfängers oder
- für die Dauer von mindestens zehn Jahren ab Vertragsabschluss bis zur Fälligkeit der letzten Zahlung oder
- aufgrund von Verträgen, bei denen der Gläubiger für mindestens zehn Jahre auf ein ordentliches Kündigungsrecht verzichtet oder der Schuldner die Vertragsdauer auf mindestens zehn Jahre verlängern darf;

oder wenn (§ 3 Abs. 2 PreisklauselG) der geschuldete Betrag von der künftigen Entwicklung von Löhnen, Gehältern, Ruhegehältern oder Renten abhängig sein soll und es sich um regelmäßig wiederkehrende Leistungen handelt, die zu erbringen sind für die Lebenszeit oder bis zum Erreichen der Erwerbsfähigkeit oder eines bestimmten Ausbildungszieles oder bis zum Beginn der Altersversorgung.

Wegen weiterer hier nicht relevanter Klauseln s. § 3 Abs. 1 Ziff. 2 PreisklauselG. 173

Ferner zulässig sind **Erbbauzinsklauseln** mit mind. 30 Jahren Laufzeit (§ 4 PreisklauselG). 174

M 43.6 Kauf auf Rentenbasis[1]

(Urkundeneingang)

Die Beteiligten erklären zur notariellen Niederschrift:

*(Texte wie **M 43.1** mit folgenden Besonderheiten:)*

§ 2 Kaufgegenstand; Kaufpreis; Fälligkeit

(1) Der Verkäufer verkauft an den Käufer den vorbezeichneten Grundbesitz mit allen Bestandteilen und Zubehör.

(2) Als Gegenleistung zahlt der Käufer an den Verkäufer eine monatliche Rente[2] von ... Euro, beginnend am ... (Datum) und fällig jeweils monatlich im Voraus.

(3) Die Rente ist dem Verkäufer auf dessen Lebenszeit zu zahlen, mindestens aber auf die Dauer von ... (Anzahl) Jahren. Stirbt der Verkäufer vorher, so steht der Rentenanspruch bis zum Ablauf der Mindestdauer seinen Erben oder denjenigen Personen zu, denen er den Anspruch durch letztwillige Verfügung zugewendet hat.

(4) Für die Rente wird folgende Wertsicherung vereinbart[3]:

Die Rente erhöht oder vermindert sich in demselben prozentualen Verhältnis, in dem sich der vom Statistischen Bundesamt für jeden Monat festgestellte und veröffentlichte Verbraucherpreisindex für Deutschland auf der Basis 2005 = 100, derzeit ... (Index), gegenüber dem für den ersten Fälligkeitsmonat festzustellenden Index erhöht oder vermindert. Eine Erhöhung oder Verminderung des jeweils zu zahlenden Betrages tritt jedoch erst dann ein, wenn die Indexveränderung zu einer Erhöhung oder Verminderung des jeweils zu zahlenden Betrages um mindestens 5 Prozent (nicht: Prozentpunkte) führt. Die erhöhte oder ermäßigte Rente ist erstmals für den Monat zu entrichten, in dem sich der Verbraucherpreisindex um 5 Prozent erhöht oder vermindert hat. Nach jeder Anpassung der Rente auf Grund der vorstehenden Wertsicherungsklausel ändert sich die Rente erneut bei einer Änderung des Verbraucherpreisindex um 5 Prozent.

(5) Die Beteiligten vereinbaren vorsorglich, dass das sog. „Stammrecht der Leibrente" erst 30 Jahre nach gesetzlichem Beginn bzw. Neubeginn der Verjährung verjährt.[4] Für die Einzelleistungen verbleibt es bei der gesetzlichen Verjährungsfrist.

(6) Wegen der Rentenzahlungsverpflichtung in wertgesicherter Höhe unterwirft sich der Käufer der sofortigen Zwangsvollstreckung aus dieser Urkunde in sein gesamtes Vermögen mit der Maßgabe, dass es zur Erteilung der vollstreckbaren Ausfertigung des Nachweises der Fälligkeit nicht bedarf.

(7) Der Rentenanspruch ist durch eine Rentenreallast[5] im Grundbuch zu sichern. Der Käufer unterwirft sicht wegen der Reallast und der Verpflichtung, die während der Dauer seines Eigentums fällig werdenden Leistungen aus der Reallast auch persönlich zu entrichten, der sofortigen Zwangs-

1 S. Rz. 157 ff.
2 Zu den steuerlichen Fragen Rz. 78 ff.
3 Eine Wertsicherung ist bei einer Verrentung unerlässlich. Näher Rz. 170 ff. – Zur Wertsicherung s. auch Kap. 10.
4 Vgl. Amann DNotZ 2002, 117.
5 Zur Sicherung des Rentenanspruchs s. Rz. 166 f.

vollstreckung aus dieser Urkunde mit der Maßgabe, dass es zur Erteilung der vollstreckbaren Ausfertigung des Nachweises der Fälligkeit nicht bedarf.

§ 6 Grundbucherklärungen

*(1) Auflassung (wie **M 43.1**, jedoch ohne Vorlagesperre).*

(2) Zur Sicherung des in § 2 vereinbarten Rentenanspruchs bewilligt der Käufer und beantragt der Verkäufer die Eintragung einer wertgesicherten Rentenreallast an erster Rangstelle[6] im Grundbuch. Die Auflassung darf nur gleichzeitig mit Eintragung der Reallast vollzogen werden[7].

Schluss

*(Wie **M 43.1**)*

(Schlussformel)

6 Zur Bedeutung des Rangs s. Rz. 168 sowie Kap. 52.

7 Antragsverbindung nach § 16 Abs. 2 GBO.

Kosten: *Notar- und Gerichtsgebühren:* wie **M 43.1**, Geschäftswert jedoch gem. § 97 Abs. 3 GNotKG der Wert des Grundstücks bzw. der Wert der nach § 52 Abs. 4 GNotKG kapitalisierten bewerteten Rente, wenn dieser höher ist.

Für die Eintragung der Reallast 1,0-Gebühr gem. Nr. 14121 KV GNotKG, Geschäftswert nach § 52 Abs. 4 GNotKG.

XI. Kauf einer noch nicht vermessenen Teilfläche

1. Regelungssachverhalt

175 Der Käufer möchte eine aus einem größeren Grundstück noch heraus zu vermessende Teilfläche (Beispiel: Bauplatz) erwerben, der Verkäufer ist zur Durchführung der (kostenträchtigen) Vermessung aber nur bereit, wenn sich der Käufer zuvor vertraglich bindet.

2. Beurkundungsvoraussetzungen

176 Eine Vertragsbeurkundung in diesem Stadium ist ohne weiteres zulässig, sofern das **Kaufobjekt hinreichend bestimmt** bezeichnet werden kann. Andernfalls besteht die Gefahr der Nichtigkeit des Vertrags (Verstoß gegen den **Bestimmheitsgrundsatz**, s. BGH DNotZ 2000, 121). Lediglich die Angabe der voraussichtlichen Grundstücksgröße reicht nicht aus (BGH NJW 1969, 131; s. auch OLG Brandenburg DNotI-Report 1997, 82). Dem Bestimmtheitsgrundsatz ist dagegen Genüge getan

177 – durch einen nach § 9 Abs. 1 Satz 3 BeurkG als Anlage beigefügten **Plan**, auf dem die Teilfläche zeichnerisch dargestellt ist (eine Handskizze, die keine eindeutige Festlegung der Grenzen zulässt, reicht nicht, OLG Hamm OLGReport 2000, 315), oder

178 – durch **Verweisung auf im Gelände vorhandene Markierungspunkte** (zB Bezugnahme auf vorhandene Grundstücksgrenze, Bäume, Mauern, Weg und dergl.) oder

179 – durch Vereinbarung eines **Leistungsbestimmungsrechts** (Ermächtigung eines Vertragsbeteiligten, § 315 BGB, oder Dritten, § 317 BGB, die nähere Festlegung verbindlich zu treffen; BGHZ 150, 334).

180 Zu den Problemen bei erheblichen Abweichungen des Messungsergebnisses s. DNotI-Report 1997, 225 sowie BGH DNotI-Report 1995, 25.

3. Besonderheiten beim Vertragsinhalt

181 Grundsätzlich handelt es sich um einen normalen Kaufvertrag (s. die **M 43.1 ff.**), bei dem lediglich die noch fehlende rechtliche Existenz des Kaufobjektes einigen Gestaltungsbedarf hervorruft.

182 Die übliche Käufersicherung ist in der Weise möglich, dass eine **Auflassungsvormerkung** zu Lasten des noch ungeteilten Grundstücks eingetragen wird (zur Zulässigkeit s. Kap. 51 Rz. 9). Für die Frei-

gabe der nicht veräußerten Teilfläche nach erfolgter Teilung sind geeignete Vorkehrungen zu treffen, zB durch Aufnahme einer entsprechenden Freigabeverpflichtung des Käufers (zu achten ist auch auf die Abgabe einer Freigabeverpflichtung durch den Finanzierungsgläubiger). In **M 43.7** gewährleistet die bedingte Löschungsbewilligung zusammen mit der Identitätserklärung die Freigabe.

Bei einer Finanzierung des Grundstückskaufpreises können in gleicher Weise **Grundpfandrechte** zu Lasten des noch ungeteilten Grundstücks eingetragen werden. 183

➲ **Wichtig:** Bei Belastung des noch ungeteilten Grundstücks sind Absprachen mit den Gläubigern unerlässlich: Sie müssen sich zur Freigabe der nicht veräußerten Teilfläche nach erfolgter Vermessung verbindlich verpflichten. Im Vertrag kann dies (und die Kostentragungspflicht) nur zur Bedingung für eine Vorwegbelastung gemacht werden. Die Freigabevereinbarung selbst ist mit den Gläubigern zu treffen. 184

Ob die **Auflassung** bereits vor der Teilung erklärt werden kann, hängt von der Sachlage ab. Zulässig – und im Regelfall auch empfehlenswert – ist die Erklärung der Auflassung dann, wenn Größe, Lage und Gestalt der Teilfläche durch Verweisung auf einen als Anlage beigefügten Plan im Vertrag bestimmt worden sind (vgl. BayObLG NJW-RR 1986, 505). Entscheidend ist, dass das Grundbuchamt beim Vergleich des vorläufigen Planes und des dem Veränderungsnachweis beigefügten Planes ohne Weiteres die Identität zwischen beiden Flächen feststellen kann, dh. an der Identität „keine vernünftigen Zweifel" bestehen (OLG Köln OLGReport 1992, 99). 185

Auch in diesen Fällen ist aber vorsorglich – wie in den übrigen Fällen von vornherein – eine **Vollmacht zur Abgabe einer Identitätserklärung und Erklärung der Auflassung** in den Kaufvertrag aufzunehmen (s. **M 43.7**). Wird von der Vollmacht Gebrauch gemacht, ist eine separate Vollzugsurkunde (s. **M 43.8**) erforderlich. Muss nach Vorliegen des Veränderungsnachweises dagegen nur noch der Vollzug der Grundstücksteilung und der Eigentumsumschreibung beantragt werden, genügt eine Eigentümererklärung in öffentlich beglaubigter Form (wegen § 29 GBO). 186

Im Zusammenhang mit einer Grundstücksteilung ist stets die Frage zu klären, ob eine **öffentlich-rechtliche Genehmigung** erforderlich ist: Nach BauGB ist das nur noch in Umlegungs- oder Sanierungsgebieten sowie Entwicklungsbereichen der Fall; nach Landesrecht kann die Grundstücksteilung aber bauordnungsrechtlich genehmigungspflichtig sein (so zB in NRW). Besteht ein solches Genehmigungserfordernis, sollte das Vorliegen der Genehmigung in die Fälligkeitsvoraussetzungen aufgenommen werden. 187

M 43.7 Grundstückskaufvertrag[1] (noch nicht vermessene Teilfläche)

(Urkundeneingang)

Die Beteiligten erklären zur notariellen Niederschrift:

Kaufvertrag

§ 1 Grundbuchstand

(1) Der Verkäufer ist im Grundbuch von ... (Ort) Band/Blatt ... (Nummer) als Eigentümer folgenden Grundstücks eingetragen:

Flurstück Nr. ... (Nummer und weitere Grundstücksbeschreibung).

(2) Das Grundstück ist wie folgt belastet: ... (Belastungen). Die Rechte Abt ... werden übernommen/nicht übernommen. Der Notar wird mit der Beschaffung der Unterlagen für die Lastenfreistellung der verkauften Teilfläche beauftragt und bevollmächtigt, die Unterlagen zur Lastenfreistellung für alle am Vertrag oder an der Kaufpreisfinanzierung Beteiligten entgegenzunehmen und zu verwenden.

1 S. Rz. 175 ff. – Vollzugserklärung nach erfolgter Vermessung s. **M 43.8**.

(3) Der Notar hat die Grundbuchdaten durch Einsicht in das elektronische Grundbuch am ... (Datum) festgestellt. Der Notar hat ferner darauf hingewiesen, dass zu Lasten des Kaufobjektes Baulasten bestehen könnten, die sich zuverlässig nur aus dem Baulastenverzeichnis bei der Gemeinde ermitteln lassen. Die Beteiligten verzichten insoweit auf Feststellungen durch den Notar und auf eigene Feststellungen vor Beurkundung.

§ 2 Kaufgegenstand; Kaufpreis; Fälligkeit

(1) Von dem in § 1 genannten Grundstück verkauft der Verkäufer an den Käufer – an mehrere Käufer zu gleichen Bruchteilen – eine noch abzuvermessende Teilfläche[2] von ca. ... (Größe) qm. Die Lage und Gestalt der veräußerten Teilfläche – nachstehend auch „Grundbesitz" genannt – ergibt sich aus dem dieser Urkunde als Anlage angeschlossenen Lageplan, auf dem sie rot umrandet und schraffiert gekennzeichnet ist; auf den Plan wird verwiesen. Die Teilfläche ist nicht bebaut. Der Kaufvertrag wird in seinem schuldrechtlichen Teil aufschiebend bedingt durch die Erteilung der landesrechtlichen Teilungsgenehmigung abgeschlossen.[3] Die Vermessung wird von dem Verkäufer unverzüglich veranlasst; er hat ferner eine etwa erforderliche Teilungsgenehmigung oder ein Negativattest (Bescheinigung der Genehmigungsfreiheit) zu beschaffen[4]. Die Herstellung des Kaufobjekts ist Sache des Verkäufers, der auch alle dadurch entstehenden Kosten zu tragen hat.

(2) Der Kaufpreis beträgt ... Euro/qm, somit vorläufig ... Euro (in Worten: ...).

Mehrere Käufer haften als Gesamtschuldner.

(3) Der genaue Kaufpreis bestimmt sich nach dem Messergebnis[5]. Nach dessen Vorliegen ist eine Mehr- oder Minderzahlung unverzüglich auszugleichen, jedoch nicht vor Eintritt der nachstehend vereinbarten Fälligkeitsvoraussetzungen.

(4) Der vorläufige Kaufpreis ist fällig am ... (Datum), jedoch nicht vor Ablauf von 14 Tagen nach Eintritt sämtlicher nachgenannter Voraussetzungen:

a) fehlende Vollmachten, Zustimmungserklärungen sowie für Wirksamkeit oder Vollzug erforderliche Genehmigungen – ausgenommen die Unbedenklichkeitsbescheinigung des Finanzamtes – beim Notariat in grundbuchtauglicher Form liegen vor, insbesondere ist eine Teilungsgenehmigung rechtskräftig erteilt oder ein Negativattest (Bescheinigung der Genehmigungsfreiheit) liegt vor[6],

b) die nachstehend bewilligte Auflassungsvormerkung ist für den Käufer nur im Rang nach den § 1 (2) aufgeführten Belastungen und etwaigen durch den Käufer bestellten Finanzierungsgrundpfandrechten am Gesamtgrundstück eingetragen[7],

c) em Notar liegen die Pfandfreigabeerklärungen für die nicht übernommenen Grundpfandrechte Abt. III Nr. ... (Nummern) entweder auflagenfrei oder zu treuen Händen gegen aus dem Kaufpreis insgesamt erfüllbare Treuhandauflagen vor oder diese Belastungen sind gelöscht[8],

d) die Bescheinigung der zuständigen Gemeinde, dass ein gesetzliches Vorkaufsrecht nicht besteht oder nicht ausgeübt wird, liegt in grundbuchtauglicher Form vor.

Der Notar wird den Beteiligten das Vorliegen dieser Fälligkeitsvoraussetzungen schriftlich mitteilen.

(5) Soweit seitens der Grundpfandrechtsgläubiger im Zuge der Lastenfreistellung Zahlungsauflagen gemacht wurden, ist der Käufer berechtigt und verpflichtet, bei Fälligkeit des Kaufpreises für Rechnung des Verkäufers die Ablösungsbeträge aus dem Kaufpreis unmittelbar an diese zu entrichten.

---

2 Das Kaufobjekt muss bestimmt oder bestimmbar sein, s. Rz. 176 ff.

3 Hierdurch werden bei Nichterteilung der Teilungsgenehmigung dem Käufer die Zahlung der Grunderwerbsteuer und dem Verkäufer etwaige Haftungsrisiken erspart. Sieht das anwendbare Landesrecht keine Teilungsgenehmigung mehr vor, entfällt dieser Satz naturgemäß.

4 Falls eine Genehmigung erforderlich ist. Zur Genehmigungspflicht für Grundstücksteilungen s. Rz. 187.

5 Stattdessen kann auch ein fester, vom Messergebnis unabhängiger Kaufpreis vereinbart werden.

6 Ggf. streichen, s. Rz. 187.

7 Wegen der Vormerkbarkeit auf dem ungeteilten Grundstück s. Rz. 182.

8 Die Freigabe der veräußerten Teilfläche ist erst nach erfolgter grundbuchmäßiger Abschreibung möglich; auf die Eintragung einer Freigabevormerkung (hierzu Wörner MittBayNot 2001, 450) kann im Regelfall verzichtet werden.

Der Notar wird den Käufer über diese Beträge in der Mitteilung nach (4) benachrichtigen; der Verkäufer erhält hiervon eine Abschrift. Notar und Käufer sind nicht berechtigt und nicht verpflichtet, die Berechtigung von Ablösebeträgen zu prüfen.

Soweit keine Zahlungsauflagen ergehen, ist der Kaufpreis auf das Konto des Verkäufers Nr. . . . bei der . . . (Bankverbindung) zu überweisen.

(6) Zahlt der Käufer bei Fälligkeit nicht, kommt er auch ohne Mahnung in Verzug. Verzug ohne Mahnung tritt jedoch frühestens zwei Wochen nach Zugang der Mitteilung des Notars nach (4) ein.

(7) Wegen des Kaufpreisanspruchs in vorläufiger Höhe unterwirft sich jeder Käufer der sofortigen Zwangsvollstreckung aus dieser Urkunde in sein gesamtes Vermögen. Der Notar wird angewiesen, auf Antrag des Verkäufers eine vollstreckbare Ausfertigung nach Ablauf des in (4) genannten Datums sowie nach Absendung der Mitteilung nach (4) zu erteilen.

§ 3 Besitz, Nutzen und Lasten; Beschaffenheit

(1) Besitz, Nutzen, Lasten, die Gefahr des zufälligen Untergangs und der zufälligen Verschlechterung sowie die Verkehrssicherungspflicht gehen mit vollständiger Zahlung des vorläufigen Kaufpreises auf den Käufer über.

(2) Der Verkäufer haftet für ungehinderten Besitz- und Eigentumsübergang und für Freiheit des Grundbesitzes von rückständigen öffentlichen Lasten und im Grundbuch eingetragenen Belastungen, soweit sie nicht in diesem Vertrag übernommen wurden.

(3) Der Käufer hat den Vertragsgegenstand eingehend besichtigt und übernimmt ihn, wie er steht und liegt, also im derzeitigen Zustand. Soweit nicht vor- oder nachstehend etwas anderes vereinbart ist, wird die Haftung des Verkäufers für sichtbare oder unsichtbare Sachmängel sowie für Rechtsmängel hiermit ausgeschlossen, insbesondere eine Haftung für die Beschaffenheit des Grundstücks und den baulichen Zustand vorhandener Gebäude sowie für Flächenmaßrichtigkeit. Der Verkäufer sichert zu, dass ihm keine versteckten Mängel, insbesondere keine schädlichen Bodenveränderungen oder Altlasten bekannt sind. Der Verkäufer haftet für Veränderungen und Verschlechterungen bis zum Besitzübergang nach den gesetzlichen Vorschriften, es sei denn sie sind auf den gewöhnlichen Gebrauch zurückzuführen.

(Bei Garantieübernahme durch den Verkäufer:) Der Verkäufer garantiert, dass es sich bei dem Kaufgrundbesitz nach den einschlägigen öffentlich-rechtlichen Vorschriften um Bauland zur Errichtung eines Wohngebäudes handelt. Diese Garantie bezieht sich nicht auf Art oder Maß der Bebaubarkeit oder auf die Sicherung der Erschließung[9]*.*

(4) Sämtliche Erschließungskosten im weitesten Sinne einschließlich Anlieger- und Herstellungsbeiträgen nach dem BauGB und Kommunalabgabenrecht und einschließlich Kostenersatz für Haus-/Grundstücksanschlüsse gehen zu Lasten des Käufers, auch wenn der Bescheid dem Verkäufer zugeht. Nach Angaben des Verkäufers liegen keine unerledigten Kostenbescheide vor und hat er keine Vorausleistungen erbracht[10]*.*

§ 4 Kosten

(1) Die Kosten des Vertrags und seines Vollzugs sowie die anfallende Grunderwerbsteuer[11] *trägt der Käufer.*

(2) Die Kosten für die Freistellung von den in § 1 aufgeführten, nicht übernommenen Belastungen trägt der Verkäufer.

(3) Wegen der Kosten der Grundstücksteilung wird auf § 2 verwiesen.

9 Je nach den Umständen wird der Käufer auf eine solche Garantie Wert legen; zu Bebaubarkeit und Vertragsgestaltung Grziwotz ZNotP 2000, 271.

10 Sofern die Teilfläche (durch Beschaffenheitsvereinbarung) als Bauland veräußert wird, liegt eine Regelung nahe, wonach der Verkäufer die Erschließungskosten zu tragen hat.

11 Zur Notwendigkeit der Vorlage einer erneuten Unbedenklichkeitsbescheinigung nach Größenabweichung DNotI-Report 2012, 141.

§ 5 Finanzierungsmitwirkung; Vollmacht

*(wie in **M 43.1**, aber zusätzlich:)*

Der Notar wird angewiesen, den Antrag auf Eintragung der Finanzierungsgrundpfandrechte des Käufers erst zu stellen, wenn der Gläubiger unwiderruflich schriftlich erklärt hat, dass er nach katasteramtlicher Fortschreibung die nicht an den Käufer veräußerte Teilfläche des in § 1 beschriebenen Grundbesitzes aus der Mithaft für die Grundpfandrechte auflagenfrei entlassen wird und das Grundpfandrecht nur unter Weitergabe dieser Verpflichtung abgetreten wird[12]*. Der Notar wird angewiesen, eine solche Verpflichtungserklärung bei dem Gläubiger einzuholen.*

§ 6 Grundbucherklärungen

(1)

***1. Alternative** (mit Auflassung und vorsorglicher Bevollmächtigung)*

Die Vertragsbeteiligten sind sich über den Eigentumsübergang hinsichtlich der in § 2 bezeichneten Teilfläche einig[13]*; der Verkäufer bewilligt und der Käufer beantragt die Eigentumsumschreibung im Grundbuch.*

Der Notar wird angewiesen, die Eigentumsumschreibung auf den Käufer erst zu beantragen, wenn ihm die schriftliche Bestätigung des Verkäufers vorliegt, dass der vorläufige Kaufpreis in voller Höhe bezahlt ist. Der Käufer verzichtet bis dahin ausdrücklich auf die Erteilung vollständiger Abschriften.

Vorsorglich bevollmächtigten die Vertragsbeteiligten hiermit die Notariatsbediensteten

a) . . . (Name)

b) . . . (Name)[14]*,*

und zwar jeden einzeln, sie bei der Abgabe sämtlicher Erklärungen zu vertreten, die zur Umschreibung der verkauften Teilfläche und zur Lastenfreistellung des übertragenen Grundbesitzes erforderlich sind, insbesondere bei

1. *der Herbeiführung der Grundstücksteilung,*
2. *der Bezeichnung der hier verkauften Teilfläche gegenüber dem Grundbuchamt nach Vorliegen des katasteramtlichen Veränderungsnachweises*[15]*,*
3. *der erneuten Erklärung der Auflassung und Beantragung der Eigentumsumschreibung,*
4. *Bewilligung und Beantragung der Löschung der Auflassungsvormerkung unter der Rechtsbedingung, dass vorher oder gleichzeitig die Eigentumsumschreibung im Range der Vormerkung erfolgt.*

Die Vollmacht ist unabhängig von der Wirksamkeit dieses Vertrags erteilt, gilt auch im Falle etwaiger Größenabweichungen und soll durch den Tod des Vollmachtgebers nicht erlöschen. Von den Beschränkungen des § 181 BGB wird Befreiung erteilt. Untervollmacht darf erteilt werden.

***2. Alternative** (ohne Auflassung mit Bevollmächtigung)*

Beide Vertragsparteien verpflichten sich, nach dem Vorliegen des amtlichen Fortführungsnachweises und nach Zahlung des geschuldeten vorläufigen Kaufpreises ihre Erklärungen zu dem Vermessungsergebnis abzugeben und nach Anerkennung der Vermessung die Auflassung zu erklären und die Eigentumsumschreibung zu bewilligen sowie alle Erklärungen abzugeben, die zum Vollzug dieser Urkunde erforderlich oder zweckdienlich sind[16]*. Der Käufer bevollmächtigt den Verkäufer, ihn bei der Abgabe sämtlicher Erklärungen zu vertreten, die zur Umschreibung der verkauften Teilfläche und zur Lastenfreistellung des übertragenen Grundbesitzes erforderlich sind. Die Vollmacht gilt*

12 S. Rz. 182.

13 Zu den Voraussetzungen für die Zulässigkeit der Auflassung in diesem Stadium s. Rz. 185.

14 S. zum Erfordernis der namentlichen Nennung der bevollmächtigten Notariatsbediensteten OLG Frankfurt/M. NotBZ 2008, 124 = DNotI-Report 2008, 135, zum Umfang der Vollmacht OLG Celle RNotZ 2010, 46 (kein Löschungsantrag für eingetragene Belastung aufgrund allgemein formulierter Vollmacht).

15 Unerlässlich nur dann, wenn die Bezeichnung des Kaufobjekts nicht zweifelsfrei möglich oder ein Bestimmungsrecht nicht vorgesehen ist, s. Rz. 186.

16 Zur Klarstellung. Die Verpflichtung ergibt sich bereits aus dem Gesetz, § 433 Abs. 1 Satz 1 BGB.

auch im Falle etwaiger Größenabweichungen und soll durch den Tod des Vollmachtgebers nicht erlöschen. Von den Beschränkungen des § 181 BGB wird Befreiung erteilt. Untervollmacht darf erteilt werden.

(Ende der 2. Alternative)

(2) Der Verkäufer bewilligt und der Käufer beantragt die Eintragung einer Vormerkung zur Sicherung des Erwerbsanspruchs nach § 1 im Grundbuch, und zwar zu Lasten des noch ungeteilten Grundstücks. Die Beteiligten bewilligen ferner mit Vollzug des Fortführungsnachweises die Löschung dieser Vormerkung an der dem Verkäufer verbleibenden Restfläche des Stammgrundstücks und Zug um Zug mit Eigentumsumschreibung an der Vertragsfläche, vorausgesetzt, dass keine Zwischeneintragungen ohne Zustimmung des Käufers im Grundbuch eingetragen oder zur Eintragung angemeldet wurden.:

*(Rest zB wie **M 43.1**[17])*

(Schlussformel)

17 Je nach den Umständen des Einzelfalls kann es angezeigt sein, zur Sicherung der Erreichbarkeit des Kaufgrundbesitzes oder der dem Verkäufer verbleibenden Teilfläche die Bestellung eines Geh- und Fahrrechtes sowie von Versorgungsdienstbarkeiten durch den Verkäufer zulasten der Restfläche bzw. des Kaufobjekts vorzusehen.

Kosten: *Notar- und Gerichtsgebühren:* wie **M 43.1**.

M 43.8 Vollzugserklärung zu M 43.7[1] (nach erfolgter Vermessung)

(Urkundeneingang)

Der Erschienene erklärt zur notariellen Niederschrift:

Vollzug eines Kaufvertrags

§ 1

(1) Zwischen mir ... (Name) als Verkäufer (künftig auch „Verkäufer" genannt) und ... (Name) als Käufer (künftig auch „Käufer" genannt) wurde am ... (Datum) ein Kaufvertrag über eine Teilfläche des im Grundbuch von ... (Ort) Band/Blatt ... (Nummer) eingetragenen Grundstücks Flurstück Nr. ... (Nummer) abgeschlossen. Ich verweise auf die Urkunde ... (UR-Nummer) des Notars ... (Name) in ... (Ort) vom ... (Datum).

(2) Inzwischen liegt der Veränderungsnachweis des Vermessungsamts ... (Behörde) Nr. ... (Nummer) vom ... (Datum) nebst rechtskräftiger Teilungsgenehmigung[2] dem Grundbuchamt vor. Ein Exemplar liegt im Termin zur Durchsicht vor. Auf diese Urkunde wird verwiesen. Auf Beifügen sowie auf Vorlesen der Textteile wird verzichtet[3].

§ 2

(1) Als Eigentümer des in § 1 bezeichneten Grundstücks beantrage ich nunmehr, in Vollzug des Veränderungsnachweises das Grundstück in folgende Teilstücke zu teilen[4] und diese im Grundbuch einzutragen:

1 Nur erforderlich, wenn bei **M 43.7** keine Auflassungserklärung möglich (s. Rz. 186). Erklärung des bevollmächtigten Verkäufers. Es ist aufzunehmen, dass er im eigenen Namen und im Namen des Käufers handelt. Ist im Kaufvertrag die Auflassung zulässig erklärt, genügt eine Identitätserklärung nebst entsprechender Bewilligung (in der Form des § 29 GBO, also ggf. auch durch notarielle Eigenurkunde).

2 Soweit erforderlich, s. Rz. 187.

3 Der Veränderungsnachweis (Textteil mit altem Grundstücksbestand sowie neu gebildeten Grundstücken sowie Lageplan mit alten und neuen Grenzen) kann nach § 9 Abs. 1 Satz 3 BeurkG durch Verweisung und (körperliches) Beifügen zur Urkunde zum Inhalt der Erklärungen gemacht werden. Hier ist von der Beurkundungserleichterung des § 13a BeurkG Gebrauch gemacht worden.

4 Eine Grundstücksteilung ohne Sachzusammenhang enthält **M 52.8**.

– *Flurstück Nr. . . . (Nummer und weitere Beschreibung)*
– *Flurstück Nr. . . . (Nummer und weitere Beschreibung)*

(2) Ferner beantrage ich in Ausübung der vorbezeichneten Vollmacht, das Grundstück Flurstück Nr. . . . (Nummer) frei von allen Belastungen abzuschreiben. Die Pfandfreigabeerklärungen der Gläubiger übergebe ich zur Weiterleitung an das Grundbuchamt.

§ 3

Nunmehr erkläre ich für mich und die von mir vertretene Käuferpartei:

(1) Identitätserklärung[5]

Die Vertragsbeteiligten stellen hiermit das durch die in § 2 beantragte Teilung entstehende Grundstück Flurstück Nr. . . . (Nummer) als das Kaufobjekt fest.

(2) Auflassung[6]

Die Vertragsbeteiligten sind sich über den Eigentumsübergang an dem Kaufobjekt einig; der Verkäufer bewilligt und beide Vertragsbeteiligten beantragen die Eigentumsumschreibung im Grundbuch.

(Schlussformel)

5 S. Rz. 185 f.

6 Bei mehreren Erwerbern sind noch die Gemeinschaftsform und ggf. die Anteile anzugeben (oder hierzu auf die Vertragsurkunde zu verweisen).

Kosten: *Notargebühr:* 0,5-Gebühr gem. Nr. 21101 KV GNotKG für die Auflassung. Geschäftswert gem. § 47 GNotKG (Kaufpreis). 0,5-Gebühr gem. Nr. 21201 Nr. 4 KV GNotKG für die Identitätserklärung, Geschäftswert § 36 Abs. 1 GNotKG (Bezugsgröße Kaufpreis).

Gerichtsgebühr: Für die Eintragung des neuen Eigentümers 1,0-Gebühr gem. Nr. 14110; Geschäftswert gem. § 47 GNotKG (Kaufpreis).

XII. Grundstücks-Tauschvertrag

188 Ein Tauschvertrag ist ein gegenseitiger Vertrag, in dem sich die Beteiligten zum Austausch von Sachen oder Rechten verpflichten, dh. die Gegenleistung wird jeweils nicht in Geld erbracht.

189 Im vorliegenden Zusammenhang wird lediglich der Tausch von Grundstücken behandelt. Der Tauschvertrag ist im Wesentlichen in Anlehnung an die Muster für einen „normalen" Kaufvertrag (**M 43.1–3**) zu gestalten. Es bestehen nur wenige Besonderheiten:

190 Bei **Gleichwertigkeit der Tauschobjekte** (so in **M 43.9**) vereinfacht sich die Vertragsgestaltung dadurch, dass eine Zug-um-Zug-Abwicklung durch die Antragsverknüpfung nach § 16 Abs. 2 GBO möglich ist.

191 Bei **Ungleichwertigkeit** wird idR ein **Ausgleichsbetrag** (Teilkaufpreis) vereinbart, der bei entsprechender Sachlage die üblichen Sicherungsvereinbarungen (wie in **M 43.1, M 43.2**) notwendig machen kann.

192 Zu beachten sind – und häufig übersehen werden – die **steuerlichen Auswirkungen**.

193 ➲ **Wichtig:** Der Tauschvertrag löst **doppelte Grunderwerbsteuer** aus, da beide Vertragsseiten Grundbesitz erwerben.

194 Gehört ein Tauschobjekt zum Betriebsvermögen, so löst der Vorgang insoweit eine **Gewinnrealisierung** aus (BFH BStBl. II 1983, 303).

M 43.9 Grundstücks-Tauschvertrag[1]

(Urkundeneingang)

Die Beteiligten erklären zur notariellen Niederschrift:

Tauschvertrag

§ 1 Grundbuchstand

(1) Die Beteiligten sind Eigentümer folgenden Grundbesitzes:

1. Der Beteiligte . . . (Name 1)
Grundbuch von . . . (Ort) Band/Blatt . . . (Nummer):
Grundstück Flurstück Nr. . . . (Nummer und weitere Grundstücksbeschreibung).

2. Der Beteiligte . . . (Name 2)
Grundbuch von . . . (Ort) Band/Blatt . . . (Nummer):
Grundstück Flurstück Nr. . . . (Nummer und weitere Grundstücksbeschreibung).

(2) Beide Grundstücke sind in Abt. II und III des Grundbuchs lastenfrei.

(3) Der Notar hat die Grundbuchdaten durch Einsicht in das elektronische Grundbuch am . . . (Datum) festgestellt.

§ 2 Tausch

(1) Die Beteiligten tauschen nunmehr die beiden Grundstücke, so dass jeder das Grundstück des anderen Beteiligten zu Alleineigentum erhält.

(2) Die Grundstücke sind gleichwertig, so dass ein Aufgeld nicht geschuldet wird[2]*. Auch andere Gegenleistungen sind mit dem Tausch nicht verbunden.*

§ 3 Besitz, Nutzen und Lasten; Beschaffenheit

(1) Besitz, Nutzungen, Lasten und die Gefahr des zufälligen Untergangs und der zufälligen Verschlechterung sowie die Verkehrssicherungspflicht gehen ab . . . (Datum) auf die jeweiligen Erwerber über.

(2) Der jeweilige Veräußerer haftet für ungehinderten Besitz- und Eigentumsübergang und für Freiheit des Grundbesitzes von rückständigen öffentlichen Lasten und im Grundbuch eingetragenen Belastungen, soweit sie nicht in diesem Vertrag übernommen wurden.

(3) Der jeweilige Erwerber hat den jeweiligen Vertragsgegenstand eingehend besichtigt und übernimmt ihn, wie er steht und liegt, also im derzeitigen Zustand. Soweit nicht vor- oder nachstehend etwas anderes vereinbart ist, wird die Haftung des jeweiligen Veräußerers für sichtbare oder unsichtbare Sachmängel sowie für Rechtsmängel hiermit ausgeschlossen, insbesondere eine Haftung für die Beschaffenheit des Grundstücks und den baulichen Zustand vorhandener Gebäude sowie für Flächenmaßrichtigkeit. Der jeweilige Veräußerer sichert zu, dass ihm keine versteckten Mängel, insbesondere keine schädlichen Bodenveränderungen oder Altlasten bekannt sind. Der jeweilige Veräußerer haftet für Veränderungen und Verschlechterungen bis zum Besitzübergang nach den gesetzlichen Vorschriften, es sei denn, sie sind auf den gewöhnlichen Gebrauch zurückzuführen.

(4) Jeder Beteiligte sichert zu, dass Nutzungsrechte Dritter an den Tauschobjekten nicht bestehen.

§ 4 Kosten; Steuern

Die Kosten des Vertrags und seines Vollzugs tragen die Beteiligten zu gleichen Teilen, die anfallende Grunderwerbsteuer trägt jeder Beteiligte für seinen Erwerb.

---

1 S. Rz. 188 ff.

2 Gestaltung bei Ungleichwertigkeit s. Rz. 191.

§ 5 Grundbucherklärungen

Die Vertragsbeteiligten sind sich über die Eigentumsübergänge nach § 2 einig[3]; der jeweilige Veräußerer bewilligt und der jeweilige Erwerber beantragt die Eigentumsumschreibung im jeweiligen Grundbuch.

Die Anträge dürfen nur zusammen vollzogen werden[4].

Schluss

*(Weiter wie **M 43.1** mit der Maßgabe, dass ein gesetzlicher Vorkaufsfall nach BauGB nicht vorliegt.)*

(Schlussformel)

3 Es handelt sich um zwei Auflassungen.

4 Antragsverknüpfung nach § 16 Abs. 2 GBO. Auch ohne diese Bestimmung ergäbe sich eine stillschweigende Verknüpfung aus dem Sachzusammenhang (gegenseitige Abhängigkeit von Leistung und Gegenleistung).

Kosten: *Notargebühr:* 2,0-Gebühr gem. Nr. 21100 KV GNotK. Geschäftswert gem. §§ 97 Abs. 3, 46 GNotKG der Wert des Grundstücks mit dem höchsten Verkehrswert.

Gerichtsgebühren: Für die Eintragung der Eigentümer jeweils eine 1,0-Gebühr gem. Nr. 14110; Geschäftswert gem. § 46 GNotKG (Verkehrswert der jeweiligen Grundstücke).

XIII. Vertragsabschluss durch getrennte Angebots- und Annahmeerklärungen

Literatur: *Schmidt-Räntsch*, Das Ende der Angebotsmodelle und Aufklärungspflichten beim Immobilienkauf – die neueste höchstrichterliche Rechtsprechung, ZfIR 2014, 113

195 Ein Vertrag, der nach §§ 145 ff. BGB durch Angebot und (idR sofort erklärte) Annahme zustande kommt, kann auch durch zeitlich getrennt abgegebene Angebots- und Annahmeerklärungen abgeschlossen werden. Bei Immobilien-Kaufverträgen besteht ein solcher Gestaltungsbedarf, wenn einer der Partner in Bezug auf das Kaufobjekt Vorklärungen durchführen oder Vorausmaßnahmen treffen will oder muss, deren Aufwand zu tragen er nur bereit ist, wenn der andere Partner sich für den Fall eines bestimmten Ergebnisses oder auch nur für einen bestimmten Zeitraum bindet. In Betracht kommen zB: Bauvoranfrage; Prüfung der Vermarktungschancen; Altlastenuntersuchung. Bei der Aufspaltung in Angebot und Annahme hat der Notar die Richtlinien der BNotK zu beachten, insbesondere eine systematische Aufspaltung zu vermeiden und das Angebot vom Verbraucher abgeben zu lassen (vgl. LG Berlin v. 30.5.2012, 82 OH 124/11; Text der Richtlinie unter http://www.bnotk.de/Bundesnotarkammer/Aufgaben-und-Taetigkeiten/Richtlinien.php).

196 ➲ **Praxistipp:** Der Vorteil gegenüber einem Vertrag mit Rücktrittsrecht besteht auch darin, dass das Angebot noch keine Grunderwerbsteuerpflicht auslöst. Allerdings führt die Aufspaltung in Angebot und Annahme regelmäßig zu höheren Notarkosten.

1. Regelungsbedarf

197 Der Regelungsbedarf hat sich an den gesetzlichen Bestimmungen zu orientieren.

198 Da die sofortige Annahme (§ 147 BGB) gerade nicht gewollt ist, bedarf es der Bestimmung einer **Annahmefrist** (§ 148 BGB). Deren Dauer ist nach der konkreten Sach- und Interessenlage zu bemessen. Sie ist derart festzulegen, dass ihr Ablauf nach objektiven Kriterien zu ermitteln ist (zB festes Datum; Zeitraum nach einem objektiv feststellbaren Ereignis, etwa Erteilung eines positiven oder negativen Bauvorbescheides).

198a ➲ **Wichtig:** Für Fristen zur Annahme eines vom Verbraucher gegenüber einem Unternehmer abgegebenen Angebots hat der BGH aus § 308 Nr. 1 BGB enge Grenzen für Annahmefristen hergeleitet (BGH NJW 2014, 854; zusammenfassend Herrler DNotZ 2013, 887 ff.). Dabei ändert es an der Unzulässigkeit nichts, wenn das Angebot nach Ablauf der Frist widerruflich wird (BGH DNotZ 2013, 923). Im Regelfall sollten deshalb Annahmefristen für den Unternehmer von mehr als vier Wochen vermieden werden, zumal die Rechtsfolgen der Klauselwidrigkeit gravierend sind (fehlender Eigentumserwerb).

Bis zum Ablauf der Annahmefrist tritt eine **Bindung an das Angebot** ein. Danach erlischt es automatisch (so in **M 43.12**). Da insbesondere der Zeitaufwand für die Vorklärungen schwer kalkulierbar ist, ist diese starre Automatik häufig nicht sachgerecht. 199

➲ **Praxistipp:** Je nach Sachlage kann eine flexiblere Regelung zweckmäßig sein, nach der mit Fristablauf das Angebot nicht erlischt, sondern lediglich die Bindung endet, dh. ein Widerruf möglich ist (so in **M 43.10**). Diese Lösung ist auch im Hinblick darauf vorteilhaft, dass bei Grundbesitz sowohl eine Fristverlängerung als auch ein neues Angebot wieder notariell beurkundet werden müssten. 200

Bei **Tod oder nachträglicher Geschäftsunfähigkeit des Anbietenden** besteht das Angebot nach § 153 BGB fort, „es sei denn, dass ein anderer Wille des Antragenden anzunehmen ist." Ist das angestrebte Geschäft personenbezogen, empfiehlt es sich deshalb, diese Vorschrift abzubedingen. 201

2. Form

Angebot und Annahme bedürfen der für das Geschäft vorgeschriebenen Form, bei Grundbesitz somit der **notariellen Beurkundung** (§ 311b Abs. 1 Satz 1 BGB). 202

3. Zeitpunkt des Zustandekommens

Bedarf die Annahme – wie im vorliegenden Zusammenhang – der notariellen Beurkundung, kommt der Vertrag zustande mit der erfolgten Beurkundung (§ 152 BGB). Ein anderer Zeitpunkt (zB Zugang beim Anbietenden) muss ausdrücklich festgelegt werden. 203

➲ **Wichtig:** Wird eine feste Annahmefrist gesetzt (mit automatischem Erlöschen des Angebots nach deren Ablauf wie in **M 43.12**), so ist darin uU ein Abbedingen des § 152 BGB zu sehen: Die Annahmeerklärung muss dem Anbietenden dann innerhalb der Frist zugehen, oder er muss zumindest zuverlässig Kenntnis davon erlangen (RGZ 96, 275). Eine klare Regelung vermeidet solche Auslegungsprobleme. 204

4. Auflassungsvormerkung

Im Angebot des Verkäufers kann bereits eine Auflassungsvormerkung zur Sicherung des durch die Annahme bedingten Erwerbsanspruchs des Angebotsempfängers (Käufers) bewilligt werden (zur Zulässigkeit der Eintragung in diesem Stadium s. Kap. 51 Rz. 10). 205

Statt der sofortigen Eintragung kann die Eintragung auch erst für den Fall der Annahme (zulässige Rechtsbedingung) bewilligt oder für diesen Fall die Befugnis zur Bewilligung in die Vollmacht aufgenommen werden. Manchmal kann es aber auch interessengerecht sein, dem Angebotsempfänger eine durch Vormerkung gesicherte Überlegungsfrist einzuräumen. 206

➲ **Wichtig:** Die Vorwegeintragung der Vormerkung birgt für den Eigentümer uU erhebliche Risiken; denn auch bei Nichtannahme des Angebots kann die Löschung nur aufgrund einer Bewilligung des Vormerkungsberechtigten (Angebotsempfängers) erfolgen. Vor Annahme des Angebots sollte sie deshalb nur zugunsten eines zuverlässigen Partners eingetragen werden. S. auch Rz. 218. 207

5. Auflassungserklärung

Die Auflassung kann nicht durch Angebot und Annahme, sondern nur bei gleichzeitiger (aber nicht unbedingt persönlicher) Anwesenheit beider Teile erklärt werden (§ 925 Abs. 1 Satz 1 BGB) und ist zudem bedingungsfeindlich (§ 925 Abs. 2 BGB). Deshalb sind in Angebot und Annahme entsprechende Regelungen zu treffen. Es kommen in Betracht: 208

209 – **Gemeinsame Erklärung** der Vertragspartner nach Annahme und ggf. Eintritt sonstiger Voraussetzungen.

210 – **Auflassungsvollmacht des Anbietenden an den Angebotsempfänger**, deren Verwendung bei Bevollmächtigung des Käufers an bestimmte Rechtsbedingungen geknüpft werden kann (praktischer Regelfall).

211 – **Auflassungsvollmacht in Angebots- und Annahmeerklärung** an einen Beteiligten oder zuverlässigen Dritten.

M 43.10 Angebot zum Abschluss eines Grundstückskaufvertrags (Verkäuferangebot[1])

(Urkundeneingang)

Der Erschienene erklärt zur notariellen Niederschrift:

Vertragsangebot

§ 1

(1) Ich mache hiermit als Eigentümer des in der Anlage bezeichneten Grundbesitzes dem ... (Personalien des Angebotsempfängers) das Angebot zum Abschluss eines Kaufvertrags mit dem Inhalt, wie er sich aus der Anlage „Kaufvertrag“[2] zu dieser Urkunde ergibt.

(2) Die Anlage ist Bestandteil dieser Urkunde und wurde mitvorgelesen.

§ 2

Für das Angebot gelten im Einzelnen folgende Bedingungen:

1. *Das Angebot ist unwiderruflich bis ... (Datum). Ab diesem Zeitpunkt behalte ich mir das Recht des jederzeitigen Widerrufs vor[3].*
2. *Der Widerruf ist zu erklären, und zwar nach meiner freien Wahl[4].*
   a) entweder gegenüber dem Angebotsempfänger durch eingeschriebenen Brief
   b) oder gegenüber dem dieses Angebot beurkundenden Notar durch eingeschriebenen Brief oder zu Protokoll des Notars.

   Der Widerruf wird wirksam mit seinem Zugang beim Angebotsempfänger oder Notar[5].
3. *Der Vertrag kommt zustande mit der Beurkundung der Annahmeerklärung durch einen deutschen Notar. Eines Zugangs der Erklärung bei mir bedarf es nicht[6]. Jedoch bin ich unverzüglich über die Annahme schriftlich zu informieren.*

---

1 S. Rz. 195 ff. Annahme hierzu s. **M 43.11**. Käuferangebot s. **M 43.12**. Einkommensteuerlich kann ein rechtlich bindendes Verkaufsangebot als Veräußerung iSd. § 23 EStG gewertet werden, allerdings nur in den Fällen, in denen mit dem Angebot der Verkauf durch den Übergang des wirtschaftlichen Eigentums bereits vollzogen war (zB BFH v. 2.10.2001, BStBl. II 2002, 10, s. dort Nr. 1b) bb)).

2 Die Anlage enthält den kompletten Kaufvertrag, zu gestalten etwa nach **M 43.1** oder **M 43.2**, allerdings ohne Auflassung und ohne Bewilligung der Vormerkung. Der für den Kaufvertrag gewählte Inhalt hat auch Einfluss auf den Inhalt des Angebots (zB wegen Vollmachten, Abwicklungsaufträgen); auf eine korrespondierende Gestaltung beider Teile ist deshalb zu achten.

3 Flexibler als automatisches Erlöschen wie in **M 43.12**; s. Rz. 199 f.

4 Die Möglichkeit, den Widerruf auch gegenüber dem Notar zu erklären, vermeidet eine Bindung des Anbietenden von ungewisser Dauer, etwa bei Verschwinden des Angebotsempfängers.

5 Der Angebotsempfänger sollte sich vor einer Annahme nach Ablauf der Bindungsfrist beim das Angebot beurkundenden Notar erkundigen, ob ein Widerruf erklärt ist.

6 Gilt gem. § 152 BGB bereits kraft Gesetzes; abdingbar (s. Rz. 203). Nur eine abweichende Regel muss aufgenommen werden.

4. *Der Angebotsempfänger hat sich in der Annahmeurkunde wegen seiner Verpflichtung zur Zahlung des Kaufpreises der Zwangsvollstreckung in sein gesamtes Vermögen zu unterwerfen, und zwar dergestalt, dass der Notar angewiesen wird, vollstreckbare Ausfertigung auf meinen Antrag ab Vorliegen der vom Notar gem. § ... des Kaufvertrags mitzuteilenden Fälligkeitsvoraussetzungen zu erteilen*[7]. *Ferner hat der Angebotsempfänger die im Kaufvertrag enthaltenen Vollmachten, Bewilligungen, Anträge und Aufträge zu bestätigen und die Übernahme der Kosten auch dieser Urkunde zu erklären*[8].
5. *Die Rechte aus diesem Angebot sind nicht abtretbar und nicht vererblich.*

§ 3

Ich gebe hiermit folgende weiteren Erklärungen ab[9]:

1. *Ich bewillige und beantrage, eine Vormerkung zur Sicherung des Erwerbsanspruchs für den Angebotsempfänger einzutragen*[10]. *Ich weise den Notar an, dem Grundbuchamt diese Urkunde erst nach Zugang einer Ausfertigung der Annahmeurkunde bei ihm zum Vollzug vorzulegen.*
2. *Ich erteile hiermit dem Angebotsempfänger unter Befreiung von den Beschränkungen des § 181 BGB die Vollmacht*[11], *mich bei Erklärung der Auflassung und Bewilligung der Eigentumsumschreibung zu vertreten sowie überhaupt alle Erklärungen abzugeben und entgegenzunehmen sowie Rechtshandlungen vorzunehmen, die zur Durchführung des Kaufvertrags nach dessen Zustandekommen erforderlich und zweckmäßig sind. Die Vollmacht soll durch meinen Tod nicht erlöschen.*

Der die Auflassung beurkundende Notar wird angewiesen, die die Auflassung enthaltende Urkunde erst dann dem Grundbuchamt vorzulegen, wenn ich ihm den Erhalt des vollständigen Kaufpreises schriftlich bestätigt habe; der Angebotsempfänger verzichtet bis dahin ausdrücklich auf die Erteilung vollständiger beglaubigter Abschriften oder Ausfertigungen.

(Schlussformel)

7 Die bloße Annahme des die Zwangsvollstreckungsunterwerfung des Käufers enthaltenden, aber vom Verkäufer ausgehenden Angebots durch den Käufer ist selbst keine Unterwerfungserklärung.
8 Vgl. OLG Celle NotBZ 2005, 338.
9 Im Text enthaltene einseitige Erklärungen des Annehmenden sollten vom Annehmenden vorsichtshalber bei der Annahme wiederholt/bestätigt werden oder durch Verweisung auf das Angebot gem. § 13a BeurkG zum Inhalt seiner Erklärung gemacht werden (vgl. § 180 BGB und Schöner/Stöber, Grundbuchrecht, Rz. 903).
10 Zur Vormerkbarkeit und den Problemen einer Vorwegeintragung s. Rz. 205 ff.
11 Auflassung durch Angebot und Annahme unzulässig, s. Rz. 208 ff.

Kosten: *Notargebühr:* 2,0-Gebühr gem. Nr. 21100 KV GNotKG (s. Vorbem. 2.1.1 Nr. 1).

M 43.11 Annahme eines Angebots auf Abschluss eines Grundstückskaufvertrags (Käuferannahme[1])

(Urkundeneingang)

Der Erschienene erklärt zur notariellen Niederschrift:

Angebotsannahme

§ 1

... (Name des Anbietenden) als Eigentümer des im Angebot bezeichneten Grundbesitzes hat mir das Angebot zum Abschluss eines Kaufvertrags über diesen Grundbesitz gemacht. Das Angebot ist

1 Annahme zum Angebot **M 43.10**. Zur Verkäuferannahme s. **M 43.13**.

enthalten in der Urkunde des Notars ... (Name des Notars) in ... (Ort), Urkundenrolle Nr. ... (Nummer). Eine Ausfertigung liegt mir vor; der Inhalt ist mir bekannt[2]. *Das Angebot ist noch wirksam*[3].

§ 2

(1) Ich nehme hiermit das Angebot ohne jede Einschränkung und vorbehaltlos an[4]. *Gleichzeitig bestätige ich die darin enthaltenen Vollmachten, Bewilligungen, Anträge und Aufträge.*

(2) Nach den Bedingungen des Angebots kommt mit der Beurkundung dieser Annahmeerklärung der Kaufvertrag wirksam zustande[5].

§ 3

Ich gebe hiermit folgende weiteren Erklärungen ab:

1. *Wegen der durch das Zustandekommen des Kaufvertrags entstehenden Kaufpreisforderung in Höhe von ... Euro unterwerfe ich mich gegenüber dem ... (Name des Anbietenden) der Zwangsvollstreckung aus dieser Urkunde in mein gesamtes Vermögen. Der Notar wird angewiesen, vollstreckbare Ausfertigung auf Antrag des Anbietenden ab Vorliegen der vom Notar gem. § ... des Kaufvertrags mitzuteilenden Fälligkeitsvoraussetzungen zu erteilen.*
2. *In Ausübung der in der Angebotsurkunde enthaltenen Auflassungsvollmacht erkläre ich namens des (Name des Anbietenden), dass er sich mit mir über den Übergang des Eigentums an dem im Angebot bezeichneten Grundbesitz einig ist und bewillige in seinem Namen die Eigentumsumschreibung, die ich hiermit gleichzeitig beantrage. Bis zur schriftlichen Bestätigung des Erhalts des vollständigen Kaufpreises durch den Anbietenden verzichte ich auf die Erteilung vollständiger beglaubigter Abschriften oder Ausfertigungen dieser Urkunde. Der Notar wird angewiesen, die im Angebot enthaltene Vorlagesperre zu beachten.*
3. *Neben den Notar- und Gerichtskosten für diese Urkunde übernehme ich auch die Notar- und Gerichtskosten für die Angebotsurkunde.*

(Schlussformel)

2 Anwendung des § 13a BeurkG (Verzicht auf Beifügen und Vorlesen einer Bezugsurkunde, hier das Angebot) ist grundsätzlich nicht notwendig, kann aber wegen der vorsorglichen Bestätigung von Vollmachten etc. zweckmäßig sein (vgl. **M 43.10** Fn. 9). Es handelt sich um den Abschluss eines Vertrags nach der Regel des § 128 BGB durch Angebot und Annahme, bei der weder ein Vorlesen noch die Vorlage der Angebotsurkunde im Termin erforderlich ist (BGH DNotZ 1994, 764, 767); Letzteres ist für die richtige Formulierung durch den Notar aber zweckmäßig. Zu den Belehrungspflichten des Notars, wenn diesem die Angebotsurkunde nicht vorliegt: BGH MDR 2012, 315.

3 Das Angebot darf nicht widerrufen oder automatisch erloschen sein, s. Rz. 197 f. Eine verspätete „Annahme" gilt nach § 150 Abs. 1 BGB als neues Angebot.

4 Eine „Annahme" unter abändernden Bedingungen stellt eine Ablehnung des Angebots und die Abgabe eines neuen Angebots dar, § 150 Abs. 2 BGB.

5 So auch § 152 BGB; abdingbar.

Kosten: *Notargebühr:* 0,5-Gebühr gem. Nr. 21101 KV GNotKG, Geschäftswert gem. § 47 GNotKG (Kaufpreis).

M 43.12 Angebot zum Abschluss eines Grundstückskaufvertrags (Käuferangebot[1])

(Urkundeneingang)

Der Erschienene erklärt zur notariellen Niederschrift:

Vertragsangebot

§ 1

Ich mache hiermit dem Eigentümer des in der Anlage bezeichneten Grundbesitzes, ... (Personalien des Angebotsempfängers), das Angebot zum Abschluss eines Kaufvertrags mit dem Inhalt, wie er sich aus der Anlage „Kaufvertrag" zu dieser Urkunde ergibt. Die Anlage ist Bestandteil dieser Urkunde und wurde mitvorgelesen[2].

§ 2

Für das Angebot gelten im Einzelnen folgende Bedingungen:

(1) Das Angebot ist befristet bis ... (Datum) und bis dahin unwiderruflich[3]. Ist es bis zu diesem Zeitpunkt nicht angenommen, erlischt es automatisch[4].

(2) Der Vertrag kommt zustande mit der Beurkundung der Annahmeerklärung durch einen deutschen Notar. Eines Zugangs der Erklärung bei mir bedarf es nicht[5].

(3) Der Angebotsempfänger hat sich in der Annahmeurkunde die im Kaufvertrag enthaltenen Vollmachten, Bewilligungen, Anträge und Aufträge zu bestätigen.

(4) Die Rechte aus diesem Angebot sind nicht abtretbar und nicht vererblich.

§ 3

Ich gebe hiermit folgende weiteren Erklärungen ab:

1. *Ich erteile hiermit dem Angebotsempfänger unter Befreiung von den Beschränkungen des § 181 BGB die Vollmacht[6], mich bei Erklärung der Auflassung sowie überhaupt alle Erklärungen abzugeben und entgegenzunehmen sowie Rechtshandlungen vorzunehmen, die zur Durchführung des Kaufvertrags nach dessen Zustandekommen erforderlich und zweckmäßig sind. Die Vollmacht soll durch meinen Tod nicht erlöschen.*
2. *Wegen der Kaufpreisforderung in Höhe von ... Euro unterwerfe ich mich gegenüber dem ... (Name des Angebotsempfänger) der Zwangsvollstreckung aus dieser Urkunde in mein gesamtes Vermögen. Der Notar wird angewiesen, vollstreckbare Ausfertigung auf Antrag des Angebotsempfängers ab Vorliegen der vom Notar gem. § ... des Kaufvertrags mitzuteilenden Fälligkeitsvoraussetzungen zu erteilen.*
3. *Neben den Notar- und Gerichtskosten für diese Urkunde übernehme ich auch die Notar- und Gerichtskosten für die Annahmeurkunde.*

(Schlussformel)

1 Annahme hierzu **M 43.13**. Verkäuferangebot s. **M 43.10**.
2 S. **M 43.10** Fn. 2.
3 Im Verbrauchervertrag ist bei der Bemessung der Bindungsfrist Vorsicht geboten, s. Rz. 198a.
4 Variante zum automatischen Erlöschen s. Rz. 200 und **M 43.10**.
5 Gilt gem. § 152 BGB bereits kraft Gesetzes; s. Rz. 203.
6 Auflassung durch Angebot und Annahme unzulässig, s. Rz. 208 ff.

Kosten: *Notargebühr:* 2,0-Gebühr gem. Nr. 21100 KV GNotKG (s. Vorbem. 2.1.1 Nr. 1), Geschäftswert gem. § 47 GNotKG (Kaufpreis).

M 43.13 Annahme eines Angebots auf Abschluss eines Grundstückskaufvertrags (Verkäuferannahme[1])

(Urkundeneingang)

Der Erschienene erklärt zur notariellen Niederschrift:

Angebotsannahme

§ 1

... (Name des Anbietenden) hat mir als dem Eigentümer des im Angebot bezeichneten Grundbesitzes das Angebot zum Abschluss eines Kaufvertrags über diesen Grundbesitz gemacht. Das Angebot ist enthalten in der Urkunde des Notars ... (Name des Notars) in ... (Ort), Urkundenrolle Nr. ... (Nummer). Eine Ausfertigung liegt mir vor; der Inhalt ist mir bekannt[2]. Das Angebot ist noch wirksam[3].

§ 2

(1) Ich nehme hiermit das Angebot ohne jede Einschränkung und vorbehaltlos an[4]. Gleichzeitig bestätige ich die darin enthaltenen Vollmachten, Bewilligungen, Anträge und Aufträge.

(2) Nach den Bedingungen des Angebots kommt mit der Beurkundung dieser Annahmeerklärung der Kaufvertrag wirksam zustande[5].

§ 3

Ich gebe hiermit folgende weiteren Erklärungen ab:

1. *Ich bewillige und beantrage, sofort eine Vormerkung zur Sicherung des Erwerbsanspruchs für den Käufer einzutragen[6].*
2. *In Ausübung der in der Angebotsurkunde enthaltenen Auflassungsvollmacht erkläre ich namens des (Name des Anbietenden), dass er sich mit mir über den Übergang des Eigentums an dem im Angebot bezeichneten Grundbesitz einig ist und beantrage in seinem Namen die Eigentumsumschreibung, die ich hiermit gleichzeitig im eigenen Namen bewillige. Der beurkundende Notar wird angewiesen, die Auflassungserklärung in dieser Urkunde erst dann dem Grundbuchamt vorzulegen, wenn ich ihm den Erhalt des vollständigen Kaufpreises schriftlich bestätigt habe; der Anbietende hat bis dahin ausdrücklich auf die Erteilung vollständiger beglaubigter Abschriften oder Ausfertigungen verzichtet.*
3. *Die Kosten für diese Urkunde sind bei dem Anbietenden zu erheben, der sich in der Angebotsurkunde zu ihrer Übernahme verpflichtet hat.*

(Schlussformel)

1 Annahme des Angebots **M 43.12**. Zur Käuferannahme s. **M 43.11**.
2 S. **M 43.11** Fn. 2.
3 S. **M 43.11** Fn. 3.
4 S. **M 43.11** Fn. 4.
5 S. **M 43.11** Fn. 5.
6 Sofern dies nach der Vertragsgestaltung vorgesehen und tunlich ist.

Kosten: *Notargebühr:* 0,5-Gebühr gem. Nr. 21101 KV GNotKG, Geschäftswert gem. § 47 GNotKG (Kaufpreis).

XIV. Angebot (Angebotsvertrag) mit Benennungsrecht

1. Falldarstellung zu M 43.14–M 43.16

212 Diese besondere Art des Angebots und die zugeordneten Muster stellen eine Regelungsmöglichkeit für den Fall dar, dass der Interessent nicht oder jedenfalls nicht in vollem Umfang selbst einsteigen, sondern Dritte als (Mit-)Käufer und (Mit-)Bauherren gewinnen möchte. Deshalb soll er zur „Weitergabe des Angebots“ an Dritte berechtigt sein. Daraus kann sich folgende Interessenlage ergeben:

Der **Eigentümer** ist bereit, sein Grundstück an bereits vorhandene und an noch zu gewinnende Käufer zu veräußern, sofern 213

- sichergestellt wird, dass das Grundstück insgesamt und zu einem festen Gesamtpreis veräußert wird,
- sichergestellt wird, dass er bei einem Scheitern des Vorhabens anderweitig über das Grundstück verfügen kann,
- der Vorgang in einem bestimmten zeitlichen Rahmen abläuft, dh. seine Bindung an das Vorhaben sich zeitlich in erträglichen Grenzen hält.

Der **Interessent** möchte während der Planungs- und Werbephase das Grundstück fest an der Hand haben, für seine damit verbundenen Aufwendungen also eine gewisse Sicherheit gegen anderweitigen Verkauf oder sonstige Störungen haben. 214

➲ **Wichtig:** Die Beteiligung des Dritten führt zu einer im Vergleich zum normalen Kaufvertrag erheblich erhöhten Komplexität und Störungsanfälligkeit mit entsprechenden Risiken. Von dieser Gestaltung sollte deshalb nur mit größter Vorsicht Gebrauch gemacht werden! 214a

2. Gestaltungsbeispiel (M 43.14–M 43.16)

Der dargelegten Interessenlage ist in den folgenden Mustern – als Beispiel – in folgender Weise Rechnung getragen: 215

- Der Verkäufer gibt gegenüber dem Angebotsempfänger/Benennungsberechtigten ein Angebot ab, das auch von Dritten angenommen werden kann. Der Angebotsempfänger wirkt bei der Beurkundung mit (Angebotsvertrag, s. Rz. 218).
- Dem Interessenten wird dadurch eine grundbuchmäßige Sicherheit verschafft, dass ein flankierender (künftiger) Anspruch auf Übereignung an sich oder den/die Dritten durch Auflassungsvormerkung gesichert wird. Durch die Abtretbarkeit des Anspruchs kann auch der Dritte in den Genuss dieser Sicherung kommen, wenn dies notwendig wird (dh. bei Zwischeneintragungen).
- Die flankierende Ankaufsverpflichtung (des Interessenten oder einer anderen Person) für etwaige „Reste" des Grundstücks stellt sowohl für den Verkäufer als auch für die benannten Käufer von Bruchteilen oder Teilflächen die Sicherheit dar, dass der angebotene Kaufvertrag letztlich zustande kommen wird, wobei hier eine entscheidende Frage die Bonität des Ankaufsverpflichteten darstellt. Der Zusammenhang zwischen Angebotsurkunde und Ankaufsverpflichtung ist durch Zusammenfassung in einer Urkunde oder Aufnahme beurkundeter Verknüpfungserklärungen in beide Verträge zum Ausdruck zu bringen (§ 311b Abs. 1 BGB).
- Für den Dritten wird nach Annahme des Angebots zwar eine eigene Vormerkung eingetragen (um die Werthaltigkeit des Übereignungsanspruchs nicht vom Schicksal des Versprechensempfängers abhängig sein zu lassen). Der Eigentümer kann diese jedoch bei Scheitern des Vertrags durch eine vorab erteilte Löschungsbewilligung des Dritten zur Löschung bringen.

Soll der Eigentümer nur bei **Verkauf des gesamten Grundstücks** gebunden sein, müsste das Angebot entweder noch nach Annahme widerrufen werden können, oder in die einzelnen Kaufverträge müsste ein Wirksamkeitsvorbehalt dergestalt aufgenommen werden, dass der Bestand eines jeden Kaufvertrags vom Zustandekommen von Kaufverträgen über alle Bruchteile (oder Teilflächen) abhängt (aufschiebende oder auflösende Bedingung). Im Interesse der Rechtssicherheit ist eine Frist zu empfehlen, nach deren Ablauf der Schwebezustand nach Teilannahmen endet. 216

3. Steuerliche Fragen

Bei allen Gestaltungsformen von Angeboten an noch zu benennende Dritte ergibt sich das Problem der doppelten Grunderwerbsteuer (s. Rz. 82). Diese fällt an, wenn der Käuferbenennungsberechtigte ein irgendwie geartetes wirtschaftliches Interesse an dem Vorhaben hat und deshalb ein Zwischengeschäft iSv. § 1 Abs. 1 Nr. 5–7 GrEStG oder eine Verwertungsbefugnis nach § 1 Abs. 2 217

GrEStG unterstellt werden kann. Deshalb ist eine sorgfältige Vorprüfung der steuerlichen Konsequenzen unerlässlich.

M 43.14 Vertragsangebot an noch zu benennende Dritte[1]

(Urkundeneingang)

Die Beteiligten erklären zur notariellen Niederschrift:

Verkaufsangebot

§ 1 Objektbeschreibung

Der Anbietende (im Folgenden auch Eigentümer genannt) ist Alleineigentümer des im Grundbuch von ... (Ort) Band/Blatt ... (Nummer) eingetragenen Grundstücks Flurstück Nr. ... (Nummer und weitere Beschreibung).

Es handelt sich um einen Bauplatz.

Das Grundstück ist in Abt. II und III des Grundbuchs lastenfrei. Belastungen außerhalb des Grundbuchs, insbesondere Baulasten, sind dem Eigentümer nicht bekannt.

§ 2 Verpflichtung

(1) Der Eigentümer verpflichtet sich gegenüber dem Benennungsberechtigten[2], den vorbezeichneten Grundbesitz nach Annahme des nachstehend unterbreiteten Angebots ganz oder teilweise, dh. zu vom Benennungsberechtigten bestimmten Bruchteilen und/oder vom Benennungsberechtigten zu bestimmende Teilflächen, an den oder die Annehmenden zu verkaufen und zu übereignen, und zwar nach Maßgabe des Kaufvertrags, wie er sich aus der Anlage „Kaufvertrag" zu dieser Urkunde ergibt. Das Angebot kann auch für Miteigentumsanteile oder noch zu vermessende Teilflächen angenommen werden; der Kaufpreisteil entspricht dann dem Miteigentumsanteil bzw. der Teilfläche im Verhältnis zum ganzen Grundstück.

(2) Der vorstehend vereinbarte Anspruch des Benennungsberechtigten ist nur an den oder die (jeweiligen) Annehmenden – ganz oder teilweise – abtretbar, jedoch nur dann, wenn der Annehmende vom Eigentümer verwendbare Löschungsbewilligungen im Hinblick auf die zu seinen Gunsten einzutragende Vormerkung und im Hinblick auf die Vormerkung zum Schutz des an ihn abgetretenen Anspruchs erteilt, mit der Maßgabe, dass der Notar allseitig angewiesen wird, die Bewilligung erst zum Vollzug vorzulegen, wenn im Innenverhältnis folgende Voraussetzungen erfüllt sind: (1) Der Verkäufer hat dem Notar nach Eintritt der vom Notar zu bestätigenden Fälligkeitsvoraussetzungen schriftlich mitgeteilt, dass er nach mindestens zweimaliger schriftlicher Mahnung wegen nicht rechtzeitiger Zahlung des Kaufpreises von dem Kaufvertrag zurückgetreten ist bzw. Schadensersatz statt der ganzen Leistung verlangt hat, und (2) der Annehmende hat dem Notar auf die vom Notar per Einwurfeinschreiben dem Annehmenden an dessen letzte bekannte Anschrift übermittelte Aufforderung nicht innerhalb eines Monats nachgewiesen, dass der Kaufpreis vollständig gezahlt ist oder ein gerichtliches Verfahren zur Feststellung der Unwirksamkeit des Widerrufs oder des Rücktritts anhängig ist.

Nach der Abtretung kann das Recht des Annehmenden durch die Vertragsparteien nicht mehr ohne dessen Mitwirkung aufgehoben werden.

(3) Der Eigentümer verpflichtet sich gegenüber dem Benennungsberechtigten, zugunsten des Annehmenden nach Annahme des nachstehend unterbreiteten Angebots zulasten des vorbezeichneten Grundbesitzes eine Auflassungsvormerkung zu bewilligen[3], für den Fall, dass keine Zwischen-

1 S. Rz. 212 ff. und DNotI-Report 1997, 112; Gestaltung in den Grundzügen aufbauend auf Kesseler in DAI, Aktuelle Probleme der notariellen Vertragsgestaltung im Immobilienrecht 2009/2010, S. 62 ff. Die Mitwirkung des Benennungsberechtigten an der Beurkundung ist aufgrund des Inhalts zwingend.

2 Zur Käuferbenennung Berechtigter, s. **M 43.14** § 3 (5). Er ist Versprechensempfänger iSv. § 335 BGB; s. auch Fn. 8.

3 Für den Dritten kann erst nach Benennung eine Vormerkung eingetragen werden; s. auch Fn. 8.

eintragungen eingetragen oder zur Eintragung angemeldet sind, jedoch nur Zug um Zug gegen Löschung des entsprechenden Teils der Vormerkung zugunsten des Benennungsberechtigten. Der Eigentümer erteilt dem Benennungsberechtigten unter Befreiung von den Beschränkungen des § 181 BGB Vollmacht, für den oder die Annehmenden zur Sicherung des mit der Annahme entstehenden Eigentumsverschaffungsanspruchs eine Vormerkung zu bewilligen und zu beantragen. Von der Vollmacht kann nur Gebrauch gemacht werden, wenn der Annehmende eine vom Eigentümer verwendbare Löschungsbewilligung im Hinblick auf die zu seinen Gunsten einzutragende Vormerkung abgibt, von der der Notar aber nur nach Maßgabe der in Ziff. 2 beschriebenen Voraussetzungen. Gebrauch machen darf; sofern keine Zwischeneintragungen eingetragen oder zur Eintragung beantragt sind, kann von der Vollmacht hierüber hinaus nur Gebrauch gemacht werden, wenn der Benennungsberechtigte gleichzeitig die nachstehend für ihn bewilligte Vormerkung hinsichtlich des der Annahme entsprechenden Teils des Kaufgegenstandes zur Löschung bewilligt und beauftragt; nicht als Zwischeneintragung gilt eine Vormerkung für einen anderen Annehmenden im Hinblick auf einen anderen Teil des Kaufgegenstandes.

§ 3 Angebot

(1) Der Eigentümer macht hiermit einem oder mehreren noch zu benennenden Dritten das Angebot zum Verkauf dieses Grundstücks auf der Grundlage der Bestimmungen des Kaufvertrags, wie er sich aus der Anlage „Kaufvertrag" zu dieser Urkunde ergibt. Der Benennungsberechtigte ist auch berechtigt, sich selbst als annehmenden Käufer zu benennen. Im Übrigen sind die Rechte aus diesem Angebot nicht übertragbar und nicht vererblich.

(2) Das Angebot kann auch für Miteigentumsanteile oder noch zu vermessende Teilflächen angenommen werden[4]*. Der Kaufpreisteil entspricht dann dem Miteigentumsanteil bzw. der Teilfläche, wie sie sich nach amtlicher Vermessung darstellt, im Verhältnis zum ganzen Grundstück, wobei für Zwecke der Zwangsvollstreckungsunterwerfung und Umschreibungssperre ein vorläufiger, vom Angebotsempfänger entsprechend den Größenverhältnissen aufgrund eines vorläufigen Lageplans festzulegender Kaufpreis maßgeblich ist.*

(3) Der Kaufvertrag wird wirksam mit Beurkundung der Käuferbenennung und der Annahmeerklärung durch einen Notar. Eines Zugangs dieser Urkunde beim Eigentümer bedarf es nicht. Der Benennungsberechtigte verpflichtet sich, den Eigentümer und den Notar unverzüglich über die Käuferbenennung und Annahme zu informieren.

(4) Der Annehmende hat sich in der Annahmeurkunde wegen seiner Verpflichtung zur Zahlung des Kaufpreises der Zwangsvollstreckung in sein gesamtes Vermögen zu unterwerfen, und zwar dergestalt, dass der Notar angewiesen wird, vollstreckbare Ausfertigung auf Antrag des Eigentümers ab Vorliegen der vom Notar gem. § . . . des Kaufvertrags mitzuteilenden Fälligkeitsvoraussetzungen zu erteilen. Ferner hat der Annehmende die im Kaufvertrag enthaltenen Vollmachten, Bewilligungen, Anträge und Aufträge zu bestätigen.

(5) Das Recht der Käuferbenennung und der Bestimmung der Miteigentumsanteile oder Teilflächen wird hiermit eingeräumt

. . . (Name).

§ 4 Kosten

Die Kosten dieser Urkunde und ihres Vollzugs trägt der Benennungsberechtigte.

§ 5 Dauer des Angebots, Widerrufsrecht[5]

Dieses Angebot ist bis zum . . . (Datum) befristet, dh. annahmefähig, und bis dahin frei widerruflich durch Erklärung gegenüber dem Benennungsberechtigten, und zwar durch Einschreibebrief. Der Widerruf wird wirksam mit Zugang der Erklärung bei dem Benennungsberechtigten. Benennt der Benennungsberechtigte sich oder einen Dritten als Annehmenden nur für einen Miteigentumsanteil

4 Die Alternative entfällt, wenn bereits feststeht, dass nur die eine oder die andere Erwerbsform in Betracht kommt.

5 Nach hM (s. Gutachten DNotI-Report 1997, 112) fehlt es bis zu der Benennung des Dritten an einer Bindung an das Angebot.

oder eine noch zu vermessende Teilflächen, so ist der Widerruf nur noch im Übrigen zulässig, aber nicht mehr, soweit durch die Annahme ein Vertrag zustande gekommen ist.

Der Eigentümer verpflichtet sich gegenüber dem Benennungsberechtigten, das Angebot bis zum ... (Datum) nicht zu widerrufen.

§ 6 Vollmacht[6]

(Auflassungsvollmacht wie in ***M 43.10*** *mit der Befugnis, die Auflassung auch gegenüber Dritten zu erklären).*

§ 7 Auflassungsvormerkung[7]

Der Eigentümer bewilligt und beantragt, zu Lasten des bezeichneten Grundstücks und zugunsten des in § 3 (5) genannten Benennungsberechtigten[8] *zur Sicherung des Übereignungsanspruchs nach Ziff. II.1 eine Auflassungsvormerkung einzutragen.*

§ 8 Schluss

Die Kosten dieser Urkunde und ihres Vollzugs trägt ... (Name)

(ggf. Verknüpfungsabrede bzgl. bedingter Kaufverpflichtung)

(Schlussformel einschließlich Hinweis auf Mitverlesen der Anlage)

6 Bevollmächtigte könnten auch der Benennungsberechtigte (oder andere Vertrauenspersonen) sein. Auch hier spielt wieder die Frage der steuerlichen Auswirkungen eine Rolle (Rz. 217).

7 Die Vormerkung verstärkt die Bindung des Anbietenden. Verbunden damit ist wiederum die Gefahr der steuerlichen Einordnung als Verwertungsbefugnis (Rz. 217).

8 Als sog. Versprechensempfänger iSv. § 335 BGB; der noch zu benennende Dritte ist nicht eintragungsfähig (BGH NJW 1983, 1543; Ludwig Rpfleger 1986, 345). Ist der Benennungsberechtigte nicht Versprechensempfänger iSv. § 335 BGB, dh., steht ihm kein eigener Anspruch auf Leistung an den Dritten zu, kann für ihn keine Vormerkung eingetragen werden (BGH NJW 1983, 1543). Sehr instruktiv Kesseler, in: DAI, Aktuelle Probleme der notariellen Vertragsgestaltung im Immobilienrecht 2009/2010, S. 62 ff.

Kosten: *Notargebühr:* 2,0-Gebühr gem. Nr. 21100 KV GNotKG (s. Vorbem. 2.1.1 Nr. 1), Geschäftswert gem. § 47 GNotKG (Kaufpreis).

M 43.15 Bedingte Kaufverpflichtung[1] (flankierend zu M 43.14)

(Urkundeneingang)

Die Beteiligten erklären zur notariellen Niederschrift:

Bedingte Kaufverpflichtung

§ 1

(1) Der Beteiligte ... (Name), im Folgenden auch „Eigentümer" genannt, hat heute in gesonderter Urkunde für sein im Grundbuch von ... (Ort) Band/Blatt ... (Nummer) eingetragenes Grundstück Flurstück Nr. ... (Nummer und sonstiger Beschreibung) ein Vertragsangebot an noch zu benennende Dritte abgegeben. Auf diese Angebotsurkunde, beurkundet von dem auch diese Erklärung beurkundenden Notar unter der Urkundenrolle-Nr. ... (Nummer), wird verwiesen. Der Inhalt ist den Beteiligten bekannt; die Beurkundung erfolgte in Gegenwart beider Beteiligten. Das Original der Urkunde lag vor. Auf Beifügen und Vorlesen wurde verzichtet[2].

1 Ergänzend zu **M 43.14:** Bedingte Ankaufsverpflichtung für den Rest, für den keine Käufer geworben werden konnten; stellt den vom Verkäufer gewollten Verkauf des gesamten Grundbesitzes sicher, vgl. Rz. 213. Inhaltlich vielfältig gestaltbar, vor allem hinsichtlich der „Vorhaltegebühr" (hier in § 2 durch Zinsausfall geregelt) und einer etwaigen vom Ankaufsverpflichteten zu stellenden Sicherheit (zB Bankbürgschaft).

2 § 13a BeurkG. Andere Möglichkeit: Beifügen des Angebots als Anlage. Die **M 43.14** und **M 43.15** können auch in einer Urkunde zusammengefasst werden (unter bestimmten Voraussetzungen sogar notwendig, s. Rz. 29).

(2) Der Beteiligte . . . (Name), im Folgenden auch „Verpflichteter" genannt, verpflichtet sich hiermit gegenüber dem Eigentümer, für den Fall, dass das Angebot von einem benannten Käufer oder von mehreren Käufern nur für Miteigentumsanteile oder Teilflächen angenommen worden ist, die restlichen Miteigentumsanteile bzw. Teilflächen zu den Bedingungen des Angebots zu erwerben. Die Verpflichtung entsteht mit Ablauf des . . . (Datum), vorausgesetzt, dass überhaupt eine Teilannahme bereits vorliegt.

(3) Die Verpflichtung gem. Abs. 2 besteht auch für den Fall, dass ein mit einem anderen Käufer zustande gekommener Kaufvertrag aus Gründen, die nicht im Verantwortungsbereich des Eigentümers liegen, unwirksam ist oder später unwirksam wird.

(4) Mit dieser Ankaufsverpflichtung soll sichergestellt werden, dass bei einer Annahme des Verkaufsangebots für Miteigentumsanteile oder Teilflächen durch zu benennende Dritte auch die verbleibenden Miteigentumsanteile bzw. Teilflächen veräußert werden, da der Eigentümer das Grundstück nur insgesamt verkaufen will.

§ 2

(1) Der Verpflichtete zahlt für die Zeit vom . . . (Datum) bis zum . . . (Datum) an den Eigentümer für Zinsausfall einen monatlichen Betrag von . . . Euro, zahlbar im Voraus jeweils am Monatsersten. Bei Annahme des Angebots wird der geschuldete Betrag nicht auf den Kaufpreis angerechnet. Die Zahlungsverpflichtung endet mit Wirkung für die Zukunft mit dem auf die Annahme(n) für die gesamte Grundstücksfläche und für sämtliche Miteigentumsanteile folgenden Monatsersten.

(2) Diese Zahlungspflicht besteht auch für den Fall, dass keine Kaufverträge zustande kommen.

§ 3

Der Verpflichtete stellt dem Eigentümer für alle in dieser Urkunde übernommenen Verpflichtungen (§§ 1 und 2) eine selbstschuldnerische Bankbürgschaft, die im Termin übergeben wird.

Schluss

Die Kosten tragen die Beteiligten zu gleichen Teilen.

(Schlussformel)

Kosten: *Notargebühr:* 2,0-Gebühr gem. Nr. 21100 KV GNotKG. Geschäftswert gem. § 51 Abs. 1, 3 GNotKG (Grundstückswert).

M 43.16 Käuferbenennung und Angebotsannahme[1] (zu M 43.14)

(Urkundeneingang)

Einleitend erklären die Beteiligten:

§ 1 Vorbemerkung

(1) Der Eigentümer des im Grundbuch von . . . (Ort) Band/Blatt . . . (Nummer) eingetragenen Grundstücks Flurstück Nr. . . . (Nummer und weitere Beschreibung) hat in der Urkunde des Notars . . . (Name) in . . . (Ort) für dieses Grundstück das Angebot zum Verkauf an noch zu benennende Dritte gemacht. Das Angebot nebst Anlage wurde beurkundet am . . . (Datum) unter der Urkundenrolle Nr. . . . (UR-Nummer). Eine beglaubigte Abschrift dieser Urkunde liegt im Termin vor. Den Beteiligten ist der Inhalt bekannt. Sie verweisen auf diese Urkunde[2].

(2) Das Recht zur Benennung von Käufern (Annahmeberechtigten) und zur Bestimmung von Bruchteilen oder Teilflächen des Angebotsobjektes ist dem Beteiligten . . . (Name), im Folgenden auch „Benenner" genannt, eingeräumt worden.

1 Folgeurkunde zu **M 43.14.**

2 Diese Bezugnahme zur Identifizierung des Angebots reicht aus; die häufig anzutreffende Verweisung nach § 13a BeurkG ist überflüssig, vgl. **M 43.11** Fn. 2; s. auch DNotI-Report 1997, 113.

Hierauf erklären die Beteiligten zur notariellen Niederschrift:

§ 2 Käuferbenennung[3]

Der Benenner erklärt aufgrund der ihm im Angebot übertragenen Befugnis:

1. *Ich benenne hiermit den Beteiligten ... (Name), im Folgenden auch Käufer genannt, als annahmeberechtigten Käufer.*
2. *Die Annahmeberechtigung beschränkt sich auf einen ideellen Miteigentumsanteil von ... (Bruchteil).*
3. *Die Annahme kann nur für den in Nr. 2 festgelegten Bruchteil insgesamt erfolgen.*

§ 3 Angebotsannahme[4]

Hierauf erklärt der benannte Annahmeberechtigte:

Ich nehme hiermit das in der Vorbemerkung bezeichnete Vertragsangebot für den in § 2 Nr. 2 festgelegten Bruchteil an. Gleichzeitig bestätige ich die darin enthaltenen Vollmachten, Bewilligungen, Anträge und Aufträge.

Wegen der Kaufpreisforderung in Höhe von ... (Höhe) unterwerfe ich mich gegenüber dem ... (Verkäufer)) der Zwangsvollstreckung aus dieser Urkunde in mein gesamtes Vermögen. Der Notar wird angewiesen, vollstreckbare Ausfertigung auf Antrag des Verkäufers ab Vorliegen der vom Notar gem. § ... des Kaufvertrags mitzuteilenden Fälligkeitsvoraussetzungen zu erteilen.

§ 4 Auflassung

Namens des Eigentümers und kraft der ihm in der vorbezeichneten Urkunde eingeräumten Vollmacht erklärt der Benenner hiermit, dass er sich mit dem Annehmenden über den Übergang des Eigentums nach Maßgabe der Angebotsannahme einig ist. Die Beteiligten bewilligen und beantragen die Eintragung der Auflassung im Grundbuch, mit der Maßgabe, dass der Notar die Eigentumsumschreibung erst beantragen darf, wenn der Eigentümer ihm die vollständige Zahlung des Kaufpreises für diesen Kaufvertrag schriftlich bestätigt hat.

§ 5 Bewilligung und Löschung von Auflassungsvormerkungen[5]

Namens des Eigentümers und kraft der ihm in der vorbezeichneten Urkunde eingeräumten Vollmacht bewilligt der Benenner die Eintragung einer Auflassungsvormerkung zugunsten des Annehmenden zur Sicherung des durch die Angebotsannahme zustande kommenden Anspruchs. Die Eintragung dieser Vormerkung wird beantragt.

Für den Benenner als Versprechensempfänger ist in Abt. II des Grundbuchs eine Auflassungsvormerkung eingetragen. Der Vormerkungsberechtigte erklärt zu dieser Vormerkung:

Ich bewillige hiermit die Teillöschung dieser Vormerkung hinsichtlich des hier erworbenen Miteigentumsanteils für den Fall (Rechtsbedingung), dass die vorstehend bewilligte Vormerkung für den Annehmenden im unmittelbaren Rang nach der teilweise zu löschenden Vormerkung eingetragen wird.

Der Annehmende bewilligt bereits jetzt die Löschung der zu seinen Gunsten einzutragenden Vormerkung. Die Beteiligten weisen den Notar an, die Bewilligung erst zum Vollzug vorzulegen, wenn im Innenverhältnis folgende Voraussetzungen erfüllt sind: (1) Der Verkäufer hat dem Notar nach Eintritt der vom Notar zu bestätigenden Fälligkeitsvoraussetzungen schriftlich mitgeteilt, dass er wegen nicht rechtzeitiger Zahlung des Kaufpreises von dem Kaufvertrag zurückgetreten ist bzw. Schadensersatz statt der ganzen Leistung verlangt hat, und (2) der Annehmende hat dem Notar auf die vom Notar per Einwurfeinschreiben dem Annehmenden an dessen letzte bekannte Anschrift übermittelte Aufforderung nicht innerhalb eines Monats nachgewiesen, dass der Kaufpreis vollständig gezahlt ist oder ein gerichtliches Verfahren zur Feststellung der Unwirksamkeit des Widerrufs oder des Rücktritts anhängig ist.

3 Aufgrund der Befugnis aus **M 43.14.**

4 Vgl. die Fn. zu **M 43.11** und **M 43.13.**

5 S. Rz. 215.

Bei Zwischeneintragungen:

Der Benenner tritt an den Annehmenden seinen Anspruch aus § 2 (1) der vorbezeichneten Urkunde im Hinblick auf den Kaufgegenstand ab. Die Beteiligten bewilligen und beantragen, die Teilabtretung des Anspruchs bei der zugunsten des Benenners eingetragenen Vormerkung zu vermerken. Der Annehmende bewilligt insoweit bereits jetzt die Löschung der Vormerkung. Die Beteiligten weisen den Notar an, die Bewilligung erst zum Vollzug vorzulegen, wenn im Innenverhältnis folgende Voraussetzungen erfüllt sind: (1) Der Verkäufer hat dem Notar nach Eintritt der vom Notar zu bestätigenden Fälligkeitsvoraussetzungen schriftlich mitgeteilt, dass er nach mindestens zweimaliger schriftlicher Mahnung wegen nicht rechtzeitiger Zahlung des Kaufpreises von dem Kaufvertrag zurückgetreten ist bzw. Schadensersatz statt der ganzen Leistung verlangt hat, und (2) der Annehmende hat dem Notar auf die vom Notar per Einwurfeinschreiben dem Annehmenden an dessen letzte bekannte Anschrift übermittelte Aufforderung nicht innerhalb eines Monats nachgewiesen, dass der Kaufpreis vollständig gezahlt ist oder ein gerichtliches Verfahren zur Feststellung der Unwirksamkeit des Widerrufs oder des Rücktritts anhängig ist.

Schluss

Die Kosten dieser Urkunde und ihres Vollzugs trägt . . . (Name).

(Schlussformel)

Kosten: *Notargebühr:* 0,5-Gebühr gem. Nr. 21101 KV GNotKG, Geschäftswert gem. § 47 GNotKG (Kaufpreis). Die Käuferbenennung betrifft kein anderes Rechtsverhältnis im Sinne von § 109 Abs. 1 S. 1 GNotKG.

XV. Angebotsvertrag/Optionsvertrag

Soll der Angebotsempfänger nach dem Willen der Beteiligten bereits **mit Abgabe des Angebots** seinerseits **wirksam Verpflichtungen** gegenüber dem Offerenten **übernehmen** (etwa: Bindungsentgelt; Kostentragung im Hinblick auf das Angebot), bedürfen diese der Beurkundung (§ 311b Abs. 1 Satz 1 BGB, Vollständigkeitsgrundsatz, s. BGH DNotZ 1986, 264; OLG München MittBayNot 1991, 19). Mittel der Wahl ist in solchen Fällen ein sog. Angebotsvertrag oder ein sog. Optionsvertrag. Eine Mitwirkung des Angebotsempfängers kann auch aus anderen Gründen sinnvoll sein, etwa zur Erleichterung der Löschung der Auflassungsvormerkung oder zwecks Zwangsvollstreckungsunterwerfung wegen des Kaufpreisanspruchs. Angebotsvertrag und Optionsvertrag unterscheiden sich in der Art und Weise des Zustandekommens des Hauptvertrags: Während beim Angebotsvertrag eine Annahme nach allgemeinen Grundsätzen zu erklären (und zu beurkunden) ist, wird beim Optionsvertrag typischerweise ein aufschiebend bedingter Kaufvertrag vereinbart, der durch die Abgabe einer mindestens schriftlichen Erklärung des Optionsberechtigten aufschiebend bedingt ist (so dass es keiner weiteren Beurkundung zum Zustandekommen des Vertrags bedarf). 218

Einstweilen frei. 219–239

M 43.17 Angebotsvertrag (Alternative zu Verkäuferangebot M 43.10)

(Urkundeneingang)

Angebotsvertrag

I. Angebot

*(wie **M 43.10**, §§ 1–3, allerdings ohne Vorlagesperre für die Auflassungsvormerkung)*

II. Verpflichtungen des Angebotsempfängers

1. Der Angebotsempfänger verpflichtet sich zur Zahlung eines Bindungsentgelts in Höhe von . . . Euro pro angebrochenem Monat, beginnend mit . . . und zahlbar jeweils zum Monatsersten auf das Konto ... (Bankverbindung). Die Verpflichtung zur Zahlung des Bindungsentgelts endet für die Zukunft mit Widerruf dieses Angebots. Bei Annahme des Angebots wird das gezahlte Bindungsentgelt auf den Kaufpreis angerechnet, bei ausbleibender Annahme verbleibt es dem Anbietenden. Werden die Zahlungen nicht oder nicht fristgerecht geleistet, erlischt das Angebot, sofern es nicht bereits angenommen wurde.

2. Der Angebotsempfänger trägt die Notar- und Grundbuchgebühren für dieses Angebot und die Eintragung, ggf. auch die Löschung der Vormerkung, unbeschadet der gesetzlichen Kostenhaftung.

3. Der Angebotsempfänger bevollmächtigt den beurkundenden Notar, die Löschung der Auflassungsvormerkung auf Antrag des Anbietenden zu bewilligen. Die Beteiligten weisen den Notar an, von dieser Vollmacht Gebrauch zu machen, wenn ihm nicht spätestens bis zum ... eine Abschrift der vorbehaltlosen Annahme vorliegt.

4. Der Angebotsempfänger unterwirft sich wegen des bei Annahme des Angebots zu zahlenden Kaufpreises in Höhe von ... Euro der sofortigen Zwangsvollstreckung aus dieser Urkunde in sein gesamtes Vermögen. Der Notar wird angewiesen, vollstreckbare Ausfertigung auf Antrag des Anbietenden ab Vorliegen der vom Notar gem. § ... des Kaufvertrags zu bestätigenden Fälligkeitsvoraussetzungen zu erteilen.

(Schlussformel)

XVI. Erbbaurechts-Kaufvertrag

240 Der Kaufvertrag über ein Erbbaurecht folgt im Wesentlichen den Regeln, die für einen Grundstückskaufvertrag gelten; s. Rz. 12 ff. Es gelten die folgenden Besonderheiten:

241 Der **Formzwang** nach § 311b Abs. 1 Satz 1 BGB für das **Verpflichtungsgeschäft** (Kaufvertrag) besteht auch hier (§ 11 Abs. 2 ErbbauRG). Für die dingliche Einigung ist dagegen **keine Auflassungsform** erforderlich (§ 11 Abs. 1 Satz 1 ErbbauRG); s. Kap. 49 Rz. 5. Ebenso wie bei Grundstücken ist auch hier eine bedingte oder befristete Übertragung unwirksam (§ 11 Abs. 1 Satz 2 ErbbauRG). Wegen § 29 GBO bedarf aber zumindest die Eintragungsbewilligung des Berechtigten der notariellen Form.

242 IdR bestehen **Veräußerungs- und Belastungsbeschränkungen** nach § 5 ErbbauRG, die bei den Fälligkeitsvoraussetzungen und im Rahmen der Beleihung zu beachten sind; s. Kap. 49 Rz. 113 ff., 130 ff. Für sich daraus ergebende Zustimmungserklärungen s. **M 49.6** und **M 49.8**, für eine Ersetzung bei Verweigerung s. **M 49.10**. Bei der Vertragsgestaltung unbedingt zu berücksichtigen ist die Möglichkeit der gespaltenen Eigentümerzustimmung (vgl. den Notarhaftungsfall BGH DNotZ 2005, 847). Zumeist besteht auch ein Eigentümervorkaufsrecht, dessen Ausübung oder Nichtausübung zu klären ist.

243 Dem **Eintritt in die Rechte und Pflichten des Erbbauvertrags** ist besondere Aufmerksamkeit zu widmen, besonders den nur **schuldrechtlich wirksamen** Teilen, da diese nicht automatisch auf den Käufer übergehen; s. Kap. 49 Rz. 9 und 37. Den Eintritt kann der Grundstückseigentümer dadurch bewirken, dass er die Erteilung der Veräußerungszustimmung davon abhängig macht, s. Kap. 49 Rz. 114 ff.

244 Zur **Steuer** s. Kap. 49 Rz. 136 ff.

245 S. zum **Erbbaurecht im Übrigen** Kap. 49.

M 43.18 Erbbaurechts-Kaufvertrag[1]

(Urkundeneingang)[2]

Die Beteiligten erklären zur notariellen Niederschrift:

Kaufvertrag

§ 1 Grundbuchstand

(1) Der Verkäufer ist eingetragener Eigentümer des folgenden Erbbaurechts:

Erbbau-Grundbuch von ... (Ort) Blatt ... (Nummer):

Erbbaurecht an Flurstück Nr. ... (Nummer und weitere Grundstücksbeschreibung).

(2) Die Veräußerung bedarf der Zustimmung des Grundstückseigentümers, ebenso eine etwaige Belastung mit zur Kaufpreisfinanzierung einzutragenden Grundpfandrechten.

(3) Das Erbbaurecht ist wie folgt belastet:

*Weiter zB wie in **M 43.1** oder**M 43.2***

Die aus dem Erbbauvertrag herrührenden Belastungen in Abt. II zugunsten des jeweiligen Eigentümers werden gem. den unten getroffenen Vereinbarungen mit dem Grundbesitz übernommen[3].

§ 2 Kaufgegenstand; Kaufpreis und Fälligkeit

*Weiter zB wie in **M 43.1** oder **M 43.2** (aber ohne gemeindliche Vorkaufsrechtsverzichtserklärung als Fälligkeitsvoraussetzung)*

Ggf. als weitere Fälligkeitsvoraussetzungen aufnehmen:

- *Die Zustimmungen des Grundstückseigentümers zur Veräußerung des Erbbaurechts und zu einer bis zum ... beurkundeten Belastung mit Grundschulden in Höhe von bis zu ... Euro nebst jeweils bis zu ... % Jahreszinsen und jeweils einmaligen Nebenleistungen bis zu ... % liegen vorbehaltlos und in gehöriger Form vor[4].*
- *Der Grundstückseigentümer hat schriftlich auf die Ausübung seines Vorkaufsrechts für diese Veräußerung verzichtet.*

§ 3 Besitz, Nutzen und Lasten; Beschaffenheit

Besitz, Nutzen, Lasten und die Gefahr des zufälligen Untergangs und der zufälligen Verschlechterung sowie die Verkehrssicherungspflicht gehen mit vollständiger Kaufpreiszahlung auf den Käufer über. Ab diesem Zeitpunkt tritt er auch in alle Rechte und Pflichten des bestehenden Erbbauvertrags ein, auch soweit sie nur schuldrechtlichen Charakter haben[5]. Der Inhalt ist den Beteiligten bekannt. Gleichzeitig verpflichtet sich der Käufer, diese Rechte und Pflichten auf seine Rechtsnachfolger zu übertragen und diese zur Weitergabe an ihre Rechtsnachfolger zu verpflichten[6].

*Weiter zB wie **M 43.1***

§ 6 Grundbucherklärungen

(1) Der Verkäufer bewilligt und der Käufer beantragt die Eintragung einer Vormerkung zur Sicherung des Erwerbsanspruchs nach § 1 im Grundbuch. Die Löschung der Vormerkung wird schon jetzt bewilligt und beantragt für den Fall der Umschreibung des Erbbaurechts auf den Käufer unter der Voraussetzung, dass keine Zwischeneintragungen ohne Mitwirkung des Käufers erfolgt oder beantragt sind.

1 Rz. 240 ff.
2 Form nach § 11 Abs. 2 ErbbauRG iVm. § 311b Abs. 1 Satz 1 BGB.
3 Rz. 243.
4 Rz. 242.
5 Rz. 243.
6 Rz. 242; die manchmal praktizierte Verweisung auf den Erbbaurechtsvertrag nach § 13a BeurkG ist nicht zwingend erforderlich (aber natürlich unschädlich und im Käuferinteresse ggf. empfehlenswert).

(2) Die Vertragsbeteiligten sind sich über den Übergang des Erbbaurechts nach § 1 einig[7]*; der Verkäufer bewilligt und der Käufer beantragt die Umschreibung des Erbbaurechts auf den Käufer im Grundbuch. Der Notar wird angewiesen, die Rechtsumschreibung auf den Käufer erst zu beantragen, wenn ihm die Zahlung des geschuldeten Kaufpreises (ohne etwaige Verzugszinsen) von einem der Verkäufer bzw. den abzulösenden Gläubigern oder der finanzierenden Bank schriftlich bestätigt wurde*[8]*. Bis dahin werden Ausfertigungen und beglaubigte Abschriften nur auszugsweise ohne die erklärte Einigung erteilt.*

(3) Die Anträge dürfen getrennt vollzogen werden.

Weiter zB wie ***M 43.1*** *oder* ***M 43.2***

(Ggf. noch Ausschluss von Sekundäransprüchen des Käufers für den Fall der Vorkaufsrechtsausübung, Vereinbarung von Rücktrittsrechten für den Fall der Vorkaufsrechtsausübung und der Versagung der Zustimmung zur Belastung sowie Zwangsvollstreckungsunterwerfung des Erwerbers wegen des Erbbauzinses gegenüber dem Eigentümer.)

(Schlussformel)

7 Keine Auflassungsform erforderlich, Rz. 241.
8 Rz. 63 f.

Kosten: *Notar- und Gerichtsgebühren:* wie **M 43.1**.

XVII. Grundstücksvollmachten

1. Inhalt

Literatur: *Kuhn*, Vollmacht und Genehmigung beim Grundstückskaufvertrag RNotZ 2001, 305.

246 Zum Inhalt s. die **M 43.19** (Veräußerungsvollmacht) und **M 43.20** (Erwerbsvollmacht) sowie die Internationalen Vollmachten (**M 43.21** und **M 43.22**) mit den zugehörigen Fn. Die Gestaltung des Inhalts richtet sich nach dem Auftragsverhältnis und dem Vollmachtszweck und wird auch dadurch bestimmt, ob zwischen Vollmachtgeber und Bevollmächtigtem ein Vertrauensverhältnis besteht (dann Ermessensspielraum) oder nicht (dann enge Festlegung der Befugnisse).

2. Form

247 Die Vollmacht **bedarf** nach § 167 Abs. 2 BGB **nicht der Form des Rechtsgeschäfts**, für dessen Abschluss sie erteilt wird, kann somit auch mündlich oder privatschriftlich wirksam erteilt werden.

248 ➲ **Wichtig:** Im Grundstücksverkehr ist wegen der Formvorschrift des § 29 Abs. 1 GBO eine zumindest öffentlich beglaubigte Vollmacht erforderlich (vgl. OLG München NotBZ 2010, 144).

249 **Unter bestimmten Voraussetzungen** besteht für eine Grundstücksvollmacht darüber hinaus eine **Beurkundungspflicht** nach § 311b Abs. 1 Satz 1 BGB. Das gilt in folgenden Fällen:

- Wenn die Vollmacht Teil eines beurkundungsbedürftigen Gesamtvertrags ist (zB die Treuhandvollmacht beim Bauherrenmodell).
- Wenn die Vollmacht für den Vollmachtgeber rechtlich oder tatsächlich eine bindende Verpflichtung zur Veräußerung oder zum Erwerb von Grundbesitz begründet; zB wenn nach den Umständen, aufgrund der bestehenden Absprachen oder auch etwaiger Folgen eines Widerrufs die Entscheidungsfreiheit des Vollmachtgebers erheblich eingeschränkt ist oder gar nicht mehr besteht (Palandt/Grüneberg § 311b BGB Rz. 19 ff.); bei unwiderruflich erteilter Vollmacht (BGH DNotZ 1965, 549; OLG Karlsruhe NJW-RR 1986, 101), auch wenn die Unwiderruflichkeit zeitlich begrenzt ist (BGH WPM 1967, 1039). Eine Befreiung von den Beschränkungen des § 181 BGB spielt für die Frage der Form dagegen keine Rolle.

3. Zulässigkeitsschranken der Bevollmächtigung

Die Vollmacht darf nicht gegen ein gesetzliches Verbot (§ 134 BGB) verstoßen. So kann etwa das Kommunalrecht die Erteilung umfassender Veräußerungsvollmachten verbieten (BGHZ 178, 192; näher Heggen ZNotP 2009, 333). Die Nichtigkeit eines Geschäftsbesorgungsvertrags nach dem inzwischen außer Kraft getretenen RBerG umfasst auch die in dem Vertrag enthaltene Vollmacht (BGH NJW 2001, 3774; DNotZ 2006, 745; NJW 2008, 1585). Das am 1.7.2008 in Kraft getretene RDG lässt auch Grundstücksvollmachten in größerem Umfang als das frühere Recht zu (näher DNotI-Report 2008, 121). Bei Veräußerungsvollmachten für Grundpfandrechtsgläubiger ist die Verbotsvorschrift des § 1149 BGB zu beachten (näher DNotI-Report 2008, 121). 250

4. Belehrungs- und Beratungspflicht

An die Belehrungs- und Beratungspflicht des Notars werden besondere Anforderungen gestellt, besonders bei Vollmachten, die dem Bevollmächtigten Ermessensspielraum lassen. 251

M 43.19 Grundstücksvollmacht[1] – Veräußerungsvollmacht[2]

Vollmacht zur Veräußerung von Grundbesitz[3]

... (Name des Vollmachtgebers) ist Eigentümer folgenden Grundbesitzes:

Grundbuch von ... (Grundbuchamt) Band/Blatt ... (Nummer):

Flurstück Nr. ... (Nummer und weitere Grundstücksbeschreibung).

Er erteilt hiermit

... (Name des Bevollmächtigten)

die Vollmacht zu folgenden Verfügungen, Erklärungen und Rechtshandlungen:

- *Abschluss eines Kaufvertrags mit beliebigem Inhalt über die Veräußerung des Grundbesitzes sowie Vereinbarung von Änderungen und Ergänzungen zu diesem Vertrag.*
- *Erklärung der Auflassung.*
- *Einigung mit dem Käufer sowie mit dinglichen Gläubigern über die Übernahme von eingetragenen Grundpfandrechten mit den oder ohne die zugrunde liegenden schuldrechtlichen Verpflichtungen durch den Käufer und Abgabe aller zur Durchführung erforderlichen Erklärungen.*
- *Bewilligung von Belastungen und Löschungen jeder Art, insbesondere Belastung mit einer Auflassungsvormerkung*[4]*, Dienstbarkeiten sowie Grundpfandrechten einschließlich dinglicher Zwangsvollstreckungsunterwerfung*[5]*, Abgabe von Rangerklärungen.*
- *Erklärung von Ehegattenzustimmungen.*

1 Zur Form Rz. 247 ff. Die hier erteilte Vollmacht unterliegt nach diesen Grundsätzen nicht dem Formzwang nach § 311b Abs. 1 Satz 1 BGB.

2 Erwerbsvollmacht s. **M 43.20**.

3 Das Muster enthält eine Veräußerungsvollmacht, die zwar auf einen bestimmten Grundbesitz beschränkt ist, im Übrigen aber dem Bevollmächtigten großen Ermessensspielraum einräumt, jedenfalls nach außen. Deshalb eignet sie sich nur für eine Vertrauensperson; besteht ein solches Vertrauensverhältnis nicht, empfiehlt sich – soweit möglich – eine Präzisierung des Vertragsinhalts und der einzelnen Befugnisse des Bevollmächtigten.

4 Die Auflassungsvollmacht berechtigt **nicht** zur Bewilligung einer Auflassungsvormerkung (BayObLG DNotZ 1979, 426).

5 Die persönliche Zwangsvollstreckungsunterwerfung auch seitens des Verkäufers kommt bei Bestellung von Grundpfandrechten für Geldgeber des Käufers nicht in Betracht, da er nicht der Schuldner der Kaufpreisdarlehen ist.

- *Vertretung des Vollmachtgebers, soweit dieser aufgrund einer vom Käufer erteilten Vollmacht zu handeln berechtigt ist*[6].
- *Stellung und Rücknahme von Grundbuchanträgen zu den Erklärungen, die im Rahmen der vorstehenden Befugnisse abgegeben worden sind oder abgegeben werden.*
- *Entgegennahme von Benachrichtigungen seitens des Urkundsnotars, des zuständigen Grundbuchamts und sonstiger für den Grundbesitz zuständiger Personen/Stellen sowie Einholung von Auskünften zu dem Grundbesitz.*

Nach außen hin bestimmt der Bevollmächtigte nach freiem Ermessen den Inhalt der Vereinbarungen und Erklärungen. Im Innenverhältnis gelten die Absprachen aus dem Auftragsverhältnis.

Die Vollmacht soll durch den Tod des Vollmachtgebers nicht erlöschen. Der Bevollmächtigte ist von den Beschränkungen des § 181 BGB befreit. Er darf Untervollmacht erteilen[7].

Die Vollmacht ist jederzeit widerruflich[8].

(Unterschriftsbeglaubigung)

6 Aktuell etwa, wenn dem Verkäufer im Kaufvertrag Vollmacht zur Erklärung der Auflassung, Änderung einer Teilungserklärung, Bestellung von Dienstbarkeiten, Abschluss von Miteigentümervereinbarungen (zB Nutzungsregelung für Stellplätze, Doppelparker) oÄ erteilt wird.

7 Befugnis zu Untervollmacht ggf. streichen. Soll der Vertreter dem Erwerber eine Finanzierungsvollmacht erteilen, ist die Befugnis zur Unterbevollmächtigung aber unabdingbar (LG Oldenburg MittBayNot 2003, 291).

8 Bei – auch befristeter – Unwiderruflichkeit kann Beurkundungsform (§ 311b Abs. 1 Satz 1 BGB) erforderlich sein (BGH NJW 1979, 2306; BayObLG DNotZ 1981, 567).

Kosten: *Notargebühr:* Begl. der Unterschriften ohne Entwurf 0,2-Gebühr gem. Nr. 25100 KV GNotKG, mindestens 20 Euro, höchstens 70 Euro. Bei Entwurf der Vollmacht 0,5-Gebühr gem. Nr. 24102 KV GNotKG. Geschäftswert nach §§ 98, 119 Abs. 1, 121 GNotKG.

M 43.20 Grundstückvollmacht[1] – Erwerbsvollmacht[2]

Vollmacht zum Erwerb von Grundbesitz[3]

... (Name des Vollmachtgebers):

erteilt hiermit

... (Name des Bevollmächtigten)

die Vollmacht zur Vertretung beim Erwerb folgenden Grundbesitzes:

Grundbuch von ... (Grundbuchamt) Band/Blatt ... (Nummer): Flurstück Nr. ... (Nummer und weitere Grundstücksbeschreibung).

Die Vollmacht berechtigt insbesondere zu folgenden Erklärungen und Rechtshandlungen[4]*:*

1. *Abschluss eines Kaufvertrags mit beliebigem Inhalt*[5] *sowie Vereinbarung von Änderungen und Ergänzungen zu diesem Vertrag.*
2. *Mitwirkung bei der Auflassungserklärung.*
3. *Einigung mit dem Verkäufer sowie mit seinen dinglichen Gläubigern über die Übernahme von eingetragenen Grundpfandrechten mit den oder ohne die zugrunde liegenden schuldrechtlichen Verpflichtungen, Erklärung von Schuldanerkenntnissen, Haftungsübernahmen und dergl. sowie die Unterwerfung des gesamten Vermögens des Vollmachtgebers unter die sofortige Zwangs-*

1 Zur Form s. Rz. 247 ff. Die hier erteilte Vollmacht unterliegt nach den dort dargelegten Grundsätzen nicht dem Formzwang nach § 311b Abs. 1 Satz 1 BGB.

2 Veräußerungsvollmacht s. **M 43.19**.

3 S. **M 43.19** Fn. 3.

4 Der Inhaltskatalog umfasst die normalerweise beim Erwerb vorkommenden Vorgänge. Seine Eignung auf den konkreten Fall ist sorgfältig zu prüfen, die Vollmacht ggf. zu erweitern oder einzuschränken.

5 Falls eine Inhaltsfestlegung, zB zum Kaufpreis, erfolgen soll, ist das Muster entsprechend zu ändern.

vollstreckung wegen der übernommenen Verbindlichkeiten, ferner Abgabe aller zur Durchführung der Übernahme erforderlichen Erklärungen.

4. *Unterwerfung des Vermögens des Vollmachtgebers unter die sofortige Zwangsvollstreckung wegen der Kaufpreisschuld und sonstiger im Vertrag eingegangener Zahlungsverpflichtungen.*
5. *Belastung des Kaufobjekts mit einer Sicherungshypothek oder anderen Grundpfandrechten als Sicherheit für gestundete Kaufpreisforderungen einschließlich Unterwerfung des Grundbesitzes unter die sofortige Zwangsvollstreckung.*
6. *Mitwirkung bei der Belastung des Kaufobjekts mit Grundpfandrechten zugunsten Dritter*[6] *einschließlich der Unterwerfung des Grundbesitzes unter die sofortige Zwangsvollstreckung.*
7. *Abgabe von Schuldanerkenntnissen, Haftungsübernahmen und dergleichen gegenüber Gläubigern der nach Nr. 6 bestellten Grundpfandrechte einschließlich der Unterwerfung des gesamten Vermögens des Vollmachtgebers unter die sofortige Zwangsvollstreckung.*
8. *Abgabe von Zweckerklärungen und Abschluss von Sicherungsvereinbarungen mit den Gläubigern der nach Nr. 6 bestellten Grundpfandrechte.*
9. *Erklärung des Rangrücktritts mit einer Auflassungsvormerkung hinter nach Nr. 6 bestellten Grundpfandrechten und Bewilligung der vorrangigen Eintragung.*
10. *Erteilung der Zustimmung zur Löschung von Grundbuchbelastungen.*
11. *Erklärung von Ehegattenzustimmungen.*
12. *Vertretung des Vollmachtgebers, soweit dieser aufgrund einer vom Vertragspartner erteilten Vollmacht zu handeln berechtigt ist.*
13. *Stellung und Rücknahme von Grundbuchanträgen zu den Erklärungen, die im Rahmen der vorstehenden Befugnisse abgegeben worden sind oder abgegeben werden.*
14. *Entgegennahme von Benachrichtigungen seitens des Urkundsnotars, des zuständigen Grundbuchamts oder sonstiger für den Grundbesitz zuständiger Personen und Stellen sowie Einholung von Auskünften zu dem Grundbesitz.*

Nach außen hin bestimmt der Bevollmächtigte nach freiem Ermessen den Inhalt der Vereinbarungen und Erklärungen. Im Innenverhältnis gelten die Absprachen aus dem Auftragsverhältnis.

Die Vollmacht soll durch den Tod des Vollmachtgebers nicht erlöschen. Der Bevollmächtigte ist von den Beschränkungen des § 181 BGB befreit. Er darf Untervollmacht erteilen[7].

Die Vollmacht ist jederzeit widerruflich[8].

(Unterschriftsbeglaubigung)

6 ZB Kreditgeber. Die generelle Befugnis kann ggf. eingeschränkt werden, etwa auf bestimmte Geldgeber und bestimmte Beträge.

7 Befugnis zur Untervollmacht ggf. streichen.

8 S. **M 43.19** Fn. 8.

Kosten: *Notargebühr:* wie **M 43.19**.

M 43.21 Internationale Veräußerungsvollmacht[1]

(Urkundeneingang)[2]

Der Vollmachtgeber erklärte, hierdurch zu seinem Sonderbevollmächtigten zu bestellen:

. . . (Name usw. des Bevollmächtigten),

dem er Vollmacht gibt, für sich und in seinem Namen ganz oder geteilt den folgenden Grundbesitz zu verkaufen:

. . . (Beschreibung des zu veräußernden Grundstückes)

1 Muster der Union Internationale du Notariat Latin (fremdsprachige Versionen unter www.irene-eu.org). Internationale Erwerbsvollmacht s. **M 43.22**.

2 Urkundsform bei Auslandsvollmachten auf jeden Fall empfehlenswert.

- *und zwar entweder freihändig oder im Wege der öffentlichen Versteigerung, sei es der freiwilligen oder der Zwangsversteigerung; die Bezeichnung der Immobilien zu berichtigen und zu vervollständigen;*
- *Dienstbarkeiten aller Art festzusetzen, abzuändern und auf sie zu verzichten;*
- *den Kaufpreis und die Bedingungen festzulegen;*
- *den Preis nach Hauptsumme, Zinsen und Nebenleistungen in Empfang zu nehmen, darüber Quittung zu erteilen, auch wenn hierdurch ein Rechtsinhaberwechsel oder eine Subrogation ausgelöst wird;*
- *die Zahlung des Verkaufserlöses ganz oder zum Teil zugunsten von Gläubigern anzuweisen zum Ausgleich von fälligen oder fällig werdenden Schulden;*
- *Vereinbarungen jeder Art mit den besagten Gläubigern zu treffen;*
- *von den Erwerbern oder Erstehern jede Mobiliar- oder Grundstückssicherheit anzunehmen;*
- *jede Erklärung zur Übertragung des Eigentums abzugeben und anzunehmen;*
- *alle Eintragungen, Übertragungen oder Löschungen in den Grund- oder Hypothekenbüchern und Registern zu bewilligen und zu beantragen, auch auf Eintragungen jeder Art zu verzichten, selbst wenn sie von Amts wegen zu bewirken sind; jede Maßnahme gegen den in Verzug befindlichen Erwerber zu vereinbaren und anzuwenden;*
- *Abkommen jeder Art zu treffen, sich zu vergleichen und Schiedsverfahren zu vereinbaren;*
- *jede Bescheinigung über den Personenstand und alle anderen Belege, die für die Formalitäten der Eintragung, der Übertragung oder der Löschung in Grundbüchern und Hypothekenregistern gefordert werden, zu erteilen und vorzulegen, auszuhändigen oder auszustellen;*
- *den Vollmachtgeber der sofortigen Zwangsvollstreckung zu unterwerfen;*
- *zu den angeführten Zwecken alle Urkunden und Schriftstücke zu errichten und zu unterzeichnen, Domizil zu wählen, Untervollmacht zu erteilen, Personenstandserklärungen abzugeben und überhaupt alles zu tun, was notwendig oder nützlich ist, selbst wenn es nicht ausdrücklich in der vorliegenden Urkunde vorgesehen ist.*

(Schlussformel)

Kosten: *Notargebühr:* 1,0-Gebühr gem. Nr. 21200 KV GNotKG. Geschäftswert gem. § 98 Abs. 1 GNotKG (Wert des Grundbesitzes), nach § 98 Abs. 4 GNotKG höchstens 1 Million Euro.

M 43.22 Internationale Erwerbsvollmacht[1]

(Urkundeneingang)[2]

Der Vollmachtgeber erklärte, hierdurch zu seinem Sonderbevollmächtigten zu bestellen:

... (Name usw. des Bevollmächtigten),

dem er Vollmacht gibt, für sich und in seinem Namen ganz oder geteilt den folgenden Grundbesitz entweder freihändig oder im Wege der öffentlichen Versteigerung zu erwerben:

... (Beschreibung des zu erwerbenden Grundstückes)

- *und zwar zu den Preisen, Verpflichtungen und Bedingungen, die ihm angemessen erscheinen;*
- *den Kaufpreis zu bezahlen oder den Vollmachtgeber zu verpflichten zur Zahlung der Hauptsumme und Zinsen zu den Fälligkeiten und in der Zahlungsweise, die vereinbart werden, sowie zur Erfüllung der ihm auferlegten Verpflichtungen und Bedingungen;*
- *alle gesetzlich vorgeschriebenen Erklärungen und Versicherungen abzugeben;*

1 Muster der Union Internationale du Notariat Latin (fremdsprachige Versionen unter www.irene-eu.org). Internationale Veräußerungsvollmacht s. **M 43.21**.

2 Urkundsform bei Auslandvollmachten auf jeden Fall empfehlenswert.

- *alle Nachweise einzufordern, sich alle Urkunden und Schriftstücke aushändigen zu lassen und hierfür Entlastung zu erteilen;*
- *alle Kaufverträge und Versteigerungsprotokolle zu unterzeichnen;*
- *alle Formalitäten in Grundbüchern und Grundstücksregistern zu veranlassen;*
- *alle Anzeigen, Zustellungen und Zahlungsangebote zu machen, alle Anordnungen zu bewirken;*
- *den Kaufpreis zu Händen des Verkäufers oder der eingetragenen Gläubiger zahlen; alle Hinterlegungen vorzunehmen;*
- *alle Löschungsanträge zu stellen und alle Ansprüche zur Ausführung des Vertrags geltend zu machen;*
- *zu den angeführten Zwecken alle Urkunden und Schriftstücke zu errichten und zu unterzeichnen, Domizil zu wählen, Untervollmacht zu erteilen, alle Erklärungen zum Personenstand abzugeben und überhaupt alles zu tun, was notwendig oder nützlich ist, selbst wenn es nicht ausdrücklich in der vorliegenden Urkunde vorgesehen ist.*

(Schlussformel)

Kosten: *Notargebühr:* 1,0-Gebühr gem. Nr. 21200 KV GNotKG. Geschäftswert gem. § 98 Abs. 1 GNotKG (Wert des Grundbesitzes), nach § 98 Abs. 4 GNotKG höchstens 1 Million Euro.

XVIII. Vollmachtsbestätigung und Genehmigung zu einem Grundstücksgeschäft

1. Vollmachtsbestätigung

Wurde beim Abschluss eines Grundstücksveräußerungsvertrags ein Beteiligter aufgrund einer mündlich oder privatschriftlich erteilten Vollmacht vertreten (zur Zulässigkeit und Wirksamkeit einer solchen Vollmacht s. § 167 Abs. 2 BGB und Rz. 247 f.), so wird der Vertrag sofort wirksam. Zum Vollzug von Grundbucherklärungen des vertretenen Beteiligten bedarf es aber eines Nachweises der Vollmacht in öffentlich beglaubigter Form (§ 29 GBO). 252

Die **Inhaltsgestaltung** einer solchen Vollmachtsbestätigung wirft im Gegensatz zur vorweg erteilten Vollmacht keine Probleme auf, da sie sich auf den bereits vorhandenen Vertrag beziehen kann (s. **M 43.23**). Allerdings muss die Vollmachtsbestätigung vorbehaltlos und ohne Bedingungen erklärt werden. 253

Da der Vertrag bereits aufgrund der mündlich oder privatschriftlich erteilten Vollmacht wirksam geworden ist, hat die Vollmachtsbestätigung keine rechtsbegründende, sondern nur **deklaratorische Bedeutung**. Deshalb braucht sie dem anderen Vertragsbeteiligten auch nicht zuzugehen. 254

2. Genehmigung

Hat für einen Vertragsbeteiligten ein vollmachtloser Vertreter gehandelt (§ 177 BGB), kommt ein **schwebend unwirksamer Vertrag** zustande, der der Genehmigung durch den Vertretenen bedarf. Die Genehmigung bedarf ebenfalls nicht der Form des Rechtsgeschäfts, zu dem sie erteilt wird (Palandt/Ellenberger § 177 BGB Rz. 7), muss dem Grundbuchamt aber auch in öffentlich beglaubigter Form (§ 29 GBO) nachgewiesen werden. Unzulässig ist die Genehmigung einseitiger Rechtsgeschäfte, die gegenüber einem anderen als dem Vertragspartner vorzunehmen sind (§ 180 Satz 1 BGB, vgl. demgegenüber zu verfahrensrechtlichen Erklärungen § 10 Abs. 3 FamFG). 255

Für die Inhaltsgestaltung gelten die Erläuterungen zur Vollmachtsbestätigung (Rz. 253) in gleicher Weise. Der Text kann wegen der Bezugnahme auf die notarielle Urkunde ähnlich einfach formuliert werden (s. **M 43.24**). 256

Die Genehmigung ist eine **einseitige empfangsbedürftige Willenserklärung**, dh. der schwebend unwirksame Vertrag wird erst mit Zugang der Genehmigung beim Vertragspartner (oder einem im Vertrag bestimmten Empfangsbevollmächtigten, häufig der Urkundsnotar) wirksam, dann aber rückwirkend (§ 184 BGB). Diese Wirkung tritt übrigens auch mit Zugang einer formlosen Genehmigung ein. 257

M 43.23 Vollmachtsbestätigung[1]

Beim Abschluss des Kaufvertrags vom ... (Datum), Urkunde ... (Aktenzeichen) des Notars ... (Notar) in ... (Ort), bin ich von ... (Personalien Bevollmächtigter) vertreten worden.

Ich bestätige hiermit, dass der Vertreter berechtigt war, mich in jeder Hinsicht rechtsgeschäftlich zu vertreten. Der Inhalt des Vertrags ist mir bekannt; ich bin im Besitze einer beglaubigten Abschrift.

Vorsorglich genehmige ich alle Erklärungen, die in der bezeichneten Urkunde in meinem Namen abgegeben wurden.

... (Ort, Datum)

... (Unterschrift)

(Unterschriftsbeglaubigung[2])

1 Rz. 252 ff.
2 Bei Verwendung im Grundstücksverkehr.

Kosten: *Notargebühr:* Begl. der Unterschriften ohne Entwurf 0,2-Gebühr gem. Nr. 25100 KV GNotKG, mindestens 20 Euro, höchstens 70 Euro. Geschäftswert nach §§ 98, 121 GNotKG.

M 43.24 Genehmigung[1]

Beim Abschluss des Kaufvertrags vom ... (Datum), Urkunde ... (Aktenzeichen) des Notars ... (Notar) in ... (Ort), hat für mich ... (Personalien des vollmachtlosen Vertreters) gehandelt.

Der Inhalt des Vertrags ist mir bekannt; ich bin im Besitze einer beglaubigten Abschrift.

Ich genehmige hiermit alle Erklärungen, die in der bezeichneten Urkunde in meinem Namen abgegeben wurden.

... (Ort, Datum)

... (Unterschrift)

(Unterschriftsbeglaubigung[2])

1 Rz. 255 ff.
2 Bei Verwendung im Grundstücksverkehr.

Kosten: *Notargebühr:* wie **M 43.23**.

2. Abschnitt. Andere Grundstücksveräußerungen

Kapitel 44 Unentgeltliche Grundstücksveräußerungen

Literatur: *Krauß*, Vermögensnachfolge in der Praxis, 4. Aufl. 2015; *Langenfeld/Günther*, Grundstückszuwendungen zur lebzeitigen Vermögensnachfolge, 6. Aufl. 2010; *Mayer/Geck*, Der Übergabevertrag, 3. Aufl. 2012; *Waldner*, Vorweggenommene Erbfolge für die notarielle und anwaltliche Praxis, 2. Aufl. 2011.

I. Motive und Typen der Grundstücksübertragung

Während beim Grundstückskauf die wechselseitigen Interessen auf den Austausch der beiderseitigen Leistungen gerichtet sind, wird die unentgeltliche Übertragung von Grundbesitz aus den **Interessen der Veräußerer** motiviert. Deren Interesse liegt vordringlich (manchmal auch nur vorgeblich) darin, befürchtete negative Folgen zu vermeiden. 1

Die Vermeidung von **Erbschaftsteuer** ist in vermögenden Verhältnissen wiederkehrendes Motiv der Übertragung. Durch sie sollen Freibeträge zu Lebzeiten ausgenutzt oder im Wege der Kettenschenkung eröffnet und die Zehn-Jahres-Frist in Gang gesetzt werden. Hier ist steuerliche Beratung unerlässlich (zu Grundzügen Rz. 44 ff.). 2

In bescheideneren Verhältnissen soll eine Übertragung oft das Vermögen dem **Zugriff des Sozialhilfeträgers** entziehen (eingehend Vaupel RNotZ 2009, 497). Demgegenüber sollte darauf hingewiesen werden, dass damit 3

- zunächst die Veräußerer sich selbst des Vermögens begeben, das sie andernfalls einsetzen könnten, um sich oberhalb des Sozialhilfeniveaus zu unterhalten;
- nicht auszuschließen ist, dass ein Sozialhilfeträger im Falle der Verarmung des Schenkers das Rückforderungsrecht aus § 528 BGB gem. § 93 SGB XII, § 33 Abs. 1 SGB II auf sich überleitet;
- die Erwerber nicht von einer gesetzlichen Unterhaltspflicht frei werden, die ihnen gegebenenfalls gegenüber den Veräußerern obliegt und die ebenfalls durch den Sozialhilfeträger geltend gemacht werden kann (§ 1601 BGB, § 94 SGB XII, § 33 Abs. 2 SGB II). Hier kann es sogar dazu kommen, dass der übertragene Grundbesitz als Vermögen des Erwerbers einzusetzen ist, obwohl er beim Veräußerer **Schonvermögen** war (§ 90 Abs. 2 Nr. 8 SGB XII; § 12 Abs. 3 Nr. 4 SGB II; dazu BGH MittBayNot 2005, 394 mit ausführlicher Anm. Krauß MittBayNot 2005, 349).

Erbrechtliche Motive einer Übertragung zielen darauf ab, den **Nachlass** zu **mindern**, der ungeliebten Vertragserben erbvertraglich bindend versprochen ist (s. Kap. 85) oder gegen den Pflichtteilsansprüche drohen. Hierzu ist zu beachten, dass dem Vertragserben gegen eine beeinträchtigende Schenkung die Ansprüche aus § 2287 BGB zustehen, und zwar auch gegen den Beschenkten. Der Pflichtteilsberechtigte kann die Ergänzung seines Pflichtteils gem. § 2325 BGB verlangen. Dabei sind mit jedem Jahr, das seit der Schenkung verstrichen ist, 10 vom Hundert ihres Wertes weniger zu berücksichtigen. Tritt der Erbfall also erst 10 Jahre nach der Schenkung ein, erfolgt keine Pflichtteilsergänzung mehr. 4

4a ➲ **Wichtig:** Ist die Schenkung an den Ehegatten erfolgt, beginnt die Frist nicht vor Auflösung der Ehe, § 2325 Abs. 3 Satz 3 BGB.

5 Die **Frist aus § 2325 BGB** läuft allerdings nur an, wenn sich der Schenker des fraglichen Vermögens auch wirtschaftlich begeben hat. Vorbehaltene Nutzungsrechte, insbesondere ein Nießbrauch am Grundstück, hemmen also den Fristbeginn (BGHZ 125, 395; zum Wohnungsrecht: OLG München ZEV 2008, 480; zum Rückforderungsrecht OLG Düsseldorf DNotZ 2009, 67. Vertiefend. Gutachten DNotI-Report 2013, 121 und 2011, 65; Gehse RNotZ 2009, 361).

6 Gelegentlich dient eine Übertragung dem Zweck, das Vermögen dem **Zugriff Dritter** zu entziehen. Dem Erfolg einer solchen Verminderung der Haftungsmasse kann eine Anfechtung nach §§ 129 ff. InsO oder AnfG entgegenstehen. Auch ist hier besonders darauf zu achten, ob etwa vorbehaltene Rückforderungsrechte nicht ihrerseits der Pfändung unterliegen (BGH DNotZ 2008, 518 mit Anm. Amann; 2007, 682 mit Anm. Reul, 2007, 649; LG Düsseldorf RNotZ 2007, 348; Reul DNotZ 2008, 824, 826 ff.). Sie können auch nicht ohne Mitwirkung eines Insolvenzverwalters aufgegeben werden (OLG München DNotZ 2010, 917; Reul DNotZ 2010, 902).

7 Regelmäßig werden auch positive **Motivationen** einer Übertragung zugrunde liegen, namentlich

- die Freigiebigkeit des Gebers, die zu einer vorbehaltlosen Schenkung führt (s. Rz. 8 ff.),
- der Wunsch, die Vermögensnachfolge unter Lebenden einvernehmlich („mit warmer Hand") zu gestalten, der in einer Übertragung zur vorweggenommenen Erbfolge mündet (s. Rz. 17 ff.),
- die Absicht, vorhandenen Grundbesitz mit mehreren Generationen zu nutzen (s. Rz. 51 ff.).
- die betriebliche Nachfolgeregelung, wie sie insbesondere die Übergabe von Landgütern und Höfen prägt (s. Rz. 60 ff.).
- die gemeinsame Vermögensplanung von Ehegatten, sei es vor dem Hintergrund ihres Güterrechts oder aus unternehmerischen oder steuerlichen Beweggründen heraus (s. Kap. 86).

II. Schenkung von Grundbesitz

8 Rechtlicher Grundtypus der unentgeltlichen Übertragung ist die Schenkung, §§ 516 ff. BGB. Sie versteht sich als objektiv wie subjektiv unentgeltlich. Die Schenkung kann aber auch unter Auflagen erfolgen (§§ 525 ff. BGB) oder als „gemischte Schenkung" mit Gegenleistungspflichten verknüpft werden (zur Abgrenzung von einer Erfolgsprämie BGH MDR 2009, 1032).

9 Formal unterliegt ein Schenkungsversprechen nach § 518 Abs. 1 Satz 1 BGB der **notariellen Beurkundung**. Bei der Schenkung von Grundbesitz bedarf darüber hinaus der gesamte rechtsgeschäftliche Vorgang gem. § 311b Abs. 1 Satz 1 BGB dieser Form.

10 Inhaltlich beschränkt das Schenkungsrecht die **Haftung** des Schenkers auf Vorsatz und grobe Fahrlässigkeit (§ 521 BGB) und arglistig verschwiegene Rechts- und Sachmängel (§§ 523, 524 BGB). Eine weitergehende vertragliche Haftungsbeschränkung ist bis zur Grenze des Vorsatzes möglich.

11 Weiterhin eröffnet das gesetzliche Schenkungsrecht unter bestimmten Umständen einen **Rückforderungsanspruch** wegen Notbedarfs (§ 528 BGB, dazu zB BGH NJW 2007, 60; zur Befreiung von der Zahlungspflicht durch Rückgabe: BGH MDR 2010, 433) und ein **Widerrufsrecht** wegen groben Undanks (§ 530 BGB). Der Vertrag kann weitergehende Rückforderungsansprüche begründen (zur vorweggenommen Erbfolge s. Rz. 17 ff.); auch das Widerrufsrecht kann frei ausgestaltet werden (gefährdet aber dann ggf. die Zuerkennung von Unternehmerinitiative für schenkungs- und einkommensteuerliche Zwecke).

12 ➲ **Wichtig:** Nicht abbedingen lässt sich der Rückforderungsanspruch wegen Notbedarfs, den auch ein Sozialhilfeträger auf sich überleiten kann. Auch ein Verzicht auf das Widerrufsrecht wegen groben Undanks ist erst möglich, wenn der Undank eingetreten und dem Schenker bekannt geworden ist, § 533 BGB.

13 Kraft Gesetzes ist eine lebzeitige Schenkung aber nicht auf einen späteren **Pflichtteilsanspruch** des Beschenkten anzurechnen. Hierzu ist gem. § 2315 BGB eine ausdrückliche **Anrechnungsbestimmung** erforderlich. Wird sie nachgeholt, liegt inhaltlich ein (beschränkter) Pflichtteilsverzicht vor,

der der Mitwirkung beider Seiten zu notarieller Urkunde bedarf (Palandt/Weidlich, § 2315 BGB Rz. 3). Auch eine **Ausgleichung unter Abkömmlingen** im Erbfalle erfolgt gemäß den gesetzlichen Bestimmungen (§ 2050 Abs. 3 BGB) nur, wenn dies bei der Zuwendung angeordnet wurde.

➲ **Wichtig:** Im Rahmen der Schenkungsurkunde ist daher möglichst klarzustellen, ob die Schenkung dem Empfänger auf seinen Pflichtteil anzurechnen ist und ob sie im Erbfalle unter den Abkömmlingen des Schenkers ausgeglichen werden soll. 14

Eine Schenkung besonderer Art stellt die **Ausstattung** iSd. § 1624 BGB dar. Für sie sind keine gesetzlich zwingenden Rückforderungsrechte normiert. Ferner ist die Ausstattung kraft Gesetzes unter den erbenden Abkömmlingen auszugleichen (§ 2050 Abs. 1 BGB). Jedoch empfiehlt sich auch hier eine vertragliche Klarstellung. Zur Pflichtteilsanrechnung ist eine ausdrückliche Anordnung notwendig. 15

Auf Geschenke unter Ehegatten, die im gesetzlichen Güterstand verheiratet sind, wendet die Rechtsprechung das Schenkungsrecht nur unter Berücksichtigung der güterrechtlichen Bestimmungen an und spricht dazu von „**unbenannten Zuwendungen**" (s. Kap. 65). 16

M 44.1 Schenkung von Grundbesitz ohne Vorbehalte und Auflagen[1]

(Urkundeneingang[2])

Die Beteiligten erklären zur notariellen Niederschrift:

Schenkungsvertrag

§ 1 Grundbesitz

(1) . . . (Name des Schenkers)

– im Folgenden auch Schenker –

ist alleiniger Eigentümer des Grundbesitzes, der im Grundbuch des Amtsgerichts . . .

von . . . (Ort) Band/Blatt . . . (Nummer)

eingetragen ist als:

Flurstück Nr. . . . (Nummer und weitere Grundstücksbeschreibung).

– im Folgenden auch Grundbesitz –

(2) Der Grundbesitz ist nach Einsicht in das elektronische Grundbuch vom . . . nicht/wie folgt belastet: . . . (ggf. Belastungen und deren Behandlung).

§ 2 Schenkung

(1) Der Schenker überträgt nunmehr diesen Grundbesitz auf

. . . (Name des Beschenkten)

– im Folgenden auch Beschenkter –

(2) Die Übertragung erfolgt ohne jede Gegenleistung sowie ohne Vorbehalte und Auflagen, somit als reine Schenkung. Die gesetzlichen Rückforderungsrechte bleiben unberührt.

(3) Der Beschenkte nimmt die Schenkung dankend an. Er wird sie sich auf seinen etwaigen Pflichtteil und Pflichtteilsergänzungsansprüche nach dem Schenker anrechnen lassen. Die Anrechnung erfolgt gemäß den gesetzlichen Bestimmungen. Unter den Abkömmlingen des Schenkers ist die Schenkung aber nicht gemäß den gesetzlichen Bestimmungen auszugleichen.

1 Rz. 9 ff.

2 Form nach § 311b Abs. 1 Satz 1 BGB wegen der Übertragung von Grundbesitz sowie nach § 518 Abs. 1 Satz 1 BGB für das Schenkungsversprechen.

§ 3 Übergang, Haftungsausschluss, Kosten

(1) Besitz, Nutzungen, Lasten und die Gefahr des zufälligen Untergangs und der zufälligen Verschlechterung sowie die Verkehrssicherungspflicht gehen ab sofort auf den Beschenkten über.

(2) Der Grundbesitz geht über unter Ausschluss jeder Haftung für Sach- und Rechtsmängel.

(3) Die Kosten dieser Urkunde und ihres Vollzugs im Grundbuch sowie eine anfallende Schenkungsteuer, auf die der Notar hingewiesen hat, trägt der Beschenkte. Der Notar wird diese Urkunde dem Finanzamt – Grunderwerbsteuerstelle und Schenkungssteuerstelle – anzeigen.

§ 4 Auflassung

Die Vertragsbeteiligten sind sich darüber einig, dass der Grundbesitz auf den Beschenkten zu Alleineigentum übergeht. Der Schenker bewilligt und der Beschenkte beantragt die Eigentumsumschreibung im Grundbuch.

(Schlussformel)

Kosten: *Notargebühr:* 2,0-Gebühr gem. Nr. 21100 KV GNotKG. Geschäftswert gem. §§ 97 Abs. 3, 46 GNotKG der Verkehrswert des Grundstücks. Die Auflassung ist gegenstandsgleich mit dem Schenkungsvertrag im Sinne des § 109 Abs. 1 GNotKG.

Gerichtsgebühren: Für die Eintragung der Eigentümer jeweils eine 1,0-Gebühr gem. Nr. 14110; Geschäftswert gem. § 46 GNotKG (Verkehrswert des Grundstücks).

III. Übergabe im Wege vorweggenommener Erbfolge

17 Im Unterschied zur reinen, vorbehaltlosen Schenkung zeichnen sich Übertragungen zur vorweggenommen Erbfolge dadurch aus, dass der Übergeber sich verschiedene **Rechte vorbehält**. Diese sind namentlich

- Rückforderungsrechte, die die Zuwendung absichern (s. Rz. 18 ff.),
- Nutzungsvorbehalte, die dem Übergeber den wirtschaftlichen Ertrag weiterhin zuweisen (s. Rz. 26),
- Leistungsansprüche, die die Versorgung des Übergebers sichern sollen (s. Rz. 27 f.).

Zudem löst eine lebzeitige Übertragung zwangsläufig **erbrechtliche Folgen** aus (s. Rz. 29 ff.). Diesen gebührt oft größere Aufmerksamkeit als den **steuerlichen Gestaltungsfragen** (dazu Rz. 44 ff.), die mit der Erhöhung der Freibeträge für Abkömmlinge an Bedeutung verloren haben.

1. Rückforderungsrechte, Vormerkung

18 Der Übergeber verbindet mit der Übergabe regelmäßig verschiedene Erwartungen an das künftige Verhalten des Übernehmers; er will regelmäßig über Verfügungen über das Objekt mitbestimmen und keinesfalls im Falle des Vorversterbens oder der Insolvenz des Übernehmers das Objekt in **fremde Hände** übergehen lassen. Diesen Interessen kann er durch die Vereinbarung von Rückforderungsrechten Geltung verschaffen.

Dabei ist zu beachten, dass ein dingliches Verfügungsverbot nach § 137 Satz 1 BGB unzulässig und damit unwirksam ist. Zulässig ist es aber, einen freien oder durch bestimmte Umstände ausgelösten schuldrechtlichen Rückforderungsanspruch zu vereinbaren. Dabei ist es zunächst möglich, dem Übergeber ein freies, jederzeit ausübbares Widerrufsrecht vorzubehalten. Dies steht weder der zivilrechtlichen Wirksamkeit einer Schenkung noch ihrer steuerlichen Anerkennung entgegen (BFH NJW-RR 2008, 709; ebenso Meincke, ErbStG, 16. Aufl. § 7 Rz. 53 f.).

19 In der Praxis hat sich aber ein **Kanon typischer Rückforderungsgründe** herausgebildet. Dies sind die unerlaubte Verfügung über den Grundbesitz, Pfändung in oder Insolvenz über das Vermögen des Übernehmers und dessen Vorversterben. Ergänzend können die gesetzlichen Rückforderungsrechte wegen Notbedarfs oder groben Undanks aufgeführt werden. Auch sollten die Gründe, die zur Pflichtteilsentziehung berechtigen, die Rückforderung des Grundbesitzes rechtfertigen können.

➲ **Praxistipp:** Infolge der Entscheidung BGHZ 170, 324 empfiehlt es sich, auch die **Geltendmachung güterrechtlicher Ausgleichsansprüche** gegen den Übernehmer zum Anlass einer Rückforderung zu machen. Denn wenngleich geschenkter Grundbesitz als Anfangsvermögen iSd. § 1374 Abs. 2 BGB einem Zugewinnausgleich nicht unterliegt, so hält der BGH Wertsteigerungen für ausgleichspflichtig, die sich dadurch ergeben, dass mit fortschreitendem Alter der Übergeber deren vorbehaltene Rechte eine geringere Belastung des Grundbesitzes bedeuten (vgl. Münch DNotZ 2007, 795, 798). 20

Die vereinbarten bedingten Rückforderungsansprüche sollten durch eine **Vormerkung im Grundbuch** gesichert werden (zur Vormerkung im Einzelnen s. Kap. 51). Die Unschärfe der zugrundeliegenden Tatbestände, etwa des groben Undanks, steht der Vormerkung nicht zwingend entgegen: Für zulässig hält das OLG München eine Vormerkung wegen wesentlicher Verschlechterung der Vermögensverhältnisse (OLG München DNotZ 2007, 948) und für den Fall, „dass die Zwangsvollstreckung droht" (NJW-RR 2009, 950). Unzulässig ist nach OLG Düsseldorf die Vormerkung der Rückforderung für den Fall, dass die Übergeber außerstande sind, ihren bisherigen Lebensstandard aufrechtzuerhalten (OLG Düsseldorf Rpfleger 2008, 415). 21

➲ **Praxistipp:** Wird auf die Eintragung einer Vormerkung **verzichtet**, sollte der Notar auf die damit verbunden Gefahren ausdrücklich hinweisen und dies **dokumentieren**. 22

Besondere Sorgfalt ist ferner auf die schuldrechtliche und grundbuchliche Gestaltung dann zu verwenden, wenn **mehrere Personen** zur Rückforderung berechtigt werden sollen: Übertragen beide Eltern, wird ihnen das Rückforderungsrecht als **Gesamtgläubiger**, § 428 BGB, oder analog §§ 502, 513 BGB, eingeräumt und so auch vorgemerkt. Soll zunächst nur der Übergeber selbst rückforderungsberechtigt sein und erst nach seinem Ableben eine weitere Person, zB sein Ehegatte, kommen verschieden Lösungen in Betracht: 23

(1) die Vereinbarung eines ersten Rückforderungsrechts für den Übergeber und eines **zweiten Rückforderungsrechts** für den Nachberechtigten, das durch das Vorversterben des Übergebers bedingt wird und selbständig vorgemerkt wird (sukzessive Berechtigung).

(2) die bedingte **Abtretung** des zunächst in der Person des Übergebers begründeten Rückforderungsanspruchs an den Nachberechtigten. Dies ist bei der Vormerkung für den ursprünglichen Anspruch zu vermerken, wobei aber umstritten ist, ob die Abtretung sogleich oder erst nach dem Eintritt der Bedingung, regelmäßig dem Tod des Übergebers, berichtigend vermerkt werden kann (Schöner/Stöber Rz. 1499 u. 261e).

Die Rückforderungsrechte der Übergeber im Rahmen der vorweggenommenen Erbfolge sollen regelmäßig mit deren **Tod erlöschen**. Sie werden daher unvererblich gestellt (zur dahingehenden Auslegung: OLG Hamm DNotZ 2007, 122). Nur in Ausnahmefällen werden sie über den Tod des Übergebers hinaus vereinbart und dann typischerweise einem Testamentsvollstrecker zur Verwaltung zugewiesen. 24

Bei ungestörtem Verlauf wird daher auch die Vormerkung auf Rückauflassung einmal gelöscht werden müssen. Ein Vermerk zur Löschungserleichterung gem. § 23 GBO ist bei ihr nicht möglich (BGH DNotZ 1992, 569 u. 1996, 453). Die Möglichkeit der Wiederaufladung führt aber auch dazu, dass die Vormerkung, die nicht selbst nach dem Tode des Übergebers erlischt, sondern bei der nur der ursprünglich gesicherte Anspruch mit dessen Tode erlischt, nicht ohne Weiteres gelöscht werden kann (vgl. Gutachten DNotI-Report 2012, 98 und OLG Nürnberg DNotI-Report 2013, 5).

➲ **Praxistipp:** Schon bei Bewilligung der Vormerkung sollte dafür gesorgt werden, dass sie nach dem Tode des Übergebers ohne Vorlage eines Erbscheins und ohne Bewilligung durch dessen Erben gelöscht werden kann. Dazu kommen in Betracht 25

(1) die Löschung der Vormerkung gegen Todesnachweis zu bewilligen;

(2) eine Löschungsvollmacht auf den Tod zu erteilen; oder

(3) die Vormerkung selbst auf den Tod oder einen beschränkten Zeitraum hiernach zu befristen; oder

(4) die Vormerkung dadurch zu bedingen, dass der Notar per Eigenurkunde ihre Löschung beantragt (vgl. *Weber*, RNotZ 2015, 195).

2. Nutzungsvorbehalte

26 Oft will der Übergeber nicht nur über das Rückforderungsrecht den Vermögenserhalt sichern, sondern sich selbst auch den **Genuss des übertragenen Grundbesitzes** vorbehalten. Ein umfassendes dingliches Recht, die Nutzungen des Grundbesitzes zu ziehen, verleiht ihm der Nießbrauch (dazu im Einzelnen Kap. 54 Rz. 118 ff.). Eine in ihrem Inhalt und Umfang auf eine bestimmte Wohnung beschränkte Nutzung gewährt das Wohnungsrecht (dazu im Einzelnen Kap. 54 Rz. 99 ff.).

3. Leistungsvorbehalte

27 Ist es dem Übergeber weniger daran gelegen, den übertragenen Grundbesitz selbst zu bewirtschaften, insbesondere zu vermieten, als einen bestimmten Ertrag zu erhalten, kommt anstelle eines Nießbrauchs die Vereinbarung einer **Zahlungspflicht** in Betracht. Die Vereinbarung regelmäßiger Zahlungspflichten ist eine Gegenleistung, deren Charakter im Übergabevertrag zwischen einem verrenteten Kaufpreis und einer Unterhaltsersatzleistung changiert. Die unterhaltsersetzende Versorgungsleistung ist an den Bedarf des Übergebers anzupassen. Mit der Neufassung des § 10 Abs. 1 Nr. 1a) EStG zum Jahresende 2008 können aber die steuerlichen Vorteile, die mit einer solchen **Dauernden Last** verbunden waren, bei der reinen Grundbesitzübertragung nicht mehr erzielt werden. Daher wird möglicherweise die zivilrechtlich stärker konturierte und betraglich fixierte **Leibrente** (§§ 759 ff. BGB) an Bedeutung gewinnen. Sie ist grundbuchlich durch eine Reallast abzusichern (s. Kap. 56).

28 Möchte der Übergeber hingegen die persönliche Versorgung und Pflege durch den Übernehmer erreichen, so wird auch dies Inhalt des Übergabevertrags und im Wege einer **Pflegereallast** des Grundbuchs werden (Beispiel in **M 56.2**).

4. Erbrechtliche Folgerungen

29 Eine lebzeitige Vermögensübertragung hat notwendig erbrechtliche Folgewirkungen. Diese ergeben sich zunächst unmittelbar im Verhältnis zwischen Übergeber und **Übernehmer**: Hier ist die Frage der Pflichtteilsanrechnung zu klären. Hat der Übernehmer **Geschwister**, ist über eine mögliche lebzeitige oder erbrechtliche Ausgleichspflicht zu verhandeln. Zu guter Letzt darf auch der **Ehegatte** des Übergebers mit seinen erbrechtlichen Ansprüchen nicht übersehen werden. Vgl. Everts, notar 2013, 219.

30 ➲ **Wichtig:** Eine Bestimmung zur Anrechnung auf den Pflichtteil ergibt sich nicht schon aus der Formulierung „in Anrechnung auf den Erbteil" (OLG Schleswig ZEV 2008, 386). Auch lässt die Bezeichnung „in vorweggenommer Erbfolge" offen, ob eine Ausgleichung an die Geschwister gem. § 2050 BGB erfolgen soll.

a) Anrechnung auf den Pflichtteil

31 Erfolgt die Zuwendung an eine im Verhältnis zum Übergeber pflichtteilsberechtigte Person – Ehegatten, Abkömmlinge und Eltern –, muss diese sich die Zuwendung nur dann auf spätere Pflichtteilsansprüche anrechnen lassen, wenn dies **vor oder bei der Zuwendung ausdrücklich angeordnet** wird, § 2315 Abs. 1 BGB. Eine nachträgliche Anrechnungsanordnung seitens des Übergebers erzeugt keine Wirkung mehr, es sei denn, der Übernehmer stimmt zu; diese Zustimmung wäre als Pflichtteilsverzicht zu werten und bedürfte der notariellen Beurkundung (§§ 2346, 2348 BGB). Zum weitergehenden Pflichtteilsverzicht im Übertragungsvertrag: Hartmann DNotZ 2007, 812.

32 ➲ **Wichtig:** Die Anordnung einer Anrechnung auf den Erbteil beinhaltet nicht ohne Weiteres (sondern allenfalls durch Auslegung) auch eine Anrechnungsanordnung für den Pflichtteil (vgl. Palandt/Edenhofer § 2315 BGB Rz. 3; zur Formulierung „in vorweggenommener Erbfolge" dazu BGH DNotZ 2011, 59); deshalb ist eine präzise, nicht auslegungsbedürftige Formulierung wichtig.

b) Ausgleich an weichende Geschwister

Ein Übergeber ist nicht verpflichtet, bei Vermögenszuwendungen an **eines von mehreren Kindern** die anderen Kinder ebenfalls zu bedenken oder dem Übernehmer die Gleichstellung der Geschwister aufzuerlegen. Eine Mitwirkung aller Kinder ist aber erforderlich, wenn unter die Zuwendung ein „Schlussstrich" gezogen werden soll, spätere Ansprüche der Kinder gegeneinander also ausgeschlossen sein sollen. Der Regelungsbedarf bestimmt sich nach der konkreten Sach- und Interessenlage. 33

Als zwingender Anspruch der weichenden Geschwister ist hier deren Pflichtteilsrecht zu berücksichtigen. Es beschränkt sich zwar auf den beim Tode des Übergebers noch vorhandenen Nachlass (§ 2311 BGB). Es besteht aber ein Anspruch auf **Pflichtteilsergänzung gem. § 2325 BGB** (s. oben Rz. 4 ff.). Soll dieser Anspruch abbedungen werden, kann das weichende Geschwisterkind hinsichtlich des übertragenen Grundbesitzes gegenständlich beschränkt auf seinen Pflichtteilsanspruch verzichten (**M 44.3**). Vgl. Heinrich, MittRhNotK 1995, 157; Gehse, RNotZ 2009, 361. 34

➲ **Wichtig:** Der Verzicht weichender Geschwister auf ihren Pflichtteil ist zu **notarieller Urkunde** zu erklären; der Erblasser, also der Übergeber (!) muss hieran persönlich mitwirken (§ 2347 Abs. 2 Satz 1, § 2348 BGB). 35

Die Verzichtenden können allerdings aufgrund einer nur mündlich erteilten Vollmacht vertreten werden (zu Nachweiszwecken sollte die Vollmacht jedoch mindestens privatschriftlich erfolgen).

Kraft Gesetzes ist eine lebzeitige **Zuwendung im Erbfall auszugleichen**, wenn die Voraussetzungen des § 2050 BGB vorliegen. Hiernach ist eine Ausstattung immer dann auszugleichen, wenn dies nicht ausgeschlossen wurde, eine andere Zuwendung nur dann, wenn dies **angeordnet** wurde. Wird eine solche Anordnung gewünscht oder bei einer Ausstattung die Ausgleichung nicht sogleich ausgeschlossen, so ist Folgendes zu bedenken: 36

- In der gesetzlichen Ausgleichung werden frühere oder spätere Leistungen an andere Abkömmlinge aus rechtlichen oder tatsächlichen Gründen möglicherweise nicht berücksichtigt.
- §§ 2050 ff. BGB ordnen die Ausgleichung nur unter Abkömmlingen an und setzen voraus, dass diese nach ihrer gesetzlichen Quote zur Erbfolge gelangen; weicht die Erbeinsetzung hiervon ab, geht die Bestimmung ins Leere und eine formgültige letztwillige Anordnung ist notwendig (BGH DNotZ 2010, 629 mit Anm. Keim).
- Die gesetzliche Ausgleichung zwingt die Erben, lebzeitig abgeschlossene Rechtsgeschäfte zu überprüfen, komplexe Wertermittlungen vorzunehmen und einem rechtlich komplexen Regelwerk zu folgen: späterer Streit wird so vorprogrammiert.
- Die gesetzliche Ausgleichspflicht beschränkt sich auf den Nachlass (§ 2056 BGB); der Übernehmer wird hierdurch nicht verpflichtet, einen Mehrempfang aus der Zuwendung herauszugeben.
- Ist die gesetzliche Ausgleichung angeordnet, erhöht dies auch über § 2316 BGB den Pflichtteilsanspruch der nicht bedachten Kinder.

➲ **Praxistipp:** Vor einer Anordnung der gesetzlichen Ausgleichung sollte stets erwogen werden, die weichenden Geschwister durch testamentarische Anordnung oder formgültige lebzeitige Vereinbarung gleichzustellen. Der Übergeber tut gut daran, den Ausgleich nicht dem Gesetz zu überlassen. Es ist auch nicht möglich, die Bestimmungen des § 2050 BGB durch Rechtsgeschäft unter Lebenden zu ergänzen (BGH DNotZ 2010, 629 mit Anm. Keim) 37

Eine Festsetzung des Ausgleichs durch den Übergeber verlangt ihm eine Bewertung der Zuwendung ab. Hierbei sollten bestehende Belastungen und zukünftige Wertentwicklungen einbezogen werden. Eine volle **wertmäßige Gleichstellung** aller Kinder entweder durch den Übergeber selbst oder – als Auflage des Übergebers – durch den Übernehmer kann für den Augenblick der Übergabe gerecht und unproblematisch sein. Es können sich allerdings Probleme ergeben, wenn nachträglich Störungen dieser Gleichwertigkeit eintreten (s. H. Götte, BWNotZ 1995, 84). – Lösungsbeispiele hierfür enthält **M 44.4**. 38

Legt der Übergeber dem Übernehmer eine Ausgleichszahlung auf, so sind zunächst deren genauer Betrag, ihre Fälligkeit, eine etwaige Verzinsung oder Wertsicherung und sodann deren grundpfand- 39 liche Absicherung zu bestimmen. Da es sich letztlich um einen Vertrag zugunsten Dritter handelt, ist ferner zu klären, ob den weichenden Geschwistern ein eigener Anspruch auf Zahlung zusteht und ob dieser ohne ihre Mitwirkung verändert und aufgehoben werden kann. Im Deckungsverhältnis zwischen Übergeber und Übernehmer handelt es sich – auch steuerlich – um eine Gegenleistung. Im Valutaverhältnis zwischen Übergeber und dem abzufindenden Kind liegt wiederum eine Schenkung vor. Daher ist auch hier zu klären, ob die Ausgleichzahlung auf den Pflichtteil anzurechnen ist. Ein Formulierungsbeispiel enthält **M 44.4**.

40 ➲ **Praxistipp:** Die Einbeziehung weichender Geschwister in die Übergabe ist ein Gebot der Transparenz; die hierauf aufzuwendende Mühe zahlt sich langfristig aus.

c) Ehegatte des Übergebers

41 Ist der Übergeber verheiratet, wird sein Ehegatte häufig in die **vorbehaltenen Rechte** einbezogen. Dies kann durch sofortige Einbeziehung als Anspruchsgläubiger (Gesamtgläubiger) erfolgen, etwa beim Wohnungsrecht und bei den sonstigen Versorgungsansprüchen, oder durch Einräumung eines entsprechenden Anspruchs, bedingt durch den Wegfall des unmittelbaren Anspruchsberechtigten, etwa beim bedingten Übertragungsanspruch. Auf Rz. 23 und **M 44.2** wird hingewiesen.

42 Ein Mitwirkungsbedarf des Ehepartners ergibt sich häufig ohnehin aus **§ 1365 BGB** (Ehegattenzustimmung) (BGHZ 196, 95).

43 Darüber hinaus ist zu bedenken, ob nicht der überlebende Ehegatte seinerseits auf die ihm zustehenden **Pflichtteilsansprüche** wegen der Übertragung verzichten sollte (Formulierungsvorschlag in **M 44.3**). Zudem sollte dem Übergeber deutlich sein, dass er, wenn er seinen Ehegatten beerbt, möglicherweise Pflichtteilsansprüchen des Übernehmers ausgesetzt ist, obwohl er diesem schon eigenes Vermögen übertragen hat (dazu Formulierungsvorschlag in **M 44.3**; instruktiv hierzu OLG Koblenz ZEV 2010, 473 mit Anm. Keim.)

5. Steuerfragen

44 Im Normalfall betrifft die Übergabe zumeist das Hauptvermögen des Übergebers; er gibt sowohl tatsächlich als auch wirtschaftlich eine sichere Lebensgrundlage auf. In einem solchen Fall muss die Regelung der nach den Umständen gebotenen **Alterssicherung des Übergebers und ggf. seines Ehegatten** in wirtschaftlicher und persönlicher Hinsicht im Vordergrund stehen.

44a ➲ **Wichtig:** Bei der Vertragsgestaltung sollten daher steuerliche Gesichtspunkte zwar bedacht werden, aber niemals Vorrang vor einer den Schutz des Übergebers zivilrechtlich am besten gewährleistenden Gestaltung haben.

a) Einkommensteuer

45 Beim **Schenker** hängen die einkommensteuerlichen Folgen davon ab, ob das Grundstück zum Betriebsvermögen oder Privatvermögen gehört.

46 Bei Zugehörigkeit des Grundstücks zum **Betriebsvermögen** führt die Schenkung regelmäßig zur gewinnrealisierenden Entnahme. Die Schenkung eines Grundstücks im Rahmen einer Betriebsübertragung hat dagegen zwingend die Buchwertfortführung durch den Einzelrechtsnachfolger zur Konsequenz (§ 6 Abs. 3 EStG, „Fußstapfentheorie"), so dass die Besteuerung der stillen Reserven vermieden wird (vgl. hierzu BMF v. 3.3.2005, BStBl. I 2005, 458 iVm. BMF v. 7.12.2006, BStBl. I 2006, 766 hinsichtlich der Tz. 22 u. 23 sowie BMF v. 12.9.2013, BStBl I 2013, 1164). **Voraussetzung** hierbei ist jedoch, dass **alle funktional wesentlichen Betriebsgrundlagen übertragen** werden. Werden Wirtschaftsgüter, die im Sinne einer funktionalen Betrachtungsweise wesentliche Betriebsgrundlagen darstellen, nicht mit übertragen, scheitert die Buchwertfortführung. Dies hat dann ua. für das im Betriebsvermögen verhaftete Grundstück die Aufdeckung der ggf. enthaltenen stillen Reserven zur Folge.

Die Schenkung eines zum **Privatvermögen** gehörenden Grundstücks hat keine steuerlichen Auswirkungen. Wurde das Grundstück jedoch **bisher vom Schenker einkunftsrelevant genutzt**, entfällt mit dem wirtschaftlichen Übergang auf den Beschenkten idR auch der Abzug der Aufwendungen. Aufwendungen, die erst nach Beendigung der Einkunftserzielung verausgabt werden, können gegebenenfalls als nachträgliche Werbungskosten abgezogen werden, soweit sie in wirtschaftlichem Zusammenhang mit der früheren Einkunftserzielung stehen. So sind nach Aufgabe der Vermietungstätigkeit gezahlte Schuldzinsen für Kreditmittel, die zur Finanzierung sofort abziehbarer Werbungskosten während der Vermietungsphase verwendet worden sind, als nachträgliche Werbungskosten bei den Einkünften aus Vermietung und Verpachtung zu berücksichtigen. 47

Der **Beschenkte** hat bei **einkunftsrelevanter Nutzung** des Grundstücks grds. die AfA des Rechtsvorgängers fortzuführen (§ 11d Abs. 1 EStDV). Bei einem vom Schenker aus dessen Betriebsvermögen entnommenen Grundstück erfolgt die anschließende Übertragung im Privatvermögen nach den hierfür geltenden Grundsätzen. Der Beschenkte hat daher seine Abschreibung nach dem Entnahmewert des Schenkers zu bemessen. Durch den Beschenkten übernommene Anschaffungskosten (zB Notar- und Gerichtsgebühren) führen weder zu Anschaffungskosten noch zu Werbungskosten (BMF-Schreiben v. 13.1.1993, BStBl. I 1993, 80 Rz. 13 unter Berücksichtigung der Änderungen durch BMF v. 26.2.2007, BStBl I, 269 zu Tz. 14 u. 47). Nicht zu den Anschaffungskosten gehört die Schenkungsteuer (§ 12 Nr. 3 EStG). 48

b) Schenkungsteuer

Bei der Schenkung von Grundstücken wird (seit 1.1.1996 nicht mehr der Einheitswert, sondern) der (höhere) Grundbesitzwert angesetzt, der im Wege der sog. Bedarfsbewertung (§§ 138 ff. BewG) festgestellt wird. Für Schenkungssteuerzwecke erfolgt die Wertermittlung entweder auf der Basis des Vergleichswerts (§§ 182 ff. BewG), des Ertragswerts und damit unter Zugrundelegung der (ggf. abstrakten) Ertragskraft des Grundstücks (in Gestalt der Mieterträgnisse) oder im Wege des Sachwertverfahrens. 49

Als Schenkung von Grundbesitz kann auch die Hingabe von Geld zum Erwerb oder zur Errichtung eines Gebäudes anzusehen sein, sog. mittelbare Grundstücksschenkung (vgl. insoweit auch R E 9.1 Abs. 2 ErbStR 2011). Zur Ausführung einer mittelbaren Grundstücksschenkung vgl. BFH v. 23.8.2006 (BStBl II, 786). Trägt der Schenker allerdings nur einen unbedeutenden Teil der im Übrigen vom Beschenkten aufgebrachten Anschaffungs- oder Herstellungskosten, ist idR davon auszugehen, dass der Schenker lediglich einen Geldzuschuss zu einem vom Beschenkten in vollem Umfang für eigene Rechnung erworbenen Grundstück oder errichteten Gebäude geleistet hat. Die Finanzverwaltung geht bei einem Schenkungsanteil von bis zu 10 % noch von einem unbedeutenden Teil aus.

Zu den Besonderheiten bei gemischter Schenkung und Schenkung unter Auflage: s. Kap. 15 Rz. 67 ff.

c) Umsatzsteuer

Die unentgeltliche Übertragung eines dem Unternehmensvermögen zugeordneten Grundstücks löst auch umsatzsteuerliche Folgen aus. Überträgt z.B. ein Unternehmer unentgeltlich ein Betriebsgrundstück und verwendet er aufgrund eines mit dem Grundstücksübernehmer geschlossenen Pachtvertrages das Grundstück weiterhin für Zwecke seines Unternehmens, liegt eine nicht steuerbare Geschäftsveräußerung im Ganzen im Sinne des § 1 Abs. 1a UStG nicht vor, da der Grundstücksübernehmer nicht das Unternehmen des Veräußerers fortführt, sondern ein neues (Vermietungs-)Unternehmen begründet. Der **übertragende Unternehmer entnimmt** das **Grundstück aus** seinem **Unternehmen**. Mit der Übertragung endet die rechtliche Bindung des Grundstücks an den Unternehmer, so dass auch die Zuordnung des Grundstücks zu seinem unternehmerischen Bereich endet. An dieser Beurteilung ändert nichts, dass der Unternehmer das Grundstück weiterhin für Zwecke des Unternehmens verwendet. Denn diese Verwendung beruht nicht mehr auf der originären Zuordnungsentscheidung des Unternehmers, sondern vielmehr auf seiner Entscheidung, das Grundstück nunmehr im Rahmen eines schuldrechtlichen Nutzungsverhältnisses für sein Unternehmen zu verwenden. Die unentgeltliche Wertabgabe durch Entnahme ist jedoch steuerfrei, § 4 50

Nr. 9a UStG, da die Schenkung/Übertragung ein unter das GrEStG fallender Vorgang ist. Der Unternehmer kann nicht nach § 9 UStG auf die Steuerfreiheit verzichten. Bei der unentgeltlichen Wertabgabe führt der Unternehmer keine Lieferung an einen anderen Unternehmer für dessen Unternehmen aus. Vielmehr ist die Entnahme eine vom Willen des Unternehmers gesteuerte Wertabgabe aus seinem Unternehmen. Damit haben sich möglicherweise die Verhältnisse geändert, die beim Erwerb des Grundstücks durch den Unternehmer für den Vorsteuerabzug maßgebend waren, weshalb der Vorsteuerabzug ggf. nach § 15a UStG zu berichtigen ist, UStAE Abschn. 15a.2 UStAE 2014/2015. Überträgt ein Unternehmer unentgeltlich ein Betriebsgrundstück und behält sich den **Nießbrauch** zur weiteren uneingeschränkten Verwendung des Grundstücks in seinem Unternehmen vor, hat der Unternehmer das Grundstück weder geliefert noch aus seinem Unternehmen entnommen. Er hat lediglich das mit dem Nießbrauch belastete Eigentum übertragen und sich die Nutzungsmöglichkeit zurückbehalten, die ihm bisher aufgrund seines Eigentums zustand. Der Grundstücksübernehmer erlangt an dem Grundstück keine Verfügungsmacht im Sinne des § 3 Abs. 1 UStG. Die Einräumung des Nießbrauchvorbehalts stellt auch keine Gegenleistung für die Grundstücksübertragung dar. Denn der Unternehmer hat sich dieses Recht von vornherein vorbehalten. Eine unentgeltliche Wertabgabe durch Entnahme liegt nicht vor, weil die Verfügungsmacht beim Unternehmer verblieben ist (vgl. BFH v. 13.11.1997, BFHE 184, 134; BFH/NV 1998, 555 f.). Eine Berichtigung des Vorsteuerabzugs nach § 15a UStG kommt bei Bestellung des Vorbehaltsnießbrauchs nicht in Betracht. Erst mit Beendigung des Vorbehaltsnießbrauchs liegt je nach Sachverhalt eine Lieferung, eine unentgeltliche Wertabgabe durch Entnahme oder eine nicht steuerbare Geschäftsveräußerung im Ganzen vor. Bei einer Lieferung ist der Vorsteuerabzug des Unternehmers gegebenenfalls zu berichtigen.

M 44.2 Übertragung im Wege vorweggenommer Erbfolge[1] unter Vorbehalt des Rückforderungsrechts und des Nießbrauchs

(Urkundeneingang[2])

Übertragungsvertrag

§ 1 Grundbesitz

(1) Der Veräußerer ist Eigentümer des im Grundbuch des Amtsgerichts . . . von
. . . Blatt . . .
eingetragenen Grundbesitzes:
Flur . . . Flurstück . . . . groß:. . ..

– nachstehend kurz „Grundbesitz" genannt –.
bei Wohnungseigentum „Wohnung"

(2) Ausweislich einer Einsicht vom (Datum) sind im Grundbuch folgende Belastungen eingetragen:

Abt. II:. . .

Abt. III:. . .

Die grundpfandlich gesicherten Darlehen sind vollständig getilgt. Die Beteiligten bewilligen und beantragen, die Belastungen Abt. III Nr. . . . zu löschen. (Dann entfällt auch § 6 Valutieren die Belastungen noch, entfällt der vorstehende Satz).

bei Wohnungseigentum Gegenstand und Inhalt des Wohnungseigentums ergeben sich aus der Teilungserklärung vom (Datum) UR-Nr . . ../. . .) des Notars (Name) in (Stadt) und aus dem Gesetz.

Der Inhalt der Teilungserklärung ist dem Erwerber bekannt.

---

1 Rz. 17 ff.

2 Form nach § 311b Abs. 1 Satz 1 BGB wegen der Übertragung von Grundbesitz und nach § 518 Abs. 1 Satz 1 BGB für das Schenkungsversprechen.

Verwalter der Wohnungseigentümergemeinschaft ist nach Angabe

(Name)

Die Zustimmung des Verwalters ist nach dem Grundbuchinhalt erforderlich und soll vom Notar eingeholt und entgegengenommen werden.

§ 2 Übertragung

(1) Der Veräußerer überträgt dem dies annehmenden Erwerber (Name) den vorbezeichneten Grundbesitz bei Wohnungseigentum die vorbezeichnete Wohnung mit allen wesentlichen Bestandteilen und dem gesetzlichen Zubehör.

(2) Die Übertragung erfolgt unentgeltlich im Wege der vorweggenommenen Erbfolge[3]*.*

Der Erwerber wird sich die erfolgte Übertragung auf etwaige Pflichtteils- und Pflichtteilsergänzungsansprüche gegen den Nachlass des jeweiligen Veräußerers anrechnen lassen.

(3) Im Verhältnis zu den übrigen Abkömmlingen des Veräußerers muss der Erwerber die Zuwendung nicht ausgleichen.

§ 3 Zustimmungsvorbehalt

(1) Der Erwerber verpflichtet sich, über den übertragenen Grundbesitz/die übertragene Wohnung nur mit schriftlicher Zustimmung des Veräußerers zu verfügen. Insbesondere wird er den Grundbesitz/die Wohnung nur mit Zustimmung veräußern oder belasten (auch durch Neuvalutierung bestehender Grundpfandrechte), oder den Besitz hieran rechtsgeschäftlich Dritten überlassen, etwa durch Vermietung.

(2) Für den Fall, dass er ohne die erforderliche Zustimmung über den Grundbesitz/die Wohnung verfügt, tritt der Erwerber einen jeden Anspruch auf eine Gegenleistung hierfür bereits hiermit an den Veräußerer ab und verpflichtet sich, diesem eine bereits erhaltene Gegenleistung herauszugeben.

(3) Wenn der Grundbesitz/die Wohnung veräußert wird, sollen sämtliche Rechte, die dem Veräußerer hieran nach diesem Vertrag zustehen, auch am Surrogat, also am Erlös sowie an allem aus dem Erlös ersatzweise angeschafften Gegenständen im gleichen Umfang, fortbestehen. Dies gilt für den Zustimmungsvorbehalt ebenso wie für das Rückforderungsrecht/den Nießbrauch ... und ... Der Erwerber ist verpflichtet, diese Rechte an einem Erlös auf Verlangen des Veräußerers neu zu bestellen. Der Veräußerer kann seine Zustimmung zu einer Veräußerung hiervon abhängig machen. Er ist aus keinem Grunde verpflichtet, einer Verfügung zuzustimmen.

(4) ***Bei mehreren Veräußerern:*** *Die Rechte aus diesem Abschnitt stehen mehreren Veräußerern im Verhältnis ihres bisherigen Eigentums zu, nach dem Tode eines von ihnen dem anderen alleine und in vollem Umfang.*

§ 4 Rückforderungsrecht[4]

(1) Der Veräußerer behält sich vor, den übertragenen Grundbesitz/die übertragene Wohnung zurückzufordern, wenn:

a) der Erwerber ohne die erforderliche Zustimmung des Rückforderungsberechtigten über den Grundbesitz oder Teile desselben verfügt, oder

b) Dritte die Zwangsvollstreckung in das übertragene Eigentum betreiben oder beantragen, über das Vermögen des Eigentümers das Insolvenzverfahren zu eröffnen, oder der Eigentümer eine eidesstattliche Versicherung über seine Vermögensverhältnisse abgeben muss und der jeweilige Antrag nicht binnen zweier Monate wieder zurückgenommen wird; oder

c) der Erwerber sich gegenüber dem Veräußerer oder seinem Ehegatten in einer Weise verhält, die es nach den gesetzlichen Bestimmungen rechtfertigt, den Pflichtteil zu entziehen oder zu beschränken (§§ 2333 bis 2338 BGB) oder die als schwere Verfehlung oder grober Undank (§§ 530 bis 533 BGB) zu werten ist; oder

3 Zur erbrechtlichen Bezügen oben Rz. 29 ff.
4 Zu Rückforderungsvorbehalten oben Rz. 18 ff.

d) der Erwerber vor dem Veräußerer versterben sollte[5]; oder

e) die Scheidung einer Ehe des Erwerbers beantragt wird oder gegen diesen güterrechtliche Ausgleichsansprüche wegen des übertragenen Eigentums geltend gemacht werden.

Weitergehende gesetzlich zwingende Rückforderungs- und Unterhaltsansprüche bleiben unberührt.

(2) Das Rückforderungsrecht muss innerhalb von sechs Monaten ab Kenntnis des jeweiligen Grundes schriftlich geltend gemacht werden.

(3) Die Rückübertragung hat in dem Zustand zu erfolgen, in dem sich das Eigentum im Zeitpunkt der Ausübung des Rückforderungsrechts befindet. Gegenseitige Herauszahlungsansprüche für Aufwendungen, Zins- und Tilgungsleistungen und gezogene Nutzungen bestehen nicht. Jedoch sind dem Erwerber seine Verwendungen auf das Eigentum insoweit zu erstatten, als sie dessen Wert zum Zeitpunkt der Rückforderung erhöhen.

Die Belastungen des Eigentums, die hier übernommenen werden oder die zukünftig mit Zustimmung des Veräußerers aufgenommenen werden, sind im Zuge einer Rückübertragung mit den dann zugrundeliegenden Verbindlichkeiten wieder zu übernehmen. Wird die Schuldübernahme nicht genehmigt, genügt die Freistellung im Innenverhältnis. Im Übrigen hat die Rückübertragung unentgeltlich, lastenfrei und ohne Kosten für den Veräußerer zu erfolgen. Mit erfolgter Rückübertragung entfallen die hier vereinbarten Pflichtteilsverzichte und Anrechnungsbestimmungen.

*(4) **Bei mehreren Veräußerern:** Das Rückforderungsrecht steht den Veräußerern als Gesamtgläubiger (§ 428 BGB) zu. Die Gesamtgläubiger vereinbaren untereinander, dass sie die Zustimmungsvorbehalte und das Rückforderungsrecht nur gemeinsam ausüben können. Nach dem Tode eines von ihnen stehen die Rechte dem Überlebenden alleine zu. Die Gesamtgläubiger können die Rückübertragung zur gesamten Hand, zu beliebigen Bruchteilen oder zu Alleineigentum eines von ihnen verlangen. Für die Verpflichtungen aus der Rückforderung haften die Berechtigten als Gesamtschuldner.*

(5) Das Rückforderungsrecht erlischt mit dem Tode der Berechtigten. Es kann nur dann veräußert und vererbt werden, wenn es noch zu deren Lebzeiten geltend gemacht wurde.

(6) Zur Sicherung des Rückforderungsanspruchs bewilligen und beantragen die Beteiligten zu Lasten des hier übertragenen Eigentums, eine Vormerkung auf Rückauflassung zugunsten des Veräußerers in das Grundbuch einzutragen, und zwar befristet auf ein Jahr nach dem Tode des Berechtigten.

Ein jeder Veräußerer bevollmächtigt weiterhin jeweils den Erwerber, ersatzweise den an seiner Stelle eingetragenen Grundstückseigentümer, gegen Vorlage ihrer Sterbeurkunden die Löschung der für sie einzutragenden Auflassungsvormerkungen zu bewilligen.

Für den Fall, dass er vor dem Veräußerer verstirbt, bevollmächtigt jeder Erwerber einen jeden Veräußerer, das Eigentum aufzulassen und alle zur Rückübertragung des Eigentums erforderlichen Erklärungen abzugeben und entgegenzunehmen. Die Bevollmächtigten sind jeweils von den Beschränkungen des § 181 BGB befreit.

§ 5 Nießbrauch[6]

(1) Der Veräußerer behält sich den lebenslänglichen Nießbrauch an dem übertragenen Grundbesitz vor. Der Nießbrauch soll ihnen als Gesamtberechtigten zustehen, nach dem Tode eines von ihnen dem anderen alleine und in vollem Umfang (§ 428 BGB).

(2) Der Nießbraucher darf sämtliche Nutzungen ziehen. Er trägt sämtliche privaten und öffentlichen Lasten, selbst wenn sie sonst dem Eigentümer obliegen, insbesondere

a) alle Ausbesserungen und Erneuerungen, auch soweit sie über die gewöhnliche Unterhaltung hinausgehen,

---

5 Nach dieser Formulierung besteht das Rückforderungsrecht bei Vorversterben auch dann, wenn der Grundbesitz an Abkömmlinge des Übernehmers vererbt wird. In einer solchen Situation kann der Übergeber sodann entscheiden, ob er das Rückforderungsrecht geltend macht oder den Grundbesitz bei den Kindern des Übergebers, den eigenen Enkeln, belässt.

6 Zum Nießbrauch eingehend Kap. 54 Rz. 118 ff.

b) alle Erschließungskosten und Anliegerbeiträge nach Bundes-, Landes- und Ortsrecht.

Der Eigentümer kann keine Sicherheit verlangen (§ 1050 BGB); dem Nießbraucher steht kein Verwendungsersatz oder Wegnahmerecht zu (§ 1049 BGB).

*c) **Bei Wohnungseigentum** Der Nießbraucher trägt auch alle Lasten, die den Eigentümer als Mitglied der Wohnungseigentumsgemeinschaft treffen, insbesondere das Wohngeld einschließlich Instandhaltungs- und Sonderumlagen. Der Nießbraucher – mehrere einzeln – ist ferner bevollmächtigt, den Eigentümer in der Wohnungseigentumsgemeinschaft zu vertreten, insbesondere das Stimmrecht auf Versammlungen auszuüben und Ladungen hierzu entgegenzunehmen. Er ist von den Beschränkungen des § 181 BGB befreit und bevollmächtigt entsprechend Untervollmacht zu erteilen.*

(3) Der Nießbraucher trägt auch den Zins- und die Tilgung für die Darlehen, die durch Grundpfandrechte an dem Grundbesitz abgesichert werden und die der Nießbraucher selbst aufgenommen hat oder die zukünftig mit seiner Zustimmung aufgenommen werden. Nach dem Ende des Nießbrauchs übernimmt der Erwerber diese Darlehen zur völligen Entlastung der Erben des Nießbrauchers gemäß § 6.

(4) Die Beteiligten bewilligen und beantragen die Eintragung des Nießbrauchs in das Grundbuch. Hierbei ist zu vermerken dass zur Löschung des Rechts der Nachweis des Todes genügt.

Den Jahreswert des Nießbrauchs geben die Beteiligten ausschließlich zu Kostenzwecken mit EUR (Betrag) an.

(5) Schuldrechtlich wird schon jetzt vereinbart, dass der Nießbraucher bei einer Veräußerung des Grundbesitzes verlangen kann, dass ihm anstelle des hier bestellten Nießbrauchs an dem Anspruch auf den nach Ablösung aller vorrangigen Verbindlichkeiten und Abzug aller Kosten verbleibenden Veräußerungserlös ein Folgenießbrauch zu den bisherigen Bedingungen bestellt wird.[7] *Das Kapital ist gemäß § 1079 BGB nach Bestimmung des Nießbrauchers anzulegen.*

§ 6 Schuldübernahme

(entfällt, wenn in Abt. III keine Belastungen bestehen bleiben)

Hinsichtlich der Darlehens-Verbindlichkeiten, die den Grundpfandrechten Abt. 3 Nr. (Ziffer) zugrunde liegen, vereinbaren die Beteiligten folgendes:

(1) Diese Verbindlichkeiten trägt weiterhin der Veräußerer für die Dauer seines Nießbrauchs.

(2) Ab der Beendigung des Nießbrauches, spätestens also mit dem Tode des Veräußerers sind diese Darlehen von dem Erwerber mit ihrer dann bestehenden Valuta zu übernehmen; der Nachlass des Veräußerers ist hiervon freizustellen. Der Notar hat die Beteiligten darauf hingewiesen, dass der Veräußerer im Außenverhältnis erst dann von den Verbindlichkeiten frei wird, wenn ihn die Gläubiger aus der Haftung entlassen.

(3) Die eingetragenen Grundpfandrechte werden übernommen. Alle gegenwärtigen und zukünftigen Ansprüche, die dem Veräußerer hieran zustehen, insbesondere auf Rückgewähr, Löschung oder Verzicht, sollen dem Erwerber zustehen, jedoch mit der Maßgabe, dass er bis zum Erlöschen der Rechte des Veräußerers nur die Löschung der Grundpfandrechte verlangen kann. Zur Neuvalutierung sind die Grundpfandrechte während der Dauer der der dem Veräußerer vorbehaltenen Rechte nur aufgrund einvernehmlicher Entscheidung aller Beteiligten zu verwenden. Jeder Beteiligte ist verpflichtet, einer Besicherung solcher Darlehen zuzustimmen, aus denen werterhöhende oder -erhaltende Verwendungen auf das Eigentum finanziert werden.

(4) Die vorstehenden Regelungen gelten auch für solche Grundpfandrechte und die jeweils gesicherten Verbindlichkeiten, die mit der erforderlichen Zustimmung des Veräußerers zukünftig bestellt werden. Abweichende Regelungen können die Beteiligten schriftlich vereinbaren.

7 Damit soll dem Einwand der Finanzverwaltung begegnet werden, dass die Gewährung des Nießbrauchs am Veräußerungserlös nach Verzicht auf den Nießbrauch am Grundbesitz eine Zuwendung des Übernehmers an den Übergeber sei. Vgl. Götz ZEV 2009, 609.

§ 7 Übergabe, Mängel, Kosten

(1) Der unmittelbare Besitz, die Nutzungen, und die Lasten gehen auf den Erwerber erst über an dem Tage, an dem der vorbehaltene Nießbrauch endet. Gleiches gilt für die Verkehrssicherungspflichten, die den Grundbesitz treffenden Versicherungen, alle noch offenen oder zukünftig fälligen öffentlichen und privaten Lasten und Beiträge, auch für die Erschließung oder den Anschluss an die öffentliche Versorgung sowie die Grundsteuer. Der Notar hat auf die gesetzliche Haftung des jeweiligen Eigentümers hingewiesen.

(2) Der mittelbare Besitz sowie die Gefahr des zufälligen Untergangs und einer zufälligen Verschlechterung der Sache gehen mit dem heutigen Tage auf den Erwerber über.

bei ***Wohnungseigentum:*** *Der Erwerber tritt vom Tage des Besitzübergangs an in alle Rechte und Pflichten ein, die sich für den jeweiligen Eigentümer aus der Teilungserklärung und Gemeinschaftsordnung und aus wirksamen Beschlüssen der Wohnungseigentümergemeinschaft ergeben, insbesondere in die Pflicht zur Wohngeldzahlung, ferner in einen etwaigen Hausverwaltervertrag, soweit diese Rechte und Pflichten nicht beim Nießbraucher verbleiben. Jeder Nießbraucher ist bevollmächtigt, den Eigentümer in der Wohnungseigentumsgemeinschaft zu vertreten, insbesondere das Stimmrecht auf Versammlungen auszuüben und Ladungen hierzu entgegenzunehmen. Er ist von den Beschränkungen des § 181 BGB befreit und bevollmächtigt entsprechend Untervollmacht zu erteilen.*

(3) Miet- und Pachtverhältnisse bestehen nicht/sind bekannt und werden mit dem Tage der Beendigung des Nießbrauchs übernommen.

(4) Das Eigentum wird übertragen so wie es heute beschaffen ist. Für Sachmängel haftet der Veräußerer nicht. Der Erwerber übernimmt die Belastungen, die in Abt. II des Grundbuchs eingetragen sind sowie die sonst bestehenden Dienstbarkeiten, Baulasten und nachbarrechtlichen Beschränkungen. Der Veräußerer erklärt, dass ihm verborgene Mängel der Sache oder Mängel im Rechte oder Rückstände an öffentlichen oder privaten Abgaben oder Steuern nicht bekannt sind.

(5) Alle mit dieser Urkunde und ihrer Durchführung verbundenen Kosten sowie eine mögliche Schenkungsteuer, auf die der Notar hingewiesen hat, trägt der Erwerber. Den Verkehrswert des übertragenen Eigentums geben die Beteiligten ausschließlich zu Kostenzwecken mit Euro (Betrag) an, den Jahreswert des vorbehaltenen Nießbrauchs mit Euro (Betrag).

§ 8 Auflassung, Grundbucherklärungen

(1) Die Beteiligten sind darüber einig, dass das Eigentum an dem übertragenen Grundbesitz/der übertragenen Wohnung (Grundbuch von ... Blatt ...) auf den Erwerber übergeht.

(2) Die Beteiligten bewilligen und beantragen in das jeweilige Grundbuch einzutragen:

a) den Eigentumswechsel,

b) die befristete Vormerkung auf Rückauflassung zur Sicherung des Anspruchs gemäß ... III. zugunsten des Veräußerers.

c) das Nießbrauchsrecht gemäß § 4 Absatz (Ziffer) zugunsten des Veräußerers, mit der Maßgabe, dass zur Löschung der Nachweis des Todes der Berechtigten genügt.

Mehreren Veräußerern stehen die Rechte zu b) und c) als Gesamtberechtigte (§ 428 BGB) zu.

(3) Die Beteiligten beantragen -gleichzeitig zustimmend-, und soweit Selbstberechtigung besteht bewilligen, die Löschung aller vom Erwerber nicht übernommenen Belastungen, insbesondere der Belastung Abteilung (Ziffer).

(4) Der Notar kann alle Anträge aus dieser Urkunde getrennt stellen, einschränken und sie in gleicher Weise wieder zurückziehen. Die Beteiligten bevollmächtigen den Notar, soweit erforderlich, Bewilligungen und Anträge gegenüber dem Grundbuchamt zu ändern und zu ergänzen, überhaupt alles zu tun, was verfahrensrechtlich zur Durchführung der Urkunde erforderlich sein sollte.

§ 9 Vollzug, Hinweise

(1) Alle zu dieser Urkunde erforderlichen Genehmigungen bleiben vorbehalten, sollen von dem Notar herbeigeführt und mit ihrem Eingang bei dem Notar allen Beteiligten gegenüber wirksam werden. Der Notar wird mit dem Vollzug der Urkunde beauftragt.

(2) Der Notar hat die Beteiligten darauf hingewiesen, dass:

a) der Steuerbehörde gegenüber Veräußerer und Erwerber für die den Grundbesitz treffenden Abgaben und eine etwaige Steuer nach Maßgabe der Steuergesetze als Gesamtschuldner haften,

b) alle Vertragsvereinbarungen beurkundungspflichtig sind und Nebenabreden außerhalb dieser Urkunde zur Nichtigkeit des ganzen Vertrages führen können. Die Beteiligten erklären, dass die Urkunde alle Erklärungen enthält, mit denen dieser Vertrag stehen und fallen soll.

Kosten: *Notargebühr:* 2,0-Gebühr gem. Nr. 21100 KV GNotKG. Bei einem Übergabevertrag sind die Leistungen zugunsten des Übergebers Gegenleistungen nach § 97 Abs. 3 GNotKG. Der Zustimmungsvorbehalt ist nach § 50 Nr. 1 GNotKG zu bewerten; der Rückübertragungsvorbehalt ist insoweit Sicherungsgeschäft iSv. § 109 Abs. 1 S. 2 GNotKG. Der Nießbrauch ist als Leistung der Erwerber nach § 52 Abs. 4 GNotKG zu bewerten (Grundlage jährlicher Nutzungswert). Für die Vollzugstätigkeiten 0,5-Gebühr gem. Nr. 22110, Wert gem. § 112 GNotKG. Für die Betreuungstätigkeiten 0,5-Gebühr gem. Nr. 22200, Wert gem. § 113 GNotKG. Die Vollzugs- und die Betreuungsgebühr werden in demselben notariellen Verfahren jeweils nur einmal erhoben (§ 93 Abs. 1 GNotKG). Daneben fallen Auslagen nach Nrn. 32000 ff. KV GNotKG an.

Gerichtsgebühr: 0,5-Gebühr gem. Nr. 14150 KV GNotKG für die Eintragung der Rückauflassungsvormerkung. Geschäftswert gem. §§ 47, 45 Abs. 3 GNotKG. Für die Eintragung des neuen Eigentümers 1,0-Gebühr gem. Nr. 14110; Geschäftswert gem. § 47 GNotKG (Kaufpreis). Für die Eintragung des Nießbrauchs 1,0-Gebühr gem. Nr. 14121 KV GNotKG, Geschäftswert § 52 Abs. 4 GNotKG. Für die Löschung der Belastungen 0,5-Gebühr gem. Nr. 14140 KV GNotKG, Wert § 53 Abs. 1 GNotKG (Nennbetrag).

M 44.3 Pflichtteilsrechtliche Vereinbarungen

. . . als Teil des Übertragungsvertrags ***M 44.2***

§ 8 Unbedingter Pflichtteilsverzicht des weichenden Geschwisterkindes

Das miterschienene weitere Kind des Übergebers Herr/Frau . . ., erklärt nunmehr Folgendes:

Ich stimme der vorstehenden Übertragung zu. Ich verzichte für mich und meine Abkömmlinge auf alle zukünftigen Pflichtteils- und Pflichtteilsergänzungsansprüche einschließlich des Ausgleichspflichtteils (§ 2316 BGB) gegen den Nachlass des Übergebers insoweit, als der übertragene Grundbesitz einschließlich etwaiger Wertsteigerungen bei der Berechnung dieser Ansprüche nicht in Ansatz kommen soll. Der Übergeber nimmt diesen gegenständlich beschränkten Pflichtteilsverzicht an.

§ 9 Zustimmung des Ehegatten

Der Ehegatte des Übergebers stimmt dieser Übertragung zu und verzichtet auf sein Pflichtteilsrecht und alle Ansprüche hieraus gegen den Nachlass des Übergebers insoweit, als der hier übertragene Grundbesitz bei der Berechnung des Pflichtteils nicht berücksichtigt werden soll. Dies gilt insbesondere auch für einen etwaigen Anspruch gegen den Übernehmer aus § 2329 BGB. Der Übergeber und der Übernehmer nehmen diesen gegenständlich beschränkten Pflichtteilsverzicht jeweils an. Der Ehegatte verzichtet ausdrücklich nicht auf sein Recht, etwaige Unterhaltsansprüche gegen den Nachlass des Übergebers bis zur Höhe des vollen Pflichtteilsrechts geltend zu machen (§ 1586b BGB).

§ 10 Doppelte Pflichtteilsanrechnung zugunsten des Übergebers

Soweit der Übergeber seinen Ehegatten beerbt oder dessen Vermächtnisnehmer wird und infolge dessen die Pflichtteilslast trägt, verzichtet der Übernehmer ferner auf sein Pflichtteilsrecht und alle Ansprüche hieraus gegen den Nachlass des Ehegatten, seiner Mutter/seines Vaters, in der Weise, dass sich der Übernehmer die hier von dem überlebenden Übergeber erfolgte Übertragung auf seinen etwaigen Pflichtteils- und Pflichtteilsergänzungsanspruch gegen den vorverstorbenen Ehegatten anrechnen lassen wird. Der Ehegatte nimmt diesen gegenständlich beschränkten Pflichtteilsverzicht an.

M 44.4 Gleichstellungsvereinbarung

... als Teil des Übertragungsvertrags ***M 44.2***

§ 11 Gleichstellung der weichenden Geschwister[1]

a) Gegenständlich beschränkter Pflichtteilsverzicht

Ein jedes der miterschienenen Geschwister des Übernehmers verzichtet hiermit auf sein Pflichtteilsrecht und alle Ansprüche hieraus in der Weise, dass der vorstehend übertragene Grundbesitz bei der Berechnung solcher Ansprüche nicht berücksichtigt werden soll. Der Übergeber nimmt diesen gegenständlich beschränkten Pflichtteilsverzicht jeweils an.

Ggf.:

Der jeweilige Pflichtteilsverzicht erfolgt unter der auflösenden Bedingung, dass die nachvereinbarte Ausgleichzahlung nicht binnen ... Monaten nach Fälligkeit und schriftlicher Zahlungsaufforderung vollständig gezahlt wurde.

b) Ausgleichszahlung

Zum Ausgleich der hier erfolgten Übertragung hat der Übernehmer an jedes seiner Geschwister, nämlich

- *... (Name 1),*
- *... (Name 2),*
- *... (Name 3), usw.*

einen Geldbetrag von jeweils ... Euro – in Worten: ... Euro – zu bezahlen.

Die Ausgleichszahlung ist fällig am ... (Datum) und bis dahin zinslos gestundet. Bei Zahlung nach diesem Termin sind Verzugszinsen von 6 % jährlich zu entrichten.

Der Zahlungsanspruch steht den Geschwistern unmittelbar zu, er kann aber ohne deren Mitwirkung durch Vereinbarung zwischen dem Übergeber und dem Übernehmer aufgehoben oder abgeändert werden, jedoch nur zu Lebzeiten des Übergebers und durch diesen höchstpersönlich. Der Zahlungsanspruch ist veräußerlich und vererblich; die hierin liegende Zuwendung hat sich jedes Geschwisterkind auf seinen jeweiligen Pflichtteil nach dem Übergeber anrechnen zu lassen.

Zur Sicherung des Anspruchs auf die Ausgleichszahlung nebst 6 % Jahreszinsen ab ... (Datum wie oben) wird die Eintragung untereinander gleichrangiger Sicherungshypotheken[2] *zu Lasten des Grundbesitzes Flurstück Nr. ... (Nummer) im Rang nach den vorstehend bestellten Rechten bewilligt und beantragt.*

c) Bedingter weiterer Gleichstellungsanspruch[3]

Bei der Festlegung der Ausgleichsbeträge wurde von 60 % des Verkehrswertes[4] *des übergebenen Grundbesitzes ausgegangen, um dem Übernehmer die Übernahme überhaupt zu ermöglichen.*

Falls der Übernehmer den in dieser Urkunde erworbenen Grundbesitz oder Teile davon innerhalb von ... (Anzahl) Jahren zu einem Preis veräußert, der 60 % des Verkehrswertes[5] *im Zeitpunkt der Veräußerung übersteigt, so hat er den Mehrerlös mit seinen Geschwistern zu teilen. Den Verkehrswert stellt mangels Einigung der Beteiligten verbindlich der örtlich zuständige Gutachterausschuss fest, ersatzweise eine Nachfolge- oder gleichwertige Einrichtung oder – falls eine solche nicht besteht – ein öffentlich bestellter und vereidigter Sachverständiger; die Person des Sachverständigen bestimmt bei Nichteinigung der Beteiligten der Präsident der Architektenkammer.*

1 Rz. 33 ff.

2 Sicherungshypotheken nur erforderlich bei hinausgeschobener Fälligkeit.

3 Regelung zur Vermeidung einer später eintretenden Unausgewogenheit, s. Rz. 38 ff.

4 Festlegung nach Vereinbarung und den Leistungsmöglichkeiten des Übernehmers.

5 Da 60 % des Verkehrswertes bereits durch die Gleichstellungsleistungen ausgeglichen sind.

Vom Verkehrswert sind vor Ermittlung des Mehrerlöses abzuziehen:

- *im Zusammenhang mit der Veräußerung für den Übernehmer anfallende Kosten;*
- *etwaige vom Übernehmer für den Grundbesitz aufgewendete und den Kaufpreis beeinflussende öffentliche Abgaben (zB Erschließungs- und Anliegerbeiträge);*
- *etwaige Investitionen des Übernehmers im Umfang der noch vorhandenen Wertsteigerung.*

Ein solcher weiterer Gleichstellungsanspruch gegen den Übernehmer besteht auch, wenn dieser den Grundbesitz unentgeltlich oder teilweise unentgeltlich veräußert und der Erwerber oder dessen Rechtsnachfolger innerhalb der festgesetzten Frist eine den weiteren Gleichstellungsanspruch auslösende Veräußerung nach den vorstehenden Bestimmungen vornimmt[6]*.*

Auch die vorstehenden Ansprüche stehen den Geschwistern unmittelbar zu, die vorstehenden Regelungen gelten entsprechend. Eine dingliche Sicherung dieser bedingten weiteren Gleichstellungsansprüche wird trotz Belehrung nicht gewünscht.

6 Dieser Abschnitt soll Umgehungsmöglichkeiten ausschließen (etwa durch Übertragung des Grundbesitzes auf Ehegatten, der dann veräußert). Gleichstellungsverpflichteter kann aber nur der Übernehmer bleiben, nicht der Sonder-Rechtsnachfolger (unzulässiger Vertrag zulasten Dritter).

IV. Vermögenserhaltende Familiengesellschaft

Wird ein Grundstück an mehrere Kinder übertragen, verfolgen die Übergeber oft das Ziel, den Grundbesitz **„in der Familie"** zu halten. Familienfremde Dritte, z.B. Ehegatten, sollen ausgeschlossen bleiben, eine Auseinandersetzung unter den Abkömmlingen möglichst vermieden werden. 51

Die Vereinbarung von **Vorkaufsrechten** unter den Geschwistern dient diesem Zweck nur beschränkt: Das gesetzliche Vorkaufsrecht greift bei einer unentgeltlichen Übertragung und im Erbfalle nicht; es kann nur zum Vorkaufspreis ausgeübt werden, der nicht der gewünschte Vorzugspreis sein muss. 52

Auch steht ein Vorkaufsrecht einem Verlangen auf Auseinandersetzung der Bruchteilsgemeinschaft nicht entgegen. Daher sollte stets erwogen werden, unter den Miteigentümern den Anspruch auf **Aufhebung der Gemeinschaft auszuschließen** und dies gem. **§§ 749 Abs. 2, 1010 BGB** im Grundbuch einzutragen (s. Kap. 54 Rz. 210). 53

Eine umfassende Regelung über Generationen hinweg ermöglicht eine gesellschaftsvertragliche Vereinbarung. Diese setzt voraus, dass der Erwerb in eine **Gesellschaft bürgerlichen Rechts** oder eine andere Gesellschaft erfolgt. Im Gesellschaftsvertrag, der maßgeblich von den Übergebern aufgesetzt wird, können sodann der Kreis der möglichen Gesellschafter anhand von Blutsverwandtschaft bestimmt und Kündigungs- und Verwaltungsregelungen festgeschrieben werden. 54

M 44.5 Vertrag einer Familien-Grundstücksgesellschaft

Gesellschaftsvertrag

§ 1 Name, Sitz, Rechtsform, Geschäftsjahr

(1) Die Gesellschaft tritt auf unter dem Namen: „… Grundstücksgesellschaft bürgerlichen Rechts".

(2) Die Gesellschaft hat ihren Sitz in ….

(3) Sie hat die Rechtsform einer Gesellschaft bürgerlichen Rechts.

(4) Das Geschäftsjahr der Gesellschaft ist das Kalenderjahr.

§ 2 Zweck der Gesellschaft

Zweck der Gesellschaft ist der Erwerb, die gemeinschaftliche Verwaltung und Nutzung der zu ihrem Vermögen gehörenden Immobilien und die Erhaltung des Vermögens als wirtschaftliche Einheit, insbesondere des Grundstücks nebst Gebäuden in ….

§ 3 Gesellschafter, Beteiligungsverhältnisse

(1) Am Vermögen der Gesellschaft sowie am Gewinn und Verlust sind die Gesellschafter wie folgt beteiligt:

... mit ... %

... mit ... %.

Die Einlagen der Gesellschafter sind erbracht.

(2) Gegebenenfalls: Die Gesellschafter haben den Grundbesitz unter dem Vorbehalt des Nießbrauchs für ... erworben. Daher gelten die nachfolgenden Regelungen zur Verwaltung des Gesellschaftsvermögens einschließlich des Grundbesitzes erst, wenn und soweit kein Nießbrauch mehr am Gesellschaftsvermögen besteht. Auch wird eine Kündigung der Gesellschaft jedenfalls bis zur vollständigen Beendigung der vorbehaltenen Nießbrauchsrechte ausgeschlossen. Während der Dauer des Nießbrauchs bedarf jede Änderung dieses Vertrages der Zustimmung der Nießbrauchsberechtigten.

§ 4 Verwaltung

(1) Die Geschäftsführung und Vertretung der Gesellschaft im Sinne von §§ 709 ff. BGB obliegt ausschließlich dem oder den Verwaltern. Soweit die Gesellschafter nicht zu Verwaltern berufen sind, sind sie von der Geschäftsführung ausgeschlossen.

(2) Zum ersten Verwalter wird ... bestellt. Seine Amt endet erst, wenn er das Amt niederlegt oder mit einer Mehrheit von mehr als ... aller vorhandenen Stimmen abberufen wird.

(3) Die späteren Verwalter werden durch die Gesellschafterversammlung bestellt und abberufen. In dem Bestellungsbeschluss kann der Umfang ihrer Befugnisse festgelegt werden.

(4) Zum Verwalter können nur Gesellschafter bestellt werden. Sind mehrere Verwalter bestellt, so handeln sie, soweit nicht bei der Bestellung ausdrücklich etwas anderes vereinbart wurde, gemeinschaftlich.

(5) Die Verwalter erhalten neben dem Ersatz ihrer Auslagen eine Vergütung von ... % der Bruttomieteinnahmen jährlich, mehrere untereinander zu gleichen Teilen. Die Gesellschafterversammlung kann mit einfacher Mehrheit eine andere Vergütung festsetzen.

§ 5 Geschäftsführungsbefugnisse der Verwalter

(1) Die Veräußerung und die Belastung von Grundbesitz bedürfen stets der einstimmigen Zustimmung der Gesellschafterversammlung.

(2) Der Neuabschluss und die Änderung von Miet- und Pachtverträgen bedürfen eines zustimmenden Gesellschafterbeschlusses. Hierzu genügt die einfache Mehrheit der Gesellschafterversammlung oder die Zustimmung der Stimmenmehrheit aller Gesellschafter außerhalb einer Versammlung.

(3) Zur Vornahme von anderen Handlungen, die über die gewöhnlichen Verwaltungsgeschäfte hinausgehen, ist die Zustimmung der Gesellschafterversammlung erforderlich.

(4) Die Verwalter sind ermächtigt, im Rahmen ihrer Verwaltungstätigkeit, ohne Zustimmung der Gesellschafterversammlung, Reparaturarbeiten jeder Art bis zur Höhe von drei Nettomonatsmieten in Auftrag zu geben.

(5) Die Verwalter haben für jedes Geschäftsjahr schriftlich oder mündlich über die Verwaltertätigkeit Rechnung zu legen. Bei wichtigen Anlässen, wie zB Mietausfällen, Rechtsstreitigkeiten und auftretenden größeren Mängeln, hat die Unterrichtung unverzüglich zu erfolgen.

(6) Die Gesellschafter erhalten auf Verlangen Durchschrift aller von der Gesellschaft abgeschlossenen Verträge. Die Gesellschafter haben jederzeit das Recht, die Unterlagen der Gesellschaft einzusehen.

§ 6 Vertretung der Gesellschaft

(1) Alle die gemeinsame Verwaltung betreffenden Rechtsgeschäfte und Handlungen, insbesondere der laufende Zahlungsverkehr, werden unter dem Namen der Gesellschaft abgewickelt.

(2) Für die Vornahme von Rechtsgeschäften sind den Verwaltern die erforderlichen Vollmachten zu erteilen.

(3) Bei Rechtsgeschäften mit Dritten haben die Verwalter die Haftung der Beteiligten ausdrücklich auf das Vermögen der Gesellschaft zu beschränken.

§ 7 Überschuss und Ausschüttungen

(1) Aus den gemeinschaftlichen Einnahmen sind alle die gemeinschaftlichen Vermögensgegenstände und die gemeinschaftliche Verwaltung betreffenden laufenden Ausgaben zu decken, einschließlich etwaiger Tilgungsbeträge.

(2) Als Grundlage für die Entscheidungen der Gesellschafter, welche Beträge für eine Ausschüttung in Betracht kommen, ermitteln die Verwalter den Überschuss im steuerlichen Sinne, dh. den Überschuss der Einnahmen über die Werbungskosten.

(3) Aus dem ermittelten Überschuss sind an die Gesellschafter die Beträge auszuschütten, die sie zur Deckung ihrer mit der Beteiligung an dieser Gesellschaft verbundenen laufenden Steuern benötigen. Dabei ist der Steuersatz des Höchstbesteuerten der Gesellschafter maßgebend.

(4) Über weitere Ausschüttungen und Entnahmen entscheidet die Gesellschafterversammlung mit einfacher Mehrheit. Einnahmen aus der Veräußerung von Grundbesitz oder sonstigen Umschichtungen von Vermögenswerten sind über die steuerlich gebotene Ausschüttung hinaus nur auszuschütten, soweit dem die Gesellschafterversammlung mit einer Mehrheit von ... aller vorhandenen Stimmen zustimmt.

§ 8 Beschlussfassung

(1) Beschlüsse werden grundsätzlich in Gesellschafterversammlungen gefasst. Sie können auch schriftlich oder durch Telefax oder E-Mail oder fernmündlich gefasst werden, wenn alle Beteiligten mit dieser Art der Beschlussfassung einverstanden sind. Beschlüsse sind von einem Verwalter schriftlich niederzulegen.

(2) Gesellschafterversammlungen haben dann stattzufinden, wenn die Verwalter oder ein Gesellschafter dies wünschen.

(3) Gesellschafterversammlungen finden, falls die Gesellschafter nicht etwas Abweichendes beschließen, am Sitz der Gesellschaft statt.

(4) Sind in einer Versammlung nicht alle Gesellschafter anwesend oder vertreten, so sind Beschlussfassungen nur wirksam, wenn alle Gesellschafter mit einer Frist von vier Wochen, gerechnet vom Datum des Poststempels an, unter Angabe des Gegenstandes der Beschlussfassung, schriftlich geladen worden sind.

(5) Das Stimmrecht des einzelnen Gesellschafters richtet sich nach seiner Beteiligung am Vermögen der Gesellschaft.

(6) Beschlüsse über eine Änderung dieses Vertrages bedürfen der Einstimmigkeit der vertretenen Stimmen. Im Übrigen werden, soweit in diesem Vertrag nicht etwas anderes angeordnet ist oder das Gesetz etwas anderes verbindlich bestimmt, Beschlüsse mit ... Mehrheit der vertretenen Stimmen gefasst.

(7) Gesellschafter können sich in Gesellschafterversammlungen nur durch Mitgesellschafter, Ehegatten von Gesellschaftern oder Verwandte von Gesellschaftern in gerader Linie vertreten lassen.

§ 9 Vertragsdauer, Kündigung, Kündigungsfolgen

(1) Dieser Vertrag wird bis zum Ende des Nießbrauchs der Eheleute ..., mindestens jedoch auf die Dauer von 10 Jahren und höchstens auf die Dauer von ... Jahren nach seiner Unterzeichnung, fest abgeschlossen. Nach Ablauf der festen Vertragsdauer kann der Vertrag jeweils mit einer Frist von 12 Monaten zum Ende eines jeden durch drei teilbaren Kalenderjahres (zum Beispiel: ...) gekündigt werden (Stichtag des Ausscheidens).

(2) Die Kündigung hat durch eingeschriebenen Brief an einen Verwalter zu erfolgen. Dieser hat unverzüglich alle übrigen Gesellschafter von dem Eingang der Kündigung zu unterrichten. Die übrigen Gesellschafter können sich binnen einer Frist von 2 Monaten seit Zugang der Kündigungserklä-

rung der Kündigung durch einen von ihnen an einen Verwalter zu richtenden Einschreibebrief anschließen. Die Anschlusskündigung hat die gleiche Wirkung wie die Kündigung.

(3) Wirksamkeitsvoraussetzung der Kündigung ist, dass der kündigende Gesellschafter seine Löschung im Grundbuch an allem Eigentum und Rechten der Gesellschaft bewilligt und der Gesellschaft eine grundbuchtaugliche Löschungsbewilligung auflagenfrei oder nur Zug-um-Zug gegen Zahlung der Abfindung überlässt.

(4) Eine Kündigung hat, wenn sich nicht alle Gesellschafter angeschlossen haben, nicht die Auflösung der Gesellschaft, sondern nur das Ausscheiden des kündigenden Gesellschafters bzw. der kündigenden Gesellschafter zum Kündigungsstichtag zur Folge. Die Gesellschaft besteht unter den übrigen Beteiligten fort. Verbleibt nur ein Gesellschafter ist dieser berechtigt, das Gesellschaftsvermögen unter Fortführung der Bezeichnung zu übernehmen.

(5) Im Falle einer Kündigung können der oder die verbleibenden Gesellschafter im Übrigen binnen einer Frist von 8 – acht – Monaten seit Zugang der Kündigungsnachricht die Liquidation der Gesellschaft beschließen. In diesem Falle gilt eine Kündigung oder Anschlusskündigung als nicht erfolgt; der oder die kündigenden Gesellschafter nehmen, wie alle übrigen Gesellschafter, an der Liquidation mit allen Rechten und Pflichten teil; eine Abfindung steht ihnen nicht zu.

§ 10 Abfindung

(1) Ein Gesellschafter, der durch Kündigung ausscheidet, hat einen Anspruch auf Abfindung in Höhe von ... vom Hundert des Verkehrswertes seines Anteils am Vermögen der Gesellschaft. Kündigt ein minderjähriger Gesellschafter, weil er die Volljährigkeit erreicht (§ 723 Abs. 1 Nr. 2 BGB), so beläuft sich die Abfindung auf 100 % – einhundert vom Hundert – dieses Wertes.

(2) Die Abfindung wird von den Gesellschaftern geschuldet, die den Anteil des Ausscheidenden übernehmen oder denen er anwächst. Mehrere Zahlungspflichtige haften als Gesamtschuldner, untereinander im Verhältnis ihres Erwerbs.

(3) Für die Ermittlung der Abfindung sind alle Vermögensgegenstände mit dem ihnen am Stichtag des Ausscheidens beizulegenden Verkehrswert zu bewerten. Die Kosten der Bewertung trägt der ausscheidende Gesellschafter.

(4) Die Abfindung ist dem ausscheidenden Gesellschafter in ... gleichen Jahresraten auszuzahlen, von denen die erste Rate 1 Jahr nach dem Stichtag des Ausscheidens fällig und jede folgende Rate jeweils ein Jahr später. Steht im Zeitpunkt des Fälligwerdens der ersten Rate die Höhe der Abfindung noch nicht fest, ist eine angemessene Abschlagszahlung zu leisten.

(5) Die Abfindung ist in der jeweils geschuldeten Höhe mit ... % p.a. über dem jeweiligen Basiszinssatz zu verzinsen, höchstens jedoch mit ... %, und zwar vom Stichtag des Ausscheidens an. Die Zinsen sind mit der Restzahlung fällig. Die vorzeitige Zahlung des Guthabens im Ganzen oder mit Teilbeträgen ist zulässig. Vorzeitige Teilzahlungen verkürzen die Laufzeit der Raten, werden also auf die zuletzt fällig werdenden Raten angerechnet.

(6) Um den Zahlungspflichtigen die Finanzierung der zu zahlenden Abfindung zu erleichtern, ist jeder kündigende Gesellschafter und sind alle Mitgesellschafter verpflichtet, bei der Bestellung von Grundpfandrechten mit oder ohne dingliche Zwangsvollstreckungsunterwerfung (§ 800 ZPO) zu Gunsten deutscher Geldinstitute und zu Lasten des Gesellschaftsgrundbesitzes mitzuwirken, wenn gesichert ist, dass die durch das Grundpfandrecht abgesicherten Kredite zunächst in Anrechnung auf die Abfindung an den bzw. die kündigenden Gesellschafter gezahlt werden und etwa nicht zahlungspflichtige Mitgesellschafter nicht persönlich haften. Als Absicherung haben mindestens eine sogenannte „Einmalvalutierungserklärung" und eine Sicherstellung, dass die Rückgewähransprüche der Gesellschaft bürgerlichen Rechts zustehen, zu erfolgen. Bevor Ausschüttungen an einen zahlungspflichtigen Gesellschafter erfolgen, hat dieser nachzuweisen, dass alle fälligen Forderungen des Kreditinstituts gezahlt sind. Die Gesellschaft kann zu Lasten des Zahlungspflichtigen unmittelbar Zahlungen an das Kreditinstitut vornehmen.

(7) Falls über die Art und Weise der Abfindung und über die Wertermittlung Meinungsverschiedenheiten bestehen, entscheidet ein einverständlich bestellter, vereidigter Grundstückssachverständiger für alle Beteiligten verbindlich. Falls über die Person des vereidigten Sachverständigen keine Einigung erzielt wird, soll dieser auf Antrag eines Beteiligten von dem örtlich zuständigen Gutachter-

ausschuss nach dem BauGB bestellt werden. Die Kosten des Sachverständigen tragen die verbleibenden Gesellschafter und der ausscheidende Gesellschafter im Verhältnis des Beteiligungsverhältnisses, wie es vor dem Ausscheiden bestand.

§ 11 Verfügungen unter Lebenden über Anteile

(1) Die Übertragung von Anteilen an der Gesellschaft auf Gesellschafter und Verwandte in gerader Linie von Gesellschaftern ist ohne Zustimmung der übrigen Gesellschafter zulässig.

(2) Gesellschafter können, ebenfalls ohne Zustimmung der übrigen Gesellschafter, Ehegatten und Verwandten in gerader Linie Nießbrauchsrechte an Gesellschaftsanteilen einräumen.

(3) Testamentsvollstrecker können Rechte aus Beteiligungen ausüben, soweit das gesetzlich zulässig ist. Nießbraucher und Testamentsvollstrecker können, wenn sie nicht schon Gesellschafter sind, treuhänderisch Anteile innehaben, wenn dies zur Ausübung der ihnen eingeräumten Rechte erforderlich ist. Sie können in dem erforderlichen Umfang die Übertragung der Anteile auf sich verlangen. Sie haben dann die Rechte aus den ihnen übertragenen Anteilen, unter Berücksichtigung aller Beschränkungen, auszuüben, die sich aus dem ihrer Gesellschafterstellung zugrunde liegenden Rechtsverhältnis ergeben.

(4) Alle übrigen Verfügungen bedürfen der vorherigen Zustimmung aller Gesellschafter. Das gilt auch für alle Ansprüche der Gesellschafter aus dem Gesellschaftsverhältnis. Der Zustimmung aller Gesellschafter ist entbehrlich, wenn ... oder ... der Verfügung zustimmen.

§ 12 Übergang von Anteilen im Todesfall

(1) Durch Tod eines Gesellschafters wird die Gesellschaft nicht aufgelöst. Sie wird vielmehr mit den Erben des Verstorbenen fortgesetzt. Als Erben im Sinne dieser Bestimmung gelten auch Personen, denen der verstorbene Gesellschafter seine Beteiligung an der Gesellschaft durch Vermächtnis zugewandt hat.

Das gilt jedoch nur, soweit es sich bei den Erben oder Vermächtnisnehmern um Gesellschafter oder Verwandte in gerader Linie von Gesellschaftern ... oder von ... handelt.

(2) Sind die für die Fortsetzung der Gesellschaft mit einem Erben oder Vermächtnisnehmer geforderten Voraussetzungen nicht gegeben, so wird die Gesellschaft von den verbleibenden Gesellschaftern alleine fortgesetzt. Hat jedoch in diesem Falle der durch Tod ausgeschiedene Gesellschafter Abkömmlinge hinterlassen, so sind diese berechtigt, den frei gewordenen Anteil zu gleichen Teilen zu übernehmen. Es bleibt dem verstorbenen Gesellschafter vorbehalten, dieses Übernahmerecht durch letztwillige Verfügung auszuschließen. Weichende Erben erhalten keine Abfindung; sie können Freistellung von den gemeinschaftlichen Verbindlichkeiten nur im Innenverhältnis verlangen.

(3) Werden Ehegatten Erben oder Vermächtnisnehmer des verstorbenen Gesellschafters, so werden sie bezüglich des ihnen zugefallenen oder zugedachten Anteils so gestellt, als ob ihnen daran ein lebenslänglicher Nießbrauch vermacht worden wäre, wenn nicht der verstorbene Gesellschafter etwas anderes ausdrücklich verfügt hat.

(4) Im Todesfalle sind alle Gesellschafter verpflichtet, auf Kosten des verstorbenen Gesellschafters die erforderlichen Grundbucheintragungen zu bewilligen und zu beantragen.

§ 13 Sonstige Gründe des Ausscheidens

(1) Der jeweils betroffene Gesellschafter scheidet auf Verlangen der übrigen Gesellschafter, die hierüber mit einfacher Mehrheit beschließen, aus der Gesellschaft, die unter den verbleibenden Gesellschaftern fortgesetzt wird, bei Vorlage der nachfolgend aufgeführten Tatbestände aus:

a) wenn über das Vermögen des Gesellschafters ein Insolvenzverfahren beantragt oder – auch vorläufig – eröffnet wird; oder

b) wenn sein Anteil oder sein Auseinandersetzungsguthaben durch Gläubiger gepfändet wird oder er eine eidesstattliche Versicherung über seine Vermögensverhältnisse nach § 807 ZPO oder ähnlichen Vorschriften abgeben muss; oder

c) wenn dieser Gesellschafter aus wichtigem Grunde die Auflösung der Gesellschaft verlangt, oder wenn die übrigen Gesellschafter auf Grund eines Gesellschafterbeschlusses aus wichtigem Grunde seinen Ausschluss verlangen.

(2) Das Verlangen auf Ausscheiden muss innerhalb einer Frist von drei Monaten seit Bekanntwerden des Sachverhaltes durch eingeschriebenen Brief an den Gesellschafter, in dessen Person das Ereignis eingetreten ist, mit Abschrift an einen Verwalter gestellt werden.

(3) Der ausscheidende Gesellschafter erhält eine Abfindung gemäß den vorstehenden Bestimmungen.

(4) Auf Antrag des ausgeschiedenen Gesellschafters ist sein Ausscheiden aus der Gesellschaft rückgängig zu machen und ist ihm der Eintritt in die Gesellschaft wieder zu ermöglichen, wenn er innerhalb von drei Monaten nach Zustellung des Ausscheidungsverlangens nachweist, dass das Ereignis, welches zu seinem Ausscheiden geführt hat, hinfällig geworden ist.

§ 14 Übernahmerecht der verwandten Gesellschafter

(1) Scheidet ein Gesellschafter durch Kündigung oder Ausschluss aus der Gesellschaft aus, so haben die übrigen Gesellschafter, die dem ausscheidenden Gesellschafter dem Verwandtschaftsgrad nach am nächsten stehen das Recht, den Anteil des Ausscheidenden ganz oder teilweise zu übernehmen. Bei mehreren gleich nahen Verwandten steht das Recht diesen Verwandten zu gleichen Teilen zu. Dies gilt auch, wenn ein Gesellschafter durch Tod aus der Gesellschaft ausscheidet, soweit sein Anteil nicht von seinen Abkömmlingen übernommen wird.

(2) Soweit von dem Recht der Übernahme dem Verwandtschaftsgrad nach kein Gebrauch gemacht wird, wächst der Anteil des Ausscheidenden den verbleibenden Gesellschaftern im Verhältnis ihrer Beteiligung zu.

(3) Diejenigen Gesellschafter, die den Anteil des Ausscheidenden übernehmen oder denen er anwächst, haften für eine Abfindung als Gesamtschuldner, untereinander im Verhältnis ihres Erwerbs.

§ 15 Schlussbestimmungen

Sollten eine oder mehrere der in dieser Urkunde getroffenen Vereinbarungen den gesetzlichen Vorschriften nicht entsprechen, rechtsunwirksam oder lückenhaft sein, so wird hierdurch die Wirksamkeit des Vertrages und seiner übrigen Bestimmungen nicht berührt. Die Gesellschafter sind verpflichtet, das jeweils gesetzlich Zulässige dann so zu vereinbaren, wie es dem Sinn und Zweck der in dieser Urkunde getroffenen Vereinbarungen am ehesten entspricht.

Unterschrieben als Anlage zur Urkunde Nr. . . . für . . .
des Notars . . . in . . . am . . .

Kosten: *Notargebühr:* 2,0-Gebühr gem. Nr. 21100 KV GNotKG. Geschäftswert gem. § 97 Abs. 1 S. 1 GNotKG; Gesamtwert aller aus Anlass der Gründung einzubringenden Vermögenswerte, mindestens 30 000 Euro und höchstens 10 Millionen Euro.

V. Mehrgenerationenhaus

55 **„Wohnen unter einem Dach“** ist aus Sicht vieler Eltern eine Möglichkeit, die Kinder und Enkel auch im Alter in der Nähe zu wissen. Aus Sicht der Kinder (und deren Ehegatten) eröffnet es die Möglichkeit, auf dem Grundvermögen der Eltern das eigene Heim zu errichten. In Abhängigkeit von den familiären, finanziellen und baulichen Gegebenheiten, sind hier ganz unterschiedliche Gestaltungen denkbar:

56 Ist absehbar, dass die Elterngeneration nur noch bestimmte Räume nutzen wird, kann der Grundbesitz vollständig übergeben werden. Den Eltern bleibt aber ein Wohnungsrecht vorbehalten (s. Kap. 54 Rz. 99 ff.).

57 Erbringt hingegen ein Kind aus eigenen Mitteln Ausbauleistungen auf den Grundbesitz und bleibt dieser im Eigentum der Eltern, spricht viel dafür, einen etwaigen **Erstattungsanspruch** der Höhe

nach zu bestimmen, bei Auszug fällig zu stellen, soweit er nicht gegen einen Mietzins aufgerechnet wurde und grundpfandlich zu sichern.

Liegt beiden Seiten daran, ihren Teil des Hauses in ihrem Eigentum zu wissen, wird eine **Miteigentümergemeinschaft** entstehen müssen. Dazu wird man zweckmäßigerweise eine Aufteilung nach dem **Wohnungseigentumsgesetz** anstreben. Ist diese nicht erreichbar, sollte jedenfalls eine **Nutzungsregelung** gem. §§ 744 ff., 1010 BGB getroffen werden und der Anspruch auf Aufhebung der Gemeinschaft ausgeschlossen werden (s. Kap. 54 Rz. 210). 58

Kommen Schwiegerkinder hinzu, werden auch diese ein Interesse daran äußern, grundbuchlich gesichert zu sein. Ihr Miterwerb stößt aber häufig auf Vorbehalte der Schwiegereltern. Im Trennungsfalle liegt eine Rückabwicklung nahe. Daher mag als Alternative einer Übertragung erwogen werden, dem Schwiegerkind einen **Auszahlungsanspruch** einzuräumen. Damit kann sein Beitrag zur Finanzierung im Trennungsfall abgegolten werden. Bauen Kind und Schwiegerkind auf dem Grundstück der Eltern, ist auch denkbar, ihnen den Grundbesitz zu Eigentum zu übertragen, aber den Übergebern einen Zahlungsanspruch in Höhe des Bodenwertes vorzubehalten. 59

VI. Übergabe von landwirtschaftlichen Betrieben

Die Übergabe von landwirtschaftlichen Betrieben erfordert vom Vertragsgestalter schuldrechtliche, sachenrechtliche, grundbuchliche und steuerliche Fertigkeiten. Je nach Landesrecht sind hier auch höferechtliche Vorgaben zu beachten. Vertiefend Gehse RNotZ 2009, 160. 60

Typisch für die Übergabe eines Hofes ist die Vereinbarung eines Leibgedings/Altenteils. Unter dem Dach des Leibgedings oder Altenteils können der Alterssicherung des Übergebers dienende Rechte und Ansprüche zusammengefasst im Grundbuch gesichert werden, zB: 61

- Weiternutzungsrecht an der bisherigen Wohnung in Gestalt eines **Wohnrechts (als beschränkte persönliche Dienstbarkeit) oder eines Wohnungsrechts nach § 1093 BGB** (Kap. 54 Rz. 99 ff.);
- flankierend hierzu eine **Reallast für Wohnungsgewährungsanspruch** (zur Reallast Kap. 56);
- ferner als Reallast eine **Leibrente** und/oder persönliche **Versorgungs- und Betreuungsansprüche**.

Die Zusammenfassung dient der grundbuchlichen Vereinfachung, je nach Landesrecht bringt sie auch vollstreckungsrechtliche Folgen und besondere Regelungen für Leistungsstörungen mit sich (zu den Einzelheiten Kap. 56).

➲ **Wichtig:** Ein **Nießbrauch** kann **nicht Bestandteil des Leibgedings** sein. 62

Die Bedeutung des Übergabevertrags liegt insbesondere im **einkommensteuerlichen Bereich**. Denn die Übertragung von (ggf. mit einem Nutzungsrecht belasteten) Grundbesitz auf Abkömmlinge gegen Versorgungsleistungen, Abstandszahlungen, Schuldübernahme, Auszahlung von potenziellen Miterben etc. führt im Regelfall zu einem **teilentgeltlichen Erwerb** mit den entsprechenden Rechtsfolgen (s. hierzu im einzelnen BMF-Schreiben v. 13.1.1993, BStBl. I 1993, 80). 63

Danach können

- Gleichstellungsgelder an Angehörige des Vermögensübergebers oder an Dritte,
- Abstandszahlungen an den Übergeber,
- die Übertragung von Wirtschaftsgütern aus dem Vermögen des Übernehmers und
- die Übernahme von Verbindlichkeiten

zu Anschaffungskosten führen. Der Vermögensübernehmer kann in diesem Zusammenhang angefallene Finanzierungskosten bei einkunftsrelevanter Nutzung des Grundstücks als Betriebsausgaben oder Werbungskosten abziehen. Hinsichtlich eines vorbehaltenen dinglichen oder schuldrechtlichen **Nutzungsrechts** liegt kein entgeltlicher Erwerb vor. Vielmehr wird insoweit bereits mit dem Nutzungsrecht belastetes Vermögen übertragen.

Versorgungsleistungen, die der Vermögensübernehmer an den/die Vermögensübergeber zu erbringen hat, führen regelmäßig nicht zu Anschaffungskosten, sondern sind beim Verpflichteten als Sonderausgaben (§ 10 Abs. 1 Nr. 1a EStG, Rente oder dauernde Last) abziehbar und korrespondierend 64 von dem/den Berechtigten als sonstige Einkünfte (§ 22 Nr. 1 Satz 1 EStG) zu versteuern. Sofern jedoch die Voraussetzungen für das Vorliegen eines Versorgungsvertrages ausnahmsweise nicht vorliegen sollten, können auch wiederkehrende Leistungen zu Anschaffungskosten führen (s. hierzu im Einzelnen BMF v. 16.9.2004, BStBl. I 2004, 922).

65 Die teilentgeltliche Übertragung eines Grundstücks aus **Privatvermögen** kann beim Übertragenden lediglich unter den Voraussetzungen des § 23 EStG (privates Veräußerungsgeschäft, wenn Haltedauer nicht mehr als zehn Jahre beträgt) steuerwirksam werden. Bei der Übertragung von **Betriebsvermögen** liegt dagegen hinsichtlich des entgeltlichen Teils eine Veräußerung und hinsichtlich des unentgeltlichen Teils eine mit dem Teilwert zu bewertende Entnahme vor, so dass die stillen Reserven realisiert werden.

66 Zu den Besonderheiten bei Übertragung eines Betriebs, Teilbetriebs oder Mitunternehmeranteils: BMF v. 13.1.1993, BStBl. I 1993, 80, Rz. 35 ff.

67 Schenkungsteuerlich liegen im Regelfall eine gemischte Schenkung und/oder eine Schenkung unter Auflage vor. Zur steuerlichen Behandlung: Hinweis auf Kap. 15 Rz. 67 ff.

M 44.6 Übergabe eines Hofes mit Alterssicherungsvorbehalten und Gleichstellung der Geschwister[1]

(Urkundeneingang[2])

Die Beteiligten erklären zur notariellen Niederschrift:

Übergabevertrag

§ 1

(1) Herr ... (Name des Übergebers) – im Folgenden auch „Übergeber“ genannt – ist im Grundbuch von ... (Ort) Band/Blatt ... (Nummer) als Eigentümer folgenden Grundbesitzes eingetragen:

Hofstelle

Flurstück Nr. ... (Nummer und weitere Grundstücksbeschreibung).

Landwirtschaftliche Grundstücke

Flurstück Nr. ... (Nummer und weitere Grundstücksbeschreibung).

Flurstück Nr. ... (Nummer und weitere Grundstücksbeschreibung).

– usw. –

Der Grundbesitz ist nicht/wie folgt belastet: ... (ggf. Belastungen).

(2) Der Übergeber übergibt nunmehr den gesamten in Abs. 1 aufgeführten Grundbesitz an seinen Sohn Herrn ... (Name des Übernehmers) – im Folgenden auch „Übernehmer“ genannt –, der die Übergabe annimmt.

(3) Die Ehefrau des Übergebers, Frau ... (Name), stimmt der Übergabe hiermit zu[3].

(4) Mitübergeben sind die wesentlichen Bestandteile und das gesetzliche Zubehör, insbesondere das lebende und tote Inventar, das zum landwirtschaftlichen Betrieb gehört.

(5) Die Übergabe erfolgt im Wege der vorweggenommenen Erbfolge ohne gewährte oder versprochene Gegenleistungen sowie ohne Vorbehalte und Auflagen, soweit in dieser Urkunde nichts anderes geregelt ist.

1 Diese müssen wegen der Gleichstellungsregelung in § 2 Abs. 4 des Vertrags mitwirken.

2 Form nach § 311b Abs. 1 Satz 1 BGB (wegen der Übertragung von Grundbesitz). **Wichtig:** Wegen des Verzichts der Geschwister auf etwaige Pflichtteilsergänzungsansprüche muss der Übergeber („Erblasser“) persönlich mitwirken, § 2347 Abs. 2 Satz 1 BGB.

3 Soweit wegen § 1365 BGB erforderlich.

(6) Im Hinblick auf die nachstehend vereinbarte Gleichstellung der anderen Kinder des Übergebers wird eine Anrechnung der Zuwendung auf spätere Pflichtteilsansprüche nicht angeordnet[4].

§ 2

(1) Es werden folgende Vorbehalte und Auflagen gemacht sowie Gegenleistungen vereinbart:

1. Leibgeding[5]

Zugunsten des Übergebers und seiner Ehefrau als Gesamtberechtigte nach § 428 BGB, dh. für den Längerlebenden von ihnen ungeschmälert allein, wird auf Lebenszeit der Berechtigten ein Leibgeding mit folgendem Inhalt bestellt:

a) Wohnungsrecht nach § 1093 BGB[6]

Wohnungsrecht unter Ausschluss des Eigentümers am „Altenteil" genannten Nebengebäude auf der Hofstelle. Der Eigentümer ist verpflichtet, das Haus und die zugehörigen Anlagen und Einrichtungen sowie die Räume auf seine Kosten stets in gutem Zustand zu erhalten, wozu auch die Schönheitsreparaturen im Innern gehören. Er hat ferner die Kosten für Heizung, Strom, Wasser/Abwasser und Müllabfuhr zu tragen.

b) Anspruch auf Wohnungsgewährung (Reallast)[7]

Die Berechtigten haben Anspruch auf Wohnungsgewährung im Umfang einer abgeschlossenen Wohnung, bestehend aus zwei Zimmern, Küche, Bad/WC sowie Keller und Garage. Dieses Recht ist aufschiebend bedingt durch den Wegfall des Wohnungsrechts nach lit. a aus Gründen, die die Berechtigten nicht zu vertreten haben.

c) Anspruch auf Pflege und Betreuung (Reallast)

Die Berechtigten haben Anspruch auf Pflege und Betreuung im Umfang ihrer jeweiligen Bedürfnisse in kranken und gebrechlichen Tagen. Hierzu gehören die Zubereitung und Verabreichung der Speisen sowie die Ausführung von Erledigungen wie Einkäufen, Besorgungen, Fahrten zum Arzt, Apotheker, Friedhof, Kirche und Verwandten, wobei die Berechtigten die Notwendigkeit oder Zweckmäßigkeit solcher Erledigungen nach billigem Ermessen bestimmen.

Soweit Ansprüche nach dem Pflegeversicherungsgesetz[8] *auf Versicherungsleistungen nicht bestehen, hat der Übernehmer außerdem die häusliche Pflege (Grundpflege und hauswirtschaftliche Versorgung) der Pflegestufe 1 zu erbringen, die Grundpflege jedoch nur, soweit ihm dies unter Berücksichtigung seiner eigenen persönlichen Verhältnisse (Beruf und Familie) zumutbar ist. Bestehen Ansprüche nach dem Pflegeversicherungsgesetz, besteht die Pflegeverpflichtung nur unter der Voraussetzung, dass dem Übernehmer dafür das von der Pflegeversicherung gezahlte Pflegegeld überlassen wird. Die Verpflichtung erlischt gegenüber dem betreffenden Berechtigten mit dessen Wegzug vom Hof oder für den Fall, dass seine Einweisung in ein Krankenhaus oder ein Alters- oder Pflegeheim ärztlich empfohlen wird.*

d) Anspruch auf Lieferung von Lebensmitteln (Reallast)

Die Berechtigten haben Anspruch auf Belieferung mit Lebensmitteln für den eigenen Bedarf und nach ihren jeweiligen Bedürfnissen, insbesondere unter Berücksichtigung ihres Gesundheitszustandes, soweit die Lebensmittel im eigenen landwirtschaftlichen Betrieb erzeugt werden. Zusätzlich bestehen folgende konkrete Ansprüche:

- *Lieferung eines Mastschweins jährlich im November/Dezember mit rund 125 kg Lebendgewicht, geschlachtet und je nach Bestimmung der Berechtigten gebeizt und geräuchert oder zum Tiefkühlen hergerichtet.*

---

4 S. § 2315 BGB sowie Rz. 31.

5 Auch „Altenteil" u.Ä. genannt; s. auch Kap. 56.

6 Näheres zum Wohnungsrecht s. Kap. 54 Rz. 99 ff.

7 „Auffangnetz" für den Fall des Wegfalls des Wohnungsrechts.

8 Vertragliche Pflegeverpflichtungen schmälern die einkommens- und vermögensunabhängigen Pflegeversicherungsleistungen nicht (Mayer DNotZ 1995, 571; vgl. Igl NJW 1994, 3185; Weyland MittRhNotK 1997, 55; ferner mit Vorbehalten DNotI-Report 1995, 8), wohl aber Leistungen aus der Sozialhilfe, wobei Art und Umfang der Berücksichtigung in den Bundesländern unterschiedlich gehandhabt werden. Formulierungsvorschläge s. Weyland und DNotI-Report aaO.

- *Bei Schlachtung eines Kalbes oder Rindes aus eigener Erzeugung Überlassung von 20 % des Fleischanteils, nach Bestimmung der Berechtigten ebenfalls zum Tiefkühlen hergerichtet.*
- *Lieferung des nach eigener Bestimmung täglichen Bedarfs an Most sowie jährlich 12l Kern- und Steinobstschnaps und 200l Flaschenwein, beide Getränkearten sortiert nach Wahl der Berechtigten, soweit im eigenen Betrieb produziert.*

e) Beerdigungskosten und Grabpflege (Reallast)[9]

Die Berechtigten haben Anspruch auf Übernahme der Beerdigungskosten sowie der Grabpflege für ihr Grab für die ortsübliche Grabdauer.

Die Eintragung dieses Leibgedings an nächstbereiter Rangstelle auf der übergebenen Hofstelle Flurstück Nr. . . . (Nummer) wird hiermit bewilligt und beantragt. Bei dem Recht ist zu vermerken, dass zur Löschung eines Berechtigten der Nachweis seines Todes genügt[10]*.*

2. Bedingter Rückübertragungsanspruch[11]

Es wird vereinbart, dass dem Übergeber ein Anspruch auf unentgeltliche[12] *Rückübertragung des übergebenen Grundbesitzes in folgenden Fällen*[13] *zusteht:*

a) Bei entgeltlicher oder unentgeltlicher Veräußerung des Grundbesitzes insgesamt oder in Teilen.

b) Bei Belastung des Grundbesitzes.

c) Bei Betreibung der Zwangsvollstreckung in den Grundbesitz.

d) Falls der Übernehmer die im Rahmen des Leibgedings übernommenen Verpflichtungen nicht erfüllt, es sei denn, er hat die Nichterfüllung nicht zu vertreten[14]*.*

e) Bei grobem Undank des Übernehmers iSv. § 530 BGB.

f) Bei Notbedarf des Übergebers iSv. § 528 BGB.

g) Falls der Übernehmer vor dem Übergeber stirbt.

Der Anspruchsberechtigte kann die Ausübung auch auf einzelne der übergebenen Grundstücke beschränken. Die vereinbarte Unentgeltlichkeit umfasst auch wertsteigernde Investitionen des Übernehmers. Der Anspruch ist bis zu seiner Ausübung nicht übertragbar und nicht vererblich.

Es wird bewilligt und beantragt, auf dem gesamten übergebenen Grundbesitz – auf der Hofstelle Flurstück Nr. . . . (Nummer) im Range nach dem Leibgeding – eine Vormerkung zur Sicherung dieses bedingten Erwerbsanspruchs einzutragen.

In diesem Zusammenhang erteilt der Übergeber dem Übernehmer sowie dem jeweiligen Eigentümer die unwiderrufliche

Vollmacht[15]

unter Vorlage einer Sterbeurkunde des Berechtigten die Löschung der Vormerkung zu bewilligen, frühestens aber drei Monate nach dem Tode des Berechtigten.

3. Weiterer bedingter Übertragungsanspruch[16]

Es wird weiter vereinbart, dass für den Fall, dass sie den Übergeber überlebt, der Ehefrau des Übergebers, Frau . . . (Name), ein Übertragungsanspruch mit dem Inhalt nach Nr. 2 zusteht.

Es wird bewilligt und beantragt, auf dem gesamten übergebenen Grundbesitz – auf der Hofstelle Flurstück Nr. . . . (Nummer) im Rang nach dem Leibgeding und der Vormerkung nach Nr. 2 – eine Vormerkung zur Sicherung dieses bedingten Erwerbsanspruchs einzutragen.

---

9 Zulässiger Inhalt einer Reallast, BayObLG Rpfleger1988, 98.

10 Löschungserleichterung nach § 23 GBO.

11 Rz. 41 ff.

12 Ob die generelle Unentgeltlichkeit sachgemäß ist, muss sorgfältig geprüft werden. Vor allem für die Rückübertragungsfälle, die der Übernehmer nicht schuldhaft herbeigeführt hat, ist an eine ggf. teilweise Erstattung der gezahlten Gleichstellungsgelder und/oder von wertsteigernden Investitionen zu denken.

13 Der Aufstellung des Auslöserkatalogs ist größte Sorgfalt zu widmen.

14 S. **M 56.2**.

15 Anstelle der nicht mehr zulässigen Löschungserleichterung nach § 23 GBO, s. Rz. 25.

16 Ein gleiches Sicherungsinteresse hat der Ehepartner des Übergebers.

In diesem Zusammenhang erteilt die Anspruchsberechtigte dem Übernehmer sowie dem jeweiligen Eigentümer die unwiderrufliche

Vollmacht[17]

unter Vorlage einer Sterbeurkunde der Berechtigten die Löschung der Vormerkung zu bewilligen, frühestens aber drei Monate nach dem Tode der Berechtigten.

4. Gleichstellungsvereinbarungen[18]

Zum Zwecke der Gleichstellung der anderen Kinder des Übergebers wird Folgendes angeordnet und vereinbart:

(S. oben Muster ***M 44.4****)*

d) Gleichstellungs- und Schlusserklärungen[19]

Unter Berücksichtigung aller in dieser Urkunde enthaltenen Vereinbarungen erklären sich die Kinder des Übergebers hinsichtlich des in dieser Urkunde übergebenen Grundbesitzes untereinander als gleichgestellt; vorsorglich wird auf jegliche weiteren Ansprüche verzichtet, insbesondere auf Pflichtteilsergänzungsansprüche; der Verzicht wird angenommen.

(2) Weitere der Alterssicherung des Übergebers und seiner Ehefrau dienende Vereinbarungen werden ausdrücklich nicht getroffen. Der Übergeber erklärt, dass er und seine Ehefrau unter Berücksichtigung ihrer in diesem Vertrag begründeten Ansprüche über ausreichende Mittel zur Bestreitung ihres Lebensunterhalts verfügen.

§ 3

(1) Soweit sich aus dem vorbehaltenen Wohnungsrecht nichts anderes ergibt, gehen Besitz, Nutzungen, Lasten und die Gefahr des zufälligen Untergangs und der zufälligen Verschlechterung sowie die Verkehrssicherungspflicht ab sofort auf den Übernehmer über.

(2) Der Grundbesitz geht über unter Ausschluss jeder Haftung für Sach- und Rechtsmängel.

(3) An dem übergebenen Grundbesitz bestehen keine Nutzungsrechte Dritter.

§ 4

Die Kosten dieser Urkunde und ihres Vollzugs im Grundbuch trägt der Übergeber, eine etwa anfallende Steuer jeder Zuwendungsempfänger selbst.

§ 5

Auflassung

Die Vertragsbeteiligten sind sich über den Eigentumsübergang nach § 1 einig; der Übergeber bewilligt und der Übernehmer beantragt die Eigentumsumschreibung im Grundbuch.

Leibgeding, Vormerkungen und Sicherungshypotheken

Auf § 2 Abs. 1 Nr. 1, 2, 3 und 4 lit. a wird Bezug genommen.

Die vorstehenden Anträge dürfen nur zusammen vollzogen werden[20]*.*

§ 6

Der Notar hat über die rechtliche und tatsächliche Tragweite der Vereinbarungen belehrt. Steuerliche Beratung wurde nicht erteilt und auch keine Verpflichtung hierzu übernommen.

---

17 Fn. 1.

18 Rz. 30 ff.

19 Setzt die Mitwirkung der anderen Kinder des Übergebers voraus und stellt einen nach § 2347 Abs. 2 Satz 1 BGB beurkundungsbedürftigen Vertrag über den Verzicht auf mögliche Pflichtteilsergänzungsansprüche dar; s. auch Rz. 34 f.

20 Antragsverbindung nach § 16 Abs. 2 GBO, die hier auch ohne ausdrückliche Bestimmung aus dem Sachzusammenhang anzunehmen wäre, Schöner/Stöber Rz. 92.

§ 7

1. Die Grundakten lagen vor. Auf Grundbucheinsicht wird trotz Belehrung über die damit verbundenen Risiken verzichtet und die sofortige Beurkundung gleichwohl gewünscht.

2. Beantragt werden folgende Abschriften und Ausfertigungen:

a) Grundbuchamt ... (Ort) zum Vollzug,

b) Finanzamt ... (Ort), Schenkungssteuerstelle, zur Kenntnisnahme,

c) Landwirtschaftsamt ... (Ort) zur Genehmigung nach dem Grundstücksverkehrsgesetz,

d) je eine für die Beteiligten.

Die Genehmigung ist einzuholen vom Notar und soll auch mit ihrem Eingang beim Notar allen Beteiligten gegenüber wirksam werden.

(Schlussformel)

Kosten: *Notargebühr:* 2,0-Gebühr gem. Nr. 21100 KV GNotKG. Bei einem Übergabevertrag sind die Leistungen zugunsten des Übergebers Gegenleistungen nach § 97 Abs. 3 GNotKG. Der landwirtschaftliche Grundbesitz ist nach § 48 GNotKG zu bewerten. Das Wohnungsrecht, der Anspruch auf Wohnungsgewährung, der Anspruch auf Pflege und Betreuung (Reallast), der Anspruch auf Lieferung von Lebensmitteln (Reallast) und die Übernahme der Beerdigungskosten und Grabpflege (Reallast) sind als Leibgeding nach § 52 Abs. 4 GNotKG zu bewerten. Der bedingte Rückübertragungsanspruch und der weitere Übertragungsanspruch der überlebenden Ehefrau sind nach § 50 Nr. 1 GNotKG zu bewerten.

Gerichtsgebühr: Für die Eintragung des neuen Eigentümers 1,0-Gebühr gem. Nr. 14110; Geschäftswert gem. § 48 GNotKG. Jeweils 0,5-Gebühr gem. Nr. 14150 KV GNotKG für die Eintragung der Rückauflassungsvormerkungen. Geschäftswert gem. §§ 48, 45 Abs. 3 GNotKG. Für die Eintragung des Leibgedings 1,0-Gebühr gem. Nr. 14121 KV GNotKG, Geschäftswert: Summe der Einzelwerte der Rechte nach § 52 Abs. 4 GNotKG). Für die Eintragung der Sicherungshypotheken jeweils eine 1,0-Gebühr gem. Nr. 14121, Geschäftswert gem. § 53 Abs. 1 GNotKG (Nennbetrag).

M 44.7 Übergabe von landwirtschaftlichen Grundstücken an mehrere Kinder mit Ausgleichsvorbehalt

(Urkundeneingang[1])

Die Beteiligten erklären zur notariellen Niederschrift:

Übergabevertrag

§ 1

(1) Herr ... (Name des Übergebers)

– im Folgenden auch „Übergeber" –

ist im Grundbuch von ... (Ort) Band/Blatt ... (Nummer) als Eigentümer folgenden landwirtschaftlichen Grundbesitzes eingetragen:

- *Flurstück Nr. ... (Nummer und weitere Grundstücksbeschreibung).*
- *Flurstück Nr. ... (Nummer und weitere Grundstücksbeschreibung).*
- *usw. –*

Der Grundbesitz ist nicht/wie folgt belastet: ... (ggf. Belastungen).

---

1 Form nach § 311b Abs. 1 Satz 1 BGB (wegen der Übertragung von Grundbesitz). **Wichtig:** Wegen des Verzichts der Geschwister auf etwaige Pflichtteilsergänzungsansprüche muss der Übergeber („Erblasser") persönlich mitwirken, § 2347 Abs. 2 Satz 1 BGB.

(2) Der Übergeber übergibt nunmehr diesen Grundbesitz wie folgt an seine Kinder jeweils zu Alleineigentum:

1. An seinen Sohn Herrn ... (Name):

Flurstück Nr. ... (Nummern).

2. An seine Tochter Frau ... (Name):

Flurstück Nr. ... (Nummern).

3. An seine Tochter Frau ... (Name):

Flurstück Nr. ... (Nummern).

Diese nehmen die Übergabe an.

(3) Die Übergabe erfolgt im Wege der vorweggenommenen Erbfolge ohne gewährte oder versprochene Gegenleistungen sowie ohne Vorbehalte und Auflagen, soweit in dieser Urkunde nichts anderes geregelt ist. Im Hinblick auf die im Wesentlichen wertgleichen Zuwendungen an alle Kinder des Übergebers wird eine Anrechnung auf spätere Pflichtteilsansprüche nicht angeordnet.

§ 2

(1) Die Übernehmer erklären sich hinsichtlich des in dieser Urkunde zugeteilten Grundbesitzes untereinander als gleichgestellt. Vorsorglich verzichten[2] *sie auf jegliche weiteren gesetzlichen Ansprüche, insbesondere auf etwaige Pflichtteilsergänzungsansprüche; der Verzicht wird angenommen. Dabei gehen sie davon aus, dass sich an der derzeitigen Nutzungsart der Grundstücke innerhalb der nächsten zehn Jahre nichts ändert; andernfalls gilt die Regelung in Abs. 2*[3].

(2) Falls eines der zugeteilten Grundstücke innerhalb der nächsten zehn Jahre[4]*, gerechnet ab heute, Baugelände wird oder zu einem Preis veräußert wird, der mehr als 20 %*[5] *über dem Richtwert des zuständigen Gutachterausschusses (oder einer Nachfolgeeinrichtung) für landwirtschaftlichen Grundbesitz in der betreffenden Lage liegt, steht den beiden anderen Übernehmern zu gleichen Teilen folgender Ausgleichsanspruch zu:*

1. Im Falle einer Veräußerung ein Anspruch auf je ein Drittel des Verkaufserlöses nach Abzug[6]

a) des Richtwertes des Gutachterausschusses für landwirtschaftlichen Grundbesitz in der entsprechenden Lage im Zeitpunkt des Verkaufs,

b) aller im Zusammenhang mit der Nutzungsänderung vom Eigentümer aufgewendeten Kosten (zB Umlegungskosten, Erschließungsbeiträge, Anliegerkosten),

c) aller im Zusammenhang mit der Veräußerung vom Eigentümer zu tragenden Kosten,

d) wertsteigernder Investitionen in dem Umfang, wie sie sich auf den Kaufpreis ausgewirkt haben.

2. Im Falle der Änderung der Nutzungsart in Baugelände[7] *ein Anspruch auf Auszahlung von je ein Drittel des Richtwertes des Gutachterausschusses für dieses Baugelände, ebenfalls nach Abzug des Richtwertes und der Kosten gem. Nr. 1 lit. a–d. Sollte das Grundstück danach, aber noch innerhalb der Zehnjahresfrist, zu einem höheren Preis veräußert werden, steht den anderen Geschwistern ein entsprechender Nachzahlungsanspruch zu*[8].

3. Falls der Gutachterausschuss einen Rahmenwert angibt („von ... Euro bis ... Euro"), ist der Mittelwert maßgebend.

---

2 Beurkundungsbedürftig nach § 2347 Abs. 2 Satz 1 BGB; s. auch Rz. 35.

3 Rz. 35 ff. Ob und in welcher Weise ein solcher bedingter Ausgleichsanspruch überhaupt vereinbart werden soll, hängt von der Sachlage ab, insbes. der Wahrscheinlichkeit einer Änderung der Nutzungsart bei einzelnen Grundstücken. Die Beteiligten können sich auch auf den Standpunkt stellen, dass ein derart begünstigter Übernehmer eben „Glück gehabt" haben soll.

4 Eine zeitliche Begrenzung ist auf jeden Fall zu empfehlen.

5 Nicht jeder geringfügige Mehrerlös soll den Anspruch auslösen. Prozentsatz nach Belieben.

6 Die Abzüge lit. a–c sind wohl unerlässlich, der nach lit. d ggf. entbehrlich.

7 Diese Variante gewährt den Anspruch auch, wenn ihn der betreffende Übernehmer nicht realisiert, jedenfalls nicht innerhalb der Frist.

8 Ggf. auch entbehrlich oder zu ergänzen um einen Rückzahlungsanspruch bei geringerem Verkaufserlös.

4. Der Anspruch gegen den betreffenden Übernehmer besteht auch, wenn er das betreffende Grundstück im Wege der Schenkung oder teilweisen Schenkung oder der vorweggenommenen Erbfolge auf einen Dritten übertragen hat und einer der den Anspruch auslösenden Fälle danach, aber vor Ablauf der Zehnjahresfrist, eintritt[9].

5. Der Anspruch besteht auch gegen die Gesamtrechtsnachfolger (Erben) des jeweiligen Übernehmers[10].

6. Der Anspruch ist vererblich[11]*, gleichgültig, ob gesetzliche oder gewillkürte Erbfolge eintritt; er darf auch als Vermächtnis zugewendet werden.*

(3) Eine dingliche Absicherung der bedingten Ausgleichsansprüche wird nicht gewünscht[12].

§ 3

(1) Besitz, Nutzungen, Lasten und die Gefahr des zufälligen Untergangs und der zufälligen Verschlechterung sowie die Verkehrssicherungspflicht gehen ab sofort auf den jeweiligen Übernehmer über.

(2) Der Grundbesitz geht über unter Ausschluss jeder Haftung für Sach- und Rechtsmängel.

(3) Der übergebene Grundbesitz ist verpachtet. Es wurde darüber belehrt, dass die bestehenden Pachtverhältnisse durch den Eigentumswechsel nicht berührt werden.

§ 4

Die Kosten dieser Urkunde und ihres Vollzugs im Grundbuch trägt der Übergeber, eine etwa anfallende Steuer jeder Übernehmer selbst[13].

Grundbucherklärungen

§ 5

Die Vertragsbeteiligten sind sich über den Eigentumsübergang nach § 1 einig; der Übergeber bewilligt und die Übernehmer beantragen jeweils für ihren Erwerb die Eigentumsumschreibung im Grundbuch.

§ 6

Der Notar hat über die rechtliche und tatsächliche Tragweite der Übergabe belehrt. Steuerliche Beratung wurde nicht erteilt und auch keine Verpflichtung hierzu übernommen.

§ 7

1. Die Grundakten lagen vor. Auf Grundbucheinsicht wird trotz Belehrung über die damit verbundenen Risiken verzichtet und die sofortige Beurkundung gleichwohl gewünscht.

2. Beantragt werden folgende Abschriften und Ausfertigungen:

a) Grundbuchamt ... (Ort) zum Vollzug,

b) Finanzamt ... (Ort), Schenkungssteuerstelle, zur Kenntnisnahme,

c) Landwirtschaftsamt ... (Ort) zur Genehmigung nach dem Grundstücksverkehrsgesetz,

d) je eine für die Beteiligten.

Die Genehmigung ist vom Notar einzuholen und soll auch mit ihrem Eingang beim Notar allen Beteiligten gegenüber wirksam werden.

(Schlussformel)

---

9 Zur Verhinderung einer Anspruchsvereitelung.

10 Gilt bereits kraft Gesetzes.

11 Es könnte stattdessen auch der Übergang des Anspruchs auf bestimmte Personen (zB die Kinder des verstorbenen Beteiligten) vereinbart werden.

12 Eine Absicherung wäre durch eine Grundschuld oder Höchstbetragshypothek denkbar.

13 Zur Steuer s. Rz. 44 ff.

Kosten: *Notargebühr:* 2,0-Gebühr gem. Nr. 21100 KV GNotKG. Da es sich um einen Übergabevertrag ohne Gegenleistungen handelt, ist der Wert des landwirtwirtschaftlichen Grundstücks maßgebend (hier: § 48 GNotKG). Gerichtsgebühren: Jeweils 1,0-Gebühr gem. Nr. 14110; Geschäftswert gem. § 48 GNotKG.

3. Abschnitt. Änderung, Aufhebung und Rückabwicklung von Grundstücksverträgen

Kapitel 45 Änderung, Aufhebung und Rückabwicklung von Grundstücksverträgen

Literatur: *Leitzen*, Änderungsverträge aus notarieller Perspektive, BWNotZ 2012, 86.

I. Änderung und Aufhebung

1. Materiell-rechtliche Einigung

1 Die **Änderung und Aufhebung von Grundstücksveräußerungsverträgen** unterliegt materiell-rechtlich im Wesentlichen den gleichen Regeln, die für den Abschluss eines solchen Vertrags gelten (s. Kap. 43). Die Vertragsbeteiligten müssen sich über die Änderung oder Aufhebung einig sein und können dann auf der Grundlage der Vertragsfreiheit beliebige Vereinbarungen zur Änderung oder Aufhebung eines zwischen ihnen abgeschlossenen Vertrags treffen.

Lediglich zwei Bereiche bedürfen einer besonderen Beachtung: Die **Form** (Rz. 2 ff.) und die **steuerlichen Folgen** (Rz. 23 ff.).

2. Form von Änderung und Aufhebung

2 Während für den Abschluss eines Grundstücksveräußerungsvertrages mit all seinen Bestandteilen zwingend und ausnahmslos die notarielle Beurkundung vorgeschrieben ist (§ 311b Abs. 1 Satz 1 BGB, s. Kap. 43 Rz. 15 ff.), findet diese Formvorschrift für die Änderung und Aufhebung solcher Verträge nicht durchgehend Anwendung. Je nach dem Inhalt einer Änderung oder nach dem „Reifestadium", in dem sich der betreffende Vertrag befindet, kann eine Änderung oder Aufhebung auch formlos vereinbart werden.

3 **Vertragsänderungen** (auch Änderungen in einseitigen Verpflichtungserklärungen wie Angebot) unterliegen grundsätzlich ebenfalls dem **Formzwang**, „sofern dadurch eine bereits begründete Verpflichtung in rechtlich erheblicher Weise verändert wird“ (BGH NJW 1996, 452).

4 **Ausnahmen** vom Formzwang lässt der BGH (aaO) nur zu,

- wenn die Vertragspartner zwecks Beseitigung einer bei der Abwicklung unvorhergesehen aufgetretenen Schwierigkeit eine nur der Abwicklung dienende neue Vereinbarung treffen (BGH NJW 1973, 37; BGH MDR 2001, 800 = DNotI-Report 2001, 92), oder
- wenn die Änderung zeitlich der Auflassung (nicht auch der Eigentumsumschreibung) nachfolgt, weil in diesem Stadium keine Veräußerungs- oder Erwerbspflicht mehr besteht (BGH DNotZ 1985, 284 m. abl. Anm. Kanzleiter), es sei denn, es soll die Abrede geändert werden, die den Vollzug der Eintragung in das Belieben des Verkäufers stellt (OLG Düsseldorf DNotZ 1998, 949) oder die Änderung begründet ihrerseits eine Veräußerungs- oder Erwerbspflicht iSv. § 311b Abs. 1 Satz 1 BGB, zB die Vereinbarung eines Wiederkaufrechts, eines Rückauflassungsanspruchs und dergl.

Zumindest die erstgenannte Ausnahme ist jedoch **restriktiv** zu handhaben (Palandt/Grüneberg § 311b BGB Rz. 43). Nach diesen Grundsätzen gilt Folgendes:

5 **Beispiele „Formbedürftige Änderung“**

Kaufpreiserhöhung oder -herabsetzung (und zwar auch dann, wenn der Teilerlass Bestandteil einer Vereinbarung zur Behebung von Abwicklungsschwierigkeiten ist, BGH MDR 1982, 393) oder langfristige Stundung (Palandt/Grüneberg § 311b BGB Rz. 43);

Vereinbarung eines Optionsentgelts (BGH MDR 1986, 230);

Verrechnungsvereinbarung (BGHZ 89, 41);

Sonderwunschvereinbarungen im Bauträgervertrag (Weigl MittBayNot 1996, 10, 12; in der Praxis werden Sonderwunschvereinbarungen aber durchweg nicht beurkundet);

Fristverlängerung oder Fristverkürzung für Hauptpflichten (RGZ 76, 34), auch für ein Wiederkaufsrecht (BGH NJW 1996, 452); s. **M 45.1**.

6 **Beispiele „Formlose Änderung“**

Änderungen, die den Vertrags- oder Erklärungsinhalt im Kern unberührt lassen, zB

Fristverlängerung für vertragliches Rücktrittsrecht (BGHZ 66, 270);

Vereinbarungen über Sach- und Rechtsmängel (BGH WPM 1972, 357);

kurzfristige Stundung (RG Warn 27 Nr. 89).

7 ➲ **Hinweis:** Aufgrund der teils schwierigen und kasuistischen Abgrenzung der Fallgruppen ist in Zweifelsfällen die Beurkundung zu empfehlen. Ein Verstoß gegen die Formvorschrift hat nur die Nichtigkeit der Änderung, nicht auch die des Ursprungsvertrags zur Folge (RGZ 65, 392). Mit Vollzug der Auflassung im Grundbuch wird ein Formmangel nach § 311b Abs. 1 Satz 2 BGB auch hinsichtlich der Änderungsvereinbarung geheilt.

8 Ob eine **Vertragsaufhebung** formbedürftig ist, hängt vom Vertragsstadium ab.

Beispiele „Formbedürftige Aufhebung“

Aufhebungsvereinbarung bei einem durch Eigentumsumschreibung **vollzogenen Kaufvertrag;**

Aufhebungsvereinbarung, wenn der Erwerber eine sog. **Anwartschaft** erworben hat. Das ist dann der Fall, wenn die Auflassung erklärt ist und der Erwerber entweder Antrag auf Vollzug der beim Grundbuchamt eingereichten Auflassung gestellt hat oder für ihn eine Auflassungsvormerkung eingetragen ist (BGHZ 83, 395; BGHZ 103, 179; Lehmann DNotZ 1987, 142); s. auch Kap. 46 Rz. 34 ff.; **M 45.2.**

9 ➲ **Wichtig: Ob** die **Formbedürftigkeit bei** einem erworbenen **Anwartschaftsrecht** mit dessen nachträglichem Wegfall **entfällt**, zB wenn der Erwerber seinen Antrag auf Vollzug der Eigen-

tumsumschreibung wieder zurückgenommen hat oder wenn die Auflassung aufgehoben wird oder wenn die Auflassungsvormerkung gelöscht wird, ist **zweifelhaft** (Eckardt JZ 1996, 934 gegen BGH NJW 1993, 3323). Eine einmal formunwirksam geschlossene Vereinbarung wird durch den nachträglichen Wegfall des Anwartschaftsrechts jedenfalls nicht wirksam.

Beispiele „Formlose Aufhebung" 10

Eine formlose Vertragsaufhebung (**M 45.3**) ist somit bei folgenden Vertragsgestaltungen bzw. -stadien möglich:

Veräußerungsvertrag ohne Auflassung;

Veräußerungsvertrag ohne Auflassung mit Auflassungsvormerkung, wobei es gleichgültig ist, ob die Vormerkung eingetragen ist oder nicht, da die Vormerkung allein keine Anwartschaft vermittelt (BGH NJW 1988, 1386);

Veräußerungsvertrag mit Auflassung (ohne Auflassungsvormerkung), solange die Auflassung nicht beim Grundbuchamt eingereicht ist und der Erwerber keinen Vollzugsantrag gestellt hat;

Veräußerungsvertrag mit Auflassung und Auflassungsvormerkung, solange die Auflassungsvormerkung nicht eingetragen ist oder die Auflassung nicht beim Grundbuchamt eingereicht ist und der Erwerber keinen Vollzugsantrag gestellt hat.

Die Rücknahme des Vollzugsantrags und die Löschungsbewilligung für eine eingetragene Auflassungsvormerkung bedürfen allerdings der Grundbuch-**Form des § 29 GBO** (öffentliche Beglaubigung). 11

Die Verletzung der Form führt auch hier zur Nichtigkeit der Aufhebungsvereinbarungen (§ 125 BGB), die – wie beim Abschluss des Vertrages – nicht endgültig sein muss: Durch die wirksam erklärte Rück-Auflassung (s. Kap. 45) und den Grundbuchvollzug des Eigentumswechsels wird der Formmangel nämlich geheilt (§ 311b Abs. 1 Satz 2 BGB), dh. der Aufhebungsvertrag wird mit seinem gesamten Inhalt wirksam. 12

➲ **Praxistipp:** Auch im Falle einer zweifellos formfrei zulässigen Aufhebungsvereinbarung kann von dem formfreien Abschluss ohne eingehende Beratung und ohne Einschaltung des den Vertrag abwickelnden Notars nur abgeraten werden. Schon um einen Fälschungseinwand zu verhindern, der jeder Partei praktisch die Rückkehr zum Vertrag ermöglicht, aber auch wegen § 29 GBO ist im Regelfall zumindest die notarielle Beglaubigung zu empfehlen. 13

3. Auswirkungen einer Änderung oder Aufhebung auf eine Auflassungsvormerkung

Ist der Erwerbsanspruch durch eine Vormerkung gesichert, sind die Auswirkungen einer Vertragsänderung oder -aufhebung auf dieses Sicherungsmittel zu beachten. Ausgangspunkt der Betrachtung ist der Umstand, dass die Vormerkung vom Bestand des gesicherten Anspruchs abhängig ist (s. Kap. 51 Rz. 7). 14

a) Inhaltsänderung des gesicherten Anspruchs

Eine Inhaltsänderung des gesicherten Anspruchs ist **grundsätzlich im Grundbuch zu vermerken** (auf Bewilligung und Antrag), um den veränderten Anspruch rangwahrend zu sichern (§ 883 Abs. 1 BGB). Eine automatische Anpassung des Vormerkungsinhalts ist dem Gesetz wegen des Eintragungserfordernisses fremd. 15

Die **Eintragungspflicht** gilt vor allem, wenn das Anspruchsziel inhaltlich geändert oder erweitert wird, so zB bei Veränderung des Zuschnitts der zu verschaffenden Wohnungseigentumseinheit oder Vergrößerung der veräußerten Teilfläche. Entsprechendes gilt bei Parteiänderungen. 16

➲ **Wichtig:** Ist die Frist bereits abgelaufen oder der Eintritt der vereinbarten Bedingung nicht mehr möglich, ist für eine Vertragsänderung kein Raum mehr; die Vormerkung ist mangels eines bestehenden Anspruchs gegenstandslos. Die neuere Rechtsprechung des BGH lässt in diesen Fällen bei gleichem Anspruchsziel die **Wiederverwendung einer erloschenen Vormer-** 17

kung zu, s. Kap. 51 Rz. 58. Zur Frage der Zustimmungsbedürftigkeit seitens nach der Vormerkung eingetragener Berechtigter s. BGH DNotZ 1959, 399; OLG Karlsruhe DNotZ 1994, 252.

18 **Keine Eintragungspflicht** besteht nach der Rechtsprechung des BGH dann, wenn die Änderungen Schuldner, Gläubiger und Anspruchsziel unberührt lassen (so in **M 45.1**; BGH MDR 2008, 884; OLG Düsseldorf MittRhNotK 1986, 195; Beispiele: Verlängerung einer Annahmefrist in einem Angebot, Änderung des Kaufpreises oder der Fälligkeit). Dasselbe gilt für die Neubegründung desselben Anspruchs nach zwischenzeitlichem Wegfall (s. Kap. 51 Rz. 58).

b) Vertragsaufhebung

19 Eine Vertragsaufhebung hat idR auch das Erlöschen des Anspruchs auf Eigentumsverschaffung zur Folge und entzieht damit einer Auflassungsvormerkung die materiell-rechtliche Grundlage. Der Eigentümer (oder sonstige Berechtigte) kann nach § 886 BGB die Beseitigung, dh. die **Löschung der Vormerkung**, verlangen. Kann der Eigentümer den Wegfall des Anspruchs zumindest in der Form des § 29 GBO nachweisen, kommt sogar eine Löschung nach § 22 GBO (wegen nachgewiesener Unrichtigkeit) oder § 84 GBO (als gegenstandslos) in Betracht, somit ohne Erteilung einer Löschungsbewilligung durch den Vormerkungsberechtigten.

20 Ist die Aufhebungsvereinbarung notariell beurkundet (s. Rz. 8), hat der Eigentümer einen solchen Nachweis in der Hand. Andernfalls hat er gegen den Vormerkungsberechtigten einen klagbaren **Anspruch auf Erteilung der Löschungsbewilligung** (§ 894 BGB). Dieser Rechtsfolge ist bei der inhaltlichen Gestaltung einer Aufhebungsvereinbarung insbesondere dann Rechnung zu tragen, wenn der Vormerkungsberechtigte seinerseits Rückgewährs- oder sonstige Ansprüche gegen den Vertragspartner hat: Der Berechtigte ist vor einem Verlust seiner Sicherheit zu schützen, wenn nicht gleichzeitig die Erfüllung seiner Ansprüche sichergestellt wird. Das kann zB durch eine bedingte Vertragsaufhebung bewirkt werden (**M 45.2**).

II. Rückabwicklung

21 Die Rückabwicklung eines Grundstücksveräußerungsvertrages (ausf. Bomhard/Voßwinkel ZfIR 2009, 529 ff.) wird entweder durch eine Vertragsaufhebung ausgelöst (**M 45.2**), oder sie beruht auf einem Rücktritt nach § 323 BGB oder einem bereits vertraglich vereinbarten Rückabwicklungsanspruch, wie er sich zB häufig in Übergabeverträgen (**M 44.6**) findet. In den letzteren Fällen handelt es sich zumeist um einen Anspruch, der durch den Eintritt einer bestimmten Bedingung ausgelöst wird, wobei der Eintritt der Bedingung den Anspruch automatisch oder aber unter der Voraussetzung seiner Geltendmachung durch den Anspruchsberechtigten auslösen kann. Diese Rechtsausübung ist grundsätzlich **formfrei**, es sei denn, eine besondere Form ist vereinbart (zB „Ausübung durch Einschreibebrief").

22 Ob die Rückabwicklung einer besonderen Form bedarf, hängt vom Einzelfall ab: Materiell-rechtlich bedarf sie (außer im Rahmen eines beurkundungsbedürftigen Aufhebungsvertrags, s. Rz. 8) keiner besonderen Form, da keine Verpflichtung zur Veräußerung oder zum Erwerb von Grundbesitz begründet wird (sie besteht bereits). Beurkundungsbedürftig ist die Vereinbarung aber stets, wenn eine Rückauflassung erklärt werden muss, da der Nachweis der Einhaltung der Regeln des § 925 BGB (Einigung vor einer zuständigen Stelle bei gleichzeitiger Anwesenheit beider Teile) nur in Urkundsform erbracht werden kann (Demharter § 20 GBO Rz. 27; Schöner/Stöber Rz. 3324 f.); s. **M 45.4** und die dortigen Fn.

III. Steuerliche Auswirkungen

23 Zu den Steuerfragen beim Grundstückskauf generell s. Kap. 43 Rz. 78 ff. Nachstehend werden nur die Besonderheiten im vorliegenden Zusammenhang erläutert.

1. Vertragsänderung

Eine Vertragsänderung hat nur dann steuerliche Auswirkungen, wenn der Kaufpreis oder die sonstige Gegenleistung erhöht oder gemindert wird. Bei einer Kaufpreiserhöhung entsteht eine weitere **Grunderwerbsteuer**. Nach § 16 Abs. 3 Nr. 1 GrEStG wird auf Antrag die Grunderwerbsteuer entsprechend niedriger festgesetzt oder die Steuerfestsetzung geändert, wenn die Gegenleistung innerhalb von zwei Jahren seit der Entstehung der Steuer herabgesetzt wird. Die Herabsetzung der Gegenleistung unterliegt grundsätzlich dem Beurkundungszwang nach § 311b Abs. 1 BGB, es sei denn, sie beruht auf einem berechtigten Minderungsverlangen oder die Änderung erfolgt erst nach der Auflassung bzw. nach der Grundbucheintragung, Palandt/Heinrichs § 313 BGB Rz. 41 und 44. Auf Antrag wird die Steuer ebenfalls entsprechend niedriger festgesetzt oder die Steuerfestsetzung geändert, wenn die Herabsetzung (Minderung) auf Grund des § 437 BGB vollzogen wird. Nach der Neukonzeption des Kaufrechts wird nicht mehr zwischen Sach- und Rechtsmängeln unterschieden, so dass auch bei Rechtsmängeln eine vollzogene Minderung des Kaufpreises im Rahmen der Grunderwerbbesteuerung zu berücksichtigen ist. 24

Die Kaufpreisminderung ist „vollzogen", wenn die Beteiligten den Minderungsanspruch geltend gemacht und erfüllt, dh. den Kaufpreis tatsächlich herabgesetzt haben.

Im Bereich der **Einkommensteuer** können Fragen wie Entnahme aus dem Betriebsvermögen, privates Veräußerungsgeschäft und Abschreibungsumfang neu zu beantworten sein, s. Kap. 43. 25

2. Vertragsaufhebung oder sonstige Rückgängigmachung

a) Grunderwerbsteuer

Die Aufhebung oder sonstige Rückgängigmachung eines Kaufvertrages über Grundbesitz löst grundsätzlich eine weitere Grunderwerbsteuer aus. Nach § 16 GrEStG wird aber **in bestimmten Fällen** der **aufgehobene Vertrag steuerlich wie nicht vorhanden** betrachtet mit der Folge, dass weder für den aufgehobenen Vertrag noch für die Aufhebungsvereinbarung Grunderwerbsteuer anfällt bzw. eine bereits bezahlte erstattet wird. Das ist bei Vorliegen folgender Voraussetzungen der Fall: 26

- bei Rückgängigmachung **vor Eigentumsumschreibung**, wenn diese erfolgt
  - innerhalb von zwei Jahren seit Entstehung der Steuer durch Vereinbarung oder durch Ausübung eines vorbehaltenen Rücktritts- oder Wiederkaufsrechts oder
  - weil Vertragsbedingungen nicht erfüllt sind und deshalb ein Rechtsanspruch auf Rückgängigmachung besteht.
- bei Rückgängigmachung **nach Eigentumsumschreibung**, wenn diese erfolgt
  - innerhalb von zwei Jahren seit Entstehung der Steuer oder
  - weil das Rechtsgeschäft nichtig war oder infolge Anfechtung nichtig geworden ist oder
  - weil Vertragsbedingungen, die den Übereignungsanspruch begründet haben, nicht erfüllt werden und deshalb ein Rechtsanspruch auf Rückgängigmachung besteht.

Die **Zweijahresfrist** ist bei Rückgängigmachung vor Eigentumsumschreibung mit dem wirksamen Abschluss der Aufhebungsvereinbarung gewahrt, bei Rückgängigmachung nach Eigentumsumschreibung mit Erklärung und Einreichung der Rückauflassung beim Grundbuchamt und Stellung des Vollzugsantrags. 27

Die Nichterhebung bzw. Erstattung der Grunderwerbsteuer für beide Vorgänge setzt stets voraus, dass der **Verkäufer die volle rechtliche und wirtschaftliche Verfügungsbefugnis zurückerlangt**, dh. vor allem, dass der Käufer jegliche Einwirkungsmöglichkeit endgültig verliert. Das ist dann nicht der Fall, wenn der Aufhebung sich ein anderweitiger Verkauf anschließt und dieser auf Weisung oder zumindest im wirtschaftlichen oder persönlichen Interesse des Erstkäufers erfolgt, dieser den Grundbesitz (oder Teile davon) quasi **„weiterverkauft"** hat. Bei einer solchen Konstellation kann doppelt oder gar dreifach Grunderwerbsteuer anfallen. Zu den Formerfordernissen bei Rückgängigmachung eines Erwerbsvorgangs VV BW FinMin 2002-08-07 3-S 4543/9 v. 7.8.2002 u. d. übrigen Länder. 28

b) Einkommensteuer

29 Für den Bereich der Einkommensteuer gilt der „Grundsatz der **Unabänderlichkeit des verwirklichten Einkünfteerzielungstatbestandes**" (zB BFH v. 21.10.1999, BStBl. II 2000, 424 sowie BFH v. 15.3.2000 – IV B 35/99, BFH/NV 2000, 1185). Zivilrechtlich zurückwirkende Vereinbarungen bzw. Gerichtsentscheidungen können keine steuerliche Rückwirkung entfalten. Wenn der Tatbestand der Einkünfteerzielung verwirklicht worden ist, lässt sich das nicht rückwirkend ändern, §§ 38, 41 AO. Die zivilrechtliche Rückwirkung wird deshalb bei laufend veranlagten Steuern nicht nachvollzogen, sondern beschränkt sich auf einmalig festgesetzte Steuern wie Erbschaftsteuer und Grunderwerbsteuer.

30 Nach dem BFH v. 27.6.2006, BStBl. II 2007, 162, stellt die Rückabwicklung eines Anschaffungsgeschäfts kein steuerpflichtiges Veräußerungsgeschäft iSd. § 23 Abs. 1 Satz 1 EStG dar. Ein etwaiger Veräußerungsgewinn (in Höhe der rückgängig gemachten AfA) fällt somit nicht an.

M 45.1 Änderung eines Grundstückskaufvertrags[1]

(Urkundeneingang[2])

Die Beteiligten erklären einleitend:

Wir haben am ... (Datum) vor dem Notar ... (Name) in ... (Ort) einen Kaufvertrag abgeschlossen (Urkunde ... [UR-Nummer]), mit dem der Beteiligte ... (Name des Verkäufers) an den Beteiligten ... (Name des Käufers) sein im Grundbuch von ... (Ort) Band/Blatt ... (Nummer) eingetragenes Grundstück Flurstück Nr. ... (Nummer und weitere Grundstücksbeschreibung) veräußert hat. Die Auflassung ist noch nicht erklärt[3]. Der Verkäufer kann seine Verpflichtung, das Kaufobjekt zum vereinbarten Zeitpunkt zu räumen und herauszugeben, nicht fristgerecht erfüllen, da sich die Fertigstellung seines Neubaus verzögert hat.

Dies vorausgeschickt erklären die Beteiligten zur notariellen Niederschrift:

Änderung eines Kaufvertrags

§ 1

Den bezeichneten Kaufvertrag[4] ändern wir hiermit in folgenden Punkten ab:

1. *Die Frist zur Erfüllung der Räumungsverpflichtung wird verlängert auf den ... (Datum). § 3 (6) des Kaufvertrages wird dahingehend geändert, dass der Notar dem Käufer vollstreckbare Ausfertigung erst nach dem vorgenannten Räumungstermin erteilen darf.*
2. *Der Kaufpreis wird im Hinblick auf die Verzögerung ermäßigt um ... Euro auf ... Euro, in Worten: ... Euro. Hiermit sind sämtliche etwaigen Ansprüche des Käufers wegen der verspäteten Räumung abgegolten.*
3. *Dem Käufer bleibt für den Fall einer erneuten Nichterfüllung der Räumungs- und Herausgabeverpflichtung die Geltendmachung weiteren Schadens vorbehalten.*

§ 2

Alle übrigen Vereinbarungen des Kaufvertrags bleiben unverändert wirksam.

1 Rz. 1 ff. Hier: Änderung von Hauptpflichten.

2 Form nach § 311b Abs. 1 Satz 1 BGB. Zu den Ausnahmen der Formbedürftigkeit s. Rz. 4 ff. und 6. In einem solchen Fall kann das Muster als Vorlage für eine privatschriftliche Änderungsvereinbarung dienen. Enthält eine Änderungs- oder Aufhebungsvereinbarung eine Zwangsvollstreckungsunterwerfung, bedarf diese aber zwingend der Beurkundung, § 794 Abs. 1 Nr. 5 ZPO.

3 Sonst wäre die Änderung nicht formbedürftig, s. Rz. 4.

4 Die in solchen Fällen häufig anzutreffende Verweisungspraxis nach § 13a BeurkG ist überflüssig.

§ 3

Die Kosten dieser Urkunde trägt der Verkäufer.

(Schlussformel)

Kosten: *Notargebühr:* 2,0-Gebühr gem. Nr. 21100 KV GNotKG. Geschäftswert gem. §§ 97 Abs. 1, 2, 36 GNotKG Höhe der Ermäßigung des Kaufpreises zzgl. geschätzter Wert der Verlängerung der Räumungsfrist.

M 45.2 Aufhebung eines Grundstückskaufvertrags[1]

(Urkundeneingang[2])

Die Beteiligten erklären einleitend:

Wir haben am ... (Datum) vor dem Notar ... (Name) in ... (Ort) einen Kaufvertrag abgeschlossen (Urkunde ... [UR-Nummer]), mit dem der Beteiligte ... (Name des Verkäufers) an den Beteiligten ... (Name des Käufers) sein im Grundbuch von ... (Ort) Band/Blatt ... (Nummer) eingetragenes Grundstück Flurstück Nr ... (Nummer und weitere Grundstücksbeschreibung) veräußert hat. Die Auflassung ist erklärt, der Erwerbsanspruch durch eine eingetragene Auflassungsvormerkung gesichert[3]. Der Käufer kann seine Verpflichtung zur Zahlung des Kaufpreises nicht erfüllen, da er inzwischen arbeitslos geworden ist[4].

Dies vorausgeschickt erklären die Beteiligten zur notariellen Niederschrift:

Aufhebung eines Kaufvertrags

§ 1

(1) Den bezeichneten Kaufvertrag sowie die darin erklärte Auflassung und ein etwa entstandenes dingliches Anwartschaftsrecht heben wir hiermit auf. Hinsichtlich der schuldrechtlichen Vereinbarungen erfolgt die Aufhebung unter der aufschiebenden Bedingung, dass die Rückgewähr der erbrachten Leistungen gem. den nachstehenden Vereinbarungen in Abs. 2 erfolgt[5].

(2) Für die bereits erbrachten Leistungen werden folgende Rückgewährsvereinbarungen getroffen:

1. *Der Verkäufer hat die Kaufpreisanzahlung von ... Euro bis ... (Datum) an den Käufer zurückzubezahlen, und zwar durch Überweisung auf folgendes Konto: ... (Bankverbindung)[6]. Wegen dieses Anspruchs unterwirft sich der Verkäufer der sofortigen Zwangsvollstreckung aus dieser Urkunde mit der Maßgabe, dass vollstreckbare Ausfertigung durch den Notar ohne weitere Nachweise erteilt werden kann.*
2. *Ferner ist die Löschung der für den Käufer eingetragenen Auflassungsvormerkung im Grundbuch nach Maßgabe der nachstehenden Vereinbarung herbeizuführen.*

(3) Weitere gegenseitige Ansprüche bestehen nicht, insbesondere keine Ansprüche auf Schadensersatz, Kosten- und Steuererstattung oder Wiederherstellung eines früheren Zustandes (Besitzübergabe war noch nicht erfolgt, Veränderungen am Kaufobjekt wurden nicht vorgenommen).

---

1 Rz. 8 ff.

2 Hier Form nach § 311b Abs. 1 Satz 1 BGB erforderlich. Zu den Ausnahmen der Formbedürftigkeit s. Rz. 10. Das Muster kann ggf. auch als Vorlage für eine privatschriftliche Aufhebungsvereinbarung dienen; s. auch **M 45.3.**

3 Sonst wäre die Änderung nicht formbedürftig, s. Rz. 8 f.

4 Das Muster eignet sich auch für die Rückgängigmachung eines Kaufvertrages aufgrund von Rückübereignungsvorbehalten.

5 Wichtig zur Wahrung des Schutzes der Auflassungsvormerkung, s. Rz. 14 ff.

6 Kontoangabe zur Erleichterung des Zahlungsnachweises durch den Verkäufer.

§ 2

Alle durch diese Aufhebungsvereinbarung und ihren Vollzug entstehenden Kosten und Steuern hat der Käufer zu tragen. Der Kaufpreis betrug ... Euro. Auf die gesamtschuldnerische Haftung beider Vertragsbeteiligten für solche Kosten und Steuern wurde hingewiesen.

Löschungsbewilligung

Der Käufer bewilligt und beide Beteiligten beantragen die Löschung der für den Käufer eingetragenen Auflassungsvormerkung im Grundbuch.

Vollzugsauftrag; Ausfertigungsvorbehalt[7]

Der Notar wird angewiesen und bevollmächtigt, sämtliche evtl. zur Rückabwicklung erforderlichen Erklärungen abzugeben, Antragsrücknahmen zu erklären etc., ferner dazu, die vorstehend erklärte Löschungsbewilligung erst nach schriftlicher Bestätigung des Käufers oder Nachweis der überweisenden Bank über diese Zahlung einzureichen[8]*. Bis zur Mitteilung bzw. zum Nachweis der Zahlung sind alle Ausfertigungen und Abschriften ohne den Text der Löschungsbewilligung herauszugeben. Die Beteiligten verzichten bis dahin ausdrücklich auf vollständige Vertragsabschriften.*

(Schlussformel)

---

7 Flankierend zu § 1 Abs. 2 Nr. 2.
8 S. Fn. 6.

Kosten: *Notargebühr:* 2,0-Gebühr gem. Nr. 21100 Nr. 2 KV GNotKG, mindestens 60 Euro. Geschäftswert gem. §§ 97 Abs. 1, 47 GNotKG (Kaufpreis). 0,5-Betreuungsgebühr gem. Nr. 22200 Nr. 2 (Geschäftswert §§ 113 Abs. 1, 47 GNotKG, Kaufpreis).

Gerichtsgebühr: Gebühr iHv. 25 Euro gem. Nr. 14152 KV GNotKG für die Löschung der Auflassungsvormerkung.

M 45.3 Grundbucherklärung[1] nach privatschriftlicher Aufhebung eines Grundstückskaufvertrags[2]

Löschungsbewilligung und -antrag

1. *Im Grundbuch von ... (Ort) Band/Blatt ... (Nummer) ist zu Lasten des Grundstücks Flurstück Nr ... (Nummer und weitere Grundstücksbeschreibung) für den Unterzeichner ... (Name des Vormerkungsberechtigten) eine Auflassungsvormerkung eingetragen. Wir haben den zugrunde liegenden Kaufvertrag, der keine Auflassung enthält*[3]*, aufgehoben.*
2. *Der Käufer und Vormerkungsberechtigte bewilligt und der mitunterzeichnende Verkäufer und Eigentümer beantragt*[4] *die Löschung der Auflassungsvormerkung im Grundbuch.*
3. *Die Kosten trägt ... (Name des Kostenschuldners). Der Kaufpreis betrug ... Euro.*

(Unterschriftsbeglaubigung)

---

1 Form des § 29 GBO (öffentliche Beglaubigung) ausreichend, da Aufhebungsvereinbarung formlos möglich.
2 Der Inhalt des privatschriftlichen Aufhebungsvertrages kann in Anlehnung an **M 45.2** gestaltet werden.
3 Sonst wäre die Aufhebung formbedürftig, s. Rz. 8 ff. und **M 45.2.**
4 Die Mitwirkung des Verkäufers und Eigentümers ist nicht zwingend; er könnte den Vollzugsantrag auch privatschriftlich stellen (§ 30 GBO). Den Antrag kann auch der Berechtigte stellen.

Kosten: *Notargebühr:* 0,2-Gebühr gem. Nr. 25100 KV GNotKG, mindestens 20 Euro, höchstens 70 Euro. Geschäftswert gem. §§ 121, 47 GNotKG (Kaufpreis).

Gerichtsgebühr: Gebühr iHv. 25 Euro gem. Nr. 14152 KV GNotKG für die Löschung der Auflassungsvormerkung.

M 45.4 Rückabwicklung eines Grundstücksveräußerungsvertrags

(Urkundeneingang[1])

Die Beteiligten erklären einleitend:

Durch Vertrag[2] vom ... (Datum), beurkundet von Notar ... (Name) in ... (Ort), Urkunde Nr ... (UR-Nummer), hat der Beteiligte ... (Name des Veräußerers) an den Beteiligten ... (Name des Erwerbers) sein im Grundbuch von ... (Ort) Band/Blatt ... (Nummer) eingetragenes Grundstück Flurstück Nr ... (Nummer und weitere Grundstücksbeschreibung) veräußert. Der Vertrag ist in vollem Umfang vollzogen, der Erwerber als Eigentümer im Grundbuch eingetragen. Der Erwerber hat seine im Vertrag übernommene Verpflichtung, auf dem Grundstück innerhalb von zwei Jahren ein Wohngebäude zu errichten, nicht erfüllen können und dadurch einen vereinbarten und durch Vormerkung gesicherten Rückübertragungsanspruch des Veräußerers ausgelöst[3]. Der Veräußerer hat diesen Anspruch geltend gemacht[4]. Entsprechend den im Veräußerungsvertrag für diesen Fall getroffenen Vereinbarungen ist der Vertrag rückabzuwickeln.

Dies vorausgeschickt erklären die Beteiligten zur notariellen Niederschrift:

Rückabwicklung eines Grundstücksvertrags

§ 1

(1) Der Erwerber bestätigt, dass der Veräußerer seinen im bezeichneten Vertrag vereinbarten Rückübertragungsanspruch geltend gemacht hat und die Voraussetzungen für die Geltendmachung vorgelegen haben. Der Anspruch wird somit als berechtigt anerkannt.

(2) Vereinbarungsgemäß sind damit zurückzugewähren:

1. *Seitens des Erwerbers das Eigentum an dem Grundstück, und zwar frei von den auf Veranlassung des Erwerbers inzwischen eingetragenen Grundpfandrechten Abt. III Nr ... (Nummern und nähere Beschreibung).*
2. *Seitens des Veräußerers ein Geldbetrag (Rückgewährsbetrag) von ... Euro, der sich zusammensetzt aus*
   a) dem vom Erwerber in voller Höhe bezahlten Kaufpreis von ... Euro,
   b) dem vom Erwerber in Höhe von ... Euro bezahlten Erschließungsbeitrag.

§ 2

Zur Durchführung der Rückabwicklung wird vereinbart:

1. *Die Lastenfreiheit des Grundstücks wird in der Weise herbeigeführt, dass der Veräußerer aus dem Rückgewährsbetrag vorweg die Forderungen der Grundpfandrechtsgläubiger gegen den Erwerber sowie deren Kostenforderungen gegen verbindliche Zusage der Löschungsbewilligungen begleicht.*
2. *Aus dem Rückgewährsbetrag bezahlt der Veräußerer ferner alle vom Erwerber zu tragenden Kosten beim Notar und Grundbuchamt, ferner eine etwa erhobene Grunderwerbsteuer.*

---

1 Form der Beurkundung materiell-rechtlich zwar nicht erforderlich, aber zum Nachweis der Einhaltung der Regeln des § 925 BGB für die Rückauflassung (Einigungserklärung vor einer zuständigen Stelle bei gleichzeitiger Anwesenheit beider Teile) unerlässlich (Demharter § 20 GBO Rz. 27; Schöner/Stöber Rz. 3324 f.).

2 Kaufvertrag oder Schenkungsvertrag oder Übergabevertrag usw. Im Muster wird der Kaufvertrag über einen Gemeindebauplatz rückabgewickelt.

3 Ist der Rückübertragungsanspruch – wie beim normalen Kaufvertrag – nicht durch Vormerkung gesichert, entfallen die entsprechenden Regelungen (s.a. Fn. 6). Dann muss dem Problem der ungesicherten Vorleistung (Rückzahlung) seitens des Erwerbers Rechnung getragen werden.

4 Was grds. formlos erfolgen kann, wenn keine besondere Form vereinbart ist.

3. *Nach Vorliegen der Löschungsurkunden für die Grundpfandrechte beim Veräußerer, Notar oder Grundbuchamt ist der verbleibende Rückgewährsbetrag innerhalb von zwei Wochen an den Erwerber zu bezahlen, und zwar durch Überweisung auf folgendes Konto ... (Bankverbindung)*[5].
4. *Sodann ist die Eigentumsumschreibung auf den Veräußerer im Grundbuch wie folgt herbeizuführen: Der beurkundende Notar hat auf die Mitteilung des Erwerbers oder den Nachweis des Veräußerers, dass die Zahlungen nach Nr. 1, 2 und 3 erfolgt sind, die unten erklärte Auflassung beim Grundbuchamt einzureichen*[6].

§ 3

Im Übrigen werden folgende Vereinbarungen getroffen:

1. *Nach Erfüllung der Rückgewährsansprüche und der sonstigen in dieser Urkunde übernommenen Verpflichtungen bestehen zwischen den Vertragsbeteiligten keine weiteren gegenseitigen Ansprüche mehr, insbesondere keine Ansprüche auf Zins- und Kostenerstattung, Schadensersatz oder Wiederherstellung eines früheren Zustandes. Der Erwerber hatte noch keine Veränderungen am Kaufobjekt vorgenommen.*
2. *Die Kosten dieser Urkunde und des Grundbuchvollzugs sowie eine anfallende Steuer trägt der Erwerber. Die Bezahlung erfolgt durch den Veräußerer aus dem Rückgewährsbetrag.*

Grundbucherklärungen

Auflassung

Die Vertragsbeteiligten sind sich darüber einig, dass das Eigentum an dem eingangs bezeichneten Grundstück auf den Veräußerer (Rückerwerber) übergeht; der Erwerber bewilligt und der Veräußerer beantragt den Vollzug der Eigentumsumschreibung im Grundbuch.

Löschungsbewilligung

Der Veräußerer bewilligt und beantragt die Löschung der für ihn eingetragenen Auflassungsvormerkung im Grundbuch, aber nur gleichzeitig mit seiner Eintragung als Eigentümer und unter der Voraussetzung, dass das Eigentum in der Grundbuchposition eingetragen wird, die die Vormerkung innehat[7].

Löschungszustimmung und -antrag

Beide Beteiligten[8] *stimmen der Löschung der in Abt. III Nr. ... (Nummern) eingetragenen Grundpfandrechte hiermit zu; der Erwerber beantragt den Vollzug der Löschung.*

Ausfertigungsvorbehalt[9]

Die Beteiligten vereinbaren, dass die vorstehende Auflassung vom Notar nur nach Maßgabe der Vereinbarung in § 2 Nr. 4 dieser Urkunde beim Grundbuchamt eingereicht werden darf. Bis zur Mitteilung des Erwerbers bzw. zum Nachweis durch den Veräußerer sind alle Ausfertigungen und Abschriften ohne den Text der Auflassung herauszugeben. Die Beteiligten verzichten bis dahin ausdrücklich auf vollständige Vertragsabschriften[10].

---

5 Kontoangabe zur Erleichterung des Zahlungsnachweises durch den Veräußerer.

6 Diese Vereinbarung, ergänzt durch den „Ausfertigungsvorbehalt" für die Auflassung, soll den Erwerber vor dem Verlust des Eigentums vor Erfüllung seines Rückgewährsanspruchs schützen. Der Veräußerer ist nach wie vor durch seine Rückerwerbsvormerkung geschützt.

7 Durch diese (zulässigen) Bedingungen wird gewährleistet, dass der Veräußerer seine Sicherheit (Vormerkung) erst verliert, wenn sie durch Vollzug der Rückübereignung überflüssig geworden ist.

8 Zustimmung auch des Veräußerers (und jetzigen Rückerwerbers) nur notwendig, wenn die Löschung der Grundpfandrechte erst nach Eigentumsumschreibung erfolgt und somit Eigentümerrechte auch in seiner Person entstanden sein könnten.

9 Flankierend zu § 2 Nr. 4.

10 Zur Zulässigkeit (und Problematik) eines solchen Vorbehalts s. Kanzleiter DNotZ 1996, 242, 251. Eine andere Möglichkeit wäre, die Auflassung oder die Bewilligung aufgrund einer Vollmacht erst nach Zahlungsmitteilung oder -nachweis erklären zu lassen.

Weisungen an den Notar

1. Zur Löschungsbewilligung

Im Hinblick auf die Verknüpfung der Löschungsbewilligung für die Auflassungsvormerkung mit der Eigentumsumschreibung ist diese Erklärung ebenfalls erst mit der Auflassung beim Grundbuchamt einzureichen[11].

2. Zur Grundpfandrechtslöschung

Die Erklärungen zur Grundpfandrechtslöschung sind beim Grundbuchamt nur zusammen mit den Löschungsurkunden der Gläubiger einzureichen[12].

(Schlussformel)

---

11 Zur Vermeidung einer Antragszurückweisung durch das Grundbuchamt; statt dessen könnte der Antrag auch weggelassen und seine Stellung dem Notar überlassen werden.

12 Ebenfalls zur Vermeidung einer Antragszurückweisung.

Kosten: *Notargebühr:* Falls der beurkundende Notar auch die Erstbeurkundung durchgeführt hat, 0,5-Gebühr gem. Nr. 21101 Nr. 2 GNotKG für die Auflassung. Falls der beurkundende Notar nicht auch die Erstbeurkundung durchgeführt hat, 1,0-Gebühr gem. Nr. 21102 Nr. 1 GNotKG für die Auflassung. Geschäftswert jeweils gem. §§ 97 Abs. 1, 47 GNotKG (Rückkaufpreis). Zusätzlich 2,0-Gebühr für die Rückzahlungsvereinbarungen gem. Nr. 21100 Nr. 2 KV GNotKG, Geschäftswert §§ 97 Abs. 1, 36 Abs. 1 GNotKG (Teilwert des Rückkaufpreises). Im Verhältnis zur Auflassung sind die Ergänzungsvereinbarungen gegenstandsgleich iSv. § 109 Abs. 1 GNotKG. Es ist eine Vergleichsrechnung nach § 94 Abs. 2 GNotKG durchzuführen. Die Gebühren für die Auflassung und die Ergänzungsvereinbarungen dürfen eine 2,0-Gebühr nach dem höchsten Wert (Wert der Auflassung) nicht überschreiten.

0,5-Betreuungsgebühr gem. Nr. 22200 Nr. 3 (Geschäftswert §§ 113 Abs. 1 47 GNotKG, Rückkaufpreis).

Gerichtsgebühren: Für die Eintragung des neuen Eigentümers 1,0-Gebühr gem. Nr. 14110; Geschäftswert gem. § 47 GNotKG. Gebühr iHv. 25 Euro gem. Nr. 14152 KV GNotKG für die Löschung der Auflassungsvormerkung. Für die Löschung der Belastungen jeweils 0,5-Gebühr gem. Nr. 14140 KV GNotKG, Wert § 53 Abs. 1 GNotKG (Nennbetrag).

Zweiter Teil. Eigentumserwerb, Eigentumsverschaffung und -verzicht

Kapitel 46 Erwerb und Verlust von Grundstückseigentum

I. Erwerb des Eigentums an Grundstücken

1 Für den rechtsgeschäftlichen Übergang des Eigentums an einem Grundstück sind fünf Voraussetzungen erforderlich:

– Die dingliche Einigung, hier „**Auflassung**“ genannt, § 925 BGB (Rz. 2 ff.), die dem Grundbuchamt vorzulegen („nachzuweisen“) ist, § 20 GBO (Rz. 19 ff.),

- die darauf Bezug nehmenden **Eintragungsbewilligung** des bisherigen Eigentümers nach § 19 GBO (Rz. 19 ff.),
- der **Eintragungsantrag** eines Antragsberechtigten nach § 30 GBO hin (alter oder neuer Eigentümer, Rz. 23 ff.),
- die auf diese Erklärungen hin erfolgende **Grundbucheintragung** des neuen Eigentümers (§ 873 BGB, Rz. 28 ff.),
- die wiederum die Voreintragung oder Zustimmung des bisherigen Eigentümers voraussetzt (§ 39 GBO, vgl. BGH DNotZ 2011, 199); zur Kettenumschreibung unten Rz. 48.

1. Auflassung

Die Auflassung ist die für Grundstücke besondere Form der dinglichen Einigung (§§ 873, 925 BGB). 2

Die Auflassung ist vor einer **zuständigen Stelle** zu erklären; das ist in erster Linie ein Notar oder – innerhalb eines gerichtlichen Vergleichs – nach § 127a BGB auch ein Gericht, nach den Bestimmungen des Konsulargesetzes (§§ 10, 12, 19, 25 KonsularG) ferner die entsprechend ermächtigten Konsularbeamten. In Baden-Württemberg kommen noch die Grundbuchratschreiber hinzu (§ 32 Abs. 3 Nr. 3 LFGG BW). Ein Anwaltsvergleich nach § 1044b ZPO ersetzt die Erklärung vor einer zuständigen Stelle nicht (Geimer DNotZ 1991, 266, 275 f.). 3

➲ **Wichtig:** Im Gegensatz zum schuldrechtlichen Vertrag kann die Auflassung nur vor einem **deutschen Notar** erklärt werden (OLG Köln DNotZ 1972, 489; KG Berlin DNotZ 1987, 44; wegen der weiteren Kosten der Auflassung bei Beurkundung des schuldrechtlichen Vertrages im Ausland s. Kap. 43 Rz. 20). 4

Für eine Auflassungsvollmacht gelten diese Einschränkungen aber nicht; auch die Zustimmung des Eigentümers zu einer von einem Dritten erklärten Auflassung bedarf, wenn ihre freie Widerruflichkeit (§ 183 BGB) keiner Einschränkung unterliegt, nicht der Form des § 925 BGB (BGH MDR 1998, 585), sondern lediglich der Grundbuchform des § 29 GBO. 5

➲ **Praxistipp:** Können die Beteiligten die Auflassung nicht persönlich vor einem deutschen Notar erklären, können sie sich hier vertreten lassen. Ihre Vollmacht oder Genehmigung ist dem Grundbuchamt dann aber im Original vorzulegen, und zwar in öffentlich beglaubigter Form (§ 29 GBO). Dazu ist im **Ausland** die Beglaubigung durch einen deutschen Konsularbeamten oder einen ausländischen Notar erforderlich, letzterenfalls je nach Staat ferner eine Apostille oder Legalisation (Länderliste unter http://www.dnoti.de/medien/a621e11f-e056-4bd8-9b14-6faa63fde193/apostille-legalisation.pdf) 6

Die Auflassungserklärung muss bei **gleichzeitiger Anwesenheit von Veräußerer und Erwerber** abgegeben werden. Dabei ist aber **Vertretung** aufgrund Vollmacht oder auch ohne Vertretungsmacht mit nachträglicher Genehmigung (Rückwirkung gem. § 184 BGB) **zulässig**. Auch die Auflassung durch einen Nichtberechtigten wird durch die Einwilligung des Berechtigten wirksam, dann aber ohne Rückwirkung (§ 185 BGB). Gleichzeitige Anwesenheit schließt vor allem die Erklärung der Auflassung durch Angebot und Annahme nach Maßgabe des § 152 BGB aus. Diesem Umstand ist bei Vertragsabschlüssen durch Angebot und Annahme durch die Erteilung von Vollmachten Rechnung zu tragen (s. zB **M 43.10 ff.**). 7

Das Gebot der gleichzeitigen Anwesenheit gilt nicht, wenn die Erklärung eines Beteiligten durch **Gerichtsurteil gem. § 894 ZPO** ersetzt wurde; dann ist nur noch die Auflassungserklärung des anderen Beteiligten abzugeben (BayObLG Rpfleger 1983, 390); s. **M 46.4**. 8

Die Auflassungserklärung ist **mündlich** abzugeben und vom Notar **zu beurkunden** (Demharter § 20 GBO Rz. 13, 15). Die Beurkundung ist als solche aber nicht Wirksamkeitsvoraussetzung. Deshalb führt eine Eintragung aufgrund einer beurkundungsrechtlich fehlerhaft erklärten Auflassung zum wirksamen Eigentumswechsel (BGHZ 22, 312; RGZ 99, 65; 132, 406 (408); hierzu Ertl, MittBayNot 1992, 102 (106), vgl. auch Huhn, Rpfleger 1977, 199). 9

10 Nach § 925a BGB soll die Auflassungserklärung nur bei **Vorlage des** nach § 311b Abs. 1 Satz 1 BGB beurkundeten **schuldrechtlichen Vertrags** entgegengenommen werden. Dadurch sollen Fehlerquellen vermieden werden. Auch ein Verstoß gegen diese Formvorschrift macht die Auflassung jedoch nicht unwirksam.

11 Der **Inhalt der Auflassungserklärung** muss erkennbar und ausdrücklich auf die Eigentumsübertragung vom Veräußerer auf den Erwerber an einem genau bezeichneten Grundstück (Grundbesitz) gerichtet sein (zur Auflassung einer noch zu vermessenden Teilfläche s. Kap. 43 Rz. 185 f.). Erwerben mehrere Personen, ist das für sie maßgebliche Rechtsverhältnis und bei Bruchteilen der jeweilige Anteil anzugeben (§ 47 GBO). Darauf ist vor allem bei vom schuldrechtlichen Vertrag getrennter Auflassungserklärung zu achten. Die Bezugnahme auf den schuldrechtlichen Vertrag genügt allerdings idR, sofern dieser die notwendigen Angaben enthält (OLG Düsseldorf MittBayNot 1977, 66). Die Bezeichnungserfordernisse aus § 28 GBO sind verfahrensrechtlicher Natur, so dass ihre Missachtung die Auflassung solange nicht gefährdet, als zweifelsfrei feststeht, welches Grundstück aufgelassen wurde (Schöner/Stöber Rz. 3328).

12 Eine unter einer **Bedingung oder Befristung** erklärte Auflassung ist **unwirksam**, § 925 Abs. 2 BGB. Die Eigentumsverhältnisse an Grundstücken sollen endgültig sein. Deshalb kann ein Grundstück nicht unter Eigentumsvorbehalt erworben, die Auflassung nicht in einem gerichtlichen Vergleich mit Widerrufsvorbehalt erklärt werden (OLG Celle DNotZ 1957, 660; BayObLG Rpfleger 1972, 400). Unzulässig ist auch die Auflassung zwischen Eheleuten „für den Fall der Scheidung der Ehe“ (BayObLG Rpfleger 1972, 400).

13 **Unschädlich** sind idR **Bedingungen im schuldrechtlichen Vertrag**, zB ein Rücktrittsvorbehalt (Auslegungsfrage, s. Schöner/Stöber Rz. 3331 ff.), ebenso Rechtsbedingungen (Wirksamkeit ist zB abhängig von Genehmigungen) oder Antragsverknüpfungen nach § 16 Abs. 2 GBO (zB „Auflassung darf nur gleichzeitig mit der Eintragung des Nießbrauchs für den Veräußerer vollzogen werden“).

14 **Zulässig** sind auch **Absprachen und Weisungen zur Verwendung einer im Übrigen unbedingt erklärten Auflassung**, wie sie im Rahmen von Sicherungsvereinbarungen in Kaufverträgen häufig sind (zB die Weisung an den Notar, die Auflassung erst nach Eintritt bestimmter Voraussetzungen beim Grundbuchamt einzureichen, s. zB **M 43.2**).

15 Wegen der Einigung bei **Begründung und Veräußerung von Wohnungseigentum und Erbbaurechten** s. Kap. 47 Rz. 13 und Kap. 49 Rz. 4 ff.

16 Wegen der **Genehmigungserfordernisse** und sonstigen Vollzugsvoraussetzungen für Verfügungen über Grundstücke (zB GrdstVG, BauGB, Vormundschaftsgericht, steuerliche Unbedenklichkeitsbescheinigung) s. die Fn. bei den einzelnen Mustern über Grundstücksveräußerungen (insbes. Kap. 43, 44, 49).

17 Die beim Grundbuchamt eingereichte oder dem anderen Beteiligten ausgehändigte beurkundete Auflassung (Einigung) hat nach § 873 Abs. 2 BGB eine **Bindungswirkung** für die Beteiligten zur Folge, dh. die Einigung wird unwiderruflich; dies hindert den Veräußerer allerdings nicht an einer anderweitigen Veräußerung oder an einer Rücknahme des Eintragungsantrags (Palandt/Bassenge § 873 BGB Rz. 17). Deshalb geht von dieser Bindung eine hinreichende Schutzwirkung für den Erwerber erst dann aus, wenn er die Erklärung beim Grundbuchamt eingereicht und den Vollzugsantrag gestellt hat.

2. Eintragungsbewilligung und Nachweis der Einigung

18 Neben die Auflassungserklärung als materiell-rechtliche Voraussetzung des Eigentumswechsels nach §§ 873, 925 BGB ist grundbuchrechtlich eine Bewilligung erforderlich (§ 19 GBO). Für den Eigentumswechsel erfordert § 20 GBO dazu zwingend, dass die Einigung beider Seiten nachgewiesen wird (materielles Konsensprinzip).

Die **Bewilligung** des Eigentumswechsels bedarf der **Form des § 29 GBO**: öffentliche oder öffentlich beglaubigte Urkunde. Der Nachweis der Einigung wird in der Praxis zumeist dadurch sichergestellt, dass die Bewilligung idR im Zusammenhang mit dem beurkundeten Kaufvertrag oder der beurkundeten Auflassung erklärt wird (Kap. 43 Rz. 63). 19

➲ **Wichtig:** Die dingliche Einigung (Auflassung) kann idR dahin ausgelegt werden, dass sie die Bewilligung beinhaltet (BayObLG Rpfleger 1975, 26), nicht aber umgekehrt. 20

Fehlt es an der Auflassungserklärung selbst, so wird das Grundbuch unrichtig; durch die nachfolgende Auflassung kann die Unrichtigkeit aber beseitigt werden (BGH NJW 1952, 622; Palandt/Bassenge § 925 BGB Rz. 30 mwN). 21

3. Eintragungsantrag

Das Grundbuchamt vollzieht die Auflassung nur auf Antrag (§ 13 Abs. 1 GBO). Antragsberechtigt sind neben den Beteiligten (§ 13 Abs. 2 GBO) auch der Notar, der die Erklärung aufgenommen hat (§ 15 GBO). Der Antrag bedarf **keiner besonderen Form** (§ 30 GBO). – S. zum Antrag im Einzelnen Kap. 50 Rz. 40 ff. 22

Mit dem Antrag auf Eigentumsumschreibung sind zur Vermeidung einer Zwischenverfügung oder Zurückweisung, sofern erforderlich, auch **einzureichen:** 23

- die grunderwerbsteuerliche Unbedenklichkeitsbescheinigung (§ 22 GrEStG);
- ggf. ein Negativattest über das gemeindliche Vorkaufsrecht (§ 28 Abs. 1 Satz 2 BauGB, 29 Abs. 1 Satz 2 GBO), wenn sich nicht aus der zugrundeliegenden Urkunde ergibt, dass kein Vorkaufsrecht besteht;
- ggf. die Zustimmung zur Veräußerung von Wohnungs- oder Teileigentum nach § 12 WEG mit dem zugehörigen Verwalternachweis, bei Erbbaurechten ggf. die Zustimmung des Grundstückseigentümers gem. § 5 Abs. 1 ErbbauRG.

Wer den Antrag auf Eigentumsumschreibung stellt, kann ihn auch zurücknehmen; deswegen wird er regelmäßig namens des Veräußerers und des Erwerbers gestellt (zur Kostenfolge Kap. 43). Stellt (auch) der Erwerber den Eintragungsantrag unter Vorlage der Auflassungserklärung, lässt dies seine Rechtsstellung in Kombination mit der Bindungswirkung nach § 873 Abs. 2 BGB zu einem **Anwartschaftsrecht** erstarken, das der Veräußerer nicht mehr einseitig zerstören kann; später eingereichte Anträge können nach § 17 GBO dieses Anwartschaftsrecht nicht mehr beeinträchtigen. 24

➲ **Wichtig:** Die Antragsrücknahme ist nach § 31 Satz 1 iVm § 29 GBO formbedürftig. 25

Das Anwartschaftsrecht des Erwerbers ist **übertragbar** entsprechend § 925 BGB, also ohne vorherige Eintragung des Erwerbers und ohne dass es der Zustimmung des Veräußerers bedarf (BayObLG NJW-RR 1988, 330); es ist ferner **pfändbar und verpfändbar** (Rz. 33 ff. sowie die Muster **M 40.6 und M 40.7** in der 15. Aufl. dieses Buchs). Hierbei sind viele Einzelheiten aber noch ungeklärt (s. hierzu LG Essen NJW 1955, 1401; LG Fulda Rpfleger 1988, 252 f. mit Anmerkung Böttcher, Rpfleger 1988, 253 und Kerbusch, Rpfleger 1988, 475; Hintzen, Rpfleger 1989, 439). 26

➲ **Wichtig:** Das Anwartschaftsrecht entfällt wieder, wenn der Eintragungsantrag des Erstkäufers zurückgewiesen oder zurückgenommen wird, bei Entstehung durch Auflassungsvormerkung, wenn diese im Grundbuch gelöscht wird. 27

4. Grundbucheintragung

Auflassung und Eintragung bewirken den Eigentumswechsel, § 873 BGB, und führen zur Erfüllung des schuldrechtlichen Eigentumsverschaffungsanspruchs, § 362 BGB. Dem neuen Eigentümer stehen die sich aus dem Eigentum ergebenden Rechte zu, das sind insbesondere 28

- der **Herausgabeanspruch** nach § 985 BGB gegen den Besitzer,
- die **Verfügungsbefugnis** nach § 903 BGB,

- **Schadensersatzansprüche** nach § 823 BGB bei Eigentumsverletzungen,
- die **Beseitigungs- und Unterlassungsansprüche** nach § 1004 BGB gegen Eigentumsbeeinträchtigungen.

29 Spätestens mit dem Eigentumsübergang treffen den Erwerber aber auch

- die **Grundsteuer**, die auf dem Grundstück als öffentliche Last ruht (§ 12 GrStG), deren persönlicher Schuldner aber der jeweilige wirtschaftliche Eigentümer ist (§ 10 GrStG). Dies ist nach § 39 AO jedenfalls der rechtliche Eigentümer, bei entsprechenden Regelungen im Erwerbsvertrag erfolgt die Zurechnung an ihn aber schon mit dem Besitzübergang;
- die **Verkehrssicherungspflichten** und die sachbezogenen **Versicherungen** (§ 95 VVG). Für diese besteht innerhalb eines Monats aber Eigentumsübergang eine Sonderkündigungsrecht (§ 96 VVG).
- die bestehenden **Miet- und Pachtverhältnisse**, § 566 Abs. 1 iVm. § 593b BGB;
- die Rechte und Pflichten aus der **Gemeinschaft der Wohnungseigentümer** (s. Kap. 47).

5. Erfordernis der Auflassung auch bei wirtschaftlicher Identität

30 Eine **Auflassung** ist auch dann **erforderlich**, wenn die Beteiligten die Notwendigkeit des dinglichen Geschäfts nur schwer erkennen mögen. Als Beispiele seien genannt:

- Übertragung aus dem Gesamtgut von Eheleuten auf einen Ehegatten,
- Übertragung aus einer Erbengemeinschaft auf einzelne Erben (das Grundbuchamt darf selbst bei klaren Testamentsanordnungen die Verteilung nicht von sich aus „vollziehen“),
- Übertragung durch den oder die Erben auf den Vermächtnisnehmer (hierfür gilt das gleiche),
- Übergang aus einer Erbengemeinschaft mit Grundbesitz in eine Bruchteilsgemeinschaft oder BGB-Gesellschaft,
- Einbringung in eine Personen- oder Kapitalgesellschaft durch einen Gesellschafter,
- Übergang aus einer Bruchteilsgemeinschaft in eine Gesamthand und umgekehrt,
- Übertragung von einer Personengesellschaft (OHG, KG, BGB-Gesellschaft) auf eine andere Personengesellschaft, selbst wenn die andere personen- und anteilsgleich ist (OLG Hamm DNotZ 1983, 750; KG RPfleger 1987, 237; s. auch Streuer Rpfleger 1988, 513).

Hiervon zu unterscheiden sind die unter Rz. 69 behandelten Fälle der Grundbuchberichtigung.

6. Steuerfragen

31 Die **Auflassung** ist in § 1 Abs. 1 Nr. 2 GrEStG ausdrücklich als ein Rechtsvorgang aufgeführt, der Grunderwerbsteuer auslöst, allerdings nur, wenn kein Verpflichtungsgeschäft iSd. § 1 Abs. 1 Nr. 1 GrEStG vorausgegangen ist, das den Anspruch auf Übereignung begründet. Da fast ausnahmslos ein schuldrechtliches Rechtsgeschäft zugrunde liegt, entscheidet sich nach dessen Art und Inhalt, ob, welche und wie viel Steuer anfällt. Auf die Erläuterungen bei den Rechtsgeschäften wird verwiesen (insbes. Kap. 43, 44, 47, 49).

M 46.1 Auflassung eines Grundstücks aufgrund Kaufvertrags[1]

(Urkundeneingang[2])

Die Beteiligten[3] erklären zur notariellen Niederschrift Folgendes:

(1) Durch Kaufvertrag[4] vom ... (Datum), beurkundet von Notar ... (Name) in ... (Ort) unter der Urkundenrollen-Nr. ... (Nummer), hat ... (Verkäufer) an ... (Käufer) das nachgenannte Grundstück verkauft. Der Kaufpreis ist inzwischen vollständig bezahlt; die katasterliche Fortschreibung erfolgt. Damit liegen die vereinbarten Voraussetzungen für die Auflassung des Grundstücks vor.

(2) Zur Erfüllung des Eigentumsverschaffungsanspruchs des Käufers erklären die Beteiligten hiermit die

Auflassung

wie folgt:

Wir sind uns darüber einig, dass das Eigentum an dem Grundstück der Gemarkung ..., Flur ..., Flurstück ..., eingetragen im Grundbuch von ... Blatt/Band ...

vom Verkäufer auf den Käufer zu Alleineigentum/zu gleichen Bruchteilen/in Gesellschaft bürgerlichen Rechts übergeht.

Der Verkäufer bewilligt und der Käufer beantragt den Vollzug des Eigentumswechsels im Grundbuch.

(3) Der Käufer bewilligt und beantragt, seine Auflassungsvormerkung mit Eigentumsumschreibung auf ihn zu löschen, es sei denn, dass Zwischeneintragungen ohne seine Zustimmung erfolgt sind.

(Schlussformel[5])

---

1 Rz. 1 ff. Ob die Auflassung später getrennt erklärt oder bereits in den Kaufvertrag aufgenommen, aber gem. Weisung zunächst zurückgehalten wird, ist fast eine „Geschmacksfrage". Unter Kostengesichtspunkten kann die getrennt erklärte Auflassung eine falsche Sachbehandlung darstellen (OLG Frankfurt MDR 1989, 650; OLG Köln MDR 1997, 892).

2 Zur Form s. Rz. 2 ff.

3 Das Muster passt sowohl, wenn die Beteiligten selbst handeln, als auch, wenn einer von ihnen auch für den anderen oder ein Dritter als Bevollmächtigter für beide Beteiligten handelt.

4 Schuldrechtliches Rechtsgeschäft. Die Bezugnahme darauf ist nicht zwingend, ebenso wenig wie die Vorlage des Kaufvertrages beim Grundbuchamt. In der Praxis ist beides aber die Regel.

5 Zu Steuerfragen s. Rz. 31.

Kosten: *Notargebühr:* Falls der beurkundende Notar auch den Kaufvertrag beurkundet hat, 0,5- Gebühr gem. Nr. 21101 Nr. 2 GNotKG für die Auflassung. Falls der beurkundende Notar nicht auch die Erstbeurkundung durchgeführt hat, 1,0- Gebühr gem. Nr. 21102 Nr. 1 GNotKG für die Auflassung. Geschäftswert jeweils gem. §§ 97 Abs. 1, 47 GNotKG (Kaufpreis).

Gerichtsgebühr: Für die Eintragung des neuen Eigentümers 1,0-Gebühr gem. Nr. 14110; Geschäftswert gem. § 47 GNotKG. Gebühr iHv 25 Euro gem. Nr. 14152 KV GNotKG für die Löschung der Auflassungsvormerkung.

M 46.2 Auflassung durch Erbengemeinschaft zur Erfüllung letztwilliger Verfügung[1]

(Urkundeneingang[2])

Die Beteiligten erklären zur notariellen Niederschrift folgende

Auflassung zur Erfüllung eines Vermächtnisses/Teilungsanordnung

§ 1 Erbfolge

(1) Die Beteiligten sind sämtliche Erben des ... (Name des Erblassers). Ihr Erbrecht ist bescheinigt durch gemeinschaftlichen Erbschein des Nachlassgerichts ... (Ort) vom ... (Datum) – Aktenzeichen ... (AZ) –, von dem eine Ausfertigung zur Weiterleitung an das Grundbuchamt übergeben wird[3].

(2) Zum Nachlass gehört der Grundbesitz, der im Grundbuch des Amtsgerichts ... von ... Blatt ... eingetragen ist als:

Gemarkung ..., Flur ... Flurstück ...,

– im Folgenden Grundbesitz –.

(3) Mit letztwilliger Verfügung vom ... hat der Erblasser diesen Grundbesitz dem Erwerber im Wege des Vermächtnisses/der Teilungsanordnung zugewandt.[4]Der Erwerber hat das Vermächtnis angenommen/stimmt der Ausführung der Teilungsanordnung zu.

§ 2 Auflassung

(1) In Erfüllung der letztwilligen Verfügung überträgt die Erbengemeinschaft nunmehr den Grundbesitz auf den Erwerber. Dazu wird die Auflassung erklärt wie folgt:

Alle Beteiligten sind darüber einig, dass das Eigentum an dem Grundbesitz auf den Erwerber übergeht und bewilligen und beantragen die Eintragung des Eigentumswechsels im Grundbuch.

(2) Ein Antrag auf Grundbuchberichtigung aufgrund der dargelegten Erbfolge wird nicht mehr gestellt. Die Eigentumsumschreibung soll direkt auf den Erwerber erfolgen[5].

---

1 Nach § 1922 BGB geht mit dem Erbfall das Vermögen des Erblassers „als Ganzes" auf den oder die Erben über, bei mehreren Erben auf diese in Erbengemeinschaft als gemeinschaftliches Vermögen (§§ 2032 ff. BGB), sog. Gesamthandvermögen. Zur Nachlassverteilung unter den Erben, sei es aufgrund von Teilungsanordnungen im Testament, sei es aufgrund einer Erbauseinandersetzungsvereinbarung der Erben, muss die Erbengemeinschaft deshalb stets die betreffenden Vermögensgegenstände auf die einzelnen Erben (oder Vermächtnisnehmer) übertragen, bei Grundbesitz somit nach § 925 BGB auflassen. Dabei ist die Auflassungsform zu wahren (Beurkundung, s. Rz. 2 ff.).

2 Der Erbauseinandersetzungsvertrag als solcher bedarf keiner besonderen Form, es sei denn, die Formbedürftigkeit ergibt sich aus seinem Inhalt. Das ist zB der Fall, wenn durch ihn die Verpflichtung zur Eigentumsverschaffung an Grundbesitz begründet wird (§ 311b Abs. 1 Satz 1 BGB), wenn also die Verteilung des zum Nachlass gehörenden Grundbesitzes im Vertrag (erst) festgelegt wird. Im Musterfall ist nur die Auflassungsform zu wahren (Fn. 1), da der schuldrechtliche Anspruch nach § 2048 BGB durch die Teilungsanordnung bereits begründet ist; es ist nur noch der dingliche Erfüllungsakt vorzunehmen (OLG Neustadt MDR 1960, 497).

3 Notwendiger Erbnachweis nach § 35 Abs. 1 GBO. Statt eines Erbscheines reicht im Grundbuchverfahren als Erbnachweis auch ein öffentliches Testament (nie ein privatschriftliches) mit klarer Erbeinsetzung aus (Nachweis durch Vorlage von vom zuständigen Nachlassgericht ausgestellten beglaubigten Abschriften des Testaments und des Eröffnungsprotokolls, § 35 Abs. 1 Satz 2 GBO).

4 S. Fn. 1. Die Zuteilung kann auch auf einer Vereinbarung der Erben beruhen.

5 Das Prinzip der Voreintragung des Verfügenden (hier Erbengemeinschaft) aus § 39 GBO ist durch § 40 GBO durchbrochen: Die Voreintragung des Erben (oder der Erbengemeinschaft) ist entbehrlich, wenn das Recht (hier das Eigentum) übertragen (oder aufgegeben) wird. Eine Belastung, Rang- oder Inhaltsänderung des Rechts durch den oder die Erben setzt allerdings deren Voreintragung im Grundbuch voraus. Ausnahmen: Vormerkung, Widerspruch, Verfügungsbeschränkungen, die im Zusammenhang mit einer Übertragung stehen (Demharter § 40 GBO Rz. 16 ff.).

(3) Zugleich wird die Löschung aller nicht übernommenen Belastungen – zugleich zustimmend – beantragt und soweit Selbstberechtigung besteht allseits bewilligt.

§ 3 Weitere Vereinbarungen

(zu Besitzübergang, Haftung, Kosten und dergl.)

– Schluss wie üblich –

(Schlussformel[6])

6 Der Erwerb von Todes wegen unterliegt der Erbschaftsteuer (s. hierzu Kap. 80 Rz. 60 ff.). Die im Rahmen einer Erbauseinandersetzung erfolgende Übertragung von Grundbesitz aus dem Nachlass löst dann keine Grunderwerbsteuer mehr aus (§ 3 Nr. 3 GrEStG).

Kosten: *Notargebühr:* 2,0-Gebühr gem. Nr. 21100 KV GNotKG, mindestens 60 Euro. Geschäftswert gem. §§ 97 Abs. 1, 46 GNotKG (Wert des Grundstücks). Für die Beurkundung der Bewilligung und des Antrags zur Löschung der Belastungen 0,5-Gebühr gem. 21201 KV GNotKG, Geschäftswert gem. § 53 Abs. 1 GNotKG (Summe der Nennbeträge der Belastungen). Es ist eine Vergleichsberechnung nach § 94 Abs. 1 GNotKG vorzunehmen, also höchstens eine 2,0-Gebühr nach dem höheren Wert.

Gerichtsgebühr: Für die Eintragung des neuen Eigentümers 1,0-Gebühr gem. Nr. 14110; Geschäftswert gem. § 46 GNotKG (Wert des Grundstücks). Für die Löschung der Belastungen jeweils 0,5-Gebühr gem. Nr. 14140 KV GNotKG, Wert § 53 Abs. 1 GNotKG (Nennbetrag).

M 46.3 Auflassung nach einem Widerrufsvergleich[1]

(Urkundeneingang[2])

Die Beteiligten[3] erklären zur notariellen Niederschrift:

Verpflichtungserfüllung[4]

§ 1

(1) Zwischen den Beteiligten ist vor dem Landgericht . . . (Ort) unter dem Aktenzeichen . . . (AZ) ein Rechtsstreit anhängig. In der mündlichen Verhandlung vom . . . (Datum) wurde ein Vergleich abgeschlossen, in dem sich der Beteiligte

. . . (Name des Eigentümers)

– im Folgenden auch Eigentümer –

verpflichtet hat, dem Beteiligten

. . . (Name des Erwerbers)

– im Folgenden auch Erwerber –

das Eigentum an dem im Grundbuch des Amtsgerichts . . . von . . . (Ort) Band/Blatt . . . (Nummer) eingetragenen Grundstück der Gemarkung . . . Flur . . . Flurstück Nr. . . . (Nummer und weitere Beschreibung)

– im Folgenden auch Grundbesitz –

zu übertragen.

(2) Der unter Vorbehalt des Widerrufs abgeschlossene Vergleich ist nicht widerrufen worden und damit wirksam.

1 Da die Auflassung bedingungsfeindlich ist, kann sie in einem Widerrufsvergleich nicht wirksam erklärt werden, s. Rz. 11.

2 Auflassungsform nach § 925 BGB, s. Rz. 2 ff.

3 Nach § 925 BGB gleichzeitige Anwesenheit der Beteiligten, aber Vertretung zulässig, s. Rz. 6. Die Erteilung einer Auflassungsvollmacht im Vergleich wäre zweckmäßig (und unter der Bedingung der Rechtskraft auch zulässig).

4 Der schuldrechtliche Anspruch besteht bereits aufgrund der letztwilligen Verfügung § 2174 BGB, hier iVm. § 2150 BGB).

§ 2

Zur Erfüllung der vergleichsweise begründeten Verpflichtung erklären die Beteiligten nunmehr folgende

Auflassung

Wir sind uns darüber einig, dass Eigentum an dem in § 1 bezeichneten Grundbesitz vom Eigentümer auf den Erwerber übergeht; der Eigentümer bewilligt und der Erwerber beantragt den Vollzug des Eigentumswechsels im Grundbuch.

(Schlussformel[5])

5 Zu Steuerfragen s. Rz. 31.

Kosten: *Notargebühr:* 2,0-Gebühr gem. Nr. 21100 KV GNotKG, mindestens 60 Euro. Geschäftswert gem. §§ 97 Abs. 1, 46 GNotKG (Wert des Grundstücks).

Gerichtsgebühr: Für die Eintragung des neuen Eigentümers 1,0-Gebühr gem. Nr. 14110; Geschäftswert gem. § 46 GNotKG (Wert des Grundstücks).

M 46.4 Auflassungserklärung nach einem Urteil[1]

(Urkundeneingang[2])

Der Erschienene erklärt zur notariellen Niederschrift:

Einseitige Auflassungserklärung

§ 1

(1) In dem zwischen mir und ... (Name des Verurteilten) – im folgenden auch „Eigentümer" genannt – vor dem Landgericht ... (Ort) unter dem Aktenzeichen ... (AZ) anhängig gewesenen Rechtsstreit wurde der Eigentümer durch inzwischen rechtskräftiges Urteil vom ... (Datum) verurteilt, sein im Grundbuch von ... (Ort) Band/Blatt ... (Nummer) eingetragene Grundstück Flurstück Nr. ... (Nummer und weitere Beschreibung) auf mich aufzulassen und die Eigentumsumschreibung zu bewilligen.

(2) Eine mit Rechtskraftzeugnis versehene Ausfertigung des Urteils lege ich vor[3].

§ 2

Ich habe das bezeichnete Urteil zur Kenntnis genommen und erkläre nunmehr unter Bezugnahme auf dieses Urteil, das nach § 894 ZPO die entsprechende Erklärung des Eigentümers ersetzt[4], die

1 Das Muster regelt den Fall, dass der zur Eigentumsverschaffung Verpflichtete die Erfüllung des Anspruchs verweigert hat und auf Abgabe der Auflassungserklärung und Eintragungsbewilligung erfolgreich verklagt wurde.

2 Form nach § 925 BGB, obwohl nur noch der Erwerber eine Erklärung abgeben muss (Zöller/Stöber § 894 ZPO Rz. 7; BayObLG Rpfleger 2005, 488).

3 Die Vorlage des rechtskräftigen und unbedingten Urteils ist unerlässlich. Bei einer Zug-um-Zug- oder bedingten Verurteilung (§ 726 ZPO) ist eine Ausfertigung mit Vollstreckungsklausel nötig, damit die Wirkung des § 894 ZPO eintritt (Zöller/Stöber § 894 ZPO Rz. 8). Das die Erklärung ersetzende Urteil muss vor Abgabe der Erklärung des Erwerbers ergangen sein, andernfalls ist die Auflassung unwirksam (und ggf. nach Vorliegen des Urteils zu wiederholen).

4 Die Entgegennahme der durch Urteil ersetzten Erklärung durch den Anspruchsgläubiger ist erforderlich für deren Wirksamkeit (empfangsbedürftige Willenserklärung, RGZ 160, 321).

Auflassung

Ich bin mit dem Eigentümer darüber einig, dass das Eigentum an dem in § 1 bezeichneten Grundstück vom Eigentümer auf mich übergeht[5]*. Ich beantrage den Vollzug des Eigentumswechsels im Grundbuch.*

(Schlussformel[6]*)*

5 Die in diesem Fall einseitige Auflassungserklärung nach § 925 BGB. Ob diese dem Verurteilten ebenfalls zugehen muss (als empfangsbedürftige Willenserklärung), erscheint fraglich (zT wird in der Verurteilung eine Bevollmächtigung zur Entgegennahme der Auflassung gesehen). Wenn problemlos möglich, sollte die beurkundete Auflassungserklärung dem Verurteilten mitgeteilt werden.

6 Steuerrechtlich wird die auf vorliegende Weise zustande gekommene Auflassung nicht anders behandelt als die übliche Auflassung unter persönlicher Beteiligung der (Vertrags-)Parteien; s. Rz. 31.

Kosten: *Notargebühr:* 2,0-Gebühr gem. Nr. 21100 KV GNotKG, mindestens 60 Euro. Geschäftswert gem. §§ 97 Abs. 1, 46 GNotKG (Wert des Grundstücks).

Gerichtsgebühr: Für die Eintragung des neuen Eigentümers 1,0-Gebühr gem. Nr. 14110; Geschäftswert gem. § 46 GNotKG (Wert des Grundstücks).

II. Verfügung über den Anspruch auf Eigentumsverschaffung

1. Verpfändung

In der Praxis besteht häufig das Bedürfnis, ein Grundstück bereits als **Sicherheit** zu verwenden, wenn man es zwar erworben hat, aber **noch nicht** als **Eigentümer** eingetragen ist. Ein solches Interesse wird umso drängender, je länger sich der Eigentumserwerb hinzieht, zB infolge einer notwendigen Vermessung oder eines langwierigen Grundbuchvollzuges. Regelmäßig wird hier mit einer **Finanzierungsvollmacht** gearbeitet (s. Kap. 43 Rz. 68). Hierbei lässt der eingetragene Eigentümer das Sicherungsrecht in seinem Namen bestellen. Durch entsprechende Einschränkungen der Sicherungsabrede gegenüber dem Gläubiger wird aber gewährleistet, dass dieser die Verwertung nur insoweit betreiben darf, als ein ggf. geschuldeter Kaufpreis gezahlt und das dem Veräußerer verbleibende Eigentum nicht berührt wird. 32

Liegt keine Finanzierungsvollmacht vor oder reicht sie für die beabsichtigen Zwecke nicht hin, kommt auch eine **Verpfändung** in Betracht. Sowohl der Eigentumsverschaffungsanspruch als auch die Anwartschaft sind als Rechte iSv. § 1273 BGB verpfändbar. Voraussetzung ist das Vorliegen der allgemeinen Voraussetzungen für die Bestellung eines Pfandrechts (zu den Einzelheiten: Ludwig, Die Verpfändung des Auflassungsanspruchs, DNotZ 1992, 339; Schöner/Stöber Rz. 1589 ff., 1555 ff.). 33

Der **Anspruch auf Eigentumsverschaffung** kann gem. § 398 BGB **formlos** abgetreten und mithin auch verpfändet werden; wird ein **Anwartschaftsrecht** verpfändet, ist **§ 925 BGB** zu beachten. Das schuldrechtliche Rechtsgeschäft (Verpfändungsvertrag) ist regelmäßig formfrei. Für alle Grundbucherklärungen ist aber die Form des § 29 GBO zu beachten, auch kann eine Beurkundung gewollt sein, um dem Pfandgläubiger sogleich einen vollstreckbaren Titel zu verschaffen (§ 794 Abs. 1 Nr. 5 ZPO). 34

Verpfändung und Abtretung des Anspruchs auf Eigentumsverschaffung vollziehen sich außerhalb des Grundbuchs. Sie können aber im **Grundbuch verlautbart werden, und zwar durch Vermerk bei der Auflassungsvormerkung**. Auch zur Verpfändung des Anwartschaftsrechts wird zT die Auffassung vertreten, dass ein Vermerk bei einer für den Käufer eingetragenen Auflassungsvormerkung zulässig sei (Schöner/Stöber Rz. 1556 und 1594; aA KEHE § 20 GBO Rz. 117). 35

Die Verpfändung des Anspruchs auf Eigentumsverschaffung bewirkt, dass mit der Eigentumsumschreibung auf den Käufer für den Pfandgläubiger nach § 1287 BGB eine **Sicherungshypothek** entsteht. Diese Sicherungshypothek erhält den Rang der Auflassungsvormerkung, jedoch Vorrang vor etwaigen vom Käufer für Dritte (oder für sich selbst) bestellten Grundpfandrechten (BGHZ 49, 197; LG Fulda Rpfleger 1988, 252 f. mit Anmerkung Böttcher, Rpfleger 1988, 253 und Kerbusch, Rpfleger 1988, 475), aber Rang nach einer im Kaufvertrag bestellten Restkaufpreishypothek (BayObLG 1992, 131), auch nach darin etwa bestellten Dienstbarkeiten. 36

37 Zur **Anzeigepflicht an den Veräußerer** folgender

38 ➲ **Praxistipp:** Eine Anzeige der Verpfändung an den Veräußerer ist bei der Verpfändung des Eigentumsverschaffungsanspruchs nach § 1280 BGB Wirksamkeitsvoraussetzung (hM). Für die Verpfändung des Anwartschaftsrechts wird die Notwendigkeit einer Anzeige überwiegend verneint (Hoche NJW 1955, 652; Vollkommer Rpfleger 1969, 409, 411); aber auch hier ist sie anzuraten.

39 Sowohl der Eigentumsverschaffungsanspruch als auch ein Anwartschaftsrecht auf Eigentumserwerb sind pfändbar. Die **Pfändung** des einen bewirkt aber nach OLG Hamm DNotZ 2008, 293 nicht zugleich die Pfändung des anderen(vertiefend: Hintzen Rpfleger 1989, 439).

M 46.5 Verpfändung eines Eigentumsverschaffungsanspruchs[1] (zur Sicherung eines laufenden Kreditkontos)

Vereinbarung[2]

§ 1 Kredit- und Sicherungsvereinbarung[3]

(1) Der

... (Name)

– im Folgenden auch Gläubiger –

hat gegen den

... (Name)

– im Folgenden auch Schuldner –

Forderungen aus ...

in Höhe von ... Euro nebst Zinsen in Höhe von ... vom Hundert jährlich ab dem ...

(2) Diese Forderungen sollen nunmehr abgesichert werden. Die Absicherung soll erfolgen auf einem noch nicht vermessenen Grundstück, das der Schuldner durch Kaufvertrag vom ... (Datum) – Urkunde ... (UR-Nummer) des Notars ... (Name) in ... (Ort) – erworben hat. Kaufobjekt ist eine Teilfläche des im Grundbuch von ... (Ort) Band/Blatt ... (Nummer) eingetragenen Grundstücks Flurstück Nr. ... (Nummer und weitere Beschreibung). Die Auflassung ist noch nicht erklärt; der Erwerbsanspruch des Schuldners ist aber durch eine Auflassungsvormerkung gesichert. Der Schuldner garantiert, dass ihm dieser Erwerbsanspruch lastenfrei zur freien Verfügung zusteht und dass er den zugrundeliegenden Kaufvertrag seinerseits bereits vollständig erfüllt, insbesondere den Kaufpreis vollständig entrichtet hat.

(3) Die Absicherung wird wie folgt vereinbart:

1. *Der Schuldner bestellt hiermit dem Gläubiger auf dem bezeichneten Grundstück eine Briefgrundschuld von ... Euro nebst einem Jahreszins von ... % und bewilligt und beantragt die Eintragung dieser Grundschuld in das Grundbuch. Eine Eintragung soll erfolgen, sobald das Grundstück katasterlich gebildet und in das Eigentum des Schuldners umgeschrieben ist. Die Eintragung soll dann an erster/folgender Rangstelle erfolgen, was hiermit schuldrechtlich vereinbart wird.*[4]
2. *Bis zur rangrichtigen Eintragung der Grundschuld verpflichtet sich der Schuldner, dem Gläubiger seinen Eigentumsverschaffungsanspruch*[5] *aus dem bezeichneten Kaufvertrag zu verpfänden.*

1 Rz. 33 ff. Der Regelungssachverhalt ergibt sich aus § 1.
2 Die Vereinbarung ist formlos zulässig, es sei denn, das schuldrechtliche Rechtsgeschäft bedarf einer besonderen Form (zB Verpfändung im Rahmen einer Grundschuldbestellung mit Unterwerfung unter die sofortige Zwangsvollstreckung).
3 Schuldrechtlicher Teil, hier vom Inhalt her nicht formbedürftig.
4 Zur Rangbestimmung s. Kap. 52 Rz. 5.
5 Verpfändung des umfassenderen, den Auflassungsanspruch beinhaltenden Anspruchs, Rz. 39.

3. Der Gläubiger verpflichtet sich, der Auflassung des Grundstücks auf den Schuldner zuzustimmen, die Löschung des Verpfändungsvermerks zu bewilligen und die Löschung der mit Eigentumsumschreibung entstehenden Sicherungshypothek zu bewilligen, sobald die vorbestellte Grundschuld rangrichtig eingetragen und ihm der Brief ausgehändigt ist.[6]

§ 2 Verpfändung und Grundbucherklärungen

(1) In Erfüllung der Verpflichtung nach § 1 Abs. 3 Nr. 2 verpfändet hiermit der Schuldner seinen Eigentumsverschaffungsanspruch aus dem in § 1 Abs. 2 bezeichneten Kaufvertrag an den Gläubiger.

(2) Der Schuldner bewilligt und beantragt, die Verpfändung bei der für ihn eingetragenen Auflassungsvormerkung zu vermerken[7]*. Der Gläubiger schließt sich diesem Antrag an.*

(3) Der Gläubiger bewilligt und der Schuldner beantragt bereits jetzt, den Vermerk über die Verpfändung und die bei Eigentumsumschreibung entstehende Sicherungshypothek für den Gläubiger zu löschen. Der Notar wird aber angewiesen, dem Grundbuchamt und dem Schuldner grundbuchförmliche Abschriften dieser Löschungsbewilligung erst zu erteilen, wenn die vorbestellte Grundschuld rangrichtig eingetragen und ihm der Brief zur Aushändigung an den Gläubiger übergeben worden ist.

§ 3 Anzeige an den Grundstückseigentümer[8]

(1) Der Gläubiger wird dem Grundstückseigentümer die Verpfändung nach § 1280 BGB anzeigen.

(2) Zur Anzeige der Verpfändung wird hiermit auch ... (Name des Bevollmächtigten) ermächtigt.

(Beglaubigungsvermerk[9]*)*

6 IdR wird letztlich eine Grundschuld als Sicherungsmittel angestrebt.
7 Rz. 35.
8 Rz. 37.
9 Grundbuchform des § 29 GBO eine Steuer wird durch die Verpfändung nicht ausgelöst.

Kosten: *Notargebühr:* 0,2-Gebühr gem. Nr. 25100 KV GNotKG, mindestens 20 Euro, höchstens 70 Euro. Geschäftswert gem. §§ 121, 53 Abs. 2 GNotKG. 0,5-Betreuungsgebühr gem. Nr. 22200 Nr. 3, Geschäftswert §§ 113 Abs. 1 53 Abs. 2 GNotKG.

Gerichtsgebühr: 0,5-Gebühr gem. Nr. 14130 KV GNotKG für die Eintragung der Verpfändung. Geschäftswert gem. § 53 Abs. 2 GNotKG. 1,0-Gebühr gem. Nr. 14121 GNotKG für die Eintragung der Sicherungshypothek nach § 1387 BGB, Geschäftswert gem. § 53 Abs. 1 GNotKG (Nennbetrag). Für die Löschung der Sicherungshypothek 0,5-Gebühr gem. Nr. 14140 KV GNotKG, Wert § 53 Abs. 1 GNotKG (Nennbetrag). 1,3-Gebühr gem. Nr. 14120 GNotKG für die Eintragung der Briefgrundschuld, Geschäftswert gem. § 53 Abs. 1 GNotKG (Nennbetrag).

2. Abtretung des Eigentumsverschaffungsanspruchs und deren Wirkungen

Gelegentlich entscheiden sich Erwerber, getrennte Wege zu gehen, bevor ein gemeinschaftlich geschlossener Kaufvertrag vollzogen ist, zB Eheleute, die vor ihrer Trennung einen Bauträgerkaufvertrag geschlossen haben. Auch mag ein Erwerber seinen Anspruch unmittelbar an einen Dritten (weiter) übertragen wollen, ohne dass der dingliche Zwischenvollzug erwünscht ist. Dazu ist es möglich, den Eigentumsverschaffungsanspruch (und ggf. weitere Ansprüche) aus dem Ersterwerbsvertrag (weiter) zu veräußern und abzutreten. 40

Da es sich beim Eigentumsverschaffungsanspruch (einschließlich Auflassungsanspruch) um einen rein schuldrechtlichen Anspruch handelt, erfolgt die Übertragung als dingliche Forderungsabtretung nach § 398 BGB (zB im Rahmen eines Kaufvertrages). Die Abtretung als solche bedarf zu ihrer Wirksamkeit **keiner Form**, ist aber, wenn sie Grundlage einer Grundbucheintragung sein soll, dem Grundbuchamt in der **Form des § 29 GBO** nachzuweisen (öffentliche Beglaubigung). Für das der Abtretung zugrunde liegende Rechtsgeschäft ist aber die dafür vorgeschriebene Form zu wahren (zB § 311b Abs. 1 Satz 1 BGB bei Abtretung im Rahmen eines Kaufvertrags). 41

42 ➲ **Wichtig: Zustimmung des Eigentümers:** Der Eigentümer (Erstverkäufer) braucht der Abtretung **nicht** zuzustimmen, es sei denn, die Zustimmungsbedürftigkeit oder der Ausschluss der Abtretung wurde vereinbart.

43 Die Abtretung allein kann im Grundbuch nur verlautbart werden, wenn für den Erstkäufer eine **Auflassungsvormerkung** eingetragen ist; diese kann im Wege der **Grundbuchberichtigung** auf den Abtretungsempfänger (Zweitkäufer) umgeschrieben werden. Diese Berichtigung ist von dem Zwischenerwerber als bisher Berechtigtem zu bewilligen.

44 Trotz der Abtretung bleibt es bei zwei Vorgängen, die selbständig wirksam und durchzuführen sind. Es kann aber eine **Kettenauflassung** ohne Zwischeneintragung des Erstkäufers als Eigentümer eingetragen werden (unten Rz. 48 ff.).

M 46.6 Abtretung eines Eigentumsverschaffungsanspruchs[1] (zur Vermögensauseinandersetzung)

(Urkundeneingang[2])

Die Beteiligten zu 1. und zu 2.[3] erklären zur notariellen Niederschrift:

Übertragungsvertrag

§ 1

(1) Wir haben durch Kaufvertrag vom ... (Datum) – Urkunde ... (UR-Nummer) des Notars ... (Name) in ... (Ort) – im Folgenden „Kaufvertrag" – von ... (Name des Erstverkäufers) das im Grundbuch von ... (Ort) Band/Blatt ... (Nummer) eingetragene Grundstück Flurstück Nr. ... (Nummer und weitere Beschreibung) – im Folgenden „Grundstück" – erworben, und zwar zu je ½ Miteigentumsanteil.

Für die Verpflichtungen aus dem Kaufvertrag haften wir gesamtschuldnerisch. Die Auflassung ist noch nicht erklärt; der Erwerbsanspruch ist aber durch eine Auflassungsvormerkung gesichert.

Der Kaufpreis ist noch nicht/zu ... vom Hundert bezahlt.

(2) Der Beteiligte zu 1. überträgt nunmehr im Zuge der Vermögensauseinandersetzung nach der Scheidung seine Ansprüche aus dem Kaufvertrag, insbesondere den Anspruch auf Eigentumsverschaffung, an die Beteiligte zu 2. Mitübertragen und abgetreten werden hiermit alle Ansprüche aus dem Kaufvertrag und weiteren den Kaufgegenstand betreffende Vereinbarungen gegen den Verkäufer und Dritte auf Herstellung, Gewährleistung und wegen Pflichtverletzungen. Die Beteiligten werden dies den Schuldnern selbst anzeigen.

(3) Die Beteiligte zu 2. wird den Beteiligten zu 1. im Gegenzuge von allen Verpflichtungen aus dem Kaufvertrag freistellen, insbesondere von der Verpflichtung zur Kaufpreiszahlung. Dem Beteiligten ist zu 1. ist bekannt, dass er dem Gläubiger weiter haftet, bis er aus der Haftung entlassen wird; die Übertragung soll trotz Belehrung unabhängig von einer solchen Haftentlassung erfolgen und vollzogen werden.

§ 2 Dingliche und grundbuchliche Erklärungen

1. Abtretung des Eigentumsverschaffungsanspruchs[4]

Der Beteiligte zu 1. tritt hiermit an die Beteiligte zu 2. einen Anspruch aus dem in § 1 bezeichneten Kaufvertrag gegen den Eigentümer auf Eigentumsverschaffung ab; die Beteiligte zu 2. nimmt die Abtretung an. In gleicher Weise werden auch alle übrigen Ansprüche des Beteiligten zu 1. aus dem

---

1 S. Rz. 33 ff.

2 Form nach § 311b Abs. 1 Satz 1 BGB, wenn innerhalb eines Kaufvertrags. Bei separater Abtretung und Berichtigungsantrag: Grundbuchform nach § 29 GBO.

3 Hier keine gleichzeitige Anwesenheit nach § 925 BGB erforderlich.

4 Rz. 34 ff.

in § 1 bezeichneten Kaufvertrag an die Beteiligte zu 2. abgetreten, insbesondere alle Ansprüche auf Erfüllung und Gewährleistung. Die Abtretung werden die Beteiligten dem Schuldner selbst anzeigen.

2. Umschreibung der Auflassungsvormerkung[5]

Der Beteiligte zu 1. bewilligt und die Beteiligte zu 2. beantragt, die zugunsten beider Beteiligten eingetragene Auflassungsvormerkung dahingehend zu berichtigen, dass nunmehr die Beteiligte zu 2. die alleinige Erwerbsberechtigte ist.

3. Bedingte Löschungsbewilligung[6] *zur Auflassungsvormerkung*

Die Beteiligte zu 2. bewilligt bereits jetzt die Löschung der Vormerkung unter der Bedingung, dass vorher oder gleichzeitig die Eigentumsumschreibung erfolgt und diese in der Grundbuchposition erfolgt, die durch die Vormerkung gesichert ist. Unbeachtlich sind auch im Rang nach der Vormerkung eingetragene Belastungen, bei deren Bestellung die Beteiligte zu 2. mitgewirkt hat.

Der Löschungsantrag wird später gestellt[7].

– Schluss wie üblich –

(Schlussformel[8]*)*

5 Rz. 35.

6 Zulässige Rechtsbedingung, da vom Grundbuchamt ohne Weiteres nachprüfbar. Die Erteilung der Löschungsbewilligung in der Urkunde erspart eine spätere separate (und wegen der Beglaubigungsform kostenpflichtige) Erklärung.

7 Der Antrag sollte zur Vermeidung seiner Zurückweisung durch das Grundbuchamt erst gestellt werden, wenn die Auflassung beim Grundbuchamt eingereicht wird. Der Antrag (§ 30 GBO) kann privatschriftlich gestellt werden.

8 Steuer wie bei jedem Kaufvertrag, s. Rz. 31 f.

Kosten: *Notargebühr:* 2,0-Gebühr gem. Nr. 21100 KV GNotKG, mindestens 60 Euro. Geschäftswert gem. §§ 97 Abs. 1, 46 GNotKG (Wert des Grundstücks).

Gerichtsgebühr: Für die Eintragung der Veränderung bei der Auflassungsvormerkung entsteht keine Gebühr.

3. Abtretung des Anwartschaftsrechts und deren Wirkungen

Ist der schuldrechtliche Anspruch auf Verschaffung des Eigentums schon zur Anwartschaft erstarkt, kann auch die dingliche Anwartschaft übertragen werden. Die Übertragung des Anwartschaftsrechts erfolgt **entsprechend § 925 BGB**; für das Verpflichtungsgeschäft ist die jeweils maßgebende Form zu beachten. 45

Zur Abtretung des Anwartschaftsrechts bedarf es **keiner Zustimmung des Eigentümers** (Erstverkäufers; BayObLG NJW-RR 1988, 330), wenn die Zustimmung oder der Abtretungsausschluss nicht vereinbart sind. Der Erwerber (Zweitkäufer) tritt in vollem Umfang in die Rechtsstellung des Erstkäufers ein; er kann die unmittelbare Eigentumsumschreibung auf sich ohne Zwischeneintragung des Erstkäufers verlangen (BGH NJW 1968, 493, 495). 46

➲ **Praxistipp:** Die Abtretung des Anwartschaftsrechts kann auch nicht bei einer für den Erstkäufer eingetragenen Auflassungsvormerkung vermerkt werden (überwiegende Meinung: KEHE Einl. N. 35; Vollkommer Rpfleger 1969, 409, 411 mwN.; aA LG München II Rpfleger 1969, 425); dies hat die eigenwillige Konsequenz, dass der Erwerber des stärkeren Rechts (Anwartschaft) weniger gegen beeinträchtigende Verfügungen geschützt werden kann als der Erwerber des schuldrechtlichen Eigentumsverschaffungsanspruchs (wenn dieser durch Vormerkung gesichert, s. Rz. 43). Durch gleichzeitige Abtretung auch des schuldrechtlichen Anspruchs (was zulässig ist, BGH NJW 1994, 2947) könnte die Umschreibung einer Vormerkung allerdings bewirkt werden. 47

M 46.7 Abtretung eines Anwartschaftsrechts aus einem Kaufvertrag mit Auflassung (innerhalb eines Kaufvertrags)

(Urkundeneingang)

Die Beteiligten[1] erklären zur notariellen Niederschrift:

Kaufvertrag

§ 1

(1) Der Verkäufer hat durch Kaufvertrag vom ... (Datum) – Urkunde ... (UR-Nummer) des Notars ... (Name) in ... (Ort) das im Grundbuch von ... (Ort) Band/Blatt ... (Nummer) eingetragene Grundstück Flurstück Nr. ... (Nummer und weitere Beschreibung) erworben. Die Auflassung ist erklärt, aber noch nicht vollzogen; sie wird aufgrund einer Sicherungsvereinbarung bis zur Kaufpreiszahlung an den Eigentümer zurückgehalten. Der Erwerbsanspruch des Verkäufers ist aber durch eine Auflassungsvormerkung gesichert[2].

(2) Der Verkäufer veräußert nunmehr dieses Grundstück an den Käufer.

(Weitere übliche Vertragsbestimmungen zu Kaufpreis, Besitzübergang, Mängelhaftung, Absicherung; s. die Muster in Kap. 43)

(3) Dem Käufer ist bekannt, dass die folgende Abtretung des Anwartschaftsrechts nicht dem grundbuchlichen Erwerb des Eigentums selbst gleichkommt. Er wird daher den vorvereinbarten Kaufpreis bis zum ... auf ein Anderkonto des amtierenden Notars hinterlegen. Der Notar wird angewiesen, die Auszahlung des hinterlegten Kaufpreises nur zu veranlassen, wenn zu Lasten des vorgenannten Grundstücks eine eigene Auflassungsvormerkung für den Käufer eingetragen ist,[3] deren Eintragung hiermit allseits bewilligt und beantragt wird, und zwar mit Rang nur nach vom Käufer selbst bestellten oder übernommenen Belastungen, oder die Eigentumsumschreibung auf den Käufer vertragsgemäß erfolgt ist.

Dingliche Erklärungen

1. Abtretung des Anwartschaftsrechts[4] und des Eigentumsverschaffungsanspruchs[5]

Die Beteiligten sind sich darüber einig, dass das Anwartschaftsrecht des Verkäufers aus dem in § 1 bezeichneten Kaufvertrag auf den Käufer übergeht. Der Verkäufer tritt dieses Recht erfüllungshalber[6] und gleichzeitig den ihm gegen den Erstverkäufer zustehenden Eigentumsverschaffungsanspruch an den Käufer ab; dieser nimmt die Abtretung an.

2. Umschreibung der Auflassungsvormerkung[7]

Der Verkäufer bewilligt und der Käufer beantragt, die zugunsten des Verkäufers eingetragene Auflassungsvormerkung dahingehend umzuschreiben, dass nunmehr der Käufer der Erwerbsberechtigte ist.

---

1 Wegen Auflassungsform gleichzeitige Anwesenheit der Beteiligten (aber Vertretung zulässig), Rz. 6.

2 Damit dingliches Anwartschaftsrecht, Rz. 24.

3 Nicht ausreichen kann die „Sicherstellung" der Auflassungsvormerkung; zur Haftung des Notars vgl. BGH MDR 2009, 84.

4 Ist im Vertrag statt der Abtretung die Auflassung erklärt, kann dies als Abtretung der Anwartschaft ausgelegt werden.

5 Die Mitabtretung des Eigentumsverschaffungsanspruchs trotz bereits erklärter Auflassung im Erstvertrag ist zulässig und Voraussetzung dafür, dass die für den Erstkäufer eingetragene Auflassungsvormerkung auf den Zweitkäufer als neuen Vormerkungsberechtigten umgeschrieben werden kann (nicht möglich, wenn lediglich das Anwartschaftsrecht abgetreten wird), weil es sich bei dem Eigentumsverschaffungsanspruch gem. § 433 Abs. 1 Satz 1 BGB um den schuldrechtlichen Anspruch handelt, dessen Sicherung die (akzessorische) Vormerkung dient.

6 Bis zur tatsächlichen Vertragserfüllung durch Eigentumsverschaffung soll der Verkäufer dem Käufer verpflichtet bleiben; bei Abtretung an Erfüllungsstatt müsste der Käufer nach § 404 BGB auch alle Einwendungen des Erstverkäufers aus dessen Kaufvertrag gegen sich gelten lassen.

7 Nur möglich, weil auch der schuldrechtliche Eigentumsverschaffungsanspruch abgetreten ist.

3. Bedingte Löschungsbewilligung[8] zur Auflassungsvormerkung

Der Käufer bewilligt bereits jetzt die Löschung der Vormerkung unter der Bedingung, dass vorher oder gleichzeitig die Eigentumsumschreibung erfolgt und diese in der Grundbuchposition erfolgt, die durch die Vormerkung gesichert ist. Unbeachtlich sind auch im Rang nach der Vormerkung eingetragene Belastungen, bei deren Bestellung der Käufer mitgewirkt hat.

Der Löschungsantrag wird später gestellt[9].

4. Auflassung[10]

Die Vertragsbeteiligten sind sich über den Eigentumsübergang nach § 1 einig; der Verkäufer bewilligt die Eigentumsumschreibung auf den Käufer. Der Käufer beantragt, nach Eingang der Auflassung aus dem in § 1 bezeichneten Vertrag das Eigentum an dem Grundstück auf sich umzuschreiben.

5. Antragsrücknahme

Der Verkäufer nimmt für den Fall, dass die Eigentumsumschreibung auf den Käufer erfolgen kann, seinen im ersten Kaufvertrag gestellten Antrag auf Eigentumsumschreibung auf sich hiermit zurück[11].

– Schluss wie üblich –

(Schlussformel[12])

---

8 Zulässige Rechtsbedingung, da vom Grundbuchamt ohne weiteres nachprüfbar. Die Erteilung der Löschungsbewilligung in der Urkunde erspart eine spätere separate (und wegen der Beglaubigungsform kostenpflichtige) Erklärung.

9 Der Antrag sollte zur Vermeidung seiner Zurückweisung durch das Grundbuchamt erst gestellt werden, wenn die Auflassung beim Grundbuchamt eingereicht wird. Der Antrag (§ 30 GBO) kann privatschriftlich gestellt werden.

10 Sog. Kettenauflassung, Rz. 48 ff. Hat der Erstkäufer aber einen Antrag auf Eigentumsumschreibung auf sich gestellt, muss dieser zurückgenommen werden (Schöner/Stöber Rz. 3318). Auch mehrfache Weiterveräußerung möglich; dann ggf. Zurücknahme aller Vollzugsanträge der Zwischenerwerber.

11 Zur Antragsrücknahme s. Rz. 25.

12 Steuer wie bei jedem Kaufvertrag, s. Rz. 31.

Kosten: *Notargebühr:* Für den Vertrag insgesamt 2,0-Gebühr gem. Nr. 21100 KV GNotKG, mindestens 60 Euro, Geschäftswert gem. §§ 97 Abs. 1, 47 GNotKG (Kaufpreis). Für jede Auszahlung des verwahrten Kaufpreises eine 1,0-Gebühr gem. Nr. 25300 KV GNotKG, soweit der verwahrte Betrag 13 Mio. Euro übersteigt 0,1 % des Auszahlungsbetrags. Geschäftswert gem. § 124 S. 1 GNotKG der jeweilige Auszahlungsbetrag.

Gerichtsgebühr: Für die Umschreibung der Auflassungsvormerkung entsteht keine Gebühr. Gebühr iHv 25 Euro gem. Nr. 14152 KV GNotKG für die Löschung der Auflassungsvormerkung. Für die Eintragung des neuen Eigentümers 1,0-Gebühr gem. Nr. 14110, Geschäftswert gem. § 47 GNotKG.

4. Kettenumschreibung und Kettenverkauf

Eine **Veräußerungskette** – A-B-C – entsteht dadurch, dass zunächst A an B veräußert und B sodann an C weiterveräußert. Sieht keine der Veräußerungsverträge weitere Eintragungen oder Sicherungsrechte, z.B. Vormerkungen oder Finanzierungen vor, ist es hier ohne Weiteres möglich, die Eigentumsumschreibung von A unmittelbar auf C zu vollziehen. Dies ist typischerweise der Fall, wenn Eltern Grundbesitz an ein Kind übertragen und dieses sogleich einen Anteil hieran seinem Ehegatten zuwendet. Hier spart eine unmittelbare **Ketten- oder Sprungumschreibung** Gerichtsgebühren. In der ersten Auflassung liegt zugleich eine Ermächtigung dahin, den Eigentumsübergang unmittelbar auf den Enderwerber herbeizuführen (Palandt/Bassenge § 925 BGB Rz. 22; Schöner/Stöber Rz. 3317). 48

Anders liegt der Fall, wenn in der Veräußerungskette mehrere Kaufverträge aufeinander folgen. Eine solche Veräußerungskette wird **regelmäßig sukzessive** abgewickelt: Zunächst wird der erste Kaufpreis gezahlt, sodann wird das Eigentum auf den Zwischenerwerber B umgeschrieben und sodann eine eigene Auflassungsvormerkung für den Enderwerber C eingetragen. Hiernach wird dieser Kaufvertrag abgewickelt. 49

50 Eine solche sukzessive Abwicklung liegt nicht immer im wirtschaftlichen Interesse der Beteiligten. Der Zwischenerwerber B muss eine **Zwischenfinanzierung** bereitstellen, die er eigentlich aus dem bereits erreichten Verkauf an den Enderwerber ziehen könnte. Daher wird an den Notar gelegentlich der Wunsch herangetragen, die Kette der Kaufverträge **integriert abzuwickeln**. So könne doch der Anspruch aus dem ersten Kaufvertrag A an B im Rahmen des zweiten Kaufvertrags von B an C abgetreten oder sogleich eine Vormerkung für den Enderwerber C eingetragen werden. Solchen Überlegungen ist mit Vorsicht zu begegnen (Monath RNotZ 2004, 359; Haftungsfall: BGH MDR 2009, 235; skeptisch auch Schöner/Stöber Rz. 3147).

51 Da derjenige, der die Eintragung der **Vormerkung** bewilligt, zugleich der Verpflichtete aus dem gesicherten Anspruch sein muss, (**Identitätsgebot**, BGHZ 12, 115; 134, 182; Schöner/Stöber Rz. 1493 mwN) kann der Erstverkäufer A keine Vormerkung zugunsten des C bewilligen. Denn dem Enderwerber C ist nur der Zwischenhändler B verpflichtet.

52 Eine **Abtretung** des vorgemerkten Anspruchs oder der Anwartschaft gegen den ersten Verkäufer A an den Enderwerber C ist dem Zwischenhändler B zwar möglich (s. oben Rz. 40). C kann diesen Anspruch aber nur vorbehaltlich aller Einreden erwerben, die im Verhältnis zwischen A und B begründet sind. Folglich müsste er das **Risiko** übernehmen, dass in diesem Verhältnis der Kaufvertragsvollzug aus anderen Gründen als der Nichtzahlung scheitert; zB wegen einer Insolvenz des B. Daher kann der abgetretene Anspruch nicht denselben Erwerbschutz vermitteln wie der ursprünglich eigene Verschaffungsanspruch.

53 Denkbar ist es allenfalls, dass der erste Verkäufer (A) einer **vorzeitigen Eigentumsumschreibung** zustimmt. Im Gegenzug würde B seinen Kaufpreiszahlungsanspruch gegen den Enderwerber C an A abtreten. Dies wäre mit einer Hinterlegung des gesamten Kaufpreises durch C zu verbinden. Alternativ könnte ein vorrangiges Grundpfandrecht für A eingetragen werden. Solche Gestaltungen bürden dem Erstverkäufer aber in gewissem Umfang das Risiko auf, dass die Zahlung des Kaufpreises aus Gründen scheitert, die im Verhältnis zwischen B und zu C liegen. Zudem zwingen sie praktisch dazu, die Weiterveräußerung offenzulegen.

III. Verzicht auf das Eigentum (Dereliktion)

54 § 928 BGB erlaubt einem Grundstückseigentümer, durch eine gegenüber dem Grundbuchamt abzugebende Erklärung auf sein Eigentum zu verzichten (sog. **Dereliktion**). An dem herrenlos werdenden Grundstück besteht ein **Aneignungsrecht des Landesfiskus** (§ 928 Abs. 2 BGB), das durch Eintragung des Fiskus als Eigentümer im Grundbuch verwirklicht wird.

55 **Bei Verzicht des Fiskus** besteht ein **Aneignungsrecht für jedermann**, ohne dass es auf Eigenbesitz ankommt oder ein Aufgebotsverfahren notwendig wäre (BGH Rpfleger 1989, 497). Wessen Aneignungserklärung und Eintragungsantrag zuerst beim Grundbuchamt eingereicht wird, ist als Eigentümer einzutragen (BGH Rpfleger 1989, 497).

56 Der Verzicht ist auch zulässig für einen realen Grundstücksteil, der abzutrennen wäre, nicht aber für Miteigentumsanteile (BGH DNotZ 2007, 840 mit Anm. Kesseler; BGH MDR 1991, 964) und Wohnungseigentum (BGH DNotZ 2007, 845), auch nicht für Erbbaurechte (ausdrücklich § 11 Abs. 1 Satz 1 ErbbauRG).

57 Die **Verzichtswirkung** (Herrenlosigkeit) tritt mit der Eintragung des Verzichts im Grundbuch ein (in der Spalte 4 „Grundlage der Eintragung“ der (Eigentümer-)Abteilung I).

58 Die Verzichtserklärung bedarf der **Form des § 29 GBO** (öffentliche Beglaubigung).

59 Der **Verzicht auf das Eigentum** nach § 928 Abs. 1 BGB löst keine Grunderwerbsteuer aus (kein Erwerb), ebenso nicht die Aneignung eines herrenlosen Grundstücks (Boruttau/Egly/Sigloch § 1 GrEStG Rz. 4). Tritt der Fiskus sein Aneignungsrecht nach § 928 Abs. 2 BGB gegen Gegenleistung ab, fällt ebenfalls keine Grunderwerbsteuer an. Begründung: Das Grundstück müsse, damit ein steuerpflichtiger Vorgang vorliege, bisher einem anderen gehört haben, was bei herrenlosen Grundstücken nicht der Fall ist. Entsprechend muss auch die Aneignung durch einen Dritten nach Verzicht des Landesfiskus auf sein Aneignungsrecht steuerfrei sein.

Hat der Eigentümer eines Grundstücks gem. § 928 Abs. 1 BGB das Eigentum dadurch aufgegeben, dass er dem Grundbuchamt gegenüber den Verzicht erklärt hat und der Verzicht im Grundbuch eingetragen wurde, so steht das Recht zur Aneignung des aufgegebenen Grundstücks gem. § 928 Abs. 2 BGB dem Fiskus des Bundesstaats zu, in dessen Gebiet das Grundstück liegt. 60

Der Fiskus erwirbt das Eigentum dadurch, dass er sich als Eigentümer in das Grundbuch eintragen lässt. Verzichtet der Fiskus auf sein Aneignungsrecht, bleibt das Grundstück „herrenlos". Wie bei der **Einheitsbewertung** und der **Grundsteuermessbetragsveranlagung** mit solchen herrenlosen Grundstücken zu verfahren ist, hat die OFD Chemnitz mit Vfg. v. 11.12.2006 klargestellt: 61

Mit Eigentumsverzicht ist das Grundstück dem bisherigen Eigentümer nicht mehr zuzurechnen. Das hat zur Folge, dass er nicht mehr Schuldner der Grundsteuer gem. § 10 Abs. 1 GrStG ist. Die Zurechnungsfortschreibung und die Neuveranlagung des Grundsteuermessbetrages sind vorzunehmen auf: „Ohne Eigentümer (Eigentumsverzicht nach § 928 BGB)", wobei die Grundstücksart, die Höhe des Einheitswertes und des Grundsteuermessbetrages unverändert bleiben. 62

M 46.8 Verzicht auf das Eigentum an einem Grundstück[1]

An das

Grundbuchamt

... (Ort)

Im Grundbuch von ... (Ort) Band/Blatt ... (Nummer) bin ich als Alleineigentümer des dort eingetragenen Grundstücks[2] Flurstück Nummer ... (Nummer und weitere Beschreibung) eingetragen. Hiermit verzichte ich auf mein Eigentum an diesem Grundstück und bewillige und beantrage, den Verzicht im Grundbuch einzutragen.

(Beglaubigungsvermerk[3])

1 Rz. 54 ff.
2 Zulässig auch für einen realen Grundstücksteil, s. Rz. 56.
3 Form nach § 29 GBO.

Kosten: *Notargebühr:* 0,2-Gebühr gem. Nr. 25100 KV GNotKG, mindestens 20 Euro, höchstens 70 Euro. Geschäftswert gem. §§ 121, 46 GNotKG (Wert des Grundstücks).

Gerichtsgebühr: Die Eintragung des Verzichts in das Grundbuch ist gebührenfrei.

IV. Rechtsübergang ohne Eintragung

In einer ganzen Reihe von Fällen vollzieht sich der **Eigentumswechsel ohne Auflassung außerhalb des Grundbuchs**. Ein solcher – abweichend vom Eintragungsgrundsatz (§ 873 BGB) eingetretener – Rechtsübergang kann ausgelöst sein durch ein äußeres Ereignis, durch Rechtsgeschäft oder hoheitlichen Akt (s. im Einzelnen Rz. 64 ff.). Auch andere Grundstücksrechte können in dieser Weise außerhalb des Grundbuchs übergehen, erlöschen oder sonst verändert werden. 63

Damit wird der Inhalt des Grundbuchs unrichtig und ist zu **berichtigen.** Kann in diesen Fällen die Unrichtigkeit nachgewiesen werden, bedarf nach § 22 Abs. 1 GBO die Berichtigung des Grundbuchs keiner Bewilligung nach § 19 GBO (oder einer Berichtigungszustimmung nach § 894 BGB), in den Fällen des Eigentumswechsels auch keiner Auflassung und keiner Zustimmung nach § 22 Abs. 2 GBO. Betrifft die Unrichtigkeit den Eigentümer, so soll das Grundbuchamt auf die Berichtigung hinwirken (Berichtigungszwang nach § 82 GBO).

1. Einzelne Berichtigungsfälle (ohne Gesellschaftsrecht)

64 Eine ohne Grundbucheintrag **dinglich wirkende Veränderung beim Rechtsinhaber** kann eintreten durch

65 – **äußeres Ereignis** (zB Tod des Rechtsinhabers, Zeitablauf, Heirat), das zur Erbfolge (§§ 1922 ff. BGB), **M 46.9** oder Nacherbfolge (§§ 2100 ff. BGB), zur Anwachsung in einer (fortgesetzten) Gütergemeinschaft oder zur Beendigung eines befristeten oder bedingten Rechts führt;

66 – **privatrechtliches Rechtsgeschäft**, zB Erbteilsübertragung (§ 2033 BGB), Ein- und Austritt bei BGB-Gesellschaft (§§ 736, 738 BGB, **M 46.13**), ferner ehevertragliche Vereinbarung der Gütergemeinschaft (§ 1416 Abs. 1 und 2 BGB); Verzicht eines Abkömmlings auf seinen Anteil an fortgesetzter Gütergemeinschaft (§ 1491 BGB); und Umwandlungsvorgänge nach **UmwG**;

67 – **hoheitlichen Akt**, zB Zuschlag im Zwangsversteigerungsverfahren (§ 90 ZVG; anders dagegen bei freiwilliger Versteigerung: dort ist Auflassung erforderlich (Schöner/Stöber Rz. 3125); Zuteilung in Flurbereinigung oder Umlegung, ferner Enteignung, Übertragung zwischen öffentlich-rechtlichen Körperschaften;

68 – **gesetzliche Überleitungsbestimmungen**, durch die Vermögen neuen Rechtsträgern zugeordnet wird (zB Art. 21, 22, 25 Einigungsvertrag, TreuhandG, KommunalvermögensG, VermögenszuordnungsG oder durch landesrechtliche Neugliederung von Kreditinstituten der öffentlichen Hand.

Wegen weiterer Fälle und Abgrenzungsproblemen s. die Übersicht in Eickmann/Kuntze/Ertl/Herrmann § 22 GBO Rz. 44 ff.

2. Nachweis der Unrichtigkeit und Grundbuchverfahren

69 Der **Nachweis der Unrichtigkeit** ist in der **Form des § 29 GBO** (öffentliche oder öffentlich beglaubigte Urkunde) zu führen. Aus der Urkunde oder der sonstigen Erklärung muss das Grundbuchamt die Tatsachen entnehmen können, die zum Rechtswechsel außerhalb des Grundbuchs geführt haben. Es genügt eine Erbscheinsausfertigung (oder Abschrift von öffentlichem Testament nebst Eröffnungsprotokoll, § 35 GBO), der Zuschlagsbeschluss, der Enteignungsbeschluss, das Ersuchen einer Behörde (§ 9 lit. d GBV). Bei Eintritt der Rechtsänderung durch Rechtsgeschäft ist dieses nachzuweisen, bei notariell beurkundeten Geschäften durch Vorlage mindestens einer beglaubigten Abschrift (Ehevertrag, Erbteilsübertragungsvertrag, Vertrag über Ausscheiden aus einer fortgesetzten Gütergemeinschaft), sonst in der Form des § 29 GBO (zB Abtretungserklärung, löschungsfähige Quittung, Gesellschafterbestätigung, Registerbescheinigung). Zu allen grunderwerbsteuerbaren Vorgängen ist zudem eine finanzamtliche Unbedenklichkeitsbescheinigung erforderlich (vgl. Schöner/Stöber Rz. 148 ff.).

70 Auch die Grundbuchberichtigung unterliegt dem **Antragsgrundsatz** (s. Kap. 50 Rz. 40 ff.), sofern nicht die Voraussetzungen für eine Berichtigung von Amts wegen vorliegen, nämlich

- Löschung gegenstandsloser Eintragungen (§§ 84 ff. GBO),
- Klarstellung von Rangverhältnissen (§§ 90 ff. GBO).

71 Bei einer die Eigentümereintragung betreffenden Unrichtigkeit iSv. § 894 BGB soll das Grundbuchamt nach §§ 82 ff. GBO einen **Grundbuchberichtigungszwang** ausüben, dh den (neuen) Eigentümer (oder den befugten Testamentsvollstrecker) ggf. durch Zwangsgeldfestsetzung zur Vorlage der notwendigen Unterlagen und Stellung eines Berichtigungsantrags zwingen. Häufigster Fall: Eigentumswechsel durch Erbfolge.

72 ➲ **Praxistipp:** Wird der Berichtigungsantrag aufgrund Erbfolge innerhalb von zwei Jahren seit dem Erbfall beim Grundbuchamt eingereicht, ist die Berichtigung gebührenfrei (KV GNotKG Nr. 14110).

73 Einstweilen frei.

74 Die Antragsberechtigten ergeben sich aus § 13 Abs. 2 GBO (jeder gewinnende oder verlierende Betroffene) und § 14 GBO (Inhaber eines vollstreckbaren Titels, **M 46.11**); s. auch Kap. 50 Rz. 40.

Bis zur Berichtigung kann der Anspruch auch durch einen **Widerspruch im Grundbuch gesichert** werden, der nach § 899 BGB aufgrund einer Bewilligung des Betroffenen oder einer einstweiligen Verfügung eingetragen werden kann. Für eine Darlehensbuchhypothek ist durch § 1139 BGB die Eintragung eines Widerspruchs erleichtert: Es genügt der innerhalb eines Monats nach Eintragung der Hypothek gestellte Antrag des Eigentümers mit der Behauptung, das Darlehen sei nicht gezahlt worden; s. **M 57.4**. 75

3. Namens- und Bezeichnungsänderungen

Zu unterscheiden von den Fällen des Rechtsinhaberwechsels sind bloße Änderungen hinsichtlich Name oder Bezeichnung des Rechtsinhabers, wobei an den Unrichtigkeitsnachweis die gleichen Anforderungen gestellt werden. Beispiele: Namensänderung durch Heirat (Nachweis: Heiratsurkunde); Firmenänderung und Sitzverlegung (Nachweis: Bezugnahme auf das elektronische Register, § 32 Abs. 2 GBO), s. **M 46.14**; Änderung der Rechtsform unter Wahrung der Identität (Nachweis: Registerauszug), zB nach §§ 190 ff. UmwG; hier ist auch keine grunderwerbsteuerliche Unbedenklichkeitsbescheinigung erforderlich. 76

In diesen Fällen erfolgt keine Berichtigung iSv. § 22 GBO, sondern eine **Richtigstellung des Grundbuchinhalts**. Die identitätswahrende Rechtsformänderung einer Personengesellschaft, zB zwischen GbR und OHG bedarf jedenfalls dann einer bestätigenden Erklärung aller (auch ausscheidender) Gesellschafter in der Form des § 29 GBO, wenn sich die Änderung allein aus dem Registerinhalt und ggf. anderen öffentlichen Urkunden (notarieller Vertrag) nicht nachweisen lässt (Schöner/Stöber Rz. 985). 77

4. Berichtigungsfälle aus dem Gesellschaftsrecht

a) Gesellschafterwechsel, Anwachsung

Wechselt lediglich der Gesellschafter einer Gesellschaft, die als Rechtsinhaber unter ihrer Firma eingetragen ist (§§ 124, 161 Abs. 2 HGB), so lässt dies das Grundbuch unberührt. Scheiden aber aus einer Personengesellschaft – OHG, KG oder GbR – alle Gesellschafter bis auf einen aus, so endet die Gesellschaft und das Vermögen wächst dem verbleibenden Gesellschafter an (vgl. RGZ 68, 410; BGHZ 71, 296). Der verbleibende Gesellschafter muss dann als Alleineigentümer unter seinem Namen eingetragen werden (Schöner/Stöber Rz. 984). Zum Nachweis genügt beim fortbestehenden Handelsgeschäft das Zeugnis des Registergerichts. Erlischt aber die Firma, ist die Berichtigungsbewilligung aller Gesellschafter, auch der ausgeschiedenen erforderlich (Schöner/Stöber Rz. 984); sie kann mit der entsprechenden Handelsregisteranmeldung verbunden werden (**M 46.14**). Zudem ist die grunderwerbsteuerliche Unbedenklichkeitsbescheinigung vorzulegen. 78

b) Insbesondere die BGB-Gesellschaft

Literatur: *Armbrüster*, Die Entwicklung der GbR seit „ARGE Weißes Ross, ZGR 2013, 366; *Hartmann*, Grundstückseinbringung in GbR ohne Kapitalbeteiligung des Mitgesellschafters, ErbStB 2013, 273; *Hartmann*, Grundbucheintragung neuer GbR-Gesellschafter, ErbStB 2013, 275; *Preuß*, FS Fessler, 2012, 273; *Lautner*, Alles wieder beim Alten? – Die gesetzliche Neuregelung zur Teilnahme der Gesellschaft bürgerlichen Rechts am Grundstücksverkehr, DNotZ 2009, 650; *Rebhan*, Grundstückstransaktionen unter Beteiligung von Gesellschaften bürgerlichen Rechts, NotBZ 2009, 445.

Seit der Entscheidung des BGH MDR 2001, 459 (ARGE Weißes Ross) steht die Grundbuchpraxis vor dem Dilemma, dass zwar die BGB-Gesellschaft als solche **grundbuchfähig** ist, jedoch **kein Register** besteht, aus dem sich ihre Gesellschafter und ihre Vertretungsverhältnisse entnehmen lassen. Aus § 899a BGB ergibt sich hierzu folgender Stand: 79

(1) Die BGB-Gesellschaft ist als solche im Grundbuch **einzutragen**, und zwar sofern vorhanden mit ihrer Bezeichnung. **Daneben** sind jedenfalls auch ihre Gesellschafter einzutragen (§ 47 Abs. 2 GBO).

(2) Nach Maßgabe des § 899a BGB wird der **gute Glaube** des Grundbuchs darauf erstreckt, dass die eingetragenen Gesellschafter die einzigen Gesellschafter der BGB-Gesellschaft sind.

(3) Der **Gesellschafterwechsel** vollzieht sich außerhalb des Grundbuchs, ist aber zur Vermeidung eines falschen Rechtsscheins in das Grundbuch berichtigend einzutragen. Dazu ist die Bewilligung aller beteiligten Gesellschafter und ggf. die grunderwerbsteuerliche Unbedenklichkeitsbescheinigung erforderlich (vgl. Lautner DNotZ 2009, 650, 665; Gutachten DNotJ-Report 2010, 145). Nicht notwendig sind aber alle Zwischenveränderungen nachzuvollziehen (OLG München MittBayNot 2006, 496 mit Anm. Lautner).

(4) Auch der Gesellschafterwechsel im **Erbfall** ist berichtigend einzutragen, möglichst unter Bewilligung aller Gesellschafter und der Erben des verstorbenen Gesellschafters, hier kann aber auch die Vorlage der gesellschaftsvertraglichen Nachfolgeklausel erforderlich und hinreichend sein (OLG München RNotZ 2011, 48; BayObLG 1998, 592; OLG Zweibrücken Rpfleger 1995, 453; BayObLG Rpfleger 1992, 19; s. auch LG Mainz NZG 2008, 228.

(5) Eine **Quotenverschiebung** unter den eingetragenen Gesellschaftern ist ebenso wenig wie die bisherige Quote eintragungspflichtig oder -fähig (OLG München NJW-RR 2005, 1609). Auch andere Verfügungen, zB die Bestellung eines Nießbrauchs an einem Anteil sind nicht eintragungsfähig. (OLG München RNotZ 2011, 176).

80 Wie sich ein **Gesellschafterwechsel während eines Grundstücksgeschäfts** auswirkt, ist im Lichte der neueren Rechtsentwicklung zu ermitteln. Hier gilt:

Ist eine Gesellschaft bürgerlichen Rechts als Veräußerer an dem Grundstücksgeschäft beteiligt, schützt § 899a BGB den guten Glauben des Erwerbers an die Gesellschafterstellung der eingetragenen Personen. Ob hier ein Gesellschafterwechsel vor Vollzug der Auflassung zwingt, diese zu wiederholen, war nach alter Rechtslage streitig (bej. Eickmann RPfleger 1985, 85, 86 ff.; wohl auch Hartmann ErbStB 2011, 218). Da nunmehr die Auflassung durch die Gesellschaft selbst erfolgt ist und diese ihre eigene rechtliche Identität über den Gesellschafterwechsel hinweg wahrt, spricht mehr dafür, die erklärte Auflassung genügen zu lassen. Gleiches gilt, wenn eine Gesellschaft bürgerlichen Rechts erwirbt (so schon zum bisherigen Recht BayObLG MDR 1992, 33). Denn hier ist nach neuer Rechtslage die Benennung der Gesellschafter neben der Gesellschaft entbehrlich (Lautner DNotZ 2009, 650, 657). Jedenfalls wird der neue Gesellschafter aber als weiterer Berechtigter aufgrund Bewilligung seiner Mitgesellschafter und seiner selbst einzutragen sein.

81 **Keine Berichtigungsfälle** sind: Übertragung von einer BGB-Gesellschaft auf eine personengleiche andere BGB-Gesellschaft (Auflassung erforderlich: OLG Hamm MDR 1983, 933; KG Berlin NJW-RR 1987, 1321); Teilung einer BGB-Gesellschaft in mehrere personengleiche BGB-Gesellschaften unter Aufteilung des Grundbesitzes unter die neuen Gesellschaften (Auflassung erforderlich: BayObLG NJW 1982, 109); Pfändung eines Gesellschaftsanteils (am einzelnen Vermögensgegenstand nicht eintragungsfähig: OLG Düsseldorf NJW-RR 2004, 1111; OLG Hamm RPfleger 1987, 196); Nacherbfolge beim Tod eines Gesellschafters (Nacherbenvermerk nicht eintragungsfähig: OLG Stuttgart OLGZ 1973, 262; OLG Köln MittRhNotK 1987, 80).

c) Umwandlung

82 Im Wege der Umwandlung nach dem Umwandlungsgesetz können auch Grundstücke im Wege der Gesamtrechtsnachfolge auf neue Rechtsträger übergehen. Hier führt die jeweilige Eintragung im Handelsregister den Rechtsübergang herbei (vgl. § 20 Abs. 1 Nr. 1, § 131 Abs. 1 Nr. 1 UmwG). Dieser ist sodann im Grundbuch berichtigend nachzuvollziehen. Es gilt:

83 – Die **Verschmelzung**, §§ 2 ff. UmwG, als ein Vorgang der **Gesamtrechtsnachfolge** lässt den übertragenden Rechtsträger untergehen; an seiner Stelle ist der übernehmende Rechtsträger in das Grundbuch einzutragen. Die Berichtigung erfolgt aufgrund privatschriftlichen Antrages an das Grundbuchamt, dem ein handelsregisterlicher Nachweis und eine grunderwerbsteuerliche Unbedenklichkeitsbescheinigung beizufügen sind.

84 – Die **Spaltung**, §§ 123 ff. UmwG, führt zu einer **partiellen Gesamtrechtsnachfolge** des aufnehmenden Rechtsträgers in die betroffenen Vermögensgegenstände. Daher ist bei deren Bezeich-

nung § 28 GBO peinlich genau zu beachten (zu § 126 Abs. 2 Satz 2 UmwG vgl. BGH DNotZ 2008, 468 mit Anm. Limmer; großzügiger OLG Schleswig NJW-RR 2010, 592). Zur Grundbuchberichtigung, die privatschriftlich beantragt wird, sind der Spaltungsvertrag und der Registereintrag jeweils grundbuchförmlich vorzulegen und die grunderwerbsteuerliche Unbedenklichkeitsbescheinigung beizubringen. Gleiches gilt für Vermögensübertragungen (§§ 174 ff. UmwG).

– Der **Formwechsel**, §§ 190 ff. UmwG, lässt die **Identität** des Rechtsträger **unberührt**. Nach seinem Vollzug ist das Grundbuch lediglich hinsichtlich der Firma zu berichtigen. 85

M 46.9 Grundbuchberichtigungsantrag[1] aufgrund Erbfolge

An das
Grundbuchamt
. . . (Ort)

Betr.: Grundbuch von . . . (Ort) Band/Blatt . . . (Nummer)

Ich überreiche eine Ausfertigung des gemeinschaftlichen Erbscheins[2] nach meinem verstorbenen Ehemann . . . (Name des Erblassers), ausgestellt vom Nachlassgericht . . . (Ort), und beantrage, anstelle des im bezeichneten Grundbuch eingetragenen Erblassers nunmehr die zwischen mir und meinen Kindern entstandene Erbengemeinschaft[3] als Eigentümerin im Grundbuch einzutragen.

(privatschriftlich)[4]

1 S. Rz. 3 und 65.
2 Eine beglaubigte Ablichtung genügt nicht!
3 Im Grundbuch werden nur die Mitglieder der Erbengemeinschaft eingetragen, nicht auch die Erbteile.
4 § 30 GBO. Wegen nachgewiesener Unrichtigkeit keine Bewilligung iSv. § 19 GBO und damit keine besondere Form erforderlich.

Kosten: *Gerichtsgebühr:* Für die Eintragung des neuen Eigentümers 1,0-Gebühr gem. Nr. 14110; Geschäftswert gem. § 46 GNotKG, gebührenfrei, falls der Antrag innerhalb von zwei Jahren seit dem Erbfall gestellt wird (Abs. 1 der Anm. zu Nr. 14110 KV GNotKG).

M 46.10 Grundbuchberichtigungsantrag[1] nach Einziehung eines Erbscheins

An das
Grundbuchamt
. . . (Ort)

Betr.: Grundbuch von . . . (Ort) Band/Blatt . . . (Nummer)

Ich beziehe mich auf den dort in Ausfertigung bereits vorliegenden Beschluss[2] des Nachlassgerichts . . . (Ort) vom . . . (Datum) – Aktenzeichen . . . (Aktenzeichen) –, durch den der zugunsten von . . . (Name) erteilte Erbschein nach dem am . . . (Datum) verstorbenen . . . (Name des Erblassers) als unrichtig eingezogen worden ist. Da aufgrund dieses Erbscheines bereits die Eigentumsumschreibung des bezeichneten Grundbesitzes auf die vermeintlichen Erben vollzogen wurde, ist das Grundbuch unrichtig geworden.

1 S. Rz. 1 ff.
2 Unrichtigkeitsnachweis nach § 22 GBO.

Ich stelle hiermit nach § 22 GBO den Antrag[3] auf Grundbuchberichtigung dahin, dass der Erblasser[4] bis zum Nachweis der tatsächlichen Erbfolge wieder als Eigentümer eingetragen wird.

(privatschriftlich)[5]

3 Antragsberechtigt ist jeder unmittelbar Beteiligte, somit der „gewinnende", aber auch ein etwa „ausscheidender" Erbe, nicht jedoch ein Vermächtnisnehmer.

4 Der Fall liegt anders als bei KG Rpfleger 1975, 133, das die Eintragung eines Verstorbenen für unzulässig hält; dazu ablehnend Hagena Rpfleger 1975, 389.

5 § 30 GBO. Wegen nachgewiesener Unrichtigkeit keine Bewilligung iSv. § 19 GBO und damit keine besondere Form erforderlich.

Kosten: *Gerichtsgebühr:* Für die Eintragung des Erblassers 1,0-Gebühr gem. Nr. 14110; Geschäftswert gem. § 46 GNotKG.

M 46.11 Berichtigung einer Eigentümereintragung zwecks Eintragung einer Sicherungshypothek[1]

An das

Grundbuchamt

... (Ort)

Betr.: Grundbuch von ... (Ort) Band/Blatt ... (Nummer)

Durch Urteil des Landgerichts ... (Ort, Datum, Aktenzeichen), von dem eine vollstreckbare Ausfertigung mit Zustellungsnachweis beiliegt, ist ... (Name des Schuldners) zur Zahlung eines Betrages von ... Euro nebst ... % Zinsen seit ... (Zinsbeginn) an mich verurteilt worden.

Der Schuldner ist Alleinerbe des für den bezeichneten Grundbesitz eingetragenen Eigentümers. Unter Vorlage einer Erbscheinausfertigung[2] des zuständigen Nachlassgerichts beantrage ich[3] hiermit folgende Grundbucheinträge:

1. Grundbuchberichtigung durch Eintragung des Schuldners als Eigentümer des Grundbesitzes,

2. Eintragung einer Sicherungshypothek für meine titulierte Forderung.

(privatschriftlich)[4]

1 Nach § 39 GBO ist die Voreintragung des Betroffenen zur Eintragung der Sicherungshypothek notwendig.

2 Unrichtigkeitsnachweis nach § 22 GBO, s. Rz. 69.

3 Antragsrecht nach § 14 GBO.

4 Keine Bewilligung und damit keine besondere Form, da zur Eigentümerberichtigung die Unrichtigkeit nachgewiesen ist und für die Sicherungshypothek aufgrund Vollstreckungstitels ein formloser Antrag nach § 30 GBO genügt.

Kosten: *Gerichtsgebühr:* Für die Eintragung des neuen Eigentümers 1,0-Gebühr gem. Nr. 14110; Geschäftswert gem. § 46 GNotKG, gebührenfrei, falls der Antrag innerhalb von zwei Jahren seit dem Erbfall gestellt wird (Abs. 1 der Anm. zu Nr. 14110 KV GNotKG). Für die Eintragung der Sicherungshypothek eine 1,0-Gebühr gem. Nr. 14121 KV GNotKG. Wert gem. § 53 Abs. 1 GNotKG (Nennbetrag der Grundschuld).

M 46.12 Grundbuchberichtigungsantrag – Firmenänderung[1]

An das

Grundbuchamt

... (Ort)

1 Lediglich Bezeichnungsberichtigung, keine Unrichtigkeit durch Wechsel des Rechtsinhabers iSv. § 22 GBO, s. Rz. 76.

Betr.: Grundbuch von . . . (Ort) Band/Blatt . . . (Nummer)

Als Eigentümerin des bezeichneten Grundbesitzes ist die von mir als einzelvertretungsberechtigtem Geschäftsführer vertretene Gesellschaft mit beschränkter Haftung unter der Firma „. . . (bisherige Firma)" eingetragen. Unter der Vorlage eines beglaubigten Auszugs aus dem Handelsregister[2]*, der auch meine Vertretungsberechtigung nachweist, teile ich mit, dass die Firma der GmbH geändert ist und jetzt lautet: „. . . (neue Firma)".*

Ich beantrage, dies im Grundbuch richtigzustellen.

(privatschriftlich)[3]

2 Öffentliche Urkunde iSv. § 29 GBO.

3 § 30 GBO. Wegen nachgewiesener Unrichtigkeit keine Bewilligung iSv. § 19 GBO und damit keine besondere Form erforderlich.

Kosten: *Gerichtsgebühr:* gebührenfrei.

M 46.13 Grundbuchberichtigungsantrag – Ein- und Austritt bei BGB-Gesellschaft[1]

An das

Grundbuchamt

. . . (Ort)

Betr.: Grundbuch von . . . (Ort) Band/Blatt . . . (Nummer)

Der vorstehend bezeichnete Grundbesitz gehört zum Gesamthandsvermögen der aus den Beteiligten A, B und C bestehenden BGB-Gesellschaft. In der BGB-Gesellschaft sind folgende Veränderungen[2] *eingetreten:*

1. *Die Gesellschafter B und C sind aus der Gesellschaft ausgeschieden*[3]*.*
2. *Als neuer Gesellschafter ist der Beteiligte D in die Gesellschaft eingetreten.*

Der verbleibende, die ausscheidenden und der neue Gesellschafter stimmen der entsprechenden Grundbuchberichtigung hiermit zu[4]*. Die jetzigen Gesellschafter A und D beantragen die Berichtigung im Grundbuch*[5]*.*

(Unterschriftsbeglaubigung)[6]

1 Grundbuchberichtigung wegen Rechtsänderung außerhalb des Grundbuchs, s. Rz. 8 ff. Wann eine Auflassung erforderlich ist, s. Rz. 11.

2 Durch formlose Vereinbarung, die nach den Regeln der Gesellschaft zulässig sein muss (hierfür aber keine Prüfungspflicht des Grundbuchamts).

3 Bei Ausscheiden der beiden Gesellschafter B und C ohne gleichzeitigen Eintritt eines neuen Gesellschafters wäre die BGB-Gesellschaft zwar begrifflich beendet (keine Einmann-BGB-Gesellschaft) und der einzige „Gesellschafter" A würde Alleineigentümer des Grundbesitzes; gleichwohl ist auch dann keine Auflassung erforderlich (BGH NJW 1960, 1664, 1666; BGH DNotZ 1966, 618; BayObLG Rpfleger 1983, 431; Schöner/Stöber Rz. 4270).

4 Vorsorglich wegen § 22 Abs. 2 GBO, obwohl durch die Erklärung als solche die Unrichtigkeit nachgewiesen ist.

5 Antragsberechtigt wären alle Beteiligten. Wegen der Kostenfolge kann Differenzierung zweckmäßig sein.

6 Es müssen alle (auch die ausscheidenden) Gesellschafter mitwirken. Öffentliche Beglaubigung nach § 29 GBO. Für den Grundbuchvollzug ist die steuerliche Unbedenklichkeitsbescheinigung erforderlich (OLG Frankfurt, DNotI-Report 2005, 14).

Kosten: *Notargebühr:* 0,2-Gebühr gem. Nr. 25100 KV GNotKG, mindestens 20 Euro, höchstens 70 Euro. Geschäftswert gem. §§ 121, 70 Abs. 1 GNotKG (Anteile der Gesellschafter B und C; im Zweifel ⅔). Bei Fertigung des Entwurfs und Beglaubigung 0,5-Gebühr gem. Nrn. 24102, 21201 Nr. 4 KV GNotKG (§ 92 Abs. 2 GNotKG), Geschäftswert wie zuvor.

Gerichtsgebühr: Für die Eintragung der neuen Gesamthänder 1,0-Gebühr gem. Nr. 14110; Geschäftswert gem. § 70 Abs. 1 GNotKG (Anteile der Gesellschafter B und C; im Zweifel ⅔).

M 46.14 Grundbuchberichtigungsantrag – Anwachsung

An das Handelsregister

. . . (Ort)

und nach Vollzug

An das Grundbuchamt

. . . (Ort)

Betr.: HRA . . .

Wir, die Unterzeichnenden, hier handelnd

als Geschäftsführer der mit Sitz in . . . bestehenden, im Handelsregister des Amtsgerichts . . . unter HRB . . . eingetragenen Gesellschaft mit beschränkter Haftung unter der Firma . . . [ausscheidende] GmbH,

als Geschäftsführer der mit Sitz in . . . bestehenden, im Handelsregister des Amtsgerichts . . . unter HRB . . . eingetragenen Gesellschaft mit beschränkter Haftung unter der Firma . . . [verbleibende] GmbH,

melden zur Eintragung in das Handelsregister an:

Die persönlich haftende Gesellschafterin, die . . . [ausscheidende] GmbH, ist durch Vereinbarung der Gesellschafter vom . . . mit Ablauf des . . . aus der Gesellschaft ausgeschieden.

Damit ist die Kommanditgesellschaft aufgelöst; die Firma ist erloschen.

Das Vermögen der Kommanditgesellschaft mit allen Aktiva und Passiva wurde von der Kommanditistin, der . . . [verbleibenden] GmbH, im Wege der Anwachsung übernommen.

Eine Liquidation findet nicht statt.

Wir bewilligen und beantragen ferner, handelnd wie angegeben, das Grundbuch von . . . Blatt/ Band . . . dahin zu berichtigen, dass infolge der Anwachsung nach Erlöschen der . . . KG nunmehr die . . . [verbleibende] GmbH alleiniger Eigentümer des dort verzeichneten Grundbesitzes ist.

Der beglaubigende Notar wird bevollmächtigt alles zu erklären und zu veranlassen, damit die Eintragung der eingetretenen Veränderungen im Handelsregister und im Grundbuch erfolgen kann. Er ist hierzu von den Beschränkungen des § 181 BGB befreit.

(Unterschriftsbeglaubigung)

Kosten: *Notargebühr:* 0,2-Gebühr gem. Nr. 25100 KV GNotKG, mindestens 20 Euro, höchstens 70 Euro. Geschäftswert gem. §§ 121, 46 GNotKG (Grundstückswert). Für die Handelsregisteranmeldung gem. § 105 Abs. 4 Nr. 3 GNotKG 30 000 Euro. Wertaddition gem. § 35 Abs. 1 GNotKG. Bei Fertigung des Entwurfs und Beglaubigung 0,5-Gebühr gem. Nrn. 24102, 21201 Nr. 4 KV GNotKG (§ 92 Abs. 2 GNotKG), Geschäftswert wie zuvor.

Gerichtsgebühren: Für die Handelsregistereintragung 60 Euro gem. Nr. 1501 des GV HRegGebV. Für die Grundbuchberichtigung 1,0-Gebühr gem. Nr. 14110; Geschäftswert gem. § 46 GNotKG (Grundstückswert).

M 46.15 Grundbuchberichtigungsantrag – Tod eines Gesellschafters[1]

An das

Grundbuchamt

. . . (Ort)

Betr.: Grundbuch von . . . (Ort) Band/Blatt . . . (Nummer)

---

1 S. Rz. 65 und 78; s. auch die Fn. zu **M 46.1**.

Der vorstehend bezeichnete Grundbesitz gehört zum Gesamthandsvermögen der aus den Gesellschaftern A, B und C bestehenden BGB-Gesellschaft. In der Gesellschaft ist folgende Veränderung eingetreten:

Der Gesellschafter C ist am ... (Datum) verstorben und beerbt worden von ... (Namen der Erben). Eine Ausfertigung des gemeinschaftlichen Erbscheins des Nachlassgerichts ... (Ort) vom ... (Datum) ist beigefügt[2]*. Der Gesellschaftsvertrag sieht für diesen Fall die Fortsetzung der Gesellschaft durch die übrigen Gesellschafter vor*[3]*. Zum Nachweis hierfür legen wir – mit der Bitte um Rückgabe – das Original des Gesellschaftsvertrages vor, der allerdings nur in privatschriftlicher Form abgeschlossen wurde*[4]*. Wir bestätigen aber übereinstimmend, dass dies der Gesellschaftsvertrag in seiner gültigen Fassung ist*[5]*.*

Wir, die Gesellschafter A und B[6]*, beantragen, im Weg der Grundbuchberichtigung das Ausscheiden des Gesellschafters C im Grundbuch zu vermerken.*

Wir, die Erben von C, bestätigen alle vorstehenden Erklärungen und stimmen der Berichtigung zu[7]*.*

(Unterschriftsbeglaubigung[8]*)*

---

2 Erbnachweis nach § 35 Abs. 1 GBO. Urschrift oder Ausfertigung müssen vorgelegt werden; beglaubigte Abschrift genügt nicht (BGH NJW 1982, 170). Ergibt sich die Erbfolge aus einer öffentlichen Urkunde (öffentliches Testament, Erbvertrag), kann der Erbnachweis auch durch Vorlage von vom Nachlassgericht ausgestellten beglaubigten Abschriften der öffentlichen Urkunde und des Eröffnungsprotokolls geführt werden (§ 35 Abs. 1 Satz 2 GBO), aber nur, wenn sich die Erbfolge daraus klar entnehmen lässt (Schöner/Stöber Rz. 787).

3 Ohne die Fortsetzungsklausel würde die Gesellschaft kraft Gesetzes aufgelöst, § 727 Abs. 1 BGB. Statt der Fortsetzungsklausel, die zu einer Anwachsung des Anteils des verstorbenen Gesellschafters zugunsten der verbleibenden Gesellschafter führt, könnte der Gesellschaftsvertrag auch Nachfolge- oder Eintrittsklauseln enthalten (s. auch Kap. 109 Rz. 40).

4 Dass eine Fortsetzungs-, Nachfolge- oder Eintrittsklausel besteht, muss zum Nachweis des Fortbestands der Gesellschaft belegt bzw. zumindest dargelegt werden (s. Rz. 13).

5 Ohne diese Versicherung ergäbe sich dies auch aus der Tatsache der gemeinsamen Vorlegung.

6 S. **M 46.13** Fn. 5.

7 Die Darlegung der Unrichtigkeit des Grundbuchs und die Vorlage der erforderlichen Nachweise reichen eigentlich bereits aus.

8 Die verbleibenden Gesellschafter und alle Erben müssen mitwirken. Öffentliche Beglaubigung nach § 29 GBO.

Kosten: *Notargebühr:* 0,2-Gebühr gem. Nr. 25100 KV GNotKG, mindestens 20 Euro, höchstens 70 Euro. Geschäftswert gem. §§ 121, 70 Abs. 1 GNotKG (Anteil des Gesellschafter C; im Zweifel ⅓). Bei Fertigung des Entwurfs und Beglaubigung 0,5-Gebühr gem. Nrn. 24102, 21201 Nr. 4 KV GNotKG (§ 92 Abs. 2 GNotKG), Geschäftswert wie zuvor.

Gerichtsgebühr: Für die Eintragung der neuen Gesamthänder 1,0-Gebühr gem. Nr. 14110; Geschäftswert gem. § 70 Abs. 1 GNotKG (Anteil des Gesellschafter C; im Zweifel ⅓).

Dritter Teil. Besondere Arten von Grundbesitz

1. Abschnitt. Wohnungseigentum

Kapitel 47 Wohnungseigentum

Literatur: *Bärmann*, Wohnungseigentumsgesetz, 12. Aufl. 2013; *Bärmann/Pick*, Wohnungseigentumsgesetz: WEG, 19. Aufl. 2010; *Bärmann/Seuß*, Praxis des Wohnungseigentums, 6. Aufl. 2013; *Becker/Kümmel/Ott*, Wohnungseigentumsrecht – Grundlagen – Systematik – Praxis, 2. Aufl. 2010; *Elzer/Fritsch/Meier*, Wohnungseigentumsrecht – WEG, 2. Aufl. 2014; *Greiner*, Wohnungseigentumsrecht, 3. Aufl. 2014; *Hügel/Scheel*, Rechtshandbuch Wohnungseigentum, 3. Aufl. 2011; *Jennißen*, Wohnungseigentumsgesetz, 3. Aufl. 2012; *Köhler*, Anwaltshandbuch Wohnungseigentumsrecht, 3. Aufl. 2012; *Niedenführ/Kümmel/Vandenhouten*, Kommentar und Handbuch zum Wohnungseigentumsgesetz, 10. Aufl. 2012; Fachanwaltskommentar Wohnungseigentumsrecht, 3. Aufl. 2010; *Rieke/Schmid*, Wohnungseigentumsrecht, 2. Aufl. 2008; *Röll/Sauren*, Handbuch für Wohnungseigentümer und Verwalter, 9. Aufl. 2008; *Sauren*, Wohnungseigentumsgesetz (WEG), 6. Aufl. 2014; *Schmid/Kahlen*, Wohnungseigentumsgesetz, 2007; *Timme*, Wohnungseigentumsgesetz, 2. Aufl. 2014; *Weitnauer*, Wohnungseigentumsgesetz, 9. Aufl. 2005.

I. Die WEG-Novelle vom 26.3.2007 (BGBl. I, 370)

Literatur: *Abramenko*, Das neue WEG, 2007; *Blankenstein*, WEG-Reform, 2007; *Fritsch*, Das neue Wohnungseigentumsrecht, 2007; *Hügel/Elzer*, Das neue WEG-Recht, 2007; *Hügel*, Die Novelle des WEG und ihre Auswirkungen auf die Gestaltung notarieller Urkunden, NotBZ 2008, 169; *Köhler*, Das neue WEG, 2007; *Köhler*, Das neue Wohnungseigentumsgesetz – ein Überblick, NotBZ 2007, 113; *Schröder* (Hrsg.), Drei Jahre nach der WEG-Reform – Eine Zwischenbilanz, 2011.

1. Vorbemerkung

1 Durch das am 1.7.2007 in Kraft getretene Änderungsgesetz v. 26.3.2007 hat das Wohnungseigentumsgesetz eine Reihe **grundlegender Änderungen** erfahren. Sie regeln insbesondere den Rechtsstatus der Wohnungseigentümergemeinschaft neu und daraus hergeleitet die Eigentumsverhältnisse am Verwaltungsvermögen, erweitern die Kompetenzen des Verwalters und der Eigentümerversammlung und erleichtern nachträgliche Änderungen der Gemeinschaftsordnung. Die neuen Regelungen haben sowohl Bedeutung für die interne Verwaltung der Gemeinschaft als auch Auswirkungen auf die Gestaltung der Teilungserklärung und somit für die notarielle Praxis. Die Änderungen sind in den folgenden Erläuterungen und Mustern berücksichtigt. Vorweg wird der folgende Überblick über die wichtigsten Änderungen gegeben.

2. Die Teilrechtsfähigkeit der Gemeinschaft

2 Die bereits vom BGH in seinem Beschluss vom 2.6.2005 (MDR 2005, 1156) anerkannte Teilrechtsfähigkeit der Wohnungseigentümergemeinschaft hat nun **Eingang in das WEG** gefunden. Nach § 10 Abs. 1, 6, 7 und 8 WEG

- kann die Gemeinschaft im Rahmen der gesamten Verwaltung des gemeinschaftlichen Eigentums gegenüber Dritten und Wohnungseigentümern Rechte und Pflichten eingehen,
- ist die Gemeinschaft Inhaberin der gesetzlich begründeten und rechtsgeschäftlich erworbenen Rechte und Pflichten,
- übt die Gemeinschaft diese Rechte aus und nimmt diese Pflichten wahr,
- ist die Gemeinschaft Eigentümerin des Verwaltungsvermögens, bestehend aus den im Rahmen der gesamten Verwaltung begründeten bzw. erworbenen Sachen und Rechten sowie den entstandenen Verbindlichkeiten,
- haftet Gläubigern gegenüber die Gemeinschaft mit ihrem Verwaltungsvermögen, der einzelne Wohnungseigentümer aber nur nach dem Verhältnis seines Miteigentumsanteils (nicht abdingbar),
- kann die Gemeinschaft als solche, dh. unter ihrer Bezeichnung, s. Rz. 3, vor Gericht klagen und verklagt werden.

3. Die Bezeichnung der Gemeinschaft

3 Die Teilrechtsfähigkeit ist nach § 10 Abs. 6 Satz 4 WEG auch nach außen zu dokumentieren: Die Gemeinschaft muss die Bezeichnung „**Wohnungseigentümergemeinschaft**" führen, der ein (ggf. Phantasie-)Name angefügt werden kann (aber nicht muss), auf jeden Fall aber ein aussagekräftiger (zB postalischer oder auf die Grundbuchdaten bezogener) Zusatz zur Lage des Grundstücks. Unter dieser Bezeichnung ist sie Gläubigerin und Schuldnerin im Rahmen ihrer Teilrechtsfähigkeit und kann zB als Eigentümer oder Grundpfandrechtsberechtigte ins Grundbuch eingetragen werden (s. hierzu Böhringer, Der WEG-Personenverband als Teilnehmer am Grundstücksverkehr, NotBZ 2008, 179, 187, OLG Hamm NZM 2009, 914; OLG Hamm NJW 2010, 1464 und OLG München NJW 2010, 1467).

4. Verwalter und Verwalterbefugnisse

Nach § 26 Abs. 1 Satz 2 WEG darf die **Erstbestellung** des Verwalters nach der Begründung des Wohnungseigentums nur noch auf **höchstens 3 Jahre** erfolgen, die weiteren Bestellungen wie bisher auf höchstens 5 Jahre. 4

In § 27 WEG sind die Verwaltungs- und Vertretungsbefugnisse und -pflichten **neu definiert und zT erweitert** worden. Der Verwalter ist weiterhin Vertreter der Wohnungseigentümer, nun aber auch der teilrechtsfähigen Gemeinschaft (Abs. 1). Die Rechte und Pflichten beschränken sich auf Maßnahmen im Rahmen der ordnungsgemäßen Verwaltung. Zu einigen der in § 27 WEG aufgeführten gesetzlichen Befugnisse bedarf es einer ausdrücklichen Ermächtigung durch Vereinbarung, also durch Aufnahme in die Gemeinschaftsordnung als Inhalt des Sondereigentums, oder Mehrheitsbeschluss (zB für eine gerichtliche und außergerichtlich Geltendmachung von Ansprüchen, die Vornahme besonderer Rechtsgeschäfte über den Katalog des Abs. 3 Nr. 1 bis 6 hinaus). – S. auch Rz. 217 ff. 5

5. Weitere Neuerungen

Stichwortartig sei hier auf folgende, im Hauptteil näher erläuterten weiteren Neuerungen hingewiesen: 6

- Gesetzliche **Öffnungsklauseln**, s. Rz. 60 ff.
- Erleichterung **nachträglicher Änderungen**, s. Rz. 171 ff.
- Erleichterung einer Aufhebung oder Änderung einer Veräußerungsbeschränkung, s. Rz. 93.
- Einschränkung der **Zustimmungserfordernisse Dritter**, s. Rz. 186 f.

II. Wesen und Bedeutung

Nach dem Wohnungseigentumsgesetz (WEG) kann ein Grundstück (oder Erbbaurecht) mit einem vorhandenen oder geplanten Gebäude in mehrere rechtlich selbständige Rechtsobjekte (Eigentumswohnungen, Eigentumsläden, Garagen und dergl.) aufgeteilt werden. Diese verbinden zwei Eigentumsarten untrennbar miteinander: den (ideellen) Anteil am Gemeinschaftseigentum und das Sondereigentum. Sie heißen **Wohnungseigentum**, wenn die Raumeinheit eine Wohnung ist, und **Teileigentum**, wenn die Räume nicht zu Wohnzwecken dienen. Die neu entstandenen Rechtsobjekte erhalten ein eigenes Grundbuchblatt (Wohnungsgrundbuch, Teileigentumsgrundbuch), § 7 Abs. 1 WEG. Der wirtschaftliche Vorteil: Jedes Wohnungs- und Teileigentum kann separat veräußert und belastet werden. 7

Während das Wohnungseigentum in der Praxis große Bedeutung erlangt hat, haben das ebenfalls im WEG geregelte Dauerwohn- und Dauernutzungsrecht (§§ 31 ff. WEG) kaum Verbreitung gefunden (s. zum Dauerwohn- und Dauernutzungsrecht Kap. 48). 8

III. Begründung von Wohnungs- und Teileigentum

1. Arten der Begründung

Teilungserklärung nach § 8 WEG: Der Eigentümer teilt sein Eigentum in Miteigentumsanteile auf und ordnet jedem Anteil Sondereigentum (Wohnungs- oder Teileigentum) zu, **M 47.1** und **M 47.2**. Diese Teilung kann auch durch eine Eigentümergemeinschaft (jede Art von Gemeinschaft) erfolgen, wenn die bisherigen Eigentumsverhältnisse unverändert für die neuen Einheiten beibehalten werden. Diese sog. **Vorratsteilung** dient idR der Vorbereitung einer Veräußerung des Wohnungs- oder Teileigentums (Verkauf, Übergabe). 9

Teilungsvertrag nach § 3 WEG: Eine Bruchteils-Eigentümergemeinschaft ordnet dem Miteigentumsanteil eines jeden Miteigentümers Sondereigentum (Wohnungs- oder Teileigentum) zu, **M 47.3**. Der Miteigentumsanteil eines jeden Eigentümers (ggf. deren Summe) muss vor und nach der Aufteilung genau gleich sein; erforderlichenfalls ist vorher eine Anpassung vorzunehmen (Übertragung von Miteigentumsanteilen, **M 47.14**). 10

11 ➲ **Wichtig:** Der Weg des Teilungsvertrages steht nur einer **Bruchteilsgemeinschaft** iSv. §§ 741 ff. BGB offen. Besteht eine andere Gemeinschaftsform (zB Erbengemeinschaft, BGB-Gesellschaft), muss zuvor eine Bruchteilsgemeinschaft gebildet werden.

12 Abgesehen von der unterschiedlichen Begründungsart und -form (Rz. 13) unterliegen Teilungserklärung und Teilungsvertrag denselben Regeln (deshalb nachfolgend idR einheitlich „Teilungserklärung" genannt).

2. Form und Bestandteile der Erklärung

13 Unterschiedlich ist die **Form der Begründungserklärung:**

- Die **Teilungserklärung nach § 8 WEG** bedarf der Form der öffentlichen Beglaubigung (§§ 19, 29 GBO).
- Der **Teilungsvertrag nach § 3 WEG** bedarf der notariellen Beurkundung (§ 4 Abs. 3 WEG iVm. § 311b Abs. 1 Satz 1 BGB), die beim Teilungsvertrag erforderliche **Einigung** der Auflassungsform (§ 4 Abs. 2 WEG iVm. § 925 BGB).

14 ➲ **Wichtig:** Sollen aufgrund einer Teilungserklärung, die noch nicht im Grundbuch vollzogen ist, bereits Kaufverträge abgeschlossen werden, bedarf auch die Teilungserklärung nach § 8 WEG zur Herstellung einer Bezugsurkunde nach § 13a BeurkG der Beurkundung, die bei noch zu erstellendem Gebäude zusammen mit einer Baubeschreibung erfolgen kann.

15 **Bestandteile** der Teilungserklärung sind

- die eigentliche **Teilungserklärung** (Auflistung der Miteigentumsanteile mit zugeordnetem Sondereigentum),
- die **Gemeinschaftsordnung** (Regeln der Gemeinschaft),
- die **Abgeschlossenheitsbescheinigung nebst Aufteilungsplan** (§ 7 Abs. 4 WEG), ausgestellt von der zuständigen Baubehörde oder Stelle und von dieser zu einer einheitlichen öffentlichen Urkunde verbunden. Bei einer beglaubigten Teilungserklärung nach § 8 WEG können diese Unterlagen dem Grundbuchamt auch bis zur Eintragung nachgereicht werden; dabei ist die Zusammengehörigkeit mit der Eintragungsbewilligung (Teilungserklärung) zu verdeutlichen (BayObLG DNotZ 2003, 275). – Näheres zur Abgeschlossenheit s. Rz. 32 ff.

16 ➲ **Wichtig:** Weder ersetzt die Abgeschlossenheitsbescheinigung eine Bau- oder Nutzungsgenehmigung noch darf umgekehrt ihre Erteilung vom Vorliegen einer solchen Genehmigung abhängig gemacht werden. Es ist allerdings unzweckmäßig, sich eine Abgeschlossenheitsbescheinigung für ein Bauvorhaben ausstellen zu lassen, für das die deckungsgleiche baurechtliche Genehmigung noch nicht sichergestellt ist

17 Die Abgeschlossenheitsbescheinigung muss nicht zwingend Bestandteil der Urkunde sein, ist dies aber regelmäßig (§ 7 Abs. 4 Satz 1 WEG meint nur die Anlage zum Antrag). Die Teilungsurkunde kann auch bereits vor Erteilung der Abgeschlossenheitsbescheinigung errichtet werden, und zwar unter Verweisung auf die beigefügten Aufteilungspläne (§ 9 Abs. 1 Satz 2 BeurkG; zu vorläufigen Aufteilungsplänen Hügel NotBZ 2003, 147). Vorzugswürdig ist allerdings die Beurkundung nach Vorliegen der Abgeschlossenheitsbescheinigung; in diesem Fall kann entweder nach § 9 Abs. 1 Satz 2 BeurkG auf die Aufteilungspläne verwiesen werden, oder nach § 13a Abs. 4 BeurkG auf die Abgeschlossenheitsbescheinigung nebst Plänen. Soll, wie zB häufig in Bauträgerverträgen, gem. § 13a BeurkG auf die Teilungsurkunde verwiesen werden, ist zu empfehlen, die Aufteilungspläne nach § 9 Abs. 1 BeurkG zum Gegenstand der Urkunde zu machen, um mit der Verweisung nach § 13a BeurkG im Kaufvertrag auch ohne Weiteres auf die Pläne zu verweisen.

3. Grundvoraussetzungen

18 Bei der Begründung von Wohnungseigentum (im Folgenden idR für Wohnungs- und Teileigentum verwendet) müssen für das Grundstück und das Gebäude bestimmte Kriterien erfüllt sein. Ferner bedarf es behördlicher Bescheinigungen, teilweise auch behördlicher Genehmigungen, sowie in bestimmten Fällen auch der Zustimmung privater Dritter.

a) Zum Grundstück

Wohnungseigentum kann grundsätzlich nur **an einem einheitlichen Grundstück** begründet werden, nicht aber unter Einbeziehung eines oder mehrerer anderer Grundstücke (§ 1 Abs. 4 WEG). Nicht selten besteht hierfür aber ein Bedürfnis, etwa wenn Garagen oder Stellplätze oder auch nur Gebäudeteile auf einem Nachbargrundstück errichtet werden. Dem kann bei Vorliegen bestimmter Voraussetzungen Rechnung getragen werden. 19

Bestehen an den beteiligten Grundstücken **identische Eigentumsverhältnisse**, können die Grundstücke verschmolzen werden, entweder durch Vereinigung (§ 890 Abs. 1 BGB) oder Bestandteilszuschreibung (§ 890 Abs. 2 BGB). Dies kann in Gestalt einer katastermäßigen Verschmelzung zu einem Grundstück mit einer Flurstücknummer auf der Grundlage eines Veränderungsnachweises des Vermessungsamtes oder durch Zusammenbuchung der Grundstücke nach § 13 GBVfg unter einer laufenden Nummer unter Beibehaltung der bisherigen Flurstücknummern („zusammengesetztes Grundstück") erfolgen. Vom Erfordernis, dass die Grundstücke unmittelbar aneinander grenzen sollen (§ 5 Abs. 2 GBO), kann Befreiung erteilt werden, wenn hierfür „wegen der Zusammengehörigkeit baulicher Anlagen und Nebenanlagen ein erhebliches Bedürfnis besteht", LG Marburg Rpfleger 1996, 341 (Garagen/Stellplätze; Entsorgungseinrichtungen wie Müllcontainer; auch, wenn ohne Vereinigung die beabsichtigte Begründung von Wohnungseigentum gar nicht möglich wäre). Das erhebliche Bedürfnis ist dem Grundbuchamt – ohne Beachtung der Grundbuchform des § 29 GBO – glaubhaft zu machen. 20

Bei **unterschiedlichen Eigentumsverhältnissen** scheiden die Verschmelzung und damit die Einbeziehung eines gesamten anderen Grundstücks aus. Es ist auch nicht zulässig, separate Gebäude, Anlagen oder Einrichtungen auf einem fremden Grundstück in das Wohnungseigentum einzubeziehen. Anders verhält es sich bei einem **Überbau**, also einer grenzüberschreitenden Bebauung. Die dabei auf dem Nachbargrundstück befindlichen Gebäudeteile können bei Vorliegen folgender Voraussetzungen in das Wohnungseigentum auf dem Stammgrundstück einbezogen werden (s. den Überblick bei Bärmann/Armbrüster § 1 WEG Rz. 56 ff.; aus der Rspr. zuletzt OLG Karlsruhe ZWE 2014, 23): 21

- Es muss sich **entweder um** einen **rechtmäßigen** (erlaubten) **oder** einen **versehentlichen unrechtmäßigen** (entschuldigten und damit nach § 912 BGB zu duldenden) **Überbau** handeln.
- Der hinübergebaute Bauteil muss **wesentlicher Bestandteil des aufzuteilenden Grundstücks sein** (§ 93 BGB), also mit dem Hauptgebäude ein einheitliches Gebäude darstellen, so dass auch am überbauten Teil Eigentum des überbauenden Eigentümers besteht (OLG Stuttgart NotBZ 2012, 159; OLG Karlsruhe DNotZ 1986, 753). Sonst liegt gar kein Überbau vor. Diese Einordnung kann auch von der wirtschaftlichen Interessenlage des Eigentümers und der Zweckbeziehung zwischen Hauptgebäude und Überbau bestimmt sein (OLGR Frankfurt 2006, 869). Liegen diese Voraussetzungen vor, kann eine Sondereigentumseinheit sogar komplett auf dem fremden Grundstück liegen (OLG Karlsruhe aaO; OLG Stuttgart ZWE 2011, 410) – Der Überbau kann auf oder unter der Erdoberfläche erfolgen, auch im Luftraum (s. Gutachten DNotI-Report 2002, 9).– Zum Überbau s. auch Kap. 53.

Dem erlaubten Überbau liegt eine Vereinbarung der beteiligten Eigentümer zugrunde, dem entschuldigten die gesetzliche Duldungspflicht nach § 912 BGB. Das Vorliegen einer dieser Voraussetzungen ist dem Grundbuchamt in der Form des § 29 GBO (öffentliche Beglaubigung) nachzuweisen. Es reicht idR aus, wenn der Überbau in Ausübung einer Grunddienstbarkeit erfolgt (OLG Stuttgart Rpfleger 1982, 375; OLG Hamm Rpfleger 1984, 266; sowie OLG Karlsruhe DNotZ 1986, 753). Beim vereinbarten Überbau wird die Bestellung einer Grunddienstbarkeit idR zum Inhalt der Vereinbarung gehören, andernfalls bedarf es einer Bestätigung des den Überbau erlaubenden Eigentümers. Beim nach § 912 BGB zu duldenden Überbau dagegen muss die Duldungsbestätigung des betroffenen Eigentümers eingeholt oder notfalls durch ein Gerichtsurteil ersetzt werden (OLG Karlsruhe DNotZ 1986, 753). 22

Da die Einbeziehung eines Überbaus in das Wohnungseigentum nur zulässig ist, wenn der Überbau wesentlicher Bestandteil des Hauptgebäudes ist und damit Eigentum des überbauenden Grundstückseigentümers, ist das Vorliegen dieser Voraussetzungen in der **Grundbucherklärung** darzulegen; nach OLG Hamm (Rpfleger 1984, 266) ist dieser Nachweis mit dem Bestand einer 23

Überbau-Grunddienstbarkeit erbracht. Hierzu kritisch Ludwig (DNotZ 1983, 411), der eine ausdrückliche Darlegung der Eigentumsfrage für erforderlich hält. – Wegen der generellen Probleme beim Überbau, insbes. auch in den Fällen des nachträglichen und des Eigengrenzüberbaus, s. Demharter Rpfleger 1983, 133; Ludwig aaO; Brünger MittRhNotK 1987, 169; Tersteegen RNotZ 2006, 433; zur grundbuchrechtlichen Behandlung Rastätter BWNotZ 1986, 79.

24 ➲ **Praxistipp:** Ein Überbau kann auch vorliegen, wenn beide Grundstücke demselben Eigentümer gehören (**Eigengrenzüberbau**). Nach OLG Stuttgart (DNotZ 1983, 444) soll für die Einbeziehung des Überbaus in ein Wohnungseigentum in diesem Fall eine Grunddienstbarkeit unerlässlich sein; nach heute hM genügt aber auch die Erklärung des Eigentümers in der Form des § 29 GBO (Bärmann/Armbrüster § 1 WEG Rz. 60). Die Bestellung einer Dienstbarkeit ist im Hinblick auf eine mögliche Veräußerung des überbauten Grundstücks auf jeden Fall empfehlenswert.

25 Liegen die dargelegten Voraussetzungen nicht vor, scheidet eine Begründung von Wohnungseigentum unter Einbeziehung eines anderen Grundstücks ganz aus (wegen eines evtl. Gesamterbbaurechts s. Rz. 27).

b) Besonderheiten bei Teilung eines Erbbaurechts

26 Nach § 30 WEG kann Wohnungseigentum in gleicher Weise an einem Erbbaurecht begründet werden; es heißt dann Wohnungs- und Teilerbbaurecht (**M 47.4**). Das gilt auch, wenn die Ausübung des Erbbaurechts auf eine Teilfläche beschränkt ist (OLG Hamm DNotI-Report 1998, 110). Die vorstehenden Erläuterungen gelten sinngemäß.

27 Das Verbot der Einbeziehung mehrerer Grundstücke (s. Rz. 19) gilt auch hier: Es kann **keine Begründung unter Einbeziehung mehrerer Erbbaurechte** erfolgen, wohl **aber an einem Gesamterbbaurecht**, da es sich dabei um einheitliches Recht handelt (BGHZ 65, 345; LG Wiesbaden MittRhNotK 1986, 24; BayObLG MDR 1990, 53; von Oefele/Winkler Rz. 3. 103; Bärmann/Pick § 30 WEG Rz. 13; Demharter DNotZ 1986, 457; Bedenken s. Weitnauer § 30 WEG Rz. 21). Ein Gesamterbbaurecht kann auch durch nachträgliche Vereinigung von Erbbaurechten ohne gleichzeitige Vereinigung der Grundstücke entstehen (von Oefele/Winkler Rz. 5. 182).

c) Zum Gebäude

28 Wohnungseigentum kann an einem **bereits errichteten**, einem **im Bau befindlichen** oder einem **noch zu errichtenden Gebäude** begründet werden (§§ 3 Abs. 1, 8 Abs. 1 WEG), auch an einer Mischung dieser Erscheinungsformen (vorhandenes Gebäude und geplanter Neu-, Anbau). Bei einer Begründung vor Errichtung des Gebäudes befindet sich das Sondereigentum in einem anwartschaftsähnlichen Zustand, der nach Veräußerung an einen Erwerber zu einem Anwartschaftsrecht gegen den Veräußerer auf Herstellung (oder Selbstherstellung) des Sondereigentums erstarkt (OLGR Hamburg 2002, 341). Mit der Anlegung der Wohnungsgrundbücher ist die Anwartschaft verdinglicht (OLG Hamm DNotZ 1992, 492).

29 Bei **Nichtentstehung des Sondereigentums** wird aus dem betroffenen Anteil ein sogen. **isolierter Miteigentumsanteil**, der wegen § 6 WEG (untrennbare Einheit von Miteigentum und Sondereigentum) keinen dauerhaften Bestand haben kann. Ist das gesamte Bauvorhaben aufgegeben oder unmöglich geworden, erlischt die Anwartschaft. Es besteht kein Wohnungseigentum mehr; die Position eines jeden Miteigentümers (des Alleineigentümers) reduziert sich auf einen Miteigentumsanteil (das Alleineigentum) am Grundstück (OLG Hamm aaO). Es sollte die förmliche Aufhebung des Wohnungseigentums und die Schließung der Wohnungsgrundbücher betrieben werden. – Betrifft die Nichtentstehung nur ein bestimmtes Sondereigentum, sind die Miteigentümer verpflichtet, den isolierten Miteigentumsanteil im Falle der endgültigen Nichtentstehung auf die anderen Anteile zu verteilen (BayObLG NJW-RR 2002, 224), im Falle eines fehlerhaften Gründungsaktes die Voraussetzungen für die Entstehung des Sondereigentums etwa durch Änderung bzw. Anpassung des Gründungsaktes herbeizuführen (BGH DNotZ 2004, 371; OLG München Rpfleger 2008, 632 mit Anm. Grziwotz in MietRB 2008, 301).

30 Auch an **mehreren Gebäuden auf einem Grundstück** kann Wohnungseigentum begründet werden (sog. Mehrhausanlagen). Dabei kann ein „Wohnungseigentum" auch ein ganzes Haus umfassen; zur Gestaltung einer solchen Teilungserklärung s. Rz. 159 ff. und **M 47.5.** Eine solche Aufteilung nach dem WEG wird in der Praxis etwa dann gewählt, wenn eine Grundstücksteilung insbesondere aus bauordnungsrechtlichen Gründen nicht in Betracht kommt.

31 An einem **selbständigen Gebäudeeigentum**, wie es als Sonderform des Eigentums noch in den neuen Bundesländern auftritt, kann **kein Wohnungseigentum** begründet werden (OLG Jena Rpfleger 1996, 194).

d) Abgeschlossenheit des Sondereigentums (Kriterien)

32 Die **Abgeschlossenheit der einzelnen Sondereigentumseinheiten** ist nach § 3 Abs. 2 Satz 1 WEG Voraussetzung für die Begründung von Wohnungseigentum (s. aber Rz. 40). Das entspricht dem sachen- und grundbuchrechtlichen Grundsatz, nach dem Eigentum an Immobilien nur entstehen kann, wenn deren räumliche Abgrenzung eindeutig feststeht. – Näheres regelt die **Allgemeine Verwaltungsvorschrift für die Ausstellung von Bescheinigungen gem. § 7 Abs. 4 Nr. 2 und § 32 Abs. 2 Nr. 2 des Wohnungseigentumsgesetzes** v. 19.3.1974 (BAnz. Nr. 58). Danach sind „abgeschlossene Wohnungen solche Wohnungen, die baulich vollkommen von fremden Wohnungen und Räumen abgeschlossen sind, zB durch Wände und Decken, und einen eigenen abschließbaren Zugang unmittelbar vom Freien, von einem Treppenhaus oder einem Vorraum haben" (Nr. 5a der AVV). – Besondere Kriterien sind für die **Beschaffenheit einer Wohnung** aufgestellt (Nr. 4 der AVV): Sie muss die Führung eines Haushalts ermöglichen und deshalb über eine Küche (oder einen Raum mit Kochgelegenheit) sowie Wasserversorgung, Ausguss und WC verfügen.

33 Ohne Vorlage der amtlichen Bescheinigung über die Abgeschlossenheit darf das Grundbuchamt die Teilung nicht vollziehen. Allerdings ist § 7 Abs. 4 Satz 1 Nr. 2 WEG nur verfahrensrechtliche Sollvorschrift, so dass die **Abgeschlossenheit für die Entstehung des Sondereigentums ohne Bedeutung ist**, ebenso die Abgeschlossenheitsbescheinigung. Beide Kriterien stellen lediglich eine Prüfungserleichterung für das Grundbuchamt dar, sind aber keine notwendige Voraussetzung für die Entstehung von Sondereigentum (BGH MDR 2008, 1266). Ihr Fehlen wird zwar idR die Grundbucheintragung verhindern. **Mit Vollzug der Teilungserklärung entsteht** aber das im Aufteilungsplan dargestellte **Sondereigentum** – die Sondereigentumsfähigkeit vorausgesetzt (Rz. 34) –, und zwar auch dann, wenn die Abgeschlossenheit objektiv nicht vorliegt, sei es bereits von vornherein aus dem Aufteilungsplan erkennbar oder wegen abweichender Bauausführung. Hierzu folgende Beispiele aus der Rechtsprechung:

- Nach BGH (aaO) kann unterschiedliches Sondereigentum an Teilen eines durchgehenden Raumes entstehen, wenn eine im Aufteilungsplan **vorgesehene Trennwand nicht errichtet** wurde, vorausgesetzt, ihre Errichtung ist noch möglich. Die Trennwand im Plan bestimmt die Abgrenzung.
- Auch wenn das Grundbuchamt trotz bereits aus dem Aufteilungsplan erkennbarer fehlender Abgeschlossenheit vollzieht, entsteht wirksames Sondereigentum, so BayObLG (ZMR 2004, 844) für eine Wohnung, die den einzigen Zugang zu einem zum Gemeinschaftseigentum gehörenden **„gefangenen" Dachspitz** darstellte (mit eingeschränktem Mitgebrauch = Betretungsrecht für die Miteigentümer).
- Ähnlich OLG München (MietRB 2009, 108 mit Anm. Klassen) für einen **„gefangenen" TG-Stellplatz**, der nur über eine in fremdem Sondereigentum befindliche Tiefgarage zugänglich war. Da es sich bei § 3 Abs. 2 WEG nur um eine Sollvorschrift handele, hindere die fehlende Abgeschlossenheit die mit dem Grundbuchvollzug eintretende Entstehung von Sondereigentum nach den Vorgaben des Aufteilungsplanes nicht. Dem Eigentümer des gefangenen Raumes billigt das OLG in entsprechender Anwendung des § 917 BGB ein Notwegrecht über fremdes Sondereigentum, gestützt auf § 242 BGB, zu.

34 Grundvoraussetzung ist allerdings, dass überhaupt eine **Raumeigenschaft** oder sonstige Sondereigentumsfähigkeit (wie zB Dachterrasse, s. Rz. 37; Stellplatz auf Oberdeck, s. Rz. 39) gegeben ist.

35 Die Rspr. hat in einer Vielzahl von Entscheidungen **Abgrenzungskriterien** zur Abgeschlossenheit aufgestellt:

36 **Beispiele „nicht in sich abgeschlossen" = nicht sondereigentumsfähig:**

- Raum, der keinen freien Zugang vom Gemeinschaftseigentum aus hat („gefangener Raum"); s. aber Rz. 33;
- Raum, der den einzigen Zugang zu einem im Gemeinschaftseigentum stehenden Raum darstellt (zB Kellerraum, der einziger Zugang zu einem gemeinschaftlichen Geräteraum ist, BayObLG DNotZ 1995, 631); s. aber Rz. 33 und den nächsten Abschnitt;
- WC mit Vorraum, der zwei Einheiten dient und von beiden einen Zugang hat (BayObLG Rpfleger 1984, 407, ähnlich OLG Oldenburg DNotZ 1990, 48);
- einzelne Hotelzimmer (LG Halle NotBZ 2004, 242) oder ein Restaurant innerhalb eines Hotels (OVG Lüneburg DNotZ 1984, 390).

37 **Beispiele „in sich abgeschlossen" = sondereigentumsfähig:**

- Wohnung, die den einzigen Zugang darstellt zu einem „gefangenen Spitzboden", der sich seiner Beschaffenheit nach zum ständigen Mitgebrauch der anderen Wohnungseigentümer ohnehin nicht eignet (BayObLG NJW-RR 1992, 81 und DNotZ 1996, 27);
- Wohnung oder Garage, an der durch Gebrauchsregelung ein Betretungsrecht eingeräumt ist, schadet deren Abgeschlossenheit nicht (BayObLG DNotZ 1989, 433);
- eine baupolizeilich als „zweiter Rettungsweg" vorgeschriebene Verbindungstür zwischen zwei Einheiten beseitigt die Abgeschlossenheit nicht (KG Rpfleger 1985, 107; OLG Frankfurt DNotI-Report 1995, 53; aA Röll MittBayNot 1985, 63);
- freier Zugang besteht auch, wenn dieser über ein Treppenhaus auf fremdem Nachbargrundstück in Ausübung einer Grunddienstbarkeit gesichert ist (OLG Düsseldorf MDR 1987, 235);
- Kellerraum auch, wenn sich darin „nebensächliche" Gemeinschaftsanlagen und -einrichtungen (Gas-, Wasseranschluss, Messvorrichtungen) befinden, die nicht zwingend die Zuweisung auch des Raumes zum Gemeinschaftseigentum gebieten (s. BGH NJW 1979, 2391, 2393; OLG Saarbrücken OLGR 1999, 98);
- Dachterrasse, wenn diese nur über die zugehörige Wohnung erreichbar ist (LG Schwerin NotBZ 2009, 35).

38 ➲ **Praxistipp:** Sollen nicht in sich abgeschlossene Räume gleichwohl einer Einheit zugeordnet werden, kann dies durch die Einräumung eines Sondernutzungsrechts bewirkt werden.

39 Für **Pkw-Stellplätze** gelten folgende Kriterien für ihre Abgeschlossenheit und damit Sondereigentumsfähigkeit:

Abgeschlossenheit liegt vor:

- Für Stellplätze innerhalb des Gebäudes (**Garagenstellplätze); dafür** gelten nach § 3 Abs. 2 Satz 2 WEG und Nr. 6 der AVV **Erleichterungen:** Sie sind in sich abgeschlossen, wenn sie eine Abgrenzung in Gestalt einer **dauerhaften Markierungen** aufweisen (zB festverankerte Geländer oder Begrenzungsschwellen aus Stein oder Metall; in den Boden eingelassene Markierungssteine; Trennstriche aus dauerhaftem Material, zu Farbanstrich VG Düsseldorf BeckRS 2012, 57393). OLG Celle (NJW-RR 1991, 1489) verlangt eine Zugangssperre zu der Garage.
- Für eine **komplette Tief-/Sammelgarage** (OLGR Frankfurt 1995, 14), sofern eine Zugangssperre vorhanden ist. Dass sie im Gefahrenfall als „zweiter Rettungsweg" benutzt werden darf, ist unschädlich (OLG Frankfurt FG-Prax 1995, 101).
- Nach inzwischen überwiegender Rechtsprechung auch für **Pkw-Stellplätze auf einem nicht überdachten Oberdeck** eines Parkhauses oder anderen Gebäudes, sofern das Oberdeck durch Begrenzungseinrichtungen und eine Zugangssperre „in sich abgeschlossen" ist (OLG Frankfurt DNotZ 1977, 312; OLG Celle NJW-RR 1991, 1489; OLG Hamm Rpfleger 1998, 241), dagegen nicht auf dem Dach einer Tiefgarage, das von der Umgebung nicht abgegrenzt ist (OLG Frankfurt OLGZ 84, 32).

- Für eine **Doppelstockgarage (Duplexgarage)** innerhalb eines Gebäudes, aber nur **als Ganzes, nicht** für die **einzelne Bühne** (BayObLG MDR 1995, 568; OLG Jena NotBZ 2005, 219; aA LG München RNotZ 2013, 177; Gleichmann Rpfleger 1988, 10; Hügel NotBZ 2000, 349). – Ein Regelungsmuster enthält **M 47.10**.
- Für **automatische Garagensysteme**, zB Sammelverschiebeparker, sofern baulich die Abgeschlossenheit vorliegt (Röll/Sauren Rz. B 23); das dürfte anzunehmen sein, wenn am Beginn des Zugangs eine sichtbare Abgrenzung iSv. § 3 Abs. 2 Satz 2 WEG vorhanden ist.

Abgeschlossenheit liegt nicht vor:

- für **Stellplätze im Freien,**
- für **Carports,**
- für die **Einzelplätze bei Mehrfachparksystemen**, s.o.

S. auch Rz. 85 u. 116 ff.

e) Abgeschlossenheitsbescheinigung und Aufteilungsplan

Der **Nachweis der Abgeschlossenheit gegenüber dem Grundbuchamt** wird erbracht durch die von der Baubehörde erteilte **Abgeschlossenheitsbescheinigung**, die zusammen mit dem anzusiegelnden Aufteilungsplan (s. Rz. 43 ff.) der Eintragungsbewilligung beizufügen ist, § 7 Abs. 4 Nr. 2 WEG. Nach § 7 Abs. 4 Satz 3 WEG sind die Landesregierungen ermächtigt, durch RechtsVO die Erteilungsbefugnis insgesamt oder für bestimmte Fälle auf öffentlich bestellte oder anerkannte Sachverständige für das Bauwesen zu übertragen oder diese Übertragungsbefugnis auf die Landesbauverwaltungen zu übertragen. Soweit feststellbar, wurde von dieser Ermächtigung noch kein Gebrauch gemacht. 40

➲ **Hinweis:** Entgegen einer teilweise zu registrierenden Praxis darf die Erteilung der Abgeschlossenheitsbescheinigung nicht vom Vorliegen der Baugenehmigung abhängig gemacht werden (BVerwG NJW-RR 1988, 649), auch nicht davon, dass die Trennwände und Trenndecken den jeweiligen (länderrechtlichen) Bauordnungsvorschriften hinsichtlich Wärmedämmung, Schallschutz usw. entsprechen (GemSenOGB NJW 1992, 3290; OLG Stuttgart NJW-RR 1994, 1497). Eine andere Frage ist allerdings, ob die Einholung einer Abgeschlossenheitsbescheinigung vor Erteilung einer erforderlichen Baugenehmigung zweckmäßig ist (zB wegen Planänderungen im Genehmigungsverfahren, durch die der Aufteilungsplan unrichtig wird und es zu einer abweichenden Bauausführung kommt, s. Rz. 48). 41

Das **Grundbuchamt** ist **nicht an die Abgeschlossenheitsbescheinigung** der Baubehörde **gebunden** (KG OLGZ 85, 129); es hat die Frage der Abgeschlossenheit vielmehr selbständig zu prüfen (überw. Rspr. und Lehre; aA LG Frankfurt NJW 1971, 759). Dieses Prüfungsrecht beschränkt sich auf die durch die eingereichten Urkunden mitgeteilten Tatsachen; es erstreckt sich nicht auf die bautechnischen und bauordnungsrechtlichen Fragen (BayObLG Rpfleger 1990, 114). 42

Der **Aufteilungsplan** (Bauzeichnung iSv. § 7 Abs. 4 Nr. 1 WEG) dient dem Bestimmtheitsgrundsatz des Sachen- und Grundbuchrechts; durch ihn soll genau erkennbar gemacht werden, welche Räume zu welchem Sondereigentum gehören und wo die Grenzen von Sondereigentum und Gemeinschaftseigentum verlaufen (BayObLG NJW-RR 1993, 1040). Er umfasst 43

- **Grundrisse aller Geschosse im Maßstab 1:100** (auch solcher, die ausschließlich Gemeinschaftseigentum aufweisen);
- **Schnitte und Ansichten** (BayObLG DNotZ 1980, 747; ZMR 1998, 43). Bei Nebengebäuden (zB Garage), die im Gemeinschaftseigentum verbleiben, sind Schnitte entbehrlich (BayObLG aaO);
- einen **Lageplan** des Grundstücks mit eingezeichnetem Gebäude (nach OLG Bremen DNotZ 1980, 489 zwingend nur, wenn mehrere selbständige Gebäude vorhanden sind).

Jedes Sondereigentum ist mit **einer Nummer** zu kennzeichnen, die in alle zu diesem Sondereigentum gehörenden Räume einzutragen ist (§ 7 Abs. 4 Nr. 1 WEG). Zur klaren Abgrenzung zum Gemeinschaftseigentum und zwischen den einzelnen Sondereigentumseinheiten kann es zweckmäßig sein, **jede Einheit** auch mit einer **einheitlichen Farbe** zu markieren. 44

f) Widersprüche im Erklärungsinhalt, abweichende Bauausführung

45 Durch die **Teilungserklärung mit Aufteilungsplan** wird festgelegt, was zum Gemeinschaftseigentum und was zum jeweiligen Sondereigentum gehört. Diese Festlegung wird mit dem Grundbuchvollzug dinglicher Inhalt des Sondereigentums und nimmt damit am öffentlichen Glauben des Grundbuchs teil (BayObLG DNotZ 1980, 745).

46 Bei **Diskrepanzen zwischen Beschreibung und Plänen** hat wegen ihrer Gleichwertigkeit kein Erklärungswille Vorrang (BGH DNotZ 1996, 289 mit Anm. Röll; BayObLG MittBayNot 1999, 559). Das Grundbuchamt muss die Eintragung ablehnen; trägt es gleichwohl ein, so ist im Zweifel **kein wirksames Sondereigentum** entstanden (OLG Stuttgart Rpfleger 1981, 109; BayObLG DNotZ 1982, 244 zu einem nicht nummerierten und nicht farbig gekennzeichneten Hobbyraum; OLG Karlsruhe NJW-RR 1993, 1294; OLGR Hamm 2003, 295 für Garagen, die im Plan als „Stellplätze keine Garagen" beschrieben waren; s. auch Ritzinger BWNotZ 1988, 5). Der betreffende Raum bleibt Gemeinschaftseigentum, die Erklärung kann aber uU als Einräumung eines Sondernutzungsrechts ausgelegt werden (OLG Frankfurt OLGZ 1989, 50). – Wird zur Bestimmung eines Sondernutzungsrechts auf eine separate Zeichnung Bezug genommen, die mit dem Aufteilungsplan im Widerspruch steht, so gebührt allerdings der Zeichnung der Vorrang, sofern es sich um Sondernutzungsrechte an Grundstücksflächen (zB Stellplätze im Freien), nicht um Gebäudeteile handelt (OLG Hamburg OLGZ 1990, 308).

47 Die Unwirksamkeit beschränkt sich auf die von dem Widerspruch betroffenen Teile, sofern nicht das Gesamtgefüge berührt ist (so BGH DNotZ 1996, 289; hierzu kritisch Weitnauer § 3 WEG Rz. 22 ff.). Insoweit bestehen weiter Miteigentumsanteile ohne verbundenes Sondereigentum (sog. isolierte Miteigentumsanteile, s. hierzu Rz. 29).

48 Auch eine von den Plänen **abweichende Bauausführung** kann zur Nichtentstehung von Sondereigentum führen (zum Ganzen auch Thoma RNotZ 2008, 121, 127 und DNotI-Report 2015, 41). Hier erleichtert es die rechtliche Einordnung, wenn man zunächst die – seltenen – Fälle der extremen Abweichungen von denjenigen Abweichungen unterhalb dieser Schwelle scheidet: Wird vom Aufteilungsplan in einer Weise abgewichen, die es unmöglich macht, die errichteten Räume einer in dem Aufteilungsplan ausgewiesenen Raumeinheit zuzuordnen, entsteht an ihnen kein Sondereigentum, sondern gemeinschaftliches Eigentum (**extreme Abweichung**: BGH MDR 2004, 439; OLG München mit Anm. Hügel MietRB 2005, 320; OLG Frankfurt ZMR 2012, 30); entsteht dabei ein isolierter, nicht mit Sondereigentum verbundener Miteigentumsanteil, so sind die Miteigentümer verpflichtet, den Teilungsvertrag nebst Aufteilungsplan der tatsächlichen Bebauung anzupassen, soweit ihnen dies – ggf. auch gegen Ausgleichszahlungen – zumutbar ist (BGH 2004, 439; s. auch BGH MDR 2015, 452 zur Erwerberhaftung). Nicht in diese Kategorie fällt die bloße räumliche Verschiebung des gesamten Gebäudes gegenüber dem Plan: Diese lässt die Entstehung von Sondereigentum unberührt.

49 Jenseits der Fälle der extremen Abweichung sind zweckmäßigerweise wiederum verschiedene Fallgruppen der Divergenz von Aufteilung und Bauausführung zu unterscheiden:

- Gehört ein Raum aufgrund der Abweichung faktisch zu einer anderen Wohnung, berührt dies die Wirksamkeit der Entstehung von Sondereigentum nicht. Nach hM ist der **Aufteilungsplan maßgeblich**, d.h. der Raum gehört rechtlich zu dem Sondereigentum, zu dem er nach der Aufteilung gehören soll, und die Grenze zwischen den beiden Sondereigentumseinheiten verläuft innerhalb der Wohnung (Bärmann/Klein § 2 WEG Rz. 74, 81). Entsprechendes gilt für die Zusammenlegung zweier Wohnungen zu einer (BayObLG Rpfleger 1982, 21). Für die Änderung der Eigentumsverhältnisse bedarf es der Einigung und Eintragung hinsichtlich des betroffenen Raumes.
- Stets **unschädlich** ist **eine sich innerhalb eines Sondereigentums abspielende abweichende Bauausführung**, bei der Gemeinschaftseigentum (zB tragende Wände, Außenansicht) nicht betroffen ist. Das Gleiche gilt bei Teilung eines geplanten Gebäudes, wenn es sich um unwesentliche oder geringfügige Abweichungen handelt (BayObLG DNotZ 1989, 779).
- Problematisch sind die Fälle der **Grenzverschiebung zwischen Sonder- und Gemeinschaftseigentum**: Abgesehen von den Fällen der extremen Abweichung entsteht das Sondereigentum,

und für den Fall des „Überbaus" von Sondereigentum in Gemeinschaftseigentum hat der BGH mit seiner Entscheidung vom 18.7.2008 (BGHZ 177, 238 = MDR 2008, 1266) die sehr umstrittene Abgrenzung dahingehend entschieden, dass in dem im Aufteilungsplan definierten Bereich (Raum) Sondereigentum entsteht, dieses aber auch räumlich hierauf beschränkt ist („Luftschranke"). Nach der wohnungseigentumsrechtlichen Treuepflicht sind die Wohnungseigentümer untereinander zur Herstellung einer Kongruenz von Sach- und Rechtslage verpflichtet: Ist die Anpassung der baulichen Situation an die rechtliche unmöglich oder unzumutbar, verbleibt nur – ggf. gegen Geldentschädigung – die Änderung der rechtlichen Zuordnung.

➲ **Hinweis:** Auch wenn die Rechtsprechung bei der Annahme der Unwirksamkeit der Aufteilung bzw. der Entstehung von Sondereigentum restriktiv ist, sollte auf die Übereinstimmung von Aufteilungsplänen und Bauausführung großen Wert gelegt werden. Die Vermeidung von Entstehungsmängeln ist auch deshalb besonders wichtig, weil eine Heilung durch Grundbuchvollzug ebenso wenig eintritt wie durch gutgläubigen Erwerb (OLG Düsseldorf Rpfleger 1986, 131). Hierüber hinaus ist die „Reparatur" von Divergenzen zwischen Aufteilung und Bauausführung – vor allem in etwas größeren Gemeinschaften – im Regelfall mit sehr großem Aufwand und erheblichen Kosten verbunden. 50

g) Mitwirkung Dritter?

Die **Begründung** von Wohnungseigentum bedarf **keiner Zustimmung dinglich Berechtigter** (von Grundpfandrechten – BGH MDR 2012, 396, Dienstbarkeiten, Vorkaufsrechten usw.), auch nicht der die Zwangsvollstreckung betreibenden Gläubiger (OLG Frankfurt OLGZ 87, 266). Die Belastungen werden unverändert in alle Wohnungsgrundbücher übertragen. Aus Hypotheken und Grundschulden werden Gesamtbelastungen. Das gilt allerdings nur für Belastungen des Grundstücks insgesamt. Die Zustimmungsfreiheit bezieht sich ggf. auf den gesamten zulässigen Inhalt des Wohnungseigentums, auch auf etwaige Veräußerungsbeschränkungen nach § 12 WEG (OLG Frankfurt/Main Rpfleger 1996, 340). 51

Bei **Teilung eines Erbbaurechts** ist **keine Zustimmung des Grundstückseigentümers** erforderlich (BayObLG DNotZ 1978, 626; von Oefele/Winkler Rz. 3. 112), außer bei einer Verteilung des Erbbauzinses auf die einzelnen Einheiten. Die Zustimmungsbedürftigkeit kann nicht zum vertragsmäßigen Inhalt des Erbbaurechts gemacht werden, wohl aber schuldrechtlich vereinbart und die Verletzung zum Auslöser für Sanktionen, zB des Heimfalls, bestimmt werden (s. Kap. 49 Rz. 113 ff., 130 ff.). 52

Ist bei einer Teilung nach § 3 WEG ein **selbständiger Miteigentumsanteil belastet**, stellt die Begründung von Wohnungseigentum allerdings eine Inhaltsänderung des Belastungsobjekts iSv. §§ 876, 877 BGB dar, so dass es in diesem Fall der **Zustimmung dieses dinglich Berechtigten** bedarf (BayObLG Rpfleger 1986, 177; Weitnauer § 3 WEG Rz. 75 ff.; aA Bärmann/Armbrüster § 1 WEG Rz. 83 ff.; jew. mwN), so etwa bei einem Nießbrauch an einem separaten Miteigentumsanteil (nicht aber bei einem Quotennießbrauch in Bezug auf das ganze Grundstück). 53

Der Inhaber einer Dienstbarkeit, die sich auf einen bestimmten in Sondereigentum umzuwandelnden Gebäudeteil beschränkt (zB Wohnungsrecht, Dauerwohnrecht), braucht nach Weitnauer (§ 3 WEG Rz. 80 unter Berufung auf BayObLG NJW 1957, 1840) nicht zuzustimmen: sein Recht bestehe als Belastung des betroffenen Sondereigentums fort, die anderen Einheiten würden frei. 54

Wegen der Mitwirkungserfordernisse bei späteren Änderungen s. Rz. 182 ff. 55

Zur – zu verneinenden – Genehmigungsbedürftigkeit nach § 1821 Abs. 1 Nr. 1 BGB bei Aufteilung nach § 8 WEG: KG MDR 2015, 269. 55a

h) Behördliche Genehmigungen und Bescheinigungen

Neben der Abgeschlossenheitsbescheinigung kann noch der **Genehmigungsvorbehalt für Fremdenverkehrsgebiete** zu beachten sein. Nach § 22 BauGB sind die Länder ermächtigt, durch VO Gemeinden zu bestimmen, die durch Satzung für die Begründung von Wohnungseigentum einen solchen Genehmigungsvorbehalt vorsehen können; davon haben einige Länder Gebrauch gemacht (zB Baden-Württemberg, Bayern, Niedersachsen, Nordrhein-Westfalen, Schleswig-Holstein). Seit 56

1.1.1998 (teilweise mit Rückwirkung zum 26.6.1997) besteht auch eine Genehmigungspflicht, wenn Wohnungseigentum im Bereich einer Erhaltungssatzung begründet werden soll und die Landesregierung durch Rechtsverordnung eine solche Genehmigungspflicht dekretiert hat (§§ 172 ff. BauGB; s. im Einzelnen DNotI-Report 1997, 159 sowie zB die im März 2015 in Kraft getretene Umwandlungsverbotsverordnung in Berlin).

57 Eine **steuerliche Unbedenklichkeitsbescheinigung** ist dagegen **idR nicht erforderlich**, es sei denn bei konkreten Anhaltspunkten für das Vorliegen eines grunderwerbsteuerrelevanten Tatbestandes, etwa einer erheblichen Diskrepanz zwischen dem Miteigentumsanteil und dem verbundenen Sondereigentum (LG Marburg DNotI-Report 1996, 207). Bei einer der Teilung vorausgehenden Anpassung der Miteigentumsanteile durch Teilübertragungen (s. **M 47.14**) liegt ein solcher Tatbestand immer vor.

IV. Bedeutung und Inhalt der Teilungserklärung

1. Bedeutung

58 Durch die Teilungserklärung werden die tatsächlichen und rechtlichen Verhältnisse für die Wohnungseigentümergemeinschaft und die einzelnen Wohnungseigentümer verbindlich festgelegt, durch die Eintragung im Grundbuch werden diese Festlegungen, auch die Regeln der Gemeinschaftsordnung (§ 5 Abs. 4 WEG), **dinglicher Inhalt** aller Einheiten und damit dem Eigentum immanent: Sie wirken **für und gegen Rechtsnachfolger**, ob diese sie beim Erwerb kannten oder nicht. Umgekehrt sind Regelungen ohne diese dingliche Wirkung bei jeder Veräußerung gefährdet. – Zur dinglichen Wirkung bestimmter Beschlüsse und von gerichtlichen Entscheidungen s. Rz. 64.

59 ➲ **Wichtig:** Die inhaltliche Gestaltung einer Teilungserklärung ist deshalb mit besonderer Sorgfalt und nach den Gegebenheiten und Bedürfnissen des Einzelfalles vorzunehmen: Jede Wohnungseigentümergemeinschaft braucht ihre für sie passende Teilungserklärung. Vor einer blinden Übernahme eines der zahlreichen Formulare – auch der Muster in diesem Buch – sei deshalb nachdrücklich gewarnt. Die Folgen mangelnder Sorgfalt zeigen sich oft erst nach Jahren, wenn steigende Kosten, anfallende Reparaturen, Eigentümerwechsel oder querulatorische Beteiligte die Teilungserklärung auf den Prüfstand stellen.

60 Die Festlegungen in der Teilungserklärung, insbesondere in der zugehörigen Gemeinschaftsordnung (zu deren Inhalt s. Rz. 90 ff.), haben **Vereinbarungscharakter** mit der Konsequenz, dass sie idR nur wieder durch eine Vereinbarung aller Wohnungseigentümer geändert werden können, es sei denn, das WEG oder die Teilungserklärung sehen **Ausnahmen** (Erleichterungen) vor und erlauben auch **Mehrheitsbeschlüsse** oder gestehen Beschlüssen Bestandskraft zu.

61 **Zulässige Mehrheitsbeschlüsse nach WEG:**

- § 12 Abs. 4 WEG: Aufhebung einer Veräußerungsbeschränkung, s. Rz. 93.
- § 15 Abs. 2 WEG: Regelungen zum ordnungsmäßigen Gebrauchs des Sonder- und Gemeinschaftseigentums.
- § 21 Abs. 3 u. 5 Nr. 2 u. § 22 Abs. 1 WEG: Regelungen über die ordnungsmäßige Instandhaltung oder Instandsetzung des Gemeinschaftseigentums.
- § 16 Abs. 3 und 4 WEG: Regelungen zur Kostentragung.
- § 21 Abs. 3 WEG: Regelungen zur ordnungsmäßigen Verwaltung des Gemeinschaftseigentums.
- § 21 Abs. 7 WEG: Regelungen für Zahlungen (Fälligkeit, Verzugsfolgen ua.).
- § 22 Abs. 2 WEG: Maßnahmen der Modernisierung und der Anpassung an den Stand der Technik, s. Rz. 128.
- § 22 Abs. 1 WEG: Kein Zustimmungserfordernis zu baulichen Veränderungen und überordnungsmäßige Instandhaltung und Instandsetzung für nicht beeinträchtigte Wohnungseigentümer, s. Rz. 127 u. 135.

Bestandskräftige Mehrheitsbeschlüsse nach WEG und Rspr.: 62

- § 23 Abs. 4 WEG: Mehrheitsbeschluss, der nicht gegen eine unabdingbare Rechtsvorschrift verstößt, ist gültig, solange er nicht durch rechtskräftiges Urteil für ungültig erklärt ist, s. Rz. 136.
- Faktische Bestandskraft zB durch Wegfall eines Beseitigungsanspruch gegen eigenmächtige bauliche Veränderungen durch Verjährung oder der Verwirkung, s. Rz. 132.

Zulässige (Öffnungs- bzw. Verschärfungs-)Klauseln in der Teilungserklärung: 63

- Zulässig ist eine **Öffnungsklausel für Mehrheitsbeschlüsse**, durch die die Festlegung oder Änderung von Nutzungsbefugnissen, baulichen Maßnahmen, der Kostenverteilung, des Abstimmungsverfahrens usw. einem Mehrheitsbeschluss oder der Entscheidung des Verwalters zugänglich gemacht wird. Die Zulässigkeit einer solchen den Vereinbarungscharakter nach § 15 WEG relativierenden Öffnungsklausel ergibt sich aus § 10 Abs. 2 Satz 2 WEG.
- Umgekehrt kann das gesetzliche **Mehrheitsprinzip** durch ein **Einstimmigkeitsprinzip ersetzt** werden, soweit das Mehrheitsprinzip nach dem Gesetz nicht unabdingbar ist (OLGR Hamm 2008, 754). Zulässig ist demnach auch die Festlegung einer höheren (qualifizierten) Mehrheit.

➲ **Wichtig:** Vom Grundsatz, dass nur im Grundbuch eingetragene Vereinbarungen sowie deren Abänderung oder Aufhebung dingliche, dh für und gegen Sonderrechtsnachfolger geltende Wirkung erzeugen (s. Rz. 58), sieht § 23 WEG Ausnahmen vor: Nach dieser Vorschrift gefasste Beschlüsse (s. Rz. 61) und gerichtliche Entscheidungen in einem Rechtsstreit nach § 43 WEG haben diese dingliche Wirkung auch ohne Grundbucheintragung, selbst wenn die Beschlüsse vom Gesetz abweichen oder eine Vereinbarung ändern (§ 10 Abs. 4 WEG). Nach OLG München (NotBZ 2010, 106) sind sie weder eintragungsbedürftig noch eintragungsfähig. 64

Die nachfolgenden Erläuterungen beschränken sich auf die besonders regelungsbedürftigen Punkte und sind als eine Art Checkliste für die Erarbeitung einer Teilungserklärung zu betrachten. Ergänzende Erläuterungen enthalten die Fn. zu den Mustern. 65

2. Unabdingbare Vorschriften

Grundsätzlich herrscht im Bereich des Wohnungseigentums Vertragsfreiheit mit dem Recht, den Inhalt frei zu gestalten (Abschnitte 2 und 3 des WEG), § 10 Abs. 1 Satz 2 WEG. Allerdings gibt es im WEG einige zwingende Vorschriften: 66

Checkliste: „Zwingende Vorschriften“ 67

- ☐ § 5 Abs. 2 WEG: Zwingendes Gemeinschaftseigentum, s. Rz. 73 f.;
- ☐ § 6 WEG: Sondereigentum ist unselbständig, also nicht lösbar von einem Miteigentumsanteil;
- ☐ § 11 WEG: Grundsätzliche Unauflösbarkeit der Gemeinschaft, s. aber Rz. 138 ff.;
- ☐ § 12 Abs. 2 WEG: Verweigerung einer Veräußerungszustimmung nur aus wichtigem Grund;
- ☐ § 12 Abs. 4 Satz 1 u. 2 WEG: Mehrheitsbeschluss für die Aufhebung einer Veräußerungsbeschränkung;
- ☐ § 16 Abs. 5 WEG: Mehrheitsbeschluss – zT qualifizierte Mehrheit – für abweichende Regelungen zu Betriebskosten und Kosten der Instandhaltung und Instandsetzung in bestimmten Fällen;
- ☐ § 18 Abs. 1 und 4 WEG: Entziehung aus wichtigem Grund; ob auch § 18 Abs. 3 WEG – Mehrheit – unabdingbar, ist streitig;
- ☐ § 20 Abs. 2 WEG: Verwalterbestellung nicht ausschließbar;
- ☐ § 22 Abs. 2 WEG: Mehrheitsbeschlüsse für Modernisierungsmaßnahmen ua.;
- ☐ § 26 Abs. 1 Satz 1 und 2 WEG: Bestellungszeitraum für Verwalter höchstens drei (bei Erstbestellung), danach fünf Jahre, Abberufung aus wichtigem Grund;
- ☐ § 27 Abs. 3 WEG: Aufgaben und Befugnisse des Verwalters;
- ☐ §§ 43 ff. WEG: Örtliche und sachliche Gerichtszuständigkeit, Gerichtsverfahren.

3. Objektbeschreibung

68 Die **Beschreibung der Wohnungs- und Teileigentumseinheiten** besteht aus der

- **Festlegung der Miteigentumsanteile** am Gemeinschaftseigentum, idR nach dem Verhältnis der Nutzflächen zueinander, was aber nicht zwingend ist (BayObLG Rpfleger 1982, 418), und der
- **Zuordnung** (Verbindung) **des Sondereigentums** (bestimmter Räume oder Raumeinheiten) zu den Miteigentumsanteilen.

69 Die Beschreibung des Sondereigentums kann ausführlich („Wohnung Nr. 1 im Erdgeschoss links, bestehend aus drei Zimmern, Küche, Bad/WC und Keller") oder summarisch („Wohnung Nr. 1") erfolgen. Eine erläuternde Beschreibung kann aber notwendig sein, wenn Gebäudeteile oder Anlagen betroffen sind, deren Sondereigentumsfähigkeit nicht augenfällig ist (zB Erdterrassen, Pkw-Abstellplätze auf einem Garagendach; s. Rz. 73 ff.).

70 Nach § 7 Abs. 4 Nr. 1 WEG müssen **alle Räume einer Einheit** im Plan und entsprechend in der Teilungserklärung mit der **gleichen Nummer** (arabische oder römische Zahlen) gekennzeichnet werden, somit die verschiedenen Einheiten mit unterschiedlichen Nummern. Auch Zahlenkombinationen sind zulässig (zB „Wohnung Nr. I 1.3" für die Wohnung Nr. 3 im 1. Geschoss des Gebäudes I), auch die Verwendung von Buchstaben.

71 Wegen unterschiedlicher Nummern für eine Einheit bei nachträglichen Änderungen s. Rz. 203, bei Teilung einer Einheit **M 47.13** Fn. 2.

4. Gemeinschafts- und Sondereigentum

72 In Teilungserklärungen finden sich häufig Aufzählungen zum Gemeinschafts- und Sondereigentum, die die ohnehin bestehende Rechtslage wiedergeben sollen (was zwar häufig unschädlich, aber grundsätzlich eher nicht empfehlenswert ist, zutr. Müller ZWE 2013, 203, 205). Andererseits wird zwingendes Gemeinschaftseigentum (unzulässig) dem Sondereigentum zugeordnet. Bei der Vermeidung solcher Fehler sollen die folgenden Ausführungen und Checklisten helfen.

73 **Gemeinschaftseigentum** ist alles, was nicht in der Teilungserklärung zu Sondereigentum erklärt worden ist; bei Widersprüchlichkeit entsteht kein Sondereigentum (OLG München ZWE 2012, 487). Dabei ist der Bestimmung lediglich entzogen, was zwingend Gemeinschaftseigentum ist. Dies sind nach § 5 Abs. 2 WEG

- Bestandteile, die **für den Bestand und die Sicherheit des Gebäudes** erforderlich sind, das sind alle Gegenstände (Teile usw.), deren Veränderung, Beseitigung oder Einfügung das gemeinschaftliche Eigentum oder die Rechte eines anderen Sondereigentümers über das nach § 14 Abs. 1 Nr. 3 WEG zulässige Maß hinaus beeinträchtigen oder die äußere Gestalt des Gebäudes verändern würden;
- Anlagen und Einrichtungen, die dem **gemeinschaftlichen Gebrauch** dienen, und zwar dergestalt, dass die Nutzung des Gebäudes davon abhängt (zB Heizungsanlage, Fahrstuhl, Treppenhaus und dergl.).

Im Einzelnen gilt:

74 **Checkliste: „Zwingendes Gemeinschaftseigentum"**

☐ Grund und Boden;

☐ Fundament, Haupt- und Stützmauern;

☐ Fassade, Dach (auch Flachdach), Schornsteine;

☐ Zwischenböden sowie tragende und verschiedenes Eigentum trennende Mauern und Decken;

☐ Rauchmelder (BGH WuM 2013, 427);

☐ Isolierschichten und Estrich;

☐ Wohnungseingangstüre (BGH NJW 2014, 379);

☐ zentrale Heizungsanlage (BayObLG DNotZ 1992, 490 einschl. des einzigen Zugangs zur Heizung); versorgt die Heizungsanlage auch andere Gebäude (teilweise Fremdversorgung), ist sie sondereigentumsfähig (BGH Rpfleger 1975, 124; Hurst DNotZ 1984, 66; Weitnauer § 5 WEG Rz. 24 hält die Heizungsanlage stets für sondereigentumsfähig);

- ☐ Heizungs- und Thermostatventile (OLG Hamm NJW-RR 2002, 156; OLG Stuttgart ZMR 2008, 243; LG Landshut TMR 2009, 145; s. auch Pfeilschifter jurisPR-MietR 18/2009 Anm. 5), auch Heizkostenverteiler (Röll/Sauren Rz. B 21);
- ☐ Leitungsschächte und Versorgungsleitungen (auch soweit sie im Bereich des Sondereigentums liegen: BGH MDR 2013, 456; J.-H. Schmidt ZMR 2005, 669; aus der früheren Rspr. BayObLG WE 1994, 21);
- ☐ Treppen, Flure, Fahrstuhl, Durchgangsräume (BayObLG Rpfleger 1980, 477; Rpfleger 1986, 220);
- ☐ generell: Räume (und Flächen), denen das Kriterium der Abgeschlossenheit und damit die Sondereigentumsfähigkeit fehlt.

Sondereigentum entsteht stets durch ausdrückliche Bestimmung (in der Teilungserklärung oder späteren Änderungserklärungen), und zwar primär an bestimmten Räumen bzw. Raumeinheiten (§§ 5 Abs. 1 und 3 Abs. 1 WEG), die das Kriterium der Abgeschlossenheit erfüllen müssen (Rz. 39 ff.), und in deren Gefolge an zu diesen Räumen gehörenden Bestandteilen des Gebäudes, die nicht zwingend Gemeinschaftseigentum sind. Dabei gehören automatisch, dh. ohne ausdrückliche Bestimmung, und zwingend zum Sondereigentum: 75

Checkliste: „Automatisch zum Sondereigentum gehören“ 76

- ☐ Innentüren;
- ☐ nichttragende Innenwände eines Sondereigentums;
- ☐ tragende Wände oberhalb des Rohputzes (Feinputz, Tapeten, Verkleidung);
- ☐ Fußbodenbelag;
- ☐ Sanitärgegenstände (Dusch-, Badewanne, Waschbecken, Armaturen und dergl.);
- ☐ Heizkörper innerhalb des Sondereigentums (Röll/Sauren Rz. B 21), nicht aber die Heizkostenverteiler und die Ventile (s. Rz. 74); aA Greiner „Wohnungseigentumsrecht“ 2007 Rz. 31;

Zu Fragen der Abgrenzung von Sondereigentum und Gemeinschaftseigentum s. auch Ott in MietRB 2004, 126 und 130.

Für andere Gebäudeteile, die nicht zwingend Gemeinschaftseigentum sind, kommt eine Zuweisung zum Sondereigentum in der Teilungserklärung in Betracht; wenn und soweit keine Zuweisung erfolgt, handelt es sich um Gemeinschaftseigentum (so konsequent OLG München MittBayNot 2012, 215 zu Balkon bei fehlender Nummerierung im Aufteilungsplan und fehlender Erwähnung in der Teilungserklärung). 77

Eine **Sonderstellung hinsichtlich des Regelungsbedarfs** nehmen Gebäudeteile ein, die von ihrer Anordnung und Funktion her zwei Seiten aufweisen: eine nach außen und eine dem Sondereigentum zugewandte. Das sind zB 78

- nach außen gehende Fenster und Türen (auch Wohnungsabschlusstüren zum Treppenhaus);
- außen liegende Jalousien und Klappläden; Rollläden sollen Sondereigentum sein können (LG Memmingen Rpfleger 1978, 101), ebenso Rollladenkästen, sofern sie nicht Fassadenbestandteil sind (Röll/Sauren Rz. B 31);
- Fenstergitter;
- Schaufenster.

Alle diese Teile gehören nach einhelliger Rechtsprechung und Lehre (zB Weitnauer § 5 WEG Rz. 18 ff.; Bärmann/Armbrüster § 5 WEG Rz. 25 ff.; jeweils mwN) als Teil der Fassade oder der Außenabgrenzung des Sondereigentums zwingend zum Gemeinschaftseigentum und sind „schlechthin dem Sondereigentum entzogen“ (Weitnauer aaO; OLG Karlsruhe NZM 2011, 204). Eine **vertikale Aufspaltung** des Eigentums in eine Innenseite als Sondereigentum und eine Außenseite als Gemeinschaftseigentum ist **unzulässig** (so LG Stuttgart Rpfleger 1973, 401 für eine zum Treppenhaus führende Abschlusstür; LG Lübeck Rpfleger 1978, 490 für die Innenteile von Fenstern). Bei 79

Doppelfenstern (getrennte Innen- und Außenrahmen) können die Innenfenster (Rahmen und Glas) allerdings Sondereigentum sein (BayObLG ZWE 2000, 177), nicht aber die Innenscheiben von mehrfachverglasten Fenstern in einem einheitlichen Rahmen (BayObLG NJW-RR 1996, 140).

80 Die Gemeinschaftsordnung kann (und sollte) für solche „Problembereiche" von vornherein die Instandhaltungspflichten entsprechend regeln oder solche Teile der jeweiligen Einheit – mit entsprechender Instandhaltungspflicht – zur Sondernutzung zuweisen. Die Art und Weise der Gestaltung der Außenseite und die Entscheidung, wann Instandhaltungsmaßnahmen durchzuführen sind, sollte jedoch stets der Entscheidung der Gemeinschaft (oder des Verwalters) vorbehalten bleiben.

81 Die Zulässigkeit der Bildung von **Mit-Sondereigentum** für einige Eigentümer an Räumen oder Anlagen, die nur diesen dienen, ist umstritten (abl. die immer noch hM: OLG Hamm DNotZ 1986, 225 mit Anm. Röll; BayObLG DNotZ 1982, 246 und Rpfleger 1988, 102; OLG Schleswig DNotZ 2007, 620; Bärmann/Armbrüster § 5 WEG Rz. 27 ff.). Hiervon zu unterscheiden und von der hM anerkannt wird das sog. „Nachbareigentum", wenn es sich um einen Gebäudeteil handelt, der sondereigentumsfähig wäre, wenn er innerhalb eines einheitlichen Sondereigentums läge, zB eine nichttragende Zwischenwand zwischen Raumeinheiten (so jetzt BGH NJW 2001, 1212; OLG Schleswig aaO; s. auch OLG Zweibrücken NJW-RR 1987, 332, das Miteigentum an Leitungen bejaht).

82 Die **Bedeutung der Zuweisung zum Sondereigentum** liegt auf der einen Seite in dem daraus resultierenden alleinigen Nutzungsrecht, auf der anderen Seite in der Pflicht zur Instandhaltung und Kostentragung, also der alleinigen wirtschaftlichen Verantwortlichkeit.

83 Eine **unwirksame Zuordnung** solcher Gebäudeteile zum Sondereigentum **kann** ggf. **in eine Instandhaltungspflicht** zu Lasten des betreffenden Eigentümers **umgedeutet werden** (OLG Hamm MDR 1992, 258 für Außenfenster; KG ZMR 1999, 204 für formunwirksam eingeräumtes Sondereigentum an einem Raum).

84 Einige Beispiele aus der **Rechtsprechung zur Sondereigentumsfähigkeit** bestimmter Gebäudeteile können zur weiteren Verdeutlichung und Abgrenzung beitragen.

85 **Beispiele aus der Rechtsprechung**

- **Dachterrassen** sind einschließl. Bodenbelag sondereigentumsfähig (OLG Köln Rpfleger 1976, 185; LG Schwerin NotBZ 2009, 35), sofern sie in den Plänen eindeutig einer Einheit zugeordnet sind (LG Köln ZMR 2003, 66), nicht aber die darunter liegenden, unabdingbar zum Gemeinschaftseigentum gehörenden Abdichtungs- und Isolierschichten (BayObLG WuM 1985, 30).
- **Erdterrassen** sind nur dann (ausnahmsweise) sondereigentumsfähig, wenn sie planerisch in das Gebäude einbezogen und vom Grundstück (Garten) ringsum vertikal abgegrenzt sind (OLG Köln Rpfleger 1983, 278), zB durch Mauer, Zaun, Böschung; eine Plattierung ohne jegliche vertikale Abgrenzung reicht nicht (LG Frankfurt ZMR 1993, 184).
- **Balkone und Loggien** sind als Raum ebenfalls sondereigentumsfähig, nicht aber die konstruktiven Teile einschl. Feuchtigkeitsschutz wie Außenwand, Brüstung, Decke, Bodenplatte (Belag aber sondereigentumsfähig), Gitter (BGH NJW 1985, 1551), Isolierschicht und Abdichtung zum Gebäude (OLG München DNotZ 2007, 690). Zu den Abgrenzungsfragen ausführlich J.-H. Schmidt in MietRB 2005, 83 u. 2005, 107.
- Zu **Pkw-Stellplätzen und Garagen** s. die Erläuterungen zur Abgeschlossenheit Rz. 39, die gleichzeitig die Frage der Sondereigentumsfähigkeit beantworten.

86 **Niemals**, auch nicht teilweise, können **Sondereigentum** sein: der Garten; Pkw-Abstellplätze im Freien (auch nicht ein sog. „Car-Port", dh. ein lediglich überdachter Stellplatz, BayObLG Rpfleger 1987, 217); Gebäudeteile, die für Bestand und Sicherheit erforderlich sind; Anlagen und Einrichtungen zum gemeinschaftlichen Gebrauch (Böttcher ZNotP 2013, 131).

87 Mit einem **„fürsorglichen" Sondernutzungsrecht** für den Fall, dass die Zuweisung zum Sondereigentum als unzulässig angesehen wird (so in § 3 Abs. 3 des **M 47.1**), lassen sich Unsicherheiten oder Auslegungsprobleme vermeiden. Wegen der Zulässigkeit einer solchen Regelung s. BayObLG (DWEigt 1984, 30), wonach sogar ohne eine entsprechende Regelung eine Umdeutung unwirk-

samen Sondereigentums in ein Sondernutzungsrecht möglich ist (auch OLG Köln MittRhNotK 1996, 61).

5. Veräußerungsbeschränkungen

Nach § 12 Abs. 1 WEG kann die Veräußerung eines Wohnungseigentums von einer **Veräußerungszustimmung** seitens der anderen Wohnungseigentümer oder eines Dritten (idR des Verwalters) abhängig gemacht werden. Allerdings kann nach der zwingenden Vorschrift des § 12 Abs. 2 Satz 1 WEG die Zustimmung ohnehin **nur aus wichtigem Grund verweigert** werden, wobei nur **Gründe in der Person des Erwerbers** die Verweigerung rechtfertigen, nicht andere Gründe (BayObLG NJW-RR 1993, 280; OLGR Köln 2005, 25). 88

Da eine solche Zustimmung auch dem Grundbuchamt nachzuweisen ist, sprechen jedenfalls **bei kleinen Gemeinschaften** mehr Gründe **gegen** als für die Aufnahme der **Zustimmungsbedürftigkeit**: 89

- Häufig Verzögerung der Vertragsabwicklung.
- Kosten (Beglaubigungsgebühr; ggf. Aufwandsgebühr des Verwalters).
- Probleme beim Fehlen eines wirksam bestellten Verwalters (s. Rz. 232 ff.; s. auch OLG Zweibrücken NJW-RR 1987, 269).

In kleineren Gemeinschaften kann dem Wunsch nach Verhinderung des Eindringens unbekannter Dritter zB durch die Einräumung eines Vorkaufsrechts Rechnung getragen werden (im Regelfall aber nur im Rang nach Finanzierungsgläubigern). **Bei größeren Gemeinschaften** spricht **für** eine Aufnahme der **Zustimmungsbedürftigkeit**, dass eine gewisse Kontrolle sowie die Mitteilung eines Eigentumswechsels an den Verwalter gewährleistet sind (was sich aber auch auf anderem Wege regeln ließe). 90

Bei Aufnahme einer Veräußerungsbeschränkung sollten unbedingt die **von den Kreditgebern durchweg verlangten Ausnahmen** in die Teilungserklärung aufgenommen werden, also keine Veräußerungszustimmung bei Veräußerung im Wege der Zwangsvollstreckung, durch den Insolvenzverwalter, an einen dinglichen Gläubiger und bei dessen Weiterveräußerung. – Wegen **weiterer Ausnahmen** (zB bei Veräußerung an nahe Verwandte) s. **M 47.1** § 7 Abs. 4. 91

➲ **Praxistipp:** Da eine Veräußerungsbeschränkung auch für die Erstveräußerung durch den teilenden Eigentümer (zB Bauträger) gilt, sollte die Erstveräußerung ebenfalls in den Ausnahmenkatalog aufgenommen werden. 92

Nach § 12 Abs. 4 WEG kann eine in der Gemeinschaftsordnung festgelegte **Veräußerungsbeschränkung durch Mehrheitsbeschluss aufgehoben** (und wohl auch modifiziert) werden. Diese Befugnis kann nicht eingeschränkt oder ausgeschlossen werden. 93

Zum **Zustimmungsverfahren** s. Rz. 227 ff. und **M 47.17** und **M 47.18.**

6. Nutzungsrechte und -beschränkungen (Gebrauchsregelungen)

a) Allgemeiner Regelungsrahmen und Regelungsbedarf

§ 13 WEG stellt – entsprechend § 903 BGB – den Grundsatz auf, dass jeder mit seinem Sondereigentum beliebig verfahren (es veräußern, vermieten, selbst nutzen) und andere von der Nutzung ausschließen darf, „soweit nicht das Gesetz oder Rechte Dritter entgegenstehen". Daneben ist er „zum Mitgebrauch des gemeinschaftlichen Eigentums" berechtigt. 94

Da in einer Eigentümergemeinschaft widerstreitende Interessen und Bedürfnisse der einzelnen Eigentümer untereinander und gegenüber der Gemeinschaft auf der Hand liegen und das Gesetz für die Nutzung des Sonder- und Gemeinschaftseigentums nur Rahmenbedingungen festlegt, können nach § 15 WEG in der Teilungserklärung Gebrauchsregelungen getroffen bzw. vereinbart werden, dh. Regelungen über Nutzungsrechte und -schranken. Diesen Regelungen ist größte Sorgfalt zu widmen. 95

96 Zu solchen Nutzungsbestimmungen s. die Übersichten von Krücker-Ingenhag MittRhNotK 1986, 85; Ertl DNotZ 1988, 4.

b) Bedeutung (dingliche Wirkung)

97 Die sorgfältige Regelung dieser Fragen bei Errichtung der Teilungserklärung ist auch deshalb wichtig, weil zum einen Nutzungsbestimmungen nur dann gegenüber Rechtsnachfolgern wirken, wenn sie in der Teilungserklärung oder dem Teilungsvertrag wirksam geregelt und im Grundbuch eingetragen, also verdinglicht, sind (KG NJW 1987, 653); zum anderen sind nachträgliche Bestimmungen dieser Art zumeist nur durch Vereinbarung, also einstimmig (zum Nachweis s. BayObLG DNotZ 1979, 174), und nach Maßgabe von § 5 Abs. 4 WEG ggf. nur mit Zustimmung der dinglich Berechtigten (LG Aachen Rpfleger 1986, 258; BayObLG Rpfleger 1974, 314) herbeizuführen. Nur Teilbereiche sind einer Regelung durch Mehrheitsbeschluss mit dinglicher Wirkung zugänglich (zu den sog. Öffnungsklauseln s. Rz. 60 ff.) und dann nicht eintragungsbedürftig und auch nicht eintragungsfähig (OLG Frankfurt Rpfleger 1979, 315 und 1980, 231; BayObLG DNotZ 1984, 101; OLG München NotBZ 2010, 106).

c) Nutzungsbestimmungen (Zweckbestimmung)

98 **Nutzungs- oder Zweckbestimmungen** legen fest, welche Art der Nutzung für die einzelnen Einheiten (auch für einzelne Räume) und für das Gemeinschaftseigentum zulässig ist. Sie können **Vereinbarungscharakter** haben mit der Konsequenz, dass sie nur durch eine Vereinbarung aller Wohnungseigentümer geändert werden können, es sei denn, das WEG sieht **Ausnahmen** vor (s. Rz. 60 ff. zu den gesetzlichen Öffnungsklauseln; für bauliche Maßnahmen s. Rz. 128, keine Mitwirkung nicht beeinträchtigter Eigentümer s. Rz. 127) oder die Teilungserklärung enthält eine **Öffnungsklausel**, durch die die Festlegung oder Änderung von Nutzungsbefugnissen Mehrheitsbeschlüssen (oder der Entscheidung des Verwalters) zugänglich gemacht wird. Die Zulässigkeit einer solchen den Vereinbarungscharakter nach § 15 WEG relativierenden Öffnungsklausel ergibt sich aus § 10 Abs. 2 Satz 2 WEG.

98a Nach der **Rspr. des BGH genügt die bloße Angabe in den Aufteilungsplänen allerdings nicht für die Annahme einer Nutzungsbeschränkung**, sondern vielmehr bedarf es einer textlichen Festlegung in der Teilungserklärung (BGH MDR 2010, 434).

99 Auch ohne Öffnungsklausel sind **Mehrheitsbeschlüsse zu Zweckbestimmungen mit Vereinbarungscharakter** nach § 23 Abs. 4 Satz 2 WEG allerdings gültig, solange sie nicht durch rechtskräftiges Urteil für ungültig erklärt sind; verstoßen sie aber gegen eine unabdingbare Rechtsvorschrift, sind sie nach § 23 Abs. 4 Satz 1 WEG ohne weiteres nichtig. Die „schwebend wirksamen" Beschlüsse werden danach endgültig wirksam, wenn wegen Ablaufs der Monatsfrist gegen sie keine Anfechtungsklage nach § 46 WEG mehr erhoben werden kann oder eine Anfechtungsklage erfolglos geblieben ist. Die absolut nichtigen Beschlüsse hingegen erzeugen von vornherein keine Rechtswirkung, was im Streitfall allerdings auch erst vor Gericht (ohne die Beachtung von gesetzlichen Fristen für die Geltendmachung) geklärt wird.

Zu nachträglichen Regelungen nach der WEG-Änderung s. auch Böttcher NotBZ 2007, 421.

100 **Nutzungsbestimmungen zum Sondereigentum** ergeben sich bereits aus der für die einzelnen Einheiten in der Teilungserklärung festgelegten **Nutzungsart** als Wohnungs- oder als Teileigentum (**Zweckbestimmung im weiteren Sinn**). Eine als „Wohnung" bezeichnete Einheit darf idR nur zu Wohnzwecken (zu diesem Begriff bei gewerblicher Vermietung BGH MDR 2010, 499), eine als „Teileigentum" bezeichnete Einheit nicht zu Wohnzwecken genutzt werden, es sei denn, die Teilungserklärung enthält eine **Öffnungsklausel**, dh. sie lässt eine andere Nutzung ohne weiteres oder mit Zustimmung der Eigentümerversammlung oder des Verwalters zu (BayObLG MittRhNotK 1990, 198). Räume eines Wohnungseigentums, die nicht zum dauerhaften Aufenthalt von Menschen bestimmt sind, sondern nur mit der Wohnung im Zusammenhang stehenden, untergeordneten Zwecken dienen, etwa ein Keller, ein Abstellraum, ein Hobbyraum, eine Werkstatt, eine Garage, ein Pkw-Stellplatz, gelten als Teileigentum; auch für sie gilt das Verbot der Nutzung zu Wohnzwecken.

➲ **Praxistipp:** Besonders bei „nicht zu Wohnzwecken dienenden Einheiten" (zB gewerblichen Einheiten) erfolgt idR auch eine **Zweckbestimmung im engeren Sinn**, dh. eine Benennung der konkreten Nutzung. Dabei ist zu beachten: Je enger die Bestimmung der Nutzungsart oder Zweckbestimmung (die häufig unbedacht nach der konkret vorgesehenen Nutzung erfolgt), umso geringer der Spielraum für die Zulässigkeit einer abweichenden Nutzung. 101

Beispiele aus der Rechtsprechung, wobei die fettgedruckten und in Anführungszeichen gesetzten Begriffe jeweils aus der Teilungserklärung stammen: 102

- In einem „**Laden**" darf keine Teestube mit Spielsalon (BayObLG Rpfleger 1984, 269; OLG Zweibrücken Rpfleger 1988, 186; OLG Hamm OLGZ 1990, 42), keine Spielothek außerhalb der üblichen Öffnungszeiten (BayObLG NZM 2005, 463), keine Gaststätte (BayObLG NJW-RR 1989, 719), nicht ohne Weiteres eine Kindertagesstätte (KG NJW-RR 1992, 1102), keine Sportvereinskantine (KG OLGZ 86, 406) und kein Verkaufskiosk (OLG Düsseldorf MittRhNotK 1996, 263) betrieben werden.
- In einem „**Café- und Ziergarten**" darf kein Bierpavillon (BayObLG Rpfleger 1984, 269), in einer „**Eisdiele und Café**" keine Pilsbar (OLG München NJW-RR 1992, 1492) betrieben werden.
- In einem „**Lagerraum**" darf kein Gymnastik-/Tanzstudio betrieben werden (BayObLG NJW-RR 1994, 527).
- In einem „**Büro**" ist eine Arztpraxis unzulässig (OLG Stuttgart NJW 1987, 385; OLG Düsseldorf NJW-RR 1996, 267); nach OLG Hamm (DNotZ 2004, 389) ist aber eine Arztpraxis (im konkreten Fall eine Zahnarztpraxis) zulässig, wenn nach ihrem Zuschnitt als Einzel- und Bestellpraxis von ihr keine größere Beeinträchtigung als von einem Bürobetrieb ausgeht.
- Eine „**Kellergarage**" darf nicht in eine Diele umgebaut werden (BayObLG Rpfleger 1984, 407; OLG Düsseldorf MittRhNotK 1996, 262).
- „**Geschäftsräume**" erlauben den Betrieb eines Nachtlokals mit Musik nur, wenn diese Nutzung dem Charakter der Wohnanlage entspricht (KG NJW-RR 1989, 140).
- Eine „**Wohnung**" erlaubt keine Nutzung als Wohnheim für einen dauernd wechselnden Personenkreis (Aussiedler, OLG Hamm DNotZ 1992, 316), auch keine Nutzung zur Prostitution (BayObLG MDR 1995, 1117; HansOLG ZMR 2005, 644), wohl aber die dauernde Überlassung an eine asylberechtigte Familie (BayObLG Rpfleger 1992, 104); unzulässig ist auch eine Nutzung als Ferienwohnung (LG Berlin Grundeigentum 2009, 991), zu Boardinghauszwecken, dh. hotelartige Vermietung (SaarlOLG ZMR 2006, 590).
- Eine „**Dachterrasse**" darf nicht als begrünter Dachgarten genutzt werden (OLGR Köln 2005, 261).
- In „**Wohngebäuden**" ist eine gewerbliche Nutzung idR untersagt (Ausnahmen sind aber möglich oder können an die Zustimmung des Verwalters oder der Eigentümerversammlung geknüpft werden).
- Ein **Erotik- oder Sexshop** ist nur zulässig, wenn sich dies mit dem Charakter der Anlage und der Umgebung verträgt (BayObLG NJW-RR 1995, 467).

Auch die **Nutzungsbestimmung für einzelne Räume** eines Sondereigentums ist uU bindend: 103

- Ein „**Hobbyraum**" darf selbst bei baurechtlicher Zulässigkeit nicht zu Wohnzwecken (AG Hanau WuM 1995, 50) genutzt werden, s. auch BayObLG ZMR 2004, 925.
- Ein „**nicht zu Wohnzwecken dienender Raum**" darf aber als Hobbyraum und gelegentliches Gästezimmer genutzt werden (BayObLG MittRhNotK 1996, 263).
- Als „**Flur**" oder „**Speicher**" oder „**Dachspitz**" bezeichnete Räume berechtigen nicht zu einer Wohnnutzung (BayObLG MittRhNotK 1995, 39).

Eine von der Zweckbestimmung „Wohnung" abweichende Nutzung ist aber zulässig, wenn diese die anderen Wohnungseigentümer nicht mehr stört oder beeinträchtigt als eine Nutzung als Wohnung (BayObLG NJW-RR 1991, 849; so auch KG FG-Prax 1995, 27, das eine Nutzung als Architekturbüro oder Steuerberaterpraxis nebst Anbringung eines Praxisschildes zulässt). 104

105 **Nutzungsbestimmungen zum Gemeinschaftseigentum** (für zum Gemeinschaftseigentum gehörende Räume, Flächen, Anlagen und Einrichtungen) sind idR in gleicher Weise verbindlich wie beim Sondereigentum. Allerdings sind hier Änderungen durch Mehrheitsbeschluss möglich, wenn es sich um eine Angelegenheit handelt, die die Regelung des ordnungsgemäßen Gebrauchs (§ 15 WEG), der ordnungsgemäßen Verwaltung (§ 21 WEG) und der ordnungsgemäßen Instandhaltung oder Instandsetzung des Gemeinschaftseigentums betrifft. Zu Mehrheitsbeschlüssen außerhalb dieses Kompetenzbereichs s. Rz. 99.

106 Beispiele für zulässige und unzulässige **Mehrheitsbeschlüsse**:

- Eine „**Hausmeisterwohnung**" kann wegen des höheren Belastungsgrades **nicht** durch Mehrheitsbeschluss einer Nutzung **als Fahrradkeller** zugeführt werden (OLGR Düsseldorf 1997, 317; ebenso OLG Schleswig WuM 2005, 266). Ist eine Hausmeisterwohnung allerdings nur im Aufteilungsplan, nicht aber in der Teilungserklärung als solche ausgewiesen, liegt keine Zweckbestimmung mit Vereinbarungscharakter vor, so dass mit Stimmenmehrheit eine Fremdvermietung beschlossen werden kann (OLG Hamburg ZMR 2000, 628).
- Über die **Vermietung von Gemeinschaftsräumen** kann durch Mehrheitsbeschluss entschieden werden, wenn damit keine Nachteile verbunden sind (BGH MDR 2000, 1182 zu Kellerräumen).

107 Bei der Bestimmung der Nutzungsart sollte die **Bezeichnung der Räume in der Teilungserklärung und im Aufteilungsplan übereinstimmen**; werden für eine „gewerbliche Einheit" im Plan nähere Funktionsbezeichnungen für die Räume angegeben (zB „Büro", „Vorzimmer"), ist klarzustellen, ob dies nur als Beispiel oder als Festlegung der Nutzungsart zu verstehen ist. Im Zweifel gilt das Prinzip der umfassenden Nutzungsbefugnis. Eine einschränkende Zweckbestimmung nur im Aufteilungsplan („Büro", „Laden") reicht bei umfassenderer Angabe in der Teilungserklärung („Gewerberäume") als wirksame Nutzungsbeschränkung nicht aus (BayObLG WuM 1985, 238; OLG Stuttgart BWNotZ 1989, 165 mit BGH NJW-RR 1990, 81; OLG Hamm MittRhNotK 1989, 270; OLG Hamburg ZMR 2000, 628). Andererseits ist eine nur im Plan angegebene Nutzung auf jeden Fall zulässig (BayObLG DNotZ 1995, 65 für „Gewerbliche Einheit Chemische Reinigung").

108 Es können auch **Nutzungsbestimmungen allgemeiner Art** getroffen werden.

- Die **Vermietung des Sondereigentums** kann einschränkenden Regeln unterworfen werden (Bärmann/Klein § 13 WEG Rz. 66 f.: Vermietungsverbot durch Vereinbarung zulässig), zB der Verwalterzustimmung (BGH NJW 1962, 1613) oder der Zustimmung eines anderen Wohnungseigentümers (BayObLG NJW-RR 1988, 17), wobei eine Verweigerung nur aus wichtigem Grund erfolgen darf; oder einer Vorweginformation der Gemeinschaft über den vorgesehenen Mieter. Die Verwalterzustimmung kann nur für jeden Einzelfall, nicht generell vorweg erteilt werden, auch nicht bei jeweils nur kurzfristiger Vermietung an wechselnde Kurgäste (OLG Frankfurt OLGZ 87, 269).
- Nach BGH (MDR 2010, 499) ist die Vermietung einer Wohnung an täglich oder wöchentlich wechselnde Feriengäste zulässig, wenn die Teilungserklärung nichts anderes bestimmt und die Wohnungseigentümer nichts anderes vereinbart haben; ein einschränkender Mehrheitsbeschluss sei wegen fehlender Beschlusskompetenz nichtig.
- Sieht die Teilungserklärung eine Vermietungszustimmung vor, so ist diese für eine unentgeltliche Überlassung nicht erforderlich (OLG München MDR 2010, 688).
- Die Gemeinschaftsordnung einer **Ferienhausanlage** kann die Verpflichtung enthalten, für eine festgelegte Zeitspanne die Einheiten an eine Betriebsgesellschaft zu verpachten (BayObLG NJW-RR 1988, 1163).

109 In gleicher Weise kommen **Nutzungsbestimmungen** in Betracht, die **den persönlichen Bedürfnissen der Miteigentümer und dem Hausfrieden dienen**.

- So kann die **Tierhaltung** verboten werden, wobei das Verbot allerdings nicht gilt, soweit von der Tierhaltung ihrer Art nach überhaupt keine Beeinträchtigung anderer ausgehen kann (Fische, Vögel usw., s. Bärmann/Klein § 15 WEG Rz. 20).
- Ein allgemeines **Musizierverbot** ist unzulässig (BGHZ 139, 289), auch eine Beschränkung auf Zimmerlautstärke (BayObLG ZMR 2002, 64). Es können allerdings bestimmte Einschränkun-

gen (zB Ruhezeiten) sowohl durch Vereinbarung als auch durch Mehrheitsbeschluss festgelegt werden (Reichel-Scherer in jurisPK-BGB § 21 WEG Rz. 207 mwN).

Während durch Vereinbarung außerhalb des Kernbereichs des Sondereigentums nach wie vor weitgehende Regelungen zulässig sind (für Verbot der Tierhaltung durch Vereinbarung: Bärmann/Klein § 14 WEG Rz. 36), zieht die Rechtsprechung engere Grenzen für derartige Regelungen durch Mehrheitsbeschluss (s. Weitnauer § 15 WEG Rz. 17). Ein **generelles Tierhaltungsverbot durch Mehrheitsbeschluss** ist **unzulässig** (OLG Saarbrücken MietRB 2007, 236 mit Anm. Drabek), und zwar auch bezüglich bestimmter Tierarten (BGHZ 129, 329 und OLGR Düsseldorf 2005, 423 für ein Hundehaltungsverbot). Ein **nicht angefochtener Mehrheitsbeschluss** ist aber **wirksam** und hat „vereinbarungsersetzenden Charakter", BGH u. OLG Düsseldorf aaO). So auch AG Hannover ZMR 2009, 152 für einen nicht angefochtenen Beschluss über ein Musizierverbot. Die Durchsetzung eines an sich wirksamen Tierhaltungsverbots kann im konkreten Fall treuwidrig sein (BayObLG MDR 2002, 212 bei behindertem Eigentümer). S. auch Drasdo NJW-Spezial 2006, 241; Blank NJW 2007, 729; s. auch Sandweg BWNotZ 1995, 29; Röll MittBayNot 1996, 77; Kreuzer MittBayNot 1996, 339. S. auch Rz. 99. 110

d) Sondernutzungsrechte am Gemeinschaftseigentum

Ein Sonderfall einer Nutzungsregelung sind Sondernutzungsrechte am Gemeinschaftseigentum. Sie können in der Teilungserklärung bzw. Gemeinschaftsordnung einzelnen oder Gruppen von Eigentümern oder auch einem Miteigentümer an einer Wohnungs-/Teileigentum (BGH DNotZ 2012, 769) eingeräumt werden. Dabei handelt es sich um die **Nutzungsbefugnis** (positive Komponente) von **Teilen des Gemeinschaftseigentums** (Flächen, Räume, Anlagen, Einrichtungen) **unter Ausschluss der anderen Eigentümer** (negative Komponente). Die Einräumung eines Sondernutzungsrecht entzieht dessen Gegenstand nicht der Beschlusskompetenz der Eigentümerversammlung; so kann der Sondernutzungsberechtigte durch Mehrheitsbeschluss verpflichtet werden, ihm obliegende notwendige Instandsetzungsmaßnahmen durchzuführen (BayObLG MietRB 2004, 327). 111

Sondernutzungsrechte bieten sich insbesondere dort an, wo eine Zuweisung als Sondereigentum rechtlich nicht zulässig ist, sei es an Grundstücksflächen (zB Pkw-Abstellplätze im Freien, Gartenteile, Terrassen), sei es an nicht sondereigentumsfähigen Gebäudeteilen (Kellerraum, der gleichzeitig Durchgangsraum ist, BayObLG Rpfleger 1980, 477 und Rpfleger 1986, 220; Vorraum oder Treppenhaus, das nur einigen Einheiten dient, BayObLG DNotZ 1982, 246; Kellerraum mit zentraler Heizungsanlage, OLG Schleswig MittBayNot 2008, 45); s. auch Rz. 159 ff. zu Mehrhausanlagen. 112

Mit der Einräumung von Sondernutzungsrechten sollte unbedingt die **Frage der Instandhaltung und Kostentragung sowie der Verkehrssicherungspflicht klar geregelt werden**; dabei kann es zweckmäßig sein, zwischen der Verpflichtung des Sondernutzungsberechtigten einerseits und der Kompetenz der Eigentümergemeinschaft in gestalterischen Fragen andererseits zu unterscheiden. – S. auch Schneider Rpfleger 1998, 9 und 1998, 53. 113

Statt der sofortigen Zuordnung in der Teilungserklärung kann sich der teilende Eigentümer die **Zuweisungsbefugnis** für genau bestimmte Teile des Gemeinschaftseigentums in der Teilungserklärung auch **vorbehalten** BGH MDR 2012, 207, zu den Fällen der Notwendigkeit der Mitwirkung aller Erwerber OLG München ZMR 2013, 9), nach OLG Frankfurt (DNotI-Report 1998, 101) sogar generell für alle Flächen des Gemeinschaftseigentums, allerdings nur unter Beachtung des sachenrechtlichen Bestimmtheitsgrundsatzes (BGH ZWE 2012, 377). Durch den Vorbehalt und die Eintragung im Grundbuch wird die negative Komponente (Ausschluss des Mitgebrauchs durch die anderen Eigentümer) verdinglicht, aufschiebend bedingt durch das Hinzutreten der positiven Komponente (Zuweisung der Nutzungsbefugnis), OLG Hamm DNotZ 2009, 383. Die Ausübung der Zuweisungsbefugnis bedarf dann weder der Zustimmung der Wohnungseigentümer bzw. Erwerber noch ihrer Gläubiger. 114

➲ **Wichtig:** Eine spätere Einräumung von Sondernutzungsrechten kann nicht durch Mehrheitsbeschluss erfolgen; ein solcher Beschluss ist absolut nichtig (BGH MDR 2000, 1367), es sei denn, die Teilungserklärung enthält eine entsprechende Öffnungsklausel (s. Rz. 98 f.). 114a

115 Zur Begründung, Aufhebung, Änderung oder Übertragung eines Sondernutzungsrechts ist nach § 5 Abs. 4 Satz 2 WEG die **Zustimmung von Gläubigern** einer Hypothek, Grund- oder Rentenschuld oder einer Reallast erforderlich, für eine Begründung allerdings dann nicht, wenn gleichzeitig das belastete Wohnungseigentum mit einem Sondernutzungsrecht verbunden wird, § 5 Abs. 4 Satz 3 WEG. – Die Gläubigerzustimmung wird nicht dadurch entbehrlich, dass gleichzeitig ein Sondernutzungsrecht neu begründet wird, OLG München NotBZ 2009, 330. – S. zu diesem Thema auch Rz. 186.

7. Regelungen für Pkw-Stellplätze

116 Ein besonderer Regelungsbedarf besteht zumeist für Pkw-Stellplätze. Er richtet sich zum einen nach der Platzierung der Stellplätze (im Freien oder im Bereich eines Gebäudes), zum anderen nach der Beschaffenheit (Einzel-Stellplätze, Mehrfachparker).

117 **Pkw-Stellplätze im Bereich eines Gebäudes** (separates Garagengebäude, Tief- oder Hochgarage, Oberdeck eines Gebäudes), auch separat stehende Garagen, sind idR sondereigentumsfähig (zu den Kriterien Rz. 85). Deshalb beschränkt sich für sie der Regelungsbedarf auf die Frage, ob die Stellplätze einem Wohnungs- oder Teileigentum fest zugeordnet, dh. in die Einheit einbezogen oder ob separate Teileigentumseinheiten mit eigenem Grundbuchblatt gebildet werden sollen. Der letzteren Lösung ist jedenfalls bei Bauträgerobjekten als der beim Verkauf der Einheiten flexibleren der Vorzug zu geben.

118 **Pkw-Stellplätze im Freien** sind dagegen nicht sondereigentumsfähig (ggf. auch andere Stellplätze, Rz. 88); sie können nur im Wege eines Sondernutzungsrechts bestimmten Einheiten zur ausschließlichen Nutzung zugeordnet werden. Dies kann bereits in der Teilungserklärung erfolgen, wodurch allerdings beim Verkauf der Wohnungen die Flexibilität verloren geht, dh. die Möglichkeit, die Stellplätze nach Käuferwünschen zuzuteilen.

119 Um dies zu vermeiden, empfiehlt es sich, statt der sofortigen Zuweisung der Stellplätze einen **Zuweisungsvorbehalt** vorzusehen (Zuweisung entsprechend **M 47.8**). S. hierzu Rz. 114.

120 ➲ **Wichtig:** Ein Zuweisungsvorbehalt ohne Benennung eines Zuweisungsberechtigten ist unwirksam (BayObLG Rpfleger 1997, 63).

121 Die zT praktizierte Verbindung aller Sondernutzungsrechte mit einer (Sammel-)Einheit und die anschließende Übertragung des Sondernutzungsrechts an einem einzelnen Stellplatz auf das Kaufobjekt bei jedem Verkauf ist wesentlich umständlicher und steht auch bis zur Verteilung aller Plätze einer Veräußerung der „Sammeleinheit“ im Wege.

122 Bei **Mehrfachparkern** (Doppel-, Vierfachparker, Parkpaletten), die nur als Einheit sondereigentumsfähig sind (Rz. 85), erwirbt der Käufer idR einen Miteigentumsanteil an dieser Sammeleinheit (Bruchteil nach Anzahl der Einzelplätze), so dass es auch hier einer Regelung bedarf, welchem Miteigentümer welcher der Plätze zur alleinigen Nutzung zur Verfügung steht. Es kommen hierfür folgende Lösungen in Betracht:

123 – Eine **Gemeinschaftervereinbarung nach § 745 BGB** (Nutzungsregelung nach **M 47.10**) **mit Grundbucheintrag nach § 1010 BGB**, die im Kaufvertrag vorgesehen und aufgrund aufzunehmender Vollmachten vom Bauträger für alle Erwerber dieser Sammeleinheit vereinbart werden kann. Eine Grundbucheintragung kann erst erfolgen, wenn die Erwerber als Miteigentümer eingetragen sind.

124 – Ein **auf die Mehrfachparker bezogener Vorbehalt** mit dem in Rz. 114 beschriebenen Inhalt für eine Gebrauchsregelung im Wege einer Vereinbarung gem. § 15 WEG (Zulässigkeit str.: bejahend nunmehr BGH MDR 2014, 520). Auch diese Regelung setzt das Bestehen separater Miteigentumsanteile, somit die Eigentumsumschreibung auf die Anteilserwerber, voraus.

125 Auch für **Pkw-Stellplätze auf einem Nachbargrundstück**, die dem Gemeinschaftsgrundstück durch eine **Nutzungs-Grunddienstbarkeit** überlassen sind, ist eine Gebrauchsregelung nach § 15 WEG, zB die Einräumung von Sondernutzungsrechten, zulässig (OLG Köln Rpfleger 1993, 335).

Zum Regelungsbereich „Tiefgaragen-Stellplätze" s. auch Gutachten DNotI-Report 1997, 85. Generell zu Gestaltungsmöglichkeiten für Pkw-Stellplätze s. W. Schneider AnwZert MietR 25/2008 Anm. 1. 126

8. Bauliche Veränderungen

Im Laufe der Zeit ergibt sich nicht selten ein Bedürfnis oder gar die Notwendigkeit, am Gemeinschaftseigentum bauliche Veränderungen vorzunehmen. Die Festlegungen durch die Teilungserklärung und den Aufteilungsplan sind aber, wie dargelegt (Rz. 98 ff.), verbindlich und können idR nur im Wege einer Vereinbarung aller Wohnungseigentümer (somit einstimmig) und mit Zustimmung aller dinglich Berechtigten (s. aber Rz. 179) geändert werden. Nach § 22 Abs. 1 Satz 2 WEG war bereits bisher die Zustimmung eines Wohnungseigentümers (und seiner dinglich Berechtigten) insoweit entbehrlich, als durch die Veränderung seine Rechte nicht über das in § 14 bestimmte Maß hinaus beeinträchtigt wurden. 127

Eine **weitere Lockerung des Einstimmigkeitsprinzips** brachte die am 1.7.2007 in Kraft getretene Neufassung des § 22 Abs. 2 WEG. Danach können Maßnahmen der Modernisierung und der Anpassung an den Stand der Technik mit einer Dreiviertelmehrheit aller Wohnungseigentümer und mehr als der Hälfte der Miteigentumsanteil beschlossen werden, wenn dadurch die Eigenart der Wohnanlage nicht geändert und kein Miteigentümer unbillig beeinträchtigt wird. Ein Ausschluss oder eine Einschränkung dieser Beschlusskompetenz ist nach § 22 Abs. 2 Satz 2 WEG unzulässig. Durch eine **Öffnungsklausel** in der Teilungserklärung (s. Rz. 98 f.) können aber weitere Erleichterungen zugelassen werden, auch für nicht in § 22 WEG erwähnte Maßnahmen. So können bestimmte bauliche Veränderungen 128

- ohne Weiteres erlaubt werden
- oder von der Zustimmung des Verwalters oder einer (ggf. qualifizierten) Mehrheit der Eigentümerversammlung anhängig gemacht werden.

Ob, in welcher Weise und in welchem Umfang eine Öffnungsklausel in Betracht kommt, ist vor dem Hintergrund der Rechtslage ohne Regelung in der Teilungserklärung zu beurteilen. 129

Der Begriff „Bauliche Veränderung" ist weit gefasst. Darunter versteht man alle **auf Dauer angelegten gegenständlichen Veränderungen am Gemeinschaftseigentum, die über eine ordnungsgemäße Instandhaltung und Instandsetzung hinausgehen** (näher BGH NJW 2014, 1090). Dabei ist die Abgrenzung zwischen ordnungsgemäßen und nicht ordnungsgemäßen Maßnahmen entscheidend. Eine Instandhaltungsmaßnahme, die früher als erforderlich oder/und umfangreicher als notwendig (technisch bessere Heizung) vorgenommen wird, ist nicht ordnungsgemäß und stellt eine der Einstimmigkeit unterliegende bauliche Veränderung dar. Soll dagegen anlässlich einer notwendigen und somit ordnungsgemäßen Instandhaltungsmaßnahme eine Standardverbesserung (Anpassung an den technischen Fortschritt, Verbesserung der Wirtschaftlichkeit) vorgenommen werden, handelt es sich um eine dem Mehrheitsbeschluss zugängliche bauliche Veränderung (sog. „modernisierende Instandhaltung", BGH NJW-RR 1989, 463). 130

Die folgenden **Beispiele aus der Rechtsprechung** verdeutlichen, bis in welche Details von baulichen Veränderungen auszugehen ist (soweit nichts anderes angegeben s. Hogenschurz „ABC der baulichen Veränderungen" in MietRB 2004, 158 und 2004, 193 mwN): **Anbauten; Aufstockung** (KG OLGZ 1976, 56); **Antenne** (Mobilfunk oder Parabolantenne, BGH NJW 2014, 1233; ausführlich Hogenschurz MietRB 2003, 19; auch Rz. 133); **Balkon** (Neuerrichtung, Vergrößerung, Geländer, Verglasung, Stoffbespannung, Vogel- oder Katzennetz, Aufstellen eines Schranks in gestalterischer Nische); **Dach** (Ausbau als Wohnraum; Dachflächenfenster, es sei denn bei nur geringfügiger nicht einsehbarer Änderung); **Dachgarten** (Umwandlung von Dachfläche in Dachterrasse, OLG Hamburg MDR 1985, 501; Aufstellen eines Schuppens); **Decken- oder Wanddurchbruch** zB zur Verbindung von zwei Wohnungen (nach BGH NJW 2001, 1212, LG Hamburg ZMR 2001, 918 zustimmungsfrei, wenn die Statik nicht beeinträchtigt und der Brandschutz gewährleistet ist); **Fahrstuhl/Treppenlift** (AG München ZMR 1976, 32; bei Schwerbehinderung kann uU ein Zustimmungsanspruch bestehen); **Fenster** (Fenstergitter, bei gesteigerter Einbruchsgefahr uU gerechtfertigt, OLG Düsseldorf WuM 2004, 501; Änderung der Gestalt; Ersetzen von Glasbausteinen oder 131

Milchglasscheiben durch durchsichtige Fenster); **Garten/Grundstück** (Aufstellen einer Hütte, BayObLG NJW-RR 1988, 591; Rankgerüst; Sandkasten, LG Paderborn WuM 1994, 104; Entfernen eines Plattenweges, BayObLG DRsp-ROM 1995/5952); Geräteschuppen (KG Rpfleger 1977, 314); **Kellerräume** (Ausbau zu Wohnräumen, BayObLG WuM 1989, 262); **Markise** (BayObLG NJW-RR 1986, 178; OLG Frankfurt OLGZ 1986, 42; KG NJW-RR 1995, 587); **Rollläden/Außenjalousien** (OLG Düsseldorf WuM 2000, 27); **Rollladenkästen** (auch bei nur geringfügiger Verkleinerung der Fenster, OLG Düsseldorf ZMR 2000, 118); **Solaranlage** (BayObLG ZMR, 471; anders für 0,8 qm große Photovoltaikanlage auf dem Flachdach einer Garage, BayObLG MDR 2002, 148); **Terrasse** (Überdachung, OLG München ZMR 2006, 230); **Wintergarten** auf Sondernutzungsfläche (BayObLGR 2004, 299; anders, wenn Teilungserklärung die Überdachung einer Terrasse „und sonstige bauliche Veränderungen im Bereich der Terrasse" gestattet, OLGR Zweibrücken 2004, 362).

132 ➲ **Hinweis:** Gegen eigenmächtige bauliche Veränderungen haben die Miteigentümer einen Beseitigungsanspruch, der allerdings der Verjährung (nach OLG Hamm ZMR 2009, 386 = 3 Jahre) oder der Verwirkung (BayObLG WuM 2005, 148; OLG Frankfurt Mietrecht kompakt 2009, 216) unterliegen kann. Liegt der Maßnahme dagegen ein durch Nichtanfechtung bestandskräftig gewordener Mehrheitsbeschluss zugrunde, besteht idR kein Beseitigungsanspruch mehr. – Andererseits kann ein Eigentümer durch einen bestandskräftigen Mehrheitsbeschluss zur Beseitigung einer baulichen Veränderung verpflichtet werden (OLGR Köln 2003, 284; OLGR Hamburg 2009, 715; aA OLG Zweibrücken MDR 2008, 78)

133 ➲ **Hinweis:** Die Anbringung einer **Parabolantenne** ist grds. eine bauliche Veränderung, die nicht durch Mehrheitsbeschluss erlaubt werden kann (BayObLG NJW-RR 1992, 16; OLG Zweibrücken NJW 1992, 2899; OLG Düsseldorf NJW 1993, 1274); das Informationsbedürfnis eines ausländischen Wohnungseigentümers, Programme seines Heimatlandes zu empfangen, kann jedoch eine Parabolantenne ausnahmsweise rechtfertigen (BVerfG NJW 1994, 547; BGH MDR 2004, 563 u.a.; OLG Stuttgart Die Justiz 1996, 105). Nach BGH (MDR 2010, 200) hängt eine solche Duldungspflicht nicht von der Staatsbürgerschaft ab (früherer Pole, der Deutscher geworden ist); anders noch BayOLGZ 1994, 326.

134 Eine im Zuge der Bauerrichtung erfolgende **abweichende Bauausführung** (Rz. 48 f.) ist **keine bauliche Veränderung** (BayObLG NJW-RR 1986, 1361).

135 Das **Einstimmigkeitsprinzip** gilt **nicht uneingeschränkt**. S. hierzu Rz. 127 u. 128. Nicht beeinträchtigte Wohnungseigentümer iSv. § 22 Abs. 1 WEG brauchen einerseits nicht zuzustimmen, sind nach § 16 Abs. 3 WEG andererseits aber auch nicht zur Kostentragung, die sich aus dieser baulichen Veränderung ergibt, verpflichtet. Diese Regelung kann vor allem für Mehrhausanlagen zum Tragen kommen. Die Frage der Beeinträchtigung bzw. Nichtbeeinträchtigung beurteilt sich vor allem nach den Auswirkungen auf die anderen Wohnungseigentümer, die von der Rspr. zB in folgenden Fällen bejaht wird: Eingriff in konstruktive Teile (OLG Karlsruhe ZMR 1985, 209); störende Immissionen (OLG Karlsruhe OLGZ 1978, 171); Veränderung des äußeren Erscheinungsbildes (OLG Zweibrücken NJW-RR 1987, 1358; BayObLG DWE 1992, 41); größerer Wartungsbedarf und erhöhte Reparaturanfälligkeit (BayObLG WuM 1988, 319); Einschränkung des gemeinschaftlichen Gebrauchs (BayObLG DNotZ 1972, 613).

136 Unter Verstoß gegen das Einstimmigkeitsprinzip gefasste **Mehrheitsbeschlüsse**, die nicht unter die zulässigen Ausnahmen fallen, sind lediglich anfechtbar; verstoßen sie aber gegen eine unabdingbare Rechtsvorschrift, sind sie nichtig, s. Rz. 99. – Zu der Möglichkeit von **Öffnungsklauseln in der Teilungserklärung** s. Rz. 98.

137 Ausführlich zu baulichen Veränderungen s. die Zusammenstellungen in Röll/Sauren Rz. B 260 ff. und Becker/Kümmel/Ott Rz. 217 ff.

9. Aufhebung der Gemeinschaft und Wiederaufbaupflicht

a) Möglichkeiten der Aufhebung

138 Trotz des in § 11 Abs. 1 WEG aufgestellten Grundsatzes der **Unauflöslichkeit der Gemeinschaft**; s. Rz. 139, gibt es verschiedene Möglichkeiten, die Wohnungseigentümergemeinschaft zu beenden:

- Durch **Aufhebungsvereinbarung aller Eigentümer**, sodass eine Bruchteilsgemeinschaft entsteht. Die Befugnis dazu lässt sich aus § 9 Abs. 1 Nr. 1 WEG ableiten. § 9 Abs. 2 WEG stellt hierzu ausdrücklich klar, dass die allgemeinen Vorschriften über Zustimmungserfordernisse dinglich Berechtigter unberührt bleiben.

  ➲ **Hinweis:** Ob die Vereinbarung der Form des § 311b Abs. 1 Satz 1 BGB bedarf, ist streitig, deren Einhaltung deshalb zu empfehlen.

- Auf **Antrag aller Wohnungseigentümer**, wenn alle Sondereigentumsrechte durch völlige Zerstörung des Gebäudes gegenstandslos geworden sind und der Nachweis dafür durch eine Bescheinigung der Baubehörde erbracht ist, § 9 Abs. 1 Nr. 2 WEG.
- Auf **Antrag des Alleineigentümers**, in dessen Person sich sämtliche Einheiten vereinigt haben, § 9 Abs. 1 Nr. 3 WEG.

Zur Möglichkeit von Vereinbarungen zur Aufhebung der Gemeinschaft in der Teilungserklärung und zu Regelungsempfehlungen s. Rz. 144.

b) Ausschluss eines individuellen Aufhebungsanspruchs (Aufhebungsverbot) – Ausnahmen

Im Übrigen stellt § 11 Abs. 1 WEG den Grundsatz der **Unauflöslichkeit der Gemeinschaft** auf. Danach kann – abweichend von den gesetzlichen Vorschriften des BGB über die Gemeinschaft – ein einzelner Wohnungseigentümer eine Aufhebung der Eigentümergemeinschaft nicht verlangen, auch nicht aus wichtigem Grund. Dieses **individuelle Aufhebungsverbot** ist – von der in Rz. 140 erläuterten Ausnahme abgesehen – **unabdingbar.** Es erstreckt sich auch auf den Pfändungsgläubiger und den Insolvenzverwalter. Ein Insolvenzverfahren über das Verwaltungsvermögen der Gemeinschaft ist nach § 11 Abs. 3 WEG ausgeschlossen. 139

Eine von diesem Grundsatz **abweichende Vereinbarung** (Regelung) in der Teilungserklärung ist nach § 11 Abs. 1 Satz 3 WEG aber **ausnahmsweise zulässig** für den Fall, dass das Gebäude ganz oder teilweise zerstört ist und eine Verpflichtung zum Wiederaufbau nicht besteht. 140

➲ **Wichtig:** Die Aufnahme einer solchen „abweichenden Vereinbarung" in die Teilungserklärung ist dringend anzuraten. Belässt man es bei der gesetzlichen Regelung, kann die Situation eintreten, dass weder ein Aufhebungsanspruch noch eine Wiederaufbaupflicht besteht. Regelungsempfehlungen s. Rz. 144. 141

c) Wiederaufbaupflicht

Eine Wiederaufbaupflicht kraft Gesetzes besteht nach § 22 Abs. 3 und 4 WEG iVm § 21 Abs. 4 WEG als Maßnahme der ordnungsmäßigen Verwaltung, 142

- wenn das Gebäude zu weniger als zur Hälfte seines Wertes zerstört ist, gleichgültig, ob der Schaden durch eine Versicherung oder in anderer Weise gedeckt ist,
- unabhängig vom Grad der Zerstörung, wenn der Schaden durch eine Versicherung oder in anderer Weise gedeckt ist.

Der Wiederaufbau kann bei Vorliegen dieser Voraussetzungen mit Stimmenmehrheit beschlossen (§ 21 Abs. 3 WEG) und von jedem Wohnungseigentümer verlangt (§ 21 Abs. 4 WEG) werden. Die Feststellung des Schadensumfangs („weniger bzw. mehr als zur Hälfte") bedarf dabei eines einstimmigen Beschlusses der Eigentümerversammlung oder eines Gerichtsbeschlusses.

Ist das Gebäude zu mehr als zur Hälfte zerstört oder besteht keine Versicherungsdeckung, kann nach der gesetzlichen Regelung eine Wiederaufbaupflicht nur durch einstimmigen Beschluss herbeigeführt werden. 143

d) Regelungsempfehlungen

Es empfiehlt sich deshalb, in der Teilungserklärung eine Regelung zu treffen, die folgende Inhalte haben könnte: 144

- Es wird generell ein Aufhebungsrecht in dem in § 11 Abs. 1 Satz 3 WEG genannten Fall eingeräumt (Gebäude ganz oder teilweise zerstört und keine Wiederaufbaupflicht; in der Praxis selten). Oder:
- Es wird ein subsidiäres Aufhebungsrecht eingeräumt, etwa für den Fall des Scheiterns der Wiederherstellung an einem unüberwindlichen Hindernis (zB Baugenehmigung wird versagt; in der Praxis ebenfalls selten). Oder:
- Es wird eine generelle Wiederaufbaupflicht (mit genauer Beschreibung der Pflichten, automatisch oder aufgrund Mehrheitsbeschluss) begründet. Oder:
- Es wird eine Wiederaufbaupflicht mit Befreiungsrecht durch Veräußerung begründet.

145 Das völlige Weglassen einer Regelung lässt sich – wenn überhaupt – wohl nur bei kleinen Gemeinschaften vertreten. – S. die Regelungsvorschläge in **M 47.1** (§ 10) und **M 47.2** (§ 5).

10. Lasten und Kosten – Instandhaltung und Instandsetzung

a) Gestaltungsmöglichkeiten

146 Nach der Grundregel des § 16 WEG sind die Lasten und Kosten des gemeinschaftlichen Eigentums (Betriebs- und Unterhaltungskosten zB für Heizung; Aufzug; Leitungen; Versicherungen; Hausmeister; Reparaturen; Reinigung usw.) **nach dem Verhältnis der Miteigentumsanteile** zu tragen; diese gesetzliche Regelung war bis zur Änderung des WEG nur durch eine Vereinbarung abdingbar. Zu den vielfältigen Möglichkeiten für abweichende Regelungen und ihre Grenzen s. zB Staudinger/Bub § 16 WEG Rz. 29 ff.

147 Durch die am 1.7.2007 in Kraft getretene Änderung des WEG wurden in § 16 die Absätze 3 und 4 eingefügt, die für bestimmte Fälle **Lasten- und Kostenregelungen durch Mehrheitsbeschluss** zulassen, und zwar sowohl für die Erfassung als auch für die Verteilung:

- Abs. 3: Zu den Betriebskosten für das gemeinschaftliche und das Sondereigentum können durch Stimmenmehrheit abweichende Regelungen beschlossen werden, „soweit dies ordnungsmäßiger Verwaltung entspricht".
- Abs. 4: Zu den Instandhaltungs- und Instandsetzungskosten sowie baulichen Veränderungen und Aufwendungen, die über die ordnungsmäßige Instandhaltung und Instandsetzung hinausgehen (§ 22 Abs. 1 Satz 1 WEG), kann die Eigentümerversammlung ebenfalls abweichende, dem unterschiedlichen Gebrauch Rechnung tragende Kostenverteilungsregelungen beschließen, allerdings nur mit qualifizierter Mehrheit (mehr als drei Viertel aller stimmberechtigten Wohnungseigentümer iSd. § 25 Abs. 2 WEG und mehr als die Hälfte aller Miteigentumsanteile).

Die sich aus Abs. 3 und 4 ergebenden Befugnisse können nicht eingeschränkt oder ausgeschlossen werden (§ 16 Abs. 5 WEG), auch nicht durch eine Vereinbarung. Die Kompetenz der Mehrheit erfasst sowohl den gesetzlichen als auch den durch Vereinbarung zustande gekommenen Verteilungsschlüssel (zu § 16 Abs. 3 BGH NZM 2010, 622; Riecke/von Rechenberg MDR 2010, 123 aA AG Hamburg ZMR 2009, 320).

148 Ebenfalls durch die WEG-Änderung per 1.7.2007 können nach § 21 Abs. 7 und 8 WEG **Regelungen zu Zahlungsmodalitäten und Sonderkonten durch Mehrheitsbeschluss** getroffen werden: zur Art und Weise der an die Gemeinschaft zu leistenden Zahlungen, zur Fälligkeit, zu Verzugsfolgen, über die Kosten für eine besondere Nutzung des Gemeinschaftseigentums sowie für besonderen Verwaltungsaufwand. Nach der Begründung soll diese Vorschrift auch die Einführung einer Vertragsstrafe bei Verpflichtungsverstößen (zB gegen Vermietungsbeschränkungen) ermöglichen, was fragwürdig erscheint (Köhler, Das neue WEG, Rz. 305).

149 **Abweichende Regelungen** kommen vor allem in Betracht, wenn ein unterschiedlicher Gebrauch stattfindet (nach der objektiven Sachlage, nicht de facto). Dies kann zB Vorflure für nur einige Einheiten betreffen; ebenso stärkere Nutzung durch gewerbliche Einheiten oder hinsichtlich des Aufzugs (s. hierzu BayObLG Rpfleger 1979, 427). Zu beachten ist die auch für Wohnungseigentum (zwingend und automatisch, s. BGH MDR 2012, 510) geltende HeizkostenVO, die Messgeräte vorschreibt und für den nach Verbrauch abzurechnenden Anteil mindestens 50 % bis höchstens 70 % verbindlich festlegt.

b) Erwerberhaftung für Wohngeldrückstände

Grundsätzlich gilt, dass für Beitragspflichten (insb. Wohngeld) gegenüber der Gemeinschaft der bei Entstehung der Schuld im Grundbuch eingetragene Eigentümer haftet. Auch eine davon abweichende Vereinbarung im Kaufvertrag begründet im Verhältnis zur Wohnungseigentümergemeinschaft keine Rechte und Pflichten. Kraft Gesetzes gibt es also **keine gesamtschuldnerische Haftung des alten und neuen Eigentümers**. Das gilt auch, wenn der Beschluss über eine Jahresabrechnung über den Zeitraum vor dem Eigentumswechsel *nach* dem Eigentumserwerb gefasst wird, weil die Forderung erst damit fällig geworden ist (BGH DNotI-Report 2000, 25). Der neue Eigentümer (Erwerber) als Schuldner einer sich aus der Jahresabrechnung ergebenden Nachzahlungsverpflichtung kann allerdings nur in Höhe der sog. **Abrechnungsspitze** in Anspruch genommen werden, das ist ein etwaiger Fehlbetrag, der sich aus der Jahresabrechnung unter Berücksichtigung der Wohngeldvorauszahlungen ergibt. Dabei sind auch rückständige Vorauszahlungen zu berücksichtigen, sofern sie in einem wirksamen Wirtschaftsplan festgesetzt sind. – Bei einem Gesamtrechtsnachfolger (zB Erbe) stellt sich diese Frage nicht, da dieser ohne Weiteres in die gesamte Rechtsposition seines Rechtsvorgängers eintritt. 150

Auch im Hinblick darauf, dass die Frage der Voraussetzungen und des Zeitpunkts des Haftungsübergangs vom alten auf den neuen Eigentümer zT kontrovers behandelt wird, sind Regelungen hierzu in der Gemeinschaftsordnung zu empfehlen und auch wirksam, insbesondere eine **Erwerberhaftungsklausel**, sofern sie im Grundbuch eingetragen ist (BGH NJW 1994, 2950). Durch solche Regelungen können sowohl dem Erwerber als auch dem Veräußerer Beitragspflichten auferlegt werden, für die er nach der gesetzlichen Regelung nicht (mehr) haften würde; eine Haftungsregelung zu Lasten des Veräußerers für Beitragspflichten, die nach seinem Ausscheiden beschlossen werden, ist aber unzulässig. Insbesondere kann festgelegt werden, dass der Erwerber generell (und gesamtschuldnerisch) für Rückstände haftet. Nach AG Charlottenburg (NJW-Spezial 2009, 467 mit Anm. Drasdo) kann eine Erwerberhaftung für Wohngeldrückstände nicht durch einen Eigentümerbeschluss begründet werden, selbst wenn die Teilungserklärung hierfür eine Öffnungsklausel enthält und der Beschluss in die Beschlusssammlung aufgenommen worden ist. 151

➲ **Wichtig:** Die Haftung für Rückstände kann nur für den rechtsgeschäftlichen Erwerber festgelegt werden, nicht für den Erwerber in der Zwangsversteigerung, (BGH NJW 1987, 1638). 152

S. hierzu den Regelungsvorschlag in **M 47.1** (§ 9 Abs. 9).

Zur dinglichen und damit auch den Erwerber belastenden Haftung des Wohnungseigentums für Wohngeldrückstände aufgrund der bei der WEG-Änderung vorgenommenen Änderung des § 10 ZVG s. insbesondere BGH NJW 2011, 3098 und BGH DNotZ 2014, 115

c) Regelung für Sondernutzungsrechte

Bereits erwähnt wurden die Sondernutzungsrechte zu Lasten des Gemeinschaftseigentums, zu denen parallel die Lasten- und Kostentragung für diese dem gemeinschaftlichen Gebrauch entzogenen Teile zu regeln ist (Rz. 113). Das Gleiche gilt für nachträgliche bauliche Veränderungen. 153

d) Spätere Änderungen

Zu der durch die zum 1.7.2007 in Kraft getretene WEG-Änderung erfolgten Öffnung der Lasten- und Kostenregelung für Mehrheitsbeschlüsse s. Rz. 147. Bei der Ausübung der Beschlusskompetenz nach § 16 Abs. 3 und 4 WEG steht den Wohnungseigentümern ein weiter Gestaltungsspielraum zu, der im Kern nur durch das Willkürverbot begrenzt wird. Rechtmäßig ist jeder gewählte Maßstab, der den Interessen der Gemeinschaft und der einzelnen Wohnungseigentümer angemessen ist und nicht zu einer unangemessenen Benachteiligung einzelner Wohnungseigentümer führt (BGH NZM 2011, 514; BGH NZM 2012, 28). Im Regelfall unzulässig ist allerdings eine rückwirkende Änderung (BGH NZM 2010, 622, zu Ausnahmen BGH NZM 2011, 514). 154

Beispiele aus der Rspr.:

- Nach AG Bremen WuM 2009, 683 vermittelt die Vorschrift nicht die Kompetenz, eine nach der Teilungserklärung ausdrücklich ausgeschlossene Zahlungspflicht zu begründen (Kostenbeteiligung von Garagen war ausgenommen).
- Nach inzwischen hM (BGH aaO.; LG Nürnberg-Fürth aaO.) bedarf es zu einer Änderung der Kostenverteilung keines sachlichen Grundes (aA. noch AG Hamburg ZMR 2009, 320 unter Berufung auf die Regierungsbegründung); der Beschluss unterliegt aber einer Willkürkontrolle. Konkret wurde eine Umlage der Kabel-TV-Kosten nach Einheiten und der Aufzugskosten nach „Aufzugspunkten" als zulässig angesehen, nicht aber die Umlage der Hausmeister- und Hausreinigungskosten nach Einheiten.
- Nach AG Hamburg ZMR 2009, 320 muss der Beschluss festlegen, ab wann die Änderung eintreten soll.

Beschlüsse, die unter Verletzung der dargelegten Regeln zustande gekommen sind, sind anfechtbar, sofern sie nicht gegen eine unabdingbare Rechtsvorschrift verstoßen, s. Rz. 136. Mit Ablauf der Anfechtungsfrist werden sie somit wirksam.

155 ➲ **Praxistipp:** Durch eine **Öffnungsklausel** in der Teilungserklärung können die gesetzlichen Regelungen zu Kostenverteilungsbeschlüssen abgeändert, insbesondere geringere Anforderungen festgelegt werden (wegen § 16 Abs. 5 WEG aber kein Ausschluss und keine Einschränkung der Mehrheitsbefugnisse der Abs. 3 und 4!). Die Öffnungsklausel muss hinreichend bestimmt formuliert sein und den Anforderungen für Grundbucheintragungen entsprechen (AG Hannover ZMR 2008, 842 für eine Mehrhausanlage, in der die „Abstimmungsbasis", nämlich die Frage nicht klar geregelt war, ob und in welchen Fällen die Beschlusskompetenz bei allen Eigentümern oder nur bei einzelnen Gruppen liegen sollte).

11. Verwaltungsbeirat

156 Für größere Gemeinschaften empfiehlt sich die nach § 29 WEG mögliche Einrichtung eines Verwaltungsbeirats, dessen Aufgabe die Unterstützung des Verwalters (§ 29 Abs. 2 WEG) sowie die Vorprüfung von Wirtschaftsplan, Abrechnung und dergl. zur Vorbereitung der Eigentümerversammlung ist (§ 29 Abs. 3 WEG). Er besteht aus drei von der Eigentümerversammlung zu wählenden Mitgliedern (§ 29 Abs. 1 Satz 2 WEG), eine abweichende Zusammensetzung muss in der Teilungserklärung (OLG Düsseldorf OLGZ 1991, 37) oder durch eine Vereinbarung iSv. § 10 Abs. 2 WEG festgelegt worden oder einem Mehrheitsentscheid der Eigentümerversammlung zugewiesen sein (BGH MDR 2010, 619).

157 ➲ **Hinweis:** Zum Verwaltungsbeirat kann auch gewählt werden, wer nicht der Wohnungseigentümergemeinschaft angehört, sofern die Gemeinschaftsordnung dies vorsieht (BayObLG NJW-RR 1988, 270; NJW-RR 1992, 210).

158 Regelungen zur Eigentümerversammlung s. Rz. 237 ff., zu Verwalterbestellung und Verwalterbefugnissen Rz. 195 ff., zu Steuerfragen Rz. 262 ff.

M 47.1 Begründung von Wohnungs- und Teileigentum nach § 8 WEG in Form einer notariellen Niederschrift (Große Teilungserklärung)[1]

(notarielle Eingangsformel)

Teilungserklärung

Zur Begründung von Wohnungs- und Teileigentum nach § 8 Wohnungseigentumsgesetz (WEG)

1 S. Rz. 7 ff. Zu Steuerfragen s. Rz. 262 ff.

§ 1 Objektbeschreibung

(1) Der Unterzeichner ist Eigentümer folgenden im Grundbuch von ... (Ort) Band/Blatt ... (Nummer) eingetragenen Grundbesitzes:

... (Beschreibung des Grundstücks)

(2) Darauf befindet sich/wird errichtet ein Gebäude mit

... (Beschreibung des Gebäudes)

§ 2 Teilung des Objekts

(1) Der Eigentümer teilt nunmehr das Eigentum an diesem Grundbesitz in Miteigentumsanteile in der Weise, dass mit jedem Miteigentumsanteil das Sondereigentum an einer Wohnung (Wohnungseigentum) oder an nicht zu Wohnzwecken dienenden Räumen (Teileigentum) verbunden ist, wie folgt:

1. *Miteigentumsanteil von ... (Bruchteil)/1000, verbunden mit dem Sondereigentum an der im Aufteilungsplan mit Nr. 1 bezeichneten Wohnung[2] im Erd-Geschoss rechts nebst Keller Nr. 1.*
2. *Miteigentumsanteil von ... (Bruchteil)/1000, verbunden mit dem Sondereigentum an den im Aufteilungsplan mit Nr. 2 bezeichneten gewerblichen Räumen im Erd-Geschoss links nebst zwei Lagerräumen Nr. 2 im Kellergeschoss zum Betrieb eines Ladens[3].*
3. *Miteigentumsanteil von ... (Bruchteil)/1000, verbunden mit dem Sondereigentum an der im Aufteilungsplan mit Nr. 3 bezeichneten Wohnung im 1. Ober-Geschoss rechts nebst Keller Nr. 3.*
4. *Miteigentumsanteil von ... (Bruchteil)/1000, verbunden mit dem Sondereigentum an der im Aufteilungsplan mit Nr. 4 bezeichneten Wohnung im 1. Ober-Geschoss links nebst Keller Nr. 4.*
5. *Miteigentumsanteil von ... (Bruchteil)/1000, verbunden mit dem Sondereigentum an der im Aufteilungsplan mit Nr. G 1 bezeichneten Garage.*
6. *Miteigentumsanteil von ... (Bruchteil)/1000, verbunden mit dem Sondereigentum an der im Aufteilungsplan mit Nr. G 2 bezeichneten Garage.*
7. *Miteigentumsanteil von ... (Bruchteil)/1000, verbunden mit dem Sondereigentum an der im Aufteilungsplan mit Nr. G 3 bezeichneten Garage.*
8. *Miteigentumsanteil von ... (Bruchteil)/1000, verbunden mit dem Sondereigentum an der im Aufteilungsplan mit Nr. G 4 bezeichneten Garage.*

– nach Bedarf wiederholen und variieren –

(2) Die einzelnen Wohnungs- und Teileigentumseinheiten sind in sich abgeschlossen[4] im Sinne des § 3 Abs. 2 WEG gemäß der Abgeschlossenheitsbescheinigung der zuständigen Behörde. Auf die Aufteilungspläne wird verwiesen[5]. Sie lagen zur Durchsicht vor und wurden genehmigt.

(3) Die Wohnungseigentümergemeinschaft führt die Bezeichnung „Wohnungseigentümergemeinschaft ... (Name[6])"

§ 3 Gegenstand des Sondereigentums und des Gemeinschaftseigentums

(1) Inhalt und Umfang des Sondereigentums und des Gemeinschaftseigentums bestimmen sich nach den Festlegungen in dieser Teilungserklärung und den gesetzlichen Vorschriften.

(2) Ergänzend und erläuternd wird hierzu festgelegt, dass zum Sondereigentum gehören[7]:

- *die Balkone, ausgenommen die Außenwände, Gitter und Geländer sowie Bodenplatte und Isolierschicht.*

---

2 S. Rz. 68 ff.; wegen einschränkender Wirkung der angegebenen Nutzungsart s. Rz. 97 ff.

3 Diese Zweckbestimmung legt die zulässige Nutzung weitgehend fest. Ggf. weglassen oder mit weiterem Rahmen festlegen; s. Rz. 98 ff.

4 Zur Abgeschlossenheit s. Rz. 37 ff.

5 Abgeschlossenheitsbescheinigung und Aufteilungsplan sind anzusiegeln.

6 S. Rz. 3.

7 S. Rz. 15 f.; Ausnahmen bei Balkon s. BGH NJW 1984, 1551.

(3) Sollten die zu Sondereigentum erklärten Gebäudeteile nicht sondereigentumsfähig sein, sind sie den jeweils zugehörigen Sondereigentumseinheiten zur Sondernutzung zugewiesen und hinsichtlich der Instandhaltungspflichten und etwaiger Betriebskosten wie Sondereigentum zu behandeln[8].

Das gilt nicht für die Außenseiten und etwaige Geländer der Balkone. Deren Instandhaltung obliegt der Gemeinschaft.

(4) Soweit bei den dem Sondereigentum oder der Sondernutzung zugewiesenen Gebäudeteilen die äußere Gestaltung des Gebäudes betroffen ist, entscheidet über die Notwendigkeit und die Art der Instandhaltung die Eigentümergemeinschaft nach den für die Instandhaltung des gemeinschaftlichen Eigentums geltenden Regeln.

§ 4 Grundsatz über das Verhältnis der Wohnungseigentümer untereinander[9]

(1) Das Verhältnis der Wohnungseigentümer untereinander bestimmt sich nach den §§ 10–29 WEG und den Vorschriften des Bürgerlichen Gesetzbuchs über die Gemeinschaft, soweit in dieser Teilungserklärung nichts anderes bestimmt ist.

(2) Weitere Bestimmungen über die Art und Weise der Nutzung des Sondereigentums und der Mitbenutzung des Gemeinschaftseigentums sind in der Hausordnung festzulegen.

Die Hausordnung[10] *ist vom Verwalter aufzustellen und von der Eigentümerversammlung zu beschließen.*

Eine Änderung der Hausordnung kann die Eigentümerversammlung mit ⅔ Mehrheit beschließen.

§ 5 Gebrauchsregelungen nach § 15 WEG[11]

Es werden folgende Gebrauchsregelungen getroffen:

(1) Sondernutzungsrechte am Gemeinschaftseigentum.

Es wird den jeweiligen Eigentümern einzelner Sondereigentumsrechte unter Ausschluss der anderen Wohnungseigentümer das Sondernutzungsrecht an Teilen des Gemeinschaftseigentums wie folgt zugewiesen:

1. Pkw-Abstellplätze im Freien[12]

Abstellplatz	*zum Sondereigentum*
Nr. 1	*Nr. 1*
Nr. 2	*Nr. 2*
Nr. 3	*Nr. 3*

– usw. –

2. Grundstücksflächen

Bezeichnung der Fläche	*zum Sondereigentum*
Terrasse Nr. 1	*Nr. 1*
Freisitz Nr. 3	*Nr. 3*

8 S. Rz. 83.

9 Der Grundsatz der Gemeinschaft ist die „Rechtsordnung" der Eigentümergemeinschaft. Da die Eigenschaft der Beteiligung an der Gemeinschaft nicht unumstritten ist, empfiehlt sich die Aufnahme des Grundsatzes in die Gemeinschaftsordnung (zum Zwecke der Verdinglichung).

10 S. Rz. 258 ff. und **M 47.22**.

11 S. Rz. 94 ff.

12 Eine spätere Zuweisung der Pkw-Abstellplätze (als flexiblere Gestaltung) kann in der Teilungserklärung vorbehalten werden (s. die Alternativlösung zu § 5 Abs. 1; s. Rz. 114, 119 f.). Die verschiedentlich anzutreffende Bindung aller Sondernutzungsrechte an eine zurückzuhaltende Einheit, von der dann spätere Einzelübertragungen erfolgen (entspr. **M 47.11**), ist umständlicher. Erfolgt weder das eine noch das andere, kann die nachträgliche Begründung von Sondernutzungsrechten nur durch Vereinbarung, nicht auch durch Mehrheitsbeschluss (BGH MDR 2000, 1367), und mit Zustimmung aller dinglich Berechtigten erfolgen (zu Ausnahmen s. Rz. 186 ff.).

Die betreffenden Teile des Gemeinschaftseigentums sind im gesondert angeschlossenen Plan „Sondernutzungsplan" in der oben beschriebenen Weise näher gekennzeichnet. Der Plan ist Bestandteil dieser Urkunde, lag zur Durchsicht vor und wurde genehmigt. Auf ihn wird verwiesen.

Alternativlösung zu § 5 Abs. 1:

(1) Festlegung und Vorbehalt von Gebrauchsregelungen nach § 15 WEG

1. Vorbehalt von Gebrauchsregelungen

Die nachstehend bezeichneten Teile des Gemeinschaftseigentums werden – aufschiebend bedingt durch die vorbehaltene Zuweisung – vom gemeinschaftlichen Gebrauch ausgenommen und im Wege der Gebrauchsregelung als Sondernutzungsrecht noch zu bestimmenden Wohnungseigentümern unter Ausschluss der anderen Wohnungseigentümer zugewiesen:

a) Die Pkw-Stellplätze Nr. . . . bis . . . (Nummern) im Freien.

b) Die mit Nr. . . . bis . . . (Nummern) bezeichneten Außenflächen.

Der Eigentümer behält sich vor, die nach lit. a und b vorgesehenen Gebrauchsregelungen zu treffen und im Grundbuch vermerken zu lassen.

Die Stellplätze im Freien und die Außenflächen sind nach Lage und Gestalt im gesondert angeschlossenen Plan „Sondernutzungsplan" mit „ST" bzw, „AF" und fortlaufend nummeriert gekennzeichnet. Der Plan ist Bestandteil dieser Urkunde, lag zur Durchsicht vor und wurde genehmigt; auf ihn wird verwiesen.

Ende der Alternative

(2) Nutzungsbeschränkungen des Sondereigentums

Die Nutzung des Sondereigentums wird wie folgt eingeschränkt:

1. Gewerbliche Nutzung

Die Ausübung eines Gewerbes oder Berufes in einer Wohnung ist nur mit Zustimmung der Wohnungseigentümergemeinschaft zulässig.

2. Nutzungsänderung

Die Änderung der bei den einzelnen Sondereigentumsrechten angegebenen Nutzungsart ist nur mit Zustimmung der Wohnungseigentümergemeinschaft zulässig.

(3) Nutzungsregelungen für Gemeinschaftsräume

1. Einhaltung der Nutzungsart

Die dem gemeinschaftlichen Gebrauch dienenden Räume und Flächen dürfen nur entsprechend ihrer im Aufteilungsplan angegebenen Nutzungsart (Waschküche, Trockenraum, Fahrradkeller) verwendet werden, sofern nicht die Eigentümerversammlung eine andere gemeinschaftliche Verwendung beschließt.

2. Räume ohne festgelegte Nutzungsart

Ist für zum Gemeinschaftseigentum gehörende Räume und Flächen keine besondere Nutzungsart festgelegt, bestimmt die Eigentümerversammlung den Verwendungszweck, der so lange verbindlich ist, bis die Eigentümerversammlung eine andere Bestimmung trifft.

(4) Zustimmungsverfahren

Soweit vorstehend die Zustimmung der Wohnungseigentümergemeinschaft vorgesehen ist, gilt im Einzelnen Folgendes:

1. Übertragung auf den Verwalter

Die Gemeinschaft kann die Zustimmungsbefugnis dem Verwalter übertragen.

2. Widerrufliche Erteilung, Auflagen und Bedingungen

Die Zustimmung kann widerruflich erteilt werden. Sie kann auch mit Auflagen und Bedingungen verbunden werden.

3. Verweigerungsgründe

Die Zustimmung kann nur aus einem wichtigen Grund verweigert werden.

Ein wichtiger Grund zur Verweigerung der Zustimmung liegt insbesondere vor, wenn die beabsichtigte Nutzungsänderung für bestimmte Wohnungseigentümer oder Hausbewohner eine unzumutbare Beeinträchtigung zur Folge haben könnte oder sie den Charakter des Hauses nicht nur unwesentlich verändert.

§ 6 Bauliche Veränderungen[13]

Für bauliche Veränderungen am Gemeinschaftseigentum werden folgende Regelungen getroffen:

(1) Bauliche Veränderungen an der Außenfront

1. *Bauliche Veränderungen an der Außenfront wie das Anbringen von Markisen, Schutzgittern, Werbeeinrichtungen (Firmenschilder, Transparente, Leuchtreklame) oder ähnlichen Einrichtungen sind zulässig, wenn durch sie das Gesamtbild der Anlage nicht beeinträchtigt wird und erforderliche behördliche Genehmigungen erteilt sind.*
2. *Die Maßnahme bedarf der Zustimmung der Eigentümerversammlung oder – falls ein solcher bestellt ist – des Verwalters. Sie kann nur wegen Beeinträchtigung des Gesamtbildes der Anlage, fehlender behördlicher Genehmigung oder aus einem anderen wichtigen Grund verweigert werden. Sie kann mit Auflagen und Bedingungen verbunden und widerruflich erteilt werden. Die Eigentümerversammlung kann die vom Verwalter erteilte Zustimmung innerhalb eines Jahres nach Durchführung der Maßnahme oder – falls die Maßnahme vor Erteilung der Verwalterzustimmung durchgeführt wurde – innerhalb eines Jahres nach Erteilung der Zustimmung widerrufen, wenn der Verwalter die Zustimmung nach Satz 2 hätte verweigern müssen oder Auflagen und Bedingungen nicht erfüllt worden sind oder die Zustimmung widerruflich erteilt ist.*
3. *Die angebrachten Gegenstände bleiben Eigentum des Eigentümers, der die Maßnahme durchgeführt hat. Er und seine Rechtsnachfolger haben dafür zu sorgen, dass sich die Einrichtungen stets in einem ordnungsgemäßen und verkehrssicheren Zustand befinden. Bei einer Entfernung ist der ursprüngliche Zustand wiederherzustellen.*

(2) Bauliche Veränderungen an Gemeinschaftsanlagen und -einrichtungen

1. *Bauliche Veränderungen an Gemeinschaftsanlagen und -einrichtungen, die über die ordnungsgemäße Instandhaltung und Instandsetzung hinausgehen und die allen Eigentümern zugutekommen, zB Umstellung der Heizungsanlage auf eine andere Energiequelle, Anschluss an das Breitbandkabelnetz, Veränderung der Einrichtungen für die Müllentsorgung, sind zulässig, wenn die Maßnahme der Erhaltung des Wertes oder einer sinnvollen und zumutbaren Verbesserung der Anlage, insbesondere einer Anpassung an den technischen Fortschritt sowie an einen gestiegenen Lebens- und Wohnungsstandard, dient, wenn sie nach den Grundsätzen einer ordnungsgemäßen Bewirtschaftung erforderlich erscheint oder wenn sie aufgrund behördlicher Auflagen geboten ist.*
2. *Solche Veränderungen bedürfen der Zustimmung der Eigentümerversammlung.*
3. *Die Kosten für die Maßnahme und die Folgekosten für Betrieb, Instandhaltung, Instandsetzung und ggf. Wiederaufbau tragen die Eigentümer nach den allgemeinen Regeln über die Kostentragung für das Gemeinschaftseigentum, gleichgültig, ob sie der Maßnahme zugestimmt haben oder nicht.*

(3) Bauliche Veränderungen am bestehenden Gebäude

1. *Bauliche Veränderungen am Gebäude sind im Rahmen folgender Bedingungen zulässig:*
   a) Bauliche Veränderungen, die die Substanz, die Statik sowie den Gesamtcharakter und das äußere Erscheinungsbild der Anlage betreffen, sind nur aufgrund eines einstimmigen Beschlusses aller Eigentümer zulässig.
   b) Bauliche Veränderungen, die nur einen bestimmten Kreis von Eigentümern betreffen, sei es, dass sie von der Maßnahme Nutzen haben, mit Folgekosten belastet sein können oder von der Maßnahme über das in § 14 WEG bestimmte Maß hinaus beeinträchtigt werden, sind nur aufgrund eines einstimmigen Beschlusses dieser betroffenen Eigentümer zulässig.

13 S. Rz. 127 ff.

c) Bauliche Veränderungen, die innerhalb einer Einheit oder zwischen einzelnen Sondereigentumseinheiten ohne Tangierung der räumlichen Grenzen zum Gemeinschaftseigentum oder zu weiteren Sondereigentumseinheiten vorgenommen werden sollen, zB Wand- und Deckendurchbrüche, Verschiebung oder Entfernung von Wänden und dergl., bedürfen der Zustimmung der Eigentümerversammlung oder – falls ein solcher bestellt ist – des Verwalters. Die Zustimmung ist zu erteilen, wenn von der Maßnahme keine über das in § 14 WEG bestimmte Maß hinausgehende Beeinträchtigung anderer Eigentümer ausgeht und etwa erforderliche behördliche Genehmigungen nachgewiesen werden. Die Eigentümerversammlung kann die vom Verwalter erteilte Zustimmung innerhalb eines Jahres nach Durchführung der Maßnahme oder – falls die Maßnahme vor Erteilung der Verwalterzustimmung durchgeführt wurde – innerhalb eines Jahres nach Erteilung der Zustimmung widerrufen, wenn der Verwalter die Zustimmung nach Satz 2 hätte verweigern müssen.

2. Die Kosten für die Maßnahme und die Folgekosten für Betrieb, Instandhaltung, Instandsetzung und ggf. Wiederaufbau tragen

- *im Falle der Nr. 1 lit. a alle Eigentümer nach den allgemeinen Regeln über die Kostentragung für das Gemeinschaftseigentum,*
- *im Falle der Nr. 1 lit. b der dort bezeichnete Kreis der Eigentümer nach den allgemeinen Regeln über die Kostentragung für das Gemeinschaftseigentum dergestalt, wie wenn sie eine vollständige Eigentümergemeinschaft wären,*
- *im Falle der Nr. 1 lit. c der oder die veranlassenden Eigentümer allein.*

Die kostentragungspflichtigen Eigentümer haben die anderen Eigentümer von jeder Inanspruchnahme für die Errichtungs- und Folgekosten, seien sie unmittelbar oder mittelbar auf die Maßnahme zurückzuführen, freizustellen.

(4) Erlaubnis zum Ausbau und zur Errichtung von zusätzlichen Gebäuden und Gebäudeteilen

1. *Den Eigentümern der beiden im Dachgeschoss gelegenen Wohnungseinheiten Nr. ... (Nummern) wird die Befugnis erteilt, den jeweils über ihrer Einheit liegenden und zu ihrem Sondereigentum gehörenden Speicher zu einem weiteren Wohnraum der Einheit auszubauen.*
2. *Dem Eigentümer der Wohnungseinheit Nr. ... (Nummer) wird die Befugnis erteilt, den ihm zur Sondernutzung zugeteilten Hobbyraum im Kellergeschoss zu einer separaten Kleinwohnung auszubauen und auch getrennt von seiner Wohnung zu nutzen (auch durch Vermietung).*
3. *Den Eigentümern, die einen Stellplatz im Freien zur Sondernutzung zugeteilt erhalten haben, wird die Befugnis erteilt, darauf eine Garage nach Maßgabe der folgenden Festlegungen zu errichten: ... (Beschreibung der Rahmenbedingungen, ggf. Beifügung eines Planes).*
4. *Dem Eigentümer der Wohnungseinheit Nr. ... (Nummer) wird die Befugnis erteilt, im hinteren Bereich des ihm zur Sondernutzung zugeteilten Gartenteils ein Gerätehäuschen mit Flach- oder flachgeneigtem Dach zu errichten in den Maßen ... (Maße), das sich gestalterisch in die Gesamtanlage einpassen muss.*
5. *Die Befugnisse nach den Nr. 1–4 dürfen nur ausgeübt werden, sofern die dafür etwa erforderlichen behördlichen Genehmigungen nachgewiesen werden. Der Nachweis ist vor Beginn der Maßnahme gegenüber dem Verwalter oder einem von der Gemeinschaft bestimmten Wohnungseigentümer zu erbringen.*
6. *Die Kostentragung für Errichtung, Betrieb, Instandsetzung und Instandhaltung sowie ggf. Wiederaufbau obliegt allein dem berechtigten Eigentümer. Das gilt auch, soweit die Gebäudeteile und Anlagen zwingend zum Gemeinschaftseigentum gehören. Der berechtigte Eigentümer hat die anderen Eigentümer von jeglicher Inanspruchnahme für solche Kosten freizustellen.*
7. *Soweit durch die Maßnahme zusätzlicher Raum entsteht, der sich auf die Verteilungsschlüssel für die Betriebskosten auswirkt, ist dies auf der Grundlage der nach der Gemeinschaftsordnung geltenden Regeln angemessen zu berücksichtigen.*

(5) Soweit vorstehend die Zustimmung der Eigentümerversammlung vorgesehen ist, bedarf diese einer ... (Quorum) Mehrheit, falls und soweit nicht das Gesetz zwingend eine andere Mehrheit vorschreibt.

§ 7 Veräußerung des Wohnungseigentums[14]

(1) Das Wohnungseigentum ist veräußerlich und vererblich.

(2) Die Veräußerung bedarf der Zustimmung des Verwalters[15]*. Dessen Zustimmung kann durch einen Beschluss der Eigentümerversammlung ersetzt werden.*

(3) Die Zustimmung darf nur aus wichtigem Grund verweigert werden.

Als wichtiger Grund gilt insbesondere, wenn aufgrund vorliegender Tatsachen begründete Zweifel daran bestehen,

1. *dass der Erwerber die ihm gegenüber der Gemeinschaft obliegenden finanziellen Verpflichtungen erfüllen wird,*
2. *dass der Erwerber oder eine zu seinem Hausstand gehörende Person sich in die Hausgemeinschaft einfügen wird.*

(4) Der Zustimmung bedarf es nicht bei Veräußerung

- *durch den Bauträger (Erstveräußerung)*[16],
- *durch den Insolvenzverwalter,*
- *im Wege der Zwangsvollstreckung,*
- *an einen dinglich gesicherten Gläubiger,*
- *durch einen dinglich gesicherten Gläubiger, der das Wohnungseigentum erworben hat, sofern die Veräußerung innerhalb eines Jahres nach dem Erwerb (Beurkundung oder Zuschlag) erfolgt,*
- *an den Ehegatten oder Verwandte in gerader Linie.*

§ 8 Instandhaltung, Instandsetzung[17]

(1) Die Instandhaltung und Instandsetzung des gemeinschaftlichen Eigentums obliegt der Eigentümergemeinschaft.

(2) Jeder Eigentümer hat sein Sondereigentum und die von ihm instand zu haltenden Teile des Gemeinschaftseigentums so instand zu halten, wie dies im Interesse der Gemeinschaft erforderlich ist, und dabei zu gewährleisten, dass keinem anderen Wohnungseigentümer oder Hausbewohner über das bei einem geordneten Zusammenleben unvermeidliche Maß hinaus ein Nachteil erwächst.

(3) Gebäudeteile, die zum ausschließlichen Gebrauch durch einen Wohnungseigentümer bestimmt sind (z.B. Balkone, Terrassen, Veranden, Einstellplätze) sind von ihm auf seine Kosten instand zu setzen und instand zu halten. Des Weiteren sind Glasschäden an Türen und Fenstern im räumlichen Bereich des Sondereigentums, auch wenn sie zum Gemeinschaftseigentum gehören, von den jeweiligen Wohnungseigentümern zu beheben.

(4) Die Instandhaltung und Instandsetzung der Teile des Gemeinschaftseigentums, an denen Sondernutzungsrechte eingeräumt sind, obliegt den jeweiligen Sondernutzungsberechtigten.

(5) Daneben gelten die in dieser Teilungserklärung getroffenen weiteren Bestimmungen zur Instandhaltung und Instandsetzung.

§ 9 Lasten und Kosten[18]

(1) Die Lasten des gemeinschaftlichen Eigentums sowie die Kosten der Instandhaltung, Instandsetzung, sonstigen Verwaltung und eines gemeinschaftlichen Gebrauchs des gemeinschaftlichen Ei-

---

14 S. Rz. 88 ff.

15 S. Rz. 227 ff.

16 Die Zustimmungsfreiheit gilt auch für die Erstveräußerung nur bei ausdrücklicher Aufnahme in den Ausnahmekatalog (BGH Rpfleger 1991, 246). Die „zweite" Erstveräußerung (nach Rückabwicklung des ersten Vertrages) ist aber auch dann zustimmungsbedürftig (KG NJW-RR 1988, 1426).

17 S. Rz. 146 ff.

18 S. Rz. 146 ff. Bei der Heizkostenregelung ist nach der HeizkostenVO der nach Verbrauch abzurechnende Anteil mit mindestens 50 % und höchstens 70 % anzusetzen; Messgeräte sind vorgeschrieben.

gentums tragen die Wohnungseigentümer nach dem Verhältnis ihrer Miteigentumsanteile, soweit in dieser Teilungserklärung keine abweichenden Bestimmungen getroffen sind.

Das gilt auch für die Betriebskosten für Heizung, Wasser, Abwasser, Strom und ggf. Gas, soweit keine getrennten Messvorrichtungen vorhanden sind.

(2) Für folgende Gemeinschaftseinrichtungen werden besondere Verteilerschlüssel festgelegt:

. . . (Schlüssel, insbes. für Heizung unter Beachtung der HeizkostenVO).

(3) Die Verwaltungskosten sind für jedes Wohnungseigentum gleich hoch. Über die Höhe sowie über etwaige Abweichungen für Sondereigentum an Garagen oder gewerblichen Räumen entscheidet die Eigentümerversammlung.

(4) Für das Sonder- und das Gemeinschaftseigentum werden folgende Versicherungen abgeschlossen:

- *Wohngebäudeversicherung.*
- *Haus-Haftpflichtversicherung.*
- *Leitungswasserschadenversicherung.*

Für die Zeit nach Ablauf der ersten Versicherungsperiode kann die Wohnungseigentümerversammlung einen Wechsel der Versicherungsgesellschaften, den Abschluss weiterer oder die Aufgabe bestimmter Versicherungen beschließen.

(5) Die Wohnungseigentümer sind verpflichtet, eine Instandhaltungsrücklage für das gemeinschaftliche Eigentum anzusammeln. Jeder Wohnungseigentümer hat hierfür einen angemessenen Beitrag zu entrichten; der Anteil eines jeden Wohnungseigentümers richtet sich nach dem Verhältnis der Miteigentumsanteile zueinander.

(6) Sämtliche an die Gemeinschaft zu zahlenden oder von der Gemeinschaft aufzubringenden Kosten sind an den Verwalter zu entrichten, der sie verwaltet bzw. weiterleitet.

(7) Die vorstehend festgelegten Verteilungsschlüssel können von der Eigentümerversammlung mit ⅔-Mehrheit geändert werden.

(8) Die für die Umlagen nach der Wohnflächenverordnung errechneten Wohn- und Nutzungsflächen betragen

Sondereigentum	*Wohn- bzw. Nutzfläche*
. . . (Nummer)	*. . . (Größe) qm*
. . . (Nummer)	*. . . (Größe) qm*

(9) Im Falle der Veräußerung eines Wohnungs- oder Teileigentums gilt Folgendes[19]*:*

1. *Alle vom Veräußerer an die Gemeinschaft geleisteten Zahlungen (Instandhaltungsrücklage, sonstige Hausgeldzahlungen) gehen auf den Erwerber über.*
2. *Der Erwerber haftet gesamtschuldnerisch für alle Zahlungsverpflichtungen des Veräußerers gegenüber der Gemeinschaft, auch für Hausgeld- und sonstige Rückstände. Das gilt nicht für Erwerber, die das Wohnungseigentum durch Zuschlag in einer Zwangsversteigerung erworben haben.*
3. *Die Jahresabrechnung für das Jahr, in dem die Veräußerung erfolgt ist, wird dem Erwerber und auf Verlangen auch dem Veräußerer zugestellt. Der Erwerber ist zur Zahlung von Rückständen verpflichtet und zur Entgegennahme von Rückerstattungen wegen Überzahlung berechtigt.*
4. *Einen etwaigen Ausgleich haben der Veräußerer und der Erwerber untereinander vorzunehmen.*

§ 10 Wiederaufbau- und Wiederherstellungspflicht[20]

(1) Wird das Gebäude ganz oder teilweise zerstört, so sind die Wohnungseigentümer untereinander verpflichtet, den vor dem Schadenseintritt bestehenden Zustand wiederherzustellen.

19 S. Rz. 150 ff.
20 S. Rz. 138 ff.

(2) Soweit die Wiederherstellungskosten nicht anderweitig gedeckt sind, trägt jeder Wohnungseigentümer die Kosten für die Wiederherstellung seines Sondereigentums sowie im Verhältnis seines Miteigentumsanteils die Kosten für die Wiederherstellung des gemeinschaftlichen Eigentums. Daneben gelten in dieser Teilungserklärung getroffene weitere Bestimmungen zur Wiederaufbau- und Wiederherstellungspflicht.

(3) Jeder Wohnungseigentümer kann sich von der Verpflichtung zur Beteiligung am Wiederaufbau dadurch befreien, dass er sein Wohnungseigentum innerhalb von drei Monaten nach Beschlussfassung über den Wiederaufbau veräußert.

Der Erwerber ist nicht berechtigt, sich in dieser Weise der Wiederaufbaupflicht zu entziehen, es sei denn, die Eigentümerversammlung erklärt sich einstimmig damit einverstanden.

(4) Steht dem Wiederaufbau ein unüberwindliches Hindernis entgegen, so kann jeder Wohnungseigentümer die Aufhebung der Gemeinschaft verlangen.

Der Anspruch auf Aufhebung der Gemeinschaft ist ausgeschlossen, wenn ein anderer Wohnungseigentümer oder ein Dritter bereit ist, das Wohnungseigentum des die Aufhebung verlangenden Wohnungseigentümers zum Schätzwert zu übernehmen, und gegen die Übernahme keine in der Person des Übernehmers begründeten Bedenken bestehen.

(5) Im Falle der Aufhebung der Gemeinschaft erfolgt die Auseinandersetzung durch freihändige Veräußerung oder im Wege der öffentlichen Versteigerung.

§ 11 Entziehung des Wohnungseigentums[21]

(1) In Ergänzung der gesetzlichen Regelung wird bestimmt, dass die Voraussetzungen für die Entziehung des Wohnungseigentums auch dann vorliegen, wenn ein Wohnungseigentümer mit der Erfüllung seiner Verpflichtung zur Lasten- und Kostentragung mit mehr als . . . (Anzahl) Monatsraten in Verzug ist.

(2) Steht das Wohnungseigentum mehreren Personen zu, so kann die Entziehung auch geltend gemacht werden, wenn die Voraussetzungen für die Entziehung nur in der Person eines der Miteigentümer begründet sind.

§ 12 Eigentümerversammlung[22]

(1) Die Versammlung der Wohnungseigentümer entscheidet über alle Angelegenheiten, über die nach dem Wohnungseigentumsgesetz oder dieser Teilungserklärung die Wohnungseigentümer entscheiden können.

(2) Mindestens einmal im Jahr findet eine Eigentümerversammlung statt. Darüber hinaus hat eine Eigentümerversammlung dann stattzufinden, wenn Wohnungseigentümer mit mehr als einem Viertel aller Stimmen (im Sinne von § 24 Abs. 2 WEG)[23] *die Einberufung einer Versammlung unter Angabe des Verhandlungsgegenstandes verlangen. Ferner kann jeder Wohnungseigentümer die Einberufung einer Versammlung verlangen, wenn er für bestimmte Maßnahmen oder Handlungen der Zustimmung der Eigentümerversammlung bedarf.*

---

21 § 18 Abs. 1 WEG schreibt zwingend (Abs. 4) vor, dass die Entziehung (= Verlangen zur Veräußerung) bei so schweren Verletzungen der Gemeinschaftsverpflichtungen verlangt werden kann, dass eine Fortsetzung der Gemeinschaft für die anderen Wohnungseigentümer nicht mehr zumutbar ist. § 18 Abs. 2 WEG führt hierfür „Insbesondere"-Beispiele an, die sowohl abdingbar sind als auch erweitert werden können, zB in der im Muster vorgesehenen Weise. Die Verantwortlichkeit für Miteigentümer, Mieter oder sonstige Nutzer ergibt sich bereits aus dem Gesetz (Bärmann/Pick § 18 WEG Rz. 31). Seit der WEG-Änderung per 1.7.2007 erfolgt die Entziehung künftig nicht mehr durch Entziehungsversteigerung, sondern im Wege der Zwangsvollstreckung nach dem ZVG (s. Rz. 12).

22 S. Rz. 116 ff.

23 Der Minderheitenschutz darf im Kern nicht beseitigt werden (BayObLG NJW 1973, 151). Zwar bezieht sich § 24 Abs. 2 WEG („mehr als ein Viertel der Wohnungseigentümer") auf die Stimmrechtsgrundregel des § 25 Abs. 2 Satz 1 WEG („jeder Wohnungseigentümer hat eine Stimme."). Da das Stimmrecht aber abweichend davon geregelt werden darf (Rz. 238 f.), muss diese abweichende Regelung auch zur Grundlage für die Berechnung des Viertels gemacht werden dürfen.

(3) Die Eigentümerversammlung hat der Verwalter einzuberufen. Hierzu ist er auch noch nach Ablauf seiner Amtszeit befugt, es sei denn, er ist abgewählt oder durch einen neuen Verwalter ersetzt worden[24].

(4) Die Einberufung erfolgt in Textform (schriftlich, per Fax bzw. Computerfax oder per E-Mail) mit einer Frist von 2 Wochen. Für die Ordnungsmäßigkeit der Einberufung genügt die Absendung der Einladung an die letzte bekannte Adresse eines Wohnungseigentümers. Die Einberufung erfolgt mit einer Frist von zwei Wochen[25]*. Maßgebend für den Beginn der Frist ist das Datum des Poststempels.*

(5) Die Eigentümerversammlung[26] *ist beschlussfähig, wenn mehr als die Hälfte der Miteigentumsanteile anwesend oder vertreten ist. Für den Fall der Beschlussunfähigkeit kann in der Einladung eine Eventualversammlung auf einen 30 Minuten späteren Zeitpunkt einberufen werden, die in jedem Fall beschlussfähig ist; darauf ist in der Einladung hinzuweisen.*

(6) Das Stimmrecht richtet sich nach dem Verhältnis der Miteigentumsanteile.

(7) Vertretung in der Eigentümerversammlung ist zulässig. Der Nachweis der Vertretungsberechtigung ist durch schriftliche Vollmacht zu erbringen.

Die Vollmacht darf nur folgenden Personen erteilt werden:

- *dem Verwalter,*
- *einem anderen Wohnungseigentümer,*
- *dem Ehegatten,*
- *einem Hausgenossen,*
- *einem Verwandten in gerader Linie,*
- *einem im Grundbuch eingetragenen Nutzungsberechtigten (Nießbraucher*[27] *oder Wohnungs- bzw. Wohnberechtigten),*
- *dem Mieter des Wohnungseigentums,*
- *dem Erwerber des Wohnungseigentums*[28]*,*
- *einer zur Berufsverschwiegenheit verpflichteten Person der rechts- oder steuerberatenden Berufe.*

(8) Auch ohne Eigentümerversammlung ist ein Beschluss gültig, wenn alle Wohnungseigentümer schriftlich zustimmen.

(9) In Ergänzung von § 23 WEG wird bestimmt, dass es zur Gültigkeit eines Beschlusses über die dort genannten Bestimmungen hinaus einer Protokollierung des Beschlusses bedarf. Das Protokoll ist vom Versammlungsleiter und einem oder zwei von der Versammlung bestimmten Wohnungseigentümern zu unterzeichnen.

(10) Über die gefassten Beschlüsse ist eine Beschluss-Sammlung[29] *anzulegen, in der alle Beschlüsse in zeitlicher Reihenfolge festzuhalten sind. In die Beschluss-Sammlung sind auch etwaige gerichtliche Entscheidungen aufzunehmen. Die Führung der Beschluss-Sammlung obliegt dem Verwalter.*

---

24 S. Rz. 245. Weigern sich Verwalter (oder ist keiner vorhanden) und Verwaltungsbeiratsvorsitzender (oder ist keiner vorhanden), eine Versammlung einzuberufen, so bleibt den Wohnungseigentümern nur die Anrufung des Gerichts, das allerdings den Verwalter nur zur Einberufung anhalten, diese aber letztlich nicht erzwingen kann; es kann jedoch einen Wohnungseigentümer zur Einberufung und Leitung ermächtigen. Um diese Schwierigkeiten zu umgehen, könnte in die Gemeinschaftsordnung eine Ermächtigung zur Einberufung der Versammlung für bestimmte Wohnungseigentümer (zB bestimmt durch die Eigentümerversammlung) aufgenommen werden (s. **M 47.2** § 6 Abs. 1).

25 Gesetzliche Mindest-(Soll-)frist.

26 Zu Problemen der Versammlungsleitung und Regelungsvorschlägen s. Rz. 250. Zur Eventualeinladung s. Rz. 249, 252.

27 Der Nießbraucher hat aufgrund seiner Rechtsposition kein Stimmrecht, auch nicht in einzelnen Angelegenheiten (BGH MDR 2002, 1003).

28 Dem Erwerber steht bis zur Eigentumsumschreibung kein eigenes Stimmrecht zu, auch nicht nach Besitzübergang und auch nicht bei Eintragung einer Auflassungsvormerkung (BGH NJW-RR 1989, 1087).

29 S. Rz. 254 ff. u. **M 47.22**.

Ist kein Verwalter bestellt, obliegt die Führung einem von der Eigentümerversammlung bestimmten Miteigentümer.

§ 13 Wirtschaftsplan

(1) Für ein Kalenderjahr ist jeweils ein Wirtschaftsplan aufzustellen, der von der Eigentümerversammlung zu beschließen ist. Die Eigentümerversammlung kann das Wirtschaftsjahr auch anders festlegen.

(2) Die Aufstellung erfolgt durch den Verwalter.

(3) In den Wirtschaftsplan sind die nach dieser Teilungserklärung von der Gemeinschaft aufzubringenden Kosten in der für das Wirtschaftsjahr zu erwartenden Höhe einzusetzen.

Bei den Instandhaltungskosten ist zu berücksichtigen, dass ein angemessener Betrag für spätere größere Instandhaltungsarbeiten zurückzulegen ist.

§ 14 Mehrheit von Wohnungseigentümern

Steht ein Wohnungseigentum mehreren Personen zu, so gilt jeder einzelne von ihnen als ermächtigt, für und gegen alle Personen dieser Eigentümergemeinschaft Willenserklärungen im Verhältnis zu der Gemeinschaft der Wohnungseigentümer oder ihrer Organe abzugeben und entgegenzunehmen.

§ 15 Verwalter

(1) Zum ersten Verwalter wird bestellt

. . . (Name des Verwalters)

(2) Die Bestellung erfolgt auf die Dauer von drei Jahren, beginnend . . . (Zeitpunkt).

(3) Die Eigentümerversammlung kann den Verwalter vorzeitig abberufen, wenn ein wichtiger Grund vorliegt.

(4) Die Rechte und Pflichten des Verwalters ergeben sich aus §§ 27, 28 WEG und den Bestimmungen dieser Teilungserklärung.

Darüber hinaus hat der Verwalter folgende Aufgaben und Befugnisse:

- *Ansprüche der Gemeinschaft gegen Wohnungseigentümer oder Dritte gerichtlich und außergerichtlich geltend zu machen, sofern ihm dies nicht in einem konkreten Fall durch einen Mehrheitsbeschluss der Wohnungseigentümer untersagt ist.*
- *Verfügungen über eingenommene Gelder der Gemeinschaft vorzunehmen, sofern der Verwaltungsbeiratsvorsitzende oder sein Vertreter zustimmt*[30]*.*
- *Rechtsgeschäfte und Rechtshandlungen vorzunehmen, die im Interesse einer ordnungsgemäßen Verwaltung (Instandhaltung und Instandsetzung, Verkehrssicherung und dergl.) erforderlich sind. Dazu gehören insbesondere*[31]
  - *die Anstellung eines Hausmeisters,*
  - *die Beauftragung von Reinigungsdiensten,*
  - *der Abschluss von Wartungsverträgen.*

§ 16 Verwaltungsbeirat[32]

(1) Die Eigentümerversammlung kann einen Verwaltungsbeirat wählen, dessen Aufgaben sich aus § 29 WEG ergeben.

---

30 Die Zustimmungsbefugnis kann auch anderen Personen übertragen, das Zustimmungserfordernis auch weggelassen werden.

31 Die Ermächtigung kann beliebig (sinnvoll) erweitert, aber auch weggelassen werden; dann ist jeweils ein Mehrheitsbeschluss notwendig, § 27 Abs. 3 Nr. 7 WEG.

32 Der Verwaltungsbeirat (Regelung in § 29 WEG, s. Rz. 156 f.) bedarf eigentlich keiner besonderen Erwähnung in der Teilungserklärung, es sei denn, die Anzahl seiner Mitglieder (drei) soll reduziert oder seine Einrichtung ganz ausgeschlossen werden, was – anders als für den Verwalter – zulässig ist.

(2) Die Anzahl der Mitglieder des Verwaltungsbeirats legt die Eigentümerversammlung fest. Dabei darf die in § 29 Abs. 1 Satz 2 WEG festgesetzte Zahl von drei Mitgliedern überschritten werden.

(3) Der Verwaltungsbeirat hat das Recht, alle die Gemeinschaft betreffenden Bücher und sonstigen Unterlagen des Verwalters einzusehen.

§ 17 Begriffsbestimmung

Die vorstehenden Bestimmungen für Wohnungseigentum gelten sinngemäß auch für das Teileigentum, soweit hierfür keine besonderen Regelungen getroffen worden sind.

§ 18 Eintragungsbewilligung und -antrag

Der Eigentümer bewilligt und beantragt, im Grundbuch einzutragen

1. *die Teilung des Grundstücks gem. § 2 der Teilungserklärung,*
2. *die Bestimmungen der §§ 3–17, ausgenommen § 15 Nr. 1*[33]*, dieser Teilungserklärung als Inhalt des Sondereigentums.*

Die Belastungen der Abt. II und III bleiben bestehen und sind in die einzelnen Wohnungsgrundbücher mitzuübertragen.

Schlusserklärungen

1. Die Kosten dieser Urkunde und ihres Vollzugs trägt der Eigentümer. Der Objektwert beträgt ... (Wertangabe) Euro.

2. Von dieser Erklärung werden ... (Anzahl) beglaubigte Abschriften für den Eigentümer beantragt.

3. Beim Grundbuchamt wird beantragt, nach Vollzug für jedes Grundbuchblatt eine beglaubigte Abschrift zu erteilen.

(Unterschriftsbeglaubigung[34]*)*

33 Die Person des Verwalters zum Inhalt des Sondereigentums zu machen ist zwar zulässig, wegen der Möglichkeit des Wechsels aber unzweckmäßig.

34 Form gem. § 29 GBO, s. Rz. 13.

Kosten: *Notargebühr:* 0,2-Gebühr gem. Nr. 25100 KV GNotKG, mindestens 20 Euro, höchstens 70 Euro. Geschäftswert gem. §§ 121, 42 Abs. 1 GNotKG (Wert des bebauten Grundstücks). Bei Fertigung des Entwurfs und Beglaubigung 1,0-Gebühr gem. Nrn. 24101, 21200 KV GNotKG (§ 92 Abs. 2 GNotKG), Geschäftswert gem. §§ 119, 42 Abs. 1 GNotKG (Wert des bebauten Grundstücks).

Gerichtsgebühr: 1,0-Gebühr gem. Nr. 14112 KV GNotKG für die Anlegung der Wohnungs- und Teileigentumsgrundbücher. Geschäftswert gem. § 42 Abs. 1 GNotKG (Wert des bebauten Grundstücks). 20 Euro für jede begl. Ablichtung aus dem Grundbuch, Nr. 17001 KV GNotKG.

M 47.2 Teilungserklärung nach § 8 WEG durch unterschriftsbeglaubigte Erklärung[1] (Kleine Teilungserklärung)

An das

Grundbuchamt

... (Ort)

Betr.: Grundbuch Band/Blatt ... (Nummer)

Teilungserklärung

zur Begründung von Wohnungs- und Teileigentum nach § 8 Wohnungseigentumsgesetz (WEG)

1 S. Rz. 7 ff.; zu Steuerfragen s. Rz. 262 ff.

I. Aufteilung

§ 1 Objektbeschreibung

(1) Der Erklärende (im Folgenden „Eigentümer" genannt, auch wenn es sich um mehrere Personen handelt) ist Eigentümer folgenden im Grundbuch von . . . (Ort) Band/Blatt . . . (Nummer) eingetragenen Grundbesitzes:

. . . (Beschreibung).

(2) Darauf wird ein Wohngebäude errichtet mit . . . (Anzahl) Wohnungen und . . . (ggf. Ergänzungen).

§ 2 Teilung des Objekts

(1) Der Eigentümer teilt nunmehr das Eigentum an diesem Grundstück in Miteigentumsanteile in der Weise, dass mit jedem Miteigentumsanteil das Sondereigentum an einer Wohnung (Wohnungseigentum) oder an nicht zu Wohnzwecken dienenden Räumen (Teileigentum) verbunden ist, wie folgt:

1. Miteigentumsanteil von . . . (Bruchteil)/1000, verbunden mit dem Sondereigentum an der im Aufteilungsplan mit Nr. . . . (Nummer) bezeichneten Wohnung im . . . (Geschoss)-Geschoss nebst . . . (Nebenräume).

2. Miteigentumsanteil von . . . (Bruchteil)/1000, verbunden mit dem Sondereigentum an der im Aufteilungsplan mit Nr. . . . (Nummer) bezeichneten Wohnung im . . . (Geschoss)-Geschoss nebst . . . (Nebenräume).

3. Miteigentumsanteil von . . . (Bruchteil)/1000, verbunden mit dem Sondereigentum an der im Aufteilungsplan mit Nr. . . . (Nummer) bezeichneten Wohnung im . . . (Geschoss)-Geschoss nebst . . . (Nebenräumen).

(2) Die einzelnen Wohnungs- und Teileigentumseinheiten sind in sich abgeschlossen im Sinne des § 3 Abs. 2 WEG gemäß der Abgeschlossenheitsbescheinigung der zuständigen Behörde. Die Aufteilungspläne sind als Anlage beigefügt[2].

(3) Die Wohnungseigentümergemeinschaft führt die Bezeichnung „Wohnungseigentümergemeinschaft . . . (Name[3]*)".*

§ 3 Gebrauchsregelungen nach § 15 WEG[4]

(1) Es werden folgende besonderen Gebrauchsregelungen getroffen: . . . (Gebrauchsregelungen).

(2) Die vorstehend zur Sondernutzung zugewiesenen Teile des gemeinschaftlichen Eigentums sind in dem Umfang, wie sie der Sondernutzung unterliegen, von den jeweiligen Berechtigten instand zu halten.

II. Gemeinschaftsordnung

§ 4 Grundsatz

Das Verhältnis der Wohnungseigentümer untereinander bestimmt sich nach den §§ 10–29 WEG und den Vorschriften des Bürgerlichen Gesetzbuches über die Gemeinschaft, sofern in dieser Teilungserklärung nichts anderes bestimmt ist.

§ 5 Lasten und Kosten

(1) Die Lasten des gemeinschaftlichen Eigentums sowie die Kosten der Instandhaltung, Instandsetzung, Verwaltung und des Gebrauchs des gemeinschaftlichen Eigentums tragen die Wohnungseigentümer nach dem Verhältnis ihrer Miteigentumsanteile.

2 S. Rz. 15. Die Aufteilungspläne sind anzusiegeln.

3 S. Rz. 3.

4 S. Rz. 94 ff.

(2) Soweit getrennte Messvorrichtungen für die einzelnen Einheiten vorhanden sind, sind diese maßgebend.

(3) Die Heizkosten werden zu 70 % nach dem abgelesenen Verbrauch und zu 30 % nach dem Verhältnis der Miteigentumsanteile getragen.

§ 6 Wiederherstellungspflicht[5]

(1) Wird das Gebäude ganz oder teilweise zerstört, so sind die Wohnungseigentümer verpflichtet, den vor Schadenseintritt bestehenden Zustand wiederherzustellen.

(2) Nicht anderweitig gedeckte Kosten tragen sie im Verhältnis ihrer Miteigentumsanteile.

§ 7 Eigentümerversammlung und Stimmrecht[6]

(1) Die Eigentümerversammlung bestimmt einen Wohnungseigentümer, der zur Einberufung der nächsten ordentlichen Eigentümerversammlung befugt ist. Erfolgt eine solche Bestimmung nicht, ist jeder Wohnungseigentümer zur Einberufung der Versammlung berechtigt.

(2) In der Eigentümerversammlung gewährt jedes Sondereigentum eine Stimme.

§ 8 Begriffsbestimmung

Die vorstehenden Bestimmungen für das Wohnungseigentum gelten sinngemäß auch für das Teileigentum.

III. Grundbucherklärungen

§ 9

Der Eigentümer bewilligt und beantragt, im Grundbuch einzutragen:

1. die Teilung des Grundstücks gem. § 2,

2. die Bestimmungen der §§ 3–8 als Inhalt des Sondereigentums.

Die vorhandenen Belastungen der Abt. II und III sind in die einzelnen Wohnungsgrundbücher mitzuübertragen.

Schlusserklärungen

1. Die Kosten dieser Urkunde und ihres Vollzugs trägt der Eigentümer. Der Objektwert beträgt … (Wert) Euro.

2. Von dieser Erklärung werden … (Anzahl) beglaubigte Abschriften für den Eigentümer beantragt.

3. Beim Grundbuchamt wird beantragt, nach Vollzug für jedes Grundbuchblatt eine beglaubigte Abschrift zu erteilen.

(Unterschriftsbeglaubigung[7]*)*

5 S. Rz. 138 ff.

6 S. Rz. 237 ff. Zur Einberufungsbefugnis s. auch **M 47.1** Fn. 22.

7 Notarielle Beurkundung zwingend, s. Rz. 13.

Kosten: *wie* **M 47.1**.

M 47.3 Teilungsvertrag nach § 3 WEG[1]

(Urkundeneingang)

Die Beteiligten erklären zur öffentlichen Beurkundung folgenden

Vertrag

über die Begründung von Wohnungs- und Teileigentum nach § 3 Wohnungseigentumsgesetz (WEG)

§ 1 Objektbeschreibung

(1) Die Beteiligten sind in Bruchteilsgemeinschaft sämtliche Eigentümer folgenden im Grundbuch von ... (Ort) Band/Blatt ... (Nummer) eingetragenen Grundbesitzes:

... (Beschreibung).

(2) Darauf wird ein Gebäude errichtet mit ... (Anzahl) Wohnungen und ... (Anzahl) Garagen.

§ 2 Teilung des Objekts

Die Eigentümer räumen sich nunmehr unter gleichzeitiger Beschränkung ihres Miteigentums Sondereigentum in der Weise ein, dass den einzelnen Miteigentümern jeweils Sondereigentum an einer Wohnung (Wohnungseigentum) oder an nicht zu Wohnzwecken dienenden Räumen (Teileigentum) zugewiesen wird, wie folgt:

1. Miteigentumsanteil von ... (Bruchteil)/1000, verbunden mit dem Sondereigentum an der im Aufteilungsplan mit Nr. ... (Nummer) bezeichneten Wohnung im ... (Geschoss)-Geschoss nebst ... (Nebenräume),

– zugeteilt an ... (Name) –.

2. Miteigentumsanteil von ... (Bruchteil)/1000, verbunden mit dem Sondereigentum an der im Aufteilungsplan mit Nr. ... (Nummer) bezeichneten Wohnung im ... (Geschoss)-Geschoss nebst ... (Nebenräume),

– zugeteilt an ... (Name) –.

3. Miteigentumsanteil von ... (Bruchteil)/1000, verbunden mit dem Sondereigentum an den im Aufteilungsplan mit Nr. ... (Nummer) bezeichneten gewerblichen Räumen im ... (Geschoss)-Geschoss nebst ... (Nebenräumen) zum Betrieb ... (Nutzungsart),

– zugeteilt an ... (Name) –.

4. Miteigentumsanteil von ... (Bruchteil)/1000, verbunden mit dem Sondereigentum an der im Aufteilungsplan mit Nr. ... (Nummer) bezeichneten Garage,

– zugeteilt an ... (Name) –

– nach Bedarf wiederholen –.

Mehrere Miteigentümer eines Sondereigentums verbinden dabei ihre Miteigentumsanteile zu Wohnungs- bzw. Teileigentum[2].

– sodann Inhalt wie ***M 47.1*** *oder* ***M 47.2*** *–*

§ ... (Nummer) Einigung, Eintragungsbewilligung und -antrag

Die Miteigentümer sind sich über die Rechtsänderung nach § 2 dieses Teilungsvertrages einig.

Sie bewilligen und beantragen, im Grundbuch einzutragen

1. die Einräumung des Sondereigentums nach § 2 des Teilungsvertrages und die damit verbundenen Rechtsänderungen,

1 Wegen des Unterschieds zur Teilungserklärung nach § 8 WEG (insbes. auch der Beurkundungsform) s. Rz. 9 ff. Hier sind nur die Abweichungen aufgenommen; die Erklärung ist nach **M 47.1** oder **M 47.2** zu vervollständigen. S. die Fn. bei diesen Mustern. Zu Steuerfragen s. Rz. 262 ff.

2 Wegen der Einheitlichkeit jedes Sondereigentums erforderlich (s. Bärmann/Armbruster § 3 WEG Rz. 18).

2. die Bestimmungen der §§ ... (Nummern) dieses Teilungsvertrages als Inhalt des Sondereigentums.

*– sodann Inhalt wie **M 47.1** oder **M 47.2** –*

(Schlusserklärungen[3])

3 Urkundsform, s. Rz. 13.

Kosten: *Notargebühr:* 2,0-Gebühr gem. Nr. 21100 KV GNotKG, mindestens 60 Euro. Geschäftswert gem. §§ 97 Abs. 1, 42 Abs. 1 GNotKG(Wert des bebauten Grundstücks).

Gerichtsgebühr: 1,0-Gebühr gem. Nr. 14112 KV GNotKG für die vertragliche Einräumung von Sondereigentum. Geschäftswert gem. § 42 Abs. 1 GNotKG (Wert des bebauten Grundstücks).

M 47.4 Teilung eines Erbbaurechts[1]

An das

Grundbuchamt

... (Ort)

Teilungserklärung

zur Begründung von Wohnungs- und Teilerbbaurechten nach § 8 Wohnungseigentumsgesetz (WEG)

§ 1 Objektbeschreibung

(1) Der Unterzeichner – im Folgenden auch „der Eigentümer" genannt – ist Erbbauberechtigter an folgendem Grundbesitz:

... (Beschreibung des Erbbaurechts).

(2) Auf dem Grundstück wird in Ausübung des Erbbaurechts ein Gebäude errichtet mit ... (Anzahl) Wohnungen und ... (Anzahl) Tiefgaragenabstellplätzen.

(3) In dieser Urkunde werden Erbbauberechtigte auch als „Eigentümer", das Erbbaurecht als „Grundstück" oder „Grundbesitz" und die Wohnungs- bzw. Teilerbbaurechte auch als „Wohnungs- bzw. Teileigentum" bezeichnet[2].

§ 2 Teilung des Objekts

(1) Der Eigentümer teilt nunmehr das Erbbaurecht an diesem Grundbesitz in Miterbbaurechtsanteile in der Weise, dass mit jedem Miterbbaurechtsanteil das Sondereigentum an einer Wohnung (Wohnungserbbaurecht) oder an nicht zu Wohnzwecken dienenden Räumen (Teilerbbaurecht) verbunden ist, wie folgt:

1. Miterbbaurechtsanteil von ... (Bruchteil)/1000, verbunden mit dem Sondereigentum an der im Aufteilungsplan mit Nr. ... (Nummer) bezeichneten Wohnung im ... (Geschoss)-Geschoss nebst ... (Nebenräume).

*– nach Bedarf wiederholen (**M 47.1** und **M 47.2**) –*

(2) Das Wohnungs- und Teilerbbaurecht ist in sich abgeschlossen im Sinne des § 3 Abs. 2 WEG.

*– sodann Inhalt wie **M 47.1** oder**M 47.2** –*

1 Nach § 30 WEG; bei der Teilung entsprechend § 8 WEG genügt Beglaubigung der Unterschrift(en). Wegen der Besonderheiten und Abweichungen s. Rz. 52; im Übrigen gelten die Erläuterungen zu **M 47.1** und **M 47.2**. Zu Steuerfragen s. Rz. 262 ff.

2 Ermöglicht die Verwendung von Regelmustern.

§ ... (Nummer) Aufteilung von Erbbauzins und Vormerkung[3]

Die Reallast für Erbbauzins und die Vormerkung für weitere Reallasten aufgrund des Anspruchs auf Erhöhung des Erbbauzinses werden auf die einzelnen Sondererbbaurechte verteilt wie folgt:

Sondererbbaurecht	*Erbbauzinsanteil*	*Anteil Vormerkung*
... (Nummer)	*... (Betrag)*	*... (Betrag)*
... (Nummer)	*... (Betrag)*	*... (Betrag)*
... (Nummer)	*... (Betrag)*	*... (Betrag)*

– usw. –

Das zugunsten des jeweiligen Grundstückseigentümers bestehende Vorkaufsrecht bleibt unverändert zu Lasten der einzelnen Einheiten bestehen.

Der Vollzug dieser Aufteilung im Grundbuch wird bewilligt und beantragt.

Die Eigentümerzustimmung zu der Aufteilung von Erbbauzins und Vormerkung wird nachgereicht.

(Unterschriftsbeglaubigung[4]*)*

---

3 Bei Aufteilung des Erbbauzinses (und – soweit bei Altrechten noch vorhanden – der Vormerkung für Erhöhungen) ist die Zustimmung des Grundstückseigentümers erforderlich, sonst nicht (s. Rz. 58). Die Aufteilung eröffnet dem Grundstückseigentümer die Möglichkeit, für die Wohnungserbbaurechte unterschiedlich hohen Erbbauzins zu vereinbaren, etwa anlässlich einer Veräußerung, da der Erbbauzins nicht zum Erbbaurechtsinhalt gehört und deshalb keine einheitliche Behandlung gebietet. S. auch die Erl. zum Erbbaurecht Kap. 49.

4 Form gem. § 29 GBO, s. Rz. 13.

Kosten: *Notargebühr:* 0,2-Gebühr gem. Nr. 25100 KV GNotKG, mindestens 20 Euro, höchstens 70 Euro. Geschäftswert gem. §§ 121, 49 Abs. 2, 42 Abs. 2 GNotKG. Bei Fertigung des Entwurfs und Beglaubigung 1,0-Gebühr gem. Nrn. 24101, 21200 KV GNotKG (§ 92 Abs. 2 GNotKG), Geschäftswert gem. §§ 119, 49 Abs. 2, 42 Abs. 2 GNotKG.

Gerichtsgebühr: 1,0-Gebühr gem. Nr. 14112 KV GNotKG für die Anlegung der Wohnungs- und Teileigentumsgrundbücher. Geschäftswert gem. §§ 121, 49 Abs. 2, 42 Abs. 2 GNotKG.

V. Wohnungseigentum an mehreren Gebäuden (Mehrhausanlagen)

Literatur: *Armbrüster*, Wirtschaftsplan und Jahresabrechnung in der Mehrhausanlage, ZWE 2011, 110; *Göken*, Die Mehrhausanlage im Wohnungseigentumsrecht, 1999; *Hügel*, Die Mehrhausanlage nach der Reform des WEG, NZM 2010, 8; *Merle*, Die Mehrhausanlage – Bauträgervertrag und Gemeinschaftsordnung, ZWE 2005, 164.

159 Ein besonderer Gestaltungsbedarf kann sich bei der Begründung von Wohnungseigentum an einem Grundstück mit mehreren Hauptgebäuden (zB Doppelhäuser, Reihenhäusern oder völlig separate Gebäude) ergeben. Bei einer solchen Konstellation kann es sinnvoll sein, sowohl bei der Zuordnung des Eigentums als auch hinsichtlich des Gebrauchs, der Verwaltung und Kostentragung Verhältnisse zu schaffen, die einem Gebäude auf einem eigenen Grundstück nahe kommen. – Folgende Bereiche bedürfen dabei der besonderen Aufmerksamkeit.

1. Eigentums- und Nutzungsverhältnisse

a) Sondereigentum an einem ganzen Gebäude

160 Die Frage, ob Sondereigentum an einem ganzen Gebäude einschließlich aller normalerweise nicht sondereigentumsfähigen Teile gebildet werden kann, stellt sich nur, wenn das ganze Gebäude aus einem Wohnungseigentum besteht. Sind mehrere Einheiten in dem Gebäude, scheidet diese Überlegung von vornherein aus.

161 Dass Sondereigentum an Räumen, Anlagen und Einrichtungen eines eine Einheit bildenden ganzen selbständigen Gebäudes gebildet werden kann, ist unstreitig. Die Rspr. lehnt dagegen die Sondereigentumsfähigkeit auch der konstruktiven Teile des Gebäudes ab (BGH NJW 1968, 1230; BayObLG MDR 1966, 413; OLGR Düsseldorf 2005, 17). – Im Folgenden **M 47.5** wird davon ausgegan-

gen, dass die konstruktiven Gebäudeteile nicht sondereigentumsfähig sind; für sie erfolgt die Zuordnung über Sondernutzungsrechte (Rz. 162).

b) Sondernutzungsrecht

Dem Streit über die Sondereigentumsfähigkeit lässt sich aus dem Wege gehen, indem man die „streitigen" Gebäudeteile, Anlagen und Einrichtungen im Gemeinschaftseigentum belässt und an ihnen zugunsten des jeweiligen Eigentümers der betreffenden Einheit Sondernutzungsrechte, bei mehreren Wohnungseigentümern in einem Gebäude gemeinschaftliche Sondernutzungsrechte einräumt (BayObLG BWNotZ 1981, 88). Wird gleichwohl die generelle Zuweisung zum Sondereigentum gewählt, erscheint angesichts der rechtlichen Problematik die „salvatorische Klausel" in § 3 Abs. 3 des **M 47.1** besonders unentbehrlich. Es kommt auch eine Umdeutung unwirksamen Sondereigentums in ein Sondernutzungsrecht in Betracht, Rz. 87. 162

➲ **Praxistipp:** Kommt eine spätere Teilung des aus einem ganzen Gebäude bestehenden Wohnungseigentums in zwei oder mehr Einheiten in Betracht, wäre die Sondernutzungslösung ohnehin vorzuziehen: Sonst müssten bei der Teilung die konstruktiven Bauteile und sonstigen normalerweise nicht sondereigentumsfähigen Anlagen und Einrichtungen des Gebäudes wieder in Gemeinschaftseigentum umgewandelt werden, da es Mitsondereigentum nicht gibt, wohl aber ein gemeinschaftliches Sondernutzungsrecht. Unter diesem Gesichtspunkt kann auch die Herausnahme von sonstigen Gebäudeteilen, die bei einer Teilung der gemeinschaftlichen Nutzung zur Verfügung stehen müssen (Flure, Treppen und dergl.), aus dem Sondereigentum sinnvoll sein. 163

Für ein Gebäude mit mehreren Einheiten kommt ohnehin nur die Sondernutzungslösung in Betracht (Zuweisung von gemeinschaftlichen Sondernutzungsrechten für die einzelnen Einheiten). 163a

2. Bildung von Abrechnungsgemeinschaften/Untergemeinschaften

a) Lasten und Kosten

In Betracht kommt ferner eine den Besonderheiten Rechnung tragende Regelung der Lasten- und Kostentragung (auch für Instandhaltung und Wiederaufbau), die der weitgehenden Eigenständigkeit der Einzeleinheit oder der Untergemeinschaft (Abrechnungsgemeinschaft) Rechnung trägt. Ohne solche Regelungen in der Gemeinschaftsordnung entspricht zB ein Beschluss über die Auferlegung der Instandsetzungskosten für ein Gebäude nur auf die betroffenen Eigentümer nicht den Grundsätzen ordnungsgemäßer Verwaltung (BGH NJW 2010, 2513). 164

b) Verwaltung und Eigentümerversammlung

Als Pendant dazu bieten sich auch trennende Bestimmungen hinsichtlich der Verwaltungsbefugnisse an, etwa eine Einschränkung des Mitsprache- und Mitbestimmungsrechts der anderen Eigentümer in Angelegenheiten, die nur eine Einheit bzw. Untergemeinschaft betreffen (Blockstimmrecht). Das setzt aber voraus, dass eine Trennung der Angelegenheiten (vor allem kostenmäßig) auch tatsächlich möglich ist (OLG Hamm OLGZ 1990, 169). Auch ohne Regelungen in der Teilungserklärung kann die Beschusskompetenz einer Untergemeinschaft bestehen und die Zustimmung der übrigen Wohnungseigentümer entbehrlich sein, wenn nämlich die übrigen Wohnungseigentümer nicht über das in § 14 WEG bestimmte Maß hinaus beeinträchtigt werden (BayObLG MietRB 2004, 76). 165

Die Zulässigkeit einer Kompetenzzuweisung an die separate Eigentümerversammlung einer Untergemeinschaft hat ihre Grenzen. 166

- Über die Jahresabrechnung und den Wirtschaftsplan sowie die Entlastung kann nur die gesamte Gemeinschaft beschließen (BayObLG MDR 1994, 581; OLG Zweibrücken MietRB 2004, 356). Innerhalb der Jahresabrechnung können die nur eine Untergemeinschaft betreffenden Kosten aber getrennt ausgewiesen werden. S. aber Rz. 167.
- Es kann kein eigener Verwalter für eine Untergemeinschaft bestellt werden.

– Für Instandhaltungsmaßnahmen und bauliche Veränderungen ist ein Blockstimmrecht nur zulässig, wenn die Maßnahme nur die Untergemeinschaft betrifft und die Interessen der übrigen Wohnungseigentümer in keiner Weise berührt werden. Das ist zB nicht der Fall bei Errichtung einer Mobilfunkanlage (OLG München MietRB 2007, 39 mit Anm. Hogenschurz) oder eines Edelstahlaußenkamins mit Abgasrohr am Reihenhaus einer Mehrhausanlage (AG Kassel WuM 2009, 481).

167 ➲ **Hinweis:** Nach BayObLG (OLGR 2000, 42) ist eine Gruppenversammlung ausnahmsweise befugt, über die eigene Jahresabrechnung oder den eigenen Wirtschaftsplan allein Beschlüsse zu fassen, wenn es sich um ein separat stehendes Gebäude handelt, bei dem tatsächlich alle Kosten getrennt anfallen (eigener Geländeumschwung, eigene Heizung, eigener Hausmeister, usw.).

3. Falldarstellung zu M 47.5

168 Das folgende **M 47.5** nimmt Bezug auf **M 47.1** (Grundmuster) und regelt die Begründung von Wohnungseigentum an einem Grundstück, auf dem ein Mehrfamilienhaus mit sechs Wohnungen sowie sechs Reihenhäuser (zwei Häuserzeilen mit jeweils drei aneinandergebauten Einfamilien-Reihenhäusern) errichtet werden, ferner eine Tiefgarage mit Stellplätzen. Dies ist in § 1 Abs. 2 des Grundmusters auszuführen. Jedes Reihenhaus hat eine eigene Heizung, das Mehrfamilienhaus eine Gemeinschaftsheizanlage.

169 In § 2 Abs. 1 können die Sondereigentumseinheiten wie folgt bezeichnet werden:

1. **Reihenhäuser:** „Sondereigentum an dem im Aufteilungsplan mit Nr. 1 bezeichneten Reihenhaus."
2. **Wohnungen im Mehrfamilienhaus:** „Sondereigentum an der im Aufteilungsplan mit Nr. 7 bezeichneten Wohnung im Erdgeschoss des Mehrfamilienhauses nebst Keller Nr. 7." (Bei mehreren Mehrfamilienhäusern könnte formuliert werden: „mit Nr. 7 bezeichneten Wohnung im Hause I".)

170 Statt der Durchnummerierung der Einheiten könnten die Reihenhäuser auch mit römischen (I–VI), die Eigentumswohnungen mit arabischen (1–6) Ziffern oder auch mit Buchstaben gekennzeichnet werden.

M 47.5 Besonderheiten für Wohnungseigentum an mehreren Gebäuden[1]

*(einzusetzen in **M 47.1**)*

zu § 3 (Sonder-/Gemeinschaftseigentum)

(2) Die einzelnen Häuser sollen so weit wie möglich als rechtlich und verwaltungsmäßig selbständige Einheiten behandelt werden. Ergänzend und erläuternd wird deshalb festgestellt:

1. Zum Sondereigentum gehören[2]:

a) Bei den Reihenhäusern[3]

- *alle Räume innerhalb eines jeden Reihenhauses,*
- *die nicht tragenden Zwischenwände sowie die weiteren nicht konstruktiven Gebäudeteile, die nicht zwingend zum Gemeinschaftseigentum gehören,*

1 S. Rz. 159 ff., zur Falldarstellung Rz. 161 ff. Der Fall und die Lösung sind willkürlich gewählt und eignen sich deshalb lediglich als Gestaltungshilfe, nicht als übertragbares Muster.

2 Muster nach der die Sondereigentumsfähigkeit auch der konstruktiven Gebäudeteile ablehnenden Meinung (s. Rz. 161 f.).

3 Kommt eine spätere Aufteilung eines Reihenhauses in zwei (oder mehr) Einheiten in Betracht, sind auch Innenräume (zB Flure, Treppenhaus) uU nur zur Sondernutzung zuzuweisen (s. Rz. 163), um eine spätere Umwandlung von Sondereigentum in Gemeinschaftseigentum zu vermeiden.

- *alle im jeweiligen Reihenhaus befindlichen und nur diesem Haus dienenden Anlagen und Einrichtungen, insbesondere die separate Heizungsanlage.*

b) Beim Mehrfamilienhaus

- *die Balkone, ausgenommen die Außenwände, Gitter, Geländer, Bodenplatte und Isolierschicht.*

2. Es werden unter Ausschluss der übrigen Eigentümer vom Mitgebrauch folgende Sondernutzungsrechte eingeräumt:

a) Den jeweiligen Eigentümern eines jeden Reihenhauses zur alleinigen Sondernutzung

- *alle zum jeweiligen Reihenhaus gehörenden Gebäudeteile, Anlagen und Einrichtungen, die vorstehend nicht dem Sondereigentum zugeordnet sind, somit auch alle rechtlich zum Gemeinschaftseigentum gehörenden Teile,*
- *die ein Reihenhaus jeweils umgebende Grundstücksfläche mit der Befugnis, sie als Hausgarten zu gestalten; wegen der Lage der Flächen wird auf den als Anlage angeschlossenen Plan „Sondernutzungsflächen" und die darauf befindliche Legende verwiesen; der Plan wurde zur Durchsicht vorgelegt und genehmigt.*

b) Den jeweiligen Eigentümern des Mehrfamilienhauses zur gemeinschaftlichen Sondernutzung durch die jeweiligen Eigentümer der im Mehrfamilienhaus befindlichen Einheiten nach dem Verhältnis ihrer Miteigentumsanteile zueinander

- *alle zum Mehrfamilienhaus gehörenden Gebäudeteile, Anlagen und Einrichtungen, die vorstehend nicht dem Sondereigentum zugeordnet sind, somit auch alle rechtlich zum Gemeinschaftseigentum gehörenden Teile,*
- *die nur dem Mehrfamilienhaus dienenden Verkehrsflächen, Einrichtungen und Anlagen (insbes. Flure, Treppenhaus, Heizungsanlage und Ver- und Entsorgungsleitungen ab der Stelle, wo diese nur noch dem Mehrfamilienhaus dienen),*
- *die das Mehrfamilienhaus umgebende Grundstücksfläche mit der Befugnis, sie als Hausgarten zu gestalten; wegen der Lage der Flächen wird auf den als Anlage angeschlossenen Plan „Sondernutzungsflächen" und die darauf befindliche Legende verwiesen; der Plan wurde zur Durchsicht vorgelegt.*

c) Den jeweiligen Eigentümern benachbarter Reihenhäuser zur gemeinschaftlichen Sondernutzung zu gleichen Teilen

- *jeweils die zwischen ihren Häusern befindliche Trennmauer,*
- *... (ggf. weitere gemeinsame Anlagen ergänzen).*

(3) 1. Sollten die zu Sondereigentum erklärten Gebäudeteile, Anlagen und Einrichtungen nicht sondereigentumsfähig sein, sind sie den jeweils zugehörigen Sondereigentumseinheiten zur Sondernutzung zugewiesen und hinsichtlich der Instandhaltungspflichten, Lasten und Betriebskosten wie Sondereigentum zu behandeln.

2. Das gilt beim Mehrfamilienhaus nicht für die Außenseiten der äußeren Fenster sowie die Außenseiten, Gitter und Geländer der Balkone. Deren Instandhaltung obliegt der Mehrfamilienhausgemeinschaft.

(4) 1. Soweit bei den dem Sondereigentum oder der Sondernutzung zugewiesenen Gebäudeteilen die äußere Gestaltung des Gebäudes betroffen ist, entscheidet beim Mehrfamilienhaus über die Notwendigkeit und die Art der Instandhaltung und Instandsetzung die Eigentümergemeinschaft des Mehrfamilienhauses nach den für die Instandhaltung und Instandsetzung des gemeinschaftlichen Eigentums geltenden Regeln.

2. Bei den Reihenhäusern entscheiden die jeweiligen Sondereigentümer auch über die äußere Gestaltung selbst.

zu § 8 (Instandhaltung, Instandsetzung)

(1) Die Instandhaltung und Instandsetzung des gemeinschaftlichen Eigentums obliegt grundsätzlich der Eigentümergemeinschaft nach dem Verhältnis der Miteigentumsanteile zueinander.

Dabei gelten folgende Besonderheiten:

1. Für die Reihenhäuser

- *Die Instandhaltung und Instandsetzung für das gesamte Gebäude und seine Anlagen und Einrichtungen obliegt allein dem jeweiligen Eigentümer, soweit nicht nachstehend für bestimmte Gebäudeteile oder Einrichtungen etwas anderes bestimmt ist. Dies gilt auch für die Außenteile (Fassade).*
- *Die Instandhaltung und Instandsetzung von Gebäudeteilen, Anlagen und Einrichtungen, die nur bestimmten Häusern dienen (zB Trennwand zwischen zwei Reihenhäusern, Grenzanlagen, Ver- und Entsorgungsleitungen), obliegt den jeweiligen Eigentümern der betreffenden Einheiten zu gleichen Teilen.*

2. Für das Mehrfamilienhaus

Die Instandhaltung und Instandsetzung für das gesamte Mehrfamilienhaus und seine Anlagen und Einrichtungen obliegt allein den jeweiligen Eigentümern der darin befindlichen Einheiten im Verhältnis ihrer Miteigentumsanteile zueinander. Dies gilt auch für die Außenteile (Fassade).

3. Für die Tiefgarage

Die Instandhaltung und Instandsetzung der Tiefgarage obliegt allein den jeweiligen Eigentümern der Tiefgaragen-Stellplätze im Verhältnis ihrer Miteigentumsanteile zueinander. Ausgenommen hiervon sind Gebäudeteile und Einrichtungen, die gleichzeitig auch dem über der Tiefgarage errichteten Mehrfamilienhaus dienen; hierfür obliegt die Instandhaltung und Instandsetzung den jeweiligen Eigentümern der Einheiten im Mehrfamilienhaus und der Tiefgaragen-Stellplätze nach dem Verhältnis ihrer Miteigentumsanteile zueinander.

4. Für Sondernutzungsrechte

Soweit nicht bereits vorstehend bestimmt, obliegt die Instandhaltung und Instandsetzung aller unmittelbar (§ 3 Abs. 2 Nr. 2) oder fürsorglich (§ 3 Abs. 3) zur Sondernutzung zugewiesenen Gebäudeteile, Anlagen und Einrichtungen den Sondernutzungsberechtigten, bei gemeinschaftlichen Sondernutzungsrechten den Berechtigten im Verhältnis ihres Nutzungsrechts.

zu § 9 (Lasten und Kosten)

(1) Die Lasten des gemeinschaftlichen Eigentums und die Kosten der Verwaltung und eines gemeinschaftlichen Gebrauchs des gemeinschaftlichen Eigentums tragen die Sondereigentümer grundsätzlich nach dem Verhältnis ihrer Miteigentumsanteile. Hierzu werden aber ergänzend und teilweise in Abänderung des § 16 WEG die nachfolgenden Regeln festgelegt.

(2) Es werden jeweils getrennte Abrechnungseinheiten mit eigenen Buchungskonten gebildet für

1. *jedes Reihenhaus,*
2. *das Mehrfamilienhaus,*
3. *die Tiefgarage.*

Jede dieser Abrechnungseinheiten trägt die Kosten gem. Abs. 1 getrennt für sich, innerhalb einer Abrechnungseinheit ggf. nach dem Verhältnis der Miteigentumsanteile zueinander. Soweit eine Trennung der Konten nicht möglich ist, verbleibt es bei der Grundregel des Abs. 1.

Sind getrennte Messvorrichtungen vorhanden, so haben die Messergebnisse Vorrang vor dem Verhältnis der Miteigentumsanteile.

(3) Für folgende Gemeinschaftseinrichtungen im Mehrfamilienhaus werden besondere Verteilerschlüssel festgelegt:

... (Schlüssel, insbes. für Heizung unter Beachtung der HeizkostenVO).

(4) Die Verwaltungskosten sind für jede Wohneinheit (Reihenhaus und Eigentumswohnung) gleich hoch. Für jeden Tiefgaragen-Stellplatz betragen die Verwaltungskosten ein Zehntel des Betrages für eine Wohneinheit.

(5) Für das Sonder- und Gemeinschaftseigentum sind folgende Versicherungen abzuschließen:

- *Wohngebäudeversicherung,*
- *Haus-Haftpflichtversicherung,*
- *Leitungswasserschadenversicherung.*

Nach Möglichkeit sind die Versicherungen für die Abrechnungseinheiten getrennt abzuschließen, ggf. auch für mehrere Abrechnungseinheiten zusammen (zB Häuserreihe), es sei denn, es entstehen dadurch Mehrkosten.

(6) Die Verpflichtung zur Ansammlung einer Instandsetzungsrücklage besteht für die gesamte Gemeinschaft nur hinsichtlich der von allen Wohnungseigentümern instand zu haltenden Gebäudeteile, Anlagen und Einrichtungen, im Übrigen in getrennten Gruppen entsprechend den vorstehenden Regeln für die Kostentragung. Die Höhe legt für die gesamte Gemeinschaft die Versammlung aller Wohnungseigentümer und für die einzelnen Gruppen jeweils die betreffende Gruppe allein fest. Für die Kosten, die ein Reihenhauseigentümer allein zu tragen hat, braucht dieser keine Rücklage zu bilden.

(7) Sämtliche die Gemeinschaft insgesamt oder Untergruppen betreffenden Kosten sind an den Verwalter zu entrichten, der für sie getrennte Buchungskonten zu führen und getrennte Abrechnungen vorzunehmen hat. Ausgenommen hiervon sind die Kosten, die ausschließlich den Eigentümer eines Reihenhauses betreffen.

zu § 10 (Wiederaufbau)

...

(2) Soweit die Wiederherstellungskosten nicht anderweitig gedeckt sind, trägt jeder die Kosten für die Wiederherstellung seines Sondereigentums einschließlich der ihm zur Sondernutzung zugewiesenen Teile des Gemeinschaftseigentums (bei mehreren Sondernutzungsberechtigten nach dem Verhältnis ihrer Nutzungsberechtigung) sowie die Kosten für die Wiederherstellung des Gemeinschaftseigentums entsprechend den in § 8 Abs. 1 aufgestellten Regeln für die Instandhaltung und Instandsetzung.

...

zu § 12 (Eigentümerversammlung)

...

(10) Soweit nach den §§ 8 und 9 bestimmte Eigentümer in Untergemeinschaften oder Abrechnungseinheiten zusammengefasst sind, entscheiden diese über alle nur ihre Gruppe betreffenden Angelegenheiten allein. Es können auch getrennte Eigentümerversammlungen für eine Gruppe durchgeführt werden. Hierzu sind aber alle anderen Eigentümer ebenfalls einzuladen. Sie haben Rederecht. Für die Gruppenversammlungen gelten die hier getroffenen Regelungen entsprechend.

(11) Ob eine Angelegenheit nur eine Eigentümergruppe betrifft, entscheidet auf Verlangen eines Wohnungseigentümers oder des Verwalters die Versammlung aller Wohnungseigentümer mit einfacher Mehrheit. Ist nur die Versammlung einer Eigentümergruppe einberufen, so ist über die Einordnung einer Angelegenheit die Entscheidung der Versammlung aller Wohnungseigentümer herbeizuführen, wenn auch nur ein Eigentümer oder der Verwalter dies verlangt.

(Auch die weiteren Teile der Teilungserklärung sind auf ihre Anpassungsbedürftigkeit an die Besonderheiten des Falles hin sorgfältig zu prüfen.)

VI. Nachträgliche Änderungen

Nachträgliche Änderungen können den **Inhalt des Wohnungseigentums** insgesamt (Gemeinschaftsordnung = **M 47.6**, Aufhebung/Neubildung von Sondereigentum = **M 47.7**, Nutzungsregelungen = **M 47.8**) oder **einzelne Einheiten** (Tausch von Sondereigentum = **M 47.9**, Tausch von Sondernutzungsrechten = **M 47.11**, Vereinigung/Teilung von Einheiten = **M 47.12** und **M 47.13**, Nutzungsregelungen unter Miteigentümern = **M 47.10**) betreffen. In allen Fällen stehen die Fragen der Form 171 und der mitwirkungsbedürftigen Personen im Vordergrund. – S. auch die Zusammenstellung von M. Schüller RNotZ 2011, 203; Streblow MittRhNotK 1987, 141; ferner Böttcher BWNotZ 1996, 80; zu nachträglichen Änderungen zum Gemeinschaftsverhältnis s. Böttcher NotBZ 2007, 421.

1. Form

172 Grundsätzlich gelten für nachträgliche Änderungen die gleichen Formvorschriften wie für die Begründung von Wohnungseigentum. Abweichungen ergeben sich dadurch, dass bei Änderungen idR nur Teilbereiche betroffen sind, für die isoliert eine schwächere Form als für die Gesamterklärung gelten kann. Im Einzelnen:

a) Alleineigentümer ändert

173 Wird eine die gesamte Anlage betreffende Änderung, gleichgültig, welcher Art, von einer Person vorgenommen, die Eigentümer aller Einheiten ist, so genügt stets eine einseitige Grundbucherklärung in **öffentlich beglaubigter Form** (§ 29 GBO) nebst Vollzugsantrag. Dasselbe gilt, wenn eine Eigentümergruppe wie ein Einzeleigentümer handelt. Die dingliche Wirkung tritt mit dem Grundbuchvollzug ein. Ob es hierzu der Zustimmung eines in allen Wohnungsgrundbüchern eingetragenen Gläubigers bedarf, wird in der Praxis verbreitet angenommen, ist aber abzulehnen (Rz. 193).

174 ➲ **Hinweis:** Die alleinige Änderungsbefugnis des teilenden Eigentümers endet mit der Eintragung einer Auflassungsvormerkung für den ersten Erwerber (BayObLG NJW-RR 1993, 1362). Zu Änderungsvollmachten im Kaufvertrag s. Kap. 20 Rz. 25.

175 Die Grundbuchform des § 29 GBO genügt auch, wenn die Änderung darin besteht, dass ein Eigentümer sein Wohnungseigentum teilt (LG Frankfurt Rpfleger 1989, 281), **M 47.13**, oder zwei (oder mehr) ihm gehörende Einheiten vereinigt, **M 47.12**.

b) Mehrere Eigentümer ändern

176 Müssen mehrere oder alle Wohnungseigentümer mit unterschiedlicher Eigentümerposition mitwirken, so kann jegliche Änderung nur durch **Vereinbarung und Eintragung im Grundbuch** nach §§ 877, 873 BGB vorgenommen werden. Die zu beachtende Form hängt vom Inhalt der Änderungsvereinbarung ab.

177 **Änderungen ohne Einräumung oder Aufhebung von Sondereigentum** (**M 47.6**) bedürfen einer an sich formfreien Vereinbarung (BayObLG DNotZ 1979, 174); die Eintragungsbewilligung für das Grundbuchamt erfordert aber **öffentliche Beglaubigung** (§ 29 GBO).

178 Wird **Sondereigentum neu eingeräumt oder aufgehoben**, zB Gemeinschaftseigentum in Sondereigentum umgewandelt oder umgekehrt (**M 47.7**), bedarf es der stärkeren **Form der Beurkundung** nach §§ 4 Abs. 1 und 2 WEG, 925 BGB, 4 Abs. 3 WEG, 311b Abs. 1 Satz 1 BGB (Einigung in Auflassungsform; BayObLG DNotZ 1990, 37).

c) Übertragung von Sondereigentum/Miteigentumsanteilen

179 Einer Beurkundung bedarf auch die Übertragung bereits gebildeten Sondereigentums (bzw. von Teilen davon) von einer Einheit auf eine andere (etwa beim Kellertausch, **M 47.9**), ebenso die damit meist einhergehende Übertragung von Miteigentumsanteilen (**M 47.14**); für das Verpflichtungsgeschäft ergibt sich das aus § 4 Abs. 3 WEG, für die dingliche Übertragung gilt die **Auflassungsform** nach § 925 BGB unmittelbar. Das Gleiche gilt, wenn zwischen Eigentümern Miteigentumsanteile (allein oder mit Sondereigentum) übertragen werden.

d) Einräumung/Aufhebung/Übertragung von Sondernutzungsrechten

180 Keine Eigentumsübertragung in diesem Sinne ist die nachträgliche Einräumung, Aufhebung oder Übertragung von Sondernutzungsrechten (**M 47.8 u. M 47.11**), die zwar der Einigung und Eintra-

gung nach §§ 877, 873 BGB bedarf, wobei für die Eintragungsbewilligung wiederum die Grundbuchform des § 29 GBO (**öffentliche Beglaubigung**) einzuhalten ist, nicht aber der Form der Beurkundung.

e) Teilung des Wohnungseigentumsgrundstücks, Hinzuerwerb

Wird das Grundstück, an dem Wohnungseigentum besteht, katastermäßig geteilt und soll ein Teilstück aus der Wohnungseigentumsbindung entlassen werden, bedarf dieser Vorgang der Einigung der Wohnungseigentümer in **Auflassungsform** (OLG Frankfurt Rpfleger 1990, 292), es sei denn, alle Einheiten sind (noch) in einer Hand. Der Hinzuerwerb eines Grundstücks zum Wohnungseigentumsgrundstück zum Zwecke der Vereinigung erfolgt durch einen Grundstückskaufvertrag (Beurkundung, Auflassung, Eintragung) und die Einbeziehung der Fläche in das Wohnungseigentum. 181

2. Mitwirkung der Miteigentümer oder Dritter

Die Frage, wer bei Änderungen mitwirken muss, richtet sich zum einen an den Kreis der Wohnungseigentümer, zum anderen an die dinglich Berechtigten. 182

➲ **Praxistipp:** Als Faustregel kann gelten, dass derjenige mitwirken oder zustimmen muss, dessen rechtliche oder wirtschaftliche Position durch die Änderung betroffen ist. 183

Im Einzelfall ist diese Feststellung nicht immer einfach.

a) Die gesamte Gemeinschaft betreffende Änderungen

Die gesamte Gemeinschaft betreffende Änderungen setzen idR eine Vereinbarung aller Eigentümer voraus und unterliegen damit dem **Einstimmigkeitsprinzip**. Das ist selbstverständlich in den Fällen, in denen Gemeinschaftseigentum (das allen gehört) in Sondereigentum umgewandelt wird (auch, wenn bereits ein Sondernutzungsrecht bestanden hat, BayObLG Rpfleger 1993, 488) oder umgekehrt; ebenso für die Fälle der Abschreibung oder des Hinzuerwerbs von Teilflächen. Betrifft die Änderung die Grundregeln (Vereinbarungen) der Gemeinschaftsordnung und die den wirtschaftlichen Wert bestimmenden Faktoren (zB Nutzungsart, Lasten- und Kostentragung, Instandhaltung und Instandsetzung, bauliche Veränderungen), besteht seit der am 1.7.2007 in Kraft getretenen WEG-Änderung eine **gesetzliche Öffnungsklausel für Mehrheitsbeschlüsse**, s. hierzu Rz. 60. 184

Auch die Einräumung, Änderung oder Aufhebung von Sondernutzungsrechten bedarf einer Vereinbarung aller Wohnungseigentümer (zuletzt OLG München ZfIR 2013, 566), nach BGH (MDR 2001, 80) genügt für die Löschung im Grundbuch aber die öffentlich beglaubigte Erklärung des begünstigten Eigentümers, da mit der Löschung lediglich die „dingliche Wirkung" beseitigt werde. 185

➲ **Wichtig:** In allen diesen Fällen, auch bei der Löschung eines Sondernutzungsrechts, bedurfte es **bislang** der **Zustimmung der dinglich Berechtigten in öffentlich beglaubigter Form**, es sei denn, es handelte sich um Globalberechtigte (Rz. 193). Nach § 5 Abs. 4 Satz 2 und 3 WEG, eingefügt durch die am 1.7.2007 in Kraft getretene WEG-Änderung, besteht nun eine **Einschränkung der Zustimmungserfordernisse für Gläubiger von Hypotheken, Grund- oder Rentenschulden sowie Reallasten:** Sie müssen Vereinbarungen über das Verhältnis der Wohnungseigentümer untereinander nur noch zustimmen, wenn ein Sondernutzungsrecht begründet oder ein mit dem (belasteten) Wohnungseigentum verbundenes Sondernutzungsrecht aufgehoben, geändert oder übertragen wird. Bei der Begründung von Sondernutzungsrechten entfällt auch dieses Zustimmungserfordernis, wenn dem belasteten Wohnungseigentum gleichzeitig ebenfalls ein Sondernutzungsrecht eingeräumt wird; ob dies gleichartig und gleichwertig sein muss, ist offen (näher OLG München ZMR 2014, 220). – Zu den Auswirkungen der Änderung des § 5 WEG s. ua. Armbruster ZWE 2008, 329. 186

Das Zustimmungserfordernis nach §§ 877, 876 Satz 1 BGB für den Inhaber einer Dienstbarkeit, eines Nießbrauchs, Wohnungsrechts sowie Dauerwohn- und Dauernutzungsrechts bleibt unberührt; 187

deren Zustimmung ist nur dann entbehrlich, wenn es sich um eine das gesamte Grundstück betreffende (Global-)Belastung handelt, was bei Dienstbarkeiten idR der Fall sein wird. – Wegen der Möglichkeit, ein „Unschädlichkeitszeugnis" auszustellen, s. BayObLG MittRhNotk 1988, 99.

188 Enthält die Gemeinschaftsordnung eine **vereinbarte Öffnungsklausel**, durch die bestimmte Wohnungseigentümer in zulässiger Weise von einer Mitwirkung bei Änderungen der Gemeinschaftsordnung ausgeschlossen worden sind, so bedarf es weder deren Mitwirkung noch der ihrer Gläubiger (BayObLG Rpfleger 1989, 325 für eine zugelassene Umwandlung von Teileigentum in Wohnungseigentum). Nach OLGR Düsseldorf 2004, 225 bedarf die Eintragung einer vereinbarten Öffnungsklausel, die Änderungen der Gemeinschaftsordnung durch qualifizierten Mehrheitsbeschluss erlaubt, nicht der Zustimmung dinglich Berechtigter. Dies macht aber nicht deren Zustimmung zu den Änderungen entbehrlich. – Zu den Möglichkeiten vereinbarter Öffnungsklauseln und zur Frage der Grundbucheintragung s. Schneider NotBZ 2008, 442.

b) Einzelne Wohnungseigentümer betreffende Änderungen

189 Einzelne Wohnungseigentümer betreffende Änderungen können sich auf die Beteiligung eines einzigen Eigentümers beschränken oder mehrere, aber nicht alle Eigentümer betreffen.

190 Ein **einzelner Eigentümer** kann sein Wohnungseigentum **teilen** (**M 47.13**, aus der Rspr. OLG München MDR 2013, 1025) oder zwei oder mehr Einheiten **vereinigen** (**M 47.12**), ohne dass die anderen Wohnungseigentümer zustimmen müssen, ebensowenig idR dinglich Berechtigte, es sei denn, ihre Rechtsposition ist betroffen (zB der Nießbraucher, wenn er durch die Teilung der belasteten Einheit nach der Gemeinschaftsordnung höhere Gemeinschaftsbeiträge zu zahlen hätte). Die Mitwirkung dinglich Berechtigter kann auch erforderlich sein, wenn vor einer Vereinigung Rangverhältnisse klargestellt werden müssen.

191 Der Alleineigentümer mehrerer Einheiten kann zwischen diesen auch Miteigentumsanteile und/oder Teile des Sondereigentums, ebenso Sondernutzungsrechte „hin- und herschieben", ohne dass im Regelfall die anderen Wohnungseigentümer mitwirken müssen (BayObLG DNotZ 1999, 672). Verändern sich dadurch aber Umlagemaßstäbe, Abrechnungsverhältnisse oder dergl., so sind die anderen Eigentümer betroffen und müssen mitwirken. Das gilt auch für eine Umwandlung von Teileigentum in Wohnungseigentum und umgekehrt (BayObLG Rpfleger 1989, 325). Soweit andere Wohnungseigentümer zustimmen müssen, gilt das auch für deren dinglich Berechtigte.

192 Für Änderungen, an denen zwei oder jedenfalls **mehrere verschiedene Eigentümer** beteiligt sind (Übertragung, Tausch von Sondereigentum, Miteigentumsanteilen, Sondernutzungsrechten), gelten im Prinzip die gleichen Regeln. Solange nicht in die rechtliche oder wirtschaftliche Position der anderen Eigentümer oder in das Gemeinschaftsgefüge insgesamt eingegriffen wird, können die Eigentümer der beteiligten Einheiten die Sache unter sich regeln. Dinglich Berechtigte dieser Einheiten werden idR zustimmen müssen.

c) Globalberechtigte

193 Globalberechtigte, deren Recht auf allen beteiligten Sondereigentumseinheiten in gleicher Weise lastet, brauchen nachträglichen Änderungen – wie schon der Begründung des Wohnungseigentums – **nicht zuzustimmen**, da sich ihre einheitliche Gesamtposition nicht verändert.

d) Erwerber von Wohnungseigentum

194 Erwerber von Wohnungseigentum haben mit Eintragung einer Auflassungsvormerkung auf der Grundlage eines wirksamen Kaufvertrages eine Rechtsposition, die ihre Zustimmung zu Änderungen der Teilungserklärung erforderlich macht. Das Gleiche gilt für deren **Geldgeber**, sobald für diese ein Grundpfandrecht im Grundbuch eingetragen ist. Diese Rechtsposition besteht bereits mit Einreichung der Eintragungsanträge beim Grundbuchamt gegenüber einem zeitlich danach eingehenden Antrag auf Vollzug einer Änderung der Teilungserklärung.

➲ **Wichtig:** Da die Beschaffung der Käuferzustimmungen mit zunehmender Anzahl der Erwerber immer zeit- und kostenaufwendiger wird, enthalten auf – verständliches – Betreiben der Bauträger die Kaufverträge heute im Regelfall eine **Änderungsvollmacht** des Käufers zugunsten des Bauträgers, die ein persönliches Mitwirken der Käufer entbehrlich machen soll (hierzu OLG München RNotZ 2013, 122 sowie zur zeitlichen Grenze des Gebrauchs OLG München MittBayNot 2013, 378). Eine im Außenverhältnis unbeschränkt erteilte Vollmacht berechtigt aber nicht zur Abgabe von Erklärungen, die dem Bevollmächtigten in derselben Urkunde ausdrücklich untersagt sind, wenn dem Vollmachtgeber dadurch ein wirtschaftlicher Schaden entsteht (OLG München DNotZ 2007, 41, das eine Wertung durch das Grundbuchamt im konkreten Fall ausnahmsweise für zulässig und geboten angesehen hat, weil der Straftatbestand der Untreue nach § 266 StGB erfüllt sei). Wegen der Problematik und der für den Käufer mit umfassenden Änderungsvollmachten verbundenen Risiken s. Kap. 20 Rz. 25 ff. Die Zustimmung der Grundpfandrechtsgläubiger wird durch die Änderungsvollmacht nicht entbehrlich (BayObLG DNotZ 1996, 297). 195

➲ **Hinweis:** Eine – hin und wieder – anzutreffende **Änderungsvollmacht in der Teilungserklärung** erzeugt sowohl für den Erwerber als auch für dingliche Berechtigte **keine Wirkung**, nicht zu verwechseln mit zulässigen Änderungsvorbehalten für genau bestimmte Maßnahmen; s. zur Unterscheidung dieser Sachverhalte Armbrüster ZMR 2005, 244. 196

3. Neue Abgeschlossenheitsbescheinigung nebst Aufteilungsplan?

Ebenfalls entsprechend der für die Begründung von Wohnungseigentum geltenden Regeln ist die Frage zu beurteilen, ob Veränderungen eine neue Abgeschlossenheitsbescheinigung nebst ergänzendem Aufteilungsplan erforderlich machen. 197

a) Neue Abgeschlossenheitsbescheinigung nebst Aufteilungsplan erforderlich

Diese Unterlagen sind neu erforderlich, wenn die durch den Aufteilungsplan dargestellten Merkmale des Sonder- und Gemeinschaftseigentums (insbes. die Abgrenzung voneinander) infolge der Änderung durch die beim Grundbuchamt vorliegenden Pläne nicht mehr richtig wiedergegeben werden, somit der Zweck des § 3 Abs. 2 WEG nicht mehr gewährleistet ist, durch eine eindeutige räumliche Abgrenzung der Sondereigentumseinheiten untereinander und zum Gemeinschaftseigentum klare Verhältnisse zu schaffen und Streit zu vermeiden (BGH MDR 2001, 497; OLGR Zweibrücken 2001, 334). 198

Checkliste: „Neue Abgeschlossenheitsbescheinigung erforderlich" 199

- ☐ Jede Verschiebung der bisherigen Grenzen zwischen Sonder- und Gemeinschaftseigentum oder zwischen zwei Sondereigentumseinheiten.
- ☐ Umwandlung von Gemeinschaftseigentum in Sondereigentum und umgekehrt.
- ☐ Umwandlung von Teileigentum in Wohnungseigentum (KG MDR 2013, 837; wegen der besonderen Abgeschlossenheitskriterien für Wohnungen nach der AVV, Rz. 33). – S. aber Rz. 202 Beispiel 4.
- ☐ Herausnahme einzelner Räume aus einer Raumeinheit und Übertragung auf eine andere Raumeinheit. Dann stellen die beteiligten Einheiten neue Raumgesamtheiten dar, für die sich die Frage der Abgeschlossenheit neu stellt. – S. aber Rz. 202 Beispiel 2.
- ☐ Teilung von Wohnungseigentum in zwei (oder mehr) Einheiten, und zwar selbst dann, wenn die Teilung einen früheren Rechtszustand, der durch Vereinigung der Einheiten verändert wurde, entsprechend der früheren Planlage unverändert wiederherstellt (BayObLG DNotZ 1995, 59), weil hier auch die Kriterien der AVV (Rz. 33, zB Vorhandensein einer Küche/eines WC für jede Einheit) neu festzustellen sind und Änderungen innerhalb der vereinigten Einheit, die die Abgeschlossenheit der ursprünglichen Einzeleinheiten beseitigt haben, nahe liegen.

Der der Abgeschlossenheitsbescheinigung beizufügende **Aufteilungsplan** ist auf die Darstellung der Veränderungen zu beschränken. 200

b) Keine neue Abgeschlossenheitsbescheinigung nebst Aufteilungsplan erforderlich

201 Diese Unterlagen sind entbehrlich, wenn die beim Grundbuchamt vorliegenden Pläne auch zur Darstellung des veränderten Zustands geeignet sind und keine Umstände vorliegen, die einen Verlust der Abgeschlossenheit der beteiligten Einheiten zur Folge haben könnten.

202 **Checkliste: „Keine neue Abgeschlossenheitsbescheinigung erforderlich"**

- ☐ Vereinigung zweier Einheiten, für die die Abgeschlossenheit jeweils schon bescheinigt war und die im Übrigen unverändert bleiben (KG Rpfleger 1989, 500; OLGR Hamburg 2004, 477, das auch auf die zT kontroverse Rspr. eingeht). – Anders, wenn durch die Vereinigung die Abgrenzung zum Gemeinschaftseigentum tangiert wird (etwa neue Tür zum Gemeinschaftsflur).
- ☐ Übertragung eines bereits als in sich abgeschlossen bescheinigten und völlig separat gelegenen Raumes (Keller, Mansarde, Garage/Stellplatz) von einer Einheit auf eine andere (OLG Celle DNotZ 1975, 42, 44), es sei denn, es handelt sich um einen Raum (Küche, WC), der nach der AVV (Rz. 33) für die Abgeschlossenheit der abgebenden Einheit unverzichtbar ist (OLGR Zweibrücken 2001, 334).
- ☐ Überführung eines als Sondereigentum ausgewiesenen Kellers im Gemeinschaftseigentum (BayObLG DNotI-Report 1998, 48).
- ☐ Umwandlung von Teileigentum in Wohnungseigentum, sofern aus dem vorliegenden Aufteilungsplan das Vorhandensein von Küche und Bad ersichtlich ist (OLGR Bremen 2002, 21).
- ☐ Änderung der Nutzungsart, es sei denn, die nach der AVV (Rz. 33) zu beachtenden Kriterien sind nicht erfüllt.

203 ➲ **Wichtig:** Damit die beim Grundbuchamt vorliegenden Pläne die neue Sachlage weiterhin richtig widerspiegeln, sind bei der Beschreibung der Änderung die bisherigen Nummern beizubehalten (zB Keller Nr. 1 kommt zu Wohnung Nr. 4; die Beschreibung lautet: „Sondereigentum an der Wohnung Nr. 4 nebst Keller Nr. 1"). Eine solche Verwendung unterschiedlicher Ziffern für eine Einheit ist bei nachträglicher Veränderung trotz § 7 Abs. 4 Nr. 1 WEG zulässig (LG Lübeck Rpfleger 1988, 102). Der gegenteiligen Auffassung des OLG München v. 18.3.2010 – 34 Wx 105/10 kann nicht zugestimmt werden.

S. zu diesen Fragen auch Gutachten DNotI-Report 2002, 68 und 2004, 85.

M 47.6 Änderung einer Teilungserklärung[1] – Änderung von Nutzungsart und Gemeinschaftsordnung

An das

Grundbuchamt

...

Betr.: Wohnungs- und Teileigentumsgrundbücher von ... (Ort) Band/Blatt ... (Nummern)

Wir, die Unterzeichner, sind sämtliche[2] Eigentümer der in den genannten Grundbüchern eingetragenen Wohnungseigentümergemeinschaft ", (Name). Wir haben folgende Änderungen der Nutzungsart und der Gemeinschaftsordnung vereinbart:

1. zu § ... (Nummer) Einheit Nr. ... (Nummer)

Diese Einheit, deren Nutzungsart mit „zum Betrieb eines Ladengeschäftes" angegeben ist, darf auch für folgende Zwecke genutzt werden: „zum Betrieb einer Praxis (Arzt, Rechtsanwalt, Steuerberater oder dergleichen)."

---

1 S. Rz. 171 ff. Keine neue Abgeschlossenheitsbescheinigung nebst Aufteilungsplan erforderlich, s. Rz. 202.

2 Vereinbarung aller Wohneigentümer, da alle drei Punkte Gemeinschaftsangelegenheiten betreffen, s. Rz. 184.

2. zu § . . . (Nummer)

Bei den Nutzungsbeschränkungen wird folgender neuer Absatz angefügt, der die nächste Ordnungskennzeichnung erhält: „Die Haltung von Tieren bedarf der Zustimmung des Verwalters. Die Zustimmung darf nur versagt werden, wenn von der Tierhaltung unzumutbare Störungen für die anderen Bewohner zu befürchten sind."

3. zu § . . . Nummer)

Der Absatz . . . (Nummer) wird inhaltlich wie folgt neu gefasst: „Das Stimmrecht richtet sich nach dem Verhältnis der Miteigentumsanteile zueinander."

Wir bewilligen[3] *und beantragen, diese Vereinbarungen als Inhaltsänderung des Sondereigentums in den Grundbüchern einzutragen.*

Die Zustimmungserklärungen der dinglichen Berechtigten bleiben vorbehalten und sollen von dem beglaubigenden Notar eingeholt werden.

(Unterschriftsbeglaubigung[4]*)*

3 § 19 GBO.

4 Formlose Einigung und Grundbucherklärung in der Form des § 29 GBO (s. Rz. 177).

Kosten: *Notargebühr:* 0,2-Gebühr gem. Nr. 25100 KV GNotKG, mindestens 20 Euro, höchstens 70 Euro. Geschäftswert gem. §§ 121, 36 GNotKG. Bei Fertigung des Entwurfs und Beglaubigung 0,5-Gebühr gem. Nrn. 24102, 21201 Nr. 4 KV GNotKG (§ 92 Abs. 2 GNotKG), Geschäftswert gem. §§ 119, 36 GNotKG.

Gerichtsgebühr: 50 Euro gem. Nr. 14160 Nr. 5 KV GNotKG, die Gebühr wird für jedes betroffene Sondereigentum gesondert erhoben.

M 47.7 Änderung einer Teilungserklärung[1] – Bildung weiteren Sondereigentums, Aufhebung von Sondereigentum

(Urkundeneingang[2]*)*

Änderung einer Teilungserklärung

Wir[3] *nehmen Bezug auf den beim Grundbuchamt eingereichten, aber noch nicht vollzogenen Teilungsvertrag nach § 3 WEG vom . . . (Datum), Urkunde des Notars . . . (Name/Ort) Nummer . . . (Urkundennummer), zu folgendem Grundbesitz:*

. . . (Grundstücksbeschreibung).

Dieser Teilungsvertrag wird hiermit wie folgt abgeändert:

1. *Zu Lasten und unter entsprechender Beschränkung des Gemeinschaftseigentums ist folgendes weitere Sondereigentum eingeräumt und den nachstehend bezeichneten Einheiten zugewiesen worden:*
   a) *Zur Sondereigentumseinheit Nr. 1*
   ein weiterer Kellerraum, im ergänzenden Aufteilungsplan mit Nr. 1 bezeichnet.
   b) *Zur Sondereigentumseinheit Nr. 5*
   ein vor dieser Wohnung gelegener Vorflur, im ergänzenden Aufteilungsplan mit Nr. 5 bezeichnet.

1 S. Rz. 171 ff. Der Vorgang kann Grunderwerbsteuer auslösen (s. Rz. 262 ff.), wenn der einzelne (durch Zuteilung von Sondereigentum auf Kosten des Gemeinschaftseigentums) und/oder die Gemeinschaft (durch Aufhebung von Sondereigentum zugunsten des Gemeinschaftseigentums) einen Mehrwert erhält.

2 Urkundsform des Teilungsvertrags auch für die vorliegende Änderung, da Sondereigentum aufgehoben bzw. eingeräumt wird (§ 4 Abs. 1 und 3 WEG, s. Rz. 176 ff.). Bei einer Teilungserklärung nach § 8 WEG würde eine einseitige Grundbucherklärung des Eigentümers ausreichen (s. Rz. 173 ff.).

3 Alle Wohnungseigentümer müssen mitwirken, da Verschiebung zwischen Gemeinschafts- und Sondereigentum, s. Rz. 184 f.

c) Zur Sondereigentumseinheit Nr. 6

ein Speicherraum (Mansarde), im ergänzenden Aufteilungsplan mit Nr. 6 bezeichnet.

2. Das Sondereigentum an folgenden Räumen ist aufgehoben und wieder in gemeinschaftliches Eigentum übergeleitet worden:

a) Bei der Sondereigentumseinheit Nr. 1

entfällt der Speicherraum, der im ursprünglichen Aufteilungsplan mit Nr. 1 gekennzeichnet war und im ergänzenden Aufteilungsplan als Gemeinschaftseigentum ausgewiesen ist.

b) Bei der Sondereigentumseinheit Nr. 6

entfällt der im Kellergeschoss gelegene Hobbyraum, der im ursprünglichen Aufteilungsplan mit Nr. 6 gekennzeichnet war und im ergänzenden Aufteilungsplan als Gemeinschaftseigentum ausgewiesen ist.

3. Der ergänzende Aufteilungsplan und die Abgeschlossenheitsbescheinigung[4] *der zuständigen Behörde sind angeschlossen und stellen einen Bestandteil dieser Erklärung dar. Auf sie wird verwiesen.*

4. Die Miteigentumsanteile bleiben unverändert.

5. Es werden folgende Gegenleistungen geschuldet . . . (Gegenleistungen).

Die Beträge sind fällig . . . (Datum).

Grundbucherklärung

Die Beteiligten sind sich über die vorstehend vereinbarten Rechtsänderungen einig[5] *und bewilligen und beantragen deren Eintragung in den Grundbüchern.*

Die Zustimmung der dinglich Berechtigten[6] *zu diesen Rechtsänderungen bleibt vorbehalten und soll von dem Notar eingeholt werden.*

(Schlussformel)

4 Neue (Nachtrags-)Abgeschlossenheitsbescheinigung nebst (ergänzendem) Aufteilungsplan erforderlich, da die Grenzen zwischen Gemeinschafts- und Sondereigentum verändert werden, s. Rz. 198 f.

5 Einigung iSv. § 4 Abs. 2 WEG, die der Auflassungsform (§ 925 BGB) bedarf, s. Rz. 178.

6 S. **M 47.6** Fn. 4.

Kosten: *Notargebühr:* 2,0-Gebühr gem. Nr. 21100 KV GNotKG, mindestens 60 Euro. Geschäftswert gem. §§ 97 Abs. 1, 2, 42 Abs. 1, 36 GNotKG (Bezugswert: Wert des bebauten Grundstücks).

Gerichtsgebühr: 50 Euro gem. Nr. 14160 Nr. 5 KV GNotKG, die Gebühr wird für jedes betroffene Sondereigentum gesondert erhoben.

M 47.8 Änderung einer Teilungserklärung[1] – Zuweisung von Pkw-Abstellplätzen

An das

Grundbuchamt

. . . (Ort)

Zu den in den Grundbüchern von . . . (Ort) Band/Blatt . . . (Nummern) eingetragenen Wohnungs- und Teileigentumseinheiten an dem Grundstück . . . (Grundstücksbeschreibung) werden hiermit folgende Erklärungen abgegeben[2] *zur*

1 S. Rz. 173 ff.

2 Alle Eigentümer müssen mitwirken (BGH NJW 1984, 2409; OLG Stuttgart Die Justiz 1983, 49). Bei einer größeren Anzahl von Eigentümern (von vornherein oder durch Verkauf) empfiehlt sich eine Vollmacht in den Kaufverträgen. Ist die Zuweisung von vornherein vorgesehen, empfiehlt sich ein Zuweisungsvorbehalt in der Teilungserklärung. Der Zuweisungsberechtigte kann die Zuweisung dann ohne Mitwirkung der einzelnen Eigentümer und der dinglich Berechtigten vornehmen (s. Rz. 119, 114).

Änderung der Teilungserklärung

Gebrauchsregelung nach § 15 WEG (Zuteilung von Pkw-Abstellplätzen)

Die Pkw-Abstellplätze im Freien werden wie folgt den jeweiligen Eigentümern des bezeichneten Wohnungs- und Teileigentums nach § 15 WEG zur ausschließlichen Sondernutzung jeweils unter Ausschluss der anderen Wohnungs- und Teileigentümer zugewiesen:

Abstellplatz Nr.	*zum Sondereigentum Nr.*
... (Nummer)	*... (Nummer)*
... (Nummer)	*... (Nummer)*
... (Nummer)	*... (Nummer)*

Die Lage der Abstellplätze ergibt sich aus dem beim Grundbuchamt bereits eingereichten und bei den Grundakten befindlichen Aufteilungsplan, auf den verwiesen wird[3].

Der bezeichnete Plan ist den Beteiligten bekannt.

Es wird bewilligt und beantragt, diese Änderung der Teilerklärung in den Grundbüchern einzutragen.

Die Zustimmung der dinglich Berechtigten[4] *zu diesen Rechtsänderungen bleibt vorbehalten und soll von dem Notar eingeholt werden.*

(Unterschriftsbeglaubigung[5]*)*

3 Keine neue Abgeschlossenheitsbescheinigung nebst Aufteilungsplan erforderlich, da es nicht um die Einräumung von Sondereigentum geht. Es muss aber ein Plan mit Einzeichnung der Stellplätze bereits beim Grundbuchamt vorliegen (Muster) oder mit der Grundbucherklärung, an diese angesiegelt, eingereicht werden.

4 S. **M 47.6** Fn. 4. UU keine Zustimmung von Grundpfandrechts- und Reallastgläubigern erforderlich, s. Rz. 186.

5 Grundbuchform des § 29 GBO. Keine Urkundsform (auch nicht bei verschiedenen Eigentümern), da weder Einigung iSv. § 4 Abs. 2 WEG noch Einräumung von Sondereigentum iSv. § 4 Abs. 1 oder 3 WEG vorliegt, s. Rz. 172 ff.

Kosten: 0,2-Gebühr gem. Nr. 25100 KV GNotKG, mindestens 20 Euro, höchstens 70 Euro. Geschäftswert gem. §§ 121, 36 GNotKG. Bei Fertigung des Entwurfs und Beglaubigung 0,5-Gebühr gem. Nrn. 24102, 21201 Nr. 4 KV GNotKG (§ 92 Abs. 2 GNotKG), Geschäftswert gem. §§ 119, 36 GNotKG.

Gerichtsgebühr: 50 Euro gem. Nr. 14160 Nr. 5 KV GNotKG, die Gebühr wird für jedes betroffene Sondereigentum gesondert erhoben.

M 47.9 Tausch von Sondereigentum[1], Kellertausch

(Urkundeneingang)[2]

Tausch von Sondereigentum

§ 1

Die Beteiligten[3] *sind Eigentümer folgenden Wohnungs- bzw. Teileigentums an dem Grundstück der Gemarkung ... (Gemarkung) Flurstück Nr. ... (Nummer):*

Beteiligter A

Miteigentumsanteil ... (Bruchteil)/1000, verbunden mit dem Sondereigentum an der Wohnung Nr. 1, eingetragen im Wohnungsgrundbuch Blatt ... (Nummer).

1 S. Rz. 171 ff. Der Vorgang löst Grunderwerbsteuer aus (s. Rz. 262 ff.). Keine neue Abgeschlossenheitsbescheinigung nebst Aufteilungsplan erforderlich, da separate Räume getauscht werden; anders bei Tausch von Sondereigentum aus einem räumlichen Verbund (s. Rz. 198 ff., 202).

2 S. Fn. 6.

3 Nur die beteiligten Wohnungseigentümer müssen mitwirken (BayObLG DNotZ 1984, 381).

Beteiligter B

Miteigentumsanteil von ... (Bruchteil)/1000, verbunden mit dem Sondereigentum an der Wohnung Nr. 4, eingetragen im Wohnungsgrundbuch Blatt ... (Nummer).

Zu jedem Wohnungseigentum gehört ein mit gleicher Nummer bezeichneter Kellerraum.

§ 2

(1) Die Beteiligten tauschen nunmehr die zugehörigen Keller gegeneinander aus, indem sie die Keller aus der bisherigen Bindung lösen und dem anderen Sondereigentum als Bestandteil zuschreiben, so dass der Keller Nr. 1 nunmehr zum Sondereigentum Nr. 4 und der Keller Nr. 4 zum Sondereigentum Nr. 1 gehört[4].

(2) Die Miteigentumsanteile bleiben unverändert.

(3) Mehrere Eigentümer eines Wohnungseigentums erwerben in derselben Gemeinschaftsform und demselben Verhältnis, wie ihnen das Wohnungseigentum gehört.

§ 3

Besitz, Nutzungen, Lasten und Gefahr sowie die Verkehrssicherungspflicht gehen ab ... (Datum) auf die neuen Eigentümer über.

Jede Haftung für Sach- und Rechtsmängel wird ausgeschlossen. Die Tauschobjekte sind den Beteiligten bekannt.

§ 4

Die Kosten dieser Urkunde und ihres Vollzugs tragen die Beteiligten zu gleichen Teilen, eine etwaige Erwerbsteuer[5] jeder für seinen Erwerb.

Grundbucherklärungen

Einigung[6]

Die Beteiligten sind sich über die vorstehend vereinbarten Rechtsänderungen einig und bewilligen und beantragen den Grundbuchvollzug.

Belastungen

Zu den bestehenden Belastungen in den beteiligten Grundbüchern werden die erforderlichen Erklärungen der Gläubiger und Berechtigten über die Freigabe des übertragenen Sondereigentums nachgereicht[7].

Der Vollzug der Freigabe aus der Mithaft wird beantragt.

Pfandrechtserstreckung[8]

Die Beteiligten erstrecken die auf ihrem Wohnungseigentum bereits bestehenden Belastungen auf den hinzuerworbenen Raum und bewilligen und beantragen den Vollzug der Pfandrechtserstreckung in den Grundbüchern.

---

4 Die Nummern sind beizubehalten (s. Rz. 203); andernfalls würde die Objektbeschreibung nicht mehr mit dem eingereichten Aufteilungsplan übereinstimmen, § 7 Abs. 4 WEG. Dann wäre doch ein neuer Aufteilungsplan (nebst Abgeschlossenheitsbescheinigung) erforderlich.

5 S. Fn. 1.

6 Für das Verpflichtungsgeschäft gilt § 4 Abs. 3 WEG: Form des § 311b Abs. 1 Satz 1 BGB. Für die Übertragung gilt unmittelbar § 925 BGB, s. Rz. 179.

7 Nur die dinglich Berechtigten der beteiligten Einheiten müssen zustimmen, hier auch die getauschten Teile des Sondereigentums aus der Mithaft freigeben.

8 Da die Verbindung des erworbenen Kellers mit der bereits belasteten Einheit als Bestandteilszuschreibung gestaltet ist, erfolgt Pfandrechtserstreckung einschließlich der dinglichen Zwangsvollstreckungsunterwerfung eigentlich automatisch (s. **M 47.9**); die dort erläuterten Grundsätze über Vereinigung/Bestandteilszuschreibung gelten auch für Wohnungseigentum, Palandt/Bassenge § 6 WEG Rz. 7). Bei Vereinigung ist die Erstreckung aber notwendig.

Dingliche Zwangsvollstreckungsunterwerfung[9]

In Ansehung der Grundpfandrechte (Kapital, Zinsen und Nebenleistungen)

- *Nr. . . . (Nummer) in Blatt . . . (Nummer)*
- *Nr. . . . (Nummer) in Blatt . . . (Nummer)*

unterwerfen die Beteiligten auch den hinzu erworbenen Raum der sofortigen Zwangsvollstreckung aus dieser Urkunde in der Weise, dass die Zwangsvollstreckung gegen den jeweiligen Eigentümer zulässig ist, und bewilligen und beantragen die Eintragung in den Grundbüchern.

Der jeweilige Gläubiger soll berechtigt sein, sich jederzeit ohne besondere Nachweise auf Kosten des Eigentümers eine vollstreckbare Ausfertigung dieser Urkunde erteilen zu lassen.

(Schlusserklärungen)

9 S. Fn. 8.

Kosten: *Notargebühr:* 2,0-Gebühr gem. Nr. 21100 KV GNotKG, mindestens 60 Euro. Geschäftswert gem. §§ 97 Abs. 1, 2, 42 Abs. 1, 36 GNotKG (Wert der Kellerräume).

Gerichtsgebühr: 50 Euro gem. Nr. 14160 Nr. 5 KV GNotKG, die Gebühr wird für jedes betroffene Sondereigentum gesondert erhoben. Bei Eintragung der Mithaftentlassungen jeweils 0,3-Gebühr gem. Nr. 14112 KV GNotKG, Wert § 44 Abs. 1, 2 GNotKG. Bei Eintragung der Pfandrechtserstreckung jeweils 0,5-Gebühr gem. Nr. 14123 KV GNotKG, Wert § 44 Abs. 1, 2 GNotKG.

M 47.10 Nutzungsregelungen an Doppelstockgaragen[1]

An das

Grundbuchamt

. . . (Ort)

Betr.: Grundbuch Band/Blatt . . . (Nummer)

Für die nachfolgend aufgeführten Doppelstockgaragen treffen die Miteigentümer[2] *hiermit folgende Regelungen:*

1. Das Recht, die Aufhebung der Gemeinschaft zu verlangen, wird für immer ausgeschlossen.

2. Die Nutzung wird dergestalt geregelt[3]*, dass den jeweiligen Miteigentümern einer Doppelstockgarage das alleinige Nutzungsrecht an der oberen oder unteren Plattform zugewiesen wird wie folgt:*

Doppelstockgarage Nr. 1

Obere Plattform Nr. 1o dem Miteigentümer . . . (Name); untere Plattform Nr. 1u dem Miteigentümer . . . (Name).

Doppelstockgarage Nr. 2

Obere Plattform Nr. 2o dem Miteigentümer . . . (Name); untere Plattform Nr. 2u dem Miteigentümer . . .

Doppelstockgarage Nr. 3

Obere Plattform Nr. 3o dem Miteigentümer . . . (Name); untere Plattform Nr. 3u dem Miteigentümer . . . (Name).

– usw. –

1 Keine Vereinbarung nach dem WEG, sondern Gemeinschaftsregelung nach §§ 744 ff. BGB. Auch als Gebrauchsregelung nach § 15 WEG möglich, s. Rz. 122 ff. und **M 47.1** „Alternativlösung zu § 5 Abs. 1".

2 Vereinbarung nur zwischen den Miteigentümern der betroffenen Doppelstockgarage.

3 S. zu den Regelungsmöglichkeiten und ihrer Verdinglichung nach § 1010 BGB durch Grundbucheintrag Kap. 49 Rz. 45 ff. sowie **M 49.10** mit Fn.

Es wird bewilligt[4] und beantragt, diese Vereinbarungen bei jeder Doppelstockgarage zu Lasten jedes Miteigentumsanteils und zugunsten jeweils des anderen Miteigentümers nach § 1010 BGB[5] im Grundbuch einzutragen.

(Unterschriftsbeglaubigung[6])

---

4 § 19 GBO.
5 S. Fn. 3.
6 Grundbuchform des § 29 GBO.

Kosten: *Notargebühr:* 0,2-Gebühr gem. Nr. 25100 KV GNotKG, mindestens 20 Euro, höchstens 70 Euro. Geschäftswert gem. §§ 121, 36 GNotKG. Bei Fertigung des Entwurfs und Beglaubigung 0,5-Gebühr gem. Nrn. 24102, 21201 Nr. 4 KV GNotKG (§ 92 Abs. 2 GNotKG), Geschäftswert gem. §§ 119, 36 GNotKG.

Gerichtsgebühr: 50 EuroGebühr je Eintragung gem. Nr. 14160 Nr. 4 KV GNotKG.

M 47.11 Tausch von Sondernutzungsrechten[1], Stellplatztausch

An das

Grundbuchamt

. . . (Ort)

Zu den in den Grundbüchern von . . . (Ort) Band/Blatt . . . (Nummern) eingetragenen Wohnungs- und Teileigentumsrechten an dem Grundstück Flurstück Nr. . . . (Nummer) werden hiermit folgende Erklärungen abgegeben[2]:

Änderung von Sondernutzungsregelungen

Unter Abänderung der bestehenden Regelung werden folgende Sondernutzungsrechte am Gemeinschaftseigentum (Pkw-Stellplätze im Freien) wie folgt ausgetauscht und neu zugewiesen:

Sondernutzungsrecht	*Sondereigentum Nr.*	
	Bisher	*jetzt*
Stellplatz 1	*1*	*5*
Stellplatz 5	*5*	*1*

Es wird bewilligt[3] und beantragt, diese Änderungen in den betroffenen Grundbüchern einzutragen.

Die Zustimmung der dingliche Berechtigten[4] zu diesen Rechtsänderungen bleibt vorbehalten und soll von dem Notar eingeholt werden.

(Unterschriftsbeglaubigung[5])

---

1 S. Rz. 171 ff.
2 Nur die beteiligten Wohnungseigentümer müssen mitwirken (BGH NJW 1979, 548).
3 § 19 GBO. Keine neuen Pläne erforderlich, da die Lage der Stellplätze planerisch schon dargestellt ist.
4 Nur die dinglich Berechtigten der beteiligten Einheiten müssen zustimmen, s. Rz. 189 ff., 192. Von einer absoluten Gleichwertigkeit der getauschten Plätze wird man nie ausgehen können, so dass die dinglich Berechtigten zumindest betroffen sein können.
5 Grundbuchform des § 29 GBO.

Kosten: *Notargebühr:* 0,2-Gebühr gem. Nr. 25100 KV GNotKG, mindestens 20 Euro, höchstens 70 Euro. Geschäftswert gem. §§ 121, 36 GNotKG. Bei Fertigung des Entwurfs und Beglaubigung 0,5-Gebühr gem. Nrn. 24102, 21201 Nr. 4 KV GNotKG (§ 92 Abs. 2 GNotKG), Geschäftswert gem. §§ 119, 36 GNotKG.

Gerichtsgebühr: 50 Euro Gebühr je Eintragung gem. Nr. 14160 Nr. 5 KV GNotKG.

M 47.12 Vereinigung von Wohnungseigentum[1]

An das
Grundbuchamt
. . . (Ort)

Betr.: Grundbuch Band/Blatt . . . (Nummer)

Ich bin Eigentümer folgenden Wohnungs- bzw. Teileigentums an dem Grundstück Flurstück Nr. . . . (Nummer):

1. Miteigentumsanteil an . . . (Bruchteil)/1000, verbunden mit dem Sondereigentum an der Wohnung Nr. 1.

2. Miteigentumsanteil von . . . (Bruchteil)/1000, verbunden mit dem Sondereigentum an der Wohnung Nr. 2.

Die beiden Einheiten vereinige ich hiermit miteinander und beschreibe die neue Einheit wie folgt:

- *Miteigentumsanteil von . . . (Bruchteil)/1000 (Summe der bisherigen Anteile), verbunden mit dem Sondereigentum an der Wohnung Nr. 1 und 2*[2].

Das neugebildete Wohnungs- bzw. Teileigentum ist in sich abgeschlossen[3] *im Sinne des Wohnungseigentumsgesetzes.*

Die Abgeschlossenheit der beiden Einheiten ist bereits bescheinigt; auf die beim Grundbuchamt vorliegende Urkunde wird Bezug genommen[4]*. Darauf wird verwiesen.*

Der Vollzug im Grundbuch wird bewilligt[5] *und beantragt.*

(Unterschriftsbeglaubigung[6]*)*

---

1 Einseitige Erklärung des Eigentümers beider Einheiten. Keine Mitwirkung der anderen Wohnungseigentümer erforderlich (es sei denn, die Regeln der Gemeinschaft werden tangiert), ebenso keine Zustimmung der dinglich Berechtigten (es sei denn wegen erforderlicher Rangbereinigungen), s. Rz. 190. Es gelten die Regeln für die Vereinigung von Grundstücken entsprechend (s. Kap. 50 Rz. 28 ff.); somit auch als Bestandteilszuschreibung gestaltbar.

2 Die Nummerierung hat sich ggf. am ergänzenden Aufteilungsplan (Fn. 4) zu orientieren; bleibt der bisherige Plan maßgebend, müssen auch die bisherigen Nummern weiterverwendet werden.

3 Die vereinigten Einheiten brauchen nicht räumlich nebeneinander zu liegen (zB auch Vereinigung zweier in verschiedenen Stockwerken gelegenen Wohnungen zulässig).

4 Neue Abgeschlossenheitsbescheinigung nebst Aufteilungsplan nicht erforderlich (s. Rz. 202 f.).

5 § 19 GBO.

6 Grundbuchform des § 29 GBO.

Kosten: *Notargebühr:* 0,2-Gebühr gem. Nr. 25100 KV GNotKG, mindestens 20 Euro, höchstens 70 Euro. Geschäftswert gem. §§ 121, 36 GNotKG. Bei Fertigung des Entwurfs und Beglaubigung 0,5-Gebühr gem. Nrn. 24102, 21201 Nr. 4 KV GNotKG (§ 92 Abs. 2 GNotKG), Geschäftswert gem. §§ 119, 36 GNotKG.

Gerichtsgebühr: 50 Euro Gebühr gem. Nr. 14160 Nr. 3 KV GNotKG iVm. Vorbem. 1.4 Abs. 1 KV GNotKG.

M 47.13 Teilung eines Wohnungseigentums[1]

An das

Grundbuchamt

. . . (Ort)

---

1 Einseitige Grundbucherklärung des Eigentümers; s. Rz. 173. Keine Mitwirkung der anderen Wohnungseigentümer erforderlich (s. Rz. 190). Das Prüfungsrecht des Grundbuchamts hinsichtlich der Mitwirkungsnotwendigkeit beschränkt sich darauf festzustellen, ob die bisherige Abgrenzung zwischen Sonder- und Gemeinschaftseigentum unverändert geblieben ist (OLG Köln Rpfleger 1982, 374); ist die Abgrenzung tangiert, müssen allerdings die anderen Eigentümer mitwirken. Das ist zB der Fall, wenn ein neuer Wohnungseingang vom Gemeinschaftsflur geschaffen werden soll.

Betr.: Grundbuch Band/Blatt ... (Nummer)

Ich bin Eigentümer folgenden Wohnungs- bzw. Teileigentums an dem Grundstück Flurstück Nr. ... (Nummer):

– *Miteigentumsanteil von ... (Bruchteil)/1000, verbunden mit dem Sondereigentum an der Wohnung Nr. 1.*

Dieses Wohnungseigentum teile ich hiermit in zwei Einheiten, die ich wie folgt beschreibe:

1. Miteigentumsanteil von ... (Bruchteil)/1000, verbunden mit dem Sondereigentum an der Wohnung Nr. 1[2]*.*

2. Miteigentumsanteil von ... (Bruchteil)/1000, verbunden mit dem Sondereigentum an der Wohnung Nr. 1a[3]*.*

Jeder neugebildete Miteigentumsanteil ist durch die Einräumung der zu den anderen Miteigentumsanteilen gehörenden Sondereigentumsrechte beschränkt.

Der ergänzende Aufteilungsplan und die zugehörige Abgeschlossenheitsbescheinigung[4] *sind beigefügt und stellen einen Bestandteil dieser Erklärung dar. Darauf wird verwiesen.*

Der Vollzug im Grundbuch wird bewilligt und beantragt.

Die bestehenden Belastungen bleiben als Globalbelastungen auf den einzelnen Teileinheiten unverändert bestehen[5]*.*

(Unterschriftsbeglaubigung[6]*)*

2 Es ist zulässig, die bisherige Nummer für eine Einheit beizubehalten. Zum Stimmrecht: Bei Bruchteilsstimmrecht erfolgt eine Verteilung entsprechend den Miteigentumsanteilen, bei Kopfstimmrecht (jeder Eigentümer hat eine Stimme) oder Objektstimmrecht (auf jedes Wohnungseigentum entfällt eine Stimme) steht jeder neuen Einheit eine halbe Stimme zu (s. Rz. 241).

3 S. Fn. 2.

4 Bei Teilung ist stets eine neue Abgeschlossenheitsbescheinigung nebst Aufteilungsplan erforderlich (s. Rz. 199 f.).

5 Die dinglich Berechtigten müssen – wie bei der Bildung von Wohnungseigentum – nicht zustimmen; falls allerdings die anderen Eigentümer zustimmen müssen (s. Fn. 1), gilt das auch für deren dinglich Berechtigte.

6 Grundbuchform des § 29 GBO.

Kosten: *Notar- und Gerichtsgebühr* wie **M 47.12**.

M 47.14 Übertragung von Miteigentumsanteilen[1]

(Anpassung der Anteile an die Teilungserklärung)

(Urkundeneingang)

I. Übertragung von Miteigentumsanteilen

§ 1

(1) Als Miteigentümer des im Grundbuch von ... (Ort) Band/Blatt ... (Nummer) eingetragenen Grundstücks Flurstück Nr. ... (Nummer) sind die Beteiligten zu folgenden Bruchteilen eingetragen:

1. Beteiligter A zu ½ oder 500/1000,

2. Beteiligter B zu ¼ oder 250/1000,

3. Beteiligter C zu ¼ oder 250/1000.

Die Beteiligten beabsichtigen, durch Teilungsvertrag nach § 3 WEG den Grundbesitz in Wohnungs- und Teileigentum aufzuteilen. Die dabei nach dem Verhältnis der Wohn- und Nutzflächen mit Son-

1 S. Rz. 10. Die Anpassung ist zur Vorbereitung eines Teilungsvertrages nach § 3 WEG erforderlich, wenn die bestehenden Miteigentumsanteile nicht genau den Anteilen nach Bildung des Wohnungseigentums entsprechen.

dereigentum zu verbindenden Miteigentumsanteile weichen von den bestehenden Miteigentumsanteilen ab.

(2) Zum Zwecke der Anpassung an die künftige Sachlage veräußert hiermit der Beteiligte A an den Beteiligten B einen Miteigentumsanteil von 87/1000 und an den Beteiligten C einen Miteigentumsanteil von 72/1000.

(3) Damit ergeben sich folgende neuen Miteigentumsanteile:

1. Beteiligter A = 341/1000,

2. Beteiligter B = 337/1000,

3. Beteiligter C = 322/1000.

§ 2

(1) Der Kaufpreis beträgt

1. für den Beteiligten B . . . Euro

2. für den Beteiligten C . . . Euro.

(2) Der Kaufpreis ist fällig am . . . (Datum)

(3) Auf Absicherung jeglicher Art wird verzichtet.

(weiterer Inhalt ggf. nach dem Muster über Kauf von Grundbesitz, s. zB ***M 43.3****)*

§ 3

Besitz, Nutzungen, Lasten und Gefahr sowie die Verkehrssicherungspflicht hinsichtlich der veräußerten Miteigentumsanteile gehen ab sofort auf die Erwerber über.

Ansprüche wegen Sach- und Rechtsmängeln werden ausgeschlossen. Grundstück und Gebäude sind den Erwerbern bekannt.

§ 4

Die Kosten dieser Vereinbarung und ihres Vollzugs tragen die Beteiligten B und C je zur Hälfte; jeder Erwerber trägt die Grunderwerbsteuer[2] *für seinen Erwerb.*

Auflassung

Die Beteiligten sind sich über den Eigentumsübergang nach § 1 einig; der Veräußerer bewilligt und jeder Erwerber beantragt für seinen erworbenen Miteigentumsanteil die Eigentumsumschreibung im Grundbuch.

Anträge

Es wird die Erteilung folgender Bescheinigungen beantragt:

a) der steuerlichen Unbedenklichkeitsbescheinigung durch das Finanzamt,

b) der Bescheinigung über das Nichtbestehen bzw. die Nichtausübung des gesetzlichen Vorkaufsrechts durch die Gemeinde.

Sodann folgt als II. Teilungsvertrag nach ***M 47.3***

(Schlussformel[3]*)*

---

2 Die entgeltliche Veräußerung/Übertragung unterliegt der Grunderwerbsteuerpflicht, s. Rz. 262 ff.

3 Urkundsform nach §§ 311b Abs. 1 Satz 1, 925 BGB.

Kosten: *Notargebühr:* 2,0-Gebühr gem. Nr. 21100 KV GNotKG, mindestens 60 Euro. Geschäftswert gem. §§ 97 Abs. 1, 47 GNotKG (Summe der Kaufpreise).

Gerichtsgebühr: Für die Eintragung 1,0-Gebühr gem. Nr. 14110; Geschäftswert gem. § 47 GNotKG (Summe der Kaufpreise).

VII. Verwaltungsangelegenheiten und Verwalter

Literatur: *Jennißen*, Die Verwalterabrechnung nach dem WEG, 7. Aufl. 2013; *Jennißen/Schmidt*, Der WEG-Verwalter, 2. Aufl. 2010; *Röll/Sauren*, Handbuch für Wohnungseigentümer und Verwalter, 9. Aufl. 2008; *Sauren*, Verwaltervertrag und Verwaltervollmacht im Wohnungseigentum, 4. Aufl. 2009.

1. Gesetzliche Regelung

204 Die Verwaltung des gemeinschaftlichen Eigentums (§§ 20–29 WEG) obliegt den **Wohnungseigentümern** (§§ 21 bis 25 WEG) **und dem Verwalter** (§§ 26 bis 28 WEG), **bei Bestellung eines Verwaltungsbeirats auch diesem** (§ 29 WEG). **Hauptorgan** ist die **Wohnungseigentümerversammlung** (§ 23 WEG). Soweit die Teilungserklärung keine Verwaltungsregelungen enthält, kann die Versammlung mit Stimmenmehrheit eine der Beschaffenheit des gemeinschaftlichen Eigentums entsprechende ordnungsgemäße Verwaltung beschließen, § 21 Abs. 3 WEG.

Die **Aufgaben der Verwaltung** sind nach § 21 Abs. 5 WEG insbesondere

- Aufstellung einer Hausordnung,
- Aufstellung eines Wirtschaftsplans,
- Instandhaltung und Instandsetzung des gemeinschaftlichen Eigentums,
- Abschluss von Hausversicherungen (Feuer und Haftpflicht),
- Ansammlung einer Instandhaltungsrücklage,
- Verwaltung der gemeinschaftlichen Teile und Einrichtungen,
- Verwaltung der für den gemeinschaftlichen Gebrauch bestimmten Sachen und Dienste,
- Wahrnehmung der gemeinschaftlichen Interessen schlechthin (gegenüber Dritten, aber auch gegenüber den Wohnungseigentümern).

Zur Teilrechtsfähigkeit der Wohnungseigentümergemeinschaft und ihren Konsequenzen s. Rz. 2.

205 Die Verwaltung vollzieht sich gem. § 21 WEG nach folgenden Grundsätzen: Sie erfolgt gemeinschaftlich. Jeder einzelne Wohnungseigentümer kann Maßnahmen zur Schadensabwehr treffen. Jeder einzelne Wohnungseigentümer kann eine ordnungsgemäße Verwaltung verlangen (durchsetzbar über Gericht, §§ 43 ff. WEG).

2. Verwalterbestellung

206 Die Gemeinschaft kann die Aufgaben der Verwaltung einem Verwalter übertragen (§ 20 Abs. 1 WEG).

207 ➲ **Wichtig:** Die Möglichkeit der Verwalterbestellung darf nicht ausgeschlossen werden (§ 20 Abs. 2 WEG, unabdingbar); es muss aber kein Verwalter bestellt werden.

208 Verwalter kann ein Wohnungseigentümer oder ein Dritter sein. **Als Verwalter geeignet** ist jede natürliche oder juristische Person, auch eine Personengesellschaft (Hans. OLG OLGZ 88, 299), also OHG und KG sowie die UG (haftungsbeschränkt) (BGH NJW 2012, 3175); nicht aber eine Personengruppe, auch keine BGB-Gesellschaft (BGH MDR 2006, 981), kein Ehepaar (BGH WE 1989, 84). Nichtig ist eine Bestimmung, dass nur Wohnungseigentümer (BayObLG MDR 1995, 144) oder ein bestimmter Personenkreis (OLG Bremen Rpfleger 1980, 68 für Mitglieder eines bestimmten Verbandes) zum Verwalter bestellt werden dürfen.

209 **Ungeeignet** sind Personen, gegen deren Bestellung ein wichtiger Grund spricht, denen zB ein Mindestmaß an Objektivität allen Eigentümern gegenüber abzusprechen ist (OLGR Hamburg 2003, 244 für eine Person, die in einem Streit unter den Eigentümern Partei ergriffen hatte). Ein Bauträger-Verwalter ist aber nicht bereits wegen einer möglichen Interessenkollision bei der Geltendmachung von Mängelansprüchen ungeeignet, auch nicht, weil er mit einzelnen Wohnungseigentümern persönlich oder wirtschaftlich verbunden ist (OLGR Frankfurt 2005, 378), wohl aber, wenn sich die Gefahr der Interessenkollision bei der Geltendmachung von Mängelansprüchen konkretisiert hat (OLGR Hamm 2004, 199). Ungeeignet ist auch eine Person, die sich in einer anderen Gemeinschaft der Untreue strafbar gemacht hat (OLGR Köln 2009, 71). In einer Zweiergemeinschaft

darf sich der Mehrheitseigentümer kurz nach seiner gerichtlichen Abberufung nicht erneut zum Verwalter wählen (OLGR Köln 2005, 422).

Die **Verwalterbestellung** ebenso wie seine Abberufung obliegt der Eigentümerversammlung mit Stimmenmehrheit (§ 26 WEG). Eine Verschärfung (zB qualifizierte Mehrheit) ist unzulässig (§ 26 Abs. 1 Satz 5 WEG). Es gilt aber die in der Teilungserklärung festgelegte Stimmenverteilung (zB nach Miteigentumsanteilen). Die Bestellung kann auch bereits in der Teilungserklärung durch den teilenden Eigentümer erfolgen. Dort kann auch ein **Bestellungsvorbehalt** zugunsten des teilenden Eigentümers vorgesehen werden; diese Befugnis endet aber mit dem Entstehen einer faktischen Wohnungseigentümergemeinschaft (BayObLG NJW-RR 1994, 784), das ist bei einer Teilungserklärung nach § 8 WEG nach hM (BGH MDR 2008, 1088; Bärmann/Klein § 10 WEG Rz. 16 ff.; Weitnauer nach § 10 WEG Rz. 3 mwN) mit der Besitzübergabe an den ersten durch eine Auflassungsvormerkung gesicherten Erwerber der Fall. Bei einem Teilungsvertrag nach § 3 WEG entsteht die Gemeinschaft bereits mit seiner notariellen Beurkundung, so dass sich hier das Problem nicht stellt. 210

➲ **Hinweis:** Eine Bestimmung, durch die die Befugnis zur Verwalterstellung auf Dritte übertragen wird, ist nichtig (SchlHOLG MDR 1997, 821). Zu Umwandlungsfällen BGH DNotZ 2014, 519; Zajonz ZfIR 2008, 701. 211

Unter den Voraussetzungen des § 26 Abs. 3 WEG kommt auch eine Verwalterbestellung durch den Richter in Betracht. 212

Ein Verwalter kann bei der **Erstbestellung** nach Begründung des Wohnungseigentums **auf höchstens drei Jahre, danach jeweils auf höchstens fünf Jahre** bestellt werden (§ 26 Abs. 1 Satz 2 WEG). Wiederwahl ist aber zulässig; sie darf frühestens ein Jahr vor Ablauf der laufenden Amtszeit erfolgen (§ 26 Abs. 2 WEG), es sei denn, die neue Amtszeit beginnt bereits mit der Neuwahl (OLG Hamm OLGZ 1990, 191). Eine vorzeitige Abberufung kann auf das Vorliegen eines wichtigen Grundes beschränkt werden. S. Rz. 225. 213

➲ **Wichtig:** Um den Bestellungszeitraum exakt prüfen zu können (zB durch das Grundbuchamt im Zusammenhang mit einer Veräußerungszustimmung), ist bei einer Bestellung in der Teilungserklärung der Beginn des Verwalteramtes möglichst genau festzulegen, auch um die nachfolgend dargestellten Auslegungsprobleme zu vermeiden. 214

Ohne Angabe ist Fristbeginn für die Amtszeit der Zeitpunkt der Anlage der Wohnungsgrundbücher (LG Bremen Rpfleger 1987, 199); die Angabe „mit Bezugsfertigstellung" ist in den Verwalterbeginn ab dem Zeitpunkt der Teilungserklärung umzudeuten (BayObLG NJW-RR 1991, 978). 215

Die Frage, **ob eine Verwalterbestellung erfolgen soll oder nicht**, lässt sich nicht eindeutig beantworten. Die Antwort hängt von verschiedenen Faktoren ab. 216

- Bei **größeren Gemeinschaften** ist sie **zumeist unumgänglich**. Eine gemeinschaftliche Verwaltung durch die Eigentümergemeinschaft scheitert häufig bereits an der Kompetenz für die anstehenden Aufgaben (Wirtschaftsplan, Jahresabrechnung) und an der Praktikabilität bei der Wahrnehmung der Rechte und Pflichten der Gemeinschaft, insbesondere bei einer gerichtlichen Geltendmachung von Ansprüchen (s. hierzu Rz. 217 ff.). Sieht die Teilungserklärung eine Veräußerungszustimmung vor, wäre der dem Grundbuchamt gegenüber in öffentlich beglaubigter Form zu führende Nachweis nur äußerst umständlich und zeit- und kostenaufwändig zu führen.
- Auch die **konkrete Sachlage** kann – unabhängig von der Größe der Gemeinschaft – für eine Verwalterbestellung sprechen. Angebracht ist sie vor allem, wenn ein besonderer Verwaltungsbedarf besteht und die Selbstverwaltung durch die Gemeinschaft zB dadurch nicht hinreichend gewährleistet ist, dass es sich um ein insgesamt oder überwiegend vermietetes Objekt, entfernt wohnende Eigentümer oder eine problematische Gemeinschaft handelt.

3. Verwalterbefugnisse und -pflichten (insbes. Prozessführungsbefugnis)

In §§ 27, 28 WEG – zumal in der Fassung des § 27 ab 1.7.2007 – sind die Befugnisse und Pflichten des Verwalters in ausreichendem Umfang geregelt. Danach hat er die laufende Verwaltung und die 217 im Zusammenhang damit anfallenden Geschäfte für die Gemeinschaft zu erledigen. Für darüber hinausgehende außerordentliche Maßnahmen bedarf er einer besonderen Ermächtigung, die ihm entweder durch Vereinbarung (in der Teilungserklärung) oder Beschluss mit Stimmenmehrheit erteilt werden muss, § 27 Abs. 3 Nr. 7 WEG, was auch in Gestalt einer uneingeschränkten Vertretungsbefugnis möglich ist.

218 ➲ **Wichtig:** Einer ausdrücklichen Ermächtigung bedarf gem. § 27 Abs. 2 Nr. 3 WEG auch die Befugnis, Ansprüche gerichtlich und außergerichtlich geltend zu machen. Die Aufnahme einer solchen generellen Ermächtigung ist vor allem bei großen Gemeinschaften empfehlenswert. Als Folge der Anerkennung der Teilrechtsfähigkeit der Wohnungseigentümergemeinschaft und der damit verbundenen Aktiv- und Passivlegitimation sowie der Grundbuchfähigkeit sind die früheren Probleme weggefallen, die sich bei der Geltendmachung von Ansprüchen sowohl durch alle Eigentümer als auch durch den Verwalter im eigenen Namen als Prozessstandschafter bei einem Personenwechsel ergaben.

219 Der Nachweis der Verwaltereigenschaft kann gegenüber dem Gericht oder Grundbuchamt (auf Verlangen auch sonstigen Dritten) nach § 26 Abs. 4 iVm. § 24 Abs. 6 WEG geführt werden: Vorlage des Protokolls mit der Verwalterbestellung mit den Unterschriften des Vorsitzenden (Versammlungsleiters) und eines (beliebigen) Wohnungseigentümers sowie bei Vorhandensein eines Verwaltungsbeirats auch dessen Vorsitzenden; dieser Nachweis bedarf zumindest gegenüber dem Grundbuchamt wegen § 29 GBO der öffentlich Beglaubigung der Unterschriften. Eine darüber hinausgehende Nachweispflicht gegenüber Dritten (vorliegende Ermächtigung, spezielle Beschlüsse, usw.) ist nicht praktikabel und dürfte deshalb nicht bestehen. – Eine weitere Nachweismöglichkeit ist eine Vollmachts- und Ermächtigungsurkunde, s. Rz. 222.

4. Verwaltervertrag, Verwaltervollmacht

220 Während die vorstehenden Ausführungen sich in erster Linie mit den in die Teilungserklärung aufzunehmenden Bestimmungen zur Verwaltung befassen, enthält der Verwaltervertrag die detaillierten Regeln für das zwischen dem Verwalter und der Eigentümergemeinschaft und den einzelnen Eigentümern bestehende Rechtsverhältnis.

221 ➲ **Wichtig:** Der Verwaltervertrag kommt als Folge der Anerkennung der Teilrechtsfähigkeit der Wohnungseigentümergemeinschaft zwischen dem Verwalter einerseits und der Gemeinschaft andererseits zustande. Damit tritt ein Erwerber automatisch in die Rechte und Pflichten dieses Vertrags ein, ein ausdrücklicher Beitritt ist nicht mehr nötig. – S. aber Rz. 222.

222 Nach § 27 Abs. 6 WEG kann der Verwalter von jedem Wohnungseigentümer eine **Vollmachts- und Ermächtigungsurkunde** verlangen, aus der sich der Umfang der Vertretungsmacht ergibt, soweit sie beim Grundbuchamt verwendet werden soll in der Form des § 29 GBO (öffentliche Beglaubigung der Unterschriften). Diese gesetzliche Verpflichtung besteht auch für neue Eigentümer.

Der Verwaltervertrag **M 47.15** stellt eine von zahlreichen Gestaltungsmöglichkeiten dar; der Inhalt ist den konkreten Verhältnissen anzupassen, ebenso bei der Verwaltervollmacht **M 47.16.**

5. Abberufung, Kündigung des Verwaltervertrages

223 Die Abberufung des Verwalters unterliegt im Prinzip denselben Regeln wie die Bestellung (§ 26 Abs. 1 WEG). Es gibt aber eine Reihe von Besonderheiten.

224 Bei der Beendigung der Verwalterposition ist **zu unterscheiden zwischen** dem Akt der **Abberufung** durch die Eigentümerversammlung und der **Kündigung** des Verwaltervertrages. Der Abberufungsbeschluss ist idR auch als Kündigung anzusehen, die zu ihrer Wirksamkeit des Zugangs beim Verwalter bedarf. Die Zulässigkeit der Abberufung/Kündigung hängt davon ab, ob der Verwaltervertrag als Auftrag iSd. §§ 662 ff. BGB (dann nach § 671 Abs. 1 BGB jederzeit widerruflich) oder als entgeltlicher Geschäftsbesorgungsvertrag iSd. §§ 675, 611 ff. BGB (dann Kündigung nur aus wichtigem Grund, § 626 BGB) anzusehen ist.

Zumeist wird ein Geschäftsbesorgungsvertrag vorliegen. Der dann für eine Abberufung/Kündigung erforderliche **wichtige Grund** liegt insbesondere vor, wenn zwischen den Aufgaben des Verwalters gegenüber der Gemeinschaft und seinen eigenen Interessen eine Kollision entsteht oder wenn er seine Aufgaben nur unzulänglich erfüllt oder wenn aus anderen Gründen das für das Miteinander notwendige Vertrauen zerstört ist. § 26 Abs. 1 Satz 4 WEG nennt als wichtigen Grund ausdrücklich die nicht ordnungsgemäße Führung der Beschlusssammlung. Generell ist jeder Verstoß gegen die dem Verwalter kraft Gesetzes sowie durch Eigentümer- oder Gerichtsbeschluss übertragenen Pflichten ein Abberufungsgrund: So OLGR Rostock 2009, 802 wegen Nichtführung eines Sonderkontos für die Gemeinschaftsgelder; OLGR Düsseldorf 2006, 1 für die monatelange Unterlassung des Abschlusses einer Gebäudeversicherung; OLGR Köln 2009, 38 für eine unberechtigte Honorarvergütung an sich selbst; KGR Berlin 2009, 893 für den eigenmächtigen Abschluss eines Wärmelieferungsvertrages. 225

6. Verweisungen

Eine ausführliche Verwalter-Regelung enthält die Teilungserklärung **M 47.1** (§ 15). Zum Verfahren bei einer Veräußerungszustimmung s. **M 47.17** und **M 47.18**. 226

Nachfolgend sind noch Muster für folgende Vorgänge wiedergegeben:

- Veräußerungszustimmung des Verwalters (**M 47.17**), Rz. 227 ff.
- Antrag an das Gericht bei Verweigerung der Veräußerungszustimmung (**M 47.18**), s. die dortigen Fn.
- Einladung zur Eigentümerversammlung (**M 47.19**), wobei wegen der Berechtigung zur Einberufung auf Rz. 232 f., 234 sowie auf **M 47.1** § 12 Abs. 3 Satz 2 und Fn. 20 verwiesen wird.
- Versammlungsprotokoll (**M 47.20**), so die dortigen Fn.
- Antrag auf Bestätigung der Nichtanfechtung (**M 47.21**), s. die dortigen Fn.
- Beschluss-Sammlung (**M 47.22**).
- Hausordnung (**M 47.23**).

M 47.15 Verwaltervertrag[1]

zwischen

... (Name der Wohnungseigentümergemeinschaft)

– Gemeinschaft –

und

... (Name des Verwalters)

– Verwalter –

§ 1 Grundlagen des Verwaltervertrags

(1) Für die Wohnungseigentümergemeinschaft ... (Name) des Anwesens ... (Beschreibung) ist als Verwalter bestellt worden ... (Name des Verwalters). Die Bestellung erfolgt durch ... (Bestellungsorgan)[2].

(2) Die Rechte und Pflichten des Verwalters ergeben sich aus dem Wohnungseigentumsgesetz (WEG) sowie den Bestimmungen der Teilungserklärung und dieses Vertrages.

(3) Nach dem Bestellungsakt gilt die Verwalterbestellung für folgenden Zeitraum: ... (Dauer der Bestellung)[3].

---

1 S. Rz. 204 ff. Verwaltervollmacht s. **M 47.16**.

2 Teilungserklärung oder Eigentümerversammlung.

3 Erstbestellung höchstens drei, danach fünf Jahre, s. Rz. 213 ff.

(4) Auf dieser rechtlichen Grundlage schließen die Beteiligten hiermit einen Verwaltervertrag ab. Die Verwaltung betreffende Vereinbarungen in der Teilungserklärung haben im Zweifel Vorrang vor den Vereinbarungen dieses Vertrages.

(5) Eine Kündigung des Verwaltervertrages vor Ablauf des Bestellungszeitraumes ist nur bei Vorliegen eines wichtigen Grundes zulässig[4].

§ 2 Aufgaben und Befugnisse des Verwalters

(1) Die Aufgaben und Befugnisse des Verwalters sind insbesondere:

- *Aufstellen einer Hausordnung und deren Überwachung,*
- *Durchführung der Beschlüsse der Eigentümerversammlung,*
- *Einberufung und Leitung der Eigentümerversammlung,*
- *Aufstellung des Wirtschaftsplanes,*
- *Führung der Beschluss-Sammlung, sofern diese Aufgabe nicht einer anderen Person übertragen ist,*
- *Instandhaltung und Instandsetzung des gemeinschaftlichen Eigentums durch Veranlassung der hierfür erforderlichen Maßnahmen,*
- *Verwaltung der gemeinschaftlichen Gelder und sonstigen Vermögensgegenstände der Gemeinschaft,*
- *Entgegennahme und Abführung von Geldern im Zusammenhang mit der ordnungsgemäßen Verwaltung des Gemeinschaftseigentums,*
- *Entgegennahme von Willenserklärungen und Zustellungen, die an die Eigentümergemeinschaft gerichtet sind,*
- *gerichtliche und außergerichtliche Vertretung der Gemeinschaft in allen die laufende Verwaltung betreffenden Angelegenheiten.*

(2) Gelder der Gemeinschaft hat der Verwalter getrennt von seinem eigenen Vermögen zu verwahren.

(3) Die Einstellung eines Hausmeisters darf der Verwalter nur vornehmen, wenn ein entsprechender Beschluss der Eigentümerversammlung vorliegt.

§ 3 Wohnlasten

(1) Die von den Wohnungseigentümern zu zahlenden Beiträge zu den Wohnlasten werden jeweils im Wirtschaftsplan festgesetzt. Die Beiträge sind monatlich bis spätestens zum dritten Werktag des betreffenden Monats an den Verwalter auf ein von diesem anzugebendes Sonderkonto zu entrichten. Bei verspäteter Zahlung sind Verzugszinsen in Höhe von 5 % jährlich über dem jeweiligen Basiszins zu entrichten. Ferner ist der Verwalter berechtigt, für das erste Mahnschreiben eine Mahngebühr von 50 Euro und für jedes weitere Mahnschreiben eine Mahngebühr von zehn Euro zu erheben.

(2) Die Wohnlasten umfassen insbesondere folgende Kosten:

1. *die Betriebskosten für Grundstück und Gebäude (zB Steuern, Versicherungsbeiträge, Gemeinschaftsanteil der Kosten der Versorgung mit Strom, Wasser, Heizung),*
2. *die Instandsetzungsrücklage,*
3. *die Kosten für Gemeinschaftsanlagen und -einrichtungen (zB Aufzug, Antennen),*
4. *die Kosten für die laufende Unterhaltung und Pflege des Gemeinschaftseigentums (zB Hausmeister, Reinigung innerhalb und außerhalb des Gebäudes einschl. Schneeräumen und Streuen bei Glätte, Gartenpflege),*
5. *die Kosten der Verwaltung.*

(3) Über die Wohnlasten erteilt der Verwalter innerhalb von drei Monaten nach Ablauf eines Wirtschaftsjahres eine Abrechnung. Wird der Abrechnung nicht innerhalb von zwei Wochen widerspro-

4 Erfolgt eine Abberufung des Verwalters durch die Eigentümerversammlung, liegt darin idR auch eine Vertragsbeendigung (Palandt/Bassenge § 26 WEG Rz. 15).

chen, so gilt sie als anerkannt. Ergeben sich nach dieser Abrechnung Überzahlungen, so sind diese innerhalb eines Monats an den betreffenden Wohnungseigentümer auszubezahlen. Mit gleicher Frist sind Nachzahlungen an den Verwalter zu leisten.

(4) Gegenüber den Beiträgen zu den Wohnlasten wird das Recht der Aufrechnung und der Zurückbehaltung ausgeschlossen, soweit dies gesetzlich zulässig ist.

§ 4 Eigentümerversammlung

(1) Der Verwalter hat die ordentliche Eigentümerversammlung einzuberufen[5]*, zu leiten und für die Protokollierung der Beschlüsse zu sorgen. Das gleiche gilt für außerordentliche Versammlungen, die nach den Bestimmungen des WEG oder der Teilungserklärung einzuberufen sind.*

(2) Der Verwalter hat der Versammlung den Wirtschaftsplan zur Beschlussfassung vorzulegen und Abrechnung über das vergangene Wirtschaftsjahr zu erteilen. Kommt über den Wirtschaftsplan kein wirksamer Beschluss zustande, so ist der Verwalter berechtigt und verpflichtet, nach dem von ihm aufgestellten Wirtschaftsplan zu verfahren, bis ein wirksamer Beschluss der Eigentümerversammlung oder des Gerichts über einen anderen Wirtschaftsplan vorliegt.

(3) Die Protokolle der Eigentümerversammlung hat der Verwalter aufzubewahren. Er hat jedem Wohnungseigentümer auf dessen Verlangen Einsicht in die Protokolle zu gewähren oder ihm gegen Erstattung der Unkosten Kopien zu überlassen.

(4) Die in der Eigentümerversammlung gefassten Beschlüsse sind in eine gemäß den Vorgaben des § 24 Abs. 7 WEG geführte Beschluss-Sammlung aufzunehmen.

§ 5 Auskunftspflicht

Der Verwalter hat den Mitgliedern eines Verwaltungsbeirates oder von der Eigentümerversammlung hierfür gewählten Beauftragten jederzeit Auskunft über seine Wirtschaftsführung zu erteilen und Einblick in die die Gemeinschaft betreffenden Unterlagen zu gewähren. Das Verlangen ist mindestens eine Woche vorher anzukündigen. Der Verwalter kann Auskunft und Einblick nur aus wichtigem Grund verweigern.

§ 6 Veräußerungszustimmung

(1) Soweit die Veräußerung des Wohnungs- und Teileigentums der Zustimmung des Verwalters bedarf, ist diese jeweils unverzüglich[6] *zu erteilen.*

(2) Die für die Verwalterzustimmung entstehende Beglaubigungsgebühr hat der veräußernden Wohnungseigentümer im Kaufvertrag entweder selbst zu übernehmen oder dem Käufer aufzuerlegen. Der veräußernde Wohnungseigentümer steht dem Verwalter gegenüber dafür ein, dass dieser aus seiner Kostenhaftung gegenüber der beglaubigenden Stelle nicht in Anspruch genommen wird.

(3) Der Verwalter hat dafür Sorge zu tragen, dass dem zuständigen Grundbuchamt jederzeit in gehöriger Form nachgewiesen ist[7]*, wer der Verwalter ist. Die für den Nachweis entstehenden Beglaubigungsgebühren sind aus der Gemeinschaftskasse zu entrichten.*

§ 7 Vergütung

(1) Die Vergütung des Verwalters beträgt monatlich

1. für ein Wohnungseigentum 1. für ein Wohnungseigentum	*... Euro*
2. für eine gewerbliche Einheit 2. für eine gewerbliche Einheit	*... Euro*
3. für eine Garage/Stellplatz 3. für eine Garage/Stellplatz	*... Euro.*

(2) Die Vergütung ist wie folgt zu entrichten: ... (Ergänzung).

---

5 Zur Begründung der Einberufungsbefugnis auch nach Ablauf der Amtsperiode s. Rz. 245 ff. sowie **M 47.1** § 12 Abs. 3 Satz 2 nebst Fn. 22.

6 Eine an sich selbstverständliche Obliegenheit, deren ausdrückliche Aufnahme aber angesichts der Erfahrungen der Praxis durchaus sinnvoll sein kann.

7 S. Rz. 233.

(3) Der Verwalter erhält für folgende Tätigkeiten eine Sondervergütung, durch die auch seine Auslagen abgegolten sind:

1. Für die Erteilung einer Veräußerungszustimmung ... Euro

2. Für die Durchführung einer außerordentlichen Eigentümerversammlung ... Euro.

(4) Über eine neue Festsetzung der Vergütungen beschließt die Eigentümerversammlung.

§ 8 Rechtsnachfolger

Der Erwerber eines Wohnungs- und Teileigentums tritt automatisch in die Rechte und Pflichten dieses Vertrages ein[8].

§ 9 Vollmacht[9]

(1) Die Wohnungseigentümergemeinschaft ermächtigt hiermit den Verwalter zur Vornahme und Wahrnehmung aller ihm in diesem Vertrag übertragenen Befugnisse.

(2) Die Wohnungseigentümergemeinschaft und jeder Wohnungseigentümer verpflichten sich, die Vollmacht insgesamt oder teilweise auch in anderer Form separat zu erteilen.

(3) Bei Beendigung seiner Tätigkeit hat der Verwalter alle Rechte, die ihm in seiner Eigenschaft als Verwalter zustehen, auf den neuen Verwalter oder die Gemeinschaft zu übertragen.

(4) Der Verwalter ist von den Beschränkungen des § 181 BGB befreit. Er darf für einzelne Angelegenheiten, nicht aber generell, Untervollmacht erteilen. Die von einem Wohnungseigentümer erteilte Vollmacht soll durch den Tod des Vollmachtgebers nicht erlöschen.

(5) Sämtliche im Zusammenhang mit dieser Vollmacht entstehenden Kosten und Gebühren sind aus der Gemeinschaftskasse zu bezahlen.

(privatschriftlich)

8 S. Rz. 221.

9 Für die häufig anzutreffende Trennung von Verwaltervertrag und Vollmacht spricht wenig. Sie führt nur zu Wiederholungen, zT auch zu inhaltlichen Diskrepanzen. Wegen der Verpflichtung zur Vollmachtserteilung auf Verlangen s. Rz. 222.

M 47.16 Verwaltervollmacht[1]

Zwischen

1. der Wohnungseigentümergemeinschaft ... (Name) des Hauses ... (Ort), ... (Straße und Hausnummer), eingetragen in den Wohnungs- und Teileigentumsgrundbüchern von ... (Grundbuchamt) Blatt ... (Nummern),

– Gemeinschaft –

und

2. ... (Name oder Firma des Verwalters) in ... (Sitz und Anschrift),

– Verwalter –

besteht ein Verwaltervertrag, nach dem der unter Nr. 2 bezeichnete Beteiligte durch Beschluss der Eigentümerversammlung vom ... (Datum) zum Verwalter der Eigentümergemeinschaft bestellt wurde.

1 Nach § 27 Abs. 6 WEG kann der Verwalter eine solche Vollmacht verlangen. Auch **M 47.15** enthält in § 9 Abs. 2 die Verpflichtung zur Erteilung einer separaten Vollmacht. Obwohl die wichtigsten Befugnisse des Verwalters sich bereits aus dem Gesetz und der Teilungserklärung ergeben und beide Rechtsgrundlagen für alle Eigentümer verbindlich sind, ist die Vollmachterteilung für die Außenverwendung notwendig.
Die hier erteilte Vollmacht unterliegt nach den dort dargelegten Grundsätzen nicht dem Formzwang nach § 311b Abs. 1 Satz 1 BGB.

Damit der Verwalter seine ihm übertragenen Aufgaben und Befugnisse auch nach außen Dritten gegenüber nachweisen kann, erteilt der unterzeichnende Wohnungs- bzw. Teileigentümer für sich persönlich und für die Wohnungseigentümergemeinschaft dem Verwalter hiermit umfassende

Vollmacht

seine Interessen als Mitglied der Eigentümergemeinschaft und die der Gemeinschaft Dritten sowie anderen Mitgliedern der Gemeinschaft gegenüber wahrzunehmen. Der Verwalter hat – soweit sich dies nicht bereits aus den gesetzlichen Bestimmungen ergibt – insbesondere folgende Befugnisse:

1. *Durchführung der Beschlüsse der Eigentümergemeinschaft.*
2. *Abschluss, Änderung und Aufhebung von Verträgen namens der Eigentümergemeinschaft.*
3. *Geltendmachung und Durchsetzung von Rechten und Ansprüchen der Eigentümergemeinschaft gegenüber Dritten einschließlich der Befugnis zur gerichtlichen Geltendmachung.*
4. *Geltendmachung und Durchsetzung von Rechten und Ansprüchen der Eigentümergemeinschaft gegenüber einzelnen Mitgliedern der Gemeinschaft oder Nutzungsberechtigten einschließlich der Befugnis zur gerichtlichen Geltendmachung).*

Der Verwalter ist von den Beschränkungen des § 181 BGB befreit und darf für einzelne Vorgänge, nicht aber insgesamt, Untervollmacht erteilen. Die Vollmacht soll durch den Tod des Vollmachtgebers nicht erlöschen.

Die Vollmacht ist jederzeit widerruflich[2]*.*

... (Ort, Datum)

... (Unterschrift des Vollmachtgebers)

(privatschriftlich)

2 Die Widerruflichkeit besteht auch ohne die Aufnahme in die Urkunde; der unbegründete Widerruf kann aber eine Pflichtverletzung darstellen.

VIII. Veräußerungszustimmung

Sieht die Teilungserklärung eine Veräußerungszustimmung vor (Rz. 88 ff.; **M 47.1** § 7), sollte bei Übertragung der Kompetenz auf den Verwalter geregelt werden, dass dessen Zustimmung durch die Eigentümerversammlung ersetzt werden kann. Auch ohne diese Bestimmung kann die Eigentümerversammlung durch Mehrheitsbeschluss den Verwalter zur Abgabe der Erklärung verpflichten (BayObLGZ DNotZ 1980, 751). 227

Ist der Verwalter gleichzeitig Verkäufer oder Käufer, ist er gleichwohl zur Erteilung der Zustimmung befugt; **§ 181 BGB** steht **nicht** entgegen (OLG Düsseldorf NJW 1985, 390; KG OLGR 2004, 202). 228

Eine **Verweigerung** der Zustimmung kommt **nur aus wichtigem Grund** in Betracht (§ 12 Abs. 2 Satz 1 WEG, unabdingbar). 229

➲ **Wichtig:** Es kommen nur wichtige Gründe **in der Person des Erwerbers** in Betracht, somit zB nicht das Bestehen von Wohngeldrückständen oder sonstigen Ansprüchen gegen den Veräußerer. Dem Verwalter obliegt auch nicht die Inhaltsprüfung des Vertrages (OLG Schleswig ZMR 2006, 964). 230

Ein wichtiger Grund kann vorliegen bei bekannter Zahlungsunfähigkeit, der Gefahr einer zweckwidrigen Nutzung, gemeinschaftsschädigendem Verhalten. Die Beispiele machen deutlich, dass sich ein Verweigerungsgrund im Vorfeld zumeist nur schwer erkennen lässt. 231

Verweigerungsgründe aus der Rspr.:

- Erwerber ist streitsüchtiger, die Gemeinschaft störender Mitbewohner des Veräußerers (BayObLG NJW-RR 2002, 659).
- Erwerber ist bereits Miteigentümer, hat Wohngeldrückstände und rechtswidrige bauliche Veränderungen vorgenommen (LG Köln ZMR 2009, 552).

232 Die **Veräußerungszustimmung** ist Wirksamkeitsvoraussetzung für den Veräußerungsvertrag und **dem Grundbuchamt in öffentlich beglaubigter Form nachzuweisen.** Bis zum Vorliegen der Zustimmung ist der Veräußerungsvertrag schwebend unwirksam; fehlt die Zustimmung, hat die Grundbucheintragung keine heilende Wirkung (BGH NJW 2012, 3232). Die Zustimmung als solche bezieht sich aber (nach bestrittener Auffassung) nur auf den Eigentumswechsel auf den Erwerber, so dass die Zustimmung auch vorab eingeholt werden kann. Zum Widerruf BGH ZWE 2013, 21.

233 Liegt die **Zustimmungsbefugnis beim Verwalter** (zum maßgeblichen Zeitpunkt beim Verwalterwechsel BGHZ 195, 120), wird die Zustimmung (**M 47.17**) vom Grundbuchamt nur anerkannt, wenn der **Nachweis der Verwaltereigenschaft** vorliegt. Dieser Nachweis wird idR geführt durch die Vorlage des Protokolls (auch Kopie) der Eigentümerversammlung (s. **M 47.20**), in der die Verwalterwahl erfolgte, mit den öffentlich beglaubigten Unterschriften des Versammlungsleiters (nicht, wie in der Praxis häufig anzutreffen, des Verwalters, es sei denn, er hat die Versammlung geleitet) und eines beliebigen Wohnungseigentümers, bei Vorhandensein eines Verwaltungsbeirats ferner der des Verwaltungsbeiratsvorsitzenden (§§ 24 Abs. 6, 26 Abs. 4 WEG, hierzu Heggen RNotZ 2010, 455).

234 Liegt die Zustimmung in der **Kompetenz der Eigentümer** selbst, so kann der Nachweis erbracht werden

- entweder durch eine **öffentlich beglaubigte Erklärung aller Eigentümer** (praktisch schriftlicher Beschluss nach § 23 Abs. 3 WEG), ausgenommen der veräußernde Eigentümer,
- oder durch Vorlage des **Beschlussprotokolls** unter Beachtung der Formalien wie beim Verwalternachweis (Rz. 233).

235 Bei einer **Verweigerung der Veräußerungszustimmung** kann das **Gericht** angerufen werden (§ 43 Nr. 3 WEG); das gilt auch, wenn ein Dritter zustimmungsbefugt ist, dh. weder der Verwalter noch die Wohnungseigentümer, **M 47.18.** Mit der stattgebenden rechtskräftigen Entscheidung gilt die Zustimmungserklärung als abgegeben (§ 894 ZPO). Zuständig ist das Amtsgericht, in dessen Bezirk das Grundstück liegt.

Durch Mehrheitsbeschluss kann der Verwalter zur Erteilung der Zustimmung angewiesen werden (OLGR Hamburg 2006, 424, wobei das Gericht offen lässt, ob ein solcher Beschluss nur bei Vorliegen eines wichtigen Grundes wirksam ist). Nach Jennißen (§ 12 Rz. 25 mwN) kann die verweigerte Veräußerungszustimmung des Verwalters (und wohl auch die eines Drittbefugten) durch die Zustimmung aller Wohnungseigentümer ersetzt werden, nach Köhler/Bassenge (Teil 17 Rz. 72) auch durch Mehrheitsbeschluss, selbst wenn dies in der Gemeinschaftsordnung nicht vorgesehen ist. Diese Auffassung erscheint konsequent: Wenn das Gesetz sogar die generelle Veräußerungsbeschränkung für Mehrheitsbeschlüsse öffnet, kann für eine Einzelveräußerung kein engerer Maßstab gelten.

236 ➲ **Wichtig:** Antragsberechtigt ist nur der Veräußerer, nicht der Erwerber, da dieser mit dem Verwalter und der Eigentümergemeinschaft noch in keinerlei Rechtsbeziehungen steht (Weitnauer § 12 WEG Rz. 12).

Zur Zustimmung s. **M 47.17**, zur Anrufung des Gerichts bei Verweigerung **M 47.18.**

M 47.17 Veräußerungszustimmung[1] des Verwalters[2]

Ich erteile hiermit als Verwalter die erforderliche Zustimmung zur Veräußerung gemäß folgendem Kaufvertrag:

Urkunde des Notariats . . . (Nummer).

Vertragsobjekt: . . . (Beschreibung).

1 S. Rz. 227 ff. Für den Fall der Verweigerung s. **M 47.18.**

2 Beim Grundbuchamt wird eine Verwalterzustimmung nur anerkannt, wenn der Nachweis der Verwalterbestellung vorliegt. Zum Nachweis s. Rz. 233. Wegen eines besonderen Falles s. **M 47.21.**

Erwerber: . . . (Erwerber).

Kaufpreis: . . . (Kaufpreis).

(Unterschriftsbeglaubigung[3])

3 Grundbuchform des § 29 GBO.

Kosten: *Notargebühr:* 0,2-Gebühr gem. Nr. 25100 KV GNotKG, mindestens 20 Euro, höchstens 70 Euro. Geschäftswert gem. §§ 121, 98 Abs. 1, 47 GNotKG (halber Kaufpreis). Bei Fertigung des Entwurfs und Beglaubigung 1,0-Gebühr gem. Nrn. 24101, 21200 KV GNotKG (§ 92 Abs. 2 GNotKG), Geschäftswert gem. §§ 119, 47 GNotKG (halber Kaufpreis).

M 47.18 Antrag auf Gerichtsentscheidung bei Verweigerung der Veräußerungszustimmung[1]

An das

Amtsgericht[2]

. . . (Ort)

Ich beantrage[3] hiermit auszusprechen, dass . . . (Personalien des Verwalters) verpflichtet ist, als Verwalter der Veräußerung meines im Wohnungsgrundbuch von . . . (Ort) Band/Blatt . . . (Nummer) eingetragenen Wohnungseigentum durch Kaufvertrag vom . . . (Datum), beurkundet von Notar . . . (Name des Notars) unter der UR-Nr. . . . (Nummer), an . . . (Name des Käufers) zuzustimmen.

Begründung:

Die Veräußerung des Wohnungseigentums bedarf nach § . . . (Nummer) der Teilungserklärung zu ihrer Wirksamkeit der Zustimmung des Verwalters[4]. Ein wichtiger Grund für die Versagung der Zustimmung liegt nicht vor, so dass der Verwalter zur Erteilung der Zustimmung verpflichtet ist (§ 12 Abs. 2 Satz 1 WEG). Diese Zustimmung verweigert er trotz wiederholter Aufforderung ohne jede Angabe von Gründen[5].

. . . (formlose Unterschrift)

1 Anrufung des Gerichts bei Verweigerung der Veräußerungszustimmung, s. Rz. 235 f.

2 Nach § 43 Nr. 3 WEG ist das Gericht zuständig, in dessen Bezirk das Grundstück liegt; die Zuständigkeit des Amtsgerichts ergibt sich aus § 23 Nr. 2 lit. c GVG.

3 Antragsberechtigt ist nur der veräußernde, nicht auch der erwerbende Wohnungseigentümer (s. Rz. 236).

4 Wegen des Rechtsschutzinteresses.

5 Die grundlose Verweigerung ist auf jeden Fall pflichtwidrig. Die Veräußerungszustimmung darf nur aus wichtigem Grund verweigert werden; der Grund muss in der Person des Erwerbers seine Ursache haben (BayObLG NJW-RR 1990, 657; s. im Einzelnen zB Bärmann/Klein § 12 WEG Rz. 30 ff.; Liessem NJW 1988, 1306). Wohngeldrückstände des Veräußerers sind kein Weigerungsgrund (BayObLG Der Wohnungseigentümer 1984, 60).

Kosten: *Gerichtsgebühr:* 3,0-Gebühr gem. Nr. 1210 KV GVG. Wert nach § 49a GKG.

IX. Eigentümerversammlung

1. Gesetzliche Grundregeln

Zur Eigentümerversammlung regelt das Gesetz (wobei die meisten Regeln abdingbar sind) 237

- die grundsätzliche Zuständigkeit (§ 23 Abs. 1 WEG),
- die Entbehrlichkeit der Versammlung bei schriftlicher Zustimmung aller Eigentümer (§ 23 Abs. 3 WEG),
- die Einberufung, den Ablauf und die Formalitäten (§ 24 WEG: einmal pro Jahr mindestens, außerordentliche auf Verlangen von mehr als ¼ der Wohnungseigentümer, Frist mindestens zwei Wochen),

– Stimmrecht, Beschlussfähigkeit und Beschlussfassung (§ 25 WEG: jeder Wohnungseigentümer hat eine Stimme [Kopfprinzip], beschlussfähig, wenn mehr als die Hälfte anwesend ist, sonst neue Versammlung, die auf jeden Fall beschlussfähig; Befangenheit),
– ohne ausdrückliche Erwähnung: Stimmrechtsübertragung zulässig,
– Versammlungsleitung, Protokoll, Beschlusssammlung (§ 24 Abs. 5–7 WEG).

2. Gesetzliches Teilnahme- und Stimmrecht, abweichende Stimmrechtsregelung

238 Das gesetzliche **Kopfprinzip** (§ 25 Abs. 2 Satz 1 WEG) vermittelt einem Eigentümer auch dann nur eine Stimme, wenn er Eigentümer mehrerer Wohnungen ist. Deshalb ist zu überlegen, ob in der Teilungserklärung eine abweichende Stimmrechtsregelung getroffen werden soll. Als andere, im Einzelfall bessere Lösungen kommen in Betracht, das Stimmrecht zu gewähren

– nach dem **Objektprinzip**, dh. je Wohnungseinheit (Teileigentumseinheit) eine Stimme; zum Stimmrecht bei Teilung einer Einheit s. Rz. 241,
– oder nach dem **Anteilsprinzip**, dh. nach Miteigentumsanteilen.

239 Abweichungen von den Miteigentumsanteilen durch Festlegung anderer Abstimmungsquoten oder Stimmrechtseinschränkungen (zB Stimmrecht ruht bei Verzug mit Wohngeld, BayObLG Rpfleger 1965, 224; LG München DNotz 1978, 630) sind nur zulässig, wenn hierfür bestimmte Gründe vorliegen, also nicht willkürlich. Eine Regelung, die einem Wohnungseigentümer die Stimmenmehrheit verschafft, ist nicht von vornherein unwirksam (BayObLGZ 1986, 10), ebenso nicht ein Vetorecht (BayObLG DNotI-Report 1997, 128). Die Stellung der anderen Wohnungseigentümer darf aber nicht derart ausgehöhlt werden, dass sie von einer Mitverwaltung praktisch ausgeschlossen sind (BayObLG DNotI-Report 1997, 128).

240 **Stimmberechtigt** (und teilnahmeberechtigt) ist stets **nur der eingetragene Eigentümer**, auch wenn sein Wohnungseigentum mit einem Nießbrauch belastet ist; der Nießbraucher hat weder allgemein noch in bestimmten Angelegenheiten ein Stimmrecht (BGHZ 150, 109); das gilt auch für einen dinglich Wohnungsberechtigten (OLGR Hamburg 2004, 252). Allerdings kann der Eigentümer eine Stimmrechtsvollmacht erteilen, s. Rz. 242. Soll – etwa im Hinblick auf eine länger andauernde Vertragsabwicklung – ein Erwerber zB mit dem Zeitpunkt des Besitzübergangs Stimmrecht haben, muss ihm eine Vollmacht erteilt werden, was auch vor Eintragung einer Auflassungsvormerkung zulässig ist (KGR Berlin 2004, 282).

240a ➲ **Wichtig:** Mehrere Miteigentümer einer Einheit können ihr Stimmrecht nur einheitlich ausüben.

240b Stimm- und teilnahmeberechtigt sind auch Eigentümer, deren Erwerb sich ohne Grundbucheintragung vollzogen hat (zB Erbfall, Zwangsversteigerung), ferner der Insolvenzverwalter, der Zwangs- und Nachlassverwalter sowie der Testamentsvollstrecker.

240c ➲ **Hinweis:** Auch **werdende Wohnungseigentümer** sind stimm- und teilnahmeberechtigt. Das sind Ersterwerber eines vom Alleineigentümer nach § 8 WEG begründeten Wohnungseigentums, deren Auflassungsanspruch durch eine Vormerkung gesichert ist.

3. Stimmrecht bei Teilung einer Einheit

241 Die Teilung einer Einheit führt – sofern in der Teilungserklärung keine andere Festlegung getroffen ist – grds. nicht zu einer Stimmenvermehrung. Sie wirkt sich auf das Stimmrecht je nach dem geltenden Stimmrechtsprinzip unterschiedlich aus:

– Beim gesetzlichen **Kopfprinzip** wird das Stimmrecht in (selbständige) Bruchteile aufgeteilt, so dass einer Teilung in zwei Einheiten jede eine halbe Stimme hätte (OLG Düsseldorf MittRhNotK 1990, 81; KGR Berlin 1999, 259; LG München DNotI-Report 2010, 34; OLGR Stuttgart 2005, 51; aA KG DNotI-Report 2000, 114, allerdings für eine Sondersituation: Teilung einer Einheit [wohl „Vorratseinheit"] in neun Einzeleinheiten).
– Auch beim **Objektprinzip** kommt es zu einer Bruchteilsaufteilung auf die neuen Objekte (KG DNotI-Report 1999, 153; OLG Hamm DNotI-Report 2002, 381).

– Beim **Anteilsprinzip** ergibt sich die Aufteilung aus der Verteilung der Miteigentumsanteile auf die neuen Einheiten.

4. Vertretung in der Eigentümerversammlung

Ferner kann es zweckmäßig sein, die im WEG nicht eingeschränkte Zulässigkeit von **Stimmrechtsvollmachten** auf bestimmte Personen zu beschränken (BGH DNotZ 1988, 24; s. **M 47.1** § 12 Abs. 7). Die Vollmacht bedarf keiner Form, sollte aber schriftlich erteilt werden, da bei fehlendem Nachweis durch Vorlage der Originalvollmacht in der Versammlung vom Nichtbestand der Vollmacht auszugehen ist (OLG München MDR 2008, 198, das allerdings einen – auf die laufende Versammlung beschränkten – Vorlageverzicht der anderen Wohnungseigentümer zulässt). 242

Wird das Fehlen eines Vollmachtsnachweises beanstandet, ist der Vertreter von der Teilnahme auszuschließen.

5. Teilnahmeberechtigung Dritter

Grundsätzlich sind nur Wohnungseigentümer oder wirksam bevollmächtigte Vertreter teilnahmeberechtigt. Beistände und Berater sind, sofern nicht die Teilungserklärung ihre Teilnahme erlaubt, ausgeschlossen. Ausnahmen werden aber zugelassen bei Vorliegen berechtigter Interessen, zB (nach Köhler/Bassenge Teil 4 Rz. 121 ff. mwN) 242a

– Rechtsberater bei einer rechtlich schwierigen Angelegenheit,
– Dolmetscher bei mangelnden Deutschkenntnissen eines Eigentümers, der aber nur übersetzen darf,
– Begleiter bei Behinderung oder Gebrechlichkeit.

6. Einberufung

Die Einberufung (§ 24 WEG) obliegt dem Verwalter, bei dessen pflichtwidriger Weigerung oder Fehlen eines Verwalters dem Verwaltungsbeiratsvorsitzenden oder seinem Vertreter (§ 24 Abs. 3 WEG). Die Einberufung hat unter Angabe der Beschlussgegenstände in Textform (schriftlich, per Fax bzw. Computerfax oder per E-Mail) zu erfolgen, § 24 Abs. 4 Satz 1 WEG. Die Einberufungsfrist soll mindestens zwei Wochen betragen, sofern nicht ein Fall besonderer Dringlichkeit vorliegt, § 24 Abs. 4 Satz 2 WEG. 243

➲ **Wichtig:** Die Einberufung durch einen Wohnungseigentümer sieht das Gesetz nicht vor. Er kann sich nur im Verfahren nach § 43 Abs. 1 Nr. 2 WEG vom Gericht zur Einberufung ermächtigen lassen (OLGR Frankfurt 2005, 95). Dieser Weg ist aber entbehrlich, wenn alle Eigentümer einberufen (OLGR Celle 2000, 251; OLG Köln ZMR 2003, 380). Nach OLG Frankfurt aaO kann in der Gemeinschaftsordnung ein Einberufungsrecht der Wohnungseigentümer erlaubt werden. 244

Eine besondere Regelung empfiehlt sich für den Fall eines **„Einberufungsnotstands"**, der vorliegen kann, weil ein Verwalter nach Ablauf seiner Amtszeit nicht mehr zur Einberufung befugt ist und auch kein Verwaltungsbeirat besteht. Zwar sind die Beschlüsse, die in einer dergestalt einberufenen Versammlung gefasst werden, nicht nichtig, aber anfechtbar (OLG Frankfurt OLGZ 85, 142; BayObLG NJW-RR 1987, 204; OLG Hamm OLGZ 1991, 309) und müssen im Falle einer Anfechtung wegen des Formmangels für ungültig erklärt werden. Beruft dagegen ein beliebiger Dritter ein, liegt überhaupt keine Versammlung der Gemeinschaft vor. 245

➲ **Praxistipp:** Soll das Versammlungsprotokoll einer anfechtbaren, weil vom Verwalter nach Ablauf seiner Amtszeit einberufenen Eigentümerversammlung beim Grundbuchamt als Nachweis einer neuen Verwalterbestellung verwendet werden, wird das Grundbuchamt, das den Einladungsmangel anhand der dort vorliegenden Unterlagen feststellen kann, auch den Nachweis der unterbliebenen Anfechtung verlangen. Zu diesem Zweck ist – nach Ablauf der Anfechtungsfrist von einem Monat – eine Bescheinigung des zuständigen Amtsgerichts über die Nichtanfechtung vorzulegen (Antrag s. **M 47.21**). 246

247 Mit der Einräumung der Befugnis zur Einberufung auch nach Ablauf der Amtszeit (**M 47.1** § 12 Abs. 3 Satz 2) wird dies umgangen.

248 Bei Anwesenheit aller Eigentümer (Vollversammlung) ist ein **einstimmiger Verzicht auf die Einhaltung der Form- und Fristvorschriften** und damit die Abhaltung einer gültigen Versammlung möglich. Der Verzicht ist im Protokoll zu vermerken.

249 Die gleichzeitig mit der Ersteinladung verschickte **Eventualeinladung zu einer Wiederholungsversammlung** für den Fall, dass die Erstversammlung nicht beschlussfähig ist, verstößt gegen § 25 Abs. 4 WEG, wonach eine Wiederholungsversammlung erst einberufen werden darf, wenn die Beschlussunfähigkeit der Erstversammlung festgestellt ist. Diese Vorschrift ist aber abdingbar, so dass in der Gemeinschaftsordnung eine entsprechende Befugnis verankert werden kann. Ist das der Fall, ist die Eventualeinladung zulässig und vor allem bei großen Gemeinschaften auch zweckmäßig (OLGR Köln 1999, 120 für eine auf eine halbe Stunde später einberufene Wiederholungsversammlung; ebenso BayObLGR 1999, 84, das verlangt, dass der Übergang in die zweite Versammlung förmlich festzustellen ist).

S. auch **M 47.1** Fn. 20 sowie **M 47.19, M 47.20** und **M 47.21.**

7. Versammlungsleitung

250 Die Versammlungsleitung obliegt mangels (zulässiger) anderweitiger Bestimmung in der Teilungserklärung dem **Verwalter**, sofern die Versammlung nichts anderes beschließt (§ 24 Abs. 5 WEG). Darin liegt eine gewisse Problematik, da Aufgabe der Versammlung vor allem auch eine Kontrolle der Verwaltertätigkeit ist. Legt man Wert auf eine neutrale Versammlungsleitung, kann in der Teilungserklärung der Verwalter als Versammlungsleiter ausgeschlossen werden. Besteht ein Verwaltungsbeirat, kann die Leitung dem Verwaltungsbeiratsvorsitzenden übertragen werden.

8. Beschlussfähigkeit

251 Nach § 25 Abs. 3 WEG ist die **erste Versammlung** nur beschlussfähig, wenn „mehr als die Hälfte der Miteigentumsanteile, berechnet nach der im Grundbuch eingetragenen Größe dieser Anteile, vertreten" ist; auf die tatsächliche Stimmrechtsregelung kommt es dabei nicht an. Die Bestimmung ist allerdings **abdingbar**. Es können sowohl das Quorum (zB Beschlussfähigkeit unabhängig von der Teilnahme, s. auch Rz. 249) als auch die Abstimmungskriterien (zB nach Kopf- oder Objektprinzip, s. auch Rz. 238 f.) abweichend festgelegt werden.

252 Im Falle der Beschlussunfähigkeit ist eine **zweite Versammlung** mit identischer Tagesordnung einzuberufen, die in jedem Fall beschlussfähig ist (§ 25 Abs. 4 WEG). – Wegen der Möglichkeit, diese zweite Versammlung bereits mit der ersten Einladung einzuberufen (Eventualeinberufung), s. Rz. 249.

9. Niederschrift, Beschluss-Sammlung

253 Über den Verlauf und die in der Versammlung gefassten Beschlüsse ist ein **Protokoll** aufzunehmen (§ 24 Abs. 6 WEG). Es dient insbesondere Beweiszwecken innerhalb der Gemeinschaft und nach außen (zB Verwalternachweis beim Grundbuchamt, generell Vertretungsnachweis, Information von Rechtsnachfolgern); deshalb sind hier genaue Angaben wichtig. In der Praxis lassen die Protokolle häufig nicht einmal das zugehörige Objekt erkennen.

254 Durch die am 1.7.2007 in Kraft getretene WEG-Änderung ist eine **Beschluss-Sammlung** vorgeschrieben, die mangels anderweitiger Bestimmung in der Teilungserklärung oder durch Stimmenmehrheit der Verwalter zu führen hat (§ 24 Abs. 7 und 8 WEG). Darin sind aufzunehmen

- die in der Versammlung oder im schriftlichen Verfahren gefassten Beschlüsse mit Angabe von Ort und Datum der Versammlung bzw. Verkündung,
- die Urteilsformeln gerichtlicher Entscheidungen in einem Rechtsstreit gem. § 43 WEG mit Angabe von Datum, Gericht und Parteien.

Aufzunehmen sind auch **Negativvoten**, also eine Maßnahme ablehnende Beschlüsse und Entscheidungen, da auch sie Regelungscharakter haben. Die Beschlüsse und Entscheidungen sind fortlaufend (nach Datum) einzutragen und zu nummerieren. Eine Anfechtung oder Aufhebung ist zu vermerken. Bei einer Aufhebung kann die Eintragung auch gelöscht werden, ebenso, wenn sie aus einem anderen Grund für die Wohnungseigentümer keine Bedeutung mehr hat. Nach dem Gesetz ist die Beurteilung dieser Frage wohl dem für die Beschluss-Sammlung Verantwortlichen überlassen, der aber gut beraten ist, darüber eine Mehrheitsentscheidung herbeizuführen oder die Löschung zu unterlassen. Die **Eintragungen** haben **unverzüglich** unter Angabe des (Eintragungs-)Datums zu erfolgen. Für die Wohnungseigentümer und beauftragte Dritte besteht ein **Einsichtsrecht** in die Beschluss-Sammlung. 255

Nicht ordnungsgemäße Führung der Beschluss-Sammlung durch den Verwalter ist ein Abberufungsgrund, § 26 Abs. 1 Satz 4 WEG.

Zur Fertigung des Protokolls enthält das Gesetz keine Bestimmungen; sie obliegt idR dem Versammlungsleiter oder einem von ihm oder der Versammlung bestellten Protokollführer. Dagegen bestimmt § 24 Abs. 4 WEG, wer das Protokoll zu unterzeichnen hat: Der Versammlungsleiter, ein Wohnungseigentümer sowie – falls ein Verwaltungsbeirat vorhanden – dessen Vorsitzender oder sein Stellvertreter. Die Teilungserklärung kann bestimmte Formalien für die Protokollierung und damit für die Gültigkeit von Beschlüssen vorschreiben (BGH NJW 2012, 2512). 256

Das Protokoll unterliegt der Schriftform. Soll es aber auch dem Nachweis einer Verwalterbestellung gegenüber dem Grundbuchamt dienen, müssen die Unterschriften der genannten Personen öffentlich beglaubigt sein, wobei dies auch unter einem für den Nachweis ausreichenden Protokollauszug erfolgen kann. Zum Verwalternachweis s. Rz. 233. 257

M 47.19 Einladung zur Eigentümerversammlung[1]

An die

Wohnungseigentümer

der Wohnungseigentümergemeinschaft (Name)

des Hauses ... Straße/Hausnummer

... (PLZ/Ort)

Betr.: Wohnungseigentümerversammlung ... (Jahr)

Anrede,

zur diesjährigen ordentlichen Wohnungseigentümerversammlung werden Sie hiermit eingeladen auf

... (Tag), den ... (Datum), um ... (Uhrzeit) Uhr in ... (Versammlungsort)[2]

Tagesordnung[3]*:*

1. *Feststellung der Beschlussfähigkeit.*
2. *Rechenschaftsbericht des Verwalters mit Jahresabrechnung.*
   a) *Bericht des Verwalters, insbesondere Erläuterung der Jahresabrechnung des vergangenen Jahres.*
   b) *Aussprache über den Bericht.*

1 Einberufung durch Verwalter (§ 24 Abs. 1 WEG) oder Verwaltungsbeirat (§ 24 Abs. 3 WEG), s. auch Rz. 243 ff.

2 Grundsätzlich an einem verkehrsüblichen, zumutbaren Ort (OLG Frankfurt OLGZ 84, 333; AG Charlottenburg NJW-RR 1987, 1162 dagegen: am Ort der Wohnungseigentumsanlage) und nicht zur Unzeit (zB Feiertag, zur üblichen Arbeitszeit).

3 Die Tagesordnung ist willkürlich gewählt. Den tatsächlichen Inhalt bestimmen die Gegebenheiten der jeweiligen Gemeinschaft.

c) Beschlussfassung über die Anerkennung der Abrechnung.

d) Beschlussfassung über die Entlastung des Verwalters.

3. *Beratung und Beschlussfassung über den Wirtschaftsplan des folgenden Wirtschaftsjahres.*
4. *Rechenschaftsbericht des Verwalterbeirats, Aussprache und Beschlussfassung über die Entlastung.*
5. *Neuwahl des Verwalters.*
6. *Neuwahl des Verwaltungsbeirats.*
7. *Beratung und Beschlussfassung über besondere Anträge*[4] *(s. Anlage).*
8. *Verschiedenes.*

Die Jahresabrechnung, der Wirtschaftsplan sowie zu Punkt 7 vorliegende Anträge sind als Anlage beigefügt.

Für den Fall Ihrer Verhinderung können Sie sich gemäß den Bestimmungen der Gemeinschaftsordnung von folgenden Personen[5] *mit schriftlicher Vollmacht vertreten lassen: dem Ehegatten oder in gerader Linie Verwandten, einem anderen Wohnungseigentümer, dem Verwalter, einem Hausgenossen oder Mieter, dem Erwerber der Wohnung, einem zur Berufsverschwiegenheit verpflichteten Angehörigen der rechts- oder steuerberatenden Berufe. Ein Vollmachtsformular ist zur Verwendung bei Bedarf beigefügt. Der Bevollmächtigte muss die Vollmacht vor Beginn der Versammlung beim Verwalter hinterlegen*[6].

Mit freundlichen Grüßen

4 Sofern zutreffend. Die Gegenstände der Beschlussfassung müssen genau bezeichnet sein.

5 Je nach dem Inhalt der Gemeinschaftsordnung, s. **M 47.1** § 12 Abs. 7.

6 Zur Feststellung der Beschlussfähigkeit, s. Rz. 251 ff., zur Eventualeinberufung Rz. 249.

M 47.20 Versammlungsprotokoll[1]

Protokoll der ordentlichen Versammlung vom ... (Datum) der Wohnungseigentümergemeinschaft ... (Name) des Hauses ... (Straße/Haus-Nr.) in ... (PLZ, Ort), Grundstück Flurstück Nr. ... (Nummer und weiterer Beschreibung)[2].

Die auf heute in ... (Versammlungsort) ordnungsgemäß einberufene Versammlung wurde vom Verwalter um ... (Uhrzeit) eröffnet. Der Verwalter[3] *übernahm den Vorsitz der Versammlung. Einwendungen wurden dagegen nicht erhoben*[4].

Der Versammlungsleiter stellte die anwesenden und vertretenen Wohnungseigentümer wie folgt fest:

Persönlich anwesend:

... (Anzahl) Wohnungseigentümer mit ... (Anteile) Miteigentumsanteilen.

Durch Bevollmächtigte vertreten:

... (Anzahl) Wohnungseigentümer mit ... (Anteile) Miteigentumsanteilen.

Die schriftlichen Vollmachten für die Bevollmächtigten lagen vor und wurden als ordnungsgemäß festgestellt.

1 § 24 Abs. 6 WEG. S. Rz. 253 ff.

2 Angaben zum Objekt werden häufig vergessen, was bei Vorlage beim Grundbuchamt zwecks Verwalternachweises zu Schwierigkeiten führt.

3 S. Rz. 250. Versammlungsleiter kann nur eine natürliche Person (nicht „die Firma ...") sein; deshalb hier ggf. den Vertreter der Verwaltergesellschaft mit Namen aufführen.

4 § 24 Abs. 5 WEG, s. Rz. 250.

Anwesend oder vertreten waren somit Wohnungseigentümer mit ... (Anteile) Miteigentumsanteilen, das ist mehr als die Hälfte aller Miteigentumsanteile; damit ist die Versammlung beschlussfähig[5].

Hierauf wurde die mit der Einladung bekannt gegebene Tagesordnung[6] *wie folgt abgehandelt:*

Punkt 1 (Beschlussfähigkeit):

Der Versammlungsleiter stellte fest, dass Wohnungseigentümer mit mehr als der Hälfte der Miteigentumsanteile anwesend oder vertreten waren und die Versammlung damit beschlussfähig war[7].

Punkt 2 (Verwalterbericht, Jahresabrechnung):

Der Verwalter erstattete seinen Bericht und erläuterte die Jahresabrechnung für das vergangene Wirtschaftsjahr. Der Verwaltungsbeiratsvorsitzende erläuterte die hierzu abgegebene Stellungnahme des Verwaltungsbeirats[8].

... (ggf. Einzelheiten aufführen)

Anschließend bestand Gelegenheit zu Fragen und Stellungnahmen.

... (ggf. Einzelheiten aufführen)

Danach wurde über die Anerkennung der Jahresabrechnung mit folgendem Ergebnis abgestimmt:

Dafür:	*... (Anteile),*[9]
dagegen:	*... (Anteile),*
Enthaltungen:	*... (Anteile).*

Damit war die Jahresabrechnung genehmigt.

Sodann wurde über die Entlastung des Verwalters mit folgendem Ergebnis abgestimmt:

Dafür:	*... (Anteile),*
dagegen:	*... (Anteile),*
Enthaltungen:	*... (Anteile).*

Damit war dem Verwalter Entlastung erteilt.

Punkt 3 (Wirtschaftsplan):

Der Verwalter erläuterte den Wirtschaftsplan für das kommende Wirtschaftsjahr, der Verwaltungsbeiratsvorsitzende die Stellungnahme des Verwaltungsbeirats hierzu.

Es bestand Gelegenheit zu Fragen und Stellungnahmen.

... (ggf. Einzelheiten aufführen)

Sodann wurde über den Wirtschaftsplan mit folgendem Ergebnis abgestimmt:

Dafür:	*... (Anteile),*
dagegen:	*... (Anteile),*
Enthaltungen:	*... (Anteile).*

Damit war der Wirtschaftsplan genehmigt.

Punkt 4 (Bericht des Verwaltungsbeirats):

Der Verwaltungsbeiratsvorsitzende erstattete den Bericht über die Tätigkeit des Verwaltungsbeirats. Es bestand Gelegenheit zu Fragen und Stellungnahmen.

... (ggf. Einzelheiten aufführen)

---

5 S. Rz. 251.

6 In Anlehnung an **M 47.19**.

7 § 25 Abs. 3 WEG; die Gemeinschaftsordnung kann weitere Regeln aufstellen.

8 § 29 Abs. 3 WEG.

9 Hier wird von einer Abstimmungsregelung nach dem Verhältnis der Miteigentumsanteile ausgegangen; nach § 25 Abs. 2 Satz 1 WEG ist die Grundregel allerdings: eine Stimme je Wohnungseigentümer (s. Rz. 238 ff.).

Sodann wurde über die Entlastung des Verwaltungsbeirats mit folgendem Ergebnis abgestimmt:

Dafür: . . . (Anteile),

dagegen: . . . (Anteile),

Enthaltungen: . . . (Anteile).

Damit war dem Verwaltungsbeirat Entlastung erteilt.

Punkt 5 (Neuwahl des Verwalters):

Der bisherige Verwalter erklärte, dass er wiederum für das Amt des Verwalters kandidiere. Die Wahl soll für die längstmögliche Dauer von fünf Jahren[10] *erfolgen. Nach Aufforderung hierzu erfolgten keine weiteren Kandidatenmeldungen oder -vorschläge.*

Sodann wurde über die Wiederwahl des bisherigen Verwalters mit folgendem Ergebnis abgestimmt:

Dafür: . . . (Anteile),

dagegen: . . . (Anteile),

Enthaltungen: . . . (Anteile).

Damit war der Verwalter wiedergewählt.

Der Verwalter nahm die Wiederwahl an.

Punkt 6 (Neuwahl des Verwaltungsbeirats):

Für das Amt der drei Verwaltungsbeiräte[11] *kandidierten folgende Wohnungseigentümer:*

. . . (Namen der Kandidaten).

Es wurde zuvor einstimmig beschlossen, dass der Kandidat mit den meisten Stimmen der Vorsitzende[12] *und die beiden Kandidaten mit den zweit- und drittmeisten Stimmen die weiteren Mitglieder des Verwaltungsbeirats sein sollen. Der Versammlungsleiter wies darauf hin, dass jeder Wohnungseigentümer drei Personen wählen kann.*

Sodann wurde in geheimer Wahl[13] *mit folgendem Ergebnis gewählt:*

Für . . . (Kandidat): . . . (Anteile),

Für . . . (Kandidat): . . . (Anteile),

Für . . . (Kandidat): . . . (Anteile),

Für . . . (Kandidat): . . . (Anteile),

Für . . . (Kandidat): . . . (Anteile).

Damit waren gewählt als Vorsitzender . . . (Name) und als weitere Verwaltungsbeiräte . . . (Namen). Sie nahmen die Wahl an.

Punkt 7 (Besondere Anträge):

. . . (nach Bedarf ausfüllen)

Punkt 8 (Verschiedenes):

. . . (nach Bedarf ausfüllen)

Der Versammlungsleiter schloss die Versammlung um . . . (Uhrzeit).

Der Versammlungsleiter[14]*:*

Der Versammlungsbeiratsvorsitzende:

Als Wohnungseigentümer:

---

10 § 26 Abs. 1 Satz 2 WEG.

11 Anzahl nicht zwingend (s. Rz. 156 f. und **M 47.1** Fn. 27).

12 Die Bestimmung des Vorsitzenden kann auch den Verwaltungsbeiräten selbst überlassen werden (Weitnauer § 29 Rz. 3).

13 Die Art der Abstimmung (offen oder geheim) kann die Versammlung mit Mehrheit bestimmen.

14 § 24 Abs. 6 WEG, s. Rz. 256. Nicht unterzeichnen muss der Verwalter (in dieser Eigenschaft). – Zur Unterschriftsbefugnis von Nichtanwesenden s. Röll Rpfleger 1986, 4.

M 47.21 Antrag auf Bestätigung der Nichtanfechtung[1]

An das

Amtsgericht

– Abt. für Angelegenheiten nach dem WEG –

. . . (Ort)

Betr.: Wohnungseigentümergemeinschaft . . . (Name): Bestätigung der Nichtanfechtung von Beschlüssen der Wohnungseigentümerversammlung vom . . . (Datum) des Anwesens . . . (Ort, Straße, Hausnummer), eingetragen in den Wohnungs- und Teileigentumsgrundbüchern von . . . (Grundbuchamt) Band/Blatt . . . (erste Nummer) bis . . . (letzte Nummer)

Sehr geehrte Damen und Herren,

die oben bezeichnete Wohnungseigentümerversammlung wurde vom Verwalter der Gemeinschaft einberufen, nachdem seine bisherige Amtszeit bereits abgelaufen und er damit nicht mehr zur Einberufung berechtigt war. Dadurch sind die in dieser Versammlung gefassten Beschlüsse anfechtbar (s. OLG Frankfurt OLGZ 85, 142)[2]*. Für eine Anfechtung wäre das dortige Amtsgericht zuständig.*

Es wird beantragt, nach Ablauf der Anfechtungsfrist von einem Monat (§ 23 Abs. 4 Satz 2 WEG) zu bestätigen, dass ein Antrag auf gerichtliche Entscheidung über die Wirksamkeit der Beschlüsse dieser Versammlung nicht gestellt worden ist. Die Bescheinigung wird benötigt zur Vorlage beim Grundbuchamt im Zusammenhang mit dem Nachweis der Verwalterbestellung[3, 4]*.*

Mit freundlichen Grüßen[5]

---

1 Zum Problem s. Rz. 246 sowie **M 47.1** Fn. 23.

2 Zur Darlegung des Rechtsschutzinteresses.

3 S. Fn. 2.

4 Zum Verwalternachweis gegenüber dem Grundbuchamt und seine Bedeutung s. **M 47.17** Fn. 2 und **M 47.20** Fn. 1. Im vorliegenden Fall ist aber zusätzlich der Negativbeweis der Nichtanfechtung zu führen.

5 Als antragsberechtigt kann jeder angesehen werden, der ein berechtigtes Interesse an der Bestätigung hat (zB alter Verwalter, neuer Verwalter, Versammlungsleiter, jeder Wohnungseigentümer, Erwerber eines Wohnungseigentums, Gläubiger).

Kosten: Keine Gerichtsgebühren für die Bestätigung der Nichtanfechtung.

M 47.22 Beschluss-Sammlung[1]

Beschluss-Sammlung der Wohnungseigentümergemeinschaft … (Name) am Grundstück Flurstück Nr. (Nummer) der Gemarkung (Ort) in (postalische Anschrift)

Lfd. Nr.	***Beschluss-/Entscheidungs-/Antragsinhalt***	***Versammlung** (Ort/Datum) **Schriftlicher Beschluss** (Verkündigungsdatum) **Gerichtsentscheidung** (Gericht/Datum/Parteien)*	***Vermerke** (angenommen/abgelehnt/angefochten/aufgehoben/gelöscht)*	*Eintragungsvermerke **(Datum der Eintragung/ Name des Sammlungführers/Unterschrift)***
01	*TOP 3 Die Jahresabrechnung 2009 wird genehmigt. TOP 4 Der Verwalter wird entlastet. TOP 5 Herr (**Name u. Anschrift**) wird erneut auf die Dauer von 5 Jahren zum Verwalter bestellt.*	*Versammlung vom (**Datum**) im Gasthaus „Zur Sonne" in (**Ort**)*	*Zu TOP 3: Einstimmig angenommen Zu TOP 4: Einstimmig angenommen Zu TOP 5: 78/1000 Ja-Stimmen, 14/1000 Enthaltungen*	***Eingetragen am** (Datum) **(Unterschrift)***
02	*TOP 2 Dem Eigentümer der Wohnung Nr. 2 im Erdgeschoss wird die Errichtung eines Wintergartens auf seiner Sondernutzungsfläche „Terrasse"; nach den vorgelegten und dem Protokoll beigefügten Zeichnungen gestattet, sofern dafür erforderliche behördliche Genehmigungen erteilt sind.*	*Versammlung vom (**Datum**) im Gasthaus „Zur Sonne" in (**Ort**)*	*Abgelehnt: 57/1000 Nein-Stimmen, 23/1000 Ja-Stimmen, 16/1000 Enthaltungen*	***Eingetragen am** (Datum) **(Unterschrift)***
03	*Der Fahrradkeller im Untergeschoss darf auch zum Abstellen von Kinderwagen benutzt werden.*	*Schriftlicher Beschluss im Umlaufverfahren, verkündet durch Mitteilung an alle Eigentümer am (**Datum**)*	*Einstimmig angenommen*	***Eingetragen am** (Datum) **(Unterschrift)***
04	*Es wird festgestellt, dass der Eigentümer des Pkw-Stellplatzes Nr. 4 nicht berechtigt ist, den Platz zum Abstellen von Behältern mit Warenproben zu benutzen.*	*Beschluss des Amtsgerichts (**Ort**) vom (**Datum**) Gemeinschaft gg. Eigentümer (**Name**)*	*Bestandskräftig nach Ablauf der Rechtsmittelfrist*	***Eingetragen am** (Datum) **(Unterschrift)***

1 S. Rz. 254 f.

X. Hausordnung

Die Hausordnung (§ 21 Abs. 5 Nr. 1 WEG) stellt eine Zusammenfassung der Nutzungs- und Verwaltungsregeln der Gemeinschaft dar. Sie ergänzt die Gemeinschaftsordnung (Teilungserklärung) in Detailfragen des Gebrauchs und der Verwaltung. Die Aufstellung (und Änderung) obliegt der Eigentümerversammlung, § 21 Abs. 5 Nr. 1 WEG, kann in der Teilungserklärung aber auch dem Verwalter oder dem Verwaltungsbeirat übertragen werden (BayObLGZ 1975, 20). 258

Wird sie nicht (was zulässig wäre, ausgenommen bei einer durch Verwalter oder Verwalterbeirat aufgestellten Hausordnung) in der Teilungserklärung in den Rang einer Vereinbarung iSv. § 10 Abs. 1 WEG erhoben, ist sie durch Mehrheitsbeschluss abänderbar. Dabei sollte man es belassen. Nur Regelungen, die dem Einstimmigkeitsprinzip unterliegen sollen, gehören in die Teilungserklärung selbst. 259

➲ **Hinweis:** Auch eine durch Mehrheitsbeschluss abänderbare Hausordnung darf keine Regelungen enthalten, die nur durch Vereinbarung getroffen werden können (zB absolutes Verbot der Tierhaltung, des Musizierens, s. Rz. 109), sie kann insoweit nur Ausübungsregelungen aufstellen. 260

Für die Hausordnung gilt in noch stärkerem Maße als für den Verwaltervertrag die Feststellung, dass das abgedruckte **M 47.22** nur eine von hier nahezu zahllosen Möglichkeiten der konkreten Gestaltung darstellen kann. Bei der Zusammenstellung der Regeln ist insbesondere darauf zu achten, dass keine Kollision mit Bestimmungen der Gemeinschaftsordnung eintritt, insbesondere keine Grundregeln tangiert werden. Diese haben den Vorrang vor abweichenden Regeln in der Hausordnung. 261

M 47.23 Hausordnung[1]

Hausordnung

1. Häusliche Gemeinschaft

Jeder Hausbewohner hat auf die anderen Hausbewohner gebührende Rücksicht zu nehmen und alles zu unterlassen, was ein gedeihliches Zusammenleben stören kann.

2. Ruhezeiten

In der Zeit von 12.30 bis 15.00 Uhr sowie von 21 bis 8 Uhr ist jede Tätigkeit und Benutzung von Geräten, die über Zimmerlautstärke hinausgehende Geräusche verursachen, zu unterlassen.

3. Schutz des Hauses

Die Haustür und andere nach außen führende Türen sind stets geschlossen zu halten. In der Zeit zwischen 21 und 8 Uhr sind diese Türen darüber hinaus abzuschließen.

4. Benutzung der Gemeinschaftsräume

Die gemeinschaftlichen Räume und Flächen sind entsprechend ihrer Zweckbestimmung zu benutzen. Das Lagern von Gegenständen sowie das Abstellen von Fahrzeugen im Bereich des Gemeinschaftseigentums ist nur zulässig, wenn hierfür entsprechend gewidmete Räume oder Flächen vorgesehen sind.

5. Anzeige und Abwendung von Schäden

Jeder Hausbewohner hat Schäden am Gemeinschaftseigentum sofort dem Hausmeister oder Verwalter zu melden. Das gleiche gilt für Schäden in den von ihm allein benutzten Räumen, sofern davon eine Gefährdung des Gemeinschaftseigentums oder eines anderen Sondereigentums ausgehen kann. Bei unmittelbarer Gefahr hat jeder Hausbewohner das Recht und die Pflicht zur Schadensabwendung.

1 S. Rz. 258 ff., vor allem auch wegen des Verhältnisses zwischen Gemeinschaftsordnung und Hausordnung. Das Muster ist unbedingt den Gegebenheiten und Bedürfnissen der jeweiligen Gemeinschaft anzupassen.

6. Tierhaltung

Die Haltung von Haustieren ist grundsätzlich gestattet[2]*. Sie bedarf jedoch in jedem Einzelfall der Zustimmung des Verwalters. Dieser darf die Zustimmung nur verweigern, wenn zu befürchten ist, dass von der beabsichtigten Tierhaltung eine Gefährdung oder unzumutbare Belästigung der anderen Hausbewohner ausgeht. Im Zweifel entscheidet die Eigentümerversammlung.*

Der Tierhalter ist verpflichtet, dafür Sorge zu tragen, dass eine Belästigung der anderen Hausbewohner durch Verunreinigung, Lärm oder sonstige Einwirkungen vermieden wird. Kommt er dieser Verpflichtung nicht nach oder kann sie infolge der Besonderheit der Tierhaltung nicht gewährleistet werden, so kann der Verwalter die Tierhaltung in der ausgeübten Weise untersagen.

7. Reinigungspflichten

Über die Reinigung von Treppenhaus, Kellergängen, Speicher und sonstigen Gemeinschaftsräumen sowie der Gehwege im Rahmen der durch örtliche Verordnung bestehenden Verpflichtungen ist ein Reinigungsplan aufzustellen, der festlegt, für welchen Zeitraum jeder Hausbewohner diesen Pflichten nachzukommen hat. Den Reinigungsplan stellt der Verwalter auf. Er ist so lange bindend, bis ein neuer Plan von der Eigentümerversammlung beschlossen worden ist.

8. Vorsorge bei Abwesenheit

Jeder Hausbewohner hat dafür Sorge zu tragen, dass im Falle seiner längeren Abwesenheit das Betreten seiner Wohnung für etwaige Notfälle gewährleistet ist. Zu diesem Zweck hat er einen Wohnungsschlüssel dem Verwalter oder mit dessen Einverständnis einem etwaigen Hausmeister oder einer dritten Person, die während der Abwesenheit in der Regel unschwer erreichbar sein muss, auszuhändigen; im letzteren Falle ist dem Verwalter oder Hausmeister mitzuteilen, wo sich der Schlüssel befindet.

9. Änderungen der Hausordnung

Änderungen der Hausordnung obliegen der Eigentümerversammlung. Sie bedürfen einer Mehrheit von ⅔ der anwesenden Stimmen.

2 Ein generelles Verbot wäre nur in der Teilungserklärung (Gemeinschaftsordnung) zulässig, s. Rz. 109, 260.

XI. Steuerfragen zum Wohnungseigentum

(s. auch Kap. 43 Rz. 78 ff.)

1. Grunderwerbsteuer

262 Bei Wohnungseigentum unterliegen die gleichen Rechtsvorgänge wie bei Grundstücken (§ 1 GrEStG) der Grunderwerbsteuerpflicht (s. Kap. 43). Es kommen allerdings einige zusätzliche Rechtsvorgänge hinzu, deren grunderwerbsteuerliche Relevanz nachstehend miterörtert ist. Wegen der grunderwerbsteuerlichen Relevanz der Instandhaltungsrücklage s. Rz. 276.

263 **Vertragliche Begründung von Wohnungseigentum (§ 3 WEG):** Es handelt sich um einen an sich grunderwerbsteuerpflichtigen Vorgang: Jeder Miteigentümer erwirbt eine Beteiligung an den anderen Miteigentumsanteilen sowie sein Sondereigentum auf Kosten der anderen. Auf diesen Erwerb ist jedoch die Steuervergünstigung des § 7 Abs. 1 GrEStG anzuwenden, so dass nur ein etwaiger Mehrerwerb des einzelnen Miteigentümers der Steuerbarkeit unterliegt, der Grunderwerbsteuer unterliegt ein Vorgang damit stets nur insoweit,

264 **Begründung von Wohnungseigentum nach § 8 WEG:** Kein grunderwerbsteuerpflichtiger Vorgang, da kein Rechtsträgerwechsel stattfindet.

265 **Anpassung der Miteigentumsanteile** (**M 47.14**): Grunderwerbsteuerpflichtiger Vorgang (nach den normalen Regeln).

266 **Erwerb von Wohnungseigentum insgesamt:** Grunderwerbsteuerpflichtiger Vorgang (nach den normalen Regeln).

Erwerb von Teilen des Sondereigentums (mit oder ohne Miteigentumsanteil): Grunderwerbsteuerpflichtiger Vorgang: zB bei Kellertausch (**M 47.9**). 267

Veräußerungsbeschränkung: Nach **§ 12 WEG** kann vereinbart werden, dass ein Wohnungseigentümer zur Veräußerung seines Wohnungseigentums der Zustimmung der anderen Wohnungseigentümer/des Verwalters bedarf. Ist eine derartige Veräußerungsbeschränkung im Grundbuch eingetragen, so wird ein Kaufvertrag über Wohnungseigentum erst mit der Erstellung der Zustimmung wirksam. Nach § 14 GrEStG entsteht die Steuer erst mit der wirksamen Zustimmung. 268

Aufhebung der Gemeinschaft (§ 17 WEG): Ähnlicher Vorgang wie die vertragliche Begründung von Wohnungseigentum: Jeder Miteigentümer erwirbt eine Beteiligung an den anderen Sondereigentumseinheiten. Dies wäre grds. steuerpflichtig, denn dem Wortlaut nach greift für diesen Vorgang keine Befreiungsvorschrift. Dem Rechtsgedanken des § 5 Abs. 2 GrEStG und des § 7 Abs. 1 GrEStG folgend, bei ähnlichen Konstellationen nur echte Wertverschiebungen grunderwerbsteuerlich zu erfassen, ist jedoch mangels einer Wertverschiebung Grunderwerbsteuer nicht zu erheben. 269

Entziehung des Wohnungseigentums (§ 18 WEG): Grunderwerbsteuerpflichtig ist die Erteilung des Zuschlags (wie eine Veräußerung), nicht bereits das Gerichtsurteil, das die Verpflichtung zur Veräußerung ausspricht. 270

Wohnungserbbaurecht: Es ergeben sich zum Wohnungseigentum keine Besonderheiten, ausgenommen bei der Bewertung der Gegenleistung (Berücksichtigung des Erbbauzinses; s. Kap. 49). 271

Bauträgervertrag: Auf die Gestaltungsmöglichkeiten und -grenzen, mit denen die Grunderwerbsteuer für den Gebäudewert umgangen werden könnte (zB durch Grundstückskauf ohne gleichzeitige Bauerrichtungsverpflichtung), kann hier nicht eingegangen werden. Nach der Rechtsprechung des BFH gilt auch für die Grunderwerbsteuer, dass die Anleger im Rahmen eines Bauherrenmodells, an dem sie sich aufgrund eines von den Projektanbietern vorformulierten Vertragswerks beteiligen und sich bei den damit zusammenhängenden Rechtsgeschäften durch die Projektanbieter vertreten lassen, regelmäßig nicht Bauherren, sondern Erwerber des bebauten Grundstücks sind (BFH v. 19.7.1989, BStBl. II 1989, 685 und v. 13.9.1989, BStBl. II 1989, 986). Dies gilt auch bei einem geschlossenen Immobilienfonds, der immer dann als Erwerber anzusehen ist, wenn der Initiator der Gesellschaft ein einheitliches Vertragswerk vorgibt und die Gesellschafter in ihrer gesellschaftsrechtlichen Verbundenheit keine Möglichkeit besitzen, hierauf Einfluss zu nehmen (BFH v. 28.6.2001, BStBl. II 2001, 717). 272

Zur grunderwerbsteuerlichen Behandlung des Erwerbs einer Eigentumswohnung mit **Modernisierungsverpflichtung** vgl. BFH v. 27.8.2003, BFH/NV 2004, 226. 273

2. Einkommensteuer

Für den **Erwerber** von Wohneigentum ergeben sich gegenüber dem Grundstückserwerb keine Besonderheiten. Er kann die auf die Wohnung entfallenden Anschaffungskosten abschreiben (§ 7 Abs. 4 und 5 EStG), sofern er die Wohnung einkunftsrelevant nutzt. Vgl. zu allem auch die Erläuterungen in Kap. 43. 274

Die Beiträge zur Instandhaltungsrücklage gehen mit ihrer Zahlung von der Rechtszuständigkeit des einzelnen Wohnungseigentümers in die Rechtszuständigkeit der Wohnungseigentümergemeinschaft über. Aufgrund ihrer Bindung im Verwaltungsvermögen, über das der einzelne Wohnungseigentümer nicht allein verfügen kann, ist zwar ein Abfluss der Beträge aus dem frei verfügbaren Vermögen des einzelnen Wohnungseigentümers erfolgt, gleichwohl sind diese Beträge im Zeitpunkt der Zuführung zur Instandhaltungsrücklage noch nicht als Werbungskosten abzugsfähig. Die geleisteten Beträge können beim einzelnen Wohnungseigentümer steuerlich erst dann als Werbungskosten berücksichtigt werden, wenn der Verwalter sie tatsächlich für die Erhaltung des gemeinschaftlichen Eigentums oder für andere Maßnahmen, die die Erzielung von Einnahmen aus Vermietung und Verpachtung bezwecken oder durch sie veranlasst sind, verausgabt hat. Im Jahr der Verausgabung sind die Beträge den einzelnen Wohnungseigentümern entsprechend ihrem Miteigentumsanteil zuzurechnen. Diese steuerrechtliche Beurteilung ist nach BFH v. 26.1.1988, BStBl. II 1988, 577, unabhängig davon, ob es sich bei dem Verwaltungsvermögen um gemeinschaftliches Eigentum han- 275 delt, mit der Folge, dass der Anteil des einzelnen Wohnungseigentümers daran unlöslich mit dem Wohnungseigentum verbunden ist, oder ob die Wohnungseigentümer hinsichtlich der Gegenstände des Verwaltungsvermögens bloße Bruchteilsgemeinschaften bilden (die Reform des WEG zum 1.7.2007 änderte an dieser steuerlichen Behandlung der Instandhaltungsrücklage nichts, vgl. hierzu auch § 39 Abs. 2 Nr. 2 AO soweit Gesamthandsgemeinschaften vorliegen).

276 Bei der Veräußerung einer Eigentumswohnung geht das Miteigentum an einer bereits bestehenden Instandhaltungsrücklage zwangsläufig auf den Erwerber mit der Folge über, dass ein Teil des Kaufpreises grundsätzlich auch auf die Instandhaltungsrücklage entfällt, auch wenn das Guthaben ohne besondere Gegenleistung auf den Käufer übergehen soll. Dies hat zur Folge, dass beim Erwerber der um die erworbene anteilige Instandhaltungsrücklage gekürzte Kaufpreis für die Eigentumswohnung in die Bemessungsgrundlage für die AfA einzubeziehen ist. Korrespondierend führt dies zugleich zu einer Minderung der grunderwerbsteuerlichen Bemessungsgrundlage, die ggf. beim Finanzamt geltend gemacht werden muss. Beim Veräußerer ist der auf den Erwerber übertragene Anteil an der Instandhaltungsrücklage im Zeitpunkt der Veräußerung nicht als Werbungskosten abzugsfähig, da er insoweit seine Rechtsposition entgeltlich auf den Erwerber übertragen hat.

277 Bei Beteiligung an einem **Bauherrenmodell** liegt entsprechend der grunderwerbsteuerlichen Rechtsprechung in der Regel ein Erwerbs- und kein Herstellungsvorgang vor (BFH v. 14.11.1989, BStBl. II 1990, 299). Zu den im Einzelnen abziehbaren Kosten s. vor allem BMF-Schreiben v. 20.10.2003, BStBl. I 2003, 546.

278 Der **Veräußerer** sollte beachten, dass der gewinnbringende Verkauf von zuvor instand gesetzten und modernisierten Mietwohnungen in den Bereich des gewerblichen Grundstückshandels fallen kann. Die erzielten Einkünfte aus Gewerbebetrieb unterliegen damit nicht nur der Einkommensteuer sondern auch der Gewerbesteuer (zB BFH v. 5.12.2002, BStBl. II 2003, 291 sowie BMF v. 26.3.2004, BStBl. I 2004, 434). Die Aufteilung eines Mehrfamilienhauses in mehrere Eigentumswohnungen und Veräußerung innerhalb von fünf Jahren an einen Erwerber kann einen gewerblichen Grundstückshandel auslösen (BFH v. 23.2.2005, BFH/NV 2005, 1267). Zur Berücksichtigung des für den Verkauf einer Eigentumswohnung erzielten Kaufpreises bei der Berechnung des gewerblichen Gewinns aus einem Gewerbebetrieb sowie zum Wahlrecht zwischen der Gewinnermittlung nach § 4 Abs. 1 EStG oder nach § 4 Abs. 3 EStG s. BFH v. 21.7.2009, BFH/NV 2010, 186. Maßgeblich für die steuerrechtliche Qualifizierung einer Tätigkeit ist nicht die vom Stpfl. subjektiv vorgenommene Beurteilung, sondern vielmehr die Wertung nach objektiven Kriterien. Daher ist ein gewerblicher Grundstückshandel nicht allein deshalb zu bejahen, weil der Stpfl. einen solchen angemeldet oder erklärt hat (BFH v. 18.8.2009, BStBl. II S. 965)

Liegt dagegen eine gewerbliche Tätigkeit nicht vor und ist der Vorgang der privaten Vermögensverwaltung zuzuordnen, kommt möglicherweise eine Besteuerung als privates Veräußerungsgeschäft nach § 23 EStG in Betracht (s. Kap. 43).

Zur Ausstellung von Steuerbescheinigungen für Kapitalerträge gem. § 45a Abs. 2 und 3 EStG s. BMF v. 9.10.2012 (BStBl I 2012, 953 Tz. 310) unter Berücksichtigung der Änderungen durch BMF v. 5.7.2013 (BStBl I 2013, 881), v. 31.7.2013 (BStBl I 2013, 940), v. 12.9.2013 (BStBl I 2013, 1167) v. 3.1.2014 (BStBl. I 2014, 58), v. 9.12.2014 (BStBl. I, 1608) und v. 18.12.2009 (BStBl. I 2010, 79) und zur Berücksichtigung der Steuerermäßigung für haushaltsnahe Dienstleistungen oder Handwerkerleistungen s. BMF v. 15.2.2010 (BStBl. I 2010, 140).

3. Umsatzsteuer

279 Obwohl die Errichtung von Eigentumswohnungen im Rahmen von Bauherrenmodellen in der Regel zu einem auf den Erwerb der Eigentumswohnung gerichteten Vertragswerk führt, sind die Leistungen der einzelnen Bauunternehmer und Bauhandwerker nicht mit dem der Grunderwerbsteuer unterliegenden Erwerbsvorgang identisch und fallen daher auch nicht unter die Befreiungsvorschriften des § 4 Nr. 9a UStG (UStAE Abschn. 4.9.1 S. 3 ff. UStAE 2014/2015, BFH v. 24.2.2000, BStBl. II 2000, 278).

280 Wohnungseigentümergemeinschaften sind als Leistungsempfänger für Bauleistungen iSd. § 13b Abs. 1 Satz 1 Nr. 4 Satz 1 UStG nicht Steuerschuldner, wenn diese Leistungen als nach § 4 Nr. 13

UStG steuerfreie Leistungen der Wohnungseigentümergemeinschaften an die einzelnen Wohnungseigentümer weiter gegeben werden. Dies gilt auch dann, wenn die Wohnungseigentümergemeinschaft derartige Umsätze nach § 9 Abs. 1 UStG als steuerpflichtig behandelt (BMF v. 2.12.2004, BStBl. I 2004, 1129).

2. Abschnitt. Dauerwohn- und Dauernutzungsrecht

Kapitel 48 Dauerwohn- und Dauernutzungsrecht

Literatur: *Lehmann*, Dauerwohn- und Dauernutzungsrechte nach dem WEG, RNotZ 2011, 1. S. im Übrigen die Literaturhinweise zu Kap. 47.

I. Wesen und Bedeutung

Das Dauerwohn- und Dauernutzungsrecht (im Folgenden zusammenfassend auch nur „Dauerwohnrecht" genannt) ist ein den Eigentümer ausschließendes **Nutzungsrecht an bestimmten Räumen eines Gebäudes**. Es findet seine gesetzliche Regelung im Wohnungseigentumsgesetz (§§ 31–42 WEG). 1

Das Dauerwohnrecht nimmt eine **Stellung zwischen Wohnungseigentum, Wohnungsrecht nach § 1093 BGB und Erbbaurecht** ein. Anders als beim Wohnungseigentum (Kap. 47) und Erbbaurecht (Kap. 49) wird der Berechtigte nicht Eigentümer der Räume; vielmehr wird sein Nutzungsrecht als Belastung des Grundstücks in Abteilung II des Grundbuchs eingetragen. 2

Die **Entstehungsvoraussetzungen** entsprechen weitgehend den **Regeln für die Begründung von Wohnungseigentum**. Die **inhaltliche Gestaltung** weist dagegen **starke Parallelen zum Erbbaurecht** auf, wird aber nicht – wie das Erbbaurecht – als eigenständiges Rechtsobjekt in ein eigenes Grundbuch eingetragen und steht somit auch nicht als Belastungsobjekt (etwa für Grundpfandrechte) zur Verfügung. 3

Das Dauerwohnrecht führt in der Praxis **zu Unrecht ein Kümmerdasein**. Für die Wahl dieses Rechtsinstituts können folgende Gründe und Umstände sprechen: 4

- Es bietet **steuerliche Vorteile** (keine Grunderwerbsteuer, wie sie der Kauf einer Eigentumswohnung oder die Bestellung/der Erwerb eines Erbbaurechts auslösen würde, s. Rz. 48).
- Es ist – anders als das Wohnungsrecht – **veräußerlich und vererblich.**
- Eine **Vermietung oder Verpachtung** ist zulässig.

– Es ist ein besserer **Schutz in der Zwangsversteigerung** möglich.

Besonders **bei hohen Investitionen**, die der Berechtigte auf die Räume tätigt oder tätigen will, oder der Gewährung von „**Baukostenzuschüssen**" im weitesten Sinne bietet sich deshalb die Bestellung eines Dauerwohnrechts an.

5 ➲ **Wichtig:** Voraussetzung ist allerdings, dass der Berechtigte (Investor) die Raumeinheit nicht als Pfandobjekt zur Kreditsicherung benötigt, da ein Dauerwohnrecht dafür nicht zur Verfügung steht.

6 Ein Anwendungsbereich für das Dauerwohnrecht ist das „**Time-Sharing" bei Ferienwohnungen**. Dabei werden Anteile (zur Zulässigkeit einer Bruchteilsberechtigung s. Rz. 17) an einem Dauerwohnrecht verkauft; der Vertrag wird – wie bei jedem dinglichen Recht – durch Eintragung des Käufers als Bruchteilsberechtigten des Dauerwohnrechts erfüllt. Ausführlich zum Time-Sharing (Teilzeit-Wohnrechte) Staudinger/Martinek Vorbem. §§ 481–487 BGB Rz. 15 ff., insbes. Rz. 20 ff. Zur Unwirksamkeit einer Formularklausel, durch die die dingliche Übertragung unterbleibt und der Verkäufer als Treuhänder den verkauften Bruchteil hält (Treuhand-Modell), s. BGH MDR 1995, 1113.

II. Arten, Bestellung und Form

7 Ein **Dauerwohnrecht** bezieht sich auf eine Wohnung, ein **Dauernutzungsrecht** auf eine nicht zu Wohnzwecken dienende Raumeinheit. Die Unterscheidung entspricht der zwischen Wohnungs- und Teileigentum (s. Kap. 47 Rz. 7 ff.).

8 Die Bestellung erfolgt durch Vertrag (**Einigung**) zwischen dem Grundstückseigentümer und dem Dauerwohnberechtigten (**M 48.1** und **M 48.2**); das Recht entsteht mit seiner **Eintragung** in Abt. II des Grundbuchs als Belastung des betroffenen Grundstücks.

9 Der Vertrag bedarf **keiner besonderen Form**, insbesondere nicht der des § 4 Abs. 3 WEG (wie der Teilungsvertrag zur Bildung von Wohnungseigentum) oder der §§ 311b Abs. 1 Satz 1, 925 BGB (es sei denn, es handelt sich um eine Schenkung, dann Form des § 518 BGB). Lediglich die **Eintragungsbewilligung** muss der **Grundbuchform des § 29 GBO** (öffentliche Beglaubigung) entsprechen. Für die Grundbucherklärung auf Eintragung eines Dauerwohnrechts ist somit zwingend nur die Mitwirkung des Grundstückeigentümers erforderlich, der die Eintragungsbewilligung erklären muss und den Eintragungsantrag stellen kann. In der Praxis wird sich der Berechtigte idR der Grundbucherklärung als Mitantragsteller anschließen.

10 ➲ **Wichtig:** Die Eintragungsbewilligung muss alle Vereinbarungen enthalten, die dinglicher Inhalt des Dauerwohnrechts werden sollen.

Die nachfolgend formulierten **M 48.1** und **M 48.2** enthalten jeweils den gesamten Vertrag nebst Grundbucherklärung; eine Trennung ist idR nicht sachgerecht und bringt auch keine Vorteile.

III. Voraussetzungen, Belastungsobjekt und Berechtigter

11 Die Raumeinheit, an der das Dauerwohnrecht bestellt wird, muss **in sich abgeschlossen sein** (§ 32 Abs. 1 WEG). Deshalb sind der Eintragungsbewilligung eine Abgeschlossenheitsbescheinigung der zuständigen Baubehörde (oder durch Ermächtigung nach § 7 Abs. 4 Nr. 2 WEG zuständigen Stelle) und der angesiegelte Aufteilungsplan beizufügen (§ 32 Abs. 2 WEG). Es sind die gleichen Kriterien wie beim Wohnungseigentum zu beachten (ausführlich Kap. 47 Rz. 32 ff.). Das Gebäude muss vom Grundstückseigentümer errichtet sein bzw. werden. Falls der Berechtigte das Gebäude errichtet und daran Eigentum erhalten soll, ist dies nur durch Bestellung eines Erbbaurechts möglich.

12 ➲ **Praxistipp:** Da nur die Abgrenzung der Dauerwohnrechts-Einheit von den übrigen Räumen dargestellt werden muss, kann der Aufteilungsplan auf den Wohnungsgrundriss, den Lageplan (Grundstück mit Lage des Gebäudes) und den Stockwerksplan (für die anderen auf dem betr. Stockwerk befindlichen Räume) beschränkt werden (BayObLG DNotZ 1998, 374). Pläne für die übrigen Stockwerke sind entbehrlich.

IdR wird entweder ein Dauerwohnrecht (an einer Wohnung) oder ein Dauernutzungsrecht (an einer nicht Wohnzwecken dienenden Raumeinheit) bestellt. Es ist aber auch eine **Mischform** in Gestalt eines **Dauerwohn- und Dauernutzungsrechts zulässig**, die als solche zu bezeichnen ist (BayObLG 1960, 231). 13

Belastungsobjekt kann sowohl ein **Grundstück** (§ 31 Abs. 1 und 2 WEG) als auch ein **Erbbaurecht** (§ 42 Abs. 1 WEG) sein, ferner **ein Wohnungseigentum und ein Wohnungserbbaurecht** (Palandt/Bassenge § 31 WEG Rz. 4), **nicht** aber ein **Sondernutzungsrecht** (OLGR Hamburg 2004, 393) und auch kein ideeller **Miteigentumsanteil**. 14

Ob ein einheitliches Dauerwohnrecht auch zu Lasten **mehrerer Grundstücke oder mehrerer Erbbaurechte** bestellt werden kann, ist streitig (bej. LG Hildesheim NJW 1960, 49, wenn sich die abgeschlossene Raumeinheit über die mehreren Objekte erstreckt; aA Bärmann/Pick § 31 WEG Rz. 54, der – wie beim Wohnungseigentum – eine vorherige Vereinigung der Grundstücke für erforderlich hält, allerdings für den Fall der Teilung eines mit einem Dauerwohnrecht belasteten Grundstücks die Entstehung eines Gesamt-Dauerwohnrecht für „nicht aufzuhalten" ansieht). 15

Die Raumeinheit kann sich – wiederum wie bei Begründung von Wohnungseigentum – in einem bereits **vorhandenen oder einem noch zu errichtenden Gebäude** befinden; im letzteren Fall müssen detaillierte Bauzeichnungen vorliegen, was idR in Gestalt des Aufteilungsplanes ohnehin der Fall ist, ferner eine Baubeschreibung. 16

Berechtigter kann jede natürliche oder juristische Person sein, auch der Eigentümer selbst (Bärmann/Pick § 31 WEG Rz. 49). **Mehrere Berechtigte** können Rechtsinhaber zur gesamten Hand (zB BGB-Gesellschaft, Handelsgesellschaft) oder nach Bruchteilen Bärmann/Pick § 31 WEG Rz. 50) sein; die Zulässigkeit einer Gesamtgläubigerschaft nach § 428 BGB ist umstritten (bej. OLGR Celle 1996, 231; Bärmann/Pick § 31 WEG Rz. 50; jetzt auch Palandt/Bassenge § 31 WEG Rz. 4). 17

IV. Dinglicher und schuldrechtlicher Inhalt

Die Eintragung des Dauerwohnrechts im Grundbuch hat – wie bei allen beschränkten dinglichen Rechten – auch die Verdinglichung seines Inhalts zur Folge, dh., das Recht als solches und die sich aus ihm ergebenden Rechte und Pflichten gehen auf die Rechtsnachfolger des Grundstückseigentümers und des Dauerwohnberechtigten über. 18

Das Gesetz beschreibt in § 31 WEG den Rechtstypus „Dauerwohnrecht" und legt darüber hinaus fest, was durch Vereinbarung zum **dinglichen Inhalt** des Rechts gemacht werden kann (im Einzelnen s. Rz. 24 ff.). Wie stets bei dinglichen Rechten findet die Vertragsfreiheit an diesen Regeln ihre Grenzen. 19

Daneben können **schuldrechtliche Vereinbarungen** beliebigen Inhalts getroffen werden. Für bestimmte solcher schuldrechtlichen Vereinbarungen enthält die gesetzliche Regelung des Dauerwohnrechts aber eine Besonderheit: Sie wirken **nach § 38 WEG automatisch**, dh. ohne vertragliche Übernahme bzw. Weitergabe, **für und gegen Rechtsnachfolger**, haben somit quasi doch dingliche Wirkung. 20

➲ **Hinweis:** Die quasi dingliche Wirkung schuldrechtlicher Vereinbarungen (Eintrittswirkung, Bärmann/Pick § 38 WEG Rz. 35 ff.) **beschränkt** sich allerdings auf **Verpflichtungen des Dauerwohnberechtigten** gegenüber dem Grundstückseigentümer (§ 38 Abs. 1 WEG) und die sich daraus ergebenden **Rechte des Grundstückseigentümers** (§ 38 Abs. 2 WEG), gilt also **nicht umgekehrt** (was auch entbehrlich ist, wenn die Rechte des Dauerwohnberechtigten zum dinglichen Inhalt des Rechts gemacht worden sind). 21

Die Eintrittswirkung erstreckt sich auch auf den Zwangsversteigerungserwerber (§ 38 Abs. 2 Satz 2 WEG). Sie umfasst sowohl „während der Dauer" des Rechtsverhältnisses (so der Gesetzeswortlaut), also nachträglich getroffene schuldrechtliche Vereinbarungen, als auch im ursprünglichen Vertrag enthaltene (Bärmann/Pick § 38 WEG Rz. 18; Palandt/Bassenge § 38 WEG Rz. 1–2). 22

➲ **Wichtig:** Nach inzwischen überwiegender Meinung (Bärmann/Pick § 38 WEG Rz. 35 f.; Palandt/Bassenge § 38 WEG Rz. 1) erfolgt **keine Eintrittswirkung für schuldrechtliche Ver-** 23

pflichtungen oder Rechte, die ihrer Natur nach **zum dinglichen Inhalt hätten erklärt werden können.** Dieser Umstand gebietet bei der Bestellung des Rechts eine sorgfältige Prüfung dessen, was zum dinglichen Inhalt in der Grundbucherklärung deklariert wird; bei nachträglichen Vereinbarungen ist ggf. die Eintragung der Inhaltsänderung im Grundbuch angezeigt.

V. Zum Inhalt im Einzelnen

24 Die gegenseitigen Rechte und Pflichten, die zum **dinglichen Inhalt** des Rechts erklärt werden können, bestimmt das Gesetz in den §§ 33–42 WEG. Diese Vorschriften legen zunächst fest, was zwingender Inhalt ist, und enthalten sodann Gestaltungserlaubnisse und die Festlegung des Rechtsinhalts mangels abweichender Vereinbarungen. Aufgrund von § 32 Abs. 3 WEG besteht ein **mittelbarer Zwang, bestimmte Regelungen zu treffen**, und zwar zu den in § 33 Abs. 4 Nr. 1–4 WEG bezeichneten Angelegenheiten und über die Voraussetzungen des Heimfallanspruchs und die Heimfallentschädigung (Rz. 31 ff.), da das Grundbuchamt andernfalls die Eintragung ablehnen soll. Zum Inhalt im Einzelnen:

25 Das Dauerwohnrecht ist **bedingungsfeindlich** (§ 33 Abs. 1 Satz 2 WEG), kann **aber befristet bestellt** werden (Bärmann/Pick § 33 WEG Rz. 64). Dabei kann die Befristung auch auf einen unbestimmten Endtermin vereinbart werden, zB auf Lebenszeit des Berechtigten (OLG Celle MDR 2014, 520; Palandt/Bassenge § 33 WEG Rz. 2; str., aA Soergel/Stürner § 33 WEG Rz. 5), nicht aber für die Dauer eines Mietvertrages (Hoche DNotZ 1953, 154).

26 Kraft Gesetzes (§ 33 Abs. 1 WEG) ist das Dauerwohnrecht **unabdingbar veräußerlich und vererblich**; als Inhalt des Rechts kann aber festgelegt werden, dass die **Veräußerung der Zustimmung des Eigentümers oder eines Dritten** bedarf (§ 35 iVm. § 12 WEG). Die Zustimmung darf allerdings (wie beim Wohnungseigentum) nur aus wichtigem Grund verweigert werden. Über die Möglichkeit, bestimmte (nicht alle) Veräußerungsfälle zum Auslöser eines Heimfallanspruchs zu machen, lässt sich der Einfluss des Grundstückseigentümers auf die Auswahl von Rechtsnachfolgern verstärken (Rz. 32 ff.).

27 Als Inhalt des Rechts kann auch die **Vermietung oder sonstige Nutzungsüberlassung an Dritte zustimmungsbedürftig** gestaltet werden (BayObLG 1960, 239). Auch hier kann ein Verstoß als Heimfallauslöser vereinbart werden.

28 Dem Dauerwohnrecht wohnt mangels abweichender Vereinbarung das **Mitbenutzungsrecht an zum gemeinschaftlichen Gebrauch bestimmten Teilen, Anlagen und Einrichtungen** inne (§ 33 Abs. 3 WEG). Auch eine **Erstreckung auf außerhalb des Gebäudes gelegene Grundstücksteile** ist zulässig, solange die Raumeinheit wirtschaftlich die Hauptsache bleibt (§ 31 Abs. 1 Satz 2 WEG).

29 Ein **Entgelt** kann **nicht dinglicher Inhalt** des Dauerwohnrechts sein und auch nicht anderweitig im Grundbuch gesichert werden (Palandt/Bassenge § 31 WEG Rz. 7). Ein schuldrechtlich vereinbartes Entgelt wirkt nach § 38 WEG gleichwohl **für und gegen Rechtsnachfolger** (Rz. 20 f.), und zwar sowohl ein von Beginn an oder nachträglich vereinbartes Entgelt als auch Änderungsvereinbarungen hierzu. Die Nichtzahlung vereinbarter Entgelte kann als Heimfallauslöser vereinbart werden.

30 Ähnlich wie bei einem Erbbaurecht können (und wegen § 32 Abs. 3 WEG sollen) als dinglicher Inhalt des Rechts Vereinbarungen zu folgenden Bereichen getroffen werden (§ 33 Abs. 4 WEG):

- Art und Umfang der Nutzungen,
- Instandhaltungs- und Instandsetzungspflichten,
- Pflicht zur Tragung öffentlicher und privatrechtlicher Lasten des Grundstücks,
- Versicherungs- und Wiederaufbaupflicht.

VI. Heimfallanspruch und Entschädigung

31 Als dinglicher Inhalt des Rechts können (und wegen § 32 Abs. 3 WEG sollen) Vereinbarungen über einen Heimfallanspruch und ggf. die dabei zu entrichtende Entschädigung getroffen werden.

32 Der Heimfallanspruch vermittelt dem Grundstückseigentümer das Recht, beim Eintritt bestimmter Voraussetzungen die **Übertragung des Dauerwohnrechts auf sich selbst oder einen von ihm bezeichneten Dritten zu verlangen**. Die Voraussetzungen (Heimfallauslöser) müssen genau festgelegt werden. Über den Hebel der Heimfallauslöser eröffnet sich dem Grundstückseigentümer die Möglichkeit, die Einhaltung von Vereinbarungen, die nicht zum dinglichen Inhalt gemacht werden können, doch noch mehr oder weniger zu erzwingen.

33 Allerdings können die **Heimfallauslöser nicht schrankenlos** festgelegt werden. § 36 Abs. 2 WEG **untersagt die Ausübung** des Heimfallanspruchs bei einem Dauerwohnrecht an Wohnräumen, die dem **Mieterschutz** unterliegen, es sei denn, es liegt ein Aufhebungs- oder Kündigungsgrund vor. Generell wird ein **wichtiger Grund** als Grundlage für einen Heimfallauslöser verlangt, dh. es dürfen keine beliebigen, sachfremden Voraussetzungen festgelegt werden.

34 **Beispiele für zulässige Heimfallauslöser** (weitere Beispiele bei Bärmann/Pick § 36 WEG Rz. 48 ff. und 66 ff.):

- Dauernde Nichtausübung des Rechts.
- Grobe Misswirtschaft, Vernachlässigung der Sache.
- Nichterfüllung übernommener Verpflichtungen (Tragung öffentlicher oder privater Lasten; Zahlung eines Entgelts; Instandhaltung).
- Vermietung oder Verpachtung ohne Einholung der vereinbarten Zustimmung.
- Überschreitung oder Änderung der vereinbarten Nutzung.
- Tod des Berechtigten.
- Ablehnung der Eröffnung des Insolvenzverfahrens mangels Masse (nicht aber: Insolvenzeröffnung, str.).
- Bestimmte Veräußerungsfälle (nicht alle).

35 Der Heimfallanspruch **verjährt** sechs Monate nach Kenntnis vom Eintritt der Voraussetzung, ohne Rücksicht auf diese Kenntnis in zwei Jahren (§ 36 Abs. 3 WEG).

36 Für den Heimfall **kann** eine **Entschädigung** vereinbart werden, was insbesondere bei hohen Investitionen des Berechtigten, Baukostenzuschüssen oder anderen geldwerten Aufwendungen angebracht sein kann. Auch über die Höhe sollten Festlegungen getroffen werden (zB Staffelung nach Zeitablauf; Wert bei Heimfall; usw.). Für **langfristige Dauerwohnrechte** (zeitlich unbegrenzt oder länger als zehn Jahre) ist eine **angemessene Entschädigung zwingend**, dh. kraft Gesetzes dinglicher Inhalt des Rechts, § 41 Abs. 1 und 3 WEG. Über die Höhe können auch hier Vereinbarungen getroffen werden, die aber der gesetzlichen Vorgabe der Angemessenheit nicht widersprechen dürfen.

VII. Veräußerung, Verpfändung, Pfändung, Zwangsversteigerung

37 Ein Erwerber tritt bei **Veräußerung des Dauerwohnrechts** für die Dauer seiner Berechtigung in die sich aus dem Rechtsverhältnis ergebenden Verpflichtungen ein, bei **Veräußerung des Grundstücks** in die sich aus dem Rechtsverhältnis ergebenden Rechte, § 38 WEG; zu Art und Umfang dieser Rechte und Pflichten s. Rz. 20 f.

38 Das Recht ist **verpfändbar** (§ 1274 BGB) und **pfändbar** (§ 857 ZPO); in beiden Fällen ist zur Wirksamkeit die Eintragung im Grundbuch erforderlich. Das Recht kann auch mit einem **Nießbrauch** belastet werden. Das gepfändete Dauerwohnrecht kann durch Zwangsversteigerung (§ 857 ZPO) oder in „anderer Art" (§ 844 ZPO) verwertet werden.

39 Da das Dauerwohnrecht gegenüber anderen Rechten in Abt. II und III des Grundbuchs in einem Rangverhältnis steht (Kap. 54), erlischt es in einer **Zwangsversteigerung**, wenn es nicht in das geringste Gebot fällt (§§ 91, 44 ff. ZVG). Nach § 39 Abs. 1 WEG kann aber vereinbart und zum dinglichen Inhalt gemacht werden, dass das Recht in einer Zwangsversteigerung des Grundstücks abweichend von § 44 ZVG auch dann bestehen bleibt, wenn die Zwangsversteigerung aus einem vor- oder gleichrangigen Grundpfandrecht (oder einer Reallast) betrieben wird. Die Bestehenbleibensvereinbarung bedarf zu ihrer Wirksamkeit der Eintragung ins Grundbuch als Inhalt des Dauer-

wohnrechts, wobei umstritten ist, ob die Bezugnahme auf die Eintragungsbewilligung genügt (so Palandt/Bassenge § 39 WEG Rz. 2; Erman/Grziwotz § 39 WEG Rz. 2) oder im Eintragungsvermerk auf die Vereinbarung hinzuweisen ist (so zB Bärmann/Pick § 39 WEG Rz. 50; Niedenführ/Kümmel/Vandenhouten § 39 WEG Rz. 11).

40 Sind bei der Eintragung eines Dauerwohnrechts mit Zwangsvollstreckungsschutz oder einer solchen nachträglichen Vereinbarung vor- oder gleichrangige Grundpfandrechts- oder Reallastgläubiger eingetragen, bedarf die Vereinbarung deren Zustimmung (§ 39 Abs. 2 WEG). In entsprechender Anwendung der §§ 1071, 1276, 880 Abs. 3, 876 BGB bedarf es auch der Zustimmung von eingetragenen Pfandgläubigern, nicht aber der von Berechtigten von beschränkten persönlichen Dienstbarkeiten, Grunddienstbarkeiten und Nießbrauchsrechten (Bärmann/Pick § 39 WEG Rz. 47). Diese Regelung ermöglicht den gebotenen Schutz des Dauerwohnberechtigten, ohne dass vor- oder gleichrangige Gläubiger im Range zurücktreten müssen. Der Zwangsversteigerungsschutz entfällt allerdings, wenn der Dauerwohnberechtigte im Zeitpunkt der Feststellung der Versteigerungsbedingungen seine fälligen Zahlungsverpflichtungen gegenüber dem Eigentümer nicht erfüllt hat, § 39 Abs. 3 WEG.

41 Das Vorliegen der Gläubigerzustimmung ist im Grundbuch sowohl beim Dauerwohnrecht (str., s. Jennißen/Grziwotz § 39 WEG Rz. 9 mwN) als auch bei den vor- oder gleichrangigen Rechten (wie eine Rangänderung) zu vermerken.

42 ➲ **Wichtig:** Die Position eines Dauerwohnberechtigten, dessen Recht Grundpfandrechte oder Reallasten im Range vorgehen oder gleichstehen, ist ohne die Vereinbarung nach § 39 Abs. 1 WEG nebst Gläubigerzustimmung nach § 38 Abs. 2 WEG äußerst ungünstig. Insbesondere bei hohen Vorwegleistungen (Investitionen, Baukostenzuschüsse) ist von einem Vertragsabschluss unter einer solchen Konstellation abzuraten.

VIII. Beendigung, Erlöschen

43 Das Dauerwohnrecht endet durch **Fristablauf oder Aufhebungsvereinbarung**, die wiederum **formfrei** abgeschlossen werden kann; lediglich die Aufgabeerklärung des Berechtigten (Löschungsbewilligung) bedarf der Form des § 29 GBO (öffentliche Beglaubigung). Das Recht erlischt mit seiner Löschung im Grundbuch.

44 Das Recht erlischt ferner in der **Zwangsversteigerung**, sofern es nicht in das geringste Gebot fällt oder aufgrund einer Vereinbarung, ggf. mit Gläubigerzustimmung, nach § 38 WEG bestehen bleibt (Rz. 39 ff.).

45 Der **Heimfall** führt **nicht zum Erlöschen**, ebenso nicht die Nichtausübung, die Zerstörung des Gebäudes oder die Vereinigung des Dauerwohnrechts und des Grundstückseigentums in einer Person (§ 889 BGB).

IX. Steuerfragen

46 Die Bestellung des Dauerwohnrechts löst – anders als beim Erbbaurecht – keine Grunderwerbsteuer aus, verschafft dem Berechtigten aber gleichwohl eine Art wirtschaftliches Eigentum, das auch einkommensteuerrechtlich wie Eigentum behandelt wird.

Dies wurde (bis 2005) insbesondere bei Inanspruchnahme der (bis dahin möglichen steuerlichen Förderung durch die) Eigenheimzulage deutlich. Der Dauerwohnberechtigte im Sinne der §§ 31 ff. WEG konnte damals Eigenheimzulage als wirtschaftlicher Eigentümer der Wohnung in Anspruch nehmen, wenn seine Rechte und Pflichten bei wirtschaftlicher Betrachtungsweise den Rechten und Pflichten eines Eigentümers der Wohnung entsprachen und er aufgrund des Dauerwohnrechtsvertrags bei Beendigung des Dauerwohnrechts eine angemessene Entschädigung erhielt. Ob dies zutraf, richtete sich nach den Verhältnissen des Einzelfalls, BFH v. 22.10.1985, BStBl. II 1986, 258. Entsprach der Dauerwohnrechtsvertrag dem Mustervertrag über die Bestellung eines eigentumsähnlichen Dauerwohnrechts (Bundesbaublatt 1956, 615), so konnte ohne weitere Prüfung anerkannt werden, dass der Dauerwohnberechtigte wirtschaftlicher Eigentümer der Wohnung war (BMF v. 21.12.2004, BStBl. I 2005, 305).

Nachträgliche Einräumung des Dauerwohnrechts: Wurde eine Wohnung zunächst auf fremdem Grund und Boden errichtet, ohne dass der Hersteller wirtschaftlicher Eigentümer wurde, und danach durch Abschluss eines Dauerwohnrechtsvertrags iS der §§ 31 ff. WEG wirtschaftliches Eigentum eingeräumt, gilt dies entsprechend. Dies entsprach im Übrigen der ständigen Rechtsprechung des BFH zu Gebäuden auf fremdem Grund und Boden.

Danach bestand der Anspruch auf Eigenheimzulage für den verbleibenden Förderzeitraum ab dem Jahr, in dem der notarielle Vertrag über das Dauerwohnrecht abgeschlossen worden ist. Die Bemessungsgrundlage bildeten die vom Dauerwohnberechtigten als Hersteller getragenen Herstellungskosten. 47

Die Eigenheimzulage konnte **letztmals** von Anspruchsberechtigten **beantragt** werden, die im Fall der Anschaffung die Wohnung auf Grund eines vor dem 1.1.2006 rechtswirksam abgeschlossenen obligatorischen Vertrags oder gleichstehenden Rechtsakts angeschafft haben (Gesetz zur Abschaffung der Eigenheimzulage v. 22.12.2005, BGBl. I, 3680). 48

Durch das Eigenheimrentengesetz ist ab 2008 eine verbesserte Einbeziehung der selbstgenutzten Wohnimmobilie in die Riester-Förderung möglich. Durch das EigRentG werden Darlehenstilgungen zugunsten eines zertifizierten Altersvorsorgevertrags als Altersvorsorgebeiträge, wie die bisherigen Sparbeiträge, steuerlich gefördert. Voraussetzung für die Förderung ist, dass das Darlehen für eine nach dem 31.12.2007 vorgenommene wohnungswirtschaftliche Verwendung iSd. § 92a Abs. 1 Satz 1 EStG genutzt wird. Nicht begünstigt sind Finanzierungen von Immobilien, die vor dem 1.1.2008 angeschafft oder hergestellt wurden. Zudem ermöglicht es das EigRentG dem Anleger, entweder bis zu 75 vH oder 100 vH des gebildeten und steuerlich geförderten Kapitals eines Altersvorsorgevertrages für eine begünstigte Wohnung zu entnehmen. Die Entnahmeregelungen gelten grundsätzlich rückwirkend zum 1.1.2008 und sind auch für bestehende Riesterverträge anzuwenden. Zum einheitlichen Verwaltungsvollzug der steuerlichen Förderung der privaten Altersversorgung im Wege des „Wohnriesters“ hat das BMF v. 24.7.2013, BStBl. I, 1022, unter Berücksichtigung der Änderungen durch BMF v. 13.1.2014, BStBl. I, 97 und v. 13.3.2014, BStBl. I, 554 ab Rz. 232 umfangreich Stellung bezogen. Als begünstigte Wohnung zählt danach auch ein eigentumsähnliches oder lebenslanges Dauerwohnrecht. Der Erwerb eines eigentumsähnlichen (unbefristeten und vererbbaren) oder lebenslangen (befristeten und nicht vererbbaren) Dauerwohnrechts nach § 33 WEG wird bei der Verwendung des Altersvorsorge-Eigenheimbetrags dem Wohneigentum gleichgestellt. Voraussetzung hierfür ist, dass Vereinbarungen iSd. § 39 WEG getroffen werden, die den Fortbestand des Dauerwohnrechts auch im Falle einer Zwangsversteigerung sicherstellen. 49

M 48.1 Vertrag[1] über die Bestellung eines Dauerwohnrechts[2]

zwischen

1. ... (Name des Grundstückseigentümers)

und

2. ... (Name des Dauerwohnberechtigten)

§ 1 Vertragsgegenstand

Der Beteiligte Nr. 1 – im Folgenden „Eigentümer“ genannt – ist Alleineigentümer folgenden im Grundbuch von ... (Ort) Band/Blatt ... (Nummer) eingetragenen Grundbesitzes:

Flurstück Nr. ... (Nummer und weiterer Grundstücksbeschreibung).

Der Grundbesitz ist wie folgt belastet:

Abt. II: ... (Belastungen).

Abt. III: ... (Belastungen).

1 Einigung formlos, aber Eintragungsbewilligung in der Form des § 29 GBO (Rz. 9).

2 Rz. 1 ff.

Auf diesem Grundstück errichtet der Eigentümer ein Wohnhaus mit zwei Wohnungen. Mit dem Bau wurde bereits begonnen. Die Bauerrichtung erfolgt nach Maßgabe des beigefügten Aufteilungsplanes sowie der ebenfalls beigefügten und von beiden Beteiligten gesondert unterzeichneten Baubeschreibung[3].

§ 2 Bestellung des Rechts

Der Eigentümer bestellt hiermit für den Beteiligten Nr. 2[4] – im Folgenden „Berechtigter" genannt – ein Dauerwohnrecht nach den Bestimmungen des Wohnungseigentumsgesetzes an der im 1. Obergeschoss gelegenen Wohnung, bestehend aus vier Zimmern, Diele, Küche, Bad/WC und Balkon, nebst einem Kellerraum. Alle zu dieser Wohnung gehörenden Räume sind im Aufteilungsplan mit der Nummer ... (Nummer) und blau umrandet gekennzeichnet.

Die betroffenen Räume sind in sich abgeschlossen im Sinne von §§ 32 Abs. 1, 3 Abs. 2 WEG. Der Aufteilungsplan und die Abgeschlossenheitsbescheinigung der zuständigen Behörde[5] sind angeschlossen und stellen einen Bestandteil dieser Urkunde dar. Auf sie wird verwiesen.

Der Berechtigte darf die gemeinschaftlichen Einrichtungen und Anlagen, insbesondere die Zugänge innerhalb und außerhalb des Gebäudes, mitbenutzen.

§ 3 Gegenleistung, Entgelt[6]

Der Berechtigte erbringt für die Einräumung des Dauerwohnrechts folgende Gegenleistungen:

1. Er beteiligt sich an den Bauerrichtungskosten mit einem Geldbetrag von ... Euro. Dieser Betrag ist wie folgt zu entrichten[7]:

- *10 % sofort,*
- *40 % nach Rohbaufertigstellung,*
- *40 % nach Bezugsfertigkeit,*
- *10 % nach vollständiger Fertigstellung.*

2. Er verpflichtet sich ferner, an den Grundstückseigentümer ein monatliches Nutzungsentgelt iHv. ... Euro zu entrichten, zahlbar im Voraus bis spätestens zum dritten Werktag eines Monats.

§ 4 Inhalt des Rechts[8]

Als Inhalt des Dauerwohnrechts wird im Einzelnen vereinbart:

1. *Das Recht wird unbefristet eingeräumt[9].*
2. *Eine andere Nutzung als zu Wohnzwecken bedarf der Zustimmung des Eigentümers[10].*
3. *Dem Berechtigten obliegt die Instandhaltung und Instandsetzung der ihm überlassenen Räume, Gebäudeteile, Anlagen und Einrichtungen.*
4. *Der Eigentümer ist verpflichtet, das Gebäude, insbesondere die zum gemeinschaftlichen Gebrauch bestimmten Räume, Gebäudeteile, Anlagen und Einrichtungen, sowie das Grundstück stets in einem ordnungsgemäßen, funktionsfähigen Zustand zu erhalten. Im Falle einer Beschädigung oder Zerstörung des Gebäudes oder von Teilen des Gebäudes ist er zum Wieder-*

3 Da keine Urkundsform vorgeschrieben, braucht die Verweisungsvorschrift des § 13a BeurkG nicht beachtet zu werden.

4 Bei mehreren Berechtigten ist die Berechtigungsart anzugeben. Wegen der zulässigen Gemeinschaftsformen s. Rz. 17.

5 § 32 Abs. 2 Nr. 1 und 2 WEG, Rz. 11 f. Zum (eingeschränkten) Umfang der vorzulegenden Pläne s. Rz. 12.

6 Nicht dinglicher Inhalt, gleichwohl Wirkung für und gegen Rechtsnachfolger (Rz. 20 f.). Wegen der Bedeutung der klaren Abgrenzung zwischen dinglichem und schuldrechtlichem Inhalt s. Rz. 23.

7 Festsetzung der Raten nach Belieben.

8 Ab hier folgt der verdinglichte Inhalt, Rz. 24 ff.

9 Rz. 25.

10 Hier können auch Erleichterungen in Richtung einer gewerblichen Nutzung vorgesehen werden.

aufbau in dem Umfang verpflichtet, wie dies zur Ausübung des Dauernutzungsrechts erforderlich ist[11].

5. *Der Berechtigte hat sich an folgenden Abgaben zu beteiligen:*
   - *Grundsteuer zu ... (Beteiligungsverhältnis).*
   - *Versicherungsbeiträge für folgende Gemeinschaftsversicherungen und mit folgendem Anteil: ... (Aufzählung und Beteiligungsverhältnis).*
   - *Heizungskosten zu ... (Beteiligungsverhältnis*[12]*).*
   - *Kosten für Allgemeinstrom zu ... (Beteiligungsverhältnis).*
6. *Die laufenden Betriebskosten für Strom, Wasser/Abwasser und Gas für die ihm überlassenen Räume hat der Berechtigte selbst zu tragen; hierfür sind getrennte Messvorrichtungen vorhanden.*
7. *Der Berechtigte ist verpflichtet, für die dem Dauerwohnrecht unterliegenden Räume folgende Versicherungen abzuschließen: Leitungswasserschadenversicherung, Haftpflichtversicherung ... (ggf. ändern oder weitere Versicherungen).*
8. *Die Veräußerung des Rechts bedarf der Zustimmung des Eigentümers*[13].
9. *Die Vermietung, Verpachtung oder sonstige Nutzungsüberlassung an Dritte bedarf der Zustimmung des Eigentümers*[14].
10. *Das Dauerwohnrecht bleibt im Falle einer Zwangsversteigerung des Grundstücks auf Betreiben des Gläubigers einer dem Dauerwohnrecht vorgehenden oder gleichstehenden Hypothek, Grundschuld, Rentenschuld oder Reallast bestehen*[15].

§ 5 Heimfallanspruch[16]

1. Der Eigentümer kann die Übertragung des Rechts auf sich oder einen von ihm zu bezeichnenden Dritten in folgenden Fällen verlangen:

a) Bei einer vertragswidrigen Nutzung des Vertragsgegenstandes.

b) Bei einer Vermietung oder sonstigen Nutzungsüberlassung an Dritte ohne Zustimmung des Eigentümers.

c) Bei einem Zahlungsrückstand an der Kostenbeteiligung nach § 4 Nr. 5 iHv. mindestens zwei Monatsbeträgen.

d) Bei einer Verletzung der Instandhaltungs- und Instandsetzungspflicht.

e) Bei unsorgfältiger Ausübung des Mitbenutzungsrechts an den der gemeinschaftlichen Nutzung unterliegenden Gebäudeteilen, Einrichtungen und Anlagen.

f) Bei Anordnung der Zwangsversteigerung des Dauerwohnrechts.

g) Bei Abweisung der Eröffnung des Insolvenzverfahrens über das Vermögen des Berechtigten mangels Masse.

2. Beim Heimfall hat der Berechtigte Anspruch auf eine Entschädigung in Gestalt einer Erstattung seiner noch nicht verbrauchten Beteiligung an den Bauerrichtungskosten, die sich wie folgt errechnet:

... (Festlegung des Verbrauchs der Baukostenbeteiligung).

---

11 Eine nochmalige finanzielle Beteiligung des Berechtigten vorzusehen, erscheint nicht sachgerecht, zumal im Falle einer Beschädigung oder Zerstörung dem Eigentümer (nicht aber dem Dauerwohnberechtigten) zumeist Versicherungs- oder Schadensersatzansprüche zustehen dürften.

12 Nach HeizkostenVO sind Messgeräte vorgeschrieben und mindestens 50 % bis höchstens 70 % nach Verbrauch abzurechnen.

13 Rz. 26.

14 Rz. 27.

15 Zur Bedeutung und Zustimmungserfordernissen s. Rz. 39 ff.

16 § 36 WEG, Rz. 31 ff.

§ 6 Kosten

Die Kosten des Grundbuchvollzugs tragen die Beteiligten je zur Hälfte. Der Gegenstandswert beträgt . . . Euro.

Grundbucherklärungen

Der Eigentümer bewilligt und beide Beteiligten beantragen, das Dauerwohnrecht nach § 2 mit dem in den §§ 4 und 5 vereinbarten Inhalt im Grundbuch einzutragen[17].

(Unterschriftsbeglaubigung[18]*)*

17 In Abt. II des Grundbuchs, Rz. 2. Ggf. ergänzen: *Die Zustimmungserklärungen der Gläubiger zu § 4 Nr. 10 werden nachgereicht/sind beigefügt.*

18 Form nach §§ 19, 29 GBO, Rz. 9 ff.

Kosten: *Notargebühr:* 0,2-Gebühr gem. Nr. 25100 KV GNotKG, mindestens 20 Euro, höchstens 70 Euro. Geschäftswert gem. §§ 121, 52 Abs. 3 S. 1 GNotKG. Bei Fertigung des Entwurfs und Beglaubigung 2,0-Gebühr gem. Nrn. 24100, 21100 KV GNotKG (§ 92 Abs. 2 GNotKG), Geschäftswert gem. §§ 119, 52 Abs. 3 S. 2 GNotKG.

Gerichtsgebühr: 1,0-Gebühr gem. Nr. 14121 KV GNotKG. Geschäftswert gem. § 52 Abs. 3 S. 1 GNotKG.

M 48.2 Vertrag über die Bestellung eines Dauernutzungsrechts[1]

zwischen

1. . . . (Name des Grundstückseigentümers)

und

2. . . . (Name des Dauernutzungsberechtigten)

§ 1 Vertragsgegenstand

Der Beteiligte Nr. 1 – im Folgenden „Eigentümer" genannt – ist Alleineigentümer folgenden im Grundbuch von . . . (Ort) Band/Blatt . . . (Nummer) eingetragenen Grundbesitzes:

Flurstück Nr. . . . (Nummer und weiterer Grundstücksbeschreibung).

Der Grundbesitz ist wie folgt belastet:

Abt. II: . . . (Belastungen).

Abt. III: . . . (Belastungen).

Auf diesem Grundstück befindet sich folgendes Gebäude: . . . (Beschreibung des Gebäudes, zB „Wohn- und Geschäftshaus").

§ 2 Bestellung des Rechts

Der Eigentümer bestellt hiermit für den Beteiligten Nr. 2 – im Folgenden „Berechtigter" genannt – ein Dauernutzungsrecht nach den Bestimmungen des Wohnungseigentumsgesetzes an den Geschäftsräumen im Erdgeschoss nebst Nebenräumen im Kellergeschoss, die im Aufteilungsplan mit der Nummer . . . (Nummer) und blau umrandet gekennzeichnet sind.

Die betroffenen Räume sind in sich abgeschlossen im Sinne von §§ 32 Abs. 1, 3 Abs. 2 WEG. Der Aufteilungsplan und die Abgeschlossenheitsbescheinigung der zuständigen Behörde sind angeschlossen und stellen einen Bestandteil dieser Urkunde dar. Auf sie wird verwiesen.

Der Berechtigte darf die gemeinschaftlichen Einrichtungen und Anlagen, insbesondere die Zugänge innerhalb und außerhalb des Gebäudes und den Fahrstuhl, mitbenutzen.

1 Zum gesamten Muster s. Rz. 1 ff. sowie die Fn. zu **M 48.1**.

§ 3 Inhalt des Rechts

Als Inhalt des Dauernutzungsrechts wird im Einzelnen vereinbart:

1. *Das Recht wird eingeräumt zum Betrieb ... (Ergänzung, zB „eines Einzelhandelsgeschäftes für Bekleidung"[2]).*
2. *Das Recht ist unbefristet. Es endet aber mit der Aufgabe des in den Räumen betriebenen Geschäftes[3].*
3. *Die Veräußerung des Rechts bedarf der Zustimmung des Eigentümers.*
4. *Die Vermietung, Verpachtung oder sonstige Nutzungsüberlassung an Dritte bedarf der Zustimmung des Eigentümers.*
5. *Eine andere als in Nr. 1 festgelegte Nutzung bedarf der Zustimmung des Eigentümers.*
6. *Dem Berechtigten obliegt die Instandhaltung und Instandsetzung der ihm überlassenen Räume, Gebäudeteile, Anlagen und Einrichtungen.*
7. *Der Berechtigte hat sich an folgenden Abgaben zu beteiligen:*
   - *Grundsteuer zu ... (Beteiligungsverhältnis).*
   - *Versicherungsbeiträge für folgende Gemeinschaftsversicherungen und mit folgendem Anteil: ... (Aufzählung und Beteiligungsverhältnis).*
   - *Heizungskosten zu ... (Beteiligungsverhältnis).*
   - *Kosten für Allgemeinstrom zu ... (Beteiligungsverhältnis).*

   Dafür hat der Berechtigte einen vom Eigentümer nach billigem Ermessen festgesetzten, jeweils am Dritten eines Monats fälligen Betrag zu entrichten, über den jeweils jährlich zum Stichtag 1. Mai abgerechnet wird.
8. *Die laufenden Betriebskosten für Strom, Wasser/Abwasser und Gas für die ihm überlassenen Räume hat der Berechtigte selbst zu tragen; hierfür sind getrennte Messvorrichtungen vorhanden.*
9. *Der Berechtigte ist verpflichtet, für die dem Dauernutzungsrecht unterliegenden Räume folgende Versicherungen abzuschließen: Leitungswasserschadenversicherung, Haftpflichtversicherung ... (ggf. ändern oder weitere Versicherungen).*
10. *Der Eigentümer ist verpflichtet, das Gebäude, insbesondere die zum gemeinschaftlichen Gebrauch bestimmten Räume, Gebäudeteile, Anlagen und Einrichtungen, sowie das Grundstück stets in einem ordnungsgemäßen, funktionsfähigen Zustand zu erhalten. Im Falle einer Beschädigung oder Zerstörung des Gebäudes oder von Teilen des Gebäudes ist er zum Wiederaufbau in dem Umfang verpflichtet, wie dies zur Ausübung des Dauernutzungsrechts erforderlich ist.*
11. *Das Dauernutzungsrecht bleibt im Falle einer Zwangsversteigerung des Grundstücks auf Betreiben des Gläubigers einer dem Dauernutzungsrecht vorgehenden oder gleichstehenden Hypothek, Grundschuld, Rentenschuld oder Reallast bestehen[4].*

§ 4 Heimfallanspruch

Der Eigentümer kann die Übertragung des Rechts auf sich oder einen von ihm benannten Dritten in folgenden Fällen verlangen:

1. *Bei einer vertragswidrigen Nutzung des Vertragsgegenstandes.*
2. *Bei einer Vermietung oder sonstigen Nutzungsüberlassung an Dritte ohne Zustimmung des Eigentümers.*
3. *Bei einem Zahlungsrückstand an der Kostenbeteiligung nach § 3 Nr. 7 sowie § 5 iHv. mindestens zwei Monatsbeiträgen.*

---

2 Der Nutzungsumfang kann je nach Interessenlage eng oder weit festgelegt werden.

3 Eine bedingte Bestellung ist zwar unzulässig (§ 33 Abs. 1 Satz 1 WEG), eine befristete aber nicht; das gilt auch für eine Befristung mit ungewissem Endtermin (Palandt/Bassenge § 33 WEG Rz. 2). Im Zweifel (oder zusätzlich) kann das Ereignis auch als Heimfallauslöser (in § 4) vereinbart werden.

4 Zur Bedeutung und Zustimmungserfordernissen s. Rz. 39 ff.

4. *Bei einer Verletzung der Instandhaltungs- und Instandsetzungspflicht.*
5. *Bei unsorgfältiger Ausübung des Mitbenutzungsrechts an den der gemeinschaftlichen Nutzung unterliegenden Gebäudeteilen, Einrichtungen und Anlagen.*
6. *Bei Anordnung der Zwangsversteigerung des Dauernutzungsrechts.*
7. *Bei Abweisung der Eröffnung des Insolvenzverfahrens über das Vermögen des Berechtigten mangels Masse.*

§ 5 Entgelt[5]

Der Berechtigte zahlt an den Eigentümer für die Überlassung des Dauernutzungsrechts ein monatliches Entgelt von

... Euro

in Worten: ... Euro,

fällig jeweils am Dritten eines jeden Monats im Voraus[6].

§ 6 Kosten

Die Kosten des Grundbuchvollzugs tragen die Beteiligten je zur Hälfte. Der Gegenstandswert beträgt ... Euro.

Grundbucherklärungen

Der Eigentümer bewilligt und beide Beteiligten beantragen, das Dauernutzungsrecht nach § 2 mit dem in den §§ 3 und 4 vereinbarten Inhalt im Grundbuch einzutragen[7].

(Unterschriftsbeglaubigung[8]*)*

5 Das Entgelt kann nicht dinglicher Inhalt des Rechts werden; s. aber Rz. 29, 20 ff.
6 Wertsicherungsklauseln sind zulässig.
7 Die Eintragung erfolgt in Abt. II des Grundbuchs als Belastung des Grundstücks. Ggf. ergänzen: Die Zustimmungserklärungen der Gläubiger zu § 3 Nr. 11 werden nachgereicht/sind beigefügt.
8 Form nach §§ 19, 29 GBO.

Kosten: 0,2-Gebühr gem. Nr. 25100 KV GNotKG, mindestens 20 Euro, höchstens 70 Euro. Geschäftswert gem. §§ 121, 52 Abs. 3 S. 2 GNotKG. Bei Fertigung des Entwurfs und Beglaubigung 2,0-Gebühr gem. Nrn. 24100, 21100 KV GNotKG (§ 92 Abs. 2 GNotKG), Geschäftswert gem. §§ 119, 52 Abs. 3 S. 1 GNotKG.

Gerichtsgebühr: 1,0-Gebühr gem. Nr. 14121 KV GNotKG. Geschäftswert gem. § 52 Abs. 3 S. 1 GNotKG.

3. Abschnitt. Erbbaurecht

Kapitel 49 Erbbaurecht und Heimstätte

I. Erbbaurecht

Literatur: *Ingenstau/Hustedt*, ErbbauRG, Gesetz über das Erbbaurecht, Kommentar, 10. Aufl. 2014; *Linde/Richter*, Erbbaurecht und Erbbauzins in Recht und Praxis, 3. Aufl. 2003; *Schöner/Stöber*, Grundbuchrecht, 15. Aufl. 2012; *von Oefele/Winkler*, Handbuch des Erbbaurechts, 5. Aufl. 2012; *Räfle*, Erbbaurechtsverordnung, 1986.

1. Wesen und Bedeutung

1 Das Erbbaurecht ist das **veräußerliche und vererbliche Recht, auf oder unter der Oberfläche eines Grundstücks ein Bauwerk zu haben** (§ 1 Abs. 1 ErbbauRG). Es durchbricht damit das Prinzip des § 94 BGB, wonach ein Gebäude wesentlicher Bestandteil des Grundstücks (und damit automatisch Eigentum des Grundstückseigentümers) ist, und ermöglicht eine Trennung des Eigentums an Grundstück und Gebäude (zum selbständigen Gebäudeeigentum in der früheren DDR s. unten Rz. 85 ff.). Das Recht, „ein Bauwerk zu haben", ist einerseits eine Belastung des Grundstücks, die in Abt. II eingetragen wird (quasi ein beschränktes dingliches Recht), andererseits ein eigenständiges Rechtsobjekt, bestehend aus dem Nutzungsrecht am Grundstück und dem Eigentum am Gebäude. Das Erbbaurecht wird in ein separates (Erbbau-)Grundbuch eingetragen. Damit erhält es eine ähnliche Rechtsstellung wie ein Grundstück (grundstücksgleiches Recht): Es **kann veräußert, vererbt und belastet werden**. Da das Erbbaurecht idR für einen langen Zeitraum bestellt wird, der häufig über der normalen Lebensdauer eines Gebäudes liegt, ist die Rechtsposition des Erbbauberechtigten kaum schwächer als die eines Grundstückseigentümers.

2 Besondere **Bedeutung** hat das Erbbaurecht **in Zeiten von Bodenverknappung und -verteuerung**. Es bietet vor allem öffentlich-rechtlichen und kirchlichen Grundstückseigentümern als Hauptausgebern die Möglichkeit, einerseits der Bodenspekulation entgegenzuwirken, andererseits sich eine an den Wertsteigerungen teilnehmende laufende Einnahmequelle zu verschaffen. Dem Bauwilligen ermöglicht es die Verwirklichung eines Bauvorhabens, ohne zu dessen Finanzierung hin auch noch den Grundstückskaufpreis aufbringen zu müssen.

3 Zur **Sonderform des Erbbaurechts in den neuen Bundesländern** (Überführung des separaten Gebäudeeigentums in ein Erbbaurecht) s. Rz. 85.

2. Entstehung und Übertragung (Form)

4 Das Erbbaurecht entsteht dinglich durch **Einigung** zwischen Grundstückseigentümer und Erbbauberechtigtem **und Eintragung** im Grundbuch (§ 873 Abs. 1 BGB). Es kann frühestens mit der Eintragung beginnen (BGH Rpfleger 1973, 355). Die **Einigung bedarf keiner Form**; Auflassungsform (§ 925 BGB) ist nicht erforderlich (§ 11 Abs. 1 Satz 1 ErbbauRG). Der **schuldrechtliche Vertrag** (Erbbauvertrag, s. **M 49.1** und **M 49.2**) bedarf nach § 11 Abs. 2 ErbbauRG aber der **Beurkundungsform** des § 311b Abs. 1 BGB.

5 Gleiches gilt für eine **Übertragung** des Erbbaurechts. Das Verpflichtungsgeschäft bedarf der **notariellen Beurkundung**, die dingliche Übertragung der (formlosen) Einigung und Eintragung. Eine Übertragung, die unter einer Bedingung oder Zeitbestimmung erfolgt, ist unwirksam, § 10 Abs. 1 Satz 3 ErbbauRG. – Einen Erbbaurechts-Kaufvertrag enthält **M 43.18**.

6 **Formmängel** beim Kausalgeschäft werden sowohl bei Bestellung als auch bei Übertragung entsprechend § 311b Abs. 1 Satz 2 BGB durch Grundbucheintragung geheilt, aber nur, wenn überhaupt eine Einigung vorliegt; ggf. tritt die Heilungswirkung mit einer der Eintragung nachfolgenden Einigung ein (Räfle § 11 ErbbauVO Rz. 44).

7 Erfolgt die **Einigung isoliert**, ist sie dem Grundbuchamt in der **Form des § 29 GBO** (öffentliche Beglaubigung) nachzuweisen, wobei Grundstückseigentümer und Erbbauberechtigter mitwirken müssen; die Erklärung allein des Grundstückseigentümers (wie bei anderen beschränkten dinglichen Rechten) reicht hier nicht aus, ausgenommen bei einem Eigentümererbbaurecht (vgl. Rz. 27).

3. Einzelfragen zum Inhalt

8 Den **Mindestinhalt** eines Erbbaurechts bestimmt das Gesetz (§ 1 ErbbauRG): Belastung eines Grundstücks mit der veräußerlichen und vererblichen Befugnis, darauf „ein Bauwerk zu haben"; s. hierzu Rz. 10–27. Daneben ermöglichen die §§ 2, 5, 27 Abs. 1 Satz 2 und 32 Abs. 1 Satz 2 ErbbauRG bestimmte weitere Vereinbarungen, die zum Inhalt des Erbbaurechts gemacht und damit verdinglicht (Wirkung für und gegen Rechtsnachfolger) werden können; s. Rz. 28 ff.

Über diesen Rahmen hinausgehende **Vereinbarungen** sind **nur schuldrechtlich möglich** und deshalb bei einer Veräußerung sowohl des Erbbaurechts als auch des Grundstücks gefährdet (Bindung des Erwerbers nur, wenn er in diese Rechte und Pflichten ausdrücklich eintritt). Zu diesen nur mit schuldrechtlicher Wirkung möglichen Vereinbarungen gehören vor allem die **Erbbauzinspflicht** (soweit durch Reallast gesichert, allerdings nach § 1108 BGB persönliche Haftung des jeweiligen Erbbauberechtigten) und **Erbbauzins-Anpassungsklauseln** nach altem Recht (Rz. 59 ff.), die auch bei Eintragung einer Vormerkung für eine neue oder erhöhte Erbbauzinsreallast gegen einen Einzelrechtsnachfolger nur bei ausdrücklicher Übernahme der Pflichten aus dieser Klausel wirken (BGH DNotZ 1987, 360); bestimmte Anpassungsklauseln können allerdings gemäß § 9 ErbbauRG zum Inhalt des Erbbauzinses gemacht und damit über die Reallast verdinglicht werden (vgl. Rz. 49 ff.). – Ebenfalls nur schuldrechtlich wirkt eine Ankaufspflicht (**Kaufzwangklausel**) des Erbbauberechtigten für das Grundstück (im Gegensatz zum Ankaufsrecht des Erbbauberechtigten nach § 2 Nr. 7 ErbbauRG, das dinglicher Inhalt des Erbbaurechts sein kann, vgl. Rz. 30 ff.). Über das Instrument der Veräußerungszustimmung (vgl. Rz. 113 ff.) kann der Grundstückseigentümer aber die Übernahme solcher Pflichten durch Erwerber überwachen und erzwingen. 9

a) Belastungsgegenstand

aa) Ganzes Grundstück

Grundsätzlich kann jede Art von Grundstück mit einem Erbbaurecht belastet werden. Die Belastung betrifft stets das ganze Grundstück; eine **Beschränkung auf ideelle Teile ist unzulässig.** Davon zu unterscheiden ist die reale Erstreckung: Die Ausübungsbefugnis beschränkt sich auf den für das Bauwerk erforderlichen Grundstücksteil, wenn nicht – was allerdings fast durchweg erfolgt – das Erbbaurecht auf die weitere Grundstücksfläche oder eine Teilfläche erstreckt wird (§ 1 Abs. 2 ErbbauRG); das Bauwerk muss aber im Verhältnis zur Ausübungs-(teil-)fläche wirtschaftlich die Hauptsache bilden (OLG Hamm Rpfleger 2006, 9). Die Einigung muss diese Erstreckung umfassen, damit sie verdinglichter Inhalt des Erbbaurechts wird (BayObLG OLGZ 41, 165) und damit automatisch für und gegen Rechtsnachfolger sowohl des Grundstückseigentümers als auch des Erbbauberechtigten wirkt. – Für Erbbaurechte, die zur Umwandlung von Gebäudeeigentum in den neuen Bundesländern nach dem SachenRBerG bestellt werden (Rz. 85 ff.), sieht dieses Gesetz (§ 55 Abs. 1 iVm. §§ 21 ff.) allerdings eine Erstreckung der Nutzungsbefugnis auch auf die Nebenflächen kraft Gesetzes vor, so dass § 1 Abs. 2 ErbbauRG hierfür nicht anwendbar ist. 10

Soll nur ein **flächenmäßig festgelegter (realer) Teil eines Grundstücks** mit einem Erbbaurecht belastet werden, ist dieser nach § 7 GBO zuvor abzuschreiben und selbständig zu buchen. Abweichend davon kann ein Erbbaurecht an dem gesamten Grundstück mit der Maßgabe bestellt werden, dass seine Ausübung auf einen realen Grundstücksteil beschränkt wird (OLG Hamm Rpfleger 2006, 9) – Ebenfalls als Besonderheit für Erbbaurechte zur Umwandlung von Gebäudeeigentum in den neuen Bundesländern vermittelt das SachenRBerG (§ 55 Abs. 2 iVm. §§ 24 Abs. 2, 26 und 27) beiden Beteiligten einen Anspruch auf nachträgliche Grundstücksteilung (Abtrennung einer vom bisherigen Nutzungsrecht nicht betroffenen Fläche, soweit diese selbständig baulich nutzbar ist und die Teilung genehmigt wird). 11

bb) Mehrere Grundstücke

Mehrere Grundstücke (auch von verschiedenen Eigentümern) können mit einem einheitlichen **(Gesamt-)Erbbaurecht** belastet sein, entweder von vornherein durch Bestellung oder durch spätere Teilung des belasteten Grundstücks oder durch Erstreckung des Erbbaurechts auf ein weiteres Grundstück. Nach der Ordnungsvorschrift des § 6a GBO soll ein Gesamterbbaurecht nur an unmittelbar aneinander grenzenden Grundstücken (§ 5 GBO) eingetragen werden, ausnahmsweise auch an „nahe beieinander" liegenden, wenn Wohnungs- oder Teilerbbaurechte begründet werden sollen oder sich auf den Grundstücken ein einheitliches Bauwerk, ggf. mit Nebenanlagen (zB zugehörigen Garagen), befindet. Eine nachträgliche Erstreckung ist zwingend, wenn dem belasteten Grundstück ein anderes Grundstück als Bestandteil zugeschrieben wird (nach § 6 GBO wegen Verwirrungsgefahr, vgl. Schöner/Stöber Rz. 1844). Die Erstreckung bedarf eines Vertrages nach § 11 12

Abs. 2 ErbbauRG und somit der Form des § 311b Abs. 1 BGB; gegenüber dem Grundbuchamt genügt der Nachweis in der Form des § 29 GBO.

13 Mit der Erstreckung des Erbbaurechts erstrecken sich kraft Gesetzes auch die auf dem Erbbaurecht eingetragenen **Belastungen** der Abt. III auf das hinzugekommene Erbbaurecht, so dass Grundpfandrechtsgläubiger nicht zustimmen müssen (OLG Hamm NJW 1963, 1112 und 1974, 280; OLG Neustadt Rpfleger 1963, 241), nach überwiegender Auffassung auch die Belastungen der Abt. II (Schöner/Stöber Rz. 1844 mwN; von Oefele/Winkler Rz. 3.59; aA Ingenstau/Hustedt § 11 ErbbauRG Rz. 29, 98). Dinglich Berechtigte am bereits mit dem Erbbaurecht belasteten Grundstück brauchen ebenfalls nicht zuzustimmen, es sei denn, der Erbbaurechtsinhalt wird erweitert (von Oefele/Winkler Rz. 3.58), ebenso nicht dinglich Berechtigte am hinzukommenden Erbbaugrundstück; diese müssen aber nach § 10 ErbbauRG dem Erbbaurecht den Vorrang einräumen.

14 Ob statt eines Gesamterbbaurechts auch die Bestellung mehrerer selbständiger Erbbaurechte zur Errichtung eines grenzüberschreitenden Gebäudes (sog. **Nachbarerbbaurecht**) zulässig ist, ist umstritten (vgl. die Darstellung bei Räfle § 1 ErbbauVO Rz. 51; von Oefele/Winkler Rz. 3.70 ff.; OLG Köln RNotZ 2013, 482 mwN).

cc) Untererbbaurecht

15 Schließlich ist auch ein Untererbbaurecht (**Erbbaurecht an einem anderen Erbbaurecht**) zulässig (BGH NJW 1974, 1137; inzwischen nahezu einhellige Rechtsprechung und Lehre, vgl. die Zusammenstellung bei Räfle § 1 ErbbauVO Rz. 20; von Oefele/Winkler Rz. 3.14 ff.). Sein Inhalt wird durch den Inhalt des Haupterbbaurechts begrenzt, dh. es kann keine weiter gehenden Rechte vermitteln, als sie das Haupterbbaurecht innehat. Es geht mit dem Haupterbbaurecht unter (deshalb hat es auch kaum praktische Bedeutung). Die Zustimmung des Grundstückseigentümers ist nicht erforderlich; die Zustimmungsbedürftigkeit kann auch nicht zum dinglichen (wohl aber schuldrechtlichen) Inhalt des Haupterbbaurechts gemacht werden (Räfle § 1 ErbbauRG Rz. 21). Da aber auch das Untererbbaurecht an erster Rangstelle eingetragen werden muss (§ 10 Abs. 1 Satz 1 ErbbauRG), ist eine Mitwirkung des Grundstückseigentümers letztlich doch erforderlich: Wegen des Rangrücktritts mit den in Abt. II eingetragenen Eigentümerrechten (Reallast für Erbbauzins usw.); durch Verweigerung des Rücktritts kann er somit die Bestellung eines Untererbbaurechts verhindern.

16 Zu Ausnahmen von der Eignung eines Grundstücks als Belastungsgegenstand vgl. Rz. 17.

b) Bauwerk

17 Das Erbbaurecht setzt nicht voraus, dass ein Bauwerk (schon oder noch) vorhanden ist. Es kann bereits zu Lasten eines **unbebauten Grundstücks** (**M 49.1**) bestellt werden (was die Regel ist), es sei denn, es besteht von der Beschaffenheit des Grundstücks und/oder des geplanten Bauwerks her von vornherein keine Verwirklichungschance (BGHZ 96, 385), etwa Wohnhaus auf Acker; dann entsteht auch kein wirksames Erbbaurecht. Bauerwartungsland ist aber erbbaurechtsgeeignet (BGH DNotZ 1988, 161); zerschlägt sich die Bauerwartung nachträglich, bleibt gleichwohl ein wirksames Erbbaurecht bestehen (BGH DNotZ 1988, 161; OLG Düsseldorf DNotZ 2001, 705; von Oefele/Winkler Rz. 5.10). Bei Bestellung an einem bebauten Grundstück wird gleichzeitig das Gebäude erworben (**M 49.2**).

18 Der **Untergang des Bauwerks** berührt den Bestand des Erbbaurechts nicht (§ 13 ErbbauRG); es besteht vielmehr das Recht zur Neuerrichtung.

19 Bauwerk iSd. ErbbauRG ist außer einem Gebäude auch eine sonstige **bauliche Anlage jeder Art**, dh. eine durch Einsatz von Arbeit und Verwendung (bodenfremden) Materials in Verbindung mit dem Erdboden hergestellte unbewegliche Sache auf oder unter der Oberfläche (RGZ 56, 41; BGHZ 57, 60). Dabei kann die feste Verbindung mit dem Erdboden auch durch die Größe und Schwere einer Anlage hervorgerufen sein (großer Gastank, LG Oldenburg Rpfleger 1983, 105). Auch funktional zusammengehörige Anlagen, die teils aus Bauwerken im dargestellten Sinn, teils aus Anlage oder Einrichtungen ohne Bauwerkscharakter bestehen, können insgesamt ein „Bauwerk“ iSv. § 1

Abs. 1 ErbbauRG sein (von Oefele/Winkler Rz. 2.8; OLG Jena Rpfleger 1996, 242 für das „Haben“ eines landwirtschaftlichen Betriebs).

Bauwerk iS dieser Definition sind zB Brücken (aber nicht für Grundstücke, die nur in der Luft überspannt werden); Gleisanlagen (KG OLGZ 10, 412); Leitungsmasten; Trägermasten einer Seilbahn (OLG Kiel OLGZ 26, 126); Sportanlagen, sofern sie nicht nur durch Erdbewegungen mit vorhandenem Material hergestellt sind (ja somit für Tennisplatz; Sportplatz mit Kunststoffbahn, Rasenheizung; Golfanlage, BGH NJW 1992, 1681); Kinderspielplatz (sofern Spielgeräte fest im Boden verankert, LG Itzehoe Rpfleger 1973, 304); landwirtschaftlicher Betrieb (OLG Jena 1996, 242); angelegte Straßen/Wege; nicht aber lose in den Boden verlegte Rohre (KG OLGZ 10, 410), Gartenanlage. 20

Anlagen, die für sich nicht erbbaurechtsfähig sind, können dies durch **Erstreckung** nach § 1 Abs. 2 ErbbauRG werden, wenn ein anderes erbbaurechtsfähiges Bauwerk vorhanden ist. 21

Im Erbbauvertrag (außerhalb der Erklärung liegende Umstände können nicht berücksichtigt werden, KG Rpfleger 1979, 208) müssen **Art und Zweckbestimmung des Bauwerks hinreichend bestimmt** („ungefähre Beschaffenheit“, Räfle § 1 ErbbauVO Rz. 75; von Oefele/Winkler Rz. 2.18 ff.) beschrieben sein (zB Einfamilienhaus, Wohngebäude, Tennishalle, Lagerhaus); es ist auch anzugeben, ob es sich um ein oder mehrere Gebäude handelt (OLG Hamm Rpfleger 1983, 349; zB: Wohnhaus mit separater Garage). Unzureichend ist die Wiederholung der Gesetzesangabe „Bauwerk“ (OLG Frankfurt OLGZ 83, 165). Wegen der bei Erbbaurechtsbestellung häufig noch offenen baurechtlichen Fragen dürfen die Anforderungen an die Bestimmtheit aber nicht überspannt werden (Räfle § 1 ErbbauVO Rz. 30; von Oefele/Winkler Rz. 2.18 ff.). In der zitierten Entscheidung zum Bauerwartungsland hat der BGH die Bestimmung „Gebäude aller Art in Übereinstimmung mit dem zu erstellenden Bebauungsplan“ für ausreichend angesehen, in Fortführung dieser Entscheidung auch die „Errichtung von Bauwerken jeder baurechtlich zulässigen Art“ (BGHZ 126, 12). Für Erbbaurechte nach dem SachenRBerG ist die Bestimmung „jede baurechtlich zulässige Zahl und Art von Gebäuden oder Bauwerken“ ausdrücklich gesetzlich erlaubt (§ 41 SachenRBerG; vgl. auch Rz. 85 ff.). Wegen der Rechtsfolgen von Inhaltsmängeln vgl. Rz. 36. 22

➲ **Praxistipp:** Bei der Formulierung des Erbbaurechtsvertrags sollte besondere Sorgfalt auf die Beschreibung des zu errichtenden Bauwerks verwandt werden, auch um späteren Streit zwischen Eigentümer und Erbbauberechtigtem zu vermeiden. 22a

c) Bedingung, Zeitbestimmung (Dauer)

Die Bestellung eines Erbbaurechts unter einer **auflösenden Bedingung ist unzulässig** (§ 1 Abs. 4 ErbbauRG), zur Vermeidung von Umgehungsmöglichkeiten **auch** die Vereinbarung **bedingter Löschungsverpflichtungen.** Deshalb sind Kündigungsklauseln ebenso unzulässig wie Rücktrittsrechte (vor Eintragung des Erbbaurechts im Grundbuch ist ein Rücktritt aus gesetzlichen Rücktrittsgründen aber zulässig, BGHZ 59, 104). Unzulässige auflösende Bedingungen wären auch die Erbbaurechtsbestellung „bis zu einer Veräußerung des Erbbaurechts oder des Grundstücks“ oder „bis zum Fortfall des Gebäudes“ (Winkler NJW 1992, 2516). Zur Bestellung „auf Lebenszeit“ eines Beteiligten vgl. Rz. 25. – Die Bestellung unter einer **aufschiebenden Bedingung** ist dagegen **zulässig**, da dadurch die Rechtssicherheit nicht beeinträchtigt wird (von Oefele/Winkler Rz. 2 147). S. auch Rz. 24. 23

Eine **Zeitbestimmung** (Dauer des Erbbaurechts) ist nicht vorgeschrieben. Es gibt – gesetzlich – weder eine Mindest- noch eine Höchstdauer, so dass auch ein völlig unbefristetes Erbbaurecht zulässig ist (für Erbbaurechte nach dem SachenRBerG ist ausnahmsweise eine „regelmäßige Dauer“ festgelegt, vgl. Rz. 89). Allerdings enthalten die meisten Erbbauverträge einen Anfangs- und/oder Endtermin. Der Anfangstermin darf dabei nicht vor dem Eintragungszeitpunkt liegen (BGH Rpfleger 1973, 355), er kann auch von einem noch ungewissen Ereignis abhängig gemacht werden, bei dessen Nichteintritt somit gar kein Erbbaurecht entstehen würde (Räfle § 1 ErbbauVO Rz. 69); eine solche aufschiebende Bedingung fällt nicht unter das Verbot des § 1 Abs. 4 ErbbauRG. Die (nicht zwingend erforderliche, aber übliche) Bestimmung des Endzeitpunkts muss unmissverständlich (BGH aaO; LG Würzburg Rpfleger 1975, 249; zu beiden Entscheidungen Promberger Rpfleger 1975, 233) und aus der Eintragungsbewilligung oder dem Grundbuch selbst ersichtlich sein. Eine Verlängerungsautomatik (zB „Das Erbbaurecht verlängert sich jeweils um drei Jahre, wenn nicht 24 ein Vertragsbeteiligter der Verlängerung mindestens ein Jahr vor dem vereinbarten Zeitablauf widerspricht“) ist zulässig (BGH NJW 1969, 2043).

25 In den Grenzbereich zwischen Zeitbestimmung und (nach § 1 Abs. 4 ErbbauRG uU unzulässiger) auflösender Bedingung fällt eine Erbbaurechtsbestellung **auf Lebenszeit eines Beteiligten.** Eine Befristung auf die Lebenszeit des Erbbauberechtigten ist schon deshalb unzulässig, weil dadurch die im Kern unabdingbare Vererblichkeit des Erbbaurechts berührt wird (BGH NJW 1969, 2043; Räfle § 1 ErbbauVO Rz. 58; Ingenstau/Hustedt § 1 ErbbauRG Rz. 57; von Oefele/Winkler Rz. 2 144). Aber auch die Befristung auf Lebenszeit des Bestellers (Grundstückseigentümers) ist unzulässig (BGHZ 52, 269; von Oefele/Winkler Rz. 2.145).

d) Erbbauberechtigter

26 Berechtigter des Erbbaurechts kann **jede natürliche oder juristische Person** sein, nicht aber der „jeweilige Eigentümer“ eines anderen Grundstücks; auch **mehrere Personen in allen zulässigen Gemeinschaftsformen** (zB Bruchteil, Gesamthand), wozu beim Erbbaurecht als dinglichem Recht auch Gesamtgläubigerschaft nach § 428 BGB gehört (str., bejahend LG Hagen DNotZ 1950, 381; LG Bielefeld Rpfleger 1985, 248; Palandt/Bassenge § 1 ErbbauRG Rz. 12; Ingenstau/Hustedt § 1 ErbbauRG Rz. 52; aA neben anderen von Oefele/Winkler Rz. 2 124 ff., Erman/Grziwotz § 1 ErbbauRG Rz. 16, da das Erbbaurecht seiner Struktur nach wie ein Grundstück behandelt werde und Grundstückseigentum in Gesamtgläubigerschaft ebenfalls nicht zulässig sei). Das Gemeinschaftsverhältnis ist anzugeben und im Grundbuch einzutragen (§ 47 GBO).

27 Zulässig ist auch ein **Eigentümererbbaurecht** (Erbbaurecht am eigenen Grundstück). Es kann einmal entstehen durch Vereinigung von Erbbaurecht und Grundstückseigentum in einer Person (Heimfall, vgl. Rz. 130 ff., oder Erwerb des Erbbaurechts durch den Grundstückseigentümer oder des Grundstücks durch den Erbbauberechtigten, zB durch Kauf, Ausübung eines Vorkaufsrechts, Erbfolge usw.). Zum anderen kann es aber auch von vornherein bestellt werden (BGH NJW 1982, 2381; Schöner/Stöber Rz. 1686 ff.; von Oefele/Winkler Rz. 3.8 ff.; Ingenstau/Hustedt § 1 ErbbauRG Rz. 48; Räfle § 1 ErbbauVO Rz. 23), und zwar durch einseitige Belastungserklärung seitens des Eigentümers (Form des § 29 GBO); das gilt auch für eine Erbbauzinsreallast und für Vorkaufsrechte für den jeweiligen Grundstückseigentümer und für den jeweiligen Erbbauberechtigten (von Oefele/Winkler Rz. 3.10).

Rein schuldrechtliche Vereinbarungen, die nicht – wie das Erbbaurecht selbst, die Erbbauzinsreallast und das Vorkaufsrecht – durch Grundbucheintragung verdinglicht werden können, sind dagegen noch nicht zulässig. Solche Inhalte müssen mit einem Erbbaurechtserwerber ausdrücklich vereinbart werden. Sind sie – wie zumeist – im vom Eigentümer festgelegten „Erbbauvertrag“ bereits enthalten, tritt die Wirksamkeit auf jeden Fall mit dem Eintritt des Erwerbers „in alle Rechte und Pflichten des Erbbauvertrages“ ein (BGH NJW 1982, 2381); diese Rechtsfolge kann sich auch aus dem Sachzusammenhang durch Auslegung ergeben.

e) Inhaltsgestaltung durch Vereinbarung

28 Der in Rz. 10–27 umrissene gesetzliche Erbbaurechtsinhalt kann in bestimmtem Umfang durch Vereinbarung (Einigung) erweitert und durch Eintragung im Grundbuch zum **dinglichen Inhalt des Erbbaurechts (Wirkung für und gegen Rechtsnachfolger)** gemacht werden. Eine solche Verdinglichung ist nur für die nachstehend erläuterten Bereiche zulässig und teilweise geboten (vgl. Rz. 8 f.). Zur Möglichkeit weiterer rein schuldrechtlich wirkender Vereinbarungen s. Rz. 37 ff.

aa) Vereinbarungen zum Bauwerk

29 Nach **§ 2 Nr. 1–3 ErbbauRG** können für das Bauwerk über die gebotene Konkretisierung (Rz. 17 ff.) hinaus weitere Einzelheiten festgelegt werden, zB zu Art, Größe und Umfang der Bebauung oder zur Art und Nutzung (oder Ausschluss bestimmter Nutzungen); es können bauliche Veränderungen zugelassen oder an die Zustimmung des Grundstückseigentümers geknüpft werden (BGHZ 48, 296); zur Bauerrichtung kann eine Frist oder ein Fertigstellungszeitpunkt gesetzt wer-

den. Zulässig sind ferner Vereinbarungen über die Instandhaltung und den Wiederaufbau des Bauwerks (nicht aber seinen Abriss, LG Wuppertal Rpfleger 2006, 259), seine Versicherung und die Tragung von öffentlichen oder privaten Lasten; nach BayObLG Rpfleger 2000, 61 und LG Mannheim BWNotZ 1983, 146 (auch Palandt/Bassenge § 2 ErbbauRG Rz. 4; von Oefele/Winkler Rz. 4.75) aber nicht für Verkehrssicherungspflicht; nach LG Regensburg (Rpfleger 1991, 363; s. auch Winkler NJW 1992, 2519) auch ein Besichtigungsrecht im Rahmen von Instandhaltungspflichten. Solche Vereinbarungen sind zweckmäßig; denn nach dem Gesetz besteht zB für keinen der Beteiligten eine Instandsetzungs- oder Wiederaufbaupflicht. Lasten und Abgaben treffen, soweit sie das Grundstück betreffen (zB Erschließungsbeiträge), den Eigentümer, für Erbbaurecht und Bauwerk den Erbbauberechtigten; soll Abweichendes gelten, bedarf dies der Vereinbarung. Vgl. zu diesem Regelungsbereich Räfle § 2 Rz. 7 ff.; Winkler NJW 1992, 2518; von Oefele/Winkler Rz. 4.38 ff.

bb) Vertragsstrafe, Erneuerungsrecht, Verkaufsverpflichtung

§ 2 ErbbauRG sieht ferner folgende Vereinbarungsmöglichkeiten vor: 30

§ 2 Nr. 5 ErbbauRG: Vertragsstrafen, die für jeden denkbaren Verstoß gegen Verpflichtungen oder Obliegenheiten aus dem Erbbauvertrag vereinbart werden können (zB Erbbauzinsverzug, Errichtungsverzug). Handelt es sich um eine strafbewehrte Hauptpflicht, die ihrerseits nicht Erbbaurechtsinhalt sein kann, sondern nur schuldrechtlich wirkt, wird die Vertragsstrafenklausel – obwohl Erbbaurechtsinhalt – insoweit ihres Inhalts entleert, wenn im Falle einer Veräußerung des Erbbaurechts der Erwerber die schuldrechtliche Hauptpflicht im Vertrag nicht übernimmt (BGH WM 1990, 447; von Oefele/Winkler Rz. 4.129). 31

§ 2 Nr. 6 ErbbauRG: Vorrecht auf Erneuerung des Erbbaurechts, das für den Fall vereinbart werden kann, dass der Grundstückseigentümer innerhalb von drei Jahren nach Erbbaurechtsablauf ein neues Erbbaurecht an demselben Grundstück für einen Dritten bestellt (also vorkaufsähnlich). Dient das neubestellte Erbbaurecht einem anderen wirtschaftlichen Zweck, besteht das Vorrecht allerdings nicht (§ 31 Abs. 1 Satz 2 ErbbauRG). Dritten (zB dem neuen Erbbauberechtigten) gegenüber wirkt es wie eine Vormerkung auf Einräumung eines Erbbaurechts (§ 31 Abs. 4 ErbbauRG). 32

§ 2 Nr. 7 ErbbauRG: Verkaufspflicht des Grundstückseigentümers, quasi ein Ankaufsrecht des Erbbauberechtigten zu frei gestalteten Bedingungen (hinsichtlich Preis, Zahlungsweise, Zeitpunkt, Bedingungen usw., nicht aber für den Fall, dass der Grundstückseigentümer bei Beendigung des Erbbaurechts die Gebäudeentschädigung nicht zahlen kann, OLG Hamm, Rpfleger 1974, 68). Eine als Inhalt vereinbarte Verkaufspflicht hat nicht die Wirkung einer Vormerkung (Palandt/Bassenge § 2 ErbbauRG Rz. 7); deshalb wird die Eintragung einer Auflassungsvormerkung bereits vor Ausübung des Ankaufsrechts für zulässig angesehen (vgl. zum Meinungsstreit von Oefele/Winkler Rz. 4.162). 33

cc) Vergütung bei Zeitablauf

§ 27 Abs. 1 Satz 2 ErbbauRG: Für die bei Erlöschen des Erbbaurechts durch Zeitablauf geschuldete Vergütung gilt das Gleiche wie für die Vergütung zum Heimfall (vgl. Rz. 134). Die Entschädigungspflicht für das Bauwerk kann der Grundstückseigentümer allerdings einseitig durch Verlängerung des Erbbaurechts für die „voraussichtliche Standdauer des Bauwerks" abwenden; lehnt der Erbbauberechtigte die Verlängerung ab, erlischt sein Entschädigungsanspruch, § 27 Abs. 3 ErbbauRG. 34

dd) Veräußerungs- und Belastungsbeschränkungen, Heimfall

§§ 5, 2 Nr. 4 ErbbauRG: Zu diesen häufigsten und wichtigsten Vereinbarungen vgl. Rz. 113 ff., 130 ff. 35

f) Rechtsfolgen von Inhaltsmängeln

Ist das Erbbaurecht mit einem unzulässigen Inhalt bestellt, darf es nicht im Grundbuch eingetragen werden; ein bereits eingetragenes ist nach § 53 Abs. 1 Satz 2 GBO von Amts wegen zu löschen (we- 36 gen mangelnder Konkretisierung des Bauwerks OLG Frankfurt OLGZ 83, 166: „ein Bauwerk zu errichten und zu unterhalten"; OLG Frankfurt Rpfleger 1975, 305: „Einfamilienhaus oder nicht unterkellertes Wochenendhaus"; wegen Eintragung nicht an erster Rangstelle [§ 10 Abs. 1 Satz 2 ErbbauRG, vgl. auch Rz. 83] OLG Hamm Rpfleger 1976, 131). Ein solches Erbbaurecht kann auch nicht gutgläubig erworben werden (OLG Frankfurt Rpfleger 1975 305), wohl aber ein Grundpfandrecht, das zu seinen Lasten im Erbbaugrundbuch eingetragen wurde; dadurch entsteht zwar kein wirksames Erbbaurecht zwischen Eigentümer und Erbbauberechtigten sowie im Verhältnis zu sonstigen Dritten; im Verhältnis zum gutgläubigen Grundpfandrechtserwerber ist das Erbbaurecht aber wirksam (BayObLG Rpfleger 1986, 471). Ein zuvor eingetragener Amtswiderspruch verhindert den Eintritt einer solchen Rechtslage.

g) Weitere Vereinbarungen mit schuldrechtlicher Wirkung

37 Über die in Rz. 28 ff. dargelegten Möglichkeiten zu Verdinglichung von Vereinbarungen hinaus können die Beteiligten im Rahmen des Erbbauvertrages mit schuldrechtlicher Wirkung Vereinbarungen jeder Art und jeden Inhalts treffen, sofern sie generell gesetzeskonform sind. Der Hauptunterschied zu den verdinglichten Vereinbarungen besteht darin, dass sie **nicht automatisch auf Sonderrechtsnachfolger** (zB Erwerber) der Beteiligten übergehen. Der Erwerber muss in die Rechte und Pflichten vielmehr ausdrücklich eintreten. Da dies bei einer (oft nach Jahrzehnten erfolgenden) Veräußerung leicht vergessen wird, sind Vereinbarungen mit nur schuldrechtlicher Wirkung bei jeder Veräußerung gefährdet. Dem kann aber in bestimmten Fällen entgegengewirkt werden.

38 Vermittelt eine Vereinbarung **Ansprüche, die nach den allgemeinen sachenrechtlichen Vorschriften im Grundbuch gesichert werden können,** besteht über die Belastung des Erbbaurechts (vgl. Rz. 108 ff.) die Möglichkeit, sie vor dem Verlust oder der Nichtdurchsetzbarkeit zu bewahren. Hauptanwendungsfälle sind

- eine **Reallast für den vereinbarten Erbbauzins** (ggf. mit inhaltsgeeigneter Anpassungsklausel, Rz. 60 ff.), der als solcher nicht dinglicher Inhalt des Erbbaurechts sein kann,
- eine **Vormerkung zur Sicherung des Anspruchs auf Eintragung einer weiteren Reallast für Erbbauzins** auf Grund von Anpassungsklauseln, die nicht Inhalt des Erbbauzins sein können (Rz. 63 ff.),
- ein **Vorkaufsrecht** zu Gunsten des (jeweiligen) Grundstückseigentümers,
- eine Vormerkung zur Sicherung eines schuldrechtlichen Ankaufsrechts des (jeweiligen) Grundstückseigentümers,
- seltener: ein **Grundpfandrecht** zur wirtschaftlichen Sicherung von bestimmten Eigentümeransprüchen.

39 Zum Erbbauzins und den Anpassungsklauseln vgl. Rz. 59 ff.

40 Schuldrechtliche Vereinbarungen können auch eine **indirekte Verdinglichung als Auslöser des Heimfallanspruchs** erfahren. Vgl. hierzu Rz. 130 ff.

41 ➲ **Hinweis:** Für die nur schuldrechtlich wirkenden Vereinbarungen, auch soweit sie nach Rz. 38 f. und Rz. 40 eine gewisse dingliche Sicherung erfahren können, sollte jeder Erbbauvertrag beiden Beteiligten und jeder Erbbaurechtsveräußerungsvertrag dem Erwerber auf jeden Fall die **Pflicht zur Weitergabe dieser Verpflichtungen** (und Rechte) an Sonderrechtsnachfolger auferlegen. Über den Hebel der Veräußerungszustimmung kann der Grundstückseigentümer bei einer Erbbaurechtsveräußerung die Erfüllung dieser Pflicht durchsetzen (Zustimmungsverweigerung wegen wesentlicher Beeinträchtigung des Erbbaurechtszwecks, s. Rz. 115 ff.). Der Erbbauberechtigte hat bei Veräußerung des Grundstücks durch den Grundstückseigentümer eine solche Möglichkeit idR nicht (allenfalls indirekt über ein Vorkaufsrecht). Die vereinbarungswidrige Nichtweitergabe kann aber Schadensersatzansprüche auslösen.

42 Zu den inhaltlichen Besonderheiten eines Erbbaurechts nach dem SachenRBerG in den **neuen Bundesländern** vgl. Rz. 85 ff.

4. Erbbauzins

a) Vereinbarung, dingliche Sicherung, Rang

Für die Einräumung des Erbbaurechts wird idR ein Entgelt in Gestalt eines in gleichmäßigen Abständen zu zahlenden Erbbauzinses vereinbart. Es kann auch ein einmaliges oder gar kein Entgelt vereinbart werden, auch eine Mischung aus regelmäßigen und Einmalzahlungen. Für die Erbbauzinspflicht bestimmt § 9 Abs. 1 Satz 1 ErbbauRG die **entsprechende Anwendung der BGB-Vorschriften für die Reallast** (Ländervorbehalte gelten hier nicht). Sie entsteht somit durch (formlose) dingliche Einigung und Grundbucheintragung (§ 873 BGB). Das Verpflichtungsgeschäft im Rahmen des Erbbauvertrages bedarf dagegen der notariellen Beurkundung. 43

Der Erbbauzins ist **niemals Inhalt des Erbbaurechts.** Er kann nur nach den Regeln für die Reallast dinglich gesichert werden (Belastung des Erbbaurechts in Abt. II). Für Einmalzahlungen kommt als Sicherungsmittel ein Grundpfandrecht in Betracht. Die Verletzung von Zahlungspflichten kann auch zum Auslöser des Heimfallanspruchs gemacht werden. – Die Erbbauzinsreallast kann beliebigen Rang haben. Sie **erlischt in einer Zwangsversteigerung, wenn sie nicht in das geringste Gebot fällt**, dh. bei Betreibung der Zwangsversteigerung aus der Reallast selbst oder aus einem vor- oder gleichrangigen Recht. Diesem Verlust des Erbbauzinses für die gesamte Restdauer des Erbbaurechts kann vorgebeugt werden 44

- durch Eintragung der Reallast im Range vor anderen „geldwerten“ Belastungen des Erbbaurechts und Verweigerung jeden späteren Rangrücktritts hinter solche Belastungen, wobei Gläubiger idR eine sog. Stillhalteerklärung verlangen (vgl. Rz. 123 und **M 49.12**), oder 45
- durch eine Vereinbarung nach § 9 Abs. 3 Nr. 1 ErbbauRG; nach dieser Vorschrift kann abweichend von § 52 Abs. 1 ZVG als (dinglicher) **Inhalt des Erbbauzinses** das **Bestehenbleiben der Reallast in einer Zwangsversteigerung** aus der Reallast selbst, aus einem vor- oder gleichrangigen dinglichen Recht oder (bei einem Wohnungserbbaurecht) wegen eines Anspruchs gem. § 10 Abs. 1 Nr. 2 ZVG vereinbart werden. 46

Die Bestellung unter einer Bedingung, auch einer auflösenden, ist zulässig (Räfle § 9 ErbbauVO Rz. 11; von Oefele/Winkler Rz. 6.69). 47

b) Gläubiger und Schuldner

Gläubiger des Anspruchs können nur der jeweils bei Fälligkeit eingetragene Grundstückseigentümer (Räfle § 9 ErbbauVO Rz. 6; von Oefele/Winkler Rz. 6.19), bei Gesamterbbaurecht die einzelnen Eigentümer als Gesamtgläubiger nach § 428 BGB sein (von Oefele/Winkler Rz. 6.23). Abweichende Vereinbarungen sind unzulässig. Als reallastartiges Recht wird der Erbbauzins „aus dem Erbbaurecht“ geschuldet; **Schuldner** ist der erste Erbbauberechtigte, seine Einzelnachfolger (Erwerber) an sich nur bei Übernahme der Verpflichtung (vgl. Rz. 38 und 41). Nach § 1108 Abs. 1 BGB haftet aber auch ohne ausdrückliche Übernahme der jeweilige Erbbauberechtigte persönlich (aber nur für die durch Reallast gesicherte Verpflichtung, nicht also, wenn die dingliche Sicherung vereinbarter Erhöhungen unterblieben ist). 48

c) Inhalt des Erbbauzinses

Bis zum Inkrafttreten des SachenRÄndG waren zulässiger Inhalt des Erbbauzinses (und der Reallast) die Art der regelmäßigen Leistung, die Erbbauzinshöhe und die Zahlungsweise; dabei musste nach § 9 Abs. 2 Satz 1 ErbbauRG aF der Erbbauzins nach Zeit und Höhe für die gesamte Erbbauzeit im voraus bestimmt sein. Anpassungsvereinbarungen konnten nur separat getroffen und durch eine Vormerkung gesichert werden. Diese Rechtslage hat sich durch die Änderung des § 9 ErbbauRG durch das SachenRÄndG und erneut durch das EuroEG v. 15.6.1998 (BGBl. I, 1241), das durch Ergänzung des § 1105 BGB gleichzeitig die nach der Rechtspraxis für normale Reallasten bereits als zulässig anerkannten Anpassungsklauseln als Reallastinhalt kraft Gesetzes ermöglicht, geändert und entscheidend verbessert. 49

aa) Art der Leistung, Zeit und Höhe

50 **Art der Leistung** können nach wie vor regelmäßige Geldzahlungen oder auch Sachleistungen sein; zulässig ist auch die Vereinbarung, dass der Erbbauberechtigte an Stelle eines festgesetzten Geldbetrages genau bestimmte Sachleistungen erbringen darf oder auf Verlangen des Grundstückeigentümers muss (OLG Celle DNotZ 1955, 315; „Roggenklausel": BGH WuM 1984, 406; „Weizenklausel": BGH WuM 1985, 417).

51 Eine Bestimmung des Erbbauzinses nach **Zeit und Höhe** für die gesamte Erbbauzeit **kann, muss aber nicht** erfolgen. Die Festlegung kann in bestimmten unveränderlichen Beträgen, aber auch in Form einer Staffelung in Zeitetappen vorgenommen werden.

bb) Inhaltsgeeignete Anpassungsklauseln

52 Nach Wegfall der Mussbestimmung können nunmehr nach § 9 Abs. 1 ErbbauRG iVm. § 1105 Abs. 1 Satz 2 BGB Anpassungsklauseln **als Erbbauzinsinhalt** vereinbart werden, sofern die Vereinbarung beinhaltet, „dass die zu entrichtenden Leistungen sich ohne weiteres an veränderte Verhältnisse anpassen, wenn anhand der in der Vereinbarung festgelegten Voraussetzungen Art und Umfang der Belastung des Grundstücks bestimmt werden können". Ob eine Anpassungsklausel Inhalt der Erbbauzinsreallast und damit mit dieser verdinglicht werden kann, hängt von folgenden Kriterien ab:

53 **Echte Gleitklauseln** (vgl. Rz. 60 ff.) können Erbbauzinsinhalt sein (BayObLG Rpfleger 1996, 506). Sog. Leistungsvorbehalte, die lediglich einen Anspruch auf neues Aushandeln des Erbbauzinses gewähren, sind kein hinreichend bestimmbarer Maßstab und können – wie nach bisherigem Recht – lediglich schuldrechtlich vereinbart und durch eine Vormerkung gesichert werden (vgl. Rz. 63 ff.). Sog. Spannungsklauseln sind reallastfähig, wenn der gewählte Vergleichsmaßstab selbst zuverlässig feststellbar ist, wenn auch außerhalb des Grundbuchs und ggf. erst durch richterliche Entscheidung (Schöner/Stöber Rz. 1297d mwN).

54 Inhaltsfähig sind sowohl **automatisch wirkende** als auch **ein Anpassungsverlangen voraussetzende Gleitklauseln**, sofern nur die Klausel die Voraussetzungen einer echten Gleitklausel erfüllt. Dies entsprach bereits den Grundsätzen der bisherigen Rechtsprechung (s. auch von Oefele/Winkler Rz. 6.81 mwN).

55 Die **Wirkung der verdinglichten Gleitklausel** besteht darin, dass mit der Anpassung des Erbbauzinses auch eine automatische Verdinglichung eines jeden erhöhten (und ggf. ermäßigten) Erbbauzinses eintritt (BayObLG MittBayNot 1996, 372), ohne dass es einer Grundbucheintragung bedarf. Auch hier wirkt sich die völlige Gleichstellung der Erbbauzinsreallast mit der Reallast nach § 1105 BGB aus.

56 Das Gleiche gilt für die Frage der Mitwirkung nachrangiger Grundbuchberechtigter. Da die künftigen Erbbauzinserhöhungen der Erbbauzinsreallast innewohnen, ist bei Eintritt einer klauselbedingten Erhöhung **keine Zustimmung der Inhaber dinglicher Rechte** am Erbbaurecht erforderlich. – Wegen der Zustimmung zu nachträglichen Inhaltsänderungen vgl. Rz. 101 und 103.

cc) Gestaltung der Reallast als zwangsversteigerungsfest

57 Nach § 9 Abs. 3 Nr. 1 ErbbauRG kann als Erbbauzinsinhalt die Reallast zwangsversteigerungsfest gestaltet werden, dh. abweichend von § 52 Abs. 1 ZVG das Bestehenbleiben des Hauptanspruchs auch für den Fall vereinbart und verdinglicht werden, dass die Zwangsversteigerung aus einem vor- oder gleichrangigen Recht oder aus der Reallast selbst oder aber (bei Wohnungserbbaurecht) von dem Inhaber der in § 10 Abs. 1 Nr. 2 ZVG genannten Ansprüche betrieben wird und die Reallast somit nicht in das geringste Gebot fällt. Sind auf dem Erbbaurecht bereits vor- oder gleichrangige dingliche Rechte eingetragen, bedarf eine solche Vereinbarung zu ihrer Wirksamkeit der Zustimmung der Inhaber dieser Rechte (§ 9 Abs. 3 Satz 2 ErbbauRG). Eine mit dem Zwangsversteigerungsschutz ausgestattete Erbbauzinsreallast ist durch vor- oder gleichrangige Rechte, insbesondere Grundpfandrechte, nicht mehr gefährdet, die früher im Falle eines Rangrücktritts hinter Grundpfandrechte übliche Stillhalteerklärung entbehrlich.

dd) Ständiger Vorrangsvorbehalt

58 Als Pendant zum Zwangsversteigerungsschutz eröffnet § 9 Abs. 3 Nr. 2 ErbbauRG schließlich die Möglichkeit, dem Erbbauberechtigten einen ständigen Vorrangsvorbehalt für eine Grundschuld, Hypothek oder Rentenschuld als Erbbauzinsinhalt einzuräumen. Auch diese Vereinbarung bedarf ggf. der Zustimmung vor- oder gleichrangiger Rechtsinhaber am Erbbaurecht (§ 9 Abs. 3 Satz 2 ErbbauRG). Der Inhalt des Vorbehalts muss hinsichtlich des Umfangs (Kapitalbetrag, Zinsen, Nebenleistungen) genau festgelegt sein und kann wiederholt ausgeübt werden (von Oefele/Winkler Rz. 6.58).

d) Erbbauzins-Anpassungsklauseln

59 Bei den auf eine lange Dauer angelegten Erbbaurechten bestand schon immer das Bedürfnis, den vereinbarten Erbbauzins nicht unveränderlich festzuschreiben, sondern Regeln über seine Anpassung an veränderte wirtschaftliche Verhältnisse aufzustellen, um so ein Missverhältnis zwischen Leistung und Gegenleistung zu vermeiden. Bis zum Inkrafttreten des SachenRÄndG (1.10.1994) mit der Neufassung des § 9 ErbbauRG konnten solche Anpassungsklauseln nur – neben dem Erbbauzins – schuldrechtlich vereinbart und durch eine Vormerkung im Grundbuch gesichert werden. Der Nachteil: Eine dingliche Wirkung (für und gegen Rechtsnachfolger) hatte die Vormerkung nicht. Durch den neugefassten § 9 ErbbauRG ist die Möglichkeit eröffnet worden, bestimmte Anpassungsklauseln als Inhalt des Erbbauzinses und der Reallast zu vereinbaren, sie damit zu verdinglichen (Rz. 52) und sie – mitsamt dem Erbbauzins – sogar zwangsversteigerungsfest zu machen (Rz. 57). Das gilt insbesondere für die echten Gleitklauseln (Rz. 60 ff.), während sog. Leistungsvorbehalte und bestimmte Spannungsklauseln (Rz. 63 ff.) weiterhin nur schuldrechtlich vereinbart und durch eine Vormerkung gesichert werden können.

aa) Inhaltsgeeignete Anpassungsklauseln

60 Als Inhalt des Erbbaurechts und der Reallast können **echte Gleitklauseln** (Wertsicherungsklauseln) vereinbart werden (Rz. 52 ff.), das sind Klauseln, bei denen die Erbbauzinsanpassung von einer sachfremden Bezugsgröße abhängig gemacht und nach diesem festgelegten Maßstab durchgeführt wird. Gleichgültig ist dabei, ob die Anpassung automatisch oder erst auf Verlangen eines Beteiligten erfolgt (Rz. 54).

61 **Beispiel für zulässige Bezugsgröße:**
Verbraucherpreisindex für Deutschland des statistischen Bundesamtes.

62 Die Zulässigkeit von Preisklauseln ist im Preisklauselgesetz v. 7.9.2007 geregelt (BGBl. I, 2246, 2247; hierzu Böttcher Rpfleger 2009, 550, 551). Das grundsätzliche Preisklauselverbot (§ 1 Abs. 1 PrKG) gilt demnach nicht für Erbbaurechtsverträge mit einer Laufzeit von mehr als 30 Jahren (§ 4 PrKG). In Erbbaurechtsverträgen mit einer Laufzeit von weniger als 30 Jahren sind Preisklauseln unter den Voraussetzungen der §§ 2 und 3 PrKG zulässig. Der Erbbaurechtsvertrag muss daher eine Laufzeit von mindestens zehn Jahren haben, gerechnet vom Vertragsschluss bis zur Fälligkeit der letzten Zahlung; ferner muss der geschuldete Betrag durch die Änderung eines von dem Statistischen Bundesamt oder einem Statistischen Landesamt ermittelten Preisindizes für die Gesamtlebenshaltung oder eines vom Statistischen Amt der Europäischen Gemeinschaft ermittelten Verbraucherpreisindizes bestimmt werden (§ 3 Abs. 1 lit. d PrKG). Schließlich muss die Wertsicherungsklausel hinreichend bestimmt sein und darf keine unangemessene Benachteiligung enthalten (§ 2 Abs. 1 bis 3 PrKG). Vgl. auch von Oefele/Winkler Rz. 6.151a; Ingenstau/Hustedt § 9 ErbbauRG Rz. 79 ff.; Böttcher Rpfleger 2009, 550, 552. Ob das Grundbuchamt die Zulässigkeit einer Preisklausel außerhalb des § 4 PrKG zu prüfen hat, ist umstritten (dafür OLG Celle DNotZ 2008, 779; Staudinger/Rapp § 9 ErbbauRG Rz. 26; aA Reul NotBZ 2008, 453; Schöner/Stöber Rz. 3272; Böttcher Rpfleger 2009, 550, 552).

bb) Schuldrechtliche Anpassungsklauseln

63 Nicht inhaltsgeeignet sind die sog. Leistungsvorbehalte und (je nach Vergleichsmaßstab) Spannungsklauseln (vgl. auch von Oefele/Winkler Rz. 6 156; Rz. 53).

64 Eine **Spannungsklausel** liegt vor, wenn der vereinbarte Bewertungsmaßstab einen unmittelbaren Bezug zum Erbbaurecht (gleichartig oder zumindest vergleichbar) hat (§ 1 Abs. 2 Nr. 2 PrKG; BGH NJW 1979, 1888; NJW 1983, 1909). Das ist zB der Fall bei einer Anknüpfung des Erbbauzinses an den Mietertrag aus dem Erbbaurecht (BGH NJW 1976, 422; nicht an die Mietentwicklung allgemein) oder an einen vom Erbbauberechtigten selbst eingenommenen Erbbauzins, etwa bei Bestellung eines Untererbbaurechts (BGH NJW 1979, 1545). Eine solche Klausel bleibt auch dann genehmigungsfrei, wenn sie die Anpassung automatisch auslöst.

65 Von einem **Leistungsvorbehalt** spricht man bei einer Klausel, die hinsichtlich des Ausmaßes der Änderung des geschuldeten Erbbauzinses einen Ermessensspielraum lässt, der es ermöglicht, die neue Höhe des Erbbauzinses nach Billigkeitsgrundsätzen zu bestimmen (§ 1 Abs. 2 Nr. 1 PrKG). Hierher gehören Klauseln wie die „Verpflichtung, den Erbbauzins alle drei Jahre den wirtschaftlichen Verhältnissen anzupassen" oder eine Anpassung an die wirtschaftlichen Verhältnisse vorzunehmen, „wenn sich nach den Festlegungen des Gutachterausschusses der Grundstückswert seit der letzten Festsetzung des Erbbauzinses um mehr als 25 % erhöht hat" oder „wenn sich der Lebenshaltungskostenindex aller privaten Haushalte nach den Angaben des Statistischen Bundesamtes seit der letzten Festsetzung des Erbbauzinses um mehr als 15 Prozentpunkte erhöht oder ermäßigt hat". Nach OLG Hamm (Rpfleger 1995, 499) gilt auch für solche durch Vormerkung zu sichernde Klauseln der Bestimmtheitsgrundsatz, dem mit der Formulierung „wesentliche Änderung der wirtschaftlichen Verhältnisse, die sich aus der Änderung der Lebenshaltungskosten sowie der Löhne und Gehälter ergibt" ausreichend Rechnung getragen sei. Diesen Klauseln ist vor allem gemeinsam, dass sie keine automatische Anpassung zur Folge haben und für die Neufestsetzung im Einzelnen jedenfalls einen gewissen Ermessensspielraum offen lassen. Dabei ist zu unterscheiden zwischen dem Anpassungsauslöser (oben zB die Wertsteigerung, die Indexveränderung) und dem Anpassungsmaßstab (zB die Veränderung der wirtschaftlichen Verhältnisse). Ist in einem vor dem Inkrafttreten des § 9a ErbbauRG geschlossenen Erbbaurechtsvertrag die Höhe des Erbbauzinses in der Weise an den Grundstückswert gekoppelt, dass in bestimmten Zeitabständen die Änderung des Erbbauzinses verlangt werden kann, wenn sich der Grundstückswert um einen bestimmten Prozentsatz geändert hat, kann die ergänzende Vertragsauslegung ergeben, dass eine Erhöhung des Erbbauzinses auch dann möglich ist, wenn seit der letzten Erhöhung der Grundstückswert nicht gestiegen ist, die vorhergehende Erhöhung jedoch wegen der Kappungsgrenze in § 9a Abs. 1 ErbbauRG nicht die nach der Vereinbarung mögliche Höhe erreicht hat (BGH Rpfleger 2007, 68; Böttcher Rpfleger 2007, 526, 527).

66 Bei Eintritt der Anpassungsklauselvoraussetzungen erfolgt die Leistungsbestimmung im Rahmen des gegebenen Ermessensspielraums je nach Vereinbarung entweder durch einen Beteiligten (nach §§ 315, 316 BGB in den engen Grenzen der Billigkeit) oder durch einen Dritten (nach §§ 317 ff. BGB innerhalb eines relativ weiten Ermessensspielraums, wobei die Festlegung lediglich nicht offenbar unbillig sein darf). Auf diesen unterschiedlichen Billigkeitsrahmen beschränkt sich das Prüfungsrecht des Gerichts in einem Prozess. Die Überlassung des Bestimmungsrechts an einen Dritten ist idR eine Schiedsgutachtenvereinbarung, kein Schiedsvertrag (Räfle § 9 ErbbauVO Rz. 50).

67 Die Spannungsklauseln und Leistungsvorbehalte sind **genehmigungsfrei** (§ 1 Abs. 2 Nr. 1 und 2 PrKG).

68 Die **Anspruchssicherung** im Grundbuch kann durch eine **Vormerkung** erfolgen (st. Rspr. des BGH: DNotZ 1974, 90; DNotZ 1987, 360), der die übliche rangwahrende Wirkung zukommt. Eine automatische Wirkung für und gegen Sonderrechtsnachfolger des Erbbauberechtigten und des Grundstückseigentümers tritt dadurch aber nicht ein; vielmehr muss der Erbbaurechtserwerber die Klauselpflichten ausdrücklich übernehmen (BGH aaO), auf Seiten des Grundstückseigentümers bedarf es der Abtretung der Ansprüche an den Erwerber (BGH NJW 1983, 986).

69 Ein **Zwangsversteigerungsschutz**, wie er jetzt bei der Erbbauzinsreallast einschließlich der zu ihrem Inhalt gemachten Anpassungsklausel bewirkt werden kann (Rz. 57), ist hier **nicht möglich**, so

dass die Vormerkung bei einer Zwangsversteigerung aus einem vor- oder gleichrangigen Recht mit dem Zuschlag erlischt.

cc) Beschränkung für Wohnerbbaurechte

§ 9a ErbbauRG schränkt die Vertragsfreiheit für sämtliche Anpassungsklauseln in gewissem Umfang ein. Die Vorschrift ist unabdingbar und regelt im Einzelnen: 70

Ihr unterliegen **alle Anpassungsklauseln**, inhaltsgeeignete wie schuldrechtliche, aber nur insoweit, als sie Erbbauzins**erhöhungen** regeln. 71

Sie gilt **nur für Erbbaurechte zu Wohnzwecken**, gleichgültig, ob der Erbbauberechtigte das Gebäude selbst nutzt oder vermietet. Maßgebend ist die Zweckbestimmung im Vertrag, uU aber auch die tatsächliche Nutzung (Räfle § 9a ErbbauVO Rz. 4 ff.). Auch Zweit- und Ferienwohnungen genießen den Schutz der Vorschrift, wenn sie nicht gewerbsmäßig vermietet werden, ebenso Altenwohnheime, nicht aber Altenpflege- und sonstige Pflegeheime, Hotels, Jugendherbergen (Räfle aaO). Bei gemischter Nutzung erfolgt eine wertmäßige Aufteilung des Erbbauzinses; der Schutz ergreift nur den Wohnanteil. 72

Die Vorschrift enthält eine **Sperrfrist von drei Jahren für Erbbauzinserhöhungen** (nicht auch für Herabsetzungen). Ein längerer Anpassungsrhythmus darf aber vereinbart werden. Die Frist beginnt mit der Vereinbarung der Anpassungsklausel (Vertragsabschluss, BGH NJW-RR 1989, 138) bzw. mit der jeweils letzten Erhöhung. Die Geltendmachung eines Erhöhungsverlangens ist bereits vor Ablauf der Sperrfrist zulässig, aber nur für die Zeit danach. 73

Schließlich verlangt die Vorschrift eine **Billigkeitsprüfung** jeder Erbbauzinserhöhung. Dabei unterliegt der Prüfung nicht die Anpassungsklausel selbst, sondern das nach Anwendung der Klausel gefundene Ergebnis, dh. der Umfang des Erhöhungsanspruchs (BGH WuM 1979, 1332). Dieser darf regelmäßig den Umfang der seit Vertragsabschluss (oder letzter Anpassung) eingetretenen Änderung der allgemeinen wirtschaftlichen Verhältnisse nicht übersteigen. Dieser allgemein gehaltene Billigkeitsmaßstab ist durch die Rechtsprechung des BGH inzwischen weitgehend festgelegt: Es sind im gleichen Verhältnis die Lebenshaltungskosten und die Bruttoeinkommen (BGHZ 75, 279; 77, 188; BGH NJW 1992, 2088; BGH ZNotP 2007, 96; vgl. von Oefele/Winkler Rz. 6 191 ff.). Der BGH hat dabei bewusst eine gewisse Eingrenzung in Kauf genommen, um praxisgerechte Lösungen zu finden. Festsetzungen durch Schiedsgutachter wird ein relativ großer Spielraum eingeräumt (durch BGH NJW 1991, 2761 eine Abweichung von fast 17 % von dem vom Gericht für angemessen gehaltenen Ergebnis). 74

Zur nachträglichen Änderung, Aufhebung oder Löschung der Erbbauzinsreallast vgl. auch Rz. 101 ff. Zu Erbbauverträgen ohne Anpassungsklauseln s. Rz. 105. 75

e) Erbbauzins im SachenRBerG

Zu den gesetzlichen Besonderheiten des Erbbauzinses nach dem SachenRBerG bei der Überführung von Gebäudeeigentum in ein Erbbaurecht in den neuen Bundesländern vgl. Rz. 96 ff. 76

f) Keine Übertragung, Verpfändung, Pfändung

§ 9 Abs. 2 Satz 2 ErbbauRG bestimmt die Untrennbarkeit von Erbbauzins und Grundstück; deshalb kann der Erbbauzins nicht Gegenstand besonderer Rechte sein (vgl. auch Rz. 48 zum Gläubiger des Erbbauzinses); er ist somit für sich allein nicht übertragbar, nicht verpfändbar und nicht pfändbar (Ingenstau/Hustedt § 9 ErbbauRG Rz. 17; Räfle § 9 ErbbauVO Rz. 22). 77

5. Grundbuchverfahren, Rang

Wegen der zu beachtenden **Form** der beim Grundbuchamt einzureichenden Urkunden und abzugebenden Erklärungen enthalten die einzelnen Muster Hinweise (s. auch Rz. 4). 78

79 Nach § 10 Abs. 1 Satz 2 ErbbauRG muss dem Erbbaurecht auf dem Grundstück der **erste Rang** verschafft werden. Andernfalls wäre es nichtig und von Amts wegen zu löschen (Rz. 36). Eine „Heilung" durch Rangberichtigung ist ausgeschlossen (OLG Hamm Rpfleger 1976, 131).

80 **Außer Betracht** bleiben nach § 10 Abs. 1 Satz 2 ErbbauRG Rechte, die **ohne Grundbucheintrag dingliche Wirkung** haben (gesetzliche Vorkaufsrechte; Überbau- und Notwegrechte; altrechtliche Grunddienstbarkeiten, BayObLG Rpfleger 1982, 339; vgl. auch Panz, Zum Rang des Erbbaurechts, BWNotZ 1991, 133).

81 **Unschädlich** sind eingetragene **Widersprüche oder Verfügungsbeschränkungen** (zB Heimstätten-, Umlegungs-, Zwangsversteigerungsvermerk, wobei das Erbbaurecht bei Zuschlag in der Zwangsversteigerung allerdings erlöschen würde, Räfle § 10 ErbbauVO Rz. 5). S. auch Helwig, Erbbaugrundstücke in der Zwangsversteigerung, Rpfleger 1989, 389, zu den Auswirkungen der Grundstückszwangsversteigerung auf das Erbbaurecht.

82 Ob ein **Nacherbenvermerk** die Erbbaurechtseintragung verbietet, hängt von der Sachlage ab. Der befreite Vorerbe kann ohne weiteres ein gegen den Nacherben wirksames Erbbaurecht bestellen, ebenso der nichtbefreite Vorerbe, wenn der Nacherbe zustimmt. Auch ohne Zustimmung des Nacherben ist ein durch den nichtbereiten Vorerben bestelltes Erbbaurecht nach § 2113 BGB zunächst einmal wirksam. Es tangiert uU aber die Bedingungsfeindlichkeit nach § 1 Abs. 4 ErbbauRG (Rz. 25); das ist der Fall, wenn der Nacherbfall mit dem Tode des Vorerben (str., vgl. von Oefele/Winkler Rz. 2 150 ff.) oder einem ähnlich ungewissen Ereignis (zB Wiederverheiratung des Vorerben, Tod eines Dritten, von Oefele/Winkler Rz. 2 153) eintritt. Ist der Nacherbe dagegen auf einen bestimmten Zeitpunkt eingesetzt, kann der nichtbefreite Vorerbe bis zu diesem Zeitpunkt ein Erbbaurecht bestellen, das eintragungsfähig ist (von Oefele/Winkler aaO).

83 Nach § 10 Abs. 2 ErbbauRG können durch LandesVO „unschädliche" Ausnahmen vom Erstranggebot zugelassen werden (Aufzählung s. Palandt/Bassenge § 10 ErbbauRG Rz. 3).

84 Das von Amts wegen (nicht – wie bei alten Erbbaurechten, § 8 GBO – nur auf Antrag) anzulegende **Erbbaugrundbuch** verlautbart nach § 56 GBVfg als Bestand das Erbbaurecht unter Bezeichnung des belasteten Grundstücks und dessen Eigentümers, ferner etwaige Veräußerungs- und Belastungsbeschränkungen nach § 5 ErbbauRG (nach BayObLG WM 1979, 1278 hierfür auch Bezugnahme auf die Eintragungsbewilligung zulässig), auch Beschränkungen des Erbbaurechts durch Bedingungen und Befristungen, also die Dauer. Der übrige eintragungsfähige Inhalt kann durch Bezugnahme auf die Eintragungsbewilligung „eingetragen" werden (§ 874 BGB, § 56 Abs. 2 GBVfg). Die Eintragungsbewilligung muss klar erkennen lassen, welche Bestimmungen zum Inhalt des Erbbaurechts gehören sollen. Unklare Formulierungen wie „Inhalt nach §§ …, soweit gesetzlich zulässig" reichen nicht aus (Palandt/Bassenge § 2 ErbbauRG Rz. 1).

M 49.1 Bestellung eines Erbbaurechts[1] – unbebautes Grundstück

(Urkundeneingang)[2]

Erbbauvertrag

zwischen

… (Name des Grundstückseigentümers)

– Grundstückseigentümer –

und

… (Name des Erbbauberechtigten)

– Erbbauberechtigter –

1 Rz. 1 ff.
2 Wegen der Form s. Rz. 4.

Der Erbbauberechtigte bestätigt, dass ihm gem. § 17 Abs. 2a BeurkG mindestens zwei Wochen vor der heutigen Beurkundung von dem beurkundenden Notar oder einem Notar, mit dem sich der beurkundende Notar zur gemeinsamen Berufsausübung verbunden hat, der beabsichtigte Text des Vertrages zur Prüfung und Durchsicht zur Verfügung gestellt wurde, so dass er ausreichend Gelegenheit hatte, sich mit dem Gegenstand der Urkunde auch durch Rücksprache mit dem Notariat auseinanderzusetzen[3].

Der Notar fragte nach einer Vorbefassung iSd. § 3 Abs. 1 Nr. 7 BeurkG; sie wurde von den Beteiligten verneint.

§ 1 Bestellung des Erbbaurechts

(1) Der Grundstückseigentümer ist im Grundbuch von ... (Grundbuchamt) als Eigentümer folgenden Grundstücks eingetragen:

Grundbuch Band/Blatt ... (Nummer):

Flurstück Nr. ... (Nummer und weiterer Grundstücksbeschrieb).

(2) Der Grundstückseigentümer bestellt hiermit an diesem Grundstück für den Erbbauberechtigten – für mehrere Berechtigte zu gleichen Bruchteilen – ein Erbbaurecht gem. dem Gesetz über das Erbbaurecht vom 15.1.1919 in der jeweils gültigen Fassung.

(3) Das Erbbaurecht beginnt mit dem Tage der Eintragung in das Grundbuch[4] *und erlischt mit dem Ablauf des 99. Jahres*[5].

(4) Das Erbbaurecht erstreckt sich auf das gesamte Grundstück, somit auch auf den für das vorgesehene Gebäude nicht erforderlichen Teil[6].

(5) Das Grundstück wird dem Erbbauberechtigten am ... (Datum) übergeben (Besitzübergang). Vom gleichen Tag an gehen Lasten, Abgaben und Steuern, Haftung, Verkehrssicherungspflicht und Gefahr – und zwar sowohl bezüglich des Grundstücks als auch bezüglich des Erbbaurechts – auf den Erbbauberechtigten über.

§ 2 Erbbauzins[7]

(1) Der Erbbauberechtigte hat an den jeweiligen Grundstückseigentümer einen jährlichen Erbbauzins von aufgerundet ... Euro zu bezahlen. Diesem Erbbauzins liegen ein Quadratmeterpreis von ... (Quadratmeterpreis) Euro und eine Verzinsung von ... % zugrunde.

(2) Die Zahlungspflicht beginnt mit dem Zeitpunkt des Besitzübergangs. Der Erbbauzins ist in halbjährlichen Raten jeweils am Ende eines Kalenderhalbjahres zu bezahlen.

(3) Die Verpflichtung zur Zahlung des Erbbauzinses ist durch eine an erster Rangstelle einzutragende Reallast zu sichern[8].

(4) Als weiterer dinglicher Inhalt des Erbbauzinses wird Folgendes vereinbart:

1. *Die Reallast bleibt abweichend von § 52 Abs. 1 ZVG mit ihrem Hauptanspruch bestehen, wenn der Grundstückseigentümer aus der Reallast oder der Inhaber eines im Range vorgehenden oder gleichstehenden dinglichen Rechts oder der Inhaber der in § 10 Abs. 1 Nr. 2 des Gesetzes über die Zwangsversteigerung und die Zwangsverwaltung genannten Ansprüche auf Zahlung der Beiträge zu den Lasten und Kosten des Wohnungserbbaurechts die Zwangsversteigerung des Erbbaurechts betreibt*[9].

---

3 Wenn der Erbbauberechtigte Verbraucher und der Grundstückseigentümer Unternehmer ist.
4 Frühestmöglicher Zeitpunkt, s. Rz. 24.
5 Rz. 24.
6 Rz. 10 f.
7 Rz. 43 ff. Verbreitet ist eine Verzinsung zwischen 4–6 %.
8 Wichtig zur Verdinglichung (und wegen § 1108 BGB), da die Pflicht zur Erbbauzinszahlung nicht dinglicher Inhalt des Erbbaurechts wird, Rz. 44.
9 Nach § 9 Abs. 3 Nr. 1 ErbbauRG; s. Rz. 57, auch wegen erforderlicher Zustimmungen.

2. *Der jeweilige Erbbauberechtigte ist dem jeweiligen Inhaber der Reallast gegenüber berechtigt, das Erbbaurecht im Range vor der Reallast mit Grundpfandrechten bis zu ... Euro nebst bis zu ... % Jahreszinsen ab dem Tag der Eintragung des Grundpfandrechts sowie einer einmaligen Nebenleistung bis ... % des Kapitals zu belasten*[10].

(5) Bis zum Tage der Eintragung des Erbbaurechts im Grundbuch wird der vereinbarte Erbbauzins als pachtähnliches Nutzungsentgelt für das Erbbaugrundstück geschuldet.

(6) Der Erbbauberechtigte unterwirft sich wegen der schuldrechtlichen Verpflichtung zur Zahlung des Erbbauzinses sowie wegen des dinglichen und persönlichen Anspruchs aus der bestellten Reallast der sofortigen Zwangsvollstreckung aus dieser Urkunde in sein gesamtes Vermögen. Vollstreckbare Ausfertigung darf ohne weitere Nachweise erteilt werden. Eine Umkehr der Beweislast ist damit nicht verbunden.

§ 3 Anpassungsklausel[11]

(1) Grundstückseigentümer und Erbbauberechtigter verpflichten sich gegenseitig, innerhalb des durch § 9a ErbbauRG festgelegten Rahmens den Erbbauzins angemessen zu erhöhen oder herabzusetzen, wenn sich die allgemeinen wirtschaftlichen Verhältnisse seit der letzten Festsetzung des Erbbauzinses wesentlich geändert haben.

(2) Der Anpassungsanspruch kann nur bei Eintritt folgender Voraussetzungen und in folgender Weise geltend gemacht werden:

1. *Der vom statistischen Bundesamt oder einer entsprechenden Nachfolgeorganisation ermittelte Verbraucherpreisindex für Deutschland (Basisjahr 2010 = 100) muss sich seit der letzten Festsetzung um mehr als 10 % (nicht Prozentpunkte) geändert haben. Erster Vergleichsindex ist der für den Monat des Besitzübergangs nach diesem Vertrag.*
2. *Eine Erbbauzinserhöhung kann frühestens drei Jahre seit der letzten Festsetzung verlangt werden (§ 9a ErbbauRG).*
3. *Der neue Erbbauzins wird ab dem Monat geschuldet, der der Geltendmachung der Anpassung folgt.*

(3) Ein auf Grund der Anpassungsklausel geschuldeter weiterer Erbbauzins ist durch eine weitere Erbbauzinsreallast im Grundbuch zu sichern.

(4) Der bedingte Anspruch des Grundstückseigentümers auf Eintragung weiterer Erbbauzinsreallasten nach Abs. 3 ist durch eine Vormerkung im Grundbuch zu sichern[12].

(5) Die Veränderung der Erbbauzinshöhe ist im Grundbuch zu vermerken, und zwar im Falle der Erhöhung durch Umschreibung der in Abs. 4 vereinbarten Vormerkung im Umfang der Erhöhung, im Falle der Herabsetzung durch entsprechende Teillöschung der Erbbauzinsreallast. Die Beteiligten verpflichten sich, die entsprechenden Grundbucherklärungen abzugeben.

(6) Im Falle der Erhöhung des Erbbauzinses gem. der vorstehenden Wertsicherungsvereinbarung ist der Erbbauberechtigte verpflichtet, sich auf eigene Kosten und jederzeitiges schriftliches Verlangen des jeweiligen Grundstückseigentümers diesem gegenüber wegen des Erhöhungsbetrages der sofortigen Zwangsvollstreckung aus notarieller Urkunde zu unterwerfen und die Erteilung einer vollstreckbaren Ausfertigung ohne besonderen Nachweis zu gestatten.

---

10 Nach § 9 Abs. 3 Nr. 2 ErbbauRG; s. Rz. 58, auch wegen erforderlicher Zustimmungen.

11 Im Muster ist eine sog. Leistungsvorbehaltsklausel gewählt, die nur schuldrechtlich vereinbart und durch eine Vormerkung gesichert werden kann; die Absicherung durch Anpassungsvormerkung und Eintragung entsprechender Inhaltsänderungen bei jeder Erhöhung ist mühsam; trotz größerer Flexibilität der Leistungsvorbehaltsklausel werden daher häufig Gleitklauseln mit Absicherung durch wertgesicherte Reallast den Parteiinteressen eher entsprechen (dazu **M 49.2**); s. Rz. 65. Wegen Alternativen, die Inhalt des Erbbauzinses sein können, s. Rz. 60 f. und **M 49.2** und **M 49.3**.

12 Die Vormerkung sichert alle künftigen Erhöhungsansprüche (nach BayObLGZ 1977, 93 zulässig). Die Grundbuchämter neigen bei einer Umschreibung der Vormerkung in eine neue Erbbauzinsreallast zur Gewährung rechtlichen Gehörs für nachrangige Berechtigte (damit diese die Ordnungsmäßigkeit der Erhöhungsvereinbarung prüfen können).

§ 4 Errichtung von Bauwerken[13]

(1) Die Erbbaurechtsbestellung erfolgt zur Errichtung folgenden Bauwerks:

... (Beschreibung des Bauwerks)[14]*.*

(2) Die Errichtung hat bis spätestens ... (Datum) zu erfolgen[15]*.*

(3) Die Errichtung von Bauwerken jeder Art durch den Erbbauberechtigten setzt voraus, dass der Grundstückseigentümer dem behördlich genehmigten Plan schriftlich zustimmt.

(4) Errichtete Bauwerke dürfen nur mit schriftlicher Zustimmung des Grundstückseigentümers abgebrochen oder wesentlich verändert werden.

(5) Die Bauwerke mit allen wesentlichen Bestandteilen und dem gesetzlichen Zubehör sind in einem guten baulichen Zustand zu erhalten und bei einer Zerstörung wiederaufzubauen. Sie sind – nach Möglichkeit bereits während der Bauzeit – zum gleitenden Neuwert gegen Feuer und Elementarschäden zu versichern und fortlaufend versichert zu halten[16]*.*

(6) Wird das Bauwerk durch Brand oder ein sonstiges Ereignis, für das der Erbbauberechtigte eine Entschädigung erhält, ganz oder teilweise zerstört, so ist der Erbbauberechtigte zum Wiederaufbau verpflichtet[17]*.*

§ 5 Lasten[18]

(1) Der jeweilige Erbbauberechtigte hat die auf das Erbbaugrundstück und das Bauwerk entfallenden öffentlichen und privaten Lasten und Abgaben, insbesondere Versicherungsbeiträge und Steuern, sowie die Kosten der Bauerrichtung und -unterhaltung zu tragen.

(2) Sämtliche auf das Grundstück entfallenden Erschließungs- und Anliegerbeiträge gehen zu Lasten des Erbbauberechtigten. Er hat den Grundstückseigentümer gegenüber der Gemeinde von jeder Inanspruchnahme freizustellen.

§ 6 Veräußerung und Belastung[19]

Die Veräußerung des Erbbaurechts sowie seine Belastung mit Hypotheken, Grund- oder Rentenschulden, Reallasten sowie Dauerwohn- oder Dauernutzungsrechten bedürfen der Zustimmung des Grundstückseigentümers.

§ 7 Heimfallanspruch[20]

(1) Der jeweilige Grundstückseigentümer kann vom Erbbauberechtigten die Übertragung des Erbbaurechts auf sich selbst oder einen von ihm bezeichneten Dritten verlangen (Heimfallanspruch), wenn

1. *der Erbbauberechtigte in Vermögensverfall gerät, insbesondere wenn über sein Vermögen das Insolvenzverfahren eröffnet oder die Zwangsvollstreckung in das Erbbaurecht betrieben wird;*
2. *der Erbbauberechtigte mit dem Erbbauzins mindestens in Höhe zweier Jahresbeträge im Rückstand ist (§ 9 Abs. 4 ErbbauRG);*
3. *der Erbbauberechtigte gegen seine Verpflichtungen nach §§ 4 und 5 dieses Vertrages verstößt. Im Falle des Verstoßes gegen die Bauerrichtungsfrist nach § 4 Abs. 2 besteht der Anspruch aber nicht, wenn der Erbbauberechtigte die Verzögerung nicht zu vertreten hat;*
4. *sich die Bauabsicht endgültig zerschlägt oder das Bauwerk nach Ablauf von zehn Jahren noch nicht errichtet ist.*

---

13 Rz. 17 ff.
14 Rz. 22.
15 Rz. 29.
16 Rz. 29.
17 Rz. 29.
18 Rz. 29.
19 Rz. 113 ff.
20 Rz. 130 ff.

(2) Macht der Grundstückseigentümer von seinem Heimfallanspruch gem. Abs. 1 Gebrauch oder erlischt das Erbbaurecht durch Zeitablauf, so hat der Grundstückseigentümer dem Erbbauberechtigten für die in zulässiger Weise errichteten Bauwerke eine Entschädigung in Höhe des Wertes zu entrichten, den sie bei Entstehung des Anspruchs haben. Für ungenehmigt errichtete Bauwerke und Anlagen wird keine Entschädigung geschuldet.

(3) Einigen sich die Beteiligten nicht auf eine Entschädigungssumme, so wird diese durch einen Sachverständigen festgesetzt, der bei Nichteinigung der Beteiligten vom Präsidenten der örtlichen Architektenkammer auf Antrag eines der Beteiligten zu bestimmen ist.

(4) Auf die Entschädigungssumme werden Belastungen des Erbbaurechts mit dem Betrag der Ablösesumme oder ihres Wertes angerechnet. Forderungen des Grundstückseigentümers gegen den Erbbauberechtigten können verrechnet werden.

(5) Der Grundstückseigentümer hat die Entschädigungssumme in zwei gleichen Jahresraten zu bezahlen, und zwar die erste Hälfte an dem der Entstehung des Heimfallanspruchs folgenden 15. Januar, frühestens aber nach drei Monaten, die zweite Hälfte am 15. Januar des darauffolgenden Jahres. Die Entschädigungssumme ist in der nichtgezahlten Höhe ab dem Zeitpunkt des Entstehens des Heimfallanspruchs mit 2 % über dem jeweiligen Basiszinssatz jährlich zu verzinsen.

§ 8 Vorrecht auf Erneuerung[21]

Der Grundstückseigentümer räumt dem jeweiligen Erbbauberechtigten ein Vorrecht auf Erneuerung des Erbbaurechts nach § 31 ErbbauRG ein.

§ 9 Vorkaufsrechte

(1) Der Grundstückseigentümer räumt dem jeweiligen Erbbauberechtigten für die Dauer des Erbbaurechts ein dingliches Vorkaufsrecht für alle Verkaufsfälle an dem Erbbaugrundstück ein.

(2) Der Erbbauberechtigte räumt dem jeweiligen Grundstückseigentümer ein dingliches Vorkaufsrecht für alle Verkaufsfälle an dem Erbbaurecht ein.

§ 10 Sach- und Rechtsmängel

(1) Der Grundstückseigentümer hat dem Erbbaurecht die erste Rangstelle zu verschaffen. Miet- und Pachtverhältnisse bestehen nicht. Ansprüche wegen Baulasten, nicht eingetragener Dienstbarkeiten oder nachbarrechtlicher Beschränkungen sind ausgeschlossen, sofern nicht Vorsatz des Grundstückseigentümers vorliegt. Baulasten, nicht eingetragene Dienstbarkeiten und nachbarrechtliche Beschränken sind dem Grundstückseigentümer nicht bekannt.

(2) Die Rechte des Erbbauberechtigten wegen eines Sachmangels des Grundstücks sind ausgeschlossen. Dies gilt auch für alle Ansprüche auf Schadensersatz, es sei denn, der Grundstückseigentümer handelt vorsätzlich. Versteckte Mängel, insbesondere Altlasten oder sonstige schädliche Bodenveränderungen sind dem Grundstückseigentümer nicht bekannt.

(3) Hinsichtlich von Schadensersatzansprüchen bleibt die Haftung für vorsätzlich oder grob fahrlässig verursachte Schäden und für Schäden aus der Verletzung des Lebens, des Körpers oder der Gesundheit, die auf einer auch leicht fahrlässigen Pflichtverletzung des Grundstückseigentümers beruhen, unberührt. Einer vorsätzlichen oder fahrlässigen Pflichtverletzung des Grundstückseigentümers steht diejenige seines gesetzlichen Vertreters oder Erfüllungsgehilfen gleich[22].

(4) Die Beteiligten vereinbaren die Bebaubarkeit des Grundstücks mit ... als Beschaffenheit, ohne dass der Grundstückseigentümer hierfür eine Garantie übernimmt. Sollte diese Bebaubarkeit nicht gegeben sein, kann der Erbbauberechtigte vom Vertrag zurücktreten, nicht allerdings die Herabsetzung des Kaufpreises (Minderung) oder Schadensersatz verlangen.

21 Rz. 32.

22 Bei einem Verbrauchervertrag (vgl. §§ 310 Abs. 3, 309 Nr. 7 BGB).

§ 11 Weitergabe von Rechten und Pflichten

Grundstückseigentümer und Erbbauberechtigter verpflichten sich, alle in diesem Vertrag enthaltenen Rechte und Pflichten auf Rechtsnachfolger zu übertragen und diese ebenfalls zur Weitergabe an ihre Rechtsnachfolger zu verpflichten[23].

§ 12 Kosten und Steuern

Die Kosten dieses Vertrages und seines Vollzugs trägt der Erbbauberechtigte, ebenso die anfallende Grunderwerbsteuer[24].

Grundbucherklärungen

Die Vertragsbeteiligten sind sich über die Bestellung des Erbbaurechts gem. § 1 einig[25]. *Sie bestimmen neben den gesetzlichen Vorschriften die Vereinbarungen in § 1 Abs. 3 und 4 sowie in §§ 4–8 dieses Vertrages zum Inhalt des Erbbaurechts*[26].

Sie bewilligen und beantragen, im Grundbuch einzutragen:

1. Zu Lasten des Grundstücks:
   a) das Erbbaurecht nach § 1,
   b) das Vorkaufsrecht nach § 9 Abs. 1, und zwar im Range nach dem Erbbaurecht;
2. zu Lasten des Erbbaurechts, für das ein gesondertes Erbbaugrundbuch anzulegen ist:
   a) § 1 Abs. 3 und 4 sowie die §§ 4–8 dieses Vertrages als Inhalt des Erbbaurechts,
   b) die Reallast für Erbbauzins mit dem Inhalt nach § 2 Abs. 1, 2 und 4,
   c) die Vormerkung für neue Erbbauzinsreallasten nach § 3 Abs. 1 bis 4,
   d) das Vorkaufsrecht nach § 9 Abs. 2

– lit. b-d in dieser Rangfolge nacheinander –.

Die Anträge dürfen nur zusammen vollzogen werden.

(Schlussformel)

23 Wichtig vor allem für die nur schuldrechtlich wirkenden Vereinbarungen, Rz. 37 ff.
24 Rz. 136 ff.
25 Rz. 4.
26 Rz. 84.

Kosten: *Notargebühr:* 2,0-Gebühr gem. Nr. 21100 KV GNotKG, mindestens 60 Euro. Geschäftswert für die Erbbaurechtsbestellung gem. §§ 43, 52 Abs. 2 S. 1 GNotKG, das 20-fache des Jahreserbbauzinses, es sei denn, 80 % des Grundstückswertes ist höher (§§ 43 S. 2, 49, Abs. 2 GNotKG). Die Wertsicherungsklausel bleibt unberücksichtigt § 52 Abs. 7 GNotKG. Die Wertsicherungsklausel bleibt unberücksichtigt § 52 Abs. 7 GNotKG. Geschäftswert des Vorkaufsrechts für den Eigentümer gem. §§ 51 Abs. 1 S. 2, 49 Abs. 2 GNotKG (die Hälfte von 80 % des Wertes des Grundstücks und des künftigen Gebäudes). Die Werte sind nach § 35 Abs. 1 GNotKG zu addieren, da verschiedene Gegenstände vorliegen. Das Vorkaufsrecht am Erbbaugrundstück ist, da es zum gesetzlichen Inhalt gehört, gegenstandsgleich zur Bestellung des Erbbaurechts und daher nicht besonders zu bewerten.

Gerichtsgebühren: Jeweils 1,0-Gebühr gem. Nr. 14121 für a) die Eintragung des Erbbaurechts, Geschäftswert gem. §§ 43, 52 Abs. 2 S. 1 GNotKG, das 20-fache des Jahreserbbauzinses, es sei denn, 80 % des Grundstückswertes ist höher (§§ 43 S. 2, 49, Abs. 2 GNotKG), b) die Eintragung der Reallast, Geschäftswert gem. § 52 Abs. 3 S. 1 GNotKG, c) die Eintragung des Vorkaufsrechts am Grundstück, Geschäftswert gem. §§ 51 Abs. 1 S. 2, 46 GNotKG (die Hälfte des Wertes des Grundstücks und des künftigen Gebäudes), d) die Eintragung des Vorkaufsrechts am Erbbaurecht, Geschäftswert gem. §§ 51 Abs. 1 S. 2 GNotKG (die Hälfte von 80 % des Wertes des Grundstücks und des künftigen Gebäudes), e) 0,5-Gebühr gem. Nr. 14150 KV GNotKG für die Eintragung der Vormerkung auf Anpassung der Reallast, Geschäftswert gem. §§ 45 Abs. 3, 52 Abs. 5 GNotKG.

M 49.2 Bestellung eines Erbbaurechts[1] mit Erwerb des vorhandenen Gebäudes

(Urkundeneingang)[2]

Erbbauvertrag

zwischen

... (Name des Grundstückseigentümers)

– Grundstückseigentümer/Verkäufer –

und

... (Name des Erbbauberechtigten)

– Erbbauberechtigter/Käufer –

Der Erbbauberechtigte bestätigt, dass ihm gem. § 17 Abs. 2a BeurkG mindestens zwei Wochen vor der heutigen Beurkundung von dem beurkundenden Notar oder einem Notar, mit dem sich der beurkundende Notar zur gemeinsamen Berufsausübung verbunden hat, der beabsichtigte Text des Vertrages zur Prüfung und Durchsicht zur Verfügung gestellt wurde, so dass er ausreichend Gelegenheit hatte, sich mit dem Gegenstand der Urkunde auch durch Rücksprache mit dem Notariat auseinanderzusetzen[3].

Der Notar fragte nach einer Vorbefassung iSd. § 3 Abs. 1 Nr. 7 BeurkG; sie wurde von den Beteiligten verneint.

§ 1 Bestellung des Erbbaurechts, Verkauf des Gebäudes

(1) Der Grundstückseigentümer ist im Grundbuch von ... (Grundbuchamt) als Eigentümer folgenden Grundstücks eingetragen:

Grundbuch Band/Blatt ... (Nummer):

Flurstück Nr. ... (Nummer und weiterer Grundstücksbeschrieb).

(2) Auf dem Grundstück befindet sich ein Einfamilienhaus, Baujahr ... (Baujahr), das vom Erbbauberechtigten bereits seit längerem als Mieter genutzt wird.

(3) Zu diesem Grundbesitz treffen die Beteiligten folgende Vereinbarungen:

1. *Der Grundstückseigentümer bestellt hiermit an diesem Grundstück für den Erbbauberechtigten – für mehrere Berechtigte zu gleichen Bruchteilen – ein Erbbaurecht gem. dem Gesetz über das Erbbaurecht vom 15.1.1919 in der jeweils gültigen Fassung. Für den Inhalt gelten die nachstehenden Vereinbarungen in § 2.*
2. *Der Grundstückseigentümer verkauft an die Erbbauberechtigten – an mehrere zu gleichen Bruchteilen – das auf dem Grundstück befindliche Gebäude mit den wesentlichen Bestandteilen und dem gesetzlichen Zubehör. Für den Verkauf gelten die nachstehenden Vereinbarungen in § 4.*

§ 2 Inhalt des Erbbaurechts[4]

Die Beteiligten vereinbaren für das nach § 1 Abs. 3 Nr. 1 bestellte Erbbaurecht folgenden Inhalt:

(1) Dauer[5]

Das Erbbaurecht beginnt mit dem Tage der Eintragung in das Grundbuch und erlischt mit dem Ablauf des 99. Jahres.

1 Ausnahme zum Regelfall der Erbbaurechtsbestellung an einem unbebauten Grundstück. Eine weitere Variante enthält **M 49.4** (Bestellung eines Erbbaurechts nach dem SachenRBerG): Hier ist ebenfalls bereits ein Bauwerk vorhanden, das aber auf Grund der besonderen Rechtssituation in den neuen Bundesländern dem Erbbauberechtigten bereits gehört (Gebäudeeigentum).

2 Wegen der Form vgl. Rz. 4.

3 Wenn der Erbbauberechtigte Verbraucher und der Grundstückseigentümer Unternehmer ist.

4 Rz. 8 ff.

5 Rz. 24.

(2) Erstreckung auf das ganze Grundstück[6]

Das Erbbaurecht erstreckt sich auf das gesamte Grundstück, somit auch auf den für das Gebäude nicht erforderlichen Teil.

(3) Bauwerk

Die Erbbaurechtsbestellung erfolgt zur Innehabung folgenden bereits vorhandenen Bauwerks[7]*:*

... (Beschreibung des Bauwerks)[8]*.*

(4) Instandhaltung, Versicherung[9]

Das Bauwerk mit allen wesentlichen Bestandteilen und dem gesetzlichen Zubehör ist in einem guten baulichen Zustand zu erhalten. Es ist zum gleitenden Neuwert gegen Feuer- und Elementarschäden zu versichern und fortlaufend versichert zu halten.

(5) Wiederaufbau[10]

Wird das Bauwerk durch Brand oder ein sonstiges Ereignis, für das der Erbbauberechtigte eine Entschädigung erhält, ganz oder teilweise zerstört, so ist der jeweilige Erbbauberechtigte zum Wiederaufbau verpflichtet.

(6) Öffentliche und private Lasten[11]

Der jeweilige Erbbauberechtigte hat die auf das Erbbaugrundstück und das Bauwerk entfallenden öffentlichen und privaten Lasten und Abgaben zu tragen. Dazu gehören auch sämtliche auf das Grundstück entfallenden Erschließungsbeiträge.

(7) Veräußerung und Belastung[12]

Die Veräußerung des Erbbaurechts sowie seine Belastung mit Hypotheken, Grund- oder Rentenschulden, Reallasten sowie Dauerwohn- oder Dauernutzungsrechten bedürfen der Zustimmung des Grundstückseigentümers.

(8) Heimfallanspruch[13]

1. *Der jeweilige Grundstückseigentümer kann vom Erbbauberechtigten die Übertragung des Erbbaurechts auf sich selbst oder einen von ihm bezeichneten Dritten verlangen (Heimfallanspruch), wenn*
   a) *der Erbbauberechtigte in Vermögensverfall gerät, insbesondere wenn über sein Vermögen das Insolvenzverfahren eröffnet oder die Zwangsvollstreckung in das Erbbaurecht betrieben wird;*
   b) *der Erbbauberechtigte mit dem Erbbauzins mindestens in Höhe zweier Jahresbeträge im Rückstand ist (§ 9 Abs. 4 ErbbauRG);*
   c) *der Erbbauberechtigte gegen seine Verpflichtungen nach § 2 Abs. 4, 5 oder 6 dieses Vertrages verstößt.*
2. *Macht der Grundstückseigentümer von seinem Heimfallanspruch gem. Abs. 1 Gebrauch oder erlischt das Erbbaurecht durch Zeitablauf, so hat der Grundstückseigentümer dem Erbbauberechtigten für das Bauwerk eine Entschädigung in Höhe des Wertes zu entrichten, den es bei Entstehung des Anspruchs hat.*
3. *Einigen sich die Beteiligten nicht auf eine Entschädigungssumme, so wird diese durch einen Sachverständigen festgesetzt, der bei Nichteinigung der Beteiligten vom Präsidenten der örtlichen Architektenkammer auf Antrag eines der Beteiligten zu bestimmen ist.*

---

6 Rz. 10 f.

7 Rz. 17 ff.

8 Rz. 22, wobei bei einem bestehenden Gebäude die hinreichend bestimmte Beschreibung keine Probleme aufwirft.

9 Rz. 29.

10 Rz. 29.

11 Rz. 29.

12 Rz. 113 ff.

13 Rz. 130 ff.

4. *Auf die Entschädigungssumme werden Belastungen des Erbbaurechts mit dem Betrag der Ablösesumme oder ihres Wertes angerechnet. Forderungen des Grundstückseigentümers gegen den Erbbauberechtigten können verrechnet werden.*
5. *Der Grundstückseigentümer hat die Entschädigungssumme in zwei gleichen Jahresraten zu bezahlen, und zwar die erste Hälfte an dem der Entstehung des Heimfallanspruchs folgenden 15. Januar, frühestens aber nach drei Monaten, die zweite Hälfte am 15. Januar des darauffolgenden Jahres. Die Entschädigungssumme ist in der nichtgezahlten Höhe ab dem Zeitpunkt des Entstehens des Heimfallanspruchs mit 2 % über dem jeweiligen Basiszinssatz jährlich zu verzinsen.*

(9) Vorrecht auf Erneuerung[14]

Der Grundstückseigentümer räumt dem jeweiligen Erbbauberechtigten ein Vorrecht auf Erneuerung des Erbbaurechts nach § 31 ErbbauRG ein.

§ 3 Erbbauzins[15]

(1) Der Erbbauberechtigte hat an den jeweiligen Grundstückseigentümer einen jährlichen Erbbauzins von aufgerundet ... Euro zu bezahlen. Diesem Erbbauzins liegen ein Quadratmeterpreis von ... (Quadratmeterpreis) Euro und eine Verzinsung von ... % zugrunde.

(2) Die Zahlungspflicht beginnt mit dem Zeitpunkt des Besitzübergangs. Der Erbbauzins ist in halbjährlichen Raten jeweils am Ende eines Kalenderhalbjahres zu bezahlen.

(3) Bis zum Tage der Eintragung des Erbbaurechts im Grundbuch wird der vereinbarte Betrag als pachtzinsähnliches Nutzungsentgelt für das Erbbaugrundstück geschuldet.

(4) Die Verpflichtung zur Zahlung des Erbbauzinses ist durch eine an erster Rangstelle einzutragende Reallast zu sichern[16].

(5) Als Inhalt des Erbbauzinses wird festgelegt:

1. Anpassungsklausel[17]

Der Erbbauzins wird in der Weise wertgesichert, dass er sich in gleichem Umfang erhöht oder ermäßigt, wie sich der vom statistischen Bundesamt oder einer entsprechenden Nachfolgeorganisation ermittelte Verbraucherpreisindex für Deutschland (Basisjahr 2010 = 100) erhöht oder ermäßigt. Die Anpassung tritt aber nur ein, wenn die Indexänderung seit der letzten Festsetzung der Erbbauzinshöhe mehr als 5 % (nicht Prozentpunkte[18]*) ausmacht. Die zeitliche und betragsmäßige Begrenzung von Erbbauzinserhöhungen durch die unabdingbare Vorschrift des § 9a ErbbauRG ist den Beteiligten bekannt.*

2. Zwangsversteigerungsfestigkeit[19]

Die Reallast bleibt abweichend von § 52 Abs. 1 ZVG mit ihrem Hauptanspruch bestehen, wenn der Grundstückseigentümer aus der Reallast oder der Inhaber eines im Range vorgehenden oder gleichstehenden dinglichen Rechts oder der Inhaber der in § 10 Abs. 1 Nr. 2 des Gesetzes über die Zwangsversteigerung und die Zwangsverwaltung genannten Ansprüche auf Zahlung der Beiträge zu den Lasten und Kosten des Wohnungserbbaurechts die Zwangsversteigerung des Erbbaurechts betreibt.

3. Vorrangsvorbehalt[20]

Der jeweilige Erbbauberechtigte ist dem jeweiligen Inhaber der Reallast gegenüber berechtigt, das Erbbaurecht im Range vor der Reallast mit Grundpfandrechten bis zu ... Euro nebst bis zu ... %

---

14 Rz. 32.

15 Rz. 43 ff. Verbreitet ist eine Verzinsung zwischen 4–6 %.

16 Wichtig zur Verdinglichung (und wegen § 1108 BGB), da die Pflicht zur Erbbauzinszahlung nicht dinglicher Inhalt des Erbbaurechts wird, Rz. 37 ff. u. 43 ff.

17 Hier ist eine Anpassungsklausel gewählt, die Erbbaurechtsinhalt sein kann; s. § 4 PrKG sowie Rz. 60 ff.

18 Die Wahl eines festen Prozentsatzes führt zu einem gleichmäßigeren Anpassungsrhythmus, bei Prozentpunkten wird der tatsächliche Unterschied zur vorhergehenden Anpassung immer geringer und stößt damit auch leichter an die durch § 9a ErbbauRG gezogenen Grenzen.

19 Nach § 9 Abs. 3 Nr. 1 ErbbauRG; s. Rz. 57, auch wegen erforderlicher Zustimmungen.

20 Nach § 9 Abs. 3 Nr. 2 ErbbauRG; s. Rz. 58, auch wegen erforderlicher Zustimmungen.

Jahreszinsen ab dem Tag der Eintragung des Grundpfandrechts sowie einer einmaligen Nebenleistung bis ... % des Kapitals zu belasten.

(6) Der Erbbauberechtigte unterwirft sich wegen der schuldrechtlichen Verpflichtung zur Zahlung des Erbbauzinses sowie wegen des dinglichen und persönlichen Anspruchs aus der bestellten Reallast jeweils in ihrer wertgesicherten Form der sofortigen Zwangsvollstreckung aus dieser Urkunde in sein gesamtes Vermögen. Vollstreckbare Ausfertigung darf ohne weitere Nachweise erteilt werden. Eine Umkehr der Beweislast ist damit nicht verbunden.

§ 4 Gebäudekauf[21]

Für den Kaufvertrag für das vorhandene Bauwerk nach § 1 Abs. 3 Nr. 2 treffen die Beteiligten folgende Vereinbarungen:

(1) Kaufpreis

Der Kaufpreis beträgt ... Euro (in Worten: ... Euro).

(2) Fälligkeit

Der Kaufpreis ist fällig am ... (Datum) und zahlbar auf folgendes Konto des Grundstückseigentümers/Verkäufers:

... (Bankverbindung). Bei Zahlung nach Fälligkeit sind Verzugszinsen von ... % über dem jeweiligen Basiszinssatz zu entrichten.

(3) Sicherungsabreden[22]

Zur beiderseitigen Absicherung treffen die Beteiligten folgende Abreden:

1. *Der Erbbauberechtigte/Käufer hinterlegt zum Fälligkeitszeitpunkt den Kaufpreis treuhänderisch beim Urkundsnotar. Dieser darf den Betrag erst an den Grundstückseigentümer ausbezahlen, wenn der Vollzug dieser Urkunde beim Grundbuchamt vereinbarungsgemäß sichergestellt ist.*
2. *Der Notar wird angewiesen, eine vollständige Vertragsausfertigung mit den Grundbucherklärungen erst beim Grundbuchamt einzureichen, wenn der Gebäudekaufpreis dem Treuhandkonto gutgeschrieben und zur freien Auszahlung an den Grundstückseigentümer zur Verfügung steht. Bis zum Vorliegen dieser Voraussetzungen verzichten die Beteiligten auf Abschriften und Ausfertigungen mit den Grundbucherklärungen.*

§ 5 Vorkaufsrechte

(1) Der Grundstückseigentümer räumt dem jeweiligen Erbbauberechtigten für die Dauer des Erbbaurechts ein dingliches Vorkaufsrecht für alle Verkaufsfälle an dem Erbbaugrundstück ein.

(2) Der Erbbauberechtigte räumt dem jeweiligen Grundstückseigentümer ein dingliches Vorkaufsrecht für alle Verkaufsfälle an dem Erbbaurecht ein.

§ 6 Besitzübergang, Rechts- und Sachmängel

(1) Das Grundstück und das Bauwerk werden dem Erbbauberechtigten am ... (Datum) übergeben (Besitzübergang).

(2) Mit diesem Zeitpunkt enden die Verpflichtungen aus dem zwischen den Beteiligten bislang bestehenden Mietverhältnis und gehen Lasten, Abgaben und Steuern, Haftung, Verkehrssicherungspflicht und Gefahr – und zwar sowohl bezüglich des Grundstücks als auch bezüglich des Erbbaurechts – auf den Erbbauberechtigten über.

(3) Der Grundstückseigentümer hat dem Erbbaurecht die erste Rangstelle zu verschaffen. Ansprüche wegen Baulasten, nicht eingetragener Dienstbarkeiten oder nachbarrechtlicher Beschränkungen sind ausgeschlossen, sofern nicht Vorsatz des Grundstückseigentümers vorliegt. Baulasten,

---

21 Erbbaurechtsbestellung und Gebäudekauf stellen eine einheitliche Vereinbarung dar; dem ist bei der Vertragsgestaltung Rechnung getragen.

22 Die hier gewählte Lösung einer gegenseitigen Absicherung ist eine von zahlreichen möglichen; wird der Kaufpreis finanziert, müssten auch noch die Voraussetzungen für eine Erbbaurechtsbelastung (zB Finanzierungsvollmacht für den Erwerber) geschaffen werden.

nicht eingetragene Dienstbarkeiten und nachbarrechtliche Beschränken sind dem Grundstückseigentümer nicht bekannt.

(4) Die Rechte des Erbbauberechtigten wegen eines Sachmangels des Grundstücks und des Bauwerks sind ausgeschlossen. Dies gilt auch für alle Ansprüche auf Schadensersatz, es sei denn, der Grundstückseigentümer handelt vorsätzlich. Versteckte Mängel, insbesondere Altlasten oder sonstige schädliche Bodenveränderungen sind dem Grundstückseigentümer nicht bekannt.

(5) Hinsichtlich von Schadensersatzansprüchen bleibt die Haftung für vorsätzlich oder grob fahrlässig verursachte Schäden und für Schäden aus der Verletzung des Lebens, des Körpers oder der Gesundheit, die auf einer auch leicht fahrlässigen Pflichtverletzung des Grundstückseigentümers beruhen, unberührt. Einer vorsätzlichen oder fahrlässigen Pflichtverletzung des Grundstückseigentümers steht diejenige seines gesetzlichen Vertreters oder Erfüllungsgehilfen gleich[23].

§ 7 Weitergabe von Rechten und Pflichten

Grundstückseigentümer und Erbbauberechtigter verpflichten sich, alle in diesem Vertrag enthaltenen Rechte und Pflichten auf Rechtsnachfolger zu übertragen und diese ebenfalls zur Weitergabe an ihre Rechtsnachfolger zu verpflichten[24].

§ 8 Kosten und Steuern

Die Kosten dieses Vertrages und seines Vollzugs trägt der Erbbauberechtigte, ebenso die anfallende Grunderwerbsteuer[25].

Grundbucherklärungen

Die Vertragsbeteiligten sind sich über die Bestellung des Erbbaurechts gem. § 1 Abs. 3 Nr. 1 einig[26]. *Sie bestimmen neben den gesetzlichen Vorschriften die Vereinbarungen in § 2 dieses Vertrages zum Inhalt des Erbbaurechts*[27].

Sie bewilligen und beantragen, im Grundbuch einzutragen:

1. *Zu Lasten des Grundstücks:*
   a) *das Erbbaurecht nach § 1 Abs. 3 Nr. 1,*
   b) *das Vorkaufsrecht nach § 5 Abs. 1, und zwar im Range nach dem Erbbaurecht;*
2. *zu Lasten des Erbbaurechts, für das ein gesondertes Erbbaugrundbuch anzulegen ist:*
   a) *die Bestimmungen in § 2 als Inhalt des Erbbaurechts,*
   b) *die Reallast für Erbbauzins nach § 3 mit dem dort vereinbarten Inhalt,*
   c) *das Vorkaufsrecht nach § 5 Abs. 2,*

lit. b und c in dieser Rangfolge nacheinander.

Die Anträge dürfen nur zusammen vollzogen werden.

(Schlussformel)

---

23 Bei einem Verbrauchervertrag (vgl. §§ 310 Abs. 3, 309 Nr. 7 BGB).
24 Wichtig vor allem für die nur schuldrechtlich wirkenden Vereinbarungen, Rz. 28 ff., 37 ff.
25 Rz. 136 ff.
26 Rz. 4.
27 Rz. 101 ff.

Kosten: *Notargebühr:* 2,0-Gebühr gem. Nr. 21100 KV GNotKG, mindestens 60 Euro. Geschäftswert für die Erbbaurechtsbestellung gem. §§ 43, 52 Abs. 2 S. 1 GNotKG, das 20-fache des Jahreserbbauzinses, es sei denn, 80 % des Grundstückswertes zzgl. des Kaufpreises des Gebäudes ist höher (§§ 43 S. 2, 49, Abs. 2 GNotKG). Die Wertsicherungsklausel bleibt unberücksichtigt § 52 Abs. 7 GNotKG. Geschäftswert des Vorkaufsrechts für den Eigentümer gem. §§ 51 Abs. 1 S. 2, 49 Abs. 2 GNotKG (die Hälfte von 80 % des Wertes des Grundstücks zzgl. des Wertes des Gebäudes). Die Werte sind nach § 35 Abs. 1 GNotKG zu addieren, da verschiedene Gegenstände vorliegen. Das Vorkaufsrecht am Erbbaugrundstück ist, da es zum gesetzlichen Inhalt gehört, gegenstandsgleich zur Bestellung des Erbbaurechts und daher nicht besonders zu bewerten. Für jede Auszahlung des verwahrten Kaufpreises eine 1,0-Gebühr gem. Nr. 25300 KV GNotKG, soweit der verwahrte Betrag 13 Mio. Euro übersteigt 0,1 % des Auszahlungsbetrags. Geschäftswert gem. § 124 S. 1 GNotKG der jeweilige Auszahlungsbetrag. 0,5-Betreuungsgebühr gem. Nr. 22200 Nr. 3, 4 (Geschäftswert §§ 113 Abs. 1 GNotKG, wie für die Erbbaurechtsbestellung).

Gerichtsgebühren: Jeweils 1,0-Gebühr gem. Nr. 14121 für a) die Eintragung des Erbbaurechts, Geschäftswert gem. §§ 43, 52 Abs. 2 S. 1 GNotKG, das 20-fache des Jahreserbbauzinses, es sei denn, 80 % des Grundstückswertes zzgl. des Kaufpreises des Gebäudes ist höher (§§ 43 S. 2, 49 Abs. 2 GNotKG), b) die Eintragung der Reallast, Geschäftswert gem. § 52 Abs. 3 S. 1 GNotKG, c) die Eintragung des Vorkaufsrechts am Grundstück, Geschäftswert gem. §§ 51 Abs. 1 S. 2, 46 GNotKG (die Hälfte des Wertes des Grundstücks zzgl. des Kaufpreises), d) die Eintragung des Vorkaufsrechts am Erbbaurecht, Geschäftswert gem. §§ 51 Abs. 1 S. 2 GNotKG (die Hälfte von 80 % des Wertes des Grundstücks zzgl. des Kaufpreises).

M 49.3 Anpassungsklausel für gewerbliches Erbbaurecht[1]

(genehmigungsfrei)

(zur Verwendung in einem Erbbauvertrag)

§ 3 Anpassungsklausel

(1) Die Vertragsbeteiligten können eine Neufestsetzung der Höhe des Erbbauzinses verlangen, wenn sich der Verkehrswert des Erbbaugrundstücks (reiner Bodenwert) nach den Festlegungen des örtlich zuständigen Gutachterausschusses gegenüber dem Wert bei der vorhergehenden Festsetzung der Erbbauzinshöhe um mehr als ... %[2] (nicht Prozentpunkte) verändert hat. Legt der Gutachterausschuss einen Wertrahmen (von ... bis ...) fest, ist der Mittelwert maßgebend.

(2) Für die Neufestsetzung gilt im Einzelnen Folgendes:

1. *Die Neufestsetzung kann nur auf den Beginn des Kalenderhalbjahres erfolgen, das der berechtigten Geltendmachung des Neufestsetzungsanspruchs folgt.*
2. *Der Neufestsetzungsanspruch steht dem Vertragsbeteiligten zu, dem die Veränderung zugutekommt.*
3. *Die Neufestsetzung erfolgt in Anlehnung an die Bodenwertveränderung unter Zugrundelegung der im Erbbauvertrag für die Festsetzung des Erbbauzinses herangezogenen Berechnungsfaktoren.*
4. *Die Neufestsetzung darf nur auf Grund einer Wertfestlegung erfolgen, die bei Geltendmachung nicht länger als drei Monate zurückliegt. Hat sich im Zeitpunkt der Geltendmachung die Wertveränderung wieder verringert, so ist dies sowohl bei der Frage, ob eine Neufestsetzung nach Nr. 1 gerechtfertigt ist, als auch bei der Festsetzung des neuen Erbbauzinses zu berücksichtigen.*
5. *Der Neufestsetzungsanspruch ist durch eingeschriebenen Brief unter Mitteilung der neuen Erbbauzinshöhe geltend zu machen.*
6. *Die durch den Berechtigten getroffene Neufestsetzung ist bindend, es sei denn, sie ist offenbar unbillig[3].*

*(Abs. 3–6 zB wie **M 49.1** § 3).*

1 Muster in Anlehnung an Hartmann NJW 1976, 405. Alternativklausel zu § 3 in **M 49.1** und **M 49.2**. Die Klausel ist zulässig (vgl. § 1 Abs. 2 PrKG), aber nicht als Erbbauzinsinhalt geeignet, da es sich um einen Leistungsvorbehalt mit Bestimmungsrecht nach § 315 BGB handelt (vgl. Rz. 63 ff.).

2 Ein ausreichend hoher Prozentsatz macht die Vereinbarung von Mindestabständen („frühestens nach fünf Jahren") überflüssig und vermeidet zu häufige Neufestsetzungen. Die Beschränkungen des § 9a ErbbauRG gelten bei gewerblichen Erbbaurechten nicht, vgl. Rz. 70 ff.

3 Nach § 315 BGB hat die Leistungsbestimmung nur „im Zweifel" nach billigem Ermessen zu erfolgen, ist also insoweit abdingbar; Grenze: offenbare Unbilligkeit, Willkür, Palandt/Grüneberg § 315 BGB Rz. 5. S. auch Rz. 65 f.

6. Sonderform des Erbbaurechts in den neuen Bundesländern

Spezielle Literatur zum SachenRBerG: *Czub*, Sachenrechtsbereinigung, 1994; *Czub/Schmidt-Räntsch/Frenz*, Sachenrechtsbereinigungsgesetz, 1995; *Eickmann*, Sachenrechtsbereinigungsgesetz, 1994; *Eickmann*, Die Sachenrechtsbereinigung – Grundzüge einer anspruchsvollen Kodifikation, DNotZ 1996, 139; *Frenz*, Erste Erfahrungen mit der Sachenrechtsbereinigung, NJW 1995, 2657; *Herbig/Gaitzsch/Hügel/Weser*, Sachenrechtsänderungsgesetz, 1994; *Krauß*, Strukturprinzipien und Zweifelsfragen des Sachenrechtsbereinigungsgesetzes, MittBayNot 1995, 253 und 353; *Vossius*, Sachenrechtsbereinigungsgesetz, 1995.

a) Sachenrechtsbereinigungsgesetz

85 In den **neuen Bundesländern** ist dem Erbbaurecht eine besondere Funktion im Zuge der Rechtsvereinheitlichung zugedacht worden: Das Sachenrechtsbereinigungsgesetz (SachenRBerG) v. 21.9.1994 (BGBl. I 2457) sieht als Mittel der **Beendigung des separaten Gebäudeeigentums** neben der Ankaufslösung auch die Bestellung eines Erbbaurechts vor. Nach Ausübung des Wahlrechts zwischen Ankauf oder Erbbaurechtsbestellung (§ 14 Abs. 1 SachenRBerG) durch den Gebäudeeigentümer (primär) oder den Grundstückseigentümer (sekundär, § 16 Abs. 3 SachenRBerG) besteht ein gesetzlicher Anspruch (§ 32 SachenRBerG) auf Abschluss eines Kaufvertrages oder eines Erbbauvertrages (Kontrahierungszwang). Eine Verpflichtung zur Geltendmachung des Anspruchs (Bereinigungszwang) enthält das Gesetz aber nicht. Das SachenRBerG legt weitgehend den Vertragsinhalt fest, insbesondere die wirtschaftlichen Konditionen und dabei vor allem die Regeln für die Festsetzung des Erbbauzinses (§§ 19, 43 ff. SachenRBerG). Es verpflichtet den Inhaber dinglicher Rechte am Grundstück zum Rangrücktritt hinter das Erbbaurecht, bei geldwerten Rechten aber nur gegen entsprechende Rechtseinräumung auf dem Erbbaurecht (§§ 33 ff. SachenRBerG). Da vor allem die für den Gebäudeeigentümer günstige Festsetzung der Erbbauzinshöhe nebst weiteren Vergünstigungen in der „Eingangsphase“ (§ 51 SachenRBerG) einen Interessenwiderstreit mit dem Grundstückseigentümer vorprogrammiert, sieht das Gesetz ein notarielles Vermittlungsverfahren vor (§§ 87 ff. SachenRBerG), das auf Antrag eines Beteiligten ausgelöst wird und nur im Erfolgsfall, dh. bei Einigung der Beteiligten, in einen Erbbauvertrag mündet. Andernfalls endet es mit einem Abschlussprotokoll des Notars (§ 99 SachenRBerG); die erhobenen Beweise stehen einer Beweiserhebung durch das Prozessgericht gleich (§ 97 Abs. 3 SachenRBerG), können von diesem somit verwendet werden. – Zum Inhalt eines Erbbauvertrages nach dem SachenRBerG s. Rz. 86 ff. und **M 49.4**.

b) Besonderheiten des Erbbaurechts nach dem Sachenrechtsbereinigungsgesetz

86 Für ein Erbbaurecht nach dem Sachenrechtsbereinigungsgesetz zur Umwandlung von Gebäudeeigentum in ein Erbbaurecht (s. Rz. 3) gelten teilweise besondere Regeln, die den Erbbaurechts- und den Erbbauzinsinhalt zwingend oder auf Grund Rechtsausübung durch einen Beteiligten festlegen.

aa) Gesetzlicher Anspruch auf Bestellung

87 Das Erbbaurecht kommt hier zu Stande auf Grund eines gesetzlichen Anspruchs auf Bestellung eines Erbbaurechts, den ein Nutzer iSd. § 9 SachenRBerG (Gebäudeeigentümer nach dem übergeleiteten Recht der früheren DDR) gegen den Grundstückseigentümer geltend gemacht hat (§ 14 Abs. 1 SachenBRerG, der als Alternative – Wahlrecht des Nutzers, sekundär des Grundstückseigentümers – auch ein Ankaufsrecht gewährt).

bb) Mindestinhalt

88 Das SachenBRerG bestimmt in § 42 Abs. 1 als Mindestinhalt Vereinbarungen über die Dauer des Erbbaurechts, die vertraglich zulässige bauliche Nutzung und die Nutzungsbefugnis an den nicht überbauten Flächen. – Im Einzelnen:

89 Die **regelmäßige Dauer des Erbbaurechts** (§ 53 SachenRBerG) beträgt

- 90 Jahre für Ein- und Zweifamilienhäuser und sozialen Zwecken dienende Gebäude (Schulen, Krankenhäuser, Kindergärten),
- 80 Jahre für im staatlichen oder genossenschaftlichen Wohnungsbau errichtete Gebäude sowie Büro- und andere Dienstgebäude und

- 50 Jahre für Gebäude und Anlagen, die land-, forstwirtschaftlichen oder gewerblichen Zwecken dienen.

Nach dem Inhalt des Nutzungsrechts für das Gebäude oder auf Verlangen des Grundstückseigentümers bei Vorliegen besonderer Umstände kommt auch eine kürzere Dauer in Betracht (§ 53 Abs. 1 und 3 SachenRBerG).

Die **vertraglich zulässige bauliche Nutzung** regelt § 54 SachenRBerG. Sie bestimmt sich zunächst (soweit vorhanden) nach der nach dem Inhalt des Nutzungsrechts zulässigen Nutzung, sonst nach der tatsächlichen baulichen Nutzung (§ 54 Abs. 1 SachenRBerG). Zur Anpassung an veränderte Umstände kann uU eine Nutzungserweiterung verlangt werden. Handelt es sich bei dem Gebäude um ein Eigenheim, kann der Nutzer eine Erweiterung der Nutzungsbefugnis auch für die Ausübung einer freiberuflichen Tätigkeit, eines Handwerks-, Gewerbe- oder Pensionsbetriebes verlangen, wobei aber die Wohnnutzung im Vordergrund bleiben muss und wesentliche bauliche Veränderungen nicht zulässig sind (§ 54 Abs. 2 SachenRBerG). Ein ähnliches Nutzungserweiterungsrecht besteht für land- und forstwirtschaftlich sowie für öffentliche Zwecke genutzte Gebäude (§ 54 Abs. 3 SachenRBerG). Schließlich vermittelt § 54 Abs. 4 SachenRBerG dem Nutzer einen Anspruch auf umfangreichere Änderungen hinsichtlich Bebauungs- und/oder Nutzungsumfang, sofern „dies für eine wirtschaftlich sinnvolle Nutzung der errichteten Gebäude erforderlich ist", aber nur gegen Vereinbarung einer Zinsanpassung nach § 47 SachenRBerG. 90

§ 55 SachenRBerG legt in Abs. 1 zunächst fest, dass das Erbbaurecht auch die **Nutzungsbefugnis an den nicht überbauten Flächen** umfasst. In § 55 Abs. 2 SachenRBerG ist allerdings die Abschreibung (durch Grundstücksteilung) nicht vom Nutzungsrecht betroffener Flächen unter bestimmten Voraussetzungen vorgesehen; der Anspruch kann sowohl vom Grundstückseigentümer als auch vom Nutzer des Gebäudes geltend gemacht werden. 91

cc) Anspruch auf bestimmte Vereinbarungen

Neben der Festlegung eines Mindestinhalts gewährt das SachenBRerG zT beiden Beteiligten, zT einem von ihnen Anspruch auf bestimmte Vereinbarungen, die sowohl den Erbbaurechtsinhalt als auch die schuldrechtlichen Teile, ferner den Erbbauzins betreffen; es vermittelt auch Gestaltungsrechte zu diesen Vertragsbereichen und zu flankierenden Rechtsbeziehungen. 92

Beide Beteiligten können die Aufnahme von Vereinbarungen als Inhalt des Erbbaurechts zu folgenden Bereichen verlangen (§ 42 Abs. 2 SachenRBerG): 93

- Errichtung und Unterhaltung des Bauwerks (§ 56 SachenRBerG),
- Heimfallanspruch (§ 56 SachenRBerG),
- Ankaufsrecht des Erbbauberechtigten (§ 57 SachenRBerG),
- Tragung der öffentlichen Lasten (§ 58 SachenRBerG),
- Veräußerungszustimmung des Grundstückseigentümers (§ 49 SachenRBerG),
- Sicherung künftiger Erbbauzinsen (§ 52 SachenRBerG).

Der Grundstückseigentümer kann ferner die Aufnahme einer Bestimmung verlangen, nach der der Erbbauberechtigte im Falle einer Veräußerung des Erbbaurechts den Erwerber zu einer Erbbauzinsanpassung zu verpflichten hat (§ 48 Abs. 1 SachenRBerG), deren Höhe je nach dem Zeitraum zwischen Bestellung und Veräußerung des Erbbaurechts und der Nutzungsart variiert (§ 48 Abs. 2–4 SachenRBerG). 94

Der Nutzer (Gebäudeeigentümer) kann die Aufnahme einer Bestimmung verlangen, die den Grundstückseigentümer zum Rangrücktritt mit der Erbbauzinsreallast hinter Baufinanzierungsgrundpfandrechte verpflichtet – gegen Aufnahme einer sog. Stillhalteerklärung (Vereinbarung über das Bestehenbleiben des Erbbauzinses in der Zwangsversteigerung) als Inhalt der Reallast, § 52 Abs. 2 SachenRBerG. 95

dd) Erbbauzins

96 Zum Erbbauzins enthält das SachenBRerG eine Staffelregelung (§§ 43 ff. SachenRBerG). Es geht von einem „regelmäßigen Zins" aus und legt diesen auf die Hälfte des üblichen Zinses fest (§ 43 Abs. 1 SachenRBerG). In § 43 Abs. 2 SachenRBerG wird dieser regelmäßige Zins festgelegt

- für Eigenheime auf Grundstücken bis 500 qm auf 2 %,
- für Eigenheime auf größeren Grundstücken (sofern bestimmte Nutzbarkeitskriterien vorliegen) auf 4 %,
- für staatlich oder genossenschaftlich errichteten Wohnungsbau auf 2 %,
- für land-, forstwirtschaftlich, gewerblich oder für öffentliche Zwecke genutzte Gebäude auf 3,5 %.

97 Der Prozentsatz bezieht sich jeweils auf den Bodenwert, dessen Ermittlung nach den in §§ 19 ff. SachenRBerG aufgestellten Grundsätzen zu erfolgen hat. Dabei ist je nach Größe der Gemeinde ein Abzug von 10 bis 25 DM/qm vorzunehmen.

98 In der sog. „Eingangsphase" (§ 51 SachenRBerG) kann der Erbbauberechtigte eine Ermäßigung dieses ohnehin schon günstig ermittelten Erbbauzinses auf ein Viertel in den ersten drei (uU vier) Jahren, auf die Hälfte in den folgenden drei (uU vier) Jahren und auf drei Viertel in den folgenden drei (uU vier) Jahren verlangen, so dass er erst nach neun (uU zwölf) Jahren den vollen Erbbauzins schuldet.

ee) Anspruch auf Rangrücktritt

99 Bei einer Erbbaurechtsbestellung nach dem SachenRBerG besteht gegenüber Inhabern dinglicher Rechte am Grundstück ein Anspruch auf Rangrücktritt hinter das Erbbaurecht, zT aber nur gegen Übernahme der Rechte auf das Erbbaurecht (§§ 33 ff. SachenRBerG). S. dazu schon Rz. 85.

100 Vgl. auch die Anm. zu **M 49.4.**

M 49.4 Bestellung eines Erbbaurechts nach dem Sachenrechtsbereinigungsgesetz[1]

(Urkundeneingang)[2]

Erbbauvertrag

zwischen

... (Name des Grundstückseigentümers)

– Grundstückseigentümer –

und

... (Name des Nutzers und Erbbauberechtigten)

– Nutzer bzw. Erbbauberechtigter –

Der Erbbauberechtigte bestätigt, dass ihm gem. § 17 Abs. 2a BeurkG mindestens zwei Wochen vor der heutigen Beurkundung von dem beurkundenden Notar oder einem Notar, mit dem sich der beurkundende Notar zur gemeinsamen Berufsausübung verbunden hat, der beabsichtigte Text des Vertrages zur Prüfung und Durchsicht zur Verfügung gestellt wurde, so dass er ausreichend Gele-

1 Vgl. Rz. 85 ff. Zur Beendigung des Gebäudeeigentums könnte auch ein normaler, frei ausgehandelter Erbbauvertrag abgeschlossen werden, für dessen Inhalt die Bestimmungen des SachenRBerG nicht zu beachten wären; wegen der für den Erbbauberechtigten günstigen Bedingungen des SachenRBerG wird dieser Fall kaum relevant werden (außer bei gleichzeitiger Vereinbarung umfangreicher Nutzungsänderungen).

2 Wegen der Form vgl. Rz. 4.

genheit hatte, sich mit dem Gegenstand der Urkunde auch durch Rücksprache mit dem Notariat auseinanderzusetzen[3].

Der Notar fragte nach einer Vorbefassung iSd. § 3 Abs. 1 Nr. 7 BeurkG; sie wurde von den Beteiligten verneint.

§ 1 Sach- und Rechtslage

(1) Der Grundstückseigentümer ist im Grundbuch von ... (Grundbuchamt) als Eigentümer folgenden Grundstücks eingetragen:

Grundbuch Band/Blatt ... (Nummer):

Flurstück Nr. ... (Nummer und weiterer Grundstücksbeschrieb).

(2) Im Grundbuch sind folgende Belastungen eingetragen:

Abt. II: ... (Belastungen).

Abt. III: ... (Belastungen).

(3) An diesem Grundstück steht dem Nutzer[4] *und künftigen Erbbauberechtigten ein Nutzungsrecht nach den Bestimmungen des Zivilgesetzbuchs der DDR zu, das ihm durch Bescheid des ... (Amt) vom ... (Datum) verliehen wurde und in dessen Ausübung er auf dem Grundstück ein Eigenheim mit Garage errichtet hat. Das Eigenheim wird von ihm und seiner Familie seit der Bauerrichtung ununterbrochen genutzt.*

(4) Die Rechtsposition des Nutzers ergibt sich auch aus dem Gebäudegrundbuch von ... (Grundbuchamt) Band/Blatt ... (Nummer), in dem er als Gebäudeeigentümer eingetragen ist. Hier sind folgende Belastungen eingetragen:

Abt. II: ... (Belastungen).

Abt. III: ... (Belastungen).

§ 2 Bestellung eines Erbbaurechts

(1) Der Nutzer hat gegen den Grundstückseigentümer den ihm nach §§ 32 ff. Sachenrechtsbereinigungsgesetz zustehenden Anspruch auf Bestellung eines Erbbaurechts an dem Grundstück geltend gemacht; der Grundstückseigentümer erkennt den Anspruch an.

(2) In Erfüllung des Anspruchs bestellt der Grundstückseigentümer hiermit für den Nutzer – für mehrere Nutzer zu gleichen Bruchteilen – an dem in § 1 Abs. 1 beschriebenen Grundstück ein Erbbaurecht gem. dem Gesetz über das Erbbaurecht vom 15.1.1919 (ErbbauRG) iVm. den Bestimmungen des Sachenrechtsbereinigungsgesetzes vom 21.9.1994 (SachenRBerG). Die Beteiligten legen bzw. stellen hierzu den nachstehenden Inhalt des Erbbaurechts und des Erbbauzinses fest, wie er sich überwiegend unmittelbar oder auf Grund der Geltendmachung gesetzlicher Ansprüche aus dem Sachenrechtsbereinigungsgesetz ergibt.

§ 3 Inhalt des Erbbaurechts

(1) Aufgrund der Bestimmungen des Sachenrechtsbereinigungsgesetzes bzw. in freier Absprache wird folgender Inhalt des Erbbaurechts vereinbart:

1. Dauer

Das Erbbaurecht erlischt mit dem Ablauf des 90. Jahres[5].

2. Bauliche Nutzung

Das Erbbaurecht umfasst die Befugnis, die vorhandenen Gebäude wie bisher zu Wohnzwecken zu nutzen. Darüber hinaus wird auf Verlangen des Nutzers gem. § 54 SachenRBerG zum Nutzungsrecht vereinbart:

---

3 Wenn der Erbbauberechtigte Verbraucher und der Grundstückseigentümer Unternehmer ist.

4 § 9 SachenRBerG definiert, wer Nutzer iSd. Gesetzes ist; nur dieser hat einen Anspruch auf Erbbaurechtsbestellung.

5 Regeldauer für Ein- und Zweifamilienhäuser, § 53 Abs. 2 SachenRBerG.

a) Das Gebäude kann auch zur Ausübung freiberuflicher Tätigkeit sowie eines Handwerks-, Gewerbe- oder Pensionsbetriebes genutzt werden[6].

b) Es sind weitere Nutzungsänderungen zulässig[7]*; in diesem Fall ist der Erbbauzins nach den Regeln des § 47 SachenRBerG anzupassen*[8].

3. Nutzung des Grundstücks

Das Erbbaurecht erstreckt sich auf das gesamte Grundstück, somit auch auf den für das Gebäude nicht erforderlichen Teil[9].

4. Unterhaltung der Gebäude

Der jeweilige Erbbauberechtigte ist verpflichtet[10],

a) die Gebäude in gutem Zustand zu halten und die erforderlichen Reparaturen und Erneuerungen unverzüglich vorzunehmen,

b) erhebliche Bauschäden, die die Bausicherheit beeinträchtigen, sofort, die übrigen innerhalb von längstens sechs Jahren zu beheben,

c) eine den Wert der Gebäude deckende Versicherung abzuschließen.

5. Heimfallklausel

Der Grundstückseigentümer kann vom Erbbauberechtigten die Übertragung des Erbbaurechts auf sich verlangen, wenn der Erbbauberechtigte seinen ihm nach Abs. 1 Nr. 4 lit. a und b obliegenden Pflichten auch nach einer vom Grundstückseigentümer gesetzten angemessenen Nachfrist schuldhaft nicht nachgekommen ist[11].

6. Tragung öffentlicher Lasten[12]

Der jeweilige Erbbauberechtigte ist verpflichtet, vom Tage der Erbbaurechtsbestellung ab die auf dem Grundstück ruhenden öffentlichen Lasten zu tragen, soweit diese dem Gebäude oder der vom Erbbauberechtigten genutzten Fläche zuzurechnen sind.

7. Veräußerungszustimmung[13]

Die Veräußerung des Erbbaurechts bedarf der Zustimmung des Grundstückseigentümers. Dieser ist zur Erteilung der Zustimmung verpflichtet, wenn

a) die Voraussetzungen des § 7 Abs. 1 ErbbauRG vorliegen (Abwesenheit eines die Zustimmungsverweigerung rechtfertigenden Grundes) und

b) die Voraussetzungen nach § 47 Abs. 1 SachenRBerG (Zinsanpassung an Nutzungsänderungen) und § 48 Abs. 1 Nr. 1–3 und 5 SachenRBerG (Zinserhöhung nach Veräußerung) erfüllt sind.

8. Ankaufsrecht[14]

Der Grundstückseigentümer ist verpflichtet, dem jeweiligen Erbbauberechtigten auf dessen Verlangen das Grundstück zu folgenden Bedingungen zu verkaufen:

a) Der Kaufpreis ist der „Regelmäßige Preis" nach den Bestimmungen des SachenRBerG (§§ 68 ff.) für das gesetzliche Ankaufsrecht.

b) Maßgebend ist der Bodenwert im Zeitpunkt der Ausübung des Ankaufsrechts.

---

6 § 54 Abs. 2 SachenRBerG.

7 § 54 Abs. 4 SachenRBerG.

8 Bei Widerspruch des Grundstückseigentümers besteht der Anspruch auf Vereinbarung weiterer Nutzungsänderungen nur, wenn der Erbbauberechtigte für diesen Fall eine Erbbauzinsanpassung nach § 47 SachenRBerG akzeptiert (s. § 5 Abs. 2 des Vertrags).

9 § 55 SachenRBerG; wegen der möglichen Abvermessung einer nicht benötigten Teilfläche nach § 55 Abs. 2 SachenRBerG vgl. Rz. 91.

10 Auf Verlangen des Eigentümers zwingend: § 42 Abs. 2 Nr. 1 iVm. § 56 SachenRBerG.

11 Dies ist nach § 56 Abs. 3 SachenRBerG der einzige im SachenRBerG vorgesehene Heimfallgrund, der auf Verlangen des Eigentümers vereinbart werden muss.

12 Auf Verlangen des Eigentümers zwingend: § 42 Abs. 2 Nr. 3 iVm. § 58 SachenRBerG.

13 Auf Verlangen des Eigentümers zwingend: § 42 Abs. 2 Nr. 4 iVm. § 49 SachenRBerG. Auf die Aufnahme auch der Belastungszustimmung nach § 5 Abs. 2 ErbbauRG hat der Eigentümer dagegen keinen Anspruch.

14 Auf Verlangen des Erbbauberechtigten zwingend: § 42 Abs. 2 Nr. 2 iVm. § 57 SachenRBerG.

c) Die Regeln des § 70 SachenRBerG (Berücksichtigung von Nutzungsänderungen) und § 71 SachenRBerG (Nachzahlungsverpflichtung bei Weiterveräußerung des Grundstücks) sind zu berücksichtigen.

d) Im Übrigen bestimmt sich der Inhalt des Kaufvertrages nach den §§ 65 ff. SachenRBerG.

Das Ankaufsrecht erlischt, wenn es nicht innerhalb von zwölf Jahren ab heute durch Erklärung gegenüber dem Grundstückseigentümer ausgeübt wird[15]*.*

9. Sicherung des Erbbauzinses[16]

Zum Erbbauzins (§ 4 dieser Urkunde) vereinbaren die Beteiligten auf gegenseitiges Verlangen:

a) Der regelmäßige Erbbauzins ist durch Eintragung einer Reallast an rangbereiter Stelle zu sichern (was nachstehend erfolgt).

b) Als Inhalt des Erbbauzinses sind die nach § 9 Abs. 3 ErbbauRG möglichen Vereinbarungen zu treffen (was nachstehend erfolgt).

(2) Darüber hinaus vereinbaren die Beteiligten auf freiwilliger Basis folgenden weiteren Inhalt des Erbbaurechts[17]*: . . . (ggf. Ergänzungen, zB aus* ***M 49.1****).*

§ 4 Erbbauzins[18]

(1) Der Erbbauberechtigte hat an den jeweiligen Grundstückseigentümer einen jährlichen Erbbauzins von . . . Euro zu bezahlen. Diese Festsetzung beruht auf folgenden Bewertungsgrundlagen:

1. Der Bodenwert wurde gem. § 19 SachenRBerG ermittelt und beträgt pro Quadratmeter . . . (Quadratmeterpreis) Euro.

2. Die Grundstücksfläche beträgt . . . (Größe) qm; die 500 qm übersteigende Fläche ist nicht abtrennbar und nicht selbständig baulich nutzbar, so dass ein Zinssatz von 2 % gilt[19]*.*

3. Auf dieser Grundlage ergibt sich nach § 43 SachenRBerG folgende Erbbauzinsberechnung: Grundstücksgröße von . . . (Größe) qm × Quadratmeterpreis von . . . (Quadratmeterpreis) Euro × 2 % = . . . (Erbbauzins) Euro.

(2) Der Erbbauzins ist wie folgt zu entrichten:

1. Die Zahlungspflicht beginnt am . . . (Datum[20]*).*

2. Der Erbbauzins ist in vierteljährlichen Raten jeweils am Ende eines Kalendervierteljahres zu bezahlen[21]*.*

3. Bis zum Tage der Eintragung des Erbbaurechts im Grundbuch wird der als Erbbauzins festgelegte Betrag als Nutzungsentgelt geschuldet[22]*.*

(3) Ein bislang geschuldetes Nutzungsentgelt entfällt mit Beginn der Zahlungspflicht nach Abs. 2.

(4) Auf Verlangen des Erbbauberechtigten gilt gem. § 51 SachenRBerG für die Eingangsphase:

1. Es wird folgender ermäßigte Erbbauzins geschuldet:

a) Ein Viertel in den ersten drei Jahren.

b) Die Hälfte in den folgenden drei Jahren.

c) Drei Viertel in den darauf folgenden Jahren.

15 Diese zeitliche Begrenzung kann der Eigentümer verlangen, § 57 Abs. 1 Satz 2 SachenRBerG.

16 Auf Verlangen des Eigentümers zwingend: § 42 Abs. 2 Nr. 5 iVm. § 52 SachenRBerG.

17 Neben dem im SachenRBerG zwingenden oder bei Geltendmachung vorgeschriebenen Inhalt können frei ausgehandelte Vereinbarungen nach der ErbbauRG getroffen werden (wie bei **M 49.1**), die allerdings nicht den Bestimmungen des SachenRBerG zuwider laufen dürfen.

18 Die Festlegungen des SachenRBerG sind zu beachten, vgl. Rz. 96 ff.

19 Nach der Grundstücksgröße und weiteren Kriterien bestimmt sich, ob der Zinssatz 2 % oder 4 % beträgt, § 43 Abs. 2 SachenRBerG.

20 Der Zeitpunkt ist in § 44 SachenRBerG festgelegt.

21 § 44 Abs. 1 SachenRBerG.

22 § 44 Abs. 2 letzter Satz SachenRBerG.

2. Die Eingangphase beginnt am 1.1.1995[23].

3. Der ermäßigte Erbbauzins nach Abs. 4 Nr. 1 gilt auch im Falle einer Zinsanpassung an Nutzungsänderungen gem. § 47 SachenRBerG.

§ 5 Anpassungsklausel zum Erbbauzins[24]

(1) Der Erbbauzins wird an den vom statistischen Bundesamt oder einer entsprechenden Nachfolgeorganisation ermittelten Verbraucherpreisindex für Deutschland (Basisjahr 2005 = 100) in der Weise gebunden, dass er sich entsprechend der Indexänderung nach Maßgabe der folgenden Bestimmungen automatisch erhöht oder ermäßigt[25]*:*

1. Die Anpassung erfolgt jeweils, wenn sich der Vergleichsindex seit der letzten Festsetzung um mindestens 5 %[26] *verändert hat.*

2. Die Anpassung erfolgt mit Wirkung ab dem Kalendervierteljahr, das dem Eintritt der Indexänderung nach Nr. 1 folgt.

3. Die erste Anpassung erfolgt frühestens nach Ablauf von zehn Jahren ab heute[27]*, weitere Anpassungen frühestens nach Ablauf von drei Jahren seit der jeweils letzten Anpassung*[28].

4. Die durch § 9a ErbbauRG festgelegten Erhöhungsbeschränkungen[29] *bleiben unberührt.*

(2) Im Falle einer Nutzungsänderung auf Grund der Erlaubnis nach § 3 Abs. 1 Nr. 2 lit. b dieses Vertrages erfolgt eine Erbbauzinserhöhung gem. § 47 Abs. 1 Nr. 1 SachenRBerG.

(3) Im Falle einer Veräußerung des Erbbaurechts erfolgt eine Erbbauzinserhöhung gem. § 48 Abs. 2 SachenRBerG, sofern die übrigen Voraussetzungen des § 48 SachenRBerG gegeben sind[30].

(4) Sämtliche vorstehenden Anpassungsklauseln sind Inhalt des Erbbauzinses[31].

§ 6 Weiterer Inhalt des Erbbauzinses[32]

(1) Es wird vereinbart, dass die Erbbauzinsreallast abweichend von § 52 ZVG mit ihrem Hauptanspruch bestehen bleibt, wenn der Grundstückseigentümer aus der Reallast oder der Inhaber eines im Range vorgehenden oder gleichstehenden dinglichen Rechts oder der Inhaber der in § 10 Abs. 1 Nr. 2 des Gesetzes über die Zwangsversteigerung und die Zwangsverwaltung genannten Ansprüche auf Zahlung der Beiträge zu den Lasten und Kosten des Wohnungserbbaurechts die Zwangsversteigerung des Erbbaurechts betreibt[33].

(2) Es wird ferner vereinbart, dass der jeweilige Erbbauberechtigte gegenüber dem jeweiligen Inhaber der Erbbauzinsreallast berechtigt ist, im Range vor der Reallast Grundpfandrechte bis zu ... Euro nebst bis zu ... % Jahreszinsen seit ... (Datum[34]*) sowie einer einmaligen Nebenleistung bis zu ... % des Kapitals zu Lasten des Erbbaurechts eintragen zu lassen*[35].

(3) Die Vereinbarungen in Abs. 1 und 2 sind Inhalt des Erbbauzinses.

---

23 § 51 Abs. 1 letzter Satz SachenRBerG. Die Regelung hat sich durch Zeitablauf erledigt.

24 Rz. 96 ff. Hier ist eine Klausel gewählt, die Inhalt des Erbbauzinses sein kann, § 4 PrKG. Alternative s. **M 49.3**.

25 Die Indexauswahl ist sorgfältig zu treffen, dabei insbesondere die Erbbaurechtsdauer zu bedenken.

26 Prozentsatz als Beispiel. Statt Prozent können auch Prozentpunkte gewählt werden.

27 § 46 Abs. 1 Satz 2 SachenRBerG.

28 § 46 Abs. 1 letzter Satz SachenRBerG; für Wohnerbbaurechte ergibt sich diese Ruhephase bereits aus § 9a ErbbauRG.

29 Vgl. Rz. 70 ff. Die Einschränkung des Erhöhungsumfangs für Erbbaurechte zu Wohnzwecken stellt eine Billigkeitsbegrenzung dar, die für jede Klauselart gilt.

30 Verpflichtung des Erwerbers zur Zinsanpassung, die in den Kaufvertrag aufzunehmen wiederum der Erbbauberechtigte verpflichtet sein muss, hier: § 8 Abs. 1 des Erbbauvertrages.

31 Abs. 1 auf Grund der Neufassung des § 9 ErbbauRG, s. Rz. 59 ff. Nach von Oefele/Winkler, 3. Aufl. (2003), Rz. 8.107 sind auch die Klauseln nach Abs. 2 und 3 inhaltsgeeignet.

32 § 9 Abs. 3 ErbbauRG; die hier getroffenen Vereinbarungen erfolgen auf freiwilliger Basis.

33 Vgl. Rz. 57.

34 Oder „seit dem Tage der Bestellung/Eintragung des Grundpfandrechts".

35 Vgl. Rz. 58.

§ 7 Rechts- und Sachmängel

(1) Zu den bestehenden Belastungen des Grundstücks gelten die Vorschriften in §§ 33 ff. SachenRBerG; darüber hinausgehende Verpflichtungen und eine Gewährleistung werden insoweit nicht übernommen.

Ansprüche wegen Baulasten, nicht eingetragener Dienstbarkeiten oder nachbarrechtlicher Beschränkungen sind ausgeschlossen, sofern nicht Vorsatz des Grundstückseigentümers vorliegt. Baulasten, nicht eingetragene Dienstbarkeiten und nachbarrechtliche Beschränkungen sind dem Grundstückseigentümer nicht bekannt.

(2) Die Rechte des Erbbauberechtigten wegen eines Sachmangels des Grundstücks sind ausgeschlossen. Dies gilt auch für alle Ansprüche auf Schadensersatz, es sei denn, der Grundstückseigentümer handelt vorsätzlich. Versteckte Mängel, insbesondere Altlasten oder sonstige schädliche Bodenveränderungen sind dem Grundstückseigentümer nicht bekannt.

(3) Hinsichtlich von Schadensersatzansprüchen bleibt die Haftung für vorsätzlich oder grob fahrlässig verursachte Schäden und für Schäden aus der Verletzung des Lebens, des Körpers oder der Gesundheit, die auf einer auch leicht fahrlässigen Pflichtverletzung des Grundstückseigentümers beruhen, unberührt. Einer vorsätzlichen oder fahrlässigen Pflichtverletzung des Grundstückseigentümers steht diejenige seines gesetzlichen Vertreters oder Erfüllungsgehilfen gleich[36].

§ 8 Schuldrechtliche Rechte und Pflichten

(1) Auf Verlangen des Grundstückseigentümers verpflichtet sich der Erbbauberechtigte, im Falle einer Veräußerung des Erbbaurechts innerhalb von drei Jahren ab heute den Erwerber gegenüber dem Grundstückseigentümer zu einer Erbbauzinsanpassung nach § 48 SachenRBerG zu verpflichten[37].

(2) Sollten als Inhalt des Erbbaurechts oder des Erbbauzinses bezeichnete Vertragsbestimmungen nicht inhaltsgeeignet sein, gelten sie auf jeden Fall schuldrechtlich.

(3) Grundstückseigentümer und Erbbauberechtigter verpflichten sich, ihre Rechtsnachfolger zur Übernahme aller in diesem Vertrag enthaltenen Rechte und Pflichten zu verpflichten und diese ebenfalls zur entsprechenden Weitergabe an ihre Rechtsnachfolger zu verpflichten[38].

§ 9 Kosten und Steuern[39]

Die Kosten dieses Vertrages, seines Vollzugs, etwaiger Genehmigungen sowie der Rangbeschaffung tragen der Grundstückseigentümer und der Erbbauberechtigte zu gleichen Teilen, ebenso die anfallende Grunderwerbsteuer[40].

Vollzugermächtigung

Der Notar wird beauftragt und ermächtigt, alle zur Wirksamkeit dieses Vertrages oder einzelner Vertragsteile erforderlichen Genehmigungen und Erklärungen zu beschaffen. Die Erklärungen sollen allen Beteiligten gegenüber wirksam werden mit Eingang beim Notar.

Grundbucherklärungen

I. Einigung

Die Vertragsbeteiligten sind sich über die Bestellung des Erbbaurechts gem. § 2 Abs. 2 einig[41]. *Sie bestimmen neben den gesetzlichen Vorschriften die Bestimmungen in § 3 dieses Vertrages zum Inhalt des Erbbaurechts*[42].

36 Bei einem Verbrauchervertrag (vgl. §§ 310 Abs. 3, 309 Nr. 7 BGB).
37 Auf Verlangen zwingend.
38 Wichtig vor allem für die nur schuldrechtlich wirkenden Vereinbarungen, Rz. 28 ff., 37 ff.
39 Nach den Regeln in § 60 SachenRBerG.
40 Vgl. Rz. 136 ff.
41 Vgl. Rz. 4.
42 Vgl. Rz. 101 ff.

II. Eintragungsbewilligung und -antrag

Die Vertragsbeteiligten bewilligen und beantragen, im Grundbuch einzutragen

1. zu Lasten des Grundstücks das Erbbaurecht mit dem bezeichneten Inhalt,

2. zu Lasten des Erbbaurechts, für das ein gesondertes Erbbaugrundbuch anzulegen ist:

a) die Bestimmungen in § 3 als Inhalt des Erbbaurechts,

b) die Reallast für wertgesicherten Erbbauzins mit dem Inhalt der §§ 4–6.

III. Schließung des Gebäudegrundbuchs

Das Gebäudegrundbuch ist gem. § 59 SachenRBerG durch das mit Erbbaurechtsbestellung verbundene Erlöschen des Gebäudeeigentums gegenstandslos und zu löschen[43].

IV. Belastungen

1. Für die auf dem Grundstück eingetragenen Belastungen wird die Rangrücktrittserklärung nach § 33 SachenRBerG nachgereicht; der Vollzug wird beantragt.

2. Die im Gebäudegrundbuch eingetragenen Belastungen bestehen nach § 34 Abs. 1 SachenRBerG am Erbbaurecht fort; fürsorglich für den Fall, dass eine automatische Erstreckung nicht erfolgt, werden diese Belastungen hiermit mit ihrem gesamten Inhalt unter Bezugnahme auf die zu Grunde liegenden Eintragungsbewilligungen auf das Erbbaurecht erstreckt; ihre Eintragung im bisherigen Rangverhältnis zueinander wird bewilligt und beantragt.

(Schlussformel)

43 Von Amts wegen und damit ohne Gebühren.

Kosten: *Notargebühr:* 2,0-Gebühr gem. Nr. 21100 KV GNotKG, mindestens 60 Euro. Geschäftswert für die Erbbaurechtsbestellung gem. §§ 43, 52 Abs. 2 S. 1 GNotKG, das 20-fache des Jahreserbbauzinses, es sei denn, 80 % des Grundstückswertes zzgl. des Wertes des Gebäudes ist höher (§§ 43 S. 2, 49, Abs. 2 GNotKG). Die Wertsicherungsklausel bleibt unberücksichtigt § 52 Abs. 7 GNotKG.

Gerichtsgebühren: Jeweils 1,0-Gebühr gem. Nr. 14121 für a) die Eintragung des Erbbaurechts, Geschäftswert gem. §§ 43, 52 Abs. 2 S. 1 GNotKG, das 20-fache des Jahreserbbauzinses, es sei denn, 80 % des Grundstückswertes zzgl. des Wertes des Gebäudes ist höher (§§ 43 S. 2, 49, Abs. 2 GNotKG), b) die Eintragung der Reallast, Geschäftswert gem. § 52 Abs. 3 S. 1 GNotKG. Jeweils 0,5-Gebühr gem. Nr. 14130 KV GNotKG für die Eintragung der Rangrücktritte der in Abt. II und III eingetragenen Rechte, Geschäftswert gem. § 45 Abs. 1 GNotKG der geringere Wert des vor- bzw. zurücktretenden Rechts.

7. Nachträgliche Änderung, Aufhebung, Löschung der Erbbauzinsreallast

a) Änderung von Erbbauzins und Reallast

101 Durch Änderungsvereinbarung (Einigung) und Eintragung im Grundbuch sind Inhaltsänderungen ohne weiteres gestattet (materiell-rechtlich formfrei [BGH NJW 1986, 932], aber Grundbuchform des § 29 GBO, vgl. **M 49.5** und **M 49.6**). Wird eine Erhöhung vereinbart, stellt dies eine teilweise Neubestellung dar (RGZ 72, 366; Ingenstau/Hustedt § 9 ErbbauRG Rz. 26), die nach §§ 877, 876 Abs. 1 BGB auch der Zustimmung gleich- und nachrangiger Berechtigter bedarf (Ingenstau/Hustedt § 9 ErbbauRG Rz. 26; Räfle § 9 ErbbauVO Rz. 20), aber nicht, wenn der Erhöhungsbetrag als neue Reallast nachrangig eingetragen wird, was zulässig ist. – Erbbauzinsveränderungen auf Grund inhaltsgeeigneter Anpassungsklauseln (Rz. 52) bedürfen keiner (erneuten) Änderungsvereinbarung.

b) Anpassung alter Erbbauzinsreallasten

102 Ebenfalls durch Änderungsvereinbarung und Grundbucheintragung können nach altem Recht bestehende Erbbauzinsreallasten mit dem in Rz. 52 ff., 57 und 58 dargelegten Inhalt versehen, mehrere ranggleiche Reallasten bei dieser Gelegenheit zu einer Einheitsreallast zusammengefasst werden (BayObLG Rpfleger 1996, 445). Die **Vereinbarung** ist **formlos** gültig, die **Grundbuchbewilligung** (auf Vermerk der Inhaltsänderung) bedarf der **Form des § 29 GBO** (öffentliche Beglaubigung).

Für die Vereinbarung der Zwangsversteigerungsfestigkeit und des ständigen Rangvorbehalts schreibt § 9 Abs. 3 Satz 2 ErbbauRG ausdrücklich „die Zustimmung der Inhaber der der Erbbauzinsreallast vorgehenden oder gleichstehenden dinglichen Rechte" vor. Für Anpassungsklauseln fehlt eine entsprechende Bestimmung. Geht man von dem Gesichtspunkt des Betroffenseins der dinglichen Rechte aus, so ist bei einer **Inhaltsänderung** durch Verdinglichung einer **Anpassungsklausel** die **Zustimmung nur der gleich- und nachrangig Berechtigten** (von Oefele/Winkler Rz. 6.84), bei einer **Inhaltsänderung** durch Verdinglichung der **Zwangsversteigerungsfestigkeit** nur die der **gleich- und vorrangig Berechtigten** erforderlich (von Oefele/Winkler Rz. 6.56), bei einer beide Möglichkeiten umfassenden Änderung somit die Zustimmung aller dinglich Berechtigten. – Zu solchen Inhaltsänderungen vgl. **M 49.7** und **M 49.8.** 103

Die **Löschung** der Erbbauzinsreallast (ganz oder teilweise) erfolgt auf die **einseitige Aufgabeerklärung** des Grundstückseigentümers, § 875 BGB. 104

M 49.5 Erbbauzinserhöhung[1], Vereinbarung

Vereinbarung über Erbbauzinserhöhung

zwischen

... (Name) als Grundstückseigentümer

und

... (Name) als Erbbauberechtigter

Für das im Erbbaugrundbuch von ... (Ort) Band/Blatt ... (Nummer) eingetragene Erbbaurecht vereinbaren wir hiermit in Erfüllung der Bestimmungen des Erbbauvertrages einen neuen Erbbauzins wie folgt:

Der bisherige, in Abt. II unter Nr. ... (Nummer) durch eine Reallast gesicherte

Erbbauzins beträgt ... Euro.

Wir vereinbaren eine Erhöhung um ... Euro.
auf insgesamt jährlich ... Euro.
– ... (in Worten) Euro –

Die Zahlungspflicht für den Erhöhungsbetrag beginnt mit der folgenden Halbjahresrate.

Der Erbbauberechtigte wird entsprechend der bestehenden vertraglichen Verpflichtung die Eintragung einer weiteren Reallast für den neuen Erbbauzins durch Umschreibung der Vormerkung im Grundbuch bewilligen.

(formlos[2])

1 Vgl. Rz. 60 ff.
2 Formlose Einigung, vgl. Rz. 60. Die Grundbucherklärung (**M 49.6**) ist dagegen formbedürftig (§ 29 GBO).

M 49.6 Erbbauzinserhöhung[1], Grundbucherklärung

An das

Grundbuchamt

... (Ort)

Betr. Erbbaugrundbuch von ... (Ort) Band/Blatt ... (Nummer)

1 Vgl. Rz. 60 ff. Statt der Eintragung einer neuen Reallast an der durch Vormerkung gesicherten Grundbuchstelle könnte auch die bisherige Reallast im Wege der Inhaltsänderung nach § 877 BGB erhöht werden, auch wenn dabei der alte und der neue Teil unterschiedlichen Rang erhalten würden.

Der Grundstückseigentümer und der Erbbauberechtigte haben in Erfüllung der Bestimmungen des Erbbauvertrages einen neuen Erbbauzins vereinbart.

Der bisherige, in Abt. II unter Nr. ... (Nummer) durch eine Reallast gesicherte

Erbbauzins betrug ... Euro.

Die Erhöhung beträgt ... Euro,

damit neuer Erbbauzins jährlich ... Euro.

– ... (in Worten) Euro –

Es wird bewilligt und beantragt, unter Umschreibung der Vormerkung in Abt. II Nr. ... (Nummer) für den erhöhten Erbbauzins eine weitere Reallast im Grundbuch einzutragen.

Der Grundstückseigentümer stimmt der Belastung mit der neuen Erbbauzinsreallast hiermit zu[2].

Außerdem wird die Eintragung einer neuen Vormerkung[3] *zur Sicherung des Anspruchs des jeweiligen Grundstückseigentümers auf Eintragung einer neuen Erbbauzinsreallast iHv. ... Euro jährlich zu Gunsten des jeweiligen Grundstückseigentümers bewilligt und beantragt. Diese neue Vormerkung erhält Rang vor dem zu Gunsten des jeweiligen Grundstückseigentümers eingetragenen Vorkaufsrecht; die vorrangige Eintragung wird vom Grundstückseigentümer bewilligt und vom Erbbauberechtigten beantragt.*

Die Kosten dieser Erklärung und ihres Vollzugs trägt der Erbbauberechtigte.

(Unterschriftsbeglaubigung[4]*)*

---

2 Vgl. Rz. 114. Nach LG Bochum (Rpfleger 1990, 453) liegt in der Mitwirkung des Grundstückseigentümers auch ohne ausdrückliche Erklärung die Belastungszustimmung.

3 Vgl. Rz. 68.

4 § 29 GBO; vgl. Rz. 101.

Kosten: *Notargebühr:* 0,2-Gebühr gem. Nr. 25100 KV GNotKG, mindestens 20 Euro, höchstens 70 Euro. Geschäftswert gem. §§ 121, 52 Abs. 3 S. 1 GNotKG (Bezugsgröße ist der Erhöhungsbetrag). Bei Fertigung des Entwurfs und Beglaubigung 0,5-Gebühr gem. Nrn. 24102, 21201 Nr. 4 KV GNotKG (§ 92 Abs. 2 GNotKG), Geschäftswert gem. §§ 121, 52 Abs. 3 S. 1 GNotKG.

Gerichtsgebühr: 1,0-Gebühr gem. Nr. 14121 KV GNotKG für die Eintragung der neuen Reallast, Geschäftswert gem. § 52 Abs. 3 S. 1 GNotKG. 0,5-Gebühr gem. Nr. 14150 KV GNotKG für die Eintragung der Vormerkung auf Anpassung der Reallast, Geschäftswert gem. §§ 45 Abs. 3, 52 Abs. 5 GNotKG. 25 Euro für die Löschung der Vormerkung auf Anpassung der Reallast. 0,5-Gebühr gem. Nr. 14130 KV GNotKG für die Eintragung des Rangrücktritts des Vorkaufsrechts, Geschäftswert gem. § 45 Abs. 1 GNotKG der geringere Wert des vor- bzw. zurücktretenden Rechts.

8. Erbbauverträge ohne Anpassungsklauseln

105 Zur Erbbauzinsanpassung trotz fehlender Anpassungsklausel bei krassem Missverhältnis zwischen Leistung und Gegenleistung (Äquivalenzstörung unter Überschreitung der „Opfergrenze", zB Kaufkraftschwund von mehr als 60 %) vgl. BGHZ 77, 194; 86, 167; 90, 227; 91, 32; 94, 257; BGH WuM 1986, 525; sowie die Zusammenstellung bei Ingenstau/Hustedt § 9 ErbbauRG Rz. 94 ff.; Räfle § 9 ErbbauVO Rz. 61 ff.; Linde/Richter Rz. 183 ff.; von Oefele/Winkler Rz. 6.228 ff.

M 49.7 Anpassung einer alten Erbbauzinsregelung[1], Vereinbarung

Vereinbarung über eine Erbbauzinsänderung

zwischen

... (Name) als Grundstückseigentümer

und

... (Name) als Erbbauberechtigter

---

1 Vgl. Rz. 102.

Der Erbbauberechtigte ist Inhaber des im Erbbaugrundbuch von ... (Ort) Band/Blatt ... (Nummer) eingetragenen Erbbaurechts an dem Grundstück Flurstück Nr. ... (Nummer und weiterer Beschrieb). Das Erbbaurecht besteht auf Grund des zwischen uns bestehenden Erbbauvertrags vom ... (Datum) – Urkunde ... (UR-Nummer) des Notars ... (Name) in ... (Ort).

Zum Erbbauzins treffen wir hiermit folgende Änderungsvereinbarungen:

1. *Der bisher nur schuldrechtlich geltende und durch eine Vormerkung gesicherte Anspruch auf Anpassung des Erbbauzinses entsprechend der Anpassungsklausel in § ... (Nummer) des Erbbauvertrages (Änderung Verbraucherpreisindex) wird zum Inhalt des Erbbauzinses gemacht*[2].
2. *Ferner wird als Inhalt des Erbbauzinses vereinbart*[3]*:*
   a) *Die Erbbauzinsreallast bleibt abweichend von § 52 Abs. 1 ZVG mit ihrem Hauptanspruch bestehen, wenn der Grundstückseigentümer aus der Reallast oder der Inhaber eines vor- oder gleichrangigen dinglichen Rechts die Zwangsversteigerung des Erbbaurechts betreibt.*
   b) *Der jeweilige Erbbauberechtigte ist dem jeweiligen Inhaber der Reallast gegenüber berechtigt, das Erbbaurecht mit Grundpfandrechten bis zu ... Euro nebst bis zu ... % Jahreszinsen ab dem Tag der Eintragung des Grundpfandrechts sowie einer einmaligen Nebenleistung bis ... % des Kapitals zu belasten.*

Wir verpflichten uns, diese Inhaltsänderungen zum Erbbauzins im Grundbuch vermerken zu lassen[4]*. Die Beschaffung der hierfür erforderlichen Zustimmungserklärungen dinglich Berechtigter am Erbbaurecht*[5] *ist Sache des Erbbauberechtigten.*

Die mit der Änderung verbundenen Kosten trägt der Erbbauberechtigte.

(formlos[6]*)*

2 Voraussetzung ist, dass es sich um eine inhaltsfähige Anpassungsklausel handelt, Rz. 60 ff. Ist das nicht der Fall, müsste zusätzlich eine solche Klausel vereinbart oder die bisherige Rechtslage in diesem Punkt belassen werden.

3 Vgl. Rz. 57 und 58.

4 **M 49.8**.

5 Der vorliegenden Inhaltsänderung müssen alle Inhaber dinglicher Rechte am Erbbaurecht zustimmen (Rz. 103).

6 Formlose Einigung. Die Grundbucherklärung (**M 49.8**) ist dagegen formbedürftig (§ 29 GBO).

M 49.8 Anpassung einer alten Erbbauzinsregelung[1], Grundbucherklärung

(Grundbucherklärung)

An das

Grundbuchamt

... (Ort)

Betr. Erbbaugrundbuch von ... (Ort) Band/Blatt ... (Nummer)

Der Grundstückseigentümer und der Erbbauberechtigte haben zu dem zwischen ihnen bestehenden Erbbauvertrag vom ... (Datum) folgende Änderungsvereinbarungen getroffen, die sämtlich den Erbbauzins und die Erbbauzinsreallast betreffen:

1. *Die in § ... (Nummer) des Erbbauvertrages vereinbarte Wertsicherungsklausel ist nunmehr Inhalt des Erbbauzinses*[2].
2. *Als weiterer Inhalt des Erbbauzinses wurde vereinbart*[3]*:*
   a) *Die Erbbauzinsreallast bleibt abweichend von § 52 Abs. 1 ZVG mit ihrem Hauptanspruch bestehen, wenn der Grundstückseigentümer aus der Reallast oder der Inhaber eines vor- oder gleichrangigen dinglichen Rechts die Zwangsversteigerung des Erbbaurechts betreibt.*

1 Grundbucherklärung zur Vereinbarung **M 49.7**. Vgl. Rz. 103.

2 S. die Fn. zu **M 49.7**.

3 S. die Fn. zu **M 49.7**.

b) Der jeweilige Erbbauberechtigte ist dem jeweiligen Inhaber der Reallast gegenüber berechtigt, das Erbbaurecht mit Grundpfandrechten bis zu ... Euro nebst bis zu ... % Jahreszinsen ab dem Tag der Eintragung des Grundpfandrechts sowie einer einmaligen Nebenleistung bis ... % des Kapitals zu belasten.

Der Erbbauberechtigte bewilligt und beide Beteiligten beantragen,

1. bei der Reallast für Erbbauzins die Inhaltsänderung zu vermerken,

2. die Vormerkung für neue Erbbauzinsreallasten zu löschen.

Der Grundstückseigentümer stimmt der Reallaständerung zu.

Die Zustimmungserklärungen der dinglich Berechtigten sind beigefügt[4].

Die Kosten dieser Erklärung und ihres Vollzugs trägt der Erbbauberechtigte.

(Unterschriftsbeglaubigung[5]*)*

---

4 S. die Fn. zu **M 49.7**.

5 § 29 GBO; vgl. Rz. 101.

Kosten: *Notargebühr:* 0,2-Gebühr gem. Nr. 25100 KV GNotKG, mindestens 20 Euro, höchstens 70 Euro. Geschäftswert gem. §§ 121, 36 GNotKG (Bezugsgröße ist der Wert der Reallast). Bei Fertigung des Entwurfs und Beglaubigung 0,5-Gebühr gem. Nrn. 24102, 21201 Nr. 4 KV GNotKG (§ 92 Abs. 2 GNotKG), Geschäftswert gem. §§ 121, 36 GNotKG (Bezugsgröße ist der Wert der Reallast).

Gerichtsgebühr: 0,5-Gebühr gem. Nr. 14130 für die Eintragung der Inhaltsänderung Reallast, Geschäftswert gem. § 36 GNotKG (Bezugsgröße ist der Wert der Reallast). 25 Euro für die Löschung der Vormerkung auf Anpassung der Reallast.

9. Erbbaurecht als Belastungsobjekt und -subjekt

a) Belastung des Erbbaurechts

106 Das **Erbbaurecht** kann grundsätzlich in gleicher Weise belastet werden **wie ein Grundstück** (BGHZ 62, 179). Das Erbbaugrundbuch enthält die gleichen Belastungsabteilungen, nämlich die Abt. II (für Dienstbarkeiten, Vormerkungen und dergl.) und die Abt. III (für Grundschulden, Hypotheken, Rentenschulden). – Wegen Besonderheiten bei einer Mündelhypothek s. §§ 18 ff. ErbbauRG. – Inhalt und Umfang des Erbbaurechts bestimmen aber die Grenzen für seine Belastbarkeit. So können im Rahmen von Dienstbarkeiten keine umfangreicheren oder anders gearteten Nutzungsbefugnisse eingeräumt werden als sie dem Erbbauberechtigten selbst zustehen (zB keine Tankstellendienstbarkeit an Erbbaurecht für Wohnzwecke, BayObLGZ 1958, 105; nach KG DNotZ 1992, 312 aber ein Trafostations- und Kabelrecht für ein Stromversorgungsunternehmen, auch wenn der Erbbauvertrag hierfür keine Erlaubnis enthält). Der Nießbrauch an einem Erbbaurecht ist Nießbrauch an einer Sache (§§ 1030 ff. BGB), nicht an einem Recht (Räfle § 1 ErbbauVO Rz. 101; von Oefele/Winkler Rz. 5.113).

107 **Erbbaurecht und Grundstück** können auch **gemeinsam belastet** werden, zB mit Gesamtgrundpfandrechten oder mit der gleichen Dienstbarkeit (was bei Weg- und Leitungsrechten wichtig ist, damit deren Bestand nicht von dem des Erbbaurechts abhängt).

108 Zur **Belastung des Erbbaurechts mit Grundpfandrechten** ist bei entsprechender Regelung im Erbbauvertrag die **Eigentümerzustimmung** erforderlich, Rz. 113 ff. u. **M 49.11**.

108a ➲ **Praxistipp:** In der Praxis üblich und sinnvoll ist es, vor Belastung des Erbbaurechts mit dem Eigentümer abzustimmen, ob und in welchem Umfang er hiermit einverstanden ist.

109 Bei **Erlöschen des Erbbaurechts** gehen die dinglichen Belastungen unter. Der Berechtigte ist aber geschützt: Eine (vorzeitige) Aufhebung ist nur mit seiner Zustimmung möglich, bei Beendigung durch Zeitablauf haftet für geldwerte Ansprüche der Entschädigungsanspruch des Erbbauberechtigten gegen den Grundstückseigentümer für das Bauwerk (§ 29 ErbbauRG); dieses „Durchgriffsrecht" ist eintragungsfähig (Ingenstau/Hustedt § 28 ErbbauRG Rz. 5 ff.; Räfle § 29 ErbbauVO Rz. 4; von Oefele/Winkler Rz. 5 236 ff.), und zwar als Grundbuchberichtigung auf Unrichtigkeitsnachweis (Nachweis der Beendigung) durch den Berechtigten.

Beim **Heimfall** bleiben Grundpfandrechte, Reallasten und Vormerkungen für Sicherungshypotheken bestehen, soweit sie nicht dem Erbbauberechtigten selbst zustehen (§ 33 ErbbauRG). Alle anderen Belastungen erlöschen (vgl. Räfle § 33 ErbbauVO Rz. 1 ff.). 110

Wegen Untererbbaurecht vgl. Rz. 15, evtl. Belastungsbeschränkungen Rz. 113 ff., Erstreckung von Belastungen Rz. 12 ff. 111

b) Erbbauberechtigter als Inhaber dinglicher Rechte

Zugunsten des jeweiligen Erbbauberechtigten können auch subjektiv-dingliche Rechte bestellt werden (Grunddienstbarkeit, Vorkaufsrecht, Reallast). Bestehen solche **Rechte zu Gunsten des** jeweiligen **Grundstückseigentümers**, so erstrecken sie sich nicht auf das an dem Grundstück bestellte Erbbaurecht und können vom Grundstückseigentümer auch nicht an den Erbbauberechtigten „weitergegeben" werden (OLG Hamm DNotZ 1981, 264); sie müssen vielmehr für den jeweiligen Erbbauberechtigten neu bestellt und als weitere Belastungen auf dem dienenden Grundstück eingetragen werden. Dies hat vor allem Bedeutung für Weg- und Leitungsrechte, die ja in erster Linie vom tatsächlichen Nutzer, also dem Erbbauberechtigten, benötigt werden; es ist deshalb anzustreben, solche Rechte sowohl zu Gunsten des jeweiligen Grundstückseigentümers als auch des jeweiligen Erbbauberechtigten zu bestellen. – Umgekehrt gilt: Eine nur **zu Gunsten des jeweiligen Erbbauberechtigten eingetragene** Grunddienstbarkeit mit dem Inhalt von Wege- und Leitungsrechten wird mit dem Erlöschen des Erbbaurechts Bestandteil des Erbbaugrundstücks (BGHZ 192, 335; von Oefele/Winkler Rz. 5.256; MünchKomm.BGB/von Oefele § 12 ErbbauRG Rz. 10; aA LG Verden NdSRpfleger 1964, 249; Palandt/Bassenge § 12 ErbbauRG Rz. 5, der aber einen Neubestellungsanspruch für gegeben hält). Vorsorglich ist bei anderen als Wege- und Leitungsrechten die Bestellung sowohl zu Gunsten des jeweiligen Erbbauberechtigten als auch zu Gunsten des jeweiligen Grundstückseigentümers zu empfehlen. 112

Auf dem Erbbaurecht kann auch der sog. Herrschvermerk (vgl. Kap. 54 Rz. 50 f.) eingetragen werden.

10. Veräußerungs- und Belastungsbeschränkungen

Wegen der Zulässigkeit dieser Vereinbarungen und ihrer Verdinglichung vgl. Rz. 28 ff. 113

a) Zustimmung des Grundstückseigentümers

Der unabdingbare Grundsatz der Veräußerlichkeit des Erbbaurechts erfährt in §§ 5 ff. ErbbauRG eine Einschränkung durch die Möglichkeit, sowohl die **Veräußerung** (**M 49.9**) als auch die Belastung (**M 49.11**) in Abt. III (mit **Hypotheken, Grund- und Rentenschulden**) sowie mit einer **Reallast** (ferner mit einem **Dauerwohnrecht**; Ingenstau/Hustedt § 5 ErbbauRG Rz. 23 ff.; Räfle § 5 ErbbauVO Rz. 8; von Oefele/Winkler Rz. 4.224) von der Zustimmung des Grundstückseigentümers abhängig zu machen (gilt nach § 8 ErbbauRG auch in Zwangsvollstreckung und Insolvenz). Die Ausdehnung auf weitere Fälle (zB Bestellung von Dienstbarkeiten, Nießbrauch, Untererbbaurecht; Begründung von Wohnungserbbaurecht, BayObLG Rpfleger 1978, 375; OLG Celle Rpfleger 1981, 22; Vorkaufsrecht, OLG Braunschweig Rpfleger 1992, 193) ist unzulässig, jedenfalls als dinglicher Inhalt des Erbbaurechts. Schuldrechtlich können solche Vereinbarungen aber getroffen und etwa zum Heimfallauslöser bestimmt werden. 114

Bis zur Erteilung der Zustimmung ist eine Verfügung **schwebend unwirksam** (§ 6 Abs. 1 ErbbauRG). Nach § 7 ErbbauRG ist der Eigentümer allerdings grundsätzlich zur Zustimmungserteilung verpflichtet; er darf sie nur **ausnahmsweise verweigern**, wenn 115

- der Erbbaurechtszweck wesentlich beeinträchtigt oder gefährdet wird,
- (bei Veräußerung) die Person des Erwerbers keine Gewähr für die ordnungsgemäße Erfüllung der Vertragspflichten bietet,
- (bei Belastung) die Regeln einer ordnungsmäßigen Wirtschaft verletzt werden (vgl. die ausführlichen Darlegungen des BayObLG NJW-RR 1987, 459). Das ist nicht schon deshalb der Fall, weil ein durch Grundschuld zu sicherndes Darlehen für „fremde" Zwecke (Gewerbebetrieb)

verwendet wird (BayObLG Rpfleger 1989, 97). Eine Belastung ist jedoch mit den Regeln einer ordnungsgemäßen Wirtschaft nicht vereinbar, wenn das Grundpfandrecht der Sicherung von Ersatzansprüchen deliktisch Geschädigter gegen den Erbbauberechtigten dienen soll (OLG München Rpfleger 2009, 18).

116 Eine **Zweckgefährdung** liegt vor allem in einer Nichtübernahme nur schuldrechtlich wirkender Pflichten (Erbbauzinspflicht, Anpassungsklausel, Kaufzwangklausel) durch den Erwerber, soweit damit eine Verschlechterung der bisherigen Rechtsposition des Grundstückseigentümers verbunden ist (OLG Celle DNotZ 1984, 387; OLG Hamm DNotZ 1987, 40; anders, wenn in einem Zwangsversteigerungsverfahren die einem Grundpfandrecht nachrangige Erbbauzinsreallast nicht in das geringste Gebot fällt und damit beim Zuschlag erlischt; der Eigentümer hat hier durch seinen Rangrücktritt die Zweckgefährdung selbst herbeigeführt, BGH Rpfleger 1987, 257; OLG Hamm Rpflger 2008, 634; OLG Düsseldorf RNotZ 2013, 542). **Unbegründet ist** dagegen eine **Zustimmungsverweigerung**, weil der Erwerber eine (zu diesem Zeitpunkt nicht geschuldete) Erbbauzinserhöhung oder sonstige Inhaltsänderung des Erbbauvertrages ablehnt (OLG Frankfurt Rpfleger 1979, 268; OLG Hamm Rpfleger 2006, 259). Die Erbbauzinspflicht (weil nicht dinglicher Erbbaurechtsinhalt) für die Frage der Zustimmung ganz außer Betracht zu lassen, wird überwiegend abgelehnt (von Oefele/Winkler Rz. 4 201 ff.). Keine Zustimmungsverweigerung rechtfertigt das im Kaufvertrag vereinbarte Liegenbelassen aller mit Zustimmung des Grundstückseigentümers eingetragenen Grundpfandrechte (OLG Hamm MittRhNotK 1996, 272), auch nicht die Erwerberabsicht, eine geringfügige Teilfläche des nur für Wohnzwecke vorgesehenen Gebäudes als Büro (Versicherungsagentur) mit lediglich gelegentlichem Publikumsverkehr zu nutzen (OLG Hamm aaO), ebenso wenig die Tatsache, dass der Erwerber nur eine „Einmann-GmbH & Co. KG" ist, dh. keine natürliche Person haftet (OLG Hamm Rpfleger 2008, 69; OLG München, Beschl. v. 19.1.2015 – 34 Wx 283/12, juris: Stellung einer ausreichenden Sicherheit erforderlich).

117 Die Belastungszustimmung für ein Grundpfandrecht kann nicht davon abhängig gemacht werden, dass der Erbbauzinsreallast der Vorrang vor einer bereits vor der Reallast eingetragenen Grundschuld verschafft wird (OLG Hamm MittBayNot 1996, 380); sie kann aber für ein Grundpfandrecht mit einer uneingeschränkten Sicherungsabrede verweigert werden (OLG Hamm NJW-RR 1995, 399).

118 Bei unbegründeter Weigerung kann die **Entscheidung des Amtsgerichts** herbeigeführt werden (**M 49.10**), und zwar des Gerichts der freiwilligen Gerichtsbarkeit, § 7 Abs. 3 ErbbauRG. Für andere, nicht auf § 7 ErbbauRG beruhende Zustimmungsfälle, also zusätzlich vereinbarte (zB zu einem Rangrücktritt, zu einer Erbbaurechtsteilung), ist das Prozessgericht zuständig (BGHZ 98, 362).

119 Eine vereinbarte (und verdinglichte) Zustimmungsbedürftigkeit gilt nicht nur für rechtsgeschäftliche Verfügungen, sondern auch bei **Zwangsvollstreckung, Arrestvollziehung, gegenüber dem Insolvenzverwalter.**

120 Die **Vereinbarung der Zustimmungsbedürftigkeit** insbesondere für Veräußerungen ist dringend **zu empfehlen**, vor allem, weil dadurch die Übernahme schuldrechtlicher Pflichten durch den Erbbaurechtserwerber sichergestellt werden kann (vgl. Rz. 41 und 115 ff.).

121 Die **Zustimmungsbefugnis** steht dem **jeweiligen Grundstückseigentümer** zu. Diese Rechtsposition muss mindestens bis zum Zeitpunkt des Eingangs des Vollzugsantrags für das zustimmungsbedürftige Geschäft beim Grundbuchamt fortbestehen; andernfalls (dh. bei vorherigem Eigentumswechsel) wird die erteilte Zustimmung wirkungslos (OLG Düsseldorf Rpfleger 1996, 340).

b) Zusatzerklärungen

122 Im Zusammenhang mit der Belastung mit Grundpfandrechten werden häufig folgende Zusatzerklärungen abgegeben:

123 Eine sog. **Stillhalteerklärung** (**M 49.12**), das ist die schuldrechtliche Verpflichtung des Grundstückseigentümers gegenüber dem Gläubiger, dass er im Falle der Zwangsversteigerung aus der betreffenden Grundschuld auf die Kapitalisierung des Erbbauzinses verzichtet. Die Wirkung: Der Gläubiger erhält den Erlös ungeschmälert durch Ansprüche des Eigentümers, der Eigentümer hat weiterhin – also auch gegenüber dem Ersteher – Anspruch auf den laufenden Erbbauzins. Seit der

Neufassung des § 9 ErbbauRG lässt sich dieses Problem für die Erbbauzinsreallast selbst einschließlich inhaltsgeeigneter Anpassungsklauseln durch Vereinbarung der Zwangsversteigerungsfestigkeit der Reallast lösen (Rz. 57). Fehlt eine solche Vereinbarung (wie bei alten Reallasten, mangels Vereinbarung aber auch bei neuen), hat die Stillhalteerklärung nach wie vor ihre Bedeutung.

➲ **Hinweis:** Wegen ihrer nur schuldrechtlichen Wirkung birgt die auf § 59 ZVG basierende Erklärung für den Grundpfandrechtsgläubiger gewisse Restrisiken (vgl. hierzu Sperling NJW 1983, 2487; Karow NJW 1984, 2669; Muth WM 1985, 1281). 123a

Eine Löschungsverpflichtung nach §§ 1179–1179b BGB, im Grundbuch gesichert durch eine **Löschungsvormerkung** (**M 49.13**), deren Wirkung darin besteht, dass der Grundstückseigentümer vom Erbbauberechtigten die Löschung des Grundpfandrechts verlangen kann, wenn es sich „mit dem Eigentum in einer Person vereinigt" hat, dh. wenn das Recht dem Erbbauberechtigten etwa durch Tilgung der gesicherten Forderung als Eigentümergrundschuld zusteht. Die Neuvalutierung eines solchen Grundpfandrechts ist dem Grundstückseigentümer gegenüber damit nur wirksam, wenn er ihr zugestimmt hat. 124

M 49.9 Veräußerungszustimmung[1]

An das

Grundbuchamt

. . . (Ort)

Betr. Erbbaugrundbuch von . . . (Ort) Band/Blatt . . . (Nummer)

Der Erbbauberechtigte hat das im bezeichneten Grundbuch eingetragene Erbbaurecht durch Kaufvertrag vom . . . (Datum), beurkundet von . . . (Name des Notars) unter der Urkundenrolle-Nr. . . . (UR-Nummer), an . . . (Name des Erwerbers) veräußert.

Als Eigentümer des Erbbaugrundstücks stimme ich dieser Veräußerung hiermit zu.

(Unterschriftsbeglaubigung[2])

1 Nur erforderlich, wenn Zustimmungsvorbehalt nach § 5 Abs. 1 ErbbauRG besteht; vgl. Rz. 113 ff.
2 §§ 19, 29 GBO.

Kosten: *Notargebühr:* 0,2-Gebühr gem. Nr. 25100 KV GNotKG, mindestens 20 Euro, höchstens 70 Euro. Geschäftswert gem. §§ 121, 98 Abs. 1, 47 GNotKG (50 % des Kaufpreises).

M 49.10 Antrag auf Ersetzung der Eigentümerzustimmung[1]

An das

Amtsgericht

. . . (Ort)

Ich beantrage hiermit zu verfügen, dass . . . (Personalien des Grundstückseigentümers) – Antragsgegner – verpflichtet ist, zu der Veräußerung des im Erbbaugrundbuch von . . . (Ort) Band/Blatt . . . (Nummer) eingetragenen Erbbaurechts durch Kaufvertrag vom . . . (Datum), beurkundet von Notar . . . (Name des Notars) unter der UR-Nr. . . . (Nummer), an . . . (Name des Erwerbers) die Eigentümerzustimmung zu erteilen.

Begründung:

Ich habe als Erbbauberechtigter das bezeichnete Erbbaurecht veräußert. Dazu ist nach dem Inhalt des Erbbaurechts die Zustimmung des Grundstückseigentümers erforderlich[2]. Diese Zustimmung

1 Vgl. Rz. 118. Verfahren nach § 7 Abs. 3 ErbbauRG (FamFG-Verfahren).
2 Wegen des Rechtsschutzinteresses; dieses besteht auch (auf Erteilung eines „Negativattestes"), wenn das Grundbuchamt die Zustimmung zu Unrecht verlangt (BayObLG DNotZ 1980, 50).

verweigert der Antragsgegner, weil der Käufer seinem Verlangen auf Erhöhung des Erbbauzinses nicht nachgekommen ist[3].

... (formlose Unterschrift)

---

3 Die Veräußerungszustimmung darf nicht als Hebel für eine Erbbauzinserhöhung benutzt werden (BayObLG DNotZ 1975, 607; OLG Hamm DNotZ 1976, 534), selbst wenn diese berechtigt wäre. – Die Beweislast obliegt dem Erbbauberechtigten (Ingenstau/Hustedt § 7 ErbbauRG Rz. 32), wobei es hier allerdings keines Beweises bedarf, weil der Weigerungsgrund in sich unschlüssig ist. Die gerichtliche Verfügung ersetzt die Zustimmung. Die Ersetzungswirkung tritt aber erst mit Rechtskraft ein, § 40 Abs. 3 FamFG, sofern nicht die sofortige Wirksamkeit angeordnet ist.

Kosten: *Gerichtsgebühr:* 0,5-Gebühr gem. Nr. 15212 KV GNotKG, Geschäftswert gem. §§ 60 Abs. 1, 47 GNotKG (Kaufpreis).

M 49.11 Belastungszustimmung[1] und Rangrücktritt[2]

An das

Grundbuchamt

... (Ort)

Betr.: Erbbaugrundbuch von ... (Ort) Band/Blatt ... (Nummer)

Zu Lasten des im bezeichneten Grundbuch eingetragenen Erbbaurechts hat der Erbbauberechtigte eine Grundschuld iHv. ... Euro nebst Zinsen und Nebenleistungen bestellt.

Hierzu gebe ich, der Grundstückseigentümer, folgende Erklärungen ab:

1. Ich stimme der Belastung zu[3].

2. Ich räume der Grundschuld den Vorrang ein vor folgenden zu Gunsten des jeweiligen Grundstückseigentümers in Abt. II eingetragenen Rechten[4]*:*

Nr. ... (Nr.): Vorkaufsrecht für alle Verkaufsfälle.

Nr. ... (Nr.): Vormerkung für neue Erbbauzinsreallast.

Ich bewillige die vorrangige Eintragung.

3. Den Rangrücktritt erkläre ich unter der Bedingung, dass zu meinen Gunsten als Inhaber der zurücktretenden Rechte sowie als Berechtigten des im Erbbauvertrag vereinbarten Heimfallanspruchs bei der Grundschuld eine Löschungsvormerkung nach § 1179 BGB eingetragen wird[5].

(Unterschriftsbeglaubigung[6]*)*

---

1 Nur erforderlich, wenn Zustimmungsvorbehalt nach § 5 Abs. 2 ErbbauRG besteht, vgl. Rz. 113 ff.

2 Wegen der Problematik beim Rücktritt auch mit der Erbbauzinsreallast Rz. 44 ff. und 115 ff., wegen anderer Lösungsmöglichkeit (Stillhalteerklärung) Rz. 123.

3 S. Fn. 1.

4 S. Fn. 2.

5 Berechtigter kann nicht der jeweilige Rechtsinhaber sein, da es sich um einen schuldrechtlichen Anspruch handelt. Löschungsvormerkung s. **M 49.13**.

6 §§ 19, 29 GBO.

Kosten: *Notargebühr:* 0,2-Gebühr gem. Nr. 25100 KV GNotKG, mindestens 20 Euro, höchstens 70 Euro. Geschäftswert gem. §§ 121, 98 Abs. 1, 47 GNotKG (50 % des Kaufpreises). Bei Fertigung des Entwurfs und Beglaubigung 0,5-Gebühr gem. Nrn. 24102, 21201 Nr. 4 KV GNotKG (§ 92 Abs. 2 GNotKG), Geschäftswert gem. §§ 119, 98 Abs. 1, 47 GNotKG (50 % des Kaufpreises).

Gerichtsgebühr: Je 0,5-Gebühr gem. Nr. 14130 KV GNotKG für die Eintragung der Rangrücktritte des Vorkaufsrechts und der Vormerkung, Geschäftswert jeweils gem. § 45 Abs. 1 GNotKG der geringere Wert des vor- bzw. zurücktretenden Rechts.

M 49.12 Stillhalteerklärung[1] und Veräußerungszustimmung[2]

Im Erbbaugrundbuch von ... (Ort) Band/Blatt ... (Nummer) ist zu Lasten des dort gebuchten Erbbaurechts an dem Grundstück ... (Beschrieb) für den jeweiligen Grundstückseigentümer ua. eingetragen:

Abt. II Nr. 1: Reallast für Erbbauzins von jährlich ... Euro.

Das Erbbaurecht soll in Abt. III mit einem Grundpfandrecht von ... Euro (in Worten: ... Euro) nebst Zinsen und Nebenleistungen zu Gunsten ... (Gläubiger) belastet werden. Dabei erhält das Grundpfandrecht Rang nach der Reallast für Erbbauzins.

Der unterzeichnende Grundstückseigentümer verpflichtet sich hiermit dem jeweiligen Gläubiger des Grundpfandrechts gegenüber,

a) im Falle einer Zwangsversteigerung den Erbbauzins hinsichtlich der künftigen Raten dem Ersteher gegenüber zur Vermeidung einer evtl. Kapitalisierung bestehen zu lassen, sofern der Ersteher gegenüber dem Grundstückseigentümer nach §§ 59, 91 ZVG erklärt, dass er in alle Rechte und Pflichten des bestehenden Erbbauvertrages eintritt[3].

Für rückständige und laufende Erbbauzinsraten soll der Grundstückseigentümer nach den Bestimmungen des Zwangsversteigerungsgesetzes befriedigt werden;

b) bei einer Veräußerung des Grundstücks den Eintritt des Erwerbers in diese Verpflichtungen zu vereinbaren und den Erwerber ebenfalls zur Weitergabe an seine Sonderrechtsnachfolger zu verpflichten[4].

Der Grundstückseigentümer bevollmächtigt den jeweiligen Gläubiger, in seinem Namen mit dem Ersteher eine entsprechende Vereinbarung nach § 91 Abs. 2 ZVG zu treffen.

Gleichzeitig erteilt der Grundstückseigentümer bereits jetzt seine Zustimmung

a) für den Fall, dass der Gläubiger die Anordnung eines Zwangsversteigerungsverfahrens beantragt oder einem solchen Verfahren beitritt, zur Durchführung des Zwangsversteigerungsverfahrens,

b) für den Fall, dass der Gläubiger in dem Zwangsversteigerungsverfahren Meistbietender geblieben ist, zur Abtretung der Rechte aus dem Meistgebot oder zur sonstigen Weiterveräußerung des Erbbaurechts.

Diese Zustimmungserklärung gilt auch für andere gerichtliche Zwangsmaßnahmen, insbesondere die Einleitung und Durchführung eines Insolvenzverfahrens.

(Unterschriftsbeglaubigung[5])

---

1 Vgl. Rz. 123.
2 Vgl. Rz. 113 ff.
3 Die schuldrechtlichen Ansprüche gingen bei einer Veräußerung des Grundstücks oder des Erbbaurechts sonst verloren, Rz. 8 f.
4 S. Fn. 3.
5 Wegen der Veräußerungszustimmung (Nachweis gegenüber dem Grundbuchamt), sonst nicht formbedürftig.

Kosten: *Notargebühr:* 0,2-Gebühr gem. Nr. 25100 KV GNotKG, mindestens 20 Euro, höchstens 70 Euro. Geschäftswert gem. §§ 121, 36 GNotKG. Bei Fertigung des Entwurfs und Beglaubigung 1,0-Gebühr gem. Nrn. 24101, 21200 K V GNotKG (§ 92 Abs. 2 GNotKG), Geschäftswert gem. §§ 119, 36 GNotKG.

M 49.13 Löschungsvormerkung[1]

(im Rahmen einer Grundschuldbestellung oder separat[2])

Auf Grund einer bestehenden Vereinbarung[3] bin ich gegenüber dem Grundstückseigentümer[4] verpflichtet, das vorrangig werdende Grundpfandrecht löschen zu lassen, wenn und soweit es sich mit dem Eigentum in einer Person vereinigt. Dies gilt für Hypotheken auch für den Fall des § 1163 Abs. 1 Satz 1 BGB[5].

Dieser Anspruch besteht zu Gunsten des Grundstückseigentümers[6]

- *als Berechtigten des Heimfallanspruchs (§ 1179 Nr. 2 BGB),*
- *als Berechtigten der durch Rangrücktritt nachrangig werdenden Rechte der Abt. II (§ 1179 Nr. 1 BGB).*

Ich bewillige und beantrage hiermit, bei dem Grundpfandrecht eine Löschungsvormerkung zur Sicherung des vorstehend beschriebenen Anspruchs zu Gunsten des Berechtigten einzutragen.

(Form der zugehörigen Urkunde)

---

1 Vgl. Rz. 124. Die Erklärung betrifft eine Löschungsvormerkung zu Gunsten des Grundstückseigentümers bei Belastung eines Erbbaurechts.
2 Mindestens Form des § 29 GBO erforderlich.
3 Einigung nach § 873 BGB (ohne Nachweispflicht gegenüber dem Grundbuchamt).
4 Vgl. Rz. 4 ff. Der Vormerkungsberechtigte muss Inhaber eines beschränkten dinglichen Rechtes (hier zB Reallast für Erbbauzins) oder eines Rechtsverschaffungsanspruchs (hier Heimfallanspruch) sein, die gegenüber der Grundschuld Gleich- oder Nachrang haben.
5 Vgl. zum Eintritt dieser Voraussetzung Kap. 58 Rz. 17 ff.
6 S. Fn. 4.

Kosten: Abhängig von der zugehörigen Urkunde.
Gerichtsgebühr: 0,5-Gebühr gem. Nr. 14130 KV GNotKG. Geschäftswert gem. § 45 Abs. 2 S. 1 GNotKG.

11. Änderung, Aufhebung, Erlöschen

125 **Änderungen** eines bestehenden Erbbaurechts sind zulässig und bedürfen nach §§ 877, 873 BGB der Einigung und Eintragung. Sie sind bei einem schon bestehenden (eingetragenen) Erbbaurecht grundsätzlich formfrei, da § 11 Abs. 2 ErbbauRG nur die Verpflichtung zur Bestellung sowie die Übertragung und den Erwerb der Form des § 311b Abs. 1 BGB unterstellt. Dem Grundbuchamt ist der Nachweis in der Form des § 29 GBO (öffentliche Beglaubigung) zu erbringen.

126 Inhaltsänderungen sind zB eine **Verlängerung der Erbbaurechtsdauer** (BayObLGZ 1959, 520), die aber vor Erlöschen durch Zeitablauf (§ 27 ErbbauRG) erfolgen muss, sonst Neubestellung erforderlich; vgl. auch König, Verlängerungsmöglichkeiten beim Erbbaurecht – eine Übersicht (MittRhNotK 1989, 261); **Erstreckung auf ein zugeschriebenes Grundstück** (OLG Hamm NJW 1974, 280). Dinglich Berechtigte müssen idR zustimmen, es sei denn, ihr Recht wird mit Sicherheit nicht berührt (BGHZ 91, 343; BayObLG NJW 1960, 1155).

127 Der **Teilung eines Erbbaurechts** müssen Grundstückseigentümer und dinglich Berechtigte zustimmen (Räfle § 1 ErbbauVO Rz. 111).

128 Die **Löschung** erfolgt wie bei anderen dinglichen Rechten nach § 875 BGB durch Aufgabeerklärung des Erbbauberechtigten (grds. formfrei, aber Grundbuchform des § 29 GBO) und Löschung im Grundbuch (**M 49.14**). Hierzu ist jedoch die Zustimmung des Grundstückseigentümers (§ 26 ErbbauRG) und ggf. von dinglich Berechtigten (§ 876 BGB) erforderlich, da deren Rechten die Basis entzogen wird. Eine Verpflichtungserklärung zur Aufhebung bedarf der notariellen Beurkundung, wenn das Erbbaurecht bereits besteht oder zumindest zu einem Anwartschaftsrecht erstarkt ist (bindende Einigung und eingetragene Vormerkung, entspr. der Rspr. zu § 313 BGB aF [jetzt § 311b Abs. 1 BGB]: BGH NJW 1982, 1639; BGH WM 1982, 715); sonst ist sie formlos wirksam.

Mit der Löschung im Grundbuch des belasteten Grundstücks geht das Erbbaurecht unter (Räfle § 26 ErbbauVO Rz. 5), nicht erst mit der nach § 16 ErbbauRG von Amts wegen vorzunehmenden Schließung des Erbbaugrundbuchs. Die für den jeweiligen Grundstückseigentümer eingetragenen Rechte auf dem Erbbaurecht (Erbbauzinsreallast, Vorkaufsrecht, Vormerkung für Erbbauzinserhöhungsreallast) werden ebenso automatisch gegenstandslos wie ein etwaiges Vorkaufsrecht am Grundstück zu Gunsten des jeweiligen Erbbauberechtigten und können nach § 84 GBO auch ohne besondere Bewilligung gelöscht werden. Bestehen weitere Belastungen (zB Grundpfandrechte), kann die Erbbaurechtslöschung nach § 876 BGB nur mit Zustimmung der Berechtigten erfolgen, die einer Löschungsbewilligung gleichkommt. Deshalb wird diese Zustimmung nur erteilt, wenn die gesicherten Darlehen entweder abgelöst oder anderweitig gesichert werden. Erwirbt der Erbbauberechtigte das Grundstück hinzu (oder übernimmt der Eigentümer die Belastungen), böte sich für die anderweitige Sicherung das Grundstück an: Die auf dem Erbbaurecht lastenden Pfandrechte müssten zunächst auf das Grundstück erstreckt werden; sodann könnte der Gläubiger für das Erbbaurecht die Pfandfreigabe erklären, zum eigenen Schutz unter der Bedingung der gleichzeitigen Löschung des Erbbaurechts und der rangrichtigen Eintragung des „erstreckten" Grundpfandrechts. Dieser Weg ist allerdings kostenintensiv, so dass – wenn dies möglich ist – besser bis zur normalen Tilgung der Grundpfandrechte abgewartet und das Erbbaurecht bis dahin als Eigentümererbbaurecht (vgl. Rz. 27) bestehen gelassen wird.

Das Erbbaurecht erlischt automatisch durch **Zeitablauf** (§ 27 ErbbauRG). Die Löschung im Grundbuch kann auf Antrag des Grundstückseigentümers im Wege der Grundbuchberichtigung aber nur dann erfolgen, wenn gleichzeitig ebenfalls auf Antrag des Eigentümers die Entschädigungsforderung des Erbbauberechtigten für den Eigentumsverlust an dem Bauwerk (§§ 27, 28 ErbbauRG) in das Grundbuch eingetragen wird (BGHZ 197, 140). Der Verzicht auf diese Eintragung bedarf der ausdrücklichen Zustimmung der Erbbauberechtigten in der Form des § 29 GBO. Der Entschädigungsanspruch ist nach hM ein dingliches Recht eigener Art (OLG Hamm NotBZ 2007, 218; Ingenstau/Hustedt § 28 ErbbauRG Rz. 5; von Oefele/Winkler Rz. 5.237). 129

12. Heimfall

Wegen der Zulässigkeit von Vereinbarungen zum Heimfall (§ 2 Nr. 4 ErbbauRG) und ihrer Verdinglichung vgl. Rz. 28 ff. 130

a) Heimfallgründe

Unter Heimfall versteht man den Anspruch des Grundstückseigentümers, unter bestimmten Voraussetzungen die Übertragung des Erbbaurechts auf sich selbst (§ 2 Nr. 4 ErbbauRG) oder einen von ihm bezeichneten Dritten (§ 3 ErbbauRG) zu verlangen. Das Erbbaurecht bleibt dabei (im ersten Fall als Eigentümererbbaurecht) bestehen. Die „bestimmten Voraussetzungen" legt das Gesetz nicht fest. Sie können vielmehr von den Beteiligten frei vereinbart werden, wobei es gleichgültig ist, ob die den Heimfall auslösenden Fälle Verstöße gegen verdinglichte oder nur schuldrechtlich wirkende Pflichten (vgl. Rz. 28 ff., 37 ff.) sind. Lediglich gewisse Wesensmerkmale des Erbbaurechts, insbes. die Veräußerlichkeit und die Vererblichkeit, dürfen nicht tangiert sein. Im Einzelnen: 131

Sowohl **genau bestimmte Voraussetzungen** (Verstöße gegen Vertragspflichten wie Bauerrichtungspflicht [**M 49.14**], Nutzungsbeschränkung, auch Zahlungsverzug mit Erbbauzins mindestens in Höhe zweier Jahresbeträge, § 9 Abs. 4 ErbbauRG) können als Heimfallauslöser vereinbart werden als auch **allgemeinere Gründe** (unbestimmte, aber bestimmbare Rechtsbegriffe), zB ein „wichtiger Grund" (LG Oldenburg Rpfleger 1979, 383; LG Düsseldorf MittRhNotK 1989, 218), „sittliche Gründe" bei bestimmter Nutzung (BGH NJW 1984, 2213); Nichteintritt eines Erwerbers in die schuldrechtlichen Verpflichtungen (OLG Oldenburg DNotZ 1988, 591); aber auch Vermögensverfall (Insolvenz) des Erbbauberechtigten (BGH DNotZ 2007, 682, Kesseler ZNotP 2007, 303 f.; OLG Karlsruhe NJW RR 2002, 413 f.; aA von Oefele/Winkler Rz. 4.87a; Böttcher Rpfleger 2009, 550), Zwangsvollstreckung gegen ihn, Wegfall der erwarteten Bebaubarkeit, Eigenbedarf, Tod des Grundstückseigentümers oder Erbbauberechtigten (letzteres kein Verstoß gegen den unabdingbaren Grundsatz der Vererblichkeit, da das Erbbaurecht bestehen bleibt, allerdings mit Übertragungspflicht der Erben). 132

Die Vereinbarung eines Heimfallanspruchs für den Fall der Veräußerung ist unzulässig (Verstoß gegen den ebenfalls unabdingbaren Grundsatz der Veräußerlichkeit, Räfle § 2 ErbbauVO Rz. 25). Nach § 6 Abs. 2 ErbbauRG kann auch ein Verstoß gegen die Zustimmungsfälle des § 5 ErbbauRG (vgl. Rz. 113 ff.) keinen Heimfallanspruch auslösen, wohl aber ein Verstoß gegen andere schuldrechtlich vereinbarte Zustimmungsfälle (OLG Hamm OLGZ 86, 14).

133 Vereinbarte Heimfallvoraussetzungen können wegen **Verstoßes gegen Treu und Glauben** oder wegen **Sittenwidrigkeit** unzulässig sein, zB Kirchenaustritt (auch wenn Kirche Erbbaurechtsausgeber, OLG Braunschweig Rpfleger 1975, 399; LG Oldenburg Rpfleger 1979, 383; aA LG München Rpfleger 1983, 268; Soergel/Stürner § 2 ErbbauRG Rz. 6; Linde/Richter Rz. 107).

b) Vergütung

134 Nach § 32 ErbbauRG ist beim Heimfall für das Erbbaurecht (insbes. das Bauwerk) eine Vergütung zu gewähren. Hierzu können nach § 32 Abs. 1 Satz 2 ErbbauRG Vereinbarungen über Höhe und Zahlungsart als Inhalt des Erbbaurechts getroffen werden. Die Vergütung kann auch (insgesamt oder für bestimmte Fälle) ganz ausgeschlossen oder auf einen Bruchteil des Wertes festgesetzt werden (Räfle § 32 ErbbauVO Rz. 4), es sei denn, es besteht nach § 32 Abs. 2 ErbbauRG (bei Erbbaurecht für „minderbemittelte Bevölkerungskreise", dann nur Herabsetzung auf „mindestens zwei Drittteile des gemeinen Wertes" zulässig) oder im Hinblick auf das Verbot der Gläubigerbenachteiligung (BGH DNotZ 2007, 682: Anfechtbarkeit insolvenzbedingten Heimfalls ohne Vergütung) ein Vergütungszwang. Vgl. zur Entstehung des Anspruchs BGH DNotZ 1991, 393, zur Ermittlung der Höhe der Vergütung BGH WM 1992, 317.

c) Zwangsversteigerung

135 Zum Heimfallanspruch in der Zwangsversteigerung vgl. Weichhaus Rpfleger 1979, 329; Scharen Rpfleger 1983, 342; Behmer Rpfleger 1983, 477.

M 49.14 Erfüllung eines Heimfallanspruchs[1] mit Erbbaurechtslöschung[2]

An das
Grundbuchamt
... (Ort)
Betr.: Grundbuch von ... (Ort) Band/Blatt ... (Nummer)
Erbbaugrundbuch hierzu Band/Blatt ... (Nummer)
Wir geben hiermit folgende Erklärung ab:

§ 1

Der Beteiligte ... (Name des Grundstückseigentümers), nachfolgend „Grundstückseigentümer" genannt, hat dem Beteiligten ... (Name des Erbbauberechtigten), nachfolgend „Erbbauberechtigter" genannt, ein Erbbaurecht an dem im oben bezeichneten Grundbuch eingetragenen Grundstück Flurstück Nr. ... (Nummer und weiterer Beschrieb) bestellt. Das Erbbaurecht ist im ebenfalls oben bezeichneten Erbbaugrundbuch eingetragen.

Nach § ... des Erbbauvertrages war der Erbbauberechtigte verpflichtet, das vorgesehene Bauwerk bis ... (Datum) zu errichten. Diese Verpflichtung hat er nicht erfüllt. Der Grundstückseigentümer hat deshalb den ihm nach § ... des Erbbauvertrages für diesen Fall zustehenden Heimfallanspruch geltend gemacht und die Übertragung des Erbbaurechts auf sich selbst verlangt. Der Erbbauberechtigte hat die Berechtigung des Anspruchs anerkannt.

1 Vgl. Rz. 130 ff.
2 Vgl. Rz. 128 f.; der Heimfall allein lässt das Erbbaurecht bestehen.

§ 2

In Erfüllung des Heimfallanspruchs überträgt der Erbbauberechtigte nachstehend das Erbbaurecht auf den Grundstückseigentümer. Im Zusammenhang damit ist vereinbart:

1. *Bauwerke sind bislang nicht errichtet worden.*
2. *Der Grundstückseigentümer erstattet dem Erbbauberechtigten aber folgende von diesem bezahlten öffentlichen Abgaben:*

   Kanalanliegerbeitrag von ... Euro,

   Erschließungskostenvorauszahlung von ... Euro.

   Die Erstattung ist bereits erfolgt.
3. *Ab dem Zeitpunkt des Besitzübergangs endet die Verpflichtung zur Erbbauzinszahlung.*
4. *Weitere gegenseitige Ansprüche bestehen sodann nicht mehr.*

§ 3

Ab dem ... (Datum) gehen Besitz, Nutzungen, Lasten und Gefahr sowie die Verkehrssicherungspflicht auf den Grundstückseigentümer über.

Das Erbbaurecht geht über wie es steht und liegt, der Zustand ist dem Grundstückseigentümer bekannt.

Gewährleistungsansprüche werden ausgeschlossen. Der Erbbauberechtigte versichert, dass er keine Rechte zu Gunsten Dritter bestellt und das Grundstück nicht verändert hat.

§ 4

Die Kosten dieser Erklärung und des Grundbuchvollzugs sowie eine anfallende Grunderwerbsteuer[3] *trägt der Erbbauberechtigte. Den Beteiligten ist die gesamtschuldnerische Haftung für Kosten und Steuern bekannt.*

Grundbucherklärungen

Einigung: Die Vertragsbeteiligten sind sich über den Rechtsübergang des Erbbaurechts auf den Grundstückseigentümer einig; der Erbbauberechtigte bewilligt und der Grundstückseigentümer beantragt den Vollzug des Inhaberwechsels im Grundbuch.

Löschung des Erbbaurechts: Der Grundstückseigentümer als Inhaber des Erbbaurechts gibt nunmehr das Erbbaurecht auf[4] *und bewilligt und beantragt dessen Löschung im Grundbuch des Grundstücks sowie die Schließung des Erbbaugrundbuchs.*

Außer den für den jeweiligen Grundstückseigentümer in Abt. II eingetragenen Belastungen sind keine Belastungen vorhanden.

(Unterschriftsbeglaubigung[5]*)*

3 Vgl. Rz. 139, wonach uU die Steuerbefreiung nach § 16 Abs. 2 Nr. 3 GrEStG 1983 eingreift.

4 Die nach § 26 ErbbauRG erforderliche Eigentümerzustimmung ist in dieser vom Eigentümer selbst abgegebenen Erklärung enthalten. Der Grundstückseigentümer könnte das Erbbaurecht auch als Eigentümererbbaurecht bestehen lassen (s. Rz. 27), um es bei Gelegenheit wieder zu veräußern, oder die sofortige Übertragung an einen Dritten verlangen (s. Rz. 131).

5 Die Erklärung ist materiell-rechtlich nicht formbedürftig, weder die Einigung (von beiden zu erklären) noch die Aufgabeerklärung des Erbbauberechtigten; sie bedarf aber nach §§ 20, 29 GBO der öffentlichen Beglaubigung. § 11 ErbbauRG gilt nicht, da die Erklärung keine Verpflichtung enthält; der Heimfallanspruch ist bereits entstanden (Geltendmachung durch einseitige, empfangsbedürftige Willenserklärung, Räfle § 2 ErbbauVO Rz. 35).

Kosten: *Notargebühr:* 0,2-Gebühr gem. Nr. 25100 KV GNotKG, mindestens 20 Euro, höchstens 70 Euro. Geschäftswert gem. §§ 121, 43, 52 Abs. 2 S. 1 GNotKG, das 20-fache des Jahreserbbauzinses, es sei denn, 80 % des Grundstückswertes zzgl. Gebäudewert ist höher (§§ 43 S. 2, 49, Abs. 2 GNotKG). Bei Fertigung des Entwurfs und Beglaubigung 2,0-Gebühr gem. Nrn. 24100, 2100 KV GNotKG (§ 92 Abs. 2 GNotKG), Geschäftswert wie vor.

Gerichtsgebühr: 1,0-Gebühr gem. Nr. 14110 KV GNotKG für die Eintragung des Grundstückseigentümers als Erbbaurechtigten, Geschäftswert gem. § 49 Abs. 1, 46 GNotKG. 25 Euro gem. Nr. 14143 KV GNotKG.

13. Steuerfragen

a) Grunderwerbsteuer

aa) Grunderwerbsteuerpflichtige Rechtsvorgänge

136 Ein Gebäude, das von einem Erbbauberechtigten errichtet wird, ist kein Gebäude auf fremdem Grund und Boden, sondern wesentlicher Bestandteil des Erbbaurechts. Ebenso ist ein Gebäude auf einem Grundstück, an dem nach der Errichtung ein Erbbaurecht bestellt wird, wesentlicher Bestandteil des Erbbaurechts. Erbbaurecht und belastetes Grundstück bilden daher zwei Einheiten, die nach dem bürgerlichen Recht voneinander unabhängig sind. Erbbaurechte stehen hinsichtlich der Grunderwerbsteuer den Grundstücken gleich (§ 2 Abs. 2 Nr. 1 GrEStG). Damit unterliegen alle nach § 1 GrEStG steuerpflichtigen Rechtsvorgänge der Grunderwerbsteuer auch dann, wenn sie ein Erbbaurecht (oder Untererbbaurecht) betreffen.

137 Einstweilen frei.

138 Der Grunderwerbsteuer unterliegen folgende Rechtsvorgänge:

- ein Vertrag, der den Anspruch auf Bestellung eines Erbbaurechts begründet;
- ein Vertrag, der den Anspruch auf Übertragung eines Erbbaurechts begründet;
- die Ausübung des Vorrechts auf Erneuerung des Erbbaurechts nach § 31 ErbbauVO;
- eine Vereinbarung über die Verlängerung des Erbbaurechts (im Falle der Vereinbarung der Verlängerung eines Erbbaurechts entsteht die Grunderwerbsteuer mit dieser Vereinbarung);
- eine auf die Bestellung des Erbbaurechts oder auf die Übertragung eines Erbbaurechts gerichtete Einigung, wenn kein Vertrag vorausgegangen ist, der den Anspruch auf Bestellung eines Erbbaurechts oder auf die Übertragung eines Erbbaurechts begründet;
- ein Rechtsgeschäft, durch das ein Erbbaurecht vor dem vereinbarten Zeitablauf aufgehoben oder auf ein Erbbaurecht verzichtet wird;
- der Heimfall eines Erbbaurechts nach § 32 ErbbauVO;
- eine auf die Verlängerung eines Erbbaurechts gerichtete Einigung, sofern keine Vereinbarung über die Verlängerung vorausgegangen ist;
- der Übergang eines Erbbaurechts kraft Gesetzes und die Übertragung eines Erbbaurechts durch behördlichen Anspruch;
- die vorzeitige Löschung eines nicht dem Grundstückseigentümer selbst zustehenden Erbbaurechts im Erbbaugrundbuch, wenn kein Rechtsgeschäft vorausgegangen ist, durch das ein Erbbaurecht vor dem vereinbarten Zeitablauf aufgehoben oder auf ein Erbbaurecht verzichtet wurde;
- das Meistgebot im Zwangsversteigerungsverfahren über ein Erbbaurecht;
- ein Rechtsgeschäft, das den Anspruch auf Abtretung eines Anspruchs auf Bestellung, Übertragung oder Verlängerung eines Erbbaurechts oder der Rechte aus einem Meistgebot begründet;
- ein Rechtsgeschäft, das den Anspruch auf Abtretung der Rechte aus einem Angebot zum Abschluss eines Vertrages begründet, kraft dessen die Bestellung, Übertragung oder Verlängerung eines Erbbaurechts verlangt werden kann;
- die Abtretung der vorgenannten Rechte, wenn kein Rechtsgeschäft vorausgegangen ist, das den Anspruch auf Abtretung der Rechte begründet.

139 Das **Erlöschen des Erbbaurechts** durch Zeitablauf und der damit verbundene Eigentumsübergang am Bauwerk auf den Grundstückseigentümer **unterliegen** dagegen **nicht der Grunderwerbsteuer** (BFH v. 8.2.1995, BStBl. II 1995, 334).

bb) Bemessungsgrundlage

140 §§ 8 Abs. 1, 9 GrEStG bestimmen als Bemessungsgrundlage für die Grunderwerbsteuer den – soweit vorhanden – **Wert der Gegenleistung**. Dazu gehören bei Bestellung, Übertragung, Erneue-

rung und Verlängerung von Erbbaurechten der nach § 13 BewG **kapitalisierte Wert der Erbbauzinsverpflichtung zuzüglich** etwa vereinbarter **Zuzahlungen** oder sonstiger Leistungen. Bei einer Übertragung des Erbbaurechts auf den Eigentümer des erbbaurechtsbelasteten Grundstücks gehört der kapitalisierte Wert der Erbbauzinsverpflichtung jedoch nicht zur Gegenleistung (BFH v. 14.11.2007, BStBl. II 2008, 486). Die Verpflichtung zur Zahlung des Erbbauzinses bleibt zwar als Eigentümerreallast bestehen, sie stellt aber keine echte Belastung für den Grundstückseigentümer dar. Eine Beschränkung des Jahreswerts der Erbbauzinsverpflichtung auf den 18,6-ten Teil des Werts des Grund und Bodens des mit dem Erbbaurecht belasteten Grundstücks (§ 16 BewG) kommt nicht in Betracht, § 17 Abs. 3 Satz 2 BewG. Bei Aufhebung eines Erbbaurechts ist Gegenleistung die aus Anlass der Aufhebung ausbedungene Entschädigung und etwaige sonstige Leistungen. Hierzu rechnet insbesondere eine vom Grundstückseigentümer für die Übernahme eines vom Erbbauberechtigten errichteten oder erworbenen Bauwerks gezahlte Entschädigung (einschließlich zB der Übernahme der auf dem Erbbaurecht lastenden Hypotheken). Der kapitalisierte Wert der erlöschenden Erbbauzinsverpflichtung gehört dagegen nicht zur Gegenleistung. Beim Heimfall eines Erbbaurechts gehören die dem Erbbauberechtigten zu gewährende Vergütung und etwaige sonstige Leistungen, zB auf dem Erbbaurecht lastende und auf den Eigentümer übergehende Hypotheken, zur Gegenleistung. Wird das Erbbaurecht jedoch auf einen vom Grundstückseigentümer bezeichneten Dritten übertragen, ist dieser Fall wie die erstmalige Bestellung eines Erbbaurechts zu behandeln. Fehlt eine Gegenleistung, wird die Grunderwerbsteuer aus dem Wert des Erbbaurechts iSd. § 138 Abs. 3 BewG bemessen.

Erwirbt ein Erbbauberechtigter oder ein Dritter das mit dem Erbbaurecht belastete Grundstück, unterliegt der mit dem Grundstückserwerb verbundene Erwerb des Erbbauzinsanspruchs nicht der Grunderwerbsteuer, da das Recht auf Erbbauzins – obwohl zivilrechtlich wesentlicher Bestandteil des erbbaurechtsbelasteten Grundstücks – nicht zum Grundstück gerechnet wird, § 2 Abs. 1 Nr. 3 GrEStG. Beim Erwerb eines mit einem Erbbaurecht belasteten Grundstücks ist daher die Gegenleistung auf das Grundstück einerseits und den nicht der Grunderwerbsteuer unterliegenden Erwerb des Erbbauzinsanspruchs andererseits aufzuteilen. Hierbei kann aus Vereinfachungsgründen der Wert der Gesamtgegenleistung um den Kapitalwert des Rechts auf Erbbauzins gekürzt werden.

b) Umsatzsteuer

Die Bestellung des Erbbaurechts wird als grundstücksgleiches Recht grunderwerbsteuerlich wie ein(e) Grundstückserwerb(-lieferung) behandelt. Umsatzsteuerrechtlich liegt jedoch eine sonstige Leistung in Form einer Duldungsleistung (Nutzungsüberlassung) vor, die nach § 4 Nr. 9a UStG umsatzsteuerfrei ist. Der Unternehmer hat jedoch die Möglichkeit, auf die Steuerbefreiung zu verzichten, wenn der Umsatz an einen anderen Unternehmer für dessen Unternehmen ausgeführt wird und er nachweist, dass das Grundstück weder Wohnzwecken noch anderen nichtunternehmerischen Zwecken dient oder zu dienen bestimmt ist (§ 9 UStG). Die Ausübung des Verzichts auf die Steuerbefreiung ist bei Umsätzen iSd. § 4 Nr. 9a UStG außerhalb eines Zwangsversteigerungsverfahrens zwingend in dem gem. § 311b BGB notariell zu beurkundenden Vertrag zu erklären, § 9 Abs. 3 Satz 2 UStG. Aufgrund eines wirksamen Verzichts auf die Steuerbefreiung wird der Leistungsempfänger Umsatzsteuerschuldner (§ 13b Abs. 2 Nr. 3 UStG). Als weitere Konsequenz unterliegen auch die Erbbauzinsen dem Anwendungsbereich des § 13b Abs. 2 Nr. 3 UStG, da es sich bei dem Erbbauzins (Ausübung des Erbbaurechts) um eine Dauerleistung in Form von Teilleistungen iSd. § 13b Abs. 4 iVm. § 13 Abs. 1 Nr. 1 lit. a Satz 2 und 3 UStG, vgl. UStAE Abschnitte 13b.1 Nr. 5, 4.9.1 Abs. 2 und 13.4 UStAE 2014/2015, handelt. 141

c) Einkommensteuer

aa) Rechtsfolgen beim Erbbaurechtsbesteller

Der Erbbauverpflichtete hat das **Entgelt für die Bestellung des Erbbaurechts** (sog. Erbbauzins) an einem privaten Grundstück als Einnahme aus Vermietung und Verpachtung zu versteuern (BFH v. 20.9.2006, BStBl. II 2007, 112). Einmalentgelte können zur Vermeidung von Härten auf Antrag auf höchstens zehn Jahre verteilt werden (BMF v. 10.12.1996, BStBl. I 1996, 1440). Seit 2004 für mehr 142 als fünf Jahre im Voraus gezahlte Einmalbeträge können nach § 11 Abs. 1 S. 3 EStG auf den Zeitraum gleichmäßig verteilt werden, für den die Vorauszahlung geleistet wird.

143 Die Übernahme der **Erschließungskosten** durch den Erbbauberechtigten stellt ein zusätzliches Entgelt für die Nutzung des Grundstücks dar. Ein steuerlich relevanter Zufluss liegt beim Eigentümer idR jedoch erst bei Beendigung des Erbbaurechtsverhältnisses vor (BFH v. 21.11.1989, BStBl. II 1990, 310 und BMF v. 16.12.1991, BStBl. I 1991, 1011). Geht das vom Erbbauberechtigten in Ausübung des Erbbaurechts errichtete Gebäude nach Beendigung des Erbbaurechts entsprechend den Bestimmungen des Erbbaurechtsvertrags entschädigungslos auf den Erbbauverpflichteten über, führt dies beim Erbbauverpflichteten zu einer zusätzlichen Vergütung für die vorangegangene Nutzungsüberlassung (BFH v. 11.12.2003, BStBl. II 2004, 353).

144 Aufwendungen eines erbbauverpflichteten Grundstückseigentümers zur **Ablösung des Erbbaurechts** zählen zu den Herstellungskosten des anschließend auf dem Grundstück nach dem Abriss der vorhandenen Bebauung neu errichteten Gebäudes (BFH v. 13.12.2005, BStBl. II 2006, 461).

145 Die Bestellung eines Erbbaurechts begründet unter denselben Voraussetzungen wie die Überlassung eines unbebauten Grundstücks durch das Besitzunternehmen an das Betriebsunternehmen eine sachliche Verflechtung iS einer **Betriebsaufspaltung**. Eine solche sachliche Verflechtung ist nach BFH v. 19.3.2002, BStBl. II 2002, 662, anzunehmen, wenn das Grundstück vom Betriebsunternehmen unter Zustimmung des Besitzunternehmens mit Gebäuden und Vorrichtungen bebaut wurde, die für das Betriebsunternehmen eine wesentliche Betriebsgrundlage sind, weil sie für die Bedürfnisse des Betriebsunternehmens besonders hergerichtet worden sind. Die sachliche Verflechtung beginnt in diesen Fällen mit dem Abschluss des Erbbaurechtsvertrags.

bb) Rechtsfolgen beim Erbbauberechtigten

146 Bei einkunftsrelevanter Nutzung durch Vermietung kann der Erbbauberechtigte neben der Gebäudeabschreibung die **Erbbauzinsen** als Werbungskosten bzw. Betriebsausgaben abziehen. Die Vereinbarung eines wiederkehrenden Erbbauzinses ist jedoch nicht zwingend. Die Zahlung eines Einmalbetrags ist zivilrechtlich ebenfalls zulässig. Vorausbezahlte Erbbauzinsen sind beim *bilanzierenden* Erbbauberechtigten zu aktivieren und mittels eines passiven Rechnungsabgrenzungspostens über die Dauer des Erbbaurechts zu verteilen (vgl. BFH v. 20.11.1980, BStBl. II 1981, 398). Mit Urteil v. 23.9.2003, BStBl. II 2005, 159 hat der BFH für den Bereich Vermietung und Verpachtung entschieden, dass Erbbauzinsen auch dann als Werbungskosten sofort abziehbar seien, wenn sie in einem Einmalbetrag vorausgezahlt werden. Dies gilt analog für die nach § 4 Abs. 3 EStG ermittelten Gewinneinkünfte, da auch hier das Zu- und Abflussprinzip anzuwenden ist. Werden Erbbauzinsen für einen Zeitraum von mehr als fünf Jahren im Voraus geleistet, sind sie (ab 2004) nach § 11 EStG gleichmäßig auf den Zeitraum zu verteilen, für den die Vorauszahlung geleistet wird. Hierunter fällt auch das in einem Einmalbetrag gezahlte Entgelt für die Einräumung eines **Erbbaurechts**.

Sind Erbbauzinsen von einem Gewerbesteuerpflichtigen zu zahlen, wird für Zwecke der **Gewerbesteuer** der Gewerbeertrag um die gewinnmindernd erfassten Erbbauzinsen erhöht. Erbbauzinsen gelten dabei nicht als dauernde Last iSd. § 8 Nr. 1 lit. b GewStG (BFH v. 7.3.2007, BStBl. II 2007, 654), sondern rechtlich und wirtschaftlich als Entgelt für die Überlassung des Grund und Bodens zur Nutzung. Sie sind gewerbesteuerrechtlich wie Miet- und Pachtentgelte zu behandeln und unterliegen (ab 2008) der Hinzurechnung nach § 8 Nr. 1 lit. e GewStG. Die Hinzurechnung erfolgt (seit 2010) iHv. 25 % von 50 % der Erbbauzinsen (von 2008 bis 2009 in Höhe von 13/20). Eine Hinzurechnung wirkt sich allerdings nur aus, soweit die Summe der in § 8 Nr. 1 GewStG genannten Hinzurechnungsbeträge den Freibetrag von 100 000 Euro übersteigt.

147 **Erschließungskosten**, die er an die Gemeinde zahlt, gehören zu den Anschaffungskosten des Erbbaurechts, die auf die Laufzeit des Erbbaurechts verteilt werden (BMF v. 16.12.1991, BStBl. I 1991, 1011). Es ist zweifelhaft, ob Erschließungskosten, die der Erbbauberechtigte zunächst an den Grundstückseigentümer gezahlt hat und die später bei Erwerb des Grundstücks auf den Grundstückskaufpreis angerechnet werden, im Jahr des Erwerbs bei dem Erbbauberechtigten als Einnahmen aus Vermietung und Verpachtung zu erfassen sind (BFH v. 23.4.1991, BStBl. II 1991, 712).

Die Veräußerung des Erbbaurechts kann zu einem **privaten Veräußerungsgeschäft** nach § 23 Abs. 1 Satz 1 Nr. 1 EStG und damit zu sonstigen Einkünften (§ 22 Nr. 2 EStG) führen, wenn der Zeitraum zwischen Erwerb und Veräußerung nicht mehr als zehn Jahre betragen hat. 148

Nutzt der Erbbauberechtigte ein von ihm *errichtetes* Gebäude zu **eigenen Wohnzwecken**, so war er (im Falle der Anschaffung der Wohnung auf Grund eines vor dem 1.1.2006 rechtswirksam abgeschlossenen obligatorischen Vertrags oder gleichstehenden Rechtsakts; Gesetz zur Abschaffung der Eigenheimzulage v. 22.12.2005, BGBl. I 3680) grundsätzlich zur Inanspruchnahme der **Eigenheimzulage** berechtigt. Der Wegfall der steuerlichen Förderung der zu eigenen Wohnzwecken genutzten Wohnung mittels der Eigenheimzulage wird teilweise durch entsprechende Riesterverträge mit der Option des Wohnförderkontos kompensiert; allerdings sind hier die ertragsteuerlichen Systematiken des steuerbegünstigten Aufbaus des Vermögens (§ 10a EStG), Mittelentnahme für den Erwerb einer selbst genutzten Wohnung unter Aufbau eines Wohnförderkontos und der nachgelagerten Besteuerung zu beachten (vgl. auch §§ 92a ff., 22 Nr. 5 EStG). 149

Die Anschaffungskosten für das Erbbaurecht (zB Grunderwerbsteuer, Maklerprovision, Notar- und Gerichtsgebühren; BFH v. 4.6.1991, BStBl. II 1992, 70), die kapitalisierten Erbbauzinsen sowie die vom Erbbauberechtigten gezahlten Erschließungskosten gehören nicht zur Bemessungsgrundlage. Beim Erwerb eines „bebauten" Erbbaurechts entfallen die gesamten Anschaffungskosten auf das Gebäude, wenn der Erwerber dem bisherigen Erbbauberechtigten nachweislich ein Entgelt nur für den Gebäudeanteil gezahlt hat, während er gegenüber dem Erbbauverpflichteten (Grundstückseigentümer) nur zur Zahlung des laufenden Erbbauzinses verpflichtet ist (BFH v. 15.11.1994, BStBl. II 1995, 374).

II. Reichsheimstätten (aufgehoben)

Heimstätte iSd. Reichsheimstättengesetzes war ein mit einem Einfamilienhaus (ggf. mit kleiner Einliegerwohnung) oder einem landwirtschaftlichen oder gärtnerisch genutzten Betrieb bebautes Grundstück oder Erbbaurecht, das vom Heimstättenausgeber (Bund, Land, Gemeinde, Gemeindeverband oder sonstige zugelassene Verbände oder Unternehmen) einer bestimmte Voraussetzungen erfüllenden Familie durch den Heimstättenvertrag übereignet wurde. Das Reichsheimstättengesetz (v. 10.5.1920 idF v. 25.11.1937 RGBl. I, 1291 u. BGBl. III, 2332–1) ist mit Wirkung ab 1.10.1993 aufgehoben worden (Gesetz zur Aufhebung des Reichsheimstättengesetzes v. 17.6.1993, BGBl. I, 912). 150

Die in Art. 6 des Aufhebungsgesetzes (AufhG) enthaltenen Übergangsregelungen bestimmen im Wesentlichen Folgendes:

a) Beendigung der Heimstätteneigenschaft (Löschung)

Der Heimstättenvermerk ist **nach dem 31.12.1998 von Amts wegen zu löschen** (Art. 6 § 2 Abs. 1 AufhG). 151

Die Löschung soll nach Art. 6 § 2 Abs. 1 Satz 2 AufhG vom Grundbuchamt nur aus **besonderem Anlass** vorgenommen werden (Anregung eines Beteiligten, Vornahme einer anderen Eintragung, Umschreibung des Grundbuchblattes). 152

Die Löschung erfolgt **kostenfrei**, Art. 6 § 2 Abs. 1 und 2 AufhG. 153

Im Gebiet der **früheren DDR** vor dem 3.10.1990 eingetragene Heimstättenvermerke sind sofort zu löschen; der Vermerk der Weitergeltung des § 17 Abs. 2 RHeimstG bei eingetragenen Grundpfandrechten (s. Rz. 153) entfällt hier, Art. 6 § 2 Abs. 4 AufhG. 154

b) (Vorübergehende) Weitergeltung von Bestimmungen

Für **Grundschulden und Hypotheken** aus der Zeit vor der Aufhebung des Reichsheimstättengesetzes (vor dem 1.10.1993 entstandene) gelten die Regeln des § 17 Abs. 2 RHeimstG, wonach Hypotheken und Grundschulden nur für unkündbare Tilgungsschulden möglich waren, weiter. Dies ist 155 bei Löschung des Heimstättenvermerks bei den betreffenden Grundpfandrechten von Amts wegen kostenfrei zu vermerken, Art. 6 § 2 Abs. 3 AufhG. – Diese Regelung gilt nicht für Heimstätten in der früheren DDR, s. Rz. 152.

156 Ist vor dem 1.10.1993 das **Vorkaufsrecht oder der Heimfallanspruch ausgeübt**, bestehen diese Ansprüche fort, **sofern bis zu diesem Zeitpunkt der Antrag auf Eintragung des Eigentumsübergangs beim Grundbuchamt eingegangen** war. Andernfalls erlöschen sie, Art. 6 § 3 AufhG.

157 Die **Kostenprivilegien** für Erbfälle gelten weiter, sofern der Erbfall vor dem 1.10.1993 eingetreten ist, Art. 6 § 4 AufhG.

Vierter Teil. Grundbuchrecht

1. Abschnitt. Grundbuch und Grundbucheintragungen

Kapitel 50 Grundbuchverfahren, Kataster

Literatur: *Demharter*, Grundbuchordnung, 29. Aufl. 2014; *Eickmann*, Grundbuchverfahrensrecht, 4. Aufl. 2011; *Grziwotz*, Praxishandbuch Grundbuch- und Grundstücksrecht, 1999; *Meikel ua.*, Grundbuchordnung, 11. Aufl. 2014; *Schöner/Stöber*, Grundbuchrecht, 15. Aufl. 2012; *Schreiber/Becker*, Handbuch Immobilienrecht, 3. Aufl. 2014.

I. Allgemeines

Das Liegenschaftsrecht ist Teil des **allgemeinen Sachenrechts.** Die Vorschriften des BGB über Besitz (§§ 854 ff.) und Eigentum (§§ 903 ff.) und die Ansprüche hieraus (§§ 985 ff.) gelten für bewegliche wie unbewegliche Sachen. Besondere Regeln gelten aber für die Veräußerung und den Erwerb von Grundstücken und Grundstücksrechten, §§ 873 ff. BGB: 1

Während sich bei beweglichen Sachen der Eigentumswechsel durch Einigung und Aushändigung der Sache (Übergabe) vollzieht, also in einer auch für einen wirtschaftlich und rechtlich Unkundigen leicht verständlichen und augenfälligen Weise, entziehen sich unbewegliche Sachen naturgemäß einer solchen Handhabung. Um auch für sie Rechtssicherheit zu gewährleisten, werden Immobilien und ihre Eigentümer in ein **Grundbuch** eingetragen. Bei einem Eigentumswechsel tritt an die Stelle der Übergabe der Sache die Löschung des alten und die Eintragung des neuen Eigentümers im Grundbuch. Auch für die Begründung, die Veräußerung und die Aufgabe von Rechten an einem Grundstück ist die Eintragung im Grundbuch **konstitutiv** (§§ 873, 875 BGB). 2

II. Formzwang

3 Im Interesse der Rechtssicherheit und zum Schutz der Beteiligten unterliegen Veräußerung und Erwerb von Grundbesitz sowohl hinsichtlich des materiell-rechtlichen Vorgangs (Verpflichtungsgeschäft, § 311b Abs. 1 BGB) als auch des Grundbuchverfahrens (Eintragung der Rechtsänderung, § 873 BGB, § 29 GBO) einem umfassenden Formzwang (vgl. zum Formzwang aus § 311b BGB Kap. 5). Der **verfahrensrechtliche Formzwang** aus **§ 29 GBO** gilt auch für andere Verfügungen über Grundstücksrechte. Nur das, was hinsichtlich Inhalt und handelnden Personen zuverlässig durch öffentliche Urkunden nachgewiesen ist, kann eine Rechtsänderung bewirken und Eingang ins Grundbuch finden. Zusammen mit der Eigentumsvermutung (§ 891 BGB) und den Gutglaubensschutzbestimmungen (§§ 892 f. BGB) gewährt der Inhalt des Grundbuchs eine Sicherheit, auf die man im wahrsten Sinne des Worten „bauen" kann.

III. Grundstück und Grundbuch

1. Grundstücksbegriff

4 Begrifflich zu unterscheiden sind:

a) das **Grundstück im tatsächlichen Sinne** als ein räumlich abgegrenzter Teil der Erdoberfläche. Da diese Abgrenzung im Zuge der katasterlichen Vermessung erfolgt, spricht man auch vom Grundstück im katasterlichen Sinne. Jedes katasterlich erfasste Grundstück erhält eine Flurstücksnummer, die es innerhalb der Gemarkung und Flur bezeichnet. (Zur katasterlichen Teilung und Verschmelzung Rz. 16 f.).

b) das **Grundstück im Rechtssinne**, nämlich jedes Grundstück im tatsächlichen Sinne, das unter einer eigenen laufenden Nummer im Bestandsverzeichnis des Grundbuchs erfasst („gebucht") ist. Sind unter einer solchen laufenden Nummer mehrere Flurstücke verzeichnet, bilden mehrere Grundstücke im tatsächlichen Sinne, die Flurstücke, ein Grundstück im Rechtssinne.

c) Die jeweilige laufende Nummer im Bestandsverzeichnis bezeichnet eine besondere Stelle; alle auf diese Nummer bezogenen Eintragungen bilden das **Grundbuchblatt für das Grundstück** (§ 3 Abs. 1 GBO). Dieses ist das Grundbuch im Sinne des BGB.

d) Zur besseren Übersicht kann das Grundbuchamt mehrere Grundstücke im Rechtssinne auf einem **gemeinschaftlichen Grundbuchblatt** zusammenführen (§ 4 GBO). Die Zusammenführung mehrerer Grundstücke in einem gemeinschaftlichen Blatt kann entweder nach der Person des Eigentümers erfolgen (sog. Personalfolio) oder aber anhand der tatsächlichen Lage (sog. Realfolio). Immer dort, wo das Bestandsverzeichnis mehrere laufende Nummern, also mehrere Grundstücke im Rechtssinne, führt, handelt es sich also um ein gemeinschaftliches Grundbuchblatt.

a) Katastermäßige Behandlung

5 Alle Grundstücke werden von amtlichen **Katasterämtern** (Vermessungsämtern) im sog. amtlichen Liegenschaftskataster registriert, und zwar zeichnerisch in den Katasterkarten und hinsichtlich der weiteren Festlegungen (Flurstücknummer, Größe, Lage, Nutzungsart) in den Katasterbüchern. Gesetzliche Grundlage sind die Kataster- oder Vermessungsgesetze der einzelnen Bundesländer (vgl. die Zusammenstellung bei Schöner/Stöber Rz. 577). Die Katasterämter sind auch zuständig für jede Änderung von Grundstücken (Teilung, Vereinigung, Flurbereinigung, Umlegung, auch Änderung der Nutzungsart und Lage). Die Veränderungen werden durch eine **Fortführung des Liegenschaftskatasters** registriert. Dazu näher unten Rz. 17.

b) Grundbucheintragung und ihre Bedeutung

6 Für alle Grundstücke besteht **Buchungszwang**, dh. Voraussetzung für die Existenz eines **Grundstücks im Rechtssinne** (über das verfügt werden kann) ist seine Eintragung im Grundbuch. Mit der Buchung des Grundstücks im Grundbuch ist dieses eine (unbewegliche) Sache im Sinne des Sachenrechts und unterliegt dessen Regeln.

Ausgenommen von diesem Buchungszwang sind die nach § 3 Abs. 2 GBO **buchungsfreien Grundstücke** (Grundstücke von Bund, Ländern, Gemeinden, Kirchen und dergl., ferner Wasserläufe, Bahngrundstücke, die wegen der Rechtsstellung des Eigentümers oder ihrer Widmung am privaten Grundstücksverkehr nicht teilnehmen). Auf Antrag des Rechtsträgers sind aber auch diese Grundstücke zu buchen. 7

Bei **wirtschaftlich untergeordneten Grundstücken**, die mehreren anderen Grundstücken dienen (zB Gemeinschaftswege) und im Miteigentum der Eigentümer dieser anderen Grundstücke stehen, kann eine **selbständige Buchung unterbleiben**; die jeweiligen Miteigentumsanteile können bei den Grundstücken, denen sie dienen, gebucht werden, § 3 Abs. 3 GBO (auch beim Elektronischen Grundbuch, s. Rz. 11, zulässig). 8

➲ **Praxistipp:** Die Zu-Buchung des Miteigentumsanteils eines untergeordneten Grundstücks zum Hauptgrundstück hat den Vorteil, dass bei einer Veräußerung des Hauptgrundstücks die Mitveräußerung des (zB Weg-)Anteils nicht vergessen wird. 9

2. Grundbuch (Führung und Einteilung)

Das Grundbuch ist ein beim **Grundbuchamt** verwaltetes **amtliches Register**. Die Grundbuchämter sind bei den Amtsgerichten angesiedelt und werden von Rechtspflegern betreut (in Baden-Württemberg vormals bei den Gemeinden und von Notaren, zT auch von Rechtspflegern geführt, zur dortigen Reform BVerfG BWNotZ 2009, 83 mwN). 10

Das in Papierform geführte Grundbuchblatt wird bzw. ist bereits weitgehend abgelöst durch das **Elektronische Grundbuch**, das die Grundbuchdaten als EDV-Datei erfasst und die Eintragungsanträge vollelektronisch bearbeitet (gesetzliche Grundlage: Registerverfahrensbeschleunigungsgesetz v. 20.12.1993 nebst flankierenden Gesetzesänderungen und Verordnungen). Der Zugang erfolgt über das Internet aufgrund Zulassung durch die jeweilige Justizverwaltung. Die §§ 135 ff. GBO enthalten bereits Vorgaben für die Einreichung elektronischer Dokumente, sind aber lediglich teilweise in umgesetzt (dazu Meyer/Mödl DNotZ 2009, 743; eingehend Beck-OK GBO/Wilsch, § 135 Rn. 3). Im Übrigen harrt der Elektronische Rechtsverkehr mit den Grundbuchämtern noch der Verwirklichung. 11

Ein Grundbuchblatt besteht aus vier Teilen: 12

- **Bestandsverzeichnis** mit den näheren Angaben zum Grundstück (Flurstücknummer, Lage, Nutzungsart und Größe), §§ 6, 7 GBV;
- **Abteilung I**, in die der Eigentümer und der dingliche Erwerbsgrund (Auflassung, Zuschlag in der Zwangsversteigerung, Erbfolge usw.) eingetragen werden, § 9 GBV;
- **Abteilung II** für Lasten und Beschränkung (beschränkte persönliche und Grunddienstbarkeit, Auflassungsvormerkung, Nießbrauch, Reallast, Erbbaurecht, Verfügungsbeschränkungen, Widersprüche und dergl.), somit für alle zulässigen dinglichen Belastungen und Beschränkungen, ausgenommen die in Abt. III einzutragenden Belastungen, § 10 GBV;
- **Abteilung III**, die für Hypotheken, Grund- und Rentenschulden reserviert ist, § 11 GBV.

Die Eintragung im elektronischen Grundbuch erfolgt durch signierten Vermerk. Die entstehende Datei entspricht in ihrer Darstellung dem bisherigen papierenen Grundbuchblatt. Jedoch ermöglicht die elektronische Führung zusätzliche Angaben: 13

- eine eingeholte Einsicht kann durch einen elektronischen Aktualitätsnachweis ergänzt werden. Dieser weist aus, wann die letzte Änderung im Grundbuch erfolgte. Damit kann die Gebühr für eine erneute Einsicht vermieden werden;
- eine elektronische Antragsliste/Markentabelle weist die zu einem Grundbuchblatt vorliegenden Anträge aus.

➲ **Wichtig:** Im elektronischen Grundbuch werden Antragseingänge nicht immer sofort elektronisch erfasst; auch werden Anträge, die zu mehreren Blättern gestellt sind, oft nur bei dem führenden Blatt vermerkt. Deshalb bleibt es sinnvoll, zusätzlich Auskunft bei der Geschäftsstelle einzuholen. 14

15 Zu jedem Grundbuchblatt sind die sog. **Grundakten** zu führen, in denen die den Grundbucheintragungen zugrunde liegenden Urkunden aufzubewahren sind, § 10 GBO. Das gilt unverändert auch für das elektronisch geführte Grundbuch. Besondere Bedeutung haben die Grundakten, weil sich hier erst die Bewilligungen finden, die über § 874 BGB Inhalt des Grundbuchs werden. Zur Bedeutung von § 874 BGB vgl. MüKo BGB/Kohler, § 874 Rn. 1.

IV. Teilung, Vereinigung und Zuschreibung von Grundstücken (§ 890 BGB)

Literatur: *Böttcher*, Grundstücksteilung, Rpfleger 1989, 133; *Böttcher*, Die Besorgnis der Verwirrung bei Vereinigung und Bestandteilszuschreibung, BWNotZ 1986, 73.

1. Teilung

16 Aus § 903 BGB folgt, dass der Eigentümer befugt ist, sein Grundstück zu teilen. Eine Teilung des Grundstücks in tatsächlicher Hinsicht führt dazu, dass **aus einem Grundstück im katasterlichen Sinne mehrere** selbständige Grundstücke im katasterlichen Sinne gebildet werden. Dies ist etwa erforderlich, wenn eine Teilfläche aus einem Flurstück veräußert wird. Davon zu unterscheiden ist die Teilung des Grundstücks im Rechtssinne, die die einzelnen Flurstücke auch grundbuchlich verselbständigt und damit einer eigenen Verfügung zugänglich macht.

17 Die Teilung eines Grundstücks in tatsächlicher Hinsicht erfolgt durch das zuständige **Vermessungs-/Katasteramt** unter Mitwirkung eines Vermessers. Dieser skizziert die zukünftige Grenze in einem Lageplan und markiert sie in der Örtlichkeit durch Grenzsteine bzw. Grenzpunkte. Die neue Grenze wird intern durch **Fortführung des Liegenschaftskatasters** (s. Rz. 2–5) und nach außen in einem **Veränderungsnachweis** (bestehend aus Grundstücksbeschreibung und Lageplan) dokumentiert. Sie führt regelmäßig dazu, dass die bisherige einheitliche Flurstücksnummer aufgegeben und durch neue Flurstücksnummern ersetzt wird. Von einem Zuflurstück spricht man in diesem Zusammenhang, wenn die abgetrennte Teilfläche zur sofortigen Vereinigung mit einem anderen Grundstück vorgesehen ist und deshalb keine eigene Flurstücknummer erhalten muss.

18 Eine katasterliche Teilung ist auch nach der Streichung des § 19 BauGB, der eine generelle bauplanungsrechtliche Genehmigungspflicht vorsah, **in einigen Bundesländern** noch von einer **behördlichen Genehmigung** abhängig (Übersicht unter http://www.dnoti.de/DOC/2012/Vorkaufsrechte/Teilungsgenehmigung-2.pdf).

Das Grundbuchamt vollzieht die katasterliche Teilung im Bestandsverzeichnis nach (§ 2 Abs. 2 und 3 GBO).

19 ➲ **Praxistipp:** Voraussetzungen und Kosten einer Teilungsvermessung sollten im Vorfeld geklärt werden. Insbesondere können im Vergleich zum Grundstückswert erhebliche Vermessungskosten anfallen; auch werden ggf. neue Abstandsflächen und Baulasten ausgelöst.

20 Die **Teilung eines Grundstücks im Rechtssinne** erfolgt dadurch, dass die einzelnen Flurstücke unter einzelnen lfd. Nummern im Bestandsverzeichnis des Grundbuchs eingetragen werden. Die getrennte Buchung erfolgt aber nicht von Amts wegen, sondern aufgrund einer **Erklärung des Eigentümers nebst Vollzugsantrag** (Form des § 29 GBO); s. **M 50.1**, ferner **M 43.8**. Erst mit der gesonderten Buchung sind die einzelnen Flurstücke rechtlich selbständig.

21 ➲ **Wichtig:** Ein vormals aus mehreren Grundstücken ohne katastermäßige Verschmelzung, dh. unter Beibehaltung ihrer Flurstücknummern zu einer **Buchungseinheit** (s. Rz. 25) zusammen gefasstes Grundstück **kann ohne Veränderungsnachweis** wieder in seine einzelnen Grundstücke **geteilt werden**.

22 Die Teilung eines Grundstücks bedarf keiner Zustimmung der hieran dinglich Berechtigten. Deren Rechte bleiben auf den Trennstücken als Gesamtlasten erhalten. Das gilt auch, wenn die Belastung nur einen Miteigentumsanteil betrifft (BayObLG NJW-RR 1996, 1041). Von Belastungen klar feststellbar nicht betroffene Teilstücke (zB bei Weg-/Leitungsrecht) können nach §§ 1026, 894 BGB, § 22 GBO von Amts wegen lastenfrei abgeschrieben werden, im Einzelfall mag hierzu ein katasteramtliches Unschädlichkeitszeugnis dienen; s. auch **Kap. 54 Rz. 8**

2. Vereinigung und Zuschreibung

a) Rechtliche Varianten

Sollen mehrere Grundstücke zu einer Einheit zusammengeführt werden, zB um eine baurechtliche Genehmigung möglich zu machen, ist zu unterscheiden zwischen 23

- der **katasterlichen Verschmelzung**, die die bisherigen Grundstücke im tatsächlichen Sinne zu einem Flurstück werden lässt, so dass die bisherigen Grenzen aufgehoben werden; und
- der **grundbuchlichen Verschmelzung**, die ohne Änderung der Flurstücksbezeichnung und mithin unter Beibehalt der Grundstücke im katasterlichen Sinne diese zu einem Grundstück im Rechtssinne macht.

Ist eine **katasterliche Verschmelzung** zweckmäßig (bei Zuflurstücken unerlässlich, Schöner/Stöber Rz. 632), muss ein Veränderungsnachweis des zuständigen Vermessungs-/Katasteramts vorgelegt werden. Das neue Grundstück erhält eine **einheitliche Flurstücksnummer**. 24

Die grundbuchliche Verschmelzung erfolgt durch **Vereinigung** (§ 890 Abs. 1 BGB) **oder Zuschreibung** (§ 890 Abs. 2 BGB). Die Mitwirkung des Katasteramtes ist hierbei nicht erforderlich. Vielmehr behalten die beteiligten Grundstücke ihre bisherigen Katasterbezeichnungen (Flurstück-Nummer, Lage, Nutzungsart usw.), werden aber unter einer laufenden Nummer im Bestandsverzeichnis des Grundbuchs zusammengefasst. Das Grundstück im Rechtssinne entsteht als **Buchungseinheit**. 25

➲ **Wichtig:** Die vereinigten Grundstücke verlieren – gleichgültig, ob ohne oder mit Mitwirkung des Katasteramts – ihre Selbständigkeit und können künftig nur als einheitliches Grundstück belastet werden, vgl. § 3 Abs. 1 GBO. 26

b) Wirkungen

Ob eine grundbuchliche **Vereinigung oder Zuschreibung** erfolgt, unterliegt in beiden Fällen allein der **Entscheidung des Eigentümers**. Die Wirkungen sind **unterschiedlich**: Bei **Vereinigung** behalten die Grundstücke ihre separaten Belastungen, bei **Zuschreibung** erfolgt automatisch eine Erstreckung von Grundpfandrechten (einschließlich einer dinglichen Zwangsvollstreckungsklausel oder eines Rangvorbehalts, inzwischen nahezu einhellige Meinung) des Hauptgrundstücks auf das zugeschriebene Grundstück (§§ 1131, 1192, 1199 BGB), aber nicht umgekehrt, ggf. aber im Range nach dort bereits eingetragenen Belastungen. Bei Vereinigung wird diese Wirkung nur durch eine Pfandrechtserstreckung (ggf. einschließlich Zwangsvollstreckungsunterwerfung) erzielt (s. **M 50.3**). Andere Belastungen, namentlich die in Abt. II eingetragenen, werden aber nicht erfasst. 27

➲ **Praxistipp:** Werden Grundstücke „verschmolzen", von denen eines mit Grundpfandrechten belastet ist, empfiehlt sich wegen der automatischen Pfandrechtserstreckung die Zuschreibung des lastenfreien zum belasteten Grundstück. 28

c) Voraussetzungen

Im Übrigen haben **alle Verschmelzungsarten gleiche Voraussetzungen**:

An den beteiligten Grundstücken müssen **einheitliche Eigentumsverhältnisse** bestehen (§ 890 BGB). Bei Eigentümergemeinschaften muss dieselbe Gemeinschaft Eigentümerin der Grundstücke sein; Personengleichheit sowie gleiche Gemeinschaftsform und gleiche Anteile reichen nicht aus (zB personen- und anteilsgleiche Erbengemeinschaft einerseits und BGB-Gesellschaft andererseits). 29

Die Grundstücke sollen **im Bezirk desselben Grundbuchamts und desselben Katasteramts liegen und aneinander grenzen**, § 5 Abs. 2 GBO. **Ausnahmen** sind nur erlaubt, „wenn hierfür, insbesondere wegen der Zusammengehörigkeit baulicher Anlagen und Nebenanlagen, ein erhebliches Bedürfnis besteht", § 5 Abs. 2 Satz 2 GBO, was vor allem bei Begründung von Wohnungseigentum von Bedeutung ist (nur auf einem einheitlichen Grundstück zulässig, Kap. 48 Rz. 24 ff.). Dabei kann ein Grundstück auch einem Wohnungseigentum als Bestandteil zugeschrieben werden (BayObLG NJW-RR 1994, 404). 30

31 Es darf **im Grundbuch keine Verwirrung zu besorgen** sein (§§ 5 Satz 1 und Satz 2 sowie § 6 Satz 1 GBO). Verwirrungsbesorgnis kann insbesondere bei unterschiedlichen Belastungen und/oder komplizierten Rangverhältnissen bestehen, weswegen ggf. Pfandrechtserstreckung und Rangbereinigung geboten sind (Schöner/Stöber Rz. 634f).

32 Verschiedene auf Art. 119 EGBGB beruhende **Länderregelungen** untersagen die Vereinigung/Zuschreibung bei unterschiedlicher Belastung ganz (Baden-Württemberg: Art. 30 AGBGB; Hessen: § 29 AGBGB; Rheinland-Pfalz: § 19 AGBGB). Die Frage der Verwirrung hängt auch davon ab, ob die Vereinigung nur durch Zusammenbuchung der Flurstücke oder durch katastermäßige Verschmelzung unter *einer* Flurstücknummer erfolgt (Rz. 29 ff.); im letzteren Fall werden unterschiedliche Belastungen mit Grundpfandrechten stets eine Verwirrung bewirken, da ein getrenntes Ausbieten in der Zwangsversteigerung nicht mehr möglich ist.

33 **Keine Verwirrung** ist zu besorgen zB bei Dienstbarkeiten, deren Ausübungsstelle genau feststeht (OLG Schleswig Rpfleger 1982, 371 f.) und denen keine Grundpfandrechte im Range vorgehen (BayObLG MittBayNot 1996, 435); bei inhaltsgleichen Dienstbarkeiten auf den beteiligten Grundstücken (OLG Hamm Rpfleger 1968, 121); bei Vereinigung des dienenden mit dem herrschenden Grundstück (BGH MDR 1978, 302); ebenso nicht beim Bestehen von subjektiv-dinglichen Rechten zugunsten eines beteiligten Grundstücks (BayObLG Rpfleger 1974, 149). Eingehend zu Rechten in Abt. II DNotI-Report 2014, 49.

d) Vollzug im Grundbuch

34 Die grundbuchmäßige Vereinigung/Zuschreibung wird ausgelöst durch eine entsprechende materiell-rechtliche **Erklärung des Eigentümers nebst Vollzugsantrag** gegenüber dem Grundbuchamt (Form des § 29 GBO). Aus der Erklärung muss klar hervorgehen, ob Vereinigung oder Zuschreibung gewollt ist (Schöner/Stöber Rz. 630; BayObLG MittBayNot 1994, 128; nach LG Schweinfurt MittBayNot 1978, 217 bedeutet „Verschmelzung" im Zweifel Vereinigung). Ist auch eine katastermäßige Zusammenfassung vorgesehen (bei Zuflurstücken unerlässlich, Schöner/Stöber Rz. 632, sonst fakultativ), bedarf es der Vorlage eines Veränderungsnachweises des zuständigen Vermessungs-/Katasteramts (s. Rz. 30).

35 Es ist **keine Mitwirkung** (Zustimmung) **dinglich Berechtigter** erforderlich (Schöner/Stöber Rz. 631), außer bei Rangbereinigungen. Ein Grundpfandrechtsgläubiger auf dem herrschenden Grundstück ist nicht beeinträchtigt, wenn anlässlich der Vereinigung des dienenden mit dem herrschenden Grundstück ein Geh- und Fahrrecht aufgehoben wird (BayObLG Rpfleger 1995, 151).

M 50.1 Grundstücksteilung[1]

An das

Grundbuchamt

. . . (Ort)

Betr.: Grundbuch von . . . (Ort) Band/Blatt . . . (Nummer)

1. Ich bin Eigentümer des im bezeichneten Grundbuch eingetragenen Grundstücks Flurstück Nr. . . . (Nummer und weitere Beschreibung). Zu diesem Grundstück liegt dem Grundbuchamt der Veränderungsnachweis des Vermessungsamts . . . (Ort) Nr. . . . (Nummer) vom . . . (Datum) nebst rechtskräftiger Teilungsgenehmigung[2] vor.

2. In Vollzug dieses Veränderungsnachweises teile ich nunmehr das bezeichnete Grundstück in folgende Teilstücke und beantrage, die neugebildeten Grundstücke unter jeweils einer eigenen laufenden Nummer im Bestandsverzeichnis des Grundbuchs einzutragen:

- *Flurstück Nr. . . . (Nummer und weitere Beschreibung).*

1 S. Rz. 20 ff. S. auch **M 43.8** (Grundstücksteilung mit Auflassung zu einem vorhergehenden Kaufvertrag).
2 Soweit erforderlich; s. Rz. 24 f.

– *Flurstück Nr. . . . (Nummer und weitere Beschreibung).*

– *(ggf. entsprechend der Anzahl der Teilstücke wiederholen) –*

3. Das neugebildete Grundstück Flurstück Nr. . . . (Nummer) soll frei von allen Belastungen der Abt. III abgeschrieben werden. Die Pfandfreigabeerklärungen der Gläubiger werden mit dieser Urkunde beim Grundbuchamt eingereicht[3]*. Die Grundpfandrechtsbriefe werden die Gläubiger direkt an das Grundbuchamt schicken. Ich beantrage den Vollzug der Pfandentlassung*[4]*.*

4. Für das bisher auf dem ungeteilten Flurstück lastende Wegrecht ergibt sich aus der Bestellungsurkunde, insbesondere aus dem dort beigefügten Plan, dass die Ausübungsstelle des Wegrechts das abgetrennte Flurstück Nr. . . . nicht betrifft, so dass hier nach §§ 1026, 894 BGB, § 22 GBO die Löschung als gegenstandslos erfolgen kann.

(Unterschriftsbeglaubigung[5]*)*

3 Gläubigererklärung wie **M 58.16**.

4 Keine Eigentümerzustimmung nach §§ 1183, 1192 BGB erforderlich, da die Grundpfandrechte auf den anderen Grundstücken bestehen bleiben.

5 Wegen des Teilungsantrags Form des § 29 GBO (s. Rz. 20).

Kosten: *Notargebühr:* 0,2-Gebühr gem. Nr. 25100 KV GNotKG, mindestens 20 Euro, höchstens 70 Euro. Geschäftswert gem. §§ 121, 36 GNotKG hinsichtlich der Grundstücksteilung; gem. § 44 Abs. 1 S. 1 GNotKG für die Mithaftentlassung; gem. § 36 GNotKG für die Mithaftentlassung des Wegerechts. Wertaddition gem. § 35 Abs. 1 GNotKG. Bei Fertigung des Entwurfs und Beglaubigung 0,5-Gebühr gem. Nrn. 24102, 21201 Nr. 4 KV GNotKG (§ 92 Abs. 2 GNotKG), Geschäftswert wie vor.

Gerichtsgebühr: 50 Euro gem. Nr. 14160 Nr. 2 KV GNotKG. Für die Mithaftentlassung in Abt. III 0,3-Gebühr gem. Nr. 14142 KV GNotKG, Wert gem. § 44 Abs. 1 S. 1 GNotKG. Für die Entlassung des neuen Grundstücks aus der Haftung für das Wegerecht 25 Euro gem. Nr. 14143 KV GNotKG.

M 50.2 Zuschreibung von Grundstücken[1]

An das

Grundbuchamt

. . . (Ort)

Betr.: Grundbuch von . . . (Ort) Band/Blatt . . . (Nummer)

Ich bin Eigentümer der im bezeichneten Grundbuch eingetragenen Grundstücke

Flurstück Nr. . . . (Nummer und weitere Beschreibung)

Flurstück Nr. . . . (Nummer und weitere Beschreibung).

Unter Bezug auf die aktuelle Flurkarte beantrage ich, das Flurstück Nr. . . . dem Flurstück . . . als Bestandteil zuzuschreiben (§ 890 Abs. 2 BGB).[2]

(Unterschriftsbeglaubigung)

1 S. Rz. 23 ff.; und Rz. 29 ff., ferner **M 43.8**.

2 Wegen automatischer Erstreckung von auf dem Hauptgrundstück Flurstück Nr. 1921 etwa eingetragener Grundpfandrechte s. Rz. 33.

Kosten: *Notargebühr:* 0,2-Gebühr gem. Nr. 25100 KV GNotKG, mindestens 20 Euro, höchstens 70 Euro. Geschäftswert gem. §§ 121, 36 GNotKG. Bei Fertigung des Entwurfs und Beglaubigung 0,5-Gebühr gem. Nrn. 24102, 21201 Nr. 4 KV GNotKG (§ 92 Abs. 2 GNotKG), Geschäftswert wie vor.

Gerichtsgebühr: 50 Euro gem. Nr. 14160 Nr. 3 KV GNotKG.

M 50.3 Vereinigung[1] von Grundstücken mit Pfandrechtserstreckung und Zwangsvollstreckungsunterwerfung

(Urkundeneingang[2])

§ 1

Ich bin Eigentümer folgender im Grundbuch von ... (Ort) Band/Blatt ... (Nummer) eingetragenen Grundstücke:

- *Flst. Nr. 322, Bauplatz, 4,47 ar,*
- *Flst. Nr. 323, Bauplatz, 7,22 ar.*

Die beiden Grundstücke liegen nebeneinander[3].

Flst. Nr. 322 ist lastenfrei.

Zu Lasten von Flst. Nr. 323 ist in Abt. III Nr. 1 eine Buchgrundschuld von 100 000 Euro nebst 16 % Jahreszinsen seit ... (Datum) für ... (Gläubiger) mit Vollstreckungsklausel nach § 800 ZPO eingetragen. Auf die Bestellungsurkunde vom ... – UR-Nr. ... für ... des amtierenden Notars verweise ich. Diese Urkunde liegt in beglaubigter Abschrift vor, ist bekannt und soll nicht nochmals verlesen und beigefügt werden.

§ 2

Unter Bezugnahme auf den dem Grundbuchamt vorliegenden Veränderungsnachweis des Vermessungsamts ... (Ort) Nummer ... (Nummer) vom ... (Datum) vereinige ich hiermit diese beiden Grundstücke zu folgendem neuen Grundstück:

- *Flst. Nr. 322, Bauplatz, 11,69 ar.*

Ich beantrage den Vollzug der Vereinigung[4] im Grundbuch.

§ 3

Zugleich erstrecke[5] ich die bislang nur auf Flst. Nr. 323 (alt) lastende Grundschuld auf Flst. Nr. 322 (alt), so dass die Grundschuld nunmehr auf dem neugebildeten Grundstück Flst. Nr. 322 (neu) insgesamt lastet, und unterwerfe mich in Ansehung dieser Grundschuld der sofortigen Zwangsvollstreckung aus dieser Urkunde auch in die nachverpfändete Teilfläche in der Weise, dass die Zwangsvollstreckung gegen den jeweiligen Eigentümer zulässig ist (§ 800 ZPO).

Ich bewillige und beantrage, die Pfandrechtserstreckung und die Unterwerfung unter die sofortige Zwangsvollstreckung im Grundbuch einzutragen.

Der jeweilige Gläubiger der Grundschuld ist berechtigt, sich jederzeit ohne Nachweis des Entstehens und der Fälligkeit der Schuld eine vollstreckbare Ausfertigung dieser Urkunde erteilen zu lassen.

(ggf. weiterer Urkundeninhalt oder Urkundenschluss)

---

1 S. Rz. 29 ff.: die Vereinigung erfolgt zB zur Vorbereitung der Begründung von Wohnungseigentum auf mehreren Grundstücken, s. Kap. 47 Rz. 19 ff.

2 Auch ohne Einbindung in einen beurkundungsbedürftigen Vertrag bedarf die Erklärung wegen der Zwangsvollstreckungsunterwerfung der Urkundsform, § 794 Abs. 1 Nr. 5 ZPO.

3 Voraussetzung einer Vereinigung nach § 5 Abs. 2 GBO; s. Rz. 30.

4 Hier erfolgt auch katastermäßige Vereinigung zu einer Flurstücknummer. Wegen der Möglichkeit, die Grundstücke nur grundbuchmäßig zu vereinigen, s. Rz. 29.

5 Bei Vereinigung nach § 890 Abs. 1 BGB erforderlich, bei Bestandteilszuschreibung nach § 890 Abs. 2 BGB dagegen nicht; dann müsste aber das **unbelastete** Flst. Nr. 322 **dem belasteten** Flst. Nr. 323 **zugeschrieben werden** (s. Rz. 31 und 33).

Kosten: *Notargebühr:* 1,0-Gebühr gem. Nr. 21200 KV GNotKG (Unterwerfung). Geschäftswert für die Grundstücksvereinigung gem. § 36 Abs. 1 GNotKG. Die Pfandrechtserstreckung ist eine nach § 109 Abs. 1 GNotKG gegenstandsgleiche Durchführungserklärung zur Grundstücksvereinigung.

Gerichtsgebühr: 50 Euro gem. Nr. 14160 Nr. 3 KV GNotKG für die Grundstücksvereinigung. 0,5-Gebühr gem. Nr. 14123 KV GNotKG für Pfanderstreckung. Geschäftswert gem. § 44 Abs. 1 S. 1 GNotKG, Wertvergleich zwischen dem Nennbetrag des Grundpfandrechts und dem Wert des hinzukommenden Grundstücks.

V. Grundbuchverfahren

1. Rechtsgrundlagen

Grundbuchverfahren und Grundbuchführung sind geregelt in der **Grundbuchordnung** (GBO) idF der Bekanntmachung v. 26.5.1994, der AusführungsVO, der **Grundbuchverfügung** (GBV) idF der Bekanntmachung v. 24.1.1995 sowie der **Allgemeinen Verfügung über die geschäftliche Behandlung der Grundbuchsachen** v. 25.2.1936, jeweils mit verschiedenen Änderungen. Daneben enthalten zahlreiche weitere Gesetze das Grundbuchrecht tangierende materielle oder formelle Vorschriften (zB Baugesetzbuch, Grundstücksverkehrsgesetz, Zwangsversteigerungsgesetz, Steuergesetze, Länderbestimmungen), die nachstehend in dem Umfang, wie sie für die Muster Bedeutung haben, erwähnt werden. 36

Einstweilen frei. 37

2. Einigung, Antrag, Bewilligung

Das Grundbuchverfahren ist gegenüber dem materiellen Recht dienendes Recht: 38
Das materielle Recht liefert mit der schuldrechtlichen Verpflichtung die causa für die dingliche Verfügung. Die Verfügung über ein Grundstück oder Grundstücksrecht erfordert nach §§ 873 ff. BGB die dingliche Einigung und deren Eintragung im Grundbuch. Das Grundbuchverfahrensrecht regelt, wie diese Eintragung erfolgt. Es schirmt das Grundbuchamt aber von den zugrundeliegenden materiell-rechtlichen Vorgängen ab: Für die Eintragung genügt die Bewilligung des Berechtigen (§ 19 GBO). Die Einigung **braucht dem Grundbuchamt gegenüber nicht nachgewiesen, nicht einmal dargelegt werden** (sog. formelles Konsensprinzip). Hierzu gibt es nur eine **Ausnahme**: Bei der Auflassung von Grundstücken sowie Bestellung, Änderung oder Übertragung von Erbbaurechten ist die Bewilligung beider Seiten, der materielle Konsens, vorzulegen (§ 20 GBO).

Das Grundbuchamt wird zur Vornahme von Grundbucheinträgen niemals von Amts wegen tätig (außer, wenn es etwas falsch gemacht hat: Amtswiderspruch nach § 53 GBO, oder bei gegenstandslosen Einträgen §§ 84 ff. GBO). Vielmehr müssen vorliegen: 39

- ein **Antrag** (Aufforderung zur Vornahme einer bestimmten Eintragung) sowie
- die **Bewilligung** (Einverständniserklärung) desjenigen, dessen Recht durch die Eintragung betroffen ist.

Das **Antragsprinzip** ergibt sich aus § 13 GBO. Dessen Abs. 2 bestimmt auch, wer **antragsberechtigt** ist: sowohl der betroffene (verlierende) als auch der begünstigte Beteiligte, selbst wenn er an der Aufnahme der Erklärung nicht mitgewirkt hat (zB der Gläubiger eines vom Grundstückseigentümer bestellten Grundpfandrechts). Nicht antragsberechtigt sind aber nur mittelbar Begünstigte. So kann ein nachrangiger Gläubiger nicht aus eigenem Recht die Löschung eines vorrangigen Rechts beantragen. Zum Antragsrecht des Notars s. Rz. 46 ff. 40

➲ **Wichtig:** Der beim Grundbuchamt eingereichte Antrag zu einer wirksamen Bewilligung (s. Rz. 24) hat rangwahrende Wirkung gegenüber zeitlich später eingereichten Anträgen. Es gilt das **Prioritätsprinzip** (§§ 17, 45 GBO). 41

Für den Antrag ist **keine besondere Form** vorgeschrieben, was sich mittelbar aus § 30 GBO ergibt; allerdings muss der Antrag **Bestandteil eines Schriftstücks** sein (BayObLG Rpfleger 1977, 135), also schriftlich oder zur Niederschrift des Urkundsbeamten gestellt sein, damit er körperlich zu den Grundakten genommen werden kann. Wegen der Antragsrücknahme s. Rz. 26. 42

➲ **Wichtig:** Der Antragsteller ist Kostenschuldner des Grundbuchamts (differenzierend: § 22 I GNotKG als Grundsatz, wohingegen § 23 Nr. 11–13 GBO lex specialis darstellt), mehrere als Gesamtschuldner. 43

44 Das **Bewilligungsprinzip** folgt aus § 19 GBO. Entsprechend ihrer Bedeutung als eigentliche Grundlage für den durch den Grundbuchvollzug eintretenden Rechtsverlust, vor allem zum Schutz des Rechtsinhabers und zur Sicherheit des Rechtsverkehrs überhaupt, schreibt § 29 GBO für die **Bewilligung** den Nachweis **durch öffentliche oder öffentlich beglaubigte Urkunden** vor.

45 Die **Befugnis zur öffentlichen Beglaubigung** iSv. § 29 GBO haben nur Notare (§§ 39, 40 BeurkG) und zuständige Konsularbeamte (§§ 10, 19, 24 KonsularG); in besonderen Fällen (Vereinigung oder Teilung von Grundstücken ihres Bezirks) auch die Vorstände der Vermessungsbehörden (§ 1 Abs. 1 des Gesetzes über die Beurkundungs- und Beglaubigungsbefugnis der Vermessungsbehörden v. 15.11.1937). Ferner aufgrund Länderbestimmungen weitere Amtsträger, zumeist mit beschränkten Befugnissen, so in Hessen: Ortsgerichtsvorsteher; in Baden-Württemberg: Grundbuchratschreiber im badischen Teil; in Rheinland-Pfalz: Oberbürgermeister, Verbandsgemeindeverwaltungen und Gemeindeverwaltungen der verbandsfreien Gemeinden, Stadtverwaltungen der kreisfreien und großen kreisangehörigen Städte.

3. Besonderes Antragsrecht des Notars nach § 15 GBO

46 Der Notar, der eine Grundbucherklärung (Bewilligung) beurkundet oder beglaubigt hat, gilt nach § 15 II GBO als **zur Antragstellung ermächtigt**, und zwar **im Namen eines Antragsberechtigten** (einh. Meinung, zB. Schöner/Stöber Rz. 176 mwN). Der Kreis der Antragsberechtigten ergibt sich aus §§ 13 Abs. 2, 14 GBO ergibt (s. Rz. 20).

47 Die Ermächtigung gilt nur für einen **deutschen Notar im Amt**, somit nicht für einen ausländischen Notar, nicht für eine andere für Beurkundungen oder Beglaubigungen zuständige Person (RGZ 93, 71), – Sie geht auf den Amtsnachfolger über (BayObLG Rpfleger 1969, 243, KG, GE 2014, 800). Die Ermächtigung kann von vornherein oder auch nachträglich ausgeschlossen werden (KG, NJW 1959, 1086). Ihre Übertragung („Untervollmacht") ist nicht zulässig.

48 Die Ermächtigung stellt lediglich eine **Befugnis, keine Verpflichtung** zur Antragstellung dar, es sei denn, der Notar hat eine solche Verpflichtung ausdrücklich übernommen. Dem Notar bleibt es unbenommen, die beurkundete Grundbucherklärung den Beteiligten zur eigenen Antragstellung zu überlassen oder deren Antrag lediglich als Bote, nicht aber als Vertreter zu übermitteln (s. Rz. 31).

49 ➲ **Praxistipp:** Da ihm nur für nach § 15 GBO gestellte Anträge ein Rücknahme- und Beschwerderecht zusteht, sollte der Notar zur Vermeidung von Unklarheiten ausdrücklich erklären, ob er einen Antrag aufgrund der Ermächtigung des § 15 II GBO **als Vertreter** eines Antragsberechtigten stellt (zB *„Ich stelle hiermit namens … den Antrag auf Vollzug …"*) oder lediglich **als Bote** einen von den Beteiligten selbst gestellten Antrag einreicht (zB *„Ich überreiche die Urkunde zum Vollzug."*). Letzterenfalls steht dem Notar kein eigenes Recht zur Beschwerde und Rücknahme zu; er erhält auch keine Vollzugsgebühr (vgl. KV Vorb. 2.2.1.1. G-NotKG).

50 Gegen Beschlüsse oder Zwischenverfügungen des Grundbuchamts, die den von ihm gem. § 15 GBO gestellten Antrag betreffen, hat der Notar ein **Beschwerderecht**, aber wiederum nicht aus eigenem Recht, sondern namens des Antragsberechtigten, für den er den Antrag gestellt hat (KG Berlin NJW 1959, 1086); jedenfalls insoweit, als der von ihm gestellte Antrag von seiner Vertretungsmacht gedeckt war (OLG Hamm MittRhNotK 1996, 330).

Auch die **Antragsrücknahme** (s. **M 50.4**) bedarf der **öffentlichen Beglaubigung** (§ 31 GBO), da sie die Aufgabe einer Rechtsposition zur Folge hat und damit zu einem Rechtsverlust führt.

Für die Antragsrücknahme durch den Notar genügt eine mit seiner Unterschrift und dem Amtssiegel versehene Erklärung (notarielle Eigenurkunde).

51 Für die von ihm nach § 15 GBO gestellten Anträge steht dem Notar ein **Rücknahmerecht** zu (§ 24 Abs. 3 BNotO). § 15 GBO vermittelt dem Notar dagegen kein Rücknahmerecht für von den Antragsberechtigten selbst gestellte Anträge; hierfür bedürfte es einer besonderen Ermächtigung (BayObLG DNotZ 1989, 364).

52 Der Antragsberechtigte, in dessen Namen der Notar einen Antrag gestellt hat, kann diesen auch selbst zurücknehmen. Darin wird idR der **Widerruf der Ermächtigung** des § 15 GBO zu sehen sein.

4. Grundbucheinsicht, Grundbuchauszug

Nach § 12 GBO hat derjenige ein Recht auf Grundbucheinsicht, der ein **berechtigtes Interesse** darlegt. Wer Grundbucheinsicht verlangen kann, hat auch Anspruch auf einen Grundbuchauszug. 53

Der Begriff „berechtigtes Interesse“ umfasst insbesondere **wirtschaftliche Interessen** (Pfandgläubiger; Geldgeber im Rahmen von Kreditverhandlungen; Inhaber eines Vollstreckungstitels), aber auch **rechtliche und tatsächliche Interessen** (zB Mieter; Makler mit Verkaufsauftrag; Erbberechtigter; Notwegberechtigter; Kaufinteressent, wenn bereits Vorverhandlungen stattgefunden haben; Verwalter oder Miteigentümer bei Wohnungseigentum OLG Düsseldorf MDR 1987, 417; Journalisten bei Wahrnehmung einer im öffentlichen Interesse stehenden Kontrollfunktion, BGH NJW-RR 2011, 1651; OLG Stuttgart ZD 2012, 431; OLG Hamm NJW 1988, 2482; KG NJOZ 2014, 3, nicht aber Angehörige bei zu erwartender Pflegebedürftigkeit, OLG Karlsruhe ZEV 2009, 42 mit Anm. Böhringer). Die Einsicht kann – je nach dem dargelegten Interesse – auch partiell gewährt werden, zB unter Auslassung der Belastungen in Abt. II und/oder III. Von der Darlegungspflicht befreit (weil das Vorliegen eines berechtigten Interesses unterstellt wird) sind öffentliche Behörden sowie Notare oder im Auftrag von Notaren handelnde Rechtsanwälte, § 43 GBV. 54

Gem. § 133a GBO iVm. § 12 GBO können Notare die Grundbucheinsicht nunmehr auch isoliert, also ohne Bezug zum Beurkundungsverfahren, gewähren. Dazu eingehend: Böhringer, Isolierte Grundbucheinsicht durch Notar für Dritte, DNotZ 2014, 16. 55

M 50.4 Antrag auf Erteilung eines Grundbuchauszugs[1]

An das

Grundbuchamt

... (Ort)

Betr.: Grundbuch von ... (Ort) Band/Blatt ... (Nummer)

Im bezeichneten Grundbuch soll der Tankstellenbesitzer ... (Name) als Eigentümer des dort verzeichneten Grundbesitzes eingetragen sein. Wir beliefern ihn seit Jahren mit Treibstoffen und gewähren ihm aus dieser Geschäftsbeziehung laufend einen ungesicherten Warenkredit, der sich nach den beigefügten Rechnungskopien auf derzeit etwa 60 000 Euro beläuft. Wir haben daher ein berechtigtes Interesse an der Beurteilung der weiteren Kreditwürdigkeit unseres Kunden. Deshalb beantragen wir, uns einen alle Abteilungen des Grundbuchs umfassenden Grundbuchauszug für den bezeichneten Grundbesitz zu erteilen. Die Beschaffung eines Grundbuchauszugs über unseren Kunden oder mit dessen Vollmacht möchten wir derzeit vermeiden, um die Geschäftsbeziehungen nicht unnötig zu belasten.

(privatschriftlich)

1 Grundbucheinsicht und Grundbuchauszug setzen ein „berechtigtes Interesse“ voraus, s. Rz. 36 f.

Kosten: *Gerichtsgebühr:* Gem. Nr. 17000 KV GNotKG 10 Euro.

M 50.5 Löschungsbewilligung[1]

An das

Grundbuchamt

... (Ort)

1 Muster für Löschungsbewilligungen jeder Art für Rechte in Abt. II und III. Die an den Begünstigten (in diesem Fall der Grundstückseigentümer) ausgehändigte Bewilligung hat Bindungswirkung (§§ 873, 875, 877 BGB), nicht dagegen die vom Rechtsinhaber direkt beim Grundbuchamt eingereichte Bewilligung. – Pfandfreigabeerklärung s. **M 58.16**.

Betr.: Grundbuch von ... (Ort) Band/Blatt ... (Nummer)

Im bezeichneten Grundbuch ist für mich folgendes Recht eingetragen:

Abt. ... (röm. Nummer) Nr. ... (lfd. Nummer): ... (Bezeichnung des Rechts).

Ich bewillige[2] hiermit die vollständige Löschung dieses Rechts im Grundbuch[3], und zwar in Haupt- und Nebensache und an allen Mithaft- oder Fortschreibungsstellen.

(Beglaubigung[4])

---

2 Der Rechtsinhaber könnte nach § 13 Abs. 2 GBO auch den Löschungsantrag stellen, wäre dann aber Kostenschuldner beim Grundbuchamt.

3 Wegen der vom Eigentümer abzugebenden Erklärungen s. **M 50.6** und die dortigen Fn.

4 Form des § 29 GBO, Rz. 24.

Kosten: *Notargebühr:* 0,2-Gebühr gem. Nr. 25100 KV GNotKG, mindestens 20 Euro, höchstens 70 Euro. Geschäftswert gem. § 121 GNotKG. Bei Fertigung des Entwurfs und Beglaubigung 0,5-Gebühr gem. Nrn. 24102, 21201 Nr. 4 KV GNotKG (§ 92 Abs. 2 GNotKG), Geschäftswert gem. §§ 119 GNotKG. Der konkrete Wert abhängig von der Art des zu löschenden Rechts.

Gerichtsgebühr: Für Löschungen in Abteilung III jeweils 0,5-Gebühr gem. Nr. 14140 KV GNotKG, Wert § 53 Abs. 1 GNotKG (Nennbetrag). Gebühr iHv 25 Euro gem. Nr. 14152 KV GNotKG für die Löschung einer Auflassungsvormerkung. Im Übrigen iHv 25 Euro gem. Nr. 14143 KV GNotKG für die Löschung eines sonstigen Rechts.

M 50.6 Löschungsantrag des Eigentümers[1]

An das

Grundbuchamt

... (Ort)

Betr.: Grundbuch von ... (Ort) Band/Blatt ... (Nummer)

Zu dem bezeichneten Grundbuch überreiche ich[2] eine Löschungsbewilligung des Berechtigten des Rechts Abt. ... (röm. Nummer) Nr. ... (lfd. Nummer).

Als Eigentümer[3] beantrage[4] ich hiermit den Vollzug der Löschung.

(privatschriftlich oder Unterschriftsbeglaubigung[5])

---

1 Wegen des Antragsprinzips (§ 13 GBO) s. Rz. 20. Die Bewilligung (**M 50.5**) allein löst noch kein Tätigwerden des Grundbuchamts aus; sie ist auch nicht dahin auslegungsfähig, dass sie gleichzeitig den Vollzugsantrag beinhaltet (wie umgekehrt der Antrag die Bewilligung/Zustimmung, s. Fn. 4).

2 Oder „– *liegt dem Grundbuchamt vor* –".

3 Der Löschung eines Grundpfandrechts (Hypothek, Grundschuld, Rentenschuld) muss der Eigentümer nach § 27 GBO iVm. §§ 1183, 1192 BGB zustimmen (Löschungszustimmung), und zwar in öffentlich beglaubigter Form (§ 29 GBO). Für die Pfandfreigabe einzelner Objekte aus einer Gesamtbelastung mit einem Grundpfandrecht sowie für die Löschung anderer Rechte (alle in Abt. II) bedarf es einer Löschungszustimmung des Eigentümers dagegen nicht, sondern allenfalls seines (privatschriftlichen) Vollzugantrags, wenn dieser nicht bereits vom Rechtsinhaber gestellt wurde, s. **M 50.6** Fn. 2. Zur Form s. auch Fn. 5.

4 Ist auch die Löschungszustimmung nach § 27 GBO iVm. §§ 1183, 1192 BGB (s. Fn. 3) erforderlich, sollte formuliert werden „beantrage ich zustimmend den Vollzug". Allerdings ist der Antrag idR dahin auslegungsfähig, dass er auch die Zustimmung/Bewilligung enthält (BayObLG MDR 1973, 1029; OLG Frankfurt Rpfleger 1980, 63).

5 Privatschriftlich (s. Rz. 20), wenn reiner Vollzugsantrag, öffentliche Beglaubigung bei (auch) materiellrechtlicher Erklärung (Löschungszustimmung), s. Fn. 3.

Kosten: *Notargebühr:* Bei Unterschriftsbeglaubigung 0,2-Gebühr gem. Nr. 25100 KV GNotKG, mindestens 20 Euro, höchstens 70 Euro. Geschäftswert gem. § 121 GNotKG. Bei Fertigung des Entwurfs und Beglaubigung 0,5-Gebühr gem. Nrn. 24102, 21201 Nr. 4 KV GNotKG (§ 92 Abs. 2 GNotKG), Geschäftswert gem. §§ 119 GNotKG. Der konkrete Wert abhängig von der Art des zu löschenden Rechts.

Gerichtsgebühr: Für Löschungen in Abteilung III jeweils 0,5-Gebühr gem. Nr. 14140 KV GNotKG, Wert § 53 Abs. 1 GNotKG (Nennbetrag). Gebühr iHv 25 Euro gem. Nr. 14152 KV GNotKG für die Löschung einer Auflassungsvormerkung. Im Übrigen iHv 25 Euro gem. Nr. 14143 KV GNotKG für die Löschung eines sonstigen Rechts.

M 50.7 Zurücknahme eines Eintragungsantrags

An das

Grundbuchamt

... (Ort)

Betr.: Grundbuch von ... (Ort) Band/Blatt ... (Nummer)

Als Eigentümer habe ich zu dem bezeichneten Grundbuch die öffentlich beglaubigte Urkunde vom ... (Datum), beglaubigt von Notar ... (Name) unter der Urkundennummer ... (UR-Nummer), betreffend die Bestellung einer Grundschuld iHv. ... Euro für ... (Gläubiger), vorgelegt und die Eintragung der Grundschuld beantragt.

Ich nehme hiermit den Antrag zurück[1] *und bitte um Rückgabe*[2] *der eingereichten Urkunde an mich.*

(Beglaubigung[3]*)*

---

1 Die Antragsrücknahme ist bis zum Vollzug des Antrags zulässig. Sind mehrere Antragsteller vorhanden (hier möglicherweise Gläubiger), müssen alle ihren Antrag zurücknehmen, um den Vollzug aufzuhalten.

2 Die Rückgabe kann nur verlangt werden, wenn ggf. alle Anträge zurückgenommen sind, und nur von demjenigen, der die Urkunde eingereicht hat, bei Einreichung durch Gläubiger (mit Bindungswirkung, s. **M 50.5** Fn. 1) also nur von diesem, nicht vom Eigentümer.

3 § 29 GBO, s. Rz. 25.

Kosten: *Notargebühr:* 0,2-Gebühr gem. Nr. 25100 KV GNotKG, mindestens 20 Euro, höchstens 70 Euro. Geschäftswert gem. § 121, 53 Abs. 1 GNotKG (Nennbetrag der Grundschuld). Bei Fertigung des Entwurfs und Beglaubigung 0,5-Gebühr gem. Nrn. 24102, 21201 Nr. 4 KV GNotKG (§ 92 Abs. 2 GNotKG), Geschäftswert gem. §§ 119, 53 Abs. 1 GNotKG (Nennbetrag der Grundschuld).

Gerichtsgebühr: Gem. Nr. 14401 KV GNotKG 25 % der für die Vornahme des Geschäfts bestimmten Gebühr (Mindestens 15 Euro, höchstens 250 Euro). Für die Eintragung der Grundschuld wäre eine entweder eine 1,3-Gebühr nach Nr. 14120 KV GNotKG (Briefrecht) oder eine 1,0-Gebühr gem. Nr. 14121 KV GNotKG (sonstiges Recht) entstanden. Wert gem. § 53 Abs. 1 GNotKG (Nennbetrag der Grundschuld).

2. Abschnitt. Eintragungen in Abt. II

Kapitel 51 Vormerkung

Literatur: S. die Literaturhinweise zu Kap. 50.

I. Bedeutung und Wirkung

1 Die Vormerkung (§§ 883–888 BGB) ist ein **Sicherungsmittel im Grundstücksrecht**, das einen schuldrechtlichen Anspruch auf dingliche Rechtsverschaffung, -änderung oder -aufhebung gegen nachträgliche anderweitige Verfügungen und Zwangsvollstreckungsmaßnahmen (§ 883 BGB) sowie nach § 106 InsO gegen die nachträgliche Insolvenz, aber nicht gegen jedwede Verfügungssperre schützt (zB nicht gegen Verfügungsverbote aufgrund des BauGB). Die Vormerkung sichert dem angekündigten Recht den Rang, den sie im Grundbuch selbst besetzt (§ 883 Abs. 3 BGB). Die Rangfähigkeit wird auch nach der BGH-Entscheidung zur Zulässigkeit eines Wirksamkeitsvermerks (MDR 1999, 796 m. Anm. Stickelbrock) bejaht (zuletzt BGH MDR 2014, 988).

2 Die Vormerkung hat **keine Verfügungsbeschränkung oder Grundbuchsperre** zur Folge; vielmehr sind nachträgliche anderweitige Verfügungen, Zugriffe oder Verfügungsbeschränkungen nach § 883 Abs. 2 BGB insoweit **(relativ) unwirksam**, als sie das vorgemerkte Recht vereiteln oder beeinträchtigen würden. Das bedeutet, dass der Vormerkungsberechtigte vom Schuldner weiterhin die Anspruchserfüllung und vom Dritterwerber die erforderliche Zustimmung hierzu (§ 888 Abs. 1 BGB; hierzu BGH WPM 2010, 1710) verlangen kann.

3 Die **Schutzwirkung** tritt **mit Grundbucheintragung** der Vormerkung ein, und zwar auch für Ansprüche, die zu diesem Zeitpunkt noch nicht wirksam entstanden sind, also für bedingte, befristete oder künftige Ansprüche. Unter den Voraussetzungen der §§ 878, 873 Abs. 2 BGB beginnt die Schutzwirkung bereits **mit der Antragstellung** beim Grundbuchamt.

4 ➲ **Wichtig:** Die Antragstellung beim Grundbuchamt schützt nur gegen Nachteile beim Grundbuchvollzug (etwa zeitliche Verzögerung im Arbeitsablauf des Grundbuchamts), nicht aber bei Fehlen materiell- und formell-rechtlicher Entstehungsvoraussetzungen. S. aber Rz. 10.

5 Zur **Schutzwirkung** in der **Zwangsversteigerung** und im **Insolvenzverfahren** s. Rz. 41 ff.

6 Hauptanwendungsfall ist die **Auflassungsvormerkung**, auch Eigentumsvormerkung genannt (s. **M 51.1**). Sie schützt den Erwerber, wenn die Eigentumsumschreibung aufgrund äußerer Umstände (zB fehlende öffentlich-rechtliche Genehmigung, fehlende steuerliche Unbedenklichkeitsbescheinigung, Veräußerung einer noch zu vermessenden Teilfläche) oder Vereinbarung (Vorlagesperre) nicht sofort stattfinden kann oder soll. Verbreitet ist auch die Rückauflassungsvormerkung für Rückerwerbsansprüche des Veräußerers eines Übertragungsvertrages.

II. Wirksamkeitsvoraussetzung und Anspruchsart

7 Die Vormerkung ist **abhängig vom Bestand des zu sichernden schuldrechtlichen Anspruchs** (Palandt/Bassenge § 883 Rz. 2). Auf die Rechtsgrundlage des Anspruchs (Vertrag/Gesetz) kommt es nicht an. Ist eine Vormerkung aufgrund eines nichtigen Vertrages eingetragen, so wird sie ohne weitere Eintragung mit der formgerechten Bestätigung des Rechtsgeschäfts wirksam, aber nicht

rückwirkend (OLG Frankfurt DNotZ 1995, 539; hierzu Wacke DNotZ 1995, 507); das gilt auch, wenn durch den bestätigenden Vertrag der Inhalt des Erstvertrages geändert wird (OLG Frankfurt aaO). Zur Wiederverwendung einer aufgrund Vertragsaufhebung gegenstandslos gewordenen **Auflassungsvormerkung** für einen deckungsgleichen Anspruch desselben Berechtigten s. Rz. 58.

Der Anspruch muss auf eine **eintragungsfähige dingliche Rechtsänderung** gerichtet sein (zB Eigentumswechsel, Belastung in Abt. II und III, Löschung, auch Eintragung Miteigentümervereinbarung: Gutachten DNotI-Report 2007, 185). Deshalb sind rechtsgeschäftliche „Verfügungsverbote" (richtiger: Nichtverfügungsverpflichtungen) nicht vormerkbar, wohl aber ein Auflassungsanspruch, der durch einen Verstoß gegen das Verfügungsverbot (als Bedingung) ausgelöst wird (BayObLGZ 1977, 286; 1978, 287); s. **M 51.2.** 8

Wegen der **Zulässigkeit** einer solchen mittelbaren Sicherung erbrechtlicher Ansprüche bzw. Anwartschaften s. auch OLG Düsseldorf MDR 2003, 936; BayObLG MittBayNot 1978, 208; BayObLGZ 1977, 247 und 1977, 268. Nicht vormerkbar ist auch ein Anspruch auf Einräumung oder Inhaltsänderung oder Aufhebung einer Vormerkung (Staudinger/Gursky § 883 BGB Rz. 92).

III. Vormerkbare Ansprüche

Vormerkbar ist etwa der Anspruch auf eine **noch nicht vermessene Teilfläche**, die genau zu kennzeichnen ist (BayObLG Rpfleger 1982, 17, s. **M 43.7**) oder durch einen Bestimmungsberechtigten noch festzulegen ist (BGH MittBayNot 1981, 233), einen **Miteigentumsanteil** (vgl. BGH NJW 2013, 934; nach OLG Düsseldorf Rpfleger 1996, 503 sogar für einen quotenmäßig noch nicht festgelegten Miteigentumsanteil, dessen Bestimmung einem Dritten überlassen war, s. aber BayObLG DNotZ 2005, 117; vgl. auch OLG Zweibrücken Rpfleger 2013, 505 zu Vormerkung auf Eintragung noch nicht bezifferbarer Sicherungshypothek), auf **rechtlich noch nicht gebildetes Wohnungseigentum**, sofern ein allseits anerkannter Plan beigefügt (BGHZ 177, 53; OLG Köln DNotZ 1985, 450; BayObLG DNotZ 1975, 36) oder das Gebäude errichtet ist (BayObLG DNotZ 1977, 544 m. Anm. Mayer-Stolte DNotZ 1977, 121), auch für „nach Maßgabe der künftigen baurechtlichen Genehmigung" zu errichtendes Wohnungseigentum (BayObLG Rpfleger 1992, 392). 9

Auch **künftige und bedingte Ansprüche** sind vormerkbar; zB 10

- aus einem **Verkaufsangebot**;
- aus einem **schwebend unwirksamen Vertrag**, dessen Wirksamkeit nur noch von der Genehmigung des Käufers (BayObLG DNotZ 1990, 297) (nicht des Verkäufers!, s.a. Rz. 17) oder des Familiengerichts (BayObLG DNotZ 1994, 182) für die Erklärung auf Käuferseite abhängt (anders bei gerichtlicher Genehmigung auf Verkäuferseite, Schöner/Stöber Rz. 1492, 1508); auch das Fehlen öffentlich-rechtlicher Genehmigungen stellt kein Eintragungshindernis dar (OLG Dresden DNotI-Report 1995, 158 und OLG Rostock DNotI-Report 1996, 196 für eine Genehmigung der Rechtsaufsichtsbehörde bei Verkauf durch Gemeinde; LG Halle DNotI-Report 1996, 214 für eine sanierungsrechtliche Genehmigung; nach DNotI-Report 1996, 172 mwN auch für eine GVO-Genehmigung), ebensowenig das Fehlen der Genehmigung nach § 12 WEG oder nach § 6 ErbbauRG.

Zur Vormerkungsfähigkeit bedingter Ansprüche s. auch Gutachten DNotI-Report 2000, 125.

Eine **Ehegattenzustimmung** (§ 1365 BGB) ist für die Eintragung einer Vormerkung nicht erforderlich (BayObLG Rpfleger 1976, 129), außer bei Gütergemeinschaft (LG Ellwangen BWNotZ 1982, 150). 11

Vormerkbar sind auch (hinsichtlich der Entstehung) **befristete Ansprüche**, zB Zuwendung auf einen gewissen (Datum) oder ungewissen (Tod) Zeitpunkt (OLG Düsseldorf MittRhNotK 1996, 231 und BayObLG Rpfleger 2002, 563 für einen durch Rechtsgeschäft unter Lebenden begründeten, aufgrund von Bedingungen oder Befristungen aber erst von den Erben zu erfüllenden Anspruch). 12

Zu Ansprüchen, die erst gegen Gesamtrechtsnachfolger entstehen, s. Rz. 35. 13

Bedingte Ansprüche finden sich besonders in Übergabeverträgen (Rückauflassungsanspruch bei Eintritt bestimmter Ereignisse, BGHZ 134, 182; s. **M 44.2** und **M 44.6**; auch ein mehrfach beding- 14 ter Anspruch, zB des Ehegatten des Übergebers für den Fall, dass er den Übergeber überlebt, BayObLG MittRhNotK 1995, 207), Erbbauverträgen (Erhöhung des Erbbauzinses, s. **M 49.1, M 49.6–8**), künftige Ansprüche bei Ankaufsrechten (zB Erwerbsanspruch bei Eintreffen eines bestimmten Ereignisses zu festgelegten Bedingungen), Wiederkaufsrechten (BayObLG Rpfleger 1978, 14), schuldrechtlichen Vorkaufsrechten. Das **grundbuchrechtliche Bestimmtheitsgebots** verlangt, dass eine **Bedingung** so **bestimmt formuliert** ist, dass der Eintritt für Dritte nachprüfbar ist (OLG München RNotZ 2014, 328; OLG Düsseldorf RNotZ 2010, 197; OLG München MDR 2009, 585; OLG Düsseldorf Rpfleger 2008, 415; OLG München MDR 2007, 1011). Von der Befristung/Bedingtheit des geschützten Anspruchs zu unterscheiden ist die (zulässige) Befristung/Bedingtheit der Vormerkung: Der Schutzumfang einer Vormerkung kann bei entsprechender Bewilligung/Eintragung ohne weiteres hinter dem Anspruch zurückbleiben (Ertl Rpfleger 1977, 345, 353; Hagenbucher MittBayNot 2003, 256), s. Rz. 54.

IV. Abgrenzungsprobleme, Inhaltsänderung

15 Die **Grenzen zwischen künftigen und bedingten Ansprüchen sind schwimmend**. Die Abgrenzung ist jedoch nicht bedeutungslos, weil die Einschränkungen für die Vormerkbarkeit künftiger Ansprüche nicht in gleichem Maße für bedingte Ansprüche gelten (Schöner/Stöber Rz. 1489).

16 **Künftige Ansprüche** können nur dann durch Vormerkung gesichert werden, wenn eine vom Verpflichteten einseitig nicht mehr zerstörbare Bindung an das Rechtsgeschäft besteht, während **bedingte Ansprüche** auch dann vormerkungsfähig sind, wenn der Eintritt der Bedingung vom Verhalten des Verpflichteten abhängig ist (wobei reine „Wollensbedingungen" insoweit aber schädlich sind) (BGHZ 134, 182, s.a. BGHZ 166, 319; BGH NJW 1997, 861; BayObLG Rpfleger 1978, 14 m. Anm. Ertl; OLG Hamm Rpfleger 1978, 137; Amann MittBayNot 2007, 13; Schöner/Stöber Rz. 1489). Kann der Verpflichtete die Bindung als solche einseitig beseitigen, liegt grds. kein vormerkungsfähiger Anspruch vor.

17 **Nicht vormerkbar** ist deshalb

- ein Anspruch aus einem Vertrag mit freiem Rücktritts- oder Widerrufsrecht des Verpflichteten (Schöner/Stöber Rz. 1489c; anders bei Bindung des Angebotswiderrufs an bestimmte Voraussetzungen, LG Kleve Rpfleger 2007, 45);
- ein Anspruch aus einem Vertrag, bei dessen Abschluss auf Verkäuferseite ein Vertreter ohne Vertretungsmacht gehandelt hat (BayObLG Rpfleger 1977, 361); anders für dergestalt vertretenen Käufer oder bei fehlender familiengerichtlicher Genehmigung auf Käuferseite oder öffentlich-rechtlicher Genehmigung, s. Rz. 10.

Vormerkbar ist dagegen bspw. der künftige Anspruch aus einem bindenden Angebot, von dem sich der Verpflichtete nicht mehr willkürlich lösen kann (BGHZ 149, 1).

18 **Nicht vormerkbar** sind auch **künftige erbrechtliche Ansprüche**, selbst wenn sie auf einem bindenden Erbvertrag beruhen (OLG Düsseldorf MDR 2003, 936). Der **Nachvermächtnisanspruch** (§ 2191 BGB) ist nach Eintragung des Vermächtnisnehmers dagegen **vormerkbar** (BayObLG Rpfleger 1981, 190). Nicht vormerkbar ist auch die Schenkung von Todes wegen (BGHZ 12, 115). – Wegen der Möglichkeit des mittelbaren Schutzes erbrechtlicher Anwartschaften s. **M 51.2** und die dortigen Fn.

19 Eine **Inhaltsänderung oder Erweiterung des schuldrechtlichen Anspruchs** bedarf der **Eintragung im Grundbuch** (Veränderungsspalte), damit die Vormerkung auch den geänderten Anspruch rangwahrend schützt (Kap. 45 Rz. 14 ff.; Heggen RNotZ 2008, 213 ff.; Schöner/Stöber Rz. 1518, anders bei Reduzierung; zu Veränderung der zu übertragenden Teilfläche OLG München DNotI-Report 2014, 101); nicht aber eine Verlängerung der Annahmefrist für ein Angebot (Schöner/Stöber Rz. 1518, anders noch OLG Köln DNotZ 1976, 357; OLG Frankfurt NJW-RR 1993, 1489; OLG Karlsruhe Rpfleger 1994, 291, das hierfür keine rangwahrende Zustimmung nachrangiger Berechtigter für erforderlich hält). Keine Inhaltsänderung liegt vor, wenn sich ein bedingter Anspruch in einen unbedingten verwandelt (BayObLG DNotZ 1995, 311 für die Annahme eines Vertragsangebots).

V. Vormerkungsberechtigte

Vormerkungsberechtigter kann **jede natürliche oder juristische Person** sein, auch eine Vorgesellschaft (OLG Hamm Rpfleger 1981, 296), ebenso eine BGB-Gesellschaft (auch OHG/KG in Gründung: BayObLG DNotZ 1986, 156 für KG), ebenso eine **Mehrheit von Berechtigten**; dann sind nach § 47 GBO das Gemeinschaftsverhältnis und ggf. die Bruchteile anzugeben (Amann DNotZ 2008, 324 ff.). Auch Gesamtberechtigung nach § 428 BGB ist zulässig (OLG Köln Rpfleger 1975, 19), selbst wenn das Recht als solches eine Gesamtgläubigerschaft ausschließt, zB beim Eigentum, daneben auch Gesamtberechtigung nach § 432 BGB (OLG München Rpfleger 2007, 654). Bei einem für mehrere Berechtigte bestellten schuldrechtlichen Vorkaufsrecht, auf das § 472 BGB Anwendung findet, braucht das Gemeinschaftsverhältnis allerdings nicht angegeben zu werden, die Geltung des § 472 BGB ist im Grundbuch aber zu verlautbaren (BGH DNotI-Report 1998, 17). 20

Besteht ein **Anspruch für mehrere Berechtigte**, ist zu unterscheiden zwischen 21

- einer **Alternativberechtigung** (Anspruch besteht entweder für den einen oder für den anderen: Dann sind **zwei Vormerkungen** einzutragen (BayObLG Rpfleger 1985, 55);
- oder einer **Sukzessivberechtigung** (zunächst gemeinschaftlicher, nach Wegfall eines Berechtigten alleiniger Anspruch des verbleibenden Berechtigten): Dann wird nur **eine Vormerkung** eingetragen (OLG Zweibrücken Rpfleger 1985, 281; BayObLG Rpfleger 1985, 498).

Vormerkungsberechtigter kann nur der Inhaber des Anspruchs auf dingliche Rechtsänderung sein (sog. Identitätsgebot, OLG Rostock OLGReport 2009, 734). Ist der **Anspruchsberechtigte ein Dritter (Vertrag zugunsten Dritter)**, so kann der Versprechensempfänger iSv. § 335 BGB als Forderungsberechtigter des Anspruchs stets auch als Vormerkungsberechtigter eingetragen werden, gleichgültig, ob der Dritte und eigentliche Gläubiger bestimmt oder noch unbestimmt (aber bestimmbar) ist (BGH MDR 2009, 76). Bei einem Vertragsangebot an noch zu benennende Personen (**M 43.14**) ist zB der **Benennungsberechtigte eintragungsfähig**, aber nur, wenn er **Vertragsbeteiligter** eines die Form des § 311b Abs. 1 BGB wahrenden Vertrages und eben **Versprechensempfänger** ist (BGH MDR 2009, 76, NJW 1983, 1543 und 1984, 346; s. auch Assmann ZfIR 2009, 244; Denck NJW 1984, 1009; Ludwig NJW 1983, 2792 und Rpfleger 1986, 345). Dies schließt es aber nicht aus, dass ein vom (als vormerkungsberechtigt eingetragener) Versprechensempfänger verschiedener Dritter das Recht auf Benennung des Anspruchsberechtigten hat (OLG München FGPrax 2013, 156; Klühs RNotZ 2012, 28, s. auch Böttcher NJW 2012, 822; Keller DNotZ 2012, 99). 22

➲ **Hinweis:** Besondere Bedeutung hat die Möglichkeit der grundbuchlichen Absicherung des Rechts eines noch zu benennenden Dritten im Bereich der erneuerbaren Energien erlangt: Hier wird vielfach das Recht eines zukünftigen Betreibers durch Vormerkung auf Eintragung einer beschränkt persönlichen Dienstbarkeit gesichert (Kappler ZfIR 2012, 264). 22a

Der zu benennende Dritte (eigentliche Anspruchsberechtigte) kann vor seiner Benennung nicht Vormerkungsberechtigter sein, wohl aber danach (BGH NJW 2012, 3431; BayObLG Rpfleger 1996, 502; Kesseler NJW 2009, 357); er wird erst eintragungsfähig (auch neben dem Versprechungsempfänger), wenn er in persona feststeht oder zumindest nach sachlichen Kriterien feststellbar ist (zB jeweiliger Erbbauberechtigter als Berechtigter eines Ankaufsrechts; jeweiliger Eigentümer eines bestimmten Grundstücks (BGHZ 22, 220, 225; RGZ 128, 246); Abkömmlinge einer bestimmten Person, auch wenn noch nicht vorhanden, s. Palandt/Bassenge § 883 Rz. 11; nicht aber der „noch zu benennende Dritte"). Beim Vertrag zugunsten Dritter genügt die Bestimmbarkeit nach sachlichen Gesichtspunkten (LG Passau MittBayNot 2004, 362; vgl. auch LG Traunstein NJW 1962, 2207). 23

➲ **Praxistipp:** Es sei gewarnt vor der Bewilligung einer Vormerkung zugunsten noch unbestimmter Berechtigter, deren Nichtvorhandensein später nur schwer nachweisbar ist (zB „Abkömmlinge von …"). Die Löschung einer solchen Vormerkung bei Erfüllung des Anspruchs oder aufgrund eines Verzichts kann erhebliche Schwierigkeiten bereiten. Vorzugswürdig ist es deshalb, dem Erblasser einen vererblichen Anspruch einzuräumen und diesen Anspruch durch Vormerkung zu sichern. 24

25 Eine Vormerkung zur Sicherung eines Anspruchs auf Eintragung einer Grunddienstbarkeit kann auch zugunsten einer bestimmten Person eingetragen werden (OLG Düsseldorf MittRhNotK 1988, 234; s. aber Reymann DNotZ 2010, 84, 102 ff.).

26 Mit der Übertragbarkeit/Pfändbarkeit/Verpfändbarkeit des vorgemerkten Anspruchs (s. Rz. 36 ff.) kann auch der **Vormerkungsberechtigte wechseln**, was im Grundbuch zu vermerken ist (Grundbuchberichtigung). Ist eine gepfändete Forderung dem Gläubiger allerdings nur zur Einziehung überwiesen, kommt die Eintragung eines Übergangs im Grundbuch nicht in Betracht (OLG München FGPrax 2009, 259).

VI. Vormerkungsschuldner

27 Bei Eintragung der Vormerkung muss der **Anspruchsschuldner**, der die Vormerkung bewilligt hat, **Inhaber des betroffenen Rechts** sein (sog. Identitätsgebot). Nur gegen ihn kann der vorgemerkte Anspruch geltend gemacht werden. Gegen den Dritterwerber, dessen Erwerb aufgrund der Vormerkung relativ unwirksam ist, besteht nur ein Zustimmungsanspruch (§ 888 BGB). Hat der Dritterwerber relativ unwirksam Eigentum erlangt, kann er unmittelbar an den Berechtigten einer Auflassungsvormerkung auflassen (BGH BB 1958, 1225), ist hierzu aber nicht verpflichtet.

28 ➲ **Hinweis:** Da es sich um einen **schuldrechtlichen Anspruch** handelt, kann sich dieser – anders als bei den dinglichen Rechten – **nicht gegen den jeweiligen Eigentümer (Rechtsinhaber)** richten, weil dies einem (unzulässigen) Vertrag zu Lasten Dritter gleichkäme (RGZ 158, 355; DNotI-Report 2001, 113).

29 Dieser Umstand hat zB Konsequenzen bei Vormerkungen für ein **bedingtes Ankaufs- oder Wiederkaufsrecht**, wie es sich genossenschaftliche Bauträger beim Verkauf von Eigentumswohnungen oder Gemeinden beim Verkauf gemeindeeigener Grundstücke häufig einräumen lassen.

30 ➲ **Wichtig:** Dass durch **Weiterveräußerung** eines einem Wiederkaufsrecht unterliegenden Objekts die bisherige **Vormerkung gegenstandslos** wird, weil die den Anspruch auslösenden Bedingungen in der Person des Schuldners nicht mehr eintreten können, ist nicht zwingend, aber möglich und im Einzelfall durch Vertragsauslegung zu ermitteln. S. aber Rz. 31, 34.

31 Die durch die Vormerkung gesicherte **Verpflichtung geht nicht automatisch auf einen Erwerber über**. Vielmehr muss sie vom Erwerber gegenüber dem Vormerkungsberechtigten (zB Bauträger) ausdrücklich übernommen werden (etwa aufgrund Weitergabeverpflichtung des ursprünglichen Schuldners). Dies kann nicht als „Schuldnerwechsel" bei der bisherigen Vormerkung vermerkt werden; es bedarf aber auch nicht in jedem Fall der Eintragung einer neuen Vormerkung, vielmehr schützt die ursprüngliche Vormerkung ohne Weiteres auch den Anspruch gegen den neuen Schuldner, wenn dieser zeitgleichmit der Übernahme der Verpflichtungen aus dem vormerkungsgesicherten Anspruch

das Eigentum an dem von der Vormerkung betroffenen Grundstück erlangt (BGH MDR 2014, 955; s. zum früheren Meinungsstand Schöner/Stöber Rz. 1493; ausf. Hoffmann MittBayNot 1997, 10).

32 ➲ **Wichtig:** Bewirkt die frühere Vormerkung keinen Schutz des Anspruchs gegen den neuen Schuldner und bedarf es der Eintragung einer neuen Vormerkung, geht der Rang der „alten" Vormerkung verloren, die neue Vormerkung erhält die bei Eintragung (bzw. Antragstellung) bereite Rangstelle.

33 ➲ **Praxistipp:** Der Vormerkungsberechtigte (zB Bauträger) muss bei der Vereinbarung des neuen Wiederkaufrechts mit dem Erwerber mitwirken, wobei er von einem Vertragsbeteiligten als bevollmächtigter oder zunächst vollmachtloser Vertreter vertreten werden kann.

34 Hiervon zu unterscheiden ist der Fortbestand des (ggf. bedingten) **Anspruchs** über einen Eigentümerwechsel hinaus, etwa eines Übereignungsanspruch zugunsten eines Berechtigten für den Fall der Wiederverheiratung des Eigentümers (Alleinerben): eine Weiterveräußerung (auch eine mehrmalige) führt nicht zum Rechtsverlust, da die Bedingung nicht an den Fortbestand der Rechtsinhaberschaft geknüpft ist; erst mit dem Tod des Alleinerben kann die Bedingung nicht mehr eintreten,

wird die Vormerkung gegenstandslos. Bis dahin schwebt über jedem Rechtsnachfolger im Eigentum das Damoklesschwert des Übereignungsanspruchs des Vormerkungsberechtigten.

Auf **Gesamtrechtsnachfolger** (Erben) geht die schuldrechtliche Verpflichtung dagegen kraft Gesetzes (§ 1922 BGB) über, so dass auch die **Vormerkung weiterhin Bestand** hat. Nach BGH (BGHZ 134, 182 = NJW 1997, 861) kann eine **Nichtveräußerungsverpflichtung auch zu Lasten der Rechtsnachfolger** des Anspruchsschuldners eingegangen und durch eine Vormerkung gesichert werden, so dass also auch eine pflichtwidrige Veräußerung durch die Rechtsnachfolger den Anspruch noch auslösen kann, und zwar unmittelbar gegen diese. Das gilt allerdings **nur in Bezug auf Gesamtrechtsnachfolger (Erben)**, nicht auch für Einzelrechtsnachfolger (zB Käufer, Schenknehmer) oder „den jeweiligen Eigentümer". 35

VII. Übertragung, Pfändung, Verpfändung, gutgläubiger Erwerb

Die **Vormerkung** selbst ist **nicht übertragbar oder (ver-)pfändbar**, wohl **aber der gesicherte Anspruch**. Mit ihm geht nach § 401 BGB die Vormerkung über (Grundbuchberichtigung nach § 22 GBO). Übertragbarkeit und Verpfändbarkeit (des Anspruchs) können aber rechtsgeschäftlich ausgeschlossen werden. Durch die Vereinbarung des Abtretungsausschlusses hinsichtlich des gesicherten Anspruchs kann der Eigentümer das Risiko verringern, dass er sich wegen einer etwaigen Löschung der Vormerkung (ggf. auch, s. OLG Jena NotBZ 2005, 40) an einen Dritten (Abtretungsempfänger) halten muss. 36

Eine besondere Position kann der vorgemerkte Auflassungsanspruch dem **Pfändungsgläubiger** vermitteln: **Bei der** (auch ohne Pfändung des Anwartschaftsrechts möglichen, s. OLG München ZfIR 2010, 334) **Pfändung des Auflassungsanspruchs erlangt** die nach § 848 Abs. 2 Satz 2 ZPO mit dem Eigentumsübergang auf den Schuldner entstehende **Sicherungshypothek den Rang der Vormerkung** (LG Düsseldorf Rpfleger 1986, 48) und geht damit allen nach der Vormerkung eingetragenen Belastungen vor, nicht aber einer im Kaufvertrag bestellten Restkaufpreissicherungshypothek (Palandt/Bassenge § 1287 BGB Rz. 4). 37

Bei einer im Grundbuch vermerkten **Verpfändung des** vorgemerkten **Auflassungsanspruchs muss** der **Pfandgläubiger der Eigentumsumschreibung** entweder **zustimmen oder** es muss für ihn eine **Sicherungshypothek** eingetragen werden (BayObLG BWNotZ 1987, 168). 38

➲ **Wichtig:** Wegen der Rechtslage gem. Rz. 37 sind Geldgeber gut beraten, wenn sie für ihre Grundpfandrechte Rang vor der Auflassungsvormerkung des Erwerbers (Kreditnehmers) beanspruchen. 39

Gutgläubiger Erwerb einer bestehenden Vormerkung ist grundsätzlich möglich, nicht aber für einen gar nicht bestehenden Anspruch (s. Palandt/Bassenge § 885 BGB Rz. 20; Schöner/Stöber Rz. 1534 ff.). Eine vom Bucheigentümer erworbene Vormerkung schützt den Berechtigten auch gegen die schädliche Wirkung nachträglicher Bösgläubigkeit hinsichtlich des fehlenden Eigentums. 40

VIII. Vormerkung in Zwangsversteigerung und Insolvenz

Der Vormerkungsberechtigte ist gegen **Zwangsvollstreckung und Vermögensverfall** des Schuldners geschützt, sofern die Vormerkung einen entsprechenden Rang innehat bzw. rechtzeitig ihre Schutzwirkung entfaltet hat (§ 878 BGB, s. aber § 130 InsO für den Fall der Eintragung bis zu drei Monate vor dem Antrag auf Eröffnung des Insolvenzverfahrens). Wenn ein nachrangiger Gläubiger die Zwangsversteigerung betreibt, fällt die Vormerkung in das geringste Gebot mit der Folge, dass der Vormerkungsberechtigte vom Ersteher nach § 888 Abs. 1 BGB die Zustimmung zur Eintragung des vorgemerkten Rechts, zB die Auflassung an sich, verlangen kann (ohne dass der Ersteher einen Anspruch auf den Kaufpreis hätte, Palandt/Bassenge § 883 Rz. 26; str.). Eine gegenüber dem betreibenden Gläubiger nachrangige Vormerkung erlischt dagegen mit dem Zuschlag. 41

Eine besondere Situation entsteht, wenn **bei Einreichung des Antrags** auf Eintragung einer Auflassungsvormerkung bereits ein **Zwangsversteigerungsvermerk eingetragen** ist und sodann ein nicht dinglich gesicherter Gläubiger dem Zwangsversteigerungsverfahren beitritt. Ist bei Wirksamwerden 42 dieses Beitritts die Vormerkung bereits eingetragen, handelt es sich um ein „aus dem Grundbuch ersichtliches Recht" iSv. § 28 ZVG mit der Folge, dass das Vollstreckungsgericht das Verfahren bezüglich des beitretenden Gläubigers sofort aufzuheben oder einstweilen einzustellen hat. War die Vormerkung bei Wirksamwerden des Beitritts zwar beantragt, aber noch nicht eingetragen, scheidet ihre Berücksichtigung von Gerichts wegen aus. Der Vormerkungsberechtigte ist auf die Drittwiderspruchsklage nach § 771 ZPO verwiesen. Dieser gravierende Unterschied gebietet, bei einem bereits mit einem Zwangsversteigerungsvermerk belasteten Kaufobjekt auf eine rasche Eintragung der Vormerkung zu dringen bzw., seitens des Grundbuchamts, die rasche Eintragung vorzunehmen.

43 Bei **Insolvenz** des Schuldners **schützt die Vormerkung**, sofern vor Eröffnung des Insolvenzverfahrens die Eintragung erfolgt oder bei rechtsgeschäftlich bestellter Vormerkung die Bindungswirkung nach §§ 873 Abs. 2, 878 BGB eingetreten ist (BGHZ 149, 1; BGH WM 2010, 274; Krüger ZMR 2010, 251); hierfür muss der Antrag (zumindest auch) im Namen des Käufers gestellt sein. Dann muss nach § 106 InsO der Insolvenzverwalter den vorgemerkten Anspruch erfüllen, auch wenn – zB beim Kauf vom Bauträger – neben dem vorgemerkten Eigentumsverschaffungsanspruch noch die Bauerrichtung oder andere Verpflichtungen geschuldet werden.

44 ➲ **Wichtig: Insolvenzschutz** kann **auch für künftige Ansprüche** bestehen, zB aus einem Verkaufsangebot vor der Annahme (BGHZ 149, 1).

IX. Eintragung der Vormerkung

45 Die Eintragung der Vormerkung erfolgt nach § 885 Abs. 1 BGB entweder aufgrund einer **Bewilligung** des Rechtsinhabers (§§ 19, 29 GBO) oder einer **einstweiligen Verfügung** (s. **M 53.3**). Die Bewilligung einer Auflassungsvormerkung muss ausdrücklich erfolgen; sie kann nicht aus einer Auflassung heraus interpretiert werden; die Auflassungsvollmacht berechtigt nicht automatisch zur Bewilligung einer Auflassungsvormerkung (BayObLG DNotZ 1979, 426; Palandt/Bassenge § 885 BGB Rz. 8).

46 Der schuldrechtliche **Anspruch** muss dem Grundbuchamt zwar **nicht nachgewiesen, wohl aber dargelegt** werden dergestalt, dass die Feststellung seines Bestandes und damit seiner Vormerkbarkeit möglich ist (BayObLG DNotZ 1995, 63; Palandt/Bassenge § 885 BGB Rz. 16; Demharter Anh. zu § 44 GBO Rz. 87 ff.; Schöner/Stöber Rz. 1514. s.a. Rz. 14 zur grundbuchlichen Bestimmtheit von Anspruchsbedingungen); im Übrigen genügt die Bewilligung des Betroffenen (§ 19 GBO) in der **Form des § 29 GBO**. Wird aber die das schuldrechtliche Rechtsverhältnis begründende Urkunde mit der Bewilligung vorgelegt (was der Regel entspricht), kann das Grundbuchamt sie auch inhaltlich prüfen und muss jedenfalls dann die Eintragung verweigern, wenn es einen vormerkbaren Anspruch nicht für gegeben hält (BayObLG Rpfleger 1981, 190).

47 ➲ **Wichtig:** Die Vormerkung hat **keine Heilungswirkung** iSv. § 311b Abs. 1 Satz 2 BGB.

48 Die **Eintragung** erfolgt nach §§ 12, 19 GBV: halbspaltig unter Freilassen der rechten Hälfte für die endgültige Eintragung, ausgenommen die Auflassungsvormerkung, die in Abt. II Spalten 1–3 wie ein Vollrecht eingetragen wird, weil die endgültige Eintragung des Rechts (Eigentum) in einer anderen Abteilung (Abt. I) erfolgt (zu Fragen der Umschreibung der Auflassungsvormerkung s. Ritzinger BWNotZ 1983, 25).

X. Aufhebung und Erlöschen der Vormerkung

1. Aufgabeerklärung und Löschung im Grundbuch

49 Grundsätzlich endet die Wirkung einer Vormerkung mit der Aufgabeerklärung des Berechtigten und der Löschung im Grundbuch. Eine ohne Aufgabeerklärung gelöschte Vormerkung behält ihre materiell-rechtliche Wirkung (BGH DNotZ 1973, 367). Unberührt von dem Wegfall des Vormerkungsschutzes ist der schuldrechtliche Anspruch, der ohne Weiteres bestehen bleiben kann.

50 ➲ **Wichtig:** Für die Auflassungsvormerkung gilt folgende Besonderheit: Sie verliert – im Gegensatz zu den in das Vollrecht umgeschriebenen Vormerkungen für Belastungen in Abt. II und

III – mit der Eigentumsumschreibung nicht ohne weiteres ihre Bedeutung; vor allem, wenn im Range nach der Auflassungsvormerkung Belastungen eingetragen worden sind, behält sie bis zu deren Beseitigung (Verwirklichung des Anspruchs aus § 888 BGB) ihre Bedeutung als Sicherungsmittel. Denn die Auflassungsvormerkung wird nicht – wie andere Vormerkungen – „im Range der Vormerkung" in Eigentum umgeschrieben (s. zu diesen Fragen Ritzinger BWNotZ 1983, 25).

Die Löschungsbewilligung des Berechtigten (s. **M 51.4**) enthält gleichzeitig die Aufgabeerklärung 51 (Schöner/Stöber Rz. 1537; OLG Hamm DNotZ 1977, 35). Erteilt der **Testamentsvollstrecker** eine **Löschungsbewilligung** für eine zugunsten des Erblassers eingetragene Rückauflassungsvormerkung, ohne dass eine Gegenleistung gegenübersteht, muss er dem Grundbuchamt entweder die Zustimmung der Erben oder die Unrichtigkeit des Grundbuchs aufgrund des Todes des Erblassers nachweisen (BayObLG Rpfleger 1995, 452).

2. Besondere Erlöschensfälle

Ohne Aufgabeerklärung und Grundbuchlöschung kann die Vormerkung zB erlöschen durch **Erfül- 52 lung des vorgemerkten Anspruchs** (ohne Zwischenrechte, s. BayObLG Rpfleger 1975, 395; wegen der Besonderheiten bei der Auflassungsvormerkung s. **M 51.1** Fn. 1), **anderweitiges Erlöschen des Anspruchs** (durch Anfechtung, endgültige Versagung von Genehmigungen, Vertragsaufhebung), **Eintritt einer auflösenden Bedingung, Zeitablauf, Konfusion** (Zusammenfall von Gläubiger und Schuldner, BGH DNotZ 1981, 181; anders, wenn der Sicherungszweck der Vormerkung fortbesteht: OLG Schleswig NJW-RR 1999, 1528), daneben auch durch **Rücktritt** (BGH MDR 2009, 527; Kesseler ZNotP 2010, 202; krit. Bohrer DNotZ 2007, 500). Eine dergestalt gegenstandslose Vormerkung kann aber gleichwohl ein recht zählebiges Grundbuchdasein führen, wenn nämlich der Nachweis der Gegenstandslosigkeit (BayObLG Rpfleger 1980, 278) Schwierigkeiten bereitet. Das gilt vor allem für Vormerkungen zugunsten nur mittelbar bestimmter Berechtigter („die Abkömmlinge von …") und für Vormerkungen, bei denen der Nichteintritt einer Bedingung jedenfalls durch öffentliche Urkunden kaum nachweisbar ist. Ist die Vormerkung durch Rücktritt gegenstandslos geworden, kann der Insolvenzverwalter Löschung verlangen, ohne dass dem Berechtigten ein Zurückbehaltungsrecht wegen seiner Ansprüche zustünde (BGH MDR 2009, 527).

Für eine Vormerkung, die einen **auf Lebenszeit des Berechtigten befristeten (auflösend beding- 53 ten) Übereignungsanspruch** sichert, stellt sich bereits bei der Vertragsgestaltung die Frage nach **Löschungserleichterungen**, die die Mitwirkung der Erben des Berechtigten und die Beibringung eines Erbnachweises (Erbschein) überflüssig machen. Die früher übliche Vereinbarung und Eintragung einer sog. **Vorlöschungsklausel** analog § 23 Abs. 2 GBO ist für die meisten Konstellationen **unzulässig** (BGH MDR 1992, 675; Rpfleger 1996, 100; hierzu zusammenfassend und mit Lösungsanregungen Wufka MittBayNot 1996, 156; s. auch Rastätter BWNotZ 1994, 135, ferner Gutachten DNotI-Report 2000, 29).

Eine Löschung auf **Unrichtigkeitsnachweis** nach § 22 GBO aufgrund Tod des Berechtigten kommt 54 angesichts der Möglichkeit des „Aufladens" einer Vormerkung nur noch in zwei Fallgruppen in Betracht: Erstens und vor allem dann, wenn die Vormerkung als solche befristet ist (hierzu DNotI-Report 2000, 30 und BGH NJW 2012, 2032), daneben aber auch dann, wenn der Anspruch des Berechtigten auch nach seiner Entstehung nicht vererblich und nicht übertragbar ist (grundlegend BGHZ 193, 152, s. ferner BGH FamRZ 2013, 1038; OLG Düsseldorf RNotZ 2015, 186; OLG Köln FamRZ 2014, 1321; vgl. auch OLG Nürnberg v. 28.8.2012 – 15 W 1364/12; OLG Celle v. 30.8.2012 – 4 W 156/12; OLG Köln FGPrax 2010, 14). Für die Möglichkeit der „Wiederaufladung" der Vollmacht stellt der Bundesgerichtshof in seinen neueren Entscheidungen auf das Merkmal der „Kongruenz" der Ansprüche ab.

Möchten die Beteiligten in einem solchen Fall eine Löschungserleichterung vereinbaren, kommt 55 neben einer Befristung der Vormerkung insbesondere die Erteilung einer **Vollmacht zur Erklärung der Löschungsbewilligung** in Betracht, deren Verwendbarkeit von der Vorlage einer Sterbeurkunde des Berechtigten (ggf. nebst Ablauf einer bestimmten Frist seit dem Tode) abhängig gemacht wird. Die Vollmacht kann unwiderruflich erteilt werden, wobei etwa die drohende Verwendung der Vollmacht trotz eines bestehenden Anspruchs einen Widerruf durch die Erben aus wichtigem

Grund rechtfertigen würde. Die grundsätzliche Widerrufbarkeit stellt das einzige Minus gegenüber einer Vorlöschungsklausel dar.

3. Vertragsaufhebung, Vormerkung aufgrund einstweiliger Verfügung, Wiederverwendung

56 Bei einer **Vertragsaufhebung** kann der Nachweis der Unrichtigkeit durch Vorlage der beurkundeten oder einer der Form des § 29 GBO (öffentliche Beglaubigung) entsprechenden Aufhebungsvereinbarung erfolgen. Zur Form bei Vertragsaufhebung s. Kap. 45 Rz. 2, 8 ff.

57 Eine Ausnahmeregelung gilt für eine **Vormerkung aufgrund einer einstweiligen Verfügung:** Sie kann nach § 25 GBO mit der Aufhebung der einstweiligen Verfügung gelöscht werden. Eine Löschung aufgrund einer einstweiligen Verfügung ist dagegen ausgeschlossen (KG WPM 1977, 932).

58 ➲ **Wichtig:** Nach BGH (BGHZ 143, 175 = MDR 2000, 384) kann eine erloschene, aber noch eingetragene Auflassungsvormerkung durch eine erneute Grundbuchbewilligung zur Sicherung eines neuen deckungsgleichen Anspruchs **ohne Grundbuchberichtigung** wiederverwendet werden, allerdings im Rang nach dem Zeitpunkt der neuen Bewilligung. Diese Rechtsprechung hat der BGH fortgeführt, indem er entschieden hat, dass eine zur Sicherung eines durch Rücktritt bedingten Rückauflassungsanspruchs eingetragene Vormerkung durch Bewilligung auf weitere Rücktrittsgründe erstreckt werden kann, ohne dass es einer erneuten Eintragung bedürfte (MDR 2008, 884; s. auch Reymann MittBayNot 2013, 456; Amann DNotZ 2008, 520; Demharter MittBayNot 2008, 214; Krause NotBZ 2008, 407).

M 51.1 Auflassungsvormerkung[1]

An das

Grundbuchamt

. . . (Ort)

Betr.: Grundbuch von . . . (Ort) Band/Blatt . . . (Nummer)

Ich überreiche eine beglaubigte Abschrift[2] des Kaufvertrages vom . . . (Datum), beurkundet von Notar . . . (Name) unter der Urkundenrolle-Nummer . . . (Nummer), durch den ich den im Betreff bezeichneten Grundbesitz an . . . (Käufer) veräußert habe.

Ich bewillige und beantrage die Eintragung einer Vormerkung zur Sicherung des Auflassungsanspruchs des Käufers.

(Unterschriftsbeglaubigung[3])

1 Die separate Bewilligung ist eher selten. Zumeist erfolgt sie in einem Vertrag. Im Einzelfall kann es angezeigt sein, zum Schutze des Verkäufers eine erleichterte Löschung der Vormerkung vorzusehen, zB durch die vorweggenommene Löschungsbewilligung, Löschungsvollmacht oder auflösende Bedingung der Vormerkung, s. Kap. 43 Rz. 64 und **M 43.1.**

2 Zur Frage, ob die schuldrechtliche Urkunde dem Grundbuchamt vorgelegt werden muss, s. Rz. 46. Nach den dort dargelegten Grundsätzen würde die Bewilligung auch ohne die Kaufvertragsurkunde ausreichen. Dann müsste Abs. 1 des Musters etwa lauten: „Ich habe an ... (Name des Verkäufers) das im bezeichneten Grundbuch eingetragene Grundstück Flurstück Nr. ... (Nummer und weitere Beschreibung) verkauft. Der Kaufvertrag ist notariell beurkundet." Damit wären die für das Grundbuchamt zur Feststellung des Vorliegens eines vormerkbaren Anspruchs notwendigen Darlegungen gemacht (Bezeichnung des Verpflichtungsgeschäfts und Einhaltung der Form des § 311b Abs. 1 Satz 1 BGB).

3 Form des § 29 GBO reicht für die Bewilligung (§ 19 GBO) aus.

Kosten: *Notargebühr:* 0,2-Gebühr gem. Nr. 25100 KV GNotKG, mindestens 20 Euro, höchstens 70 Euro. Geschäftswert gem. §§ 121, 45 Abs. 3, 47 GNotKG (Kaufpreis). Bei Fertigung des Entwurfs und Beglaubigung 0,5-Gebühr gem. Nrn. 24102, 21201 Nr. 4 KV GNotKG (§ 92 Abs. 2 GNotKG), Geschäftswert wie vor.

Gerichtsgebühr: 0,5-Gebühr gem. Nr. 14150 KV GNotKG, Geschäftswert gem. §§ 45 Abs. 3, 47 GNotKG (Kaufpreis).

M 51.2 Vormerkung für bedingten Anspruch – Verpflichtung zur Nichtveräußerung – Erbenschutz[1]

(Urkundeneingang)

Die Beteiligten erklären einleitend:

Frau A (Name) ist die Mutter der Beteiligten . . ., . . . und . . . (Namen) hat mit ihrem am . . . (Datum) verstorbenen Ehemann am . . . (Datum) ein eigenhändiges gemeinschaftliches Testament errichtet, durch das die Eheleute sich zunächst gegenseitig und nach dem Tod des Längerlebenden ihre drei Kinder zu gleichen Teilen als Erben eingesetzt haben. Es ist ausdrücklich bestimmt, dass die Erbeinsetzung zugunsten der Kinder für den Überlebenden bindend und dieser zur Abänderung nicht berechtigt sein soll. Da die Kinder derzeit erhebliche Erhaltungsaufwendungen für den der Mutter nunmehr allein gehörenden Grundbesitz tätigen, sollen sie durch die nachstehenden Vereinbarungen vor die letztwillige Verfügung unterlaufenden Verfügungen zu Lebzeiten geschützt werden. Dies entspricht auch ausdrücklich dem Wunsch von Frau A.

Dies vorausgeschickt erklären die Beteiligten zur notariellen Niederschrift:

Verpflichtung zur Nichtveräußerung

§ 1

(1) Frau A ist Alleineigentümerin folgenden Grundbesitzes der Gemarkung . . . (Gemarkung):

Grundbuch Band/Blatt . . . (Nummer):

Flurstück Nr. . . . (Beschreibung).

Belastungen . . . (Belastungen).

(2) Frau A verpflichtet sich hiermit ihren drei Kindern, den Erschienenen . . ., . . . und . . . (Namen), gegenüber, dieses Grundstück nicht ohne Zustimmung ihrer Kinder entgeltlich oder unentgeltlich, im Ganzen oder in Teilen zu veräußern oder zu belasten und auch kein Erbbaurecht daran zu begründen.

§ 2

(1) Bei einem Verstoß gegen die in § 1 übernommene Verpflichtung steht den drei Kindern ein Anspruch auf sofortige Übertragung des Eigentums an dem betroffenen Grundstück in Miteigentum zu gleichen Anteilen zu.

(2) Hierfür werden folgende Ersatzregelungen getroffen:

1. *Beim Tod eines Anspruchsberechtigten steht dessen Anspruch seinen Abkömmlingen zu, wobei der Bruchteil des Verstorbenen den Abkömmlingen anteilig nach den Regeln der gesetzlichen Erbfolge, aber ebenfalls in Bruchteilseigentum zusteht.*
2. *Stirbt einer der unmittelbar Anspruchsberechtigten ohne Hinterlassung von Abkömmlingen, so wächst sein Anteil den anderen Anspruchsberechtigten bzw. ihren Stämmen zu gleichen Anteilen an.*
3. *Die Ersatzregelung nach Nr. 2 (Anwachsung zugunsten der anderen Anspruchsberechtigten bzw. ihrer Stämme) tritt auch ein, wenn ein Anspruchsberechtigter seinen Anspruch nicht ausübt. Ein Übergang auf dessen Abkömmlinge erfolgt in diesem Fall nicht.*
4. *Ist die Bedingung, die den Anspruch auslöst, eingetreten, so ist der Anspruch übertragbar und vererblich.*

1 Der Zweck der Vereinbarung ergibt sich aus der einleitenden Erklärung der Beteiligten. Das Muster eignet sich für alle Fälle, in denen eine dinglich nicht sicherbare Anwartschaft (s. Rz. 8) bis zur Erstarkung zum Anspruch durch „flankierende Maßnahmen" geschützt werden soll (zB bei einem Erbvertrag als Schutz des Zuwendungsempfängers gegen Verfügungen zu Lebzeiten).

(3) Es wird bewilligt und beantragt, zur Sicherung dieses bedingten Erwerbsanspruchs für die drei unmittelbar Berechtigten[2] eine Vormerkung im Grundbuch einzutragen.

§ 3

(1) Für den Fall, dass der Anspruch wirksam ausgeübt wird, treffen die Beteiligten folgende Vereinbarungen[3]:

1. Nießbrauchsvorbehalt

Zugunsten von Frau A bleibt auf deren Lebenszeit an dem Grundstück der Nießbrauch vorbehalten. Der Nießbrauch ist an bereiter Rangstelle im Grundbuch einzutragen, wobei zu vermerken ist, dass zur Löschung der Nachweis des Todes der Berechtigten genügt.

2. Unterhaltsverpflichtung

Die drei Kinder bzw. etwaige Ersatzerwerber haben sich – unbeschadet einer bereits kraft Gesetzes bestehenden Unterhaltspflicht – zu verpflichten, Frau A in dem Umfang finanziell zu unterstützen, in welchem deren eigene Einkünfte zur Bestreitung ihrer standesgemäßen Bedürfnisse nicht ausreichen sollten. Dies umfasst auch die Übersiedlung in ein komfortables Alten- oder Pflegeheim, wobei Frau A ein den Vermögensverhältnissen entsprechender Betrag an frei verfügbarem Geld zur Verfügung stehen muss[4]. In einem solchen Fall wäre Frau A verpflichtet, das Hausgrundstück bestmöglich zu vermieten.

Frau A hat sich Leistungen, die sie aus der Pflegeversicherung erhält, anrechnen zu lassen.

Gegenüber Frau A haften die Unterhaltsverpflichteten als Gesamtschuldner, im Innenverhältnis untereinander entsprechend ihren gesetzlichen Erbteilen nach Frau A.

(2) Frau A kann verlangen, dass diese hilfsweise Unterhaltsverpflichtung auf dem Grundstück durch eine Grundschuld bis zur Höhe von 250 000 Euro dinglich abgesichert wird.

§ 4

Die Kosten dieser Vereinbarung und des Grundbucheintrags trägt Frau A.

Grundbucherklärung

Vormerkung für bedingten Erwerbsanspruch: Auf § 2 wird Bezug genommen.

(Schlussformel)

2 Aus Zweckmäßigkeitsgründen beschränkt auf die unmittelbar Berechtigten (s. Rz. 24). Für die Ersatzberechtigten könnte allerdings für den Fall, dass der Ersatzfall eintritt, ein Anspruch auf Eintragung einer Vormerkung vereinbart werden (Vertrag zugunsten Dritter).

3 Die folgenden Bestimmungen dienen dem wirtschaftlichen Schutz der Mutter, sofern man ihr diesen trotz des „selbstverschuldeten" Eigentumsverlustes zugestehen will.

4 Hier kommt auch eine Begrenzung der Verpflichtung zur Tragung von Pflegeheimkosten in Betracht, s. hierzu Kap. 45.

Kosten: *Notargebühr:* 2,0-Gebühr gem. Nr. 21100 KV GNotKG, mindestens 60 Euro. Geschäftswert gem. §§ 97 Abs. 1, 50 Nr. 1 GNotKG (10 % des Wertes des Grundstücks) für die Verpflichtung zur Nichtveräußerung. Für die bedingten Leistungen (Nießbrauchsvorbehalt, Unterhaltsverpflichtungen) Geschäftswert gem. § 36 GNotKG). Wertaddition gem. § 35 Abs. 1 GNotKG.

Gerichtsgebühr: 0,5-Gebühr gem. Nr. 14150 KV GNotKG. Geschäftswert gem. §§ 45 Abs. 3, 50 Nr. 1 GNotKG (10 % des Wertes des Grundstücks).

M 51.3 Antrag auf Eintragung einer Vormerkung aufgrund einer einstweiligen Verfügung[1]

An das

Grundbuchamt

... (Ort)

Betr.: Grundbuch von ... (Ort) Band/Blatt ... (Nummer)

Zu dem bezeichneten Grundbuch überreiche ich als Anspruchsgläubiger[2] eine Ausfertigung der einstweiligen Verfügung des Landgerichts ... (Ort) vom ... (Datum) und beantrage, die darin angeordnete Vormerkung im Grundbuch einzutragen.

(formlos[3])

1 S. Rz. 45. Die einstweilige Verfügung steht anstelle der Bewilligung.
2 Antragsberechtigter nach § 13 GBO. Auch das erlassende Gericht kann um die Eintragung ersuchen, § 941 ZPO.
3 § 30 GBO.

Kosten: *Gerichtsgebühr:* 0,5-Gebühr gem. Nr. 14150 KV GNotKG. Geschäftswert gem. §§ 45 Abs. 3, 47 GNotKG (Kaufpreis).

M 51.4 Löschungsbewilligung für eine Auflassungsvormerkung[1]

Grundbuchamt

... (Ort)

Betr.: Grundbuch von ... (Ort) Band/Blatt ... (Nummer)

Im bezeichneten Grundbuch ist für mich in Abt. II Nr. ... (Nummer) eine Vormerkung zur Sicherung eines Eigentumserwerbsanspruch[2] eingetragen.

Ich bewillige hiermit die Löschung dieser Vormerkung im Grundbuch[3].

(Unterschriftsbeglaubigung[4])

1 S. Rz. 49 ff.
2 Variieren nach dem vorgemerkten Anspruch.
3 Der Grund für die Aufgabe des Rechts bzw. den Wegfall des gesicherten Anspruchs braucht nicht angegeben zu werden.
4 § 29 GBO.

Kosten: *Notargebühr:* 0,2-Gebühr gem. Nr. 25100 KV GNotKG, mindestens 20 Euro, höchstens 70 Euro. Geschäftswert gem. §§ 121, 45 Abs. 3, 47 GNotKG (Kaufpreis). Bei Fertigung des Entwurfs und Beglaubigung 0,5-Gebühr gem. Nrn. 24102, 21201 Nr. 4 KV GNotKG (§ 92 Abs. 2 GNotKG), Geschäftswert wie vor.

Gerichtsgebühr: Gebühr iHv. 25 Euro gem. Nr. 14152 KV GNotKG.

Kapitel 52 Rang der Grundstücksbelastungen

Literatur: S. die Literaturhinweise zu Kap. 50.

I. Rang im Grundbuch

1 **Der Rang von Grundstücksbelastungen** in Abt. II und III des Grundbuchs entscheidet darüber, wie sie die Konkurrenz zu anderen Belastungen bestehen: Vorrangige Belastungen sind vor nachrangigen Belastungen in der Zwangsvollstreckung zu berücksichtigen (§§ 52 Abs. 1 Satz 2 iVm. § 44 Abs. 1, §§ 10, 11 ZVG); die rangbessere Dienstbarkeit setzt sich gegen das nachrangige Nutzungsrecht durch (vgl. § 1024 BGB); eine Vormerkung lässt nur Verfügungen unwirksam werden, die nach ihrer Eintragung erfolgten und wahrt ihrem Recht den Rang (§ 888 Abs. 2 u. 3 BGB). Wenn ein grundbuchliches Recht nicht erstrangig ist, kommt es darauf an, welchen unmittelbaren Geldwert oder wertmindernden Gehalt die vorrangigen oder gleichrangigen Belastungen haben. Der grundbuchliche Rang vermittelt also eine **Wertposition**.

2 Grundsätzlich gehört das **Rangverhältnis eines Rechts zu dessen Inhalt** und unterliegt denselben Entstehungsregeln (Einigung zwischen Eigentümer und Berechtigtem, sowie Eintragung). Bei der Begründung eines Rechts bestimmt also der Verfügende auch über dessen Rang; an einer späteren Rangänderung muss der Berechtigte mitwirken. Dem Grundbuchamt braucht die Einigung über den Rang aber nicht nachgewiesen zu werden. Es stellt den Rang mit Vollzug der Eintragung her. Weicht der eingetragene Rang von dem vereinbarten Rang ab, entsprechen sich Einigung und Eintragung nicht. Dies führt nach BGH (MDR 2014, 760) nicht zur Unwirksamkeit des Rechts selbst, wohl aber zur Unrichtigkeit des Grundbuchs hinsichtlich des Ranges.

3 Nach § 879 Abs. 1 BGB richtet sich der Rang mehrerer im Grundbuch eingetragener Rechte

- zu Rechten in **derselben Abteilung** nach der **örtlichen Reihenfolge** der Eintragungen (Nr. 1 vor Nr. 2 usw.) – **Locusprinzip,**
- unter Rechten in **verschiedenen Abteilungen** nach der **zeitlichen Reihenfolge** der Eintragungen – **Tempusprinzip.**

4 Da im Grundbuch nur der jeweilige Eintragungstag angegeben wird, erhalten Eintragungen in verschiedenen Abteilungen durch Angabe desselben Tages untereinander **Gleichrang**. Hingegen erhalten Eintragungen in derselben Abteilung die Rangfolge ihrer Eintragung. Ist das gewollte Rangverhältnis auf diese Weise grundbuchmäßig nicht zutreffend darzustellen, so ist es durch einen **Rangvermerk** bei den betroffenen Rechten zu verlautbaren (§ 879 Abs. 2 BGB).

II. Rangbestimmung

1. Schuldrechtliche Rangvereinbarung und dingliche Rangbestimmung

5 Bei der Bestellung eines Rechtes liegt es in der Hand des Bewilligenden, die Rangfolge zu bestimmen. Dabei kann er sich **schuldrechtlich** dem Berechtigten gegenüber verpflichten, ein bestimmtes Rangverhältnis herbeizuführen (vgl. Palandt/Bassenge § 879 BGB Rz. 13).

6 Von der schuldrechtlichen Rangvereinbarung zu unterscheiden ist die **dingliche Rangbestimmung** gegenüber dem Grundbuchamt (§ 879 Abs. 3 BGB). Sie führt dazu, dass das Recht nur an der bestimmten Rangstelle eingetragen werden kann. Das setzt voraus, dass die Berechtigten zustimmen, deren Rechte bereits vorrangig eingetragenen sind oder kraft früherer Antragsstellung (§ 17 GBO) vorrangig eingetragen werden. Denn aus deren Sicht handelt es sich um eine nachträgliche Rangänderung (Rz. 9 f.). Solange die Gläubigerzustimmung fehlt, ist weder der bestimmte Rang erreichbar, noch wird das Recht selbst eingetragen.

7 ➲ **Praxistipp:** Wird bei Bestellung eines Rechtes eine Rangbestimmung getroffen, ist klarzustellen, ob diese nur schuldrechtlich wirkt, so dass das bestellte Recht zunächst jedenfalls rangbereit eingetragen werden kann.

8 **Ohne** besondere dingliche **Bestimmung** erhält eine allein bestellte Belastung „**bereiten Rang**", dh. Rang nach bereits eingetragenen Rechten. Mehrere zeitgleich beim Grundbuchamt eingereichte Belastungen erhalten mangels anderweitiger Rangbestimmung untereinander Gleichrang (§ 45 Abs. 1 Halbs. 2 GBO); dabei ist der genaue Zeitpunkt (nach der Uhrzeit) für die Rangfolge maßgebend (§§ 17, 45 Abs. 1 Halbs. 1 GBO).

2. Ausdrückliche Rangbestimmung (§ 879 Abs. 3 BGB)

9 Werden dem Grundbuchamt **gleichzeitig mehrere Anträge** eingereicht, kann der Besteller (Eigentümer, Erbbauberechtigter) in der Bewilligung oder beim Antrag beliebige Rangbestimmungen treffen. Es dürfen dabei aber innerhalb einer Belastungsurkunde oder im Verhältnis zu den anderen Urkunden keine Widersprüche bei den Rangbestimmungen vorliegen. Enthält eine von mehreren Urkunden eine Rangbestimmung, die auch den Rang der anderen Belastungen festlegt, so ist dort eine Wiederholung der Rangbestimmung entbehrlich, sofern die Erklärungen von denselben Personen stammen (BayObLG Rpfleger 1982, 334). – Eine Rangbestimmung enthält **M 52.1** in Nr. 3. Die erforderliche Erklärung kann auch der Notar aufgrund entsprechender Vollzugsvollmacht abgeben (vgl. Schöner/Stöber Rz. 184 f.).

10 Rangbestimmungen kann der Besteller auch noch zu bereits **eingereichten, aber noch nicht vollzogenen Belastungen nachschieben** (separat oder im Rahmen einer weiteren Belastung, Form des § 29 GBO). Die „Alleinherrschaft" des Bestellers über den Rang besteht aber nicht mehr, wenn der Eintragungsantrag auch (oder nur) von weiteren Antragsberechtigten (zB. Gläubiger) gestellt ist und diese dadurch eine Rechtsposition erworben haben; dann müssen diese Antragsteller der nachgeschobenen Rangbestimmung zustimmen (in der Form des § 29 GBO).

3. Verfahrensrechtliche Ranggestaltung

11 In Ermangelung einer dinglichen Rangbestimmung oder einer entsprechenden Vollmacht kann der Notar eine gewünschte Rangfolge herstellen, indem er die zeitliche Abfolge der Antragstellung steuert. Damit macht er sich die Ordnungsvorschrift des § 45 GBO zu Nutzen. Nach dieser genügt es, wenn die Anträge in Minutenabständen nacheinander eingereicht werden; manche Grundbuchämter legen sogar eine Nummerierung der Antragsschreiben dahin aus, dass die mit gleicher Post übermittelten Anträge als in der bezifferten Reihenfolge eingegangen behandelt werden sollen. Die einzutragende Rangfolge richtet sich dann nach der Reihenfolge des Antragseingangs.

III. Nachträgliche Rangänderung (§ 880 BGB)

12 Nach erfolgter Eintragung eines Rechts kann dessen Rang nur noch durch eine Rangänderung verändert werden. **Materiell-rechtliche** Voraussetzung hierfür ist eine Einigung zwischen den Beteiligten. Das sind

- stets die Rechtsinhaber des zurücktretenden und des vortretenden Rechts (§ 880 Abs. 2 Satz 1 BGB),
- bei zurücktretenden Grundpfandrechten zusätzlich der Grundstückseigentümer (§ 880 Abs. 2 Satz 2 BGB), weil seine Anwartschaft auf eine Eigentümergrundschuld betroffen ist (vgl. § 27 GBO).

Die materiell – rechtliche Einigung braucht dem Grundbuchamt aber nicht nachgewiesen zu werden (§ 19 GBO).

13 Gegenüber dem Grundbuchamt bedarf es folgender **formell-rechtlichen** Erklärungen (Form des § 29 GBO = öffentliche Beglaubigung):

- Rangrücktrittserklärung des Inhabers des zurücktretenden Rechts (s. **M 52.2**),
- beim Rangrücktritt eines Grundpfandrechts Zustimmung des Grundstückseigentümers (s. **M 52.1**),
- beim Rangrücktritt hinter einen Teil einer einheitlichen Grundschuld der Zustimmung dieses Gläubigers, weil die Grundschuld praktisch geteilt wird (BayObLG RPfleger 1985, 434).

14 Ausnahmsweise entbehrlich ist die Eigentümerzustimmung bei einer Rangänderung anlässlich der Bildung von Teilhypotheken (§ 1151 BGB, nach § 1192 BGB auch bei Grundschuldteilung), es sei denn, es entsteht dabei eine Eigentümergrundschuld; ebenso bei Rangrücktritt für eine Zwangshypothek (Palandt/Bassenge § 880 BGB Rz. 4).

15 Der Vollzug der Rangänderung kann, wenn die erforderlichen Bewilligungen und Zustimmungen vorliegen, von jedem der betroffenen Rechtsinhaber beantragt werden. Sie wird **wirksam mit** der **Eintragung** im Grundbuch; der Vermerk erfolgt in der Veränderungsspalte.

IV. Rangvorbehalt und Rangbeilegung (§ 881 BGB)

16 Eine Kombination aus sofortiger Rangeinweisung und nachträglicher Rangänderung stellt der Rangvorbehalt dar. Er ermöglicht dem Besteller, bei Eintragung einer Belastung einen **„Platz freizuhalten“** für eine spätere Belastung (oder mehrere), die Vor- oder Gleichrang erhalten soll (s. **M 52.4**).

17 Auch der Rangvorbehalt entsteht materiell-rechtlich durch **Einigung** zwischen Eigentümer und Inhaber des betroffenen Rechts **und Eintragung** (bei Eigentümergrundschuld durch einseitige Erklärung des Eigentümers, Weitnauer DNotZ 1958, 356). Gegenüber dem Grundbuchamt reicht die einseitige Bewilligung des Bestellers, außer bei nachträglichem Rangvorbehalt (s. Rz. 24).

18 Ein Rangvorbehalt kann **bei jedem Recht und für jede Art von eintragungsfähigem Recht** eingetragen werden, auch zu Lasten oder zugunsten einer Vormerkung (KG JW 1926, 2546). Das vorbehaltene Recht muss nach Art und Inhalt (bei Grundpfandrechten neben Höhe, Nebenleistungen und Zinssatz bzw. Zinsrahmen auch Zinsbeginn, BGHZ 129, 1, 4 f.) genau bezeichnet, der künftige Berechtigte aber nicht genannt werden (wird er aber genannt, so kann Ausnutzung nur für ihn erfolgen, KG HRR 31, 288). Auch die Art des Vorbehalts (Vorrang oder Gleichrang) muss angegeben werden. Ist ein Vorrang vorbehalten, kann Ausnutzung auch für einen gleichrangigen Eintrag als ein Weniger erfolgen, nicht aber umgekehrt.

19 ➲ **Wichtig:** Erfolgt keine Häufigkeitsbeschränkung (zB „einmal ausnutzbarer Vorrangsvorbehalt“), ist ein Rangvorbehalt nach inzwischen herrschender Meinung wiederholt ausnutzbar (Palandt/Bassenge § 881 BGB Rz. 8; Demharter § 45 GBO Rz. 34). S. auch Fn. zu **M 52.4**.

Auch ein **bedingter oder befristeter Rangvorbehalt** ist **zulässig**. So ist die Beschränkung des Vorbehalts durch Bindung seiner Ausübung an die Mitwirkung eines bestimmten Notars zulässig (LG Düsseldorf Rpfleger 1985, 100). 20

Ein **nachträglicher Rangvorbehalt** ist möglich, bedarf allerdings der Bewilligung des Rechtsinhabers (entspr. § 880 BGB) und der Zustimmung des Eigentümers (Schöner/Stöber Rz. 2131; Demharter § 45 GBO Rz. 37), s. **M 52.5**. Das gilt auch bei einer versehentlich unterbliebenen Eintragung eines Rangvorbehalts: Die nachträgliche Eintragung bedarf der Zustimmung des Rechtsinhabers (OLGR Frankfurt 1995, 61, 62).

Die Ausnutzung erfolgt durch **Rangbeilegung** anlässlich der Bestellung des vor- oder gleichrangig werdenden Rechts (s. **M 52.6**). Da der Rangvorbehalt das betroffene Recht von vornherein einschränkt und insoweit die Verfügungsposition des Eigentümers (nach § 881 Abs. 3 BGB auch zugunsten eines Erwerbers) bewahrt, bedarf die Rangbeilegung (Ausnutzung des Rangvorbehalts) **keiner Mitwirkung des Inhabers des mit dem Rangvorbehalt behafteten Rechts**. 21

Wird das zum Vor- oder Gleichrang vorgesehene Recht bereits bestellt, wenn das mit dem Rangvorbehalt belastete Recht beim Grundbuchamt zwar eingereicht, aber noch nicht eingetragen ist, kann der Besteller den Rangvorbehalt in eine Rangbestimmung abändern (ohne Mitwirkung des Berechtigten, auch wenn dieser Antragsteller); eine in Unkenntnis des Grundbuchstandes erfolgte „Rangbeilegung“ ist in einem solchen Fall in eine Rangbestimmung umzudeuten. 22

Der Rangvorbehalt ist **nicht übertragbar** und **nicht pfändbar** (RGZ 117, 426, 431), kann somit auch nicht für eine Zwangshypothek ausgenutzt werden (BGHZ 12, 238). 23

Der Rangvorbehalt **erlischt** 24

- mit dem Erlöschen des belasteten Rechts oder
- durch Ausnutzung im ggf. zahlenmäßig festgesetzten Umfang oder
- durch Rechtsaufgabe durch den Eigentümer nach § 875 BGB (Palandt/Bassenge § 881 BGB Rz. 13).

➲ **Praxistipp:** Im Rahmen einer Rangbeilegung bei einem nur einmal (oder zum letzten Mal) ausnutzbaren Vorbehalt sollte stets geprüft werden, ob etwa nicht ausgenutzte Teile des Vorbehalts noch benötigt werden (zB Reste für Zinsen und Nebenleistungen); ggf. ist für den nicht ausgenutzten Teil sofort die Rechtsaufgabeerklärung abzugeben, dh. die Löschung insoweit zu bewilligen und zu beantragen. 25

V. Wirksame Entstehung eines vereinbarten Ranges

Der bedungene Rang wird wirksam mit der Eintragung des Vorrangvermerks beim nachrangigen bzw. zurücktretenden Recht, bei Gleichrang durch Eintragung bei beiden Rechten. Die Eintragung lediglich beim bevorrechtigten Recht genügt nicht, erfolgt aber auch hier. 26

Steht ein Recht in einem Rangverhältnis zu mehreren anderen Rechten, sollte dies möglichst gleichlaufend sein. Steht ein Recht zu einem Recht im Vorrang, das seinerseits wiederum zu anderen Rechten nachrangig ist oder wird und gewähren diese Rechte nicht denselben Vorrang, so entsteht ein **relatives Rangverhältnis**. Dessen Folgen sind praktisch kaum zu beherrschen und gelegentlich überraschend (vgl. Palandt/Bassenge § 881 BGB Rz. 12). 27

VI. Belastungen ohne Rangverhältnis, Wirksamkeitsvermerk

Grundsätzlich sind nur eintragungsbedürftige Rechte, deren Rangverhältnis durch Rechtsgeschäft abänderbar ist, **rangfähig** (Palandt/Bassenge § 879 BGB Rz. 4). Ohne Eintragung dinglich wirkende Belastungen leiten ihren Rang idR aus dem Gesetz ab (zB Überbau-, Notwegrente, §§ 914, 917 BGB; Vorkaufsrecht nach § 24 BauGB; Geldleistungspflicht nach § 64 Abs. 3 BauGB; sonstige öffentlich-rechtliche Abgaben; Baulasten). Nicht rangfähig sind auch Verfügungsbeschränkungen (zB 28

Veräußerungsverbot, Nacherbenvermerk) und Widersprüche. Dies ist wohl einhellige Meinung, soweit es das materiell-rechtliche Rangverhältnis betrifft.

29 Im Hinblick auf den Gutglaubensschutz (§ 892 BGB) kann aber die zeitliche Abfolge von Verfügungsbeschränkung und rechtsgeschäftlicher Belastung zu einem formellen Rangverhältnis führen, nach dem sich die Frage der Wirksamkeit des rechtsgeschäftlich bestellten Rechts entscheidet (Eickmann/Kuntze/Ertl/Herrmann, § 45 GBO Rz. 10 nennt dies „Wirksamkeitsreihenfolge" im Gegensatz zur „Befriedigungsreihenfolge" bei einem materiell-rechtlichen Rangverhältnis und hält die entsprechende Anwendung der §§ 17, 45 GBO für geboten. Dies entspricht der Handhabung in der Praxis. Vertiefend am Beispiel der Auflassungsvormerkung DNotI-Report 2000, 89).

30 Aus dem Gedanken, dass es gegenüber der Vormerkung genügt, grundbuchlich zu verlautbaren, dass eine spätere Verfügung ihr gegenüber wirksam ist, hat sich das Institut des „**Wirksamkeitsvermerks**" entwickelt (Schöner/Stöber Rz. 1523; Schubert DNotZ 1999, 967; Böhringer BWNotZ 2006, 118, 123 f.). Er wird namentlich bei der Bestellung einer Finanzierungsgrundschuld bewilligt, um klarzustellen, dass diese gegenüber der bereits eingetragenen Auflassungsvormerkung des Käufers wirksam ist (s. Kap. 43). Die Eintragung erfolgt sowohl bei der Vormerkung als auch bei dem wirksamen Recht. Trotz der Grundlagenentscheidung BGHZ 141, 169 halten aber viele Finanzierungsinstitute einen solchen Vermerk für nicht hinreichend und bestehen auf einer förmlichen Rangänderung. Da nach GNotKG der Rangrücktritt einer Vormerkung keine zusätzlichen Gerichtsgebühren mehr auslöst (KV Nr. 14130 iVm. Vorbemerkung 1.4.1.2)., kann diesem Verlangen im Regelfall auch ohne Mehrkosten für die Beteiligten nachgegeben werden.

M 52.1 Rangbestimmung[1] (zB im Rahmen einer Grundschuldbestellung)

Der Eigentümer bewilligt und beantragt, die hier bestellte Grundschuld mit folgendem Rang einzutragen:

1. *Im Range vor der bereits eingetragenen Grundschuld Abt. III Nr. 5 von ... Euro für ... (Gläubiger).*
2. *Im Range vor dem bereits eingetragenen Wohnungsrecht Abt. II Nr. 1 für ... (Name).*
3. *Im Range vor der ebenfalls heute bestellten[2] Grundschuld von ... Euro nebst Zinsen und Nebenleistungen für ... (Gläubiger).*

Zunächst kann die Eintragung aber auch rangbereit erfolgen.

Die Rangrücktrittserklärung der Gläubigerin des Rechts Abt. III Nr. 5 liegt dem Grundbuchamt bereits vor[3]. Diesem Rangrücktritt stimmt der Eigentümer hiermit zu[4]. Die Rangrücktrittserklärung zu 2. erfolgt gesondert.

(Die Form richtet sich nach dem Rahmen der Erklärung[5])

1 Die Rangbestimmung kann im Rahmen einer Grundschuldbestellung (beurkundet oder beglaubigt) oder auch separat (beglaubigt) erfolgen (mit entsprechender Kostenfolge).
2 Rangbestimmung zur Vermeidung gleichen Ranges, s. Rz. 9 ff.
3 Ebenfalls Bewilligung nach § 19 GBO.
4 Eigentümerzustimmung (§ 880 Abs. 1 Satz 2 und 3 BGB), s. Rz. 13.
5 Wegen § 29 GBO zumindest beglaubigt, es sei denn, die Erklärung ist Teil einer Rahmenurkunde, die der Beurkundung bedarf (zB Grundschuldbestellung mit Zwangsvollstreckungsunterwerfung).

Kosten: *Gerichtsgebühren:* Für die Eintragung der Grundschuld eine 1,0-Gebühr gem. Nr. 14121 KV GNotKG, bei einem Briefrecht 1,3-Gebühr gem. Nr. 14120 KV GNotKG. Wert gem. § 53 Abs. 1 GNotKG (Nennbetrag der Grundschuld). Je 0,5-Gebühren gem. Nr. 14130 KV GNotKG für die Eintragungen der Rangänderungen gem. Nr. 1 und 2 des Vertrages. Geschäftswert gem. § 45 Abs. 1 GNotKG (der geringere Wert des vor- oder zurücktretenden Rechts).

M 52.2 Rangrücktrittserklärung eines Grundpfandgläubigers[1] (zB zu M 52.1)

An das
Grundbuchamt
. . . (Ort)

Betr.: Grundbuch von . . . (Ort) Band/Blatt . . . (Nummer)

Im bezeichneten Grundbuch ist für uns in Abt. III unter Nr. 5 eine Briefgrundschuld iHv . . . Euro eingetragen.

Wir räumen hiermit einer neu zu bestellenden Grundschuld iHv . . . Euro nebst bedungenen Zinsen ab dem Beginn des Zinslaufs und Nebenleistungen den Vorrang vor unserem Recht ein und bewilligen den vorrangigen Eintrag.

Der Grundschuldbrief ist mit der Bitte um Rückgabe nach Vollzug beigefügt[2].

Kosten übernehmen wir nicht.

(Unterschriftsbeglaubigung[3]*)*

1 Rangänderung nach § 880 BGB, s. Rz. 13 ff.
2 Briefvorlage für das weichende Recht nach §§ 41, 42 GBO erforderlich.
3 Bewilligung (§ 19 GBO) in der Form des § 29 GBO.

Kosten: *Notargebühr:* 0,2-Gebühr gem. Nr. 25100 KV GNotKG, mindestens 20 Euro, höchstens 70 Euro. Geschäftswert gem. §§ 121, 45 Abs. 1 GnotKG (der geringere Wert des vor- oder zurücktretenden Rechts). Bei Fertigung des Entwurfs und Beglaubigung 0,5-Gebühr gem. Nrn. 24102, 21201 Nr. 4 KV GNotKG (§ 92 Abs. 2 GNotKG), Geschäftswert wie zuvor.

Gerichtsgebühren: 0,5-Gebühr gem. Nr. 14130 KV GNotKG. Geschäftswert gem. § 45 Abs. 1 GNotKG (der geringere Wert des vor- oder zurücktretenden Rechts). 25 Euro Gebühr gem. Nr. 14125 KV GNotKG für den Vermerk auf dem Grundschuldbrief.

M 52.3 Rangrücktrittserklärung eines Wohnungsberechtigten[1] (zB zu M 52.1)

An das
Grundbuchamt
. . . (Ort)

Betr.: Grundbuch von . . . (Ort) Band/Blatt . . . (Nummer)

Im vorgenannten Grundbuch ist in Abt. II Nr. 1 ein Wohnungsrecht für uns eingetragen.

Wir räumen der zur Urkunde vom . . . bestellten Grundschuld für die . . . über . . . Euro nebst Zinsen ab dem Beginn des Zinslaufs und Nebenleistungen hiermit den Vorrang vor unserem Recht ein und bewilligen den Vollzug.

Der Notar hat uns auf die Gefahr hingewiesen, infolge des Rangrücktritts mit unserem Wohnungsrecht in einer Zwangsvollstreckung ganz oder teilweise auszufallen.[2]*Er hat auch auf mögliche Sicherungen hingewiesen, zB*

- *eine Vereinbarung mit der Gläubigerin dahin, dass das vortretende Grundpfandrecht nur einmal valutiert wird und eine Einschränkung der Zweckabrede dahin, dass die gesicherten Darlehen nur für folgende Zweck ausgezahlt werden: . . . (z.B. Bau auf dem belasteten Grundstück);*

1 Rangänderung nach § 880 BGB, s. Rz. 10 ff., zum Erfordernis der Eigentümerzustimmung in öffentlich beglaubigter Form s. Rz. 12.
2 Bewilligung nach § 19 GBO der Betroffenen (Zustimmung zur Rangverschlechterung). Für den Notar besteht Belehrungsbedarf.

- *die Abtretung aller Eigentümerrechte und Rückgewähransprüche bezüglich der vortretenden Grundschuld an uns, jedoch mit der Maßgabe, dass hieraus nur Löschung verlangt werden kann; dieser Anspruch kann auch durch eine Vormerkung bei der vortretenden Grundschuld gesichert werden.*

Die erforderlichen Erklärungen wird der Eigentümer zu gesonderter Urkunde abgeben.

Kosten übernehmen wir nicht.

(Unterschriftsbeglaubigung[3])

---

3 Bewilligung (§ 19 GBO) in der Form des § 29 GBO.

Kosten: *Notargebühr:* 0,2-Gebühr gem. Nr. 25100 KV GNotKG, mindestens 20 Euro, höchstens 70 Euro. Geschäftswert gem. §§ 121, 45 Abs. 1 GNotKG (der geringere Wert des vor- oder zurücktretenden Rechts). Bei Fertigung des Entwurfs und Beglaubigung 0,5-Gebühr gem. Nrn. 24102, 21201 Nr. 4 KV GNotKG (§ 92 Abs. 2 GNotKG), Geschäftswert wie zuvor. Das Wohnungsrecht ist nach § 52 GNotKG zu bewerten.

Gerichtsgebühren: 0,5-Gebühr gem. Nr. 14130 KV GNotKG. Geschäftswert gem. § 45 Abs. 1 GNotKG (der geringere Wert des vor- oder zurücktretenden Rechts). Das Wohnungsrecht ist nach § 52 GNotKG zu bewerten.

M 52.4 Rangvorbehalt (§ 881 BGB)[1] (im Rahmen einer Grundstücksbelastung)

Der Eigentümer behält sich die Befugnis vor, im Range vor[2] dem hier bestellten Recht Grundpfandrechte[3] bis zu einem Betrag von ... Euro nebst bis zu ... % Jahreszinsen[4] seit[5] ... (zB „Eintragung des Grundpfandrechts") und einer einmaligen Nebenleistung[6] bis ... % des Nennbetrages des Grundpfandrechts einzutragen.

Der Vorbehalt darf nur einmal ausgenutzt werden[7].

Der Eigentümer bewilligt und beantragt, den Vermerk des Rangvorbehalts bei dem hier bestellten Recht einzutragen.

(Die Form richtet sich nach der Art der Belastung[8]).

---

1 S. Rz. 17 ff.

2 Vorrangsvorbehalt erlaubt Ausnutzung auch für einen gleichrangigen Eintrag, nicht aber umgekehrt.

3 Die Rangausnutzung kann auch stufenweise, dh. in Teilbeträgen, erfolgen (BayObLGZ 1956, 456, 462).

4 Sowohl beim Kapital als auch bei den Zinsen und Nebenleistungen ist der vorbehaltene Rahmen genau zu bezeichnen. Reicht etwa der vorbehaltene Zinssatz für das spätere Recht nicht aus, so muss entweder ein zusätzlicher Rangrücktritt beigebracht werden oder der Zins erhält – wenn die Einigung dies zulässt – im vorbehaltenen Umfang Vorrang, im übrigen Nachrang gegenüber dem bereits eingetragenen Recht, was zulässig ist.

5 Die Angabe des Zinsbeginns (Datum, „ab Bestellung", „ab Eintragung") ist zwingend (BGHZ 129, 1, 5 f.). Eine generelle Auslegung dahin, dass Zinsbeginn im Zweifel der Tag der Grundbucheintragung sei (so noch OLG Frankfurt MDR 1989, 913), ist nicht zulässig (BGHZ 129, 1). Immerhin „rettet" der BGH bereits eingetragene Vorbehalte dahin, dass für sie „als Mindestinhalt" der Zeitpunkt der Grundbucheintragung als Zinsbeginn gilt.

6 S. Fn. 4. Bei der Nebenleistung ist noch zu beachten: Sie ist eine zumeist in einem Prozentsatz des Kapitals festgelegte einmalige Leistung, die durch vorbehaltene Jahresnebenleistungen nicht gedeckt ist, denn die Geltendmachung dieser Nebenleistung kann auch schon vor Ablauf eines Jahres in Betracht kommen. Die Ausnutzung eines für Jahresleistungen vorgesehenen Rangvorbehalts für einmalige Leistungen würde eine unzulässige Belastungserweiterung darstellen.

7 Ohne diesen einschränkenden Zusatz wäre der Rangvorbehalt unbegrenzt häufig ausnutzbar, s. Rz. 20.

8 Beglaubigung oder Beurkundung, s. **M 52.1** Fn. 6.

Kosten: *Gerichtsgebühr:* bei gleichzeitiger Eintragung des Grundpfandrechts, keine.

M 52.5 Nachträglicher Rangvorbehalt[1]

An das

Grundbuchamt

... (Ort)

Betr.: Grundbuch von ... (Ort) Band/Blatt ... (Nummer)

Im bezeichneten Grundbuch ist in Abt. II unter Nr. ... (Nummer) ein Leibgeding für mich, den Unterzeichner ... (Name 1), eingetragen. Ich bewillige[2] hiermit, bei diesem Recht einen Vorrangs- und Gleichrangsvorbehalt[3] für Grundpfandrechte bis zu einem Betrage von ... Euro nebst bis zu ... % Jahreszinsen seit[4] ... (zB „Eintragung des Grundpfandrechts") und einer einmaligen Nebenleistung bis ... % des Nennbetrages des Grundpfandrechts einzutragen. Der vorbehaltene Rang darf mehrmals ausgenutzt werden[5].

Ich, der Unterzeichner ... (Name 2), beantrage[6] als Eigentümer des Grundstücks, den Rangvorbehalt bei dem Recht zu vermerken.

Kosten trägt der Eigentümer[7].

(Unterschriftsbeglaubigung[8])

1 Rz. 24. S. im Übrigen die Fn. zu **M 52.4**.
2 Bei nachträglichem Rangvorbehalt ist die Mitwirkung des Berechtigten des betroffenen Rechts erforderlich, da sich seine dinglich bereits entstandene Position verschlechtert, § 880 BGB, Rz. 24.
3 Vorrangvorbehalt reicht ohnehin stets auch für gleichrangige Belastung, Rz. 19.
4 S. **M 52.4** Fn. 4, 5 und 6.
5 Zur Klarstellung, da die mehrmalige Ausnutzbarkeit mangels anderweitiger Bestimmung (s. **M 52.4**) ohnehin der Regelfall ist.
6 Im Antrag läge auch die möglicherweise erforderliche Eigentümerzustimmung, wobei sich diese Frage nur bei nachträglichem Rangvorbehalt zu Lasten eines Grundpfandrechts stellt (wegen § 890 Abs. 2 Satz 2 BGB).
7 Beim Grundbuchamt ist der Antragsteller ohnehin der Kostenschuldner.
8 Bewilligung nach § 19 GBO in der Form des § 29 GBO.

Kosten: *Notargebühr:* 0,2-Gebühr gem. Nr. 25100 KV GNotKG, mindestens 20 Euro, höchstens 70 Euro. Geschäftswert gem. §§ 121, 45 Abs. 1 GNotKG (der geringere Wert des vor- oder zurücktretenden Rechts). Bei Fertigung des Entwurfs und Beglaubigung 0,5-Gebühr gem. Nrn. 24102, 21201 Nr. 4 KV GNotKG (§ 92 Abs. 2 GNotKG), Geschäftswert wie zuvor.

Gerichtsgebühr: 0,5-Gebühr gem. Nr. 14130 KV GNotKG. Geschäftswert gem. § 45 Abs. 1 GNotKG (der geringere Wert des vor- oder zurücktretenden Rechts).

M 52.6 Rangbeilegung[1] im Rahmen einer Grundschuldbestellung

Die hier bestellte Grundschuld erhält Rang vor der bereits eingetragenen Grundschuld Abt. III Nr. ... (Nummer) unter Ausnutzung des dort vorbehaltenen Vorrangs. Der Vollzug der Rangbeilegung wird bewilligt und beantragt.

Der Rangvorbehalt ist damit im Hauptbetrag ausgeschöpft[2]. Für die durch die vortretende Grundschuld nicht ausgenutzten Teile der Zinsen und Nebenleistungen bewillige und beantrage ich die Löschung des Vorbehalts[3].

1 S. Rz. 17.
2 Der Rangvorbehalt kann auch für mehrere Rechte und in zeitlichen Abständen ausgenutzt werden (s. **M 52.4** Fn. 3).
3 S. Rz. 26 f. Bei nochmals ausnutzbarem Rangvorbehalt sollte die Teillöschung unterbleiben.

(Die Form richtet sich nach der Art der Belastung[4])

4 Bei separater Rangbeilegung §§ 19, 29 GBO.

Kosten: *Gerichtsgebühr:* Für die Ausnutzung des Rangvorbehalts und für die Löschung des Rangvorbehalts entstehen keine Gebühren.

M 52.7 Eigentümerzustimmung zu einem Rangrücktritt[1] (zB zu M 52.2)

An das

Grundbuchamt

... (Ort)

Betr.: Grundbuch von ... (Ort) Band/Blatt ... (Nummer)

Dem Grundbuchamt liegt zu dem bezeichneten Grundbuch für die in Abt. III Nr. ... (Nummer) eingetragene Grundschuld eine Rangrücktrittserklärung der Gläubigerin hinter eine neu bestellte Grundschuld[2] iHv ... Euro für ... (Gläubiger) vor.

Als Eigentümer des Grundstücks stimme ich hiermit dem Rangrücktritt zu und bewillige und beantrage den Grundbuchvollzug.

(Unterschriftsbeglaubigung[3])

1 Eigentümerzustimmung nur erforderlich bei Rangrücktritt eines Grundpfandrechts, s. Rz. 24.
2 Ggf. anderes vorrangig werdendes Rechts einsetzen, zB Vormerkung, Dienstbarkeit.
3 Form nach § 29 GBO.

Kosten: *Notargebühr:* 0,2-Gebühr gem. Nr. 25100 KV GNotKG, mindestens 20 Euro, höchstens 70 Euro. Geschäftswert gem. §§ 121, 45 Abs. 1 GNotKG (der geringere Wert des vor- oder zurücktretenden Rechts). Bei Fertigung des Entwurfs und Beglaubigung 0,5-Gebühr gem. Nrn. 24102, 21201 Nr. 4 KV GNotKG (§ 92 Abs. 2 GNotKG), Geschäftswert wie zuvor.

Gerichtsgebühr: 0,5-Gebühr gem. Nr. 14130 KV GNotKG. Geschäftswert gem. § 45 Abs. 1 GNotKG (der geringere Wert des vor- oder zurücktretenden Rechts).

Kapitel 53 Überbau und Notweg

Literatur: *Tersteegen*, Der Überbau in der notariellen Praxis, RNotZ 2006, 433.

I. Funktion

1 Überbau und Notweg dienen dazu, die wirtschaftliche Nutzbarkeit eines Gebäudes oder Grundstücks zu erhalten. Sie begründen eine **gesetzliche Duldungspflicht** und damit eine dingliche Beschränkung des betroffenen Grundstücks einerseits und eine Eigentumserweiterung auf Seiten des

berechtigten Grundstückseigentümers andererseits. Gleichzeitig begründen sie ein Rentenrecht zugunsten des betroffenen Grundstückseigentümers (**Überbau-, Notwegrente,** §§ 913, 917 BGB) als dingliche Belastung des überbauenden bzw. notwegberechtigten Grundstücks. Diese Rechte bestehen kraft Gesetzes und damit außerhalb des Grundbuchs. Sie können aber hierin verlautbart und gestaltet werden

Ungeachtet der gesetzlichen Notwegerechte kann es haftungsbewehrte Pflicht des Vertragsgestalters sein, bei Verkauf eines Trenngrundstücks dessen Erschließung zu prüfen und ggf. durch ein Leitungsrecht zu sichern (OLGR Celle 2009, 976–980 Rn. 26). 2

II. Überbau

Ein **Überbau** iSv. § 912 BGB liegt vor, wenn ein Gebäude oder Gebäudeteil **unrechtmäßig**, dh. ohne Erlaubnis des betroffenen Nachbareigentümers, **und versehentlich**, dh. ohne Vorsatz oder grobe Fahrlässigkeit, unter Überschreitung der Grenze zum Nachbargrundstück errichtet wurde. Der Überbau kann sowohl auf oder unter der Erdoberfläche als auch im Luftraum erfolgen. 3

➲ **Wichtig:** Die Vorschriften sind analog anwendbar auf die unrechtmäßige und versehentliche Verletzung von Grenzabständen. 4

Widerspricht der Nachbareigentümer nicht sofort vor oder nach der Grenzüberschreitung, hat er den Überbau zu dulden (§ 912 Abs. 1 BGB). **Keine Duldungspflicht** besteht aber für einen **vorsätzlich oder grob fahrlässig herbeigeführten Überbau.** Dann steht dem betroffenen Eigentümer ebenso wie nach einem Widerspruch ein Beseitigungsanspruch aus § 1004 BGB zu. 5

Ist der Überbau zu dulden, so hat dies verschiedene Rechtsfolgen:

- der Beseitigungsanspruch ist ausgeschlossen.
- das überbaute Gebäude oder Gebäudeteil bleibt Bestandteil des überbauenden Grundstücks; es wird also entgegen § 94 BGB nicht Bestandteil des überbauten Grundstücks. Vielmehr gehören auch die überbauten Gebäude/Gebäudeteile zum Eigentum am sogenannten Stammgrundstück.
- der Nachbar ist durch eine Geldrente zu entschädigen. Der Rentenanspruch geht als nicht eingetragene Reallast allen übrigen Rechten am Stammgrundstück vor.

Typische **Beispiele** grenzüberschreitender Gebäudeteile: Dachvorsprung, Balkon, Erker; aber auch umfangreichere Gebäudeteile, sogar der überwiegende Teil eines Gebäudes (BGH MDR 1960, 482 können Überbau sein, sofern nur Geschäftsherr (Bauherr) des errichteten Gebäudes der Eigentümer des überbauenden Grundstücks ist BGHZ 110, 298. Der Überbau kann auch von einem **Erbbaurecht** ausgehen (Palandt/Bassenge § 912 BGB Rz. 3). Zu den besonderen Problemen des Überbaus bei **Wohnungseigentum** s. Kap. 47 Rz. 21 ff.; Tersteegen RNotZ 2006, 433, 452 ff. 6

Beim sog. **Eigengrenzüberbau** (Bauherr ist Eigentümer beider Grundstücke) bestimmt sich die Festlegung, welches das überbauende und das überbaute Grundstück ist, nach den Absichten des Erbauers, die sich aus der wirtschaftlichen Interessenlage, der Zweckbestimmung und der Erschließung durch Wege ergeben können (BGH NJW 1990, 1791). 7

➲ **Wichtig:** Auch und besonders beim Überbau über die eigene Grenze sollte durch eine Grunddienstbarkeit geklärt und bestimmt werden, welchem Grundstückseigentum der überbaute Bauteil zugehört. Sonst drohen bei einer späteren Veräußerung Zweifelsfragen. Die Pflicht zur Duldung eines (Eigengrenz-)Überbau kann Inhalt einer Grunddienstbarkeit sein (BGH RPfleger 2014, 182). 8

Soweit kein gesetzliches Überbaurecht besteht, können möglicherweise ähnliche Wirkungen durch die Eintragung einer Dienstbarkeit oder eines Erbbaurechts erreicht werden. Diese entziehen das Eigentum an den in ihrer Ausübung errichteten Bauwerken ebenfalls dem belasteten Grundstück (§ 96 BGB). Als Bestandteil eines Erbbaurechts werden solche überbauten Gebäude dann selbständig verkehrsfähig (§ 12 ErbbauRG). Zur Dienstbarkeit s. Kap. 54. 9

10 ➲ **Praxistipp:** Auch dort, wo ein gesetzliches Überbaurecht besteht, vermittelt dies nicht notwendig die erforderlichen Zugangs- und Zufahrtsrechte (vgl. BGH Rpfleger 2014, 182). Daher sollte stets eine umfassende Regelung angestrebt und durch eine Grunddienstbarkeit gesichert werden.

III. Notwegerecht

11 Ein **Notwegerecht** (§ 917 BGB) besteht zugunsten eines Eigentümers, dessen Grundstück die zur ordnungsgemäßen Benutzung notwendige Verbindung mit einem öffentlichen Weg fehlt. Das Recht umfasst nötigenfalls auch die Befugnis zur Nutzung als Zufahrt für Kraftfahrzeuge (BGH NJW-RR 2009, 515–517, nicht aber als Vorfahrt bis zur Haustür, BGH MDR 2014, 149). Soweit nicht durch Landesrecht geregelt (Aufzählung s. Palandt/Bassenge § 917 BGB Rz. 1), vermittelt § 917 BGB ein Notwegrecht auch an Waldgrundstücken (BGHZ 177, 165). OLG Schleswig (MDR 2003, 25) versagt ein Notwegrecht für die Zufahrt zu einer Garage, wenn in der Nähe anderweitig geparkt werden kann.

12 ➲ **Wichtig:** Die Vorschriften gewähren analog auch ein „Notleitungsrecht" für Ver- und Entsorgungsleitungen (BGHZ 79, 307).

13 Beim **Notwegerecht** ist die nach der Nutzungs- und Wirtschaftsart des Grundstücks **notwendige Benutzung** nach objektiven Gesichtspunkten, nicht nach persönlichen Bedürfnissen des Berechtigten, zu dulden. Benutzungsart und -umfang können sich durch die technische und wirtschaftliche Entwicklung ändern. Dem Duldungspflichtigen obliegt nicht die Herstellung, Instandhaltung und Instandsetzung des Weges (BGH WM 1995, 1195; OLG Celle MDR 2000, 81).

14 Ein **Notwegerecht besteht nicht oder fällt weg, wenn** der **Notwegbedarf selbstverschuldet herbeigeführt** wurde (OLG München NJW-RR 1993, 474; etwa wenn der Notwegberechtigte eine bestehende eigene Verbindung „durch eine willkürliche Handlung aufgehoben" hat, § 918 BGB, zB durch Bebauung; durch Aufgabe eines Wegerechts, auch eines anderen Notwegerechts; durch Veräußerung eines Grundstücks(-teiles); durch Zustimmung zu einer Wegverlegung (s. Palandt/Bassenge § 918 BGB Rz. 1 und 2). Es besteht ferner **nicht, wenn** ein **anderer Zugang** möglich ist, auch wenn dieser umständlicher, teurer oder in sonstiger Weise ungünstiger ist. Auf das Notwegerecht kann auch **verzichtet** werden; soll ein solcher Verzicht dingliche Wirkung haben, ist er als Grunddienstbarkeit beim eigentlich berechtigten Grundstück einzutragen (BGH Rpfleger 2014, 485).

IV. Grundbuchfragen

15 Eine **Eintragung der Duldungspflicht oder des Rentenrechts** ist **nicht erforderlich**, die dingliche Wirkung tritt kraft Gesetzes ein. In der **Zwangsversteigerung** haben Überbau und Notwegerecht sowie das gesetzliche Rentenrecht auch ohne Eintragung Bestand (§ 52 Abs. 2 ZVG). Während die Duldungspflicht zusätzlich durch eine Grunddienstbarkeit manifestiert werden könnte und bei Zweifeln über den Bestand des Rechts auch sollte, steht der Eintragung des Rentenrechts als solchem § 914 Abs. 2 Satz 1 BGB entgegen.

16 **Jedenfalls eintragungsbedürftig** sind dagegen der **Verzicht** auf die Rente und die **vertragliche Festlegung** der Rentenhöhe, § 914 Abs. 2 Satz 2 BGB. Die Eintragung erfolgt im Grundbuch des überbauenden bzw. notwegberechtigten und damit rentenpflichtigen Grundstücks (Schöner/Stöber Rz. 1168); der Vermerk (Herrschvermerk nach § 9 Abs. 1 GBO) des Rentenverzichts beim rentenberechtigten Grundstück ist nicht zulässig (BGH MDR 2014, 272).

17 Während das Rentenrecht in der gesetzlichen Höhe **Rang** vor allen anderen dinglichen Rechten hat (§ 914 Abs. 1 Satz 1 BGB), genießt ein vertraglich vereinbarter übersteigender Teil dieses Privileg nicht.

V. Rentenhöhe

Zur Rentenhöhe s. BGH MDR 2014, 269. Grundlage der Berechnung ist idR der Verkehrswert der betroffenen Fläche, der angemessen zu verzinsen ist (OLG Stuttgart MDR 1976, 400). Der BGH (NJW 1991, 564) stellt auf die Minderung des Verkehrswertes ab, den das betroffene Grundstück durch den Notweg (Überbau) erfährt, und zwar nach Maßgabe der Wertverhältnisse im Zeitpunkt der Grundstücksteilung 18

M 53.1 Verzicht auf gesetzliche Überbaurente unter Festlegung des Überbaus[1]

An das
Grundbuchamt
... (Ort)

Betr.: Grundbuch von ... (Gemarkung) Band/Blatt ... (Nummer)

I. Überbau

Wir, die Unterzeichner, sind Eigentümer von benachbarten Grundstücken der Gemarkung ... (Ort), und zwar

1. ... (Name A) des im Grundbuch Band/Blatt ... (Nummer) eingetragenen Grundstücks ... (Beschreibung),

im Folgenden überbauendes oder Stammgrundstück,

2. ... (Name B) des im Grundbuch Band/Blatt ... (Nummer) eingetragenen Grundstücks ... (Beschreibung)

im Folgenden überbautes Grundstück.

Bei der Errichtung eines Wohngebäudes mit Garage auf dem Grundstück Nr. 2 wurde die Garage versehentlich statt entlang der gemeinsamen Grundstücksgrenze ca. 30 cm weit über die Grenze hinweg auf das Grundstück Nr. 1 gebaut. Die Stelle und der Umfang dieses Überbaus ergeben sich aus dem Lageplan, der beigeheftet ist und auf den hiermit Bezug genommen wird.

II. Duldung des Überbaus

Der jeweilige Eigentümer des überbauten Grundstücks duldet diese Überbauung zugunsten des jeweiligen Eigentümers des überbauenden Grundstücks und stimmt dieser Überbauung hiermit unwiderruflich zu. Die Beteiligten bewilligen und beantragen die Eintragung einer Duldungsdienstbarkeit zu Gunsten des überbauenden Grundstücks und zu Lasten des überbauten Grundstücks. Die Duldungsdienstbarkeit soll Vorrang vor allen Rechten in Abt. II und III erhalten, zunächst jedoch auf jeden Fall an rangbereiter Stelle im Grundbuch eingetragen werden.

III. Verzicht auf Überbaurente

Der Eigentümer des überbauten Grundstücks verzichtet zudem auf die dem jeweiligen Eigentümer gesetzlich zustehende Überbaurente.

Die Beteiligten bewilligen und beantragen, den Verzicht zu seiner Wirksamkeit in Abteilung II des Grundbuchs des überbauenden Grundstücks einzutragen.

Die Kosten trägt der Eigentümer des überbauenden Grundstücks Nr. 2.

(Unterschriftsbeglaubigung[2])

1 S. Rz. 2 ff.
2 §§ 19, 29 GBO.

Kosten: *Notargebühr:* 0,2-Gebühr gem. Nr. 25100 KV GNotKG, mindestens 20 Euro, höchstens 70 Euro. Geschäftswert gem. §§ 121, 52 Abs. 3, 5 GNotKG für die Duldungsdienstbarkeit, gem. §§ 121, 52 Abs. 3, 5 GNotKG für den Verzicht auf die Überbaurente. Wertaddition gem. § 35 Abs. 1 GNotKG. Bei Fertigung des

Entwurfs und Beglaubigung 0,5-Gebühr gem. Nrn. 24102, 21201 Nr. 4 KV GNotKG (§ 92 Abs. 2 GNotKG), Geschäftswert wie zuvor.

Gerichtsgebühren: Je 1,0-Gebühr gem. Nr. 14121 KV GNotKG für die Eintragung der Dienstbarkeit und des Verzichts auf die Überbaurente. Geschäftswert jeweils gem. § 52 Abs. 3, 5 GNotKG. Für die Eintragung des Vermerks der Rechte bei dem herrschenden Grundstück jeweils 50 Euro gem. Nr. 14160 Nr. 1 KV GNotKG.

M 53.2 Vertragliches Überbaurecht unter Vereinbarung einer vertraglichen Überbaurente

An das

Grundbuchamt

... (Ort)

Betr.: Grundbuch von ... (Ort) Band/Blatt ... (Nummer)

Wir, die Unterzeichner, sind Eigentümer von benachbarten Grundstücken der Gemarkung ... (Ort), und zwar

1. ... (Name A) des im Grundbuch Band/Blatt ... (Nummer) eingetragenen Grundstücks ... (Beschreibung),

im Folgenden herrschendes Grundstück,

2. ... (Name B) des im Grundbuch Band/Blatt ... (Nummer) eingetragenen Grundstücks ... (Beschreibung),

im Folgenden dienendes Grundstück

I. Überbaurecht

Der Eigentümer des dienenden Grundstücks bestellt hiermit zu Lasten seines Grundstücks und zu Gunsten des jeweiligen Eigentümers des herrschenden Grundstücks eine Grunddienstbarkeit (Überbaurecht) folgenden Inhalts:

Der jeweilige Eigentümer des herrschenden Grundstücks ist – auch über die gesetzlichen Überbaurechte hinaus – berechtigt, auf dem dienenden Grundstück, eine Garage mit allen zugehörigen Nebenanlagen zu errichten, zu nutzen, zu unterhalten und zu erneuern. Die Ausübung beschränkt sich auf den Bereich, der in dem anliegenden Lageplan bezeichnet ist.

Alle Kosten der Errichtung, Verkehrssicherung, Instandhaltung und Erneuerung der Garage trägt der jeweilige Eigentümer des herrschenden Grundstücks, mehrere als Gesamtschuldner. Er ist verpflichtet, dem Eigentümer des dienenden Grundstücks alle Schäden, die aus der Ausübung der Dienstbarkeit entstehen, unabhängig von einem Verschulden zu ersetzen.

Die Ausübung des Rechts ruht für die Zeiten, in denen der Schuldner mit der Zahlung der nachvereinbarten Überbaurente mit Beträgen von mehr als einem Jahresbetrag in Rückstand ist.

Das Überbaurecht soll Vorrang vor allen Rechten in Abt. II und III erhalten, zunächst jedoch auf jeden Fall an rangbereiter Stelle im Grundbuch eingetragen werden.

II. Überbaurente

Für den Überbau verpflichtet sich der Eigentümer des herrschenden Grundstücks, dem jeweiligen Eigentümer des dienenden Grundstücks, jährlich eine Überbaurente in Höhe von ... Euro, fällig jeweils am 31.12. eines jeden Jahres, zu zahlen. Die Überbaurente ist nicht/wie folgt wertgesichert: ...

Die hiernach geschuldete Überbaurente lässt einen weitergehenden gesetzlichen Anspruch unberührt, ist aber hierauf anzurechnen.

Ich bewillige die Eintragung dieser Rentenreallast zu Lasten meines aus dem Überbaurecht herrschenden Grundstücks, und zwar an erster Rangstelle in Abt. II und III. zunächst auch rangbereit.

Die Kosten trägt der Eigentümer des überbauenden (rentenpflichtigen) Grundstücks.

(Unterschriftsbeglaubigung[1])

1 §§ 19, 29 GBO.

Kosten: *Notargebühr:* 0,2-Gebühr gem. Nr. 25100 KV GNotKG, mindestens 20 Euro, höchstens 70 Euro. Geschäftswert gem. §§ 121, 52 Abs. 3, 5 GNotKG für die Duldungsdienstbarkeit, gem. §§ 121, 52 Abs. 3 GNotKG für die Überbaurente. Wertaddition gem. § 35 Abs. 1 GNotKG. Bei Fertigung des Entwurfs und Beglaubigung 0,5-Gebühr gem. Nrn. 24102, 21201 Nr. 4 KV GNotKG (§ 92 Abs. 2 GNotKG), Geschäftswert wie zuvor.

Gerichtsgebühren: Je 1,0-Gebühr gem. Nr. 14121 KV GNotKG für die Eintragung der Dienstbarkeit und der Überbaurente. Geschäftswert gem. § 52 Abs. 3, 5 GNotKG. Für die Eintragung des Vermerks der Rechte bei dem herrschenden Grundstück jeweils 50 Euro gem. Nr. 14160 Nr. 1 KV GNotKG.

M 53.3 Verzicht auf Notwegrente[1]

An das

Grundbuchamt

. . . (Ort)

Ich, . . . (Name A), habe über mein im Grundbuch von . . . (Ort) Band/Blatt . . . (Nummer) eingetragenes Grundstück . . . (Beschreibung) ein Notwegrecht zugunsten des Eigentümers meines Nachbargrundstücks . . . (Beschreibung) zu dulden.

Ich verzichte hiermit auf die mir zustehende Notwegrente und bewillige die Eintragung des Verzichts[2] im Grundbuch des notwegberechtigten Grundstücks.

Ich, . . . (Name B), nehme als Eigentümer des notwegberechtigten Grundstücks den Verzicht an und beantrage dessen Eintragung auf meinem Grundstück.

Die Kosten trägt der Eigentümer des notwegberechtigten Grundstücks.

(Unterschriftsbeglaubigung[3])

1 S. Rz. 1 ff.
2 S. Rz. 14 und **M 49.1** Fn. 3.
3 §§ 19, 29 GBO.

Kosten: *Notargebühr:* 0,2-Gebühr gem. Nr. 25100 KV GNotKG, mindestens 20 Euro, höchstens 70 Euro. Geschäftswert gem. §§ 121, 52 Abs. 3, 5 GNotKG. Bei Fertigung des Entwurfs und Beglaubigung 0,5-Gebühr gem. Nrn. 24102, 21201 Nr. 4 KV GNotKG (§ 92 Abs. 2 GNotKG), Geschäftswert wie zuvor.

Gerichtsgebühr: 1,0-Gebühr gem. Nr. 14121 KV GNotKG für die Eintragung des Verzichts auf die Notwegrente. Geschäftswert gem. § 52 Abs. 3, 5 GNotKG.

Kapitel 54 Nutzungsrechte an Grundstücken

I. Allgemeine Vorbemerkungen

1 Dienstbarkeiten sind Rechte (Befugnisse) an einer fremden Sache. Das BGB kennt hiervon **drei Arten**, die sich voneinander im Wesentlichen wie folgt unterscheiden:

2 – Die **Grunddienstbarkeit** (Rz. 6 ff.) ist ein Recht an einem Grundstück zugunsten eines anderen Grundstücks (genau: zugunsten dessen jeweiligen Eigentümers).

- Die **beschränkte persönliche Dienstbarkeit** (Rz. 63 ff.) ist ein Recht an einem Grundstück zugunsten einer bestimmten natürlichen oder juristischen Person. 3
- Der **Nießbrauch** (Rz. 118 ff.) ist ein Recht an einer (beweglichen oder unbeweglichen) Sache, einem Recht oder einem Vermögen zugunsten einer bestimmten natürlichen oder juristischen Person. 4
- Wenn hingegen das zu nutzende Grundstück in Bruchteilseigentum mehrerer steht, kann die gemeinsame Nutzung durch eine Vereinbarung geregelt und durch Grundbucheintragung für Sonderrechtsnachfolger verbindlich werden (Rz. 210). Dies ist ein Fall des § 1010 BGB.

Zum Inhalt haben die Grunddienstbarkeit und die beschränkte persönliche Dienstbarkeit das Recht, vom Eigentümer des belasteten Grundstücks dessen Nutzung in einzelnen Beziehungen oder die Unterlassung bestimmter Handlungen oder der Ausübung bestimmter Rechte zu verlangen (Duldungs- oder Unterlassungsanspruch, § 1018 BGB), beim Nießbrauch das Recht, alle Nutzungen der Sache zu ziehen (§ 1030 BGB). Dabei setzt der sachenrechtliche Grundsatz der **Typenstrenge** der Gestaltungsfreiheit Grenzen. 5

II. Grunddienstbarkeit

1. Begriff

Die Grunddienstbarkeit (§§ 1018–1029 BGB) ist die dingliche Belastung eines Grundstücks zugunsten des jeweiligen Eigentümers eines anderen Grundstücks. Sie verschafft dem begünstigten (herrschenden) Grundstück bestimmte Rechte gegenüber dem belasteten (dienenden) Grundstück, die nach § 96 BGB Bestandteil des herrschenden Grundstücks werden, und schränkt entsprechend die Eigentumsrechte des dienenden Grundstücks ein. 6

➲ **Wichtig:** Zum Inhalt einer Grunddienstbarkeit können nur Befugnisse werden, die dem herrschenden Grundstück einen **wirtschaftlichen Vorteil** bieten oder bieten können (§ 1019 BGB). Dies setzt regelmäßig eine räumliche Nähe voraus. – Anders bei der beschränkten persönlichen Dienstbarkeit, s. Rz. 65. 7

Daher ist eine Grunddienstbarkeit auf Gewerbeunterlassung mangels Vorteils für das herrschende Grundstück zu löschen, wenn der Vorteil eine bestimmte gewerbliche Nutzung voraussetzt und der herrschende Grundbesitz hierfür nicht mehr auf Dauer eingerichtet ist und daher keine Gewähr für die Beibehaltung des geschützten Betriebs bildet (OLG München, RNotZ 2012, 121).

2. Einzelfragen

a) Dienendes Grundstück (Belastungsobjekt)

Nur **Grundstücke** können mit einer Grunddienstbarkeit belastet werden, und zwar stets **im Ganzen**, nicht ideelle Miteigentumsanteile Eine gesonderte Belastung von ideellen Grundstücksteilen ist nur zulässig, wenn diese verselbständigt sind (BGH MDR 2013, 460; OLG München RNotZ 2012, 391, 392). 8

Eine Grunddienstbarkeit kann aber auf einen realen Grundstücksteil beschränkt werden, der dann nur zuvor nach § 7 Abs. 1 GBO abzuschreiben und selbständig zu buchen ist, wenn andernfalls im Grundbuch Verwirrung zu besorgen ist (§ 7 Abs. 2 GBO), sogenannte **echte Teilbelastung**.

b) Ausübungsbereich

Die Ausübung des durch die Dienstbarkeit gewährten Rechts kann allerdings durch entsprechende Inhaltsbestimmung auf einen **Ausübungsbereich** innerhalb des dienenden Grundstücks beschränkt werden, zB bei Weg- oder Leitungsrechten, Grenzüberbau, Baubeschränkung. 9

➲ **Wichtig:** Wenngleich das gesamte dienende Grundstück belastet wird, kann die Ausübung der Dienstbarkeit inhaltlich auf eine abgegrenzte Teilfläche beschränkt werden („**unechte Teilbelastung**"). 10

11 Zur Festlegung des Ausübungsbereichs ist die Beifügung von Plänen, Skizzen oder dergl., aus denen sich die Ausübungsstelle hinreichend klar ergibt, dringend zu empfehlen. (nach § 44 BeurkG an die Erklärung anzusiegeln und nach BGH NJW 1981, 1781 auf sie zu verweisen). Diese Pläne sind eine Verweisung auf nicht beigefügte Pläne (Baugesuch) genügt nicht (BayObLG Rpfleger 1984, 12). Eine katasterliche Vermessung ist dazu nicht erforderlich. Es kann auch auf in der Natur vorhandene Markierungspunkte (Baum, Grenze zum Nachbargrundstück usw.) oder auf den bereits bestehenden Zustand (zB. schon verlegte Leitung, angelegter Weg, vorhandener Überbau) Bezug genommen werden (BGH Rpfleger 1982, 16). Zur Verlegung der Ausübungsstelle BGH Rpfleger 2006, 67, 68.

12 Erfolgt keine nähere Festlegung (falls diese überhaupt entbehrlich ist, s. Palandt/Bassenge § 1018 BGB Rz. 7), findet die nähere Bestimmung durch die tatsächliche Ausübung (BGH NJW 1984, 2210, 2211; BGH NJW 2002, 3021, 3022 f.) statt, die nach § 1020 BGB zwar schonend erfolgen muss, sich aber grundsätzlich auf die gesamte Fläche erstreckt.

13 Einstweilen frei.

14 In gleicher Weise wie ein Grundstück kann ein **Erbbaurecht** als sog. grundstücksgleiches Recht Belastungsobjekt sein. Die ausschließlich hieran bestellten Dienstbarkeiten erlöschen aber mit dem Erbbaurecht und seinem Heimfall (§ 33 Abs. 1 Satz 3 ErbbauRG).

15 ➲ **Praxistipp:** Die Belastung des Erbbaugrundstücks führt nicht gleichzeitig zur Belastung des Erbbaurechts, die Belastung des Erbbaurechts nicht zur Belastung des Erbbaugrundstücks, auch nicht beim Erlöschen des Erbbaurechts. Deshalb kann sich eine Belastung sowohl des Erbbaurechts als auch des Erbbaugrundstücks empfehlen, wenn das Recht nicht mit dem Erbbaurecht erlöschen soll.

16 Abweichend vom Grundsatz der einheitlichen Belastung des Grundstücks kann ein **Wohnungs- und Teileigentum** separat mit einer Grunddienstbarkeit belastet werden, wenn sich das Recht seinem Inhalt nach auf das Wohnungs- oder Teileigentum beschränken lässt. Unzulässig wäre aber eine Dienstbarkeit zu Lasten eines Wohnungseigentums, deren Ausübungsbereich sich ausschließlich auf ein zugehöriges Sondernutzungsrecht bezieht (BayObLG Rpfleger 1997, 431). – Zu den zulässigen Inhalten s. Rz. 33.

17 Bei Grunddienstbarkeiten, die das ganze Wohnungseigentumsgrundstück betreffen (zB Weg-, Leitungsrechte), müssen alle Wohnungs- und Teileigentumsrechte belastet werden. Nach BayObLG (MittBayNot 1995, 288) entsteht aber nur dann ein wirksames Recht, wenn aus jedem Eintrag in den Wohnungs- und Teileigentumsgrundbüchern die Gesamtbelastung (Belastung des Gemeinschaftseigentums) erkennbar ist (§ 4 Abs. 1 Satz 2 Wohnungsgrundbuchverfügung); andernfalls sei das Recht von Amts wegen zu löschen. – hierzu kritisch und vor voreiligen Amtslöschungen warnend Vossius/Amann, MittBayNot 1995, 267–270.

18 ➲ **Wichtig:** Erlischt eine das ganze Wohnungseigentumsgrundstück betreffende Dienstbarkeit auch nur auf einem Wohnungs- oder Teileigentum, etwa durch Zuschlag in der Zwangsversteigerung, fällt es insgesamt weg (OLG Düsseldorf RNotZ 2011, 40). Deshalb ist für existentielle Dienstbarkeiten auf allen Wohnungs- und Teileigentumseinheiten unbedingt der Vorrang vor anderen Belastungen anzustreben, aus denen die Zwangsversteigerung betrieben werden kann. Unschädlich bleibt dank § 52 Abs. 2 ZVG aber eine Vollstreckung aus rückständigen Wohngeldern (Kindl/Meller-Hannich/Wolf § 52 ZVG Rz. 18) (dazu Kap. 47 Rz. 150 ff.).

19 Die **Belastung mehrerer Grundstücke** im Wege einer Gesamtbelastung ist zulässig (BayObLG Rpfleger 1990, 111, 112); zweckmäßiger erscheint aber eine Bestellung einzelner Rechte.

c) Herrschendes (berechtigtes) Grundstück

20 Herrschendes Grundstück (genau: der jeweilige Eigentümer dieses Grundstücks) kann ebenfalls nur ein **Grundstück oder grundstücksgleiches Recht** (zB. Erbbaurecht) **im Ganzen** sein, **auch ein Wohnungseigentum** (BayObLG MittBayNot 1980, 14; Bärmann/Pick/Merle § 1 WEG Rz. 149; Weitnauer § 3 WEG Rz. 117), nicht aber ein ideeller Miteigentumsanteil und nicht ein realer Grundstücksteil, es sei denn, er wird vorher als selbständiges Grundstück gebucht. Die Rechte aus

dem Grunddienstbarkeit stehen damit dem jeweiligen Eigentümer zu; sie sind Bestandteil des herrschenden Grundstücks (§ 96 BGB).

Inhaltsgleiche **Grunddienstbarkeiten** können auch **zugunsten mehrerer Grundstücke** eingetragen werden, und zwar als selbständige, untereinander gleichrangige oder auch als eine einheitliche Dienstbarkeit mit Gesamtberechtigung nach § 428 BGB (RPfleger 2002, 619–620), ferner (bei unteilbarer Leistung) in Mitberechtigung nach § 432 BGB oder (bei teilbarer Leistung) in Bruchteilsberechtigung (Palandt/Bassenge § 1018 BGB Rz. 3). 21

Zum **Kreis der Berechtigten** bei Nutzungsdienstbarkeiten gehören mangels (zulässiger) anderweitiger Bestimmung auch Hausgenossen, Angehörige, Mitarbeiter, Mieter, Besucher, Kunden u.a. (Palandt/Bassenge § 1018 BGB Rz. 14; BGH MDR 1971, 738). 22

➲ **Wichtig:** Dem **Erbbauberechtigten** am herrschenden Grundstück steht **kein Nutzungsrecht** zu (OLG Hamm DNotZ 1981, 264, 267). Soll die Dienstbarkeit auch ihm zustehen, muss sie eigens (auch) für den jeweiligen Erbbauberechtigten bestellt werden (auch keine „Abtretung" möglich, OLG Hamm aaO). S. auch Rz. 10. 23

Eine **Eigentümergrunddienstbarkeit** (bei der das herrschende und das dienende Grundstück demselben Eigentümer gehören) ist zulässig (BGH NJW 1988, 2362, 2363). Unzulässig ist es aber, die Dienstbarkeit zugunsten und zu Lasten desselben Grundstücks zu bestellen; hier muss eine grundbuchliche Teilung erfolgen. 24

d) Inhalt

Auch für die Grunddienstbarkeit sind **verschiedene Pflichtenebenen** zu unterscheiden: 25

(1) das formfreie schuldrechtliche Grundgeschäft, aus dem sich neben der Pflicht zur Bestellung auch Entgeltpflichten und sonstige Nebenpflichten ergeben können;

(2) die Pflichten aus der Grunddienstbarkeit, deren Umfang sachenrechtlich typisiert und durch § 1018 BGB vorgegeben ist; hiernach können insbesondere keine Leistungspflichten Grundbuchinhalt werden;

(3) das gesetzliche Schuldverhältnis, das die Grunddienstbarkeit begleitet, und unabhängig vom schuldrechtlichen Grundverhältnis über Nebenpflichten und Unterhaltung mit dinglicher Wirkung bestimmt, §§ 1020 ff. BGB.

(4) die vertraglich vereinbarten begleitenden Rechte und Pflichten, die lediglich schuldrechtlich wirken.

aa) Zulässige Inhalte der Dienstbarkeit

Den möglichen Inhalt einer Grunddienstbarkeit regelt **§ 1018 BGB erschöpfend**. Danach kann die Belastung **nur** darin bestehen, dass 26

- der Eigentümer des herrschenden das dienende Grundstück **in einzelnen Beziehungen benützen** darf (**Nutzungsdienstbarkeit**, zB Weiderecht; Recht, Früchte oder Bodenbestandteile zu gewinnen; Wegerecht, s. **M 54.1**); das Nutzungsrecht muss auf eine **wiederholte Ausübung** (nicht nur einmalige Handlung) gerichtet sein 27
  Es darf den Eigentümer nicht von jeder sinnvollen Nutzung ausschließen (also **kein umfassendes Nutzungsrecht** wie „in beliebiger Weise", sonst liegt Nießbrauch vor, BayObLG MDR 2003, 684); zulässiger Inhalt ist aber ein umfassendes Nutzungsrecht, das auf eine Teilfläche des Grundstücks beschränkt ist (OLG Hamm FGPrax 2006, 2; BGH MDR 1992, 582; abweichend KG MDR 1992, 52und OLG Celle NJW-RR 2005, 102);
- auf dem dienenden Grundstück **gewisse Handlungen nicht vorgenommen werden dürfen** (**Unterlassungsdienstbarkeit**, zB. Gewerbeausübungsverbot; Wohnungsverbot; bauliche Beschränkungen auf dem dienenden Grundstück, auch wenn sich diese in gleicher Weise bereits aus den Festsetzungen eines rechtsverbindlichen Bebauungsplanes ergeben [BGH MDR 2002, 691, wonach die Angabe „nur eine eineinhalb geschossige Bauweise zulässig" hinreichend bestimmt ist]); s. **M 54.3**; 28

29 – die **Ausübung eines Rechts ausgeschlossen** ist, das dem dienenden Grundstück aus seinem Eigentumsrecht dem herrschenden gegenüber eigentlich zustünde (**Duldungsdienstbarkeit**, zB Unterlassung der Zuführung von Gasen, Rauch, Geräusch usw., die an sich nach § 906 BGB zulässig wäre; Verzicht auf die volle Ausnutzung der zulässigen Bebauung).

30 Die drei möglichen Inhalte können innerhalb einer Grunddienstbarkeit miteinander kombiniert werden. Stets muss sich aus der Grunddienstbarkeit aber ein **Vorteil für das herrschende Grundstück** ergeben (§ 1019 BGB). Auch können bereits **gesetzlich bestehende Duldungs- und Unterlassungspflichten nicht** Gegenstand einer Grunddienstbarkeit sein.

31 Ein einmal festgelegter **Inhalt einer Grunddienstbarkeit unterliegt der Anpassung** an veränderte Lebensverhältnisse oder Auffassungen, die sich aus technischen, wirtschaftlichen und sozialen Entwicklungen ergeben können (Palandt/Bassenge § 1018 BGB Rz. 8 ff., 16 ff.; BGH DNotZ 1959, 241) und eine **Bedarfssteigerung oder Bedarfsänderung** zur Folge haben. **Beispiele:** Ein Fahrrecht aus der Zeit des Pferdefuhrwerks erlaubt heute die Ausübung durch Kraftfahrzeuge. Ein gebührenfreies Wasserentnahmerecht aus einer Quelle wandelt sich bei Fassung der Quelle in einen Brunnen in ein kostenloses Wasserentnahmerecht aus dem Brunnen (BGH DNotZ 1989, 562). Einem ursprünglich noch als landwirtschaftliche Fläche ausgewiesenen herrschenden Grundstück steht nach Umwandlung in Bauland ein Wegerecht „zum Gehen und Fahren" auch mit Pkw als Zufahrt zu den Wohngrundstücken zu (BGH Rpfleger 1985, 101), es sei denn, es ist ausschließlich für landwirtschaftliche Zwecke eingeräumt worden (OLG Frankfurt OLGR 1993, 295). – Generelle Maßstäbe lassen sich kaum formulieren; maßgebend ist jeweils der konkrete Sachverhalt.

bb) Keine Leistungspflicht aus der Dienstbarkeit

32 **Unzulässig** sind „Verbote", die letztlich auf eine Pflicht zu einem bestimmten positiven Tun hinauslaufen, denn hierfür wäre eine Reallast zu bestellen. Dabei kommt es aber oft auf die Formulierung im Einzelnen an (zu Bezugsverboten Rz. 87 ff.). **Unzulässig** ist auch die **Verdinglichung eines** vereinbarten einmaligen oder laufenden **Entgelts oder der Unentgeltlichkeit** (Palandt/Bassenge § 1018 BGB Rz. 12 mwN; s. aber die Lösung in **M 54.4** sowie Rz. 40).

33 Bei **separatem Wohnungs- oder Teileigentum als Belastungsobjekt** sind **zulässige Inhalte** zB das Verbot bestimmter Nutzungen; die Verpflichtung zugunsten des jeweiligen Eigentümers einer anderen Wohnung, ein bestimmtes Fenster ständig geschlossen zu halten (BGH NJW 1989, 2391, 2392 f.). Ein Teileigentum, dessen Sondereigentum nur aus einem Kfz-Stellplatz besteht, kann mit einer Dienstbarkeit, beinhaltend das Benutzungsrecht an diesem Stellplatz, belastet werden (BayObLG DNotZ 1988, 313).

34 **Unzulässiger Inhalt** ist dagegen die Verpflichtung, eine Wohnung als Hausmeisterwohnung zur Verfügung zu stellen (BayObLG MittBayNot 1980, 14, oben bereits benannt Rz. 20); eine Verpflichtung zur Unterlassung jeder Nutzung durch Dritte, die also nur Eigennutzung erlaubt (BayObLG MDR 1982, 754); ein umfassendes Nutzungsrecht an einem Wohnungseigentum, da sich die Nutzung nicht „auf einzelne Beziehungen" (§ 1018 BGB) beschränkt (KG FGPrax 1995, 226).

cc) Gesetzliches Begleitschuldverhältnis

35 **Nebenpflichten** (sowohl zu Lasten des dienenden als auch des herrschenden Grundstücks) sind zum Teil bereits kraft Gesetzes (§§ 1020, 1021 BGB) dinglicher Inhalt oder können durch Vereinbarung (Begleitschuldverhältnis; s. Amann, Leistungspflichten und Leistungsansprüche aus Dienstbarkeiten, DNotZ 1989, 531) zum dinglichen Inhalt gemacht werden, soweit sie sich im Rahmen der gesetzlichen Typenfixierung halten (rechtstypische Regelungen, mit denen man zB als Erwerber rechnen kann), insbesondere die Verpflichtung zur (ggf. gemeinschaftlichen) Unterhaltung der Anlage, soweit dies für die Ausübung der Dienstbarkeit erforderlich ist. Als zulässiger Inhalt ist inzwischen auch die Regelung der Verkehrssicherungspflicht anerkannt (BayObLG DNotZ 1991, 257). Nach LG Köln (Rpfleger 1994, 56) soll sogar ein Rechtsmittelverzicht hinsichtlich behördlicher Bescheide inhaltsfähig sein. – Zur reallastartigen Wirkung s. Rz. 56.

➲ **Wichtig:** Nebenpflichten, die bereits kraft Gesetzes bestehen, können nicht Inhalt einer Grunddienstbarkeit sein (BayObLG DNotZ 1966, 174); inhaltsfähig sind nur abweichend oder zusätzlich vereinbarte Pflichten. 36

So hat der Berechtigte bereits kraft Gesetzes (§ 1020 Satz 2 BGB) die Verpflichtung, eine von ihm in Ausübung der Dienstbarkeit unterhaltene Anlage in ordnungsgemäßem Zustand zu erhalten, „soweit das Interesse des Eigentümers es erfordert". Besteht allerdings ein Mitbenutzungsrecht des Eigentümers des dienenden Grundstücks, kann eine gemeinsame Unterhaltungspflicht Inhalt sein (nach OLG Köln MittRhNotK 1996, 220 gilt dies für einen gemeinsam genutzten Weg auch ohne ausdrückliche Vereinbarung). Inhaltsfähig ist daher die Übernahme der Unterhaltungspflicht durch den Eigentümer des dienenden Grundstücks gem. § 1021 Satz 2 BGB nur dann, wenn ihm ein Mitbenutzungsrecht zusteht (Palandt/Bassenge § 1021 BGB Rz. 2). Andernfalls muss eine gesonderte Unterhaltungsreallast bestellt werden. 37

Wegen § 95 Abs. 1 Satz 2 BGB sind die in Ausübung einer Dienstbarkeit errichteten Gebäude und Werke dem **Eigentum** am dienenden Grundstück entzogen. Dies gilt auch, wenn sie eigentlich dessen wesentlicher Bestandteil wären. Inwieweit die in Ausübung einer Dienstbarkeit errichteten Anlagen ihrerseits verkehrsfähig sind, ist noch nicht geklärt und wird am Beispiel von Windkraftanlagen (Ganter WM 2002, 105), Heizungscontracting (Stieper WM 2007, 861; Kruse, RNotZ 2011, 65), Photovoltaikdienstbarkeiten (Tiedtke, MittBayNot 2011, 444; Reymann DNotZ 2010, 84, 90 ff.; Reymann, Photovoltaikdienstbarkeit und revolvierende Vormerkung – geeignete Kreditsicherungsmittel? ZIP 2013, 605 und DNotI-Report 2014, 57) und Tiefgaragenplätzen (DNotI-Report 2009, 49, 50) diskutiert. Allgemein dazu Wicke DNotZ 2006, 252). 38

dd) Schuldrechtliches Grundverhältnis

Die Vereinbarungen, die nicht zum Inhalt der Grunddienstbarkeit gemacht werden können, sollten gleichwohl schuldrechtlich vereinbart werden. **Nicht inhaltsfähig** ist etwa die **Verpflichtung zur eigentlichen Herstellung** (RGZ 131, 158, 176), **wohl hingegen die zur Wiederherstellung** (LG Heilbronn BWNotZ 1975, 124), nicht auch die Pflicht zur Haftpflichtversicherung (Ripfel BWNotZ 1958, 181). Zu Betriebskosten beim Wohnungsrecht vgl. BGH DNotZ 2010, 193, 194. 39

Da eine Verpflichtung zur **Entgeltleistung** nicht Inhalt der Dienstbarkeit sein kann, muss sie schuldrechtlich vereinbart werden. Ein solches Entgelt ist steuerlich Einkunft (BFH BStBl II 1969, 180; 1982, 643). Verknüpft werden kann die schuldrechtliche Entgeltpflicht mit der Dienstbarkeit über verschiedene Sicherungsmechanismen (vgl. Kleine/Holthaus/Keiser ZfIR 2009, 396): 40

- Die Rechte aus der Dienstbarkeit **ruhen**, solange das Entgelt rückständig ist.
- Die Nichtzahlung des Entgeltes ist als **auflösende Bedingung** der Dienstbarkeit vereinbart. Im Verzug erlischt die Dienstbarkeit; dies ist allerdings kaum grundbuchförmlich nachzuweisen (§ 29 GBO).
- Im Verzug kann das Grundverhältnis gekündigt und die Löschung der Dienstbarkeit verlangt werden. Zur Sicherung des **Löschungsanspruchs** kann eine Vormerkung bei der Dienstbarkeit eingetragen oder eine Löschungsvollmacht hinterlegt werden.

➲ **Praxistipp:** Über eine Bedingung lässt sich mittelbar eine „Verdinglichung" von Vereinbarungen über Herstellungspflichten oder Entgelte herbeiführen (OLG Karlsruhe DNotZ 1968, 432), s. **M 54.4.** 41

Neben einer **Baulast** (Verpflichtung gegenüber der Baubehörde zu bestimmter Nutzung, Nichtnutzung oder Duldung fremder Nutzung) ist eine Grunddienstbarkeit gleichen Inhalts zulässig (BGH MDR 1983, 922) und idR empfehlenswert, weil das einer Baulast zugrundeliegende öffentliche Interesse am Bestand eines Rechts sich nicht mit dem privaten Interesse decken muss. Auch die Nebenpflicht zur Baulastbestellung entsprechenden Inhalts sollte vorsorglich schuldrechtlich ausdrücklich festgehalten werden (vgl. BGH MDR 1994, 686 unter Einschränkung von BGH MDR 1992, 1152 mwN). 42

43 ➲ **Wichtig:** Baulast und Dienstbarkeit unterscheiden sich in ihrem Inhalt und ihren Rechtswirkungen derart, dass stets eine Doppelsicherung angestrebt werden sollte.

e) Begründung und Erlöschen

44 Die **Begründung** der Grunddienstbarkeit erfolgt durch (formlose) Einigung und Eintragung im Grundbuch des dienenden Grundstücks, § 873 BGB; die Eintragungsbewilligung bedarf der Grundbuchform des § 29 GBO. Bei einer Eigentümergrunddienstbarkeit genügt die einseitige Grundbucherklärung des Eigentümers.

44a ➲ **Wichtig:** In der Eintragung selbst muss der Inhalt der Dienstbarkeit schlagwortartig bezeichnet sein. Vgl. BGH DNotI-Report 2014, 190. Ansonsten entsteht die Dienstbarkeit trotz Bezugnahme gemäß § 874 BGB nicht.

45 Die Grunddienstbarkeit **erlischt**

46 – in der **Zwangsversteigerung** des dienenden Grundstücks (ggf. mit Wertersatzanspruch nach § 91 Abs. 2 ZVG, für den nach § 882 BGB bei dem Recht ein Höchstbetrag eingetragen werden kann), wenn sie nicht in das geringste Gebot fällt. Es erlischt auch dann insgesamt, wenn es bei der Zwangsversteigerung nur eines Miteigentumsanteils (KG DNotZ 1975, 105) oder eines Wohnungseigentums (OLG Frankfurt Rpfleger 1979, 149) nicht ins geringste Gebot fällt.

  ➲ **Wichtig:** Für Dienstbarkeiten, die die Versorgung eines anderen Grundstücks sichern oder für dieses sonst existentiell sind, sollte stets der Vorrang angestrebt werden (zum Rang s. Kap. 52).

47 – durch **Aufgabeerklärung**, idR in Gestalt einer Löschungsbewilligung (Grundbuchform des § 29 GBO, s. **M 50.2**) des Eigentümers des herrschenden Grundstücks (bei mehreren Eigentümern, zB Wohnungseigentümern, aller Eigentümer, da „Teillöschung“ nicht möglich) und Löschung (§ 875 BGB); wegen evtl. Zustimmung von dinglich Berechtigten bei Herrschvermerk s. Rz. 50 ff.

48 – uU durch **Veränderung der tatsächlichen Verhältnisse** (s. im Einzelnen Palandt/Bassenge § 1018 BGB Rz. 35), auch durch **Fristablauf** oder Eintritt einer **auflösenden Bedingung**, ferner wegen sonstiger Gegenstandslosigkeit (bei Nachweis Amtslöschung), zB bei Abtrennung einer nicht betroffenen Teilfläche (BayObLG Rpfleger 1987, 451) oder wenn die Dienstbarkeit für die Benutzung des Grundstücks des Berechtigten auf Dauer jeden Vorteil verloren hat (BayObLG NJW-RR 1986, 1206). Auch wenn der Berechtigte einen aus der Dienstbarkeit rührenden Beseitigungsanspruch hat verjähren lassen, kann sein Recht erlöschen (§ 1028 Abs. 1 Satz 2 BGB, dazu OLG Düsseldorf RNotZ 2007, 31, 32).

49 ➲ **Praxistipp:** Ist die Dienstbarkeit von vorneherein auf bestimmte Dauer angelegt, sollte sie befristet werden und ggf. ein Verlängerungsanspruch eingeräumt und vorgemerkt werden. Andere außergrundbuchliche Erlöschungsgründe sind selten in der Form des § 29 GBO nachzuweisen.

f) Herrschvermerk

50 Die Grunddienstbarkeit kann auf Antrag auf dem herrschenden Grundstück als dessen Bestandteil (§ 96 BGB) vermerkt werden, § 9 Abs. 1 Satz 1 GBO (s. **M 54.2**). Die Folge: Die Aufgabe (oder Inhaltsänderung) des Rechts durch den Eigentümer bedarf dann der Zustimmung aller dinglich Berechtigten am herrschenden Grundstück (§ 876 Satz 2 BGB), da die Erleichterung des § 21 GBO entfällt. Bei wichtigen Grunddienstbarkeiten wird der Herrschvermerk von Geldgebern häufig verlangt.

51 **Antragsberechtigt** sind neben dem Eigentümer des herrschenden Grundstücks auch die dinglich Berechtigten, § 9 Abs. 1 Satz 2 GBO, nicht dagegen der Eigentümer des dienenden Grundstücks. Der Antrag bedarf keiner Form. Bei der Grunddienstbarkeit auf dem dienenden Grundstück ist auf

den Herrschvermerk zu verweisen (§ 9 Abs. 3 GBO), damit die Zustimmung der dinglich Berechtigten im Falle einer Aufgabe (oder Inhaltsänderung) des Rechts nicht vergessen wird.

M 54.1 Bestellung einer Grunddienstbarkeit[1] – Weg- und Leitungsrecht

An das

Grundbuchamt

. . . (Ort)

Betr.: Grundbuch von . . . (Ort) Band/Blatt . . . (Nummer)

Ich bin Eigentümer des im bezeichneten Grundbuch eingetragenen Grundstücks Flurstück Nr. . . . (Nummer und weitere Beschreibung)

– im Folgenden dienendes Grundstück –.

Ich bestelle hiermit zu Lasten des dienenden Grundstücks und zugunsten des jeweiligen Eigentümers des benachbarten Grundstücks Flurstück Nr. . . . (Nummer und weitere Beschreibung), eingetragen im Grundbuch von . . . (Ort) Band/Blatt . . . (Nummer),

– im Folgenden herrschendes Grundstück –,

eine Grunddienstbarkeit – Geh-, Fahr- und Leitungsrecht – folgenden Inhalts:

(1) Der jeweilige Eigentümer des herrschenden Grundstücks ist berechtigt, auf einem Teil des dienenden Grundstück zu gehen, mit Fahrzeugen jeder Art zu fahren und Leitungen aller Art – etwa für Strom, Gas, Telefon, Frisch- und Abwasser – mit allen erforderlichen Nebenanlagen einzulegen, zu verlegen, zu betreiben, zu unterhalten und zu erneuern sowie die vorhandenen Anlagen in gleicher Weise mitzubenutzen. Die Ausübungsstelle ist beschränkt und zwar auf die in dem als Anlage zu dieser Urkunde genommenen Lageplan als „Geh-, Fahr- und Leitungsrecht" gekennzeichnete und schraffierte Fläche.[2, 3]

(2) Das Recht kann ausgeübt werden im Rahmen der Nutzung des herrschenden Grundstücks zu Wohnzwecken (höchstens 2-Familienhaus). Seine Ausübung kann Dritten überlassen werden.

(3) Der jeweilige Eigentümer ist berechtigt, das dienende Grundstück zu gleichen Zwecken selbst oder durch Dritte mitzubenutzen. Die Verkehrssicherungs- und Unterhaltungspflicht, die Errichtung und Instandhaltung der der Ausübung des Rechts dienenden Anlagen obliegt dem Eigentümer des dienenden Grundstücks. Die hierfür anfallenden Kosten und die anteilig auf die Ausübungsfläche entfallenden verbrauchsunabhängigen öffentlichen Abgaben und Lasten, insbesondere Grundsteuer und Abwasser-, Erschließungs- und Ausbaubeiträge, tragen der Eigentümer des herrschenden und der Eigentümer des dienenden Grundstückes zu gleichen Teilen. Sofern einzelne Anlagen- etwa Rohrleitungen – aus technischen Gründen nur von einem Eigentümern genutzt werden können oder genutzt werden, trägt nur dieser die entsprechenden Pflichten und Kosten. Abweichende schuldrechtliche Vereinbarungen bleiben vorbehalten.

(4) Der Eigentümer des dienenden Grundstücks bewilligt und alle Beteiligten beantragen die vorstehend bestellte Grunddienstbarkeit in das Grundbuch einzutragen, und zwar an erster Rangstelle in Abteilung II und III, zunächst auch rangbereit. Allen zur Herstellung des vereinbarten Ranges erforderlichen Rangänderungen stimmen sie hiermit zu. Die Grunddienstbarkeit soll bei dem herrschenden Grundstück vermerkt werden.

(Unterschriftsbeglaubigung[4]*)*

---

1 S. Rz. 6 ff.

2 S. Rz. 36.

3 Keine Regelung zur Unterhaltungspflicht erforderlich, s. Rz. 32.

4 Grundbuchform gem. § 29 GBO (s. Rz. 44).

Kosten: *Notargebühr:* 0,2-Gebühr gem. Nr. 25100 KV GNotKG, mindestens 20 Euro, höchstens 70 Euro. Geschäftswert gem. §§ 121, 52 Abs. 3, 5 GNotKG. Bei Fertigung des Entwurfs und Beglaubigung 0,5-Gebühr gem. Nrn. 24102, 21201 Nr. 4 KV GNotKG (§ 92 Abs. 2 GNotKG), Geschäftswert wie zuvor.

Gerichtsgebühr: 1,0-Gebühr gem. Nr. 14121 KV GNotKG für die Eintragung Grunddienstbarkeit. Geschäftswert gem. § 52 Abs. 3, 5 GNotKG.

M 54.2 Antrag auf Eintragung eines Herrschvermerks[1]

*(zu **M 54.1**)*

An das

Grundbuchamt

... (Ort)

Betr.: Grundbuch von ... (Ort) Band/Blatt ... (Nummer)

Zu dem bezeichneten Grundbuch liegt dem Grundbuchamt die Erklärung des Eigentümers über die Bestellung einer Grunddienstbarkeit vor[2].

Ich bin der Eigentümer des begünstigten (herrschenden) Grundstücks[3]. *Das herrschende Grundstück ist eingetragen im Grundbuch Band/Blatt ... (Nummer).*

Ich beantrage hiermit, die Grunddienstbarkeit auf dem Blatt des herrschenden Grundstücks zu vermerken[4].

(formlos[5]*)*

1 S. Rz. 50 f. Da der Herrschvermerk das Recht nicht begründet, sondern nur auf es verweist, muss die Grunddienstbarkeit vorher eingetragen sein.

2 Bezug auf **M 54.1**.

3 Zum Antragsrecht s. Rz. 51.

4 Die Art des Vermerks regelt § 7 GBVfg. Die Verweisung auf den Herrschvermerk bei der Grunddienstbarkeit (§ 9 Abs. 3 GBO) hat von Amts wegen zu erfolgen.

5 S. auch Kap. 50 Rz. 22.

Kosten: *Gerichtsgebühr:* 50 Euro gem. Nr. 14160 Nr. 1 KV GNotKG.

M 54.3 Bestellung einer Grunddienstbarkeit[1] – Baubeschränkung

An das

Grundbuchamt

... (Ort)

Betr.: Grundbuch von ... (Ort) Band/Blatt ... (Nummer)

Ich bin Eigentümer des im bezeichneten Grundbuch eingetragenen Grundstücks Flurstück Nr. ... (Nummer und weitere Beschreibung).

Ich habe mich gegenüber dem jeweiligen Eigentümer des im Grundbuch von ... (Ort) Band/Blatt ... (Nummer) eingetragenen Grundstücks Flurstück Nr. ... (Nummer und weitere Beschreibung) verpflichtet, mein Grundstück auf einem Streifen von 3,20 m Breite entlang der gemeinsamen Grundstücksgrenze nicht zu bebauen und für den Fall der Errichtung einer Grenzanlage nur einen Draht- oder Holzzaun von höchstens 1,2 m Höhe anzulegen.

Für den Fall des Erlöschens des Rechts durch Zuschlag in der Zwangsversteigerung ist für den Wertersatz ein Höchstbetrag von ... Euro vereinbart[2].

1 S. Rz. 6 ff.

2 Nach § 882 BGB; wird Inhalt des Rechts. Die Festsetzung des Wertersatzes erfolgt durch das Vollstreckungsgericht.

Ich bewillige und beantrage die Eintragung einer Grunddienstbarkeit mit dem vorstehenden Inhalt einschließlich der Vereinbarung über den Höchstbetrag des Wertersatzes[3] zu Lasten meines Grundstücks.

(Unterschriftsbeglaubigung)

3 Die Eintragung im Grundbuch ist Voraussetzung für die Berücksichtigung im Zwangsversteigerungsverfahren, § 882 Satz 2 BGB. Eintragung auch nachträglich durch Inhaltsänderung (§ 877 BGB) möglich; dann müssen Rechtsinhaber und Eigentümer sowie etwaige Berechtigte am geänderten Recht mitwirken, nicht aber sonstige (vor- oder nachrangige) Rechtsinhaber in Abt. II und III (wegen § 115 ZVG).

Kosten: wie **M 54.1**.

3. Regelung für gemeinsame Tiefgarage (zu M 54.4)

a) Falldarstellung

Für das Bauvorhaben auf dem Grundstück A müssen Stellplätze nachgewiesen werden. Dies soll auf dem Nachbargrundstück B erfolgen, auf dem die Grundstückseigentümer A und B gemeinsam eine Tiefgarage errichten wollen, in der ein Teil der Stellplätze den jeweiligen Eigentümern des Grundstücks A auf Dauer zur Verfügung stehen soll. Die Herstellungs- und Unterhaltungskosten sollen entsprechend dem Nutzungsverhältnis von beiden Eigentümern gemeinsam getragen werden. 52

b) Falllösung (M 54.4)

Die **Grunddienstbarkeit** an Grundstück B zugunsten von Grundstück A auf Duldung der Errichtung und Mitbenutzung der Tiefgarage ist die Minimallösung. 53

Das Interesse beider Beteiligten geht darüber hinaus auf 54

- gemeinsame Errichtung und Kostentragung,
- gemeinsame Unterhaltung der Anlage,
- Abhängigkeit der Rechte und Pflichten voneinander.

S. zum Problemkreis Amann, Leistungspflichten und Leistungsansprüche aus Dienstbarkeiten, DNotZ 1989, 531. 55

Die **Errichtungspflicht auf Kosten beider** Beteiligten kann **nur schuldrechtlich** vereinbart werden (s. Rz. 35); ihre Erfüllung kann aber zur (auflösenden) Bedingung für Grunddienstbarkeit und Reallast gemacht werden (so im Muster **M 54.4**; s. Rz. 40). Eine solche Regelung erzeugt zwar den größten Druck, führt allerdings mit Eintritt der Bedingung automatisch zur Unwirksamkeit der Vereinbarung und der Grunddienstbarkeit, was bei einer etwaigen Beendigung der Vertragsstörung in der Regel unerwünscht ist. 56

Als flexiblere Alternative könnte auch ein Rücktrittsrecht nebst Löschungsanspruch in Betracht kommen, auch eine zeitweilige Ausübungssperre (s. Amann DNotZ 1989, 531, 537). Eine Löschungsbewilligung des Berechtigten ist ohnehin bei beiden Gestaltungen erforderlich. Die richtige Ausgestaltung hängt entscheidend von der Fallkonstellation ab. Es kommen auch „gemischte Lösungen" in Betracht. 57

Die **gemeinsame Unterhaltungspflicht** ist als Nebenpflicht zum zulässigen Inhalt der Grunddienstbarkeit (s. Rz. 35 ff. und Amann aaO) gemacht. § 1021 Abs. 2 BGB bestimmt für diesen Teil der Grunddienstbarkeit die entsprechende Anwendbarkeit der Vorschriften über die Reallast, ohne dass es sich aber um eine selbständige Reallast handelt. Deshalb gelten auch die landesrechtlichen Bestimmungen über die Reallast hier nicht (Art. 115 EGBGB); und für den Fall einer Teilung des herrschenden Grundstücks gilt auch nicht § 1109 BGB (ggf. Aufteilung einer teilbaren Leistung), sondern § 1025 BGB (ggf. lastenfreie Abschreibung der nicht bevorteilten Flächen). Dagegen findet § 1108 BGB Anwendung: Der jeweilige Eigentümer des belasteten Grundstücks haftet für die während der Dauer seines Eigentums fällig werdenden Leistungen auch persönlich (RGZ 131, 163). Damit ist die Haftung des Sonderrechtsnachfolgers sichergestellt. 58

59 Ob mit der Eintragung der Grunddienstbarkeit auf dem dienenden Grundstück diese dingliche (**reallastartige**) **Wirkung auch zu Lasten des herrschenden Grundstücks** eintritt (so die überwiegende Meinung) oder ob hierzu die Eintragung einer selbständigen Reallast erforderlich ist (so AG Aalen BWNotZ 1987, 141 und LG Ellwangen BWNotZ 1987, 141, 142), **ist streitig** (s. hierzu die Zusammenstellung in der [ablehnenden] Anm. Böhringers zu den genannten Entscheidungen in BWNotZ 1987, 141, 142). Die Reallastwirkung für Unterhaltungsvereinbarungen beschränkt sich ohnehin auf solche Pflichten, die sich im gesetzlichen Rahmen der §§ 1021, 1022 BGB bewegen (Amann S. 544), erstreckt sich somit nicht auf darüber hinausgehende Unterhaltungsvereinbarungen im Rahmen des Begleitschuldverhältnisses (zB Räum- und Streudienst; Verkehrssicherungspflicht insgesamt; Abschluss von Versicherungen; unter bestimmten Voraussetzungen auch Wiederherstellungspflicht, s. Amann S. 544 ff.). Die Eintragung einer (ggf. zusätzlichen) Reallast (zulässig: KGJ 51, 242) zu Lasten des herrschenden (ggf. auch des dienenden) Grundstücks A ist deshalb auf jeden Fall der sicherere Weg.

60 ➲ **Wichtig:** Unerlässlich ist eine zusätzliche Reallast (**ggf. auf beiden Grundstücken**) dann, wenn Pflichten übernommen werden, die gar nicht Inhalt einer Grunddienstbarkeit (wohl aber einer Reallast) sein können (s. Rz. 31).

61 Der **gegenseitigen Abhängigkeit** ist schließlich dadurch Rechnung getragen, dass der Bestand des einen Rechts zur Bedingung für den Bestand des anderen gemacht wurde. Zum Für und Wider solcher Bedingungen s. Rz. 53 f.

62 Der in Abschnitt II Nr. 4 des **M 54.4** vorgesehene Herrschvermerk ist als „Bonbon" für die die Reallast duldenden Gläubiger zweckmäßig. Für die Frage der Verdinglichung der Nebenpflichten auch zu Lasten des herrschenden Grundstücks spielt der Herrschvermerk keine Rolle, da er lediglich eine Hinweisfunktion hat und nicht rechtsbegründend wirkt.

M 54.4 Grunddienstbarkeit und Reallast[1] (Duldung von Stellplätzen und Unterhaltungspflicht)

An das

Grundbuchamt

... (Ort)

I. Vorbemerkung

Wir, A und B, sind Eigentümer folgender benachbarter Grundstücke der Gemarkung ... (Gemarkung):

A von Flurstück Nr. ... (Nummer und weitere Beschreibung), eingetragen im Grundbuch Band/Blatt ... (Nummer).

B von Flurstück Nr. ... (Nummer und weitere Beschreibung), eingetragen im Grundbuch Band/Blatt ... (Nummer).

A beabsichtigt, auf seinem Grundstück ein Wohngebäude zu errichten. Auf dem eigenen Grundstück kann er die vorgeschriebene Anzahl an PKW-Stellplätzen nicht nachweisen. Der Eigentümer B ist bereit, diese Stellplätze in der auf seinem Grundstück geplanten Tiefgarage zur Verfügung zu stellen. Zur Verwirklichung dessen treffen die Grundstückseigentümer die nachstehenden Vereinbarungen.

II. Bau- und Unterhaltungsverpflichtung

1. Beide Eigentümer verpflichten sich gegenseitig, auf dem Grundstück B gemeinsam eine unterirdische Tiefgarage mit 20 (in Worten zwanzig) PKW-Stellplätzen zu errichten. Die Errichtung erfolgt nach Maßgabe der dieser Urkunde angesiegelten Pläne und der ebenfalls angesiegelten Baubeschreibung. Die Bauregie obliegt den Eigentümern gemeinsam, nach außen hin jedem allein.

1 Zum gesamten Muster s. Rz. 44 ff.

2. Die Tiefgarage soll bis spätestens ... (Datum) fertiggestellt sein.

3. Die Baukosten tragen die Grundstückseigentümer zu gleichen Teilen[2]*, ebenso die künftigen Unterhaltungs- und Betriebskosten*[3]*. Ihnen obliegt auch gemeinsam die Verkehrssicherungspflicht gem. der näheren Regelung in Abschnitt IV Nr. 3. Es besteht die gegenseitige Verpflichtung, die Tiefgarage mit allen zugehörigen Anlagen und Bestandteilen gemeinsam in einem ordnungsgemäßen Zustand zu erhalten.*

4. Jeder Eigentümer verpflichtet sich gegenüber dem anderen Eigentümer, zur Sicherstellung der Kostenbeteiligung für die Errichtung eine unbefristete selbstschuldnerische Bürgschaft einer deutschen Bank iHv ... Euro zu beschaffen und vor Baubeginn dem anderen Eigentümer auszuhändigen.

5. Wenn aus Gründen, die keiner der beteiligten Eigentümer zu vertreten hat, mit dem Bau nicht bis zum ... (Datum) begonnen werden kann, entfällt die beiderseitige Verpflichtung zur Errichtung der Tiefgarage wie auch die nachfolgend geregelte Verpflichtung, die Errichtung der Garage auf dem Grundstück B und die Nutzung zu dulden.

III. Grunddienstbarkeit

1. Der Beteiligte B als Eigentümer des Grundstücks B räumt dem jeweiligen Eigentümer des Grundstücks A das Recht ein, auf dem Grundstück B (dienendes Grundstück) die in Abschnitt II näher bezeichnete Tiefgarage mit insgesamt 20 PKW-Stellplätzen nach Maßgabe der in Abschnitt II näher bezeichneten angesiegelten Pläne und der ebenfalls angesiegelten Baubeschreibung zu errichten und zu unterhalten sowie das dienende Grundstück zu diesem Zweck gleichberechtigt mit dem Eigentümer des dienenden Grundstücks zu benutzen, wobei dem jeweiligen Eigentümer des Grundstücks A (herrschendes Grundstück) das Recht der ausschließlichen Nutzung der Stellplätze Nr. 11 bis 20 zusteht, während die übrigen Stellplätze von einer Nutzung durch diesen Eigentümer ausgenommen sind. Das Recht umfasst insbesondere die Befugnis, das dienende Grundstück im Bereich der Ein- und Ausfahrt der Tiefgarage zu betreten und zum Zwecke der Nutzung der Stellplätze Nr. 11 bis 20 im Bereich der Tiefgarage zu befahren.

Die in Abschnitt II Nr. 3 vereinbarte Pflicht zur gemeinsamen Tragung der Unterhaltungs- und Betriebskosten sowie die vereinbarte gemeinsame Verkehrssicherungspflicht sollen dabei als Nebenpflicht zum Inhalt der Grunddienstbarkeit gehören[4]*.*

2. Die vorstehende Duldungspflicht steht unter der auflösenden Bedingung, dass die nachstehende Unterhaltungsvereinbarung nebst Reallast materiell-rechtlich und dinglich Bestand hat und die einmalige Entschädigung nach Abschnitt V. bezahlt wird[5]*.*

3. Der Eigentümer B bewilligt und beantragt die Eintragung einer auflösend bedingten Grunddienstbarkeit mit dem Inhalt gem. Abs. 1 und 2 dieses Abschnittes zu Lasten seines Grundstücks im Grundbuch. Der Eigentümer A schließt sich dem Eintragungsantrag an.

Das Bestehen der Grunddienstbarkeit soll auch auf dem Grundbuchblatt des herrschenden Grundstücks A vermerkt werden. Der Eigentümer A beantragt die Eintragung des Herrschvermerks[6]*.*

IV. Reallast[7]

1. Gem. § 1021 BGB wird vereinbart, dass die auf dem dienenden Grundstück zu errichtende Tiefgarage mit allen zugehörigen Anlagen und Bestandteilen von dem jeweiligen Eigentümer des herrschenden Grundstücks gemeinsam mit dem jeweiligen Eigentümer des dienenden Grundstücks in ordnungsgemäßem Zustand zu erhalten ist (Unterhaltungspflicht).

---

2 S. Rz. 53 ff.
3 S. Rz. 55.
4 S. Rz. 55.
5 S. Rz. 58.
6 S. Rz. 59.
7 Zur Zweckmäßigkeit bzw. Notwendigkeit korrespondierender oder flankierender Reallasten s. Rz. 56.

2. Die Kosten hierfür sowie die laufenden Betriebskosten sind von den jeweiligen Eigentümern des herrschenden und des dienenden Grundstücks jeweils zur Hälfte zu tragen[8]*.*

3. Die Säuberung der Tiefgarage sowie die Verkehrssicherungspflicht, insbesondere die Räum- und Streupflicht im Bereich der Ein- und Ausfahrt, obliegt allein dem jeweiligen Eigentümer des dienenden Grundstücks, der mit der Erfüllung Dritte beauftragen darf. Von den hierfür entstehenden Kosten hat der jeweilige Eigentümer des herrschenden Grundstücks die Hälfte zu tragen.

4. Die vorstehenden Verpflichtungen stehen unter der auflösenden Bedingung[9]*, dass die oben bestellte Grunddienstbarkeit materiell-rechtlich und dinglich Bestand hat und die Duldung der Nutzung unentgeltlich erfolgt, ausgenommen die vorstehend in den Abs. 1–3 übernommenen Verpflichtungen.*

5. Der Eigentümer A bewilligt und beide Beteiligten beantragen, zu Lasten des Grundstücks A eine auflösend bedingte Reallast für den jeweiligen Eigentümer des Grundstücks B für dessen Ansprüche aus den Abs. 1–3 einzutragen.

Das Bestehen der Reallast soll auch auf dem Grundbuchblatt des herrschenden Grundstücks B vermerkt werden. Der Eigentümer B beantragt die Eintragung des Herrschvermerks[10]*.*

V. Einmalige Entschädigung[11]

Der Eigentümer des herrschenden Grundstücks A zahlt an den Eigentümer B als einmaliges Entgelt für die Inanspruchnahme des dienenden Grundstücks einen Geldbetrag von

... Euro (in Worten: ... Euro)

Der Betrag ist fällig zur Hälfte mit Beginn der Bauarbeiten auf dem dienenden Grundstück, zur anderen Hälfte mit der Fertigstellung der Tiefgarage.

VI. Sonstige Vereinbarungen

Die Kosten dieser Urkunde und ihres Grundbuchvollzugs tragen die beteiligten Grundstückseigentümer zu gleichen Teilen.

(Unterschriftsbeglaubigung[12]*)*

8 Im Rahmen der Reallast können wiederkehrende Leistungen jeglicher Art zum Inhalt gemacht werden, s. Kap. 56.

9 S. Rz. 53 ff.

10 Zur Zulässigkeit eines Herrschvermerks bei einer subjektiv-dinglichen Reallast s. Kap. 56 Rz. 25.

11 Selbständig nicht zu verdinglichen, hier zur (auflösenden) Bedingung gemacht.

12 S. Rz. 44.

Kosten: *Notargebühr:* 0,2-Gebühr gem. Nr. 25100 KV GNotKG, mindestens 20 Euro, höchstens 70 Euro. Geschäftswert gem. §§ 121, 52 Abs. 3, 5 GNotKG für die Dienstbarkeit, gem. §§ 121, 52 Abs. 3, 5 GNotKG für die Reallast. Die einmalige Entschädigung als Gegenleistung bei der Wertberechnung zu berücksichtigen. Wertaddition gem. § 35 Abs. 1 GNotKG. Bei Fertigung des Entwurfs und Beglaubigung 2,0-Gebühr gem. Nrn. 24100, 21100 KV GNotKG (§ 92 Abs. 2 GNotKG), Geschäftswert wie zuvor.

Gerichtsgebühren: Je 1,0-Gebühr gem. Nr. 14121 KV GNotKG für die Eintragung der Dienstbarkeit und der Reallast. Geschäftswert gem. § 52 Abs. 3, 5 GNotKG. Für die Eintragung des Vermerks der Rechte bei dem herrschenden Grundstück jeweils 50 Euro gem. Nr. 14160 Nr. 1 KV GNotKG.

III. Beschränkte persönliche Dienstbarkeit

1. Begriff

63 Bei der beschränkten persönlichen Dienstbarkeit (§§ 1090–1093 BGB) handelt es sich ebenfalls um ein Recht gegenüber einem Grundstück; sie entspricht ihrer Rechtsnatur und ihrem gesetzlichen Inhalt nach weitgehend der Grunddienstbarkeit, deren Vorschriften nach § 1090 Abs. 2 BGB auch entsprechend anwendbar sind. Auf die Erläuterungen zur Grunddienstbarkeit (Rz. 1 ff.) wird deshalb verwiesen. Der Hauptunterschied besteht darin, dass Berechtigter nicht der jeweilige Eigentümer eines anderen Grundstücks, sondern eine bestimmte natürliche oder juristische Person ist (wie beim Nießbrauch).

Daraus und aus anderen Besonderheiten ergeben sich einige Unterschiede zur Grunddienstbarkeit, die im Folgenden dargelegt werden. 64

2. Einzelfragen (insbesondere Vergleich mit der Grunddienstbarkeit)

a) Zum Inhalt

Der mögliche Inhalt entspricht nach § 1090 Abs. 1 BGB ausdrücklich dem, was den Inhalt einer Grunddienstbarkeit bilden kann (s. Rz. 26 ff.). Der einzige Unterschied: Abweichend von § 1019 BGB reicht ein **schutzwürdiges privates oder auch öffentliches Interesse**, das wirtschaftlich oder ideell motiviert sein kann (Palandt/Bassenge § 1090 BGB Rz. 4), zB Offenhalten eines Privatwegs als öffentlichen Weg, Baubeschränkungen zum Denkmalschutz, Duldung von Immissionen (Geruch, Maschinengeräusch) zB auf dem Land. Das Interesse kann auch ein fremdes sein (BGHZ 41, 209). 65

Daneben besteht die Auslegungsregel des § 1091 BGB: Mangels näherer Festlegung richtet sich der Umfang des Rechts nach den persönlichen Bedürfnissen des Berechtigten (OLG München DNotZ 2010, 845). Die Erläuterungen zur Grunddienstbarkeit gelten auch für die weiteren Inhaltsfragen (unzulässiger/zulässiger Inhalt: Rz. 26 ff.; Anpassung an veränderte Lebensverhältnisse: Rz. 31). 66

Noch einige **beispielhafte Fälle aus der Rechtsprechung** als Abgrenzungshilfe:

Zulässiger Inhalt ist ein sog. Wohnungsbesetzungsrecht (alle oder bestimmte Wohnungen dürfen nur an Personen überlassen werden, die der Berechtigte benennt, BayObLG MDR 1982, 754), das sich vor allem öffentliche Geldgeber bei Gewährung von Arbeitgeberdarlehen häufig einräumen lassen. Die Nutzungsbeschränkung muss allerdings hinreichend bestimmt sein und geeignete Unterscheidungsmerkmale zwischen erlaubter und nicht erlaubter Nutzung aufweisen (nach BayObLG Rpfleger 1990, 14 ist das nicht der Fall für eine Nutzungsbeschränkung auf Personen, die „mit Zustimmung des Freistaats Bayern im Rahmen der Bewirtschaftung des landwirtschaftlichen Betriebs" bestimmt werden). Zulässiger Inhalt ist auch ein Verbot, das Grundstück länger als sechs Wochen im Jahr zu bewohnen (BayObLG MDR 1985, 847). 67

Unzulässiger Inhalt ist die Verpflichtung, eine bestimmte Wohnung einer Wohnungseigentümergemeinschaft als Hausmeisterwohnung zur Verfügung zu stellen (BayObLG Rpfleger DNotZ 1980, 540); ein Grundstück nicht anders als für den Fremdenverkehr (BayObLG MDR 1982, 318) oder durch den Eigentümer selbst (BayObLG MDR 1982, 318) zu nutzen. Gemeinsam ist diesen Fällen, dass nicht eine (zulässige) Duldungs- oder Unterlassungspflicht vorliegt, sondern ein bestimmtes (unzulässiges) positives Handeln bzw. Verhalten bewirkt werden soll. 68

b) Belastungsgegenstand und Berechtigter

Zum **Belastungsgegenstand** kann auf die Erläuterungen zur Grunddienstbarkeit verwiesen werden (s. Rz. 8 ff.). 69

Berechtigter muss eine bestimmte natürliche oder juristische Person sein, wozu auch Körperschaften des öffentlichen Rechts gehören. Gerade die zur letzteren Gruppe gehörenden Gemeinden sind als Vertreter allgemeiner Interessen häufig Berechtigte von beschränkten persönlichen Dienstbarkeiten (**M 54.6**). Auch eine Personengesellschaft (OHG, KG) sowie mehrere Personen können Berechtigte sein, wobei die Art der Gemeinschaft (Bruchteil, Gesamtgläubiger, Gesamthand) und (bei Bruchteilgemeinschaft) die Anteile anzugeben sind. Bruchteilsberechtigung setzt aber die Teilbarkeit des Rechts voraus (zB. Bodenausbeutung, Forstnutzungsrechte, Jagdrechte). 70

Die Bestellung einer beschränkten persönlichen Dienstbarkeit für den Eigentümer selbst erforderte nach bisheriger Rechtsprechung ein besonderes Interesse, zB die bevorstehende Veräußerung des Grundstücks; BGH NJW 2011, 3717 Tz. 10 nimmt dieses Erfordernis zurück). 71

c) Unübertragbarkeit, Unvererblichkeit, Überlassung der Ausübung an Dritte

Nach § 1092 BGB ist die beschränkte persönliche Dienstbarkeit **nicht übertragbar** und nach §§ 1090 Abs. 2, 1061 BGB auch **nicht vererblich**. Diese Vorschriften sind **unabdingbar**. 72

73 **Ausnahmsweise übertragbar** sind beschränkte persönliche Dienstbarkeiten für **juristische Personen und rechtsfähige Personengesellschaften** (OHG, KG, GbR):

74 – Nach § 1092 Abs. 2 BGB iVm. mit den Nießbrauchsvorschriften der §§ 1059a–d BGB bei Gesamtrechtsnachfolge oder Vermögensübertragung auf einen anderen Rechtsträger, im letzteren Fall aber nur, wenn das Recht dem anderen Unternehmen zu dienen geeignet ist, was amtlich zu bescheinigen ist.

75 – Nach § 1092 Abs. 3 BGB ferner für beschränkte persönliche Dienstbarkeiten mit besonderem, zumeist im öffentlichen Interesse liegenden Rechtsinhalt.

76 Die **Nichtvererblichkeit erzeugt** bei beschränkten persönlichen Dienstbarkeiten, insbesondere wenn sie mit erheblichen Einstiegskosten (zB. Erstellen einer Anlage) verbunden und deshalb auf längere, nicht auf die Lebenszeit des ersten Berechtigten beschränkte Dauer angelegt sind, **besonderen Gestaltungsbedarf**. Es kommen verschiedene Lösungen in Betracht (vgl. Böttcher, Erneuerbare Energien in der notariellen Praxis, notar 2012, 383; Keller, DNotZ 2011, 99; MittBayNot 2012, 446; Filipp, MittBayNot 2005, 185; Tiedtke, MittBayNot 2010, 444):

77 – eine **schuldrechtliche Verpflichtung zur Neubestellung** für den oder die – noch unbestimmten – Erben oder sonstigen Berechtigten. Diese könnte auch durch eine **Vormerkung** zugunsten des ersten Berechtigten als Versprechungsempfänger gesichert werden. **Allerdings** wird der Sonderrechtsnachfolger beim Belastungsobjekt hieraus nur verpflichtet, wenn die Verpflichtung ausdrücklich übernommen wurde (was nach Jahren leicht vergessen wird); außerdem steht später häufig nur ein schlechterer Rang zur Verfügung. Deswegen sollte auch die Gestaltung der sichernden Vormerkung besonderer Wert gelegt werden (vgl. OLG München, RNotZ 2013, 487 zur revolvierenden Vormerkung).

78 – **Aufschiebend bedingte beschränkte persönliche Dienstbarkeit** für den Ersatzberechtigten, falls dieser bereits feststeht. **Nachteil:** Auch dessen Lebenszeit ist ungewiss.

79 – Das Recht wird zugunsten einer BGB-Gesellschaft oder einer anderen Gesellschaft bestellt (zur GbR Lautner DNotZ 2009, 650–677; zu Alternativen Reymann DNotZ 2010, 84, 100). Dann würde es nur erlöschen, wenn auch die Gesellschaft erlischt (aufgelöst wird), was durch entsprechende Gestaltung des Gesellschaftsvertrages, insbesondere durch den Ausschluss des § 727 Abs. 1 BGB (Auflösung durch Tod eines Gesellschafters), vermieden werden kann.

80 Die **Verpfändung oder Pfändung** einer beschränkten persönlichen Dienstbarkeit ist **nicht zulässig** (§§ 1092 Abs. 2, 1059b BGB).

81 Die Befugnis zur **Überlassung der Rechtsausübung an Dritte** kann gestattet werden (§ 1092 Abs. 1 Satz 2 BGB). Damit wird das Recht auch pfändbar, § 857 Abs. 3 ZPO (BGH MDR 2007, 296).

82 ➲ **Wichtig:** Die Gestattung **muss ausdrücklich vereinbart** werden, da sie – anders als beim Nießbrauch – nicht zum gesetzlichen Inhalt gehört.

83 Eine solche Gestattungsvereinbarung wird mit Eintragung dinglicher Inhalt des Rechts (Wirkung gegen Rechtsnachfolger des Grundstückseigentümers), gewährt dem Dritten aber kein dingliches Recht (Palandt/Bassenge § 1092 BGB Rz. 7 ff.).

d) Begründung und Erlöschen

84 Es gelten im Wesentlichen die Erläuterungen zur Grunddienstbarkeit (s. Rz. 44 ff.). Da die beschränkte persönliche Dienstbarkeit ihrer Natur nach (längstens) auf die Lebenszeit des Berechtigten (Ausnahmen s. Rz. 73 ff.; abweichende Gestaltungsmöglichkeiten s. Rz. 76 ff., insbes. Rz. 79) beschränkt ist, kann durch Vorlage der Sterbeurkunde der Erlöschens-(Unrichtigkeits-)nachweis geführt und die Löschung nach § 22 GBO herbeigeführt werden.

85 Das Sperrjahr (§ 23 Abs. 1 GBO) muss nicht abgewartet, eine Löschungserleichterung nach § 23 Abs. 2 GBO kann idR nicht eingetragen werden; denn bei einer beschränkten persönlichen Dienstbarkeit sind Leistungsrückstände (der Grund für die Löschungserschwerungen in § 23 GBO) zumeist nicht möglich, abgesehen vom Wohnungsrecht nach § 1093 BGB (OLG Düsseldorf MittRhNotK 1994, 346).

M 54.5 Beschränkte persönliche Dienstbarkeit[1] – Öffentlicher Weg

An das

Grundbuchamt

... (Ort)

Betr.: Grundbuch von ... (Ort) Band/Blatt ... (Nummer) Grundstück Flurstück Nr. ... (Nummer und weitere Beschreibung)

Als Eigentümer des im Betreff bezeichneten Grundstücks bestelle ich hiermit für die Gemeinde[2] ... (Gemeinde) eine beschränkte persönliche Dienstbarkeit mit folgendem Inhalt:

Ich dulde die bereits erfolgte Anlage und dauernde Unterhaltung des über mein Grundstück verlaufenden Fuß- und Radwegs von 2,50 m Breite nebst einem Grünstreifen von je 0,5 m Breite auf jeder Seite entlang des Weges.

Bedienstete oder Beauftragte der Gemeinde sind befugt, zur Instandhaltung des Weges nebst Grünstreifen mein Grundstück im hierfür erforderlichen Umfang zu betreten, wobei die Arbeiten nach Möglichkeit vom Weg aus auszuführen sind. Bei Eingriffen in den übrigen Bereich meines Grundstücks ist die Gemeinde zur Wiederherstellung des ursprünglichen Zustands sowie zum Ersatz etwaiger Schäden verpflichtet[3]. Der Gemeinde obliegt auch die Verkehrssicherungspflicht[4].

Der Verlauf von Weg und Grünstreifen ergibt sich aus dem angesiegelten Lageplan, auf den verwiesen wird[5]. Darauf ist der Weg rot schraffiert, der Grünstreifen grün schraffiert eingezeichnet.

Ich bewillige[6] die Eintragung einer beschränkten persönlichen Dienstbarkeit mit dem vorstehend beschriebenen Inhalt.

(Unterschriftsbeglaubigung[7])

1 S. Rz. 60 ff.
2 Die Gemeinde ist Berechtigte als Vertreterin allgemeiner Interessen (Verkehrserschließung), s. Rz. 74 f.
3 Nebenpflichten als zulässiger Inhalt des Rechts, s. Rz. 31 ff.
4 Im vorliegenden Zusammenhang zulässiger dinglicher Inhalt (BayObLG DNotZ 1991, 257 = MittRhNotK 1990, 80; s. aber auch OLG Köln MittRhNotK 1990, 219).
5 Die Verweisung ist unerlässlich, s. Rz. 36.
6 Der Eigentümer beschränkt sich aus Kostengründen auf die Bewilligung. Den Antrag, der die Grundbuchgebühr auslöst, stellt (gebührenfrei) die Gemeinde.
7 Einigung mit der Gemeinde formlos und nicht nachzuweisen; Grundbuchbewilligung in der Form des § 29 GBO.

Kosten: *Notargebühr:* 0,2-Gebühr gem. Nr. 25100 KV GNotKG, mindestens 20 Euro, höchstens 70 Euro. Geschäftswert gem. §§ 121, 52 Abs. 3, 5 GNotKG. Bei Fertigung des Entwurfs und Beglaubigung 0,5-Gebühr gem. Nrn. 24102, 21201 Nr. 4 KV GNotKG (§ 92 Abs. 2 GNotKG), Geschäftswert wie zuvor.

Gerichtsgebühr: 1,0-Gebühr gem. Nr. 14121 KV GNotKG für die Eintragung der Dienstbarkeit. Geschäftswert gem. § 52 Abs. 3, 5 GNotKG.

3. Wettbewerbsverbot und Befugnis, insbesondere Vertriebsdienstbarkeit

Vertreiber von Waren sind häufig daran interessiert, auf demselben Grundstück oder auch in unmittelbarer Nachbarschaft von Konkurrenten verschont zu bleiben. Diesem Bedürfnis kann durch eine geschickte Vertragsgestaltung und den Einsatz von Dienstbarkeiten dauerhaft Rechnung getragen werden (hierzu Bormann, Wettbewerbsbeschränkungen). Besonders verbreitet sind derartige **Regelungen zwischen Getränkevertreibern** (zB. Brauereien) **und Grundstückseigentümern**, auf deren Grundstück (oder Nachbargrundstück) der Vertrieb oder Ausschank von Konkurrenzprodukten untersagt sein soll. Aber auch Tankstellenrechte oder Wärmebezugsdienstbarkeiten folgen einem ähnlichen Muster. 86

Soll ein Betrieb auf einem Grundstück vor Konkurrenz auf einem Nachbargrundstück geschützt werden, lässt sich dies durch eine **(Unterlassungs-)Grunddienstbarkeit** regeln. Dient der Schutz dem Betreiber als Person, kommt eine **beschränkte persönliche (Unterlassungs-)Dienstbarkeit** zu 87 seinen Gunsten in Betracht. Da die beschränkt persönliche Dienstbarkeit nicht vererblich ist, sollte sie zugunsten einer juristischen Person (mit den Sonderregelungen in §§ 1059a–d BGB, s. Rz. 73.) oder einer Gesamthandsgemeinschaft (s. Rz. 79) bestellt werden, um die Lebenszeit des Berechtigten zu überdauern.

88 ➲ **Wichtig:** Eine Bezugsverpflichtung als solche kann nicht zum Inhalt einer Dienstbarkeit gemacht werden (auch nicht zum Inhalt einer Reallast).

89 Häufig sollen solche Verbote aber gerade die Grundlage für **Bezugspflichten** schaffen. Dazu wird die Unterlassungspflicht dinglich umfassend festgelegt, aber schuldrechtlich für die Produkte des Berechtigten eine Ausnahme eröffnet. Ein solcher Dienstbarkeitsinhalt, der allein der Erwirkung und Absicherung einer Getränkebezugsverpflichtung (oder anderer Abnahmeverpflichtungen, zB Heizungswärme) dient, ist nach ständiger Rspr. des BGH zulässig (BGH DNotZ 2003, 333; BGH MDR 1986, 133; 1988, 660; 1992, 849; vgl. auch Walter/Maier, Die Sicherung von Bezugs- und Abnahmeverpflichtungen durch Dienstbarkeiten, NJW 1988, 377).

90 ➲ **Wichtig:** Unzulässig sind schuldrechtliche Wettbewerbsverbote bzw. Bezugsverpflichtungen ohne jegliche zeitliche Begrenzung (BGH NJW 1979, 2149 „Mindestlaufzeit 20 Jahre"); eine Befristung auf 15, ausnahmsweise 20 Jahre hat der BGH (BGHZ 74, 298; BGH MDR 1992, 849) für zulässig angesehen, eine Bezugspflicht für 30 Jahre als sittenwidrig gem. § 138 Abs. 1 BGB (BGH NJW 1988, 2362), weiterführend DNotI-Report 2004, 143.

91 Eine Sittenwidrigkeit der schuldrechtlichen Vereinbarung (Schankverbot, Bezugsverpflichtung) hat aber nicht auch die Sittenwidrigkeit der entsprechend bestellten Dienstbarkeit zur Folge, sondern kann je nach Sachlage allenfalls einen Löschungsanspruch vermitteln (BGH NJW 1988, 2362; 1988, 2364). Das bedeutet für eine noch einzutragende Dienstbarkeit ein nur auf Ausnahmefälle beschränktes Beanstandungsrecht des Grundbuchamts. – S. auch die Fn. zu **M 54.7**.

92 Wegen der **Abstraktheit der dinglichen Dienstbarkeitsbestellung** (BGH MDR 1989, 621) hat das Recht unabhängig von der Wirksamkeit des zugrundeliegenden Rechtsverhältnisses (Sicherungsabrede, Bezugsvertrag) Bestand, wenn es nicht (als Bedingung) vom Fortbestand des Rechtsverhältnisses abhängig gemacht worden ist (§ 158 BGB), oder „eine höchst selten vorkommende – Geschäftseinheit zwischen schuldrechtlichem und dinglichem Geschäft besteht (§ 139 BGB)" (BGH MDR 1989, 621 f.). Soll diese grundsätzliche Abstraktheit der Dienstbarkeit im konkreten Fall nicht bestehen, bedarf es klarer Vereinbarungen, entweder im Sinne einer auflösenden Bedingung (so in **M 54.5**) oder im Rahmen der Sicherungsabrede (zB Begründung eines Löschungsanspruchs, s. **M 54.8** § 2 [3]). Ein wirtschaftlicher Zusammenhang oder die Zusammenfassung in einer Urkunde reichen für die Annahme der Verknüpfung nicht aus.

M 54.6 Beschränkte persönliche Dienstbarkeit – Getränkevertriebsverbot[1]

An das

Grundbuchamt

... (Ort)

Betr.: Grundbuch von ... (Ort) Band/Blatt ... (Nummer)

Als Eigentümer des im bezeichneten Grundbuch eingetragenen Grundstücks Flurstück Nr. ... (Nummer und weitere Beschreibung) bewillige[2] und beantrage ich hiermit, zugunsten von ... (Name des Berechtigten)[3] in ... (Ort) beschränkte persönliche Dienstbarkeiten mit folgendem Inhalt auf dem Grundstück einzutragen:

1 S. Rz. 90 ff.

2 Wegen der Bedeutung der zugrunde liegenden schuldrechtlichen Vereinbarung s. Rz. 68.

3 ZB eine Brauerei. Zur Auswahl des Berechtigten wegen der Nichtvererblichkeit der beschränkten persönlichen Dienstbarkeit s. Rz. 76 ff.

1. Auf dem Grundstück darf kein Betrieb zum gewerblichen Ausschank oder sonstigen Vertrieb von alkoholischen und/oder nichtalkoholischen Getränken unterhalten werden.

2. Der Betrieb einer Gastwirtschaft in sämtlichen Räumen des Erdgeschosses, die bereits als Gastwirtschaft bestehen, wird geduldet[4]*.*

Bei Aufgabe des Betriebs der Gastwirtschaft über einen Zeitraum von mehr als sechs Monaten werden beide Dienstbarkeiten unwirksam (auflösende Bedingung).

Die Dienstbarkeiten erhalten untereinander gleichen Rang.

(Unterschriftsbeglaubigung)

4 Zur Zulässigkeit der Kombination von Unterlassungs- und Gestattungsdienstbarkeit s. Rz. 96.

Kosten: *Notargebühr:* 0,2-Gebühr gem. Nr. 25100 KV GNotKG, mindestens 20 Euro, höchstens 70 Euro. Geschäftswert gem. §§ 121, 52 Abs. 3, 5 GNotKG für beide Dienstbarkeiten. Wertaddition gem. § 35 Abs. 1 GNotKG. Bei Fertigung des Entwurfs und Beglaubigung 0,5-Gebühr gem. Nrn. 24102, 21201 Nr. 4 KV GNotKG (§ 92 Abs. 2 GNotKG), Geschäftswert wie zuvor.

Gerichtsgebühr: Jeweils 1,0-Gebühr gem. Nr. 14121 KV GNotKG für die Eintragung der Dienstbarkeiten. Geschäftswert gem. § 52 Abs. 3, 5 GNotKG.

Einstweilen frei. 93

4. Anlagendienstbarkeit

Literatur: Zu Windkraftanlagen *Becker*, BWNotZ 2014, 46; *Ganter*, WM 2002, 105; zum Heizungscontracting *Kruse*, RNotZ 2011, 65; *Stieper*, WM 2007, 861; zur Photovoltaikanlage *Böttcher/Faßbender/Waldhoff*, Erneuerbare Energien in der Notar- und Gestaltungspraxis, München 2014; *Reymann*, DNotZ 2010, 84.

Oft werden Anlagen auf fremden Grundstücken errichtet, die der Versorgung, Energiegewinnung 94
oder Beheizung dienen. Hier tätigt der Betreiber von Versorgungsleitungen, Windkraftanlagen, Photovoltaikzellen oder Heizkraftwerken eine erhebliche Investition, die er durch Dienstbarkeit sichern sollte. Die Eintragung einer Dienstbarkeit eröffnet hier

- das dingliche Nutzungsrecht gegenüber einem jeden Eigentümer und damit eine insolvenz- 95
  und (bei entsprechendem Rang) vollstreckungsfeste Position;
- die Trennung des Anlageneigentums vom Grundstückseigentum. Der Wortlaut des § 95 Abs. 1 96
  Satz 2 BGB löst zwar nur Anlagen aus dem Grundstückseigentum, die „in Ausübung" der Dienstbarkeit errichtet wurden. Hierzu soll es nach hM genügen, dass die Dienstbarkeit vor Baubeginn beantragt wurde. Noch nicht verbindlich entschieden ist hingegen, ob die nachträgliche Eintragung einer Dienstbarkeit genügt, um das Anlageneigentum aus dem Grundeigentum herauszulösen (DNotI-Report 2014, 57);
- infolge der Verselbständigung des Anlageneigentums oder der Zuweisung der Dienstbarkeit an 97
  eine eigene Gesellschaft oder eine Kleinstparzelle oder über einen Anspruch auf Neubestellung eine begrenzte Verkehrsfähigkeit des Nutzungsrechts (Nachfolgefunktion).

M 54.7 Beschränkte persönliche Dienstbarkeit – Anlagenbetriebsrecht[1]

An das Grundbuchamt

...

Zu Lasten des Grundstücks Flur ... Flurstück ..., eingetragen im Grundbuch des Amtsgerichts ... von ..., Blatt/Band ...

als dienendem Grundstück

und zu Gunsten der ...

als Berechtigter

1 S. Rz. 90 ff.

werden folgende beschränkte persönliche Dienstbarkeiten bestellt:

1. *Der Berechtigte ist befugt, auf dem Grundstück Anlagen zur ... zu errichten, zu betreiben, zu unterhalten, zu erneuern und ggf. zu entfernen. Er kann, soweit erforderlich, das Grundstück betreten und befahren sowie Arbeiten an den Anlagen vornehmen. Die Ausübung des Rechts kann Dritten überlassen werden.*
2. *Die Ausübungsstelle ist begrenzt auf die in dem anliegenden Lageplan bezeichneten Flächen und Räumlichkeiten. Zur Errichtung und Führung von Leitungen und Verteilanlagen kann jedoch das gesamte Grundstück einschließlich aller Räumlichkeiten genutzt werden. Das Recht erstreckt sich auf alle zum Betrieb der Anlagen erforderlichen Einrichtungen, insbesondere auf ... nicht jedoch auf ...*
3. *Der Eigentümer unterlässt es, gleichartige Anlagen zu errichten und zu betreiben sowie die erzeugten Versorgungsleistungen (...) von Dritten zu beziehen.*
4. *Der Berechtigte ist nach Maßgabe des zwischen den Beteiligten abgeschlossenen Versorgungs-/Gestattungsvertrages vom ..., spätestens aber nach dessen Beendigung, verpflichtet, die Dienstbarkeit löschen zu lassen. Die Beteiligten sind sich darüber einig, dass die in Ausübung der Dienstbarkeit errichteten und betriebenen Anlagen im Eigentum des Berechtigten stehen.*
5. *Sofern der vorstehende Inhalt nicht verdinglicht wird, sind die entsprechenden Regelungen schuldrechtlich vereinbart. Die Beteiligten verpflichten sich, diese Regelungen ihren Rechtsnachfolgern unter entsprechender Weitergabeverpflichtung aufzugeben.*
6. *Die Kosten dieser Urkunde und ihres Vollzugs trägt der Berechtigte.*
7. *Der Eigentümer bewilligt und die Beteiligten beantragen, die vorstehend bestellten Dienstbarkeiten in das Grundbuch einzutragen. Die Dienstbarkeiten sollen in Abteilung II und III den ersten Rang erhalten, zunächst aber auch rangbereit eingetragen werden. Die Beteiligten bewilligen – soweit Selbstberechtigung besteht – und beantragen – zugleich zustimmend – die zur rangrichtigen Eintragung notwendigen Rechtsänderungen, insbesondere auch den Rangrücktritt der Rechte ... hinter die bestellten Dienstbarkeiten.*

... (Unterschrift des Eigentümers)

(öffentlich/notariell zu beglaubigen)

Kosten: *Notargebühr:* 0,2-Gebühr gem. Nr. 25100 KV GNotKG, mindestens 20 Euro, höchstens 70 Euro. Geschäftswert gem. §§ 121, 52 Abs. 3, 5 GNotKG. Bei Fertigung des Entwurfs und Beglaubigung 0,5-Gebühr gem. Nrn. 24102, 21201 Nr. 4 KV GNotKG (§ 92 Abs. 2 GNotKG), Geschäftswert wie zuvor.

Gerichtsgebühr: Jeweils 1,0-Gebühr gem. Nr. 14121 KV GNotKG für die Eintragung der Dienstbarkeiten. Geschäftswert gem. § 52 Abs. 3, 5 GNotKG. Für die zurücktretenden Rechte entsteht jeweils eine 0,5-Gebühr gem. Nr. 14130 KV GNotKG, Wert § 45 Abs. 1 GNotKG (der geringere Wert des vor- oder zurücktretenden Rechts).

5. Mieterdienstbarkeit

98 Gewerbliche Mietverträge sind für den Mieter Existenzgrundlage seines Geschäftes. Daher wird er sich gegen Sonderkündigungsrechte für den Fall der Insolvenz des Eigentümers oder einer Zwangsversteigerung absichern wollen. Hierzu dient eine sog. Mieterdienstbarkeit (Krüger, Mieterdienstbarkeit, NZM 2012, 377; Stapenhorst/Voß, Mieterdienstbarkeit als dingliche Absicherung gewerblicher Mietverträge, NZM 2003, 873).

M 54.8 Beschränkte persönliche Dienstbarkeit – Mieterdienstbarkeit

Im Grundbuch von ... Blatt ...

ist die ..., eingetragen in das Handelsregister des Amtsgerichts ... unter HRB ...

– im Folgenden Eigentümer –

als Eigentümer des im Bestandsverzeichnis lfd.-Nr. . . . gebuchten Grundstücks Flur . . . Flurstück . . ., Gebäude- und Freifläche . . . qm

– im Folgenden Grundstück –

eingetragen. Der Eigentümer hat das auf diesem Grundstück aufstehende „... Gebäude" mit Mietvertrag vom . . .

– im Folgenden Mietvertrag –

an den . . .

– im Folgenden Mietvertrag –

an den . . .

– im Folgenden Mieter –

vermietet.

§ 1 Mieterdienstbarkeit

Zur Sicherung des sich aus dem Mietvertrag ergebenden Nutzungsrechts bestellt der Eigentümer hiermit zugunsten des Mieters eine Beschränkte persönliche Dienstbarkeit (Mieterdienstbarkeit) folgenden Inhalts:

(1) Die Berechtigte kann das Grundstück und das aufstehende Gebäude einschließlich der erforderlichen Nebengebäude, Parkplätze, Lagerflächen, Zu- und Abfahrten als . . . nutzen.

Der Ausübungsbereich der Dienstbarkeit ist in dem beigefügten Lageplan rot schraffiert.

(2) Diese beschränkte persönliche Dienstbarkeit erlischt, wenn eine der folgenden auflösenden Bedingungen eingetreten ist:

a) das zwischen Eigentümer und Dienstbarkeitsberechtigtem bestehende Mietverhältnis ist von der Dienstbarkeitsberechtigten gekündigt worden;

b) das zwischen Eigentümer und Dienstbarkeitsberechtigtem bestehende Mietverhältnis ist von dem Eigentümer aus Gründen, die die Dienstbarkeitsberechtigte zu vertreten hat, gekündigt worden;

c) das Mietverhältnis ist infolge Zeitablaufs oder einvernehmlicher Aufhebung beendet worden;

d) die Dienstbarkeitsberechtigte ist mit Zahlung des nachstehend schuldrechtlich vereinbarten Nutzungsentgelts/Miete in Höhe eines Betrages von mindestens sechs Monaten in Verzug und der jeweilige Eigentümer hat der Dienstbarkeitsberechtigten zur Bewirkung der Zahlung schriftlich eine Frist verbunden mit der Erklärung bestimmt, dass nach fruchtlosem Ablauf die beschränkte persönliche Dienstbarkeit erlischt.

(3) Die auflösende Bedingung tritt auf jeden Fall nicht ein und eine Löschung der Dienstbarkeit kann nicht verlangt werden, wenn

a) im Zusammenhang mit einem Insolvenzverfahren über das Vermögen des Eigentümers oder einer Zwangsversteigerung oder einer Zwangsverwaltung des Grundstücks das Mietverhältnis vorzeitig endet (z.B. infolge Sonderkündigung gemäß § 111 InsO, § 57a ZVG) oder die Gebrauchsüberlassung oder -gewährung beeinträchtigt wird (gemäß § 103 InsO, § 152 Abs. 2 ZVG) oder

b) eine Beendigung des Mietvertrages durch eine Verletzung von Formvorschriften bedingt ist, zu deren Einhaltung die Parteien kraft Gesetzes und/oder vertraglich verpflichtet sind.

In den zu (3) genannten Fällen tritt die auflösende Bedingung erst mit Erreichen des Zeitpunktes ein, bis zu welchem das Mietverhältnis ohne die vorzeitige Beendigung oder Beeinträchtigung vertragsgemäß bestanden hätte. Somit kann erst dann die Löschung der Dienstbarkeit verlangt werden.

(4) Der Höchstbetrag des Wertersatzes für die beschränkte persönliche Dienstbarkeit beträgt gemäß § 882 BGB . . . Euro. Die beschränkte persönliche Dienstbarkeit ist im Grundbuch nicht ohne die Eintragung dieses Höchstbetrages einzutragen.

(5) Der Dienstbarkeitsberechtigten ist die Überlassung der Ausübung an Dritte gestattet. (6) Die Dienstbarkeit soll an erster Rangstelle eingetragen werden, zunächst auch rangbereit. Alle zur Her-

stellung des vereinbarten Ranges erforderlichen Rangänderungen, insbesondere ... werden hiermit bewilligt und beantragt. Der Eigentümer bewilligt und der Mieter beantragt hiermit die Eintragung der vorstehend näher bezeichneten beschränkten persönlichen Dienstbarkeit in das Grundbuch.

Der Wert der beschränkten persönlichen Dienstbarkeit wird zu Kostenzwecken mit ... Euro angegeben. Die Kosten trägt ...

§ 2 Schuldrechtliche Vereinbarungen

Die Beteiligten sind mit schuldrechtlicher Wirkung über Folgendes einig:

(1) Die Rechte aus der Dienstbarkeit dürfen erst ausgeübt werden (Sicherungsfall), wenn das Nutzungsrecht aus dem Mietvertrag

a) infolge Kündigung oder anderen Maßnahmen, die im Zusammenhang mit einer Zwangsvollstreckung in das Grundstück oder einem Insolvenzverfahren über das Vermögen des Eigentümers erfolgen, oder aus anderen Gründen, die der Mieter nicht zu vertreten hat, vorzeitig endet; oder wenn

b) aus anderen Gründen die Gebrauchsgewährung vertragswidrig beeinträchtigt wird.

(2) Die Rechte aus der Dienstbarkeit können nur insoweit ausgeübt werden, als es nach dem Mietvertrag, dessen Fortbestand unterstellt, zulässig wäre. Insbesondere ist der Berechtigten die Nutzung des Grundstücks nur im mietvertraglich vereinbarten Umfang und gegen Zahlung der hiernach geschuldeten Miete nebst Betriebskosten und Umsatzsteuer oder eines entsprechenden Nutzungsentgeltes gestattet.

(3) Bei Erlöschen der Dienstbarkeit ist der hieraus Berechtigte dem jeweiligen Grundstückseigentümer gegenüber verpflichtet, unverzüglich Löschungsbewilligung zu erteilen. Die hiermit verbundenen Kosten gehen zu Lasten des Dienstbarkeitsberechtigten.

(4) Der hieraus Berechtigte ist verpflichtet, auf Verlangen des Eigentümers bei einer Änderung der Dienstbarkeit zu Lasten des Grundbesitzes mitzuwirken, wenn dies aufgrund einer Änderung des Mietvertrages (insbesondere einer Änderung der Mietfläche) erforderlich werden sollte.

(5) Die Ausübung der Dienstbarkeit kann nur in dem Umfang Dritten überlassen werden, wie der Mieter nach dem zwischen ihm und dem Vermieter bestehenden Mietvertrag zur Untervermietung berechtigt ist oder, falls das Mietverhältnis wegen eines der in § 1 (3) genannten Gründe beendet ist, zur Untervermietung berechtigt wäre.

(6) In den zu § 1 (3) genannten Fällen ist der Mieter verpflichtet, die Löschung der Dienstbarkeit vorzeitig zu bewilligen, wenn er bei Eintritt eines der vorbezeichneten Fälle die ihm angebotene Fortsetzung bzw. Neubegründung des Mietverhältnisses zu den gleichen Konditionen, wie sie nach dem Mietvertrag bestehen, ablehnt, oder wenn auch bei unterstellter Fortsetzung des Mietverhältnisses ein Kündigungsrecht des Vermieters aus einem wichtigen Grunde, den der Mieter zu vertreten hat, gegeben wäre.

(7) Die Parteien sind verpflichtet, alle Rechte und Pflichten aus dieser Vereinbarung (einschließlich dieser Verpflichtung) auf eventuelle Rechtsnachfolger in vollem Umfang zu übertragen.

(8) Die vorstehenden Regelungen sind unabhängig vom Bestand des nach dem Mietvertrag begründeten Mietverhältnisses.

... (Unterschrift des Eigentümers)

(öffentlich/notariell zu beglaubigen)

... (privatschriftliche Unterschrift des Mieters)

Kosten: *Notargebühr:* 0,2-Gebühr gem. Nr. 25100 KV GNotKG, mindestens 20 Euro, höchstens 70 Euro. Geschäftswert gem. §§ 121, 52 Abs. 3, 5 GNotKG für beide Dienstbarkeiten. Wertaddition gem. § 35 Abs. 1 GNotKG. Bei Fertigung des Entwurfs und Beglaubigung 2,0-Gebühr gem. Nrn. 24100, 21100 KV GNotKG (§ 92 Abs. 2 GNotKG), Geschäftswert wie zuvor.

Gerichtsgebühr: 1,0-Gebühr gem. Nr. 14121KV GNotKG. Geschäftswert gem. § 52 Abs. 3, 5 GNotKG.

6. Wohnungsrecht

Das Wohnungsrecht iSv. § 1093 BGB (s. **M 54.8**) ist eine **Unterart der beschränkten persönlichen Dienstbarkeit** mit folgenden Besonderheiten: 99

a) Hauptzweck und Objekt

Hauptzweck muss die Nutzungsüberlassung **zum Wohnen** sein. Andere Nutzungsarten sind nur nebenbei zulässig (Palandt/Bassenge § 1093 BGB Rz. 3; BGH LM Nr. 3 zu § 1093 BGB). Entsprechend kann sich das Recht nur auf hierfür (wenn auch nur vorübergehend) geeignete Gebäude oder Gebäudeteile (nicht zB ausschließlich auf eine Garage, auch nicht auf einen als Teileigentum selbständig gebuchten Tiefgaragenstellplatz, BayObLG DNotZ 1987, 223) beziehen. 100

Das Gebäude braucht noch nicht errichtet zu sein (BayObLG NJW 1956, 871 f.; wegen der Folgen bei späterem Wegfall des Gebäudes s. Rz. 112 f.); die Räumlichkeiten müssen aber eindeutig bezeichnet sein (OLG Bamberg DNotZ 2013, 858 f.; BayObLG Rpfleger 1981, 352 f.; Demharter Anh. zu § 44 Rz. 28), was bei bestehenden Gebäuden durch Bezugnahme auf den vorhandenen Zustand („Wohnung im Erdgeschoss, bestehend aus ...") und bei geplanten Gebäuden durch Beifügen einer Planskizze erfolgt. Die nähere Bestimmung kann nicht einem Beteiligten überlassen werden (Palandt/Bassenge § 1093 BGB Rz. 9). 101

Auch ohne nähere Bestimmung umfasst das Wohnungsrecht die Befugnis zur **Mitbenutzung von Gemeinschaftseinrichtungen** (zB Garten, Scheune, Waschküche), wobei sich der Umfang nach den orts- und umständeüblichen Gewohnheiten richtet. Zur Vermeidung von Auslegungsproblemen empfiehlt sich eine konkrete Auflistung. Durch Vereinbarung kann das Recht auf die (alleinige oder Mit-)Benutzung von unbebauten Grundstücksteilen erstreckt werden (nicht aber auf andere Grundstücke, die ihrerseits keine vom Wohnungsrecht betroffenen Gebäude aufweisen. 102

Auch ein **Wohnungseigentum** kann mit einem Wohnungsrecht belastet werden. 103

➲ **Wichtig:** Eine Erstreckung auf zugehörige Sondernutzungsrechte kann dabei nicht Inhalt des Wohnungsrechts sein; allerdings wird – vorbehaltlich einer abweichenden Vereinbarung – die Nutzungsbefugnis hinsichtlich des Sondernutzungsrechts kraft Gesetzes auf den Wohnungsberechtigten mitübertragen werden (BayObLG Rpfleger 1998, 68).

b) Besonderheiten zum Inhalt

aa) Ausgeschlossene Nutzungen

Der wesentliche Unterschied zur beschränkten persönlichen Dienstbarkeit besteht darin, dass der **Eigentümer von der Mitbenutzung** der vom Wohnungsrecht betroffenen Räume **ausgeschlossen** sein muss; dies ist unabdingbar (BayObLGZ 80, 176). Fehlen die Worte „unter Ausschluss des Eigentümers", handelt es sich nach OLG Stuttgart FamRZ 1990, 1260nur um eine schlichte Wohnungsgewährungsdienstbarkeit nach § 1090 BGB, während OLG Zweibrücken (DNotZ 1997, 325) bei Verwendung des Begriffs „Wohnungsrecht" den Ausschluss des Eigentümers im Wege der Auslegung für vereinbart hält. 104

Gelegentlich ist hingegen eine Mitnutzung der Wohnung durch den Eigentümer gewollt, wenn in der nicht-ehelichen Lebensgemeinschaft der Eigentümer dem anderen Teil ein grundbuchliches Bleiberecht einräumen, aber auf sein eigenes Recht nicht verzichten will. Dann ist kein Wohnungsrecht gemäß § 1093 BGB zu bestellen. In Betracht kommen vielmehr ein Mitbenutzungsrecht, das dem Wohnungsrecht nachgebildet ist, aber den Eigentümer nicht ausschließt oder eine Reallast auf (Mit-)Wohnungsgewährung. 105

Den Berechtigten treffen kraft Gesetz nur die Pflichten zur schonenden Ausübung (§§ 1090 Abs. 2, 1020 Satz 2 BGB) und zur gewöhnlichen Unterhaltung (§§ 1093 Abs. 1 Satz 2, 1041 BGB). Er hat auch die laufenden Betriebskosten (Heizung, Strom, Wasser, Müll) zu tragen. Sollen hierfür Besonderheiten gelten, können sie durch Einigung und Eintragung sowohl zu Lasten des Berechtigten als auch des Eigentümers zum dinglichen Inhalt des Wohnungsrechts gemacht werden (BayObLG 106

Rpfleger 1980, 385; OLG Schleswig Rpfleger 1995, 13); zur Auslegung einer schuldrechtlichen Vereinbarung BGH MDR 2010, 18.

107 In Abgrenzung hierzu hält das BayObLG (NJW-RR 1989, 14) eine Verdinglichung nur für Kosten zulässig, die im Zusammenhang mit der Ausübung des Wohnungsrechts anfallen (zB Heizung, Müllabfuhr, Wasser), nicht aber die (ggf. teilweise) Überbürdung von Grundstückslasten auf den Berechtigten generell; dies komme einem (unzulässigen) Entgelt gleich. Auch bestehen Bedenken dagegen, alle Kosten auf den Eigentümer abzuwälzen, dem damit eine Leistungspflicht auferlegt würde, die nicht zum Inhalt der Dienstbarkeit werden kann (Schöner/Stöber Rz. 1253). Den Eigentümer trifft keine gesetzliche Unterhaltungspflicht (BayObLGZ 85, 414 ff.).

108 Für schuldrechtliche Vereinbarungen gelten diese Einschränkungen nicht; deren Erfüllung kann als Bedingung mit dem Recht verknüpft werden. Daher:

108a ➲ **Praxistipp:** Regelungen zur Tragung von Kosten und Lasten im Zusammenhang mit einem Wohnungsrecht sollten jedenfalls auch schuldrechtlich vereinbart werden. Leistungspflichten des Eigentümers sind ggf. durch Reallast abzusichern.

109 Die **Mitbenutzung durch Dritte** ist nach § 1093 Abs. 2 BGB auf Familienangehörige (nicht gleichbedeutend mit Unterhaltsabhängigen) und Bedienungs- und Pflegepersonal beschränkt; dazu gehören auch ständige Lebensgefährten (BGH MDR 1982, 663; ablehnend Heinz FamRZ 1982, 763). Abweichende Vereinbarungen in beide Richtungen sind zulässig und können dinglicher Inhalt sein.

110 **Mehrere Berechtigte** werden in der Regel nach § 428 BGB als Gesamtgläubiger berechtigt. Sie können nicht in Bruchteilsgemeinschaft Inhaber des Rechts sein, da die Leistung nicht teilbar ist (OLG Köln DNotZ 1965, 686). Wegen der – uU unerwünschten – Wirkungen bei der Bestellung zugunsten einer BGB-Gesellschaft s. Rz. 79; s. auch LG Landshut RPfleger 1997, 433, das eine BGB-Gesellschaft als Rechtsinhaberin für zulässig hält.

bb) Wohnrecht und Entgelt

111 Das Wohnungsrecht besteht als dingliches Recht unabhängig davon, welches schuldrechtliche Kausalverhältnis es begründet und ob eine aus dem Kausalverhältnis geschuldete Gegenleistung erbracht wurde. Daher kann die **Unentgeltlichkeit** des Wohnungsrechts nicht dinglicher Inhalt sein (BayObLG MittBayNot 1988, 234; Schöner/Stöber Rz. 1259). Denkbar ist es jedoch, das Wohnungsrecht als Sicherungsrecht auszugestalten und vom ungekündigten Fortbestand eines Mietvertrages abhängig zu machen (s. **M 54.8**). Zum Nebeneinander von Wohnungsrecht und Mietvertrag: Palandt/Bassenge vor § 1018 BGB Rz. 2 u. 3.

c) Erlöschen

112 Neben die normalen Erlöschensgründe (s. Rz. 84.) tritt beim Wohnungsrecht noch der **Untergang des Gebäudes** hinzu, ohne dass eine Ersatzgewährung im Falle des Wiederaufbaus oder anderweitig geschuldet wird (hM: BGHZ 7, 268; BGH MDR 1988, 1044; aA. Palandt/Bassenge § 1093 BGB Rz. 19, der dies nur bei dauernder Unmöglichkeit des Wiederaufbaus annimmt, eine Wiederaufbaupflicht aber auch verneint). Daraus ergeben sich für die Praxis erhebliche Konsequenzen.

113 ➲ **Praxistipp:** Um dem Wegfall des Wohnungsrechts im Falle des Untergangs des Gebäudes vorzubeugen, kann bereits bei der Bestellung eine schuldrechtliche Ersatzlösung oder – parallel zum Wohnungsrecht – eine Reallast auf Wohnungsgewährung (aufschiebend bedingt durch den Wegfall des Wohnungsrechts) zweckmäßig sein, die bei Untergang des Gebäudes den Berechtigten zumindest wirtschaftlich sichert (s. **M 54.2**).

114 Ein ähnlicher Gestaltungsbedarf kann entstehen bei einem späteren Gebäudeabriss zum Zwecke einer Neubauerrichtung. Es kommen die Verpflichtung zur Bestellung eines neuen Wohnungsrechts im Neubau (vor Errichtung zulässig, s. Rz. 102) und für die Zwischenzeit ein schuldrechtliches oder durch Reallast zu sicherndes Recht auf Wohnungsgewährung in Betracht. – S. hierzu auch **M 54.2.**

Ein dauerndes **subjektives** (in der Person des Berechtigten liegendes) **Ausübungshindernis** (zB Pflegebedürftigkeit) **führt nicht zum Erlöschen** des Rechts. Vielmehr kann eine Vertragsanpassung wegen Wegfalls der Geschäftsgrundlage in Betracht kommen: Befugnis zur Vermietung (so bei existenzbedrohender Notlage des Berechtigten, OLG Köln MDR 1995, 464; auch OLG Celle MDR 1999, 87); oder Entstehen eines Geldzahlungsanspruchs (OLG Düsseldorf NJW-RR 1988, 326; OLG Köln NJW-RR 1989, 138). In Mangelfällen wird ein solcher Zahlungsanspruch gegebenenfalls vom Sozialhilfeträger geltend gemacht (Mayer, Wohnungsrecht und Sozialhilferegress, DNotZ 2008, 672, 686). 115

Die neueren Entscheidungen BGH DNotI-Report 2007, 52 = DNotZ 2008, 703, und OLG Celle DNotI-Report 2008, 29 = OLGR Celle 2008, 133 legen nahe, dass das Erlöschen des Wohnungsrechts nur dann zu einem Zahlungsanspruch führt, wenn keine anderweitige Regelung ausdrücklich getroffen ist (ähnlich Auktor MittBayNot 2008, 14; Herrler DNotZ 2009, 408; Zimmer ZEV 2009, 382 mit Ergänzungen zum Erlöschensnachweis durch Müller-von Münchow ZEV 2009, 549). Noch weitergehend nehmen OLG Hamm MDR 2010, 77 und OLG Köln RNotZ 2014, 511 an, dass ohne eine ausdrückliche Regelung bei Wegzug der Eigentümer, also nicht der vormals Wohnungsberechtigte, zur Vermietung auf eigene Rechnung befugt sei. Es ist es nach BGH ZEV 2009, 254 mit Anm. Litzenburger nicht sittenwidrig, einen Anspruch auf Versorgung dann erlöschen zu lassen, wenn der Berechtigte sich in einem Pflegeheim aufhält. 116

➲ **Praxistipp:** Um einer ungewollten Inanspruchnahme des Eigentümers aus dem erlöschenden Wohnungsrecht vorzubeugen, sollte ausdrücklich geregelt werden, ob und welche Entschädigung bei Wegzug zu leisten ist. Ohne eine solche Regelung erlischt das Wohnungsrecht nicht in Folge eines Auszugs oder eines sonstigen Hindernisses in der Person des Berechtigten. Auch bei Geschäftsunfähigkeit des Berechtigten sind mangels anderweitiger Abrede weder der Eigentümer berechtigt, das Recht abzulösen noch ein Betreuer oder Bevollmächtigter ohne Weiteres in der Lage, auf das Recht zu verzichten (vgl. DNotI-Report 2011, 160) 116a

Der Tod der Berechtigten führt zum Erlöschen der Dienstbarkeit; zur Löschung genügt die Vorlage der Sterbeurkunde. Ein gesonderter Vorlöschungsvermerk gem. § 23 Abs. 2 GBO ist nicht eintragungsfähig, es sei denn, dass dem Wohnungsrecht Unterhaltspflichten als selbstständige Reallasten beigestellt sind, auf die Rückstände über den Tod der Berechtigten hinaus bleiben können. 117

Es empfiehlt sich also eine vorsorgliche Regelung.

M 54.9 Wohnungsrecht[1] im Rahmen eines Übergabevertrages[2] (Form des Übergabevertrages)

(Urkundeneingang)

§ . . . (Nummer)

Die Übergeber[3] behalten

sich im Zuge der Übertragung ihres oben genannten Hausgrundstückes folgendes Wohnungsrecht gemäß § 1093 BGB vor:

(1) Die Übergeber sind auf ihre Lebenszeit berechtigt, die im Dachgeschoss gelegenen, abgeschlossenen Wohnung, bestehend aus zwei Zimmern, Küche, Bad/WC und Flur, unter Ausschluss des Eigentümers[4] zu nutzen.

1 S. Rz. 100 ff. Ein Wohnungsrecht in Kombination mit einer Reallast auf Wohnungsgewährung enthält **M 54.2.**

2 S. **M 44.6**. Bei separater Bestellung reicht formlose Einigung, gegenüber dem Grundbuchamt Bewilligung in der Grundbuchform des § 29 GBO.

3 Damit ist das Wohnungsrecht ersichtlich eine Zuwendung durch die Eltern und schmälert von vornherein den Wert der Übergabe. Gleichwertig ist Bestellung durch den übernehmenden Sohn aufgrund einer Auflage der Eltern.

4 Wichtiges Kriterium beim Wohnungsrecht, s. Rz. 104.

(2) Zum Wohnungsrecht gehört das Mitbenutzungsrecht[5] an Keller, Speicher, Hausgarten und sonstigen Gemeinschaftsanlagen bzw. -einrichtungen.

(3) Es ist Inhalt des Wohnungsrechts, dass der Wohnungsberechtigte alle für die Wohnung anfallenden Nebenkosten wie Strom, Wasser, Heizung, Warmwasser, Abwasserbeseitigung, Müllabfuhr, Straßenreinigung etc. sowie die Kosten der Instandhaltung der Wohnung trägt. Soweit möglich, sind diese Kosten verbrauchsabhängig festzustellen, im Übrigen im Verhältnis der nutzbaren Fläche aufzuteilen. Alle übrigen Lasten, namentlich Gebäudeversicherung, Grundsteuern und sonstige öffentliche Abgaben gehen zu Lasten des Grundstückseigentümers.

(4) Der Grundstückseigentümer ist fernerhin dinglich verpflichtet, das Anwesen, soweit es dem Wohnungsrecht unterliegt, in bewohnbarem und gepflegtem Zustand zu erhalten. Etwaige Rückstände auf diese Unterhaltungspflicht erlöschen mit dem Tode des Berechtigten. Der Grundstückseigentümer ist schuldrechtlich verpflichtet, die aufstehenden Gebäude für die Dauer des Wohnungsrechts in angemessener Höhe gegen Feuer-, Sturm-, Glasbruch- und Leitungswasserschaden versichert zu halten und im Schadensfall eine gleichwertige Wohnung aus der Versicherungsleistung wiederherzustellen.

(5) Die Überlassung des Wohnungsrechts zur Ausübung an Dritte ist nicht gestattet, auch nicht unentgeltlich.

(6) Das Wohnungsrecht steht den Übergebern als Gesamtberechtigten gemäß § 428 BGB zu, und nach dem Tode eines von ihnen dem Überlebenden allein in vollem Umfang.

(7) Sind alle Berechtigten aus Gründen, die der Übergeber nicht zu vertreten hat, auf Dauer aus der Wohnung ausgezogen, sind sie verpflichtet, die Löschung des Wohnungsrechts zu bewilligen. Dies gilt insbesondere, wenn die Berechtigten in einem Pflegeheim, Altersheim oder Krankenhaus untergebracht werden müssen. Die für die auswärtige Unterbringung und Versorgung anfallenden Kosten trägt der Übergeber nicht. Dem Berechtigten steht dann keine Entschädigung zu.

Alternativ:

Dem Berechtigten steht dann als Entschädigung eine Leibrente in Höhe von 50 % der ortsüblichen Miete zu, die auf Verlangen durch eine Reallast zu sichern ist. Der Übernehmer wird ferner die Verwandten, die für den Unterhalt des Berechtigten aufkommen müssen, hiervon freistellen, und zwar bis die Summe seiner eigenen Leistungen und der Freistellungen einen Betrag von . . . Euro erreicht. Die gesetzlichen Rückforderungs- und Unterhaltsrechte des Übergebers bleiben hiervon unberührt.

Die Übergeber bewilligen, sie und die Berechtigte beantragen die Eintragung dieses Wohnungsrechts im Grundbuch.

– weiter in der Urkunde –

(Schlussformel)

5 S. Rz. 103.

Kosten: *Notargebühr:* Für die Bestellung des Wohnrechts im Rahmen eines Übergabevertrages fällt keine besondere Gebühr an; das Wohnrecht hat allenfalls bei der Wertberechnung Bedeutung (§ 97 Abs. 3 GNotKG).

Gerichtsgebühr: 1,0-Gebühr für die Eintragung des Wohnrechts gem. Nr. 14121 KV GNotKG. Geschäftswert gem. § 52 Abs. 4 GNotKG.

IV. Nießbrauch

Literatur: *Goetze*, Der lebzeitige Nießbrauch an Grundstücken des Privatvermögens im Steuerrecht, RNotZ 2013, 147; *Meyer/Ball*, Die entgeltliche Ablösung des Vorbehaltsnießbrauchs an Immobilien, DStR 2011, 1211; *Pöppel*, Der Grundstücksnießbrauch in der notariellen Praxis, MittBayNot 2007, 85.

1. Begriff und Bedeutung

118 Der Nießbrauch (§§ 1030–1089 BGB) ist das umfassende Nutzungsrecht an dem belasteten Gegenstand. Er begründet zwischen Besteller und Berechtigtem ein dingliches Rechtsverhältnis, das kraft

Gesetzes auch gewisse schuldrechtliche Rechte und Pflichten umfasst, die zum Inhalt des Nießbrauchs gehören (BayObLGZ 1972, 364, 366 mwN) und damit für und gegen Rechtsnachfolger wirken. Den gesetzlichen Inhalt abändernde Vereinbarungen sind zulässig und haben bei Nießbrauch an Grundbesitz dingliche Wirkung, wenn sie im Grundbuch eingetragen sind. Solche Vereinbarungen dürfen aber das Wesen des Nießbrauchs nicht berühren (s. Rz. 136 ff.).

Der Nießbrauch findet sich häufig in Übergabeverträgen (s. **M 44.2** und **M 44.6**), wenn der Grundbesitz zwar zu Lebzeiten des bisherigen Eigentümers übergeben werden soll, diesem aber das „wirtschaftliche Eigentum", dh. die Nutzungsberechtigung und/oder der Ertrag erhalten bleiben sollen. Vertiefend Pöppel, Grundstücksnießbrauch in der notariellen Praxis, MittBayNot 2007, 85. 119

2. Einzelfragen

a) Gegenstand und Bestellung

Ein Nießbrauch kann sowohl an Sachen (§§ 1030 ff. BGB) als auch an Rechten (§§ 1068 BGB) und an einem Vermögen (§§ 1085 ff. BGB) bestellt werden. 120

aa) Nießbrauch an Sachen

Ein Nießbrauch kann an beweglichen und unbeweglichen Sachen bestellt werden. 121

Bei **beweglichen Sachen** (Fahrnis) ist formlose Einigung über den Nießbrauch und Übergabe der Sache (oder Übergabeersatz nach §§ 930 ff. BGB) erforderlich (§ 1032 BGB). 122

An **Grundstücken** (auch Erbbaurecht, Wohnungs- und Teileigentum) erfolgt die Bestellung durch Einigung und Grundbucheintragung (§ 873 BGB). Gegenüber dem Grundbuchamt reicht die Bewilligung des Eigentümers in der Form des § 29 GBO. Gegenstand des Nießbrauchs kann auch ein Miteigentumsanteil (§ 1066 BGB). Auch kann der Nießbrauch selbst auf einen bestimmten Anteil begrenzt werden (Quotennießbrauch, **M 54.11**), und zwar auch dann, wenn er selbst wiederum nur an einem Miteigentumsanteil bestellt wird (OLG Schleswig MittBayNot 2009, 376 f.). 123

➲ **Wichtig:** Bei Nießbrauchbestellung an einem land- oder forstwirtschaftlichen Grundstück ist nach § 2 Abs. 2 Nr. 3 GrdstVG die Genehmigung des Landwirtschaftsamts erforderlich. 124

Auch Dauerwohn- und Dauernutzungsrechte können mit einem Nießbrauch belastet werden, **ebenso** ein **Schiff** (eingetragene Schiffe nach §§ 9, 82 SchiffsRG, nicht eingetragene wie Fahrnis), **nicht** aber **Luftfahrzeuge** (§ 9 LuftfzRG). 125

Die Belastung mehrerer Grundstücke führt nicht zu einem Gesamtrecht (KGJ 43, 347). 126

Bei Zuschreibung eines anderen Grundstücks als Bestandteil zum nießbrauchbelasteten Grundstück findet **keine Erstreckung** des Nießbrauchs auf die zugeschriebene Fläche statt. 127

Zum **Nießbrauch an Rechten** s. Rz. 166 und **M 54.13.**

bb) Nießbrauch an einem Vermögen

Der Nießbrauch an einem Vermögen stellt wegen der Vorschrift des § 1085 Satz 1 BGB praktisch die **Summe von Einzel-Nießbrauchsrechten** an den einzelnen Gegenständen dar. Die Bestellung erfolgt nach den für jeden einzelnen Gegenstand maßgebenden Begründungs- und Formvorschriften. Der Hauptanwendungsfall ist der Nießbrauch an einer Erbschaft (§ 1089 BGB), häufig letztwillig zugewendet und auf den gesamten Nachlass (oder eine Quote hiervon) bezogen. Auch hier ist die Bestellung an allen betroffenen Nachlassgegenständen einzeln erforderlich (anders beim Nießbrauch an einem Erbteil, der ein Rechtsnießbrauch ist und als solcher bestellt wird, s. Rz. 167 ff., auch bei Bestellung an allen Erbteilen). 128

b) Berechtigter

129 Nießbrauchsberechtigte können **natürliche oder juristische Personen** sein, auch eine OHG oder KG, nicht aber subjektiv-dinglich Berechtigte (zB „der jeweilige Eigentümer des Grundstücks …").

130 Auch **Personengesamtheiten** können Berechtigte sein (s. Rz. 79): Gesamthandsgemeinschaft, Bruchteilsgemeinschaft, auch Gesamtgläubiger nach § 428 BGB (OLG Hamm Rpfleger 1980, 21), nicht aber Mitberechtigte nach § 432 BGB (OLG München DNotZ 2010, 120 mit Anm. Kessler). – Zum **Nießbrauch für mehrere Berechtigte** und den damit verbundenen **Gestaltungsmöglichkeiten und -gefahren** s. Rz. 159 ff.

131 Berechtigter eines Nießbrauchs kann nach inzwischen einhelliger Meinung auch der **Eigentümer an seinem eigenen Grundstück** sein, sog. **Eigentümernießbrauch**. Für diesen wird in Anschluss an BGH DNotZ 2012, 137 auch kein besonderes Interesse mehr verlangt werden können.

132 Bei **Beteiligung von Minderjährigen** gilt Folgendes (vgl. Bräuer/Petzold, FamFR 2013, 433; Kölmel RNotZ 2010, 1; RNotZ 2011, 332; zum Genehmigungsverfahren Übersicht in DNotI-Report 2009, 145):

Die **Schenkung eines Grundstücks mit einem Vorbehaltsnießbrauch** zugunsten der Schenker bedarf **keiner Zustimmung der Eltern und keiner familiengerichtlichen Genehmigung** (und somit auch keiner Ergänzungspflegerbestellung, wenn die Eltern schenken), da der Minderjährige jedenfalls auch dann nur einen rechtlichen Vorteil iSv. § 107 BGB erlangt, wenn der Nießbraucher über §§ 1042 Satz 2, 1047 BGB hinaus auch die Kosten außergewöhnlicher Ausbesserungen und Erneuerungen sowie die außergewöhnlichen Grundstückslasten zu tragen hat, der Eigentümer insoweit also nicht zum Aufwendungs- oder Verwendungsersatz gem. §§ 1049, 677 ff. BGB verpflichtet ist (BGH MDR 2005, 323).

Ist das Grundstück allerdings **vermietet oder verpachtet**, ist die Schenkung mit Vorbehaltsnießbrauch **nicht** mehr nur **rechtlich vorteilhaft** (BGH MDR 2005, 562, 563).

133 Die **Schenkung eines Nießbrauchs** bringt dem Minderjährigen dagegen wegen der damit verbundenen Erhaltungs- und Lastentragungspflichten nicht mehr nur einen rechtlichen Vorteil, so dass dabei die **Mitwirkung (Zustimmung) des gesetzlichen Vertreters**, bei dessen Vertragsbeteiligung **ggf.** eines zu bestellenden **Ergänzungspflegers**, erforderlich ist (Palandt/Ellenberger § 107 BGB Rz. 4).

c) Gesetzlicher Inhalt und Änderungsvereinbarungen

134 Das gesetzliche Schuldverhältnis legt bestimmte **Grundregeln über die beiderseitigen Rechte und Pflichten** fest.

- Dem **Nießbraucher obliegen** eine Substanzerhaltungspflicht (Erhaltung der Sache, ordnungsgemäßes Wirtschaften, Versicherung der Sache) sowie die Pflicht, die gewöhnlichen öffentlichen und privatrechtlichen Lasten (§ 1047 BGB) zu tragen.
- Der **Eigentümer hat** Verwendungsersatz zu leisten (für über § 1047 BGB hinausgehende, gebotene Aufwendungen); er tritt in die vom Nießbrauchsberechtigten begründeten Mietverhältnisse ein.

Diese gesetzlichen Nießbrauchsbestimmungen unterliegen nur in beschränktem Umfang der Disposition.

aa) Zwingendes Recht

135 Zwingendes Recht sind die **Nichtvererblichkeit** (§ 1061 BGB) und die – von der Ausnahmeregelung der §§ 1059a ff. BGB für juristische Personen und rechtsfähige Personengesellschaften abgesehen (s. Rz. 76 ff.) – **Nichtübertragbarkeit** (§ 1059 Satz 1 BGB); die Ausübung kann allerdings kraft Gesetzes (aber abdingbar) Dritten überlassen werden (§ 1059 Satz 2 BGB), zB. durch Vermietung oder Verpachtung. Ferner sind **Vereinbarungen unzulässig, die den Wesenskern** des Nießbrauchs **verändern**; dieser besteht beim Berechtigten in einem umfassenden Nutzungsrecht, beim

Eigentümer in einer entsprechenden Duldungspflicht. – Zu Gestaltungsmöglichkeiten, die Nichtvererblichkeit und Nichtübertragbarkeit zu umgehen, s. Rz. 76 und **M 54.12**.

Unzulässig (jedenfalls hinsichtlich der dinglichen Wirkung) ist danach eine Vereinbarung, durch die der Eigentümer Leistungspflichten übernimmt (BayObLG MDR 1977, 1019), dem Berechtigten das Besitzrecht (§ 1036 BGB) oder das Eigentum an den Früchten (§ 1037 Abs. 1 BGB) entzogen oder eingeschränkt oder ihm andererseits entgegen § 1037 Abs. 1 BGB ein Umgestaltungsrecht (BayObLG MDR 1977, 844; KG MDR 1992, 376), ein Gebäudeerrichtungsrecht (KG MDR 1992, 376) oder ein Verfügungsrecht (Dispositionsnießbrauch) eingeräumt (BGH NJW 1982, 31; Palandt/Bassenge § 1030 BGB Rz. 7) oder die Pflicht erlassen wird, ein abgeholztes Waldgrundstück wieder aufzuforsten (BayObLG Rpfleger 1977, 407). 136

Unzulässig ist auch die **Beschränkung des Nießbrauchs auf einzelne Nutzungsarten** (zB Holznutzung, BayObLG MDR 1982, 144) **oder bestimmte Gebäudeteile** (zB Ausnahme einer bestimmten Wohnung, BayObLG MDR 1980, 229). **Zulässig** ist nach § 1030 Abs. 2 BGB dagegen der **Ausschluss einzelner Nutzungen**, zB der Vermietung (LG Aachen Rpfleger 1986, 468) oder überhaupt der Überlassung der Ausübung an Dritte (BGH MDR 1985, 919), auch die Herausnahme unwesentlicher Teile. 137

➲ **Praxistipp:** Eine an sich unzulässige Herausnahme einzelner Gebäudeteile (zB einer Wohnung) aus dem Nießbrauch lässt sich dadurch herbeiführen, dass zuvor eine Nutzungseinschränkung (zB. durch Bestellung eines dinglichen Wohnungsrechts) erfolgt; der Nießbrauch erstreckt sich dann umfassend auf den dergestalt bereits eingeschränkten Rechtszustand (Staudinger/Frank § 1030 BGB Rz. 56 und § 1060 BGB Rz. 4; Beck'sches Notarhdb./Jerschke A V 134); durch ein Wohnungsrecht zugunsten des Eigentümers selbst käme dann das vom Gesetz zwingend ausgeschlossene Nebeneinander von Eigentümer und Nießbraucher doch zustande (was nicht unbedenklich erscheint; s. auch Ertl MittBayNot 1988, 53). 138

bb) Abdingbarkeit

Ganz oder teilweise **mit dinglicher Wirkung** abdingbar sind dagegen folgende gesetzliche Bestimmungen, die die Rechte und Pflichten der Beteiligten regeln, und zwar sowohl durch Befreiung von gesetzlichen Pflichten (Rz. 140 f.) als auch durch Auferlegung gesetzlich nicht geschuldeter Pflichten (Rz. 144). 139

Dem Nießbraucher kann die ihm nach § 1041 Satz 2 BGB auferlegte **Pflicht zur gewöhnlichen Unterhaltung** (Ausbesserungen und Erneuerungen, zB Schönheitsreparaturen, Behebung kleinerer Schäden) **ganz oder teilweise erlassen** werden, **nicht** aber die **allgemeine Erhaltungspflicht** nach § 1041 Satz 1 BGB (Erhaltung des wirtschaftlichen Bestandes, zB. Wiederaufforstung = BayObLG MDR 1977, 1019; aA LG Ulm BWNotZ 1977, 173). 140

Auch die Regelungen über die **Tragung finanzieller Lasten** sind **abdingbar**. Das gilt für die an sich dem Nießbraucher auferlegten 141

- **laufenden öffentlichen Lasten** wie Grundsteuer, Müllabfuhr-, Kanalgebühren und dergl. (Erschließungs-, Umlegungs-, Sanierungs-, Anliegerbeiträge betreffen ohnehin den Eigentümer);
- **privaten Lasten**, die bei Bestellung des Nießbrauchs auf dem Grundstück ruhen, wie Zinsen aus Grundpfandrechten (nicht auch Tilgung, die dem Eigentümer obliegt, s. aber Rz. 150), Pflichten aus einer Reallast, Überbau- und Notwegrechten, wobei der Ausschluss der Zinstragungspflicht des Nießbrauchers (neben dem Eigentümer als Gesamtschuldner) nicht im Verhältnis zum Gläubiger gilt, sofern der Eigentümer (und nicht ein Dritter) der Schuldner ist, § 1088 BGB,
- **Versicherungspflicht** des Nießbrauchers nach § 1045 BGB.

Abdingbar ist auch der **Anspruch des Eigentümers**, vom Nießbraucher bei Besorgnis einer erheblichen Verletzung der Eigentümerrechte eine **Sicherheitsleistung zu verlangen**, § 1051 BGB (BayObLG MDR 1977, 844). 142

143 Das dem Nießbrauch innewohnende **Recht**, die **Ausübung Dritten zu überlassen** (Vermietung, Verpachtung), kann ebenfalls ausgeschlossen oder eingeschränkt werden (BGH NJW 1985, 2827).

144 Die ihm nach dem Gesetz nicht obliegende **Pflicht zur außergewöhnlichen Unterhaltung** (umfangreiche Renovierungs-, Instandhaltungs- und Verbesserungsmaßnahmen) kann dem Nießbraucher auferlegt werden (BayObLG MittBayNot 1985, 70), nicht aber wohl **die Leistung eines Wertminderungsersatzes** bei ordnungsgemäßer Ausübung, § 1050 BGB (s. Schippers MittRhNotK 1996, 197, 201). Vertiefend Promberger MittBayNot 2010, 22.

145 ➲ **Wichtig:** Da der Nießbraucher eines Grundstücks die Mieterträge erzielt, ist es regelmäßig gewünscht, dass er auch alle **Aufwendungen** trägt und im Gegenzuge steuerlich absetzen kann. Diese Lastenübernahme sollte mit der Berechtigung verbunden werden, die **Finanzierung** größerer Sanierungsmaßnahmen auf dem Grundbesitz absichern zu können; sei es im Wege einer Mitwirkungspflicht des Übernehmers oder im Wege einer vorbehaltenen Grundschuld.

146 Vereinbart und verdinglicht werden können auch: Die Pflicht des Nießbrauchers zur **Zahlung eines Entgelts**, sofern hinreichend bestimmt oder bestimmbar (BayObLGZ 79, 273 ff.); eine bestimmte **Verwendung der gezogenen Nutzungen** (zB. beim Sicherungsnießbrauch zur Tilgung von Schulden beim Eigentümer [BayObLG aaO]); die Übernahme auch der **Tilgungsleistungen für bestehende Grundpfandrechte** (Schippers MittRhNotK 1996, 197, 202), wobei die Haftung des Eigentümers gegenüber dem Gläubiger dadurch nicht berührt wird; überhaupt die Übernahme von **Leistungspflichten jeder Art**, die an sich den Eigentümer betreffen, sofern sie nur in irgendeiner Weise zum Nießbrauch einen Sachbezug haben (Schippers MittRhNotK 1996, 197, 202 mwN).

147 Der **Anspruch des Nießbrauchers auf Verwendungsersatz** (§ 1049 BGB) ist abdingbar, er kann eingeschränkt oder ganz beseitigt werden. Ob umgekehrt ein Anspruch des Eigentümers auf Verwendungsersatz verdinglicht werden kann, ist von der Rspr. noch nicht entschieden (bej. Schippers MittRhNotK 1996, 197, 203).

cc) Schuldrechtliche Vereinbarungen, Bedingung, Befristung

148 **Leistungspflichten des Eigentümers können**, soweit sie mit dem Wesen des Nießbrauchs überhaupt vereinbar sind, **idR nicht verdinglicht werden** (so BayObLG MDR 1977, 1019 für eine Aufforstungspflicht nach Kahlschlag); s. zu diesem Problem Schippers aaO.

149 Soweit vorstehende Vereinbarungen als unzulässig bezeichnet worden sind, bezieht sich dies nur auf den dinglichen Inhalt des Nießbrauchs. **Mit rein schuldrechtlicher Wirkung sind Vereinbarungen solchen Inhalts zulässig**. Im Nießbrauchsvertrag, vor allem **in der Grundbucherklärung, sind dinglicher und schuldrechtlicher Inhalt klar zu trennen**; andernfalls besteht die Gefahr der Antragszurückweisung. Solche schuldrechtlichen Vereinbarungen können als Bedingung zum Inhalt des Nießbrauchs gemacht werden (s. **M 54.7** Fn. 2).

150 Schließlich kann der Nießbrauch grundsätzlich auch **befristet** und **auflösend oder aufschiebend bedingt** bestellt werden (allerdings zB nicht vom Bestand eines Mietvertrages abhängig gemacht werden, BayObLGZ 79, 273).

151 ➲ **Wichtig:** Wird ein Nießbrauch an Wohnungseigentum bestellt, bleibt der Eigentümer Mitglied der Gemeinschaft und stimmberechtigt. Er muss also dem Nießbraucher gegebenenfalls gesondert Vollmacht zur Vertretung in der Eigentümergemeinschaft erteilen (BGH MDR 2002, 1003).

d) Unübertragbarkeit, Unverpfändbarkeit, Unvererblichkeit, Pfändbarkeit

152 **Mit** der **Unübertragbarkeit** des Nießbrauchs (§ 1059 BGB, s. Rz. 135) **entfällt** nach § 1274 Abs. 2 BGB **auch die Verpfändbarkeit** durch Rechtsgeschäft. Zu den Ausnahmen vom Übertragungsverbot nach § 1059a BGB für juristische Personen und rechtsfähige Personengesellschaften s. Rz. 76 ff.

153 Nach § 1061 BGB (unabdingbar) erlischt der Nießbrauch mit dem Tod des Nießbrauchers, er ist somit **nicht vererblich** (s. aber Rz. 162 ff.).

Über die Zulässigkeit einer **Pfändung** besteht Streit. Nach BGHZ 62, 133, 137 ff. ist ein Nießbrauch als solcher pfändbar, die Pfändung kann im Grundbuch vermerkt werden. andere halten dagegen nur das Recht auf Ausübung für pfändbar, vgl. Erman/*Bayer* § 1059 BGB Rz. 1 ff. Nach BGHZ 95, 99 ist eine Pfändung auch zulässig, wenn die Ausübungsüberlassung an Dritte ausgeschlossen ist. 154

e) Begründung und Erlöschen

Zu Begründung und Erlöschen kann auf die Erläuterungen zur beschränkten persönlichen Dienstbarkeit (s. Rz. 84 f.) verwiesen werden. Auch der Nießbrauch erlischt (unabdingbar) mit dem Tode des Berechtigten, bei einer juristischen Person oder rechtsfähigen Personengesellschaft mit deren Erlöschen (§ 1061 BGB). 155

➲ **Praxistipp:** Bei Bestellung bis zum Tode des Berechtigten empfiehlt sich, bei Grundbesitz die Löschungserleichterung des § 23 GBO (Nachweis des Todes des Berechtigten) aufzunehmen; hierbei braucht der Berechtigte in der Grundbucherklärung nicht mitzuwirken. 156

Der Nießbrauch an beweglichen Sachen (und an Rechten, § 1068 Abs. 2 BGB) erlischt auch, wenn der Berechtigte Eigentümer der Sache wird (§ 1063 Abs. 1 BGB), sofern er nicht ein rechtliches Interesse am Fortbestand hat (§ 1063 Abs. 2 BGB), zB wegen nachfolgender Belastungen (mit anderem Nießbrauch, Pfandrecht). 157

Bei Grundbesitz gilt dagegen § 889 BGB: Der Nießbrauch besteht bei Eigentumserwerb seitens des Berechtigten fort. 158

M 54.10 Bestellung eines Nießbrauchs an einem Grundstück[1]

An das

Grundbuchamt

. . . (Ort)

Betr.: Grundbuch von . . . (Ort) Band/Blatt . . . (Nummer)

Ich bin Eigentümer des im bezeichneten Grundbuch eingetragenen Hausgrundstücks Flurstück Nr. . . . (Nummer und weitere Beschreibung).

Ich habe mit meinen Eltern, den Eheleuten . . . (Name), die Bestellung eines Nießbrauchs für diese vereinbart, der im einzelnen folgenden Inhalt hat:

1. *Der Nießbrauch ist auf Lebenszeit der Berechtigten bestellt*[2].
2. *Der Nießbrauch steht den Berechtigten als Gesamtgläubigern nach § 428 BGB zu*[3], *dh. dem Längerlebenden ungeschmälert allein.*
3. *Im Übrigen gelten die gesetzlichen Regeln*[4].

Ich bewillige und beantrage die Eintragung des Nießbrauchs an rangbereiter Stelle im Grundbuch mit dem Vermerk, dass zur Löschung des Rechts eines Berechtigten jeweils der Nachweis seines Todes genügt[5].

Der Jahreswert des Nießbrauchs beträgt . . . Euro. Die Berechtigten sind . . . (Zahl) und . . . (Zahl) Jahre alt.

(Unterschriftsbeglaubigung)

---

1 S. Rz. 118 ff.

2 Die Erwähnung der Geltung auf Lebenszeit dient nur der „Beruhigung" der Berechtigten. Wird der Nießbrauch nicht befristet, so gilt er schon kraft Gesetzes auf Lebenszeit des Berechtigten, s. Rz. 137.

3 S. Rz. 132 f.

4 S. Rz. 136 ff. Zum Nettonießbrauch s. das Formulierungsbeispiel in **M 44.2**.

5 Diese Löschungserleichterung nach § 23 GBO bedarf keiner Mitwirkung des Berechtigten, wenn sie mit dem Recht eingetragen wird (BGH NJW 1976, 962 f.). Die Löschung des Erstversterbenden ist trotz des Fortbestandes des Rechts bedeutsam, zB wenn Rangerklärungen für den Nießbrauch abzugeben sind.

Kosten: *Notargebühr:* 0,2-Gebühr gem. Nr. 25100 KV GNotKG, mindestens 20 Euro, höchstens 70 Euro. Geschäftswert gem. §§ 121, 52 Abs. 4 GNotKG. Bei Fertigung des Entwurfs und Beglaubigung 0,5-Gebühr gem. Nrn. 24102, 21201 Nr. 4 KV GNotKG (§ 92 Abs. 2 GNotKG), Geschäftswert gem. §§ 119, 52 Abs. 4 GNotKG.

Gerichtsgebühr: 1,0-Gebühr für die Eintragung des Nießbrauchs gem. Nr. 14121 KV GNotKG. Geschäftswert gem. § 52 Abs. 4 GNotKG.

M 54.11 Bestellung eines Quotennießbrauchs[1]

An das

Grundbuchamt

. . . (Ort)

Betr.: Grundbuch von . . . (Ort) Band/Blatt . . . (Nummer): Flurstück Nr. . . . (Nummer und weitere Beschreibung)

Ich bin Alleineigentümer des im Betreff bezeichneten Grundbesitzes. Ich bestelle hiermit an diesem Grundstück aufgrund einer entsprechenden Vereinbarung[2] *zugunsten von . . . (Name) einen Nießbrauch zu einer Quote von ½ und bewillige und beantrage die Eintragung im Grundbuch. Ferner beantrage ich, bei dem Recht zu vermerken, dass zur Löschung der Nachweis des Todes des Berechtigten genügt*[3].

Der Nutzungswert des Anwesens beträgt insgesamt . . . Euro jährlich. Der Berechtigte ist . . . Jahre alt.

(Unterschriftsbeglaubigung)

1 S. Rz. 123.

2 Braucht dem Grundbuchamt nicht nachgewiesen zu werden.

3 Auch für die Löschungserleichterung nach § 23 GBO bedarf es keiner Mitwirkung des Nießbrauchberechtigten (BGH NJW 1976, 962 f.).

Kosten: *Notargebühr:* 0,2-Gebühr gem. Nr. 25100 KV GNotKG, mindestens 20 Euro, höchstens 70 Euro. Geschäftswert gem. §§ 121, 52 Abs. 4 GNotKG. Bei Fertigung des Entwurfs und Beglaubigung 0,5-Gebühr gem. Nrn. 24102, 21201 Nr. 4 KV GNotKG (§ 92 Abs. 2 GNotKG), Geschäftswert gem. §§ 119, 52 Abs. 4 GNotKG.

Gerichtsgebühr: 1,0-Gebühr für die Eintragung des Nießbrauchs gem. Nr. 14121 KV GNotKG. Geschäftswert gem. § 52 Abs. 4 GNotKG.

3. Besonderheiten bei Mehrheit von Berechtigten

159 Wie bereits ausgeführt (s. Rz. 130), kann der Nießbrauch auch für mehrere Berechtigte in verschiedener Gemeinschaftsform bestellt werden.

160 ➲ **Wichtig:** Eine Nießbrauchsbestellung für mehrere Berechtigte führt je nach der gewählten Rechtsform hinsichtlich der Dauer des an sich spätestens mit dem Tod des Berechtigten erlöschenden Rechts (§ 1061 BGB) zu sehr unterschiedlichen Ergebnissen; diese können durch eine bewusste Gestaltung angestrebt sein, unbedacht gewählt aber auch zu unerwünschten Konsequenzen führen.

161 Unproblematisch ist der Nießbrauch für **Gesamtberechtigte nach § 428 BGB.** Stirbt ein Berechtigter, so besteht der Nießbrauch für den oder die übrigen Berechtigten ungeschmälert fort; er endet insgesamt erst mit dem Tode des letzten Berechtigten (so in **M 54.12**).

162 Anders dagegen, aber auch ohne besondere Probleme, bei **Bruchteilsberechtigung:** Mit dem Tode eines Berechtigten erlischt der Nießbrauch insoweit, zwischen dem verbleibenden Berechtigten und dem Eigentümer entsteht eine Nutzungsgemeinschaft nach §§ 741 ff. BGB (BayObLGZ 55, 155),

sofern nicht schon eine bestand, wie etwa beim Quotennießbrauch (dann lediglich Änderung der Quoten).

➲ **Wichtig:** Im Grundbuchverfahren sind die Rechtsverhältnisse genau anzugeben (§ 47 GBO), bei Bruchteilsgemeinschaft auch die Anteile (BGH NJW 1981, 176: „als Gesamtberechtigte" ohne Hinweis auf § 428 BGB genügt nicht; ferner BGH NJW 1979, 421). Unzulässig ist nach OLG München DNotZ 2010, 120 mit Anm. Kessler die Begründung gem. § 432 BGB (dafür noch Amann DNotZ 2008, 324). 163

Bei bestimmten Formen der **Gesamthandgemeinschaft** (BGB-Gesellschaft, Gütergemeinschaft, Erbengemeinschaft) gerät dagegen das Prinzip der Nichtübertragbarkeit und Nichtvererblichkeit des Nießbrauchs mit den Regeln der Gemeinschaft in Konflikt, die die Übertragung und Vererbung der Gemeinschaftsanteile kraft Gesetz oder durch Vereinbarung im Gesellschaftsvertrag vorsehen können. Auf diese Weise kann ein **„ewiger" Nießbrauch** entstehen (s. auch Rz. 80 ff.), auf dessen Beendigung der Eigentümer keinerlei Einfluss mehr hat. 164

Ein solches Ergebnis kann mit dieser Gestaltungsmöglichkeit bewusst angestrebt werden (s. Rz. 83). Soll es dagegen vermieden werden, kann der Nießbrauch **befristet** oder unter einer **auflösenden Bedingung** bestellt werden (zB. Erlöschen insgesamt beim Tode auch nur eines der Berechtigten oder eines bestimmten Berechtigten oder auch bei dessen anderweitigem Ausscheiden aus der Gemeinschaft). Soll andererseits ein neuer Berechtigter nach Wegfall eines Vor-Berechtigten zum Zuge kommen, kann die Nießbrauchsbestellung für ihn unter dieser aufschiebenden Bedingung erfolgen. Steht der künftige Berechtigte noch nicht in persona fest (zB die Erben oder die Abkömmlinge des Vorberechtigten), so kann der Eigentümer sich zu einer Nießbrauchbestellung für diesen verpflichten (Vertrag zugunsten Dritter) und den Anspruch durch Vormerkung sichern (LG Traunstein NJW 1962, 2207), wobei der Vormerkungsberechtigte allerdings eine bestimmte Person sein muss, etwa der erste Nießbraucher; dieser Anspruch ist wiederum nicht übertragbar und nicht vererblich. 165

M 54.12 Nießbrauch für eine Gesamthandgemeinschaft[1]

An das

Grundbuchamt

... (Ort)

Betr.: Grundbuch von ... (Ort) Band/Blatt ... (Nummer)

Ich bin Eigentümer des im bezeichneten Grundbuch eingetragenen Grundstücks Flurstück Nr. ... (Nummer und weitere Beschreibung). Das Grundstück ist in Abt. II und III lastenfrei.

Die unten bezeichnete Gesellschaft bürgerlichen Rechts hat von mir die Erlaubnis erhalten, auf dem bezeichneten Grundstück einen Minigolfplatz anzulegen und zu betreiben. Der Investitionswert beträgt 30 000 Euro (dreißigtausend Euro).

Ich bestelle hiermit an diesem Grundstück zugunsten der Gesellschaft bürgerlichen Rechts[2] „Minigolfplatz am See"[3], bestehend aus den Gesellschaftern

... (Personalien),

... (Personalien),

... (Personalien),

1 S. Rz. 159 ff.

2 Die Investition verlangt nach einer sicheren Dauer des Nießbrauchs, die bei Bestellung zugunsten eines einzigen Berechtigten wegen des (unabdingbaren) Erlöschens mit dessen Tod (§ 1061 BGB) nicht gewährleistet wäre (s. Rz. 80 ff.).

3 Eintragung der BGB-Gesellschaft (nur) unter ihrem Namen ist nicht zulässig (BayObLGZ 2002, 330); als Zusatz zu den Personalien aber unschädlich.

einen Nießbrauch mit folgendem Inhalt:

1. *Die Nießbraucher schulden ein Entgelt*[4] *iHv. 10 % des jährlichen Gewinns der GbR vor Steuern, für Rumpfjahre anteilig, fällig jeweils zum 31.3. des jeweiligen Folgejahres.*
2. *Die Nießbraucher tragen auch die Kosten außergewöhnlicher Ausbesserungen und Erneuerungen sowie die außergewöhnlichen Grundstückslasten*[5].
3. *Das Recht, die Ausübung Dritten zu überlassen, wird ausgeschlossen*[6].
4. *Der Nießbrauch ist wie folgt befristet*[7]*:*
   a) *Er endet mit Ablauf des 15. Jahres nach dem Jahr der Bestellung, und zwar am 30.9. des Schlussjahres.*
   b) *Er endet vorzeitig, wenn der letzte der jetzigen Gesellschafter stirbt.*
5. *Im Falle einer Beendigung des Nießbrauchs vor Ablauf der 15 Jahre gem. Nr. 4 lit. b schuldet der Eigentümer den Nießbrauchern einen Verwendungsersatz*[8] *iHv. 1/15 des oben angegebenen Investitionswertes für jedes Jahr der Restlaufzeit.*

Im übrigen gelten die gesetzlichen Bestimmungen.

Ich bewillige und beantrage, den Nießbrauch mit dem vorstehend festgelegten Inhalt im Grundbuch einzutragen.

Bei dem Recht ist zu vermerken, dass zur Löschung der Nachweis des Todes aller jetzigen Gesellschafter, sonst der Fristablauf genügt[9].

Der Jahreswert des Nießbrauchs wird mit ... Euro angegeben.

(Unterschriftsbeglaubigung[10]*)*

4 Zulässige Verdinglichung eines (bestimmbaren) Entgelts, s. Rz. 150.
5 S. Rz. 149.
6 Zur Zulässigkeit s. Rz. 148.
7 Bei einer Gesamthandberechtigung ist eine Befristung oder sonstige auflösende Bedingung dringend zu empfehlen, um einen „ewigen" Nießbrauch zu vermeiden, s. Rz. 167.
8 Anspruch besteht bereits gem. § 1049 BGB; die Bezifferung dürfte aber eintragungsfähig sein.
9 Zur Zulässigkeit s. Rz. 159.
10 Grundbuchform gem. § 29 GBO.

Kosten: *Notargebühr:* 0,2-Gebühr gem. Nr. 25100 KV GNotKG, mindestens 20 Euro, höchstens 70 Euro. Geschäftswert gem. §§ 121, 52 Abs. 2, 4 GNotKG. Bei Fertigung des Entwurfs und Beglaubigung 0,5-Gebühr gem. Nrn. 24102, 21201 Nr. 4 KV GNotKG (§ 92 Abs. 2 GNotKG), Geschäftswert gem. §§ 119, 52 Abs. 2, 4 GNotKG.

Gerichtsgebühr: 1,0-Gebühr für die Eintragung des Nießbrauchs gem. Nr. 14121 KV GNotKG. Geschäftswert gem. § 52 Abs. 2, 4 GNotKG.

4. Nießbrauch an Rechten

166 Nießbrauchgeeignet sind **(nur) Rechte, die übertragbar sind** (§ 1069 Abs. 2 BGB) **und unmittelbare oder mittelbare Nutzungen gewähren** (Palandt/Bassenge § 1068 BGB Rz. 1). Die Bestellung erfolgt nach den für die Übertragung des Rechts geltenden Vorschriften (§ 1069 Abs. 1 BGB), s. **M 54.13**.

167 **Beispiele:**

Urheber- und Patentrecht; Erbteil (anders bei Nießbrauch an der ganzen Erbschaft nach § 1089 BGB, s. Rz. 128); Gesellschaftsanteil (dazu Kruse, Nießbrauch an der Beteiligung an einer Personengesellschaft, RNotZ 2002, 69); Gewinnbezugsrecht; Forderung (§ 1074 BGB); Leibrente (§ 1073 BGB); Grund- und Rentenschuld (§ 1080 BGB); Wertpapiere und Inhaber- oder Orderpapiere (§ 1081 BGB).

168 Bei dem im folgenden **M 54.13** geregelten **Nießbrauch an einer Briefhypothek** handelt es sich um einen Nießbrauch an einer Forderung mit Übergang der Hypothek kraft Gesetzes (§ 1153 Abs. 1

BGB). Die Bestellung erfolgt gem. § 1069 Abs. 1 BGB entsprechend den für die Übertragung des Rechts geltenden Regeln (§ 1154 Abs. 1 Satz 1 BGB), somit auch mit Briefübergabe.

➲ **Wichtig:** Bei einem Buchrecht entsteht der Nießbrauch entsprechend § 1154 Abs. 3 BGB erst mit der Eintragung im Grundbuch. 169

M 54.13 Nießbrauch an einer Briefhypothek[1]

Im Grundbuch von ... (Ort) Band/Blatt ... (Nummer) ist zu Lasten des dort gebuchten Grundstücks Flurstück Nr. ... (Nummer) in Abt. III unter Nummer ... (lfd. Nummer) für mich eingetragen:

Briefhypothek iHv ... Euro nebst Jahreszinsen von ... %.

Ich bestelle hiermit zugunsten von ... (Name) einen Nießbrauch an der Hypothekenforderung[2] unter gleichzeitiger Übergabe des Hypothekenbriefes[3] an den Nießbraucher.

Ich bewillige die Eintragung des Nießbrauchs bei der Hypothek[4].

(Unterschriftsbeglaubigung[5])

1 Nießbrauch an einem Recht, s. Rz. 166 ff.
2 Mit dem Nießbrauch an der Forderung Übergang der Hypothek kraft Gesetzes (§ 1153 BGB), s. Rz. 171.
3 Briefübergabe nach § 1154 Abs. 1 Satz 1 BGB zwingend.
4 An sich reicht privatschriftliche Erklärung und Briefübergabe. Berechtigter hat aber entspr. § 1154 Abs. 1 Satz 2 BGB Anspruch auf Beglaubigung der Erklärung (Wirkung § 1155 BGB). Grundbucheintrag nur gegen Vorlage der öffentlich beglaubigten Bewilligung und des Hypothekenbriefes.
5 S. Fn. 4. Bei Buchrechten wird der Nießbrauch entspr. § 1154 Abs. 3 BGB erst mit Eintragung im Grundbuch wirksam (§ 873 BGB), s. Rz. 172.

Kosten: *Notargebühr:* 0,2-Gebühr gem. Nr. 25100 KV GNotKG, mindestens 20 Euro, höchstens 70 Euro. Geschäftswert gem. §§ 121, 52 Abs. 3 GNotKG. Bei Fertigung des Entwurfs und Beglaubigung 0,5-Gebühr gem. Nrn. 24102, 21201 Nr. 4 KV GNotKG (§ 92 Abs. 2 GNotKG), Geschäftswert gem. §§ 119, 52 Abs. 3 GNotKG.

Gerichtsgebühr: 0,5-Gebühr für die Eintragung des Nießbrauchs gem. Nr. 14130 KV GNotKG. Geschäftswert gem. § 52 Abs. 3 GNotKG.

5. Steuern

a) Grunderwerbsteuer, Schenkungsteuer

Die Nießbrauchbestellung selbst löst keine Grunderwerbsteuer aus, möglicherweise aber eine Schenkungsteuer. Bei einer Übertragung von Grundbesitz wird der Nießbrauch aber im Sinne des Grunderwerbsteuergesetzes als Gegenleistung betrachtet, gleichgültig, ob er als Vorbehaltsnießbrauch oder aufgrund entsprechender Auflage (vorbehaltene Nutzung iSv. § 9 Abs. 1 Nr. 1 GrEStG) bestellt wird oder aufgrund vorheriger Bestellung bereits besteht (auf dem Grundstück ruhende Last iSv. § 9 Abs. 2 Nr. 2 GrEStG). Findet der Vorgang im Rahmen einer Schenkung des Grundbesitzes statt, so ist nach dem Beschluss des BVerfG v. 15.5.1984 (BStBl. II 1984, 608) „im Ausmaß der Belastung neben der Schenkungsteuer keine Grunderwerbsteuer mehr zu erheben". Nach Auffassung des BVerfG dürfen Belastungen, die wegen ihrer Nichtabzugsfähigkeit bei der Erbschaft- oder Schenkungsteuer mittelbar Bemessungsgrundlage für die Erbschaft- und Schenkungsteuer sind, nicht noch einmal Bemessungsgrundlage für die Grunderwerbsteuer sein, unabhängig von der Frage, ob und in welchem Umfang tatsächlich Erbschaft- oder Schenkungsteuer erhoben wird. Bedeutungslos ist diese Frage allerdings, wenn der Erwerber zu den nach § 3 GrEStG von der Grunderwerbsteuer generell befreiten Personen gehört (Ehegatte; Verwandte in gerader Linie einschl. Stiefkinder sowie deren Ehegatten). 170

Erfolgt die **Grundstücksübertragung** (bei Übertragungen nach dem 31.12.2008) **bei gleichzeitiger Belastung** des Erwerbs **mit** einer **Nutzungs-, Rentenlast** oder mit der Verpflichtung zu sonstigen wiederkehrenden Leistungen, ist der Kapitalwert der Belastung unabhängig davon, zu wessen Gunsten die Last zu erbringen ist, bei der Berechnung des steuerpflichtigen Erwerbs abzuziehen. 171

Bei Grundstücksschenkungen unter Lebenden führt der Abzug der Nutzungslast, auch wenn der Schenker sich oder seinem Ehegatten das Nutzungsrecht vorbehält, hinsichtlich des Werts der Auflage nicht mehr zur Anwendbarkeit der grunderwerbsteuerlichen Befreiung nach § 3 Nr. 2 GrEStG.

Bis 2008 wurde bei einer **Grundstücksschenkung unter Nießbrauchsvorbehalt** der Erwerb nicht mit dem Verkehrswert, sondern mit seinem steuerlichen Wert (Grundbesitzwert) angesetzt. Dies hatte seinen Hintergrund u.a. in der Frage der Bewertung des übertragenen Grundstücks zum (steuerlichen) Einheits- und später der ersten Variante des steuerlichen Bedarfswertes, der die tatsächlichen Wertverhältnisse nicht abbildete. Folglich konnte in der Sache eine Berücksichtigung von Grundstücksbelastungen nur im Verhältnis zum zu Grunde gelegten Wert des übertragenen Vermögens erfolgen. Ergänzend hierzu bestand die Regelung des § 25 ErbStG, die zum 1.1.2009 aufgehoben wurde. Für vor 2009 verwirkte Erwerbe bleibt die Rechtwirkung grds. weiterhin anwendbar; das Abzugsverbot der Belastung wurde durch die zinslose Stundung des Teils der Steuer, die auf den Kapitalwert der Belastung entfiel, gemildert, § 25 Abs. 1 Satz 2 ErbStG. Die gestundete Steuer konnte jederzeit – solange die Steuer noch nicht fällig war – zum Barwert abgelöst werden, § 25 Abs. 1 Satz 3 ErbStG.

172 Der **vorzeitige unentgeltliche Verzicht auf ein vorbehaltenes Nießbrauchs- oder** anderes **Nutzungsrecht** erfüllt als Rechtsverzicht den Tatbestand des § 7 Abs. 1 Nr. 1 ErbStG, soweit dabei eine Bereicherung des Erwerbers eintritt, die bisher noch nicht der Steuer unterlag. Bis 2008 wurde eine steuerliche Doppelbelastung des Nutzungsrechts als Folge der Nichtberücksichtigung als Abzugsposten nach § 25 Abs. 1 Satz 1 ErbStG einerseits und seiner Erfassung beim späteren Verzicht des Berechtigten andererseits bei der Besteuerung des Verzichts durch den Abzug des bei der Besteuerung des nutzungsrechtsbelasteten Gegenstandes tatsächlich unberücksichtigt gebliebenen Steuerwerts des Nutzungsrechts vom Steuerwert des Nutzungsrechts im Zeitpunkt des Rechtsverzichts beseitigt (BFH v. 17.3.2004, BStBl. II 2004, 429). Aufgrund der ersatzlosen Aufhebung von § 25 ErbStG kann ab 2009 eine steuerliche Doppelerfassung des Nutzungsrechts im Gegensatz zu Übertragungen, bei denen § 25 ErbStG noch anzuwenden war, nicht mehr eintreten, so dass in diesen Fällen der Wert des Nießbrauchs- oder anderen Nutzungsrechts im Zeitpunkt des Verzichts ungeschmälert als eigenständige Schenkung anzusetzen ist.

b) Einkommensteuer

173 Die steuerliche Behandlung des **Nießbrauchs an Grundstücken** (die nachfolgenden Ausführungen gelten entsprechend für das **Wohnungsrecht** iSv. § 1093 BGB) ist nicht einfach. Die Finanzverwaltung hat die Grundsätze der Rechtsprechung im sog. Nießbrauchserlass zusammengefasst; in loser Folge überarbeitete das BMF die zusammengefassten höchstrichterlichen Rechtsprechungsgrundsätze, zuletzt BMF v. 30.9.2013, BStBl. I 2013, 1184. Im Kern geht es vor allem um die Frage, welche Einnahmen und Ausgaben beim Eigentümer und/oder beim Nießbraucher anzusetzen sind. Nießbrauchs- und Wohnrechtsbestellungen an Grundstücken sind insbesondere bei Vermögensübertragungen zwischen nahen Angehörigen anzutreffen.

aa) Rechtsbestellung zwischen nahen Angehörigen

174 Die Bestellung von Nießbrauchs- und Nutzungsrechten erfolgt in der Besteuerungspraxis regelmäßig zwischen nahen Angehörigen. In diesem Bereich sind bürgerlich-rechtliche Gestaltungen nur anzuerkennen, wenn sie klar vereinbart, ernsthaft gewollt und tatsächlich durchgeführt werden. Insbesondere muss ein **bürgerlich-rechtlich wirksames Nutzungsrecht** begründet werden, das die Beteiligten auch tatsächlich durchführen (BFH v. 13.5.1980, BStBl. II 1981, 297). So setzt zB die steuerliche Anerkennung eines Zuwendungsnießbrauchs der Eltern zugunsten der Kinder bei einem vermieteten Objekt voraus, dass die Kinder als Vertragspartner der Mietparteien auftreten bzw. in bereits bestehende Mietverträge eintreten (BFH v. 15.4.1986, BStBl. II 1986, 792).

175 Ein Nießbrauchsvertrag, der zu **Gestaltungsmissbrauch** (§ 42 AO) führt, ist steuerlich nicht anzuerkennen. Dies ist zB der Fall, wenn Eltern ihrem Kind unentgeltlich ein zeitlich befristetes Nießbrauchsrecht an einem Grundstück bestellen, welches das Kind anschließend an die Eltern zurückvermietet (BFH v. 18.10.1990, BStBl. II 1991, 205).

176 Minderjährige Kinder müssen bei Vertragsabschluss regelmäßig durch einen **Ergänzungspfleger** vertreten werden (BFH v. 27.4.2005, BStBl. II 2005, 892; s. Kap. 70). Räumen Eltern ihren minderjährigen Kindern einen Nießbrauch an einem Grundstück ein, bedarf es idR der Mitwirkung eines Ergänzungspflegers, weil das mit dem Nießbrauch regelmäßig verbundene gesetzliche Schuldverhältnis zwischen Eigentümer und Nießbraucher neben Rechten auch Pflichten des Nießbrauchers begründet und der Nießbraucher daher nicht nur einen rechtlichen Vorteil erlangt (BFH v. 13.5.1980, BStBl. II 1981, 297). Insbesondere der Eintritt des Nießbrauchers in die Vermieterstellung ist insoweit als rechtlich nachteilig anzusehen. Daher ist auch in den Fällen des **Bruttonießbrauchs** die Mitwirkung eines Ergänzungspflegers erforderlich, wenn der Nießbraucher in bestehende Mietverhältnisse eintreten oder zur Vermietung verpflichtet sein soll. Die Anordnung einer Ergänzungspflegschaft ist nur für die Bestellung, nicht für die Dauer des Nießbrauchs erforderlich (BFH v. 13.5.1980, BStBl. II 1981, 295).

177 Die Bestellung des Nießbrauchs ohne Mitwirkung eines Ergänzungspflegers ist in diesen Fällen jedoch einkommensteuerrechtlich anzuerkennen, wenn das Vormundschaftsgericht (jetzt Familiengericht) die Mitwirkung eines Ergänzungspflegers für entbehrlich gehalten hat (BMF v. 30.9.2013, BStBl. I 2013, 1184, Rz. 5).

bb) Nießbrauch bei eigengenutzten Wohnungen

178 Für eine **bis zum 31.12.2005 angeschaffte oder hergestellte** Wohnung konnte unter weiteren Voraussetzungen **Eigenheimzulage** beantragt werden. Anspruchsberechtigt war der bürgerlich-rechtliche oder wirtschaftliche Eigentümer, wobei wirtschaftliches Eigentum durch dinglich oder schuldrechtlich begründete Nutzungsrechte an der Wohnung in der Regel nicht vermittelt wird.

179 Einstweilen frei.

cc) Zuwendungsnießbrauch

180 Ein Zuwendungsnießbrauch liegt vor, wenn der Eigentümer einem Dritten ein Nießbrauchsrecht an seinem Grundstück bestellt. Dabei ist zwischen unentgeltlicher, teilentgeltlicher und entgeltlicher Rechtsbestellung zu unterscheiden.

181 Die Nießbrauchsbestellung erfolgt **entgeltlich**, wenn Leistung und Gegenleistung nach wirtschaftlichen Gesichtspunkten gegeneinander abgewogen sind. Beträgt die Gegenleistung weniger als 10 % des Kapitalwerts des Nießbrauchsrechts, liegt eine **unentgeltliche** Rechtsbestellung vor. **Teilentgeltlichkeit** kann sich ergeben bei wirtschaftlich nicht ausgewogenen Leistungen zwischen nahen Angehörigen sowie bei unausgewogenen Leistungen zwischen fremden Dritten, wenn zwischen Leistung und Gegenleistung ein krasses Missverhältnis besteht.

182 Bei **unentgeltlicher Rechtsbestellung** erzielt der **Nießbraucher** im Fall der Vermietung des nießbrauchsbelasteten Grundstücks Einnahmen aus Vermietung und Verpachtung. Er ist (mangels aufgewendeter Anschaffungskosten) jedoch weder zur Abschreibung des Gebäudes noch zur Abschreibung des unentgeltlich erworbenen Nutzungsrechts berechtigt (BFH v. 24.4.1990, BStBl. II 1990, 888). Eine Gebäudeabschreibungsbefugnis ergibt sich ausnahmsweise insoweit, als er selbst Herstellungskosten getragen hat und gegenüber dem Eigentümer einen Anspruch auf Kostenersatz nach Beendigung des Nutzungsrechts hat (BFH v. 24.9.2003, BFH/NV 2004, 44). Von den Herstellungskosten für in Ausübung des Nießbrauchs eingebaute Anlagen und Einrichtungen im Sinne des § 95 Abs. 1 Satz 2 BGB darf der Nießbraucher ebenfalls AfA in Anspruch nehmen. Ferner darf er AfA für Aufwendungen für Einbauten zu vorübergehendem Zweck im Sinne des § 95 Abs. 1 Satz 1 BGB abziehen. Hat der Nießbraucher größeren Erhaltungsaufwand nach § 82b EStDV auf mehrere Jahre verteilt und endet der Nießbrauch vor Ablauf des Verteilungszeitraums, darf der Nießbraucher den noch nicht berücksichtigten Teil des Erhaltungsaufwands nur noch im Jahr der Beendigung des Nießbrauchs abziehen. Andere Werbungskosten darf der Nießbraucher abziehen, soweit er sie im Rahmen der Nießbrauchsbestellung vertraglich übernommen und tatsächlich getragen hat oder – bei Fehlen einer vertraglichen Regelung – aufgrund der gesetzlichen Lastenverteilung getragen hat. Aufwendungen, zu denen der Nießbraucher nicht verpflichtet, aber nach § 1043 BGB berechtigt ist und die in seinem Interesse erfolgen, sind abzuziehen. Verzichtet der Nießbraucher jedoch gegen-

über dem Eigentümer von vornherein auf den Ersatzanspruch nach § 1049 BGB oder steht schon bei der Aufwendung fest, dass der Ersatzanspruch nicht zu realisieren ist, ist von einer Zuwendung gem. § 12 Nr. 2 EStG durch die Erhaltungsmaßnahme auszugehen (vgl. BFH v. 5.9.1991, BStBl. II 1992, 192); dem Entscheidungsfall lag die Übernahme von die Gebäudesubstanz betreffenden Kosten durch den Sohn der Eigentümerin zu Grunde, der die Immobilie auch nutzte.

183 Bei einer unentgeltlichen Rechtsbestellung erzielt der **Eigentümer** aus dem nießbrauchsbelasteten Objekt keine Einkünfte, so dass bei ihm weder Werbungskosten noch AfA steuerlich geltend gemacht werden können (BMF v. 30.9.2013, BStBl. I 2013, 1184 Rz. 23 und 24).

184 Bei einem **entgeltlich bestellten Nießbrauch**, kann durch den Nießbraucher der Einkunftserzielungstatbestand insbesondere durch Vermietung kraft eigener Verwirklichung mit allen Konsequenzen (Erfassung der Einnahmen unter Berücksichtigung der Werbungskosten) vorliegen. Bereits mit Urteil v. 27.6.1978 urteilte der BFH (BStBl. II 1979, 332), die entgeltliche Bestellung eines zeitlich begrenzten dinglichen Rechts zur Nutzung von Grundstücken, Gebäuden oder Teilen von Gebäuden führt beim Eigentümer, sofern es nicht einer anderen Einkunftsart zuzurechnen ist, zu Einkünften aus Vermietung und Verpachtung i.S. von § 21 Abs. 1 Nr. 1 EStG; in diesem Falle kann er die von ihm aufgrund vertraglicher oder gesetzlicher Bestimmungen zu tragenden Kosten sowie die Abschreibung auf das entgeltlich erworbene Nutzungsrecht als Werbungskosten geltend machen (BMF v. 30.9.2013, BStBl. I 2013, 1184 Rz. 26 und 27).

Einmalzahlungen für die Einräumung eines Nießbrauchs sind als Werbungskosten im Zeitpunkt der Zahlung nach den Abflusskriterien des § 11 EStG zu berücksichtigen. Dabei sind Vorausleistungen für einen Zeitraum von bis zu fünf Jahren im Zeitpunkt der Zahlung zu berücksichtigen; Zahlungen für einen Zeitraum von mehr als fünf Jahren sind nach § 11 Abs. 2 S. 3 EStG auf den Zeitraum für den sie geleistet werden gleichmäßig zu verteilen.

185 Der **Eigentümer** hat das Entgelt für die Nießbrauchsbestellung grds. im Jahr des Zuflusses als Einnahme aus § 21 Abs. 1 Nr. 1 EStG zu erfassen, und zwar unabhängig davon, ob beim Nießbraucher Einkünfte aus Vermietung und Verpachtung anfallen. Erfolgt die Vorausleistung des Entgelts durch den Nießbraucher für einen Zeitraum von mehr als fünf Jahren, können die Einnahmen auf den Zeitraum verteilt werden für den die Zahlung geleistet wird (§ 11 Abs. 1 S. 3 EStG; BMF v. 30.9.2013, BStBl. I 2013, 1184 Rz. 28) Die vom Eigentümer vertraglich oder gesetzlich geschuldeten Kosten sind ebenso als Werbungskosten abziehbar wie die Abschreibung des Gebäudes, auch dann, wenn das Entgelt für die Rechtsbestellung in einer Summe im Jahr des Zuflusses versteuert wird.

186 Bei **teilentgeltlicher Rechtsbestellung** erfolgt die steuerliche Behandlung analog einem voll entgeltlich bestellten Zuwendungsnießbrauch (BMF v. 30.9.2013, BStBl. I 1184 Rz. 31). Der **Nießbraucher** erzielt im Fall der Vermietung Einkünfte aus § 21 Abs. 1 Nr. 1 EStG. Er kann die von ihm getragenen Aufwendungen als Werbungskosten abziehen und das Teilentgelt auf die Laufzeit des Nutzungsrechts abschreiben. Bei Bestimmung der Entgeltlichkeit oder Teilentgeltlichkeit ist auf das Verhältnis des Kapitalwerts des Nutzungsrechts zur Gegenleistung für dessen Einräumung abzustellen. Der **Eigentümer** hat das Teilentgelt als Einnahme zu versteuern und ist, soweit das Nutzungsrecht entgeltlich eingeräumt wurde, zum anteiligen Werbungskostenabzug berechtigt. AfA kann er jedoch nur hinsichtlich des entgeltlichen Teils abziehen.

187 **Besonderheit bei zugewendetem dinglichem Wohnrecht:** Der Erwerb eines Grundstücks gegen die Verpflichtung, dieses mit einem Wohnhaus zu bebauen und dem Veräußerer ein dingliches Wohnrecht an einem Teil des Gebäudes auf Lebenszeit zu bestellen, kann als Anschaffungsgeschäft zu beurteilen sein (BFH v. 21.2.1991, BStBl. II 1992, 718). Die Finanzverwaltung hat sich dem in Rz. 33 des Nießbrauchserlasses (vgl. BMF v. 30.9.2013, BStBl. I 2013, 1184) wie folgt angeschlossen:

„Ist das Grundstück in der Weise belastet, dass an einer Wohnung ein im Grundbuch eingetragenes Wohnrecht zugunsten eines anderen begründet worden ist, sind die für einen Zuwendungsnießbrauch geltenden Grundsätze insoweit entsprechend anzuwenden. Zur Abgrenzung von unentgeltlich, entgeltlich und teilentgeltlich zugewendeten dinglichen Wohnrechten vgl. BMF v. 30.9.2013, BStBl. I, 1184 Rz. 10–13. Die Übertragung eines Grundstücks gegen die Verpflichtung, dieses mit einem Wohngebäude zu bebauen und dem Veräußerer ein dingliches Wohnrecht an einer Wohnung zu bestellen, stellt keine entgeltliche Überlassung des Wohnrechts, sondern ein auf die Anschaffung des Grundstücks gerichtetes Rechtsgeschäft dar."

dd) Vorbehaltsnießbrauch

188 Ein Vorbehaltsnießbrauch liegt vor, wenn der Eigentümer ein Grundstück auf einen Dritten unter Vorbehalt des Nießbrauchs am übertragenen Grundstück überträgt. In diesem Fall erhält der Erwerber nur ein von vornherein mit einem Nießbrauchsrecht belastetes Grundstück. Der Kapitalwert des dinglichen Rechts ist nicht Bestandteil der Gegenleistung, da die Verfügungs- und Nutzungsmöglichkeit beim Veräußerer (Vorbehaltsnießbraucher) verbleibt (BFH v. 10.4.1991, BStBl. II 1991, 793). Die Bestellung des Nießbrauches stellt insoweit auch keine Gegenleistung des Erwerbers dar (BFH v. 28.7.1981, BStBl II 1982, 378).

189 Der **Vorbehaltsnießbraucher nutzt** das **Grundstück** auch **nach Übertragung** ununterbrochen **aufgrund eigenen Rechts**. Da der Zusammenhang zwischen den auf die Nutzungsdauer des Gebäudes zu verteilenden Anschaffungs- oder Herstellungskosten einerseits und der Nutzung des Gebäudes zur Erzielung von Einkünften andererseits durch die Grundstücksübertragung nicht unterbrochen wird, ist der Vorbehaltsnießbraucher auch weiterhin zur Abschreibung seiner ihm entstandenen Anschaffungs- oder Herstellungskosten berechtigt (BFH v. 28.7.1982, BStBl. II 1982, 380). Entsprechendes gilt für einen Schenker, der mit seinen Mitteln einem zu Beschenkenden den Kauf eines von ihm, dem Schenker, im Voraus bestimmten Grundstücks ermöglicht, sich bei der Schenkung ein Nießbrauchsrecht an dem Grundstück vorbehält und anschließend aufgrund seines Nutzungsrechts Einkünfte aus Vermietung und Verpachtung erzielt (BFH v. 15.5.1990, BStBl. II 1992, 67). Behält sich der bisherige Eigentümer eines Einfamilienhauses ein lebenslängliches Nießbrauchsrecht für sich und seine Ehefrau als Gesamtberechtigte im Sinne von § 428 BGB vor, so sind die Einkünfte demjenigen zuzurechnen, der durch die tatsächliche Ausübung des Nießbrauchs den Tatbestand der Einkunftserzielung verwirklicht (BFH v. 21.7.1988, BStBl. II 1988, 938).

190 Der Nießbraucher ist zum Werbungskostenabzug der Aufwendungen berechtigt, die er aufgrund gesetzlicher Verpflichtung oder vertraglicher Vereinbarungen zu tragen hat. Dabei sind auch mündlich getroffene Nebenabreden steuerlich zu beachten (BFH v. 14.11.1989, BStBl. II 1990, 462 und v. 10.7.1990, BFH/NV 1991, 157). Ohne vertragliche oder gesetzliche Verpflichtung durchgeführte Reparatur- und Instandsetzungsarbeiten sind nicht abziehbare Zuwendungen an den Eigentümer (§ 12 Nr. 2 EStG), wenn der Nießbraucher von vornherein auf jeglichen Ersatz verzichtet (BFH v. 8.12.1983, BStBl. II 1983, 710 und v. 10.4.1991, BFH/NV 1991, 740). Dagegen ist ein Werbungskostenabzug auf Seiten des Nießbrauchers möglich, wenn ein gesetzlicher Erstattungsanspruch gem. § 1049 i.V.m. §§ 677, 670, 683, 684 S. 2 BGB gar nicht besteht oder besteht und auch geltend gemacht, aber nicht realisiert wird (BFH v. 17.8.2005, BFH/NV 2006, 270).

191 Da der **Eigentümer** mangels Nutzungsbefugnis den Tatbestand der **Einkunftserzielung** nicht verwirklichen kann, ist bei ihm ein Werbungskostenabzug auch unter dem Gesichtspunkt vorweggenommener Werbungskosten (zB bei hohem Alter des Nießbrauchers) **nicht möglich** (BFH v. 7.12.1982, BStBl. II 1983, 660).

ee) Obligatorischer Vorbehaltsnießbrauch

192 Wird das vereinbarte Nießbrauchsrecht nicht ins Grundbuch eingetragen, liegt zivilrechtlich ein lediglich obligatorisches Vorbehaltsnutzungsrecht vor. Seit dem Beschluss des Großen Senats des BFH v. 30.1.1995 (GrS 4/92, BStBl. II 1995, 281), wonach zur Vornahme der Gebäude-AfA befugt ist, wer den Tatbestand der Vermietung nach § 21 Abs. 1 EStG verwirklicht und die Anschaffungs- oder Herstellungskosten des Gebäudes getragen hat, ist auch derjenige zum Abzug der Gebäude-AfA berechtigt, der aufgrund eines vorbehaltenen schuldrechtlichen Nutzungsrechts weiterhin Mieteinkünfte erzielt (BFH v. 28.3.1995, BStBl. II 1997, 121 und BMF v. 30.9.2013, BStBl. I 2013, 1184 Rz. 6 bis 8 und Rz. 67). Auch für den Fall, dass ein Nießbrauch mangels Eintragung im Grundbuch bürgerlich-rechtlich nicht wirksam bestellt wurde, sind die Grundsätze zu den obligatorischen Nutzungsrechten anzuwenden.

ff) Nießbrauchsbestellungen im Rahmen vorweggenommener Erbregelungen

193 Wird ein Grundstück im Wege vorweggenommener Erbfolge an einen potentiellen Miterben übertragen und anlässlich der Grundstücksübertragung ein Nießbrauchs- oder Wohnrecht am übertragenen Grundstück zugunsten des Übertragenden vorbehalten, so liegt hinsichtlich des vorbehaltenen Nutzungsrechts weiterhin ein **unentgeltlicher Vorgang** vor (Beschluss des Großen Senats v. 5.7.1990 – GrS 4-6/89, BStBl. II 1990, 847 und BFH v. 10.4.1991, BStBl. II 1991, 791).

194 Bei weiteren, als Entgelt zu beurteilenden Gegenleistungen des Erwerbers, zB in Form von Ausgleichs- und Abschlagszahlungen sowie bei Übernahme von Verbindlichkeiten, ist eine **Aufteilung** des Rechtsgeschäfts in einen entgeltlichen und einen unentgeltlichen Teil erforderlich. Zu diesem Zweck ist dem Entgelt der um den Kapitalwert des Nutzungsrechts geminderte Wert des Grundstücks gegenüberzustellen (BFH v. 24.4.1991, BStBl. II 1991, 793). Zu den Auswirkungen eines vorbehaltenen Wohnrechts an einem Teil des Gebäudes auf die angefallenen Anschaffungskosten Hinweis auf BFH v. 7.6.1994, BStBl. II 1994, 927. Zu den Auswirkungen eines vorbehaltenen Nießbrauchsrechts auf den Abzug der Versorgungsleistungen („Renten"/„Dauernde Lasten") als Sonderausgaben aufgrund eines vor dem 1.1.2008 abgeschlossenen Übergabevertrags vgl. BMF v. 16.9.2004, BStBl. I 2004, 922, sog. „3. Rentenerlass", Rz. 11, sowie aufgrund der im Bereich der Versorgungsleistungen eingetretenen Änderungen durch das JStG 2008 bei einem nach dem 31.12.2007 abgeschlossenen Übergabevertrag vgl. BMF v. 11.3.2010, BStBl. I 2010, 227, sog. „4. Rentenerlass", Rz. 21, 24, 25 u. 38.

Wurde aufgrund eines vor dem 1.1.2008 abgeschlossenen Übertragungsvertrags Vermögen unter Nießbrauchsvorbehalt auf den Vermögensübernehmer übertragen und wird dieses Nießbrauchsrecht nach dem 31.12.2007 im Zusammenhang mit wiederkehrenden Leistungen abgelöst, gilt Folgendes: Wurde die Ablösung des Nießbrauchsrechts gegen Versorgungsleistungen und der Zeitpunkt bereits im Übertragungsvertrag verbindlich vereinbart, bleiben § 10 Abs. 1 Nr. 1a EStG in der vor dem 1.1.2008 geltenden Fassung und das BMF-Schreiben vom 16.9.2004 weiter anwendbar. Erfolgt die Vereinbarung der Ablösung des Nießbrauchsrechts erst später und nach dem 31.12.2007, gelten § 10 Abs. 1 Nr. 1a EStG in der Fassung des JStG 2008 und die grds. ab 2008 geltenden Regelungen des 4. Rentenerlasses. Entsprechendes gilt, wenn das Nießbrauchsrecht im Wege des Vermächtnisses eingeräumt worden ist.

gg) Sicherungsnießbrauch

195 Ein Sicherungsnießbrauch liegt vor, wenn die Vereinbarung des dinglichen Nutzungsrechts lediglich dazu bestimmt ist, die dem Berechtigten versprochenen Leistungen dinglich abzusichern, ohne dass der Berechtigte selbst auf Art und Umfang Einfluss nehmen kann. Ein lediglich zu Sicherungszwecken eingeräumter Nießbrauch ist einkommensteuerrechtlich unbeachtlich (BMF v. 30.9.2013, BStBl. I 2013, 1184 Rz. 9 und. BMF v. 11.3.2010, BStBl. I, 227 Rz. 81 ff. und BMF v. 16.9.2004, BStBl. I, 922 Rz. 18).

hh) Nießbrauch an Grundstücken des Betriebsvermögens

(1) Zuwendungsnießbrauch

196 Die unentgeltliche Einräumung eines Nießbrauchsrechts an einem zum Betriebsvermögen gehörenden Grundstück hat nicht zwangsläufig die Entnahme des Grundstücks zur Folge. Vielmehr bleibt die Betriebsvermögenseigenschaft gewahrt, wenn der **Eigentümer** aufgrund eines mit dem Nießbraucher abgeschlossenen Mietvertrages das Grundstück weiterhin für betriebliche Zwecke nutzen kann. Auch wird eine weitere Behandlung als gewillkürtes Betriebsvermögen möglich sein, wenn der Steuerpflichtige wirtschaftlich vernünftige Gründe für die weitere Zugehörigkeit zum Betriebsvermögen (zB zur Verstärkung des Betriebskapitals oder als Beleihungsgrundlage) darlegen kann.

197 Erfolgt die Nießbrauchsbestellung gegen Entgelt, so ergibt sich hieraus schon ein weiterer objektiver Zusammenhang mit dem Betrieb, da das Entgelt als Betriebseinnahme zu erfassen und – bei Zahlung gegen Einmalbetrag – passiv abzugrenzen ist.

Nutzt der **Nießbraucher** das Nutzungsrecht zu **betrieblichen Zwecken**, erfolgt die Einlage zum Einlagewert von 0 Euro. Nach alter (bis 1988 geltender Rechtslage) Auffassung bestand auch bei einem unentgeltlich eingeräumten Nutzungsrecht die Möglichkeit der Abschreibung des in das Betriebsvermögen einzulegenden Nutzungsrechts. Die Einlage erfolgte zum Teilwert, der sich in Höhe der Summe der AfA-Beiträge bestimmte, den der Eigentümer während des vereinbarten Nutzungszeitraums hätte geltend machen können, wenn er das überlassene Wirtschaftsgut selbst steuerlich relevant genutzt hätte (BFH v. 20.11.1980, BStBl. I 1981, 68 und v. 2.8.1983, BStBl. II 1983, 739). Diese Auffassung gab der BFH nach Ergehen des Beschlusses des Großen Senats des BFH v. 26.10.1987 (GrS 2/86, BStBl. II 1988, 348) auf. 198

Dingliche und obligatorische Nutzungsrechte können zwar auch weiterhin Gegenstand einer Einlage sein. Allerdings ist eine Bewertung der Einlage mit dem Teilwert unzulässig, da durch die hieran anknüpfende Abschreibung des Nutzungsrechts die erzielten Nutzungen entgegen dem Zweck der Einlageregelung unversteuert bleiben. Die Einlage des Nutzungsrechtes hat daher mit einem Einlagewert von null Euro zu erfolgen, so dass der Nutzungsberechtigte keine Abschreibung geltend machen kann (BFH v. 10.4.1990, BStBl. II 1990, 741 und v. 20.9.1990, BStBl. II 1991, 82). Der Nutzungsberechtigte kann jedoch die mit der Nutzung verbundenen eigenen Aufwendungen als Aufwandseinlage abziehen.

(2) Vorbehaltsnießbrauch

Die Schenkung eines Betriebsgrundstücks unter Vorbehalt des Nießbrauchs führt **zur Entnahme des Grundstücks** mit dem Teilwert auch dann, wenn der bisherige Eigentümer als Vorbehaltsnießbraucher die betriebliche Nutzung fortsetzt. Er ist regelmäßig nicht als wirtschaftlicher Eigentümer des Grundstücks anzusehen, selbst wenn er Schuldner der mit dem Grundstück gesicherten Darlehen bleibt (BFH v. 2.8.1983, BStBl. II 1983, 735). 199

Daneben entsteht im Privatbereich des Übertragenden in Form des vorbehaltenen Nießbrauchsrechts ein **einlagefähiges Wirtschaftsgut,** das nach vorgenannter Darstellung mit 0 Euro einzulegen ist. 200

Nach früherer Auffassung sollte das Nutzungsrecht mit dem Teilwert eingelegt werden, der bei einem anlässlich der Grundstückschenkung vorbehaltenen Nießbrauch dem Betrag entspricht, den der Steuerpflichtige hätte aufwenden müssen, wenn ihm das Nutzungsrecht entgeltlich von einem Dritten eingeräumt worden wäre (BFH v. 2.8.1983, BStBl. II 1983, 735). Nach Auffassung der Finanzverwaltung durften jedoch die Abschreibungen auf das vorbehaltene Nutzungsrecht (zur Vermeidung von Abschreibungen auf den Grund und Boden) nicht höher sein als die Gebäudeabschreibung, die dem Nutzenden im Fall des Eigentums an dem Grundstück während der Nutzungsdauer zugestanden hätte (BMF v. 10.7.1984, BStBl. I 1984, 460). Diese Rechtsauffassung ist seit dem Beschluss des Großen Senats des BFH v. 26.10.1987 (GrS 2/86, BStBl. II 1988, 348) überholt. 201

Vielmehr ist das Nutzungsrecht nun mit einem Wert von 0 Euro einzulegen. Allerdings kann der Vorbehaltsnießbraucher neben den bei der Nutzung angefallenen laufenden Kosten auch die abschreibbaren **Anschaffungs- oder Herstellungskosten**, die er für den Gegenstand ursprünglich selbst getragen hat, weiterhin steuerlich geltend machen (BFH v. 16.12.1988, BStBl. II 1989, 763). AfA-Bemessungsgrundlage bildet der Entnahmewert, wobei die jährlichen AfA-Beträge im Ergebnis nicht höher sein dürfen als die AfA auf den genutzten Gegenstand selbst. Im Gegensatz zur Behandlung des Vorbehaltsnießbrauchs im Privatvermögen spielt es im betrieblichen Bereich nach Auffassung des BFH keine Rolle, ob es sich um ein dingliches oder obligatorisches Vorbehaltsnutzungsrecht handelt. Dingliche und schuldrechtliche Vorbehaltsnutzungsrechte sind steuerlich und wirtschaftlich vergleichbar, so dass die AfA-Berechtigung nicht von der bürgerlich-rechtlichen Beurteilung abhängig ist (BFH v. 20.9.1989, BStBl. II 1990, 368). 202

Da der neue **Eigentümer** aufgrund des vorbehaltenen Nutzungsrechts keine Nutzungsbefugnis hat und daher keine Einnahmen erzielt, ist ein Werbungskosten- oder Betriebsausgabenabzug angefallener Aufwendungen nicht möglich. 203

204 **Besonderheiten bei Vorbehaltsnießbrauch und Vermietung an den Eigentümer:** Übertragen Eltern ein Grundstück unter Vorbehalt eines obligatorischen Nutzungsrechts auf ihren Sohn und überlassen sie ihm anschließend das Grundstück mietweise zur Nutzung in seinem Gewerbebetrieb, so sind die Mietzahlungen als Betriebsausgaben zu berücksichtigen, falls das Nutzungsrecht und der Mietvertrag ernstlich vereinbart und tatsächlich vollzogen werden und die Mietzahlungen weder überhöht sind noch den Charakter einer Versorgungsabrede haben. Neben den Mietzahlungen kann der Sohn jedoch weder AfA noch sonstige Aufwendungen für das betrieblich genutzte Grundstück als Betriebsausgaben bei seinen Einkünften aus Gewerbebetrieb geltend machen (BFH v. 11.11.1988, BStBl. II 1989, 872).

Das **Grundstück** stellt **notwendiges Betriebsvermögen** des **neuen Eigentümers** dar, weil es zum unmittelbaren Einsatz für betriebliche Zwecke bestimmt ist und das Nutzungsrecht erst nach dem Erwerb des unbelasteten Grundstücks bestellt wurde (beim obligatorischen Vorbehaltsnutzungsrecht bedarf es der Rechtsbestellung durch den neuen Eigentümer). Die Einräumung des obligatorischen Nutzungsrechts führt auch nicht zur Entnahme des Grundstücks, wohl aber zu einer Nutzung zu betriebsfremden Zwecken, die nach § 4 Abs. 1 Satz 2 iVm. § 6 Abs. 1 Nr. 4 EStG als Entnahme mit dem Teilwert zu bewerten ist. Der Teilwert ist nach der mit der privaten Nutzung verbundenen Wertangabe, dh. mit den tatsächlichen Selbstkosten, zu denen neben den sonstigen Grundstückaufwendungen auch die AfA rechnet, zu bemessen. Der neue Eigentümer nutzt das Grundstück somit nicht als Eigentümer, sondern ausschließlich aufgrund abgeleiteten Rechts als Mieter.

c) Umsatzsteuer

205 Bei der Übertragung eines Grundstücks unter gleichzeitiger Bestellung eines **Vorbehaltsnießbrauchs** erhält der Erwerber von vornherein nur das mit dem Nießbrauch belastete Grundstück. Der Übertragende behält sich mit dem Nießbrauch die Nutzungsmöglichkeit zurück, die ihm zuvor aufgrund seines Eigentums zustand. In diesen Fällen wird somit dem Erwerber keine Verfügungsmacht im Sinne des § 3 Abs. 1 UStG verschafft. Durch das bei der Grundstücksübertragung eingeräumte Nießbrauchsrecht wird der neue bürgerlich-rechtliche Eigentümer in seinen Möglichkeiten, über das Grundstück tatsächlich zu verfügen, in erheblichem Umfang eingeschränkt. Der vorbehaltene Nießbrauch bringt zum Ausdruck, dass der Schenker zwar das formale Eigentum, nicht aber die Verfügungs- und Nutzungsmöglichkeiten übertragen will. Da dem Erwerber keine Verfügungsmacht verschafft wird, kann es sich in diesen Fällen nicht um eine gleichgestellte Lieferung iSd. § 3 Abs. 1b Nr. 1 UStG handeln, so dass kein steuerbarer Umsatz nach § 1 Abs. 1 Nr. 1 UStG vorliegt. Somit sind auch die für eine Berichtigung des Vorsteuerabzugs erforderlichen Voraussetzungen des § 15a Abs. 8 UStG nicht erfüllt.

206 Mit **Beendigung** des Vorbehaltsnießbrauchs – bei befristeter Einräumung mit Auslaufen des Nießbrauchs bzw. für den Fall eines auf Lebensdauer des Nießbrauchsberechtigten eingeräumten Nießbrauchs bei dessen vorzeitiger Beendigung – verliert der Schenker jedoch seine Verfügungsbefugnis über das Grundstück. Die Verfügungsbefugnis geht zu diesem Zeitpunkt auf den Erwerber über. Das führt bei dem Schenker, soweit kein Tatbestand nach § 1 Abs. 1a UStG gegeben ist, zu einer gleichgestellten Lieferung im Sinne des § 3 Abs. 1b Nr. 1 UStG, da er das Grundstück ab diesem Zeitpunkt nicht mehr zur Erzielung von Einnahmen und damit zu Zwecken nutzt, die außerhalb des Unternehmens liegen.

207 Diese Entnahme des Grundstücks stellt unter der Voraussetzung, dass das Grundstück/Gebäude zum vollen oder teilweisen Vorsteuerabzug berechtigt hat, eine steuerbare Lieferung im Sinne des § 3 Abs. 1b UStG dar (sofern die Grundstücke seit dem 1.7.2004 angeschafft wurden; für Anschaffung vor diesem Zeitpunkt handelte es sich um steuerfreie Lieferungen nach § 4 Nr. 9a UStG). Die Gleichstellungsfiktion des Art. 16 MwStSystRL überträgt auch die Steuerbefreiungsvorschriften auf Entnahmen, sofern im Einzelfall die tatbestandlichen Voraussetzungen der Steuerbefreiung erfüllt sind. Für den Fall einer nach § 3 Abs. 1b Satz 1 Nr. 1 und Satz 2 UStG steuerbaren Entnahme eines Grundstücks aus dem Unternehmen bedeutet dies, dass die Steuerbefreiung des § 4 Nr. 9 lit. a UStG **unabhängig** davon Anwendung findet, **ob** mit der Entnahme ein **Rechtsträgerwechsel am Grundstück verbunden** ist (BMF v. 22.9.2008, BStBl. I 2008, 895; UStAE Abschn. 4.9.1 Abs. 2 Nr. 6).

d) Investitionszulage

Bei einer Begünstigung nach dem Investitionszulagengesetz 2010 (v. 11.12.2008, BGBl I 2008, 2350) für begünstigte Investitionen bis 2013 gilt weiterhin, dass der Anspruch auf Investitionszulage auch bestehen kann, wenn kein wirtschaftliches Eigentum vorliegt. In seinem Urteil v. 28.7.2005, BStBl. II 2006, 272 hält der BFH an seiner Rechtsauffassung im Urteil v. 5.9.2002, BStBl. II 2003, 772, fest, dass ein Nießbraucher, der Erhaltungsarbeiten an einem Gebäude auf eigene Rechnung und Gefahr durchführt, auch dann Anspruch auf eine Investitionszulage nach § 3 Abs. 1 Satz 1 Nr. 3 InvZulG haben kann, wenn er nicht als wirtschaftlicher Eigentümer des Gebäudes zu beurteilen ist. 208

Haben sowohl der Eigentümer als auch ein Nießbraucher begünstigte Modernisierungsmaßnahmen durchgeführt und machen beide einen Anspruch auf Investitionszulage geltend, sind die Aufwendungen entsprechend der zeitlichen Abfolge der Modernisierungsmaßnahmen zu berücksichtigen. Hat beispielsweise der Eigentümer bei einer zuerst vorgenommenen Modernisierungsmaßnahme den Förderhöchstbetrag bereits ausgeschöpft, hat der Nießbraucher bei einer später durchgeführten Modernisierungsmaßnahme keinen Anspruch mehr auf Investitionszulage. Umgekehrt hat der Eigentümer bei einer später durchgeführten Modernisierungsmaßnahme nur noch Anspruch auf Investitionszulage, soweit der Nießbraucher bei einer vorher durchgeführten Modernisierungsmaßnahme den objektbezogenen Förderhöchstbetrag noch nicht ausgeschöpft hat (s. BMF v. 17.3.2006, BStBl. I 2006, 282). 209

V. Miteigentümervereinbarungen (§ 1010 BGB)

Literatur: *Döbler*, MittRhNotK 1983, 181 (zusammenfassende Darstellung); *Pöschl*, BWNotZ 1974, 79; *Tschon*, RNotZ 2006, 205 (zu Miteigentümervereinbarungen über Gemeinschaftsflächen).

Gehört ein Grundstück mehreren Eigentümern in Bruchteilsgemeinschaft, so stellen sich zwei Regelungsfragen: 210

1) Soll die Gemeinschaft **auf Dauer** angelegt und das gesetzlich jederzeit zulässige Aufhebungsverlangen eines Miteigentümers (§ 749 Abs. 1 BGB) abbedungen werden?

2) Sollen die Regeln über die **gemeinsame Verwaltung** und Nutzung des Grundstücks auch gegenüber Rechtsnachfolgern gelten?

Eine **Aufteilung nach dem Wohnungseigentumsgesetz** bejaht beide Fragen (vgl. § 10 Abs. 3 und 4 WEG sowie § 11 WEG). Gelegentlich ist sie aber nicht gewollt oder nicht möglich. So scheuen familiäre Hausgemeinschaften die Kosten einer Aufteilung oder einer Teilungsvermessung; Eigentümergemeinschaften an Zufahrts- oder sonstigen Versorgungsflächen können mangels Gebäude nicht nach WEG aufgeteilt werden. Dann sind die gesetzlichen Regelungen für die Gemeinschaft, §§ 741 ff. BGB unter Beachtung der §§ 1008 ff. BGB, anzupassen. Hierzu gilt im Einzelnen: 211

Nach § 749 Abs. 1 BGB hat jeder Miteigentümer das Recht, jederzeit und ohne besonderen Grund die **Aufhebung der Gemeinschaft** zu verlangen, ggf. im Wege der Teilungsversteigerung (§ 752 f. BGB). Dieses Recht kann durch Vereinbarung nach §§ 749 Abs. 2, 751 BGB zeitweise (befristet) oder auf Dauer **ausgeschlossen** oder eine **Kündigungsfrist bestimmt** werden. Dabei sollte klar gestellt werden, ob eine solche Vereinbarung auch über den Tod eines Miteigentümers hinweg gilt (§ 750 BGB). 212

➲ **Wichtig:** Eine Vereinbarung über den Ausschluss der Aufhebung kann die Gemeinschaft nie vollständig immunisieren: 213

- Das Recht, die Aufhebung **aus wichtigem Grund** zu verlangen, ist unentziehbar, § 749 Abs. 2 BGB. An das Vorliegen der Voraussetzungen ist ein strenger Maßstab anzulegen (Palandt/Sprau § 749 BGB Rz. 6; Erman/Aderhold § 749 BGB Rz. 6).
- Gegenüber einem **Pfändungsgläubiger** oder Pfandrechtsinhaber wirkt die Vereinbarung ebenso wenig wie im **Insolvenzverfahren**, § 751 Satz 2, § 1258 Abs. 2 Satz 2 BGB, § 84 Abs. 2 InsO.

Zudem gilt die Vereinbarung gegenüber **Sonderrechtsnachfolgern** in das Miteigentum am Grundstück nur, wenn sie in das Grundbuch eingetragen ist (s. unten Rz. 217).

214 Neben der Vereinbarung zu § 749 BGB können insbesondere Vereinbarungen über die **Verwaltung und Nutzung** des gemeinschaftlichen Vermögensgegenstandes gem. §§ 744 f. BGB getroffen werden, ferner über die Kostentragung (BayObLG DNotZ 1993, 391; entgegen OLG Hamm DNotZ 1973, 546, 549), allerdings nicht, wenn die Kostentragungspflicht rein schadensersatzrechtlicher Natur ist. Die Vereinbarungen können auch bedingt oder befristet getroffen werden. Eine solche **Nutzungsregelung** kann **jeden** im Rahmen des § 138 BGB **zulässigen Inhalt** haben. Der Nutzungsberechtigte wird die ihm zugeteilte Raumeinheit im Zweifel auch vermieten dürfen.

215 Nicht mehr als Nutzungsregelung iS der §§ 744 f., 1010 BGB zu fassen sind aber Regelungen über das Verfahren der **Auseinandersetzung** bei Ende der Gemeinschaft (OLG Köln DNotZ 1971, 373, 375). Solche Abreden, insbesondere also Ansprüche auf Übernahme bestimmter Grundstücksflächen in Realeigentum, müssen unter Beachtung des § 311b BGB durch eine eigene Vormerkung grundbuchlich gesichert werden.

216 Die Miteigentümer untereinander können Vereinbarungen über das Recht, die Aufhebung der Gemeinschaft zu verlangen und über die gemeinsame Nutzung des Grundstücks treffen, **ohne** eine **besondere Form** zu beachten.

217 Gegen **Sonderrechtsnachfolger eines Miteigentümers** wirken solche Vereinbarungen aber nur, wenn sie in das Grundbuch eingetragen wurden (§ 1010 BGB). Die Eintragung erfolgt in Abt. II des Grundbuchs und zwar aufgrund öffentlich beglaubigter oder beurkundeter Bewilligung aller aktuellen Miteigentümer (s. **M 54.14**). Ohne eine solche Eintragung tritt keine Wirkung gegenüber Sonderrechtsnachfolgern ein, selbst wenn der Erwerber die (nicht eingetragene) Vereinbarung kennt (OLG München NJW 1955, 637; BayObLG MittRhNotK 1992, 220). Ist eine Benutzungsregelung getroffen worden, besteht für jeden Miteigentümer die Verpflichtung, an der Grundbucheintragung mitzuwirken (OLG Frankfurt DNotZ 1990, 298).

218 Die Grundbucheintragung erfolgt jeweils **zu Lasten eines jeden Miteigentumsanteils** (denkbar auch die Belastung nur eines Anteils) zugunsten des jeweiligen Eigentümers des begünstigten Miteigentumsanteils (ggf. mehrerer) (BayObLG MDR 1981, 846).

219 Die Eintragung nach § 1010 BGB ist nur möglich bei **Bruchteilsgemeinschaft** nach §§ 741 ff. BGB, nicht bei Gesamthandseigentum. Bei Gesamthandsgemeinschaften, namentlich der Erbengemeinschaft und der Gesellschaft bürgerlichen Rechts, lassen sich aber ähnliche Rechtswirkungen durch eine Vereinbarung ohne Grundbucheintragung erzielen: In der Erbengemeinschaft kann die Auseinandersetzung durch Anordnung des Erblassers (§ 2044 Abs. 1 BGB) oder Vereinbarung der Erben (§ 2042 Abs. 2 iVm. § 749 Abs. 2 BGB) ausgeschlossen werden; im Gesellschaftsvertrag der GbR kann das Kündigungsrecht unter Beachtung des § 723 Abs. 1 Satz 2 und 3 BGB beschränkt werden.

M 54.14 Miteigentümervereinbarung (§ 1010 BGB)[1]

An das

Grundbuchamt

... (Ort)

Betr.: Grundbuch von ... (Ort) Band/Blatt ... (Nummer)

Im bezeichneten Grundbuch sind wir zu je ½ Bruchteil[2] als Miteigentümer des Grundstücks Flurstück Nr. ... (Nummer und weiterer Beschreibung) eingetragen. Wir haben Folgendes vereinbart:

1. *Jedem Miteigentümer steht die ausschließliche Nutzung an einer der beiden Wohnungen wie folgt zu:*

1 S. Rz. 210 ff.

2 Nur bei Bruchteilsgemeinschaft zulässig, s. Rz. 219.

a) Die Wohnung im Erdgeschoss und der zugehörige Keller ... (Lagebeschreibung) dem Miteigentümer ... (Name des Eigentümers 1).

b) Die Wohnung im 1. Obergeschoss und der zugehörige Keller ... (Lagebeschreibung) dem Miteigentümer ... (Name des Eigentümers 2).

2. Die Verwaltung und laufende Unterhaltung jeder Wohnung nebst Keller obliegt dem jeweiligen Nutzungsberechtigten allein[3]. Das gilt insbesondere für Ver- und Entsorgungsleitungen und -einrichtungen in dem Umfang, wie diese ausschließlich den allein genutzten Räumen einer Einheit dienen. Es besteht die Verpflichtung, die Leitungen und sonstigen Einrichtungen stets in einem ordnungsgemäßen, funktionsfähigen Zustand zu erhalten und insbesondere nachteilige Auswirkungen für den anderen Miteigentümer oder die Gesamtanlage zu vermeiden.

3. Das Recht, die Aufhebung der Gemeinschaft zu verlangen, wird für immer ausgeschlossen, auch über den Tod eines Miteigentümers hinaus[4].

4. Wir bewilligen und beantragen, jeweils zu Lasten eines Miteigentumsanteils zugunsten des jeweiligen Eigentümers des anderen Miteigentumsanteils die Verwaltungs- und Benutzungsregelung nebst Kostentragungspflicht sowie den Ausschluss des Rechts auf Aufhebung der Gemeinschaft einzutragen.

5. Die Kosten tragen wir zu gleichen Teilen.

(Unterschriftsbeglaubigung[5])

3 Die Verwaltung könnte auch einem Miteigentümer allein oder einem Dritten (Außenstehenden) übertragen werden (BGH MDR 1983, 31), das Recht selbst kann aber nur einem Miteigentümer zustehen.

4 In zulässiger Abweichung von § 749 Abs. 1 BGB. Ein Aufhebungsrecht aus wichtigem Grund besteht aber weiter, § 749 Abs. 2 BGB; s. Rz. 212.

5 §§ 20, 29 GBO.

Kosten: *Notargebühr:* 0,2-Gebühr gem. Nr. 25100 KV GNotKG, mindestens 20 Euro, höchstens 70 Euro. Geschäftswert gem. §§ 121, 51 Abs. 2 GNotKG. Bei Fertigung des Entwurfs und Beglaubigung 0,5-Gebühr gem. Nrn. 24102, 21201 Nr. 4 KV GNotKG (§ 92 Abs. 2 GNotKG), Geschäftswert gem. §§ 119, 51 Abs. 2 GNotKG.

Gerichtsgebühr: Jeweils 50,00 Euro je Miteigentumsanteil für die Eintragung gem. Nr. 14160 Nr. 4 KV GNotKG.

Kapitel 55 Dingliches Vorkaufsrecht

Literatur: S. die Literaturhinweise zu Kap. 50.

I. Begriff

1 Das dingliche Vorkaufsrecht (§§ 1094–1104 BGB) räumt dem Berechtigten das Recht ein, ein Grundstück zu erwerben, wenn dieses an einen Dritten verkauft wird.

2 Das **dingliche Vorkaufsrecht unterscheidet sich vom persönlichen** (§§ 463 ff. BGB) insbesondere dadurch,

- dass es nur an Grundstücken (Erbbaurecht, Wohnungseigentum) bestellt werden kann, das persönliche auch an Fahrnis und Rechten;
- dass es als dingliche Belastung des betroffenen Grundstücks den jeweiligen Eigentümer verpflichtet, das persönliche dagegen nur den Besteller (s. aber Rz. 12);
- dass es Dritten gegenüber wie eine Vormerkung wirkt (§ 1098 Abs. 2 BGB), während das persönliche nur Rechtsbeziehungen zwischen Vorkaufsberechtigtem und Vorkaufsverpflichtetem erzeugt;
- und dass es nur eingeschränkt eine von den gesetzlichen Regeln abweichende inhaltliche Ausgestaltung erlaubt, das persönliche dagegen doch.

3 Das persönliche Vorkaufsrecht kann in die Nähe des dinglichen Vorkaufsrechts rücken, wenn der durch die Ausübung entstehende Anspruch durch eine Vormerkung im Grundbuch gesichert wird.

II. Gegenstand und Bestellung

4 **Gegenstand** des Vorkaufsrechts können außer einem Grundstück auch sein: ein grundstücksgleiches Recht wie Erbbaurecht und Wohnungs-/Teileigentum (hierzu OLG Celle ZMR 2005, 141); ein Miteigentumsanteil, sofern in separatem Eigentum (§ 1095 BGB, zu noch zu bildendem Miteigentumsanteil: BGH MDR 2014, 1195); eine bestimmte oder bestimmbare Teilfläche (dergestalt, dass Belastungsgegenstand das gesamte Grundstück ist und die Ausübung des Vorkaufsrechts auf eine Teilfläche begrenzt wird, s. BayObLG Rpfleger 1997, 473; s. auch OLG Hamm NJW-RR 1996, 849 = DNotI-Report 1996, 29).

5 Das dingliche Vorkaufsrecht entsteht nach § 873 BGB durch **Einigung und Eintragung** im Grundbuch (Palandt/Bassenge § 1094 BGB Rz. 5; OLG Bremen ZEV 2015, 305; aA BGH NJW-RR 1991, 205, 206: Bestellungsakt bedarf der Form des § 311b Abs. 1 BGB). Das Verpflichtungsgeschäft bedarf der Beurkundung (§ 311b Abs. 1 Satz 1 BGB). In entsprechender Anwendung des § 311b Abs. 1 Satz 2 BGB wird ein **Formmangel** beim dinglichen Vorkaufsrecht aber **durch die Eintragung** – nicht jedoch bereits die Eintragung einer Vormerkung – **geheilt** (BGH NJW-RR 1991, 205, 206), vorausgesetzt, dass zwischen den Parteien im Zeitpunkt des Erfüllungsgeschäfts noch eine entsprechende Willensübereinstimmung über die Bestellung besteht (BGH DNotZ 1968, 93; Schöner/Stöber Rz. 1398).

6 ➲ **Wichtig:** Die – insbesondere aus Kostengründen – häufig anzutreffende Praxis, das Verpflichtungsgeschäft zunächst formlos zu vereinbaren und sodann die Eintragung zu bewirken (§§ 19, 29 GBO), ist nicht zuletzt aufgrund des Erfordernisses des Fortbestands der Einigung im Erfüllungszeitpunkt mit erheblichen Risiken verbunden und daher nicht empfehlenswert.

III. Inhalt und Gestaltungsmöglichkeiten

7 **Inhaltlichen Gestaltungsspielraum** lässt das Gesetz (§§ 1094 ff. BGB, ergänzend §§ 463 ff. BGB) nur in beschränktem Umfang zu.

8 Der **Berechtigte** kann (und muss!) bestimmt werden. Dies kann entweder eine bestimmte (natürliche oder juristische) Person oder rechtsfähige Personengesellschaft (subjektiv-persönliches Vorkaufsrecht, § 1094 Abs. 1 BGB) oder der jeweilige Eigentümer eines anderen Grundstücks (Erbbaurechts, Wohnungseigentums, nach hM auch eines Miteigentumsanteils, wenn Belastungsgegenstand ein anderer Miteigentumsanteil an demselben Grundstück ist, s. BayObLG Rpfleger 1982, 274) (subjektiv-dingliches Vorkaufsrecht, § 1094 Abs. 2 BGB) sein, auch eine **Personenmehrheit** (wobei nach hM das Gemeinschaftsverhältnis im Stadium der Bestellung offen bleiben kann, weil

§ 472 BGB Anwendung findet und als Gemeinschaftsverhältnis nach § 47 GBO verlautbart werden kann, s. BGHZ 136, 327 = MDR 1997, 1110; krit. Demharter MittBayNot 1998, 16; Schöner/Stöber Rz. 1407a). Eine Mehrheit von Berechtigten kann auch durch Teilung des herrschenden Grundstücks und anschließende Veräußerung von Teilstücken entstehen (OLG Celle NotBZ 2010, 227; OLG München Rpfleger 2010, 20).

➲ **Wichtig:** Auch eine Bestellung für Gesamtgläubiger nach § 428 BGB ist zulässig, ebenso für mehrere Berechtigte nach Bruchteilen (OLG Stuttgart NJW-RR 2009, 952; Schöner/Stöber Rz. 1406; LG Ulm DNotI-Report 1995, 35; aA OLG Frankfurt NotBZ 1999, 27). 9

Mehrere Vorkaufsrechte an einem Grundstück sind zulässig, sowohl mit unterschiedlichem (BGH NJW 1961, 1669) als auch mit gleichem Rang (hM, etwa OLG Hamm MDR 1989, 821; LG Düsseldorf Rpfleger 1981, 479 m. abl. Anm. Zimmermann). Unzulässig ist dagegen die Eintragung eines einheitlichen Vorkaufsrechts an mehreren Grundstücken (Schöner/Stöber Rz. 1400). 10

Die **Anzahl der Verkaufsfälle**, die das Vorkaufsrecht auslösen, kann festgelegt werden, zB „für alle Verkaufsfälle" oder anzahlmäßig begrenzt (vgl. zur Auslegung des Begriffs des „ersten Verkaufsfalls" OLG München Rpfleger 2010, 260). 11

➲ **Wichtig:** Ohne Bestimmung gilt das Vorkaufsrecht nach § 1097 Halbs. 1 BGB nur für den ersten Verkaufsfall und nur für einen Verkauf durch den Eigentümer, dem das Grundstück bei Bestellung des Vorkaufsrechts gehört, oder dessen Erben (Amann NotBZ 2010, 206, 207). 12

Es können **Vereinbarungen zu den Vorkaufsfällen** getroffen werden, zB Ausnahme bestimmter Veräußerungsfälle (kein Vorkaufsrecht ... bei Verkauf an ...), BGH NJW-RR 1991, 526. Abweichende Vereinbarungen sind zur Vorschrift des § 470 BGB (keine Ausübung bei Verkauf an gesetzliche Erben) zulässig, nicht aber zu der zwingenden Vorschrift des § 471 BGB (keine Ausübung bei Verkauf im Wege der Zwangsvollstreckung oder aus einer Insolvenzmasse, wobei § 1098 Abs. 1 Satz 2 BGB für das dingliche Vorkaufsrecht den freihändigen Verkauf durch den Insolvenzverwalter als Vorkaufsfall einordnet); für eine Zwangsversteigerung zum Zwecke der Aufhebung der Gemeinschaft gilt § 471 BGB nicht (§ 753 Abs. 1 BGB). 13

➲ **Praxistipp:** Da auch andere Veräußerungsfälle als ein Verkauf das nur für den ersten bzw. nur noch für den nächsten Fall bestellte Vorkaufsrecht zum Erlöschen bringen können (s. OLG München Rpfleger 2010, 260; OLG Stuttgart DNotZ 1998, 305; OLG Zweibrücken Rpfleger 1999, 532; Palandt/Bassenge § 1097 BGB Rz. 5; vgl. auch zu § 577 BGB BGH MDR 2007, 1181), ist stets zu prüfen, ob ein Ausschluss des Erlöschens für solche (genau zu bestimmende) Fälle vereinbart werden soll, was zulässig ist (Palandt/Bassenge § 1097 BGB Rz. 4), auch für Veräußerungen nach § 471 BGB. 14

Die **gesetzliche Ausübungsfrist** von zwei Monaten (§ 469 Abs. 2 Satz 1 BGB) **kann verlängert oder verkürzt werden.** 15

Die grundsätzliche **Nichtübertragbarkeit und Nichtvererblichkeit** (§ 473 BGB) kann **abweichend gestaltet** werden, was begrifflich allerdings nur bei einem subjektiv-persönlichen Vorkaufsrecht denkbar ist. 16

Das dingliche Vorkaufsrecht kann **bedingt oder befristet** bestellt werden, sofern sich die Bedingungen und Zeitbestimmungen im Rahmen der §§ 463 ff. BGB bewegen. 17

Unzulässig sind jegliche **Vereinbarungen zum Vertragsinhalt**, etwa zu Kaufpreishöhe, Zahlungsmodalitäten, Mängelhaftung (zB OLG Frankfurt NJW-RR 2008, 895: Kauf nur zum Schätzpreis; OLG München Rpfleger 2008, 129: „limitierter Kaufpreis"). Solche Regelungen lassen sich nur im Rahmen eines schuldrechtlichen Vorkaufsrechts (Ankaufsrechts) treffen, das durch eine Vormerkung gesichert werden kann. 18

Für den **Fall des Erlöschens in der Zwangsversteigerung** kann gem. § 882 BGB der Höchstbetrag des **Wertersatzes** bestimmt werden (nur wirksam bei Eintragung ins Grundbuch, § 882 Satz 2 BGB). Die Bestimmung ist auch nachträglich möglich, § 877 BGB. 19

IV. Wirkung vor und nach der Ausübung, Vorkaufsfälle

1. Vor Ausübung

20 Vor der Ausübung entspricht die Wirkung des (eingetragenen) dinglichen Vorkaufsrechts nach § 1098 Abs. 2 BGB der einer Vormerkung zur Sicherung eines Übereignungsanspruchs (bedingt durch die Ausübung). Sie ist verschieden gegenüber nachträglich erfolgenden Belastungen und Übereignungen:

21 Bei **Belastungen** in Abt. II und III tritt die Schutzwirkung (Anspruch auf Löschung) erst mit Eintritt des Vorkaufsfalles (Abschluss eines wirksamen Kaufvertrages) ein, so dass vorher eingetragene Belastungen voll wirksam bleiben (BGHZ 60, 275; RGZ 154, 370), auch wenn sie grundbuchmäßig Rang nach dem Vorkaufsrecht haben.

22 ➲ **Praxistipp:** Ein Grundpfandrechtsgläubiger ist gleichwohl gut beraten, wenn er Rang vor einem Vorkaufsrecht einfordert (näher Amann NotBZ 2010, 201, 202). Andernfalls fällt dieses bei einer Zwangsversteigerung aus dem Grundpfandrecht in das geringste Gebot und bleibt jedenfalls dann wertbeeinträchtigend bestehen, wenn es nicht durch den Zuschlag erlischt (was zB der Fall ist, wenn die Bestellung nur für den ersten Verkaufsfall erfolgt ist und die Zwangsversteigerung einen solchen Verkaufsfall darstellt).

23 Gegenüber einer **Übereignung** aufgrund Verkaufs (Vorkaufsfall) entsteht – entsprechend der ratio legis des Rechtsinstituts – der Schutz bereits mit der Vorkaufsrechtsbegründung (BGHZ 60, 275).

2. Eintritt eines Vorkaufsfalls

24 Der Eintritt eines Vorkaufsfalls ist Voraussetzung für die Ausübung des Vorkaufsrechts.

25 Der Regelfall ist der Verkauf an einen Dritten.

26 Aus Gründen des Umgehungsschutzes sind gleichgestellt **kaufähnliche Verträge** (s. hierzu BGHZ 115, 335 und MDR 2004, 24, ausf. Schermaier, Die Umgehung des Vorkaufsrechts durch „kaufähnliche Verträge", AcP 196, 256; Hertel DNotZ 2004, 451 ff.).

27 Während die Vollstreckungsversteigerung und die Insolvenzverwalterversteigerung zwingend keine Vorkaufsfälle darstellen, löst eine **Zwangsversteigerung zum Zwecke der Aufhebung einer Gemeinschaft** das Vorkaufsrecht aus. S. auch Stöber, Vorkaufsrechte in der Zwangsversteigerung, NJW 1988, 3121.

28 Wegen der Möglichkeit, bestimmte Vorkaufsfälle auszunehmen und hinzuzufügen, s. Rz. 13.

3. Ausübung

29 Die Ausübung des Vorkaufsrechts erfolgt durch einseitige empfangsbedürftige Willenserklärung **gegenüber dem Schuldner** (Grundstückseigentümer). Die Erklärung bedarf keiner besonderen Form (§ 464 Abs. 1 BGB).

30 Erfolgt die Ausübung nicht innerhalb der gesetzlichen (§ 469 Abs. 2 Satz 1 BGB = zwei Monate) oder vereinbarten **Frist**, erlischt bei einem Vorkaufsrecht für mehrere Verkaufsfälle das Ausübungsrecht für diesen Vorkaufsfall, bei einem Vorkaufsrecht nur für den ersten oder den im konkreten Fall letzten Verkaufsfall das Vorkaufsrecht als solches.

31 Der Fristbeginn wird ausgelöst durch Erfüllung der **Mitteilungspflicht**, § 469 Abs. 1 BGB, seitens des Verpflichteten (Grundstückseigentümer).

32 Bei einer **Personenmehrheit** gilt mangels anderweitiger Vereinbarung § 472 BGB: Das Vorkaufsrecht kann nur gemeinschaftlich und in Bezug auf den gesamten Vorkaufsgegenstand ausgeübt werden. Ist es für einen Beteiligten erloschen (zB durch Tod) oder verwirkt (zB durch Nichtausübung), so steht das Recht insgesamt den verbleibenden Berechtigten zu (näher OLG Stuttgart NJW-RR 2009, 952). Bei der Ausübung ist das **Berechtigungsverhältnis** anzugeben, mit dem die Vorkaufsberechtigten erwerben wollen.

Bestehen **mehrere Vorkaufsrechte**, geht das rangbessere dem rangschlechteren vor. Das rangschlechtere kommt erst zum Zuge, wenn der vorrangige Berechtigte sein Recht nicht ausübt. Zur Ausübung bei gleichrangigen Vorkaufsrechten (s. Rz. 10) besteht Streit (s. hierzu OLG Naumburg NJW-RR 2000, 1185 zu gleichrangigen Auflassungsvormerkungen mwN). 33

4. Nach Ausübung

Nach der Ausübung des Vorkaufsrechts kommt es zu folgenden Rechtsbeziehungen: 34

Zwischen dem Vorkaufsberechtigten und dem Verpflichteten (Grundstückseigentümer) kommt ein selbständiger schuldrechtlicher Vertrag mit dem Inhalt des das Vorkaufsrecht auslösenden Vertrages zustande (zum Verkauf mehrerer mit einem Vorkaufsrecht belasteter Grundstücke BGHZ 168, 152); der mit dem Dritten abgeschlossene Vertrag ist dem Vorkaufsberechtigten gegenüber unwirksam (Wirkung des § 1098 Abs. 2 BGB), unbeschadet seiner fortbestehenden Verbindlichkeit im Verhältnis Verkäufer – Erstkäufer. 35

➲ **Wichtig:** Eine mit dem Dritten für den Fall der Ausübung des Vorkaufsrechts vereinbarte (zB auflösende) Bedingung ist dem Vorkaufsberechtigten gegenüber unwirksam. Zulässig sind aber Vereinbarungen zwischen Grundstückseigentümer und Drittem für den Fall der Ausübung des Vorkaufsrechts (zB Rücktrittsrecht, Aufwendungsersatz und dergl.). 36

Der Berechtigte tritt in alle mit dem Dritten vereinbarten Bedingungen (Kaufpreis, Fälligkeit, Mängelhaftungsvereinbarungen usw.) ein, grundsätzlich auch in eine Verpflichtung aus einer sog. Maklerklausel (BGHZ 131, 118 = MDR 1996, 250; zu Ausnahme BGH MDR 2007, 641, zu Finanzierungsvollmacht AG München WuM 2013, 680). Eine Ausnahme gilt jedoch für solche Vereinbarungen, die mit dem Wesen des Kaufs nichts zu tun haben einschließlich solcher, die den Vorkauf vereiteln sollen (sog. Fremdkörper-Rechtsprechung, zB OLG Stuttgart ZMR 1998, 771: Pachtvertrag). 37

Der Berechtigte kann vom Verpflichteten (Grundstückseigentümer) die Auflassung verlangen, vom Dritten ggf. erforderliche Zustimmungen (§ 888 BGB). Ist der Dritte bereits Grundbucheigentümer, kann die Auflassung auch unmittelbar durch ihn erfolgen (BGH BB 1958, 1225). 38

V. Nichtausübung, Verzicht, Beendigung, Löschung

Bei **Nichtausübung** des Vorkaufsrechts wird bei einem für mehrere Verkaufsfälle bestellten Vorkaufsrecht das Ausübungsrecht, bei einem für einen oder den im konkreten Fall letzten Verkaufsfall bestellten Vorkaufsrecht dieses insgesamt hinfällig. Der Nachweis, dass ein Berechtigter das (einmal ausübbare) Vorkaufsrecht nicht ausgeübt hat und dieses damit erloschen ist, kann gegenüber dem Grundbuchamt wegen § 29 GBO nicht geführt werden, so dass im Verkaufsfall – anders als ggf im Falle des Erlöschens des Vorkaufsrechts infolge anderweitiger Veräußerung (OLG Zweibrücken Rpfleger 1999, 532) – letztlich nur eine Löschungsbewilligung seitens des Vorkaufsberechtigten (nach **M 51.2**) hilft (Schöner/Stöber Rz. 1432a; LG Koblenz MittRhNotK 1996, 329). 39

➲ **Praxistipp:** Übernimmt der Notar im Rahmen des Vollzugs eines Kaufvertrags die Fälligstellung des Kaufpreises, sollte im Interesse des Käufers das Vorliegen der Vorkaufsrechtsverzichtserklärung oder Löschungsbewilligung des Vorkaufsberechtigten zur Fälligkeitsvoraussetzung gemacht werden. Vorsicht ist geboten beim bloßen Zeitablauf, weil der Notar allein hierdurch die Nichtausübung des Vorkaufsrechts nicht abschließend beurteilen kann. 39a

Der **Verzicht auf ein Vorkaufsrecht** kann sich zum einen auf einen bestimmten Verkauf beschränken. Nach der Rspr. setzt der Verzicht einen (formlosen) zweiseitigen Erlassvertrag zwischen dem Vorkaufsberechtigten und dem Vorkaufsverpflichten voraus; eine lediglich einseitige Verzichtserklärung genügt danach nicht (BGH WPM 1966, 893, 895; BGHZ 110, 230, str.). 40

➲ **Wichtig:** Ein dem Dritten gegenüber erklärter und damit eigentlich unwirksamer Ausübungsverzicht kann eine spätere Ausübung treuwidrig erscheinen lassen (BGH WPM 1966, 893, 895). 41

42 Ein **Verzicht auf das Vorkaufsrecht als solches** erfolgt durch einen – ebenfalls formlosen – Verzichtsvertrag. Auch in diesem Fall bedarf es zur Löschung im Grundbuch einer Löschungsbewilligung (nach **M 51.2**) des Berechtigten. Steht ein subjektiv-dingliches Vorkaufsrecht mehreren Personen zu, kann ein einzelner nicht auf seinen Anteil verzichten (OLG München Rpfleger 2010, 20; krit. Amann NotBZ 2010, 201; Jeep MittBayNot 2010, 44).

43 Das Vorkaufsrecht wird ferner **gegenstandslos mit seiner Ausübung**, bei mehreren Berechtigten durch alle.

44 Auch Veräußerungen, die das Vorkaufsrecht nicht auslösen (s. Rz. 13 f.), aber als Verkaufsfälle gelten, können das Recht zum Erlöschen bringen.

45 Für die **Löschung eines subjektiv-persönlichen, unvererblichen und nicht übertragbaren Vorkaufsrechts** genügt nach § 22 Abs. 1 GBO der **Nachweis des Todes des Berechtigten**, aber erst nach Ablauf eines Sperrjahres, § 23 Abs. 1 GBO (OLG Zweibrücken Rpfleger 1989, 450), da „Rückstände" möglich sind (nämlich bei Ausübung des Vorkaufsrechts zu Lebzeiten des Berechtigten), sie ist aber auch bei Eintragung einer Vorlöschungsklausel nach § 23 Abs. 2 GBO sofort möglich (str.; zulässig nach Schöner/Stöber Rz. 1436 mwN; aA Demharter § 23 GBO Rz. 11).

VI. Gesetzliche Vorkaufsrechte

46 Verschiedene Gesetze enthalten **Vorkaufsrechte zugunsten der öffentlichen Hand** (zB §§ 24 ff. BauGB; § 66 BNatSchG; verschiedene Ländergesetze, etwa zum Denkmalschutz) oder für Rechtsträger bestimmter Art (zB §§ 4 ff. Reichssiedlungsgesetz zugunsten gemeinnütziger Siedlungsunternehmen). Vorbehaltlich abweichender gesetzlicher Regelung entfalten diese jedoch keine dingliche Wirkung entsprechend § 1098 Abs. 2 BGB.

47 Ein gesetzliches **Vorkaufsrecht zugunsten Privater** regelt insbes. § 577 BGB zugunsten von Mietern beim Verkauf einer nach Überlassung an den Mieter in Wohnungseigentum umgewandelten Wohnung, und zwar auch bei einem „en-bloc-Verkauf" (BGH MDR 2007, 1181) sowie Realteilung des Grundstücks (BGH MDR 2008, 908; BGH MDR 2010, 976; demgegenüber BGHZ 199, 136 zum Verkauf einer einzelnen Wohnung im sog. Erwerbermodell); ferner bestehen zugunsten von Mietern und Nutzern einige Sonderregelungen für die neuen Bundesländer (§§ 20, 20a VermG; § 57 SchuldRAnpG; § 5 Landverwertungsgesetz-DDR; § 42 LwAnpG).

48 S. zu den gesetzlichen Vorkaufsrechten nach Bundes- und Länderrecht die regelmäßig aktualisierte Zusammenstellung des DNotI auf dessen Homepage (www.dnoti.de) unter „Arbeitshilfen"/„Immobilienrecht" sowie Schare, Urkundenabwicklung von A-Z, S. 307 ff.

49 Vor allem das Vorkaufsrecht nach dem BauGB wirkt sich auf das **Grundbuchverfahren** aus: Nach § 28 Abs. 1 Satz 2 BauGB ist das Nichtbestehen bzw. die Nichtausübung durch ein Negativzeugnis der Gemeinde nachzuweisen; andernfalls darf die Eigentumsumschreibung nicht vorgenommen werden. In den übrigen Fällen besteht meist keine Grundbuchsperre.

50 ➲ **Wichtig:** Dem Notar obliegt es nach § 20 BeurkG, auf sämtliche in Betracht kommenden, also auch auf die für den Vollzug irrelevanten, gesetzlichen Vorkaufsrechte hinzuweisen und dies in der Urkunde zu vermerken. Erkennt der Notar die Unwirksamkeit eines Vorkaufsrechts, kann gegenüber dem an der Beurkundung mitwirkenden Vorkaufsberechtigten eine Belehrungspflicht bestehen (BGH MDR 2003, 537).

VII. Steuern

51 Sowohl der das Vorkaufsrecht auslösende Kaufvertrag als auch der durch die Ausübung zustande kommende Kaufvertrag lösen Grunderwerbsteuer aus (§ 1 Abs. 1 Nr. 1 GrEStG). Für den ersteren Vertrag entfällt die Steuerpflicht aber nach § 16 Abs. 1 Nr. 2 bzw. Abs. 2 Nr. 3 GrEStG, auch wenn sie bereits festgesetzt und/oder bezahlt war.

M 55.1 Bestellung eines dinglichen Vorkaufsrechts[1]

(Urkundeneingang[2])

Die Beteiligten erklären zur notariellen Niederschrift:

Bestellung eines dinglichen Vorkaufsrechts

§ 1

(1) Der Beteiligte Nr. 1 (künftig „Eigentümer" genannt) ist Eigentümer des Folgenden im Grundbuch von ... (Ort) Band/Blatt ... (Nummer) eingetragenen Grundstücks:

Flurstück N. ... (Nummer und weitere Grundstücksbeschreibung).

Das Grundstück ist in Abt. II und III lastenfrei.

(2) Der Eigentümer bestellt hiermit an dem beschriebenen Grundstück zugunsten des jeweiligen Eigentümers des im Grundbuch von ... (Ort) Band/Blatt ... (Nummer) eingetragenen Grundstücks Flurstück Nr. ... (Nummer und weitere Grundstücksbeschreibung) ein Vorkaufsrecht für alle Verkaufsfälle[3].

§ 2

Die Kosten dieser Urkunde und des Grundbuchvollzugs trägt der Vorkaufsberechtigte.

Einigung und Grundbucherklärung

Die Beteiligten sind sich über die Vorkaufsrechtsbestellung einig. Der Eigentümer bewilligt und beide Beteiligten beantragen die Eintragung des Vorkaufsrechts im Grundbuch.

Für den Fall des Erlöschens des Vorkaufsrechts in der Zwangsversteigerung wird ein Höchstbetrag des Wertersatzes von ... Euro festgesetzt. Es wird bewilligt und beantragt, diese Bestimmung beim Vorkaufsrecht zu vermerken.

(Schlussformel)

1 Subjektiv-dingliches Vorkaufsrecht und damit nicht übertragbar und nicht vererblich (s. Rz. 16).
2 Urkundsform nach § 311b Abs. 1 Satz 1 BGB; s. Rz. 5.
3 Ohne Bestimmung der Anzahl gilt das Vorkaufsrecht nur für den ersten Verkaufsfall (s. Rz. 11 f.).

Kosten: *Notargebühr:* 2,0-Gebühr gem. Nr. 21100 KV GNotKG, mindestens 60 Euro. Geschäftswert gem. §§ 97 Abs. 1, 51 Abs. 1 S. 2 GNotKG (50 % des Werts des Grundstücks).

Gerichtsgebühr: 1,0-Gebühr gem. Nr. 14121 KV GNotKG. Geschäftswert gem. § 51 Abs. 1 S. 2 GNotKG (50 % des Werts des Grundstücks).

M 55.2 Bestellung eines dinglichen Vorkaufsrechts mit abweichenden Vereinbarungen[1]

(Urkundeneingang[2])

§ 1

(1) Der Beteiligte ... (Name), im Folgenden „Grundstückseigentümer" genannt, räumt hiermit dem Beteiligten ... (Name)[3], im Folgenden „Vorkaufsberechtigter" genannt, ein dingliches Vorkaufsrecht an seinem nachfolgend bezeichneten Grundstück ein:

Grundbuch von ... (Ort) Band/Blatt ... (Nummer): Flurstück Nr. ... (Nummer und weiterer Beschreibung).

1 Nur in beschränktem Umfang zulässig, s. Rz. 7 ff.
2 Urkundsform nach § 311b Abs. 1 Satz 1 BGB; s. auch Rz. 5.
3 Subjektiv-persönliches Vorkaufsrecht, s. Rz. 8.

(2) Abweichend vom gesetzlichen Inhalt wird hierzu vereinbart:

1. Das Vorkaufsrecht wird für alle Verkaufsfälle vereinbart[4].

2. Das Vorkaufsrecht ist vererblich[5].

3. Das Vorkaufsrecht besteht auch im Falle eines Verkaufs an Erben des Grundstückseigentümers[6].

4. Das Vorkaufsrecht erlischt am ... (Datum)[7].

§ 2

Die Kosten dieser Urkunde und des Grundbuchvollzugs trägt der Vorkaufsberechtigte.

Einigung und Grundbucherklärung

Die Beteiligten sind sich über die Bestellung des Vorkaufsrechts mit dem in § 1 vereinbarten, im Übrigen dem gesetzlichen Inhalt einig[8].

Der Grundstückseigentümer bewilligt und beide Beteiligten beantragen die Eintragung des Vorkaufsrechts im Grundbuch.

Für den Fall des Erlöschens des Vorkaufsrechts in der Zwangsversteigerung wird ein Höchstbetrag des Wertersatzes von ... Euro festgesetzt. Es wird bewilligt und beantragt, diese Bestimmung beim Vorkaufsrecht zu vermerken[9].

Es wird ferner beantragt, bei dem Vorkaufsrecht zu vermerken, dass zur Löschung der Eintritt des Endtermins genügt[10].

(Schlussformel)

4 Ohne Bestimmung der Anzahl gilt das Vorkaufsrecht nur für den ersten Verkaufsfall (s. Rz. 11 f.). Zur Möglichkeit, einzelne Verkaufsfälle auszunehmen, s. Rz. 13.

5 Abweichend von § 1098 Abs. 1 Satz 1 iVm. § 473 BGB. Mangels anderweitiger Vereinbarung bleibt es aber nicht übertragbar, § 473 BGB.

6 Abweichend von § 1098 Abs. 1 Satz 1 iVm. § 470 BGB.

7 Nach § 1098 Abs. 1 Satz 1 iVm. § 473 BGB ergibt sich aus dieser Vereinbarung „im Zweifel" die Vererblichkeit. Ein festes Datum ist zum Ausschluss von Berechnungsproblemen vorzuziehen.

8 § 873 BGB.

9 Gem. § 882 BGB iVm. § 92 ZVG (s. Rz. 19).

10 Löschungserleichterung nach §§ 24, 23 GBO; zur Zulässigkeit und Zweckmäßigkeit s. Rz. 45.

Kosten: *Notargebühr:* 2,0-Gebühr gem. Nr. 21100 KV GNotKG, mindestens 60 Euro Geschäftswert gem. §§ 97 Abs. 1, 51 Abs. 1 S. 2 GNotKG (50 % des Werts des Grundstücks).

Gerichtsgebühr: 1,0-Gebühr gem. Nr. 14121 KV GNotKG. Geschäftswert gem. § 51 Abs. 1 S. 2 GNotKG (50 % des Werts des Grundstücks).

Kapitel 56 Reallast (mit Altenteil)

Literatur: *Lange-Parpart*, Die Reallast als Sicherungsmittel in der notariellen Praxis, RNotZ 2008, 377.

I. Begriff und Bedeutung

Mit der Eintragung einer Reallast (§§ 1105–1112 BGB) haftet das belastete Grundstück für einen Anspruch des Berechtigten auf wiederkehrende (Geld- oder geldwerte) Leistungen jeder Art. Die Reallast verschafft dem Berechtigten kein Nutzungs- oder Unterlassungsrecht gegenüber dem Grundstück (wie die Dienstbarkeit und der Nießbrauch), sondern eine Verwertungsbefugnis (Befriedigung durch Zwangsvollstreckung). Deshalb braucht zwischen dem belasteten Grundstück und dem gesicherten Anspruch keinerlei Sachzusammenhang zu bestehen. 1

Reallasten finden sich häufig in Übergabeverträgen (Sicherung der Übergeber durch Leibgeding, s. Rz. 29 ff., oder weichender Erben), aber auch im Rahmen von Vereinbarungen mit öffentlichen oder privaten Versorgungsträgern (vor allem Heizungswärmelieferung, S. Linde BWNotZ 1980, 29; Andrae BWNotZ 1984, 31) oder zur Sicherung von Kostentragungs- und Unterhaltspflichten bei Gemeinschaftsanlagen (s. **M 54.7**). 2

II. Einzelfragen

1. Sicherbare Ansprüche

Nach § 1105 Abs. 1 BGB können nur wiederkehrende Leistungen Gegenstand einer Reallast sein. 3

Wiederkehrend ist das Gegenteil von einmalig. Regelmäßigkeit (RGZ 131, 175) und gleiche Art und Höhe sind nicht erforderlich. Unter einer Mehrheit von Leistungen dürfen auch Einzelleistungen sein (zB Begräbniskosten im Rahmen eines Altenteils, OLG Hamm Rpfleger 1973, 98; BayObLG NJW-RR 1988, 464, 465). 4

Geld-, Sach- und Dienstleistungen jeder Art können Gegenstand der Reallast sein. Die Leistung muss, sofern sie nicht in Geld zu erbringen ist, in eine Geldleistung umwandelbar sein (BayObLGZ 59, 301). **Beispiele:** Rentenzahlung, Lieferung von Naturalien, Wohnungsgewährung, (Mit-)Unterhaltung von bestimmten Einrichtungen (s. **M 54.4**), Wärmelieferungsverpflichtung, persönliche Dienste, Gestellung von Pflegepersonal (LG Aachen Rpfleger 1986, 211), Beerdigung und Grabpflegeleistungen (BayObLG NJW-RR 1988, 464, 465; wegen der Löschungsprobleme s. **M 56.2** Fn. 7). 5

Eine **Unterwerfungsklausel** nach § 800 ZPO, dh. mit dinglicher Wirkung, ist **unzulässig** (BayObLG NJW 1959, 1876 f.). 6

Die **Höhe der Leistungen** wird idR nicht in einem bestimmten unveränderlichen Geldbetrag festgelegt werden können. Deshalb **reichen** noch unbestimmte, aber **bestimmbare Umschreibungen** aus. Nach § 1105 Abs. 1 Satz 2 BGB können auch ausdrücklich **Anpassungsklauseln** „an veränderte Verhältnisse“ als Inhalt der Reallast vereinbart werden, sofern die Anpassungskriterien hinreichend und dergestalt bestimmt oder bestimmbar sind, dass die höchstmögliche Belastung feststellbar ist. 7

Als **ausreichend bestimmt** gelten zB: Pflege und Betreuung in kranken und gebrechlichen Tagen (BGH MDR 1996, 253); Pflegepflicht, soweit unter Berücksichtigung ihrer (der Verpflichteten) beruflichen und familiären Verhältnisse zumutbar (BGH MDR 1996, 253); Anknüpfung an Preisindizes (OLG Düsseldorf OLGZ 67, 461) oder Beamtengehälter oder -pensionen oder Heimpflegekosten (LG München MittBayNot 1990, 244). Wird ein „angemessener Unterhalt“ geschuldet und dessen „Anpassung an veränderte Verhältnisse“ vereinbart, ist als Mindestvoraussetzung für die Bestimmbarkeit der künftigen Leistungen festzulegen, welchen Betrag die Beteiligten im Zeitpunkt der Vereinbarung als angemessen ansehen und durch welche Einkünfte dieser Betrag im Einzelnen aufgebracht wird (BayObLG NJW-RR 1993, 1171, 1173). 8

Sind bezifferte Geldleistungen Inhalt der Reallast, die aber wertgesichert sind, bleiben sie hinreichend bestimmt, wenn die Wertsicherung über Indexgleitklauseln im Sinne des § 3 PrKG erfolgt. Liegt der Wertsicherung eine Spannungsklauseln iS des § 1 Abs. 1 PrKG zugrunde, kommt es da- 9 rauf an, ob deren Elemente ihrerseits eine ausreichende Bestimmung ermöglichen (Schöner/Stöber Rz. 1297c und d).

10 **Nicht hinreichend bestimmt** ist ein Geldbetrag zur Bestreitung des „standesgemäßen Unterhalts" (ohne weitere Angaben OLG Düsseldorf MittRhNotK 1990, 167, 218; BayObLG MDR 1992, 906); eine Geldrente in Höhe der jeweiligen Miete für eine vom Berechtigten auszuwählende Wohnung (KG MDR 1984, 848), ebenso nicht der Anspruch auf Unterhalt, „soweit der Veräußerer zur Bestreitung seines hergebrachten Lebensaufwands (aus eigenen Einkünften oder Vermögen) nicht in der Lage sein sollte" (OLG Düsseldorf MittRhNotK 1990, 167; 218). Unzureichend bestimmt kann auch ein Verweis auf Regelungen zur Beamtenbesoldung sein (BGH NJW-RR 2010, 1365)

11 Es kann auch vereinbart werden, dass Anpassungsregeln nicht automatisch, sondern erst auf ein Anpassungsverlangen hin greifen.

11a ➲ **Praxistipp:** Bei der Gestaltung sollte hier von Formelkompromissen abgeraten und auf möglichst präzise Regelungen hingewirkt werden. Nur sie sind sicher durchsetzbar.

12 Wegen **landesrechtlicher Inhaltsbeschränkungen** (Art. 115 EGBGB) → kein Verweis auf Landesrecht; Schöner/Stöber Rz. 1318.

2. Belastungsobjekt

13 Neben Grundstück und grundstücksgleichem Recht (Erbbaurecht, Wohnungs-/Teileigentum) kann auch ein im separaten Eigentum stehender ideeller Miteigentumsanteil (§ 1106 BGB) belastet werden, auch ein solcher an Wohnungs- oder Teileigentum. Auch die Beschränkung auf einen realen Grundstücksteil ist zulässig, die vorherige Abschreibung nach § 7 GBO nur geboten, wenn andernfalls Verwirrung zu besorgen ist (§ 7 Abs. 2 GBO). Ausübungsbeschränkungen sind der Rechtsnatur nach nicht denkbar, wohl aber die Gesamtbelastung mehrerer Grundstücke für dieselben Leistungen.

3. Berechtigter

14 Berechtigter kann sowohl eine **bestimmte natürliche oder juristische Person** (subjektiv-persönliche Reallast) als auch der **jeweilige Eigentümer eines anderen Grundstücks** (subjektiv-dingliche Reallast) sein (§ 1105 Abs. 2 BGB), auch der jeweilige Eigentümer eines grundstücksgleichen Rechts oder eines Wohnungs- und Teileigentums. Bei subjektiv-persönlicher Reallast ist auch eine Mehrheit von Berechtigten möglich (Bruchteilsgemeinschaft bei teilbarer Leistung, Gesamtberechtigung nach § 428 BGB, Gesamthand). Die Art der Gemeinschaft und (bei Bruchteilsgemeinschaft) die Anteile sind in der Bewilligung anzugeben. Bei Teilung des begünstigten Grundstücks entsteht nach § 1109 Abs. 1 BGB Bruchteilsberechtigung bei teilbarer Leistung, sonst Mitgläubigerschaft nach § 432 BGB.

15 Eine **Eigentümerreallast** (subjektiv-persönlich oder subjektiv-dinglich möglich) ist ohne Weiteres zulässig (jetzt hM).

4. Dreifach-Haftung (dingliche und persönliche Ansprüche)

16 Eine Reallast führt zu einem Nebeneinander von dinglichen und persönlichen Ansprüchen:

- Der jeweilige Grundstückseigentümer haftet für alle fälligen Leistungen mit seinem Grundstück (**dingliche Haftung aus der Reallast**).
- Der Grundstückseigentümer haftet nach § 1108 BGB für die während der Dauer seines Eigentums fällig werdenden Leistungen auch persönlich (**persönliche Haftung aus der Reallast**), was zB für spätere Erwerber oder Zwischenerwerber des Grundbesitzes bedeutsam sein kann.
- Schließlich kann der ursprünglich (zB Unterhalts-)Verpflichtete weiterhin haften (**persönliche Haftung aus dem schuldrechtlichen Grundgeschäft**), es sei denn, die Verpflichtung ist auf die Dauer seiner Eigentümerstellung beschränkt, was selten der Fall sein wird.

Ein **Leistungsverweigerungsrecht** steht dem jeweiligen Schuldner oder Eigentümer, der aus einem der aufgeführten dinglichen oder persönlichen Rechtsgründe in Anspruch genommen wird, dann zu, wenn die Leistung bereits aus einem der anderen Rechtsgründe erbracht wurde. Dies ergibt sich aus der zugrundeliegenden Sicherungsabrede. Ob dieses Leistungsverweigerungsrecht durch Eintragung zum Inhalt der Reallast gemacht werden kann, ist streitig (ablehnend: Schöner/Stöber Rz. 1310a; befürwortend: OLG Hamm MittBayNot 1998, 348). 17

➲ **Praxistipp:** Soll die Haftung des jeweiligen Eigentümers auf das Grundstück beschränkt werden, kann seine persönliche Haftung nach § 1108 BGB mit dinglicher Wirkung eingeschränkt oder ganz ausgeschlossen werden („soweit nicht ein anderes bestimmt ist"). 18

5. Übertragung, Verpfändung, Pfändung

Hier ist zu unterscheiden zwischen 19

- subjektiv-dinglicher und subjektiv-persönlicher Reallast zum einen,
- Stammrecht und Einzelleistungen zum anderen.

Die **subjektiv-dingliche Reallast** kann nach § 1110 BGB nicht vom Eigentum am herrschenden Grundstück getrennt und somit jedenfalls im Stammrecht nicht übertragen, verpfändet oder gepfändet werden. Pfändbar sind aber die Einzelleistungen. 20

Die **subjektiv-persönliche Reallast** kann dagegen übertragen, mit einem Nießbrauch belastet, verpfändet oder gepfändet werden, im Stammrecht wie hinsichtlich der Einzelleistungen, sofern es sich nicht um einen nicht übertragbaren Anspruch handelt (§ 1111 Abs. 2 BGB), zB. nach §§ 399, 400 BGB. Die Nichtübertragbarkeit kann aber vereinbart und zum dinglichen Inhalt gemacht werden. 21

6. Vererblichkeit

Die Frage der Vererblichkeit stellt sich nur bei der subjektiv-persönlichen Reallast. Sie ist zu bejahen, sofern das Recht nicht seiner Natur nach nur höchstpersönlich in Anspruch genommen werden kann oder (wie häufig bei einem Leibgeding) auf die Lebenszeit des Berechtigten beschränkt ist (BayObLGZ 1983, 113) oder die Vererblichkeit ausgeschlossen wird (was auch beschränkt auf bestimmte Personen zulässig ist). 22

7. Begründung und Erlöschen

Die **Begründung** erfolgt durch (formlose) Einigung und Eintragung im Grundbuch, wobei die Bewilligung der Form des § 29 GBO bedarf. Inhaltsänderungen erfolgen nach § 877 BGB unter Mitwirkung beider Beteiligten und bedürfen zu ihrer Verdinglichung der Grundbucheintragung. 23

Für eine **subjektiv-dingliche Reallast** kann auf dem begünstigten Grundstück ein **Herrschvermerk** nach § 9 Abs. 1 GBO eingetragen werden. 24

Die Reallast **erlischt** durch Aufhebung, Aufgabeerklärung des Berechtigten, Zeitablauf, Eintritt einer auflösenden Bedingung oder Zuschlag in der Zwangsversteigerung (landesrechtliche Besonderheiten für Altenteilsrechte s. Palandt/Bassenge Art. 96 EGBGB Rz. 6) sowie Löschung im Grundbuch. Bei auf Lebenszeit oder auf Eintritt eines bestimmten Lebensalters, Zeitpunktes oder Ereignisses befristeten Rechten ist die Eintragung einer Löschungserleichterung nach § 23 Abs. 2 GBO zu empfehlen; andernfalls ist das Sperrjahr nach § 23 Abs. 1 GBO abzuwarten oder die Löschungsbewilligung des Berechtigten bzw. seiner Gesamtrechtsnachfolger (Erben) beizubringen. 25

8. Erhalt der Reallast in der Zwangsversteigerung

Wird aus der Reallast vollstreckt, so ist sie nicht in das geringste Gebot aufzunehmen (§ 44 Abs. 1 ZVG). Sie **erlischt** also mit dem Zuschlag (§ 52 Abs. 1 Satz 2 ZVG). Das gilt sowohl für die fälligen Einzelleistungen, wegen derer vollstreckt wird als auch für das Stammrecht. An dessen Stelle tritt 26 gem. § 92 Abs. 1 u. 2 ZVG ein Anspruch auf Rentenzahlung aus dem verbleibenden Versteigerungserlös.

27 Aus Sicht des vollstreckenden Gläubigers ist oft weder das Erlöschen des Stammrechts noch das mit der Verrentung verbundene Zwangssparen gewünscht. Es kann auf verschiedenen Wegen vermieden werden (dazu Lange-Parpart RNotZ 2008, 377, 405 ff.; Oppermann RNotZ 2004, 84; Amann DNotZ 2004, 599):

- Die einheitliche Reallast wird **materiell-rechtlich** in rangverschiedene Teile **aufgespalten**, nämlich einen vorrangigen Teil, der die nach dem Zuschlag fälligen Leistungen umfasst und einen nachrangigen Teil, aus dem wegen der fälligen Leistungen die Vollstreckung betrieben wird. Eine solche Aufspaltung kann nicht schon bei ihrer Begründung als Inhalt der Reallast vereinbart werden (BGHZ 156, 274, 279), jedoch möglicherweise nachträglich (Schöner/Stöber Rz. 1317d).
- Auf **vollstreckungsrechtlichem** Wege beantragt der Gläubiger **abweichende Versteigerungsbedingungen** (§ 59 ZVG) dahin, dass die Reallast mit ihrem Stammrecht bestehen bleibt.
- **Grundbuchlich** wird der Anspruch auf Neubestellung der Reallast durch eine vorrangige **Vormerkung** gesichert; der Anspruch auf Einmal-Zahlung des Kapitals durch eine ebenfalls vorrangige **Grundschuld** (Einzelheiten bei Oppermann RNotZ 2004, 84).
- Die größte Sicherheit bietet wohl eine Doppelsicherung durch zwei flankierende Grundschulden: Erstens eine nachrangige, dem Betrag nach kleinere Grundschuld, aus der vorgegangen werden kann, wenn es zur Rückständen auf die laufenden Zahlungen kommt, ohne dass die vorrangige Reallast als Stammrecht erlischt, und zweitens eine vorrangige Grundschuld über den kapitalisierten Gesamtbetrag der Rente, die dann verwertet wird, wenn die noch offene Gesamtsumme beigetrieben und insgesamt sogleich zur Auszahlung an den Gläubiger gebracht werden soll.

28 Außer den folgenden Mustern **M 56.1** und **M 56.2** enthält auch Muster **M 44.6** eine Reallast.

M 56.1 Bestellung einer subjektiv-persönlichen Reallast[1]

An das

Grundbuchamt

... (Ort)

Betr.: Grundbuch von ... (Ort) Band/Blatt ... (Nummer)

Grundstück Flurstück Nr. ... (Nummer und weitere Beschreibung)

Ich, der Eigentümer des bezeichneten Grundbesitzes, habe mich gegenüber ... (Name des Berechtigten) verpflichtet, bis zu dessen Tode[2] für seinen standesgemäßen Unterhalt[3] aufzukommen und diese Leistungspflicht durch eine Reallast abzusichern. Für angemessen halten wir derzeit einen Betrag von ... Euro monatlich; maßgeblich sind die Einkünfte, die aus dem Grundbesitz erzielt werden.

Ich bewillige und beantrage, zu Lasten meines Grundstücks zur Sicherung dieses Unterhaltsanspruchs zugunsten des Berechtigten eine Reallast einzutragen.

Ich beantrage ferner, bei der Reallast zu vermerken, dass zur Löschung der Nachweis des Todes des Berechtigten genügt[4].

(Unterschriftsbeglaubigung)[5]

1 S. Rz. 1 ff.

2 Wegen der grundsätzlichen Vererblichkeit einer subjektiv-persönlichen Reallast s. Rz. 22. Auch der Sachzusammenhang kann zu der Auslegung führen, dass das Recht mit dem Tode des Berechtigten enden soll.

3 Zur Bestimmbarkeit Rz. 7 ff.

4 § 23 GBO. Keine Zustimmung des Reallastberechtigten erforderlich (außer bei nachträglicher Eintragung der Löschungserleichterung am bereits eingetragenen Recht).

5 §§ 19, 29 GBO.

Kosten: *Notargebühr:* 0,2-Gebühr gem. Nr. 25100 KV GNotKG, mindestens 20 Euro, höchstens 70 Euro. Geschäftswert gem. §§ 121, 52 Abs. 4 GNotKG. Bei Fertigung des Entwurfs und Beglaubigung 0,5-Gebühr gem. Nrn. 24102, 21201 Nr. 4 KV GNotKG (§ 92 Abs. 2 GNotKG), Geschäftswert gem. §§ 119, 52 Abs. 4 GNotKG.

Gerichtsgebühr: 1,0-Gebühr gem. Nr. 14121 KV GNotKG. Geschäftswert gem. § 52 Abs. 4 GNotKG.

III. Leibgeding, Altenteil

1. Allgemeines

Unter Leibgeding oder Altenteil versteht man die **zusammengefassten Versorgungsansprüche** des Berechtigten, die sich idR aus einer **Kombination von beschränkten persönlichen Dienstbarkeiten** (zB Wohnungsrecht) **und Reallasten** (zB Geld-, Natural-, Dienstleistungen; Begräbnis-, Grabpflegekosten) zusammensetzen. Das BGB enthält den Begriff Leibgeding oder Altenteil nicht, er findet sich hingegen in § 49 GBO, einzelnen Landesrechten sowie in § 9 EGZVG und § 850b Abs. 1 Nr. 3 ZPO mit jeweils im Einzelnen anderen Voraussetzungen. 29

Im **Grundbuch** gestattet § 49 GBO es unter der Bezeichnung Altenteil/Leibgeding verschiedene Rechte grundbuchlich **zusammengefasst** einzutragen. So bleibt die Grundbucheintragung übersichtlich und kostengünstig. In der **Bewilligung** selbst (auf die nach § 874 BGB Bezug zu nehmen ist) sind die einzelnen **Rechte und ihre Rechtsnatur** (Reallast, beschränkte persönliche Dienstbarkeit) aber **detailliert aufzuführen** (OLG Zweibrücken MittRhNotK 1996, 229, das aber nicht die Verwendung der rechtstechnischen Bezeichnungen verlangt). Bei mehreren Berechtigten sind das Gemeinschaftsverhältnis und ggf. der Gemeinschaftsanteil anzugeben. 30

➲ **Wichtig:** Ein **Nießbrauch** kann **nicht** einbezogen werden, ebenso keine Grunddienstbarkeit, keine subjektiv-dingliche Reallast (s. Rz. 14), kein Grundpfandrecht und kein Dauerwohnrecht. 31

Auch ist ungeachtet der Bezeichnung als Altenteil bei der Einräumung eines Rechts auf Wohnung zwischen dem Wohnungsrecht nach § 1093 BGB und einer Reallast auf Wohnungsgewährung zu unterscheiden (s. **M 56.2** Fn. 5). 32

➲ **Wichtig:** Das **Wohnungsrecht** kann nur an dem Grundstück eingetragen werden, auf dem das Wohnhaus steht, nicht an anderen Grundstücken, z.B. Ackerflächen. 33

Beim grundbuchlichen Leibgeding ist ggf. die **Befristung auf Lebenszeit** vor allem wegen der Vererblichkeit von Reallasten wichtig, im Zweifel aber auch ohne ausdrückliche Bestimmung gewollt (Auslegung). Die grundbuchliche **Löschungserleichterung** nach § 23 Abs. 2 GBO ist ebenfalls empfehlenswert und idR auch zulässig, da Leibgedingrechte ohne die Möglichkeit von Rückständen kaum vorkommen (wg. der Problematik bei Beerdigungs- und Grabpflegekosten s. **M 58.2** Fn. 8). 34

Liegt ein **Altenteilsvertrag iS des § 96 EGBG** vor, kommen über das jeweilige Landesrecht fortbestehende Regelungen zur Anwendung, die insbesondere für **Leistungsstörungen** den allgemeinen Bestimmungen des BGB vorgehen. (Vertiefend: Wirich ZEV 2008, 372). 35

Im **Vollstreckungsrecht** verlangt das Altenteil ein Doppelausgebot (**§ 9 EGZVG**) sowohl unter Bedingung seines Erlöschens wie seines Fortbestehens (§ 59 Abs. 2 u. 3 ZVG). Die hieraus fließenden Versorgungsleistungen sind nach Maßgabe des **§ 850b Abs. 1 Nr. 3 ZPO unpfändbar** (BGH MDR 2007, 1218). Der vollstreckungsrechtliche Altenteilsbegriff aus § 850b Abs. 1 Nr. 3 ZPO entspricht dem des Art. 96 EGBG (BGH MDR 2007, 1218). 36

2. Steuerrecht

Literatur: *Braun/Günther,* Das Steuerhandbuch, Stichwort Altenteilsvertrag, 56. Ergänzungslieferung Stand: Nov. 2013; *Langenfeld/Günther,* Grundstückszuwendungen zur lebzeitigen Vermögensnachfolge, Kap. 6, Hof- und Hausübergabe mit Altenteilsvorbehalt, 6. Aufl. 2010.

37 Mit dem Steuerneuordnungsgesetz 1954 ist das frühere Tatbestandsmerkmal „Leibgedinge“ (Altenteil) in die **gesetzliche Sammelbezeichnung „wiederkehrende Leistungen bzw. Bezüge“** eingegangen.

38 Der **Versorgungscharakter** ist das Wesen des Leibgedingvertrags, „der das sonst übliche synallagmatische Verhältnis von Leistung und Gegenleistung in den Hintergrund treten lässt“. Kraft Nutzung des übertragenen Vermögens soll der Übernehmer sich eine eigene Lebensgrundlage schaffen und gleichzeitig den dem Altenteiler geschuldeten Unterhalt gewinnen (BFH v. 7.4.1989, NJW 1989, 2122, unter B.II.3.b). Das bürgerlich-rechtliche Altenteil ist ein Inbegriff von Versorgungsleistungen verschiedener Art, die durch die gemeinsame Zweckbestimmung, den Berechtigten ganz oder teilweise zu versorgen, zu einer rechtlichen Einheit verbunden sind.

39 **Altenteilsleistungen** sind die klassischerweise in der Landwirtschaft im Zusammenhang mit der unentgeltlichen Wirtschaftsüberlassung eines Betriebes vom Nutzungsberechtigten an den Hofeigentümer vereinbarungsgemäß erbrachten wiederkehrenden Geld- und Naturalleistungen (Kost und Logis, sog. Altenteilerwohnung, Hege und Pflege, auch die Verpflichtung zur Tragung von Beerdigungs- und Grabpflegekosten).

40 Der **steuerrechtliche Begriff der Vermögensübergabe gegen Versorgungsleistungen** ist zwar nicht an die zivilrechtlichen Voraussetzungen eines Altenteilsvertrags (= Leibgedinges) geknüpft. Der Altenteilsvertrag erfüllt jedoch im Regelfall den Tatbestand der Vermögensübergabe. So bildet das Steuerrecht den am Maßstab des Altenteilsvertrags ausgeformten zivilrechtlichen Inhalt des dem Anwendungsbereich der § 10 Abs. 1 Nr. 1a EStG und § 22 Nr. 1b EStG zuzuordnenden Versorgungsvertrags ab.

41 Unter Berücksichtigung der beiden „richtungweisenden“ Beschlüssen des Großen Senats des BFH v. 12.5.2003 (BFH v. 12.5.2003 – GrS 1/00, BStBl. II 2004, 95 u. GrS 2/00, BStBl. II 2004, 100) hat die Finanzverwaltung in einem überarbeiteten Rentenerlass zum Zwecke des einheitlichen Verwaltungsvollzuges erneut zur **einkommensteuerrechtlichen Behandlung von wiederkehrenden Leistungen** im Zusammenhang mit der **Übertragung von Privat- oder Betriebsvermögen** Stellung genommen. Notwendige Voraussetzung für die Annahme von Versorgungsleistungen im Zusammenhang mit der unentgeltlichen Vermögensübergabe ist danach die Übertragung sogenannter existenzsichernder und ausreichend Ertrag bringender Wirtschaftseinheiten (BMF v. 11.3.2010 [BStBl I, 227, Tz. 26f]; zuvor bereits BMF v. 16.9.2004, 922). Ausreichend Ertrag bringendes Vermögen liegt danach vor, wenn nach überschlägiger Berechnung die wiederkehrenden Leistungen nicht höher sind als der langfristig erzielbare Ertrag des übergebenen Vermögens.

Seit 2008 (für nach dem 31.12.2007 getroffene vertragliche Übertragungsvereinbarungen zu berücksichtigen) greift die einschränkende Gesetzesfassung des § 10 Abs. 1 Nr. 1a EStG. Der Abzug von Versorgungsleistungen, u.a. von Altenteilsleistungen, ist **nur noch im Zusammenhang mit** der Übertragung von **betrieblichen Einheiten** möglich (§ 10 Abs. 1 Nr. 1a Satz 2 EStG, vgl. BMF v. 11.3.2010, BStBl. I 2010, 227). Einkommensteuerlich führen Versorgungsleistungen weder zu einem Veräußerungsentgelt noch zu Anschaffungskosten. Der **Betriebsübernehmer kann** die nach § 10 Abs. 1 Nr. 1a EStG begünstigten **Versorgungsleistungen als Sonderausgaben** in vollem Umfang abziehen, unabhängig davon, ob sie in Form von Renten oder dauernden Lasten vereinbart sind; maßgebend für die Differenzierung ist der Stichtag 31.12.2007. Eine Unterscheidung zwischen beiden ist nur für die Versorgungsleistungen weiterhin vorzunehmen, die auf einen bis zum 31.12.2007 abgeschlossenen Übertragungsvertrag beruhen (Abzug nur mit dem Ertragsanteil, wenn im Vertrag die Anwendung des § 323 ZPO ausdrücklich ausgeschlossen wurde). Für Versorgungsleistungen aufgrund von nach dem 31.12.2007 abgeschlossenen Übertragungsverträgen ist diese Unterscheidung wegen des vollumfänglichen Ansatzes der Versorgungsleistungen entfallen. Beim Betriebsübernehmer liegen **keine Betriebsausgaben** vor. Beim **Berechtigten sind** die **Versorgungsleistungen** korrespondierend als **wiederkehrende Bezüge** zu versteuern (§ 22 Nr. 1b EStG).

42 ➲ **Wichtig:** Zur Beurteilung der Frage, ob ein Vermögensübergabe- und Versorgungsvertrag der Besteuerung zugrunde gelegt werden kann, muss der Mindestbestand an bürgerlich-rechtlichen Rechtsfolgen, der die Qualifikation als Versorgungsvertrag erst ermöglicht (Umfang des übertragenen Vermögens, Art und Höhe der Versorgungsleistung sowie Art und Weise

der Zahlung), klar und eindeutig vereinbart sein, und zwar zu Beginn des Rechtsverhältnisses. Ob und in welchem Umfang die Parteien des Versorgungsvertrags ihren Vertragspflichten nachkommen wollen, steht ihnen nicht frei; die Leistungen müssen wie vereinbart tatsächlich erbracht werden. Der für die steuerliche Anerkennung erforderliche Rechtsbindungswille muss sich dabei auf sämtliche für einen Versorgungsvertrag typusprägenden Leistungen – Sach- und Barleistungen – beziehen. Insoweit sind Abweichungen des tatsächlich Durchgeführten vom Vereinbarten steuerschädlich, BFH v. 19.1.2005, BStBl. II 2005, 434. Einigen sich die Vertragsbeteiligten auf ein in Anbetracht des gestiegenen Versorgungsbedürfnisses – zB wegen des Umzugs des Versorgungsberechtigten in ein Pflegeheim – neues Versorgungskonzept, sind Zahlungen, die ab diesem Zeitpunkt nicht mehr aus dem Ertrag des übergebenen Vermögens erbracht werden können, freiwillige Leistungen iSd. § 12 Nr. 2 EStG, BFH v. 13.12.2005, BStBl. II 2008, 16. Um freiwillige Leistungen iSd. § 12 Nr. 2 EStG handelt es sich auch, soweit die Zahlungen zwar aus dem Ertrag des übergebenen Vermögens erbracht werden können, aber die Anpassung der wiederkehrenden Leistungen zwecks Übernahme eines Pflegerisikos im ursprünglichen Übertragungsvertrag ausdrücklich ausgeschlossen war. Werden die Versorgungsleistungen im Fall einer erheblichen Ertragsminderung infolge einer Betriebsverpachtung nicht angepasst, obwohl die Abänderbarkeit aufgrund wesentlich veränderter Bedingungen vertraglich nicht ausgeschlossen war, sind die die dauerhaften Erträge übersteigenden Zahlungen freiwillige Leistungen iSd. § 12 Nr. 2 EStG. Hat sich der Vermögensübernehmer gegenüber den Vermögensübergebern in einem Vermögensübergabevertrag verpflichtet, die Kosten einer standesgemäßen Beerdigung zu tragen, so sind die dadurch nach dem Tod des Letztverstorbenen entstandenen angemessenen Aufwendungen als Sonderausgaben iSv. § 10 Abs. 1 Nr. 1a EStG abziehbar, soweit nicht der Vermögensübernehmer, sondern ein Dritter Erbe ist (BFH v. 19.1.2010, BStBl. II 2010, 544); vgl. insoweit auch BMF v. 11.3.2010 (BStBl I, 227, Tz. 59–64).

Übertragungsvereinbarungen im Rahmen der Vermögensübergabe gegen Versorgungsleistungen bleiben unter Berücksichtigung steuergünstiger Lösungsansätze einerseits und dem Schutz des Altenteils andererseits – in Abhängigkeit von den einzelfallabhängigen Umständen – nicht einfach, wenngleich das BMF durch das (neuerliche) Schreiben vom 11.3.2010 (BStBl I, 227) zumindest für den einheitlichen Verwaltungsvollzug etwas mehr Klarheit gewonnen wurde. 43

M 56.2 Leibgeding[1] (zB im Rahmen eines Übergabevertrages[2])

(Form der zugehörigen Urkunde)

§ . . . (Nummer)

(1) Für die Übergeber wird auf deren Lebenszeit zu Lasten des übergebenen Grundstücks Flurstück Nr. . . . (Nummer und weitere Beschreibung) ein Leibgeding mit folgendem Inhalt bestellt:

1. Wohnungsrecht (§ 1093 BGB)[3]

Nutzungsrecht unter Ausschluss des Eigentümers an folgenden im Erdgeschoss des Anwesens gelegenen Räumen: Wohnzimmer (links vom Eingang), Schlafzimmer (links daran anschließend), Küche und Bad/WC. Hierzu gehört das gleichberechtigte Mitbenutzungsrecht an Keller, Speicher und Hausgarten.

Die Berechtigten haben darüber hinaus Anspruch auf Übernahme der Kosten für Strom, Wasser/Abwasser, Heizung und Müllabfuhr sowie der laufenden Instandhaltung der Räume[4].

1 S. Rz. 29 ff. Bezeichnung regional unterschiedlich (Altenteil, Leibzucht).

2 Oder separat nach Rz. 23; dann reicht gegenüber dem Grundbuchamt die Bewilligung nach §§ 19, 29 GBO.

3 S. Kap. 54 Rz. 99 ff. und die Fn. zu **M 54.9.**

4 Zulässiger Inhalt eines Wohnungsrechts, BayObLG MDR 1980, 935, s. Kap. 54 Rz. 104 f.

2. Bedingter Anspruch auf Wohnungsgewährung[5] (Reallast)

Für den Fall des Erlöschens des Wohnungsrechts nach Nr. 1 wegen Untergangs des Gebäudes haben die Übergeber Anspruch auf angemessene Wohnungsgewährung[6], wobei die Wohnung mindestens umfassen muss: Wohnzimmer, Schlafzimmer, Küche, Bad/WC, Keller; ferner besteht der Anspruch auf Übernahme der Nebenkosten im in Nr. 1 beschriebenen Umfang.

3. Anspruch auf Pflege und Betreuung (Reallast)

Die Übergeber haben Anspruch auf standesgemäße, ihren jeweiligen Bedürfnissen angepasste Pflege, Betreuung und Versorgung in kranken und gebrechlichen Tagen.

Jedoch muss der Übernehmer nur solche Dienste leisten, die er nach seinen familiären und beruflichen Verhältnissen, insbesondere seinen körperlichen Kräften und seiner Ausbildung erbringen oder nach angemessener Anleitung erlernen kann. Zeitlich sind Pflege und Versorgung bis zu höchstens 1,5 Stunden täglich geschuldet. Im Streitfall entscheidet auf Bitten eines der Beteiligten der Hausarzt des Berechtigten als Schiedsgutachter darüber, welche Leistungen in welchem Umfang geschuldet werden.

Der Übernehmer kann die Leistungen auch auf seine Kosten durch Dritte erbringen lassen.

Die erforderlichen Verbrauchskosten, etwa für Lebensmittel, Wasch- und Putzmittel und die Eigenbeteiligung für Medikamente trägt der Berechtigte.

Mehrere Berechtigte können die Pflege und Versorgung jeweils in vollem Umfang verlangen, zeitlich jedoch höchstens bis zu der vorvereinbarten täglichen Obergrenze. Diese bleibt unverändert, auch wenn ein Berechtigter das Anwesen verlässt oder verstirbt.

Die Pflegeverpflichtung ruht, solange und soweit der Berechtigte Leistungen aus der Pflegeversicherung erhält. Der Berechtigte wird die ihm hieraus zustehenden Ansprüche geltend machen. Ein Pflegegeld steht dem Übernehmer zu, soweit er die entsprechenden Pflegeleistungen erbringt.

Verlässt der Berechtigte aus Gründen, die der Erwerber nicht zu vertreten hat, das Anwesen auf Dauer, ruht die Pflegeverpflichtung. Dies gilt insbesondere, wenn der Berechtigte in einem Pflegeheim, Altersheim oder Krankenhaus untergebracht werden muss. Die für die auswärtige Unterbringung und Versorgung anfallenden Kosten trägt der Erwerber nicht.

4. Anspruch auf finanzielle Unterstützung (Reallast)

Die Übergeber haben Anspruch auf finanzielle Unterstützung in dem Umfang, wie ihre eigenen Mittel und Einkünfte zur Bestreitung ihres standesgemäßen Unterhalts und notwendiger Bedürfnisse nicht ausreichen, jedoch begrenzt auf die Einkünfte, die aus dem Grundbesitz und auf einen Betrag von derzeit . . . Euro monatlich.

Der Zahlbetrag ändert sich jährlich zum Januar eines Jahres in dem Verhältnis, in dem sich der Verbraucherpreisindex des Statistischen Bundesamtes für die Bundesrepublik Deutschland auf der Basis 2010 = 100 Punkte für den Monat Dezember des Vorjahres gegenüber dem Index für den Beurkundungsmonat geändert hat. Wird der Index auf ein neues Basisjahr umgestellt oder fällt er fort, so ist der entsprechende Nachfolgewert ab dem Zeitpunkt der letzten Anpassung zugrunde zu legen. Die Anpassung erfolgt nur auf schriftliches Verlangen einer Seite, und zwar sodann mit Wirkung ab dem auf das Verlangen folgenden Monat.

Die vorstehende Zahlung ist auf Grundlage der derzeitigen Erträge (Miete- und Pacht) des Grundbesitzes und des derzeitigen Versorgungsbedarfs der Berechtigten berechnet worden. Ändern sich diese Umstände wesentlich, soll die Zahlung entsprechend angepasst werden. Eine Anpassung kann nicht verlangt werden, soweit eine Ertragserhöhung auf Maßnahmen des Eigentümers zurückführen ist, insbesondere wertsteigernde Bau-, Sanierungs- oder Renovierungsmaßnahmen. Ferner bleiben außer Betracht erhöhte Bedürfnisse, die infolge einer Pflegebedürftigkeit, dauernden

---

5 Während das Wohnungsrecht Nr. 1 ein Nutzungsrecht an bestimmten Räumen des Anwesens gewährt, beinhaltet die Reallast Nr. 2 die wirtschaftliche Haftung des Grundbesitzes für die Kosten (zB Miete) einer (irgendwo gelegenen) Wohnung. – Schuldrechtliche Zusatzvereinbarungen können zweckmäßig sein, zB wenn Abriss und Neubau vorgesehen sind: etwa Verpflichtung der Übergeber, im Neubau Ersatzwohnung (mit Bestellung neuen Wohnungsrechts) anzunehmen, um Bedingungseintritt für Nr. 2 zu vermeiden.

6 Wegen der Anforderungen an die Bestimmtheit s. Rz. 7 ff.

Krankheit oder eines Umzuges der Berechtigten entstehen. Ferner kann eine Anpassung höchstens jedoch bis zu dem dauerhaft nach Abzug des steuerlich abzugsfähigen Aufwandes aus dem übertragenen Grundbesitz nachhaltig zu erzielenden Ertrags verlangt werden. Die Anpassung kann nur mit Wirkung für die Zukunft verlangt werden.

(2) Die Ansprüche stehen den Übergebern als Gesamtgläubigern nach § 428 BGB zu, dh. dem Längerlebenden ungeschmälert allein.

(3) Es wird bewilligt und beantragt, das Leibgeding mit dem vorstehenden Inhalt im Grundbuch einzutragen und dabei zu vermerken, dass zur Löschung eines Berechtigten der Nachweis seines Todes genügt[7]*.*

(4) Die Übergeber als Gesamtberechtigte nach § 428 BGB haben Anspruch auf Anlage und dauernde Pflege des Grabes der Übergeber für die ortsübliche Dauer, ferner auf Aufbringung der Kosten für eine standesgemäße Beerdigung einschließlich Bewirtung der Trauergäste beim Tode jedes der Übergeber. Es wird bewilligt und beantragt, eine selbständige Reallast mit dem vorstehenden Inhalt im Range nach dem Leibgeding einzutragen.

(5) Der Übernehmer übernimmt die Leistungspflichten aus dem Leibgeding auch persönlich und mit Wirkung gegen seine Gesamtrechtsnachfolger (Erben), und zwar unabhängig vom Fortbestand seines Eigentums[8]*.*

(Schlussformel oder Unterschriftsbeglaubigung[9]*)*

7 Löschungserleichterung nach § 23 GBO. Nach BayObLGZ 83, 113 ist die Löschungserleichterung bei einer Reallast, die auch Beerdigungs- und Grabpflegekosten sichert, überhaupt unzulässig, nach OLG Hamm NJW-RR 1988, 110bei bestimmter Sachlage (aufgrund ausdrücklicher Vereinbarung oder durch Auslegung ermittelt) zulässig. Um der auf jeden Fall bestehenden Problematik zu entgehen, ist entweder die Löschungserleichterung wegzulassen oder das Leibgeding ohne Einbeziehung dieser Pflichten zu vereinbaren. Die Übernahme der Beerdigungs- und Grabpflegekosten kann dann schuldrechtlich vereinbart werden. Hier ist eine eigenständige Reallast (ohne Löschungserleichterung) gewählt, die möglich ist, da die Kosten der laufenden Grabpflege auch wiederkehrende Leistungen sind und dieser zulässige Inhalt die Einzelleistung „Beerdigungskosten" mitzieht, s. Rz. 5. Zur Löschungserleichterung durch eine Vollmacht auf Todesnachweis s. Kap. 51 Rz. 53 ff.

8 Für die Beteiligten steht die persönliche Verpflichtung des Übernehmers idR im Vordergrund; sie wird deshalb auch ohne diesen Absatz als gewollt anzusehen sein. Ist das ausnahmsweise nicht der Fall, beschränkt sich die persönliche Haftung für die Realleistungen auf die Dauer des Eigentums (§ 1108 BGB), s. Rz. 16 ff.

9 S. Fn. 2. Ein Leibgeding enthält auch **M 44.6** (s. dort auch Fn. 8 wegen der Auswirkungen von Pflegeverpflichtungen auf nach den Sozialhilfebestimmungen und dem Pflegeversicherungsgesetz bestehende Pflegegeldansprüche).

Kosten: *Notargebühr:* 0,2-Gebühr gem. Nr. 25100 KV GNotKG, mindestens 20 Euro, höchstens 70 Euro. Geschäftswert gem. §§ 121 GNotKG. Bei Fertigung des Entwurfs und Beglaubigung 2,0-Gebühr gem. Nrn. 24100, 21100 Nr. 4 KV GNotKG (§ 92 Abs. 2 GNotKG), Geschäftswert gem. §§ 119 GNotKG. Die Gegenstände des Leibgedings, das Wohnungsrecht, der Anspruch auf Pflege und Betreuung (Reallast), der Anspruch auf finanzielle Unterstützung (Reallast) und die Übernahme der Beerdigungskosten und Grabpflege (Reallast) sind als Leibgeding nach § 52 Abs. 4 GNotKG zu bewerten. Wertaddition gem. § 35 Abs. 1 GNotKG.

Gerichtsgebühr: Für die Eintragung des Leibgedings 1,0-Gebühr gem. Nr. 14121 KV GNotKG, Geschäftswert: Summe der Einzelwerte der Rechte nach § 52 Abs. 4 GNotKG.

3. Abschnitt. Eintragungen in Abt. III

Kapitel 57 Hypothek, Grundschuld, Rentenschuld I: Bestellung und Änderung

I. Grundzüge

Literatur: *Eickmann*, Grundstücksrecht in den neuen Bundesländern, 3. Aufl. 1996 (RWS-Skript 224); *Gaberdiel/Gladenbeck*, Kreditsicherung durch Grundschulden, 9. Aufl. 2011; *Kuntze/Ertl/Herrmann/Eickmann*, Grundbuchrecht, 6. Aufl. 2006 (zitiert KEHE); *Meikel/ua.*, Grundbuchrecht, 10. Aufl. 2009; *Schöner/Stöber*, Grundbuchrecht, 15. Aufl. 2012; *Stöber*, Zwangsversteigerungsgesetz, 20. Aufl. 2012.

1. Begriffe und Bedeutung, Situation in den neuen Bundesländern

Hypotheken, Grundschulden und Rentenschulden (im Folgenden auch mit dem Oberbegriff 1
„**Grundpfandrecht**" bezeichnet) sind Belastungen von Grundbesitz in der Weise, dass aus dem Grundbesitz an den Gläubiger **Geldleistungen zu entrichten** sind, bei Hypotheken und Grundschulden einmalige (§§ 1113, 1191 BGB), bei Rentenschulden wiederkehrende (§ 1199 BGB) Beträge. Sie vermitteln dem Gläubiger ein **dingliches Verwertungsrecht**, dh. er kann aus seiner Grundbuchposition heraus die Zwangsvollstreckung in den Grundbesitz betreiben (durch Zwangsversteigerung und Befriedigung aus dem Erlös oder durch Zwangsverwaltung und Befriedigung aus dem Ertrag), wenn die gesetzlichen oder vereinbarten Voraussetzungen hierfür eingetreten sind (idR Nichterfüllung der gesicherten Ansprüche). Diese dingliche Haftung des Eigentümers hat nicht auch seine persönliche zur Folge. Eigentümer des belasteten Grundbesitzes (Pfandobjekt) und persönlicher Schuldner können vielmehr personenverschieden sein. In der Praxis fallen aber dingliche und persönliche Haftung zumeist zusammen. Auch wenn er nicht persönlicher Schuldner ist, darf der Eigentümer den Gläubiger zur Abwendung der Verwertung (Zwangsvollstreckung) befriedigen (§§ 1142, 1192 Abs. 1, 1200 Abs. 1 BGB). Bedeutung haben Hypothek und Grundschuld vor allem für Kreditsicherungen jeder Art, sowohl im Geschäftsverkehr (Gründungsdarlehen, Finanzierungen jeder Art, Warenlieferungskredite, Kontokorrentkredite) als auch im privaten Bereich (insbesondere Baufinanzierungen).

In den **neuen Bundesländern** gab es zu Zeiten der DDR Grundpfandrechte in den im Gebiet der 2
Bundesrepublik geläufigen unterschiedlichen Erscheinungsformen nur bis zum Inkrafttreten des ZGB (1.1.1976). Für solche alten Grundpfandrechte galt im Wesentlichen das Recht des BGB weiter, seit 3.10.1990 gilt es wieder uneingeschränkt (Art. 233 § 6 Abs. 2 EGBGB). Während der Geltung des ZGB konnten Forderungen auf Grundbesitz nur noch durch eine Buchhypothek gesichert werden (§ 442 Abs. 1 ZGB iVm. §§ 452 ff. ZGB), die streng akzessorisch war und mit der gesicherten Forderung erlosch (§ 454 Abs. 2 ZGB), dh. es entstand keine Eigentümergrundschuld. Für solche ZGB-Hypothekenforderungen bestimmt Art. 233 § 6 Abs. 1 EGBGB, dass die **Übertragung** nach den Regeln für die Sicherungshypothek erfolgt, der sie weitgehend entspricht (vgl. Rz. 29 ff. sowie Kap. 58 Rz. 5). Da keine Eigentümergrundschuld entstehen konnte, bedarf die **Aufhebung** einer solchen Hypothek keiner Eigentümerzustimmung iSv. § 1183 BGB, § 27 GBO; es genügt die Aufgabeerklärung des Berechtigten nebst Löschung im Grundbuch (§ 875 BGB).

2. Die wesentlichen Unterschiede zwischen den Grundpfandrechten

Für die drei Grundpfandrechte gelten weitgehend einheitliche Bestimmungen, nämlich die für die 3
Hypothek (§§ 1113–1190 BGB); sie sind für Grundschuld (§ 1192 Abs. 1 BGB) und Rentenschuld (§ 1200 Abs. 1 BGB) entsprechend anwendbar. Die Grenze der analogen Anwendung ergibt sich aus dem nachfolgend erläuterten Hauptunterschied zwischen der Hypothek einerseits und der Grundschuld (und Rentenschuld, im Folgenden nicht mehr eigens erwähnt) andererseits.

Die Besonderheit der **Hypothek** besteht in ihrer Forderungsabhängigkeit (Akzessorietät): Sie hat 4
ohne die gesicherte persönliche Forderung keinen Bestand (§§ 1113, 1137, 1153 ff. BGB). Ist die persönliche Forderung nicht entstanden, verwandelt sich die schon bestellte Hypothek in eine Eigentümergrundschuld (§ 1163 Abs. 1 Satz 1 BGB; vgl. auch die Schutzmöglichkeit in **M 57.4**), ebenso bei späterem Erlöschen der Forderung (§ 1163 Abs. 1 Satz 2 BGB). Ist die Forderung noch nicht entstanden (Darlehen ist noch nicht ausbezahlt), entsteht eine vorläufige Eigentümergrundschuld (RGZ 153, 169; vgl. hierzu **M 58.7** und die dortigen Fn.).

Zur Hypothek im Einzelnen vgl. Rz. 19 ff. und **M 57.1 ff.** 5

6 Demgegenüber ist die **Grundschuld** in ihrem Bestand rechtlich vom Bestehen einer Forderung völlig unabhängig (§ 1192 Abs. 1 BGB). Sie wird zwar ebenfalls überwiegend als Sicherungsmittel für Forderungen eingesetzt; die Verknüpfung zwischen Grundschuld und Forderung kann aber nur schuldrechtlich erfolgen, zB durch eine Sicherungsvereinbarung (vgl. **M 57.12** Abschnitt IV sowie **M 57.16**), aus der sich aber keine unmittelbare dingliche Wirkung ergibt.

7 Zur Grundschuld im Einzelnen vgl. Rz. 57 ff. und **M 57.12 ff.**

8 Im Zusammenhang mit dem gesetzlichen (§ 1179a BGB) oder einem vereinbarten und vorgemerkten (§ 1179 BGB) **Löschungsanspruch anderer Grundbuchberechtigter** wirkt sich der Unterschied zwischen Hypothek und Grundschuld in besonderer Weise aus: Die den Löschungsanspruch auslösenden Fälle der endgültigen Vereinigung von Hypothek und Eigentum (§§ 889, 1143, 1163 Abs. 1 Satz 2, 1168, 1170 Abs. 2 BGB) lassen sich bei der (forderungsabhängigen) Hypothek nicht vermeiden, wohl aber bei der (abstrakten) Grundschuld: durch die Vereinbarung, dass Zahlungen nicht auf die Grundschuld, sondern auf die persönliche Forderung geleistet werden; auch das Nichtentstehen der zu sichernden Forderung führt hier nicht zur Vereinigung und damit auch nicht zur Entstehung einer Eigentümergrundschuld. Deshalb lassen sich nachrangige Gläubiger idR auch die Rückgewähransprüche des Eigentümers abtreten (und uU durch Vormerkung sichern), vgl. **M 57.12.**

9 Die **Rentenschuld** unterscheidet sich von der Grundschuld lediglich dadurch, dass sie auf wiederkehrende Leistungen gerichtet und eine Ablösesumme festzusetzen ist (vgl. Rz. 66 ff.).

3. Einzelfragen, Bestellung

a) Briefrecht, Buchrecht

10 Die Hypothek (Grundschuld) kann als **Briefhypothek** (gesetzliche Regelform, § 1116 Abs. 1 BGB, vgl. Rz. 19 ff.) oder **Buchhypothek** (durch Ausschluss der Brieferteilung, § 1116 Abs. 2 BGB, vgl. Rz. 23 ff.) bestellt oder auch nachträglich von der einen in die andere Art umgewandelt werden (§ 1116 Abs. 2 u. 3 BGB), auch mehrfach.

11 Bei der Bestellung (Entstehung) eines Grundpfandrechts ergeben sich hieraus noch keine wesentlichen **Unterschiede**, wohl aber **bei Verfügungen über das eingetragene Recht**. Während das Buchrecht den allgemeinen Grundbuchregeln, insbesondere dem Grundsatz der Einigung und Eintragung unterliegt, ist dieses Prinzip für das Briefrecht durchbrochen: Nach § 1154 BGB erfolgt eine wirksame Übertragung durch schriftliche Abtretungserklärung und Übergabe des Hypothekenbriefes. Die Grundbucheintragung ist zwar möglich (als Grundbuchberichtigung), für die Wirksamkeit der Abtretung aber nicht erforderlich. Entsprechend bestimmt § 39 Abs. 2 GBO, dass bei Briefgrundpfandrechten die für eine Grundbucheintragung normalerweise erforderliche Voreintragung des Berechtigten (§ 39 Abs. 1 GBO) durch die Briefvorlage und den Nachweis des Gläubigerrechts durch Abtretungsurkunden (§ 1155 BGB) ersetzt wird (Abtretungskette).

12 Die **Bedeutung des verbrieften Rechts** besteht insbesondere in der Erleichterung der Übertragbarkeit des Rechts (vgl. auch Kap. 60 Rz. 1 ff.), wodurch das Sicherungsmittel unter Umgehung des umständlichen Grundbuchverfahrens „handelbarer" wird. Vor allem die Briefgrundschuld eignet sich als Dispositionssicherungsmittel des Eigentümers (Kontokorrentkredit, Bankwechsel, Warenlieferungskredit) ebenso wie für vorübergehend angelegte Übertragungen durch den Fremdgläubiger (Zwischenfinanzierungen etwa von Bauspardarlehen, Verpfändung).

12a ➲ **Praxistipp:** In der Gestalt einer Eigentümergrundschuld lässt sich eine Fremdgläubigerschaft grundbuchmäßig verdecken. Für den Eigentümer hatte das ausgegebene Briefrecht in der Vergangenheit den Nachteil, dass er einem gutgläubigen Erwerber auf den vollen Betrag haftete, auch wenn das Recht nicht oder nur teilweise valutiert war. Der durch das Risikobegrenzungsgesetz eingeführte § 1192 Abs. 1a BGB schließt nunmehr insoweit einen gutgläubigen einredefreien Erwerb aus.

b) Belastungsobjekt, -subjekt

13 Belastbar sind **Grundstücke und grundstücksgleiche Rechte** (Erbbaurecht) sowie **Wohnungs- und Teileigentum**, ebenso **ideelle Miteigentumsanteile**, wenn sie im separaten Miteigentum eines Miteigentümers stehen (§ 1114 BGB; vgl. OLG Frankfurt NJW-RR 1988, 463, auch wegen gewisser Ausnahmen; ferner BayObLG Rpfleger 1975, 90). Unzulässig ist die Belastung eines separaten Miteigentumsanteils mit einer Kaufpreishypothek, wenn Erwerber bereits Miteigentümer war und somit der separate Miteigentumsanteil durch „Vereinigung" mit dem bereits vorhandenen Miteigentum des Erwerbers keinen eigenständigen Bestand mehr hat (OLG Zweibrücken Rpfleger 1990, 15). Eine einmal in zulässiger Weise erfolgte Bruchteilsbelastung bleibt aber wirksam, auch wenn sich dieser Bruchteil später mit anderen Bruchteilen in der Hand eines Eigentümers vereinigt.

13a ➲ **Praxistipp:** Soll ein Bruchteil an einen Miteigentümer veräußert und der Veräußerer wegen seiner Kaufpreisforderung an dem veräußerten Bruchteil gesichert werden, kann zunächst auf dem veräußerten Bruchteil vor Eigentumsumschreibung eine Eigentümergrundschuld eingetragen werden.

13b Sind Miteigentumsanteile an untergeordneten (zB Weg-)Grundstücken nach § 3 Abs. 4 GBO beim Hauptgrundstück gebucht, sind diese ohne die Voraussetzung separaten Miteigentums belastbar (KEHE § 7 Rz. 19 mwN sowie weiteren Beispielen zur Bruchteilsbelastung). Vgl. im Übrigen die nachfolgenden Erläuterungen und Muster, auch zu den besonderen Pfandobjekten **Schiff** (Rz. 43 ff., **M 57.9**) und **Luftfahrzeug** (Rz. 49 ff., **M 57.10** und **M 57.11**).

14 **Gläubiger** eines Grundpfandrechts kann jede natürliche oder juristische Person (auch Gruppe) sowie eine Handelsgesellschaft sein, die Inhaber von Rechten sein kann; bei Grundschulden auch der Eigentümer selbst (vgl. Rz. 63), nicht aber der jeweilige Eigentümer des belasteten oder eines anderen Grundstücks.

c) Währung, Zinsen und Nebenleistungen

15 Alle in das Grundbuch einzutragenden **Geldbeträge** sind nach § 28 Satz 2 GBO in **inländischer Währung** (also Euro) anzugeben, sofern nicht durch RechtsVO des BMJ auch andere Währungen zugelassen sind. Das ist auf Grund der „Verordnung über Grundpfandrechte in ausländischer Währung und in Euro" v. 14.11.1997 für **folgende ausländischen Währungen** der Fall: alle Länder der EU (soweit nicht der Euro an die Stelle der nationalen Währungseinheit getreten ist), Schweiz und USA.

16 **Nebenleistungen** sind Beträge, die außer der eigentlichen Forderung geschuldet werden, aber **sachlich und/oder rechnerisch von der Forderung abhängen** (Erman/Wenzel § 1115 BGB Rz. 6). Sie müssen bei der Grundpfandrechtsbestellung angegeben (§ 1115 Abs. 1 BGB) und im Grundbuch eingetragen werden. Solche Nebenleistungen sind vor allem Zinsen in Gestalt eines Prozentsatzes der Forderung (auch Festbetrag möglich), ferner Vorfälligkeitsentschädigung, Kosten/Gebühren, pauschalierter Verzugsschaden (BayObLG Rpfleger 1981, 396), Disagio, nicht aber die Tilgungsbeträge (vgl. Palandt/Bassenge § 1115 BGB Rz. 15). Die Bezeichnung „Nebenleistung" ist hinreichend bestimmt (OLG Stuttgart Rpfleger 1986, 466; vgl. zu Nebenleistungen auch Böttcher Rpfleger 1980, 81). Bei der Hypothek ist auch dabei das Akzessorietätsprinzip (vgl. Rz. 4) zu beachten, wobei bedingte (zB Verspätungs-)Zinsen eintragungsfähig sind (OLG München WPM 1966, 666), nicht aber bereits kraft Gesetzes geschuldete Zinsen (§ 246 BGB), da für diese die Hypothek bereits nach § 1118 BGB haftet. Der Verzugszins des § 288 BGB ist dagegen wie ein vereinbarter Zinssatz in das Grundbuch einzutragen (KEHE Einl. R 15). Zulässig ist die Zusammenfassung gesetzlicher und vereinbarter sowie „Straf"-Zinsen in einem Zinssatz (OLG Hamm Rpfleger 1971, 252).

17 Die **Zinsen** sind hinsichtlich der Bezugsgröße (zB „aus dem Ursprungskapital" oder „aus dem jeweiligen Restkapital"), der Laufzeit (ohne Angabe als „jährlich" auszulegen: OLG Saarbrücken MDR 1979, 846; OLG Frankfurt Rpfleger 1980, 18; im Grundbucheintrag aber präzise Angaben, OLG Frankfurt Rpfleger 1978, 409), der Höhe und des Zinsbeginns (BayObLGZ 1994, 203; BGH ZIP 1995, 451) genau zu bezeichnen. Rückwirkender Zinsbeginn ist zulässig (KG DNotZ 1933, 429; für Eigentümergrundschuld vgl. **M 58.4** Fn. 3). Ein gleitender Zinssatz ist dann hinreichend bestimmt, wenn ein Höchst- und Mindestsatz angegeben wird und die Anpassungsbedingungen ge-

nau und objektiv feststellbar umschrieben sind (zB „2 % über dem jeweiligen Basiszinssatz, mindestens 6 % und höchstens 12 % jährlich"), BGHZ 35, 22. Vgl. auch BayObLG DNotZ 1975, 682 („jeweiliger Tageszins" einer öffentlichen Sparkasse). Bei Verzugszinsen gem. § 288 BGB sind gleitende Grundpfandrechtszinsen ohne Höchstzinssatz zulässig (BGH DNotZ 2006, 526; OLG Hamm ZIP 2005, 2200; LG Kassel Rpfleger 2001, 176; LG Konstanz BWNotZ 2002, 11; Böhringer Rpfleger 2003, 157; aA OLG Schleswig DNotZ 2003, 354; KEHE Einl. R 16b). Wegen sonstiger Nebenleistungen und ihrer Behandlung vgl. KEHE Einl. R 15.

d) Bestellung, Form

18 Für die Bestellung (Entstehung) von Grundpfandrechten ist Einigung und Eintragung (§ 873 BGB) erforderlich. Gegenüber dem Grundbuchamt genügt die Eintragungsbewilligung des Eigentümers in öffentlich beglaubigter Form (§§ 19, 29 GBO). Urkundsform ist nur bei gleichzeitiger (dinglicher und/oder persönlicher) Zwangsvollstreckungsunterwerfung erforderlich (§§ 800, 794 Abs. 1 Nr. 5 ZPO). Wegen Umwandlungen und Inhaltsänderungen vgl. Rz. 73 ff., wegen Abtretung und Gläubigerbefriedigung (mit Löschung) Kap. 58.

18a ➲ **Praxistipp:** In der Praxis bestehen Banken im Regelfall auf einer persönlichen und dinglichen Zwangsvollstreckungsunterwerfung. Insbesondere bei größeren Grundschulden lassen sich Notarkosten dadurch reduzieren, dass mit Einverständnis der Bank statt einer vollstreckbaren Grundschuld über den Gesamtbetrag eine vorrangige vollstreckbare Grundschuld über einen Teilbetrag und eine nachrangige Grundschuld ohne Zwangsvollstreckungsunterwerfung über den Restbetrag bestellt werden. Alternativ kommt eine Unterwerfung wegen eines Teilbetrages zu separater Urkunde in Betracht.

II. Arten der Hypothek und Grundschuld

1. Briefhypothek

19 Die Briefhypothek (**M 57.1**) ist die **Regelform** des Gesetzes (§ 1116 Abs. 1 BGB), vgl. Rz. 1, 4, 10 f. und 12. Wird eine „Hypothek" ohne weiteren Zusatz bestellt, handelt es sich um ein Briefrecht. Das Gleiche gilt für die Verlautbarung im Grundbuch. Wegen der Vor- und Nachteile vgl. Rz. 12.

20 Der Gläubiger erwirbt die Hypothek nicht bereits mit der Eintragung, sondern erst mit der **Übergabe des Briefes durch den Eigentümer**, § 1117 Abs. 1 BGB, der ihn mangels anderweitiger Vereinbarung vom Grundbuchamt erhält (§ 60 Abs. 1 GBO). Bis dahin steht die eingetragene Hypothek dem Eigentümer als Eigentümergrundschuld zu, § 1163 Abs. 2 BGB (vgl. auch **M 58.7**). Die Briefübergabe kann durch die **Vereinbarung ersetzt** werden, dass der Gläubiger berechtigt sein soll, sich den Brief vom Grundbuchamt aushändigen zu lassen, § 1117 Abs. 2 BGB; dann erwirbt er – den Bestand der gesicherten Forderung vorausgesetzt (vgl. Rz. 4) – die Hypothek mit deren Eintragung. Die Aushändigungsanweisung des Eigentümers an das Grundbuchamt bedarf der Form des § 29 Abs. 1 GBO (§ 60 Abs. 2 GBO), was bei nachträglicher Erklärung zu beachten ist. Es können auch Besitzmittlungsverhältnisse (§ 930 BGB) vereinbart oder der Herausgabeanspruch abgetreten (§ 931 BGB) werden.

20a ➲ **Wichtig:** Wegen der damit verbundenen Gefahren für den Eigentümer (vgl. Rz. 12) ist vor allem bei privaten Gläubigern sorgfältig abzuwägen, ob eine vorzeitige Briefübergabe (zB vor Darlehensauszahlung) erfolgen bzw. ein Übergabeersatz vereinbart werden soll.

21 Den **Inhalt des Hypothekenbriefes** bestimmen §§ 56 ff. GBO. Seit der ab 1.1.1978 geltenden Inhaltskürzung, insbesondere dem Wegfall des Grundstücksbeschriebs und des Vermerks von Vorlasten, hat der Brief allein nur noch geringe Beweiskraft für den wirtschaftlichen Wert der Hypothek; eine **zusätzliche Grundbucheinsicht** ist deshalb **unerlässlich.**

22 Ein Briefrecht kann in ein **Buchrecht umgewandelt** werden und umgekehrt (vgl. **M 57.18**), und zwar mehrfach. Banken lassen sich häufig zur Vereinbarung und Bewilligung einer solchen Änderung ermächtigen.

2. Buchhypothek

Bei einer Buchhypothek wird in Abweichung von der Regelform des Gesetzes (vgl. Rz. 19) die **Erteilung eines Hypothekenbriefes ausgeschlossen**, § 1116 Abs. 2 BGB, und zwar entweder von vornherein oder später durch Inhaltsänderung. Der Gläubiger erwirbt die Hypothek mit Einigung und Eintragung im Grundbuch. Zur Wirksamkeit des Brieferteilungsausschlusses ist ebenfalls Einigung und Eintragung des Ausschlusses erforderlich; Bezugnahme nach § 874 BGB reicht nicht aus. Typische Grundbuchformulierungen für Buchhypotheken: „Hypothek ohne Brief" oder „Die Erteilung eines Hypothekenbriefes ist ausgeschlossen" oder einfach „Buchhypothek". Vgl. im Übrigen auch die Fn. zu **M 57.3.** 23

Die Möglichkeit zum **Widerspruch bei einer Darlehensbuchhypothek**, den § 1139 BGB zulässt, soll den Eigentümer für den Fall schützen, dass die Hypothek zwar bestellt, die Darlehenshingabe (für andere Forderungsarten gilt die Vorschrift nicht) aber unterblieben ist (beim Briefrecht schützt die Zurückbehaltung des Briefes, vgl. Rz. 20). Zwar ist wegen der Akzessorietät (vgl. Rz. 4) noch keine wirksame Hypothek entstanden; vielmehr ist das Recht eine Eigentümergrundschuld (§ 1163 Abs. 1 BGB). Wegen des öffentlichen Glaubens, den der Grundbuchinhalt genießt und der sich bei einer Hypothek in gewisser Weise auch auf die Forderung erstreckt (§§ 1138, 891 ff. BGB), besteht bei unbefugter Verfügung durch den eingetragenen Gläubiger aber die Gefahr eines gutgläubigen Erwerbs des Rechts (vgl. im Einzelnen Erman/Wenzel § 1138 BGB Rz. 1 ff.). Dieser Gefahr kann der Eigentümer durch Eintragung eines Widerspruchs (**M 57.4**) entgegenwirken. 24

Wird der Antrag vor Ablauf eines Monats nach Hypothekeneintragung gestellt, so genügt die bloße Behauptung, die Darlehenshingabe sei unterblieben; danach entfällt die Beweiserleichterung, es kommt nur noch das Verfahren nach § 899 BGB (einstweilige Verfügung oder Bewilligung des Berechtigten) in Betracht. Erfolgt auch der Eintrag des Widerspruchs noch innerhalb dieser Monatsfrist, so hat er Rückwirkung auf den Tag der Hypothekeneintragung mit der Folge, dass sich zwischenzeitliche Erwerber nicht auf ihren guten Glauben berufen können (Ausnahme von § 892 BGB), § 1139 Satz 2 BGB; bei Eintragung nach Ablauf des Monats wirkt der Widerspruch normal ab Eintragung (§ 899 BGB). 25

Die Vorschrift des § 1139 BGB gilt nicht für eine **Sicherungshypothek** (§ 1185 Abs. 2 BGB), wegen deren Abstraktheit auch nicht für eine **Grundschuld.** 26

Die **Formbedürftigkeit** (§ 29 GBO) ist streitig (formlos nach Schöner/Stöber Rz. 2641, Palandt/Bassenge § 1139 BGB Rz. 1, ua.; formbedürftig nach KEHE Einl. H 18; Demharter § 30 GBO Rz. 4 und 6; Erman/Wenzel § 1139 BGB Rz. 1). Am besten wird die Frage vorab mit dem Grundbuchamt geklärt. 27

M 57.1 Bestellung einer Briefhypothek[1]

(ohne Zwangsvollstreckungsunterwerfung)

An das

Grundbuchamt

... (Ort)

Betr.: Grundbuch von ... (Ort) Band/Blatt ... (Nummer), Grundstück Flurstück Nr. ... (Nummer, Beschrieb)

Ich habe von ... (Name des Gläubigers) in ... (Wohnort des Gläubigers) ein Darlehen iHv. ... Euro, in Worten: ... Euro, erhalten, das ab ... (Zinsbeginn) mit jährlich ... zu verzinsen[2] und am ... (Datum) ohne weitere Kündigung zurückzuzahlen ist. Die Zinsen sind kalendervierteljährlich im Nachhinein zu entrichten, erstmals zum übernächsten Vierteljahresende. Die Zahlungen haben für den Gläubiger kostenfrei in bar zu erfolgen.

1 Vgl. Rz. 1 f., 4 f., 10 f. und 12.
2 Vgl. Rz. 15 ff.

Das Darlehen wird in folgenden Fällen zur sofortigen vorzeitigen Rückzahlung fällig:

1. *Bei Zinszahlungsverzug von mehr als zehn Tagen.*
2. *Bei Betreibung der Zwangsvollstreckung in das Pfandobjekt.*
3. *Bei Eröffnung des Insolvenzverfahrens über das Vermögen des Schuldners oder Grundstückseigentümers oder bei Ablehnung der Insolvenzeröffnung mangels Masse.*

Für den Fall der Mahnung, Kündigung oder sonstigen Geltendmachung der Hypothek verzichte ich mit Wirkung gegen den jeweiligen Eigentümer auf die Vorlage des Hypothekenbriefes und im Falle der Abtretung auf die Vorlage öffentlich beglaubigter Abtretungserklärungen[3].

Für diese Darlehensschuld nebst Zinsen bestelle ich hiermit dem Gläubiger zu Lasten meines im Betreff bezeichneten Grundbesitzes eine Briefhypothek[4] *und bewillige und beantrage deren Eintragung im Grundbuch. Der Grundschuldbrief ist gem. bestehender Vereinbarung unmittelbar dem Gläubiger auszuhändigen*[5].

Es wird um Vollzugsnachricht an den Gläubiger und an mich gebeten.

(Unterschriftsbeglaubigung[6]*)*

---

3 § 1160 BGB. Bei Buchrechten entfällt der Verzicht auf Briefvorlage.

4 Vgl. Rz. 19. Das Wort „Brief" kann auch weggelassen werden, weil das Briefrecht die gesetzliche Normalform ist.

5 § 1117 Abs. 2 BGB. Vgl. Rz. 20.

6 §§ 19, 29 GBO.

Kosten: *Notargebühr:* 0,2-Gebühr gem. Nr. 25100 KV GNotKG, mindestens 20 Euro, höchstens 70 Euro. Geschäftswert gem. §§ 121, 53 Abs. 1 GNotKG. Bei Fertigung des Entwurfs und Beglaubigung 0,5-Gebühr gem. Nrn. 24102, 21201 Nr. 4 KV GNotKG (§ 92 Abs. 2 GNotKG), Geschäftswert gem. §§ 119, 53 Abs. 1 GNotKG.

Gerichtsgebühr: 1,3-Gebühr gem. Nr. 14120 KV GNotKG, Wert § 53 Abs. 1 GNotKG (Nennbetrag).

M 57.2 Antrag auf Erteilung eines gemeinschaftlichen Hypothekenbriefes[1]

An das

Grundbuchamt

. . . (Ort)

Betr.: Grundbuch von . . . (Ort) Band/Blatt . . . (Nummer)

In dem bezeichneten Grundbuch[2] *sind für mich in Abt. III folgende zwei Darlehenshypotheken mit Brief*[3] *eingetragen:*

Nr. . . . (lfd. Nummer) von . . . Euro,

Nr. . . . (lfd. Nummer) von . . . Euro.

Das bislang im Rang zwischen diesen Hypotheken eingetragene Grundpfandrecht Abt. III Nr. . . . (lfd. Nummer) ist gelöscht worden. Damit haben meine[4] *beiden Hypotheken Rang unmittelbar nacheinander*[5].

Ich überreiche die beiden Hypothekenbriefe sowie die Zustimmung des Grundstückseigentümers[6] *und beantrage, mir für die beiden Hypotheken*[7] *einen gemeinschaftlichen Hypothekenbrief zu erteilen.*

---

1 Nach § 66 GBO. In der Praxis eher selten.

2 Die Hypotheken müssen auf demselben Pfandobjekt eingetragen sein.

3 Die Hypotheken müssen sämtlich Briefrechte sein.

4 Die Hypotheken müssen demselben Gläubiger zustehen.

5 Die Hypotheken müssen Gleichrang oder Rang unmittelbar nacheinander haben.

6 Diese erforderliche Zustimmung bedarf nicht der Form des § 29 GBO (KEHE § 66 GBO Rz. 3).

7 Es entsteht keine Einheitshypothek (wie bei einer Zusammenfassung zweier Hypotheken durch Einigung und Eintragung).

Die Kosten trägt der Grundstückseigentümer.

(formlos[8])

8 Auch der Antrag selbst bedarf keiner besonderen Form (Demharter § 66 Rz. 7).

Kosten: *Gerichtsgebühr:* 0,5-Gebühr gem. Nr. 14124 KV GNotKG. Geschäftswert gem. § 53 Abs. 1 GNotKG der zusammengerechnete Wert der Hypotheken (§ 35 Abs. 1 GNotKG).

M 57.3 Bestellung einer Buchhypothek[1] mit Unterwerfung unter die sofortige Zwangsvollstreckung[2]

(Urkundeneingang)

Die Beteiligten erklären zur notariellen Niederschrift:

1. Wir, die Eheleute ... (Name), sind Eigentümer zu je ½ Bruchteil des im Grundbuch von ... (Ort) Band/Blatt ... (Nummer) eingetragenen Grundstücks Flurstück Nr. ... (Nummer, Beschrieb).

2. Wir haben von ... (Name des Gläubigers) in ... (Wohnort des Gläubigers) ein Darlehen iHv. ... Euro, in Worten: ... Euro, erhalten, für das wir als Gesamtschuldner haften und für das im Einzelnen folgende Bedingungen gelten:

a) Das Darlehen ist ab ... (Zinsbeginn) mit jährlich ... % zu verzinsen. Die Zinsen sind kalendervierteljährlich im Nachhinein zu entrichten, erstmals zum übernächsten Vierteljahresende.

b) Das Darlehen ist ab demselben Zeitpunkt mit ... % zuzüglich der durch die fortlaufende Tilgung ersparten Zinsen zu den Zinsterminen zu tilgen. Somit sind vierteljährlich feste Abzahlungsraten von ... Euro zu bezahlen.

c) Bei Zahlungsverzug mit einer Zins- oder Tilgungsrate wird auf das gesamte Restdarlehen ein Verzugszins von 1 % jährlich geschuldet.

d) Das Darlehen ist mit einer Frist von sechs Monaten auf das Ende eines Kalenderjahres, frühestens jedoch zum Ende des Jahres ..., kündbar[3].

e) Alle Zahlungen haben für den Gläubiger kostenfrei in bar zu erfolgen.

f) Das Darlehen wird zur sofortigen vorzeitigen Rückzahlung fällig, wenn

- *mit den Zinszahlungen ein Verzug von mehr als zehn Tagen eintritt,*
- *die Zwangsvollstreckung in das Pfandobjekt betrieben wird,*
- *das Insolvenzverfahren über das Vermögen eines Schuldners oder Grundstückseigentümers eröffnet oder die Insolvenzeröffnung mangels Masse abgelehnt wird,*
- *das Pfandobjekt insgesamt oder in Teilen veräußert wird[4],*
- *Miet- oder Pachterträge aus dem Pfandobjekt verpfändet, abgetreten oder gepfändet werden,*
- *das Pfandobjekt nicht zum vollen Wert gegen Brandschaden versichert gehalten wird oder die Versicherungsbeträge hierfür nicht rechtzeitig bezahlt werden oder die Zahlung nicht innerhalb einer vom Gläubiger gesetzten Frist nachgewiesen wird.*

g) In den Fällen von lit. f und in allen weiteren Fällen, in denen wir, die Schuldner, schuldhaft einen Grund zur vorzeitigen Kündigung durch den Gläubiger herbeiführen, schulden wir dem Gläubiger eine Vorfälligkeitsentschädigung von 2 % des restlichen Darlehensbetrages[5].

1 Vgl. Rz. 1 f., 4 f., 10 f.

2 Wegen der Zwangsvollstreckungsunterwerfung Urkundsform, vgl. Rz. 18.

3 Beachte § 489 BGB.

4 Diese Klausel verstößt nicht gegen § 1136 BGB; denn sie enthält nur eine zulässige besondere Rückzahlungsregelung, keine echte Verfügungsbeschränkung (BGHZ 76, 371); sie stellt auch keinen Verstoß gegen § 307 Abs. 2 Nr. 1 BGB dar.

5 Zulässige Nebenleistung, vgl. Rz. 16.

3. Wegen der gesamtschuldnerischen Haftung für Darlehensschuld nebst Zinsen und Nebenleistungen unterwerfen wir uns der sofortigen Zwangsvollstreckung aus dieser Urkunde in unser gesamtes Vermögen[6].

4. Wir bestellen hiermit für das in Nr. 2 bezeichnete Darlehen nebst Zinsen und Nebenleistung dem Gläubiger zu Lasten unseres in Nr. 1. bezeichneten Grundbesitzes eine Buchhypothek[7] *und bewilligen und beantragen deren Eintragung im Grundbuch.*

5. Wir unterwerfen uns in Ansehung der bestellten Hypothek nebst Zinsen und Nebenleistungen aus dieser Urkunde der sofortigen Zwangsvollstreckung[8] *in das Pfandobjekt in der Weise, dass die Zwangsvollstreckung gegen den jeweiligen Eigentümer zulässig ist, und bewilligen und beantragen die Eintragung*[9] *der dinglichen Zwangsvollstreckungsunterwerfung im Grundbuch.*

6. Wir beantragen, dem Gläubiger eine vollstreckbare Ausfertigung[10] *dieser Urkunde sowie eine beglaubigte Abschrift zu erteilen.*

Die Erteilung einer Ausfertigung mit Vollstreckungsklausel an den Gläubiger ist nicht vom Nachweis der die Fälligkeit begründenden Tatsachen abhängig[11].

7. Es wird um Vollzugsnachricht an den Gläubiger und an uns gebeten.

(Schlussformel)

6 § 794 Abs. 1 Nr. 5 ZPO.

7 Die Bezeichnung des Rechts als „Buchhypothek" beinhaltet den Brieferteilungsausschluss nach § 1116 Abs. 2 BGB (vgl. Rz. 23). Andere mögliche Formulierungen: „Hypothek ohne Brief" oder „Die Erteilung eines Hypothekenbriefes ist ausgeschlossen." oä.

8 §§ 800, 794 Abs. 1 Nr. 5 ZPO.

9 Der Grundbucheintrag ist zwingend, § 800 Abs. 1 Satz 2 ZPO, sonst keine dingliche Wirkung. Bezugnahme nach § 874 BGB reicht nicht (Zöller/Stöber § 800 ZPO Rz. 11).

10 §§ 724, 795, 794 Abs. 1 Nr. 5, 800 ZPO.

11 Befreiung des Gläubigers von der Nachweispflicht des § 726 Abs. 1 ZPO, vgl. Zöller/Stöber § 726 ZPO Rz. 16.

Kosten: *Notargebühr:* 1,0-Gebühr gem. Nr. 21200 KV GNotKG, mindestens 60 Euro. Geschäftswert gem. §§ 97 Abs. 1, 53 Abs. 1 GNotKG (Nennbetrag der Hypothek).

Gerichtsgebühr: 1,0-Gebühr gem. Nr. 14121 KV GNotKG, Wert § 53 Abs. 1 GNotKG (Nennbetrag).

M 57.4 Widerspruch wegen unterbliebener Darlehensauszahlung[1]

An das

Grundbuchamt

. . . (Ort)

Betr. Grundbuch von . . . (Ort) Band/Blatt . . . (Nummer): Flurstück Nr. . . . (Nummer und weiterer Beschrieb).

Ich bin Eigentümer des oben bezeichneten Grundbesitzes, zu dessen Lasten ich eine Darlehenshypothek[2] *ohne Brief*[3] *von . . . Euro nebst Zinsen für . . . (Name des Gläubigers) bestellt habe. Die Hypothek ist im Grundbuch in Abt. III Nr. . . . (lfd. Nummer) eingetragen.*

Da die Auszahlung des Darlehens unterblieben ist[4], *beantrage ich die Eintragung eines Widerspruchs gegen die bezeichnete Hypothek im Grundbuch.*

(Unterschriftsbeglaubigung[5]*)*

1 § 1139 BGB; vgl. Rz. 24.

2 Nur für Darlehenshypothek zulässig; vgl. Rz. 24.

3 Nur für Buchhypothek zulässig; vgl. Rz. 24.

4 Wegen der Frist für die Beweiserleichterung und der möglichen Rückwirkung vgl. Rz. 25.

5 Vgl. Rz. 27.

Kosten: *Notargebühr:* 0,2-Gebühr gem. Nr. 25100 KV GNotKG, mindestens 20 Euro, höchstens 70 Euro. Geschäftswert gem. §§ 121, 53 Abs. 1 GNotKG. Bei Fertigung des Entwurfs und Beglaubigung 0,5-Gebühr gem. Nrn. 24102, 21201 Nr. 4 KV GNotKG (§ 92 Abs. 2 GNotKG), Geschäftswert gem. §§ 119, 53 Abs. 1 GNotKG.

Gerichtsgebühr: 50 Euro gem. Nr. 14151 KV GNotKG.

3. Gesamthypothek

Vgl. hierzu die Rz. 61 f. zur Gesamtgrundschuld. 28

4. Sicherungshypotheken

a) Regelform (Begriff und Grundregeln)

Bei der sog Verkehrshypothek (Brief-, Buchhypothek, Rz. 19 ff. u. 23 ff.) erstreckt sich der **öffentliche Glaube des Grundbuchs** und damit der Gutglaubensschutz des Erwerbers einer solchen Hypothek (§§ 891 ff. BGB) auf den Bestand einer Forderung (§ 1138 BGB), auch wenn tatsächlich keine besteht (ermöglicht zumindest die dingliche Klage). Anders bei der Sicherungshypothek: Bei ihr ist einerseits die Abhängigkeit der Hypothek vom Bestand der gesicherten Forderung noch verstärkt; zum anderen vermittelt die Tatsache der Eintragung der Sicherungshypothek keinen öffentlichen Glauben und damit auch keinen Gutglaubensschutz für das Bestehen der Forderung, § 1185 Abs. 2 BGB. Wird eine Sicherungshypothek vor Valutierung oder nach Rückzahlung der Forderung, also ohne Bestehen einer Forderung, abgetreten, so erwirbt auch der gutgläubige Erwerber weder die Hypothek noch eine (fingierte) Forderung (Erman/Wenzel § 1184 BGB Rz. 1; Baur/Stürner § 42 Rz. 2). Deshalb ist die Sicherungshypothek praktisch nicht verkehrsfähig. 29

Die Sicherungshypothek muss **im Grundbuch als solche bezeichnet** werden, § 1184 Abs. 2 BGB; andernfalls entsteht zumindest nach außen eine Verkehrshypothek, die gutgläubig ohne die dargelegten Einschränkungen erworben werden kann (Erman/Wenzel § 1184 BGB Rz. 4). 30

Die Sicherungshypothek ist **stets Buchrecht** (§ 1185 Abs. 1 BGB). 31

Die **Entstehung** der Sicherungshypothek kann erfolgen 32

- rechtsgeschäftlich durch Einigung und Eintragung (§ 873 BGB), **M 57.5;**
- im Wege der **Zwangsvollstreckung** nach § 866 ZPO, **M 57.7**, oder § 932 ZPO, **M 57.8;**
- kraft Gesetzes (nach § 1287 BGB, § 848 Abs. 2 ZPO);
- auf Grund **behördlichen Ersuchens** (§ 128 ZVG, Art. 91 EGBGB).

➲ **Praxistipp:** Praktische Bedeutung hat die rechtsgeschäftlich bestellte Sicherungshypothek hauptsächlich in Übergabe- und Auseinandersetzungsverträgen zur Sicherung gestundeter Gleichstellungsansprüche, als Restkaufpreis-Sicherungshypothek und als Bauunternehmersicherungshypothek nach § 648 BGB, die sowohl durch Einigung als auch im Wege der Zwangsvollstreckung eingetragen werden kann. 33

Wegen **Sonderformen** der Sicherungshypothek s. Rz. 35 ff. Wegen der Möglichkeit der Umwandlung vgl. Rz. 73 ff. 34

b) Höchstbetragshypothek

Die Höchstbetragshypothek (**M 57.6**) ist eine **Unterart der Sicherungshypothek**, bei der der Umfang der Valutierung nicht feststeht, die Haftung des Pfandobjekts jedoch auf einen Höchstbetrag festgelegt wird, § 1190 Abs. 1 BGB. Sicherbar sind nur (künftige) Geldforderungen, die sich sowohl aus einem bestimmten (zB Ansprüche aus einem bestimmten Vertragsverhältnis) als auch aus einem unbestimmten, aber bestimmbaren Schuldgrund ergeben können; ausreichend bestimmt sind „alle etwaigen Ansprüche aus den Geschäftsbeziehungen zwischen Gläubiger und Schuldner" (RGZ 136, 80), auch genereller „alle gegenwärtigen und künftigen Ansprüche" (RGZ 75, 245). Der **Höchstbetrag muss im Grundbuch eingetragen** werden. Sie ist Sicherungshypothek auch dann, wenn sie (anders als in § 1184 Abs. 2 BGB bestimmt) nicht als solche im Grundbuch bezeichnet ist, 35

§ 1190 Abs. 3 BGB. Nach § 1190 Abs. 2 BGB können Zinsen nur als Teil des Höchstbetrages gesichert, somit nicht selbständig eingetragen werden, was bei der Festlegung des Höchstbetrages zu berücksichtigen ist.

36 Eine **Unterwerfung unter die sofortige Zwangsvollstreckung** wegen des Höchstbetrages ist **nicht zulässig** (BayObLG DNotZ 1955, 313), wohl aber wegen eines im Rahmen des Höchstbetrages feststehenden Teilbetrages (BayObLG DNotZ 1990, 594).

37 ➲ **Hinweis:** Praktische Bedeutung hat die Höchstbetragshypothek unter anderem für die Sicherung von Kontokorrent- und Warenlieferungskrediten, wird aber hier immer mehr durch eine Grundschuld mit Sicherungsvereinbarung ersetzt (vgl. Rz. 57 ff. sowie **M 57.16**).

c) Zwangshypothek

38 Die Zwangshypothek ist eine nach §§ 866 ff. ZPO im Zwangsvollstreckungsverfahren auf Grund eines Vollstreckungstitels eingetragene Sicherungshypothek (vgl. **M 57.7**). Dabei muss die Hauptforderung den Betrag von 750 Euro übersteigen (§ 866 Abs. 3 Satz 1 ZPO). Eine Gesamt-Zwangshypothek ist nicht zulässig, § 867 Abs. 2 ZPO, auch nicht durch zeitlich spätere Belastung eines zweiten Grundstücks aus demselben Titel (OLG Düsseldorf Rpfleger 1990, 60), weswegen die Zwangshypothek auf dem Titel vermerkt wird; wohl aber umgekehrt die Zusammenfassung mehrerer titulierter Forderungen desselben Gläubigers in eine einheitliche Sicherungshypothek, § 866 Abs. 3 Satz 2 ZPO. Wegen der Möglichkeit der Verteilung der Forderung aus einem Titel auf mehrere Grundstücke s. **M 57.7** Fn. 5.

39 Vgl. im Übrigen die Fn. zu **M 57.7.**

d) Arresthypothek

40 Die Arresthypothek (**M 57.8**) ist eine **Sonderform der Zwangshypothek**. Sie wird auf Grund eines Arrestbefehls eingetragen (§ 932 ZPO). Nach § 923 ZPO muss im Arrestbefehl ein Betrag (Lösungssumme) festgestellt werden, durch dessen Hinterlegung die Arrestvollziehung gehemmt wird. Die Arresthypothek ist eine Höchstbetragshypothek; der Höchstbetrag ist die Lösungssumme (Zöller/Vollkommer § 932 ZPO Rz. 3; Baumbach/Hartmann § 932 ZPO Rz. 3). Bei der Festsetzung der Lösungssumme ist zu berücksichtigen, dass der Betrag neben der Hauptforderung auch die Zinsen und Kosten umfassen muss.

41 Entsprechend dem vorläufigen Charakter des Arrestverfahrens, das in erster Linie Sicherungsfunktion hat, kann aus der Arresthypothek **keine Zwangsvollstreckung** betrieben werden. Dies ist erst möglich, wenn die Arresthypothek sich auf Grund eines rechtskräftigen Urteils wegen der Arrestforderung in eine normale Zwangshypothek verwandelt hat und die Umwandlung auf Antrag des Gläubigers im Grundbuch eingetragen ist (Zöller/Vollkommer § 932 ZPO Rz. 1 und 4). Ein nur vorläufig vollstreckbares Urteil ermöglicht lediglich die Eintragung einer Vormerkung (§ 895 ZPO). Wird der Anspruch im Hauptprozess abgewiesen, erwirbt der Grundstückseigentümer die Hypothek als Eigentümergrundschuld.

42 Vgl. im Übrigen die Fn. zu **M 57.8.**

M 57.5 Bestellung einer Sicherungshypothek[1]

An das

Grundbuchamt

. . . (Ort)

Betr.: Grundbuch von . . . (Ort) Band/Blatt . . . (Nummer)

1 §§ 1184–1190 BGB; vgl. auch Rz. 29 ff.

Ich habe heute von der Firma ... (Firma)[2] in ... (Ort) einen Pkw Marke ... (Bezeichnung) zum Preise von ... (Kaufpreis) Euro gekauft. Der Kaufpreis ist fällig am ... (Datum) und ab heute mit ... % jährlich zu verzinsen; die Zinsen sind kalendervierteljährlich im Nachhinein zu entrichten.

Für diese Kaufpreisforderung nebst Zinsen bestelle ich der Verkäuferfirma hiermit an meinem im bezeichneten Grundbuch eingetragenen Grundstück Flurstück Nr. ... (Nummer und weiterer Beschrieb) eine Sicherungshypothek und bewillige und beantrage deren Eintragung im Grundbuch.

Es wird um Vollzugsnachricht an Gläubiger und mich gebeten.

(Unterschriftsbeglaubigung)

2 Die exakte Bezeichnung des Gläubigers ist bei Firmen wichtig, um Schwierigkeiten bei der Löschung zu vermeiden. Bei der Eintragung prüft das Grundbuchamt idR die Richtigkeit der angegebenen Gläubigerfirma nicht, bei der Löschung dagegen verlangt es die Vertretungsbescheinigung mit dem Nachweis des Bestandes genau der eingetragenen Firma.

Kosten: *Notargebühr:* 0,2-Gebühr gem. Nr. 25100 KV GNotKG, mindestens 20 Euro, höchstens 70 Euro. Geschäftswert gem. §§ 121, 53 Abs. 1 GNotKG (Nennbetrag der Hypothek). Bei Fertigung des Entwurfs und Beglaubigung 0,5-Gebühr gem. Nrn. 24102, 21201 Nr. 4 KV GNotKG (§ 92 Abs. 2 GNotKG), Geschäftswert gem. §§ 119, 53 Abs. 1 GNotKG.

Gerichtsgebühr: 1,0-Gebühr gem. Nr. 14121 KV GNotKG, Wert § 53 Abs. 1 GNotKG (Nennbetrag).

M 57.6 Bestellung einer Höchstbetragssicherungshypothek[1]

An das

Grundbuchamt

... (Ort)

Betr.: Grundbuch von ... (Ort) Band/Blatt ... (Nummer)

Ich beziehe von der Firma ... (Firma des Gläubigers[2]) aus laufender Geschäftsverbindung Baumaterialien jeder Art. Zur Sicherung aller Ansprüche, die der Lieferfirma aus dieser Geschäftsverbindung gegen mich bereits zustehen oder künftig zustehen werden, bestelle ich dieser auf meinem im bezeichneten Grundbuch eingetragenen Grundstück Flurstück Nr. ... (Nummer und weiterer Beschrieb) eine Sicherungshypothek zum Höchstbetrag von ... Euro[3] – in Worten: ... Euro – und bewillige und beantrage deren Eintragung im Grundbuch.

Es wird um Vollzugsnachricht an die Gläubigerin und an mich gebeten.

(Unterschriftsbeglaubigung)

1 § 1190 ZPO; vgl. Rz. 35 ff.

2 Vgl. **M 57.5** Fn. 2.

3 Etwaige Zinsen sind nicht als solche eintragungsfähig, sondern nur als Teil des Höchstbetrages, Rz. 35.

Kosten: *Notargebühr:* 0,2-Gebühr gem. Nr. 25100 KV GNotKG, mindestens 20 Euro, höchstens 70 Euro. Geschäftswert gem. §§ 121, 53 Abs. 1 GNotKG (Nennbetrag der Hypothek). Bei Fertigung des Entwurfs und Beglaubigung 0,5-Gebühr gem. Nrn. 24102, 21201 Nr. 4 KV GNotKG (§ 92 Abs. 2 GNotKG), Geschäftswert gem. §§ 119, 53 Abs. 1 GNotKG.

Gerichtsgebühr: 1,0-Gebühr gem. Nr. 14121 KV GNotKG, Wert § 53 Abs. 1 GNotKG (Nennbetrag).

M 57.7 Antrag auf Eintragung einer Zwangshypothek[1]

An das

Grundbuchamt

... (Ort)

1 §§ 866, 867 ZPO; vgl. Rz. 38.

Betr.: Grundbuch von . . . (Ort) Band/Blatt . . . (Nummer)

Ich[2] überreiche eine Ausfertigung des Vollstreckungsbescheides[3] des Amtsgerichts . . . (Amtsgericht) – Geschäftsnummer . . . (Aktenzeichen) –, nach dessen Inhalt Herr . . . (Name des Schuldners) an mich . . . Euro nebst . . . % Zinsen jährlich hieraus seit . . . (Zinsbeginn) zu zahlen hat, ferner die festgesetzten Kosten[4] von . . . Euro nebst . . . % Zinsen jährlich hieraus seit . . . (Zinsbeginn).

Der Schuldner ist Miteigentümer zu je ½ Bruchteil an den beiden im bezeichneten Grundbuch eingetragenen Grundstücken

a) Flurstück Nr. . . . (Nummer und weiterer Beschrieb),

b) Flurstück Nr. . . . (Nummer und weiterer Beschrieb).

Ich beantrage, zu Lasten der Miteigentumsanteile an den beiden Grundstücken je eine[5] Zwangs-Sicherungshypothek[6] für mich einzutragen, wobei ich die Forderungsbeträge wie folgt verteile[7]:

a) Zu Lasten des Miteigentumsanteils an dem Grundstück a ist von der Hauptforderung ein Teilbetrag von . . . Euro nebst zugehörigen Zinsen einzutragen.

b) Zu Lasten des Miteigentumsanteils an dem Grundstück b sind von der Hauptforderung der verbleibende Teilbetrag von . . . Euro nebst zugehörigen Zinsen sowie die Kostenforderung nebst Zinsen einzutragen.

(privatschriftlich[8])

2 Handelt es sich um mehrere Gläubiger und enthält der Urteilstenor – wie häufig – keine Angabe zum Gemeinschaftsverhältnis und den Anteilen, so kann und muss im Antrag, der dann der Form des § 29 GBO bedarf, das Gemeinschaftsverhältnis wegen § 47 GBO bestimmt werden (Schöner/Stöber Rz. 2181; aA KEHE § 47 GBO Rz. 16; ferner Demharter § 47 GBO Rz. 14).

3 Vollstreckungstitel nach § 794 Abs. 1 Nr. 4 ZPO, der idR auch den Zustellungsnachweis enthält (Zustellung von Amts wegen, § 699 Abs. 4 Satz 1 ZPO).

4 Vollstreckungstitel wegen der Kosten idR der Kostenfestsetzungsbeschluss (§ 794 Abs. 1 Nr. 2 ZPO); im Vollstreckungsbescheid sind die Kosten enthalten (§ 699 Abs. 3 ZPO).

5 Wegen Unzulässigkeit einer Gesamtbelastung vgl. Rz. 38. Sollen mehrere Grundstücke des Schuldners für die Forderung belastet werden (etwa weil die titulierte Forderung den Wert eines Schuldnergrundstücks übersteigt), muss der Gläubiger die Forderung (nach freiem Ermessen) auf die einzelnen Grundstücke verteilen, § 867 Abs. 2 ZPO. Dabei ist die Mindestgrenze von 750 Euro (§ 866 Abs. 3 Satz 1 ZPO) für jeden Teil zu beachten. Eine „Rangfolge" für die Befriedigung braucht dabei nicht bestimmt zu werden, es erfolgt Verrechnung nach § 366 BGB (BGH WM 1991, 723).

6 Wegen des Schicksals der Zwangssicherungshypothek bei Titelaufhebung vgl. **M 57.20.**

7 S. Fn. 5.

8 Bewilligung wird durch Vollstreckungstitel ersetzt, so dass der Antrag keiner besonderen Form bedarf; anders dagegen die Antragsrücknahme oder Inhaltsänderung des Antrags. Vgl. aber Fn. 2.

Kosten: *Gerichtsgebühr:* Je 1,0-Gebühr gem. Nr. 14121 KV GNotKG, Wert § 53 Abs. 1 GNotKG (Nennbetrag).

M 57.8 Antrag auf Eintragung einer Arresthypothek[1]

An das

Grundbuchamt

. . . (Ort)

Betr.: Grundbuch von . . . (Ort) Band/Blatt . . . (Nummer)

Ich überreiche den Arrestbefehl des Landgerichts . . . (Gericht) vom . . . (Datum) – Geschäftsnummer . . . (Aktenzeichen) –. Darin ist wegen einer Forderung meines Mandanten . . . (Name) von . . . Euro nebst . . . % Zinsen jährlich hieraus der dingliche Arrest in das Vermögen des . . . (Name des Schuldners) angeordnet. Die Lösungssumme[2] ist auf . . . Euro festgesetzt.

1 § 932 ZPO. Vgl. Rz. 40 ff.

2 Lösungssumme nach § 923 ZPO; vgl. Rz. 40.

Der Schuldner ist Eigentümer des Grundstücks Flurstück Nr. ... (Nummer und weiterer Beschrieb), eingetragen im oben bezeichneten Grundbuch.

Ich beantrage die Eintragung einer Sicherungshypothek im Höchstbetrag von ...[3] *Euro zu Lasten dieses Grundstücks.*

(privatschriftlich[4]*)*

3 Höchstbetrag ist die Lösungssumme, vgl. Rz. 40.
4 Vgl. **M 57.7** Fn. 8.

Kosten: *Gerichtsgebühr:* 1,0-Gebühr gem. Nr. 14121 KV GNotKG, Wert § 53 Abs. 1 GNotKG (Nennbetrag).

e) Schiffshypothek

Im Schiffsregister (SchiffsregisterO) eingetragene Schiffe (Schiffsbauwerke, Schwimmdocks) oder Miteigentumsanteile daran (**M 57.9**) können nach dem **Gesetz über Rechte an eingetragenen Schiffen und Schiffsbauwerken** v. 14.11.1940 (zuletzt geändert durch Art. 2 des Gesetzes v. 21.1.2013, BGBl I, 91) mit einer Schiffshypothek belastet werden (§§ 1, 8, 76, 81a SchiffsRG). Anders als bei Luftfahrzeugen (besonderes Pfandrechtsregister, Rz. 49 ff.) erfolgt die Belastung durch Eintragung unmittelbar in das Schiffsregister (§ 8 SchiffsRG). 43

Die Schiffshypothek hat die Wirkung einer Sicherungshypothek (§ 8 Abs. 1 Satz 3 SchiffsRG) und entsteht nur, wenn auch die gesicherte Forderung besteht. Als Sicherungshypothek ist sie **zwingend Buchrecht**. Sie kann als Gesamt- (§ 28 SchiffsRG) und Höchstbetragshypothek (§ 75 SchiffsRG) bestellt werden. Sie erlischt idR mit der Forderung (§ 57 SchiffsRG), gewährt dem Eigentümer aber bis zur Löschung das Recht, an gleicher Rangstelle eine neue Hypothek bis zur Höhe der bisherigen einzutragen (§§ 57 Abs. 3, 64 SchiffsRG). Vormerkungen zur Sicherung des Anspruchs auf Einräumung oder Aufhebung der Hypothek sind ebenso zulässig (§§ 10 ff. SchiffsRG) wie Löschungsvormerkungen (§ 58 SchiffsRG). 44

Nach § 800a ZPO ist die **dingliche Zwangsvollstreckungsunterwerfung** entsprechend § 800 ZPO zulässig. 45

Die Schiffshypothek kann rechtsgeschäftlich durch **Einigung und Eintragung** (§ 8 SchiffRG) oder als **Zwangshypothek** (§ 870a ZPO; vgl. auch Rz. 38 f.) entstehen. Die Zwangsvollstreckung ist nur durch Zwangsversteigerung zulässig (§ 47 SchiffsRG iVm. § 870a ZPO, §§ 162 ff. ZVG). Die Bestellung erfolgt in beglaubigter, bei Zwangsvollstreckungsunterwerfung in beurkundeter Form (hier eingeschränkte Vorlesungspflicht nach § 14 BeurkG). 46

Zu den **Begriffen** „Schiff, Schiffsbauwerk, Schwimmdock" vgl. die Aufstellung bei Stöber § 162 ZVG Rz. 3. 47

Die **Verpfändung nicht eingetragener Schiffe** erfolgt nach den Regeln über Pfandrechte an beweglichen Sachen (§§ 1204 ff. BGB). 48

M 57.9 Bestellung einer Bruchteils-Schiffshypothek[1]

An das

Amtsgericht

... (Ort

Betr.: Binnenschiffsregister von ... (Ort) Band/Blatt ... (Nummer)

Im bezeichneten Binnenschiffsregister ist das Binnenschiff ... (Name) auf den Namen von ... (Name des Miteigners) und auf meinen Namen zu je ½ Anteil eingetragen.

1 Vgl. Rz. 43 ff.

Unter Überreichung des Schiffsbriefes[2] bewillige und beantrage ich, auf meinem Eigentumsbruchteil[3] eine Schiffshypothek zum Höchstbetrag[4] von ... Euro für ... (Name des Gläubigers) einzutragen; die Schiffshypothek dient der Sicherung aller Forderungen, die dem Gläubiger aus laufenden Geschäftsverbindungen gegen mich bereits jetzt zustehen oder künftig zustehen werden.

(Unterschriftsbeglaubigung[5])

2 Vorlegung nicht erforderlich, §§ 60 f. SchiffsregisterO.
3 Belastung eines separaten Miteigentumsanteils zulässig, vgl. Rz. 43.
4 Wegen der Zulässigkeit als Höchstbetragshypothek vgl. Rz. 44.
5 Vgl. Rz. 46.

Kosten: *Notargebühr:* 0,2-Gebühr gem. Nr. 25100 KV GNotKG, mindestens 20 Euro, höchstens 70 Euro. Geschäftswert gem. §§ 121, 53 Abs. 1 GNotKG (Nennbetrag der Hypothek). Bei Fertigung des Entwurfs und Beglaubigung 0,5-Gebühr gem. Nrn. 24102, 21201 Nr. 4 KV GNotKG (§ 92 Abs. 2 GNotKG), Geschäftswert gem. §§ 119, 53 Abs. 1 GNotKG.

Gerichtsgebühr: 1,0-Gebühr gem. Nr. 14220 KV GNotKG, Wert § 53 Abs. 1 GNotKG (Nennbetrag).

f) Registerpfandrecht an einem Luftfahrzeug

49 Die Möglichkeit der dinglichen Belastung eines Luftfahrzeugs oder eines Miteigentumsanteils daran sieht das **Gesetz über Rechte an Luftfahrzeugen** v. 26.2.1959 (zuletzt geändert durch Art. 16 des Gesetzes v. 10.10.2013, BGBl. I, 3786) in Gestalt eines Registerpfandrechts vor. **Voraussetzungen** hierfür sind:

50 Das Luftfahrzeug muss in der zentral geführten Luftfahrzeugrolle beim Bundesluftfahrtamt in Braunschweig eingetragen sein.

51 Es muss ferner im Register für Pfandrechte an Luftfahrzeugen eingetragen sein (§ 5 LuftfzRG), das zentral beim Amtsgericht Braunschweig geführt wird (Verordnung über die Einrichtung und die Führung des Registers für Pfandrechte an Luftfahrzeugen v. 2.3.1999). Die Eintragung in dieses Register erfolgt nur auf Antrag (**M 57.10**).

52 Im **Pfandrechtsregister** erfolgt die eigentliche dingliche Belastung, die die Wirkung einer Sicherungshypothek (§ 4 LuftfzRG) hat und damit zwingend ein Buchrecht ist. Ihr Bestand hängt vom Vorhandensein der gesicherten Forderung ab. Auch das Registerpfandrecht kann als Höchstbetragsregisterpfandrecht (§ 3 LuftfzRG) oder Gesamtregisterpfandrecht (§ 28 LuftfzRG) eingetragen werden. Es erlischt grundsätzlich mit der Forderung (§ 57 LuftfzRG).

53 Die **dingliche Zwangsvollstreckungsunterwerfung** ist **zulässig** (§ 99 Abs. 1 LuftfzRG iVm. §§ 800a, 794 Abs. 1 Nr. 5 ZPO).

54 Das Registerpfandrecht kann rechtsgeschäftlich durch **Einigung und Eintragung** (§ 5 LuftfzRG; so **M 57.11**) oder als **Zwangsregisterpfandrecht** (§ 99 Abs. 1 LuftfzRG iVm. § 870a ZPO) entstehen. Die rechtsgeschäftliche Bestellung ist unzulässig, wenn und solange ein Zwangsregisterpfandrecht eingetragen ist (§ 7 LuftfzRG). Die Zwangsvollstreckung ist nur durch Zwangsversteigerung zulässig (§ 99 Abs. 1 LuftfzRG iVm. § 870a ZPO, §§ 171a ff. ZVG). Zur Form vgl. **M 57.11** Fn. 2.

55 Zum **Begriff** Luftfahrzeug vgl. § 1 Abs. 2 LuftVG sowie die Aufzählung bei Stöber § 171a ZVG Rz. 1.

56 Für die **Verpfändung nicht eingetragener Luftfahrzeuge** gelten die Bestimmungen über Pfandrechte an beweglichen Sachen (§§ 1204 ff. BGB).

M 57.10 Belastung eines Luftfahrzeugs

(Antrag auf Eintragung in das Register für Pfandrechte an Luftfahrzeugen)[1]

An das
Amtsgericht
Abt. für Pfandrechte an Luftfahrzeugen
Braunschweig

Zur Eintragung in das Register für Pfandrechte an Luftfahrzeugen melde ich hiermit an:

Ich bin Eigentümer[2] *folgenden Luftfahrzeugs*[3]*:*

- *Eintragungszeichen: . . . (Eintragungszeichen),*
- *Art und Muster: . . . (Art und Muster),*
- *Werknummer der Zelle: . . . (Werknummer der Zelle),*

eingetragen in der Luftfahrzeugrolle des Luftfahrt-Bundesamtes Braunschweig Band . . . (Nummer) Blatt . . . (Nummer).

Als Staatszugehörigkeit ist D (Bundesrepublik Deutschland) angegeben.

Ich überreiche eine beglaubigte Abschrift des Eintragungsscheines des Luftfahrt-Bundesamtes vom . . . (Datum) zum Nachweis dieser Angaben und auch zum Nachweis meines Eigentums[4]*.*

Fürsorglich versichere ich zur weiteren Glaubhaftmachung an Eides Statt[5]*, dass ich der Eigentümer dieses Flugzeugs bin. Über die strafrechtlichen Folgen vorsätzlich oder fahrlässig falsch abgegebener eidesstattlicher Versicherungen bin ich belehrt worden.*

(Unterschriftsbeglaubigung[6]*)*

---

1 Anmeldung nach § 79 Satz 1 LuftfzRG. Vgl. Rz. 49 ff.
2 Außer dem Eigentümer ist anmeldeberechtigt der Inhaber eines Vollstreckungstitels, § 79 Satz 2 LuftfzRG.
3 Bezeichnung nach § 80 Abs. 1 LuftfzRG.
4 § 80 Abs. 2 Satz 2 LuftfzRG verlangt die Glaubhaftmachung des Eigentums (auch durch Vorlage eines Kaufvertrages oder Verkäuferbestätigung möglich).
5 § 294 Abs. 1 ZPO.
6 Für die Anmeldung ist an sich keine besondere Form vorgesehen, auch nicht wegen der eidesstattlichen Versicherung, da deren Adressat als Gericht selbst zur Abnahme einer eidesstattlichen Versicherung berechtigt ist. Die Beglaubigungsform ist aber zu empfehlen.

Kosten: *Notargebühr:* 0,2-Gebühr gem. Nr. 25100 KV GNotKG, mindestens 20 Euro, höchstens 70 Euro. Geschäftswert gem. §§ 121, 36 Abs. 1 GNotKG (Bezugswert: Wert der Luftfahrzeuge). Bei Fertigung des Entwurfs und Beglaubigung 0,5-Gebühr gem. Nrn. 24102, 21201 Nr. 4 KV GNotKG (§ 92 Abs. 2 GNotKG), Geschäftswert wie zuvor.

Gerichtsgebühr: keine.

M 57.11 Belastung eines Luftfahrzeugs[1] mit Zwangsvollstreckungsunterwerfung[2]

Der Erschienene erklärt zur notariellen Niederschrift:

I.

1. Ich bekenne, der . . . (Gläubigerin) in . . . (Sitz) ein fälliges Darlehen von

. . . Euro

---

1 Vgl. Rz. 49 ff.
2 Beurkundung wegen der Zwangsvollstreckungsunterwerfung. Sonst reicht Beglaubigung.

– . . . (Betrag in Worten) Euro –

nebst . . . % Zinsen jährlich ab heute, zahlbar kalendervierteljährlich im Nachhinein, zu schulden.

2. Wegen dieser Forderung unterwerfe ich mich der sofortigen Zwangsvollstreckung aus dieser Urkunde in mein gesamtes Vermögen.

II.

1. Für dieses Darlehen nebst Zinsen bestelle ich hiermit für die genannte Gläubigerin ein Registerpfandrecht an meinem im Register für Pfandrechte an Luftfahrzeugen Blatt . . . (Nummer) eingetragenen Luftfahrzeug[3]*.*

2. Wegen der bezeichneten Forderung unterwerfe ich mich in Ansehung des vorstehend bestellten Registerpfandrechts der sofortigen Zwangsvollstreckung aus dieser Urkunde in das Pfandobjekt in der Weise, dass die Zwangsvollstreckung gegen den jeweiligen Eigentümer des Pfandobjekts zulässig ist[4]*.*

3. Ich bewillige und beantrage die Eintragung des Registerpfandrechts mit dem Inhalt nach Nr. 1 einschließlich der Unterwerfung unter die sofortige Zwangsvollstreckung nach Nr. 2 in das Register für Pfandrechte an Luftfahrzeugen.

III.

1. Die Gläubigerin ist berechtigt, sich jederzeit ohne den Nachweis der Fälligkeit auf meine Kosten eine vollstreckbare Ausfertigung dieser Urkunde erteilen zu lassen.

2. Beantragt werden:

a) Ausfertigung an das Amtsgericht Braunschweig, Abt. für Pfandrechte an Luftfahrzeugen, zur Eintragung des Registerpfandrechts,

b) eine vollstreckbare Ausfertigung und eine beglaubigte Abschrift für die Gläubigerin,

c) eine beglaubigte Abschrift für mich.

IV.

Über die Bedeutung der Erklärungen in Abschnitt I. wurde vom Notar besonders belehrt.

(Schlussformel)

3 Anmeldung (**M 57.10**) und Bestellung können auch gleichzeitig erfolgen (getrennt oder in einer Erklärung).

4 Vgl. Rz. 52.

Kosten: *Notargebühr:* 1,0-Gebühr gem. Nr. 21200 KV GNotKG, mindestens 60 Euro. Geschäftswert gem. §§ 97 Abs. 1, 53 Abs. 1 GNotKG (Nennbetrag der Hypothek).

Gerichtsgebühr: 1,0-Gebühr gem. Nr. 14310 KV GNotKG, Wert § 53 Abs. 1 GNotKG (Nennbetrag).

5. Grundschulden

57 Zu **Begriff und Grundzügen** vgl. Rz. 1, 3 ff. u. 10 ff. Im Wesentlichen gelten die Vorschriften über die Hypothek, soweit sich aus der Unabhängigkeit der Grundschuld vom Bestand einer Forderung nichts anderes ergibt (§ 1192 Abs. 1 BGB).

58 Wegen der nicht anwendbaren Vorschriften vgl. die Zusammenstellung bei Erman/Wenzel § 1192 BGB Rz. 4.

59 Die **Arten** der Grundschulden entsprechen nur zum Teil denen der Hypothek (vgl. Rz. 19–42).

60 Auch die Grundschuld kann **Brief- oder Buchrecht** (vgl. Rz. 19 ff. und 23 ff. sowie **M 57.12, 57.13**) sein, wobei § 1195 BGB noch die Sonderform der Inhaber-Briefgrundschuld vorsieht (ohne praktische Bedeutung).

61 Auch eine **Gesamtgrundschuld** (vgl. **M 57.14**) ist – wie eine Gesamthypothek – zulässig (§§ 1192 Abs. 1, 1132 BGB). Dabei werden mehrere Pfandobjekte mit einer Grundschuld belastet; jedes

Pfandobjekt haftet wegen des gesamten Kapitalbetrages, dh. es ist in das Belieben des Gläubigers gestellt, in welches Pfandobjekt er vollstreckt. Es ist jede Kombination von Pfandobjekten (vgl. Rz. 13 f.) zulässig, sowohl hinsichtlich der Art als auch der Eigentumsverhältnisse (zB Pfandobjekte verschiedener Eigentümer). Die Pfandobjekte können auch in verschiedenen Grundbuchbezirken liegen. Seinem Recht, die Haftung nach Belieben in Anspruch zu nehmen, entspricht die nach §§ 1132 Abs. 2, 1192 Abs. 1 BGB bestehende Befugnis des Gläubigers zur Verteilung einer Gesamtgrundschuld auf die einzelnen Pfandobjekte (vgl. **M 57.15**). Die Gesamtgrundschuld kann Brief- oder Buchrecht sein. Mangels anderweitiger Vereinbarung entsteht die Gesamtgrundschuld erst mit Eintragung an allen Pfandobjekten (vgl. Fn. 7 zu **M 57.14**).

➲ **Praxistipp:** Üblich und sinnvoll ist es daher, für den Fall, dass der Grundbesitz aus mehreren Pfandobjekten besteht und die gleichzeitige Eintragung nicht möglich ist, getrennte Eintragung zu bewilligen und zu beantragen sowie zu bestimmen, dass jede weitere Eintragung eine Einbeziehung in die Mithaft für die bereits eingetragene Grundschuld darstellen soll. 61a

Gesamtbelastungen entstehen häufig nachträglich durch Teilung eines Pfandobjekts (zB Realteilung), oder Bildung von Wohnungs- und Teileigentum, vgl. Kap. 47. 62

Nach § 1196 BGB kann ferner eine **Eigentümergrundschuld** (zB **M 57.13**) als Brief- oder Buchrecht, auch als Gesamtgrundschuld, bestellt werden. Sie belegt am deutlichsten die Forderungsunabhängigkeit (Abstraktheit) der Grundschuld; denn der Eigentümer kann nicht sein eigener Gläubiger sein. Die Zwangsvollstreckung aus einer Eigentümergrundschuld zum Zwecke der eigenen Befriedigung ist nicht zulässig (§ 1197 Abs. 1 BGB). Wegen der Zulässigkeit der dinglichen und auch persönlichen Zwangsvollstreckungsunterwerfungserklärung vgl. **M 57.12** Fn. 7 und 13, wegen der Abtretung rückliegender Zinsen **M 58.4** Fn. 3. 63

Außer durch Bestellung nach § 1196 BGB entstehen (vorläufige oder endgültige) Eigentümergrundschulden auch kraft Gesetzes (vgl. zB Rz. 4, 20; s. auch KEHE Einl. S 2). 64

Die Vorschriften über die Sicherungshypothek (§§ 1184 ff. BGB) finden auf die Grundschuld keine Anwendung, da die gesicherte Forderung und die zugehörigen Vereinbarungen nicht dinglicher Inhalt einer Grundschuld sein können. Stattdessen werden zur Grundschuld in der Regel schuldrechtliche Sicherungsvereinbarungen getroffen, die sowohl in die Grundschuldurkunde (vgl. **M 57.12** Abschnitt IV) als auch in eine separate Urkunde (vgl. **M 57.16**) aufgenommen werden können. Zur Sicherungsvereinbarung vgl. **M 57.16** Fn. 1. Ist eine Grundschuld zur Sicherung eines Anspruchs verschafft worden (Sicherungsgrundschuld), können gem. § 1192 Abs. 1a BGB Einreden, die dem Eigentümer auf Grund des Sicherungsvertrags mit dem bisherigen Gläubiger gegen die Grundschuld zustehen oder sich aus dem Sicherungsvertrag ergeben, auch jedem Erwerber der Grundschuld entgegengesetzt werden; § 1157 Satz 2 findet insoweit keine Anwendung. 65

M 57.12 Bestellung einer Briefgrundschuld mit dinglicher und persönlicher Zwangsvollstreckungsunterwerfung[1]

(Urkundeneingang)

I. Grundschuldbestellung

1. Ich bin Eigentümer des im Grundbuch von ... (Ort) Band/Blatt ... (Nummer) eingetragenen Grundstücks Flurstück Nr. ... (Nummer und weiterer Beschrieb).

2. Zu Lasten dieses Grundstücks bestelle ich hiermit für

... (Gläubiger, auch Eigentümer selbst)[2]

1 Vgl. Rz. 57 ff. Das Muster eignet sich sowohl für eine Fremd- wie für eine Eigentümergrundschuld (s. die folgenden Fn.), ebenso für eine Buch-Grundschuld.

2 Genaue Gläubigerbezeichnung (vgl. **M 57.5** Fn. 2), bei mehreren Gläubigern auch Gemeinschaftsverhältnis (zB Gesamtgläubiger nach § 428 BGB, Bruchteilsgemeinschaft, bei dieser auch die Bruchteile).

eine Brief[3]-Grundschuld iHv. . . . Euro – in Worten: . . . Euro –, für die folgende Bedingungen gelten:

a) Die Grundschuld ist ab heute mit . . . % jährlich zu verzinsen[4]. Die Zinsen sind jeweils nachträglich am Ende eines Kalenderjahres fällig.

b) Für den Fall der Mahnung, Kündigung oder sonstigen Geltendmachung der Grundschuld verzichte ich mit Wirkung gegen den jeweiligen Eigentümer auf die Vorlage des Grundschuldbriefes und im Falle der Abtretung auf die Vorlage öffentlich beglaubigter Abtretungserklärungen[5].

3. Ich bewillige und beantrage die Eintragung dieser Grundschuld mit dem vorstehend angegebenen Inhalt im Grundbuch.

II. Dingliche Zwangsvollstreckungsunterwerfung[6]

1. Ich unterwerfe mich in Ansehung der vorstehend bestellten Grundschuld nebst Zinsen der sofortigen Zwangsvollstreckung aus dieser Urkunde in den belasteten Grundbesitz in der Weise, dass die Zwangsvollstreckung gegen die jeweiligen Eigentümer zulässig ist.

2. Ich bewillige und beantrage, auch diese Vollstreckungsunterwerfung im Grundbuch einzutragen.

III. Abtretung von Rückgewähransprüchen[7]

1. Ich trete hiermit meine bestehenden sowie künftigen, auch bedingten, Ansprüche auf Rückgewähr, Erteilung einer Löschungsbewilligung, Abgabe einer Verzichtserklärung, Herausgabe des Hypotheken- oder Grundschuldbriefes sowie Herausgabe des anteiligen Versteigerungserlöses, die mir hinsichtlich aller vor- und gleichrangig eingetragenen Grundpfandrechte zustehen oder zustehen werden, an den Gläubiger[8] ab.

2. Soweit solche Ansprüche bereits abgetreten sind, trete ich hiermit meinen Anspruch auf Rückgewähr der Abtretungen an den Gläubiger ab.

3. Ich verpflichte mich, den Gläubiger unverzüglich zu unterrichten, wenn mir bei vor- oder gleichrangigen Grundpfandrechten ein Gläubigerwechsel bekannt wird.

IV. Sicherungsabreden[9] ua.

1. Die Grundschuld dient der Sicherung aller – auch bedingten und befristeten – Ansprüche, die dem Gläubiger gegen mich jetzt oder künftig zustehen, gleichgültig, aus welchem Rechtsgrund die Ansprüche entstanden bzw. vom Gläubiger erworben worden sind.

2. Zahlungen an den Gläubiger erfolgen nicht unmittelbar zur Tilgung der Grundschuld[10], sondern zur Begleichung der durch die Grundschuld gesicherten persönlichen Forderung.

---

3 Nach §§ 1116 Abs. 1, 1192 BGB ist Briefrecht die Regel (Bezeichnung „Brief" kann deshalb auch unterbleiben). Bei Verwendung des Musters für Buchrecht „Buch-Grundschuld" oder als eigene Nr. 2 lit. d: *„Die Erteilung eines Grundschuldbriefes ist ausgeschlossen."*.

4 Vgl. Rz. 15 ff. Bei Grundschulden ist es üblich (und wegen der Nichtakzessorietät auch möglich), einen relativ hohen Zinssatz (als Zinsrahmen) einzutragen, damit die dingliche Haftung auch für spätere Zinserhöhung, Verzugszins und dergl. ausreicht.

5 § 1160 BGB. Bei Buchrecht entfällt der Verzicht auf die Briefvorlage.

6 § 800 ZPO. Ist auch bei Eigentümergrundschuld zulässig. Die Zwangsvollstreckungsunterwerfung kann auch bereits vom Erwerber des Pfandobjekts erklärt, aber erst nach Eigentumsumschreibung eingetragen werden (Zöller/Stöber § 800 ZPO Rz. 5). Eine Eintragung vor Eigentumsumschreibung ist unzulässig. Wirken Verkäufer und Käufer mit und haben beide die dingliche Zwangsvollstreckungsunterwerfung erklärt, so ist auch die Käufererklärung als bedingte Unterwerfung wirksam, so dass es nach Eigentumswechsel auf den Käufer keiner Titelumschreibung bedarf (KG OLGZ 1987, 424).

7 Damit der Gläubiger selbst Einfluss auf die Verbesserung seines Ranges nehmen kann, vgl. Rz. 8. Zur Bedeutung s. auch BGH DNotZ 1988, 778.

8 Bei Eigentümergrundschuld „Fremdgläubiger".

9 Kann auch außerhalb der Urkunde getroffen werden, vgl. **M 57.16**. Kann nicht Inhalt der Grundschuld werden. Bei Eigentümergrundschuld weglassen.

10 Zwar gilt § 1163 Abs. 1 BGB für Grundschulden nicht; gleichwohl gibt es Fälle des gesetzlichen Rechtsübergangs (vgl. Palandt/Bassenge § 1191 BGB Rz. 36 f.), die durch die Vereinbarung eingeschränkt werden sollen. Vgl. Rz. 8.

3. Der Gläubiger ist berechtigt, sich jederzeit ohne Nachweis der die Fälligkeit der Grundschuld nebst Zinsen bedingenden Tatsachen eine vollstreckbare Ausfertigung dieser Urkunde (auch wegen Teilforderungen) auf Kosten des Eigentümers erteilen zu lassen[11].

V. Haftungsübernahme mit persönlicher Zwangsvollstreckungsunterwerfung[12]

Für die Zahlung eines Geldbetrages in Höhe der Grundschuld[13] *nebst Zinsen übernehme ich hiermit die persönliche Haftung, aus der mich der Gläubiger bereits vor Eintragung der Grundschuld und ohne vorherige Zwangsvollstreckung in den Grundbesitz in Anspruch nehmen darf, und unterwerfe mich wegen dieser persönlichen Haftung dem Gläubiger gegenüber der sofortigen Zwangsvollstreckung aus dieser Urkunde in mein gesamtes Vermögen.*

Über die besondere Bedeutung dieser Erklärung hat der Notar ausdrücklich belehrt.

VI. Anträge an Notar und Grundbuchamt

1. Ich beantrage beim Notar, zu erteilen

a) dem Gläubiger eine vollstreckbare Ausfertigung[14] *und eine einfache Ausfertigung*[15]*,*

b) dem Grundbuchamt eine Ausfertigung,

c) mir eine beglaubigte Abschrift.

2. Ich beantrage beim Grundbuchamt,

a) den Grundschuldbrief dem Gläubiger[16] *auszuhändigen; dieser ist auf Grund Vereinbarung zum Empfang berechtigt*[17]*,*

b) nach Grundbuchvollzug dem Gläubiger eine vollständige beglaubigte Grundbuchabschrift zu erteilen,

c) mir eine Vollzugsnachricht zu erteilen.

---

11 Vgl. zu **M 57.3** Fn. 11.

12 Nach OLG Stuttgart (NJW 1987, 71) verstößt die formularmäßige Haftungsübernahme gegen § 9 AGBG aF (§ 307 BGB nF), nach BGH (WPM 1987, 228) ist sie dagegen einschl. Zwangsvollstreckungsunterwerfung zulässig; unwirksam, wenn der Eigentümer nicht persönlicher Schuldner ist (BGH DNotZ 1992, 91; DNotZ 1994, 552). Bei einer Eigentümergrundschuld kann in der persönlichen Zwangsvollstreckungsunterwerfung ein Angebot an den künftigen Fremdgläubiger auf Begründung eines abstrakten Schuldversprechens liegen, das dieser mit der Abtretung schlüssig annimmt (Zöller/Stöber § 794 ZPO Rz. 31). Zur Vermeidung von Zweifeln sollte bei Eigentümergrundschulden in Abschnitt V einleitend formuliert werden: *„Ich biete dem künftigen Fremdgläubiger hiermit folgende Vereinbarung an: …"* Eine gleich lautende Formulierung kommt auch für die Abschnitte III und IV in Betracht. Bei einer Abtretung der Eigentümergrundschuld sofort nach ihrer Bestellung ergeben sich diese Rechtsfolgen aus den näheren Umständen (BGH Rpfleger 1991, 14).

13 Erfolgt die Haftungsübernahme „für die Zahlung des Grundschuldbetrages", fällt der Rechtsgrund (und damit die Vollstreckbarkeit) mit dem Erlöschen der Grundschuld (zB zwangsversteigerungsbedingt) idR weg (OLG Celle WM 1989, 1871, das allerdings ein anderes Ergebnis für den Fall offenhält, dass eine anders lautende Zweckerklärung besteht).

14 Die Erteilung einer vollstreckbaren Ausfertigung setzt die Wirksamkeit der ZV-Unterwerfungserklärung voraus. Als einseitige prozessuale Willenserklärung auf das Zustandekommen eines Vollstreckungstitels (Zöller/Stöber § 794 ZPO Rz. 32) bedarf es dazu nicht des Zugangs beim „Empfänger". Wirksam ist die vom Erklärenden selbst oder einem Vertreter (mit öffentlich beglaubigter Vollmacht) abgegebene oder die später (öffentlich beglaubigt) genehmigte Erklärung. Für die Vollstreckungsausfertigung hinsichtlich der dinglichen Zwangsvollstreckungsunterwerfung ist vorheriger Grundbuchvollzug nicht erforderlich, unbeschadet der Tatsache, dass sie die dingliche Wirkung erst mit der Eintragung entfaltet (Zöller/Stöber § 800 ZPO Rz. 14, s. aber auch Rz. 14). Vgl. auch Fn. 7.

15 Wegen der Titelzustellung (als Vollstreckungsvoraussetzung) nach §§ 795, 800, 750 ZPO.

16 §§ 1117 Abs. 2 BGB (bei Eigentümergrundschuld „an mich", Vereinbarung entfällt). Vgl. auch Rz. 20. Bei Buchrecht entfällt dieser Absatz ganz.

17 S. Fn. 18.

VII. Verjährung

Ansprüche auf Rückgewähr der in dieser Urkunde gestellten Sicherheiten, insbesondere Ansprüche auf Löschung des bewilligten Grundpfandrechts, verjähren nicht vor Ablauf von dreißig Jahren ab dem gesetzlichen Verjährungsbeginn[18].

(Schlussformel)

18 Der Rückgewähranspruch verjährt nach § 196 BGB in zehn Jahren. Da in der Praxis nicht valutierende Grundschulden häufig stehen gelassen werden, empfiehlt es sich, zur Vermeidung von Verjährungsgefahren standardmäßig eine Verlängerung der Verjährung vorzusehen.

Kosten: *Notargebühr:* 1,0-Gebühr gem. Nr. 21200 KV GNotKG, mindestens 60 Euro. Geschäftswert gem. §§ 97 Abs. 1, 53 Abs. 1 GNotKG (Nennbetrag der Hypothek).

Gerichtsgebühr: 1,3-Gebühr gem. Nr. 14120 KV GNotKG, Wert § 53 Abs. 1 GNotKG (Nennbetrag).

M 57.13 Bestellung einer Grundschuld mit Brief[1]

(Fremd- oder Eigentümergrundschuld)

An das

Grundbuchamt

... (Ort)

Betr.: Grundbuch von ... (Ort) Band/Blatt ... (Nummer)

Es wird bewilligt und beantragt, zu Lasten des unten bezeichneten Pfandobjekts einzutragen eine

Grundschuld mit[2] *Brief*

iHv. ... Euro

– in Worten: ... Euro –

für ... (Gläubiger, auch Eigentümer selbst)[3].

Für die Grundschuld gelten folgende Bedingungen:

1. *Die Grundschuld ist ab heute mit ... % jährlich zu verzinsen*[4]*; die Zinsen sind kalendervierteljährlich im Nachhinein zu entrichten.*
2. *Für den Fall der Mahnung, Kündigung oder sonstigen Geltendmachung der Grundschuld verzichtet Eigentümer mit Wirkung gegen den jeweiligen Eigentümer auf die Vorlage des Grundschuldbriefes*[5] *und im Falle der Abtretung auf die Vorlage öffentlich beglaubigter Abtretungserklärungen.*

Pfandobjekt

Grundbuch von ... (Ort) Band/Blatt ... (Nummer): ... (Beschrieb des Pfandobjekts).

Die Grundschuld ist an folgender Rangstelle einzutragen, was hiermit beantragt wird: ... (Rangbestimmung).

Es wird um Vollzugsnachricht an Eigentümer und ggf. Fremdgläubiger gebeten.

Der Grundschuldbrief ist auf Grund einer entsprechenden Vereinbarung auszuhändigen an den Gläubiger[6].

1 Vgl. Rz. 57, 60 und 63. Dieses Muster für eine einfache Grundschuld eignet sich auch für die Bestellung einer Eigentümergrundschuld, auch für eine Buch-Grundschuld (dann Brieferteilungsausschluss nach § 1116 Abs. 2 BGB und Wegfall der den Brief betreffenden Passagen).

2 Bei Buchgrundschuld „ohne".

3 Vgl. **M 57.5** Fn. 2 zur Gläubigerbezeichnung.

4 Vgl. Rz. 15 ff.

5 Entfällt bei Buchgrundschuld. Vgl. auch **M 57.12** Fn. 6.

6 Aushändigungsanweisung auf Grund Vereinbarung nach § 1117 Abs. 2 BGB, vgl. Rz. 20. Entfällt bei Eigentümergrundschuld.

Ansprüche auf Rückgewähr der in dieser Urkunde gestellten Sicherheit, insbesondere Ansprüche auf Löschung des bewilligten Grundpfandrechts, verjähren nicht vor Ablauf von dreißig Jahren ab dem gesetzlichen Verjährungsbeginn.

(Unterschriftsbeglaubigung)

Kosten: *Notargebühr:* 0,2-Gebühr gem. Nr. 25100 KV GNotKG, mindestens 20 Euro, höchstens 70 Euro. Geschäftswert gem. §§ 121, 53 Abs. 1 GNotKG (Nennbetrag der Hypothek). Bei Fertigung des Entwurfs und Beglaubigung 0,5-Gebühr gem. Nrn. 24102, 21201 Nr. 4 KV GNotKG (§ 92 Abs. 2 GNotKG), Geschäftswert gem. §§ 119, 53 Abs. 1 GNotKG.

Gerichtsgebühr: 1,3-Gebühr gem. Nr. 14120 KV GNotKG, Wert § 53 Abs. 1 GNotKG (Nennbetrag).

M 57.14 Bestellung einer Gesamtgrundschuld[1]

An das

Grundbuchamt

... (Ort)

Betr.: Grundbuch von ... (Ort) Band/Blatt ... (Nummer) und Band/Blatt ... (Nummer)

Wir sind wie folgt Eigentümer der nachstehend bezeichneten Grundstücke:

a) Der Beteiligte ... (Name)

– im Folgenden A –

für Flurstück Nr. ... (Nummer und weiterer Beschrieb),

b) Der Beteiligte ... (Name)

– im Folgenden B –

für Flurstück Nr. ... (Nummer und weiterer Beschrieb).

Wir bestellen hiermit zu Lasten dieser beiden Grundstücke[2] eine

Gesamtgrundschuld iHv.

... Euro

zu Gunsten von ... (Name des Gläubigers)[3], für die im Einzelnen folgende Bedingungen gelten:

1. Die Grundschuld ist ab heute mit ... % jährlich zu verzinsen[4]; die Zinsen sind kalendervierteljährlich im Nachhinein zu entrichten.

2. Die Erteilung eines Grundschuldbriefes wird ausgeschlossen[5].

Die Eintragung der Gesamtgrundschuld wird hiermit bewilligt und beantragt.

Für den Fall, dass eine Eintragung der Grundschuld nicht an beiden Pfandobjekten zugleich, dh. am selben Tag, erfolgt, ist vereinbart: Die Grundschuld soll in diesem Fall unabhängig vom weiteren Vollzug der Urkunde bereits mit der Eintragung auf einem Pfandobjekt entstehen[6].

Die Kosten trägt der Beteiligte A.

Es wird um Vollzugsnachricht an Eigentümer und Gläubiger gebeten.

Ansprüche auf Rückgewähr der in dieser Urkunde gestellten Sicherheit, insbesondere Ansprüche auf Löschung des bewilligten Grundpfandrechts, verjähren nicht vor Ablauf von dreißig Jahren ab dem gesetzlichen Verjährungsbeginn.

(Unterschriftsbeglaubigung)

1 §§ 1132, 1192 BGB. Vgl. Rz. 61. Mögliche Sicherungsvereinbarung hierzu **M 57.16**.
2 Wegen Art der Pfandobjekte, Eigentumsverhältnisse usw. vgl. Rz. 61.
3 Vgl. **M 57.5** Fn. 2 wegen der Gläubigerbezeichnung.
4 Vgl. Rz. 15 ff.
5 § 1116 Abs. 2 BGB.
6 Ohne diese Vereinbarung entsteht die Grundschuld erst mit Eintragung an allen Pfandobjekten (OLG München DNotZ 1966, 371; OLG Düsseldorf DNotZ 1973, 613).

Kosten: *Notargebühr:* 0,2-Gebühr gem. Nr. 25100 KV GNotKG, mindestens 20 Euro, höchstens 70 Euro. Geschäftswert gem. §§ 121, 53 Abs. 1 GNotKG (Nennbetrag der Hypothek). Bei Fertigung des Entwurfs und Beglaubigung 0,5-Gebühr gem. Nrn. 24102, 21201 Nr. 4 KV GNotKG (§ 92 Abs. 2 GNotKG), Geschäftswert gem. §§ 119, 53 Abs. 1 GNotKG.

Gerichtsgebühr: 1,3-Gebühr gem. Nr. 14120 KV GNotKG, Wert § 53 Abs. 1 GNotKG (Nennbetrag).

M 57.15 Verteilung einer Gesamtgrundschuld[1]

An das

Grundbuchamt

... (Ort)

Betr.: Grundbuch von ... (Ort) Band/Blatt ... (Nummer)

In dem bezeichneten Grundbuch ist in Abt. III Nr. ... (lfd. Nummer) für uns[2] eine Buchgrundschuld iHv. ... Euro nebst Zinsen und Nebenleistungen eingetragen.

Das Pfandobjekt soll in Wohnungs- und Teileigentum aufgeteilt werden; die Teilungserklärung mit Abgeschlossenheitsbescheinigung und Aufteilungsplan liegt dem Grundbuchamt zum Vollzug vor.

Die bezeichnete Grundschuld soll nicht als Gesamtgrundschuld auf den entstehenden Sondereigentumsrechten lasten; wir verteilen sie vielmehr auf die einzelnen Einheiten als Einzelgrundschulden[3] wie folgt:

Einheit Nr.	*Teilbetrag*
... (Nummer)	*... (Betrag)*
... (Nummer)	*... (Betrag)*

– usw. –

Der Vollzug im Grundbuch anlässlich des Vollzugs der Teilungserklärung wird bewilligt und beantragt[4].

(Unterschriftsbeglaubigung)

1 §§ 1132 Abs. 2, 1192 BGB, vgl. Rz. 61. Bei Briefrechten sind Einzelbriefe herzustellen, § 64 GBO.

2 Die Verteilung kann nur der Gläubiger vornehmen, § 1132 Abs. 2 BGB, und dies nach freiem Belieben.

3 Das Gesamtrecht zerfällt in Einzelrechte (Erman/Wenzel § 1132 BGB Rz. 14). Bei der Verteilung können auch erneut „kleinere" Gesamtrechte gebildet werden (zB Grundschuldteil als Gesamtbelastung auf Wohnungs- nebst zugehörigem Garageneigentum).

4 Eine Mitwirkung des Eigentümers ist in keiner Form erforderlich (Erman/Wenzel § 1132 BGB Rz. 14).

Kosten: *Notargebühr:* 0,2-Gebühr gem. Nr. 25100 KV GNotKG, mindestens 20 Euro, höchstens 70 Euro. Geschäftswert gem. §§ 121, 97 Abs. 2, 53 Abs. 1, 69 Abs. 2 GNotKG (Summe der Nennbeträge der einzelnen Hypotheken; die Hypothek mit dem höchsten Nennbetrag bleibt außer Betracht). Bei Fertigung des Entwurfs und Beglaubigung 0,5-Gebühr gem. Nrn. 24102, 21201 Nr. 4 KV GNotKG (§ 92 Abs. 2 GNotKG), Geschäftswert gem. §§ 119, 53 Abs. 1 GNotKG wie zuvor.

Gerichtsgebühr: 0,5-Gebühr gem. Nr. 14130 KV GNotKG, Wert § 53 Abs. 1 GNotKG (Summe der Nennbeträge der einzelnen Hypotheken; die Hypothek mit dem höchsten Nennbetrag bleibt außer Betracht).

M 57.16 Sicherungsvereinbarung zu einer Grundschuldbestellung[1]

*(Zu **M 57.14**)*

Sicherungsvereinbarung

Zwischen

1. . . . (Name des Gläubigers)

– im Folgenden Gläubiger –

einerseits und

2.a) . . . (Name des Darlehensnehmers)

– im Folgenden Darlehensnehmer –

*(Beteiligter A in **M 57.14**),*

b) . . . (Name des Mit-Sicherungsgebers)

– im Folgenden Mit-Sicherungsgeber –

*(Beteiligter B in **M 57.14**)*

wird folgende Vereinbarung getroffen:

1. Der Gläubiger gewährt dem Darlehensnehmer ein Darlehen von . . . Euro, für das im Einzelnen die Bedingungen des beigefügten Darlehensvertrages[2] gelten.

2. Hierfür wird folgende Sicherheit geleistet: Der Darlehensnehmer als Eigentümer des Grundbesitzes . . . (grundbuchmäßige Beschreibung) und der Mit-Sicherungsgeber als Eigentümer des Grundbesitzes . . . (grundbuchmäßige Beschreibung) bestellen dem Gläubiger zu Lasten dieser beiden Objekte eine Gesamtgrundschuld ohne Brief von . . . Euro nebst . . . % Jahreszinsen.

3. Die Grundschuld soll ggf. bereits mit Eintragung an einem der Pfandobjekte entstehen.

4. Der Gläubiger verpflichtet sich, seine Rechte aus der Grundschuld erst geltend zu machen, wenn der Darlehensvertrag wirksam gekündigt ist.

5. Alle Zahlungen des Darlehensnehmers werden nicht auf die Grundschuld, sondern auf die gesicherten Ansprüche geleistet, sofern nicht vor oder bei einer Zahlung vom Gläubiger schriftlich das Einverständnis mit der Anrechnung auf die Grundschuld erklärt worden ist.

---

1 Vgl. Rz. 65. Die Sicherungsvereinbarung (Zweckerklärung oä.) ist die schuldrechtliche Grundlage einer Grundschuldbestellung, dh. die Absprache über die Bestellung der Sicherheit und deren Zweck (zB Darlehenssicherung), idR zwischen Schuldner (Eigentümer) und Gläubiger, gelegentlich auch unter Einbeziehung Dritter (wie im Muster). Probleme ergeben sich dabei vor allem, wenn der Sicherungszweck über den konkreten Anlass hinaus ausgedehnt wird (Nr. 7 lit. a des Musters) und der Sicherungsgeber (oder Mit-Sicherungsgeber) nicht der Schuldner ist. Der „fremde" Sicherungsgeber liefert sich in einem solchen Fall völlig dem Schuldner aus. Die Aufklärung des Sicherungsgebers über diese Risiken durch die professionellen Geldgeber hält sich zumeist in Grenzen. – Dieser besonderen Sachlage versucht das Muster Rechnung zu tragen. Im Übrigen sind formularmäßige Haftungserweiterungen gegenüber Sicherungsgebern, die nicht zugleich Schuldner sind, uU nach § 305c Abs. 1 BGB (§ 3 AGBG aF) unwirksam (BGH DNotZ 2001, 614 ff.; 623 ff.; NJW 1982, 1035; s. auch BGH NJW 1988, 558; MittRhNotK 1997, 346; OLG Düsseldorf NJW-RR 1986, 1312; Rainer WM 1988, 1657; Schiffer NJW 1988, 2779; Ritzinger BWNotZ 1985, 1). Eine in Allgemeinen Geschäftsbedingungen des Sicherungsnehmers enthaltene Klausel, die den auf Rückgewähr der Grundschuld gerichteten Anspruch des Sicherungsgebers auf die Löschung des Grundpfandrechts beschränkt, ist jedenfalls dann unwirksam, wenn sie auch Fallgestaltungen erfasst, in denen der Sicherungsgeber im Zeitpunkt der Rückgewähr nicht mehr Grundstückseigentümer ist (BGH BGHZ 202, 150–158).

2 Als Anlage beifügen.

6. Zwischen Gläubiger und Mit-Sicherungsgeber wird vereinbart[3]:

a) Der Mit-Sicherungsgeber haftet nicht persönlich für das gesicherte Darlehen.

b) In das Pfandobjekt des Mit-Sicherungsgebers darf nur wegen des gesicherten Darlehens vollstreckt werden.

c) Der Gläubiger verpflichtet sich, das Pfandobjekt des Mit-Sicherungsgebers aus der Mit-Haftung freizugeben, wenn das gesicherte Darlehen nebst Zinsen in voller Höhe getilgt ist.

d) Der Gläubiger verpflichtet sich, bis zur Tilgung des gesicherten Darlehens mit dem Darlehensnehmer keine weiteren Vereinbarungen zu treffen, durch die neue Kredite gewährt oder sonstige Forderungen gegen den Darlehensnehmer begründet werden. Sollten solche Vereinbarungen gleichwohl getroffen werden oder der Gläubiger anderweitig Ansprüche gegen den Darlehensnehmer erwerben, sind alle vom Darlehensnehmer an den Gläubiger geleisteten Zahlungen im Verhältnis zum Mit-Sicherungsgeber als auf das gesicherte Darlehen geleistet anzusehen, bis dieses einschließlich Zinsen getilgt wäre.

7. Zwischen Gläubiger und Darlehensnehmer wird vereinbart[4]:

a) Das Pfandobjekt des Darlehensnehmers soll über das gesicherte Darlehen hinaus auch für sonstige Ansprüche haften, die dem Gläubiger gegen den Darlehensnehmer künftig zustehen, gleichgültig aus welchem Rechtsgrund.

b) Der Darlehensnehmer darf die Löschung oder Übertragung der Grundschuld auf sich oder Dritte erst verlangen, wenn das Darlehensverhältnis beendet ist und der Gläubiger gegen ihn keinerlei Ansprüche hieraus oder aus anderen Rechtsgründen mehr hat.

8. Zwischen Darlehensnehmer und Mit-Sicherungsgeber wird vereinbart:

a) Der Mit-Sicherungsgeber stellt seinen Grundbesitz als zusätzliche Sicherheit zur Verfügung, da dem Gläubiger der Grundbesitz des Darlehensnehmers allein hierfür nicht ausreicht.

b) Der Darlehensnehmer ist verpflichtet, dem Mit-Sicherungsgeber jeden Schaden und alle Aufwendungen zu ersetzen, die diesem aus einer Inanspruchnahme aus der dinglichen Haftung erwachsen.

9. Jeder Beteiligte erkennt die nur zwischen den beiden anderen Beteiligten getroffenen Vereinbarungen ausdrücklich an.

(privatschriftlich[5])

3 Die folgenden Vereinbarungen dienen dem Schutz des Mit-Sicherungsgebers (Beschränkung der dinglichen Haftung auf das vereinbarte Darlehen).

4 Mit dem Darlehensnehmer kann für sein Pfandobjekt die übliche umfassende Haftung „für alle gegenwärtigen und künftigen Verbindlichkeiten …" vereinbart werden.

5 Kein Formzwang, auch mündliche Sicherungsvereinbarung möglich, es sei denn, für das schuldrechtliche Geschäft als solches ist eine besondere Form vorgeschrieben (zB Schriftform bei Schuldversprechen nach § 780 BGB, Schuldanerkenntnis nach § 781 BGB, Bürgschaft nach § 766 BGB).

III. Rentenschuld

1. Begriff

66 Die Rentenschuld (§§ 1199–1203 BGB) ist eine Unterart der Grundschuld, für die im Wesentlichen auf die Rz. 57 ff. verwiesen werden kann. Die Rentenschuld kann Brief- oder Buchrecht sein.

2. Besonderheiten

Die Rentenschuld weist folgende Besonderheiten auf.

67 Die aus dem Grundstück geschuldete Leistung muss in der **Zahlung einer Geldsumme zu regelmäßig wiederkehrenden Terminen** bestehen, § 1199 Abs. 1 BGB. Die Höhe der Geldsumme kann variieren (Erman/Wenzel § 1199 BGB Rz. 1). Die Leistungen können bedingt oder befristet sein.

Es ist eine **Ablösungssumme** zu bestimmen, § 1199 Abs. 2 BGB, deren Höhe beliebig, zB ohne jeden rechnerischen Bezug zu den wiederkehrenden Leistungen, festgesetzt werden kann (RGZ 86, 260). Nachträgliche Erhöhung ist aber unzulässig (Palandt/Bassenge § 1199 BGB Rz. 3). Die Zahlung dieser Ablösesumme hat nach § 1200 Abs. 2 BGB die gleiche Wirkung wie die Zahlung des Grundschuldkapitals: Es entsteht eine Eigentümerrentenschuld (BGH NJW 1980, 2198). 68

Auf Grund der besonderen Ablösungs- und Kündigungsbestimmungen in §§ 1201, 1202 BGB ist die Rentenschuld **für den Gläubiger unkündbar**, dh. ihm kann das Recht, die Ablösung zu verlangen, nicht eingeräumt werden (§ 1201 Abs. 2 BGB; Ausnahme § 1201 Abs. 2 Satz 2 BGB: Gefährdung der Sicherheit nach § 1133 BGB). Der Eigentümer dagegen hat das Recht zur Ablösung (§ 1201 Abs. 1 BGB), muss aber zuvor unter Einhaltung einer Frist von sechs Monaten kündigen (§ 1202 Abs. 1 BGB). Das **Kündigungsrecht des Eigentümers** kann erleichtert (kürzere Frist, § 1202 Abs. 1 Satz 2 Halbs. 2 BGB) oder eingeschränkt werden (auf längstens 30 Jahre, § 1202 Abs. 2 BGB). 69

3. Grundbucheintrag

In den Grundbucheintrag (ggf. den Rentenschuldbrief) müssen ausdrücklich aufgenommen werden (Schöner/Stöber Rz. 2371): 70

- die Geldbeträge und die Zahlungstermine,
- die Ablösungssumme,
- Bedingungen oder Befristungen,
- abweichende Kündigungsregeln.

4. Verhältnis zur Rentenreallast

Wegen der Unterschiede zur Rentenreallast vgl. Palandt/Bassenge Überbl. vor § 1105 BGB Rz. 2. 71

5. Praktische Bedeutung

Wie bei der Grundschuld kann der Rentenschuld eine schuldrechtliche Abrede über die Sicherung einer bestimmten Forderung (zB Leibrente, Kaufpreisrente) zur Seite gestellt werden. Dabei sind wegen der Forderungsunabhängigkeit des Rechts Verknüpfungen zwischen Recht und Forderung zu vermeiden (vgl. Schöner/Stöber Rz. 2374 mwN). In der Praxis ist die Rentenschuld nur noch selten anzutreffen. 72

➲ **Praxistipp:** Rentenansprüche werden in der Praxis eher durch eine Reallast (vgl. Kap. 54) gesichert. Der wesentliche Vorteil der Reallast: Nach § 1108 BGB haftet der jeweilige Eigentümer auch persönlich für die Zahlung, bei der Rentenschuld nur der Vertragspartner. 72a

M 57.17 Bestellung einer Rentenschuld[1]

An das

Grundbuchamt

... (Ort)

Betr.: Grundbuch von ... (Ort) Band/Blatt ... (Nummer)

Ich bin Eigentümer des im bezeichneten Grundbuch eingetragenen Grundstücks Flurstück Nr. ... (Nummer und weiterer Beschrieb). Ich bestelle hiermit für ... (Name des Gläubigers) eine Rentenschuld[2] mit folgendem Inhalt:

1 Vgl. Rz. 66 ff.

2 Ohne Brieferteilungsausschluss entsteht ein Briefrecht, §§ 1199, 1192 Abs. 1, 1116 Abs. 1 BGB.

1. Die Einzelleistungen betragen ... Euro monatlich[3].

2. Sie sind am ersten eines jeden Monats zu entrichten[4].

3. Die Ablösungssumme beträgt ... (Ablösungssumme)[5] Euro.

4. Die Zahlung der Ablösungssumme darf frühestens zum ... (Datum) erfolgen[6].

Ich bewillige und beantrage die Eintragung dieser Rentenschuld.

Der Rentenschuldbrief ist auf Grund einer entsprechenden Vereinbarung unmittelbar an den Gläubiger auszuhändigen[7].

(Unterschriftsbeglaubigung)

---

3 Vgl. Rz. 67.
4 Vgl. Rz. 67.
5 Vgl. Rz. 68.
6 Vgl. Rz. 69.
7 §§ 1199, 1192 Abs. 1, 1117 Abs. 2 BGB. Vgl. Rz. 20.

Kosten: *Notargebühr:* 0,2-Gebühr gem. Nr. 25100 KV GNotKG, mindestens 20 Euro, höchstens 70 Euro. Geschäftswert gem. §§ 121, 53 Abs. 1 GNotKG (Nennbetrag der Ablösungssumme). Bei Fertigung des Entwurfs und Beglaubigung 0,5-Gebühr gem. Nrn. 24102, 21201 Nr. 4 KV GNotKG (§ 92 Abs. 2 GNotKG), Geschäftswert gem. §§ 119, 53 Abs. 1 GNotKG wie zuvor.

Gerichtsgebühr: 1,3-Gebühr gem. Nr. 14120 KV GNotKG, Wert § 53 Abs. 1 GNotKG (Nennbetrag der Ablösungssumme).

IV. Umwandlung und weitere Inhaltsänderungen

1. Umwandlungsmöglichkeiten

73 Hypotheken, Grund- und Rentenschulden können in verschiedener Weise umgewandelt werden: eine Hypothek in eine Grundschuld und umgekehrt (§ 1198 BGB), eine Rentenschuld in eine gewöhnliche Grundschuld und umgekehrt (§ 1203 BGB), eine Sicherungshypothek (auch Höchstbetragshypothek) in eine Verkehrshypothek und umgekehrt (§ 1168 BGB), ein Briefrecht in ein Buchrecht und umgekehrt (§ 1116 Abs. 2 und 3 BGB); vgl. **M 57.18** und **M 57.19**; eine Grundschuld in eine Gesamtgrundschuld, vgl. **M 57.21.**

74 Wird eine Grundschuld in eine Hypothek umgewandelt, muss (wegen der Akzessorietät, vgl. Rz. 4) eine Forderung zugrunde gelegt werden (Erman/Wenzel § 1198 BGB Rz. 2).

2. Umwandlungserklärungen

75 Die Umwandlung ist Inhaltsänderung und erfolgt durch Einigung zwischen Gläubiger und Eigentümer und Eintragung (§ 873 BGB, ausgenommen die Fälle der Umwandlung kraft Gesetzes, Rz. 80). Grundbuchmäßig ist die Eintragungsbewilligung beider Beteiligten in der Form des § 29 GBO nebst Antrag erforderlich, bei Briefrechten auch Vorlage des Briefes (§ 41 GBO). Gleich- oder nachrangige andere Grundbuchberechtigte (vorrangige sowieso nicht) brauchen der reinen Umwandlung nicht zuzustimmen (§§ 1186 Satz 2, 1198 Satz 2, 1203 Satz 2 BGB), auch nicht der persönliche Schuldner (Palandt/Bassenge § 1186 BGB Rz. 4; vgl. dort auch wegen der Nichtwirkung gegenüber Inhabern von Löschungsansprüchen).

76 Mangels anderweitiger Einigung bleiben die Bedingungen des umgewandelten Grundpfandrechts im Übrigen unverändert: Buchhypothek wird Buchgrundschuld; Unterwerfungsklausel, Zins- und Zahlungsbedingungen bleiben bestehen.

3. Weitere Inhaltsänderungen

77 Anlässlich der Umwandlung werden häufig weitere Inhaltsänderungen vereinbart, bei denen sich die Frage der Mitwirkung Dritter stellen kann. Keine Mitwirkung Dritter (Zustimmung) ist erforderlich bei Änderung der **Zins- und Zahlungsbedingungen** (außer für Rangrücktritt nachrangi-

ger Berechtigter, vgl. auch **M 57.18** Fn. 5), auch nicht bei anlässlich der Umwandlung erklärter **Zwangsvollstreckungsunterwerfung** nach § 800 ZPO, **M 57.22** (keine Inhaltsänderung im eigentlichen Sinne, sondern Begründung eines prozessualen Nebenrechts, KEHE § 19 Rz. 80). Bei nachträglicher Zwangsvollstreckungsunterwerfung „wegen eines letztrangigen Teilbetrages" ist Teilung des Grundpfandrechts erforderlich (BayObLG Rpfleger 1985, 355; OLG Hamm Rpfleger 1987, 59), nicht bei solcher „wegen eines zuletzt zu zahlenden Teilbetrages" (OLG Hamm aaO).

Dagegen bedürfen für **genehmigungspflichtige Grundpfandrechte** (zB nach BauGB) auch die Umwandlung und Inhaltsänderung idR dieser Genehmigung. 78

Bei **Erbbaurechten** mit vereinbarter und verdinglichter Belastungsbeschränkung nach § 5 Abs. 2 ErbbauRG (Eigentümerzustimmung) fallen die Teilung, Umwandlung, Abtretung eines Grundpfandrechts sowie die nachträgliche Zwangsvollstreckungsunterwerfung (hierfür str.) nicht unter diese Beschränkung (vgl. Palandt/Bassenge § 5 ErbbauRG Rz. 5), wohl aber eine Zinserhöhung. 79

4. Umwandlung kraft Gesetzes

Neben die rechtsgeschäftliche Umwandlung treten verschiedene Fälle von Umwandlungen kraft Gesetzes (vgl. **M 57.20**; Rz. 4; auch **M 58.7,M 58.11, M 58.12, M 58.14** und **M 58.15**). 80

M 57.18 Umwandlung einer Buchhypothek in eine Briefgrundschuld[1] (mit weiteren Inhaltsänderungen)

An das
Grundbuchamt
... (Ort)

Betr.: Grundbuch von ... (Ort) Band/Blatt ... (Nummer)

In dem bezeichneten Grundbuch ist für den Unterzeichner ... (Name des Gläubigers) in Abt. III Nr. ... (lfd. Nummer) eine Buchhypothek von ... Euro nebst ... % Jahreszinsen eingetragen. Eigentümer des Pfandobjekts ist der Unterzeichner ... (Name des Eigentümers).

Wir[2] haben hierzu Folgendes vereinbart:

a) Die Buchhypothek wird in eine Briefgrundschuld umgewandelt.

b) Der Zinssatz wird auf ... % jährlich erhöht. Die Zinsen sind kalendervierteljährlich im Nachhinein zu entrichten.

c) Für den Fall der Mahnung, Kündigung oder sonstigen Geltendmachung der Grundschuld verzichtet der Eigentümer mit Wirkung gegen den jeweiligen Eigentümer auf die Vorlage des Grundschuldbriefes und im Falle der Abtretung auf die Vorlage öffentlich beglaubigter Abtretungserklärungen[3].

Wir[4] bewilligen und beantragen, diese Änderungen im Grundbuch einzutragen.

Die erhöhten Zinsen sollen gleichen Rang wie die Grundschuld erhalten. Hierzu überreichen wir die Rangrücktrittserklärung[5] des Gläubigers des nachrangigen Grundpfandrechts Abt. III Nr. ... (Nummer). Der Eigentümer stimmt der Rangänderung zu[6] und beantragt den Vollzug.

1 Vgl. Rz. 73–79.

2 Gläubiger und Eigentümer müssen vereinbaren und bewilligen, vgl. Rz. 75.

3 § 1160 BGB.

4 S. Fn. 2.

5 Nur wegen des Rangrücktritts hinter die Zinserhöhung muss nachrangiger Gläubiger mitwirken, vgl. Rz. 77 ff.; würde der Rangrücktritt nicht erklärt, entstünden für bisherige Belastung und Erhöhungszinsbetrag unterschiedliche Rangverhältnisse, was zulässig ist und im Grundbucheintrag zu verlautbaren wäre (Schöner/Stöber Rz. 2499). Bei Erhöhung auf (nicht um) höchstens 5 % Zinsen ist keine Zustimmung gleich- oder nachrangiger Gläubiger erforderlich, ebenso nicht für Änderung von Zahlungszeit und -ort, § 1119 BGB.

6 § 880 Abs. 2 Satz 2 BGB.

Der Grundschuldbrief ist an den Gläubiger auszuhändigen[7].

Die Kosten trägt der Eigentümer.

Es wird um Vollzugsnachricht an Eigentümer und Gläubiger gebeten.

(Unterschriftsbeglaubigung)

7 § 1117 Abs. 2 BGB; vgl. Rz. 20.

Kosten: *Notargebühr:* 0,2-Gebühr gem. Nr. 25100 KV GNotKG, mindestens 20 Euro, höchstens 70 Euro. Geschäftswert gem. §§ 121, 36 Abs. 1 GNotKG (Bruchteil des Nennbetrages). Bei Fertigung des Entwurfs und Beglaubigung 0,5-Gebühr gem. Nrn. 24102, 21201 Nr. 4 KV GNotKG (§ 92 Abs. 2 GNotKG), Geschäftswert gem. §§ 119, 36 Abs. 1 GNotKG wie zuvor.

Gerichtsgebühr: 0,5-Gebühr gem. Nr. 14130 KV GNotKG, Wert §§ 36 Abs. 1, 53 Abs. 1 GNotKG (Bruchteil des Nennbetrages). 0,5-Gebühr gem. Nr. 14124 KV GNotKG für die Erteilung des Grundschuldbriefes, Wert gem. § 53 Abs. 1 GNotKG.

M 57.19 Umwandlung einer Grundschuld in eine Hypothek mit Zwangsvollstreckungsunterwerfung[1]

(Urkundeneingang)[2]

Die Beteiligten erklären zur notariellen Niederschrift:

1. Im Grundbuch von . . . (Ort) Band/Blatt . . . (Nummer) ist für den Unterzeichner . . . (Name des Gläubigers) in Abt. III Nr. . . . (lfd. Nummer) eine Buchgrundschuld von . . . Euro nebst . . . % Jahreszinsen eingetragen. Eigentümer des Pfandobjekts ist der Unterzeichner . . . (Name des Eigentümers).

2. Gläubiger und Eigentümer wandeln nunmehr diese Buchgrundschuld in eine Buchhypothek um, die eine Darlehensforderung[3] *des Gläubigers in Höhe des Hypothekenbetrages nebst . . . % Jahreszinsen sichert. Die Zinsen sind jährlich im Nachhinein zu entrichten. Weitere schuldrechtliche Vereinbarungen bestehen hierzu nicht*[4].

3. Der Eigentümer unterwirft sich in Ansehung der Hypothek der sofortigen Zwangsvollstreckung aus dieser Urkunde in den belasteten Grundbesitz in der Weise, dass die Zwangsvollstreckung gegen den jeweiligen Eigentümer zulässig ist[5].

4. Die Beteiligten[6] *bewilligen und beantragen, die Umwandlung des Grundpfandrechts nebst den Bedingungsänderungen sowie die Unterwerfung unter die sofortige Zwangsvollstreckung im Grundbuch einzutragen.*

5. Gleichzeitig übernimmt der Eigentümer für die Zahlung eines Geldbetrages in Höhe der Hypothek nebst Zinsen die persönliche Haftung und unterwirft sich insoweit der sofortigen Zwangsvollstreckung aus dieser Urkunde in sein gesamtes Vermögen[7]. *Die persönliche Haftung kann ohne*

1 Vgl. Rz. 73–79, Beurkundung nach §§ 800, 794 Abs. 1 Nr. 5 ZPO.

2 S. Fn. 1.

3 Wegen der Akzessorietät muss eine Forderung bestehen, vgl. Rz. 4.

4 Andernfalls wären sie zur Beschreibung des gesicherten Anspruchs zum Inhalt der Urkunde zu machen.

5 §§ 800, 794 Abs. 1 Nr. 5 ZPO. Die (beurkundungsbedürftige) nachträgliche Unterwerfungserklärung setzt nicht voraus, dass auch die Grundpfandrechtsbestellung beurkundet (und nicht nur beglaubigt) wurde (BGHZ 73, 156; OLG Frankfurt Rpfleger 1978, 294; Zöller/Stöber § 800 ZPO Rz. 9; KEHE § 9 GBO Rz. 70; früher anders; aA noch Baumbach/Hartmann § 800 ZPO Rz. 5). Wegen teilweiser Zwangsvollstreckungsunterwerfung vgl. Rz. 77.

6 Die Umwandlung müssen Gläubiger und Eigentümer bewilligen, die Zwangsvollstreckungsunterwerfung könnte der Eigentümer auch allein erklären.

7 § 794 Abs. 1 Nr. 5 ZPO.

vorherige Zwangsvollstreckung in den Grundbesitz geltend gemacht werden. Über die besondere Bedeutung dieser Erklärung wurde vom Notar ausdrücklich belehrt.

6. Die Kosten trägt der Eigentümer.

(Schlussformel)

Kosten: *Notargebühr:* 1,0-Gebühr gem. Nr. 21200 KV GNotKG, mindestens 60 Euro. Geschäftswert gem. §§ 97 Abs. 1, 53 Abs. 1 GNotKG (Nennbetrag der Hypothek).

Gerichtsgebühr: 0,5-Gebühr gem. Nr. 14130 KV GNotKG, Wert § 53 Abs. 1 GNotKG (Nennbetrag).

M 57.20 Umwandlung einer Zwangshypothek in eine Eigentümergrundschuld[1]

An das

Grundbuchamt

. . . (Ort)

Betr.: Grundbuch von . . . (Ort) Band/Blatt . . . (Nummer)

Ich bin Eigentümer des im bezeichneten Grundbuch eingetragenen Grundbesitzes. In Abt. III ist unter . . . (lfd. Nummer) für . . . (Name des Gläubigers) eine Zwangs-Sicherungshypothek[2] eingetragen wegen einer dem Gläubiger mit Urteil des . . . (Gericht) vom . . . (Datum) zugesprochenen Klageforderung von . . . Euro nebst Zinsen und Kosten.

Durch Urteil des . . . (Instanzgericht) vom . . . (Datum), von dem ich eine Ausfertigung hiermit vorlege, wurde das vorinstanzliche Urteil aufgehoben und der Rechtsstreit an die Vorinstanz zurückverwiesen.

Damit ist die Zwangs-Sicherungshypothek eine Eigentümergrundschuld geworden[3]. Ich beantrage[4], dies im Grundbuch einzutragen.

(privatschriftlich[5])

1 § 868 ZPO. Vgl. auch Rz. 73–79.

2 Vgl. auch **M 57.7.**

3 Die Umwandlung tritt hier kraft Gesetzes (§ 868 ZPO) ein. Weitere Umwandlungsfälle neben der Aufhebung des der Eintragung zugrunde liegenden Titels durch rechtskräftiges oder vorläufig vollstreckbares Urteil s. § 868 Abs. 1 und 2 ZPO. Die Umwandlung ist endgültig; die Zwangs-Sicherungshypothek lebt auch bei Wiederherstellung des Titels nicht wieder auf (RGZ 78, 404; BGH NZI 2006, 224, 225; Zöller/Stöber § 868 ZPO Rz. 3; Baumbach/Hartmann § 868 ZPO Rz. 7). Der Gläubiger kann allenfalls in die Eigentümergrundschuld neu vollstrecken.

4 Berichtigungsantrag; das Grundbuch ist kraft Gesetzes unrichtig geworden, die Unrichtigkeit durch öffentliche Urkunde nachgewiesen, § 894 BGB.

5 Form des § 29 GBO nicht erforderlich (vgl. Fn. 4).

Kosten: *Gerichtsgebühr:* 0,5-Gebühr gem. Nr. 14130 KV GNotKG, Wert § 53 Abs. 1 GNotKG (Nennbetrag).

M 57.21 Pfandrechtserstreckung[1] mit Unterwerfung unter die sofortige Zwangsvollstreckung

(Im Rahmen einer Urkunde oder gesonderte Urkunde)

1. Im Grundbuch von . . . (Ort) Band/Blatt . . . (Nummer) ist zu Lasten meines dort eingetragenen Grundstücks Flurstück Nr. . . . (Nummer und weiterer Beschrieb) folgendes Grundpfandrecht eingetragen:

Abt. III Nr. . . . (Nummer):

. . . Euro Grundschuld mit Brief nebst . . . % Jahreszinsen seit . . . (Zinsbeginn) für . . . (Gläubiger).

2. Ich erstrecke hiermit diese Grundschuld mit den Zinsen vom Zinsbeginn an[2] auf das folgende ebenfalls in meinem Eigentum stehende Grundstück[3]:

Grundbuch von . . . (Ort) Band/Blatt . . . (Nummer):

Flurstück Nr. . . . (Nummer und weiterer Beschrieb).

3. Ich unterwerfe mich in Ansehung der Grundschuld nebst Zinsen gem. Nr. 2 der sofortigen Zwangsvollstreckung[4] aus dieser Urkunde auch in den nachverpfändeten Grundbesitz in der Weise, dass die Zwangsvollstreckung gegen den jeweiligen Eigentümer zulässig ist.

4. Ich bewillige und beantrage, die Pfandrechtserstreckung gem. Nr. 2 und die Unterwerfung unter die sofortige Zwangsvollstreckung gem. Nr. 3 im Grundbuch einzutragen[5].

5. Der Gläubiger ist berechtigt, sich jederzeit ohne Nachweis der die Fälligkeit begründenden Tatsachen eine vollstreckbare Ausfertigung dieser Urkunde erteilen zu lassen.

(Schlussformel[6])

---

1 Die Pfandrechtserstreckung (oder Nachverpfändung) führt zu einem sog. Gesamtgrundpfandrecht (oder Globallast), sofern ein solches nicht bereits bestand. Sie ist zu jeder Zeit und in jeder Kombination sowohl hinsichtlich der Pfandobjekte als auch der Eigentumsverhältnisse zulässig (wie bei einer Gesamtbelastung von Anfang an). S. Rz. 61. Bei einer Grundschuld, die bis zum 19.8.2008 eingetragen wurde und die sofortige Fälligkeit vorsieht (nunmehr durch den durch das Risikobegrenzungsgesetz eingefügten § 1193 Abs. 2 Satz 2 BGB ausgeschlossen), kann die Pfanderstreckung auch vollzogen werden, wenn die Fälligkeitsregelungen des Altrechts der neuen Rechtslage nicht angepasst werden (so BGH, Beschluss v. 10.6.2010 – Z B 22/10; OLG München NotBZ 2010, 104; Böttcher NJW 2010, 1647, 1649; Sommer RNotZ 2009, 578; aA LG Berlin NJW 2009, 1680; Staudinger/Wolfsteiner § 1132 BGB Rz. 35, § 1193 BGB Rz. 11).

2 Wenn keine einschränkende Bestimmung getroffen wird, erfolgt die Erstreckung automatisch ab Zinsbeginn der Grundschuld. Bei gleichzeitiger Zwangsvollstreckungsunterwerfung (wie im Muster) muss nach AG und LG Aachen (Rpfleger 1991, 15) der für die Unterwerfungserklärung geltende Zinsbeginn ausdrücklich in der Urkunde angegeben oder durch Bezugnahme nach § 13a BeurkG zum Inhalt der Urkunde gemacht werden. Folgt man dem, ist die Angabe des Zinsbeginns unerlässlich.

3 Das nachverpfändete Pfandobjekt kann auch in einem anderen Grundbuchbezirk liegen; s. auch Fn. 1.

4 Nach BayObLG (DNotZ 1992, 309) reicht auch die Formulierung „... erstreckt die Grundschuld samt Unterwerfungsklausel ..." den Anforderungen. Die ausdrückliche Version ist aber vorzuziehen.

5 Die Eintragung erfolgt im Grundbuch des neuen Pfandobjektes (mit dem Hinweis auf die Mitbelastung des alten Pfandobjektes) und im Grundbuch des alten Pfandobjektes (Hinweis auf die Mitbelastung in der Veränderungsspalte).

6 Wegen der Zwangsvollstreckungsunterwerfung nach § 800 ZPO beurkundungsbedürftig. Ohne diese Erklärung genügt eine Grundbucherklärung in der Form des § 29 GBO (öffentliche Beglaubigung).

Kosten: *Notargebühr:* 1,0-Gebühr gem. Nr. 21200 KV GNotKG, mindestens 60 Euro. Geschäftswert gem. §§ 97 Abs. 1, 44 Abs. 1 S. 1 GNotKG. Wertvergleich zwischen dem Nennbetrag des Grundpfandrechts und dem Wert des hinzukommenden Grundstücks.

Gerichtsgebühr: 0,5-Gebühr gem. Nr. 14123 KV GNotKG. Geschäftswert gem. § 44 Abs. 1 S. 1 GNotKG, Wertvergleich zwischen dem Nennbetrag des Grundpfandrechts und dem Wert des hinzukommenden Grundstücks.

M 57.22 Nachträgliche Unterwerfung unter die sofortige Zwangsvollstreckung[1]

(Im Rahmen einer Urkunde oder gesonderte Urkunde)

1. Im Grundbuch von ... (Ort) Band/Blatt ... (Nummer) ist zu Lasten meines dort eingetragenen Grundstücks Flurstück Nr. ... (Nummer und weiterer Beschrieb) folgendes Grundpfandrecht eingetragen:

Abt. III Nr. ... (Nummer):

... Euro Grundschuld mit Brief nebst ... % Jahreszinsen seit ... (Zinsbeginn[2]) für ... (Gläubiger).

2. Ich unterwerfe mich in Ansehung der Grundschuld nebst Zinsen seit Zinsbeginn der sofortigen Zwangsvollstreckung[3] aus dieser Urkunde auch in den belasteten Grundbesitz in der Weise, dass die Zwangsvollstreckung gegen den jeweiligen Eigentümer zulässig ist.

3. Ich bewillige und beantrage, die Unterwerfung unter die sofortige Zwangsvollstreckung gem. Nr. 2 bei der Grundschuld zu vermerken[4].

4. Der Gläubiger ist berechtigt, sich jederzeit ohne Nachweis der die Fälligkeit begründenden Tatsachen eine vollstreckbare Ausfertigung dieser Urkunde erteilen zu lassen.

(Schlussformel[5])

1 Die nachträgliche dingliche Zwangsvollstreckungsunterwerfung erfolgt zumeist anlässlich einer Grundschuldabtretung oder wenn „der Schuldner wackelt". S. auch Rz. 77.
2 Wenn keine einschränkende Bestimmung getroffen ist, gelten automatisch die Bedingungen der Grundschuld (auch hinsichtlich Zinsbeginn).
3 § 800 ZPO.
4 Die Eintragung erfolgt im Grundbuch des Pfandobjektes in der Veränderungsspalte.
5 Wegen § 800 ZPO beurkundungsbedürftig.

Kosten: *Notargebühr:* 1,0-Gebühr gem. Nr. 21200 KV GNotKG, mindestens 60 Euro. Geschäftswert gem. §§ 97 Abs. 1, 53 Abs. 1 GNotKG (Nennbetrag der Hypothek).

Gerichtsgebühr: keine, da die nachträgliche Unterwerfung unter die sofortige Zwangsvollstreckung keine Veränderung des Rechts ist.

5. Liegenbelassungsvereinbarung

81 Im Falle einer Zwangsversteigerung von Grundbesitz erlöschen die in Abt. II und III eingetragenen Rechte, soweit sie nicht in das geringste Gebot aufgenommen sind, § 91 Abs. 1 ZVG. Diese mit der Zuschlagserteilung eintretende Wirkung kann vermieden werden, wenn Gläubiger und Ersteher das Bestehenbleiben des Rechts vereinbaren (**M 57.23**; § 91 Abs. 2 ZVG). Die Wirkung (§ 91 Abs. 3 Satz 1 ZVG): Das Meistgebot verringert sich um den Anspruch des Gläubigers dieses Rechts (vgl. im Einzelnen Stöber § 91 ZVG Rz. 4). Handelt es sich bei dem Versteigerungsobjekt um ein Erbbaurecht, muss der Grundstückseigentümer zustimmen, wenn die Belastungsbeschränkung nach § 5 Abs. 2 ErbbauRG zum Inhalt des Erbbaurechts gehört.

82 Die Vereinbarung wirkt zurück: das durch Zuschlag an sich bereits untergegangene Recht lebt auf den Zeitpunkt des Zuschlags wieder auf (Stöber § 91 ZVG Rz. 3), sofern es im Grundbuch nicht bereits gelöscht war.

83 Der Vereinbarung zugänglich sind grundsätzlich alle Rechte der Abt. II und III (wegen Einzelheiten vgl. Stöber § 91 ZVG Rz. 3 f.), wobei diese nur mit dem bisherigen Inhalt liegenbelassen werden können; Änderungen müssten außerhalb des Zwangsversteigerungsverfahrens vereinbart werden (KG MDR 1975, 151).

84 S. auch die Fn. zum **M 57.23.**

M 57.23 Liegenbelassungsvereinbarung[1]

1. Im Grundbuch von ... (Ort) Band/Blatt ... (Nummer) ist in Abt. III unter Nr. ... (lfd. Nummer) zu Lasten des Grundstücks Flurstück Nr. ... (Nummer und weiterer Beschrieb) eine ... (Buch-/ Brief-)Grundschuld iHv. ... Euro nebst Zinsen und Nebenleistungen für ... (Gläubiger) eingetragen. Das Pfandobjekt ist durch Zuschlag im Zwangsversteigerungsverfahren von ... (Ersteher) erworben worden.

2. Wir, Ersteher und Gläubiger[2], haben nach § 91 Abs. 2 ZVG vereinbart, dass die Grundschuld bestehen bleibt.

3. Die Kosten trägt der Ersteher.

(Unterschriftsbeglaubigung[3])

1 Vereinbarung nach § 91 Abs. 2 ZVG; vgl. Rz. 81 ff.

2 Die Erklärung ist vom Gläubiger und Ersteher abzugeben, ggf. in getrennten Urkunden. Zu Form und Adressat s. Fn. 3.

3 Die Erklärung kann zu Protokoll des Vollstreckungsgerichts im Verteilungstermin oder vorher im Versteigerungs- oder Verkündungstermin abgegeben werden, sonst öffentlich beglaubigt, § 91 Abs. 2 ZVG. Adressat ist das Vollstreckungsgericht oder das Grundbuchamt (s. Fn. 2). Bevollmächtigte benötigen öffentlich beglaubigte Vollmacht (bei Erklärung zu Protokoll des Vollstreckungsgerichts reicht gewöhnliche Prozessvollmacht).

Kosten: *Notargebühr:* 0,2-Gebühr gem. Nr. 25100 KV GNotKG, mindestens 20 Euro, höchstens 70 Euro. Geschäftswert gem. §§ 121, 53 Abs. 1 GNotKG (Nennbetrag). Bei Fertigung des Entwurfs und Beglaubigung 2,0-Gebühr gem. Nrn. 24100, 21100 KV GNotKG (§ 92 Abs. 2 GNotKG), Geschäftswert gem. §§ 119, 53 Abs. 1 GNotKG wie zuvor.

Kapitel 58 Hypothek, Grundschuld, Rentenschuld II: Abtretung, Gläubigerbefriedigung und Löschung

Literatur: S. die Literaturhinweise zu Kap. 57.

I. Abtretung

Eine Hypothek, Grundschuld und Rentenschuld (Grundpfandrecht) kann durch Rechtsgeschäft oder kraft Gesetzes den Inhaber wechseln. Fälle des endgültigen oder vorläufigen Inhaberwechsels kraft Gesetzes enthalten **M 57.20, M 58.7, M 58.11, M 58.12, M 58.14** und **M 58.15**. Im Folgenden wird nur die rechtsgeschäftliche Übertragung (Abtretung, §§ 1153–1159, 1192 BGB) erörtert. 1

1. Abtretung einer Hypothek

Bei einer Hypothek erfolgt der Inhaberwechsel nicht durch Abtretung des dinglichen Rechts selbst, sondern durch Abtretung der Forderung (§ 1154 BGB). Die Hypothek geht dabei automatisch auf den neuen Gläubiger mit über (§ 1153 Abs. 1 BGB). Dies folgt aus der Akzessorietät der Hypothek (vgl. Kap. 57 Rz. 4): Forderung und Hypothek können auch bei der Abtretung nicht voneinander getrennt werden. Die Regeln sind für Brief- und Buchhypothek verschieden. 2

Bei der **Briefhypothek** erfolgt die Abtretung der Forderung (auf Grund Einigung zwischen altem und neuem Gläubiger) durch schriftliche Abtretungserklärung und Übergabe des Hypothekenbriefes an den neuen Gläubiger (§ 1154 Abs. 1 BGB iVm. § 1117 BGB), vgl. **M 58.1**. Damit werden die Abtretung und der Hypothekenübergang wirksam, ohne dass es der Eintragung im Grundbuch bedarf. 3

Grundbuchrechtlich ergeben sich daraus folgende Besonderheiten: Das Grundbuch wird unrichtig. Zur Berichtigung bedarf es keiner Bewilligung nach § 19 GBO, sondern nur der Vorlage der Abtretungserklärung (**M 58.1**) und des Hypothekenbriefs (§ 26 Abs. 1 GBO), die Abtretungserklärung in der Form des § 29 GBO (auf Abgabe in dieser Form hat der neue Gläubiger Anspruch, § 1154 Abs. 1 Satz 2 BGB). Neben dem Bewilligungsgrundsatz ist damit auch das Prinzip der Voreintragung durchbrochen: § 39 Abs. 2 GBO. Vgl. hierzu **M 58.6** und die dortigen Fn. 4

Die Abtretung einer **Buchhypothek** erfolgt durch Einigung (zwischen altem und neuem Gläubiger) und Eintragung (§ 1154 Abs. 3 iVm. § 874 BGB), vgl. **M 58.2**. Hier ist die Eintragungsbewilligung (§ 19 GBO) des alten Gläubigers in der Grundbuchform der öffentlichen Beglaubigung (§ 29 GBO) erforderlich. 5

Eine Sonderregelung besteht für die **Höchstbetragshypothek**. Zum einen kann die gesicherte Forderung (unter Mitnahme der Hypothek) entsprechend § 1154 Abs. 3 BGB (vgl. Rz. 5) abgetreten werden (wegen der dabei auftretenden Probleme bei Abtretung vor Feststellung der Forderung oder Abtretung einer unter dem Höchstbetrag liegenden Forderung vgl. Palandt/Bassenge § 1190 BGB Rz. 16). Zum anderen kann ausnahmsweise die gesicherte Forderung allein, dh. unter Ausschluss des Übergangs der Hypothek, abgetreten werden, § 1190 Abs. 4 BGB. Die Abtretung erfolgt dann nach §§ 398 ff. BGB. Gleichgültig ist dabei, ob die Forderung bereits festgestellt ist (vgl. Kap. 57 Rz. 35) oder nicht (Erman/Wenzel § 1190 BGB Rz. 16). Sind sämtliche gesicherten (ggf. auch künftigen) Forderungen abgetreten, wandelt sich die Höchstbetragshypothek in eine Eigentümergrundschuld um (**M 58.3**). Andernfalls sichert sie die restlichen (nicht abgetretenen), ggf. künftigen Ansprüche des Hypothekengläubigers weiter (Erman/Wenzel § 1190 BGB Rz. 16). 6

Praktische Bedeutung hat die Abtretung von Hypotheken im Rahmen von **Umschuldungen**. Wegen der zT kraft Gesetzes eintretenden Veränderungen bei der Hypothek (vgl. Rz. 18 ff.) wird im 7

Kreditgewerbe ganz überwiegend der Grundschuld der Vorzug gegeben, wenn Abtretungen des Rechts in Betracht kommen können.

2. Abtretung einer Grundschuld

8 Bei der Grundschuld wird das **dingliche Recht selbst** abgetreten, und zwar nach den für die Abtretung einer Hypothek geltenden Regeln (§ 1192 Abs. 1 BGB), vgl. Rz. 3 f. und 5, aber ohne eine Verknüpfung von Grundschuld und (möglicherweise auch gar nicht bestehender) Forderung; § 1153 BGB ist nicht anwendbar. Vgl. **M 58.4.**

9 Die Abtretung einer **Rentenschuld** erfolgt in gleicher Weise.

10 Wegen der leichten und für den Gläubiger risikolosen Abtretbarkeit eignet sich die Grundschuld, vor allem die Briefgrundschuld, wesentlich besser als die Hypothek für eine **kostensparende Wiederverwendung** für denselben oder einen anderen Gläubiger, vor allem auch als Vorratssicherungsmittel zur raschen Verwendung. Bei Vorhandensein nachrangiger Grundbuchberechtigter sind allerdings deren gesetzliche (§ 1179a BGB für Grundpfandrechtsgläubiger) oder vereinbarte (§ 1179 BGB für andere Berechtigte mit eingetragener Löschungsvormerkung) **Löschungsansprüche zu berücksichtigen** und ggf. durch deren (formlose) Zustimmung für den konkreten Fall zu beseitigen. Es kann auch ein partieller Ausschluss des Löschungsanspruchs vereinbart und im Grundbuch vermerkt werden, § 1179a Abs. 5 BGB. Der Löschungsanspruch besteht nur für entstandene Eigentümergrundschulden und hat die relative Unwirksamkeit der Abtretung im Verhältnis zum Anspruchsberechtigten zur Folge (Wirkungen gem. §§ 883 Abs. 2, 888 BGB).

10a ➲ **Praxistipp:** Wird eine Grundschuld für eine Privatperson bestellt, drohen dem Eigentümer aus der Forderungsunabhängigkeit der Grundschuld Gefahren. Deswegen wurde in einem solchen Fall die Abtretbarkeit der Grundschulden bisher regelmäßig ausgeschlossen. § 1192 Abs. 1a BGB stellt nunmehr sicher, dass die Einreden des Eigentümers aus dem Sicherungsvertrag auch gegenüber dem Erwerber der Grundschuld erhalten bleiben.

3. Teilabtretung

11 Von Hypothekenforderung oder Grundschuld können auch Teile abgetreten werden. Dies führt stets zu einer Teilung des Rechts in zwei (oder mehr) selbständige Grundpfandrechte, die mangels einer anderweitigen Rangbestimmung untereinander gleichen Rang haben. Bei Briefrechten kann die Bildung eines Teilbriefs beantragt werden; man kann es auch unter Vereinbarung von Besitzkonstituten oder anderen Verwahrlösungen bei dem einheitlichen Brief belassen (vgl. hierzu Lauer MDR 1983, 635; Rutke WM 1987, 93).

11a ➲ **Praxistipp:** Eine in der Praxis wenig beachtete Möglichkeit, zeitnah die Voraussetzungen für eine Teilabtretung zu schaffen und zugleich aufwändige Verwahr- und Treuhandlösungen zu vermeiden, ist die Bildung von Teilgrundschuldbriefen durch den Notar (§ 61 GBO).

11b Auch eine mit der Teilabtretung einer Briefgrundschuld verbundene Rangbestimmung (zB Abtretung „eines erstrangigen Teilbetrages von …“) bedarf zu ihrer Wirksamkeit nicht der Grundbucheintragung (OLG Hamm NJW-RR 1988, 461; OLG Düsseldorf DNotZ 1992, 310; str., aA Schöner/Stöber Rz. 2412; Staudinger/Wolfsteiner § 1151 BGB Rz. 10). Unterbleibt bei der Grundbucheintragung der entsprechende Rangvermerk, so hat das für die Wirksamkeit von Abtretung und Rangbestimmung keine Bedeutung; das Grundbuch wird unrichtig (OLG Hamm aaO).

12 Vgl. im Übrigen **M 58.5** und die dortigen Fn.

4. Abtretung von Zinsansprüchen

13 Bei Hypotheken können sowohl **rückständige** (§ 1159 BGB) als auch **künftige** (§ 1154 BGB) **Zinsen ohne die Hauptforderung** abgetreten werden, rückständige in der Form einer normalen Forderungsabtretung (vgl. **M 58.9**), künftige wie eine Teilabtretung, s. Rz. 11 (vgl. **M 58.8**). Wegen weiterer Einzelfragen s. die Fn. zu den Mustern.

Sowohl bei separater Zinsabtretung als auch bei Zinsübergang mit dem Hauptrecht sind **Umfang und Zeitpunkt des Übergangs genau anzugeben** (vgl. **M 58.1** Fn. 3). 14

5. Keine Mitwirkung des Eigentümers oder Dritter

Die Abtretung ist ein rechtsgeschäftlicher Vorgang zwischen altem und neuem Gläubiger. Weder andere Grundbuchberechtigte noch der Eigentümer müssen zustimmen oder mitwirken, es sei denn, es bestünden dinglich wirkende, dh. im Grundbuch eingetragene Abtretungsbeschränkungen (eintragungsfähig: OLG Hamm DNotZ 1968, 631 für den Ausschluss der Abtretung; RGZ 136, 399 für die Abhängigkeit von der Zustimmung Dritter). Schuldrechtliche Vereinbarungen zwischen Eigentümer und altem Gläubiger über die Abtretungsbefugnis sind im Grundbuchverfahren unbeachtlich. Vgl. aber Rz. 10 und Kap. 57 Rz. 8 wegen möglicher Löschungsansprüche. 15

6. Grundpfandrechte aus Zeiten der DDR

Die **Übertragung einer ZGB-Hypothek** (bzw. der Hypothekenforderung, vgl. Kap. 57 Rz. 2) erfolgt nach den Regeln des BGB für die Sicherungshypothek (Art. 233 § 6 Abs. 1 Satz 1 EGBGB), somit wie in Rz. 5 für die Buchhypothek dargelegt, aber mit der strengeren Akzessorietät gem. § 1184, 1185 BGB (kein gutgläubiger Erwerb bei Forderungsmängeln). Für vor dem 1.1.1976 (Inkrafttreten des ZGB) entstandene Grundpfandrechte gilt uneingeschränkt das BGB (Art. 233 § 6 Abs. 2 EGBGB). 16

M 58.1 Abtretung einer Briefhypothek[1]

Im Grundbuch von ... (Ort) Band/Blatt ... (Nummer) ist für mich in Abt. III Nr. ... (lfd. Nummer) eine Briefhypothek für eine Darlehensforderung gegen den Eigentümer ... (Name des Eigentümers) von ... Euro nebst jährlich nachträglich zahlbaren Zinsen von ... % jährlich eingetragen.

Ich trete hiermit die Darlehensforderung[2] mit den Zinsen seit heute[3] sowie allen zugehörigen Rechten ab an ... (Personalien des Abtretungsempfängers[4]).

Abgetreten werden auch die Rechte aus der persönlichen Haftungsübernahme und Zwangsvollstreckungsunterwerfung wegen der Forderung in der Hypothekenbestellungsurkunde[5].

Der Hypothekenbrief wird gleichzeitig mit dieser Erklärung dem neuen Gläubiger übergeben[6].

(Unterschriftsbeglaubigung[7])

---

1 § 1154 Abs. 1 BGB; vgl. Rz. 3. Genau müsste es eigentlich heißen: Abtretung einer durch Hypothek gesicherten Forderung.

2 Vgl. Fn. 1.

3 Die Angabe von Umfang und Zeitpunkt der Zinsabtretung ist unerlässlich (hM: Erman/Wenzel § 1154 BGB Rz. 9, mwN). Ausreichende Formulierungen: *„Z. seit Eintragung der Hypothek“*, *„Z. seit Zinsbeginn“*, *„Z. ab Eintragung der Abtretung im Grundbuch“*, *„Z. ab heute“*. Mehrdeutig dagegen *„Z. seit dem Tag der Eintragung“* (der Grundschuld?, der Abtretung?), LG Ellwangen BWNotZ 1988, 150. Am besten aber Angabe eines Datums.

4 Genaue Angaben zur Vermeidung von Löschungsschwierigkeiten, vgl. auch **M 57.5** Fn. 2.

5 Zur Umschreibung der Vollstreckungsklausel auch wegen der persönlichen Zwangsvollstreckungsunterwerfung. Entfällt, wenn keine persönliche Zwangsvollstreckungsunterwerfung erklärt ist. Die dingliche Vollstreckungsklausel kann bereits auf Grund des wirksamen Übergangs des Grundpfandrechts umgeschrieben werden.

6 Briefübergabe (oder Übergabesurrogat nach § 1117 BGB) ist Wirksamkeitserfordernis, § 1154 Abs. 1 Satz 1 BGB.

7 An sich reicht Schriftform zur Wirksamkeit der Abtretung aus; aber neuer Gläubiger kann nach § 1154 Abs. 1 Satz 2 BGB öffentliche Beglaubigung verlangen. Will er die Abtretung im Grundbuch vermerken lassen (Grundbuchberichtigung), ist diese Form unerlässlich (§ 29 GBO). Da der Rechtsübergang bereits ohne Grundbucheintragung stattgefunden hat, bedarf es nach § 22 Abs. 1 GBO keiner Bewilligung iSv. § 19 GBO.

Kosten: *Notargebühr:* 0,2-Gebühr gem. Nr. 25100 KV GNotKG, mindestens 20 Euro, höchstens 70 Euro. Geschäftswert gem. §§ 121, 53 Abs. 1 GNotKG (Nennbetrag). Bei Fertigung des Entwurfs und Beglaubigung 1,0-Gebühr gem. Nrn. 24101, 21200 KV GNotKG (§ 92 Abs. 2 GNotKG), Geschäftswert gem. §§ 119, 53 Abs. 1 GNotKG (Nennbetrag).

M 58.2 Abtretung einer Buchhypothek[1]

An das

Grundbuchamt

... (Ort)

Betr.: Grundbuch von ... (Ort) Band/Blatt ... (Nummer)

Im bezeichneten Grundbuch ist für mich in Abt. III Nr. ... (lfd. Nummer) eine Buchhypothek für eine Erbteilsforderung gegen den Eigentümer ... (Name des Eigentümers) von ... Euro nebst kalendervierteljährlich fälligen Zinsen von ... % jährlich seit ... (Datum) eingetragen.

Ich trete hiermit diese Forderung[2] mit den Zinsen seit Zinsbeginn[3] und allen zugehörigen Rechten[4], insbesondere den Rechten aus der persönlichen Haftungsübernahme und Zwangsvollstreckungsunterwerfung, ab an ... (Personalien des Abtretungsempfängers[5]) und bewillige[6] und beantrage[7] die Eintragung der Abtretung im Grundbuch.

(Unterschriftsbeglaubigung[8])

1 § 1154 Abs. 3 iVm. § 873, 878 BGB; vgl. Rz. 5. S. auch **M 58.1** Fn. 1.
2 Vgl. Rz. 2 ff.
3 Vgl. **M 58.1** Fn. 3.
4 Vgl. **M 58.1** Fn. 5.
5 Vgl. **M 58.1** Fn. 4.
6 Hier ist Bewilligung erforderlich, da Abtretung erst mit Eintragung im Grundbuch wirksam wird.
7 Den Antrag könnte auch (privatschriftlich) der neue Gläubiger stellen. Der Antragsteller ist kostenpflichtig.
8 Form des § 29 GBO.

Kosten: *Notargebühr:* 0,2-Gebühr gem. Nr. 25100 KV GNotKG, mindestens 20 Euro, höchstens 70 Euro. Geschäftswert gem. §§ 121, 53 Abs. 1 GNotKG (Nennbetrag). Bei Fertigung des Entwurfs und Beglaubigung 1,0-Gebühr gem. Nrn. 24101, 21200 KV GNotKG (§ 92 Abs. 2 GNotKG), Geschäftswert gem. §§ 119, 53 Abs. 1 GNotKG (Nennbetrag).

Gerichtsgebühr: 0,5-Gebühr gem. Nr. 14130 KV GNotKG, Wert § 53 Abs. 1 GNotKG (Nennbetrag).

M 58.3 Abtretung einer Höchstbetrags-Hypothekenforderung ohne Übergang der Hypothek[1]

An das

Grundbuchamt

... (Ort)

Betr.: Grundbuch von ... (Ort) Band/Blatt ... (Nummer)

Im bezeichneten Grundbuch ist für mich in Abt. III unter Nr. ... (lfd. Nummer) eine Sicherungshypothek zum Höchstbetrag von ... Euro eingetragen zur Sicherung aller Forderungen, die mir aus Warenlieferungen gegen ... (Personalien des Schuldners) zustehen.

1 Vgl. Rz. 6. Die Abtretung selbst erfolgt nach §§ 398 ff. BGB. Die Berichtigung des Grundbuchs auf der Grundlage der Gläubigerbestätigung setzt noch den Antrag des Eigentümers voraus (formlos).

Diese Warenlieferungsforderungen, auch soweit sie künftig erst entstehen, habe ich unter Ausschluss des Hypothekenübergangs an . . . (Abtretungsempfänger) abgetreten. Ich bestätige hiermit, dass bei mir keine Forderungen mehr bestehen oder künftig entstehen können, für die die Höchstbetragshypothek haften würde.

Ich bin deshalb mit der Umschreibung der Hypothek in eine Eigentümergrundschuld einverstanden.

(Unterschriftsbeglaubigung[2])

2 Die an sich formlos wirksame Gläubigerbestätigung bedarf als Unrichtigkeitsnachweis beim Grundbuchamt der Form des § 29 GBO.

Kosten: *Notargebühr:* 0,2-Gebühr gem. Nr. 25100 KV GNotKG, mindestens 20 Euro, höchstens 70 Euro. Geschäftswert gem. §§ 121, 53 Abs. 1 GNotKG (Nennbetrag). Bei Fertigung des Entwurfs und Beglaubigung 0,5-Gebühr gem. Nrn. 24102, 21201 Nr. 4 KV GNotKG (§ 92 Abs. 2 GNotKG), Geschäftswert gem. §§ 119, 53 Abs. 1 GNotKG (Nennbetrag).

Gerichtsgebühr: 0,5-Gebühr gem. Nr. 14130 KV GNotKG, Wert § 53 Abs. 1 GNotKG (Nennbetrag).

M 58.4 Abtretung einer Eigentümer-Briefgrundschuld[1]

An das

Grundbuchamt

. . . (Ort)

Betr.: Grundbuch von . . . (Ort) Band/Blatt . . . (Nummer)

Im bezeichneten Grundbuch ist zu Lasten meines dort gebuchten Grundbesitzes in Abt. III Nr. . . . (lfd. Nummer) für mich eine Eigentümergrundschuld von . . . Euro nebst . . . % Jahreszinsen eingetragen[2]. Darüber ist ein Grundschuldbrief erteilt.

Ich trete hiermit diese Grundschuld nebst den Zinsen seit . . . (Datum des Zinsübergangs)[3] ab an . . . (Personalien des Abtretungsempfängers)[4].

Ich bewillige die Eintragung der Abtretung im Grundbuch.

(Unterschriftsbeglaubigung[5])

1 Vgl. Rz. 8 ff.

2 Abtretungserklärung kann auch bereits vor Eintragung der Eigentümergrundschuld gefertigt und ausgehändigt werden. Wirksamkeit tritt dann ein bei Briefrechten mit späterer Briefübergabe (oder Übergabeersatz), bei Buchrechten mit Grundbuchvollzug (ggf. vorherige Bindungswirkung nach § 873 Abs. 2 BGB).

3 Inzwischen auch bei Eigentümergrundschuld für zurückliegendes Datum zulässig. Nach § 1197 Abs. 2 BGB ist eine Grundschuld, solange sie dem Eigentümer zusteht, zwar unverzinslich. Diese Beschränkung entfällt aber mit der Abtretung, und zwar auch für rückwirkend (BGH Rpfleger 1986, 9; BayObLG Rpfleger 1988, 364; OLG Celle Rpfleger 1989, 363; OLG Düsseldorf NJW-RR 1990, 22) und nachträglich mit rückwirkendem Beginn eingetragene Zinsen (BGH BWNotZ 1986, 36).

4 Wirksamkeitserfordernis nach §§ 1154 Abs. 1 Satz 1, 1192 BGB.

5 Vgl. **M 58.1** Fn. 7. Zum Grundbuchvollzug ist noch der (formlose) Antrag des Abtretungsempfängers (oder des alten Gläubigers) erforderlich.

Kosten: *Notargebühr:* 0,2-Gebühr gem. Nr. 25100 KV GNotKG, mindestens 20 Euro, höchstens 70 Euro. Geschäftswert gem. §§ 121, 53 Abs. 1 GNotKG (Nennbetrag). Bei Fertigung des Entwurfs und Beglaubigung 0,5-Gebühr gem. Nrn. 24102, 21201 Nr. 4 KV GNotKG (§ 92 Abs. 2 GNotKG), Geschäftswert gem. §§ 119, 53 Abs. 1 GNotKG (Nennbetrag).

Gerichtsgebühr: 0,5-Gebühr gem. Nr. 14130 KV GNotKG, Wert § 53 Abs. 1 GNotKG (Nennbetrag).

M 58.5 (Teil-)Abtretung einer Briefgrundschuld[1]

Im Grundbuch von ... (Ort) Band/Blatt ... (Nummer) ist für mich in Abt. III Nr. ... (lfd. Nummer) eine Briefgrundschuld von ... Euro nebst ... % Jahreszinsen seit ... (Datum) eingetragen.

Ich trete hiermit (von) diese(r) Grundschuld (einen erstrangigen[2] Teilbetrag von ... [Abtretungsbetrag] Euro) nebst (den anteiligen) Zinsen seit[3] Zinsbeginn ab an ... (Personalien des Abtretungsempfängers[4]) und bewillige[5] und beantrage[6] die Eintragung[7] der Abtretung im Grundbuch.

Ich trete (im Umfang der Grundschuldabtretung) auch meine Ansprüche gegen den Schuldner aus der persönlichen Haftungsübernahme und der Unterwerfung seines gesamten Vermögens unter die sofortige Zwangsvollstreckung an den neuen Gläubiger ab[8].

Ich überreiche gleichzeitig den Grundschuldbrief und beantrage, (über den abgetretenen Teilbetrag einen Teilgrundschuldbrief[9] zu erteilen, den Stammbrief mir zurückzugeben und) den (Teil-)Grundschuldbrief nach Vollzug dem neuen Gläubiger auszuhändigen[10]. Hierüber besteht eine Vereinbarung nach § 1117 Abs. 2 BGB.

(Unterschriftsbeglaubigung[11])

---

1 Vgl. Rz. 8 ff. und 11. Das Muster eignet sich für Voll- und Teilabtretungen (§§ 1152, 1192 BGB); bei Vollabtretung entfallen die eckig eingeklammerten Teile des Musters.
Das Muster kann ferner für die Abtretung (oder Teilabtretung) einer Buchgrundschuld verwendet werden; dann ist in der Überschrift und in Abs. 1 das Wort „Brief" jeweils durch „Buch" zu ersetzen; der letzte Absatz fällt ganz weg, ebenso die im Text eingeklammerten Teile.

2 Die Teilabtretung hat eine Teilung des Rechts zur Folge. Die Teile werden selbständige Rechte, die ihrerseits wieder teilbar sind. Ohne Rangangabe hätten die entstehenden Teilrechte gleichen Rang.

3 Vgl. **M 58.1** Fn. 3.

4 Vgl. **M 57.5** Fn. 2.

5 Bewilligung nach §§ 19, 29 BGB.

6 Den Antrag kann auch der Abtretungsempfänger stellen (privatschriftlich).

7 Kein Wirksamkeitserfordernis, vgl. Rz. 3 f., 8 sowie zur Teilabtretung Rz. 11.

8 Diese Erklärung ist erforderlich zur Umschreibung des Vollstreckungstitels wegen der persönlichen Zwangsvollstreckungsunterwerfung, § 727 ZPO. Der Absatz entfällt, wenn keine persönliche Zwangsvollstreckungsunterwerfung in der Grundschuldbestellungsurkunde enthalten ist oder wenn die Rechte hieraus nicht abgetreten werden sollen.

9 Teilbriefbildung nur auf Antrag. Wegen der Besitzprobleme ohne Teilbriefbildung s. BGH Rpfleger 1983, 60; WPM 1986, 23; Lauer MDR 1983, 635; Rutke WM 1987, 93; Palandt/Bassenge § 1154 BGB Rz. 12.

10 Bei Buchrechten entfällt dieser ganze Absatz.

11 Zur Form vgl. **M 58.1** Fn. 7.

Kosten: *Notargebühr:* 0,2-Gebühr gem. Nr. 25100 KV GNotKG, mindestens 20 Euro, höchstens 70 Euro. Geschäftswert gem. §§ 121, 53 Abs. 1 GNotKG (Nennbetrag). Bei Fertigung des Entwurfs und Beglaubigung 0,5-Gebühr gem. Nrn. 24102, 21201 Nr. 4 KV GNotKG (§ 92 Abs. 2 GNotKG), Geschäftswert gem. §§ 119, 53 Abs. 1 GNotKG (Nennbetrag).

Gerichtsgebühren: 0,5-Gebühr gem. Nr. 14130 KV GNotKG, Wert § 53 Abs. 1 GNotKG (Nennbetrag). 0,5-Gebühr gem. Nr. 14124 KV GNotKG für die Erteilung des Grundschuldbriefes, Wert gem. § 53 Abs. 1 GNotKG (Teilnennbetrag).

M 58.6 Vollzug einer Abtretungskette[1]

An das

Grundbuchamt

... (Ort)

Betr.: Grundbuch von ... (Ort) Band/Blatt ... (Nummer)

Im bezeichneten Grundbuch ist in Abt. III Nr. ... (lfd. Nummer) eine Briefgrundschuld von ... Euro nebst ... (Zinssatz) % Jahreszinsen eingetragen für ... (eingetragener Gläubiger).

Durch Abtretungen steht die Grundschuld inzwischen mir zu. Ich lege zum Nachweis der Abtretungen ... (Anzahl) öffentlich beglaubigte Abtretungserklärungen[2] und den Grundschuldbrief[3] vor und beantrage[4], mich als Gläubiger im Grundbuch einzutragen.

(privatschriftlich[5])

1 Bei Kettenverfügungen (A überträgt auf B, dieser auf C usw.) stellt sich das Problem, ob und welche Zwischenschritte bei welcher Gelegenheit im Grundbuch vollzogen werden müssen.
Bei Briefgrundschulden tritt die Wirksamkeit der Abtretung ohne Grundbucheintragung ein, vgl. Rz. 3 f. und 8 ff. Durch Vorlage einer ununterbrochenen Kette von Abtretungserklärungen und des Briefes kann der letzte Abtretungsempfänger seine Berechtigung nachweisen, § 1155 BGB, sich ohne die Zwischenschritte als Gläubiger eintragen lassen (so das Muster), aber auch ohne seine Grundbucheintragung das Recht veräußern, verändern oder aufgeben, § 39 Abs. 2 GBO.
Anders bei Buchrechten: Hier wird die Abtretung erst mit Grundbucheintrag wirksam (vgl. Rz. 5 und 8 ff.). Entsprechend den Rechtsprechungsgrundsätzen zur sog. Kettenauflassung kann aber eine Auslegung der Abtretung(en) dahin, dass sie gleichzeitig die Ermächtigung an den Abtretungsempfänger zur Verfügung über das Recht enthalte (§ 185 Abs. 1 BGB), vorgenommen werden (Schöner/Stöber Rz. 2405; vgl. auch OLG Düsseldorf DNotZ 1996, 559; LG Detmold Rpfleger 2001, 299). Das letzte Kettenglied kann also auch hier ohne die Zwischenschritte eingetragen werden. Steht allerdings eine andere Grundbucheintragung als die Weiterverfügung (Rechtsübertragung) an (zB Inhaltsänderung, Nießbrauchstellung, Verpfändung), kann bei Buchrechten auf die Voreintragung des die Änderung vornehmenden Abtretungsempfängers nicht verzichtet werden (Schöner/Stöber Rz. 2405, 3317; KEHE § 39 GBO Rz. 2). Entsprechendes muss bei einer Aufhebung des Rechts (Löschung) gelten.

2 ZB nach **M 58.5.**

3 Wirksamkeitserfordernis nach §§ 1154 Abs. 1 Satz 1, 1192 BGB.

4 § 13 GBO.

5 § 13 GBO.

Kosten: *Gerichtsgebühr:* 0,5-Gebühr gem. Nr. 14130 KV GNotKG, Wert § 53 Abs. 1 GNotKG (Nennbetrag).

M 58.7 Abtretung einer vorläufigen Eigentümergrundschuld[1] an den Baugeldgeber (Zwischenfinanzierer)

An das

Grundbuchamt

... (Ort)

Betr.: Grundbuch von ... (Ort) Band/Blatt ... (Nummer)

1. Ich bin Eigentümer des im bezeichneten Grundbuch eingetragenen Grundstücks Flurstück Nr. ... (Nummer und weiterer Beschrieb). Auf diesem Grundstück ist für die ... (Hypothekenbank) eine erstrangige Darlehensbriefhypothek von ... Euro nebst ... % Jahreszinsen eingetragen. Nach den Hypothekenbedingungen wird das Darlehen eine Woche nach Erteilung der Schlussabnahmebescheinigung der Baubehörden ausbezahlt.

1 § 1163 Abs. 2 BGB. Nur möglich bei Briefrecht (Palandt/Bassenge § 1163 BGB Rz. 8). Vgl. Kap. 57 Rz. 4.

2. *Ich trete hiermit die mir bis zur Darlehensauszahlung zustehende Eigentümergrundschuld nebst Zinsen ab heute an . . . (Abtretungsempfänger)*[2] *ab, der mir in Höhe des Darlehensbetrages einen Zwischenkredit gewährt hat.*
3. *Der Hypothekenbrief befindet sich bei der Hypothekenbank. Ich trete gleichzeitig meinen für den Fall der Nichtvalutierung des Darlehens bestehenden Anspruch gegen die Hypothekenbank auf Herausgabe des Briefes an den Abtretungsempfänger ab*[3]*.*
4. *Gleichzeitig trete ich meinen gegen die Hypothekenbank bestehenden Anspruch auf Auszahlung des Darlehens an den Abtretungsempfänger in voller Höhe ab*[4]*. Die Anzeige der Abtretung erfolgt durch den Abtretungsempfänger. Ich habe die Bank bereits angewiesen, das Darlehen nach Eintritt der Auszahlungsvoraussetzungen an den Abtretungsempfänger auszubezahlen.*
5. *Ich bewillige hiermit die Eintragung der Abtretung der Eigentümergrundschuld im Grundbuch. Ein Vollzugsantrag wird derzeit nicht gestellt*[5]*.*

(Unterschriftsbeglaubigung[6]*)*

2 ZB Zwischenfinanzierer, Bauunternehmen.

3 §§ 1154 Abs. 1 Satz 1, 1117 Abs. 1 Satz 2, 931 BGB. Die Aushändigung des Briefes an den Zwischenfinanzierer ist ebenfalls möglich, wenn die Hypothekenbank mitmacht und mit ihr eine Vereinbarung über die Briefherausgabe Zug um Zug gegen Darlehensauszahlung getroffen wird.

4 Als zusätzliche Sicherung empfehlenswert.

5 Die Eintragung der Abtretung im Grundbuch ist wegen des vorläufigen Charakters unzweckmäßig und würde weitere Vereinbarungen mit der Hypothekenbank notwendig machen. Denn mit der Hypothekenvalutierung (Darlehensauszahlung durch die Hypothekenbank) verwandelt sich die vorläufige Eigentümergrundschuld automatisch in eine Hypothek für die Hypothekenbank, deren Anwartschaft auch durch die Abtretung unberührt geblieben ist (§ 161 BGB). Wäre die Abtretung im Grundbuch eingetragen, würde das Grundbuch ab diesem Augenblick unrichtig. Den Unrichtigkeitsnachweis könnte die Hypothekenbank aber nur durch öffentlich beglaubigte Valutierungsbestätigung des Zwischenfinanzierers führen.

6 Zur Form vgl. **M 58.1** Fn. 7. Kommt es nicht zur Valutierung durch die Hypothekenbank, erwirbt der Zwischenkreditgeber eine normale Grundschuld, die als ehemalige Eigentümergrundschuld allerdings den Löschungsansprüchen gleich- und nachrangiger Grundpfandrechtsgläubiger ausgesetzt ist (nicht dagegen die durch Valutierung entstehende Hypothek), vgl. Rz. 10. Vermeidbar durch entsprechende Vereinbarung mit den anderen Gläubigern, zB nach § 1179a Abs. 5 BGB.

Kosten: *Notargebühr:* 0,2-Gebühr gem. Nr. 25100 KV GNotKG, mindestens 20 Euro, höchstens 70 Euro. Geschäftswert gem. §§ 121, 53 Abs. 1 GNotKG (Nennbetrag). Bei Fertigung des Entwurfs und Beglaubigung 1,0-Gebühr gem. Nrn. 24101, 21200 KV GNotKG (§ 92 Abs. 2 GNotKG), Geschäftswert gem. §§ 119, 53 Abs. 1 GNotKG (Nennbetrag).

Gerichtsgebühr: 0,5-Gebühr gem. Nr. 14130 KV GNotKG, Wert § 53 Abs. 1 GNotKG (Nennbetrag).

M 58.8 Abtretung noch nicht fälliger Hypothekenzinsen[1]

Im Grundbuch von . . . (Ort) Band/Blatt . . . (Nummer) ist für mich in Abt. III unter Nr. . . . (lfd. Nummer) eine Hypothek von . . . Euro nebst . . . % Jahreszinsen eingetragen. Die Zinsen sind kalenderhalbjährlich im Voraus am 1.1. und 1.7. zu zahlen.

Ich trete hiermit die Zinsforderung für die Zeit[2] *vom 1.1. . . . (Jahr des Abtretungsbeginns) bis 31.12. . . . (Jahr des Abtretungsendes) ab an . . . (Abtretungsempfänger) und händige ihm gleichzeitig den Hypothekenbrief*[3] *aus.*

1 Nach § 1154 BGB; vgl. Rz. 13 f. Der künftige Zinsanspruch kann ohne die Hauptforderung abgetreten werden, Teilabtretung (Erman/Wenzel § 1154 BGB Rz. 9). Es entstehen eine Teilhypothek für die Kapitalforderung und eine Teilhypothek für die Zinsforderung; zur Löschung beider genügt die Bewilligung des Kapitalgläubigers, da die Zinshypothek allein keinen Bestand haben kann (KG JW 1938, 2406). Wegen rückständiger Zinsen vgl. **M 58.9.**

2 Genaue Angabe des Abtretungsumfangs. Es kann auch das gesamte künftige Zinsrecht abgetreten werden.

3 Bildung eines Teilbriefes möglich (KG HRR 31, 2060).

(Unterschriftsbeglaubigung[4])

4 Zur Form vgl. **M 58.1** Fn. 7. Bei Buchrechten ist Grundbucheintragung Wirksamkeitserfordernis.

Kosten: *Notargebühr:* 0,2-Gebühr gem. Nr. 25100 KV GNotKG, mindestens 20 Euro, höchstens 70 Euro. Geschäftswert gem. §§ 121, 53 Abs. 1 GNotKG (Nennbetrag). Bei Fertigung des Entwurfs und Beglaubigung 1,0-Gebühr gem. Nrn. 24101, 21200 KV GNotKG (§ 92 Abs. 2 GNotKG), Geschäftswert gem. §§ 119, 53 Abs. 1 GNotKG (Nennbetrag).

M 58.9 Abtretung rückständiger Hypothekenzinsen[1]

Im Grundbuch von . . . (Ort) Band/Blatt . . . (Nummer) ist für mich in Abt. III unter Nr. . . . (lfd. Nummer) eine Hypothek von . . . Euro nebst . . . % Jahreszinsen eingetragen. Die Zinsen sind kalenderhalbjährlich im Voraus am 1.1. und 1.7. zu zahlen.

Die am 1.1. und 1.7. dieses Jahres fällig gewesenen Zinsen sind nicht bezahlt worden. Ich trete hiermit diese Zinsforderungen ab an . . . (Abtretungsempfänger).

(formlos oder Unterschriftsbeglaubigung[2])

1 Vgl. Rz. 13 f. Normale Forderungsabtretung nach den allgemeinen Regeln (§ 1159, 398 ff. BGB). Zur Abtretung des künftigen Zinsanspruchs vgl. **M 58.8.**

2 Diese Abtretung bedarf an sich keiner besonderen Form. Nach § 403 BGB kann neuer Gläubiger aber auf seine Kosten öffentliche Beglaubigung verlangen.

Kosten: *Notargebühr:* wie ***M 58.8***.

II. Gläubigerbefriedigung und Löschung

Die Tilgung der gesicherten Forderung hat bei Hypothek und Grundschuld unterschiedliche Folgen. 17

1. Tilgung der Hypothekenforderung

Die Tilgung kann durch den persönlichen Schuldner oder den Eigentümer oder einen Dritten (§§ 267, 268 BGB) erfolgen. 18

Zahlt der Eigentümer, der zugleich persönlicher Schuldner ist, erlischt die Forderung; die Hypothek geht auf den Eigentümer über und verwandelt sich kraft Gesetzes in eine Eigentümergrundschuld, §§ 1163 Abs. 1 Satz 2, 1177 Abs. 1 BGB. Die Bestätigung dieses Sachverhalts durch den Gläubiger (löschungsfähige Quittung, **M 58.11**) ermöglicht dem Eigentümer, die Umwandlung im Grundbuch eintragen zu lassen und damit das Recht als Eigentümergrundschuld weiterzuverwenden. Zur Umschreibung genügt unter Vorlage der löschungsfähigen Quittung ggf. nebst Hypothekenbrief ein formloser (Berichtigungs-)Antrag des Eigentümers (**M 58.12**). Will der Eigentümer auf Grund der löschungsfähigen Quittung das (sein) Recht löschen lassen, muss er dies gem. §§ 19, 27 GBO in der Form des § 29 GBO bewilligen. Scheidet eine Weiterverwendung von vornherein aus, kommt auch eine normale Löschungsbewilligung (**M 58.10**) in Betracht, mit der aber nur die Löschung des Rechts (nicht etwa eine Abtretung) herbeigeführt werden kann. Bei der als Berechtigte einer **Zwangssicherungshypothek** einzutragenden (teilrechtsfähigen) Wohnungseigentümergemeinschaft (BGH DNotZ 2005, 2061) reicht eine löschungsfähige Quittung des Verwalters der Gemeinschaft als Unrichtigkeitsnachweis iSv. § 22 GBO und damit zur Löschung der Hypothek (oder Umschreibung in eine Eigentümergrundschuld) aus; einer Bewilligung aller eingetragenen Eigentümer bedarf es nicht (BayObLG DNotZ 1995, 627). 19

Erlischt die Forderung auf Grund **Zahlung durch den persönlichen Schuldner, der nicht zugleich Eigentümer** ist, geht die Hypothek entweder als Eigentümergrundschuld auf den Eigentümer (wie Rz. 19) oder als Hypothek auf den persönlichen Schuldner über, wenn dieser nämlich gegen den Eigentümer oder einen Voreigentümer Ersatzansprüche hat (§ 1164 BGB). 20

21 Der Nachweis des einen oder anderen Verlaufs kann stets nur unter Mitwirkung aller drei Beteiligten geführt werden. Steht die Hypothek dem Eigentümer zu (Fall des § 1163 BGB), muss dieser sich eine Zahlungsquittung des Gläubigers und eine Bestätigung des persönlichen Schuldners über das Nichtbestehen von Ersatzforderungen ausstellen lassen (beides in der Form des § 29 GBO), um die Umwandlung der Hypothek in eine Eigentümergrundschuld nachzuweisen. Soll der Hypothekenübergang auf den persönlichen Schuldner eingetragen werden (Fall des § 1164 BGB), sind zum Nachweis gegenüber dem Grundbuchamt wiederum die Zahlungsquittung des Gläubigers und die Bestätigung des Eigentümers erforderlich, dass dem persönlichen Schuldner eine Ersatzforderung gegen den Eigentümer zusteht (**M 58.14**).

22 **Zahlt der Eigentümer, der nicht zugleich persönlicher Schuldner** ist, gehen Forderung und Hypothek (als Eigentümerhypothek) auf ihn über, §§ 1143, 1153 BGB. Allerdings wird diese Eigentümerhypothek nach § 1177 Abs. 2 BGB im Verhältnis zu anderen Gläubigern wie eine Eigentümergrundschuld behandelt; sie unterliegt vor allem gesetzlichen (§ 1179a BGB) oder vereinbarten und durch Vormerkung gesicherten (§§ 1179, 883 BGB) Löschungsansprüchen anderer Berechtigter (vgl. auch **M 58.7** Fn. 6 sowie Kap. 57 Rz. 8).

23 **Zahlt ein Dritter, der weder persönlicher Schuldner noch Eigentümer** ist, erlischt die Forderung ebenfalls (§ 267 BGB); die Hypothek wird Eigentümergrundschuld (§§ 1163, Abs. 1 Satz 2, 1177 Abs. 1 BGB), sofern nicht der Dritte ein Ablösungsrecht hatte; dann geht die Forderung mit der Hypothek auf ihn über (§§ 1150, 268, 1153 BGB), vgl. Erman/Wenzel § 1113 BGB Rz. 22.

2. Hypothekenverzicht

24 Der Gläubiger kann auch unabhängig vom Schicksal der Forderung die Hypothek aufgeben, etwa gegen Gestellung einer anderweitigen Sicherheit. In diesem Fall kann sich der Eigentümer entweder eine schlichte Löschungsbewilligung (**M 58.9**) erteilen oder einen Hypothekenverzicht (**M 58.15**) ausstellen lassen, § 1168 BGB. Mit der Eintragung des Verzichts (Wirksamkeitserfordernis auch bei Briefhypothek, § 1168 Abs. 2 BGB) erwirbt der Eigentümer die Hypothek als Eigentümergrundschuld; die Eintragung dieser Umwandlung erfordert einen gesonderten Antrag. Ob der Eigentümer die Grundschuld weiterverwenden kann (zB durch Abtretung an einen Geldgeber), hängt davon ab, ob gesetzliche (§ 1179a BGB) oder vereinbarte und vorgemerkte (§§ 1179, 888 BGB) Löschungsansprüche nach- oder gleichrangiger Grundpfandrechtsgläubiger oder anderer dinglich Berechtigter bestehen.

3. Befriedigung des Grundschuldgläubigers

25 Die Befriedigung des Grundschuldgläubigers wegen der persönlichen Forderung löst wegen der Abstraktheit der Grundschuld keinerlei dingliche Wirkung aus, dh. die Grundschuld verändert sich nicht. Der Eigentümer kann allenfalls schuldrechtliche oder gesetzliche Ansprüche haben, zB auf Erteilung einer Löschungsbewilligung (nach **M 58.10**), ggf. nebst Anspruch auf Briefherausgabe, stattdessen auch auf Abtretung der Grundschuld an Dritte oder sich selbst (vgl. Rz. 8 und die dortigen Muster). Die aus dem Sicherungsvertrag folgenden Einreden gegen die Grundschuld bei Tilgung der gesicherten Forderungen kann der Eigentümer auch jedem Erwerber der Grundschuld entgegenhalten (§ 1192 Abs. 2a BGB).

25a ➲ **Praxistipp:** Da der Rückgewähranspruch seit der Schuldrechtsreform nach § 196 BGB in zehn Jahren verjährt, nicht valutierende Grundschulden aber häufig im Grundbuch stehen gelassen werden, empfiehlt sich zur Vermeidung von Verjährungsgefahren die Verlängerung der Verjährung des Rückgewähranspruchs auf 30 Jahre.

25b Wird dagegen „auf die Grundschuld" gezahlt, ergeben sich hinsichtlich der Grundschuld im Wesentlichen die gleichen Rechtsfolgen wie bei der Tilgung der Hypothekenforderung (Rz. 18 ff.). Die gesicherte Forderung geht allerdings nicht kraft Gesetzes auf ihn über (BGH Rpfleger 1988, 524). Sie erlischt auch nicht (BGH NJW 1987, 838).

4. Teilbefriedigung, Teillöschung, Pfandentlassung

Die vorstehend erörterten Fälle der Gläubigerbefriedigung oder Löschung können sich auch auf einen **Teil der Forderung oder des Rechts** beschränken (zB bei teilweiser Tilgung). Dann können auch die Erklärungen auf diesen Teil beschränkt werden, zB Teillöschungsbewilligung (vgl. **M 58.13**), Teil-Hypothekenverzicht usw. Eine Teillöschung führt zur entsprechenden Verringerung des Rechts. Handelt es sich aber um einen Sachverhalt, bei dem nach den vorstehenden Erläuterungen das Recht fortbesteht (zB als Eigentümergrundschuld oder zu Gunsten eines Dritten), erfolgt eine Teilung des Rechts in zwei (oder mehr) selbständige Teile; die Umwandlung findet dann nur für den betroffenen Teil statt. Der Restbetrag des Gläubigers hat kraft Gesetzes Vorrang, § 1176 BGB. 26

Bei der **Pfandentlassung** (**M 58.16**) handelt es sich um eine Entlassung Einzelner von mehreren Pfandobjekten (zB bei einer Gesamtbelastung) oder wegvermessener Teilflächen aus der Haftung für das Grundpfandrecht. Das Grundpfandrecht bleibt dabei in Umfang und Inhalt unverändert als Recht des Gläubigers bestehen. 27

➲ **Praxistipp:** Die Pfandentlassung hat große praktische Bedeutung insbesondere im Wohnungseigentumsbau, den der Bauträger häufig mit auf dem gesamten Objekt eingetragenen Gesamtbelastungen (Globalbelastungen) vorfinanziert; bei Verkauf werden dann die einzelnen Einheiten gegen Zahlungen aus dem Kaufpreis freigegeben. 27a

5. Grundpfandrechte aus Zeiten der DDR

Mit Inkrafttreten des ZGB (1.1.1976) war die einzige Grundpfandrechtsform die Buchhypothek (vgl. Kap. 57 Rz. 2), die streng akzessorisch ist und mit der Forderung, die sie sichert, erlischt; es entsteht keine Eigentümergrundschuld. Die Aufhebung erfolgt nach § 875 Abs. 1 BGB durch Aufgabeerklärung des Berechtigten und Löschung im Grundbuch (auf Antrag gem. § 30 GBO). Einer Eigentümerzustimmung nach § 1183 BGB, § 27 GBO bedarf es nicht (Art. 233 § 6 Abs. 2 EGBGB). – Für vor dem 1.1.1976 entstandene Grundpfandrechte gelten wieder uneingeschränkt die Bestimmungen des BGB (Art. 233 § 6 Abs. 2 EGBGB). 28

M 58.10 Löschungsbewilligung für Briefhypothek[1]

An das

Grundbuchamt

. . . (Ort)

Betr.: Grundbuch von . . . (Ort) Band/Blatt . . . (Nummer)

Im bezeichneten Grundbuch ist für mich in Abt. III Nr. . . . (lfd. Nummer) eine Briefgrundschuld von . . . Euro nebst Zinsen eingetragen.

Ich bewillige[2] hiermit unter Rückgabe des Hypothekenbriefes[3] die Löschung dieses Rechts im Grundbuch[4].

(Unterschriftsbeglaubigung[5])

1 Schlichte Löschungsbewilligung (Aufhebungserklärung) nach § 875 BGB; Angabe des Löschungsgrundes nicht erforderlich, wohl aber der Grundbuchstelle (bei Gesamtbelastung reicht Angabe „überhaupt allerorts" nicht aus, BayObLG FGPrax 1995, 221).

2 § 19 GBO.

3 § 41 GBO.

4 Zur Löschung Eigentümerzustimmung nach § 1183 BGB, § 27 GBO (Form des § 29 GBO) und Vollzugsantrag (formlos) erforderlich.

5 § 29 GBO.

Kosten: *Notargebühr:* 0,2-Gebühr gem. Nr. 25100 KV GNotKG, mindestens 20 Euro, höchstens 70 Euro. Geschäftswert gem. §§ 121, 53 Abs. 1 GNotKG (Nennbetrag). Bei Fertigung des Entwurfs und Beglaubigung

0,5-Gebühr gem. Nrn. 24102, 21201 Nr. 4 KV GNotKG (§ 92 Abs. 2 GNotKG), Geschäftswert gem. §§ 119, 53 Abs. 1 GNotKG (Nennbetrag).

Gerichtsgebühr: 0,5-Gebühr gem. Nr. 14140 KV GNotKG, Wert § 53 Abs. 1 GNotKG (Nennbetrag).

M 58.11 Löschungsfähige Quittung[1]

An das

Grundbuchamt

... (Ort)

Betr.: Grundbuch von ... (Ort) Band/Blatt ... (Nummer)

Ich bin Gläubiger der im bezeichneten Grundstück in Abt. III unter Nr. ... (lfd. Nummer) eingetragenen Buchhypothek von ... Euro nebst Zinsen, die eine Restkaufpreisforderung in dieser Höhe gegen den eingetragenen Eigentümer ... (Personalien des Eigentümers) sichert.

Ich bestätige hiermit, dass ich vom Eigentümer und Schuldner[2] in voller Höhe befriedigt worden bin.

(Unterschriftsbeglaubigung[3])

1 Vgl. Rz. 19. Die löschungsfähige Quittung (für Grundschulden nicht möglich) ist in der Praxis selten.

2 Eigentümer und persönlicher Schuldner müssen hier personengleich sein. Andernfalls kann die Hypothek nach § 1164 BGB auf den persönlichen Schuldner übergegangen sein (**M 58.14**). Dann müsste auch dieser die Löschung bewilligen. Vgl. auch Rz. 18 ff.

3 Wegen § 29 GBO. Vollzugsantrag des Eigentümers s. **M 58.12**.

Kosten: *Notargebühr:* 0,2-Gebühr gem. Nr. 25100 KV GNotKG, mindestens 20 Euro, höchstens 70 Euro. Geschäftswert gem. §§ 121, 53 Abs. 1 GNotKG (Nennbetrag). Bei Fertigung des Entwurfs und Beglaubigung 1,0-Gebühr gem. Nrn. 24101, 21200 KV GNotKG (§ 92 Abs. 2 GNotKG), Geschäftswert gem. §§ 119, 53 Abs. 1 GNotKG (Nennbetrag).

M 58.12 Umschreibungsantrag des Eigentümers

*(zu **M 58.11**)*

An das

Grundbuchamt

... (Ort)

Betr.: Grundbuch von ... (Ort) Band/Blatt ... (Nummer)

Zu dem bezeichneten Grundbuch überreiche ich als Eigentümer des Pfandobjekts die löschungsfähige Quittung des Gläubigers der in Abt. III unter Nr. ... (lfd. Nummer) eingetragenen Buchhypothek.

Ich beantrage[1], die Umwandlung der Hypothek in eine mir zustehende Eigentümergrundschuld[2] im Grundbuch einzutragen.

(privatschriftlich)

1 Formloser Antrag auf Grundbuchberichtigung nach § 22 GBO. Unrichtigkeitsnachweis ist die löschungsfähige Quittung (**M 58.11**).

2 § 1163 Abs. 1 Satz 2 BGB; vgl. auch Kap. 57 Rz. 4.

Kosten: *Gerichtsgebühr:* 0,5-Gebühr gem. Nr. 14130 KV GNotKG, Wert § 53 Abs. 1 GNotKG (Nennbetrag).

M 58.13 Teillöschungsbewilligung

An das

Grundbuchamt

. . . (Ort)

Betr.: Grundbuch von . . . (Ort) Band/Blatt . . . (Nummer)

Im bezeichneten Grundbuch ist für mich, . . . (Gläubiger), in Abt. III Nr. . . . (lfd. Nummer) eine Briefgrundschuld von . . . Euro nebst Zinsen eingetragen.

Ich bewillige[1] *hiermit die Löschung eines letztrangigen Teilbetrags von . . . Euro im Grundbuch.*

Ich übergebe gleichzeitig den Grundschuldbrief[2] *zum Vermerk der Teillöschung.*

Ich, . . . (Eigentümer), stimme als Eigentümer[3] *des Pfandobjekts hiermit der Teillöschung zu und beantrage*[4] *den Vollzug im Grundbuch.*

(Unterschriftsbeglaubigung[5]*)*

1 § 19 GBO, § 875 BGB. Vgl. Rz. 26. Die Angabe des materiell-rechtlichen Grundes ist bei einer Grundschuld (wegen deren Abstraktheit) sinnlos, aber unschädlich.
2 § 41 GBO. Der Brief ist nach Vollzug dem Gläubiger zurückzugeben.
3 §§ 1183, 1192 BGB, § 27 GBO.
4 § 13 GBO.
5 § 29 GBO.

Kosten: *Notargebühr:* 0,2-Gebühr gem. Nr. 25100 KV GNotKG, mindestens 20 Euro, höchstens 70 Euro. Geschäftswert gem. §§ 121, 53 Abs. 1 GNotKG (Teilnennbetrag). Bei Fertigung des Entwurfs und Beglaubigung 0,5-Gebühr gem. Nrn. 24102, 21201 Nr. 4 KV GNotKG (§ 92 Abs. 2 GNotKG), Geschäftswert gem. §§ 119, 53 Abs. 1 GNotKG (Teilnennbetrag).

Gerichtsgebühr: 0,5-Gebühr gem. Nr. 14140 KV GNotKG, Wert § 53 Abs. 1 GNotKG (Teilnennbetrag).

M 58.14 Quittung für Nichteigentümer mit Antrag auf Umschreibung der Hypothek[1]

An das

Grundbuchamt

. . . (Ort)

Betr.: Grundbuch von . . . (Ort) Band/Blatt . . . (Nummer)

1. Im bezeichneten Grundbuch ist für mich, . . . (Gläubiger), in Abt. III Nr. . . . (lfd. Nummer) eine Buchhypothek[2] *von . . . Euro nebst Zinsen eingetragen für eine Darlehensschuld des . . . (Darlehensschuldner). Ich bestätige, dass ich vom Schuldner wegen dieser Forderung voll befriedigt worden bin*[3]*. Ich bewillige*[4] *die Umschreibung der Hypothek auf den Schuldner im Grundbuch.*

1 Vgl. Rz. 20 f. Übergang der Hypothek auf Schuldner nach § 1164 BGB, Ausnahme von § 1163 Abs. 1 Satz 2 BGB: Das Recht bleibt in diesem Fall Hypothek.
2 Bei Briefrecht ist Brief vorzulegen. Schuldner hat Herausgabeanspruch gegen bisherigen Gläubiger nach §§ 1167, 1144 BGB.
3 Erste Voraussetzung: Befriedigung des Gläubigers durch den Schuldner. Gleichwertig: Schuldner erwirbt die Forderung, § 1164 Abs. 2 BGB.
4 Bewilligung von bisherigem Gläubiger und Eigentümer; nach §§ 19, 29 GBO erforderlich (str.; Palandt/Bassenge § 1164 BGB Rz. 4).

2. Ich, . . . (Grundstückseigentümer), erkenne an, dass ich dem persönlichen Schuldner für die Rückzahlung des Darlehens nebst Zinsen ersatzpflichtig bin[5]. Damit ist die Hypothek auf den Darlehensschuldner übergegangen. Ich bewillige[6] die Umschreibung der Hypothek im Grundbuch.

3. Ich, der ursprüngliche Darlehensschuldner und neue Hypothekengläubiger, beantrage[7], mich als Gläubiger im Grundbuch einzutragen.

4. Die Kosten trägt . . . (Kostenschuldner).

(Unterschriftsbeglaubigung[8])

5 Zweite Voraussetzung: Ersatzanspruch des Schuldners gegen den Eigentümer. Bei teilweisem Ersatzanspruch hat die auf Schuldner übergegangene Hypothek Vorrang vor der im Übrigen entstandenen Eigentümergrundschuld (§ 1164 Abs. 1 Satz 2 BGB).

6 S. Fn. 4.

7 § 13 GBO.

8 Vgl. Fn. 4.

Kosten: *Notargebühr:* 0,2-Gebühr gem. Nr. 25100 KV GNotKG, mindestens 20 Euro, höchstens 70 Euro. Geschäftswert gem. §§ 121, 53 Abs. 1 GNotKG (Nennbetrag). Bei Fertigung des Entwurfs und Beglaubigung 1,0-Gebühr gem. Nrn. 24101, 21200 KV GNotKG (§ 92 Abs. 2 GNotKG), Geschäftswert gem. §§ 119, 53 Abs. 1 GNotKG (Nennbetrag).

Gerichtsgebühr: 0,5-Gebühr gem. Nr. 14130 KV GNotKG, Wert § 53 Abs. 1 GNotKG (Nennbetrag).

M 58.15 Hypothekenverzicht[1]

An das

Grundbuchamt

. . . (Ort)

Betr.: Grundbuch von . . . (Ort) Band/Blatt . . . (Nummer)

Im bezeichneten Grundbuch ist für mich in Abt. III unter Nr. . . . (lfd. Nummer) eine Briefhypothek für eine Darlehensforderung gegen den Eigentümer . . . (Name des Eigentümers) von . . . Euro nebst Zinsen eingetragen.

Ich verzichte[2] hiermit auf diese Hypothek und bewillige und beantrage[3] unter Übergabe des Hypothekenbriefes die Eintragung des Verzichts im Grundbuch.

(Unterschriftsbeglaubigung[4])

1 § 1168 BGB; vgl. Rz. 24. Aufgabe des Rechts (auch für Grund- und Rentenschuld möglich, §§ 1192, 1200 BGB) mit der Folge, dass es – anders als bei der Aufgabe nach § 875 BGB – für den eingetragenen Eigentümer als Grundschuld fortbesteht.

2 Verzicht ist einseitige empfangsbedürftige Willenserklärung (gegenüber Grundbuchamt oder Eigentümer) und wird mit Grundbucheintragung wirksam, § 1168 Abs. 2 Satz 1 BGB.

3 Die Bewilligung (Form des § 29 GBO) führt hier nur zur Eintragung des Verzichts (mit der Folge des Übergangs auf den Eigentümer). Umschreibung auf Eigentümer müsste gesondert beantragt werden (Grundbuchberichtigung, somit privatschriftlich).

4 Vgl. Fn. 3. Bei zulässigem Teilverzicht erfolgt Teilung des Rechts (Resthypothek und Eigentümergrundschuld in Höhe des Verzichts) mit Vorrang der Resthypothek vor der Eigentümergrundschuld, §§ 1176 BGB.

Kosten: *Notargebühr:* 0,2-Gebühr gem. Nr. 25100 KV GNotKG, mindestens 20 Euro, höchstens 70 Euro. Geschäftswert gem. §§ 121, 53 Abs. 1 GNotKG (Nennbetrag). Bei Fertigung des Entwurfs und Beglaubigung 1,0-Gebühr gem. Nrn. 24101, 21200 KV GNotKG (§ 92 Abs. 2 GNotKG), Geschäftswert gem. §§ 119, 53 Abs. 1 GNotKG (Nennbetrag).

Gerichtsgebühr: 0,5-Gebühr gem. Nr. 14130 KV GNotKG, Wert § 53 Abs. 1 GNotKG (Nennbetrag).

M 58.16 Pfandentlassungserklärung[1]

An das
Grundbuchamt
... (Ort)

Betr.: Grundbuch von ... (Ort) Band/Blatt ... (Nummer)

Im bezeichneten Grundbuch war für mich in Abt. III unter Nr.... (lfd. Nummer) eine Briefgrundschuld von ... Euro nebst Zinsen eingetragen. Das Pfandobjekt ist inzwischen in Wohnungs- und Teileigentum aufgeteilt worden, das in den Grundbüchern Band/Blatt ... (Nummer) bis ... (Nummer) gebucht ist; die Grundschuld lastet auf den Einheiten als Globalbelastung[2].

Unter Übergabe des Grundschuldbriefes entlasse ich hiermit folgende Wohnungs- und Teileigentumseinheiten aus der Mithaft und bewillige und beantrage[3] den Vollzug der Haftentlassung:

Band/Blatt ... (Nummer),

Band/Blatt ... (Nummer),

Band/Blatt ... (Nummer).

Die Kosten trägt ... (Kostenschuldner).

(Unterschriftsbeglaubigung[4])

1 Vgl. Rz. 27. „Löschungsbewilligung" für eines (oder einige) von mehreren Pfandobjekten.

2 Pfandentlassungen sind außer bei Globalbelastung von Wohnungseigentum (Zwischenfinanzierung durch Bauträger) auch bei Grundstücksteilungen (lastenfreie Abschreibung bestimmter bei der Teilung entstehender Grundstücke) häufig. Sie steht zumeist im Zusammenhang mit einer Veräußerung des freigegebenen Pfandobjekts.

3 Mitwirkung des Eigentümers bei Pfandentlassung nicht erforderlich (erst bei letzter „Pfandentlassung" = Löschungsbewilligung). Der Antrag (formlos) kann auch dem Eigentümer überlassen werden.

4 § 29 GBO.

Kosten: *Notargebühr:* 0,2-Gebühr gem. Nr. 25100 KV GNotKG, mindestens 20 Euro, höchstens 70 Euro. Geschäftswert gem. §§ 121, 44 Abs. 1 GNotKG (Nennbetrag). Bei Fertigung des Entwurfs und Beglaubigung 0,5-Gebühr gem. Nrn. 24102, 21201 Nr. 4 KV GNotKG (§ 92 Abs. 2 GNotKG), Geschäftswert gem. §§ 119, 44 Abs. 1 GNotKG (Nennbetrag).

Gerichtsgebühr: 0,3-Gebühr gem. Nr. 14142 KV GNotKG, Wert § 44 Abs. 1 GNotKG.

6. Forderungsauswechslung

Nach § 1180 BGB kann einer Hypothek statt der bisherigen (aber noch bestehenden, sonst § 1163 BGB) eine neue Forderung unterlegt werden; die alte Forderung besteht als ggf. ungesicherte Forderung weiter. Die neue Forderung kann sowohl dem bisherigen Gläubiger als auch einem Dritten (neuen Gläubiger) zustehen. Im letzteren Fall geht die Hypothek auf den neuen Gläubiger über. Diese Forderungsauswechslung (**M 58.17**) wird bewirkt durch Einigung (zwischen Eigentümer und altem sowie ggf. neuem Gläubiger) und Eintragung, § 1180 Abs. 1 Satz 2 BGB, auch bei Briefrechten. Eigentümer und alter Gläubiger müssen die Grundbuchbewilligung nach § 19 GBO in der Form des § 29 GBO abgeben. Ein ggf. vorhandener neuer Gläubiger braucht bei der Grundbucherklärung dagegen nicht mitzuwirken (wie auch der Gläubiger einer neu bestellten Hypothek bei der Bestellung nicht mitwirken muss). 29

M 58.17 Forderungsauswechslung[1]

An das

Grundbuchamt

... (Ort)

Betr.: Grundbuch von ... (Ort) Band/Blatt ... (Nummer)

Ich, ... (Name des Eigentümers), habe heute von dem Mitunterzeichner ... (Name des neuen Gläubigers[2]) ein Darlehen von ... Euro nebst ... % halbjährlich nachträglich zu entrichtender Jahreszinsen erhalten. Wir haben hierzu vereinbart, dass diese Darlehensforderung an die Stelle einer Darlehensforderung in gleicher Höhe und mit gleichem Zinssatz des ... (Name des alten Gläubigers) treten soll, für die im bezeichneten Grundbuch in Abt. III unter Nr. ... (lfd. Nummer) eine Briefhypothek besteht.

Wir bewilligen[3] und beantragen die Eintragung dieser Rechtsänderung im Grundbuch. Der Hypothekenbrief wird vom bisherigen Hypothekengläubiger übergeben und ist anschließend an den neuen Hypothekengläubiger auszuhändigen.

Ich, ... (Name des alten Hypothekengläubigers), stimme hiermit der vorstehend vereinbarten Forderungsauswechslung zu[4] und überreiche den Hypothekenbrief[5].

(Unterschriftsbeglaubigung[6])

---

1 § 1180 BGB; vgl. Rz. 29. Der neue Gläubiger muss bei der Einigung, nicht aber bei der Grundbuchbewilligung mitwirken (entspr. der Hypothekenbestellung).

2 S. Fn. 1.

3 § 19 GBO.

4 Rz. 29.

5 § 41 GBO.

6 § 29 GBO.

Kosten: *Notargebühr:* 0,2-Gebühr gem. Nr. 25100 KV GNotKG, mindestens 20 Euro, höchstens 70 Euro. Geschäftswert gem. §§ 121, 44 Abs. 1 GNotKG (Nennbetrag). Bei Fertigung des Entwurfs und Beglaubigung 0,5-Gebühr gem. Nrn. 24102, 21201 Nr. 4 KV GNotKG (§ 92 Abs. 2 GNotKG), Geschäftswert gem. §§ 119, 44 Abs. 1 GNotKG (Nennbetrag).

Gerichtsgebühr: 0,5-Gebühr gem. Nr. 14130 KV GNotKG, Wert § 53 Abs. 1 GNotKG (Nennbetrag).

7. Hypothekenklage

30 Hat sich der Schuldner und/oder Eigentümer wegen der Forderung oder der dinglichen Haftung nicht der sofortigen Zwangsvollstreckung unterworfen (§§ 794 Abs. 1 Nr. 5, 800 ZPO), kann der Gläubiger seine schuldrechtlichen und dinglichen Ansprüche im Wege der Zwangsvollstreckung nur verwirklichen, wenn er einen gerichtlichen Vollstreckungstitel erwirkt, in dem der Schuldner zur Zahlung (schuldrechtlicher Vollstreckungstitel) und/oder zur Duldung der Zwangsvollstreckung wegen der Forderung oder des Kapitals in das Pfandobjekt (dinglicher Vollstreckungstitel) verurteilt wird. Gegen den Eigentümer, der nicht zugleich persönlicher Schuldner ist, kann nur der dingliche Titel erwirkt werden. Die Geltendmachung kann durch Hypothekenklage (**M 58.18**) im Wege des Urkundenprozesses (§ 592 Satz 2 ZPO) erfolgen. Die Beweiserleichterungen dieser Prozessart bedeuten für Buchrechte Vorlage eines Grundbuchauszuges nach dem neuesten Stand, für Briefrechte Vorlage des Hypothekenbriefs. Diese Vorlagepflicht besteht im Prozess auch dann, wenn der Eigentümer auf dieses ihm nach § 1160 Abs. 2 BGB zustehende Recht verzichtet hat.

31 Für **Grundschuld, Rentenschuld und Schiffshypothek** (wohl auch für Registerpfandrecht an einem Luftfahrzeug) gilt das Gleiche, § 592 Satz 2 ZPO. Auch aus einer Zwangshypothek kann die dingliche Klage erhoben werden.

M 58.18 Hypothekenklage[1]

An das

Landgericht

... (Ort)

Im Namen und mit Vollmacht des

... (Name des Klägers)

– Kläger –

vertreten durch mich

erhebe ich hiermit im Urkundenprozess[2] Klage gegen

... (Name des Beklagten)

wegen Hypothekenforderung.

Namens des Klägers werde ich beantragen, den Beklagten kostenpflichtig zu verurteilen,

1. an den Kläger ... Euro nebst ... % Zinsen jährlich seit ... (Datum zu zahlen[3],

2. wegen dieser Summe nebst Zinsen und Kosten die Zwangsvollstreckung in das Grundstück ... (Bezeichnung des Pfandobjektes) zu dulden[4],

3. das Urteil ggf. gegen Sicherheitsleistung für vorläufig vollstreckbar zu erklären.

Begründung

Der Kläger ist Gläubiger der auf dem bezeichneten Grundstück in Abt. III unter Nr. ... (Nummer) eingetragenen Briefhypothek von ... Euro nebst ... % Jahreszinsen.

Die Hypothekenforderung ist am ... (Datum) zur Rückzahlung fällig geworden; der Beklagte als Schuldner und Eigentümer hat aber nicht bezahlt. Ferner sind die Zinsen seit ... (Datum) rückständig.

Zum Nachweis der Hypothekenforderung lege ich den Hypothekenbrief vor und beziehe mich wegen der näheren Bedingungen auf die dem Hypothekenbrief angesiegelte Schuldurkunde.

(Unterschrift des Anwalts)

---

1 Vgl. Rz. 30. Örtliche und sachliche Zuständigkeit nach den allgemeinen Regeln.

2 Die Prozessart ist anzugeben, § 593 Abs. 1 ZPO.

3 Persönlicher Anspruch; vgl. Fn. 4.

4 Dinglicher Anspruch. Persönliche und dingliche Klage können miteinander verbunden werden.

C. Familien- und Erbrecht

Erster Teil. Familienrecht

1. Abschnitt. Name

Kapitel 59 Namensrecht

Literatur: *Bergschneider*, Verträge in Familiensachen, 5. Aufl. 2014; *Börger/Bosch/Heuschmid*, Familienrecht, 5. Aufl. 2012; *Brambring*, Ehevertrag und Vermögenszuordnung unter Ehegatten, 7. Aufl. 2012; *Gerhardt*, Handbuch des Fachanwalts Familienrecht, 9. Aufl. 2012; *Gernhuber/Coester-Waltjen*, Familienrecht, 6. Aufl. 2010; *Göppinger/Börger*, Vereinbarungen anlässlich der Ehescheidung, 9. Aufl. 2010; *Göppinger/Wax*, Unterhaltsrecht, 9. Aufl. 2008; *Haußleiter/Schulz*, Vermögensauseinandersetzung bei Trennung und Scheidung, 5. Aufl. 2011; *Johannsen/Henrich*, Familienrecht, 5. Aufl. 2010; *Kanzleiter/Wegmann*, Vereinbarungen unter Eheleuten, 6. Aufl. 2001; *Langenfeld*, Handbuch der Eheverträge und Scheidungsvereinbarungen, 6. Aufl. 2011; *L. Müller*, Beratung und Vertragsgestaltung im Familienrecht, 3. Aufl. 2011; *Münch*, Ehebezogene Rechtsgeschäfte, 3. Aufl. 2010; *Reinecke*, Lexikon des Unterhaltsrechts, 2. Aufl. 2008; *Schröder/Bergschneider*, Familienvermögensrecht, 2. Aufl. 2007; *Strohal*, Unterhaltsrechtlich relevantes Einkommen bei Selbständigen, 4. Aufl. 2010; *Zimmermann/Dorsel*, Eheverträge, Scheidung-, Unterhaltsvereinbarungen, 4. Aufl. 2005.

I. Eheliches Namensrecht

1 Das eheliche Namensrecht (§ 1355 BGB) ist zwar strukturell Teil des Rechts der Ehewirkungen, wegen des Zusammenhangs mit dem allgemeinen Namensrecht erscheint eine Einbettung der Erläuterungen im Kontext dieser Regelungen allerdings sachgerechter.

1. Ehe- und Familienname

2 Eheleute sollen einen gemeinsamen Familiennamen (Ehenamen) bestimmen (§ 1355 Abs. 1 Satz 1 BGB). Ein Zwang, einen Ehenamen zu führen, besteht allerdings nicht (mehr). Damit ist auch das Interesse jedes Ehegatten an der Beibehaltung des Namens berücksichtigt. Behält jeder Ehegatte seinen Namen, bedarf es keiner Erklärung der Eheleute (§ 1355 Abs. 1 Satz 3 BGB). Der Standesbeamte soll die Verlobten vor der Eheschließung allerdings befragen, ob sie einen Ehenamen bestimmen wollen (§ 14 Abs. 1 PStG).

3 Während früher nur der Geburtsname eines der Ehegatten zum Ehenamen bestimmt werden konnte, ist nach der Entscheidung des Bundesverfassungsgericht aus dem Jahr 2004 (BVerfG FamRZ 2004, 515) auch die Führung eines „angeheirateten" Namens als Ehename und damit dessen Weitergabe an einen neuen Ehepartner möglich. Die ausdrückliche Zulassung des bei Abgabe der Bestimmungserklärung geführten Namens eröffnet nun den Weg zu einer **Vielzahl denkbarer Kombinationen.**

4 Die Wahl des Familiennamens erfolgt durch **Erklärung gegenüber dem Standesamt. Geburtsname** ist nicht der bei Geburt gem. §§ 1616, 1617 BGB erworbene Name, sondern gem. § 1355 Abs. 6 BGB der in die Geburtsurkunde eines Ehegatten zum Zeitpunkt der Erklärung gegenüber dem Standesbeamten einzutragende Name.

5 Ein **Doppelname** als Ehename in Form der Kombination der Namen der Eheleute ist weiterhin nicht möglich, was die Führung eines Doppelnamens als Ehenamen allerdings nicht mehr ausschließt. Als Ehename kann nicht mehr nur ein bereits als Geburtsname eines Ehegatten vorhandener Doppelname (ein sog. „**echter** Doppelname") geführt werden, sondern nunmehr auch ein nur bei Abgabe der Erklärung vorhandener Doppelname, der während oder nach einer Vorehe als Name eines der Ehegatten gewählt wurde (ein sog. „**unechter** Doppelname"). In diesem Fall ist allerdings nach § 1355 Abs. 4 Satz 2 und 3 BGB die Führung eines weiteren Begleitnamens nicht möglich, um die Bildung von mehr als zweigliedrigen Namensketten zu verhindern.

➲ **Praxistipp:** § 1355 Abs. 5 BGB eröffnet dem Partner einer **geschiedenen oder durch Tod aufgelösten Ehe** ein weites Wahlrecht hinsichtlich der Namensführung. So kann der bisherige Ehename behalten, diesem der Geburtsname oder ein bei Eheschließung geführter Name aus einer weiteren Vorehe neuerlich angefügt oder durch diesen ersetzt werden. Eine Frist für die Erklärung bestimmt das Gesetz nicht, sodass vor Eingehung einer neuen Ehe durch gestufte Namensbestimmung gezielt alte Namen gewählt und somit zum im Zeitpunkt der Bestimmungserklärung geführten Namen gemacht werden können. Mit steigender Zahl der Vorehen erhöht sich damit die Auswahl, es sei denn, es wäre zwischenzeitlich auf den Geburtsnamen zurückgekehrt worden, was die Namens-Kette sprengt. So kann die in erster Ehe mit Ehenamen (§ 1355 Abs. 1 BGB) „Müller" verheiratete Person, die nach der Scheidung den Geburtsnamen „Lüdenscheid" dem Ehenamen beigefügt hat und in zweiter Ehe mit dem Ehenamen „Schmitz" verheiratet war und diesen auch noch nach Scheidung führte im Fall der dritten Ehe nicht nur den eigenen Geburtsnamen, sondern auch alle vorangegangenen Namen „in die Ehe einbringen". „Schmitz" als ohnehin gegenwärtig geführten, „Müller-Lüdenscheid" durch Wiederannahmeerklärung nach § 1355 Abs. 5 Satz 2 BGB und „Müller" durch (anschließenden) Widerruf der Beifügungserklärung nach § 1355 Abs. 5 Satz 3 iVm. § 1355 Abs. 4 Satz 4 BGB (zu weiteren Gestaltungen s. Wagenitz/Bornhofen FamRZ 2005, 1425, 1426 ff.). 6

Während nach früherem Recht nur bereits bestehende echte Doppelnamen als Geburtsnamen Familiennamen und somit an die Kinder weitergegeben werden konnten, womit nur eine Fortführung nicht jedoch eine Neuerschaffung von echten Doppelnamen möglich war, können nun durch die Wahl eines während (§ 1355 Abs. 4 BGB) oder nach (§ 1355 Abs. 5 BGB) einer Vorehe entstandenen Namens eines der Ehegatten zum Ehenamen auch im Fall der Bestimmung eines Familiennamens **neue echte Doppelnamen als Geburtsnamen der Kinder** geschaffen werden (§ 1616 BGB). 7

Die Erklärung über die Bestimmung des Ehenamens soll **bei Eheschließung** erfolgen (§ 1355 Abs. 3 Satz 1 BGB). Wird eine solche Erklärung später abgegeben, bedarf sie der öffentlichen Beglaubigung (§ 1355 Abs. 3 Satz 2 BGB; s. hierzu **M 59.1**). 8

➲ **Hinweis:** Die neuen Wahlmöglichkeiten sind nicht auf „Neuehen" beschränkt. Da die gesetzlichen Änderungen Reaktion auf das Verdikt des BVerfG waren, gelten sie gleichermaßen auch für „Altehen". Voraussetzung ist allerdings, dass die Eheleute nicht schon vom Recht zur Bestimmung eines Ehenamens bzw. Begleitnamens Gebrauch gemacht haben. 9

M 59.1 Erklärung über die Bestimmung des Ehenamens[1]

An das Standesamt ...[2]

Wir, die Eheleute Adam Schlecht und Barbara Freundlich, haben am ... (Datum) vor dem Standesbeamten in ... (Ort) die Ehe geschlossen. Einen Ehenamen haben wir bisher nicht bestimmt. Wir bestimmen hiermit den Geburtsnamen[3] der Ehefrau, das ist der Name Freundlich, zu unserem Ehenamen.

..., den ...

Barbara Freundlich

Adam Schlecht

(Beglaubigungsvermerk[4])

1 Nachträgliche Bestimmung gem. § 1355 Abs. 3 Satz 2 BGB.
2 Zuständigkeit s. § 41 PStG.
3 Oder den zum Zeitpunkt der Abgabe der Erklärung geführten Namen.
4 Neben dem Notar ist auch der Standesbeamte zur Beglaubigung befugt (§ 41 Abs. 1 PStG).

Kosten: *Notargebühr:* 0,2-Gebühr gem. Nr. 25100 KV GNotKG, mindestens 20 Euro, höchstens 70 Euro. Geschäftswert gem. §§ 121, 36 Abs. 1 GNotKG (nur eine Gebühr, auch wenn mehrere Unterschriften in einem Vermerk beglaubigt werden).

Standesbeamter: Ist durch Landesrecht unterschiedlich geregelt.

2. Begleitname

10 Gem. § 1355 Abs. 4 BGB kann derjenige Ehegatte, dessen Geburts- oder aktuell geführter Name nicht Ehename wird, durch Erklärung gegenüber dem Standesbeamten dem gewählten Ehenamen seinen Geburtsnamen oder den zurzeit der Erklärung über die Bestimmung des Ehenamens geführten Namen beifügen, es sei denn, der Ehename bestünde bereits aus mehreren Namen. Ebenso kann ein aus mehreren Namen bestehender Name nur in der Weise beigefügt werden, dass lediglich einer der Namen hinzugefügt wird. Keine Rolle spielt dabei, ob der ausgewählte Name selbst Geburts- oder Ehename ist oder ob er gar als bloßer Begleitname geführt wurde. So kann Person B-C geb. A, die aus zweiter Vorehe den Ehenamen C und als Begleitnamen aus erster Vorehe den Namen B führt, als Begleitnamen der Ehe mit D sowohl A (Geburtsname), B (Begleitname zweiter Ehe und Ehename erste Ehe) oder C (Ehename zweite Ehe) wählen. Unklar ist, ob von dem Partner, der den Ehenamen gibt und der selbst einen Doppelnamen führt, der Verzicht auf einen Namensbestandteil gefordert werden kann, wenn der andere einen Begleitnamen führen will. Nach derzeitigem Recht scheint dies der Fall zu sein, sodass bei der Ehe von A-B und C die Wahl von A oder B nur möglich ist, wenn zuvor nach § 1355 Abs. 4 oder 5 BGB auf einen der beiden verzichtet wurde. Namensführungen von Eheleuten als Person A-B und A-C sind damit wohl ausgeschlossen (aA wegen Verstoßes gegen das Persönlichkeitsrecht Wagenitz/Bornhofen FamRZ 2005, 1425, 1427).

11 ➲ **Hinweis:** Der Begleitname kann entweder vorangestellt oder angefügt werden, eine bestimmte Reihenfolge ist nicht vorgegeben. Die Erklärung über den Begleitnamen kann gleich bei Eheschließung, wenn zugleich ein Ehename bestimmt wird, gleichzeitig mit einer späteren Bestimmung des Ehenamens oder auch zu einem noch späteren Zeitpunkt (s. **M 59.2**) erfolgen. Wie bisher werden Begleitname und Ehename durch einen Bindestrich verbunden. Sie bilden den persönlichen Namen des Ehegatten. Die Erklärung bedarf der öffentlichen Beglaubigung.

12 Die Erklärung über das Hinzufügen eines Begleitnamens kann durch öffentlich beglaubigte Erklärung gegenüber dem Standesbeamten **widerrufen** werden (§ 1355 Abs. 4 Satz 4 BGB, vgl. hierzu **M 59.3**). Nach einem solchen Widerruf ist eine erneute Erklärung nach § 1355 Abs. 4 Satz 1 BGB nicht zulässig. Dies bedeutet auch, dass – abgesehen vom Fall des Verwitwens oder der Scheidung – der Begleitname nicht ausgetauscht werden kann (Geburtsname statt zurzeit der Erklärung über die Bestimmung des Ehenamens geführter Name oder umgekehrt) und auch seine Stellung (Voranstellung statt Anfügung oder umgekehrt) nicht verändert werden kann (vgl. Erman/Kroll-Ludwigs § 1355 BGB Rz. 11).

M 59.2 Erklärung über die Hinzufügung eines Begleitnamens[1]

An das Standesamt . . .

Ich, Adam Freundlich, geb. Schlecht, habe am . . . (Datum) vor dem Standesbeamten in . . . (Ort) die Ehe mit Frau Barbara Freundlich geb. Grünkohl geschlossen. Durch Erklärung gegenüber dem Standesbeamten in . . . vom . . . haben meine Ehefrau und ich den von meiner Ehefrau geführten Namen[2] Freundlich zu unserem Ehenamen bestimmt. Eine Erklärung über die Beifügung eines Begleitnamens habe ich bisher nicht abgegeben. Hiermit erkläre ich, dass ich dem Ehenamen Freundlich meinen Geburtsnamen Schlecht voranstelle, also künftig den Namen Schlecht-Freundlich führe. Mir ist bekannt, dass diese Erklärung gegenüber dem Standesbeamten widerrufen werden kann, dann aber eine erneute Erklärung über die Hinzufügung eines Begleitnamens während des Bestehens der Ehe nicht mehr möglich ist. Mir ist auch bekannt, dass ein Austausch des Begleitnamens oder die Änderung dahingehend, dass der Begleitname angefügt statt vorangestellt wird, nicht mehr möglich ist.

1 § 1355 Abs. 4 BGB.
2 Oder den Geburtsnamen.

..., den ...
Adam Schlecht-Freundlich
(Beglaubigungsvermerk[3])

3 Neben dem Notar ist auch der Standesbeamte zur Beglaubigung befugt, § 41 Abs. 1 PStG.
Kosten: wie **M 59.1**.

M 59.3 Widerruf der Hinzufügung eines Begleitnamens[1]

An das Standesamt ...

Ich, Adam Schlecht-Freundlich, habe durch Erklärung gegenüber dem Standesbeamten in ... (Ort) vom ... (Datum) dem von meiner Ehefrau Barbara Freundlich und mir geführten Ehenamen Freundlich meinen Geburtsnamen Schlecht als Begleitnamen vorangestellt. Diese Erklärung widerrufe ich hiermit.

Ich führe künftig nur noch den Ehenamen Freundlich ohne Beifügung eines Begleitnamens. Mir ist bekannt, dass eine erneute Erklärung nach § 1355 Abs. 4 Satz 1 BGB nicht zulässig ist.

..., den ...
Adam Freundlich
(Beglaubigungsvermerk)

1 § 1355 Abs. 4 BGB.
Kosten: wie **M 59.1**.

3. Verwitwete oder geschiedene Ehegatten

Der verwitwete oder geschiedene Ehegatte behält grundsätzlich seinen Ehenamen (§ 1355 Abs. 5 13
Satz 1 BGB). Er kann jedoch – unbefristet – durch Erklärung gegenüber dem Standesbeamten

- seinen Geburtsnamen wieder annehmen, oder
- den im Zeitpunkt der Bestimmung des Ehenamens geführten Namen wieder annehmen, oder
- seinen Geburtsnamen – wenn und soweit er nach § 1355 Abs. 4 Satz 2 und 3 BGB als Begleitname geführt werden kann – dem Ehenamen voranstellen oder anfügen, oder
- den zurzeit der Bestimmung des Ehenamens geführten Namen voranstellen oder anfügen.

M 59.4 Erklärung des Witwers über die Wiederannahme des Geburtsnamens oder des zum Zeitpunkt der Abgabe der Erklärung über den Ehenamen geführten Namens[1]

An das Standesamt ...

Durch Erklärung gegenüber dem Standesbeamten in ... (Ort) vom ... (Datum) haben meine am ... in ... verstorbene Ehefrau Barbara Freundlich und ich, Adam Freundlich, geb. Schlecht, den Geburtsnamen meiner Ehefrau, den Namen Freundlich, als Ehenamen bestimmt. Zur Zeit führe ich diesen Ehenamen ohne Hinzufügung eines Begleitnamens.

Ich erkläre hiermit, dass ich nunmehr meinen Geburtsnamen[2] Schlecht wieder annehme.

1 § 1355 Abs. 5 BGB.
2 Oder den zum Zeitpunkt der Abgabe der Erklärung über den Ehenamen geführten Namen.

..., den ...
Adam Schlecht, bisher Freundlich
(Beglaubigungsvermerk[3])

3 Beglaubigung auch durch den Standesbeamten, vgl. § 41 Abs. 1 PStG.

Kosten: wie **M 59.1**.

M 59.5 Namensänderung nach Ehescheidung[1]

An das Standesamt ...

Durch rechtskräftiges Urteil des Familiengerichts ... (Ort) vom ... (Datum) AZ ... – hier in Ausfertigung beigefügt – ist meine am ... in ... geschlossene Ehe mit Barbara Freundlich, ... (Anschrift) geschieden worden.

Anstelle des von mir derzeit geführten Ehenamens Freundlich nehme ich hiermit meinen bis zur Bestimmung des Ehenamens geführten Namen Schlecht wieder an.

Adam Schlecht, bisher Freundlich
(Beglaubigungsvermerk)

1 § 1355 Abs. 5 BGB.

Kosten: wie **M 59.1**.

II. Name des Kindes

1. Ehename

14 Führen die Kindseltern einen Ehenamen, so wird dieser auch Familienname (Geburtsname) des Kindes (§ 1616 BGB).

2. Kein Ehename und gemeinsames Sorgerecht

15 Führen die Kindseltern keinen Ehenamen und sind sie gemeinsam sorgeberechtigt, so bestimmen sie durch Erklärung gegenüber dem Standesbeamten den vom Vater oder der Mutter zum Zeitpunkt der Erklärung geführten Namen zum Geburtsnamen des Kindes, wobei eine nach Beurkundung der Geburt abgegebene Erklärung öffentlich beglaubigt werden muss (§ 1617 Abs. 2 Satz 1 und 2 BGB; vgl. **M 59.6**). Diese Bestimmung gilt dann auch für weitere gemeinsame Kinder (§ 1617 Abs. 1 Satz 3 BGB). Treffen die Eltern binnen eines Monats seit der Geburt des Kindes keine Entscheidung, wird das Bestimmungsrecht vom Familiengericht einem Elternteil übertragen. Wird auch von diesem das Bestimmungsrecht innerhalb einer vom Gericht gesetzten Frist nicht ausgeübt, so erhält das Kind den Namen desjenigen Elternteils, dem das Bestimmungsrecht übertragen wurde (§ 1617 Abs. 2 BGB).

16 Bei **im Ausland geborenen** Kindern erfolgt die Übertragung des Bestimmungsrechts nur auf Antrag eines Elternteils oder des Kindes oder wenn die Eintragung des Namens in ein deutsches Personenstandsregister oder ein amtliches deutsches Identitätspapier erforderlich wird (§ 1617 Abs. 3 BGB).

17 ➲ **Hinweis:** Die vom Richter zu treffende (vgl. OLG Frankfurt FGPrax 1996, 195) Entscheidung über die Übertragung des Namensbestimmungsrechts muss nicht begründet werden und ist **nicht anfechtbar**.

M 59.6 Gemeinsame Bestimmung des Geburtsnamens des Kindes[1]

An das Standesamt . . .

Wir, die Eheleute Barbara Freundlich und Adam Schlecht, führen keinen Ehenamen. Für unseren am . . . (Datum) in . . . (Ort) geborenen Sohn Harald bestimmen wir den derzeit von seinem Vater geführten Namen „Schlecht" zum Geburtsnamen. Uns ist bekannt, dass diese Bestimmung auch für unsere weiteren gemeinsamen Kinder gilt[2].

. . ., den . . .

Barbara Freundlich Adam Schlecht

(Beglaubigungsvermerk[3])

1 § 1617 Abs. 1 BGB.

2 § 1617 Abs. 1 Satz 3 BGB.

3 Eine nach der Beurkundung Geburt abgegebene Erklärung bedarf der öffentlichen Beglaubigung (§ 1617 Abs. 1 Satz 2 BGB).

Kosten: wie **M 59.1**.

3. Kein Ehename und Sorgerecht eines Elternteils

Führen die Kindeseltern keinen Ehenamen und ist nur ein Elternteil sorgeberechtigt, so erhält das Kind den von diesem Elternteil im Zeitpunkt der Geburt des Kindes geführten Namen (§ 1617a Abs. 1 BGB). Der sorgeberechtigte Elternteil kann seinem nichtverheirateten Kind durch öffentlich beglaubigte Erklärung gegenüber dem Standesbeamten den Namen des anderen Elternteils erteilen (§ 1617a Abs. 1 Satz 1 BGB, vgl. **M 59.7**). Die Namenserteilung bedarf der Einwilligung des anderen Elternteils und der Einwilligung des Kindes, wenn dieses das fünfte Lebensjahr vollendet hat. Die Erklärungen müssen öffentlich beglaubigt werden (§ 1617a Abs. 2 Satz 2 und 3 BGB, vgl. **M 59.8** und **M 59.9**). 18

Ein in der Geschäftsfähigkeit beschränktes Kind, welches das **14. Lebensjahr vollendet** hat, kann die Erklärung nur selbst abgeben (§ 1617a Abs. 2 Satz 4 iVm. § 1617c Abs. 1 Satz 2 BGB). 19

M 59.7 Erteilung des Namens des anderen Elternteils als Geburtsname des Kindes[1]

An das Standesamt . . .

Ich, Anna Anders, bin die Mutter des am . . . (Datum) in . . . (Ort) geborenen Kindes Bert Anders und die alleinige Inhaberin der elterlichen Sorge für dieses Kind.

Vater des Kindes ist Herr Oskar Lehmann, . . .

Ich erteile hiermit meinem Kind Bert Anders den Geburtsnamen Lehmann, so dass dieses nunmehr Bert Lehmann heißt. Die in öffentlich beglaubigter Form erteilte Einwilligung des Kindsvaters in die Namensänderung ist hier beigefügt[2].

Als gesetzliche Vertreterin meines Kindes Bert willige ich in dessen Namen in die Namenserteilung ein[3].

1 § 1617a Abs. 2 BGB. Das Muster betrifft den Fall, dass die Eltern keinen Ehenamen führen und die elterliche Sorge nur einem Elternteil zusteht.

2 § 1617a Abs. 2 Satz 2 Halbs. 1 BGB.

3 Hat das Kind das fünfte Lebensjahr noch nicht vollendet, so bedarf es keiner Einwilligung (§ 1617a Abs. 2 Satz 2 BGB).

Alternative:

Die öffentlich beglaubigte Einwilligungserklärung meines Kindes Bert füge ich in der Anlage ebenfalls bei. Dieser Einwilligung stimme ich als gesetzliche Vertreterin meines Kindes zu[4]*)*

. . ., den . . .

Anna Anders

(Beglaubigungsvermerk[5]*)*

4 § 1617c Abs. 1 Satz 2.

5 § 1617a Abs. 2 Satz 3 BGB, § 45 Abs. 1 PStG.

Kosten: wie **M 59.1**.

M 59.8 Einwilligung des nicht sorgeberechtigten Elternteils in die Erteilung seines Namens an das Kind[1]

An das Standesamt . . .

Die Mutter meines am . . . (Datum) in . . . (Ort) geborenen Kindes Bert Anders, Frau Anna Anders, hat dem Kind durch Erklärung gegenüber dem Standesamt vom . . . (Datum) meinen Namen als Geburtsnamen erteilt, so dass das Kind Bert Lehmann heißt. Ich willige hiermit in diese Namenserteilung ein.

. . ., den . . .

Oskar Lehmann

(Beglaubigungsvermerk[2]*)*

1 § 1617a Abs. 2 Satz 2 BGB.

2 Die Erklärung bedarf der öffentlichen Beglaubigung, § 1617a Abs. 2 Satz 3 BGB, die Beglaubigung kann auch durch den Standesbeamten erfolgen, § 45 Abs. 1 PStG.

Kosten: wie **M 59.1**.

M 59.9 Einwilligung des Kindes in die Erteilung des Namens des anderen Elternteils[1]

An das Standesamt . . .

Meine Mutter, Frau Anna Anders, . . ., hat mir durch Erklärung vom . . . (Datum) den Namen meines Vaters, des Herrn Oskar Lehmann, erteilt, so dass ich nunmehr Bert Lehmann heißen soll. In diese Namenserteilung willige ich hiermit ein.

. . ., den . . .

Bert Lehmann

(vormals Anders)

(Beglaubigungsvermerk)

1 § 1617a Abs. 2 Satz 2 und 4 BGB iVm. § 1617c Abs. 1 BGB.
Das Muster gilt für den Fall, dass das Kind das 14. Lebensjahr bereits vollendet hat und deshalb die Erklärung selbst abgeben muss.
Für das 5- bis 13-jährige Kind müssen dessen gesetzliche Vertreter die Einwilligung erklären.

Kosten: wie **M 59.1**.

4. Neubestimmung des Kindesnamens bei nachträglich begründetem gemeinsamen Sorgerecht

Eine Neubestimmung des Kindesnamens ist möglich, wenn die gemeinsame Sorge der Eltern nachträglich begründet wird und das Kind bereits einen Namen führt (§ 1617b Abs. 1 BGB). Die Namensbestimmung durch die Eltern muss binnen einer Frist von drei Monaten nach Begründung der gemeinsamen Sorge erfolgen. 20

Hat ein Elternteil bei Begründung der gemeinsamen Sorge seinen gewöhnlichen Aufenthalt nicht im Inland, so endet die Frist nicht vor Ablauf eines Monats nach dessen Rückkehr in das Inland. Bei einem Kind, welches das fünfte Lebensjahr vollendet hat, bedarf die Bestimmung dessen Anschließungserklärung. Ein in der Geschäftsfähigkeit beschränktes Kind, welches das 14. Lebensjahr vollendet hat, kann die Erklärung nur selbst abgeben, bedarf aber der Zustimmung des Sorgeberechtigten. Die Änderung erstreckt sich auf den Ehenamen des Kindes nur dann, wenn sich auch der Ehegatte der Namensänderung in öffentlich beglaubigter Form anschließt (§ 1617c Abs. 3 BGB). Alle Erklärungen sind dem Standesbeamten gegenüber abzugeben und bedürfen der öffentlichen Beglaubigung (vgl. **M 59.10** und **M 59.11**). 21

M 59.10 Neubestimmung des Kindesnamens bei nachträglicher Begründung der gemeinsamen Sorge[1]

An das Standesamt …

Als Eltern des am … (Datum) in … (Ort) geborenen Adam Müller bestimmen wir den Namen unseres Kindes hiermit neu. Das Kind soll den Namen seines Vaters „Kaiser" führen. Seit … (grds. Drei-Monats-Frist)[2] sind wir miteinander verheiratet, ohne einen Ehenamen zu führen, und sind somit nunmehr gem. § 1626a Abs. 1 Nr. 2 BGB für unser Kind gemeinsam sorgeberechtigt[3]. Die öffentlich beglaubigte Anschließungserklärung unseres Sohnes fügen wir bei[4]; dieser Erklärung stimmen wir als gesetzliche Vertreter unseres Sohnes zu.

…, den …

Anna Müller Willi Kaiser

(Beglaubigungsvermerk[5])

1 § 1617b Abs. 1 BGB.

2 Ausnahme: § 1617b Abs. 1 Satz 2.

3 Gemeinsame elterliche Sorge wird, wenn die Eltern bei Geburt des Kindes nicht miteinander verheiratet sind, begründet durch nachträgliche Heirat der Eltern (im Muster angenommener Fall, § 1626a Abs. 1 Nr. 2 BGB) oder durch öffentlich beurkundete Erklärung der Eltern, die Sorge gemeinsam übernehmen zu wollen, §§ 1626a Abs. 1 Nr. 1, 1626b bis 1626e BGB; oder durch Übertragung durch das Familiengericht nach § 1626a Abs. 1 Nr. 3, Abs. 2 BGB.

4 Für ein Kind, welches das fünfte Lebensjahr vollendet hat, bedarf es dessen Anschließung, § 1617b Abs. 1 Satz 3 BGB. Das in der Geschäftsfähigkeit beschränkte Kind, welches das 14. Lebensjahr vollendet hat, kann die Erklärung nur selbst abgeben, § 1617b Abs. 1 Satz 4 BGB iVm. § 1617c Abs. 1 Satz 2 BGB; für jüngere Kinder handeln deren gesetzliche Vertreter.

5 Vgl. § 1617b Abs. 1 Satz 4 BGB iVm. § 1617 Abs. 1 Satz 2 BGB; § 45 Abs. 1 PStG.

Kosten: wie **M 59.1**.

M 59.11 Anschließungserklärung des Kindes an die Neubestimmung seines Namens bei nachträglicher Begründung der gemeinsamen Sorge[1]

An das Standesamt . . .

Meine Eltern Anna Müller . . . und Willi Kaiser . . . haben mit Erklärung gegenüber dem Standesbeamten vom . . . meinen Namen neu bestimmt. Ich soll nunmehr den Namen meines Vaters „Kaiser" an Stelle des bisher von mir geführten Namens „Müller" führen, somit Adam Kaiser heißen. Dieser Bestimmung schließe ich mich hiermit an.

. . ., den . . .

Adam Kaiser

(Beglaubigungsvermerk)

1 § 1617b Abs. 1 Satz 2 BGB; das Muster behandelt den Fall des in der Geschäftsfähigkeit beschränkten, aber bereits 14 Jahre alten Kindes, § 1617b Abs. 1 Satz 4 BGB iVm. § 1617c Abs. 1 Satz 2 BGB.

Kosten: wie **M 59.1**.

5. Familienname des Mannes, der nicht der Kindsvater ist

22 Wird rechtskräftig festgestellt, dass der Mann, dessen Familienname Geburtsname des Kindes geworden ist, nicht der Vater des Kindes ist, so erhält auf Antrag des Kindes dieses den von seiner Mutter zum Zeitpunkt seiner Geburt geführten Namen als Geburtsnamen, § 1617b Abs. 2 Satz 1 BGB. Der gegenüber dem Standesbeamten abzugebende Antrag muss öffentlich beglaubigt sein; ein in der Geschäftsfähigkeit beschränktes Kind, welches das 14. Lebensjahr vollendet hat, kann den Antrag nur selbst stellen; die Zustimmung des gesetzlichen Vertreters ist erforderlich (§ 1617b Abs. 2 Satz 2 und 3 BGB iVm. § 1617c Abs. 1 Satz 2 und 3 BGB, s. **M 59.12**).

23 ➲ **Hinweis:** Für das noch nicht 14 Jahre alte Kind kann dessen gesetzlicher Vertreter den Antrag stellen; s. **M 59.13**. Ist das Kind noch nicht fünf Jahre alt, kann auch der Mann, also der vermeintliche Kindsvater, den Antrag stellen (§ 1617b Abs. 2 Satz 1 BGB, s. **M 59.14**). Die Interessen des vermeintlichen Vaters, einem nicht von ihm stammenden Kind nicht den Namen zu geben, treten ab Vollendung des fünften Lebensjahres des Kindes hinter die Kindesinteressen an der Namenskontinuität zurück.

M 59.12 Antrag des Kindes auf Erhalt des Mutternamens nach negativer Vaterschaftsfeststellung[1]

An das Standesamt . . .

Nachdem rechtskräftig festgestellt worden ist, dass Herr Oskar Schein, . . ., dessen Familiennamen Schein ich, Michael Schein, derzeit führe, nicht mein leiblicher Vater ist, beantrage ich hiermit, den Namen, den meine Mutter, Frau Amalie Promisko, . . ., bei meiner Geburt geführt hat, nämlich den Namen Promisko, zu führen, so dass ich Michael Promisko heiße.

Ich, Amalie Promisko, stimme hiermit als alleinige gesetzliche Vertreterin meines Sohnes Michael diesem Antrag zu[2].

1 § 1617b Abs. 2 BGB. Das Muster betrifft den Fall, dass das in der Geschäftsfähigkeit beschränkte, aber bereits mindestens 14 Jahre alte Kind den Antrag selbst stellt, vgl. § 1617b Abs. 2 Satz 3 BGB iVm. § 1617c Abs. 1 Satz 2 BGB.

2 Zustimmung des gesetzlichen Vertreters erforderlich, §§ 1617b Abs. 2 Satz 3, 1617c Abs. 1 Satz 2 BGB.

…, den …

Michael Promisko

Amalie Promisko

(Beglaubigungsvermerk[3])

3 §§ 1617b Abs. 2 Satz 2, 3, 1617c Abs. 1 Satz 3 BGB, § 45 Abs. 1 PStG.

Kosten: wie **M 59.1**.

M 59.13 Antrag des gesetzlichen Vertreters des Kindes auf Erhalt des Mutternamens nach negativer Vaterschaftsfeststellung[1]

An das Standesamt …

Nachdem rechtskräftig festgestellt worden ist, dass Herr Oskar Schein, …, dessen Familiennamen mein Sohn Robert Schein, geb. am … (noch nicht 14 Jahre alt) führt, nicht der leibliche Vater meines Sohnes Robert ist, beantrage ich namens meines Sohnes Robert als dessen alleinige gesetzliche Vertreterin, dass mein Sohn Robert meinen Familiennamen Promisko führt, den ich auch zum Zeitpunkt seiner Geburt geführt habe. Mein Sohn soll somit jetzt Robert Promisko heißen.

…, den …

Amalie Promisko

(Beglaubigungsvermerk)

1 § 1617b Abs. 2 BGB.

Kosten: wie **M 59.1**.

M 59.14 Antrag des vermeintlichen Kindsvaters nach negativer Vaterschaftsfeststellung auf Erteilung des Mutternamens an das Kind[1]

An das Standesamt …

Nachdem rechtskräftig festgestellt worden ist, dass ich nicht der leibliche Vater des am … (noch nicht fünf Jahre alt) in … (Ort) geborenen Kindes Sven Schein bin,

beantrage ich,

dass das Kind nicht mehr meinen Familiennamen, sondern den Namen führt, den seine Mutter, Frau Amalie Promisko, …, bei der Geburt des Kindes geführt hat, also künftig Sven Promisko heißt.

…, den …

Oskar Schein

(Beglaubigungsvermerk[2])

1 § 1617b Abs. 2 BGB. Der Antrag kann nur gestellt werden, solange das Kind das fünfte Lebensjahr noch nicht vollendet hat.

2 § 1617b Abs. 2 Satz 2 BGB.

Kosten: wie **M 59.1**.

6. Nachträgliche Bestimmung eines Ehenamens

Bei nachträglicher Bestimmung eines Ehenamens durch die Eltern gilt Folgendes: 24

Hat das Kind das fünfte Lebensjahr noch nicht vollendet, so erstreckt sich der Ehename der Eltern auf das Kind, § 1616 BGB, arg. e § 1617c Abs. 1 Satz 1 BGB, und zwar ohne dass es einer weiteren

Erklärung dazu bedürfte. Hat das Kind das fünfte Lebensjahr bereits vollendet, erstreckt sich der Ehename auf den Geburtsnamen des Kindes nur dann, wenn sich das Kind der Namensgebung anschließt (§ 1617c Abs. 1 Satz 1 BGB). Für das noch nicht 14 Jahre alte Kind handeln hierbei seine gesetzlichen Vertreter (s. **M 59.15**). Ein in der Geschäftsfähigkeit beschränktes Kind, welches das 14. Lebensjahr vollendet hat, kann die Erklärung nur selbst abgeben und bedarf der Zustimmung seines gesetzlichen Vertreters (§ 1617c Abs. 1 Satz 2 BGB, s. **M 59.16**). Auf den **Ehenamen des Kindes** erstreckt sich eine Änderung des Geburtsnamens nur dann, wenn sich auch dessen Ehegatte der Namensänderung anschließt (§ 1617c Abs. 3 BGB, s. **M 59.17**). Sämtliche vorgenannten Erklärungen sind gegenüber dem Standesbeamten abzugeben und müssen öffentlich beglaubigt werden, § 1617c Abs. 1 Satz 3 BGB.

25 Die vorstehenden Regelungen gelten entsprechend, wenn sich der zum Geburtsnamen des Kindes gewordene Ehename seiner Eltern ändert (§ 1617c Abs. 2 Nr. 1 BGB) oder wenn sich in den Fällen der §§ 1617, 1617a und 1617b BGB der zum Geburtsnamen des Kindes gewordene Familienname eines Elternteils auf andere Weise als durch Eheschließung ändert (§ 1617c Abs. 2 Nr. 2 BGB).

M 59.15 Anschließung des Kindes – vertreten durch die Eltern – an den nachträglich bestimmten Ehenamen der Eltern[1]

An das Standesamt …

Wir, die Eheleute Hans und Anna Müller, geb. Alt, haben am … (Datum[2]) durch Erklärung gegenüber dem Standesbeamten in … den Namen Müller zu unserem Ehenamen bestimmt. Als gesetzliche Vertreter unseres am … (Datum[3]) in … (Ort) geborenen Kindes Helga Alt handeln wir für dieses und schließen uns hiermit in dessen Namen der Namensgebung gem. § 1617c Abs. 1 Satz 1 BGB an, so dass sich unser Ehename auf den Geburtsnamen unseres Kindes erstreckt und dieses nun Helga Müller heißt.

…, den …

Hans Müller

Anna Müller

(Beglaubigungsvermerk[4])

1 § 1617c Abs. 1 BGB. Das Muster betrifft den Fall des bereits mindestens fünf Jahre, aber noch nicht 14 Jahre alten Kindes.
2 Datum nach Geburt des Kindes.
3 Datum vor Bestimmung des Ehenamens, Kind mindestens fünf, aber noch nicht 14 Jahre alt.
4 S. § 1617c Abs. 1 Satz 3 BGB, § 45 Abs. 1 PStG.

Kosten: wie **M 59.1**.

M 59.16 Anschließung des Kindes an den nachträglich bestimmten Ehenamen der Eltern[1]

An das Standesamt …

Meine Eltern, die Eheleute Hans und Anna Müller, geb. Alt … haben am … (Datum[2]) durch Erklärung gegenüber dem Standesbeamten in … den Namen Müller zu ihrem Ehenamen bestimmt.

Ich, Peter Alt, geb. am … (Datum), schließe mich hiermit dieser Namensgebung gem. § 1617c Abs. 1 BGB an, so dass sich der Ehename meiner Eltern auf meinen Geburtsnamen erstreckt und ich nun Peter Müller heiße.

1 § 1617c Abs. 1 BGB. Das Muster betrifft den Fall des in der Geschäftsfähigkeit beschränkten Kindes, welches das 14. Lebensjahr bereits vollendet hat (§ 1617c Abs. 1 Satz 2 BGB).
2 Datum nach Geburt des Kindes.

Wir, die Eheleute Hans und Anna Müller, geb. Alt, stimmen der Erklärung unseres Sohnes Peter als dessen gesetzliche Vertreter zu.

. . ., den . . .

Peter Müller

Hans Müller

Anna Müller

(Beglaubigungsvermerk)

Kosten: wie **M 59.1**.

M 59.17 Anschließung des Ehegatten des Kindes an dessen Namensänderung[1]

An das Standesamt . . .

Die Eltern meines Ehemannes Rudolf Schulz, . . ., die Eheleute Hans und Anna Glücklich, geb. Schulz, . . ., haben durch Erklärung gegenüber dem Standesbeamten in . . . vom . . . (Datum) nachträglich den Namen Glücklich zu ihrem Ehenamen bestimmt. Mein Ehemann hat sich durch Erklärung gegenüber dem Standesbeamten vom . . . (Datum) der Namensgebung angeschlossen. Als Ehefrau schließe ich mich der Namensänderung ebenfalls an, so dass sie sich auf unseren Ehenamen erstreckt. Unser Ehename ändert sich somit von „Schulz" in „Glücklich".

. . ., den . . .

Irene Glücklich,

geb. Maier

(Beglaubigungsvermerk)

1 § 1617c Abs. 3 BGB.

Kosten: wie **M 59.1**.

7. Ehename eines Stiefelternteils

§ 1618 BGB ermöglicht es dem allein sorgeberechtigten Elternteil eines unverheirateten Kindes und dem Stiefelternteil, dem Kind durch Erklärung gegenüber dem Standesbeamten ihren Ehenamen zu erteilen oder ihren Ehenamen dem vom Kind geführten Namen voranzustellen oder anzufügen (s. **M 59.18**). Führt das Kind bisher den Namen des anderen leiblichen Elternteils, so bedarf die Erteilung, Voranstellung oder Anfügung des anderen Namens dessen Einwilligung (§ 1618 Satz 2 BGB, s. **M 59.19**), die jedoch vom Familiengericht ersetzt werden kann, wenn die Erteilung, Voranstellung oder Anfügung des anderen Namens zum Wohl des Kindes erforderlich sein sollte (§ 1618 Satz 4 BGB). 26

Hat das Kind das fünfte Lebensjahr vollendet, so bedarf es auch dessen Einwilligung. § 1617c Abs. 1 BGB gilt entsprechend (§ 1618 Satz 6 BGB), so dass die Einwilligung für das noch nicht 14 Jahre alte Kind durch den gesetzlichen Vertreter, die Einwilligung des 14 Jahre alten und älteren Kindes durch dieses selbst zu erfolgen hat, wobei das in der Geschäftsfähigkeit beschränkte Kind der Zustimmung seines gesetzlichen Vertreters bedarf (s. **M 59.20**). Alle Erklärungen müssen öffentlich beglaubigt werden (§ 1618 Satz 5 BGB). 27

M 59.18 Erteilung des Ehenamens des sorgeberechtigten Elternteils und seines Ehegatten, der nicht Elternteil des Kindes ist, an das Kind[1]

An das Standesamt ...

Ich, Anna Fröhlich, geb. Selig, bin die Mutter und alleinige Inhaberin der elterlichen Sorge für meinen Sohn Tobias Klein, geb. am ... in ... Vater meines Sohnes ist Herr Hans Klein, geb. am ..., wohnhaft ...

Seit ... bin ich mit Herrn Hubert Fröhlich verheiratet; wir führen den Ehenamen Fröhlich. Wir, die Eheleute Hubert und Anna Fröhlich, erteilen hiermit dem Kind Tobias Klein unseren Ehenamen Fröhlich, so dass das Kind nun Tobias Fröhlich heißt[2].

Die öffentlich beglaubigte Einwilligungserklärung des Kindes fügen wir als Anlage bei[3].

Dieser Einwilligung stimme ich, Anna Fröhlich, als alleinige gesetzliche Vertreterin meines Kindes zu[4].

Die öffentlich beglaubigte Einwilligungserklärung des Kindsvaters Hans Klein legen wir hiermit als weitere Anlage vor[5].

..., den ...

Anna Fröhlich

Hubert Fröhlich

(Beglaubigungsvermerk[6])

---

1 § 1618 BGB.

2 Möglich ist auch die Voranstellung des Ehenamens vor den vom Kind zurzeit der Abgabe der Erklärung geführten Namen oder die Anfügung des Ehenamens an den geführten Namen, § 1618 Satz 2 BGB. Formulierung: *„Wir stellen unseren Ehenamen dem derzeit vom Kind geführten Namen voraus, so dass das Kind den Namen Fröhlich-Klein führt"*; oder *„Wir fügen unseren Ehenamen dem vom Kind geführten Namen an, so dass das Kind den Namen Klein-Fröhlich führt."*.

3 Einer Einwilligung des Kindes bedarf es nur, wenn das Kind das fünfte Lebensjahr bereits vollendet hat. Für die Einwilligung gilt § 1617c Abs. 1 BGB entsprechend.

4 § 1618 Satz 6 BGB iVm. § 1617c Abs. 1 Satz 2 Halbs. 2 BGB.

5 Der Einwilligung des anderen Elternteils bedarf es nur, wenn das Kind dessen Namen führt, § 1617 Satz 3 BGB. Die dem Standesbeamten gegenüber abzugebende Einwilligungserklärung muss öffentlich beglaubigt sein, § 1618 Satz 5 BGB. Das Familiengericht kann die Einwilligung ersetzen, § 1618 Satz 4 BGB.

6 § 1618 Satz 5 BGB, § 45 Abs. 1 PStG.

Kosten: wie **M 59.1**.

M 59.19 Einwilligung des anderen Elternteils in die Erteilung des Ehenamens des sorgeberechtigten Elternteils und dessen Ehegatten an das Kind[1]

An das Standesamt ...

Die Mutter meines am ... in ... geborenen Sohnes Tobias Klein, Frau Anna Fröhlich, geb. Selig, ... und ihr Ehemann, Herr Hubert Fröhlich, ..., haben meinem vorgenannten Sohn durch Erklärung gegenüber dem Standesbeamten vom ... ihren Ehenamen Fröhlich erteilt, so dass mein Sohn Tobias Fröhlich heißen soll.

In diese Namenserteilung willige ich hiermit ein.

---

1 § 1618 Satz 3 BGB.

. . ., den . . .

Hans Klein

(Beglaubigungsvermerk)

Kosten: wie **M 59.1**.

M 59.20 Einwilligung des Kindes in die Erteilung des Ehenamens des sorgeberechtigten Elternteils und dessen Ehegatten[1]

An das Standesamt . . .

Meine Mutter Anna Fröhlich, geb. Selig, . . . und deren Ehemann, Herr Hubert Fröhlich, . . ., beabsichtigen, mir durch Erklärung gegenüber dem Standesbeamten ihren Ehenamen Fröhlich zu erteilen, so dass ich Tobias Fröhlich heiße. In diese Namenserteilung willige ich hiermit ein.

. . ., den . . .

Tobias Klein

(Beglaubigungsvermerk)

1 § 1618 Sätze 3 und 6 BGB iVm. § 1617c Abs. 1 BGB. Das Muster betrifft den Fall des bereits mindestens 14 Jahre alten Kindes, welches die Einwilligung nur selbst abgeben kann; es bedarf hierzu der Zustimmung seines gesetzlichen Vertreters.

Kosten: wie **M 59.1**.

8. Adoptivkind

28 Das Adoptivkind erhält als Geburtsnamen den Familiennamen des Annehmenden ohne einen etwa nach § 1355 Abs. 4 BGB hinzugefügten Namen (§ 1757 Abs. 1 BGB), bei Adoption durch Eheleute oder bei Stiefkindadoption den Ehenamen der Annehmenden. Führen die Eheleute keinen Ehenamen, so bestimmen sie den Geburtsnamen des Kindes **vor dem Ausspruch** der Annahme durch Erklärung gegenüber dem **Familiengericht**. Im Übrigen folgt die Regelung der beim leiblichen Kind; § 1617 Abs. 1 BGB gilt entsprechend (§ 1757 Abs. 2 Satz 1 aE BGB). Beim mindestens fünf Jahre alten Kind bedarf es des Anschlusses des Kindes an die Bestimmung durch Erklärung gegenüber dem Familiengericht vor Annahme. § 1617c Abs. 1 Satz 2 BGB gilt entsprechend. **M 59.15** und **59.16** sind entsprechend verwendbar. Die Erklärungen werden sinnvollerweise in die notarielle Niederschrift über den Adoptionsantrag mit aufgenommen. Die Änderung des Geburtsnamens des Adoptivkindes erstreckt sich auf dessen Ehenamen nur bei Anschluss des Ehegatten an die Namensänderung vor Ausspruch der Annahme durch öffentlich beglaubigte Erklärung gegenüber dem Vormundschaftsgericht. **M 59.17** ist entsprechend verwendbar.

29 § 1757 Abs. 4 BGB sieht die Möglichkeit vor, dass das Familiengericht auf Antrag des Annehmenden mit Einwilligung des Kindes mit dem Ausspruch der Annahme Vornamen des Kindes ändert oder beigibt oder den bisherigen Familiennamen dem neuen voranstellt oder anfügt. Zum Familiennamen des Kindes nach Aufhebung der Adoption s. § 1765 BGB.

III. Namensänderungsgesetz (NamÄndG)

Literatur: *Loos*, NÄG, 2. Aufl. 1996.

30 Eine Namensänderung kann ferner nach dem NamÄndG (Namensänderungsgesetz v. 5.1.1938 mit 1. DVO v. 7.1.1938; ErgG v. 29.8.1961) auf Antrag erfolgen.

M 59.21 Namensänderung nach § 3 NamÄndG

An die

Stadt . . .[1]

Mein Familienname Müller wird in . . . (Ort) von mindestens 35 Personen getragen. Mindestens fünf Personen in . . . tragen wie ich zugleich den Vornamen Hans. Daher kommt es zu häufigen Verwechslungen, zumal neben mir zwei weitere Bäckermeister in . . . Müller heißen. Der Geburtsname meiner Mutter ist „Baumann". Daher beantrage ich gem. § 3 des Namensänderungsgesetzes die Änderung meines Familiennamens in „Müller-Baumann" und bitte um Veröffentlichung meiner Namensänderung.

Ich habe bisher noch keinen Antrag auf Namensänderung gestellt.

. . . (Unterschrift)

(Beglaubigungsvermerk)

1 Der Antrag auf Änderung des Familiennamens ist bei der unteren Verwaltungsbehörde zu stellen; über ihn wird von der höheren Verwaltungsbehörde entschieden (§§ 5, 6 NamÄndG; BVerwG NJW 1987, 2454). Entsprechendes gilt für die Änderung des Vornamens; hier entscheidet die untere Verwaltungsbehörde (§ 11 NamÄndG).

Kosten: *Notargebühr:* wie **M 61.1**.

Verwaltungsbehörde: 2,50–1022 Euro gem. § 3 Abs. 1 Satz 1 der Ersten Verordnung zur Durchführung des Gesetzes über die Änderung von Familiennamen und Vornamen. Von der Erhebung der Gebühr kann abgesehen werden, wenn es nach der Lage des Einzelfalls billig erscheint, insbesondere wenn der Antragsteller mittellos ist.

IV. Internationales Namensrecht

31 Nach Art. 10 Abs. 1 EGBGB unterliegt der Name einer Person dem Recht des Staates, dem die Person angehört. Art. 10 Abs. 2 und 3 EGBGB gewähren Namenswahlrechte. Hierbei kann insbesondere das Recht die Namenswahl nach dem Heimatrecht eines Ehepartners bzw. Elternteils oder bei Inlandsbezug (gewöhnlicher Aufenthalt) deutsches Recht zu wählen, Gestaltungsmöglichkeiten eröffnen.

M 59.22 Erklärung über die Rechtswahl nach Art. 10 Abs. 2 EGBGB

An das Standesamt . . .[1]

Wir[2]*, die Eheleute Adam Schlecht und Barbara Gomez, haben am . . . (Datum) vor dem Standesbeamten in . . . (Ort) die Ehe geschlossen. Einen Ehenamen haben wir bisher nicht bestimmt. Die Ehefrau ist . . . Staatsangehörige, der Ehemann deutscher Staatsangehöriger. Wir wählen hierdurch für die Namensführung unseres Ehenamens das Recht des Heimatlandes der Ehefrau, also das . . . Recht. Wir bestimmen hiermit nach dem Recht . . . den Namen . . . zu unserem Ehenamen*[3].

. . ., den . . .

Barbara Gomez

Adam Schlecht

(Beglaubigungsvermerk[4]*)*

1 Zuständigkeit s. § 41 PStG.
2 Das Recht kann nur gemeinsam ausgeübt werden.
3 Ein Ehename kommt nur dort in Betracht, wo das ausländische Recht die Bildung eines solchen vorsieht.
4 Neben dem Notar ist auch der Standesbeamte zur Beglaubigung befugt (§ 41 Abs. 1 PStG).

Kosten: wie **M 59.1**.

M 59.23 Erklärung über die Rechtswahl nach Art. 10 Abs. 3 EGBGB

An das Standesamt . . .[1]

Wir, die Eheleute Adam Schlecht und Barbara Gomez, sind die Eltern des Kindes . . ., für das wir gemeinsam sorgeberechtigt sind. Die Ehefrau ist ... Staatsangehörige, der Ehemann deutscher Staatsangehöriger. Wir wählen hierdurch für den Familiennamen unseres Kindes . . . das Recht des Heimatlandes der Ehefrau, also das . . . Recht. Danach erhält unser Kind den Namen . . .[2].

. . ., den . . .

Barbara Gomez

Adam Schlecht

(Beglaubigungsvermerk[3]*)*

1 Zuständigkeit s. § 41 Abs. 2 PStG.

2 Die Bildung des Namens richtet sich dann nach dem gewählten Recht, ebenso etwaige Zustimmungserfordernisse etc.

3 Neben dem Notar ist auch der Standesbeamte zur Beglaubigung befugt (§ 41 Abs. 1 PStG).

Kosten: wie **M 59.1**.

V. Vereinbarungen zum Ehe- bzw. Familiennamen

Bestehen gesetzliche Wahlmöglichkeiten zu Ehe- bzw. Familiennamen, stellt sich uU die Frage, inwieweit vertragliche Vereinbarungen dazu getroffen werden können. Diese Frage hat auf Grund des neuen Ehenamensrechts wegen der Möglichkeit der Weitergabe des erheirateten Namens besondere Bedeutung bekommen. 32

➲ **Hinweis:** Solche Abreden werden jedenfalls was die Verpflichtung zum Verzicht auf den erheirateten Ehenamen nach Scheidung oder im Fall der Wiederheirat angeht, weitgehend für zulässig gehalten (BGH MittBayNot 2009, 294; Langenfeld, Eheverträge, Rz. 148 ff.; MünchKomm.BGB/Wacke § 1355 BGB Rz. 27; Staudinger/Hübner/Voppel § 1355 BGB Rz. 110). Diese Auffassung ist meines Erachtens angesichts der Wertungen des BVerfG zum Namensrecht als Ausfluss des allgemeinen Persönlichkeitsrechts (BVerfG FamRZ 2004, 515) nicht zutreffend.

2. Abschnitt. Ehe

Kapitel 60 Ehewirkungen

Literatur: S. die Literaturhinweise zu Kap. 59.

I. Allgemeines

1 Die Ehe löst kraft Gesetzes in persönlicher und vermögensrechtlicher Beziehung eine Vielzahl privatrechtlicher Folgen aus (§§ 1353, 1355–1357, 1359–1362 BGB). Eheähnliche Partnerschaften haben nicht die Wirkung der Ehe, was schon verfassungsrechtlich wegen Art. 6 GG problematisch wäre. Nichts hindert jedoch daran, im Einzelfall einzelne Normen des Eherechts analog auf nichteheliche Lebensgemeinschaften anzuwenden (Erman/Kroll-Ludwigs vor §§ 1353–1362 BGB Rz. 14), vgl. zur nichtehelichen Lebensgemeinschaft Kap. 72.

2 Gem. § 1353 BGB sind die Ehegatten einander zur ehelichen Lebensgemeinschaft verpflichtet. Trotz dieser nominalen Rechtspflicht kann der Anspruch auf Herstellung der ehelichen Lebensgemeinschaft nicht vollstreckungsrechtlich durchgesetzt werden, sodass die theoretisch denkbare darauf gerichtete Klage praktisch keine Rolle spielt und wegen § 888 Abs. 2 ZPO auch nicht geeigneter Titel einer Zwangsvollstreckung ist. Mangels gesetzlicher Sanktionen führt ein dauerndes Fehlen des ehelichen Konsenses letztlich (nur) zum Scheitern der Ehe.

3 Bei der Erfüllung der durch die Ehe begründeten Pflichten haften die Ehegatten einander nur für die Sorgfalt, die sie in eigenen Angelegenheiten anwenden (§ 1359 BGB). Die in §§ 1353 ff. BGB geregelten allgemeinen Ehewirkungen umfassen darüber hinaus im Wesentlichen das eheliche Namensrecht (vgl. hierzu Kap. 59), die eheliche Rollenverteilung (§ 1356 BGB) – Rz. 9 –, die gegenseitige Geschäftsbesorgung (§ 1357 BGB) – Rz. 5 – sowie die gegenseitige Unterhaltspflicht (§§ 1360 ff. BGB) – Rz. 10.

4 Das Recht der Ehewirkungen des BGB gilt gem. Art. 234 § 1 EGBGB auch im **Beitrittsgebiet**. Übergangsrechtliche Besonderheiten galten lediglich im Namensrecht (vgl. Art. 234 § 3 EGBGB).

II. Gegenseitige Geschäftsbesorgung („Schlüsselgewalt“)

1. Begriff

5 Jeder Ehegatte ist berechtigt, **Geschäfte zur angemessenen Deckung des Lebensbedarfs** der Familie mit Wirkung auch für den anderen zu besorgen, wobei durch solche Geschäfte, sofern sich aus den Umständen nicht etwas anderes ergibt, beide Ehegatten berechtigt und verpflichtet werden. Zu den vorgenannten Geschäften gehören in erster Linie die eigentlichen Haushaltsgeschäfte. Unter § 1357 BGB fällt auch der Abschluss eines Telefonvertrags mit Haftung für die Telefonkosten (LG Stuttgart FamRZ 2001, 1610) und die Zuziehung eines Arztes für die Kinder und den haushaltsführenden Ehegatten selbst (BGHZ 47, 81). Die Kasuistik ist umfangreich. In der Regel gemeinsam zu besprechende Angelegenheiten der Eheleute, wie etwa der für die Eheleute ungewöhnliche Kauf von wertvollem Schmuck oder kostbaren Teppichen, langfristige Verpachtung (BGH NJW 1950, 307) oder Kündigung eines Pachtvertrags (BGH NJW 1951, 309), fallen regelmäßig nicht mehr in den Rahmen der Haushaltsgeschäfte. Bei Überschreitung des angemessenen Familienbedarfs haftet der andere Ehegatte nicht. Die Beweislast dafür, dass es sich um ein Geschäft im Rahmen der Schlüsselgewalt handelt, liegt beim Dritten. Keine Rolle spielt es in der Regel, ob der handelnde Ehegatte im eigenen Namen oder als Stellvertreter auftritt. Möglich ist jedoch die Beschränkung der Rechtswirkungen auf die eigene Person oder auf die des Ehegatten durch entsprechende Erklärung.

§ 1357 Abs. 1 BGB gilt nicht, wenn die Ehegatten nicht nur vorübergehend **getrennt leben** (§ 1357 Abs. 3 BGB). Bei Wiederherstellung der ehelichen Lebensgemeinschaft lebt die Schlüsselgewalt von selbst wieder auf. 6

2. Beschränkung und Ausschließung der Schlüsselgewalt

7 Liegt ein ausreichender Grund vor, so kann jeder Ehegatte die Berechtigung des anderen zur Geschäftsbesorgung beschränken oder ausschließen (§ 1357 Abs. 2 BGB). Die Maßnahme kann formlos durch Erklärung gegenüber dem anderen Ehegatten erfolgen. Praktisch relevant ist diese heute hauptsächlich bei Disparitätsehen, insbesondere aufgrund Herkunft aus unterschiedlichen sozialen Verhältnissen, und in Migrationssachverhalten.

➲ **Hinweis:** Dritten gegenüber ist sie aber nur wirksam, wenn sie ihnen bekannt oder wenn sie im Güterrechtsregister eingetragen ist (§ 1357 Abs. 2 Satz 2 iVm. § 1412).

Die Eintragung ins Güterrechtsregister erfolgt auf in öffentlich beglaubigter Form gestellten Antrag hin (§§ 1561 Abs. 2 Nr. 4, 1560 Satz 2), vgl. **M 60.1.** Besteht kein ausreichender Grund für die Beschränkung oder Ausschließung, so kann der betroffene Ehegatte beim Familiengericht Antrag auf Aufhebung der Maßnahme stellen, vgl. **M 60.2.**

8 Hebt das Gericht die Maßnahme auf, so kann der Antrag auf Löschung der Entziehung im Güterrechtsregister gestellt werden, vgl. **M 60.3.** Eine vertragliche Vereinbarung zur Schlüsselgewalt wird überwiegend als unwirksam angesehen, was jedoch bei Ausschlussvereinbarungen unter entsprechender Eintragung im Güterrechtsregister nicht überzeugt.

M 60.1 Ausschließung der Schlüsselgewalt[1]

An das Amtsgericht
– Güterrechtsregister –

. . .

Betr.: Ausschließung der ehelichen Geschäftsbesorgungsberechtigung

Ich habe heute durch Erklärung gegenüber meiner/m Ehefrau/mann . . . deren/dessen Berechtigung, Geschäfte zur Deckung des ehelichen Lebensbedarfs zu besorgen, ausgeschlossen. Hiermit beantrage ich die Eintragung dieser Ausschließung im Güterrechtsregister des Amtsgerichts . . .

. . . (Unterschrift)
(Beglaubigungsvermerk[2])

1 § 1357 Abs. 2.
2 Formbedürftig nach §§ 1561 Abs. 2 Nr. 4, 1560 Satz 2.

Kosten: *Notargebühr:* 0,2-Gebühr gem. Nr. 25100 KV GNotKG, mindestens 20 Euro, höchstens 70 Euro. Geschäftswert gem. §§ 121, 36 Abs. 1 GNotKG. Bei Fertigung des Entwurfs und Beglaubigung 0,5-Gebühr gem. Nrn. 24102, 21201 Nr. 4 KV GNotKG (§ 92 Abs. 2 GNotKG), Geschäftswert gem. §§ 119, 36 Abs. 1 GNotKG.

Gerichtsgebühr: 50 Euro gem. Nr. 13201 KV GNotKG.

M 60.2 Antrag auf Aufhebung der Entziehung der Schlüsselgewalt[1]

An das Amtsgericht
– Familiengericht –

. . .

1 § 1357 Abs. 2 BGB.

Betr.: Aufhebung der Entziehung der Schlüsselgewalt

Mein/e Ehemann/frau . . . hat am . . . (Datum) meine Schlüsselgewalt ausgeschlossen und die Eintragung der Ausschließung ins Güterrechtsregister beantragt. Für diese Maßnahme besteht kein sachlicher Grund, sie stellt eine bloße Trotzreaktion meines/r Mannes/Frau dar, weil er/sie zu Unrecht glaubt, dass ich zu viel für die Lebensmitteleinkäufe ausgebe. Demgemäß beantrage ich, die Ausschließung meiner Schlüsselgewalt aufzuheben.

. . . (Unterschrift)

Kosten: *Gerichtsgebühr:* 2,0-Gebühr gem. Nr. 1320 KV FamGKG. Der Geschäftswert ist gem. § 42 Abs. 2, 3 FamGKG nach billigem Ermessen zu bestimmen; bestehen keine Anhaltspunkte, ist von einem Wert von 3000 Euro auszugehen.

M 60.3 Antrag auf Registerlöschung der Entziehung

An das Amtsgericht

– Güterrechtsregister –

. . .

Ich lege in Ausfertigung den Beschluss des Amtsgerichts – Familiengericht – . . . (Ort) vom . . . (Datum) vor, mit dem die Entziehung meiner Schlüsselgewalt aufgehoben worden ist, und beantrage, die am . . . erfolgte Eintragung dieser Maßnahme im Güterrechtsregister zu löschen.

(Beglaubigungsvermerk[1])

1 Formbedürftig entspr. §§ 1561 Abs. 2 Nr. 4, 1560 Satz 2 BGB.

Kosten: *Notargebühr:* 0,2-Gebühr gem. Nr. 25100 KV GNotKG, mindestens 20 Euro, höchstens 70 Euro. Geschäftswert gem. §§ 121, 36 Abs. 1 GNotKG. Bei Fertigung des Entwurfs und Beglaubigung 0,5-Gebühr gem. Nrn. 24102, 21201 Nr. 4 KV GNotKG (§ 92 Abs. 2 GNotKG), Geschäftswert gem. §§ 119, 36 Abs. 1 GNotKG.

Gerichtsgebühr: 50 Euro gem. Nr. 13201 KV GNotKG.

III. Eheliche Rollenverteilung

9 Mit der Aufgabe des Leitbildes der Hausfrauenehe durch das erste Eherechtsgesetz ist die eheliche Rollenverteilung in die Hand der Eheleute gegeben. Gem. § 1356 BGB regeln die Ehegatten die Haushaltsführung im gegenseitigen Einvernehmen. Beide Ehegatten sind berechtigt, erwerbstätig zu sein, wobei sie jedoch bei der Wahl und Ausübung einer Erwerbstätigkeit auf die Belange des anderen Ehegatten und der Familie die gebotene Rücksicht zu nehmen haben. Die Eheleute können die Aufgabenteilung somit vertraglich regeln. Beschränkungen der Autonomie der Ehegatten zur Übernahme der Haushaltsführung können sich jedoch aus dem Unterhaltsrecht (§ 1603 BGB) ergeben. Ausdrückliche vertragliche Regelungen sind zwar denkbar; angesichts der mangelnden rechtlichen Durchsetzungsmöglichkeiten und der Notwendigkeit, die getroffene Regelung bei Änderung der Verhältnisse den neuen Anforderungen anzupassen, erscheint eine Niederlegung in Schriftform nur da sinnvoll, wo es den Beteiligten um den Appellationscharakter des Schriftstücks geht.

IV. Gegenseitige Unterhaltspflicht der Ehegatten

10 Eng verknüpft mit der Frage der Rollenverteilung und damit dem gelebtem Ehemodell ist die Verpflichtung zum Familienunterhalt. Mann und Frau sind einander verpflichtet, die Familie durch ihre Arbeit und mit ihrem Vermögen angemessen zu unterhalten. Der Ehegatte, dem die Haushaltsführung überlassen ist, erfüllt dadurch idR seine Unterhaltspflicht (§ 1360 BGB). Die Pflicht zum Familienunterhalt ist zwingend. Auf den ehelichen Unterhalt (anders beim nachehelichen Un-

terhalt, vgl. Kap. 66) kann ein Ehegatte auch ehevertraglich für die Zukunft **weder ganz noch teilweise verzichten** (§§ 1360a Abs. 3, 1614 BGB). Möglich sind jedoch Vereinbarungen über die Art und Weise des Unterhalts und darüber, wie viel jeder der Ehegatten hierzu beisteuern soll. Auch über den Lebenszuschnitt der Familie können Vereinbarungen getroffen werden. Diese Vereinbarungen sind formlos wirksam, sie können aber auch Teil einer ehevertraglichen Regelung sein. Während des Bestehens der Ehe spielt der Unterhaltsanspruch in ehelicher Gemeinschaft lebender Partner kautelarjuristisch wie forensisch eine nur untergeordnete Rolle, kommt es doch bei Streitigkeiten über den Unterhalt, die einer gerichtlichen Entscheidung zugeführt werden, praktisch immer auch zur Auflösung der ehelichen Gemeinschaft und damit zum Streit über den Trennungsunterhalt. Gegenstand der Auseinandersetzung ist deshalb im Bereich des Familienunterhalts allein der sog. „Taschengeldanspruch" und die Prozesskostenvorschusspflicht. Diese Unterhaltsansprüche werden allerdings primär von dritter Seite (Gläubiger/Fiskus) an die Ehegatten herangetragen.

Interessant wird der **Unterhaltsanspruch bei besonders günstigen Einkommensverhältnissen** eines Ehegatten. In der finanzgerichtlichen Rechtsprechung ist bislang völlig ungeklärt, bis zu welcher Höhe aus unterhaltsrechtlichen Gründen Mittel zwischen den Ehegatten transferiert werden können, ohne dass dies zur schenkungsteuerrelevanten Zuwendung führte. Jedenfalls im Umfang einer der Altersversorgung des anderen Ehegatten entsprechenden Höhe können Beträge als Altersvorsorgeunterhalt transferiert werden. Hinzu kommen Mittel zur Deckung des tatsächlichen anhand der ehelichen Lebensverhältnisse angemessenen Bedarfs, soweit dieser nicht durch Naturalleistungen gedeckt wird. Dass der begünstigte Partner diese Mittel dann statt dem Konsum zuzuführen auch sparen darf, dürfte außer Frage stehen. Bei besonders günstigen Einkommensverhältnissen können so durchaus auch 5-stellige Beträge im Monat gerechtfertigt sein. Die Ehegatten sollten dies zu Beweiszwecken schriftlich dokumentieren. 10a

V. Regelungen bei Getrenntleben der Ehegatten

1. Den Lebens-, Erwerbs- und Vermögensverhältnissen angemessener Unterhalt

Bei Getrenntleben der Ehegatten kann ein Ehegatte vom anderen den den Lebens-, Erwerbs- und Vermögensverhältnissen angemessenen Unterhalt verlangen (§ 1361 Abs. 1 BGB). 11

➲ **Praxistipp:** Dieser Unterhaltsanspruch ist nicht identisch mit dem auf nachehelichen Unterhalt gerichteten, sodass eine ausdrückliche Erklärung bei Vereinbarungen über Unterhalt im Trennungszeitraum darüber, ob und wie die getroffene Vereinbarung auch für den nachehelichen Unterhalt Geltung haben soll, dringend anzuraten ist. 11a

Die **Berechnung** des Unterhaltsanspruchs erfolgt dabei grundsätzlich nach den gleichen Kriterien wie die des nachehelichen Unterhalts. Der nicht erwerbstätige Ehegatte kann auf Eigenverdienst verwiesen werden, wenn dies nach seinen persönlichen Verhältnissen, insb. wegen früherer Erwerbstätigkeit, der Dauer der Ehe und nach den wirtschaftlichen Verhältnissen beider Ehegatten erwartet werden kann (§ 1361 Abs. 2 BGB). Gegenüber der nachehelichen Verpflichtung ist diese Erwerbsobliegenheit aber gemildert, sodass jedenfalls innerhalb des ersten Jahres der Trennung die (Wieder-)Aufnahme einer beruflichen Tätigkeit selbst dann noch nicht zwingend notwendig ist, wenn dies nach Scheidung verlangt werden könnte (BGH FamRZ 2001, 350 f.). Schulden aus der Zeit des Zusammenlebens sind im Rahmen des § 1361 Abs. 1 BGB angemessen zu berücksichtigen (BGH MDR 1982, 302). Da unterhaltsrechtlich der jeweilige Stand der wirtschaftlichen Verhältnisse entscheidend ist, nimmt der unterhaltsberechtigte Partner an Veränderungen, soweit sie nicht unerwartet sind, teil. Die Möglichkeit der Verweisung des trennungsunterhaltsberechtigten Partners auf die Verwertung seines Vermögens ist gegenüber § 1577 Abs. 3 BGB eingeschränkt (BGH NJW 1985, 907). Mit dem Ende der für die Berechnung des Versorgungsausgleichs relevanten Ehezeit (Rechtshängigkeit des Scheidungsantrags § 1587 Abs. 2 BGB) tritt neben den Elementarunterhaltsanspruch zusätzlich derjenige auf Altersvorsorge (§ 1361 Abs. 1 Satz 2 BGB). Aus Billigkeitsgründen ist der Unterhaltsanspruch unter den gleichen Voraussetzungen beschränkt wie gem. § 1579 Nr. 2–8 BGB der Unterhalt nach der Scheidung (§ 1361 Abs. 3 BGB). Ebenso gelten die Leistungsfähigkeitsgrenzen des § 1581 BGB. 12

13 ➲ **Praxistipp:** Die gesetzlichen Bestimmungen zum Trennungsunterhalt sind insofern zwingend, als **für die Zukunft nicht** auf jeden Unterhalt, selbst gegen Abfindung, **verzichtet** werden kann (§§ 1361 Abs. 4 Satz 4 iVm. 1360a Abs. 3, 1614 Abs. 1 BGB). Verzichtserklärungen für zukünftigen Trennungsunterhalt sind damit unwirksam und sollten grundsätzlich nur dann in Form von Absichtserklärungen aufgenommen werden, wenn der bloße Appellationscharakter klar und eindeutig hervorgehoben wird, damit die Ehegatten dazu keinen Fehlvorstellungen unterliegen. Im Fall der Vereinbarung von **Abfindungszahlungen** oder sonstigen Leistungen sollten diese unter die auflösende Bedingung gestellt werden, dass im Anschluss an deren Verzehr doch noch Unterhaltszahlungen durch den Berechtigten gefordert werden. Entsprechende dingliche und/oder persönliche Sicherheiten sind sinnvoll, soweit solche zu erlangen sind. Vorausleistungen auf den Trennungsunterhalt befreien nur auf die Dauer von drei Monaten (§ 1614 Abs. 2 iVm. § 760 Abs. 2 BGB), was besondere Vorsicht bei etwaigen Gestaltungen erfordert.

14 Vereinbarungen über Art und Höhe des Unterhalts für die Zeit des Getrenntlebens sind allerdings grundsätzlich zulässig (BGH NJW 1962, 2102). Dabei ist auch eine **partielle Begrenzung des Unterhaltsanspruchs** durch die Rechtsprechung akzeptiert worden, wobei die Grenze nach der Rechtsprechung bei ca. 20 % Abweichung liegt. Es darf im Rahmen solcher Vereinbarungen nicht verkannt werden, dass es sich dabei gerade nicht um einen Verzicht, sondern strukturell nur um eine Vereinbarung über die Angemessenheit des Unterhalts handelt. Da sich der Unterhalt an den ehelichen Lebensverhältnissen misst, kann die zwischen den Beteiligten bestehende Einigkeit insoweit eine von dem reinen Zählergebnis abweichende Bemessung rechtfertigen. Insoweit ist die starre %-Grenze strukturell wohl unzutreffend, da ein Einkommen von 2000 Euro die ehelichen Lebensverhältnisse wahrscheinlich vollständig bestimmt, während ein solches von 20 000 Euro, das regelmäßig zur Bestimmung des Unterhalts nicht nach der Tabelle, sondern nach den tatsächlichen Verhältnissen erfordert, durchaus mehr Raum für Abweichungen als nur 20 % lässt. In vorsorgenden Eheverträgen ohne konkrete Trennungssituation hat eine Regelung zum Trennungsunterhalt damit strukturell keinen Platz. Auch in Trennungsvereinbarungen sollte diese aber in keinem Fall als Verzicht oder als Gegenleistung für Konzessionen an anderer Stelle bezeichnet werden. Wie auch in Gestaltungen zum nachehelichen Unterhalt bei Scheidungsvereinbarungen (s. dazu Kap. 68) sollte auch bei Trennungsunterhaltsvereinbarungen die Grundlage der Berechnungen angegeben werden. Eine Festsetzung wie „beträgt immer 80 % des gesetzlich geschuldeten Unterhalts" ist in dieser Pauschalität sicher ungeeignet. Beispiel einer Unterhaltsvereinbarung bei Getrenntleben in **M 60.4.**

15 Durch die Verweisung des § 1361 Abs. 3 BGB auf die Bestimmungen des § 1579 Nr. 2–8 BGB kann auch der Trennungsunterhalt unter bestimmten Bedingungen aus Billigkeitsgründen herabgesetzt werden (s. dazu Kap. 66 Rz. 14). Diese Möglichkeit hat eine größere Bedeutung erfahren durch die Änderung des Unterhaltsrechts (Gesetz zur Änderung des Unterhaltsrechts v. 21.12.2007). Da in nicht seltenen Fällen auch schon während der Trennungszeit eine neue verfestigte Lebensgemeinschaft begründet wird, kann der neue § 1579 Nr. 2 BGB zu einer Herabsetzung auch schon des Trennungsunterhalts führen.

2. Verteilung von Haushaltsgegenständen, Ehewohnung

16 Die **Verteilung von Haushaltsgegenständen** bei Getrenntleben regelt § 1361a BGB. Dabei entscheidet grundsätzlich die Eigentumsposition am betreffenden Gegenstand, soweit nicht Gründe der Billigkeit eine Nutzung durch den anderen Ehegatten für dessen Hausstand fordern. Gemeinsame Gegenstände sind nach den Grundsätzen der Billigkeit zu verteilen.

17 Über die **Ehewohnung** kann auch schon vor Einleitung eines Scheidungsverfahrens entschieden werden, wenn so eine unbillige Härte vermieden werden kann (§ 1361b Abs. 1 BGB). Die Eigentumsstellung ist bei einer gerichtlichen Entscheidung besonders zu berücksichtigen, hat aber nicht die Bedeutung wie bei den Haushaltsgegenständen. Über eine etwaige Nutzungsentschädigung (§ 1361b Abs. 3 Satz 2 BGB) entscheidet das Familiengericht (OLG Dresden NJW 2005, 3151). Sowohl über die Haushaltsgegenstände wie über die Ehewohnung können die Beteiligten einverständliche Regelungen treffen, was sich insbesondere bei Trennungsvereinbarungen anbietet. S. dazu **M 60.4.**

M 60.4 Unterhaltsvereinbarung bei Getrenntleben

(Beurkundungsprotokoll)

Wir beabsichtigen, uns scheiden zu lassen und leben seit ... getrennt.

Für die Dauer unseres Getrenntlebens treffen wir in Ausgestaltung des gesetzlichen Anspruchs[1] *folgende Unterhaltsvereinbarung:*

Der Ehemann zahlt an die Ehefrau einen Unterhaltsbetrag von ... Euro.

Dieser Betrag ist monatlich im Voraus jeweils am ersten Werktag eines jeden Monats zur Zahlung fällig. Er ist erstmals für den Monat ... 20 ... zu bezahlen. Die Zahlungspflicht endet mit dem Monat unserer rechtskräftigen Scheidung.

Wegen vorgenannter Verpflichtung zur Bezahlung eines monatlichen Betrages von ... Euro unterwirft sich der Ehemann der Ehefrau gegenüber der sofortigen Zwangsvollstreckung aus dieser Urkunde in sein gesamtes Vermögen. Der Ehefrau ist jederzeit eine vollstreckbare Ausfertigung dieser Urkunde zu erteilen.

Derzeit bewohnt die Ehefrau noch das im (Mit-)Eigentum des Ehemannes stehende Einfamilienhaus in ... Die Ehefrau soll berechtigt sein, dort weiterhin (jedenfalls) bis zum Ende des Monats der rechtskräftigen Scheidung zu wohnen. Solange sie dort wohnt, hat sie sich auf ihren monatlichen Unterhalt einen Betrag von[2] *... Euro anrechnen zu lassen.*

Der Berechung des vorgenannten Unterhaltsbetrages haben die Beteiligten das derzeitige Einkommen des Ehemannes unter Berücksichtigung der Steuerklasse ... nebst ... Kinderfreibeträgen sowie einem pauschalen Abzug für berufsbedingte Aufwendungen von 5 % zugrunde gelegt. Die Ehefrau ist in der gesetzlichen Krankenversicherung des Ehemannes mitversichert, ein Scheidungsantrag[3] *ist bislang nicht rechtshängig. Trennungsbedingten Mehrbedarf gibt es bei der Ehefrau nicht. Die Differenz zwischen dem festgelegten Betrag und einem rechnerisch unter Zugrundelegung der 3/7 Teilung ermittelten Ergebnis – hier ... % Abweichung – sehen die Beteiligten als angemessene Anpassung an die ehelichen Lebensverhältnisse an.*

Das Unterhaltsrechtsverhältnis richtet sich im Übrigen nach dem Gesetz. Auf diese Unterhaltsvereinbarung ist § 239 FamFG in vollem Umfang anwendbar.

Die Ehefrau verpflichtet sich auf jederzeitige Anforderung dem steuerlichen Realsplitting in Bezug auf die Barunterhaltsleistung im Voraus oder im Nachhinein zum jeweiligen Höchstbetrag zuzustimmen. Die etwa entstehenden Mehrsteuern und steuerlichen Abgaben einschließlich etwaiger Kirchensteuer sind der Ehefrau zu erstatten. Die möglichen sozialrechtlichen- und sozialversicherungsrechtlichen Folgen des Realsplittings wurden eingehend erörtert. Dazu soll ausdrücklich keine Kompensationsregelung aufgenommen werden.

Der Hausrat ist bis auf folgende Gegenstände bereits einvernehmlich aufgeteilt:

- ...
- ...

Diese sind von der Ehefrau bis längstens zum ... an den Ehemann herauszugeben[4]*.*

... (Unterschriften[5]*)*

---

1 Selbst für den unverzichtbaren Trennungsunterhalt erscheint die Feststellung sinnvoll, dass es sich um die Ausgestaltung des gesetzlichen Unterhaltsanspruchs und nicht um eine eigenständige Regelung (Novation) handelt.

2 Anzusetzen ist der vermögenswerte Vorteil, der durch die Nutzung des Objekts entsteht.

3 Die Rechtshängigkeit des Scheidungsantrags beendet die für den Versorgungsausgleich relevante Ehezeit, sodass danach zusätzlich Altersvorsorgeunterhalt zu leisten ist.

4 Ergänzend kann eine Zwangsvollstreckungsunterwerfung sinnvoll sein.

5 Wegen der Zwangsvollstreckungsunterwerfung ist notarielle Beurkundung zwingend.

Kosten: *Notargebühr:* 2,0-Gebühr gem. Nr. 21100 KV GNotKG, mindestens 60 Euro. Geschäftswert gem. §§ 97 Abs. 1, 52 Abs. 1, 4 GNotKG (1–2-jähriger Unterhalt). Die Regelung zur Ehewohnung ist nach § 36 Abs. 1 GNotKG zu bewerten. Wertaddition nach § 35 Abs. 1 GNotKG.

VI. Eigentumsvermutung

18 Unabhängig vom Güterstand wird zu Gunsten der Gläubiger des Mannes und der Gläubiger der Frau vermutet, dass die im Besitz eines oder beider Ehegatten befindlichen Sachen dem **jeweiligen Schuldner** gehören (§ 1362 Abs. 1 BGB). Für Sachen des persönlichen Gebrauchs eines Ehegatten gilt jeweils die Vermutung, dass sie demjenigen gehören, für dessen Gebrauch sie bestimmt sind (§ 1362 Abs. 2 BGB). Die Vermutung des § 1362 BGB ist zwingendes Recht. Die Vermutung ist widerlegbar. Sie korrespondiert mit der vollstreckungsrechtlichen Regelung des § 739 Abs. 1 ZPO, wonach in den Fällen des § 1362 BGB im Zwangsvollstreckungsverfahren die Besitz- und Gewahrsamsvermutung zu Gunsten des Ehegatten gilt, gegen den die Vollstreckungsmaßnahme durchgeführt wird.

18a ➲ **Hinweis:** Es besteht in weiten Bevölkerungskreisen die Fehlvorstellung, diese Vermutungen ließen sich durch Vereinbarung der Gütertrennung entkräften.

VII. Güterrechtsregister

19 Obwohl der **Antrag auf Eintragung** eines Wechsels im Güterstand in sehr vielen notariellen Eheverträgen auftaucht, endet der entsprechende Passus nahezu immer mit der Anweisung an den Notar, den Antrag auf Eintragung erst auf besondere Weisung zumindest eines der Beteiligten zu stellen. Der scheinbar großen Bedeutung auf dem Urkundspapier steht eine ebenso große praktische Irrelevanz gegenüber. Tatsächlich hat das bei den Amtsgerichten geführte Güterrechtsregister seine praktische Bedeutung nahezu verloren (Reithmann fordert deshalb dessen Abschaffung, DNotZ 1984, 459). Es spielt überall dort eine Rolle, wo die güterrechtlichen Beziehungen der Eheleute Außenwirkung entfalten, § 1412 BGB.

20 Auch wenn der Wortlaut des § 1412 BGB Anderes suggeriert, spielt die Eintragung beim Wechsel zwischen Gütertrennung und Zugewinngemeinschaft keine Rolle, da beide Güterstände in ihren Außenwirkungen bei Rechtsgeschäften mit Dritten praktisch identisch sind. Der Ausschluss der Schlüsselgewalt des § 1357 BGB, der allerdings nichts mit dem Güterstand zu tun hat, kann Dritten nur dann entgegengehalten werden, wenn diese entweder positive Kenntnis vom Ausschluss haben oder eine entsprechende Eintragung im Güterrechtsregister erfolgt ist. Gleiches gilt in den Fällen, in denen es aufgrund des Güterstandes zur Haftung des Vermögens eines Partners für die vom anderen Partner begründeten Verbindlichkeiten kommen kann, namentlich also im Güterstand der Gütergemeinschaft. So können die Existenz von Vorbehaltsgut (§ 1418 Abs. 4 BGB), der Einspruch bzw. der Widerruf der Einwilligung beim Betrieb eines Erwerbsgeschäfts (§§ 1431 Abs. 3, 1456 Abs. 3 BGB) und die Aufhebung der Gütergemeinschaft (§§ 1449 Abs. 2, 1470 Abs. 2 BGB), im Register zur Eintragung gebracht werden.

21 Das Güterrechtsregister kennt nur die sog. **negative Publizität**, dh. ein Dritter darf sich auf das Schweigen des Registers hinsichtlich einer eintragungsfähigen Tatsache verlassen, einen guten Glauben an eine eingetragene Tatsache gibt es allerdings nicht, § 1412 BGB.

Zuständig für eine Eintragung ist dasjenige Amtsgericht, in dessen Bezirk mindestens einer der Ehegatten seinen gewöhnlichen Aufenthalt hat (§ 1558 Abs. 1 BGB). Wichtig ist, dass bei einer Verlegung des gewöhnlichen Aufenthalts die Eintragung in das dann zuständige Güterrechtsregister wiederholt werden muss, da ansonsten dessen Rechtswirkungen nicht greifen (§ 1559 Satz 1 BGB).

22 ➲ **Hinweis:** Eintragungen setzen einen Antrag in mindestens öffentlich beglaubigter Form voraus (§ 1560 BGB), der grundsätzlich von beiden Ehegatten gestellt werden muss (§ 1561 Abs. 1 BGB), es sei denn, ein besonderes Rechtsschutzbedürfnis eines Ehegatten wäre zu wahren (§ 1561 Abs. 2 BGB), was in praktisch allen wichtigen Fällen zu einem einseitigen Antragsrecht führt.

VIII. Internationales Privatrecht, Rechtswahl

Nach Art. 14 EGBGB unterliegen die allgemeinen Ehewirkungen 23

- dem Recht des Staates, dem beide Ehegatten angehören oder während der Ehe zuletzt angehörten, wenn einer von ihnen diesem Staat noch angehört, sonst
- dem Recht des Staates, in dem beide Ehegatten ihren gewöhnlichen Aufenthalt haben oder während der Ehe zuletzt hatten, wenn einer von ihnen dort noch seinen gewöhnlichen Aufenthalt hat, hilfsweise
- dem Recht des Staates, mit dem die Ehegatten auf andere Weise gemeinsam am engsten verbunden sind,

eine Abfolge, die als „Kegelsche Leiter" bezeichnet wird.

Das **Ehewirkungsstatut ist wandelbar**. Art. 14 Abs. 2–4 EGBGB gewährt unter bestimmten Voraussetzungen die Möglichkeit einer Rechtswahl (vgl. hierzu **M 60.5**). Nicht verkannt werden darf, dass ausländische Rechtsordnung auch kollisionsrechtlich andere Anknüpfungen wählen, sodass ein fremdes Forum bei ansonsten gleichen Voraussetzungen zu durchaus unterschiedlichen Ergebnissen hinsichtlich der Frage der anzuwendenden Rechtsordnung kommen kann (sog. „hinkendes Rechtsverhältnis"). 24

Rück- und Weiterverweisungen sind zu berücksichtigen (Art. 4 EGBGB). Bei Art. 14 Abs. 1 Nr. 3, Abs. 2–3, Abs. 4 Satz 2 EGBGB handelt es sich um Sachnormverweisungen. Der **ordre-public-Vorbehalt** (Art. 6 EGBGB) ist zu beachten. Vorrangige staatsvertragliche Sonderregelungen von wesentlicher Bedeutung sind derzeit nicht in Kraft. Für das internationale Namens- und Unterhaltsrecht gelten Sonderregelungen (Art. 10 und 18 EGBGB bzw. Haager Übereinkommen über das auf Unterhaltspflichten anwendbare Recht vom 2.10.1973). 25

M 60.5 Rechtswahl gem. Art. 14 EGBGB[1]

(Beurkundungsprotokoll[2])

I.

Ich, der Ehemann, bin seit Geburt ... (ausländische Staatsangehörigkeit) und habe meinen gewöhnlichen Aufenthalt in ... (Ort im Ausland).

Ich, die Ehefrau, bin seit Geburt Deutsche und habe meinen gewöhnlichen Aufenthalt in ... Weitere Staatsangehörigkeiten hat keiner von uns.

II.

Wir wählen für die allgemeinen Wirkungen unserer Ehe das Recht der Bundesrepublik Deutschland.

Diese Rechtswahl soll sowohl im Inland wie im Ausland wirksam sein.

III.

Wegen der bisherigen allgemeinen Ehewirkungen sollen uns gegenseitig keinerlei Ansprüche mehr zustehen.

1 Vorstehendes Muster betrifft den Fall des Art. 14 Abs. 3 Nr. 2 EGBGB. Die Rechtswahl hat in diesem Fall zur Voraussetzung, dass erstens beide Ehegatten keine gemeinsame Staatsangehörigkeit haben oder während der Ehe hatten, es sei denn, keiner der Ehegatten gehört diesem Staat noch an, und zweitens die Ehegatten ihren gewöhnlichen Aufenthalt nicht in demselben Staat haben. Gewählt werden kann das Recht des Staates, dem einer der Ehegatten angehört. Zu beachten ist Art. 5 Abs. 1 EGBGB, sofern einer der Ehegatten mehrere Staatsangehörigkeiten besitzt.

2 Beurkundungserfordernisse gem. Art. 14 Abs. 4 EGBGB.

IV.

Wir wurden vom Notar darauf hingewiesen, dass die Wirkungen dieser Rechtswahl enden, wenn wir eine gemeinsame Staatsangehörigkeit erlangen sollten. Wir wurden ferner darauf hingewiesen, dass das ausländische Recht diese Rechtswahl möglicherweise nicht anerkennt.

Es kann möglicherweise ausländisches Recht in Betracht kommen. Dieses kennt der Notar nicht und kann daher hierüber auch nicht belehren. Der Notar hat über den Inhalt fremder Rechtsordnungen weder belehrt, noch diesbezüglich eine Beratungs- oder Betreuungsfunktion übernommen. Er wird von uns diesbezüglich von jeglicher Haftung entbunden[3].

(Folgt evtl. Wahl des Güterstandes; vgl. Kap. 62).

(Schlussformel und Unterschriften)

3 Der Notar soll nach § 17 Abs. 3 BeurkG die Beteiligten darauf hinweisen, wenn ausländisches Recht zur Anwendung kommt oder hierüber Zweifel bestehen, und dies in der Niederschrift vermerken (Amtspflicht!). Zur Belehrung über den Inhalt ausländischer Rechtsordnungen ist der Notar nicht verpflichtet. Übernimmt der Notar jedoch eine Beratung über ausländisches Recht, haftet er für die Richtigkeit.

Kosten: *Notargebühr:* 2,0-Gebühr gem. Nr. 21100 KV GNotKG, mindestens 60 Euro. Geschäftswert gem. §§ 97 Abs. 1, 104 Abs. 1 GNotKG (30 % des Vermögens).

IX. Besteuerung

26 **Einkommensteuerlich** können Ehegatten, die beide unbeschränkt einkommensteuerpflichtig sind, nicht dauernd getrennt leben und bei den Ehegatten die vorgenannten Voraussetzungen zu Beginn des Veranlagungszeitraums vorgelegen haben oder im Laufe des Veranlagungszeitraums eingetreten sind, nach § 26 EStG zwischen der Einzel- (§ 26a EStG) und der Zusammenveranlagung (§ 26b EStG) wählen. Seit dem Veranlagungszeitraum 2013 haben damit die vorgenannten verbliebenen Veranlagungsformen die bisherigen Möglichkeiten der getrennten Veranlagung von Ehegatten nach § 26a EStG a.F. und die besondere Veranlagung von Ehegatten für den Veranlagungszeitraum der Eheschließung nach § 26c EStG a.F. abgelöst.

Notwendige Voraussetzung für Einzelveranlagung ist dessen Beantragung durch einen der Ehegatten (§ 26 Abs. 2 EStG), dem der beantragende Ehegatte durch entsprechendes Ankreuzen auf der ersten Seite des Mantelbogens entspricht. Ohne (wirksame) Ausübung des vorgenannten Wahlrechtes durch einen Ehegatten ist nach § 26 Abs. 3 EStG für die Eheleute eine Zusammenveranlagung durchzuführen. Die Ehegatten können unter Berücksichtigung der für sie günstigsten steuerlichen Ergebnisse ihre Veranlagungsentscheidung zu Gunsten der Einzel- bzw. Zusammenveranlagung treffen.

27 Bereits zur alten Rechtslage mit dem Recht auf Durchführung einer getrennten Veranlagung urteilte der BFH, ein einseitiger Antrag eines Ehegatten auf getrennte Veranlagung sei steuerlich unbeachtlich, wenn dieser Ehegatte keine eigenen Einkünfte bezieht oder wenn diese so gering sind, dass sie weder einem Steuerabzug unterlegen haben noch zur Einkommensteuer-Veranlagung führen würden (BFH v. 12.8.1977, BStBl. II 1977, 870). Zwar ist diese Veranlagungsmöglichkeit seit 2013 grds. entfallen; die Rechtsgrundsätze bleiben auf die neue Form der Einzelveranlagung jedoch anwendbar. Stellt ein Ehegatte, der keine Einkünfte erzielt hat, einen Antrag auf Einzelveranlagung, ist dieser selbst dann unbeachtlich, wenn dem anderen Ehegatten eine Steuerstraftat zur Last gelegt wird. Im Fall eines solchen Antrags sind die Ehegatten nach BFH v. 10.1.1992, BStBl II, 297 nach § 26 Abs. 3 EStG zusammen zu veranlagen, sofern der andere Ehegatte dies beantragt.

28 **Beantragt ein Ehegatte die Zusammenveranlagung** und stimmt **der andere Ehegatte** nicht zu, sondern beantragt seinerseits – wirksam – die **Einzelveranlagung**, ist das Finanzamt nach § 26 Abs. 2 EStG nicht berechtigt, eine Zusammenveranlagung durchzuführen. In diesem Fall sind Einzelveranlagungen für die jeweiligen Ehegatten durchzuführen.

29 Die Wahl der Einzelveranlagung gem. § 26 Abs. 2 Satz 1 EStG geht mit der Verpflichtung beider Ehegatten einher, jeweils eine **eigene Steuererklärung** abzugeben.

Das **Wahlrecht** zwischen Einzel- und Zusammenveranlagung können Ehegatten auch **noch bis zur Unanfechtbarkeit** eines Berichtigungs- oder Änderungsbescheids ausüben und die einmal getroffene Wahl innerhalb dieser Frist frei widerrufen. So auch BFH v. 28.8.1991, BStBl 1982 II, 156 und v. 25.6.1993, BStBl II, 824 zur Ausübung der Wahl auf Einzelveranlagung von Ehegatten durch Abgabe der erforderlichen Erklärung im Rechtsbehelfsverfahren mit Ausnahme des Revisionsverfahrens; bzw. soweit nach der AO zulässig, im Rahmen der Änderung von Steuerbescheiden.

Eine Ausnahme gilt nur für den Fall, dass die Rechtsausübung willkürlich erscheint, zB wenn der die Einzelveranlagung wählende Ehegatte keine eigenen Einkünfte hat oder diese so gering sind, dass sie weder einem Steuerabzug unterlegen haben noch zur Einkommensteuerveranlagung führen können.

Entscheidet sich einer der Ehegatten nach einer bereits durchgeführten Zusammenveranlagung zu- 30
lässigerweise für die Einzelveranlagung, ist auch für den anderen Ehegatten eine Einzelveranlagung durchzuführen, selbst wenn der Zusammenveranlagungsbescheid ihm gegenüber bestandskräftig geworden und die Festsetzungsfrist abgelaufen ist. Der Antrag auf Einzelveranlagung stellt für die Veranlagung des anderen Ehegatten ein rückwirkendes Ereignis iSd. § 175 Abs. 1 S. 1 Nr. 2 AO dar (BFH v. 28.7.2005, BStBl II, 865). Beantragen Ehegatten innerhalb der Frist für einen Einspruch gegen den Zusammenveranlagungsbescheid die Einzelveranlagung, ist das Finanzamt bei der daraufhin für jeden durchzuführenden Einzelveranlagung an die tatsächliche und rechtliche Beurteilung der Besteuerungsgrundlagen im Zusammenveranlagungsbescheid gebunden (BFH v. 3.3.2005, BStBl II, 564).

Nach § 33a Abs. 1 EStG sind Aufwendungen für den Unterhalt und die Berufsausbildung einer 31
dem Steuerpflichtigen oder seinem Ehegatten gegenüber gesetzlich unterhaltsberechtigten Person bis zu dem vorgesehenen Höchstbetrag als außergewöhnliche Belastung zu berücksichtigen. Im **Veranlagungszeitraum der Trennung jedoch** sind Aufwendungen für den **Unterhalt** des dauernd getrennt lebenden Ehegatten **nicht** gem. § 33a Abs. 1 EStG als außergewöhnliche Belastung abziehbar, BFH v. 31.5.1989, BStBl. II 1989, 658. Danach sind unbeschränkt steuerpflichtige Ehegatten im Jahr ihrer Trennung (Scheidung) hinsichtlich der Berücksichtigung außergewöhnlicher Belastungen so zu behandeln, als ob sie ganzjährig in einer intakten Ehe gelebt hätten und jeder Ehegatte nach seiner Aufgabenstellung in der Familie zum Unterhalt des anderen Ehegatten beigetragen hätte.

Das Wahlrecht der Ehegatten für eine Einzel- oder Zusammenveranlagung zur Einkommensteuer 32
wird in der **Insolvenz** eines Ehegatten durch den Insolvenzverwalter und im vereinfachten Insolvenzverfahren durch den Treuhänder ausgeübt, vgl. BGH v. 24.5.2007, BFH/NV Beilage 2007, 459. Der Insolvenzverwalter bzw. der Treuhänder übt das Wahlrecht des Insolvenzschuldners gem. § 26 Abs. 2 EStG nach § 80 Abs. 1 InsO iVm. § 34 Abs. 1 und 3 AO aus.

Nach der (noch zur alten Rechtslage ergangenen) BFH-Rspr. ist das Wahlrecht des § 26 Abs. 2 EStG kein höchstpersönliches, sondern ein Verwaltungsrecht, das beim Tode eines Ehegatten auf dessen Erben übergeht, vgl. BFH v. 29.10.1963, BStBl. III 1963, 597. Maßgeblich hierfür sind die erheblichen vermögensrechtlichen Auswirkungen des Antragsrechts für den Erben, der im Falle einer Zusammenveranlagung als Gesamtrechtsnachfolger für die Steuerschulden nach § 45 AO haftet. Der BGH schließt sich in dem og. Urteil dieser Rechtsauffassung auch für den Fall der Insolvenz eines Ehegatten an. Der Einordnung als höchstpersönliches Recht stünde entgegen, dass es zwar an die bestehende Ehe anknüpfe, sich aber nur vermögensrechtlich auf diese auswirke. Mit der Annahme und Ausschlagung einer Erbschaft oder eines Vermächtnisses, die nach § 83 Abs. 1 Satz 1 InsO wegen ihrer höchstpersönlichen Natur ausschließlich dem Schuldner zusteht, sei es nicht vergleichbar. Ebenso wenig gebiete der verfassungsrechtliche Grundsatz, wonach es sich bei der Zusammenveranlagung um eine am Schutzgebot des Art. 6 Abs. 1 GG und der wirtschaftlichen Leistungsfähigkeit der Ehepaare, Art. 3 Abs. 1 GG, orientierte sachgerechte Besteuerung handele, das Veranlagungswahlrecht als höchstpersönlich anzusehen. Die vom BFH angenommene Unübertragbarkeit des Wahlrechts, vgl. BFH v. 29.2.2000, BStBl. II 2000, 1079, steht einer Ausübung des Veranlagungswahlrechts durch den Insolvenzverwalter/Treuhänder nicht entgegen. Der Insolvenzverwalter/Treuhänder hat nach § 34 Abs. 1 und 3 AO die steuerlichen Pflichten des Schuldners zu erfüllen, soweit seine Verwaltung reicht. Nach § 80 Abs. 1 InsO umfasst die Verwaltungsbefugnis des Insolvenzverwalters das zur Insolvenzmasse, §§ 35 und 36 InsO, gehörende Vermögen. Das

Verwaltungswahlrecht selbst ist zwar kein Vermögensgegenstand, aber es ist ein Verwaltungsrecht, das vermögensrechtlichen Bezug aufweist, da hierdurch wirksam über die Insolvenzmasse – beispielsweise über einen Erstattungsanspruch der Masse, der vom Veranlagungsergebnis abhängt – verfügt werden kann.

33 Das EStG spricht hinsichtlich der **Veranlagungswahlrechte** zwar von Ehegatten; allerdings sind die Regelungen **auf** Partner einer eingetragenen **Lebenspartnerschaft** zu **übertragen**. Im Zusammenhang der diesbezüglichen Ungleichbehandlung zwischen Ehegatten und Lebenspartnerschaften im Rahmen der steuerlichen Veranlagungswahlrechte hat das BVerfG mit Beschl. v. 7.5.2013 (2 BvR 909/06; 2 BvR 1981/06 und 2 BvR 288/07) die Unvereinbarkeit mit Art. 3 Abs. 1 GG festgestellt, soweit eingetragenen Lebenspartnern anders als Ehegatten nicht die Möglichkeit der Zusammenveranlagung und die damit verbundene Anwendung des Splittingverfahrens eröffnet wurde.

Die Regelungen der §§ 26, 26b EStG bleiben danach bis zum Inkrafttreten einer Neuregelung mit der Maßgabe anwendbar, dass auch eingetragene Lebenspartner, deren Veranlagungen noch nicht bestandskräftig durchgeführt sind, mit Wirkung ab dem 1.8.2001 unter den für Ehegatten geltenden Voraussetzungen eine Zusammenveranlagung und die Anwendung des Splittingverfahrens beantragen können; der Entscheidungsformel des BVerfG kommt gem. § 31 Abs. 2 BVerfGG Gesetzeskraft zu.

Kapitel 61 Gesetzlicher Güterstand

Literatur: S. die Literaturhinweise zu Kap. 59.

I. Einleitung

1 Seit 1.7.1958 ist gesetzlicher Güterstand die sog. Zugewinngemeinschaft (§§ 1363 ff. BGB). Die Bezeichnung ist jedoch missverständlich, da das Vermögen der Ehegatten nicht gemeinschaftliches Vermögen wird (§ 1363 Abs. 2 BGB). Vielmehr behält jeder Ehegatte sein Vermögen in seinem Eigentum, es findet jedoch bei Beendigung des Güterstandes ein Ausgleich des während der Ehe erzielten Zugewinns statt (§ 1363 Abs. 2 Satz 2 BGB).

II. Vermögensverwaltung

2 Jeder Ehegatte verwaltet sein Vermögen selbständig (§ 1364 BGB). Es bestehen jedoch **Einschränkungen in der Verfügungsmacht über Vermögen im Ganzen** bzw. das wesentliche Vermögen eines Ehegatten (§ 1365 BGB) und über Haushaltsgegenstände (§ 1369 BGB). Solche Verfügungen und die Verpflichtung hierzu bedürfen der **Einwilligung bzw. Genehmigung** des anderen Ehegatten (§§ 1365, 1366, 1367 BGB), vgl. hierzu **M 61.1, M 61.2.**

Nach der herrschenden Einzeltheorie sind **zustimmungsbedürftig** nach §§ 1365 ff. BGB auch Rechtsgeschäfte über einzelne Gegenstände, wenn diese das ganze oder nahezu das ganze Vermögen ausmachen (BGH NJW 1984, 609). § 1365 BGB ist auch auf Verfügungen gegen Entgelt anwendbar. 3

Die Einwilligung bzw. Genehmigung des anderen Ehegatten, die grundsätzlich (im Grundbuchrecht fordert allerdings § 29 GBO mindestens die öffentlich beglaubigte Urkunde) keiner Form bedarf, kann, abgesehen vom Fall des § 1366 Abs. 3 BGB, sowohl dem **anderen Ehegatten wie dem Dritten gegenüber erklärt** werden. In notariellen Verträgen empfiehlt sich die Bestimmung, dass der Notar zur Entgegennahme der Genehmigungserklärung bevollmächtigt wird und die Genehmigung mit dem Eingang beim Notar allen Beteiligten als mitgeteilt gelten und rechtswirksam sein soll. Häufig wird auch der Weg gewählt, dass der Ehegatte zugleich für den anderen Ehegatten als Vertreter ohne Vertretungsmacht vorbehaltlich der Genehmigung des Vertretenen die Einwilligung erklärt, wenn der Ehegatte nicht ohnehin an der Urkunde beteiligt wird. 4

Ersetzung der Genehmigung durch das Familiengericht ist möglich (§§ 1365 Abs. 2, 1369 Abs. 2 BGB). 5

Wird die Genehmigung **verweigert**, so ist der Vertrag unwirksam (§ 1366 Abs. 4 BGB). Genehmigung und Verweigerung sind **unwiderruflich** (RGZ 139, 118). 6

Bis zur Genehmigung kann der Dritte den Vertrag unter den Voraussetzungen des § 1366 Abs. 2 BGB widerrufen. Er kann jedoch auf sein **Widerrufsrecht** verzichten. Der Widerruf seinerseits ist unwiderruflich. Die Einwilligung in ein Rechtsgeschäft kann bis zu dessen Vornahme widerrufen werden, § 183 BGB.

Für eine bestimmte Art von Rechtsgeschäften (zB Inkasso oder Kreditgeschäfte) können die Ehegatten sich eine wechselseitige begrenzte **Generaleinwilligung** erteilen (BGH NJW 1977, 622); vgl. **M 61.2.** 7

Die Verfügungsbeschränkungen können durch Ehevertrag **abbedungen** werden. 8

Die Zugewinngemeinschaft besitzt nicht zuletzt aus steuerlichen Gesichtspunkten eine große Attraktivität. Die Zugewinnausgleichsforderung eines Ehegatten wird erb- und schenkungsteuerlich nicht als Zuwendung eingeordnet. Solche Mittel, die einem Ehegatten zur Befriedigung seines Zugewinnausgleichsanspruchs zufließen, unterfallen nicht der Erbschaft- und Schenkungsteuer. Im Fall der Scheidung der Ehe durch den Tod kommt es nach § 5 Abs. 1 ErbStG auch dann zur Freistellung der fiktiven Ausgleichsforderung, wenn tatsächlich ein Zugewinnausgleichsanspruch nicht geltend gemacht wird. Die Freistellung erfolgt in dem Umfang wie ein Ausgleichsanspruch bestünde, wenn der Zugewinnausgleich durchgeführt würde. Kommt es dagegen zur Geltendmachung des Ausgleichsanspruchs, wird der entsprechend gezahlte Betrag nach § 5 Abs. 2 ErbStG ebenfalls freigestellt. Es lassen sich mit der Zugewinngemeinschaft daher ggf. erhebliche Mittel steuerfrei auf den ausgleichsberechtigten Partner transferieren. In jüngeren Urteilen hat sich der BFH mehrfach dazu geäußert, inwieweit Gestaltungen, die Güterstandswechsel allein zur Ausgleichung des Zugewinns vorsehen, die Privilegierung des § 5 Abs. 2 ErbStG genießen. Danach ist die Schaffung der Ausgleichsforderung durch Wechsel des Güterstandes auch dann steuerlich akzeptiert, wenn sofort im Anschluss, ggf. sogar in gleicher Urkunde wieder in den Güterstand der Zugewinngemeinschaft zurückgewechselt wird, die sog. „Güterstandsschaukel" (BFH v. 12.7.2005 – II R 29/02, DStR 2005, 1772). Nicht möglich ist die Anwendung des § 5 Abs. 2 ErbStG in den Fällen, in denen der Zugewinnausgleich im sog. „fliegenden Zugewinnausgleich" erfolgen soll, ein Güterstandswechsel also gerade nicht vorgenommen wird, sondern bloß die Berechnung und Ausgleichung der fiktiven Ausgleichsforderung erfolgt (BFH v. 24.8.2005 – II R 28/02, ZEV 2006, 41). 9

M 61.1 Genehmigung der Vermögensveräußerung[1]

Meine Ehefrau ... hat zu Urkunde des Notars ... in ... vom ... Urk. R. Nr. ... ihr Anwesen[2] ... Fl. Nr. ... der Gemarkung ... an ... verkauft und die Auflassung erklärt. Ich genehmige hiermit aus güterrechtlichen Gründen, § 1365 BGB, alle in vorbezeichneter Urkunde enthaltenen Rechtsgeschäfte meiner Ehefrau.

... (Unterschrift)

(Unterschriftsbeglaubigung[3])

1 § 1366 BGB.

2 Es wird davon ausgegangen, dass das veräußerte Anwesen das wesentliche Vermögen des Ehemannes darstellt.

3 Die Genehmigung ist wie auch die Einwilligung selbst dann nicht formbedürftig, wenn das zu genehmigende Rechtsgeschäft einer bestimmten Form bedarf (KG NJW 1962, 1062), § 182 Abs. 2 BGB. Gegenüber dem Grundbuchamt ist der Nachweis der Genehmigung bzw. Einwilligung jedoch in der Form des § 29 GBO zu führen.

Kosten: *Notargebühr:* 0,2-Gebühr gem. Nr. 25100 KV GNotKG, mindestens 20 Euro, höchstens 70 Euro. Geschäftswert gem. §§ 121, 98 Abs. 1, 47 GNotKG (50 % des Kaufpreises). Bei Fertigung des Entwurfs und Beglaubigung 1,0-Gebühr gem. Nrn. 24101, 2120o Nr. 4 KV GNotKG (§ 92 Abs. 2 GNotKG), Geschäftswert gem. §§ 119, 98 Abs. 1, 47 GNotKG (50 % des Kaufpreises).

M 61.2 Wechselseitige Einwilligung beider Ehegatten

An das Finanzierungsinstitut ...

...

Wir, die unterzeichneten Ehegatten, leben im gesetzlichen Güterstand der Zugewinngemeinschaft gem. §§ 1363 ff. BGB. Zu allen Rechtsgeschäften, die ein Ehegatte mit Ihnen schließen wird oder schon geschlossen hat und zu deren Rechtswirksamkeit nach den gesetzlichen Vorschriften, insbes. nach §§ 1365, 1369 BGB, die Zustimmung des anderen Ehegatten erforderlich ist, gibt dieser hiermit seine Zustimmung.

Diese Erklärung bleibt wirksam, solange sie nicht von einem oder den beiden Ehegatten schriftlich widerrufen wird. Der Widerruf wird mit Eingang der Widerrufserklärung bei Ihnen wirksam und gilt bei Einzelwiderruf nur für den widerrufenden Ehegatten.

... (Unterschriften)

III. Zugewinnausgleich

10 **Zugewinn** ist der Betrag, um den das Endvermögen eines Ehegatten das Anfangsvermögen übersteigt (§ 1373 BGB).

11 **Anfangsvermögen** ist das bei Eintritt des Güterstandes einem jedem der Ehegatten nach Abzug der Verbindlichkeiten gehörende Vermögen, wobei die Verbindlichkeiten über die Höhe des Aktivvermögens hinaus abgezogen werden (§ 1374 Abs. 3 BGB), sodass das Anfangsvermögen durchaus auch negativ sein kann.

Nach Beginn des Güterstandes hinzu erworbenes Vermögen, das von Todes wegen oder mit Rücksicht auf ein künftiges Erbrecht, durch Schenkung oder als Ausstattung auf den betreffenden Ehegatten übergeht, wird nach Abzug der Verbindlichkeiten dem Anfangsvermögen zugerechnet (§ 1374 Abs. 2 BGB).

Endvermögen ist das einem Ehegatten nach Abzug der Verbindlichkeiten bei Beendigung des Güterstandes gehörende Vermögen. Verbindlichkeiten werden auch insoweit abgezogen, als sie das Aktivvermögen übersteigen (§ 1375 Abs. 1 Satz 2 BGB). § 1375 Abs. 2, 3 BGB zählt abschließend dem Endvermögen zur Verhinderung oder Vereitelung des Ausgleiches hinzuzurechnende Beträge auf. 12

§ 1376 BGB ordnet für die **Berechnung des Anfangsvermögens** an, dass hierbei der wirkliche (Verkehrs-)Wert des Vermögens beim Eintritt des Güterstandes bzw. – bei dem Anfangsvermögen hinzuzurechnendem Vermögen – im Zeitpunkt des Erwerbs – ggf. berichtigt um etwaige Geldwertverluste – zugrunde zu legen ist. Bei der **Berechnung des Endvermögens** ist der Wert zum Zeitpunkt der Beendigung des Güterstandes bzw. bei dem Endvermögen hinzuzurechnenden Vermögensminderungen zum Zeitpunkt des Eintritts dieser Vermögensminderung zugrunde zu legen. Entsprechendes gilt für die Bewertung von Verbindlichkeiten. Wird die Ehe geschieden, so tritt für die Berechnung des Zugewinns an die Stelle der Beendigung des Güterstands der Zeitpunkt der Rechtshängigkeit des Scheidungsantrags (§ 1384 BGB). Nach § 1376 Abs. 4 BGB ist ein **land- und forstwirtschaftlicher Betrieb**, der bei der Berechnung des Anfangsvermögens *und* des Endvermögens zu berücksichtigen ist, mit dem **Ertragswert** (§ 2049 Abs. 2 BGB) anzusetzen, wenn der Eigentümer nach § 1378 Abs. 1 BGB in Anspruch genommen wird und eine Weiterführung oder Wiederaufnahme des Betriebs durch den Eigentümer oder einen Abkömmling erwartet werden kann. Käufe nach Eintritt des Güterstands sind mit dem Verkehrswert anzusetzen (Maßfeller DB 1957, 500). 13

Die Gegenüberstellung der Werte des Anfangs- und des Endvermögens erfolgt auf quasi bilanzieller Ebene. Es kommt damit nicht auf das Vorhandensein bestimmter Gegenstände an, sondern allein auf deren Wert, ausgedrückt in einem Geldbetrag.

Die Ehegatten können durch ehevertragliche Vereinbarungen Abweichendes vereinbaren, vgl. Kap. 62.

➲ **Praxistipp:** Wegen der gesetzlichen Vermutung des § 1377 Abs. 3 BGB, nach der im Zweifel Anfangsvermögen nicht bestand, empfiehlt sich die Aufnahme eines **Verzeichnisses des Anfangsvermögens** (s. hierzu **M 61.3**). 14

Bei Beendigung des Güterstandes ist jeder Ehegatte verpflichtet, dem anderen Ehegatten über den Bestand seines Endvermögens **Auskunft** zu erteilen. Jeder Ehegatte kann verlangen, dass er bei der Aufnahme des ihm nach § 260 BGB vorzulegenden Verzeichnisses hinzugezogen und dass der Wert der Vermögensgegenstände und der Verbindlichkeiten ermittelt wird. Auch die Aufnahme durch den Notar kann verlangt werden (§ 1379 BGB). **M 61.3** ist entsprechend verwendbar. 15

Der Zugewinnausgleich wird **rechnerisch** in der Weise vorgenommen, dass für den Fall, dass der Zugewinn des einen Ehegatten den Zugewinn des anderen Ehegatten übersteigt, die Hälfte des Überschusses dem anderen Ehegatten als Ausgleichsforderung zusteht, wobei die Höhe der Ausgleichsforderungen durch den Wert des Vermögens begrenzt wird, das nach Abzug der Verbindlichkeiten bei Beendigung des Güterstandes vorhanden ist (§ 1378 Abs. 1 und 2 BGB). 16

Auf **vorzeitigen Zugewinnausgleich** kann geklagt werden, wenn 17

- die Ehegatten seit mindestens drei Jahren getrennt leben (§ 1385 BGB),
- der andere Ehegatte längere Zeit hindurch die sich aus den ehelichen Verhältnissen ergebenden wirtschaftlichen Verpflichtungen nicht erfüllt hat und zukünftige Erfüllung nicht zu erwarten ist (§ 1386 Abs. 1 BGB),
- der andere Ehegatte ein Rechtsgeschäft ohne die nach § 1365 BGB erforderliche Zustimmung vorgenommen hat oder sein Vermögen durch eine Handlung nach § 1375 Abs. 2 BGB (übermäßige unentgeltliche Zuwendungen an Dritte, Vermögensverschwendung, Handlungen in der Absicht, den Ehegatten zu benachteiligen) vermindert hat und eine erhebliche Gefährdung der künftigen Ausgleichsforderung zu besorgen ist (§ 1386 Abs. 2 BGB), oder
- der andere Ehegatte sich ohne ausreichenden Grund beharrlich weigert, seinen Ehegatten über den Bestand seines Vermögens zu unterrichten (§ 1386 Abs. 3 BGB).

Die Voraussetzungen für die Geltendmachung des vorzeitigen Zugewinnausgleichs sind in den §§ 1385, 1386 BGB erschöpfend aufgezählt. Durch Ehevertrag können jedoch weitere Gründe für die vorzeitige Beendigung des Güterstands vereinbart werden.

17a ➲ **Hinweis:** Nach **hM** kann das Gestaltungsklagerecht aus §§ 1385, 1386 BGB **nicht im Voraus durch Ehevertrag ausgeschlossen oder beschränkt** werden (s. Erman/Kroll-Ludwigs § 1385 BGB Rz. 5, § 1386 BGB Rz. 5 mwN). Richtigerweise ist jedenfalls § 1385 BGB in den Fällen, in denen schon der Zugewinnausgleich im Scheidungsfall ausgeschlossen ist, abdingbar (so auch Grziwotz in Beck'sches Notarhandbuch, B I, Rz. 61) (s. **M 62.11**). Dies muss allerdings für die Tatbestände des § 1386 BGB entsprechend gelten, da das Verlangen auf vorzeitigen Zugewinnausgleich ja gerade zu einer Beendigung des Güterstands zu Lebzeiten führt.

17b ➲ **Praxistipp:** Für die Praxis empfiehlt sich ein Hinweis darauf, dass höchstrichterliche Rechtsprechung zu der Problematik bisher nicht ergangen ist.

18 Vereinbarungen der Ehegatten über den Ausgleich des Zugewinns während des laufenden Scheidungsverfahrens für den Fall der Auflösung der Ehe bedürfen der notariellen Beurkundung (§ 1378 Abs. 3 Satz 2 BGB). Nach der Ehescheidung bedürfen solche Vereinbarungen keiner Form. Vgl. **M 62.4**. Wegen ehevertraglicher Vereinbarungen über den Ausgleich s. Kap. 62.

M 61.3 Aufnahme eines Inventars des Anfangsvermögens

Heute, den ... begab ich, ..., Notar mit dem Amtssitz in ..., mich auf Ansuchen der Eheleute ... in deren Wohnung in ..., wo ich beide Ehegatten antraf.

Sie ersuchten mich um die Aufnahme eines Verzeichnisses[1] *des bei Eintritt des Güterstands der Zugewinngemeinschaft jedem Ehegatten gehörenden Vermögens. Sie erklärten, am ... die Ehe geschlossen zu haben. Der heutige Vermögensstand entspreche dem Vermögensstand am Tage der Eheschließung. Entsprechend den übereinstimmenden Erklärungen der Ehegatten habe ich die jedem Ehegatten zustehenden Vermögensgegenstände und die Verbindlichkeiten jedes Ehegatten aufgenommen, wie sie in der Anlage zu dieser Urkunde aufgeführt sind*[2]*. Unter Zugrundelegung des wirklichen Wertes veranschlagen die Eheleute ... das derzeitige Reinvermögen des Ehemannes auf ... Euro und dasjenige der Ehefrau auf ... Euro.*

Diese Niederschrift wurde den Eheleuten vom Notar samt Anlage vorgelesen, von ihnen genehmigt und eigenhändig unterschrieben[3]*.*

... (Unterschriften der Eheleute und des Notars)

1 Die Richtigkeit des Verzeichnisses des Anfangsvermögens wird im Verhältnis der Ehegatten zueinander vermutet (§ 1377 Abs. 1 BGB). Wird kein Verzeichnis aufgestellt, so wird vermutet, dass das Endvermögen eines Ehegatten seinen Zugewinn darstellt (§ 1377 Abs. 3 BGB). Jeder Ehegatte kann verlangen, dass der andere Ehegatte bei der Aufnahme des Verzeichnisses mitwirkt. Jeder Ehegatte kann die Aufnahme des Verzeichnisses durch einen Notar verlangen (§ 1377 Abs. 2 iVm. § 1035 BGB).

2 Sollen bestimmte Vermögensgegenstände oder bestimmte Verbindlichkeiten nicht zum Anfangsvermögen gerechnet werden oder mit einem anderen als dem wirklichen Wert veranschlagt werden, so stellt dies eine ehevertragliche Vereinbarung dar, sie bedarf der Beurkundung als Ehevertrag nach § 1410 BGB; vgl. hierzu Kap. 64.

3 Soweit keine Willenserklärungen der Beteiligten abgegeben und beurkundet werden, ist die Beurkundung als Tatsachenbeurkundung allein durch den Notar ausreichend.

Kosten: *Notargebühr:* 2,0-Gebühr gem. Nr. 23500 KV GNotKG. Wert gem. § 115 GNotKG (Wert der Gegenstände). S. auch Vorbem. 2.3.5.

M 61.4 Vereinbarung über den Ausgleich des Zugewinns

(Beurkundungsprotokoll[1])

Wir sind rechtskräftig geschieden[2].

Über alle sonstigen Scheidungsfolgen und das Eigentum an allen Vermögensgegenständen haben wir uns bereits verglichen. Wir haben im gesetzlichen Güterstand gelebt.

Wir sind uns über folgende Bewertung unseres jeweiligen Anfangs- und Endvermögens und die daraus resultierende Berechnung der Zugewinnausgleichsforderung der Ehefrau einig:

Aktivvermögen des Ehemannes bei Eheschließung	*120 000 Euro*
Schulden des Ehemannes bei Eheschließung	*20 000 Euro*
Anfangsvermögen des Ehemannes	*100 000 Euro*
Erbschaft des Ehemannes von seiner Mutter nach Eheschließung	*50 000 Euro*
Summe	*150 000 Euro*
Aktivvermögen des Ehemannes bei Zustellung des Scheidungsantrags am …	*300 000 Euro*
Schulden des Ehemannes zu diesem Zeitpunkt	*50 000 Euro*
Endvermögen des Ehemannes	*250 000 Euro*
Abzug des Anfangsvermögens	*150 000 Euro*
***erzielter Zugewinn** des Ehemannes*	*100 000 Euro*
Aktivvermögen der Ehefrau bei Eheschließung	*10 000 Euro*
Schulden der Ehefrau bei Eheschließung	*15 000 Euro*
Anfangsvermögen der Ehefrau	*0 Euro*[3]
Aktivvermögen der Ehefrau bei Beendigung der Zugewinngemeinschaft	*3 000 Euro*
Ihre Schulden zu diesem Zeitpunkt	*1 000 Euro*
Zugewinn der Ehefrau	*2 000 Euro*

Nach Abzug des Zugewinnes der Ehefrau iHv. 2000 Euro vom Zugewinn des Ehemannes iHv. 100 000 Euro verbleibt ein Überschuss des Ehemannes iHv. 98 000 Euro, woraus sich eine Ausgleichsforderung der Ehefrau von 49 000 Euro errechnet.

Für die Zahlung der Ausgleichsforderung vereinbaren wir folgende Zahlungsweise:

Die Ausgleichsforderung ist in vier gleichen Jahresraten von jeweils 12 250 Euro fällig, jeweils am 1.1. jeden Jahres, beginnend vom kommenden Jahresersten ab, zu bezahlen. Die Ausgleichsforderung ist von heute ab mit jährlich 3 %-Punkten über dem jeweiligen Basiszinssatz zu verzinsen. Die Zinsen sind jährlich mit den Raten zur Zahlung fällig.

Wegen vorstehender Zahlungsverpflichtung unterwirft sich der Ehemann der sofortigen Zwangsvollstreckung aus dieser Urkunde in sein gesamtes Vermögen. Die Ehefrau kann sich jederzeit eine vollstreckbare Ausfertigung dieser Urkunde erteilen lassen.

Wir tragen die Kosten dieser Beurkundung je zur Hälfte und bitten um die Erteilung einer Ausfertigung für jeden von uns.

… (Unterschriften)

(Unterschrift des Notars)

1 Beurkundung erforderlich, sofern Unterwerfung unter die sofortige Zwangsvollstreckung erwünscht.

2 Vor der Scheidung bedarf eine entsprechende Erklärung zwingend der Beurkundung, § 1378 Abs. 3 Satz 2 BGB.

3 Ein negatives Anfangsvermögen kann nur im Wege eines Ehevertrags Berücksichtigung finden, § 1374 Abs. 1 BGB.

Kosten: *Notargebühr:* 2,0-Gebühr gem. Nr. 21100 KV GNotKG, mindestens 60 Euro. Geschäftswert gem. §§ 97 Abs. 1, 100 Abs. 2 GNotKG (Ausgleichsbetrag).

IV. Überleitung des Güterstands bei vor dem 1.7.1958 geschlossenen Ehen

19 S. hierzu die Ausführungen in der 12. Aufl., Kap. 60 V.

V. Vertriebene und Flüchtlinge; Beitrittsgebiet

20 Zum Ehegüterstand von Vertriebenen und Flüchtlingen s. das Gesetz über den ehelichen Güterstand von Vertriebenen und Flüchtlingen v. 4.8.1969, BGH MDR 1982, 653.

21 S. zu den Besonderheiten des gesetzlichen Güterstands im Beitrittsgebiet die Ausführungen in der 14. Aufl., Kap. 60 VII.

VI. Steuerfolgen

22 **Einkommensteuerlich** sind jedem Ehegatten die Erträge des jeweiligen eigenen Vermögens getrennt zuzurechnen (BFH v. 25.2.1988, BStBl. II 1988, 827). Ein späterer **Zugewinnausgleich** gehört **nicht** zu den **steuerlichen Einkünften, vielmehr erfolgt dieser auf der sogenannten „privaten Vermögensebene"**. Zinsen für die zur Erfüllung einer Zugewinnausgleichsforderung aufgenommene Darlehensschuld sind daher auch nicht insoweit als Betriebsausgaben abziehbar, als Betriebsvermögen Berechnungsgrundlage für die Zugewinnausgleichsschuld ist (BFH v. 27.7.1994, BFH/NV 1995, 287).

23 Die Erfüllung einer Zugewinnausgleichsforderung durch **Übertragung des Eigentums an Vermögenswerten** führt zu einem entgeltlichen Erwerb des anspruchsberechtigten Ehegatten und zu einer Veräußerung des zur Erfüllung des Zugewinnausgleichsanspruchs verpflichteten Ehegatten. Die **Übertragung** eines **Grundstücks innerhalb von zehn Jahren** von dem Eigentümer an einen Dritten zur Tilgung einer dem Dritten – gleich aus welchem Rechtsgrund – zustehenden Geldforderung an Erfüllungs statt kann daher zu einem privaten **Veräußerungsgeschäft** iSv. § 23 Abs. 1 Satz 1 Nr. 1 EStG führen.

24 Überlässt ein Steuerpflichtiger dem geschiedenen Ehegatten ein **Grundstück zur Nutzung**, um dadurch dessen Zugewinnausgleichsforderung zu erfüllen, stellt dies eine entgeltliche Nutzungsüberlassung dar. Denn damit leistet der Steuerpflichtige nicht nur an Erfüllungs statt, sondern erwirtschaftet zugleich am Markt Erträge, indem er den Nutzungswert des Grundstücks dazu einsetzt, seiner Verpflichtung auf Zugewinnausgleich nachzukommen. Er erfüllt auf die Dauer der Nutzungsüberlassung die gegen ihn gerichtete Ausgleichsforderung nach § 1378 BGB und erzielt mit der steten Verminderung seiner Schuld Einnahmen, die nach § 11 Abs. 1 EStG in den Jahren der Nutzungsüberlastung pro rata temporis zufließen (BFH v. 8.3.2006 – IX R 34/04, BFH/NV 2006, 1280).

25 **Erbschaftsteuerlich** bleibt der Zugewinnausgleichsanspruch für den begünstigten Ehegatten bzw. den eingetragenen Lebenspartner bei gleichgeschlechtlichen Partnerschaften (iSd. § 6 des Lebenspartnerschaftsgesetzes) unter den Voraussetzungen des § 5 ErbStG steuerfrei. Der Betrag, den der überlebende Ehegatte oder der überlebende Lebenspartner nach Maßgabe des § 1371 Abs. 2 BGB als Ausgleichsforderung aufgrund der Beendigung des Güterstandes der Zugewinngemeinschaft durch Tod geltend machen könnte, gilt **nicht** als (steuerpflichtiger) **Erwerb iS des § 3 ErbStG**. Der Zugewinnausgleich ist in diesen Fallgestaltungen individuell über die Bestimmungen der §§ 1373 bis 1383, 1390 BGB zu ermitteln, nicht durch den pauschalen Zuschlag zum gesetzlichen Erbteil um ein Viertel der Erbschaft (vgl. auch § 1371 Abs. 1 BGB). In der Sache erfolgt insoweit **rein für steuerliche Zwecke** – zivilrechtlich dürfte insoweit § 1371 Abs. 1 BGB im Wege der Erhöhung des Erbrechtes um ein Viertel des Erbes zum Zuge kommen – die **fiktive Ermittlung der Ausgleichsforderung** für die tatsächliche Dauer der Zugewinngemeinschaft, um insoweit Vermögenszugänge von der Besteuerung auszunehmen.

Der durch einen Ehevertrag unter ausdrücklich erklärtem Fortbestand des Güterstands der Zugewinngemeinschaft begründete vorzeitige Zugewinnausgleichsanspruch (sog. „fliegender Zugewinnausgleich") ist dagegen keine nicht steuerbare Ausgleichsforderung iSd. § 5 Abs. 2 ErbStG, sondern eine schenkungsteuerpflichtige freigiebige Zuwendung gem. § 7 Abs. 1 Nr. 1 ErbStG (FG Köln v. 4.6.2002, EFG 2002, 1254). Denn § 5 Abs. 2 ErbStG nimmt nur im Fall der Beendigung des Güterstands der Zugewinngemeinschaft die dabei entstehende Ausgleichsforderung des einen Ehegatten von der Besteuerung aus, und eine rechtliche Verpflichtung zur Zahlung des Zugewinnausgleichs entsteht nach § 1363 Abs. 2 Satz 2 BGB erst mit der Beendigung des Güterstands. Auch in den Fällen des vorzeitigen Zugewinnausgleichs bei Getrenntleben der Ehegatten oder in den im Gesetz genannten sonstigen Fällen (§§ 1385 ff. BGB) endet die Zugewinngemeinschaft kraft Gesetzes mit der Rechtskraft des Urteils. Vereinbaren die Ehegatten freiwillig einen vorzeitigen Ausgleich des bisher erzielten Zugewinns, ohne den gesetzlichen Güterstand zu beenden, ist die dadurch begründete Ausgleichsforderung als steuerbare unentgeltliche Zuwendung gem. § 7 Abs. 1 Nr. 1 ErbStG zu erfassen. Wird der Güterstand später durch Tod eines Ehegatten oder zu Lebzeiten beendet und die im Wege des vorweggenommenen Zugewinnausgleichs erhaltene Zuwendung auf die Ausgleichsforderung angerechnet, § 1380 Abs. 1 BGB, erlischt insoweit gem. § 29 Abs. 1 Nr. 3 ErbStG die Steuer mit Wirkung für die Vergangenheit (BFH v. 2.3.1994, BStBl. II 1994, 366).

Kapitel 62 Abwandlung des gesetzlichen Güterstands durch Ehevertrag

Literatur: S. die Literaturhinweise zu Kap. 59.

I. Reichweite und Grenzen der Gestaltungsfreiheit

Die Ehegatten können ihre güterrechtlichen Verhältnisse durch **Ehevertrag** regeln, insbesondere 1
auch nach der Eingehung der Ehe den Güterstand aufheben oder ändern (§ 1408 Abs. 1 BGB).

Dabei kann der gesetzliche Güterstand aufgehoben und einer der Wahlgüterstände vereinbart werden, es ist aber auch möglich, Modifikationen eines gesetzlichen Güterstandes zu vereinbaren, soweit dabei die Grenzen des Systems der Güterstände nicht durchbrochen werden. Nicht möglich ist die Bestimmung nicht mehr geltenden oder ausländischen Rechts (§ 1409 BGB), ein Wahlrecht besteht in Kollisionsfällen (Kap. 64). In der Praxis wird häufig der Modifizierung des gesetzlichen

Güterstands der Vorzug vor der Wahl eines vertraglichen Wahlgüterstands gegeben. Schwerpunkte einer Modifizierung sind zum einen die ganze oder teilweise Aufhebung der Verfügungsbeschränkungen (vgl. hierzu **M 62.1**), zum anderen Vereinbarungen über den Zugewinnausgleich.

2 Nach der **Rechtsprechung des BGH zu Eheverträgen** (s. vor allem BGH FamRZ 2004, 601), die unter dem Stichwort „**Kernbereichslehre**" (s. dazu eingehend Kap. 67) bekannt ist, besteht anders als im Recht des nachehelichen Unterhalts und des Versorgungsausgleichs beim Güterstand die größte Vereinbarungsfreiheit. Eine gerichtliche Kontrolle findet im Regelfall nicht statt. Ausgeschlossen ist sie in krassen Fällen aber nicht, sodass die Grenzen der Sittenwidrigkeit nicht überschritten werden dürfen. Im Gesamtkonzept eines einen der Ehegatten krass benachteiligenden Ehevertrags, der objektiv wie subjektiv von der Ausnutzung ungleicher Verhandlungspositionen geprägt ist, kann auch eine Güterstandsvereinbarung der Wirksamkeitskontrolle unterworfen sein.

II. Fallgruppen

1. Einschränkungen des Zugewinnausgleichs auf den Fall des Todes

3 Vereinbarungen über die Einschränkung des Zugewinnausgleichs auf den Fall des Todes (s. **M 62.11**) sollen Vorsorge davor treffen, dass Ansprüche auf Zugewinnausgleich beim Scheitern der Ehe (= lebzeitige Scheidung) entstehen, gleichzeitig aber für den Fall des Erfolgs der Ehe („bis dass der Tod Euch scheidet") die Vorzüge der Zugewinngemeinschaft in Form der Erbrechtsverstärkung des Ehegatten und dadurch bedingter Verringerung etwaiger Pflichtteilsrechte anderer Verwandter sowie der erbschaftssteuerliche Vorteil des § 5 Abs. 1 ErbStG erhalten bleiben. Solche Verzichte für den Fall der lebzeitigen Scheidung können ggf. mit Abfindungsvereinbarungen verknüpft werden.

2. Herausnahme von einzelnen Vermögensgegenständen oder von Betriebsvermögen

4 Vereinbarungen über die Herausnahme einzelner Vermögensgegenstände oder die Herausnahme von Betriebsvermögen aus dem Zugewinnausgleich empfehlen sich häufig bei folgenden Fallgruppen:

- Es ist **erhebliches Anfangsvermögen** vorhanden, bzgl. dessen mit außerordentlichen, über die Inflation hinausgehenden **Wertsteigerungen** zu rechnen ist, die dem anderen Ehegatten nicht zugute kommen sollen.
- Erhebliches Anfangsvermögen wirft **Erträge** ab, die dem anderen Ehegatten nicht zugute kommen sollen.
- Es ist mit **Erbschaften und Schenkungen** zu rechnen (privilegierter Erwerb gem. § 1374 Abs. 2 BGB), bei denen Wertsteigerungen und erhebliche Erträge wahrscheinlich sind.
- Ein Ehepartner ist **unternehmerisch** tätig. Hier soll häufig die mit der Einbeziehung des Betriebs in den Zugewinnausgleich verbundene Liquiditätsbelastung vermieden werden. Außerdem stellt sich das Problem des zu berücksichtigenden Goodwill, der nur bei Verkauf realisierbar wäre und Bewertungsprobleme aufwirft.

3. Bedingungen und Befristungen

5 Gerade im Bereich zunächst kinderloser Doppelverdiener-Ehen kann es sich anbieten, vom Mittel der auflösenden Bedingung bzw. Befristung auch im Bereich der Güterstände Gebrauch zu machen. So kann insbesondere der Ausschluss des Zugewinns bei lebzeitiger Scheidung unter die auflösende Bedingung der Geburt von gemeinsamen Abkömmlingen, der Berufsaufgabe aus ehebedingten Gründen oder die Überschreitung einer bestimmten Ehedauer gestellt werden. Ferner ist (analog zum Versorgungsausgleich s. Kap. 69) die Befristung der ausgleichspflichtigen Ehezeiten denkbar.

4. Gestaltungsüberlegungen

6 Bei der Herausnahme einzelner Vermögensgegenstände aus dem Zugewinnausgleich ist zu beachten, dass **Verbindlichkeiten**, die sich auf die vom Zugewinnausgleich ausgenommenen Gegenstände beziehen, von der Berechnung auszunehmen sind. Zu regeln ist auch der Fall der **Veräußerung**

oder **Vernichtung** der ausgenommenen Gegenstände; zB ob aus dem Verkauf herrührende **Surrogate** ebenfalls ausgenommen sein sollen. Weiter bedarf es der **Regelung**, wie Verwendungen aus dem ausgleichspflichtigen Vermögen und vom ausgleichsfreien Vermögen herrührende **Erträge** zu behandeln sind. Zu bedenken ist auch der Fall, dass die Zugewinnausgleichsforderung nicht aus ausgleichspflichtigem Vermögen beglichen werden kann. Das ausgenommene Vermögen könnte insoweit als vorhandenes Vermögen iSd. § 1378 Abs. 2 BGB fingiert werden. Die Herausnahme von Vermögensgegenständen aus dem Zugewinnausgleich kann dazu führen, dass der andere Ehegatte, der ohne die ausgenommenen Gegenstände ausgleichsberechtigt wäre, ausgleichspflichtig wird. Dies kann durch die in **M 62.4** unter Nr. 6 getroffene Vereinbarung verhindert werden. Zu bedenken ist ferner, ob nicht schon die durch Herausnahme bestimmter Vermögensgegenstände nur auf Seiten eines Partners bewirkte Quotenverschiebung über das Ziel des Unternehmensschutzes hinausschießt und nicht besser der Unternehmenswert auf Seiten beider Partner neutralisiert werden sollte, sodass zwar der Unternehmenswert nicht berührt wird, auf Ebene des alsdann zur Bewertung stehenden Privatvermögens der Vorteil des unternehmerisch tätigen Partners aber entfällt (s. **M 62.5**). Allerdings können dann wieder Bewertungsprobleme auftauchen. Der zivilrechtliche Verwendungsbegriff entspricht nicht dem betriebswirtschaftlichen Aufwandsbegriff, auch die Schuldentilgung muss berücksichtigt werden. Zu extensiv sollte die Gestaltung nicht genützt werden, da sie dann nicht mehr praktikabel ist. Um bei längerer Ehedauer die Entwicklung der verschiedenen Vermögensmassen noch beurteilen zu können, sollten entsprechende Aufzeichnungspflichten vorgesehen werden. Die Gestaltung empfiehlt sich in der Regel nur, wenn die Eheleute bereit und in der Lage sind, notwendige Aufzeichnungen zu führen.

Bei der Herausnahme von Betriebsvermögen aus dem Zugewinnausgleich ergibt sich ein **Gestaltungsspielraum** des Unternehmer-Ehegatten, was wiederum Missbrauchsgefahren in sich birgt. 7
Probleme ergeben sich auch bei der Abgrenzung betriebsbedingter von privat bedingten Zahlungsströmen. Da der Betriebsvermögensbegriff ein steuerrechtlicher Begriff ist, ergeben sich zivilrechtlich oft Abgrenzungsprobleme.

Ist der gänzliche **Ausschluss des Zugewinnausgleichs**, beispielsweise wegen erheblicher Mitwirkung des Partners im Betrieb des anderen, **nicht angemessen**, kann über Modifikationen in anderer Form nachgedacht werden. 8
So kann insbesondere die Ausgleichsquote herabgesetzt werden, um dem nur anteiligen Mitwirken des Partners an der Vermögensbildung oder – gerade bei Kleinbetrieben – dem nach Trennung durch Ausscheiden eines „Eigentümer-Mitarbeiters" regelmäßig eintretenden Wertverlust Rechnung zu tragen. Möglichkeiten der Schonung betrieblichen Vermögens ergeben sich auch dadurch, dass von der gesetzlichen Regelung des § 1378 Abs. 1, § 272 Abs. 1 BGB, wonach die Ausgleichsforderung sofort fällig ist, zur Liquiditätsschonung abgewichen wird, indem der Ausgleichsanspruch in mehreren Raten ausgezahlt wird.

III. Erb- und Pflichtteilsrechte Dritter; Form, Vollmacht

Ehevertragliche Vereinbarungen, die die Rechtsstellung des überlebenden Ehegatten über die gesetzliche Regelung des § 1371 BGB hinaus verbessern, dürfen nicht in Erb- und Pflichtteilsrechte Dritter eingreifen. 9
Gegebenenfalls ist eine Verfügung von Todes wegen anzuraten. UU ist auch eine Umdeutung möglich.

➲ **Hinweis:** Der Ehevertrag muss bei gleichzeitiger Anwesenheit beider Vertragsteile vor einem Notar geschlossen werden (§ 1410 BGB), andernfalls ist er nichtig. 10
Handeln eines gesetzlichen Vertreters oder eines auch formlos Bevollmächtigten ist ausreichend.

M 62.1 Ehevertraglicher Ausschluss der Verfügungsbeschränkungen

Ehevertrag

Vor mir, Notar . . . in . . .
erschienen

. . .,

ausgewiesen durch Vorlage ihres Bundespersonalausweises.

Die Erschienenen erklärten:

Wie schließen den folgenden Ehevertrag:

Wir haben am ... in ... die beiderseits erste Ehe geschlossen. Wir sind deutsche Staatsangehörige und waren dies auch schon bei unserer Eheschließung. Kinder hat und hatte keiner von uns. Einen Ehevertrag haben wir bislang nicht geschlossen; wir leben im gesetzlichen Güterstand der Zugewinngemeinschaft. Bei diesem Güterstand soll es grundsätzlich verbleiben.

Wir vereinbaren jedoch den gegenseitigen Verzicht auf die Einschränkung der Verfügungsmacht über Vermögen im Ganzen und über Haushaltsgegenstände (§§ 1365, 1369 BGB). Jeder von uns kann somit über sein Vermögen im Ganzen und über Haushaltsgegenstände frei verfügen, ohne dass es der Einwilligung des anderen Ehegatten bedarf.

Die Eintragung in das Güterrechtsregister wird beantragt. Der Notar soll den Eintragungsantrag jedoch nur auf ausdrücklichen schriftlichen Wunsch eines von uns stellen.

(Schlussbestimmungen)

Vorgelesen vom Notar, von den Beteiligten genehmigt und eigenhändig unterschrieben.

... (Unterschriften)

... (Unterschrift des Notars)

Kosten: *Notargebühr:* 2,0-Gebühr gem. Nr. 21100 KV GNotKG, mindestens 60 Euro. Geschäftswert gem. §§ 97 Abs. 1, 100 Abs. 1, 51 Abs. 2 GNotKG (30 % des Reinvermögens).

Gerichtsgebühr: Bei Eintragung in das Güterrechtsregister 50 Euro gem. Nr. 13201 KV GNotKG.

M 62.2 Ehevertragliche Festsetzung des Wertes des Anfangsvermögens[1] und Limitierung des Endvermögens[2]

*(Urkundenrahmen wie **M 62.1**)*

Ehevertraglich vereinbaren wir unter Beibehaltung des gesetzlichen Güterstands der Zugewinngemeinschaft im Übrigen, dass für den Fall der Beendigung des Güterstands auf andere Weise als durch den Tod eines Ehegatten[3]

a) bei der Berechnung des Zugewinnausgleichs das beiderseitige Anfangsvermögen unabhängig vom tatsächlichen Bestand und Wert des Anfangsvermögens beim Ehemann mit 100 000 Euro und bei der Ehefrau, die derzeit mit erheblichen Verbindlichkeiten belastet ist, mit minus 50 000 Euro veranschlagt werden soll. Die Regelung des § 1378 Abs. 2 BGB wird dahingehend

1 Durch die Wertfestsetzung des Anfangsvermögens kann späterer Streit über diesen Wert verhindert werden. Außerdem wird die Vermutung des § 1377 Abs. 3 BGB widerlegt. Eine – absichtliche – Überbewertung des Anfangsvermögens führt zu einer Verringerung des Zugewinns des betreffenden Ehegatten; eine Unterbewertung führt dazu, dass auch ein Teil dessen Anfangsvermögens dem Zugewinnausgleich unterworfen wird. Eine Unterbewertung kann vor allem in den heute nicht seltenen Fällen, dass die Ehegatten bereits vorehelich längere Zeit zusammen gelebt und gewirtschaftet haben, gleichzeitig aber nicht die gesetzliche Vermutung des § 1377 Abs. 3 BGB greifen soll, sinnvoll sein.

2 Durch eine Limitierung des Endvermögens kann der Zugewinnausgleich nach oben begrenzt werden. Es besteht keine Notwendigkeit beide Vereinbarungen zu koppeln.

3 Eine Ausweitung der Klausel auch auf den Fall der Scheidung durch Tod macht nur dann Sinn, wenn die Rechte des Ehepartners auch in diesem Fall beschränkt werden sollen, wie dies etwa bei Spätehen mit mindestens einseitig vorhandenen vorehelichen Kindern oftmals gewünscht wird. Erbschaftsteuerlich kann die Klausel keine Verbesserung bringen, da eine durch sie herbeigeführte – rein schuldrechtlich vereinbarte Abweichung zwischen den Ehegatten zur – Erhöhung des Ausgleichsanspruchs im Rahmen des § 5 ErbStG keine Berücksichtigung findet (vgl. insoweit auch § 5 Abs. 1 Satz 2 ErbStG), während eine Verringerung der Quote unter Umständen nachteilig sein kann.

abbedungen, dass ein Zugewinnausgleichsanspruch nicht auf das vorhandene Vermögen beschränkt, also sogar dann geschuldet ist, wenn das Vermögen bei Beendigung des Güterstandes weiter negativ sein sollte.[4] *Der Notar hat darauf hingewiesen, dass eine Vollstreckung in diesem Fall erschwert ist,*

und

b) das Endvermögen jedes Ehegatten nach den folgenden Vereinbarungen begrenzt wird:

- *Das Endvermögen jedes Ehegatten ist bei der Berechnung des Zugewinns mit höchstens ... Euro anzunehmen.*
- *Hinzuzurechnen ist jedoch der Wert desjenigen, was dem jeweiligen Anfangsvermögen gem. § 1374 Abs. 2 BGB hinzuzurechnen ist.*

...

4 Obwohl das Gesetz nunmehr die Berücksichtigung negativen Anfangsvermögens im Zugewinnausgleich vorsieht, § 1374 Abs. 3 BGB, ist der Zugewinnausgleichsanspruch nach § 1378 Abs. 2 BGB weiter begrenzt auf das bei Beendigung des Güterstandes vorhandene Vermögen. Hat der Ehegatte wegen hoher Einkünfte während der Ehe aber Schulden in größerem Umfang getilgt und erzielt auch weiter hohes Einkommen, kann es angezeigt sein, den Partner trotz weiter negativen Vermögens am Zugewinn zu beteiligen.

Kosten: *Notargebühr:* 2,0-Gebühr gem. Nr. 21100 KV GNotKG, mindestens 60 Euro. Geschäftswert gem. §§ 97 Abs. 1, 100 Abs. 1 GNotKG.

M 62.3 Vereinbarung über die Bewertung einzelner Gegenstände des Anfangs- und Endvermögens[1]

*(Urkundenrahmen wie **M 62.1**)*

... Wir vereinbaren abweichend von der gesetzlichen Regelung der Zugewinngemeinschaft, dass sich die Bewertung unseres jetzigen Anfangs- und späteren Endvermögens bei der Berechnung des Zugewinns nach den heute[2] *für die Erbschaft- und Schenkungsteuer geltenden Bewertungsgrundsätzen richten soll. Dies gilt jedoch nur für folgende Vermögensgegenstände:*

...

1 Die Klausel vermeidet Streit über Bewertungsfragen.

2 Eine dynamische Verweisung auf die jeweils geltende Rechtslage ist nicht zu empfehlen, da sich die Gesetzgebung ändern könnte.

Kosten: *Notargebühr:* 2,0-Gebühr gem. Nr. 21100 KV GNotKG, mindestens 60 Euro. Geschäftswert gem. §§ 97 Abs. 1, 100 Abs. 3 GNotKG (nur die betroffenen Vermögenswerte).

M 62.4 Herausnahme einzelner Vermögensgegenstände und des Betriebsvermögens aus dem Zugewinn[1]

*(Urkundenrahmen wie **M 62.1**)*

1. Hinsichtlich des ehelichen Güterrechts soll es grundsätzlich beim gesetzlichen Güterstand verbleiben. Jedoch sollen die im anliegenden, mitverlesenen und einen Bestandteil der Urkunde bildenden Verzeichnis aufgeführten Vermögensgegenstände des Anfangsvermögens jedes Ehegatten

1 S. zu Zweck und Risiken dieser Gestaltung Rz. 7.

bei Beendigung des Güterstandes aus anderen Gründen als dem Tod[2] eines Ehegatten beim Zugewinnausgleich in keiner Weise berücksichtigt werden. Sie sollen weder zur Berechnung des Anfangsvermögens noch des Endvermögens des jeweiligen Ehegatten hinzugezogen werden. Dasselbe gilt für zukünftigen privilegierten Erwerb jedes Ehegatten von Todes wegen oder mit Rücksicht auf ein künftiges Erbrecht, durch Schenkung oder Ausstattung. Auch die diese Gegenstände betreffenden Verbindlichkeiten, etwa Grundpfanddarlehen bei Grundstücken, sollen im Zugewinnausgleich keine Berücksichtigung finden.

2. Die Ehefrau betreibt zusammen mit der Kauffrau ... unter der Firma ... OHG ein ... (Gewerbebetrieb). Der Ehemann betreibt unter der Firma ... einen ihm gehörenden ... (Gewerbebetrieb). Die Eheleute vereinbaren, dass auch jegliches Betriebsvermögen im steuerlichen Sinne eines Ehegatten, einschließlich der Verbindlichkeiten, sowie sämtliche Beteiligungen an (Handels-)Gesellschaften, einschließlich des diesen Gesellschaften zur Nutzung oder als Darlehen zur Verfügung gestellten Vermögens, in vorbezeichneter Weise vom Zugewinnausgleich ausgenommen werden soll. Als Betriebsvermögen im vorstehenden Sinne gilt nur solches Vermögen, das ertragsteuerlich die steuerliche Betriebsvermögenseigenschaft erfüllt, einschließlich Sonderbetriebsvermögen. Hinzu treten wesentliche Beteiligungen an Kapitalgesellschaften, bei denen der jeweilige Ehegatte unternehmerischen Einfluss ausübt, was jedenfalls aber nicht ausschließlich dann anzunehmen ist, wenn die Beteiligung ... % des Kapitals der Gesellschaft erreicht oder übersteigt. Nicht Betriebsvermögen in diesem Sinne sind ausschließlich qua Rechtsform (vermögensverwaltende GmbH & Co KG uÄ.) steuerlich als Unternehmen qualifizierte Beteiligungen. Gleiches gilt für im Übrigen nicht unternehmerisch genutztes Grundvermögen, das nur und ausschließlich wegen des Überschreitens der Drei-Objekt-Grenze als einem gewerblichen Grundstückshandel zugehörig qualifiziert wird; für solches Grundvermögen wird die Betriebsvermögenseigenschaft im Sinne dieser Vereinbarung nur dann angenommen, wenn der betreffende Ehegatte dies bei dessen Erwerb bereits in mindestens schriftlicher Form dem anderen Ehegatten gegenüber erklärt hat. Sind Vermögensgegenstände steuerlich teilweise als Betriebsvermögen zu qualifizieren (beispielsweise gemischt genutzte Grundstücke) sind diese mit der entsprechenden Quote vom Zugewinnausgleich ausgenommen.

3. Auch Surrogate dieser aus dem Zugewinnausgleich herausgenommenen Gegenstände und Anteile sollen nichtausgleichspflichtiges Vermögen darstellen. Sie werden also bei der Berechnung des Endvermögens nicht berücksichtigt. Die Eheleute sind einander verpflichtet, über derartige Ersatzgegenstände ein Verzeichnis anzulegen und fortzuführen. Auf Verlangen hat diese Fortführung in öffentlich beglaubigter Form zu erfolgen. Werden bisher dem Betriebsvermögen zugehörige Gegenstände direkt oder in Form etwaiger Surrogate in das Privatvermögen überführt, unterfallen diese dem Zugewinnausgleich.

4. Erträge der vom Zugewinnausgleich ausgenommenen Vermögensgegenstände können auf diese Gegenstände verwendet werden, ohne dass dadurch für den anderen Ehegatten Ausgleichsansprüche entstehen. Dazu können etwaige Erträge auch auf separaten Konten angespart werden. Macht jedoch ein Ehegatte aus seinem sonstigen Vermögen Verwendungen auf die vom Zugewinnausgleich ausgenommenen Gegenstände, so werden diese Verwendungen dem Endvermögen des Eigentümers des Gegenstandes hinzugerechnet. Sie unterliegen also, ggf. um den Geldwertverfall berichtigt, dem Zugewinnausgleich. Entsprechendes gilt für Verwendungen des anderen Ehegatten

2 Soll die Möglichkeit des Ehegatten, im Todesfall die Nachlassplanung des anderen dadurch zu stören, dass der Zugewinnausgleich nach § 1371 Abs. 2 BGB gefordert wird, ausgeschlossen sein, muss hier der Ausschluss auch für den Todesfall vorgesehen werden. Zu Recht weist Langenfeld (Eheverträge, Rz. 469) allerdings entgegen anderer Stimmen in der Literatur (Münch Rz. 556; Wegmann, Eheverträge, S. 66; in den steuerrechtlichen Kommentierungen ebenso, s. Meincke § 5 ErbStG Rz. 26) darauf hin, dass durch eine solche Gestaltung möglicherweise das Privileg des § 5 ErbStG gefährdet wird. Der Wortlaut des § 5 Abs. 1 ErbStG deckt zwar diese Gestaltung; führt man sich allerdings vor Augen, dass § 5 ErbStG hinsichtlich des Schutzes der Ausgleichsforderung im Kern deklaratorischer und nicht konstitutiver Natur ist, da es sich beim Zugewinnausgleich nicht um eine freigiebige Zuwendung, sondern um einen echten Anspruch des Partners handelt, dann muss sich jede Gestaltung, die den Anspruch des Berechtigten mindert, hinsichtlich der den Anspruch überschießenden Beträge entgegen halten lassen, dass der Schutzzweck des § 5 ErbStG nicht erfüllt sei. Entsprechende Gestaltungen sollten immer mit entsprechendem Hinweis erfolgen.

auf die vom Zugewinnausgleich ausgenommenen Vermögensgegenstände. Ausgleichspflichtig ist auch die Tilgung von auf dem ausgleichsfreien Vermögen lastenden Schulden, soweit diese Tilgungsleistungen nicht aus Erträgen des ausgleichsfreien Vermögens geleistet werden. Sind Erträge ausgleichsfreien Vermögens allerdings in das sonstige Vermögen überführt worden, insbesondere also nicht auf einem separaten Konto gebucht oder – bei Betriebsvermögen – im betrieblichen Bereich verblieben, sind diese dem ausgleichspflichtigen Vermögensbereich zuzurechnen und zwar auch dann, wenn diese später wieder für ausgleichsfreies Vermögen verwendet oder sonst in den betrieblichen Bereich überführt werden.

5. Zur Befriedigung der sich hieraus etwa ergebenden Zugewinnausgleichsforderung gilt das vom Zugewinnausgleich ausgenommene Vermögen im Sinne von § 1378 Abs. 2 BGB als vorhandenes Vermögen[3].

6. Ein Ausgleichsanspruch eines Ehegatten soll im Übrigen nur dann und insoweit bestehen, als er auch unter Berücksichtigung des vom Zugewinnausgleich ausgenommenen Vermögens bestehen würde[4].

3 Mit der Herausnahme von Gesellschaftsanteilen soll meist den zu erwartenden Bewertungsproblemen aus dem Weg gegangen werden. Dies könnte alternativ auch durch eine Vereinbarung über die Bewertung dieser Anteile erreicht werden. Oft soll auch die Befriedigung von Ausgleichsansprüchen aus dem Gesellschaftsanteil ausgeschlossen werden; die Formulierung könnte etwa lauten: *„Die Befriedigung einer Ausgleichsforderung des Ehemanns aus dem Gesellschaftsanteil ist ausgeschlossen."* Der Ausschluss bestimmter Vermögensgegenstände vom Zugewinnausgleich kann dazu führen, dass ein Ehegatte ausgleichspflichtig wird, obwohl er bei Einbeziehung des ausgeschlossenen Vermögensgegenstandes ausgleichsberechtigt wäre. Im Beispielsfall könnte dies etwa dadurch verhindert werden, dass die Ehefrau ihrerseits auf jegliche Zugewinnausgleichsansprüche verzichtet. Verzichtet sie jedoch nur insoweit, als diese Ansprüche aus der Herausnahme der Gesellschaftsanteile aus der Zugewinnberechnung resultieren, so können wiederum Bewertungsprobleme auftreten.

4 Durch diese Klausel wird verhindert, dass der von der Herausnahme der Vermögensgegenstände profitierende Partner selbst zugewinnausgleichsberechtigt wird. Soll noch ein größeres Maß an Gerechtigkeit erzielt werden, ließe sich auch – unter Inkaufnahme von möglichem Bewertungsstreit – wie unter **M 62.5** formulieren.

Kosten: *Notargebühr:* 2,0-Gebühr gem. Nr. 21100 KV GNotKG, mindestens 60 Euro. Geschäftswert gem. §§ 97 Abs. 1, 100 Abs. 3 GNotKG (nur die betroffenen Vermögenswerte).

M 62.5 Neutralisierung des verzerrenden Effekts der Herausnahme einzelner Vermögensgegenstände nach M 62.4[1]

*(Urkundenrahmen wie **M 62.1** und aufbauend auf **M 62.4**)*

Der Wert des nach den vorstehenden Bestimmungen von der Berechnung des Zugewinns ausgenommenen Vermögens bleibt nicht nur bei dessen jeweiligem Inhaber von der Berechnung des Zugewinns ausgeschlossen, der Wert wird auch bei der Berechnung des Zugewinns des jeweils anderen Partners von dessen ausgleichspflichtigen Vermögenswert abgezogen.

1 Beispiel: X hat einen Zugewinn von 1 000 000 Euro, der zur Hälfte „privilegiert" ist. Y hat einen Zugewinn von 200 000 Euro. Bei Anwendung der Standard Klausel hat Y gegen einen X einen Anspruch auf Zugewinnausgleich iHv. 150 000 Euro. Die Herausnahme der privilegierten Gegenstände führt so auch zu einem Vorteil im nicht privilegierten Vermögen des Partners. Dies wird durch die hier vorgeschlagene Formulierung vermieden.

Kosten: *Notargebühr:* wie **M 62.4.**

M 62.6 Stundung der Ausgleichsforderung

*(Urkundenrahmen wie **M 62.1**)*

Die gegen den ausgleichsverpflichteten Partner gerichtete Ausgleichsforderung ist in dem Fall, dass der Güterstand anders als durch den Tod eines Partners beendet wird, in drei (fünf) gleichen Jahresraten zu zahlen, die erste fällig drei Monate nach Rechtskraft des Scheidungsurteils, die folgenden jeweils im Abstand von einem Jahr von der Fälligkeit der vorangegangenen Rate. Gerät der Zahlungsverpflichtete mit einer Rate länger als einen Monat in Verzug, wird der gesamte noch ausstehende Restbetrag sofort in einer Summe fällig. Der jeweils ausstehende Restbetrag ist mit 2 %-Punkten über dem jeweiligen Basiszinssatz zu verzinsen. Die Zinsen sind jeweils mit der nächst folgenden Jahresrate für den bis dahin abgelaufenen Zeitraum zu begleichen. Die Forderung ist allerdings jederzeit ganz oder in angemessenen Teilbeträgen auch vorher erfüllbar.

... ggf. Anspruch auf dingliche Sicherung

Kosten: *Notargebühr:* 2,0-Gebühr gem. Nr. 21100 KV GNotKG, mindestens 60 Euro. Geschäftswert gem. §§ 97 Abs. 1, 100 Abs. 1 GNotKG.

M 62.7 Vereinbarung über die Ausgleichsquote[1]

*(Urkundenrahmen wie **M 62.1**)*

Wir vereinbaren, dass entgegen der Bestimmung des § 1378 Abs. 1 BGB nicht die Hälfte des Überschusses, sondern lediglich 40 % (vierzig Prozent) davon dem ausgleichsberechtigten Ehegatten als Ausgleichsforderung zustehen soll.

1 Im Regelfall ist es sinnvoll, es bei der gesetzlichen Quote (50 %) zu belassen. Diese kann aber etwa bei einer Doppelverdienerehe mit erheblich unterschiedlicher beruflicher Qualifikation der Ehepartner ungerecht sein. Die Veränderung der Quote kann hier zu einer gerechteren Lösung führen. Erbschaftsteuerlich gilt Gleiches wie bei **M 62.4.**

Kosten: *Notargebühr:* wie **M 62.6.**

M 62.8 Periodischer Zugewinnausgleich[1]

*(Urkundenrahmen wie **M 62.1**)*

In Abweichung von der gesetzlichen Regelung des Zugewinnausgleichs vereinbaren wir, dass der Zugewinn periodisch ausgeglichen werden soll. Ein Zugewinnausgleich hat erstmals am 31.12.20 ... für die Zeit bis zu diesem Stichtag zu erfolgen. Als Endvermögen ist das Vermögen am 31.12.20 ... anzusetzen. Der Zugewinnausgleich erfolgt sodann jeweils für einen Zeitraum von fünf Jahren nach Ablauf dieses Zeitraums zum 31.12. des entsprechenden Jahres. Neues Anfangsvermögen der Ehegatten ist jeweils dasjenige Vermögen, das sich nach Ausgleich des bisherigen Zugewinns neu ergibt.

1 Eine solche Vereinbarung vermeidet die mangelnde Überschaubarkeit von Vermögensbewegungen nach einem längeren Zeitraum. Empfehlenswert ist bei Vereinbarung des periodischen Zugewinnausgleichs oft der Ausschluss der Erhöhung des gesetzlichen Erbrechts gem. § 1371 Abs. 1 (s. hierzu **M 62.9**). Eine steuerliche Anerkennung im Rahmen des § 5 Abs. 2 ErbStG ist zweifelhaft, da der Güterstand beibehalten wird.

Kosten: *Notargebühr:* wie **M 62.6.**

M 62.9 Trennung als Stichtag[1]

*(Urkundenrahmen wie **M 62.1**)*

In Abweichung von der gesetzlichen Regelung des Zugewinnausgleichs vereinbaren wir, dass der Tag des Beginns des Getrenntlebens im Sinne des § 1567 Abs. 1 BGB Stichtag für die Berechnung des beiderseitigen Endvermögens sein soll.

1 Die Klausel trägt sowohl der Tatsache Rechnung, dass die Ehegatten regelmäßig ab Beginn des Getrenntlebens auch güterrechtlich nichts mehr miteinander teilen wollen und sichert zum zweiten auch für den Fall, dass ein Scheidungsantrag – wie heute insbesondere aus steuerlichen Gründen oftmals der Fall – längere Zeit nicht gestellt wird.

Kosten: *Notargebühr:* wie **M 62.6.**

M 62.10 Beschränkung auf Erbrechtsverstärkung[1]

*(Urkundenrahmen wie **M 62.1**)*

Sollte der gesetzliche Güterstand durch den Tod eines Ehegatten beendet werden, so steht dem Überlebenden unbeschadet der Erbrechtsverstärkung gem. § 1371 Abs. 1 BGB kein Anspruch auf güterrechtlichen Zugewinnausgleich zu.

1 Der güterrechtliche Anspruch soll hier ausgeschlossen sein, insbesondere um ein Durchkreuzen der Nachfolgeplanung durch Geltendmachung des Zugewinnausgleichsanspruchs zu verhindern. Häufig wird jedoch wegen der Auswirkungen des Güterstands der Gütertrennung auf die Erb- und Pflichtteilsansprüche der Abkömmlinge oder Eltern vereinbart, dass gleichwohl die Erbrechtsverstärkung bestehen bleiben soll. Da in diesem Fall aber kein (der etwaig erhöhte Pflichtteilsanspruch stellt kein gleichwertiges Surrogat dar) echter Anspruch des Ehegatten auf Zugewinnausgleich besteht – dessen Durchsetzbarkeit durch Erbrechtsverstärkung hängt ja zunächst davon ab, dass der „Verpflichtete" nicht abweichend testiert – ist die steuerliche Anerkennung im Rahmen des § 5 ErbStG gefährdet, s. **M 62.4**.

Kosten: *Notargebühr:* wie **M 62.6.**

M 62.11 Einschränkung des Zugewinnausgleichs auf den Fall des Todes[1]

*(Urkundenrahmen wie **M 62.1**)*

Sollte der gesetzliche Güterstand auf andere Weise als den Tod eines Ehegatten, insbesondere also durch Scheidung der Ehe beendet werden, so ist ein Zugewinnausgleich ausgeschlossen. Damit ist auch der vorzeitige Zugewinnausgleich nach den §§ 1385 und 1386 BGB ausgeschlossen. Für den Fall des Todes eines Ehegatten verbleibt es jedoch bei der gesetzlichen Regelung.

1 Nur für den Fall der Scheidung – also des Scheiterns der Ehe – soll hier der Zugewinnausgleich ausgeschlossen sein. Im Falle des Todes eines Ehegatten soll der Überlebende alle Rechte haben, die er bei unverändertem gesetzlichen Güterstand auch hätte. Die Erhöhung von Pflichtteilsansprüchen von Abkömmlingen und Eltern soll ausgeschlossen sein. Daneben verbleiben dem überlebenden Ehegatten die steuerlichen Privilegien des § 5 ErbStG. Zu der Frage, ob bei dieser Gestaltung ggf. vorzeitiger Zugewinnausgleich verlangt werden kann, s. Kap. 61 Rz. 16.

Kosten: *Notargebühr:* wie **M 62.6.**

M 62.12 Zugewinnausgleich nur bei Eintritt einer Bedingung – Kinder

*(Urkundenrahmen wie **M 62.1**)*

Sollte der gesetzliche Güterstand auf andere Weise als den Tod eines Ehegatten, insbesondere also durch Scheidung der Ehe beendet werden, so ist ein Zugewinnausgleich ausgeschlossen. Damit ist auch der vorzeitige Zugewinnausgleich nach den §§ 1385 und 1386 BGB ausgeschlossen. Für den Fall des Todes eines Ehegatten verbleibt es jedoch bei der gesetzlichen Regelung.

Der Ausschluss des Zugewinnausgleichs steht jedoch unter der auflösenden Bedingung, dass in unserer Ehe ein gemeinsames Kind geboren oder angenommen wird (Alternative: und mindestens einer der Partner seine Berufstätigkeit wegen der Betreuung des Kindes ganz oder teilweise aufgibt). Der Zugewinnausgleich wird dann für die gesamte Ehezeit durchgeführt.

Kosten: *Notargebühr:* wie **M 62.6.**

M 62.13 Zugewinnausgleich nur für bestimmte Zeiträume

*(Urkundenrahmen wie **M 62.1**)*

Sollte der gesetzliche Güterstand auf andere Weise als den Tod eines Ehegatten, insbesondere also durch Scheidung der Ehe beendet werden, so ist ein Zugewinnausgleich ausgeschlossen. Damit ist auch der vorzeitige Zugewinnausgleich nach den §§ 1385 und 1386 BGB ausgeschlossen. Für den Fall des Todes eines Ehegatten verbleibt es jedoch bei der gesetzlichen Regelung.

Für solche Zeiträume jedoch, während derer mindestens einer der Partner seine Berufstätigkeit auf Grund gemeinsamen Entschlusses der Partner ganz oder teilweise aufgibt, soll der Zugewinnausgleich nach den gesetzlichen Bestimmungen durchgeführt werden. Als auf Grund gemeinsamen Entschlusses in diesem Sinne erfolgt gilt dabei immer (unwiderlegliche Vermutung) Berufsaufgabe oder Einschränkung wegen der Geburt oder Annahme eines gemeinsamen Kindes. Als Anfangsvermögen bzw. Endvermögen gilt dabei jeweils das Vermögen das der betreffende Partner bei Beginn der Aufgabe/Einschränkung bzw. Wideraufnahme der beruflichen Tätigkeit hatte. Auf die Notwendigkeit, jeweils ein Vermögensverzeichnis aufzustellen, hat der Notar hingewiesen.

Kosten: *Notargebühr:* wie **M 62.6.**

M 62.14 Wechsel in die Zugewinngemeinschaft mit Rückanknüpfung[1]

*(Urkundenrahmen wie **M 62.1**)*

Wir leben im Güterstand der Gütertrennung. Wir heben den Güterstand der Gütertrennung hiermit auf und vereinbaren mit sofortiger Wirkung für unsere Ehe den Güterstand der Zugewinngemeinschaft. Abweichend von den gesetzlichen Bestimmungen soll bei Beendigung des Güterstandes (Al-

1 Nicht selten haben Ehegatten früher (und leider auch heute noch) unter falschen Vorstellungen über den Inhalt der Zugewinngemeinschaft bzw. unter Druck der Eltern die Gütertrennung vereinbart und wollen diesen als ungerecht empfundenen Zustand später ändern. Dies ist zivilrechtlich auch mit Rückwirkung möglich. Für die Erbschaftsteuer schließt § 5 Abs. 1 Satz 4 ErbStG die Anerkennung einer solchen Rückwirkung allerdings aus. § 5 Abs. 2 ErbStG kennt einen entsprechenden Ausschluss für den lebzeitigen Ausgleich zu Recht nicht, denn anders als im Erbfall muss der ausgleichspflichtige Partner im Fall der lebzeitigen Ausgleichung das Vermögensopfer an seinen Partner noch selbst erbringen. Soweit – wie in den vorgenannten Beispielen oft der Fall – nicht in erster Linie steuerrechtliche, sondern primär güterrechtliche Erwägungen eine Rolle spielen, wird die Gestaltung auch von den Erbschaftsteuerrichtlinien anerkannt, R 12 ErbStR 2003.

ternative: durch den Tod eines Partners[2]*) das Anfangsvermögen eines jeden Ehegatten jedoch nicht mit dem Stand des heutigen Tages, sondern mit demjenigen zu Beginn unserer Ehe berechnet werden (Rückanknüpfung).*

2 Sind steuerliche Vorteile zumindest auch bestimmend für die Vereinbarung, ist die Anknüpfung an den Tod gestaltungsschädlich, § 5 Abs. 1 Satz 4 ErbStG (Verbot der Rückwirkung).

Kosten: *Notargebühr:* wie **M 62.6.**

Kapitel 63 Wahlgüterstände

I. Gütertrennung

1 Die Gütertrennung (§ 1414 BGB) ist der technisch einfachste Güterstand. Selbst ohne nähere Erläuterungen erschließt sich selbst dem Laien sofort, was die vollständige Trennung der Vermögensmassen beider Ehepartner bedeutet. Sicher darf sich der Rechtsanwender ferner sein, dass der Begriff Gütertrennung auch im Ausland verstanden wird. Trotz der vielfachen Argumente, die aus Sicht des Vertragsjuristen regelmäßig gegen die Vereinbarung dieses Güterstandes sprechen, darf nicht verkannt werden, dass die durch die Gütertrennung bewirkte Rechtsklarheit für viele Beteiligte einen eindeutigen Vorteil darstellt. Zur – oftmals zu hörenden – Verteufelung dieses Güterstandes besteht deshalb kein Anlass. Gerade in den Fällen, in denen die Vorteile der modifizierten Zugewinngemeinschaft keine oder nur eine untergeordnete Rolle spielen (Spätehen und Ehen, bei denen der wesentliche Zugewinn ohnehin von jeder Beteiligung ausgeschlossen sein soll) kann und sollte oftmals die Gütertrennung der Güterstand der Wahl sein. Die Gütertrennung kann **durch Ehevertrag vereinbart** werden. Die vertraglich vereinbarte Gütertrennung kann auch durch Ehevertrag wieder aufgehoben werden.

2 Es besteht eine Tendenz in der Rechtsprechung, bei der Vereinbarung der Gütertrennung in die Vermögensverteilung der Ehegatten im Scheidungsfall dadurch einzugreifen, dass als ungerecht empfundene Ungleichgewichte im Bereich der Ehegattenzuwendungen durch die Annahme des **Wegfalls der Geschäftsgrundlage** (§ 313 BGB), in anderen Fällen durch verstärkten Einsatz der Annahme einer **Ehegatteninnengesellschaft** richtig gestellt werden.

2a ➲ **Praxistipp:** Um solchen Risiken zu begegnen, empfiehlt es sich für den Vertragsgestalter, insoweit Klarheit durch entsprechende Klauseln zu schaffen. Ob diese als allgemeine Klauseln aber von der Rechtsprechung Beachtung finden, ist durchaus zweifelhaft.

3 **Einkommensteuerlich** ergeben sich bei der Gütertrennung die gleichen Rechtsfolgen wie beim gesetzlichen Güterstand der Zugewinngemeinschaft (s. Kap. 61 Rz. 22 ff.).

4 Der **Wechsel des Güterstandes** kann durchaus von erbschaft- bzw. **schenkungsteuerlicher Bedeutung** sein (vgl. insoweit § 5 Abs. 1 Satz 4 Abs. 2 und § 7 Abs. 1 Nr. 4 ErbStG). Das Zivilrecht differenziert insoweit grundsätzlich drei Güterstände: Wenn die Ehegatten nicht durch Ehevertrag etwas anderes vereinbaren, leben sie gem. §§ 1363 ff. BGB im Güterstand der Zugewinngemeinschaft; durch Ehevertrag gem. §§ 1408, 1414 BGB kann entweder Gütertrennung oder gem. §§ 1408, 1415 BGB Gütergemeinschaft vereinbart werden. Führt die Zugewinngemeinschaft im Zeitpunkt der Beendigung (durch Tod oder Scheidung) zu einem Ausgleichsanspruch eines der beiden Ehegatten (§§ 1374 bis 1378 BGB), so wird das Vermögen des Mannes und der Frau durch Gütergemeinschaft gemeinschaftliches Vermögen beider Ehegatten (Gesamtgut; § 1416 BGB).

Mit dem Wechsel von der Zugewinngemeinschaft zur Gütergemeinschaft verzichtet ein Ehegatte insoweit auf die ihm (gegen den anderen Ehegatten) zustehende Zugewinnausgleichsforderung. Dies gilt gem. § 7 Abs. 1 Nr. 4 ErbStG als Bereicherung. Die Rückkehr zum gesetzlichen Güterstand durch Beendigung der Gütertrennung bzw. Gütergemeinschaft führt in der Regel nicht zur Schenkungsteuer. Hier gelten die allgemeinen Grundsätze, wonach Schenkungsteuer nur dann ausgelöst wird, wenn eindeutige Zuwendungen getätigt werden. Allerdings ist insoweit die Befreiung des § 13 Abs. 1 Nr. 4a ErbStG zu beachten.

M 63.1 Ehevertrag über Gütertrennung

(Beurkundungsprotokoll)

Die Eheleute . . . (Name) sind deutsche Staatsangehörige und haben am . . . vor dem Standesbeamten in . . . die Ehe geschlossen. Einen Ehevertrag haben sie bisher nicht geschlossen.

Die Ehegatten . . . vereinbaren nunmehr vertraglich den Güterstand der Gütertrennung.

Auf Ausgleich des Zugewinns für die Vergangenheit wird hiermit gegenseitig verzichtet. Der Verzicht wird jeweils angenommen.

Auf die Auswirkungen des neuen Güterstands wurden die Ehegatten . . . vom beurkundenden Notar hingewiesen, insbesondere darauf, dass

- *eine besondere Haftungsbeschränkung gegenüber dem Güterstand der Zugewinngemeinschaft nicht eintritt,*
- *jeder Ehegatte über sein Vermögen im Ganzen und ihm gehörende Hausratsgegenstände nunmehr frei verfügen kann,*
- *bei Auflösung der Ehe ein Zugewinnausgleich nicht stattfindet,*
- *das gesetzliche Erbrecht des Ehegatten nicht nach § 1371 Abs. 1 BGB erhöht wird und sich deshalb das gesetzliche Erbrecht und der Pflichtteilsanspruch des Ehegatten verringern, das anderer Angehöriger erhöhen kann,*
- *die steuerliche Privilegierung des § 5 ErbStG keine Anwendung findet.*

Die Eintragung in das Güterrechtsregister wird vorerst nicht gewünscht[1].

Das Zentrale Testamentsregister bei der Bundesnotarkammer erhält eine Mitteilung über die Errichtung dieser Urkunde[2].

1 Wegen der Bedeutung der Eintragung im Güterrechtsregister (§§ 1560–1623 BGB) und des Eintragungsverfahrens s. Kap. 60 Rz. 19 ff.

2 Da die Änderung des Güterstandes Auswirkungen auf die gesetzliche Erbfolge hat, ist von deren Errichtung das für den Geburtsort der Beteiligten zuständige Standesamt bzw. die Hauptkartei für Testamente beim Amtsgericht Schöneberg in Berlin zu benachrichtigen, Bundeseinheitliche Bekanntmachung der Länder über die Benachrichtigung in Nachlasssachen.

Ein Erbvertrag soll mit diesem Ehevertrag nicht verbunden werden[3]*. Bezüglich des Versorgungsausgleichs im Falle der Scheidung soll keine vom Gesetz abweichende Regelung getroffen werden.*

Zuwendungen eines Ehegatten an den anderen können bei Scheidung der Ehe nur dann zurückgefordert werden, wenn dies bei der Zuwendung ausdrücklich vorbehalten wurde. Dies gilt gleichermaßen für einen etwaigen Ausgleichungsanspruch. Die Grundsätze des Wegfalls der Geschäftsgrundlage sind insoweit nicht anzuwenden, und zwar unabhängig von der Frage eines etwaigen Verschuldens am Scheitern der Ehe. Soweit nicht ausdrücklich durch uns vereinbart soll auch bei Mitarbeit eines Ehegatten im Betrieb des jeweils anderen oder durch das gemeinsame Halten von Vermögensgegenstände keine Ehegatteninnengesellschaft entstehen.

(Schlussformel und Unterschriften)

3 Wegen der erbrechtlichen Auswirkungen der Vereinbarung der Gütertrennung empfiehlt sich eine erbrechtliche Regelung. Zu beachten ist, dass Pflichtteilsansprüche von Abkömmlingen und Eltern sich erhöhen – Ausnahme: § 1931 Abs. 4 Alt. 1 BGB. Die ehemals bestehende kostenrechtliche Privilegierung des mit dem Ehevertrag verbundenen Erbvertrags ist mit Einführung des GNotKG entfallen.

Kosten: *Notargebühr:* 2,0-Gebühr gem. Nr. 21100 KV GNotKG, mindestens 60 Euro. Geschäftswert gem. §§ 97 Abs. 1, 100 Abs. 1 GNotKG.

II. Gütergemeinschaft und fortgesetzte Gütergemeinschaft

1. Zweckmäßigkeit der Gütergemeinschaft

Obwohl die Gütergemeinschaft (§§ 1415 ff. BGB) als hergebrachter Güterstand gerade im ländlichen Raum immer noch verbreitet ist, ist ihre **Bedeutung für die kautelarjuristische Praxis**, außer bei deren Auseinandersetzung, **gering** geworden. Dies hat seinen Grund zum einen in der erheblichen Komplexität der rechtlichen Regelungen der Gütergemeinschaft, zum zweiten in der Haftung des Gesamtgutes jedenfalls für alle gesetzlichen Verbindlichkeiten beider Partner, drittens in steuerlichen Nachteilen, die nicht nur im Bereich der Schenkungsteuer (die Vereinbarung der Gütergemeinschaft ist Schenkung iS des § 7 Abs. 1 Nr. 4 ErbStG), sondern auch im Einkommensteuerrecht bestehen, wo durch Gütergemeinschaft im Bereich unternehmerischen Handelns regelmäßig Mitunternehmerschaften entstehen, was Ehegattenarbeitsverhältnisse und die Vermeidung der Bildung von Sonderbetriebsvermögen erschwert, und viertens im Erbrecht, wo eine Erhöhung des Erbteils des überlebenden Ehegatten nicht vorgesehen ist. 5

Tatsache ist aber auch, dass im europäischen Ausland in vielen Ländern eine Art der Errungenschaftsgemeinschaft gesetzlicher Güterstand ist. Durch Erklärung des vorehelichen Vermögens zum Vorbehaltsgut kann auch im Inland eine solche Errungenschaftsgemeinschaft vereinbart werden (vgl. **M 63.4**). Bei gemischtnationalen Ehen kann sich eine solche Vereinbarung zur Vermeidung hinkender Rechtsverhältnisse empfehlen. Die Gütergemeinschaft kommt als Gestaltungsmittel der Wahl auch da in Betracht, wo die Problematik von Pflichtteilsansprüchen der gemeinsamen Kinder den Längstlebenden nicht belasten soll, da der Anteil des Erstversterbenden am Gesamtgut bei Vereinbarung der fortgesetzten Gütergemeinschaft nicht in den Nachlass fällt, § 1483 Abs. 1 Satz 3 BGB. Ferner muss da, wo durch die Vereinbarung Vermögensverschiebungen (auch zu Lasten etwaiger Pflichtteilsberechtigter, BGH NJW 1992, 558 ff.) zu Lebzeiten vorgenommen werden sollen, auch das Augenmerk auf die Vereinbarung der Gütergemeinschaft gelenkt werden. Wo es allein darum geht, gemeinschaftlich bestimmte Gegenstände für die Ehe zu nutzen und eine gleichmäßige Vermögenspartizipation zu sichern, kann dies oft genug auch über die Vereinbarung von Innengesellschaften geschehen. 6

➲ **Praxistipp:** Haben Ehegatten als wesentlichen Vermögensgegenstand das private Einfamilienhaus und keine bedeutenderen Rücklagen, gleichzeitig aber die Sorge, dass wegen der Geltendmachung des Pflichtteilsanspruchs eines gemeinsamen Abkömmlings der überlebende Partner zum Verkauf des Hauses gezwungen sein könnte, dann kann der Wechsel in die Gütergemeinschaft unter Vereinbarung deren Fortsetzung im Todesfall ein probater Ausweg sein. Die Kinder werden dadurch zwar Mitinhaber des Gesamtgutes. Wegen der Alleinverwaltung durch den überlebenden Ehegatten können diese faktisch keinen störenden Einfluss nehmen. 6a

Die gesetzliche Stundungsregel des § 2331a BGB hat die entsprechenden Risiken zwar verringert, lässt den Anspruch aber grundsätzlich entstehen, was durch die Gütergemeinschaft vollständig vermieden wird.

2. Vermögensmassen bei der Gütergemeinschaft

7 Bei der ebenfalls durch Ehevertrag zu vereinbarenden Gütergemeinschaft (s. **M 63.2**) wird mit dem Abschluss dieses Vertrages sämtliches Eigentum jedes der beiden Ehegatten ohne weiteres kraft Gesetzes (§ 1416 BGB) Gesamtgut, sofern es nicht gem. § 1417 BGB Sondergut oder gem. § 1418 BGB Vorbehaltsgut ist. Bei der Gütergemeinschaft sind demnach bis zu **fünf Vermögensmassen** zu unterscheiden, nämlich das Gesamtgut, das Sondergut der Ehefrau und des Ehemannes und das Vorbehaltsgut der Ehefrau und des Ehemannes.

8 Beim **Gesamtgut** handelt es sich um Gesamthandsvermögen (§ 1419 BGB) der Ehegatten, welches mangels abweichender Bestimmungen im Ehevertrag von den Ehegatten gemeinschaftlich verwaltet wird. Die Ehegatten sollen im Ehevertrag jedoch bestimmen, ob das Gesamtgut von dem Ehemann, der Ehefrau oder von ihnen gemeinschaftlich verwaltet wird (§ 1421 BGB). Von der Verwaltungskompetenz ist nicht zuletzt die persönliche Haftung jedes Ehegatten abhängig.

9 Sondergut und Vorbehaltsgut werden von jedem Ehegatten selbständig verwaltet, das Vorbehaltsgut für eigene Rechnung, das Sondergut für Rechnung des Gesamtgutes.

Sondergut sind dabei diejenigen Gegenstände, die nicht durch Rechtsgeschäft übertragen werden können (§ 1417 Abs. 2 BGB), beispielsweise ein Nießbrauch oder ein nicht übertragbarer Gesamthandsanteil. Durch Ehevertrag oder durch sonstige Vereinbarung kann Sondergut nicht begründet werden. Umgekehrt kann auch ehevertraglich nicht bestimmt werden, dass Sondergut Gesamtgut sein soll. Das Sondergut ist anders als das Vorbehaltsgut wirtschaftlich dem Gesamtgut zuzurechnen, da dessen Verwaltung für Rechnung des Gesamtgutes erfolgt. Das Gesetz trägt mit der Bildung von Sondergut nur der Tatsache Rechnung, dass nicht übertragbare Gegenstände auch nicht durch Ehevertrag in die gesamthänderische Mitberechtigung eines Dritten übergehen können.

10 Während Sondergut automatisch entsteht, wenn die entsprechenden Voraussetzungen vorliegen, entsteht **Vorbehaltsgut** nur durch ehevertragliche Bestimmung (§ 1418 Abs. 2 Nr. 1 BGB), durch Bestimmung Dritter bei unentgeltlichem oder Erwerb von Todes wegen (§ 1418 Abs. 2 Nr. 2 BGB, s. hierzu **M 63.9**), oder an Ersatzstücken (§ 1418 Abs. 2 Nr. 3 BGB). Ohne besondere Vereinbarung im Ehevertrag und gleichzeitigem Ausschluss der Möglichkeit zur Bildung von Vorbehaltsgut (**M 63.5**) hat die Ehe nur maximal drei Vermögensmassen.

3. Beendigung der Gütergemeinschaft

11 Bei Eheverträgen über eine Gütergemeinschaft, die seit 1.7.1958 abgeschlossen worden sind, endet mit dem **Tod** des erstverstorbenen Ehegatten die Gütergemeinschaft, sofern im Ehevertrag die Fortsetzung nicht ausdrücklich vereinbart ist. Der Anteil des Verstorbenen am Gesamtgut gehört dann zum Nachlass, und es gilt das allgemeine Erbrecht (§ 1482 BGB). Die Gütergemeinschaft endet ferner wie jeder andere Güterstand durch entsprechende ehevertragliche Vereinbarung. Wegen der Besonderheiten der Gütergemeinschaft räumt das Gesetz den Ehegatten ferner in den §§ 1447–1449 (einseitige Verwaltung) und §§ 1469 und 1470 BGB die Möglichkeit der Aufhebungsklage ein. Mit Rechtskraft des Aufhebungsurteils tritt Gütertrennung ein; Gleiches gilt bei vertraglicher Aufhebung, § 1414 Satz 2 BGB.

4. Haftungsverhältnisse in der Gütergemeinschaft

12 Einer der Gründe, die zur erheblichen Zurückdrängung der Gütergemeinschaft geführt haben, ist die Haftungssituation innerhalb dieses Güterstandes. Das Gesamtgut haftet grundsätzlich für alle gesetzlichen Verbindlichkeiten eines jeden Ehegatten, damit insbesondere eben auch für deliktische und Unterhaltsansprüche. Für rechtsgeschäftliche Verbindlichkeiten gilt dies nur eingeschränkt. Das Gesamtgut haftet dabei nur insoweit, als das betreffende Rechtsgeschäft vom Verwaltungsberechtigten (bei gemeinsamer Verwaltung also von beiden) vorgenommen wird oder sonst Privile-

gierungen (Notgeschäfte) bestehen. Eine persönliche Haftung des jeweiligen Ehegatten mit der Konsequenz der Inanspruchnahme auch des Vorbehaltsguts tritt darüber hinausgehend grundsätzlich nur ein, wenn persönlich dem Rechtsgeschäft zugestimmt wurde.

Durch die Vereinbarung von Vorbehaltsgut kann partiell eine Art strikter Gütertrennung vereinbart werden. Je mehr Vorbehaltsgut vereinbart wird, desto mehr nähert sich der Güterstand dem der Gütertrennung an. Die Vereinbarung von Vorbehaltsgut ist im Bereich der Gütergemeinschaft die Parallele zur Herausnahme von Gegenständen aus dem Zugewinnausgleich beim gesetzlichen Güterstand, wobei hier der Vorteil besteht, dass das Gesetz die Frage der Verwendungen aus dem sonstigen Vermögen in §§ 1445, 1467 BGB zum Teil bereits regelt. Die weitgehende Vereinbarung von Vorbehaltsgut kann sogar die Wirkungen einer Gütertrennung „übertreffen": Im Falle des Todes eines Ehegatten kommt es zu keiner Erhöhung des Erbanteils des überlebenden Ehegatten, während dies bei der Gütertrennung gem. § 1931 Abs. 4 BGB der Fall sein kann (wenn der Erblasser ein oder zwei Kinder hinterlässt). 13

Wird das gesamte voreheliche Vermögen beider Ehegatten zum Vorbehaltsgut erklärt, so erhält man die Wirkungen einer Errungenschaftsgemeinschaft (s. hierzu **M 63.4**).

Bei Vereinbarung von Vorbehaltsgut empfiehlt sich eine Eintragung in das Güterrechtsregister, damit die Drittwirkung sichergestellt ist (§§ 1418 Abs. 4, 1412 BGB), s. dazu Kap. 60 Rz. 19 ff.

5. Fortgesetzte Gütergemeinschaft

Die Fortsetzung der Gütergemeinschaft zwischen den überlebenden Ehegatten und dem gemeinschaftlichen Abkömmlingen bedarf der **Vereinbarung durch Ehevertrag** (§ 1483 Abs. 1 Satz 1 BGB, s. **M 63.6**). Sie ist in der Praxis selten. In der Regel wird einer erbrechtlichen Lösung der Vorzug gegeben. Der überlebende Ehegatte kann die Fortsetzung der Gütergemeinschaft trotz Vereinbarung im Ehevertrag **ablehnen** (§ 1484; s. **M 63.7**). Die Ablehnung muss, wie die Ausschlagung einer Erbschaft, binnen sechs Wochen gegenüber dem zuständigen Nachlassgericht erfolgen (§§ 1944 f. BGB). Abkömmlinge können auf ihren Anteil am Gesamtgut in einer öffentlich beglaubigten Erklärung gegenüber dem zuständigen Nachlassgericht **verzichten** oder mit dem überlebenden Ehegatten oder den übrigen Abkömmlingen einen öffentlich beurkundeten Verzichtsvertrag abschließen (§ 1491 BGB). Bei Ablehnung durch den überlebenden Ehegatten tritt am Gesamtgutsanteil und am freien Vermögen des verstorbenen Ehegatten die gesetzliche Erbfolge ein (§ 1482 BGB). Über die Fortsetzung der Gütergemeinschaft erteilt das Nachlassgericht dem überlebenden Ehegatten auf Antrag ein **Zeugnis** (§ 1507 BGB). Die Vorschriften über den Erbschein und dessen Erteilung finden dabei entsprechende Anwendung. Die fortgesetzte Gütergemeinschaft kann vom überlebenden Ehegatten jederzeit **aufgehoben** werden durch öffentlich beglaubigte Erklärung gegenüber dem zuständigen Nachlassgericht (§ 1492 BGB; s. **M 63.8**). Die Aufhebung kann auch durch öffentlich beurkundeten Vertrag zwischen dem überlebenden Ehegatten und den anteilsberechtigten Abkömmlingen erfolgen, wobei in der Regel zugleich die Auseinandersetzung gem. § 1498 BGB geregelt wird. 14

Die Fortsetzung der Gütergemeinschaft **bewirkt**, dass der Anteil des erstversterbenden Ehegatten nicht in dessen Nachlass fällt und insoweit auch keine Erb- und/oder Pflichtteilsrechte entstehen. Die gemeinsamen Abkömmlinge der beiden Ehegatten rücken in den Verband der Gütergemeinschaft am Gesamtgut an Stelle des erstverstorbenen Ehegatten ein. In den Nachlass fällt damit grundsätzlich nur das Vorbehaltsgut, wobei Besonderheiten bestehen, wenn neben gemeinsamen auch einseitige Abkömmlinge vorhanden sind, § 1483 Abs. 2 BGB. 15

6. Auseinandersetzung des Gesamtguts

Die Auseinandersetzung des Gesamtguts erfolgt mangels anderweitiger Vereinbarung nach den Vorschriften der §§ 1475 ff. BGB (§ 1474). Diese Vereinbarung bedarf keiner besonderen Form, sofern nicht aus anderen Gründen – etwa § 311b BGB – eine solche vorgeschrieben ist. Bereits im Ehevertrag selbst kann die Auseinandersetzung des Gesamtguts abweichend geregelt werden. Dies empfiehlt sich insbesondere oftmals im Hinblick auf § 1478 BGB. 16

7. Steuerfolgen

17 Die Frage, welchem Ehegatten Einkünfte zuzurechnen sind, hängt davon ab, zu welcher Vermögensmasse das Vermögen gehört.

18 Gehört das Vermögen zum **Sondergut** oder **Vorbehaltsgut** eines Ehegatten, so sind die Einkünfte daraus nur diesem Ehegatten zuzurechnen. Dagegen ist das zum **Gesamtgut** der Ehegatten gehörende Vermögen als Gesamthandsvermögen der Ehegatten anzusehen. Dies hat zur Folge, dass die Einkünfte den Ehegatten regelmäßig anteilig zuzurechnen sind (§ 39 Abs. 2 Nr. 2 AO). Dies gilt jedoch nur unter der Voraussetzung, dass durch die Gütergemeinschaft eine **Vermögensgemeinschaft** zwischen den Ehegatten wie zwischen Fremden besteht. Dies gilt insbesondere bei Einkünften aus Kapitalvermögen und aus Vermietung und Verpachtung. Dagegen sind Einkünfte aus nichtselbständiger Arbeit (da entscheidend auf den persönlichen Arbeitsleistungen des Berufsträgers bzw. des Arbeitnehmers beruhend) grundsätzlich nur dem Ehegatten zuzurechnen, der sie aufgrund seiner Tätigkeit erzielt hat.

19 Insbesondere im Bereich der **Einkünfte aus Gewerbebetrieb** kann ein **Gesellschaftsverhältnis** zwischen den Ehegatten auch dann vorliegen, wenn nur einer der Ehegatten den ins Gesamtgut fallenden Gewerbebetrieb betreibt. Der nicht mitarbeitende Ehegatte ist allein wegen der Teilhabe an den Erträgen und der dinglichen Berechtigung am Gesamtgut und der hieraus herrührenden Beteiligung an den stillen Reserven des Betriebsvermögens und der Haftung des Gesamtguts für betriebliche Schulden unter Umständen auch ohne Gesellschaftsvertrag als **Mitunternehmer** anzusehen. Eine Mitunternehmerschaft ist jedoch dann ausgeschlossen, wenn in dem Gewerbebetrieb die persönliche Arbeitsleistung des tätigen Ehegatten entscheidend in den Vordergrund tritt und im Betrieb kein nennenswertes ins Gesamtgut fallendes Kapital eingesetzt wird (BFH v. 20.3.1980, BStBl. II 1990, 634).

20 **Landwirtsehegatten**, die im Güterstand der Gütergemeinschaft leben, bewirtschaften ihren Hof als Mitunternehmer. Sie haben im Fall der Gewinnermittlung nach § 4 Abs. 1 EStG selbst dann eine Gesellschaftsbilanz vorzulegen, wenn es sich um einen Fall von geringer Bedeutung iSd. § 180 Abs. 3 Satz 1 Nr. 2 AO handelt (BFH v. 18.8.2005, BStBl. II 2006, 165). Kosten für die Aufhebung und Auseinandersetzung einer früher vereinbarten Gütergemeinschaft sind unabhängig davon, ob sie auf Antrag der Eheleute im Scheidungsverbund durch das Familiengericht oder außergerichtlich vor oder nach der Scheidung getroffen worden sind, für die Eheleute nicht unabwendbar und unvermeidbar und damit nicht als außergewöhnliche Belastung zu berücksichtigen (BFH v. 30.6.2005, BStBl. II 2006, 491).

21 Bei **fortgesetzter Gütergemeinschaft** gelten Einkünfte, die in das Gesamtgut fallen, als Einkünfte des überlebenden Ehegatten, wenn dieser unbeschränkt steuerpflichtig ist, § 28 EStG.

22 **Grunderwerbsteuerlich** ist zu beachten, dass nach § 3 Nr. 1 GrEStG der Erwerb eines Grundstücks von der Besteuerung ausgenommen ist, wenn der für die Berechnung der Steuer maßgebende Wert 2500 Euro nicht übersteigt. Als Grundstück iSd. § 2 GrEStG gilt auch ein ideeller Miteigentumsanteil (Bruchteilseigentum) an einem Grundstück. Grundsätzlich erfüllt daher jeder Erwerb eines Miteigentumsanteils einen Grunderwerbsteuertatbestand und ist für die Freigrenze des § 3 Nr. 1 GrEStG als selbständiger Steuerfall zu betrachten. Mehrere Steuerfälle sind auch dann anzunehmen, wenn mehrere Miteigentümer sich verpflichten, das Grundstück auf einen Erwerber zu Alleineigentum zu übertragen. Dies gilt aber nicht bei in Gütergemeinschaft lebenden Eheleuten hinsichtlich eines zum Gesamtgut gehörenden Grundstücks; denn der einzelne Ehegatte kann nach § 1419 Abs. 1 BGB nicht allein über seinen Anteil am Gesamtgut und an den einzelnen Gegenständen, die zum Gesamtgut gehören, verfügen. Deshalb liegt beim Erwerb eines Grundstücks, das zum Gesamtgut von in Gütergemeinschaft lebenden Ehegatten gehört, durch einen Erwerber nur ein Erwerb vor, BFH v. 28.3.2007, BFH/NV 2007, 1349.

23 Mit der Begründung des Güterstands der Gütergemeinschaft unterwirft § 7 Abs. 1 Nr. 4 ErbStG die Bereicherung, die der „ärmere“ Ehegatte durch seine Beteiligung am Gesamtgut erfährt, der **Schenkungsteuer**.

Da die Bewertung des Grundvermögens aufgrund des steuerlichen Bedarfswertverfahrens für Schenkungssteuerzwecke inzwischen weitgehend von verkehrswertnahen Werten ausgeht, hat die (bis 2009 notwendige) frühere Differenzierung zwischen Steuer- und Verkehrswerten zwischenzeitlich keine Bedeutung mehr.

Kommt es mit Beendigung der Zugewinngemeinschaft zur güterrechtlichen Abwicklung, gehört eine dabei entstehende Ausgleichsforderung (§ 1378 Abs. 3 BGB) nicht zum steuerpflichtigen Erwerb (vgl. insoweit § 5 Abs. 2 ErbStG). Verzichtet der berechtigte Ehegatte auf die geltend gemachte Ausgleichsforderung, kann, sofern Bereicherung und Wille zur Unentgeltlichkeit gegeben sind, darin eine Schenkung unter Lebenden an den verpflichteten Ehegatten liegen. 24

Das Gesamtgut des verstorbenen Ehegatten geht erbrechtlich nach den allgemeinen Vorschriften auf den überlebenden Ehegatten über. Erbschaftsteuerlich ergeben sich daher keine Besonderheiten, dh., es kann Erbschaftsteuer ausgelöst werden. 25

Bei **fortgesetzter Gütergemeinschaft** regelt § 4 Abs. 1 ErbStG, dass der Anteil des verstorbenen Ehegatten bzw. des eingetragenen Lebenspartners am Gesamtgut so behandelt wird, als wenn er ausschließlich den anteilsberechtigten Abkömmlingen zugefallen wäre, und fingiert damit steuerlich einen Erwerb von Todes wegen. 26

M 63.2 Ehevertragliche Vereinbarung der Gütergemeinschaft und Erbvertrag

*(Urkundenrahmen wie **M 63.1**)*

I. Wir, die Landwirtseheleute ... in ..., bisher im gesetzlichen Güterstand lebend, vereinbaren nunmehr für die weitere Dauer unserer Ehe den Güterstand der

Gütergemeinschaft

nach den Bestimmungen des Bürgerlichen Gesetzbuches. Das Gesamtgut wird von uns gemeinschaftlich verwaltet.

Vorbehaltsgut wird nicht vereinbart[1].

(Alternative:

Wir vereinbaren, dass

- *der Gesellschaftsanteil des Ehemanns an der ... KG mit dem Sitz in ... Vorbehaltsgut des Ehemanns*
- *die in dem dieser Urkunde beigefügten und mitverlesenen Verzeichnis aufgeführten Vermögensgegenstände Vorbehaltsgut des jeweils bei den Gegenständen als Eigentümer verzeichneten Ehegatten*

sein soll.)

Die Fortsetzung der Gütergemeinschaft gem. § 1483 BGB wird nicht vereinbart.

*Eine Eintragung des vereinbarten Güterstands in das Güterrechtsregister wird nicht gewünscht. (**Alternative:** Wir beantragen die Eintragung des vereinbarten Güterstandes in das Güterrechtsregister und beauftragen den Notar mit der Einreichung dieses Antrags beim Registergericht.)*[2] *Beantragt wird jedoch die Miteintragung der Ehefrau als Eigentümerin in Gütergemeinschaft bezüglich des dem Ehemann gehörenden Grundbesitzes der Gemarkung ..., wie er vorgetragen ist im Grundbuch des Amtsgerichts ... von ... (Ort), ... Band ... Blatt ... Eintragungsnachricht wird nur an den Notar erbeten.*

1 Die Klausel hat nur klarstellenden Charakter.
2 Die Eintragung empfiehlt sich bei umfangreicherem Vorbehaltsgut, Rz. 11.

II. Mit diesem Ehevertrag verbinden wir folgenden Erbvertrag:

(folgt Erbvertrag)

(Schlussformel und Unterschriften)

Kosten: *Notargebühr:* 2,0-Gebühr gem. Nr. 21100 KV GNotKG, mindestens 60 Euro. Geschäftswert gem. §§ 97 Abs. 1, 111 Nrn. 1 und 2, 102 Abs. 1, 100 Abs. 1 GNotKG. Wertaddition nach § 35 Abs. 1 GNotKG.

Gerichtsgebühr: Bei Eintragung in das Güterrechtsregister 100 Euro gem. Nr. 13200 KV GNotKG.

M 63.3 Nachträgliche Vereinbarung von Vorbehaltsgut[1]

*(Urkundenrahmen wie **M 63.1**)*

... Wir leben derzeit im Güterstand der Gütergemeinschaft. Vorbehaltsgut ist derzeit nicht bestimmt.

Wir vereinbaren nunmehr ehevertraglich, dass

- *die im beigefügten, mitverlesenen Verzeichnis aufgeführten Gegenstände Vorbehaltsgut der Ehefrau sein sollen, und*
- *das im Grundbuch des Amtsgerichts ... von ... (Ort), Band ..., Blatt ..., lastenfrei vorgetragene Grundstück Fl. Nr. ... der Gemarkung ... zu ... qm mit allen damit verbundenen Rechten und Bestandteilen, jedoch ohne das Inventar, Vorbehaltsgut des Ehemanns sein soll.*

Wir sind uns über den Eigentumsübergang bezüglich sämtlicher vorstehender zum Vorbehaltsgut eines Ehegatten erklärten Gegenstände auf diesen einig. Die Eintragung des Ehemanns als Alleineigentümer des vorbezeichneten Grundstücks in das Grundbuch wird bewilligt und beantragt ...

1 Anders als bei der Begründung der Gütergemeinschaft, bei der das Vermögen der Ehegatten, soweit es nicht von vornherein zum Vorbehaltsgut erklärt oder Sondergut eines Ehegatten ist, automatisch Gesamtgut der Eheleute wird, so dass bei Grundbesitz nur eine Grundbuchberichtigung vorzunehmen ist, bedarf es bei der nachträglichen Vereinbarung von Vorbehaltsgut neben der Änderung des Ehevertrags auch noch der rechtsgeschäftlichen Übertragung des Vermögensgegenstandes auf den Ehegatten. Bei Grundstücken bedarf es demnach der Auflassung und Eintragung.

Kosten: *Notargebühr:* 2,0-Gebühr gem. Nr. 21100 KV GNotKG, mindestens 60 Euro. Geschäftswert gem. §§ 97 Abs. 1, 100 Abs. 1 GNotKG.

Gerichtsgebühr: 1,0-Gebühr gem. Nr. 14110 KV GNotKG. Geschäftswert gem. §§ 70 Abs. 2, 46 GNotKG (50 % des Grundstückswerts).

M 63.4 Vereinbarung von Vorbehaltsgut im Sinne einer „Errungenschaftsgemeinschaft"

*(Urkundenrahmen wie **M 63.1**)*

... Vorbehaltsgut eines jeden Ehegatten ist dessen bei Eingehung der Ehe bereits vorhandenes Vermögen[1]*. Hierbei handelt es sich insbesondere um die im anliegenden Verzeichnis aufgeführten Vermögensgegenstände ... (**oder:** ... Hierzu stellen wir fest, dass es sich hierbei abschließend um die im anliegenden Verzeichnis aufgeführten Vermögensgegenstände handelt.)*

Vorbehaltsgut eines jeden Ehegatten soll auch jeder künftige Erwerb eines Ehegatten von Todes wegen oder durch eine unentgeltliche Verfügung (Schenkung, Ausstattung, Zuwendung in Vorweg-

1 Bei Vereinbarung von Vorbehaltsgut ist es möglich, sich auf Sachgesamtheiten zu beziehen, vorausgesetzt allerdings, die Identifizierung der erfassten Gegenstände ist zweifelsfrei möglich. Auf jeden Fall empfiehlt sich jedoch die Beifügung eines Vermögensverzeichnisses.

nahme der Erbfolge) sein, und zwar ohne Rücksicht darauf, ob der Erblasser oder Zuwendende dies bestimmt hat.

Kosten: *Notargebühr:* 2,0-Gebühr gem. Nr. 21100 KV GNotKG, mindestens 60 Euro. Geschäftswert gem. §§ 97 Abs. 1, 100 Abs. 1 GNotKG.

M 63.5 Ausschluss jeglichen Vorbehaltsguts[1]

(Urkundenrahmen wie ***M 63.1****)*

... Jegliches Vorbehaltsgut ist ausgeschlossen. Es soll auch dann nicht entstehen, wenn bei erbrechtlichem oder unentgeltlichem Erwerb der Erblasser oder Zuwendende dies nach § 1418 Abs. 2 Nr. 2 BGB bestimmt; auch ein solcher Erwerb soll in das Gesamtgut fallen ....

1 Vorbehaltsgut kann auch ehevertraglich ausgeschlossen werden. Dies führt dazu, dass entsprechende Bestimmungen eines Dritten nach § 1418 Abs. 2 Nr. 2 BGB nicht greifen und das Zugewendete gleichwohl in das Gesamtgut fällt. Der Dritte kann mittels einer entsprechenden Bedingung von der Zuwendung für diesen Fall Abstand nehmen. Die Ehegatten können auch nachträglich durch Ehevertrag einem Ehegatten gem. § 1418 Abs. 2 Nr. 2 BGB zugewendete Vermögensgegenstände zum Gesamtgut machen. Dies kann vom Zuwendenden nur verhindert werden, wenn er sich den Rücktritt für diesen Fall vorbehält, auflösende Bedingungen setzt bzw. Nacherbfolge anordnet oder einen Nachvermächtnisnehmer bestimmt.

Kosten: *Notargebühren* in **M 63.4** enthalten.

M 63.6 Fortsetzung der Gütergemeinschaft

(Urkundenrahmen wie ***M 63.1****)*

...

Die Gütergemeinschaft wird nach dem Tod des erstverstorbenen Ehegatten zwischen dem Überlebenden und den gemeinschaftlichen Abkömmlingen fortgesetzt.

...

Kosten: *Notargebühren* in **M 63.4** enthalten.

M 63.7 Ablehnung der Fortsetzung einer Gütergemeinschaft

An das Amtsgericht

– Nachlassgericht –

...

Meine Ehefrau ..., geb. ..., ist am ... hier verstorben. Für unsere Ehe war Gütergemeinschaft und deren Fortsetzung zwischen dem überlebenden Ehegatten und den gemeinschaftlichen Abkömmlingen vereinbart. Meine Ehefrau hat folgende Kinder als unsere gemeinschaftlichen Abkömmlinge hinterlassen:

1. ... geb. am ...

2. ... geb. am ...

3. ... geb. am ...

Ich lehne die Fortsetzung der Gütergemeinschaft mit den genannten Kindern hierdurch ab[1].

1 Form nach §§ 1484 Abs. 2, 1945 BGB.

... (Unterschrift)

(Beglaubigungsvermerk)

Kosten: *Notargebühr:* 0,2-Gebühr gem. Nr. 25100 KV GNotKG, mindestens 20 Euro, höchstens 70 Euro. Geschäftswert gem. §§ 121, 103 Abs. 1 GNotKG. Bei Fertigung des Entwurfs und Beglaubigung 0,5-Gebühr gem. Nrn. 24102, 21201 Nr. 7 KV GNotKG (§ 92 Abs. 2 GNotKG), Geschäftswert gem. §§ 103 Abs. 1 GNotKG.

Gerichtsgebühr: keine.

M 63.8 Aufhebung der fortgesetzten Gütergemeinschaft

An das Amtsgericht

– Nachlassgericht –

...

Für meine Ehe mit der am ... in ... geborenen und am ... in ... verstorbenen ... (Name) ... bestand Gütergemeinschaft; diese Gütergemeinschaft habe ich mit den aus der Ehe hervorgegangenen Kindern

1. ... geb. am ...

2. ... geb. am ...

3. ... geb. am ...

fortgesetzt. Ich hebe die Fortsetzung der Gütergemeinschaft mit den genannten Kindern hiermit auf. Letzter Wohnsitz meiner verstorbenen Frau war ...

... (Unterschrift)

(Beglaubigungsvermerk[1])

1 Form nach §§ 1492 BGB.

Kosten: *Notar- und Gerichtsgebühren:* wie **M 63.7.**

M 63.9 Bestimmung zum Vorbehaltsgut bei letztwilliger Verfügung oder Schenkung

a) In der letztwilligen Verfügung:

Meiner Nichte ..., geb. ... vermache ich mein Hausgrundstück in ... Sollte die Vermächtnisnehmerin mit ihrem Ehemann in Gütergemeinschaft leben, bestimme ich, dass das vermachte Hausgrundstück ihr Vorbehaltsgut sein soll.

b) Bei einer Schenkung:

Die Schenkung erfolgt mit der Bestimmung, dass die geschenkte Münzsammlung Vorbehaltsgut des Beschenkten sein soll.

Kapitel 64 Güterstand bei Auslandsberührung. Rechtswahl. Ausländische Güterstände

In Art. 14–16 EGBGB ist das internationale Kollisionsrecht der allgemeinen Ehewirkungen und des Güterstandes geregelt. Da das Ehewirkungsstatut grds. auch für die Bestimmung des Güterrechtsstatuts (Art. 15 EGBGB), des Scheidungs- und Versorgungsausgleichsstatuts (Art. 17 EGBGB) maßgebend ist und Auswirkungen auf Unterhalt (Art. 18 Abs. 4 EGBGB), eheliches Kindschaftsrecht (Art. 19 EGBGB), die Legitimation (Art. 21 EGBGB) und die Adoption (Art. 22 EGBGB) hat, ist Art. 14 EGBGB wohl als wichtigste Vorschrift des deutschen internationalen Familienrechts zu bezeichnen. 1

Nach Art. 14 EGBGB ergibt sich für die allgemeinen **Ehewirkungen** die in Kap. 60 Rz. 23 dargestellte Anknüpfungsleiter. 2

Nach Art. 15 Abs. 1 EGBGB unterliegen die **güterrechtlichen Wirkungen** der Ehe dem bei der Eheschließung für die allgemeinen Wirkungen der Ehe maßgebenden Recht. Grds. ist das Güterrecht also mit dem Recht der allgemeinen Ehewirkungen verknüpft. Das Güterrechtsstatut bestimmt sich jedoch nach den Verhältnissen bei Eheschließung und ändert sich bei Änderung der Verhältnisse nicht, sog. Umwandelbarkeit des Güterrechtsstatuts. Der Begriff der Unwandelbarkeit bezieht sich allerdings nur auf die nationale Anknüpfung. Da die Verweisung dynamisch erfolgt, führt eine Änderung des relevanten nationalen Rechts auch zu einer Wandelung des Güterrechts der konkreten Ehe. Für das **Güterrechtsstatut** ergibt sich folgende Anknüpfungsleiter: 3

a) das gemeinsame Heimatsrecht der Ehegatten (Staatsangehörigkeit) im Zeitpunkt der Eheschließung;
b) das Recht des gewöhnlichen Aufenthaltsortes beider Ehegatten im Zeitpunkt der Eheschließung, wobei der Aufenthalt nicht gemeinsam, sondern nur im gleichen Rechtsgebiet sein muss;
c) das Recht, dem beide Ehegatten im Zeitpunkt der Eheschließung auf andere Weise am engsten verbunden waren.

Bei der Bestimmung der **Staatsangehörigkeit** ist Art. 5 EGBGB zu beachten, wonach bei Mehrstaatern die effektive Staatsangehörigkeit entscheidet, allerdings bei Vorrang der deutschen Staatsangehörigkeit.

Zu den Übergangsregeln s. die 14. Aufl. Kap. 62 Nr. 3.

Die in Art. 15 Abs. 2 EGBGB vorgesehene **Rechtswahl** kann bereits von Verlobten getroffen werden, da es sich materiell wohl um einen Ehevertrag (§ 1408 BGB) handelt. Gewählt werden kann 4

- das Recht des Staates, dem einer der Ehegatten angehört,
- das Recht des Staates, in dem einer der Ehegatten seinen gewöhnlichen Aufenthaltsort hat, oder
- das Recht des Lageortes für unbewegliches Vermögen.

Art. 15 Abs. 2 EGBGB ermöglicht grundsätzlich eine Rechtswahl, und zwar auch für die Fälle, in denen eine Rechtswahl nach Art. 14 EGBGB ausgeschlossen ist. Danach kann gewählt werden: 5

- das Recht des Staates, dem einer der Ehegatten angehört,
- das Recht des Staates, in dem einer der Ehegatten seinen gewöhnlichen Aufenthalt hat, oder
- für unbewegliches Vermögen das Recht des Lagerortes.

Strittig ist, ob das Recht des Lageortes auch für **einzelne Grundstücke** gewählt werden kann, ohne sämtliche im selben Staat gelegenen Grundstücke ebenfalls dem gewählten Güterrecht zu unterwerfen. Der Gegenauffassung, die eine Rechtswahl nur insgesamt für das in Deutschland belegene unbewegliche Vermögen ermöglicht (so namentlich Langenfeld, Eheverträge, Rz. 824; Schneider MittRhNotK 1989, 42 und Schotten DNotZ 1995, 566) ist zuzustimmen, da kein Anlass besteht, über 6 die bei Auslandsberührung praktisch unvermeidliche Rechtspaltung hinaus auch im Inland ein Nebeneinander verschiedener Güterstände zu ermöglichen.

7 ➲ **Hinweis:** Die teilweise praktizierte „flächendeckende" Rechtswahl bei jedem Grundstückskaufvertrag mit Ausländern ist allerdings eine Unart, die keine Rechtfertigung hat.

7a Glücklich im Güterstand der Errungenschaftsgemeinschaft italienischen Rechts lebenden Ehegatten beim Erwerb der bislang gepachteten Pizzeria für dieses Objekt oder – schlimmer – gleich für das gesamte Ehegüterrecht nach Art. 15 Abs. 2 Nr. 2 EGBGB mit einem (kostenpflichtigen) Pinselstrich im Kaufvertrag das deutsche Recht aufzudrücken, kann kaum sachgerecht sein.

8 Bei der Feststellung des anzuwendenden Rechts sind auch die **Verweisungsvorschriften** des ersten Abschnitts (Art. 3 ff. EGBGB) zu beachten, insbesondere Art. 3 Abs. 3 und Art. 4 EGBGB. § 17 Abs. 3 BeurkG regelt die Belehrungspflicht des Notars über die Anwendbarkeit ausländischen Rechts.

9 Problematisch ist Rechtsverkehr mit Ausländern immer; Regelungen zu treffen, die selbst im deutschen Forum auf ausländische Rechtsordnungen verweisen, ist Balancieren auf dem Drahtseil. Beim **Vergleich ausländischer Güterstände** mit den in Deutschland geläufigen Güterständen ist Vorsicht geboten, da die Rechtsordnungen sehr unterschiedlich sein können. Zu beachten ist ferner, dass das ausländische Recht möglicherweise abweichende kollisionsrechtliche Regelungen vorsieht und trotz der Anerkennung einer Rück- oder Weiterverweisung durch das deutsche Recht die Frage der Anwendbarkeit eines bestimmten Rechts von den verschiedenen nationalen Rechtsordnungen unterschiedlich beantwortet wird. Insbesondere bei der nach deutschem Recht nunmehr möglichen Rechtswahl besteht die Gefahr, dass ausländische Rechtsordnungen diese Wahl nicht anerkennen. Um hinkende Rechtsverhältnisse zu vermeiden, sollte in Zweifelsfällen versucht werden, bei güterrechtlichen Vereinbarungen auch der ausländischen Rechtsordnung gerecht zu werden, was jedoch praktisch immer (außer bei eigenen detaillierten Kenntnissen des ausländischen Rechts) die Hinzuziehung eines ausländischen Rechtskundigen oder die Einholung entsprechender Gutachten erfordert, wobei eine Anfrage an das DNotI zumindest jedem – wegen der Beurkundungsbedürftigkeit ohnehin hinzuzuziehenden – Notar zu empfehlen ist.

10 Eine Übersicht zu den gesetzlichen Güterständen der meisten der praktisch relevanten Länder findet sich im Würzburger Notarhandbuch, 4. Aufl. 2015, Teil 7.

M 64.1 Allgemeine Rechtswahl

(Beurkundungsprotokoll)[1]

Wir wählen für die güterrechtlichen Wirkungen unserer Ehe mit sofortiger Wirkung das Recht der Bundesrepublik Deutschland. Wir haben beide unseren gewöhnlichen Aufenthalt in Deutschland, Art. 15 Abs. 2 Nr. 2 EGBGB. Soweit möglich, soll die Rechtswahl allerorts, also nicht nur beschränkt auf das Inland gelten und umfassend wirksam sein.

Es soll beim gesetzlichen Güterstand der Zugewinngemeinschaft, über deren Inhalt und Rechtsfolgen uns der Notar belehrt hat, verbleiben. Nach den uns bekannten Bestimmungen unseres Heimatlandes ist eine Auseinandersetzung unseres bisherigen Güterstandes nicht erforderlich. Der Notar hat uns darauf hingewiesen, dass die Anerkennung dieser Rechtswahl nur für den Bereich des deutschen Rechtsraumes durch ihn geprüft werden kann und dass eine Anerkennung im Ausland ungewiss ist. Soweit für die Rechtsverhältnisse der Beteiligten zumindest auch die Anrufung eines ausländischen Gerichts, insbesondere des Heimatlandes eines der Beteiligten, in Betracht kommt, was insbesondere bei im Ausland belegenen Vermögen, bei einem Wegzug ins Ausland oder auch sonstiger Anknüpfung an einen anderen Staat der Fall sein kann, ist die Wirkung der heutigen Vereinbarung ungewiss. Hierzu hat der Notar auf die Möglichkeit der Einholung eines Rechtsgutachtens eines Instituts für Auslandsrechts oder eines Rechtsanwalts oder Notars aus dem betreffenden Staat hingewiesen.

1 Die Rechtswahl bedarf nach Art. 15 Abs. 3 iVm. Art. 14 Abs. 4 EGBGB zwingend notarieller Beurkundung.

(Schlussformel und Unterschriften)

Kosten: *Notargebühr:* 2,0-Gebühr gem. Nr. 21100 KV GNotKG, mindestens 60 Euro. Geschäftswert gem. §§ 97 Abs. 1, 104 Abs. 1, 100 GNotKG (30 % des modifizierten Reinvermögens).

M 64.2 Rechtswahl gem. Art. 15 Abs. 2 Nr. 3 EGBGB

(Beurkundungsprotokoll)[1]

*Bezüglich sämtlichen in der Bundesrepublik Deutschland belegenen unbeweglichen Vermögens vereinbaren wir, dass die güterrechtlichen Wirkungen unserer Ehe sich nach dem Recht der Bundesrepublik Deutschland richten soll. Diese Rechtswahl soll auch für künftig von einem Ehegatten neu erworbenes unbewegliches Vermögen gelten. Sie soll nach Möglichkeit nicht nur im Inland Geltung haben. Die Rechtswahl soll ab heute wirken. Bezüglich des nunmehr geltenden gesetzlichen Güterstandes der Zugewinngemeinschaft nach deutschem Recht soll das heute jedem Ehegatten gehörende unbewegliche in der Bundesrepublik Deutschland gelegene Vermögen mit seinem heutigen Wert Anfangsvermögen jedes Ehegatten sein. Wir besitzen derzeit keinen Grundbesitz in der Bundesrepublik Deutschland. (**Alternative:** Wir besitzen bereits Grundbesitz in der Bundesrepublik Deutschland. Sofern auf Grund des bisherigen Güterstandes nach ausländischem Recht Gesamthandsvermögen bestanden haben sollte, setzen wir uns diesbezüglich dahingehend auseinander, dass dieses unbewegliche Vermögen jeweils demjenigen Ehegatten gehören soll, der im Grundbuch eingetragen ist. Sofern wir beide eingetragen sind, soll uns der Grundbesitz zum Miteigentum je zur Hälfte gehören. Über den Eigentumsübergang sind wir uns einig. Wir bewilligen und beantragen vorsorglich, die Rechtsänderung in das Grundbuch einzutragen, insbesondere in das Grundbuch von . . . des Amtsgerichts . . . Blatt . . . .*

(Schlussformel und Unterschriften)

1 Die Rechtswahl bedarf nach Art. 15 Abs. 3 iVm. Art. 14 Abs. 4 EGBGB zwingend notarieller Beurkundung.

Kosten: *Notargebühr:* 2,0-Gebühr gem. Nr. 21100 KV GNotKG, mindestens 60 Euro. Geschäftswert gem. §§ 97 Abs. 1, 104 Abs. 1, 100 GNotKG (30 % des modifizierten Reinvermögens).

Gerichtsgebühr: Für Eigentumsumschreibung im Grundbuch 1,0-Gebühr gem. Nr. 14110 KV GNotKG. Geschäftswert gem. §§ 70 Abs. 2, 46 GNotKG.

M 64.3 Ehevertragliche Vereinbarung der Gütertrennung ohne Rücksicht auf das anwendbare Recht[1]

(Form des Ehevertrags)

. . . Zur Beurkundung waren als Zeugen . . . und . . . zugezogen[2].

1. Wir wählen für die güterrechtlichen Wirkungen unserer Ehe mit sofortiger Wirkung das Recht der Bundesrepublik Deutschland. Wir haben unseren gewöhnlichen Aufenthalt in der Bundesrepublik Deutschland[3]*. Der Ehemann besitzt die deutsche Staatsangehörigkeit. Soweit möglich, soll die Rechtswahl allerorts, also nicht nur beschränkt auf das Inland, gelten und umfassend wirksam sein. Dies soll auch für die übrigen Bestimmungen dieses Ehevertrages gelten. Eine teilweise oder eingeschränkte Wirksamkeit soll die Wirksamkeit im Übrigen nicht berühren. Die entsprechende Eintragung im Güterrechtsregister wird beantragt.*

1 Zur Vermeidung hinkender Rechtsverhältnisse wird versucht, eine möglichst „weltweit" wirkende Gütertrennungsvereinbarung zu formulieren. Dies scheitert allerdings für diejenigen Länder, die zwingend einen anderen Güterstand vorschreiben.

2 Um möglichen ausländischen Formvorschriften zu entsprechen, empfiehlt sich die Zuziehung von Zeugen.

3 Es wird unterstellt, dass nicht bereits auf Grund § 15 Abs. 1 iVm. § 14 Abs. 1 Nr. 1 oder 2 EGBGB deutsches Recht Anwendung findet.

2. Im Rahmen des von uns gewählten deutschen Rechts vereinbaren wir den Güterstand der Gütertrennung. Der Notar hat uns über die gesetzlichen Bestimmungen zur Gütertrennung nach deutschem Recht belehrt.

3. Vorsorglich und hilfsweise vereinbaren wir völlige Gütertrennung ohne Rücksicht auf das anwendbare Recht unter Ausschluss jeglichen gesetzlichen Güterstands. Dies bedeutet insbesondere, dass jedem Ehegatten an seinem sämtlichen gegenwärtigen und künftigen Vermögen das alleinige Eigentums-, Besitz-, Nutzungs-, Verfügungs- und Verwaltungsrecht zusteht. Es soll ausdrücklich ausgeschlossen sein jegliche Art von Güter- oder Errungenschaftsgemeinschaft, jegliche sonstige Art von vermögensrechtlicher Gemeinschaft oder Gesellschaft, ebenso jegliche Gemeinschaft oder Gesellschaft, ebenso jeglicher Anspruch auf Wertausgleich im Falle der Auflösung der Ehe durch Scheidung, Tod oder aus sonstigen Gründen oder im Falle der Trennung. Jede Art von Zugewinngemeinschaft scheidet aus, und zwar einschließlich aller etwaigen daraus resultierenden Erbrechtserhöhungen, wie etwa gem. § 1371 Abs. 1 des deutschen BGB.

Die vorstehend beschriebene und vereinbarte Gütertrennung soll einheitlich gelten ohne Rücksicht auf

- *die Belegenheit beweglicher oder unbeweglicher Gegenstände,*
- *die Herkunft erzielter Einkünfte,*
- *den derzeitigen oder künftigen Aufenthaltsort, gewöhnlichen Aufenthalt, Wohnsitz oder sonstigen örtlichen Bezug eines oder beider Ehepartner,*
- *die gegenwärtige und künftige Staatsangehörigkeit eines oder beider Ehepartner,*
- *die Anwendbarkeit eines bestimmten Rechts.*

4. Sofern bisher für unsere Ehe ein anderer Güterstand gegolten hat, verzichten wir hiermit gegenseitig auf alle hieraus etwa entstandenen Rechte und Ansprüche. Ausgleichsleistungen oder die Übertragung von Vermögensgegenständen können nicht verlangt werden. Sofern bisher gesamthänderisches Vermögen vorhanden war, soll uns dieses künftig zum ideellen Miteigentum je zur Hälfte zustehen, worüber wir uns einig sind. Wir bevollmächtigen uns gegenseitig und verpflichten uns, alle Maßnahmen zu treffen und Rechtshandlungen vorzunehmen, um eine etwa notwendige Auseinandersetzung der vorgenannten Art durchzuführen.

(Schlussformel, Unterschriften, auch der Zeugen)

Kosten: *Notargebühr:* 2,0-Gebühr gem. Nr. 21100 KV GNotKG, mindestens 60 Euro. Geschäftswert gem. §§ 97 Abs. 1, 104 Abs. 1, 100 GNotKG (30 % des modifizierten Reinvermögens) für die Rechtswahl, für die vereinbarte Gütertrennung Geschäftswert gem. § 100 Abs. 1 GNotKG. Die vereinbarte Gütertrennung und die Rechtswahl sind stets als jeweils besonderer Gegenstand zu bewerten (§ 111 Nrn. 2 und 4 GNotKG), daher Wertaddition gem. § 35 Abs. 1 GNotKG.

Gerichtsgebühr: Eintragung in das Güterrechtsregister 100 Euro gem. Nr. 13200 KV GNotKG.

Kapitel 65 Zuwendungen unter und an Ehegatten

Literatur: *Wever*, Vermögensauseinandersetzung der Ehegatten außerhalb des Güterrechts, 6. Aufl. 2014; s. auch die Literaturhinweise zu Kap. 59.

I. Abgrenzung zur Schenkung

1 Bei unentgeltlichen bzw. teilunentgeltlichen Zuwendungen unter Ehegatten unterscheidet die Rechtsprechung begrifflich zwischen der Schenkung und der sog. unbenannten Zuwendung zwischen Ehegatten (st. Rspr., BGHZ 82, 227). Eine **Schenkung** liegt danach nur dann vor, wenn sich beide Teile darüber einig sind, dass die Zuwendung unentgeltlich erfolgen soll. Ist keine Bestimmung getroffen, kann im Bereich ehetypischer Vermögenstransfers, primär also Vermögensumschichtungen in Form der Beteiligung am gemeinsamen Familienwohnheim, und (bislang) Ausgleich von Vermögensdisparitäten wegen modifizierter Zugewinngemeinschaft oder Gütertrennung, Herstellung der Alterssicherung oder der haftungs- bzw. steuergünstigen Verteilung des Vermögens, von einer **unbenannten Zuwendung** ausgegangen werden, wobei in den zuletzt genannten Fällen nunmehr wohl verstärkt vom Vorliegen einer Innengesellschaft (s. Rz. 3) ausgegangen werden muss. Erwerben Ehegatten beispielsweise gemeinsam ein Familienheim, bei dem nur der alleinverdienende Ehegatte Eigenkapital und Tilgungsleistungen einbringt, so liegt idR keine Schenkung des einen Ehegatten vor, da der Erwerb zur Verwirklichung der ehelichen Lebensgemeinschaft dient. Diese sog. unbenannte Zuwendung ist idR als Anerkennung eines gleichwertigen Beitrags beider Ehegatten zu werten. Liegt aber keine Schenkung vor, scheidet insbesondere das Rückforderungsrecht nach § 530 BGB aus. Nach der Rechtsprechung des BGH scheiden aber auch wegen der güterrechtlichen Sonderregelungen des Zugewinnausgleichs bei den im gesetzlichen Güterstand lebenden Ehegatten Ansprüche aus ungerechtfertigter Bereicherung aus. Die Rechtsprechung sieht allerdings in der Scheidung der Ehe regelmäßig einen Wegfall der Geschäftsgrundlage für die Zuwendung. Beim gesetzlichen Güterstand spielt dies praktisch deshalb selten eine Rolle, da es auf Grund des Regelungskonzepts der Zugewinngemeinschaft einer Anpassung durch Rückgewähr nicht bedarf, da die gesetzlichen Regeln des Zugewinnausgleichs gerade zur Bewältigung dieser Situation geschaffen sind. Nach aktueller Rechtsprechung findet die ehebedingte Zuwendung auf Zuwendungen an das **Schwiegerkind** keine Anwendung mehr, diese werden vielmehr nach den Regeln des Wegfalls der Geschäftsgrundlage im Verhältnis zu den Schwiegereltern abgewickelt (BGH NJW 2010, 2202). Betrachtet man die Entwicklung der Rechtsprechung, darf man zum Rechtsinstitut der ehebedingten Zuwendung festhalten, dass dieses da angekommen ist, wo es eigentlich immer hingehört hat. Es handelt sich um eine ganz normale Schenkung wie unter fremden Dritten, deren einzige Besonderheit die Geschäftsgrundlage des Fortbestands der Ehe ist. Viel Lärm um nichts also. Vergäße man den Begriff, wäre nichts verloren.

II. Gütertrennung

2 Auch wenn die Ehegatten im Güterstand der Gütertrennung leben, handelt es sich bei Zuwendungen untereinander idR nicht um einfache Schenkungen, sondern um solche mit der Geschäftsgrundlage des Fortbestands der Ehe, also nach der Nomenklatur der Rechtsprechung um sog. **ehebedingte oder unbenannte Zuwendungen**. Selbst und gerade wenn Gütertrennung vereinbart ist, soll die Zuwendung oft einen entstandenen Zugewinn ausgleichen, ohne dass dies nach dem gesetzlichen Schema erfolgen soll. Ein weiterer häufiger Grund für derartige Zuwendungen ist die Abwendung von Haftungsgefahren. Eine Rückforderung nach § 530 BGB scheidet daher idR ebenso aus wie ein auf ungerechtfertigte Bereicherung gestützter Rückforderungsanspruch. Bei Gütertrennung ist die Anwendung der Grundsätze über den Wegfall der Geschäftsgrundlage der ehebedingten Zuwendung und der Rückgabe bzw. Ausgleichung bei Scheidung der Ehe gerade wegen des fehlenden güterrechtlichen Ausgleichs unter erleichterten Voraussetzungen möglich (BGH NJW 1982, 2236, 2237), wobei ein schematischer Rückgriff auf dieses Rechtsinstitut allerdings

nicht angezeigt ist, da durch die Vereinbarung der Gütertrennung durch die Ehegatten ein klares Votum hinsichtlich des Schicksals der wechselseitigen Vermögensbeteiligungen (keine!) abgegeben ist und grds. davon ausgegangen werden darf, dass sich die Ehegatten bei der Vornahme von Übertragungen/Zuwendungen der Konsequenzen des von ihnen vereinbarten Güterstandes bewusst sind.

III. Ehegatteninnengesellschaft

3 Seit dem Urteil des BGH v. 30.6.1999 (FamRZ 1999, 1580 ff.) steht neben den unbenannten Zuwendungen auch wieder die Ehegatteninnengesellschaft im Zentrum der Aufmerksamkeit. Sie hat, so denn ihre Voraussetzungen vorliegen, grundsätzlich logischen Vorrang vor der Rechtsfigur der unbenannten Zuwendung, da deren Existenz eine entsprechende Willensbildung voraussetzt. In Abgrenzung zur unbenannten Zuwendung, deren Zweck in der Verwirklichung der ehelichen Lebensgemeinschaft besteht, geht der Zweck der Innengesellschaft gerade darüber hinaus, was sich insbesondere in den Fällen von Konstruktionen zur Haftungs- und/oder Steuervermeidung zeigt. Indizien für das Vorliegen einer Innengesellschaft sind – ohne abschließenden Charakter – beispielsweise gemeinsame Entscheidungsfindung trotz allein einseitiger dinglicher Zuordnung, Ergebnisbeteiligungen und erkennbar abgestimmtes Zusammenwirken strategischer Art. Gegen die Annahme der Gesellschaft spricht dagegen der Wille zur gezielten Vermögensmehrung bei einem der Partner oder es liegt eine Verabredung über die Vermögensordnung im Scheidungsfall vor. Streitig ist bislang das Verhältnis zwischen güterrechtlichem Ausgleich und Annahme einer Innengesellschaft in den Fällen, in denen die güterrechtliche Abwicklung zu beteiligungsgerechten Ergebnissen führt. Ein Teil der Literatur spricht sich für das Primat des Güterrechts (Langenfeld, Eheverträge, Rz. 296; Langenfeld ZEV 2000, 14; MünchKomm.BGB/Ulmer/Schäfer vor § 705 BGB Rz. 79; Münch Rz. 937), ein anderer für die der Innengesellschaft (Wever Rz. 478) aus. Es spricht mE viel dafür, den güterrechtlichen Lösungen, wo diese der Lebenssituation gerecht werden, den Vorzug zu geben, da die Vermögensdispositionen regelmäßig in Kenntnis des Güterstandes erfolgen, die Innengesellschaft aber bei konkreter Vorstellung über deren Eingehung ausdrücklich vereinbart würde. Eine solche ausdrücklich vereinbarte Innengesellschaft kann sich dabei durchaus als Gestaltungsmittel in der Kautelarpraxis anbieten (s. dazu **M 65.4**).

IV. Rückabwicklung bei gesetzlichem Güterstand im Scheidungsfall

4 Was die Rückabwicklung ehebedingter Zuwendungen bei gesetzlichem Güterstand im Scheidungsfall angeht, erfolgt mangels anderweitiger Vereinbarung grundsätzlich keine Rückübertragung, die ehebedingte Zuwendung ist lediglich auf die Ausgleichsforderung des Empfängers nach § 1380 BGB anzurechnen, wenn dies vom Zuwendenden bestimmt wurde oder dies nach § 1380 Abs. 1 Satz 2 BGB anzunehmen ist. § 1374 Abs. 2 BGB ist auf solche Zuwendungen nicht anwendbar (BGHZ 82, 227). Für die Berechnung nach § 1380 BGB wird so vorgegangen, dass der Zuwendungswert dem Vermögen des zuwendenden Ehegatten hinzugerechnet und vom Vermögen des Zuwendungsempfängers abgezogen wird (= Vermögenslage ohne Zuwendung). Dies hat zur Folge, dass sich der Ausgleichsanspruch des Zuwendungsempfängers um den halben Wert der Zuwendung verringert. Ist der Wert der Zuwendung bei Beendigung des Güterstands noch im Vermögen des Zuwendungsempfängers vorhanden, so kommt man auch ohne Zuhilfenahme des Verfahrens nach § 1380 BGB zum gleichen Ergebnis. Wenn dies nicht der Fall ist, dient das Verfahren nach § 1380 BGB dazu, die Anrechnung der Zuwendung sicherzustellen. Geht der Wert der Zuwendung über den Ausgleichsanspruch hinaus oder hätte gar der Zuwendende einen Ausgleichsanspruch, so wendet der BGH (BGHZ 82, 227) § 1380 BGB nicht an.

5 Der Ausgleichsmechanismus ist dann problematisch, wenn die Zuwendung **im Empfängervermögen nicht mehr vorhanden** ist oder durch Verbindlichkeiten des Empfängers neutralisiert wird, oder wenn die Zuwendung aus dem Anfangsvermögen des Zuwendenden stammt. Dann kann es beim Zuwendenden zum ganzen oder teilweisen endgültigen wertmäßigen Vermögensverlust über die Halbteilung hinaus kommen. Diese Gefahr ist bei den gerade im Bereich des Immobilienerwerbs häufigen Zuwendungen aus dem Anfangsvermögen (ungleiches Eigenkapital, Grundstück

aus der Familie etc.) sehr hoch. Solche möglicherweise als ungerecht empfundenen Ergebnisse lassen sich durch die Vereinbarung von Rückforderungsrechten vermeiden (s. **M 65.1**).

Ungeklärt ist bislang die Berechnung des Zugewinnausgleichsanspruchs für den Fall, dass die **Anrechnung ausgeschlossen** wird. Bei Reinicke/Tiedtke (WM 1982, 946, 953) findet sich eine Aufstellung der denkbaren Modelle mit Beispielen, wobei sachgerecht die vollständige Nichtberücksichtigung im Anfangs- und im Endvermögen beider Partner sein dürfte (zur entsprechenden Gestaltung s. **M 65.3**). 6

Bei Zuwendungen unter Ehegatten ist daher möglichst ausdrücklich zu regeln, welcher Rechtsnatur diese sein sollen, ob und unter welchen Voraussetzungen ein Rückforderungsrecht besteht und ob eine Anrechnung gem. § 1380 BGB erfolgen soll. 7

Sofern solche Regelungen den Charakter eines Ehevertrages haben, muss auf die Beachtung der **Form** des § 1410 BGB geachtet werden.

V. Übertragungen zur Haftungsvermeidung

Übertragungen zur Haftungsvermeidung spielen auch im Bereich der Ehe eine erhebliche Rolle. So kann es durchaus attraktiv für den Haftungsgefahren ausgesetzten Ehegatten sein, die Vermögensbildung weitgehend in der Person des anderen Ehegatten zu betreiben. Soweit es sich tatsächlich um Vermögensbildung handelt, gewährleistet der gesetzliche Güterstand, dass sich diese Vermögensbildung nicht zu Lasten des haftungsgefährdeten Partners auswirkt. In den anderen Güterständen sowie im Fall der Übertragung erheblichen Anfangsvermögens bedarf es dagegen vertraglicher Vorsorge und immer auch der Berücksichtigung möglicher Anfechtungskonstellationen, wobei jedenfalls dann, wenn es um die rein präventive Haftungsvorbeugung ohne konkret vorhandene Gläubiger geht, an einer Gläubigerbenachteiligungsabsicht im Sinne des Anfechtungsgesetzes bzw. der Insolvenzordnung fehlen dürfte. 8

Durch die Entscheidung des BGH zur **Pfändbarkeit des Rückübertragungsanspruchs** nebst dem entsprechenden Gestaltungsrecht (BGH FamRZ 2003, 858) ist die Aufmerksamkeit (auch) der Kautelarpraxis auf die mögliche Pfändbarkeit solcher Rückübertragungsrechte beim Berechtigten gefallen. In der Literatur wird intensiv diskutiert (Langenfeld ZEV 2003, 295; Oertel RNotZ 2003, 393; Berringer DNotZ 2004, 245; Münch ZFE 2003, 269), unter welchen Umständen die Pfändung ausgeschlossen ist. Sicher scheint insoweit nur zu sein, dass jedenfalls die allein auf den Scheidungs- und/oder Todesfall bedingte Rückforderungsberechtigung nur unter den Voraussetzungen des § 852 Abs. 1 bzw. 2 ZPO analog pfändbar und damit auch durch einen Insolvenzverwalter durchsetzbar ist. Die Rechtfertigung für diese Auffassung liefert insoweit das Gesetz selbst. In allen anderen Fällen (Verstoß gegen Verfügungsverbote/Insolvenz- oder Zwangsvollstreckung) ist mit dem möglichen Pfändungszugriff zu rechnen. 9

VI. Erbrecht

Im Erbrecht wird die ehebedingte Zuwendung wie eine **Schenkung** behandelt (BGH NJW 1992, 564). Ehebedingte Zuwendungen unterliegen demgemäß auch der Pflichtteilsergänzung (§ 2325 BGB). Auch die Anfechtungsrechte von Gläubigern nach dem Anfechtungsgesetz bleiben bestehen (vgl. BGH NJW 1991, 1610). Inwieweit dies auch für die aus einer Ehegatteninnengesellschaft bestehenden Ansprüche gilt, ist offen (eingehend dazu Münch Rz. 954; Grziwotz DNotZ 2000, 486). Soweit die aus der Innengesellschaft resultierenden Ansprüche den tatsächlichen Beiträgen des ausgleichsberechtigten Partners entsprechen, dürfte auch aus dem Blickwinkel des Pflichtteilsrechts nichts gegen ihre Berücksichtigung sprechen, da es nicht zu einem ungleichgewichtigen Vermögenstransfer kommt. Nach dem hier vertretenen Verständnis von der Rechtsnatur der ehebedingten Zuwendung als normaler Schenkung mit der Geschäftsgrundlage des Fortbestands der Ehe ergeben sich die vorstehend geschilderten Wirkungen von selbst – ein weiteres Argument das Rechtsinstitut als bloßes Namenskonstrukt zu erkennen. 10

VII. Steuerrecht

11 Im Bereich des **Schenkungsteuerrechts** sind auch die **ehebedingten Zuwendungen** grundsätzlich steuerbar.

Allein der Ehestand bzw. die eingetragene Lebenspartnerschaft führt insoweit folglich nicht bereits zu einer sachlichen Vergünstigung. Besonderheiten ergeben sich bei der Zuwendung von Grundvermögen (§ 13 Abs. 1 Nr. 4a ErbStG) und im Wesentlichen aus den nicht unerheblichen Steuerklassen- (§ 15 Abs. 1 Nr. 1 ErbStG Steuerklasse I) und den Freibetragsregelungen (§ 16 ErbStG); dem Ehegatten bzw. Lebenspartner steht ein Freibetrag von 500 000 Euro der Bereicherung zu.

Es ergeben sich somit bei der ehebedingten Zuwendung schenkungsteuerlich **keine Vorteile** gegenüber der Schenkung oder der Vereinbarung der Gütergemeinschaft.

12 ➲ **Praxistipp:** Zu beachten sind die Regelungen des § 13 Abs. 1 Nr. 4a und 4b ErbStG 2009, wonach die **lebzeitige Zuwendung** von **(Mit-)Eigentum** an einem im **Inland** belegenen, **zu eigenen Wohnzwecken** genutzten Haus bzw. einer Eigentumswohnung (Familienwohnheim) unter Ehegatten schenkungsteuerfrei ist. Bei größeren, außerhalb der Freibeträge liegenden Vermögen, bei denen das Familienwohnheim auf den Ehegatten und nicht direkt auf die Kinder übergehen soll, empfiehlt sich aufgrund dieser Norm die Übertragung auf den Partner unter Rückforderungsvorbehalt im Todesfall. Die lebzeitige Übertragung löst keine Steuer aus. Die nunmehrige Begünstigung der erbrechtlichen Zuwendung ist dagegen wegen der Haltefristen keine adäquate Alternative.

13 Die Vermögensübertragung einer **zu eigenen Wohnzwecken genutzten Immobilie** bzw. eines Teils hiervon durch die neueingeführten Regelungen des § 13 Abs. 1 Nr. 4a, 4b und 4c (für die Abkömmlinge) erfuhr durch das ErbStG 2009 eine bis dahin nicht vorhandene Privilegierung. Hierdurch wurden inhaltlich zumindest hinsichtlich der zu eigenen Wohnzwecken genutzten Immobilien, die durch das BVerfG (BVerfG-Beschl. v. 7.11.2006 – 1 BvL 10/02, BVerfGE 117, 1-70, BStBl. II 2007, 192 ff.) notwendig gewordene neuerliche Reform der Bewertungsvorschriften, die nunmehr auch hinsichtlich des Grundvermögens zu den Verkehrswerten führen sollten, in der Sache wieder etwas abgemildert. Beachtenswert ist in diesem Zusammenhang BFH v. 18.7.2013 (BStBl. II 2013, 1051) der (verfassungsrechtliche Bedenken hinsichtlich der bis 2008 geltenden weitergehenden Privilegierung auf nicht nur auf das Familienheim begrenzte Übertragungen unter Eheleuten äußerte und) feststellte, dass ein zu eigenen (Zweit)Wohnzwecken genutztes Gebäude, in dem sich nicht der Mittelpunkt des familiären Lebens der Eheleute befindet, kein steuerbegünstigtes Familienheim im S. des § 13 Abs. 1 Nr. 4a ErbStG sein kann. Eine **steuerliche Vergünstigung** im Sinne einer „Verschonung" komme danach als Ausfluss des Art. 6 GG bei Zuwendungen unter Ehegatten nur für solche Zuwendungen in Betracht, die den engeren Kern der ehelichen Lebens- und Wirtschaftsgemeinschaft berühren; hierzu gehöre die Familien- nicht jedoch eine Zweit- oder Ferienwohnung.

Seit 2009 sind danach Zuwendungen unter Lebenden, mit denen Ehegatten untereinander Eigentum an einem bebauten Grundstück verschaffen, soweit darin eine **Wohnung zu eigenen Wohnzwecken** (sog. **Familienheim**) genutzt wird (§ 13 Abs. 1 Nr. 4a ErbStG) begünstigt. Vergleichbar ist die Begünstigung des § 13 Abs. 1 Nr. 4b ErbStG, die eine vergleichbare Regelung für den Todesfall vorsieht, soweit der Erblasser darin bis zum Erbfall eine Wohnung zu eigenen Wohnzwecken genutzt hat oder bei der er aus zwingenden Gründen (Pflegebedürftigkeit) an einer Selbstnutzung zu eigenen Wohnzwecken gehindert war und die beim Erwerber unverzüglich zur Selbstnutzung zu eigenen Wohnzwecken bestimmt ist. Die inhaltsgleiche Regelung greift über § 13 Abs. 1 Nr. 4c ErbStG auch für die **Kinder und Enkel** des Erblassers, jedoch auf eine **Wohnfläche von 200 qm** beschränkt.

14 Im Todesfall kann die steuerfreie Rückübertragung aufgrund des Rückforderungsrechts geltend gemacht werden, § 10 Abs. 3 ErbStG lässt die steuerlichen Wirkungen der Forderung trotz Konfusion (Übertragender wird Erbe des Übernehmers) bestehen. Pflichtteilsansprüche von Angehörigen des Beschenkten kommen wegen der Rückforderungsbefugnis nicht zum Tragen. Gleiches gilt, wenn ein Ehegatte den anderen von im Zusammenhang mit der Anschaffung oder der Herstellung eines Familienwohnheims eingegangenen Verbindlichkeiten freistellt oder nachträglichen Herstellungs-

oder Erhaltungsaufwand für ein Familienwohnheim trägt. Dies gilt unabhängig davon, ob es sich bei der Zuwendung um eine Schenkung, ehebedingte oder sonstige Zuwendung handelt.

Erwerbsvorgänge zwischen Eheleuten unterliegen nicht der **Grunderwerbsteuer**, § 3 Nr. 4 GrEStG. 15

Die **ertragsteuerlichen** Konsequenzen einer Übertragung können aufgrund der vielfältigen Aus- 16
gestaltungen nicht einmal ansatzweise behandelt werden. Gleichwohl ist für die Gestaltungspraxis immer darauf zu achten, dass verfolgte steuerliche Ziele nicht durch zivilrechtliche Gestaltungen für die Dauer der Ehe oder durch die Rückübertragungsmodalitäten gefährdet werden. So kann die wirtschaftliche Zurechnung eines Vermögensgegenstandes durch Vereinbarung von Nießbrauchs- und weitgehenden Rückübertragungsrechten ebenso gefährdet werden, wie eine bestehende oder vermiedene Betriebsaufspaltung/Sonderbetriebsvermögenseigenschaft durch Rückübertragungen.

Vor einer Übertragung sollte zudem nicht ungeprüft bleiben, ob sich womöglich ein Missbrauch von rechtlichen Gestaltungsmöglichkeiten nach Maßgabe des § 42 AO 1977 ergibt.

M 65.1 Ehebedingte Zuwendung mit Rückforderungsvorbehalt[1] für den Fall der Scheidung[2]

(Beurkundungsprotokoll)

Die Ehefrau ... überlässt an den Ehemann ... einen hälftigen Miteigentumsanteil an dem ihr mit vorausgehender Urkunde von ihren Eltern[3] zugewendeten Grundstück Fl. ... Nr. ... der Gemarkung ..., eingetragen im Grundbuch des Amtsgerichts ... von ... Blatt ..., grundbuchlich lastenfrei, als ehebedingte Zuwendung[4].

Die Ehefrau kann im Fall der Scheidung die Rückübertragung des heute überlassenen Miteigentumsanteils verlangen. Ihr Rückforderungsanspruch erlischt, wenn sie ihn nicht binnen drei Monaten nach Rechtskraft der Scheidung schriftlich geltend macht. Verwendungen und Aufwendungen, die der Ehemann für den Hausbau auf dem Grundstück und die Erhaltung, ggf. Erweiterung und Verbesserung des Hauses und für Erschließungsmaßnahmen im weitesten Sinne erbracht hat, sowie Tilgungs-, nicht aber Darlehenszinszahlungen des Ehemanns auf vorstehenden Zwecken dienende Darlehen sind dem Ehemann von der Ehefrau im Falle der Rückforderung Zug um Zug mit Rückübertragung zinslos zu erstatten. Ferner ist dem Ehemann die auf seinen Miteigentumsanteil entfallende nach Abzug der vorstehenden Beträge verbleibende Wertsteigerung durch Zahlung

---

1 Alternativ und bei weniger stark ausgeprägter emotionaler Bindung an die „Scholle" oftmals sachgerechter ist eine Vereinbarung, wonach der hälftige Wert des Grundstücks zu messen alternativ am inflationsbereinigten Geldwert zum Übertragungszeitpunkt, dem Geldwert zzgl. einer bestimmten Verzinsung oder dem Grundstückswert im Auseinandersetzungsfall dem übertragenden Partner zu erstatten ist, s. **M 65.6**.
Ergänzt werden kann die Regelung um etwaige Rückforderungsrechte aus sonstigen Gründen (Verstoß gegen Verfügungsverbote; Insolvenz etc.). Insoweit kann auf die Darstellungen zum Übertragungsvertrag Kap. 15 verwiesen werden. Zu empfehlen ist praktisch immer die Diskussion über die Vereinbarung eines Rückforderungsrechts im Todesfall.

2 Variante für den Fall, dass ein Miteigentumsanteil an einem Grundstück übertragen wird, auf dem die Eheleute erhebliche wertsteigernde Investitionen (Familienheim) tätigen wollen.

3 Häufig soll die Zuwendung eines Grundstücks durch die Eltern eines Ehegatten an beide Ehegatten erfolgen, da diese das Grundstück anschließend gemeinsam bebauen wollen. Eine direkte Schenkung entspricht regelmäßig nicht den Interessen der Beteiligten, da die Eltern die Zuwendung an das Schwiegerkind praktisch ausschließlich im Interesse ihres Kindes vornehmen. Steuerlich ist wegen des geringen Schwiegerkindfreibetrages die Kettenschenkung regelmäßig ohnehin günstiger. Problembewusstsein sollte allerdings hinsichtlich des Risikos von Pflichtteilsergänzungsansprüchen bestehen.

4 Zum Begriff und zur Abgrenzung von der Schenkung s. Rz. 1.

auszugleichen[5]*. Darlehen sind außerdem von der Ehefrau zur alleinigen Tilgung und Verzinsung samt hierfür am Grundstück bestellter Grundpfandrechte und hierfür sicherungshalber abgegebener abstrakter Schuldversprechen zu übernehmen. Eigentümerrechte an den Grundpfandrechten sind auf die Ehefrau zu übertragen, Sicherungsabreden sind im Hinblick auf die Entlassung aus der Mithaft zu ändern. Die Ehefrau hat Mithaftentlassungserklärungen der Darlehensgeber beizubringen.*

Der Zugewinnausgleich findet sodann unter Zugrundelegung der nach Abwicklung der Rückübertragung entstandenen Vermögenslage statt, was die Eheleute hiermit vorsorglich auch ehevertraglich vereinbaren[6]*.*

Die Rückübertragungskosten und alle mit der Rückabwicklung zusammenhängenden Kosten tragen die Eheleute je zur Hälfte. Zur Sicherung des Rückforderungsrechts der Ehefrau wird die Eintragung einer Rückauflassungsvormerkung am Vertragsobjekt bewilligt und beantragt.

(Dingliche Erklärungen und Genehmigungen)

(Schlussformel und Unterschriften)

---

5 Bei der hier vorgeschlagenen Gestaltung sind zunächst sämtliche Aufwendungen und Verwendungen etc. des anderen Ehegatten sowie die im konkreten Gegenstand eingetretenen Wertsteigerungen zu ersetzen, woran sich dann – falls nicht Gütertrennung oder sonst etwas anderes vereinbart ist – der Zugewinnausgleich anschließt. Da – von Ausnahmefällen abgesehen – im Zugewinnausgleich ohnehin ein Wertausgleich bezüglich des dem Zugewinnausgleich unterliegenden Vermögens erfolgt, könnte hinsichtlich der Verwendungen im gesetzlichen Güterstand auch vereinbart werden, dass lediglich vom Zuwendungsempfänger aus vorehelichem oder nach § 1374 Abs. 2 BGB privilegiertem Vermögen gemachte Verwendungen zurückzuerstatten sind; soweit der Zuwendungsempfänger hiernach im Zugewinnausgleich nicht die Hälfte der von den Eheleuten aus dem Zugewinnausgleich unterliegendem Vermögen auf das Grundstück verwendeten Geldbeträge zurückerhält, ist ihm die Differenz zusätzlich zu erstatten. Diese Alternativgestaltung setzt aber die penible Erfassung aller Verwendungen und deren Herkunft voraus. Insbesondere die Frage, ob eine Verwendung aus vorehelichem oder privilegiertem Vermögen erfolgt ist, lässt sich oft nur schwer beantworten. Hinzu kommt, dass Wertverluste im Anfangsvermögen auch hinsichtlich der Wertsteigerungen des konkreten Zuwendungsgegenstandes zur Nichtberücksichtigung führen können. Der Vorabausgleich am konkreten Zuwendungsgegenstand ist somit sowohl leichter zu handhaben wie auch sicherer gegenüber Wertverschiebungen im nicht ausgleichspflichtigen Bereich.

6 Das Muster ist auch bei Gütertrennung oder Ausschluss des Zugewinnausgleichs für den Fall der Scheidung verwendbar; dann entfällt der anschließende Zugewinnausgleich.

Kosten: *Notargebühr:* 2,0-Gebühr gem. Nr. 21100 KV GNotKG, mindestens 60 Euro. Geschäftswert gem. §§ 97 Abs. 1, 100 Abs. 2 GNotKG für die güterrechtlichen Regelungen, für die Zuwendung des Grundstücksanteils Geschäftswert gem. § 46 GNotKG. Die Gegenstände sind jeweils als besondere Gegenstände zu bewerten (§ 111 Nr. 2 GNotKG), daher Wertaddition gem. § 35 Abs. 1 GNotKG.

Gerichtsgebühr: Für die Eigentumsumschreibung im Grundbuch 1,0-Gebühr gem. Nr. 14110 KV GNotKG. Geschäftswert gem. § 46 GNotKG. Für die Eintragung der Rückauflassungsvormerkung 0,5-Gebühr gem. Nr. 14150 KV GNotKG, Geschäftswert gem. § 51 Abs. 1 S. 1 GNotKG.

M 65.2 Ausschluss der Rückforderung einer ehebedingten Zuwendung bei gleichzeitiger Regelung des Wertausgleichs beim Zugewinnausgleich[1]

(Beurkundungsprotokoll)

...

Die vorstehende Zuwendung des Hausgrundstücks durch den Ehemann an die Ehefrau erfolgt als ehebedingte Zuwendung. Ein Rückforderungsrecht wegen groben Undanks oder Verarmung soll ausscheiden.

---

1 Erfolgt die Zuwendung aus dem Zugewinn des Ehegatten, ist die Klausel grundsätzlich ohne Einschränkung zu verwenden. Erfolgt sie dagegen aus dem Anfangsvermögen und erzielt der Zuwendende später keinen den Wert der Übertragung kompensierenden Mehrzugewinn als der Zuwendungsempfänger, ist die Zuwendung zumindest anteilig verloren. In diesem Fall liegt die vorsorgende Vereinbarung von Rückforderungsrechten nahe.

*Die heutige Zuwendung soll der Ehefrau selbst dann verbleiben, wenn die Ehe geschieden wird, unabhängig davon, wer am Scheitern der Ehe ein Verschulden trägt. Die Rückforderung durch den Ehemann soll in jeglicher Hinsicht und hinsichtlich jeglicher Anspruchsgrundlage ausgeschlossen sein. Der Ehemann soll sich auch nicht auf den Wegfall der Geschäftsgrundlage berufen dürfen. Die Zuwendung soll (**Alternative:** soll nicht) gem. § 1380 BGB auf die Ausgleichsforderung der Ehefrau angerechnet werden. (Bei Alternative keine Anrechnung: Sie soll aber auch im Übrigen außerhalb des Zugewinnausgleichs erfolgen. Der Wert der Zuwendung soll bei der Berechnung des Anfangs- und Endvermögens beider Ehegatten im Zugewinnausgleich nicht berücksichtigt werden, was hiermit ehevertraglich vereinbart wird.)*

...

(Schlussformel und Unterschriften)

Kosten: *Notargebühr:* 2,0-Gebühr gem. Nr. 21100 KV GNotKG, mindestens 60 Euro. Geschäftswert gem. §§ 97 Abs. 1, 100 GNotKG für die güterrechtlichen Regelungen, für die Zuwendung des Grundstücksanteils Geschäftswert gem. § 46 GNotKG. Die Gegenstände sind jeweils als besondere Gegenstände zu bewerten (§ 111 Nr. 2 GNotKG), daher Wertaddition gem. § 35 Abs. 1 GNotKG.

Gerichtsgebühr: Für die Eigentumsumschreibung im Grundbuch 1,0-Gebühr gem. Nr. 14110 KV GNotKG. Geschäftswert gem. § 46 GNotKG.

M 65.3 Echte Schenkung unter Ehegatten[1]

(Beurkundungsprotokoll)

Der Ehemann schenkt seiner Ehefrau sein Hausgrundstück Fl. Nr. ... der Gemarkung ..., unbelastet vorgetragen im Grundbuch des Amtsgerichts ... für ... Band ... Blatt ..., mit allen Rechten, Bestandteilen und dem gesetzlichen Zubehör. Die Vertragsteile sind über den Eigentumsübergang einig und bewilligen und beantragen, die Ehefrau als Eigentümerin in das Grundbuch einzutragen. Die Eintragung einer Auflassungsvormerkung wird nicht gewünscht.

Die Vertragsteile stellen klar, dass es sich bei vorstehender Überlassung um eine Schenkung, nicht jedoch um eine sonstige ehebedingte Zuwendung handelt. Eine Anwendung des § 1380 BGB soll ausgeschlossen sein[2]. Bei der Zugewinnausgleichsberechnung ist vom tatsächlichen Endvermögen auszugehen allerdings mit der Einschränkung, dass der Wert der heutigen Zuwendung weder im Anfangs- noch im Endvermögen der Ehegatten zur berücksichtigen ist[3]. Ein Rückforderungsrecht im Falle der Scheidung wird unbeschadet der Bestimmung des § 530 BGB nicht ausbedungen.

...

(Schlussformel und Unterschriften)

1 Zur Abgrenzung der Schenkung von der ehebedingten Zuwendung s. Rz. 1.

2 Der BGH behandelt auch die Ehegattenschenkung nach den zu § 1380 BGB entwickelten Grundsätzen. § 1374 Abs. 2 BGB ist nicht anwendbar, BGH FamRZ 1987, 791.

3 Die Folgen eines Ausschlusses von § 1380 BGB sind höchstrichterlich noch nicht geklärt. Daher empfiehlt sich eine ausdrückliche Regelung. Zu den denkbaren Berechnungsmöglichkeiten s. Reinicke/Tiedtke WM 1982, 946, 953.

Kosten: *Notargebühr:* 2,0-Gebühr gem. Nr. 21100 KV GNotKG, mindestens 60 Euro. Geschäftswert gem. §§ 97 Abs. 1, 100 GNotKG für die güterrechtlichen Regelungen, für die Schenkung Geschäftswert gem. § 46 GNotKG. Die Gegenstände sind jeweils als besondere Gegenstände zu bewerten (§ 111 Nr. 2 GNotKG), daher Wertaddition gem. § 35 Abs. 1 GNotKG.

Gerichtsgebühr: Für die Eigentumsumschreibung im Grundbuch 1,0-Gebühr gem. Nr. 14110 KV GNotKG. Geschäftswert gem. § 46 GNotKG.

M 65.4 Ehegatteninnengesellschaft[1]

(Beurkundungsprotokoll)

Wir leben im Güterstand der Gütertrennung[2]. Wir vereinbaren eine Ehegatteninnengesellschaft in Form einer Gesellschaft bürgerlichen Rechts ohne gesamthänderisch gebundenes Vermögen.

1. Zweck der Gesellschaft ist die Verteilung des während der Dauer unserer Ehe erworbenen Vermögens unabhängig davon, wem von uns das Eigentum an den einzelnen Vermögensgegenständen zugeordnet ist.

2. An der Gesellschaft sind wir zu gleichen Teilen[3] beteiligt.

3. Einlagen sind nicht zu leisten. Im Innenverhältnis der Gesellschafter wird sämtliches gegenwärtige und künftige Vermögen von uns beiden als der Verteilung entsprechend den nachstehenden Regelungen unterfallend behandelt.

Davon ausgenommen sind ausdrücklich die in der Anlage 1 (Ehemann) und Anlage 2 (Ehefrau) bezeichneten Gegenstände sowie ferner jedwedes Vermögen, das den in der Aufstellung in Anlage 3 genannten Vermögenskategorien[4] zuzuordnen ist[5].

4. Verfügungen über Gegenstände des durch vorstehende Regelungen dem gesellschaftsrechtlichen Ausgleich unterstellten Vermögens, deren Wert im Einzelfall ... Euro übersteigt, sind nur mit Zustimmung des jeweils anderen Partners zulässig[6].

5. Die Gesellschaft kann durch jeden Ehegatten mit einer Frist von 18 Monaten zum Ende eines Kalenderjahres gekündigt werden. Aus wichtigem Grund kann die Gesellschaft ohne Einhaltung einer Frist gekündigt werden. Als wichtiger Grund in diesem Sinne gilt jedenfalls unsere Trennung und der Verstoß gegen die vorstehende vereinbarte Verfügungsunterlassungsverpflichtung. Die Kündigung beendet die Gesellschaft.

6. Nach Kündigung erfolgt die Berechnung des Ausgleichsanspruchs. Der Ausgleichsanspruch errechnet sich auf Grundlage der Wertdifferenz der jedem von uns gehörenden Vermögensgegenstände, soweit diese in den Bereich der Innengesellschaft fallen. Derjenige Partner, der danach das höhere gesellschaftsrelevante Vermögen besitzt, schuldet dem anderen eine Ausgleichzahlung in Höhe der Hälfte des Differenzbetrages. Werden wir uns nicht über den Wert eines oder mehrerer Vermögensgegenstände einig, so entscheidet im Einzelfall mit verbindlicher Wirkung ein auf Anrufung auch nur eines von uns durch den Präsidenten der örtlich für den bestehenden oder letzten gemeinsamen Wohnsitz unserer Ehe zuständigen IHK zu ernennender Sachverständiger.

7. Der Ausgleichanspruch ist fällig spätestens drei Monate nach gemeinsamer bzw. schiedsgutachterlicher Feststellung der Werte des jeweiligen Vermögens.

---

1 Für die Außengesellschaft kann auf die entsprechenden Regelungen zur BGB-Gesellschaft zurückgegriffen werden, Kap. 110, im Fall des gemeinsamen Erwerbes des Einfamilienhauses bietet sich aber die unter **M 65.5** aufgeführte besondere Auseinandersetzungsregelung an.
Während die gerichtliche Annahme des Bestehens einer Ehegatteninnengesellschaft im Scheidungsfall regelmäßig das ursprüngliche gestalterische Konzept der Vermögensbeziehungen der Ehegatten durchkreuzt und insofern vom Kautelarjuristen eher als Unfall empfunden wird, kann es unter Umständen gerade Ziel der Ehegatten sein, eine solche Innengesellschaft zu konzipieren. Zwar ist für die meisten Belange die echte Außengesellschaft die geeignetere Wahl (Verfügungsbeschränkung des Partners, Schutz vor Drittzugriffen) gleichwohl können Erwägungen wie beispielsweise die Vermeidung der Publizität der Außengesellschaft für die Gestaltung einer Innengesellschaft sprechen.

2 Im gesetzlichen Güterstand spielt die Gesellschaft naturgemäß eine untergeordnete Rolle, es sei denn, es liegt eine modifizierte Zugewinngemeinschaft vor.

3 Es ist auch jede andere Quote denkbar.

4 Es kann sich beispielsweise empfehlen, Betriebsvermögen oder ähnliches und insbesondere nach § 1374 Abs. 2 BGB privilegiertes Vermögen als gesamte Vermögenskategorie von der Innengesellschaft auszunehmen.

5 Soweit getrennte Vermögensmassen gebildet werden, muss wie bei der modifizierten Zugewinngemeinschaft eine Regelung gefunden werden, dass Vermögensverschiebungen zwischen den Massen ausgeschlossen oder jedenfalls minimiert werden.

6 Mangels gesamthänderischer Bindung sind sie natürlich gleichwohl wirksam.

8. Gegenstände, die einem von uns allein zu Eigentum zustehen, bleiben dessen alleiniges Eigentum. Für solche Gegenstände, die in unserem Miteigentum stehen[7]*, entscheidet, soweit ein jeder von uns sie zu Alleineigentum erhalten möchte, das Los. Der Wert des ausgleichungspflichtigen Vermögens wird in diesem Fall auf Grundlage dieser Eigentumszuordnung vorgenommen. Der ausgleichungsberechtigte Partner kann die Übertragung des Eigentums von der Zahlung des Ausgleichungsbetrages abhängig machen.*

9. Die Kosten des Auseinandersetzungverfahrens und dessen Vollzugs tragen wir entsprechend unserer Beteiligungen.

10. Nach Beendigung des Ausgleichungsverfahrens findet alsdann die Auseinandersetzung unseres Güterstands unter/ohne Einbeziehung des der Innengesellschaft unterworfenen Vermögens statt.

11. Durch den Tod eines von uns wird die Gesellschaft in gleicher Weise wie durch Kündigung beendet. Außer in den Fällen des § 1933 BGB findet eine Ausgleichung ausdrücklich nicht statt.

(ggf. salvatorische Klausel)

(Schlussformel und Unterschriften)

7 Denkbar ist auch ein Übernahmerecht für im Alleineigentum stehende Gegenstände, s. dazu Langenfeld, Eheverträge, Rz. 1217.

Kosten: *Notargebühr:* 2,0-Gebühr gem. Nr. 21100 KV GNotKG, mindestens 60 Euro. Geschäftswert gem. §§ 97 Abs. 1, 100 Abs. 1 GNotKG (30 % des modifizierten Reinvermögens).

M 65.5 Auseinandersetzungsklausel[1] zur Ehegattenaußengesellschaft[2]

(Beurkundungsprotokoll)

Im Auseinandersetzungsfall berechnet sich der relative Anteil eines jeden von uns am Gesellschaftsvermögen nach dem Verhältnis der Einlageleistungen, die ein jeder von uns während der Dauer der Gesellschaft erbracht hat[3]*. Diese Quote kann sich durch zusätzliche Einlagen, insbesondere also durch Tilgung des bestehenden Darlehens, Eigenleistungen auf den Grundbesitz oder ähnliches laufend verschieben*[4]*. Als Einlageleistung in diesem Sinne gelten jedenfalls die von einem jeden von uns zum Erwerb des Grundbesitzes eingebrachten Eigenkapitalanteile, beim Ehemann also . . . Euro, bei der Ehefrau . . . Euro. Unsere derzeitigen Anteile am Vermögen der Gesellschaft im Auseinandersetzungsfall betragen also . . . % und . . . %. Bei – auch den laufenden – Tilgungsleistungen auf den Grundbesitzerwerb oder Um- und Ausbau finanzierenden Darlehen wird, soweit nicht ausdrücklich eine andere Bestimmung getroffen wird, vermutet, dass diese unabhängig davon, wer die Zahlung im Einzelfall tatsächlich leistet, von beiden Partnern zu gleichen Teilen er-*

1 Als Grundmuster kann das Muster **M 108.1** eines GbR-Vertrages Verwendung finden.

2 Im Fall des gemeinsamen Erwerbs von Vermögensgegenständen, wie insbesondere dem gemeinsamen Einfamilienhaus, kann die Bildung einer BGB-Gesellschaft sowohl aus Haftungsgründen – der Bruchteil eines Ehegatten kann von dessen Gläubigern nicht einfach gepfändet werden, Pfändungsgegenstand ist allein der GbR-Anteil – wie auch wegen der vom Güterstand unabhängigen flexibleren Auseinandersetzung sinnvoll sein. Die oftmals angeführten Gründe der leichteren Verkehrsfähigkeit mangels Erforderlichkeit notarieller Beurkundung (was ich im Fall der reinen Grundstückserwerbsgesellschaft für nicht ganz zweifelsfrei halte), die angebliche leichtere Steuerung der Nachfolge sowie die grunderwerbsteuerlichen Vorteile sind dagegen wenig zur Rechtfertigung der GbR-Konstruktion geeignet, da der juristische Laie damit in viele praktische Folgeprobleme getrieben wird, die er oftmals nicht überschaut.

3 Für die nichteheliche Gemeinschaft ist zu beachten, dass aus grunderwerbssteuerlichen Gründen (§ 3 Nr. 4 GrEStG gilt nicht!) ein Erstarken einer Beteiligung auf 95 % oder mehr vermieden werden muss.

4 Eine solche gleitende Beteiligung ist im Fall teilweise fremdfinanzierten Erwerbs mit möglichen Eigenleistungen auf den Grundbesitz oft gerechter als eine starre Beteiligung anhand der jeweils zum Erwerbszeitpunkt oder zu Zeitpunkt vollständiger Darlehenstilgung bestehenden Eigenkapitalanteile. Bei starrer Quote wird nicht berücksichtigt, dass die laufenden Tilgungen meist aus gemeinsamem Einkommen der Eheleute erfolgen. Bei Wertsteigerungen des Grundbesitzes hat die feste Quote dann zur Folge, dass der Beteiligungswert der durch laufende Tilgung eingebrachten Einlagen einen anderen Partizipationsbeitrag als die vorher vorhandenen Eigenmittel hat.

bracht wurden. Eigenleistungen auf den Grundbesitz gelten nur dann als Einlagen im vorstehenden Sinne, wenn dies zwischen uns in (mindestens) schriftlicher Form vereinbart wurde.

(weiterer Urkundstext)

M 65.6 Darlehensvertrag zwischen Ehegatten zur Finanzierung eines Familienwohnheims[1]

(Vertragseingang[2])

Zwischen ... (Ehegatte 1) – nachstehend auch „Darlehensgeber" genannt – und (Ehegatte 2) – nachstehend auch „Darlehensnehmer" genannt wird der nachstehende Darlehensvertrag geschlossen.

1. Der Darlehensgeber hat vom Darlehensnehmer in Teil A dieser Urkunde einen ½ Miteigentumsanteil an dem dort bezeichneten Grundstück erhalten. Auf dem Grundstück werden die Ehegatten aus gemeinsamen Mitteln und im Wesentlichen finanziert durch ein Darlehen ein Einfamilienhaus als Familienwohnheim errichten. Den Wert des Grundstücks geben die Beteiligten übereinstimmend mit ... Euro an. Für den Fall des Scheiterns ihrer Ehe möchte sich der Darlehensgeber das Recht vorbehalten, den Wert des hingegebenen Grundstücksteils vom Darlehensnehmer zurückzufordern. Insoweit soll wegen der erheblichen geplanten Investitionen des Darlehensnehmers insbesondere auch in Form von Eigenleistungen ausdrücklich kein Rückforderungsrecht des Grundbesitzes insgesamt, sondern stattdessen die nachstehende Darlehensvereinbarung getroffen werden.

2. Der Darlehensnehmer verspricht dem Darlehensgeber (Alternativen 1 und 2) den Betrag von ... Euro (Alternative 3: den nachstehend zu Nr. 4 genannten Betrag) in dem Fall, dass

a) ihre Ehe zu Lebzeiten geschieden wird,

b) zum Zeitpunkt des Todes eines Ehegatten die Voraussetzungen des § 1933 BGB für ihre Ehe gegeben sind, oder

c) der Grundbesitz veräußert wird,

zu zahlen.

Der Betrag ist zur Zahlung fällig innerhalb von drei Monaten nach Eintritt eines der zu vorstehend a) bis c) genannten Ereignisse.

3. Kommt es nicht zum Eintritt eines der in vorstehender Nr. 2 genannten Ereignisse, entfällt die Verpflichtung zur Rückzahlung des Darlehens.

4. Der Rückzahlungsbetrag

Alternative 1:

ist mit jährlich ... %-Punkten über dem jeweiligen Basiszinssatz zu verzinsen. Die Zinsen werden mit dem Kapital in einer Summe zum Fälligkeitszeitpunkt des Kapitals fällig, im Fall des Wegfalls der Rückzahlungsverpflichtung entfällt auch die Verzinsungsverpflichtung.

Alternative 2:

wird angepasst an den Verbraucherpreisindex für Deutschland, wie er jeweils vom Statistischen Bundesamt oder einer entsprechenden Nachfolgeorganisation festgesetzt wird. Hat sich dieser in Bezug genommene Preisindex zum Zeitpunkt des Eintritts eines der vorstehend unter Nr. 2 lit. a–c

---

1 Für einfach gelagerte Fälle kann sich statt Rückforderungsrechten oder gesellschaftsrechtlichen Lösungen auch die Vereinbarung eines Darlehens empfehlen, so insbesondere, wenn die Unterschiede in den Eigenkapitalanteilen gering sind oder die Umgestaltung des eingebrachten Gutes, beispielsweise durch weitgehend eigenhändige Errichtung eines großen Hauses durch den Maurer-Ehegatten auf dem von der Ehefrau stammenden Grundstück im ländlichen Raum mit niedrigen Grundstückswert.

2 Eine notarielle Beurkundung ist grundsätzlich nicht zwingend erforderlich, im vorliegenden Fall wegen der Verbindung mit dem Grundstücksübertragungsvertrag aber sinnvollerweise als Teil „B" des Übertragungsvertrages mitzubeurkunden.

genannten Ereignisse gegenüber dem Stand ... (Beurkundungsmonat) verändert, so erhöht oder vermindert sich der Rückzahlungsbetrag im gleichen Verhältnis wie sich der Preisindex erhöht oder vermindert hat.

Alternative 3:

bestimmt sich nach dem Wert, den der ½ Miteigentumsanteil am übertragenen Grundstück im Zeitpunkt des Eintritts eines der in Nr. 2 lit. a–c genannten Ereignisse hätte, wenn es sich noch im derzeitigen, unbebauten Zustand befände (Verkehrswert des Grund und Bodens). Können sich die Beteiligten nicht auf einen entsprechenden Bodenwert einigen, so soll ein durch Anrufung auch nur eines von Ihnen durch den Präsidenten der IHK ... zu benennender Grundstückssachverständiger den Wert verbindlich für beide Partner festlegen.

5. Ein Recht auf Kündigung besteht in sonstigen Fällen ausdrücklich nicht.

6. Nach Rückzahlung des nach vorstehenden Bestimmungen zu leistenden Betrages findet alsdann der Zugewinnsausgleich auf Grundlage der dann bestehenden Vermögenslage statt.

7. Eine dingliche Sicherung des Rückzahlungsbetrages beispielsweise durch die Eintragung einer Höchstbetragshypothek wird nicht gewünscht.

8. Sollte eine Bestimmung dieses Vertrages unwirksam sein oder werden, so bleiben die übrigen Bestimmungen gleichwohl wirksam. Die Beteiligten verpflichten sich, die unwirksame Bestimmung durch eine solche wirksame zu ersetzen, die dem Sinn und Zweck der unwirksamen Bestimmung möglichst nahe kommt. Im Übrigen gelten die gesetzlichen Bestimmungen.

(ggf. Urkundsausgang)

Kosten: *Notargebühr:* Der beurkundete Darlehensvertrag betrifft im Verhältnis zum Grundstücksvertrag einen anderen Gegenstand iSv. § 109 Abs. 1 GNotKG. Für den Darlehensvertrag ist ebenso wie für die Grundstücksübertragung eine 2,0-Gebühr gem. Nr. 21100 KV GNotKG, entstanden. Geschäftswert ist die Summe des Wertes des übertragenen Grundstücksanteils und des Wertes des nach §§ 97 Abs. 1, 36 Abs. 1 GNotKG bewerteten Darlehensvertrags (Darlehensbetrag).

Kapitel 66 Nachehelicher Unterhalt – Grundzüge

I. Einleitung

Grundprinzip des Rechts des nachehelichen Unterhalts ist das Prinzip der Selbstverantwortung, § 1569 BGB. Durch die Änderung des Unterhaltsrechts zum 1.1.2008 hat dieses Prinzip eine deutliche Verstärkung erfahren, indem im neuen Satz 1 der Norm die Obliegenheit, sich selbst zu versorgen, ausdrücklich betont wird. Es wird flankiert von dem in den §§ 1570 ff. BGB geregelten Tat- 1 beständen, bei deren Erfüllung dem Partner, der zur Sicherung des eigenen Unterhalts gerade nicht imstande ist, im Grundsatz Ansprüche gegen den anderen zugestanden werden. Die Erfüllung eines solchen **Unterhaltstatbestandes** führt allerdings nur dann zu einem **Unterhaltsanspruch**, wenn auf Seiten des potentiell Berechtigten eine auf Grundlage des **Bedarfs** zu ermittelnde **Bedürftigkeit** gegeben ist, die auf Seiten des Unterhaltsschuldners mit entsprechender **Leistungsfähigkeit** korrespondieren muss, und **Begrenzungstatbestände** nicht vorliegen.

2 Mit der Neuregelung zum 1.1.2008 hat es einen **Paradigmenwechsel** für das Unterhaltsrecht gegeben. Durch die Zusammenfassung der Befristungs- und Herabsetzungsregelungen zum Unterhalt, die bislang auf § 1578 BGB (Maß) und § 1573 BGB (Befristung) verteilt und entsprechend beschränkt waren, ist die im Gesetz früher angelegte dauerhafte nacheheliche Solidaritätsverpflichtung erheblich eingeschränkt worden. § 1578b BGB hat für den nachehelichen Unterhaltsanspruch der geschiedenen Eheleute überragende Bedeutung bekommen. Hinzu tritt, dass mit der Neuordnung der unterhaltsrechtlichen Rangklassen in § 1609 BGB der Ehegatte seine bisherige Gleichstellung mit den minderjährigen Kindern verloren hat und in die zweite Rangklasse verwiesen worden ist.

II. Unterhaltstatbestände und Einsatzzeitpunkte

3 Ein nachehelicher Unterhaltsanspruch besteht nur in den in §§ 1570–1576 BGB aufgeführten Fällen. Zu beachten ist, dass der Eintritt der Tatbestandsvoraussetzungen nur dann unterhaltsrechtlich relevant ist, wenn diese zu bestimmten Zeitpunkten (Einsatzzeitpunkten) vorliegen.

1. Kindesbetreuungsunterhalt

4 § 1570 BGB wurde gegenüber der bisherigen Fassung erheblich verändert. Der Tatbestand setzt voraus, dass vom geschiedenen Ehegatten wegen der Betreuung mindestens eines gemeinsamen (leiblichen oder adoptierten) Kindes eine eigene Erwerbstätigkeit nicht erwartet werden kann. Die **Betreuungsbedürftigkeit des oder der Kinder** ist individuell zu ermitteln. Anders als nach früherer gefestigter Rechtsprechung, gilt nicht mehr ein Altersphasenmodell, sondern nach Ablauf der gesetzlichen Regelfrist von drei Jahren eine individuelle Betrachtung des jeweiligen Einzelfalls. Gründe für eine **Verlängerung des Unterhaltsanspruchs** über das dritte Lebensjahr des Kindes hinaus können sich zum einen kindbezogen (Abs. 1) und zum anderen ehebezogen (Abs. 2) ergeben. In beiden Fällen muss die Verlängerung der Billigkeit entsprechen. Grund für eine Verlängerung ist regelmäßig eine mangelnde Betreuungsmöglichkeit des Kindes, wobei allerdings eine Betreuungsmöglichkeit durch Dritte wie Kindergarten oder Tagesstätte ausreichend ist. Abs. 2 lässt eine Verlängerung aus Billigkeitsgründen aber auch in den Fällen zu, in denen aus der Länge der Ehe und der Gestaltung der Betreuung in der Ehe sich eine Betreuungspraxis etabliert hat, die über die 3-jährige Regelfrist hinausgeht. Ein Beispiel wäre insoweit wohl das letzte von vier Kindern, von denen alle von dem betreuenden Elternteil über das 3. Lebensjahr hinaus betreut wurden. Der betreuende Elternteil kann dann erwarten, auch das letzte Kind trotz Scheiterns der Ehe in gewohnter Weise zu betreuen. Das Kriterium der Ehedauer spielt für sich keine Rolle, es ist nur im Verbund mit entsprechenden Betreuungsgestaltungen von Bedeutung. Der BGH (FamRZ 2009, 770; so auch 2009, 1124 und 2009, 1391) hat den zunächst in der Instanzrechtsprechung unternommenen Versuchen, ein neues Altersphasenmodell zu installieren, um die Vorhersehbarkeit der Urteile zu verbessern, eine klare Absage erteilt. Die Billigkeitsabwägung hat im Einzelfall zu erfolgen. Sie ist damit zwar situationsgerechter aber viel weniger vorhersehbar.

5 Solange keine Erwerbsobliegenheit besteht, soll sich der **Anspruch aus § 1570 BGB** auf den vollen Unterhalt, bei einer Teilerwerbsobliegenheit – mE logisch inkonsequent – dagegen nur auf den Betrag richten, der bei Vollzeittätigkeit als Mehreinkommen erzielt würde, die Aufstockung im Übrigen erfolge über § 1573 Abs. 2 BGB (BGH FamRZ 1990, 492 ff.). Zutreffender wäre es wohl, den an dem Grad der Erwerbsobliegenheit zu messenden Teilbetreuungsunterhalt als Teil des vollen Unterhalts nach § 1578 BGB zu bestimmen, und nur hinsichtlich der Differenz zwischen dem (möglichen) anteiligen Erwerbseinkommen und dem anteiligen vollen Unterhalt auf § 1573 Abs. 2 BGB zurückzugreifen.

Einen Einsatzzeitpunkt kennt § 1570 BGB strukturell konsequent nicht.

2. Unterhalt wegen Alters

Hat ein geschiedener Ehegatte bei Scheidung der Ehe oder dem Ende des Unterhaltsanspruchs wegen Kindesbetreuung, Krankheit oder Erwerbslosigkeit ein bestimmtes Lebensalter überschritten (regelmäßig das 65. Lebensjahr), besteht der Anspruch auf Altersunterhalt, § 1571 BGB. 6

3. Krankheits- oder Gebrechlichkeitsunterhalt

Die zur Unzumutbarkeit der Verpflichtung zur Aufnahme einer Erwerbstätigkeit führende Krankheit oder Gebrechlichkeit muss zum Zeitpunkt der Scheidung, Kindesbetreuung, Beendigung der Ausbildung, Fortbildung oder Umschulung oder Ende des Erwerbslosigkeitsunterhalts vorliegen, um anspruchsbegründend zu sein (§ 1572 BGB), wobei allerdings ein enger zeitlicher und sachlicher Zusammenhang zum Einsatzzeitpunkt ausreicht (BGH FamRZ 2001, 1291). 7

4. Erwerbslosigkeitsunterhalt

Solange der geschiedene Ehegatte nach Ehescheidung, Ende des Kindesbetreuungszeit, der Erwerbslosigkeit wegen Alters, Krankheit oder Ausbildung keine angemessene (§ 1374 BGB) Erwerbstätigkeit findet, steht ihm auch dann ein Anspruch auf Unterhalt zu, wenn die Voraussetzungen der §§ 1570–1572 BGB nicht gegeben sind. Konnte der Unterhalt durch die Erwerbstätigkeit nachhaltig gesichert werden (unbefristetes Erwerbsverhältnis) löst erneute Arbeitslosigkeit keinen neuen Unterhaltsanspruch aus, bei partieller Nachhaltigkeit nur einen partiellen Anspruch. 8

5. Aufstockungsunterhalt

Reicht das aus einer ausgeübten oder dem geschiedenen Ehegatten obliegenden angemessenen Erwerbstätigkeit erzielte bzw. erzielbare Einkommen nicht für die Deckung des vollen Unterhalts aus, greift der Aufstockungsunterhaltsanspruch nach § 1573 Abs. 2 BGB dergestalt ein, dass der Differenzbetrag zum vollen Unterhalt verlangt werden kann. Die Höhe des Unterhaltsanspruchs berechnet sich nunmehr auch in den Fällen, in denen der unterhaltsberechtigte Ehegatte erst nach Ehescheidung eine Erwerbstätigkeit aufnimmt, nach der Differenzmethode, sodass der Familienarbeit ein einkommensprägender Charakter iSd. § 1578 BGB zugemessen wird (BGH FamRZ 2001, 986). Der Aufstockungsunterhalt ist der meist umstrittene Unterhaltstatbestand, da er die ehelichen Lebensverhältnisse für den berechtigten Partner auf Dauer aufrechterhält. 9

6. Unterhalt bei Ausbildung, Fortbildung oder Umschulung

§ 1575 BGB trägt der Tatsache Rechnung, dass häufig zumindest einer der Ehegatten ehebedingt seine berufliche Qualifikation vernachlässigt, wodurch dessen Erwerbsaussichten getrübt sind. Für die Zeitdauer, die eine entsprechende Qualifizierung üblicherweise in Anspruch nimmt, wird dann Unterhalt geschuldet. 10

7. Billigkeitsunterhalt

Der schillernde Begriff des Billigkeitsunterhalts, § 1576 BGB, der naturgemäß konkrete Einsatzzeitpunkte nicht kennt, hat bislang die Rechtsprechung nicht zur Kreierung eines allgemeinen Auffangtatbestandes verführen können. Er wird vom BGH namentlich dort eingesetzt, wo dem ehemaligen ehelichen Verband nahe stehende Kinder oder sonstige Angehörige betreut werden, ohne dass einer der anderen Tatbestände erfüllt wäre. 11

III. Bemessung des Unterhalts

Das Maß des Unterhalts (Bedarf) bestimmt sich grds. nach den ehelichen Lebensverhältnissen. Der Unterhalt umfasst den gesamten Lebensbedarf, auch die erforderliche Sozialversicherung für Alter, Krankheit und Pflege (§ 1578 BGB). **Grundlage der ehelichen Lebensverhältnisse** ist grundsätzlich das in der Ehe zur Verfügung stehende Einkommen, wobei allerdings gerade bei höheren Ein- 12 kommen Vermögensbildungsleistungen Berücksichtigung finden. Wurde Vermögen zum Unterhalt eingesetzt, kann auch dies eheprägend sein. Eheprägend sind auch die erst nach Scheidung erzielten Einkünfte des Ehegatten, der bislang Familienarbeit geleistet hat (BGH FamRZ 2001, 986). Maßgeblicher Zeitpunkt zur Bemessung war bislang grundsätzlich die Rechtskraft der Scheidung (st. Rspr., BGH NJW 1994, 935 f.). Von dieser Linie hat sich der BGH trotz erheblicher, mE berechtigter Kritik in der Literatur zuletzt gänzlich gelöst und lässt nun unter der Prämisse der Wandelbarkeit auch der ehelichen Lebensverhältnisse eine praktisch umfassende Partizipation an nachehelichen Veränderungen zu (s. dazu nur BGH FamRZ 2008, 1911; NJW 2009, 588 mwN). Nur ganz außerhalb der Erwartungen liegende Veränderungen („Lagerarbeiter wird zum Popstar") scheinen noch Bedeutung für eine Abgrenzung zu besitzen. Zu den Einkünften zählen neben den Erwerbseinkünften auch Vermögenseinkünfte, wenn sie die ehelichen Lebensverhältnisse geprägt haben (BGH FamRZ 1988, 1145, zu weitgehend allerdings, wenn dies auch auf Erträge von Vermögen ausgedehnt wird, das erst nach Scheidung, gleich aus welchem Grund, erworben wird). Der geldwerte Vorteil des Wohnens im eigenen Haus ist ebenfalls eheprägend (BGH FamRZ 1986, 439). Neben Einkünften prägen allerdings gleichermaßen auch ehebedingte Verbindlichkeiten, oft also insbesondere die Finanzierungsdarlehen des Hauses, den Bedarf.

13 Die so ermittelten prägenden Einkünfte werden **grundsätzlich geteilt**, wobei regelmäßig zu Gunsten der Erwerbseinkünfte noch ein sog. „**Erwerbstätigenbonus**" von je nach OLG zwischen 1/7 und 1/10 gewährt wird. Nur bei hohen Einkommen ab mindestens ca. netto 6000 Euro wird der Unterhalt nach dem **konkreten Bedarf** ermittelt. Da der gesamte Lebensbedarf vom Unterhalt abgedeckt wird, tritt neben den grundsätzlich nach vorstehender Rechnung ermittelten Elementarunterhalt zusätzlich der Kranken- und Pflegeversicherungsunterhalt und der Altersvorsorgeunterhalt. Soweit dieser auf Grund der Lebensumstände zusätzlich geschuldet ist (beispielsweise nicht im Fall des bereits im Rentenalter befindlichen Partners) wird der entsprechende Unterhalt jeweils so errechnet, als sei der nach vorgenannter Methode ermittelte vorläufige Elementarunterhalt das Bruttoeinkommen des Berechtigten, von dem ausgehend dann auf Basis der üblichen Sozialversicherungssätze die Unterhaltsbeträge ermittelt werden. Um dann zum endgültigen Elementarunterhalt zu gelangen, werden vom verteilungsfähigen Netto-Einkommen des pflichtigen Partners diese Unterhaltsbeträge abgezogen und alsdann der echte Elementarunterhalt errechnet. Dass so vom Nettoeinkommen des pflichtigen Partners tatsächlich weniger als 50 % für diesen übrig bleiben können, ist sachgerecht, denn seine eigenen Vorsorgeaufwendungen sind bei der Ermittlung des Nettolohnes bereits berücksichtigt worden.

14 **Eigenes Einkommen**, insbesondere Einkünfte aus zumutbarer Erwerbstätigkeit erhöhen, wenn sie bereits in der Ehe bestanden haben oder als Surrogat der Familienarbeit anzusehen sind, den Bedarf (Additionsmethode). Umgekehrt mindern sie aber auch die Bedürftigkeit, sodass sie auf den nach dem Halbteilungsprinzip ermittelten Betrag anzurechnen sind (rechnerisch macht es keinen Unterschied, ob zur Bedarfermittlung zunächst addiert und dann angerechnet wird, oder ob bereits von vornherein nur eine Differenzbetrachtung erfolgt). Nimmt der Berechtigte eine zumutbare Erwerbstätigkeit nicht auf, so wird ihm das zu erzielende Einkommen gleichwohl als sog. fiktives Einkommen zugerechnet.

15 Die Bedürftigkeit des einen Partners muss mit der **Leistungsfähigkeit** des anderen korrespondieren, um einen Unterhaltsanspruch zu begründen. Da die Höhe des Einkommens bereits bei der Bedarfsbemessung berücksichtigt wird, spielt dieser Tatbestand vor allem in Mangelfällen und dann eine Rolle, wenn sich das Einkommen nachehelich negativ verändert, ohne dass der berechtigte Partner sich dies anrechnen lassen müsste.

IV. Sonstiges

16 Zentrale Bedeutung für den Anspruch auf nachehelichen Unterhalt hat nach der Reform des Unterhaltsrechts der § 1578b BGB erlangt. Danach ist der Unterhalt auf den **angemessenen Unterhalt** herabzusetzen (Abs. 1) und/oder zu **befristen** (Abs. 2), wenn eine dauerhafte, an den ehelichen Lebensverhältnissen bemessene Unterhaltsgewährung unbillig wäre. § 1579b BGB ersetzt damit die bisherigen Einzelregelungen der §§ 1573 Abs. 5 und 1578 Abs. 1 Satz 2 BGB. Sie ist auf alle Unter-

haltstatbestände anwendbar, und zwar auch, soweit diese bereits einen eigenen Billigkeitsmaßstab enthalten, wie bspw. § 1570 Abs. 1 BGB (BGH FamRZ 2009, 770; 981).

➲ **Wichtig:** Der Wortlaut der Norm weist dabei zunächst insoweit in die Irre, als er den Anschein erweckt, die dauerhafte und unbegrenzte Unterhaltsgewährung sei die Regel, die Beschränkung/Befristung die Ausnahme. Gegenteiliges ist auch trotz der zwischenzeitlich (BGBl. I 2013 S. 273) erfolgten Änderung des Wortlauts unter stärkerer Berücksichtigung der Dauer der Ehe und der Gestaltung der Haushaltsführung der Fall. 16a

§ 1578b BGB nennt als entscheidendes Kriterium für die Zubilligung von Unterhalt und damit das Ausscheiden von Beschränkung und/oder Befristung das **Bestehen ehebedingter Nachteile** im Bezug auf die Fähigkeit, den eigenen Unterhalt zu erwirtschaften. Rechtsdogmatisch interessant ist diese Regelung insbesondere deshalb, weil der Gedanke der Kompensation ehebedingter Nachteile als Grundlage für die Zuerkennung eines Unterhaltsanspruchs grundsätzlich nie zu einem an den ehelichen Verhältnissen orientierten Anspruch führen kann. Liegen diese nämlich höher als der angemessene Unterhalt, ist die Differenz nicht ehebedingter Nachteil, sondern Vorteil. Nimmt man das Gesetz also beim Wort, dürfte es einen an den ehelichen Verhältnissen orientierten Unterhalt gar nicht geben. Als Nachteil iSd. § 1578b BGB zu verstehen sind letztendlich auf in der Ehe angelegte Gründe zurückzuführende Beschränkungen in der eigenen Möglichkeit zur Teilnahme bzw. den eigenen Fähigkeiten entsprechenden Teilnahme an Erwerbstätigkeiten. Hinzu gekommen ist durch die zum 1.3.2013 in Kraft getretene Änderung des Wortlauts (BGBl. I 2013 S. 273) die Berücksichtigung der Ehedauer und der Gestaltung der Haushaltsführung bei der Abwägungsentscheidung. Die teilweise wohl als Exzess der Rechtsprechung empfundenen Urteile, die auch nach mehr als 20-jähriger Ehedauer schon nach wenigen Jahren einen Unterhaltsanspruch versagten, sollten dadurch zurückgefahren werden. Für den Vertragsgestalter hat die Norm erhebliche Bedeutung, als sie die Grundlage für Befristungsmodelle wie auch eine Definition des angemessenen Unterhalts sein kann. 17

Gem. § 1579 BGB ist ein Unterhaltsanspruch uU wegen **grober Unbilligkeit** zu versagen, herabzusetzen oder zeitlich zu begrenzen. Praktisch wichtig ist hierbei vor allem § 1579 Nr. 1 BGB in Form der Kurzehe. Unter bestimmten Voraussetzungen kann der Unterhalt insgesamt, § 1573 Abs. 5 BGB, oder nur dessen Bemessung an den ehelichen Lebensverhältnissen, § 1578 Abs. 1 Satz 2 BGB, zeitlich **befristet** werden. Die Unterhaltspflicht erlischt mit der **Wiederverheiratung** oder dem **Tode des Berechtigten** (§ 1586 BGB). Der Unterhalt kann aber dann wiederaufleben, wenn auch die neue Ehe geschieden wird und die Voraussetzungen des § 1570 BGB (Kindesbetreuung) gegeben sind. Der **Tod des Verpflichteten** lässt dagegen die Unterhaltspflicht bestehen, sie geht im Rahmen des § 1586b BGB auf die Erben als Nachlassverbindlichkeit über. 18

➲ **Hinweis:** Bei einem im Zusammenhang mit dem Ehevertrag abgegebenen Pflichtteilsverzicht ist streitig, ob dieser auch den Unterhaltsanspruch nach § 1586b erfasst. Dies ist sinnvollerweise ausdrücklich zu regeln. 19

V. Auskunftspflicht

Damit der Unterhaltsberechtigte die Voraussetzungen und das Maß eines Unterhaltsanspruchs genügend beurteilen kann, aber auch der Verpflichtete die Grenzen seiner Inanspruchnahme, besteht die wechselseitige Verpflichtung der Ehegatten, auf Verlangen über ihre Einkünfte und ihr Vermögen im Rahmen des § 1665 BGB Auskunft zu erteilen (§ 1580 BGB), vgl. **M 66.1**. 20

VI. Steuerfolgen

Die **steuerliche Berücksichtigung** des **nachehelichen Unterhalts** (sowie bei dauerndem Getrenntleben der Ehegatten) hat der Gesetzgeber **im Rahmen des sogenannten Realsplittings** geregelt. Kern der Regelung ist die steuermindernde Berücksichtigung der Aufwendungen von **bis zu höchstens 13 805 Euro** beim Zahlungsverpflichteten (nach § 10 Abs. 1 Nr. 1 EStG) einerseits und der hierzu beim Zahlungsempfänger (Unterhaltsbegünstigtem) korrespondierend vorzunehmenden steuerrelevanten Erfassung der Zahlungen als steuerpflichtige Einnahme nach § 22 Nr. 1a EStG. 21

Notwendige (materiell-rechtliche) **Voraussetzung für** die Eröffnung des steuerlichen **Abzugs** der Unterhaltsleistungen als Sonderausgaben beim Zahlungsverpflichteten ist die Vorlage einer durch den Zahlungsempfänger unterzeichneten **Anlage U**(nterhalt); erst hierdurch wird der Steuerabzug eröffnet, der Zahlungsempfänger bestätigt zugleich die Versteuerung der Zahlungen. Ohne Vorlage der entsprechenden Anlage U erfolgen die Zahlungen auf der privaten Vermögensebene und wären damit dem Grunde nach steuerlich irrelevant, soweit keine Berücksichtigung als außergewöhnliche Belastung nach § 33a Abs. 1 EStG in Betracht kommt.

Als Antwort des Gesetzgebers auf den Beschluss des Bundesverfassungsgerichts zur steuerlichen Berücksichtigung von Krankenversicherungsbeiträgen als Sonderausgabe (v. 13.2.2008, 2 BvL 1/06, BVerfGE, 120), werden seit 2010 neben den vorgenannten Abzugshöchstbeträgen zusätzlich die Beiträge zur Basiskrankenversicherung für den Unterhaltsbegünstigten abgezogen, soweit diese durch den Unterhaltsverpflichteten geleistet werden. Das BVerfG hatte insoweit festgestellt, dass auch das Mindestmaß an Krankenversicherungsschutz zum steuerlich zu verschonenden Existenzminimum zählt; eine Besteuerung insoweit nicht erfolgen dürfe. Unmaßgeblich ist, ob der Steuerpflichtige die Beiträge als Versicherungsnehmer leistet oder für eine vom geschiedenen/dauernd getrennt lebenden Ehegatten abgeschlossene Versicherung trägt. Als Beiträge für eine Basiskrankenversicherung können berücksichtigt werden:

- Bei Beiträgen zur gesetzlichen Krankenversicherung: die Beiträge. Besteht ein Anspruch auf Krankengeld, sind die Beiträge um 4 % zu kürzen.
- Bei Beiträgen zu einer privaten Krankenversicherung: die vom Versicherungsunternehmen bescheinigten Beiträge zur Basiskrankenversicherung.

22 Für den **Unterhaltsempfänger** führen die Unterhaltsleistungen zu **sonstigen Einkünften** (§ 22 Nr. 1a EStG), soweit sie nach § 10 Abs. 1 Nr. 1 EStG vom Geber abgezogen werden können. Unterhaltsleistungen, die ein unbeschränkt Steuerpflichtiger von seinem nicht unbeschränkt steuerpflichtigen geschiedenen oder dauernd getrennt lebenden Ehegatten erhält, sind dagegen nicht steuerbar (BFH v. 31.3.2004, BStBl. II 2004, 1047).

Die **Zustimmung des Empfängers** (in Gestalt der gezeichneten Anlage U) kann **nachträglich weder zurückgenommen** noch betragsmäßig beschränkt werden; sie kann **nur mit Wirkung für** ein **künftiges Kalenderjahr** widerrufen werden und ist vor Beginn des Kalenderjahrs, für das die Zustimmung erstmals nicht gelten soll, gegenüber dem Wohnsitzfinanzamt zu erklären. Wird er gegenüber dem Wohnsitzfinanzamt des Unterhaltsempfängers erklärt, ist das Wissen dieser Behörde für die Änderungsbefugnis nach § 173 Abs. 1 Nr. 1 AO des für die Veranlagung des Unterhaltsgebers zuständigen Finanzamts ohne Bedeutung (BFH v. 2.7.2003, BStBl. II 2003, 803). Der Sonderausgabenabzug kann nur erfolgen, wenn der Geber dies mit Zustimmung des Empfängers **beantragt**. Der Antrag auf Sonderausgabenabzug ist für jedes Kalenderjahr neu zu stellen.

23 Ohne Antragstellung sind die Unterhaltsleistungen nach § 12 Nr. 2 EStG ertragsteuerrechtlich – von § 33a Abs. 1 EStG abgesehen – unbeachtlich. Ein derartiger, mit (vorheriger oder nachträglicher) Zustimmung des Empfängers gestellter Antrag ändert den Rechtscharakter der Ausgaben und bewirkt die Steuerpflicht der Unterhaltsleistungen beim Empfänger gemäß § 22 Nr. 1a EStG. Diese grundsätzliche Dispositionsfreiheit wird dem Unterhaltsgeber durch die auf Dauer angelegte Zustimmung nicht genommen. Der Geber kann für jedes Kalenderjahr entscheiden, ob er die Unterhaltszahlungen als Sonderausgaben abziehen möchte und wenn ja, in welcher Höhe er dies tun möchte. Dass er die Unterhaltsleistungen bis zur Höhe des in der Zustimmungserklärung enthaltenen Betrags als Sonderausgaben geltend machen könnte, reicht als Besteuerungsgrund iSd. § 22 Nr. 1a EStG beim Unterhaltsempfänger aber noch nicht aus. Vielmehr löst erst der für den jeweiligen Veranlagungszeitraum gestellte Antrag dem Grunde und auch der Höhe nach die Umwandlung von einer nicht steuerbaren in eine steuerbare Unterhaltsleistung aus. Die Wirkung der Zustimmung kann nicht losgelöst vom Antrag des Gebers eintreten. Ist jedoch ein Antrag nach § 10 Abs. 1 Nr. 1 EStG für einen Veranlagungszeitraum gestellt worden, kommt es für die Besteuerung beim Unterhaltsempfänger nicht darauf an, ob sich die vom Unterhaltsgeber geltend gemachten Unterhaltsleistungen bei ihm auch tatsächlich steuermindernd auswirken. Antrag und Zustimmung können jedoch nachträglich erweitert, dh. betragsmäßig erhöht werden (BFH v. 28.6.2006, BStBl. II 2007, 5). Bei einer Erweiterung nach Bestandskraft sind die Bescheide nach § 175 Abs. 1 Satz 1 Nr. 2 AO zu ändern. Stimmt der Empfänger von Unterhaltszahlungen dem der Höhe nach be-

schränkten Antrag auf Abzug der Zahlungen als Sonderausgaben iS des § 10 Abs. 1 Nr. 1 EStG zu, so beinhaltet dies keine der Höhe nach unbeschränkte Zustimmung für die Folgejahre (BFH v. 14.4.2005, BStBl. II 2005, 825).

Die für den Sonderausgabenabzug zwingend geforderte **Zustimmungserklärung des Empfängers** kann nicht durch behördliche oder gerichtliche Wertungen und Willensbekundungen ersetzt, sondern allenfalls (zivil-)gerichtlich erzwungen werden (BFH v. 25.7.1990, BStBl. II 1990, 1022). Durch die Antragstellung des Unterhaltsleistenden mit Zustimmung des Empfängers nach § 10 Abs. 1 Nr. 1 EStG werden die **gesamten, in dem Kalenderjahr geleisteten Unterhaltsaufwendungen** – unbeschadet einer betragsmäßigen Begrenzung durch den Antragsteller oder durch den Höchstbetrag – **zu Sonderausgaben umqualifiziert**. Für den Abzug ist es unerheblich, ob es sich um laufende oder einmalige Leistungen bzw. um Nachzahlungen oder Vorauszahlungen handelt. Die der Art nach den Sonderausgaben zuzuordnenden Aufwendungen können **auch nicht insoweit** als außergewöhnliche Belastungen abgezogen werden, **wie sie den** für das Realsplitting geltenden **Höchstbetrag** iRd Sonderausgabenabzuges **übersteigen** (BFH v. 7.11.2000, BStBl. II 2001, 338). 24

Unter den Voraussetzungen des § 1a Abs. 1 Nr. 1 EStG können Unterhaltszahlungen an den geschiedenen Ehegatten auch dann abgezogen werden, wenn der **Empfänger nicht unbeschränkt einkommensteuerpflichtig** ist, er **aber seinen Wohnsitz** (oder seinen gewöhnlichen Aufenthalt) im Hoheitsgebiet eines anderen **Mitgliedstaates der Europäischen Union oder eines EWR-Staates** hat. Dies setzt voraus, dass die Besteuerung der Unterhaltszahlungen beim Empfänger durch eine Bescheinigung der zuständigen ausländischen Steuerbehörde nachgewiesen wird. Trotz der Regelung in § 1a Abs. 1 Nr. 1 EStG kann daher ein unbeschränkt Steuerpflichtiger die Unterhaltszahlungen an seine in Österreich lebende geschiedene Ehefrau nicht im Rahmen des Realsplittings abziehen, weil er mangels Besteuerung der Zahlungen bei der Ehefrau (im Streitjahr in Österreich) keine entsprechende Bescheinigung der österreichischen Steuerbehörden beibringen kann (BFH v. 13.12.2005, BFH/NV 2006, 1069). Ist der Empfänger nicht unbeschränkt steuerpflichtig und hat er auch seinen Wohnsitz nicht in einem EU-/EWR-Staat, kommt der Sonderausgabenabzug nur in Betracht, wenn das jeweilige Doppelbesteuerungsabkommen entsprechende Regelungen enthält. Das ist der Fall, wenn das Besteuerungsrecht der erhaltenen Unterhaltszahlungen dem Wohnsitzstaat des Empfängers zugewiesen wird. 25

Wird die für den Sonderausgabenabzug erforderliche **Zustimmung** durch den unterhaltsempfangenden Ehegatten **nicht erteilt**, besteht für den unterhaltsverpflichteten Ehegatten unter den Voraussetzungen des § 33a Abs. 1 EStG die Möglichkeit zum Abzug der **Unterhaltsleistungen als außergewöhnliche Belastung**. Im Veranlagungszeitraum der Trennung sind allerdings Aufwendungen für den Unterhalt des dauernd getrennt lebenden Ehegatten nicht gem. § 33a Abs. 1 EStG als außergewöhnliche Belastung abziehbar, BFH v. 31.5.1989, BStBl. II 1989, 658, dh., unbeschränkt steuerpflichtige Ehegatten sind im Jahr ihrer Trennung (Scheidung) hinsichtlich der Berücksichtigung außergewöhnlicher Belastungen so zu behandeln, als ob sie ganzjährig in einer intakten Ehe gelebt hätten und jeder Ehegatte nach seiner Aufgabenstellung in der Familie zum Unterhalt des anderen Ehegatten beigetragen hätte. 26

Vor dem Hintergrund der Regelungen des Familienleistungsausgleichs werden die Unterhaltsleistungen an das beim anderen Elternteil lebende **Kind** nicht als außergewöhnliche Belastung berücksichtigt, sondern es wird stattdessen ein Kinderfreibetrag in Ansatz gebracht und das anteilige Kindergeld der tariflichen Einkommensteuer hinzugerechnet. 27

M 66.1 Aufforderung zur Unterhaltsauskunft

Herrn . . .

. . .

Ihre geschiedene Frau . . . hat mich beauftragt, die Angemessenheit des Unterhalts zu überprüfen, den Sie ihr gem. der Niederschrift des Familiengerichts . . . (Ort) vom . . . (Datum) iHv. monatlich . . . Euro zahlen.

Um die erforderlichen Anhaltspunkte zu gewinnen, fordere ich Sie hiermit namens und in Vollmacht meiner Mandantin auf, mir bis ... Auskunft über Ihre Einkünfte, Ihr Vermögen und die Vermögenserträgnisse zu erteilen. Ich behalte mir vor, über die Höhe der Einkünfte eine Bescheinigung Ihrer Dienststelle zu verlangen.

Zur Erteilung der Auskunft sind Sie gem. §§ 1580, 1665 BGB verpflichtet.

... (Unterschrift)

Kapitel 67 Vorsorgende Unterhaltsvereinbarungen

I. Zulässigkeit von Vereinbarungen über den nachehelichen Unterhalt, Unterhaltsverträge

1 Die Ehegatten können über die Unterhaltspflicht für die Zeit nach der Scheidung gem. § 1585c BGB Vereinbarungen treffen. Hierbei können diese sowohl vorsorgend bereits unter den Verlobten oder während der Ehe ohne konkrete Scheidungsabsicht, etwa in Verbindung mit einem Ehevertrag, getroffen werden, als auch als Scheidungsvereinbarung, s. Kap. 68. Eine Vereinbarung über den nachehelichen Unterhalt, die vor Rechtskraft der Scheidung getroffen wird, ist seit dem 1.1.2008 zwingend notariell zu beurkunden. Die privatschriftlichen Unterhaltsvereinbarungen spielten aber auch schon früher keine große Rolle, sodass die Änderung des § 1585c BGB die Rechtswirklichkeit nachvollzog.

II. Inhaltskontrolle und Kernbereichslehre

2 Nach dem Wortlaut des § 1585c BGB können Vereinbarungen über den nachehelichen Unterhalt **grundsätzlich unbeschränkt** getroffen werden. Dies war bis Ende des vergangenen Jahrhunderts auch Stand der Rechtsprechung, wobei allerdings schon damals eine Ausübungskontrolle entsprechender Vereinbarungen dann stattfand, wenn diese zu Lasten gemeinsamer Kinder in Form des Verzichts auf Kindesbetreuungsunterhalt gingen (BGH NJW 1997, 126 und NJW 1997, 192). Fer-

ner war eine Vereinbarung dem Sittenwidrigkeitsverdikt ausgesetzt, wenn diese zu Lasten des Sozialhilfeträgers erfolgte. Nachdem sich das BVerfG in zwei Entscheidungen (BVerfG FamRZ 2001, 343 und FamRZ 2001, 985) mit der Wirksamkeit von Eheverträgen auseinander gesetzt hatte und seine auf der Bürgschaftsrechtsprechung (BVerfG 89, 214 ff.) basierende Ausweitung der Schutzfunktion der Grundrechte im Bereich vertraglicher Vereinbarungen zwischen Privatrechtssubjekten auf den Ehevertrag ausgeweitet hatte, sah sich der BGH zur Änderung seiner Rechtsprechung gezwungen. Mit Urteil v. 11.2.2004 setzte der BGH (BGH FamRZ 2004, 601 ff.) die verfassungsgerichtlichen Vorgaben – besonders einseitige Aufbürdung vertraglicher Lasten und eine erheblich ungleiche Verhandlungsposition können zur Sittenwidrigkeit führen – um und stellte Grundsätze zur Inhaltskontrolle von Eheverträgen auf, die in nachfolgender Rechtsprechung weiter konkretisiert wurden.

Die richterliche Inhaltskontrolle von Eheverträgen kann danach, soweit der Vertrag zu beanstanden 3 ist, zu zwei unterschiedlichen Ergebnissen kommen. Zum einen kann sich der Vertrag als **sittenwidrig** erweisen. Dies setzt voraus, dass bei Vertragsschluss eine **subjektive Ungleichgewichtslage** (indiziert beispielsweise durch Schwangerschaft, wohl auch – mE unzutreffend – durch den stark ungleichgewichtigen Vertrag selbst) ausgenutzt wurde, die zu einem Vertrag mit **evident einseitiger Lastenverteilung**, die durch den gelebten/geplanten **Ehetyp nicht gerechtfertigt** ist und dessen Ergebnisse für den benachteiligten Partner **unzumutbar** sind. Der BGH lehnt insoweit Typisierungen ab und stellt auf eine Einzelfallbetrachtung ab (BGH MDR 2005, 815).

Während die Kontrolle der Sittenwidrigkeit zwingend an den Zeitpunkt des Abschlusses des Ehe- 4 vertrages anknüpft, geht es bei der **Ausübungskontrolle** um die Frage, ob die getroffenen Vereinbarungen im Lichte der gelebten Ehe noch angemessen sind oder ob sie nun die objektiven Voraussetzungen der unzumutbaren Lastenverteilung erfüllen. Auf den subjektiven Ausnutzungsvorwurf kommt es folgerichtig nicht an. So kann insbesondere ein Totalausschluss, der bei Eheschließung deshalb sachgerecht war, weil beide Partner weiter berufstätig bleiben wollten, durch die Geburt gemeinsamer Kinder zur unangemessenen Benachteiligung des diese betreuenden Ehegatten werden.

Zur Entscheidung, wann eine solche unangemessene Belastung vorliegt, hat der BGH die sog. 5 **Kernbereichslehre** entwickelt. Abweichungen vom gesetzlichen Regelungskonzept wiegen umso schwerer je mehr sie in den Kernbereich der gesetzlichen Regelungen eingreifen. Auf der ersten Stufe steht dabei der Kindesbetreuungsunterhalt nach § 1570 BGB, es folgen der Alters- und Krankheitsunterhalt (daneben auch der Versorgungsausgleich, Kap. 69), dann der Erwerbslosigkeitsunterhalt, aus dem Bereich des Unterhalts an letzter Rangstelle der Aufstockungsunterhalt nach § 1573 Abs. 2 BGB und als am wenigsten einschneidend die Zugewinngemeinschaft. Alters- und Krankheitsvorsorgeunterhalt teilen die Rangstufe des jeweiligen Elementarunterhalts (BGH NJW 2005, 2391).

Der Gesetzgeber hat das von der Rechtsprechung entwickelte Prüfungsmodell nunmehr in die 6 Neuregelungen des Versorgungsausgleichsgesetzes integriert. Nach § 8 Abs. 1 VersAusglG muss eine Vereinbarung über den Versorgungsausgleich der Wirksamkeits- und Ausübungskontrolle standhalten.

Durch die Erweiterung der gesetzlichen Möglichkeiten der Befristung und Begrenzung von Unterhaltsansprüchen nach § 1578b BGB, die für alle Unterhaltsarten, eingeschränkt jedoch für den Betreuungsunterhalt nach § 1570 BGB, gilt, hat sich der Gesetzgeber allerdings eindeutig dafür entschieden, den Kernbereich des Unterhaltsrechts erkennbar **eng zu definieren**. Außerhalb der von der Rechtsprechung zum engsten Kernbereich liegenden Unterhaltstatbestände sind Vereinbarungen in weitem Umfang möglich. Andernfalls wäre durch die Neugestaltung des Unterhaltsrecht § 1585c BGB praktisch ausgehöhlt, da die von der Rechtsprechung nunmehr weitgehend angewandten Beschränkungs- und Befristungsmöglichkeiten selbst bei langer Ehedauer keinen Platz mehr für (beschränkende) Vereinbarungen lassen.

III. Konsequenz

Kommt es zur **Wirksamkeitskontrolle** des Ehevertrags, wird zunächst jeder Verzicht für sich allein 7 betrachtet und auf seine **Sittenwidrigkeit** untersucht. Alsdann wird überprüft, ob der Vertrag in der Gesamtschau des Zusammenwirkens der einzelnen Klauseln sittenwidrig ist (so BGH MDR 2005, 815; NJW 2005, 2386). Ob die Teilnichtigkeit einer Klausel zur Gesamtnichtigkeit des Vertrags führt, ist anhand der Kriterien des § 139 BGB zu ermitteln, wobei salvatorische Klauseln insoweit richtungweisend sein können (BGH NJW 2005, 2386), wobei allerdings Klarheit darüber bestehen sollte, dass der BGH diesen Klauseln keine überragende Bedeutung einräumt. In diesem Zusammenhang sei darauf hingewiesen, dass der in der Praxis beinahe flächendeckend stattfindende Gebrauch der salvatorischen Klauseln gerade im Bereich der Eheverträge oftmals fehl am Platze ist. Regelmäßig sind die einzelnen Klauseln nämlich tatsächlich Teil eines Ganzen und gerade nicht einzeln herauslösbare Teilregelungen.

8 Im Fall der **Ausübungskontrolle** kommt es nur auf die evident einseitige und unangemessene Lastenverteilung im Scheidungsfall an. Sie führt dazu, dass dem bevorzugten Partner die Berufung auf die Wirksamkeit einer vertraglichen Bestimmung versagt bleibt. Für die Art der Anpassung kommt es alsdann nicht allein auf die gesetzlichen Bestimmungen an. Die Ausübungskontrolle erschöpft sich nicht darin, die einseitige und unangemessene Lastenverteilung festzustellen und alsdann die gesetzlichen Bestimmungen zur Geltung kommen zu lassen. Die Anpassung erfolgt richtigerweise so, dass die im Ehevertrag zum Ausdruck gekommenen Vorstellungen der Beteiligten so weit wie möglich aufrecht erhalten bleiben (so wohl auch BGH FamRZ 2005, 185; NJW 2005, 2391), was im Ergebnis bedeutet, dass nur diejenigen Nachteile zur Ausgleichung gebracht werden, die sich auf Grund der die Ausübungskontrolle legitimierenden Lebenssituation (unglücklich ist der Begriff der „ehebedingten Nachteile“) ergeben, insbesondere also nicht zwingend die Gewährung des vollen Unterhalts (s. dazu schon Münch ZNotP 2004, 122). Ein zwingendes Prinzip der Halbteilung besteht nicht (BGH NJW 2005, 2386; so auch Grziwotz MDR 2005, 73, 76; Rauscher DNotZ 2004, 504; Volmer ZNotP 2005, 242). Eine Begrenzung des Unterhalts auf einen (angemessenen) Höchstbetrag ist damit grundsätzlich möglich (BGH NJW 2005, 2391).

IV. Auswirkungen auf die Gestaltungspraxis

9 Für die Gestaltung ehevertraglicher Vereinbarungen hatte die Änderung der Rechtsprechung erhebliche Konsequenzen. Positiv gefasst ist materiell eine wesentlich eingehendere Anpassung der vertraglichen Regelungen an die gelebte Ehe und formell eine wesentliche Stärkung der Informationsgewährleistung für beide Partner erforderlich. Schubladenverträge ohne jede Beratung dürften sich erledigt haben. Dass es umgekehrt selbst dem Vertrag zwischen aufgeklärten und strukturell gleichgewichtigen Partnern in Fällen krasser Abweichung von den dem Kernbereich angehörenden gesetzlichen Regelungen droht, der Wirksamkeits-, jedenfalls aber der Ausübungskontrolle zum Opfer zu fallen, erschwert die Gestaltung. Selbst in Fällen gleicher Verhandlungspositionen besteht die Gefahr, dass eine einseitige Lastentragung als Indiz der Ungleichgewichtslage ausgelegt und der Vertrag entsprechend für unwirksam erklärt wird. Insoweit muss der Vertragsgestalter den Beteiligten klar machen, dass die Vertragsautonomie und Selbstbestimmung Grenzen kennen. Inwieweit dies mit dem Grundprinzip der Vertragsfreiheit vereinbar ist, bleibt ein Begründungs-Problem der Rechtsprechung.

10 ➲ **Hinweis: Formell** sollten Vertragssituationen vermieden werden, bei denen bereits durch die Form des Zustandekommens ungleichgewichtige Verhältnisse indiziert werden, dies gilt insbesondere bei Vorbesprechungen mit nur einem Partner, Zusendung der Entwürfe nur an einen Partner, Kreierung von Zeitdruck durch erstmaliges Verlangen des Vertragsabschlusses kurz vor dem Hochzeitstermin, nur einseitige anwaltliche Beratung, unzureichende Vorsorge gegen Verständigungsschwierigkeiten (öffentlich vereidigter Dolmetscher und schriftliche Übersetzung) oder die Beurkundung mit vollmachtlosem Vertreter.

11 **Materiell** ist zum einen die Anpassung des Vertrags an die geplante Eheform zur Vermeidung des Unwirksamkeitsverdikts erforderlich. Besteht ein konkreter Kinderwunsch, verbietet sich der Ausschluss des Kindesbetreuungsunterhalts, es sei denn, ausreichende andere Bertreuungsmöglichkeiten würden gestellt und beide Partner planten weiter erwerbstätig zu sein.

12 ➲ **Hinweis:** Ist absehbar, dass ein Partner nach Beendigung der Kindesbetreuung wegen Alters keine Chancen am Arbeitsmarkt mehr haben wird, kann auch der Alters- oder Gebrechlich-

keitsunterhalt kaum vollständig ausgeschlossen werden, während dessen Begrenzung auf einen angemessenen Höchstbetrag gleichzeitig keine Schwierigkeiten bereiten sollte.

Die genaue **Ermittlung der Lebensplanung** der Ehegatten unter Ermittlung der den Partnern etwa aus dieser Planung erwachsenden (wirtschaftlichen) Nachteile hilft Regelungsmöglichkeiten und Regelungsbedarf zu identifizieren. Ein Patentrezept kann es folgerichtig nicht geben. Inwieweit von der salvatorischen Klausel im Fall der Teilnichtigkeit Gebrauch gemacht werden muss, ist ebenfalls im Einzelfall zu entscheiden. Der Wegfall einer Vereinbarung wegen Unwirksamkeit kann die übrigen Vereinbarungen ihrer Grundlage berauben, sodass eine pauschale Verwendung mehr Schaden anrichten als Nutzen bringen kann. 13

➲ **Praxistipp:** Vorsorge sollte der Vertrag möglichst auch für den Fall treffen, dass eine **Veränderung der ehelichen Lebenssituation möglich** ist, insbesondere für den Fall, dass die Partner zwar keinen Kinderwunsch besitzen, diese aber auch nicht völlig ausschließen wollen. Dies kann insbesondere durch Vereinbarungen wie auflösenden oder aufschiebenden Bedingungen oder Rücktrittsrechten beim Unterhalt, den Güterstandsregelungen und dem Versorgungsausgleich erfolgen, oder in einen „Alternativ-Ehevertrag" bei Eintritt bestimmter Lebensumstände geschehen. Zum Muster eines „double income no kids" Ehe-Vertrags mit Kinderoption s. **M 67.2**. Sind Veränderungen absehbar, ist es durchaus günstiger, selber die dann geltenden Regelungen zu bestimmen, als dies der Ausübungskontrolle des Gerichts zu überlassen. Selbst in den Fällen, in denen die (künftigen) Ehegatten keine Regelung solcher Alternativen wünschen, sollte gleichwohl die hinter den vertraglichen Vereinbarungen stehenden Intentionen, insbesondere im Hinblick auf die gemeinsame Vorstellung von der Form der Ehe im Vertrag zum Ausdruck kommen, um dem Gericht für den Fall der Ausübungskontrolle Anhaltspunkte sachgerechter Anpassung zu geben (s. dazu auch die Ausführungen des BGH FamRZ 2004, 601 ff.). In der Literatur wird deshalb mittlerweile die Auffassung vertreten, der Ehevertrag solle mit einer „**Präambel**", die die Vorstellungen der Beteiligten insbesondere auch zur ehelichen Rollenverteilung zum Ausdruck bringt, beginnen (so beispielsweise Gageik RNotZ 2004, 295, 312; Bergschneider FamRZ 2004, 1757, 1764; Grziwotz FamRB 2004, 199, 203). Die Risiken einer solchen, der deutschen Rechtstradition eher fremden Figur dürfen allerdings nicht übersehen werden, da durchaus die Gefahr besteht, dass die dort niedergelegten Vorstellungen als Vertragsgrundlagen verstanden werden, die schon bei geringen Veränderungen zur Anwendung des § 313 BGB (Wegfall der Geschäftsgrundlage) führt (kritisch deshalb Volmer ZNotP 2005, 242, 249; s. auch entsprechend Rspr. OLG München FamRZ 1995, 95; KG FamRZ 2001, 1002). Zum Muster einer Präambel nebst Dokumentation der Vertragsentstehung s. **M 67.1**. 14

V. Inhalte möglicher Gestaltungen

Neben dem gänzlichen oder teilweisen Verzicht auf nachehelichen Unterhalt können die Ehegatten die gesetzlichen Unterhaltsansprüche aber auch vertraglich modifizieren oder durch eine selbständige Unterhaltsvereinbarung ersetzen. 15

Situationsangepasst bestehen insbesondere folgende **Vereinbarungsmöglichkeiten:**

- völliger gegenseitiger Verzicht
- einseitiger Verzicht
- Verzicht beschränkt auf einzelne Tatbestände der §§ 1570 ff. BGB
- Modifizierung der Einsatzzeitpunkte
- Verzicht unter Bedingungen/Rücktrittsmöglichkeit, beispielsweise für den Fall kurzer Ehedauer oder Kinderlosigkeit
- zeitliche Begrenzung der Unterhaltspflicht, entsprechend § 1578b BGB
- Vereinbarungen zu bestimmter Erwerbsobliegenheit
- Definition der angemessenen Erwerbstätigkeit
- Definition des angemessenen Unterhalts
- Begrenzung der Unterhaltshöhe, entsprechend § 1578b BGB

- Herausnahme einzelner Einkünfte oder bestimmter Einkunftsteile aus der Bemessung des Unterhalts
- Präzisierung des Vorsorgeunterhalts
- Präzisierung der Ansprüche wegen Sonderbedarfs
- Definition oder Verlängerung der zum Unterhaltsausschluss führenden Frist (§ 1579 Nr. 1 BGB)
- Vereinbarung der Verschuldensabhängigkeit des Unterhalts, Präzisierung des Begriffs des schwerwiegenden Fehlverhaltens in § 1579 Nr. 6 BGB
- Ausschluss des Unterhalts für den Fall, dass der Berechtigte eine neue Lebensgemeinschaft eingeht
- Ausschluss des Wiederauflebens von Unterhaltsansprüchen gem. § 1586a BGB
- Ausschluss des § 1586b BGB (Tod des Verpflichteten).

M 67.1 Vertragsentstehungsdokumentation[1] nebst Präambel eines Ehevertrages

(Urkundseingang)

Die Beteiligten haben vor Erstellung des Entwurfs zu diesem Vertrag einen gemeinsamen Besprechungstermin bei dem beurkundenden Notar wahrgenommen, in dem die gesetzlichen Regelungen zum Güterstand, zum Versorgungsausgleich und zum nachehelichen Unterhalt erläutert wurden. Eingehend wurde die ober- und höchstrichterliche Rechtsprechung zur Inhaltskontrolle von Eheverträgen und die daraus resultierenden Konsequenzen für diesen Vertrag erörtert. Die Beteiligten haben das von ihnen geplante Ehemodell, wie es sich aus den nachstehenden Ausführungen zur „Präambel" ergibt, dem Notar erläutert und mit diesem die Konsequenzen bestimmter Abweichungen vom gesetzlichen Regelungskonzept im Fall der Verwirklichung dieses Modells besprochen. Sie wurden auch über die möglichen Konsequenzen der Vereinbarungen im Fall von späteren Abweichungen von diesen Vorstellungen, wie insbesondere ... (situationsgemäß anpassen: Kinder, Krankheit, gemeinsamer Entschluss zur Familienarbeit eines Partners etc.) hingewiesen. Der auf Grundlage der Besprechung erstellte Entwurf ist Herrn ... am ..., Frau ... am ... zugegangen. Anwaltliche Beratung hat keiner der Beteiligten in Anspruch genommen. Nach Änderung des Entwurfs auf Wunsch von Herrn ... in den Punkten ... und ..., sowie Anpassung des Punktes ... auf Ersuchen von Frau ..., ging der vorliegende Vertragsentwurf jedem der Beteiligten am ... zu.

*(**Alternative** im Fall Beteiligter, deren Muttersprache nicht die Beurkundungssprache ist: „Bei der ersten Besprechung war als Dolmetscher für Frau ..., deren Muttersprache ... ist, der auch in dieser Urkunde hinzugezogene öffentlich vereidigte Übersetzer Herr ... zugegen, der das Beratungsgespräch für Frau ... in die ... Sprache übertragen hat. Der 1. Entwurf dieser Urkunde sowie die vorliegende Urkunde selbst wurde vom Dolmetscher schriftlich in die ... Sprache übersetzt und Frau ... am ... bzw. am ... zugesandt. Frau ... hat auf Anraten des Notars Rechtsanwalt ... zur eigenen Beratung über den Inhalt des Ehevertrages hinzugezogen.)*

Die Erschienen erklärten:

Präambel

Wir leben bereits seit ... Jahren zusammen. Für einen jeden von uns ist die für den ... vor dem Standesbeamten in ... geplante Eheschließung die erste Ehe. Wir sind bislang kinderlos. Unter-

1 Die entsprechende Einleitung ist nicht an die Unterhaltsvereinbarung gebunden, da sie aber für Unterhaltsregeln die größte Bedeutung hat, soll sie hier verortet werden. Die Dokumentation der Vertragsentstehung kann für die Beurteilung, ob ein Ungleichgewicht der Verhandlungspositionen der Partner bestand, von Bedeutung sein. Zwar beseitigt die Kenntnis von der Zwangslage die Zwangslage nicht, der Vorwurf ungleicher Kenntnis des Inhalts und der Folgen (Hineinstolpern in den Vertrag) wird aber entkräftet. Im Übrigen hilft die Dokumentation auch dem Notar, eigene Verfahrensweisen auf etwaige Ungleichgewichte und Belehrungsdefizite zu überprüfen.

haltspflichten bestehen demnach weder gegenüber Kindern noch früheren Ehegatten. Keiner der Beteiligten wird derzeit wegen Verwandtenunterhalts in Anspruch genommen.

Wir sind beide voll berufstätig und wollen dies künftig auch bleiben. Ich, Frau ... bin ausgebildete ... und gehe derzeit einer unbefristeten abhängigen Beschäftigung als ... bei der ... (Arbeitgeber) nach. Ich beziehe ein monatliches Nettoeinkommen von ... Euro, Vermögenseinkünfte habe ich keine. Ich, Herr ... habe einen Hochschulabschluss als ... und gehe derzeit einer unbefristeten abhängigen Beschäftigung als ... bei ... (Arbeitgeber). Ich beziehe ein monatliches Nettoeinkommen von ... Euro und habe ferner Vermögenseinkünfte von monatlich gemittelt .... Wir leben derzeit in einer gemieteten Wohnung. Das Vermögen von mir, Frau ... beträgt ca. ... Euro, das von mir, Herrn ... Euro. Wir beide können unter derzeitigen Voraussetzungen mit umfangreichen Zuwendungen im Wege der vorweggenommen Erbfolge rechnen.

Keiner von uns leidet aktuell unter Erkrankungen, die jetzt oder bereits jetzt absehbar eine Beeinträchtigung der Erwerbsfähigkeit verursachen bzw. verursachen können.

Wir wünschen[2] uns Kinder. Uns ist klar, dass die Geburt von Kindern wirtschaftliche Nachteile und Einkommensverluste nach sich ziehen kann und insoweit sog. „ehebedingte Nachteile" unvermeidbar sind. Insoweit erwarten wir voneinander wechselseitige eheliche Solidarität, die auch einen teilweisen Ausgleich solcher wirtschaftlicher Nachteile für den Partner, der wegen der Betreuung der Kinder keiner oder keiner vollzeitigen beruflichen Tätigkeit nachgehen kann, einschließt.

Unterschiede im Vermögen und Einkommen sollen durch die Ehe allerdings nicht nivelliert werden, und zwar auch dann nicht, wenn einer von uns ehebedingt auf eine Karriere verzichtet. Wir erwarten voneinander, dass, soweit es die Betreuung der Kinder zulässt, jeder von uns durch eigene Erwerbstätigkeit zur Deckung des Lebensunterhalts beiträgt und sich auch die Möglichkeit der eigenen Unterhaltssicherung erhält.

Solange wir keine Kinder haben, wird ein jeder von uns erwerbstätig bleiben. Grundsätzlich soll ein jeder von uns die Gegebenheiten des Arbeitsmarkts selbst verantworten, es sei denn, ehebedingt wäre die Wiederaufnahme beruflicher Tätigkeit erschwert.

Dies vorausgeschickt schließen wir den nachstehenden Ehevertrag:

(weiterer Urkundsinhalt)

2 Im Hinblick auf die besondere Bedeutung der Schwangerschaft als Indiz möglicher ungleicher Verhandlungspositionen sollte diese angesprochen und ggf. erwähnt werden.

Kosten: *Notargebühr:* 2,0-Gebühr gem. Nr. 21100 KV GNotKG, mindestens 60 Euro. Geschäftswert gem. §§ 97 Abs. 1, 100 Abs. 1 GNotKG (30 % des modifizierten Reinvermögens).

M 67.2 Unterhaltsvereinbarung eines Doppelverdienerpaares ohne Kinder, aber mit grundsätzlichem Kinderwunsch – auflösende Bedingung[1]

(Urkundseingang)

(ggf. Vorbemerkung und Präambel wie ***M 67.1****)*

1. Wir verzichten gegenseitig auf jedweden nachehelichen Unterhalt, und zwar auch im Fall der Not. Dieser Verzicht soll unabhängig von etwaigen Änderungen des gesetzlichen Unterhaltsrechts oder der dazu ergehenden Rechtsprechung gelten.

1 Für der Fall, dass ein unbedingter Verzicht aufgenommen werden soll, beispielsweise für den Fall, dass Kinder ausgeschlossen werden, sollte nicht nur eine entsprechende Belehrung in den Vertrag aufgenommen werden, die Tendenz in der Rechtsprechung scheint dahin zu gehen, solchen Vereinbarungen – auch wenn keine ehebedingten Nachteile der Partner zu befürchten sind – jedenfalls dann kritisch gegenüber zu stehen, wenn keine Form nachehelicher Solidarität übrig bleibt. Dass diese Tendenz auf Grundlage der bestehenden gesetzlichen Regelungen kaum zu rechtfertigen ist, beseitigt nicht die Gefahren für den Bestand des Vertrages.

*2. Der vorstehende Unterhaltsverzicht steht unter der auflösenden Bedingung[2], dass mindestens einer von uns wegen der Betreuung eines gemeinsamen Kindes seine Berufstätigkeit ganz oder teilweise – ggf. auch nur für kurze Zeit – aufgibt. In diesem Fall bestehen die gesetzlichen Unterhaltsansprüche. (**Alternative:** „die wir jedoch in der nachstehend vereinbarten Form abändern wollen."[3])*

3. Der Eintritt der auflösenden Bedingung für den Unterhaltsverzicht berührt die übrigen Vereinbarungen dieses Vertrags nicht.

4. Diesen Verzicht nehmen wir hiermit gegenseitig an.

(ggf. weitere Vereinbarungen)

(Urkundsausgang)

---

2 Ob die Vereinbarung einer auflösenden Bedingung oder eines Rücktrittsrecht im Vertrag vereinbart wird, ist weitestgehend dem Geschmack des Gestalters überlassen. Es stehen die mangelnde Flexibilität der Bedingung dem Vorteil gegenüber, dass die Beteiligten ihren Vertrag durchaus auch „vergessen" dürfen, weshalb ich dies im Fall der Eheverträge mit Kinderwunsch für die bessere Gestaltung halte.

3 Hier können dann ggf. weitere Vereinbarungen zu den nach Bedingungseintritt geltenden Unterhaltsregelungen getroffen werden.

Kosten: *Notargebühr:* Der Unterhaltsverzicht ist im Verhältnis zum Ehevertrag gegenstandsverschieden (§ 111 Nr. 2 GNotKG). Geschäftswert gem. § 97 Abs. 3 GNotKG, nur der Verzicht mit den höheren Leistungen wird bewertet. Der Wert ist nach § 52 Abs. 5, 6 GNotKG unter Berücksichtigung der Wahrscheinlichkeit des Eintritts einer Unterhaltspflicht zu bestimmen.

M 67.3 Unterhaltsvereinbarung auf Basis gesetzlicher Unterhaltstatbestände mit Höhenbegrenzung

(Urkundseingang)

*(ggf. Vorbemerkung und Präambel wie **M 67.1**)*

Grundsätzlich soll es bei den gesetzlichen Regelungen zum nachehelichen Unterhalt verbleiben.

Wir vereinbaren jedoch, dass die Höhe des monatlich zu zahlenden Unterhalts auf einen Betrag begrenzt wird, der dem . . .-fachen des notwendigen Eigenbedarfs (Selbstbehalt)[1] eines nicht erwerbstätigen Unterhaltsschuldners nach den jeweiligen Bestimmungen der Düsseldorfer Tabelle entspricht, dies wäre derzeit ein Betrag von . . . Euro.

Der vorstehend genannte Höchstbetrag bezieht sich auf den Gesamtunterhalt, beinhaltet also ausdrücklich sowohl den Elementar- wie auch den Krankheits-, Pflege- und Altersvorsorgeunterhalt.

*(**Alternativ:** Vorstehende Höchstbegrenzung gilt jedoch nicht für folgende Zeiträume:*

a) Zeiten während derer ein Partner Anspruch auf Kindesbetreuungsunterhalt nach § 1570 BGB und zwar auch im Fall der teilweisen Erwerbsobliegenheit hat,

b) einen Zeitraum von zwei Jahren nach rechtskräftiger Scheidung der Ehe, wenn diese länger als acht Jahre gedauert, bzw. einen Zeitraum von fünf Jahren nach rechtskräftiger Scheidung der Ehe, wenn diese länger als 15 Jahre gedauert hat.

Als Ehedauer gilt der Zeitraum zwischen Eheschließung und Rechtshängigkeit des Scheidungsantrags, der zur Ehescheidung führt.)

Der Notar wird ersucht, bei der zuständigen Behörde (derzeit Bundesamt für Wirtschaft in Eschborn), eine Genehmigung bzw. ein Negativzeugnis zu vorstehender Wertsicherungsklausel einzuholen und im Original zur Urkunde zu nehmen.

---

1 Die Bezugnahme auf die Düsseldorfer Tabelle erscheint im Rahmen des Unterhaltsrechts sachgerechter als eine Bezugnahme auf einen Index. Die teilweise vorgeschlagene Bezugnahme auf die Regelbetragsverordnung (Münch Rz. 1618 mwN) erscheint im Hinblick auf die Kindesbezogenheit der Regelbetragsverordnung weniger gut geeignet.

Die vorstehende Regelung stellt eine Höhenbegrenzung, nicht jedoch einen garantierten Unterhaltsbetrag dar; ist der gesetzlich geschuldete Unterhalt tatsächlich niedriger, wird dieser geschuldet.

Ein etwaiger Nachteilsausgleich bei Durchführung des begrenzten Realsplittings ist auf den Betrag der Höchstgrenze nicht anzurechnen.

(Urkundsausgang)

Kosten: *Notargebühr:* wie **M 67.2**.

M 67.4 Ausschluss bestimmter gesetzlicher Unterhaltstatbestände

(Urkundseingang)

*(ggf. Vorbemerkung und Präambel wie **M 67.1**)*

Grundsätzlich soll es bei den gesetzlichen Regelungen zum nachehelichen Unterhalt verbleiben. Wir verzichten jedoch gegenseitig auf jedweden Unterhalt wegen Krankheit oder Gebrechens (§ 1572 BGB), es sei denn, die Krankheit oder das Gebrechen wäre kausal auf in der Ehe angelegte Gründe, insbesondere also auf Schwangerschaft, Betreuung des Ehegatten oder der Kinder oder ähnliches, zurückzuführen. Ein wechselseitiges Einstehen für das allgemeine oder ein besonderes in der Person eines der Beteiligten angelegtes Krankheitsrisiko soll ausdrücklich ausgeschlossen sein.

Wir stellen ferner fest, dass ein jeder von uns seine Ausbildung beendet hat. Ein Anspruch auf nachehelichen Unterhalt nach § 1575 Abs. 1 BGB kommt demnach nicht in Betracht. Wir verzichten ferner wechselseitig auf den nachehelichen Unterhaltsanspruch während einer Umschulung oder Fortbildung im Sinne des § 1575 Abs. 2 BGB.

Wir nehmen diesen Verzicht gegenseitig an.

(Urkundsausgang)

Kosten: *Notargebühr:* wie **M 67.2**.

M 67.5 Ausschluss nur des § 1573 Abs. 2 BGB

(Urkundseingang)

*(ggf. Vorbemerkung und Präambel wie **M 67.1**)*

Grundsätzlich soll es bei den gesetzlichen Regelungen zum nachehelichen Unterhalt verbleiben. Wir verzichten jedoch gegenseitig auf jedweden Aufstockungsunterhalt nach § 1573 Abs. 2 BGB.[1]

Wir nehmen diesen Verzicht nehmen gegenseitig an.

(Urkundsausgang)

1 Von der entsprechenden Vereinbarung sollte nur im Bewusstsein Gebrauch gemacht werden, dass so ggfls. Wechselwirkungen zum Kindesbetreuungsunterhalt entstehen können, da die Rechtsprechung diesen bei teilweiser Erwerbsobliegenheit für den gesamten Bereich der Aufstockung anwendet, s. Kap. 66 Rz. 5.

Kosten: *Notargebühr:* wie **M 67.2**.

M 67.6 Zeitliche Begrenzung bestimmter Unterhaltstatbestände

(Urkundseingang)

*(ggf. Vorbemerkung und Präambel wie **M 67.1**)*

Grundsätzlich soll es bei den gesetzlichen Regelungen zum nachehelichen Unterhalt verbleiben. Wir vereinbaren jedoch folgende Beschränkungen:

1. Hat unsere Ehe nicht länger als fünf Jahre gedauert, verzichten wir wechselseitig in vollem Umfang auf nachehelichen Unterhalt.

2. Hat unsere Ehe zwischen fünf und zwölf Jahre gedauert, so ist der gesetzliche Unterhalt für einen Zeitraum von höchstens drei Jahren ab Rechtskraft der Scheidung zu zahlen.

3. Hat unsere Ehe zwischen zwölf und zwanzig Jahre gedauert, ist der gesetzliche Unterhalt für einen Zeitraum von höchstens fünf Jahren ab Rechtskraft der Scheidung zu zahlen.

4. Hat unsere Ehe länger als zwanzig Jahre gedauert, so ist der gesetzliche Unterhalt zu leisten.

5. Als Ehedauer im vorstehenden Sinne gilt der Zeitraum zwischen Eheschließung und Rechtshängigkeit des Scheidungsantrags, der zur Ehescheidung führt.

6. Vorstehende Beschränkungen gelten ausdrücklich nicht für jedweden Anspruch auf Unterhalt wegen der Betreuung gemeinsamer Kinder.

7. Bezüglich der Höhe des Unterhalts vereinbaren wir ferner Folgendes …

8. Der vorstehende wechselseitige Verzicht wir gegenseitig angenommen.

(weitere Vereinbarungen)

(Urkundsausgang)

Kosten: *Notargebühr:* wie **M 67.2**.

M 67.7 Differenzierte Unterhaltsregelung für bestimmte Ehe- bzw. Betreuungszeiten

Für den Fall der rechtskräftigen Scheidung unserer Ehe treffen wir die nachstehenden Regelungen:

1. Grundsätzlich verzichten wir gegenseitig auf jegliche Unterhaltsansprüche – auch für den Fall des Notbedarfs – und nehmen diesen Verzicht gegenseitig an.

Über die rechtliche und wirtschaftliche Bedeutung und Tragweite dieses wechselseitigen Unterhaltsverzichts wurden wir vom Notar eingehend belehrt. Uns ist bewusst, dass jeder von uns bei einer Scheidung unserer Ehe wirtschaftlich auf sich alleine angewiesen ist und für seinen Unterhalt auch dann alleine zu sorgen hat, wenn er infolge Krankheit oder aus anderen Gründen zu einer eigenen Erwerbs- oder Berufstätigkeit nicht in der Lage sein sollte.

Dieser Verzicht soll, außer in den nachstehend ausdrücklich genannten Fällen, auch bei wesentlicher Veränderung der Verhältnisse keiner Abänderung unterliegen.

2. Für den Fall, dass aus unserer Ehe gemeinsame Kinder hervorgehen sollten, gilt für den oder die Zeiträume, während derer einer der Partner wegen der notwendigen Versorgung gemeinsamer Kinder des Unterhalts entsprechend der Voraussetzungen des § 1570 BGB bedarf, was folgt.

Für die vorgenannten Zeiträume steht dem nach § 1570 BGB unterhaltsberechtigten Partner ein Unterhaltsanspruch in gesetzlicher Höhe zu.

*(**Alternativ:** Für die vorgenannten Zeiträume steht dem nach § 1570 BGB unterhaltsberechtigten Partner ein Unterhaltsanspruch nur insoweit zu, als dessen eigenes Einkommen nicht zur Deckung seines angemessenen Unterhalts ausreicht. angemessener Unterhalt in diesem Sinne gilt*

… der notwendige (angemessene) Eigenbedarf entsprechend den Richtsätzen der einschlägigen Unterhaltstabellen.

... ein Satz von ... % des notwendigen (angemessenen) Eigenbedarfs entsprechend den Richtsätzen der einschlägigen Unterhaltstabellen.)

3. Soweit einer der Partner während der Zeitdauer der Ehe wegen der notwendigen Versorgung gemeinsamer Kinder oder gemeinsamen Entschlusses der Ehegatten, der schriftlich fixiert werden muss, für einen – nicht notwendig zusammenhängenden – Zeitraum, der mehr als ... Jahre ausmacht keiner eigenen Erwerbstätigkeit nachgeht, steht diesem Partner ein Recht zum Rücktritt von dem vorstehend vereinbarten Unterhaltsverzichts zu, mit der Folge, dass nach Erklärung des Rücktritts die gesetzlichen Bestimmungen zum nachehelichen Unterhalt gelten.

*(**Alternativ:** Soweit einer der Partner wegen der notwendigen Versorgung gemeinsamer Kinder für einen – nicht notwendig zusammenhängenden – Zeitraum, der mehr als ... Jahre ausmacht, und zwar ausdrücklich gleichgültig, ob während der Ehe oder nach deren Scheidung, keiner eigenen Erwerbstätigkeit nachgeht, steht diesem Partner ein Recht zum Rücktritt von dem vorstehend vereinbarten Unterhaltsverzichts zu, mit der Folge, dass nach Erklärung des Rücktritts die gesetzlichen Bestimmungen zum nachehelichen Unterhalt gelten. Gleiches gilt, wenn der Partner nach Beendigung der Kindesbetreuung das ... Lebensjahr vollendet hat und zu diesem Zeitpunkt für einen Zeitraum von mindestens ... Jahren schon keiner eigenen Erwerbstätigkeit nachgegangen ist.)*

Als eigene Erwerbstätigkeit im vorstehenden Sinne gilt nur eine Tätigkeit, die mit einer Wochenarbeitszeit von durchschnittlich mehr als ... (Vorschlag: 20) Stunden verbunden ist.

4. Für den Fall des Rücktritts nach vorstehender Bestimmung beschränkt sich der Unterhalt allerdings höchstens auf einen Betrag der ... % des notwendigen (angemessenen) Eigenbedarfs entsprechend den Richtsätzen der einschlägigen Unterhaltstabellen entspricht.

(ggf. weitere Vereinbarungen)

(Urkundsausgang)

Kosten: *Notargebühr:* wie **M 67.2**.

M 67.8 Verlängerung des Kindesbetreuungsunterhalts

Grundsätzlich soll es bei den gesetzlichen Regelungen zum nachehelichen Unterhalt bleiben. Wir vereinbaren jedoch, dass für den Kindesbetreuungsunterhalt das Altersphasenmodell, wie es in der Rechtsprechung bis zum 31.12.2007 entwickelt war, Anwendung finden soll.

Kosten: *Notargebühr:* wie **M 67.2**.

M 67.9 Regelung der Einsatzzeitpunkte für den Unterhalt[1]

Grundsätzlich soll es bei den gesetzlichen Regelungen zum nachehelichen Unterhalt verbleiben.

Abweichend davon vereinbaren wir jedoch, dass Unterhalt nach den Bestimmungen der §§ 1571 und 1572 BGB nur dann zu leisten ist, wenn die tatbestandlichen Voraussetzungen (Alter bzw. Krankheit oder Gebrechen) zum Zeitpunkt der Ehescheidung (§§ 1571 Abs. 1 Nr. 1, 1572 Abs. 1 Nr. 1 BGB) oder zum Zeitpunkt der Beendigung der Pflege oder Erziehung eines gemeinsamen Kindes (§§ 1571 Abs. 1 Nr. 2, 1572 Abs. 1 Nr. 2 BGB) gegeben sind, nicht jedoch zu anderen gesetzlichen Einsatzzeitpunkten. Ebenso werden die Einsatzzeitpunkte des Unterhaltsanspruchs wegen Erwerbslosigkeit (§ 1573 Abs. 1 BGB) auf die beiden vorgenannten Zeitpunkte beschränkt.

1 Diese Regelung ist innerhalb einer notariellen Urkunde zu treffen.

Kosten: *Notargebühr:* wie **M 67.2**.

M 67.10 Begrenzung des Maßes des ehelichen Unterhalts

Grundsätzlich soll es bei den gesetzlichen Regelungen zum nachehelichen Unterhalt verbleiben. Das Maß des Unterhalts, soll sich jedoch nicht nach den ehelichen Lebensverhältnissen richten, sondern stattdessen höchstens nach den Einkommensverhältnissen . . . (Referenzgröße, beispielsweise Einkommen eines 35-jährigen ledigen Richters auf Probe).

Kosten: *Notargebühr:* wie **M 67.2**.

M 67.11 Definition des angemessenen Unterhalts

Soweit die Leistung angemessenen Unterhalts geschuldet wird, vereinbaren wir, dass dieser sich nach den Einkünften eines . . . bemessenen soll. Dies entspricht unter heutigen Umständen einem Betrag von . . . .

Kosten: *Notargebühr:* wie **M 67.2**.

M 67.12 Verzicht auf das Wiederaufleben des Unterhalts nach § 1586b BGB

Grundsätzlich soll es bei den gesetzlichen Regelungen zum nachehelichen Unterhalt verbleiben. Allerdings vereinbaren wir, dass entgegen § 1586a Abs. 1 Satz 2 BGB[1] *nach einer Wiederheirat des unterhaltsberechtigten Vertragsteils der Unterhaltsanspruch als Anschlussunterhalt nach den §§ 1571–1573, 1575 BGB an etwa wiederaufleben Kindesbetreuungsunterhalt nicht wieder auflebt, wenn auch die neue Ehe aufgelöst wird.*

1 Wegen der zentralen Stellung des Kindesbetreuungsunterhalts in der Kernbereichslehre des BGH, die nicht zuletzt aus dessen auch drittschützenden Charakter resultiert, ist ein Verzicht auf das Wiederaufleben des Kindesbetreuungsunterhalts nur unter den gleichen Voraussetzungen möglich, unter denen überhaupt auf Unterhalt nach § 1570 BGB verzichtet werden kann.

Kosten: *Notargebühr:* wie **M 67.2**.

M 67.13 Vorgaben zur Ausübungskontrolle

Soweit auf Grund erheblicher Abweichungen unserer tatsächlichen ehelichen Lebensverhältnisse von den in der Präambel genannten Vorstellungen die vorstehend getroffenen Vereinbarungen (zum Unterhalt) nach den dann geltenden Grundsätzen der höchstrichterlichen Rechtsprechung einen der Partner dergestalt unangemessen und unzumutbar belasten, dass eine Ausübungskontrolle erfolgen muss, soll eine Anpassung nur unter Beachtung des Grundsatzes erfolgen, dass zwischen uns nur die kausal durch die Verwirklichung unserer ehelichen Lebensgemeinschaft eingetretenen wirtschaftlichen Nachteile zur Ausgleichung kommen sollen. Eine Angleichung der Lebensverhältnisse auf das Niveau des jeweils anderen soll auch nach langer Ehedauer nicht erfolgen.

Kosten: *Notargebühr:* wie **M 67.2**.

Kapitel 68 Unterhaltsregelungen in Scheidungsvereinbarungen

1 Anders als in vorsorgenden Eheverträgen, die vor oder ganz zu Beginn der Ehe vereinbart werden und die regelmäßig dadurch gekennzeichnet sind (und es auch sein sollten), dass die Partner mit Euphorie und den besten Vorstellungen in die Ehe und damit auch in die vertraglichen Vereinbarungen hineingehen, ist in der Situation der Beurkundung von Trennungs- und/oder Scheidungsvereinbarungen das Porzellan in der Regel zerbrochen. Für den Vertragsgestalter vereinfacht dies jedenfalls dann, wenn die Ehegatten noch zu einer gemeinsamen Regelung bereit sind, die Gestaltung ganz erheblich, da er dem Schutz vor übersteigerter Euphorie, die auch den Blick vor den Gefahren bestimmter Vereinbarungen trübt, nicht so viel Aufmerksamkeit widmen muss. Die Beteiligten wissen, dass eine Ehe auch scheitern kann. Sie wissen auch, welche Lebensumstände sich konkret verwirklicht haben. Die Gefahr, dass wegen ungleicher Verhandlungspositionen eine strukturelle Unterlegenheit eines Partners besteht, ist ebenfalls weniger stark ausgeprägt. Ebenso entfällt das Prognoserisiko. Besonderes Augenmerk wird der Vertragsgestalter darauf zu richten haben, ob einer der Partner insbesondere wegen des stärkeren Einflusses auf gemeinsame Kinder unangemessene Vorteile erreichen will. Allerdings gibt es auch unter Scheidungswilligen allzu blauäugig vorgehende Beteiligte, die, nur um aus der gescheiterten Beziehung herauszukommen und sich vielleicht neu orientieren zu können, vorschnell auf Rechte verzichten oder sich zu unangemessenen Leistungen verpflichten. Die Wirksamkeitskontrolle ist damit auch bei Scheidungsfolgenvereinbarungen möglich und sachgerecht. Wegen der regelmäßig gegebenen zeitlichen Nähe zwischen Vertragsunterzeichnung und Durchführung des Scheidungsverfahrens sind Ansatzpunkte einer Ausübungskontrolle von Seiten der Rechtsprechung allerdings kaum jemals gegeben.

2 Inhaltlich überwiegt in der notariellen Praxis immer noch der **vollständige Verzicht auf nachehelichen Unterhalt**, was nicht zuletzt der Tatsache geschuldet sein dürfte, dass auch der grundsätzlich unterhaltsberechtigte Partner in Zukunft möglichst wenig vom anderen sehen oder hören möchte. Bei entsprechenden Vereinbarungen (**M 68.1**) ist es Aufgabe des Vertragsgestalters, auf möglicherweise nicht oder nicht ohne Kompensation verzichtbare Unterhaltsansprüche zu verweisen und ggf. entsprechend auf die Partner einzuwirken. Dies gilt insbesondere hinsichtlich Verzichten mit drittbelastender Wirkung wie dem Kindesbetreuungsunterhalt und Unterhalt wegen erkennbarer Angewiesenheit auf die sozialen Sicherungssysteme. Die Ermittlung der Lebensverhältnisse und deren Dokumentation im Vertrag ist dabei von nicht zu unterschätzender Bedeutung.

3 Ein weiterer Regelungsschwerpunkt ist die **Ausgestaltung des konkreten Unterhaltsanspruchs** auf Grundlage der gesetzlichen Bestimmungen. Große Bedeutung kommt dabei der Ermittlung des beiderseitigen unterhaltsrelevanten Einkommens, der entsprechenden Abzugsbeträge und der letztlichen Aufteilung zu. Eine Darstellung sprengt den Rahmen dieses Werkes, das **M 68.2** soll dazu nur einen ersten Leitfaden liefern.

M 68.1 Gänzlicher Verzicht auf nachehelichen Unterhalt

(Urkundseingang)

. . .

Aus der Ehe der Beteiligten ist ein Kind hervorgegangen, nämlich der 1985 geborene . . . Der Ehemann geht einer Vollzeitbeschäftigung als . . . mit einem monatlichen Einkommen von brutto . . . Euro nach, die Ehefrau ist seit dem 16. Lebensjahr des Sohnes ebenfalls wieder in Vollzeit beruflich tätig, nämlich als . . . mit einem monatlichen Bruttoeinkommen von . . . Euro. Die Beteiligten er-

klären übereinstimmend, dass sie ihren Lebensunterhalt mit den ausgeübten Tätigkeiten finanzieren können und nachhaltig gesichert haben. Beide sind in unbefristeten Arbeitsverhältnissen beschäftigt. Es liegen keinem der Beteiligten Anhaltspunkte dafür vor, dass er bzw. sie in Zukunft nicht mehr in der Lage sein könnte, den Lebensunterhalt durch eigene Tätigkeiten zu sichern. Der Notar hat die Beteiligten auf die rechtlichen Grenzen unterhaltsrechtlicher Vereinbarungen hingewiesen, insbesondere darauf, dass ein Verzicht auf Unterhalt, der bei einem der Beteiligten vorhersehbar zur Hilfebedürftigkeit zu Lasten der Systeme der sozialen Sicherheit führte, sittenwidrig sein kann.

Die Beteiligten verzichten wechselseitig auf jedweden Unterhalt für die Zeit nach der rechtskräftigen Scheidung ihrer Ehe. Der Verzicht wird wechselseitig angenommen.

...

(Urkundsausgang)

Kosten: *Notargebühr:* 2,0-Gebühr gem. Nr. 21100 KV GNotKG, mindestens 60 Euro. Geschäftswert gem. § 97 Abs. 3 GNotKG, nur der Verzicht mit den höheren Leistungen wird bewertet. Der Wert ist nach § 52 Abs. 5, 6 GNotKG unter Berücksichtigung der Wahrscheinlichkeit des Eintritts einer Unterhaltspflicht zu bestimmen.

M 68.2 Ausgestaltung des nachehelichen Unterhalts

(Urkundseingang)

Wir wollen uns scheiden lassen.

Der Ehemann wird auf Grundlage des heute erzielten Bruttoeinkommens voraussichtliche monatliche Nettoeinkünfte aus seiner Tätigkeit als ... von jahresdurchschittlich ... Euro haben. Das Nettoeinkommen wurde berechnet auf Grundlage des derzeitigen Monatsbruttoeinkommens unter anteiliger Berücksichtigung einmaliger Leistungen in Form des Weihnachtsgeldes (½ Monatseinkommen). Urlaubsgeld gewährt der Arbeitgeber nicht. Die jährliche von der individuellen Arbeitsleistung und dem Unternehmenserfolg abhängige Bonuszahlung zu Beginn des jeweiligen Folgejahres wurde nicht berücksichtigt. Abgezogen wurden die gesetzlichen Sozialversicherungsbeiträge sowie die Steuerbelastung unter Berücksichtigung von Steuernachzahlungen und Erstattungen auf Basis der künftig geltenden Lohnsteuerklasse I sowie des Realsplittingvorteils. Für berufsbedingte Aufwendungen wurden pauschal 5 % des Einkommens angesetzt.

An unseren Sohn ... ist Kindesunterhalt von ... Euro zu leisten.

Die Ehefrau hat derzeit kein Einkommen. Wir sind uns einig, dass aufgrund der Erkrankung unseres Sohnes jedenfalls bis zur Vollendung dessen 8. Lebensjahres keine Erwerbsobliegenheit der Ehefrau besteht.

Vermögenseinkünfte besitzt keiner von uns. Ein Wohnvorteil besteht ebenfalls nicht, da beide von uns zur Miete wohnen.

Unter Berücksichtung des Erwerbstätigkeitsbonus des Ehemannes ergibt sich ein vorläufiger Elementarunterhalt der Ehefrau iHv. ... Euro, woraus sich nach der Bremer Tabelle (Zuschlag von 25 %) ein fiktives Bruttoeinkommen von ... Euro ergibt. Unter Zugrundelegung des derzeitig gültigen Beitragssatzes zur gesetzlichen Rentenversicherung ergibt sich ein Altersvorsorgeunterhalt iHv ... Euro.

Der Elementarunterhalt beträgt danach ... Euro (verteilungsfähiges Einkommen abzgl. Altersvorsorgeunterhalt aufgeteilt nach der 3/7-Methode).

Der Ehemann verpflichtet sich, die vorstehend genannten Beträge des Elementarunterhalts und des Vorsorgeunterhalts monatlich bis spätestens zum ersten Tag eines jeden Monats, beginnend mit dem auf die Rechtskraft des Scheidungsurteils folgenden Monatsersten, an die Ehefrau zu zahlen und unterwirft sich wegen dieser Zahlungsverpflichtung der sofortigen Zwangsvollstreckung aus dieser Urkunde.

Zusätzlich verpflichtet sich der Ehemann die Kosten der privaten Krankenversicherung[1] *(nebst Pflegeversicherung) bei der ... zu übernehmen.*

1 Soweit eine Versicherung in der gesetzlichen Krankenversicherung stattfindet, ist bei der Unterhaltsberechnung zunächst ausgehend vom vorläufigen Elementarunterhalt der Kranversicherungs- und Pfle-

Die Ehefrau verpflichtet sich, alle zur Durchführung des Realsplittings erforderlichen Erklärungen abzugeben und ggf. jährlich zu wiederholen, was die Verpflichtung zur Unterzeichnung der entsprechenden Formulare zur Einkommensteuererklärung einschließt. Der Ehemann ist verpflichtet, die Ehefrau von allen ihr hierdurch entstehenden nachgewiesenen steuerlichen und sonstigen wirtschaftlichen Nachteilen freizustellen. Von den nach Ausgleich aller der Ehefrau zu ersetzender Nachteile verbleibenden Steuervorteilen steht der Ehefrau eine Quote von 3/7 zu.

Die Unterhaltsregelung ist nach § 323 ZPO abänderbar. Dabei sollen allerdings auch in Zukunft die Einkünfte des Ehemannes aus der Bonuszahlung keine Berücksichtigung finden.

(Urkundsausgang)

Kosten: *Notargebühr:* 2,0-Gebühr gem. Nr. 21100 KV GNotKG, mindestens 60 Euro. Ehegatten- und Kindesunterhalt sind gegenstandsverschieden. Geschäftswert jeweils gem. § 52 Abs. 3 S. 2, Abs. 4 GNotKG.

M 68.3 Nachteilsausgleich bei Fehlverwendung des Vorsorgeunterhalts[1]

Wir vereinbaren, dass sich der (Vorsorgeunterhaltsberechtigte) hinsichtlich eines etwaigen Unterhaltsanspruchs nach Eintritt in das Rentenalter oder bei Invalidität so behandeln lassen muss, als habe dieser den gesamten gezahlten Vorsorgeunterhalt in die gesetzliche Rentenversicherung eingezahlt und erhielte dementsprechend (ggf. erhöhte) Rentenbezüge.

---

1 Der an die Stelle des nach Rechtshängigkeit des Scheidungsantrags wegfallenden Versorgungsausgleichs tretende Vorsorgeunterhalt hat aus Sicht des Unterhaltsschuldners neben der fremdnützigen Komponente auch eine eigennützige. Je höher die Vorsorgaufwendungen des Unterhaltsberechtigten heute sind, desto geringer wird dessen Bedürftigkeit im Alter sein. Der Unterhaltsschuldner hat also ein erhebliches Interesse daran, dass die Mittel des Vorsorgeunterhalts auch zweckentsprechend verwendet werden, da er ansonsten Gefahr läuft, im Pensionsalter des Berechtigten wirtschaftlich ein zweites Mal leisten zu müssen.

M 68.4 Vereinbarung zur Nichtberücksichtigung bestimmter Einkünfte des Pflichtigen und unterproportionaler Einbeziehung von Einkünften des Berechtigten[1]

...

Für die Berechnung des vorstehenden Unterhaltsbetrages sind die Einkünfte des Ehemannes aus der jährlichen erfolgsabhängigen Bonuszahlung seines Arbeitgebers nicht berücksichtigt worden. Dies soll auch bei einer etwaigen Änderung der Unterhaltsregelung im Wege des § 323 ZPO so bleiben.

Soweit die Ehefrau aus der künftigen Aufnahme einer Erwerbstätigkeit eigene Einkünfte erzielt, sollen diese zwar bei Vorliegen der entsprechenden Voraussetzungen zur Ermittlung des Maßes des Unterhalts (§ 1578 BGB) herangezogen, auf einen Unterhaltsanspruch aber in den ersten drei Jahren nach Ehescheidung nur zu 50 %, in den folgenden drei Jahren zu 70 % und alsdann zu 80 % angerechnet werden.

---

1 Die nur unterproportionale Berücksichtigung der Einkünfte des Berechtigten soll oftmals eine über die nach der Differenzmethode ohnehin bestehende Anreizsituation hinausgehende Motivation zur Aufnahme eigener Erwerbstätigkeit schaffen.

---

gevelsicherungsunterhalt anhand der jeweils einschlägigen Sätze zu berechnen, diese werden alsdann vom verteilungsfähigen Einkommen abgezogen und ein neuer 2. fiktiver Elementarunterhalt gebildet, von dem aus die Berechnung des Altersvorsorgeunterhalts unter Zugrundelegung der Bremer Tabelle wie vorstehend angeführt, vorgenommen wird.

M 68.5 Verzicht auf nachehelichen Unterhalt gegen Einräumung einer Leibrente

(Beurkundungsprotokoll)

Die Ehegatten verzichten gegenseitig unter gegenseitiger Annahme auf jeglichen nachehelichen Unterhalt, auch für den Fall der Not. Anstelle des gesetzlichen Unterhalts gewährt der Ehemann der Ehefrau eine Leibrente, auf die die Vorschriften über den nachehelichen Unterhalt nicht anwendbar sind. Eine Anpassung und eine Abänderung gem. § 323 ZPO ist ausdrücklich ausgeschlossen.

Die Leibrente beträgt das ...-fache des notwendigen Eigenbedarfs eines nicht erwerbstätigen Unterhaltsschuldners entsprechend den jeweils gültigen Leitlinien der Oberlandesgerichte (Düsseldorfer Tabelle), derzeit sind dies monatlich ... Euro. Sie ist jeweils im voraus am ersten Werktag eines jeden Monats zur Zahlung fällig, erstmals für den Monat Januar 20....

Die Rente wird auf Lebenszeit der Ehefrau gewährt. Sie erlischt bei deren Wiederverehelichung, es sei denn, die Rente wurde noch nicht zehn Jahre lang bezahlt. In diesem Fall ist die Rente trotz Wiederverehelichung mindestens insgesamt zehn Jahre lang zu entrichten.

Der Ehemann unterwirft sich wegen der eingegangenen Verpflichtung auf Zahlung des monatlich zu entrichtenden Betrages der sofortigen Zwangsvollstreckung aus dieser Urkunde in sein gesamtes Vermögen[1]*.*

Zur Sicherung aller Ansprüche der Ehefrau auf Zahlung des vorstehend vereinbarten und monatlich wiederkehrend zu entrichtenden Betrages in der vereinbarten wertgesicherten Form bestellt der Ehemann zu Gunsten der Ehefrau eine Reallast[2] *an seinem Hausgrundstück Fl. Nr.... der Gemarkung ..., vorgetragen im Grundbuch des Amtsgerichts ... für ... Band ... Blatt ...*

Die Vertragsteile bewilligen und beantragen die Eintragung der Reallast an nächstoffener Rangstelle in das Grundbuch mit dem Vermerk, dass zur Löschung der Nachweis des Todes oder der Wiederverehelichung der Ehefrau genügen soll. Diese stimmt dieser Löschungserleichterung ausdrücklich zu.

...

(Urkundsausgang)

1 Zwar ist die Düsseldorfer Tabelle nur eine Leitlinie, wegen ihrer faktisch gesetzesgleichen Wirkung erscheint eine Bestimmtheit im vollstreckungsrechtlichen Sinne jedoch gleichwohl gegeben zu sein, sodass mE auch im Änderungsfall der höhere Betrag ohne erneute Unterwerfung vollstreckt werden kann.

2 Die Reallast wird auch an anderen Stellen dieses Werkes behandelt; vgl. daher Kap. 56.

Kosten: *Notargebühr:* 2,0-Gebühr gem. Nr. 21100 KV GNotKG, mindestens 60 Euro. Geschäftswert jeweils gem. § 52 Abs. 4 GNotKG.

Gerichtsgebühr: 1,0-Gebühr für die Eintragung der Reallast gem. Nr. 14121 KV GNotKG, Geschäftswert gem. § 52 Abs. 4 GNotKG.

Kapitel 69 Versorgungsausgleich

Literatur: Beck'sches Formularbuch Familienrecht, 3. Aufl. 2010 (*Weil*); Beck'sches Formularbuch Bürgerliches, Handels- und Wirtschaftsrecht, 11. Aufl. 2013 (*Brambring*); Beck'sches Notarhandbuch, 5. Aufl. 2009, B I, Rz. 124 ff.; *Borth*, Versorgungsausgleich, 7. Aufl. 2014; *Eichenhofer*, Neuregelung des Versorgungsausgleichs, in Schriften zum Notarrecht 13, 153; *Glockner/Hoens/Weil*, Der neue Versorgungsausgleich, 2. Aufl. 2013; *Graf*, Dispositionsbefugnisse über den Versorgungsausgleich im Rahmen einer ehevertraglichen Vereinbarung gem. § 1408 Abs. 2 BGB, 1985; *Grandel/Stockmann*, StichwortKommentar Familienrecht, 1. Aufl. 2012 (*Hoenes*); *Johannsen/Heinrich*, Familienrecht, 6. Aufl. 2015; *Hauß/Eulering*, Versorgungsausgleich und Verfahren in der Praxis, 2009; *Hauß/Bührer*, Versorgungsausgleich und Verfahren in der Praxis, 2014; *Kaiser/Schnitzler/Friederici*, Nomos-Kommentar BGB – Familienrecht, Bd. 4, 2. Aufl. 2010 (*Götsche; Rehbein*); *Kemper*, Versorgungsausgleich in der Praxis, 2011; *Langenfeld*, Handbuch der Eheverträge und Scheidungsvereinbarungen, 6. Aufl. 2011; Münchner Kommentar zum Bürgerlichen Gesetzbuch, Band 7/I und II, Familienrecht I, 6. Aufl. 2013; *Münch*, Vereinbarungen zum neuen Versorgungsausgleich, 2010; Palandt/*Brudermüller*, 73. Aufl. 2014, Teil: VersAusglG; *Reetz*, NotarFormulare Versorgungsausgleich, 2013; *Ruland*, Versorgungsausgleich, 3. Aufl. 2011; *Reißig*, Praxishandbuch Versorgungsausgleich, 2009; *Schwamb* in Göppinger/Börger, Vereinbarungen anlässlich der Ehescheidung, 10. Aufl. 2013; *Triebs*, Versorgungsausgleich aktuell, 2009; *Vorwerk* (Hrsg.), Das Prozess-Formularbuch, 10. Aufl. 2015, Kap. 98; *Wick*, Der Versorgungsausgleich, 3. Aufl. 2013.

I. Grundlagen

Gesetzliche Grundlagen: „Gesetz zur Strukturreform des Versorgungsausgleichs" **(VAStrRefG)**, 1
das seit dem 1.9.2009 in Kraft getreten ist (BR-Drucks. 343/08 v. 23.5.2008; das VAStrRefG wurde am 8.4.2009 verkündet, BGBl I 2009, S. 700). Der Versorgungsausgleich ist nunmehr statt im BGB (Ausnahme: Verweisnorm des § 1587 BGB), VAHRG und VAÜG nach Art. 1 VAStrRefG im **Versorgungsausgleichsgesetz („VersAusglG")** abschließend – und damit außerhalb des BGB – geregelt. Durch die Art. 2 bis 22 VAStrRefG sind einige begleitende Vorschriften in anderen Gesetzen geändert worden (zB im Einkommensteuerrecht). Durch Art. 23 VAStrRefG wurden wiederum die **Barwert-Verordnung (Barwert-VO)** und das **Gesetz zur Regelung von Härten im Versorgungausgleich („VAHRG")** aufgehoben. Zugleich werden eingeführte Begriffe neu bestimmt oder neue eingeführt. Kurz bemessene Übergangsregelung befinden sich in § 48 Abs. 1 VersAusglG (s. Kemper, FPR 2009, 227, 228; Weil, FPR 2009, 209, 210; Bergmann, FUR 2009, 421, 426). Besonderheiten gelten nach wie vor in den **neuen Bundesländern** nach Art. 234 § 6 EGBGB und dem Versorgungsausgleichs-Überleitungsgesetz – VAÜG. Danach findet der Versorgungsausgleich erst bei Scheidungen nach dem 31.12.1991 statt. Vor diesem Zeitpunkt rechtskräftig geschiedene Ehen werden auch nicht nachträglich dem Recht des Versorgungsausgleichs unterstellt (Überblick: Ruland, Versorgungsausgleich, 2. Aufl. 2009, Rz. 126 ff.).

Merkmale des Versorgungsausgleichs nach § 1587 ff. BGB aF: Durch das **VAStrRefG** ist die Art 2
und Weise der „Teilhabe" an ehezeitbezogenen Versorgungsanrechten strukturell grundlegend verändert worden (vgl. Schmidt/Eulering, FamRZ 2009, 1269; Kemper, FPR 2009, 227; Merten/Baumeister, DB 2009, 957). Nach § 1587 Abs. 1 BGB aF (von 1977 bis 2009). fand der Versorgungsausgleich zwischen geschiedenen Ehegatten statt, wenn und soweit für einen oder beide von ihnen in der Ehezeit Anwartschaften oder Aussichten auf eine Versorgung wegen Alters, Berufs- oder Erwerbsunfähigkeit begründet oder aufrechterhalten worden sind. Dem Ehegatten mit den **insgesamt wertniedrigeren Anrechten** stand im Wege eines **„Einmalausgleichs"** die Hälfte des ermittelten Wertunterschiedes zu. Die tatsächliche Durchführung des Ausgleich erfolgte ausschließlich in **einer Ausgleichsrichtung**, und zwar primär als öffentlich-rechtlicher **„Wertausgleich"** (§§ 1587a–1587e BGB aF) und mit dem Ergebnis, dass für den Ausgleichsberechtigten in Höhe des Ausgleichsbetrages typischerweise **Rentenanwartschaften in der gRV** übertragen bzw. begründet wurden (vgl. Wurm/Wagner/Zartmann/Reetz, Rechtsformularbuch, 15. Aufl. 2007, Kap. 64 Rz. 18–21 und 22–27). Die Anwartschaften (Anrechte) des Ausgleichspflichtigen waren entsprechend zu kürzen. **Subsidiär** und nur unter bestimmten Voraussetzungen konnten Anrechte über den **schuldrechtlichen Versorgungsausgleich** (§§ 1587f – 1587n BGB aF), der unterhaltsähnlich ausgestaltet war, ausgeglichen werden.

Merkmale und Ziele des VersAusglG: Das VersAusglG basiert nicht mehr auf dem Gedanken des 3
VergleichbarmachensV aller Anrechte, um sie sodann saldiert im Wege des „EinmalausgleichsE vorsorglich in die gRV zu transportieren und korrespondierend zu kürzen. Nach dem Grundgedanken des VersAusglG wird vielmehr jedes einzelne Anrecht einzeln bewertet und unter den Ehegatten

real-geteilt. Dies korrespondiert mit dem vermehrten Hinzutreten betrieblicher und privater Altersversorgungssysteme mit ihren vollkommen verschiedene Leistungs- und Versorgungsversprechen gegenüber den traditionellen „SäulenS der Altersversorgung (gRV und Beamtenversorgung), auf die das Recht vor dem VersAusglG primär abgestimmt war. Zudem will das VersAusglG die Anwendung privatautonomer, **vertraglichen Vereinbarungen** zum Versorgungsausgleich stärken (hierzu bspw: Brüggen, MittBayNot 2009, 337; Hahne, FamRZ 2009, 2041). Allerdings erfolgt die tatsächliche **Durchführung des Versorgungsausgleichs** auch nach dem VersAusglG ausschließlich durch Beschluss des **Familiengerichts** (vgl. § 224 Abs. 3 FamFG); Versorgungsausgleich ist prozessual Scheidungsfolgesache iSd. § 137 Abs. 2 FamFG, kann aber auch isoliert nach erfolgter Scheidung durchgeführt werden.

4 **Besondere Bedeutung des Versorgungsausgleichs:** Der Versorgungsausgleich gehört wie der Zugewinnausgleich zum **Bereich der vermögensrechtlichen Auseinandersetzung aus Anlass der Scheidung** einer Ehe. Dabei ist es nach wie vor das Ziel des Versorgungsausgleichs, die Teilhabe an sämtlichen in der Ehezeit von beiden Ehegatten jeweils erworbenen Anrechte, also Anwartschaften auf Versorgung und Ansprüche auf laufende Versorgung (§ 2 Abs. 1 VersAusglG) wegen Alters oder Invalidität, wenn auch mittels neuer Ausgleichsformen, herbeizuführen (vgl. Eichenhofer, Neuregelung des Versorgungsausgleichs, in: Schriften zum Notarrecht 13, 153). Dies genügt – wie bereits das „alte" Recht – den verfassungsrechtlichen Teilhabevorgaben aus Art. 6 Abs. 1 iVm. Art. 3 Abs. 2 GG (vgl. insb. BVerfG, FamRZ 2006, 1000).

5 Dem Versorgungsausgleich kam schon bisher und kommt auch zukünftig und unabhängig von der Strukturreform zum 1.9.2009 **besondere wirtschaftliche Bedeutung** für die Ehegatten zu, weil die dort zu verteilenden Anrechte oftmals den einzigen oder zumeist den „größten" Vermögenswert der beide Ehegatten darstellt (Ruland, NJW 2009, 1697). Zugleich soll der Versorgungsausgleich es dem jeweils ausgleichsberechtigten Ehegatten ermöglichen, eine dinglich eigenständige, von dem Ehegatten unabhängige Versorgung aufzubauen, um ggfs. Lücken in der eigenen Versorgungsbiographie nicht entstehen zu lassen, nicht fortzuführen oder nicht zu verfestigen.

II. Anwendungsbereich

1. Eheauflösung

6 Der Versorgungsausgleich erfolgt nach §§ 1587 BGB iVm dem VersAusglG im Falle der **Scheidung der Ehe (§ 1564 BGB)**, d.h. frühestens, wenn die Rechtskraft der Scheidung eingetreten ist (§ 224 Abs. 1 FamFG iVm § 184 FamFG). Nichtigkeit oder Aufhebung der Ehe spielen in der Praxis keine Rolle. Keine Rolle spielt auch der Güterstand der Ehegatten (Palandt/Brudermüller, 69. Aufl., Einl. VersAusglG Rn. 9). Das **Getrenntleben** der Ehegatten führt selbst dann nicht zur Durchführung des Versorgungsausgleichs, wenn es auf Dauer angelegt ist oder die Zerrüttung erheblich ist. Schließlich kann das Recht des Versorgungsausgleichs nicht durch Vereinbarung, auch nicht durch eine – notarielle – Vereinbarung, für die **Beendigung einer nichtehelichen Lebensgemeinschaft** für entsprechend anwendbar erklärt werden. Das Recht des Versorgungsausgleichs gilt grundsätzlich auch für Ehen, die vor dem 1.7.1977 geschlossen worden sind (sog. **Altehen**), soweit sie nur nach diesem Zeitpunkt rechtskräftig aufgelöst wurden (Art. 12 Nr. 3 Abs. 1, 3 des 1. EheRG a.F.). Kein Versorgungsausgleich findet statt, wenn beide Ehegatten bereits **während der gesamten Ehezeit versorgungsberechtigt** waren und keine Anrechte aufgebaut haben. Ansonsten ist es unerheblich, ob im Zeitpunkt der Scheidung der Ehe bereits Versorgungsleistungen bezogen werden („**laufende Versorgung**").

7 Für **Lebenspartnerschaften** nach dem LPartG ist der Versorgungsausgleich schon mit Wirkung seit dem 1.1.2005 eingeführt (§§ 20, 21 Abs. 4 LPartG); das Vorgesagte gilt insoweit entsprechend.

2. Auslandsberührung (Versorgungsausgleichstatut)

8 Fälle zur Anwendung der Sachnormen des **Versorgungsausgleichs mit Auslandsberührung** regelt **Art. 17 Abs. 3 S. 1 EGBGB** über eine Anknüpfung an das **Scheidungsstatut** nach Art. 17 Abs. 1 EGBGB, das nunmehr auch in seinem Wortlaut, nämlich seit dem Inkrafttreten des Anpassungs-

gesetzes zum EGBGB (Art. 1 des G v. 23.1.2013 – BGBl. I S. 101) nicht mehr an das **Ehewirkungsstatut** (Art. 14 EGBGB) weiter verweist. Das derart für den Versorgungsausgleich maßgebliche Scheidungsstatut wird bereits **seit dem 21.6.2012** über die EU-Verordnung Nr. 1259/2010 (**Rom-III-VO**) bestimmt (s. DNotI-Report 2012, 90; Palandt/*Thorn*, Art. 17 EGBGB Rz. 4a; *Kohler/Pintens*, FamRZ 2011, 1433; *Becker*, NJW 2011, 1543; *Helms*, FamRZ 2011, 1765; *Rieck*, FPR 2011, 498). Sie knüpft nicht mehr an das Recht der Ehewirkungen. Die Frage der internationalen Zuständigkeit deutscher Gerichte regelt § 102 bzw. § 98 Abs. 2 FamFG.

Die Rom-III-VO enthält zu der hier allein interessierenden Scheidungsfolge des „Versorgungsausgleichs" keine unmittelbar geltenden Regelungen zur Bestimmung des anwendbaren Rechts (vgl. insoweit den Negativkatalog in Art. 1 Abs. 2 lit. e) Rom-III-VO). Dass die VO für den Versorgungsausgleich dennoch maßgeblich ist, ist vielmehr eine Folge der Anknüpfung, die durch das deutsche IPR vorgenommen wird (Art. 3 Nr. 1d) iVm. Art. 17 Abs. 3 S. 1 Hs. 1EGBGB). Nach der objektiven **Anknüpfungsleiter** des Art. 3 Nr. 1d) EGBGB iVm. Art. 8 Rom-III-VO findet ein Systemwechsel vom Vorrang der Anknüpfung an das **„Heimatrecht"** der Ehegatten zum Recht des **„gewöhnlichen Aufenthalts"**, also regelmäßig an das **deutsche Recht** statt. 9

Handelt es sich bei **beiden Ehegatten** um **ausländische Staatsangehörige mit ausschließlich gemeinsamer Staatsangehörigkeit**, war bis zum 21.6.2012, anders als heute, über Art. 14 Abs. 1 Nr. 1 EGBGB das beiderseitige, gemeinsame Heimatrecht der Eheleute für das Scheidungsstatut und damit auch für das Versorgungsausgleichsstatut maßgebend. Eine Rechtswahl wegen der allgemeinen Wirkungen der Ehe kam, gerade wegen der gemeinsamen Staatsangehörigkeit, von vornherein kaum in Betracht. Nunmehr führt auch diese Ehekonstellation über Art. 3 Nr. 1d) EGBGB iVm. Art. 8 lit. a) Rom-III-VO zur Anwendung deutschen Rechts und damit indirekt zum deutschen Versorgungsausgleichsstatut. Eine Anknüpfung an die gemeinsame Staatsangehörigkeit kommt nur noch subsidiär (und wenn keine – nunmehr leicht mögliche – Rechtswahl vorliegt) über Art. 3 Nr. 1d) EGBGB iVm. Art. 8 lit. c) Rom-III-VO, also jenseits der vorrangigen **Anknüpfungstatbestände des „gewöhnlichen Aufenthalts"** (= Art. 8 lit. a) u. b) Rom-III-VO) in Betracht. 9a

Der Versorgungsausgleich ist von dem berufenen deutschen Familiengericht **von Amts wegen** jedoch nicht schon dann durchzuführen, wenn nach dem maßgeblichen Versorgungsausgleichsstatut deutsches Recht anzuwenden ist, sondern nur dann, wenn (**kumulativ**) auch das Heimatrecht wenigstens eines der Ehegatten **den Versorgungsausgleich „kennt"** (vgl. Art. 17 Abs. 3 S. 1 Hs. 2 EGBGB). Die Ehegatten sollen sich das deutsche „Teilhabesystem" für Altersvorsorgeanrechte nicht aufzwingen lassen müssen, wenn keines der beiden betroffenen Heimatrechte den Ausgleich in vergleichbarer Weise handhabt. Nach der angepassten Fassung des Art. 17 Abs. 3 EGBGB ist es bei dieser Rechtslage, also der **„Heimatstaatenklausel"**, auch nach der Rom-III-VO verblieben. Damit bleibt trotz der Hinwendung zum Vorrang des „gewöhnlichen Aufenthalts" über die Rom-III-VO in einem nicht unerheblichen Umfang die **Bedeutung des „Heimatrechts" der Ehegatten** bestehen. An das **„Kennen" nach Art. 17 Abs. 3 S. 1 Hs. 2 EGBGB** sind keine allzu großen Anforderungen geknüpft. Hiervon kann man bereits ausgehen, wenn das dortige Ausgleichsystem innerstaatlich wie ein „schuldrechtlicher Wertausgleich" (vgl. §§ 20 VersAusglG) eingeordnet werden könnte und in dem ausländischen Ausgleichsystem wiederum ausländische Anrechte, also im Zweifel auch die deutschen, mitberücksichtigt werden würden (BGH FamRZ 2009, 681 „Niederlande"). Das Heimatrecht muss die funktional vergleichbaren Regelungen im Sachrecht selbst enthalten. Nicht ausreichend ist allerdings ein **rein unterhalts- oder güterrechtsähnlicher Ausgleich von Altersvorsorgeanrechten**, den viele ausländische Rechtsordnungen funktional bevorzugen. 9b

Eine praxisbedeutsame Norm zur Anwendung deutschen Sachrechts jenseits der Anknüpfung an das Scheidungsstatut oder eine Rechtswahl ist **Art. 17 Abs. 3 S. 2 EGBGB** (sog. **„regelwidriger Versorgungsausgleich"**). Auf **Antrag** eines der Ehegatten, der weder fristgebunden ist, noch zwingend vor oder während des Scheidungsverfahrens gestellt sein muss, ist der Versorgungsausgleich nach deutschem Recht dennoch durchzuführen, wenn einer der Ehegatten, insbesondere der ausgleichspflichtige Ehepartner, inländische („deutsche") Versorgungsanrechte während der Ehe erworben hat, und die Durchführung des Ausgleichs im Hinblick auf die beiderseitigen Verhältnisse der Billigkeit nicht widerspricht (**„Billigkeits- bzw. Härtefallprüfung"**). Eine Verjährung nach § 194 Abs. 2 BGB ist ausgeschlossen. 9c

9d Eine **direkte Rechtswahlmöglichkeit** zum Versorgungsausgleichsstatut besteht nach deutschem IPR nicht. Da sich die Wirksamkeit von vertraglichen Regelungen zum Versorgungsausgleich in Fällen mit Auslandsbezug jedoch grundsätzlich nach dem Scheidungsstatut richtet, obwohl dieses bei Abschluss eines **vorsorgenden Ehevertrags** naturgemäß noch gar nicht feststeht, kann über eine notariell zu beurkundende Rechtswahl zum Scheidungsstatut (vgl. Art. 46d Abs. 1 EGBGB iVm. **Art. 5 u. 7 Rom-III-VO**) **indirekt**, nämlich über Art. 17 Abs. 3 S. 1 EGBGB die Anwendung deutschen Sachrechts herbeigeführt werden. Selbstverständlich ist dies auch in einer **scheidungsbezogenen Vereinbarung** möglich. Eine wirksame **Rechtswahl hat Vorrang** vor der objektiven Anknüpfungsleiter nach Art. 8 lit. a) bis d) Rom-III-VO.

9e Nach Art. 17 Abs. 3 S. 1, 46d EGBGB iVm. Art. 5 Rom-III-VO können die Ehegatten dem Umfang nach weiter als bisher das von ihnen bevorzugte Scheidungsstatut rechtsgeschäftlich vereinbaren (= **Rechtswahl**). Dabei kann es sich um das Recht des Staates handeln:

- in dem die Ehegatten zum Zeitpunkt der Rechtswahl ihren **gewöhnlichen Aufenthalt haben** (Art. 5 Abs. 1a) Rom-III-VO), oder
- in dem die Ehegatten **zuletzt** ihren **gewöhnlichen Aufenthalt hatten**, sofern einer von ihnen zum Zeitpunkt der Rechtswahl dort noch seinen gewöhnlichen Aufenthalt hat (Art. 5 Abs. 1b) Rom-III-VO), oder
- dessen **Staatsangehörigkeit** einer der Ehegatten zum Zeitpunkt der Rechtswahl besitzt (Art. 5 Abs. 1c) Rom-III-VO), oder
- in dem sich das **angerufene Gericht** befindet (Art. 5 Abs. 1d) Rom-III-VO).

In einer Urkunde, die eine Rechtswahl umfasst, sollten die Voraussetzungen der Anknüpfung wenigstens kurz dargestellt werden, soweit sie sich nicht aus den sonstigen Angaben entnehmen lassen.

9f Nach Art. 5 Abs. 2 Rom-III-VO ist der Abschluss oder die Änderung einer bereits bestehenden „Rechtswahlvereinbarung" **jederzeit**, spätestens jedoch bis zum Zeitpunkt der Anrufung des Gerichts, möglich (siehe auch Art. 17 Abs. 1 EGBGB a.F.). Der durch das deutsche Anpassungsgesetz eingeführte **Art. 46d Abs. 2 EGBGB** hat in zeitlicher Hinsicht die Möglichkeit zur Rechtswahl bis auf den Schluss der mündlichen Verhandlung im ersten Rechtszug verlängert; dies hat Bedeutung für scheidungsbezogene Vereinbarungen, die bis zur Entscheidung über den Versorgungsausgleich sinnvoll sein können. Die Rechtswahl bedarf nach Art. 7 Abs. 1 Rom-III-VO lediglich der Schriftform, der Datierung und der Unterzeichnung durch beide Ehegatten. Allerdings gelten vorrangig die schärferen **Formvorschriften** der jeweils teilnehmenden Mitgliedstaaten, so dass in Deutschland die **notarielle Beurkundung** erforderlich ist. Die **Beurkundungsbedürftigkeit** ist durch **Art. 46d Abs. 1 EGBGB** aufgrund der Ermächtigung in Art. 5 Abs. 3 S. 1 Rom-III-VO seit dem 23.1.2013 eingeführt worden.

9g Durchaus unangenehme Überraschungen kann die Anknüpfungsleiter des Art. 8 Rom-III-VO für **ausschließlich deutsche Ehegatten** herbeiführen, die berufsbedingt oder aus sonst einem beliebigen Grund in das Ausland verziehen und dort tatsächlich ihren gewöhnlichen Aufenthalt begründen. Haben diese Ehegatten zuvor einen **vorsorgenden Ehevertrag** mit Regelungen zum Versorgungsausgleich beurkundet oder wollen sie einen solchen beurkunden lassen, käme es im Fall der Scheidung ohne eine Rechtswahl wegen der **Verlegung des gewöhnlichen Aufenthalts** aus deutscher Sicht und natürlich auch aus der Sicht der teilnehmenden Mitgliedstaaten der Rom-III-VO, zur Anwendung des dortigen, also ausländischen Scheidungsstatuts. Soweit ein deutsches Familiengericht international zuständig wird, hilft im hiesigen Zusammenhang nur noch der antragsgebundene „regelwidrige Versorgungsausgleich" nach Art. 17 Abs. 3 S. 2 EGBGB.

10 ➲ **Praxistipp:** In der ehevertraglichen, notariellen Praxis ist bei Fällen mit Auslandsberührung zu empfehlen – soweit nach Art. 17 Abs. 3 S. 1, 46d EGBGB iVm. Art. 5 Abs. 1 Rom-III-VO möglich –, im Rahmen der Vereinbarung zum Versorgungsausgleich eine indirekte Rechtswahl zum Scheidungsstatut zu treffen.

M 69.1 Vorsorgliche Rechtswahl gem. Art. 17 Abs. 3 S. 1, 46d EGBGB iVm. Art. 5 Abs. 1 Rom-III-VO für nicht auszuschließenden „Wegzug" aus Deutschland

(. . .)

Die Beteiligten erklärten zunächst:

Wir wählen hiermit als das auf die Ehescheidung und die Folgen des Getrenntlebens anwendbare Recht bereits heute das Recht der Bundesrepublik Deutschland; dies gilt somit auch für den Versorgungsausgleich. Diese Rechtswahl soll insbesondere auch dann Bestand haben, wenn wir unseren gewöhnlichen Aufenthalt in das Ausland verlegen.

(. . .)

Der Notar hat uns über die Folgen einer Rechtswahl zum „ScheidungsstatutS ausdrücklich belehrt; uns ist insbesondere bekannt, dass für den Fall, dass unsere Ehe nicht in der Deutschland geschieden wird, auch ausländisches Recht zur Anwendung kommen kann.

III. Gegenstand des Versorgungsausgleichs

1. Anrechte, Anwartschaften und Aussichten auf Versorgung

§ 2 Abs. 1–3 VersAusglG bestimmt den Anwendungsbereich der dem Versorgungsausgleich unterfallenden **Anrechte.** 11

Danach unterliegen dem Versorgungsausgleich **im In- oder Ausland** (s. zu Anrechten im Ausland bereits BGH FamRZ 1983, 263, 264) erworbene und bestehende 12

- **Anwartschaften auf Versorgung und**
- **Ansprüche auf laufende Versorgungen,**

insbesondere aus der **gesetzlichen Rentenversicherung**, aus anderen Regelsicherungssystemen wie der **Beamten**- und **Richterversorgung** (§§ 1 ff. BeamtVG; Soldaten nach §§ 15 ff. SVG), der Altersversorgung der Landwirte (§§ 11 ff. ALG) oder der **berufsständischen Versorgung**, aus der **betrieblichen Altersversorgung** oder aus der **privaten Alters- und Invaliditätsvorsorge**, so sie am Leitbild der Rentenversicherung orientiert ist (§ 2 Abs. 1 VersAusglG). „**Laufende Versorgungsleistungen**" sind nun bereits nach der gesetzlichen Definition in den Begriff „**Versorgungsanrechte**" einbezogen.

„**Anwartschaft**" meint weiterhin eine dem Grunde und der Höhe nach gesicherte Position, die mit Eintritt des Versicherungs- bzw. Versorgungsfalles einen **Anspruch** auf Versorgung gewährt. Der Begriff „**Aussichten**" ist demgegenüber aus dem VersAusglG verschwunden. 13

In der Praxis überwiegen nach wie vor Renten und Rentenanwartschaften (§ 33 SGB VI) aus den beiden verbliebenen Zweigen der **gesetzlichen Rentenversicherungen** (gRV – §§ 125f oder 132 ff. SGB VI) wegen Alters und Erwerbsminderung. 14

Durch das VersAusglG sind allerdings Gegenstände **statt bisher dem Zugewinnausgleich nunmehr dem Versorgungsausgleich zugeordnet** worden; auch in umgekehrter Richtung sind Neuzuordnungen erfolgt: 15

- Bisher fand grundsätzlich kein Versorgungsausgleich statt bei Anrechten aus **Kapital-Lebensversicherungen** (BGH FamRZ 1984, 156, 157 f.), auch nicht als Kapital-Lebensversicherung im Rahmen der betrieblichen Altersversorgung (OLG Bamberg FamRZ 2001, 997; OLG Stuttgart FamRZ 2001, 998).
- Nach § 2 Abs. 2 Nr. 3 VersAusglG werden nunmehr alle Anrechte, die vom **Betriebsrentengesetz** erfasst sind, in den Versorgungsausgleich einbezogen, und zwar unabhängig von der Zahlungsweise nach dem Inhalt dieser Anrechte. Betroffen sind davon auch **betriebliche Alterversorgungen**, die auf einer Kapital-Lebensversicherung beruhen und auf eine Kapitalleistung

lauten (also vollkommen unabhängig von der Leistungsform!). Gleiches gilt für alle Altersvorsorgeverträge iSd. **Altersvorsorgeverträge-Zertifizierungsgesetzes** (**AltZertG** vom 26.6.2001 [BGBl. I, S. 1310, 1322], zuletzt geä. durch Art. 15 G. v. 25.7.2014 [BGBl. I S. 1266]; Wönne FPR 2009, 293, 296); das sind auch sog. *„Riester-Verträge"*.

16 ➲ **Praxistipp:** Haben Ehegatten in einem Ehevertrag den lebzeitigen Ausgleich des Zugewinns ausgeschlossen oder Gütertrennung vereinbart, weil sie (u.a.) davon ausgingen, sich auf diese Weise eine Kapitallebensversicherung für den Fall der Scheidung ungeschmälert erhalten zu können, funktioniert dies seit dem 1.9.2009 nicht mehr für Kapitallebensversicherungen im Rahmen der betrieblichen Altersvorsorge oder als Produkt nach dem AltZertG.

17 Dem **Versorgungsausgleich unterfallen nicht**, soweit kein qualifizierter Fall des § 2 Abs. 2 Nr. 3 VersAusglG vorliegt (also außerhalb der betrieblichen Altersversorgung und des Altersvorsorgeverträge-Zertifizierungsgesetzes – AltZertG):

- **Kapital-Lebensversicherungen mit Rentenwahlrecht** (= häufigster Fall in der Praxis). Etwas anders gilt nur dann, wenn das Wahlrecht zugunsten der Rente bis zur Rechtshängigkeit des Scheidungsantrages bereits ausgeübt war;
- **Rentenversicherungen mit Kapitalwahlrecht**, wenn das Wahlrecht zugunsten der Kapitalleistung bis zur Rechtshängigkeit des Scheidungsantrages bereits ausgeübt war (vorher sind Rentenversicherungen mit Kapitalwahlrecht in den Versorgungsausgleich einzubeziehen).

Im Bereich der sehr praxisbedeutsamen **Kapital-Lebensversicherungen**, durch die insbesondere Selbständige (zumeist auch die versicherte Person) ihre private Altersvorsorge betreiben haben sich die Verhältnisse durch das VersAusglG somit nicht verschoben. Diese gesetzliche Entscheidung ist richtig, weil Kapital-Lebensversicherungen zwar oft der Altersversorgung des Selbständigen dienen mögen, ebenso oft aber auch private oder betriebliche Kredite sichern und bestimmungsgemäß aus Einmalzahlungen Kredittilgungen erfolgen.

18 Dem **Versorgungsausgleich unterfallen ebenfalls nicht** (Zusammenstellung bei Ruland, Versorgungsausgleich, 3. Aufl. 2011, Rz. 194n mwN; Palandt/Brudermüller, 73. Aufl., § 2 Rz. 11):

- Kapitalversicherungen (private **Lebensversicherung auf Kapitalleistung**); das gilt auch für sog. befreiende Lebensversicherungen (jeweils Zugewinnausgleich);
- regelmäßige **Sach- und Nutzungsleistungen**, z.B. mietfreies, lebenslanges Wohnrecht; Nießbrauch (= unterhaltsrechtlich maßgebend)
- alle **Entschädigungsleistungen** (BGH FamRZ 2008, 770, 773) oder Leistungen, die Entschädigungscharakter haben;
- **(Opfer)renten** nach BEG und BVG;
- **Unfallrente** jeder Art;
- Renten der **gesetzlichen Unfallversicherung** (SGB VII);
- dienstunfallbedingte, beamtenrechtliche Versorgungen;
- **Abfindungen** und **Überbrückungsleistungen** zum vorzeitigen Ausscheiden aus dem Erwerbsleben, soweit sie lediglich bis zum Versorgungsbezug gezahlt werden und den Zeitraum zwischen Beendigung des Erwerbslebens und Eintritt in den Ruhestand überbrücken;
- privaten **Schadenersatzrenten**;
- Renten der **privaten Berufsunfähigkeitsversicherung,**
- echten **Leibrentenansprüchen**;
- **echte Kaufpreisrenten** aus einer Unternehmensveräußerung (s auch BGH MittBayNot 2014, 339; Reetz MittBayNot 2014, 313).

19 **Versorgung wegen Invalidität (§ 28 VersAusglG)** meint all diejenigen Versorgungen wegen der Einschränkungen der Arbeits- oder Dienstfähigkeit vor dem Erreichen der Regelaltersgrenze (s. auch den umfassten Begriff der verminderten Erwerbstätigkeit nach § 33 Abs. 3 SGB VI). Von Versorgungsanrechten wegen Berufsunfähigkeit (vgl. auch §§ 42 Abs. 2, 44 Abs. 2 SGB VI) wird regelmäßig gesprochen, wenn die Erwerbsfähigkeit des Betroffenen aus gesundheitlichen Gründen auf weniger als die Hälfte derjenigen eines Gesunden mit ähnlicher Qualifikation herabgesunken ist

(vgl. auch § 43 Abs. 2 SGB VI). Versorgungsanrechte wegen Erwerbsunfähigkeit sind dadurch gekennzeichnet, dass der Betroffene auf Grund Krankheit oder anderer körperlicher oder geistiger Schwächen oder Gebrechen auf nicht absehbare Zeit überhaupt keinen Beruf mehr ausüben kann (vgl. auch § 42 Abs. 1 BBG; § 26 BRRG).

➲ **Praxistipp:** Das VersAusglG nimmt einen radikalen Perspektivenwandel bei privaten Invaliditätsversorgungen vor: Nach § 28 VersAusglG findet ein Ausgleich solcher Anrechte nur dann statt, wenn der Versicherungsfall während der Ehe eintritt und der Ehegatte ebenfalls eine Invaliditätsversorgung erhält oder die gesundheitlichen Voraussetzungen dafür erfüllt. In Abkehr vom Realteilungsprinzip erfolgt in diesen Fällen der Ausgleich durch Zahlung einer schuldrechtlichen Ausgleichsrente (§ 28 Abs. 3 VersAusglG). Nachteil ist, dass der invalide Gatte dann keine Versorgung mehr erhält, wenn die Versorgung des ausgleichspflichtigen Gatten wegen Gesundung, Versterbens oder Zeitablaufs entfällt. 20

Nach § 2 Abs. 2 Nr. 1 VersAusglG sind nur solche Anrechte ausgleichs- und teilungspflichtig, die während der Ehezeit **„durch Arbeit"** oder **„mit Hilfe des Vermögens"** geschaffen oder aufrechterhalten wurden (s. bereits BGH FamRZ 1988, 936, 938 zur alten Rechtslage). Außer Betracht bleiben demnach Anrechte und Leistungen mit **überwiegend sozialer Zielsetzung** oder **Entschädigungscharakter,** wie beispielsweise Unfall- oder Kriegsopferrenten. Die Einbeziehung in den Versorgungsausgleich scheidet ebenfalls aus, wenn ein **Dritter schenkweise** für einen der Ehegatten **freiwillige Beiträge unmittelbar an einen Versorgungsträger leistet** und somit die aufgewandten Beträge nie in das Vermögen des begünstigten Ehegatten gelangt sind und nach der Absicht des Schenkers auch nicht gelangen sollten (s. bereits BGH FamRZ 1987, 48, 49; OLG Köln FamRZ 1984, 64, 65). Gleiches gilt für **„geerbte Anrechte"**. Die Anrechte unterfallen hingegen dem Versorgungsausgleich, wenn der Dritte unmittelbar an den Ehegatten leistet und dieser dann aus den geschenkten Mitteln freiwillige Beitragzahlungen an den Versorgungsträger erbringt. Das soll selbst dann gelten, wenn der Dritte zweckgebunden geleistet hat. 21

Nach st. Rspr. des BGH (BGH FamRZ 2012, 434 = DNotZ 2012, 705 m. Anm. Rauscher; BGH FamRZ 2011, 877) gilt, dass auch alle diejenigen Anrechte in den Versorgungsausgleich einzubeziehen sind, die der ausgleichspflichtige Ehegatte in der Ehezeit mithilfe seines **bei Eheschließung bereits vorhandenen Vermögens** erworben hat. Betrachtet man diese Rechtsprechung unter dem Aspekt der Wertung des Zugewinnausgleichs, bedeutet dies, dass der ausgleichpflichtige Ehegatte die während der Ehezeit aus **Mitteln seines Anfangsvermögens** im Sinne des § 1374 BGB, erworbenen Anrechte über den Versorgungsausgleich dennoch ausgleichen muss. Das VersAusglG unterscheidet eben nicht nach der **Herkunft der Erwerbsmittel**. Nach der gesetzlichen Wertung scheidet in dieser Konstellation auch ein korrigierender Ausschluss des Versorgungsausgleichs wegen grober Unbilligkeit (§ 27 VersAusglG) aus (BGH FamRZ 2012, 434 = DNotZ 2012, 705). Die Einbeziehung von in der Ehezeit mit Mitteln des Anfangsvermögens erworbenen Anrechten in den Versorgungsausgleich führt in der Regel zu **keiner Doppelverwertung**. Die zum ehezeitlichen Erwerb des Anrechts eingesetzten Mittel des Anfangsvermögens sind in dem für den Zugewinnausgleich maßgeblichen Endvermögen (§ 1375 BGB) nicht mehr vorhanden und vermindern somit grundsätzlich den Zugewinn. Anders sieht die Situation hingegen aus, wenn es auf ein „Endvermögen" nicht ankommt, weil die Ehegatten die „modifizierte Zugewinngemeinschaft" oder Gütertrennung vereinbart hatten oder ohnehin kein relevanter Zugewinn erzielt worden ist. 21a

➲ **Praxistipp:** Vor Inkrafttreten des VersAusglG wurde nach § 101 Abs. 3 SGB VI, § 57 Abs. 1 Satz 1 BeamtVG bzw. § 55c Abs. 1 S. 2 SVG die zum Zeitpunkt der Rechtskraft der Scheidung bereits gezahlte Versorgung des Verpflichteten erst ab dem Zeitpunkt gekürzt, ab dem der Berechtigte ebenfalls Rentenzahlungen aus dem Wertausgleich erhalten würde (**Aufschub der Kürzung – „Rentner- oder Pensionistenprivileg"**). In geeigneten Fällen war es daher ratsam, den Beginn der Versorgungszahlungen abzuwarten und danach das Scheidungsverfahren einzuleiten. Das Reformrecht des Jahres 2009 hat die vorgenannten Regelungen nicht übernommen. 22

➲ **Praxistipp:** Vor dem 1.9.2009 unterblieb – antragsgebunden – eine Kürzung nach **§ 5 VAHRG aF („Unterhaltsfälle")** auch dann, wenn der Ausgleichsverpflichtete dem Berechtigten zur **Zahlung nachehelichen Unterhalts** verpflichtet war und der Berechtigte noch keine 23

Rentenzahlungen aus dem Wertausgleich erhalten hatte. Die Höhe der Unterhaltsleistungen war bedeutungslos; ein vertraglich vereinbarter Unterhaltsverzicht konnte daher eine kurzsichtige Vereinbarung sein. Die Nachfolgevorschrift ist § 33 VersAusglG; die Kürzung der Versorgung des Ausgleichspflichtigen erfolgt nicht mehr in voller Höhe, sondern nur noch in Höhe des Unterhaltsanspruchs, der bei ungekürzter Versorgung gegeben wäre (§ 33 Abs. 3 VersAusglG). Führen geänderte Einkommensverhältnisse der geschiedenen Eheleute zu einer geringeren Unterhaltsverpflichtung der ausgleichspflichtigen Person, sind auch die Versorgungsträger zur Abänderung einer durchgeführten Anpassung antragsberechtigt.

2. Maßgebliche Ehezeit (Ausgleichszeitraum – § 3 Abs. 1 VersAusglG)

24 Für die Berechnung der maßgeblichen Ehezeit definiert § 3 Abs. 1 VersAusglG wie zuvor § 1587 Abs. 2 BGB aF **Stichtagsregelungen**:

Als **Ehezeit** gilt, wie bisher, die Zeit vom ersten Tag des Monats, in dem die Ehe geschlossen wurde (**Ehezeitbeginn**), bis zum letzten Tages des Monats, der dem Eintritt der Rechtshängigkeit des Scheidungsantrags, also der Zustellung der Antragsschrift, § 133 Abs. 1 FamFG, §§ 261 Abs. 1, 253 Abs. 1 ZPO, vorangeht (**Ehezeitende**). § 270 Abs. 3 ZPO ist anwendbar. Entscheidend ist der Scheidungsantrag, der auch tatsächlich zur Scheidung führt (vgl. BGH FamRZ 2006, 260 f.). Die fiktive Vorverlegung des Stichtags ist erforderlich, weil der der Versorgungsausgleich als Verbundsache gleichzeitig mit der Scheidung zu erfolgen hat (§ 142 FamFG) und ansonsten eine Ermittlung und Bewertung der Anrechte nicht erfolgen könnte.

25 ➲ **Hinweis:** Die maßgebliche Ehezeit (**Ausgleichszeitraum**) für den Versorgungsausgleich nach § 3 Abs. 1 VersAusglG weicht wegen der fiktiven Verlagerung auf den Monatsanfang und das Monatsende von der Ehezeit zur Berechnung des Zugewinns nach der Reform des § 1384 BGB nur noch geringfügig ab (= Tag der Eheschließung und Rechtshängigkeit des Scheidungsantrags [§§ 622 Abs. 2, 261 Abs. 1, 253 Abs. 1 ZPO]).

Beispiel:

25a Eheschließung am 19.8.2006, Zustellung der Antragsschrift am 19.9.2014. **Ehezeit** nach § 3 Abs. 1 VersAusglG: 1.8.2006 – 31.8.2014 = 8 Jahre und 1 Monat = 97 Monate.

26 Bei der Bestimmung der Ehezeit werden Zeiträume nicht eingerechnet, in denen die Ehegatten vor Eheschließung in einer **nichtehelichen Lebensgemeinschaft**, selbst mit gemeinsamen Kindern, miteinander gelebt haben (OLG Hamburg FamRZ 1979, 518, 519). Auch der Zeitpunkt der Trennung ist für die Bestimmung des Endes der Ehezeit unerheblich (OLG Brandenburg FPR 2008, 462). Das gleiche gilt für **Trennungszeiten nach Rechtshängigkeit des Scheidungsantrags**, und zwar auch bei längerer Verfahrensdauer. Allerdings kann bei Ehen mit langer Trennungszeit ein Härtegrund nach § 27 VersAusglG vorliegen. Veränderungen der tatsächlichen Verhältnisse der Ehegatten zwischen Ehezeitende und Versorgungsausgleichsentscheidung, also insbesondere der Qualität der in der Ehezeit erworbenen Anrechte, hat die Rspr. aus Gründen der Verfahrensökonomie bisher nach § 10a VAHRG aF bereits im Erstverfahren berücksichtigt (BGH FamRZ 1989, 1058, 1059). Dabei wird es auch nach dem VersAusglG bleiben, um eine Abänderung nach § 225 FamFG zu vermeiden.

27 In der Ehezeit begründet sind nur solche Anrechte, die während der Ehe entstanden sind oder sich erhöht haben; aufrechterhalten sind dagegen nur solche Anrechte, die während der Ehe nicht erloschen sind und deren Voraussetzungen, zumindest teilweise, während der Ehezeit erfüllt worden sind. Die Beurteilung der Frage des Erwerbszeitpunkts richtet sich im Übrigen nach den Regelungen des jeweiligen Versorgungssystems (Palandt/Brudermüller, 73. Aufl., § 3 Rn. 13). Es gilt jedenfalls auch weiterhin das sog. „**In-Prinzip**“.

28 Maßgebend ist somit der (Beitrags-)Zahlungszeitpunkt. Beim Ausgleich von Anrechten in der gRV sind demnach nur diejenigen Entgeltpunkte zu berücksichtigen, die aus den **in der Ehezeit geleisteten Beitragszahlungen** resultieren. Anrechte, die zeitlich innerhalb einer „neuen Ehe“ durch Erbringen sog. Wiederauffüllungsbeträge für Zeiten einer früheren Ehe erworben werden (§ 187 Abs. 1 Nr. 1 SGB VI), sind bei Scheidung der „neuen Ehe“ im Wertausgleich zu berücksichtigen

(vgl. BGH FamRZ 2007, 1719). Andererseits findet ein Wertausgleich nicht findet statt, wenn das **Anrecht vollständig vor der Ehe erworben** wurde und während der Ehezeit lediglich eine Steigerung auf Grund der gesetzlichen Rentenanpassungen erfolgt. Eine Einbeziehung in den Wertausgleich scheidet ebenfalls aus, wenn der betroffene Ehepartner nach Scheidung der Ehe freiwillige Beiträge für in der Ehezeit liegende Zeiträume nachentrichtet (vgl. § 197 Abs. 1 SGB VI).

29 Eines der Hauptprobleme des Ausgleichs liegt in der Wertermittlung der Anrechte in der Ehezeit, also des sog. **Ehezeitanteils.** Die Versorgungssysteme erfassten vor der Reform regelmäßig nur Werte für das gesamte Anrecht, nicht jedoch für einzelne Zeitabschnitte wie den Ehezeitanteil. Der **Ehezeitanteil** und der hierauf beruhende **Ausgleichswert** sind nunmehr von dem jeweils betroffenen Versorgungsträgern in den von dem jeweiligen Versorgungssystem verwendeten Bemessungs- bzw. Bezugsgrößen zu berechnen (Entgeltpunkte, Kapitalwerte, korrespondierender Kapitalwert, Versorgungspunkte usw.) und mitzuteilen (§ 5 Abs. 1 VersAusglG). Diese Berechnung hat allerdings nur die Funktion eines „Vorschlags"; die endgültige Bestimmung trifft das Familiengericht (vgl. BT-Drucks. 16/10144, S. 50).

30 Bei einer **Ehezeit** von **bis zu drei Jahren** findet grundsätzlich (es sei denn auf Antrag) kein Versorgungsausgleich statt (§ 3 Abs. 3 VersAusglG). Er findet auch bei einer längeren Ehedauer dann nicht statt, wenn die Differenz des Ausgleichswerts oder der Ausgleichswert selbst **geringfügig** sind (§ 18 Abs. 1 u. 2 VersAusglG).

IV. Durchführungswege des Versorgungsausgleichs

1. Allgemeines

31 Das VersAusglG hat das System der verschiedenen **Ausgleichsmechanismen** des alten Versorgungsausgleichs und die unter ihnen vorgesehene, bestimmte Reihenfolge ihrer Anwendung verlassen; übersichtsartig gilt nunmehr **folgende Struktur:**

Struktur des Ausgleichs nach dem VersAusglG

(nach Triebs, Versorgungsausgleich aktuell, 2009 Rz. 22):

a) Bewertung (**Ehezeitanteil**) der einzelnen Anrechte (§§ 5, 39–47 ff. VersAusglG).

b) Halbteilung jedes Anrechts; **Ausgleichswert** (§ 1 VersAusglG),
- keine „Vergleichbarmachung",
- kein Einmalausgleich;
- kein Einwegausgleich in gRV

c) **Realteilung** jeden Anrechts jedes Ehegatten; **Teilungsformen** (§ 1 VersAusglG)
  - aa) **interne Teilung** (= Regelfall: §§ 10–13 VersAusglG),
  - bb) **externe Teilung** (= Ausnahmefälle: §§ 14–17 VersAusglG),
  - cc) **schuldrechtliche Ausgleichszahlung** (= Auffangtatbestand: §§ 20–22 VersAusglG).

d) **sonstige Fragen:**
  - aa) vorrangige Vereinbarungen (**Notar**: §§ 6–8 VersAusglG),
  - bb) Härtefälle (grobe Unbilligkeit: § 27 VersAusglG),
  - cc) Geringfügigkeit (§ 18 VersAusglG),
  - dd) fehlende Ausgleichsreife (§ 19 VersAusglG: fehlende Unverfallbarkeit, Unwirtschaftlichkeit, ausländische Anrechte

Im Rahmen der Struktur des Versorgungsausgleichs nach dem VersAusglG ist insbesondere zu prüfen, welche der drei gesetzlichen – zuvor dargestellten – **Teilungsformen** zur Anwendung kommt.

2. „Interne Teilung" als Regelfall (§ 9 Abs. 2 VersAusglG iVm. §§ 10–13 VersAusglG)

a) Allgemeines

32 Der Ausgleichsmechanismus der internen Teilung nach §§ 10, 11 VersAusglG stellt ein **Kernstück des neuen Rechts zum Versorgungsausgleich** dar. Er erhält seine Bezeichnung daher, dass das durch den Ehegatten bei dem maßgeblichen Versorgungsträger in der wiederum maßgeblichen Ehezeit erworbene Anrecht (**Ehezeitanteil**) innerhalb des Versorgungsträgers systemintern „real geteilt" und sodann für beide Ehegatten getrennt aufrechterhalten wird.

33 Diese Art einer Realteilung hatte bereits nach dem vormaligen Recht des Versorgungsausgleichs als Rentensplitting (§ 1587b Abs. 1 S. 1 BGB aF bzw. nach § 1 Abs. 2 VAHRG) bestanden. Die tatsächliche Durchführung der Teilung erfolgt dadurch, dass der hälftige Ehezeitanteil („**Ausgleichswert**"; § 1 Abs. 1 VersAusglG) des Ausgleichspflichtigen zugunsten des Ausgleichsberechtigten auf ein eigenes, neues Versorgungskonto bei demselben Versorgungsträger durch rechtsgestaltenden familiengerichtlichen Akt überwiesen wird (§§ 1, 10 Abs. 1 ff. VersAusglG).

34 Neu eingeführt ist der **Begriff des Ausgleichswerts**; dieser ist legaldefiniert als die Hälfte des Wertes des jeweiligen Ehezeitanteils, der auf die ausgleichspflichtige Person zu übertragen ist, um die Halbteilung des jeweils einzeln betroffenen Anrechts zu realisieren (§ 1 Abs. 2 S. 2 VersAusglG). Für **private Lebensversicherungen** und **Direktversicherungen** der **betr. Altersvorsorge** bedeutet interne Teilung, dass der **Ausgleichsberechtigte** selbst **versicherte Person** wird.

35 **Beispiel:**

M hat in der berechnungsrelevanten Ehezeit eine Rentenanwartschaft von 20 Entgeltpunkten in der gesetzlichen Rentenversicherung erworben (aktueller Rentenwert 2014/2015 = 20 × 28,61 Euro = 572,20 Euro/mtl.). Zudem hat M während der Ehezeit eine Anwartschaft aus einer betrieblichen Altersversorgung (Pensionskasse) mit einem Kapitalwert von 20 000 Euro aufgebaut. F verfügt über keine auszugleichenden Anrechte. Durch den Versorgungsausgleich erhält F 10 Entgeltpunkte bei der gesetzlichen Rentenversicherung (aktueller Rentenwert 2014/2015 = 10 × 28,61 Euro = 286,10 Euro/mtl.) und gegenüber der Pensionskasse einen eigenen Anspruch auf Betriebsrente in Höhe des Ausgleichswerts von 10 000 Euro. Beide Anrechte des M werden entsprechend gekürzt.

36 Haben die Ehegatten Versorgungsanrechte bei vielen verschiedenen Versorgungsträgern erworben, finden idealerweise ebenso viele Ausgleichsvorgänge bei den mehreren Versorgungsträgern nebeneinander und damit auch in unterschiedlicher Richtung zwischen den Ehegatten statt. Insoweit lässt sich auch von einem **Hin- und Herausgleich** sprechen (Bergner NJW 2009, 1169).

37 Durch den gesetzlichen Regelfall des internen Ausgleichs wird der **vormalige Regelfall des „Einmal-Ausgleichs"** über die gesetzliche Rentenversicherung abgelöst und deswegen die vorausgehende Umrechnung der verschiedenen Versorgungsanrechte nach der Barwert-VO in eine gemeinsame (Ausgleichs-)Währung, mit all den daraus resultierenden Problemen der **Transferverluste** und **Wertverzerrungen**, vermieden. Der Vermögens- oder Kapitalwert von Anrechten ist nicht als Deckungskapital der gRV zu fingieren. Zugleich nehmen beide Ehegatten idealerweise in gleicher Weise an der (auch weiteren) Wertentwicklung und dem Risikoschutz der in der Ehezeit erworbenen Versorgungsanrechte für die Zukunft teil (Bergmann FUR 2009, 421; Bergschneider RNotZ 2009, 457, 458). Durch die interne Teilung wird für den Ausgleichsberechtigten ein insoweit grundsätzlich eigenständiges, qualitativ vergleichbares und sodann vom Versorgungsschicksal des Verpflichteten unabhängiges Anrecht bei dessen Versorgungsträger begründet bzw. erworben (§ 11 Abs. 1 Nr. 1 VersAusglG).

38 Die interne Teilung erfolgt ausschließlich durch **familiengerichtlichen Gestaltungsakt**; allein hierdurch wird, wenn es nicht bereits besteht, unmittelbar ein Rechtsverhältnis zwischen dem Ausgleichsberechtigten und dem Versorgungsträger des Ausgleichspflichtigen begründet. Es ist also keinesfalls eine möglicherweise vorhandene notarielle Vereinbarung, die eine Teilung des Anrechts bewirkt. Auch die reine Durchführung der Rechtsfolgen der Teilung bei dem Versorgungsträger bewirkt nicht die Teilung. Die Teilung geschieht nur und allein durch gerichtlichen Gestaltungsakt, ggfs. aufgrund einer wirksamen Vereinbarung der Beteiligten.

b) Anforderungen nach § 11 VersAusglG

Die tatsächliche Ausgestaltung des Vollzugs und des Ausgleichs innerhalb der internen Teilung werden im Regelfall von dem betroffenen Versorgungsträger nicht voraussetzungslos, sondern nach Maßgabe des für ihn jeweils geltenden Binnenrechts selbst getroffen. Die Versorgungsträger sind somit faktisch zur Anpassung gezwungen. § 11 Abs. 1 VersAusglG enthält insoweit einen **gesetzlichen Regelungsauftrag** an die (zumeist privaten) Versorgungsträger, solche Bestimmungen über die interne Teilung von Anrechten zu treffen. Solche **Binnenregelungen der Versorgungsträger** können in Satzungen (zB den Satzungen der berufsständischen Versorgungswerke), Betriebsvereinbarungen, Einzelzusagen, im Tarifvertrag oder Geschäftsplan enthalten sein (Beispiele bei Hauß/Eulering Versorgungsausgleich und Verfahren in der Praxis, 2009, Rz. 173). Der gesetzliche Regelungsauftrag beinhaltet wiederum zwingende **Mindestanforderungen.** Diese finden sich enumerativ in § 11 Abs. 1 S. 2 Nr. 1–3 VersAusglG und entsprechen im Übrigen der vormaligen Rechtsprechung zu § 1 Abs. 2 VAHRG. Fehlen die binnenrechtlich erforderlichen Regelungen zur internen Teilung oder verstoßen sie gegen die Mindestanforderungen nach § 11 Abs. 1 VersAusglG, gilt die Ausweichregelung des **§ 11 Abs. 2 VersAusglG als Auffangtatbestand.** Hiernach sind die Vorschriften über das Anrecht des Ausgleichspflichtigen entsprechend anzuwenden. Hält also ein Versorgungsträger keine geeigneten Regelungen zur Durchführung der internen Regelung vor, erwirbt der aus der Teilung berechtigte Ehegatte ein Anrecht nach den Maßgaben des zu teilenden Rechts. Im Einzelnen gilt: 39

– Gleichwertige Teilhabe

Nach § 11 Abs. 1 S. 1 VersAusglG gilt der Grundsatz, dass die interne Teilung eine **gleichwertige Teilhabe** der Ehegatten an den in der Ehezeit erworbenen Anrechten sicherstellen muss. 40

– Eigenständige Versorgung

Nach § 11 Abs. 1 S. 2 Nr. 1 VersAusglG muss der **Ausgleichsberechtigte** eine **eigenständige Versorgung mit selbständigen Ansprüchen** infolge der Teilung gegen den Versorgungsträger des Ausgleichspflichtigen erlangen. Die Trennung der Versorgungen muss zudem endgültig und **unabhängig vom weiteren Versorgungsschicksal** des Ausgleichsberechtigten erfolgen; eine Abtretung von Auszahlungsansprüchen der Versorgungsleistungen würde dafür nicht ausreichen. Für private Lebensversicherungsverträge und Direktversicherungen der betrieblichen Altersversorgung heißt das, der Ausgleichsberechtigte muss selbst versicherte Person werden. 41

– Vergleichbare Sicherung

§ 11 Abs. 1 S. 2 Nr. 1 VersAusglG normiert zudem, dass das infolge der Teilung zu übertragende **Anrecht vergleichbar gesichert** sein muss wie das auszugleichende. Damit ist die **Insolvenzsicherheit** angesprochen. Bei betriebliche Altersversorgungen ergibt sich die Insolvenzsicherung der ausgleichsberechtigten Person aus dem Gesetz (§§ 7 ff. BetrAVG iVm. § 12 VersAusglG). Kennt die Rente des Ausgleichsverpflichteten keinen Insolvenzschutz, muss auch das zu übertragende Anrecht des Ausgleichsberechtigten keinen Insolvenzschutz vorsehen (§ 11 Abs. 1 S. 2 Nr. 1 VersAusglG). 42

– Vergleichbare Wertentwicklung

§ 11 Abs. 1 S. 2 Nr. 2 VersAusglG sichert dem Ausgleichsberechtigten ein Anrecht mit **vergleichbarer Wertentwicklung wie das ungeteilte Anrecht** des Ausgleichverpflichteten. Vergleichbare Wertenwicklung bedeutet auch, dass das aufgrund Teilung übertragene Anrecht an künftigen Anpassungen in der Anwartschafts- und/oder in der Leistungsphase in gleichem Umfang wie bei der ausgleichspflichtigen Person teilzunehmen hat (sehr str.). Veränderungen von Satzungen und Bemessungsgrundlagen, die nach dem Ehezeitende und ohne Bezug zur Ehezeit eintreten, bleiben dabei außer Betracht (§ 5 Abs. 2 VersAusglG). 43

– Gleiche Risikoabsicherung (nur der Altersrente)

44 Nach § 11 Abs. 1 S. 2 Nr. 3 VersAusglG soll das aufgrund Teilung entstandene Anrecht des Ausgleichsberechtigten die gleiche Qualität wie das auszugleichende Anrecht erhalten; damit ist das **Leistungsspektrum und die Abdeckung der Risiken** gemeint. Gemeint ist eine Absicherung durch eine auf lebenslange Leistung angelegte Altersversorgung. **Nicht zwingend ist die Ausdehnung des Leistungsspektrums auf Invaliditäts- und/oder Hinterbliebenenversorgung,** wenn der Versorgungsträger dafür gem. § 11 Abs. 1 Nr. 3 VersAusglG die Altersversorgung aufstockt.

– Sonderregelung für Betriebsrenten

45 Soweit die interne Teilung ein **Anrecht** betrifft, **das dem BetrAVG unterfällt** (also Betriebsrenten) greift die Sondervorschrift des § 12 VersAusglG. Danach erlangt der Ausgleichsberechtigte mit der Übertragung des Anrechts auf ihn die **Stellung eines ausgeschiedenen Arbeitnehmers** iSd Betriebsrentengesetzes. Das bedeutet, dass die Anpassungsregelungen für laufende Leistungen nach § 16 BetrAVG und der Insolvenzschutz nach §§ 7 ff. BetrAVG auf den Ausgleichsberechtigten Anwendung finden. Der Berechtigte erhält ein Anrecht zur Fortsetzung der Versorgung mit eigenen Beiträgen nach § 1b Abs. 5 S. 1 Nr. 2 BetrAVG und das Recht zur Mitnahme nach § 4 Abs. 3 BetrAVG. Er nimmt an generellen Erhöhungen des Anrechts nicht mehr teil, sodass die auf den „abgetrennten" Teil entfallenden Erhöhungen verloren gehen. Diesem Nachteil kann durch eine kompensierende, abweichende Gestaltung bei anderen Anrechten oder eine sonstige Vermögenslösung entgangen werden.

M 69.2 Belehrung über die Folgen der internen Teilung von Betriebsrenten

Den Beteiligten ist bekannt, dass die reale Teilung eines Anrechts auf Betriebsrente dazu führt, dass der Ausgleichsberechtigte die Stellung eines ausgeschiedenen Arbeitnehmers iSd. Betriebsrentengesetzes innehat und insoweit an generellen Erhöhungen des Anrechts nicht mehr teilnimmt.

c) Kosten der internen Teilung

46 Die **angemessenen Kosten der internen Teilung** dürfen die Versorgungsträger nach § 13 VersAusglG den Ehegatten je zur Hälfte anlasten (Borth FamRZ 2009, 562, 563). Es handelt sich um die Kosten der Einrichtung eines Kontos des Ausgleichsberechtigten und die des erforderlichen Verwaltungsaufwands, **nicht aber die Kosten der Auskunftserteilung oder deren Erläuterung**. Auch die Kosten für die Ermittlung des Ehezeitanteils sind keine Kosten nach § 13 VersAusglG. Die „angemessenen" Kosten nach § 13 VersAusglG soll der Versorgungsträger bei seiner Auskunft nach § 220 Abs. 4 FamFG mitteilen. Es ist sodann auch und vornehmlich die Aufgabe des Familiengerichts zu prüfen, ob die **Teilungskosten tatsächlich angemessen** sind; es kann den eingeforderten Betrag herabsetzen (Bergmann FUR 2009, 421, 422; Merten/Baumeister DB 2009, 957, 959). Was „angemessen" ist, ist nicht endgültig geklärt und sollte auch durch die Beteiligten immer überprüft werden.

Zumeist verwenden die Versorgungsträger **Pauschalprozentsätze** vom Kapitalwert des Ehezeitanteils (2–3 %; s. auch BGH FamRZ 2012, 610; OLG Stuttgart FamRZ 2010, 1906; OLG Karlsruhe FamRZ 2011, 419; OLG Nürnberg FamRZ 2011, 1947), was als Methode zulässig, jedoch bei hohen Ehezeitanteilen aufwandsbezogen fragwürdig erscheint. Deswegen müssen Pauschalsätze durch einen **Höchstbetrag** begrenzt sein (BGH FamRZ 2012, 610; s. auch Voucko-Glockner FamFR 2011, 39). Der Ansatz der Teilungskosten sollte durch die Beteiligten und ihre Vertreter überprüft werden.

Die Regelung des **§ 13 VersAusglG gilt nicht für die Ausgleichsform der externe Teilung**.

47 Aus Kostengründen kann es angeraten sein, die **interne Teilung ehevertraglich zu vermeiden** (Beispiele dazu bei Wick FPR 2009, 219, 223). Das kann beispielsweise durch die Vereinbarung ei-

ner externen Teilung geschehen, deren Kosten der Versorgungsträger den Beteiligten gerade nicht auferlegen darf.

d) Ausnahme: Saldierung von Anrechten (§ 10 Abs. 2 VersAusglG)

Eine wichtige **Ausnahme vom System des Einzelausgleichs** jedes Anrechts ist auf der Vollzugsebene des Ausgleichs dann gegeben, wenn ein **Hin- und Herausgleich nicht erforderlich** und nicht sachgerecht ist, weil beide Ehegatten **Anrechte gleicher Art** bei ein und demselben Versorgungsträger erworben haben. Das kann insbesondere bei der gRV der Fall sein. In einem solchen Fall reicht eine Saldierung der ehezeitbezogenen Anrechte zur Durchführung des Versorgungsausgleichs aus. 48

Eine solche Vereinfachung der internen Teilung kommt auch dann zur Anwendung, wenn unterschiedliche Versorgungsträger eine Verrechnungsabrede getroffen haben (Bergmann FUR 2009, 421; Bergner NJW 2009, 1169, 1171), was bei den Trägern der gRV bereits geschehen ist. Voraussetzung der Verrechnung ist, dass es sich um Anrechte gleicher Art handelt. **„Anrechte gleicher Art"** müssen wiederum in ihrer Leistungsstruktur, Finanzierung, Wertentwicklung und Sicherheit vergleichbar (nicht notwendigerweise identisch) sein, so dass ein Saldenausgleich nach Verrechnung im Wesentlichen zu demselben wirtschaftlichen Ergebnis führt wie ein Hin-und-her-Ausgleich der Einzelrechte. 49

Hat das **Familiengericht** die Anrechte gleicher Art bei demselben Versorgungsträger durch Beschluss und in voller Höhe ausgeglichen, vollzieht die Versorgungsträger den tatsächlichen **Ausgleich nur in Höhe des Wertunterschieds nach Verrechnung** (§ 10 Abs. 2 VersAusglG). Es ist also nicht das Familiengericht, das bereits die Verrechnung des Wertunterschieds vornimmt; § 10 Abs. 2 VersAusglG richtet sich an den Versorgungsträger und erteilt ihm die Verrechnungsbefugnis. Für den **Versorgungsausgleich bei der gRV** gehen die eigenständigen gesetzlichen und Regelungen des SGB VI als Sondervorschriften der Anwendung des § 11 VersAusglG vor. Es finden sich dort detaillierte Bestimmungen für den Versorgungsausgleich. 50

3. „Externe Teilung" als Ausnahmefall (§ 9 Abs. 3 VersAusglG iVm. §§ 14–17 VersAusglG)

a) Grundsätze

Bei der externen Teilung wird der **Ausgleichswert** (§ 1 Abs. 2 S. 2 VersAusglG) **als Kapitalbetrag** dargestellt und die Teilung außerhalb des Versorgungssystems des auszugleichenden Rechts durchgeführt. Der maßgebliche Kapitalbetrag wird vom Familiengericht in der Endentscheidung über den Versorgungsausgleich rechtsgestaltend festgesetzt (§ 222 Abs. 3 FamFG). Der derart festgesetzte Kapitalbetrag wird sodann von dem Versorgungsträger nach § 14 Abs. 4 VersAusglG **an einen anderen Versorgungsträger** („Zielversorgungsträger") gezahlt, der seinerseits eine Versorgung des Ausgleichsberechtigten in seinem Versorgungssystem entweder erstmals begründet oder eine bereits bestehende (Ziel-)Versorgung ausbaut (§ 14 Abs. 1 VersAusglG). Korrespondierend zur Teilung wird das Anrecht des Verpflichteten verringert. Hiernach ist die externe Teilung durchgeführt und vollzogen. 51

Auch bei der externen Teilung wird von einer „Realteilung" gesprochen (s. Merten/Baumeister DB 2009, 957, 959, 961); in der Sache verbunden mit einem Wechsel des Versorgungsträgers. 52

Beispiel (vereinfacht): 53

M hat in der Ehezeit neben einem Anrecht von **30 EP** eine Anwartschaft auf eine Betriebsrente mit einem **Kapitalwert** von 30 000 Euro erworben. Handelt es sich um ein Anrecht aus einem externen Durchführungsweg, also einem Anrecht bei einer **Pensionskasse**, einem **Pensionsfonds** oder einer **Direktversicherung**, kann der Versorgungsträger der F anbieten, den ihr zustehenden Anteil zweckgebunden „abzufinden". Ist F einverstanden, ordnet das Gericht die externe Teilung und den Transfer von 15 000 Euro in eine von F benannte Versorgung, etwa in einen bestehenden „Riester-Vertrag", an.

54 ➲ **Hinweis:** Die Zahlung des festgesetzten Kapitalbetrags an den Träger der Zielversorgung **darf** bei der ausgleichspflichtigen Person **nicht zu steuerpflichtigen Einnahmen führen**. Nach § 3 Nr. 55b S. 1 EStG ist deshalb zugunsten des Ausgleichspflichtigen einer externen Teilung die Zahlung des Ausgleichsbetrags an den (Ziel-)Versorgungsträger steuerfrei gestellt. Sollte dennoch durch die Wahl der (Ziel-)Versorgung eine Steuerpflicht des Verpflichteten ausgelöst werden, ist die Wahl nur dann wirksam, wenn der mit der Steuer belastete Ausgleichverpflichtete zustimmt (§§ 14 Abs. 4 u. 15 Abs. 3 VersAusglG).

55 Auch die Zielversorgung nach externer Teilung muss eine **angemessene Versorgung gewährleisten** (§ 15 Abs. 2 VersAusglG), was das Familiengericht vor seiner Entscheidung nach § 222 Abs. 3 FamFG zu prüfen hat. Mit angemessener Versorgung sind wiederum die Maßstäbe der **Eigenständigkeit der Sicherung**, der **abgedeckten Risiken**, der **Dynamisierung** der Leistungen und der **Sicherheit des Systems** („Insolvenzschutz") gemeint. Um Beteiligten und Familiengericht die Überprüfung der Vereinbarungen zu erleichtern, bestimmt § 15 Abs. 4 VersAusglG, dass Anrechte in der gRV, der betrieblichen Altersversorgung oder nach einem Vertrag, der nach § 5 AltZertG zertifiziert ist, als angemessene Versorgung gilt. Es ist daher zu erwarten, dass diese Verträge häufig als Zielversorgung gewählt werden.

56 Die **„externe Teilung"** tritt nach dem System des VersAusglG **nur ausnahmsweise** an die Stelle der gesetzlich bevorzugten internen Teilung, wenn nämlich der Tatbestand einer der gesetzlich zugelassenen Fälle des § 14 Abs. 2 VersAusglG (bzw. § 17 VersAusglG) oder ein beamtenrechtlicher Fall nach § 16 Abs. 1, 2 VersAusglG gegeben ist (§ 9 Abs. 2 und 3 VersAusglG; s. auch BGH BeckRS 2013, 03750). Im Einzelnen gilt es vier verschiedene Fälle zu unterscheiden (Johannsen/Heinrich/Holzwarth § 9 VersAusglG Rz. 5; Triebs FPR 2009, 202, 203; Bergschneider RNotZ 2009, 457, 459):

- Fall des § 14 Abs. 2 Nr. 1 VersAusglG (Vereinbarungsvariante):

  der **Versorgungsträger des Ausgleichspflichtigen und der Ausgleichsberechtigte selbst einigen sich** miteinander auf die Durchführung einer externen Teilung, was sich insbesondere bei der Teilung von Betriebsrenten wegen günstigerer Wertgrenzen anbieten kann;

- Fall des § 14 Abs. 2 Nr. 2 VersAusglG (einseitiges Gestaltungsrecht des Versorgungsträgers):

  der Ausgleichspflichtige muss dem einseitigen Verlangen des Versorgungsträgers nach einer „externen Teilung" nachkommen, wenn es sich bei dem Ausgleichsbetrag um einen sog. Bagatellbetrag („Geringfügigkeit") handelt (OLG Saarbrücken BeckRS 2011, 14516; Merten/Baumeister DB 2009, 957, 960; Elden FPR 2009, 206, 207).

  Die Geringfügigkeitsgrenze ist im Anwendungsbereich des § 14 Abs. 2 Nr. 2 VersAusglG grundsätzlich doppelt so hoch wie bei § 18 Abs. 3 VersAusglG, also für das Jahr 2015 eine monatliche Rente, die nicht mehr als ca. 56,70 Euro oder ein Kapitalbetrag, der nicht mehr als 6804 Euro beträgt.

- Fall des § 17 VersAusglG iVm. § 14 Abs. 2 Nr. 2 VersAusglG (Betriebsrenten = einseitiges Gestaltungsrecht des Versorgungsträgers):

  für Anrechte nach dem Betriebsrentengesetz (BetrAVG) aus einer Direktzusage oder bei einer Unterstützungskasse gilt wiederum spezialgesetzlich § 17 VersAusglG mit einer abweichenden Wertgrenze zu § 14 Abs. 2 Nr. 2 VersAusglG. Hiernach kann die „externe Teilung" verlangt werden, wenn der Ausgleichswert als Kapitalwert nicht höher ist als der Grenzwert der Beitragsbemessungsgrenze zur gRV; somit für das Jahr 2012 = 67 200,– Euro [Jahr 2015 = 72 600,– Euro] (§§ 159, 160 SGB VI iVm. Anl. 2a SGB VI).

- Fall der § 16 Abs. 1 und 2 Nr. 2 VersAusglG (gesetzliche Anordnung für Anrechte aus einem öffentlich-rechtlichen Dienst- oder Amtsverhältnis):

  wenn der Versorgungsträger keine interne Teilung vorsieht (§ 16 Abs. 1 VersAusglG) und für Anrechte der Zeitsoldaten und Beamten auf Widerruf (§ 16 Abs. 2 VersAusglG).

57 Liegt ein Fall von Geringfügigkeit vor, findet auch eine externe Teilung regelmäßig nicht statt (§ 3 Abs. 3 VersAusglG).

b) „Externe Teilung" als Vertragsgegenstand der Ehegatten

§ 9 Abs. 3 VersAusglG wird seinem Wortlaut nach insoweit überschritten, als die Ausgleichsform der „externen Teilung" auch dann durchzuführen ist, **wenn die Ehegatten die externe Teilung zulässigerweise – ehevertraglich – vereinbart haben** und das Familiengericht entsprechend entschieden hat. Sachlich handelt es sich um die Vereinbarung über einen Durchführungsweg zum Versorgungsausgleich. 58

Zwar können die Ehegatten nach **§ 8 Abs. 2 VersAusglG durch Vereinbarungen** (§§ 6, 7 VersAusglG) nur Anrechte übertragen oder begründen, wenn die maßgeblichen Regelungen dies zulassen und die betroffenen Versorgungsträger zustimmen (dreiseitiges Rechtsverhältnis). Eine solche **Zustimmung des Versorgungsträgers** könnten die Ehegatten bereits vor dem Abschluss einer Scheidungsvereinbarung einholen. Hinzu kommt, dass nach **§ 187 Abs. 1 Nr. 2 lit. b) SGB VI** die externe Teilung in die Zielversorgung der gRV ohne Weiteres gesetzlich vorgesehen und sogar gewollt ist. Im Rahmen des Versorgungsausgleichs können im Übrigen auch außerhalb des Anwendungsbereichs der „externen Teilung" Beiträge gezahlt werden, um auf Grund einer wirksamen Vereinbarung nach § 6 VersAusglG, also einer Vereinbarung der Ehegatten, Anrechte in einer gewillkürten Zielversorgung zu begründen oder auszubauen. 59

➲ **Hinweis:** Bei einer Vereinbarung des Versorgungsträger der ausgleichspflichtigen Person mit der ausgleichsberechtigten Person selbst (Fall: § 14 Abs. 2 Nr. 1 VersAusglG) ist Schriftform vorgesehen, es liegt **kein Fall des § 7 VersAusglG** (notarielle Form) vor, weil es sich um keine Vereinbarung der Ehegatten untereinander handelt, sondern um eine Vereinbarung zwischen einer Partei und einem Versorgungsträger (vgl. § 6 Abs. 1 VersAusglG). Auch die §§ 6–8 VersAusglG sind auf eine solche Vereinbarung nicht anwendbar. 60

Der Versorgungsträger des Verpflichteten wird die externe Teilung im Übrigen nur dann anstreben, wenn er den nach § 14 Abs. 4 VersAusglG damit einhergehenden Kapitalabfluss verkraften kann (Schmidt FPR 2009, 196, 200; Elden FPR 2009, 206).

Für die **Durchführung der externen Teilung** gelten die §§ 14 ff. VersAusglG. Danach wird der Wert des hälftigen Ehezeitanteils als Kapitalwert berechnet (= **Ausgleichswert**), vom Familiengericht nach § 222 Abs. 3 FamFG festgesetzt und sodann vom Versorgungsträger an einen Zielversorgungsträger ([Ziel-]Versorgung) **nach der Wahl des Berechtigten** gezahlt. 61

Auch die externe Teilung erfolgt allein durch **familiengerichtlichen Gestaltungsakt** (§ 14 Abs. 1 VersAusglG). Das bedeutet insbesondere, dass das „neue" Anrecht des Ausgleichsberechtigten auch dann begründet wird, wenn der Versorgungsträger des Verpflichteten den festgelegten Betrag tatsächlich noch nicht gezahlt hat (Bergner NJW 2009, 1169, 1171). Der (Ziel-)Versorgungsträger soll dem Berechtigten eine vergleichbare Versorgung sichern, wie sie der auszahlende Versorgungsträger dem Verpflichteten erbracht hat bzw. erbringt. Der Ausgleichsberechtigte hat nach § 222 Abs. 2 FamFG das Einverständnis des (Ziel-)Versorgers zur Übertragung auf ihn einzuholen und dem Gericht vorzulegen. 62

Statt der Neubegründung einer Versorgung kann der Ausgleichsberechtigte nach § 15 VersAusglG auch eine schon für ihn **vorhandene Versorgung aufstocken** und **ausbauen** (Bergmann FUR 2009, 421, 422; Elden FPR 2009, 202, 208). Soweit der Berechtigte keine (Ziel-)Versorgung nach § 15 VersAusglG auswählt, wird der ermittelte Ausgleichsbetrag zu seinen Gunsten in die gRV/Versorgungsausgleichskasse eingezahlt. 63

➲ **Hinweis:** Es ist zu empfehlen, dass der Berechtigte die Zielversorgung mit Bedacht wählt. Dabei kann es sinnvoll sein, das Versorgungsrisiko durch eine Streuung auf verschiedene Versorgungsträger abzufangen. Für den Ausgleichsberechtigten ist die Vereinbarung einer „externen Teilung" von Interesse, wenn er Anrechte bei einem anderen Versorgungsträger begründen bzw. ausbauen möchte. Motive können Einschätzungen über die Werthaltigkeit der Zielversorgung, das Erfüllen eines Wartezeiterfordernisses oder das Vermeiden vieler Einzelversorgungen sein. Andererseits gilt es zu bedenken, dass der Ausgleichswert in der Zielversorgung eine andere wertmäßige Entwicklung nehmen kann als in der Ausgangsversorgung. 64

65 **Beispiel:**

M hat in der Ehezeit neben einer Rentenanwartschaft von **30 EP** eine Anwartschaft auf eine Betriebsrente mit einem **Kapitalwert** von 30 000 Euro erworben. Handelt es sich um ein Anrecht aus einem externen Durchführungsweg, also einem Anrecht bei einer **Pensionskasse**, einem **Pensionsfonds** oder einer **Direktversicherung**, kann der Versorgungsträger der F anbieten, den ihr zustehenden Anteil zweckgebunden „abzufinden". Ist F einverstanden, ordnet das Gericht die externe Teilung und den Transfer von 15 000 Euro in eine von F benannte Versorgung, etwa in einen bestehenden „Riester-Vertrag", an.

66 Die externe Teilung kommt nicht mehr in Betracht, wenn ein Versorgungsanrecht nicht mehr entstehen kann (§ 14 Abs. 5 VersAusglG).

67 Geht es um den Ausgleich von **Anrechten aus der Beamtenversorgung**, findet nach § 16 VersAusglG eine externe Teilung statt, solange keine Neuregelung erfolgt. Bis dahin werden die erworbenen Anrechte zugunsten des Ausgleichsberechtigten in die gRV eingezahlt. Ein Wahlrecht hinsichtlich der (Ziel-)Versorgung besteht hier also derzeit nicht. Es verbleibt insoweit so, wie es dem Quasi-Splitting des „alten Versorgungsausgleichs" entsprach (s. § 1587b Abs. 2 BGB a.F.). Es werden also wie bisher im Wege einer fiktiven Nachversicherung für den Ausgleichsberechtigten Versorgungsanwartschaften auf einem Konto der gRV zulasten der Beamtenversorgung begründet.

Mit dem Stichtag des 1.9.2009 ist allerdings für **Bundesbeamte** die Teilungsform der „interne Teilung" eingeführt worden; für die **Landesbeamte** sind die Länder – soweit ersichtlich – noch nicht gesetzgeberisch tätig geworden, sodass es für sie derzeit keine Änderung gegenüber der bisherigen Rechtslage ergibt.

4. Schuldrechtliche Ausgleichszahlung (§§ 20–22 VersAusglG) als Auffangmechanismus

a) Allgemeines

68 Die **schuldrechtliche Ausgleichszahlung** (neuer Oberbegriff: „Ausgleichsansprüche nach der Scheidung") der §§ 20 ff. iVm. § 19 VersAusglG tritt die Nachfolge des bisherigen „schuldrechtlichen Versorgungsausgleichs" der §§ 1587f – 1587n BGB aF, § 2 VAHRG aF an. Sie greift als dritter, und lediglich **subsidiärer Teilungsweg** (zum Auffangcharakter des „schuldrechtlichen Versorgungsausgleichs" nach altem Recht: BGHZ 81, 152, 190; zu den Nachteilen des schuldrechtlichen Versorgungsausgleichs bereits: BGH FamRZ 1980, 129, 130; OLG Celle FamRZ 1987, 72, 74) nur unter engen Voraussetzungen ein. Durch die Neugestaltung der beiden anderen Ausgleichsformen, also der „internen" oder „externen" Teilung, soll die schuldrechtliche Ausgleichszahlung möglichst vermieden und zurückgedrängt werden.

69 Die schuldrechtliche Ausgleichszahlung entspricht strukturell im Wesentlichen dem alten „schuldrechtlichen Versorgungsausgleich" alter Prägung (Bergschneider RNotZ 2009, 457, 460). Das gilt (mit Einschränkungen) auch für die **Abtretung** von Versorgungsansprüchen (§ 21 VersAusglG), den **Ausgleich durch Kapitalzahlung** (§ 22 VersAusglG) und die **Abfindungsmöglichkeiten** (§§ 22, 23 VersAusglG). Inhaltlich maßgebend sind §§ 19–26 VersAusglG: ausschlaggebend ist (nunmehr) die **Nettorente** (§ 20 Abs. 1 S. 2 VersAusglG).

70 **Kapitalzahlungen** können zu einem Teil des schuldrechtlichen Ausgleichs werden (§ 22 VersAusglG). Für den Fall, dass bereits ein Teilausgleich stattgefunden hat, sind nunmehr die aktuellen Rentenwerte der gesetzlichen Rentenversicherung anzusetzen (Bergmann FUR 2009, 421, 422).

b) Anwendungsbereich

71 Der **Anwendungsbereich** der schuldrechtlichen Ausgleichszahlung ergibt sich aus § 19 VersAusglG. § 19 Abs. 4 VersAusglG bestimmt, dass nur solche Anrechte iSd. § 2 Abs. 3 VersAusglG nach den §§ 20 ff. VersAusglG verteilt werden sollen, denen die **Ausgleichsreife fehlt** (vgl. auch §§ 1587f BGB a.F., 2 VAHRG a.F.) und die genau deshalb bei Scheidung nicht wertausgeglichen werden können. Ist ein Wertausgleich bei Scheidung möglich, sind die Anrechte durch die beiden anderen Teilungsarten zu erfassen.

Die demnach so entscheidende Ausgleichsreife (§ 19 Abs. 2 VersAusglG) fehlt **zum Zeitpunkt der Entscheidung über den Wertausgleich** (also Scheidung oder [spätere] gesonderte Entscheidung), wenn der Ausgleichspflichtige gegen den Versorgungsträger **noch keinen verfestigten Rechtsanspruch** erworben hat. Dies gilt etwa bei Ansprüchen auf betriebliche Altersversorgung (BetrAVG), wenn sie noch verfallen können und eben deshalb noch nicht in den öffentlich-rechtlichen Versorgungsausgleich einbezogen werden können. Werden solche Anrechte später unverfallbar, kann der Wertausgleich nicht nachgeholt werden; § 225 FamFG greift nicht (anders noch § 10a Abs. 1 Nr. 2 VAHRG a.F.). 72

§ 19 Abs. 2 Nr. 1 VersAusglG stellt im Übrigen klar, dass die Ausgleichsreife auch dann fehlt, wenn die Höhe des Anrechts nicht feststeht (vgl. Borth FamRZ 2009, 562, 564).

Der **Begriff der Ausgleichsreife** wird in § 19 Abs. 2 VersAusglG durch eine abschließende Aufzählung näher festgelegt. Der **neue Begriff der Ausgleichsreife** ist dabei weiter zu verstehen als der **alte Begriff der Verfallbarkeit**. Die mangelnde Ausgleichsreife ist danach gegeben, wenn 73

- der Ausgleich für die ausgleichsberechtigte Person **unwirtschaftlich** wäre (§ 19 Abs. 2 Nr. 3 VersAusglG, Hauptfall: Ausgleichsberechtigter erfüllt in der gRV die allgemeine Wartezeit nicht, § 52 Abs. 1 SGB VI).
- **noch verfallbare betriebliche Altanrechte** betroffen sind (§ 19 Abs. 2 Nr. 1 VersAusglG),
- das Anrecht auf eine **abschmelzende Leistung** gerichtet ist (§ 19 Abs. 2 Nr. 2 VersAusglG; Hauptfall: nichtdynamischer Teil der gesetzlichen Rente, §§ 307b Abs. 6, 319a und b SGB VI).

An der Ausgleichsreife fehlt es nach gesetzlicher Definition auch in Fällen ausländischer Anrechte; hier ist der Ausgleich nicht möglich ist, weil der **Versorgungsträger seinen Sitz im Ausland** hat und deshalb der Ausgleichswert nicht ermittelt werden oder ein etwaiger gerichtlicher Versorgungsausgleich nicht mit staatlichen Mitteln durchgesetzt werden kann (vgl. § 19 Abs. 2 Nr. 4 VersAusglG). 74

➲ **Hinweis:** Ein Anrecht kann auch im Rahmen einer **Vereinbarung der Ehegatten nach § 6 Abs. 1 Nr. 3 VersAusglG** (unter Beachtung der Inhaltskontrolle) aus dem Ausgleich herausgenommen und einem schuldrechtlichen Ausgleich vorbehalten werden; eine solche Disposition der Ehegatten ist trotz der klaren Nachteile einer nachgelagerten schuldrechtlichen Ausgleichung möglich. 75

Die tatsächliche Ausgleichszahlung erfolgt sodann **zu einem späteren Zeitpunkt**, denn durch die schuldrechtliche Ausgleichszahlung nach § 20 VersAusglG werden nur solche Versorgungsansprüche verteilt, bei denen die Voraussetzungen für den Bezug der Versorgungsleistungen bei beiden Beteiligten bereits gegeben sind, sie also regelmäßig bereits im Rentenalter sind. **Voraussetzung** für eine schuldrechtliche Ausgleichszahlung ist es demnach auch, dass 76

- einerseits der Ausgleichspflichtige bereits eine laufende Versorgung aus dem noch nicht wertausgeglichenen Anrecht bezieht und
- andererseits der Ausgleichsberechtigte eine Versorgung bezieht oder zumindest die Regelaltersgrenze der gKV erreicht hat oder invalide (§ 20 Abs. 2 VersAusglG) ist.

Schuldrechtliche Ausgleichszahlungen finden unter Berücksichtigung des § 223 FamFG nur auf Antrag statt. 77

Die gesetzlichen Regelungen für die **Abfindung** haben sich durch § 23 Abs. 1 VersAusglG verändert (s. bisher: §§ 1587l bis 1587n BGB): 78

Die Abfindung kann auch noch nach dem Rentenfall hinsichtlich solcher Leistungen verlangt werden, die noch nicht fällig geworden sind (vgl. Bergmann, FUR 2009, 421, 423). **Die Abfindung steht allerdings nicht zur freien Verfügung des Ausgleichsberechtigten**. Sie ist vielmehr – zweckgebunden – an den Versorgungsträger zu zahlen, bei dem ein bestehendes Anrecht ausgebaut oder ein neues Anrecht begründet werden soll. Der Ausgleichsberechtigte kann die **Zielversorgung** bestimmen oder **beide Ehegatten können eine gänzlich andere Regelung treffen**. Die Abfindung wird wohl in der Praxis häufig an der fehlenden Zumutbarkeit scheitern, weil der Ausgleichspflichtige aus dem auszugleichenden Anrecht noch keine Leistungen erhält und er deshalb die Abfindung aus seinem sonstigen Vermögen aufbringen müsste (§ 23 Abs. 2 VersAusglG). Durch § 24 Abs. 1 S. 1 VersAusglG wird klargestellt, dass sich die Abfindung nach dem Zeitwert bestimmt.

79 Der schuldrechtliche Ausgleich wird durch die **erweiterte Auskunftspflicht der Versorgungsträger** erleichtert, die nun auch den **Kapitalwert des Anrechts** anzugeben haben (Bergmann FUR 2009, 421, 425).

80 Der sog. „**verlängerte schuldrechtliche Versorgungsausgleich**" nennt sich im VersAusglG „Teilhabe an der Hinterbliebenenversorgung".

Checkliste: Voraussetzungen der schuldrechtlichen Ausgleichszahlung

1. Antrag,
2. nicht wertausgeglichene (qualifizierte) Anrechte,
3. Ausgleichpflichtige muss die auszugleichende Versorgung bereits beziehen,
4. Ausgleichberechtigte bezieht selbst bereits eine Versorgung oder ist invalid, oder er hat das 65. Lebensjahr erreicht.

V. Ausschluss, Herabsetzung, Invalidität und Bewertung

1. Bagatellfälle

a) Ehezeit unter 3 Jahren

81 Hat die Ehe der Ehegatten **weniger als drei Jahre** angedauert (BGH FamRZ 1981, 944, 945 – Ehedauer von sechs Wochen), findet der Versorgungsausgleich nur auf Antrag statt, § 3 Abs. 3 VersAusglG (Hauß FPR 2009, 214, 215 mit eingehender Darstellung). Die Antragstellung unterliegt nach § 114 Abs. 4 Nr. 7 FamFG, § 3 Abs. 3 VersAusglG keinem Anwaltszwang (Borth FamRZ 2009, 562). Die praktische Bedeutung dieser Regelung ist eher gering, denn statistisch betrachtet werden die meisten Ehen einschließlich des Trennungsjahrs länger andauern (zutreffend Hauß FPR 2009, 214, 215).

b) Geringfügigkeit (§ 18 VersAusglG)

82 **Geringfügige Ausgleichsbeträge** iSd. § 18 Abs. 3 VersAusglG sollen nicht ausgeglichen werden (§ 18 Abs. 1 u. 2 VersAusglG – „**Bagatellausschluss**"). Dies ist bei beiderseitigen **Anrechten gleicher Art** auch anzunehmen, wenn die **Differenz ihrer Ausgleichswerte** gering ist, oder bei einzelnen Anrechten, wenn deren **Ausgleichswert gering** ist. Das Familiengericht hat bei der Entscheidung über einen Ausgleich den Aufbau und die Leistungsentwicklung der auszugleichenden Anrechte zu berücksichtigen. Im Einzelfall kann das Gericht einen Ausgleich trotz Geringfügigkeit durchführen, wenn eine Ausnahme in der Sache gerechtfertigt ist (beispielsweise zwei verschiedene, kapitalgedeckte Zusatzversicherungen: Schmidt, FPR 2009, 196, 200). Anderseits kann die Geringfügigkeitsregelung bedeuten, dass auch bei einer Ehezeit von bis zu drei Jahren und einem Antrag eines Ehegatten auf Durchführung des Versorgungsausgleichs (§ 3 Abs. 3 VersAusglG) oder bei einer Ehezeit von mehr als drei Jahren, der Versorgungsausgleich bei Geringfügigkeit nicht durchzuführen ist. § 3 Abs. 3 und § 18 VersAusglG sind kumulativ zu beachten.

83 Um das Risiko eines Ausschlusses nicht über Gebühr zu erhöhen, ist zunächst der Bagatellausschluss nach § 18 Abs. 1 VersAusglG bei gleichartigen Anrechten zu prüfen und dann der Ausschluss nach § 18 Abs. 2 VersAusglG wegen eines geringen Ausgleichswertes einzelner Anrechte (Hauß FPR 2009, 214, 218). Die Bagatellregelung des § 18 VersAusglG findet auf die schuldrechtliche Ausgleichszahlung entsprechende Anwendung (§ 20 Abs. 1 S. 3 VersAusglG).

2. Ausschluss wegen Unbilligkeit (§ 27 VersAusglG)

84 Der Versorgungsausgleich **fällt weg** oder **ist beschränkt**, wenn **Unbilligkeit** vorliegt (§ 27 VersAusglG). Diese Vorschrift gilt einheitlich für alle Fälle des Versorgungsausgleichs und umfasst, dass der Ausgleich auch nur durch die Streichung oder Herabsetzung einzelner Anrechte angepasst wer-

den kann, wenn dies ausreicht, um eine unbillige Härte zu vermeiden. Die Vorschrift ist in der Sache keine Änderung gegenüber § 1587c Nr. 1 BGB aF (Budde FUR 2009, 428). Zu beachten ist jedoch, dass treuwidriges Einwirken eines jede Ehegatten auf seine Anrechte sanktioniert werden kann, was folgerichtig ist, weil jeder Ehegatte zugleich ausgleichsberechtigt und ausgleichspflichtig ist. Zur Anwendung wird die Regelung kommen bei **sog. Studentenehen** (OLG Köln FamRZ 1989, 1197, 1198), längerer Trennung der Ehegatten (BGH FamRZ 1985, 280, 282), möglicherweise bei rein ausländerrechtlich motivierter Eheschließung oder bei Steuerlastungerechtigkeiten (OLG München FamRZ 2000, 161).

3. Invalidität (§ 28 VersAusglG)

Siehe hierzu bereits Rz. 19 f. und zur Rechtslage vor und nach dem 1.9.2009: Hauß/Eulering, Versorgungsausgleich und Verfahren in der Praxis, 2009 Rz. 82 ff. 85

VI. Abänderung und Anpassung (§§ 32 ff. VersAusglG, § 227 Abs. 2 iVm. §§ 225, 226 FamFG)

Eine notarielle **Vereinbarung der Ehegatten über den Versorgungsausgleich** (§ 224 Abs. 3 FamFG iVm. § 6 VersAusglG), die durch Gestaltungsentscheidung des Familiengerichts vollzogen und aufgrund dessen durch den jeweiligen Versorgungsträger durchgeführt worden ist, kann **nachträglich**, aus den Gründen, wie sie in § 227 Abs. 2 iVm. §§ 225, 226 FamFG (§§ 32 ff. VersAusglG) aufgeführt sind, abgeändert werden. Die Abänderung ist aber nur dann möglich, wenn die Ehegatten sie nicht **wirksam vertraglich ausgeschlossen** haben (§ 227 Abs. 2 Hs. 2 FamFG). 86

Schon zuvor war der Anwendungsbereich der Vorgängervorschrift zu § 227 Abs. 2 FamFG, nämlich § 10a Abs. 9 VAHRG unklar. Teile der Literatur hielten die Abänderungsvorschriften auf ehevertragliche Modifikationen des Versorgungsausgleichs nach § 1408 BGB aF (nunmehr § 7 VersAusglG) gar nicht für anwendbar und selbst eine Belehrung für überflüssig (Langenfeld, Eheverträge, 5. Aufl., Rz. 682; s auch Palandt/Brudermüller, 67. Aufl. 2008, § 10a VAHRG Rz. 38). 87

Nach der Konzeption des VersAusglG stellt sich für den Zeitraum nach Rechtskraft einer Entscheidung über den Wertausgleich die Frage, in welchem Verhältnis die Abänderungsgründe, auf die § 227 Abs. 2 FamFG verweist, zur Ausübungskontrolle nach § 8 Abs. 1 VersAusglG, die nach den Grundsätzen über den „Wegfall der Geschäftsgrundlage" konstruiert ist, steht. 88

Nach § 10a Abs. 1 Nr. 1–3 VAHRG aF konnte praktisch jede (rechtskräftige) Endentscheidung des Gerichts, die nachträglich betrachtet, gegen den Grundsatz der gleichmäßigen Teilhabe an den während der Ehe erworbenen Anrechten verstieß, gerichtlich abgeändert werden; das führte notwendigerweise zu einer „**Totalrevision**" der Ausgangsentscheidung über den Versorgungsausgleichs (Beispiel: S. OLG Celle, FamRZ 2008, 2131, 2132). Eine nachträgliche Abänderung konnte frühestens mit Vollendung des 55. Lebensjahres oder bei tatsächlichem Versorgungsbezug beantragt werden. Der Wertunterschied im Zeitpunkt der Abänderungsentscheidung zur Ausgangsentscheidung musste erheblich sein (§ 10a Abs. 2 Nr. 3, Abs. 3 VAHRG aF). 89

Das VersAusglG weicht bei der Abänderung schon deshalb erheblich von der vormaligen Rechtslage ab, weil wegen des Wegfalls des Systems des Einmalausgleichs eine Totalrevision der Ausgangsentscheidung entfällt. 90

Zulässigkeit und Durchführung der nachträglichen Abänderung eines Wertausgleichs bei der Scheidung sind – neu geordnet – in den §§ 32 ff. VersAusglG iVm. §§ 225, 226 FamFG geregelt. Für eine Abänderung/Anpassung kommen nur Anrechte iSd. § 32 VersAusglG in Betracht; das sind solche aus den **Regelungssicherungssystemen** (gRV, BeamtVers, berufsständische Versorgung). Hat hingegen eine interne Teilung von privaten oder betrieblichen Altersversorgungen stattgefunden, scheidet eine spätere Anpassung dieser Teilung aus (Bergmann FUR 2009, 421, 425 f.); dies ist verfassungsgemäß (BGH FamRZ 2013, 189). 91

Auch nach dem VersAusglG ist allerdings eine **Entscheidung** über den Wertausgleich bei Scheidung **abänderbar**, wenn sich **nachträglich rechtliche oder tatsächliche Umstände geändert** haben, die 92 für die Bewertung des Ausgleichswerts des Anrechts maßgeblich sind. Erfasst sind also zum einen Rechtsänderungen, zum anderen aber auch tatsächliche Änderungen. In derartigen Fällen können die der Entscheidung über den Versorgungsausgleich zugrunde liegenden Annahmen über die Höhe des auszugleichenden Anrechtes aus der Beamtenversorgung erheblich von den tatsächlichen Werten abweichen, so dass im Hinblick auf den Grundsatz der Halbteilung (§ 1 VersAusglG) eine Wertberichtigung notwendig sein kann. Eine Abänderung der Entscheidung über den Versorgungsausgleich kommt allerdings nur in Betracht, wenn die maßgebliche Rechtsänderung oder die tatsächliche Änderung einen **Bezug zur Ehezeit** aufweist. Die **Wertänderung** muss zudem **wesentlich** sein, d.h. sie muss mindestens 5 % (bisher 10 %) des bisherigen Ausgleichswerts des jeweils betroffenen Anrechts betragen (= relative Wesentlichkeitsgrenze). Die Wesentlichkeit bestimmt sich nach § 225 Abs. 3 FamFG.

93 **Beispiel** (vereinfacht):

Im Ausgangsverfahren stellt das Familiengericht den Ausgleichswert aus einer Beamtenversorgung des ausgleichspflichtigen M mit 1000 Euro fest. M wird nach Scheidung wegen Dienstunfähigkeit in den Ruhestand versetzt (= nachträglich tatsächliche Änderungen), wodurch sich der Ausgleichswert auf 900 Euro (= 10 %) verringert. M kann beim Familiengericht einen Antrag auf Abänderung der Ausgangsentscheidung stellen.

Die Änderung übersteigt die absolute Wesentlichkeitsgrenze (= 1 % der Bezugsgröße nach § 18 Abs. 1 SGB IV [für 2015: 28,35 Euro]) und die relative Wesentlichkeitsgrenze von 5 % des bisherigen Ausgleichswerts.

94 Das Abänderungsverfahren bezieht sich nach dem VersAusglG nur noch auf das jeweils betroffene Einzel-Anrecht, es gilt also der Grundsatz der **Einzelbetrachtung**.

95 Bei **Vereinbarungen über den Versorgungsausgleich** können Regelungen zum Gebrauch oder Nichtgebrauch der Abänderbarkeit erfolgen (§ 227 Abs. 2 FamFG iVm §§ 225, 226 FamFG). Anders als vor dem 1.9.2009 sollte dabei verstärkt bedacht werden, dass Vereinbarungen der Ehegatten über die Abänderbarkeit des Versorgungsausgleichs nicht notwendigerweise ein Totalausschluss oder einfach nur der Verweis auf die gesetzlichen Abänderungsregelungen bedeuten muss. Die Ehegatten könnten beispielsweise eigene Wesentlichkeitsgrenzen oder Höchstgrenzen der Abänderung festlegen und sowohl Vereinbarungen zu einzelnen oder allen vom Wertausgleich betroffenen Anrechten treffen.

96 Wird der Versorgungsausgleich in eine **Gesamtvereinbarung zur Auseinandersetzung der Ehegatten** (s. den Fall § 6 Abs. 1 Nr. 1 VersAusglG) einbezogen, erscheint ein **Ausschluss der Abänderbarkeit gerechtfertigt**, weil eine insgesamt abschließende vertragliche Vereinbarung mit Vergleichscharakter vorliegt.

M 69.3 Ausschluss der Abänderbarkeit

(. . .)

Wir schließen eine nachträglich gerichtliche Abänderung unserer vorstehenden Vereinbarung oder des durchgeführten Wertausgleichs nach § 227 Abs. 2 FamFG iVm. §§ 225, 226 FamFG aus. Der Notar hat uns über die gesetzlichen Voraussetzungen einer nachträglichen Abänderung belehrt.

oder

(. . .)

Wir schließen eine gerichtliche Abänderung unserer vorstehenden Vereinbarung nach § 227 Abs. 2 iVm. §§ 225, 226 FamFG aus, weil die Regelungen in dieser Urkunde insgesamt für alle Anrechte abschließend sein sollen und selbst nachträglich eintretende tatsächliche oder rechtliche Veränderungen, die wesentlich sein mögen, zu keiner Abänderung führen sollen.

oder

(. . .)

Eine Abänderung der Vereinbarungen über den Versorgungsausgleich und des Wertausgleichs durch das Familiengericht nach § 227 Abs. 2 FamFG iVm. §§ 225, 226 FamFG soll nach Maßgabe des Gesetzes nur dann erfolgen, wenn durch das Eintreten nachträglicher Umstände für das betreffende Anrecht eine Wesentlichkeitsgrenze von ... % des bisherigen Ausgleichswerts überschritten ist.

Das Instrument der „**Anpassung**" besteht neben und unabhängig von der „Abänderung" und bedeutet den teilweisen oder vollständigen Wegfall der Kürzung eines (geteilten) Anrechts der ausgleichspflichtigen Person (zB Versorgungsbezüge aus der BeamtVers, § 57 BeamtVG) aufgrund eines durchgeführten Versorgungsausgleichs unter jeweils genau bezeichneten gesetzlichen Voraussetzungen (§§ 32 ff. VersAusglG). 97

Die nachträgliche **Anpassung wegen Tod der ausgleichsberechtigten Person** befindet sich in §§ 37, 38 VersAusglG. Die Anpassung ist – wie bis zum 1.9.2009 – dann möglich, wenn die ausgleichsberechtigte Person keine oder nur geringe Leistungen aus dem im Versorgungsausgleich erworbenen Anrecht bezogen hat. Allerdings gelten nach dem VersAusglG folgende Änderungen: 98

- Die ausgleichsberechtigte Person darf **nicht länger als 36 Monate Leistungen aus dem geteilten/übertragenen Anrecht bezogen** hat. Es kommt ausschließlich darauf an, ob die ausgleichsberechtigte Person selbst Leistungen aus dem erworbenen Anrecht bezogen hat. Eine rückwirkende Anpassung findet nicht mehr statt.
- Die nachträgliche Anpassung ist **antragsgebunden**; Hinterbliebene sind, anders als nach früherem Recht, nicht mehr antragsberechtigt. Über die Anpassung entscheidet der Versorgungsträger der überlebenden ausgleichspflichtigen Person. Zwischen den beteiligten Versorgungsträgern bestehen Informationspflichten.
- Die nachträgliche **Anpassung wegen Invalidität der ausgleichspflichtigen Person** oder einer für sie geltenden **besonderen Altersgrenze** (§§ 35, 36 VersAusglG) sind Neuheiten des VersAusglG.

VII. Auskünfte

Materiell-rechtliche Auskunftsansprüche der Ehegatten und anderer sind in der zentralen Regelung des § 4 VersAusglG zusammengefasst. Solche umfassenden Ansprüche, die außerhalb des gerichtlichen Versorgungsausgleichsverfahrens bestehen, sind erforderlich, um beispielsweise **qualifizierte Scheidungsvereinbarungen** überhaupt erst vorbereiten zu können (Glockner/Hoenes/Weil, Der neue Versorgungsausgleich, § 3 Rz. 2; Triebs, Versorgungsausgleich aktuell, 2009 Rz. 118). Anspruchberechtigte und -verpflichtete sind nach § 4 Abs. 1 VersAusglG die **Ehegatten**, die **Hinterbliebenen** und die **Erben** untereinander. Die Schwäche dieser Anspruchsgrundlage liegt wiederum darin, dass die Verpflichteten regelmäßig keine gesicherten und vor allem wertmäßigen Auskünfte über ihre Anrechte erteilen können. Allerdings besteht nach § 4 Abs. 2 VersAusglG nunmehr einen **direkter aber subsidiären Auskunftsanspruch gegen den Versorgungsträger** des Ehegatten oder Beteiligten, von dem eine Auskunft nicht erlangt werden kann. Voraussetzung dieses Durchgriffsanspruchs ist wiederum, dass der Berechtigte den Nachweis führt, von seinem Ehegatten keine Auskunft erlangt zu haben. Die materiell-rechtlichen Auskunftsansprüche können ggfs. isoliert gerichtlich geltend gemacht werden. 99

Bereits **in vorsorgenden Eheverträgen** können konkretisierende Regelungen über die Auskünftsansprüche der Ehegatte aufgenommen werden; dies kann den Streit im Zeitpunkt der Trennung vermeiden helfen (So Hauß/Eulering, Versorgungsausgleich und Verfahren in der Praxis, 2009, Rz. 370 für Auskünfte nach der Scheidung). In solche vertragliche **Auskunftsklauseln** sollten deshalb Vereinbarungen über den Zeitpunkt des Begehrens in der Krise der Ehe und die Belegübergabe enthalten sein.

M 69.4 Auskunftsvereinbarung in vorsorgenden Eheverträgen

(...)

*Wir erteilen uns bereits heute und für unsere Ehe unwiderruflich **Vollmacht**, schriftliche Auskünfte und entsprechende Belege bei jedem Versorgungsträger des anderen Ehegatten über dessen ehezeitbezogegen Anrechte einzuholen. Jeder Ehegatte erklärt bereits heute für den Fall, dass der andere Ehegatte sich auf einen Auskunftsanspruch nach § 4 Abs. 2 VersAusglG beruft, dass von ihm Auskünfte nicht zu erlangen sind. Im Innenverhältnis vereinbaren wir, dass ein Auskunftsverlangen erst bei Eintritt des Getrenntlebens geltend gemacht werden darf; dies ist gegenüber einem Versorgungsträger jedoch nicht nachzuweisen.*

Vor Rechtshängigkeit des Scheidungsantrags leitet sich der Umfang der Auskunftspflicht des Versorgungsträgers allerdings nur und ausschließlich aus dem jeweiligen Spezialgesetz (BeamtVG, SGB I, VI), der Versorgungssatzung oder -ordnung ab. So gewährt beispielsweise **§ 4a BetrAVG** gegen den Träger der betrieblichen Altersvorsorge keinen Anspruch auf Auskunft, der sich aus dem Erfordernis des Versorgungsausgleichs herleitet, sondern nur solche zum Übertragungswert des jeweils eigenen Anrechts. Sozialversicherungsrechtlich definierte Auskünfte erteilen – wie schon vor Inkrafttreten des VersAusglG – die Träger der gRV nach **§§ 109 Abs. 5 S. 1, 149 Abs. 3 u. 4, 196 Abs. 1 SGB VI; § 74 Nr. 2 lit. b) SGB X** (für die Alterssicherung der Landwirte nach §§ 49 Abs. 2 u. 3 ALG). Auskünfte der Beamte beruhen auf **§ 49 Abs. 10 BeamtVG** oder der beamtenrechtlichen Fürsorgepflicht (vgl. **§ 78 BBG**), der Soldaten auf **§ 46 Abs. 8 SVG** und der Zusatzversorgung auf **§ 51 VBL-Satzung**. Bei privaten Anrechten folgt der Auskunftsanspruch als Pflicht aus dem jeweiligen Versicherungsvertrag.

Im Rahmen der **gRV** hat der Gesetzgeber den primären Auskunftsanspruch des Ausgleichspflichtigen und den subsidiären Auskunftsanspruch des jeweiligen Ehegatten nach § 4 Abs. 1 u. 2 VersAusglG durch flankierende Regelungen in **§ 109 Abs. 5 S. 2 SGB VI iVm. § 74 Nr. 2 lit. b) SGB X** klargestellt und inhaltlich bestimmt. Hiernach darf eine Übermittlung von Sozialdaten stattfinden, wenn außerhalb des Anwendungsbereichs des § 220 FamFG für die Geltendmachung eines Ausgleichsanspruchs im Rahmen des Versorgungsausgleichs ein Ehegatte seinem Ehegatten gegenüber nach § 4 Abs. 1 VersAusglG zur Auskunft verpflichtet ist.

Neben die materiell-rechtlichen Auskunftsansprüche tritt die verfahrensrechtliche Auskunftspflicht gegenüber dem Familiengericht nach § 220 Abs. 4 FamFG. Die hiernach erfolgten Mitteilungen der Versorgungsträger müssen **mit einer übersichtlichen und nachvollziehbaren Berechnung verbunden** sein, damit eine Prüfung des Gerichts (und der Beteiligten) stattfinden kann. Auch die für die Teilung maßgeblichen Regelungen müssen vorgelegt werden, damit deren Angemessenheit prüfbar ist. Hierzu gehört auch die Benennung des angewandten versicherungsmathematischen Berechnungsverfahrens und der grundlegenden Annahmen der Berechnung (Zinssatz, Sterbetafeln etc.).

VIII. Vereinbarungen in „vorsorgenden Eheverträgen" und „Scheidungsvereinbarungen"

1. Allgemeines und Grundlagen

100 Der Versorgungsausgleich kann durch die Ehegatten durch einen Ehevertrag iSd. § 1408 BGB **ausgeschlossen** oder **inhaltlich modifiziert** werden. § 1408 Abs. 2 BGB verweist wegen der **Anforderungen an Form und Inhalt** solcher Vereinbarungen auf die §§ 6 bis 8 VersAusglG. **Vorsorgende Eheverträge** und **Scheidungsvereinbarungen** sind nunmehr **gleich zu behandeln** (Bergmann FUR 2009, 421, 423); die Rechtsgrundlagen für ihre Beurteilung sind einheitlich.

101 ➲ **Hinweis:** Die **„Angemessenheitsprüfung" nach § 1587o BGB aF** ist, ebenso wie das sog. **„Sperrjahr" nach § 1408 Abs. 2 BGB aF, ersatzlos entfallen**; die güterrechtliche Rechtsfolgen eines Totalausschlusses (oder jeder Art der Modifikation) des Versorgungsausgleichs nach

§ 1414 S. 2 BGB sind nach dem 1.9.2009 **ersatzlos entfallen** (vgl. etwa Wönne FPR 2009, 293, 296). Es entfällt insbesondere die präventive gerichtliche Kontrolle der im Rahmen einer Genehmigung nach § 1587o Abs. 2 S. 3 BGB aF einschließlich der vorgeschalteten Angemessenheitsprüfung nach § 1587o Abs. 2 S. 4 BGB aF. **Stattdessen gilt § 8 VersAusglG** über die **besonderen materiellen Wirksamkeitsvoraussetzungen bei Vereinbarungen** über den Versorgungsausgleich allgemein.

Solchermaßen, nunmehr einheitlich zu beurteilenden Vereinbarungen zwischen den Ehegatten können also – wie schon bisher –

- während der intakten ehelichen Lebensgemeinschaft,
- während oder zu Beginn des Getrenntlebens (ohne Gewissheit über eine Scheidung),
- als Teil einer auf Dauer angelegten Getrenntlebensvereinbarung,
- in der Krise der Ehe (ohne Trennung),
- bei Vorliegen einer Scheidungsabsicht,
- nach der Scheidung, wenn das Familiengericht über den Wertausgleich noch nicht rechtskräftig entscheidet hat und
- vor der Ehe von den Verlobten

getroffen werden. In letzterem Fall werden die Vereinbarungen jedoch erst mit der Eheschließung wirksam.

Vorgehensweise bei Vereinbarungen zum Versorgungsausgleich

1. Auskunftsersuchen bei Versorgungsträgern (Scheidungsvereinbarung)
2. ggf. Feststellen der „Gesamtvermögenssituation" (Scheidungsvereinbarung)
3. Feststellen der Regelungsziele der Ehegatten
4. Entwurfsfertigung
5. notarielle Beurkundung
6. Durchführung durch richterlichen Gestaltungsakt
7. Vollzug durch die beteiligten Versorgungsträger
8. ggfs. schuldrechtlicher Ausgleich
9. Änderungen

➲ **Hinweis:** Bei der **vertraglichen Gestaltung** sind die steuerrechtlichen Bedingungen zu berücksichtigen. Durch das VersAusglG wird erreicht, dass jede interne Teilung und die überwiegende Anzahl der externen Teilungsformen steuerrechtlich neutral bleiben. Das wird in § 15 Abs. 4 VersAusglG für die Zielversorgungen durch die gRV, durch betriebliche Anrechte und zertifizierte Versicherungen im Sinne eines „Riester-Vertrages" ausdrücklich geregelt. 102

2. Formelle Wirksamkeitsvoraussetzungen (§ 7 VersAusglG)

Wird ein Ehevertrag über den Versorgungsausgleich geschlossen, bevor das Familiengericht über den Wertausgleich rechtskräftig entscheidet, so bedarf der Vertrag, wegen seiner weitreichenden Folgen in vermögensrechtlicher Hinsicht und mit Rücksicht auf die jeweils betroffenen Versichertengemeinschaften, zu seiner Wirksamkeit der **notariellen Beurkundung** (§ 7 Abs. 1 und 3 VersAusglG iVm. § 1410 BGB). Der Formzwang ist selbstverständlich nicht abdingbar. 103

§ 127a BGB gilt entsprechend (§ 7 Abs. 2 VersAusglG). Das bedeutet, dass das Beurkundungserfordernis bei einem gerichtlichen Vergleich durch die Aufnahme der Erklärung in einem nach den Vorschriften der ZPO errichteten Protokoll (§§ 160 ff. ZPO) ersetzt wird. Ein Vergleich im schriftlichen Verfahren nach § 278 Abs. 6 ZPO oder ein Anwaltsvergleich nach § 796a ZPO genügen der Form hingegen nicht. Wird die **Vereinbarung über den Wertausgleich nach Rechtskraft der Scheidung** getroffen (zB schuldrechtlicher Ausgleich: §§ 20–26 VersAusglG), gilt das notarielle Formerfordernis nicht. 104

105 Der über § 7 Abs. 3 VersAusglG anwendbare **§ 1410 BGB verbietet die sukzessive Beurkundung** nach § 128 BGB, also durch Angebot und Annahme. Persönliche Anwesenheit der Beteiligten ist nicht erforderlich, Stellvertretung zulässig aber untunlich. Vollmacht oder Genehmigung der Erklärungen eines vollmachtlosen Vertreters sind nicht formbedürftig (§§ 167 Abs. 2, 182 Abs. 2 BGB).

106 Der **Notar** hat die Aufgabe, über die rechtliche Bedeutung und Tragweite des Versorgungsausgleichs und seiner vertraglichen Veränderungen fachkundig und unabhängig aufzuklären und zu belehren (**§§ 14 Abs. 1, 17 BeurkG**). Seine Einschaltung dient dem Übereilungsschutz, und zwar gerade auch im Hinblick auf Verzichts-, Teilverzichts- und Gesamtvermögensvereinbarungen. Er ist zudem grundsätzlich dazu verpflichtet (entsprechend § 17 Abs. 2a BeurkG) darauf hinzuwirken, dass die Ehegatten bzw. die Verlobten **persönlich** bei der Beurkundungsverhandlung anwesend sind.

M 69.5 Belehrung zur Tragweite eines gänzlichen Ausschlusses des Versorgungsausgleichs (allgemein)

(...)

Der Notar hat uns über die Bedeutung des Versorgungsausgleichs, die Tragweite des gänzlichen Ausschlusses und die Folgen eines solchen Ausschlusses für die soziale, insb. die Alterssicherung nach einer Scheidung belehrt. Es ist uns bekannt, dass bei Wirksamkeit des vorstehend vereinbarten Ausschlusses, die in der Ehezeit erworbenen Anteile von Anrechten, also Anwartschaften auf zukünftige oder bereits laufende Versorgungen nicht zwischen uns aufgeteilt oder verrechnet werden.

*Die **Nichtbeachtung der notariellen Form** nach § 7 VersAusglG hat die Nichtigkeit der getroffenen Vereinbarung zur Folge (§ 125 S. 1 BGB). Eine Heilung des Formmangels ist gesetzlich nicht vorgesehen und erfolgt auch nicht durch Erfüllung der Vereinbarung, also beispielsweise des Vollzugs der realen Teilung von einzelnen Anrechten. Auch eine den Formmangel übersehende Entscheidung des Familiengerichts nach § 224 Abs. 3 FamFG führt keine Heilung herbei.*

Kosten: *Notargebühr:* 2.0-Gebühr gem. §§ 97 Abs. 1 und 3, 36 Abs. 1 und 3 GNotKG. Geschäftswert nach dem Ausgleichswert der betroffenen Anrechte (§ 1 Abs. 2 S. 2 VersAusglG); kein Abstellen auf „wiederkehrende Leistung" nach § 52 Abs. 4 GNotKG.

3. Ausschluss- und Modifikationsbefugnis (§ 6 VersAusglG)

107 Für alle Arten von vertraglichen **Vereinbarungen bis zur Rechtskraft über den Ausgleich** von Anrechten ergibt sich die Befugnis zur einvernehmlichen Modifikation bis hin zum gänzlichen Ausschluss des Versorgungsausgleichs aus § 6 Abs. 1 VersAusglG, aus der vom Verfahrensrecht vorausgesetzten Abänderbarkeit nach §§ 225 ff. FamFG und aus der Tatsache, dass der durch § 6 Abs. 1 Nr. 2 VersAusglG ausdrücklich erwähnte vollständige Ausschluss die weniger einschneidende **Modifikationsbefugnis** natürlich, und bereits ohne die Aufzählung von **Regelbeispielen**, umfasst (zu einzelnen Regelungsinhalten s. Rz. 132 ff.). Dabei kann die Modifikation des vom Gesetz vorgesehenen Ausgleichs zumeist als ein Teilausschluss verstanden werden. Die **weitgehende Modifikationsbefugnis** ist jedenfalls der sachgerechte Ausgleich für die nach wie vor einseitige Orientierung des Gesetzgebers am Leitbild der „Hausfrauenehe", die der sozialen Wirklichkeit zunehmend weniger entspricht (Ausführlich und weiterhin gültig: Gruntkowski MittRhNotK 1993, 1, 10; MünchKomm.BGB/Kanzleiter § 1408 BGB Rz. 18).

108 Die **Regelbeispiele** des § 6 Abs. 1 Nrn. 1–3 VersAusglG nennen (einige wenige) vertragliche Vereinbarungsvarianten der bereits vor Inkrafttreten des VersAusglG geübten Gestaltungspraxis. Es handelt sich dabei um solche, die die Rechtsprechung grundsätzlich gebilligt hatte. Der Gesetzgeber sichert damit den zum 1.9.2009 bestehenden Gestaltungsspielraum für die Zukunft ab (Wick FPR 2009, 219, 220). Eine Einschränkung der Vertragsfreiheit in Richtung der Regelbeispiele ist dem

VersAusglG nicht zu entnehmen. Das **VersAusglG erweitert die Dispositionsbefugnis** des Versorgungsausgleichs (Hahne FamRZ 2009, 2041).

Vereinbarungen zum Versorgungsausgleich können nach § 6 Abs. 1 Nr. 1 VersAusglG insbesondere 109
im Zusammenhang **mit den anderen Regelungen der ehelichen Vermögensverhältnisse** getroffen werden. Das ermöglicht es den Ehegatten auch den vollständigen oder teilweisen Verzicht (Ausschluss) auf den Versorgungsausgleich durch eine Regelung beim Zugewinn, der sonstigen Vermögensauseinandersetzung bei Beendigung der Ehe (zB zum Gesamtschuldnerausgleich; Übertragung der Scheidungsimmobilie etc.) oder beim nachehelichen Unterhalt auszugleichen, um so zu einer insgesamt (= Gesamtschau-Komponente) wirksamen und durchsetzbaren vertraglichen Regelung zu gelangen (Schmidt FPR 2009, 196, 200). Auch wenn § 6 VersAusglG damit eine gegenleistungsabhängige Regelungsbefugnis anspricht, sind **Ausschluss** oder **Modifikation** dennoch grundsätzlich unabhängig von einer Gegenleistung, Abfindung oder Gesamtvermögensregelung zulässig. Als Gegenleistung könnten selbst Vorteile vereinbart werden, denen kein unmittelbarer wirtschaftlicher Wert zukommt. Auch brauchen Ausgleichs- und Kompensationsabreden, wenn sie vereinbart werden, in keinem wertäquivalenten Verhältnis zu stehen. Gegenleistungen müssen auch nicht notwendig versorgungsgeeignet sein, hierfür finden sich im VersAusglG keinerlei Hinweise. Soweit solche Ansichten zum neuen VersAusglG vertreten werden (Ruland, Versorgungsausgleich, 2. Aufl. 2009, Rz. 801; Bredthauer FPR 2009, 500, 502), scheint dem eine nicht gerechtfertigte Übernahme der besonderen Kriterien einer Inhaltskontrolle des außer Kraft getretenen § 1587o BGB aF zugrunde zu liegen.

➲ **Hinweis:** Nach neuem VersAusglG ist das **Familiengericht an einen Ehevertrag über den** 110
Versorgungsausgleich gebunden und hat den Ausgleich nach Maßgabe der von den Ehegatten getroffenen Vereinbarungen durchzuführen, wenn diese Vereinbarungen wirksam und vor allem auch **tatsächlich durchsetzbar** sind (**§ 6 Abs. 2 VersAusglG**). Diese materiellrechtliche angeordnete Bindung hat der Gesetzgeber verfahrensrechtlich verstärkt: Haben die Ehegatten den Versorgungsausgleich nämlich vertraglich wirksam und durchsetzbar ausgeschlossen, muss die familiengerichtliche Entscheidung dies im Tenor ausdrücklich und rechtkraftfähig feststellen (**§ 224 Abs. 3 FamFG**).

4. Inhaltskontrolle von Eheverträgen (§ 8 Abs. 1 VersAusglG)

a) Grundlagen

(Ehe-)Vertragliche Regelungen zum Versorgungsausgleich, gleichgültig wann immer sie im Laufe 111
der Ehe und ggfs. sogar bis zur nachgelagerten gerichtlichen Entscheidung über den Wertausgleich abgeschlossen werden, müssen nach § 8 Abs. 1 VersAusglG einer richterlichen Inhalts- (Wirksamkeits-) und Ausübungskontrolle gemäß den §§ 138, 242, 313 BGB standhalten. Bestehen keine Wirksamkeits- (und Durchführungshindernisse), ist das **Familiengericht an die Vereinbarung gebunden**.

Ausgangspunkt der Anwendung des § 8 Abs. 1 VersAusglG (und eigentlich auch des § 6 Abs. 1 Nr. 1 112
VersAusglG) bleibt das Grundsatzurteil zur „Inhaltskontrolle von Eheverträgen" vom 11.2.2004 (BGHZ 158, 81). Hiernach darf die ehevertragliche Gestaltungsfreiheit nicht so verstanden werden, dass der **Schutzzweck der gesetzlichen Regelungen zum Scheidungsfolgenrecht** (hier also der Alters- und Invaliditätssicherung) durch vertragliche Vereinbarungen **beliebig unterlaufen** wird. Das aber wäre der Fall, wenn durch vertragliche Vereinbarungen eine nicht hinnehmbare, **evident einseitige** und **durch die individuelle Gestaltung der ehelichen Lebensverhältnisse nicht gerechtfertigte Lastenverteilung entstünde** (zuletzt BGH FamRZ 2008, 386 f. und BGH NJW 2008, 3426). § 8 Abs. 1 VersAusglG folgt dieser Rechtsprechung durch das Etablieren des auch bisher schon geübten **zweistufigen Prüfungsmodells**, das aus einer **Wirksamkeits**- (Maßstab: § 138 Abs. 1 BGB) und einer sich ggfs. anschließenden **Ausübungskontrolle** (§ 242 BGB und § 313 BGB) zusammengesetzt ist. Methodisch flankiert wird die zweistufige Inhaltskontrolle von einem Zusammenspiel der Bewertung einzelner Regelungen des Ehevertrages und der **„Gesamtschau"** aller Regelungen und Regelungsmotive der Ehegatten.

b) Wirksamkeitskontrolle

113 **Anfängliche Sittenwidrigkeit** (§ 138 Abs. 1 BGB) mit der Folge, dass einem Ehevertrag die Anerkennung durch die Rechtsordnung **ganz** oder **teilweise** zu versagen ist, kommt nur dann in Betracht, wenn Regelungen aus dem Kernbereich des gesetzlichen Scheidungsfolgenrechts (beispielsweise der Versorgungsausgleich) ganz oder zu erheblichen Teilen abbedungen werden, ohne dass zugleich die objektiv eintretenden Nachteile für den belasteten Ehegatten durch andere Vorteile gemildert (**Kompensationsgedanke**) oder durch die besonderen Verhältnisse der Ehegatten, dem von ihnen angestrebten oder gelebten Ehetypus oder durch sonstige gewichtige Belange des begünstigten Ehegatten gerechtfertigt sind.

114 Zu berücksichtigen sind allerdings immer auch die **subjektiv** von den Ehegatten mit der Abrede verfolgten Zwecke sowie die Berücksichtigung der sonstigen Beweggründe, die den begünstigten Ehegatten zu seinem Verlangen nach der ehevertraglichen Gestaltung veranlasst und den benachteiligten Ehegatten bewogen haben, diesem Verlangen nachzugeben. Hierher gehört das Problem, ob der Vertrag eine auf **ungleichen Verhandlungspositionen** basierende **einseitige Dominanz** eines Ehegatten widerspiegelt, die zugleich das nicht gerechtfertigte Ausnutzen einer Zwangslage („vertragliche Disparität" oder „situationsbedingte Unterlegenheit" oder „Leichtgläubigkeit" und „Unerfahrenheit" eines Vertragspartners) darstellt (beispielsweise BGH FamRZ 2008, 386, 388). Fälle dieser Art sind und bleiben die **Beteiligung von Schwangeren**, eine **gravierende wirtschaftliche wie soziale Imparität** der Ehegatten, und **Bleiberechtsehen unter Beteiligung ausländischer Ehegatten**.

115 Betrachtet man die Wirksamkeitskontrolle von der **Rechtsfolgenseite** her, bedeutet nachgewiesene Sittenwidrigkeit, dass anstelle der nichtigen Vereinbarung die **gesetzlichen Regelungen** zur Anwendung gelangen. Ob sodann die Nichtigkeit einzelner Klauseln zu einer **Gesamtnichtigkeit des Vertrages** führt, ist aufgrund der **„Gesamtschau"** aller Regelungen und anhand der Kriterien des § 139 BGB zu ermitteln. Hierbei können „Salvatorische Klauseln" oder andere „Auffangklauseln" richtungweisend sein (BGH, NJW 2005, 2386).

c) Ausübungskontrolle

116 Ist der Ehevertrag wirksam zustande gekommen, ist auf der Stufe der **Ausübungskontrolle** (Anwendungsfälle der §§ 242 und 313 BGB) zu prüfen, ob und ggfs. inwieweit der durch die Vereinbarung begünstigte Ehegatte die ihm vertraglich eingeräumte **Rechtsmacht missbraucht**, wenn er **im Scheidungsfall** die vom Gesetz abweichende Regelung tatsächlich durchsetzt und sich auf sie beruft.

117 Entscheidend ist bei dieser Prüfung, ob sich zu dem nunmehr maßgeblichen Zeitpunkt – also dem Zeitpunkt des Scheiterns der Lebensgemeinschaft – aus den vereinbarten Modifikationen der Scheidungsfolgen eine **evident einseitige Lastenverteilung entwickelt hat**, die hinzunehmen dem belasteten Ehegatten auch unter angemessener Berücksichtigung der Belange des anderen Ehegatten und seines Vertrauens in die Geltung der getroffenen Abrede unzumutbar ist (BGH NJW 2008, 3426). Die nicht hinnehmbare **evident einseitige Lastenverteilung** ist insbesondere gegeben, wenn die tatsächliche, einvernehmliche Gestaltung der ehelichen Lebensverhältnisse (**„gelebter Ehetypus"**) von der ursprünglichen, dem Vertrag zugrunde gelegten Lebensplanung (**„geplanter Ehetypus"**) erheblich abweicht und dadurch ein **ehebedingter Nachteil** perpetuiert wird.

118 Hält die ehevertragliche Regelung der Ausübungskontrolle nicht stand, führt dies auf der **Rechtsfolgenseite** jedoch gerade nicht zu ihrer Unwirksamkeit. Der benachteiligte Ehegatte soll vielmehr im Wege der **Vertragsanpassung** so gestellt werden, wie er stünde, wenn **die bei Vertragsschluss beabsichtigte Lebensplanung verwirklicht worden wäre („hypothetischer Parallelverlauf"**; hier in der Form einer **„hypothetischen Versorgungsbiographie"**). Die Vertragsanpassung soll insbesondere die gegenüber den Vorstellungen der Ehegatten bei Vertragsschluss wirksam gewordenen, abweichenden Lebensumstände, die **„ehebedingte Nachteile"** hinterlassen, ausgleichen. Ein „Mehr" soll Vertragsanpassung nicht leisten. Das mit einem **Ehevertrag** von den Ehegatten **verfolgte Regelungsziel** bleibt somit auch für die Vertragsanpassung **maßgeblich**; die Dispositionsfreiheit wird zumindest insoweit gewahrt (vgl. Leitsatz 4 aus BGH FamRZ 2007, 974). Man kann im über-

tragenen Sinne von einer „**geltungserhaltenden Reduktion der Ausschlussrechtfolgen**" einer Vereinbarung sprechen.

d) Versorgungsausgleich in der Inhalts- und Ausübungskontrolle

Im Rahmen der sog. Kernbereichslehre des BGH gehört der **Versorgungsausgleich** wegen seiner Einordnung als einer Variante des Unterhalts wegen Alters (§ 1571 BGB) auf die **zweiten Stufe** (grundlegend: BGH FamRZ 2005, 26; BGH FamRZ 2005, 185). Wegen dieser hohen Einstufung werden jedenfalls Vereinbarungen zum Ausschluss des Wertausgleichs **nach denselben Kriterien** geprüft werden **wie ein Verzicht auf Altersunterhalt**. Nach diesen Maßgaben ist ein Ausschluss des Versorgungsausgleichs allerdings nicht als sittenwidrig anzusehen, wenn im Zeitpunkt des Vertragsschlusses für die Parteien redlicherweise nicht absehbar war, ob, wann und unter welchen wirtschaftlichen Gegebenheiten der verzichtende Ehegatte im Alter signifikante und verbleibende Lücken in der Versorgung aufweisen könnte (vgl. BGH FamRZ 2008, 582 und FamRZ 2005, 691, 692), insbesondere weil beide Vertragsbeteiligten für die Zukunft davon ausgingen, 119

- weiterhin (sozialversicherungsrechtlich) Erwerbseinkünfte zu erzielen und
- deshalb der Ausbau der Altersversorgung durch eine eigene Erwerbstätigkeit gewollt war.
- Als **Fälle relevanter abweichender Lebensgestaltung** gegenüber der vorgestellten Lebensplanung im Zeitpunkt des Vertragsschlusses (in vorsorgenden Eheverträgen) gelten im **Rahmen der Ausübungskontrolle** zum Versorgungsausgleich
- beide Ehegatten wollten eigentlich immer erwerbstätig sein und weichen ab,
- die spätere **Berufsaufgabe bzw. -einschränkung insb. der Frau** (zB wegen der Betreuung gemeinsamer Kinder/Pflege eines Familienangehörigen),
- die **Vermögensverhältnisse beider Ehegatten** erschienen nur zunächst gesichert,
- das **Nichtleisten anfänglich versprochener Kompensationsleistungen,**

Findet der Abschluss eines vorsorgenden Ehevertrags mit Ausschluss des Versorgungsausgleichs zudem zu einem Zeitpunkt statt, der als sehr weit von einem denkbaren Renteneintritt der Ehegatten bezeichnet werden kann (**rentenferne Jahrgänge**), ist zudem zu berücksichtigen, dass die Annahmen der Ehegatten zu ihrem beiderseitigen Anrechteerwerb vor und nach einer denkbaren Scheidung selten als anfänglich unrealistisch zu bewerten sind. Eine daran anknüpfende Ausschlussvereinbarung wird man deshalb auf den Zeitpunkt ihres Zustandekommens betrachtet, kaum als sittenwidrig einstufen können (OLG Hamm BeckRS 2013, 06907 mwN). 120

Erst recht ist es bei einer gescheiterten **Doppelverdienerehe** kein geeigneter Ansatz zur Sittenwidrigkeitsprüfung, wenn beide Ehegatten ihr **geplantes Ehemodell tatsächlich verwirklicht** und deshalb beide ihre eigene Altersversorgung „plankonform" aufgebaut oder aufgestockt haben, wobei aber der eine Ehegatte aus nicht ehebedingten Gründen deutlich mehr Versorgungsanrechte erworben hat als der andere und deshalb im Alter zwischen ihnen evident unterschiedliche Lebensverhältnisse entstanden sind oder entstehen werden (so im Ergebnis auch BGH FamRZ 2014, 629).

Etwas gänzlich anderes, nämlich die **Sittenwidrigkeit** einer ausschließenden Vereinbarung zum Versorgungsausgleich und ggfs. aller weiteren Regelungen, ist anzunehmen, wenn der **objektive Gehalt einer ehevertraglichen Gesamtregelung** (= Gesamtschau im Rahmen der Wirksamkeitskontrolle) erkennbar auf eine **einseitige Benachteiligung** eines Ehegatten, insbesondere der kinderbetreuenden Ehefrau **abzielt** und der **Ausschluss kompensationslos** bleibt und auf der subjektiven Seite eine ungleiche Verhandlungsposition ausgenutzt wird (BGH FamRZ 2009, 2011). Ein solcher Fall ist mit Blick auf den Ausschluss des Versorgungsausgleich für sich genommen gegeben (= isolierte Prüfung der Einzelklausel zum Versorgungsausgleich), wenn in einer „**Alleinverdienerehe**" der Ausschluss dazu führt, dass ein Ehegatte auf Grund des bereits beim Vertragsschluss geplanten (oder zu diesem Zeitpunkt schon verwirklichten) Zuschnitts der Ehe über keine hinreichende Alterssicherung verfügt und verfügen wird. Häufig wird in einem solchen Fall ein Sachverhalt zugrunde liegen, in dem sich ein Ehegatte, wie bereits im Zeitpunkt des Vertragsschlusses geplant oder gar verwirklicht, der Betreuung der gemeinsamen Kinder widmet und deshalb auf eine versorgungsbegründende Erwerbstätigkeit in der Ehe verzichtet (BGH FamRZ 2014, 629 unter Hinweis auf BGH FamRZ 2008, 2011). Die Ausschlussvereinbarung ist in einer solchen Konstellation mit dem Gebot ehelicher Solidarität schlechthin unvereinbar, falls keine geeignete Kompensation erfolgt. Die (kompensationslose) Ausschlussgestaltung führt nämlich zwangsläufig zu einer ehebedingten **Lücke in der Versorgungsbiographie**. Die Sittenwidrigkeit der Ausschlussklausel als solcher und als Ergebnis der isolierten Prüfung kann im Zweifel sogar zur Gesamtnichtigkeit des Ehevertrags führen. Das gilt selbst dann, wenn andere Regelungen des Ehevertrags (Unterhalt, Zugewinnausgleich etc.) isoliert betrachtet, wirksam wären.

121 Kommt es lediglich zu einer **Anpassung im Wege der Ausübungskontrolle** (§ 8 Abs. 1 Alt. 2 VersAusglG iVm. §§ 242, 313 BGB) ist es **regelmäßig sachgerecht**, bei einem den Verzicht auf den Versorgungsausleich und einer in der Ehe verfolgten, abweichenden Lebensgestaltung gegenüber der vorgestellten Lebensplanung im Zeitpunkt des Vertragsschlusses, diesen nicht etwa in vollem Umfang durchzuführen, sondern **nur die ehebedingten Versorgungsnachteile** des benachteiligten Ehegatten **auszugleichen**. Der BGH lässt damit den Willen der Ehegatten derart bestehen, dass der verzichtende Ehegatte jedenfalls nicht an der Versorgung des höherwertig versorgten Ehegatten hälftig teilhat. Maßstab der Anpassung ist vielmehr eine **„hypothetische Versorgungsbiographie"** (unter Einbeziehung typischer Karriereentwicklungen) des benachteiligten Ehegatten, die anhand von Rentenberechnungen aufzustellen ist (vgl. BGH FamRZ 2008, 582). Die Obergrenze des Ausgleichs ist natürlich die Höhe des Anspruchs bei uneingeschränkter Durchführung des Versorgungsausgleichs.

122 Die obligatorische Inhalts- und Ausübungskontrolle von Vereinbarungen zum Versorgungsausgleich machen die Feststellung der wirtschaftlichen/beruflichen Verhältnisse (insb. zur Altersvorsorge) und der Regelungsmotive der Ehegatten erforderlich. Dies kann eine notarielle Urkunde im Rahmen der Sachverhaltsfeststellungen (Präambel) leisten. M.E. bedeutet der Verweis des § 8 Abs. 1 VersAusglG hingegen nicht, dass das Familiengericht jenseits der Angaben in der Urkunde und den Sachvorträgen in der Verhandlung zur Amtsermittlung berufen ist; für eine solche „Verschärfung" ist den Gesetzgebungsmaterialien nichts zu entnehmen:

M 69.6 Sachverhaltsfeststellungen und Motive zur Modifikation des Versorgungsausgleichs (vorsorgender Ehevertrag)

(...)

Herr ... und Frau ... (Namen der Ehegatten) sind jeweils in Vollzeit beschäftigt, und als angestellter Lehrer bzw. Landes-Beamtin im mittleren Dienst. Herr ... erwirbt Anrechte in der gRV und in der Zusatzversorgungskasse ...; Frau ... Anrechte aus der beamtenrechtliche Versorgung des Landes .... Beide Ehegatten wollen auch in Zukunft und auch für den Fall der Geburt gemeinsamer Kinder berufstätig bleiben. Nach den Vorstellungen der Ehegatten sollen gemeinsame Kinder – unter Beachtung des Kindeswohls – auch bereits vor Vollendung deren 3. Lebensjahres fremdbetreut werden. Beide Ehegatten werden am Aufbau ihrer jeweils eigenen Altersvorsorge festhalten.

M 69.7 Sachverhaltsfeststellungen und Motive zur Modifikation des Versorgungsausgleichs (in einer Scheidungsvereinbarung)

(...) Herr ... und Frau ... (Namen der Ehegatten) sind und waren während ihrer gesamten Ehezeit in Vollzeit als kaufmännischer Angestellter bzw. technische Zeichnerin rentenversicherungspflichtig beschäftigt. Beide Ehegatten haben nach eigenen Angaben, ihren Feststellungen und entsprechend ihren gelebten Ehevorstellungen über die gesamte Dauer ihrer Ehe jeweils eigene Anwartschaften auf Versorgungen erworben und versorgungsgeeignete Vermögensvorsorge getroffen. Nach übereinstimmender Erklärung hat keiner der Ehegatten ehebedingte Nachteile in seiner Versorgungsbiographien hinnehmen müssen.

M 69.8 Sachverhaltsfeststellungen nach Auskunft durch die Versorgungsträger (in einer Scheidungsvereinbarung)

(. . .)

Herr . . . und Frau . . . haben am 1.6.1998 geheiratet; als Ehezeitende gilt der 30.9.2009.

(. . .)

Die Eheleute waren während der gesamten Ehezeit unselbständig erwerbstätig; die Ehefrau allerdings im Zeitraum vom . . . bis . . . wegen der Betreuung der gemeinsamen Kinder in geringerem Umfang. Frau . . . ist Angestellte im öffentlichen Dienst und hat eine Zusatzversorgung (ZVK) erworben. Beide Ehegatten verfügen über eine private Renten-(„RiesterR)Versicherung. Herr . . . hat zudem einen unverfallbaren Anspruch auf eine betriebliche Altersversorgung (Pensionskasse).

(. . .)

Die Eheleute legten dem Notar die Auskünfte der Versorgungsträger über den Ausgleichswert der jeweils von ihnen erworbenen Anrechte vor, die als Anlage zu dieser Urkunde genommen werden. Nach den Auskünften der Versorgungsträger verfügen die Eheleute über folgende, dem Versorgungsausgleich unterliegende Anrechte:

	Ehemann	***Ehefrau***
Versorgungsträger: *Ehezeitanteil:* *Ausgleichswert:*	*DRV Bund* *4,28 EP* *2,14 EP*	
Versorgungsträger: *Ehezeitanteil:* *Ausgleichswert:*		*DRV Rheinland* *10,8 EP* *5,4 EP*
Versorgungsträger: *Ehezeitanteil:* *Ausgleichswert:*		*Pensionskasse B.* *20 000 Euro* *10 000 Euro*
Versorgungsträger: *Ehezeitanteil:* *Ausgleichswert:* *korres. Kapitalwert*	*ZVK* *18 Versorg.-Pkte* *8,9 Versorg.-Pkte* *26 350 Euro*	
Versorgungsträger: *Ehezeitanteil:* *Ausgleichswert:*	*„Riester"-Vertrag* *6800 Euro* *3298 Euro*	
Versorgungsträger: *Ehezeitanteil:* *Ausgleichswert:*		*„Riester"-Vertrag* *8400 Euro* *4074 Euro*

(Beispiel nach Hauß/Eulering, Versorgungsausgleich und Verfahren in der Praxis, 2009 S. 280)

Die tatsächliche **Durchführung des Versorgungsausgleichs** nach Maßgabe vereinbarter und inhaltskontrollierter Modifikationen (§ 8 Abs. 1 VersAusglG) kann nicht unabhängig vom **Ausspruch der Scheidung** der Ehe oder einer nachgelagerten gerichtlichen Entscheidung über den Versorgungsausgleich durchgeführt werden. 123

Ausschluss und Modifikation durch notariellen Vertrag und die Durchführung des Versorgungsausgleichs sind zwei völlig verschiedene und zu unterscheidende Vorgänge. Die quasi sachenrechtliche Durchführung des vereinbarten Versorgungsausgleichs ist der Verfügung der Vertragsparteien 124 vollständig entzogen; sie wird nach wie vor durch das Familiengericht im Wege **richterlicher Gestaltung** herbeigeführt (s. auch § 8 Abs. 2 VersAusglG). Die vertragliche Modifikation, beispielsweise des Ausgleichszeitraums, hat im Hinblick auf die tatsächliche Durchführung immer aufschiebend bedingten Charakter, nämlich auf den in der Zukunft liegenden Entscheidung über den Versorgungsausgleich. Nach **§ 224 Abs. 3 FamFG** ist das Familiengericht verpflichtet, in seiner Entscheidung über den Versorgungsausgleich festzustellen, ob und inwieweit (zB bei einem Teilausschuss) ein Wertausgleich der einzelnen, eigentlich dem Versorgungsausgleich unterliegender Anrechte ganz oder teilweise nicht stattfindet. Die **Entscheidung erwächst im Übrigen in Rechtskraft**, und zwar mit den tragenden Gründen der Entscheidung; sie ist nicht nur deklaratorisch.

125 Damit steht zugleich fest, dass das Gericht in den Fällen einer notariellen Vereinbarung der Ehegatten, die den Versorgungsausgleich ganz oder teilweise ausschließen (§ 6 VersAusglG) immer auch eine materiell-rechtliche Prüfung durchzuführen hat (vgl. § 8 Abs. 1 VersAusglG). Diese Prüfung ist unter anderem an die Stelle der Angemessenheitsprüfung nach § 1587o Abs. 2 S. 3 BGB aF getreten, ohne mit ihr nach Prüfungsdichte und Verfahren identisch zu sein oder gar deren Maßstäbe nachbilden zu wollen. Ist die Vereinbarung der Ehegatten wirksam und durchführbar, ist das Familiengericht nach § 6 Abs. 2 VersAusglG an diese Vereinbarung gebunden. Im Fall einer wirksamen Vereinbarung der Ehegatten über den Ausschluss des Ausgleichs hat die gerichtliche Praxis bereits vor Einführung des § 224 Abs. 3 FamFG über den Ausschluss oder Teilausschluss tenorierte, jedoch ohne Rechtskraftwirkung.

5. Weitere materielle Wirksamkeitsvoraussetzungen (§ 8 Abs. 2 VersAusglG)

126 Gegen den Willen (oder das Binnenrecht) eines betroffenen Versorgungsträgers können die Ehegatten **keine vollziehbare Vereinbarung** darüber treffen, ob und wie ein Anrecht abweichend von den gesetzlichen Teilungsregelungen intern oder extern geteilt wird. Es gibt also **kein „freies Wahlrecht" der Ehegatten über die Teilungs- und Übertragungsform**. Die externe Teilung bedeutet einen Mittelabfluss aus dem betroffenen Versorgungssystem, die interne Teilung, dass ggfs. ein bisher Außenstehender „Mitglied" bzw. Versicherter wird. Durch den Versorgungsausgleich und durch eine Modifikation der gesetzlich vorgesehenen Ausgleichsform sind also zwangsläufig die Rechte Dritter, nämlich des Versorgungsträgers und mittelbar der innerhalb des Versorgungsträgers organisierten „Versicherten" betroffen. Vereinbarungen, die über die gesetzlichen Teilungsregelungen hinausgehen, stellen somit eine weitergehende Beeinträchtigung dar.

127 Ohne die Zustimmung der Versorgungsträger sind (auch nach dem VersAusglG) Vereinbarungen der Ehegatten undurchführbar bzw. nicht durchsetzbar, die zur Folge haben würden, dass ein Versorgungsträger mehr als eine Halbteilung der ehezeitbezogenen Anrechte vorzunehmen hätte (**§§ 8 Abs. 2, 10 Abs. 1 u. 3, 14 Abs. 1 VersAusglG**). Grundsätzlich sollten Vereinbarungen dieser oder ähnlicher Art vermieden werden:

- **höhere Ausgleichswerte/-quoten** als 50 % zugunsten des Ausgleichsberechtigten (sog. „Halbteilungsgrundsatz", § 1 Abs. 1 VersAusglG, aber: höhere Quoten möglich im „schuldrechtlichen Ausgleich");
- **abweichende Ausgleichswege** als durch Gesetz oder zulässige Binnenregelung vorgesehen (aber: vorbehaltener „schuldrechtlicher Ausgleich" nach § 6 Abs. 1 Nr. 3 VersAusglG);
- Einbeziehung von **Anrechten**/Anrechtsteilen **außerhalb der Ehezeit** (sog. „In-Prinzip");
- Verschiebung des **Ehezeitendes als Bewertungs- und Wertermittlungsstichtag** (§ 3 Abs. 1 iVm. § 5 Abs. 2 S. 1 VersAusglG);
- unmittelbare oder mittelbare **Höherbewertung** von Anrechten mit Auswirkungen auf den Ausgleichswert;
- Ausweitung des Kreises **anpassungsfähiger Anrechte** (§§ 32 ff. VersAusglG);
- Vereinbarung einer isolierten **Hinterbliebenenversorgung mit Wirkung gegen den Versorgungsträger** (§ 25 Abs. 2 VersAusglG „verlängerter schuldrechtlicher Ausgleich");
- die **Aufspaltung eines Anrechtes in seine verschiedenen Leistungszusagen** und die Vereinbarung zur asymmetrischen Übertragung (zB Berufsunfähigkeitsversorgung bleibt ungeteilt bei Ausgleichspflichtigen);

- die **Veränderung des Leistungsspektrums bzw. des Risikoschutzes** (Invaliditäts- und/oder Hinterbliebenenzusage) eines intern zu teilenden Anrechts durch Kompensation nach § 11 Abs. 1 S. 2 Nr. 3 VersAusglG;
- das **Verschieben des Versorgungsausgleichs** bei Scheidung auf den Zeitpunkt des Todes eines Ausgleichsberechtigten (= Verschieben der Realteilung; s, hierzu bereits § 2 Rz. 1 ff.). Dies stellt einen Strukturverstoß gegen den Grundsatz über der Durchführung des Verfahrens bei Scheidung **von Amts wegen** (§ 137 Abs. 2 S. 2 FamFG) dar.

Liegt kein derartiger oder vergleichbarer Verstoß vor, ist der Anwendungsbereich einer Ehegattenvereinbarung eröffnet, ohne dass es trotz der notwendigen Abweichung von der einzelanrechtsbezogenen Halbteilung einer Zustimmung oder binnenrechtlichen Ermächtigung des betroffenen Versorgungsträgers bedürfte.

Liegt andererseits eine Zustimmung (oder entsprechendes Binnenrecht) vor, ist das Familiengericht 128
insoweit gebunden. Voraussetzung ist allerdings wiederum, dass die (ggfs. dreiseitige) Vereinbarung nach § 8 Abs. 2 VersAusglG, den Maßgaben der Inhalts- und Ausübungskontrolle nach § 8 Abs. 1 VersAusglG genügt.

M 69.9 Belehrung über § 8 Abs. 2 VersAusglG

(. . .)

Der Notar hat darauf hingewiesen, dass

- *die Ehegatten gegen den Willen oder die satzungsrechtlichen Bestimmungen eines beteiligten Versorgungsträgers keine vollziehbare Vereinbarung darüber treffen können, ob und wie ein Anrecht intern oder extern geteilt wird*
- *. . . .*

➲ **Hinweis:** §§ 32, 46 Abs. 2 SGB I; § 3 Abs. 3 BeamtVG verbieten keine Vereinbarung über den 129
Ausgleich von Anrechten aus einem öffentlich-rechtlichen Sicherungssystem (gRV, Beamtenversorgung, Alterssicherung der Landwirte) nach § 6 VersAusglG; das gilt auch für sog. Saldierungsvereinbarungen (BGH NJW-RR 2013, 388).

IX. Einzelne Inhalte von Vereinbarungen (Überblick)

1. Überblick

Das Primat der **Realteilung eines jeden Anrechts** (= Hin- und Herausgleich) **verändert und er-** 130
weitert die inhaltlichen Gestaltungsmöglichkeiten der Ehegatten erheblich, insbesondere:

- durch Verrechnung von Anrechten oder Teilen davon (**„Saldierungsvereinbarungen“**),
- durch **Ausschluss** (auch teilweise) des Ausgleich – also der Realteilung der Anrechte – gegen die Übertragung von sonstigen ehebezogenen Vermögenswerten (**„Gesamtvermögenregelung“**),
- durch Vereinbarung der **externen Teilung** einzelner oder mehrerer Anrechte mit Zustimmung der Versorgungsträger,
- durch eine **Gesamtregelung aller Scheidungsfolgen**, einschl. des nachehelichen Unterhalts,
- durch **erweiternde Ausgestaltung gesetzlicher Ausschlussgründe** der Teilung (Geringfügigkeit, kurze Ehedauer).

In der etablierten und auch durch das VersAusglG anerkannten **Vertragspraxis** werden neben den 131
Regelbeispielen nach § 6 Abs. 1 Nrn. 1–3 VersAusglG (s. Rz. 132), dem einseitigen und (oftmals problematischem) Totalausschluss nach § 6 Abs. 1 Nr. 2 VersAusglG folgende **Fallgruppen** unterschieden:

- **Totalausschluss** (mit Bedingung oder Rücktrittsvorbehalt bei Kinderwunsch etc.),
- **Totalausschluss bei kurzer Ehedauer** (über 3 Jahre hinaus [§ 3 Abs. 3 VersAusglG]),
- **einseitiger Totalausschluss,**
- **Teilausschluss** – verschiedenste Modifikationen:
- Herausnahme einer oder **einzelner Versorgungsarten,**
- Herausnahme einer oder **einzelner Anrechte** („Randversorgung"),
- **Begrenzung** des Wertausgleichs (zB Höchstgrenzen, Mindestversorgung),
- **Ausschluss** (auch teilweise) gegen **versorgungsgeeignete Kompensation** (zB Beitragsentrichtung),
- **Ausschluss** (auch teilweise) gegen **sonstige Kompensation** (zB Lebensversicherung, Einmalbetrag, Immobilie, Nutzungsrecht),
- **Ausschluss** (auch teilweise) gegen **modifizierten nachehelichen Unterhalt,**
- **Ausschluss** (auch teilweise) gegen **modifizierten Zugewinnausgleich,**
- Abänderung der **Ausgleichsquote,**
- Ausgleich **„ehebedingter** (Versorgungs-)**Nachteile**"
- Veränderung des **Ausgleichszeitraums** (zB „fiktives Ehezeitende"),
- **Bedingungen**, **Befristungen**, **Rücktrittsvorbehalte** für verschiedene Konstellationen,
- Vereinbarung und/oder Ausgestaltung **schuldrechtlicher Ausgleichsleistungen.**

2. Einbeziehung in die Regelung der ehelichen Vermögensverhältnisse (§ 6 Abs. 1 Nr. 1 VersAusglG)

132 Nach § 6 Abs. 1 Nr. 1 VersAusglG können (und sollen) Ehegatten den Versorgungsausgleich in die Regelung der „ehelichen Vermögensverhältnisse" (gemeint ist wohl die Auseinandersetzung ehelichen Vermögens anlässlich der Scheidung) einbeziehen. Hiermit ist einerseits ein Hinweis auf die Rechtsprechung zur Inhaltskontrolle zum Ausgleichsverzicht unter dem Gesichtspunkt der anderweitigen **„Kompensation"** und anderseits zur **„Gesamtschau"** scheidungsbezogener Regelungen gemeint. Andererseits knüpfte der Gesetzgeber an das Regelungsziel an, möglichst alle Scheidungsfolgen zusammen und abschließend zu regeln.

133 Schon die Gesetzesbegründung regt vertragliche Vereinbarungen an, mit denen eine tatsächliche Durchführung des Versorgungsausgleichs vermeiden wird, sich die Eheleute jedoch verpflichten, den errechneten Wertunterschied zum Ende der Ehezeit anderweitig zu kompensieren (zB: Kapitalabfindung nach § 22 VersAusglG; „Verrechnung" mit Zugewinnausgleichansprüchen; Übertragung einer Immobilie mit versorgungsgeeigneten Einnahmen aus VuV: vgl. Schramm NJW-Spezial 2009, 292).

134 Zur weiteren Vereinfachung des Ausgleichs unter Einbeziehung der „ehelichen Vermögensverhältnisse" wird es häufig und vorweg zu **„Saldierungsvereinbarungen"** in Bezug auf die einzelnen Anrechte der Ehegatten untereinander kommen. Die Einbeziehung der „ehelichen Vermögensverhältnisse" oder anderer Kompensationsleistungen wird erst dann eine Rolle spielen, wenn Wertunterschiede nach einer Saldierung verbleiben. Maßgebend für die Bildung einer tragfähigen Bemessungsgrundlage dürften damit die **„Kapital- und Wertangaben" der Versorgungsträger** und insbesondere der **korrespondierende Kapitalwert** (§ 47 VersAusglG) werden (s. hierzu Rz. 135 f.).

M 69.10 Versorgungsausgleich durch „vereinbarte Saldierung" und Verrechnung von Zugewinnausgleichsansprüchen (vorsorgende Vereinbarung)

(1) Wir vereinbaren hiermit, dass der Versorgungsausgleich im Sinne der §§ 1 ff. VersAusglG im Falle der Scheidung unserer Ehe vollständig ausgeschlossen wird und der Ausgleich des Wertes der

von uns in der Ehezeit erworbenen Anrechte allein nach Maßgabe dieser Vereinbarung – also ohne Realteilung – erfolgt:

(2) Die Ehegatten verpflichten sich bereits heute, dem jeweils anderen von ihnen bei Eintritt des Getrenntlebens iSd § 1567 BGB, spätestens jedoch im Zeitpunkt der Zustellung des Scheidungsantrags, die Auskünfte des jeweiligen Versorgungsträgers über den Ehezeitanteil (also die Bewertung) eines jeden, nach dem Gesetz dem Versorgungsausgleich unterliegenden Anrechts in Form des Kapitalwerts, des korrespondierenden Kapitalwerts (§§ 5 Abs. 3; 47 VersAusglG) oder des Rückkaufwerts schriftlich vorzulegen.

Derjenige Ehegatte, der in der Summe und allein aufgrund der mitgeteilten Kapitalwerte und/oder korrespondierenden Kapitalwerte über die insgesamt höheren Ehezeitanteile von Anrechten verfügt, hat an den anderen Ehegatten die Hälfte der Differenz zu der Summe der Ehezeitanteile von Anrechten des anderen Ehegatten, als vereinbarten Wertausgleich in Geld als Einmalbetrag zu zahlen. Es sollen zunächst die Ehezeitanteile von Anrechten gleicher Art miteinander saldiert werden.

(3) Können sich die Beteiligten nicht über die Höhe der jeweiligen Ehezeitanteile von Anrechten oder die Berechnung einigen, so sind die umstrittenen Bewertungen und die Berechnung des vereinbarten Wertausgleichs durch Schiedsgutachten von einem Sachverständigen für Rentenangelegenheiten zu ermitteln. Falls sich die Ehegatten über die Person des Gutachters nicht einigen können, soll der Präsident der der Industrie- und Handelskammer zu . . . einen Gutachter bestimmen. Die Kosten des Gutachtens tragen die Ehegatten jeweils zur Hälfte. Das Schiedsgutachten ist für beide Ehegatten verbindlich (§§ 315 ff. BGB).

(4) Die Leistung des Ausgleichs in Geld soll unter Verrechnung mit Forderungen auf Zugewinnausgleich oder anderen Vereinbarungen zur Vermögensauseinandersetzung aus Anlass der Beendigung unserer Ehe erfolgen.

(5) . . . (. . .) (sonstige Hinweise und Vereinbarungen, insb. zur Fälligkeit und zum Bestand der Vereinbarung in Abhängigkeit der Entscheidung des Familiengerichts nach § 224 Abs. 3 FamFG iVm. § 6 VersAusglG und zur eingeschränkten Vergleichbarkeit der Wertangaben durch die Versorgungsträger).

M 69.11 Versorgungsausgleich innerhalb der ehelichen Vermögensverhältnisse (teilweiser Ausgleich, „vereinbarte Saldierung" und Abfindungsleistung durch Verrechnung mit Zugewinnausgleichsanspruch – Scheidungsvereinbarung)

(1) Der Versorgungsausgleich nach §§ 1 ff. VersAusglG soll im Fall der Scheidung unserer Ehe nur für Ehezeitanteile von Anrechten aus der gesetzlichen Rentenversicherung Bund stattfinden. Die Bewertungen und Wertangaben sind uns aufgrund der von uns eingeholten Auskünfte bekannt.

(2) Darüber hinaus haben wir nach den Auskünften der nachgenannten Versorgungsträger, die uns ebenfalls vollinhaltlich bekannt sind, in der Ehezeit folgende Anrechte aus betrieblicher Altersvorsorge erworben:

- *Herr . . . bei der . . . Lebensversicherungs AG, Vertragsnummer . . . und . . ., Anrechte mit einem Ehezeitanteil von . . . Euro und . . . Euro (Kapitalwert); der Ausgleichswert beträgt nach Vorschlag des Versorgungsträgers . . . Euro bzw. . . . Euro,*
- *Frau . . . bei der . . . Lebensversicherungs AG, Vertragsnummer . . ., Anrechte von mit einem Ehezeitanteil . . . Euro (Kapitalwert); der Ausgleichswert beträgt nach Vorschlag des Versorgungsträgers . . . Euro.*

Zum Ausgleich der vorgenannten Anrechte und unter gleichzeitigem Verzicht auf die Durchführung einer internen oder externen Teilung vereinbaren wir unter Zugrundelegung der jeweils mitgeteilten Wertangeben, die Zahlung eines Einmalbetrages an Frau . . . .

(3) Herr ... verpflichtet sich daher, seiner Ehefrau ... die Hälfte des entsprechenden Unterschiedsbetrags der mitgeteilten Wertangeben zu zahlen, das sind ... Euro.

(4) Der vorgenannte Ausgleichsbetrag in Höhe von ... Euro wird in gleicher Höhe gegen den in § ... dieser Urkunde von uns vereinbarten Zugewinnausgleichs des Herrn ... verrechnet. Die Verrechnung wird allerdings erst wirksam, nachdem das Familiengericht rechtskräftig darüber entschieden hat, dass der Versorgungsausgleich nach Maßgabe dieser Vereinbarung durch- bzw. nicht durchgeführt wird.

Der vereinbarte Ausgleichsbetrag stellt im Übrigen eine abschließende Regelung zum Ausgleich der vorgenannten Anrechte dar; zukünftige Wertentwicklungen bis zur Scheidung der Ehe bleiben unberücksichtigt.

(5) Auf jeglichen Ausgleich aller anderen Anrechte eines jeden von uns, gleichviel bei welchem Versorgungsträger solche bestehen, verzichten wir vollständig und gegenseitig, insbesondere auf den Ausgleich des Anrechts der Frau ..., das diese als Teil ihrer betrieblichen Altersvorsorge bei der Helvetia-Lebensversicherung AG in Höhe eines monatlichen Rentenbetrages von ... Euro ehezeitbezogen erworben hat.

(6) Der Notar hat

- *... Belehrung zu Vergleichbarkeit von Wertangaben der Versorgungsträger ...;*
- *über die Bedeutung des Versorgungsausgleichs, den Ausgleichswert einzelner Anrechte und die Tragweite des Teil-Ausschlusses der Teilung auch einzelner Anrechte einschließlich der Folgen eines solchen Ausschlusses für die soziale, insb. die Alterssicherung nach einer Scheidung belehrt. Es ist uns bekannt, dass bei Wirksamkeit des vorstehend vereinbarten Teilausschlusses, die insoweit erworbenen Ehezeitanteile von Anrechten, also Anwartschaften auf zukünftige oder bereits laufende Versorgungen nicht zwischen uns aufgeteilt oder verrechnet werden;*
- *uns ferner darauf hingewiesen, dass der vorstehend vereinbarte Verzicht, sofern er Dritte benachteiligt, nichtig oder im Einzelfall ein Berufen auf Verzichte unzulässig sein kann. Zudem unterliegen Vereinbarungen zum Versorgungsausgleich, Teile davon und im Wege einer Gesamtschau auch andere Regelungen dieses Vertrages bei Scheidung der Ehe der richterlichen Inhaltskontrolle und ggfs. auch der Anpassung.*

135 Bei den für Vereinbarungen wichtigen **Angaben der Versorgungsträgern zum Wert der ehezeitbezogenen Anrechte** stellen der korrespondierender Kapitalwert (§ 47 VersAusglG) und der Barwert die wichtigsten Größen dar. Über deren Bedeutung sollte der Notar belehren. Der **korrespondierende Kapitalwert (§ 47 VersAusglG)** ist die bei jedem Anrecht, das nicht ohnehin als Kapitalwert ausgewiesen wird, anzugebende **Kapital-„Hilfsgröße"**. Er entspricht nach Maßgabe des entsprechenden Versorgungssystems dem Betrag, der zum Ende der Ehezeit aufzubringen wäre, um bei dem Versorgungsträger eine Anrecht in Höhe des Ausgleichswerts zu begründen. Er eignet sich nur bedingt und „vergleichsweise" zur Verrechnung von Anrechten untereinander oder zur Verrechnung von Anrechten mit anderen Vermögenswerten.

136 Der **Barwert (§ 47 VersAusglG)** gibt den Wert einer künftigen Zahlung zum gegenwärtigen Zeitpunkt (Stichtag) an. Er wird auch **Gegenwartswert** genannt und derart berechnet, dass der Barwert einschließlich des erwarteten Zinsertrags bis zur Fälligkeit der späteren Zahlung (zB Renteneintritt), dem Nominalbetrag der zugesagten, zukünftigen Zahlung entspricht. (Beispiel: Zusage, bei Gesamtfälligkeit in einem Jahr = 1000,– Euro; erwarteter Ertrag aus Zinsen bis zur Fälligkeit = 4 % erwartet; Barwert = 961,54 Euro [961,54 + (4 × 961,54/100) = 1000]. Damit hängt der Barwert in erheblichem Maße am unterstellten Zinssatz. Der versicherungsmathematische Barwert wird benötigt, wenn es ungewiss ist, ob und wie viele spätere Zahlungen (zB Rentenleistungen) erfolgen werden. Neben der Abzinsung spielen sodann **„biometrische Rechnungsgrundlagen"** wie Sterbewahrscheinlichkeiten usw. eine Rolle.

M 69.12 Allgemeine Belehrung über Fehlvorstellungen der Vergleichbarkeit von Angaben des Kapitalwerts, des korrespondierenden Kapitalwerts, des Zeitwerts (Rückkaufwerts) usw.

(...)

Der Notar hat darüber belehrt, dass der Kapitalwert, der korrespondierende Kapitalwert oder andere Wertangaben von Versorgungsträgern lediglich ausgleichsrechtliche Hilfswerte darstellen, die dem tatsächlichen Wert des jeweiligen Anrechts möglicherweise nicht entsprechen und die angegebenen Werte auch nicht schematisch miteinander verglichen werden können. Dies gilt selbst für einen Vergleich von Werten für Anrechte gleicher Art. Bei der Ermittlung des tatsächlichen Wertes eines Anrechts würden wertbildende Faktoren wie beispielsweise Leistungsumfang, Dynamisierung, Absicherung und Altersgrenzen für einen Bezug der Versorgung mitberücksichtigt. Für derartige Feststellungen bedürfte es ggfs. der Einholung eines Gutachtens.

Die Ehegatten erklären, dass sie dennoch die Angaben über erworbene Anrechte, insbesondere den Ausgleichswert, wie sie von den Versorgungsträgern mitgeteilt werden, bei ihrer Auseinandersetzung rechnerisch zugrunde legen wollen und dass der entsprechend den Regelungen dieser Urkunde zu berechnende Ausgleichsbetrag nach ihrem Willen von dem Berechtigten nicht versorgungsgeeignet verwendet werden muss.

3. Ausschluss des Versorgungsausgleichs

a) Totalausschluss

§ 6 Abs. 1 Nr. 2 VersAusglG umfasst zweifellos die Befugnis der Vertragschließenden, den Versorgungsausgleich vollständig, bedingungs- und entschädigungslos auszuschließen (Hahne FamRZ 2009, 2041, 2042 f.; Wick FPR 2009, 219, 222). Bei einem wirksamen Totalausschluss des Versorgungsausgleichs findet eine rechtsgestaltende Entscheidung des Familiengerichts über den Versorgungsausgleich im Falle der Scheidung oder danach nicht mehr statt. Dennoch hat das Familiengericht darüber zu tenorieren, dass aufgrund des wirksamen Totalausschlusses der Versorgungsausgleich eben gerade nicht stattfindet (§ 224 Abs. 3 FamFG). 137

M 69.13 Totalausschluss des Versorgungsausgleichs (mit Hinweis und Belehrung)

(1) Wir vereinbaren hiermit, dass der Versorgungsausgleich im Sinne der §§ 1 ff. VersAusglG im Falle der Scheidung unserer Ehe vollständig ausgeschlossen wird.

(2) Der Notar hat uns über die Bedeutung des Versorgungsausgleichs, die Tragweite des gänzlichen Ausschlusses und die Folgen eines solchen Ausschlusses für die soziale, insb. die Alterssicherung nach einer Scheidung belehrt. Es ist uns bekannt, dass bei Wirksamkeit des vorstehend vereinbarten Ausschlusses, die erworbenen Ehezeitanteile von Anrechten, also Anwartschaften auf zukünftige oder bereits laufende Versorgungen nicht zwischen uns aufgeteilt oder verrechnet werden.

(3)Der Notar hat uns ferner darauf hingewiesen, dass der vorstehend vereinbarte Verzicht, sofern er Dritte benachteiligt, nichtig oder im Einzelfall ein Berufen auf Verzichte unzulässig sein kann. Zudem unterliegen die Vereinbarung zum Versorgungsausgleich, Teile davon und im Wege einer Gesamtschau auch andere Regelungen dieses Vertrages bei Scheidung der Ehe der richterlichen Inhaltskontrolle und ggfs. auch der Anpassung.

Denkbar ist es nach § 6 Abs. 1 Nr. 3 auch, auf den öffentlich-rechtlichen Versorgungsausgleich zugunsten eines späteren schuldrechtlichen Ausgleichs ganz oder teilweise zu verzichten. 138

b) Begriff des Teilausschlusses

139 Nachdem § 6 Abs. 1 Nr. 2 VersAusglG den gänzlichen Ausschluss des Versorgungsausgleichs („Totalausschuss") gestattet, ist als minus zum Totalausschuss auch der nur teilweise Ausschluss zulässigerweise vereinbar. Dabei ist zu unterscheiden:

Teilausschluss kann beispielsweise der **Verzicht des Ausgleichs auf einen Teil eines Anrechts**, als auch den **gänzlichen Verzicht auf einen Ausgleich einzelner Rechte** bedeuten. Beispiele für den ersten Fall ist der Verzicht auf den in der Trennungszeit erworbenen Teil eines oder mehrerer Anrechte; für den zweiten Fall der gänzliche Verzicht auf den Ausgleich von Anrechten der betrieblichen Altersversorgung oder der privaten Alterssicherung. Nach der neuen Systematik der Realteilung aller Anrechte ist es nunmehr unerheblich, welcher der Ehegatten insgesamt höhere Anrechte erworben hat. Bei einem wirksamen Teilausschluss hat das Familiengericht den Versorgungsausgleich nur noch in Bezug auf diejenigen Anrechte durchzuführen, auf die sich der Ausschluss nicht erstreckt. Auch über einen wirksamen Teilausschluss hat das Gericht zu tenorieren (§ 224 Abs. 3 FamFG).

c) Einseitiger (vollständiger) Ausschluss

140 Neben der Möglichkeit, gegenseitig den Versorgungsausgleich vollständig auszuschließen, kommt auch ein lediglich **einseitiger vollständige Ausschluss** (es handelt sich auch hier um einen Verzichtsvertrag) in Betracht. In der Praxis sind Fälle betroffen, in denen ein Ehegatte über auszugleichende Anrechte iSd. § 2 VersAusglG verfügt, während der andere Ehegatte seine Altersvorsorge vorwiegend durch Kapital-Lebensversicherungen, die nicht ausgleichpflichtig sind; Immobilien oder andere Arten der Vermögensvorsorge sichergestellt hat (Beispiel: „**Unternehmerehe**"). Oftmals haben die Ehegatten in dieser Konstellation zu Gunsten des kapitalbildenden Ehegatten Gütertrennung oder zumindest den Ausschluss lebzeitigen Zugewinnausgleichs miteinander vereinbart.

141 Die **Darstellung der Versorgungssituation bzw. der Versorgungsplanung** der Ehegatten, die einen einseitigen Verzicht im Rahmen der pflichtgemäßen Inhaltskontrolle (§ 8 Abs. 1 VersAusglG) plausibel und nachvollziehbar macht, sollte in der „Vorbemerkung" der notariellen Urkunde enthalten sein.

M 69.14 Einseitiger Ausschluss des Versorgungsausgleichs (unter Hinweis auf eine Saldierung im Rahmen einer internen Teilung nach § 10 Abs. 2 VersAusglG)

(1) . . . Darstellung der relevanten Versorgungsvorstellungen . . .

(2) Der Versorgungsausgleich nach §§ 1 ff. VersAusglG soll im Fall der Scheidung unserer Ehe nur einseitig, das heißt zulasten von Anrechten des Ehemanns stattfinden. Der Ehemann verzichtet seinerseits auf die Geltendmachung von Ansprüchen auf Wertausgleich jeglicher Art in Bezug auf alle Anrechte seiner Ehefrau; der Verzicht umfasst auch die Ehezeitanteile von Anrechten der Ehefrau, die im Rahmen einer internen Teilung nach § 10 Abs. 2 VersAusglG oder aufgrund einer Verrechnungsabrede von Versorgungsträgern verrechnet werden würden. Die Ehefrau nimmt den vorstehenden Verzicht hiermit an.

(3) . . . (. . .) Hinweise und Belehrungen

142 Das vorstehende Muster geht über diejenigen Vereinbarungen hinaus, die nach dem bis zum 1.9.2009 geltenden System des „Einmalausgleichs" nur dann einen einseitigen Ausgleich vorsahen, wenn ein in der Urkunde festgelegter Ehegatte, nämlich derjenige, der seine Altersvorsorge nicht primär durch Vermögensaufbau organisierte, ausgleichsberechtigt gewesen wäre. Damit war der einseitige Verzicht auf Versorgungsausgleich abhängig von der „Ausgleichsrichtung" nach Maßgabe

der „Ausgleichsbilanz" aller bewerteten Anrechte, die in den Einmalausgleich aufzunehmen waren. Diese Regelung war insoweit eindeutig, als der Ausgleich vor der Reform immer nur in eine Richtung durchgeführt wurde, und nur einer der beiden Ehegatten ausgleichpflichtig war. Die Anknüpfung an die „Ausgleichsrichtung" stellt sich seit dem 1.9.2009 grundlegend anders dar, weil nunmehr jedes Anrecht einzeln zu betrachten ist und eine einheitliche Ausgleichsrichtung nicht mehr besteht. Grundsätzlich ist jeder Ehegatte sowohl ausgleichsberechtigt als auch ausgleichsverpflichtet. Will man demnach eine der vormaligen Regelung des einseitigen Ausgleichs entsprechende Lage herstellen, müssen die Anrechte jedes Ehegatten als „wertmäßige" Summe denjenigen des anderen Ehegatten gegenüber gestellt werden.

In einer **Scheidungsvereinbarung**, bei deren Abschluss die einzelnen Anrechte der Ehegatten bereits entstanden und geklärt sind, müsste quasi auf der Grundlage der erteilten Auskünfte der Versorgungsträger eine versorgungsrechtliche Bilanz für jeden Ehegatten erstellt und die saldierten Werte miteinander verglichen werden. Ein Ausgleich fände sodann nur statt, wenn sich auf dieser Grundlage ein ehezeitbezogenes Minus des durch den einseitigen Verzicht begünstigten Ehegatten ergeben würde. Die Ehegatten müssten sich – unter Wahrung der Rechte der betroffenen Versorgungsträger – einigen, dass ein Ausgleich nur in eine Richtung und nur innerhalb von ihnen bestimmter Anrechte unter gleichzeitiger Beachtung der saldierten Wertunterschiede durchgeführt wird. Sie hätten damit das System des „Einmalausgleichs" und der einseitigen „Ausgleichrichtung" vertraglich vereinbart (s. hierzu Rz. 2). 143

In einem **vorsorgenden Ehevertrag**, bei dessen Abschluss die Ehezeitanteile der Anrechte der beiden Ehegatten regelmäßig nicht feststehen, muss wiederum vereinbart werden, dass ein Ausgleich auf der Grundlage noch zu erteilender Auskünfte der Versorgungsträger und der saldierten Werte nur in eine Ausgleichsrichtung und in bestimmte Anrechte durchgeführt werden soll. Die Grundlagen eines solchen vereinbarten Einmalausgleichs in eine vertraglich bestimmte Ausgleichsrichtung müsste die Bewertung der Anrechte ansprechen, um eine Vergleich möglich zu machen. Auch hier findet ein Ausgleich im Scheidungsfall nur statt, wenn sich auf dieser Grundlage ein ehezeitbezogenes „Minus" des durch den einseitigen Verzicht begünstigten Ehegatten ergeben würde. 144

M 69.15 Einseitiger Ausschluss in einer Scheidungsvereinbarung nach dem System der „einseitigen Ausgleichsrichtung" unter Verwendung der Wertangaben von Versorgungsträgern

(1) ... Darstellung der relevanten Versorgungsvorstellungen ...

(2) Der Versorgungsausgleich nach §§ 1 ff. VersAusglG soll im Fall der Scheidung unserer Ehe nur einseitig, das heißt zulasten von Anrechten des Ehemanns stattfinden. Hierbei soll wie folgt verfahren werden:

Die von jedem Ehegatten in der Ehezeit erworbenen Anrechte (Ehezeitanteile), die bei einer Scheidung dem Versorgungsausgleich unterlägen, sollen allein unter Heranziehung der Auskünfte der Versorgungsträger über den jeweiligen Ausgleichswert (Kapitalbetrag, korrespondierender Kapitalbetrag, Rückkaufswert etc.) in eine ehezeitbezogene Gesamtbilanz eingestellt werden.

Die Ehegatten erklären insoweit, dass sie allein die Angaben über erworbene Anrechte, insbesondere den Ausgleichswert, wie sie von den Versorgungsträgern mitgeteilt werden, bei ihrer Auseinandersetzung rechnerisch zugrunde legen wollen.

(3) Ergibt sich nach einer Saldierung der Ausgleichswerte aus der ehezeitbezogenen Gesamtbilanz nach Abs. (2) ein Überschuss zugunsten der Ehefrau, soll der Ausgleich nach Maßgabe des VersAusglG durch interne oder externe Teilung derart erfolgen, dass nach einer rechnerischen Saldierung der mitgeteilten Ausgleichswerte der verbleibende Differenzbetrag zunächst zu Lasten von Anrechte aus der gesetzlichen Rentenversicherung, sodann der Zusatzversorgungen und zuletzt der betrieblichen Altersversorgung ausgeglichen wird.

(4) Der Ehemann verzichtet seinerseits auf die Geltendmachung von Ansprüchen auf Wertausgleich jeglicher Art in Bezug auf alle Anrechte seiner Ehefrau; der Verzicht umfasst auch die rechnerische

Berücksichtigung der Ehezeitanteile von Anrechten der Ehefrau im Rahmen einer internen Teilung durch Verrechnung nach § 10 Abs. 2 VersAusglG oder aufgrund einer Verrechnungsabrede von Versorgungsträgern verrechnet werden würden. Die Ehefrau nimmt den vorstehenden Verzicht hiermit an.

(5) . . . (. . .) Hinweise und Belehrungen, insbesondere zu den Wertangaben nach § 47 VersAusglG.

M 69.16 Einseitiger Ausschluss nach „altem" System der Vergleichbarmachung von Anrechten unter Verwendung der Wertangaben von Versorgungsträgern (Gutachter)

(1) . . . Darstellung der relevanten Versorgungsvorstellungen . . .

(2) Der Versorgungsausgleich nach dem VersAusglG soll im Fall der Scheidung unserer Ehe nur dann stattfinden, wenn der Ehemann bei Ehezeitende der „insgesamt Ausgleichsberechtigte" ist. Ist hingegen die Ehefrau „insgesamt ausgleichsberechtigt", schließen beide Ehegatten den Wertausgleich der jeweils von ihnen in der Ehezeit erworbenen Anrechte jeglicher Art vollständig aus (bedingter Ausschluss).

(3) ***Im Einzelnen gilt Folgendes:***

Zur Bestimmung des „insgesamt Ausgleichsberechtigten" sollen die von jedem Ehegatten erworbenen Ehezeitanteile von Anrechten, die dem Versorgungsausgleich unterfallen, in eine ehezeitbezogene Gesamtbilanz einbezogen werden. Dabei sind die Ehezeitanteile von Anrechten als Monatsbetrag einer volldynamischen Versorgung am Vergleichsmaßstab der gesetzlichen Rentenversicherung (West), die regelmäßig gesetzlich angepasst und grundsätzlich mit der allgemeinen Lohn- und Gehaltsentwicklung steigt und fällt, anzugeben und einzubeziehen. Soweit Anrechte eine Umrechnung erfordern, sollen wiederum die sog. Barwertverordnung und/oder andere geeignete versicherungsmathematische Berechnungsmethoden zur Bestimmung des Barwerts herangezogen werden. Die ermittelten Werte sind fiktiv als Beitrag in die gesetzliche Rentenversicherung einzubezahlen, um zu ermitteln, wie hoch ein ehezeitbezogener gesetzlicher Rentenanspruch wäre.

Anrechte, die wegen geringfügiger Ausgleichsdifferenz oder geringfügiger Ausgleichswerte vom Ausgleich ausgeschlossen sind, sind nach der vorstehenden Bewertungsmethode in die Gesamtbilanz aufzunehmen.

(4) Können sich die Ehegatten nicht über die Feststellung des „insgesamt Ausgleichsberechtigten" einigen, so sind die umstrittenen Bewertungen, und Berechnung durch Schiedsgutachten von einem Sachverständigen für Rentenangelegenheiten zu ermitteln. Falls sich die Ehegatten über die Person des Gutachters nicht einigen können, soll der Präsident der der Industrie- und Handelskammer zu Köln einen Gutachter bestimmen. Die Kosten des Gutachtens tragen die Ehegatten jeweils zur Hälfte. Das Schiedsgutachten ist für beide Ehegatten verbindlich (§§ 315 ff. BGB).

(5) . . . (. . .) Hinweise und Belehrungen.

d) Ausschluss gegen Gegenleistungen

145 Vielfach wird, insbesondere bei sog. „Diskrepanzehen", zum Ausgleich für einen gänzlichen oder teilweisen Ausschluss des Versorgungsausgleichs eine Gegenleistung des Ausgleichspflichtigen vereinbart.

Typische Gegenleistungen sind Grundstücksübertragung [„Scheidungsimmobilie"], Einräumung eines Wohnrechts/Nießbrauchs; Überlassung wertvoller Haushaltsgegenstände, einmalige Kapitalabfindung (s. bereits Rz. 132 ff.), Übertragung oder Aufbau einer Lebensversicherung, Aufbau einer Altersversorgung durch Beitragsentrichtung; Übernahme von Verbindlichkeiten usw.

146 Nach den Maßstäben des VersAusglG kann die bisher strittige Frage, ob eine **Gegenleistung ohne Versorgungszweck oder -geeignetheit** den Anforderungen einer gerichtlichen Inhaltskontrolle ge-

nügen kann (s. etwa Eichenhofer FPR 2003, 185, 187), dahinstehen. Dem VersAusglG lässt sich nämlich nicht entnehmen, dass vereinbarte Gegenleistungen einem Altersvorsorgezweck dienen müssten. Der Gesetzgeber hat auch die ihm bekannten Maßgaben des § 1587o BGB aF zur Angemessenheitsprüfung von Vereinbarungen nicht übernommen.

Wird eine kompensierende Gegenleistung mit der Zweckrichtung Versorgung für einen Verzicht oder Teilverzicht auf Versorgungsausgleich vereinbart, hat diese jedenfalls **eindeutig bestimmbar** zu sein und sollte eine **gesicherte** (wirtschaftlich möglichst gleichwertige) **Anspruchsposition** darstellen. Die Vereinbarung wiederkehrender Leistungen, wie beispielsweise eine laufende Zahlung von Beiträgen in eine Lebens- oder Rentenversicherung, sollte wegen der Gefahr ihrer Nichterfüllung abgesichert werden; dies kann die Vereinbarung von **Rücktrittsvorbehalten** oder **Bedingungen** bedeuten. Selbst dinglich abgesicherte Leistungen sind vorstellbar (zB aufschiebend bedingte Reallast) 147

Bei Beurkundung von Ausgleichsleistungen sollte der Notar darauf hinwirken, dass die Eheleute sich über Art und Umfang der anderweitigen Absicherung eindeutig erklären. Auf die grundsätzliche Unterschiedlichkeit der Gegenleistung zu einem Anrecht auf Versorgung im Sinne des VersAusglG sollte hingewiesen werden. Ggfs. sollte das Bewirken einer Gegenleistung von „zustimmenden“ Entscheidung des Familiengerichts über den Versorgungsausgleich nach § 224 Abs. 3 FamFG abhängig gemacht werden (s. bereits Rz. 110 und 124). 148

Einzelne typische Gegenleistungen sind (Auswahl): 149

M 69.17 Dynamische Lebensversicherung als Gegenleistung (ausführlich)

(1) Der Ehemann ist verpflichtet, zur Sicherung der Versorgung der Ehefrau und als Ausgleich für den gänzlichen (oder teilweisen) Ausschluss des Versorgungsausgleich (nach ... dieser Vereinbarung) seit dem ... 20... für die Ehefrau bei der ...-Versicherung eine dynamische Lebensversicherung auf sein Ableben, spätestens auszahlbar bei Vollendung des 65. Lebensjahres der Ehefrau in Form der Kapitalversicherung mit Rentenwahlrecht abzuschließen. Der Ehemann verpflichtet sich, während der gesamten Laufzeit des Versicherungsvertrages seine versicherungsrechtlichen Gestaltungsrechte, insbesondere zur Kündigung oder Beitragsfreistellung nur bei einem vorzeitigen Ableben der Ehefrau und nach Maßgabe dieses Vertrages auszuüben.

(2) Durch eine Berufsunfähigkeits-Zusatzversicherung auf Beitragsfreiheit ist sicherzustellen, dass die Lebensversicherung bei Berufsunfähigkeit des Ehemannes beitragsfrei wird. Die Versicherung wird ebenfalls bei vorzeitigem Tod des Ehemanns beitragsfrei.

(3) Der Kapitalbetrag der Lebensversicherung ist so festzusetzen, dass sich die Rente bei Ausübung des Rentenwahlrechts gegenwärtig auf ... Euro belaufen würde. Der Ehemann ist verpflichtet, die jeweiligen Beiträge zu der Lebensversicherung rechtzeitig nach den Maßgaben des Versicherungsvertrages zu entrichten. Bei Verzug von mehr als drei Monaten ist die Ehefrau berechtigt, vom vorstehend vereinbarten Ausschluss des Versorgungsausgleichs insgesamt zurückzutreten. Dieser Rücktritt ist zur Urkunde eines Notars zu erklären und dem Ehemann zuzustellen.

(4) Soweit der vorstehend vereinbarte gänzliche (teilweise) Ausschluss des Versorgungsausgleichs unwirksam sein oder nicht durchgeführt werden sollte, und auch auf andere Weise eine dem wirtschaftlichen Zweck entsprechende Regelung nicht herbeigeführt werden kann, ist ein Bezugsrecht des Ehemanns sowie ein Rückkaufsrecht für diesen zu vereinbaren. Gleiches gilt für den Fall des Versterbens der Ehefrau vor Auszahlung bei Vollendung des 65. Lebensjahrs. Der Rückgewähranspruch gezahlter Beiträge bei Ausüben des Rentenwahlrechts und beim Ableben der Ehefrau nach Rentenbeginn steht dem Ehemann oder dessen Erben zu. Im Übrigen ist das Bezugsrecht der Ehefrau unwiderruflich und nicht abtretbar.

(5) Für den Fall einer Scheidung der Ehe unterliegt der Lebensversicherungsvertrag oder Anrechte daraus nach den Vereinbarungen der Ehegatten weder dem Wertausgleich nach dem VersAusglG noch dem Zugewinnausgleich.

(6) Im Streitfall über Höhe und Ausgestaltung der Lebensversicherung entscheidet ein durch den Präsidenten der Industrie- und Handelskammer zu Köln zu benennender Versicherungssachverständiger, dessen Entscheidung für beide Vertragsbeteiligten verbindlich ist.

M 69.18 Kapitalabfindung als Gegenleistung

(1) Wir vereinbaren hiermit, dass der Versorgungsausgleich im Sinne der §§ 1 ff. VersAusglG im Falle der Scheidung unserer Ehe vollständig ausgeschlossen wird.

(2) Der Ehemann verpflichtet sich gegenüber seiner Ehefrau, dieser als Ausgleich für den vereinbarten Verzicht einen einmaligen Kapitalbetrag in Höhe von ... Euro zu zahlen. Der geschuldete Kapitalbetrag soll nach dem Willen der Eheleute versorgungsgeeignet verwendet werden, wobei der Berechtigten das alleinige Wahlrecht für Anlageformen zusteht. Die Ehefrau schuldet keine Gegenleistung.

(3) Die Zahlungsverpflichtung des Ehemanns gilt unabhängig von der Höhe tatsächlicher Ausgleichswerte und unabhängig davon, ob die Ehefrau im Vergleich zu ihrem Ehemann weniger oder insgesamt sogar mehr Anrechte, also Anwartschaften auf zukünftige oder bereits laufende Versorgungen erworben hat.

(3) (Fälligkeit, weitere Zahlungsvereinbarungen, Zwangsvollstreckungsklausel).

150 Die Gegenleistung für den vollständigen oder teilweisen Verzicht auf die Durchführung des Versorgungsausgleichs kann auch in der **Beitragsentrichtung, Höherversicherung oder freiwilligen Weiterversicherung in die gesetzliche Rentenversicherung** bestehen.

➲ **Hinweis:** Nach § 187 Abs. 5 SGB VI gelten Beiträge als zum Ehezeitende gezahlt, wenn sie bis zum Ende des dritten Monats seit Zugang der Rechtskraftmitteilung des Scheidungsurteils entrichtet werden. Eine fristgerechte Zahlung durch den Verpflichteten sollte in die Urkunde aufgenommen werden.

M 69.19 Beitragsentrichtung nach § 187 Abs. 1 Nr. 2b) SGB VI durch Einmalzahlung in die gRV als Gegenleistung

(1) Wir vereinbaren hiermit, dass der Versorgungsausgleich nach dem VersAusglG im Falle der Scheidung unserer Ehe vollständig und in jeder Ausgleichsrichtung ausgeschlossen ist.

(2) Der Ehemann verpflichtet sich gegenüber seiner Ehefrau, zu deren Gunsten und als Ausgleich für den vereinbarten Ausschluss nach Abs. (1) Beiträge als Einmalzahlung in die gesetzliche Rentenversicherung ... auf das dort zugunsten der Ehefrau ... geführte Versicherungskonto ... zu entrichten (§ 187 Abs. 1 Nr. 2b) SGB VI). Der zu zahlende Betrag hat ... Entgeltpunkten, bezogen auf das Ehezeitende zu entsprechen.

(3) Die Leistung der Beitragszahlung hat bis zum Ende des dritten Monats (Gutschrift) seit Rechtskraft der familiengerichtlichen Entscheidung über den Wertausgleich nach Maßgabe dieser Urkunde zu erfolgen, damit sie als zum Vertragsschluss gezahlt gilt. Verzugsschäden hat der Verpflichtete in vollem Umfang zu ersetzen.

(4) weitere Zahlungsvereinbarungen, ggfs. Zwangsvollstreckungsklausel.

(5) Die Ehegatten schließen eine nachträgliche gerichtliche Abänderung ihrer vorstehenden Vereinbarung nach § 227 Abs. 2 FamFG aus. Der Notar hat über Bedeutung und die gesetzlichen Voraussetzungen einer nachträglichen Abänderung und die Anrechte, die einer solchen Abänderung unterliegen können, belehrt.

(6) Belehrungen, Hinweise etc.

(Unter Beachtung des Aktuellen Rentenwerts („Umrechnungsfaktor" 2015) bedeutet Beitragszahlung als Gegenleistung auch, dass die Aufwendungen für den Erwerb von 3,495 EP (= mtl. Rente von ca. 100,– Euro) unter Zugrundelegen eines Beitragswerts von 6544,8130 Euro/EP insgesamt ca. 22 874,12 ***Euro*** *betragen.)*

4. Weitere Modifikationen des Versorgungsausgleichs

a) Beschränkung auf den Ausgleich „ehebedingter Nachteile"

Es ist möglich, abweichend von der Halbteilung einzelner Anrechte, den Ausgleich in der Gesamtbetrachtung derart zu gestalten, dass nur „**ehebedingte** (Versorgungs-)**Nachteile**" auszugleichen sind (vgl. Bergmann FUR 2009, 421, 423). Eine solche Regelung kann sowohl Gegenstand eines vorsorgenden Ehevertrags als auch einer Scheidungsvereinbarung sein. Gegenüber der Rechtslage vor dem VersAusglG ergeben sich abermals Verkomplizierungen, weil es keinen Einmalausgleich in eine Richtung mehr gibt, sondern vielmehr jedes Einzelrecht in die Betrachtung mit einbezogen werden muss. 151

Soll demnach einem der beiden Ehegatten (zumeist der Ehefrau), lediglich der durch die Ehe bedingte **Nachteil in der Versorgungsbiographie** in der (Ziel-)Versorgung gRV ausgeglichen werden, sind ihm durch interne und/oder externe Teilung derart hohe Ausgleichswerte zu übertragen (jeweils nicht mehr als die Hälfte des Ehezeitanteils pro Anrecht), die der ehedem ausgeübten beruflichen Laufbahn entsprechen würden (= „Nachteilsausgleich" als Maßstab). Die Urkunde sollte die „Versorgungsbiographie" darstellen. 152

M 69.20 Ausgleich beschränkt auf „ehebedingte Nachteile" in die gRV (vorsorgender Ehevertrag)

(...)

Vorbemerkung:

Frau ... ist in Vollzeit als kaufmännische Angestellte rentenversicherungspflichtig beschäftigt und erwirbt derzeit ausschließlich Anrechte auf Versorgung bei der DRV Rheinland (gRV).

Herr ...

Beide Ehegatten beabsichtigen entsprechend ihren Vorstellungen einer „Doppelverdienerehe" über die gesamte Dauer ihrer Ehe berufstätig zu bleiben und jeweils eigene Anrechte, also Anwartschaften auf Versorgungen, zu erwerben oder auszubauen; zudem wollen sie, jeder nach seinen Einkommensverhältnissen, versorgungsgeeignete Vermögensvorsorge treffen ....

(...)

... weitere Regelungen des vorsorgenden Ehevertrages ...

(...)

Versorgungsausgleich:

Der Versorgungsausgleich nach §§ 1 ff. VersAusglG soll im Fall der Scheidung unserer Ehe nur einseitig, das heißt zulasten von Anrechten des Ehemanns stattfinden. Der Ehemann verzichtet seinerseits auf die Geltendmachung von Ansprüchen auf Wertausgleich jeglicher Art und in Bezug auf alle gesetzlich dem Versorgungsausgleich unterliegender Anrechte seiner Ehefrau.

(...)

Der Ausgleich zugunsten der Ehefrau und zulasten des Ehemanns soll derart stattfinden, dass die Ehefrau ausschließlich so viele Entgeltpunkte in der gesetzlichen Rentenversicherung übertragen erhält, wie sie beim Ehezeitende unter Anrechnung der von ihr bereits erworbenen Entgeltpunkte innehaben würde, wenn sie ihre Berufstätigkeit als ... in unverändertem Umfang unter Berücksichtigung regelmäßiger Beförderungen, fortgesetzt haben würde. Hierbei soll der Ausgleich nach Wahl des Ehemanns zulasten von ihm bestimmter Anrechte im Wege interner oder externer Teilung oder auch das Zahlen von Beiträgen in die gesetzliche Rentenversicherung stattfinden.

(. . .)

Soweit durch die vorstehende Vereinbarung auf den Ausgleich von Anrechten verzichtet wird, nehmen wir einen solchen Verzicht wechselseitig an.

(. . .)

Der Notar hat darauf hingewiesen, dass

- *die Ehegatten gegen den Willen eines beteiligten Versorgungsträgers keine vollziehbare Vereinbarung darüber treffen können, ob ein Anrecht intern oder extern geteilt wird*
- *. . .*

b) Ausschluss des Wertausgleichs einzelner Anrechte

153 Die Altersversorgung sowie die Berufs- oder Erwerbsunfähigkeitsversorgung (Invalidität) können und werden sich regelmäßig aus unterschiedlichen Anrechten zusammensetzen. Der (entschädigungslose) Ausschluss einzelner Anrechte aus dem Versorgungsausgleich war bereits nach dem bis zum VersAusglG geltenden Recht zulässig und anerkannt (vgl. Münch, Ehebezogene Rechtsgeschäfte 2. Auf. 2007, Rz. 2549). So konnten beispielsweise der Ausgleich von **Anrechten der ergänzenden Alterversorgung** (Wick FPR 2009, 219, 222) oder von sog. „**Randversorgungen**" ausgeschlossen werden.

154 Nach „altem Recht" konnte allerdings ein Ausschluss einzelner Anrechte zu einem Supersplitting-Effekt führen. Regelmäßig wurden daher entweder Auffangklauseln in die Vertragsgestaltungen aufgenommen oder aber nur Anrechte des insgesamt Ausgleichungspflichtigen ausgeschlossen werden. Die ehedem bestehende Gefahr eines Supersplittings besteht nunmehr aufgrund der „Einzelteilung" der Anrechte nicht mehr (Schmidt FPR 2009, 196, 200; Schmidt/Eulering FamRZ 2009, 1269, 1270). Die Eheleute könnten beispielsweise auf den Ausgleich von Betriebsrenten und Anrechten aus der privaten Vorsorge verzichten, es aber gleichzeitig beim Ausgleich der Anrechte aus der gRV belassen. Bei Wirksamkeit und Durchführbarkeit der Vereinbarung führt das Familiengericht den Wertausgleich nur bei der gRV nach § 10 Abs. 2 VersAusglG iHd. Wertunterschieds (ggf. nach Verrechnung) durch.

M 69.21 Ausschluss des Wertausgleichs einzelner Anrechte

(1) Der Versorgungsausgleich nach §§ 1 ff. VersAusglG soll im Fall der Scheidung unserer Ehe nur für Ehezeitanteile von Anrechten aus der gesetzlichen Rentenversicherung (. . . und der Beamtenversorgung . . . oder anderer Versorgungsträger . . .) stattfinden. Auf jeglichen Ausgleich aller anderen Anrechte verzichten wir vollständig und gegenseitig.

(2) Hinweise und Belehrungen

155 Natürlich kann der Ausschluss einzelner Anrechte auch entgeltlich erfolgen:

M 69.22 Ausschluss des Wertausgleichs einzelner Anrechte gegen Zahlung eines Ausgleichsbetrags (Maßstab: korrespondierender Kapitalwert) in einer Scheidungsvereinbarung – ausführlich

(1) Der Versorgungsausgleich nach §§ 1 ff. VersAusglG soll im Fall der Scheidung unserer Ehe nur für Ehezeitanteile von Anrechten aus der gesetzlichen Rentenversicherung stattfinden. Die Wert-

angaben der von uns in der Ehezeit erworbenen Anrechte sind uns nach den Auskünften der Versorgungsträger bekannt.

(2) Darüber hinaus haben wir nach den Auskünften der jeweiligen Versorgungsträger vom . . ., von denen jeweils eine Abschrift dieser Urkunde beigefügt wird, in der Ehezeit folgende Anrechte aus betrieblicher Altersvorsorge erworben:

- *Herr . . . bei der . . . Versicherungs-AG Anrechte von 10 500,– Euro (korrespondierender Kapitalwert),*
- *Frau . . . bei der . . . -VVaG Anrechte von 6500,– Euro (korrespondierender Kapitalwert).*

Zum Ausgleich der vorgenannten Anrechte vereinbaren wir unter Zugrundelegung des jeweiligen korrespondierenden Kapitalwerts, den Ausgleich durch Zahlung eines Einmalbetrages herbeizuführen.

(3) Herr . . . verpflichtet sich daher, seiner Ehefrau, Frau . . . die Hälfte des entsprechenden Unterschiedsbetrags der beiden korrespondierenden Kapitalwerte zu zahlen, das sind 2000,– Euro.

(4) (Fälligkeit in Abhängigkeit von der Entscheidung des Familiengerichts nach § 224 Abs. 3 FamFG, weitere Zahlungsvereinbarungen, Zwangsvollstreckungsklausel).

(5) Der Notar hat darüber belehrt, dass der korrespondierende Kapitalwert lediglich ein ausgleichsrechtlicher Hilfswert ist, der dem tatsächlichen Wert des jeweiligen Anrechts möglicherweise nicht entspricht und die angegebenen Werte auch nicht schematisch miteinander verglichen werden können. Bei der Ermittlung des tatsächlichen Wertes eines Anrechts würden wertbildende Faktoren wie beispielsweise Leistungsumfang, Dynamisierung, Absicherung und Altersgrenzen für den Bezug der Versorgung berücksichtigt. Hierzu bedarf es der Einholung eines versicherungsmathematischen Gutachtens. Die Ehegatten erklären, dass sie dennoch den zuvor angegebenen korrespondierenden Kapitalwert bei ihrer Auseinandersetzung rechnerisch zugrunde legen wollen und dass der Ausgleichsbetrag nach ihrem Willen von dem Berechtigten nicht versorgungsgeeignet verwendet werden muss.

c) Abänderung der Ausgleichsquote

Im Falle erheblicher Differenzen der Ausgleichswerte aller Anrechten beider Ehegatten kann durch eine ehevertragliche Vereinbarung nach § 7 Abs. 1 u. 3 VersAusglG iVm. § 1410 BGB eine **Abänderung der Ausgleichsquote zugunsten des bessergestellten Ehegatten** oder eine **Festsetzung des (jeweiligen) Ausgleichswertes** (BGH FamRZ 1986, 890, 891; Ruland, Versorgungsausgleich, 2. Aufl. 2009, Rz. 803) eine sinnvolle Gestaltung sein. Zulässig ist insbesondere die Reduzierung der Ausgleichsquote; wobei dies für jedes einzelne Anrecht zu prüfen ist. Die Vereinbarung einer sonstigen Gegenleistung sollte – wie immer – in die Überlegungen einbezogen werden. Die Gefahr eines unzulässigen Super-Splittings besteht nach der Reform nicht mehr. 156

M 69.23 Abänderung der Ausgleichsquote

für einen Ehegatten:

(. . .)

Wir vereinbaren hiermit, dass der Versorgungsausgleich iSd. §§ 1 ff. VersAusglG im Falle der Scheidung unserer Ehe durchgeführt wird. Abweichend von § 1 Abs. 2 VersAusglG steht dem ausgleichsberechtigten Ehemann, bezogen auf jedes einzelne Anrecht, nicht die Hälfte des Ehezeitanteils, sondern lediglich ein Drittel als Ausgleichswert zu. Der Ehemann nimmt einen darin liegenden Verzicht hiermit an.

für beide Ehegatten:

(. . .)

Wir vereinbaren hiermit, dass der Versorgungsausgleich iSd. §§ 1 ff. VersAusglG im Falle der Scheidung unserer Ehe durchgeführt wird. Abweichend von § 1 Abs. 2 VersAusglG steht dem jeweils aus-

gleichsberechtigten Ehegatten, bezogen auf jedes einzelne Anrecht, nicht die Hälfte des Ehezeitanteils, sondern lediglich ein Drittel als Ausgleichswert zu. Die Ehegatten nehmen einen darin liegenden Verzicht hiermit wechselseitig an.

d) Abänderung des Ausgleichszeitraums („fiktives Ehezeitende")

aa) Allgemeines

157 Eine weitere Gestaltungsmöglichkeit zur Modifikation des Versorgungsausgleichs ist und bleibt die **Abänderung des Ausgleichszeitraums**. Hierbei handelt es sich zumeist um Abreden, nach denen für den Fall der Scheidung zumeist als **„fiktives Ehezeitende"** ein vor der Scheidung liegender, gemeinsam vereinbarter **Stichtag** maßgebend sein soll; eine solche Modifizierung **ist zulässig** (BGH FamRZ 1990, 273, 274 f.; OLG Hamm FamRZ 1990, 416). Zulässig ist es auch, den Versorgungsausgleich allein bezogen auf einen **zeitlichen Teilabschnitt der Ehe** durchzuführen (Bergmann FUR 2009, 421, 424). Die Ehegatten können allerdings keinesfalls das Ende der Ehezeit über den Zeitpunkt der Scheidung hinaus fiktiv verlängern. Ganz allgemein darf der Ausgleich der erworbenen Anrechte durch die Vereinbarung zum Ausgleichszeitraum nicht erhöht werden.

In der Praxis werden Vereinbarungen zum fiktiven Ehezeitende (= Ausgleichszeitraum) verlangt, wenn:

- der Tag des **Eintritts des Getrenntlebens** (vgl. § 1567 BGB) als Stichtag verwendet werden soll,
- **auf Dauer angelegtes Getrenntleben** beabsichtigt ist (Getrenntlebenvereinbarung),
- ein Ehegatte familienbedingt (**Kindererziehungszeiten**) und **zeitweise** keine oder eine verminderte Berufstätigkeit ausübt oder
- ein Ehegatte aus **sonstigen Gründen** (unverschuldete Erwerbslosigkeit, **Krankheit**, Pflege von Angehörigen) zeitweise keine oder eine verminderte Berufstätigkeit ausübt.

M 69.24 Auflösend bedingter Verzicht (ausscheidbarer Betreuungszeitraum für gemeinsame Kinder)

(1) Wir vereinbaren hiermit, dass jeder Versorgungsausgleich iSd. §§ 1 ff. VersAusglG im Falle der Scheidung unserer Ehe vollständig ausgeschlossen sein soll.

(2) Abweichend von Abs. (1) soll der Versorgungsausgleich jedoch für solche Zeiträume unserer Ehe nach den gesetzlichen Bestimmungen durchgeführt werden, in denen ein Ehegatte wegen der Betreuung gemeinsamer Kinder seine sozialversicherungspflichtige Beschäftigung aufgibt oder auf weniger als die Hälfte der durchschnittlichen Wochenarbeitszeit reduziert. Nur diese Zeiträume sind als Ehezeit iSd. § 3 Abs. 1 VersAusglG anzusehen und hierfür ein Wertausgleich durchzuführen. Unbeachtlich ist es, ob nach den Regeln des Versorgungsträgers für den vereinbarten Zeitraum sog. „Kindererziehungszeiten" angerechnet werden.

158 Die Ehegatten gehen oftmals davon aus, dass der Ausgleichsbetrag genau auf den vereinbarten Stichtag berechnet werden kann; sie lassen sich möglicherweise im Falle des Getrenntlebens von den betroffenen Versorgungsträgern eine Rentenauskunft erstellen.

bb) Festlegung der maßgeblichen Ehezeit (Ausgleichszeitraum)

159 Für die Berechnung der maßgeblichen Ehezeit definiert § 3 Abs. 1 VersAusglG (früher: § 1587 Abs. 2 BGB) genaue **Stichtagsregelungen für den Ehezeitbeginn und das Ehezeitende**. Die Modifikationsbefugnis der Ehegatten beinhaltet nach Ansicht der Rechtsprechung (OLG München OLG-Report 1994, 187) hingegen nicht die Möglichkeit, das „fiktive Ehezeitende" auf einen anderen Stichtag zu legen als den Endtag des Monats, der nach Ansicht der Ehegatten dem Beginn des Ge-

trenntlebens – oder eines anderen maßgeblichen Ereignisses – vorausgeht (§ 3 Abs. 1 Hs. 2 VersAusglG). Die abstrakten gesetzlichen Vorgaben der **Berechnungsstichtage sind nicht disponibel.**

➲ **Hinweis:** Will der beurkundende Notar keine ergänzende Vertragsauslegung durch das Familiengericht riskieren, sollte er nicht ohne Weiteres den Tag der Beurkundung, ein Ereignis oder ein beliebiges, von den Parteien vorgegebene Datum als „fiktives Ehezeitende" in seine Urkunde aufnehmen, wenn dieser Stichtag nicht zufällig mit einem Monatsletzten zusammenfällt. 159a

M 69.25 Festlegung eines sonstigen ausscheidbaren Ausgleichszeitraums (fiktives Ehezeitende)

(Formulierung nach einem Auslegungsergebnis einer notariellen Vereinbarung durch das OLG Frankfurt FamRZ 1996, 550)

(. . .)

Wir vereinbaren hiermit ehevertraglich, dass der Versorgungsausgleich im Sinne der §§ 1 ff. VersAusgl im Falle der Scheidung unserer Ehe mit der Maßgabe durchgeführt wird, dass die auf die gesamte Ehezeit nach § 3 Abs. 1 VersAusglG entfallenden Anrechte, also bestehende Anwartschaften auf Versorgung und Ansprüche auf laufende Versorgungen, um diejenigen Anteile zu bereinigen sind, die nach dem 31. . . . . 20. . . von einem jeden von uns erworben worden sind, also nur die verbleibenden auszugleichen sind.

Die ehevertragliche Vereinbarung eines „fiktiven Ehezeitendes" bedeutet im Übrigen im Rahmen der Berechnungsvorgaben nur das Festlegen einer **rechnerisch ausscheidbaren Zeitspanne** mit den auf sie entfallenden Anrechten. Die Vereinbarung eines „fiktiven Ehezeitendes" nennt der BGH folglich „eine vereinfachte Umschreibung des Gestaltungsspielraums" der Ehegatten (BGH NJW 1990, 1363, 1364). Das gesetzlich definierte, unveränderbare Ehezeitende hat demgegenüber Bedeutung für die tatsächliche Durchführung des Versorgungsausgleichs im Rahmen der Scheidung durch das Familiengericht und für die Frage der **Bewertung der erworbenen Rechte**. Ab dem Zeitpunkt der tatsächlich durchgeführten internen oder externen Teilung des bzw. der einzelnen Anrechte nehmen diese an der Wert- und Risikoentwicklung im jeweiligen Versorgungssystem teil. Das gesetzlich definierte Ehezeitende bedeutet, dass die Wertermittlung auf Grund Ehevertrags auszuscheidender Zeitanteile zwingend und nicht disponibel zu dem sich aus § 3 Abs. 1 Hs. 2 VersAusglG ergebenden Zeitpunkt stattzufinden hat. Das gesetzliche Ehezeitende ist in Wahrheit ein **gesetzlich festgelegter Bewertungsstichtag.** Bei der Durchführung des Versorgungsausgleichs im Falle der Vereinbarung eines „fiktiven Ehezeitendes" können folglich die auf den Zeitpunkt des „fiktiven Ehezeitendes" bezogenen Auskünfte der Versorgungsträger nicht zugrunde gelegt werden, weil sie nicht auf dem Wert beruhen (können), der sich aus dem gesetzlichen Ehezeitende nach § 3 Abs. 1 Hs. 2 VersAusglG ergeben würde. Der Notar sollte die Vertragsparteien (unter anderem) auf das Auseinanderfallen des Bewertungsstichtags zum tatsächlichen Ehezeitende und der Vereinbarung des „fiktiven Ehezeitendes" hinweisen und dies in der Formulierung der Vertragsklausel berücksichtigen, um Fehlvorstellungen der Vertragsbeteiligten zu vermeiden. 160

M 69.26 Belehrung über die Folgen der Festlegung des maßgeblichen Ausgleichszeitraums

(. . .)

Der Notar hat uns darüber belehrt, dass

- *unabhängig von der im vorstehenden . . . vereinbarten Regelung im Falle der Scheidung unserer Ehe der Wert der von uns erworbenen Anrechte nach den zum gesetzlichen Ehezeitende (§ 3*

Abs. 1Hs. 2 VersAusglG) gültigen Bemessungsgrundlagen berechnet wird. Es werden nicht die zu einem vereinbarten Stichtag eingeholten Auskünfte und Bewertungen zugrunde gelegt,

- *die Vereinbarungen über den Versorgungsausgleich gem. vorstehendem § . . . während des Getrenntlebens Vorsorgeunterhaltsansprüche auslösen kann.*

cc) Berechnung des Ausgleichsbetrages

161 Die Berechnung des Ausgleichswertes wird bei der ehevertraglichen Vereinbarung eines „fiktiven Ehezeitendes" dadurch bewirkt, dass das auf die gesamte Ehezeit entfallende Anrecht, um diejenigen Anteile zu bereinigen ist, die in der Zeitspanne seit dem Tage des (wirksamen) „fiktiven Ehezeitendes" bis zum tatsächlichen Ehezeitende erworben worden sind (besonders deutlich OLG Frankfurt FamRZ 1996, 550). Eine pauschalierende Berechnung des Ausgleichsbetrags im Wege des gleichmäßigen, zeitanteiligen Abzugs (Zeit/Zeit-Verhältnis) findet somit nicht statt; dies könnte zu unbilligen Ergebnissen führen (OLG Nürnberg NJW-RR 1995, 516). Der Effekt des VersAusglG, dass sich nämlich die Wertentwicklung und das spezifische Risiko jeder Einzelversorgung bei jedem Ehegatten verwirklichen soll, ginge ansonsten vollkommen verloren.

e) Bedingungen, Befristungen und Rücktrittsvorbehalte

162 Totalausschluss, Teilausschluss oder Modifikationen des Versorgungsausgleichs können in ihrer Wirksamkeit von zukünftigen Ereignissen abhängig gemacht oder einseitige Einwirkungsmöglichkeiten zugänglich erhalten werden. Gestaltungsmittel sind auch nach dem VersAusglG zulässigerweise Bedingungen, Befristungen oder Rücktrittsvorbehalte.

aa) Bedingungen

163 Die Vereinbarung von auflösenden (§ 158 Abs. 2 BGB) oder aufschiebenden (§ 158 Abs. 1 BGB) Bedingungen kommt insbesondere in Betracht bei

- Aufgabe oder Reduzierung der Berufstätigkeit wegen der **Geburt und Betreuung gemeinsamer Kinder,**
- einem erheblichen, zur Alterssicherung dienenden **Vermögenszuwachs** (zB Erlangung einer absehbaren Erbschaft) zu Gunsten eines Ehegatten,
- **Nichterreichen** einer bestimmten **Versorgungshöhe,**
- **Nichterfüllung** oder mangelnde Werthaltigkeit vereinbarter **Gegenleistungen,**
- **kurze** – vertraglich definierte – **Ehedauer**, abweichend von der 3-Jahres-Grenze des § 3 Abs. 3 VersAusglG.

Die Ausschlusswirkung sollte regelmäßig rückwirkend beseitigt werden.

M 69.27 Auflösend bedingter Verzicht (Kinder, einverständliche Berufsaufgabe, Erwerbsunfähigkeit)

(. . .)

Wir vereinbaren hiermit, dass der Versorgungsausgleich iSd. §§ 1 ff. VersAusglG im Falle der Scheidung unserer Ehe vollständig ausgeschlossen wird. Der Ausschluss ist auflösend bedingt vereinbart. Der Ausschluss wird rückwirkend unwirksam, wenn

- *aus unserer Ehe ein oder mehrere gemeinsame Kinder hervorgehen und einer von uns deshalb seine Berufstätigkeit (auch nur vorübergehend) aufgibt oder auf weniger als die Hälfte der durchschnittlichen Wochenarbeitszeit reduziert,*

- *einer von uns seine Erwerbstätigkeit im Einverständnis mit dem Ehegatten mehr als ein Jahr lang nicht mehr ausübt oder seine Berufstätigkeit auf weniger als die Hälfte der durchschnittlichen Wochenarbeitszeit reduziert;*
- *einer von uns amtlich festgestellt erwerbsunfähig ist.*

Die gesetzlichen Regelungen zur kurzen Ehezeit und Geringfügigkeit nach §§ 3 Abs. 3, 18 VersAusglG bleiben unberührt.

Abwandlung:

M 69.28 Aufschiebend bedingter Verzicht (Erbschaft)

(. . .)

Wir vereinbaren hiermit, dass der Versorgungsausgleich iSd. § 1 ff. VersAusglG im Falle der Scheidung unserer Ehe nach den gesetzlichen Bestimmungen stattfinden soll. Wir schließen den Versorgungsausgleich jedoch unter der aufschiebenden Bedingung (rückwirkend) aus, dass der Ehefrau/dem Ehemann eine Erbschaft in Höhe eines Nettonachlasswertes von mindestens . . . Euro nach dem Stand zum Zeitpunkt dieser Beurkundung anfällt.

bb) Befristungen

Nach § 3 Abs. 3 VersAusglG findet der Versorgungsausgleich nur dann bei einer „kurzen" Ehezeit 164
von bis zu 3 Jahren statt, wenn ein Ehegatte dies ausdrücklich beantragt und kein „Bagatellfall" nach § 18 VersAusglG vorliegt. Eine abweichende, insbesondere **ausdehnende ehevertragliche Vereinbarung** (= Befristung nach § 158 Abs. 2 BGB) der 3-Jahres-Grenze kommt genauso in Betracht, wie ein **Verzicht auf das Antragsrecht** (zur Abweichung von der 3-Jahres-Grenze beim Unterhalt BGH NJW 2008, 3426).

M 69.29 Befristeter Verzicht (verlängerte „kurze Ehedauer" nach § 3 Abs. 3 VersAusglG)

(. . .)

Wir vereinbaren hiermit, dass der Versorgungsausgleich iSd. §§ 1 ff. VersAusglG im Falle der Scheidung unserer Ehe innerhalb von fünf Jahren seit dem Tage der Eheschließung vollständig ausgeschlossen wird. Maßgebend für die Fristwahrung ist der Eingang des Scheidungsantrags bei dem Familiengericht, der zur Scheidung unserer Ehe führt. Dieser gegenseitige Verzicht soll auch dann Gültigkeit behalten, wenn ein Ehegatte seine Erwerbstätigkeit, zB wegen der Betreuung gemeinsamer Kinder ganz oder teilweise aufgibt und der Verzichtszeitraum ganz oder teilweise nicht durch den Erwerb von Anrechten aus Kindererziehungszeiten oder auf andere Weise kompensiert werden kann. Der Verzicht umfasst auch das Antragsrecht auf Durchführung eines Versorgungsausgleichs bei kurzer Ehedauer nach § 3 Abs. 3 VersAusglG.

(. . .)

Nach Ablauf des vorgenannten Zeitraums findet der Versorgungsausgleich im Falle der Scheidung unserer Ehe nach den gesetzlichen Bestimmungen für die gesamte Ehezeit und hinsichtlich aller Anrechte, also Anwartschaften auf Versorgung und Ansprüche auf laufende Versorgung, statt.

(. . .)

. . .

M 69.30 Erweiterung: Mögliche Modifikation für Wartezeiterfordernis in der gRV

(...)

Abweichend von dem vorstehend vereinbarten Verzicht soll ein Wertausgleich in der gesetzlichen Rentenversicherung stattfinden, wenn dadurch eine Anwartschaft des jeweils Ausgleichsberechtigten derart aufgefüllt werden würde, dass gerade dadurch ein Wartezeiterfordernis erfüllt wird. Der Wertausgleich findet sodann nur in der Höhe statt, der zur Erfüllung des Wartezeiterfordernisses ausreichend und erforderlich ist.

M 69.31 Erweiterung: Durchführung bei „kurzer Ehedauer" trotz § 3 Abs. 3 VersAusglG

(...)

Wir vereinbaren hiermit, dass der Versorgungsausgleich iSd. §§ 1 ff. VersAusglG auch im Falle der Scheidung unserer Ehe innerhalb von drei Jahren seit dem Tage der Eheschließung durchgeführt werden soll. Wir verpflichten uns bereits heute, bei dem Familiengericht einen entsprechenden Antrag zu stellen. Der Notar hat uns über die „Bagatellgrenzen" nach § 18 VersAusglG belehrt.

(...)

Wir vereinbaren hiermit, dass der Versorgungsausgleich iSd. §§ 1 ff. VersAusglG im Falle der Scheidung unserer Ehe innerhalb von fünf Jahren seit dem Tage der Eheschließung vollständig ausgeschlossen wird. Maßgebend für die Fristwahrung ist der Eingang des Scheidungsantrags bei dem Familiengericht, der zur Scheidung unserer Ehe führt.

Nach Ablauf des vorgenannten Zeitraums findet der Versorgungsausgleich im Falle der Scheidung nach den gesetzlichen Bestimmungen für die gesamte Ehezeit und hinsichtlich aller Anrechte, also Anwartschaften auf Versorgung und Ansprüche auf laufende Versorgung, statt.

cc) Rücktrittsvorbehalte

165 Die **Vereinbarung eines Rücktrittsvorbehalts** kommt unter inhaltlich vergleichbaren Umständen wie die Vereinbarung von Bedingungen oder Befristungen in Betracht. Die Rechtsfolgen treten allerdings nicht automatisch und unabhängig vom Willen der Vertragsschließenden ein (**keine Bedingungsautomatik;** s. auch Goering FamRB 2004, 95, 97; Langenfeld, 6. Aufl. 2011, Rz. 628), was den Berechtigten zwar in eine Entscheidungssituation zwingt oder sogar die in „Gefahr des Vergessens" führen mag. Andererseits ermöglicht das vorbehaltene Rücktrittsrecht ein flexibles Reagieren des Rücktrittsbegünstigten.

Typische **Anwendungsbereiche von Rücktrittsvorbehalten** sind Ausschlussvereinbarungen auf Wertausgleich einzelner, mehrerer oder aller Anrechte gegen eine **Gegenleistung** (Langenfeld, 6. Aufl. 2011, Rz. 626). Wird die vertraglich zugesagte Gegenleistung nicht, nicht vollständig oder nicht rechtzeitig von dem Begünstigten des Ausschlusses (Verzichts) erbracht, soll der Verzichtende zurücktreten können. Folge des ausgeübten Rücktritts ist das Entstehen eines **Rückabwicklungsschuldverhältnisses**. Die Rücktrittserklärung hat zwar regelmäßig Rückwirkungscharakter, sodass der Versorgungsausgleich für die gesamte Ehezeit durchzuführen ist; dies sollte dennoch in der Urkunde klargestellt werden, zumal auch andere Anknüpfungszeitpunkte sachgerecht erscheinen und vereinbart werden können. Möglich ist beispielsweise die Abrede, nach der bei einem Rücktritt der Ausgleich erst ab dem auf den Zugang der Rücktrittserklärung bei dem Ehegatten folgenden Monatsersten durchgeführt werden soll (zB Wegfall eines Ehegatten-Mitarbeitsverhältnisses). Hinter dem vorbehaltenen Rücktritt steckt dann die Vereinbarung eines „ausscheidbaren Ausgleichszeitraums".

Problematisch ist jedoch eine Vereinbarung von **Rücktrittsrechten mit einer Ausübungsmöglichkeit nach Eintritt der Rechtskraft der Entscheidung des Familiengerichts über den Wertausgleich.** Solche Konstellationen können sich ergeben, wenn beispielsweise einer der Ehegatten eine nach Eintritt der Rechtskraft über den Wertausgleich zu erbringende Gegenleistung gar nicht, nicht vollständig, nicht rechtzeitig oder mangelhaft erbringt und dies durch ein vertraglich vorbehaltenes Rücktrittsrecht sanktioniert wird (s auch Würzburger Notarhandbuch/Mayer, Teil 3 Rz. 192). Betroffen ist nicht nur das **Nichterbringen einer einmaligen Gegenleistung**, sondern gerade auch das **Nichterbringen von wiederkehrenden Leistungen.** Dies können im Einzelfall Ratenzahlungen, Unterhaltsleistungen, das Erbringen von Versicherungsbeiträgen (so der Fall BGH FamRZ 2005, 1444) oder Prämien anderer Art sein. Die Ausübung des ggfs. vorbehaltenen Rücktrittsrechts, nachdem der Wertausgleich konstitutiv und rechtskräftig durchgeführt ist, kann im Rahmen der Rückabwicklung jedoch keine Veränderungen an der rechtsgestaltenden Entscheidung des Familiengerichts mehr herbeiführen. Eine „Rückübertragung“ von Anrechten ist nicht möglich; der eigentlich ausgleichsberechtigte Ehegatte ist in Vorleistung gegangen und nun darauf angewiesen seinen „Schaden“ anders als durch Rückübertragung zu beseitigen. Eine Kompensation über den „schuldrechtlichen Versorgungsausgleich“ erlangen zu wollen, ist mehr als unsicher.

M 69.31a Verzicht mit einseitigem Rücktrittsvorbehalt (Kombination verschiedener Ereignisse als Rücktrittsgrund)

(1) Wir vereinbaren hiermit, dass der Versorgungsausgleich nach dem VersAusglG im Falle der Scheidung unserer Ehe vollständig und in jede Ausgleichsrichtung ausgeschlossen ist. Ein jeder von uns behält sich jedoch den Rücktritt vom Ausschluss des Versorgungsausgleichs vor für den Fall, dass

- *aus unserer Ehe ein oder mehrere gemeinsame Kinder hervorgehen und er deshalb seine Erwerbstätigkeit (auch nur vorübergehend) aufgibt oder auf weniger als die Hälfte der durchschnittlichen Wochenarbeitszeit reduziert,*
- *er seine ausgeübte Erwerbstätigkeit im schriftlichen Einverständnis mit dem anderen Ehegatten mehr als ein Jahr lang nicht mehr ausübt oder auf weniger als die Hälfte der durchschnittlichen Wochenarbeitszeit reduziert;*
- *er amtlich festgestellt erwerbsunfähig ist.*

(2) Im Falle der Ausübung des Rücktrittsrechts entfällt der Ausschluss des Versorgungsausgleichs rückwirkend für die gesamte Ehezeit und für alle Anrechte jedes Ehegatten. Der Rücktritt ist innerhalb von sechs Monaten ab Kenntnisnahme vom vereinbarten Rücktrittsgrund zur Urkunde eines Notars zu erklären und dem anderen Ehegatten zuzustellen. Die Vornahme der Beurkundung wirkt fristwahrend. [oder: Der Rücktritt kann jederzeit, jedoch spätestens bis zum Zeitpunkt der erstinstanzlichen Entscheidung des Familiengerichts über den Versorgungsausgleich zur Urkunde eines Notars erklärt werden; der Rücktritt ist dem anderen Ehegatten zuzustellen, der Rücktritt wird wirksam wird mit Zustellung der Rücktrittsurkunde an den anderen Ehegatten.].

M 69.32 Verzicht mit einseitigem Rücktrittsvorbehalt (Kinderbetreuung als Rücktrittsgrund)

(1) Wir vereinbaren hiermit, dass der Versorgungsausgleich nach dem VersAusglG, also jede Art einer Teilhabe an in der Ehezeit erworbenen oder ausgebauten Anrechten auf Versorgung des jeweils anderen Ehegatten, im Falle der Scheidung unserer Ehe vollständig ausgeschlossen wird. Der Ausschluss umfasst den Ausgleich bei und nach Scheidung der Ehe.

(2) Rücktrittsrecht:

Ein jeder von uns behält sich das Recht zum Rücktritt vom Ausschluss des Versorgungsausgleichs nach dem vorstehenden Abs. (1) vor, falls er wegen der Betreuung gemeinsamer Kinder seine bei

Vertragsabschluss ausgeübte Erwerbstätigkeit in der Ehezeit aufgibt [oder auf weniger als die Hälfte der durchschnittlichen Wochenarbeitszeit reduziert].

(3) Der Rücktritt kann jederzeit, jedoch spätestens bis zum Zeitpunkt der erstinstanzlichen Entscheidung des Familiengerichts über den Versorgungsausgleich zur Urkunde eines Notars erklärt werden; der Rücktritt ist dem anderen Ehegatten zuzustellen, der Rücktritt wird wirksam wird mit Zustellung der Rücktrittsurkunde an den anderen Ehegatten.

(4) Im Falle der Ausübung des Rücktrittsrechts entfällt der Ausschluss des Versorgungsausgleichs rückwirkend für alle in der Ehezeit erworbenen oder ausgebauten Anrechte eines jeden Ehegatten und ist sodann nach den gesetzlichen Vorschriften durchzuführen.

(5) Hinweise und Belehrung . . .

M 69.33 Verzicht mit einseitigem Rücktrittsvorbehalt (Wegfall eines Ehegatten-Mitarbeitsverhältnisses als Rücktrittsgrund)

(1) Wir vereinbaren hiermit, dass der Versorgungsausgleich nach dem VersAusglG im Falle der Scheidung unserer Ehe vollständig und in jede Ausgleichsrichtung ausgeschlossen ist. Die Ehefrau, Frau . . ., behält sich jedoch das einseitige Recht zum Rücktritt vom Ausschluss des Versorgungsausgleichs für den Fall vor, dass sie – gleichviel aus welchem Grund – [oder: . . . mit Ausnahme der Kündigung durch sie selbst . . .] nicht mehr im Betrieb ihres Ehemannes, nämlich der . . . GmbH, als . . . mit einem für diese Tätigkeit üblichen Gehalt sozialversicherungspflichtig beschäftigt ist.

(2) Im Falle der Ausübung des Rücktrittsrechts entfällt der Ausschluss des Versorgungsausgleichs rückwirkend für die gesamte Ehezeit [oder: . . . ab dem auf den Zugang der Rücktritterklärung folgenden Monatsersten . . .] und für alle Anrechte jedes Ehegatten. Der Rücktritt ist innerhalb von drei Monaten ab dem Zeitpunkt, ab dem die Wirksamkeit der Beendigung des Arbeitsverhältnisses feststeht, zur Urkunde eines Notars zu erklären und dem anderen Ehegatten zuzustellen, der Rücktritt wird wirksam mit Zustellung der Rücktrittsurkunde an den anderen Ehegatten.

(3) Belehrung und Hinweise . . .

f) Vereinbarungen zur schuldrechtlichen Ausgleichszahlung („schuldrechtlicher Versorgungsausgleich“)

166 Nach §§ 22 ff. VersAusglG kann im Rahmen einer Scheidungsvereinbarung und ebenso bereits in einem vorsorgenden Ehevertrag an Stelle eines Wertausgleichs durch Teilung von einzelnen Anrechten ein schuldrechtlicher Ausgleich vereinbart werden. **§ 6 Abs. 1 S. 2 Nr. 3 VersAusglG** sieht ausdrücklich vor, dass sich die Ehegatten den schuldrechtlichen Ausgleich ihrer Anrechte durch Vereinbarung vorbehalten können. Die gesetzlichen Regelungen zu schuldrechtlichen Ausgleichszahlungen sind wiederum ihrerseits disponibel.

166a ➲ **Hinweis:** Schuldrechtliche Ausgleichsleistungen (Ausgleichsrente) bieten bei weitem nicht die Absicherung, die ein Wertausgleich im Wege interner oder externer Teilung von Anrechten mit Begründung oder Aufstockung einer eigenständigen Altersversorgung dem Berechtigten gewährt. Über geeignete Sicherungsmaßnahmen sollten dringend belehrt und solche auch vereinbart werden.

167 In der **Urkunde** ist **klarzustellen**, ob sich der Ausgleich nach den §§ 20 ff. VersAusglG richtet oder ob auch insoweit Modifizierungen erfolgen. Hinweise auf die Möglichkeit des Ausschlusses des Abtretungsanspruches (§ 21 Abs. 1 VersAusglG) und des Ausschlusses bzw. der Abwandlung des Abfindungsanspruches (§ 23 VersAusglG) sollten erfolgen; ebenso auf die Neuregelung zum Abzug von Sozialversicherungsbeiträgen (§§ 20 Abs. 1 S. 1 und 22 S. 2 VersAusglG).

M 69.34 Vereinbarung schuldrechtlicher Ausgleichszahlungen (§ 6 Abs. 1 S. 2 Nr. 3 VersAusglG)

(. . .)

Wir sind darüber einig, dass im Falle der Scheidung unserer Ehe anstelle einer internen oder externen Teilung von Anrechten, also von Anwartschaften auf Versorgung oder laufende Versorgungen, ausschließlich und für alle Anrechte schuldrechtliche Ausgleichszahlungen in Form von Ausgleichsrenten nach Maßgabe der §§ 20–24 VersAusglG erfolgen sollen. Der jeweils Ausgleichsberechtigte ist abweichend von den gesetzlichen Regelungen nicht berechtigt, die Abtretung von Versorgungsansprüchen (§ 21 Abs. 1 VersAusglG) oder Abfindung (§ 23 VersAusglG) zu verlangen.

(. . .)

Der Notar hat darüber belehrt,

- *dass die Vereinbarung schuldrechtlicher Ausgleichszahlungen für den berechtigten Ehegatten mit erheblichen Nachteilen verbunden sein kann, weil er keine eigenen Anrechte und Rechtspositionen gegenüber den Versorgungsträgern erwirbt; er wird vielmehr ähnlich einem Unterhaltsberechtigten behandelt;*
- *die Ausgleichsrente ohne darauf entfallende Sozialversicherungsbeiträge ausgezahlt wird;*
- *eine dingliche Absicherung der Zahlungsansprüche ratsam ist.*

M 69.35 Vereinbarung schuldrechtlicher Ausgleichszahlungen für einzelnes Anrecht; hier: Beamtenversorgung (§ 6 Abs. 1 S. 2 Nr. 3 VersAusglG)

(. . .)

Wir sind darüber einig, dass im Falle der Scheidung unserer Ehe anstelle einer Teilung von Anrechten des Ehemanns aus der für ihn maßgeblichen Beamtenversorgung des Landes Nordrhein-Westfalen (Versorgungsträger) ausschließlich schuldrechtliche Ausgleichszahlungen in Form einer Ausgleichsrente nach Maßgabe der §§ 20–24 VersAusglG erfolgen sollen. Die insoweit ausgleichsberechtigte Ehefrau ist abweichend von den gesetzlichen Regelungen nicht berechtigt, die Abtretung von Versorgungsansprüchen (§ 21 Abs. 1 VersAusglG) oder Abfindung (§ 23 VersAusglG) zu verlangen.

Für alle anderen Anrechte der Ehegatten, also für alle Anwartschaften auf Versorgung oder laufende Versorgungen, soll es bei den gesetzlichen Regelungen über den Versorgungsausgleich verbleiben.

(. . .)

Der Notar hat darüber belehrt,

- *dass die Vereinbarung schuldrechtlicher Ausgleichszahlungen für den berechtigten Ehegatten mit erheblichen Nachteilen verbunden sein kann, weil er keine eigenen Anrechte und Rechtspositionen gegenüber den Versorgungsträgern erwirbt; er wird vielmehr ähnlich einem Unterhaltsberechtigtem behandelt;*
- *die Ausgleichsrente ohne darauf entfallende Sozialversicherungsbeiträge ausgezahlt wird;*
- *eine dingliche Absicherung der Zahlungsansprüche ratsam ist.*

5. Vertragliche Aufhebung und Abänderungen von Vereinbarungen über den Versorgungsausgleich

168 Auch die Änderungs- bzw. Aufhebungsvereinbarung zum (bereits modifizierten) Versorgungsausgleich bedarf der **notariellen Beurkundung**, wenn eine solche Änderung oder Aufhebung geschlossen wird, bevor das Familiengericht über den Wertausgleich rechtskräftig entscheidet (§ 7 Abs. 1 und 3 VersAusglG iVm. § 1410 BGB). Ob das wirklich für eine **vorbehaltlose Aufhebung** gilt, ist ungewiss. Es handelt sich bei der Aufhebung nicht um eine Vereinbarung über den Versorgungsausgleich selbst.

X. Scheidungs(folgen)vereinbarung

169 Vereinbarungen nach § 1587o BGB aF, die an die zeitliche Einschränkung nach § 1408 Abs. 2 Satz 2 BGB aF anknüpften, konnten nur „**im Zusammenhang mit der Scheidung**" getroffen werden (Abs. 1 S. 1), sie unterlagen der **richterlichen Inhaltskontrolle** und dem **gerichtlichen Genehmigungserfordernis**, § 1587o Abs. 2 Satz 3, 4 BGB aF. Das neue Recht kennt den Unterschied zu vorsorgenden Vereinbarungen nicht; es gelten die §§ 6–8 VersAusglG. Auch für die Zulässigkeit von Modifikationen des Versorgungsausgleichs gelten gegenüber vorsorgenden Vereinbarungen keine Besonderheiten. Soweit möglich, sollten von alle Versorgungsträgern verwertbare Auskünfte über die relevanten Ehezeitanteile, Ausgleichswerte u.ä. vorliegen.

XI. Steuerliche Hinweise

170 Ehevertragliche Regelungen und auch solche innerhalb einer Scheidungsvereinbarung zum Versorgungsausgleich haben grundsätzlich (mit wichtigen Ausnahmen) weder bei dem Ausgleichsberechtigten noch bei dem Berechtigten **einkommen- oder schenkungsteuerrechtliche Auswirkungen.**

Die unmittelbaren und unvermeidbaren Kosten anlässlich eines Scheidungsprozesses sind als zwangsläufig erwachsen anzusehen und daher außergewöhnliche Belastungen iSv. § 33 EStG. Für **Scheidungskosten**, vor allem Anwalts- und Verfahrenskosten, sind wohl noch zwei Entscheidungen des BFH v. 30.6.2005 (BStBl. II 2006, 491 und 492) maßgebend. Als außergewöhnliche Belastung nach § 33 EStG werden solche Kosten möglicherweise nur zu berücksichtigen sein, wenn sie in Familiensachen bei einer Scheidung notwendig anfallen. Das ist nicht der Fall, wenn eine Entscheidung des Gerichts aufgrund einer notariellen Vereinbarung der Beteiligten über den Versorgungsausgleich fällt.

Ausgleichzahlungen, die ein zum Wertausgleich verpflichteter Ehegatte auf Grund einer Vereinbarung nach § 1408 Abs. 2 BGB an seinen Ehegatten leistet, um so Kürzungen seiner späteren Versorgungsbezüge zu vermeiden, sind – ebenso wie Auffüllungszahlungen nach § 58 BeamtVG – sofort als **Werbungskosten** bei den Einkünften aus nichtselbständiger Arbeit abziehbar (BStBl. II 2006, 446 und 448). Werden die Abfindungszahlungen fremdfinanziert, können die dadurch entstehenden Schuldzinsen ebenfalls als Werbungskosten abgesetzt werden. Zahlungen zur Abwendung eigener Rentenkürzungen (in der gesetzlichen Rentenversicherung) sind grds. Rentenversicherungszahlungen iSd. § 10 Abs. 1 Nr. 2 lit. a, Abs. 3 EStG.

Nach § 10 Abs. 1a Nr. 3 u. 4 EStG 2015 gehören schuldrechtliche Ausgleichszahlungen zur Vermeidung eines Versorgungsausgleichs zu den Sonderausgaben (§§ 6 Abs. 1 S. 2, 20–22 u. 26 VersAusglG). Zur einheitlichen Anwendung im Verwaltungsvollzug vgl. auch BMF v. 9.4.2010 (BStBl. I, 323).

Die Durchführung der Teilung nach dem VersAusglG soll für die Betroffenen keine nachteiligen steuerlichen Konsequenzen ergeben.**§ 3 Nr. 55a Satz 1 EStG** regelt für die **interne Teilung** die Einkommensteuerfreiheit der Übertragung von Anrechten zugunsten des ausgleichsberechtigten Ehegatten zulasten von Anrechten des Ausgleichspflichtigen.

Konsequenterweise sind Leistungen aus übertragenen Anrechten bei dem ausgleichsberechtigten Ehegatten Einkünfte der Art, zu denen solche Leistungen bei dem Ausgleichspflichtigen gehören würden, wenn die interne Teilung unterblieben wäre. Die späteren bezogenen Versorgungsleistungen des Ausgleichsberechtigten werden demnach so besteuert, wie sie beim Ausgleichspflichtigen zu besteuern gewesen wären, vgl. insoweit auch § 52 Abs. 28 S. 9 EStG 2015. Wird danach aufgrund einer internen bzw. externen Teilung (vgl. unten) nach den §§ 10, 14 VersAusglG ein Anrecht in Form eines Versicherungsvertrages zugunsten der ausgleichsberechtigten Person begründet, so gilt dieser Vertrag insoweit zu dem gleichen Zeitpunkt als abgeschlossen wie derjenige der ausgleichsverpflichteten Person.

Versorgungsleistungen können daher (später) beim Ausgleichsberechtigten zu Einkünften aus nichtselbständiger Arbeit (§ 19 EStG – auch wenn, der Ausgleichsberechtigte nie nichtselbständig tätig war), Kapitalvermögen (§ 20 EStG) oder zu sonstigen Einkünften (§ 22 EStG) führen.

§ 3 Nr. 55b Satz 1 EStG regelt für die **externe Teilung**, dass keine belastenden steuerlichen Folgen eintreten. Der bei der externen Teilung übertragene Ausgleichswert zur Begründung von Anrechten für den Ausgleichsberechtigten zulasten von Anrechten des Ausgleichspflichtigen ist steuerfrei, soweit Leistungen aus den übertragenen Anrechten zu steuerpflichtigen Einkünften aus nichtselbständiger Arbeit (§ 19 EStG), aus Kapitalvermögen (§ 20 EStG) oder zu sonstigen Einkünften (§ 22 EStG) führen würden. Auch diese Vorschrift sichert also grundsätzlich ab, dass beim Ausgleichsberechtigten später nur die Leistungen der vollständigen Besteuerung unterliegen, die schon beim Ausgleichspflichtigen der Besteuerung unterlegen hätten. **Insoweit** ist der **Besteuerungszeitpunkt auf** die **spätere Auszahlungsphase** bei **der ausgleichsberechtigten Person verschoben.**

Soweit der extern geleistete Ausgleichswert nicht zu steuerpflichtigen Einkünften führt (zB bei reinen Zahlungen auf der Vermögensebene), greift die Steuerfreistellung hingegen nicht. Für bestimmte Fälle schließt § 3 Nr. 55b Satz 2 EStG die Steuerfreistellung deswegen aus. Das gilt dann, wenn Leistungen, die auf dem nach externer Teilung begründeten Anrecht beruhen, beim Ausgleichsberechtigten zu Einkünften nach § 20 Abs. 1 Nr. 6 EStG (Veräußerungseinkünfte) oder § 22 Nr. 1 Satz 3a) bb) EStG (Ertragsanteilsbesteuerung) führen würden. Insoweit schließt die Norm eine ansonsten entstehende „Besteuerungslücke".

3. Abschnitt. Eingetragene Lebenspartnerschaft und nichteheliche Lebensgemeinschaft

Kapitel 70 Eingetragene Lebenspartnerschaft

I. Eingetragene Lebenspartnerschaft

Gesetzliche Grundlagen: Gesetz zur Beendigung der Diskriminierung gleichgeschlechtlicher Gemeinschaften: Lebenspartnerschaften (**LPartG**) vom 16.2.2001, in Kraft getreten am 1.8.2001 (BGBl. I, 266; Materialien: BT-Drucks. 14/4545 [Entwurf]); Gesetz zur Überarbeitung des Lebenspartnerschaftsrechts (**LPartÜbG**) vom 1.1.2005 (BGBl. I 2004, 3396; Materialien: BT-Drucks. 15/3445 [Entwurf]); Gesetz zur Änderung des Ehe- und Lebenspartnerschaftsnamensrechts vom 6.2.2005 (BGBl. I, 203); zuletzt geändert durch G zur Umsetzung der Entscheidung des Bundesverfassungsgerichts zur Sukzessivadoption durch Lebenspartner vom 20.6.2014 (BGBl. I, 786); verfassungsrechtlich grundlegend BVerfG NJW 2002, 2543; BVerfG FamFR 2009, 152 und zuvor schon NJW 2001, 2457.

Soziale Wirklichkeit: Im Mai 2011 gab es nach Angabe des Statistischen Bundesamtes (Zensus 2011: www.zensus2011.de) in Deutschland knapp 34 000 eingetragene, gleichgeschlechtliche Lebenspartnerschaften, in denen insgesamt 5700 Kinder leben; die meisten davon (86 %) in Lebenspartnerschaften von Frauen, die ca. 40 % aller Lebenspartnerschaften ausmachen.

Landesrechtliche Bestimmungen (Ausführungsbestimmungen), die allerdings sukzessive aufgehoben werden; s. auch § 23 LPartG: *Baden-Württemberg:* LPartAusfG vom 20.6.2002, GBI. BW 2002, 205, aufgehoben durch G zur Aufhebung des LPartAusfG vom 13.12.2011, GBl. BW 2011, 550; *Bayern:* AGLPartG vom 7.7.2009, BayGVBl. 2009, 261, zuletzt geändert durch G vom 8.4.2013, GVBl. 2013, 174; *Berlin:* G zur Ausführung des LPartG vom 10.7.2001, GVBl. Berlin 2001, 222; *Brandenburg:* Art. 3 Satz 2 G zur Anpassung des Landesrechts an das PersonenstandsrechtsreformG vom 15.4.2009, GVBl. Brandenburg I, 66; *Bremen:* BreAGPStG vom 16.12.2008, GBl. Bremen 2008, 418; *Hamburg:* LPartAusfG vom 4.7.2001, HmbGVBI. I, 145, aufgehoben durch G vom 27.1.2009, HmbGBl. I, 15; *Hessen:* HAG PStG vom 19.11.2008, GVBI. Hessen I, 964; *Mecklenburg-Vorpommern:* G zur Anpassung des LandesR an das PersonenstandsrechtsreformG vom 1.12.2008, GVOBl. M-V 2008, 461; *Niedersachsen:* Nds. AGLPartG vom 21.6.2001, Nds. GVBl. 2001, 377, aufgehoben durch G vom 7.10.2010, Nds.GVBl. 2010, 462; *Nordrhein-Westfalen:* LPartG-AG NRW vom 25.9.2001, GVBl. NRW 2001, 660, aufgehoben durch G vom 27.11.2010, GVBl. NRW 2010, 600; *Rheinland-Pfalz:* AGLPartG vom 10.7.2001, GVBl. RP 2001, 137, aufgehoben durch G vom 26.11.2008, GVBl. RP 2008, 299; *Saarland:* AGLPartG vom 13.6.2001,

Saarl. ABl. 2001, 1222; *Sachsen:* G zur Umsetzung des PersonenstandsrechtsreformGs vom 11.12.2008, Sächs. GVBl. 2008, 938; *Sachsen-Anhalt:* PStG-AG LSA vom 5.12.2008, GVBl. LSA 2008, 406; *Schleswig-Holstein:* AufhG vom 14.1.2008, GVOBl. Schl.-H. 2008, 72; *Thüringen:* ThürAGLPartG vom 4.9.2002, ThürGVBl. 2002, 301, aufgehoben durch G vom 20.12.2010, ThürGVBl. 2010, 538.

Literatur (einführend und vor LPartÜbG): *Battes*, FuR 2002, 49, 113; *Dethloff*, NJW 2001, 2598; *Dorsel*, RNotZ 2001, 151; *Kornmacher*, FamRB 2003, 399; *Mayer*, ZEV 2001, 170; *Muscheler*, Jura 2004, 217; *Welling*, RNotZ 2002, 249.

Literatur (nach LPartÜbG): *Bruns/Kemper*, LPartG, 2. Aufl. 2006; *Christ*, FamRB 2006, 55; *v. Dickhuth-Harrach*, FamRZ 2005, 1139; *v. Dickhuth-Harrach*, FPR 2005, 273; *Grziwotz*, DNotZ 2005, 13; *Kaiser*, FPR 2005, 286; *Kemper*, FF 2005, 88; *Müller*, in Würzburger Notarhandbuch, 4. Aufl. 2015, Teil 3, Kap. 2; *Schnitzler/Kleinwegener*, Münchener Anwaltshandbuch Familienrecht, 4. Aufl. 2014; *Scholz/Stein*, Praxishandbuch Familienrecht, Loseblatt; *Stüber*, FamRZ 2005, 574; *Walter*, MittBayNot 2005, 193; *Wellenhofer*, NJW 2005, 705; *Weber*, FPR 2005, 151; *Wenzel*, DStR 2009, 2403.

Kommentare und Handbücher (vor LPartÜbG): *Bruns/Kemper* (Hrsg.), LPartG, Handkommentar, 2001 (zit.: Hk); *Grziwotz*, Beratungshandbuch Lebenspartnerschaft, 2003; *Meyer/Mittelstädt*, Das LPartG, 2001; *Muscheler*, Das Recht der Eingetragenen Lebenspartnerschaft, 2. Aufl. 2004; *Wellenhofer-Klein*, Die eingetragene Lebenspartnerschaft, 2003.

Terminologie: In Anlehnung an, aber auch zur Abgrenzung von der Ehe hat sich folgende Terminologie innerhalb des LPartG durchgesetzt, wobei Begrifflichkeiten wie etwa „Vermögensstand der Ausgleichsgemeinschaft“, „Vermögenstrennung“ oder „Ausgleich des Überschusses“ mittlerweile „Güterstand der Zugewinngemeinschaft“, „Gütertrennung“ oder „Zugewinnausgleich“ (vgl. § 6 LPartG und die Verweisung in das Güterrecht des BGB) heißen. (Zusammenstellung nach Scholz/Stein, Praxishandbuch Familienrecht, Rz. 78 und Grziwotz, Beratungshandbuch, Rz. 45 ff.):

Lebenspartnerschaft (§ 1 Abs. 1 LPartG)	**Bürgerliche Ehe** (vor § 1297 BGB)
Begründung der Lebenspartnerschaft (vor § 1 LPartG)	Eheschließung (§ 1310 BGB)
Lebenspartnerschaftsname (§ 3 LPartG)	Ehename (§ 1355 BGB)
partnerschaftliche Lebensgemeinschaft (§ 2 LPartG)	eheliche Lebensgemeinschaft (§ 1353 BGB)
Lebenspartnerschaftsunterhalt (§ 5 LPartG)	Familienunterhalt (§ 1360 BGB)
gemeinsame Wohnung (§ 14 LPartG)	Ehewohnung (§§ 1568a, 1361b BGB)
Lebenspartnerschaftsvertrag (§ 7 LPartG)	Ehevertrag (§§ 1408, 1553c BGB)
Geschenke zur Begründung der Lebenspartnerschaft (§ 10 Abs. 1 Satz 3 LPartG)	Hochzeitsgeschenke (§ 1931 Abs. 1 BGB)
Aufhebung der Lebenspartnerschaft (§§ 15 ff. LPartG)	Scheidung der Ehe (§ 1564 BGB)
nachpartnerschaftlicher Unterhalt (§ 16 LPartG)	Unterhalt des geschiedenen Ehegatten (vor § 1569 BGB)

1. Allgemeines

„Eingetragene Lebenspartnerschaft“ ist ein **statusbegründender Vertrag** zweier gleichgeschlechtlicher Personen, durch welchen die Lebenspartner rechtlich konstitutiv und verbindlich erklären, miteinander eine Partnerschaft auf Lebenszeit führen zu wollen. Sie ist vielmehr eine der Ehe ähnliche **Einstehens- und Verantwortungsgemeinschaft**. Dies beinhaltet beispielsweise auch – wie in der Ehe – die Pflicht, dem jeweils anderen Partner unabhängig von der schuld- und sachenrechtlichen Lage den Mitgebrauch an der gemeinsamen Wohnung und an den Gegenständen des gemeinsamen Haushalts zu gestatten (vgl. Hk/Kemper § 1 LPartG Rz. 10). Anders als in § 1353 BGB normiert, sind die Lebenspartner nicht zur Herstellung der partnerschaftlichen Lebensgemeinschaft sowie zur Herstellung der Haushalts- und Geschlechtsgemeinschaft verpflichtet (vgl. Schnitzler/Grziwotz § 27 Rz. 115). Die Lebensgestaltung ist – wie auch in der Lebenswirklichkeit der Ehe – weitestgehend den Lebenspartnern überlassen und vertraglicher Regelung zugänglich. „**Gemeinsame Lebensgestaltung**“ bedeutet deshalb ein gemeinsam abgestimmtes und verantwortliches Entscheiden über wesentliche Punkte der Lebensführung, zB über die Wahl eines gemeinsamen oder getrennten Wohnsitzes, die Übernahme von Haushaltstätigkeiten, Kinderbetreuung, über sexuelle 1

Verhaltensweisen oder über Gemeinsamkeit bei der Freizeitgestaltung usw. Die lebenspartnerschaftliche Lebenssphäre genießt, wie in der Ehe, den **Schutz des sog. „räumlich-gegenständlichen Bereichs“** (Hk/Kemper § 2 LPartG Rz. 20).

2 Eine Anlehnung an die Typenlehre bei Ehegatten kann zur Feststellung und zur Reichweite der gegenseitigen Pflichten der Lebenspartner hilfreich sein (Zusammenstellung nach Grziwotz in Beck'sches Notarhandbuch, B II Rz. 4):

- Doppelverdiener-Lebenspartnerschaft (mit/ohne partnerschaftsbedingte Nachteile);
- Hinzuverdiener-Lebenspartnerschaft;
- Haushaltsführungs- bzw. Betreuungslebenspartnerschaft;
- Rentner-Lebenspartnerschaft (beide Lebenspartner verfügen über eigene soziale Absicherung);
- Unternehmer-Lebenspartnerschaft als Mitunternehmerschaft;
- Unternehmer-Arbeitnehmer-Lebenspartnerschaft;
- Mitarbeits-Lebenspartnerschaft;
- Verhältnis zu sonstigen Lebenspartnerschaften (ohne definierte Grundlagen – zB polygame Beziehung, Alterslebenspartnerschaften mit mehreren Beteiligten).

3 Die rechtsgestaltenden Erklärungen zur Begründung der eingetragenen Lebenspartnerschaft sind vor der zuständigen Behörde **höchstpersönlich** und bei **gleichzeitiger Anwesenheit** abzugeben (§ 1 Abs. 1 Satz 1 LPartG). Nach § 1 Abs. 2 LPartG ist jede Art von Vertretung (gesetzliche oder gewillkürte) bei der Begründung der eingetragenen Lebenspartnerschaft ausgeschlossen.

4 Das LPartG 2001 ist durch das am 1.1.2005 in Kraft getretene „Gesetz zur Überarbeitung des Lebenspartnerschaftsrechts“ (**LPartÜbG**) in wesentlichen Grundlagen verändert worden. Lebenspartner einer vor dem 1.1.2005 begründeten Lebenspartnerschaft hatten befristet bis zum 31.12.2005 ein Wahlrecht, ob sie sich, auch nur in einzelnen Teilbereichen ihrer Lebenspartnerschaft (Gütertrennung [zuvor galt regelmäßig: „Vermögensstand der Ausgleichsgemeinschaft“], Unterhalt, Versorgungsausgleich), dem Recht nach Inkrafttreten des LPartÜbG unterwerfen oder die Rechtwirkungen des LPartG 2001 beibehalten wollten (s. zu Einzelheiten § 21 Abs. 2–4 LPartG).

a) Begründungsvoraussetzungen der eingetragenen Lebenspartnerschaft

5 Die eingetragene Lebenspartnerschaft kann nur und ausschließlich zwischen **zwei Personen gleichen Geschlechts** begründet werden (§ 1 Abs. 1 Satz 1 LPartG); eine bestimmte sexuelle Ausrichtung der Partner ist nicht Tatbestandsvoraussetzung. Verschiedengeschlechtliche Partner einer nichtehelichen oder eheähnlichen Lebensgemeinschaft oder zwei zusammenlebende Verwandte verschiedenen Geschlechts können hingegen keine eingetragene Lebenspartnerschaft eingehen. Auch eine eingetragene Lebenspartnerschaft von mehr als zwei Personen ist ausgeschlossen.

6 Die Lebenspartner müssen, anders als bei einer Eheschließung (Ehefähigkeit, § 1303 Abs. 2 BGB – kritisch Finger FPR 2000, 291; Grziwotz DNotZ 2001, 280), **beide volljährig** sein (§ 11 Abs. 1 Nr. 1 LPartG).

6a ➲ **Praxistipp:** Ein Antrag an das Familiengericht auf Befreiung der Voraussetzung beidseitiger Volljährigkeit, wenn der Antragsteller das 16. Lebensjahr vollendet hat und sein künftiger Ehegatte volljährig ist (§ 1303 Abs. 2 BGB), ist im Regelungszusammenhang des LPartG unzulässig.

7 Eine bestimmte **Staatsangehörigkeit** oder ein besonderer **Aufenthaltsstatus** werden für die Begründung der eingetragenen Lebenspartnerschaft nicht verlangt.

8 ➲ **Praxistipp:** Nach § 8 Abs. 1 Transsexuellengesetz (TSG) setzte die gerichtliche Feststellung, dass eine Person infolge einer **geschlechtsumwandelnden Operation** rechtlich dem anderen Geschlecht zugehört, nicht mehr das Nichtbestehen einer Ehe voraus. Es entsteht auch nicht etwa eine eingetragene Lebenspartnerschaft. § 8 Abs. 1 Nr. 2 TSG war insoweit verfassungswidrig (BVerfGE 121, 175), hierauf hat der Gesetzgeber reagiert (G v. 17.7.2009, in Kraft ge-

treten am 1.9.2009 [BGBl. I, 1978]). Damit können sich Ehen bisher verschiedengeschlechtlicher Partner in solche gleichgeschlechtlicher Partner wandeln.

Beide Partner der eingetragenen Lebenspartnerschaft müssen **geschäftsfähig** sein (§ 104 BGB). Im Falle des § 105 BGB ist eine Erklärung durch den Betreuer wegen des absoluten Vertretungsverbots und des Grundsatzes der Höchstpersönlichkeit ausgeschlossen (§ 1 Abs. 1 Satz 1 LPartG). 9

➲ **Praxistipp:** Bei rechtlicher Betreuung eines Partners nach Betreuungsrecht erstreckt sich ein Einwilligungsvorbehalt nicht auf die Begründung einer eingetragenen Lebenspartnerschaft (§ 1903 Abs. 2 BGB); der Betreute kann ohne jede Mitwirkung des Betreuers die eingetragene Lebenspartnerschaft begründen. 9a

Keiner der Verpartnerungswilligen darf zum Zeitpunkt der Begründung der eingetragenen Lebenspartnerschaft **verheiratet** sein oder eine **bestehende Lebenspartnerschaft** führen (§ 1 Abs. 2 Nr. 1 LPartG). Seit dem 1.1.2005 gilt umgekehrt ein **Eheverbot** bei bestehender eingetragener Lebenspartnerschaft (§ 1306 BGB); bis dahin wurde die eingetragene Lebenspartnerschaft mit Eingehen der Ehe eines Lebenspartners gesetzlich aufgelöst. Ebenso wenig dürfen die zukünftigen Lebenspartner in gerader Linie miteinander verwandt (§ 1 Abs. 2 Nr. 2 LPartG) oder **vollbürtige/halbbürtige Geschwister** sein (§ 1 Abs. 2 Nr. 3 LPartG). Die Eheverbote nach §§ 1307 Satz 2, 1308 BGB gelten hingegen nicht. Zwei Brüder, von denen einer adoptiert wurde, können daher eine eingetragene Lebenspartnerschaft eingehen. 10

Die §§ 1297–1302 BGB (Eheversprechen; Verlöbnis) gelten entsprechend für das dem **Verlöbnis** nachgebildete Institut im Recht der Lebenspartnerschaft nach § 1 Abs. 4 LPartG. Die Vorschriften zum **Zeugnisverweigerungsrecht** (§§ 383 Abs. 1 Nr. 1, 384 Nr. 1 ZPO, 52 Abs. 1 Nr. 1 StPO), zum **Angehörigenbegriff** (§ 11 Abs. 1 Nr. 1 lit. a StGB), zum **Mitwirkungsverbot** (§ 3 Abs. 2 Nr. 2a BeurkG), zur beschränkten Geschäftsfähigkeit beim Abschluss eines Erbvertrages (§ 2275 Abs. 3 BGB), zur grundsätzlichen Unwirksamkeit letztwilliger Verfügungen in einem Erbvertrag bei Auflösung des Verlöbnisses (§§ 2279 Abs. 2, 2077 BGB) und zur Aufhebung eines Erbvertrages durch Vertrag (§ 2290 Abs. 3 Satz 2 BGB) sind anwendbar. Vom Gesetzgeber „vergessen“ wurden die §§ 888 Abs. 3, 894 Abs. 2 ZPO und § 2276 Abs. 2 BGB; eine analoge Anwendung scheidet aus. 11

b) Begründungserklärungen

Die eingetragene Lebenspartnerschaft wird durch gegenseitige, rechtsgestaltende und verpflichtende Erklärungen beider Partner, miteinander eine **Partnerschaft auf Lebenszeit** führen zu wollen, begründet (**Begründungserklärung** – § 1 Abs. 2 Nr. 4 iVm. § 2 LPartG). Sie richtet sich jeweils an den anderen Partner und begründet die Vermutung, dass das Erklärte zwischen den Lebenspartnern auch tatsächlich gewollt ist (Palandt/Brudermüller § 1 LPartG Rz. 4). Das **Lebenszeitprinzip** ist nicht Rechtsfolge der eingegangenen Lebenspartnerschaft, es ist bereits Inhalt der Begründungserklärungen. Eine Erklärung über ihren Vermögensstand (= Güterstand) – wie dies noch in § 1 Abs. 1 Satz 4 LPartG 2001 gefordert wurde – müssen die Beteiligten zur Begründung ihrer Lebenspartnerschaft seit dem 1.1.2005 nicht mehr abgeben. Angaben hierüber sind sinnvoll, wenn zuvor ein güterrechtlicher Lebenspartnerschaftsvertrag abgeschlossen wurde. Die Begründungserklärungen sind wirksam, wenn sie **vor der zuständigen (inländischen) Behörde** abgegeben werden; vor deutschen Konsulaten im Ausland können hingegen keine Lebenspartnerschaften abgeschlossen werden. Eine die Wirksamkeit begründende Beteiligungshandlung der zuständigen Behörde ist hingegen gesetzlich nicht vorgesehen. Die Eintragung in das Register wirkt nicht konstitutiv. 12

➲ **Hinweis:** „zuständige Behörde“ zur Begründung der Lebenspartnerschaft ist/sind seit dem 1.1.2009 bundeseinheitlich (vgl. Art. 2 des G zur Reform des Personenstandsrechts vom 19.2.2007 [BGBl. I, 122]): 13

– **Standesamt** in Bayern (daneben auch – wie bisher – die Notare), Berlin, Brandenburg, Bremen, Hamburg, Hessen, Mecklenburg-Vorpommern, Niedersachsen, Nordrhein-Westfalen, Rheinland-Pfalz, Saarland, Sachsen, Sachsen-Anhalt, Schleswig-Holstein, Thüringen und Baden-Württemberg;

- **Notare** (neben Standesamt) in Bayern aufgrund der Öffnungsklausel in § 23 LPartG (das Lebenspartnerschaftsbuch wird in Bayern nicht mehr bei der Landesnotarkammer geführt; es wird in das Lebenspartnerschaftsregister bei den Standesämtern überführt; vgl. §§ 1 ff. BayAGLPartG).

Zuletzt haben Thüringen (1.1.2011) und Baden-Württemberg (1.1.2012) die Zuständigkeit der Standesämter begründet.

(Übersicht zur interessanten früheren Rechtslage Peter StAZ 2002, 83).

14 Die Begründungserklärungen können mit der Rechtsfolge der Nichtigkeit **nicht unter** einer **Bedingung** oder **Zeitbestimmung** abgegeben werden (§ 1 Abs. 1 Satz 2 LPartG). Nach **§ 1 Abs. 2 Nr. 4 LPartG** bedarf die wirksame Begründung der eingetragenen Lebenspartnerschaft das erklärte Einigsein über die Verpflichtung zur gegenseitigen Fürsorge und Unterstützung, zur gemeinsamen Lebensgestaltung und zum Tragen von Verantwortung füreinander (vgl. § 2 LPartG, s. auch § 1314 Abs. 2 Nr. 5 BGB). Die Vorschrift will verhindern, dass eine eingetragene Lebenspartnerschaft überwiegend zu partnerschaftsfremden Zwecken, zB zur Erlangung einer ausländerrechtlichen Aufenthaltsgenehmigung, begründet wird („**Scheinpartnerschaft**"; s. auch Coen BWNotZ 2001, 167). Nicht mehr erforderlich ist es, dass die Lebenspartner eine „Erklärung über ihren Vermögensstand" abgeben müssen (§ 6 Abs. 1 LPartG wurde durch das LPartÜbG aufgehoben).

M 70.1 Begründungserklärung – Lebenspartnerschaft

... Wir beabsichtigen, miteinander die eingetragene Lebenspartnerschaft nach dem LPartG zu begründen.

Wir sind beide volljährig, keiner von uns ist verheiratet oder verpartnert. Wir sind keine voll- oder halbbürtigen Geschwister und auch nicht in gerader Linie miteinander verwandt.

Wir verpflichten uns, unsere Lebenspartnerschaft als eine gegenseitigen Einstehens- und Verantwortungsgemeinschaft zu führen, insbesondere einander Fürsorge und Unterstützung zu leisten sowie eine gemeinsame Lebensgestaltung zu verwirklichen (§ 2 LPartG). Die Lebenspartnerschaft wollen wir in größtmöglicher wirtschaftlicher Eigenverantwortlichkeit führen. Hierzu werden wir beide ganztägig berufstätig sein. ...

(keine zwingende Angabe: In der Urkunde des Notars ... vom ... Ur.-Nr. ... für 20... haben wir einen Lebenspartnerschaftsvertrag miteinander geschlossen und für unsere Lebenspartnerschaft den Güterstand der Gütertrennung gewählt.)

*Wir bestimmen ... (zB zum Lebenspartnerschaftsnamen, s. Muster **M 70.6**)*

... (Unterschriften)

15 ➲ **Hinweis:** Lebenspartnerschaft außerhalb des Zivilrechts – Ausschnitt:

Sozialrechtlich kann Einkommen bzw. Vermögen eines Lebenspartners für anrechenbar erklärt werden, soweit die Lebenspartner nicht getrennt (vgl. auch § 1836c Satz 1 Nr. 1 BGB) oder nicht dauernd getrennt leben (§§ 7 Abs. 3 Nr. 3 lit. c, 9 Abs. 2 Satz 1 SGB II; §§ 5 Abs. 3 Satz 7, 6 Abs. 3 Satz 1 BErzGG).

Im **Beamtenrecht des Bundes** insb. des Besoldungs- und Versorgungsrechts werden verpartnerte Beamte weiterhin bei familienbezogenen Leistungen und in der Hinterbliebenenversorgung abweichend von verheirateten Beamten behandelt (anders in den Bundesländern). Allerdings gilt, dass nach dem Tod eines Beamten der hinterbliebene Lebenspartner eines Beamten Anspruch auf Leistungen der **Hinterbliebenenversorgung** wie hinterbliebene Ehepartner hat (BVerwG NVwZ 2011, 499). Verfassungsrechtlich ist es hingegen nicht zu beanstanden, dass Beamten in einer eingetragenen Lebenspartnerschaft **kein Familienzuschlag** (Verheiratetenzuschlag), wie er verheirateten Beamten zustand, gewährt wird (BVerfG NJW 2008, 2325).

Die Ungleichbehandlung von Ehe und eingetragener Lebenspartnerschaft im Bereich der **betrieblichen Hinterbliebenenversorgung** für zusatzversicherte Arbeitnehmer des öffentlichen Dienstes (§ 38 VBLS), ist dagegen mit Art. 3 Abs. 1 GG unvereinbar (BVerfG FamFR 2009, 152; BGH FamRZ 2010, 1545). Anders als überlebende Lebenspartner im Recht der **gesetzlichen Rentenversicherung** nach § 46 Abs. 4 SGB VI (= Hinterbliebenenversorgung) kann der überlebende Lebenspartner aus der Zusatzversicherung keine Hinterbliebenenrente erhalten.

Eine Hinterbliebenenversorgung in einem **berufsständischen Versorgungssystem** fällt in den Geltungsbereich der Richtlinie 2000/78/EG des Rates vom 27. November 2000 zur Festlegung eines allgemeinen Rahmens für die Verwirklichung der Gleichbehandlung in Beschäftigung und Beruf. Hiernach ist es mit EU-Recht unvereinbar, dem überlebenden Partner nach Versterben seines Lebenspartners keine Hinterbliebenenversorgung entsprechend einem überlebenden Ehegatten zu gewähren, obwohl die Lebenspartnerschaft nach nationalem (deutschem) Recht der Ehe vergleichbar ist (EuGH -Große Kammer-, NJW 2008, 1649).

Allgemein gilt: Geht die **Privilegierung der Ehe** mit einer Benachteiligung anderer Lebensformen einher, obgleich diese nach dem geregelten Lebenssachverhalt und den mit der Normierung verfolgten Zielen der Ehe vergleichbar sind, rechtfertigt der bloße Verweis auf das Schutzgebot der Ehe gemäß Art. 6 Abs. 1 GG eine solche Differenzierung nicht; vielmehr liegt in einem solchen Fall ein Verstoß gegen Art. 3 Abs. 1 GG vor (BVerfG NJW 2010, 1439 = FamRZ 2009, 1977).

c) Begründungsmängel

Das LPartG unterscheidet in seiner Terminologie bedauerlicherweise nicht hinreichend deutlich 16
zwischen einer Aufhebung wegen Begründungsmängeln und der Aufhebung, die eigentlich eine „Scheidung" (hierzu unten Rz. 61 ff.) ist. Anders als bei der Ehe (§ 1310 Abs. 3 BGB), ist keine Heilung der anfänglich fehlenden Wirksamkeit etwa durch Eintragung der Lebenspartnerschaft möglich. Das Familiengericht (§ 15 Abs. 2 Satz 2 LPartG) hebt die Lebenspartnerschaft auf Antrag auf, wenn bei Eingehen der Lebenspartnerschaft ein Willensmangel entsprechend den Regelungen des § 1314 Abs. 2 Nr. 1–4 BGB vorlag (Eingehen der eingetragenen Lebenspartnerschaft im Zustand der Bewusstlosigkeit oder vorübergehender Störung der Geistestätigkeit, Irrtum, arglistige Täuschung und Drohung). Die Anwendung der §§ 119 ff. BGB ist insoweit ausgeschlossen. Die **Rechtsfolgen der Aufhebung** einer eingetragenen Lebenspartnerschaft **wegen der in Verweis genommenen Begründungsmängel** (§ 15 Abs. 2 Satz 2 LPartG) richten sich nach §§ 16 ff. LPartG. Die Aufhebung wegen Begründungsmangels kann auf Antrag sofort und ohne Einhaltung einer Trennungsfrist erfolgen.

Die §§ 1314 Abs. 1, 1303, 1304, 1306, 1307, 1311 BGB sind als relevante Begründungsmängel (zB 17
Geschäftsunfähigkeit, fehlende Volljährigkeit, Verwandtschaft; Begründung mit einer Person, die verheiratet oder verpartnert ist etc.) für eine Aufhebung in § 15 Abs. 2 Satz 2 LPartG allerdings gerade nicht in Verweisung genommen. Soweit Begründungsmängel nicht genannt sind, führt deren Vorliegen zur **anfänglichen Unwirksamkeit der Lebenspartnerschaft**. Während die Ehe bei Bestehen vergleichbarer Begründungsmängel nur durch Gestaltungs-Urteil (§ 1313 BGB), mit Wirkung für die Zukunft (§§ 1313 Satz 2, 1318 BGB) und mit Eintritt des Scheidungsfolgenrechts aufgehoben werden kann, führen die nicht in Verweis genommenen Begründungsmängel zur Rückabwicklung der Lebenspartnerschaft nach den allgemeinen Regeln, zB dem Bereicherungsrecht.

➲ **Praxistipp:** Eine dem § 1318 BGB entsprechende Vorschrift fehlt im LPartG; möglicherweise 18
kann der **arglistig Täuschende** deswegen nach Aufhebung **Unterhalt** verlangen.

2. Vereinbarungen; Lebenspartnerschaftsvertrag

Die Lebenspartner können ihre güter-, versorgungsausgleichs-, unterhaltsrechtlichen und anderen 19
lebenspartnerschaftlichen Verhältnisse durch Vertrag (**Lebenspartnerschaftsvertrag**) regeln. Die §§ 1409–1563 BGB gelten entsprechend (**§ 7 LPartG**; s. auch § 20 Abs. 3 und 4 LPartG). **Regelungsgegenstände und Motivlagen** für lebenspartnerschaftsvertragliche Regelungen entsprechen denjenigen der vorsorgenden Eheverträge und Scheidungsfolgenvereinbarungen von Ehegatten.

20 **Regelungsbereiche und -grenzen** (Zusammenstellung nach Grziwotz in Beck'sches Notarhandbuch, B II Rz. 5):

- Sicherung des sozial schwächeren Partners bei einer Trennung, „Entpartnerung" und Tod des Lebenspartners;
- Rückabwicklung von Zuwendungen bei Trennung und „Entpartnerung";
- Ersatz fehlender gesetzlicher Regelungen (insb. im Vergleich zur Ehe);
- Stellung von in den Haushalt aufgenommenen dritten Personen (insb. einseitiger Kinder eines Lebenspartners);
- erbrechtskorrigierende Regelungen (unter Einbeziehung der Erbschaftsteuerbelastung und des gesetzlichen Erb- und Pflichtteilsrechts).

21 Partnerschaftsvertragliche Vereinbarungen sind in vielen Regelungsbereichen **nicht formbedürftig.** In gesetzlich angeordneten Fällen ist die Einhaltung der **notariellen Form** mittels Verweis über § 7 Satz 2 und § 20 Abs. 4 LPartG erforderlich: § 1410 BGB (Vereinbarungen zum Güterrecht); § 1378 Abs. 3 Satz 2 BGB (Ausgleich des Zugewinns); § 1585c Satz 2 BGB (Vereinbarungen zum Unterhalt vor Aufhebung der Lebenspartnerschaft); § 7 Abs. 1 und 3 VersAusglG iVm. § 1410 BGB (Versorgungsausgleich). Beurkundungspflicht kann sich auch bei direkter Anwendung der Normen des BGB oder der ZPO ergeben, zB: § 2276 (Erbvertrag), § 2348 BGB (Erbverzichtsvertrag), § 125 Satz 2 BGB (kraft Parteivereinbarung), § 794 Abs. 1 Nr. 5 ZPO (vollstreckbarer Unterhaltstitel). Streitig ist, inwieweit eine Beurkundungspflicht kraft Sachzusammenhangs nach §§ 139, 125 Satz 1 BGB bei gleichzeitiger Vereinbarung formfreier und **formbedürftiger Teile** entsteht (vgl. Kanzleiter NJW 1997, 217). **Formbedürftigkeit** besteht jedenfalls bei gleichzeitiger Mitbeurkundung einer Verpflichtung zur Übertragung oder zum Erwerb des Eigentums an einem Grundstück (§ 311b Abs. 1 Satz 1 BGB mit Heilungsmöglichkeit gem. § 311b Abs. 1 Satz 2 BGB), wenn die Regelungsteile miteinander stehen und fallen sollen.

22 Einzelne Regelungsbereiche des vorsorgenden Lebenspartnerschaftsvertrages werden regelmäßig anhand der **Typen von Lebenspartnerschaften** – in Anlehnung an die ehevertragliche Typenlehre – (vgl. hierzu Langenfeld, Eheverträge Rz. 18 ff. mwN) individueller und damit praxisorientierter zu ermitteln sein.

23 Wegen der fehlenden Verankerung der eingetragenen Lebenspartnerschaft im Schutzbereich des Art. 6 GG ist die Übertragbarkeit der Grundsätze zur eingeschränkten Gestaltungsfreiheit von Eheverträgen auf Lebenspartnerschaftsverträge noch nicht abschließend geklärt. Eheverträge (vorsorgende Eheverträge; Krisenverträge und Scheidungsvereinbarungen) unterliegen im Hinblick auf die Regelungsschwerpunkte **nachehelicher Unterhalt** und **Versorgungsausgleich** (BGH FamRZ 2004, 601; FamRZ 2005, 26: „Kernbereichslehre des BGH") der **Wirksamkeitskontrolle** (§ 138 BGB; § 8 Abs. 1 VersAusglG) und zudem der nachgelagerten richterlichen **Ausübungskontrolle** (§§ 313, 242 BGB; § 8 Abs. 1 VersAusglG). Hierbei erfolgt die Ausübungskontrolle bezogen auf die tatsächlichen Verhältnisse und den Zeitpunkt der Scheidung; sie bezieht die Gesamtheit der ehevertraglichen Regelungen in die Bewertung mit ein (ausführlich Bergschneider, Richterliche Inhaltskontrolle von Eheverträgen und Scheidungsvereinbarungen, 2008, S. 1 ff.) und kann im Ergebnis zur **richterlichen Anpassung getroffener Vereinbarungen** führen. Die grundsätzliche Disponibilität der Scheidungsfolgen darf nach der ständigen Rechtsprechung des BGH jedenfalls nicht dazu führen, dass der Schutzzweck der gesetzlichen Regelung durch vertragliche Vereinbarungen beliebig unterlaufen wird. Dies ist dann der Fall, wenn durch die vertragliche Gestaltung eine evident einseitige und durch die individuelle Gestaltung der ehelichen Lebensverhältnisse **nicht gerechtfertigte Lastenverteilung** entstünde, die hinzunehmen für den belasteten Ehegatten, bei angemessener Berücksichtigung der Belange des anderen Ehegatten und seines **Vertrauens in die Geltung der getroffenen Abrede**, bei verständiger Würdigung des Wesens der Ehe unzumutbar erscheint (zusammenfassend BGH FamRZ 2008, 582).

24 Diese Wertungsansätze sind grundsätzlich auf die Situation der Lebenspartner übertragbar und mahnen zur analogen Vertragsgestaltung. Zudem erstreckt nunmehr § 8 Abs. 1 VersAusglG die Grundsätze der richterlichen Inhaltskontrolle auf Vereinbarungen zum Versorgungsausgleich, ohne zwischen Ehe und Lebenspartnerschaft zu unterscheiden.

3. Vermögensrechtliche Wirkungen der eingetragenen Lebenspartnerschaft

a) Güterrecht

Die Lebenspartner leben im **Güterstand der Zugewinngemeinschaft**, wenn sie nicht durch Lebenspartnerschaftsvertrag (§ 7 LPartG) etwas anderes vereinbaren; die §§ 1363 Abs. 2, 1364–1390 BGB gelten entsprechend (§ 6 LPartG). Lebenspartnerschaftsverträge können in das **Güterrechtsregister** eingetragen werden (§ 7 Satz 2 LPartG, §§ 1412, 1558 ff. BGB – zur Rechtslage bis 2005 vgl. KG FamRZ 2003, 1278). **Gütertrennung** und **Gütergemeinschaft** können als Wahlgüterstände lebenspartnerschaftsvertraglich begründet werden (zum alten Recht der Ausgleichsgemeinschaft und Vermögenstrennung vgl. Mayer ZEV 2001, 169; Rieger FamRZ 2001, 1497). 25

➲ **Hinweis:** Nach § 21 Abs. 1 LPartG konnten die Lebenspartner einer eingetragenen Lebenspartnerschaft, die nach dem LPartG 2001 (sog „**Altlebenspartnerschaften**") begründet worden war, bis zum 31.12.2005 durch notarielle Urkunde gegenüber dem Amtsgericht erklären, dass es für ihre Lebenspartnerschaft bei der Gütertrennung nach dem Modell des LPartG 2001 verbleiben sollte; ansonsten gilt auch für „Altlebenspartnerschaften" die Zugewinngemeinschaft als Güterstand. 25a

M 70.2 Ausschluss des Zugewinnausgleichs bei lebzeitiger Beendigung der Lebenspartnerschaft, insb. Aufhebung

(notarielle Beurkundung erforderlich)

(...) Der gesetzliche Güterstand der Zugewinngemeinschaft soll für unsere Lebenspartnerschaft mit folgender Abweichung gelten:

(...) Für den Fall, dass unsere Lebenspartnerschaft auf andere Weise als durch den Tod eines Lebenspartners aufgelöst wird, insbesondere im Falle der Aufhebung der Lebenspartnerschaft, schließen wir den Ausgleich des Zugewinns vollständig aus. Dies gilt auch für den vorzeitigen Zugewinnausgleich bei Getrenntleben.

Klarstellend wird vermerkt, dass es für den Fall der Auflösung unserer Lebenspartnerschaft durch den Tod eines von uns bei dem Zugewinnausgleich gem. § 1371 BGB verbleibt.

(...) Keiner von uns beiden soll den Verfügungsbeschränkungen des §§ 1365 und 1369 BGB unterliegen.

(...) Schenkungen oder sonstige Zuwendungen eines Lebenspartners an den anderen können bei Aufhebung der Lebenspartnerschaft, gleichviel aus welchem Grunde, nicht zurückgefordert werden. Dies gilt unabhängig davon, wer von uns das Scheitern unserer Lebenspartnerschaft verursacht und verschuldet hat. Die Rückforderung ist nur dann möglich, wenn sie bei der Zuwendung ausdrücklich vorbehalten wurde.

(...) Im Übrigen sollen die Vorschriften über den gesetzlichen Güterstand der Zugewinngemeinschaft gelten.

(...) Eine Aufstellung unseres derzeitigen Vermögens soll nicht erfolgen.

Kosten: *Geschäftswert:* Für den Lebenspartnerschaftsvertrag gibt es keine kostenrechtlichen Besonderheiten gegenüber einem Ehevertrag. Das modifizierte Reinvermögen ist nicht nur bei Vereinbarung eines anderen Güterstandes maßgebend, sondern auch nach § 100 Abs. 1 GNotKG für alle lebenspartnerschaftsvertraglichen Vereinbarungen gem. § 1408 BGB. Da auch die Modifizierung der Zugewinngemeinschaft durch Lebenspartnerschaftsvertrag gem. § 1408 BGB erfolgt, ist auch hier vom vollen Wert des modifizierten Reinvermögens auszugehen. Gebühr: Es liegt eine Vereinbarung vor, daher 2,0 Gebühr nach Nr. 21100 KV GNotKG.

M 70.3 Gütertrennung durch Lebenspartnerschaftsvertrag zB zur Vorbereitung einer Aufhebung der Lebenspartnerschaft

(notarielle Beurkundung erforderlich)

§ . . . Gütertrennung

(1) Wir vereinbaren hiermit, dass für die fernere Dauer unsere Lebenspartnerschaft ab dem heutigen Tag der Güterstand der

Gütertrennung

gem. § 7 Abs. 2 LPartG iVm. § 1414 BGB gelten und jede Zugewinngemeinschaft ausgeschlossen sein soll.

(2) Der Notar hat uns über die Bedeutung des gesetzlichen Güterstandes der Zugewinngemeinschaft, die Vereinbarung der Gütertrennung und die damit verbundenen Folgen belehrt. Er hat uns insbesondere darauf hingewiesen, dass durch die Vereinbarung der Gütertrennung ein Ausgleich des Zugewinns bei tatsächlicher Beendigung der Lebenspartnerschaft, insbesondere nach deren Aufhebung, nicht stattfindet, und dass sich das gesetzliche Erbrecht und das Pflichtteilsrecht vermindern können.

(3) Zuwendungen eines Partners an den anderen können bei Aufhebung der Lebenspartnerschaft nicht zurückgefordert werden, wobei die Partner den Fortbestand der Lebenspartnerschaft nicht als Geschäftsgrundlage betrachten. Dies gilt unabhängig davon, wer von den Lebenspartnern das Scheitern der Lebenspartnerschaft verursacht und verschuldet hat. Die Rückforderung ist nur dann möglich, wenn sie bei der Zuwendung schriftlich vorbehalten wurde.

(4) Wir verzichten hiermit wechselseitig auf jegliche in der Vergangenheit entstandenen Ansprüche auf Ausgleich des Zugewinns oder andere Wertersatz- oder Ausgleichsansprüche jeglicher Art und aus jeglichem Rechtsgrund. Dies gilt auch für Ausgleichsansprüche, die etwa aus einer zwischen uns bestehenden Innengesellschaft bereits entstanden sind oder noch entstehen werden. Wir nehmen diesen Verzicht wechselseitig an.

Kosten: *Geschäftswert:* Es ist vom vollen Wert des modifizierten Reinvermögens auszugehen. Gebühr: Es liegt eine Vereinbarung vor, daher 2,0 Gebühr nach Nr. 21100 KV GNotKG.

M 70.4 Regelung zum Güterrechtsregister – Lebenspartnerschaft

(im Zusammenhang einer notariellen Beurkundung)

§ . . . Güterrechtsregister

(1) Die Beteiligten beantragen die Eintragung der Gütertrennung in das für den jeweiligen Wohnsitz zuständige Güterrechtsregister, behalten sich jedoch die Bestimmung für die Einreichung des Antrags vor.

(2) Der Verwahrer dieser Urkunde wird beauftragt, den Antrag auf Eintragung in das Güterrechtsregister dem zuständigen Amtsgericht einzureichen, sobald auch nur einer der Beteiligten ihn darum schriftlich ersucht.

Kosten: *Notargebühr:* keine gesonderte Bewertung

Gerichtsgebühr: Im Falle der Eintragung in das Güterrechtsregister 100 Euro gem. Nr. 13200 KV GNotKG.

26 Weitere **Muster zu Wahlgüterständen und Güterstandsgestaltung** s. Kap. 62 ff.; sie sind unter Beachtung der §§ 6 und 7 LPartG und der Terminologie des LPartG verwendbar.

b) Allgemeine (vermögensrechtliche) Wirkungen

§ 4 LPartG entspricht als Regelung des **Haftungsmaßstabs** der Lebenspartner untereinander § 1359 BGB. Damit gilt der Grundsatz „diligentia quam in suis" (vgl. § 277 BGB). Die Haftung wegen grober Fahrlässigkeit bleibt unberührt. 27

§ 8 Abs. 2 LPartG erklärt die Vorschriften zur sog **Schlüsselgewalt** (§ 1357 BGB) und § 8 Abs. 1 LPartG erklärt die **Gläubigerschutzvorschrift des § 1362 BGB** für entsprechend anwendbar. 28

Dabei gilt entsprechend **§ 1357 BGB**, dass aus Geschäften, die der Deckung des angemessenen Lebensbedarfs der Lebensgemeinschaft dienen, beide Lebenspartner berechtigt und verpflichtet werden. § 1357 BGB ist weder Anspruchsgrundlage, diese sind zumeist §§ 433 Abs. 2, 611 Abs. 1 oder 631 Abs. 1 BGB, noch eine Gutglaubensvorschrift. Zum Unterhaltsbedarf zählen keine Anschaffungen, die nur dem persönlichen Berufs- oder Erwerbsbereich des einzelnen Lebenspartners zuzurechnen sind. Nicht erfasst werden zudem Maßnahmen der Vermögensanlage oder -verwaltung.

Durch die Anwendbarkeit der **Gläubigerschutzvorschriften** wird auch im Regelungszusammenhang der Lebenspartnerschaft in jedem denkbaren Güterstand zu Gunsten der Gläubiger eines jeden Lebenspartners vermutet, dass die im Besitz eines oder beider befindlichen Sachen dem jeweiligen Schuldner gehören (**§ 1362 Abs. 1 BGB**). Für Sachen des persönlichen Gebrauchs eines Lebenspartners gilt jeweils die Vermutung, dass sie demjenigen gehören, für dessen Gebrauch sie bestimmt sind (§ 1362 Abs. 2 BGB). Die widerlegbare Vermutung des § 1362 BGB ist zwingendes Recht. Sie wird vollstreckungsrechtlich durch die Regelung des **§ 739 Abs. 1 ZPO** ergänzt. Hiernach gilt in den Fällen des § 1362 BGB im Zwangsvollstreckungsverfahren die Besitz- und Gewahrsamsvermutung zu Gunsten des Lebenspartners, gegen den die Vollstreckungsmaßnahme durchgeführt wird. 29

Anders als vor dem 1.1.2005 sind seitdem auch die **Verfügungsbeschränkungen nach §§ 1365, 1369 BGB** auf Lebenspartner, die im Güterstand der Zugewinngemeinschaft leben, anwendbar (§ 6 Abs. 2 LPartG). 30

M 70.5 Regelung zur Befreiung von güterrechtlichen Verfügungsbeschränkungen – Lebenspartnerschaft

(im Zusammenhang einer notariellen Beurkundung)

(...) Die Verfügungsbeschränkungen des § 6 LPartG iVm. §§ 1365 ff. und 1369 ff. BGB sollen während des Bestehens unserer Lebenspartnerschaft keine Anwendung finden. Jeder von uns beiden ist somit berechtigt, ohne Zustimmung des anderen Partners über sein Vermögen im Ganzen oder nahezu sein gesamtes Vermögen und auch über ihm gehörende Gegenstände des gemeinsamen Haushaltes frei zu verfügen.

4. Laufender Unterhalt in der Lebenspartnerschaft

Die Lebenspartner sind einander verpflichtet, durch ihre Arbeit und mit ihrem Vermögen die partnerschaftliche Lebensgemeinschaft angemessen zu unterhalten (§ 5 LPartG iVm. §§ 1360 Satz 2, 1360a, 1360b BGB, 16 Abs. 2 LPartG). Dies bedeutet insbesondere, dass sie dies vereinbarungsgemäß durch Erwerbstätigkeit in Form von **Barunterhalt** und/oder durch Haushaltsführung in Form von **Naturalunterhalt** verwirklichen können. Beide Arten der Unterhaltsleistung sind gleichwertig. Das Herstellen einer ehevergleichbaren Lebensgemeinschaft der Lebenspartner entsprechend § 1353 Abs. 1 Satz 2 BGB ist hingegen nicht Tatbestandsvoraussetzung der Unterhaltsgewährung. § 5 Satz 2 LPartG verweist allerdings auch auf § 1360a Satz 1 BGB, in dem vom „Lebensbedarf gemeinsamer Kinder" die Rede ist. **„Gemeinsame Kinder**" der Lebenspartner kann es nur in folgenden Fällen geben (s. zu Kindern iÜ Rz. 40 f.): 31

- gemeinschaftliches Kind heterosexueller Eltern und Geschlechtsumwandlung (nach § 8 TSG) eines Elternteils mit anschließend begründeter Lebenspartnerschaft;

- Lebenspartner nimmt ein Kind seines Lebenspartners an (§ 9 Abs. 7 Satz 1 LPartG – es gelten die Regeln für die eheliche Stiefkind-Adoption entsprechend, s. Kap. 73 Rz. 12, 11);
- Lebenspartner nimmt das volljährige, vom anderen Lebenspartner früher (allein) adoptierte Kind an.

32 Die Verweisung in § 5 Satz 2 LPartG auf § 1360a Abs. 2 Satz 1 BGB führt dazu, dass sich der Unterhalt danach **bemisst**, was zur Deckung der Haushaltskosten und der persönlichen Bedürfnisse der Lebenspartner erforderlich ist. Maßstab ist die Angemessenheit unter Berücksichtigung der „gemeinsamen Lebensgestaltung". Ein Anspruch auf **Taschengeld** zur Deckung persönlicher Bedürfnisse besteht zwischen Lebenspartnern wie zwischen Ehegatten; die Rechtsprechung beziffert den Anspruch auf 5–7 % des verfügbaren Nettoeinkommens (BGH NJW 2004, 2450). **Zuvielleistungen von Unterhalt** werden im Zweifel ohne Rückforderungswillen erbracht (§ 1360b BGB). Auf laufenden Unterhalt kann gem. § 1360a Abs. 3 iVm. § 1614 BGB für die Zukunft nicht **verzichtet** werden. Gleiches gilt für den Trennungsunterhalt (§ 12 Satz 2 LPartG iVm. §§ 1316 Abs. 4, 1360a Abs. 3, 1614 BGB). Der nachpartnerschaftliche Unterhalt ist dagegen weitgehend der vertraglichen Gestaltung zugänglich (§ 16 Abs. 1 Satz 2 LPartG iVm. § 1585c Satz 1 BGB). Solche Vereinbarungen bedürfen, wenn sie vor der Rechtkraft der Aufhebung der Lebenspartnerschaft abgeschlossen werden, der notariellen Beurkundung (§ 16 Abs. 1 Satz 2 LPartG iVm. § 1585c Satz 2 BGB). Für die **Pfändung** gelten die §§ 850c, 850d, 850i, 863 ZPO entsprechend. Für die **Rangverhältnisse** gilt § 16 Abs. 1 Satz 2 LPartG iVm. § 1609 BGB.

33 Über den laufenden Unterhalt in der Lebenspartnerschaft sind Vereinbarungen, etwa über die Art und Weise der Unterhaltserbringung und darüber, wie viel jeder der Lebenspartner hierzu beisteuern soll, möglich. Auch über den Lebenszuschnitt der Lebenspartnerschaft können Vereinbarungen getroffen werden. Ausdrückliche Regelungen in Lebenspartnerschaftsverträgen sind selten.

5. Personenrechtliche Wirkungen der eingetragenen Lebenspartnerschaft

a) Namensrecht

34 Auch das Namensrecht der eingetragenen Lebenspartnerschaft entspricht im Wesentlichen demjenigen der Ehe, jedoch ohne den gesetzlichen Aufruf zur Namenseinheit. Die Lebenspartner können demnach einen gemeinsamen Namen als **„Lebenspartnerschaftsnamen"** (§ 3 Abs. 1 LPartG; ausführlich Seeger MittBayNot 2002, 229) bestimmen; bestimmen sie nichts, führen sie ihre bisherigen Namen weiter. Der Lebenspartnerschaftsname kann der Geburtsname oder der zurzeit der Erklärung über die Bestimmung geführte Name eines der Lebenspartner (sog. früherer Name) sein, § 3 Abs. 1 Satz 2 LPartG. Der Lebenspartner, dessen Geburtsname oder früherer Name gerade nicht Lebenspartnerschaftsname wird, kann durch Erklärung bestimmen, dass dem Lebenspartnerschaftsnamen sein Geburtsnamen oder sein früherer Name vorangestellt oder angefügt wird (§ 3 Abs. 3 LPartG – **unechter Doppelname; Begleitname**) wird. Es kann kein Doppelname gewählt werden, wenn bereits der Lebenspartnerschaftsname aus mehreren Namen besteht, § 3 Abs. 2 Sätze 2 und 3 LPartG (nach BVerfG FamRZ 2009, 939 zu § 1355 BGB verfassungsgemäß).

35 Auch **nach Beendigung der eingetragenen Lebenspartnerschaft** behält jeder der ehemaligen Lebenspartner den Lebenspartnerschaftsnamen, wenn er nicht durch ausdrückliche Erklärung seinen Geburtsnamen oder seinen früheren Namen wieder annimmt. Er kann seinen Geburtsnamen oder seinen früheren Namen auch dem Lebenspartnerschaftsnamen voranstellen oder anfügen (vgl. auch § 1355 BGB). In jeder Kombination sind allerdings Namen, die aus mehr als zwei Namen zusammengesetzt sind, unzulässig (§ 3 Abs. 2 Satz 3 LPartG).

Für Personen, die vor dem 12.2.2005 die Lebenspartnerschaft eingegangen sind, konnte die Lebenspartnerschaftsnamenswahl bis zum 12.2.2006 nachgeholt werden (vgl § 3 Abs. 5 LPartG, Art. 229 § 13 EGBGB).

36 Die **Erklärungen zur Bestimmung des Lebenspartnerschaftsnamens**, zur Annahme des früheren Namens und zum Widerruf sind vor der zuständigen Behörde (s. vor Rz. 1) abzugeben. Die Bestimmungserklärung soll bei der Begründung der Lebenspartnerschaft abgegeben werden (§ 3 Abs. 1 Satz 3 LPartG; vgl. **M 70.1**), kann jedoch auch später erfolgen (vgl. **M 70.6**). Die spätere Be-

stimmung bedarf zu ihrer Wirksamkeit der öffentlichen Beglaubigung (§ 3 Abs. 1 Satz 5 LPartG; s. auch Seeger MittBayNot 2002, 229). Der durch eine frühere eingetragene Lebenspartnerschaft erworbene Name eines Lebenspartners kann in dessen neuer Lebenspartnerschaft ebenfalls zum Lebenspartnerschaftsnamen bestimmt werden (vgl. BVerfG FamRZ 2004, 515 und Art. 3 des G zur Änderung des Ehe- und Lebenspartnerschaftsnamensrechts vom 6.2.2005). Bei sog. Altfällen konnte die Wahl bis zum 12.2.2006 durch gemeinsame Erklärung gegenüber der zuständigen Behörde nachgeholt werden.

Der **Lebenspartnerschaftsname unterliegt** grundsätzlich **der vertraglichen Disposition** (BGH FamRZ 2008, 1183; Seeger MittBayNot 2002, 229, 238 f. mwN). Das gilt sowohl für Regelungen zu einem gemeinsamen Lebenspartnerschaftsnamen als auch zum Begleitnamen. Die Lebenspartner können sich, beispielsweise in einem Lebenspartnerschaftsvertrag, verpflichten, im **Falle der Aufhebung** der eingetragenen Lebenspartnerschaft den „fremden" Namen des Lebenspartners, der der gemeinsame Lebenspartnerschaftsname ist, wieder abzulegen (BGH FamRZ 2008, 859; LG Bonn FamRZ 2008, 1183). Das gilt auch vor dem Hintergrund, dass der angenommene Lebenspartnerschaftsname Teil und Ausdruck der eigenen Persönlichkeit des Namensträgers ist (BVerfG FamRZ 2004, 515, 516). Bedenken bestehen jedoch, falls für das Ablegen des Lebenspartnerschaftsnamen ein Entgelt vereinbart ist, der Name also gleichsam „abgekauft" wird (ausdrücklich, jedoch ohne genaue Festlegung BGH FamRZ 2008, 1183 f. mwN; Everts FamRZ 2005, 249). Für die Vollstreckung gilt iÜ § 894 ZPO. 37

M 70.6 Vereinbarung zum Lebenspartnerschaftsnamen

(Teil eines beurkundeten Lebenspartnerschaftsvertrags)

Wir, ... und ..., sind darüber einig, bei Begründung unserer eingetragenen Lebenspartnerschaft den Geburtsnamen von ..., nämlich ..., zu unserem gemeinsamen Lebenspartnerschaftsnamen im Sinne des § 3 Abs. 1 LPartG gegenüber der zuständigen Behörde durch Erklärung zu bestimmen.

Herr/Frau ... verpflichtet sich bereits heute, den bestimmten Lebenspartnerschaftsnamen unverzüglich nach Rechtskraft eines Urteils, durch dass die Aufhebung der Lebenspartnerschaft ausgesprochen wird, abzulegen und sodann seinen/ihren Geburtsnamen ... oder einen anderen zulässigerweise von ihm/ihr zu bestimmenden Namen zu führen. Der Name ... darf von ihm/ihr nicht fortgeführt werden.

Im Hinblick darauf, dass auch der angenommene Lebenspartnerschaftsname Teil und Ausdruck der eigenen Persönlichkeit des Namensträgers wird, stellen wir bereits heute fest, dass für das vereinbarte Ablegen des Lebenspartnerschaftsnamens nach Maßgabe dieses Vertrages weder ein Entgelt noch eine sonstige Gegenleistung geschuldet wird.

b) Angehörige/Schwägerschaft

Der Lebenspartner ist Familienangehöriger, soweit nichts anderes bestimmt ist (§ 11 Abs. 1 LPartG). Seltsamerweise bilden die Lebenspartner keine Familie, gehören aber derselben an (Kaiser JZ 2001, 617, 624). Die Verwandten des Lebenspartners gelten als mit dem anderen Lebenspartner verschwägert (§ 11 Abs. 2 LPartG). Dies führt zur Anwendbarkeit derjenigen Normen, in denen von „Familienangehörigen", „Angehörigen" oder „Verschwägerten" die Rede ist: 38

- Dreißigster (§ 1969 BGB),
- Betreuerbestellung (§ 1897 Abs. 5 BGB),
- Eintrittsrecht in Mietverhältnisse (§§ 563 ff. BGB),
- verfahrensrechtliche Mitwirkungsrechte (§§ 149, 404 StPO; § 274 Abs. 4 Nr. 1 FamFG „Kann-Beteiligter in Betreuungssachen),

- Mitwirkungsverbote (§ 1795 Abs. 1 BGB, § 155 GVG, §§ 3 Abs. 1 Satz 1 Nr. 2a, 6 Abs. 1 Nr. 2a, Nr. 2a, 26 Abs. 1 Nr. 3a BeurkG, § 41 Nr. 2a ZPO, § 22 Nr. 2 StPO, § 6 FamFG iVm. § 41 Nr. 2a ZPO),
- Zeugnis- und Eidesverweigerungsrecht (§ 383 Abs. 1 Nr. 2a, 3 ZPO, § 52 Abs. 1 StPO),
- Strafantragsrecht (§ 77 Abs. 2 StGB),
- Familienversicherung (§ 10 Abs. 1 Satz 1 und 3 SGB V),
- Pflegeversicherung (§ 25 Abs. 1 SGB IX),
- Einsichtsrecht in Krankenunterlagen, einschl. Auskunfts- und Besuchsrecht,
- gewohnheitsrechtlich verankerte Totenfürsorge für den verstorbenen Lebenspartner, soweit keine abweichenden Bestimmungen des Erblassers vorhanden sind.

39 ➲ **Praxistipp: Einbürgerung/Aufenthaltserlaubnis von ausländischen Lebenspartnern**

Nach § 9 Abs. 1 iVm. § 8 StAG haben die ausländischen Ehegatten/Lebenspartner Deutscher grundsätzlich einen Anspruch auf **Einbürgerung** (Sollvorschrift). Voraussetzung ist, dass der nichtdeutsche Lebenspartner seine bisherige Staatsangehörigkeit verliert oder aufgibt oder die Mehrstaatigkeit nach Maßgabe von § 12 StAG hinzunehmen und die Einordnung in deutsche Lebensverhältnisse gewährleistet ist. Der Einbürgerung dürfen keine erheblichen Belange der Bundesrepublik Deutschland, insbesondere solche der äußeren und inneren Sicherheit sowie der zwischenstaatlichen Beziehungen, entgegenstehen.

Über § 27a AufenthG sind die **Familiennachzugsvorschriften** der §§ 28 ff. AufenthG auf die eingetragene Lebenspartnerschaft entsprechend anzuwenden, wenn die Lebenspartner in echter Lebensgemeinschaft leben.

c) Eingetragene Lebenspartnerschaft und Kinder

aa) Sorgerecht, Einbenennung, Umgangsrecht

40 Begründet ein allein sorgeberechtigter Elternteil eine eingetragene Lebenspartnerschaft, steht dem Lebenspartner **im Einvernehmen** mit dem sorgeberechtigten Elternteil die Befugnis zur **Mitentscheidung in Angelegenheiten des täglichen Lebens** des Kindes zu (§ 9 Abs. 1 LPartG – sog. **„kleines" Sorgerecht**); sorgeberechtigt ist der Lebenspartner hingegen nicht. Das „kleine" Sorgerecht der eingetragenen Lebenspartnerschaft ist § 1687b BGB nachgebildet. Das Familiengericht kann die Mitentscheidungsbefugnis des Lebenspartners aus Kindeswohlgründen einschränken oder sogar ausschließen (§ 9 Abs. 3 LPartG). Die Mitentscheidungsbefugnis gilt nur solange, wie die Lebenspartner nicht nur vorübergehend getrennt leben. Sollen dem Lebenspartner Entscheidungsmöglichkeiten, die über die **Angelegenheiten des täglichen Lebens** des Kindes hinausgehen, ermöglicht werden, bedarf es einer Vollmachtserteilung durch den sorgeberechtigten Elternteil (s. auch DNotI-Report 2010, 203).

M 70.7 Vollmacht (spezielle Bereiche des Sorgerechts – Beispiel: gesundheitliche Sorge) – Lebenspartnerschaft

Ich, ... (allein sorgeberechtigter Elternteil), erteile hiermit meinem Lebenspartner, Herrn ...,

Vollmacht,

für mich Erklärungen im Rahmen des Sorgerechtes für mein Kind ..., geb. am ..., wohnhaft in ..., ... abzugeben und entgegenzunehmen. Der Bereich der Vertretung umfasst Angelegenheiten der gesundheitlichen Fürsorge, der ärztlichen Behandlung und der medizinischen Eingriffe, die mein Kind betreffen. Das gilt auch für den Fall, dass solche Untersuchungen und Eingriffe über Routineuntersuchungen hinausgehen. Der vorgenannte Bevollmächtigte ist demnach auch berechtigt, die Krankenunterlagen einzusehen und erforderliche ärztliche Behandlungsverträge abzuschließen.

Dem Bevollmächtigten ist ein jederzeitiges Besuchsrecht eingeräumt. Ich entbinde die behandelnden Ärzte insoweit und gegenüber dem Bevollmächtigten von ihrer ärztlichen Schweigepflicht.
. . . (Ort, Datum)
. . . (Unterschrift)[1]

1 Unterschriftbeglaubigung empfehlenswert.

Die **Einbenennung** des unverheirateten Stiefkindes ist möglich (§ 9 Abs. 5 LPartG). Voraussetzung ist, dass dem Elternteil die elterliche Sorge allein oder gemeinsam mit dem anderen Elternteil zusteht und dass das Kind in den gemeinsamen Haushalt der Lebenspartnerschaft aufgenommen ist (vgl. § 1618 Satz 1 BGB). Die Einbenennung setzt die Einwilligung des anderen Elternteils, wenn das Kind dessen Namen führt oder gemeinsame Sorgeberechtigung besteht, voraus. Ist das Kind älter als fünf Jahre, bedarf es zudem der Einwilligung des Kindes. Die Einbenennungs-Erklärung ist gegenüber dem Standesamt in öffentlich beglaubigter Form abzugeben. 41

§ 1685 Abs. 2 BGB gewährt dem Lebenspartner oder früheren Lebenspartner, wenn er für das Kind des Lebenspartners **tatsächliche Verantwortung** (sozial-familiäre Bindung) trägt oder getragen hat, ein **Umgangsrecht**, wenn dies dem Wohl des Kindes dient (§ 1685 Abs. 2 Satz 1 BGB). Von der Übernahme tatsächlicher Verantwortung kann gesprochen werden, wenn der Lebenspartner mit dem Kind längere Zeit in häuslicher Gemeinschaft gelebt hat. Der Kindeswille ist wie bei § 1684 BGB zu beachten. Gegebenenfalls ist ein Sachverständigengutachten einzuholen (vgl. OLG Karlsruhe FamRZ 2002, 1210, 1211). 42

Lebt das Kind längere Zeit in häuslicher Gemeinschaft mit einem Elternteil und dessen Lebenspartner, und erlangt der andere Elternteil das subsidiäre Sorge- und damit auch das Aufenthaltsbestimmungsrecht nach den §§ 1678 ff. BGB, kann das Familiengericht **unter Berücksichtigung des Kindeswohls** von Amts wegen oder auf Antrag anordnen, dass das Kind dennoch bei dem Lebenspartner verbleibt (§ 1682 Satz 2 Alt. 1 BGB – **Verbleibensanordnung**). 43

bb) Pflegekind, Vormundschaft

Die **Aufnahme eines Pflegekindes** durch einen oder beide Lebenspartner ist im Einzelfall und unter Berücksichtigung des Kindeswohls möglich. Gleichgeschlechtlichkeit spielt als Abwägungskriterium rechtlich keine Rolle. Gleiches gilt für die Bestellung eines Lebenspartners zum **Vormund eines Minderjährigen**. Die Bestellung des Lebenspartners eines Elternteils zum Vormund ist aber selbst dann nicht möglich, wenn der verpartnerte Elternteil allein sorgeberechtigt ist (vgl. § 1773 BGB – sog. **abgeleitete Elternschaft**). Besteht nämlich das Sorgerecht eines Elternteils, fehlt es schon grundsätzlich an der Voraussetzung, einen Vormund zu bestellen. 44

cc) Adoption

Das **Lebenspartnerschaftspaar** kann ein fremdes Kind nach wie vor **nicht gemeinschaftlich annehmen** (§ 9 Abs. 6, 7 LPartG iVm. § 1741 Abs. 2 BGB). Möglich ist hingegen die **Einzeladoption** eines fremden Kindes durch einen Lebenspartner; hierfür ist wiederum die Einwilligung des anderen Lebenspartners erforderlich (§§ 9 Abs. 6 LPartG, 1749 Abs. 1 Satz 2 und 3, Abs. 3 BGB). 45

Der Lebenspartner kann zudem das **leibliche Kind seines Lebenspartners** annehmen (§ 9 Abs. 7 Satz 1 LPartG); es gelten insoweit die Regeln für die **eheliche Stiefkind-Adoption** (vgl. Kornmacher FamRB 2005, 22, 25; s. Kap. 73 Rz. 12, 11) entsprechend. Der adoptierende Lebenspartner muss demnach mindestens das 21ste Lebensjahr vollendet haben (§ 9 Abs. 7 LPartG, §§ 1743 Satz 1, 1741 Abs. 2 Satz 3 BGB). Neben dem anderen Lebenspartner (§ 9 Abs. 6 LPartG) muss auch der andere Elternteil des zu adoptierenden Kindes und das Kind selbst (§ 1746 BGB) zustimmen. Ist das Kind noch keine 14 Jahre alt oder geschäftsunfähig, kann eine solche Zustimmung nur durch den gesetzlichen Vertreter, bei gemeinsamer elterlicher Sorge nur durch beide Elternteile gemeinsam, erfolgen (§ 1746 Abs. 1 BGB). Adoptionsantrag und alle erforderlichen Zustimmungserklärungen sind notariell zu beurkunden und gegenüber dem Familiengericht abzugeben (§ 1750 46

Abs. 1 BGB). Die zunächst durch den Gesetzgeber nicht gewollte **Stiefkind-Adoption** eines zuvor von dem anderen Lebenspartner (allein) angenommenen Kindes ist durch das BVerfG erzwungen worden (vgl. BVerfG NJW 2013, 847) und nunmehr durch G vom 20.6.2014 (BGBl. I, 786) in Verweis auf § 1742 BG in § 9 Abs. 7 S. 2 LPartG geregelt. Damit wird letztlich auch die vom Gesetzgeber im Ergebnis nicht gewollte gemeinschaftliche Annahme durch beide Lebenspartner möglich.

6. Erbrecht

a) Allgemeines

47 § 10 LPartG stellt für die Lebenspartnerschaft weitestgehend die gleiche erbrechtliche Rechtslage her wie das BGB für die Bürgerliche Ehe (s. Kap. 80 ff.).

Bestand die Lebenspartnerschaft beim Erbfall noch, lassen die Abs. 1 und 2 ein **gesetzliches Erbrecht des überlebenden Partners** entsprechend den §§ 1931, 1934 Abs. 1 Satz 1, Abs. 2 BGB entstehen. Dem Lebenspartner steht neben Erben der 1. Ordnung (§ 1924 Abs. 1 BGB) ein Erbteil von ¼ zu, neben Erben der 2. Ordnung (§ 1925 BGB) oder neben Großeltern von ½. Sind weder Verwandte der 1. noch der 2. Ordnung noch Großeltern vorhanden, erhält der überlebende Ehepartner die gesamte Erbschaft (§ 10 Abs. 2 LPartG). Die §§ 1931 Abs. 1 Satz 2, 1934 sind durch § 10 LPartG übernommen worden. Bei der **Zugewinngemeinschaft** erhöht sich das Erbrecht nach § 1371 BGB noch um ¼ (§ 6 Satz 2 LPartG). Bei **Gütertrennung** trifft § 10 Abs. 2 Satz 2 LPartG die gleiche Anordnung wie § 1931 Abs. 4 BGB, um zu verhindern, dass der überlebende Lebenspartner einen geringeren Erbteil erhält als ein oder zwei Kinder des Erblassers.

48 Den **Ausschluss des Lebenspartnererbrechts** regelt § 10 Abs. 3 LPartG vergleichbar dem § 1933 BGB. Anders als in § 1933 Satz 2 BGB schließt der Wortlaut des § 10 Abs. 3 LPartG das Erbrecht nicht für den Fall aus, dass ein Lebenspartner die Aufhebung der Lebenspartnerschaft wegen Willensmängeln beantragt. § 10 Abs. 3 LPartG verweist lediglich auf die Aufhebungsgründe nach § 15 Abs. 2 Satz 1 Nrn. 1–3 LPartG, nicht aber auf § 15 Abs. 2 Satz 2 LPartG iVm. § 1314 BGB. In § 10 Abs. 3 LPartG fehlt im Übrigen der ausdrückliche Hinweis auf den Ausschluss des Voraus, wie er in § 1933 Satz 1 BGB zu finden ist.

49 In § 10 Abs. 7 LPartG (**Erbverzicht**) fehlt zudem eine dem § 10 Abs. 6 Satz 2 LPartG vergleichbare, klarstellende Gleichstellungsvorschrift zwischen Lebenspartnern und Ehegatten. Dies führt im Bereich des Erbverzichts zu Unsicherheiten bei der Anwendung des § 2350 Abs. 2 BGB. Man wird annehmen müssen, dass durch den Verzicht im Zweifel auch der Lebenspartner als begünstigt gelten soll.

50 Die Vorschriften nach § 10 Abs. 1 Sätze 3–5 LPartG regeln das Recht des **Voraus** wie § 1932 BGB. Danach stehen dem überlebenden Lebenspartner die zum lebenspartnerschaftlichen Haushalt gehörenden Gegenstände, soweit sie nicht Zubehör eines Grundstücks sind, und die Geschenke zur Begründung der Lebenspartnerschaft als Voraus zu. Ist der überlebende Lebenspartner neben Verwandten der 1. Ordnung gesetzlicher Erbe, steht ihm der Voraus nur zu, soweit er ihn zur Führung eines angemessenen Haushalts benötigt.

51 Den Lebenspartnern steht als Testamentsform das **gemeinschaftliche Testament** mit allen entsprechenden Rechtsfolgen zur Verfügung (§ 10 Abs. 4 Satz 1 LPartG iVm. §§ 2266–2272 BGB). Die Lebenspartner können in der erleichterten, privatschriftlichen Form nach § 2267 BGB testieren und nach Maßgabe der §§ 2269 ff. BGB wechselbezüglich bindende Verfügungen treffen (Gestaltungshinweise: v. Dickhuth-Harrach FamRZ 2005, 1139). Die Auflösung der Lebenspartnerschaft führt idR zur Unwirksamkeit bei testamentarischer Erbeinsetzung des Lebenspartners (§ 10 Abs. 5 LPartG iVm. §§ 2077, 2268 BGB), es sei denn, dass ein anderer Wille des Erblassers festzustellen ist. § 2077 Abs. 1 Satz 2 und 3, Abs. 2 BGB sind entsprechend anwendbar.

b) Pflichtteilsrecht

52 Hat der Erblasser seinen überlebenden Lebenspartner durch Verfügung von Todes wegen ausdrücklich oder konkludent enterbt, kann dieser von den Erben seinen Pflichtteil in Höhe der Hälfte des Wertes seines gesetzlichen Erbteils verlangen (§ 10 Abs. 6 Satz 1 LPartG). Die §§ 2303 ff. BGB gel-

ten entsprechend mit der Maßgabe, dass der Lebenspartner wie ein Ehegatte zu behandeln ist (§ 10 Abs. 6 Satz 2 LPartG; s. zu Einzelheiten – allerdings vor dem G zur **Reform des Erb- und Verjährungsrechts** v. 24.9.2009 [BGBl. I, 3142] – bereits Leipold ZEV 2001, 218). Dies gilt auch im Falle von Schenkungen an den Lebenspartner im Hinblick auf das Ingangsetzen der Zehn-Jahres-Frist nach § 2325 Abs. 3 BGB (Palandt/Brudermüller § 10 LPartG Rz. 5). Lebten die Lebenspartner im Güterstand der Zugewinngemeinschaft, gilt § 1371 BGB entsprechend; der überlebende, jedoch enterbte Partner hat in diesem Fall zusätzlich Anspruch auf Zugewinnausgleich (§ 1371 Abs. 2 BGB entsprechend). Schlägt der überlebende Partner aus, kann er nur im Güterstand der Zugewinngemeinschaft seinen Pflichtteil verlangen (§ 1371 Abs. 3 BGB entsprechend), in allen anderen Fällen geht auch das Pflichtteilsrecht verloren. Durch das Pflichtteilsrecht ist im Übrigen die Testierfreiheit des verfügenden Lebenspartners eingeschränkt, während zugleich erbschaftsteuerliche Privilegien, die einem pflichtteilsberechtigten Ehegatten zukommen, dem Lebenspartner verwehrt bleiben (vgl. Kaiser FPR 2005, 286).

7. Getrenntleben

Das Getrenntleben der Lebenspartner ist Voraussetzung der Partnerschaftsaufhebung (§ 15 Abs. 2 LPartG), obwohl das Zusammenleben der Lebenspartner gerade keine Voraussetzung der eingetragenen Lebenspartnerschaft ist. Normzweck ist es – wie im Recht der Ehe – (vgl. § 1361 BGB), die noch nicht endgültig gelösten Personen- und Rechtsbindungen durch Wahrung der wirtschaftlichen Rahmenbedingungen für den weniger leistungsfähigen Partner aufrecht zu erhalten. Das Getrenntleben ist auf Wiederherstellung der selbstgestalteten Lebensgemeinschaft gerichtet; das Vorziehen von Trennungsfolgen soll möglichst vermieden werden. 53

Die für den **Unterhaltsanspruch bei Getrenntleben** geltenden Regelungen entsprechen den für Ehegatten geltenden Vorschriften der § 1361 BGB (§ 12 LPartG). Die Trennung der Lebenspartner führt zur Umwandlung des wechselseitigen partnerschaftlichen Unterhalts (s. Rz. 31) in einen einseitigen Anspruch des unterhaltsberechtigten Lebenspartners auf **Barunterhalt** in Form einer monatlich im Voraus zu leistenden Rente. Der Anspruch ist nach Grund und Höhe vom Güterstand der Lebenspartner unabhängig. Getrenntlebensunterhalt kann ab dem Zeitpunkt verlangt werden, ab dem die Voraussetzungen des Getrenntlebens vorliegen (vgl. § 1567 BGB). Getrenntleben- und nachpartnerschaftlicher Unterhalt sind nicht identisch und verfahrensrechtlich unterschiedliche Streitgegenstände. Die Verwertung von Vermögenswerten, die nach Aufhebung der eingetragenen Lebenspartnerschaft nicht verlangt werden könnte, kann auch während des Getrenntlebens nicht verlangt werden. Die Billigkeitsklauseln der § 1579 BGB sind auf den Getrenntlebensunterhalt der Lebenspartner entsprechend anwendbar. 54

Der Anspruch auf Getrenntlebensunterhalt umfasst den **Vorsorgeunterhalt wegen Krankheit und Alters** (§ 1578 Abs. 2, 3 BGB). Es kann **Unterhalt für die Vergangenheit** verlangt werden (§§ 1361 Abs. 4 iVm. 1613 Abs. 1, 1360a Abs. 3 BGB). Für **Sonderbedarf** gilt § 1613 Abs. 2 BGB. **Vorausleistungen auf Trennungsunterhalt** befreien nach §§ 1614 Abs. 2 iVm. 760 Abs. 2 BGB nur für einen Zeitraum von drei Monaten (BGH NJW 1993, 2105). **Rangfragen** sind in § 16 Abs. 2 LPartG geregelt. 55

Vereinbarungen über den Getrenntlebensunterhalt sind grundsätzlich möglich, sie unterliegen gem. den §§ 1361 Abs. 3, 1360a Abs. 3 BGB allerdings der Sperre des § 1614 BGB. Die Formvorschrift des § 1585c Satz 2 BGB ist nicht anwendbar. Nach § 1614 BGB kann für die Zukunft auf Unterhalt nicht verzichtet werden, wohl aber für die Vergangenheit. Vertragliche Regelungen können demnach die gesetzlichen Ansprüche nur im Rahmen der Angemessenheit konkretisieren und nur wenig modifizieren. Der enge Regelungsrahmen ist jedenfalls verlassen, wenn Unterhaltszahlungen vereinbart werden, die unter 80 % bis 75 % des eigentlich geschuldeten Unterhaltes liegen (vgl. BGH FamRZ 1984, 997, 999; OLG Celle FamRZ 1992, 42). Möglich ist die inhaltliche Ausgestaltung des Anspruchs auf Getrenntlebensunterhalt: 56

- geringfügige Variierungen der Unterhaltsquote,
- Gewährung von Naturalunterhalt (= Art der Unterhaltsgewährung),
- Modifizierungen des § 1361 Abs. 4 BGB (grundsätzlich Geldrente).

Weitergehende Verzichtsvereinbarungen sind nach § 134 iVm. § 1614 BGB nichtig; das gilt auch für einen „pactum de non petendo" (BGH FamRZ 2014, 629).

57 § 1614 BGB gilt auch dann, wenn für den Unterhaltsverzicht eine **Abfindung** vereinbart wurde (**Falle**). Sicherheitshalber (wie immer einzelfallabhängig) sollte die Leistung einer Abfindung im Zusammenhang mit Unterhaltsverzichten unter der aufschiebenden Bedingung vereinbart werden, dass der Unterhaltsgläubiger entweder keine Ansprüche auf Unterhalt geltend macht oder dass der Verzicht im vereinbarten Umfang bestehen bleibt.

58 Die Ansprüche auf Trennungsunterhalt erlöschen mit dem Tod des Unterhaltsverpflichteten (§ 1360a Abs. 3 iVm. § 1615 BGB).

M 70.8 Unterhaltsvereinbarung bei Getrenntleben der Lebenspartner[1]

(. . .) Wir beabsichtigen, die zwischen uns am . . . vor dem Standesbeamten des Standesamts in . . . begründete Lebenspartnerschaft nach dem LPartG aufheben zu lassen und leben seit . . . getrennt.

. . .

(. . .) Für die Dauer unseres Getrenntlebens treffen wir in Ausgestaltung des gesetzlichen Anspruchs folgende Unterhaltsvereinbarung:

(. . .) Herr . . . zahlt an Herrn . . . einen Getrenntleben-Unterhaltsbetrag

a) iHv. . . . Euro als endgültigen Elementarunterhalt;

b) iHv. . . . Euro als Vorsorgeunterhalt („Bremer Tabelle" idF vom . . .);

Der gesamte Unterhaltsbetrag ist monatlich im Voraus jeweils am dritten Werktag eines jeden Kalendermonats vollständig zahlbar und fällig. Er ist erstmals für den Monat . . . 201. . . auf ein von Herrn . . . noch zu benennendes Konto zu zahlen (Gutschrift). Die Zahlungspflicht endet mit dem Monat, der auf die rechtskräftige Aufhebung unserer Lebenspartnerschaft folgt. Rückständige Unterhaltsleistungen sind ab dem vierten Kalendertag des jeweiligen Fälligkeitsmonats mit fünf Prozentpunkten über dem Basiszinssatz jährlich zu verzinsen.

(. . .) Wegen vorgenannter Verpflichtung zur Zahlung eines monatlichen Unterhaltsbetrages von Euro . . . unterwirft sich Herr . . . gegenüber Herrn . . . der sofortigen Zwangsvollstreckung aus dieser Urkunde in sein gesamtes Vermögen. Herrn . . . ist jederzeit auf einseitigen Antrag hin vollstreckbare Ausfertigung der Urkunde zu erteilen, ohne dass es des Nachweises der die Fälligkeit begründenden Tatsachen bedarf.

(. . .) Der Berechnung des vorgenannten Unterhaltsbetrages haben die Lebenspartner das derzeitige Einkommen des Herrn . . . unter Berücksichtigung der Steuerklasse . . . und der üblichen Sozialversicherungsbeiträge sowie einem pauschalen Abzug für berufsbedingte Aufwendungen von 5 % zugrunde gelegt. Herr . . . ist derzeit ohne Beschäftigung und eigenes, anrechenbares Einkommen. Die Differenz zwischen dem zuvor festgelegten Betrag und einem rechnerisch unter Zugrundelegung der 3/7 Teilung ermittelten Ergebnis – hier . . . % Abweichung (Achtung: nicht mehr als 10–15 % Differenz zum gesetzlich geschuldeten Unterhalt) – sehen die Beteiligten als angemessene Anpassung an die Lebensverhältnisse ihrer Lebenspartnerschaft an.

(. . .) Das Unterhaltsrechtsverhältnis richtet sich im Übrigen nach dem Gesetz. Auf diese Unterhaltsvereinbarung ist § 239 FamFG anwendbar.

1 Der Vertrag bedarf der notariellen Form.

59 **Praxistipp:** Außerhalb des Unterhaltsrechts können insbesondere folgende Rechtsfolgen des Getrenntlebens der Lebenspartner eintreten:

- Anspruch auf vorzeitigen Zugewinnausgleich (§§ 6 Satz 2 LPartG, 1385 BGB);
- Wegfall der Eigentumsvermutung (§§ 8 Abs. 1 Satz 2 LPartG, 1362 Abs. 1 Satz 2 BGB);
- Wegfall der Schlüsselgewalt (§§ 8 Abs. 2 LPartG, 1357 Abs. 3 BGB);

- familiengerichtliche Entscheidung über Umgangsrecht (§§ 1685 Abs. 2, 1684 Abs. 3 BGB);
- Wegfall des Mitentscheidungsrechts in Angelegenheiten des täglichen Lebens des Kindes (§ 9 Abs. 1, 4 LPartG – bei nicht nur vorübergehender Trennung);
- Anspruch auf Verteilung der Haushaltsgegenstände (§ 13 LPartG);
- Anspruch auf Zuweisung der gemeinsamen Wohnung (§ 14 LPartG).

Die Vorschrift über die Verteilung der **Haushaltsgegenstände** und die **Wohnungszuweisung bei** 60
Getrenntleben (§§ 13, 14 LPartG) sind §§ 1361a, 1361b BGB nachgebildet. Der Begriff „Ehewohnung" ist durch „gemeinsame Wohnung" ersetzt. Die Änderung des § 1361b BGB durch Art. 2 Nr. 1 **Gewaltschutzgesetz** (GewSchG) vom 11.12.2001 (BGBl. I, 3513) führte einheitlich zur Absenkung der Härteschwelle.

M 70.9 Vertragliche Vereinbarung zur Übernahme der gemeinsamen Mietwohnung – Lebenspartnerschaft

(...) Frau ... verpflichtet sich, die gemeinsame Wohnung baldmöglichst aufzugeben und aus dieser auszuziehen, spätestens jedoch am ... 20... Ab dem 1...20... trägt Frau ... sämtliche sich aus dem Mietverhältnis ergebenden Verpflichtungen im Innenverhältnis allein.

Alle Kosten eines Auszugs der Frau ... und der Durchführung von vereinbarten Schönheitsreparaturen der folgenden Räume: ...

sowie der Beschaffung neuer Wohnräume gehen in vollem Umfang zu Lasten der nach dieser Vereinbarung zum Auszug verpflichteten Frau ...

Der verbleibenden Lebenspartnerin gebühren alle Rückzahlungen von Sicherheitsleistungen bei vollständiger Beendigung des Mietverhältnisses über die gemeinsame Wohnung; sie hat alle sich im Zusammenhang mit der Beendigung des Mietverhältnisses gegenüber dem Vermieter ergebenden Kosten allein zu tragen. Das Gleiche gilt auch für den Bereich der noch nicht abgerechneten mietvertraglichen Nebenkosten für das laufende Jahr und bereits zurückliegende Abrechnungszeiträume, die noch nicht abgerechnet sind. Beide Lebenspartner verpflichten sich, das bestehenden Mietverhältnis und alle anderen die Wohnung betreffenden Vertragsverhältnisse, aus denen sie gemeinsam verpflichtet und berechtigt sind, baldmöglichst auf Frau ... überzuleiten.

Im Innenverhältnis wird Frau ... ab dem 1....20... freigestellt; dies gilt auch, soweit der Vermieter Frau ... nicht aus ihren mietvertraglichen Verpflichtungen entlässt.

... (Ort, Datum)

... (Unterschriften)

8. Aufhebung der eingetragenen Lebenspartnerschaft („Entpartnerung")

a) Voraussetzungen

Die dem ehelichen Scheidungsrecht (§§ 1564 Satz 1, 1566 BGB) nachgebildeten Voraussetzungen 61
der Aufhebung einer eingetragenen Lebenspartnerschaft regelt § 15 Abs. 2 LPartG. Anknüpfungstatbestand ist, wie beim Recht der Ehescheidung, das Getrenntleben (vgl. § 1567 Abs. 1 BGB). Die Trennungsdauer von einem bzw. drei Jahren als Voraussetzung für die Aufhebung der eingetragenen Lebenspartnerschaft entspricht den Fristen des Scheidungsrechts. Die eingetragene Lebenspartnerschaft kann aufgehoben werden, **wenn sie gescheitert ist** (vgl. § 1565 Abs. 1 BGB). Das ist der Fall, wenn keine Lebensgemeinschaft mehr besteht und nicht zu erwarten ist, dass die Lebenspartner sie wiederherstellen werden. Damit kann die eingetragene Lebenspartnerschaft auch aufgehoben werden, wenn zwar das Trennungsjahr abgelaufen ist, aber die Vermutungswirkung des § 15 Abs. 2 Nr. 2 LPartG nicht eingreift und auch keine Härte iSv. § 15 Abs. 2 Nr. 3 LPartG vorliegt (vgl. 1565 Abs. 2 BGB).

62 Für die Berücksichtigung von **Willensmängeln** bei der Begründung der eingetragenen Lebenspartnerschaft gilt abschließend § 15 Abs. 2 Satz 2 LPartG (s. hierzu oben Rz. 16). Unter den engen Voraussetzungen außergewöhnlicher Umstände und nach Abwägung der gegensätzlichen Belange der Lebenspartner kann, wie es auch § 1568 Alt. 2 BGB normiert, gem. § 15 Abs. 3 LPartG ausnahmsweise die **Aufrechterhaltung der eingetragenen Lebenspartnerschaft** wegen schwerer Härte verlangt werden.

b) Verfahrensfragen

63 Für das **Aufhebungsverfahren** gilt im Wesentlichen das für die Ehescheidung vorgesehene Verfahrensrecht nach FamFG (§§ 269 Abs. 1 Nr. 1, 270 Abs. 1 Satz 1, 121 ff., 133 ff. FamFG); es handelt sich um eine Familienstreitsache (vgl. § 112 Nr. 3 FamFG). Zugleich stellt § 15 LPartG klar, dass die eingetragene Lebenspartnerschaft wie die Ehe nicht durch irgendeine einvernehmliche Erklärung der Partner, sondern nur noch durch eine gerichtliche Entscheidung, nämlich ein Gestaltungsurteil und in einem förmlichen Verfahren nach Feststellung der enumertiv zugelassenen Aufhebungsvoraussetzungen auf Antrag (Antragsmuster: Vorwerk/Poppen, Prozessformularbuch, 10. Aufl. Kap. 139 Muster M 139.1), dh. auch nicht von Amts wegen auflösbar ist (Überblick vor FamFG: v. Koppenfels-Spies FPR 2003, 5). Folglich ist eine Nichtfortsetzungserklärung, wie sie das LPartG 2001 noch kannte, nicht mehr Tatbestandsvoraussetzung der Aufhebung der eingetragenen Lebenspartnerschaft. § 21 LPartG zeigt, dass für nach dem 1.1.2005 anhängig werdende Verfahren ausschließlich das neue Recht gilt.

64 Für **Lebenspartnerschaftssachen** (§ 269 Abs. 1 Nrn. 1–12 FamFG) oder **sonstige Lebenspartnerschaftssachen** (§ 269 Abs. 2 Nrn. 1–3 FamFG), also auch und gerade die Streitigkeiten der Lebenspartner, sind definitionsgemäß Familiensachen (§ 111 Nr. 11 FamFG). Für Familiensachen sind wiederum umfassend die Familiengerichte zuständig (§§ 1, 111 Nr. 11 FamFG iVm. §§ 23a Abs. 1 Nr. 1, 23b GVG). Die örtliche Zuständigkeit richtet sich nach § 122 Nr. 3 FamFG iVm. § 270 Abs. 1 Satz 1 FamFG. § 270 Abs. 1 ZPO verweist für die **Aufhebung der Lebenspartnerschaft** auf das Verfahrensrecht für „Scheidungen". „Lebenspartnerschaftssachen" sind im Übrigen in § 269 FamFG entsprechend dem Katalog der „Ehesachen" in § 121 FamFG bezeichnet. Nachdem durch das LPartÜbG die Durchführung des Versorgungsausgleichs für die eingetragene Lebenspartnerschaft eingeführt ist (§ 20 LPartG), existiert auch im Aufhebungsverfahren der eingetragenen Lebenspartnerschaft sog. Verbundverfahren. Über den Versorgungsausgleich nach dem VersAusglG muss mithin auch dann entschieden werden, wenn keiner der Lebenspartner einen dahingehenden Antrag stellt.

65 Eine bedeutsame Erweiterung der familiengerichtlichen Zuständigkeit ergibt sich aus § 266 Abs. 1 Nr. 3 iVm. § 111 Nr. 10 FamFG, § 23b Abs. 1 GVG. Hiernach ist das **„Große Familiengericht"** nunmehr auch zuständig für das **sog. „Nebengüterrecht"**; das sind Gegenstände der streitigen Gerichtsbarkeit wie:

- (Rück-)Abwicklung von Lebenspartner- oder Schwiegerelternzuwendungen,
- Lebenspartner-Innengesellschaften,
- Miteigentümergemeinschaften (aber Vorrang reiner WEG-Sachen),
- Gesamtschuldverhältnissen.

In Lebenspartnerschaftssachen können im Übrigen **einstweilige Anordnungen** und **Arrest** nach § 119 Abs. 1 und 2 FamFG und in **isolierten Unterhaltssachen** einstweilige Anordnungen nach § 246 Abs. 1 FamFG ergehen.

66 Die **internationale Zuständigkeit** deutscher Gerichte für die Aufhebung der Lebenspartnerschaft, den Unterhalt und die in Verweis genommenen Verbundsachen bestimmt sich nach **§ 103 FamFG.** Demnach ist die deutsche Gerichtsbarkeit zur Entscheidung berufen, wenn einer der Lebenspartner Deutscher ist oder bei Begründung der Lebenspartnerschaft war, einer seinen gewöhnlichen Aufenthalt im Inland hat oder Deutschland Begründungsort ist. Damit ist die Zuständigkeit klägerfreundlicher geregelt als für Ehegatten.

Für die **Postulationsfähigkeit** in den Fallgestaltungen, in denen Lebenspartnerschaftssachen wie Ehesachen (§ 111 Nr. 1 FamFG) und Familienstreitsachen nach § 269 Abs. 1 Nr. 8, 10 und Abs. 2 FamFG behandelt werden, gilt über § 113 Abs. 1 FamFG der § 78 Abs. 2 ZPO. 67

9. Folgen der Aufhebung

a) Allgemeines; Versorgungsausgleich; Haushaltsgegenstände und gemeinsame Wohnung

Die Folgen der Aufhebung sind ebenfalls im Wesentlichen dem Scheidungsfolgenrecht nachgebildet: 68

Seit dem 1.1.2005 besteht ein Anspruch auf Durchführung des **Versorgungsausgleichs** (§ 20 LPartG); hierfür gelten die entsprechenden Vorschriften des VersAusglG (§ 20 Abs. 1–3 LPartG). Für Altfälle nach dem LPartG 2001, das noch keinen Versorgungsausgleich zuließ, kommt ein Versorgungsausgleich nur in Betracht, wenn die Lebenspartner bis zum 31.12.2005 eine Übergangserklärung nach § 21 Abs. 4 LPartG abgegeben haben (vgl. Stüber FamRZ 2005, 576; Müller DNotZ 2001, 581).

Für die Aufteilung bzw. Zuweisung der **Haushaltsgegenstände** und die Behandlung der **gemeinsamen Wohnung** anlässlich der Aufhebung der Lebenspartnerschaft verweist § 17 LPartG lediglich noch auf die §§ 1568a und 1568b BGB. Damit erfolgt auch der Ausgleich dieser wesentlichen Gegenstände des gemeinschaftlichen Zusammenlebens auch unter Lebenspartnern außerhalb des Güterrechts. 69

Nach **§ 1568b Abs. 1 BGB** kann – falls keine Einigung zustande kommt – jeder der Lebenspartner verlangen, dass ihm der jeweils andere anlässlich der Aufhebung der Lebenspartnerschaft die im gemeinsamen Eigentum stehenden **Haushaltsgegenstände** überlässt und übereignet, wenn er auf deren Nutzung unter Berücksichtigung des Wohls der im Haushalt lebenden Kinder und der Lebensverhältnisse der Lebenspartner in stärkerem Maße angewiesen ist als der andere Lebenspartner oder wenn dies aus anderen Gründen der Billigkeit entspricht. Einen ähnlichen Zuteilungsmaßstab begründet **§ 1568a Abs. 1 BGB** entsprechend für die **gemeinsame Wohnung**. 70

b) Nachpartnerschaftlicher Unterhalt

aa) Allgemeines

Wenn und soweit ein Lebenspartner nach der Aufhebung der Lebenspartnerschaft für seinen eigenen Unterhalt nicht selbst aufkommen kann, ist er nach Maßgabe des § 16 LPartG und der **Verweisungen in das Unterhaltsrecht des BGB** berechtigt, von dem anderen Lebenspartner den nach den Lebensverhältnissen der Lebenspartnerschaft angemessenen Unterhalt zu verlangen (s. zu den rudimentären Regelungen nach § 16 LPartG 2001 Büttner FamRZ 2001, 1105). § 16 LPartG selbst stellt keine Anspruchsgrundlage dar, diese ergeben sich vielmehr enumerativ aus den in Verweisung genommenen **Unterhaltstatbeständen des BGB**. Die Verweisung nach Abs. 1 ist vollständig. Nach § 16 Abs. 2 LPartG aF standen nachpartnerschaftliche Unterhaltsansprüche nicht auf derselben **Rangstufe** wie nacheheliche Unterhaltsansprüche von Ehegatten; diese Ungleichbehandlung ist ersatzlos weggefallen. 71

Für den Unterhalt der Lebenspartner gelten die allgemeinen unterhaltsrechtlichen Grundsätze: Der den Unterhalt beanspruchende Lebenspartner muss **bedürftig**, dh. nicht in der Lage sein, den **Bedarf** aus eigenen Kräften und Mitteln ganz oder teilweise zu decken (zB wegen **Vermögenslosigkeit, Einkommenslosigkeit; Erwerbsunfähigkeit** – § 1577 Abs. 1 BGB). Der unterhaltspflichtige Lebenspartner wiederum muss **leistungsfähig** sein (vgl. § 1581 BGB – **Klagemuster** zum nachpartnerschaftlichen Unterhalt Vorwerk/Poppen, Prozessformularbuch, 10. Aufl., Kap. 139 Muster M 139.2). 72

Unterhaltsansprüche kommen insgesamt nur in Betracht, wenn einer der in §§ 1570–1576 BGB näher bezeichneten Tatbestände zum Zeitpunkt der Aufhebung der eingetragenen Lebenspartnerschaft oder weitergehender, anerkannter **Einsatzzeitpunkte** gegeben ist. Hierbei können einzelne Unterhaltstatbestände kombiniert vorliegen, so dass statt eines Teilanspruchs ein Anspruch auf den 73 vollen Unterhalt besteht. Ist beispielsweise neben der Betreuung (§ 1570 Abs. 1 BGB) eine halbschichtige Tätigkeit zumutbar, besteht dennoch ein Unterhaltsanspruch auf den vollen Unterhalt, wenn dem Lebenspartner wegen Alters eine Berufstätigkeit nicht mehr zuzumuten ist (§ 1571 BGB) oder er eine angemessene halbschichtige Tätigkeit nicht zu finden vermag (§ 1573 BGB).

74 Das **Maß der Unterhaltsgewährung**, nämlich der **Bedarf**, richtet sich nach § 1578 BGB, dh. nach den wandelbaren lebenspartnerschaftlichen Lebensverhältnissen (grundlegend: BGH NJW 2008, 3213; 2008, 57). Der Unterhalt wird unter Berücksichtigung der **Bedürftigkeit** des Berechtigten und der **Leistungsfähigkeit** des Verpflichteten durch Zahlung einer wiederkehrenden, monatlichen **Geldrente** gewährt (§ 1585 Abs. 1 Satz 1 BGB), ausnahmsweise auch durch **Kapitalabfindung** (§ 1585 Abs. 2 BGB). Der nachpartnerschaftliche Unterhaltsanspruch **erlischt** bei Befristung mit Ablauf der Frist oder mit Wegfall eines ihn begründenden Tatbestands (Achtung bei sog. Anschlusstatbeständen zum jeweils maßgeblichen Einsatzzeitpunkt) oder anspruchsbegründenden Tatbestandsmerkmals. Im Übrigen sind die gesetzlichen Regelungen zur **Befristung** und **höhenmäßigen Begrenzung** nach § 1578b BGB zu beachten, die auf alle Unterhaltstatbestände anwendbar sind. Wie der nacheheliche Unterhaltsanspruch erlischt der nachpartnerschaftliche Unterhaltsanspruch zudem bei Eingehung einer Ehe oder neuen Lebenspartnerschaft durch den Unterhaltsberechtigten.

75 Über die Verweisung des § 16 Abs. 1 LPartG auf § 1578 Abs. 2 und 3 BGB (voller Bedarf) umfasst der nachpartnerschaftliche Unterhaltsanspruch auch den unselbständigen Anspruch auf **Kranken-, Pflege- und Altersvorsorgeunterhalt.**

76 Nach § 1579 BGB kann der nachpartnerschaftliche Unterhaltsanspruch **wegen grober Unbilligkeit** zu versagen, herabzusetzen oder zeitlich zu begrenzen sein. Dies gilt insbesondere für die Fälle einer **lediglich „kurzen Dauer“ der Lebenspartnerschaft** (§ 1579 Nr. 1 BGB) oder des Eingehens einer **verfestigten Lebensgemeinschaft** durch den Unterhaltsberechtigten mit einem Dritten (§ 1579 Nr. 2 BGB). Die Unterhaltspflicht erlischt mit der Wiederverpartnerung/Wiederverheiratung oder dem Tode des Unterhaltsberechtigten (§ 1586 BGB). Der Unterhaltsanspruch kann allerdings dann wiederaufleben, wenn auch eine neue Lebenspartnerschaft/Ehe aufgehoben/geschieden wird und die Voraussetzungen des § 1570 BGB (Betreuungsunterhalt; § 1586a BGB) gegeben sind.

77 Um es dem unterhaltsberechtigten und dem unterhaltsverpflichteten Lebenspartner zu ermöglichen, die Voraussetzungen und das Maß des Unterhaltsanspruchs und die Grenzen der möglichen Inanspruchnahme beurteilen zu können, besteht die wechselseitige Verpflichtung der Lebenspartner, auf Verlangen über ihre jeweiligen Einkünfte und ihr Vermögen im Rahmen des § 1665 BGB **Auskunft** zu erteilen (§ 1580 BGB). Vereinbarungen zur Auskunftserteilung sind möglich und ratsam.

78 Rückständige Unterhaltsansprüche verjähren in drei Jahren nach Maßgabe der §§ 195, 197 Abs. 2 BGB.

bb) Unterhaltstatbestände

79 Im Einzelnen unterscheidet das in Verweis genommene BGB folgende relevante Unterhaltstatbestände:

79a **Checkliste: Unterhaltstatbestände des BGB**

Unterhalt wegen der Betreuung eines gemeinsamen Kindes (§ 1570 Abs. 1 u. 2 BGB)

a) Voraussetzungen:

gemeinschaftliches Kind (= denkbar, wenn Lebenspartner das Kind des anderen angenommen hat, § 9 Abs. 5 u. 6 LPartG, oder ehemals verschiedengeschlechtliche Partner einer nichtehelichen Lebensgemeinschaft ein gemeinsames Kind haben und nach einer Geschlechtsumwandlung eines Partners eine Lebenspartnerschaft eingehen); die Einbeziehung „sozial gemeinschaftlicher Kinder“ ist nur auf vertraglicher Basis möglich; vgl. Walter MittBayNot 2005, 193, 197; v. Dickhuth-Harrach FPR 2005, 273, 275),

rechtmäßige Betreuung,

3-Jahres-Zeitraum ohne Pflicht zur Fremdbetreuung und Aufnahme einer Erwerbstätigkeit (§ 1570 Abs. 1 Satz 1 BGB), keine hinreichende und zumutbare Fremdbetreuungsmöglichkeit ab Vollendung des 3. Lebensjahres,

Notwendigkeit der alters- und entwicklungsentsprechenden (Weiter-)Betreuung,

kein starres Altersphasenmodell,

Verlängerung der Betreuungsbedürftigkeit nach Billigkeitsgesichtspunkten, nämlich aus kind- oder elternbezogenen Gründen,

kein Einsatzzeitpunkt mit Scheidungsrechtskraft; Wiederaufleben möglich (selbständiger Tatbestand).

b) Zusammentreffen mit Erwerbslosen-, Aufstockungsunterhalt möglich.

Unterhalt wegen Alters (§ 1571 BGB)

a) Voraussetzung:

wegen Alters kann Erwerbstätigkeit nicht mehr erwartet werden,

Erreichen der Altersgrenze,

Einzelfallbetrachtung.

b) Angemessene Erwerbstätigkeit; § 1574 Abs. 2 BGB.

c) Keine Erwerbsobliegenheit zum Einsatzzeitpunkt (ggf. fiktive Einkünfte).

d) Zusammentreffen mit Aufstockungsunterhalt praxisrelevant.

Unterhalt wegen Krankheit oder Gebrechen (§ 1572 BGB)

a) Voraussetzung:

wegen Krankheit, Gebrechen oder Schwäche kann Erwerbstätigkeit nicht erwartet werden,

Kausalität.

b) Angemessene Erwerbstätigkeit, § 1574 Abs. 2 BGB.

c) Zusammentreffen zB mit Aufstockungsunterhalt praxisrelevant.

Unterhalt bis zur Erlangung einer angemessenen Erwerbstätigkeit-Erwerbslosenunterhalt (§ 1573 Abs. 1 BGB)

a) Voraussetzung:

kein Unterhaltsanspruch nach §§ 1570–1572 BGB,

keine angemessene Arbeit zu finden, Einzelfallprüfung, Angemessenheitsprüfung,

ggf. Ausbildungsobliegenheit,

ggf. Anrechnung fiktiver Einkünfte,

Einsatzzeitpunkt („nach der Aufhebung der Lebenspartnerschaft").

b) Kein Unterhaltsanspruch, wenn Unterhaltsbedarf durch Erwerbstätigkeit nachhaltig gesichert war.

c) Zusammentreffen mit §§ 1570, 1571, 1572 BGB möglich.

Erwerbslosenunterhalt nach § 1573 Abs. 3 BGB

Bei Wegfall des Anspruchs auf Betreuungs-, Alters-, Krankheits- oder Ausbildungsunterhalt.

Aufstockungsunterhalt (§ 1573 Abs. 2 BGB)

Kein Anspruch nach §§ 1570–1572, 1573 Abs. 1 und 4, 1575 und 1576 BGB,

Ausübung einer angemessenen Erwerbstätigkeit,

Einkünfte decken nicht den eheangemessenen Bedarf.

Unterhalt wegen Ausbildung, Fortbildung oder Umschulung (§ 1575 BGB)

a) Voraussetzungen:

Ehegatte hat keine Ausbildung,

Nichtaufnahme bzw. Abbruch der Ausbildung ist ehebedingt,

angemessene Ausbildung wird alsbald aufgenommen,

geeignet zur wirtschaftlichen Selbständigkeit,
erfolgreicher Abschluss der Ausbildung ist zu erwarten,
ausbildungsbedingt keine Erwerbstätigkeit möglich.

b) Wirtschaftlich zumutbar für Unterhaltsverpflichteten.

Unterhalt aus Billigkeitsgründen (§ 1576 BGB)

a) Voraussetzungen:
Erwerbstätigkeit aus schwerwiegenden Gründen nicht zu erwarten,
Unterhaltsversagung wäre grob unbillig,
kein Einsatzzeitpunkt (umstritten).

b) Nur ausnahmsweise voller Unterhalt.

Auf alle Unterhaltstatbestände ist die wichtige **Begrenzungsvorschrift des § 1578b BGB anwendbar**.

c) Vereinbarungen zum nachpartnerschaftlichen Unterhalt

80 Vertragliche Vereinbarungen zum nachpartnerschaftlichen Unterhalt sind möglich (§§ 16 Abs. 1 LPartG, 1585c BGB). Nach § 1585c Satz 2 BGB besteht **Beurkundungspflicht**. Grundsätzlich ist auch der **Verzicht auf den nachpartnerschaftlichen Unterhalt** möglich.

81 ➲ **Praxistipp:** unterhaltsrechtliche Vereinbarungsmöglichkeiten (stichwortartig):

- vollständiger gegenseitiger oder einseitiger Verzicht (ggf. auflösend oder aufschiebend bedingt; Rücktrittsvorbehalte; Gegenleistungen),
- Verzicht/Teilverzicht auf Unterhalt nach bestimmten Unterhaltstatbeständen (Achtung: Kernbereichslehre des BGH: §§ 1570 Abs. 1 Satz 1, 1571 und 1572 BGB),
- Vereinbarungen zu Einsatzzeitpunkten,
- Vereinbarungen zum Altersvorsorge-, Krankenvorsorge- und Pflegeunterhalt,
- Vereinbarungen zu Sonder- und Mehrbedarf,
- Vereinbarung zur Bemessungsgrundlage der Unterhaltsberechnung (Einkünfte, berufsbedingte Aufwendungen, Vorsorgeaufwendungen, Schulden etc.),
- zeitliche Begrenzung der Unterhaltspflicht („Höchstdauer der Unterhaltsgewährung“, vgl. § 1578b BGB),
- Begrenzung der Unterhaltshöhe („Höchstgrenze der Unterhaltsleistung“, vgl. § 1578b BGB),
- Vereinbarung zur angemessenen Erwerbstätigkeit (des Unterhaltsschuldners und -gläubigers, vgl. § 1574 BGB),
- Vereinbarungen zu Erwerbsobliegenheiten/Fortbildung u.ä.,
- Vereinbarung zur „kurzen Dauer der Lebenspartnerschaft“ – zB Vereinbarung eines Staffelunterhalts (§ 1579 Nr. 1 BGB),
- Vereinbarung zum Begriff des schwerwiegenden Fehlverhaltens (§ 1579 Nr. 7 BGB),
- Verzicht auf Unterhalt bei Eingehen einer verfestigten Lebensgemeinschaft des Berechtigten (zB nähere Definition der relevanten Lebensgemeinschaft; Dauer),
- Vereinbarung zum Wiederaufleben von Unterhaltsansprüchen (§ 1586a BGB),
- Ausschluss des § 1586b BGB (Tod des Verpflichteten).

S. zur richterlichen Wirksamkeitskontrolle und Anpassungsbefugnis Rz. 23.

M 70.10 Gegenseitiger vollständiger Unterhaltsverzichtsvertrag (vorsorgende Vereinbarung; notarielle Form) – Lebenspartnerschaft

Vor dem Notar ... erschienen ...

Die Erschienenen erklärten:

Wir haben am ... vor dem Standesbeamten in ... die eingetragene Lebenspartnerschaft nach dem LPartG begründet. Wir sind deutsche Staatsangehörige. Wir leben im gesetzlichen Güterstand der Zugewinngemeinschaft. Wir sind beide unselbständig berufstätig und verfügen beide über überdurchschnittliche Erwerbseinkünfte, aus denen ein jeder von uns seinen Lebensunterhalt und seine Altersversorgung sicherstellen kann. Wir werden nach unseren Vorstellungen für das lebenspartnerschaftliche Zusammenleben beide berufstätig bleiben und eine eigenverantwortliche Doppelverdiener-Partnerschaft führen. Das Entstehen von durch unsere Lebenspartnerschaft bedingten Nachteile in unserer zukünftigen beruflichen Fortentwicklung können wir nicht erkennen.

Wir schließen folgenden

Unterhaltsverzichtsvertrag

(1) Für den Fall der Aufhebung unserer Lebenspartnerschaft vereinbaren wir den gegenseitigen und vollständigen Verzicht auf die Gewährung jeglichen nachpartnerschaftlichen Unterhalts nach allen gesetzlichen Unterhaltstatbeständen und auch in unvorhersehbaren oder außergewöhnlichen Fällen oder Umständen.

Wir nehmen den vorstehend erklärten Verzicht hiermit wechselseitig an.

(2) Der Notar hat uns über die Folgen dieses Unterhaltsverzichts belehrt, insbesondere darüber, dass ein jeder von uns nach Aufhebung der Lebenspartnerschaft selbst in vollem Umfang und ohne Rücksicht auf die lebenspartnerschaftlichen Lebensverhältnisse für seinen Unterhalt zu sorgen hat. Der Notar hat uns ferner darauf hingewiesen, dass der vorstehende Verzicht, sofern er Dritte benachteiligt, nichtig oder im Einzelfall ein Berufen auf Verzichte unzulässig sein kann. Zudem kann die Unterhaltsvereinbarung insbesondere bei einer wesentlichen Veränderung der Lebensumstände der richterlichen Inhaltskontrolle und Anpassung unterliegen.

(3) Eine Vereinbarung zum Güterrecht und zum Versorgungsausgleich wollen wir nicht treffen.

M 70.11 Eingeschränkter Unterhaltsverzicht; Beschränkung auf Existenzminimum nach der „Düsseldorfer Tabelle" – Lebenspartnerschaft

(...) Für den Fall der Aufhebung unserer Lebenspartnerschaft vereinbaren wir, dass der Unterhaltsanspruch desjenigen Lebenspartners, der nach den gesetzlichen Vorschriften unterhaltsberechtigt ist, der Höhe nach auf das „Existenzminimum" einschließlich des trennungsbedingten Mehrbedarfs eines nicht erwerbstätigen/erwerbstätigen „Ehegatten" nach „Abschnitt B V der Düsseldorfer Tabelle" in der zur jeweiligen Fälligkeit des Unterhaltsbetrages anwendbaren Fassung (oder, sofern ein solcher Tabelleneintrag nicht fortgeführt wird, der an dessen Stelle tretende Wert, der regelmäßig von der Rechtsprechung des OLG ... angenommen wird) begrenzt wird; dieser Betrag beläuft sich zurzeit auf

800 Euro – achthundert Euro –/1000 Euro – eintausend Euro.

Ist der nach Maßgabe des Gesetzes geschuldete Unterhalt des Berechtigten niedriger als dieser Betrag, so ist lediglich der insoweit geschuldete Unterhaltsbetrag maßgebend; ist er höher, tritt der Betrag nach der „Düsseldorfer Tabelle" an die Stelle des geschuldeten Betrags (Höchstbetrag). Wir verzichten im Übrigen gegenseitig auf alle über diese Vereinbarung hinausgehenden Ansprüche auf nachpartnerschaftlichen Unterhalt und nehmen diesen Verzicht gegenseitig an.

M 70.12 Teilweiser Unterhaltsverzicht unter Berücksichtigung der Kernbereichslehre des BGH (auch für Anschlusstatbestände) – Lebenspartnerschaft

(1) Für den Fall der Aufhebung unserer Lebenspartnerschaft steht einem Lebenspartner nach Maßgabe der gesetzlichen Vorschriften nachpartnerschaftlicher Unterhalt ausschließlich zu

1. *wegen der Pflege oder Erziehung ggfs. angenommener Kinder (§ 1570 Abs. 1 und 2 BGB), und zwar auch für den Fall, dass das Kind nur von einem von uns angenommen wird, aber sozial als unser gemeinschaftlich angenommenes Kind zu betrachten ist,*
2. *wegen seines Alters (§ 1571 BGB) oder*
3. *wegen Krankheit, anderer Gebrechen oder Schwäche seiner körperlichen oder geistigen Fähigkeiten (§ 1572 BGB).*

Der nach dieser Vereinbarung zu leistende Unterhaltsbetrag umfasst jede Art von Mehr- und Sonderbedarf sowie den Elementar-, den Alters-, den Pflege- und den Krankenvorsorgeunterhalt.

(2) Gleichzeitig neben und für den Zeitraum nach Wegfall der Unterhaltstatbestände gem. Abs. 1 vereinbaren die Beteiligten den gegenseitigen und vollständigen Verzicht auf die Gewährung jeglichen nachpartnerschaftlichen Unterhalts nach allen anderen gesetzlichen Unterhaltstatbeständen und auch in unvorhersehbaren oder außergewöhnlichen Fällen oder Umständen. Dieser Verzicht gilt auch für jeden Anschlusstatbestand an die Unterhaltsgewährung gem. Abs. 1, soweit es sich bei dem Anschlusstatbestand nicht um einen solchen nach Abs. 1 Nr. 2 oder 3 handelt. Die Beteiligten nehmen die nach den vorstehenden Absätzen erklärten Verzichte hiermit wechselseitig an.

(3) Herabsetzung und zeitliche Begrenzung des Unterhalts richten sich zukünftig nach § 1578b BGB und sollen der Abänderung nach § 239 FamFG vorbehalten bleiben. Die Lebenspartner vereinbaren bereits heute, dass eine gerichtliche oder vertragliche Abänderung ausgeschlossen ist, wenn und soweit Abänderungsgründe nicht erst nach Errichtung dieser Urkunde entstanden sind.

(4) Der Notar hat uns eingehend über die Bedeutung des gegenseitigen (teilweisen) Verzichts auf die Gewährung nachpartnerschaftlichen Unterhalts und die damit verbundenen Folgen belehrt. Er hat uns ferner darauf hingewiesen, dass dieser Verzicht, sofern er Dritte benachteiligt, nichtig oder im Einzelfall ein Berufen auf diesen Verzicht unzulässig sein kann. Zudem kann diese Unterhaltsvereinbarung im Einzelfall der richterlichen Inhaltskontrolle und ggfs. Anpassung unterliegen.

M 70.13 Begrenzung des Aufstockungsunterhalts (Höchstdauer und -grenze) – Lebenspartnerschaft

(. . .) Soweit einer der Lebenspartner dem jeweils anderen Lebenspartner jetzt oder zu einem zukünftigen Einsatzzeitpunkt Aufstockungsunterhalt nach Maßgabe der gesetzlichen Voraussetzungen des § 1573 Abs. 2 BGB schuldet oder schulden sollte, besteht ein solcher Anspruch in gesetzlicher Höhe lediglich für das/die . . . Jahr/e nach dem Tag der Rechtskraft der Aufhebung der Lebenspartnerschaft bzw. dem Eintritt der Anspruchsvoraussetzungen zu einem nachfolgenden Einsatzzeitpunkt.

Nach Ablauf des/der . . . Jahr/e bis zum Ablauf von weiteren . . . Jahren wird der Betrag auf die Hälfte des vollen, gesetzlich geschuldeten Aufstockungsunterhalts, höchstens jedoch . . . Euro monatlich (Höchstgrenze) herabgesetzt. Hiernach besteht kein Anspruch auf Aufstockungsunterhalt mehr.

(. . .) Die vorstehende Regelung tritt an die Stelle von § 1578b BGB, der daneben nicht anwendbar sein soll; sie wirkt nicht schuldumschaffend. Die Lebenspartner verzichten gegenseitig auf über diese Regelung hinausgehende Ansprüche auf Aufstockungsunterhalt und nehmen diesen Verzicht gegenseitig an. Ansprüche nach anderen Unterhaltstatbeständen werden durch diese Vereinbarung nicht berührt.

Weitere **Muster zu Unterhaltsvereinbarungen** s. Kap. 62; sie sind unter Beachtung des § 16 LPartG und der Terminologie des LPartG verwendbar. 82

Verstirbt der Unterhaltsverpflichtete nach Rechtshängigkeit des Aufhebungsverfahrens, richten sich die Unterhaltsansprüche des überlebenden Lebenspartners nach den §§ 1569–1586b BGB (§ 1933 Satz 3 BGB). Verpflichtungen zur Zahlung nachpartnerschaftlichen Unterhalts gehen gem. § 1586b BGB mit dem Tode des Verpflichteten auf die Erben als Nachlassverbindlichkeit über, der Höhe nach beschränkt auf den Betrag, der dem Pflichtteil entspricht, der dem Berechtigten zustünde, wenn die Lebenspartnerschaft nicht aufgehoben worden wäre (also ohne zusätzliches Viertel). 83

10. Auslandsberührung

Art. 17b EGBGB (zuletzt geänd. mit Wirkung vom 1.9.2009 durch G vom 3.4.2009 [BGBl. I, 700]) regelt die Lebenspartnerschaftsfälle mit Auslandsberührung (**allseitige Kollisionsnorm – Partnerschaftsstatut**). Nach Art. 17b Abs. 1 EGBGB unterliegen die **Begründung**, die **allgemeinen** und die **güterrechtlichen Wirkungen** sowie die **Aufhebung** (einschließlich **Versorgungsausgleich**) der eingetragenen Lebenspartnerschaft dem Recht des sog. registerführenden Staates (lex loci celebrationis). **Unterhalts- und Erbrecht** ist für den Regelfall ausdrücklich ausgenommen. Gleiches gilt für das **Namensrecht der Lebenspartner**; hierfür gilt nicht das Partnerschaftsstatut, sondern Art. 10 Abs. 1 EGBGB (gesondertes Namensstatut). Art. 17b Abs. 2 Satz 1 EGBGB erklärt die für die Bestimmung des Familiennamens von Ehegatten maßgebliche Kollisionsnorm des Art. 10 Abs. 2 EGBGB für anwendbar. Damit ist den Lebenspartnern weitestgehende Rechts- und Namenswahlmöglichkeit eröffnet. 84

Nach **Art. 17b Abs. 3 EGBGB** ersetzt die in einem anderen Staat später eingetragene Lebenspartnerschaft die Wirkungen einer davor begründeten (deutschen) Lebenspartnerschaft. Unklar ist, welche ausländischen Rechtsinstitute der deutschen Lebenspartnerschaft entsprechen. 85

➲ **Praxistipp:** Auf Grund der Regelungen des § 17b Abs. 3 EGBGB besteht wohl die Möglichkeit, die **Folgen der Aufhebung** einer eingetragenen Lebenspartnerschaft **nach deutschem Recht zu umgehen**. So kann beispielsweise ein PACS (eingetragene Lebenspartnerschaft in Frankreich) jederzeit und einseitig beendet werden. Lassen Lebenspartner nach deutschem Recht später ihre eingetragene Lebenspartnerschaft in Frankreich nach französischem Recht einen PACS registrieren, steht ihnen eine unmittelbare Aufhebung offen (vgl. Coen BWNotZ 2001, 167, 179). 86

Art. 17b Abs. 4 EGBGB bestimmt zum Schutz des inländischen Rechtsverkehrs, dass die Wirkungen einer **im Ausland eingetragenen** Lebenspartnerschaft nicht weiter gehen als die einer nach den Vorschriften des deutschen LPartG begründeten eingetragene Lebenspartnerschaft (besondere ordre-public-Klausel). Reicht die rechtliche Wirkung einer im Ausland geschlossenen Lebenspartnerschaft weniger weit als in Deutschland, gilt wegen Art. 17b Abs. 1 Satz 1 EGBGB der Grundsatz des schwächeren Rechts. Zum **Versorgungsausgleich** enthält Art. 17b Abs. 1 EGBGB seit dem 1.1.2005 eine dem für Ehen geltenden Art. 17 Abs. 3 EGBGB entsprechende Regelung. 87

Ob eine im Ausland begründete gleichgeschlechtliche Ehe in Deutschland nichtig, als Ehe zu betrachten oder in eine Lebenspartnerschaft umzudeuten ist, ist einzelfallabhängig: Die Ehe zwischen zwei Niederländerinnen ist jedenfalls in Deutschland als Lebenspartnerschaft zu betrachten.

11. Besteuerung von Lebenspartnern nach dem LPartG

Das **Inkrafttreten des LPartG** zur Eintragung von gleichgeschlechtlichen Lebenspartnerschaften zum 1.8.2001 hat im Wesentlichen aufgrund von **Rechtsprechungsvorgaben** des **BVerfG** für **Veränderungen im Besteuerungsverfahren** geführt, die von politischer Seite nicht angestoßen wurden. Ehe und Familie stehen unter dem besonderen Schutz des Grundgesetzes (Art. 6 GG); dem stellt die Rechtsprechung die Lebenspartnerschaft nach dem Lebenspartnerschaftsgesetz auch weiterhin nicht gleich, vielmehr erkannte es in den einschlägigen Urteilen, die zu einer Fortentwicklung des Steuerrechts führten, idR einen Verstoß gegen Art. 3 GG. 88

Im **Erbschaft- und Schenkungsteuerrecht** sowie im **Grunderwerbsteuerrecht** besteht bereits **seit 2010** ein weitgehender steuerrechtlicher Gleichlauf in der Besteuerungspraxis von Eheleuten einerseits und eingetragenen Lebenspartnerschaften andererseits. Mit Beschluss vom 21.7.2010 (1 BvR 611/07 und 1 BvR 2464/07 äußerte das BVerfG erhebliche verfassungsrechtliche Bedenken an der alten Rechtslage (insbesondere zwischen 2005 und 2008), die eingetragene Lebenspartner faktisch wie fremde Dritte besteuerte; ein Gleichklang hinsichtlich der Freibeträge, Freistellungsnormen und Steuerklassen erfolgte erst als gesetzgeberische Antwort auf die verfassungsrechtlichen Bedenken.

Die (bis 2013 vorliegende) Ungleichbehandlung hinsichtlich der **einkommensteuerlichen Veranlagungswahlrechte**, die für Ehegatten insbesondere die Möglichkeit der Zusammenveranlagung vorsah, hingegen für eingetragene Lebenspartnerschaften nach dem LPartG dies nicht ermöglichte hat das **BVerfG** mit **Beschluss** vom **7.5.2013** (2 BvR 909/06; 2 BvR 1981/06 und 2 BvR 288/07) als unvereinbar mit Art. 3 Abs. 1 GG festgestellt, soweit eingetragenen Lebenspartnern anders als Ehegatten nicht die Möglichkeit der Zusammenveranlagung und die damit verbundene Anwendung des Splittingverfahrens eröffnet wurde. Die Regelungen der §§ 26, 26b EStG bleiben danach bis zum Inkrafttreten einer Neuregelung mit der Maßgabe anwendbar, dass **auch eingetragene Lebenspartner**, deren Veranlagungen noch nicht bestandskräftig durchgeführt sind, mit **Wirkung ab dem 1.8.2001** unter den für Ehegatten geltenden Voraussetzungen eine **Zusammenveranlagung** und die **Anwendung des Splittingverfahrens** beantragen können; der Entscheidungsformel des BVerfG kommt gemäß § 31 Abs. 2 BVerfGG Gesetzeskraft zu.

Zwischen Lebenspartnern gelten im Übrigen die Regelungen zur Anerkennung von Verträgen zwischen nahen Angehörigen (Drittvergleich).

a) Einkommensteuer

89 Unter Berücksichtigung des Beschlusses des **BVerfG** vom **7.5.2013** (2 BvR 909/06; 2 BvR 1981/06 und 2 BvR 288/07) können nach dem LPartG eingetragene Lebenspartner nunmehr die Möglichkeit der Zusammenveranlagung und die damit verbundene Anwendung des Splittingverfahrens wählen. Die Regelungen der §§ 26, 26b EStG bleiben nach dem Beschluss bis zum Inkrafttreten einer Neuregelung mit der Maßgabe anwendbar, dass **auch eingetragene Lebenspartner**, deren Veranlagungen noch nicht bestandskräftig durchgeführt sind, mit **Wirkung ab dem 1.8.2001** unter den für Ehegatten geltenden Voraussetzungen eine **Zusammenveranlagung** und die **Anwendung des Splittingverfahrens** beantragen können; der Entscheidungsformel des BVerfG kommt gemäß § 31 Abs. 2 BVerfGG Gesetzeskraft zu.

90 Der **Entlastungsbetrag für Alleinerziehende** iHv. 1908 Euro (ab 2016; bis 2015 1308 Euro) im Kalenderjahr steht gem. § 24b EStG alleinstehenden Steuerpflichtigen zu, wenn zu ihrem Haushalt mindestens ein Kind gehört, für das ihnen ein Kinderfreibetrag oder Kindergeld zusteht. Voraussetzung hierfür ist, dass sie keine Haushaltsgemeinschaft mit einer anderen volljährigen Person bilden. Ausgeschlossen sind daher nicht nur Verheiratete, sondern alle Erziehungsgemeinschaften mit zwei Erwachsenen in einem gemeinsamen Haushalt. Insbesondere scheidet § 24b Abs. 2 Satz 3 EStG bei Beachtung der melderechtlichen Vorschriften nichteheliche Lebensgemeinschaften und eingetragene Lebenspartnerschaften im Ergebnis ebenso von der Steuerentlastung aus wie Verheiratete (BVerfG v. 22.5.2009 – 2 BvR 310/07, BStBl. II 2009, 884).

91 Insbesondere aber Partner einer eingetragenen Lebenspartnerschaft bilden eine Haushaltsgemeinschaft, was den Abzug des Alleinerziehenden-Entlastungsbetrags ausschließt. Zudem besteht bei eingetragener Lebenspartnerschaft oder nach ausländischem Recht zulässiger Ehe zwischen gleichgeschlechtlichen Partnern kein Anspruch auf Kindergeld für das Kind der gleichgeschlechtlichen Lebenspartnerin (BFH v. 30.11.2004, BFH/NV 2005, 695). Kinder eines gleichgeschlechtlichen Lebenspartners sind nicht als „Kinder seines Ehegatten" iS des § 63 Abs. 1 Satz 1 Nr. 2 EStG anzusehen. Dies gilt auch bei einer eingetragenen Lebenspartnerschaft und auch dann, wenn das Kind nach der Begründung der eingetragenen Lebenspartnerschaft geboren wird. Die unterschiedliche Behandlung von Kindern des Ehegatten einerseits und von Kindern des gleichgeschlechtlichen Lebenspartners andererseits ist nicht verfassungswidrig und verstößt auch nicht gegen europäisches Gemeinschaftsrecht (BFH v. 21.4.2006, BFH/NV 2006, 1644).

Für **Kapitalerträge**, die nach § 43 Abs. 1 EStG dem Steuerabzug unterliegen, sind der Schuldner der Kapitalerträge oder die auszahlende Stelle verpflichtet, dem Gläubiger der Kapitalerträge auf Verlangen eine Steuerbescheinigung nach amtlich vorgeschriebenem Muster auszustellen, die die nach § 32d EStG erforderlichen Angaben enthält; die Verpflichtung besteht unabhängig von der Vornahme eines Steuerabzugs. Lebenspartner einer eingetragenen Lebenspartnerschaft durften für Gemeinschaftskonten – anders als Ehegatten – keine Freistellungsaufträge erteilen. Vor dem Hintergrund der (nach alter Rechtslage nicht zu gewährenden Zusammenveranlagung war dies auch folgerichtig; da zusammenveranlagte Eheleute den Sparerpauschbetrag nach § 20 Abs. 9 EStG sozusagen „frei" zuweisen konnten, die Änderung des Veranlagungswahlrechtes aufgrund der) neuen Rechtslage mit dem Wahlrecht zur Zusammenveranlagung dürfte dies für die Zukunft liberaler zu fassen sein. Die Kapitalertragsteuer ist vom Kreditinstitut einzubehalten. Darüber ist eine Steuerbescheinigung auf den Namen beider Kontoinhaber auszustellen. Anstelle der gesonderten Feststellung gem. § 180 Abs. 1 Nr. 2a AO wird folgendes vereinfachte Verfahren zur Ermittlung des Anteils jedes Kontoinhabers am Ertrag und an der einbehaltenen Kapitalertragsteuer zugelassen: 92

Wie die Kapitalerträge (und die darauf entfallende Kapitalertragsteuer) auf die Kontoinhaber zu verteilen sind, wird auf dem Original der Steuerbescheinigung vermerkt. Von der mit diesem Vermerk versehenen Steuerbescheinigung wird eine Ablichtung gefertigt. Sowohl auf der Originalbescheinigung als auch auf der Ablichtung haben beide Kontoinhaber zu unterschreiben Es bestehen keine Bedenken, in diesem Fall sowohl die Originalbescheinigung als auch deren Ablichtung anzuerkennen und den anteiligen Ertrag und die darauf entfallende Kapitalertragsteuer im Fall der Veranlagung zur Einkommensteuer jedes Kontoinhabers zu berücksichtigen. Sofern sich später Meinungsverschiedenheiten über die Aufteilung der Einkünfte ergeben, ist eine gesonderte Feststellung bis zum Ablauf der Festsetzungsfrist nachzuholen (vgl. BMF v. 18.12.2009, BStBl. I 2010, 79, für Kapitalerträge, die nach dem 31.12.2011 zufließen, ersetzt durch BMF-Schreiben v. 20.12.2012, BStBl I 2013, 36 mit Ergänzungen durch BMF v. 31.7.2013, BStBl I 2013, 940 und v. 6.8.2013 BStBl I 2013, 984).

Bei **verdeckten Gewinnausschüttungen** gilt der Lebenspartner als nahestehende Person. Im Zuge der Aufhebung einer eingetragenen Lebenspartnerschaft kommt es im Regelfall zur Durchführung eines **Versorgungsausgleichs** (§ 20 Abs. 1 LPartG). Zur einkommensteuerrechtlichen Behandlung von Ausgleichszahlungen im Rahmen des Versorgungsausgleichs bei der Aufhebung einer eingetragenen Lebenspartnerschaft vgl. BMF v. 9.4.2010, BStBl. I 2010, 323. 93

Lebenspartner einer eingetragenen Lebenspartnerschaft kommen auch als Empfänger von **Versorgungsleistungen** iS des § 10 Abs. 1 Nr. 1a EStG in Betracht (vgl. BMF v. 11.3.2010, BStBl. I 2010, 227).

b) Grunderwerbsteuer

Seit 2010 werden Grundstückserwerbe unter Lebenspartnern den steuerfreien Grundstückserwerben zwischen Ehegatten gleichgestellt (§ 3 Nr. 4 GrEStG). Gleiches gilt nach § 3 Nr. 5a GrEStG beim Grundstückserwerb durch den früheren Lebenspartner des Veräußerers im Rahmen der Vermögensauseinandersetzung nach der Aufhebung der Lebenspartnerschaft. Bei der Steuerbefreiung für den Erwerb eines Grundstücks durch Personen, die mit dem Veräußerer in gerader Linie verwandt sind oder deren Verwandtschaft durch die Annahme als Kind bürgerlich-rechtlich erloschen ist (§ 3 Nr. 6 GrEStG), sind auch Ehegatten und Lebenspartner diesen Personen gleichgestellt. 94

c) Erbschaft- und Schenkungsteuer

Bereits seit 2005 besteht für eingetragene Lebenspartnerschaften der gesetzliche Güterstand der Zugewinngemeinschaft. Erst durch das Gesetz zur Reform des Erbschaftsteuer- und Bewertungsrechts v. 24.12.2008 wurden die Regelungen zur erbschaft- und schenkungsteuerlichen Behandlung des Erwerbs unter **eingetragenen Lebenspartnern** mit grundsätzlicher Wirkung **für Erwerbe**, für die die Steuer **nach** dem **31.12.2008** entsteht, im Wesentlichen vereinheitlicht, ohne die Lebenspartnerschaft per definitionem der gesetzlichen Ehe gleichzusetzen. Die Änderungen erfolgten insoweit bereits im Vorgriff auf die **verfassungsrechtlichen Bedenken**, die das BVerfG (**Beschluss v. 21.7.2010** 95

– 1 BvR 611/07 und 1 BvR 2464/07) zu dieser (zwischen 2005 und 2008 geltenden) alten Rechtslage bestätigte.

96 Bei **eingetragenen Lebenspartnerschaften** nach dem LPartG gilt für Erwerbe, für die die Steuer seit 2009 entsteht, Folgendes:

– Die **Befreiung** nach § 13 Abs. 1 Nr. 4a Satz 2 ErbStG für die Zuwendung eines **Familienwohnheims** gilt für Zuwendungen an den Lebenspartner entsprechend; dies galt zwischen 2005 und 2008 nicht.
– Zwischen eingetragenen Lebenspartnern besteht nach § 5 LPartG eine gesetzliche Unterhaltsverpflichtung, so dass der Freibetrag nach § 13 Abs. 1 Nr. 9 ErbStG für unentgeltlich oder gegen unzureichendes Entgelt erbrachte Pflege oder Unterhalt für den Lebenspartner folglich (weiterhin) nicht in Betracht kommt.
– Lebenspartner gehören (soweit die Festsetzungen noch nicht bestandskräftig waren rückwirkend ab 2001) zur **Steuerklasse I** iS des § 15 Abs. 1 ErbStG.
– **Freibeträge** nach den §§ 16, 17 ErbStG (allgemeiner Freibetrag sowie der besondere Versorgungsfreibetrag) entsprechen denjenigen bei Ehegatten, nämlich § 16 Abs. 1 Nr. 1 ErbStG in Höhe von **500 000 Euro** sowie nach § 17 Abs. 1 ErbStG zusätzlich **256 000 Euro** für den überlebenden Lebenspartner.
– **Freistellung des Zugewinnausgleiches** nach § 5 Abs. 1 ErbStG
– Die besondere Regelung der Antragsbesteuerung für den Schlusserben aus einem gemeinschaftlichen Testament von Lebenspartnern nach § 15 Abs. 3 ErbStG gilt nunmehr auch für eingetragene Lebenspartnerschaften.

97 Die Reformen des Erbschaft- und Schenkungsteuerrechts 2009 und 2010 haben gerade im Hinblick auf Freistellungen (§§ 5 Abs. 1, 13 ErbStG) und auf zu gewährende Freibeträge (§§ 16, 17 ErbStG) zu einer Gleichstellung mit Ehegatten für die Verwaltungspraxis geführt. Grob skizziert bleibt bereits ein **Vermögensübergang** von **756 000 Euro zwischen Lebenspartnern erbschaftsteuerfrei**. Hinzu kommt die (mögliche) Steuerfreiheit des (gegebenenfalls fiktiv zu ermittelnden) Zugewinnausgleichsanspruchs nach § 5 Abs. 1 ErbStG sowie die steuerfreie Vererbung der Familienwohnung an den Lebenspartner (nach § 13 Abs. 1 Nr. 4a ErbStG). Damit dürften in der Verwaltungspraxis bereits zahlreiche Vermögensübergänge aufgrund von Erbschaften kein Streitpotential mehr bieten.

Kapitel 71 Nichteheliche Lebensgemeinschaft

Literatur: *Burhoff/Willemsen*, Handbuch der nichtehelichen Lebensgemeinschaft, 3. Aufl. 2009; *Duderstadt*, Die nichteheliche Lebensgemeinschaft, 2. Aufl. 2004; *Grziwotz*, Nichteheliche Lebensgemeinschaft, 5. Aufl. 2014; *Grziwotz*, ZEV 1994, 272; DNotI-Report 2003, 162; *Muscheler*, Familienrecht, 2006; *Proff zu Irnich*, NotarFormulare Nichteheliche Lebensgemeinschaft, 1. Aufl. 2013; *Rauscher*, Familienrecht, 2007; *Schilling*, FamRZ 2006, 1; *Schreiber*, Die nichteheliche Lebensgemeinschaft, 2000; *Wälzholz*, Erbrechtliche Nachfolge bei Ehegatten und nichteheliche Lebensgemeinschaften, DSWR 2002, 199; *Weinreich*, Aktuelle Probleme zur nichtehelichen Lebensgemeinschaft, FuR 2011, 492; *Zwißler*, Vorhandene gesetzliche Regelungen für nichteheliche Lebenspartner, FÜR 2001, 15.

I. Allgemeines und Definitionsversuch

1 Eine gesetzliche Definition der nichtehelichen Lebensgemeinschaft (eheähnliche Lebensgemeinschaft; Ehe ohne Trauschein; „**neL**") fehlt. Die begriffliche Annäherung ergibt sich zunächst in Abgrenzung zur Ehe/eingetragenen Lebenspartnerschaft und der daraus folgenden, relativen rechtlichen Unverbindlichkeit einer solchen Lebensbeziehung. Keine nichtehelichen Lebensgemeinschaften sind die Lebensgemeinschaften der Verlobten oder andere gesetzlich normierte Lebensgemeinschaften (Lebenspartnerschaften nach dem LPartG), vorübergehend angelegte (studentischen Wohngemeinschaften, ggf. reine Verwandtengemeinschaften) und solche Lebensgemeinschaften mit mehr als zwei Partnern. Vielmehr sind folgende Merkmale kennzeichnend (in einzelnen Definitionsteilen überholt BVerfG NJW 1993, 643):

- heterosexuelle Lebensgemeinschaft zwischen Mann und Frau oder gleichgeschlechtliche nicht lebenspartnerschaftliche (nach LPartG) Lebensgemeinschaft,
- grds., jedoch nicht zwingend auf Dauer angelegt (BGH FamRZ 2011, 1854),
- keine weitere Lebensgemeinschaft gleicher oder vergleichbarer Art,
- Verdichtung über eine reine Haushalts- und Wirtschaftsgemeinschaft („WG") hinaus (vgl. BVerfG NJW 1993, 643; BGH NJW 1993, 999; BVerwG NJW 1995, 2802).
- innere Bindungen im Sinne einer gegenseitigen Verantwortungs- und Einstehensgemeinschaft,
- jederzeit, und ohne Einhaltung von Fristen einseitig beendbar (Palandt/Brudermüller Einl. vor § 1297 BGB Rz. 11).

2 Die neL unterliegt weder unmittelbar noch infolge analoger Anwendung dem Schutzbereich des Art. 6 Abs. 1 GG. Der verfassungsmäßige Schutz wird allgemein über Art. 2 Abs. 1 iVm. Art. 1 Abs. 1 GG gewährleistet (BVerfG NJW 1993, 643, 646). Es besteht darüber hinaus keine verfas-

sungsrechtliche Verpflichtung des Gesetzgebers, die neL schlechter zu stellen als die Ehe (vgl. BVerwG NJW 1995, 1847 ff.). Auf der Ebene des Landes-Verfassungsrechts besteht die Tendenz zur Ausdehnung des Schutzbereichs über den umfassenden Begriff der „häuslichen Gemeinschaft" (vgl. etwa Art. 26 Abs. 2 BbgVerf; Art. 12 Abs. 2 BerlVerf). Vermehrt sprechen sich Literatur und Rechtsprechung für die Annahme verbindlicher Pflichten zwischen den nichtehelichen Lebenspartnern, die quasi statusbegründenden Charakter hätten, aus (Übersichten bei Grziwotz FamRZ 2003, 1417 ff.).

3 Die Vorschriften über das **Verlöbnis** (§§ 1297–1302 BGB) sind auf die neL nicht, auch nicht entsprechend anwendbar. Es fehlt den Lebenspartnern in ihrem Zusammenleben gerade der Wille zur Bindung an ein Eheversprechen (Ausnahme evtl. die sog. „Ehe auf Probe").

4 Wegen der Nichtanwendbarkeit des Art. 6 GG sind auch die **„substantiellen" Rechtsvorschriften des Ehe- und Familienrechts** (zB §§ 1353, 1356 BGB) im Bereich der neL **nicht anzuwenden**, und zwar auch nicht entsprechend. Dies gilt allerdings nicht für jede Vorschrift, vielmehr ist eine Einzelfallbetrachtung unter Berücksichtigung vergleichbarer Interessenlagen erforderlich. Analoge Anwendungen ergeben sich bei familien-nähebezogenen Normen beispielsweise bei

- § 563 Abs. 2 Satz 1 BGB (Familienangehörige – BGH NJW 1993, 999, s. Rz. 21 ff.),
- § 1359 BGB (Haftungsmaßstab eigenübliche Sorgfalt – OLG Karlsruhe FamRZ 1992, 940),
- § 1093 Abs. 2 BGB (Aufnahme in die Wohnung beim dingl. Wohnungsrecht – BGHZ 84, 36, s. unten Rz. 21),
- § 1969 BGB (Unterhalt und Benutzung der Wohnung – OLG Düsseldorf FamRZ 1983, 274),
- § 178 ZPO (Ersatzzustellung an Lebenspartner des Zustellungsempfängers ist wirksam, wenn der Adressat nicht nur mit seinem Lebensgefährten, sondern mit einer Familie zusammenlebt – offen gelassen in BGHZ 111, 1),
- zum nicht analogiefähigen § 1362 BGB (Eigentumsvermutung) s. Rz. 40. Eine entsprechende Anwendung der § 383 Abs. 1 Nr. 1–3 ZPO zum **Zeugnisverweigerungsrecht** auf den nichtehelichen Lebenspartner ist streitig (vgl. Zöller/Greger § 383 ZPO Rz. 9). Allgemein ist die Praxis der Gerichte zu einer rechtsfortbildenden Rechtsprechung zurückhaltend (Grziwotz in Beck'sches Notarhandbuch, B IV Rz. 2).

5 Trotz fehlender gesetzlicher Ausgestaltung knüpft der Gesetzgeber mehrfach an den Begriff oder die soziale Wirklichkeit der nichtehelichen Lebensgemeinschaft, der „häuslichen Gemeinschaft" oder des „auf Dauer angelegten gemeinsamen Haushalt" oder der „Bedarfsgemeinschaft" an, und zwar zumeist mit für die Betroffenen nachteiligen Rechtsfolgen. Dies gilt insbesondere für den Bereich **sozialrechtlicher Vorschriften** (zB § 20 SGB XII, s. auch § 7 Abs. 3 Nr. 3 lit. b, c SGB II; §§ 193 Abs. 2, 194 SGB III; §§ 5 Abs. 3 Satz 6, 6 Abs. 3 Satz 2, 12 Abs. 1 BErzGG; Abschnitt III Nr. 8 Einigungsvertragsgesetz; § 2 Abs. 6 Entschädigungsrentengesetz; § 32 Abs. 2 Rentenangleichungsgesetz). Bei eheähnlichen Gemeinschaften wird regelmäßig das Einkommen/Vermögen des Partners bei der Bemessung von Sozialhilfeleistungen (**sozialhilferechtliche Bedürftigkeit**) ebenso berücksichtigt wie das eines Ehegatten in der ehelichen Gemeinschaft. Ähnliches gilt für die Bemessung des nachehelichen Unterhalts. Auf einen „auf Dauer angelegten gemeinsamen Haushalt", eine „verfestigte Lebensgemeinschaft" oder eine „häusliche Gemeinschaft" stellen § 138 Abs. 1 Nrn. 1 und 3 InsO; § 3 Abs. 2 Satz 1 AnfG; § 178 Abs. 1 Nr. 1 und § 621 Abs. 1 Nr. 13 ZPO; § 1579 Nr. 2 BGB; § 2 Abs. 1 GewSchG ab. Auch im Rahmen öffentlich-rechtlicher Sicherheitsgesetze wird an die „eheähnliche" Lebensgemeinschaft angeknüpft: § 3 Abs. 2 Bundesverfassungsschutzgesetz; §§ 1 Abs. 3 und 2 Abs. 1 MAD-Gesetz; § 2 Abs. 2 Sicherheitsüberprüfungsgesetz.

6 Das **Familienprivileg** nach § 67 Abs. 2 VVG und § 116 Abs. 6 SGB X erstreckt sich demgegenüber nicht auf die Partner einer eheähnlichen Lebensgemeinschaft (vgl. BGHZ 102, 257; s. aber auch OLG Hamm NJW-RR 1997, 90). Der Versicherer kann also gegen den jeweiligen nichtehelichen Lebenspartner als Schädiger Regress nehmen, obwohl eine „häusliche Lebensgemeinschaft" besteht.

7 Nach den Tatbestandsvoraussetzungen des **§ 844 Abs. 2 BGB** kann zu Gunsten eines überlebenden Lebenspartners einer nichtehelichen Lebensgemeinschaft kein Schadensersatzanspruch wegen der Tötung seines Partners entstehen, weil zwischen den nichtehelichen Lebenspartnern regelmäßig keine gesetzliche Unterhaltspflicht begründet ist (möglicher Sonderfall: § 1615l BGB, s. Rz. 17).

Geht die Witwe/der Witwer nach dem Unfalltod ihres/seines Ehepartners eine eheähnliche Lebensgemeinschaft ein, muss sie/er sich den Wert der erbrachten Haushaltsführung zwar nicht auf den Unterhaltsschaden (§ 844 Abs. 2 BGB) anrechnen lassen, die erbrachten Leistungen sind jedoch unter dem Gesichtspunkt einer Erwerbsobliegenheit der Witwe/des Witwers schadensmindernd (§ 254 Abs. 2 BGB) zu berücksichtigen (vgl. BGHZ 91, 357).

Die sog. **Hausmann-Rechtsprechung des BGH**, die die Bedingungen zur Aufgabe der bisherigen 8
Erwerbstätigkeit eines Unterhaltspflichtigen, der in einer nichtehelichen Lebensgemeinschaft mit einem anderen Partner zusammenlebt und ein aus dieser Beziehung stammendes Kind betreut, regelt, findet entsprechende Anwendung (vgl. BGHZ 147, 19).

➲ **Praxistipp:** Zwischen Partnern der nichtehelichen Lebensgemeinschaft gilt der Haftungsmaß- 9
stab der „diligentia quam in suis" (vgl. §§ 277, 1359 BGB – Grziwotz in Beck'sches Notarhandbuch, B IV Rz. 36 f.)

M 71.1 Klarstellende Vereinbarung zum Haftungsmaßstab[1] – nichteheliche Lebensgemeinschaft

Die Lebenspartner haften für Schäden des jeweils anderen Partners, die auf einer Handlung im Rahmen unseres nichtehelichen Zusammenlebens beruhen, nur für diejenige Sorgfalt, die wir in eigenen Angelegenheit anzuwenden pflegen (§ 277 BGB).

1 Grundsätzlich nicht formbedürftig.

II. Regelungen zum partnerschaftlichen Zusammenleben, Partnerschaftsvertrag

Die fehlende gesetzliche Ausgestaltung der nichtehelichen Lebensgemeinschaft und die disparate 10
Rechtsprechung unterstreichen die Bedeutung der autonomen vertraglichen Gestaltung der Lebenspartner. Das Ziel einer solchen vorsorgenden Gestaltung durch **„Partnerschaftsvertrag für das nichteheliche (besser: eheähnliche) Zusammenleben"** ist es regelmäßig, die ansonsten für das Zusammenleben und für den Fall der Trennung anzuwendenden allgemeinen Vorschriften („wie unter Fremden") angemessen zu verändern, um der tatsächlich entstandenen Versorgungs- und Einstehensgemeinschaft Rechnung zu tragen. Hierbei können selbstverständlich auch vertragliche Regelungen angestrebt werden, die denen des positiven Eherechts nachgebildet sind.

Regelungen zum partnerschaftlichen Zusammenleben allgemein, und erst recht über die **Rollenver-** 11
teilung, zB Einzelheiten der **Haushaltsführung** der Lebenspartner, sind zulässig (vgl. BGHZ 104, 113), aber in der Praxis äußerst selten. Die Gestaltung des Zusammenlebens wird idR unmittelbar einvernehmlich und auch nicht nach statischen Mustern hergestellt. **Vereinbarungen im Bereich der Intimsphäre** (Verwendung von Verhütungsmitteln) oder über das Sexualverhalten der Partner sind rechtlich nicht durchsetzbar (vgl. § 888 Abs. 3 ZPO; s. auch BGH NJW 1986, 2043; Grziwotz in Beck'sches Notarhandbuch, B IV Rz. 17). Die Vereinbarung von einer **Vertragsstrafe** oder vergleichbaren Sanktion für den Fall der (möglicherweise schuldhaften) Beendigung der Lebensgemeinschaft verstößt gegen § 138 BGB. Demgegenüber ist die Vereinbarung von tatsächlich nachteilsausgleichenden Abfindungszahlungen möglich.

Partnerschaftsverträge sind **grundsätzlich nicht formbedürftig.** Formbedürftigkeit kann sich aus- 12
nahmsweise jedoch dann ergeben, wenn sich diese nach §§ 139, 125 Satz 1 BGB kraft Sachzusammenhangs bei gleichzeitiger Vereinbarung formbedürftiger Teile ergibt (Gesamtregelung). Solche Fallgestaltungen ergeben sich beispielsweise bei gleichzeitiger Mitbeurkundung einer Verpflichtung zur Übertragung oder zum Erwerb des Eigentums an einem Grundstück (§ 311b Abs. 1 Satz 1 BGB mit Heilungsmöglichkeit gem. § 311b Abs. 1 Satz 2 BGB), wenn Regelungsteile miteinander stehen und fallen sollen. Partnerschaftsverträge sind nicht etwa deshalb unwirksam, weil einer oder beide Partner zum Abschlusszeitpunkt noch mit ihrem Ehepartner verheiratet sind (OLG Hamm FamRZ 2000, 95). Etwas Anderes mag gelten, wenn die Regelungen des Partnerschaftsvertrags Aus-

druck einer feindlichen Gesinnung gegenüber dem (noch) nicht geschiedenen Ehegatten und der Familie sind (vgl. BGHZ 53, 369; s. auch OLG Düsseldorf ZEV 2003, 34).

13 Einzelne Regelungsbereiche des vorsorgenden Partnerschaftsvertrages werden regelmäßig anhand der **Typen von nichtehelichen Lebensgemeinschaften** individueller und damit praxisorientierter ermittelt. Grundsätzlich können nichteheliche Lebenspartnerschaften mit oder ohne Tendenz zur Ehe/Lebenspartnerschaft nach LPartG („Ehe auf Probe"), solche junger Paare, (versorgter) Lebenspartner im Rentenalter, noch verheirateter Lebenspartner und Lebenspartnerschaften mit gemeinsamen oder einseitigen Kindern unterschieden werden (vgl. instruktiv Grziwotz, Nichteheliche Lebensgemeinschaft, § 2 Rz. 18 ff.).

M 71.2 Beendigung der nichtehelichen Lebensgemeinschaft

Die Lebensgemeinschaft kann jederzeit von jedem von uns ohne Angabe von Gründen beendet werden.

III. Unterhalt

14 Dem nichtehelichen Lebenspartner steht grundsätzlich **kein gesetzlich verankerter Unterhaltsanspruch** gegen seinen Partner zu. Die Vorschriften über den ehelichen, den Getrenntleben- und nachehelichen Unterhalt (§§ 1360, 1360a, 1361, 1569 ff. BGB; § 16 LPartG) sind weder direkt noch entsprechend anzuwenden. Unbenommen bleibt natürlich die Möglichkeit der **vertraglichen Begründung** von Unterhaltsrechtsverhältnissen in Anlehnung an das gesetzliche Unterhaltsrecht der Ehegatten. Hierfür besteht insbesondere dann ein Bedürfnis, wenn einer der Partner gemeinschaftsbedingt auf eine eigene Erwerbstätigkeit oder mögliche Karriereentwicklung verzichtet. Die Ausgestaltung von Unterhaltsvereinbarungen kann sich dementsprechend an der Typenlehre des Zusammenlebens (s. Rz. 10) orientieren. Unklar ist, wie sich Unterhaltsvereinbarungen nichtehelicher Lebenspartner in die Rangfolgenleiter des § 1609 BGB einfügen lassen.

15 ➲ **Praxistipp:** Kein Pfändungsschutz! Auf vertraglich begründete Unterhaltsansprüche ist § 850d Abs. 1 ZPO, demzufolge sich der Schuldner eines gesetzlichen Unterhaltsanspruchs bei der Pfändung seines Arbeitseinkommens und der in § 850a Nr. 1, 2 und 4 ZPO genannten Bezüge auf die Pfändungsgrenzen des § 850c ZPO berufen kann, nicht anwendbar.

16 Zu **steuerrechtlichen** Hinweisen s. Rz. 62 ff.

17 Unabhängig vom Bestand einer neL oder überhaupt eines Zusammenlebens kann der gesetzliche **Unterhaltsanspruch der Mutter** gegen den nicht mit ihr verheirateten Vater eines gemeinsamen Kindes nach **§ 1615l BGB** (s. OLG Düsseldorf FamRZ 2005, 1772; Schilling FamRZ 2006, 1), insbesondere nach Abs. 2 Satz 2 erfüllt sein. Der Unterhalt kann auch dem Vater zustehen, wenn er das gemeinsame Kind betreut. Tatbestand und Rechtfolgen sind dem nachehelichen Unterhaltstatbestand des § 1570 Abs. 1 BGB (kinderbezogener Betreuungsunterhalt) nachgebildet. Anders als zwischen Ehegatten ist zur Bemessung des Unterhalts ausschließlich auf die Lebensstellung der/des Berechtigten abzustellen. Die zeitliche Begrenzung der Anspruchsgewährung unterliegt weiterhin verfassungsrechtlichen Bedenken, soweit § 1570 Abs. 2 BGB eine elternbezogene „verlängerte Unterhaltsgewährung" bei Ehegatten vorsieht. Vertragliche Vereinbarungen zur Erweiterung des Unterhaltsanspruchs nach § 1615l BGB sind selbstverständlich zulässig, aber weitestgehend unüblich.

18 Vollkommen ohne Bezug zum Bestand oder Nichtbestand einer nichtehelichen Lebensgemeinschaft und dem Unterhaltsanspruch des betreuenden Elternteils entsteht der eigenständige **Unterhaltsanspruch des nichtehelichen Kindes** (§§ 1601 ff. BGB; s. zu Einzelheiten Kap. 74) gegen den nichtbetreuenden Elternteil.

19 ➲ **Praxistipp:** Das nichteheliche Zusammenleben kann im Einzelfall infolge reduzierter Bedürftigkeit zur Verminderung oder zum Wegfall bestehender Unterhaltsansprüche gegen den ge-

schiedenen oder getrenntlebenden Ehegatten/Lebenspartner nach dem LPartG eines der Lebenspartner führen: § 1579 Abs. 1 Nr. 6 und 7; § 1361 Abs. 3 BGB; Verweis nach § 16 LPartG.

IV. Kein Versorgungsausgleich; Altersvorsorge

Zwischen den nichtehelichen Lebenspartnern findet bei Beendigung der neL **kein Versorgungsausgleich** statt, § 1587 BGB iVm. §§ 1 ff. VersAusglG; § 20 LPartG sind nicht, auch nicht entsprechend anwendbar. Es ist iÜ verfassungsrechtlich unbedenklich, dass kinderlosen Lebenspartnern **keine Witwen- oder Witwerrentenansprüche** zustehen (BVerfG NJW 2003, 3691). Partnerschaftsvertraglich kann zur Nachteilsausgleichung beispielsweise Vorsorge durch Abschluss von **privaten Kapitallebensversicherungen** mit Rentenwahlrecht und/oder durch **freiwillige Versicherung in der gesetzlichen Rentenversicherung** getroffen werden (zu steuerlichen Folgen vgl. BFH BStBl. II 2001, 204). Hierfür besteht dann ein Bedürfnis, wenn einer der Partner gemeinschaftsbedingt auf eine versicherungspflichtige eigene Erwerbstätigkeit verzichtet hat und einen partnerschaftsbedingten Versorgungsnachteil vergleichbar einem ehebedingten Nachteil (vgl. insoweit § 1578b BGB) in Kauf genommen hat. Auch die Einräumung eines dinglichen Wohnrechts (aufschiebend bedingt unter Lebenden oder vermächtnisweise durch Testament/Erbvertrag) oder vergleichbarer Rechte können der Altersvorsorge dienen (s. **M 71.4**). 20

M 71.3 Private Kapitallebensversicherung als Nachteilsausgleich für den Lebenspartner[1] – nichteheliche Lebensgemeinschaft

(1) Herr ... ist verpflichtet, zur Sicherung der Versorgung der Frau ... und als Ausgleich für die einvernehmliche Aufgabe ihrer Berufstätigkeit seit ... für Frau ... bei der ... – Versicherung eine dynamische Lebensversicherung auf sein Ableben, spätestens auszahlbar bei Vollendung des 6 ... Lebensjahres der Frau ... in Form der Kapitalversicherung mit Rentenwahlrecht abzuschließen. Herr ... verpflichtet sich, während der gesamten Laufzeit des Versicherungsvertrages seine versicherungsrechtlichen Gestaltungsrechte, insbesondere zur Kündigung oder Beitragsfreistellung nur bei einem vorzeitigen Ableben von Frau ... und nach Maßgabe dieses Vertrages auszuüben.

(2) Durch eine Berufsunfähigkeits-Zusatzversicherung auf Beitragsfreiheit ist sicherzustellen, dass die Lebensversicherung bei Berufsunfähigkeit von Herrn ... beitragsfrei wird. Die Versicherung wird ebenfalls bei vorzeitigem Tod von Herrn ... beitragsfrei.

(3) Der Kapitalbetrag der Lebensversicherung ist so festzusetzen, dass sich die Rente bei Ausübung des Rentenwahlrechts gegenwärtig auf ... Euro belaufen würde. Herr ... ist verpflichtet, die jeweiligen Beiträge zu der Lebensversicherung rechtzeitig nach den Maßgaben des Versicherungsvertrages zu entrichten. Bei Verzug von mehr als drei Monaten ist Frau ... berechtigt, einen einmaligen Ablösebetrag in einer Summe iHv. ... Euro zu verlangen.

(Ggf. Wertsicherung, Sicherstellung und Vollstreckungsunterwerfung)

(4) Für den Fall des Versterbens von Frau ... vor Auszahlung bei Vollendung des ... Lebensjahrs ist ein Bezugsrecht von Herrn ... sowie ein Rückkaufsrecht für diesen zu vereinbaren. Der Rückgewähranspruch gezahlter Beiträge bei Ausüben des Rentenwahlrechts und beim Ableben von Frau ... nach Rentenbeginn steht Herrn ... oder dessen Erben zu. Im Übrigen ist das Bezugsrecht von Frau ... unwiderruflich und nicht abtretbar.

(5) (Ggf. Schiedsklausel)

1 Wenn eine Vollstreckungsunterwerfung erfolgt, ist notarielle Form erforderlich.

V. Mietwohnung – (dingliches) Wohnungsrecht

Haben die nichtehelichen Lebenspartner **Wohnraum gemeinsam gemietet** (Mitmieter), kann der überlebende Lebenspartner, unabhängig von seiner evtl. Erbenstellung, nach § 563a BGB das Mietverhältnis allein fortsetzen. Der überlebende Lebenspartner hat das Recht zur außerordentlichen 21

Kündigung innerhalb der gesetzlichen Fristen nach § 563a Abs. 2 BGB. § 563 Abs. 1 Satz 2 und Abs. 2 Satz 4 BGB gewährt über den Fall des gemeinsam gemieteten Wohnraums hinaus u.a. dem Nichtmieter-Lebenspartner ein **Eintrittsrecht** in den Mietvertrag bei Tod des Mieter-Lebenspartners, wenn die Wohnung der Mittelpunkt der gemeinsamen Lebens- und Wirtschaftsführung war.

Haben die nichtehelichen Lebenspartner als Mitmieter gemeinsam einen Mietvertrag auf unbestimmte Zeit abgeschlossen und trennen sich sodann unter Auszug eines von ihnen aus der gemieteten Wohnung, entsteht nach § 730 Abs. 1 BGB ein Anspruch gegen den anderen Lebenspartner auf **Mitwirkung zur Abgabe einer Kündigung zum nächstmöglichen Kündigungstermin** (OLG Düsseldorf FamRZ 2008, 154 und OLG Oldenburg FamRZ 2008, 155). Die Verpflichtung zur Mitwirkung bei der Kündigung und Abwicklung eines gemeinsamen Mietverhältnisses können Gegenstand eines Partnerschaftsvertrags sein.

22 Für die Aufnahme des nichtehelichen Lebenspartners in die Mietwohnung des anderen Partners bedarf es der **Erlaubnis gem. §§ 540 Abs. 1, 553 BGB** (BGH MDR 2004, 141; aA zB LG Aachen WuM 1989, 372). An dem Erlaubnisvorbehalt ändert auch die Tatsache nichts, dass § 563 Abs. 1 Satz 2 und Abs. 2 BGB ein **Eintrittsrecht** des gleichgeschlechtlichen Lebenspartners und des (nichtehelichen) Lebensgefährten in den Mietvertrag bei Tod des Mieters vorsehen. Nach § 553 Abs. 1 Satz 1 BGB steht dem Mieter, der ein **berechtigtes Interesse** an der Aufnahme eines Dritten in seine Wohnung hat, allerdings ein Anspruch auf Erlaubnis des Vermieters zu. Der höchstpersönlich motivierte Wunsch des Mieters, eine neL zu bilden oder fortzusetzen reicht für die Darlegung eines berechtigten Interesses an der Aufnahme eines „Dritten" in die Wohnung aus (BGH MDR 2004, 141), solange in der Person des Aufzunehmenden kein wichtiger Grund zur Verweigerung vorliegt. Der Lebenspartner ist sodann in den Schutzbereich des bestehenden Mietvertrags einbezogen (BGHZ 70, 327, 329). Besonderheiten können bei kirchlichen Vermietern gelten (vgl. LG Aachen NJW 1992, 2897). Der berechtigt aufgenommen Lebenspartner erlangt ein eigenständiges Besitzrecht an den Mieträumen. Dies gilt auch dann, wenn er nicht Partei des Mietvertrags wird (OLG Köln WuM 1997, 280); ihm stehen die Besitzschutzansprüche nach §§ 861, 858 BGB zu.

23 Bei Beendigung der neL finden zwischen den ehemaligen Lebenspartnern die § 1361b BGB, § 14 LPartG und §§ 1568a und 1568b BGB (Ehewohnung und Haushaltsgegenstände) keine direkte oder analoge Anwendung.

24 ➲ **Praxistipp:** § 2 **GewSchG** enthält einen auch innerhalb der nichtehelichen Lebensgemeinschaft anwendbaren Anspruch auf Wohnungsüberlassung bei vorsätzlicher und widerrechtlicher Körper-, Gesundheits- oder Freiheitsverletzung (vgl. auch Brudermüller WuM 2003, 250; Palandt/Brudermüller, § 2 GewSchG Rz. 2).

M 71.4 Vertragliche Vereinbarung zur Nutzung der gemeinsamen Wohnung, wenn bei Einzug lediglich ein Lebenspartner Mietvertragspartei ist (Aufnahmefall) – nichteheliche Lebensgemeinschaft

(...) Frau/Herr ... gestattet ihrem/seiner Lebenspartner/in, die von ihr/ihm allein gemietete Wohnung in ... (Anschrift) zur Verwirklichung ihrer gemeinsamen Lebenspartnerschaft mitzubenutzen und räumt ihr/ihm den Mitbesitz an den Räumen der Wohnung ein.

Das Mitbenutzungsrecht ist höchstpersönlich und kann nicht auf Dritte übertragen werden. Jede Aufnahme eines Dritten durch jeden der Lebenspartner in die Wohnung bedarf der Zustimmung des anderen Partners. Hierbei ist es unerheblich, wer im Außenverhältnis gegenüber dem Vermieter der Mieter der Wohnung ist.

Die monatliche Miete sowie sämtliche mieterbezogene Nebenkosten, das sind insbesondere die Kosten für ..., tragen beide Lebenspartner ab dem Monatsersten, der auf den Einzug von ... folgt, jeder Partner je zur Hälfte. Die Zahlungen des einziehenden Lebenspartners erfolgen insgesamt zum ... eines jeden Monats auf folgendes Konto ... (Kontoinhaber = der Lebenspartner), nicht jedoch direkt im Außenverhältnis an den Vermieter.

(. . .) Die Zustimmung des Vermieters zur Aufnahme der Frau . . . wird einvernehmlich angestrebt. Im Außenverhältnis, insb. gegenüber dem Vermieter und etwaigen Versorgungsträgern, soll Frau . . . nicht Vertragspartei des Mietverhältnisses oder anderer Vertragsverhältnisse werden.

(. . .) Die Nutzungsberechtigung des aufgenommen Lebenspartners endet, wenn die . . . als Mieterin der Wohnung dies schriftlich verlangt (Beendigungsverlangen). Nach Zugang des Beendigungsverlangens endet die Nutzung nach Ablauf einer Frist von . . .

Im Zeitraum zwischen Zugang des Beendigungsverlangens und Ablauf der vorgenannten Frist darf . . . lediglich folgende Zimmer allein benutzen: . . . Der Lebenspartner ist innerhalb der vorgenannten Frist zur Mitbenutzung von Küche, Bad und WC berechtigt; die Kostenbeteiligung reduziert sich auf . . . % der vereinbarten Beteiligung.

. . . (Ort, Datum)

. . . (Unterschriften)

Der Inhaber (die Inhaberin) eines **dinglichen Wohnungsrechts** nach § 1093 BGB (dazu Kap. 54 Rz. 99 ff.) ist befugt, die Partnerin (den Partner) einer nichtehelichen Lebensgemeinschaft in die Wohnung aufzunehmen, wenn beide unverheiratet sind und das Verhältnis auf Dauer angelegt ist (BGHZ 84, 36). Das dingliche Wohnungsrecht erlischt jedoch vollständig, wenn der berechtigte Lebenspartner verstirbt (§§ 1093, 1090 Abs. 2, 1061 BGB). 25

Die Einräumung eines **Wohnungsrechts nach § 1093 BGB** oder auch eines **Nießbrauchsrechts** (aufschiebend bedingt unter Lebenden oder vermächtnisweise durch Testament) zu Gunsten des (längstlebenden) Lebenspartners an der gemeinsam bewohnten Wohnung, deren Alleineigentümer der vorversterbende Lebenspartner ist, kann Teil aktiver Altersvorsorge sein (vgl. LG Lüneburg NJW-RR 1990, 1037); s. zum Alleineigentum eines Lebenspartners an der gemeinsamen Wohnung auch Rz. 32 und BGH FamRZ 2008, 1404. 26

M 71.5 Aufschiebend bedingte Zuwendung eines Wohnungsrechts nach § 1093 BGB (ausführlich; notarielle Beurkundung) – nichteheliche Lebensgemeinschaft

Die Beteiligten erklärten:

I.

Vorbemerkung

(1) Im Grundbuch des Amtsgerichts . . . von . . ., Blatt . . ., ist als Eigentümer des dort verzeichneten Grundbesitzes Gemarkung . . ., Flur . . ., Flurstück . . ., der eingangs genannte Herr . . . eingetragen.

(2) Der vorgenannte Grundbesitz ist in Abt. II und III des Grundbuchs wie folgt belastet: . . .

(3) Herr . . . will seiner eingangs genannten Lebensgefährtin, Frau . . ., nach näherer Maßgabe dieser Urkunde ein aufschiebend bedingtes Wohnungsrecht gem. § 1093 BGB an der im Erdgeschoss des Hauses . . . gelegenen, gesamten Wohnung einräumen und sämtliche zu dieser Wohnung gehörenden Einrichtungsgegenstände sowie den Hausrat auf Frau . . . aufschiebend bedingt zu Alleineigentum übertragen.

II.

Die Beteiligten schließen deshalb folgenden

Vertrag

§ 1 Wohnungsrecht

(1) Herr . . . räumt hiermit der dies annehmenden Frau . . . unter der aufschiebenden Bedingung, dass Frau . . . ihn überlebt, an der im Erdgeschoss des Hauses . . . gelegenen Wohnung ein lebenslängliches Wohnungsrecht gem. § 1093 BGB unter Ausschluss des Eigentümers ein.

Das Wohnungsrecht umfasst sämtliche Räume in dem vorgenannten Erdgeschoss des Hauses . . ., die zum Garten hin gelegene Terrasse und den im Keller unmittelbar links neben der Innenkellertreppe gelegenen Vorratsraum sowie die im Keller befindliche Waschküche mit Dusche/WC.

Die Berechtigte ist auch befugt, sämtliche Eingänge zum Haus, Garten und Keller sowie den Garten und alle zum gemeinschaftlichen Gebrauch bestimmten Anlagen und Einrichtungen mitzubenutzen. Die Ausübung des Wohnungsrechts darf im Übrigen anderen Personen weder entgeltlich noch unentgeltlich überlassen werden.

(2) Für das Wohnungsrecht soll mit schuldrechtlicher Wirkung Folgendes gelten:

Für die Bestellung des Wohnungsrechts hat Frau . . . eine Gegenleistung nicht zu erbringen.

Die anteiligen Kosten für Strom-, Wasser- und Wärmeverbrauch bezüglich der dem Wohnungsrecht unterliegenden Räume trägt die Wohnungsberechtigte.

§ 2 Wohnungseinrichtung

(1) Herr . . . überträgt ferner der dies annehmenden Frau . . . unter der aufschiebenden Bedingung, dass Frau . . . ihn überlebt, sämtliche in seiner Wohnung, in folgenden Räumen . . . befindlichen Einrichtungsgegenstände und sämtliche dort befindlichen Haushaltsgegenstände zu Alleineigentum, und zwar sowohl an denjenigen vorbezeichneten Gegenständen, die sich zurzeit in der vorgenannten Wohnung befinden, als auch an solchen vorbezeichneten Gegenständen, die künftig in die vorgenannte Wohnung eingebracht werden, ohne dass es eines weiteren Übertragungsaktes bedarf.

Klarstellend erklärt Herr . . . dass sich die vorbezeichnete Übertragung nicht auf alle übrigen ihm gehörenden Gegenstände und Vermögenswerte, insbesondere nicht auf Geld, Wertpapiere, Sparbücher und Schmuck sowie die in anderen Räumlichkeiten des Hauses . . . befindliche beweglichen Sachen und Vermögenswerte bezieht.

(2) Herr . . . und Frau . . . sind sich darüber einig, dass das Eigentum an den vorgenannten Gegenständen unter der genannten aufschiebenden Bedingung auf Frau . . . übergeht.

Die Übergabe wird dadurch ersetzt, dass Herr . . . sich und seine Erben hiermit verpflichtet, die übereigneten Gegenstände für Frau . . . mit der erforderlichen Sorgfalt unentgeltlich zu verwahren.

(3) Frau . . . nimmt hiermit sämtliche vorstehenden Erklärungen an.

§ 3 Zuwendungszweck und Rücktrittsrecht

(1) Die in dieser Urkunde vereinbarten Zuwendungen dienen der Alterssicherung von Frau . . . und haben ihren Rechtsgrund in der zwischen Herrn . . . und Frau . . . bestehenden nichtehelichen Lebensgemeinschaft.

(2) Herr . . . ist nicht berechtigt, durch einseitige Erklärung gegenüber Frau . . . von dem in dieser Urkunde abgeschlossenen Vertrag zurückzutreten, auch nicht für den Fall, dass die nichteheliche Lebensgemeinschaft auf andere Weise als durch den Tod eines Partners enden sollte.

§ 4 Grundbucherklärungen

(1) Der Eigentümer bewilligt hiermit die Eintragung des in § 1 Abs. 1 dieser Urkunde näher bezeichneten aufschiebend bedingten Wohnungsrechts gem. § 1093 BGB zu Gunsten von Frau . . . in das Grundbuch.

(2) Das aufschiebend bedingte Wohnungsrecht soll Rang an erster Stelle in Abt. II und III des Grundbuchs erhalten. Diese Rangbestimmung steht der Eintragung des Wohnungsrechts an zunächst rangbereiter Stelle nicht entgegen.

§ 5 Allgemeine Bestimmungen

(1) Die Beteiligten nehmen alle in dieser Urkunde abgegebenen Erklärungen wechselseitig an.

(2) Der Grundstückseigentümer ist verpflichtet, die von ihm bezüglich des Wohnungsrechts auf Grund der von Herrn . . . in dieser Urkunde getroffenen Vereinbarungen zu übernehmenden Rechte und Pflichten im Falle einer Weiterveräußerung oder Überlassung des Grundbesitzes seinen Rechts-

nachfolgern mit der Maßgabe aufzuerlegen, dass die Rechte und Verpflichtungen auch allen weiteren Rechtsnachfolgern in gleicher Weise zu übertragen und aufzuerlegen sind.

...

Kosten: *Geschäftswert:* Bestimmung gem. § 52 Abs. 4 GNotKG. Gebühr: Es liegt eine Vereinbarung vor, daher 2,0 Gebühr nach Nr. 21100 KV GNotKG.

Gegenstand einer partnerschaftsvertraglichen Regelung kann der Schutz der gemeinsamen Wohnung als räumlich-gegenständlicher Bereich der Lebensführung oder etwa die Modalitäten der Beendigung der gemeinsamen Nutzung der Wohnung sein. 27

VI. Sorgerecht für gemeinsame Kinder der Lebenspartner; Umgangsrecht; Vaterschaft

Haben die Partner der nichtehelichen Lebensgemeinschaft gemeinsame Kinder, ist der biologische Vater nur dann Vater im Rechtssinne, wenn er seine **Vaterschaft anerkennt** (§ 1592 Nr. 2 BGB) oder eine **gerichtliche Vaterschaftsfeststellung** erfolgt (§§ 1592 Nr. 3, 1600d BGB); eine gesetzlich vermittelte Vaterschaftsvermutung, die an das nichteheliche Zusammenleben anknüpft, fehlt. 28

Den nicht miteinander verheirateten Eltern steht das Sorgerecht gemeinsam zu, wenn sie eine entsprechende **Sorgeerklärung** in notariell oder durch das Jugendamt beurkundeter Form abgeben, §§ 1626a ff. BGB; auf ein Zusammenleben der Eltern kommt es nicht an. Wird eine Sorgeerklärung nicht abgegeben, heiraten die Eltern zudem einander nicht und wird das Sorgerecht nicht durch das Familiengericht übertragen (§ 1626a Abs. 1 Nrn. 1–3 BGB) ist regelmäßig **allein die Mutter sorgeberechtigt**, § 1626a Abs. 3 BGB. Bereits nach Maßgabe der Rechtsprechung des BVerfG (FamRZ 2010, 1403) überträgt das Familiengericht den Eltern auf Antrag eines Elternteils die elterliche Sorge oder einen Teil davon gemeinsam, soweit zu erwarten ist, dass dies dem Kindeswohl entspricht (s. auch BVerfG NJW 2003, 955; EuGHMR FamRZ 2010, 103). Insgesamt wäre nämlich ein genereller gesetzlicher Ausschluss der gerichtlichen Prüfung des alleinigen Sorgerechts der Mutter im Hinblick auf den damit verfolgten Zweck, nämlich den Schutz der Interessen des nichtehelichen Kindes (Kindeswohl-Argument), nicht verhältnismäßig und würde diskriminierend (Art. 14 Europäischen Menschenrechtskonvention) wirken. Der Gesetzgeber hat durch seine **Neuregelung in § 1626a Abs. 2 BGB** reagiert (G vom 16.4.2013 [BGBl. I S. 795]). Hiernach ist bereits dann von einem **gemeinsamen Sorgerecht** auf der Grundlage vermuteten Kindeswohls ausgegangen, wenn der andere Elternteil keine Gründe vorträgt, die der Übertragung der gemeinsamen Sorge entgegenstehen könnten, und solche Gründe auch sonst nicht ersichtlich sind. Im Falle der Trennung der nicht miteinander verheirateten Eltern/Lebenspartner bleibt jedenfalls ein zuvor begründetes, gemeinsames Sorgerecht bestehen; das **Alleinentscheidungsrecht in Angelegenheiten des täglichen Lebens** steht dem betreuenden Elternteil allein zu (§ 1687 BGB). Stirbt ein Elternteil, verbleibt das Sorgerecht allein bei dem überlebenden Elternteil (§ 1680 Abs. 1 BGB). Es wird dem überlebenden, bisher nicht sorgeberechtigten Elternteil übertragen, wenn bis zu deren Ableben die Mutter allein sorgeberechtigt war und die Übertragung dem Wohl des Kindes dient (§ 1680 Abs. 2 Satz 2 bzw. Abs. 3 BGB). Gleiches gilt für den Fall, wenn der Mutter das Sorgerecht gem. § 1666 BGB entzogen wird (BGH FamRZ 2005, 1468). 29

Steht den nicht miteinander verheirateten Lebenspartnern/Eltern das gemeinsame Sorgerecht zu, können sie durch Erklärung gegenüber dem Standesamt den Namen, den die Mutter oder der Vater führt, zum **Geburtsnamen des Kindes** bestimmen (§ 1617 Abs. 1 Satz 1 BGB). Wird die gemeinsame Sorge später begründet, kann der Name des Kindes geändert werden (§ 1617b Abs. 1 BGB). Es gilt im Übrigen der Grundsatz der Einheitlichkeit der Geschwisternamen, und zwar auch bei Hinzutreten weiterer Kinder (§ 1617 Abs. 1 Satz 3 BGB). Auch ohne gemeinsames Sorgerecht können die Partner im Einigungswege dem gemeinsamen Kind als Geburtsnamen den Namen des nichtsorgeberechtigten, einwilligenden Elternteils erteilen und insoweit vom faktischen Grundsatz des Mutternamens (§ 1617a Abs. 1 BGB) abweichen. **Kombinationsnamen** sind in keinem Fall zulässig (s. Kap. 59 Rz. 18 ff.). 30

31 Jeder Elternteil ist, unabhängig von der Frage des Sorgerechts, nach Maßgabe des § 1684 BGB zum **Umgang mit dem Kind** verpflichtet und berechtigt (vgl. auch EuGHMR FamRZ 2004, 337). Das Recht zum Umgang kann ggfs. und unter Beachtung des Kindeswohls gegen das Bestimmungsrecht der leiblichen nichtehelichen Mutter nach § 1626 Abs. 1 und 3 BGB durchgesetzt werden. Dies gilt ebenso für und gegenüber einseitigen Kindern eines Lebenspartners, die in den gemeinsamen Haushalt der neL wie gemeinsame Kinder aufgenommen waren (sog. „soziale Elternschaft" aufgrund sozial-familiärer Beziehung; § 1685 Abs. 2 BGB). In Fällen der sozialen Elternschaft des nichtehelichen Lebenspartners kann das Bedürfnis entstehen, den „sozialen Vater" oder die „soziale Mutter", also den Lebenspartner, unter Ausschluss des biologischen Vaters oder der biologischen Mutter von Todes wegen als Vormund zu benennen, weil dies dem Wohl des Kindes dient. Die einseitige Benennung des Lebenspartners und der Ausschluss eines Vormunds durch Anordnung in einer Verfügung von Todes wegen ist allerdings nur dann wirksam möglich, wenn der anordnende Lebenspartner zum Zeitpunkt seines Todes allein sorgeberechtigt iSd. § 1777 Abs. 1 BGB ist.

M 71.6 Vormundbenennung durch Verfügung von Todes wegen[1] – nichteheliche Lebensgemeinschaft

Vormundbenennung

(1) Für den Fall meines Todes benenne ich nach Maßgabe des § 1777 Abs. 3 BGB für die Dauer der Minderjährigkeit meiner Tochter . . . meinen Lebenspartner, Herrn . . ., geboren am . . ., wohnhaft in . . ., zum Vormund, und zwar in allen denkbaren Wirkungskreisen.

(2) Sollte der vorgenannte Herr . . . vor oder nach der Übertragung der Vormundschaft aus irgendeinem Grund als Vormund wegfallen (auch soweit dies nur für einzelne Angelegenheiten oder einen bestimmten Kreis von Angelegenheiten zuträfe), so benenne ich ersatzweise Herrn . . ., geboren am . . ., wohnhaft in . . ., zum alleinigen Vormund.

(3) Weitere Ersatzvormünder will ich derzeit nicht benennen.

(4) Der benannte Vormund ist im Rahmen der Vermögenssorge von der Pflicht zur mündelsicheren Geldanlage und der Rechnungslegung gegenüber dem Familiengericht befreit.

(5) Für den Fall meines Todes ordne ich ferner nach Maßgabe der §§ 1782 Abs. 1 und 2, 1777 BGB für die Dauer der Minderjährigkeit meiner Tochter an, dass der biologische Vater meiner Tochter, Herr . . ., geboren am . . ., und dessen Verwandte von der Vormundschaft ausgeschlossen sind.

(6) Der Notar hat mich darüber belehrt, dass die Benennung und der Ausschluss eines Vormundes durch Anordnung in diesem Testament nur dann wirksam ist, wenn ich zum Zeitpunkt meines Todes noch sorgeberechtigt im Sinne des § 1777 Abs. 1 BGB bin.

1 Es ist mindestens Schriftform erforderlich, der gesamte Text sollte handschriftlich sein.

Kosten: *Notargebühr:* 1,0 Gebühr nach Nr. 21200 KV. Geschäftswert ist aufgrund der nichtvermögensrechtlichen Anordnung gem. § 36 Abs. 3 GNotKG nach billigem Ermessen zu bestimmen.

VII. Erbrechtliche Ausgangslage

32 Dem nichtehelichen Lebenspartner, der nicht ausnahmsweise mit seinem Partner auch verwandt ist, steht **keinerlei gesetzliches Erbrecht (und Pflichtteilsrecht)** am Nachlass des vorverstorbenen Lebenspartners zu, eine analoge Anwendung der §§ 1924 ff., 1931 BGB scheidet aus. Im Falle einer langjährigen, gefestigten nichtehelichen Lebensgemeinschaft besteht hingegen regelmäßig ein Bedürfnis nach gegenseitiger Absicherung der Lebenspartner im Erbfall. Ggf. entspricht es dem Interesse der Partner, dass gemeinsame, angenommene oder die Kinder eines der nichtehelichen Lebenspartner Erben des Längstlebenden werden (Fallgruppe: Zusammenleben älterer Menschen, die beide finanziell abgesichert sind).

33 § 1932 BGB regelt den **Voraus.** Danach stehen dem überlebenden Ehegatten und Lebenspartner nach dem LPartG (§ 11 Abs. 1 Satz 4 und 5 LPartG) die zum ehelichen Haushalt gehörenden Ge-

genstände, soweit sie nicht Zubehör eines Grundstücks sind, und die Geschenke zur Begründung der Lebenspartnerschaft als Voraus zu. Auch bei vergleichbarer Lebensgestaltung der nichtehelichen Lebenspartner ist § 1932 BGB nicht analog anwendbar. Streitig ist, ob die Regelung des § 1969 BGB („**Dreißigster**" für Familienangehörige) auf nichteheliche Partner anwendbar ist. In Verfügungen von Todes wegen könnten Regelungen entsprechend §§ 1932, 1969 BGB getroffen werden.

Selbstverständlich können die nichtehelichen Lebenspartner, soweit sie nicht aus anderen Gründen daran gehindert sind (zB bestehende erbvertragliche Bindungen mit Dritten), **einseitige testamentarische Verfügungen von Todes wegen** zu Gunsten des jeweiligen Lebenspartners oder Dritter treffen (vgl. OLG Düsseldorf FamRZ 1998, 583; s. Kap. 83). Hiergegen sprechen auch dann keine Bedenken, wenn der verfügende Lebenspartner noch verheiratet oder verpartnert ist (vgl. BGHZ 112, 259 bei lebzeitige Zuwendungen; BayObLG FamRZ 2002, 915). Solche Verfügungen von Todes wegen sind nicht allein deshalb sittenwidrig, weil ein nicht- oder außereheliches Intimverhältnis zum Zuwendungsempfänger bestand. Anders kann die Bewertung möglicherweise dann und ausnahmsweise ausfallen, wenn alleiniger Zweck testamentarischer Zuwendung die „Bezahlung für Sex" sein soll. 34

Die tatsächlich wirkenden, allgemeinen Schranken der Testierfreiheit gelten für die neL wie unter fremden Dritten. Zu diesen Schranken zählt das Pflichtteilsrecht. Die **Berücksichtigung der Pflichtteilsansprüche von Abkömmlingen** bedeutet für die nichtehelichen Lebenspartner, dass sie als Erblasser nur über die Hälfte ihres Vermögens tatsächlich von Todes wegen frei bestimmen können. Bei lebzeitigen, sog. unbenannten Zuwendungen oder echten Schenkungen des Erblassers an seinen nichtehelichen Partner können **Pflichtteilsergänzungsansprüche** der Abkömmlinge, des Ehegatten oder der Eltern des Verstorbenen gegen den Lebenspartner entstehen (§§ 2325 ff. BGB). 35

Die Errichtung eines Testaments durch nichteheliche Lebenspartner erfolgt nach den allgemeinen Regeln (**notarielle Niederschrift** nach § 2231 BGB oder **eigenhändig** nach § 2247 BGB; zu Einzelheiten und Gestaltungsstrategien unter Berücksichtigung der Erbschaftsteuer Grziwotz ZEV 1994, 272). Den nichtehelichen Lebenspartnern steht als Testamentsform das **gemeinschaftliche Testament nicht** zur Verfügung (beachte § 2265 BGB; BGH NJW-RR 1987, 1710); sie müssen einen **Erbvertrag** (§§ 2274 ff. BGB; s. Kap. 85 Rz. 12 ff.) schließen, wenn sie vertragsmäßig bindende Verfügungen treffen wollen und einseitige Verfügungen von Todes wegen als nicht ausreichend erachten. Die Auflösung der nichtehelichen Lebensgemeinschaft führt idR gerade nicht zur Unwirksamkeit vertragsgemäß getroffener Verfügungen (keine entsprechende Anwendbarkeit der §§ 2077, 2279 BGB oder des § 10 Abs. 3 LPartG, vgl. OLG Celle NJW-RR 2003, 1304). Im Einzelfall können die **vertragsgemäß getroffenen Verfügungen auflösend bedingt** ausgestaltet sein. Es ist zur Klarstellung empfehlenswert, § 2077 BGB oder § 10 Abs. 3 LPartG bei einer Scheidung/Aufhebung einer später eingegangenen Ehe oder Lebenspartnerschaft für anwendbar zu erklären. Enthält der zwischen den nichtehelichen Lebenspartnern abgeschlossene Erbvertrag keinen **Rücktrittsvorbehalt** (§ 2293 BGB), bestehen wenig Aussichten, sich wegen der enttäuschten Erwartung auf Fortsetzung der Lebensgemeinschaft einseitig von dem Erbvertrag zu lösen (DNotI-Report 2003, 162). 36

M 71.7 Erbvertragliche Besonderheiten: Fortgeltungsanordnung bei nachfolgender Ehe/Lebenspartnerschaft, Rücktrittsvorbehalt, Anfechtungsausschluss, Klarstellungsregelungen[1] – nichteheliche Lebensgemeinschaft

(...) Die in diesem Erbvertrag angeordneten Erb- und Ersatzerbeinsetzungen sind vertragsmäßig getroffen.

(...) Wir nehmen alle in diesem Erbvertrag abgegebenen Erklärungen hiermit wechselseitig an.

(...) Der Notar hat uns über die Vorschriften belehrt, nach denen dieser Erbvertrag aufgehoben oder geändert werden kann. Er hat uns insbesondere auf die bei einem Erbvertrag eintretenden Bindungswirkungen hingewiesen.

1 Notarielle Form ist erforderlich.

(. . .) Ein jeder von uns behält sich vor, zu Lebzeiten von uns beiden durch einseitige Erklärung jederzeit ohne Angabe von Gründen von diesem Erbvertrag zurückzutreten. Uns ist bekannt, dass die Rücktrittserklärung der notariellen Beurkundung bedarf und dem anderen Teil mit einer Ausfertigung der Niederschrift über den Rücktritt mitzuteilen ist.

(. . .) Der Überlebende von uns behält sich ferner vor, nach dem Ableben des Zuerstversterbenden von uns – auch anders als in diesem Erbvertrag geschehen – zu verfügen, und zwar sowohl durch Rechtsgeschäfte unter Lebenden als auch durch Verfügungen von Todes wegen.

(. . .) Wir verzichten hiermit gegenseitig auf künftige Anfechtungsrechte gem. §§ 2078, 2079 BGB, und zwar auch bezüglich solcher Umstände, mit denen wir nicht rechnen oder die wir nicht voraussehen konnten.

(. . .) Dieser Erbvertrag soll auch bei einer etwaigen künftigen Eheschließung von uns in vollem Umfang bestehen bleiben, insbesondere auch was das im vorstehenden Abs. (. . .) vereinbarte Rücktrittsrecht und den im vorstehenden Abs. (. . .) vereinbarten Vorbehalt anbelangt. Im Falle einer etwaigen Eheschließung und einer späteren Scheidung soll dieser Erbvertrag nach den gesetzlichen Vorschriften (§§ 2077, 2279 BGB) unwirksam werden.

(. . .) Der Notar hat uns eingehend über die Wirkungen dieses Erbvertrags, insbesondere die vereinbarten Rücktrittsrechte, den Verzicht auf die Anfechtungsrechte sowie die gesetzliche Erbfolge und die Pflichtteilsrechte belehrt.

Kosten: *Geschäftswert:* 5000 Euro als Mindestwert gem. § 36 Abs. (3) GNotKG. *Gebühr:* Es liegt eine Vereinbarung vor, daher 2,0 Gebühr nach Nr. 21100 KV GNotKG.

37 Ein **nichtiges, gemeinschaftliches Testament** kann nicht durch spätere Heirat „geheilt" werden. Im Einzelfall ist die **Umdeutung** unwirksamer gemeinschaftlicher Testamente in Einzeltestament bei sonstiger Beachtung der Formerfordernisse möglich (vgl. OLG Braunschweig ZEV 2005, 484).

38 Bei der Erbeinsetzung des nichtehelichen Lebenspartners oder auch seiner Angehöriger ist die Anwendung des § 2069 BGB fraglich (vgl. BayObLG NJW-FER 2000, 319), eine ausdrückliche **Ersatzerbeneinsetzung** ist ratsam (Grziwotz in Beck'sches Notarhandbuch, B IV Rz. 42).

39 ➲ **Praxistipp: Erbschaft- und Schenkungsteuer der nichtehelichen Lebenspartner nach Art. 6 „Wachstumsbeschleunigungsgesetz"** – BGBl. I 2009, 3950 (keine Gleichstellung zu Ehegatten, vgl. BVerfG NJW 1990, 1593; zusammenfassend Grziwotz ZEV 1994, 273):

- Steuerklasse III (Eingangssteuersatz: 30 % ab 20 000 Euro);
- allgemeiner Freibetrag iHv. 20 000 Euro (§ 16 Abs. 1 Nr. 5 ErbStG);
- Freibetrag iHv. 12 000 Euro (§ 13 ErbStG) für Haushaltsgegenstände einschließlich Wäsche und Kleidungsstücke und andere bewegliche körperliche Gegenstände;
- durch schlüssiges Verhalten zustande gekommene Dienstverträge für langjährige Pflege- und Betreuungstätigkeit des Lebenspartners werden steuerlich nicht anerkannt (§ 10 Abs. 5 Nr. 1 ErbStG – BFH NJW 1989, 1696);
- leben geschiedene Ehegatten nichtehelich wieder zusammen, gilt Steuerklasse II (vgl. Wälzholz DSWR 2002, 199).

Grunderwerbsteuer: Bei einer nichtehelichen Lebensgemeinschaft mit Kindern besteht keine Steuerbefreiung analog § 3 Nr. 4 GrEStG (BFH NJW 2001, 2655).

VIII. Vermögenszuordnung

40 Die Begründung oder der Bestand einer nichtehelichen Lebensgemeinschaft hat auf die Vermögenszuordnung zwischen den Lebenspartnern grundsätzlich keinen Einfluss; „güterrechtliche Verhältnisse" iSd. § 1408 Abs. 1 BGB können nicht begründet werden. Jeder der Lebenspartner bleibt Eigentümer derjenigen Sache, die er in die Lebensgemeinschaft eingebracht hat oder während deren Bestehen zu Alleineigentum erworben hat. Erwerben Lebensgefährten gemeinsam, nimmt die Rechtsprechung im Zweifel, und unabhängig von der Herkunft des Kaufpreises, Mit-

eigentumserwerb zu je ½ Anteil an. Leben die nichtehelichen Lebenspartner in einem Haus/Eigentumswohnung, das sich im Alleineigentum eines von ihnen befindet, ist der andere nach einer Trennung zum Auszug verpflichtet; Nutzungsrechte verbleiben nicht (BGH FamRZ 2008, 1404). An Haushaltsgegenständen und anderen, gemeinsam genutzten Gegenständen ist regelmäßig, und unabhängig von der Eigentumszuordnung, Mitbesitz eingeräumt. Es gilt sodann die Miteigentumsvermutung für den Erwerbszeitpunkt nach § 1006 Abs. 1 BGB (str., insbesondere bei Ersatzbeschaffungen, s. LG Aachen FamRZ 1992, 61). Die **Eigentumsvermutung** der Zwangsvollstreckung zugunsten des Gläubigers (§ 1362 BGB, § 739 ZPO) kann nicht analog angewandt werden, weil keine planwidrige Lücke vorliegt (BGH NJW 2007, 456; anders AG Eschweiler FamRZ 1992, 942; krit. Palandt/Brudermüller Einl. vor § 1297 BGB Rz. 28). Auch kann nicht angenommen werden, dass der ehemalige Lebenspartner, der einen gemeinsam erworbenen Vermögensgegenstand im Rahmen der Trennung mitnimmt, an diesem **Alleinbesitz** eingeräumt bekommen hat (OLG Hamm FamRZ 2003, 529; s. auch AG Walsrode NJW-RR 2004, 365 zu Haustieren). Klarstellende Vereinbarungen sind zu empfehlen.

M 71.8 Vermögenszuordnung – nichteheliche Lebensgemeinschaft

(...) Die im Allein- oder Miteigentum eines jeden Lebenspartners befindlichen Vermögensgegenstände verbleiben dem bisherigen Eigentümer zur unveränderten Berechtigung; die Begründung der Lebensgemeinschaft soll an den bestehenden Eigentumsverhältnissen nichts verändern. Dies gilt auch für alle in den gemeinsamen Haushalt eingebrachten Gegenstände. Jede Einbringung von Gegenständen in den gegenständlichen Bereich der gemeinsamen Lebensführung erfolgt nur zur Nutzung; Mitbesitz wird eingeräumt.

(...) Bei einem künftigen Erwerb von beweglichen Sachen und Gegenständen wollen wir möglichst kein gemeinschaftliches Eigentum, weder zur gesamten Hand, noch zu Bruchteilen begründen. Soweit bewegliche Sachen und Gegenstände, insbesondere solche des Hausrats, gemeinsam angeschafft und finanziert werden, soll hieran hälftiges Miteigentum begründet werden, wenn und soweit bei der Anschaffung nichts Anderes vereinbart wird. Zu Beweiszwecken ist ein Vermögensverzeichnis zu errichten.

IX. Auseinandersetzung bei Beendigung

1. Allgemeines

Im Zusammenhang der Trennung und vermögensrechtlichen Auseinandersetzung der nichtehelichen Lebenspartner existiert kein „Gesamtabrechnungssystem", insbesondere sind die gesetzlichen Vorschriften über den Zugewinnausgleich (§§ 1372 ff. BGB) auf die neL nicht, auch nicht analog anwendbar (BGH FamRZ 1981, 530; FamRZ 2004, 94). Die Annahme der Existenz eines besonderen, stillschweigend zu Stande gekommenen „Zusammenlebensvertrages", aus dem sich spezielle Auseinandersetzungsrechtsfolgen ergeben könnten, ist Fiktion und würde vermögensrechtlich wohl über güterrechtliche Typenbildungen hinausgehen. Ausgangspunkt der Rechtsprechung (unter Verweis auf seine st. Rspr. BGH FamRZ 2003, 1542) zur vermögensrechtlichen Auseinandersetzung der nichtehelichen Lebensgemeinschaft bleibt die Auffassung von Dominanz der persönlichen Beziehungen gegenüber den gestalteten Rechtsbeziehungen. Regelmäßig gelten die **allgemeinen zivilrechtlichen Abwicklungsvorschriften**. 41

➲ **Praxistipp:** Beim Erwerb von Immobilien, bei größeren Investitionen oder beim gemeinsamen Aufbau eines Unternehmens uä. ist eine vertragliche Regelung für den Fall der Trennung der Lebenspartner dringend erforderlich. Hieran ändert die Rechtsprechung des BGH (BGH DNotZ 2009, 52) zur Anwendbarkeit des Bereicherungsrechts und des Wegfalls der Geschäftsgrundlage nichts. 42

M 71.9 Vermögenszuordnung; Herauszahlung bei Trennung angeknüpft an Bruchteil des Verkehrswerts eines Einfamilienhauses im Alleineigentum eines Partners, in dem die Lebensgemeinschaft gelebt wurde[1] – nichteheliche Lebensgemeinschaft

(. . .) Herr . . . hat in der Urkunde des amtierenden Notars vom . . . – UR.-Nr. . . . für 201 . . . – den im Grundbuch des Amtsgerichts . . . von . . ., Blatt . . ., näher bezeichneten Grundbesitz Gemarkung . . ., Flur . . ., Flurstück . . ., mit einem auf dem vorbezeichneten Grundbesitz zu errichtenden Einfamilienhaus allein gekauft. Nach erfolgter Eigentumsumschreibung wird Herr . . . als Alleineigentümer im Grundbuch eingetragen sein. In dem erworbenen Einfamilienhaus führen wir den gemeinsamen Haushalt unserer auf Dauer angelegten nichtehelichen Lebensgemeinschaft.

(. . .) Sollte unsere nichteheliche Lebensgemeinschaft endgültig beendet sein, verpflichtet sich Herr . . . an Frau . . . einen Geldbetrag iHv. ¼ – einem Viertel – des Verkehrswerts des vorbezeichneten Grundbesitzes nebst aufstehenden Gebäuden, allen sonstigen wesentlichen Bestandteilen und allem gesetzlichen Zubehör zu zahlen, wie er sich im Zeitpunkt der Beendigung der Lebensgemeinschaft ergibt.

Sollte der Grundbesitz in diesem Zeitpunkt mit Grundpfandrechten belastet sein, durch die Darlehen im Zusammenhang mit dem Ankauf des vorbezeichneten Grundbesitzes und der Errichtung/Erhaltung des der vorgenannten Aufbauten entstanden sind, sind die gesicherten Verbindlichkeiten vorab von dem zu ermittelnden Verkehrswert abzuziehen.

(. . .) Der vorbezeichnete Zahlungsanspruch besteht im Fall der Beendigung unserer Lebensgemeinschaft, gleichviel, wer die Trennung verursacht oder verschuldet hat und gleichviel, wie lange unsere nichteheliche Lebensgemeinschaft bestanden hat. Der Zahlungsanspruch gleicht im Übrigen alle von Frau . . . während der Dauer der Lebensgemeinschaft erbrachten Zuwendungen, Leistungen und Aufwendungen endgültig aus, gleichgültig ob und in welchem Umfang solche jemals erbracht worden sind oder werden.

(. . .) Die im vorstehenden Absatz vereinbarte Verpflichtung des Herrn . . . soll sich auf alle Vermögensgegenstände erstrecken, die als Surrogat an Stelle des in dieser Urkunde näher bezeichneten Grundbesitzes nebst aufstehenden Gebäuden, allen sonstigen wesentlichen Bestandteilen und allem gesetzlichen Zubehör treten, insbesondere was auf Grund eines hierzu gehörenden Rechts oder als Ersatz für die Zerstörung, Beschädigung oder Entziehung der vorgenannten Vermögensgegenstände oder durch ein Rechtsgeschäft von Herrn . . . erworben wird, das sich auf die erwähnten Vermögensgegenstände bezieht.

(. . .) Sollten wir uns über die Höhe des maßgebenden Verkehrswerts nicht einigen, soll dieser von einem Sachverständigen durch Schiedsgutachten ermittelt werden. Sofern wir uns nicht auf die Person des Sachverständigen einigen, soll dieser durch den Präsidenten der Industrie- und Handelskammer . . . bestimmt werden. Das Schiedsgutachten ist für uns beide verbindlich (§§ 317 ff. BGB). Die mit dem Schiedsgutachten verbundenen Kosten tragen wir je zur Hälfte.

(. . .) Der an Frau . . . gemäß den vorstehenden Vereinbarungen zu zahlende Betrag ist vom Tag der Beendigung unserer Lebensgemeinschaft mit . . . % jährlich zu verzinsen. Die Zinsen sind mit demjenigen Betrag, für den sie geschuldet werden, fällig und zahlbar. Eine Sicherstellung des zu zahlenden Betrages soll derzeit nicht erfolgen.

(. . .) Eine Aufstellung unseres beiderseitigen Vermögens soll derzeit nicht erfolgen.

1 Notarielle Form ist erforderlich.

2. Schenkungsrecht

43 Zuwendungen unter den Partnern einer neL, die nicht aus gewöhnlichen Anlässen (Geburtstag, Geburt gemeinsamer Kinder etc.) oder sozialer Konvention erbracht werden, sind regelmäßig nicht freigiebig iSd. Schenkungsrechts; sie dienen vielmehr der **Verwirklichung und Gestaltung der**

nichtehelichen Lebensgemeinschaft und des Zusammenlebens; manche dieser Zuwendungen haben unterhaltsrechtlichen Charakter. Die Grundsätze der sog. „ehebedingten Zuwendungen" sind als „**unbenannte Zuwendungen**" auf die Rechtsbeziehungen innerhalb der neL anwendbar (BGH FamRZ 2008, 1821, 1824). Liegt im Einzelfall dennoch eine freigiebige Schenkung und keine unbenannte Zuwendung vor, führt eine Trennung der Lebenspartner regelmäßig nicht zu den **Widerrufsvoraussetzungen** nach den §§ 530 Abs. 1, 531 Abs. 2, 812 Abs. 1 Satz 2 1 Alt., 818 BGB. Das einseitige Beenden des nichtehelichen Zusammenlebens ist nicht als „grober Undank" zu bewerten, wenn keine weiteren, besonderen „Trennungsumstände", die eine schwere Verfehlung oder einen groben Vertrauensbruch darstellen, hinzutreten (vgl. BGHZ 112, 259). Das Schenkungsrecht spielt tatsächlich für die vermögensrechtliche Auseinandersetzung der Lebenspartner eine untergeordnete Rolle.

3. Gesellschaftsrechtlicher Ausgleichanspruch, §§ 730, 733 Abs. 2 BGB (Innengesellschaft)

Von einer gesellschaftsrechtlichen Verbindung der Lebenspartner, die zur direkten Anwendung der Abwicklungsregelungen nach §§ 730 ff. BGB führen würde, kann im Falle der Trennung einer neL dann ausgegangen werden, wenn der „**Zweck** (§ 705 BGB) der Verbindung" über die reine Verwirklichung des nichtehelichen Zusammenlebens in seiner von den Partnern gewollten Ausgestaltung hinausgeht (BGH FamRZ 2005, 1151 f.). Das bloße Zusammenleben als solches ist, wie zwischen Ehegatten, kein tauglicher Gesellschaftszweck iSd § 705 BGB. 44

Andererseits kann nicht vorausgesetzt werden, dass die nichtehelichen Lebenspartner einen über den typischen Rahmen dieser Gemeinschaft hinausgehenden, qualifizierenden Zweck verfolgen müssen, wie es der BGH zwischen Ehegatten annimmt (vgl. insoweit BGHZ 142, 137, 146). Diese Abgrenzung zur Annahme gesellschaftsrechtlicher Beziehungen zwischen Ehegatten hat ihren eigentlichen Grund in der gesetzlichen Ausgestaltung von Rechten und Pflichten innerhalb der Ehe. Ehegatten sind zur ehelichen Lebensgemeinschaft, zur Rücksichtnahme bei der Wahl und Ausübung einer Erwerbstätigkeit sowie dazu verpflichtet, durch ihre Arbeit und mit ihrem Vermögen die Familie angemessen zu unterhalten (§§ 1353 Abs. 1 Satz 2, 1356 Abs. 2 Satz 2, 1360 BGB). Insoweit erhält ein mitarbeitender Ehegatte bei Scheidung einer im gesetzlichen Güterstand geführten Ehe grundsätzlich bereits durch den Zugewinnausgleich einen angemessenen Ausgleich. Bei der nichtehelichen Lebensgemeinschaft bestehen dagegen **weder rechtliche Mitarbeitspflichten noch güterrechtliche Ausgleichsmöglichkeiten**. Das erlaubt eine insgesamt großzügigere Anwendung gesellschaftsrechtlicher Auseinandersetzungsregeln (BGH FamRZ 2008, 1822, 1824 mit Anm. Grziwotz). Dennoch kommt ein gesellschaftsrechtlicher Ausgleichsanspruch immer nur dann in Betracht, wenn die Partner einer nichtehelichen Lebensgemeinschaft **ausdrücklich** oder durch abgrenzbares **schlüssiges Verhalten** einen entsprechenden Gesellschaftsvertrag geschlossen haben (BGH FamRZ 2008, 247).

➲ **Wichtig:** Eine rein faktische Willensübereinstimmung reicht für ein nach gesellschaftsrechtlichen Grundsätzen zu beurteilendes Zusammenwirken dagegen nicht aus. 45

Gerade weil die neL vom Ansatz her eine **Verbindung ohne Rechtsbindungswillen** darstellt, ist ein solcher dennoch für die Anwendung gesellschaftsrechtlicher Regelungen erforderlich (BGHZ 165, 1, 10). Ein Rechtsbindungswille kann in Betracht kommen, wenn die Parteien die Absicht verfolgt haben, mit dem Erwerb eines Vermögensgegenstands, etwa einer Immobilie, einen – wenn auch nur wirtschaftlich – gemeinschaftlichen Wert zu schaffen, der von ihnen für die Dauer der Partnerschaft nicht nur gemeinsam genutzt werden, sondern ihnen nach ihrer Vorstellung auch gemeinsam gehören sollte (BGH FamRZ 2008, 247). Vom Zustandekommen eines Gesellschaftsvertrags zwischen den Lebenspartnern durch ausdrücklichen Abschluss oder schlüssiges Verhalten, kann vor diesem Hintergrund selbst bei gemeinsamem Eigenheimbau oder -erwerb nicht schematisch ausgegangen werden (OLG Naumburg NJW-RR 2003, 578). Häufig liegen starke **Indizien** für die Annahme gesellschaftsrechtlich relevanter Vorgänge vor, wenn ein Hausbau auf dem Grundstück eines Partners unter finanzieller oder arbeitsmäßiger Beteiligung des andern erfolgt (vgl. BGH FamRZ 2008, 247). Nicht entscheidend (aber sehr wohl indiziell bedeutsam) für die Annahme gesellschaftsrechtlicher Verbindung ist es, auf welche konkrete Art und Weise die dingliche Zuordnung „gemeinsam" angeschaffter Gegenstände erfolgt. Maßgebend sind vielmehr die **Gesamt-** 46

umstände der Güteranschaffung und deren Finanzierung oder das Erbringen finanzierungsadäquater Leistungen (Planung, Umfang und Dauer des Zusammenwirkens, einzelne Absprachen, Rollenverteilung in der neL, Höhe finanzieller Beiträge, Herkunft von Finanzmitteln etc.).

47 Der BGH (vgl. BGH FamRZ 1997, 1533; zur Annahme einer Innengesellschaft: BGH NJW 1999, 2962) hat allerdings in der Vergangenheit die gesellschaftsrechtlichen Abwicklungsvorschriften auch ohne Anknüpfung an einen tatsächlich oder schlüssig zustande gekommenen Gesellschaftsvertrag und die dingliche Zuordnung der einzelnen Vermögenswerte entsprechend angewendet, wenn folgende Voraussetzungen vorliegen:

- dauerhafte Trennung der Partner einer zuvor tatsächlich gelebten nichtehelichen Lebensgemeinschaft,
- keine vertragliche Einzelfallregelung (zB Darlehensvertrag etc.),
- Anschaffung eines Vermögenswerts von erheblicher wirtschaftlicher Bedeutung (zB Immobilie, Betrieb),
- beide Lebenspartner haben Beiträge (zB Geld, Arbeitsleistungen) geleistet,
- Vorstellung der Lebenspartner von der gemeinsamen Inhaberschaft des Vermögenswerts.

48 Die entsprechende Anwendung der gesellschaftsrechtlichen Abwicklungsvorschriften (§§ 730, 733 Abs. 2 BGB) führt zu Ausgleichsansprüchen in Geld (vgl. BGH NJW 1983, 2375). Für die Annahme einer Innengesellschaft in den sog. Mitarbeitsfällen ist allerdings nach Rechtsprechung des BGH (BGH FamRZ 2006, 607) das Zustandekommen eines wenigstens konkludent geschlossenen Gesellschaftsvertrages erforderlich.

4. Bereicherungsausgleich

49 Die neL als solche und deren Verwirklichung kann Rechtsgrund für Zuwendungen unter den Lebenspartnern sein. Hierbei hat (zumeist stillschweigend) absprachegemäß derjenige Partner die finanziellen oder sonstigen Aufwendungen und Beiträge zu tragen, der dazu in der Lage ist (vgl. BGH FamRZ 1983, 1213). Eine Rückforderung der geleisteten Aufwendungen und Beiträge unter dem Gesichtspunkt des **Zweckfortfalls** (§ 812 Abs. 1 Satz 2 Alt. 2 BGB) kommt regelmäßig nicht in Betracht, weil sie, jedenfalls bis zur Trennung, dem Leistungszweck, nämlich der Verwirklichung der Lebensgemeinschaft, tatsächlich gedient haben (uneinheitliche Rechtsprechung: OLG Stuttgart NJW-RR 1993, 1457; OLG Köln NJW 1995, 2232; OLG Nürnberg FamRZ 2000, 97). Geleistete Beiträge (Geld-, Vermögens- oder Arbeitsleistungen, auch Haushaltsführung) der Lebenspartner werden auch nicht gegeneinander aufgerechnet, sie gelten als ersatzlos von demjenigen erbracht, der dazu nach seiner Leistungsfähigkeit bereit war. Solche Beiträge sind Ausdruck faktischer Solidarität, nicht jedoch Erfüllung einer Rechtspflicht (BGH FamRZ 1997, 1533). In Abgrenzung hiervon kann eine **rückforderungsrelevante Zwecksetzung innerhalb einer nichtehelichen Lebensgemeinschaft** indes für solche Zuwendungen oder Arbeitsleistungen angenommen werden, die erkennbar über das hinausgehen, was die Gemeinschaft Tag für Tag benötigt. Der BGH fordert hierzu in Abwendung von seiner bisher restriktiven Rechtsprechung eine konkrete Zweckabrede; einseitige Vorstellungen genügen demgegenüber nicht. Eine konkrete Zweckabrede kann dann vorliegen, wenn die Partner zwar keine gemeinsamen Vermögenswerte schaffen wollten, der eine aber das Vermögen des anderen in der Erwartung vermehrt hat, an dem erworbenen Gegenstand langfristig partizipieren zu können (vgl. BGH DNotZ 2009, 52 mit Anm. Löhnig; OLG Düsseldorf FamRZ 2009, 1219).

5. Geschäftsgrundlage

50 Die Fortdauer des nichtehelichen Zusammenlebens war nach früherer Auffassung des BGH regelmäßig keine Geschäftsgrundlage (§ 313 BGB) für Aufwendungen, die während der tatsächlich gelebten Gemeinschaft erbracht worden sind (vgl. BGH FamRZ 2004, 94 oder NJW 1997, 3372). Diese Rechtsprechung hat der BGH aufgegeben (BGH DNotZ 2009, 52 mit Anm. Löhnig). Nach Beendigung einer neL kommen wegen wesentlicher Beiträge eines Partners (dies kann neben Geld auch „Arbeitsleistung" sein), mit denen ein Vermögenswert von erheblicher wirtschaftlicher Bedeutung (vorrangig Immobilien, „Renditeobjekt" oder vergleichbare Investitionen) geschaffen wur-

de, dessen Alleineigentümer der andere Partner ist, nicht nur gesellschaftsrechtliche Ausgleichsansprüche, sondern auch (oder ausschließlich) **Ansprüche nach den Grundsätzen über den Wegfall der Geschäftsgrundlage in Betracht**. Solche Ansprüche können im Einzelfall gegeben sein, soweit einer gemeinschaftsbezogenen Zuwendung die Vorstellung oder Erwartung zugrunde lag, die Lebensgemeinschaft, deren Ausgestaltung sie gedient hat, werde Bestand haben.

Die **Rückabwicklung** erfasst dann aber nur subsidiär solche Fälle, in denen es mangels Schaffung eines gemeinschaftlichen Vermögenswerts nicht zu gesellschaftsrechtlichen Ausgleichsansprüchen kommt oder in denen eine Zweckabrede iSd. § 812 Abs. 1 Satz 2 Alt. 2. BGB nicht festgestellt werden kann. Sie hat nicht zur Folge, dass sämtliche Zuwendungen bei Scheitern der Beziehung auszugleichen wären. Ein korrigierender Eingriff über § 313 BGB ist grundsätzlich nur gerechtfertigt, wenn dem Leistenden die Beibehaltung der durch die Leistungen geschaffenen Vermögensverhältnisse nach Treu und Glauben nicht zuzumuten und im Ergebnis unbillig ist. Insofern erscheint es dem BGH (BGH DNotZ 2009, 52) sachgerecht, auf den Maßstab zurückzugreifen, der für den Ausgleich von Zuwendungen unter Ehegatten gilt, die im Güterstand der Gütertrennung leben (vgl. hierzu BGH FamRZ 1997, 933). Haben die Partner einer nichtehelichen Lebensgemeinschaft eine Immobilie als Altersruhesitz gemeinsam erworben und gleichzeitig das Recht, die Aufhebung der Gemeinschaft zu verlangen, auf Dauer ausgeschlossen, steht ihnen bei einem Scheitern der Lebensgemeinschaft der Einwand des Fortfalls der Geschäftsgrundlage jedenfalls nicht zu (BGH NJW 2004, 58). 51

M 71.10 Abwicklung von Zuwendungen, Leistungen und Aufwendungen für den Lebenspartner[1] – nichteheliche Lebensgemeinschaft

(...) Persönliche oder wirtschaftliche Zuwendungen, Aufwendungen und Leistungen, insbesondere solche mit Dienstleistungscharakter, an den jeweils anderen Lebensgefährten bzw. zu Gunsten des gemeinsamen Haushalts, die während des Bestandes der nichtehelichen Lebensgemeinschaft erbracht werden, sind nach Beendigung der Lebensgemeinschaft nicht gegeneinander aufzurechnen und auszugleichen. Dies gilt auch für den Fall, dass solche Zuwendungen, Aufwendungen oder Leistungen des einen, diejenigen des anderen übersteigen; sie gelten insoweit als zur Verwirklichung der Lebensgemeinschaft erbracht und gleichwertig.

(...) Etwas Abweichendes zur Behandlung von Zuwendungen, Aufwendungen und Leistungen, die während des Bestandes der nichtehelichen Lebensgemeinschaft erbracht werden, gilt nur dann, wenn eine Rückforderung, Vergütung oder Erstattung zwischen den Lebenspartnern schriftlich vereinbart wurde (zB im Rahmen eines Darlehens- oder Dienstvertrags) oder für Aufwendungen und Leistungen im Zusammenhang mit dem Erwerb von Immobilien; zwingende gesetzliche Bestimmungen bleiben unberührt.

1 Grundsätzlich formfrei; aber bei Immobilienbezug notarielle Form erforderlich.

X. (Mit-)Haftung für gemeinsame Verbindlichkeiten oder solche des Lebenspartners

Die Mithaftung oder alleinige **Haftung für Verbindlichkeiten des Lebenspartners** kommt im Außenverhältnis, also gegenüber dem Gläubiger, nur durch eine rechtsgeschäftliche (Mit)verpflichtung als Schuldner infrage. In Betracht kommen die gemeinsame Kreditaufnahme, der Schuldbeitritt oder die Übernahme einer Bürgschaft. Die neL als solche begründet jedenfalls keine (Mit)verpflichtung oder Haftung; § 1357 BGB kommt ebenfalls weder direkt noch analog zur Anwendung (OLG Hamm MDR 1989, 271). Verpflichten sich die Lebenspartner gemeinsam, haften sie nach außen regelmäßig als **Gesamtschuldner**. 52

Tatsächlich mitverpflichtet ist der Schuldner für **Darlehensverbindlichkeiten seines Lebenspartners gegenüber Kreditinstituten** jedoch nur dann, wenn er ein eigenes Interesse an der ursprünglichen Kreditgewährung hat und über die Auszahlung und Verwendung der Darlehensvaluta mitentscheiden durfte. 53

54 ➲ **Hinweis:** Eine krasse finanzielle Überforderung des mitverpflichteten Lebenspartners ist erst dann zu bejahen, wenn der Betroffene voraussichtlich nicht einmal die laufenden Zinsen der Hauptschuld aufzubringen vermag (vgl. zu Ehegatten BGHZ 146, 37).

55 Haben die Lebenspartner während des Bestehens ihrer Lebensgemeinschaft Zins- und Tilgungsleistungen zur Abzahlung einer **gemeinsamen Kreditschuld** erbracht, besteht zwischen ihnen insoweit grundsätzlich kein Ausgleichsanspruch, auch nicht, wenn mit der Kreditsumme etwas finanziert wurde, das ein Lebenspartner allein erworben hat. Nur in Ausnahmefällen kann ein Ausgleich verlangt werden (vgl. BGHZ 77, 55). Für künftig, also **nach der Beendigung der nichtehelichen Lebensgemeinschaft**, noch fällig werdende Raten ist eine Freistellungsverpflichtung desjenigen Lebensgefährten anzunehmen (nach Auftragsrecht oder GoA: §§ 662, 670 oder 677, 683, 670 BGB), in dessen wirtschaftlichem Interesse die Kreditaufnahme lag oder der den kreditfinanzierten Gegenstand bei der Auseinandersetzung der Lebenspartner „übernimmt" (OLG Hamm FamRZ 2001, 95). Das Auftragsrecht ist wiederum im Hinblick auf geleistete Zahlungen nach Beendigung der neL Grundlage des **Gesamtschuldner-Innenausgleichs** zwischen den ehemaligen Lebenspartnern als anderweitige Bestimmung nach § 426 Abs. 1 BGB.

56 Die Rechtsprechung des BGH zur ggf. **sittenwidrig eingegangenen Bürgschaft** finanziell überforderter Ehegatten findet entsprechende Anwendung, wenn Hauptschuldner und Bürge durch eine eheähnliche Lebensgemeinschaft verbunden sind (Grziwotz, Nichteheliche Lebensgemeinschaft, § 21 Rz. 22 mwN). Zur Annahme der Sittenwidrigkeit reicht es jedoch nicht aus, dass die Bank in berechtigter Wahrnehmung ihrer Interessen mit dazu beigetragen hat, dass der Lebenspartner die Bürgschaft auf Grund der Lebensgemeinschaft mit dem Hauptschuldner erteilt hat (BGH NJW 2002, 2228).

XI. Vollmachten, Betreuungsverfügung

57 Die Erteilung von Vollmachten zur Vornahme rechtsgeschäftlicher Erklärungen während bestehender Lebenspartnerschaft kann in Einzelfällen sinnvoll sein (s. Kap. 4 Rz. 26, **M 4.4** [Generalvollmacht] und Bankvollmacht Kap. 4 Rz. 24); in der Praxis fehlt jedoch ein signifikanter Anknüpfungspunkt an die neL.

58 Die Erteilung von **Vorsorgevollmachten** (s. Kap. 79, insb. **M 79.1** und **M 79.2**) zwischen den Lebenspartnern für den Fall der Krankheit oder Betreuungsbedürftigkeit eines Lebenspartners ist sinnvoll, aber im Einzelfall genau abzuwägen. Konfliktsituationen können entstehen, wenn insbesondere leibliche Kinder eines Lebenspartners aus einer vorangegangenen Verbindung bei der Bevollmächtigung übergangen werden oder die Vollmachtserteilung gar gegen die Abkömmlinge gerichtet ist. Die unstreitige Berechtigung zur Vollmachtserteilung zu Gunsten des Lebenspartners erwächst demgegenüber aus dem Vorsorgebedürfnis auch für Fälle einer künftigen **Geschäftsunfähigkeit** oder **Hilfsbedürftigkeit**. Maßgebend für die Auswahl des Bevollmächtigten sollte allein der personengebundene Vertrauenscharakter der Vollmachtserteilung sein.

59 ➲ **Hinweis:** Findet zu Gunsten des Lebenspartners keine Bevollmächtigung statt, besteht nicht einmal ein Auskunftsanspruch bei Vornahme jeglicher Art von ärztlicher Heilbehandlung (ärztliche Schweigepflicht).

60 Die Erteilung einer **Vorsorgevollmacht für den Lebenspartner** ist Ausdruck des Selbstbestimmungsrechts und der Subsidiarität im Betreuungsrecht (§ 1896 Abs. 2 Satz 2 BGB; vgl. Perau MittRhNotk 1996, 285, 292; Formulare: Keilbach DNotZ 2004, 164).

61 Nach § 1901 Abs. 2 Satz 2 BGB kann der (zukünftig) zu betreuende Lebenspartner seine Vorstellungen einer Lebensführung nach Eintritt des Betreuungsfalles durch **Betreuungsverfügungen** autonom bestimmen (s. Kap. 78 Rz. 20). Solche Anordnungen sind für den Betreuer und das Betreuungsgericht maßgebend, soweit sie dem Betreuer zumutbar sind und dem Wohl des Betreuten nicht zuwider laufen. Betreuungsverfügungen sind nach § 1901a BGB bei Bekanntwerden des Betreuungsverfahrens beim Betreuungsgericht abzuliefern. In einer vorsorgenden Betreuungsverfügung kann die Person eines Betreuers zur Bestellung durch das Betreuungsgericht benannt werden (§ 1897 Abs. 4 BGB). Der nichteheliche Lebenspartner wird im Gegensatz zum Ehegatten oder Lebenspartner nach dem LPartG häufig nicht zum Betreuer seines Partners bestellt (Grziwotz in

Beck'sches Notarhandbuch, B IV Rz. 24 mwN). Betreuungsverfügungen zur Benennung des Lebenspartners sind daher sinnvoll, sie können beispielsweise in Vorsorgevollmachten und/oder Patientenverfügungen integriert werden.

XII. Steuerliche Hinweise

Einkommensteuerlich werden Paare nichtehelicher Lebensgemeinschaften wie Alleinstehende behandelt. Sie kommen daher **nicht** in den Genuss des **Ehegatten-Splittingtarifs.** 62

Der Steuerpflichtige kann jedoch seine Aufwendungen für den **Unterhalt** einer unterhaltsbedürftigen Lebenspartnerin als **außergewöhnliche Belastungen** nach § 33a Abs. 1 Satz 2 EStG abziehen, soweit ihr zum Unterhalt bestimmte öffentliche Mittel mit Rücksicht auf die Unterhaltsleistungen gekürzt worden sind (BFH v. 19.5.2004, BStBl. II 2004, 1051). 63

Der Abzug von Unterhaltsleistungen setzt zum einen eine tatsächliche Kürzung oder den vollständigen Wegfall entsprechender öffentlicher Mittel wegen der Unterhaltsleistungen des Steuerpflichtigen voraus, zum anderen ist im Regelfall ein Nachweis durch eine Bescheinigung der zuständigen Behörde zu erbringen (BFH v. 18.3.2004, BStBl. II 2004, 594).

Der **Entlastungsbetrag für Alleinerziehende** iHv. 1908 Euro (rückwirkend zum 1.1.2015 für das erste Kind, für jedes weitere Kind erhöht sich der Betrag um 240 Euro; bislang 1308 Euro) im Kalenderjahr steht gem. § 24b EStG alleinstehenden Steuerpflichtigen zu, wenn zu ihrem Haushalt mindestens ein Kind gehört, für das ihnen ein Kinderfreibetrag oder Kindergeld zusteht. Voraussetzung hierfür ist, dass sie keine Haushaltsgemeinschaft mit einer anderen volljährigen Person bilden. Partner einer nichtehelichen Lebensgemeinschaft leben aber in einer Haushaltsgemeinschaft, was den Abzug des Alleinerziehenden-Entlastungsbetrags ausschließt. 64

Kinderbetreuungskosten für ein gemeinsames Kind können (seit 2012) nach § 10 Abs. 1 Nr. 5 EStG begünstigt sein (Vorläufernorm war u.a. der weitgehend inhaltsgleiche § 9c EStG). Begünstigt sind danach 2/3 der Aufwendungen, höchstens jedoch 4000 Euro je Kind, für Dienstleistungen zur Betreuung eines zum Haushalt des Steuerpflichtigen gehörenden Kindes im Sinne des § 32 EStG, dass das 14. Lebensjahr noch nicht vollendet hat. Zu Einzelheiten vgl. insoweit BMF v. 14.3.2012 (BStBl. I, 307) und v. 17.12.2007 (BStBl 2008 I, 17) unter Berücksichtigung der Änderungen v. 17.12.2008 (BStBl 2009 I, 15) und v. 20.5.2009 (BStBl 2009 I, 642). 65

Bei Aufwendungen für **haushaltsnahe Beschäftigungsverhältnisse** kommt nach § 35a Abs. 1 EStG eine Steuerermäßigung in Betracht. Da familienrechtliche Verpflichtungen grundsätzlich nicht Gegenstand eines steuerlich anzuerkennenden Vertrags sein können, kann zwischen in einem Haushalt zusammenlebenden Ehegatten (§§ 1360, 1356 Abs. 1 BGB) oder zwischen Eltern und in deren Haushalt lebenden Kindern (§ 1619 BGB) ein haushaltsnahes Beschäftigungsverhältnis nicht begründet werden. Auch bei in einem Haushalt zusammenlebenden Partnern einer nichtehelichen Lebensgemeinschaft kann regelmäßig nicht von einem begünstigten Beschäftigungsverhältnis ausgegangen werden, weil jeder Partner auch seinen eigenen Haushalt führt und es deshalb an dem für Beschäftigungsverhältnisse typischen Über- und Unterordnungsverhältnis fehlt. 66

Daher wird auch ein **Mietvertrag** zwischen Partnern einer nichtehelichen Lebensgemeinschaft über eine gemeinsam bewohnte Wohnung steuerlich nicht anerkannt (BFH v. 30.1.1996, BStBl. II 1996, 359). Ansonsten können – soweit es nicht die gemeinsam genutzte Wohnung betrifft – die für die steuerliche Beurteilung von Verträgen zwischen Ehegatten geltenden Grundsätze nicht auf Verträge zwischen Partnern einer nichtehelichen Lebensgemeinschaft übertragen werden. 67

Für **Kapitalerträge**, die nach § 43 Abs. 1 Satz 1 Nr. 1–4, 7, 7a, 7b, 8 sowie Satz 2 EStG dem Steuerabzug unterliegen, sind der Schuldner der Kapitalerträge oder die auszahlende Stelle verpflichtet, dem Gläubiger der Kapitalerträge auf Verlangen eine Steuerbescheinigung nach amtlich vorgeschriebenem Muster mit den in § 45a Abs. 2 EStG geforderten Angaben auszustellen. Partner einer nichtehelichen Lebensgemeinschaft dürfen aber für Gemeinschaftskonten – anders als Ehegatten – keine Freistellungsaufträge erteilen. Mit der Einführung der Abgeltungssteuer ab 2009 erfolgt die Besteuerung im Wege des Steuerabzugs durch das Kreditinstitut; eine Einbeziehung der Kapitalerträge unter Anrechnung der einbehaltenen Abgeltungssteuer kommt nur unter den Voraussetzungen 68 zungen des § 32d EStG in Betracht. Über die durch das Kreditinstitut einbehaltene Abgeltungssteuer ist eine Steuerbescheinigung auf den Namen beider Kontoinhaber auszustellen. Anstelle der gesonderten Feststellung gem. § 180 Abs. 1 Nr. 2 lit. a AO hat das BMF ein vereinfachtes Verfahren zur Ermittlung des Anteils jedes Kontoinhabers am Zinsertrag und am einbehaltenen Zinsabschlag zugelassen (BMF v. 5.11.2002, BStBl. I 2002, 1338, Rz. 52–55): Wie die Kapitalerträge (und der darauf entfallende Zinsabschlag) auf die Kontoinhaber zu verteilen sind, wird auf dem Original der Steuerbescheinigung vermerkt. Von der mit diesem Vermerk versehenen Steuerbescheinigung wird eine Ablichtung gefertigt. Sowohl auf der Originalbescheinigung als auch auf der Ablichtung haben beide Kontoinhaber zu unterschreiben. Es bestehen keine Bedenken, in diesem Fall sowohl die Originalbescheinigung als auch deren Ablichtung anzuerkennen und den anteiligen Zinsertrag und den darauf entfallenden Zinsabschlag bei der Veranlagung zur Einkommensteuer jedes Kontoinhabers zu berücksichtigen (vgl. BMF v. 18.12.2009, BStBl. I 2010, 79, für Kapitalerträge, die nach dem 31.12.2011 zufließen, ersetzt durch BMF-Schreiben v. 20.12.2012, BStBl I 2013, 36 mit Ergänzungen durch BMF v. 31.7.2013, BStBl I 2013, 940 und v. 6.8.2013, BStBl I 2013, 984).

69 Bei **verdeckten Gewinnausschüttungen** gilt der Partner der nichtehelichen Lebensgemeinschaft als nahestehende Person.

70 Zu **Erbschaft-, Schenkung- und Grunderwerbsteuer** s. Rz. 39. Steuerfreistellungen im Rahmen der **Erbschaft- und Schenkungsteuer** orientieren sich am Verwandtschaftsgrad bzw. an der bestehenden Ehe oder eingetragenen Lebenspartnerschaft gleichgeschlechtlicher Paare (vgl. §§ 15, 16, 17 ErbStG). Im Rahmen des Erbschaft- und Schenkungsteuerrechtes **gelten Partner** einer **nichtehelichen Lebensgemeinschaft** insoweit **als** fremde **Dritte** zueinander. Dementsprechend gehören sie zur Steuerklasse III (§ 15 Abs. 1 ErbStG), so dass ihnen ein **Freibetrag** von **20 000 Euro** (§ 16 Abs. 1 Nr. 7 ErbStG) zusteht. Im Rahmen der Vereinbarung von Unterhalts- bzw. Versorgungszuwendungen an den nichtehelichen Lebenspartner ist der vergleichsweise niedrige Freibetrag (und die sich hieraus vergleichsweise zügig ergebende Erbschaft- bzw. Schenkungsteuerpflicht) zu berücksichtigen.

4. Abschnitt. Verwandtschaft

Kapitel 72 Abstammung

Literatur: *Gaul,* Die Neuregelung des Abstammungsrechts durch das Kindschaftsreformgesetz, FamRZ 1997, 1441; *Gaul,* Ausgewählte Probleme des materiellen Rechts und des Verfahrensrechts im neuen Abstammungsrecht, FamRZ 2000, 1461; *Muscheler/Beigenherz,* Das neue Abstammungsrecht JR 1999, 356 und 407; *Zimmermann,* Das neue Kindschaftsrecht, DNotZ 1998, 404.

I. Begriff und Rechtsfolgen

1 Personen, deren eine von der anderen abstammt, wie Großeltern, Eltern, Kinder, Enkelkinder usw., sind miteinander **in gerader Linie** verwandt; Personen, die von derselben dritten Person abstammen, aber nicht in gerader Linie miteinander verwandt sind, zB Geschwister, sind miteinander in der **Seitenlinie** verwandt (§ 1589 BGB). Der Grad der Verwandtschaft richtet sich nach der Zahl der vermittelnden Geburten, sodass Großeltern und Enkel Verwandte zweiten Grades in gerader Linie, Geschwister Verwandte zweiten Grades in der Seitenlinie sind.

2 Eine Unterscheidung zwischen **ehelicher und nichtehelicher Abstammung** gibt es seit dem Inkrafttreten des KindRG (1.7.1998) nicht mehr (zur alten Rechtslage s. Kap. 67 der 14. Aufl.). Die Unterscheidung, ob die Mutter eines Kindes zum Zeitpunkt der Geburt verheiratet ist oder nicht, bleibt jedoch bei der Zuordnung des Kindes zum Vater von zentraler Bedeutung, so beispielsweise beim Sorgerecht (§§ 1626 ff. BGB), bei der Adoption (§§ 1741 Abs. 3, 1742, 1757 BGB) und beim Kindesnamen (§§ 1616 ff. BGB).

3 Zu den wichtigsten **Rechtsfolgen** der Verwandtschaft zählen das besonders ausgestaltete Rechtsverhältnis zwischen Eltern und Kindern (vgl. Kap. 75), die Unterhaltspflicht (vgl. Kap. 74) sowie Erb- und Pflichtteilsrechte (vgl. Kap. 81 ff.).

4 § 1590 Abs. 1 BGB definiert den Begriff der **Schwägerschaft**, wonach die Verwandten des einen Ehegatten mit dem anderen Ehegatten verschwägert sind. Eine Schwägerschaft der Verwandten der Ehegatten untereinander besteht nicht, der sog. „Schwippschwager" ist deshalb nicht verschwägert. Ein Bonmot am Rande präsentiert § 1590 Abs. 2 BGB, wenn dieser feststellt, dass die Schwägerschaft die Ehe überdauert, weshalb auch eine Scheidung den geschiedenen Ehegatten nicht vor der ungeliebten Schwiegermutter schützt.

II. Abstammungsrecht

1. Mutterschaft

5 Mutter eines Kindes ist gem. § 1591 BGB die Frau, die es geboren hat. Damit wird für die Fälle der in Deutschland verbotenen sog. **Ei- oder Embryonenspende** bewusst das Prinzip der genetischen Abstammung ausgeschlossen und stattdessen allein auf die Geburt abgestellt. § 1591 BGB enthält nicht nur eine Mutterschaftsvermutung, sondern – in Form einer Legaldefinition – eine definitive Zuweisungsnorm. Wie lange sich dieses Prinzip angesichts der Entwicklungen im Ausland und vor allem auch der fortschreitenden Technik noch halten wird, ist offen. Die gesetzliche Mutterschaft der Frau, die das Kind geboren hat, lässt eine Anfechtung der Mutterschaft nicht zu, weder durch die gebärende noch durch die genetische Mutter und auch nicht durch das Kind. Auch eine Statusfeststellungsklage auf Feststellung der genetischen Abstammung von der Ei- oder Embryonenspenderin ist ausgeschlossen (Gaul FamRZ 1997, 1441, 1464). Schließlich dürfte auch – entgegen der Ansicht des Gesetzgebers (s. BT-Drucks. 13/4899, 83) – eine isolierte Abstammungsfeststellungsklage in Bezug auf die „wahre Mutterschaft" nach § 256 ZPO unzulässig sein (Gaul FamRZ 1997, 1441, 1464; 2000, 1461, 1464; Schwab FamRZ 1997, 1378 Fn. 13; bejahend aber Erman/Hammermann § 1591 BGB Rz. 5), obwohl das BVerfG ein Recht des Kindes auf Feststellung seiner (genetischen) Abstammung vom Vater bejaht hat.

6 Alle denkbaren Fälle der **Ersatzmutterschaft** sehen sich für die Frage der statusrechtlichen Verwandtschaft mit der Problematik konfrontiert, dass die gebärende Frau Mutter des Kindes im Sinne des Gesetzes ist, sei deren genetische Elternschaft auch noch so fernliegend und offensichtlich (bspw. eine weißhäutige Leihmutter eines schwarzhäutigen Kindes). Möglich ist die Erlangung der Elternstellung in diesen Fällen nur im Wege der Adoption. Stellt sich die Ersatzmutter dem aber entgegen, sind rechtliche Mittel ausgeschlossen, die Elternstellung der Wunscheltern zu begründen. Verträge, durch die eine Verpflichtung zur Einwilligung in eine Adoption begründet werden sollen, sind nach zutreffender Auffassung nichtig (zum Streit s. Palandt/Diederichsen Vor § 1591 BGB Rz. 20).

2. Vaterschaft

7 **Grundsätze:**

Vater eines Kindes ist nach § 1592 BGB der Mann:

1. der zum Zeitpunkt der Geburt mit der Mutter verheiratet ist,
2. der die Vaterschaft wirksam anerkannt hat oder
3. dessen Vaterschaft nach § 1600d BGB oder § 182 Abs. 1 FamFG gerichtlich festgestellt ist.

Immer, aber auch nur, wenn einer dieser drei Tatbestände erfüllt ist, besteht eine rechtliche Vater-Kind-Zuordnung. Dabei kann die Vaterschaft, solange sie aus einem der drei Gründe besteht, nicht gleichzeitig auch aus einem der beiden anderen Gründe bestehen.

a) Vaterschaft aufgrund Ehe mit der Mutter

aa) Grundsatz

8 Ist die Mutter bei der Geburt des Kindes verheiratet, so ist ihr **Ehemann** der Vater des Kindes (pater est quem nuptiae demonstrant, Dig. 2.4.5). Auch dem noch vor Eingehung der Ehe empfangenen Kind wird der Ehemann als Vater zugeordnet. Stammt das Kind in Wirklichkeit nicht von ihm ab, kann er die Vaterschaft anfechten (s. Rz. 27). Die ehebezogene Vaterschaftszurechnung umfasst andererseits nicht das Kind, das erst **nach der Ehe geboren** ist (zu Ausnahmen s. Rz. 9 f.). Auf die Trennung der Eheleute kommt es nicht an. Auch wenn die Empfängniszeit noch in der Ehe liegt, wird das nach der Ehe geborene Kind nicht dem Ehemann zugeordnet, sondern ohne gesetzlichen Vater geboren, es sei denn, es liegt bereits eine wirksame Vaterschaftsanerkennung (s. Rz. 12 ff.) vor (sei es durch den früheren Ehemann oder einen Dritten). Ist die Mutter überzeugt, dass sie das erst nach Auflösung der Ehe geborene Kind noch vom Ehemann empfangen hat (egal, ob vor, wäh-

rend oder nach der Ehe), anerkennt dieser aber nicht die Vaterschaft, so kann er nur durch gerichtliche Feststellung (s. Rz. 24 ff.) zum gesetzlichen Vater des Kindes werden.

bb) Ausnahme bei Auflösung der Ehe durch Tod

Ist die Ehe vor der Geburt des Kindes durch den Tod des Mannes aufgelöst worden und das Kind innerhalb von 300 Tagen nach der Eheauflösung geboren, lag also die gesetzliche **Empfängniszeit** (300. bis 181. Tag vor der Geburt, s. § 1600d Abs. 3 BGB) noch **in der Ehe**, dann ist der verstorbene Ehemann (abweichend von Rz. 8) gesetzlicher Vater des Kindes (§ 1593 BGB). Steht fest, dass das Kind mehr als 300 Tage vor seiner Geburt empfangen wurde, so ist dieser Zeitraum maßgebend für die Zuordnung des Kindes zum verstorbenen Ehemann. Der Nachweis einer längeren Tragezeit setzt strenge Anforderungen (LG Dortmund JW 1937, 1309). 9

Bringt eine Frau, die nach dem Tod ihres Ehemannes eine **neue Ehe** geschlossen hat, ein Kind zur Welt, dem – weil die Empfängniszeit noch in der früheren Ehe liegt – der frühere Ehemann, aber auch – weil es in der neuen Ehe geboren ist – der neue Ehemann als Vater zugerechnet werden könnte, dann wird es dem Letzteren zugeordnet (§ 1593 Satz 3 BGB). Wird auf seine Anfechtung hin rechtskräftig festgestellt, dass er (der neue) nicht der Vater ist, so wird dadurch der frühere Ehemann zum gesetzlichen Vater (§ 1593 Satz 4 BGB). 10

cc) Ausnahme bei Anhängigkeit eines Scheidungsantrags

Die gesetzliche Vaterschaft des Ehemannes besteht (abweichend von Rz. 8) nicht, wenn das Kind nach Anhängigkeit eines Scheidungsantrags (aber noch vor Eintritt der Rechtskraft der Scheidung) geboren wird und ein **Dritter** spätestens bis zum Ablauf eines Jahres nach Rechtskraft des dem Scheidungsantrag stattgebenden Urteils mit **Zustimmung der Mutter und des Ehemannes** (dazu s. Rz. 18 ff.) die Vaterschaft anerkennt (§ 1599 Abs. 2 Satz 1 BGB) (vgl. **M 72.3**), was in diesem Fall trotz der kraft Gesetzes bestehenden Vaterschaft des Ehemannes ausnahmsweise (§ 1594 Abs. 2 BGB ist ausdrücklich für nicht anwendbar erklärt) zulässig ist. Die Anerkennung wird hier frühestens mit der Rechtskraft des Scheidungsurteils wirksam, spätestens ein Jahr danach. Bis zur Wirksamkeit der Anerkennung wird das in der Ehe geborene Kind dem Ehemann zugeordnet. Die Anerkennung durch den Dritten bedarf der Zustimmung des geschiedenen Ehegatten, § 1599 Abs. 2 Satz 2 BGB, entsprechend der Zustimmungen des § 1595 BGB. Die Regelung soll in Fällen der Einigkeit über die Vaterschaft den aufwendigen Abstammungsprozess vermeiden helfen. 11

b) Vaterschaftsanerkennung

aa) Wirksamkeitsvoraussetzungen

Die Anerkennung der Vaterschaft (§§ 1594–1598 BGB), dh. die Anerkennungs**erklärung** des Mannes, ist ein **einseitiges** (zustimmungsbedürftiges, s. Rz. 18 ff.) **Rechtsgeschäft.** Sie ist schon **vor der Geburt** des Kindes zulässig (§ 1594 Abs. 4 BGB). Unter einer **Bedingung oder Zeitbestimmung** kann sie nicht wirksam erklärt werden (§ 1594 Abs. 3 BGB). 12

➲ **Hinweis:** Eine Anerkennung der Vaterschaft ist wie die gerichtliche Feststellung nach § 1600d BGB immer nur dann möglich, wenn **keine Vaterschaft eines anderen** besteht, § 1594 Abs. 2 BGB. 13

Die Anerkennung ist **schwebend unwirksam** (nicht aber nichtig), solange die Vaterschaft eines anderen Mannes besteht, sei es aufgrund der Vaterschaftszurechnung zum Ehemann der Mutter, einer früheren Anerkennung durch einen anderen Mann oder der gerichtlichen Feststellung der Vaterschaft eines anderen Mannes. Eine Ausnahme kennt § 1599 Abs. 2 BGB (s. Rz. 11). 14

bb) Form

Die Anerkennung bedarf nach § 1597 Abs. 1, 2 BGB der **öffentlichen Beurkundung.** Dafür zuständig sind insbesondere der Notar (§ 20 BNotO), der Standesbeamte (§ 44 Abs. 2 PersStG), das 15

Amtsgericht (§ 62 Nr. 1 BeurkG, § 3 Nr. 1 lit. f RPflG) und der vom Landesjugendamt ermächtigte Beamte oder Angestellte des Jugendamts. Beglaubigte Abschriften der Anerkennung und aller Erklärungen, die für die Wirksamkeit der Anerkennung bedeutsam sind, sind dem Vater, der Mutter und dem Kind sowie dem Standesbeamten zu übersenden.

cc) Vertretung

16 Die Anerkennung kann nur vom Anerkennenden **persönlich**, nicht durch einen Bevollmächtigten erklärt werden (s. **M 72.1**). Das gilt auch für einen **Betreuten**, solange er geschäftsfähig ist (§ 1596 Abs. 4, 3 BGB). Gehört die Anerkennung jedoch zum Aufgabenkreis des Betreuers und hat das Vormundschaftsgericht insoweit einen **Einwilligungsvorbehalt** angeordnet, so bedarf sie auch der Einwilligung des Betreuers (§§ 1596 Abs. 3 iVm. 1903 BGB).

17 Auch wer **in der Geschäftsfähigkeit beschränkt** ist (§ 106 BGB), kann nur selbst anerkennen; er bedarf aber der Zustimmung (s. Rz. 18 ff. und **M 72.1**) seines gesetzlichen Vertreters (§ 1596 Abs. 1 Satz 1, 2 BGB). Für einen **Geschäftsunfähigen** kann nur der gesetzliche Vertreter mit Genehmigung des Vormundschaftsgerichts anerkennen (§ 1596 Abs. 1 Satz 3 BGB, s. **M 72.2**).

dd) Zustimmungen

18 Die Anerkennung bedarf stets der Zustimmung der **Mutter** (§ 1595 Abs. 1 BGB). An dieser Norm wird aus rechtspolitischer Sicht deshalb Kritik geübt, da der biologische Vater eines Kindes ohne eigene Einflussmöglichkeit durch die Verweigerung der Zustimmung der Mutter aus der Vaterschaft herausgedrängt werden kann. Selbst wenn er Klage auf Feststellung der Vaterschaft nach § 1600d BGB erhebt, kann die Anerkennung der Vaterschaft durch einen Dritten zur Verhinderung der positiven Feststellung führen, § 1600d Abs. 1 iVm. § 1592 Nr. 2 und § 1600 Abs. 2 BGB. Die (zusätzliche) Zustimmung des **Kindes** ist nur erforderlich, wenn insoweit der Mutter nicht die elterliche Sorge zusteht (§ 1595 Abs. 2 BGB, s. **M 72.2**). Bei einem volljährigen Kind ist diese also immer notwendig. Beim minderjährigen Kind ist zu unterscheiden: Hat die Kindesmutter das alleinige Sorgerecht, bedarf es keiner Zustimmungserklärung des Kindes, diese würde dann ja auch quasi doppelt erklärt. Nur in den Fällen, in denen die Mutter entweder die elterliche Sorge ganz oder teilweise nicht inne hat oder in denen sie von einer Vertretung, insbesondere wegen §§ 1795, 1796 BGB, ausgeschlossen wäre, ist die Zustimmung erforderlich. Die Anerkennung eines noch in der Ehe, aber nach Anhängigkeit des Scheidungsantrags geborenen Kindes durch einen Dritten (s. Rz. 11) bedarf außerdem der Zustimmung des (ggf. geschiedenen) **Ehemannes der Mutter.**

19 Die Zustimmungen können schon **vor der Geburt** des Kindes erteilt werden. Sie sind aber unwirksam, wenn sie unter einer **Bedingung oder Zeitbestimmung** abgegeben werden (§§ 1595 Abs. 3, 1599 Abs. 2 Satz 2, 3 BGB).

20 Die **Form** der Zustimmung bestimmt sich nach denselben Vorschriften wie bei der Anerkennung (§ 1597 Abs. 1, 2 BGB, s. Rz. 15).

21 Für die **Vertretung** bei der Zustimmung der **Mutter** und des **Ehemannes** gelten die Ausführungen zur Vertretung bei der Erklärung der Anerkennung (s. Rz. 16 f.) entsprechend (§§ 1596 Abs. 1 Satz 4, 1599 Abs. 2 Satz 2 Halbs. 2 BGB).

22 Das **Kind**, das geschäftsunfähig oder noch nicht 14 Jahre alt ist, kann nur durch seinen gesetzlichen Vertreter zustimmen (§ 1596 Abs. 2 Satz 1 BGB, s. **M 72.2**). Im Übrigen kann das in der Geschäftsfähigkeit beschränkte Kind nur selbst zustimmen, doch bedarf es dazu der Zustimmung des gesetzlichen Vertreters (§ 1596 Abs. 2 Satz 2 BGB).

M 72.1 Vaterschaftsanerkennung durch einen Minderjährigen mit Zustimmung seiner Eltern[1] und der volljährigen Kindesmutter[2]

(Beurkundungsprotokoll[3])

Vor dem unterzeichnenden Notar ... erschienen

1. ... (Name des Anerkennenden), geboren am ..., wohnhaft ... (genaue Anschrift)

2. ... (Name der Mutter des Anerkennenden), geboren am ..., wohnhaft ...

3. ... (Name des Vaters des Anerkennenden), geboren am ..., wohnhaft ...

4. ... (Name der Kindesmutter), geboren am ..., wohnhaft ...

Die Erschienene zu 4 erklärte:

Ich habe die deutsche Staatsangehörigkeit.

Am ... habe ich das Kind ... zur Welt gebracht. Die Geburt ist beim Standesamt in ... beurkundet (Reg. Nr. ...). Eine Erklärung, dass wir, der Erschienene zu 1. und ich, die elterliche Sorge für das Kind gemeinsam übernehmen wollen, haben wir bislang nicht abgegeben[4].

Der Erschienene zu 1 erklärte:

Ich habe die deutsche Staatsangehörigkeit.

Ich erkenne an, der Vater des Kindes ..., geb. am ... in ..., zu sein.

Die Erschienenen zu 2 und 3 erklärten:

Wir sind die gemeinsam sorgeberechtigten Eltern des Erschienenen zu 1.

Wir[5] stimmen der Vaterschaftsanerkennung des Erschienenen zu 1 als seine gesetzlichen Vertreter zu.

Die Erschienene zu 4 erklärte:

Ich stimme der Vaterschaftsanerkennung des Erschienenen zu 1 als Mutter des Kindes zu.

Die Erschienenen zu 1–4 erklärten:

Der Notar hat uns über die verwandtschaftlichen sowie unterhalts- und erbrechtlichen Folgen der Vaterschaftsanerkennung belehrt. Er hat auch darauf hingewiesen, dass die Anerkennung grundsätzlich unwiderruflich ist[6].

Wir bitten, jedem von uns sowie dem Standesbeamten in ... je eine beglaubigte Abschrift dieser Niederschrift zu übersenden[7].

v.g.u.: ...

1 Als gesetzliche Vertreter, s. Rz. 17 und § 1629 Abs. 1 BGB.

2 S. Rz. 18. Bei Minderjährigkeit der Mutter wäre die Zustimmung ihres gesetzlichen Vertreters notwendig, s. Rz. 22.

3 Es ist nach § 1597 Abs. 1 BGB zwingend die öffentliche Beurkundung erforderlich.

4 Also hat die Mutter gem. § 1626a Abs. 2 BGB die elterliche Sorge, weshalb die Anerkennung nicht der Zustimmung des Kindes bedarf (s. Rz. 18).

5 Die Eltern haben nach § 1626 Abs. 1 BGB die gemeinsame elterliche Sorge für ihren Sohn und vertreten ihn nach § 1629d Abs. 1 BGB auch gemeinschaftlich.

6 S. Rz. 23.

7 S. Rz. 15, 20.

Kosten: *Notargebühr:* Keine gem. Vorbem. 2 Abs. 3 KV GNotKG, 62 Abs. 1 BeurkG, einschließlich der Beurkundung der Zustimmungserklärungen.

M 72.2 Vaterschaftsanerkennung für das Kind einer unverheirateten, minderjährigen, nicht sorgeberechtigten Frau mit ihrer Zustimmung[1], der ihres gesetzlichen Vertreters[2] und der des gesetzlichen Vertreters des Kindes[3]

(Beurkundungsprotokoll[4])

Verhandelt zu . . . am . . .

Vor dem unterzeichnenden Notar . . . erschienen

1. . . . (Name des Anerkennenden), geboren am . . ., wohnhaft . . . (genaue Anschrift)

2. . . . (Name der Kindesmutter), geboren am . . ., wohnhaft . . .

3. . . . (Name des gesetzlichen Vertreters der Kindesmutter), geboren am . . ., wohnhaft . . .

4. . . . (Name des gesetzlichen Vertreters des Kindes), geboren am . . ., wohnhaft . . .

Die Erschienene zu 2 erklärte:

Ich habe die deutsche Staatsangehörigkeit. Die elterliche Sorge für mich übt nach dem Tode meines Vaters meine Mutter, die Erschienene zu 3, alleine aus. Am . . . habe ich das Kind . . . zur Welt gebracht. Die Geburt ist beim Standesamt in . . . beurkundet (Reg. Nr. . . .). Die Erschienene zu 4 ist durch Beschluss des Amtsgerichts . . . vom . . . (Az.: . . .) zum Vormund des Kindes bestellt worden[5].

Der Erschienene zu 1 erklärte:

Ich habe die deutsche Staatsangehörigkeit.

Ich erkenne an, der Vater des Kindes . . ., geb. am . . . in . . ., zu sein.

Die Erschienene zu 2 erklärte:

Ich stimme der Vaterschaftsanerkennung des Erschienenen zu 1 zu.

Der Erschienene zu 3 erklärte:

Ich bin die Mutter der Erschienenen zu 2.

Als ihr gesetzlicher Vertreter stimme ich der Vaterschaftsanerkennung des Erschienenen zu 1 zu.

Die Erschienene zu 4 erklärte:

Als gesetzliche Vertreterin des Kindes stimme ich der Vaterschaftsanerkennung des Erschienenen zu 1 zu.

Die Erschienenen zu 1–4 erklärten:

Der Notar hat uns über die verwandtschaftlichen sowie unterhalts- und erbrechtlichen Folgen der Vaterschaftsanerkennung belehrt. Er hat auch darauf hingewiesen, dass die Anerkennung grundsätzlich unwiderruflich ist[6].

Wir bitten, jedem von uns sowie dem Standesbeamten in . . . je eine beglaubigte Abschrift dieser Niederschrift zu übersenden[7].

v.g.u.: . . .

---

1 Zur Zustimmung der Mutter s. Rz. 18.
2 Zur gesetzlichen Vertretung der Mutter s. Rz. 22.
3 Zur Zustimmung des Kindes s. Erl. Rz. 18, zur Vertretung dabei s. Rz. 22.
4 Es ist nach § 1597 Abs. 1 BGB zwingend die öffentliche Beurkundung erforderlich.
5 Weshalb der Mutter nicht die elterliche Sorge zusteht und die Anerkennung der Zustimmung auch des Kindes bedarf, s. Rz. 18.
6 Ausnahme: s. Rz. 23.
7 S. Rz. 15, 20.

Kosten: *Notargebühr:* wie **M 72.1**.

M 72.3 Vaterschaftsanerkennung durch den neuen Partner einer verheirateten Frau während ihres Scheidungsverfahrens mit Zustimmung ihres Ehemannes[1]

(Beurkundungsprotokoll[2])

Verhandelt zu ... am ...

Vor dem unterzeichnenden Notar ... erschienen

1. ... (Name des Anerkennenden), geboren am ..., wohnhaft ... (genaue Anschrift)

2. ... (Name der Kindesmutter), geboren am ..., wohnhaft ...

3. ... (Name des Ehemannes der Kindesmutter), geboren am ..., wohnhaft ...

Die Erschienene zu 2 erklärte:

Ich habe die deutsche Staatsangehörigkeit. Ich bin mit dem Erschienenen zu 3 verheiratet, lebe jedoch seit längerer Zeit mit dem Erschienenen zu 1 zusammen. Das Scheidungsverfahren ist seit ... beim Amtsgericht – Familiengericht – ... (Az.: ...) anhängig, aber noch nicht beendet. Am ... habe ich das Kind ... zur Welt gebracht. Die Geburt ist beim Standesamt in ... beurkundet (Reg. Nr. ...). Durch einstweilige Anordnung des genannten Familiengerichts vom ... ist mir die elterliche Sorge für das Kind übertragen worden[3].

Der Erschienene zu 1 erklärte:

Ich erkenne an, der Vater des Kindes ..., geb. am ... in ..., zu sein.

Die Erschienene zu 2 erklärte:

Ich stimme der Vaterschaftsanerkennung des Erschienenen zu 2 zu.

Der Erschienene zu 3 erklärte:

Ich stimme der Vaterschaftsanerkennung des Erschienenen zu 1 zu.

Die Erschienenen zu 1–3 erklärten:

Der Notar hat uns über die verwandtschaftlichen sowie unterhalts- und erbrechtlichen Folgen der Vaterschaftsanerkennung belehrt. Er hat auch darauf hingewiesen, dass die Anerkennung erst mit der Rechtskraft der Scheidung der Erschienenen zu 2 und 3 wirksam wird, und dass sie unwiderruflich ist, es sei denn, sie ist binnen eines Jahres nicht wirksam geworden[4].

Wir bitten, jedem von uns sowie dem Standesbeamten in ... je eine beglaubigte Abschrift dieser Niederschrift zu übersenden[5].

v.g.u.: ...

---

1 Vgl. Rz. 11, 18 ff.
2 Es ist nach § 1597 Abs. 1 BGB zwingend die öffentliche Beurkundung erforderlich.
3 Da die Mutter sorgeberechtigt ist, bedarf die Anerkennung nicht der Zustimmung des Kindes, s. Rz. 18.
4 Vgl. Rz. 23.
5 Vgl. Rz. 15, 20.

Kosten: *Notargebühr:* wie **M 72.1**.

ee) Widerruf der Anerkennung

Der anerkennende Mann kann, um einen längeren Schwebezustand zu beenden, der dadurch eintreten kann, dass für die Zustimmungen zum Anerkenntnis keine Frist mehr besteht, seine Anerkennung widerrufen, wenn sie ein Jahr nach der Beurkundung noch nicht wirksam geworden ist (§ 1597 Abs. 3 Satz 1 BGB). Das darf aber nicht unter einer Bedingung oder Zeitbestimmung geschehen (§ 1597 Abs. 3 Satz 2 iVm. § 1594 Abs. 3 BGB). Für die **Vertretung** und die **Form** des Widerrufs gelten dieselben Vorschriften wie bei der Anerkennung, s. Rz. 15 f. (§ 1597 Abs. 3 Satz 2 iVm. §§ 1597 Abs. 1, 2, 1596 Abs. 1, 3, 4 BGB). 23

c) Vaterschaft kraft gerichtlicher Feststellung

aa) Voraussetzungen

24 Besteht keine Vaterschaft kraft Ehe (s. Rz. 8), Anerkennung (s. Rz. 12), erfolgreicher Anfechtung der Vaterschaft oder aufgrund der Geburt des Kindes vor Ablauf von 300 Tagen nach Eheauflösung durch den Tod des Ehemannes (s. Rz. 9), so kann die Vaterschaft nur gerichtlich festgestellt werden (§ 1600d Abs. 1 BGB). Die Rechtswirkungen der Vaterschaft können dann erst vom Zeitpunkt ihrer gerichtlichen Feststellung an geltend gemacht werden (§ 1600d Abs. 4 BGB). Zur Vaterschaftsfeststellung im Wege der Anfechtung der Vaterschaft durch den biologischen Vater s. Rz. 36 ff.

bb) Feststellungsberechtigte und Verfahrensart

25 Die gerichtliche Feststellung der Vaterschaft kann – anders als bisher – von der **Mutter** aus eigenem Recht verlangt werden, außerdem vom rechtlichen **Vater** und vom **Kind**. Die Geltendmachung geschieht anders als früher nicht durch Klage, sondern durch **Antrag im Verfahren der Freiwilligen Gerichtsbarkeit** der Mutter oder des Kindes oder des Mannes, über die das **Familiengericht** zu entscheiden hat (§§ 169 ff. FamFG). Ist die Person, gegen die sich das Feststellungsbegehren richtet, bereits verstorben, dann erfolgt die Feststellung der Vaterschaft auf **Antrag** eines Feststellungsberechtigten durch das Familiengericht (§ 181 FamFG, s. **M 72.5**).

cc) Vaterschaftsvermutung

26 Als Vater wird der Mann vermutet, der der Mutter während der Empfängniszeit beigewohnt hat, wenn nicht schwerwiegende Zweifel an seiner Vaterschaft bestehen (§ 1600d Abs. 2 BGB). Als Empfängniszeit gilt die Zeit vom 300. bis 181. Tag (jeweils einschließlich) vor der Geburt des Kindes oder, wenn feststeht, dass das Kind außerhalb dieses Zeitraums empfangen worden ist, dieser abweichende Zeitraum (§ 1600d Abs. 3 BGB). Danach sind zwei Wege für die Vaterschaftsfeststellung gegeben: der unmittelbare und volle, sog. positive Vaterschaftsbeweis und der mittelbare Vaterschaftsbeweis mit Hilfe der Vaterschaftsvermutung aufgrund nachgewiesener Beiwohnung. Auch die Entkräftung der Vermutung dürfte erst als das Ergebnis einer Gesamtwürdigung „aller Umstände" in Betracht kommen und nicht schon, wie es die jetzige Fassung des § 1600d Abs. 2 BGB vorgibt, aufgrund von vornherein „bestehender" Zweifel, etwa weil die Mutter in der Empfängniszeit auch mit einem anderen Mann geschlechtlich verkehrt hat. Die Bedeutung der Beiwohnungsvermutung darf angesichts der Möglichkeiten zur Führung des Vollbeweises der Vaterschaft nicht überschätzt werden, diese hat nur noch subsidiäre Bedeutung. Im Verfahren sind nach herrschender Auffassung die potentiellen Väter verpflichtet, durch geeignete Proben, Blut/Speichel etc., an der Erstellung von Gutachten mitzuwirken.

M 72.4 Antrag der Kindesmutter auf Feststellung der Vaterschaft durch das Familiengericht[1]

... (Name, Vorname, Adresse der Kindesmutter)

An das

Amtsgericht – Familiengericht ...

Ich bin die Mutter des Kindes ... geboren am ... Ich bin und war nicht verheiratet. Die Vaterschaft des Kindes ist bislang weder anerkannt noch gerichtlich festgestellt worden. Als Vater des Kindes kommt nach meinen Erkenntnissen Herr ... in Betracht.

Während der Empfängniszeit bestanden geschlechtliche Kontakte nur zu den Herren ..., ... und ... Aufgrund der zeitlichen Abfolge gehe ich davon aus, dass Herr ... mit großer Wahrscheinlichkeit der Vater des Kindes ist, die weiteren genannten Herren kommen nur subsidiär in Betracht.

1 Vgl. Rz. 25.

Herr ... und ich haben während der Empfängniszeit in lockerer Beziehung zusammen gelebt, wofür die weiteren Mitbewohner unserer WG, Frau ... und Herr ... als Zeugen gehört werden können.

Ich beantrage, die Vaterschaft des Herrn ... (Name des Kindesvaters) für das Kind ... festzustellen.

... (Unterschrift)

Anlagen:

Geburtsurkunde des Kindes

Mutterpass und Bescheinigung des Arztes ... über die wahrscheinliche Empfängniszeit

Meldebescheinigung des Herrn ...

Kosten: *Gerichtsgebühr:* 2,0-Gebühr gem. Nr. 1320 KV FamGKG, Verfahrenswert gem. § 47 FamGKG (regelmäßig 2000 Euro).

M 72.5 Antrag des gesetzlichen Vertreters eines geschäftsunfähigen Kindes auf Feststellung der Vaterschaft eines verstorbenen Mannes durch das Familiengericht[1]

... (Name, Vorname, Adresse des gesetzlichen Vertreters des Kindes)

An das

Amtsgericht – Familiengericht ...

Frau ... (Name, Vorname, Geburtsdatum und -ort der Kindesmutter) hat seit drei Jahren mit Herrn ... (Name, Vorname, Geburtsdatum und -ort des angeblichen Vaters) zusammengelebt. Am ... sind beide bei einem Verkehrsunfall ums Leben gekommen. Kurze Zeit vorher, am ..., hat Frau ... das Kind ... geboren. Sie hatte mir berichtet, dass niemand anderer als Herr ... (Name des angeblichen Kindesvaters) der Vater des Kindes sein kann und dass er die Vaterschaft auch anerkennen wollte. Dazu kam es aber nicht mehr. Die beiden haben im Hause der Eltern von Frau ... (Name der Kindesmutter) gelebt, Eheleute ... (Namen und Adresse). Diese können bezeugen, dass die beiden in eheähnlicher Gemeinschaft zusammengelebt haben und Frau ... (Name der Kindesmutter) seither keine anderen Partner hatte.

Ich bin durch Beschluss des Amtsgerichts – Vormundschaftsgerichts – ... vom ... (Az.: ...) zum Vormund des Kindes bestellt worden[2].

Als gesetzlicher Vertreter des Kindes beantrage ich, die Vaterschaft des Herrn ... (Name des Kindesvaters) für das Kind ... festzustellen.

Herr ... (Name des Kindesvaters) war verheiratet mit Frau ... (Name, Adresse). Aus der Ehe ist das Kind ... (Name, Adresse) hervorgegangen, das bei der Mutter lebt[3].

Anlagen:

Geburtsurkunde des Kindes

Sterbeurkunden der Kindesmutter und des Vaters des Kindes

Bestallungsurkunde des Vormundschaftsgerichts

1 Vgl. Rz. 25.
2 Also gesetzlicher Vertreter des Kindes.
3 Die Witwe und das Kind sind nach § 75 FamFG anzuhören.

Kosten: *Gerichtsgebühr:* wie **M 72.4**.

d) Anfechtung der Vaterschaft

aa) Anfechtungsberechtigte

27 Berechtigt, die Vaterschaft anzufechten, sind der Mann, dessen Vaterschaft kraft Ehe (s. Rz. 8 und 10) oder Anerkennung (s. Rz. 12 ff.) besteht, die Mutter und das Kind (§ 1600 Abs. 1 Nr. 3 und 4 BGB, s. **M 72.6**). Die Eltern des verstorbenen Mannes haben anders als früher kein Anfechtungsrecht mehr, sie können auch kein Verfahren nach dem Tod des Mannes fortsetzen. Die Möglichkeit zur Anfechtung von Seiten des Vaters oder der Mutter besteht nach § 1600 Abs. 4 BGB dann ausdrücklich nicht, wenn es im Konsens von Mutter und gesetzlichem Vater zu einer Samenspende eines Dritten gekommen ist. Das Kind hat allerdings die Möglichkeit, die Vaterschaft des „nur" gesetzlichen Vaters anzufechten. Zum Anfechtungsrecht des biologischen Vaters s. Rz. 36 ff.

bb) Vertretung

28 Die Anfechtung kann nicht durch einen Bevollmächtigten erfolgen (§ 1600a Abs. 1 BGB). Der gesetzliche Vater und die Mutter können – auch wenn sie **beschränkt geschäftsfähig** sind – nicht durch einen gesetzlichen Vertreter anfechten, sondern nur selbst. Die Zustimmung ihres gesetzlichen Vertreters ist dazu nicht notwendig (§ 1600a Abs. 2 Satz 2 BGB). Sind sie **geschäftsunfähig**, kann die Anfechtung nur durch ihren gesetzlichen Vertreter erfolgen (§ 1600a Abs. 2 Satz 3 BGB).

29 Für das geschäftsunfähige oder beschränkt geschäftsfähige **Kind** kann nur der gesetzliche Vertreter anfechten (§ 1600a Abs. 3 BGB, s. **M 72.6**). Der Genehmigung des Vormundschaftsgerichts bedarf es dazu nicht. Die Anfechtung durch den gesetzlichen Vertreter ist aber nur zulässig, wenn sie dem Wohl des Kindes dient (§ 1600a Abs. 4 BGB), was vom Familiengericht unter Berücksichtigung einerseits des nach Art. 6 Abs. 1 GG zu wahrenden Schutzes von Ehe und Familie und der nach § 1618a BGB bestehenden gegenseitigen Pflicht zu Beistand und Rücksicht zwischen Eltern und Kind, und andererseits des stark akzentuierten Rechts des Kindes auf Kenntnis seiner Abstammung zu beurteilen ist.

cc) Anfechtungsfristen

30 Die Anfechtungsfrist beträgt **zwei Jahre** ab dem Zeitpunkt, in dem der Anfechtungsberechtigte von den gegen die Vaterschaft sprechenden Umständen erfährt (§ 1600b Abs. 1 BGB). Sie beginnt **frühestens** mit der Geburt des Kindes und nicht, bevor (ggf.) eine etwaige Anerkennung wirksam geworden ist (§ 1600b Abs. 2 BGB). Hat der als Vater geltende neue Ehemann der Mutter, deren vorhergehende Ehe durch den Tod des Mannes aufgelöst wurde (§ 1593 Satz 4 BGB, s. Rz. 9 f.), die Vaterschaft angefochten, beginnt die Frist für die Anfechtung der Vaterschaft des ersten Ehemannes (die allerdings nur durch die Mutter, das Kind oder den biologischen Vater erfolgen kann, da eine Anfechtung nur persönlich in Betracht kommt, § 1600a Abs. 1 BGB) nicht vor Rechtskraft der Entscheidung, die feststellt, dass der neue Ehemann nicht der Vater ist (§ 1600b Abs. 2 Satz 2 BGB).

31 Nach **Versäumung der Anfechtungsfrist** durch den gesetzlichen Vertreter des minderjährigen Kindes kann das volljährig gewordene Kind selbst die Vaterschaft anfechten (§ 1600b Abs. 3 Satz 1 BGB). Dann beginnt die Frist nicht vor Eintritt der Volljährigkeit und dem Zeitpunkt, in dem das Kind von den gegen die Vaterschaft sprechenden Umständen erfährt (§ 1600b Abs. 3 Satz 2 BGB). Versäumt der gesetzliche Vertreter eines Geschäftsunfähigen die Anfechtungsfrist, kann letzterer nach Wegfall der Geschäftsunfähigkeit selbst anfechten (§ 1600b Abs. 4 Satz 1 BGB). Die Frist beginnt dann nicht vor dem Wegfall der Geschäftsunfähigkeit und dem Zeitpunkt, in dem der früher Geschäftsunfähige von den gegen die Vaterschaft sprechenden Umständen erfährt (§ 1600b Abs. 4 Satz 2 BGB).

32 Erlangt das Kind von Umständen Kenntnis, deretwegen ihm die **Folgen der Vaterschaft unzumutbar** werden, beginnt mit diesem Zeitpunkt wieder die Anfechtungsfrist (§ 1600b Abs. 5 BGB).

dd) Fristhemmung

Solange der Anfechtungsberechtigte widerrechtlich durch Drohung an der Anfechtung gehindert wird, ist der Fristablauf gehemmt (§ 1600b Abs. 6 Satz 1 BGB). Im Übrigen gelten die Verjährungsvorschriften der §§ 206, 210 BGB entsprechend (§ 1600b Abs. 6 Satz 2 BGB). 33

ee) Vaterschaftsvermutung

Im Anfechtungsverfahren wird vermutet (§ 1600c BGB), dass das Kind von dem Mann abstammt, der Vater aufgrund der Geburt in der Ehe (s. Rz. 8) oder aufgrund des Anerkenntnisses (s. Rz. 12 ff.) ist oder weil das Kind innerhalb von 300 Tagen nach Auflösung der Ehe durch den Tod des Ehemannes geboren ist (s. Rz. 9). Die Vermutung wird durch den Beweis widerlegt, dass das Kind nicht von dem gesetzlichen Vater abstammt. Dazu reicht die richterliche Überzeugung nach § 286 ZPO, dass die vermutete Vaterschaft „offenbar unmöglich" ist. Tatsächlich kommen regelmäßig Abstammungsgutachten zur Verwendung im Beweisverfahren. Im Verfahren sind nach herrschender Auffassung die potentiellen Väter verpflichtet, durch geeignete Proben, Blut/Speichel etc., an der Erstellung von Gutachten mitzuwirken. Platz für die Anwendung der Vermutung ist damit nur dort, wo entsprechende Beweismittel nicht beschafft werden können. 34

ff) Vaterschaftsvermutung bei Anfechtung wegen Willensmangels

Die Vermutung (s. Rz. 34) gilt nicht im Anfechtungsverfahren des Mannes, dessen Anerkennung unter einem Willensmangel nach §§ 119 Abs. 1, 123 BGB leidet. In diesem Verfahren gilt die im gerichtlichen Feststellungsverfahren geltende Vaterschaftsvermutung (§ 1600c Abs. 2 BGB). Dazu s. Rz. 26. Auch hierbei ist die praktische Bedeutung gering. 35

M 72.6 Anfechtung der Vaterschaft durch die Mutter als gesetzliche Vertreterin des geschäftsunfähigen Kindes[1]

An das

Amtsgericht – Familiengericht – . . .

In Sachen

. . . (Name, Geburtsdatum und -ort sowie Adresse des Kindes)

gesetzlich vertreten durch

. . . (Name und Adresse des gesetzlichen Vertreters)

– Antragsteller –

wegen Vaterschaftsanfechtung

beantrage ich[2] festzustellen, dass . . . nicht der Vater des Klägers ist.

Zur Begründung führe ich aus:

Meine Ehe mit dem Beklagten wurde am . . . durch das Amtsgericht – Familiengericht – . . . (Az.: . . .) geschieden. Kurze Zeit vorher hatte ich das Kind . . . (Kläger) geboren. Die alleinige elterliche Sorge für das Kind ist mir im Scheidungsverbundurteil übertragen worden[3].

Der wirkliche Vater des Kindes ist nicht der Beklagte, sondern Herr . . . (Name, Adresse), mit dem ich seit . . . zusammenlebe. Wir werden demnächst heiraten. Er hat seine Vaterschaft am . . . vor dem Notar . . . anerkannt, und ich habe gleichzeitig meine Zustimmung dazu erteilt (UR. Nr. . . .).

1 Zur gesetzlichen Vertretung vgl. Rz. 28. Die Mutter könnte auch aus eigenem Recht anfechten (vgl. Rz. 27). Dann entfiele die Prüfung, ob die Anfechtung dem Kindeswohl entspricht.

2 Vgl. Rz. 27.

3 Weshalb die Mutter alleinige gesetzliche Vertreterin des Kindes ist (§ 1629 BGB).

Anlagen:

1. Geburtsurkunde für das Kind

2. mit Rechtskraftvermerk versehene Ausfertigung des Scheidungsverbundurteils

3. Ausfertigung des notariell beurkundeten Vaterschaftsanerkenntnisses

. . . (Unterschrift)

Kosten: *Gerichtsgebühr:* wie **M 72.4**.

gg) Anfechtung durch den biologischen Vater

36 Bis zum 30.4.2004 bestand für den biologischen aber nicht statusrechtlichen Vater eines Kindes keine Möglichkeit, die Vaterschaft des statusrechtlichen Vaters anzufechten und so die eigene Stellung als statusrechtlicher Vater zu erlangen. Das BVerfG (FamRZ 2003, 816, 818) hatte diese alte Regelung allerdings für mit Art. 6 Abs. 2 Satz 1 GG unvereinbar erklärt, was die gesetzliche Neuregelung, die zum vorstehend genannten Datum in Kraft trat, notwendig machte. Seither kann sich der biologische Vater in die Vaterstellung unter besonderen Voraussetzungen „hineinklagen". Anders als die Anfechtung des gesetzlichen Vaters, der Mutter und des Kindes, die nur dazu führen, die bestehende Vaterschaft zu beseitigen, hat die erfolgreiche Anfechtung durch den leiblichen Vater nach § 182 FamFG zur Folge, dass mit dem Beschluss auch dessen eigene Vaterschaft positiv festgestellt wird. Da Voraussetzung der Klage des leiblichen Vaters dessen biologische Vaterschaft ist, § 1600 Abs. 2 Halbs. 2 BGB, wäre eine weitere Klage auf Vaterschaftsfeststellung ohnehin überflüssig.

Zur Vertretung im Verfahren gelten die vorstehenden Ausführungen entsprechend. Gleiches gilt für die Vaterschaftsvermutung.

37 Die Anfechtung der gesetzlichen Vaterschaft durch den leiblichen Vater ist nur bei Vorliegen besonderer Voraussetzungen möglich. Zunächst muss der leibliche Vater an Eides statt versichern, der Mutter **während der Empfängniszeit beigewohnt** zu haben, § 1600 Abs. 1 Nr. 2 BGB. Ausgeschlossen werden soll damit ausdrücklich das Hineinklagen des nur aufgrund einer Samenspende zum biologischen Vater gewordenen Mannes. Selbst dann aber, wenn der biologische Vater entsprechende Nachweise erbringen kann, hat das Gesetz zum Schutz des Kindes eine zweite „soziale" Hürde für die Anfechtung errichtet. Besteht zwischen dem Kind und dem statusrechtlichen Vater eine **sozial-familiäre Beziehung** oder hatte diese bis zum Tode des statusrechtlichen Vaters bestanden, ist die Anfechtung ausgeschlossen, § 1600 Abs. 2 Alt. 2 BGB. Die Interessen vor allem des Kindes an der Wahrung der gelebten Vaterschaft werden so den Interessen des biologischen Vaters vorgezogen.

38 Hinsichtlich der **Anfechtungsfrist** gelten grundsätzlich die gleichen Regeln wie für die Anfechtung der anderen Anfechtungsberechtigten. Allerdings bestimmt § 1600b Abs. 1 Satz 2 Halbs. 2 BGB, dass die Frist nicht durch das Vorliegen der sozial-familiären Beziehung iSd. § 1600 Abs. 2 Alt. 2 BGB gehemmt wird, sodass allein durch das Vorliegen einer entsprechenden Beziehung während der ersten beiden Jahre nach Kenntnis des biologischen Vaters von der Vaterschaft eine Anfechtung durch diesen gänzlich und auf Dauer ausgeschlossen ist.

M 72.7 Anfechtung der Vaterschaft durch den biologischen Vater

An das

Amtsgericht – Familiengericht – . . .

In Sachen

. . . (Name, Geburtsdatum und -ort sowie Adresse des biologischen Vaters)

– Antragsteller –

weitere Beteiligte

a) . . . (Name und Adresse des gesetzlichen Vaters), und

b) ... (Name, Geburtsdatum und -ort sowie Adresse des Kindes) gesetzlich vertreten durch
... (Name und Adresse des gesetzlichen Vertreters)
wegen Vaterschaftsanfechtung
beantrage ich[1] festzustellen, dass ... nicht der Vater des Kindes, des ... ist[2].
Zur Begründung führe ich aus:
... wurde am ... geboren ... war zum Zeitpunkt der Geburt des Kindes mit der Mutter des Kindes verheiratet, die Ehe wurde am ... geschieden. Die alleinige elterliche Sorge für das Kind ist der Mutter im Scheidungsverbundurteil übertragen worden[3].
Ich bin der wirkliche Vater des Kindes. Ich versichere an Eides statt, dass ich während der gesetzlichen Empfängniszeit der Mutter des Beklagten zu b im Sinne des Gesetzes beigewohnt habe. Von meiner Vaterschaft habe ich am ..., also vor weniger als zwei Jahren erfahren. Seit dem ... ist die ehemals bestehende sozial-familiäre Beziehung zwischen ... und dem Kind beendet ... ist aus der Wohnung der Mutter des Kindes ausgezogen und nach ... verzogen.
Anlagen:
1. Geburtsurkunde für das Kind
2. mit Rechtskraftvermerk versehene Ausfertigung des Scheidungsverbundurteils
3. Abmeldebescheinigung des Vaters
... (Unterschrift)

1 Vgl. Rz. 27.
2 Inzident wird damit nach § 182 Abs. 1 FamFG auch über die positive Vaterschaft des Klägers entschieden.
3 Weshalb die Mutter alleinige gesetzliche Vertreterin des Kindes ist (§ 1629 BGB).

Kosten: *Gerichtsgebühr:* wie **M 72.4**.

III. Übergangsvorschriften

Für **vor dem 1.7.1998 geborene Kinder** richtet sich die **Vaterschaft** nach der Rechtslage vor Inkrafttreten des Kindschaftsreformgesetzes (Art. 224 EGBGB, Art. 13 KindRG; s. Kap. 67 der 14. Aufl.). 39

IV. Steuerliche Rechtsfolgen

Wesentliche Bedeutung kommt dem verwandtschaftlichen Grad der Abstammung insbesondere im Rahmen der **Erbschaft- und Schenkungsteuer** zu. Sowohl die Bestimmung der erbschaftsteuerlichen **Freibeträge nach §§ 16, 17 ErbStG** und die für den Steuersatz maßgebliche Einordnung des Begünstigten in die **Steuerklasse nach § 15 ErbStG** richten sich nach dem verwandtschaftlichen Grad des Begünstigten zum Erblasser/Schenker; je näher die Blutsverwandtschaft, umso größer die steuerliche Vermögensverschonung durch höhere Freibeträge. 40

Unmaßgeblich ist das Verwandtschaftsverhältnis dagegen bei der Stundung von Erbschaft- bzw. Schenkungsteuer im Zusammenhang mit Immobilienerwerben gem. § 28 Abs. 3 Satz 1 ErbStG.

Ertragsteuerlich hat das **verwandtschaftliche Verhältnis** Bedeutung im Rahmen der Regelungen des **Familienleistungsausgleichs** (§§ 31f EStG), bzw. der im Rahmen der außergewöhnlichen Belastungen (§§ 33, 33a EStG) zu berücksichtigenden Unterhaltsverpflichtungen.

Die Höhe des Kinderfreibetrags orientiert sich an den Feststellungen zum Existenzminimum. Für 2015 wurde das sächliche Existenzminimum für Kinder mit 4512 Euro festgestellt, der **Kinderfreibetrag** (§ 32 Abs. 6 EStG) beläuft sich für **2015** für jeden Elternteil auf 2256 Euro (somit **insgesamt 4512 Euro**). Für **2016** erfolgt eine Erhöhung auf 2304 Euro für jeden Elternteil (insgesamt **4608 Euro**). Die Gewährung des Kinderfreibetrags kommt nur in Betracht, sofern die steuerliche Wirkung des Kindergeldes als Steuervergütung für den Steuerpflichtigen nicht zum günstigeren Ergebnis führt. Mit der Erhöhung der Kinderfreibeträge geht folglich die Erhöhung des **Kindergelds** einher, das sich für **2015 auf 188 Euro** für erste und zweite Kinder, auf **194 Euro für Dritte** und auf jeweils 219 Euro für jedes weitere Kind beläuft. **2016** erhöhen sich die Beträge auf **190 Euro für**

erste und zweite Kinder, für **dritte Kinder** auf **196 Euro** und auf 221 Euro für das vierte und jedes weitere Kind.

Über die Gewährung des Kinderfreibetrags kommt ertragsteuerlich zugleich die verwaltungspraktische Prüfung des verwandtschaftlichen Verhältnisses zum Tragen. Weitere Vergünstigungen wie der Freibetrag für die Abgeltung des Sonderbedarfs eines sich in Berufsausbildung befindlichen, auswärtig untergebrachten volljährigen Kindes in Höhe von max. 924 Euro (§ 33a Abs. 2 EStG) oder der Entlastungsbetrag für Alleinerziehende nach § 24b EStG. Umgekehrt bleibt die verwandtschaftliche Beziehung ohne Gewährung von Kinderfreibeträgen Voraussetzung für die steuerbegünstigte Berücksichtigung von Unterhaltsaufwendungen nach § 33a Abs. 1 EStG in Höhe von 8354 Euro, wobei zusätzlich Kranken- und Pflegeversicherungsbeiträge berücksichtigungsfähig sind.

Kosten eines Vaterschaftsfeststellungsprozesses können eine außergewöhnliche Belastung iSd. § 33 EStG sein. Wird ein Steuerpflichtiger auf Feststellung der Vaterschaft und Zahlung des Regelunterhalts verklagt, so sind die ihm auferlegten Prozesskosten zwangsläufig, wenn er ernsthafte Zweifel an seiner Vaterschaft substantiiert dargelegt sowie schlüssige Beweise angeboten hat und wenn sein Verteidigungsvorbringen bei objektiver Betrachtung Erfolg versprechend schien (BFH v. 18.3.2004, BStBl. II 2004, 726).

Kapitel 73 Annahme als Kind

I. Grundlagen, Grundsätze und Verfahren

1 Die **Rechtsgrundlagen** zur Annahme als Kind – Adoption – (frühere und veraltete Bezeichnung: Annahme an Kindes Statt) finden sich in den **§§ 1741–1772, 1925 Abs. 4 BGB**; Art. 22 f. EGBGB; §§ 186–199 FamFG (Verfahren in Adoptionssachen); §§ 50 Abs. 1 SGB VIII; 14 Abs. 1 Nr. 15 RPflG (Richtersache); Adoptionswirkungsgesetz v. 5.11.2001 (AdWirkG – BGBl. I, 2950; zuletzt geändert durch Art. 68 FGG-ReformG v. 17.12.2008 [BGBl. I, 2586]); Adoptionsvermittlungsgesetz v. 22.12.2001 (AdVermiG – BGBl. I 2002, 355, zuletzt geändert durch Art. 8 KinderförderungsG v. 10.12.2008 [BGBl. I, 2403]); Haager Adoptionsabkommen 1993. Die derzeitige Rechtslage ist wesentlich durch das **AdoptG 1976** geprägt (systematischer Überblick zur Rechtslage bis 1976: MünchKomm.BGB/Maurer Vor § 1741 BGB Rz. 10 ff.). Wirksame Adoptionen vor Inkrafttreten des BGB sind und bleiben wirksam, was insb erbrechtlich zu beachten ist (Art. 209 EGBGB; Kannowski FamRZ 2013, 1938). Im Verhältnis zur ehemaligen DDR ist Art. 234 § 13 EGBGB maßgeblich (hierzu ausführlich, insb zu erbrechtlichen Konsequenzen OLG Düsseldorf FGPrax 2014, 213).

2 Das BGB unterscheidet die **Minderjährigen- und Volljährigenadoption**. Grundlegender Maßstab des Adoptionsrechts ist das **Wohl des Kindes**, das voraussichtliche Entstehen eines **Eltern-Kind-Verhältnisses** und die **sittliche Rechtfertigung** der Annahme im Einzelfall (vgl. § 1741 Abs. 1 Satz 1 BGB). Die fehlerhafte Annahme eines Volljährigen als Minderjährigen ist wirksam (BayObLG FamRZ 1996, 1034). Die Adoption darf nicht nur der Weitergabe von Namen und Vermögen dienen.

3 Das geltende deutsche Adoptionsrecht hat sich eindeutig und ausschließlich für das **sog. Dekretsystem** entschieden. Die Annahme als Kind erfolgt nur durch Hoheitsakt, nämlich einen konstitutiven **Beschluss des Familiengerichts**, § 1752 Abs. 1 BGB. Örtlich zuständig ist das für den Wohnsitz des Annehmenden zuständige Amtsgericht (§ 187 FamFG). Die Wirkung der Adoption tritt ein mit Zustellung des Beschlusses bei dem Annehmenden (§ 197 Abs. 1 und 3 FamFG); eine Adoption durch sog. „Adoptionsvertrag" kennt das BGB nicht (mehr). Für das Adoptionsverfahren selbst gilt **strenge Antragsgebundenheit**. Die **bedingungs- und befristungsfeindliche Antragstellung** durch den Annehmenden hat grundsätzlich höchstpersönlich und in **notarieller Form** zu erfolgen, §§ 1752 BGB. Die Annahme ist an eine **Vielzahl von Zulässigkeitsvoraussetzungen und Einwilligungsvorbehalten** gebunden. Einwilligungen zur Adoption haben ebenso wie die Antragstellung höchstpersönlichen Charakter, bedürfen der notariellen Form; sie sind ebenfalls bedingungs- und befristungsfeindlich. Es gilt das **Verbot der Zweitadoption** mit Ehegattenprivileg, § 1742 BGB. Das Gericht hat vor Beschlussfassung über die Adoption eine gutachterliche Äußerung der Adoptionsvermittlungsstelle oder des Jugendamtes/Landesjugendamtes über Eignung von Kind und Annehmendem einzuholen (§§ 194, 195 FamFG). Der Beschluss des Familiengerichts über die Annahme ist **unanfechtbar** und unabänderlich (§ 198 FamFG). Gegen den die Annahme ablehnenden Beschluss hat der Antragsteller das Recht der Beschwerde (§§ 58, 59 Abs. 2 FamFG). Ist der Anzunehmende vor Annahme verstorben, kann die Annahme nicht mehr ausgesprochen werden, während der Tod des Annehmenden der Adoption nicht im Wege stehen muss (§ 1753

BGB). Alle wichtigen Entscheidungen im Adoptionsverfahren sind dem Richter vorbehalten (§ 14 Abs. 1 Nr. 15 RPflG).

4 Das Gesetz verwirklicht insgesamt eine Mischform aus Voll- und Teiladoption hinsichtlich der Wirkungen der Annahme als Kind im Vergleich zum natürlichen Kindschafts- und Verwandtschaftsrecht. Die **Minderjährigenadoption ist gesetzlicher Regelfall** und umfangreich geregelt (§§ 1741–1766 BGB). Der Gesetzesaufbau unterscheidet zwischen den Voraussetzungen der Annahme, gerichtlichem Adoptionsausspruch, Rechtsfolgen und Aufhebung der Adoption.

II. Minderjährigenadoption

5 Es gilt die Rechtslage seit 1.1.1977 einschließlich Regelungen nach KindRG v. 16.12.1997 mit Wirkung v. 1.7.1998 (vgl. die Übersicht über früheres und geltendes Recht in MünchKomm.BGB/Maurer Vor § 1741 BGB Rz. 9 ff.; zu den immer wieder wesentlichen Fragen des Erbrechts bei Adoptionen vor dem 1.1.1977: OLG Köln NJW 2014, 3381).

1. Minderjährigen-(Voll-)Adoption als Regelfall

a) Antrag des Annehmenden

6 Voraussetzung der Minderjährigenadoption ist die höchstpersönliche (Vertretung ist ebenso ausgeschlossen wie die Genehmigung vollmachtlosen Vertretens) Antragstellung durch den Annehmenden in **notarieller Form**, der Antrag ist bedingungs- und befristungsfeindlich, § 1752 Abs. 2 BGB.

b) Art der Annahme (alleinige oder gemeinschaftliche Annahme); Mindestalter

7 Das Gesetz unterscheidet bei den unverheirateten und verheirateten Annehmenden:

aa) Unverheirateter als Annehmender

8 Unverheiratete (auch nichtehelich Zusammenlebende; DNotI-Report 2001, 62), können ein minderjähriges Kind nur allein annehmen, § 1741 Abs. 2 Satz 1 BGB (sog. **Einzeladoption**). Eine (ergänzende oder sukzessive) Annahme durch den nichtehelichen Lebenspartner ist alsdann ausgeschlossen, es gilt das **Verbot der Zweitadoption**, § 1742 BGB. Erlaubt ist die **Zweitadoption** nur nach dem Tod des Annehmenden, obwohl das Annahmeverhältnis durch den Tod nicht erlischt (MünchKommBGB/Maurer § 1742 BGB Rz. 3). Der unverheiratete Annehmende muss das **25. Lebensjahr** vollendet haben, § 1743 Satz 1 BGB.

9 ➲ **Praxistipp:** Unverheiratete Paare können ein Kind nicht gemeinsam annehmen (dazu auch Rz. 14).

bb) Ehepaar als Annehmende

10 Ehepaare können ein minderjähriges Kind **nur gemeinschaftlich** annehmen, § 1741 Abs. 2 Satz 2 BGB. Einer der annehmenden Ehegatten muss das 25. Lebensjahr, der andere das 21. Lebensjahr vollendet haben, § 1743 Satz 2 BGB. Auch dann, wenn ein Ehepaar iSd. § 1567 BGB getrennt lebt, ist nur die gemeinschaftliche Annahme als gesetzliche Adoptionsform zulässig; eine entsprechende Anwendung der Regelungen zur Annahme durch Unverheiratete kommt nicht in Betracht (OLG Hamm OLGReport 1999, 188, 189). Die Zustimmung des Ehegatten zur Annahme ersetzt nicht die gesetzlich erforderliche gemeinschaftliche Annahme (OLG Hamm FamRZ 2000, 257).

11 Ausnahmsweise kann der **Ehegatte** ein Kind dann **allein annehmen**, wenn der andere Ehegatte an der Annahme des Kindes gehindert ist, weil er entweder geschäftsunfähig ist oder das 21. Lebensjahr noch nicht vollendet hat, § 1741 Abs. 2 Satz 3. BGB. Der Annehmende muss in diesem Fall das 25. Lebensjahr vollendet haben, § 1743 Satz 1 BGB.

cc) Ehegatte als Annehmender (sog. Stiefkind-Adoption)

Der Ehegatte kann das Kind seines Ehegatten (nur) allein annehmen, § 1741 Abs. 2 Satz 3 BGB, man spricht von der **sog. Stiefkind-Adoption**. Der annehmende Ehegatte muss das 21. Lebensjahr vollendet haben, § 1743 Satz 1 BGB (ausführlich Enders FPR 2004, 60). 12

dd) Lebenspartner als Annehmender

Das **Lebenspartnerschaftspaar** kann ein fremdes Kind **nicht gemeinschaftlich annehmen** (§ 9 Abs. 6, 7 LPartG iVm. § 1741 Abs. 2 BGB). Möglich ist hingegen die **Einzeladoption** eines fremden Kindes durch einen Lebenspartner; hierfür ist wiederum die Einwilligung des anderen Lebenspartners erforderlich (§§ 9 Abs. 6 LPartG, 1749 Abs. 1 Satz 2 und 3, Abs. 3 BGB). Es gelten die Regeln für die eheliche **Stiefkind-Adoption** entsprechend. Der Lebenspartner kann zudem das **leibliche Kind seines Lebenspartners** annehmen (§ 9 Abs. 7 Satz 1 LPartG); es gelten insoweit die Regeln für die **eheliche Stiefkind-Adoption** (vgl. Kornmacher FamRB 2005, 22, 25) entsprechend. Der adoptierende Lebenspartner muss demnach mindestens das 21ste Lebensjahr vollendet haben (§ 9 Abs. 7 LPartG, §§ 1743 Satz 1, 1741 Abs. 2 Satz 3 BGB). Neben dem anderen Lebenspartner (§ 9 Abs. 6 LPartG) muss auch der andere Elternteil des zu adoptierenden Kindes und das Kind selbst (§ 1746 BGB) zustimmen. Ist das Kind noch keine 14 Jahre alt oder geschäftsunfähig, kann eine solche Zustimmung nur durch den gesetzlichen Vertreter, bei gemeinsamer elterlicher Sorge nur durch beide Elternteile gemeinsam, erfolgen (§ 1746 Abs. 1 BGB). Adoptionsantrag und alle erforderlichen Zustimmungserklärungen sind notariell zu beurkunden und gegenüber dem Familiengericht abzugeben (§ 1750 Abs. 1 BGB). 13

Die zunächst durch den Gesetzgeber nicht gewollte **Stiefkind-Adoption** eines zuvor von dem anderen Lebenspartner (allein) angenommenen Kindes ist durch das BVerfG erzwungen worden (vgl. BVerfG NJW 2013, 847; anders noch OLG Hamm FGPrax 2010, 28) und nunmehr durch G vom 20.6.2014 (BGBl. I, 786) in Verweis auf § 1742 BG in § 9 Abs. 7 S. 2 LPartG geregelt. Damit wird letztlich auch die vom Gesetzgeber im Ergebnis nicht gewollte gemeinschaftliche Annahme durch beide Lebenspartner über Umwege möglich. 14

➲ **Praxistipp:** Erschwerende Voraussetzungen gelten für diejenigen Antragsteller, die an einer gesetz- oder sittenwidrigen Adoptionsvermittlung mitgewirkt, Dritte damit beauftragt oder dafür belohnt haben, § 1742 Abs. 1 Satz 2 BGB. Die Adoption ist in diesen Fällen nur möglich, wenn sie für das Wohl des Kindes erforderlich ist. 15

M 73.1 Antrag auf Annahme als Kind; alle erforderlichen Einwilligungen liegen vor (minderjähriges Kind, Grundfall)

(Urkundseingang)

...

erschienen:

Herr ...,

geboren am ... in ... und

und seine Ehefrau, Frau ...,

geboren am ... in ... und

beide wohnhaft in ...,

...;

– in dieser Urkunde auch als die „Annehmenden" bezeichnet –

Die Erschienenen wiesen sich dem Notar aus durch Vorlage ihrer mit Lichtbild versehenen amtlichen Ausweispapiere der Bundesrepublik Deutschland.

Die Erschienen baten um Beurkundung folgender Erklärungen:

§ 1 Persönliche Verhältnisse

(1) Die Annehmenden, Herr . . ., geboren am . . . (Geburtseintrag Nr. . . ./. . . des Standesamts . . .) und Frau . . ., geboren am . . . (Geburtseintrag Nr. . . ./. . . des Standesamts . . .) sind miteinander in erster Ehe verheiratet (Heiratsbucheintrag Nr. . . ./. . . des Standesamts . . .) und haben bisher keine leiblichen Abkömmlinge.

(2) Annehmende und Anzunehmender besitzen die deutsche Staatsangehörigkeit.

(3) Die Eheleute Herr . . . und Frau . . . wollen das minderjährige Kind . . . geboren am . . . (Geburtseintrag Nr. . . ./. . . des Standesamts . . .) als gemeinschaftliches Kind annehmen. Für die Annahme gelten die Regelungen der Minderjährigenadoption (§§ 1741–1766 BGB).

(4) Die leiblichen Eltern des anzunehmenden Kindes sind:

Frau . . ., geboren am . . . (Geburtseintrag Nr. . . ./. . . des Standesamts . . .), wohnhaft in . . . und

Herr . . ., geboren am . . . (Geburtseintrag Nr. . . ./. . . des Standesamts . . .), wohnhaft in . . .

(5) Das anzunehmende, minderjährige Kind . . ., das das vierzehnte Lebensjahr bereits vollendet hat, befindet sich seit dem . . . bei den Annehmenden in Pflege.

§ 2 Antrag

Wir, die Erschienenen, nämlich Herr . . . und Frau . . . als Annehmende erklären zur Urkunde des Notars Folgendes:

Wir beantragen hiermit bei dem zuständigen Amtsgericht – Familiengericht –, die Annahme des am . . . geborenen . . . (Geburtseintrag Nr. . . ./. . . des Standesamts . . .) als gemeinschaftliches Kind nach den Vorschriften über Minderjährigenadoption durch Beschluss auszusprechen.

§ 3 Einwilligungen

(1) Die erforderlichen Einwilligungserklärungen des Kindes, der leiblichen Mutter und des leiblichen Vaters befinden sich in der Urkunde des amtierenden Notars vom . . . 20. . . – Ur.-Nr. . . . für 20. . .

(2) Die Erschienenen beauftragen den amtierenden Notar, dem zuständigen Familiengericht eine Ausfertigung dieser Urkunde und der vorbezeichneten Einwilligungserklärungen zu erteilen und zum Zweck der Antragstellung einzureichen.

§ 4 Wohl des Kindes, Eltern-Kind-Verhältnis

Die Annahme als Kind ist gerechtfertigt, weil zwischen den Annehmenden und dem anzunehmenden Kind bereits ein inniges Eltern-Kind-Verhältnis besteht. Die Annehmenden und . . . leben seit 20. . . in einem gemeinsamen Haushalt; hierher ist das Kind zur Pflege übergeben. Seit dieser Zeit hat sich zwischen ihnen ein enges und persönliches Verhältnis und innere Verbundenheit wie zwischen Eltern und deren leiblichem Kind entwickelt. Auf die Stellungnahme des Jugendamtes vom . . . wird verwiesen.

(Urkundsausgang)

Kosten: *Geschäftswert:* 5000 Euro gem. § 101 GNotKG. *Gebühr:* 1,0 nach Nr. 21200 KV (= 45 Euro, jedoch mindestens 60 Euro).

c) Einwilligungen gegenüber dem Familiengericht

16 Die Einwilligungen zur Adoption hat ausschließlich gegenüber dem Familiengericht zu erfolgen und bedarf zur ihrer Wirksamkeit der **notariellen Form**, § 1750 Abs. 1 Satz 2 BGB. Sie ist grundsätzlich **höchstpersönliche** Verfahrenshandlung, die in dem noch nicht abgeschlossenen Annahmeverfahren („Drei-Jahres-Grenze" des § 1750 Abs. 4 Satz 2 BGB) **unwiderruflich, bedingungs- und befristungsfeindlich** erklärt werden muss, § 1750 BGB. Die Einwilligung wird mit **Zugang einer Ausfertigung** beim Familiengericht wirksam. Folgende Einwilligungen sind zu unterscheiden:

– **Einwilligung des Kindes**, § 1746 Abs. 1 Satz 1 BGB 17

Ist das Kind **mindestens vierzehn Jahre** alt kann es die Einwilligung nur selbst erteilen, **eine Ersetzungsmöglichkeit besteht nicht**. Es bedarf zu seiner Einwilligungserklärung der Zustimmung seines gesetzlichen Vertreters, § 1746 Abs. 1 Satz 3 BGB. Ist das **Kind geschäftsunfähig** oder hat es das **vierzehnte Lebensjahr noch nicht vollendet**, kann nur sein gesetzlicher Vertreter die Einwilligung erteilen, § 1746 Abs. 1 Satz 2 BGB. Das vierzehnjährige Kind kann seine Einwilligung bis zum Wirksamwerden der Annahme durch öffentlich beurkundete Erklärung widerrufen (Notar oder Jugendamt, § 59 Abs. 1 Nr. 6 SGB VIII).

➲ **Praxistipp: Verschiedene Staatsangehörigkeiten:** Die Einwilligung bedarf der Genehmigung durch das Familiengericht, wenn sie nicht nach deutschem Recht erfolgt, § 1746 Abs. 1 Satz 4 BGB. Beachte zudem § 11 AdVermiG zur Zuständigkeit des Landesjugendamtes. Zur Adoption mit Auslandsberührung vgl. Müller/Sieghörtner/Emmerling de Oliveira, Adoptionsrecht in der Praxis, 2007, S. 53 ff. 18

– **Einwilligung der Kindeseltern**, § 1747 BGB 19

Zur Annahme eines Kindes ist grundsätzlich die Einwilligung der **tatsächlichen biologischen Eltern**, und zwar unabhängig davon, ob ihnen das Sorgerecht zusteht oder nicht, erforderlich, § 1747 Abs. 1 Satz 1 BGB. Unerheblich ist es auch, ob die tatsächlichen Eltern miteinander verheiratet sind. Sofern kein anderer Mann nach § 1600a BGB (= Vaterschaftsanerkenntnis oder gerichtliche Entscheidung) als Vater festgestellt ist, gilt für das Adoptionsverfahren der Mann als Vater, der die Beiwohnung glaubhaft macht, §§ 1747 Abs. 1 Satz 2, 1600d Abs. 2 Satz 1 BGB. Die Einwilligung ist als **sog. Inkognito-Erklärung** bei bereits feststehenden Annehmenden möglich, § 1747 Abs. 2 BGB (zum Auskunftsanspruch der leiblichen Eltern OLG Karlsruhe NJWE-FER 1996, 5); der Adoptionsantrag muss hingegen noch nicht gestellt sein. Eine **Blanko-Adoption**, also eine wirksame, bindende Einwilligungserklärung der Eltern, bevor die Annehmenden feststehen, ist unzulässig. Die Erklärung der Einwilligung ist zur Verwirklichung des Übereilungsschutzes zeitpunktgebunden. Sie kann wirksam frühestens abgegeben werden, wenn das Kind acht Wochen alt ist, § 1747 Abs. 2 Satz 1 BGB. Eine Ausnahme gilt für den nichtehelichen Vater, § 1747 Abs. 3 Nr. 1 BGB.

– Die **Einwilligung des Ehegatten** ist in § 1749 Abs. 1–3 BGB (§ 9 Abs. 6 Satz 1 LPartG) geregelt. Ihr kommt untergeordnete Bedeutung zu. Sie kommt in Frage, wenn ein Ehegatte entgegen § 1741 Abs. 2 Satz 3 BGB ein fremdes Kind ausnahmsweise allein annehmen kann und der andere Ehegatte das 21. Lebensjahr noch nicht vollendet hat. 20

– Die **Einwilligung des Kindesehegatten** ist nicht ersetzbar, § 1749 Abs. 2 BGB. 21

Checkliste: Wirkung elterlicher Einwilligungen, § 1751 BGB (Ausnahme: Ehegattenadoption, § 1751 Abs. 2 BGB) 22

- ☐ Ruhen der elterlichen Sorge dieses Elternteils.
- ☐ Recht auf Umgang mit dem Kind darf nicht mehr ausgeübt werden.
- ☐ Jugendamt wird Vormund, außer wenn der andere Elternteil das Sorgerecht allein ausübt oder bereits ein Vormund bestellt ist.
- ☐ Annehmende hat Befugnisse aus § 1688 Abs. 1 BGB.
- ☐ Hat die Mutter in die Annahme eingewilligt, bedarf die Übertragung der elterlichen Sorge auf den Vater gem. § 1671 nicht mehr ihrer Zustimmung (§ 1751 Abs. 1 Satz 6 BGB).
- ☐ Der Annehmende ist dem Kind vor dessen Verwandten zum Unterhalt verpflichtet, sobald die Eltern des Kindes die erforderlichen Einwilligungen erteilt haben und das Kind in die Obhut des Annehmenden mit dem Ziel der Adoption aufgenommen ist, § 1751 Abs. 4 Satz 1, auch Satz 2 BGB.

M 73.2 Notarielle Einwilligungen der leiblichen Eltern in Inkognito-Adoption

(Urkundseingang)

...

Die Erschienenen baten um Beurkundung folgender Erklärungen:

§ 1 Persönliche Verhältnisse

(1) Wir, Herr ..., geboren am ... (Geburtseintrag Nr. .../... des Standesamts ...) und Frau ..., geboren am ... (Geburtseintrag Nr. .../... des Standesamts ...) sind seit dem ... miteinander verheiratet (Heiratsbucheintrag Nr. .../... des Standesamts ...).

Wir sind die leiblichen Eltern des minderjährigen Kindes ... geboren am ... (Geburtseintrag Nr. .../... des Standesamts ...).

(2) Wir, die leiblichen Eltern und das Kind, besitzen die deutsche Staatsangehörigkeit.

(3) Unser Kind ... ist unmittelbar nach seiner Geburt zu seinen jetzigen Pflegeeltern, die uns namentlich nicht bekannt sind, gegeben worden; die Pflegeeltern haben sich nunmehr beim zuständigen Jugendamt ... um ein Adoptivkind beworben.

§ 2 Einwilligungen

Wir erklären gegenüber dem zuständigen Familiengericht unsere

Einwilligung in die Annahme

unseres Kindes ... durch die Eheleute, die in der Adoptionsliste des Jugendamtes ... unter der Nr. ... genannt sind. Wir verzichten darauf, die Namen der Annehmenden zu erfahren.

...

(...) Der Notar hat uns darüber belehrt, dass

1. *die Annahme als Kind erst wirksam wird mit Zustellung des Beschlusses an den Annehmenden, durch den das Gericht die Annahme als Kind ausspricht; bis dahin kann der Antrag zurückgenommen werden,*
2. *der Beschluss, durch den die Annahme ausgesprochen wird, mit der Zustellung unanfechtbar ist und*
3. *diese Einwilligungserklärung unwiderruflich ist, mit ihrem Zugang beim Familiengericht unsere elterliche Sorge ruht, die Befugnis, mit unserem Kind persönlich umzugehen, nicht ausgeübt werden darf und das Jugendamt Vormund des Kindes ist.*

Urkundsausgang

Kosten: *Geschäftswert:* 2500 Euro gem. §§ 101 iVm. 98 Abs. 1 GNotKG. *Gebühr:* 0,5 nach Nr. 21201 KV (mindestens 30 Euro).

d) Entbehrlichkeit oder Ersetzung der Einwilligungen

23 Die Einwilligung eines Elternteils ist entbehrlich, wenn dieser dauernd **geschäftsunfähig** oder dauernd **unbekannten Aufenthalts** ist, §§ 1747 Abs. 4 und 1749 Abs. 3 BGB. Die elterliche Einwilligung kann zudem auf Antrag in gesetzlich zugelassenen Fällen familiengerichtlich ersetzt werden. Der **Einwilligungsbeschluss des Familiengerichts** wird erst mit seiner Rechtskraft wirksam, § 198 Abs. 1 Satz 1 FamFG. Die gesetzlich geregelten Fälle sind solche der (erheblichen) **Störung der Eltern-Kind-Beziehung**, die in ihren Auswirkungen und unter Beachtung des Grundsatzes der Verhältnismäßigkeit eine der Entwicklung des Kindes wahrscheinlich vorteilhafte Annahme nicht verhindern soll.

Tatbestandsvoraussetzung jeder Ersetzungsentscheidung ist, dass dem Kind ohne die Adoption voraussichtlich ein **unverhältnismäßiger Nachteil** erwachsen würde. Hierbei ist das Wohl des Kindes gegenüber dem Interesse des sich der Adoption widersetzenden Elternteils abzuwägen (grundlegend und verschärfend BGH NJW 2005, 1781 und bestätigend BVerfG FamRZ 2006, 94). Ein unverhältnismäßiger Nachteil für das Kind ist nach der Grundsatzentscheidung des BGH jedenfalls nicht (mehr) schon dann gegeben, wenn es ohne Adoption in rechtlich ungesicherten Verhältnissen zu seinen Pflegeeltern aufwachsen müsste (so aber noch OLG Karlsruhe FamRZ 1999, 1686). 24

Die gerichtliche Ersetzung der Einwilligung kommt in Betracht, wenn der betreffende Elternteil dauernd **zur Kindesbetreuung unfähig** ist, § 1748 Abs. 3 BGB. Die Einwilligung eines Elternteils kann zudem ersetzt werden in Fällen der vorwerfbaren (BayObLG FamRZ 1999, 1688) **anhaltenden gröblichen Pflichtverletzung** oder **Gleichgültigkeit** des betreffenden Elternteils gegenüber dem Kind, § 1748 Abs. 1 und 2 BGB. Die vorherige Belehrung durch das **Jugendamt** ist erforderlich, §§ 1748 Abs. 2 BGB, 51 Abs. 2 SGB VIII. Eine anhaltend gröbliche Pflichtverletzung kann in der Nichtzahlung von Unterhalt, die das Kind in eine Notlage bringt, liegen (BayObLG FamRZ 1994, 1348). Gleichgültiges Verhalten gegenüber dem Kind ist jedenfalls dann gegeben, wenn es an persönlicher Zuwendung völlig fehlt. 25

Steht der Mutter das alleinige Sorgerecht zu, kann das Familiengericht die **Einwilligung des nichtehelichen Vaters ersetzen**, wenn dem Kind aus dem Unterbleiben der Annahme ein unverhältnismäßiger Nachteil erwachsen würde, § 1748 Abs. 4 BGB (verfassungsrechtlich str.). Ein solcher Nachteil ist immer schon dann gegeben, wenn die Abwägung der Interessen des Kindes und des Vaters zu dem Ergebnis führt, dass das Interesse des Kindes am Ausspruch der Adoption überwiegt (vgl. OLG Karlsruhe NJW-RR 2000, 1460, 1461). Kaum praktische Bedeutung kommt der Ersetzung der Einwilligung des Ehegatten des Annehmenden, § 1749 Abs. 1 BGB, zu. 26

M 73.3 Antrag auf Ersetzung der Einwilligung eines Elternteils nach § 1748 BGB

Begründung

1. Sachverhalt

Der Antragsteller lebt seit seiner Geburt zusammen mit seiner allein sorgeberechtigten Mutter und dem Annehmenden in einem gemeinsamen Haushalt. Seine Mutter hat den Annehmenden am … geehelicht. Aus dieser Ehe sind zwei weitere (eheliche) Kinder hervorgegangen, zu denen der Antragsteller, der zum Zeitpunkt der Eheschließung erst … Jahre alt war, ein geschwisterliches Verhältnis aufgebaut hat. Der Antragsteller ist vollständig in die Familie integriert. Der Annehmende hat den Antragsteller stets wie sein eigenes leibliches Kind behandelt, eine Vater-Kind-Beziehung ist von Anbeginn an entstanden und besteht fort.

Der die Einwilligung verweigernde leibliche Vater des Antragstellers hat den Antragsteller stets abgelehnt. Die Einholung eines Vaterschaftsgutachtens in einem gerichtlichen Verfahren zur Vaterschaftsanerkennung war erforderlich; auch danach wollte er das Kind nicht sehen oder Umgang mit ihm haben. Zu Zahlung des Kindesunterhalts war die Einleitung von Vollstreckungsmaßnahmen erforderlich. Titulierte Unterhaltsansprüche zahlt er niemals pünktlich.

… aus dem Unterbleiben der Annahme als Kind wird diesem ein unverhältnismäßiger Nachteil erwachsen … Durch die Annahme wird der Antragsteller den ehelichen Kindern des Annehmenden gleichgestellt, was den Gegebenheiten und der Entwicklung innerhalb der Familie entspräche.

2. Rechtliche Würdigung

Dem Antrag ist stattzugeben, da in der Zusammenschau aus Pflichtverletzung und Gleichgültigkeit unter Abwägung des verfassungsrechtlichen Elternrechts und den Entwicklungsinteressen des Kindes für den Fall des Unterbleibens der Annahme von einem unverhältnismäßigen Nachteil für den Antragsteller auszugehen ist.

M 73.4 Antrag auf Ersetzung der Einwilligung der leiblichen Mutter (= Verweis im notariellen Annahmeantrag)

(. . .) Von den erforderlichen Einwilligungserklärungen fehlt die der leiblichen Mutter. Die gerichtliche Ersetzung der Einwilligung nach § 1748 BGB wird mit der Annahme als Kind vom Jugendamt als Vertreter des Kindes beantragt werden. Das Verfahren des Jugendamts wird unter dem Az. . . . geführt. Die leibliche Mutter ist drogenabhängig und verwahrlost. Die elterliche Sorge für das anzunehmende Kind wurde der Kindesmutter bereits entzogen. Das anzunehmende Kind ist bereits seit dem . . . in die Familie der Adoptierenden zur Pflege gegeben.

(. . .) Das anzunehmende Kind würde bei Unterbleiben der Annahme nicht in einer Familie aufwachsen können. Seine Entwicklung wäre gefährdet. Die Ersetzungsvoraussetzungen liegen vor.

e) Sperrwirkung eines Sorgerechtsantrags des nichtehelichen Vaters

27 Ein Sorgerechtsantrag des nichtehelichen Vaters gem. § 1671 Abs. 2 BGB muss vor Ausspruch der Annahme durch das Familiengericht entschieden sein, § 1747 Abs. 3 Nr. 2 BGB. Der nichteheliche Vater kann auf die Antragstellung in notarieller Urkunde verzichten (§ 1747 Abs. 3 Nr. 3 BGB). Die Verzichtserklärung sollte mit der Einwilligung in die Annahme des Kindes verbunden sein. Zuständiger Erklärungsempfänger ist das Familiengericht.

M 73.5 Notarielle Einwilligung in die Adoption und Verzichtserklärung des nichtehelichen Vaters auf Übertragung der Sorge nach § 1671 Abs. 2 BGB

(Urkundseingang)

. . .

erschien:

Herr . . .,

geboren am . . . in . . .

– in dieser Urkunde auch als „leiblicher Vater“ bezeichnet –

Der Erschienene ist dem Notar von Person bekannt.

Der Erschienene bat um Beurkundung folgender Erklärungen:

§ 1 Persönliche Verhältnisse; Sachverhalt

(1) Die leiblichen Eltern des am . . . geborenen Kindes (Geburtseintrag Nr. . . ./. . . des Standesamts . . .) sind: Frau . . ., geboren am . . ., wohnhaft in . . . und ich, der Einwilligende, . . ., geboren am . . . (Geburtseintrag Nr. . . ./. . . des Standesamts . . .).

(2) Ich besitze die deutsche Staatsangehörigkeit.

(3) Wir, die vorgenannten leiblichen Eltern, waren bei der Geburt unseres Kindes nicht miteinander verheiratet und sind es auch heute nicht. Eine Sorgeerklärung nach § 1626a Abs. 1 Nr. 1 BGB haben wir nicht abgegeben; das Sorgerecht steht der Mutter zu. Die Vaterschaft habe ich anerkannt.

(4) Unser Kind . . . ist seit dem . . . bei seinen jetzigen Pflegeeltern, die es als Kind annehmen wollen.

§ 2 Einwilligung und Verzichtserklärung

(1) Ich, Herr . . ., geboren am . . ., erkläre gegenüber dem zuständigen Familiengericht meine Einwilligung in die Annahme

meines Kindes . . . durch die Eheleute . . .

(2) Ich verzichte hiermit ausdrücklich, die Übertragung der Sorge für mein Kind ... nach § 1671 Abs. 2 BGB auf mich zu beantragen. Einen solchen Antrag habe ich bisher auch nicht gestellt. Diese Erklärung gebe ich ebenfalls gegenüber dem zuständigen Familiengericht ab.

(3) Der Notar hat mich über die Rechtsfolgen der Annahme meines Kindes ... als Kind der Annehmenden, die Möglichkeit und die „Sperrwirkung" der Antragstellung zur Erlangung der Sorge sowie darüber belehrt, dass

1. *die Annahme als Kind erst wirksam wird mit Zustellung des Beschlusses an den Annehmenden, durch den das Gericht die Annahme als Kind ausspricht,*
2. *der Beschluss, durch den die Annahme ausgesprochen wird, mit der Zustellung unanfechtbar ist und*
3. *diese Einwilligungs- und Verzichtserklärung unwiderruflich ist.*

§ 3 Sonstige Regelungen

(1) Der Erschienene beauftragt den amtierenden Notar, dem zuständigen Familiengericht eine Ausfertigung dieser Urkunde zu erteilen und zum Zweck der Antragstellung einzureichen.

(2) Kosten, Urkundsausgang

Kosten: *Geschäftswert:* 2500 Euro gem. §§ 101 iVm. 98 Abs. 1 GNotKG. *Gebühr* für separate Einwilligungserklärung: 0,5 nach Nr. 21201 KV (mindestens 30 Euro).

Bei Zusammenbeurkundung von Einwilligung und Verzicht nach § 1747 Abs. 3 Nr. 2 BGB liegt derselbe Beurkundungsgegenstand iSv. § 109 Abs. 1 GNotKG vor.

f) Keine Interessenkollision nach § 1745 BGB

Der Adoption dürfen keine überwiegenden Interessen der Kinder des Annehmenden oder des Anzunehmenden entgegenstehen. Vermögensrechtliche Interessen, wie beispielsweise die Reduzierung des gesetzlichen Erb- oder Pflichtteils bereits vorhandener Kinder, sollen nicht ausschlaggebend sein. 28

g) Probe- bzw. Familienpflegezeiterfordernis

Vor Ausspruch der Annahme soll der Annehmende das Kind eine angemessene Zeit in Pflege gehabt haben (**Probezeit**, 1744 BGB; s. auch § 1751 BGB). Die vorgeschaltete Probezeit soll die nach § 1741 Abs. 1 Satz 1 BGB erforderliche Prognose über das voraussichtliche Zustandekommen einer Eltern-Kind-Beziehung erleichtern. 29

➲ **Praxistipp:** Probezeit bei Einwilligung der Eltern in die Adoption: Ruhen der elterlichen Sorge; das Jugendamt wird Vormund (§ 1751 Abs. 1 Satz 2 BGB). Die Befugnis zum persönlichen Umgang mit dem Kind nach § 1684 BGB darf nicht mehr ausgeübt werden (§ 1751 Abs. 1 Satz 1 BGB). Die Annehmenden haben während der Probezeit die Befugnisse von Pflegeeltern (§ 1688 Abs. 1, 3 BGB). § 1751 Abs. 1 BGB gilt nicht bei der Stiefkind-Adoption (§ 1751 Abs. 3 BGB). 30

2. Wirkungen der Annahme

Mit der Zustellung des unanfechtbaren Beschlusses des Familiengerichts über die Annahme an den Annehmenden treten folgende Rechtswirkungen ein: 31

a) Kindschafts- und Verwandtschaftsrecht

aa) Unverheirateter als (Allein-)Annehmender

Das angenommene Kind erlangt die rechtliche Stellung eines leiblichen Kindes des Annehmenden, § 1754 Abs. 2 BGB. Es wird mit allen Rechtswirkungen als eigenes Kind in die neue Familie auf- 32 genommen; es wird auch mit den Verwandten des Annehmenden verwandt. Das **Sorgerecht** steht dem Annehmenden – **allein** – zu, § 1754 Abs. 3 BGB.

bb) Ehepaar als Annehmende

33 Das angenommene Kind erlangt die rechtliche Stellung eines **gemeinschaftlichen Kindes** der annehmenden Ehegatten, § 1754 Abs. 1 BGB. Es wird mit allen Rechtswirkungen als eigenes Kind in die neue Familie aufgenommen; es wird mit den Verwandten beider annehmender Ehegatten verwandt. Das **Sorgerecht** steht den Ehegatten **gemeinsam** zu, § 1754 Abs. 3 BGB. Die Scheidung der Ehe der Annehmenden, berührt die Rechtsfolgen der Annahme nicht; das angenommene Kind ist weiterhin gemeinschaftliches Kind iSd. §§ 1570, 1572, 1575 BGB.

cc) Ehegatte als Annehmender eines Kindes des Ehepartners

34 Das Kind erlangt die rechtliche Stellung eines **gemeinschaftlichen Kindes** der Ehegatten, § 1754 Abs. 1 BGB. Es wird mit den Verwandten des Annehmenden verwandt. Das **Sorgerecht** steht den Ehegatten **gemeinsam** zu, § 1754 Abs. 3 BGB.

dd) Lebenspartner als Annehmender

35 Das Kind erlangt die rechtliche Stellung eines **gemeinschaftlichen Kindes** der Lebenspartner bei den nach § 9 Abs. 7 LPartG zugelassenen Adoptionen.

ee) Erlöschen des bisherigen Verwandtschaftsverhältnisses

36 Das Verwandtschaftsverhältnis des angenommenen Kindes und seiner Abkömmlinge zu den bisherigen Verwandten der Ursprungsfamilie erlischt mit allen Rechten und Pflichten, § 1755 Abs. 1 Satz 1 BGB. Eine Ausnahme regeln §§ 1755 Abs. 2, 1756 Abs. 1 und 2 BGB (**sog. abgeschwächte Volladoption**):

- Ehegatte eines leiblichen Elternteils als Annehmender (sog. **Stiefkind-Adoption** 1. Variante): Verwandtschaft des Kindes erlischt nur im Verhältnis zu dem anderen leiblichen Elternteil und dessen Verwandten, § 1755 Abs. 2 BGB. Nach hM (BGH FamRZ 1980, 675; BayObLG FamRZ 1981, 93) besteht kein Vertretungshindernis für den leiblichen, sorgeberechtigten Elternteil bei Abgabe der Zustimmungserklärung; ein Ergänzungspfleger ist nicht zu bestellen.

  Beispiel:

  M nimmt das nichteheliche Kind seiner Ehefrau (F) an. Die Verwandtschaft des Kindes zu seinem leiblichen Vater und dessen Verwandten erlischt, aber nicht zu seiner Mutter (F) und deren Verwandten (§ 1755 Abs. 2 BGB). Das Kind ist kraft Annahme gemeinschaftliches Kind von F und M (§ 1754 Abs. 1 BGB).

- Ehegatte eines leiblichen Elternteils als Annehmender (sog. **Stiefkind-Adoption** 2. Variante): Verwandtschaft erlischt nicht im Verhältnis zu den Verwandten desjenigen leiblichen Elternteils, der die elterliche Sorge innehatte und vorverstorben ist, § 1756 Abs. 2 BGB. Unterhalts- und erbrechtliche Ansprüche gegen die leibliche Familie bleiben bestehen. Nach hM kein Ergänzungspfleger bei Zustimmung des leiblichen, sorgeberechtigten Elternteils (s. oben).

  Beispiel:

  Witwe heiratet in zweiter Ehe den M, der den erstehelichen Sohn S annimmt. Nach § 1756 Abs. 2 BGB behält S die verwandtschaftlichen Verhältnisse zu den Verwandten des verstorbenen Vaters mit der Folge eines **doppelten gesetzlichen Erbrechts**.

- Sind die **Annehmenden mit dem Kind** im 2. oder 3. Grad **verwandt oder verschwägert** (zB Großeltern/Geschwister oder Onkel/Tante), erlischt nur das Verwandtschaftsverhältnis und die sich daraus ergebenden Rechte und Pflichten des Kindes und seiner Abkömmlinge zu seinen leiblichen Eltern, § 1756 Abs. 1 BGB, nicht aber zu deren Verwandten. Es soll vermieden werden, dass das Kind zwei Elternpaare hat. Es bleibt aber mit seinen leiblichen Großeltern verwandt. Dies führt im Ergebnis zu einer Vermehrung der verwandtschaftlichen Verhältnisse (**beachte § 1925 Abs. 4 BGB**, s. dazu Rz. 34).

b) Erbrecht

Die erfolgte Annahme als Kind führt zum wechselseitigen Verlust des Erbrechts der leiblichen Verwandten des Kindes, § 1755 Abs. 1 BGB (s. auch zur Überleitung der bereits vor Inkrafttreten des Adoptionsgesetzes vom 2.7.1976 erfolgten Adoptionen: Kemp MittRhNotK 1976, 373 und 1977, 137; Kemp DNotZ 1976, 646; Dittmann Rpfleger 1978, 277; s auch OLG Köln NJW 2014, 3381). Eine bereits eingetretene Erbenstellung bleibt unberührt. Annehmender und Angenommener werden demgegenüber wechselseitig erbberechtigt. Stirbt der Vater des Annehmenden, der selbst bereits vorverstorben ist, gehört das angenommene Kind zu den gesetzlichen Erben des Großvaters (§ 1924 Abs. 1, 3 BGB). Die **erbrechtliche Rechtsfolgen** der Adoption sind **nicht ausschließbar** (s. auch Kap. 80 Rz. 14 f.). 37

Ein Sonderfall ergibt sich nach **§ 1925 Abs. 4 BGB:** In den Fällen der Stiefkind-Adoption gem. § 1756 BGB (Annahme durch einen neuen Ehegatten des verwitweten Elternteils oder Verwandtenadoption; s. Rz. 32) sind das angenommene Kind und dessen leibliche Geschwister im Verhältnis zueinander nicht mehr Erben der zweiten Ordnung; sie sind jedoch Erben der dritten Ordnung, wenn Erben der zweiten Ordnung (Adoptiveltern, Adoptivgeschwister) nicht vorhanden und die gemeinsamen Großeltern (Erben der dritten Ordnung) ebenfalls vorverstorben sind (§ 1926 Abs. 3 BGB). 38

Bei der Adoption durch den neuen Ehegatten eines verwitweten Elternteils (s. Rz. 32) ist das Adoptivkind gesetzlicher Erbe erster Ordnung nach dem Adoptivelternteil zusammen mit den Adoptivgeschwistern und zudem gesetzlicher Erbe erster Ordnung nach seinem leiblichen (verwitweten) Elternteil zusammen mit seinen leiblichen Geschwistern aus der vormaligen Ehe der leiblichen Eltern. Das Adoptivkind ist zudem ggf. gesetzlicher Erbe erster Ordnung nach den drei Großelternpaaren, also nach den Eltern des Annehmenden und des verwitweten, leiblichen Elternteils sowie den Eltern des verstorbenen leiblichen Elternteils (§§ 1754, 1924, 1925 BGB). Der Adoptiv- und der verwitwete, leibliche Elternteil sind gesetzliche Erben zweiter Ordnung nach dem Kind, ebenso ggf. die Adoptivgeschwister, nicht aber die leiblichen Geschwister (§ 1925 Abs. 4 BGB, s. Rz. 32). Die drei Großelternpaare (und über diese ggf. die leiblichen und Adoptivgeschwister) sind gesetzliche Erben dritter Ordnung des angenommenen Kindes (§ 1926 BGB). 39

c) Namensrecht

Das angenommene Kind erhält als **Geburtsnamen den Familiennamen des Annehmenden** (§§ 1757 Abs. 1 Satz 1, 1355 Abs. 1, 2 BGB; § 3 Abs. 1 LPartG), es erhält hingegen nicht den **Begleitnamen** des Annehmenden (§ 1757 Abs. 1 Satz 2 BGB). Führt das annehmende Ehepaar keinen gemeinsamen Ehenamen, bestimmen die Annehmenden den Geburtsnamen des angenommenen Kindes vor dem Ausspruch der Annahme durch bindende Erklärung gegenüber dem Familiengericht (§ 1757 Abs. 2 BGB). Dies kann und sollte in der notariellen Urkunde des Annahmeantrags erfolgen, die §§ 1617 Abs. 1, 1617c Abs. 1 Satz 2 BGB gelten entsprechend. Die gleichen Regelungen gelten für den Fall, dass der eine Ehegatte das Kind des anderen Ehegatten annimmt, die Eheleute aber keinen gemeinsamen Ehenamen führen. 40

Das Familiengericht kann auf Antrag des Annehmenden unter Einwilligung des Kindes mit dem Ausspruch der Annahme die **Vornamen des Kindes ändern** oder **erweitern**, wenn dies dem Wohl des Kindes entspricht (§ 1757 Abs. 4 Nr. 1 BGB), und/oder dem neuen Familiennamen (eigentlich neuer Geburtsname) des Kindes den bisherigen Familiennamen voranstellen oder anfügen, wenn dies aus schwerwiegenden Gründen zum Wohl des Kindes erforderlich ist (§ 1757 Abs. 4 Nr. 1 BGB). Auch diesen Antrag – mit Begründung – sollte der Notar in die notarielle Niederschrift des Annahmeantrags aufnehmen. 41

M 73.6 Antrag auf Änderung des Vornamens im Rahmen eines Antrags auf Annahme als Kind (im Rahmen einer notariellen Urkunde)

(. . .) Herr . . . und Frau . . . (die Annehmenden) beantragen mit der Annahme als Kind auszusprechen, den Vornamen des Kindes (anzunehmendes minderjähriges Kind), der . . . lautet, durch den Vornamen . . . zu ersetzen, nicht jedoch den bisherigen Vornamen anzufügen. Die Einwilligung des Kindes durch seinen gesetzlichen Vertreter liegt dem Familiengericht bereits vor.

(. . .) Begründung: Der Vorname des anzunehmenden Kindes ist identisch mit dem Vornamen unseres leiblichen ehelichen Kindes . . ., so dass nach Ausspruch der Annahme als Kind beide Kinder den gleichen Vornamen tragen müssten. Es entspricht sowohl dem Kindeswohl unseres leiblichen, ehelichen Kindes als auch dem des anzunehmenden Kindes, jedem der Kinder einen individualisierenden Vornamen zu geben bzw. zu belassen. Angesichts des Altersunterschiedes der beiden Kinder ist die Namensänderung des wesentlich jüngeren anzunehmenden Kindes angemessen und vertretbar.

Kosten: Bei Zusammenbeurkundung von Anträgen liegt derselbe Beurkundungsgegenstand iSv. § 109 Abs. 1 GNotKG vor.

Gebühr: 1,0 nach Nr. 21200 KV (= 45 Euro, jedoch Mindestwert von 60 Euro).

42 Ist das angenommene Kind verheiratet und ist dessen Geburtsname zum Familiennamen geworden, wirkt sich die Annahme auf den Ehenamen nur aus, wenn sich der Ehegatte des Angenommenen vor Ausspruch der Annahme der Namensänderung anschließt (§ 1757 Abs. 2 BGB).

43 Einstweilen frei.

d) Sonstige Rechtswirkungen

44 **Checkliste**

- ☐ Wird ein Kind mit ausländischer Staatsbürgerschaft angenommen, erwirbt es zugleich mit der Annahme die **deutsche Staatsangehörigkeit** (§§ 3 Nr. 3; 6 StAG; ggf. auch Verlust der deutschen Staatsangehörigkeit, § 27 StAG).
- ☐ Das Kind teilt den **Wohnsitz** der Annehmenden (§ 11 Satz 1 BGB).
- ☐ **Schutz vor der Aufdeckung der Adoption** und der Begleitumstände gewähren §§ 1758 Abs. 1 BGB, 16 Abs. 2, 62 Abs. 1, 2 PStG.
- ☐ Wegfall der **elterlichen Sorge** der leiblichen Eltern (§ 1626 BGB; zu § 1751 BGB s. Rz. 15).
- ☐ Wegfall des **Umgangsrechts** der leiblichen Eltern (§ 1684 BGB).
- ☐ **Unterhaltsansprüche** des Angenommenen gegenüber den leiblichen Verwandten; rückständige Ansprüche bleiben bestehen (KG FamRZ 1984, 1131).
- ☐ Die leiblichen Verwandten verlieren alle kindbezogenen, gesetzlichen Ansprüche und Vergünstigungen: Kinderzulagen; Kinderzuschüsse.
- ☐ **Vaterschaftsfeststellung** nach Annahme bleibt weiterhin zulässig (ausführlich Staudinger/Frank § 1755 BGB Rz. 15 f.).
- ☐ Erlangung eines **Waisengeldanspruchs** nach § 23 BeamtVG.
- ☐ Aufrechterhalten bleiben **verfahrensrechtliche Ausschluss- und Zeugnisverweigerungstatbestände:** §§ 41 Nr. 3, 383 Abs. 1 Nr. 3 ZPO; §§ 22 Nr. 3, 52 Abs. 1 Nr. 3 StPO; §§ 3 Abs. 1 Nr. 3, 6 Abs. 1 Nr. 3, 7 Nr. 3, 24 Abs. 1 Nr. 4 BeurkG; § 15 Abs. 2 AO.
- ☐ Unterhaltsleistungen als „gesetzliche Unterhaltspflicht“ zwischen dem Annehmenden und dem Angenommenen kann **außergewöhnliche Belastung** iSd. §§ 33 Abs. 2, 33a **EStG** sein; die leiblichen Verwandten verlieren, die Annehmenden erhalten einkommensteuerrechtliche „kinderbezogene“ Vergünstigungen (§ 32 Abs. 2–6 EStG) wie beispielsweise **Kindergeld** oder **Kinderfreibetrag**. Eine Doppelberücksichtigung wird durch § 32 Abs. 2 Satz 1 EStG ausgeschlossen. Die Kosten der Adoption sind steuerlich nicht absetzbar (BFH v. 13.3.1987 BStBl. II 1987, 495).

☐ Das angenommene Kind kommt nach den Annehmenden als Erblasser oder Schenker in die **Steuerklasse I** gem. **§ 15 Abs. 1 ErbStG**; diese günstige Steuerklasse bleibt auch zu den leiblichen Eltern bestehen (**§ 15 Abs. 1a ErbStG**).

➲ **Praxistipp:** Aus Anlass der Annahme eines Kindes sollten bestehende Verfügungen von Todes wegen dringend überprüft werden; insbesondere darauf, in welcher Weise Begriffe „Abkömmling“ oder „eheliche Kinder“ zu verstehen sind. 45

3. Aufhebung der Annahme

Da die erfolgte und durchgeführte Adoption den familienrechtlichen Status des minderjährigen Kindes erheblich verändert, kann die Annahme nur noch aus besonders schwerwiegenden, gesetzlich abschließend festgelegten Gründen, auf Antrag (§§ 1760–1762 BGB) oder von Amts wegen (§ 1763 BGB) aufgehoben werden (§ 1759 BGB). Solche besonders schwerwiegenden Gründe liegen vor bei Unwirksamkeit oder Fehlen des Antrags des Annehmenden, der Einwilligung des Kindes oder der erforderlichen Einwilligung eines Elternteils (§ 1760 BGB; vgl. LG Düsseldorf NJWE-FER 2001, 9). Den Antrag auf Aufhebung kann nur derjenige stellen, dessen Erklärung fehlerhaft war oder gänzlich fehlt (§ 1762 BGB), er bedarf der notariellen Beurkundung (§ 1762 Abs. 3 BGB). Der fristgebundene (§ 1762 Abs. 2 BGB) Aufhebungsvertrag ist höchstpersönlich zu stellen (vgl. BayObLG NJW-RR 1986, 872), Stellvertretung ist ausgeschlossen. Die Aufhebung der Annahme erfolgt durch Beschluss des Familiengerichts; sie wirkt nur für die Zukunft. 46

M 73.7 Antrag des leiblichen Vaters auf Aufhebung der Annahme des minderjährigen Kindes; fehlende Einwilligung

(Urkundseingang)

...

erschien:

Herr ...,

geboren am ... in ...

– in dieser Urkunde auch als „leiblicher Vater“ bezeichnet –

Der Erschienene ist dem Notar von Person bekannt.

Der Erschienene bat um Beurkundung folgender Erklärungen:

§ 1 Sachverhalt

(1) Durch Beschluss des Amtsgericht – Familiengericht –, vom ... Az. ... ist die Annahme des am ... geborenen (Geburtseintrag Nr. .../... des Standesamts ...) als gemeinschaftliches Kind der Eheleute, Frau ..., geboren am ..., und Herr ... geboren am, ..., beide wohnhaft in ..., nach den Vorschriften über Minderjährigenadoption ausgesprochen worden.

Auf die Akten des Familiengerichts wird Bezug genommen.

(2) Die leiblichen Eltern des anzunehmenden Kindes sind:

Frau ..., geboren am ..., wohnhaft in ... und ich, der Antragsteller dieses Aufhebungsverfahrens.

(3) Die erforderlichen Einwilligungserklärungen des Kindes und der leiblichen Mutter befinden sich in der Urkunde des Notars ... vom ... 20... – UR.-Nr. ... für 20...

Meine Einwilligungserklärung als leiblicher Vater befindet sich in der Urkunde des amtierenden Notars vom ... 20... – UR.-Nr. ... für 20...

(4) Die Ausfertigung der vorgenannten Urkunde, die meine Einwilligungserklärung enthält, ist dem zuständigen Familiengericht auftragsgemäß von dem Notar zugeleitet worden und dort am ... zugegangen (Eingangsvermerk). Ebenfalls, und zwar gleichzeitig am ..., ist meine Widerrufserklärung zur Einwilligung in die Annahme als Kind dem zuständigen Familiengericht zugegangen (Eingangsvermerk).

(5) Das angenommene, minderjährige Kind ... befindet sich seit dem ... in der Obhut der vorgenannten Eheleute ...

§ 2 Antrag

Ich, der Erschienene, nämlich Herr ..., beantrage hiermit fristgerecht bei dem zuständigen Amtsgericht – Familiengericht –, die Aufhebung der Annahme des am ... geborenen ... (Geburtseintrag Nr. .../... des Standesamts ...) als gemeinschaftliches Kind der Eheleute ... durch Beschluss auszusprechen.

§ 3 Begründung

(1) Meine Einwilligungserklärung zur Annahme meines Kindes, die sich in der vorgenannten Urkunde des Notars ... vom ... 20... – Urk. R.-Nr. ... für 20... befindet, war mit dem gleichzeitigen Zugang der Einwilligungs- und der Widerrufserklärung rechtzeitig widerrufen; eine wirksame Einwilligung meinerseits lag somit nicht vor (§ 1760 Abs. 1 iVm. § 1750 Abs. 1 Satz 3 BGB). Eine Bestätigung meiner Einwilligung habe ich nicht abgegeben. Auf die Akten des Familiengerichts wird Bezug genommen.

(2) Die Voraussetzungen der Ersetzung meiner Einwilligung haben zum Zeitpunkt der Entscheidung über den Annahmeantrag nicht vorgelegen (§ 1761 Abs. 1 BGB).

§ 4 Wohl des Kindes

Das Wohl meines Sohnes/meiner Tochter ist durch die Aufhebung des Annahmeverhältnisses nicht erheblich gefährdet (§ 1761 Abs. 2 BGB). Die Bindung zu der Familie der Annehmenden hat sich in der verhältnismäßig kurzen Zeitspanne seit Ausspruch der Annahme und unter Hinzurechnung der Pflegezeit nicht derart gebildet oder vertieft, dass die Gründe für meinen Widerruf zurückstehen müssten ... (nähere Einzelheiten).

§ 5 Sonstige Regelungen

(1) Der Erschienene beauftragt den amtierenden Notar, dem zuständigen Familiengericht eine Ausfertigung dieser Urkunde zu erteilen und zum Zweck der Antragstellung einzureichen.

(2) Kosten, Urkundsausgang

Kosten: *Geschäftswert:* 5000 Euro gem. § 101 GNotKG. *Gebühr* für Antrag auf Aufhebung der Annahme: 1,0 nach Nr. 21200 KV (= 45 Euro, jedoch Mindestwert von 60 Euro).

4. Annex: Adoptionsanerkennung (AdWirkG)

47 Das **Adoptionswirkungsgesetz** (AdWirkG) stellt das Verfahren zur Anerkennungs- und Wirkungsfeststellung einer im Ausland nach dem dort geltenden Recht ausgesprochenen Adoption zur Verfügung; anwendbar ist es auch für alle im Ausland erfolgten Adoptionen (gerade auch diejenigen, die nicht nach dem Haager Adoptionsübereinkommen – HAÜ – erfolgt sind). Durch die Adoptionsanerkennung soll mit Wirkung für und gegen jedermann – mit Ausnahme der leiblichen Eltern, soweit diese nicht am Verfahren beteiligt waren – festgestellt werden, ob und mit welchen (inländischen) Rechtswirkungen einer Adoption, die nach ausländischem Recht erfolgt ist, anerkennt wird. Eine sog „Wiederholungsadoption" ist demnach obsolet. Zuständig ist das Amtsgericht – Familiengericht –, in dessen Bezirk der Annehmende oder einer der Annehmenden und hilfsweise das angenommene Kind seinen gewöhnlichen Aufenthalt hat (§ 5 Abs. 1 Satz 2 AdWirkG, § 187 Abs. 1 und 2 FamFG); ausnahmsweise ist das Familiengericht in Schöneberg/Berlin zuständig (§ 5 Abs. 1 Satz 2 AdWirkG, § 187 Abs. 5 FamFG). Voraussetzung ist ferner, dass der Annehmende, einer der annehmenden Ehegatten oder das Kind Deutscher ist oder seinen gewöhnlichen Aufenthalt im Inland innehat (§ 5 Abs. 1 Satz 2 AdWirkG, 101 FamFG). Besonderheiten gelten nach Artikel 23 Abs. 1 HAÜ, wenn eine Adoption nach dem Übereinkommen zustande gekommen ist („Bescheinigungslösung").

M 73.8 Antrag auf Anerkennung einer Adoption nach § 2 AdWirkG

(Urkundseingang)

. . .

erschienen:

Herr . . .,

geboren am . . . in . . . und

und seine Ehefrau, Frau . . .,

geboren am . . . in . . . und

beide wohnhaft in . . .,

. . .;

– in dieser Urkunde auch als die „Annehmenden" bezeichnet –

Die Erschienenen wiesen sich dem Notar aus durch Vorlage ihrer mit Lichtbild versehenen amtlichen Ausweispapiere der Bundesrepublik Deutschland.

Die Erschienen baten um Beurkundung folgender Erklärungen:

§ 1 Persönliche Verhältnisse

(1) Die Annehmenden, Herr . . ., geboren am . . . (Geburtseintrag Nr. . . ./. . . des Standesamts . . .) und Frau . . ., geboren am . . . (Geburtseintrag Nr. . . ./. . . des Standesamts . . .) sind miteinander in erster Ehe verheiratet (Heiratsbucheintrag Nr. . . ./. . . des Standesamts . . .) und haben bisher keine leiblichen Abkömmlinge.

(2) Nach dem Inhalt des rechtskräftigen Beschlusses des Berufungsgerichts . . . in [ausländischer Staat] vom . . . (Adopitonsurteil Nr. . . .) wurde das Kind . . ., geboren am . . . in . . . (. . .), durch uns, die beiden Erschienenen, nach dem dort geltenden Recht adoptiert. Es liegt keine Adoption nach Haager Adoptionsübereinkommen – HAÜ vor.

Das Kind . . . befindet sich seit dem . . . in unserem gemeinsamen Haushalt und wird wie ein gemeinschaftliches Kind betreut.

(3) Der vorgenannte Beschluss soll in Deutschland durch eine Feststellung des Amtsgerichts -Familiengericht- . . . nach § 2 AdWirkG anerkannt werden.

(4) Uns ist bekannt, dass es sich bei der Volladoption nach . . . Gesetz um eine sogenannte Adoption „mit schwacher Wirkung" handelt. Sobald die Anerkennung der Adoption nach § 2 AdWirkG erfolgt ist, werden wir die Umwandlung der Adoption nach § 3 AdWirkG beantragen.

§ 2 Antrag auf Anerkennung nach § 2 AdWirkG

Wir, Herr . . . und Frau . . . erklären als Annehmende zur Urkunde des Notars Folgendes:

Wir beantragen hiermit bei dem zuständigen Amtsgericht -Familiengericht- die Anerkennung der Adoption nach § 2 AdWirkG auszusprechen.

§ 3 Auftrag, Vollmacht

(1) Der beurkundende Notar wird beauftragt, den Antrag gemäß § 2 dieser Urkunde bei dem zuständigen Amtsgericht einzureichen. Dieser Antrag erlischt nicht durch den Tod eines der Beteiligten.

(Urkundsausgang)

Kosten: *Geschäftswert:* 5000 Euro gem. § 101 GNotKG. *Gebühr:* 1,0 nach Nr. 21200 KV (= 45 Euro, jedoch mindestens 60 Euro).

M 73.9 Antrag auf Umwandlung einer Adoption nach § 3 AdWirkG

(Urkundseingang)

. . .

erschienen:

Herr . . .,

geboren am . . . in . . . und

und seine Ehefrau, Frau . . .,

geboren am . . . in . . . und

beide wohnhaft in . . .,

. . .;

– in dieser Urkunde auch als die „Annehmenden" bezeichnet –

Die Erschienenen wiesen sich dem Notar aus durch Vorlage ihrer mit Lichtbild versehenen amtlichen Ausweispapiere der Bundesrepublik Deutschland.

Die Erschienen baten um Beurkundung folgender Erklärungen:

§ 1 Persönliche Verhältnisse

(1) Die Annehmenden, Herr . . ., geboren am . . . (Geburtseintrag Nr. . . ./. . . des Standesamts . . .) und Frau . . ., geboren am . . . (Geburtseintrag Nr. . . ./. . . des Standesamts . . .) sind miteinander in erster Ehe verheiratet (Heiratsbucheintrag Nr. . . ./. . . des Standesamts . . .) und haben bisher keine leiblichen Abkömmlinge.

(2) Wir haben das Kind . . ., geboren am . . . in . . ., wohnhaft bei uns, . . ., seit dem . . . in unserem gemeinsamen Haushalt.

(3) Ausweislich des Beschlusses des:

a) Berufungsgerichts . . . vom . . . (Adoptionsurteil Nr. . . .) wurde . . . von uns rechtskräftig adoptiert.

b) Amtsgerichts . . . – Familiengericht – vom . . ., Aktenzeichen . . ., wurde der Adoptionsbeschluss nach § 2 AdWirkG anerkannt.

(4) Uns ist bekannt, dass es sich bei der Volladoption nach . . . Gesetz um eine sogenannte Adoption „mit schwacher Wirkung" handelt.

Somit streben wir darüber hinaus eine Umwandlung der Adoption nach § 3 AdWirkG an.

§ 2 Antrag auf Umwandlung der Adoption nach § 3 AdWirkG

Wir, Herr . . .und Frau . . ., beantragen beim zuständigen Amtsgericht . . . auszusprechen, dass das Kind . . . die Rechtsstellung eines nach den deutschen Sachvorschriften angenommenen Kindes gemäß § 3 AdWirkG erhält.

§ 3 Einwilligung des Kindes

Wir, . . . und . . ., willigen hiermit in die Annahme des Kindes . . . durch uns ein, und zwar in unserer Eigenschaft als gesetzliche Vertreter des Kindes.

Diese Erklärung geben wir gegenüber dem zuständigen Gericht ab.

§ 4 Vollzug, Vollmacht

Der Notar wird beauftragt, den Antrag gemäß § 2 dieser Urkunde beim zuständigen Amtsgericht einzureichen.

Dieser Antrag erlischt nicht durch den Tod eines der Beteiligten.

§ 5 Hinweise

Die Beteiligten sind von dem beurkundenden Notar darauf hingewiesen worden, dass das Kind mit der Umwandlung der Adoption nach § 3 AdWirkG die rechtliche Stellung eines nach den deutschen Sachvorschriften angenommenen Kindes erhält.

(Urkundsausgang)

Kosten: *Geschäftswert:* 5000 Euro gem. § 101 GNotKG. *Gebühr:* 1,0 nach Nr. 21200 KV (= 45 Euro, jedoch mindestens 60 Euro).

III. Volljährigenadoption

Für die Annahme Volljähriger (§§ 1767–1772 BGB) gelten die Vorschriften der Minderjährigenadoption entsprechend, soweit §§ 1768 ff. BGB nichts Abweichendes bestimmen, § 1767 Abs. 2 BGB. 48

Motive für eine Volljährigenadoption können vielfältiger Natur sein. Denkbar ist sie zur Vorbereitung von Betriebsübergaben an besonders befähigte außerfamiliäre Personen, Gründe zur Namenserhaltung usw. Im Erbschaft- und Schenkungsteuerrecht genießt das volljährig angenommene Kind die Vorteile eines höheren Freibetrags und der günstigeren Steuerklasse I. Die Erwachsenenadoption kann der Beseitigung oder Reduzierung (zB nichteheliches Kind) unerwünschter Pflichtteilsansprüche (§ 2303 BGB) dienen. Die Adoption eines vorgesehenen Erben eröffnet beispielsweise bei bindend gewordenen gemeinschaftlichen Testamenten (§ 2271 Abs. 1 Satz 1 BGB) und Erbverträgen (§ 2289 BGB) ggf. die Möglichkeit der Anfechtung (§§ 2079, 2281 BGB). Über § 1772 BGB können Erb- und Unterhaltsansprüche nach den Adoptionsgroßeltern entstehen, ohne dass deren Zustimmung zur Adoption erforderlich wäre. Zu weiteren Motiven s. auch Rz. 39. Die vorgenannten Motive dürfen den personenrechtlichen Hauptzweck der Adoption nicht überlagern. 49

1. Regelfall: Volljährigenadoption mit „schwachen" Wirkungen

a) Antrag

Die **höchstpersönliche Antragstellung** durch den Annehmenden und den Anzunehmenden bedarf der **notariellen Form**, sie ist bedingungs- und befristungsfeindlich (§ 1768 Abs. 1 Satz 1 BGB). 50

Die Adoption muss, jenseits der vorgenannten Motive, als Hauptzweck dem **Wohl des Anzunehmenden** dienen (§§ 1767 Abs. 1 Satz 1, 1741 Abs. 1 Satz 1 BGB). Über das Wohl des Anzunehmenden entscheidet dieser in seinem Antrag selbst, eine weiter gehende Prüfung durch das Familiengericht erfolgt nur, wenn ein **Betreuungsbedürftiger** angenommen werden soll. Die Annahme muss **„sittlich gerechtfertigt"** sein. Eine Eltern-Kind-Beziehung ist zum Zeitpunkt der Antragstellung bereits entstanden oder das Entstehen der **Eltern-Kind-Beziehung** muss bei objektiver Betrachtung – dem Alter der Beteiligten entsprechend – noch zu erwarten sein (§§ 1767 Abs. 1 Satz 1, 1741 Abs. 1 Satz 1 BGB). Es dürfen keine überwiegenden Interessen der Kinder des Annehmenden oder der Kinder des Anzunehmenden entgegenstehen (§ 1769 BGB; § 1745 Satz 2 BGB gilt nicht, § 1768 Abs. 1 Satz 2 BGB). Die Einwilligung des Ehegatten ist erforderlich (§§ 1767 Abs. 1 Satz 1, 1749 BGB). Nicht erforderlich sind die Einwilligung der leiblichen Eltern (diese müssen aber angehört werden) und die gesonderte Einwilligung des Anzunehmenden (§ 1768 Abs. 1 Satz 2 BGB). 51

➲ **Praxistipp:** Fälle, die keine Eltern-Kind-Beziehung erwarten lassen, sind solche, bei denen mit Annahme vorwiegend Zwecke verfolgt werden, die wirtschaftlicher Art sind (Schaffen von Erbschaftsteuer-Freibeträgen; Unternehmensnachfolge), der Fortführung eines Adelsprädikats (BayObLG FamRZ 1993, 236) oder der Verhinderung einer ausländerrechtlichen Abschiebung dienen (OLG Zweibrücken FamRZ 1999, 1690 [LS]). 52

Die Erwachsenenadoption kann erleichtert aufgehoben werden (§ 1771 BGB). Da die Verwandtschaft zu den leiblichen Verwandten bestehen bleibt (§ 1770 Abs. 1 Satz 1 BGB), kann es bei **Aufhebung der Volljährigenadoption** nicht dazu kommen, dass den leiblichen Verwandten der Adoptierte ohne ihren Willen „aufgedrängt" wird. Zur Aufhebung ist der beidseitige Aufhebungsantrag 53 aus wichtigem Grund (§ 1771 Satz 1 BGB) erforderlich; im Übrigen gelten die Regelungen nach § 1760 Abs. 1–5 BGB. Ein wichtiger Grund iSd. § 1771 Satz 1 BGB liegt nicht bereits dann vor, wenn sich die familiären Beziehungen nicht erwartungsgemäß entwickelt haben. Die leiblichen Eltern des Angenommenen haben kein Antragsrecht zur Aufhebung der Volljährigenadoption (BayObLG FGPrax 2000, 204). Die Formvorschrift des § 1762 Abs. 3 BGB findet Anwendung (notarielle Beurkundung).

b) Art der Annahme („schwache" oder „starke" Annahme)

54 Die Art der Annahme ergibt sich aus der Antragstellung und dem Annahmebeschluss des Familiengerichts. Das Gericht kann gem. § 1772 BGB beim Ausspruch der Annahme auf Antrag des Annehmenden und des Anzunehmenden bestimmen, dass sich die Wirkungen der Annahme nach den Vorschriften über die Annahme eines Minderjährigen oder eines verwandten Minderjährigen richten (§§ 1754, 1756 BGB), wenn die Voraussetzungen des § 1772 Abs. 1 lit. a oder d BGB vorliegen.

2. Wirkungen der Annahme

55 Die Wirkungen der Volljährigenadoption unterscheiden sich erheblich von denen der Minderjährigenadoption; sie treten ein mit Zustellung des unanfechtbaren Beschlusses über die Annahme an den Annehmenden:

a) Kindschafts- und Verwandtschaftsrecht; sonstige Wirkungen

56 Die Wirkungen der Adoption beschränken sich grundsätzlich auf den Annehmenden und den Angenommenen sowie dessen Abkömmlinge. Es findet **keine Erstreckung** der Adoptionswirkung **auf die Verwandten des Annehmenden**, zB auf die Eltern und Geschwister des Annehmenden, statt (§ 1770 Abs. 1 Satz 1 BGB). Der **Ehegatte** des Angenommenen wird mit dem Annehmenden **nicht verschwägert**. Auch die Verwandtschaftsverhältnisse des Angenommenen und seiner Abkömmlinge zu seinen leiblichen Verwandten werden (anders bei Minderjährigen-[Voll-]Adoption) durch die Annahme grundsätzlich nicht berührt, § 1770 Abs. 2 BGB; die **Unterhaltspflicht des Annehmenden** geht allerdings vor (§ 1770 Abs. 3 BGB). Die **Mehrfachadoption** ist möglich, sie kann zu mehr als zwei nebeneinander bestehenden Eltern-Kind- und sonstigen Verwandtschaftsverhältnissen führen (zu den erbrechtlichen Konsequenzen MünchKomm.BGB/Maurer § 1770 BGB Rz. 6).

57 ➲ **Praxistipp:** Die Volljährigenadoption führt nicht zu einem Erwerb der deutschen Staatsangehörigkeit, wenn ein Ausländer durch einen Deutschen adoptiert wird (§ 6 StAG). Grundsätzlich besteht kein Aufenthaltsanspruch nach §§ 36, 29 AufenthG, da Volljährigen und ihren Eltern eine räumliche Trennung zuzumuten ist (Abwägung im Einzelfall).

58 Im Bereich der Volljährigenadoption bestehen andere Voraussetzungen für die Aufhebung (§ 1771 BGB). Für das **Namensrecht** gilt § 1757 BGB. Nach hM ist die Ausnahmeregelung des § 1757 Abs. 4 Nr. 2 BGB bei der Annahme Volljähriger großzügig auszulegen; § 1757 Abs. 4 Satz 1 Nr. 1 BGB bleibt von der (sinngemäßen) Analogie ausgeschlossen, da der Zweck einer vertieften Bindung zum Annehmenden nicht mehr erreicht werden kann.

Sollen die **Wirkungen der Minderjährigen-(Voll-)Adoption** eintreten, gelten für die Wirkungen der Adoption im Hinblick auf das Verwandtschaftsrecht die Folgen der Minderjährigenadoption.

b) Erbrecht

59 Annehmender und Angenommener werden durch die wirksam erfolgte Annahme wechselseitig erbberechtigt. Auch bei der Volljährigen-Adoption sind die erbrechtlichen Folgen der Annahme nicht ausschließbar.

60 Die Verwandten des Angenommenen, zB seine leiblichen Eltern, bleiben nach dem Angenommenen erbberechtigt und umgekehrt, §§ 1770 Abs. 2, 1924, 1925 BGB.

- Stirbt der Angenommene, ohne Abkömmlinge zu hinterlassen, so erben seine leiblichen Eltern und die Adoptiveltern als Erben der zweiten Ordnung nebeneinander zu gleichen Teilen (OLG Zweibrücken Rpfleger 1997, 24).
- Stirbt der Angenommene nach dem Annehmenden, ohne Abkömmlinge zu hinterlassen, so wird das Vermögen des Annehmenden über ihn (unter Ausschluss der leiblichen Verwandten des Annehmenden) an die leiblichen Verwandten des Angenommenen weitergegeben.

Sollen die Wirkungen der Minderjährigen-(Voll-)Adoption eintreten, gelten für die Wirkungen der Adoption im Hinblick auf das Erbrecht die Folgen der Minderjährigenadoption (vgl. §§ 1772, 1754–1756 BGB).

3. Ausnahmefall: Volljährigenadoption mit Minderjährigenrechtswirkungen

Sollen die Wirkungen der Minderjährigen-(Voll-)Adoption (auch) eintreten, muss ein Antrag des Annehmenden und des Anzunehmenden, der sich speziell auf die erweiterten Rechtswirkungen der Minderjährigenadoption richtet, gestellt werden (§ 1772 Abs. 1 Satz 1 BGB; zu Verfahren: BVerfG FamRZ 2008, 243). Es müssen die generellen Voraussetzungen der Erwachsenenadoption vorliegen und zusätzlich einer der Tatbestände des § 1772 Abs. 1 Satz 1 BGB. Die sittliche Rechtfertigung auch der weitergehenden Wirkung muss gegeben sein, während überwiegende Interessen der Eltern des Anzunehmenden der Annahme nicht entgegenstehen dürfen (§ 1772 Abs. 1 Satz 2 BGB). Die Rechtsfolgen der nach § 1772 BGB durchgeführten Adoption decken sich grundsätzlich mit denen der Minderjährigenadoption. 61

Bei der „starken“ (Stiefkind-)Adoption eines Volljährigen durch den Ehegatten seines überlebenden Elternteils besteht das Verwandtschaftsverhältnis zur Familie seines vorverstorbenen Elternteils nach § § 1772 Abs. 1 BGB iVm. § 1756 Abs. 2 BGB fort, wenn der vorverstorbene Elternteil bei Eintritt der Volljährigkeit des Kindes oder, wenn er vorher verstorben ist, in diesem Zeitpunkt die elterliche Sorge hatte (BGH DNotZ 2010, 309).

M 73.10 Antrag auf Annahme als Kind (volljähriges Kind – Grundfall); Namensänderung; ausführliche Belehrung

(Urkundseingang)

...

erschienen:

1. Herr ...,

geboren am ... in ...,

wohnhaft in ...;

– in dieser Urkunde auch als der „Annehmende“ bezeichnet –

2. Herr ...,

geboren am ... in ...,

wohnhaft in ...;

– in dieser Urkunde auch als der „Anzunehmende“ bezeichnet –

Die Erschienenen wiesen sich dem Notar aus durch Vorlage ihrer mit Lichtbild versehenen amtlichen Ausweispapiere der Bundesrepublik Deutschland.

Die Erschienen baten um Beurkundung folgender Erklärungen:

§ 1 Persönliche Verhältnisse

(1) Der Annehmende, Herr ..., geboren am ... (Geburtseintrag Nr. .../... des Standesamts ...) ist und war nicht verheiratet und hat keine leiblichen Abkömmlinge.

Der Anzunehmende, Herr . . ., geboren am . . . (Geburtseintrag Nr. . . ./. . . des Standesamts . . .) ist und war ebenfalls nicht verheiratet und hat keine leiblichen Abkömmlinge.

(2) Annehmender und Anzunehmender besitzen beide die deutsche Staatsangehörigkeit.

(3) Herr . . . will den vorgenannten Herrn . . . als Kind annehmen. Für die Annahme sollen die Regelungen der Volljährigenadoption (§§ 1752, 1767 ff. BGB) gelten.

§ 2 Vater-Sohn-Verhältnis

Die Annahme als Kind ist sittlich gerechtfertigt, weil zwischen dem Annehmenden und dem Anzunehmenden ein Vater-Sohn-Verhältnis besteht. Herr . . . und Herr . . . leben bereits seit 20. . . in einem gemeinsamen Haushalt. Seit dieser Zeit hat sich zwischen ihnen ein enges und persönliches Verhältnis und innere Verbundenheit wie zwischen einem Vater und seinem leiblichen Sohn entwickelt. Sie leisten sich in erforderlichem Umfang bereits jetzt Unterhalt, Fürsorge und gegenseitigen Beistand wie Verwandte der ersten Ordnung.

§ 3 Antrag

(1) Die Erschienenen, nämlich

Herr . . . als Annehmender und

Herr . . . als Anzunehmender erklären zur Urkunde des Notars Folgendes:

Wir beantragen hiermit bei dem zuständigen Amtsgericht – Familiengericht, die Annahme des am . . . geborenen Herrn . . . als Kind des Herrn . . . nach den Vorschriften über die Annahme Volljähriger (§§ 1767, 1768, 1770 BGB) durch Beschluss auszusprechen.

(2) Die Erschienenen beauftragen den amtierenden Notar, dem zuständigen Familiengericht eine Ausfertigung dieser Urkunde zu erteilen und ihm diese Ausfertigung zum Zweck der Antragstellung einzureichen.

§ 4 Name des Anzunehmenden

(1) Herr . . . führt künftig als Geburtsnamen den Familiennamen des Annehmenden, nämlich den Namen „. . ." (§§ 1767 Abs. 2, 1757 Abs. 1 Satz 1 BGB). Zu dieser Namensführung erteilt der Anzunehmende ausdrücklich seine Zustimmung.

(2) Gem. § 1757 Abs. 4 Nr. 2 BGB beantragt der Annehmende mit ausdrücklicher Einwilligung des Anzunehmenden gegenüber dem Familiengericht, mit dem Ausspruch der Annahme als Kind durch Beschluss, den bisherigen Geburtsnamen des Anzunehmenden „. . ." dem neuen Familiennamen „. . ." voranzustellen und beide Namen durch einen Bindestrich zu trennen.

(3) Die Beibehaltung des bisherigen Geburtsnamens „. . ." unter Voranstellung zum erworbenen Familiennamen ist zum Wohle des Anzunehmenden erforderlich, weil der Anzunehmende in seinem sozialen Umfeld und insbesondere im Geschäftsleben prägend unter dem Namen „. . ." überörtlich bekannt ist. Die Verwendung des Namens hat im geschäftlichen Bereich firmenähnlichen Charakter. Die sozialen und geschäftlichen Kontakte, die hier seit Jahrzehnten bestehen, sollen zum Wohle des Anzunehmenden unter Beibehaltung seines Geburtsnamens „. . ." bestehen bleiben und weiterhin gepflegt werden.

§ 5 Hinweise und Belehrungen

(1) Der Notar hat uns darüber belehrt, dass

1. *die Annahme als Kind erst wirksam wird mit Zustellung des Beschlusses an den Annehmenden, durch den das Gericht die Annahme als Kind ausspricht; bis dahin kann der Antrag zurückgenommen werden,*
2. *der Beschluss, durch den die Annahme ausgesprochen wird, mit der Zustellung unanfechtbar ist und*
3. *die Aufhebung der Annahme nur auf Grund Antrags des Anzunehmenden und des Annehmenden durch das Familiengericht und nur bei Vorliegen eines wichtigen Grundes möglich ist. Die Aufhebung wirkt nur für die Zukunft.*

(2) Der Notar hat uns ferner über die rechtliche Tragweite der Annahme eines Volljährigen als Kind belehrt, insbesondere darüber, dass die Rechte und Pflichten des Angenommenen und seiner Abkömmlinge aus dem Verwandtschaftsverhältnis zu den leiblichen Verwandten durch die Annahme nicht berührt werden und sich die Wirkung der Annahme nicht auf die Verwandten des Annehmenden erstrecken.

(3) Herr ... erlangt durch den Ausspruch der Annahme als Kind des Herrn ... die rechtliche Stellung eines Kindes des Herrn ... (§ 1754 Abs. 2 BGB). Nach der Annahme stehen den Erschienenen wechselseitig gesetzliche Erb- und Pflichtteilsansprüche sowie Unterhaltsansprüche zu. Der Annehmende ist dem Anzunehmenden und dessen Abkömmlingen vor den leiblichen Verwandten des Anzunehmenden zur Gewährung von Unterhalt verpflichtet.

Urkundsausgang

Kosten: *Geschäftswert:* Bestimmung gem. § 36 Abs. 2 GNotKG unter Berücksichtigung des Vermögens und der Einkommensverhältnisse des Annehmenden. Vorgeschlagen wird für den Regelfall ein Schätzwert von 30–50 % des Reinvermögens des Annehmenden, höchstens aber 1 Mio Euro. Gebühr: 1,0 nach Nr. 21200 KV

Checkliste: Zusammenstellung der dem Familiengericht vorzulegenden Urkunden: 62

(nach Grauel in Fassbender/Grauel ua., Notariatskunde, 16. Aufl. 2007, Rz. 804)

Dem Familiengericht müssen für das Annahmeverfahren folgende Urkunden vorgelegt werden; diese sollten bereits von dem antragseinreichenden Notar eingereicht werden:

- ☐ Antrag des Annehmenden auf Annahme als Kind (notarielle Urkunde in Ausfertigung).
- ☐ Einwilligungserklärung des anzunehmenden Kindes (notarielle Urkunde in Ausfertigung).
- ☐ Einwilligungserklärung des Ehegatten des anzunehmenden Kindes, sofern es verheiratet ist (notarielle Urkunde in Ausfertigung).
- ☐ Einwilligungserklärung der Eltern (notarielle Urkunde in Ausfertigung) und/oder Sterbeurkunde, falls ein Teil verstorben ist.
- ☐ Einwilligungserklärung des Ehegatten des Annehmenden (notarielle Urkunde in Ausfertigung).
- ☐ Geburtsurkunde des Annehmenden.
- ☐ Heiratsurkunde der annehmenden Eheleute.
- ☐ Geburtsurkunde des anzunehmenden Kindes.
- ☐ Sofern der Ehegatte des Annehmenden verstorben ist, dessen Sterbeurkunde.
- ☐ Führungszeugnis über die Annehmenden.
- ☐ Ärztliche Zeugnisse (nicht notwendig muss es sich hier um amtsärztliche Zeugnisse handeln) über das anzunehmende Kind und den oder die Annehmenden, zB auch wegen Drogenabhängigkeit; evtl. AIDS-Test (vgl. LG Berlin FamRZ 1989, 427 für Annehmenden; KG FamRZ 1991, 1101 für anzunehmendes Kind).
- ☐ Nachweis der Staatsangehörigkeit des Annehmenden und des Anzunehmenden (einfache Bescheinigung der Ortspolizeibehörde genügt).

➲ **Praxistipp:** Zweckmäßigerweise wird zur Beschleunigung des Verfahrens bei der Annahme Minderjähriger sogleich eine gutachtliche Äußerung der Adoptionsvermittlungsstelle (§ 189 FamFG) oder eine Stellungnahme des Jugendamtes (§ 194 Abs. 1 FamFG) vom Notar dem Familiengericht mit vorgelegt. 63

Kapitel 74 Verwandten-, insbesondere Kindesunterhalt

Literatur: Zur Entwicklung seit dem **UÄndG 2008** (BGBl 2007 I, 3189): *Berringer/Menzel*, MittBayNot 2008, 165; *Borth*, FamRZ 2008, 2; *Borth*, Unterhaltsrechtsänderungsgesetz (UÄndG), 2007; *Ehinger/Griesche/Rasch*, Handbuch Unterhaltsrecht, 7. Aufl. 2014; *Eickelberg*, RNotZ 2009, 1; *Menne/Grundmann*, Das neue Unterhaltsrecht, 2008; *Münch*, Unterhaltsvereinbarungen nach der Reform, 2009; *Palandt/Brudermüller*, BGB, 73. Aufl. 2014, § 1604 ff. BGB; *Reetz*, notar 2008, 108; *Scholz*, FamRZ 2007, 2021; *Soyka*, FamR kompakt 2008 (Sonderdruck); *Strohal/Viefhues*, Das neue Unterhaltsrecht, 2008; *Viefhues*, ZNotP 2008, 17.

Muster: *Bergschneider* in Verträge in Familiensachen, Rz. 296 ff.; *Eickelberg*, Das neue Unterhaltsrecht – Hintergründe, ausgewählte Inhalte und Auswirkungen auf die notarielle Praxis, RNotZ 2009, 1; *Heinemann* in Münch, Familienrecht in der Notar- und Gestaltungspraxis, § 15; *Langenfeld*, Handbuch der Eheverträge, Rz. 839; *Limmer*, Scheidungsvereinbarung mit Erb- und Pflichtteilsverzicht, ZFE 2002, 55; *Münch*, Ehebezogene Rechtsgeschäfte, Rz. 3560 ff.; *Reetz*, notar 2008, 108; *Pfeil* in Göppinger/Börger/Pfeil, Vereinbarungen anlässlich der Ehescheidung, Teil 4.

I. Grundlagen

Rechtsgrundlagen: §§ 1601–1615 BGB; UVG; EStG; BKGG; SGB II, V, VIII, XII; FamFG; ZPO. 1

Auf der Grundlage der bereits seit 1.7.1998 geltenden Regelungen zur Kindschaftsreform (KindRG 2 BGBl. I 1997, 2942), Beistandschaft (Beistandsgesetz BGBl. I 1997, 2846) und zum Kindesunterhalt (KindUG BGBl. 1998, 666) hat das **UÄndG 2008** (BGBl 2007 I, 3189) seit dem 1.1.2008 erhebliche Änderungen in den §§ 1612, 1612a, 1612b BGB und in § 1609 BGB herbeigeführt (Übergangsregelung: § 36 Nr. 4 EGZPO). Wesentlich sind die **(Wieder-)Einführung des Mindestunterhalts**, die **bedarfsorientierte Kindergeldanrechnung** und die **Rangverhältnisse** von Unterhaltsansprüchen.

In der Kautelarpraxis spielen insbesondere folgende Fragestellungen eine bedeutsame Rolle: 3
- Einhaltung der Grenzen zur Vereinbarungsfreiheit über den Kindesunterhalt (§ 1614 BGB),
- Feststellen der Bemessungsgrundlagen für den Kindesunterhalt,
- Feststellung des (angepassten) Mindestunterhalts (früher: Regelbetrag) für berechtigte, minderjährige Kinder,
- Verrechnung/Anrechnung kinderbezogener – staatlicher – Leistungen (Kindergeldanrechnung),
- Möglichkeit der Dynamisierung des Kindesunterhalts,
- Titulierung des Kindesunterhalts, ggf. unter Beachtung der Dynamisierung.

Verfahrensrechtlich stehen für die gerichtliche **Erstfestsetzung des Unterhalts** die Klage vor dem 4 Familiengericht (§§ 232 ff. FamFG) oder im Falle des Kindesunterhalts die schnelle und existenzsichernde **Antragstellung im vereinfachten Verfahren** (zulässig bis zum 1,2 fachen des Mindestunterhalts nach § 1612a Abs. 1 BGB) beim Rechtspfleger des Familiengerichts (§§ 249 ff. FamFG) zur Verfügung. **Sachlich ausschließlich zuständig** für Unterhaltssachen ist das Amtsgericht – Familiengericht (§ 23a Abs. 1 Nr. 1 GVG, §§ 111 Nr. 8, 232 FamFG).

Vollstreckungstitel über den Kindesunterhalt können sein: Endentscheidung eines Gerichts, ge- 5 richtlicher Vergleich (§ 794 Abs. 1 Nr. 1 ZPO), vollstreckbare notarielle Urkunde (§ 794 Abs. 1 Nr. 5 ZPO), für vollstreckbar erklärter Anwaltsvergleich (§ 794 Abs. 1 Nr. 4b ZPO), Gütestellenvergleich (§ 794 Abs. 1 Nr. 1 ZPO), vollstreckbare Schiedssprüche (§ 794 Abs. 1 Nr. 4a ZPO) und Titel im vereinfachten Verfahren (§§ 249 ff. FamFG). §§ 59, 60 SGB VIII gewähren zudem die Möglichkeit, vom Jugendamt einen Unterhaltstitel für Minderjährige und Volljährige bis zum 21. Lebensjahr kostenfrei zu erlangen (sog. **Jugendamtsurkunde**).

Der **Scheidungsantrag** hat nach **§ 133 Abs. 1 Nr. 2 FamFG** eine Erklärung des Antragstellers darü- 6 ber zu enthalten, ob die Eheleute Einvernehmen u.a. über den Kindesunterhalt herbeigeführt haben. Eine Titulierungspflicht, wie sie noch § 630 ZPO a.F. vorsah, ist seit dem 1.9.2009 ersatzlos entfallen.

Liegt ein Vollstreckungstitel vor, gelten zu Gunsten des Gläubigers die Regelungen zur **erweiterten** 7 **Pfändbarkeit** von Arbeitseinkommen (§ 850d ZPO); dies umfasst auch die Vorratspfändung nach § 850d Abs. 3 ZPO.

8 ➲ **Praxistipp:** Vereinbarungen zum Kindesunterhalt sind grundsätzlich nicht beurkundungspflichtig. Eine Beurkundungsbedürftigkeit kann ausnahmsweise im Zusammenhang mit Vereinbarungen zum nachehelichen Unterhalt entstehen, wenn der vereinbarte Kindesunterhalt bei der Bildung der Bemessungsgrundlage des nachehelichen Unterhalts zu berücksichtigen ist (§ 1585c Satz 2 BGB). Eine (Mit)-Beurkundung sollte sicherheitshalber erfolgen, soweit nicht bereits anderweitig ein Titel vorliegt, der verweisfähig ist.

9 **Checkliste: Besonderheiten des Unterhaltsanspruchs**

- ☐ Grundsätzlich **kein Unterhalt für die Vergangenheit, Ausnahmen** (§ 1613 Abs. 1 Satz 1, Abs. 2 BGB):
  - ☐ Aufforderung zur Auskunft,
  - ☐ Verzug,
  - ☐ Rechtshängigkeit,
  - ☐ Sonderbedarf eines zurückliegenden Jahres,
  - ☐ Hinderung an der Geltendmachung des Anspruchs,
- ☐ **kein Verzicht auf Unterhalt** für die Zukunft (§ 1614 Abs. 1 BGB),
- ☐ eingeschränkte Erfüllungswirkung von **Vorausleistungen** (§ 1614 Abs. 2 BGB),
- ☐ grundsätzlich **Pfändbarkeitsausschluss** (§ 850b Abs. 1 Nr. 2 ZPO, vgl. aber § 850b Abs. 2 ZPO),
- ☐ **Aufrechenbarkeitsausschluss** (§ 394 BGB),
- ☐ **Abtretbarkeitsausschluss** (§ 400 BGB),
- ☐ **Verpfändbarkeitsausschluss** (§ 1274 Abs. 2 BGB),
- ☐ Ausschluss der Verjährung **künftiger Ansprüche** (§ 194 Abs. 2 BGB),
- ☐ **Hemmung** der Verjährung bereits entstandener Ansprüche (§ 207 Abs. 1 Nr. 2 BGB),
- ☐ **erweiterte Pfändbarkeit** von Arbeitseinkommen bei der Vollstreckung von Unterhaltstiteln (§ 850d ZPO),
- ☐ **Vollstreckungsprivilegierung** des für Unterhaltszwecke benötigten Einkommens eines Pfändungsschuldners (§§ 850c, 850i Abs. 1 ZPO),
- ☐ **Insolvenz** des Bedürftigen (§§ 100, 209 Abs. 1 Nr. 3 InsO),
- ☐ Ersatz **mittelbaren Schadens** im Deliktsrecht (§ 844 Abs. 2 BGB),
- ☐ strafrechtliche Sanktionierung der **Unterhaltsentziehung** (§ 170 StGB),
- ☐ **Sanktionen** von Unterhaltspflichtverletzungen (§§ 1495 Nr. 2, 1666 Abs. 2, 2333 Nr. 4, 2334 BGB).

II. Anspruchsgrundlage (Unterhaltstatbestand)

1. Allgemeines

10 § 1601 BGB ist **Anspruchsgrundlage** für Unterhaltsansprüche gegenüber Verwandten sowohl der absteigenden als auch der aufsteigenden Linie (s. § 1589 Satz 1 BGB), also der **Eltern** bzw. **Großeltern** gegenüber den **Kindern** bzw. den **Enkeln** sowie Kinder oder Enkel gegenüber den **Eltern** oder **Großeltern** (sog. „Aszendentenunterhalt"; Einzelheiten: Rz. 109 ff.; ausführlich Hauß, Elternunterhalt – Grundlagen und anwaltliche Strategien, Bielefeld 2006). Die Verwandtenunterhaltspflicht besteht also grundsätzlich in beiden Richtungen. Nicht zu den Verwandten in gerader Linie gehören Geschwister; sie sind in der Seitenlinie verwandt. Auch Verschwägerte (§ 1590 BGB) beziehen keinen Verwandtenunterhalt.

11 Der Anspruch auf **Kindesunterhalt** richtet sich gegen **jeden der beiden Elternteile** und findet seine Rechtfertigung ebenfalls in der Verwandtschaft in gerader Linie (§ 1601 BGB), weshalb die Unterhaltspflicht dem Grunde nach – unter den allgemeinen Voraussetzungen der Bedürftigkeit und der Leistungsfähigkeit – lebenslang besteht (BGH FamRZ 1984, 682, 683). Eheliche und nichteheliche Kinder sind gleichgestellt; zudem besteht der Anspruch auch zugunsten eines angenommenen Kindes (vgl. §§ 1754, 1770 BGB). Regelmäßig endet die Unterhaltspflicht bei Eintritt der Volljäh-

rigkeit bzw. mit Beendigung einer angemessenen Ausbildung; in Einzelfällen kann die Unterhaltspflicht darüber hinausgehen.

Anders als im Bereich des nachehelichen Unterhalts geschiedener Ehegatten existieren für den Verwandten- und Kindesunterhalt **keine verschiedenen Unterhaltstatbestände**. Ob beispielsweise die Eltern des Kindes jemals miteinander verheiratet waren oder gar noch miteinander verheiratet sind, ist gleichgültig; die Ehe der Eltern ist nicht Tatbestandsmerkmal des Unterhaltsanspruchs. Ebenso unbeachtlich ist es, ob das Kind bei einem, bei beiden oder bei keinem Elternteil lebt. Bedeutung hat dies allenfalls bei der Bestimmung der Unterhaltshöhe, der Bedarfsbemessung, der Art der Unterhaltsgewährung, der Unterhaltsbestimmung und der Haftungsverteilung. Als Regulativ wirken **Bedürftigkeit** und **Leistungsfähigkeit**. 12

Anders als beim nachehelichen Unterhalt gibt es beim Verwandtenunterhalt **keine Einsatzzeitpunkte**, dh. ein mangels Bedürftigkeit wegfallender Anspruch kann bei erneuter Bedürftigkeit jederzeit wieder aufleben. 13

2. Minderjährige und volljährige Kinder

Im Bereich des Kindesunterhalts bestehen zwischen dem Unterhaltsanspruch **minderjähriger** und **volljähriger Kinder** gravierende Unterschiede; sie ergeben sich aus den §§ 1602 Abs. 2, 1603 Abs. 2, 1606 Abs. 3 Satz 2, 1609 Abs. 1 und 2, 1611 Abs. 2, 1612 Abs. 2 Satz 3, 1612a Abs. 1 BGB. Der Anspruch des minderjährigen Kindes hat den besseren Rang (§ 1609 Nr. 1 BGB). Das minderjährige Kind muss sein Vermögen zur Deckung seines Unterhalts nicht einsetzen, solange die Eltern leistungsfähig sind (§ 1603 Abs. 2 Satz 2 BGB). 14

Die unterschiedliche Ausgestaltung des Unterhaltsanspruchs der **minderjährigen** und **volljährigen Kinder** (zu Einzelheiten s. Rz. 80 ff.) beseitigt nicht dessen grundsätzliche **Identität**; prozessual handelt es sich auch beim Übergang vom Unterhalt für das minderjährige zum Unterhalt für das volljährige Kind um denselben Streitgegenstand (BGH FamRZ 1984, 682, 683). Die Identität ist für Abänderungsverfahren von Bedeutung. In der notariellen Praxis sollten Vereinbarungen zum Kindesunterhalt nicht zeitlich begrenzt werden, zB bis zur Volljährigkeit. Änderungen sind stets Abänderungsfälle. 15

Checkliste: Anspruchsaufbau zum Kindesunterhalt 16

(nach FA-FamR/Gerhardt, VI R. 106):

- ☐ **Anspruchsgrundlage – Tatbestand (§§ 1601, 1602 BGB),**
- ☐ **Bedürftigkeit des Berechtigten (§ 1602 BGB),**
  - ☐ minderjähriges Kind (§ 1602 Abs. 1, 2 BGB),
  - ☐ volljähriges Kind (§ 1602 Abs. 1 BGB),
- ☐ **Unterhaltshöhe (§§ 1610, 1612a BGB),**
  - ☐ Bedarfsbemessung (§§ 1610 Abs. 1 und 2, 1612a BGB),
  - ☐ Unterhaltsart, Bar- oder Naturalunterhalt, (§ 1612 Abs. 1 BGB),
  - ☐ Unterhaltsbestimmungsrecht (§ 1612 Abs. 2 BGB),
  - ☐ Haftung des einzelnen Elternteils (§ 1606 Abs. 3 BGB),
- ☐ **Leistungsfähigkeit des Verpflichteten (§ 1603 BGB),**
  - ☐ gegenüber minderjährigem Kind (§ 1603 Abs. 2 BGB),
  - ☐ gegenüber volljährigem Kind (§ 1603 Abs. 1 BGB),
- ☐ **Mögliche Zusatzfragen**
  - ☐ Rückständiger Unterhalt (§ 1613 Abs. 1 BGB),
  - ☐ Rangfragen und Mangelfall (§§ 1609, 1615 Abs. 1 und 3 BGB),
  - ☐ Unterhaltsrechtlicher Auskunftsanspruch (§ 1605 BGB),
  - ☐ Verwirkung (§ 1611 BGB),
  - ☐ Unterhaltsverzicht (§ 1614 BGB).

III. Anspruchsvoraussetzungen

1. Unterhaltsbedarf

a) Allgemeines, Mindestbedarf, Bedarfssätze

17 Unterhaltsberechtigt ist der Verwandte/das Kind dann, wenn er/es außerstande ist, sich selbst zu unterhalten, also seinen Bedarf aus eigenen Mitteln zu decken. Der Unterhaltsbedarf des Verwandten (also auch des Kindes) umfasst dabei grundsätzlich den **gesamten Lebensbedarf**, wie er sich aus dessen Lebensstellung ergibt, § 1610 Abs. 1 und 2 BGB.

18 **Verwandte der aufsteigenden Linie** haben grundsätzlich eine eigene Lebensstellung; sie leiten diese nicht vom Unterhaltsverpflichteten ab. Bei Unterhaltsansprüchen pflegebedürftiger Großeltern oder Eltern gegenüber den eigenen Enkeln oder Kindern ist regelmäßig von den tatsächlichen Heim- und Pflegekosten auszugehen. Enkel hingegen haben keine eigenständige Lebensstellung und leiten daher ihre Lebensstellung von der ihrer Eltern ab. Der gesetzliche Mindestbedarf (vgl. § 1612a BGB) ist somit auch maßgebend, wenn ausnahmsweise die Enkel ihre Großeltern in Anspruch nehmen (müssen); ein etwaiges Berufen auf deren gehobenere Lebensstellung ist hingegen nicht möglich (LG München FamRZ 1982, 1116).

19 Der **Bedarf des (minderjährigen) Kindes**, der zugleich den Höchstbetrag des zu fordernden Unterhalts beschreibt, umfasst den **gesamten Lebensbedarf**, der inhaltlich die Kosten der **Erziehung**, der angemessenen und **begabungsbezogenen Berufsausbildung**, die Kosten für Unterkunft, Verpflegung, Kleidung, Ferien, Krankenfürsorge sowie musische und sportliche Interessen (BGHZ 175, 182 – vgl. auch § 1610 Abs. 1 und 2 BGB) umfasst. Der Bedarf des Minderjährigen wird dabei geprägt durch sein „**Kindsein**". Das minderjährige Kind hat (noch) keine eigene Lebensstellung, es leitet sie deshalb vollständig von der Lebensstellung, also den Einkommens- und Vermögensverhältnissen der Eltern ab (BGH FamRZ 2002, 536, 539). Lebt das Kind bei einem Elternteil, richtet sich sein Bedarf allein nach dem Einkommen des barunterhaltspflichtigen und nicht betreuenden Elternteils. Der andere Elternteil leistet einen gleichwertigen Unterhalt durch Pflege und Erziehung des Kindes, § 1606 Abs. 3 Satz 2 BGB.

20 **Betreuungsbedarf** (= Betreuungsunterhalt, also Naturalleistung) kommt dabei nur beim minderjährigen Kind in Betracht, weil das volljährige Kind keine Betreuung mehr benötigt (§ 1606 Abs. 3 Satz 2 BGB). Betreuungsbedarf besteht allerdings auch für den volljährigen Schüler bis 21 Jahre, der noch im Haushalt eines Elternteils lebt.

21 Der **Mindest(bar)bedarf** (= Mindestunterhalt in Geld) des minderjährigen Kindes ist als Begriff seit dem 1.1.2008, also dem Inkrafttreten des UÄndG 2008, in § 1612a Abs. 1 S. 2 BGB **(wieder-)eingeführt** und systematisch in den Regelungszusammenhang der Dynamisierungsvorschriften (§ 1612a BGB) gestellt worden. Bis zum 30.6.1998 war der Mindestunterhalt in § 1610 Abs. 3 BGB geregelt; dann war er für 10 Jahre „wegreformiert" (s. hierzu Rz. 86).

22 **Bedarfsmindernd** ist das **staatliche Kindergeld** zu verwenden (§ 1612b BGB, s. hierzu Rz. 96 f.). Schließlich muss sich der Minderjährige auch die eigenen Einkünfte bedarfsdeckend – anteilig – anrechnen lassen (§ 1602 Abs. 1 BGB); hierfür gilt die **Anrechnungsmethode**. Solche Einkünfte können beispielsweise die Lehrlingsvergütungen, Zinsen oder sonstige Vermögenseinkünfte sein. Erwerbseinkünfte sind zu bereinigen.

23 Während der Ableistung eines **freiwilligen sozialen oder ökologischen Jahres** nach dem JFDG entfällt die Bedürftigkeit des volljährigen Kindes. Das gilt nicht nur dann, wenn der Bedarf – wie ehedem beim Wehr- und Zivildienst – durch Unterkunft, Verpflegung und Gewährung eines Taschengeldes gedeckt ist (vgl. OLG München FamRZ 2002, 1425). Eine Unterhaltspflicht besteht nur ausnahmsweise, wenn es sich um die Ableistung des (Berufs vorbereitenden) freiwilligen sozialen Jahres mit begründeter Aussicht auf einen Ausbildungsplatz handelt (BGH FamRZ 2011, 1560; OLG Schleswig SchlHA 2008, 125) oder wenn das Einverständnis der Eltern vorliegt (OLG Stuttgart FamRZ 2007, 1353).

24 Die Praxis entnimmt die **Unterhaltsbedarfssätze** den einschlägigen Unterhaltsrechtlichen Leitlinien der Oberlandesgerichte (vgl. zB Düsseldorfer Tabelle [**„DT"**], Stand 1.1.2015), und zwar gestuft

nach Einkommens- und Altersstufen (s. zur Anwendung der DT Rz. 86 ff.). Die Unterhaltsbedarfsätze der DT umfassen **keine Beiträge zur Kranken- und Pflegeversicherung** sowie Studiengebühren (Anm. A.9 zur DT). Ist das Kind ausnahmsweise nicht in der gesetzlichen Familienversicherung mitversichert (§ 10 Abs. 2 Nr. 1 SGB V), ist der barunterhaltspflichtigen Elternteil verpflichtet, diesen Bedarf seines Kindes (§ 1610 Abs. 2 BGB) **zusätzlich und in voller Höhe** sicherzustellen. Der verpflichtete Elternteil ist wiederum zum Vorwegabzug berechtigt (Wendl/Klinkhammer, Unterhaltsrecht, § 2 Rz. 215). In einer Unterhaltsvereinbarung sollten die verschiedenen Bestandteile des einheitlichen Unterhaltsanspruchs möglichst erkennbar und deutlich gemacht werden.

Für die Bemessung des **Bedarfs eines im Ausland lebenden unterhaltsberechtigten Kindes** werden in Rechtsprechung und Literatur zwei unterschiedliche Methoden angewandt. Die eine benutzt zur Anpassung des Bedarfs an die in Deutschland herrschenden Verhältnisse die Ländergruppeneinteilung des Bundesfinanzministeriums, die andere die vom Statistischen Bundesamt herausgegebenen Werte zur Verbrauchergeldparität (vgl. OLG Hamm NJW 2008, 2049 und OLG Koblenz FamRZ 2007, 1592 f.); ggfs. können Mittelwerte herangezogen werden. 25

b) Mehrbedarf (regelmäßige voraussehbare Mehrkosten)

In den Tabellensätzen der „DT" (Stand: 1.1.2015 – www.olg-duesseldorf.nrw.de; s. auch Rz. 86 ff.) sind über den Mindestbedarf hinausgehende, regelmäßig wiederkehrende und voraussehbare (und somit kalkulierbare) Mehrkosten wie zB bei Unterbringung in einer Privatschule, einem Internat, der Gewährung von Nachhilfeunterricht oder die Kosten für den Ausgleich einer Behinderung des Kindes nicht enthalten (vgl. BGH NJW 2008, 2337). Solche **regelmäßigen und voraussehbaren Kosten ergeben Mehrbedarf.** Solcher Mehrbedarf kann unterhaltserhöhend angesetzt werden, wenn die kostenverursachende Maßnahme sachlich begründet ist (zB Besuch einer Privatschule wegen zu schlechter Leistungen in der öffentlichen Schule, BGH FamRZ 1983, 48) oder beide Elternteile mit den Mehrkosten einverstanden sind. Stehen pädagogische, schulische oder krankheitsbedingte Gründe (zB Lernbehinderung) im Vordergrund, handelt es sich regelmäßig um Fälle von Mehrbedarf. 26

Für jeden Mehrbedarf des Kindes sind **beide Elternteile anteilig** – nicht etwa gesamtschuldnerisch – heranzuziehen (§ 1606 Abs. 3 BGB), soweit beide leistungsfähig sind. Im Einzelfall kann es schwierig sein, den Mehrbedarf des Kindes von berufsbedingten Aufwendungen des kinderbetreuenden, erwerbstätigen Elternteils abzugrenzen (OLG Nürnberg NJW-RR 2004, 654) oder die anteilige Haftung der Eltern festzustellen. Hier können vertragliche Regelungen zwischen den Eltern abhelfen, in denen sich insbesondere großzügige, abweichende Regelungen von der anteiligen Haftung festlegen lassen. Mehrbedarf sollte aus Gründen der Bestimmtheit in Unterhaltsvereinbarungen nicht in den regelmäßigen Kindesunterhalt einberechnet werden. 27

Häufig werden minderjährige Kinder, die noch nicht die allgemeinbildende Schule besuchen und nicht zu Hause betreut werden (können), in einer **Kindertagesstätte**, einem **Kindergarten**, einer vergleichbaren Einrichtung oder nach einem sonstigen Modell **„fremdbetreut"**. Die Fremdbetreuung (gerade auch nachmittags, nach dem Schulbesuch) ist gesellschaftspolitisch gewollt und wesentlicher Bestandteil der Unterhaltsrechtsreform 2008 (s. § 1570 Abs. 1 BGB). Damit stellt sich die Folgefrage, wer die **Kosten der Fremdbetreuung**, also Beiträge für einen Betreuungsplatz bzw. die von den Eltern gewählte kindgerechte Betreuung zu tragen hat und welche **Betreuungsmodelle** unterhaltsrechtlich gleich zu behandeln sind. Nach zunächst schwankender Ansicht des BGH (vgl. FamRZ 2009, 962) sind die **für den Kindergartenbesuch anfallenden Beiträge** bzw. vergleichbare Aufwendungen für die Betreuung eines Kindes in einer kindgerechten Einrichtung als **Mehrbedarf des Kindes** zu verstehen und nicht, auch nicht zum Teil, im Tabellenunterhalt nach der „DT" enthalten. Anderes gilt hingegen für die in den Betreuungskosten möglicherweise enthaltenen **Verpflegungskosten**; sie sind im Tabellenunterhalt enthalten. 28

M 74.1 Mehrbedarf neben dem Regelbedarf

(...) Zusätzlich zu dem vorbezeichneten Unterhalt (Tabellenunterhalt), verpflichtet sich Herr ... für sein Kind ... zunächst bis zur Einschulung in die Regelschule, also bis einschließlich ... 20... einen zweckgebundenen Unterhaltsbetrag wegen Mehrbedarfs für die Beiträge zur ganztägigen Betreuung in der Kindertagesstätte bis zu einer Höhe von monatlich ... Euro als statischen Zuschlag zum Fälligkeitszeitpunkt (des regelmäßigen Unterhalts) zu zahlen. Dieser Zuschlag bleibt auch im Falle einer Abänderung des regelmäßigen Unterhalts unverändert. Eine Ausgleichspflicht der Mutter entsprechend einer eventuell bestehenden anteiligen Haftung besteht nicht. Frau ... verpflichtet sich, Herrn ... unverzüglich zu unterrichten, wenn sich die Kindertagesstätten-Beitragspflicht vermindert oder ganz wegfällt.

oder:

(...) Zusätzlich zu dem vorbezeichneten Unterhalt (Tabellenunterhalt), verpflichtet sich Herr ... für sein Kind ... bis zu dessen Volljährigkeit einen zweckgebundenen Unterhaltsbetrag wegen Mehrbedarfs für den Klavierunterricht bis zu einer Höhe von monatlich ... Euro als statischen Zuschlag zum Fälligkeitszeitpunkt (des regelmäßigen Unterhalts) zu zahlen. Dieser Zuschlag bleibt auch im Falle einer Abänderung des regelmäßigen Unterhalts unverändert und umfasst den gesamten Mehrbedarf; eine Ausgleichspflicht des anderen Elternteils entsprechend einer eventuell bestehenden anteiligen Haftung besteht nicht. Frau ... verpflichtet sich, Herrn ... unverzüglich zu unterrichten, wenn ... (= Kind) am Klavierunterricht nicht mehr teilnimmt oder der Mehrbedarf aus anderem Grund wegfällt.[1]

1 Mehrbedarf sollte in der Titulierung nach § 794 Abs. 1 Nr. 5 ZPO als solcher ausgewiesen und aufgenommen werden.

c) Sonderbedarf (unregelmäßiger außergewöhnlicher Bedarf)

29 Im Gegensatz zum Mehrbedarf, bei dem es sich um regelmäßig anfallende erhöhte Kosten handelt, liegt nach § 1613 Abs. 2 Nr. 1 BGB **Sonderbedarf** bei **unregelmäßigem außergewöhnlich hohen Bedarf** vor, dh. bei einmalig auftretenden Zahlungen. Es muss sich um einen Bedarf handeln, der überraschend und der Höhe nach nicht abschätzbar ist. **Sonderbedarf ist ein Ausnahmefall.** Wie beim Mehrbedarf haften die Eltern für ihn anteilig nach § 1606 Abs. 3 Satz 1 BGB (BGH FamRZ 1998, 286, 288). Typische Beispiele für einen Sonderbedarf sind Säuglingserstausstattung (BVerfG FamRZ 1999, 1342; OLG Koblenz NJW-RR 2009, 130), unvorhergesehene Krankheitskosten oder kieferorthopädische Behandlung (OLG Köln ZFE 2011, 31; OLG Frankfurt FamRZ 2011, 570), Anschaffung eines Behindertenfahrzeugs, Kosten einer Klassenfahrt (OLG Köln FamRZ 1999, 531). Bei den Kosten für einen USA-Aufenthalt in der Jahrgangsstufe 11 sind jedenfalls kein notwendiger Sonderbedarf, dessen Finanzierung trotz Sinnhaftigkeit des Aufenthalts bei normalen Einkommensverhältnissen verlangt werden kann (OLG Schleswig NJW 2006, 1601). Bei Nachhilfestunden kommt es darauf an, ob sie regelmäßig (= Mehrbedarf) oder unregelmäßig (= Sonderbedarf) erteilt werden. Die Kosten einer Konfirmation und Kommunion sind vorhersehbar und deshalb kein Sonderbedarf (BGH NJW 2006, 1509).

2. Bedürftigkeit des Berechtigten

30 **Bedürftigkeit** (§ 1602 BGB) bedeutet das Unvermögen, den Bedarf aus eigenen Kräften und Mitteln ganz oder teilweise decken zu können (zB wegen **Vermögenlosigkeit**, **Einkommenslosigkeit**; **Erwerbsunfähigkeit**). Im Bereich des Erwachsenenunterhalts ist vorhandenes Vermögen des Berechtigten grundsätzlich zu verwerten, sofern dies nicht völlig unwirtschaftlich ist oder ein kleiner Kapitalbetrag als Notgroschen zurückgelegt ist (regelmäßige Orientierung am Schonvermögen nach § 90 Abs. 2 Nr. 9 SGB XII (BGH FamRZ 2006, 935 m. Anm. Hauß).

31 **Freiwillige Zuwendungen Dritter** mindern die Bedürftigkeit nicht für die Zukunft, auf sie besteht kein Anspruch und sie können jederzeit von dem Zuwendenden eingestellt werden.

Da das **minderjährige Kind** (§§ 1602 Abs. 1, 11 BGB) noch keine eigene Lebensstellung und regelmäßig auch keine eigenen Einkünfte hat, ist es grundsätzlich in Höhe seines gesamten Lebensbedarfs (§ 1610 Abs. 2 BGB) bedürftig. Ausnahmen gelten für die Behandlung des Kindergeldes. Die Handhabung der OLG zur Bemessung des Unterhaltsbedarfs und Feststellung der Bedürftigkeit ist dennoch unterschiedlich. Ist ausnahmsweise **eigenes Einkommen des Kindes** vorhanden, mindert dieses seinen Unterhaltsbedarf (§ 1602 Abs. 1 BGB), sofern es sich nicht um Einkommen aus überobligationsmäßiger Tätigkeit handelt (vgl. BGH FamRZ 1995, 475). Einkommen des Kindes können **Ausbildungsvergütung** (BGH FamRZ 1988, 159), Zinsen, sonstige Vermögenseinkünfte usw. sein. Ausbildungs-(Lehrlings-)Vergütung ist vorab um einen ausbildungsbedingten Mehrbedarf bzw. berufsbedingte Aufwendungen zu bereinigen (unterschiedliche Handhabung der OLG). Für die bedarfsmindernde, rechnerische Berücksichtigung des (bereinigten) Nettoeinkommens des Kindes gilt die **Anrechnungsmethode** (vgl. BGH NJW 2006, 57). Ein Kind, das seine Berufsausbildung abgeschlossen hat, muss auch berufsfremde oder unterhalb seiner gewohnten Lebensstellung liegende, „nicht angemessene" Tätigkeiten aufnehmen. Einkünfte aus unzumutbarem Erwerb werden analog § 1577 Abs. 2 BGB behandelt (BGH FamRZ 1995, 475). Verdienste aus einer Nebentätigkeit zur Aufbesserung des Taschengeldes, zB Zeitungsaustragen, werden nicht angerechnet. Auch die **Ferienarbeit** ist grundsätzlich eine überobligationsmäßige Tätigkeit (BGH FamRZ 1995, 475). Stipendien sind ebenfalls grundsätzlich bedarfsmindernd anzurechnen (OLG Koblenz NJW-RR 1992, 389). 32

Seinen **Vermögensstamm** braucht das minderjährige Kind hingegen nach § 1602 Abs. 2 BGB nicht zu verwerten, es sei denn, die Eltern sind leistungsunfähig (§ 1603 Abs. 2 Satz 3 BGB). 33

➲ **Praxistipp:** Bei einem Minderjährigen wird dessen bereinigtes Nettoeinkommen je zur Hälfte mit dem Bar- und Naturalunterhalt verrechnet. Bei einem Volljährigen mindert das bereinigte Nettoeinkommen in voller Höhe (ggfs. bereinigt um berufsbedingte Aufwendungen) den Unterhaltsbedarf. 34

Bei einem **volljährigen Kind** (§§ 1602 Abs. 1, 1610 Abs. 2 BGB; s. ausführlich Rz. 80 ff.) ist die unterhaltsrechtliche Bedürftigkeit regelmäßig nur solange gegeben, wie es sich in Ausbildung befindet (der begabungsbezogene Ausbildungsanspruch nach § 1610 Abs. 2 BGB ist besonders praxisrelevant). 35

Checkliste: Unterhaltsvorschuss und Unterhaltsvorschussgesetz (UVG) 36

Ein öffentlich-rechtlicher Anspruch auf Unterhaltsvorschuss besteht für Kinder, die:

☐ noch nicht zwölf Jahre sind (§ 1 Abs. 1 Nr. 1 UVG),

☐ bei einem Elternteil leben, der ledig, verwitwet, geschieden ist oder dauernd getrennt lebt (§ 1 Abs. 1 Nr. 2 UVG),

☐ keinen oder keinen regelmäßigen Unterhalt vom anderen Elternteil oder zu geringe Waisenbezüge erhalten (§ 1 Abs. 1 Nr. 3 UVG),

Anspruchsgewährung:

☐ längstens für 72 Monate (§ 3 UVG),

☐ in Höhe des sich jeweils nach § 1612a Abs. 1 Satz 3 Nr. 1 oder 2 BGB ergebenden monatlichen Mindestunterhalts (§ 2 UVG),

☐ gesetzlicher Forderungs- und Auskunftsanspruchsübergang gegen den Unterhaltsschuldner auf das Land (§ 1605 BGB; § 7 Abs. 1 Satz 1 UVG),

☐ für die Vergangenheit (§ 7 Abs. 2 UVG).

Da Unterhaltsvorschussleistungen grundsätzlich **subsidiär** erbracht werden, sind sie kein anrechenbares Einkommen des Kindes.

Checkliste: Bedürftigkeit und Sozialhilfe 37

Die Sozialhilfe hebt die unterhaltsrechtliche Bedürftigkeit (§ 1602 BGB) grundsätzlich nicht auf, **Sozialhilfe ist nachrangig** (§ 2 Abs. 1 SGB XII). Wird Sozialhilfe geleistet, gehen der fortbestehende Unterhaltsanspruch und der unterhaltsrechtliche Auskunftsanspruch (§ 1605 BGB) nach § 2 Abs. 2 SGB XII im Wege der **Legalzession** auf den Träger der Sozialhilfe über (sozialhilferechtlicher Unterhaltsregress – § 94 Abs. 1 Satz 1 SGB XII). Der Regress ist ausgeschlossen:

- ☐ für Unterhaltsansprüche gegen Verwandte ersten Grades einer Person, die schwanger ist oder ihr leibliches Kind bis zur Vollendung seines sechsten Lebensjahres betreut (§ 94 Abs. 1 Satz 4 SGB XII),
- ☐ wenn der Unterhaltsschuldner selbst sozialhilfeberechtigt ist oder bei Erfüllung des Anspruchs würde (§ 94 Abs. 3 Satz 1 Nr. 1 SGB XII),
- ☐ wenn der Übergang des Anspruchs eine unbillige Härte bedeuten würde (§ 94 Abs. 3 Satz 1 Nr. 2 SGB XII),
- ☐ bei Ansprüchen volljähriger Behinderter oder Pflegebedürftiger gegen ihre Eltern,
- ☐ wenn die unterhaltspflichtige Person mit der leistungsberechtigten Person vom zweiten Grad an verwandt ist (§ 94 Abs. 1 Satz 3 Halbs. 1 SGB XII),
- ☐ bei Leistungen der Grundsicherung nach §§ 41 ff. SGB XII im Alter und bei Erwerbsminderung (§ 94 Abs. 1 Satz 3 Halbs. 2 SGB XII).

38 **BAföG** unterscheidet sich – in vielen Fällen, aber nicht zwingend – von den Sozialhilfeleistungen durch den **Darlehenscharakter** und die fehlende Subsidiarität zum Unterhaltsanspruch. Lediglich § 37 BAföG (Vorausleistung) sieht den Übergang des Unterhaltsanspruchs vor. Dies jedoch nur, soweit auf den Bedarf des Auszubildenden Einkommen und Vermögen der Eltern anzurechnen sind, die Eltern aber Unterhalt nicht gewähren. Wenn und soweit die Unterstützung nach BAföG nur und **ausschließlich als Darlehen** gewährt wird, entfällt die unterhaltsrechtliche Bedürftigkeit nicht (§ 37 Abs. 1 Satz 3 BAföG – BGH FamRZ 1985, 916; OLG Hamm, FamRZ 1987, 91, 92). Wer nicht verpflichtet ist, sein Vermögen anzugreifen, muss erst recht keine Schulden machen. Erhält das Kind BAföG, das nicht zurückgezahlt werden muss (zB sog. **Schüler-BAföG**), sind solche Leistungen bedarfsmindernd anzusetzen (OLG Dresden FamRZ 2007, 1477); das gilt auch soweit die Leistungen nur zur Hälfte als Zuschuss und als Darlehen erbracht werden (**Regelleistung nach § 17 Abs. 2 BAFöG**; BGH NJW 1985, 2331). Im Einzelfall kann sich wegen der günstigen Rückzahlungs- und Zinssituation sogar eine unterhaltsrechtliche Obliegenheit ergeben, Leistungen nach dem BAföG in Anspruch zu nehmen (vgl. OLG Schleswig FamRZ 2006, 571; s. auch OLGR Karlsruhe 2009, 280).

3. Unterhaltshöhe

39 Für die Feststellung der konkreten Unterhaltshöhe ist zunächst zu ermitteln, welcher Unterhalt dem Berechtigten nach seinem Bedarf zusteht; wobei der Gesetzgeber seit dem 1.1.2008 (wieder) einen gesetzlich geschuldeten Mindestunterhalt festgesetzt hat (§§ 1610 Abs. 1 und 2, 1612a Abs. 1 BGB; Hilfsmittel: Unterhaltstabellen, Unterhaltsleitlinien).

a) Bedarfsbemessung

40 Für das **minderjährige Kind**, das noch keine eigene Lebensstellung hat, bestimmt sich das Maß des Unterhalts nach der Lebensstellung der Eltern. Es kommt damit auf die **Einkommens- und Vermögensverhältnisse der Eltern** an (BGH FamRZ 1996, 160). Bei einer Trennung der Eltern richtet sich die Höhe des Barunterhalts allein nach den Einkommensverhältnissen des barunterhaltspflichtigen Elternteils (BGH FamRZ 2000, 358); das gilt auch, soweit der obhutsberechtigte Elternteil über eigene, nicht unwesentliche Einkünfte verfügt. Von einer eigenen **Lebensstellung des volljährigen Kindes** ist bei abgeschlossener Ausbildung auszugehen (zur Bedarfsbemessung der Eltern gegenüber ihren Kindern s. Rz. 110 f.).

41 Der **„angemessene“ Barunterhalt** (§ 1610 Abs. 1 BGB) wird zur möglichst gleichmäßigen Behandlung pauschal als Regelbedarf nach Tabellen festgelegt (BGH FamRZ 2000, 358). Die **Höhe des geschuldeten Barunterhalts** richtet sich allein nach dem sog. **bereinigten Nettoeinkommen** des barunterhaltspflichtigen Elternteils (s. hierzu Rz. 74).

42 Zur konkreten Bemessung der Höhe des Unterhalts wird die **Düsseldorfer Tabelle („DT“)** herangezogen, der weder Gesetzes- noch Verordnungskraft zukommt. Sie stellt Richtlinien für die praktische und gleichmäßige Gesetzesanwendung dar (zur Anwendung der Tabellen und Dynamisierungsvorschriften s. Rz. 86 ff.).

b) Unterhaltsart (Bar- oder Naturalunterhalt) und Unterhaltsbestimmungsrecht

Die Unterhaltsgewährung (§ 1612 Abs. 1 BGB) erfolgt durch Zahlung einer Geldrente (**Barunterhalt**) und/oder als **Natural-(Betreuungs-)unterhalt** durch Pflege, Erziehung, Ausbildung, freie Kost, Unterbringung, Kleidung etc. 43

Das **Unterhaltsbestimmungsrecht** der sorgeberechtigten Eltern eines unverheirateten, minderjährigen Kindes, bei dessen Ausübung auf dessen Belange die gebotene Rücksicht zu nehmen ist, regelt § 1612 Abs. 2 Satz 1 BGB. Leben die Eltern und das berechtigte Kind in einem Haushalt, erfolgt die Unterhaltsgewährung durch Leistung von Naturalunterhalt (§ 1612 Abs. 2 BGB). Ist das Kind in den Haushalt des nicht sorgeberechtigten Elternteils aufgenommen, übt dieser für diesen Zeitraum jedenfalls das **Bestimmungsrecht** aus (OLG Stuttgart FamRZ 1991, 595). Leben die Eltern getrennt, liegt das Bestimmungsrecht bei dem obhutsberechtigten Elternteil; der nicht obhutsberechtigte (aber sorgeberechtigte) Elternteil kann das Bestimmungsrecht nicht gegen den Willen des anderen ausüben (OLG Stuttgart FamRZ 1982, 837; zum Begriff der Obhut s. Rz. 58). Der Anspruch auf Barunterhalt entfällt, wenn die Eltern den Unterhalt wirksam auf Naturalleistung festgelegt haben. Liegt keine wirksame Unterhaltsbestimmung vor, so ist nach § 1612 Abs. 1 BGB eine Geldrente zu zahlen. Das Kind kann die elterliche Entscheidung durch das Familiengericht überprüfen lassen (§ 1612 Abs. 2 Satz 2 BGB). 44

Gegenüber dem **volljährigen Kind** besteht grundsätzlich Barunterhaltspflicht mit anteiliger Haftung der Eltern nach dem Grundsatz der Leistungsfähigkeit gem. § 1606 Abs. 3 Satz 1 BGB (s. Rz. 46 ff. und 80 ff.).

Für beide Elternteile kommt ausnahmsweise eine **anteilige Barunterhaltspflicht** und damit ein Abrücken von dem Grundsatz, dass ein Elternteil ausschließlich Betreuungs- und der andere ausschließlich Barunterhalt leistet, in Frage, wenn sie sich in der Form des sog. „**Wechselmodells**" die Betreuung des gemeinsamen Kindes aufteilen (vgl. BGH FamRZ 2007, 707; BGH FamRZ 2006, 1015; OLG Düsseldorf NJW-RR 2000, 74; s. auch unten Rz. 58). Ein anerkennungsfähiges Wechselmodell liegt indes nur dann vor, wenn die Eltern sich in der Betreuung eines Kindes derart abwechseln, dass jeder von ihnen **etwa die Hälfte der Versorgungs- und Erziehungsaufgaben** auch tatsächlich wahrnimmt (ähnlich und noch aufwendiger das sog. „**Nestmodell**"). Das Wechselmodell hat sodann auf die Bedarfsbemessung Einfluss. Soweit beide Elternteile leistungsfähig sind, kann der Bedarf des Kindes wie bei Volljährigen aus der Summe der Einkommen berechnet werden (s. hierzu Rz. 81). Hinzuzurechnen sind die Mehrkosten (zB Wohn- und Fahrtkosten), die dadurch entstehen, dass das Kind nicht nur in einer Wohnung, sondern in getrennten Haushalten versorgt wird (beim Nestmodell sind dies die Mehrkosten für die Nestwohnung) und die nicht in der DT berücksichtigt sind. Ggf. ist der Bedarf konkret oder durch Zurechnungen zu ermitteln und die Unterhaltslast sodann anteilig auf beide Elternteile zu verteilen (§ 1606 Abs. 3 BGB). Für den so ermittelten Bedarf haben die Eltern anteilig nach ihren Einkommensverhältnissen und unter Berücksichtigung der erbrachten Naturalunterhaltsleistungen aufzukommen (BGH NJW 2006, 2258). 45

c) Haftung des einzelnen Elternteils

Die Eltern schulden Unterhaltsleistungen an ihre Kinder grundsätzlich anteilig nach ihren Erwerbs- und Vermögensverhältnissen (§ 1606 Abs. 3 BGB). Sie sind **keine Gesamtschuldner** und haften für den Unterhalt auch **nicht hälftig**. Der **betreuende Elternteil** eines minderjährigen Kindes erbringt grundsätzlich seinen Anteil der Unterhaltsgewährung in Form des **Betreuungsunterhalts**, § 1606 Abs. 3 Satz 2 BGB (vgl. Erman/Hammermann § 1606 Rz. 9 ff.). Der nicht betreuende Elternteil hat als Geldrente **Barunterhalt** zu leisten, § 1612 Abs. 1 BGB). Hierbei ist der Betreuungsunterhalt, ohne Beurteilung seiner Güte in Einzelfall, immer **gleichwertig** und **gleichrangig** zum Barunterhalt. Von einer Gleichwertigkeit der Leistungen ist ausnahmsweise nicht auszugehen, wenn das Einkommen des Betreuenden das des anderen Elternteils wesentlich übersteigt. Lebt das minderjährige Kind mit deren Zustimmung ausnahmsweise nicht im Haushalt der Eltern oder in der Obhut eines Elternteils (Internat, Pflegefamilie), sind beide Elternteile anteilig barunterhaltspflichtig. Ausnahmen gelten auch im sog. „**Wechsel- und Nestmodell**" (s. Rz. 45). 46

47 Das **volljährige oder verheiratete Kind** bedarf keiner Betreuung, so dass beide Eltern Barunterhalt schulden, unabhängig davon, wo das Kind lebt.

4. Leistungsfähigkeit des Verpflichteten

48 Der Unterhaltsschuldner muss in der Lage sein, den Unterhaltsbedarf ohne Gefährdung des eigenen angemessenen Unterhalts zu bezahlen (§ 1603 Abs. 1 BGB), dh. er muss leistungsfähig sein. Die **Leistungsfähigkeit** bestimmt sich grundsätzlich nach dem tatsächlich vorhandenen Einkommen des Unterhaltsschuldners (BGH FamRZ 1998, 357) und ggf. auch danach, was der Unterhaltspflichtige bei gutem Willen durch zumutbare Erwerbstätigkeit erzielen könnte. Wer kein Einkommen hat, ist nicht leistungsfähig. Leistungsfähig ist jedoch derjenige, der seine Einkommensquelle schuldhaft verloren hat. Eine **erhöhte Leistungsverpflichtung** besteht gegenüber Minderjährigen und Schülern iSd. § 1603 Abs. 2 Satz 2 BGB, nämlich der Einsatz aller verfügbaren Mittel und eine **erweiterte Erwerbsobliegenheit**. Gegenüber minderjährigen Kindern ist eine an sich unzumutbare Beschäftigung nicht zwangsläufig überobligationsmäßig (vgl. BGH FamRZ 1981, 1159). Ein Wechsel des Arbeitsplatzes als erweiterte Erwerbsobliegenheit ist allerdings nicht anzunehmen, wenn der Verpflichtete im Einzelfall nach langer Arbeitslosigkeit unter Inkaufnahme ungünstiger Arbeitsbedingungen vollschichtig arbeitet, persönliche Bindungen und das Wohnen im eigenen Haus aufgeben müsste, hierfür Umzugskosten entstünden und zudem noch die Umgangssituation zu seinem Kinde verschlechtert werden würde (vgl. BVerfG NJW-RR 2007, 649).

49 Ein bestimmter Betrag seines Einkommens hat dem Pflichtigen allerdings für seinen eigenen „angemessenen" Unterhalt (sog. **Selbstbehalt**) zu verbleiben. Hierbei ist zu unterscheiden zwischen dem **notwendigen (= kleinen) Selbstbehalt** gegenüber Minderjährigen und den noch im Haushalt eines Elternteils lebenden Schülern bis 21 Jahre (= monatlich 800 Euro beim nichterwerbstätigen und 1000 Euro beim erwerbstätigen Unterhaltspflichtigen) und dem **angemessenen (= großen) Selbstbehalt** gegenüber nichtprivilegierten Volljährigen (mindestens monatlich 1200 Euro; vgl. Anm A. 5. zur DT). Im Einzelfall kann der Selbstbehalt unterschritten werden, wenn der Pflichtige in einer neuen Haushaltsgemeinschaft lebt und sich sozialhilferechtlich als „Bedarfsgemeinschaft" behandeln lassen müsste (vgl. in diese Richtung BGH FamRZ 2009, 762). Der übrige Teil des unterhaltsrelevanten Einkommens (sog. **Verteilungsmasse**) findet für die Unterhaltsverpflichtung Verwendung. Der Unterhaltsschuldner ist leistungsfähig, wenn sein **bereinigtes Nettoeinkommen** über dem maßgebenden Selbstbehalt liegt. Reicht die Verteilungsmasse nicht aus, liegt ein sog. **Mangelfall** vor (s. Rz. 112).

50 Die Unterhaltspflicht bedeutet für den Schuldner auch, sich leistungsfähig zu halten und zumutbare Einkünfte auch tatsächlich zu erzielen; er darf sich seiner Unterhaltsverpflichtung nicht dadurch entziehen, dass er kein oder ein deutlich geringeres Einkommen erzielt. Im Falle der **Arbeitslosigkeit** muss er alle zumutbaren Maßnahmen unternehmen, wieder berufstätig sein zu können (BGH FamRZ 1994, 372), weil ansonsten **fiktives Einkommen** unterhaltsrechtlich beachtlich wird. Auf eine **selbst herbeigeführte Leistungsunfähigkeit** kann sich der Unterhaltsschuldner nach Treu und Glauben nicht berufen, wenn er sich unterhaltsbezogen verantwortungslos oder zumindest leichtfertig verhält (BGH FamRZ 1985, 158). Unterhaltsbezogen **verantwortungslos** handelt, wer seinen Arbeitsplatz kündigt, um keinen Unterhalt mehr zahlen zu müssen, oder wer die Kündigung des Arbeitgebers verschuldet hat (BGH FamRZ 1988, 597). Der Unterhaltsschuldner muss die Möglichkeit des Eintritts seiner Leistungsunfähigkeit als Folge seines Handelns wenigstens als möglich erkannt haben (BGH FamRZ 2000, 815).

51 **Checkliste**

☐ Bei **Alkohol am Arbeitsplatz** oder **Diebstahl** sind die der Tat zugrunde liegenden Vorstellungen und Antriebe einschl. der Folge der verminderten unterhaltsrechtlichen Leistungsfähigkeit als Folge des Fehlverhaltens in die Beurteilung mit einzubeziehen (BGH FamRZ 2000, 815).

☐ Gibt der Unterhaltspflichtige seinen Arbeitsplatz mit gesichertem Einkommen auf, **um sich selbstständig zu machen**, muss er vorher Rücklagen bilden oder einen Kredit aufnehmen, um seiner Unterhaltsverpflichtung weiterhin nachkommen zu können (BGH FamRZ 1987, 37).

☐ Der Unterhaltsschuldner ist nicht leistungsunfähig, wenn er wegen einer **weiteren Ausbildung** seine bisherige Arbeit aufgibt, die der Familie eine auskömmliche Lebensgrundlage geboten hat. Anderes gilt, wenn der Unterhalt anderweitig gesichert ist (BGH FamRZ 1987, 930).

☐ Ein **Selbstständiger** muss ggf. eine besser bezahlte abhängige Tätigkeit annehmen (OLG Koblenz FamRZ 1984, 1225; s. aber OLG Bamberg FamRZ 2000, 137) und kann zum Ortswechsel verpflichtet sein (BGH NJW 2003, 3770; s. aber BVerfG NJW-RR 2007, 649),

☐ Bei einem **Arbeitsplatzwechsel** ist genau zu prüfen, ob unterhaltsbezogen ein verantwortungsloses oder leichtfertiges Verhalten gegenüber dem Unterhaltsberechtigten vorliegt.

IV. Unterhaltsrechtliche Sonderprobleme

1. Verzug, Verjährung; Verwirkung

Unterhalt für die Vergangenheit kann lediglich ab wirksamer In-Verzug-Setzung verlangt werden; 52
dies setzt Mahnung nach Fälligkeit voraus. Nach § 1613 BGB ist bereits die Verbindung des Auskunftsersuchens und des Verlangens des sich daraus ergebenden Unterhalts (sog. „Stufenmahnung") ausreichend. Keine Mahnung ist erforderlich bei **Kalenderfälligkeit** der feststehenden Unterhaltsleistung, wie sie typischerweise in einer (notariellen) Unterhaltsvereinbarung enthalten sind. Für **rückständigen Unterhalt** können Verzugszinsen nach § 288 BGB ab Fälligkeit bzw. ab Rechtshängigkeit beansprucht werden (§ 291 BGB – vgl. auch BGH FamRZ 1990, 283). Für die nach einer wirksamen Verzugsbegründung fällig werdenden Unterhaltsansprüche tritt der Verzug – quasi automatisch – ab dem Ersten des Monats ein, ab dem der Unterschuldner aufgefordert wurde (§ 1612 Abs. 3 BGB). Eine ständig sich wiederholende Mahnung ist demnach nicht erforderlich.

Rückständiger Unterhalt **verjährt** wiederum grundsätzlich **in drei Jahren** nach §§ 197 Abs. 2, 195, 53
199 Abs. 1 BGB. Da § 197 Abs. 2 BGB die regelmäßige Verjährungsfrist von drei Jahren für Unterhaltsansprüche festlegt, gilt dies auch für den Kindesunterhalt sowie für die Ansprüche wegen **Mehr- und Sonderbedarfs**. Die Besonderheiten des § 207 Abs. 1 Nr. 2 BGB sind zu beachten. Titulierter Unterhaltsrückstand unterliegt der 30-jährigen Verjährung.

Die **Verwirkung des Unterhaltsanspruchs** (§ 242 BGB) eines minderjährigen Kindes wegen grober 54
Unbilligkeit ist nicht möglich (§ 1611 Abs. 2 BGB). Das volljährige Kind kann nach § 1611 Abs. 1 BGB seinen Anspruch verwirken, wenn es

- durch sittliches Verschulden bedürftig wurde,
- seine eigene Unterhaltspflicht gegenüber dem Unterhaltspflichtigen gröblich vernachlässigt hatte,
- vorsätzlich eine schwere Verfehlung gegen den Unterhaltspflichtigen oder einen Angehörigen begangen hat.

Sittliches Verschulden setzt vorwerfbares Verhalten von erheblicher Bedeutung voraus: Spiel- und 55
Drogensucht (OLG Celle FamRZ 1990, 1142 ff.); Straftaten gegen die Eltern (OLG Hamm FamRZ 1993, 468); Verschweigen eigener Einkünfte als Prozessbetrug (OLG Koblenz FamRZ 1999, 402); sehr eingeschränkt auch bei Suizidversuch (OLG Brandenburg FamRZ 2008, 174).

2. Auskunft und Belegvorlage

Nach §§ 1605 Abs. 1, 242 BGB sind die Beteiligten des Unterhaltsrechtsverhältnisses einander ver- 56
pflichtet, auf Verlangen über ihre Einkünfte und ihr Vermögen die erforderlichen Auskünfte zu erteilen. Über die Höhe der Einkünfte kann die Vorlage von Belegen, zB Arbeitgeberbescheinigungen, verlangt werden (§ 1605 Abs. 1 Satz 2 BGB). Die Auskunfts- und Belegpflicht besteht somit grundsätzlich auf Seiten des Verpflichteten als auch des Berechtigten des Unterhaltsanspruchs. Nach § 1605 Abs. 2 BGB kann jeweils erneut Auskunft verlangt werden, wenn **zwei Jahre seit der letztmaligen Auskunftserteilung** oder seit Abschluss eines Vertrages abgelaufen sind oder glaubhaft gemacht wird, dass der Verpflichtete (oder auch der Berechtigte) wesentlich höhere Einkünfte erzielt hat als zunächst angegeben. Die Maßgaben der Auskunft und der Vorlage von Belegen kann in einer **Unterhaltsvereinbarung** gesondert und auf den Einzelfall bezogen geregelt werden. Das betrifft

im Falle des Kindesunterhalts sowohl die Auskunftspflichten zwischen dem Verpflichteten und dem berechtigten Kind als auch zwischen den (geschiedenen) Eltern. Ein erhöhtes Interesse zur Regelung besteht zwischen Eltern, die beide barunterhaltspflichtig sind oder werden.

57 Nicht geregelt ist die Frage, wann eine **Pflicht zur unaufgeforderten Information** besteht. Die Rechtsprechung nimmt eine solche Verpflichtung an, wenn das Schweigen als **evident unredlich** zu werten ist, weil der Unterhaltsberechtigte die Änderung weder erwarten noch erkennen konnte und deshalb von einer förmlichen Auskunft abgesehen hat (BGH FamRZ 1997, 170, 271; Wendl/Staudigl, Unterhaltsrecht, § 1 Rz. 596). Die Pflicht zur ungefragten Offenbarung von Einkommensveränderungen besteht natürlich auch während der Verhandlungen zur Herbeiführung einer Unterhaltsvereinbarung (BGH NJW 1999, 2804 zum nachehelichen Unterhalt). Da eine Abgrenzung im Einzelfall streitträchtig ist, kann die Unterhaltsvereinbarung Kriterien der unaufgeforderten Informationspflicht festlegen. Im Einzelfall kann das Schweigen der Unterhaltsberechtigten sogar die Schwelle des Betrugs gem. § 263 StGB überschreiten.

M 74.2 Auskunft (im Rahmen einer notariellen Unterhaltsvereinbarung)

(...) Die Ehegatten sind wechselseitig verpflichtet, sich unverzüglich und ohne dass es einer vorherigen Aufforderung durch den jeweils anderen bedarf, über wesentliche Veränderungen in den Einkommens- und/oder Vermögensverhältnissen des barunterhaltspflichtigen Elternteils und/oder der Kinder zu unterrichten; hierunter fällt auch eine Veränderung von Unterhaltspflichten gegenüber Dritten. Als wesentlich gelten dabei insbesondere Veränderungen in den bereinigten Nettoeinkünften des Unterhaltspflichtigen und der Unterhaltsberechtigten um mehr als 10 % oder der erstmalige Bezug einer regelmäßigen Vergütung von mehr als 150 Euro monatlich durch das jeweils unterhaltsberechtigte Kind. Ebenso wesentlich ist die Inanspruchnahme von Stipendien, Ausbildungsbeihilfen u.ä. durch das Kind.

(...) Eine Unterrichtung hat in jedem Fall, also auch ohne Veränderungen gem. Abs. (...) zum 1...20... und danach jeweils nach Ablauf von ... Monaten/Jahren unter Vorlage von Einkommensteuerbescheiden, -erklärungen oder geeigneten Einkünftebelegen, wie zB Arbeitgeber-, Zins- oder sonstiger Einkünftebescheinigungen, für die jeweils abgelaufenen ... Monate/Kalenderjahre zu erfolgen.

(...) Bei schuldhafter Verletzung der hier eingegangenen Auskunftspflichten ist ein überzahlter Unterhalt – unter Ausschluss der Entreicherungsabrede – zu erstatten bzw. zu ersetzen und zu wenig gezahlter Unterhalt unter Verzicht auf die Einrede der Verjährung und ohne vorherige Verzugsbegründung nachzuzahlen.

(...) Die vorstehende Vereinbarung zur Auskunfts- und Belegerteilung gilt im Verhältnis der Eltern untereinander und für deren Einkünfte entsprechend, sobald das erste ihrer Kinder das 18. Lebensjahr vollendet hat und deswegen beide Eltern barunterhaltspflichtig werden. Die Auskunfts- und Belegpflicht umfasst sodann auch die Einkünfte von Lebenspartnern oder neuen Ehegatten, soweit diese für die Bemessung des Kindesunterhalts relevant sein könnten.

(Ggf. Verzinsung uä.)

M 74.3 Aufforderung zur Erteilung von Auskunft (Anwaltsschreiben) – Unterhalt

... (Eingang)

... (Vertretungsanzeige)

Um den Unterhaltsanspruch, insbesondere die Höhe des zu leistenden Barunterhalts für Ihr gemeinsames Kind korrekt ermitteln zu können, fordere ich Sie auf, Auskunft über Ihr gesamtes Ein-

kommen in der Zeit von ... bis zum ... (Angestellte: die letzten zwölf Kalendermonate; bei Selbstständigen: die letzten drei abgeschlossenen Jahre) zu erteilen.

Sie sind verpflichtet, Ihre Einkünfte zu belegen, und zwar durch Vorlage sämtlicher für den zuvor bezeichneten Zeitraum relevanten Verdienstabrechnungen einschl. der Jahresabrechnung. (Bei Selbstständigen: Vorlage der vollständigen Bilanzen und/oder Gewinn- und Verlustrechnungen, der vollständigen Einkommensteuererklärungen sowie der Einkommensteuerbescheide für die letzten drei Jahre). Auch Steuererstattungen, die im genannten Zeitraum zugeflossen sind, sind anzugeben und durch Vorlage des Steuerbescheides zu belegen. Soweit Sie Vermögenseinkünfte erzielen (zB Mieteinnahmen, Zinsen, Dividenden usw.), müssen diese für den vorgenannten Zeitraum ebenfalls angegeben und belegt werden.

Soweit Belastungen bei der Ermittlung des Unterhalt Ihres Kindes berücksichtigt werden sollen, müssen auch diese aufgeführt und mit Belegen nachgewiesen werden.

Gleichzeitig fordere ich Sie hiermit auf, mit dem Anfang dieses Monats für Ihr Kind den Unterhalt zu Händen der Mutter zu leisten, der sich auf Grund Ihres Einkommens nach Maßgabe der Düsseldorfer Tabelle ergibt. Eine genaue Bezifferung des Unterhaltsanspruchs erfolgt, sobald die durch dieses Schreiben verlangte Auskunft über Ihre Einkünfte richtig und vollständig erteilt und belegt ist.

Ich gehe davon aus, dass die Erteilung der Auskunft bis zum ... erfolgt sein wird.

Mit freundlichen Grüßen

(Unterschrift Rechtsanwalt)

3. Vertretung des Kindes; Prozessstandschaft; Unterhaltsvereinbarungen der Eltern (für oder zu Gunsten des Kindes)

Minderjährige Kinder werden grundsätzlich von ihren Eltern gemeinschaftlich vertreten, § 1629 Abs. 1 Satz 2 BGB (**Gesamtvertretung**), es sei denn, einem Elternteil steht das elterliche Sorgerecht allein zu (§ 1629 Abs. 1 Satz 3 BGB). Ist über das Sorgerecht noch nicht gerichtlich entschieden oder verbleibt es auch nach einer Trennung der Eltern bei der **gemeinsamen Sorge**, kann derjenige Elternteil, in dessen **Obhut** sich das gemeinsame Kind befindet, für dieses den Unterhalt gegen den anderen Elternteil geltend machen (§ 1629 Abs. 2 Satz 2 BGB). Das Gleiche gilt bei Kindern nicht miteinander verheirateter Eltern, die gemeinsames Sorgerecht innehaben. 58

Obhut hat wiederum derjenige Elternteil, bei dem der Schwerpunkt der tatsächlichen Fürsorge liegt; das ist regelmäßig derjenige, der sich vorrangig um die elementaren Bedürfnisse des Kindes kümmert (BGH FamRZ 2006, 1015, 1016). Obhut ist im Übrigen auch dann ausreichend gewährleistet, wenn eine Drittbetreuung organisiert und überwacht wird (OLG Düsseldorf NJW 2001, 1344). Die **Obhut begründet also einen Sonderfall der gesetzlichen Alleinvertretung für das minderjährige Kind zur Geltendmachung von Bar-Unterhaltsansprüchen**. 59

➲ **Praxistipp:** In einer (notariellen) Vereinbarung zum Kindesunterhalt sollte aus vertretungsrechtlicher Sicht festgestellt werden, bei welchem Elternteil die Obhut über das Kind begründet worden ist. 60

M 74.4 Obhut des Kindes

Nach der einvernehmlichen Entscheidung der Eltern, befindet sich das gemeinsame Kind ... in der Obhut der Mutter, in deren Haushalt es lebt und betreut wird.

Der allein-vertretungsberechtigte Elternteil bleibt über die Zeit der Trennung und Anhängigkeit einer Ehesache und auch über die Rechtskraft der Scheidung hinaus befugt, den Unterhaltsanspruch gegen den anderen Elternteil geltend zu machen. Der gesetzlich vertretungsberechtigte Elternteil ist auch empfangsberechtigt zur **Entgegennahme der baren Unterhaltsleistungen**. 61

62 Weil das minderjährige Kind nicht in den Streit der noch nicht geschiedenen Eltern hinein geraten soll, bestimmt § 1629 Abs. 3 Satz 1 BGB wiederum, dass für das gerichtliche Geltendmachen des Unterhalts **während der Anhängigkeit einer Ehesache** (auch für einstweilige Anordnung, § 246 FamFG) oder während des **Getrenntlebens** der Eltern **Prozessstandschaft** besteht (vgl. BGH FamRZ 2000, 221; Palandt/Götz, BGB, § 1629 Rz. 29). Der nach § 1629 Abs. 2 Satz 2 BGB gesetzlich vertretende Elternteil klagt demnach **als Standschafter im eigenen Namen** mit Wirkung für und gegen das Kind (vgl. § 1629 Abs. 3 Satz 2 BGB). Trotz Beendigung der Prozessstandschaft mit dem Abschluss der letzten Ehesache der Eltern (vgl. § 1629 Abs. 3 Satz 1 BGB), ist allerdings eine Titelumschreibung auf das Kind nicht erforderlich. Auch die Empfangszuständigkeit zur Entgegennahme von Unterhaltsleistungen bleibt unberührt, solange die Obhut die alleinige Vertretungsmacht nach § 1629 Abs. 2 Satz 2 BGB begründet. Bei einem **Obhutswechsel** endet die Prozessstandschaft auch dann, wenn noch Ehesachen der Eltern anhängig sind. Wird das Kind während des Rechtsstreits volljährig, endet die ausschließlich für Minderjährige bestehende Prozessstandschaft, wie überhaupt jede Art der gesetzlichen Vertretung durch die Eltern.

63 In Fällen des sogenannten **Wechselmodells**, bei dem sich die Eltern im vergleichbaren Umfang und über die Ausübung eines Umgangsrechts hinaus um die Belange des Kindes kümmern, wird man ein die einzelne Vertretungsbefugnis begründendes Obhutsverhältnis regelmäßig nicht feststellen können. Im Unterhaltsverfahren muss sodann entweder ein Pfleger bestellt oder beim Familiengericht ein Antrag auf Übertragung eines Teils des Sorgerechts, nämlich zur Geltendmachung von Unterhaltsansprüchen gestellt werden (zur Höhe der Unterhaltsansprüche beim Wechselmodell: BGH FamRZ 2007, 707 ff.; s. hierzu auch Rz. 45).

64 Für und gegen das minderjährige Kind wirken von den Eltern im eigenen Namen geschlossene Vereinbarungen (zB gerichtlicher Vergleich) nach § 1629 Abs. 3 Satz 2 BGB nur dann, wenn sie gerichtlich protokolliert werden. Eine notarielle Unterhaltsvereinbarung zwischen den Eltern kann dem nicht gleichgestellt werden. (vgl. Riemann FamRB 2002, 311; Wendl/Schmitz, Unterhaltsrecht, § 10 Rz. 135b). Eine solche Vereinbarung zwischen den Eltern entfaltet grundsätzlich nur zwischen ihnen Rechtswirkungen.

65 Soll das Kind bei einer (notariellen) Vereinbarung der Eltern auch selbst berechtigt werden, stehen zwei Wege zur Verfügung: Entweder muss (bei der Beurkundung) die **Vertretung des Kindes** entweder offen erfolgen (Offenkundigkeitsprinzip, § 164 Abs. 1 und 3 BGB) oder es muss ein **echter Vertrag zu Gunsten Dritter** – hier des Kindes – nach § 328 Abs. 1 BGB geschlossen werden (vgl. Langenfeld in Handbuch, Rz. 844; Bergschneider in Verträge in Familiensachen, Rz. 256, 939; Göppinger/Börger/Pfeil, Vereinbarungen, Teil 4 Rz. 95 ff.). Bei einem offenen Vertreterhandeln der Eltern sind die Beschränkungen des elterlichen Sorgerechts gem. §§ 1629, 1795, 1796 BGB zu berücksichtigen, soweit gemeinsames Sorgerecht und damit Gesamtvertretung besteht; regelmäßig wäre sodann die Bestellung eines Ergänzungspflegers erforderlich. Etwas anderes gilt, wenn der nicht barunterhalspflichtige Elternteil (also zumeist die betreuende Mutter) allein sorge- und infolge dessen allein vertretungsberechtigt ist. Etwas anderes gilt aber auch, wenn **trotz fortbestehender gemeinsamer Sorge** ausnahmsweise ein **alleiniges Vertretungsrecht des nicht barunterhaltspflichtigen Elternteils** begründet ist. Dies ist unter den Voraussetzungen des § 1629 Abs. 2 Satz 2 BGB der Fall; dieser begründet gesetzliche Vertretungsmacht des betreuenden Elternteils („Obhut-Feststellung" ist erforderlich) für außergerichtliche Vereinbarungen über den Kindesunterhalt (Wendl/Scholz, Unterhaltsrecht, § 2 Rz. 520b; zusammenfassend: Göppinger/Börger/Pfeil, Vereinbarungen, Teil 4 Rz. 101 ff.).

66 In der Praxis hat sich dennoch der **Vertrag zu Gunsten Dritter** (§ 328 Abs. 1 BGB), nämlich zugunsten des Kindes, eindeutig durchgesetzt. Die Vereinbarung der Eltern ist dabei im Hinblick auf den wenig disponiblen Unterhaltsanspruch als lediglich konkretisierend zu verstehen (s. Rz. 73). Allerdings ist zu beachten:

- Die vertragliche Begründung eines eigenen Forderungsrechts für das Kind muss eindeutig und deutlich zum Ausdruck kommen; Auslegung sollte vermieden werden.
- Zweckmäßigerweise sollte der das Kind betreuende Elternteil den Unterhalt für das Kind auch beitreiben können; es sollte demnach eine eindeutige **Zwangsvollstreckungsunterwerfung** (§ 794 Abs. 1 Nr. 5 ZPO) mit beurkundet werden (s. Rz. 71).

- Nach der **Auslegungsregel des § 335 BGB** hat im Zweifel auch der sorge- und obhutberechtigte Ehegatte als Versprechensempfänger das Recht, seinerseits Leistung an das Kind zu verlangen. Daher ist klar zu stellen, wem gegenüber die Zwangsvollstreckungsunterwerfung (§ 794 Abs. 1 Nr. 5 ZPO) erklärt wird und wer das Recht auf Erteilung einer vollstreckbaren Ausfertigung hat (vgl. DNotI-Report 1997, 201).
- Bei einem Vertrag zugunsten Dritter besitzt der begünstigte Dritte keinen gesetzlichen Anspruch auf Erteilung einer Ausfertigung (§ 51 Abs. 1 Nr. 1 BeurkG), ein solcher Anspruch sollte in der Urkunde begründet werden.
- Ist der vertraglich, zwischen den Eltern konkretisierte Unterhalt geringer als der gesetzlich geschuldete, beschränkt das den gesetzlichen Unterhaltsanspruch des Kindes nicht (BGH FamRZ 1980, 342, 343; Göppinger/Börger/Pfeil, Vereinbarungen, § 4 Rz. 26).
- Da ein gesetzlicher und ein vertraglicher Unterhaltsanspruch nebeneinander bestehen, ist zu regeln, auf welche Schuld letztlich geleistet wird (Thiele, MittBayNot 1990, 137, 141 f.).
- Bleibt der vertraglich vereinbarte Unterhalt hinter dem tatsächlich geschuldeten zurück, stellt sich die Frage einer Freistellung für den überschießenden Betrag (vgl. BGH FamRZ 2009, 768; Bergschneider in Verträge in Familiensachen, Rz. 283). Eine ausdrückliche Regelung ist erforderlich.

M 74.5 Vertrag zu Gunsten Dritter (mit Freistellung für Überschüsse) – Unterhalt

(...) Durch die vorstehenden Vereinbarungen zwischen den Eheleuten ... sollen die gemeinsamen Kinder ..., ... und ... jeweils einen eigenen unmittelbaren Zahlungsanspruch gegen ... erlangen (§ 328 Abs. 1 BGB). Das Recht der ..., den Unterhalt zur Leistung an das jeweilige Kind fordern zu können, bleibt bestehen.

(...) Herr ... und Frau ... vereinbaren hiermit, dass Herr ... seine geschiedene/von ihm getrennt lebende Ehefrau von Unterhaltsansprüchen der gemeinsamen Kinder freistellt und freihält, soweit diese über die nach diesem Vertrag begründeten hinausgehen.

In der Praxis steht natürlich die Frage der konkreten Höhe des zu leistenden **Barunterhalts** auf der Grundlage des Bedarfs des minderjährigen Kindes im Vordergrund. Zur maßgebenden Bedarfs- und Unterhaltsfeststellung ist deshalb zunächst das **unterhaltsrelevante bereinigte Nettoeinkommen** des Pflichtigen (zumeist des Vaters) zu ermitteln. Es besteht typischerweise aus Erwerbseinkünften, Vermögenserträgen und sonstigen Einkünften, wie beispielsweise Sozialversicherungsrenten, dem Vorteil aus begrenztem Realsplitting, Steuererstattungen etc. (vgl. zur vielgestaltigen Kasuistik Erman/Hammermann § 1603 Rz. 6 ff. mwN). 67

Hierbei ist das Bruttoeinkommen regelmäßig um relevante Abzüge zu bereinigen. Das sind beim Kindesunterhalt die **Einkommen- und Kirchensteuer** (ggf. Steuerklassenwechsel zu beachten), **gesetzliche Vorsorgeaufwendungen** für Alter (sog. primäre Altersvorsorge) und Krankheit, sowie konkreter Mehrbedarf wegen Krankheit oder Alters. **Notwendige, berufsbedingte Aufwendungen** können ebenfalls vorab vom Einkommen abgezogen werden (Pauschale von 5 %, höchstens aber 150 Euro; vgl. Leitlinien der OLG unter Ziff. 10.2.). Im Zusammenhang mit der Altersvorsorge können, über den Abzug der Aufwendungen für die gesetzliche Sozialversicherung hinaus, Beiträge für eine zusätzliche, sog. **sekundäre private Altersvorsorge** von bis zu 4 % des Bruttoeinkommens abgezogen werden (vgl. Ziff. 10.1 der Leitlinien der OLGs). Kann der Unterhaltspflichtige den Mindestunterhalt nach §§ 1612a BGB nicht leisten, kommt ein Abzug von Beiträgen für eine sekundäre Altersvorsorge nicht in Betracht. Prägende und insb. auch trennungsbedingte **Schulden** (= „Verpflichtungen“ in § 1603 Abs. 1 BGB) sind regelmäßig nur soweit berücksichtigungsfähig, als der Mindestunterhalt des Kindes sichergestellt bleibt (dann möglicherweise nur noch Zinsabzug). Nicht berücksichtigungsfähig sind Schulden zur Finanzierung von Luxusgütern, die den Unterhaltsanspruch in erheblichem Maße reduzieren würden. Im Übrigen sind bei der Bewertung von 68

Schulden deren Zweck, der Zeitpunkt und die Art ihrer Entstehung, die Dringlichkeit und die Möglichkeit des Schuldners, seine Leistungsfähigkeit wieder vollständig herzustellen, zu berücksichtigen. Die Berücksichtigungsfähigkeit wird restriktiv gehandhabt; die Rechtsprechung bejaht zunehmend eine Pflicht zur Einleitung einer Privatinsolvenz, wenn dadurch die Leistungsfähigkeit verbessert werden kann (BGH NJW 2005, 1279; OLG Stuttgart FamRZ 2002, 982; OLG Nürnberg NJW 2003, 3138).

69 Im Idealfall sollten die **wesentlichen Berechnungsgrundlagen** im Hinblick auf eine spätere Abänderung nach § 231 Abs. 1 Nr. 1 FamFG iVm. § 239 FamFG aus der Urkunde selbst erkennbar sein. Bei strittigen Einkommensberechnungen, etwa bei Selbständigen und Freiberuflern, kann eine vergleichsweise Bestimmung des bereinigten Nettoeinkommens vorgenommen werden, soweit die Grenzen des § 1614 Abs. 1 BGB beachtet werden (s. Rz. 73).

M 74.6 Berechnungsgrundlagen – notarielle Vereinbarung – Unterhalt

...

(...) Bei der Ermittlung des Prozentsatzes sind die Ehegatten nach ausschließlich eigenen Angaben davon ausgegangen, dass das bereinigte monatliche Nettoeinkommen des Unterhaltspflichtigen unter Einbeziehung nur einmaliger Zahlungen wie Urlaubs- und Weihnachtsgeld im Jahresdurchschnitt ... Euro monatlich beträgt.

(...) Die Steuerlast wurde nach Steuerklasse ... und unter Berücksichtigung eines abzugsfähigen Realsplittingbetrages iHv. ... Euro errechnet. Das sich unter Berücksichtigung aller gesetzlichen Abzüge ergebende Einkommen von ... Euro haben die Ehegatten um

- *berufsbedingte Aufwendungen von ... Euro (= 5 %),*
- *monatlich an die ... Bank zu zahlende Raten von ... Euro,*
- *monatlich an die ... Lebensversicherungs-AG zu zahlende Beiträge von ... Euro,*

zu zahlende Raten von ... Euro

vermindert.

(...) Der Notar hat die ihm von den Beteiligten gemachten vorstehend wiedergegebenen Angaben nicht auf ihre Richtigkeit überprüfen können; er hat auf die Bedeutung der Angaben hingewiesen.

4. Abänderbarkeit; vollstreckbare, notarielle Urkunde

70 Die nachträgliche **Abänderung unterhaltsrechtlicher Titel** (s. bereits Rz. 4) ist trotz der Möglichkeit der Dynamisierung erforderlich, weil Veränderungen der wirtschaftlichen Verhältnisse (zB veränderte Leistungsfähigkeit des Unterhaltsschuldners, Erhöhung, Verminderung oder Wegfall der Bedürftigkeit [BGH NJW 1986, 2047]) von der Dynamisierung gerade nicht erfasst werden (BGH NJW 2005, 142). Die **Abänderung nach §§ 238, 239 FamFG** kann nur vom Unterhaltsschuldner oder -gläubiger verlangt werden; sie richtet sich gegen die materiell-rechtlichen Grundlagen des titulierten Unterhaltsanspruchs. Sie ist zulässig, wenn der Antragsteller mit dem die Abänderung begründenden Vortrag nicht **präkludiert** ist (§ 238 Abs. 2 FamFG). Erhebliche Schwierigkeiten bereitet in der Praxis die Abgrenzung zur **Vollstreckungsgegenklage nach § 767 ZPO**. Die Vollstreckungsgegenklage richtet sich nur gegen die Vollstreckbarkeit des Unterhaltstitels und kann ausschließlich vom Unterhaltsschuldner erhoben werden. Der Unterhaltsschuldner muss **rechtsvernichtende oder rechtshemmende Einwendungen** geltend machen (Einwand der Erfüllung, Teilerlöschen des Unterhaltsanspruchs, Verjährung, Verzicht, Wegfall der gesetzlichen Vertretung des nunmehr volljährigen Kindes [vgl. OLG Köln FamRZ 1995, 308]).

71 Die **notarielle Urkunde** ist nach § 794 Abs. 1 Nr. 5 ZPO nur **Vollstreckungstitel**, wenn der Schuldner sich in ihr der Zwangsvollstreckung unterwirft. Vollstreckungsfähig und insbesondere den Anforderungen der **Bestimmtheit** genügend ist nur derjenige Unterhaltstitel, der den zu leistenden Unterhaltsbetrag für den (jeden) einzelnen Berechtigten beziffert ausweist. Es genügt aller-

dings auch, dass sich der bezifferte Unterhalt aus Bemessungsgrundlagen der Urkunde selbst und/oder des Gesetzes eindeutig ermitteln lässt. Vermieden werden sollte es, einen Unterhaltsbetrag für mehrere Kinder und/oder den Ehegatten in einer Betragsangabe auszuweisen und für vollstreckbar zu erklären. Nur vollstreckbare Urkunden, nicht hingegen einfache Unterhaltsvereinbarungen oder außergerichtliche Vergleiche unterliegen nach § 239 FamFG der gerichtlichen Abänderung. In einem gewissen Umfang sind einschränkende Vereinbarungen zur Abänderbarkeit möglich, Maßstab ist insoweit § 1614 Abs. 1 BGB (s. hierzu Rz. 73).

M 74.7 Vollstreckungsunterwerfung (statisch) – Unterhalt

Herr ... unterwirft sich wegen seiner Verpflichtung zur Zahlung eines monatlichen Unterhalts iHv ... Euro gegenüber seinem Kind ... der sofortigen Zwangsvollstreckung in sein gesamtes Vermögen und zwar in der Weise, dass auch die Mutter, Frau ... berechtigt sein soll, die Vollstreckung bis zum ... (Vollendung des 18. Lebensjahres des unterhaltsberechtigten Kindes) im eigenen Namen zur Leistung an das Kind zu betreiben. Eine vollstreckbare Ausfertigung dieser Urkunde kann jederzeit auf Antrag erteilt werden, wobei auch Frau ... berechtigt ist, die Erteilung der vollstreckbaren Ausfertigung zu beantragen.

M 74.8 Vollstreckungsunterwerfung (dynamisiert)

Herr ... unterwirft sich wegen seiner Zahlungsverpflichtungen zum Kindesunterhalt in der vorstehend bezifferten Höhe und wegen der Verpflichtung zur Zahlung eines monatlichen Unterhalts iHv. ... % – ... vom Hundert – des jeweiligen Mindestunterhalts der jeweiligen Altersstufe nach § 1612a Abs. 1 BGB gegenüber seinem Kind ... der sofortigen Zwangsvollstreckung in sein gesamtes Vermögen und zwar in der Weise, dass auch die Mutter, Frau ... berechtigt sein soll, die Vollstreckung bis zum ... (Vollendung des 18. Lebensjahres des unterhaltsberechtigten Kindes ...) im eigenen Namen zur Leistung an das Kind zu betreiben. Eine vollstreckbare Ausfertigung dieser Urkunde kann jederzeit auf Antrag erteilt werden, wobei auch Frau ... berechtigt ist, die Erteilung der vollstreckbaren Ausfertigung zu beantragen.

M 74.9 Vereinbarung über die Abänderung (klarstellend) – Unterhalt

Diese Unterhaltsvereinbarung unterliegt der Abänderung nach § 239 FamFG.

M 74.10 Vereinbarung über die Abänderung (einschränkend) – Unterhalt

Eine vertragliche oder im Verfahren nach § 239 FamFG durchzusetzende Abänderung soll nur auf solche Gründe gestützt werden können, die nach dem Abschluss dieser Unterhaltsvereinbarung oder einer Abänderung hierzu entstanden sind. Im Übrigen kann die Abänderung nur dann verlangt werden, wenn sie seit Vertragsschluss oder einer nachfolgenden Abänderung zu einer Veränderung des monatlichen Unterhaltsbetrages (Zahlbetrags) von mindestens 10 % führen würde. Die abgeänderte Unterhaltsleistung ist analog § 1613 Abs. 1 BGB rückwirkend vom 1. des Monats an geschuldet, der auf den Zeitpunkt des Zugangs des Abänderungs- oder Auskunftsverlangens folgt.

72 ➲ **Praxistipp:** § 59 SGB VIII gewährt die praxisnahe Möglichkeit, vom Jugendamt kostenfrei einen Unterhaltstitel für Minderjährige und Volljährige bis zum 21. Lebensjahr festsetzen zu lassen.

5. Unterhaltsverzicht

73 **Auf Kindesunterhalt kann** für die Vergangenheit, **nicht** dagegen für die Zukunft, auch nicht teilweise **verzichtet werden** (§ 1614 Abs. 1 BGB). Die Verbotsnorm umfasst alle tatsächlich geschuldeten Bestandteile des Kindesunterhalts. § 1614 Abs. 1 BGB ist zwingendes Recht; ein Verstoß führt zur Nichtigkeit der Unterhaltsvereinbarung (§§ 134, 1614 Abs. 1 BGB), die als ein **Erlassvertrag nach § 397 Abs. 1 BGB** einzustufen ist. Auf eine Gegenleistung kommt es nicht an. Ein Verzicht für die Vergangenheit kommt nicht in Betracht, wenn der Unterhaltsanspruch übergeleitet ist (§ 94 Abs. 1 Satz 1 SGB XII; § 33 Abs. 1 Satz 1 SGB II; § 7 Abs. 1 Satz 1 UVG; s. auch Rz. 36 f.). Ein zulässiger Verzicht für die Vergangenheit kann auf bestimmte Bestandteile des Unterhaltsanspruchs beschränkt sein, beispielsweise auf den Mehr- oder Sonderbedarf.

74 Allerdings sind auch beim Kindesunterhalt vertragliche **Vereinbarungen für die Zukunft nicht schlechthin ausgeschlossen**. Da der **„angemessene Unterhalt“** nach § 1610 Abs. 1 BGB als unbestimmter Rechtsbegriff ohnehin keinen festen Betrag vorschreibt, besteht für Unterhaltsvereinbarungen ein gewisser **Spielraum**, der seine Grenze erst dort findet, wo die Vereinbarung keine bloße Konkretisierung des tatsächlich geschuldeten Unterhalts nach individuellen Verhältnissen darstellt, sondern das gesetzliche Unterhaltsmaß eindeutig unterschreitet und damit auf einen (vollständigen oder teilweisen) Verzicht hinausläuft. Die Rechtsprechung sieht in einer objektiven Verkürzungen des tatsächlich geschuldeten Unterhalts für die Zukunft zwischen **20 % bis 30 %** jedenfalls noch keinen zwingend zur Nichtigkeit führenden **Teilverzicht** (vgl. OLG Düsseldorf NJW-FER 2000, 307; OLG Zweibrücken NJW-RR 2006, 1659). Vereinbarungen zu einer unwesentlichen Verschiebung des Fälligkeitszeitpunkts werden ebenfalls zulässig sein. Jede Art eines pactum de non petendum sollte entgegen der Ansicht des OLG Köln (FamRZ 2000, 609 mit abl. Anm. Bergschneider) vermeiden werden; hierin liegt regelmäßig eine Umgehung (vgl. BGH FamRZ 2014, 629).

75 Von einem **unzulässigen (Teil-)Verzicht** ist jedenfalls auszugehen, wenn vereinbart wird, dass:

- die Sätze der DT, also der weiterentwickelte Mindestunterhalt nach § 1612a Abs. 1 BGB, um mehr als ein Drittel unterschritten werden (BGH FamRZ 1984, 997; OLG Naumburg NJW-RR 2003, 1089);
- der Pflichtige seinen minderjährigen Kindern gegenüber bestehenden gesteigerten Unterhaltsanstrengungen (§ 1603 Abs. 2 Satz 1 BGB) nicht nachkommen muss, sondern nur tatsächliche Einkünfte zur Bemessung zugrunde zu legen sind;
- eine Abänderung nach § 239 FamFG nur unter erschwerenden Voraussetzungen möglich sein soll (vgl. OLG Hamm NJW-RR 2001, 219);
- eine Abfindung für zukünftigen Kindesunterhalt gezahlt werden soll (AG Weilburg FamRZ 1993, 1354 zur Abfindung nach DDR-Recht) (Eine Vorschusszahlung bis zu 6 Monaten kann hingegen zulässig sein, § 1614 Abs. 2 BGB);
- der Kindesunterhalt bis zum 18. Lebensjahr des unterhaltsberechtigten Kindes auf ein Sperrkonto einzuzahlen ist (OLG Frankfurt FamRZ 1994, 1131).

M 74.11 Belehrungshinweis zum (unzulässigen) Unterhaltsverzicht

(. . .) Der Notar hat uns darüber belehrt, dass unsere Kinder unabhängig von den vorstehend getroffenen Vereinbarungen ihren vollen gesetzlichen Unterhaltsanspruch behalten und dass ein gänzlicher oder teilweiser Verzicht, der den tatsächlich geschuldeten Unterhalt unangemessen verkürzt, unzulässig ist und zur Unwirksamkeit der Vereinbarung führt (§§ 134, 1614 Abs. 1 BGB). [ggfs.: Bewirkt die vorliegende Vereinbarung wider Erwarten einen unzulässigen Verzicht, gilt ersatzweise der angemessene Unterhalt als vereinbart; § 139 BGB ist ausgeschlossen.]

Unterhaltsrückstände können nur unter den Voraussetzungen des § 1613 BGB (Verzug, Rechtshängigkeit, Auskunftsbegehren) geltend gemacht werden. Der jeweils zum Ersten eines Monats im Voraus zu zahlende Unterhalt ist mit dem ersten Tag des Folgemonats **Unterhalt für die Vergangenheit** und damit zugleich rückständiger Unterhalt (OLG Hamm NJW 1991, 1961). Es wird vermehr davon ausgegangen, dass Voraus-Leistung zum Ersten eines Monats die **Herbeiführung des Leistungserfolgs** bedeutet (= Konto-Gutschrift). 76

6. Freistellungsvereinbarung

Vom Unterhaltsverzicht zu unterscheiden sind Vereinbarungen der Eltern miteinander über die **Freistellung eines Elternteils** durch den anderen. Solche Vereinbarungen sind idR zulässig, denn sie bedeuten lediglich, dass sich ein Elternteil verpflichtet, ganz oder teilweise den gesamten Unterhalt ohne Ausgleich untereinander zu leisten. Das Kind ist nicht gebunden; sein Unterhaltsanspruch bleibt von einer Freistellungsvereinbarung der Eltern unberührt. Im Zusammenwirken mit anderen Vereinbarungen der Ehegatten kann eine Freistellung jedoch insgesamt eine sittenwidrige Schlechterstellung, insbesondere des Obhutselternteils bewirken (vgl. BVerfG BVerfG FamRZ 2001, 243). Eine Freistellungsvereinbarung birgt zudem die Gefahr, nach § 138 Abs. 1 BGB nichtig zu sein, wenn ohne Beachtung des Kindeswohls Verknüpfungen zu Umgangsrecht oder gar zum elterlichen Sorgerecht hergestellt werden (vgl. Palandt/Brudermüller § 1606 BGB Rz. 19). 77

M 74.12 Freistellungsvereinbarung – Unterhalt

Herr ... und Frau ... vereinbaren hiermit, dass Frau ... ihren geschiedenen/von ihr getrennt lebenden Ehemann auf die Dauer von ... Jahren nach Abschluss dieser Vereinbarung (bis zum ...) von der Leistung von Kindesunterhalt für den gemeinsamen Sohn ..., geboren am ... freistellt und freihält, weil sich Herr ... zur alleinigen und vollständigen Rückzahlung ehegemeinsamer Verbindlichkeiten (als Gesamtschuldner) aus dem Darlehensvertrag ... bei der ... Bank verpflichtet hat. (Ggf. Vereinbarung auflösender Bedingungen)

Wir sind uns unter Beachtung des Kindeswohls darüber einig, dass diese Freistellungsvereinbarungen keine nachteilige Wirkung auf die Betreuung unseres Sohnes hat, insbesondere nicht zu einer erweiterten beruflichen Tätigkeit von Frau ... führt.

(Unterschriften)

➲ **Praxistipp:** Die Freistellungsverpflichtung sollte ggf. für den Fall auflösend bedingt gestaltet werden, dass das unterhaltsberechtigte Kind seinen Aufenthalt beim freistellenden Elternteil nimmt und/oder falls eine andere relevante Abänderung der Sorgerechtsregelung erfolgt. 78

7. Starre Rangfolge der Unterhaltsberechtigten (§ 1609 BGB)

Sind mehrere unterhaltsberechtigte Verwandte vorhanden und ist der Unterhaltsverpflichtete außerstande, allen Berechtigten den vollen Unterhalt zu gewähren, legt § 1609 BGB **starre Rangfolgen** fest. **Erstrangig** zu befriedigen sind die Unterhaltsansprüche minderjähriger, unverheirateter Kinder, sowie volljähriger, unverheirateter Kinder bis 21 Jahren in der Schulausbildung, die im elterlichen Haushalt leben (also privilegierte Volljährige). Im **zweiten Rang** befinden sich Elternteile, die wegen der Betreuung eines Kindes unterhaltsberechtigt sind oder im Fall einer Scheidung wären, sowie Ehegatten und geschiedene Ehegatten bei einer Ehe von langer Dauer. In den **dritten Rang** gehören Ehegatten und geschiedene Ehegatten, die nicht unter § 1609 Nr. 2 BGB fallen. Nichtprivilegierte Volljährige finden sich im **vierten Rang** wieder. 79

V. Unterhaltsansprüche volljähriger unverheirateter Kinder

80 **Volljährige Kinder** werden durch das Gesetz (§ 1602 Abs. 1 BGB) unterteilt in

- volljährige unverheiratete Kinder **in allgemeiner Schulausbildung (Schüler)**, die das 21. Lebensjahr noch nicht vollendet haben und **im Haushalt der Eltern oder eines Elternteils** leben (im Folgenden kurz „**privilegierte Volljährige**" genannt),
- volljährige unverheiratete **Kinder in der Ausbildung nach Vollendung des 21. Lebensjahres** (Schüler, Azubi, Studenten u.ä.) oder
- volljährige unverheiratete Kinder, die eine **Berufsausbildung** nicht aufgenommen, abgebrochen oder bereits **abgeschlossen** haben.

81 **Privilegierte Volljährige,** also zumeist Schüler, (§§ 1602 Abs. 1, 1603 Abs. 2 Satz 2 BGB) sind minderjährigen Kindern unterhaltsrechtlich in einzelnen Belangen gleichgestellt (vgl. insgesamt Anm. A.5-10 zur DT). Da bei volljährigen Kindern keine Erziehung und Pflege (Betreuung) mehr erforderlich ist, sind grundsätzlich **beide Elternteile zu Barunterhaltsleistungen verpflichtet**; die Verrechnung mit Naturalleistungen (Wohnung, Kost etc.) bleibt vorbehalten. Der **Bedarf** bestimmt sich nach der **Summe der bereinigten unterhaltsrelevanten Einkommen beider Eltern** unter Eingruppierung in die DT; der Tabellenbetrag kann sodann der **4. Altersstufe** entnommen werden (vgl. BGH NJW 2007, 1747). Diese 4. Altersstufe hat keine Grundlage im gesetzlich festgelegten Mindestunterhalt nach § 1612a Abs. 1 BGB. Bei privilegierten Volljährigen, die ja definitionsgemäß im Haushalt mindestens eines Elternteils wohnen, wird das gesamte **Kindergeld** auf den Unterhaltsbedarf angerechnet (§ 1612b Abs. 1 Nr. 2 BGB). Das gilt natürlich auch, wenn das Kind das Kindergeld selbst erlangt. Der Bezug von Kindergeld endet im Übrigen immer mit Vollendung des 25. Lebensjahrs. Die barunterhaltspflichtigen **Eltern haften anteilig** (§ 1606 Abs. 3 Satz 1 BGB), entsprechend ihrer Leistungsfähigkeit. Den privilegierten Volljährigen gegenüber kann sich der jeweilige Unterhaltsverpflichtete lediglich auf den kleinen (notwendigen) **Selbstbehalt** von 880 Euro bei Nichterwerbstätigkeit und 1080 Euro (Stand 2015) bei Erwerbstätigkeit berufen (s. auch Rz. 33). Den privilegierten Volljährigen gegenüber bestehen, wie gegenüber Minderjährigen, erhöhte Pflichten zur Ausschöpfung der Arbeitskraft. Der Unterhaltsanspruch ist **rangprivilegiert** (§ 1609 Nr. 1 BGB); es gilt der Grundsatz der **erweiterten Pfändbarkeit** von Arbeitseinkommen bei der Vollstreckung aus Unterhaltstiteln (§ 850d ZPO).

82 **Beispielsfall: Anteilige Haftung der Eltern gegenüber privilegierten volljährigen Kindern**

V, der unterhaltsrelevante bereinigte Erwerbseinkünfte in Höhe von monatlich 1700 Euro bezieht, zahlte bislang für sein einziges Kind K, das bei M lebt, 17 Jahre alt ist und noch die allgemeinbildende Schule besucht, wegen Höhergruppierung um 1 Stufen entsprechend der Stufe 3 der DT (Fassung für 2015, Kindergeld bereits abgezogen): 377 Euro **Zahlbetrag.** M hat unterhaltsrelevante bereinigte Erwerbseinkünfte von 1600 Euro. Am 1.6.2015 stellt V seine Unterhaltszahlungen ein, weil K volljährig geworden ist.

Lösung:

K ist bedürftig (§§ 1602 Abs. 1, 1603 Abs. 2 Satz 2 BGB), V ist iHv. 620 Euro leistungsfähig (1700 Euro ./. 1080 Euro [notwendiger Eigenbedarf des Erwerbstätigen = Selbstbehalt]). M ist i.H.v. 520 Euro leistungsfähig (1600 Euro ./. 1080 Euro [notwendiger Eigenbedarf Erwerbstätiger = Selbstbehalt]).

M und V sind beide ggü einem Volljährigen anteilig nach Leistungsfähigkeit barunterhaltspflichtig. Bedarf (vgl. Anm. 7 zur DT – Stand: 1.1.2015) = 3. Altersstufe der DT. Unterhaltsbemessung = zusammengerechnete relevante Einkommen der Eltern = 3300 Euro. Tabellenbetrag ohne Höherstufung abzüglich gesamtes bedarfsminderndes Kindergeld (625 Euro ./. 184 Euro = 441 Euro **ungedeckter Restbedarf** [Einkommensgruppe 6 der DT, keine Höherstufung]).

Unterhaltslast der Eltern gem. **§ 1606 Abs. 3 BGB** anteilig nach ihren Einkommen, also V = 620 Euro (Verteilungsmasse) und M = 520 Euro (Verteilungsmasse), zusammengerechnet 1140 Euro.

Haftungsquote V: (620 Euro Verteilungsmasse × 100) : 1140 Euro = **54,4 %.**

54,4 % von 441 Euro = 240 Euro (gerundet).

Haftungsquote M: (520 Euro Verteilungsmasse × 100) : 1140 Euro = **45,6 %.**

45,6 % von 441 Euro = 201 Euro (gerundet).

Zusammenrechnung (und ungeteiltes Kindergeld): 240 Euro + 201 Euro + 184 Euro = 625 Euro

Der Unterhaltsanspruch **nicht privilegierter volljähriger Kinder während der Ausbildung** (Azubi, Studenten und Schüler nach Vollendung des 21. Lebensjahres) umfasst nach § 1610 Abs. 2 BGB die Kosten einer angemessenen anlagebezogenen Vorbildung bzw. Ausbildung zu einem Beruf (zB Schule, Lehre, Studium usw.). Wie bei den privilegierten Volljährigen sind **beide Elternteile barunterhaltspflichtig.** Auch hier bestimmt sich der **Bedarf** nach der **Summe der bereinigten unterhaltsrelevanten Einkommen beider Eltern** und grundsätzlich nicht nach festen Bedarfssätzen (BGH FamRZ 1997, 281). Kinder besser verdienender Eltern haben möglicherweise einen Anspruch auf einen höheren Unterhaltsbetrag, wobei dies Kinder nicht zur Teilhabe am Luxus und zur Ermöglichung einer der Lebensführung der Eltern entsprechenden Lebensgestaltung berechtigt (vgl. OLG Köln FamRZ 1999, 1277). Lebt das volljährige Kind noch bei den Eltern oder einem von ihnen, ist der Tabellenbetrag der **4. Altersstufe** maßgebend (s. Rz. 81). Hat das nichtprivilegierte Kind einen eigenen Hausstand, beispielsweise der **Student am fremden Studienort**, wird ein fester Bedarfssatz angenommen (670,– Euro/mtl. entsprechend Anm. A.7 zur DT). Hierbei kann es einem unterhaltsberechtigten Studenten grundsätzlich zumutbar sein, sich eine Wohnung am Studienort zu suchen, wenn dadurch die Unterhaltslast (zB hohe Reisekosten zum Studienort) reduziert wird (BGH BGH FamRZ 2009, 762). Eigene Einkünfte des Kindes sind voll in Ansatz zu bringen. Die barunterhaltspflichtigen **Eltern haften anteilig** (§ 1606 Abs. 3 Satz 1 BGB), entsprechend ihrer Leistungsfähigkeit. Den nicht privilegierten Volljährigen gegenüber kann sich der jeweilige Unterhaltsverpflichtete allerdings auf den **angemessenen Eigenbedarf von 1300,– Euro** berufen. Der Unterhaltsanspruch ist **nicht rangprivilegiert** (§ 1609 Nr. 4 BGB). 83

Besonders streitbefangen ist der Fortbestand der Unterhaltspflicht bei Abbruch der Erstausbildung und anschließender, neu aufgenommener Ausbildung. Der Anspruch besteht jedenfalls fort, wenn: 84

- der Ausbildungswechsel aus **gesundheitlichen Gründen** notwendig ist,
- die abgebrochene Ausbildung noch als **Orientierungsphase** gewertet werden kann,
- die Eltern das Kind in einen unbefriedigenden, seinen Begabungen nicht Rechnung tragenden **Beruf gedrängt** haben,
- das Kind aus freien Stücken eine zunächst absolut **untergewichtige Ausbildung** gemacht und schon zu Beginn der Ausbildung erkennbar eine passende **Weiterbildung** (einschließlich Studium) angestrebt hat (zB Lehre als Bauzeichner und anschließendes Studium der Architektur).

Der Unterhaltsanspruch **nicht privilegierter volljähriger Kinder außerhalb einer Ausbildung** (§ 1602 Abs. 1 BGB) kann nach Abschluss einer Berufsausbildung, nach Abbruch einer Ausbildung ohne besonderen Grund oder nach Schulabgang ohne Aufnahme einer weiteren Ausbildung und Aufnahme einer eigenen bedarfsdeckenden Erwerbstätigkeit nur ausnahmsweise entstehen. Nach der Ausbildung haben die volljährigen Kinder eine **eigene Lebensstellung** und handeln grundsätzlich eigenverantwortlich. Sie sind verpflichtet, **jede** Art der **Tätigkeit**, also auch solche, die nicht ausbildungsadäquat sind, zur Bedarfsdeckung aufzunehmen. **Eigenes Vermögen** müssen sie bis an die Grenze der Unzumutbarkeit verwerten (BGH FamRZ 1998, 367). Die Eltern können sich gegenüber dem Unterhaltsverlangen des Kindes auf dessen umfassende **Erwerbsobliegenheit** berufen. 85

M 74.13 Privilegierter Volljähriger – Unterhaltsvereinbarung zwischen den Eltern (notarielle Form)

Sachverhaltsfeststellung; Berechnungsgrundlagen ...

§ 2
Kindesunterhalt und Freistellung

(1) Wir, die Eltern unseres Kindes ..., geboren am 15. Juni 2000, sind uns darüber einig, diesem einen monatlichen Unterhalt entsprechend ***128 % – einhundertachtundzwanzig vom Hundert – der ersten Einkommensstufe iVm. der vierten Altersstufe der „Düsseldorfer Tabelle"*** *(Stand: 1.1.2015), also einen Tabellenbetrag in Höhe von 625 Euro – in Worten: sechshundertfünfundzwanzig Euro – bzw. einen Zahlbetrag in Höhe von*

441 *Euro*

– in Worten: vierhunderteinundvierzig Euro –

zu schulden.

Von dem Zahlbetrag entfallen anteilig

- ***54,4 %*** *(oder: 240 Euro) anteilig auf den* ***Vater*** *und*
- ***45,6 %*** *(oder: 201 Euro) anteilig auf die* ***Mutter.***

Von einem eventuell darüber hinausgehenden Unterhaltsanspruch von ... stellt Herr ... Frau ... im Innenverhältnis frei. Der geschuldete Zahlbetrag ist monatlich im Voraus zum Ersten eines jeden Monats erstmals am ... 2015 auf ein noch zu benennendes Konto unseres Kindes ... zu zahlen (Gutschrift). Unser Kind ... erhält aus dieser Vereinbarung einen unmittelbaren Anspruch Leistung an sich verlangen zu können (§ 328 Abs. 1 BGB); Das Recht der ... den Unterhalt zur Leistung an das Kind fordern zu können, bleibt bestehen.

(2) Zwischen uns, den Eltern, besteht zudem Einigkeit darüber, dass Frau ... ihre Unterhaltsverpflichtung gegenüber ... in voller Höhe und solange dadurch erfüllt, als das Kind in deren Haushalt lebt.

(3) Das jeweilige staatliche Kindergeld (derzeit 184 Euro), das noch von Frau ... bezogen wird, ist unserem Kind ... in voller Höhe in bar und zur Deckung seines Bedarfs zu überlassen. Es ist bei der Berechnung des nach Abs. (1) geschuldeten Zahlbetrages bereits bedarfsmindernd abgezogen.

(4) Diese Vereinbarung endet (auflösende Bedingung), wenn unser Kind das 21. Lebensjahr vollendet hat (15. Juni 2021) oder seine allgemeine Schulausbildung -aus welchem Grund auch immer- tatsächlich beendet oder nicht mehr im Haushalt seiner Mutter wohnt. Für den Fall des Bedingungseintritts verpflichten wir uns bereits heute, eine abgeänderte Vereinbarung unter Beachtung des Anspruchs unseres Kindes und unserer anteiligen Leistungsfähigkeit zu treffen.

(ggfs. Vollstreckungsunterwerfung zu Gunsten des Kindes nach § 328 BGB, § 794 Abs. 1 Nr. 5 ZPO; Verzug; Rückstand; Abänderbarkeit; Auskunft usw.)

Eine Dynamisierung (§ 1612a BGB) des Unterhalts volljähriger Kinder ist ausgeschlossen.

M 74.14 Privilegierter Volljähriger – Unterhaltsvereinbarung mit dem Kind (notarielle Form)

genaue Sachverhaltsfeststellung; Berechnungsgrundlagen ...

§ 2
Unterhalt und Freistellung

(1) Wir sind uns in Konkretisierung des gesetzlichen Unterhaltsanspruchs darüber einig, dass Herr ... seinem Sohn, Herrn ... einen monatlichen anteiligen Bar-Unterhalt (= Zahlbetrag) in Höhe von

***240** Euro*

– in Worten: zweihundertvierzig Euro –

*schuldet. Dies entspricht einem Anteil von 54,4 % des dem Sohn von seinem beiden Elternteilen insgesamt geschuldeten Unterhalts, der wiederum **128 % – einhundertachtundzwanzig vom Hundert – der ersten Einkommensstufe iVm. der vierten Altersstufe der „Düsseldorfer Tabelle“** (Stand: 1.1.2015), also einem Zahlbetrag von 441 Euro entspricht.*

Nachrichtlich wird vermerkt, dass 45,6 % (oder: Euro 201 Euro Zahlbetrag) des geschuldeten Unterhalts anteilig auf die Mutter entfallen, bei der . . . weiterhin wohnt.

(2) Der nach dieser Urkunde geschuldete Zahlbetrag von 240 Euro ist monatlich im Voraus zum Ersten eines jeden Monats auf ein noch zu benennendes Konto des . . . zu zahlen (Gutschrift).

(3) Zwischen uns besteht zudem Einigkeit darüber, dass die Mutter ihre anteilige Unterhaltsverpflichtung gegenüber . . . in voller Höhe und solange dadurch erfüllt, als . . . in deren Haushalt lebt.

(3) . . . erklärt, dass er bereits das gesamte staatliche Kindergeld (derzeit 184 Euro) bezieht; es ist zur Deckung seines Bedarfs zu verwenden und wurde bei der Berechnung des nach Abs. (1) geschuldeten Zahlbetrages bedarfsmindernd abgezogen; der Ausgangsbetrag des Tabellenunterhalts beträgt demnach 625 Euro.

(4) Diese Vereinbarung endet (auflösende Bedingung), wenn ich, Herr . . . das 21. Lebensjahr am 15. Juni 2021 vollendet habe oder die allgemeine Schulausbildung – aus welchem Grund auch immer – tatsächlich beende oder nicht mehr im Haushalt meiner Mutter wohne. Für den Fall des Bedingungseintritts verpflichten wir uns bereits heute, eine abgeänderte Vereinbarung zu treffen.

(ggf. Vollstreckungsunterwerfung; Verzug; Rückstand; Abänderbarkeit; Auskunft usw.)

VI. Praktische Anwendungen

1. Grundanwendungen zum Mindestunterhalt (Stand: 1.1.2015), zur Düsseldorfer Tabelle und zur Kindergeldanrechnung

Die **Düsseldorfer Tabelle** (s. bereits Rz. 24) ist in **10 Einkommensgruppen** und für Minderjährige gem. § 1612a Abs. 1 Satz 3 BGB in **drei Altersstufen** (0–5, 6–11, 12–17 Jahre) unterteilt. 86

Das BGB knüpft seit dem 1.1.2008 bei der **Festlegung des Mindestunterhalts** (s. hierzu Rz. 21) nicht etwa an die andersartig konzipierten Leistungen des Sozialrechts (s. §§ 19 S. 1, 22 SGB II, §§ 28 Abs. 1 Satz 1, 29 SGB XII), sondern an das **Einkommensteuerrecht** an. Die **Höhe des Mindestunterhalts** ergibt sich demnach in der Art einer dynamischen Verweisung aus dem **doppelten Freibetrag des sächlichen Existenzminimums** eines Kindes (**„Kinderfreibetrag“**) nach § 32 Abs. 6 Satz 1 EStG. Mit Wirkung vom 1. Januar 2014 betragen die dort genannten Freibeträge je Elternteil zusammengerechnet **3504 Euro** (beide Elternteile = **7008 Euro**); es handelt um den hier nicht weiter interessierenden **Betreuungsfreibetrag** von 2640,– Euro für den Betreuungs-, Erziehungs- und Ausbildungsbedarf und den für den Mindestunterhalt maßgeblichen **Kinderfreibetrag** von **4368 Euro** für das sächliche Existenzminimum des Kindes (s. auch Rz. 96). 87

Nach § 1612a Abs. 1 Nr. 2 BGB ist ein Zwölftel des doppelten Jahresbetrages des Kinderfreibetrages der **monatliche Mindestunterhalt des minderjährigen Kindes** in der zweiten Altersstufe. Für die erste Altersstufe beläuft sich der Mindestunterhalt auf 87 % davon, in der dritten Altersstufe 117 % davon; also ab Januar 2010 (und auch für 2015): 88

Monatsbetrag des doppelten Kinderfreibetrages (4368,– Euro/12 Monate = 364,– Euro pro Monat)

0–5 Jahre	6–11 Jahre	12–17 Jahre
87 %	100 %	117 %
317 Euro	**364 Euro**	**426 Euro**

317 Euro bzw. 364 Euro bzw. 426 Euro entsprechen altersabhängig für die Zeit seit Januar 2010 der Einkommensstufe 1 der DT. Der alters- und einkommensabhängig zu ermittelnde Unterhalt des Kindes ergibt sich weiterhin anhand der jeweils einschlägigen Einkommensstufe der DT, ausgedrückt als **Prozentsatz des Mindestunterhalts**. Die **Einkommensstufe 1 der Düsseldorfer Ta-** 89

belle bildet damit die Berechnungsbasis der gesamten DT. Die durch Multiplikation des Mindestunterhalts mit dem **Prozentsatz** errechneten Richtsätze sind entsprechend § 1612a Abs. 2 BGB aufgerundet.

90 Bei **überdurchschnittlichen**, über der Einkommensstufe 10 der DT liegenden und zu berücksichtigenden **Einkünften des Pflichtigen** (ab 5101 Euro/mtl.), richtet sich die Unterhaltsbemessung nach dem Einzelfall; eine rein rechnerische Fortschreibung der DT findet nicht. Andererseits ist auch **keine Sättigungsgrenze** anerkannt. Der Berechtigte, also das Kind, muss vielmehr seinen **konkreten Bedarf** darlegen und beweisen (BGH FamRZ 2000, 358 und FamRZ 2001, 1603).

91 Die Tabellensätze enthalten **keine Kranken- und Pflegeversicherungskosten** (s. hierzu bereits Rz. 24) und nach Auslegung durch den BGH auch **keine Kosten für eine Fremdbetreuung**; die Tabellensätze lassen ebenso die Behandlung des staatlichen **Kindergeldes unberücksichtigt**. Wird das minderjährige Kind fremdbetreut, wozu nach § 1570 Abs. 1 BGB quasi eine sich zur Verpflichtung verdichtende Obliegenheit entstehen kann, sind solche Kosten neben dem Tabellenunterhalt zu zahlen (BGH FamRZ 2009, 962; s. bereits Rz. 26). Für diese Fälle sind in notariellen Urkunden, die den Kindesunterhalt konkretisieren, zusätzliche Leistungspflichten als Mehrbedarf oder als einseitige Mehrbelastung des barunterhaltspflichtigen Elternteils aufzunehmen.

M 74.15 Kosten der privaten Krankenversicherung – Unterhalt

(...) Herr ... ist zudem verpflichtet, die vorbezeichneten Kinder bis jeweils zur Erreichung der Volljährigkeit in seiner privaten Krankenversicherung zu denselben Sätzen wie sich selbst mitzuversichern, wenn und soweit die Kinder nicht bei der Mutter krankenversichert sind. Krankheitskosten, die die Versicherung nicht erstattet, tragen Herr ... und Frau ... anteilig, entsprechend ihrer Leistungsfähigkeit, die Versicherungskosten trägt Herr ... in voller Höhe und ohne Anrechnung auf den Tabellenunterhalt. Herr ... ist allerdings berechtigt, die zusätzlichen Beitragsaufwendungen bei Bemessung des unterhaltsrelevanten, bereinigten Nettoeinkommens als Vorwegabzug zu behandeln.

92 Die Einkommensgruppen der DT sind auf den Fall zugeschnitten, dass der Unterhaltspflichtige einem **Ehegatten und einem Kinder**, jedenfalls aber **zwei Unterhaltsberechtigten** – ohne Rücksicht auf den Rang – Unterhalt zu gewähren hat (Anm. A.1 zur DT). Bei einer geringeren oder größeren Zahl Unterhaltspflichtiger sind daher **Ab- oder Zuschläge** (zB durch Höher- oder Herabgruppierung in der DT) vorzunehmen.

93 ➲ **Praxistipp:**

- Zur Bestimmtheit und Vereinfachung der Vollstreckung dynamisierter Unterhaltsbeträge sind die Prozentsätze der DT möglichst beizubehalten; deshalb sollte die **Höher- oder Herabgruppierung** (Ab- und Zuschläge) immer um volle Gruppen erfolgen.
- der Mindestunterhalt nach Gruppe 1 darf nicht unterschritten werden.

94 **Beispielsfälle:**

(Zahlbeträge nach Kindergeldabzug sind in den Beispielen nicht berücksichtigt.)

Fall 1:

Der Verpflichtete V verfügt über ein unterhaltsrelevantes bereinigtes Nettoeinkommen von 1950,– Euro. V muss für eine Frau sowie sein fünfjähriges Kinder Unterhalt leisten.

Lösung:

V ist nach seinem Einkommen in Gruppe 3 einzustufen. Zu- oder Abschläge sind nicht zu berücksichtigen, da er für einen geschiedenen Ehegatten und sein minderjähriges Kinder Unterhalt leistet, also eine „unterhaltsrechtliche Musterfamilie“ hat. Der Unterhalt des fünfjährigen Kindes richtet sich nach Altersstufe 1 (= 349 Euro Tabellenbetrag).

Fall 2:

Der Verpflichtete V hat ein unterhaltsrelevantes bereinigtes Nettoeinkommen von 3000 Euro. Er ist lediglich für seinen 16-jährigen Sohn unterhaltsverpflichtet.

Lösung:

V wäre an sich in die Einkommensgruppe 5 einzustufen, kann aber um eine Gruppe hinaufgestuft werden, weil er nur für ein minderjähriges Kind (und nicht für ein weiteres Kind oder für seine Ehefrau zusätzlich) Unterhalt leistet. Bei einem 16-jährigen Kind richtet sich der Unterhalt nach der Altersstufe 3, so dass der Tabellenbetrag 546,– Euro (hochgestufte Gruppe 6; Altersstufe 3 der DT) beträgt.

Die DT enthält eine Spalte mit sog. **Bedarfskontrollbeträgen**. Diese sind ab der Gruppe 2 nicht mehr identisch mit dem sog. Eigenbedarf („Selbstbehalt": 880/1080 Euro [Stand 2015]; vgl. Anm. A.5 zur DT); sie sollen im Ergebnis eine ausgewogene Verteilung des Einkommens zwischen dem Unterhaltspflichtigen und den unterhaltsberechtigten Kindern herstellen. Wird ein Bedarfskontrollbetrag unterschritten, ist der Tabellenbetrag derjenigen niedrigeren Gruppe anzusetzen, deren Bedarfskontrollbetrag nicht mehr unterschritten wird (vgl. Anm. A.6 zur DT). Die Bedarfskontrollbeträge sind vor allem im sog. **Mangelfall** heranzuziehen, sie führen immer nur bis zur Anwendung der Gruppe 1 (= Eigenbedarf). 95

Staatliches Kindergeld ist Teil des Familienleistungsausgleichs, der vorrangig durch das Einkommensteuerrecht verwirklicht wird (§§ 62 ff. EStG – zu Besonderheiten nach dem BKGG: Erman/Hammermann § 1612b BGB Rz. 3; s. auch oben Rz. 22). Es beträgt **seit Januar 2010** (§ 66 Abs. 1 Satz 1 EStG; § 6 Abs. 1 BKGG jeweils in der Fassung des „Wachstumsbeschleunigungsgesetz", BGBl. 2009 I, 3951, 3954): 96

- **184 Euro** für das erste und zweite Kind,
- **190 Euro** für das dritte und
- **215 Euro** für jedes weitere Kind (s. bereits Rz. 22).

Das Kindergeld wird regelmäßig von dem **betreuenden Elternteil** (§ 64 Abs. 2 S. 1 EStG) bezogen, auch hier gilt also das **Obhutsprinzip**. Gleichgültig wer von beiden Elternteilen das Kindergeld bezieht, steht es, unabhängig vom Einkommen, jedem von ihnen zur Hälfte zu und hat zweckgebunden das Existenzminimum des Kindes zu sichern. Auch wenn Kindergeld somit **bedarfsmindernd** wirkt und auch wirken soll, gilt es weder bei den Eltern noch beim Kind als Einkommen. 97

Ein höherer Familienlastenausgleich kann sich im Einzelfall aus § 31 Satz 1 EStG ergeben, nämlich aus den beiden Eltern zustehenden Freibeträgen des **§ 32 Abs. 6 Satz 1 EStG**. Danach ist für jedes zu berücksichtigende Kind jeder steuerpflichtige Elternteil berechtigt, jeweils einen Freibetrag von 98

- **2184 Euro** für das **„sächliche Existenzminimum des Kindes"** (= **Kinderfreibetrag**)

und

- **1320 Euro** für den **„Betreuungs- und den Erziehungs- oder Ausbildungsbedarf des Kindes"** (= **Betreuungsfreibetrag**)

von seinem Einkommen abzuziehen. Seit Januar 2010 (und auch für 2014) beträgt der gesamte Freibetrag jedes steuerpflichtigen Elternteils somit **3504 Euro**. Der zusammengerechnete Steuerfreibetrag beider Eltern beträgt also **7008 Euro** ([2184 Euro + 1320 Euro] × 2).

Bezieht der barunterhaltspflichtige Elternteil das Kindergeld fehlerhaft, erhöht sich der Kindesunterhalt um die Hälfte des Kindergelds. Ein fehlerhafter Kindergeldbezug sollte nicht durch eine (notarielle) Vereinbarung herbeigeführt werden, weil die Bezugsberechtigung öffentlich-rechtlich geregelt und nicht disponibel ist. Es entstünde ein Rückforderungsanspruch nach § 37 Abs. 2 AO. 99

Eine **Erhöhung des Kindergelds** wegen des „Mitzählens" eines einseitigen Kindes (sog. **„Zählkindervorteil"**) ist weiterhin nicht möglich (§ 1612b Abs. 2 BGB). 100

Die **Kindergeldanrechnung** auf den Unterhaltsbetrag bestimmt sich nach § 1612b BGB. Danach ist das Kindergeld **zur Deckung des Barbedarfs des Kindes** zu verwenden und somit unterhaltsrechtlich zweckgebunden; es mindert (regelmäßig in Höhe der Hälfte des Kindergeldes) den Barbe- 101 darf des Kindes. Besteht kein Betreuungsbedarf mehr (Volljährigkeit), ist das Kindergeld in voller Höhe zweckgebunden zur Bedarfsdeckung des Kindes zu verwenden (dafür bereits vor dem 1.1.2008: OLG Hamm OLG-Report 2003, 98; OLG Nürnberg NJW-RR 2003, 580). Damit wird das zu berücksichtigende Kindergeld seit dem 1. Januar 2008 von Gesetzes wegen wie Einkommen des Kindes betrachtet. Sowohl das minderjährige wie das volljährige Kind haben gegen den Bezugsberechtigten einen durchsetzbaren Anspruch auf Verwendung des zu berücksichtigenden Kindergeldes für ihren Bedarf. Der Vorwegabzug des Kindesunterhalts bei der Bemessung des Unterhalts anderer Berechtigten beschränkt sich folglich auf den „Zahlbetrag", BGH FamRZ 2009, 1300.

102 Für die Verrechnung des Kindergeldes gilt folgende Formel (grds. minderjähriges Kind):

(Anrechnungsbetrag = ½ Kindergeld = Minderung des Bedarfs) ./. Tabellenunterhalt der jeweiligen Einkommensgruppe (= tatsächlich geschuldeter Zahlbetrag).

Die **tatsächlichen Zahlbeträge** zum Kindesunterhalt, also bereits unter rechnerischer Berücksichtigung der bedarfsorientierten Kindergeldanrechnung ergeben sich aus der **„Tabelle Zahlbeträge"** als Anhang zur DT.

103 **Vertragliche Vereinbarungen der Eltern** zur Kindergeldverteilung **sind möglich**, soweit im Ergebnis kein Verstoß gegen § 1614 Abs. 1 BGB vorliegt. Die Kindergeldanrechnung durch Vereinbarung der Eltern kann beispielsweise zur Verstärkung der finanziellen Situation des betreuenden Elternteils und des bei ihm lebenden Kindes ganz oder teilweise unterbleiben. Der Verpflichtete zahlt sodann den vollen Tabellenunterhalt, während zugleich das Kindergeld anrechnungsfrei (ggf. auch nur teilweise anrechnungsfrei) bei dem Bezieher, regelmäßig der betreuenden Mutter, verbleibt. Da Kindergeld in unterschiedlicher Höhe nach der Anzahl der Kinder („Zählkinder") geleistet wird, sollte bei Vereinbarungen darauf geachtet werden, dass die Verrechnung mit dem richtigen Kindsunterhalt durchgeführt wird. Die Verrechnung des dem Volljährigen tatsächlich gewährten Naturalunterhalts (zB Kost und Wohnung) ist möglich.

M 74.16 Verteilung des Kindergeldes – Unterhalt

(...) Das staatliche Kindergeld ist noch nicht vom Tabellenunterhalt abgezogen worden. Solange es dem Bar-Unterhaltspflichtigen zufließt, hat er die Hälfte des für jedes Kind gezahlten Kindergeldes, das sind derzeit zusammen für beide Kinder 368 Euro monatlich, mit dem Tabellenunterhalt an die Ehefrau zu zahlen; fließt das Kindergeld richtigerweise dem nicht betreuenden Elternteil zu, ist der Unterhaltspflichtige berechtigt, von dem Tabellenunterhalt die Hälfte des für jedes Kind gezahlten Kindergeldes, also zusammen derzeit 184 Euro monatlich, in Abzug zu bringen. Nach dem Abzug ergibt sich der noch geschuldete „Zahlbetrag". Auf die Bezugsberechtigung wurde hingewiesen.

Erweiterung:

Das staatliche Kindergeld steht ... anrechnungsfrei ... zu[1].

1 Formulierungsbeispiele für Kindergeldanrechnung s. Rz. 86; OLG Düsseldorf FamRZ 2002, 1046; Odersky MittBayNot 2001, 22, 24; Riemann FamRB 2002, 314.

2. Statischer und/oder dynamisierter Unterhalt minderjähriger Kinder

104 § 1612a BGB ermöglicht (bereits seit dem 1.7.1998) die **Dynamisierung von Unterhaltstiteln** ohne deren gerichtliche Anpassung nach § 231 Abs. 1 Nr. 1 FamFG iVm. § 239 FamFG. Hierzu muss der **Unterhalt als Prozentsatz des gesetzlichen Mindestunterhalts tituliert** werden. Ändern sich nachfolgend der Mindestunterhalt und/oder das Alter des Unterhaltsberechtigten (oder auch die Höhe des staatlichen Kindergeldes), ist der titulierte Prozentsatz auf den neuen Mindestunterhalt und/oder die ansteigende Altersgruppe des Unterhaltsberechtigen und/oder die Höhe der Kindergeldanrechnung anzuwenden (Automatismus und **Titelerhalt**). Allerdings kann das minderjährige Kind von dem barunterhaltspflichtigen Elternteil, mit dem es nicht in einem Haushalt lebt, nach

insgesamt drei Möglichkeiten seinen Unterhaltsanspruch geltend machen (Hinweis: nur die Titulierung eines Prozentsatzes des Mindestunterhalts ist dynamisierungstauglich):

- durch einen genau **bezifferten, statischen Unterhaltsbetrag** mit Abänderungsmöglichkeit nach § 239 FamFG,
- als **Mindestunterhalt** oder als Prozentsatz des Mindestunterhalts **für die derzeitige** (also nur beschränkt auf eine) **Altersgruppe,**
- als **Mindestunterhalt** oder als Prozentsatz des Mindestunterhalts **für alle Altersgruppen** bis zum 18. Lebensjahr (**dynamisiert**).

Wird als Prozentsatz des Mindestunterhalts tituliert, ist eine genaue Bezifferung des Unterhalts 105
nach den zur Zeit der Errichtung der notariellen Urkunde geltenden Beträgen aus materiell-rechtlichen Gründen nicht zwingend erforderlich, zur Klarstellung und nach Transparenzgesichtspunkten als zusätzliche Angabe jedoch zweckmäßig.

Beispiel: 106

Der am 10.9.2010 geborene K lebt bei seiner geschiedenen Mutter M, die auch das staatliche Kindergeld iHv. 184 Euro bezieht. K begehrt ab 1.6.2015 von seinem Vater V (Einkommensgruppe 4 der DT), der nicht gegenüber M und anderen unterpflichtig ist, Kindesunterhalt:

a) als **statischer**, tatsächlich geschuldeter und genau **bezifferter Unterhaltsbetrag**;

b) als **statischer**, tatsächlich geschuldeter und genau **bezifferter Unterhaltsbetrag** für alle relevanten Altersstufen (ohne Dynamisierung eher unpraktisch);

c) als **Prozentsatz des Mindestunterhalts** für alle relevanten Altersstufen dynamisiert.

Lösung:

V ist nur gegenüber einem Kind, nämlich K, unterhaltsverpflichtet; daher Höhergruppierung um eine Gruppe auf die Einkommensgruppe 5 (Anm. A.1 zur DT); er hat an K zu Händen der M einen monatlichen, im Voraus fälligen Unterhalt zu zahlen:

zu a) ab 1.6.2010 (und auch noch 2015) iHv. 381 Euro abzüglich anrechenbarer Kindergeldanteil von 92 Euro. Dies ergibt einen Zahlbetrag von 289 Euro. Wegen der fehlenden Dynamisierung ist jede – auch gesetzliche Anpassung des Mindestunterhalts – Veränderung der Bemessung für die Zukunft über eine Abänderung (§ 239 FamFG) herbeizuführen.

zu b)

- ab 1.6.2015 bis 31.8.2016 (= **Altersstufe 1**) iHv. 381 Euro abzüglich 92 Euro anrechenbarer Kindergeldanteil = **Zahlbetrag** von 289 Euro;
- ab 1.9.2016 (der 1. Tag des Monats, in dem K sechs Jahre alt wird) bis 31.8.2022 (= **Altersstufe 2**) iHv 437 Euro abzüglich 92 Euro anrechenbarer Kindergeldanteil = **Zahlbetrag** von 345 Euro;
- ab 1.9.2022 (der 1. Tag des Monats, in dem K zwölf Jahre alt wird) bis zur Vollendung des 18. Lebensjahrs des K am 31.8.2028 (= **Altersstufe 3**) iHv. 512 Euro abzüglich 92 Euro anrechenbarer Kindergeldanteil = **Zahlbetrag** von 420 Euro.

  Eine Befristung auf den 18. Geburtstag sollte nicht erfolgen.

zu c)

- ab 1.6.2015 bis 31.8.2016 = **120 % des jeweiligen Mindestunterhalts der Altersstufe 1** nach § 1612a BGB abzüglich anrechenbarer Kindergeldanteil (381 Euro ./. 92 Euro = 289 Euro);
- ab 1.9.2016 bis 31.8.2022 = **120 % des jeweiligen Mindestunterhalts der Altersstufe 2** nach § 1612a BGB abzüglich anrechenbarer Kindergeldanteil (437 Euro ./. 92 Euro = 345 Euro);
- ab 1.9.2022 bis 31.8.2028 = **120 % des jeweiligen Mindestunterhalts der Altersstufe 3** nach § 1612a BGB abzüglich anrechenbarer Kindergeldanteil (512 Euro ./. 92 Euro = 420 Euro).

  Eine Befristung auf den 18. Geburtstag sollte nicht erfolgen.

Dynamisierter Unterhalt kann ausschließlich **für die Unterhaltsansprüche minderjähriger Kinder,** nicht jedoch für volljährige Kinder und schon gar nicht für Ehegatten tituliert werden. 107

108 ➲ **Praxistipp:** § 1612a Abs. 1 BGB benennt nur drei Altersstufen, steigt das Kind mit dem Erreichen des 18. Lebensjahres in die 4. Altersstufe der DT, findet insoweit keine Anpassung auf der Grundlage der Dynamisierungsregelung statt. Jedoch bleibt auch nach Eintritt der Volljährigkeit der aus der Zeit der Minderjährigkeit stammende Titel wirksam (§ 798a ZPO). Für eine Abänderung nach Maßgabe der 4. Altersstufe der DT stehen also ausschließlich § 239 FamFG oder – vorzugswürdig – eine abändernde Vereinbarung zur Verfügung.

M 74.17 Dynamisierter Unterhalt für mehrere unverheiratete, minderjährige Kinder: notarielle Vereinbarung – Grundmuster kurze Fassung

(1) Herr . . . verpflichtet sich ab dem . . . 2015, für die aus der gemeinsamen Ehe hervorgegangenen Kinder, nämlich

1. . . ., geboren am . . .,

2. . . ., geboren am . . . und

3. . . ., geboren am . . .

monatlich im Voraus bis spätestens zum 3. Werktag eines jeden Monats zu Händen der Mutter in Ausgestaltung des gesetzlichen Anspruchs ***. . . % – einhundert . . . vom Hundert – des jeweiligen Mindestunterhalts*** *der für jedes Kind maßgeblichen Altersstufe nach § 1612a Abs. 1 BGB, abzüglich anrechenbaren Kindergeldes für ein erstes, zweites und drittes Kind auf ein noch anzugebendes Konto zu zahlen (Gutschrift des Zahlbetrages).*

(2) Der jeweilige Unterhalt ist ***dynamisiert****. Der Unterhalt einer höheren Altersstufe ist für jedes unserer Kinder, abzüglich des für dieses anrechenbaren Kindergeldes ab dem 3. Werktag desjenigen Monats zu zahlen, in dem das jeweilige unserer Kinder das betreffende Lebensjahr nach Maßgabe des § 1612a Abs. 1 Satz 3 Nrn. 1–3 BGB vollendet.*

(3) Rückständige Unterhaltsleistungen sind ab dem 4. Werktag des Fälligkeitsmonats mit 5 Prozentpunkten über dem jeweiligen Basiszinssatz jährlich zu verzinsen. Ein Samstag zählt nicht als Werktag. Rückständiger Unterhalt besteht derzeit nicht. Der Ehemann schuldet im Übrigen immer den angemessenen Unterhalt in der tatsächlichen Höhe.

(4) Die vorstehende Unterhaltsregelung steht bezogen auf jedes der gemeinsamen Kinder unter der auflösenden Bedingung, dass Frau . . . oder ihre von ihr beauftragten Angehörigen das unterhaltsberechtigte Kind auch tatsächlich betreut und ein Obhutsverhältnis fortbesteht.

Kosten: *Geschäftswert:* Für jedes Kind gesondert zu bewerten. Bewertung nach § 52 GNotKG, wobei zu unterscheiden ist, ob der jeweilige Unterhalt für eine zuvor bestimmte Dauer oder auf unbestimmte Zeit zu leisten ist; § 56 Abs. 3 GNotKG ist zu beachten. Kein wertmindernder Abzug des Kindergeldes. *Gebühr:* Es liegt eine Vereinbarung vor, daher 2,0 Gebühr nach Nr. 21100 KV GNotKG.

M 74.18 Dynamisierter Unterhalt für mehrere unverheiratete, minderjährige Kinder: notarielle Vereinbarung – ausführliche Fassung

(1) Herr . . . verpflichtet sich ab dem . . . 2015, für die aus der gemeinsamen Ehe hervorgegangenen Kinder, jeweils monatlich im Voraus bis spätestens zum Ersten Kalendertag eines jeden Monats zu Händen der Mutter in Ausgestaltung des gesetzlichen Anspruchs ***. . . % – einhundert . . . vom Hundert – des jeweiligen Mindestunterhalts der jeweiligen Altersstufe*** *nach §§ 1612a Abs. 1 BGB, abzüglich anrechenbaren Kindergeldes für ein erstes, zweites und drittes Kind, auf ein noch anzugebendes Konto zu zahlen (Gutschrift des Zahlbetrages). Dies entspricht derzeit einem Unterhalt („Düsseldorfer Tabelle" – Stand: 1.1.2015).*

1. für die am ... geborene Tochter ...: ... Euro – 92 Euro = ... Euro (Zahlbetrag),

2. für den am ... geborenen Sohn ...: ... Euro – 92 Euro = ... Euro (Zahlbetrag),

3. für den am ... geborenen Sohn ...: ... Euro – 95 Euro = ... Euro (Zahlbetrag).

(2) Der jeweilige Unterhalt ist ***dynamisiert****. Der Unterhalt einer höheren Altersstufe nach § 1612a Abs. 1 Satz 3 BGB und/oder eines höheren Mindestunterhalts ist ab dem ersten Kalendertag des Monats zu zahlen, in dem das jeweilige gemeinsame Kind das betreffende Lebensjahr vollendet und/oder der Mindestunterhalt erhöht wird.*

An die Stelle des vorstehenden Unterhalts tritt für unser ***erstes Kind****... demnach*

- *für die Zeit ab dem 1. ... ein Betrag in Höhe von ... % des jeweiligen Mindestunterhalts der* ***zweiten Altersstufe*** *nach § 1612a Abs. 1 BGB;*
- *für die Zeit ab dem 1. ... ein Betrag in Höhe von ... % des jeweiligen Mindestunterhalts der* ***dritten Altersstufe*** *nach § 1612a Abs. 1 BGB und*

für unser ***zweites Kind****... demnach*

- *für die Zeit ab dem 1. ... ein Betrag in Höhe von ... % des jeweiligen Mindestunterhalts der* ***zweiten Altersstufe*** *nach § 1612a Abs. 1 BGB;*
- *für die Zeit ab dem 1. ... ein Betrag in Höhe von ... % des jeweiligen Mindestunterhalts der* ***dritten Altersstufe*** *nach § 1612a Abs. 1 BGB und*

für unser ***drittes Kind****... demnach*

- *für die Zeit ab dem 1. ... ein Betrag in Höhe von ... % des jeweiligen Mindestunterhalts der* ***dritten Altersstufe*** *nach § 1612a Abs. 1 BGB.*

Der jeweilige Zahlbetrag ist unter bedarfsminderndem Vorwegabzug des hälftigen staatlichen Kindergeldes (§ 66 EStG, § 6 BKGG) für ein erstes, zweites und drittes Kind zu errechnen.

(3) Bei der Ermittlung des Prozentsatzes vom Mindestunterhalt haben die Eltern übereinstimmend eine Herabstufung um eine [ggf. zwei] Einkommensgruppe[n] nach der Düsseldorfer Tabelle vorgenommen, weil Herr ... drei Kindern und seiner von ihm geschiedenen Ehefrau gegenüber unterhaltspflichtig ist.

(4) Der Ehemann schuldet im Übrigen jedem seiner Kinder gegenüber den angemessenen Unterhalt in der tatsächlichen Höhe. Die Ehefrau, bei der die Kinder entsprechend der einvernehmlichen Entscheidung der Eltern leben, bezieht das gesetzliche Kindergeld für ein erstes, zweites und drittes Kind in voller Höhe; es ist nach Maßgabe des § 1612b Abs. 1 BGB jeweils zur Hälfte zur Deckung des Barbedarfs des jeweiligen Kindes zu verwenden.

(5) Rückständige Unterhaltsleistungen sind ab dem Ersten des jeweiligen Fälligkeitsmonats mit 5 Prozentpunkten über dem jeweiligen Basiszinssatz jährlich zu verzinsen. Rückständiger Unterhalt besteht derzeit nicht.

(6) Die vorstehende Unterhaltsregelung steht bezogen auf jedes der gemeinsamen Kinder unter der auflösenden Bedingung, dass Frau ... oder ihre von ihr beauftragten Angehörigen das unterhaltsberechtigte Kind auch tatsächlich betreut und ein Obhutsverhältnis fortbesteht.

Kosten: *Geschäftswert:* Für jedes Kind gesondert zu bewerten. Bewertung nach § 52 GNotKG, wobei zu unterscheiden ist, ob der jeweilige Unterhalt für eine zuvor bestimmte Dauer oder auf unbestimmte Zeit zu leisten ist; § 56 Abs. 3 GNotKG ist zu beachten. Kein wertmindernder Abzug des Kindergeldes. *Gebühr:* Es liegt eine Vereinbarung vor, daher 2,0 Gebühr nach Nr. 21100 KV GNotKG.

M 74.19 Erweiterung (freigiebige, statische Zulage)

(...) Zusätzlich zu dem vorbezeichneten Unterhalt, wie er sich aus der Berechnung gem. § 2 ergibt, verpflichtet sich ... für jedes Kind bis zu dessen Volljährigkeit einen statischen Zuschlag von monatlich ... Euro zum Fälligkeitszeitpunkt zu zahlen; dieser Zuschlag bleibt auch im Falle einer Abänderung unverändert.

...

(...) Auf diese Unterhaltsvereinbarung ist im Übrigen § 239 FamFG anwendbar.

Kosten: *Geschäftswert:* Für jedes Kind gesondert zu bewerten. Bewertung nach § 52 GNotKG (Erhöhungswert), wobei abermals zu unterscheiden ist, ob der jeweilige Unterhalt mit der statischen Erhöhung für eine zuvor bestimmte Dauer oder auf unbestimmte Zeit zu leisten ist; § 56 Abs. 3 ist zu beachten. *Gebühr:* Es liegt auch insoweit eine Vereinbarung vor, daher 2,0 Gebühr nach Nr. 21100 KV GNotKG.

M 74.20 Dynamisierter Unterhalt für unverheiratete, minderjährige Kinder: Klage

An das

Amtsgericht – Familiengericht – ...

In Sachen ...

erhebe ich Klage mit folgenden Anträgen:

I. Der Antragsgegner wird verpflichtet, zu Händen der Antragstellerin für das Kind/die Kinder folgenden monatlichen im Voraus fälligen Kindesunterhalt zu zahlen:

1. vom ... bis zum ... ... % des Mindestunterhalts der 2. Altersstufe abzüglich des hälftigen Anteils des staatlichen Kindergeldes iHv. derzeit 92 Euro, somit insgesamt ... Euro – 92 Euro = Euro (Zahlbetrag).

2. vom ... bis zum ... ... % des Mindestunterhalts der 3. Altersstufe abzüglich des hälftigen Anteils des staatlichen Kindergeldes iHv. derzeit 92 Euro, somit insgesamt ... Euro – 92 Euro = Euro (Zahlbetrag).

II. Der Antragsgegner wird verpflichtet, zu Händen der Antragstellerin rückständige Unterhaltsbeträge für das Kind ... für die Zeit vom ... bis zum ... ab, insgesamt also ... Euro zzgl Zinsen iHv. 5 % über dem jeweiligen Basiszinssatz jährlich von je ... Euro seit dem 1.1.2015, dem 1.2.2015, usw

III. Die sofortige Wirksamkeit wird angeordnet, § 116 Abs. 3 FamFG.

IV. Ferner wird beantragt, die Unterhaltsansprüche durch Versäumnisbeschluss gemäß § 331 Abs. 3 ZPO zuzuerkennen für den Fall, dass der Antragsgegner Verteidigungsbereitschaft nicht rechtzeitig anzeigt.

Kosten: *Gerichtskosten:* Dreifache Gebühr gem. KV/GKG 1210, Streitwert der zwölffache Monatsbetrag gem. § 42 GKG, es sei denn, es wird Prozesskostenhilfe beantragt und bewilligt.

VII. Elternunterhalt („Aszendentenunterhalt") – Überblick

1. Allgemeines

109 Nach § 1601 BGB schulden auch Kinder ihren Eltern Unterhalt, soweit diese bedürftig (§ 1602 BGB) und die Kinder selbst leistungsfähig (§ 1603 BGB) sind. Es gelten allerdings andere Maßgaben als im Recht der Kindesunterhalts (grundlegend und ausführlich BGH FamRZ 2002, 1698 mwN.; billigend BVerfG NJW 2005, 1927; BGH FamRZ 2010, 1535; für Unterhalt von Großeltern gegenüber Enkeln BGH FamRZ 2006, 27).

2. Bedarf

110 Für die Bedarfsbemessung ist die **eigene Lebensstellung der Eltern**, nicht etwa der Kinder maßgebend (§ 1610 BGB – BGH FamRZ 2003, 1179). Die Eltern haben keine abgeleitete Lebensstellung. Maß des Unterhalts ist der „gesamte gegenwärtige Unterhaltsbedarf"; das Existenzminimum stellt

dabei die Untergrenze des Bedarfs dar (BGH FamRZ 2003, 860). Wie auch im Recht des Kindes- oder des nachehelichen Unterhalts sind Konstellationen des Mehr- und Sonderbedarfs möglich.

3. Bedürftigkeit

Bedürftigkeit im Alter entsteht zumeist dann und in dem Maße, in dem die Summe der **Einkünfte** bzw. der Altersversorgungsbezüge und die Pflegeversicherungsleistungen für erforderliche Kranken-, Heim- und Pflegeaufwendungen nicht ausreichen. Der Bedürftige hat zunächst alle Einkünfte einzusetzen. Zu den einzusetzenden Einkünften zählen auch Leistungen der **Grundsicherung** (OLG Oldenburg FamRZ 2004, 295). **Sozialhilfe** ist nachrangig und führt zum Regress gegen die unterhaltspflichtigen Kinder (§ 94 SGB XII). Bei einer Obliegenheit zur Geltendmachung von vertraglichen oder gesetzlichen Ansprüchen können diese als **fiktive Einkünfte** bedarfsmindernd anzusetzen sein (vgl. OLG Saarbrücken MittBayNot 2005, 436 mit Anm. Kraus). Auch die Inanspruchnahme des **Vermögens der Eltern** bis an die Grenze der Unzumutbarkeit geht der Unterhaltspflicht vor; eine dem § 1577 Abs. 3 BGB entsprechende Vorschrift fehlt (vgl. BGH FamRZ 2006, 935). Für Vermögensreserven (sog. „Notgroschen") der Eltern gilt § 90 Abs. 2 SGB XII entsprechend (BGH NJW 2004, 677). Praxisrelevant ist die vorrangige, noch nicht verjährte **Rückforderung früherer Zuwendungen an Dritte** bzw. der Wertersatz in Geld bei nachfolgender Verarmung nach § 528 BGB oder wegen groben Undanks nach § 530 BGB. 111

4. Leistungsfähigkeit des Verpflichteten

Für die Bestimmung des unterhaltsrechtlich relevanten Einkommens der Kinder gelten **privilegierende Besonderheiten** (grundlegend: BGH FamRZ 1992, 795; BGH FamRZ 2010, 1535). Das Kind braucht seine Inanspruchnahme nicht (mehr) hinzunehmen, wenn es unter Berücksichtigung seiner sonstigen Verpflichtungen außerstande ist, seinen angemessenen Eigenunterhalt sicherzustellen. Dabei braucht er bei seiner Inanspruchnahme für einen oder beide Elternteile eine spürbare und dauerhafte Absenkung seines berufs- und einkommenstypischen Lebensniveaus jedenfalls insoweit nicht hinzunehmen, als er nicht einen nach den Verhältnissen unangemessenen Aufwand betreibt (BGH FamRZ 2002, 1698; BGH FamRZ 2003, 1179). Zur Einkommensermittlung existiert eine vielschichtige Kasuistik. Der **Wohnwert des selbstgenutzten Eigenheims** ist mit dem angemessenen Wohnaufwand, nicht mit dem objektiven Wert einer Fremdvermietung anzusetzen. **Tilgungsbeträge** auf Fremdfinanzierungen wirken einkommensmindernd. Die Auflösung vermögensbildender Maßnahmen kann im Einzelfall unzumutbar sein (OLG München FamRZ 2000, 307). Abzugsfähig sind auch Beiträge zu einer über die gesetzliche Rentenversicherung hinausgehende Altersvorsorge. Hierbei können Selbstständige oder Nicht-Selbständige oberhalb der Beitragsbemessungsgrenze der Rentenversicherung bis zu 20 % ihres Bruttoeinkommens für ihre sog. **primäre Altersvorsorge** verwenden und einkommensmindernd abziehen (BGH FamRZ 2003, 860; Büttner FamRZ 2004, 1918). Zusätzlich können bis zu weiteren 5 % der Brutto-Einkünfte für den Bereich der sog. **sekundären Altersvorsorge** in Abzug gebracht werden (BGH FamRZ 2005, 792; s. auch BGH FamRZ 2006, 1511). In der **gesetzlichen Rangfolge der Unterhaltsberechtigten** befindet sich der Aszendentenunterhalt an letzter Stelle, wobei die nähere der weiter entfernten Generation vorgeht (vgl. § 1609 Nrn. 6 und 7 BGB). Die Leistungen an vorrangig zu befriedigende Unterhaltsberechtigte sind abzuziehen; das gilt grundsätzlich auch für den **„angemessenen Familienunterhalt"** nach §§ 1360, 1360a BGB. Der Selbstbehalt der pflichtigen Kinder in Höhe des nach den Unterhaltsrichtlinien derzeit geltenden **„angemessenen Selbstbehalts"** von 1200 Euro ist im Verhältnis zu den Eltern um einen „maßvollen Zuschlag" zu erhöhen (Anm. D.I. zur DT = 1800 Euro; hierzu bereits frühzeitig BGH FamRZ 1992, 795). Der angemessene Unterhalt des mit dem unterhaltspflichtigen Kind zusammenlebenden Ehegatten (Schwiegersohn oder -tochter) bemisst sich nach den ehelichen Lebensverhältnissen (Halbteilungsgrundsatz), beträgt jedoch mindestens 1400 Euro (Anm. D.I. zur DT). Das verheiratete, unterhaltspflichtige Kind ist allerdings dennoch leistungsfähig, wenn seine Einkünfte zwar den Selbstbehalt für Elternunterhalt (1800 Euro) unterschreiten, der gesamte Familienbarunterhalt jedoch vom Einkommen seines Ehegatten gedeckt wird (sog. „Schwiegerkindhaftung" bei auskömmlichen Schwiegerkindeinkommen; s. insb. BGH FamRZ 2004, 366 und 370). Ein solches „auskömmliche Schwiegerkindeinkommen" wird pauschaliert angenommen, wenn dessen bereinigtes Nettoeinkommen unter Vorweganzug von 112

Kindesunterhalt den doppelten kombinierten Selbstbehalt ([1800 Euro + 1400 Euro] × 2 = 6480 Euro) überschreitet. In einem solchen Fall kann die Leistungsfähigkeit gegenüber den Eltern auch in Höhe des Entgelts aus einer geringfügigen – nicht überobligationsmäßigen – Nebenbeschäftigung herangezogen werden (vgl. BGH FamRZ 2004, 795). Der über den angemessenen Selbstbehalt hinausgehende Einkommensteil muss ggf. nicht eingesetzt werden (**„50 % bzw. 45 %-Methode"** – BGH FamRZ 2002, 1698; BGH FamRZ 2010, 1535 mit ausf. Berechnung). **Fiktive Einkünfte** sind im Übrigen nur ausnahmsweise anzusetzen (OLG Köln FamRZ 2002, 572).

VIII. Steuerlicher Abzug von Unterhaltsleistungen

113 Aufwendungen für den Unterhalt und eine etwaige Berufsausbildung einer dem Steuerpflichtigen oder seinem Ehegatten gegenüber **gesetzlich unterhaltsberechtigten Person** können für Kalenderjahre **ab 2016** bis zu 8652 Euro (2015 8472 Euro, 2014 8354 Euro, 2013 in Höhe von bis zu 8130 Euro) im Kalenderjahr vom Gesamtbetrag der Einkünfte als **außergewöhnliche Belastungen** abgezogen werden (§ 33a Abs. 1 EStG). Gesetzlich unterhaltsberechtigt sind Personen, denen gegenüber der Steuerpflichtige nach dem BGB, also nach inländischem Recht, unterhaltsverpflichtet ist (zB der dauernd getrennt lebende oder geschiedene Ehegatte, Verwandte in gerader Linie oder Adoptiveltern und -kinder). Eine Verpflichtung nach ausländischem Recht ist selbst dann irrelevant, wenn die Unterhaltspflicht des Steuerpflichtigen aufgrund internationalen Privatrechts im Inland verbindlich ist, BFH v. 4.7.2002, BStBl. II 2002, 760.

114 Bei Personen im erwerbsfähigen Alter ist davon auszugehen, dass sie ihren Lebensunterhalt durch eigene Arbeit verdienen, BFH v. 2.12.2004, BStBl. II 2005, 483. Hierzu hat die unterhaltene Person ihre Arbeitskraft als die ihr zur Bestreitung ihres Lebensunterhalts zur Verfügung stehende Quelle in ausreichendem Maße auszuschöpfen, sog. Erwerbsobliegenheit. Für Personen im erwerbsfähigen Alter sind daher – mangels Zwangsläufigkeit – grundsätzlich keine Unterhaltsaufwendungen anzuerkennen. Die Erwerbsobliegenheit ist bei allen unterhaltsberechtigten Personen, die nicht unbeschränkt einkommensteuerpflichtig sind, zu prüfen, zB auch bei dem im Ausland lebenden Ehegatten. Die in R 33a. 1 Abs. 2 Satz 2 iVm. Abs. 1 Satz 4 EStR aufgeführte Vereinfachungsregelung gilt daher in diesen Fällen nicht (BMF v. 7.6.2010, BStBl. I 2010, 588).

115 Der Abzug von Unterhaltsaufwendungen setzt allerdings voraus, dass niemand für die unterstützte Person Anspruch auf **Freibeträge** für Kinder (§ 32 Abs. 6 EStG) oder **Kindergeld** hat. Andere Leistungen für Kinder und dem inländischen Kindergeld vergleichbare Familienbeihilfen nach ausländischem Recht stehen nach § 65 EStG dem Kindergeld gleich (BFH v. 4.12.2003 BStBl. II 2004, 275). Aufwendungen des Vaters in Erfüllung des gesetzlichen Unterhaltsanspruchs der nicht mit ihm verheirateten Mutter seines Kindes aus Anlass der Geburt können daher als außergewöhnliche Belastung nach § 33 Abs. 1 EStG berücksichtigt werden, sofern für die Mutter des Kindes kein Anspruch auf einen Kinderfreibetrag oder auf Kindergeld besteht (BFH v. 19.5.2004, BStBl. II 2004, 943). Unterhaltsleistungen der Eltern an ihr **Wehr- oder Zivildienst** leistendes Kind waren stets dem Grunde nach als außergewöhnliche Belastung nach § 33a Abs. 1 EStG abzugsfähig, da für die Zeit des gesetzlichen Grundwehr- oder Zivildienstes kein Anspruch auf einen Kinderfreibetrag oder Kindergeld bestand; allerdings bestand für Soldaten und Zivildienstleistende ein Unterhaltsanspruch gegenüber seinem Dienstherrn. Mit der Aufhebung des gesetzlichen Grundwehr- bzw. Zivildienstes durch das WehrÄndG v. 31.7.2008 (BStBl I 2010, 588) haben die Regelungen ihre praktische Bedeutung verloren. Eine Ausnahme galt für die Fälle, in denen ein Kind neben dem Zivildienst ein Studium ernsthaft und nachhaltig betrieb. Da es hier gem. § 32 Abs. 4 Satz 1 Nr. 2 lit. a EStG für einen Beruf ausgebildet wurde, hatten die Eltern einen Anspruch auf einen Kinderfreibetrag oder Kindergeld (BFH v. 14.5.2002, BStBl. II 2002, 807).

116 Gehört die unterhaltsberechtigte Person zum Haushalt des Steuerpflichtigen, kann regelmäßig davon ausgegangen werden, dass ihm dafür Unterhaltsaufwendungen in Höhe des maßgeblichen Höchstbetrags erwachsen (R 33a. 1 Abs. 1 Satz 5 EStR). Hat die unterhaltene Person andere Einkünfte oder Bezüge, die zur Bestreitung des Unterhalts bestimmt oder geeignet sind, so vermindert sich gem. § 33a Abs. 1 Satz 4 EStG der Betrag von 8652 Euro (ab 2016) um den Betrag, um den

diese Einkünfte und Bezüge den Grenzbetrag von 624 Euro im Kalenderjahr übersteigen, sowie um die von der unterhaltenen Person als Ausbildungshilfe aus öffentlichen Mitteln oder von Förderungseinrichtungen, die hierfür öffentliche Mittel erhalten, bezogenen Zuschüsse. Von den eigenen Bezügen (einschließlich der Zuschüsse) der unterhaltenen Person werden aus Vereinfachungsgründen insgesamt 180 Euro im Kalenderjahr als Kostenpauschale abgezogen, wenn nicht höhere Aufwendungen nachgewiesen oder glaubhaft gemacht werden. Zu den anzusetzenden Bezügen s. R 33a.1 Abs. 3 EStR 2012 und H 33a.1 EStH 2014.

Für jeden vollen Kalendermonat, in dem die Voraussetzungen für den Abzug der Unterhaltsaufwendungen nicht vorliegen, sind der Höchstbetrag (8652 Euro ab 2016 vgl. oben) und der Grenzbetrag (624 Euro) zu zwölfteln. Als Ausbildungsbeihilfe bezogene Zuschüsse mindern nur den zeitanteiligen Höchstbetrag der Kalendermonate, für die die Zuschüsse bestimmt sind (§ 33a Abs. 4 Satz 3 EStG). 117

Außer durch den Höchstbetrag kann sich eine Beschränkung der Abziehbarkeit von Aufwendungen für den Unterhalt durch die Berücksichtigung der Verhältnisse des Steuerpflichtigen selbst ergeben. Es ist zu prüfen, inwieweit der Steuerpflichtige zur Unterhaltsleistung unter Berücksichtigung seiner persönlichen Einkommensverhältnisse verpflichtet ist bzw. bis zu welcher Höhe ihm die Übernahme der Unterhaltsleistungen überhaupt möglich ist. Hierfür ist es notwendig, das verfügbare Nettoeinkommen des Steuerpflichtigen zu ermitteln. Unter Berücksichtigung seiner Verhältnisse ist ein Steuerpflichtiger nur insoweit zur Unterhaltsleistung verpflichtet, als die Unterhaltsaufwendungen in einem vernünftigen Verhältnis zu seinen Einkünften stehen und ihm nach Abzug der Unterhaltsaufwendungen genügend Mittel zur Bestreitung des Lebensbedarfs für sich und ggf. für seinen Ehegatten und seine Kinder verbleiben (sog. **Opfergrenze**, BFH v. 27.9.1991, BStBl. II 1992, 35). 118

Soweit **keine Haushaltsgemeinschaft** mit der unterhaltenen Person besteht, sind Aufwendungen für den Unterhalt im Allgemeinen höchstens insoweit als außergewöhnliche Belastung anzuerkennen, als sie einen bestimmten Prozentsatz des verfügbaren Nettoeinkommens nicht übersteigen. Dieser beträgt 1 % je volle 500 Euro des verfügbaren Nettoeinkommens, höchstens 50 %, und ist um je 5 % für den (ggf. auch geschiedenen) Ehegatten und für jedes Kind, für das der Steuerpflichtige Anspruch auf Freibeträge für Kinder nach § 32 Abs. 6 EStG, Kindergeld oder eine andere Leistung für Kinder, § 65 EStG, hat, zu kürzen, höchstens um 25 %. 119

Bei einer **bestehenden Haushaltsgemeinschaft** mit der unterhaltenen Person (sozialrechtliche Bedarfsgemeinschaft) ist die Opfergrenze nicht mehr anzuwenden (BFH v. 29.5.2008, BStBl. II 2009, 363). Für die Ermittlung der nach § 33a Abs. 1 EStG maximal abziehbaren Unterhaltsaufwendungen sind die verfügbaren Nettoeinkommen des Unterhaltsleistenden und der unterhaltenen Person(en) zusammenzurechnen und dann nach Köpfen auf diese Personen zu verteilen (BFH v. 17.12.2009, BStBl. II 2010, 343). Für zur Haushaltsgemeinschaft gehörende gemeinsame Kinder (iSd. § 32 EStG) des Steuerpflichtigen und der unterhaltenen Person wird das hälftige Kindergeld jeweils dem Nettoeinkommen des Steuerpflichtigen und der unterhaltenen Person zugerechnet. Bei der Ermittlung der maximal abziehbaren Unterhaltsaufwendungen sind die den Eltern gemeinsam zur Verfügung stehenden Mittel um den nach § 1612a BGB zu ermittelnden Mindestunterhalt der Kinder zu kürzen. Der verbleibende Betrag ist auf die Eltern nach Köpfen zu verteilen und ergibt die maximal abziehbaren Unterhaltsaufwendungen iSd. § 33a Abs. 1 EStG. Für zur Haushaltsgemeinschaft gehörende Kinder (iSd. § 32 EStG) des Steuerpflichtigen, die zu der unterhaltenen Person in keinem Kindschaftsverhältnis stehen, wird bei der Berechnung des verfügbaren Nettoeinkommens das hälftige Kindergeld hinzugerechnet. Bei der Ermittlung der maximal abziehbaren Unterhaltsaufwendungen ist das gemeinsame verfügbare Nettoeinkommen um die Hälfte des nach § 1612a BGB zu ermittelnden Mindestunterhalts für diese Kinder bzw. dieses Kind zu kürzen und der verbleibende Betrag nach Köpfen zu verteilen. Gem. § 1612a BGB richtet sich der Mindestunterhalt nach dem doppelten Freibetrag für das sächliche Existenzminimum eines Kindes (Kinderfreibetrag) nach § 32 Abs. 6 Satz 1 EStG (in 2016: 2304 Euro, 2015 2256 Euro und 2014: 2184 Euro). Er beträgt monatlich entsprechend dem Alter des Kindes für die Zeit bis zur Vollendung des sechsten Lebensjahres 87 % (erste Altersstufe), für die Zeit vom siebten bis zur Vollendung des zwölften Lebensjahres 100 % (zweite Altersstufe) und für die Zeit vom dreizehnten Lebensjahr an 117 % (dritte Altersstufe) eines Zwölftels des doppelten Kinderfreibetrages. Soweit bei einer eheähnlichen oder lebenspartnerschaftsähnlichen Lebensgemeinschaft zu der Haushalts- 120 gemeinschaft auch Kinder (iSd. § 32 EStG) des Lebensgefährten/der Lebensgefährtin gehören, die zum Steuerpflichtigen in keinem Kindschaftsverhältnis stehen und denen gegenüber der Steuerpflichtige nicht unterhaltsverpflichtet ist, ist aus Vereinfachungsgründen typisierend zu unterstellen, dass deren Unterhaltsbedarf in vollem Umfang durch das Kindergeld und die Unterhaltszahlungen des anderen Elternteils abgedeckt wird und sie damit nicht der sozialrechtlichen Bedarfsgemeinschaft angehören. Dies hat zur Folge, dass diese Kinder bei der Ermittlung und Verteilung des verfügbaren Nettoeinkommens nicht berücksichtigt werden. Kindergeld, das der unterhaltenen Person für ein solches Kind zufließt, ist demnach bei der Ermittlung des verfügbaren Nettoeinkommens nicht zu berücksichtigen (BMF v. 7.6.2010, BStBl. I 2010, 582).

121 **Ab 2010** entfiel der (bislang in § 33a Abs. 1 Satz 4 EStG enthaltene) Verweis auf § 32 Abs. 4 Satz 2 EStG, so dass die unvermeidbaren Versicherungsbeiträge der unterhaltenen Person im Rahmen der Ermittlung der eigenen Einkünfte und Bezüge nicht mehr zu berücksichtigen sind. Dies beruht auf dem Umstand, dass die Kranken- und Pflegeversicherungsbeiträge, die der Mindestversorgung dienen, künftig bereits bei der Bemessung des Höchstbetrages berücksichtigt werden und daher zur Vermeidung einer Doppelberücksichtigung nicht zusätzlich die Einkünfte und Bezüge der unterhaltenen Person mindern dürfen.

122 Zur Berücksichtigung von Aufwendungen für den Unterhalt von Personen im **Ausland** als außergewöhnliche Belastung nach § 33a Abs. 1 EStG vgl. BMF v. 7.6.2010, BStBl. I 2010, 588.

Kapitel 75 Rechtsverhältnis zwischen den Eltern und dem Kind

I. Elterliche Sorge für minderjährige Kinder

1. Zuordnung der elterlichen Sorge

Das Kindschaftsrecht nach dem KindRG hat das Sorgerecht vereinheitlicht. Eine Unterscheidung zwischen ehelichen und nichtehelichen Kindern gibt es im Grundsatz nicht mehr. Für die Zuordnung der elterlichen Sorge spielt allerdings die Ehelichkeit insoweit eine Rolle, als bei verheirateten Eltern die elterliche Sorge beiden gemeinsam zusteht, bei unverheirateten Eltern diese Folge nur unter bestimmten Voraussetzungen eintritt. 1

a) Miteinander verheiratete Eltern

Für minderjährige Kinder, deren Eltern miteinander verheiratet sind, steht die elterliche Sorge grundsätzlich beiden Elternteilen gemeinsam zu, unabhängig davon, ob sie zusammenleben oder nicht (§ 1626 Abs. 1 Satz 1 BGB). **Heiraten die Eltern** erst **später**, so steht ihnen die elterliche Sorge für ihr gemeinschaftliches Kind von da an gemeinsam zu, ebenfalls unabhängig davon, ob sie zusammenleben oder nicht (§ 1626a Abs. 1 Nr. 2 BGB). 2

b) Nicht miteinander verheiratete Eltern

Für das minderjährige Kind, dessen Mutter nicht mit dem Vater verheiratet ist, hat die (alleinige) elterliche Sorge grundsätzlich die Mutter, gleichgültig ob die Eltern zusammenleben oder nicht (§ 1626a Abs. 3 BGB). 3

➲ **Hinweis:** Zum entsprechenden Nachweis der alleinigen Vertretungsmacht Dritten gegenüber kann die Mutter auf Antrag vom Jugendamt eine Bescheinigung darüber erhalten, dass Sorgeerklärungen (s. dazu Rz. 5) nicht abgegeben worden sind. 4

Die Kindeseltern können aber, auch wenn sie sich nicht heiraten, die gemeinsame elterliche Sorge für ihr gemeinsames Kind erlangen, und zwar selbst wenn sie nicht zusammenleben, sogar wenn ein Elternteil oder jeder von beiden anderweitig verheiratet ist. Dazu müssen sie beide erklären, dass sie die Sorge **gemeinsam übernehmen** wollen (**Sorgeerklärungen, M 75.1**, § 1626a Abs. 1 Nr. 1 BGB). Eine inhaltliche Prüfung (etwa durch das Familiengericht), ob die gemeinsame elterliche Sorge dem Wohl des Kindes dienlich ist, findet nicht statt (allerdings besteht selbstverständlich die Möglichkeit, entsprechend der Bestimmungen der §§ 1666, 1671 BGB die Sorge in besonderen Fällen abweichend zu regeln). Selbstverständliche Voraussetzung entsprechender Sorgeerklärungen ist, dass der Mann auch statusrechtlicher Vater des Kindes (s. dazu Kap. 72) ist. Andernfalls kommt eine Übernahme der elterlichen Sorge nicht in Betracht. 5

Die Sorgeerklärungen dürfen nicht unter einer Bedingung oder Zeitbestimmung abgegeben werden (§ 1626b Abs. 1 BGB), aber schon vor der Geburt des Kindes (§ 1626b Abs. 2 BGB). Sie können nicht durch einen Bevollmächtigten, sondern nur selbst abgegeben werden (§ 1626c Abs. 1 BGB). Die Sorgeerklärung eines **beschränkt geschäftsfähigen** Elternteils bedarf der Zustimmung seines gesetzlichen Vertreters (§ 1626c Abs. 2 BGB). Auch dieser kann sie nur selbst abgeben. Das kann auch bereits vor der Geburt des Kindes geschehen, aber nicht unter einer Bedingung oder Zeitbestimmung. Verweigert der gesetzliche Vertreter die Zustimmung, so ist diese auf Antrag des beschränkt geschäftsfähigen Elternteils zu ersetzen, wenn die Sorgeerklärung dem Wohl dieses Elternteils nicht widerspricht (§ 1626c Abs. 2 Satz 3 BGB). Ein **geschäftsunfähiger** Vater, der mit der Kindesmutter nicht verheiratet ist, kann das Sorgerecht nicht erhalten. Sorgeerklärungen und Zustimmungen müssen **öffentlich beurkundet** werden (durch Notar, s. § 20 Abs. 1 BNotO, oder das Jugendamt). 6

➲ **Hinweis:** Sorgeerklärungen sowie etwaige Zustimmungen sind dem zuständigen Jugendamt durch die beurkundende Stelle unter Angabe des Geburtsdatums und -ortes sowie des bei Geburt geführten Namens des Kindes **anzuzeigen**, § 1626d Abs. 2 BGB. 7

Nach § 1626b Abs. 2 BGB aF hatte es die alleinsorgeberechtigte Mutter in der Hand, sich ohne jeden sachlichen Grund gegen eine Mitverantwortung des nichtehelichen Vaters zu sperren, indem sie die gemeinsame Sorgerechtserklärung nach § 1626a Abs. 1 Nr. 1 BGB verweigerte. Das BVerfG 8 hatte ursprünglich die Regelung selbst für den Fall als verfassungskonform angesehen, dass der leibliche Vater bereits jahrelang in häuslicher Gemeinschaft mit der Mutter und dem nichtehelichen Kind lebte (BVerfGE 107, 150). Nach erheblicher Kritik von Seiten des EGMR (v. 3.12.2009, NJW 2010, 501) änderte das BVerfG seine Rechtsprechung und erklärte die bestehende gesetzliche Regelung für mit der Verfassung nicht konform (BVerfGE 127, 132). Der Gesetzgeber hat darauf durch Gesetz vom 16.4.2013 (BGBl. I S. 795) reagiert und § 1626a Abs. 1 BGB eine neue Ziffer 3 und einen weiteren Absatz 2 angefügt, nach dem auf Antrag eines Elternteils das Familiengericht die elterliche Sorge beiden gemeinsam zuordnen kann. Praktisch wird es regelmäßig der Antrag des Vaters sein, der an das Familiengericht gestellt wird, da eine Übertragung auf ihn gegen seinen Willen kaum in Betracht kommt und bei Zustimmung der Mutter die gemeinsame Erklärung der einfachere Weg ist.

M 75.1 Sorgeerklärungen des Vaters und der beschränkt geschäftsfähigen Mutter mit Zustimmung des gesetzlichen Vertreters der Mutter[1]

(Beurkundungsprotokoll[2])

Verhandelt zu . . . am . . .

Vor dem unterzeichnenden Notar . . . erschienen . . .

1. . . . (Name der Kindesmutter), wohnhaft . . . (genaue Anschrift).

2. . . . (Name des Kindesvaters), wohnhaft . . .

3. . . . (Name des gesetzlichen Vertreters der Kindesmutter), wohnhaft . . .

Die Erschienene zu 1 erklärte:

Ich bin am . . . geboren[3], ledig und habe die deutsche Staatsangehörigkeit. Am . . . habe ich das Kind . . . zur Welt gebracht. Die Geburt ist beim Standesamt in . . . beurkundet (Reg. Nr. . . .).

Der Erschienene zu 2 erklärte:

Ich habe am . . . bei Herrn Notar . . . in . . . die Vaterschaft für das genannte Kind mit Zustimmung der Erschienenen zu 1, der der Erschienene zu 3 als ihr gesetzlicher Vertreter zugestimmt hat, anerkannt (UR.-Nr. . . .)[4].

Die Erschienenen zu 1 und 2 erklärten:

Wir wollen die elterliche Sorge für das genannte Kind gemeinsam übernehmen.

Der Erschienene zu 3 erklärte:

Ich stimme der Sorgeerklärung der Erschienenen zu 1 zu.

Die Erschienenen zu 1–3 erklärten:

Der Notar hat uns über die Pflichten und Rechte aus der gemeinsamen elterlichen Sorge sowie über die Möglichkeit, für den Fall, dass wir nicht mehr zusammenleben, die Aufhebung der gemeinsamen elterlichen Sorge und die Übertragung auf einen Elternteil allein zu beantragen, belehrt[5].

Wir bitten, jedem von uns sowie dem Jugendamt in . . .[6] je eine beglaubigte Abschrift dieser Niederschrift zu übersenden.

v.g.u.: . . .

---

1 Vgl. Rz. 6. Die Erklärungen können auch getrennt abgegeben werden.

2 Die Erklärungen sind zwingend beurkundungsbedürftig, eine Beglaubigung reicht nicht aus, § 1626d Abs. 1 BGB.

3 Minderjährig.

4 Vgl. **M 72.2.**

5 Vgl. Rz. 9.

6 S. § 1626d Abs. 2 BGB.

Kosten: *Notargebühr:* 1,0-Gebühr gem. Nr. 21200, mindestens 60 Euro. Geschäftswert gem. § 36 Abs. 2, 3 GNotKG.

Für **Änderungen** in der Zuordnung der elterlichen Sorge gilt unabhängig davon, ob die Eltern miteinander verheiratet sind oder nicht, jetzt Folgendes: 9

Steht den Eltern die **elterliche Sorge gemeinsam** zu (weil sie miteinander verheiratet sind, die Eltern Sorgeerklärungen nach § 1626a Abs. 1 Nr. 1 BGB abgegeben haben oder eine gerichtliche Zuweisung nach § 1626a Abs. 1 Nr. 3 BGB stattgefunden hat), so ist eine einvernehmliche Änderung der Zuordnung des Sorgerechts ohne Mitwirkung des Familiengerichts nicht mehr möglich. Leben sie **auf Dauer getrennt**, so kann jeder Elternteil den **Antrag** stellen, dass das **Familiengericht** ihm die elterliche Sorge oder einen Teil davon **allein** überträgt (§ 1671 Abs. 1 S. 1 BGB). Stimmt der andere Elternteil dem Antrag zu, dann muss das Familiengericht ihm stattgeben, es sei denn, das Kind ist bereits 14 Jahre alt und widerspricht der beantragten Regelung (§ 1671 Abs. 1 S. 2 Nr. 1 BGB). Stimmt der andere Elternteil nicht zu oder widerspricht das mindestens 14 Jahre alte Kind, dann ist dem Antrag nur stattzugeben, wenn die Aufhebung der gemeinsamen elterlichen Sorge und die Übertragung der alleinigen elterlichen Sorge auf den Antragsteller dem Wohl des Kindes am besten entspricht (§ 1671 Abs. 1 Nr. 2 BGB). Im Falle der **Scheidung** der Eltern wird die elterliche Sorge nicht mehr von Amts wegen neu geregelt. 10

Steht der **nicht mit dem Vater verheirateten Mutter** (auch wenn sie mit jemand anderem verheiratet ist) die elterliche Sorge für das Kind nach § 1626a Abs. 3 BGB **allein** zu (s. Rz. 3) und leben die Eltern des Kindes **getrennt**, so kann der Vater beim **Familiengericht** beantragen, dass ihm die elterliche Sorge oder ein Teil davon **allein** übertragen wird (§ 1671 Abs. 2 Satz 1 BGB). Diesem Antrag ist stattzugeben, wenn die Mutter zustimmt. Dies gilt allerdings nicht, wenn die Übertragung dem Wohl des Kindes widerspricht oder das mehr als 14-jährige Kind dem widerspricht oder eine gemeinsame Sorge nach § 1626a Abs. 1 Nr. 3 BGB nicht in Betracht kommt und zu erwarten ist, dass die Übertragung auf den Vater dem Wohl des Kindes am besten entspricht (§ 1671 Abs. 2 Satz 2 BGB). Eine Änderung der so einmal gerichtlich zugeordneten elterlichen Sorge kann alsdann nur durch eine Entscheidung des Familiengerichts nach § 1696 BGB, also nur unter der Voraussetzung des Vorliegens von triftigen Gründen, die das Wohl des Kindes nachhaltig berühren, stattfinden. Eine wie auch immer geartete Einigung der Eltern ist nicht ausreichend. 11

Es handelt sich bei dem Verfahren um eines der freiwilligen Gerichtsbarkeit. Die Entscheidung trifft das Familiengericht. 12

M 75.2 Antrag auf Änderung der elterlichen Sorge mit Zustimmung des anderen Ehegatten

An das Amtsgericht . . .

– Familiengericht –

Ich, . . ., geboren am . . ., wohnhaft . . ., bin der Vater des am . . . geborenen[1] *Kindes . . ., das seinen Wohnort derzeit bei mir hat. Die mitunterzeichnete Mutter des Kindes, Frau . . . und ich leben seit dem . . . dauerhaft getrennt voneinander. Wir sind verheiratet. Ein Scheidungsverfahren ist derzeit nicht anhängig.*

Ich beantrage, dass mir die elterliche Sorge über das Kind . . . gem. § 1671 BGB allein übertragen wird.

Ich, die Mutter des vorgenannten Kindes, . . ., geboren am . . ., wohnhaft . . . stimme der Übertragung der alleinigen elterlichen Sorge auf meinen Mann zu.

. . . (Ort, Datum)

. . . (Unterschrift)

1 Für dieses Muster soll davon ausgegangen werden, dass das Kind das 14. Lebensjahr nicht vollendet hat, § 1671 Abs. 1 Nr. 1 BGB.

Kosten: *Gerichtsgebühr:* 0,5-Gebühr gem. Nr. 1310 KV FamGKG, Verfahrenswert gem. § 45 FamGKG (regelmäßig 3000 Euro).

M 75.3 Antrag auf Übertragung der gemeinsamen elterlichen Sorge nach § 1626 Abs. 1 Nr. 3 BGB

An das Amtsgericht . . .

– Familiengericht –

Ich, . . ., geboren am . . ., wohnhaft . . ., bin der Vater des am . . . geborenen Kindes . . ., das seinen Wohnort derzeit bei seiner Mutter, . . ., geboren am . . ., wohnhaft . . ., hat. Die Mutter des Kindes, . . ., und ich leben nicht zusammen.

Ich beantrage, dass der Kindesmutter und mir die gemeinsame elterliche Sorge über das Kind . . . gem. § 1626a Abs. 1 Nr. 3 BGB übertragen wird.

Die Mutter des Kindes ist zu einer gemeinsamen Sorgerechtserklärung nicht bereit.

Es bestehen keine Gründe, weshalb die Übertragung des gemeinsamen Sorgerechts dem Kindeswohl widersprechen könnte.

. . . (Ort, Datum)

. . . (Unterschrift)

Kosten: *Gerichtsgebühr:* 0,5-Gebühr gem. Nr. 1310 KV FamGKG, Verfahrenswert gem. § 45 FamGKG (regelmäßig 3000 Euro).

2. Inhalt und Umfang der elterlichen Sorge

13 Die elterliche Sorge, das Recht und die Pflicht, für ihr Kind solange dieses noch minderjährig ist zu sorgen, steht dem Vater und der Mutter gemeinsam zu. Sie umfasst die Sorge für die Person und das Vermögen des Kindes (§ 1626 Abs. 1 BGB: **Personensorge** und **Vermögenssorge**), und zwar jeweils die tatsächliche Sorge und die rechtliche Sorge, zu der, soweit das Kind selbst Träger von Rechten und Pflichten sein kann, insbesondere die Vertretungsmacht zählt (§ 1629 Abs. 1 BGB, dazu s. Rz. 32).

14 Soweit die Vorschriften der elterlichen Sorge nicht auf einen bestimmten Teil beschränkt sind, gelten sie für jeden Bereich und alle Maßnahmen der elterlichen Sorge, weshalb insofern eine Abgrenzung zwischen Personen- und Vermögenssorge (dazu s. Rz. 17) nicht erforderlich ist.

15 Zur Einschränkung der elterlichen Sorge bei Bestellung eines Pflegers s. § 1630 BGB, bei mit Freiheitsentziehung verbundener Unterbringung des Kindes s. § 1631b BGB.

3. Gemeinsamkeit der elterlichen Sorge

16 Die Eltern haben ihre Sorge zum Wohle des Kindes **im gegenseitigen Einvernehmen** auszuüben. Können Sie sich gleichwohl in einer einzelnen Angelegenheit oder in einer bestimmten Art von Angelegenheiten, deren Regelung für das Kind von erheblicher Bedeutung ist, nicht einigen, dann kann das Familiengericht auf Antrag eines Elternteils (M 75.4) die Entscheidung einem Elternteil allein übertragen, sofern dies dem Wohl des Kindes entspricht (§ 1628 BGB). Dieser Elternteil hat dann insoweit die Alleinvertretung (§ 1629 Abs. 1 Satz 3 BGB). Um sicherzustellen, dass der Elternteil, dem die Entscheidungsbefugnis übertragen wird, auch im Sinne der von ihm vorgeschlagenen Lösung entscheidet, kann das Familiengericht die Übertragung der Entscheidungsbefugnis mit Beschränkungen oder Auflagen verbinden.

M 75.4 Antrag eines Elternteils auf Übertragung des Entscheidungsrechts

An das Amtsgericht . . .

– Familiengericht –

Ich bin seit . . . verheiratet mit . . . Wir leben getrennt[1]*. Aus unserer Ehe ist die Tochter . . ., geb. am . . ., hervorgegangen.*

Unsere Tochter wird . . . mit erfolgreichem Abschluss die Realschule verlassen und steht deshalb jetzt vor der Wahl ihres zukünftigen Berufs. Sie neigt dazu, eine Lehre als Grafikerin zu beginnen, hat aber Zweifel, ob ihr künstlerisches Talent ausreicht, um in dem Beruf erfolgreich zu sein. Deshalb erwägt sie auch, sich ebenso wie seinerzeit ihr Vater als Bankkaufmann ausbilden zu lassen. Für beide Berufe ist ihr ein Ausbildungsplatz angeboten worden, nämlich bei der . . . Bank in . . . und von dem Grafiker . . . in . . .

Die Entscheidung liegt also bei uns Eltern. Mein Ehemann besteht darauf, einen Ausbildungsvertrag mit der Bank abzuschließen. Er weigert sich, irgendeine andere Ausbildung zu finanzieren. Dagegen bin ich nicht bereit, den Vertrag mit der Bank zu unterschreiben; denn ich weiß, dass unsere künstlerisch veranlagte Tochter, die an wirtschaftlichen Angelegenheiten und Verwaltungsfragen noch nie Interesse hatte, in dem Beruf als Bankkauffrau unglücklich würde. Auch mehrere Lehrer und ein Berufsberater, der verschiedene Tests mit ihr durchgeführt hat, haben sich für die Grafikerlehre ausgesprochen. Sie konnten aber meinen Ehemann nicht umstimmen.

Deshalb stelle ich den Antrag, mir die Entscheidung darüber zu übertragen, welchen der beiden genannten Ausbildungsplätze unsere Tochter annimmt.

. . . (Unterschrift)

1 Auch wenn die Eltern getrennt leben, kann ebenso wie beim Zusammenleben ein Antrag nach § 1628 BGB gestellt werden. Falls aber auch in anderen Fragen mit Meinungsverschiedenheiten zwischen den Eltern zu rechnen ist, empfiehlt sich bei Getrenntleben ein Antrag nach § 1671 BGB auf Übertragung der alleinigen elterlichen Sorge.

Kosten: *Gerichtsgebühr:* 0,5-Gebühr gem. Nr. 1310 KV FamGKG, Verfahrenswert gem. § 42 Abs. 2, 3 FamGKG.

4. Personensorge, Inhalt und Abgrenzung zur Vermögenssorge

Die Personensorge betrifft alle Betreuungsaufgaben, die nicht ausschließlich Maßnahmen der Vermögensverwaltung sind. Sie umfasst insbesondere die Pflege, Erziehung und Beaufsichtigung des Kindes sowie die Bestimmung seines Aufenthalts (§ 1631 Abs. 1 BGB). Auch die Durchsetzung von Unterhaltsansprüchen des Kindes zählt zur Personensorge (§ 1629 Abs. 2 Satz 2 BGB). Wegen der Vertretung des Kindes bei der Durchsetzung von Unterhaltsansprüchen gegenüber einem Elternteil s. Rz. 38. Für einen Minderjährigen, der bereits verheiratet ist oder war, beschränkt sich die Personensorge auf die Vertretung in den persönlichen Angelegenheiten (§ 1633 BGB). 17

5. Erziehung

Im Zentrum der Personensorge steht die Erziehung des Kindes. Ziel und Mittel der Erziehung, die stets dem Wohl des Kindes zu dienen hat, bestimmen die Sorgeberechtigten in eigener Verantwortung weitgehend selbst (§ 1627 BGB). Das Sorgerechtsgesetz vom 18.7.1979 (BGBl. I, 1061), in Kraft seit 1.1.1980, hat lediglich drei **Grundsätze** aufgestellt: 18

Die Eltern haben zu berücksichtigen, dass die Fähigkeit und das Bedürfnis des Kindes zu selbständigem und verantwortungsbewusstem Handeln zunehmen. Sie müssen deshalb mit dem Kind, soweit es nach seinem Entwicklungsstand angezeigt ist, Fragen der elterlichen Sorge besprechen, um Einvernehmen zu erzielen (§ 1626 Abs. 2 BGB). Das Eltern-Kind-Verhältnis soll sich also mit zunehmendem Alter zu einer **Partnerschaft** entwickeln. 19

20 Entwürdigende Erziehungsmaßnahmen wie zB körperliche und seelische Misshandlungen sind unzulässig (§ 1631 Abs. 2 BGB).

21 Für einen Verstoß gegen diese beiden „Leitlinien" sind keine direkten Sanktionen vorgesehen, aber ihre Missachtung kann für Entscheidungen des Familiengerichts Bedeutung erlangen, zB ob die elterliche Sorge wegen Gefährdung des Kindeswohls entzogen werden muss.

22 Die dritte Verhaltensregel betrifft speziell die **Ausbildung und den Beruf**. Hier haben die Eltern besonders auf Eignung und Neigungen des Kindes Rücksicht zu nehmen und bei Zweifeln den Rat von Fachleuten einzuholen (§ 1631a BGB).

6. Vermögenssorge

23 Die Vermögenssorge umfasst alle tatsächlichen und rechtlichen Maßnahmen, die darauf gerichtet sind, das **Kindesvermögen zu erhalten und zu vermehren**. Auch sie wird von den Eltern in eigener Verantwortung und gegenseitigem Einvernehmen ausgeübt (§ 1627 BGB). Bei Meinungsverschiedenheiten gilt auch hier § 1628 BGB (s. Rz. 16). Bei der Ausübung der Vermögenssorge (wie auch der Personensorge) ist die Haftung der Eltern auf das Maß der in eigenen Angelegenheiten angewandten Sorgfalt bis zur Grenze grober Fahrlässigkeit reduziert (§ 1664 BGB). Das ihrer Verwaltung unterliegende **Geld** des Kindes müssen die Eltern „nach den Grundsätzen einer wirtschaftlichen Vermögensverwaltung" anlegen, soweit es nicht bereitzuhalten ist für laufende und außergewöhnliche Ausgaben (§ 1642 BGB). Welches diese nicht näher definierten Grundsätze sind, ist angesichts der Vielzahl von Anlagemöglichkeiten kaum festzustellen. Sie sind aber in jedem Fall eingehalten, wenn das Geld **mündelsicher** und **zinstragend** angelegt ist. Bei riskanten Geschäften empfiehlt es sich, um Haftungsfälle zu vermeiden, eine **Erlaubnis des Familiengerichts** einzuholen, über die der Rechtspfleger entscheidet.

7. Beschränkungen der Vermögenssorge

24 Die Sorge für Vermögen, welches das Kind von Todes wegen erwirbt oder welches ihm unter Lebenden unentgeltlich zugewendet wird, kann Beschränkungen unterliegen. Hat der Erblasser durch letztwillige Verfügung oder der Zuwendende bei der Zuwendung bestimmt, dass die Eltern das Vermögen nicht verwalten sollen, so ist dieses Vermögen und alles, was das Kind im Zusammenhang mit diesem Vermögen erwirbt, ihrer Vermögenssorge entzogen (§ 1638 Abs. 1, 2 BGB). Dies gilt auch für Mittel aus einem Pflichtteils- oder Pflichtteilsergänzungsanspruch. Sie haben dies dem Familiengericht anzuzeigen, damit es einen Pfleger einsetzt (§ 1909 Abs. 1, 2 BGB); s. Kap. 77. Ist durch die letztwillige Verfügung oder bei der Zuwendung bestimmt worden, dass ein Elternteil das Vermögen nicht verwalten soll, dann verwaltet der andere Elternteil es allein und hat insoweit auch die Alleinvertretungsmacht (§ 1638 Abs. 3 BGB).

25 Haben der Erblasser oder der Zuwendende bestimmte **Anordnungen über die Verwaltung des Vermögens** getroffen, so müssen die Eltern diese befolgen, anderenfalls trifft das Vormundschaftsgericht die erforderlichen Maßnahmen (§ 1639 Abs. 1 BGB). Würde die Befolgung der Anordnungen das Interesse des Minderjährigen jedoch gefährden, so dürfen die Eltern mit Genehmigung des Vormundschaftsgerichts von den Anordnungen abweichen. Solange der Zuwendende lebt, ist ein Abweichen nur mit seiner Zustimmung zulässig (§§ 1639 Abs. 2, 1803 Abs. 2, 3 BGB).

8. Weitere Beschränkungen der Vermögenssorge

26 Zu bestimmten, das **Gesamtvermögen**, **Grundstücke** und **grundstücksgleiche Rechte** sowie das **Erwerbsgeschäft** und **Kredite** betreffenden Rechtsgeschäften für das Kind, die als besonders bedeutsam oder riskant angesehen werden, bedürfen die Eltern der **Genehmigung des Familiengerichts** (§§ 1643 Abs. 1 iVm. 1821 und 1822 Nr. 1, 3, 5, 8–11 BGB). Insofern gelten die Ausführungen in Kap. 76.

27 Das Gleiche gilt für die **Ausschlagung einer Erbschaft** oder **eines Vermächtnisses** sowie den **Verzicht auf einen Pflichtteil** (§ 1643 Abs. 2, 3, 1831 BGB), wenn nicht der Erbfall darauf beruht, dass

ein vertretungsberechtigter nicht neben dem Kind berufener Elternteil die Erbschaft ausgeschlagen hat (§ 1643 Abs. 2 Satz 2 BGB). Die genehmigte Erklärung (vgl. § 1831 Abs. 1 Satz 1 BGB) ist gegenüber dem Nachlassgericht (§ 1945 Abs. 1 BGB) innerhalb von sechs Wochen (§ 1944 Abs. 1 Satz 1 BGB) abzugeben. Erfolgt die Genehmigung nach der Abgabe der Erklärung, so muss sie dem Nachlassgericht innerhalb der Ausschlagungsfrist von sechs Wochen nachgewiesen werden (RGZ 118, 145). Ist die Genehmigung innerhalb der Frist beantragt, verzögert sich aber die Entscheidung des Vormundschafts- bzw. Familiengerichts, dann ist die Frist infolge Verhinderung durch höhere Gewalt gehemmt (OLG Frankfurt DNotZ 1966, 613 = FamRZ 1966, 259; BayObLGZ 1983, 9, 13), bis der gesetzliche Vertreter die Genehmigung erhält.

M 75.5 Antrag der Eltern, die nicht miterben, auf Genehmigung einer Erbschaftsausschlagung

An das Amtsgericht

Vormundschaftsgericht . . .

Wir, . . ., und . . ., sind miteinander verheiratet und leben nicht getrennt. Aus unserer Ehe ist der 15 Jahre alte Sohn . . . hervorgegangen.

Am . . . ist in . . . Frau . . . gestorben, die die Patentante unseres Sohnes war. Sie hat ihn in ihrem handschriftlichen Testament, das dem hiesigen Nachlassgericht vorliegt (Az.: . . .), zu ihrem Alleinerben eingesetzt. Wir haben inzwischen anhand ihrer Bankunterlagen festgestellt, dass sie überschuldet war. Aktivvermögen hat sie außer ihrem bescheidenen Hausrat nicht hinterlassen, andererseits aber erhebliche Kreditverbindlichkeiten.

Wir wollen deshalb für unseren Sohn die Erbschaft ausschlagen und beantragen, dafür die Genehmigung zu erteilen.

Von dem Testament haben wir am . . . bei der Testamentseröffnung durch das Nachlassgericht Kenntnis erhalten. Die Ausschlagungsfrist läuft mithin am . . . ab.

Anlagen:

Geburtsurkunde des Kindes

Ausfertigung des Testamentes

Abschrift der Erbschaftsteuererklärung

Bescheinigung der Bank über die Kreditverbindlichkeiten

. . . (Unterschriften)

Kosten: *Gerichtsgebühr:* 0,5-Gebühr gem. Nr. 1310 KV FamGKG, Verfahrenswert gem. § 36 Abs. 1 FamGKG.

9. Gefährdung des Kindesvermögens

Wegen Vorsorgemaßnahmen des Familiengerichts bei **Gefährdung des Kindesvermögens** vgl. § 1667 BGB. 28

10. Vermögensverzeichnis

Vermögenserwerb des Kindes: Steht den **Eltern** die **Vermögenssorge** zu, so müssen sie gem. § 1640 Abs. 1 BGB dem Familiengericht ein Vermögensverzeichnis einreichen über Vermögenserwerb des Kindes von Todes wegen (also als gesetzlicher, testamentarischer bzw. Vertragserbe oder aufgrund eines Vermächtnisses oder Pflichtteils, s. §§ 1922, 1924 ff., 1937, 1939, 2274 ff., 2303 ff. BGB) sowie anlässlich eines Todesfalles (zB Leistungen aus einer Lebensversicherung) und unentgeltlichen Zuwendungen, besonders Schenkungen. Abfindungen, die anstelle von Unterhalt gewährt werden, spielen, obschon im Gesetzestext aufgeführt, nach Wegfall des § 1615e BGB praktisch keine Rolle mehr. Die Verzeichnispflicht gilt nicht, wenn der Wert des einzelnen Vermögenserwerbs 15 000 Euro 29 nicht übersteigt oder soweit der Erblasser durch letztwillige Verfügung oder der Zuwendende bei der Zuwendung eine abweichende Anordnung getroffen hat (§ 1640 Abs. 2 BGB).

11. Gesetzliche Vertretung

30 Die elterliche Sorge umfasst auch die **Vertretung** des Kindes **bei Rechtsgeschäften und im Prozess** (§ 1629 Abs. 1 Satz 1 BGB). Soweit ihre elterliche Sorge reicht, können die Eltern im Namen des Kindes mit Wirkung für und gegen das Kind Willenserklärungen abgeben und empfangen (§ 164 Abs. 1, 3 BGB) sowie vor Gericht klagen und verklagt werden (§ 51 Abs. 1, 52 ZPO). Das Vertretungsrecht steht ihnen, wenn ihnen die elterliche Sorge gemeinsam zusteht, **gemeinschaftlich** zu (§ 1629 Abs. 1 Satz 2 BGB). Die **Abgabe von Willenserklärungen** muss deshalb durch beide Elternteile erfolgen. Dabei kann allerdings ein Elternteil zugleich für den anderen als Untervertreter handeln, wenn er dazu bevollmächtigt ist (zB durch konkludentes Handeln). Beim **Empfang von Willenserklärungen**, die gegenüber einem Kind abzugeben sind, genügt für die Wirksamkeit jedoch die Abgabe gegenüber einem vertretungsbefugten Elternteil (§§ 1629 Abs. 1 Satz 2 Halbs. 2 BGB, 171 Abs. 3 ZPO).

31 Ist **nur ein Elternteil sorgeberechtigt**, hat er Alleinvertretungsmacht. An die Stelle des nicht sorgeberechtigten Elternteils tritt niemand anders. Ist die elterliche Sorge eines Elternteils auf einen bestimmten Bereich beschränkt, zB bei Entzug der Vermögenssorge gem. § 1666 Abs. 3 BGB bzw. § 1666 Abs. 1, 2 BGB auf die Personensorge, hat er nur in diesem Bereich Vertretungsbefugnis. Im Übrigen hat der andere Elternteil die Alleinvertretung.

32 Ob die Eltern Rechtsgeschäfte, die im Interesse des Kindes liegen, im eigenen Namen abschließen oder im Namen des Kindes, können sie weitgehend selbst entscheiden. Soweit aber das Kind selbst berechtigt und verpflichtet werden soll, zB bei einem Arbeitsvertrag und bei Verfügungen über Gegenstände des Kindesvermögens, müssen die Sorgeberechtigten **im Namen des Kindes** handeln. Ist das Kind schon beschränkt geschäftsfähig (§ 106 BGB), kann es auch selbst Rechtsgeschäfte tätigen, aber, soweit es dadurch nicht ausschließlich einen rechtlichen Vorteil erlangt, nur mit Einwilligung des gesetzlichen Vertreters (§§ 107 ff. BGB).

33 Um den Willen des heranreifenden Kindes in **höchstpersönlichen Angelegenheiten** zu berücksichtigen (vgl. Rz. 18 ff.), ist die im Rahmen des Sorgerechts grundsätzlich unbeschränkte Vertretungsbefugnis der Eltern in bestimmten Angelegenheiten unabhängig von den konkreten Umständen generell ausgeschlossen oder eingeschränkt, so dass das Kind nur selbst handeln kann, zum Teil mit, zum Teil aber auch ohne Zustimmung der Sorgeberechtigten.

34 **Beispiele:**

Entscheidung über das religiöse Bekenntnis (§ 5 des Gesetzes über die religiöse Kindererziehung), Testamentserrichtung – allerdings nur in Form des öffentlichen, nicht eigenhändigen Testaments (§§ 2232, 2233 Abs. 1 BGB) – ab Vollendung des 16. Lebensjahres (§§ 2229 Abs. 1, 2, 2247 Abs. 4, 2064 BGB), Abschluss eines Ehevertrags durch beschränkt Geschäftsfähige (§ 1411 Abs. 1 Satz 1 BGB).

35 Zum Schutz der Interessen des Kindes ist es Vater und Mutter nicht nur nach dem allgemeinen Vertretungsrecht untersagt, im Namen des vertretenen Kindes mit sich selbst im eigenen Namen oder als Vertreter eines Dritten ein Rechtsgeschäft vorzunehmen, sofern das Geschäft nicht ausschließlich in der Erfüllung einer Verbindlichkeit besteht (**§ 181 BGB**). Sie sind darüber hinaus auch für bestimmte Geschäfte, bei denen sie als Vertreter wegen ihrer engen verwandtschaftlichen Beziehung zum Geschäftspartner (Verwandter in gerader Linie) oder wegen ihres möglichen Eigeninteresses an dem Geschäft der **Gefahr von Interessenkollisionen** ausgesetzt sind, von der Vertretung ausgeschlossen; und zwar unabhängig davon, ob tatsächlich eine konkrete Gefahr für das Kindesinteresse droht (§ 1629 Abs. 2 Satz 1 iVm. § 1795 BGB). Auch wenn die Ausschließungsgründe nur in der Person eines Elternteils liegen, sind beide Elternteile von der Vertretung ausgeschlossen, so dass die Eltern zur Anzeige an das Vormundschaftsgericht verpflichtet sind (§ 1909 Abs. 2 BGB) und für das Geschäft nach §§ 1693, 1909 BGB ein Pfleger zu bestellen ist. Ist eine Gefahr für das Kindesinteresse ausgeschlossen, weil das Geschäft seiner Art nach ausschließlich einen rechtlichen

Vorteil bringt, dann entfällt der Ausschluss der Vertretungsmacht (BGH FamRZ 1975, 480: Schenkung eines unbelasteten Grundstücks).

Bei **tatsächlichem Interessenkonflikt** in einem Fall, in dem das Gesetz die Vertretungsmacht nicht 36
einschränkt, kann das Familiengericht dem Vater und der Mutter die Vertretung entziehen (§§ 1629 Abs. 2 Satz 3, 1796 BGB).

Wegen der gesetzlichen Vertretung des minderjährigen Kindes bei der **Durchsetzung von Unter-** 37
haltsansprüchen gegen einen Elternteil, wenn die Eltern getrennt leben oder eine Ehesache, zB die Scheidung, zwischen ihnen anhängig ist, s. § 1629 Abs. 2 Satz 2, Abs. 3 BGB.

II. Beistandschaft

1. Beistandschaft des Jugendamts

An die Stelle der gesetzlichen Amtspflegschaft ist nach Inkrafttreten des **Beistandschaftsgesetzes** am 38
1.7.1998 eine freiwillig in Anspruch genommene Beistandschaft des Jugendamts mit den Aufgabenkreisen der Vaterschaftsfeststellung und Geltendmachung von Unterhaltsansprüchen (§§ 1712–1717 BGB) getreten. Sie kann von allen allein sorgeberechtigten Elternteilen beantragt werden.

2. Voraussetzungen

Den **Antrag** auf Beistandschaft kann nur der Elternteil stellen, dem für den Aufgabenkreis der be- 39
antragten Beistandschaft die **alleinige elterliche Sorge** zusteht oder, falls der Antrag vor der Geburt des Kindes gestellt wird, zustehen würde, wenn das Kind bereits geboren wäre (§ 1713 Abs. 1 Satz 1 Alt. 1 BGB). Vor der Geburt des Kindes kann die **werdende Mutter** den Antrag auch dann stellen, wenn das Kind, sofern es bereits geboren wäre, unter Vormundschaft stünde. Ist die werdende Mutter in der Geschäftsfähigkeit beschränkt, so kann sie den Antrag nur selbst stellen. Der Zustimmung ihres gesetzlichen Vertreters bedarf sie dazu nicht. Für eine geschäftsunfähige werdende Mutter kann nur ihr gesetzlicher Vertreter den Antrag stellen.

Die Beistandschaft tritt nur ein, wenn das Kind seinen gewöhnlichen Aufenthalt im **Inland** hat 40
(§ 1717 BGB).

Der Antrag muss **schriftlich** gestellt werden (§ 1712 Abs. 1 BGB), und zwar vom Antragsteller **per-** 41
sönlich oder, wenn dieser geschäftsunfähig ist, von seinem gesetzlichen Vertreter, er kann nicht durch einen Bevollmächtigten gestellt werden (§ 1713 Abs. 1 Satz 3 BGB).

Für Kinder, die unter **gemeinsamer elterlicher Sorge** stehen, ist nach Einfügung des Satzes 2 in 42
§ 1713 Abs. 1 BGB eine Beistandschaft mittlerweile ebenfalls möglich. Der Gesetzgeber hat damit die Lücke für die Fälle geschlossen, in denen eine Beistandschaft für die Geltendmachung von Unterhaltsansprüchen angezeigt ist. Bei gemeinsamer Sorge steht das Antragsrecht demjenigen Elternteil zu, in dessen Obhut sich das Kind befindet, § 1713 Abs. 1 Satz 2 BGB. Der Antrag auf Beistandschaft kann schließlich auch von einem nach § 1776 BGB berufenen Vormund gestellt werden.

3. Eintritt der Beistandschaft

Die Beistandschaft tritt mit dem **Eingang** des Antrags beim Jugendamt ein (§ 1714 BGB). Das gilt 43
auch für den Fall, dass der Antrag schon vor der Geburt des Kindes gestellt wird. Dadurch wird sichergestellt, dass das Jugendamt schon vor der Geburt des Kindes tätig wird, insbesondere eine einstweilige Verfügung auf Zahlung des Kindesunterhalts erwirken kann. Einer Entscheidung des Jugendamts bedarf es nicht. Es findet **keine Prüfung** statt, ob ein Fürsorgebedürfnis besteht.

4. Umfang der Beistandschaft

Die Beistandschaft umfasst nur die Vaterschaftsfeststellung und die Unterhaltssicherung. Im Übri- 44
gen tritt die Beistandschaft nur in dem Umfang ein, in dem der Antragsteller dies wünscht (§ 1712 Abs. 2 BGB).

5. Wirkungen der Beistandschaft

45 Die **elterliche Sorge** wird durch die Beistandschaft **nicht eingeschränkt** (§ 1716 Abs. 1 Satz 1 BGB). Das Jugendamt wird als Beistand des Kindes, nicht des allein sorgeberechtigten Elternteils, neben letzterem **gesetzlicher Vertreter des Kindes** (§§ 1716 Satz 2, 1915 Abs. 1, 1793 Abs. 1 BGB). Das Kind hat damit zwei gesetzliche Vertreter nebeneinander. Um aber zu verhindern, dass in einem **Prozess** vom sorgeberechtigten Elternteil und vom Jugendamt widerstreitende Erklärungen abgegeben werden, ist die Vertretung des alleinigen Inhabers der elterlichen Sorge ausgeschlossen, soweit das Jugendamt das Kind in dem Prozess vertritt, so dass der Elternteil insoweit die Fähigkeit verliert, als gesetzlicher Vertreter des Kindes den Prozess zu führen (§ 53a ZPO). Dies gilt sowohl, wenn das Jugendamt klagt, als auch, wenn es an Stelle des sorgeberechtigten Elternteils in den Prozess eintritt.

6. Beendigung der Beistandschaft

46 Die Beistandschaft endet, sobald das entsprechende **schriftliche Verlangen des Antragstellers** beim Jugendamt eingeht (§ 1715 Abs. 1 Satz 1 iVm. § 1714 BGB). Hält das Jugendamt in diesen Fällen zur Abwendung einer Gefährdung des Kindeswohles das Tätigwerden des Gerichts für erforderlich, so ruft es dieses an (§ 50 Abs. 3 KJHG/SGB VIII).

47 Die Beistandschaft endet **kraft Gesetzes**, sobald der Antragsteller die Alleinsorge für das Kind durch Eintritt der Volljährigkeit des Kindes oder den Tod des Kindes verliert, sobald der Antragsteller stirbt oder geschäftsunfähig wird, außerdem bei Entzug der elterlichen Sorge des Antragstellers oder Adoption des Kindes durch einen Dritten (§ 1715 Abs. 2 BGB). Sie endet nach § 1717 Satz 1 Halbs. 2 BGB auch dann, wenn das Kind seinen gewöhnlichen Aufenthalt im Ausland begründet.

48 Ist die Beistandschaft wegen eines eingeschränkten Antrags nur für eine einzelne Angelegenheit, zB die Vaterschaftsfeststellung, eingetreten, so endet sie mit Erledigung dieser Angelegenheit (§ 1716 Satz 2 iVm. § 1918 Abs. 3 BGB).

49 Die bereits vor der Geburt des Kindes eingetretene Beistandschaft (§ 1714 Satz 2 BGB) endet nicht mit der Geburt des Kindes, es sei denn, mit der Geburt seien die etwaigen beschränkten Aufgaben der Beistandschaft bereits erledigt.

7. Keine Überprüfung der Beistandschaft

50 Auch wenn längere Zeit nach der Geburt die Vaterschaft für das Kind einer nicht verheirateten Frau weder anerkannt noch gerichtlich festgestellt ist, erfolgt keine Überprüfung durch das Jugendamt und Benachrichtigung des Vormundschafts- oder Familiengerichts.

M 75.6 Antrag einer gemeinsam mit dem Vater sorgeberechtigten Mutter[1] auf Beistandschaft des Jugendamts zur Geltendmachung von Unterhaltsansprüchen[2]

An das

Jugendamt der Stadt ...

Ich, ... (Name der Kindesmutter), geboren am ..., verheiratet, wohnhaft ... (genaue Adresse)[3] *habe am ... das Kind ... zur Welt gebracht.*

Vater des Kindes ist mein Ehemann, Herr ..., geb. am ... in ..., wohnhaft ...

---

1 Vgl. Rz. 40.

2 Vgl. Rz. 43.

3 Wichtig wegen der Zuständigkeit des Jugendamts.

Wir haben die gemeinsame elterliche Sorge über unser Kind. Seit dem ... leben wir dauerhaft getrennt. Das Kind befindet sich in meiner Obhut, der Kontakt zum Vater ist seit der Trennung abgerissen.

Ich habe Herrn ... mehrfach vergeblich aufgefordert, für unser Kind Unterhalt zu zahlen. Obwohl er ein gutes Einkommen hat, lehnt er jegliche Zahlung mit der Begründung ab, das Kind stamme von einem anderen Mann ab, er werde die Vaterschaft anfechten[4].

Ich fühle mich nicht in der Lage, die Unterhaltsansprüche des Kindes durchzusetzen und beantrage deshalb Ihre Beistandschaft[5].

... (Unterschrift)[6]

4 Solange dies nicht mit Erfolg geschehen ist, ist er gesetzlicher Vater.
5 Eine weitere Begründung ist nicht erforderlich, vgl. Rz. 44.
6 Vgl. Rz. 42.

5. Abschnitt. Vormundschaft, Betreuung und Vorsorgevollmacht, Patientenverfügung, Pflegschaft

Kapitel 76 Vormundschaft

Literatur: *Meyer-Stolte/Bobenhausen*, Vormundschaftsrecht, 3. Aufl. 1993; *Oberloskamp* (Hrsg.), Vormundschaft, Pflegschaft und Beistandschaft für Minderjährige, 3. Aufl. 2010.

I. Begründung der Vormundschaft

1. Voraussetzungen und Wirkungen einer Vormundschaft

1 Das BGB geht davon aus, dass ein **Minderjähriger** nicht in der Lage ist, für sich selbst zu sorgen. Es unterstellt ihn deshalb der elterlichen Sorge, die auch die Vertretung umfasst (§ 1629 Abs. 1 BGB, dazu s. Kap. 75 Rz. 1 ff.). In den Fällen aber, in denen ein Minderjähriger **nicht unter elterlicher Sorge** steht – zB weil ein Elternteil gestorben ist und dem anderen die elterliche Sorge gem. § 1666 BGB entzogen wurde – oder in denen die Eltern nicht zur Vertretung des Minderjährigen berechtigt sind – zB weil die elterliche Sorge wegen Geschäftsunfähigkeit oder tatsächlicher Verhinderung der Eltern ruht (s. §§ 1773–1775 BGB) – erhält er einen Vormund (§ 1773 Abs. 1 BGB). Diesem obliegt dann die Sorge für die Person und das Vermögen des Mündels, und er hat die entsprechende Vertretungsmacht (§ 1793 Abs. 1 BGB), soweit nicht für die zu besorgende Angelegenheit ein Pfleger bestellt (§ 1794 BGB) oder die Vertretungsmacht nach § 1795 BGB ausgeschlossen ist. Die Vormundschaft ersetzt also die elterliche Sorge (zum Unterschied gegenüber der Pflegschaft s. Kap. 77 Rz. 1). Der Vormund handelt selbständig und auf seine alleinige Verantwortung. Das Familiengericht berät ihn (§ 1837 Abs. 1 BGB), führt aber auch die **Aufsicht** über seine Tätigkeit und hat bei Pflichtwidrigkeiten einzuschreiten (§ 1837 Abs. 2 BGB). Zur Mitwirkung des Jugendamts als Hilfsorgan des Familiengerichts s. § 53 SGB VIII. Eine Vormundschaft für **Volljährige** gibt es nicht mehr, seitdem das Betreuungsgesetz am 1.1.1992 in Kraft getreten ist (dazu Kap. 77 Rz. 1 f.).

2. Anordnung der Vormundschaft

2 In der Regel ordnet das **Familiengericht** die Vormundschaft **von Amts wegen** an, wenn ein Minderjähriger nicht unter elterlicher Sorge steht oder wenn die Eltern in den Angelegenheiten des Minderjährigen zur Vertretung nicht berechtigt sind (Bestellungsgrundsatz, § 1773 Abs. 1 BGB) – falls erforderlich, auch schon vor der Geburt des Kindes, insbesondere, wenn die Mutter bei Geburt des Kindes noch minderjährig ist (§ 1774 BGB). Das **Familiengericht** kann eine Vormundschaft anordnen, wenn die Voraussetzungen von § 1666 Abs. 1 oder § 1693 BGB vorliegen. **Kraft Gesetzes** tritt eine Vormundschaft nur ausnahmsweise ein, nämlich bei dem nichtehelichen Kind, das eines Vormunds bedarf (s. § 1791c BGB), zB weil die Mutter bei der Geburt gestorben ist.

3. Berufung und Ausschluss bestimmter Personen als Vormund, Auswahl und Bestellung durch das Familiengericht

3 Von der Anordnung der Vormundschaft ist die Bestellung des Vormunds zu unterscheiden, obwohl beides idR in einem Akt erfolgt. Hat das Familiengericht die Vormundschaft angeordnet, erfolgt die Bestellung ebenfalls durch das Familiengericht, § 1697 BGB.

Als Vormund berufen – mit der Folge, dass das Familiengericht ihn bei der Auswahl des Vormunds nicht ohne Weiteres übergehen darf – ist, wer durch letztwillige Verfügung (Testament oder Erbvertrag, s. §§ 1937, 2299 Abs. 1 BGB) der beiden Eltern des Mündels oder des zuletzt verstorbenen Elternteils als Vormund **benannt** ist (§§ 1776, 1777 Abs. 3 BGB, **M 77.1**), sofern dem Benennenden zum Zeitpunkt seines Todes (nicht der Benennung) das gesamte Sorgerecht allein oder gemeinsam mit dem anderen Elternteil zustand (§ 1777 Abs. 1 BGB); eine Entziehung oder das Ruhen nur der Personensorge oder nur der Vermögenssorge steht der Benennungsbefugnis entgegen, nicht dagegen das Fehlen der Personen- oder Vermögenssorge nur in einzelnen Angelegenheiten (Beispiele: § 1630 Abs. 1, 3, § 1638 BGB). Haben die Eltern verschiedene Personen benannt, so gilt die Benennung durch den zuletzt verstorbenen Elternteil, § 1776 Abs. 2 BGB. Aus der wirksamen Benennung (Berufung) ergibt sich ein Recht des Benannten auf Bestellung zum Vormund, wenn kein Hinderungsgrund (§§ 1780–1782, 1784 BGB) oder Übergehensgrund (§ 1778 Abs. 1 BGB) gegeben ist. Das gilt aber nicht, wenn das Familiengericht dem minderjährigen verheirateten Mündel seinen Ehegatten zum Vormund bestellt (§ 1778 Abs. 3 BGB). 4

Die Eltern des Mündels können umgekehrt auf die oben beschriebene Art und Weise und unter denselben Voraussetzungen bestimmte Personen **als Vormund ausschließen** (§ 1782 BGB, **M 77.1**) mit der Folge, dass sie vom Familiengericht übergangen werden müssen. 5

M 76.1 Benennung des Vormunds im Testament, Ausschließung bestimmter Personen[1]

Gemeinschaftliches Testament

. . .

Jeder von uns erklärt: Ich . . . benenne als Vormund unseres minderjährigen Kindes . . ., geb. am . . ., die Schwester des Ehemanns, Frau . . ., geb. am . . . in . . ., wohnhaft in . . . (Ort). Sollte sie das Amt als Vormund nicht führen können oder wollen, so soll das Familiengericht einen anderen Vormund an ihrer Stelle benennen, vorrangig einen Onkel oder eine Tante unseres Kindes. Jedoch schließen wir den Bruder des Ehemannes, Herrn . . ., geb. am . . . in . . ., als Vormund aus. Die Ehefrau schließt ferner ihre Schwester, Frau . . ., geb. am . . . in . . ., wohnhaft in . . . (Ort), als Vormund aus.

. . . (Unterschriften)

1 §§ 1776 f., 1782 BGB; vgl. Rz. 3 ff.

Ist niemand als Vormund berufen oder sind die Berufenen gem. § 1778 BGB (s. Rz. 4) zu übergehen, dann trifft das Familiengericht – nämlich der Rechtspfleger, s. § 3 Nr. 2 lit. a RPflG – nach Anhörung des Jugendamts die **Auswahl des Vormunds** (§ 1779 BGB) – auch in den Fällen, in denen das Familiengericht die Vormundschaft angeordnet hat. Es hat eine Person auszuwählen, die nach ihren **persönlichen und wirtschaftlichen Verhältnissen** aber auch im Übrigen als Vormund geeignet ist (§ 1779 Abs. 2 Satz 1 BGB). Insbesondere darf der Vormund nicht geschäftsunfähig oder minderjährig sein oder selbst einen Betreuer haben (§§ 1780, 1781 BGB). 6

Vor allen anderen sind **Verwandte oder Verschwägerte** heranzuziehen (§ 1779 Abs. 2 Satz 3 Halbs. 1 BGB) und deren **Ehegatte** (OLG Celle NJW 1965, 1718), sofern sie die oben genannten Voraussetzungen erfüllen.

➲ **Hinweis:** Die Verwandten des nicht mit der Mutter verheirateten Vaters stehen den Verwandten der Mutter grundsätzlich gleich. 6a

Zur Erinnerung/Beschwerde gegen die Auswahl des Vormunds s. MünchKomm.BGB/Wagenitz § 1779 BGB Rz. 21. 6b

Grundsätzlich ist jeder Deutsche iSd. Art. 116 GG zur **Übernahme der Vormundschaft** verpflichtet, sobald er vom Familiengericht dazu ausgewählt wird (§ 1785 BGB). Dies gilt nicht, wenn die 7

Voraussetzungen nach §§ 1780–1784 BGB vorliegen, unter denen eine Bestellung zum Vormund nicht erfolgen soll oder darf.

Aus bestimmten Gründen kann die Übernahme jedoch abgelehnt werden, insbesondere bei starker Belastung durch Kinder und Familie, im Alter oder bei Behinderung durch Krankheit. Im Einzelnen s. § 1786 Abs. 1 Nr. 1–8 BGB. Das **Ablehnungsrecht** muss aber rechtzeitig geltend gemacht werden, dh. vor der Bestellung durch das Familiengericht (§ 1786 Abs. 2 BGB).

M 76.2 Ablehnung der Übernahme einer Vormundschaft[1]

An das Amtsgericht

– Familiengericht – . . .

Betr.: Vormundschaft für das Kind . . .

Bezug: Ihr Schreiben vom . . . (Az.: . . .)

Die mir angetragene Vormundschaft für das Kind . . . lehne ich ab.

Meine zwei Kinder, . . . und . . ., gehen zwar schon zur Schule, aber . . . hat bei einem Verkehrsunfall erhebliche Verletzungen erlitten, unter deren Folgen er noch heute leidet. Er muss deshalb in den nächsten zwölf Monaten mindestens dreimal wöchentlich zur ärztlichen Behandlung nach . . . . Wegen der weiten Anfahrt von . . . und der oft sehr langen Wartezeiten muss ich für jeden Arztbesuch einschließlich Fahrt fast vier Stunden aufwenden.

Mit der Übernahme einer Vormundschaft wäre ich deshalb überfordert, ich könnte meine Familie nicht mehr ordentlich versorgen.

. . . (Unterschrift)

1 § 1786 Abs. 1 Nr. 1 BGB, vgl. Rz. 7.

8 Nur wenn eine als Einzelvormund geeignete Person nicht vorhanden ist, darf – und das nur mit seiner Einwilligung – ein **rechtsfähiger Verein**, der hierzu vom Landesjugendamt für geeignet erklärt worden ist, zum Vormund bestellt werden oder aber – auch ohne seine Einwilligung – das **Jugendamt** (§§ 1791a Abs. 1, 1791b BGB, Amtsvormundschaft). Der Verein kann auch gem. § 1776 BGB berufen werden, das Jugendamt dagegen nicht (§ 1791a Satz 2, § 1791b Satz 2 BGB). Zur gesetzlichen Amtsvormundschaft des Jugendamts für nichtehelicher Kinder s. § 1791c BGB.

9 Eine entgegen den Vorschriften der §§ 1778, 1780–1784 BGB erfolgte Bestellung zum Vormund ist – außer im Falle der Geschäftsunfähigkeit des Vormunds (§ 1780 BGB) – wirksam. Der übergangene Berufene hat aber das Recht der sofortigen Erinnerung/Beschwerde gem. §§ 58 ff. FamFG.

4. Mitvormund

10 Grundsätzlich soll ein Mündel nur einen Vormund erhalten; **mehrere Vormünder** für einen Mündel dürfen nur bestellt werden, wenn besondere Gründe dafür vorliegen, zB eine besonders schwierige Vermögensverwaltung. In diesen Fällen ist zu unterscheiden, ob die mehreren Vormünder die Vormundschaft **gemeinschaftlich** führen – was die Regel ist, s. § 1797 Abs. 1 BGB –, oder ob es sich um eine **geteilte** Vormundschaft handelt, deren Führung unter mehreren Vormündern nach bestimmten Wirkungskreisen aufgeteilt ist, innerhalb derer jeder Vormund selbständig ist (§ 1797 Abs. 2 BGB). Wenn Geschwister oder Halbgeschwister eines Vormunds bedürfen, soll für sie grundsätzlich nur ein gemeinsamer Vormund bestellt werden. Es handelt sich dann rechtlich gesehen um mehrere Vormundschaften, die in der Person eines Vormunds zusammentreffen (das gilt allerdings nicht für den Fall der Ablehnung, s. § 1786 Abs. 1 Nr. 8 BGB). Nur wenn besondere Gründe vorliegen – zB dauernder Interessenwiderstreit infolge Mitgliedschaft der Geschwister in einer Personengesellschaft – dürfen mehrere, dh. für jedes Geschwister, bestellt werden. Auch hier ist denkbar, dass für ein Mündel mehrere Vormünder bestellt werden, wobei dann wieder zwischen

gemeinschaftlicher und geteilter Vormundschaft zu unterscheiden ist. Ein Ehepaar kann gemeinschaftlich zu Vormündern bestellt werden, § 1775 BGB.

5. Gegenvormund

Neben dem Vormund kann als **Kontrollorgan**, das den Vormund überwacht und zu bestimmten Geschäften seine Genehmigung erteilt (§§ 1792, 1799 BGB), ein Gegenvormund bestellt werden (§ 1792 Abs. 1 BGB), wenn nicht das Jugendamt Vormund ist (§§ 1791b, c BGB) oder die Eltern die Bestellung eines Gegenvormunds ausgeschlossen haben (§§ 1852 Abs. 1, 1855 BGB). Die Eltern können die Bestellung eines Gegenvormunds aber nicht anordnen, sondern nur vorsorglich die Person des Gegenvormunds benennen. 11

Grundsätzlich liegt es im Ermessen des Familiengerichts, einen Gegenvormund zu bestellen oder nicht. Nach § 1792 Abs. 2 BGB ist dieses Ermessen jedoch für den Fall eingeschränkt, dass mit der Vormundschaft die Verwaltung eines – und sei es noch so kleinen – Vermögens verbunden ist. Von der danach bestehenden Pflicht zur Bestellung eines Gegenvormunds macht das Gesetz wiederum für die Fälle eine Ausnahme, in denen die Vermögensverwaltung nicht erheblich ist – wobei es auf die Art und Höhe des Vermögens wie auf den Umfang und die Schwierigkeit der Verwaltung ankommt – oder in denen die Vormundschaft von mehreren Vormündern gemeinsam geführt wird (§ 1792 Abs. 2 BGB).

II. Führung der Vormundschaft

Der Wirkungskreis des Vormunds umfasst die gesamte Personen- und Vermögenssorge einschließlich der Vertretung des Mündels auf beiden Gebieten (§ 1793 Satz 1 BGB). Er endet dort, wo für Angelegenheiten des Mündels ein Pfleger bestellt ist (§ 1794 BGB), wo die Vertretungsmacht des Vormunds wegen möglicher Interessenkonflikte kraft Gesetzes ausgeschlossen ist (§ 1795 BGB) und wo das Familiengericht dem Vormund die Vertretung für einzelne Angelegenheiten oder einen Kreis von Angelegenheiten wegen widerstreitender Interessen entzogen hat (§ 1796 BGB). 12

Die **Personensorge** des Vormunds richtet sich nach den Vorschriften für die elterliche Sorge (§ 1800 iVm. §§ 1631–1633 BGB). 13

Für die **Vermögensverwaltung**, die der Vormund im Prinzip selbständig und in eigener Verantwortung wahrnimmt – zu gewissen Einschränkungen s. Rz. 15 ff. –, gilt der Grundsatz, dass das Vermögen möglichst zu erhalten und zu vermehren ist; dabei geht die Erhaltung vor (RGZ 128, 315). Der Vormund darf aber (unter Beachtung der §§ 1806 ff., 1812 ff., 1821 ff. BGB) den Stamm des Vermögens angreifen, wenn es zur Bestreitung des Unterhalts oder der Erziehung unbedingt erforderlich ist, weil die Erträgnisse nicht ausreichen (BGH MDR 1967, 473; BayObLG JW 1923, 517); vgl. **M 76.6**. Die wirtschaftlichen Interessen des Mündels dürfen nicht isoliert betrachtet werden. Deshalb können im konkreten Fall Vorteile im persönlichen Bereich auch einmal wirtschaftliche Nachteile rechtfertigen (LG Kiel MDR 1955, 37). Zum Abschluss einer Haftpflichtversicherung für den Mündel ist der Vormund nur verpflichtet, wenn besondere Eigenschaften und Lebensverhältnisse des Mündels es erfordern (BGHZ 77, 224). Wegen möglicher Befreiungen des Vormunds durch das Familiengericht s. § 1817 BGB. 14

III. Einzelheiten zur Vermögensverwaltung

1. Vermögensverzeichnis

Über das Vermögen, das bei Antritt der Vormundschaft vorhanden ist oder dem Mündel später zufällt, muss der Vormund ein Verzeichnis (**M 76.3**) aufstellen, das – versehen mit der Versicherung der Richtigkeit und Vollständigkeit – dem Familiengericht einzureichen ist (§ 1802 BGB). Es bildet die Grundlage für die spätere Rechnungslegung (dazu s. Rz. 24). Belege oder Schätzungen brauchen nur auf Anforderung des Gerichts vorgelegt zu werden (§ 1839 BGB). **Stichtag** für das Verzeichnis ist (entgegen dem Wortlaut des § 1802 Abs. 1 Satz 1 BGB) der Tag, an dem auf Grund der Anordnung der Vormundschaft (§ 1774 BGB) die – hiervon zu unterscheidende – **Bestellung** des 15

Vormunds (§ 1789 BGB) erfolgt ist (MünchKomm.BGB/Wagenitz § 1802 BGB Rz. 2; so im Ergebnis auch LG Berlin Rpfleger 1981, 110). Der Vormund kann sich bei der Aufnahme des Verzeichnisses der Hilfe eines Beamten, eines Notars (zur Zuständigkeit s. § 20 BNotO) oder eines anderen Sachverständigen bedienen (§ 1802 Abs. 2 BGB). Seine Aufwendungen sind nach § 1835 BGB erstattungsfähig.

16 Ist ein Gegenvormund vorhanden, so wirkt dieser bei der Aufnahme des Vermögensverzeichnisses mit und bestätigt auch seinerseits die Richtigkeit und Vollständigkeit; vgl. **M 76.3.**

M 76.3 Vorlage des Vermögensverzeichnisses durch Vormund und Gegenvormund[1]

An das Amtsgericht

– Familiengericht – . . .

In der Anlage überreiche ich das Verzeichnis über das Vermögen meines Mündels . . ., das ich bei Übernahme der Vormundschaft vorgefunden habe und das dem Mündel in der Zwischenzeit bis heute zugefallen ist.

Ich versichere hiermit, dass das Verzeichnis richtig und vollständig ist.

. . . (Unterschrift Vormund)

Ich erkläre hiermit als Gegenvormund, dass mich der Vormund, Herr . . ., bei der Aufnahme des anliegenden Vermögensverzeichnisses hinzugezogen hat. Auch ich versichere die Richtigkeit und Vollständigkeit dieses Verzeichnisses.

. . . (Unterschrift Gegenvormund)

Anlage zum Schreiben vom . . . an das Familiengericht

Vermögensverzeichnis

A. Vermögen bei Übernahme der Vormundschaft

I. Aktivvermögen

- *Grundstücke und grundstücksgleiche Rechte wie Wohnungseigentum und Erbbaurechte*
- *Hypotheken und Grundschulden*
- *Erwerbsgeschäft (Handelsgeschäft, Handwerksbetrieb); eine Bilanz ist beizufügen*
- *Beteiligungen (zB an einer Gesellschaft oder einer Erbengemeinschaft)*
- *Wertpapiere*
- *Bank-, Sparkassen- und Postscheckguthaben*
- *Renten*
- *sonstige Forderungen*
- *Haushaltsgegenstände*
- *Gegenstände zum persönlichen Gebrauch*
- *Bargeld*

II. Passivvermögen

- *Hypotheken, Grundschulden, Rentenschulden und Reallasten, die auf einem zum Vermögen des Mündels gehörenden Grundstück eingetragen sind*
- *sonstige Verbindlichkeiten*

B. Nach Übernahme der Vormundschaft zugefallenes Vermögen . . .

- *wie oben A.*

1 Vgl. Rz. 15.

Kosten: *Gerichtsgebühr:* keine, Abs. 1 Nr. 1 der Anm. zu Nr. 1310 KV FamGKG.

2. Vermögensverwaltung bei Erbschaft oder Schenkung

17 Vermögen, welches der Mündel von Todes wegen erwirbt oder das ihm unter Lebenden von einem Dritten unentgeltlich zugewendet wird, hat der Vormund nach den Anordnungen des Erblassers bzw. des Dritten, die die **Vermögensverwaltung durch den Vormund** betreffen (es geht hier nicht um Beschränkungen oder Beschwerungen iSd. §§ 525, 2306 BGB, die den Mündel selbst betreffen), zu verwalten, wenn sie vom Erblasser durch letztwillige Verfügung bzw. von dem Dritten bei der Zuwendung getroffen worden sind (§ 1803 Abs. 1 BGB). – Der Vormund darf mit (das Jugendamt als Amtsvormund oder als Amtspfleger gem. § 56 Abs. 2 Satz 2 SGB VIII auch ohne) Genehmigung des Familiengerichts (Antrag **M 76.4**) von den Anordnungen abweichen, wenn ihre Befolgung das Interesse des Mündels gefährden würde (§ 1803 Abs. 2 BGB). Für die Anordnungen des Dritten, der die unentgeltliche Zuwendung gemacht hat, gilt dies erst nach seinem Tode. Solange er lebt, darf der Vormund nur mit seiner Zustimmung von seinen Anordnungen abweichen (§ 1803 Abs. 3 Satz 1 BGB). Sie kann vom Familiengericht nur ersetzt werden, wenn der Dritte zur Abgabe einer Erklärung außer Stande oder sein Aufenthalt unbekannt ist (§ 1803 Abs. 3 Satz 2 BGB), nicht dagegen, weil die Anordnung das Mündelinteresse gefährdet.

18 ➲ **Hinweis:** In der Regel dürfte die Anordnung der flexibleren Testamentsvollstreckung gegenüber der Anordnung der Vermögensverwaltung vorzugswürdig sein.

M 76.4 Antrag auf Genehmigung zum Abweichen von den Anordnungen des Erblassers[1]

An das Amtsgericht

– Familiengericht – ...

Betr.: Vormundschaft über ... (Name), geb. am ... in ..., wohnhaft ...

Az. ...

Mein Mündel hat von seiner Tante, Frau ..., ua. ein Sparguthaben von ... Euro geerbt (s. das von mir vorgelegte Vermögensverzeichnis vom ...). Frau ... hat in ihrem Testament verfügt, dass das Geld zur Finanzierung des Studiums ihres Neffen verwendet werden soll und deshalb bis zu seinem Abitur nicht vom Sparkonto abgehoben werden darf. Da festverzinsliche Wertpapiere mit einer Laufzeit bis zur Reifeprüfung meines Mündels (...) derzeit fast doppelt so hohe Zinserträge einbringen wie bis zum selben Zeitpunkt festgelegte Sparguthaben, möchte ich das Geld zur Wahrung der Vermögensinteressen meines Mündels in Bundesschatzbriefen mit einer Laufzeit bis zum ... anlegen.

Ich bitte um Erteilung der dazu erforderlichen Genehmigung.

... (Unterschrift Vormund)

1 Vgl. Rz. 17 f.

3. Anlegung von Mündelgeld

a) Verzinslichkeit

19 Das Gesetz schreibt dem Vormund – im Gegensatz zu den Eltern, die insoweit freier sind – zwingend vor, dass er Mündelgeld verzinslich anzulegen hat, soweit es nicht zur Bestreitung von Ausgaben bereitzuhalten ist (§ 1806 BGB). Von dieser Pflicht kann auch eine letztwillige elterliche Anordnung – außer im Rahmen des § 1803 BGB – nicht befreien (BayObLG 22, 154).

b) Mündelsicherheit

20 Grundsätzlich ist Mündelgeld in mündelsicheren Werten anzulegen, nämlich in den in § 1807 Abs. 1 Nr. 1–5 BGB aufgezählten Anlagearten. Die Regelung ist europarechtlich möglicherweise

problematisch (auch wenn sie sich heute mehr denn je als wirtschaftlich sachgerecht erweist, wie jeder sehen kann, der die Augen vor der Realität der Euro-Zone nicht verschließt), da insbesondere Forderungen gegenüber EU-Mitgliedstaaten nicht als mündeltaugliche Anlageform zugelassen werden; diese Differenzierung lässt sich europarechtlich damit rechtfertigen, dass die Durchsetzung grenzüberschreitender Forderungen beim gegenwärtigen Integrationsstand per se immer noch in gesteigertem Maß risikobehaftet sind. Die Grundsätze, nach denen die Sicherheit einer Hypothek, Grundschuld oder Rentenschuld iSv. § 1807 Abs. 1 Nr. 1 BGB festzustellen ist, können die Länder für die innerhalb ihres Geltungsbereichs liegenden Grundstücke bestimmen (§ 1807 Abs. 2 BGB). Diese landesrechtlichen Vorschriften sind zusammengestellt bei Soergel/Zimmermann § 1807 BGB Rz. 13.

Welche Sparkassen als öffentlich iSv. § 1807 Abs. 1 Nr. 5 BGB anzusehen sind, bestimmt sich grundsätzlich ebenfalls nach Landesrecht bzw., soweit dieses – wie meistens – den Begriff nicht definiert, nach Rechtsprechung und Lehre. Für die Frage, welche öffentlichen Sparkassen zur Anlage von Mündelgeld geeignet sind, gilt ebenfalls Landesrecht. Diese landesrechtlichen Vorschriften sind zusammengestellt bei Soergel/Zimmermann § 1807 BGB Rz. 13. Die meisten öffentlichen Sparkassen sind als mündelsicher erklärt. Zu den anderen Kreditinstituten, die einer für die Anlage ausreichenden Sicherungseinrichtung angehören, s. MünchKomm.BGB/Wagenitz § 1807 BGB Rz. 20 ff.

c) Überwachung der Mündelgeldanlage durch das Familiengericht

21 Die Anlage des Mündelgeldes durch den Vormund soll grundsätzlich kontrolliert werden. Deshalb soll er – wenn weder ein Gegenvormund noch ein Mitvormund vorhanden sind – die nach §§ 1806, 1807 BGB vorgeschriebene Anlegung nur mit **Genehmigung des Familiengerichts** (Antrag **M 76.5**) bewirken (§ 1810 BGB). Ein Verstoß gegen diese Sollvorschrift hat zwar keinen Einfluss auf die Wirksamkeit des Anlagegeschäfts, ihre Einhaltung empfiehlt sich aber allein schon, um Schadensersatzpflichten nach § 1833 BGB zu vermeiden.

M 76.5 Antrag auf familiengerichtliche Genehmigung der Anlegung von Mündelvermögen[1]

An das Amtsgericht
– Familiengericht – . . .

Betr.: Vormundschaft über . . ., geb. am . . . in . . ., wohnhaft . . .

Az. . . .

Mein Mündel . . . hat von ihrer Tante . . . in . . . 10 000 Euro in bar geerbt. Für diesen Betrag will ich Bundesschatzbriefe mit einer Laufzeit von fünf Jahren kaufen, die einen Zinsertrag von durchschnittlich . . . % erbringen. Nach Ablauf der Laufzeit wird das Geld für die Ausbildung meines Mündels zum . . . benötigt werden.

Ich beantrage die familiengerichtliche Genehmigung dieser Kapitalanlage.

. . . (Unterschrift Vormund)

1 §§ 1807, 1810, 1811 BGB; vgl. Rz. 21.

Kosten: wie **M 76.3**.

d) Andere als mündelsichere Anlegung

22 Mit Genehmigung des Familiengerichts darf der Vormund das Mündelgeld auch in anderer Weise anlegen als in den sicheren Formen des § 1807 BGB (§ 1811 BGB), zB in Aktien, Investmentanteilen, aber auch Grundbesitz, Edelmetallen oder Kunstwerken, Patenten, Lizenzen und dergleichen. Zu den unterschiedlichen Ansichten in Literatur und Rechtsprechung über die Voraussetzungen des § 1811 BGB s. MünchKomm.BGB/Wagenitz § 1811 BGB Rz. 5 ff. Die Vorschrift gilt gem. § 56

Abs. 2 Satz 1 SGB VIII nicht für das Jugendamt als Amtsvormund und Amtspfleger. Zur Kritik an dieser Regelung s. MünchKomm.BGB/Wagenitz § 1891 BGB Rz. 20. Der Vormund hat nach pflichtgemäßem Ermessen die beste Anlageart auszuwählen. Erkennt er oder konnte er erkennen, dass die Anlage im gegebenen Fall nicht sicher ist, so haftet er für den entstehenden Schaden (§ 1833 BGB; vgl. BGHZ 22, 72; BGH FamRZ 1964, 199).

e) Sperrvermerk

Die Abhebung von Mündelgeld, das gem. § 1807 Abs. 1 Nr. 5 BGB angelegt ist, soll dem Vormund 23 nicht uneingeschränkt möglich sein. Da aber das an sich nach § 1812 Abs. 1 BGB in diesem Fall bestehende Genehmigungserfordernis nach § 1813 Abs. 1 Nr. 3 BGB entfällt, verpflichtet § 1809 BGB den Vormund, dieses Mündelgeld mit der Bestimmung anzulegen, dass zur Abhebung die Genehmigung des Gegenvormunds oder des Familiengerichts (Antrag **M 76.6**) erforderlich ist. Der Sperrvermerk ist im Sparkassenbuch oder dem sonstigen von der Bank oder der Hinterlegungsstelle ausgestellten Legitimationspapier einzutragen. Auszahlung unter Nichtbeachtung des Sperrvermerks befreit die Bank nicht (RGZ 85, 422; MünchKomm.BGB/Wagenitz § 1809 Rn. 1).

M 76.6 Gesuch um Genehmigung der Abhebung von Mündelgeld[1]

An das Amtsgericht

– Familiengericht – . . .

Betr.: Vormundschaft . . .

Az. . . .

Mein Mündel . . . soll für zwei Jahre in der Internatsschule . . . in . . . unterbracht werden, um dort das Abitur zu machen. Zur Deckung der hierdurch entstehenden Kosten von monatlich 1000 Euro, insgesamt also 24 000 Euro, reichen die laufenden Einnahmen aus ihrem Vermögen nicht aus. Ich bitte deshalb, zur Abhebung eines Betrages von monatlich . . . Euro aus dem überreichten Sparkassenbuch der Sparkasse in . . . die familiengerichtliche Genehmigung zu erteilen.

Der Leiter des Internats ist ein Freund des verstorbenen Vaters meines Mündels. Mir ist bekannt, dass es ein Wunsch der Eltern war, ihre Tochter in dieser Schule ausbilden zu lassen.

. . . (Unterschrift Vormund)

1 Vgl. Rz. 23.

Kosten: wie **M 76.3**.

4. Rechnungslegung und Prüfung

Über seine Vermögensverwaltung hat der Vormund jährlich, bei Verwaltung in geringerem Umfang 24 nach Anordnung des Familiengerichts in größeren Zeitabständen, Rechnung zu legen (§ 1840 BGB). Dabei sind Einnahmen und Ausgaben geordnet zusammenzustellen sowie Zu- und Abgänge des Vermögens darzustellen und, soweit üblich, Belege zu erteilen (§ 1841 BGB). Wenn ein Gegenvormund vorhanden oder zu bestellen ist, muss der Vormund ihm die Rechnung zur Prüfung vorlegen und den Vermögensbestand nachweisen (§ 1842 BGB). Das Familiengericht prüft die Rechnung sachlich und rechnungsmäßig und führt, soweit erforderlich, ihre Berichtigung und Ergänzung herbei (§ 1843 BGB).

IV. Familiengerichtliche Genehmigung von Rechtsgeschäften

1. Genehmigungsbedürftigkeit

Auch außerhalb der Verwaltung von Mündelgeld bedarf der Vormund zu einer Reihe von beson- 25 ders **bedeutsamen oder riskant erscheinenden Rechtsgeschäften** der Genehmigung des Familiengerichts. Die wichtigsten Fälle sind in §§ 1821 und 1822 BGB aufgezählt. Es handelt sich (s. § 1821 Abs. 1 BGB) um die Grundstücksgeschäfte sowie (s. § 1822 BGB) um Geschäfte über das Vermögen im Ganzen, über eine Erbschaft oder einen Erb- oder Pflichtteil (Nr. 1), um die Ausschlagung einer Erbschaft oder eines Vermächtnisses, sowie Pflichtteilsverzicht und Erbteilungsverträge (Nr. 2), entgeltlichen Erwerb oder Veräußerung eines Erwerbsgeschäfts sowie Gesellschaftsverträge (Nr. 3), Pachtverträge (Nr. 4), längerfristige Miet- und Pachtverträge sowie Verträge über wiederkehrende Leistungen (Nr. 5), Lehr-, Dienst- und Arbeitsverträge (Nr. 6, 7). Geldaufnahme auf den Kredit des Mündels (Nr. 8), Ausstellung von Inhaberschuldverschreibungen, Wechseln und Orderpapieren (Nr. 9), Prokuraerteilung (Nr. 10), Vergleiche und Schiedsverträge (Nr. 11) sowie Aufhebung und Minderung von Sicherheiten (Nr. 13).

26 Zu den **Grundstücken** iSd. § 1821 Abs. 1 Nr. 1 BGB zählen auch das Wohnungseigentum und das Teileigentum nach dem WEG sowie das Erbbaurecht. Ist der Mündel an einer ungeteilten Erbengemeinschaft beteiligt, so fällt jede Verfügung über Nachlassgrundstücke unter den Genehmigungsvorbehalt. Auch die Umwandlung vom Gesamthandseigentum in Bruchteilseigentum und umgekehrt die Aufteilung eines Grundstücks, das in Bruchteilseigentum steht, unter die Miteigentümer fällt darunter (BGHZ 56, 275, 283).

Dagegen bedarf die Veräußerung eines Nachlassgrundstücks durch die Erbengemeinschaft, an der der Mündel beteiligt ist, an den Mündel zu Alleineigentum keiner Genehmigung, da der Mündel nur hinzugewinnt (BayObLG NJW 1968, 941). Auch die Teilung eines Grundstücks, das dem Mündel allein gehört, bedarf nicht der Genehmigung.

27 **Kein entgeltlicher Erwerb** iSd. § 1821 Abs. 1 Nr. 5 BGB und deshalb genehmigungsfrei ist die Annahme der Schenkung eines mit beschränkt-dinglichen Rechten belasteten Grundstücks (BayObLG 1968, 1).

28 Die Verfügungen über **Hypotheken, Grund- und Rentenschulden** und die dazu verpflichtenden Verträge bedürfen nicht der Genehmigung des Familiengerichts nach § 1821 Abs. 1 BGB (§ 1821 Abs. 2 BGB). Bei ihnen genügt die Genehmigung des Gegenvormunds (§ 1812 BGB), sofern ein solcher vorhanden ist; anderenfalls ist die Genehmigung des Familiengerichts nach § 1812 Abs. 2 BGB notwendig.

29 Nicht gem. § 1822 Nr. 3 BGB genehmigungsbedürftig soll die **Änderung eines Gesellschaftsvertrags** (BGH WM 1972, 1368, 1370) sein. So soll weder das Ausscheiden eines Gesellschafters aus einer OHG, an der der Mündel beteiligt ist, noch der Eintritt eines neuen Gesellschafters in eine solche Gesellschaft der Genehmigung durch das Familiengericht bedürfen (BGH NJW 1961, 724 und 1962, 2344). Ob diesen in der Literatur umstrittenen Entscheidungen (aA auch OLG Düsseldorf DB 1951, 443) heute noch ohne Weiteres gefolgt werden kann, erscheint im Hinblick auf die nachfolgend (Rz. 31) erwähnte Entscheidung des BVerfG fraglich.

30 Zu den gem. § 1822 Nr. 5 BGB **genehmigungsbedürftigen Verträgen** zählen zB Lebensversicherungs-, Ratenspar- sowie Bausparverträge, aber auch Verbraucherdarlehensverträge und Teilzahlungsgeschäfts, es sei denn, der Mündel hat das Recht, jederzeit ohne jeglichen Nachteil die gesamte Verbindlichkeit zu begleichen.

31 Das Gesetz geht von einer grundsätzlich umfassenden Vertretungsmacht des Vormunds aus, die nur bei bestimmten gesetzlich genau definierten Geschäftstypen eingeschränkt ist. Dieses System ist aber auch durch die Entscheidung des BVerfG v. 13.5.1986 (FamRZ 1986, 769) in Frage gestellt, nach der es mit dem allgemeinen Persönlichkeitsrecht Minderjähriger (Art. 2 Abs. 1 iVm. Art. 1 Abs. 2 GG) nicht vereinbar ist, dass Eltern ihre Kinder kraft elterlicher Vertretungsmacht bei der Fortführung eines ererbten Handelsgeschäfts in ungeteilter Erbengemeinschaft finanziell unbegrenzt verpflichten können. In der Folge dieser Entscheidung ist die gesetzliche Vertretung durch den Vormund durch § 1629a BGB eingeschränkt worden, der gem. § 1793 Abs. 2 BGB auch für Verbindlichkeiten gilt, die der Vormund als Vertreter des Mündels begründet (MünchKomm.BGB/Wagenitz § 1821 BGB Rz. 1; s. auch Bürger RNotZ 2006, 156).

2. Erteilung der Genehmigung

Die Genehmigung zu einem Rechtsgeschäft kann das Familiengericht nur gegenüber dem Vormund erklären (§ 1828 BGB). Hat das Familiengericht die **Zustimmung vor dem Abschluss** des Vertrags erteilt, dann hängt die Wirksamkeit des Vertrags nicht davon ab, ob der Vormund die Genehmigung dem Geschäftspartner mitteilt oder nicht (BayObLG 1960, 283). Hat der Vormund den Vertrag jedoch ohne erforderliche Genehmigung geschlossen, dann führt die nachträgliche Genehmigung des Familiengerichts erst zur Wirksamkeit des Vertrags, wenn sie dem Geschäftspartner vom Vormund mitgeteilt wird. Bis zu diesem Zeitpunkt ist der Mündel nicht an den Vertrag gebunden, wohl aber der Vertragspartner. Der Vormund ist nach Erteilung der Genehmigung nicht verpflichtet, diese dem Vertragspartner mitzuteilen und damit den Vertrag wirksam werden zu lassen; er kann die Mitteilung unterlassen und so verhindern, dass der Vertrag wirksam wird. Der Vertragspartner kann aber den Schwebezustand beenden, indem er den Vormund zur Mitteilung darüber auffordert, ob die Genehmigung erteilt worden ist. Teilt der Vormund dann nicht binnen zwei Wochen ab Empfang dieser Aufforderung die Genehmigung mit, so gilt sie als verweigert (§ 1828 Abs. 2 BGB). Vgl. **M 76.10.** 32

Der Notar muss die Beteiligten gem. § 18 BeurkG auf die Erforderlichkeit der Genehmigung hinweisen und sie auch darüber belehren, dass die Genehmigung erst zur Wirksamkeit des Vertrags führt, wenn sie dem Vertragspartner vom Vormund mitgeteilt wird. Er kann sich vom Vormund bevollmächtigen lassen, die Genehmigung des Familiengerichts einzuholen, entgegenzunehmen und sie dem Vertragspartner mitzuteilen, und außerdem vom Vertragspartner bevollmächtigten zu lassen, die Mitteilung für diesen anzunehmen (s. **M 76.8**). 33

Die Mitteilung und ihre Entgegennahme sollten belegbar gemacht werden, zB in Form eines Vermerks auf der Urkunde (s. **M 76.8**).

Die Zulässigkeit dieser **Doppelbevollmächtigung des Notars** ist unstreitig (BGH NJW 1956, 259; BayObLG FamRZ 1998, 1325; s. auch DNotI-Report 2001, 90). 34

M 76.7 Antrag des Vormunds auf Genehmigung eines Grundstückskaufvertrags[1]

An das Amtsgericht

– Familiengericht – . . .

Anliegend überreiche ich den notariellen Kaufvertrag vom . . . über das meinen Mündeln . . . und . . . gehörige Hausgrundstück, . . ., . . . Str. . . ., nebst darin enthaltener Auflassung.

Der im Vertrag angesetzte Kaufpreis von . . . Euro ist sehr günstig. Er liegt nach Auskunft der Immobilienmakler . . . in . . . und . . . in . . . mindestens 20 % über dem Preis, der zurzeit für Hausgrundstücke gleicher Art in gleicher Lage zu erhalten ist. Er konnte nur erzielt werden, weil der Erwerber ein besonderes Interesse an dem Grundstück hat. Er betreibt auf dem Nachbargrundstück ein . . . Geschäft und benötigt dringend zusätzliche Räume.

Der Verkauf ist auch zweckmäßig, weil Arbeiten, die zu Erhaltung des Hauses unbedingt notwendig sind, in nächster Zeit erhebliche finanzielle Mittel erfordern, die meinen Mündeln nicht zur Verfügung stehen. Der Käufer ist ein stadtbekannt erfolgreicher Geschäftsmann, dessen Zahlungsfähigkeit außer Frage steht. Im Übrigen schließt der Kaufvertrag eine ungesicherte Vorleistung beidseitig aus.

Ich beantrage, den notariellen Kaufvertrag und die darin enthaltene Erklärung der Auflassung familiengerichtlich zu genehmigen.

. . . (Unterschrift Vormund)

1 § 1821 Nr. 1 und 3 BGB, vgl. Rz. 32.

M 76.8 Doppelbevollmächtigung des Notars in einem Kaufvertrag mit dem durch seinen Vormund vertretenen Mündel sowie Aktenvermerk des Notars[1]

Verhandelt am ... in ...

Vor dem unterzeichnenden Notar erschienen

1. ..., gesetzlicher Vertreter (Vormund) des ... (Verkäufer)

2. ..., Käufer

I. Kaufvertrag

II. Die Beteiligten wurden vom Notar darauf hingewiesen, dass der Vertrag der Genehmigung durch das Familiengericht bedarf und diese erst wirksam wird, wenn sie dem Käufer vom Vormund des Verkäufers mitgeteilt worden ist.

Der Vormund bevollmächtigt den unterzeichnenden Notar, für ihn diese Genehmigung einzuholen, in Empfang zu nehmen und dem Käufer mitzuteilen.

Der Käufer bevollmächtigt den Notar, die Mitteilung des Vormunds entgegenzunehmen.

... (Unterschriften)

***Aktenvermerk** auf der Ausfertigung der familiengerichtlichen Genehmigung:*

Diese Genehmigung, die heute bei mir eingegangen ist, habe ich als Bevollmächtigter des Vormunds in Empfang genommen und mir als gleichzeitig Bevollmächtigtem des Käufers mitgeteilt, für den ich sie dann als sein Vertreter auch in Empfang genommen habe[2]*.*

... (Ort/Datum)

... (Unterschrift, Siegel)

1 Vgl. Rz. 32.

2 Nachweis gegenüber dem Grundbuchamt in der Form des § 29 GBO (öffentliche oder öffentlich beglaubigte Urkunde). Ist der Notar der Doppelbevollmächtigte, reicht die Übersendung des gesiegelten Aktenvermerks (Palandt/Diederichsen § 1828 BGB Rz. 10 f.).

M 76.9 Antrag auf Genehmigung eines Ausbildungsvertrags[1]

An das Amtsgericht

– Familiengericht – ...

Mein Mündel ... will nach der Schulentlassung das Schneiderhandwerk erlernen. Ich habe deshalb mit Frau ..., Schneidermeisterin in ..., den anliegenden Vertrag über eine Ausbildungszeit von drei Jahren geschlossen und bitte um die familiengerichtliche Genehmigung des Ausbildungsvertrages.

Ich bemerke dazu, dass Frau ... als tüchtige und erfahrene Schneiderin bekannt ist und sowohl in beruflicher als auch in persönlicher Hinsicht den besten Ruf genießt. Die Schneiderinnung ... wird dies erforderlichenfalls bestätigen.

... (Unterschrift Vormund)

1 Dieser Ausbildungsvertrag muss familiengerichtlich genehmigt werden, weil er für längere Zeit als ein Jahr geschlossen ist (§ 1822 Nr. 6 BGB); Rz. 25.

Kosten: wie **M 76.3**.

M 76.10 Aufforderung an den Vormund zur Erklärung über die familiengerichtliche Genehmigung[1]

Einschreiben

Herrn ...

Am ... habe ich mit Ihnen als Vertreter Ihres Mündels ... bei Notar ... in ... den Kaufvertrag über das ihrem Mündel gehörende Hausgrundstück, hier, ... Str. ..., geschlossen.

Ich fordere Sie zur Mitteilung auf, ob die Genehmigung zu dem Kauf vom Familiengericht erteilt worden ist.

... (Unterschrift)

1 § 1829 BGB; vgl. Rz. 32.

V. Befreite Vormundschaft

Der Vormund kann von einem Teil der Beschränkungen, denen er grundsätzlich unterliegt, frei sein (§§ 1852 ff. BGB). So kann die Bestellung eines Gegenvormunds ausgeschlossen sein, die bei der Anlage vom Mündelgeld bestehenden Beschränkungen nach §§ 1809, 1810 BGB können entfallen, auch das Erfordernis der Genehmigung durch den Gegenvormund oder das Familiengericht sowie die Verpflichtung des Vormunds, einen Sperrvermerk anbringen zu lassen (§§ 1809, 1816 BGB, s. Rz. 23) und während der Amtsdauer Rechnung zu legen. Die Befreiung tritt – ganz oder zum Teil – entweder aufgrund **Anordnung** des Vaters oder der Mutter des Mündels ein, die den bestellten Vormund benannt haben (§§ 1852–1857 BGB, s. **M 76.11**), **oder kraft Gesetzes**, wenn es sich um eine Amts- oder Vereinsvormundschaft handelt (§ 1857a BGB). Soweit die Befreiung auf den Anordnungen des Vaters oder der Mutter des Mündels beruht, kann sie vom Familiengericht außer Kraft gesetzt werden, wenn die Befolgung der Anordnungen das Interesse des Mündels gefährden würde (§ 1857 BGB). Die Befreiung tritt nicht ein, wenn an die Stelle des benannten Vormunds später ein anderer tritt (KGJ 1921, 24). 35

Die **allgemeine Ermächtigung**, die einem Vormund nach § 1825 BGB erteilt werden kann, steht selbständig neben diesen Befreiungsmöglichkeiten. 36

M 76.11 Anordnung der befreiten Vormundschaft[1]

Testament

Ich benenne als Vormund meiner minderjährigen Kinder ... (Name) und ... (Name) Herrn/Frau ..., geb. am ... in ..., wohnhaft ...

Ich schließe die Bestellung eines Gegenvormunds aus und ordne für die Vormundschaft von ... (Name des Vormunds) sämtliche Befreiungen an, die gesetzlich möglich sind.

... (Unterschrift)

1 §§ 1852 ff. BGB, vgl. Rz. 35 f.

VI. Beendigung der Vormundschaft und des Amts des Vormunds

Die **Vormundschaft** endet, wenn die Voraussetzungen für ihre Begründung (§ 1773 BGB) entfallen (§ 1882 BGB). Einer Aufhebung durch das Familiengericht bedarf es nicht (Ausnahmen: § 1884 Abs. 1 Satz 1 und 2 BGB). 37

38 Das **Amt des Vormunds** endet automatisch, dh. ohne dass es einer Entlassung des Vormunds bedarf, mit dem Ende der Vormundschaft. Solange sie aber noch besteht, kann es nur infolge Entlassung des Vormunds durch das Familiengericht (§§ 1886–1888 BGB) enden.

39 Die **Entlassung des Vormunds** erfolgt von Amts wegen durch das Familiengericht, wenn die Fortführung des Amtes, insbesondere wegen pflichtwidrigen Verhaltens des Vormunds, das Interesse des Mündels gefährden würde oder wenn der Vormund aus einem der in § 1781 BGB genannten Gründe zum Vormund nicht tauglich ist. Auch das **Jugendamt** oder der **Verein** können als Vormund entlassen werden, wenn dies dem Wohl des Mündels dient und eine andere als Vormund geeignete Person vorhanden ist, s. § 1887 BGB. Der **Ehrenvormund** kann seine Entlassung als Vormund mit Aussicht auf Erfolg beantragen, wenn ein wichtiger Grund vorliegt. Ein wichtiger Grund ist insbesondere der Eintritt eines Umstandes, der den Vormund berechtigten würde, die Übernahme der Vormundschaft abzulehnen, s. § 1889 BGB und **M 76.12.**

M 76.12 Antrag auf Entlassung aus dem Amt als Vormund[1]

An das Amtsgericht

– Familiengericht – . . .

Betr.: Vormundschaft über . . .,

geb. am . . . in . . ., wohnhaft in . . .

Az.: . . .

Mit Wirkung ab . . . werde ich von meinem Arbeitgeber, der Firma . . . in . . ., zur Übernahme der Stellung eines Bezirksvertreters nach . . . versetzt, wie aus dem beiliegenden Schreiben dieser Firma hervorgeht. Da ich aus einer Entfernung von über 400 km die Vormundschaft nicht mehr weiterführen kann, beantrage ich, mich als Vormund der genannten . . . zu entlassen.

. . . (Unterschrift Vormund)

1 § 1869 BGB; vgl. Rz. 39.

VII. Vermögensherausgabe und Rechnungslegung

40 Nach Beendigung seines Amtes hat der Vormund dem Mündel das verwaltete Vermögen herauszugeben und über die Verwaltung Rechenschaft zu geben (§ 1890 BGB, **M 76.13**). Dabei muss er ein Vermögensbestands-Verzeichnis aufstellen (§ 260 BGB). Dieses kann an frühere Verzeichnisse (vgl. **M 76.3** und § 1802 BGB) anschließen. Wegen der Mitwirkung des Gegenvormunds vgl. § 1891 BGB, wegen der Prüfung und Anerkennung der Rechnungsbelege durch das Familiengericht s. § 1892 BGB. Einen Überblick über Rechnungslegung und Rechnungsprüfung in Familien- und Nachlasssachen gibt Birkenfeld FamRZ 1976, 197 ff.

41 Der Mündel kann auf die Rechnungslegung **verzichten** (§ 397 BGB). Ein derartiger Verzicht ist üblich. Vgl. **M 76.14.**

M 76.13 Schlussrechnung des Vormunds nach Volljährigkeit des Mündels[1]

An das Amtsgericht

– Familiengericht – . . .

Mein Mündel . . . ist am . . . volljährig geworden. Nach der von mir vor einem halben Jahr gelegten Abrechnung, die inzwischen genehmigt worden ist, bestand das Vermögen meines Mündels aus folgenden Werten:

1 §§ 1890 ff. BGB, vgl. Rz. 40.

1. Grundpfandrechtlich gesichertes Darlehen	*20 000 Euro*
. . ., . . .	
2. . . . Bundesanleihe	*5 500 Euro*
3. Zur Aufbewahrung gegebene Möbel	*1 500 Euro*
4. Kleider, Wäsche und andere persönliche Gebrauchsgegenstände im Besitz des Mündels	*600 Euro*
5. Guthaben bei der Sparkasse . . . Konto Nr. . . .	*1 250 Euro*
	28 850 Euro

Folgende Beträge sind seitdem eingenommen:	
5 % Zinsen für 2. und 3. Vierteljahr dem Darlehen von 20 000 Euro	*500 Euro*
Die Ausgaben betragen, wie aus der beigefügten Aufstellung nebst Belegen ersichtlich ist	*336 Euro*
Die Ausgaben sind aus den Hypothekenzinsen gedeckt worden, deren Rest beträgt	*134 Euro*
Danach sind heute vorhanden: die Werte unter Ziff. 1–5 oben	*28 850 Euro*
Sowie ein Barbetrag von	*1374 Euro*

Laut anliegender Empfangsbescheinigung sind der Hypothekenbrief über 20 000 Euro, die . . . Bundesanleihe, die Schlüssel zu dem Unterstellraum, das Sparkassenbuch Nr. . . . und der Barbetrag von Euro 134 meinem Mündel heute ausgehändigt worden.

Ich beantrage, die überreichte Schlussrechnung rechnerisch und sachlich zu prüfen und meinen bisherigen Mündel zu veranlassen, sie anzuerkennen.

. . . (Unterschrift)

M 76.14 Entlastung des Vormunds durch Verzicht des Mündels[1]

An das Amtsgericht

– Familiengericht – . . .

Zur Familiensache . . .

Az.: . . .

teile ich mit, dass ich am . . . volljährig geworden bin. Mein Vormund, Herr . . ., hat das mir gehörige Vermögen bereits an mich herausgegeben und mir hinreichende Rechenschaft über seine Verwaltung abgelegt.

Auf eine Schlussrechnung und Vermittlung des Familiengerichts hierbei verzichte ich.

. . . (Unterschrift)

1 § 1890 BGB, vgl. Rz. 41.

VIII. Ersatz der Aufwendungen des Vormunds

Für Aufwendungen, die der Vormund oder Gegenvormund zum Zwecke der Führung der Vormundschaft macht (zB Fahrtkosten), kann er Ersatz – uU auch schon vorweg als Vorschuss – verlangen (§ 1835 Abs. 1 BGB), und zwar vom Mündel selbst und bei Mittellosigkeit des Mündels von der Staatskasse (§§ 1835 Abs. 1 Satz 1, 1835 Abs. 4 BGB). Zu den erstattungsfähigen Aufwendungen zählen – sofern der Vormund nicht eine Vergütung als „Berufsvormund" gem. § 1836 Abs. 2 BGB erhält (dazu s. Rz. 48) – auch die Kosten einer angemessenen Versicherung (außer Kfz-Halter-Haftpflicht) gegen Schäden, die der Vormund dem Mündel zufügt und die er selbst durch Schadenshaftung gegenüber Dritten erleiden kann (§ 1835 Abs. 2 Satz 1 BGB). Im Streitfall ist der Anspruch beim Prozessgericht geltend zu machen, das Familiengericht hat hier keine Kompetenz. 42

43 Als Aufwendungen gelten auch solche **Dienste des Vormunds, die zu seinem Beruf oder Gewerbe gehören** (§ 1835 Abs. 3 BGB). Es werden aber nicht die Aufwendungen für Dienste ersetzt, die jeder verrichten kann, sondern nur die Aufwendungen für solche Dienste, für die ein anderer Vormund, der nicht die sachlichen Kenntnisse hat, berechtigterweise die Hilfe eines auf diesen Beruf spezialisierten Dritten in Anspruch genommen hätte (MünchKomm.BGB/Wagenitz § 1835 BGB Rz. 34 ff. mit Rspr.-Nachw.). Beispiele: Aufwendungen für medizinische Behandlung durch den Vormund, der Arzt ist, oder für die steuerrechtliche Betreuung eines großen Vermögens durch den Vormund, der Steuerberater ist (LG Frankenthal Rpfleger 1985, 148). Ist der Vormund **Anwalt**, kann dieser für seine allgemeine Verwaltungstätigkeit keine Entschädigung – auch keine Schreibgebühren – verlangen, wohl aber für die Führung eines notwendigen Prozesses, in welchem Anwaltszwang bestand (sofern er sich nicht im Prozesskostenhilfeverfahren beiordnen lassen konnte) oder ein vernünftiger Nichtjurist wegen der Bedeutung der Sache und der Art des Verfahrens die Dienste eines Anwalts in Anspruch nehmen würde (aA LG Wuppertal RPflegerJb 1990, 52).

44 ➲ **Hinweis: Ersatzansprüche erlöschen** grundsätzlich, wenn sie nicht binnen 15 Monaten nach ihrer Entstehung gerichtlich geltend gemacht werden, § 1835 Abs. 1 Satz 3 BGB.

IX. Vergütung des Vormunds

45 Das Amt des Vormunds ist als Ehrenamt **grundsätzlich unentgeltlich** zu führen (§ 1836 Abs. 1 Satz 1 BGB), dh. der Vormund soll kein Entgelt und keine Entschädigung für den Arbeits- und Zeitaufwand erhalten, der mit diesem Amt verbunden ist, also auch keinen Verdienstausfall.

46 Von diesem Grundsatz macht das Gesetz jedoch mehrere **Ausnahmen.**

47 So gestattet § 1836 Abs. 2 BGB es dem Familiengericht, dem Vormund eine **angemessene Vergütung** zu bewilligen, soweit der Umfang oder die Schwierigkeit der vormundschaftlichen Geschäfte dies rechtfertigen. Für die Höhe der Vergütung s. Palandt/Diederichsen § 1836 BGB Rz. 10. Die Festsetzung der Vergütung erfolgt von Amts wegen oder auf Antrag durch den Rechtspfleger (§ 3 Nr. 2 lit. a RPflG). Soweit nicht nach §§ 1812 ff. BGB dazu eine besondere Genehmigung des Familiengerichts erforderlich ist, kann der Vormund die Vergütung dem Mündelvermögen entnehmen.

48 Werden jemandem – zB einem Anwalt oder einem selbständigen Sozialarbeiter – Vormundschaften in einem solchen Umfang übertragen, dass er sie nur im Rahmen seiner Berufsausübung führen kann, so ist ihm vom Familiengericht auch dann eine Vergütung zu bewilligen, wenn das Vermögen des Mündels sowie der Umfang und die Bedeutung der vormundschaftlichen Geschäfte dies nicht erfordern (§ 1836 Abs. 2 Satz 1 BGB). Zur Höhe der Vergütung der **Berufsvormünder** – die nicht mit den oben Rz. 43 genannten Vormündern zu verwechseln sind – s. § 1836 Abs. 1 Satz 3 BGB und das Vormünder- und Betreuervergütungsgesetz (VBVG BGBl. I 2005, 1076). Ist der Mündel mittellos, richtet sich der Anspruch gegen die Staatskasse (§ 1835 Abs. 4 BGB).

49 Zweckmäßig ist es, im **Vergütungsantrag** an das Familiengericht die Umstände, die im Einzelfall für die Zubilligung einer Vergütung und ihre Bemessung Bedeutung haben, genau darzulegen, vgl. **M 76.15**. Es muss auch deutlich zum Ausdruck kommen, ob Ersatz von Aufwendungen iSd. § 1835 Abs. 1, 2 BGB oder aber eine Vergütung nach § 1836 Abs. 1 BGB begehrt wird.

M 76.15 Antrag auf Bewilligung einer Vergütung für den Vormund[1]

An das Amtsgericht

– Familiengericht – . . .

zum Az.: . . .

Ich führe seit dem . . . die Vormundschaft über den Mündel . . ., geb. am . . ., wohnhaft in . . . Die Vormundschaft umfasst insbesondere die Verwaltung eines ausgedehnten Grundbesitzes, darunter zwei größere Mietshäuser, und verschiedener Wertpapiere.

1 § 1836 Abs. 1 Satz 2, 3 BGB, vgl. Rz. 47.

Die Verwaltung der Mietshäuser brachte erhebliche Schwierigkeiten und großen Zeitaufwand mit sich. So musste ich mehrmals nach ... reisen, um die Mietverträge mit neuen gewerblichen Mietern in den beiden Häusern zu ordnen. Dabei gelang es mir auf Grund genauer Überprüfung der örtlichen Verhältnisse, die Mieteinkünfte gegenüber früher um monatlich ... Euro zu erhöhen. Andererseits blieb meine eigene Berufsarbeit dadurch liegen. Zur Aufarbeitung von Rückständen musste ich öfter bis in die späte Nacht arbeiten und einige Male zusätzlich eine Schreibkraft beschäftigen.

In Anbetracht dieser Tatsachen und des Wertes des Mündelvermögens von ... Euro halte ich daher eine Vergütung von ... Euro für angemessen.

Ich bitte, mir diesen Betrag auf meine bisherige Tätigkeit als Vormund zu bewilligen.

... (Unterschrift Vormund)

Kosten: wie **M 76.3**.

X. Internationales Vormundschaftsrecht

Die – nicht ausschließliche – **Internationale Zuständigkeit** für Verrichtungen, die eine Vormundschaft betreffen, ist in § 99 FamFG geregelt. Die deutschen Gerichte sind zuständig, wenn der Schützling Deutscher ist, seinen gewöhnlichen Aufenthalt im Inland hat oder der Fürsorge des deutschen Gerichts bedarf. Die Anerkennung einer im Ausland erfolgten Anordnung oder Aufhebung einer Vormundschaft beurteilt sich nach § 109 FamFG. 50

Ob eine Vormundschaft für einen Ausländer mit Wohnsitz oder Aufenthalt im Inland entsteht oder endet, ob sie geändert oder beendet wird und welchen Inhalt die **gesetzliche** Pflegschaft hat, richtet sich gem. Art. 24 Abs. 1 Satz 1 EGBGB nach dem **Heimatrecht** des Schützlings (bei Mehrstaatlern und Staatenlosen s. Art. 5 EGBGB). Dabei sind Rück- und Weiterverweisungen gem. Art. 4 Abs. 1 EGBGB und der Vorrang des Einzelstatuts gem. Art. 4 Abs. 3 EGBGB zu beachten. Der Inhalt der **angeordneten** Vormundschaft und vorläufige Maßregeln richten sich dagegen nach dem Recht des anordnenden Staates (Art. 24 Abs. 1 Satz 1 und Abs. 3 EGBGB). 51

Staatsvertragliche Sonderregelungen gehen, soweit sie unmittelbar anwendbares innerstaatliches Recht geworden sind, gem. Art. 3 Abs. 2 EGBGB vor; zB Art. 1 MSA, der bei Minderjährigen die Anwendung des Rechts des Staates vorschreibt, in dem der Minderjährige seinen gewöhnlichen Aufenthalt hat, sofern nicht nach Art. 3 MSA (s. Rz. 53) ein „gesetzliches Gewaltverhältnis" anzuerkennen ist. 52

Einschlägig sind insbesondere 53

- **Übereinkommen über die Zuständigkeit der Behörden und das anzuwendende Recht auf dem Gebiet des Schutzes von Minderjährigen** v. 5.10.1961 (**MSA**), für die Bundesrepublik in Kraft seit 17.9.1971, amtliche Textübersetzung mit Erläuterungen bei Erman/Hohloch Anh. Art. 24 EGBGB Rz. 12 ff. Dieses Übereinkommen gilt – teilweise mit einzelnen Vorbehalten; dazu s. im Einzelnen Palandt/Heldrich Anh. zu Art. 24 EGBGB Rz. 1 – im Verhältnis zu Frankreich, Italien, Lettland, Litauen, Luxemburg, Niederlande, Österreich, Polen, Portugal, Schweiz, Spanien und Türkei.
- **Haager Abkommen zur Regelung der Vormundschaft über Minderjährige** vom 12.6.1902, für Deutschland in Kraft seit 31.7.1904, deutsche Textübersetzung bei Erman/Hohloch Anh. Art. 24 EGBGB Rz. 1. Dieses Abkommen ist im Verhältnis zu den meisten Vertragsstaaten durch das MSA ersetzt. Es gilt noch im Verhältnis zu Belgien. 54

Kapitel 77 Pflegschaft

Literatur: *Oberloskamp* (Hrsg.), Vormundschaft, Pflegschaft und Beistandschaft für Minderjährige, 3. Aufl. 2010; *Sonnenfeld*, Betreuungs- und Pflegschaftsrecht, 2. Aufl. 2001.

I. Bedeutung, Voraussetzungen und Wirkungen der Pflegschaft

1 Während eine Vormundschaft kraft Gesetzes die Fürsorge für alle – die Person und das Vermögen betreffenden – Angelegenheiten eines minderjährigen Kindes einschließlich seiner Vertretung umfasst und Einschränkungen dieses Wirkungskreises eine Anordnung nach §§ 1796, 1801 BGB voraussetzen, bedeutet Pflegschaft idR nur Fürsorge für eine **einzelne Angelegenheit** oder einen bestimmten **Kreis von Angelegenheiten**. Der Umfang der Fürsorge und der Vertretungsmacht ergibt sich hier erst aus der Anordnung des Familiengerichts. Zur Pflegschaft und ähnlichen Erscheinungen außerhalb der §§ 1908 ff. BGB s. Übersicht bei Erman/Holzhauer Vor § 1909 BGB Rz. 16.

Seit dem Inkrafttreten des Betreuungsgesetzes (BtG), das die Vormundschaft für Volljährige und die Gebrechlichkeitspflegschaft (§ 1910 BGB aF) durch das Rechtsinstitut der Betreuung ersetzt hat, ist der Anwendungsbereich des Pflegschaftsrechts stark verkleinert. Die bisherigen Gebrechlichkeitspflegschaften sind kraft Gesetzes in Betreuungen umgewandelt worden (s. Art. 9 § 1 BtG).

2 Der Kreis der Pflegschaften ist gesetzlich festgelegt, eine Ausdehnung darüber hinaus durch Analogie ist unzulässig. Bei den Pflegschaften nach dem BGB sind **zwei Gruppen** zu unterscheiden: einerseits die **Ergänzungspflegschaft** (durch die die Fürsorge der Sorgeberechtigten – Eltern oder Vormund – ergänzt wird) in ihren verschiedenen Erscheinungsformen (§ 1909 BGB, dazu s. Rz. 5 ff.) und andererseits die **selbständigen Pflegschaften** nach §§ 1911–1914 BGB (dazu s. Rz. 14).

3 Die Geschäfts- (und damit auch die Prozess-)fähigkeit des Pfleglings wird durch die Pflegschaft nicht berührt. Im Rahmen des ihm übertragenen Wirkungskreises ist der Pfleger des geschäftsunfähigen oder beschränkt geschäftsfähigen Pfleglings jedoch dessen gesetzlicher Vertreter.

II. Anordnung, Führung und Beendigung der Pflegschaft

4 IdR wird das **Verfahren** zur Bestellung eines Pflegers auf Anregung eines Dritten eingeleitet (vgl. **M 77.1–M 77.3**). Das Familiengericht hat aber auch von Amts wegen tätig zu werden, wenn es Kenntnis von der Notwendigkeit einer Pflegschaft erhält (§ 26 FamFG). Zur örtlichen Zuständigkeit in den einzelnen Pflegschaftsfällen s. §§ 2, 152, 170, 187, 211, 232, 313, 343 f. FamFG. Der Rechtspfleger (bei Pflegschaften für Ausländer oder auf Grund dienstrechtlicher Vorschriften der Richter, s. § 14 Abs. 1 Nr. 4 RPflG) ordnet die Pflegschaft an und bestimmt entsprechend dem von ihm festzustellenden Fürsorgebedürfnis den Wirkungskreis des Pflegers. Nach erfolgter Eignungs-

prüfung (§ 53 Abs. 1 SGB VIII) verpflichtet der Rechtspfleger den Pfleger und erteilt die Bestallung. Für die Anordnung, die Führung und die Aufhebung der Pflegschaft gelten im Wesentlichen die Bestimmungen über die Vormundschaft entsprechend (§ 1915 BGB, s. Kap. 76). Die Rechtsgeschäfte des Pflegers unterliegen in demselben Umfang der Genehmigung des Familiengerichts wie die des Vormunds (vgl. Kap. 76 Rz. 25 ff.). Im Allgemeinen endet die Pflegschaft – anders als die Vormundschaft – erst mit ihrer Aufhebung durch das Familiengericht. Diese hat zu erfolgen, sobald der Grund für die Anordnung der Pflegschaft entfallen ist (§ 1919 BGB), dh. wenn das Fürsorgebedürfnis nicht mehr besteht. Zur Beendigung der Ergänzungspflegschaft kraft Gesetzes s. Rz. 10.

M 77.1 Antrag auf Bestellung eines (Ergänzungs-)Pflegers für eine Angelegenheit, an deren Besorgung der gesetzliche Vertreter verhindert ist[1]

An das Amtsgericht

– Familiengericht – . . .

Ich beabsichtige, meiner Tochter . . ., geb. am . . . in . . ., für die ich nach dem Scheidungsverbundurteil des Amtsgerichts – Familiengericht – . . . vom . . . (Az.: . . .) das alleinige Sorgerecht habe[2]*, mein Hausgrundstück . . . in . . ., das zurzeit vermietet ist, schenkungsweise zu überlassen. Da ich sie bei der notariellen Beurkundung nicht vertreten kann*[3]*, bitte ich, ihr einen Pfleger zur Vornahme dieses Rechtsgeschäfts zu bestellen.*

Als Pfleger schlage ich den Patenonkel des Kindes, meinen Bruder . . ., geb. am . . . in . . ., wohnhaft . . ., vor.

. . . (Unterschrift)

1 § 1909 BGB; vgl. Rz. 1 ff.
2 Und damit auch die alleinige Vertretungsmacht (§ 1629 Abs. 1 Satz 2 BGB).
3 S. § 181 BGB. Die Vorschrift kommt nicht zum Zuge, wenn das Insichgeschäft dem Vertretenen lediglich einen rechtlichen Vorteil bringt. Das ist hier jedenfalls wegen der Vermietung (s. § 535 Abs. 1 BGB) nicht der Fall (OLG Oldenburg NJW-RR 1968, 839).

Kosten: *Gerichtsgebühr:* 0,5-Gebühr gem. Nr. 1313 KV FamGKG für die Einleitung der Pflegschaft; Verfahrenswert gem. § 46 Abs. 2 FamGKG.

M 77.2 Mitteilung über die Notwendigkeit der Bestellung eines Pflegers für die Verwaltung von Vermögen, das ein Minderjähriger unter Ausschluss der Verwaltung durch den gesetzlichen Vertreter und Benennung eines Pflegers geschenkt erhalten hat[1]

An das Amtsgericht

– Familiengericht – . . .

Ich war mit Herrn . . ., geb. am . . . in . . ., verheiratet. Aus unserer Ehe ist am . . . in . . . der Sohn . . . hervorgegangen. Durch Verbundurteil des Amtsgerichts – Familiengerichts – . . . vom . . ., rechtskräftig seit . . ., ist die Ehe geschieden und die elterliche Sorge für das Kind mir übertragen worden (Az.: . . .)[2]*.*

Nachdem eine seiner Lebensversicherungen fällig geworden ist, hat der Vater vor ein paar Tagen unserem Sohn 20 000 Euro überwiesen und in einem Brief bestimmt, dass das Geld nicht von mir, son-

1 § 1909 BGB, vgl. Rz. 4.
2 Gem. §§ 1671 Abs. 1, 1626 Abs. 1 BGB obliegt deshalb die Sorge für das Vermögen des Kindes allein der Mutter.

dern nur von ihm selbst, dem Vater, verwaltet werden darf[3]. *Zugleich hat er die in §§ 1852–1854 BGB bezeichneten Befreiungen angeordnet.*

Ich rege deshalb an, meinen geschiedenen Ehemann zum Pfleger für die Verwaltung des geschenkten Geldes zu bestellen.

... (Unterschrift)

3 Der Zuwendende kann sich selbst als Pfleger für die Verwaltung des Zugewendeten bestimmen (BayObLGZ 1975, 34, 38).

Kosten: *Gerichtsgebühr:* wie **M 77.1**.

M 77.3 Anregung zur Bestellung eines Abwesenheitspflegers[1]

An das Amtsgericht

– Familiengericht – ...

Mein Bruder, ..., hat sich vor sechs Monaten auf eine Weltreise begeben, von der er erst in zwei Jahren zurückkehren will. Seit seiner Abreise haben wir – seiner Absicht entsprechend, eine Zeitlang völlig „auszusteigen" – keinen Kontakt mehr. Ich weiß nicht, wo er sich zurzeit aufhält, und kenne auch niemanden, der dies wissen könnte. Vor seiner Abreise hat er seiner bisherigen Partnerin, Frau ..., mit der er bis dahin in nichtehelicher Gemeinschaft zusammenlebte und auch nach seiner Rückkehr wieder zusammenleben wollte, Vollmacht zu seiner Vertretung in allen Vermögensangelegenheiten erteilt, insbesondere bei der Verwaltung seines Mehrfamilienhauses in ...

Gestern habe ich zufällig durch Dritte erfahren, dass Frau ... einen neuen Partner hat, Herrn ..., und diesen in zwei Wochen heiraten will. Sie lebt bereits mit ihm in einer Wohnung in dem Hause meines Bruders zusammen.

Dies alles ist Anlass zum Widerruf der von meinem Bruder erteilten Vollmacht; denn er ist davon ausgegangen, dass seine Interessen und die von Frau ... gleichgerichtet sind. Das ist jetzt aber offensichtlich nicht mehr der Fall.

Ich beantrage deshalb, für die Vertretung meines Bruders in allen Vermögensangelegenheiten einen Abwesenheitspfleger zu bestellen. Ich bin bereit, die Pflegschaft zu übernehmen.

... (Unterschrift)

1 § 1911; vgl. Rz. 14.

Kosten: *Gerichtsgebühr:* Bei Einleitung der Pflegschaft Jahresgebühr nach Nr. 11104 KV GNotKG, 10 Euro je angefangene 5000 Euro des reinen Vermögens, mindestens 200 Euro.

III. Ergänzungspflegschaft

1. Voraussetzungen

5 Demjenigen, der unter elterlicher Sorge oder Vormundschaft steht, wird gem. § 1909 Abs. 1 Satz 1 BGB für die Angelegenheiten, an deren Besorgung der gesetzliche Vertreter tatsächlich oder rechtlich verhindert ist, ein Ergänzungspfleger bestellt. Nach welchen Vorschriften die Vormundschaft angeordnet oder eingetreten ist und ob es sich um einen Einzelvormund, Amtsvormund oder Vereinsvormund handelt, ist ohne Bedeutung.

6 Die **tatsächliche Verhinderung** der Eltern oder des Vormunds kann zB auf großer räumlicher Entfernung, Abwesenheit, Krankheit oder Strafhaft beruhen. Auch das Fehlen der erforderlichen Sachkunde, Erfahrung oder Gewandtheit zur sachgemäßen Erledigung einer Angelegenheit, insbesondere im Rahmen der Vermögensverwaltung, ist als tatsächliche Verhinderung anzusehen. Fortgeschrittenes Alter allein ist aber kein Grund, den Vormund als verhindert anzusehen, anstehende Vertretungsgeschäfte zu besorgen (BayObLG Rpfleger 1990, 19, betr. 64 Jahre). Die vorüber-

gehende tatsächliche Verhinderung eines Elternteils veranlasst keine Ergänzungspflegschaft, wenn der andere Elternteil die elterliche Sorge allein ausübt (§ 1678 Abs. 1 Halbs. 1 BGB).

Rechtlich verhindert sind die Eltern oder der Vormund, wenn sie kraft Gesetzes von der Vertretung des Kindes oder Mündels ausgeschlossen sind, also bei gesetzlichen Vertretungsverboten wie zB nach § 181 BGB (Selbstkontrahieren) und § 1629 Abs. 2 Satz 1 iVm. § 1795 Abs. 1 Nr. 1–3 BGB (Vertretungsverbot wegen Gefahr der Interessenkollision). Dasselbe gilt bei Entziehung der Vertretungsbefugnis durch Beschluss des Familiengerichts im Fall erheblicher Interessenkollision zwischen Vormund und Mündel (§ 1796 BGB) oder zwischen Eltern und Kind (§ 1629 Abs. 2 Satz 3 iVm. § 1796 BGB), wenn die Verschiedenheit der Interessen so groß ist, dass die Förderung des einen Interesses nur auf Kosten des anderen geschehen kann (BGH NJW 1975, 345 f., BayObLG Rpfleger 1982, 379; OLG Stuttgart Justiz 1983, 260). 7

Nicht jede Verhinderung der Eltern oder des Vormunds rechtfertigt die Anordnung einer Ergänzungspflegschaft. Vielmehr muss dafür aus akutem Anlass ein **gegenwärtiges Bedürfnis** bestehen. Die Pflegerbestellung muss im Interesse und zum Wohl des Pfleglings angebracht sein. Kein Bedürfnis für eine Pflegschaft besteht für nur mögliche zukünftige Aufgaben oder reine Überwachung (BGH NJW 1976, 49; OLG Hamm Rpfleger 1984, 270, 271 und 414, 415), es sei denn, es liegt eine akute Gefährdung vor. Zur Wahrnehmung der Rechte eines Minderjährigen in einer bestehenden Familiengesellschaft (zB Sohn als Kommanditist, Vater als persönlich haftender Gesellschafter einer KG) bedarf es idR keiner (Dauer-)Ergänzungspflegschaft (BGHZ 65, 99). Notwendig ist die Pflegschaft dagegen für die Gründung einer KG zwischen Kindern und Vater (BayObLG FamRZ 1959, 125), ebenso bei einer Erbauseinandersetzung über Grundstücke, bei der das Gesamthandseigentum der Erbengemeinschaft in Bruchteilseigentum der einzelnen Erben umgewandelt wird (BGHZ 21, 229). 8

Wird eine Ergänzungspflegschaft erforderlich, haben die Eltern oder der Vormund dies dem Familiengericht unverzüglich anzuzeigen (§ 1909 Abs. 2 BGB, vgl. **M 77.1**). 9

2. Berufung des Ergänzungspflegers, Beendigung der Ergänzungspflegschaft

Ein bindendes Vorschlagsrecht der Eltern oder des Vormunds für die Auswahl des Ergänzungspflegers gibt es – anders als bei der Vormundschaft – nicht (§ 1916 BGB). Wegen des Interessenwiderstreits, der häufig Anlass für die Pflegschaft ist, ist es meistens zweckmäßig, nicht jemanden aus dem nächsten Verwandtenkreis des Kindes oder Mündels auszuwählen. Jedenfalls aber ist die Eignung eines Pflegers aus diesem Kreis unter Beachtung des Zwecks der Pflegschaft ganz besonders sorgfältig zu prüfen (§ 1779 Abs. 2 BGB), wobei allein das Interesse des Pfleglings maßgebend ist. Zu dem Recht, den Vermögensverwaltungspfleger zu berufen, s. Rz. 13. Die Ergänzungspflegschaft endigt kraft Gesetzes mit der Beendigung der elterlichen Sorge oder der Vormundschaft (§ 1918 Abs. 1 BGB), oder (bzw. und), wenn sie zur Besorgung einer einzelnen Angelegenheit angeordnet worden ist, mit deren Erledigung (§ 1918 Abs. 3 BGB). 10

3. Steuerliche Bedeutung

Bei Verträgen zwischen Eltern und minderjährigen Kindern setzt deren steuerliche Anerkennung ua. die zivilrechtliche Wirksamkeit des Vertragsabschlusses voraus. Entsprechend ist für den Vertragsabschluss ein Ergänzungspfleger zu bestellen (BGH v. 19.12.1979 – I R 176/77, BStBl. II 1980, 242). Dagegen ist die Bestellung eines Dauerergänzungspflegers für die Dauer der Vertragsdurchführung nicht erforderlich (BFH v. 23.6.1976 – I R 178/74, BStBl. II 1976, 678). 11

Eine Ergänzungspflegerbestellung ist regelmäßig erforderlich bei Grundstücksübertragungen, Nießbrauchsbestellungen und Begründung von Darlehensverhältnissen. Dagegen ist für Abschluss eines Arbeitsvertrags oder Ausbildungsvertrags mit einem minderjährigen Kind die Bestellung eines Ergänzungspflegers nicht erforderlich (R 4.8 Abs. 3 EStR). Die notariell beurkundete und vom Grundbuchamt vollzogene Übertragung des Eigentums an einer Immobilie von Eltern auf ihre minderjährigen Kinder kann aber auch dann steuerlich anzuerkennen sein, wenn kein **Ergänzungspfleger** bestellt worden ist. Die schenkweise Übertragung eines Mietwohnobjektes auf die Kinder ist für diese nicht deshalb rechtlich nachteilig, weil sie in die Pflichten aus den Mietverträgen eintreten (FG Saarland v. 13.9.2005 – 1 K 235/01, BeckRS 2005, 26018754).

12 Räumen Eltern ihren minderjährigen Kindern einen **Nießbrauch** an einem Grundstück ein, bedarf es in der Regel der Mitwirkung eines Pflegers, weil das mit dem Nießbrauch regelmäßig verbundene gesetzliche Schuldverhältnis zwischen Eigentümer und Nießbraucher neben Rechten auch Pflichten des Nießbrauchers begründet und der Nießbraucher daher nicht nur einen rechtlichen Vorteil erlangt, BFH v. 13.5.1980, BStBl. II 1981, 297. Insbesondere der Eintritt des Nießbrauchers in die Vermieterstellung ist insoweit als rechtlich nachteilig anzusehen. Daher ist auch in der Fällen des **Bruttonießbrauchs** die Mitwirkung des Ergänzungspflegers erforderlich, wenn der Nießbraucher in bestehende Mietverhältnisse eintreten oder zur Vermietung verpflichtet sein soll. Die Anordnung einer Ergänzungspflegschaft ist jedoch nur für die Bestellung, nicht für die Dauer des Nießbrauchs erforderlich. Die Bestellung des Nießbrauchs ohne Mitwirkung eines Ergänzungspflegers ist in diesen Fällen jedoch einkommensteuerrechtlich anzuerkennen, wenn das Familiengericht die Mitwirkung eines Ergänzungspflegers für entbehrlich gehalten hat (BMF v. 24.7.1998, BStBl. I 1998, 914, Rz. 5 und BMF v. 9.2.2001, BStBl. I 2001, 171).

Wird für einen Minderjährigen im Zusammenhang mit einer Erbauseinandersetzung die Anordnung einer Ergänzungspflegschaft erforderlich, so sind die Aufwendungen hierfür nicht als außergewöhnliche Belastungen zu berücksichtigen (BFH v. 14.9.1999, BStBl. II 2000, 69). Ggf. kann es sich aber um Werbungskosten oder Betriebsausgaben handeln, soweit ein einkunftsrelevanter Bezug vorliegt.

4. Vermögensverwaltungspflegschaft

13 Ein besonderer Fall der rechtlichen Verhinderung des gesetzlichen Vertreters, die zur – gesetzlich unterstellten (s. BayObLG FamRZ 1989, 1342, 1343) – Notwendigkeit einer Ergänzungspflegschaft führt, liegt vor, wenn ein Minderjähriger von Todes wegen oder durch unentgeltliche Zuwendung eines Dritten Vermögen mit der Bestimmung erworben hat, dass die Verwaltung nicht den Eltern oder dem Vormund zustehen soll (§ 1909 Abs. 1 Satz 2 BGB, vgl. § 1638 BGB) s. **M 77.2.** Der Erblasser oder der Dritte können eine bestimmte Person als Pfleger benennen, die dann bei der Auswahl des Pflegers als Berufener ohne ihre Zustimmung nur unter bestimmten Voraussetzungen übergangen werden darf (§ 1917 Abs. 1 iVm. § 1778 BGB, vgl. auch Kap. 76 Rz. 3 f.). Für den benannten Pfleger können in der letztwilligen Verfügung oder bei der Zuwendung die Befreiungen gem. §§ 1852–1854 BGB angeordnet werden, die – wenn sie das Interesse des Mündels gefährden – vom Familiengericht auch wieder außer Kraft gesetzt werden können (§ 1917 Abs. 2 BGB).

13a ➲ **Hinweis:** In der Regel dürfte die Anordnung der flexibleren Testamentsvollstreckung gegenüber der Einrichtung einer Pflegschaft vorzugswürdig sein.

IV. Selbständige Pflegschaften

1. Abwesenheitspflegschaft

14 Ein Volljähriger, dessen Aufenthalt unbekannt ist, erhält – auf Anregung eines Dritten (vgl. **M 77.3**) oder von Amts wegen – für seine Vermögensangelegenheiten, soweit sie der Fürsorge bedürfen, einen Pfleger (§ 1911 BGB). Unbekannt ist der Aufenthalt, wenn das Familiengericht ihn nicht kennt und diese Unkenntnis nicht leicht zu beheben ist (KG OLG 18, 307). Verschollenheit (§ 1 VerschG) braucht nicht vorzuliegen. Ob ein Fürsorgebedürfnis für die Vermögensangelegenheiten des Abwesenden besteht, ist nach dem Interesse des Abwesenden zu beurteilen. Dass die Pflegerbestellung auch im Interesse eines Dritten liegt, steht ihr nicht entgegen. Unzulässig ist jedoch die Bestellung eines Abwesenheitspflegers ausschließlich im Interesse eines Dritten (OLG Zweibrücken FamRZ 1987, 523).

Das Fürsorgebedürfnis ist gem. § 1911 Abs. 1 Satz 2 BGB insbesondere auch dann gegeben, wenn der Abwesende durch Erteilung eines Auftrags oder einer Vollmacht Fürsorge getroffen hat, aber Umstände eingetreten sind, die Anlass zum Widerruf des Auftrags oder der Vollmacht geben (vgl. **M 77.3**).

Die Abwesenheitspflegschaft ist aufzuheben, wenn der Abwesende nicht mehr gehindert ist, seine Vermögensangelegenheiten zu besorgen (§ 1921 BGB).

Dies alles gilt gem. § 1911 Abs. 2 BGB entsprechend für einen Abwesenden, dessen Aufenthalt zwar bekannt ist, der aber an der Rückkehr und der Besorgung seiner Angelegenheiten verhindert ist.

Zur **örtlichen Zuständigkeit** s. § 152 FamFG.

2. Pflegschaft für unbekannte Beteiligte

Wenn unbekannt oder ungewiss ist, wer bei einer Angelegenheit der Beteiligte ist, kann dem Beteiligten für die Angelegenheit ein Pfleger bestellt werden, soweit eine Fürsorge erforderlich ist (§ 1913 Satz 1 BGB). **Ungewissheit der Beteiligung** liegt auch dann vor, wenn mehrere über ihre Berechtigung streiten (KG JW 1937, 2598) oder aus Rechtsgründen ungewiss ist, welche von zwei juristischen Personen alleinige Gesellschafterin der GmbH ist (OLG Düsseldorf Rpfleger 1976, 358). Regelmäßig wird eine solche Pflegschaft dann angeordnet, wenn die vermögensrechtlichen Angelegenheiten unbekannter oder ungewisser Beteiligter in deren Interesse – ggf. auch, aber nicht ausschließlich, im Interesse Dritter – eine Vertretung erfordern. Ein **Fürsorgebedürfnis** liegt bereits vor, wenn nicht von der Hand zu weisen ist, dass das in Betracht kommende Geschäft für den unbekannten Beteiligten vorteilhaft ist. 15

Insbesondere kann einem **Nacherben**, der noch nicht erzeugt ist oder dessen Persönlichkeit erst durch ein zukünftiges Ereignis bestimmt wird (vgl. §§ 2101, 2104, 2105 Abs. 1, 2106 Abs. 2, 2139 BGB), für die Zeit bis zum Eintritt der Nacherbfolge ein Pfleger bestellt werden (§ 1913 Satz 2 BGB). Die Anordnung dieser Pflegschaft erfolgt von Amts wegen. Zur Abgrenzung gegenüber der Nachlass- und der Abwesenheitspflegschaft (§§ 1960, 1911 BGB) sowie der Pflegschaft für die Leibesfrucht (§ 1912 BGB) s. MünchKomm.BGB/Schwab § 1913 BGB Rz. 3 ff.

3. Weitere Pflegschaftsfälle

Zu den in der Praxis seltenen Pflegschaften für eine Leibesfrucht und für Sammelvermögen s. §§ 1912 und 1914 BGB. 16

V. Internationales Pflegschaftsrecht

Hier gelten die Ausführungen zum Internationalen Vormundschaftsrecht (Kap. 76 Rz. 50 ff.) entsprechend. 17

Kapitel 78 Betreuung und Betreuungsverfügung

Literatur: *Bauer/Klie/Rink*, Heidelberger Kommentar zum Betreuungs- und Unterbringungsrecht, Loseblatt; *Baumann*, Generalvollmachten als Vorsorgevollmachten, MittRhNotK 1998, 1; *Bienwald*, Betreuungsrecht Kommentar, 4. Aufl. 2005; *Dodegge/Roth*, Betreuungsrecht, 3. Aufl. 2010; *Görk*, Das zentrale Vorsorgeregister der Bundesnotarkammer – neue rechtliche Grundlagen und praktische Abläufe, DNotZ 2005, 87 ff.; *Jürgens/Kröger/Marschner/Winterstein*, Betreuungsrecht kompakt, 7. Aufl. 2011; *Knittel*, Betreuungsgesetz, Loseblatt; *Limmer*, Die Vorsorgevollmacht unter Berücksichtigung des Betreuungsrechtsänderungsgesetzes, ZNotP 1998, 322; *Milzer*, Die adressatenbezogene Vorsorgevollmacht, NJW 2003, 1836; *Müller*, Altersvorsorgevollmacht – Gestaltung ihres Inkrafttretens, DNotZ 1997, 100; *Müller*, Aktuelle Probleme der Vorsorgevollmacht und der Patientenverfügung, ZNotP 2012, 404; *Müller/Renner*, Betreuungs- und Vorsorgeverfügung in der Praxis, 3. Aufl. 2010; *Neuhausen*, Rechtsgeschäfte mit Betreuten, RNotZ 2003, 157; *Perau*, Betreuungsverfügung und Vorsorgevollmacht, MittRhNotK 1996, 285; *Peter* in Kersten/Bühling, Formularbuch und Praxis der Freiwilligen Gerichtsbarkeit, 23. Aufl. 2010, § 96; *Rudolf/Bittler/Roth*, Vorsorgevollmacht, Betreuungsverfügung, Patientenverfügung, 3. Aufl. 2011; *Sauer*, Die Gestaltung des Innenverhältnisses von General- und Vorsorgevollmachten, RNotZ 2009, 79; *Sonnenfeld*, Betreuungs- und Pflegschaftsrecht, 2. Aufl. 2001; Würzburger Notarhandbuch/*Müller*, Vorsorgevollmacht/Patienten- und Betreuungsverfügung, 3. Aufl. 2012, S. 1467 ff.; *Zimmermann/Damrau*, Betreuungsrecht Kommentar, 4. Aufl. 2010. Wegen der **Materialien** und der **Literatur zur Reform** s. Erman/*Roth*, Vor § 1896 BGB.

I. Voraussetzungen und Umfang der Betreuung

1 Soweit ein Volljähriger auf Grund einer psychischen **Krankheit** – wozu auch die Suchtkrankheiten zählen – oder einer körperlichen, geistigen oder seelischen **Behinderung** ganz oder teilweise **nicht in der Lage** ist, **seine Angelegenheiten zu besorgen**, wird ihm auf seinen Antrag (den er auch dann selbst stellen kann, wenn er geschäftsunfähig ist) oder von Amts wegen – zB auf Grund der Anregung (vgl. **M 78.1**) eines Arztes – ein Betreuer bestellt (§ 1896 Abs. 1 Satz 1 BGB). Beruht die Unfähigkeit zum Besorgen der eigenen Angelegenheiten auf einer körperlichen Behinderung, darf der Betreuer nur auf Antrag des Volljährigen bestellt werden, es sei denn, er kann seinen Willen nicht kundtun (§ 1896 Abs. 1 Satz 3 BGB). Gegen den freien Willen des Volljährigen darf ein Betreuer nicht bestellt werden, § 1896 Abs. 1a BGB, eingefügt auf Grund BtÄndG v. 21.4.2005, BGBl. I 2005, 1073.

M 78.1 Anregung zur Bestellung eines Betreuers und Anordnung eines Einwilligungsvorbehalts[1]

An das

Amtsgericht – Betreuungsgericht – . . .[2]

Betr.: Betreuung für . . ., geb. am . . . in . . .

wohnhaft in . . ., zurzeit in . . .

Ich, . . ., bin der . . . des obigen Betroffenen und rege die Einrichtung einer Betreuung[3] *an mit dem Aufgabenkreis*[4]

☐ *Gesundheitsfürsorge* ☐ *einschließlich operativer Eingriffe*

☐ *Bestimmung des Aufenthalts*

☐ *jedoch nicht die Entscheidung über die Unterbringung*

☐ *einschließlich der Entscheidung über die Unterbringung*

☐ *Entscheidung über unterbringungsähnliche Maßnahmen (§ 1906 Abs. 4 BGB)*

☐ *Wohnungsangelegenheiten* ☐ *insbesondere Wohnungsauflösung*

☐ *sämtliche Vermögensangelegenheiten.*

1 Vgl. Rz. 1 ff.
2 Zur Zuständigkeit s. Rz. 20.
3 Zu den Rechtswirkungen der Betreuung vgl. Rz. 5.
4 Zum Aufgabenkreis des Betreuers vgl. Rz. 2.

Die Betreuung ist notwendig[5], weil der Betroffene infolge einer

☐ *psychischen Krankheit ☐ ...-Sucht[6]*

☐ *körperlichen[7] ☐ geistigen ☐ seelischen Behinderung nicht mehr in der Lage ist, die oben angeführten Angelegenheiten selbst zu besorgen. Er leidet seit ... an ... mit der Folge, dass sie/er ...*

Ein ärztliches Attest[8]

☐ *überreiche ich hiermit zu den Akten ☐ werde ich noch nachreichen.*

☐ *Mir ist nicht bekannt und ich habe auch keine Anhaltspunkte dafür, dass eine Altersvorsorgevollmacht[9] oder eine Betreuungsverfügung[10] vorläge.*

☐ *Frau ... besitzt eine Vollmacht des Betreuten, die aber nur die Erledigung von ☐ Bankgeschäften ☐ Vermögensangelegenheiten ☐ ... betrifft.*

☐ *Die Anordnung eines Einwilligungsvorbehalts[11] halte ich für erforderlich, weil ☐ die Person ☐ das Vermögen des zu Betreuenden dadurch erheblich gefährdet ist, dass er ...*

☐ *der Spielleidenschaft verfallen ist und ohne Wissen des Betreuers unverantwortlich hohe Lotterieeinsätze tätigen könnte, durch die sein Vermögen, das neben seiner Rente zur Bestreitung der Pflegeheimkosten benötigt wird, verloren gehen könnte.*

☐ *Eine Einverständniserklärung[12] des Betroffenen mit der Betreuung ist nicht mehr zu erlangen, da er, wie aus dem Attest ersichtlich, Sinn und Zweck einer Betreuung nicht mehr versteht.*

☐ *Der Betroffene ist damit einverstanden, dass ihm ein Betreuer bestellt wird und dass das Gericht*

☐ *mich*

☐ *Frau ...*

☐ *Herrn ...*

☐ *vom Verein ..., dessen Einwilligung dazu bereits vorliegt[13]*

☐ *den ... Verein, dessen Einwilligung dazu bereits vorliegt[14]*

zu seinem Betreuer mit dem angegebenen Aufgabenkreis bestellt.

Die nächsten Angehörigen des Betroffenen[15] sind: ...

☐ *Ich bin bereit, die Betreuung zu übernehmen[16].*

☐ *Als Betreuer schlage ich Herrn ... vor, da er ...*

☐ *Der Vorgeschlagene ist mit der Bestellung zum Betreuer einverstanden[17].*

☐ *Der Vorgeschlagene ist zur Bestellung als Betreuer noch nicht befragt worden.*

Zur Anhörung bei Gericht bzw. beim Sachverständigen[18]

☐ *kann der Betroffene erscheinen ☐ allerdings nur in Begleitung ...*

---

5 Zu den Voraussetzungen einer Betreuung vgl. Rz. 1 f.

6 Vgl. Rz. 1.

7 In diesem Fall ist die Anordnung der Betreuung ohne Antrag des Betroffenen nur zulässig, wenn er seinen Willen nicht kundtun kann, vgl. Rz. 1 f.

8 Zur Information des Gerichts in jedem Falle nützlich, ohne Sachverständigengutachten aber nur unter besonderen Bedingungen ausreichend; vgl. Rz. 22 f.

9 Vgl. Kap. 79 Rz. 1; und **M 79.1.**

10 Vgl. Rz. 13 und **M 78.2.**

11 Vgl. Rz. 7 f.

12 Vgl. Rz. 23 zum Verfahrenspfleger.

13 Vgl. Rz. 13.

14 Vgl. Rz. 13 ff.

15 S. § 1897 Abs. 5 BGB.

16 Vgl. Rz. 15.

17 Vgl. Rz. 15.

18 Vgl. Rz. 23.

☐ *kann der Betroffene nicht erscheinen, da ...*

☐ *Eine Anhörung zu Hause bzw. am jetzigen Aufenthaltsort ist geboten, weil ...*

Von dem Anhörungstermin bitte ich, ☐ *mich* ☐ *Herrn ... zu benachrichtigen, damit für das Erscheinen des Betroffenen Sorge getragen werden kann.*

Bei der Anhörung können für das Gericht folgende Schwierigkeiten auftreten: ☐ *Schwerhörigkeit* ☐ *Sehbehinderung* ☐ *...*

Das monatliche Einkommen[19] *des Betroffenen beträgt etwa ... Euro.*

Es setzt sich wie folgt zusammen: ...

Er verfügt über[20]

☐ *kein* ☐ *folgendes Vermögen:*

☐ *Hausgrundstück ..., Wert etwa Euro ...*

☐ *Sparguthaben von etwa Euro ...*

☐ *Wertpapiere im Wert von etwa Euro ...*

☐ *..., Wert etwa Euro ...*

Als Sofortmaßnahme[21] *rege ich an, ..., da ...*

... (Unterschrift)

19 Von Bedeutung für die Betreuungsvergütung, vgl. Rz. 26.
20 Wichtig im Falle eines Vermögensbetreuers.
21 S. § 300 FamFG.

Kosten: *Gerichtsgebühr:* Jahresgebühr gem. Nr. 11101 KV GNotKG in Höhe von 10 Euro je angefangene 5000 Euro des zu berücksichtigenden Vermögens, mindestens 200 Euro. Gebühren werden nur erhoben, wenn das Vermögen nach Abzug der Verbindlichkeiten mehr als 25 000 Euro beträgt; der in § 90 Abs. 2 Nr. 8 SGB XII genannte Vermögenswert wird nicht mitgerechnet. Für das Jahr der Einleitung und das folgende Jahr wird nur eine Jahresgebühr erhoben.

2 Der Betreuer darf nur für den **Aufgabenkreis** bestellt werden, in welchem die Betreuung **erforderlich** ist (§ 1896 Abs. 2 Satz 1 BGB), zB Vermögenssorge, Heimunterbringung, Vertretung gegenüber Behörden usw.; denn das BtG lässt Fremdbestimmung nur insoweit zu, wie es nach dem Zustand des Betreuten und seinen Lebensverhältnissen erforderlich erscheint. Der Aufgabenkreis ist so **konkret** wie möglich zu fassen, er ist so **eng** zu halten, wie subjektiv möglich und nötig (OLG Hamm FamRZ 1995, 433; BayObLG FamRZ 1995, 116). Der Schwerpunkt der Betreuungsaufgaben liegt in der **rechtsgeschäftlichen Vertretung**, die meisten Bereiche der sog. tatsächlichen Sorge wie Pflege und Beaufsichtigung scheiden als Aufgabenkreis aus. Doch gibt es auch aus ihrem Bereich Aufgaben, die zur Betreuung iSd. BGB gehören können. Zu den möglichen Aufgaben des Betreuers, von deren Umfang auch abhängt, welche Vorschriften des Vormundschaftsrechts gem. § 1908i BGB anwendbar sind, s. Palandt/Diederichsen § 1896 BGB Rz. 15 ff. Zum Fernmelde- und Briefverkehr s. § 1896 Abs. 4 BGB.

3 Ein Betreuer kann auch für einen **Minderjährigen** bestellt werden, wenn anzunehmen ist, dass eine Betreuung bei Eintritt der Volljährigkeit erforderlich wird, s. § 1908a BGB.

4 Die Betreuung ist **aufzuheben**, wenn ihre Voraussetzungen wegfallen. Fallen sie nur für einen Teil der Aufgaben des Betreuers weg, ist dessen Aufgabenkreis entsprechend **einzuschränken**, s. § 1908d BGB.

II. Rechtswirkungen der Betreuung

5 Der Betreuer ist innerhalb seines Aufgabenkreises **gesetzlicher Vertreter** des Volljährigen (§ 1902 BGB). Aus Rechtsgeschäften des Betreuers im zugewiesenen Aufgabenkreis wird der Betreute berechtigt und verpflichtet (§ 164 Abs. 1 BGB).

➲ **Wichtig:** Die Geschäftsfähigkeit des Betreuten wird durch die Bestellung des Betreuers nicht berührt. Solange der Betreute nicht geschäftsunfähig ist, können er und sein Betreuer unabhängig voneinander rechtsgeschäftlich tätig werden (sog. **Doppelzuständigkeit**). 5a

Auch die Anordnung eines Einwilligungsvorbehalts hat keine Auswirkung auf die **Geschäftsfähigkeit** des Betreuten. Ist der Betreute geschäftsunfähig, sind seine Willenserklärungen nichtig, § 105 BGB. Die Einwilligung des Betreuers in die nichtige Erklärung führt nicht zu deren Wirksamkeit. Unter Umständen ist aber eine Umdeutung der Einwilligung in die Vornahme des nichtigen Rechtsgeschäfts durch den Betreuer möglich, s. Erman/Holzhauer § 1903 BGB Rz. 21; aA Palandt/Diederichsen § 1903 BGB Rz. 19. 6

III. Einwilligungsvorbehalt

Soweit es zur Abwendung einer erheblichen Gefahr für die Person oder das Vermögen des Betreuten, der ja trotz der Bestellung eines Betreuers auch innerhalb dessen Aufgabenkreis rechtsgeschäftlich handeln kann, erforderlich ist, ordnet das Betreuungsgericht von Amts wegen an, dass er zu einer Willenserklärung, die den Aufgabenkreis des Betreuers betrifft, die **Einwilligung des Betreuers** benötigt (§ 1903 Abs. 1 Satz 1 BGB), also dessen vorherige Zustimmung, § 183 BGB. Die für den Vorbehalt vorausgesetzten Mängel in der Selbstbestimmungsfähigkeit des Betreuten müssen mindestens den Befunden des § 114 BGB aF (Entmündigung) entsprechen. Der Vorbehalt kann mit der Bestellung des Betreuers (dazu s. Kap. 79 Rz. 14) verbunden werden. Für die nachträgliche Zustimmung (**Genehmigung**) gelten die §§ 108–113, 131 Abs. 2 BGB (§ 1903 Abs. 1 Satz 2 BGB). Durch diese Verweisung ist die Rechtslage bei einem Betreuten, der dem Einwilligungsvorbehalt unterliegt, der Rechtslage bei beschränkter Geschäftsfähigkeit Minderjähriger nachgebildet. Der Betreute darf deshalb aber nicht generell als beschränkt geschäftsfähig angesehen werden; denn der Betreuer wird regelmäßig nur für bestimmte Aufgabenkreise bestellt und der Einwilligungsvorbehalt gilt nur innerhalb dieses Aufgabenkreises (**partiell beschränkte Geschäftsfähigkeit**). 7

➲ **Wichtig:** Ein **einseitiges Rechtsgeschäft**, das der Betreute ohne erforderliche Einwilligung vornimmt, ist unwirksam, § 111 BGB. **Willenserklärungen**, die dem Betreuten gegenüber abgegeben werden, werden erst wirksam, wenn sie dem Betreuer zugehen, § 131 Abs. 2 BGB. 7a

Der Einwilligungsvorbehalt ist nicht zulässig für die Eheschließung, letztwillige Verfügungen und Erklärungen höchstpersönlicher Art (§ 1903 Abs. 2 BGB), und er hat keine Wirkung, wenn eine Willenserklärung dem Betreuten lediglich einen rechtlichen Vorteil bringt (§ 1903 Abs. 3 Satz 1 BGB) oder eine geringfügige Angelegenheit des täglichen Lebens betrifft und das Gericht nichts anderes angeordnet hat (§ 1903 Abs. 3 Satz 2 BGB). 8

➲ **Wichtig:** Der Einwilligungsvorbehalt lässt die §§ 104 Nr. 2, 195 BGB unberührt, so dass bei natürlicher **Geschäftsunfähigkeit des Betreuten** seine Willenserklärung trotz Einwilligung des Betreuers nichtig ist. 9

IV. Betreuungsgerichtliche Genehmigungen

Die gesetzliche Vertretungsmacht des Betreuers wird außerdem eingeschränkt durch zahlreiche betreuungsgerichtliche **Genehmigungsvorbehalte**. Insoweit gelten die meisten Vorschriften des Vormundschaftsrechts für Minderjährige entsprechend (§ 1908i Abs. 1 Satz 1 BGB). Vgl. dazu Kap. 76 Rz. 25 ff. Genehmigungspflichtig sind insbesondere Rechtsgeschäfte nach §§ 1812, 1821, 1822 (ohne Nr. 5, s. aber § 1907) BGB. Mit Blick auf die Besorgungen von Geldgeschäften betreuter Menschen regelt § 1813 Abs. 1 Nr. 3 BGB, dass Verfügungen über Giro- und Kontokorrentkonten des Betreuers, Vormunds oder Pflegers nicht genehmigungspflichtig sind, und zwar unabhängig von der Höhe. 10

Darüber hinaus bedarf der Betreuer, wenn nicht mit dem Aufschub Gefahr verbunden ist, unter bestimmten Voraussetzungen der **Genehmigung des Betreuungsgerichts** für seine Einwilligung in eine Untersuchung des Gesundheitszustands des Betreuten sowie in eine Heilbehandlung oder einen ärztlichen Eingriff (§ 1904 BGB). Auch für seine Einwilligung in eine Sterilisation des Betreuten (§ 1905 BGB), eine Unterbringung oder unterbringungsähnliche Maßnahmen (§ 1906 BGB) 11 sowie zur Kündigung einer von dem Betreuten gemieteten Wohnung und zum Abschluss langfristig verpflichtender Verträge bedarf der Betreuer der Genehmigung des Betreuungsgerichts (§ 1907 BGB).

12 Die gerichtliche Genehmigung erfolgt gem. § 40 Abs. 2 Satz 1 FamFG ausschließlich in Beschlussform und wird – anders vor Erlass des FamFG ist der Beschluss nicht mehr mit Erlass wirksam und grundsätzlich unanfechtbar –, sondern erst mit Rechtskraft; zur Rechtskraft s. § 45 FamFG. Zum gerichtlichen Genehmigungsverfahren nach FamFG s. Prütting/Helms/Abramenko § 45 FamFG Rz. 2 ff.; Heinemann, FamFG für Notare, 2009, S. 43 ff.

V. Die verschiedenen Betreuer, ihre Bestellung und Entlassung

13 Als Betreuer ist vornehmlich eine geeignete natürliche Person zu bestellen (§ 1897 Abs. 1 Satz 1 BGB, Vorrang des **Einzelbetreuers**). Dazu gehören gem. § 1897 Abs. 2 BGB auch einzelne Mitarbeiter eines nach § 1908 f. BGB anerkannten Betreuungsvereins (**Vereinsbetreuer**) und einzelne Mitarbeiter einer in Betreuungsangelegenheiten zuständigen Behörde (**Behördenbetreuer**). Sie dürfen nur mit Einwilligung des Vereins bzw. der Behörde bestellt werden und scheiden als Betreuer aus, wenn sie zu der Einrichtung, in der der Betreute untergebracht ist, in einem Abhängigkeitsverhältnis stehen (§ 1897 Abs. 3 BGB). Nur wenn die Betreuung durch eine oder auch mehrere (s. § 1899 BGB) natürliche Personen nicht geleistet werden kann, darf ein Verein als solcher (**Betreuungsverein**) – mit seiner Einwilligung – zum Betreuer bestellt werden (§ 1900 Abs. 1 BGB), und nur wenn auch diese Möglichkeit nicht besteht, darf – ohne ihre Einwilligung – die Behörde als solche (**Betreuungsbehörde**) zum Betreuer bestellt werden (§ 1900 Abs. 4 BGB). Zur Anerkennung als Betreuungsverein s. §§ 1908 f. BGB, als Betreuungsbehörde s. § 8 BtG.

13a § 1896 Abs. 3 BGB zufolge kann ein Betreuer auch zur Kontrolle eines Bevollmächtigten bestellt werden (**Kontrollbetreuer**); Voraussetzung für die Einrichtung einer Kontrollbetreuung ist allerdings, dass die erforderlich ist. Die Geschäftsunfähigkeit des Vollmachtgebers reicht nicht aus, um die Erforderlichkeit bejahen zu können. Hinzukommen müssen vielmehr konkrete Anhaltspunkte, die den Verdacht untermauern, das der Bevollmächtigte von der Vollmacht keinen sachgerechten Gebrauch macht; ein Missbrauch ist nicht Voraussetzung, s. hierzu BGH Beschl. v. 21.3.2012 – XII ZB 666/11, MittBayNot 2012, 471 und Beschl. v. 7.3.2012 – XII ZB 583/11, MittBayNot 2012, 473.

14 Anders als im Vormundschaftsrecht wird zwischen der Anordnung der Betreuung und der **Bestellung** des Betreuers nicht unterschieden, beides erfolgt in einem Akt. Erst mit der Bestellung des Betreuers **durch den Richter** (vgl. § 14 Nr. 4 RPflG), mit der auch der Aufgabenkreis des Betreuers bestimmt wird (§ 286 Abs. 1 FamFG), wird die Betreuung wirksam (§ 287 FamFG). In Eilfällen kann das Betreuungsgericht einen vorläufigen Betreuer bestellen (§§ 300 f. FamFG) oder Maßnahmen gem. § 1908i iVm. § 1846 BGB treffen.

15 Der vom Betreuungsgericht Auserwählte ist zwar verpflichtet, die Betreuung zu übernehmen, wenn er dazu geeignet ist und ihm die Übernahme unter Berücksichtigung seiner familiären, beruflichen und sonstigen Verhältnisse zugemutet werden kann, aber er darf nur zum Betreuer bestellt werden, wenn er sich zur Übernahme der Betreuung **bereit erklärt** hat (§ 1898 Abs. 2 BGB).

16 Schlägt der Betroffene eine Person vor, die ihm zum Betreuer bestellt werden soll, so ist dem zu entsprechen, wenn es dem Wohl des Betroffenen nicht widerspricht (§ 1897 Abs. 4 Satz 1 BGB). Auch wenn er vorschlägt, eine bestimmte Person nicht zu bestellen, ist darauf Rücksicht zu nehmen (§ 1897 Abs. 4 Satz 2 BGB). Beides gilt auch für **Vorschläge**, die der Betroffene schon vor dem Betreuungsverfahren gemacht hat (s. Rz. 20), es sei denn, er will an diesen Vorschlägen erkennbar nicht mehr festhalten (§ 1897 Abs. 4 Satz 3 BGB).

17 Das Betreuungsgericht kann **mehrere Betreuer** bestellen, wenn die Angelegenheiten des Betreuten dadurch besser besorgt werden können, § 1899 Abs. 1 BGB. Zu dem besonderen Betreuer für die Einwilligung in eine **Sterilisation des Betreuten** s. § 1905 BGB.

18 Zur **Entlassung** des Betreuers s. § 1908b BGB.

VI. Aufgaben des Betreuers, Wünsche und Vorstellungen des Betreuten

Die Angelegenheiten des Betreuten hat der Betreuer so zu besorgen, wie es dessen Wohl entspricht (§ 1901 Abs. 1 Satz 1 BGB). Dazu stellt das Gesetz ausdrücklich fest, dass dem Wohl des Betreuten die Möglichkeit entspricht, sein Leben im Rahmen seiner Fähigkeiten nach seinen eigenen Wünschen und Vorstellungen zu gestalten (§ 1901 Abs. 1 Satz 2 BGB). Das bedeutet zB, dass der Betreuer dem Betreuten auch vertretbare Annehmlichkeiten, ja sogar Luxus ermöglichen soll, anstatt wie früher vorrangig die Erhaltung und Vermehrung des Vermögens zu betreiben. Der Betreuer ist verpflichtet, diesen Wünschen zu entsprechen, soweit es nicht dem Wohl des Betreuten widerspricht oder dem Betreuer unzumutbar ist (§ 1901 Abs. 2 Satz 1 BGB). Das gilt auch für Wünsche, die der Betreute vor der Bestellung des Betreuers geäußert hat, es sei denn, er will daran erkennbar nicht mehr festhalten. 19

Zu den besonderen Voraussetzungen der Einwilligungen des Betreuers in eine Sterilisation des Betreuten s. §§ 1905, 1899 Abs. 2 BGB; zu den besonderen Voraussetzungen der mit Freiheitsentziehung verbundenen Unterbringung des Betreuten durch den Betreuer s. § 1906 BGB.
Zur Erweiterung des Aufgabenkreises des Betreuers s. § 1908d Abs. 3 BGB.

VII. Betreuungsverfügung

Um die Möglichkeit zu nutzen, schon vor Eintritt des Betreuungsfalls maßgeblichen Einfluss darauf zu nehmen, wer ihn später betreuen wird und wie der Betreuer dann seine, des Betreuten Lebensverhältnisse gestalten wird, und um sicherzustellen, dass seine Interessen gewahrt werden, empfiehlt es sich für den Betroffenen, entsprechende **Anordnungen** rechtzeitig in Form einer sog. Betreuungsverfügung zu treffen (**M 78.2**), soweit nicht von der Möglichkeit Gebrauch gemacht wird, eine Vorsorgevollmacht zu errichten. Die Betreuungsverfügung ist für das Betreuungsgericht grundsätzlich bindend, § 1897 Abs. 4 Satz 1 BGB. Denkbar sind auch Bestimmungen für den Fall dauernder Bewusstlosigkeit oder einer unheilbaren, zum Tode führenden Krankheit. Wenn es seiner Überzeugung entspricht, dass eine Verzögerung des Leidens und des Sterbevorgangs mit Hilfe der hochtechnisierten Medizin nicht erfolgen soll, kann der Betroffene in der Betreuungsverfügung darauf hinweisen, dass sich die Behandlung in einem solchen Fall auf schmerzlindernde Maßnahmen und eine Grundpflege beschränken soll. 20

Der Betroffene sollte die nicht formgebundene Betreuungsverfügung **schriftlich** abfassen und sie einer **Person seines Vertrauens übergeben**. Diese hat sie unverzüglich an das Betreuungsgericht abzuliefern, wenn sie von der Einleitung eines Verfahrens zur Bestellung eines Betreuers Kenntnis erlangt (§ 1901a BGB). Eine Betreuungsverfügung kann auch dann beim Zentralen Vorsorgeregister der Bundesnotarkammer registriert werden, wenn sie nicht mit einer Vorsorgevollmacht verbunden ist – sog. isolierte Betreuungsverfügung, § 78a Abs. 1 BNotO, § 10 VRegV. 21

M 78.2 Betreuungsverfügung[1]

Ich, . . ., geb. am . . . in . . ., treffe für den Fall, dass ich eines Tages meine Angelegenheiten nicht mehr selbst besorgen kann und der Betreuung bedarf, folgende Bestimmungen:

Betreuer soll meine Tochter . . . werden, nicht jedoch meine Schwester . . .

Im Pflegefall möchte ich zu Hause von meiner Tochter . . . versorgt werden[2]. Dafür soll sie wie eine Pflegekraft entlohnt werden.

Lässt sich dies nicht verwirklichen, so möchte ich in einem Einzelzimmer der Pflegeabteilung des Altersheims . . . aufgenommen werden. Dort habe ich mich bereits vorsorglich angemeldet. Auf keinen Fall will ich in das Altenheim . . . einziehen.

1 Vgl. Rz. 20 f.

2 Zu den vor der Bestellung des Betreuers geäußerten Wünschen des Betreuten s. Rz. 13.

Ich pflege jedes Jahr den Monat November zusammen mit meiner Tochter ... im Süden auf der Insel ... zu verbringen. Die Kosten dafür trage ich allein[3]. *Diese Gewohnheit möchte ich so lange wie nur irgend möglich beibehalten.*

Jedes meiner Enkelkinder erhält von mir zu seinem Geburtstag 100 Euro. Auch daran soll sich nichts ändern, solange ich lebe.

... (Ort, Datum)

... (Unterschrift)

3 Vgl. Rz. 13 ff.

VIII. Verfahren

22 **Zuständig** für alle die Betreuung betreffenden Verrichtungen ist das Betreuungsgericht, in dessen Bezirk der Betroffene zu der Zeit, zu der das Gericht mit der Angelegenheit befasst wird, seinen gewöhnlichen Aufenthalt hat (§ 272 Abs. 1 Nr. 2 FamFG); ist allerdings ein Betreuer bereits bestellt, ist das Gericht ausschließlich zuständig, bei dem die Betreuung anhängig ist, § 272 Abs. 1 Nr. 1 FamFG. Zu den weiteren Zuständigkeitsregelungen s. § 272 FamFG, Prütting/Helms/Fröschle § 272 FamFG Rz. 2 ff.

23 Der Betroffene ist in dem Verfahren ohne Rücksicht auf seine Geschäftsfähigkeit **verfahrensfähig**. Soweit dies zur Wahrnehmung seiner Interessen erforderlich ist, bestellt das Gericht ihm einen **Verfahrenspfleger** (§ 276 FamFG). Vor der Bestellung eines Betreuers wie auch der Anordnung eines Einwilligungsvorbehalts hat das Gericht den Betroffenen **persönlich anzuhören** und sich einen **unmittelbaren Eindruck** von ihm zu verschaffen (§ 278 Abs. 1 Satz 1 FamFG), wenn der Betroffene es verlangt oder wenn es der Sachaufklärung dient und der Betroffene nicht widerspricht, **in seiner üblichen Umgebung** (§ 278 Abs. 1 Satz 2 FamFG). Das Gericht hat ihn über den möglichen Verlauf des Verfahrens zu unterrichten (§ 278 Abs. 2 Satz 1 FamFG). In der Regel ist dem Ehegatten des Betroffenen, seinen Kindern und weiteren nächsten Angehörigen Gelegenheit zur Äußerung zu geben, bevor eine Betreuung eingerichtet oder ein Einwilligungsvorbehalt angeordnet wird, §§ 279 Abs. 1, 274 FamFG.

24 Ein Betreuer darf erst bestellt werden, nachdem das **Sachverständigengutachten** über die Notwendigkeit der Betreuung eingeholt worden ist (§ 280 Abs. 1 FamFG). Es reicht jedoch ein **ärztliches Attest**, wenn der Betroffene selbst die Betreuung beantragt und auf die Begutachtung verzichtet hat und die Einholung des Gutachtens insbesondere im Hinblick auf den Umfang des Aufgabenkreises des Betreuers unverhältnismäßig wäre. Dasselbe gilt auch, wenn nur ein Überwachungsbetreuer (s. Kap. 79 Rz. 13) bestellt wird (§ 280 Abs. 1 FamFG).

25 Zur **Beschwerde** gegen die Bestellung eines Betreuers von Amts wegen und die Anordnung eines **Einwilligungsvorbehalts** s. §§ 58 ff., 303 ff. FamFG.

IX. Aufwendungsersatz und Vergütung

26 Grundsätzlich gelten dieselben Vorschriften wie bei der Vormundschaft für Minderjährige (§§ 1908i Abs. 1 Satz 1 iVm. 1835–1836a BGB). Dazu s. Kap. 76 Rz. 42 ff., 45 ff. und die Übersicht bei Sonnenfeld Rz. 150. Zu den vergütungsfähigen Stunden s. Zimmermann FamRZ 1998, 521.

Kapitel 79 Vorsorgevollmacht und Patientenverfügung

Literatur: S. die Literaturhinweise zu Kap. 78.

I. Vorsorgevollmacht und Überwachungsbetreuung

1. Vorsorgevollmacht

1 Die Bestellung eines Betreuers ist nicht erforderlich und somit auch nicht zulässig, soweit die Angelegenheiten des Volljährigen durch andere Hilfen (Angehörige, soziale Dienste), oder durch einen Bevollmächtigten ebenso gut wie durch einen Betreuer besorgt werden können (§ 1896 Abs. 2 Satz 2 BGB). Wer die spätere **Bestellung eines Betreuers entbehrlich machen** bzw. vermeiden will, kann schon vorsorglich für den Fall der späteren Betreuungsbedürftigkeit, insbesondere den Fall der altersbedingten Geschäftsunfähigkeit (§ 104 Nr. 2 BGB), eine entsprechende Vollmacht erteilen (sog. Vorsorgevollmacht). Der Bestellung eines Betreuers steht eine Vorsorgevollmacht allerdings nicht entgegen, wenn der Bevollmächtigte als zur Wahrnehmung der Interessen des Betroffenen nicht tauglich erscheint, BGH v. 13.4.2011 – XII ZB 584/10, NJW 2011, 2135 und BGH v. 7.3.2012 – XII ZB 583/11, DNotZ 2012, 753. Zu weiteren Fällen des Vorrangs der Betreuung vor einer Vollmacht s. Müller ZNotP 2012, 404, 406.

2 ➲ **Praxistipp:** Die Vollmacht kann mit einer Generalvollmacht verbunden werden, was oft sinnvoll sein wird (s. **M 80.1**). Dies erlaubt es dem Bevollmächtigten, schon im Vorstadium einer Betreuungsbedürftigkeit für den Vollmachtgeber zu handeln. Der regelmäßig schwierige Nachweis der Betreuungsbedürftigkeit entfällt in diesem Fall.

3 Voraussetzung für die Erteilung einer Generalvollmacht ist das uneingeschränkte **Vertrauen** des Vollmachtgebers zum Bevollmächtigten; entsprechendes Vertrauen ist aber ebenso für die Erteilung einer Vorsorgevollmacht erforderlich, da bei deren Anwendung der Vollmachtgeber regelmäßig nicht mehr in der Lage ist, die korrekte Nutzung der Vollmacht zu überwachen.

4 ➲ **Wichtig:** Fehlt es an dem erforderlichen Vertrauen, ist die Errichtung einer Betreuungsverfügung der bessere Weg (s. Kap. 78 Rz. 20).

4a Auf Vollmachten ist grundsätzlich das **Vollmachtstatut** anzuwenden; das ist das Recht des Staates, in dem die Vollmacht nach den Vorstellungen des Vollmachtgebers verwendet werden soll. Mit dem Inkrafttreten des Haager Übereinkommens über den internationalen Schutz von Erwachsenen (ErwSÜ) ist bezüglich des anwendbaren Rechts eine weitreichende Änderung eingetreten. Dem Abkommen zufolge, das für Deutschland am 1.1.2009 in Kraft getreten ist, richtet sich die Frage nach Bestehen, Umfang und Beendigung einer Vorsorgevollmacht nach dem Recht des Staates, in dem der Vollmachtgeber im Zeitpunkt der Erteilung der Vorsorgevollmacht seinen gewöhnlichen Aufenthalt hatte; Art. 15 Abs. 1 ErwSÜ. Das Abkommen sieht darüber hinaus die Möglichkeit einer ausdrücklichen und schriftlichen Rechtswahl vor; gewählt werden kann das Recht des Staates, dem der Vollmachtgeber angehört, das Recht des Staates in dem er früher einmal seinen gewöhnlichen

Aufenthalt hatte, sowie das Rechts des Staates, in dem das jeweils von der Vollmacht betroffene Vermögen belegen ist, Art. 15 Abs. 2 ErwSÜ. (Das Übereinkommen ist in folgenden Ländern in Kraft getreten: Estland, Finnland, Frankreich, Österreich, Schweiz, Tschechische Republik, Vereinigtes Königreich. Näheres zum ErwSÜ bei Müller ZNotP 2012, 404, 405.)

2. Ärztliche Maßnahmen, Freiheitsentziehung, Aufenthaltsbestimmung

5 Bei der Erteilung einer Vorsorgevollmacht ist zu beachten, dass das Gesetz abweichend vom allgemeinen Vertretungsrecht für die Einwilligung des Vertreters in ärztliche Maßnahmen iSv. § 1904 Abs. 1 Satz 1 BGB, sowie für die Einwilligung in freiheitsentziehende oder -einschränkende Maßnahmen iSv. § 1906 BGB verlangt, dass die Vollmacht die Vertretung in diesen Bereichen ausdrücklich umfasst (§§ 1904 Abs. 2 und § 1906 Abs. 5 BGB). Entsprechendes gilt im Bereich der Aufenthaltsbestimmung, Palandt/Diederichsen § 1906 BGB Rz. 5. Gemäß § 1906 Abs. 3 und 5 BGB nF ist die Einwilligung in ärztliche Zwangsmaßnahmen durch einen Bevollmächtigten nur dann von einer Vollmacht gedeckt, wenn diese Maßnahmen von der Vollmacht ausdrücklich gedeckt sind. In den Fällen des § 1904 und § 1906 bedarf der Bevollmächtigte darüber hinaus der **betreuungsgerichtlichen Genehmigung**, § 1904 Abs. 2 Satz 1 und § 1906 Abs. 5 Satz 2 BGB. Im Übrigen unterliegt der Bevollmächtigte nicht den Beschränkungen, denen ein Betreuer unterworfen ist, vgl. Perau MittRhNotK 1996, 285, 296 sowie Kap. 78 Rz. 10.

3. Gegenstand der Vollmacht

6 Die Vollmacht muss nicht im Hinblick auf eine spätere Gebrechlichkeit oder geistige Umnachtung erteilt sein, um eine Betreuung entbehrlich zu machen. Sie kann durchaus zunächst zu einem anderen Zweck erteilt sein; denn eine wirksam erteilte Vollmacht wird nicht durch eine später eintretende Geschäftsunfähigkeit unwirksam. Gegenstand einer Vorsorgevollmacht können alle persönlichen und vermögensrechtlichen Angelegenheiten sein. Zu der umstrittenen Frage, ob eine solche Vollmacht auch in Angelegenheiten der Personensorge im engeren Sinne (Einwilligung in ärztliche Behandlung mit Heileingriffen, Aufenthalts- und Umgangsbestimmung, Entscheidung über freiheitsentziehende Maßnahmen) für zulässig erachtet werden kann, s. Müller DNotZ 1997, 100 f. und Perau MittRhNotK 1996, 285. In der Praxis werden mitunter katalogartige Aufzählungen der einzelnen Befugnisse des Vollmachtnehmers verwendet. Angestrebt wird damit eine höhere Akzeptanz der Vollmacht. Im Ergebnis führt eine derartige Aufzählung aber mitunter dazu, dass die Vertretungsberechtigung bezüglich nicht aufgezählter Rechtsgeschäfte bezweifelt wird und verfehlt damit ihr Ziel. Erforderlich ist eine ausführliche Aufzählung der von der Vollmacht erfassten Rechtsgeschäfte und Handlungen nicht. So umfasst eine Generalvollmacht auch ohne besondere Erwähnung eine Bietvollmacht, DNotI-report 2012, 150, 151, Im Einzelfall können und sollten allerdings die Rechtsgeschäfte und Handlungen aufgeführt, auf die sich die Vollmacht **nicht** beziehen soll. Soweit **unentgeltliche Verfügungen** von der Vollmacht nicht gedeckt sein sollen, ist dies in der Vollmacht ausdrücklich zum Ausdruck zu bringen.

7 Die Vollmacht sollte klarstellen, ob eine **Befreiung von den Beschränkungen des § 181 BGB** gewünscht wird und ob **Untervollmachten** erteilt werden dürfen. In der Regel ist dies ratsam, wenn die Anordnung einer Betreuung möglichst umfassend vermieden werden soll und das nötige Vertrauen zum Vollmachtnehmer gegeben ist. General- und Vorsorgevollmachten sind grundsätzlich widerruflich auszugestalten. Ein Hinweis auf die bei Widerruf zu treffenden Maßnahmen erscheint zur Unterstützung des Vollmachtgebers sinnvoll.

4. Form

8 Zum Nachweis im Rechtsverkehr empfiehlt sich – obwohl nicht vorgeschrieben – die Einhaltung einer Form (Schriftform, öffentliche Beglaubigung oder – am besten – notarielle Beurkundung). Durch die notarielle Beurkundung werden grundsätzlich auch Bedenken hinsichtlich der Geschäftsfähigkeit des Vollmachtgebers ausgeräumt. Bestehen solche, kann trotz Vorliegens einer Vollmacht ein Betreuer bestellt werden, BGH v. 13.4.2011 – XII ZB 584/10, NJW 2011, 2135.

➲ **Praxistipp:** Die notarielle Beurkundung hat ua. den in der Praxis unterschätzen Vorzug, dass bei Verlust der Vollmachtsurkunde eine neue Ausfertigung erteilt werden kann. Ferner räumt die notarielle Beurkundung, Fragen bezüglich der Geschäftsfähigkeit und Identität des Vollmachtgebers im Vorfeld aus. Die notarielle Vollmacht wahrt darüber hinaus zwingende verfahrensrechtliche Formerfordernisse, zB die des § 29 GBO (Nachweis der Eintragungsvoraussetzungen). 9

5. Risiko

Eine „Vorsorgevollmacht" ist nicht ohne Risiko. Der Bevollmächtigte ist nämlich nicht Betreuer iSd. BGB, er hat eine rechtsgeschäftliche – keine gesetzliche – Vertretungsmacht und unterliegt deshalb nicht den Genehmigungsvorbehalten, die für den Betreuer gelten (vgl. § 1908i Abs. 1 Satz 1 BGB, dazu s. Kap. 78 Rz. 10). Das Missbrauchsrisiko kann durch einschränkende Vorgaben im Innenverhältnis nur sehr eingeschränkt begrenzt werden. Der Vollmachtgeber kann die Vollmacht für den Bevollmächtigten verwahren und diesen ermächtigen, die Vollmacht im Bedarfsfall an sich zu nehmen, umso länger Kontrolle über die Vollmacht zu bewahren. 10

Die Sorge vor einem Missbrauchsrisiko führt mitunter zu dem Wunsch, eine **reine Vorsorgevollmacht** zu errichten (s. **M 79.2**), die erst mit Eintritt der Betreuungsbedürftigkeit wirksam wird. So verständlich der Wunsch nach einer mit einer solchen Bedingung angestrebten Risikobegrenzung ist, so sehr ist darauf hinzuweisen, dass der Nachweis der Betreuungsbedürftigkeit in der Praxis nicht leicht zu führen ist und ein entsprechendes Erfordernis die Vorsorgevollmacht faktisch entwerten kann. Aus diesem Grund ist auch eine in Vollmachtsvordrucken oft anzutreffende Verknüpfung des Wirksamwerdens der Vollmacht mit bestimmten Bedingungen, insbesondere dem Eintritt der Betreuungsbedürftigkeit, kaum zweckmäßig. In entsprechenden Fällen ist an die Errichtung einer **Betreuungsverfügung** zu denken. 11

➲ **Hinweis:** Bei der Verbindung des Wirksamwerdens der Vollmacht erst mit Eintritt der Betreuungsbedürftigkeit ist auch zu beachten, dass der Zeitpunkt des Eintritts der Betreuungsbedürftigkeit in vielen Fällen nicht eindeutig festgestellt werden kann und oft im Vorfeld einer manifesten Betreuungsbedürftigkeit bereits ein Bedarf an einer Vertretung des Betroffenen besteht. Ferner ist zu beachten, dass bei einer nur vorübergehenden Betreuungsbedürftigkeit, diese bei jeder Verwendung der Vollmacht erneut nachgewiesen werden muss. Vor diesem Hintergrund ist eine reine Vorsorgevollmacht regelmäßig nicht zu empfehlen. 12

6. Überwachungsbetreuung

Wird der Volljährige, der einen Bevollmächtigten hat, aus den in § 1896 Abs. 1 BGB genannten Gründen unfähig, seine Rechte gegenüber dem Bevollmächtigten geltend zu machen, so kann für diesen Aufgabenkreis ein Betreuer bestellt werden (§ 1896 Abs. 3 BGB, „Überwachungsbetreuung" oder Kontrollbetreuung, hierzu Erman/Roth § 1896 BGB Rz. 50 ff.), der die Vollmacht auch widerrufen kann (Palandt/Diederichsen § 1896 BGB Rz. 21; aA G. Müller in Würzburger Notarhdb. 1. Aufl. 2005, S. 1488 Rz. 558, die einen Widerruf nur aus wichtigem Grund für zulässig hält). Das Betreuungsgericht hat in diesem Fall zu prüfen, ob für die bislang vom Bevollmächtigten wahrgenommenen Aufgaben ein Betreuer zu bestellen ist. 13

7. Registrierungsmöglichkeit

§ 78a BNotO eröffnet iVm. der Vorsorgeregisterverordnung die Möglichkeit der Registrierung sämtlicher Formen der Vorsorgevollmachten beim Zentralen Vorsorgeregister der Bundesnotarkammer (Internet: www.vorsorgeregister.de). Die Einsicht in das Vorsorgeregister ermöglicht dem Betreuungsgericht festzustellen, ob eine Vorsorgevollmacht vorliegt und dementsprechend eine Betreuung entbehrlich ist. Eine Registrierung einer Vollmacht erscheint insbesondere dann sinnvoll, wenn der Bevollmächtigte nicht notwendig zeitnah vom Eintritt der Betreuungsbedürftigkeit erfährt. Isolierte Betreuungsverfügungen und Patientenverfügungen werden derzeit nicht registriert. 14

M 79.1 Vorsorgevollmacht[1] in Form einer Generalvollmacht[2, 3]

UR. Nr. . . .

Vor . . ., Notar in . . . erschien

. . . (Name, ggf. Geburtsname, Geburtsdatum und -ort, Adresse)

Die Erschienene ist nach der Überzeugung des Notars, die auf dem persönlichen Eindruck in der heutigen Verhandlung beruht, geschäftsfähig[4]. Sie erklärt, nach Belehrung über die Bedeutung und die Reichweite ihrer Erklärungen und über den besonderen Vertrauenscharakter einer solchen Vollmacht zur notariellen Beurkundung:

General- und Vorsorgevollmacht

I. Ich, ..., bestelle Herrn . . . . ., . . . (Geb.-Datum, Adresse) zu meinem Generalbevollmächtigten[5] und ermächtige ihn, mich in allen meinen Angelegenheiten gerichtlich und außergerichtlich gegenüber Behörden, Gerichten sowie natürlichen und juristischen Personen uneingeschränkt zu vertreten.

Er ist berechtigt, jede Rechtshandlung, die ich selbst vornehmen oder die ein Stellvertreter gesetzlich für mich vornehmen könnte, für mich und mit derselben Wirkung vorzunehmen, als wenn ich sie selbst vorgenommen hätte.

Der Bevollmächtigte ist berechtigt, für einzelne Arten von Geschäften oder für einzelne Geschäfte Untervollmacht zu erteilen. Er ist von den Beschränkungen des § 181 BGB befreit, kann mich also auch bei Rechtsgeschäften mit sich selbst oder als Vertreter eines Dritten vertreten.

Diese Vollmacht berechtigt den Bevollmächtigten auch, mich in meinen persönlichen Entscheidungen über mein Wohlergehen zu vertreten und im Sinne der §§ 1896 ff. BGB zu betreuen, also insbesondere auch in der Zeit, in der ich ggf. betreuungsbedürftig bin. Die Vollmacht ermächtigt den Bevollmächtigten insbesondere:

- *zur Verwaltung des Vermögens des Vollmachtgebers, zur Verfügung über Vermögensgegenstände und zum Vermögenserwerb sowie zur Beantragung von Renten, Versorgungsbezügen, Sozialhilfe oder von Leistungen der Pflegeversicherung; er ist berechtigt, Schenkungen und Übertragungsverträge auch mit sich selbst vorzunehmen.*
- *zur Einwilligung in eine Untersuchung des Gesundheitszustandes, einer Heilbehandlung oder eines ärztlichen Eingriffs – einschließlich ärztlicher Zwangsmaßnahmen iSv. § 1906 Abs. 3 BGB –, auch wenn die Gefahr besteht, dass die Maßnahme zum Tod oder zu einem schweren, länger dauernden gesundheitlichen Schaden im Sinne von § 1904 BGB führt, – vorbehaltlich einer von Gesetzes wegen erforderlichen Genehmigung des Betreuungsgerichts –; er ist auch berechtigt, eine erteilte Einwilligung zu widerrufen, oder die Erteilung einer Einwilligung zu verweigern;*

---

1 Vorteile der Vorsorgevollmacht: Das Prüfungsverfahren wegen der Betreuungsbedürftigkeit (Gericht, ärztliches Gutachten) entfällt; bei größeren Vermögen kann die Existenz eines schnell handlungsfähigen Bevollmächtigten sehr wichtig sein; Nachteile: Wesentlich größere Missbrauchsgefahr, da keine Überwachung durch das Betreuungsgericht; keine Kostenerstattung (Auslagen, Entschädigung) durch die Staatskasse.

2 Vgl. Rz. 8 f.; notarielle Beglaubigung oder Beurkundung empfiehlt sich ua., wenn die Vollmacht auch im Grundbuchverkehr verwendbar sein soll (§ 29 GBO). Bei notarieller Beurkundung kann eine abhanden gekommene Vollmachtsurkunde durch eine neue Ausfertigung ersetzt werden.

3 Da die spätere Bestellung eines Betreuers vermieden werden soll und die im Vorsorgefall anfallenden Angelegenheiten im Einzelnen nicht bestimmt vorherzusehen sind, wird der Umfang der (Alters-)Vorsorgevollmacht im Regelfall weit gespannt sein, so dass sie im Allgemeinen eine Generalvollmacht darstellt. Sie kann aber auch auf einzelne Angelegenheiten beschränkt sein.

4 Vgl. § 11 BeurkG; wegen dieser Feststellung empfiehlt sich die notarielle Beurkundung insbesondere auch in den Fällen, in denen es später einmal zum Streit über die Frage kommen könnte, ob der Vollmachtgeber bei Erteilung der Vollmacht geschäftsfähig war oder nicht.

5 Es können auch mehrere Bevollmächtigte eingesetzt werden, entweder mit der Maßgabe, dass jeder einzeln vertretungsberechtigt ist, oder dass sie nur gemeinschaftlich vertreten dürfen. Eine wechselseitige Generalvollmacht ist, insbesondere zwischen Eheleuten oder Lebenspartnern, ebenfalls möglich und verbreitet.

- *zu einer Unterbringung oder zu unterbringungsähnlichen Maßnahmen, auch wenn damit eine Freiheitsentziehung (auch durch mechanische Vorrichtungen wie Bettgitter oder Bettengurt, Medikamente, oder in anderer Weise) im Sinne von § 1906 BGB verbunden ist, – vorbehaltlich einer von Gesetzes wegen erforderlichen Genehmigung des Betreuungsgerichts – und*
- *zur Bestimmung des Aufenthaltes, zum Abschluss eines Heimvertrages oder einer ähnlichen Vereinbarung und zur Kündigung eines Mietverhältnisses über Wohnraum des Vollmachtgebers (§ 1907 BGB).*

Die Vollmacht gilt auch dann weiter, wenn ich nicht mehr geschäftsfähig sein sollte, und erlischt nicht durch meinen Tod.

Der Bevollmächtigte ist befugt, Krankenunterlagen einzusehen und alle Informationen durch die den Vollmachtgeber behandelnden Ärzte einzuholen.

Die Vollmacht ist in ihrem Bestand unabhängig von den Rechtsverhältnissen, die zwischen mir und dem Bevollmächtigten bestehen.

II. Ich beantrage, dem Bevollmächtigten eine Ausfertigung und mir eine beglaubigte Abschrift zu erteilen. Der Bevollmächtigte kann sich bis zum Eingang eines Widerrufs beim Notariat ... jederzeit Ausfertigungen dieser Vollmacht erteilen lassen[6].

III. Lediglich im Innenverhältnis, nicht aber im Verhältnis zu Dritten gilt: Die Vollmacht soll nur verwendet werden, wenn der jeweilige Vollmachtgeber nicht in der Lage oder willens ist, seine Angelegenheiten selbst zu regeln[7].

IV. Für den Fall, dass diese Vollmacht nicht zur Erledigung aller Aufgaben für mich ausreichen sollte, schlage ich dem zuständigen Betreuungsgericht nach § 1897 Abs. 4 BGB den unter I. bestimmten Bevollmächtigten als Betreuer vor.

V. Schlussbestimmungen, Hinweise

Die Wirksamkeit der Vollmacht setzt voraus, dass der Bevollmächtigte eine auf ihn ausgestellte Ausfertigung vorlegt. Die Ausfertigungen bleiben Eigentum des Vollmachtgebers.

Die Vollmacht kann jederzeit widerrufen werden. Der Notar hat darauf hingewiesen, dass jedermann bei Vorlegung der Vollmachtsausfertigung durch den Bevollmächtigten auf das Bestehen der Vollmacht vertrauen kann und die Vertretungsmacht bestehen bleibt, bis die Vollmachtsurkunde dem Vollmachtgeber zurückgegeben oder für kraftlos erklärt wurde. Der Vollmachtgeber wird den Notar über einen etwaigen Widerruf umgehend informieren[8].

Ich wünsche die Registrierung dieser Vollmacht beim Vorsorgeregister der Bundesnotarkammer.

Der Notar hat auf die mit einer Vollmacht verbundenen Risiken und die besondere Vertrauensstellung des Bevollmächtigten sowie auf die Möglichkeit der Errichtung einer bloßen Betreuungsverfügung hingewiesen.

Diese Urkunde wurde vom Notar dem Anwesenden vorgelesen, von ihm genehmigt und wie folgt eigenhändig unterschrieben.

... (Unterschriften des Vollmachtgebers und des Notars)

---

6 Um der missbräuchlichen Anforderung einer weiteren Ausfertigung vorzubeugen, könnte man auch formulieren (s. aber dazu Rz. 11): *„Weitere Ausfertigungen dürfen dem Bevollmächtigten nur auf meine Anweisung erteilt werden. Sollte ich dazu nicht mehr in der Lage sein, kann der Bevollmächtigte gegen Vorlage einer dies bescheinigenden Bestätigung meines behandelnden Arztes weitere Ausfertigungen vom Notar verlangen."* Zu beachten ist aber, dass bei einer derartigen Einschränkung der Möglichkeit, weitere Ausfertigungen zu erteilen, im Einzelfall das Ziel nicht erreicht werden kann, bei Verlust einer Ausfertigung schnell wieder handlungsfähig zu sein.

7 Durch die Einschränkung im Innenverhältnis soll dem Missbrauchsrisiko begegnet werden.

8 Ein Hinweis in der Vollmachtsurkunde auf die Widerrufbarkeit der Vollmacht und der für den Widerruf erforderlichen Schritte erscheint ratsam, da die Erläuterungen und Hinweise des Notars aller Erfahrung nach bald in Vergessenheit geraten.

Kosten: *Notargebühr:* 1,0-Gebühr gem. Nr. 21200 KV GNotKG. Geschäftswert gem. § 98 Abs. 3 GNotKG (bis zu 50 % des Vermögens).

M 79.2 Reine Vorsorgevollmacht

(Urkundseingang wie bei ***M 79.1***)

Vorsorgevollmacht

Für den Fall, dass ich auf Grund Krankheit oder Behinderung ganz oder teilweise nicht mehr in der Lage bin, meine Angelegenheiten selbst zu besorgen und gem. § 1896 Abs. 1 BGB für mich ein Betreuer bestellt werden könnte, bevollmächtige ich hierdurch Herrn/Frau ... mich in allen Angelegenheiten gerichtlich und außergerichtlich zu vertreten. Jeder Vollmachtnehmer ist allein vertretungsberechtigt.

Der Umstand, dass für mich ein Betreuer bestellt werden könnte, gilt Dritten gegenüber als nachgewiesen, wenn zwei Ärzte ungeachtet der Möglichkeit einer Fehldiagnose schriftlich attestieren, dass ohne Vorliegen dieser Vollmacht die Bestellung eines Betreuers für mich erforderlich oder zweckdienlich ist, um sicherzustellen, dass meine Angelegenheiten sachgerecht wahrgenommen werden.

Die Vollmacht ermächtigt den Bevollmächtigten zu allen Erklärungen und Handlungen, bei denen eine Vertretung von Gesetzes wegen zulässig ist, insbesondere:

- *zur Verwaltung des Vermögens des Vollmachtgebers, zur Verfügung über Vermögensgegenstände und zum Vermögenserwerb sowie zur Beantragung von Renten, Versorgungsbezügen, Sozialhilfe oder von Leistungen der Pflegeversicherung,*
- *zur Einwilligung in eine Untersuchung des Gesundheitszustandes, einer Heilbehandlung oder eines ärztlichen Eingriffs – einschließlich ärztlicher Zwangsmaßnahmen iSv. § 1906 Abs. 3 BGB –, auch wenn die Gefahr besteht, dass die Maßnahme zum Tod oder zu einem schweren, länger dauernden gesundheitlichen Schaden im Sinne von § 1904 BGB führt, – vorbehaltlich einer von Gesetzes wegen erforderlichen Genehmigung des Betreuungsgerichts –*
- *zu einer Unterbringung oder zu unterbringungsähnlichen Maßnahmen, auch wenn damit eine Freiheitsentziehung (auch durch mechanische Vorrichtungen, Medikamente, oder in anderer Weise) im Sinne von § 1906 BGB verbunden ist, – vorbehaltlich einer von Gesetzes wegen erforderlichen Genehmigung des Betreuungsgerichts – und*
- *zur Bestimmung des Aufenthaltes, zum Abschluss eines Heimvertrages oder einer ähnlichen Vereinbarung und zur Kündigung eines Mietverhältnisses über Wohnraum des Vollmachtgebers (§ 1907 BGB).*

Der Bevollmächtigte ist berechtigt, für einzelne Arten von Geschäften oder für einzelne Geschäfte Untervollmacht zu erteilen.

Der Bevollmächtigte ist befugt, Rechtsgeschäfte mit sich im eigenen Namen und als Vertreter Dritter vorzunehmen (Befreiung von den Beschränkungen des § 181 BGB).

Diese Vollmacht soll durch meinen Tod nicht erlöschen.

Alle betroffenen Personen sind dem Bevollmächtigen gegenüber von der Verschwiegenheitspflicht befreit.

Der Bevollmächtigte ist insbesondere befugt, Krankenunterlagen einzusehen und alle Informationen durch die den Vollmachtgeber behandelnden Ärzte einzuholen.

Lediglich im Innenverhältnis, nicht aber im Verhältnis zu Dritten gilt: Die Vollmacht soll nur verwendet werden, wenn ich nicht in der Lage oder willens bin, meine Angelegenheiten selbst zu regeln.

Sollte die Bestellung eines Betreuers trotz Vorliegens dieser Vollmacht erfolgen, soll der/die Bevollmächtigte zum Betreuer bestellt werden.

Diese Vollmacht soll neben einer etwaigen Betreuung unverändert Bestand haben.

V. Schlussbestimmungen, Hinweise

*(wie bei **M 79.1**)*

Kosten: *Notargebühr:* wie **M 79.1**.

II. Patientenverfügung

Literatur: *E. Albrecht/A. Albrecht*, Die Patientenverfügung – jetzt gesetzlich geregelt, MittBayNot 2009, 426; *E. Albrecht/A. Albrecht*, Änderungen im Recht der Patientenverfügung – zugleich Besprechung der Entscheidung des BGH vom 17.3.2003, MittBayNot 2003, 348; *Baumann/Hartmann*, Die zivilrechtliche Absicherung der Patientenautonomie am Ende des Lebens aus Sicht der notariellen Praxis, DNotZ 2000, 594; *Cloeppus*, Offene Fragen zum „Patientenverfügungsgesetz", NJW 2011, 2085; *Diehn/Rebhan*, Vorsorgevollmacht und Patientenverfügung, NJW 2010, 326; *Dieckmann*, Die Patientenverfügung nach der Entscheidung des Bundesgerichtshofs vom 17.3.2003, BWNotZ 2004, 49; *Renner*, Nur „alter Wein in neuen Schläuchen"? – Zur gesetzlichen Regelung der Patientenverfügung, ZNotP 2009, 371; *Zimmermann*, Der Abbruch der künstlichen Ernährung – Ein Schritt zur Euthanasie, BWNotZ 1999, 57.

1. Bedeutung und Inhalt der Patientenverfügung

Die Patientenverfügung – auch Patiententestament genannt – ist die **schriftliche Erklärung des Ausstellers**, mit der er für den Fall, dass er die Einwilligungsfähigkeit verliert, festlegt, ob er in bestimmte, zum Zeitpunkt der Festlegung noch nicht unmittelbar bevorstehende Untersuchungen seines Gesundheitszustands, Heilbehandlungen oder ärztliche Eingriffe einwilligt oder sie untersagt. Die Festlegung erfolgt in der Regel in dem Sinne, dass der Aussteller lebensverlängernde und -erhaltende Maßnahmen im Vorfeld des Sterbens ablehnt. Adressat der Patientenverfügung sind der Betreuer, der Bevollmächtigte und das Betreuungsgericht nicht, aber der behandelnde Arzt (BGH NJW 2003, 1688). Die Patientenverfügung kann **formlos widerrufen** werden, § 1901a Abs. 1 Satz 3 BGB. Während die Vorsorgevollmacht bestimmt, wer die Interessen des Vollmachtgebers auch gegenüber Ärzten wahrnehmen soll, falls dieser nicht mehr handlungsfähig ist, regelt die Patientenverfügung, wie die ärztliche Versorgung im Angesicht des nahenden Todes aussehen soll. 15

Die Patientenverfügung kann, muss aber nicht mit einer Vollmacht verbunden sein, s. **M 79.3**. Eine Verbindung mit einer Vollmacht ist insbesondere dann nicht angezeigt, wenn der Inhalt der Patientenverfügung nicht beliebigen Dritten bekannt werden soll. Gegen eine Verbindung von Vollmacht und Patientenverfügung spricht auch, dass bei einer Änderung der Patientenverfügung mitunter die ursprünglich mit einer Vollmacht verbundene Fassung in der Vollmacht weiterbesteht und zu Verwirrung und Akzeptanzproblemen bezüglich der neuen Fassung führen kann.

Ein gerichtlich bestellter Betreuer oder ein Bevollmächtigter ist an eine vorliegende Patientenverfügung gebunden. Liegt keine Patientenverfügung vor oder deckt die Patientenverfügung nicht die zu regelnde Situation, hat der Betreuer oder der Bevollmächtigte unter Beachtung des mutmaßlichen Patientenwillens zu entscheiden, ob er in eine Untersuchung, eine Behandlung oder einen ärztlichen Eingriff einwilligt. Besteht zwischen Betreuer bzw. Bevollmächtigtem einerseits und behandelndem Arzt andererseits Einigkeit über den tatsächlichen oder mutmaßlichen Patientenwillen, ist eine Genehmigung des Betreuungsgerichts entbehrlich, § 1904 Abs. 4 BGB.

2. Wirksamkeit und Bindungswirkung der Patientenverfügung

Die Patientenverfügung ist schriftlich abzufassen, § 1901a Abs. 1 Satz 1 BGB. Eine **Zuziehung von Zeugen** ist – entgegen verbreiteter Annahme – ebenso **entbehrlich** wie die Wiederholung oder Bestätigung der Erklärung in regelmäßigen Abständen. Voraussetzung für die Errichtung einer wirksamen Patientenverfügung ist allerdings die natürliche Einsichtsfähigkeit des Betroffenen, G. Müller in Würzburger Notarhdb, S. 1493 Rz. 575. 16

Ein Betreuer bzw. ein Vorsorgebevollmächtigter ist an eine Patientenverfügung **gebunden.** 17

Die Forderung nach aktiver **Sterbehilfe** kann durch eine Patientenverfügung nicht durchgesetzt werden; diese ist nach deutschem Recht strafbar. Zulässiger Inhalt der Patientenverfügung kann aber der Wunsch nach Hilfe beim Sterben sein (Schmerzlinderung ohne lebensverkürzende Wirkungen) und zwar auch dann, wenn die Schmerzlinderung lebensverkürzende Wirkungen mit sich bringt. 18

Gegenstand der Patientenverfügung kann auch der Wunsch nach **medizinischer Maximalbehandlung** sein; durch eine entsprechende Patientenverfügung wird der behandelnde Arzt aber nicht zu medizinisch nicht indizierten – weil beispielsweise aussichtslosen – Maßnahmen verpflichtet. 19

20 Um die Geltung von Patientenverfügungen besser zu sichern, sieht das Gesetz in § 1901c BGB eine Abgabepflicht vor. Wer im Besitz einer Patientenverfügung ist, hat diese unverzüglich an das Betreuungsgericht abzuliefern, sobald er von der Einleitung eines Verfahrens über die Bestellung eines Betreuers Kenntnis erlangt hat. Ebenso hat der Besitzer das Betreuungsgericht über Schriftstücke, in denen der Betroffene eine Person mit der Wahrnehmung seiner Angelegenheiten bevollmächtigt hat, zu unterrichten.

3. Verlust der Geschäfts- bzw. Einsichtsfähigkeit

21 Verliert der Betroffene nach Errichtung der Patientenverfügung seine Geschäfts- bzw. Einsichtsfähigkeit berührt dies die Wirksamkeit der Patientenverfügung nicht (BGH DNotZ 2003, 850). Die Patientenverfügung bleibt wirksam bis sie widerrufen wird (BGH DNotZ 2003, 850). Der Widerruf ist wie die Patientenverfügung selbst formlos möglich, § 1901a Abs. 1 Satz 3 BGB. Willigt ein Vertreter auf Grund einer Patientenverfügung in eine das Leben verkürzende Handlung ein, ist hierfür die Zustimmung des Betreuungsgerichts erforderlich (BGH DNotZ 2003, 850, Perau RNotZ 2003, 263, 265; s. auch § 1904 BGB).

M 79.3 Patientenverfügung[1]

Für den Fall irreversibler Bewusstlosigkeit oder wahrscheinlicher schwerer Dauerschädigung des Gehirns (Decerebration) wünsche ich, . . . (Name, ggf. Geburtsname, Geburtsdatum und -ort, Adresse) keine Intensivtherapie oder Reanimation. Für den Fall, dass durch eine solche ärztliche Maßnahme nicht mehr erreicht werden kann als eine Verlängerung des Sterbevorgangs oder eine Verlängerung des Leidens, wünsche ich keine irgendwie gearteten ärztlichen Eingriffe, zumal wenn sie mit erheblichen Schmerzen verbunden sind.

Sollten Diagnose und Prognose von mindestens zwei Ärzten ungeachtet der Möglichkeit einer Fehldiagnose ergeben, dass meine Krankheit zum Tode führt und mir nach aller Voraussicht große Schmerzen bereiten wird, so bitte ich, von weiteren Medikationen – ausgenommen Schmerzmitteln – sowie technischen Maßnahmen wie zB künstliche Beatmung, Bluttransfusionen, Hämodialyse (Blutwäsche), künstliche Ernährung etc., abzusehen. Ich wünsche in diesem Fall keine ärztlichen Maßnahmen, die zu einer unnatürlichen Verlängerung des Lebens führen. Vor allem lehne ich in diesem Fall ein Leben in Abhängigkeit von einer Apparate-Medizin ab. Die Schmerzlinderung soll Vorrang haben vor lebensverlängernden Maßnahmen.

In den vorgenannten Fällen wünsche ich Schmerzmittel, Narkotika und erleichternde operative Eingriffe, auch wenn sie lebensverkürzend wirken oder zu einer Bewusstseinstrübung oder -ausschaltung führen.

Nach Möglichkeit möchte ich in meiner vertrauten Umgebung sterben.

Mit einer Organentnahme zum Zwecke der Organspende bin ich einverstanden.

. . . (Ort, Datum)

. . . (Unterschrift)

1 Vgl. Rz. 15 ff.

Zweiter Teil. Erbrecht

1. Abschnitt. Erbrechtliche Grundzüge

Kapitel 80 Erbrechtliche Grundzüge und Rahmenurkunden

Literatur: *Baumann*, Anforderungen an Namensunterschriften unter beurkundeten Verfügungen von Todes wegen, RNotZ 2010, 310; *Brox/Walker*, Erbrecht, 26. Aufl. 2014; *Groll*, Praxis-Handbuch Erbrechtsberatung, 4. Aufl. 2015; *Lange*, Erbrecht, 2011; *Lange/Kuchinke*, Lehrbuch des Erbrechts, 5. Aufl. 2001; *Langenfeld/Fröhler*, Testamentsgestaltung, 5. Aufl. 2015; *Leipold*, Erbrecht, 20. Aufl. 2014; *De Leve*, Deutsch-deutsches Erbrecht nach dem Einigungsvertrag, 1996; *Leipold*, Die neue Lebenspartnerschaft aus erbrechtlicher Sicht, insbesondere bei zusätzlicher Eheschließung, ZEV 2001, 218; *Leipold*, Auswirkungen der EGMR-Entscheidung Fabris gegen Frankreich auf das deutsche Nichtehelichen-Erbrecht, ZEV 2014, 449; *Nieder/Kössinger*, Handbuch der Testamentsgestaltung, 4. Aufl. 2011; *Reimann/Bengel/J. Mayer*, Testament und Erbvertrag, 5. Aufl. 2006; *Stoppe/Lichtenwimmer*, Die Feststellung der Geschäfts- und Testierfähigkeit beim alten Menschen durch den Notar – ein interdisziplinärer Vorschlag, DNotZ 2005, 806.

I. Einleitung

1. Allgemeines

1 Zur Bestimmung des Erben, dh. desjenigen, auf den nach dem Tode einer Person (Erblasser) deren Vermögen (Erbschaft) als Ganzes übergehen soll, stehen nach dem Recht des BGB zwei Institute zur Verfügung:

- Der künftige Erblasser kann durch **Verfügung von Todes wegen** (Testament, auch letztwillige Verfügung genannt, oder Erbvertrag) selbst bestimmen, wer sein Erbe werden soll (§§ 1937, 1941 BGB).
- Wenn und soweit die Person des Erben nicht durch Verfügung von Todes wegen bestimmt ist, gilt die **gesetzliche Erbfolge** nach den §§ 1924 ff. BGB.

Dabei ist zu beachten, dass die Testierfreiheit mittelbar insofern eingeschränkt ist, als der durch Verfügung von Todes wegen bestimmte Erbe kraft Gesetzes mit **Pflichtteilsverbindlichkeiten** belastet wird, wenn ein Abkömmling (entferntere Abkömmlinge werden jedoch insoweit nach § 2309 BGB durch nähere Abkömmlinge verdrängt, die sie im Falle gesetzlicher Erbfolge ausschließen würden; s. dazu wiederum Rz. 1b), der Ehegatte bzw. Lebenspartner iSd. LPartG oder – soweit keine Abkömmlinge vorhanden sind – die Eltern des Erblassers, die nach den Bestimmungen der §§ 1924, 1931 iVm. 1371 bzw. 1925 BGB bzw. § 10 LPartG zu gesetzlichen Erben berufen wären, auf diese Weise von der Erbfolge ausgeschlossen werden (§ 2303 BGB bzw. § 10 Abs. 6 LPartG). Da der **Pflichtteil** nach § 2303 Abs. 1 Satz 2 BGB aus der Hälfte des Wertes des ausgeschlossenen gesetzlichen Erbteils besteht und deshalb bei Ausschließung gesetzlicher Erben eine Schuldenlast bis zur Hälfte des Wertes des gesamten Nachlasses entstehen kann, ist bei Errichtung jeder Verfügung von Todes wegen mit besonderer Sorgfalt zu prüfen, ob und welche Pflichtteilsansprüche hierdurch auf den Erben zukommen können. Hierbei sind ergänzend eventuelle pflichtteilsrechtliche Fernwirkungen nach § 2316 Abs. 1 BGB aus etwaigen **Erbausgleichungspflichten** iSd. §§ 2050, 2052 bzw. 2057a BGB, eventuelle **Pflichtteilsanrechnungen** nach § 2315 BGB, bei Vorliegen beider Institute die Besonderheit nach § 2316 Abs. 4 BGB (dazu jeweils ausführlich in Kap. 81) und eventuelle **Pflichtteilsergänzungsanprüche** nach den §§ 2325, 2326 BGB zu berücksichtigen. Angesichts der **Verjährung** derartiger Pflichtteilsansprüche, der sich bei Schenkungen nach zehn Jahren erneuernden Steuerfreibeträge und zur Vermeidung oder Reduzierung eines Zugriffs durch Sozialhilfeträger auf Vermögen eines möglicherweise pflegebedürftig werdenden Eigentümers kann auch eine bereits lebzeitig erfolgende Übertragung insbesondere von Grundbesitz im Wege der **vorweggenommenen Erbfolge** vorteilhaft sein. Zu diesbezüglichen Einzelheiten s. Kap. 44. 1a

Ein **entfernterer Abkömmling** (zB ein Enkel) ist nicht nur bei Vorversterben nach § 1924 Abs. 3 BGB, Erbausschlagung nach § 1953 Abs. 2 BGB, Erbunwürdigerklärung nach § 2344 Abs. 2 BGB bzw. Erbverzicht nach § 2346 Abs. 1 Satz 2 BGB unter Ausschluss der Erstreckungswirkung aus § 2349 BGB, sondern aufgrund des entstehungsgeschichtlich belegten gesetzgeberisch beabsichtigten Gleichlaufs mit diesen Normen sogar im Falle einer letztwilligen Enterbung iSd. § 1938 BGB seines die Verwandtschaft zum Erblasser (zB Großmutter) erst vermittelnden Elternteils als dem näheren Abkömmling (zB Sohn) nach dem Erblasser (zB Großmutter) iSd. § 2309 BGB gesetzlicher Erbe (BGH NJW 2011, 1878, 1879 f.; RGZ 93, 193, 194 f.; RGZ 61, 14, 17 f.; Langenfeld/Fröhler, Testamentsgestaltung, 2. Kap. Rz. 64; MünchKomm.BGB/Lange § 2309 BGB Rz. 13; Bamberger/Roth/J. Mayer § 2309 BGB Rz. 4 u. 8; aA (keine Vorversterbensfiktion im BGB bei Enterbung) Staudinger/Haas § 2309 BGB Rz. 16 f.; Bestelmeyer FamRZ 1997, 1124, 1130 ff.). Eine Pflichtteilsberechtigung folgt daraus jedoch nur dann, wenn dieser nähere als gesetzlicher Erbe ausgeschlossene Abkömmling (zB Sohn) bspw. durch Pflichtteilsentziehung nicht pflichtteilsberechtigt ist (BGH NJW 2011, 1878, 1880 f.; RGZ 93, 193, 195). Dabei genügt als letztwillige Enterbung iSd. § 1938 bereits eine Verfügung, in der die bisherige Erbeinsetzung des näheren Abkömmlings unter gleichzeitiger Pflichtteilsentziehung widerrufen und damit dessen Ausschluss als Erbe zum Ausdruck gebracht wird (BGH NJW 2011, 1878, 1879). Zudem dürfte auch eine bloße erschöpfende Erbeinsetzung Dritter ohne negativ verfügte Enterbung ausreichend sein (RGZ 93, 193, 195; MünchKomm.BGB/Lange § 2309 BGB Rz. 12; Langenfeld/Fröhler, Testamentsgestaltung, 2. Kap. Rz. 64; MünchKomm.BGB/Leipold § 1938 BGB Rz. 6; aA von Jacubetzky Recht 1906, 281, 282; Kretzschmar, Recht 1908, 793, 794 f.; offen gelassen in BGH NJW 2011, 1878, 1879). 1b

Eine **Pflichtteilsentziehung** kann somit im Gegensatz zu einer Enterbung nicht auch gegenüber den **Abkömmlingen** derjenigen Person, die die schwere Verfehlung iSd. § 2333 BGB begangen hat, als den entfernteren Abkömmlingen des Erblassers angeordnet werden. Diese Abkömmlinge bleiben in einem derartigen Fall gemäß § 2309 BGB anders als bspw. bei einem Pflichtteilsverzichtsvertrag iSd. § 2346 Abs. 2 BGB mit Erstreckungswirkung nach § 2349 BGB pflichtteilsberechtigt 1c

(BGH NJW 2011, 1878, 1879 f.; Langenfeld/Fröhler, Testamentsgestaltung, 2. Kap. Rz. 64; Münch-Komm.BGB/Lange § 2336 BGB Rz. 17).

2. Besonderheiten in deutsch-deutschen Erbrechtsfällen

2 Gem. Art. 230 EGBGB sind das BGB und das EGBGB für das in Art. 3 des Einigungsvertrages (EinigVtr) (G v. 23.9.1990 II 885, BGBl. II 1990, 921) genannte Gebiet am Tage des Wirksamwerdens des Beitritts zum **3.10.1990** nach Maßgabe der Übergangsvorschriften aus Art. 231 bis Art. 237 EGBGB in Kraft getreten.

2a Nach den **erbrechtlichen** Übergangsregelungen des Art. 235 EGBGB ist im dortigen § 1 vorgesehen, dass für die erbrechtlichen Verhältnisse das bisherige Recht maßgebend bleibt, wenn der Erblasser vor dem Wirksamwerden des Beitritts gestorben ist. Dagegen wird nach dortigem § 2 die auch vor dem Wirksamwerden des Beitritts erfolgte Errichtung oder Aufhebung einer Verfügung von Todes wegen selbst dann nach dem bisherigen Recht beurteilt, wenn der Erblasser erst nach dem Wirksamwerdens des Beitritts stirbt. Letzteres gilt auch für die Bindung des Erblassers bei einem gemeinschaftlichen Testament, wenn dieses vor dem Wirksamwerden des Beitritts errichtet wurde.

2b Die **international-privatrechtlichen** Übergangsregelungen des Art. 236 EGBGB sehen im dortigen § 1 zunächst vor, dass auf vor Wirksamwerden des Beitritts abgeschlossene Vorgänge das bisherige Internationale Privatrecht anwendbar bleibt. Im Gegensatz dazu unterliegen die für das Erbrecht mittelbar relevanten güterrechtlichen Wirkungen von Ehen, die vor Wirksamwerden des Beitritts geschlossen wurden, nach dortigem § 3 von diesem Tag an dem Art. 15 EGBGB, wobei dann an die Stelle des Zeitpunktes der Eheschließung der Tag des Wirksamwerdens des Beitritts tritt und nur aus diesem Wechsel resultierende Ansprüche wegen der Beendigung des früheren Güterstands bis zum Ablauf von zwei Jahren nach Wirksamwerden des Beitritts als gestundet gelten.

2c Das **Pflichtteilsrecht** der DDR unterschied sich von dem Pflichtteilsrecht des BGB in einer wesentlichen Voraussetzung. Nach § 396 ZGB (Zivilgesetzbuch der DDR) war pflichtteilsberechtigt nur, wer dem Erblasser gegenüber bis zu dessen Tode unterhaltsberechtigt war (Langenfeld/Fröhler, Testamentsgestaltung, 2. Kap. Rz. 46). Im Gegensatz dazu entscheidet nach § 2303 BGB allein dort genannte Verwandtschaftsverhältnis bzw. das Bestehen der Ehe.

II. Gesetzliche Erbfolge

1. Erbrecht der Verwandten

a) Ordnungssystem im Allgemeinen

3 Die Verwandten werden erbrechtlich nach **Gruppen** (sog. Ordnungen) behandelt. Die Zugehörigkeit zu einer dieser Ordnungen richtet sich nach dem Verhältnis der Verwandtschaft des Betreffenden zum Erblasser. Verwandte der näheren Ordnung schließen Verwandte entfernterer Ordnungen stets aus. Deshalb sind bspw. die Eltern des Erblassers als Verwandte zweiter Ordnung (§ 1925 BGB) nicht Erben, solange ein Abkömmling des Erblassers vorhanden ist, da Abkömmlinge der vorrangigen ersten Ordnung angehören (§ 1924 BGB).

b) Erste Ordnung

aa) Personenkreis

4 Gesetzliche Erben erster Ordnung sind die **Abkömmlinge** des Erblassers. Hierzu gehören seine Kinder, einschließlich nicht aus einer Ehe stammende und angenommene (adoptierte) Kinder (zur Adoption Rz. 14), Enkelkinder, Urenkelkinder usw. Bei **Leihmutterschaft** sind nicht die genetischen Eltern, sondern die Leihmutter und deren Ehemann nach §§ 1591, 1592 BGB die rechtlichen Eltern (OLG Stuttgart FamRZ 2012, 1740), soweit das Kind nicht im Wege der Adoption nach § 1754 BGB rechtliches Kind der Annehmenden wird (Langenfeld/Fröhler, Testamentsgestaltung, 2. Kap. Rz. 18; Wiegelmann FamRB 2012, 33).

Stiefkinder haben gegenüber Stiefvater oder Stiefmutter kein gesetzliches Erbrecht, da sie mit diesen gesetzlich nicht verwandt sind. Stirbt ihr leiblicher Elternteil, so sind sie dessen gesetzliche Erben erster Ordnung, müssen sich den Nachlass aber nach den Bestimmungen über das gesetzliche Erbrecht des überlebenden Ehegatten (s. Rz. 16) mit Stiefvater oder Stiefmutter teilen, sofern diese nicht durch Verfügung von Todes wegen von der Erbfolge ausgeschlossen und auf ihren Pflichtteil verwiesen sind. Haben die Eheleute im gesetzlichen Güterstand gelebt und erhält der überlebende Stief-Elternteil deshalb nach § 1371 Abs. 1 BGB einen um ein Viertel der Erbschaft erhöhten Erbteil, steht den Stiefkindern nach § 1371 Abs. 4 BGB ein gesetzliches Vermächtnis auf Gewährung der erforderlichen Mittel für eine angemessene Ausbildung aus dem zusätzlichen Erbanteil des Stief-Elternteils zu.

bb) Repräsentation

Innerhalb der ersten Ordnung schließt der mit dem Erblasser am nächsten Verwandte als **Repräsentant** die durch ihn in seiner Linie mit dem Erblasser verwandten eigenen Abkömmlinge von der Erbfolge aus, bspw. der Sohn des Erblassers seine Kinder. Der Grad der Verwandtschaft bestimmt sich nach der Zahl der sie vermittelnden Geburten, § 1589 Satz 3 BGB. 5

cc) Erbfolge nach Stämmen

Lebt innerhalb dieser Ordnung der nächste Erbberechtigte nicht mehr oder fällt er aus sonstigen Gründen – etwa durch Erbschaftsausschlagung (s. dazu Kap. 92) – weg, treten an seine Stelle seine **nächst verwandten** Abkömmlinge, beispielsweise sein Kind (Erbfolge nach Stämmen). 6

dd) Erbteilung nach Köpfen

Innerhalb desselben Stammes erben gleich nahe Verwandte zu **gleichen Teilen** (Erbteilung nach Köpfen), beispielsweise alle Kinder des Erblassers zu untereinander gleichen Teilen. Zum Ausgleich von Vorempfängen und Sonderleistungen nach §§ 2050 ff. BGB s. ausführlich Kap. 81. 7

ee) Mehrfache Verwandtschaft bzw. verwandter Ehegatte

Wer in der ersten, zweiten oder dritten Ordnung – wegen Übergangs zur Gradesnähe ab der vierten Ordnung jedoch nicht über die dritte Ordnung hinaus – verschiedenen Stämmen angehört, erhält nach § 1927 BGB den jeweiligen ihm in jedem dieser Stämme zufallenden Erbteil als iSd. § 1922 Abs. 2 BGB **jeweils eigenständigen Erbteil** mit der Folge jeweils gesonderter Behandlung im Rahmen der Erbausschlagung nach § 1951 Abs. 1 BGB, Erbausgleichung iSd. §§ 2051, 2056 BGB, Pflichtteilsberechnung nach § 2303 BGB, Belastung durch Auflagen- bzw. Vermächtnisse gem. §§ 2161, 2187 BGB sowie Haftung für Nachlassverbindlichkeiten nach § 2007 BGB (Erman/Lieder § 1927 BGB Rz. 3; Palandt/Weidlich § 1927 BGB Rz. 3). Dies kann insbesondere bei Abstammung aus einer zwischen Verwandten eingegangenen Ehe oder in Folge einer Kindesannahme vor allem mittels Volljährigenadoption unter grundsätzlicher Fortgeltung sonstiger bisheriger Verwandtschaftsverhältnisse nach § 1770 Abs. 2 BGB in Betracht kommen (Erman/Lieder § 1927 BGB Rz. 2; Palandt/Weidlich § 1927 BGB Rz. 2). 7a

Entsprechendes gilt für ein mehrfaches Erbrecht des verwandten Ehegatten nach § 1934 BGB bzw. des verwandten Lebenspartners gem. § 10 Abs. 1 Satz 6 bzw. Satz 7 LPartG im Falle einer Ehe- bzw. Lebenspartnerschaft des Überlebenden mit Tante/Onkel oder Großtante/Großonkel des erstverstorbenen Ehegatten/Lebenspartners neben Verwandten zweiter Ordnung (Erman/Lieder § 1934 BGB Rz. 1; Palandt/Weidlich § 1934 BGB Rz. 2), wobei der Überlebende im Falle der Erbausschlagung seines Ehegattenerbteils trotz Annahme bzw. Nichtausschlagung des Verwandtenerbteils nach § 1371 Abs. 3 BGB den güterrechtlichen Zugewinnausgleich geltend machen kann (Erman/Budzikiewicz § 1371 BGB Rz. 11; Langenfeld/Fröhler, Testamentsgestaltung, 2. Kap. Rz. 40; MünchKomm.BGB/Koch § 1371 BGB Rz. 37; Palandt/Brudermüller § 1371 BGB Rz. 18; Palandt/Weidlich § 1934 BGB Rz. 2). 7b

c) Zweite Ordnung

8 Gesetzliche Erben der zweiten Ordnung sind die **Eltern** des Erblassers und deren Abkömmlinge, also die Geschwister und Geschwisterkinder (Neffen und Nichten) des Erblassers (§ 1925 Abs. 1 BGB). Leben beide Eltern, so erben sie allein und zu gleichen Teilen (§ 1925 Abs. 2 BGB) und schließen ihre Abkömmlinge, die Geschwister des Erblassers, von der Erbfolge aus. Ist ein Elternteil weggefallen, weil er bspw. zuvor verstorben ist oder die Erbschaft ausschlägt, so fällt seine Hälfte an seine Abkömmlinge, also an die Geschwister des Erblassers, ersatzweise (nach den Grundsätzen der ersten Ordnung) an deren Kinder. Maßgebend ist dabei alleine, ob diese nächstverwandte Abkömmlinge des weggefallenen Elternteils des Erblassers sind. Es kommen daher auch nicht aus einer Ehe stammende Kinder des weggefallenen Elternteils des Erblassers oder sonstige Halbgeschwister des Erblassers als Erben in Betracht. Hat der weggefallene Elternteil des Erblassers keine Abkömmlinge (oder ihnen erbrechtlich gleichgestellte adoptierte Kinder), so erbt der überlebende Elternteil allein (auch wenn Abkömmlinge dieses Elternteils leben). Leben beide Elternteil beim Tode des Erblassers nicht mehr, so erben die Geschwister, ersatzweise die Kinder weggefallener Geschwister des Erblassers (mehrere nach Stämmen und innerhalb der Stämme nach Kopfteilen). Sind keine Geschwister, Geschwisterkinder oder sonstige nachgeordneten Geschwisterabkömmlinge hinsichtlich des Erblassers vorhanden, kommen die gesetzlichen Erben der dritten Ordnung in Frage.

d) Dritte Ordnung

9 Gesetzliche Erben der dritten Ordnung sind die **Großeltern** des Erblassers und deren Abkömmlinge (also Onkel und Tanten, Vettern und Cousinen des Erblassers bzw. deren Kinder). Leben noch sämtliche Großeltern, so erben sie allein und zu gleichen Teilen. An die Stelle eines verstorbenen oder aus anderen Gründen als Erbe weggefallenen Großelternteils treten dessen Abkömmlinge. Sind Abkömmlinge nicht vorhanden, so fällt der Anteil des weggefallenen Großelternteils dem anderen Teil des Großelternpaars und, wenn dieser nicht mehr lebt, dessen Abkömmlingen zu. Lebt zurzeit des Erbfalls ein Großelternpaar nicht mehr und sind auch keine Abkömmlinge dieses Großelternpaars vorhanden, so erben die anderen Großeltern oder ihre Abkömmlinge allein. Soweit Abkömmlinge an die Stelle der Eltern oder ihrer Voreltern treten, finden die für die Beerbung in der ersten Ordnung geltenden Vorschriften Anwendung (§ 1926 Abs. 5 BGB).

e) Vierte Ordnung

10 Die vierte Ordnung in der Verwandtenerbfolge bilden die **Urgroßeltern** des Erblassers und ihre Abkömmlinge. Jedoch wird ab der vierten Ordnung die bisherige Auswahl unter den Verwandten nach Linien und Stämmen aufgegeben. Urgroßeltern erben (ohne Rücksicht auf die Zugehörigkeit zu einer Linie) zu gleichen Teilen. Lebt auch nur einer der acht Urgroßeltern, so erbt er – unter völligem Ausschluss der Abkömmlinge vorverstorbener Urgroßelternteile – allein, sofern kein überlebender Ehegatte des Erblassers vorhanden ist (§§ 1928, 1931 Abs. 2 BGB).

f) Fünfte Ordnung

11 Gesetzliche Erben der fünften Ordnung und der ferneren Ordnungen sind die **entfernteren Voreltern** des Erblassers bzw. deren Abkömmlinge. Das vorstehend unter Rz. 10 zur vierten Ordnung Gesagte gilt entsprechend (§ 1929 BGB).

g) Fiskuserbrecht

12 Ist zur Zeit des Erbfalls weder ein Verwandter noch ein Ehegatte des Erblassers vorhanden und besaß der Erblasser die deutsche Staatsangehörigkeit, so ist gesetzlicher Erbe der Landesfiskus, d.h. dasjenige **Bundesland**, in dem der Erblasser zur Zeit seines Todes seinen Wohnsitz, ersatzweise seinen gewöhnlichen Aufenthalt hatte. Bei mehreren Wohnsitzen erben die betroffenen Bundesländer zu gleichen Teilen in Erbengemeinschaft (Staudinger/Werner § 1936 BGB Rz. 5). Der Fiskus kann die ihm als gesetzlichem Erben angefallene Erbschaft nicht ausschlagen (§ 1942 Abs. 2 BGB) – um-

gekehrt aber sehr wohl die ihm als eingesetztem Erben angefallene Erbschaft – und auf ein gesetzliches Erbrecht nicht verzichten (§ 2346 BGB), haftet jedoch als gesetzlicher Erbe nur mit dem Nachlass (Palandt/Weidlich § 2011 BGB Rz. 1). Das Fiskuserbrecht besteht auch bei staatenlosen oder, wenn originär oder aufgrund Rückverweisung deutsches Erbrecht anwendbar ist oder maßgebendes ausländisches Recht ein privates Fiskuserbrecht und kein öffentlich-rechtliches Aneignungsrecht vorsieht, ausländischen Erblassern (OLG München ZEV 2011, 469; Palandt/Weidlich § 1936 BGB Rz. 3). Ein vor dem 1.7.1949 geborenes **nichteheliches Kind** kann für Erbfälle auf den Tod des Vaters oder von dessen Verwandten (OLG München FGPrax 2013, 73; Erman/Lieder § 1925 BGB Rz. 1b; Langenfeld/Fröhler, Testamentsgestaltung, 2. Kap. Rz. 41; Palandt/Weidlich Art. 227 EGBGB Rz. 5) vor dem 29.5.2009 (BGH FamRZ 2012; OLG München FGPrax 2013, 73), ersatzweise Wertersatz verlangen, wenn ein Land bzw. der Bund an seiner Stelle nach § 1936 BGB Erbe geworden ist (s. Rz. 13b). Für Erbfälle ab dem 17.8.2015 ist im Geltungsbereich des Art. 33 EuErbVO nach § 32 IntErbRVG-E (dazu Langenfeld/Fröhler, Testamentsgestaltung, 9. Kap. Rz. 84) ein gegenüber dem gesetzlichen Erbrecht vorrangiges wahlweise auch teilweise ausübbares Aneignungsrecht des Fiskus eröffnet (Palandt/Weidlich § 1936 BGB Rz. 3).

h) Erbrecht des nichtehelichen Kindes

Seit Inkrafttreten des Gesetzes zur erbrechtlichen Gleichstellung nichtehelicher Kinder (ErbGleichG) v. 16.12.1997 am 1.4.1998 gelten für die erbrechtlichen Verhältnisse nicht aus einer Ehe stammender Kinder dieselben Bestimmungen wie für eheliche Kinder, soweit nicht nach Art. 227 Abs. 1 EGBGB der Erblasser vor dem 1.4.1998 verstorben oder über den Erbausgleich eine wirksame Vereinbarung getroffen oder der Erbausgleich durch rechtskräftiges Urteil zuerkannt worden ist und daher ausnahmsweise die §§ 1934a bis 1934e BGB aF fortgelten. Dabei wurde eine vertragliche Vereinbarung nur wirksam, wenn sie nach § 1934d Abs. 4 Satz 1 BGB aF notariell beurkundet, im Falle gesetzlicher Vertretung analog § 2347 BGB vormundschaftsgerichtlich genehmigt (Brüggemann FamRZ 1990, 5, 12; Palandt/Edenhofer 55. Aufl. 1996, § 1934d BGB Rz. 19), nicht wirksam rückwirkend angefochten worden war, kein Verstoß gegen zwingendes Recht erfolgte und ein wirksames Erbausgleichsverlangen des Kindes vorlag, bei dessen Abgabe dieses nach § 1934d Abs. 1 BGB aF bereits das 21., aber noch nicht das 27. Lebensjahr vollendet hatte. Ein rechtkräftiges Urteil iSd. Art. 227 Abs. 1 EGBGB musste als Leistungsurteil die Höhe des Ausgleichsbetrages festlegen, so dass ein bloßes Grund- oder Feststellungsurteil nicht ausreichend ist (Palandt/Edenhofer 55. Aufl. 1996, § 1934e BGB Rz. 3). Von der erbrechtlichen Gleichstellung ausgenommen waren zunächst nach Art. 12 § 10 Abs. 2 NEhelG aF (BGBl. 1969 I, S. 1243.) vor dem 1.7.1949 geborene nichteheliche Kinder im Verhältnis zu ihrem leiblichen Vater bzw. dessen Verwandten – wegen der Einzelheiten nach früherem Recht wird auf die 14. Aufl. Kap. 74 B II verwiesen. 13

Der Europäische Gerichtshof für Menschenrechte (EGMR) hat jedoch durch Urteil v. 28.5.2009 für das dort konkret entschiedene Individualbeschwerdeverfahren in der Rechtssache Brauer gegen Deutschland, dem eine besondere Beziehung zwischen Vater und Tochter zugrunde lag, festgestellt, dass diese Ausnahmeregelung gegen Art. 14 iVm. Art. 8 EMRK verstößt (EGMR BWNotZ 2009, 203, 206 f. m. Anm. Krug). Das Urteil wirkt zwar unmittelbar ausschließlich zwischen den Parteien, entfaltet jedoch im Rahmen vertretbarer methodischer Gesetzesauslegung mittelbare Wirkung auch auf andere Vorgänge (Krug BWNotZ 2009, 208, 209 unter Hinweis auf BVerfG NJW 2004, 3407) und hat insoweit Gesetzesrang (BVerfGE 111, 323, 325 f.; Erman/Lieder § 1924 BGB Rz. 1e). Nach einem ersten Referentenentwurf des Bundesjustizministeriums vom 1.12.2009 (abrufbar unter www.bmj.bund.de) sollten zunächst durch eine entsprechende Änderung des Art. 12 § 3 Abs. 1 NEhelG für Erbfälle ab dem 29.5.2009 auch vor dem 1.7.1949 geborene nichteheliche Kinder ehelichen Kindern gleichgestellt werden und zwar auch dann, wenn sie selbst vorverstorben sind und daher ihre Abkömmlinge iSd. § 1924 BGB als Erben nachrücken. Im Verhältnis zu Ehegatten oder Lebenspartnern (iSd. LPartG) des nichtehelichen Vaters sollten diese nichtehelichen Kinder nach Art. 12 § 10 Abs. 2 bis 4 NEhelG-E jedoch lediglich die Stellung eines Nacherben haben bzw. bei vor dem neuen Stichtag eingetretenen Erbfällen, in denen der Fiskus Erbe geworden ist, von diesem eine Entschädigung für die entgangenen erbrechtlichen Ansprüche verlangen können. 13a

Diese vorstehend beabsichtigte Beschränkung auf eine Nacherbenstellung wurde jedoch durch Gesetz vom 12.4.2011 nicht übernommen. Vielmehr sind durch Änderung des Art. 12 § 10 NEhelG 13b nunmehr auch vor dem 1.7.1949 geborene nichteheliche Kinder ehelichen Kindern für Erbfälle ab dem 29.5.2009 erb- und pflichtteilsrechtlich nach dem Vater und umgekehrt der Vater nach vor dem 1.7.1949 geborenen nichtehelichen Kindern (Erman/Lieder § 1925 BGB Rz. 1b) grundsätzlich uneingeschränkt gleichgestellt (BGBl. 2011 I, S. 615), nicht jedoch für Erbfälle vor dem 29.5.2009 aus diesem Personenkreis (BGH FamRZ 2012, 119; OLG München FGPrax 2013, 73) bzw. die jeweiligen Verwandten (OLG München FGPrax 2013, 73; Palandt/Weidlich Art. 227 EGBGB Rz. 5; Erman/Lieder § 1925 BGB Rz. 1b; Palandt/Weidlich Art. 227 EGBGB Rz. 5), für die das Kind ersatzweise Wertersatz verlangen kann, wenn ein Land bzw. der Bund nach § 1936 BGB Erbe geworden ist. Dagegen kann aber sehr wohl bspw. ein nichteheliches Kind aufgrund Vorversterbens seines vorrangig gesetzlich berufenen Vaters vor dem 29.5.2009 auf den ab dem 29.5.2009 eingetretenen Tod des ehelichen anderen Kindes des Vaters gesetzlicher Erbe sein (OLG München FGPrax 2013, 73). Zudem erstreckt sich das gesetzliche Erbrecht auch auf die jeweiligen Verwandten des Vaters bzw. des nichtehelichen Kindes (OLG München FGPrax 2013, 73; Palandt/Weidlich Art. 227 EGBGB Rz. 5; Erman/Lieder § 1925 BGB Rz. 1b; Palandt/Weidlich Art. 227 EGBGB Rz. 5). Der Ausschluss dieser Gleichstellung für vor dem 29.5.2009 eingetretene Erbfälle ist nach Ansicht des BVerfG nicht verfassungswidrig und verstoße wegen eines grundsätzlich weiten gesetzgeberischen Gestaltungsspielraums für Übergangsregelungen insbesondere nicht gegen Art. 6 Abs. 5 GG (BVerfG ZEV 2013, 326). Möglicherweise ergibt sich jedoch im Wege konventionskonformer Auslegung insbesondere aus dem Diskriminierungsverbot nach Art. 14 EMRK, dem Schutz der Familie gem. Art. 8 EMRK bzw. der Gewährleistung des Eigentums aus dem 1. Zusatzprotokoll zur EMRK in Anlehnung an das EGMR-Urteil in der Rechtssache Fabris gegen Frankreich v. 7.2.2013 – 16547/08 (BeckRS 2013, 07656: vollständige englische Fassung bzw. ZEV 2014, 491: auszugsweise deutsche Übersetzung) eine zwingende Begrenzung des Ausschlusses des gesetzlichen Erb- und Pflichtteilsrechts für vor dem 29.5.2009 eingetretene Erbfälle dahingehend, dass vor dem 1.7.1949 geborene nichteheliche Kinder auch für Erbfälle vor dem 29.5.2009 nach ihrem Vater oder ihren väterlichen Verwandten erb- und pflichtteilsberechtigt sind, wenn zu diesem Stichtag weder eine tatsächliche Nachlassauseinandersetzung noch eine dem nichtehelichen Kind gegenüber rechtskräftige Entscheidung ergangen war (Leipold ZEV 2014, 449, 451 ff.; Langenfeld/Fröhler, Testamentsgestaltung, 2. Kap. Rz. 13; dazu kritisch Odersky notar 2012, 61).

13c Wurde vor dieser Gesetzesänderung vom 12.4.2011 gemäß der früheren Rechtslage antragsgemäß ein Erbschein nach gesetzlicher Erbfolge erteilt, der nach damaligem Stand folgerichtig auf den nach dem 28.5.2009 eingetretenen Tod eines vor dem 1.7.1949 geborenen nichtehelichen Kindes dessen nach Aktenlage bekannte Verwandtschaft väterlicherseits unberücksichtigt lässt, erfolgte auf dieser Grundlage hinsichtlich eines zum Nachlass gehörenden Grundbesitzes bereits die Grundbuchberichtigung zugunsten des im Erbschein benannten Erben; hat dieser den Grundbesitz zwischenzeitlich verkauft, liegt dem Grundbuchamt ein Antrag auf Eintragung für die diesbezügliche Erwerbsvormerkung vor und kündigt diesem das Nachlassgericht ab dem 12.4.2011 unter Mitteilung der bisherigen Nichtberücksichtigung der Verwandtschaft des Erblassers väterlicherseits die höchstwahrscheinliche Erbscheinseinziehung an, darf das Grundbuchamt die einen gutgläubigen Erwerb des Käufers ermöglichende Erwerbsvormerkung zur Vermeidung materieller Rechtswidrigkeit wie in anderen Fällen grundbuchamtlicher Kenntnis der Unrichtigkeit des Grundbuchs (OLG München DNotZ 2012, 298 (Geschäftsunfähigkeit); OLG Hamm FGPrax 2004, 266 (vorab erloschene Vollmacht); OLG Schleswig FGPrax 2004, 264, 265 (unwirksames öffentliches Testament); OLG Karlsruhe NJW-RR 1998, 445 (Geschäftsunfähigkeit); BayObLG DNotZ 1995, 63 (fehlende Teilabtretung); OLG Frankfurt Rpfleger 1991, 361 (bedingte Nacherbfolge); Bestelmeyer Rpfleger 1997, 424; Demharter § 13 GBO Rz. 12; Palandt/Bassenge § 892 BGB Rz. 1; aA Erman/Artz § 892 BGB Rz. 37; Hügel/Reetz § 13 GBO Rz. 25 ff.; Kesseler ZNotP 2004, 338) nicht sehenden Auges materiell rechtswidrig eintragen (DNotI-Gutachten DNotI-Report 2011, 141, 143; Langenfeld/Fröhler, Testamentsgestaltung, 2. Kap. Rz. 14). Zudem ist das Grundbuchamt aufgrund der zu erwartenden Erbscheinseinziehung ebenso wie im Falle einer veränderten Tatsachenlage (Demharter § 35 GBO Rz. 26; DNotI-Gutachten DNotI-Report 2011, 141, 143) auch bei rückwirkender Gesetzesänderung nicht mehr an den noch nicht eingezogenen Erbschein gebunden (DNotI-Gutachten DNotI-Report 2011, 141, 143). Dem steht auch nicht Art. 12 § 24 Abs. 1 NEhelG entgegen, wonach ein durch die o.g. Gesetzesänderung unrichtig gewordener Erbschein „nur auf Antrag eingezogen oder für kraftlos erklärt“ wird, da diese Regelung lediglich einen durch die ansonsten abstrakt bestehende Amtsermittlungspflicht ausgelösten intensiven Verwaltungskostenaufwand vermeiden wollte (BT-Drs. 17/3305, S. 10), ohne im konkreten Einzelfall eine Amtsermittlungsbefugnis zu unterbinden (DNotI-Gutachten DNotI-Report 2011, 141, 143). Art. 12 § 24 Abs. 1 NEhelG ist daher teleologisch dahingehend zu reduzieren, dass das Nachlassgericht zur Einziehung bzw. Kraftloserklärung eines unrichtigen Erbscheins jederzeit auch ohne Antrag berechtigt, jedoch nur bei Evidenz der Unrichtigkeit von Amts wegen ohne Antrag bzw. bei Fehlen einer solchen Unrichtigkeitsevidenz ausschließlich auf Antrag verpflichtet ist (DNotI-Gutachten DNotI-Report 2011, 141, 143).

Da Pflichtteilsergänzungsansprüche nach § 2325 Abs. 1 BGB zumindest für Abkömmlinge die Pflichtteilsberechtigung des Anspruchstellers ausschließlich im Zeitpunkt des Erbfalls, nicht jedoch zusätzlich im Sinne einer Doppelberechtigung auch schon bei Schenkung voraussetzen (BGH DNotZ 2012, 860 unter Aufgabe seiner bisherigen Rspr. BGHZ 59, 210; ebenso wegen der grammatikalischen, historischen und teleologischen Argumentation des BGH auch zugunsten von Ehegatten bzw. Lebenspartnern iSd. § 10 Abs. 6 Satz 2 LPartG bejaht von Keim NJW 2012, 3484; Lange DNotZ 2012, 865; Otte ZEV 2012, 478, 482, Reimann FamRZ 2012, 1386; Röhl MittBayNot 2013, 146, 148; Ruby/Schindler ZEV 2014, 27, 28; verneint von Bonefeld ZErb 2012, 225; Palandt/Weidlich § 2325 BGB Rz. 4; offengelassen von BGH DNotZ 2012, 860; Wendt ErbR 2013, 366, 380), können auch vor dem 25.9.2009 erfolgte Schenkungen eines Vaters an Dritte Pflichtteilsergänzungsansprüche seiner vor dem 1.7.1949 geborenen nichtehelichen Kinder (bzw. umgekehrt Schenkungen eines vor dem 1.7.1949 geborenen nichtehelichen Kindes an Dritte Pflichtteilsergänzungsansprüche seines Vaters) auslösen (DNotI-Gutachten DNotI-Report 2011, 185, 187; Langenfeld/Fröhler, Testamentsgestaltung, 2. Kap. Rz. 15). 13d

i) Erbrecht angenommener Personen

aa) Angenommene Minderjährige

Durch Annahme als Kind (**Adoption**) erlangt das angenommene Kind die rechtliche Stellung eines Kindes – bei Annahme durch ein Ehepaar oder bei Annahme des Kindes eines Ehegatten durch den anderen diejenige eines gemeinschaftlichen Kindes – des/der Annehmenden (§ 1754 BGB; zur Adoption Kap. 73). Als solchem stehen ihm und seinen Abkömmlingen das gesetzliche Erbrecht samt Pflichtteilsrecht nach dem Annehmenden und dessen Verwandten zu. Das Gleiche gilt umgekehrt für den Annehmenden und dessen Verwandte gegenüber dem Angenommenen (§§ 1754, 1924 ff., 2303 BGB). Das angenommene Kind und dessen Abkömmlinge haben kein gesetzliches Erbrecht – und somit auch kein Pflichtteilsrecht – gegenüber den leiblichen Eltern und deren Verwandten. Nimmt jedoch ein Ehegatte das Kind seines Ehegatten an, so tritt das Erlöschen des Verwandtschaftsverhältnisses nicht im Verhältnis zu den Verwandten des anderen Elternteils ein, wenn dieser die elterliche Sorge hatte und verstorben ist (§ 1756 Abs. 2 BGB). Nach § 1925 Abs. 4 BGB sind in den Fällen des § 1756 BGB das angenommene Kind und die Abkömmlinge der leiblichen Eltern oder des anderen Elternteils des Kindes im Verhältnis zueinander nicht Erben der zweiten Ordnung. Zu den davon abweichenden Rechtsfolgen früherer vor dem 1.1.1977 begründeter Adoptionsverhältnisse und den diesbezüglichen Übergangsvorschriften, die sich danach richten, ob die an Kindes Statt Angenommenen im Zeitpunkt des Inkrafttretens des neuen Adoptionsrechts bereits volljährig waren oder nicht, s. MünchKomm.BGB/Lüderitz, 1. Aufl. 1978, vor § 1741 BGB Rz. 42 ff. 14

bb) Angenommene Volljährige

Die rechtlichen Wirkungen der Annahme eines Volljährigen erstrecken sich ausschließlich auf den Annehmenden und den Angenommenen. Das **Verwandtschaftsverhältnis** des Angenommenen und seiner Abkömmlinge zu ihren Verwandten **bleibt unberührt** (§ 1770 BGB). In bestimmten, in § 1772 Abs. 1 Satz 1 Buchst. a bis d BGB enumerativ genannten Ausnahmefällen kann das Familiengericht auf Antrag auch bei der Annahme Volljähriger die gleichen Wirkungen wie bei der Annahme Minderjähriger anordnen. Eine derartige Volladoption ist jedoch nach § 1772 Abs. 1 Satz 2 BGB regelmäßig ausgeschlossen ist, wenn der betroffene leibliche Elternteil dem zu adoptierenden 15

Kind seinerseits Unterhalt geleistet hatte oder bereits bei gerichtlicher Entscheidung absehbar ist, dass der betroffene leibliche Elternteil auf seine gegenüber dem zu adoptierenden Kind bestehenden Unterhaltsansprüche angewiesen sein wird (OLG Celle FamRZ 2014, 579; OLG München DNotZ 2010, 147; Erman/Saar § 1772 BGB Rz. 3; Langenfeld/Fröhler, Testamentsgestaltung, 2. Kap. Rz. 10; Palandt/Götz § 1772 BGB Rz. 2). Sofern kein Ausspruch nach § 1772 BGB erfolgt, ist der als Volljähriger Angenommene (samt seinen Abkömmlingen) sowohl gesetzlicher Erbe seiner leiblichen Verwandten aufsteigender Linie als auch Erbe des Annehmenden. Beim Tod des Angenommenen ist der Annehmende gleichrangig mit den leiblichen Eltern und deren Abkömmlingen gesetzlicher Erbe der zweiten Ordnung. Entsprechend verhält es sich mit dem Pflichtteilsrecht.

2. Erbrecht des überlebenden Ehegatten bzw. gleichgeschlechtlichen Lebenspartners

a) Allgemeines Erbrecht des überlebenden Ehegatten

16 Der mit dem Erblasser bei dessen Tod gültig verheiratete (s. aber Rz. 22) und ihn überlebende Ehegatte hat außerhalb der für die Verwandten geltenden Ordnungen ein gesetzliches Erbrecht (§ 1931 BGB). Ihm steht zudem gem. § 2303 Abs. 2 BGB ein diesem Erbrecht entsprechender Pflichtteil zu. Die Höhe des Erbteils wird teilweise durch das **eheliche Güterrecht** beeinflusst. Das gesetzliche Erbrecht des überlebenden Ehegatten beträgt neben Verwandten der ersten Ordnung (Kinder und Kindeskinder) ein Viertel, neben Verwandten der zweiten Ordnung (Eltern und Geschwister) oder neben Großeltern die Hälfte des Nachlasses. Die Quoten erhöhen sich beim gesetzlichen Güterstand der Zugewinngemeinschaft (§ 1363 BGB) nach § 1371 Abs. 1 BGB unabhängig von einer rechnerischen Zugewinnberechnung ausschließlich schematisch um ein Viertel (Näheres s. Rz. 17). Bestand beim Erbfall Gütertrennung (§ 1414 BGB) und sind als gesetzliche Erben der ersten Ordnung ein oder zwei Kinder bzw. nach § 1931 Abs. 4 letzter Halbs. iVm. § 1924 Abs. 3 BGB Kindeskinder weggefallener Kinder (Staudinger/Werner § 1931 BGB Rz. 43) des erstversterbenden Ehegatten vorhanden, so erben der überlebende Ehegatte und jedes Kind nach § 1931 Abs. 4 BGB zu gleichen Teilen, der überlebende Ehegatte erhält dann also nicht lediglich ein Viertel iSd. § 1931 Abs. 1 BGB, sondern neben einem Kind ein Halb und neben zwei Kindern ein Drittel Erbteil, bei mehr als zwei Kindern aber nach § 1931 Abs. 1 Satz 1 BGB nur ein Viertel. Im Falle ehevertraglicher Gütergemeinschaft (§ 1415 BGB) verbleibt es neben Verwandten erster Ordnung unabhängig von der Anzahl der Kinder, wenn mindestens ein Kind (bzw. Kindeskinder mindestens eines weggefallenen Kindes) vorhanden ist, ausschließlich bei einem Viertel Erbteil des überlebenden Ehegatten aus § 1931 Abs. 1 BGB. Gleiches gilt für den seit 1.5.2013 eröffneten ehevertraglich begründeten Wahlgüterstand der deutsch-französischen Wahl-Zugewinngemeinschaft (BeckFormB ErbR/Schwab, K. XVIII S. 1212; Heinemann FamRB 2012, 129, 131; Jünemann ZEV 2013, 353; Langenfeld/Fröhler, Testamentsgestaltung, 2. Kap. Rz. 29; Weidlich ZEV 2014, 345) nach § 1519 BGB iVm. dem am 1.5.2013 in Kraft getretenen zunächst zehn Jahre geltenden, sich danach mangels Kündigung stillschweigend auf unbestimmte Zeit verlängernden Abkommen v. 4.2.2010 zwischen der Bundesrepublik Deutschland und der Französischen Republik über den Güterstand der Wahl-Zugewinngemeinschaft (G. v. 15.3.2012, BGBl. II 2012, S. 178, geändert durch Bek. v. 22.4.2013, BGBl. II 2013, S. 431). Nach dessen Art. 12 kann der überlebende Ehegatte im Gegensatz zu § 1371 Abs. 3 BGB den güterrechtlichen Zugewinnausgleich neben seinem Erbteil, mithin ohne Erbausschlagung geltend machen (Jünemann ZEV 2013, 353, 358 f.). Zudem kann hinsichtlich der diesbezüglichen Ausgleichsquote gem. Art. 12 ehevertraglich eine erhöhte bzw. schematische Berechnung vereinbart werden, die jedoch wegen der Abweichung vom gesetzlichen Leitbild eventuellen Pflichtteilsergänzungsansprüchen nach § 2325 BGB unterliegt (Heinemann FamRB 2012, 129, 131; Schaal ZNotP 2010, 162, 168) und nicht von dem ansonsten auch für die deutsch-französische Wahl-Zugewinngemeinschaft geltenden (BT-Drucks. 17/5126, S. 10) erbschaftssteuerlichen Privileg des § 5 Abs. 3 ErbStG erfasst ist (Heinemann FamRB 2012, 129, 131). Bei Gütertrennung, Wahl-Zugewinngemeinschaft oder Gütergemeinschaft erhält der überlebende Ehegatte somit kein zusätzliches Viertel aus § 1371 Abs. 1 BGB, im Falle von Gütertrennung kann sich jedoch je nach Anzahl der daneben berufenen Kinder eine Erbteilserhöhung aus § 1931 Abs. 4 BGB ergeben. Sind weder Verwandte der ersten und zweiten Ordnung noch Großeltern vorhanden, so erbt der überlebende Ehegatte nach § 1931 Abs. 2 BGB unabhängig vom Güterstand allein.

Problematisch erscheint die Berechnung der gesetzlichen Erbquote des längstlebenden Ehegatten, wenn iSd. § 1931 Abs. 1 Satz 2 BGB mit Großeltern Abkömmlinge von Großeltern zusammentreffen, bspw. der im gesetzlichen Güterstand verheiratete Erblasser neben seinem Ehegatten ausschließlich die Großeltern väterlicherseits und eine Tante mütterlicherseits hinterlässt. Dem längstlebenden Ehegatten steht in einem ersten Schritt unbestrittenermaßen nach § 1931 Abs. 1 Satz 1 eine gesetzliche Erbquote von ein Halb zu. Umstritten ist nun, inwieweit sich diese Quote aus der verbleibenden zweiten Hälfte nach § 1931 Abs. 1 Satz 2 BGB erweitert: Eine Ansicht nimmt insoweit ein gesetzliches Alleinerbrecht des längstlebenden Ehegatten an, da die o.g. zweite Hälfte zunächst auf alle vier Großelternteile zu je 1/8 aufgeteilt werde, die beiden Anteile mütterlicherseits von insgesamt einem Viertel nach § 1926 Abs. 3 Satz 1 BGB an deren Tochter (Tante des Erblassers) und damit nach § 1931 Abs. 1 Satz 2 BGB an den längstlebenden Ehegatten fallen und sodann nach §§ 1931 Abs. 3, 1371 Abs. 1 BGB im Wege der gesetzlichen güterrechtlichen Erbteilserhöhung das letzte Viertel ebenfalls an den längstlebenden Ehegatten falle, ohne dass noch ein Anteil für die Großeltern väterlicherseits verbliebe (Brox/Walker Rz. 75; Dölle I 780; von Lübtow I 69; Schlüter § 10 V 1c cc; Belling Jura 1986, 579, 586; Bühler BWNotZ 1961, 112; Staudenmaier BWNotZ 1961, 323, 324). Nach richtiger anderer Ansicht darf der Anteil aller ursprünglichen Großeltern zur Vermeidung eines ansonsten entstehenden Wertungswiderspruchs zu § 1926 Abs. 2 BGB lediglich gemindert, nicht jedoch ganz ausgeschlossen werden, so dass hinsichtlich der zweiten Hälfte zuerst eine güterrechtliche Erhöhung der Quote des Ehegatten um ein Viertel aus §§ 1931 Abs. 3, 1371 Abs. 1 BGB auf dann drei Viertel erfolge, das verbleibende Viertel zu je einem Sechzehntel auf alle ursprünglich vier Großelternteile verteilt werde, beide die ursprünglichen Großeltern mütterlicherseits betreffenden Anteile davon in Höhe von jeweils einem Sechzehntel (somit insgesamt zwei Sechzehntel) nach § 1926 Abs. 3 Satz 1 BGB an deren Tochter (Tante des Erblassers) und damit nach § 1931 Abs. 1 Satz 2 BGB an den längstlebenden Ehegatten fallen, der insgesamt sieben Achtel Anteile erhält, während den Großeltern väterlicherseits nach § 1931 Abs. 1 BGB noch jeweils ein Sechzehntel (somit insgesamt ein Achtel) verbleibt (Erman/Lieder § 1931 BGB Rz. 25; Langenfeld/Fröhler, Testamentsgestaltung, 2. Kap. Rz. 35; Münch.Komm.BGB/Leipold § 1931 BGB Rz. 29; Palandt/Weidlich § 1931 BGB Rz. 7; Soergel/Stein § 1931 BGB Rz. 23; Staudinger/Werner § 1931 BGB Rz. 37; v. Olshausen FamRZ 1981, 633; Muscheler, Erbrecht Rz. 1480; Lange/Kuchinke § 12 III 4b). 16a

Partner einer **nichtehelichen Lebensgemeinschaft**, die keine Lebenspartnerschaft iSv. § 10 LPartG (s. dazu Rz. 23) ist, haben kein gesetzliches Erbrecht. Weder § 1931 BGB noch § 10 LPartG sind analog anwendbar (Palandt/Weidlich § 1931 BGB Rz. 2). 16b

b) Erb- und güterrechtliche Folgen aus der Zugewinngemeinschaft

aa) Erhöhter gesetzlicher Erbteil (erbrechtliche Lösung)

Leben die Eheleute zum Zeitpunkt des Todes des Erstversterbenden im Güterstand der Zugewinngemeinschaft, erhöht sich der gesetzliche Erbteil des überlebenden Ehegatten schematisch um ein **Viertel** der Erbschaft, also neben Kindern auf die Hälfte statt einem Viertel, neben Verwandten der zweiten Ordnung und neben Großeltern auf drei Viertel statt der Hälfte (§ 1371 Abs. 1 BGB). Obwohl die Erhöhung des gesetzlichen Erbteils als erbrechtliche Verwirklichung des Zugewinnausgleichs deklariert ist (§ 1371 Abs. 1 BGB), bleibt es nach der ausdrücklichen Bestimmung derselben Vorschrift unerheblich, ob die Ehegatten tatsächlich einen Zugewinn erzielt haben (DNotI-Gutachten DNotI-Report 2013, 124). Ebenso wenig spielt die Dauer der Ehe eine Rolle. Eine von den gesetzlichen Bestimmungen abweichende ehevertragliche Modifizierung des Zugewinnausgleichs berührt bei Eintritt der gesetzlichen Erbfolge die Erhöhung des gesetzlichen Erbteils ebenfalls nicht. 17

bb) Ausgleich des Zugewinns nebst Pflichtteil (güterrechtliche Lösung)

Wird der überlebende Ehegatte **enterbt** und steht ihm mangels Anordnung bzw. aufgrund Ausschlagung selbst auch kein noch so kleines (AG Tecklenburg v. 8.7.1996 – 1 F 110/95, FamRZ 1997, 1013 f.; BeckOK-BGB/J. Mayer § 1371 BGB Rz. 16; Staudinger/Thiele § 1371 BGB Rz. 24) Vermächtnis zu, so kann er Zugewinnausgleich nach den güterrechtlichen Bestimmungen (§ 1371 18

Abs. 2 BGB bzw. bei Erbausschlagung gem. § 1371 Abs. 3 BGB) und, soweit er nicht iSv. § 1371 Abs. 3 Halbs. 2 BGB vertraglich notariell beurkundet auf sein Erb- bzw. Pflichtteilsrecht verzichtet hat, zusätzlich erbrechtlich den Pflichtteil (§ 2303 Abs. 2 BGB) verlangen. Der Pflichtteil errechnet sich nach dem nicht erhöhten gesetzlichen Erbteil iSd. § 1931 Abs. 1 bzw. 2 (kleiner Pflichtteil). Gleiches gilt dann nach § 1371 Abs. 2 Halbs. 2 BGB auch für den Pflichtteil von Abkömmlingen (DNotI-Gutachten DNotI-Report 2013, 124). Güterrechtlicher Zugewinnausgleich nach § 1371 Abs. 2 bzw. Abs. 3 iVm. §§ 1373 ff. BGB kann durch notariell beurkundeten Ehevertrag isoliert auch dann ausgeschlossen werden, wenn der schematische erbrechtliche Zugewinnausgleich nach § 1371 Abs. 1 BGB fortgelten soll (Erman/Budzikiewicz § 1371 BGB Rz. 17; Langenfeld/Fröhler, Testamentsgestaltung, 2. Kap. Rz. 82; MünchKomm.BGB/Kanzleiter § 1408 BGB Rz. 14; Soergel/Lange § 1371 BGB Rz. 7; DNotI-Gutachten DNotI-Report 2013, 124; Cypionka MittRhNotK 1986, 157, 165). Der überlebende Ehegatte kann nicht wahlweise statt Zugewinnausgleich und kleinem Pflichtteil den nach dem erhöhten gesetzlichen Erbteil errechneten (großen) Pflichtteil verlangen (BGHZ 42, 182; BGH NJW 1982, 2497).

19 Ist der längstlebende Ehegatte als **Erbe** oder **Vermächtnisnehmer** eingesetzt, kann er entweder die Zuwendung annehmen und, soweit der Zuwendungswert hinter dem großen (Staudinger/Haas § 2305 BGB Rz. 14; Palandt/Weidlich § 2305 BGB Rz. 2) Pflichtteil zurückbleibt, nach § 2305 bzw. § 2307 Abs. 1 Satz 2 BGB den Zusatzpflichtteil geltend machen oder nach Ausschlagung der Zuwendung – bzw. des gesetzlichen Erbteils – güterrechtlichen Zugewinnausgleich nach § 1371 Abs. 2 BGB und kleinen Pflichtteil gem. §§ 1373 Abs. 3, 2307 Abs. 1 Satz 1 BGB fordern (zur Erbschaftsausschlagung samt Ausschlagungsfristen s. Kap. 92). Der Pflichtteil entfällt allerdings nach § 1371 Abs. 3 Halbs. 2 BGB, wenn der überlebende Ehegatte durch notariell beurkundeten Vertrag auf sein gesetzliches Pflichtteilsrecht verzichtet hatte (s. Kap. 89).

20 ➲ **Praxistipp:** Für die sachliche Entscheidung zwischen den verschiedenen Varianten sind folgende Gesichtspunkte von besonderer Bedeutung: Der gesetzliche Erbteil wird **ohne Rücksicht auf die Dauer der Ehe und Höhe des tatsächlichen Zugewinns** erhöht, also auch dann, wenn der überlebende Ehegatte selbst den höheren Zugewinn erzielt hat. Als gesetzlicher Erbe braucht der überlebende Ehegatte sich **Zuwendungen** nicht anrechnen zu lassen, die nach § 1380 BGB bei der Zugewinnausgleichsforderung anzurechnen wären. Hat der Erblasser Abkömmlinge hinterlassen, die nicht gemeinsame Abkömmlinge sind (zB Kinder aus früheren Ehen bzw. nicht aus einer Ehe stammende Kinder), wird der erhöhte Erbteil andererseits mit dem gesetzlichen Vermächtnis nach § 1371 Abs. 4 BGB belastet, diesen Kindern die Mittel zu einer angemessenen **Ausbildung** zu gewähren, sofern die Kinder dessen bedürfen. Je nach Länge der Ausbildung und Anzahl der Kinder können derartige Kosten den zusätzlichen Erbteil vollständig aufzehren.

c) Voraus

21 Neben seinem gesetzlichen Erbteil erhält der Ehegatte ohne Rücksicht auf den ehelichen Güterstand zusätzlich die zum **Haushalt** gehörenden Gegenstände und die **Hochzeitsgeschenke** als sog. Voraus in Gestalt eines gesetzlichen Vorausvermächtnisses (§ 1932 BGB). Erbt der überlebende Ehegatte zusammen mit Kindern oder Kindeskindern, so gebühren ihm diese Gegenstände jedoch nur insoweit, als er sie zur Führung eines angemessenen Haushalts benötigt. Der Voraus ist nach § 2311 Abs. 1 Satz 2 BGB pflichtteilsfest. Ist der Ehegatte testamentarischer Erbe, erhält er den Voraus nur dann, wenn er die testamentarische Einsetzung ausschlägt und die gesetzliche Berufung iSd. § 1948 BGB annimmt.

d) Ausschluss des gesetzlichen Ehegattenerbrechts

22 Das gesetzliche Erbrecht des überlebenden Ehegatten und das Recht auf den Voraus sind nach § 1933 BGB ausgeschlossen,

– wenn die Ehe bereits rechtskräftig geschieden und damit der überlebende Partner beim Erbfall nicht mehr Ehegatte des Erblassers gewesen ist,

- wenn zur Zeit des Todes des Erblassers die Voraussetzungen der Ehescheidung – auch bei einem im Ausland dann nach dortigem Recht durchgeführten Scheidungsverfahren (OLG Stuttgart v. 4.10.2011 – 8 W 321/11, FamRZ 2012, 480 = BWNotZ 2011, 214 = ZEV 2012, 208 (liechtensteinisches Recht); Erman/Lieder § 1933 BGB Rz. 3) – gegeben waren, mithin nach deutschem Scheidungsrecht für die gem. § 1565 Abs. 1 BGB gescheiterte Ehe das Trennungsjahr nach § 1565 Abs. 2 BGB abgelaufen ist oder das Scheitern gem. § 1566 BGB unwiderleglich vermutet wird und die Härteklausel nach § 1568 BGB nicht erfüllt ist (Erman/Lieder § 1933 BGB Rz. 3) sowie der Erblasser die Scheidung (§§ 1564 ff. BGB) beantragt oder einem Scheidungsantrag des überlebenden Ehegatten – da nach § 114 Abs. 4 Nr. 3 FamFG kein Anwaltszwang besteht, zulässigerweise auch durch eigenes Schreiben an das Familiengericht – zugestimmt hatte, wozu keine ausdrückliche Zustimmung erklärt werden muss, sondern sich die Zustimmung auch durch Auslegung aus einer Parteierklärung ergeben kann, jedoch gar keine Äußerung des Erblassers nicht ausreicht (OLG Düsseldorf DNotZ 2012, 221), oder
- wenn der Erblasser die Aufhebungsklage (§ 1313 BGB) erhoben hatte und zumindest ein Aufhebungsgrund nach § 1314 BGB bestand.

Der Scheidungsantrag bzw. die Aufhebungsklage muss dabei iSd. § 262 Satz 2 ZPO rechtshängig und daher dem Gegner nach §§ 124 FamFG iVm. § 253, 261 Abs. 1 ZPO **vor dem Tod des Erblassers zugestellt** sein (BGH NJW 1990, 2382).

Soweit bei Auslandsbezug das maßgebende Kollisionsrecht wie bspw. § 14 der Anlage zu Art. 20 des deutsch-türkischen Konsularvertrages, der auch nach Inkrafttreten der EuErbVO für Erbfälle ab dem 17.8.2015 als gem. Art. 3 Nr. 2 EGBGB vorrangiges Recht anwendbar bleibt, eine Nachlassspaltung vorsieht, kann sich ein rechtzeitig förmlich eingeleitetes Scheidungsverfahren auf das gesetzliche Erbrecht des überlebenden Ehegatten je nach Erbstatut unterschiedlich auswirken, da bspw. das türkische Recht keine § 1933 BGB entsprechende Regelung kennt, sondern Ehegatten ihr gesetzliches Ehegattenerbrecht erst mit Scheidung verlieren (OLG Köln FamRZ 2014, 1585). Für ab 21.6.2012 eingeleitete Scheidungsverfahren können die Eheleute jedoch nach Art. 5 VO Rom III innerhalb des diesbezüglichen Anwendungsbereichs das Scheidungsstatut spätestens bis zur Anrufung des Gerichts (Erman/Hohloch Art. 5 VO Rom III Rz. 1) selbst bestimmen (Ludwig FamRB 2014, 340), andernfalls ist nach Art. 8 Buchst. a VO Rom III mehrstufig und dabei vorrangig das Recht des gemeinsamen gewöhnlichen Aufenthaltes bei Gerichtsanrufung maßgebend (Erman/Hohloch Art. 8 VO Rom III Rz. 1; Langenfeld/Fröhler, Testamentsgestaltung, 2. Kap. Rz. 26; Ludwig FamRB 2014, 340). 22a

Im Falle des Ausschlusses des Erbrechts ist der Ehegatte nach §§ 1569 bis 1586b BGB **unterhaltsberechtigt**. Zur Unwirksamkeit **letztwilliger Verfügungen** bei Eheauflösung etc. s. Rz. 59a ff. 22b

e) Erbrecht bei gleichgeschlechtlicher Lebenspartnerschaft

Am 1.8.2001 trat das Lebenspartnerschaftsgesetz (LPartG), das für gleichgeschlechtliche Paare in Form einer eingetragenen Lebenspartnerschaft ein eigenes familienrechtliches Institut geschaffen hat, in Kraft. Nach § 1 LPartG wird die Lebenspartnerschaft durch zwei Personen gleichen Geschlechts dadurch wirksam begründet, dass sie persönlich und bei gleichzeitiger Anwesenheit unbedingt und ohne Zeitbestimmung vor der nach Landesrecht zuständigen Behörde – in der Regel vor dem Standesbeamten, in Bayern vor einem Notar – erklären, miteinander eine Partnerschaft auf Lebenszeit führen zu wollen. Gem. § 6 LPartG leben die Lebenspartner im gesetzlichen Güterstand der Zugewinngemeinschaft, soweit nicht durch notariell beurkundeten Lebenspartnerschaftsvertrag etwas anderes vereinbart worden ist (Einzelheiten s. Kap. 70 Rz. 25 ff.); bis zur gesetzlichen Neufassung vom 15.12.2004 galt der gesetzliche Vermögensstand der Ausgleichsgemeinschaft, zu Übergangsregelungen vgl. § 21 LPartG. Gem. § 10 LPartG werden die in Lebenspartnerschaft verbundenen gleichgeschlechtlichen Partner Ehegatten auch **erbrechtlich gleichgestellt**. Dies gilt für das gesetzliche Erbrecht samt Voraus ebenso wie für die Möglichkeit, ein gemeinschaftliches Testament zu errichten, für das die §§ 2266–2273 BGB entsprechend gelten. Des Weiteren finden § 2077 BGB auf Verfügungen von Todes wegen, durch die der Erblasser seinen Lebenspartner bedacht hat, und die Regelungen über den Erbverzicht entsprechende Anwendung (dazu auch Kap. 70 Rz. 47 ff.). 23

Zudem ist der längstlebende Lebenspartner nach § 10 Abs. 6 LPartG **pflichtteilsberechtigt** (s. auch Kap. 70 Rz. 52). Lebenspartner sind Ehegatten dadurch auch insoweit gleichgestellt, als die zehnjährige Verjährungsfrist für konkurrierende Pflichtteilsansprüche Dritter bei Schenkungen an Lebenspartner nicht vor Aufhebung bzw. Beendigung der Lebenspartnerschaft zu laufen beginnt. Zwar wurde § 2325 Abs. 3 BGB nicht durch ausdrückliche Erwähnung der Lebenspartner erweitert, doch ordnet § 10 Abs. 6 Satz 2 LPartG allgemein die entsprechende Geltung der Vorschriften des BGB über den Pflichtteil von Ehegatten für Lebenspartner an, ist in der Gesetzesbegründung ausdrücklich die Anwendbarkeit des § 2325 Abs. 3 BGB für Lebenspartner erwähnt (BT-Drucks 14/3751, 40). Es wäre systemwidrig, wenn Lebenspartner als Schenkungsempfänger gegenüber Ehegatten privilegiert würden (Palandt/Brudermüller § 10 LPartG Rz. 5; Leipold ZEV 2001, 218; Welling RNotZ 2002, 249, 266 mwN; aA J. Mayer ZEV 2001, 169, 173).

3. Internationales Privatrecht (Erbrecht)

a) Allgemeines

24 Bei jeder erbrechtlichen Gestaltung sind eventuelle **Auslandsberührungen** zu beachten, sei es, dass zum Nachlass voraussichtlich Vermögen im Ausland gehören wird, sei es, dass der Erblasser neben der deutschen auch eine andere Staatsangehörigkeit besitzt oder der Erblasser und sein Ehegatte verschiedenen Staaten angehören (vgl. von Oertzen ZEV 1995, 176 ff.).

b) Erbstatut

aa) Deutsches Kollisionsrecht

25 Nach deutschem Internationalen Privatrecht (Kollisionsrecht) wird die Rechtsnachfolge von Todes wegen im Anwendungsbereich der EuErbVO lediglich für bis einschließlich 16.8.2015 eintretende Erbfälle von dem Recht desjenigen Staates bestimmt, dem der Erblasser im Zeitpunkt des Todes angehört (Art. 25 Abs. 1 EGBGB), vorbehaltlich etwaiger Nachlassspaltung (dazu Rz. 25 und 28a) und eventueller Vorfragen insbesondere zum Güterrechtsstatut (dazu Rz. 31). Ein Deutscher wird somit aus Sicht eines deutschen Gerichts grds. nach deutschem Sachrecht beerbt, auch wenn er seinen Wohnsitz im Ausland hatte, ein Ausländer, soweit das Kollisionsrecht seines Heimatstaates nicht nach Art. 4 EGBGB auf deutsches Recht zurückverweist, nach dem Recht des Staates, dem er zurzeit seines Todes angehörte, auch wenn er seinen Wohnsitz im Zeitpunkt des Todes in Deutschland hatte. Gehört der Erblasser mehreren Staaten an, ist das Recht desjenigen Staates anzuwenden, mit dem der Erblasser am engsten verbunden war, insbesondere durch den gewöhnlichen Aufenthalt oder durch den Verlauf seines Lebens. Ist er auch Deutscher, so geht diese Rechtsstellung vor (Art. 5 Abs. 1 EGBGB).

bb) Europäische Erbrechtsverordnung

25a Durch EU-Verordnung vom 4.7.2012 haben das Europäische Parlament und der Rat der Europäischen Union auf Vorschlag der Europäischen Kommission die Europäische Erbrechtsverordnung erlassen, die Regelungen der internationalen Zuständigkeit für nachlassgerichtliche Verrichtungen, des maßgeblichen Erbstatuts, der Anerkennung und Vollstreckung von Entscheidungen und öffentlichen Urkunden in Erbsachen und eines Europäischen Nachlasszeugnisses enthält, während das materielle Recht unberührt bleibt (EuErbVO) (ABl. EU vom 27.7.2012, L 201/107 ff.; vgl dazu den zugrunde liegenden Kommissionsvorschlag vom 14.10.2009 KOM [2009] 154, dazu DNotI, DNotI-Report 2009, 186 f., BNotK 6/2009 [Beilage zu DNotI-Report 2009 Heft 24], 2.). Eine weitere EU-Initiative zu einem Europäischen Testamentsregister ist angekündigt (KOM [2009] 154, Begründung, S. 2.). Die Regelungen der Europäischen Erbrechtsverordnung dienen einer zuverlässigen Nachlassvorabregelung durch in der Europäischen Union ansässige Personen und der Wahrung der Rechte von Erben, Vermächtnisnehmern, anderen mit dem Erblasser verbundenen Personen und Nachlassgläubigern. Von besonderer Bedeutung für nachlassgerichtliche Verfahren sind dabei neben den Bestimmungen der Artt. 4 bis 19 EuErbVO über die Begründung der internationalen Zuständigkeit und der Artt. 62 bis 73 EuErbVO über das Europäische Nachlasszeugnis insbesondere die Vorschriften der Artt. 20 bis 38 EuErbVO über das Erbstatut. Die Regelungen dieser Verordnung sind nach ihrem Inkrafttreten als unmittelbar geltendes Recht iSd. Art. 3 Nr. 1 EGBGB gegenüber nationalen Regelungen einschließlich dem Kollisionsrecht nach dem EGBGB **vorrangig** (Bachmayer BWNotZ 2010, 146, 157). Die Vorschriften sind nach den Erwägungsgründen 82 bzw. 83 derzeit für das Vereinigte Königreich und Irland sowie endgültig für Dänemark weder bindend noch anwendbar (KOM (2009) 154, S. 14 f.). Die Anwendbarkeit der EuErbVO setzt weder die Maßgeblichkeit des Rechts eines (teilnehmenden oder nicht teilnehmenden) Mitgliedsstaats (so ausdrücklich Art. 20 EuErbVO; Remde RNotZ 2012, 65 [75]) noch voraus, dass der Erblasser Staatsangehöriger eines (teilnehmenden oder nicht teilnehmenden) Mitgliedsstaats ist (so ausdrücklich Art. 10 Abs. 1 EuErbVO; Wagner DNotZ 2010, 506 f., der zu Recht ganz allgemein von „Regelungen für internationale Erbfälle" bzw. „Sonderregelungen für Erbfälle mit Auslandsbezug" spricht; Schaal BWNotZ 2013, 29; Remde RNotZ 2012, 65, 75), sondern knüpft allein an die **Betroffenheit eines Mitgliedsstaates von einer Rechtsnachfolge von Todes wegen**, insbesondere **durch den dortigen gewöhnlichen Aufenthalt des Erblassers** im Zeitpunkt seines Todes an. So ist ein deutsches Nachlassgericht bspw. für eine chinesische Staatsangehörige, die bei ihrem Tod den gewöhnlichen Aufenthalt in Deutschland hatte, nach Art. 4 EuErbVO bzw. für einen deutschen Staatsangehörigen, der auch in Deutschland Nachlassvermögen hinterlässt, aber bei seinem Tod den gewöhnlichen Aufenthalt in den USA hatte, nach Art. 10 Abs. 1 Buchst. a EuErbVO insgesamt international zuständig (Prütting/Helms/Fröhler § 343 FamFG Rz. 154).

Abweichend von Art. 25 EGBGB knüpft Art. 21 Abs. 1 EuErbVO hinsichtlich des **Erbstatuts** nicht an die Staatsangehörigkeit, sondern an **den gewöhnlichen Aufenthalt** (wobei dieser gem. Art. 20 EuErbVO im Gegensatz zur Begründung der internationalen Zuständigkeit nach Art. 4 EuErbVO nicht in einem Mitgliedstaat liegen muss) des Erblassers im Zeitpunkt seines Todes an, soweit nicht nach Art. 21 Abs. 2 EuErbVO ausnahmsweise wegen offensichtlich engerer Verbindung zu einem anderen Staat dessen Recht anzuwenden ist. Nach Art. 22 EuErbVO kann der Erblasser jedoch das Recht seiner bei Rechtswahl oder Tod bestehenden Staatsangehörigkeit bzw. einer von mehreren eigenen Staatsangehörigkeiten durch Verfügung von Todes wegen **wählen**. 25b

Nach Art. 83 Abs. 1 EuErbVO findet die Europäische Erbrechtsverordnung in ihrem Anwendungsbereich auf die Rechtsnachfolge derjenigen Personen Anwendung, die am **17.8.2015** oder danach verstorben sind. 25c

Zu auch dann noch möglichen Konstellationen einer **Nachlassspaltung** s. Rz. 28a; zur Nachlassspaltung in Erbfällen bis einschließlich 16.8.2015 s. Rz. 27 f.; zur diesbezüglichen **materiellen Wirksamkeit** einer Verfügung von Todes wegen s. Rz. 33 f. 25d

c) Handeln unter falschem Recht

Handelt ein Erblasser dergestalt unter falschem Recht, dass er bei Erstellung einer Verfügung von Todes wegen in Folge **Irrtums über das maßgebliche Erbstatut** materiell-rechtliche Institute einer außerhalb des Erbstatuts liegenden Rechtsordnung verwendet, muss ein deutsches Nachlassgericht nach den Regelungen des tatsächlichen Erbstatuts ggf. unter Beweisaufnahme den **wahren Erblasserwillen ermitteln und soweit in das geltende Erbstatut übersetzbar möglichst aufrechterhalten**, bspw. für einen deutschen Erblasser mit bei vor dem 17.8.2015 eintretenden Erbfall ausschließlich in der Schweiz befindlichem Wohnsitz, der eines der beiden Kinder auf den Pflichtteil setzt und dafür sein von diesem Kind abstammendes Enkelkind auf „die dadurch frei werdende Quote" unter Anordnung von „Willensvollstreckung" einsetzt (OLG Köln ZEV 2014, 497; BayObLG ZEV 2003, 503; DNotI DNotI-Report 2014, 92 f.). Nach Art. 25 Abs. 1 EGBGB findet insoweit aufgrund der deutschen Staatsangehörigkeit des Erblassers unabhängig davon, dass ein schweizerisches Nachlassgericht gem. Art. 90 IPRG Schweiz wegen des schweizerischen Wohnsitzes des Erblassers nach schweizerischem Recht entscheiden müsste (s. zu diesem hinkenden Rechtsverhältnis Rz. 29), deutsches Erbrecht Anwendung, während der Erblasser aufgrund seines Wohnsitzes offensichtlich von der Anwendung schweizerischen Erbrechts ausging (OLG Köln ZEV 2003, 503; DNotI DNotI-Report 2014, 92 f.). 25e

d) Nachlassspaltung

aa) Allgemeines

26 In beiden Konstellationen können Nachlassspaltungen auftreten, durch die der Grundsatz der **Nachlasseinheit durchbrochen** wird. Hierbei ist aufgrund der für Erbfälle ab dem 17.8.2015 maßgebenden EuErbVO nach dem Todeszeitpunkt des Erblassers zu unterscheiden.

bb) Erbfälle bis einschließlich 16.8.2015

(1) Ausländische Erblasser

27 Dies geschieht für bis einschließlich 16.8.2015 eintretende Erbfälle bei ausländischen Staatsangehörigen häufig durch **Rechtswahl** nach Art. 25 Abs. 2 EGBGB, teilweise **Rück- oder Weiterverweisung** auf Grund einer Nachlassspaltung in einem ausländischen Kollisionsrecht nach Art. 4 Abs. 1 EGBGB und **Vorrang des Einzelstatuts** nach Art. 3a Abs. 2 EGBGB. Die Rechtswahl eines ausländischen Staatsangehörigen ist – soweit nicht nach ausländischem Recht weitere Tatbestände eröffnet sind – nach Art. 25 Abs. 2 EGBGB auf das im Inland belegene unbewegliche Vermögen beschränkt, während für das sonstige Vermögen aus Sicht des deutschen Internationalen Privatrechts nach wie vor das Heimatrecht des Erblassers gilt. Eine teilweise Rück- oder Weiterverweisung ergibt sich insbesondere dann, wenn das über das Heimatrecht berufene ausländische Erbstatut hinsichtlich des unbeweglichen Vermögens auf den Belegenheitsort bzw. hinsichtlich des beweglichen Vermögens auf den letzten Wohnsitz des Erblassers verweist und sich beide Orte nicht im Hoheitsgebiet des Erbstatutes befinden. Verstirbt beispielsweise ein französischer Staatsangehöriger mit letztem Wohnsitz in Deutschland und Grundbesitz in Frankreich, so wird durch das gem. Art. 25 Abs. 1 EGBGB im Wege der Gesamtverweisung berufene französische Erbstatut hinsichtlich des beweglichen Vermögens auf den letzten Wohnsitz in Deutschland zurückverwiesen. Schließlich bewirkt Art. 3a Abs. 2 EGBGB gegenüber nach Art. 25 Abs. 1 EGBGB berufenem ausländischen Gesamtstatut den Vorrang deutschen Rechts für bestimmte Sondervermögensmassen, die in Deutschland belegen sind, insbesondere für Höfe im Sinne der Höfeordnung und Anteile an Personengesellschaften.

(2) Deutsche Erblasser

28 Bei deutschen Staatsangehörigen tritt Nachlassspaltung im Anwendungsbereich der EuErbVO für bis einschließlich 16.8.2015 eintretende Erbfälle insbesondere über Art. 3a Abs. 2 EGBGB ein, wenn Grundbesitz im Ausland belegen ist und das **dortige Belegenheitsrecht** hierfür sein eigenes Recht als Recht des Belegenheitsortes für anwendbar erachtet, beispielsweise bei Tod eines deutschen Staatsangehörigen mit letztem Wohnsitz in Deutschland unter Hinterlassung von Grundbesitz in Frankreich.

cc) Erbfälle ab einschließlich 17.8.2015

28a Eine **Nachlassspaltung** (insbesondere nach Art. 25 Abs. 2 EGBGB) ist für ab einschließlich 17.8.2015 eintretende Erbfälle im Anwendungsbereich der EuErbVO wegen des Prinzips der Einheit des Erbstatuts grundsätzlich ausgeschlossen, kann jedoch ausnahmsweise aufgrund gem. Art. 75 Abs. 1 und 2 EuErbVO weiterhin anwendbarer **internationaler Übereinkommen** zwischen Mitglied- und Drittstaaten (s. insbesondere die Maßgeblichkeit der Staatsangehörigkeit des Erblassers bzw. Belegenheit von Nachlass im deutsch-türkischen Nachlassabkommen, deutsch-persischen Niederlassungsabkommen und deutsch-sowjetischen Konsularvertrag) (Dörner ZEV 2012, 505, 510 Fn. 29), Rück- oder Weiterverweisung nach Art. 34 Abs. 1 EuErbVO (Schaal BWNotZ 2013, 29, 30: bspw. deutscher Erblasser mit beim Erbfall gewöhnlichem Aufenthalt und Vermögen überwiegend in Texas, aber Grundbesitz in Deutschland und Frankreich) bzw. besonderer nationaler, unabhängig vom Erbstatut anwendbarer Regelungen iSd. Art. 30 EuErbVO eintreten (Simon/Buschbaum NJW 2012, 2393, 2396). Zugleich lässt Art. 34 EuErbVO Rück- bzw. Weiterverweisungen durch Internationales Privatrecht von Drittstaaten, zu denen auch Dänemark, Großbritannien und Irland zählen (Dörner ZEV 2012, 505, 511 Fn. 41), lediglich in eingeschränktem Umfang, insbesondere auf das Recht eines Mitgliedstaates zu. Nach Art. 20 EuErbVO bleibt es bei der Anwendung des maßgebenden Rechts auch dann, wenn es sich dabei ggf. um das Recht eines Nichtmitgliedstaates handelt.

e) Hinkendes Rechtsverhältnis

Von einer Nachlassspaltung ist das Phänomen eines sog. hinkenden Rechtsverhältnisses streng zu unterscheiden. Letzteres entsteht dann, wenn beide betroffenen Staaten für sich jeweils hinsichtlich des *gesamten* Nachlasses und nicht lediglich bezüglich einzelner Nachlassbestandteile iSd. Art. 3a Abs. 2 EGBGB auf Grund ihres Kollisionsrechts zur Anwendung des eigenen Rechts gelangen (Schotten/Schmellenkamp, Das Internationale Privatrecht in der notariellen Praxis, 2. Aufl. 2007, Rz. 52). Dies ist für bis einschließlich 16.8.2015 eintretende Erbfälle insbesondere bei deutschen Staatsangehörigen mit letztem Wohnsitz in der Schweiz relevant. Nach deutschem internationalem Privatrecht ist über Art. 25 Abs. 1 EGBGB deutsches Recht anwendbar, da das schweizerische Recht kein Einzelstatut iSd. Art. 3a Abs. 2 EGBGB vorsieht. Nach schweizerischem internationalen Privatrecht (Art. 90 Abs. 1 IPRG) untersteht der Nachlass eines Erblassers mit letztem Wohnsitz in der Schweiz dem schweizerischen Recht. Es gilt der Grundsatz der Nachlasseinheit. Ein schweizerisches Nachlassgericht wird daher ohne Einschränkung auf bestimmte Vermögensgegenstände insgesamt auf schweizerisches Recht, ein deutsches Nachlassgericht ebenfalls ohne Einschränkung auf bestimmte Vermögensgegenstände insgesamt auf deutsches Erbrecht abstellen (dazu Fröhler BWNotZ 2008, 38, 42 ff.). 29

➲ **Praxistipp:** Dieser für bis einschließlich 16.8.2015 eintretende Erbfälle entstehende Nachlasskonflikt ist ausschließlich dadurch vermeidbar, dass der deutsche Staatsangehörige in der Schweiz nach schweizerischem Recht (Art. 90 Abs. 2 IPRG) eine **Rechtswahl** für deutsches Erbrecht trifft. Dies kann auch aus materiell-rechtlichen Erwägungen bedeutsam sein (dazu Fröhler BWNotZ 2008, 38, 39 ff.), denn das schweizerische Recht sieht abweichend vom deutschen Recht kein lediglich schuldrechtliches Pflichtteilsrecht, sondern ein dingliches Pflichtteilserbrecht vor. Eine Rechtswahl nach Art. 25 Abs. 2 EGBGB hilft dabei nicht weiter, da diese ausschließlich in Deutschland belegenes unbewegliches Vermögen betrifft (s. Kap. 91 Rz. 42), für das die insoweit zuständigen deutschen Gerichte aus o.g. Gründen ohnehin deutsches Erbrecht anwenden. 30

f) Erbteilserhöhung nach § 1371 Abs. 1 bzw. § 1931 Abs. 4 BGB

aa) Bei Zugewinngemeinschaft nach § 1371 Abs. 1 BGB

Schwierig gestaltet sich eine Lösung in Erbfällen auf den Tod des erstversterbenden Ehegatten, wenn unter Anwendung deutschen Güterrechtsstatuts das deutsche Recht der Zugewinngemeinschaft maßgebend ist, obwohl sich das Erbstatut nach ausländischem Recht richtet. Fraglich ist hierbei insbesondere, ob sich das gesetzliche Erbrecht des längstlebenden Ehegatten gem. § 1371 Abs. 1 BGB auch dann um ein Viertel erhöht, wenn die hinsichtlich des Erbstatuts berufene ausländische Rechtsordnung eine derartige Anordnung nicht kennt. Dies ist bislang sehr umstritten gewesen. Eine erste Meinung vertritt diesbezüglich eine rein güterrechtliche Qualifikation und hält in derartigen Fällen § 1371 Abs. 1 BGB mit der Folge einer Erhöhung des durch ausländisches Erbstatut bemessenen Erbteils für anwendbar, da die Erbteilserhöhung ausschließliche Folge des Güterstandes der Zugewinngemeinschaft, nicht aber der Ehe als solcher sei und das Güterrecht systematisch nicht zum Erbrecht gehöre (OLG Schleswig DNotZ 2014, 292 (österreichisches Erbstatut); OLG München ZEV 2012, 591 (iranisches Erbstatut); OLG Hamm FamRZ 1993, 111 (iranisches Erbstatut); LG Bonn MittRhNotK 1985, 106; LG Mosbach ZEV 1998, 489; Palandt/Thorn Art. 15 EGBGB Rz. 26; Erman/Hohloch Art. 15 EGBGB Rz. 37; Ludwig DNotZ 2005, 586, 588; Heinig DNotZ 2014, 251, 253 ff.; Mankowski ZEV 2014, 121 ff.). Deutlich vorsichtiger positioniert sich hingegen das OLG Karlsruhe, nach dem § 1371 Abs. 1 BGB „jedenfalls dann, wenn – wie hier – deutsches Recht als Erbstatut maßgebend ist", güterrechtlich zu qualifizieren sei, wobei im dort entschiedenen Fall eine Rückverweisung des texanischen Heimatrechts des Erblassers auf die deutsche lex rei sitae zugrunde lag (OLG Karlsruhe NJW 1990, 1420, 1421). Nach einer Minderansicht 31 ist § 1371 Abs. 1 BGB ausschließlich erbrechtlich zu qualifizieren, da Folge der Regelung die Erhöhung des Erbteils sei, der nicht güterrechtlich anfalle, so dass im Falle eines entgegenstehenden ausländischen Erbstatuts keine Erbteilserhöhung stattfindet (Rittner DNotZ 1958, 181, 189 ff.). Nach einer an Bedeutung zunehmend gewinnenden vermittelnden Ansicht ist eine Erbteilserhöhung in derartigen Fällen lediglich dann zulässig, wenn dies im Wege der Doppelqualifikation sowohl nach güterrechtlicher als auch erbrechtlicher Qualifikation vorgesehen ist, da § 1371 Abs. 1 BGB durch die angeordnete pauschale Erbteilserhöhung erbrechtliche sowie aufgrund der dadurch ausgelösten Zugewinnausgleichsabgeltung güterrechtlichen Charakter habe und nur über eine zumindest auch erbrechtliche Qualifikation die vorrangigen Vorgaben aus Art. 23 Abs. 2 Buchst. b EuErbVO (Süß MittBayNot 2013, 74, 75), wonach das Erbstatut die gesetzliche Erbquote bestimmt, erfüllt werden können (OLG Köln ZEV 2012, 205 (türkisches Erbstatut); OLG Frankfurt ZEV 2010, 253 (schwedisches Erbstatut); OLG Stuttgart DNotZ 2005, 632 (österreichisches Erbstatut); OLG Düsseldorf MittRhNotK 1988, 69 (niederländisches Erbstatut); DNotI DNotI-Report 2013, 175 f.; DNotI DNotI-Report 2012, 107 f.; MünchKomm.BGB/Siehr Art. 15 EGBGB Rz. 117; MünchKomm.BGB/Birk, Art. 25 EGBGB Rz. 158; Schotten/Johnen DtZ 1991, 259; Schotten/Schmellenkamp, Das Internationale Privatrecht in der notariellen Praxis, Rz. 288). Der **BGH** hat diese Frage nunmehr, nachdem er sie zuvor in einem anderen Verfahren mangels entsprechender Beschwer des Beschwerdeführers noch offen gelassen und sich dazu auch nicht obiter dictum geäußert hatte (BGH NJW-RR 2013, 201), dahingehend entschieden, dass § 1371 Abs. 1 BGB auf der Qualifikationsebene **rein güterrechtlich** ohne äquivalenzorientierte Betrachtung des Erbstatuts zu qualifizieren ist (BGH BeckRS 2015, 09892).

31a Ungeachtet dieser rein güterrechtlichen Qualifikation ist bei einem durch Sachvorschriften verschiedener Rechtsordnungen ausgelösten Widerspruch im Einzelfall ggf. eine Anpassung oder Angleichung vorzunehmen (BGH BeckRS 2015, 09892), um unbillige Ergebnisse mittels Erhöhung oder Reduzierung der Gesamterbquote zu korrigieren (Erman/Hohloch Art. 15 EGBGB Rz. 37; Palandt/Thorn Art. 15 EGBGB Rz. 26). So sieht bspw. bei schweizerischem Erbstatut und deutschem Güterrechtstatut nach Art. 462 ZGB auch das schweizerische Erbrecht zugunsten des längstlebenden Ehegatten eine echte Erbquote und nicht lediglich ein nicht substituierbares anderes Rechtsinstitut, wie etwa ein bloßes Vermächtnis, vor. Darüber hinaus erfolgt nach dem gesetzlichen schweizerischen Güterstand der Errungenschaftsbeteiligung gem. Art. 204 ZGB nicht nur bei Beendigung der Ehe zu Lebzeiten beider Ehegatten, sondern auch beim Tod des Erstversterbenden von ihnen in gleichem Maße ein güterrechtlicher Ausgleich durch Vorschlagsteilung. Daher kompensiert das schweizerische Erbrecht durch die Höhe der gesetzlichen Erbquote des längstlebenden Ehegatten keinen Ausfall eines güterrechtlichen Ausgleichs, sondern dürfte nach § 1371 BGB erhöht werden (Fröhler BWNotZ 2008, 38, 47). Im Wege der Anpassung wäre jedoch bspw. bei einer Kombination aus schweizerischem Erb- und deutschem Güterrechtsstatut auf den Tod des erstverstorbenen Ehegatten die Erbquote der überlebenden Ehefrau zugunsten der Kinder von ¾ (½ schweizerische Erbquote nach Art. 462 Ziff. 1 ZGB zzgl. Erhöhung um ¼ nach § 1371 Abs. 1 BGB) auf die sowohl nach Art. 462 Ziff. 1 ZGB als auch nach § 1931 Abs. 1 S. 1 iVm. § 1371 Abs. 1 BGB maßgebende Erbquote von ½ zu reduzieren und damit dasselbe Ergebnis erreicht, das unter der Zugrundelegung der hier vertretenen Doppelqualifikation eintritt, nach der es mangels deutschen Erbstatuts ebenfalls bei der damit identischen schweizerischen Erbquote von ½ nach Art. 462 Ziff. 1 ZGB verbleibt.

31b Ungeachtet der Frage, ob § 1371 Abs. 1 BGB auch erbrechtlich zu qualifizieren ist, kommt einer Güterrechtswahl **Erbfolgerelevanz** iSd. § 34a BeurkG mit der Folge zu, dass die Verwahrangaben unverzüglich elektronisch an die das Zentrale Testamentsregister führende Registerbehörde zu übermitteln sind (DNotI-Gutachten DNotI-Report 2014, 98, 99; Langenfeld/Fröhler, Testamentsgestaltung, 1. Kap. Rz. 155).

bb) Bei Gütertrennung nach § 1931 Abs. 4 BGB

31c Nach § 1931 Abs. 4 BGB erhöht sich das gesetzliche Erbrecht des überlebenden Ehegatten neben Abkömmlingen des Erstversterbenden gegenüber der Erbquote von ¼ aus § 1931 Abs. 1 Satz 1 BGB, wenn beim Erbfall Gütertrennung bestand und als gesetzliche Erben der ersten Ordnung ein Kind (dann Erhöhung von ¼ auf ½) oder zwei Kinder (dann Erhöhung von ¼ auf ⅓) bzw. nach

§ 1931 Abs. 4 letzter Halbs. iVm. § 1924 Abs. 3 BGB Kindeskinder eines weggefallenen Kindes (Staudinger/Werner § 1931 BGB Rz. 43) des erstversterbenden Ehegatten vorhanden sind. Bei Auslandsbezug ist § 1931 Abs. 4 BGB **erbrechtlich zu qualifizieren** und daher nur dann anwendbar, wenn auf den Erbfall deutsches Erbrecht anzuwenden ist (OLG Düsseldorf ZEV 2009, 515). Darüber hinaus setzt § 1931 Abs. 4 BGB wegen der gleichzeitigen Einführung (jeweils durch BGBl. I 1969, 1243) der nur eine auf Abkömmlinge beschränkte Ausgleichung bei besonderer Mitarbeit und Pflegeleistung regelnden Vorschrift des § 2057a BGB (Odersky notar 2009, 490) streng voraus, dass im Falle eines ausländischen Güterrechtsstatuts, das insoweit im Gegensatz zu einem ausländischen Erbstatut zulässig ist, inhaltlich eine ausländische Gütertrennung besteht, die bei abstrakter Betrachtungsweise der Gütertrennung nach § 1414 BGB entspricht (OLG Düsseldorf ZEV 2009, 515). Dies ist insbesondere dann nicht der Fall, wenn auf den Tod oder während der Ehe ein Ausgleich für Mitarbeit eines Ehegatten vorgesehen ist, wie bspw. in einer Errungenschaftsgemeinschaft nach rumänischem Recht, in der alles in der Ehezeit Erworbene als vermutetes gemeinsames Vermögen Gesamtgut wird und auf die § 1931 Abs. 4 BGB daher nicht anwendbar ist (OLG Düsseldorf ZEV 2009, 515; Langenfeld/Fröhler, Testamentsgestaltung, 1. Kap. Rz. 158).

➲ **Praxistipp:** Zur Vermeidung ungewisser Ergebnisse sollte daher eine förmliche Rechtswahl zugunsten deutschen Erbrechts erwogen werden (vgl. dazu Kap. 82 Rz. 47 mit **M 82.16** bzw. Kap. 85 Rz. 42 mit **M 85.15**). 31d

g) Treuhänder nach ausländischem Erbrecht

Weiter ist zu beachten, dass das Erbrecht bestimmter ausländischer Staaten, insbesondere des anglo-amerikanischen Rechtskreises, den **unmittelbaren Rechtsübergang** vom Erblasser auf den Erben **nicht kennt.** Es weist die Rechtszuständigkeit am Nachlass einem Treuhänder zu, der den Nachlass abzuwickeln, insbesondere Nachlassverbindlichkeiten zu begleichen und erst die danach verbleibenden Nachlassgegenstände (residue) den Erben oder den sonstigen Empfangsberechtigten zu übertragen hat. 32

➲ **Praxistipp:** Befindet sich Nachlassvermögen auch in Ländern des **anglo-amerikanischen Rechts**, empfiehlt es sich in der Regel, für dieses Vermögen ein **gesondertes Testament** nach dort geltendem Recht zu errichten (in den USA nach dem Recht der Einzelstaaten, in Kanada der Provinzen) und hierzu die Hilfe eines erbrechtlich versierten Rechtskundigen des jeweiligen Landes in Anspruch zu nehmen. 32a

Dies ist nicht nur bedeutsam, weil einige dieser Rechtsordnungen nicht alle letztwillige Verfügungsformen des deutschen Rechts als wirksam anerkennen. Auch wenn die Form grundsätzlich anerkannt wird, ist zum rechtlichen Vollzug eines deutschen Testaments ein Anerkennungsverfahren erforderlich, das sehr zeitaufwendig ist. Vor allem zwingt ein Übergang des Nachlasses auf einen Treuhänder im Ergebnis zur Errichtung eines besonderen „ausländischen“ Testaments. Fehlt eine Verfügung von Todes wegen, durch die ein Treuhänder (executor) bestimmt wird, setzt das zuständige Nachlassgericht einen „administrator“ als Treuhänder ein. Mehrere Rechtsordnungen sehen die Hinterlegung eines Sicherheitsbetrages für den Fall vor, dass der testamentarisch eingesetzte „executor“ ein Ausländer (zB der für das deutsche Vermögen eingesetzte Testamentsvollstrecker) ist.

h) Verfügungen von Todes wegen

aa) Deutsches Internationales Privatrecht

Im Anwendungsbereich der EuErbVO gewährt in bis einschließlich 16.8.2015 eintretenden Erbfällen Art. 26 EGBGB für die **Formerfordernisse** einer Verfügung von Todes wegen alternativ mehrere Anknüpfungsmöglichkeiten. Sie richten sich 33

- *entweder* nach dem Recht des Staates, dem der Erblasser in dem Zeitpunkt, in dem er letztwillig verfügt hat, oder im Zeitpunkt des Todes angehörte (Doppelstaater können ihr Testament entweder nach dem Recht des einen oder nach dem Recht des anderen Staates errichten),
- *oder* nach dem Recht des Ortes, an dem der Erblasser letztwillig verfügt hat,

- *oder* nach dem Recht eines Ortes, an dem der Erblasser im Zeitpunkt, in dem er letztwillig verfügt hat, oder im Zeitpunkt seines Todes seinen Wohnsitz oder gewöhnlichen Aufenthalt hatte,
- *oder* nach dem Recht des Ortes, an dem sich unbewegliches Vermögen befindet, soweit es sich um dieses handelt,
- *oder* nach dem Recht, auf das die Rechtsnachfolge von Todes wegen anzuwenden ist (Erbstatut, Art. 25 EGBGB) oder im Zeitpunkt der Verfügung anzuwenden wäre.

34 Nach Art. 26 Abs. 5 Satz 1 EGBGB ist dann jedoch für die Gültigkeit der Errichtung einer Verfügung von Todes wegen das **hypothetische Erbstatut** maßgebend, das im Zeitpunkt der diesbezüglichen Errichtung anzuwenden gewesen wäre, so dass bspw. ein durch italienische Ehegatten errichtetes gemeinschaftliches Testament nach Art. 25 Abs. 1 EGBGB iVm. Art. 589 Codice Civile auch dann unwirksam ist bzw. bleibt, wenn die Eheleute später deutsche Staatsangehörige werden, und auch eine salvatorische Klausel, nach der hilfsweise die jeweiligen Verfügungen als Einzeltestamente aufrecht erhalten gelten, wegen Umgehungsverbotes unwirksam ist (OLG München FamRZ 2014, 508). Art. 26 EGBGB hat den wesentlichen kollisionsrechtlichen Inhalt des **Haager Übereinkommens** über das auf die Form von Verfügungen von Todes wegen anzuwendende Recht vom 5.10.1961 übernommen. Die Regelung gewährleistet deshalb in weitem Umfange (vgl. Übersicht über beigetretene Staaten bei Jayme/Hausmann, Internationales Privat- und Verfahrensrecht, 17. Aufl. 2014, H 60 Fn. 1), dass die Gültigkeit von Verfügungen von Todes wegen nicht an der Form scheitert.

bb) Europäische Erbrechtsverordnung

35 Die **materielle Wirksamkeit** einer Verfügung von Todes wegen iSd. Art. 26 EuErbVO bestimmt sich in ab einschließlich 17.8.2015 eintretenden Erbfällen für Einzel- und gemeinschaftliche Testamente (für letztere ist jeweils Wirksamkeit bei jedem Testierer erforderlich, wobei eine Unwirksamkeit direkt nur aus einer materiellen Verbotsnorm resultieren kann, bei einer Formvorschrift hingegen Art. 27 EuErbVO maßgeblich ist) gem. Art. 24 Abs. 1 iVm. Art. 3 Abs. 1 Buchst. d EuErbVO nach dem hypothetischen Erbstatut zum Zeitpunkt der Testamentserrichtung (Simon/Buschbaum NJW 2012, 2393, 2396) vorbehaltlich einer diesbezüglichen Rechtswahl nach Art. 24 Abs. 2 EuErbVO. Für Erbverträge über den Nachlass lediglich einer Person richtet sich die materielle Wirksamkeit nach Art. 25 Abs. 1 EuErbVO ebenfalls nach dem hypothetischen Erbstatut bezüglich des Erblassers zum Zeitpunkt der Erbvertragserrichtung, für Erbverträge über den Nachlass mehrerer Personen nach Art. 25 Abs. 2 EuErbVO hingegen kumulativ nach dem hypothetischen Erbstatut jedes Erblassers, im Falle derartiger Wirksamkeit ist für materielle Wirksamkeit und Bindungswirkungen jedoch insgesamt das Recht der engsten Verbindung maßgebend (Simon/Buschbaum NJW 2012, 2393, 2396), vorbehaltlich einer diesbezüglichen Rechtswahl nach Art. 25 Abs. 3 EuErbVO. Die Formgültigkeit einer Verfügung von Todes wegen folgt aus Art. 27 EuErbVO, soweit nicht nach Art. 75 Abs. 1 Satz 2 EuErbVO das nicht von allen Mitgliedstaaten ratifizierte HTestformÜ (BGBl. II 1965, S. 1145; BGBl. II 1966, S. 11) vorrangig ist.

III. Errichtung von Verfügungen von Todes wegen

1. Arten von Verfügungen von Todes wegen

36 Das BGB sieht zur Errichtung von Verfügungen von Todes wegen das einseitige, jederzeit frei widerrufbare **Testament**, den bindenden **Erbvertrag** zwischen mindestens einem Erblasser und einem weiteren Vertragspartner und das in seinem Bestand zu Lebzeiten beider Ehegatten bzw. gleichgeschlechtlicher Lebenspartner stets frei widerrufliche, hinsichtlich der einzelnen Verfügungen jedoch fakultativ bindende **gemeinschaftliche Testament** vor.

2. Formen von Testamenten

37 Das Gesetz **unterscheidet** zwischen ordentlicher und außerordentlicher Testamentserrichtung.

a) Ordentliche Testamente

Zu den ordentlichen Testamenten gehören das vor einem Notar errichtete **öffentliche** Testament und das vom Erblasser **eigenhändig** handschriftlich niedergelegte Testament. 38

b) Außerordentliche Testamente

Nach den §§ 2249–2252 BGB kennt das Gesetz **Nottestamente**, die dann Bedeutung erlangen, wenn der Erblasser kein eigenhändiges Testament mehr erstellen kann und zu befürchten ist, dass er versterben werde, bevor eine Testamentserrichtung vor einem Notar möglich ist. Von praktischer Relevanz sind dabei insbesondere das Nottestament vor dem Bürgermeister nach § 2249 BGB (**M 80.7**) und das Dreizeugentestament nach § 2250 BGB (**M 80.8**). Weiterhin sieht § 2251 BGB die Möglichkeit vor, während einer Seereise an Bord eines deutschen Schiffes außerhalb eines inländischen Hafens ein Seetestament durch mündliche Erklärung vor drei Zeugen zu errichten. 39

Für alle vorstehend genannten Nottestamentsvarianten ist gem. § 2252 BGB zu beachten, dass das Testament dann als nicht errichtet gilt, wenn seit dessen Erstellung drei Monate verstrichen sind und der Erblasser noch lebt. Hierdurch wird dem Umstand Rechnung getragen, dass das Gesetz Nottestamenten entgegen ansonsten zwingenden Formvorschriften nur wegen der vermuteten nahen Todesgefahr **vorläufigen Wirksamkeitscharakter** zubilligt.

3. Testierfähigkeit

Das Gesetz knüpft die persönliche Fähigkeit, Verfügungen von Todes wegen zu errichten, an unterschiedliche Voraussetzungen, je nach dem, ob es sich um ein Testament oder einen Erbvertrag handelt. 40

Ein **Minderjähriger** kann, wenn er das 16. Lebensjahr vollendet hat, gem. §§ 2229, 2232, 2247 Abs. 4 BGB durch Erklärung gegenüber dem Notar oder Übergabe einer offenen – nicht jedoch einer verschlossenen – Schrift wirksam ein öffentliches – jedoch kein eigenhändiges – **Testament** errichten. Die Zustimmung des gesetzlichen Vertreters ist nicht erforderlich. Wer das 16. Lebensjahr noch nicht vollendet hat, ist schlechthin testierunfähig, kann also auch nicht mit Zustimmung des gesetzlichen Vertreters wirksam testieren.

Testierunfähig ist auch, wer wegen **krankhafter Störung der Geistestätigkeit**, wegen **Geistesschwäche** oder wegen **Bewusstseinsstörung** nicht in der Lage ist, die Bedeutung einer von ihm abgegebenen Willenserklärung einzusehen und nach dieser Einsicht zu handeln. Hier kommt es darauf an, ob der Testator im Zeitpunkt der Errichtung des Testaments konkret zB eine vorübergehende Bewusstseinsstörung erlitten hat, die seine Einsichts- und Handlungsfähigkeit ausschloss, oder ob er etwa, bei krankhafter Störung der Geistestätigkeit oder bei Geistesschwäche, einen „lichten Augenblick" erlebt hat, der ihn dazu befähigte, die Bedeutung der von ihm abgegebenen Willenserklärung einzusehen und nach dieser Einsicht zu handeln.

Hinsichtlich eines öffentlichen Testaments ist der Notar nach §§ 11, 28 BeurkG dazu verpflichtet, die Beurkundung abzulehnen, wenn nach seiner Überzeugung die erforderliche Geschäftsfähigkeit fehlt. Zweifel, die er an der Geschäftsfähigkeit des Erblassers hegt, sind in der Niederschrift festzuhalten.

➲ **Hinweis:** Dies sollte dadurch geschehen, dass in die Urkunde möglichst viele Angaben zum Grad der Orientierung, zum Verhalten und Auftreten des Erblassers aufgenommen werden, die ein medizinischer Gutachter im Nachhinein zur Klärung der Testierfähigkeit auswerten kann. 40a

Einen **Erbvertrag** kann als Erblasser gem. § 2275 BGB nur wirksam errichten, wer unbeschränkt geschäftsfähig ist. Eine Ausnahme gilt, wenn ein Ehegatte als Erblasser mit seinem Ehegatten einen Erbvertrag schließt. Dies kann er auch als beschränkt Geschäftsfähiger vor Vollendung seines achtzehnten Lebensjahres wirksam tun. Der beschränkt Geschäftsfähige bedarf allerdings der Zustimmung des gesetzlichen Vertreters. Gleiches gilt nach § 2275 Abs. 3 BGB zugunsten minderjähriger Verlobter, wobei für ein Verlöbnis anders als nach § 1303 BGB bei Eheschließung beide Partner minderjährig sein dürfen (Erman/Gamillscheg vor § 1297 BGB Rz. 8), und minderjähriger Lebens- 41 partner, die sich analog einem Verlöbnis die Lebenspartnerschaft iSd. § 1 Abs. 4 LPartG versprechen (Erman/Kappler § 2275 BGB Rz. 2 – str.), obwohl die Begründung der Lebenspartnerschaft nach § 1 Abs. 3 Nr. 1 LPartG Volljährigkeit beider Partner voraussetzt. Die Erleichterungen nach § 2275 Abs. 2 und 3 BGB gelten nicht für Partner einer verschiedengeschlechtlichen nichtehelichen Lebensgemeinschaft (Erman/Kappler § 2275 BGB Rz. 2).

4. Testamentserrichtung

a) Allgemeines

42 Ein Erblasser kann ein Testament wirksam nur **höchstpersönlich** errichten. Stellvertretung ist ausgeschlossen. Gleiches gilt für den Erblasser – anders als für den Vertragspartner, der nicht Erblasser ist – bei Abschluss eines Erbvertrages. Das deutsche Recht kennt ausschließlich zwei in Gestalt des öffentlichen oder des eigenhändigen Testaments ordentliche Testamentsformen und als außerordentliche Testamentsformen für Notlagen das Bürgermeister-, Dreizeugen bzw. Seetestament. Daneben sind keine Zwischenformen möglich. Insbesondere dürfte dem Notar die Erstellung einer **Unterschriftsbeglaubigung** unter einem eigenhändigen Testament wegen der abschließenden Regelung aus § 2232 BGB beurkundungsrechtlich und materiell-rechtlich **untersagt** sein (Baumann RNotZ 2010, 310, 315). Dabei wäre ohnehin alleine der Beglaubigungsvermerk öffentliche Urkunde iSd. § 415 ZPO. Eine derartige Unterschriftbeglaubigung würde zudem lediglich die Echtheit (Baumann RNotZ 2010, 310, 315; Staudinger/Hertel § 129 BGB Rz. 112) sowie die Zeit und den Ort (Staudinger/Hertel § 129 BGB Rz. 112) der Unterschrift, nicht jedoch die eigenhändige Errichtung des Textes bezeugen und damit insbesondere das eigenhändige nicht zum öffentlichen Testament machen, sondern dessen Eigenschaft als Privaturkunde unverändert lassen (BGH NJW 1980, 1047, 1048; Baumann RNotZ 2010, 310, 315; Langenfeld/Fröhler, Testamentsgestaltung, 1. Kap.; Staudinger/Hertel § 129 BGB Rz. 112).

b) Öffentliches Testament

43 Das öffentliche Testament (§§ 2231–2233 BGB) wird – soweit kein Konsular- oder Bürgermeisternottestament (dazu unten **M 80.7**) erstellt wird – stets zur **Niederschrift eines Notars** erklärt (§ 2231 Nr. 1 BGB). Dabei wird entweder der von dem Erblasser erklärte letzte Wille in die Niederschrift aufgenommen oder durch den Erblasser dem Notar ein (offenes oder verschlossenes) Schriftstück mit der Erklärung übergeben, dass dieses seinen letzten Willen enthalte. Darauf, ob das Schriftstück vom Erblasser selbst oder von einem Dritten verfasst ist, kommt es nicht an. Der Notar hat bei der Testamentsbeurkundung eine Amtspflicht zu umfassender Prüfung der Rechtslage und Belehrung des Erblassers über die rechtliche Tragweite der Verfügungen. Die über die Testamentserrichtung aufgenommene Niederschrift (Protokoll) ist den Beteiligten vorzulesen, von ihnen zu genehmigen und durch die Beteiligten und den Notar zu unterschreiben (§§ 8, 13 BeurkG), wobei die Unterzeichnung durch den Erblasser mit einem unzutreffenden Vornamen unter zusätzlicher Verwendung des richtigen Familiennamens – bspw. durch die Ehefrau mit dem Vornamen des Ehemannes und ihrem Familiennamen – die Formwirksamkeit der Urkunde nicht beeinträchtigt (OLG Köln FGPrax 2010, 80 ff.; Langenfeld/Fröhler, Testamentsgestaltung, 1. Kap. Rz. 73; Baumann RNotZ 2010, 310). Mit der Unterschrift iSd. § 13 Abs. 1 Satz 1 BeurkG als Wirksamkeitsbedingung wird dokumentiert, dass sich der Beteiligte seine in der Urkunde niedergelegte Erklärung als Zeichen der Verantwortungsübernahme für deren Geltung und Gültigkeit zurechnen lässt. Dabei ist die Urkunde mit dem durch den Beteiligten tatsächlich geführten Namen zu unterzeichnen, empfehlenswerterweise mit dem Vor- und dem Familiennamen. Ausreichend ist jedoch auch die Unterzeichnung nur mit dem Familiennamen (OLG Köln FGPrax 2010, 80 ff.), während die Unterzeichnung ausschließlich mit dem Vornamen zur Unwirksamkeit der beurkundeten Verfügung führen soll, wenn der Beteiligte unter diesem Vornamen anders als bspw. kirchliche Würdenträger oder Angehörige des Hochadels in der Öffentlichkeit nicht allgemein bekannt ist (BGH DNotZ 2003, 269 ff.; aA Baumann, RNotZ 2010, 310, 314). Auf Verlangen des Erblassers hat der Notar bei der Beurkundung bis zu zwei Zeugen oder einen zweiten Notar zuzuziehen und dies in der Niederschrift, die auch von diesen Personen zu unterschreiben ist, zu vermerken. Die Niederschrift über die Errichtung des Testaments ist von dem Notar nach § 34 BeurkG in einen Umschlag

zu nehmen, der mit dem Amtssiegel verschlossen wird und sodann in die besondere amtliche Verwahrung des nach § 344 Abs. 1 Nrn. 1 und 2 FamFG örtlich zuständigen Nachlassgerichts (vgl. dazu Prütting/Helms/Fröhler § 344 FamFG Rz. 13 bis 29) zu geben ist. Dem Erblasser soll nach § 346 Abs. 3 FamFG ein Hinterlegungsschein erteilt werden.

➲ **Wichtig:** Die **Rücknahme** eines öffentlichen Testaments – auch eines vor dem Bürgermeister errichteten Nottestaments – gilt als Widerruf (s. Kap. 88 Rz. 10). 44

M 80.1 Notarielles Testament – Urkundenmantel

(Eingang, Widerruf letztwilliger Verfügungen, Belehrungen, Anträge, Vorlesevermerk, Unterschriften)

(Notarielles Beurkundungsprotokoll – Auszug)

Heute, am ... (Datum), ist vor mir, Notar ... (Name) mit Amtssitz in ... (Ort), erschienen:

Herr/Frau ... (Vor- und Nachname, ggf. Geburtsname), geb. am ... (Geburtsdatum) in ... (Geburtsort), wohnhaft ... (Anschrift), Sohn/Tochter des ... (Vor- und Nachname, ggf. Geburtsname des Vaters) und der ... (Vor- und Nachname, ggf. Geburtsname der Mutter),

ausgewiesen durch ... (Ausweispapier) oder:

auf Grund früherer Ausweisung persönlich bekannt.

Zusätzlich liegt zum Nachweis des Geburtsortes eine Geburtsurkunde des/der Erschienenen vor.

Oder:

Bei Beurkundung liegt keine Geburtsurkunde vor. Herr/Frau ... (Vor- und Nachname des Erblassers) weiß, dass das Testament im Erbfall nur dann sicher aufgefunden werden kann, wenn er/sie seinen/ihren Geburtsort heute richtig angegeben hat. Gleichwohl wird sofortige Beurkundung gewünscht. Der Notar wird insoweit von jeder Haftung freigestellt.

Herr/Frau ... (Vor- und Nachname des Erblassers) leidet nach eigenen Angaben an ... (Krankheit), ist jedoch bei klarem Verstand und kann seinen/ihren Willen deutlich und uneingeschränkt zum Ausdruck bringen. Er/sie ist uneingeschränkt testierfähig. Auf die Hinzuziehung eines Zeugen oder zweiten Notars wird verzichtet.

Herr/Frau ... (Vor- und Nachname des Erblassers) hört nach eigenen Angaben leicht eingeschränkt und trägt ein Hörgerät. Eine Verständigung ist jedoch durch lautes Sprechen uneingeschränkt möglich. Ergänzend wird Herrn/Frau ... der Urkundentext vor Unterschrift zur Durchsicht vorgelegt. Er/sie ist uneingeschränkt testierfähig. Auf die Hinzuziehung eines Zeugen oder zweiten Notars ist verzichtet.

Herr/Frau ... (Vor- und Nachname des Erblassers) erklärt, dass er/sie deutscher/deutsche Staatsangehöriger/Staatsangehörige sei.

Er/Sie sei ledig/verwitwet/ohne notariellen Ehevertrag im gesetzlichen Güterstand der Zugewinngemeinschaft verheiratet/auf Grund notariellen Ehevertrages im Güterstand der Gütertrennung verheiratet/lebe auf Grund notariell beurkundeten Lebenspartnerschaftsvertrages im Güterstand der Gütertrennung.

Er/Sie habe keine Abkömmlinge/... (Anzahl) Kinder.

Er/Sie sei durch Erbvertrag oder gemeinschaftliches Testament nicht gebunden/habe mit dem vorverstorbenen Ehepartner/Lebenspartner zwar ein gemeinschaftliches Testament errichtet, dieses enthalte jedoch ausschließlich Regelungen auf den Tod des Erstversterbenden und binde den Längstlebenden nicht.

Zur Beurkundung erklärt Herr/Frau ... (Vor- und Nachname des Erblassers) folgendes

Testament

Vorsorglich widerrufe ich hiermit alle von mir bisher etwa getroffenen Verfügungen von Todes wegen. Mein letzter Wille bestimmt sich daher ausschließlich nach dem hier beurkundeten Testament.

... (letztwillige Verfügungen)

Ich wurde vom Notar über die Bedeutung der hier getroffenen Verfügungen eingehend belehrt, insbesondere über das gesetzliche Erb- und Pflichtteilsrecht, einschließlich des Pflichtteilsergänzungsrechts, sowie die gesetzlichen Regelungen über die erbrechtliche Ausgleichungspflicht im Falle einer Erbauseinandersetzung nach §§ 2050 ff. BGB und die Anrechnungspflicht auf Pflichtteilsansprüche gem. §§ 2315 f. BGB. Sollte ich Beteiligungen an Gesellschaften erwerben, werde ich die hier getroffenen letztwilligen Verfügungen auf ihre Vereinbarkeit mit dem jeweils zu Grunde liegenden Gesellschaftsvertrag fachlich überprüfen lassen, um eventuelle Vermögensnachteile zu vermeiden. Ferner ist mir bekannt, dass Ansprüche aus Verträgen zu Gunsten Dritter auf den Todesfall, insbesondere aus Lebensversicherungen oder bestimmten Sparkonten, nicht in den Nachlass fallen, sondern direkt im zu Grunde liegenden Vertrag benannten Bezugsberechtigten zukommen dürften.

Zum Zwecke der Kostenberechnung gebe ich den Wert meines Vermögens nach Abzug von Verbindlichkeiten mit ... (aktueller Nettowert) an. Ich erbitte eine beglaubigte Kopie dieser Urkunde für meine Unterlagen, eine weitere beglaubigte Kopie soll der Notar offen zur Urkundensammlung nehmen.

Vom Notar vorgelesen, von dem/der Erschienenen genehmigt und wie folgt eigenhändig unterschrieben:

(ggf. ergänzend:) sowie dem/der Erschienenen ergänzend zur Durchsicht vorgelegt

(Unterschriften)

Kosten: *Notargebühr:* 1,0-Gebühr gem. Nr. 21200 KV GNotKG, mindestens 60 Euro. Geschäftswert gem. § 102 Abs. 1 GNotKG (Wert des Nachlasses, Verbindlichkeiten des Erblassers werden abgezogen, jedoch nur bis zur Hälfte des Werts des Vermögens).

M 80.2 Notarielles Testament durch Übergabe einer offenen/verschlossenen Schrift

(Notarielles Beurkundungsprotokoll – Auszug)

Heute, am ... (Datum), ist vor mir, Notar ... (Name) mit Amtssitz in ... (Ort), erschienen:

Herr/Frau ... (Vor- und Nachname, ggf. Geburtsname), geb. am ... (Geburtsdatum) in ... (Geburtsort), wohnhaft ... (Anschrift), Sohn/Tochter des ... (Vor- und Nachname, ggf. Geburtsname des Vaters) und der ... (Vor- und Nachname, ggf. Geburtsname der Mutter), ausgewiesen durch ... (Ausweispapier). Zusätzlich liegt zum Nachweis des Geburtsortes eine Geburtsurkunde des/der Erschienenen vor/Bei Beurkundung liegt keine Geburtsurkunde vor. Herr/Frau ... (Vor- und Nachname des Erblassers) weiß, dass das Testament im Erbfall nur dann sicher aufgefunden werden kann, wenn er/sie seinen/ihren Geburtsort heute richtig angegeben hat. Gleichwohl wird sofortige Beurkundung gewünscht. Der Notar wird insoweit von jeder Haftung freigestellt.

Herr/Frau ... (Vor- und Nachname des Erblassers) ist auf Grund des persönlichen Eindrucks des Notars, den dieser auch nach längerer Unterredung gewonnen hat, uneingeschränkt geschäfts- und testierfähig ... (ggf. weitere Ausführungen über den Gesundheitszustand, insbesondere bei hör- bzw. sprachbehinderten Testierern)

Herr/Frau ... (Vor- und Nachname des Erblassers) möchte ein öffentliches Testament durch Übergabe einer offenen Schrift/einer verschlossenen Schrift ohne Hinzuziehung von Zeugen errichten. Er/Sie übergibt dem Notar eine offene Schrift/eine verschlossene Schrift, die dieser Niederschrift beigefügt wird. Dabei erklärt Herr/Frau ... (Vor- und Nachname des Erblassers) gegenüber dem Notar mündlich, dass diese Schrift seinen/ihren letzten Willen enthalte. Der Notar besprach den Inhalt dieser Schrift mit Herrn/Frau ... (Vor- und Nachname des Erblassers). Ergänzend belehrt der Notar ihn/sie darüber, dass gem. § 27 BeurkG Zuwendungen an den beurkundenden Notar oder dessen Einsetzung zum Testamentsvollstrecker selbst dann unwirksam sind, wenn der Notar hiervon keinerlei Kenntnis hatte.

Sodann kennzeichnete der Notar die offene Schrift durch den darauf aufgebrachten Vermerk „Urkundenrolle Nr ..."/die verschlossene Schrift durch auf dem Umschlag aufgebrachten Vermerk „dieser Umschlag enthält das Testament von Herrn/Frau ... (Vor- und Nachname des Erblassers), geboren am ... (Geburtsdatum) in ... (Geburtsort), wohnhaft in ... (Wohnanschrift), Sohn/Tochter des ... (Vor- und Nachname, ggf. des Vaters) und der ... (Vor- und Nachname, ggf. Geburtsname der Mutter)". Schließlich fügte der Notar die übergebene Schrift der Niederschrift bei.

Vom Notar vorgelesen, vorab zur Durchsicht vorgelegt, von dem/der Erschienenen genehmigt und wie folgt unterschrieben:

(Unterschriften)

Kosten: *Notargebühr:* 1,0-Gebühr gem. Nr. 21200 KV GNotKG, mindestens 60 Euro. Geschäftswert gem. § 102 Abs. 1 GNotKG (Wert des Nachlasses, Verbindlichkeiten des Erblassers werden abgezogen, jedoch nur bis zur Hälfte des Werts des Vermögens).

c) Körperliche und andere Einschränkungen auf Seiten des Erblassers

Ist der Erblasser körperlich **gehandicapt**, minderjährig oder der deutschen Sprache nicht kundig, 45 sind gesetzliche Sonderregelungen zu beachten. Gem. § 2232 BGB wird ein öffentliches Testament zur Niederschrift des Notars dadurch errichtet, dass der Erblasser dem Notar seinen letzten Willen erklärt oder ihm eine Schrift mit der Erklärung übergibt, dass diese seinen letzten Willen enthalte, wobei diese Schrift offen oder verschlossen übergeben werden kann und nicht vom Erblasser geschrieben zu sein braucht. § 2233 BGB sieht vor, dass ein minderjähriger Erblasser, der nach § 2229 Abs. 1 BGB das 16. Lebensjahr vollendet haben muss, das Testament nur durch Erklärung gegenüber dem Notar oder durch Übergabe einer offenen Schrift und ein Erblasser, der nicht im Stande ist, Geschriebenes zu lesen, das Testament nur durch Erklärung gegenüber dem Notar errichten kann. Die §§ 22–32 BeurkG regeln schließlich in den vorstehend genannten Fällen Besonderheiten über die Zuziehung von Zeugen, eines zweiten Notars, Dolmetschern und Vertrauenspersonen. Nachdem das BVerfG durch Beschluss v. 19.1.1999 den bis dahin gesetzlich geltenden generellen Ausschluss schreib- und sprechunfähiger Personen von der Testiermöglichkeit in den §§ 2232, 2233 BGB und § 31 BeurkG wegen Verstoßes gegen die Erbrechtsgarantie aus Art. 14 Abs. 1 GG sowie gegen den allgemeinen Gleichheitssatz aus Art. 3 Abs. 1 GG und das Benachteiligungsverbot für Behinderte aus Art. 3 Abs. 3 Satz 2 GG für verfassungswidrig erklärt hatte (NJW 1999, 1853 ff.), wurden die §§ 2232 und 2233 BGB durch Gesetz vom 23.7.2002 entsprechend neugefasst bzw. § 31 BeurkG aufgehoben (BGBl. I 2850). Fortan ist in § 2232 BGB auf das frühere Erfordernis der Mündlichkeit der Erklärung des Erblasserwillens verzichtet. Ausreichend sind nunmehr auch stillschweigende, schlüssige, konkludente Willenserklärungen, die durch Gebärden, Zeichen, allgemein nicht verständliche Laute und Kommunikationshilfen sowie Gebärdendolmetscher, Blindenschrift etc. vermittelt werden. Ein sprachbehinderter und schreibunfähiger Erblasser kann somit seine Erklärung auch konkludent als Antwort auf Fragen des Notars durch Gebärden oder Zeichen, wie etwa Kopfnicken bzw. Kopfschütteln, oder auf andere Weise abgeben. Der Notar ist nunmehr berechtigt, auch schriftliche Fragen zu stellen oder sich beantworten zu lassen.

Insbesondere muss gem. der seit 1.8.2002 geltenden Fassung des § 24 Abs. 1 Satz 2 BeurkG BeurkG 45a nunmehr eine – statt zuvor „Vertrauensperson" – **Verständigungsperson** („Person ..., die sich mit dem behinderten Beteiligten zu verständigen vermag und mit deren Zuziehung er nach der Überzeugung des Notars einverstanden ist") hinzugezogen werden. Dieser ist durch den Notar die Mitverantwortung zur Ermittlung des Willens des behinderten Erblassers zu übertragen (OLG Hamm ZEV 2002, 458, 460; Grziwotz/Heinemann § 24 BeurkG Rz. 19; Langenfeld/Fröhler, Testamentsgestaltung, 1. Kap. Rz. 93; Winkler § 24 BeurkG Rz. 14), wenn in der Niederschrift die Feststellung getroffen wird, dass der Erblasser nicht hinreichend zu hören oder zu sprechen und sich **auch nicht schriftlich** zu verständigen vermag. Dabei soll der Notar diese förmliche Feststellung treffen, wenn dies seiner Überzeugung oder den Angaben des Erblassers entspricht. Hinzu kommt in Gestalt einer Sollregelung die Unterschriftsleistung dieser Verständigungsperson.

M 80.3 Notarielles Testament bei Handicap des Erblassers (1)

(Schreibunfähigkeit/Leseunfähigkeit/Hörbehinderung/Sprachbehinderung/ Sprachunkundigkeit)

(Notarielles Beurkundungsprotokoll – Auszug)

Heute, am . . . (Datum), ist vor mir, Notar . . . (Name) mit Amtssitz in . . . (Ort), erschienen:

Herr/Frau . . . (Vor- und Nachname, ggf. Geburtsname), geb. am . . . (Geburtsdatum) in . . . (Geburtsort), wohnhaft . . . (Anschrift), Sohn/Tochter des . . . (Vor- und Nachname, ggf. Geburtsname des Vaters) und der . . . (Vor- und Nachname, ggf. Geburtsname der Mutter), ausgewiesen durch . . . (Ausweispapier). Zusätzlich liegt zum Nachweis des Geburtsortes eine Geburtsurkunde des/der Erschienenen vor.

Bei einem schreibunfähigen Erblasser:

Er/Sie erklärte, seinen/ihren Namen nicht schreiben zu können. Daher wurde als Schreibzeuge Herr/Frau . . . (Vor- und Nachname) hinzugezogen, ausgewiesen durch . . . (Ausweispapier). Zeugenausschließungsgründe waren nicht erkennbar.

Bei einem leseunfähigen Erblasser:

Nach eigenen Angaben/Nach Überzeugung des Notars ist . . . (Vor- und Nachname des Erblassers) nicht dazu in der Lage, Geschriebenes zu lesen. Auf Hinzuziehung eines Zeugen verzichtet er/sie trotz Belehrung jedoch ausdrücklich./Daher wurde als Zeuge Herr/Frau . . . (Vor- und Nachname) hinzugezogen. Zeugenausschließungsgründe waren nicht erkennbar.

Bei einem schreib- und leseunfähigen Erblasser:

Nach eigenen Angaben/Nach Überzeugung des Notars ist Herr/Frau . . . (Vor- und Nachname des Erblassers) nicht dazu in der Lage, Geschriebenes zu lesen und den eigenen Namen zu schreiben. Daher wurde als Zeuge Herr/Frau . . . (Vor- und Nachname) als Zeuge hinzugezogen. Auf Hinzuziehung eines zweiten Notars wurde verzichtet.

Bei einem hör- sowie sprachbehinderten Erblasser:

Nach eigenen Angaben/Nach Überzeugung des Notars ist Herr/Frau . . . (Vor- und Nachname des Erblassers) nicht dazu in der Lage, Gesprochenes zu hören und verständlich zu sprechen, vermag jedoch zu lesen, zu schreiben und seinen/ihren Namen zu schreiben. Auf die Hinzuziehung eines Zeugen und eines zweiten Notars ist trotz Belehrung verzichtet worden. Als Gebärdensprachdolmetscher wurde Herr/Frau . . . (Vor- und Nachname) hinzugezogen. Ausschließungsgründe waren nicht erkennbar.

Bei einem schreibunfähigen und hör- sowie sprachbehinderten Erblasser:

Nach seinem/ihrem Verhalten und nach Überzeugung des Notars ist Herr/Frau . . . (Vor- und Nachname des Erblassers) nicht dazu in der Lage, Gesprochenes zu hören, verständlich zu sprechen oder sich schriftlich zu verständigen. Als Gebärdensprachdolmetscher/Verständigungshelfer wurde daher Herr/Frau . . . (Vor- und Nachname), als Verständigungsperson Herr/Frau . . . (Vor- und Nachname) und als Schreibzeuge Herr/Frau . . . (Vor- und Nachname) hinzugezogen.

Bei einem sprachunkundigen Erblasser:

Nach eigenen Angaben/Nach Überzeugung des Notars ist . . . (Vor- und Nachname des Erblassers) der deutschen Sprache nicht hinreichend kundig. Daher wurde Herr/Frau . . . (Vor- und Nachname), ausgewiesen durch . . . (Ausweispapier), als Dolmetscher für die . . . (Nationalität) Sprache hinzugezogen. Herr/Frau . . . (Vor- und Nachname des Dolmetschers) ist nicht allgemein vereidigt. Auf Vereidigung des Dolmetschers wird allseits verzichtet./Der Dolmetscher wurde auf die Bedeutung des Eides und die strafrechtlichen Folgen einer Eidesverletzung hingewiesen. Daraufhin leistete . . . (Vor- und Nachname des Dolmetschers) dadurch den Eid, dass er/sie dem Notar folgende Worte nachsprach: „Ich schwöre, dass ich treu und gewissenhaft übersetzen werde." Auf Grund des persönlichen Eindrucks und nach einem längeren über den Dolmetscher geführten Gespräch mit Herrn/Frau . . . (Vor- und Nachname des Erblassers) gewinnt der Notar die Überzeugung, dass dieser/diese uneingeschränkt geschäftsfähig ist. Der Notar weist ihn/sie darauf hin, dass er/sie eine schriftliche Übersetzung verlangen könne. Hierauf wird jedoch verzichtet. Auf Vermittlung des Dolmetschers erklärte ... (Vor- und Nachname des Erblassers) sodann:

...

Vom Notar vorgelesen, ergänzend zur Durchsicht vorgelegt, vom Erblasser/nach inhaltlicher Vermittlung durch den Verständigungshelfer/Dolmetscher/Gebärdensprachdolmetscher genehmigt und wie folgt eigenhändig, auch durch den Zeugen/zweiten Notar/Verständigungshelfer/Gebärdensprachdolmetscher/Dolmetscher unterschrieben:

(Unterschriften)

Kosten: *Notargebühr:* 1,0-Gebühr gem. Nr. 21200 KV GNotKG, mindestens 60 Euro. Geschäftswert gem. § 102 Abs. 1 GNotKG (Wert des Nachlasses, Verbindlichkeiten des Erblassers werden abgezogen, jedoch nur bis zur Hälfte des Werts des Vermögens). 50 Euro Zusatzgebühr gem. Nr. 26003 KV GNotKG für die Tätigkeit außerhalb der Geschäftsstelle. Zusätzlich fallen die an Urkundszeugen/Dolmetscher gezahlte Vergütungen als Auslagen des Notars an (Nr. 32010 KV GNotKG). Für die Hinzuziehung eines zweiten Notars entsteht anstelle der Zusatzgebühr Nr. 26003 KV GNotKG eine 0,5-Gebühr gem. Nrn. 25205, 21200 KV GNotKG; Geschäftswert wie für die Beurkundung.

M 80.4 Notarielles Testament bei Handicap des Erblassers (2)

(Sprachbehinderung – Übergabe einer offenen Schrift)

(Notarielles Beurkundungsprotokoll – Auszug)

Heute, am ... (Datum), ist vor mir, Notar ... (Name) mit Amtssitz in ... (Ort), erschienenen:

Herr/Frau ... (Vor- und Nachname, ggf. Geburtsname), geb. am ... (Geburtsdatum) in ... (Geburtsort), wohnhaft ... (Anschrift), Sohn/Tochter des ... (Vor- und Nachname, ggf. Geburtsname des Vaters) und der ... (Vor- und Nachname, ggf. Geburtsname der Mutter), ausgewiesen durch ... (Ausweispapier). Zusätzlich liegt zum Nachweis des Geburtsortes eine Geburtsurkunde des/der Erschienenen vor.

Nach eigenen Angaben und nach der Überzeugung des Notars ist ... (Vor- und Nachname des Erblassers) nicht dazu in der Lage, sich durch Sprache verständlich zu machen. Er/Sie vermag jedoch zu hören, zu lesen und zu schreiben. Trotz Belehrung ist auf die Hinzuziehung eines Zeugen oder zweiten Notars verzichtet./Als Zeuge wurde Herr/Frau ... (Vor- und Nachname) hinzugezogen. Mitwirkungsverbote waren nicht ersichtlich. Der Notar konnte sich mit Herrn ... (Vor- und Nachname des Erblassers) schriftlich ausführlich verständigen. Er/Sie übergab sodann dem Notar die dieser Niederschrift beigefügte offene Schrift und schrieb auf das ebenfalls beigefügte gesonderte Blatt eigenhändig folgenden Satz: „Diese von mir übergebene Schrift enthält meinen letzten Willen." Der Notar versah danach die ihm von Herrn/Frau ... (Vor- und Nachname des Erblassers) offen übergebene Schrift am Kopf mit dem Vermerk: „Die Schrift ist das öffentliche Testament des/der ... (Vor- und Nachname des Erblassers) vom ... (Datum)." und fügte sie und die zusätzliche Erklärung dieser Niederschrift bei. Die Niederschrift und die zusätzliche Erklärung des Erblassers wurden vom Notar vorgelesen und vom Erblasser, dem Zeugen eigenhändig wie folgt unterschrieben:

(Unterschriften)

Kosten: *Notargebühr:* 1,0-Gebühr gem. Nr. 21200 KV GNotKG, mindestens 60 Euro. Geschäftswert gem. § 102 Abs. 1 GNotKG (Wert des Nachlasses, Verbindlichkeiten des Erblassers werden abgezogen, jedoch nur bis zur Hälfte des Werts des Vermögens). Zusätzlich fallen die an den Urkundszeugen gezahlte Vergütungen als Auslagen des Notars an (Nr. 32010 KV GNotKG).

M 80.5 Notarielles Testament bei Handicap des Erblassers (3)

(auf Grund mündlicher Erklärung durch Jasagen)[1]

(Notarielles Beurkundungsprotokoll – Auszug)

Auf Ersuchen von Herrn/Frau ... (Vor- und Nachname des Erblassers) begab ich ... (Name des Notars) mich als Notar mit Amtssitz in ... (Ort) heute, am ... (Datum) um ... (Uhrzeit) in dessen/deren Wohnung in ... (Ort, Straße, Hausnummer). Dort traf ich Herrn/Frau ... (Vor- und Nachname des Erblassers) im Bett liegend an. Er/Sie wies sich durch ... aus (Ausweispapier)/ist mir auf Grund früherer Ausweisung persönlich bekannt. Herr/Frau ... (Vor- und Nachname des Erblassers) ist am ... (Geburtsdatum) in ... (Geburtsort) geboren, wohnhaft in ... (Ort, Straße, Hausnummer) und deutscher Staatsangehöriger. Nach eigenen Angaben sei er/sie nicht verheiratet, habe keine Abkömmlinge und sei durch Verfügungen von Todes wegen nicht gebunden. Die Eltern seien vorverstorben. Nach eigener Erklärung und nach Überzeugung des Notars ist ... (Vor- und Nachname des Erblassers) auf Grund einer schwerwiegenden Stimmbanderkrankung weitgehend nicht mehr dazu in der Lage, sich durch gesprochene Worte verständlich zu machen. Stattdessen erfolgt die Verständigung überwiegend durch Zeichen, Gebärden und über Schriftform, ergänzt durch einzelne kurze ausgesprochene Worte, insbesondere durch das Wort „Ja". Herr/Frau ... (Vor- und Nachname des Erblassers) ist bei klarem Verstand und vermag auf die vorstehend dargestellte Weise seinen/ihren Willen eindeutig zum Ausdruck zu bringen. Er/Sie ist daher uneingeschränkt geschäftsfähig. Hiervon hat sich der Notar durch telefonische Nachfrage bei dem behandelnden Arzt des Herrn/Frau ... (Vor- und Nachname des Erblassers), Herrn/Frau Dr. med ... (Name des Hausarztes) ergänzend überzeugt. Dieser hat ihm die Stimmbandkrankheit von Herrn/Frau ... (Vor- und Nachname des Erblassers) bestätigt. Herr/Frau ... (Vor- und Nachname des Erblassers) macht dem Notar sodann durch Zeichen, Gebärden und wenige Worte verständlich, dass durch seine/ihre ebenfalls anwesende Vertrauensperson Herrn/Frau ... (Vor- und Nachname der Vertrauensperson) erklären könne, was sein/ihr letzter Wille sei. Auf Hinzuziehung eines Zeugen oder zweiten Notars ist verzichtet. Auf Grund der Angaben von Herrn/Frau ... (Vor- und Nachname der Vertrauensperson) verfasste der Notar darauf den letzten Willen des Herrn/Frau ... (Vor- und Nachname des Erblassers) wie folgt:

...

Die so errichtete Niederschrift wurde sodann durch den Notar dahingehend verlesen, dass dieser nach jedem Abschnitt und am Ende des gesamten Verfügungstextes Herrn/Frau ... (Vor- und Nachname des Erblassers) danach befragte, ob dieser Text seinem/ihrem Willen entspreche. Daraufhin antwortete Herr/Frau ... (Vor- und Nachname des Erblassers) jeweils deutlich mit „Ja". Der Notar stellte die darin liegende gleichzeitige mündliche Erklärung und Genehmigung des Testamentsinhaltes fest. Das Testament wurde von Herrn/Frau ... (Vor- und Nachname des Erblassers) und dem Notar wie folgt unterschrieben:

(Unterschriften)

---

1 In Anlehnung an MünchVertragshdb./Nieder Bd. 6 Muster XV.12.

Kosten: *Notargebühr:* 1,0-Gebühr gem. Nr. 21200 KV GNotKG, mindestens 60 Euro. Geschäftswert gem. § 102 Abs. 1 GNotKG (Wert des Nachlasses, Verbindlichkeiten des Erblassers werden abgezogen, jedoch nur bis zur Hälfte des Werts des Vermögens). 50 Euro Zusatzgebühr gem. Nr. 26003 KV GNotKG für die Tätigkeit außerhalb der Geschäftsstelle.

d) Eigenhändiges Testament

46 Ein eigenhändiges Testament ist gem. § 2247 BGB nur dann wirksam errichtet, wenn es der Erblasser selbst **handschriftlich** ge- und unterschrieben hat. Alles, was von dritter Hand, mit Maschine, Computer oder in sonstiger Weise anders als handschriftlich ge- und unterschrieben wurde, ist ungültig und kann unter Umständen trotz § 2085 BGB zur Ungültigkeit des gesamten Testaments

führen (Erman/Kappler § 2247 BGB Rz. 12). Das kann auch für Verzeichnisse o.ä. gelten, die dem Testament als Anlage beigefügt sind und auf die im eigenhändigen Testamentstext verwiesen wird.

➲ **Wichtig:** Wer **minderjährig** ist oder Geschriebenes **nicht zu lesen** vermag (etwa bei erheblicher Sehschwäche), kann ein eigenhändiges Testament nicht wirksam errichten (§ 2247 Abs. 4 BGB). 47

Auf das Schreibmaterial und seine Form (Brief oder Postkarte) und das Schreibmittel (Tinte, Bleistift, Kreide) kommt es nicht an. Entscheidend ist nur, den **ernsthaften** Testierwillen des Erblassers dafür erkennen zu können, dass es sich nicht um einen Entwurf oder Scherz handelt. 48

Die Angabe von **Ort** und **Zeit** (Tag, Monat und Jahr) ist zur Wirksamkeit der Verfügung nicht erforderlich, aber dringend zu empfehlen. Die Zeitangabe ist von elementarer Bedeutung, wenn mehrere Testamente existieren. Ein früheres Testament wird insoweit aufgehoben, als das später errichtete Testament mit diesem in Widerspruch steht. Wird bei dem späteren Testament die Zeitangabe unterlassen, ist es nur als gültig zu bezeichnen, wenn der Zeitpunkt der Errichtung in anderer Weise bewiesen werden kann (§ 2247 Abs. 5 BGB). Beweisbelastet ist derjenige, der sich auf die Gültigkeit des undatierten Testaments beruft, also im Allgemeinen der, der durch dieses Testament begünstigt werden sollte. 49

Die **Unterschrift** soll Vor- und Familiennamen des Erblassers enthalten. Unterschreibt der Erblasser in anderer Weise, etwa alleine mit dem Vornamen, mit einem Pseudonym oder mit der Bezeichnung seiner Stellung im Familienverband („Euer Vater"), ist das Testament nur gültig, wenn diese Unterschrift keinen Zweifel an der Urheberschaft und an der Ernstlichkeit des Willens des Urhebers zur Errichtung einer letztwilligen Verfügung zulässt (§ 2247 Abs. 3 BGB). Eine lediglich auf dem letzten Blatt von mehreren nicht untrennbar miteinander verbundenen Blättern befindliche Unterschrift erfüllt nur dann die Anforderungen an die Formgültigkeit eines eigenhändigen Testaments, wenn bspw. anhand des Schreibmaterials, eines fortlaufenden Textes bzw. von Seitenzahlnummerierung ein enger Zusammenhang und eine einheitliche Willensbildung erkennbar ist, was nicht ausschließlich aufgrund gemeinsamer Aufbewahrung mit anderen Dokumenten angenommen werden kann (OLG Hamm FGPrax 2013, 28, 29). Darüber hinaus kann ein Erblasser ein formwirksames (Änderungs-)Testament u.a. auch dadurch erstellen, dass er auf einer bloßen Kopie eines von ihm eigenhändig ge- und unterschriebenen Testaments, das als solches vorhanden ist und bleibt, unvollständige Textpassagen eigenhändig ergänzt (OLG Karlsruhe NJW-RR 2003, 653) oder durchstreicht (OLG München ZEV 2006, 33), wenn er die so auf der Kopie eigenhändig vorgenommenen Änderungen auch als Abschluss der Urkunde an deren Schluss eigenhändig unterschreibt, wobei dazu u.U. eine eigenhändige Unterschrift auf einem fest verschlossenen Umschlag genügen kann, in dem sich der Testamentstext befindet (OLG München FGPrax 2011, 305). Soweit spätere eigenhändige Änderungen räumlich von der vorher geleisteten Unterschrift erfasst werden, ist selbst bei sehr langem zeitlichen Abstand zur Ausgangstexterrichtung bzw. unter vollständigem Austausch des Textes keine erneute Unterschrift erforderlich, wenn dies nach dem festgestellten Erblasserwillen von der früheren Unterschrift gedeckt sein sollte und das räumliche Erscheinungsbild nicht entgegensteht (BGH NJW 1974, 1083; OLG Zweibrücken FamRZ 1998, 581; BayObLG FamRZ 1984, 1268). Ausnahmsweise können nachträgliche Änderungen unter der bisherigen Ausgangsunterschrift nur dann wirksam sein, wenn entweder unter dem eigenhändigen Änderungstext nochmals eigenhändig unterschrieben wird oder ein dergestalt enger Bezug zwischen Ausgangs- und Änderungstext besteht, dass nur beide Texte zusammen den Erblasserwillen vollständig, durchführbar bzw. ersichtlich erscheinen lassen (OLG München FGPrax 2011, 305, 306; Langenfeld/Fröhler, Testamentsgestaltung, 1. Kap. Rz. 64). 50

Auf Verlangen des Erblassers wird das eigenhändige Testament in besondere **amtliche Verwahrung** genommen (§ 2248 BGB iVm. §§ 344, 346, 347 FamFG). Zuständig ist das Nachlassgericht. Die besondere amtliche Verwahrung empfiehlt sich stets: Das Testament ist so vor Fälschung, Verlust und Unterdrückung gesichert. Es darf nur an den Erblasser persönlich zurückgegeben werden (Palandt/Edenhofer § 2248 BGB Rz. 6). Im Falle des Todes ist sichergestellt, dass das Testament schnellst möglich eröffnet und damit allen Beteiligten bekannt gemacht wird (§ 348 FamFG). Die Tatsache, dass ein Testament in amtlicher Verwahrung ist, hindert den Erblasser nicht, den Inhalt durch ein zeitlich nachfolgendes eigenhändiges Testament zu ändern oder aufzuheben (§ 2258 BGB). Die 51 amtliche Inverwahrnahme ist keine Wirksamkeitsvoraussetzung. Die Rückgabe eines eigenhändigen Testaments aus der amtlichen Verwahrung gilt im Gegensatz zur Rückgabe eines öffentlichen Testaments alleine noch nicht als Widerruf (Umkehrschluss aus § 2256 BGB). Vielmehr ist ein zusätzlicher Widerruf erforderlich (vgl. dazu Kap. 88).

M 80.6 Eigenhändiges Testament – Urkundenmantel[1]

(Eingang, Widerruf früherer letztwilliger Verfügungen, Ort, Datum, Unterschriften)

Mein Testament

Ich, ... (Vor- und Nachname des Erblassers), geboren am ... (Geburtstag) in ... (Geburtsort), wohnhaft in ... (Ort, Straße, Hausnummer), errichte hiermit mein Testament. Mir geht es gesundheitlich gut. Ich bin im vollen Besitz meiner geistigen Kräfte. Über meinen Nachlass kann ich frei verfügen. Insbesondere bin ich weder durch einen Erbvertrag noch durch ein gemeinschaftliches Testament mit meinem am ... verstorbenen Ehegatten gebunden. Vorsorglich widerrufe ich hiermit alle bisher von mir getroffenen Verfügungen von Todes wegen. Mein letzter Wille bestimmt sich daher ausschließlich nach dem hier niedergeschriebenen Testament.

... (letztwillige Verfügungen)

... (Ort, Datum)

(Unterschrift)

1 Text und Unterschrift müssen durch den Testierer eigenhändig ge- und unterschrieben werden.

Kosten: *Gerichtsgebühr:* Für die amtliche Verwahrung 75 Euro gem. Nr. 12100 KV GNotKG.

e) Gemeinschaftliches Testament

52 Ein gemeinschaftliches Testament können nur **Ehegatten** oder **Lebenspartner** iSd. LPartG wirksam errichten. Andere Personen sind auf Beurkundung eines **Erbvertrags** angewiesen, um ähnliche Bindungswirkungen zu erreichen. Das gilt auch für Verlobte, deren gemeinschaftliches Testament nichtig ist und selbst durch spätere Heirat nicht wirksam wird (Erman/Kappler § 2265 BGB Rz. 2). Näheres zu Inhalt und Wirkungen s. Kap. 85.

53 Das gemeinschaftliche **öffentliche** Testament wird in gleicher Weise errichtet wie das öffentliche Einzeltestament (s. Rz. 43 und **M 80.1**). Allerdings werden übereinstimmende Erklärungen nur einmal als gemeinsame Erklärungen protokolliert, das Protokoll wird von beiden Ehegatten bzw. Lebenspartnern unterschrieben (s. **M 85.2**).

54 Beim gemeinschaftlichen **eigenhändigen** Testament genügt es, wenn einer der Ehegatten bzw. Lebenspartner das Testament in der für das Einzeltestament (§ 2247 BGB) vorgeschriebenen Form (s. **M 80.6**), dh. eigenhändig, errichtet und der andere Ehegatte bzw. Lebenspartner die gemeinschaftliche Erklärung eigenhändig **mitunterzeichnet** (s. **M 85.1**).

55 Das gemeinschaftliche Testament kann aus **amtlicher Verwahrung** nur von beiden Ehegatten bzw. Lebenspartnern gemeinsam zurückgenommen werden (§ 2272 BGB).

f) Nottestament vor dem Bürgermeister

56 Das Nottestament vor dem Bürgermeister ist ein außerordentliches öffentliches Testament (s. Rz. 39). Der Bürgermeister nimmt dabei die Rolle des Notars ein, muss jedoch gem. § 2249 Abs. 1 Satz 2 BGB **zwei Zeugen** hinzuziehen, damit das Testament wirksam errichtet werden kann. Darüber hinaus verweist § 2249 Abs. 1 Satz 4 BGB auf die vom Bürgermeister einzuhaltenden Formvorschriften nach BeurkG und BGB.

➲ **Wichtig:** Zwingende **Wirksamkeitsvoraussetzung** für die Errichtung eines Nottestaments zur Niederschrift des Bürgermeisters ist ua., dass 57

- der Erblasser seinen letzten Willen mündlich oder durch Übergabe einer Schrift erklärt hat,
- der zuständige Bürgermeister des Aufenthaltsortes des Erblassers handelt,
- zwei Zeugen hinzugezogen sind,
- der Erblasser, der Bürgermeister und die beiden Zeugen ständig anwesend sind,
- die Niederschrift noch zu Lebzeiten des Erblassers erstellt wird und
- aus dieser Niederschrift hervorgeht, wer Erblasser, Urkundsperson und Zeuge ist.

Weiter muss die Niederschrift

- vorgelesen,
- durch den Erblasser genehmigt und
- durch den Bürgermeister, die beiden Zeugen sowie den Erblasser – soweit er nicht schreibunfähig ist (dazu **M 80.3**) – unterzeichnet werden.

Als Urkundsperson ist sachlich der Bürgermeister, örtlich der Bürgermeister des Aufenthaltsorts des Erblassers zuständig. Die Todesbesorgnis muss entweder objektiv oder subjektiv vorliegen.

M 80.7 Nottestament vor dem Bürgermeister

(Niederschrift – Auszug)

Anwesend sind in der Wohnung des dort ebenfalls anwesenden ... (Vor- und Nachname des Erblassers) in ... (Ort, Straße, Hausnummer) heute, am ... (Datum):

1. *Der Bürgermeister des aktuellen Aufenthaltsortes des Erblassers, ... (Vor- und Nachname),*
2. *... (Vor- und Nachname), geb. am ... (Geburtsdatum), wohnhaft in ... (Wohnort), als Zeuge,*
3. *... (Vor- und Nachname), geb. am ... (Geburtsdatum), wohnhaft in ... (Wohnort), als Zeuge.*

Der Bürgermeister und die beiden Zeugen haben sich auf Ersuchen von ... (Vor- und Nachname des Erblassers) heute in dessen Wohnung begeben ... (Vor- und Nachname des Erblassers) ist dem Bürgermeister persönlich bekannt/hat sich ausgewiesen durch ... (Ausweispapier). Der Erblasser ist weder mit dem Bürgermeister noch mit den beiden Zeugen verwandt oder verschwägert. Der Erblasser liegt bei Anfertigung der Niederschrift in seinem Bett, vermag seinen Willen deutlich zum Ausdruck zu bringen und ist bei klarem Bewusstsein. Aufgrund des persönlichen Eindruckes und nach der Unterhaltung gewinnt der Bürgermeister die Überzeugung, dass der Erblasser uneingeschränkt testierfähig ist. Der Erblasser ist zu Zeit und Ort voll orientiert, kann insbesondere seine persönlichen Daten, seinen Wohnort und das heutige Datum richtig wiedergeben sowie zutreffende Angaben zum aktuellen Zeitgeschehen und zu seiner gesundheitlichen Situation machen. Der Erblasser hat nach eigenen Angaben in der Vergangenheit bereits mehrfach Herzinfarkte erlitten und befürchtet in Kürze zu sterben, noch bevor er vor einem Notar ein Testament beurkunden lassen kann. Der Erblasser ist nach eigenen Angaben am ... (Geburtsdatum) in ... (Geburtsort) geboren, wohnhaft in ... (Ort, Straße, Hausnummer), ledig, deutscher Staatsangehöriger und habe keine Abkömmlinge. Er sei durch letztwillige Verfügungen nicht gebunden.

... (Vor- und Nachname des Erblassers) erklärt sodann in dauerhafter, ununterbrochener Gegenwart des Bürgermeisters und der beiden Zeugen mündlich seinen letzten Willen wie folgt:

...

Der Bürgermeister wies ... (Vor- und Nachname des Erblassers) darauf hin, dass das heutige Nottestament als nicht errichtet gilt, wenn seit der heutigen Errichtung drei Monate vergangen sind und der Erblasser zu diesem Zeitpunkt noch lebt. Er wies weiter darauf hin, dass der Beginn und der Lauf der Frist gehemmt sind, solange der Erblasser außer Stande ist, ein Testament vor einem Notar zu errichten.

Die Niederschrift wurde vom Bürgermeister vorgelesen, vom Erblasser genehmigt und von ihm, dem Bürgermeister und den beiden Zeugen wie folgt unterschrieben:

(Unterschriften)

Kosten: *Verwaltungsgebühr:* Die Gebühren richten sich nach Landesrecht.

g) Dreizeugentestament

58 Das Dreizeugentestament ist ein außerordentliches Testament (s. Rz. 39). Gem. § 2250 BGB ist es wirksam, wenn sich der Erblasser an einem Ort aufhält, der infolge außerordentlicher Umstände dergestalt abgesperrt ist, dass die Errichtung eines Testaments vor einem Notar nicht möglich oder erheblich erschwert ist, und er sich in so **naher Todesgefahr** befindet, dass voraussichtlich auch die Errichtung eines Nottestaments vor einem Bürgermeister nicht mehr möglich ist. Hier treten die drei Zeugen, die allesamt zur Mitwirkung unter Übernahme der Verantwortung für die richtige Wiedergabe des Erblasserwillens bereit sein müssen, an die Stelle der Urkundsperson. Alle drei Zeugen müssen während des gesamten Errichtungsvorganges samt Verlesung und Genehmigung der Niederschrift anwesend sein. Weiter muss die Niederschrift vorgelesen, durch den Erblasser genehmigt und durch alle drei Zeugen (dies ist umstritten) sowie den Erblasser – soweit er nicht schreibunfähig ist – unterzeichnet werden. Die Todesgefahr muss entweder objektiv vorliegen, ohne dass sich die Zeugen dessen bewusst sein müssen (BGHZ 3, 372 ff.; LG Freiburg ZEV 2003, 370), oder subjektiv zum Zeitpunkt der Testamentserrichtung nach Ansicht aller drei Zeugen bestehen und dann zusätzlich angesichts der objektiven Sachlage als gerechtfertigt angesehen werden können (BGHZ 3, 372 ff.; OLG München NJW 2010, 684; Langenfeld/Fröhler, Testamentsgestaltung, 1. Kap. Rz. 58) oder objektiv bestehen. Der Todesgefahr steht eine jederzeit drohende Testierfähigkeit gleich, wenn diese voraussichtlich durchgängig bis zum Tod des Erblassers fortdauert (OLG München NJW 2010, 684).

59 ➲ **Wichtig:** Im Gegensatz zu einem Nottestament vor einem Bürgermeister kann ein Dreizeugentestament **ausschließlich durch mündliche Erklärung** des Erblasserwillens und nicht auch durch Übergabe einer offenen oder verschlossenen Schrift errichtet werden, da die 2002 erfolgte Neufassung des § 2232 BGB (s. Rz. 45) nicht auf § 2250 BGB erweitert wurde. Soweit sich der Erblasser daher ausschließlich – und nicht nur zu einzelnen Punkten – durch Zeichen oder Gebärden auszudrücken vermag, kann ein Dreizeugentestament nicht wirksam errichtet werden.

M 80.8 Nottestament in besonderen Fällen (Dreizeugentestament)

(Niederschrift – Auszug)

Anwesend sind am ... (Datum, Uhrzeit) an der Bundesautobahn A ... Kilometerstand ... in der Nähe der Ausfahrt ... in Fahrtrichtung ... als Zeugen:

1. ... (Vor- und Nachname), geb. am ... (Geburtsdatum), wohnhaft ... (Wohnanschrift),

2. ... (Vor- und Nachname), geb. am ... (Geburtsdatum), wohnhaft ... (Wohnanschrift),

3. ... (Vor- und Nachname), geb. am ... (Geburtsdatum), wohnhaft ... (Wohnanschrift).

Weiter anwesend ist ... (Vor- und Nachname des Erblassers), geb. am ... (Geburtsdatum) in ... (Geburtsort), wohnhaft ... (Wohnanschrift), ausgewiesen durch ... (Ausweispapier). Der Erblasser hat soeben einen Unfall erlitten, bei dem er schwer verletzt worden ist, insbesondere offensichtlich einige Knochenbrüche erlitten hat. Unfallhilfe ist gerufen, aber noch nicht erschienen. Der Erblasser ist bei vollem Bewusstsein, kann seine persönlichen Daten sowie das aktuelle Tagesdatum richtig wiedergeben und ist über seine Situation orientiert. Selbst schreiben kann er nicht. Der Erblasser, der mit den Zeugen weder verwandt noch verschwägert ist, erklärt sodann in dauerhafter, ununterbrochener Gegenwart aller drei Zeugen mündlich seinen letzten Willen wie folgt:

...

Die Niederschrift wurde von dem Zeugen ... (Vor- und Nachname des vorlesenden Zeugen) vorgelesen, vom Erblasser, der zur eigenhändigen Unterschrift nicht imstande ist, genehmigt und von allen drei Zeugen wie folgt unterschrieben:

(Unterschriften)

IV. Unwirksamkeit letztwilliger Verfügungen bei Auflösung der Ehe, einer eingetragenen Lebenspartnerschaft bzw. eines Verlöbnisses

Soweit eine stets vorrangig erforderliche Erforschung des Erblasserwillens zu keinem abweichenden Ergebnis führt (Erman/M. Schmidt § 2077 BGB Rz. 1), ist eine den Ehegatten des Erblassers bedenkende letztwillige Verfügung nach der dispositiven Auslegungsregel des § 2077 Abs. 1 BGB, die als selbständiger Tatbestand neben der Anfechtungsmöglichkeit aus § 2078 BGB (MünchKomm.BGB/Leipold § 2077 BGB Rz. 4) besteht, unwirksam, 59a

- wenn die Ehe nach dem vor dem 1.7.1998 geltenden EheG für nichtig erklärt wurde (Erman/M. Schmidt § 2077 BGB Rz. 2),
- wenn die Ehe bereits vor dem Tod des Erblassers unabhängig vom Auflösungsgrund rechtskräftig aufgelöst, insbesondere geschieden und damit der überlebende Partner beim Erbfall nicht mehr Ehegatte des Erblassers gewesen ist,
- wenn zur Zeit des Todes des Erblassers die Voraussetzungen der Ehescheidung – auch bei einem im Ausland dann nach dortigem Recht durchgeführten Scheidungsverfahren (OLG Stuttgart v. 4.10.2011 – 8 W 321/11, FamRZ 2012, 480 = BWNotZ 2011, 214 = ZEV 2012, 208 (liechtensteinisches Recht); Erman/Lieder § 1933 BGB Rz. 3, Langenfeld/Fröhler, Testamentsgestaltung, 5. Kap. Rz. 162) – gegeben waren, mithin nach deutschem Scheidungsrecht für die gem. § 1565 Abs. 1 BGB gescheiterte Ehe das Trennungsjahr nach § 1565 Abs. 2 BGB abgelaufen ist oder das Scheitern gem. § 1566 BGB unwiderleglich vermutet wird und die Härteklausel nach § 1568 BGB nicht erfüllt ist (Erman/Lieder § 1933 BGB Rz. 3) sowie der Erblasser die Scheidung (§§ 1564 ff. BGB) beantragt oder einem Scheidungsantrag des überlebenden Ehegatten – da nach § 114 Abs. 4 Nr. 3 FamFG kein Anwaltszwang besteht, zulässigerweise auch durch eigenes Schreiben an das Familiengericht – zugestimmt hatte, wozu keine ausdrückliche Zustimmung erklärt werden muss, sondern sich die Zustimmung auch durch Auslegung aus einer Parteierklärung ergeben kann, jedoch gar keine Äußerung des Erblassers nicht ausreicht (OLG Düsseldorf DNotZ 2012, 221, Langenfeld/Fröhler, Testamentsgestaltung, 1. Kap. Rz. 93), oder
- wenn der Erblasser die Aufhebungsklage (§ 1313 BGB) erhoben hatte und zumindest ein Aufhebungsgrund nach § 1314 BGB bestand.

Der Scheidungsantrag bzw. die Aufhebungsklage muss iSd. § 262 Satz 2 ZPO rechtshängig und daher dem Gegner nach §§ 124 FamFG iVm. § 253, 261 Abs. 1 ZPO **vor dem Tod des Erblassers zugestellt** sein (BGH NJW 1990, 2382). „Bedacht" iSv. § 2077 BGB ist der Ehegatte durch den Erblasser, wie die verallgemeinernde Wortwahl und die systematische Stellung der Norm im Titel „Allgemeine Vorschriften" von Buch 5 zeigt, nicht nur durch Erbeinsetzung, sondern bspw. auch mittels Vermächtnisses.

Für einen eventuellen vorrangigen trotz Eheaufösung maßgebenen **Fortgeltungswillen** des Erblassers nach § 2077 Abs. 3 BGB, der **bereits bei Testamentserrichtung** (BGH FamRZ 1960, 26 [28]; OLG Stuttgart ZEV 2012, 208; BayObLG DNotZ 1993, 129, 130; Langenfeld/Fröhler, Testamentsgestaltung, 5. Kap. Rz. 163) tatsächlich oder, wenn der Erblasser sich keine diesbezüglichen Überlegungen gemacht hat, lediglich hypothetisch bestanden haben muss, ist derjenige beweis- bzw. feststellungsbelastet, der sich auf die Gültigkeit der betroffenen letztwilligen Verfügung beruft (BGH FamRZ 1960, 26, 28; BayObLG DNotZ 1993, 129, 130; OLG Bremen FamRZ 1986, 833, 835; Erman/M. Schmidt § 2077 BGB Rz. 6; MünchKomm.BGB/Leipold § 2077 BGB Rz. 4). Heiraten die nach Errichtung der betroffenen Verfügung von Todes wegen Geschiedenen einander erneut, bleibt diese Verfügung von Todes wegen wie in allen anderen Konstellationen auch hier nur dann wirksam, wenn konkret ein diesbezüglicher Erblasserwille festgestellt werden kann (OLG Hamm ZEV 2011, 265; BayObLG ZEV 1995, 331; KG FamRZ 1968, 217; Langenfeld/Fröhler, Testaments- 59b gestaltung, 5. Kap. Rz. 163; MünchKomm.BGB/Leipold § 2077 BGB Rz. 27; aA (bereits die Wiederheirat kompensiere die Scheidung) Staudinger/Otte § 2077 BGB Rz. 25; Soergel/Loritz § 2077 BGB Rz. 17; Tappmeier DNotZ 1987, 715, 717 u. 724).

59c ➲ **Praxistipp:** Zur Vermeidung ungewisser bzw. unzutreffender Auslegungsergebnisse sollte daher letztwillig ausdrücklich klargestellt werden, ob die Verfügung trotz Auflösung der Ehe, Lebenspartnerschaft bzw. des Verlöbnisses nach § 2077 Abs. 3 BGB wirksam bleibt oder nicht. S. dazu **M 85.17** § 5).

59d Für **eingetragene Lebenspartner** gilt § 2077 BGB über § 10 Abs. 5 LPartG entsprechend. Steht ein ernstlich gemeintes, gegenseitig abgegebenes und angenommenes **Eheversprechen** iSd. §§ 1297 ff. BGB fest, ist für dessen Aufhebung derjenige beweis- bzw. feststellungsbelastet, der sich nach § 2077 Abs. 2 BGB auf die **Verlöbnisauflösung** beruft (OLG Stuttgart MDR 1998, 163; MünchKomm.BGB/Leipold § 2077 BGB Rz. 16; Palandt/Weidlich § 2077 BGB Rz. 5; Staudinger/Otte § 2077 BGB Rz. 20; aA (immer der bedachte Verlobte für das Bestehen des Verlöbnisses) BayObLG FamRZ 1987, 1199; Erman/M. Schmidt § 2077 BGB Rz. 4). § 2077 Abs. 1 Satz 1 BGB ist dabei auch dann anwendbar, wenn Erblasser und Bedachter bei Testamentserrichtung verlobt und anschließend geheiratet haben (BayObLG DNotZ 1993, 129, 130).

59e Eine **analoge** Anwendung des § 2077 BGB ist sowohl bei letztwillig bedachten Schwiegerkindern (BGH ZEV 2003, 284; Erman/M. Schmidt § 2077 BGB Rz. 7; aA OLG Saarbrücken NJW-RR 1994, 589; MünchKomm.BGB/Leipold § 2077 BGB Rz. 5) trotz Wegfalls der Geschäftsgrundlage hinsichtlich entsprechender lebzeitiger Zuwendungen (BGH DNotZ 2011, 301) als auch aufgrund vorrangiger Rechtssicherheit bzw. Interessen des Versicherers für Bezugsberechtigungsbenennungen in Lebensversicherungsverträgen (BGH NJW-RR 2007, 976; Erman/M. Schmidt § 2077 BGB Rz. 8; Palandt/Weidlich § 2077 BGB Rz. 2; Staudinger/Otte § 2077 BGB Rz. 31; aA MünchKomm.BGB/Leipold § 2077 BGB Rz. 25) und bei Aufhebung einer Adoption (MünchKomm.BGB/Leipold § 2077 BGB Rz. 5) sowie Beendigung einer nichtehelichen Lebensgemeinschaft (OLG Celle ZEV 2003, 328; Erman/M. Schmidt § 2077 BGB Rz. 5; Palandt/Weidlich § 2077 BGB Rz. 2; MünchKomm.BGB/Leipold § 2077 BGB Rz. 5) ausgeschlossen.

59f Im Falle des Ausschlusses des Erbrechts ist der Ehegatte nach §§ 1569 bis 1586b BGB unterhaltsberechtigt (MünchKomm.BGB/Leipold § 2077 BGB Rz. 30 iVm. § 1933 BGB Rz. 25 f.; Langenfeld/Fröhler, Testamentsgestaltung, 5. Kap. Rz. 166). Zum Ausschluss des **gesetzlichen** Ehegattenerbrechts s. Rz. 22. Zur Unwirksamkeit letztwilliger Verfügungen bei Eheauflösung im **gemeinschaftlichen Testament** bzw. **Erbvertrag** s. Kap. 85 Rz. 1.

V. Steuerliche Folgen eines Erwerbs von Todes wegen und einer vorweggenommenen Erbfolge

1. Allgemeines

60 Bei der Errichtung letztwilliger Verfügungen sollten auch die **steuerlichen Auswirkungen** berücksichtigt werden, **soweit** es die familiären, wirtschaftlichen und rechtlichen Erwägungen zulassen. **Steuerersparnisse** lassen sich vor allem erzielen durch

- Ausnutzung der Freibeträge und der Staffelung des Tarifs,
- steuerfreie Zuwendungen,
- besondere Gestaltung der Erbeinsetzung,
- Rechtshandlungen außerhalb des Testaments, insbesondere Schenkungen schon zu Lebzeiten,
- bei Eheleuten uU durch Vereinbarung eines anderen als des gesetzlichen Güterstandes.

Besondere Begünstigungsnormen aus steuerlicher Sicht schuf der Gesetzgeber mit dem ErbStG 2009. In Ergänzung zu den bisherigen Steuerbefreiungen des § 13 ErbStG, regelte der Gesetzgeber bestimmte Steuervergünstigungen für Betriebsvermögen, Betriebe der Land- und Forstwirtschaft und für Anteile an Kapitalgesellschaften in den §§ 13a, 13b ErbStG. Die Regelverschonung in diesem Bereich beträgt bislang 85 Prozent des steuerlichen Wertes, ggf. mit einem zusätzlichen gleitenden Abzugsbetrag von höchstens 150 000 Euro (§ 13a Abs. 2 ErbStG). Auf Antrag kann eine Befreiung auf bis zu 100 Prozent gewährt werden (§ 13a Abs. 8 ErbStG).

§ 13c ErbStG hingegen regelt besondere Steuerbefreiungen für zu Wohnzwecken vermietete Grundstücke. Die Neuregelungen entsprachen der höchstrichterlichen Grundvorgaben, steuerliche Vergünstigungen nicht im Rahmen der Bewertung der Vermögenswerte vorzunehmen (wie dies faktisch durch die lange Zeit nicht erfolgte Anpassung der Einheitswerte für Grundvermögen erfolgt war), sondern dies im Rahmen eigener gesetzlicher Normen zu definieren. Der BFH hielt in seinem Vorlagebeschluss an das BVerfG v. 27.9.2012 (Az. II R 9/11) die Verschonungsregelungen für verfassungswidrig. Hintergrund des Urteilsfalls war vor allem die Möglichkeit, Kapitalvermögen in sogenannte „Cash-GmbHs" einzulegen und damit die günstigeren Regelungen für Betriebsvermögen zu nutzen; allerdings wurde diese Regelung zwischenzeitlich durch das AmtshilfeRLUmsG geschlossen.

Mit Beschluss v. 17.12.2014 (1 BvL 21/12, BStBl 2015 II, 50) urteilte das BVerfG, dass die **§§ 13a, 13b iVm. § 19 Abs. 1 ErbStG 2009** aufgrund einer **Überprivilegierung des Betriebsvermögens** gegen Art. 3 GG verstoßen. Bis zu einer **Neuregelung** bleibt die bisherige Rechtslage anwendbar, allerdings ist der Gesetzgeber verpflichtet **bis spätestens** zum **30.6.2016** eine Neuregelung zu treffen. Der Gleichheitssatz belässt dem Gesetzgeber im Steuerrecht nach den Ausführungen des BVerfG einen weit reichenden Entscheidungsspielraum sowohl bei der Auswahl des Steuergegenstandes als auch bei der Bestimmung des Steuersatzes. Allerdings müssen sich Abweichungen von der einmal getroffenen Belastungsentscheidung ihrerseits am Gleichheitssatz messen lassen; sie bedürfen eines besonderen sachlichen Grundes und steigen hinsichtlich der Anforderungen mit Umfang und Ausmaß der Abweichung. Die Verschonung von Erbschaftsteuer beim Übergang betrieblichen Vermögens in den §§ 13a, 13b ErbStG ist angesichts des Ausmaßes und der eröffneten Gestaltungsmöglichkeiten mit Art. 3 Abs. 1 GG unvereinbar. Nach den Leitsätzen des BVerfG liegt es allerdings im Entscheidungsspielraum des Gesetzgebers, kleine und mittelständische Unternehmen, die in personaler Verantwortung geführt werden, zur Sicherung des Bestandes und der Erhaltung der Arbeitsplätze von der Erbschaftsteuer weitgehend oder vollständig freizustellen; für jedes Maß der Steuerverschonung benötigt der Gesetzgeber allerdings tragfähige Rechtfertigungsgründe. Eine Unverhältnismäßigkeit erkennt das BVerfG insbesondere soweit die steuerliche Privilegierung über kleine und mittlere Betriebsvermögen ohne eine Bedürfnisprüfung hinausgeht; die Lohnsummenregelung ist im Grunde verfassungsgemäß, die Freistellung von der Mindestlohnsumme privilegiert den Erwerb von Betrieben mit bis zu 20 Beschäftigten unverhältnismäßig. Gleiches gilt für die Regelung über das Verwaltungsvermögen.

An der grundsätzlichen Begünstigung des Betriebsvermögens für erbschaftsteuerliche Zwecke beabsichtigt der Gesetzgeber (vgl. Gesetzentwurf der Bundesregierung lt. Beschluss des Bundeskabinettes v. 8.7.2015) auch weiterhin festzuhalten. Die bereits 2009 eingeführte **Systematik von Regel- und Optionsverschonung** soll diesbezüglich **weiter modifiziert** werden (vgl. Gesetzentwurf der Bundesregierung lt. Beschluss des Bundeskabinettes vom 8.7.2015). Gesetzessystematisch regelt der Entwurf der Bundesregierung die Begünstigung des Betriebsvermögens in § 13a ErbStG-E, § 13b ErbStG-E definiert zukünftig das begünstigte Vermögen, § 13c ErbStG-E den Verschonungsabschlag bei Großerwerben von begünstigtem Vermögen (Erwerb von mehr als 26 Mio. Euro). Die bisherigen Regelungen des § 13c ErbStG 2009 werden zum § 13d ErbStG-E. Zusätzlich kommt nach dem Entwurf der § 28a ErbStG-E die Regelung einer Verschonungsbedarfsprüfung hinzu. 60a

Eine **Regelverschonung** sieht der Entwurf zukünftig nur für begünstigtes Betriebsvermögen **bis** zu einem Wert von **26 Mio. Euro** vor (Verschonungsabschlag von 85 %, sowie eine Optionsverschonung mit einem Verschonungsabschlag von 100 % bei erhöhten Lohnsummen). Bezugsgröße für die Abschlagsgewährung ist der Wert des begünstigten Vermögens, nicht der Unternehmenswert als solcher. Bei Großerwerben von mehr als 26 Mio Euro (bzw. mehr als 52 Mio Euro bei Familienunternehmen; i.ü. max bis zu 116 Mio Euro) sieht der Entwurf ein stufenweises Abschmelzen des Verschonungsabschlages vor; beabsichtigt ist die Minderung des Verschonungsabschlages um jeweils einem Prozentpunkt für jede vollen 1,5 Mio Euro, die der Wert des begünstigten Vermögens den Betrag von 26 Mio Euro übersteigt.

Die modifizierte **Lohnsummenklausel** sieht für Kleinst- und Kleinfälle für bis zu drei Arbeitnehmer eine Bagatellregelung vor, bei vier bis zehn Arbeitnehmern beträgt sie 250 %, bei mehr als zehn, aber nicht mehr als 15 Beschäftigten 300 % und darüber 400 % der Mindestlohnsumme (bei

Optionsverschonung – 100 Prozent – bis drei Arbeitnehmern entfällt zukünftig die Lohnsummenklausel, für vier bis zehn beläuft sie sich auf 500 %, ab dem elften bis zum 15. Arbeitnehmer soll sie sich auf 565 % der Mindestlohnsumme belaufen). Besonderheiten sollen für Familienunternehmen gelten (Erhöhung der Prüfschwelle auf 52 Mio Euro); ab einem begünstigten Vermögen von mehr als 116 Mio Euro bestehe nach dem Entwurf ein konstanter Verschonungsabschlag von 20 % bei der Regel- und 35 % bei der Optionsverschonung.

Neben der Modifikation der Lohnsummenregelungen beabsichtigt der Gesetzgeber die gesetzliche Neudefinition des begünstigten Vermögens in § 13b ErbStG-E. Nach bisheriger Regelung kam eine erbschaft- und schenkungsteuerliche Begünstigung – des an sich begünstigungsfähigen Vermögens – nicht bei Vorliegen von sogenanntem Verwaltungsvermögen in Betracht. Ähnlich dem (bis 1992 gültigen EW-BV) sieht die Entwurfsdefinition die Erläuterung des Begriffs des begünstigten Vermögens vor, das alle Wirtschaftsgüter (des Betriebs) umfassen soll, die zu mehr als 50 % einer land- und forstwirtschaftlichen, gewerblichen oder freiberuflichen Tätigkeit als Hauptzweck dient (§ 13b Abs. 3 ErbStG-E). Nicht zum begünstigten Vermögen gehören danach folglich Wirtschaftsgüter mit einer betrieblichen Verwendung von bis zu 50 %.

Die Regelung zur Verschonungsbedarfsprüfung (§ 28a ErbStG-E) sieht die Möglichkeit des Erlasses auf Antrag des Erwerbers vor, wenn dieser bei Überschreiten der Grenze von 26 Mio Euro nachweislich nicht in der Lage ist, die auf das begünstigte Vermögen entfallende Steuer aus seinem verfügbaren Vermögen zu begleichen.

Das weitere Gesetzgebungsverfahren bleibt insoweit abzuwarten.

61 Unter steuerlichen Gesichtspunkten muss im Zusammenhang mit der Regelung erbrechtlicher Angelegenheiten im Rahmen der gestaltenden Regelungen zur **vorweggenommenen Erbfolge bzw. der Erbauseinandersetzung** letztlich die **ertragsteuerliche Konsequenz einerseits** und die **rein erbschaft- und schenkungsteuerliche** Konsequenz **andererseits** differenziert werden. Unter ertragsteuerlichen Gesichtspunkten geht es in der Regel um Fragen der Abschreibung, dem Entstehen neuen Abschreibungsvolumens bzw. der Aufdeckung stiller Reserven. Im Einzelnen wird insoweit auf die BMF Schreiben v. 14.3.2006 (BStBl I, 253) zur ertragsteuerlichen Behandlung der Erbengemeinschaft und ihrer Auseinandersetzung sowie v. 13.1.1993 (BStBl I, 80) unter Berücksichtigung der Änderungen durch BMF v. 26.2.2007 (BStBl I, 269) zur ertragsteuerlichen Behandlung der vorweggenommenen Erbfolge verwiesen.

Zu beachten ist insoweit, dass bei der **Auseinandersetzung** von Erbengemeinschaften und bei Vermögensverschiebungen im Rahmen der sog. **vorweggenommenen Erbfolge** die Leistung von **Ausgleichszahlungen** an erbrechtlich Beteiligte (zB Geschwister) **einkommensteuerliche** Folgen auslösen kann. Näheres hierzu Rz. 144 ff.; Kap. 82 Rz. 17 ff.

61a Dieser und der folgende Teil **dieses Kapitels konzentrieren sich auf** die Folgen für die **Erbschaft- und Schenkungsteuer**.

62 **Beerdigungskosten** eines nahen Angehörigen sind regelmäßig als **außergewöhnliche Belastung** zu berücksichtigen, soweit sie nicht aus dem Nachlass bestritten werden können und auch nicht durch Ersatzleistungen gedeckt sind (BFH v. 8.9.1961, BStBl. III 1962, 31; v. 19.10.1990, BStBl. II 1991, 140; v. 17.6.1994, BStBl. II, 754; v. 22.2.1996, BStBl. II, 413).

Leistungen aus einer Sterbegeldversicherung oder aus einer Lebensversicherung, die dem Stpfl. anlässlich des Todes eines nahen Angehörigen außerhalb des Nachlasses zufließen, sind auf die als außergewöhnliche Belastung anzuerkennenden Kosten anzurechnen (BFH v. 19.10.1990, BStBl. II 1991, 140 und v. 22.2.1996, BStBl. II, 413).

Zu den außergewöhnlichen Belastungen gehören nur solche Aufwendungen, die unmittelbar mit der eigentlichen Bestattung zusammenhängen. Mittelbar mit einer Bestattung zusammenhängende Kosten werden mangels Zwangsläufigkeit nicht als außergewöhnliche Belastung anerkannt. Danach können mangels vorliegender Zwangsläufigkeit Aufwendungen für die Bewirtung von Trauergästen (BFH v. 17.9.1987, BStBl. II 1988, 130), Aufwendungen für Trauerkleidung (BFH v. 12.8.1966, BStBl. II 1967, 364) und Reisekosten für die Teilnahme an einer Bestattung eines nahen Angehörigen (BFH v. 17.6.1994, BStBl. II, 754) nicht berücksichtigt werden. Die Erfüllung von **Nachlassverbindlichkeiten** kann ausnahmsweise dann zu abziehbaren außergewöhnlichen Belastungen führen, wenn Nachlassverbindlichkeiten erfüllt werden, die auf existentiellen Bedürfnissen des in Armut verstorbenen Erblassers unmittelbar vor oder im Zusammenhang mit dessen Tod beruhen (BFH v. 24.7.1987, BStBl. II 1987, 715).

Der Erbfall kann im Übrigen auch dazu führen, dass das **Finanzamt erstmals Kenntnis von vorhandenem, steuerpflichtige Erträge abwerfendem Vermögen** (insbesondere Kapitalvermögen) erlangt. Die Vermögensverwahrer und Vermögensverwalter sind durch §§ 33, 34 ErbStG verpflichtet, dem zuständigen Erbschaftsteuer-Finanzamt das in ihrem Gewahrsam befindliche Vermögen des Erblassers schriftlich anzuzeigen (§ 33 ErbStG). Grundsätzlich erfolgt die Anzeige innerhalb eines Monats nach dem Eintritt des Todesfalls (§ 33 Abs. 1 Nr. 1 ErbStG), spätestens jedoch mit der beantragten Umschreibung von Aktien oder Schuldverschreibungen auf den Namen des Erblassers bzw. mit der Auszahlung von Versicherungsleistungen bzw. Leibrenten. Darüber hinaus melden die Standesämter die Sterbefälle, die Gerichte und Notare die Erteilung von Erbscheinen, Testamentsvollstreckerzeugnissen und Zeugnissen über die Fortsetzung der Gütergemeinschaft, Anordnungen von Nachlasspflegschaften und -verwaltungen, die eröffneten Verfügungen von Todes wegen, die abgewickelten Erbauseinandersetzungen, die beurkundeten Vereinbarungen der Gütergemeinschaft und die beurkundeten Schenkungen und Zweckzuwendungen (§ 34 ErbStG). 63

Die Erbschaftsteuer-Finanzämter wiederum geben ihre Erkenntnisse über das Vermögen des Erblassers an die Wohnsitz-Finanzämter weiter, so dass es hier bspw. durch die erstmalige Berücksichtigung derartiger Vermögenspositionen zu (ggf.) erheblichen Steuernachforderungen kommen kann. Durch Beschluss v. 2.4.1992 (BStBl. II 1992, 616) hat der BFH diese Verwaltungspraxis für rechtens erklärt (vgl. auch gleichlautenden Ländererlass v. 18.6.2003, BStBl. I 2003, 392).

Erwerbe von Todes wegen, Schenkungen unter Lebenden und sog. Zweckzuwendungen unterliegen der Erbschaftsteuer bzw. der inhaltlich im Wesentlichen gleichen Schenkungsteuer nach dem **Erbschaft- und Schenkungsteuergesetz (ErbStG)** idF v. 26.6.2013 (BStBl. I 2013, 1809), die aufgrund der Vorgaben des BVerfG v. 17.12.2014 (1 BvL 21/12, BStBl. 2015 II, 50) im Hinblick auf die verfassungsgemäße Ausgestaltung der Begünstigung des Betriebsvermögens zzt. weiter reformiert wird. 64

Mehrere **Vorgaben des Verfassungsgerichtes** begleiteten die Entwicklung der aktuellen Gesetzesfassung (vgl. auch Rz. 60), das zunächst aufgrund der **Einheitswertbeschlüsse** v. 22.6.1995 des BVerfG (BVerfGE 93, 121 und 93, 165) im Hinblick auf die **Neuschaffung der Bedarfswerte** reformiert wurde. Da auch die Bedarfswerte in ihrer ersten Ausgestaltung keine den Verkehrswerten entsprechenden Werte für die Grundvermögensimmobilien abbildeten, verwarf das BVerfG (BVerfG-Beschluss v. 7.11.2006 – 1 BvL 10/02, BVerfGE 117, 1–70, BStBl. II 2007, 192 ff.) die dort gefundene Bewertung als verfassungswidrig, wenn diese im Zusammenspiel mit den übrigen Einkünften (Betriebsvermögen, Land- und Forstwirtschaft, sonstiges Vermögen) einem einheitlichen Steuersatz (§ 19 ErbStG) unterworfen wurden. Mit dem ErbStG 2009 erfolgte zugleich die Reform der Bewertungsvorgaben bei gleichzeitiger Schaffung bestimmter Verschonungstatbestände insbesondere für Betriebs- und bestimmtes Immobilienvermögen (§§ 13a, 13b, 13c ErbStG), die hinsichtlich der sogenannten Cash-GmbH bis zu deren Abschaffung durch den Gesetzgeber 2013 höchstrichterlich umstritten waren.

Mit Beschluss d. BVerfG v. 17.12.2014 (1 BVL 21/12, BStBl 2015 II, 50) urteilte das BVerfG, das die **§§ 13a, 13b iVm. § 19 Abs. 1 ErbStG 2009** aufgrund einer **Überprivilegierung des Betriebsvermögens** gegen Art. 3 GG verstoßen. Bis zu einer **Neuregelung** bleibt die bisherige Rechtslage anwendbar, allerdings ist der Gesetzgeber verpflichtet **bis spätestens** zum **30.6.2016** eine Neuregelung zu treffen. Nach derzeitigem Diskussionsstand (vgl. Gesetzentwurf der Bundesregierung lt. Beschluss des Bundeskabinettes vom 8.7.2015) beabsichtigt der Gesetzgeber die grundsätzliche Privilegierung des Betriebsvermögens unter verfassungsgerechter Ausgestaltung beizubehalten.

Die Wertermittlung für die Besteuerungsgrundlagen bestimmt sich im Wesentlichen nach dem BewG. Um für steuerliche Zwecke von einem einheitlichen Wertermittlungsverfahren und einem einheitlichen Wert auszugehen, hatte der Gesetzgeber insoweit ursprünglich den „Einheitswert“ geschaffen, der einheitlich für alle Steuerarten Bedeutung haben sollte (Grundsteuer, Erbschaft-, Schenkungsteuer, gegebenenfalls Grunderwerbsteuer). Da der Gesetzgeber insoweit jedoch keine Anpassung der zuletzt nach den Wertverhältnissen auf den 1.1.1964 festgestellten Einheitswerte auf zeitgemäße Verkehrswerte vorgenommen hatte, führte die Zugrundelegung dieser Werte im steuerlichen Zusammenspiel mit anderen Einkünften, die nach den tatsächlichen Werten ermittelt wur- 65 den, zu einem Verfassungsverstoß nach Art. 3 GG. Mit dem neuen Verfahren zur Ermittlung des Bedarfswertes hat der Gesetzgeber zwar das ursprüngliche Problem der nicht zeitgerechten Bewertung für Fälle der Erbschaft- und Schenkungsteuer gelöst. Gleichwohl bleibt die Problematik für die Grundsteuer evident. Mit Beschluss v. 22.10.2014 (II R 16/13, BStBl. II 2014, 957 – 1 BvL 11/14) hat der BFH dem BVerfG die Frage vorgelegt, ob die Vorschriften über die Einheitsbewertung des Grundvermögens seit 2009 wegen Verstoßes gegen Art. 3 GG verfassungswidrig sind (vgl. auch BFH, Urteil v. 30.6.2010 – II R 12/09; Verfassungsbeschwerde anhängig BVerfG-Az. 2 BvR 287/11). In dem neuen Vorlageverfahren geht es nun um die Frage, ob die Einheitsbewertung des Grundvermögens auch für den Stichtag (Feststellungszeitpunkt) 1.1.2009 noch verfassungsgemäß ist.

66 Mit dem Jahressteuergesetz 1996 führte er als Folge dieser Entscheidung (BVerfGE 93, 165) für Erwerbe zwischen 1996 und 2008 die sogenannte Bedarfsbewertung (§§ 12 Abs. 3 ErbStG, 138 ff. BewG) ein, wonach nur noch im Bedarfsfalle für Zwecke der Erbschaftsteuer eine gesonderte Feststellung des Bedarfswerts erfolgte. Bei der Bedarfsbewertung war bereits die Unterscheidung zwischen Grundvermögen und Betriebsvorrichtungen von Bedeutung. Handelte es sich bei dem Bauwerk um eine Betriebsvorrichtung, war es – wie im Übrigen bereits bei der Einheitsbewertung – bei der Erbschaft-/Schenkungsteuer separat zu erfassen. Ist das Bauwerk dagegen ein Gebäude, ein Gebäudebestandteil oder eine Außenanlage, ist der Wert des Bauwerks mit dem Ansatz des Grundbesitzwerts abgegolten. Zur Abgrenzung des Grundvermögens von den Betriebsvorrichtungen gibt es die gleichlautenden Ländererlasse v. 5.6.2013, BStBl. I 2013, 734.

Da auch der **Bedarfswert** im Zusammenwirken mit den übrigen zu bewertenden Vermögenswerten (Kapitalvermögen etc.) in der Regel den Verkehrswert der Immobilien deutlich unterschritt, mangelte es auch hier erneut an der Verfassungsmäßigkeit (BVerfG-Beschluss v. 7.11.2006 – 1 BvL 10/02, BVerfGE 117, 1 -70, BStBl. II 2007, 192 ff.), wenn – wie tatsächlich – die durch § 19 Abs. 1 ErbStG angeordnete Erhebung der Erbschaftsteuer mit einheitlichen Steuersätzen auf den Wert des Erwerbs erfolgt und hierbei an Steuerwerte anknüpft, deren Ermittlung bei wesentlichen Gruppen von Vermögensgegenständen (Betriebs-, Grundvermögen, Anteilen an Kapitalgesellschaften und land- und forstwirtschaftlichen Betrieben) den Anforderungen des Art. 3 GG nicht genügen.

67 Zum **1.1.2009** wurde die **Bewertung des Grundvermögens** nach **§§ 12 Abs. 3 ErbStG, 157 Abs. 3, 159, 176 ff. BewG** neu geregelt. Danach erfolgt die Bewertung nunmehr grundsätzlich im Vergleichswertverfahren (§ 183 BewG), die einer Ableitung des Wertes aus vergleichbaren Grundstücksverkäufen auf der Grundlage der von den Gutachterausschüssen mitgeteilten Vergleichspreise entspricht. Daneben besteht die Möglichkeit des Ertragswertverfahrens (§§ 184 bis 188 BewG) bzw. der Bewertung im Sachwertverfahren (§§ 189 bis 191 BewG).

2. Steuerklassen

68 Nach dem persönlichen Verhältnis des Erwerbers zum Erblasser oder Schenker werden die folgenden drei Steuerklassen (§ 15 ErbStG) unterschieden:

Steuerklasse I:

1. der Ehegatte und der Lebenspartner einer eingetragenen Lebenspartnerschaft
2. die Kinder und Stiefkinder,
3. die Abkömmlinge der in Nummer 2 genannten Kinder und Stiefkinder,
4. die Eltern und Voreltern bei Erwerben von Todes wegen;

Steuerklasse II:

1. die Eltern und Voreltern, soweit sie nicht zur Steuerklasse I gehören,
2. die Geschwister,
3. die Abkömmlinge ersten Grades von Geschwistern,
4. die Stiefeltern,
5. die Schwiegerkinder,
6. die Schwiegereltern,
7. der geschiedene Ehegatte und der Lebenspartner einer aufgehobenen Lebenspartnerschaft

Steuerklasse III:

alle übrigen Erwerber und die Zweckzuwendungen.

Die Steuerklassen I und II Nr. 1–3 gelten auch dann, wenn die Verwandtschaft durch Annahme als Kind bürgerlich-rechtlich erloschen ist. Im Hinblick auf das seit 2001 geltende Lebenspartnerschaftsgesetz wies der Gesetzgeber bis 2009 den gleichgeschlechtlichen Lebenspartner einer eingetragenen Lebenspartnerschaft der Steuerklasse III zu. Das BVerfG stellte insoweit die Verfassungswidrigkeit fest (Beschluss v. 21.7.2010 – 1 BvR 611/07 und 1 BvR 2464/07), so dass der Gesetzgeber bereits 2010 insoweit die völlige Gleichstellung der eingetragenen Lebenspartnerschaft mit der Ehe in der Erbschaftsbesteuerung realisiert. 69

3. Steuertarif

Nach § 19 ErbStG betragen die Steuersätze für die Erbschaftsteuer: 70

Wert des auf volle Hundert nach unten abgerundeten steuerpflichtigen Erwerbs (§ 10) bis einschließlich … Euro	Vomhundertsatz in der Steuerklasse		
	I	II	III
75 000 Euro	7	15	30
300 000 Euro	11	20	30
600 000 Euro	15	25	30
6 000 000 Euro	19	30	30
13 000 000 Euro	23	35	50
26 000 000 Euro	27	40	50
über 26 0200 000 Euro	30	43	50

Um Härten zu vermeiden, die infolge der Abstufung des Progressionstarifs auftreten können, ist in § 19 Abs. 3 ErbStG bestimmt, dass der Mehrbetrag, der sich bei Überschreiten der letztvorhergehenden Wertgrenze ergibt, nur insoweit erhoben wird als er aus einem Teil des die Wertgrenze übersteigenden Betrags gedeckt werden kann, und zwar 71

a) bei einem Steuersatz bis zu 30 % aus der Hälfte,

b) bei einem Steuersatz über 30 % aus drei Vierteln des die Wertgrenze übersteigenden Betrages.

4. Steuerbefreiungen und andere Abzüge

a) Ehegatte

Für den überlebenden Ehegatten bzw. des Lebenspartners bleiben 500 000 Euro als **allgemeiner Freibetrag** steuerfrei (§ 16 Abs. 1 Nr. 1 ErbStG), und zwar ohne Rücksicht darauf, ob aus der Ehe Kinder hervorgegangen sind oder nicht. 72

Nach § 17 Abs. 1 ErbStG steht dem Ehegatten bzw. dem überlebenden Lebenspartner darüber hinaus ein **Versorgungsfreibetrag** von 256 000 Euro zu, der sich aber vermindert, wenn dem Ehegatten aus Anlass des Todes des Erblassers Versorgungsbezüge zustehen, die der Erbschaftsteuer nicht unterliegen. 73

Was einem Ehegatten bzw. einem Lebenspartner bei Scheidung oder Auflösung der Ehe, als **Zugewinnausgleich** nach §§ 1373 ff. BGB zufließt, unterliegt nicht der Erbschaft- bzw. Schenkungsteuer (§ 5 Abs. 2 ErbStG). Das Gleiche gilt im Falle der Beendigung der Ehe durch den Tod eines Ehegatten, wenn der überlebende Ehegatte nicht Erbe wird und ihm auch kein Vermächtnis zusteht, für die ihm nach § 1371 Abs. 2 BGB zustehende Ausgleichsforderung. 74

Wird im Falle des Todes der überlebende Ehegatte bzw. Lebenspartner Erbe, wird ihm eine **Steuerbegünstigung** dadurch gewährt, dass nach § 5 Abs. 1 ErbStG der Betrag, den er im Falle des § 1371 Abs. 2 BGB als Ausgleichsforderung geltend machen könnte, nicht als Erwerb von Todes wegen iSd. § 3 ErbStG gilt. Dieser Betrag ist nach steuerlichen Bewertungsgrundsätzen, also uU abweichend von dem nach § 1371 Abs. 2 BGB maßgebenden Wert zu ermitteln. 75

b) Kinder

76 Für Kinder im Sinne der Steuerklasse I Nr. 2 (also auch für adoptierte Stiefkinder) und für Kinder verstorbener Kinder iSd. Steuerklasse I Nr. 2 bleiben 400 000 Euro als **allgemeiner Freibetrag** steuerfrei.

77 Ein besonderer **Versorgungsfreibetrag** wird Kindern/Stiefkindern (**nicht** Enkeln) bis zur Vollendung des 27. Lebensjahres in nach dem Lebensalter abgestufter Höhe zusätzlich gewährt (§ 17 Abs. 2 ErbStG). Der Versorgungsfreibetrag beginnt mit 52 000 Euro für Kinder bis zu fünf Jahren und endet bei 10 300 Euro für Kinder über 20 Jahren bis zur Vollendung des 27. Lebensjahres. Der Versorgungsfreibetrag vermindert sich, wenn dem Kind aus Anlass des Todes des Erblassers Versorgungsbezüge zustehen, die der Erbschaftsteuer nicht unterliegen.

c) Übrige Personen der Steuerklassen I–III

78 Für die **übrigen Personen** der **Steuerklasse I** beträgt der allgemeine Freibetrag **100 000 Euro** für Personen der **Steuerklasse II 20 000 Euro** und für Personen der **Steuerklasse III 20 000 Euro** (§ 16 Abs. 1 Nr. 4, 5, 7 ErbStG).

d) Tarifbegrenzung für Erwerb inländischen Betriebsvermögens

79 Nach § 19a ErbStG erfolgt eine Tarifbegrenzung für den Erwerb inländischen Betriebsvermögens, land- und forstwirtschaftlichen Vermögens oder Anteilen an Kapitalgesellschaften, die sich in dem steuerpflichtigen Erwerb einer natürlichen Person der Steuerklassen II oder III befinden. Ziel ist es, den Erwerb eines Gewerbebetriebs, eines Teilbetriebs, eines Anteils an einer Gesellschaft (Mitunternehmerschaft) oder einer Kapitalgesellschaft sowie den Erwerb eines land- und forstwirtschaftlichen Vermögens auch dann nach (der günstigeren) Steuerklasse I zu besteuern, wenn der Erwerber zur Klasse II bzw. III gehört. Damit soll eine generationsübergreifende Fortführung von Unternehmen durch familienfremde Personen nicht gefährdet werden.

80 § 19a Abs. 5 ErbStG statuiert allerdings in sachlicher Übereinstimmung mit § 13a ErbStG (s. unter Rz. 110 ff.) eine fünf- bzw. siebenjährige **Behaltensfrist** und **Nachversteuerungstatbestände.**

e) Beschränkte Erbschaftsteuerpflicht

81 Die vorgenannten Freibeträge gelten nur bei unbeschränkter Erbschaftsteuerpflicht. Bei beschränkter Erbschaftsteuerpflicht (§ 2 Abs. 1 Nr. 3 ErbStG) wird lediglich ein **persönlicher Freibetrag** von **2000 Euro** gewährt (§ 16 Abs. 2 ErbStG). Die Freibetragsregelung des § 16 Abs. 2 ErbStG verstößt nicht gegen den Gleichheitssatz, sie ist auch dann nicht zu beanstanden, wenn im Einzelfall der Schwerpunkt des Vermögens eines Steuerausländers nicht in seinem Wohnsitzstaat, sondern in Deutschland belegen sein sollte (BFH v. 21.9.2005, BStBl. II 2005, 875).

Problematisch hingegen ist die **Vereinbarung mit** den **europarechtlichen Grundfreiheiten**. Nach dem EuGH-Beschluss v. 4.9.2014 (Rs C-211/13; GmbH-StB 11/2014, 3154) **verstoßen** die unterschiedlichen Regelungen für In- und EU-Ausländer **gegen** die **Kapitalverkehrsfreiheit**. Wie dargelegt, beträgt die Höhe des Freibetrages bei unbeschränkter Steuerpflicht gestaffelt nach dem Verwandtschaftsverhältnis zwischen 20 000 Euro und 500 000 Euro, während bei beschränkter Steuerpflicht lediglich 2000 Euro gewährt werden. Für die hierdurch erfolgende Beschränkung des freien Kapitalverkehrs bestehen nach Ansicht des EuGH keine Rechtfertigungsgründe.

f) Erbfallkostenpauschbetrag

82 Bei der Ermittlung des steuerpflichtigen Erwerbs wird für die Kosten der Bestattung des Erblassers, die Kosten für ein angemessenes Grabdenkmal und für die übliche Grabpflege ohne Nachweis ein Erbfallkostenpauschbetrag in Höhe von **10 300 Euro** abgezogen, der sich **auf den gesamten Erbfall bezieht** und demzufolge auch von mehreren Beteiligten **insgesamt nur einmal** in Anspruch genommen werden kann (§ 10 Abs. 5 Nr. 3 ErbStG).

5. Steuervorteile bei zeitlicher Aufteilung von Zuwendungen (mit Schenkungen zu Lebzeiten)

Gestaltungsmöglichkeiten bietet § 14 ErbStG bei der zeitlichen Aufteilung von Zuwendungen. § 14 ErbStG normiert insoweit die **Zusammenrechnung sämtlicher Zuwendungen** in einem **Zeitraum von zehn Jahren**; praktisch erfolgt im Zeitpunkt der Zuwendung die Rückrechnung über einen Zeitraum von zehn Jahren und die Addition sämtlicher während dieses Zeitraum vom Zuwendenden/Erblasser erhaltenen Vermögenswerte. Insofern werden mehrere **nach und nach** vorgenommene Zuwendungen (zu Lebzeiten und von Todes wegen) nach § 14 ErbStG **wie eine einheitliche Zuwendung** behandelt. Frühere Zuwendungen/Erbschaften, die im letzten Zuwendungszeitpunkt folglich bereits mehr als zehn Jahre zurückliegen, werden demnach nicht mehr in die Veranlagung mit einbezogen. Der Zehn-Jahres-Abstand kann also steuerlich vorteilhaft genutzt werden, da faktisch alle zehn Jahre die persönlichen Freibeträge iSd. § 16 ErbStG im Verhältnis zum Zuwendenden/Erblasser wieder voll zum Tragen kommen. 83

Beispiel: 83a

Einem 30 Jahre alten Kind soll ein Vermögen von 460 000 Euro zugewendet werden. Findet dies in *einem* Erbgang statt, errechnet sich die Erbschaftsteuer wie folgt:

Wert der Zuwendung	460 000 Euro
./. Freibetrag nach § 16 ErbStG	400 000 Euro
	60 000 Euro

Da das Kind das 27. Lebensjahr vollendet hat, fällt kein Versorgungsfreibetrag an, so dass 60 000 Euro einem Steuertarif von 7 % unterliegen.

Steuerbelastung:	4200 Euro
Werden unter Ausnutzung der Zehn-Jahres-Abstände eine Schenkung iHv.	230 000 Euro
und eine letztwillige Zuwendung iHv.	230 000 Euro

vorgenommen, errechnet sich die Belastung für jeden Erwerbsakt wie folgt:

Wert des Erwerbes	230 000 Euro
./. Freibetrag nach § 16 Abs. 1 Nr. 2 ErbStG	230 000 Euro
so dass	0 Euro

einem Steuertarif von 7 % unterliegen.

Steuerbelastung: 0 Euro je Erwerb, insgesamt also steuerfrei

Bei der Zuwendung derartiger nicht geringer Vermögenswerte lässt sich durch Aufteilung unter Ausnutzung der Freibeträge jegliche Steuerbelastung vermeiden.

6. Mehrfacher Erwerb desselben Vermögens

Da die Erbschaftsteuer mit jedem Erbfall anfällt, tritt im Prinzip eine Kumulierung ein, je nach der Anzahl der aufeinander folgenden Erbfälle. 84

Von Gesetzes wegen ist eine Entlastung in Fallgestaltungen vorgesehen, in denen Personen der Steuerklasse I von Todes wegen Vermögen erwerben, das in den letzten zehn Jahren vor dem Erwerb bereits von Personen dieser Steuerklasse erworben worden war und für das nach dem ErbStG eine Steuer zu erheben war. In diesen Fällen ermäßigt sich nach § 27 ErbStG der auf diese Vermögen entfallende Steuerbetrag um die nachfolgenden Prozentsätze, höchstens jedoch um den Betrag, den der Vorerwerber für den Erwerb desselben Vermögens entrichtet hat: 85

um %, wenn zwischen den beiden Zeitpunkten der Entstehung der Steuer liegen

50 nicht mehr als 1 Jahr

45 mehr als 1 Jahr, aber nicht mehr als 2 Jahre

40 mehr als 2 Jahre, aber nicht mehr als 3 Jahre

35 mehr als 3 Jahre, aber nicht mehr als 4 Jahre

30 mehr als 4 Jahre, aber nicht mehr als 5 Jahre

25 mehr als 5 Jahre, aber nicht mehr als 6 Jahre

20 mehr als 6 Jahre, aber nicht mehr als 8 Jahre

10 mehr als 8 Jahre, aber nicht mehr als 10 Jahre

86 Die verbleibende steuerliche Belastung wiegt, insbesondere bei zeitlich dicht aufeinander folgenden Todesfällen, schwer genug.

86a **Beispiel:**

Bei einem Verkehrsunfall kommt ein Ehepaar zu Tode. Der Ehemann stirbt noch an der Unfallstelle, die Ehefrau stirbt nur wenige Stunden später. Haben die Ehegatten sich letztwillig gegenseitig zu Alleinerben und ihre Kinder zu Erben des Längstlebenden eingesetzt, so ist der Nachlass des Mannes zunächst der Ehefrau zugefallen und hat Erbschaftsteuer ausgelöst. S. dazu im Übrigen Kap. 85 Rz. 19.

7. Steuerersparnis durch Ausnutzung von Freibeträgen und Staffeltarif

a) Nachlassverteilung auf möglichst viele Erwerber

87 Je mehr Personen etwas erhalten, desto öfter können (die im ErbStG persönlich im Bezug zum Erblasser/Zuwendenden ausgestalteten) Freibeträge ausgenutzt werden und die progressive Staffelung des Tarifs kann sich nicht so stark auswirken.

87a **Beispiel:**

Nachlass des A 1 350 000 Euro. Erben nur seine drei Kinder, so muss jedes 7 % aus 50 000 Euro (450 000 Euro ./. 400 000 Euro Freibetrag = 3500 Euro an Steuern zahlen; Gesamtsteuer: 10 500 Euro. Erhalten dagegen drei Kinder je 400 000 Euro und drei Enkel (§ 16 Abs. 1 Nr. 3 ErbStG) je 50 000 Euro, fällt überhaupt keine Steuer an.

88 ➲ **Hinweis:** Werden in eine solche Aufteilung des Vermögens **Empfänger** der **Steuerklasse II oder** gar der Klasse **III** einbezogen, ist zu beachten, dass die **Steuersätze** dieser Klassen **erheblich höher** liegen als die der Klasse I. Wenn der (geringere) Freibetrag des Empfängers der Klasse II oder III erschöpft ist, zehrt der höhere Steuersatz den durch den zusätzlichen Freibetrag erzielten Vorteil rapide auf, so dass eine Verteilung auf mehrere Empfänger zu einer steuerlichen Mehrbelastung statt zu einer Entlastung führen kann.

89 Im Übrigen sollten sachliche Erwägungen sowie familiäre, wirtschaftliche und rechtliche Gesichtspunkte rein steuerlichen Erwägungen vorgehen. Eine Zersplitterung sachlich zusammengehörender Vermögensteile (Betriebsgrundstücke uÄ) allein zum Zweck der Steuerersparnis ist kaum zu empfehlen.

b) Überspringen einer Generation

90 Die Erbschaftsteuer lässt sich vermindern, wenn im Erbgang eine Generation übersprungen wird. Statt der Kinder erben die Enkel, so dass Erbschaftsteuer nur bei diesen, nicht zuvor aber auch bei den Kindern anfällt. Ein solches Überspringen empfiehlt sich insbesondere in den Fällen, in denen die erste Generation selbst nennenswertes Vermögen besitzt. Der Gedanke an die Versorgung der Kinder kann dann praktisch zurücktreten. Von Bedeutung ist ebenso, dass ein Erbgang zunächst zur ersten Generation und von da aus zu den Enkeln für das von der ersten Generation zu vererbende Vermögen für die Enkel zu einer insgesamt wesentlich höheren Steuer führt, was vor allem auf den progressiv ausgestalteten Steuertarif zurückzuführen ist.

90a **Beispiel:**

A mit einem Vermögen von 450 000 Euro hat einen Sohn S mit einem Vermögen von ebenfalls 450 000 Euro. Der Sohn des S, E, hat kein Vermögen. Geht das Vermögen von A zunächst an S und anschließend von S an E, fällt folgende Erbschaftsteuer an (aus Vereinfachung ohne Ansatz von Schulden):

S empfängt	450 000 Euro
./. Freibetrag	400 000 Euro
zu versteuern	50 000 Euro
Steuerbelastung 7 % =	**3 500 Euro**

Eine Ermäßigung nach § 19 Abs. 3 ErbStG kommt nicht in Betracht.

Das von S auf E zu vererbende Vermögen beträgt	450 000 Euro
(zzgl. ererbtes Vermögen)	+ 450 000 Euro
(abzgl. ErbSt)	– 3 500 Euro
Somit	896 500 Euro
E hat einen Freibetrag von	400 000 Euro
(Der Versorgungsfreibetrag bleibt hier außer Betracht)	
Zu versteuern hat E somit	496 500 Euro
Abrundung § 10 ErbStG =	496 000 Euro
Seine Steuerbelastung bei 15 % beträgt	**74 475 Euro**
Keine Ermäßigung nach § 19 Abs. 3 ErbStG.	
Die **Gesamtsteuerlast** der beiden Erträge beläuft sich somit auf	**77 975 Euro**

Geht das Vermögen von A – unter Überspringen von S – direkt an E, ist dieser Erbfall nach Klasse I zu versteuern:

Nachlass	450 000 Euro
./. Freibetrag	200 000 Euro
zu versteuern	250 000 Euro
Steuerbelastung 11 %	**27 500 Euro**
Eine Ermäßigung nach § 19 Abs. 3 ErbStG kommt nicht in Betracht.	
Erbt E sodann das Vermögen von S, errechnet sich die Erbschaftsteuer wie beim oben dargelegten Erbgang von A auf S, sie beträgt also	**3 500 Euro**
Die **Gesamtsteuerlast** der beiden getrennten Erbgänge beläuft sich somit auf	**31 000 Euro**

c) Getrennte Zuwendung von Vermögen und Nutznießung

Gestaltungsmöglichkeiten für Erbschaftsteuerzwecke eröffnet zudem die Trennung des zivilrechtlichen Eigentumsrechtes von der tatsächlichen Nutzbarkeit durch Einräumung höchstpersönlicher Nutzungsrechte (Nießbrauch, Wohnrecht). Für Erbschaftsteuerzwecke sind idR beide Vermögenspositionen (Grundvermögen etc. und das kapitalisierte Nießbrauchsrecht) zu bewerten und insoweit (in Abhängigkeit von den persönlichen Vereinbarungen im Rahmen der Erbregelungen) zu berücksichtigen. Schenkungen zu Lebzeiten insbesondere bei der Übertragung von Grundvermögen erfolgen häufig unter gleichzeitigem Vorbehalt der Nutznießung (Nießbrauch) durch den Zuwendenden. Sofern es sich hierbei um Vermögen handelt, das der Einkunftserzielung dient, sind auch die ertragsteuerlichen Besonderheiten zu beachten. 91

aa) Besteuerung des mit einem Nießbrauch belasteten Erben

Die Besteuerung des mit dem Nießbrauch belasteten Erben gestaltet sich wie folgt: 92

Ist der **Nießbrauch** nicht **dem** überlebenden Ehegatten, sondern **irgendeinem** Dritten **zugewendet**, ist der Wert des Nießbrauchs nach § 10 Abs. 5 Nr. 2 ErbStG als Nachlassverbindlichkeit vom Aktivwert des Nachlasses abzuziehen, und zwar mit seinem nach §§ 13–16 BewG zu errechnenden Kapitalwert. Da es sich bei dem Nießbrauchsrecht um ein höchstpersönliches Recht auf das Leben des Begünstigten handelt, erfolgt die Ermittlung des Kapitalwertes unter Multiplikation des Jahreswertes der Nutzung (§§ 15, 16 BewG) mit der Zinstabelle zur Ermittlung einer lebenslänglichen Nutzung oder Leistung im Jahresbetrag von einem Euro für Bewertungsstichtage ab dem 1.1.2013 (vgl. insoweit auch BMF v. 26.10.2012, BStBl. I S. 950). 93

Die vom Erben zu zahlende Erbschaftsteuer auf die Bereicherung durch den Erblasser mindert sich dementsprechend, da die Nießbrauchslast auf dem Wert der Bereicherung als Verbindlichkeit lastet.

94 **Bis** einschließlich **2008** erfolgte die Besteuerung des auf dem Nachlassvermögen lastenden Nießbrauchs zugunsten des Ehegatten des Erblassers nach § 25 ErbStG. Danach wurde die Besteuerung des vom Erben erworbenen Nachlasses ohne Berücksichtigung dieser Belastung (**Versteuerung des Bruttowerts**) vorgenommen. Der Teil der Steuer aber, der auf den Kapitalwert der Belastung durch den Nießbrauch (§§ 13–16 BewG) entfiel, war bis zu deren Erlöschen zinslos zu stunden. Veräußerte der Erwerber das belastete Vermögen vor dem Erlöschen der Belastung ganz oder teilweise, so endete insoweit die Stundung mit dem Zeitpunkt der Veräußerung. Die gestundete Forderung konnte auf Antrag jederzeit mit dem Barwert (§ 12 Abs. 3 BewG) abgelöst werden. Dann war anstelle des vollen Steuerbetrags nur ein Ablösungsbetrag zu zahlen.

Die Regelung wurde mit Wirkung zum 1.1.2009 aufgehoben (Gesetzesfassung v. 24.12.2008, BGBl. I, 3018).

bb) Wahlmöglichkeit des Nießbrauchers

95 Der **Nießbraucher** hat für die Besteuerung des **ihm zugewendeten Nießbrauchs** nach § 23 ErbStG folgende Wahlmöglichkeit:

(1) Einmalige sofortige Steuer vom Kapitalwert

96 Die Steuer ist einmalig und sofort zu zahlen, und zwar vom Kapitalwert. Die **Wertermittlung** richtet sich nach der voraussichtlichen Lebenserwartung des Nießbrauchers; die Kapitalisierung erfolgt unter Berücksichtigung der Zinstabelle für Bewertungsstichtage ab dem 1.1.2013 (vgl. insoweit auch BMF v. 26.10.2012, BStBl. I S. 950)

97 Von dem so errechneten Kapitalwert sind die **Freibeträge** abzusetzen. Der überlebende Ehegatte kann dabei – wenn in der Ehe Zugewinngemeinschaft bestanden hat – neben dem allgemeinen Freibetrag von 500 000 Euro und ggf. dem besonderen Versorgungsfreibetrag von weiteren 256 000 Euro auch Steuerfreiheit des Zusatzerbteils von einem Viertel nach § 5 Abs. 1 ErbStG in Anspruch nehmen (s. dazu Rz. 75).

98 Stirbt der Nießbraucher früher als zu dem zugrunde gelegten voraussichtlichen Endzeitpunkt, ist die Steuerfestsetzung **auf Antrag** nach der wirklichen Dauer der Nutzung zu berichtigen (§ 14 Abs. 2 BewG).

(2) Laufende Steuer jährlich im Voraus vom einzelnen Jahreswert

99 Die Steuer ist laufend, jährlich im Voraus, und zwar vom einzelnen Jahreswert zu zahlen. Die Steuer wird in diesem Falle nach dem **Steuersatz** erhoben, der sich nach § 19 ErbStG für den gesamten Erwerb einschließlich des Kapitalwerts der Nutzungen ergibt (§ 23 Abs. 1 Satz 2 ErbStG).

99a **Beispiel:**

Für den Jahreswert des dem Enkel zugewendeten Nießbrauchs iHv. 12 000 Euro ergibt sich bei der Anwendung des in der Anlage 9 zu § 14 Abs. 1 BewG (BMF v. 26.10.2012, IV D 4-S 3104/09/10001, FMNR4ca000012) für Erwerbe ab dem 1.1.2013 anzuwendenden Vervielfältiger (17,294) ein **Kapitalwert** von 207 528 Euro (30 Jahre, männlich).

Für diesen Kapitalwert ergibt sich – unter Berücksichtigung eines Freibetrags von 200 000 Euro (steuerpflichtiger Erwerb, abgerundet, 7000 Euro) – ein **Steuersatz** von 7 %. Wendet man diesen auf den Jahreswert von 12 000 Euro an, ergibt sich eine jährliche Steuer von 840 Euro.

100 Der **Nachteil** dieser Besteuerungsart liegt darin, dass bei langer Nutzungs-(Lebens-)Dauer eine Begrenzung nach oben nicht stattfindet. Der **Vorteil** besteht darin, dass der Nießbraucher die jährlich entrichtete Erbschaftsteuer bei der **Einkommensteuer** grds. als **Sonderausgabe** vom Gesamtbetrag

seiner Einkünfte abziehen kann (als dauernde Last iSd. § 10 Abs. 1 Nr. 1a EStG; BFH X R 123/92, BStBl. II 1994, 690). Seit 2008 gilt die Begünstigung nach § 10 Abs. 1 Nr. 1a EStG jedoch ausschließlich für Vermögensübertragungen gegen Versorgungsleistungen in Gestalt von Personengesellschaftsanteilen, eines Betriebes, bzw. einer mindestens 50 %-Beteiligung an einer Kapitalgesellschaft. Vgl. insoweit aber auch § 35b EStG (bis 2008 § 35 EStG).

Sofern die **Freibeträge** – wie häufig beim überlebenden Ehegatten mit Steuerfreiheit für den zusätzlichen Erbteil – auch bei der Einmalbesteuerung vom Kapitalwert zu keiner Erbschaftsteuer führen, fallen Überlegungen zur Wahl zwischen den beiden Besteuerungsarten praktisch weg. Bestehen dagegen keine nennenswerten Freibeträge, wird der Nießbraucher praktisch nicht in der Lage sein, die Einmalsteuer auf den Kapitalwert überhaupt aufzubringen. 101

d) Rentenvermächtnis

Ein Rentenvermächtnis **bezweckt** wie ein Nießbrauchsvermächtnis die **Versorgung** des Ehegatten oder anderer Personen. Für die Besteuerung gelten ebenfalls die §§ 23 f. ErbStG, 35b EStG. 102

Einkommensteuerlich kann das Rentenvermächtnis zugunsten des überlebenden Ehegatten bei den Kindern als Erben zu abziehbaren Sonderausgaben (§ 10 Abs. 1 Nr. 1a EStG; Rente oder dauernde Last) führen. Zu beachten bleibt jedoch die ab dem Veranlagungszeitraum 2008 diesbezüglich erfolgte gesetzliche Einschränkung. Danach können nach § 10 Abs. 1 Nr. 1a EStG auf besonderen Verpflichtungsgründen beruhende lebenslange und wiederkehrende Versorgungsleistungen, die nicht mit Einkünften in wirtschaftlichem Zusammenhang stehen, wenn diesen die Übertragung eines Mitunternehmeranteils, eines Betriebs oder Teilbetriebs oder die Übertragung eines mindestens 50 % betragenden Anteils an einer Gesellschaft mit beschränkter Haftung zugrunde liegt. 103

Korrespondierend erfolgt die Besteuerung beim Empfänger als sonstige Einkünfte (BMF-Schreiben v. 11.3.2010, BStBl. I 2010, 227 Rz. 1 und 40). Die **auf Grund** einer **Verfügung von Todes wegen** zu **erbringenden wiederkehrenden Leistungen** sind hingegen nicht als Versorgungsleistungen, sondern als **Veräußerungs- oder Unterhaltsleistungen** zu beurteilen, wenn der Empfänger der wiederkehrenden Leistungen nicht zum Generationennachfolge-Verbund (pflichtteilsberechtigte Personen) gehört (BFH v. 26.11.2003, BStBl. II 2004, 820; BMF-Schreiben v. 11.3.2010, BStBl. I 2010, 227, Rz. 50 ff.). 104

e) Alternativen zu getrennter Zuwendung von Vermögen und Nutznießung und zu Rentenvermächtnis

Dem **Vermächtnisnehmer** kann darüber hinaus das Recht eingeräumt werden, die Kapitalforderung in eine Rente umzuwandeln (**Rentenoption**). Da in diesem Fall ein Rentenrecht erst durch die Ausübung der Option entsteht, bleibt es von der aufschiebenden Bedingung (Ausübung der Option) abhängig (§ 4 BewG); vor Ausübung der Option ist dieses Recht folglich erbschaftsteuerlich bedeutungslos. Übt der Schenker später sein Optionsrecht aus und wird dadurch eine Kapitalforderung in eine Forderung auf wiederkehrende Leistungen umgewandelt, so ist dies für das Erbschaftsteuerrecht irrelevant. Es liegt kein weiterer Erwerb vor, und es besteht keine Vorschrift, die eine rückwirkende Berichtigung der Festsetzung erlaubt. Der Erbschaftsteuer hat insoweit bereits die Zuwendung des Vermächtnisses unterlegen. 105

8. Steuerersparnis durch Zuwendungen besonderer Art

a) Steuerfreie Zuwendungen

Steuerfrei bleibt der Erwerb durch Personen der Steuerklasse I von Hausrat, soweit der Wert insgesamt 41 000 Euro nicht übersteigt, und anderer beweglicher Sachen, soweit der Wert insgesamt 12 000 Euro nicht übersteigt. Beim Erwerb durch Personen der Steuerklassen II und III besteht Steuerbefreiung, soweit der Wert beider vorstehend genannter Gruppen von Gegenständen insgesamt 12 000 Euro nicht übersteigt (§ 13 Abs. 1 Nr. 1 ErbStG). 106

107 Erstmals erfuhr die Vermögensübertragung einer **zu eigenen Wohnzwecken genutzten Immobilie** bzw. eines Teiles hiervon durch die neueingeführten Regelungen des § 13 Abs. 1 Nr. 4a, 4b und 4c ErbStG 2009 eine bis dahin nicht vorhandene Privilegierung. Hierdurch wurde inhaltlich zumindest hinsichtlich der zu eigenen Wohnzwecken genutzten Immobilien die durch das BVerfG (BVerfG-Beschluss v. 7.11.2006 – 1 BvL 10/02, BVerfGE 117, 1 -70, BStBl. II 2007, 192 ff.) notwendig gewordene neuerliche Reform der Bewertungsvorschriften, die nunmehr auch hinsichtlich des Grundvermögens zum Ansatz der Verkehrswerte führt, wieder etwas abgemildert.

Begünstigt sind danach Zuwendungen unter Lebenden, mit denen Ehegatten bzw. Lebenspartner einer eingetragenen Lebenspartnerschaft sich untereinander Eigentum an einem bebauten Grundstück verschaffen, **soweit** darin eine **Wohnung** zu **eigenen Wohnzwecken** (sog. **Familienheim**) genutzt wird (§ 13 Abs. 1 Nr. 4a ErbStG). Vergleichbar ist die Begünstigung des § 13 Abs. 1 Nr. 4b ErbStG, die eine vergleichbare Regelung für den Todesfall vorsieht, soweit der Erblasser darin bis zum Erbfall eine Wohnung zu eigenen Wohnzwecken genutzt hat oder bei der er aus zwingenden Gründen (Pflegebedürftigkeit) an einer Selbstnutzung zu eigenen Wohnzwecken gehindert war und die beim Erwerber unverzüglich zur Selbstnutzung zu eigenen Wohnzwecken bestimmt ist. Die inhaltsgleiche Regelung greift über § 13 Abs. 1 Nr. 4c ErbStG auch für die **Kinder und Enkel** des Erblassers, jedoch auf eine **Wohnfläche von 200 qm** beschränkt.

108 Steuerfrei bleibt ein Erwerb bis zu 20 000 Euro, der Personen anfällt, die dem Erblasser unentgeltlich oder gegen unzureichendes Entgelt Pflege oder Unterhalt gewährt haben, soweit das Zugewendete als angemessenes Entgelt anzusehen ist, bzw. Geldzuwendungen unter Lebenden für Leistungen zur Grundpflege oder hauswirtschaftlichen Versorgung von Pflegebedürftigen (§ 13 Abs. 1 Nr. 9, 9a ErbStG).

109 Zuwendungen, die ausschließlich kirchlichen, gemeinnützigen oder mildtätigen Zwecken gewidmet sind, bleiben steuerfrei, sofern die Verwendung zu den bestimmten Zwecken gesichert ist (§ 13 Abs. 1 Nr. 17 ErbStG). Auf weitere Bestimmungen des § 13 ErbStG, die zu weiteren Steuerersparnissen führen können, wie beispielsweise beim Erwerb von Gegenständen, die den Bestimmungen der Denkmalpflege unterstellt werden, für Kunstgegenstände uÄ sei ausdrücklich hingewiesen.

b) Vergünstigungen auf Grund steuerlicher Bewertungsbestimmungen

110 Aus steuerlichen Bewertungsbestimmungen resultierende Vergünstigungen spielten in der Vergangenheit (insbesondere bis 2008) bei **Grundstücken** eine bevorzugte Rolle. Mit Wegfall des Einheitswertes als Bemessungsgrundlage stellen sich die Bewertungsfragen anders. Sie setzen **Einzelfallprüfungen** voraus und sind, da sie auf die tatsächlichen Verhältnisse im (zukünftigen) Zeitpunkt des Erbfalls abstellen, nicht sicher berechenbar. Im Gegensatz zum früheren Einheits- und dem zwischen 1996 und 2008 für Erbschaftsteuerzwecke ermittelten Bedarfswert, entspricht die Bemessungsgrundlage für die Bewertung von Immobilien seit 2009 (wieder) dem Verkehrswert (s. Rz. 65 f.).

111 Besondere Befreiungstatbestände von der Erbschaftsteuer regeln die §§ 13a bis 13c ErbStG. **Inländisches Betriebsvermögen** wird hierbei nach §§ 13a, 13b ErbStG 2009 bei Vorliegen der gesetzlichen Voraussetzungen gänzlich von der Erbschaftsteuer befreit. Beachte insoweit aber BVerfG-Beschluss v. 17.12.2014 (1 BvL 21/12, BStBl. 2015 II, 50) und den Stand der Reformen des Gesetzgebers (vgl. Rz. 60 ff.).

Bei der Ermittlung des steuerpflichtigen Erwerbs bleibt nach § 13a Abs. 1 ErbStG der Wert von Betriebsvermögen, land- und forstwirtschaftlichen Vermögen und Anteilen an Kapitalgesellschaften iSd. § 13b ErbStG insgesamt außer Ansatz (sogenannter **Verschonungsabschlag**).

Zudem ist bei schenkungsbedingten Erwerben von natürlichen Personen der Steuerklasse II oder III (zB Eltern, Großeltern, Geschwister, Stiefeltern, geschiedene Ehegatten) nach **§ 19a ErbStG** zusätzlich ein **Entlastungsbetrag** für **Betriebsvermögen** möglich. Diese **steuerlichen Privilegien entfallen** allerdings **rückwirkend**, wenn das übertragene Vermögen innerhalb von fünf Jahren steuerschädlich verwendet wird (§ 19a Abs. 5 ErbStG). § 28 ErbStG sieht für Betriebsvermögen oder land- und forstwirtschaftliches Vermögen noch die Besonderheit vor, die Steuer auf Antrag bis zu zehn Jahre zu stunden, soweit dies zur Erhaltung des Betriebs notwendig ist.

So fallen zB die für den Erwerb von Kapitalgesellschaftsanteilen in Anspruch genommenen Steuervergünstigungen nach § 13a Abs. 1 und 2 ErbStG mit Wirkung für die Vergangenheit weg, wenn die Kapitalgesellschaft innerhalb von fünf Jahren nach dem Erwerb auf eine Personengesellschaft verschmolzen wird (BFH v. 10.5.2006 – II R 71/04, FR 2006, 791).

9. Erleichterungen hinsichtlich Zahlungsweise oder Aufbringung der Erbschaftsteuer

Gerade beim Erwerb von Betriebsvermögen können aus der Erbschaftsteuerpflicht nachteilige Fol- 112
gen erwachsen. Es handelt sich uU um erhebliche Vermögenswerte, so dass auch unter Ausnutzung aller Freibeträge oder sonstiger Möglichkeiten zur Steuerersparnis hohe Steuerbeträge fällig werden. § 28 ErbStG ordnet deshalb an, auf Antrag die Erbschaftsteuer bis zu zehn Jahren zu **stunden**, wenn zum Erwerb **Betriebsvermögen oder land- und forstwirtschaftliches Vermögen** gehört und soweit dies zur Erhaltung des Betriebs notwendig ist. Die gestundeten Beträge sind zu verzinsen (§§ 234, 238 AO). In besonderen Fällen bei Erwerben von Todes wegen erfolgt die Stundung zinslos (§ 28 ErbStG).

Eine vergleichbare Regelung sieht § 28 Abs. 3 ErbStG für begünstigtes Vermögen iSd. § 13c Abs. 3 113
ErbStG vor, soweit er die auf den Erwerb entfallende Erbschaftsteuer nur durch Veräußerung dieses Vermögens aufbringen kann. Begünstigt sind nach § 13c Abs. 3 Nr. 1 ErbStG Grundstücke oder Grundstücksteile, die zu Wohnzwecken vermietet werden. Nach § 13c Abs. 1 ErbStG sind diese mit 90 % ihres (steuerlich ermittelten) Wertes anzusetzen; zukünftig § 13d ErbStG (vgl. auch Beschluss Bundeskabinett zur Reform der ErbSt v. 8.7.2015).

Sind Erbschaftsteuerbeträge zu erwarten, deren Beschaffung angesichts Struktur und Ertrag des zu 114
vererbenden Vermögens Schwierigkeiten bereiten dürfte, empfiehlt sich der Abschluss einer **Erbschaftsteuerversicherung**; da ein Erwerb aufgrund eines vom Erblasser geschlossenen Vertrages nach § 3 Abs. 1 Nr. 4 ErbStG ebenfalls der Erbschaftsteuer unterliegt, empfiehlt sich der Abschluss durch den künftigen Erben. Die Prämien-/Beitragszahlungen seitens des Erben sind dann bei dessen Einkommensteuer im Rahmen des § 10 EStG als (sonstige Vorsorgeaufwendungen iSd. § 10 Abs. 1 Nr. 3a EStG) Sonderausgaben berücksichtigungsfähig (vgl. auch H 10.5 EStH 2013 Erbschaftsteuerversicherung, BMF v. 1.10.2009, BStBl. I, 1172 zum Begriff der Erbschaftsteuerversicherung bzw. v. 19.8.2013, BStBl I, 1087, Rz. 95–98 zu den Vorsorgeaufwendungen).

➲ **Wichtig:** Bei einer Kapitalversicherung mit lebenslangem Todesfallschutz leistet das Versiche- 114a
rungsunternehmen grundsätzlich nur, wenn die versicherte Person stirbt. Der vornehmliche Zweck eines solchen Versicherungsvertrages ist die Deckung von Kosten und Aufwendungen im Zusammenhang mit dem Todesfall, zB Erbschaftsteuer (Erbschaftsteuerversicherung), zivilrechtlich bedingten Ausgleichszahlungen im Rahmen einer Erbschaftsplanung (Vermögensnachfolgeversicherung) oder Deckung der Bestattungskosten (Sterbegeldversicherung). Die Versicherungsleistung im Todesfall stellt keine Einnahme im Sinne des § 20 Abs. 1 Nr. 6 EStG dar. Manche Kapitalversicherungen mit lebenslangem Todesfallschutz bieten jedoch die Möglichkeit, zu Lebzeiten der versicherten Person eine Versicherungsleistung abzurufen, so dass die Versicherung beendet wird oder mit einer reduzierten Versicherungssumme bestehen bleibt. Eine abgerufene Leistung ist nach § 20 Abs. 1 Nr. 6 EStG zu versteuern.

10. Rechtshandlungen außerhalb eines Testaments

a) Schenkungen unter Lebenden, vorweggenommene Erbfolge

Obwohl auch Schenkungen unter Lebenden steuerpflichtig sind, können – wie in Rz. 83 ff. bereits 115
gesagt – Übertragungen und eine Verteilung des Vermögens in angemessenem Umfang schon zu Lebzeiten zu Steuerersparnissen führen, vor allem, wenn sie frühzeitig genug erfolgen.

Wie in Rz. 83 ff. ausgeführt, werden **mehrere aufeinander folgende Erwerbe** innerhalb von zehn 116
Jahren zusammengerechnet, und auf die Summe der Erwerbe eines jeden Zehnjahreszeitraumes sind die persönlichen Freibeträge des Erwerbes anzuwenden. Die **Freibeträge können** also **mehrfach zum Tragen kommen.** Auf diese Weise lassen sich größere Vermögensmassen in mehreren

Schritten durch Schenkungen zu Lebzeiten und abschließend durch letztwillige Zuwendung steuerlich vergünstigt auf einen Erwerber, zB die Kinder, übertragen.

117 **Behält der Schenker sich den Nießbrauch vor** (sog. Nießbrauchsvorbehalt des Vermögensübergebers), wird dadurch zusätzlich der Wert des Geschenkten gemindert. Außerdem braucht der Schenker zu Lebzeiten auf die Erträge aus den geschenkten Vermögensteilen nicht zu verzichten. Steuertechnisch ist der Kapitalwert des Nießbrauchsrechts direkt vom Steuerwert des übertragenen Gegenstandes bzw. Rechtes abziehbar. (s. Rz. 92 f.).

118 Mit frühzeitiger Übertragung von Vermögensgegenständen im Wege dieser sog. **vorweggenommenen Erbfolge** ist der weitere Vorteil verbunden, dass vom Zeitpunkt der Zuwendung eintretende **Wertsteigerungen** bereits im Vermögen des Empfängers stattfinden, die Erbschaftsteuer also nicht mehr beeinflussen können.

119 Überträgt beispielsweise ein Unternehmer von seinem Kommanditkonto (der GmbH & Co. KG) – sofern der Gesellschaftsvertrag die Abtretung von Kapitalanteilen zulässt – Teile an seine Kinder oder gründet ein einzelkaufmännischer Unternehmer dadurch, dass er von seinem Kapitalkonto unter gleichzeitigem Abschluss eines Gesellschaftsvertrages mit seinen Kindern entsprechende Beträge auf seine Kinder überträgt, eine OHG oder KG, ist für die Errechnung der Schenkungsteuer der Wert des abgetretenen Anteils im **Zeitpunkt** der **Zuwendung** maßgebend. Wertsteigerungen, die bis zum Tod des Unternehmers eintreten, schlagen schenkungs- und damit erbschaftsteuerlich nicht zu Buche.

120 Bei Einräumung von Gesellschafterrechten an die Kinder sind die mit dem Gesellschafterrecht verbundenen Gewinne allerdings in jedem Falle insoweit eine selbständige Schenkung, als sie der Kapitaleinlage oder der sonstigen Leistung des Gesellschafters für die Gesellschaft nicht entsprechen oder als sie das übersteigen, was einem fremden Dritten üblicherweise eingeräumt würde (§ 7 Abs. 6 ErbStG).

121 Bei Aufnahme **minderjähriger Kinder** bedarf es idR der Bestellung eines **Ergänzungspflegers** (§ 1909 BGB). Steuerlich ist die BFH-Rspr. zur o.g. **steuerlichen Anerkennung** der Gewinnanteile und die strikte Trennung von Eltern- und Kindesvermögen zu beachten.

122 Mit den möglichen Ersparnissen an Erbschaft- bzw. Schenkungsteuer gehen bei vorweggenommener Erbfolge nicht zu unterschätzende Vorteile in **einkommensteuerlicher** Hinsicht einher. Nimmt zum Beispiel ein Vater seine ledigen und bislang einkommenslosen Kinder als Mitunternehmer in sein Unternehmen auf oder teilt er seinen Mitunternehmeranteil zwischen sich und seinen Kindern auf, so wird von da an der in dem Unternehmen erzielte Gewinn in seiner Gesamtheit nunmehr auch auf die Kinder verteilt. Durch die Verteilung sinkt der Vater in der Regel in einen niedrigeren Einkommensteuertarif und zahlt durch die verminderte Progressionswirkung weniger Einkommensteuer.

Bei den Kindern macht sich nun nicht nur der Grundfreibetrag (§ 32a Abs. 1 EStG) positiv bemerkbar, sondern sie geraten einkommensteuerlich in eine ebenfalls niedrigere Tarifstufe (im Vergleich zur einheitlichen steuerlichen Belastung des Gesamtgewinnes). Die hierbei zu erzielende Ersparnis an Einkommensteuer wiegt – was häufig nicht erkannt wird – eine bei etwaiger Überschreitung des Freibetrages von 400 000 Euro je Kind anfallende Schenkungsteuer (die zudem in den niedrigeren Stufen des ebenfalls progressiv gestaffelten Erbschaftsteuertarifs nur verhältnismäßig geringe Beträge ausmacht) leicht auf.

123 Auf der anderen Seite dürfen die verschiedenen **möglichen Folgen** bei Übertragung größerer Vermögenswerte nicht außer Acht gelassen werden, wie insb. die **Begründung einer Erwerberhaftung** für Schulden des Schenkers aus dem Tatbestand der **Firmenfortführung** (§ 25 HGB).

b) Vereinbarung eines günstigen ehelichen Güterstandes

124 Steuerlich günstige Auswirkungen kann auch die Vereinbarung eines entsprechenden ehelichen Güterstandes (nur vor dem Notar rechtsgültig) haben.

Der gesetzliche, also bei Nichtvorliegen eines anderen ehevertraglich vereinbarten Güterstandes geltende Güterstand der **Zugewinngemeinschaft** ist in vielen Fällen auch erbschaftsteuerlich günstig genug, um ihn bestehen zu lassen. Beim überlebenden Ehegatten bleiben nach § 5 Abs. 1 ErbStG neben dem Freibetrag von 500 000 Euro (§ 16 ErbStG) und dem (ggf. gekürzten) Versorgungsfreibetrag von weiteren 256 000 Euro (§ 17 ErbStG) ein Viertel des Betrages, der ihm als steuerpflichtiger Erwerb ohne Berücksichtigung von Vermächtnissen, Auflagen und Pflichtteilsansprüchen als Alleinerbe zufallen würde, steuerfrei (vgl. Rz. 75). Voraussetzung ist allerdings, dass die Vergleichsberechnung einen zumindest gleich hohen Zugewinnausgleichsanspruch ausweist. Erbschaftsteuerlich gesehen wirkt sich somit der gesetzliche Güterstand der Zugewinngemeinschaft in der Regel günstiger als die Gütertrennung aus. 125

Der ehevertragliche Güterstand der **Gütertrennung** gem. § 1414 BGB kann uU dann angebracht sein, wenn die Vermögensverhältnisse der beiden Eheleute ungefähr die gleichen sind. Es fließen dann die Erträge aus den beiderseitigen Vermögen – im Gegensatz zur Gütergemeinschaft und zur Errungenschaftsgemeinschaft – dem jeweiligen Vermögensinhaber allein zu. Wesentliche steuerliche Unterschiede ergeben sich während des Bestehens der Ehe gegenüber dem gesetzlichen Güterstand der Zugewinngemeinschaft nicht, weil auch bei diesem die beiderseitigen Vermögen rechtlich getrenntes Eigentum der beiden Eheleute bleiben. Ein bedeutsamer Nachteil der Gütertrennung gegenüber der Zugewinngemeinschaft besteht darin, dass bei der Gütertrennung dem überlebenden Ehegatten der steuerfreie Zusatzerbteil, soweit er dem Zugewinnausgleich betragsmäßig entspräche, gem. § 5 Abs. 1 ErbStG nicht zusteht. 126

Im Falle des Güterstandes der **Gütergemeinschaft** (§ 1415 BGB) gilt als Schenkung unter Lebenden auch die Bereicherung, die ein Ehegatte bei Vereinbarung dieses Güterstandes erfährt (§ 7 Abs. 1 Nr. 4 ErbStG). Der Ehegatte ohne oder mit geringerem Vermögen wird mithin um die Hälfte der Vermögensmehrung bei dem anderen Ehegatten bereichert, wobei der Bereicherungswille gesetzlich fingiert wird. Die Auflösung oder vertragliche Aufhebung der Gütergemeinschaft unterliegt demgegenüber nicht der Erbschaftsteuer, da bei anschließender Vermögensauseinandersetzung lediglich die bisherige (Gesamt-)Mitberechtigung beider Ehegatten an allen ihnen gehörigen Vermögensgegenständen in die Einzelberechtigung eines Ehegatten am einzelnen Vermögensgegenstand umgewandelt wird. 127

Bei **fortgesetzter Gütergemeinschaft** nach §§ 1483 ff. BGB wird der Anteil des verstorbenen Ehegatten am Gesamtgut erbschaftsteuerlich so behandelt, als wenn er ausschließlich den anteilsberechtigten Abkömmlingen zugefallen wäre (§ 4 Abs. 1 ErbStG), also keine Heranziehung des überlebenden Ehegatten zur Erbschaftsteuer. Die Hälfte des Gesamtguts, die den Abkömmlingen zufällt, wird bei diesen unter Berücksichtigung der Freibeträge sofort versteuert, auf den Tod des überlebenden Ehegatten unterliegt dann nur noch dessen Gesamtguthälfte unter erneuter Berücksichtigung der Freibeträge der Besteuerung durch die Abkömmlinge. 128

Das Familiengesetzbuch der ehemaligen DDR (FGB-DDR) sah in den §§ 13 ff. für Ehegatten den Güterstand der Eigentums- und Vermögensgemeinschaft (**Errungenschaftsgemeinschaft**) als gesetzlichen Güterstand vor. Nach dem Einigungsvertragsgesetz v. 23.9.1990 (BGBl. II, 885) gelten für Ehegatten, die am Tag des Wirksamwerdens des Beitritts, also am 3.10.1990, im gesetzlichen Güterstand der Errungenschaftsgemeinschaft des FGB-DDR gelebt haben, soweit sie nichts anderes vereinbart haben, von diesem Zeitpunkt an die Vorschriften über den gesetzlichen Güterstand der Zugewinngemeinschaft. Jeder Ehegatte konnte, sofern nicht vorher ein Ehevertrag geschlossen oder die Ehe geschieden worden ist, bis einschließlich 2.10.1992 dem Kreisgericht gegenüber erklären, dass für die Ehe die Errungenschaftsgemeinschaft fortgelten soll. In diesem Fall gilt die og. Überleitung als nicht erfolgt (§ 4 Abs. 2 EGBGB – Rückwirkung), vgl. auch § 37a ErbStG 129

11. Anwendung des ErbStG auf Lebenspartnerschaften

Für Lebenspartner ist seit dem 1.1.2005 die **Zugewinngemeinschaft** gesetzlicher Güterstand, § 6 LPartG idF durch das Gesetz zur Überarbeitung des Lebenspartnerschaftsrechts v. 15.12.2004 (BGBl. I 2004, 3396). Die Vorschriften über die Zugewinngemeinschaft von Ehegatten (§ 1363 Abs. 2, §§ 1364–1390 BGB) gelten entsprechend. Die Lebenspartner können durch Lebenspartner- 130 schaftsvertrag, § 7 LPartG, Gütertrennung oder Gütergemeinschaft vereinbaren. Die §§ 1409–1563 BGB gelten dann entsprechend.

131 Haben die Lebenspartner **am 1.1.2005 im Vermögensstand der Ausgleichsgemeinschaft** gelebt, gelten, soweit die Lebenspartner nichts anderes vereinbart haben, von diesem Tag an die Vorschriften über den Güterstand der Zugewinngemeinschaft, § 21 Abs. 1 LPartG. Ein Ausgleich des Überschusses, den die Lebenspartner während der Dauer des Vermögensstands der Ausgleichsgemeinschaft erzielt haben, erfolgt in diesem Fall nicht. Als Anfangsvermögen im Sinne des § 6 LPartG iVm. § 1374 BGB gilt das Vermögen, das einem Lebenspartner bei Begründung des Vermögensstands der Ausgleichsgemeinschaft gehörte.

132 Wird die **Zugewinngemeinschaft zu Lebzeiten der Lebenspartner beendet**, erfüllt die Ausgleichsforderung nicht den Tatbestand einer freigebigen Zuwendung iSd. § 7 Abs. 1 Nr. 1 ErbStG, da nach § 6 LPartG iVm. §§ 1371–1390 BGB eine rechtliche Verpflichtung der Lebenspartner besteht, den Überschuss, den sie während der Dauer des Güterstands erzielt haben, auszugleichen. Die Ausgleichsforderung fällt auch nicht unter einen der übrigen Tatbestände des § 7 ErbStG.

133 **Endet die Zugewinngemeinschaft mit dem Tod eines Lebenspartners** und wird der überlebende Lebenspartner Erbe, erhöht sich der gesetzliche Erbteil des überlebenden Lebenspartners um ein Viertel (§ 6 LPartG iVm. § 1371 Abs. 1 BGB). Der Erwerb durch Erbanfall unterliegt grundsätzlich der Erbschaftsteuer (§ 3 Abs. 1 Nr. 1 ErbStG). Eine fiktive steuerfreie Ausgleichsforderung, wie sie § 5 Abs. 1 Satz 1 ErbStG für Ehegatten im Güterstand der Zugewinngemeinschaft vorsieht, kommt (seit 2009) nach dem ErbstG auch für den in einer eingetragenen Lebenspartnerschaft lebenden gleichgeschlechtlichen Partner in Betracht (vgl. auch § 5 Abs. 1 Satz 1 ErbStG).

134 Die erbschaftsteuerliche Gleichstellung der eingetragenen Lebenspartnerschaft mit den Regelungen der Ehe hat der Gesetzgeber unter Hinweis auf Art. 6 GG eher zögerlich vorgenommen. In der bis 2010 geltenden Differenzierung der Steuerklassen (Eheleute Steuerklasse I; Lebenspartner Steuerklasse III) erkannte das BVerfG durch Beschlüsse v. 21.7.2010 (1 BvR 611/07 und 1 BvR 2464/07) einen verfassungswidrigen Verstoß gegen Art. 3 GG. In Folge dieses Beschlusses sind eingetragene Lebenspartner einer Lebenspartnerschaft einerseits und Eheleute andererseits durch den Gesetzgeber für Zwecke der Erbschaft- und Schenkungssteuer inzwischen vollumfänglich gleichgestellt; s. auch Kap. 70 Rz. 95 f.

12. Sonstige Gesichtspunkte bei Abfassung von Testamenten

135 Trotz der Möglichkeit, durch zweckmäßige bzw. frühzeitige Verteilung des Vermögens uU beachtliche Erbschaft- bzw. Schenkungsteuerersparnisse zu erzielen, sollten allein steuerliche Gründe nicht den Ausschlag für bestimmte Gestaltungen letztwilliger Verfügungen geben. Die verwandtschaftliche und persönliche Bande zwischen den Beteiligten, die wirtschaftliche Sicherstellung von vielleicht besonders Hilfebedürftigen unter ihnen, die Erhaltung alten Familienbesitzes, die Fortführung eines Unternehmens, haftungsrechtliche Fragen sowie viele andere persönliche, rechtliche, wirtschaftliche und soziale Gesichtspunkte sollten hierfür Vorrang haben.

136 Hat man eine bestimmte Regelung getroffen, so sollte bei jeder Änderung der Gesetzgebung oder Rspr. zur Erbschaftsteuer nicht ungeprüft bleiben, ob die gefundene Konstruktion auch unter den neuen Verhältnissen noch zweckmäßig erscheint oder einer Änderung bedarf.

13. Vorweggenommene Erbfolge

a) Gründe

137 Eine Vielzahl von Gründen kann es nahe legen, Vermögen oder Vermögensteile schon **zu Lebzeiten** des Vermögensinhabers auf die nachfolgende Generation oder auf den künftigen Leiter des Betriebes zu übertragen.

138 Bei **landwirtschaftlichen Betrieben** hat diese Art der Nachfolgeregelung eine lange Tradition. Der „Hoferbe“ übernimmt den Betrieb nicht erst – aufgrund (gesetzlicher Regelung oder) letztwilliger Verfügung des bisherigen Betriebsinhabers –, wenn dieser gestorben ist (möglicherweise in vor-

gerückten Jahren und, nachdem er bei abnehmender Leistungsfähigkeit den Betrieb heruntergewirtschaftet hat), sondern – aufgrund eines Vertrages als Rechtsgeschäft unter Lebenden – zu einem Zeitpunkt, bis zu dem der bisherige Inhaber den Betrieb optimal geführt hat, zu dem er sich aber mit dem Gedanken anfreunden kann, sich aus dem Arbeitsleben ganz oder schrittweise zurückzuziehen und sich dabei seine Versorgung im Alter zu sichern.

Ähnliche Überlegungen spielen auch bei der Regelung der Nachfolge in der Leitung **gewerblicher Geschäftsbetriebe** (Unternehmen) eine entscheidende Rolle.

Auch **steuerliche Überlegungen** spielen eine Rolle. Behält beispielsweise der Übertragende sich 139
den Nießbrauch an übertragenen Vermögensgegenständen vor, so ist hiermit eine Entlastung des Zuwendungsempfängers verbunden (vgl. hierzu Rz. 94). Erhebliche Bedeutung haben sie auch bei der lebzeitigen Übertragung nicht betrieblich gebundenen Vermögens. Zu echter Ersparnis von Erbschaftsteuern führt beispielsweise die mehrfache Ausschöpfung der Freibeträge und des bei wertmäßig geringeren Zuwendungen günstigeren Steuertarifs durch sukzessive Übertragung von Miteigentumsanteilen an Grundvermögen (s. hierzu Rz. 83). Steuertechnisch ist der Kapitalwert des Nießbrauchsrechts direkt vom Steuerwert des übertragenen Gegenstandes bzw. Rechtes abziehbar (s. Rz. 92 f.).

b) Regelungsgegenstände, Form

In einem solchen „Übergabevertrag" kann eine Vielzahl von Gegenständen geregelt werden: zB die 140
Übertragung des Betriebsvermögens oder vorerst nur von Teilen des Betriebsvermögens, die Einräumung von Leitungspositionen im Betrieb (bei Familienunternehmen) und andererseits die Versorgung des weichenden oder des sich vorerst nur zum Teil zurückziehenden Betriebsinhabers.

Gehören zu dem zu übertragenden Vermögen **Grundstücke** oder grundstücksgleiche Rechte, be- 141
darf der Übergabevertrag der **notariellen Beurkundung** (§ 313 BGB; Kap. 44 Rz. 16 ff.).

c) Pflichtteilsansprüche

In solchen Übergabeverträgen wird häufig, insbesondere bei der Übertragung von Betriebsver- 142
mögen, ein Abkömmling zu Lasten anderer Abkömmlinge bevorzugt, jedenfalls anders bedacht, als dies dem gesetzlichen Erbrecht entspräche. Im Falle des Todes des früheren Vermögensinhabers führt dies häufig zu Auseinandersetzungen um Pflichtteilsansprüche, insb. Pflichtteilsergänzungsansprüche iSv. § 2325 BGB.

Will der künftige Erblasser derartige – unter Umständen für alle Beteiligten kostspielige und zeit- 143
raubende – Auseinandersetzungen ausschließen, sollte er versuchen, in die lebzeitige Regelung auch diejenigen Abkömmlinge einzubeziehen, die von der Geschäftsleitung etc. gerade ausgeschlossen werden sollen, damit diese auf ihr Pflichtteilsrecht verzichten (s. hierzu Kap. 88). Zu einer derartigen Verzichtsleistung werden Pflichtteilsberechtigte naturgemäß nicht ohne Gegenleistung bereit sein. Sollte die Gegenleistung nicht schon zu Lebzeiten erbracht und somit ebenfalls in dem Übergabevertrag geregelt werden können, ist dem Pflichtteilsberechtigten unbedingt zu raten, sich die letztwillige Zuwendung (zB Vermächtnis) durch einen Erbvertrag zuwenden zu lassen, an dessen Abschluss er als Vertragspartei beteiligt ist; gegen Schenkungen des Erblassers ist er dann zwar nicht mehr durch § 2325 BGB, aber – und dies zeitlich unbegrenzt – durch § 2287 BGB geschützt (s. dazu, zu den Schwächen dieses Schutzes und evtl. zusätzlichen Sicherungen Kap. 87).

d) Steuerliche Hinweise

Unter vorweggenommener Erbfolge sind Vermögensübertragungen unter Lebenden mit Rücksicht 144
auf die künftige Erbfolge zu verstehen. Der Übernehmer soll nach dem Willen der Beteiligten wenigstens teilweise eine unentgeltliche Zuwendung erhalten (BFH, Beschluss v. 5.7.1990 – GrS 4–6/89, BStBl. II, 847). Der Vermögensübergang tritt nicht kraft Gesetzes, sondern aufgrund einzelvertraglicher Regelungen ein. Je nach Art der anlässlich der Vermögensübertragung durch vorweggenommene Erbfolge vereinbarten Leistungen liegt eine voll unentgeltliche oder eine teilentgeltliche Übertragung vor.

145 Eine **unentgeltliche Übertragung** liegt vor, soweit Versorgungsleistungen (Renten oder dauernde Lasten) bei der Übertragung von Vermögen vom Übernehmer dem Übergeber oder Dritten (zB Ehegatten des Übergebers, Geschwister des Übernehmers) zugesagt werden. Versorgungsleistungen sind daher von den als Anschaffungskosten zu beurteilenden Veräußerungsleistungen und von steuerlich nicht abziehbaren Unterhaltsleistungen abzugrenzen (s. hierzu BMF v. 13.1.1993, BStBl I, 80 unter Berücksichtigung der Änderungen durch BMF v. 26.2.2007, BStBl I, 269). Behält sich der Übergeber ein dingliches oder obligatorisches Nutzungsrecht an übertragenen Wirtschaftsgütern vor oder verpflichtet er den Übernehmer, ihm oder einem Dritten ein solches Nutzungsrecht einzuräumen, wird das bereits mit dem Nutzungsrecht belastete Vermögen erworben. Ein entgeltlicher Erwerb liegt insoweit ebenfalls nicht vor. Beachte insoweit jedoch die (ab 2008 geltende neue) Rechtslage zum § 10 Abs. 1 Nr. 1a EStG.

146 Ein **Veräußerungs- und Anschaffungsgeschäft** liegt dagegen vor, soweit sich der Übernehmer zur Zahlung eines bestimmten Geldbetrags an andere Angehörige des Übergebers oder an Dritte (Gleichstellungsgeld) oder zu einer Abstandszahlung an den Übergeber verpflichtet. Entsprechendes gilt, wenn der Übernehmer verpflichtet ist, bisher in seinem Vermögen stehende Wirtschaftsgüter auf Dritte zu übertragen, oder wenn er zunächst zu einer Ausgleichszahlung verpflichtet war und diese Verpflichtung später durch Hingabe eines Wirtschaftsguts erfüllt. Die Übernahme von Verbindlichkeiten des Übergebers durch den Übernehmer führt zu einem Veräußerungsentgelt und zu Anschaffungskosten. Hierbei macht es keinen Unterschied, ob die Verbindlichkeiten im wirtschaftlichen oder rechtlichen Zusammenhang mit dem übernommenen Wirtschaftsgut stehen oder ob es sich um Verbindlichkeiten handelt, die nicht mit einer Einkunftsart in Zusammenhang stehen.

147 Soweit die vorweggenommene Erbfolge **entgeltlichen Charakter** hat, entstehen unterschiedliche **Rechtsfolgen**. Zum Beispiel kann es auf Seiten des **Übergebers** bei Übertragung von Betriebsvermögen zur Realisation von stillen Reserven kommen. Im Bereich des Privatvermögens kann sich insbesondere bei Grundstücksübertragungen eine steuerliche Relevanz im Bereich der privaten Veräußerungsgeschäfte nach § 23 Abs. 1 Satz 1 Nr. 1 EStG ergeben. Der **Übernehmer** generiert hinsichtlich des entgeltlich übernommenen und einem Wertverzehr unterliegenden Teils weiteres Abschreibungspotenzial.

148 **BMF-Schreiben:** Die vielfältigen und je nach Vertragsgestaltung unterschiedlichen steuerlichen Folgen bei der **vorweggenommenen Erbfolge** hat das BMF im Schreiben v. 13.1.1993 (BStBl. I, 80) unter Berücksichtigung der Änderungen durch BMF v. 26.2.2007 (BStBl. I, 269) zusammengestellt, auf das an dieser Stelle verwiesen wird. Ebenfalls an dieser Stelle Hinweis auf das BMF-Schreiben v. 14.3.2006 (BStBl. I, 253) zur ertragsteuerlichen Behandlung der **Erbengemeinschaft und ihrer Auseinandersetzung**, sowie auf das BMF-Schreiben v. 3.3.2005 (BStBl. I, 458) unter Berücksichtigung der Änderungen durch BMF v. 7.12.2006 (BStBl. I, 766) zu § 6 Abs. 3 EStG wegen Zweifelsfragen im Zusammenhang mit der **unentgeltlichen Übertragung eines Mitunternehmeranteils** und eines Teils eines Mitunternehmeranteils bei vorhandenem Sonderbetriebsvermögen sowie der **unentgeltlichen Aufnahme in ein Einzelunternehmen.**

149 **Schenkungsteuer:** Ein begünstigter Erwerb durch Schenkung unter Lebenden ist insbesondere die freigebige Zuwendung (§ 7 Abs. 1 Nr. 1 ErbStG). Eine Übertragung von begünstigtem Vermögen im Weg der vorweggenommenen Erbfolge liegt auch vor, wenn der Schenker dem Beschenkten einen Geldbetrag mit der Auflage zuwendet, dass der Erwerber sich damit am Betriebsvermögen oder land- und forstwirtschaftlichen Vermögen des Schenkers beteiligt oder vom Schenker unmittelbar gehaltene Anteile an einer Personengesellschaft oder einer Kapitalgesellschaft erwirbt (mittelbare Schenkung). Die mittelbare Schenkung ist nicht begünstigt, wenn die Beteiligung am Vermögen eines Dritten erfolgen soll, weil insoweit kein begünstigtes Vermögen vom Schenker auf den Erwerber übergeht.

Ist Betriebsvermögen Gegenstand der Zuwendung/Schenkung sind ab 2009 die Verschonungsregelungen der §§ 13a, 13b ErbStG zu prüfen, die zu einer vollständigen Steuerbefreiung führen können; beachte auch § 28 ErbStG. Die Verschonungsregelung hielt der BFH in seinem Vorlagebeschluss an das BVerfG v. 27.9.2012 (Az. II R 9/11) für verfassungswidrig. Hintergrund des Urteilsfalls war vor allem die Möglichkeit, Kapitalvermögen in sogenannte „Cash-GmbHs" einzulegen und damit die günstigeren Regelungen für Betriebsvermögen zu nutzen; allerdings wurde diese Regelung zwischenzeitlich durch das AmtshilfeRLUmsG geschlossen.

Mit Beschluss v. 17.12.2014 (1 BvL 21/12, BStBl. II 2015, 50) urteilte das BVerfG, dass die **§§ 13a, 13b iVm. § 19 Abs. 1 ErbStG 2009** aufgrund einer **Überprivilegierung des Betriebsvermögens** gegen Art. 3 GG verstoßen. Bis zu einer **Neuregelung** bleibt die bisherige Rechtslage anwendbar, allerdings ist der Gesetzgeber verpflichtet, **bis spätestens** zum **30.6.2016** eine Neuregelung zu treffen; vgl. insoweit auch Rz. 60 insbesondere zu den Reformüberlegungen der Bundesregierung.

Kapitel 81 Erbausgleichung und Pflichtteilsanrechnung

Literatur: *Bertolini*, Zur Duchführung der Ausgleichung (§ 2055 BGB), MittBayNot 1995, 109; *Everts*, Die spätere Ausgleichung und Anrechnung von Zuwendungen zu Lebzeiten des Erblassers, notar 2013, 219; *Fröhler*, Erbausgleichung und Pflichtteilsanrechnung aufgrund Schenkung bzw. Ausstattung, BWNotZ 2010, 94; *Keim*, Grenzen der Anrechenbarkeit lebzeitiger Zuwendungen auf den Pflichtteil, MittBayNot 2008, 8; *J. Mayer*, Nachträgliche Änderung von erbrechtlichen Anrechnungs- und Ausgleichungsbestimmungen, ZEV 1996, 441; *Meincke*, Das Verfahren der Miterbenausgleichung, AcP 178 (1978), 45; *Peter*, Zuwendungen im Wege der vorweggenommenen Erbfolge – Fragen zur Ausgleichung und zur Anrechnung, BWNotZ 1986, 28; *Petersen*, Die Beweislast bei der Ausgleichungspflicht unter Miterben nach § 2057a BGB, ZEV 2000, 432; *Thubauville*, Die Anrechnung lebzeitiger Leistungen auf Erb- und Pflichtteilsrechte, MittRhNotK 1992, 289; *Wall*, Die „Flucht in die Pflichtteilsergänzung" durch Vertrag zugunsten Dritter auf den Todesfall – eine Strategie zur Anrechnung auf den Pflichtteil?, ZErb 2011, 10; s. auch die Literaturhinweise zu Kap. 80.

I. Erbausgleichung

1. Pflicht zur Ausgleichung bei Erbauseinandersetzung

1 **Lebzeitige Zuwendungen** des Erblassers an Abkömmlinge iSd. § 2050 BGB bzw. lebzeitige besondere Leistungen von Abkömmlingen an den Erblasser sind unter den Voraussetzungen der §§ 2050 ff. BGB auf den Tod des Zuwendenden (§ 2050 BGB) bzw. Leistungsempfängers (§ 2057a BGB) im Rahmen der Erbauseinandersetzung durch Verrechnung unter denjenigen Abkömmlingen zur Ausgleichung zu bringen, die entweder nach §§ 2050, 2057a BGB als gesetzliche Erben zur Erbfolge gelangen oder nach §§ 2052, 2057a BGB durch Verfügung von Todes wegen auf die **gesetzlichen Erbteile** bzw. im Verhältnis ihrer gesetzlichen Erbteile zu Miterben eingesetzt sind. Dabei ist es unerheblich, ob jeweils alle oder lediglich mehrere Abkömmlinge bzw. daneben noch Dritte als Erben berufen sind (Erman/Bayer § 2050 BGB Rz. 4; Fröhler BWNotZ 2010, 94, 95). Nicht ausreichend ist jedoch eine Erbeinsetzung der Abkömmlinge zu gleichen Teilen, die deren gesetzliche Erbquote unterschreitet (Everts notar 2013, 219, 220).

1a Dabei ist der Zuwendungsbegriff im Rahmen der hiesigen Erbausgleichung gegenüber demjenigen für eine Pflichtteilsanrechnung insofern weitergehend, als **keine Freiwilligkeit der Leistung erforderlich** ist, sondern von § 2050 BGB auch Zuwendungen erfasst werden, die, wie die Formulierung „Andere Zuwendungen" nach § 2050 Abs. 3 BGB zeigt, aufgrund einer gesetzlichen Leistungspflicht wie bspw. der Unterhaltspflicht bei Pflege erbracht werden (RGZ 73, 372, 377; BeckOK-BGB/J. Mayer § 2316 BGB Rz. 5; Staudinger/Werner § 2050 Rz. 17 u. Rz. 31; aA [auch für Erbausgleichung Freigebigkeit erforderlich] MünchKomm.BGB/Ann § 2050 BGB Rz. 30; Staudinger/Haas § 2316 BGB Rz. 10; wiederum aA Soergel/Dieckmann § 2316 BGB Rz. 5: Ausgleichungspflicht nur für die über die Einstandspflicht nach Sozialhilferecht hinausgehende Zuwendung).

1b **Andere Miterben als Abkömmlinge**, insbesondere der längstlebende Ehegatte, nehmen an der Ausgleichung hingegen nicht teil. Ein Erbteilserwerber tritt jedoch auch dann in Rechte und Pflichten der Ausgleichung ein, wenn er seinerseits nicht Erbe ist (Staudinger/Werner § 2050 BGB Rz. 4). Gleiches gilt für Erben von Abkömmlingen iSd. §§ 2050, 2052, 2057a BGB (Palandt/Weidlich § 2057a BGB Rz. 3; Staudinger/Werner § 2050 BGB Rz. 15). Im Gegensatz zur Pflichtteilsbestimmung nach § 2316 Abs. 1 BGB, die zur Berücksichtigung von Ausgleichungspflichten lediglich auf das Vorhandensein von Abkömmlingen abstellt (vgl. dazu Rz. 36), ist für eine Erbausgleichung zusätzlich Voraussetzung, dass diese Abkömmlinge tatsächlich Miterben im o.g. Sinne sind. Der Anwendung des § 2052 BGB steht die Begünstigung eines Abkömmlings durch Vorausvermächtnis bzw. Auflage mangels Auswirkungen auf das Erbteilsverhältnis grundsätzlich nicht entgegen (MünchKomm.BGB/Ann § 2052 BGB Rz. 2; Fröhler BWNotZ 2010, 94, 95).

Über die Regelungen der §§ 2050 ff. BGB hinaus kann der künftige Erblasser die Anrechnung von Vorempfängen bei der Auseinandersetzung unter Miterben **ausschließlich durch Verfügung von Todes wegen** und damit nicht mittels Rechtsgeschäfts unter Lebenden, insbes. nicht durch Vertrag zugunsten Dritter wirksam verbindlich regeln (BGH DNotZ 2010, 629, 630 ff.; aA Leipold ZEV 2010, 34, 35 f.; Keim DNotZ 2010, 633, 634 ff.). Dies gilt bspw. für nachträgliche Ausgleichungsanordnungen, eine den Ausgleichungsbetrag nach § 2055 BGB übersteigende Bewertung, die Einbeziehung des Erbteils des längstlebenden Ehegatten in die Ausgleichung und aufgrund der gesetzlichen pflichtteilsrechtlichen Fernwirkungen aus § 2316 Abs. 1 BGB auch für Ausgleichungsanordnungen auf den Tod des nichtzuwendenden längstlebenden Ehegatten als durch letztwillige Verfügung eingesetzten Alleinerben des erstversterbenden Zuwendenden (Langenfeld/Fröhler, Testamentsgestaltung, 2. Kap. Rz. 267; aA Keim DNotZ 2010, 633, 635). Umgekehrt bleibt die Vereinbarung einer Ausgleichungsverpflichtung des Zuwendungsempfängers aus dessen Eigenmitteln bei Fehlen ausreichender diesbezüglicher Nachlasswerte unter Durchbrechung der Regelung des § 2056 BGB durch Rechtsgeschäft unter Lebenden zulässig, das allenfalls nach den allgemeinen Regelungen der §§ 311b Abs. 1 bzw. 518 Abs. 1 BGB formbedürftig sein kann (Keim DNotZ 2010, 633, 635 f.; Langenfeld/Fröhler, Testamentsgestaltung, 2. Kap. Rz. 267). 1c

2. Lebzeitige Zuwendungen des Erblassers an Abkömmlinge

a) Zuwendungsarten

Ausstattungen iSd. § 1624 BGB (insbesondere die finanzielle Hilfe zur Gründung einer beruflichen Existenz, eine Zuwendung zur Erlangung bzw. Erhaltung einer selbständigen Lebensstellung bzw. die Aussteuer bei Heirat), Übermaßzuschüsse (bspw. Verzicht auf Mietzins und Nebenkosten gegenüber einem Kind für dessen Nutzung eines bezogen auf das Erblasservermögen unverhältnismäßig großen Wohnbereichs [Everts notar 2013, 219, 221]) und Übermaßausbildungsaufwendungen (bspw. Gewährung von gemessen am Erblasservermögen überzogen hoher Unterhaltszahlungen für ein studierendes Kind [Everts notar 2013, 219, 221]) sind nach § 2050 Abs. 1 und 2 BGB kraft Gesetzes im Rahmen einer Erbauseinandersetzung auszugleichen, wenn der Zuwendende nicht vor oder spätestens bei Zuwendung eine andere Anordnung trifft (zur gleichwohl bestehenden Notwendigkeit einer Anordnung bei Zuwendungen an einen entfernteren oder angenommenen Abkömmling bzw. Ersatzerben vor Wegfall des diesen ausschließenden näheren Abkömmlings bzw. Erben vgl. Rz. 11). Für Übermaßzuschüsse und Übermaßausbildungsaufwendungen gilt dies trotz Fehlens einer derartigen ausdrücklichen Regelung aufgrund der bloßen Ergänzungsfunktion des § 2050 Abs. 2 BGB gegenüber § 2050 Abs. 1 BGB (Palandt/Weidlich § 2050 BGB Rz. 9). Ausstattungen unterliegen innerhalb der Übermaßgrenze keinem Pflichtteilsergänzungsanspruch iSd. § 2325 BGB, da Rechtsgrund nach § 1624 Abs. 1 BGB insoweit keine Schenkung, sondern eine causa sui generis ist (dazu und zur weiteren Abgrenzung Everts MittBayNot 2011, 107, 109 f.; Langenfeld/Fröhler, Testamentsgestaltung, 2. Kap. Rz. 259 ff.; Fröhler BWNotZ 2010, 94 f.). 2

Im Gegensatz dazu sind andere Zuwendungen iSd. § 2050 Abs. 3 BGB, insbesondere **Schenkungen**, nur dann im Wege der vorweggenommenen Erbfolge ausgleichungspflichtig, wenn der Erblasser dies vor oder spätestens bei Zuwendung anordnet. 3

➲ **Praxistipp:** Da der vorstehenden Einstufung einer Zuwendung nach § 2050 Abs. 1 und 2 BGB insbesondere als Ausstattung einerseits bzw. nach § 2050 Abs. 3 BGB insbesondere als Schenkung andererseits hinsichtlich der Ausgleichungspflicht, der damit verbundenen pflichtteilsrechtlichen Fernwirkungen nach § 2316 BGB (dazu Rz. 35 ff.) sowie eventueller Pflichtteilsergänzungsansprüche erhebliche Bedeutung zukommt und speziell für Ausstattungen eine diesbezügliche eigenständige Zuwendungsabsicht erforderlich ist, sollte in der Zuwendungsurkunde **ausdrücklich eine entsprechende Abgrenzung** getroffen werden (vgl. Beck'sches Notarhandbuch/Jerschke A V Rz. 37 und 47). 4

M 81.1 Ausdrückliche Benennung der Zuwendungsart

(Notarielles Beurkundungsprotokoll: Übergabevertrag – Auszug)

...

Der Grundbesitz wird zum Zweck der Existenzgründung für den Betrieb eines ... (genaue Umschreibung des Gewerbes) als Ausstattung zugewendet.

alternativ: Der Grundbesitz wird, soweit kein Übermaß iSv. § 1624 Abs. 1 BGB vorliegt, als Ausstattung zum Zweck der Existenzgründung für den Betrieb eines ... (genaue Umschreibung des Gewerbes) zugewendet. Der unentgeltlich zugewendete Übermaßwert beträgt ... Euro und unterliegt dem Schenkungsrecht.

alternativ: Der Grundbesitz wird als sonstige Zuwendung iSv. § 2050 Abs. 3 BGB und damit insbesondere nicht als Ausstattung iSv. § 2050 Abs. 1 BGB zugewendet. Soweit die Zuordnung ohne Gegenleistung erfolgt, unterliegt sie damit Schenkungsrecht.

...

Kosten: *Notargebühr:* 2,0-Gebühr gem. Nr. 21100 KV GNotKG, mindestens 120 Euro. Geschäftswert gem. §§ 97 Abs. 1, 46 GNotKG (Wert des Grundstücks).

5 Durch die zum 1.1.2010 in Kraft getretene **Erbrechtsreform** hat sich an den vorstehenden Regelungen entgegen zunächst anderen Zielvorgaben nichts geändert. Der ursprüngliche Reformvorschlag, § 2050 BGB durch einen neuen Absatz 4 dahingehend zu erweitern, dass der Erblasser durch Verfügung von Todes wegen nachträglich Anordnungen über die Ausgleichung oder den Ausschluss der Ausgleichung von Zuwendungen nach § 2316 Abs. 1 BGB mit Wirkung gegen den Pflichtteil des Zuwendungsempfängers – als aufschiebend bedingte Anordnung ist dies nach wie vor gleichwohl mit pflichtteilsrechtlicher Fernwirkung vorausvermächtnisweise durch Verfügung von Todes wegen möglich (vgl. dazu Rz. 6 und 40) – treffen kann (dazu Schaal/Grigas BWNotZ 2008, 2 ff.), wurde unter Hinweis auf den Vertrauensschutz des Zuwendungsempfängers letztlich nicht übernommen (kritisch dazu Odersky notar 2009, 362 f.). Gleiches gilt für den ursprünglichen Vorschlag, durch Neufassung des § 2278 Abs. 2 BGB Anordnungen nach §§ 2050, 2053 BGB als vertragsmäßig bindende Verfügungen eines Erbvertrages zuzulassen (BT-Drucks. 16/13543, S. 6).

b) Erblasseranordnung

6 Entsprechende Anordnungen des Erblassers sind **empfangsbedürftige Willenserklärungen** und können aufschiebend – etwa durch rechtzeitig erklärten Vorbehalt für eine erst später durch Verfügung von Todes wegen erfolgende vermächtnisweise Anordnung (Peter BWNotZ 1986, 28, 32; Thubauville MittRhNotK 1992, 289, 297) – oder auflösend bedingt gestaltet sein. Aus dem Umkehrschluss zu § 2347 Abs. 2 Satz 1 BGB ergibt sich, dass Anordnungen, die eine Erbausgleichung betreffen, im Gegensatz zu den Erklärungen des Erblassers in einem Erbverzichts- bzw. Pflichtteilsverzichtsvertrag nicht höchstpersönlich abgegeben werden müssen, sondern auch mittels eines gesetzlichen oder bevollmächtigten Vertreters getroffen werden können, für Erklärungen des Erblassers zu einer Ausstattung ergibt sich dies angesichts der gesetzlichen Rechtsfolgen aus §§ 2050 Abs. 1, 2316 Abs. 3 BGB bereits aus den Regelungen der §§ 1624, 1908 BGB (Langenfeld/Fröhler, Testamentsgestaltung, 2. Kap. Rz. 272; Fröhler BWNotZ 2010, 94, 96; DNotI-Gutachten DNotI-Report 2011, 43, 44; Everts notar 2014, 219, 222). Sie sind zudem formfrei wirksam, im Gegensatz zu einer schuldrechtlich verpflichtenden Auflage iSd. § 525 BGB **lediglich rechtlich vorteilhaft** (BGH NJW 1955, 1353) und können daher durch ein minderjähriges Kind persönlich bzw. trotz Vorliegens der übrigen Voraussetzungen des § 1795 Abs. 1 Nr. 1 BGB für ein geschäftsunfähiges Kind durch dessen Eltern wirksam entgegengenommen werden (vgl. dazu Kap. 15 Rz. 41 bis 56).

7 ➲ **Praxistipp:** Aus Beweisgründen empfiehlt sich jedoch, soweit der Zuwendungsvertrag nicht ohnehin notariell beurkundet wird, zumindest eine schriftliche Abfassung. In jedem Fall sollte **ausdrücklich** – positiv wie negativ – **geregelt** werden, ob eine Ausgleichungspflicht besteht

oder nicht. Zur Vermeidung unbeabsichtigter Ergebnisse sollte insbesondere eine Reduzierung auf auslegungsbedürftige Umschreibungen wie bspw. „die Zuwendung erfolgt in vorweggenommener Erbfolge" (zu diesbezüglichen Auslegungskriterien vgl. Rz. 49 sowie BGH DNotZ 2011, 59, 61 f.) vermieden werden (Nieder/Kössinger § 2 Rz. 222; Langenfeld/Fröhler, Testamentsgestaltung, 2. Kap. Rz. 273; Fröhler BWNotZ 2010, 94, 96).

M 81.2 Ausdrückliche Anordnungen zur Erbausgleichung

(Notarielles Beurkundungsprotokoll: Übergabevertrag – Auszug)

...

Der Zuwendungsempfänger ... (Name) hat den Zuwendungswert iSd. § 2055 Abs. 2 BGB, der klarstellend mit ... Euro vorbehaltlich eines zusätzlich zu berücksichtigenden Kaufkraftschwunds zwischen Zuwendung und Erbfall festgestellt wird, bei einer Erbauseinandersetzung im Sinne der §§ 2050, 2052 BGB auf den Tod des Zuwendenden, ... (Name), zur Ausgleichung zu bringen.

Alternativ: Der Zuwendungsempfänger ... (Name) hat hierfür bei einer Erbauseinandersetzung im Sinne der §§ 2050, 2052 BGB auf den Tod des Zuwendenden, ... (Name), einen Wert in Höhe von ... Euro ohne Inflationsausgleich zur Ausgleichung zu bringen.

Zusatz bei Zuwendungen iSd. § 2050 Abs. 1 und 2 BGB: Den Beteiligten ist bekannt, dass die Zuwendung im Rahmen der Pflichtteilsbestimmung nach § 2316 Abs. 3 BGB auch insoweit mitberücksichtigt werden muss, als der angeordnete Anrechnungswert vom gesetzlichen Zuwendungswert iSd. § 2055 Abs. 2 BGB abweicht.

Zusatz bei Zuwendungen iSd. § 2050 Abs. 3 BGB: Den Beteiligten ist bekannt, dass der den gesetzlichen Zuwendungswert iSd. § 2055 Abs. 2 BGB übersteigende Differenzbetrag zum angeordneten Anrechnungswert im Rahmen der Pflichtteilsbestimmung nach § 2316 Abs. 1 BGB nicht berücksichtigt wird, sondern insoweit ein Pflichtteilsverzichtsvertrag beurkundet werden müsste. Dies wird jedoch trotz Belehrung nicht gewünscht.

Alternativ (nur bei Zuwendungen iSv. § 2050 Abs. 3 BGB): Der Zuwendende behält sich hiermit ausdrücklich vor, durch Verfügung von Todes wegen anzuordnen, dass der Zuwendungsempfänger ... (Name) den Zuwendungswert iSd. § 2055 Abs. 2 BGB, der klarstellend mit ... Euro (Geldbetrag) vorbehaltlich eines zusätzlich zu berücksichtigenden Kaufkraftschwunds zwischen Zuwendung und Erbfall festgestellt wird, oder einen geringeren Wert bei einer Erbauseinandersetzung iSd. §§ 2050 ff. BGB auf den Tod des Zuwendenden, ... (Name), zur Ausgleichung zu bringen hat. Den Beteiligten ist bekannt, dass die Anordnung noch eine entsprechende Verfügung von Todes wegen voraussetzt, die dann zu Pflichtteilsverschiebungen iSd. § 2316 Abs. 1 BGB führen kann.

Alternativ: Der Zuwendungsempfänger ... (Name) hat den Zuwendungswert bei einer Erbauseinandersetzung nicht zur Ausgleichung zu bringen.

Zusatz bei Zuwendungen nach § 2050 Abs. 1 und 2 BGB: Den Beteiligten ist bekannt, dass die Zuwendung im Rahmen der Pflichtteilsbestimmung iSd. § 2316 Abs. 1 BGB nach § 2316 Abs. 3 BGB trotz Ausschluss der Ausgleichung mitberücksichtigt werden muss. Sie geben den Zuwendungswert iSd. § 2055 Abs. 2 BGB klarstellend mit ... Euro (Geldbetrag) vorbehaltlich eines zusätzlich zu berücksichtigenden Kaufkraftschwunds zwischen Zuwendung und Erbfall an.

Weitere Alternative vgl. **M 81.10**.

...

Kosten: *Notargebühr:* wie **M 81.1**.

8 Nichtausgleichungsanordnungen iSd. § 2050 Abs. 1 und 2 BGB bzw. Ausgleichungsanordnungen iSd. § 2050 Abs. 3 BGB müssen daher jeweils **spätestens bei Zuwendung** erfolgen (Langenfeld/Fröhler, Testamentsgestaltung, 2. Kap. Rz. 275; Fröhler BWNotZ 2010, 94, 95; DNotI-Gutachten DNotI-Report 2014, 73, 74; Everts notar 2014, 219, 221 f.; MünchKomm.BGB/Lange § 2315 BGB

Rz. 10; Schlitt/G. Müller/Blum, Handbuch Pflichtteilsrecht, § 3 Rz. 182). Die Ausgleichungspflicht entsteht im Rahmen der vorstehenden Voraussetzungen bereits mit dem schuldrechtlichen Verpflichtungsgeschäft unabhängig davon, ob die Zuwendung noch durch den Erblasser oder als Nachlassverbindlichkeit erst von dessen Erben erfüllt wird (Staudinger/Werner § 2050 BGB Rz. 18). Folgerichtig ist der Abschluss des schuldrechtlichen Verpflichtungsgeschäfts zugleich der späteste zulässige Zeitpunkt für eine Nichtausgleichungsanordnung iSd. § 2050 Abs. 1 und 2 BGB bzw. eine Ausgleichungsanordnung iSd. § 2050 Abs. 3 BGB. Ein späterer Untergang des Zuwendungsgegenstandes beseitigt eine einmal entstandene Ausgleichungspflicht nicht (Staudinger/Werner § 2055 BGB Rz. 10).

9 Unabhängig von der Zuwendungsart ist derjenige Abkömmling des zuwendenden Erblassers, der an Stelle eines als Erbe vor oder nach dem Erbfall **wegfallenden ausgleichungspflichtigen Abkömmlings** des Zuwendenden tritt – bspw. die Kinder des Zuwendungsempfängers bzw. bei Kinderlosigkeit dessen Geschwister – (§ 2051 Abs. 1 BGB), bzw. derjenige Ersatzerbe des zuwendenden Erblassers ausgleichungsverpflichtet, der aufgrund Verfügung von Todes berufen ist und kein Abkömmling des Zuwendenden ist (§ 2051 Abs. 2 BGB, Palandt/Weidlich § 2051 BGB Rz. 2: ist ein Abkömmling Ersatzerbe, hat Abs. 1 Vorrang). § 2051 Abs. 2 BGB sieht dies jedoch nur im Zweifel vor. Entsprechendes gilt zugunsten des Ersatzerben trotz Fehlens einer ausdrücklichen Erwähnung im Gesetzeswortlaut auch für den Übergang einer Ausgleichungsberechtigung (Staudinger/Werner § 2051 BGB Rz. 6). Verstirbt der ausgleichungspflichtige Abkömmling als Erbe nach, sind seine Erben kraft vererbter Ausgleichungspflicht unabhängig davon ausgleichungspflichtig, ob sie Abkömmlinge des Zuwendenden sind (Palandt/Weidlich § 2051 BGB Rz. 1).

10 ➲ **Praxistipp:** Zur Vermeidung unbeabsichtigter Auslegungsergebnisse sollte in jedem Fall **ausdrücklich** – positiv wie negativ – geregelt werden, ob auch für Ersatzerben iSd. § 2051 Abs. 2 BGB eine Ausgleichungspflicht besteht oder nicht.

M 81.3 Ausgleichungspflicht – Ersatzerben

(Notarielles Beurkundungsprotokoll: Übergabevertrag – Auszug)

...

Die Ausgleichungspflicht besteht auch für Ersatzerben iSd. § 2051 Abs. 2 BGB.

Alternativ:

Die Ausgleichungspflicht besteht nicht für Ersatzerben iSd. § 2051 Abs. 2 BGB.

...

Kosten: *Notargebühr:* wie **M 81.1**.

c) Entferntere und angenommene Abkömmlinge

11 Abweichend von § 2050 Abs. 1 BGB sieht § 2053 Abs. 1 BGB ebenfalls unabhängig von der Zuwendungsart vor, dass Zuwendungen an einen entfernteren Abkömmling bzw. Ersatzerben vor Wegfall des diesen ausschließenden näheren Abkömmlings bzw. Erben nur dann ausgleichungspflichtig sind, wenn der Erblasser dies vor oder spätestens bei Zuwendung **angeordnet** hat. Dies gilt damit insoweit insbesondere für Ausstattungen, obwohl diese dann, wenn der Zuwendungsempfänger bei Zuwendung nächstberufener gesetzlicher Erbe wäre, auch ohne Anordnung ausgleichungspflichtig wären (vgl. dazu Rz. 2). Gleiches sieht § 2053 Abs. 2 BGB für Zuwendungen an ein erst später iSd. §§ 1741 ff. BGB angenommenes Kind vor. Statten jedoch Großeltern ihre Enkel zur Entlastung ihres Kindes (Elternteil des Enkel) auf dessen Geheiß aus, kann dies zugleich eine Zuwendung an das Kind sein, das dann nach § 2050 Abs. 1 BGB ohne gesonderte Anordnung ausgleichspflichtig wäre (Staudinger/Werner § 2053 BGB Rz. 6).

Irrt der Erblasser bei Zuwendung an den entfernteren Abkömmling über Wegfall oder Existenz des näheren erbberechtigten Abkömmlings, ist ausschließlich seine Vorstellung über die Person des unmittelbar erbberechtigten Abkömmlings maßgebend: Bei **irrtümlicher Annahme** eines Wegfalls des näheren erbberechtigten Abkömmlings besteht eine Ausgleichungspflicht des entfernteren Abkömmlings unter den Voraussetzungen des § 2050 Abs. 1 BGB, da die Ausnahmeregelung des § 2053 BGB nicht anwendbar ist (Erman/Bayer § 2053 BGB Rz. 1; Staudinger/Werner § 2053 BGB Rz. 6; Münch. Komm.BGB/Ann § 2053 BGB Rz. 3), während der entferntere Abkömmling als Zuwendungsempfänger ausschließlich bei einer Anordnung iSd. § 2053 BGB ausgleichspflichtig ist, wenn der Erblasser irrtümlich an die Existenz des tatsächlich bereits weggefallenen Abkömmlings glaubte (Erman/Bayer § 2053 BGB Rz. 1; Staudinger/Werner § 2053 Rz. 6; MünchKomm.BGB/Ann § 2053 BGB Rz. 3). 12

3. Lebzeitige besondere Leistungen von Abkömmlingen an den Erblasser

Nach § 2057a BGB kann derjenige Abkömmling, der durch Mitarbeit im Haushalt, Beruf oder Geschäft des Erblassers während längerer Zeit, durch erhebliche Geldleistungen oder in anderer Weise in **besonderem Maß** zur Erhaltung oder Vermehrung des Erblasservermögens beigetragen oder den Erblasser während längerer Zeit gepflegt hat, unter allen im o.g. Sinn (vgl. Rz. 1) erbenden Abkömmlingen bei Erbauseinandersetzung eine Ausgleichung verlangen. Im Gegensatz zur pauschalierten Berücksichtigung von Ehegattenmitarbeit über güterstandsbezogene güterrechtliche (§ 1371 Abs. 2 BGB) bzw. erbrechtliche (§ 1371 Abs. 1 iVm. § 1931 Abs. 3 BGB bzw. § 1931 Abs. 4 BGB) Ausgleichsmechanismen sieht § 2057a BGB für Abkömmlinge bei Erbfällen seit dem 1.7.1970 in Anlehnung an Art. 633 des schweizerischen ZGB eine einzelfallbezogene Ausgleichung vor (Erman/Bayer § 2057a BGB Rz. 2 und 3 mit Hinweis auf Rechtsprechung und Literatur zum schweizerischen Recht als diesbezügliche Auslegungshilfe). 13

Der Ausgleichungsanspruch besteht auch dann, wenn der Abkömmling bei Leistungserbringung noch durch einen **näheren**, jedoch später weggefallenen Abkömmling als Erbe verdrängt war. § 2053 BGB findet weder direkt noch analog Anwendung, da nunmehr im Gegensatz zur Ausgleichung einer Erblasserzuwendung der Abkömmling Leistender ist (Erman/Bayer § 2057a BGB Rz. 4; Staudinger/Werner § 2057a BGB Rz. 21; MünchKomm.BGB/Ann § 2057a BGB Rz. 7; aA Palandt/Weidlich § 2057a BGB Rz. 3; Damrau FamRZ 1969, 580). Der an die Stelle eines wegfallenden, ansonsten jedoch iSd. § 2057a BGB ausgleichungsberechtigten Abkömmlings tretende Abkömmling ist jedoch seinerseits analog § 2051 BGB ausgleichungsberechtigt (Erman/Bayer § 2057a BGB Rz. 4; Palandt/Weidlich § 2057a BGB Rz. 3) wie auch der Erbe eines ausgleichsberechtigten Miterben (Palandt/Weidlich § 2057a BGB Rz. 3).

Durch die Erbrechtsreform wurde der Ausgleichungsanspruch für **Pflegeleistungen** dadurch spürbar begünstigt, dass im Gegensatz zu § 2057a Abs. 2 BGB aF für ab dem 1.1.2010 eintretende Erbfälle ein Verzicht des pflegenden Abkömmlings auf berufliches Einkommen während der Pflegezeit nicht mehr erforderlich ist. Dies gilt nach Art. 229 § 23 Abs. 4 EGBGB auch für vor dem 1.1.2010 erbrachte Pflegeleistungen (Palandt/Ellenberger Art. 229 § 23 Abs. 4 EGBGB Rz. 4). Nach wie vor beschränkt sich der Ausgleichungsanspruch jedoch auf Abkömmlinge, da der ursprüngliche Reformvorschlag einer Anspruchserweiterung auf alle gesetzlichen Erben (§ 2057b BGB-E, dazu Schaal/Grigas BWNotZ 2008, 2, 6 f.) nicht übernommen wurde. 14

Der Ausgleichanspruch setzt **keine höchstpersönliche Leistung des Abkömmlings** voraus. In Anlehnung an die Vorbildnorm nach Art. 633 ZGB (Schweiz) kann auch die im Auftrag des Abkömmlings geleistete Mitarbeit des Ehegatten, von Familienangehörigen und Dritten (bspw. Hilfskräften) ausreichend sein (Erman/Bayer § 2057a BGB Rz. 5; Palandt/Weidlich § 2057a BGB Rz. 5; Soergel/Wolf § 2057a BGB Rz. 4). Einzelheiten sind diesbezüglich jedoch noch unklar. Soweit der Erblasser diesbezüglich eine Ausgleichung wünscht, empfiehlt sich daher eine ausdrückliche testamentarische Regelung mit hilfsweisem Vorausvermächtnis (Odersky notar 2009, 362, 363), das jedoch anders als die originäre Ausgleichung nach § 2057a BGB nicht an der pflichtteilsrechtlichen Fernwirkung iSd. § 2316 BGB teilhat und zudem im Hinblick auf das Höchstpersönlichkeitspostulat des § 2065 Abs. 2 BGB mit Ausnahme der Tatbestände aus §§ 2151, 2152 BGB nur dann Bestand haben dürfte, wenn der Erblasser die Pflegeperson selbst ausgewählt hat (OLG Frankfurt 15

DNotZ 1996, 56, 58; Langenfeld/Fröhler, Testamentsgestaltung, 2. Kap. Rz. 283; Fröhler BWNotZ 2010, 94, 97).

M 81.4 Anordnung einer Pflegeausgleichung mit hilfsweisem Vorausvermächtnis

(Verfügung von Todes wegen – Auszug)[1]

...

Hiermit stelle ich klar, dass zugunsten desjenigen Abkömmlings, der mich pflegt und beerbt, eine Erbausgleichung iSd. § 2057a BGB stattzufinden hat. Soweit dies nach den gesetzlichen Voraussetzungen ausgeschlossen ist, steht diesem Abkömmling für dessen Pflegeleistung der entsprechende hypothetische Ausgleichungswert vorausvermächtnisweise zu. Dieser Anspruch besteht jedoch nur insoweit, als der berechtigte Abkömmling bzw. ein von diesem beauftragter Dritter für die Pflegeleistung kein angemessenes Entgelt erhalten hat. Sollte der Abkömmling die Pflege nicht persönlich leisten, gelten entsprechende Leistungen Dritter, die von ihm auf seine Kosten beauftragt wurden, als von ihm selbst erbracht. Ehegatten, Partner oder Abkömmlinge von Abkömmlingen iSd. § 2057a BGB gelten dabei im Zweifel als in diesem Sinne beauftragt. Ich habe ... (Name des Abkömmlings), im Verhinderungsfall ersatzweise ... (Name eines weiteren Abkömmlings – ggf. weiter staffeln) bereits persönlich zu meiner Pflegeperson bestimmt.

...

(Schluss)

1 Zu Eingang und Schlussformel s. **M 80.6** (eigenhändiges Einzeltestament), **M 80.1** (notariell beurkundetes Einzeltestament), **M 85.1** (eigenhändiges gemeinschaftliches Testament), **M 85.2** (notariell beurkundetes gemeinschaftliches Testament) und **M 85.3** (Erbvertrag).

Kosten: *Notargebühr:* 1,0-Gebühr gem. Nr. 21200 KV GNotKG bei Beurkundung eines Testaments, mindestens 60 Euro. Geschäftswert gem. § 102 Abs. 1 GNotKG (Wert des Nachlasses, Verbindlichkeiten des Erblassers werden abgezogen, jedoch nur bis zur Hälfte des Werts des Vermögens). 2,0-Gebühr gem. Nr. 21100 KV GNotKG bei Beurkundung eines Erbvertrags, mindestens 120 Euro. Geschäftswert wie zuvor.

16 Eine Ausgleichung **entfällt** hingegen nach § 2057a Abs. 2 BGB, wenn für die Leistungen ein angemessenes Entgelt gewährt bzw. vereinbart wurde oder soweit dem Abkömmling hierfür ein Anspruch aus anderem Rechtsgrund, insbesondere ungerechtfertigter Bereicherung oder Geschäftsführung ohne Auftrag zusteht. Dies gilt jedoch nach dem Normzweck des § 2057a BGB nicht, wenn derartige Ansprüche faktisch nicht durchsetzbar (Fröhler BWNotZ 2010, 94, 97 f.; MünchKomm.BGB/Ann § 2057a BGB Rz. 31) bzw. verjährt sind (Soergel/Wolf § 2057a BGB Rz. 15; Staudinger/Werner § 2057a BGB Rz. 23; aA MünchKomm BGB/Ann § 2057a BGB Rz. 31).

17 Für die anspruchsbegründenden Tatsachen nach § 2057a Abs. 1 BGB ist der Ausgleichungsberechtigte, für das Vorliegen eines Ausschlussgrundes, insbesondere die Gegenleistung eines angemessenen Entgelts an den Anspruchsteller, ist hingegen der Ausgleichungspflichtige **darlegungs- und beweisbelastet** (Fröhler BWNotZ 2010, 94, 98; Petersen ZEV 2000, 432).

18 Der Erblasser kann eine gesetzlich bestehende Ausgleichungspflicht zugunsten der dadurch beschwerten Abkömmlinge durch **Verfügung von Todes wegen** vorausvermächtnisweise einschränken oder ausschließen (Erman/Bayer § 2057a BGB Rz. 8; Palandt/Weidlich § 2057a BGB Rz. 1). Derartige Maßnahmen nehmen jedoch anders als gesetzlich vorgesehene Maßnahmen nach § 2057a Abs. 2 BGB nicht an der pflichtteilrechtlichen Fernwirkung iSd. § 2316 Abs. 1 BGB teil, da andernfalls die zwingenden Formvorschriften für Pflichtteilsverzichtsverträge nach §§ 2347, 2348 BGB umgangen würden (Langenfeld/Fröhler, Testamentsgestaltung, 2. Kap. Rz. 286; Fröhler BWNotZ 2010, 94, 98) (vgl. dazu Rz. 41).

M 81.5 Ausschluss einer Pflegeausgleichung

(Verfügung von Todes wegen – Auszug)[1]

...

Hiermit schließe ich jegliche eventuelle Ausgleichungspflicht bei besonderen Leistungen iSd. § 2057a BGB aus. Vorausvermächtnisweise sind alle Abkömmlinge iSd. §§ 2057a, 2052 BGB so zu stellen, als gäbe es keine Ausgleichungspflicht iSd. § 2057a BGB. Mir ist bekannt, dass derartige Leistungen gleichwohl im Rahmen der Pflichtteilsbestimmung nach § 2316 BGB berücksichtigt werden.

...

1 Zu Eingang und Schlussformel s. **M 80.6** (eigenhändiges Einzeltestament), **M 80.1** (notariell beurkundetes Einzeltestament), **M 85.1** (eigenhändiges gemeinschaftliches Testament), **M 85.2** (notariell beurkundetes gemeinschaftliches Testament) und **M 85.3** (Erbvertrag).

Kosten: wie **M 81.4**.

4. Berechnung der Ausgleichung

a) Für Zuwendungen des Erblassers an Abkömmlinge

19 Die Erbausgleichung von Zuwendungen wird in mehreren Schritten durchgeführt. Zunächst sind von dem nach Abzug aller Nachlassverbindlichkeiten verbleibenden Nettonachlass diejenigen Erbteile herauszurechnen, die auf andere Personen als die nach den §§ 2050, 2052 BGB der Ausgleichung unterliegenden Abkömmlinge entfallen, so dass sich der **Ausgleichungsnachlass** ergibt, der den an der Erbausgleichung teilnehmenden Abkömmlingen verbleibt. Sodann werden dem Ausgleichungsnachlass alle zur Ausgleichung zu bringenden Zuwendungen hinzugerechnet. Anschließend ist gem. § 2055 Abs. 1 Satz 2 BGB für jeden einzelnen dieser Abkömmlinge dessen rechnerischer Anteil an dem so erhöhten Ausgleichungsnachlass zu ermitteln. Dabei bleiben Abkömmlinge, die zu Lebzeiten mehr als diesen Anteil erhalten haben, nach § 2056 Satz 2 BGB außer Betracht. Der sie betreffende Zuwendungswert wird vom Ausgleichungsnachlass wieder abgezogen. Ihre Erbquote wird bei der Ausgleichung nicht mehr berücksichtigt. Sie müssen jedoch nach § 2056 Satz 1 BGB den Mehrbetrag nicht herausgeben. In einem letzten Schritt wird die Zuwendung auf den rechnerischen Teil gem. § 2055 Abs. 1 Satz 1 BGB angerechnet. Daraus ergibt sich der gesetzliche Erbanspruch (Fröhler BWNotZ 2010, 94, 98).

20 Der **Nachlasswert** wird nach dem Zeitpunkt des Erbfalls ermittelt (BGH NJW 1986, 931, 932; Erman/Bayer § 2055 BGB Rz. 2; Palandt/Weidlich § 2055 BGB Rz. 3; Meincke AcP 178 (1978), 59; aA Staudinger/Werner § 2055 BGB Rz. 1; MünchKomm.BGB/Ann § 2055 BGB Rz. 12: Zeitpunkt der Auseinandersetzung).

21 Soweit der Erblasser diesbezüglich nichts Anderes anordnet, bestimmt sich der **Wert der ausgleichungspflichtigen Zuwendung** gem. § 2055 Abs. 2 BGB nach den Verhältnissen zum Zeitpunkt der Zuwendung unter zusätzlicher Berücksichtigung des Kaufkraftschwundes zwischen Zuwendung und Erbfall nach Lebenshaltungskostenindex (BGH NJW 1975, 1831, 1832; Erman/Bayer § 2055 BGB Rz. 4; Palandt/Weidlich § 2055 BGB Rz. 3; MünchKomm.BGB/Ann § 2055 BGB Rz. 15; aA Staudinger/Werner § 2055 BGB Rz. 8: Verhältnisse zum Zeitpunkt der Zuwendung unter zusätzlicher Berücksichtigung der Wertsteigerung des betroffenen Nachlassgegenstandes; aA Krug ZEV 2000, 41: Berücksichtigung des Kaufkraftschwundes zwischen Zuwendung und Erbauseinandersetzung gemäß Lebenshaltungskostenindex). Da die Regelung des § 2055 Abs. 2 BGB dispositiv ist (MünchKomm.BGB/Ann § 2055 BGB Rz. 16; Staudinger/Werner § 2055 BGB Rz. 12), darf der Erblasser auch einen niedrigeren Wert für maßgebend erklären, zumal er die für Ausstattungen, Übermaßzuschüsse und Übermaßausbildungsaufwendungen vorgesehene Ausgleichung nach § 2050 Abs. 1 und 2 BGB sogar gänzlich ausschließen bzw. in den Fällen des § 2050 Abs. 3 BGB auf die Anordnung einer Ausgleichung vollständig verzichten kann. Er ist daher auch berechtigt, die Erbaus-

gleichung zu einem höheren als dem von § 2055 Abs. 2 BGB vorgesehenen Wert anzuordnen (OLG Hamm MDR 1966, 330; Nieder/Kössinger § 2 Rz. 244; aA Wegmann, Grundstücksüberlassung Fn. 389: gesetzeswidrig wegen Unzulässigkeit eines dadurch faktisch erzielten gegenständlich beschränkten Erbverzichts). Derartige Anordnungen lösen dann jedoch keine pflichtteilsrechtliche Fernwirkung aus und bleiben insoweit bei der Pflichtteilsbestimmung iSd. § 2316 Abs. 1 BGB unbeachtlich, wenn ein Fall des § 2316 Abs. 3 BGB vorliegt (vgl. dazu Rz. 39) bzw. abweichend von § 2055 Abs. 2 BGB ein den Zuwendungswert übersteigender Ausgleichungswert vereinbart wird, damit nicht indirekt durch die Hintertür der Erbausgleichungspflicht die zwingenden Formvorschriften für Pflichtteilsverzichtsverträge nach §§ 2347, 2348 BGB umgangen werden können (Langenfeld/Fröhler, Testamentsgestaltung, 2. Kap. Rz. 288; Fröhler BWNotZ 2010, 94, 98) (vgl. dazu Rz. 41).

22 **Fallbeispiel:** Die Eheleute M und F sind im gesetzlichen Güterstand der Zugewinngemeinschaft verheiratet und haben drei gemeinsame Kinder, A, B und C. M schenkt zu Lebzeiten jeweils mit der Anordnung einer entsprechenden Ausgleichungspflicht Zuwendungen an A und B. Der Zuwendungswert beträgt unter Berücksichtigung der Inflation bis zum Erbfall bezüglich A 60 000 Euro und hinsichtlich B 300 000 Euro. Der Nachlasswert beträgt 800 000 Euro. M verstirbt, ohne eine Verfügung von Todes wegen zu hinterlassen. F schlägt die Erbschaft nicht aus. Die Ausgleichung wird wie folgt durchgeführt: Maßgebend ist die gesetzliche Erbfolge. Es erben F zu ½, A, B und C jeweils zu ⅙. Vorab ist der auf F entfallende Anteil iHv. 400 000 Euro vom Nachlasswert abzuziehen, da der Ehegatte nach § 2050 BGB nicht an der Ausgleichung teilnimmt. Zum verbleibenden Ausgleichungsnachlass von 400 000 Euro werden beide Zuwendungswerte von insgesamt 360 000 Euro hinzugerechnet. Da B mit 300 000 Euro vorab bereits mehr als das der Erbquote entsprechende Drittel an diesem Zwischenwert von 760 000 Euro erhalten hat, scheidet er nach § 2056 BGB samt seiner Erbquote und seinem Zuwendungswert aus der Ausgleichung aus, ohne den Mehrwert erstatten zu müssen. Der Zwischenwert von 760 000 Euro reduziert sich daher auf 460 000 Euro. Hieran sind A und C zu gleichen Teilen, mithin iHv. jeweils 230 000 Euro berechtigt. A muss sich jedoch seinen Vorempfang von 60 000 Euro darauf anrechnen lassen, so dass A 170 000 Euro und C 230 000 Euro aus dem Ausgleichungsnachlass von 400 000 Euro zustehen (Fröhler BWNotZ 2010, 94, 98 f.).

b) Für besondere Leistungen von Abkömmlingen an den Erblasser

23 Nach § 2057a Abs. 3 BGB ist die bei Erbauseinandersetzung durchzuführende Ausgleichung für besondere Leistungen eines Abkömmlings nach **Billigkeitskriterien** mit Rücksicht auf die Dauer und den Umfang der Leistungen sowie auf den Nachlasswert zu ermitteln. In Anlehnung an die schweizerische Rechtsprechung zu Art. 633 ZGB (Schweiz) muss dabei insbesondere auf den Umfang der durch die Leistungen bedingten Einbußen bei der eigenen Erwerbstätigkeit des ausgleichsberechtigten Abkömmlings abgestellt werden (Erman/Bayer § 2057a BGB Rz. 9; Knur FamRZ 1970, 277). Hier ist ein erhebliches Streitpotential zu erwarten (Odersky notar 2009, 362, 363).

24 Nach einem Vorwegabzug der Erbteile anderer Personen als der nach den §§ 2057a, 2052 BGB der Ausgleichung unterliegenden Abkömmlinge (insbesondere des längstlebenden Ehegatten) wird nach § 2057a Abs. 4 BGB anders als bei der Zuwendungsausgleichung iSd. § 2055 BGB von dem auf die verbleibenden Erbteile entfallenden Restnachlasswert der Wert der besonderen Leistungen aller iSd. § 2057a BGB ausgleichungsberechtigten Abkömmlinge abgerechnet. Sodann wird der Wert des verbleibenden Restnachlasses auf die Abkömmlinge im Verhältnis ihrer Erbquoten verteilt. Abschließend wird für jeden ausgleichungsberechtigten Abkömmling dessen jeweiliger Ausgleichungsbetrag **hinzugerechnet**.

25 **Fallbeispiel:** Der Ausgangsfall (vgl. Rz. 22) wird dahingehend abgewandelt, dass C an M besondere Leistungen iSd. § 2057a BGB iHv. 20 000 Euro erbracht hat. Dieser Betrag reduziert den maßgebenden erhöhten Ausgleichungsnachlass von 460 000 Euro auf 440 000 Euro. Daran sind A und C zu gleichen Teilen, mithin iHv. jeweils 220 000 Euro berechtigt. A muss sich jedoch seinen Vorempfang von 60 000 Euro darauf anrechnen lassen, so dass A 160 000 Euro und C 220 000 Euro zustehen. Nach § 2057a Abs. 4 Satz 1 BGB erhält C zusätzlich den Ausgleichungsbetrag von 20 000 Euro. Insgesamt stehen damit A 160 000 Euro und C 240 000 Euro aus dem Ausgleichungsnachlass von 400 000 Euro zu (Fröhler BWNotZ 2010, 94, 99).

5. Nachträgliche Anordnungen

a) Rechtzeitig aufgrund Vorbehalts

Hat sich der Erblasser spätestens bei Zuwendung eine Nichtausgleichungsanordnung iSd. § 2050 Abs. 1 und 2 BGB bzw. eine Ausgleichungsanordnung iSd. § 2050 Abs. 3 BGB vorbehalten, gilt dies als bereits getroffene um die spätere letztwillige Umsetzung **aufschiebend bedingte** Erklärung, da sich der Zuwendungsempfänger von Anfang an auf die Rechtsfolgen der Ausgleichung für den Fall des Bedingungseintritts einstellen und diese im Rahmen seiner Entscheidung über die Zuwendungsannahme mit berücksichtigen kann. Es handelt sich daher um keine im engeren Sinne nachträgliche, sondern vielmehr um eine rechtzeitige Anordnung, die anders als entsprechende Vermächtnisse ohne Vorbehalt unmittelbare Auswirkungen auf die Erbausgleichung hat. 26

Gleiches gilt für eine **auflösende Bedingung**, wenn sich der Erblasser spätestens bei Zuwendung vorbehält, seine Ausgleichungsanordnung wieder aufzuheben (Nieder/Kössinger § 2 Rz. 228). 27

Der Bedingungseintritt kann dabei jeweils ausschließlich durch eine Verfügung von Todes wegen – dann im Wege eines **Vorausvermächtnisses** – ausgelöst werden, die dem Zuwendungsempfänger im Gegensatz zur Erklärung des Vorbehalts nicht zugehen muss (J. Mayer ZEV 1996, 441, 445). Eine nachträgliche Anordnung durch Rechtsgeschäft unter Lebenden ist nicht möglich (BGH ZEV 2010, 33, 34; RGZ 90, 419, 422; (Langenfeld/Fröhler, Testamentsgestaltung, 2. Kap. Rz. 295; Fröhler BWNotZ 2010, 94, 99; Staudinger/Werner § 2050 BGB Rz. 33). 28

Es sollte jeweils klargestellt werden, dass dieses Vorausvermächtnis im **Ersatzerbfall** auch den Ersatzerben zusteht. 29

M 81.6 Ausgleichungsanordnung durch Vorausvermächtnis aufgrund Vorbehalts

(Verfügung von Todes wegen – Auszug)[1]

...

Durch Urkunde des Notars ... (Name) in ... (Ort), vom ... (Datum), UR ... (Urkundenrollennummer), habe ich an ... (Vor- und Nachname des Abkömmlings) meine Eigentumswohnung in ... (genauer Grundbuchbeschrieb) als sonstige Zuwendung iSd. § 2050 Abs. 3 BGB ohne Gegenleistung übertragen und mir dabei eine spätere Ausgleichungsordnung vorbehalten. Von diesem Vorbehalt mache ich hiermit Gebrauch und ordne nunmehr eine entsprechende Ausgleichungspflicht dergestalt an, dass ... (Name) den Zuwendungswert iSd. § 2055 Abs. 2 BGB, den ich klarstellend mit ... Euro (Geldbetrag) vorbehaltlich eines zusätzlich zu berücksichtigenden Kaufkraftschwunds zwischen Zuwendung und Erbfall feststelle, bei einer Erbauseinandersetzung iSd. §§ 2050, 2052 BGB auf meinen Tod zur Ausgleichung zu bringen hat. Diese Anordnung soll auch für und gegen Ersatzerben gelten. Mir ist bekannt, dass die Ausgleichungsanordnung nach § 2316 Abs. 1 BGB zu Pflichtteilsverschiebungen führen kann.

...

1 Zu Eingang und Schlussformel s. **M 80.6** (eigenhändiges Einzeltestament), **M 80.1** (notariell beurkundetes Einzeltestament), **M 85.1** (eigenhändiges gemeinschaftliches Testament), **M 85.2** (notariell beurkundetes gemeinschaftliches Testament) und **M 85.3** (Erbvertrag).

Kosten: *Notargebühr:* 1,0-Gebühr gem. Nr. 21200 KV GNotKG, mindestens 60 Euro. Geschäftswert gem. § 102 Abs. 1, 3 GNotKG.

M 81.7 Aufhebung einer Ausgleichungspflicht durch Vorausvermächtnis aufgrund Vorbehalts

(Verfügung von Todes wegen – Auszug)[1]

...

Durch Urkunde des Notars ... (Name) in ... (Ort), vom ... (Datum), UR ... (Urkundenrollennummer), habe ich an ... (Vor- und Nachname des Abkömmlings) meine Eigentumswohnung in ... (genauer Grundbuchbeschrieb) ohne Gegenleistung übertragen, zugleich angeordnet, dass dieser den Wert der Zuwendung bei einer künftigen Erbauseinandersetzung auf meinen Tod nach den §§ 2050, 2052 BGB zur Ausgleichung zu bringen hat und mir dabei eine spätere Aufhebung dieser Ausgleichungsordnung vorbehalten. Von diesem Vorbehalt mache ich hiermit Gebrauch und ordne nunmehr die Aufhebung dieser Ausgleichungspflicht an. Diese Anordnung soll auch für und gegen Ersatzerben gelten.

...

1 Zu Eingang und Schlussformel s. **M 80.6** (eigenhändiges Einzeltestament), **M 80.1** (notariell beurkundetes Einzeltestament), **M 85.1** (eigenhändiges gemeinschaftliches Testament), **M 85.2** (notariell beurkundetes gemeinschaftliches Testament) und **M 85.3** (Erbvertrag).

Kosten: wie **M 81.6**.

30 Eine aufschiebend bedingte Ausgleichungsanordnung iSd. § 2050 Abs. 3 BGB löst nach Bedingungseintritt anders als entsprechende Vermächtnisse ohne Vorbehalt (vgl. dazu Rz. 31 ff.) zudem gem. § 2316 Abs. 1 BGB **pflichtteilsrechtliche Fernwirkungen** aus (Staudinger/Haas § 2316 BGB Rz. 11; J. Mayer ZEV 1996, 441, 443 ff.), soweit nicht von den gesetzlichen Vorgaben bspw. durch Festsetzung eines § 2055 Abs. 2 BGB übersteigenden Ausgleichswertes abgewichen wird (vgl. dazu Rz. 41). Gleiches muss auch für eine um die vorbehaltene späterer Aufhebung oder anderweitig auflösend bedingte oder für eine um den Eintritt gewillkürter Erbfolge bedingte Anordnung gelten (Beck'sches Notarhandbuch/Jerschke A V Rz. 90). Im Gegensatz dazu bewirkt bei einer Nichtausgleichungsanordnung iSd. § 2050 Abs. 1 und 2 BGB selbst ein rechtzeitiger Vorbehalt angesichts der Ausschlussregelung des § 2316 Abs. 3 BGB (vgl. dazu Rz. 39) keine Pflichtteilsverschiebung (Langenfeld/Fröhler, Testamentsgestaltung, 2. Kap. Rz. 297; Fröhler BWNotZ 2010, 94, 99).

b) Verspätet mangels Vorbehalt

31 Fehlt ein entsprechender Vorbehalt, kann der Erblasser zwar nicht unmittelbar auf die Erbausgleichung und damit auch nicht auf die Pflichtteilsbestimmung iSd. § 2316 Abs. 1 BGB einwirken. Stattdessen kann er jedoch durch eine Verfügung von Todes wegen vorausvermächtnisweise anordnen, dass der von ihm Begünstigte **so gestellt** wird, als wäre die Anordnung rechtzeitig erfolgt.

32 Der Erblasser kann dies jedoch nicht ersatzweise durch Rechtsgeschäft unter Lebenden erreichen, sondern ist insoweit auf eine **Verfügung von Todes wegen** beschränkt (BGH FamRZ 2010, 33, 34; RGZ 90, 419, 422; Staudinger/Werner § 2050 BGB Rz. 33). Ist der Erblasser nicht mehr testierfähig, kommt ggf. ein notariell zu beurkundender, jedoch rein schuldrechtlich wirkender Erbschaftsvertrag iSd. § 312 Abs. 2 BGB zwischen den künftigen gesetzlichen Erben über die Ausgleichungspflicht und möglicherweise ein Erlassvertrag iSd. § 397 BGB in Betracht (J. Mayer ZEV 1996, 441, 445 f.; Langenfeld/Fröhler, Testamentsgestaltung, 2. Kap. Rz. 299; Fröhler BWNotZ 2010, 94, 100).

33 **Pflichtteilsrechte** bleiben davon jedoch unberührt, da verspätete Anordnungen keine abweichende pflichtteilsrechtliche Fernwirkung auslösen können.

34 Gleichzeitig sollte jeweils klargestellt werden, dass dieses Vorausvermächtnis im **Ersatzerbfall** auch den Ersatzerben zusteht.

M 81.8 Nicht vorbehaltene Anordnung einer Ausgleichungspflicht durch Vorausvermächtnis

(Verfügung von Todes wegen – Auszug)[1]

...

Durch Urkunde des Notars ... (Name) in ... (Ort), vom ... (Datum), UR ... (Urkundenrollennummer), habe ich an ... (Vor- und Nachname des Abkömmlings) meine Eigentumswohnung in ... (genauer Grundbuchbeschrieb) ohne Gegenleistung als sonstige Zuwendung iSd. § 2050 Abs. 3 BGB übertragen und dabei eine erbrechtliche Ausgleichungspflicht weder angeordnet noch vorbehalten. Dies möchte ich nunmehr faktisch nachholen. Daher wird ... (Vor- und Nachname des Abkömmlings), ersatzweise der an seiner Stelle berufene Ersatzerbe, zugunsten aller anderen Miterben, hilfsweise deren Ersatzerben, mit einem Vorausvermächtnis dahingehend belastet, dass diese jeweils einen Geldbetrag in der Höhe erhalten, der einem Ausgleichungsanspruch nach §§ 2050 ff. BGB wegen der o.g. Übertragung entsprochen hätte.

...

1 Zu Eingang und Schlussformel s. **M 80.6** (eigenhändiges Einzeltestament), **M 80.1** (notariell beurkundetes Einzeltestament), **M 85.1** (eigenhändiges gemeinschaftliches Testament), **M 85.2** (notariell beurkundetes gemeinschaftliches Testament) und **M 85.3** (Erbvertrag).

Kosten: wie **M 81.6**.

M 81.9 Nicht vorbehaltene Aufhebung einer Ausgleichungspflicht durch Vorausvermächtnis

(Verfügung von Todes wegen – Auszug)[1]

...

Durch Urkunde des Notars ... (Name) in ... (Ort), vom ... (Datum), UR ... (Urkundenrollennummer), habe ich an ... (Vor- und Nachname des Abkömmlings) meine Eigentumswohnung in ... (genauer Grundbuchbeschrieb) als sonstige Zuwendung iSd. § 2050 Abs. 3 BGB ohne Gegenleistung übertragen und zugleich angeordnet, dass ... (Vor- und Nachname des Zuwendungsempfängers) den Wert der Zuwendung bei einer künftigen Erbauseinandersetzung auf meinen Tod erbrechtlich zur Ausgleichung zu bringen hat. Diese Ausgleichungspflicht soll nunmehr mittelbar beseitigt werden. Daher werden alle anderen Miterben mit einem Vorausvermächtnis zugunsten ... (Vor- und Nachname des Zuwendungsempfängers), ersatzweise des an seiner Stelle berufenen Ersatzerben, dergestalt beschwert, dass das seinerzeit mit einer erbrechtlichen Ausgleichungspflicht übertragene Wohnungseigentum abweichend von den dortigen Anordnungen erbrechtlich bei einer Erbauseinandersetzung nicht nach den §§ 2050 ff. BGB zur Ausgleichung zu bringen ist ... (Vor- und Nachname des Zuwendungsempfängers) ist statt dessen so zu stellen, als sei eine derartige erbrechtliche Ausgleichungspflicht niemals angeordnet worden.

...

1 Zu Eingang und Schlussformel s. **M 80.6** (eigenhändiges Einzeltestament), **M 80.1** (notariell beurkundetes Einzeltestament), **M 85.1** (eigenhändiges gemeinschaftliches Testament), **M 85.2** (notariell beurkundetes gemeinschaftliches Testament) und **M 85.3** (Erbvertrag).

Kosten: wie **M 81.6**.

II. Auswirkungen der Erbausgleichung auf Pflichtteilsquoten

35 Erbausgleichungspflichten nach § 2050 BGB und Erbausgleichungsansprüche nach § 2057a BGB sind nach § 2316 Abs. 1 BGB bei der Bestimmung des Pflichtteils eines Abkömmlings mit zu berücksichtigen und entfalten daher zusätzlich zwingende **pflichtteilsrechtliche Fernwirkungen** (J. Mayer ZEV 1996, 441, 442). Insoweit kommt es zwischen pflichtteilsberechtigten Abkömmlingen aufgrund einer ausgleichungsbedingten Veränderung des jeweiligen Erbanspruchs regelmäßig zu Pflichtteilsverschiebungen, die sich grundsätzlich zulasten eines Zuwendungsempfängers iSd. § 2050 BGB pflichtteilsmindernd bzw. zugunsten eines Zuwendenden iSd. § 2057a BGB pflichtteilserhöhend auswirken. Die zur Pflichtteilsverschiebung führende Ausgleichung erfasst ausschließlich die einer fiktiven gesetzlichen Erbfolge unterliegenden Nachlassteile von Abkömmlingen iSd. § 2316 BGB und damit keine Nachlassteile, die auf andere Pflichtteilsberechtigte (bspw. den längstlebenden Ehegatten) entfallen (MünchKomm.BGB/Lange § 2316 BGB Rz. 1; (Langenfeld/Fröhler, Testamentsgestaltung, 2. Kap. Rz. 301; Fröhler BWNotZ 2010, 94, 100).

36 Dies gilt entgegen §§ 2050, 2057a BGB **unabhängig von der tatsächlichen Erbfolge** und damit sogar dann, wenn kein oder nur ein Abkömmling Erbe geworden ist (Staudinger/Haas § 2316 BGB Rz. 3), jedoch mindestens zwei Abkömmlinge existieren, die bei hypothetischer gesetzlicher Erbfolge Miterben wären und daher einer Erbausgleichungspflicht unterliegen würden (Erman/Röthel § 2316 BGB Rz. 2). Im Gegensatz zur Erbausgleichungspflicht nach § 2050 BGB bzw. zum Erbausgleichungsanspruch nach § 2057a BGB setzt die Pflichtteilsbestimmung nach § 2316 Abs. 1 BGB damit keine tatsächliche, sondern lediglich eine hypothetische gesetzliche Erbenstellung von mindestens zwei Abkömmlingen voraus und erfolgt unter Berücksichtigung einer fiktiven Erbausgleichung auch dann, wenn tatsächlich keine Erbausgleichungspflicht besteht.

37 Abkömmlinge sind dabei nach § 2310 Satz 1 BGB auch dann als **vorhanden** iSd. § 2316 Abs. 1 BGB mitzuzählen, wenn sie durch letztwillige Verfügung von der Erbfolge ausgeschlossen sind, die Erbschaft ausgeschlagen haben, für erbunwürdig erklärt wurden oder aufgrund Pflichtteilsentziehung bzw. Pflichtteilsverzichtsvertrages nicht pflichtteilsberechtigt sind (Staudinger/Haas § 2316 BGB Rz. 3). Unberücksichtigt bleiben nach §§ 2310 Satz 2, 2316 Abs. 1 Satz 2 BGB lediglich durch Erbverzicht von der gesetzlichen Erbfolge ausgeschlossene Abkömmlinge.

38 Der Anwendungsbereich des § 2316 BGB ist nicht nur zugunsten enterbter pflichtteilsberechtigter Abkömmlinge, sondern auch zu deren Lasten und gleichzeitig **zugunsten erbender anderer Abkömmlinge** eröffnet, die sich auf eigene Ausgleichungsansprüche aus § 2057a BGB bzw. auf Ausgleichungspflichten der den Pflichtteil geltend machenden Abkömmlinge aus § 2050 BGB berufen (BGH NJW 1993, 1197; OLG Nürnberg NJW 1992, 2303; (Langenfeld/Fröhler, Testamentsgestaltung, 2. Kap. Rz. 304; Fröhler BWNotZ 2010, 94, 100; MünchKomm.BGB/Lange § 2316 BGB Rz. 3; Staudinger/Haas § 2316 BGB Rz. 16; aA OLG Stuttgart DNotZ 1989, 184, 185 m. abl. Anm. Cieslar DNotZ 1989, 185, 186).

39 **Ausstattungen**, Übermaßzuschüsse und Übermaßausbildungsaufwendungen iSd. § 2050 Abs. 1 und Abs. 2 BGB müssen nach § 2316 Abs. 3 BGB bei der Pflichtteilsbestimmung iSd. § 2316 Abs. 1 BGB selbst dann, wenn aufgrund rechtzeitiger abweichender Anordnung keine bzw. eine für den Zuwendungsempfänger günstigere erbrechtliche Ausgleichungspflicht iSd. §§ 2050, 2052 BGB eintritt, insoweit zwingend berücksichtigt werden, als ein Pflichtteilsberechtigter hierdurch einen Nachteil erfährt. Der Pflichtteil wird insoweit auf der Basis fiktiver Erbausgleichung ermittelt. Obwohl sich der Wortlaut des § 2316 Abs. 3 BGB alleine auf § 2050 Abs. 1 BGB bezieht, gilt § 2050 Abs. 2 BGB wegen seiner bloßen Ergänzungsfunktion gleichwohl als von § 2316 Abs. 3 BGB miterfasst (Palandt/Weidlich § 2316 BGB Rz. 2; Fröhler BWNotZ 2010, 94, 100).

40 Dagegen sind sonstige Zuwendungen, insbesondere **Schenkungen**, nach § 2316 Abs. 1 BGB im Rahmen der Pflichtteilsbestimmung nur dann maßgebend, wenn zugleich aufgrund rechtzeitiger Anordnung des Erblassers eine Ausgleichungspflicht iSd. § 2050 Abs. 3 BGB besteht. In diesen Fällen ist daher ein tatsächliches Bestehen einer Ausgleichungspflicht zwingende Voraussetzung für eine Berücksichtigung bei der Pflichtteilsbestimmung. Eine derartige rechtzeitige Anordnung besteht ausnahmsweise auch dann, wenn sie aufgrund eines bis zur Zuwendung erklärten Vorbehalts durch erst später zu treffende Verfügung von Todes wegen aufschiebend bedingt erfolgt (Staudinger/Haas § 2316 BGB Rz. 11; J. Mayer ZEV 1996, 441, 443 ff.), da insoweit der Vorbehalt maßgebend ist

(Langenfeld/Fröhler, Testamentsgestaltung, 2. Kap. Rz. 306; Fröhler BWNotZ 2010, 94, 100 f. vgl. dazu Rz. 6 und 26).

Soweit anderweitige (bspw. iSv. § 2050 Abs. 3 BGB nicht rechtzeitig vorbehaltene bzw. § 2057a BGB betreffende) Änderungen im Rahmen der Ausgleichung erst durch **Verfügung von Todes** erreicht werden, nehmen diese nicht an der pflichtteilrechtlichen Fernwirkung iSd. § 2316 Abs. 1 BGB teil (Nieder/Kössinger § 2 Rz. 279). Gleichermaßen bleibt insoweit bei der Pflichtteilsbestimmung iSd. § 2316 Abs. 1 BGB auch ein abweichend von § 2055 Abs. 2 BGB vereinbarter, den Zuwendungswert übersteigender Ausgleichungswert unbeachtlich, damit nicht indirekt durch die Hintertür der Erbausgleichungspflicht die zwingenden Formvorschriften für Pflichtteilsverzichtsverträge nach §§ 2347, 2348 BGB umgangen werden (Staudinger/Haas § 2316 BGB Rz. 26; Langenfeld/Günther, Grundstückszuwendungen, Kap. 4 Rz. 139; Thubauville MittRhNotK 1992, 289, 305). 41

Insoweit können Pflichtteilsrechte jeweils ausschließlich durch förmlichen **Pflichtteilsverzichtsvertrag** zwischen Erblasser und betroffenem Berechtigten, der dann gegenständlich beschränkt werden sollte, reduziert werden (vgl. dazu Kap. 89 Rz. 8 und **M 89.3**). 42

➲ **Praxistipp:** Da die Erbausgleichungsanordnung für Zuwendungen iSd. § 2050 Abs. 3 BGB sogar bei bloßer hypothetischer gesetzlicher Erbenstellung von mindestens zwei Abkömmlingen trotz einer tatsächlich davon abweichenden gewillkürten Erbfolge zu irreparablen Pflichtteilsverschiebungen führen kann (vgl. dazu Rz. 36), sollte die spätestens bei Zuwendung getroffene oder vorbehaltene und anschließend durch Vermächtnis ausgelöste Ausgleichungsanordnung ausdrücklich vorsehen, dass die Ausgleichung nicht bei gewillkürter, sondern **ausschließlich bei gesetzlicher Erbfolge** zu erfolgen hat (Beck'sches Notarhandbuch/Jerschke A V Rz. 90) – für Zuwendungen iSd. § 2050 Abs. 1 und 2 BGB verhindert eine entsprechende Nichtausgleichungsanordnung die Pflichtteilsfernwirkungen nach § 2316 Abs. 3 BGB jedoch nicht, soweit dies einen Pflichtteilsberechtigten benachteiligen würde. Die Ausgleichung sollte dabei im Hinblick auf die Auslegungsregel des § 2052 BGB auch ausdrücklich für den Fall ausgeschlossen bleiben, dass die gewillkürte Erbeinsetzung der gesetzlichen Erbfolge entspricht (Langenfeld/Fröhler, Testamentsgestaltung, 2. Kap. Rz. 309; Fröhler BWNotZ 2010, 94, 101). 43

M 81.10 Nach Berufungsgrund differenzierte Ausgleichungsanordnung mit Vorbehalt

(Notarielles Beurkundungsprotokoll: Übergabevertrag – Auszug)

...

Der Zuwendungsempfänger ... (Name) hat den Zuwendungswert iSd. § 2055 Abs. 2 BGB, der klarstellend mit ... Euro vorbehaltlich eines zusätzlich zu berücksichtigenden Kaufkraftschwunds zwischen Zuwendung und Erbfall festgestellt wird, bei einer Erbauseinandersetzung iSd. §§ 2050 ff. BGB ausschließlich bei Eintritt gesetzlicher Erbfolge zur Ausgleichung zu bringen. Bei Eintritt gewillkürter Erbfolge erfolgt eine Ausgleichung selbst dann nicht, wenn sie der gesetzlichen Erbfolge entspricht.

alternativ: Der Zuwendende behält sich hiermit ausschließlich für den Fall des Eintritts gesetzlicher Erbfolge ausdrücklich vor, durch Verfügung von Todes wegen anzuordnen, dass der Zuwendungsempfänger ... (Name) den Zuwendungswert iSd. § 2055 Abs. 2 BGB, der klarstellend mit ... Euro vorbehaltlich eines zusätzlich zu berücksichtigenden Kaufkraftschwunds zwischen Zuwendung und Erbfall festgestellt wird, bei einer Erbauseinandersetzung iSd. §§ 2050 ff. BGB auf den Tod des Zuwendenden, ... (Name), zur Ausgleichung zu bringen hat. Bei Eintritt gewillkürter Erbfolge gilt der Vorbehalt selbst dann nicht, wenn diese der gesetzlichen Erbfolge entspricht. Eine vorausvermächtnisweise Umsetzung des Vorbehalts gilt jedoch nicht als gewillkürte Erbfolge. Den Beteiligten ist bekannt, dass eine entsprechende letztwillige Anordnung zu Pflichtteilsverschiebungen iSd. § 2316 Abs. 1 BGB führen kann.

Jeweiliger Zusatz bei Zuwendungen nach § 2050 Abs. 1 und 2 BGB: Den Beteiligten ist bekannt, dass die Zuwendung im Rahmen der Pflichtteilsbestimmung iSd. § 2316 Abs. 1 BGB trotz Ausschluss der Ausgleichung nach § 2316 Abs. 3 BGB mitberücksichtigt werden muss.

...

Kosten: *Notargebühr:* 2,0-Gebühr gem. Nr. 21100 KV GNotKG, mindestens 120 Euro. Geschäftswert gem. §§ 97 Abs. 1 GNotKG.

44 Aufgrund der Fernwirkungen der Erbausgleichungspflicht iSd. §§ 2055, 2057a BGB beträgt der Pflichtteil des Zuwendungsempfängers nach § 2316 Abs. 1 BGB die **Hälfte** des zwischen den Abkömmlingen errechneten Erbanspruchs.

45 **Fallbeispiel:** Im Ausgangsfall (vgl. Rz. 22 mit den diesbezüglichen Vorschriften hinsichtlich der Ausgleichung nach § 2055 BGB) hat A daher einen Pflichtteil von 85 000 Euro (½ von 170 000 Euro) und C einen Pflichtteil von 115 000 Euro (½ von 230 000 Euro). In der Abwandlung (Rz. 25 mit den diesbezüglichen Vorschriften hinsichtlich der Ausgleichung nach § 2057a BGB) hat A einen Pflichtteil von 80 000 Euro (½ von 160 000 Euro) und C einen Pflichtteil von 120 000 Euro (½ von 240 000 Euro). B steht jeweils kein Pflichtteil zu, da er bereits wegen hoher Vorabzuwendungen nach § 2056 BGB aus der Ausgleichung ausgeschieden ist. Der Pflichtteil der F wird von der ausschließlich auf die Abkömmlinge beschränkten Erbausgleichung jeweils nicht berührt (Fröhler BWNotZ 2010, 94, 101).

III. Pflichtteilsanrechnung

1. Wesen der Pflichtteilsanrechnung

46 Die Bestimmung einer Anrechnungspflicht auf den Pflichtteil führt zu einer Entlastung des Erben **ausschließlich** durch Reduzierung des Pflichtteilsrechts des betroffenen Zuwendungsempfängers. Hierdurch wird im Gegensatz zu den pflichtteilsrechtlichen Fernwirkungen aufgrund einer Ausgleichungspflicht nach § 2316 Abs. 1 BGB (vgl. dazu Rz. 35 ff.) das Pflichtteilsrecht anderer Pflichtteilsberechtigter nicht berührt, insbesondere dasjenige von pflichtteilsberechtigten Erben nicht erhöht. Die Anrechnungspflicht hat zudem Auswirkungen auf eventuelle Pflichtteilsergänzungs- bzw. Zusatzpflichtteilsansprüche des Bestimmungsempfängers aus § 2325 BGB bzw. § 2305 BGB (Palandt/Weidlich § 2315 BGB Rz. 5; Langenfeld/Fröhler, Testamentsgestaltung, 2. Kap. Rz. 312; Fröhler BWNotZ 2010, 94, 101).

2. Anrechnungsbestimmung

47 Anders als bei einer Erbausgleichung kann der Erblasser die Anrechnung auf den Pflichtteil gem. § 2315 Abs. 1 BGB nicht nur zu Lasten von Abkömmlingen, sondern auch des Ehegatten und von Eltern, mithin zu Lasten aller pflichtteilsberechtigter Personen oder auch nur eines einzelnen von mehreren Pflichtteilsberechtigten (Everts notar 2013, 219, 224) bestimmen. Voraussetzung ist eine **unmittelbare freigebige** zu einer Verminderung des Nachlasswertes führende **Zuwendung**. Daran fehlt es bspw. bei einem bloßen einseitigen Verzicht auf den Anspruch zur Rückübertragung eines Grundstücks (BGH WM 1983, 823) bzw. bei bereits bestehender Verpflichtung des Zuwendenden zu der in Rede stehenden Leistung zB aus der gesetzlichen Unterhaltspflicht bei Pflegeaufwendungen von Eltern an deren Kind (DNotI-Gutachten DNotI-Report 2012, 175 f.; Everts notar 2013, 219, 225; Langenfeld/Fröhler, Testamentsgestaltung, 2. Kap. Rz. 313).

47a Dagegen kann eine Pflichtteilsanrechnung auch im Dreiecksverhältnis aufgrund schuldrechtlicher Verpflichtung des künftigen Erblassers gegenüber dem Pflichtteilsberechtigten zur freigebigen Zuwendung mit **Erfüllung aufgrund Vertrags zugunsten Dritter bzw. Geheiß** des Pflichtteilsberechtigten zwecks Verkürzung des Übertragungsaktes an einen Dritten erfolgen (BGH DNotZ 1963, 113, 114; Dauner-Lieb/Grziwotz/Hohmann-Dennhardt/Herrler/Schmied-Kovarik, § 2315 BGB Rz. 10; DNotI-Gutachten DNotI-Report 2013, 59, 60; Everts notar 2013, 219, 225; Langenfeld/Fröhler, Testamentsgestaltung, 2. Kap. Rz. 314; MünchKomm.BGB/Lange § 2315 BGB Rz. 8; Staudinger/Haas

§ 2315 BGB Rz. 14). Hierzu zählen insbesondere Zuwendungen an eine OHG, KG oder GbR, an der der Pflichtteilsberechtigte beteiligt ist, soweit durch Vereinbarung ein entsprechender Vermögenszuwachs des Pflichtteilsberechtigten etwa durch Gutschrift auf dessen Kapitalkonto in der empfangenden Gesellschaft bei satzungsgemäßer Ausrichtung der Beteiligung der Gesellschafter hinsichtlich des Liquidationserlöses am jeweiligen Kapitalkonto sichergestellt ist (DNotI-Gutachten DNotI-Report 2013, 59, 60; Everts notar 2013, 219, 225; Langenfeld/Fröhler, Testamentsgestaltung, 2. Kap. Rz. 314), bzw. an den Ehegatten des Pflichtteilsberechtigten (BGH DNotZ 1963, 113, 114). Soweit Unsicherheiten hinsichtlich der Zuwendungsbewertung bestehen, sollte hilfsweise ein ergänzender gegenständlich beschränkter Pflichtteilsverzichtsvertrag zwischen künftigem Erblasser und Pflichtteilsberechtigtem beurkundet werden (DNotI-Gutachten DNotI-Report 2013, 59, 60; Everts notar 2013, 219, 225; Langenfeld/Fröhler, Testamentsgestaltung, 2. Kap. Rz. 314).

Die Bestimmung der Pflichtteilsanrechnung ist einseitige **empfangsbedürftige** Willenserklärung 48 (zur aufschiebenden oder auflösenden Bedingung und zur Vertretung s. Rz. 6). Sie muss **spätestens bei Zuwendung** erfolgen (Fröhler BWNotZ 2010, 94, 101; DNotI-Gutachten DNotI-Report 2014, 73, 74; MünchKomm.BGB/Lange § 2315 BGB Rz. 10) und kann, soweit nicht unter Lebenden ein entsprechender diesbezüglicher Vorbehalt für eine spätere letztwillige Anordnung erklärt wurde, ausschließlich durch Rechtsgeschäft unter Lebenden vorgenommen werden (DNotI-Gutachten DNotI-Report 2014, 73, 74; Klingelhöffer ZEV 1995, 180, 182). Aus dem Umkehrschluss zu § 2347 Abs. 2 Satz 1 BGB ergibt sich ebenso wie für den Fall der Ausgleichungsanordnung nach § 2050 Abs. 1 bzw. 3 BGB (vgl. dazu Rz. 6), dass die Anordnung eine Pflichtteilsanrechnung im Gegensatz zu den Erklärungen des Erblassers in einem Erbverzichts- bzw. Pflichtteilsverzichtsvertrag **nicht höchstpersönlich** abgegeben werden müssen, sondern auch mittels eines gesetzlichen oder bevollmächtigten Vertreters getroffen werden können (Langenfeld/Fröhler, Testamentsgestaltung, 2. Kap. Rz. 315; Fröhler BWNotZ 2010, 94, 101).

Im Falle der Einräumung eines **Bezugsrechts aus einer Lebensversicherung** dürfte insoweit spä- 48a tester Bestimmungs- bzw. Zuwendungszeitpunkt im regelmäßig als Schenkung ausgestalteten Valutaverhältnis (s. dazu Kap. 15 Rz. 40) bei einem unwiderruflichen Bezugsrecht bereits die gegen dessen Willen nicht mehr änderbare Benennung des Dritten als Bezugsberechtigten nach § 159 Abs. 3 VVG (Langenfeld/Fröhler, Testamentsgestaltung, 2. Kap. Rz. 318; Dauner-Lieb/Grziwotz/Hohmann-Dennhardt/Herrler/Schmied-Kovarik, § 2315 BGB Rz. 18; DNotI-Gutachten DNotI-Report 2014, 73, 75; Elfring ZEV 2004, 305, 308; Leitzen RNotZ 2009, 129, 145; aA Everts notar 2013, 219, 226: erst bei Auszahlung), im Falle eines widerruflichen Bezugsrechts hingegen erst der spätere Erwerb des Anspruchs auf Versicherungssummenauszahlung (Langenfeld/Fröhler, Testamentsgestaltung, 2. Kap. Rz. 318; Dauner-Lieb/Grziwotz/Hohmann-Dennhardt/Herrler/Schmied-Kovarik, § 2315 BGB Rz. 18; DNotI-Gutachten DNotI-Report 2014, 73, 74; Everts notar 2013, 219, 226; Leitzen RNotZ 2009, 129, 145; J. Mayer DNotZ 2000, 905; MünchKomm.BGB/Lange § 2315 BGB Rz. 10; Schlitt/G. Müller/Blum, Handbuch Pflichtteilsrecht, § 3 Rz. 116; aA Kerscher/Riedel/Lenz, Pflichtteilsrecht, 3. Aufl. 2002, § 15 Rz. 22: schon bei widerruflicher Benennung zum Bezugsberechtigten) sein. Selbst bei einem widerruflichen Bezugsrecht dürfte jedoch in der Zeitspanne zwischen dem Tod des Versicherten als Versprechensempfänger und der Annahme des durch die Versicherung als Versprechendem übermittelten Angebots keine Anrechnungsbestimmung mehr möglich sein, da ab dem Erbfall ein nunmehr erstmals konkreter Pflichtteilsanspruch an die Stelle des ursprünglichen abstrakten Pflichtteilsrechts getreten ist (Langenfeld/Fröhler, Testamentsgestaltung, 2. Kap. Rz. 318; Palandt/Weidlich § 2317 BGB Rz. 1), auf den § 2315 BGB keine Anwendung findet (Langenfeld/Fröhler, Testamentsgestaltung, 2. Kap. Rz. 318; DNotI-Gutachten DNotI-Report 2014, 73, 75).

➲ **Praxistipp:** Zur Vermeidung eventueller diesbezüglicher Restrisiken sollte im Deckungsver- 48b hältnis noch vor der Bestimmung des Bezugsberechtigten ein entsprechender **Schenkungsvertrag** mit Anrechnungsanordnung beurkundet (Langenfeld/Fröhler, Testamentsgestaltung, 2. Kap. Rz. 204; DNotI-Gutachten DNotI-Report 2014, 73, 75) oder das Bezugsrecht vollständig ausgeschlossen, dadurch die Versicherungssumme in den Nachlass umgeleitet und diese letztwillig **vermächtnisweise** zugeordnet werden (Langenfeld/Fröhler, Testamentsgestaltung, 2. Kap. Rz. 319; Beck'sches Notarhandbuch/Bengel/Reimann, C Rz. 207; DNotI-Gutachten DNotI-Report 2014, 73, 75).

48c Die Pflichtteilsanrechnung ist zudem, soweit nicht das den Rechtsgrund begründende Rechtsgeschäft seinerseits formpflichtig ist (Langenfeld/Fröhler, Testamentsgestaltung, 2. Kap. Rz. 321; BeckOK.BGB/J. Mayer § 2315 BGB Rz. 6; DNotI-Gutachten DNotI-Report 2014, 73, 75; MünchKomm.BGB/Lange § 2315 BGB Rz. 10; Thubauville MittRhNotK 1992, 289, 297; aA Staudinger/Haas § 2315 BGB Rz. 22: stets formfrei), formfrei wirksam und im Gegensatz zu einer Ausgleichungsanordnung iSd. § 2050 Abs. 3 BGB (vgl. dazu Rz. 6) wegen des den Anrechnungspflichtigen nach § 2315 Abs. 2 Satz 2 BGB belastenden Risikos ggf. erheblicher Wertminderungen am Zuwendungsgegenstand zwischen Zuwendung und Erbfall **nicht lediglich rechtlich vorteilhaft** (Langenfeld/Fröhler, Testamentsgestaltung, 2. Kap. Rz. 316; Fröhler BWNotZ 2010, 94, 101; MünchKomm.BGB/Lange § 2315 BGB Rz. 16; Staudinger/Haas § 2315 BGB Rz. 26 und 32; Keim MittBayNot 2008, 8, 12; insoweit offen gelassen OLG München DNotZ 2008, 199 ff.; aA OLG Dresden MittBayNot 1996, 288, 291; Everts notar 2014, 219, 228 jeweils ohne Erörterung des ggf. erheblichen Wertverlustrisikos). Sie kann daher weder durch ein minderjähriges Kind persönlich noch durch die nach § 1795 Abs. 1 Nr. 1 BGB von der Vertretung für ein geschäftsunfähiges Kind ausgeschlossenen Eltern, sondern lediglich durch einen Ergänzungspfleger, der wiederum analog §§ 1822 Nr. 2, 2347 Abs. 1 BGB einer familiengerichtlichen Genehmigung bedarf (MünchKomm.BGB/Lange § 2315 BGB Rz. 16; Staudinger/Haas § 2315 BGB Rz. 26 und 32; Bamberger/Roth/J. Mayer § 2315 BGB Rz. 8), wirksam entgegengenommen werden. Das Familiengericht prüft dabei unter Gesamtabwägung aller Umstände ohne isolierte Einzeluntersuchung der Anrechnungsbestimmung, ob das Gesamtgeschäft im Ganzen für das Mündel vorteilhaft ist (OLG München DNotZ 2008, 199 ff.). Gleichwohl sollte die Anrechnungsklausel in derartigen Fällen sicherheitshalber vorsehen, dass die Höhe des Anrechnungsbetrages auf den Wert des Zuwendungsobjektes im Zeitpunkt des Todes des Übergebers begrenzt (Fembacher/Franzmann MittBayNot 2002, 78, 85) und die Anrechnungspflicht im Falle eines Rückübertragungsvorbehaltes durch eine seitens des Zuwendenden veranlasste Rückübertragung auflösend bedingt ist (vgl. **M 81.11**; zu dieser Problematik und zu dem insoweit erforderlichen Genehmigungsverfahren vgl. Kap. 15 Rz. 57 und 58).

49 Für die Anordnung der Anrechnungsbestimmung ist der Erbe **darlegungs- und beweispflichtig** (BGH DNotZ 2011, 59, 61 f.; OLG Schleswig ZEV 2008, 386), ohne dass selbst bei hohem Zuwendungswert ein Anscheinsbeweis für eine stillschweigende Anrechnungsbestimmung spricht (OLG Köln NJW-RR 2008, 240; Palandt/Weidlich § 2315 BGB Rz. 4). Die alleinige Formulierung „in Anrechnung auf den Erbteil" ist ohne weitere Anhaltspunkte nicht ausreichend (OLG Schleswig ZEV 2008, 386). Bei einer „im Wege vorweggenommener Erbfolge unentgeltlich" erfolgten Zuwendung muss durch Auslegung ermittelt werden, ob der Erblasser eine reine Erbausgleichung iSd. §§ 2050 Abs. 1, 2316 Abs. 1 BGB, eine kumulative Erbausgleichung und Pflichtteilsanrechnung nach § 2316 Abs. 4 BGB oder eine reine Pflichtteilsanrechnung nach § 2315 Abs. 1 BGB beabsichtigt hat, wobei für eine Erbausgleichung der Wille zur bloßen temporären Vorverlagerung der Zuwendung und für eine Pflichtteilsanrechnung das Ziel einer Enterbung des Zuwendungsempfängers bei ausschließlicher Pflichtteilsberechtigung des (noch) nicht Bedachten spricht (BGH DNotZ 2011, 59, 61 f.; Langenfeld/Fröhler, Testamentsgestaltung, 2. Kap. Rz. 320; Everts MittBayNot 2011, 107, 108 f.).

50 ➲ **Praxistipp:** Aus Beweisgründen empfiehlt sich jedoch, soweit der Zuwendungsvertrag nicht ohnehin notariell beurkundet wird, zumindest eine schriftliche Abfassung (s. auch Rz. 7).

M 81.11 Ausdrückliche Anordnung der Pflichtteilsanrechnung

(Notarielles Beurkundungsprotokoll: Übergabevertrag – Auszug)

...

Der Zuwendungsempfänger ... (Name) hat sich den Zuwendungswert iSd. § 2315 Abs. 2 Satz 2 BGB, der klarstellend mit ... Euro vorbehaltlich eines zusätzlich zu berücksichtigenden Kaufkraftschwunds zwischen Zuwendung und Erbfall festgestellt wird, auf den Tod des Zuwendenden, ... (Name), auf Pflichtteilsansprüche anrechnen zu lassen. Der Notar hat insbesondere über das Wesen der Pflichtteilsanrechnung und darüber belehrt, dass bei kraft Gesetzes ausgelöster bzw. recht-

zeitiger zusätzlich angeordneter Erbausgleichung nach § 2316 Abs. 4 BGB eine Reduzierung der Pflichtteilsverkürzung eintreten kann.

alternativ: Der Zuwendende behält sich hiermit ausdrücklich vor, durch Verfügung von Todes wegen anzuordnen, dass sich der Zuwendungsempfänger ... (Name) den Zuwendungswert iSd. § 2315 Abs. 2 Satz 2 BGB, der klarstellend mit ... Euro vorbehaltlich eines zusätzlich zu berücksichtigenden Kaufkraftschwunds zwischen Zuwendung und Erbfall festgestellt wird, auf den Tod des Zuwendenden, ... (Name), auf Pflichtteilsansprüche anrechnen zu lassen hat. Der Notar hat insbesondere über das Wesen der Pflichtteilsanrechnung und darüber belehrt, dass bei kraft Gesetzes ausgelöster bzw. rechtzeitiger zusätzlich angeordneter Erbausgleichung nach § 2316 Abs. 4 BGB eine Reduzierung der Pflichtteilsverkürzung eintreten kann.

alternativ: Der Zuwendungsempfänger ... (Name) hat sich den Zuwendungswert nicht auf Pflichtteilsansprüche anrechnen zu lassen.

alternativ bei minderjährigen oder geschäftsunfähigen Zuwendungsempfängern: Der Zuwendungsempfänger ... (Name) hat sich den Zuwendungswert iSd. § 2315 Abs. 2 Satz 2 BGB, der klarstellend mit ... Euro vorbehaltlich eines zusätzlich zu berücksichtigenden Kaufkraftschwunds zwischen Zuwendung und Erbfall festgestellt wird, auf den Tod des Zuwendenden, ... (Name), auf Pflichtteilsansprüche anrechnen zu lassen, höchstens jedoch in Höhe des Wertes zum Zeitpunkt des Todes des Zuwendenden.

Zusatz bei Rückübertragungsvorbehalt: Die vorstehende Anrechnungspflicht ist durch eine seitens des Zuwendenden veranlasste Rückübertragung des Zuwendungsobjektes auflösend bedingt.

...

Kosten: *Notargebühr:* wie **M 81.10**.

Durch die zum 1.1.2010 in Kraft getretene **Erbrechtsreform** hat sich an den vorstehenden Regelungen entgegen zunächst anderen Zielvorgaben nichts geändert. Der ursprüngliche Reformvorschlag, § 2315 Abs. 1 BGB durch neue Sätze 2 und 3 dahingehend zu erweitern, dass der Erblasser die Anrechnung von Zuwendungen auf den Pflichtteil nachträglich durch Verfügung von Todes wegen anordnen kann (dazu Schaal/Grigas BWNotZ 2008, 2, 9 ff.), wurde unter Hinweis auf den Vertrauensschutz des Zuwendungempfängers letztlich nicht übernommen (kritisch dazu Odersky notar 2009, 362 f.). Gleiches gilt für den ursprünglichen Vorschlag, durch Neufassung von § 2278 Abs. 2 BGB Anordnungen nach § 2315 BGB als vertragsmäßig bindende Verfügungen eines Erbvertrages zuzulassen (BT-Drucks. 16/13543, S. 6). 51

Bei **Wegfall** eines anrechnungspflichtigen Abkömmlings vor oder nach dem Erbfall, etwa durch Verlust des gesetzlichen Erb- oder Pflichtteilsrechts, erfasst die Anrechnungspflicht nach § 2315 Abs. 3 iVm. § 2051 Abs. 1 BGB die an dessen Stelle tretenden Abkömmlinge des zuwendenden Erblassers, die nicht zwingend auch Abkömmlinge des weggefallenen anrechnungspflichtigen Abkömmlings sein müssen. Nachrückende Abkömmlinge des Erblassers können bspw. die Kinder des Zuwendungsempfängers bzw. bei Kinderlosigkeit dessen Geschwister sein, wobei letztere nur bei durch Erbverzicht iSd. § 2310 Satz 2 BGB bedingten Wegfall des Zuwendungsempfängers an dessen Stelle treten können (vgl. dazu MünchKomm.BGB/Lange § 2315 BGB Rz. 26). 52

➲ **Praxistipp:** Dies gilt jedoch nur, soweit die nachrückenden Abkömmlinge des Erblassers nicht beweisen, dass die Anrechnung ausschließlich den Zuwendungsempfänger belasten sollte (Erman/Röthel § 2315 BGB Rz. 11). Zur Vermeidung unbeabsichtigter **Auslegungsergebnisse** sollte in der Anrechnungsbestimmung eine entsprechende ausdrückliche Klarstellung erfolgen. Da § 2315 Abs. 3 BGB nur auf Abs. 1, nicht jedoch auf Abs. 2 des § 2051 BGB verweist, erfasst die Anrechnungspflicht keine anderen pflichtteilsberechtigten Ersatzerben als Abkömmlinge, mithin weder die Ehefrau noch die Eltern des Erblassers, hinsichtlich derer jedoch § 2309 BGB zu beachten ist (MünchKomm.BGB/Lange § 2315 BGB Rz. 27; Langenfeld/Fröhler, Testamentsgestaltung, 2. Kap. Rz. 324; Fröhler BWNotZ 2010, 94, 102). 53

M 81.12 Ausdrückliche Klarstellung der Anordnungswirkung bei Wegfall des Zuwendungsempfängers

(Notarielles Beurkundungsprotokoll: Übergabevertrag – Auszug)

...

Diese Anordnung soll auch gegenüber denjenigen Abkömmlingen des Zuwendenden gelten, die iSd. §§ 2315 Abs. 3, 2051 Abs. 1 BGB an Stelle des wegfallenden Zuwendungsempfängers als Pflichtteilsberechtigte nachrücken.

...

Kosten: *Notargebühr:* wie **M 81.10**.

3. Nachträgliche Aufhebung

54 Der Erblasser kann eine bereits spätestens bei Zuwendung und damit rechtzeitig bestimmte Anrechnungspflicht nachträglich wieder aufheben. Der nachträgliche Widerruf der Anrechnungsbestimmung ist **formfrei** möglich, da Pflichtteilsansprüche Dritter anders als über die pflichtteilsrechtlichen Fernwirkungen von Erbausgleichungspflichten nach § 2316 Abs. 1 BGB nicht betroffen sind (Fröhler BWNotZ 2010, 94, 102 f.; Staudinger/Haas § 2315 BGB Rz. 33; Nieder/Kössinger § 2 Rz. 295; J. Mayer ZEV 1996, 441, 446; aA Lange/Kuchinke § 37 VI 9a Fn. 332: Verfügung von Todes wegen sei zwingend).

55 ➲ **Praxistipp:** Da aus Beweisgründen ohnehin dringend eine zumindest schriftliche Fixierung und mangels diesbezüglicher höchstrichterlicher Rechtsprechung der sicherste Weg zu empfehlen ist, sollte eine nachträgliche Aufhebung der Anrechnungspflicht gleichwohl vermächtnisweise durch **Verfügung von Todes wegen** erfolgen (Langenfeld/Fröhler, Testamentsgestaltung, 2. Kap. Rz. 326; Fröhler BWNotZ 2010, 94, 102).

M 81.13 Nachträgliche vermächtnisweise Aufhebung einer Anrechnungspflicht

(Verfügung von Todes wegen – Auszug)[1]

...

Durch Urkunde des Notars ... (Name) in ... (Ort), vom ... (Datum), UR ... (Urkundenrollennummer), über Zuwendungsvertrag habe ich an ... (Vor- und Nachname) meine Eigentumswohnung in ... (genauer Grundbuchbeschrieb) ohne Gegenleistung übertragen und zugleich angeordnet, dass dieser sich den Wert der Zuwendung auf Pflichtteilsansprüche anrechnen zu lassen hat. Diese Anrechnungspflicht hebe ich hiermit vermächtnisweise/vorausvermächtnisweise auf.

...

1 Zu Eingang und Schlussformel s. **M 80.6** (eigenhändiges Einzeltestament), **M 80.1** (notariell beurkundetes Einzeltestament), **M 85.1** (eigenhändiges gemeinschaftliches Testament), **M 85.2** (notariell beurkundetes gemeinschaftliches Testament) und **M 85.3** (Erbvertrag).

Kosten: *Notargebühr:* 1,0-Gebühr gem. Nr. 21200 KV GNotKG, mindestens 60 Euro. Geschäftswert gem. § 102 Abs. 1, 3 GNotKG.

4. Nachträgliche Bestimmung

a) Grundsatz

Der Erblasser kann eine erst nach der Zuwendung getroffene Anrechnungspflicht iSd. § 2315 BGB grundsätzlich **nicht alleine** bestimmen. Ausnahmsweise ist dies jedoch durch Verfügung von Todes wegen doch möglich, wenn der Erblasser sich dies spätestens bei Zuwendung vorbehalten hat (vgl. **M 81.11**), da insoweit keine nachträgliche, sondern eine um die letztwillige Anordnung aufschiebend bedingte rechtzeitige Bestimmung zugrunde liegt (J. Mayer ZEV 1996, 441, 447; Staudinger/Haas § 2315 BGB Rz. 20; Nieder/Kössinger § 2 Rz. 295), oder die Voraussetzungen einer Pflichtteilsentziehung nach den §§ 2333 ff. BGB gegeben sind (Fröhler BWNotZ 2010, 94, 102; Erman/Röthel § 2315 BGB Rz. 4). 56

M 81.14 Anrechnungsbestimmung durch Verfügung von Todes wegen aufgrund Vorbehalts

(Verfügung von Todes wegen – Auszug)[1]

...

Durch Urkunde des Notars ... (Name) in ... (Ort), vom ... (Datum), UR ... (Urkundenrollennummer), habe ich an ... (Vor- und Nachname des Abkömmlings) meine Eigentumswohnung in ... (genauer Grundbuchbeschrieb) als sonstige Zuwendung iSd. § 2050 Abs. 3 BGB ohne Gegenleistung übertragen und mir dabei eine spätere Anrechnungsbestimmung vorbehalten. Von diesem Vorbehalt mache ich hiermit Gebrauch und ordne nunmehr an, dass sich der Zuwendungsempfänger ... (Name) den Zuwendungswert iSd. § 2315 Abs. 2 Satz 2 BGB, den ich klarstellend mit ... Euro vorbehaltlich eines zusätzlich zu berücksichtigenden Kaufkraftschwunds zwischen Zuwendung und Erbfall feststelle, bei meinem Tod auf Pflichtteilsansprüche anrechnen zu lassen hat. Diese Anordnung soll auch gegenüber meinen anderen Abkömmlingen gelten, soweit sie iSd. §§ 2315 Abs. 3, 2051 Abs. 1 BGB an Stelle des wegfallenden Zuwendungsempfängers als Pflichtteilsberechtigte nachrücken sollten.

...

1 Zu Eingang und Schlussformel s. **M 80.6** (eigenhändiges Einzeltestament), **M 80.1** (notariell beurkundetes Einzeltestament), **M 85.1** (eigenhändiges gemeinschaftliches Testament), **M 85.2** (notariell beurkundetes gemeinschaftliches Testament) und **M 85.3** (Erbvertrag).

Kosten: wie **M 81.13**.

Ansonsten können Pflichtteilsrechte des Zuwendungsempfängers zu Lebzeiten des Erblassers unmittelbar ausschließlich durch einen dann gegenständlich beschränkten notariell zu beurkundenden förmlichen **Pflichtteilsverzichtsvertrag** zwischen Erblasser und betroffenem Berechtigten reduziert werden (vgl. dazu Kap. 89 Rz. 8 und **M 89.3**). Ist der Erblasser nicht mehr geschäftsfähig, kommen ggf. ein notariell zu beurkundender, jedoch rein schuldrechtlich wirkender Erbschaftsvertrag iSd. § 312 Abs. 2 BGB zwischen den künftigen gesetzlichen Erben über die Anrechnungspflicht und möglicherweise ein Erlassvertrag iSd. § 397 BGB in Betracht (Fröhler BWNotZ 2010, 94, 103; J. Mayer ZEV 1996, 441, 446 f.). 57

b) Mittelbarer Ausweg über gesetzliche Berücksichtigung von Eigengeschenken bei Pflichtteilsergänzung

Unterbleibt – wie in der Praxis häufig insbes. wegen Unkenntnis von den Voraussetzungen des § 2315 Abs. 1 BGB – eine rechtzeitige Pflichtteilsanrechnungsbestimmung zulasten des Zuwendungsempfängers, der nun eine nachträgliche Pflichtteilsverzichtsvertragsregelung ablehnt, (bspw. zulasten eines beschenkten Kindes) kann der Zuwendende eine pflichtteilsreduzierende Berücksichtigung des Zuwendungswertes zugunsten eines Dritten (bspw. seines von ihm zum Alleinerben ein- 57a gesetzten Ehegatten) mittelbar noch dadurch erreichen, dass er diesem ebenfalls eine unentgeltliche Zuwendung zukommen lässt, hinsichtlich derer dieser (bspw. der Ehegatte) gegenüber Pflichtteilsergänzungsansprüchen des ursprünglichen Zuwendungsempfängers (bspw. des vorab beschenkten Kindes) aus § 2325 Abs. 1 BGB **ohne diesbezügliches Anordnungserfordernis** durch die nach § 2327 BGB **kraft Gesetzes** eintretende Anrechnung geschützt ist (J. Mayer ZErb 2007, 130, 133; Langenfeld/Fröhler, Testamentsgestaltung, 2. Kap. Rz. 329; Wall ZErb 2011, 10, 11).

57b Für die diesbezügliche Berechnung sind zunächst alle betroffenen Schenkungen gemäß dem Wertansatz nach § 2325 Abs. 2 BGB (BeckOK.BGB/J. Mayer § 2327 BGB Rz. 4) zu addieren. Dabei ist auf die Berücksichtigung von Eigengeschenken an den Pflichtteilsergänzungsberechtigten (hier bspw. das Kind) innerhalb des § 2327 BGB die Regelung über **Befristung und Abschmelzung iSd. § 2325 Abs. 3 BGB unanwendbar** (BGHZ 108, 393, 399 = BGH NJW 1990, 180, 181; OLG Koblenz BeckRS 2004, 07771; Erman/Röthel § 2327 BGB Rz. 4; MünchKomm.BGB/Lange § 2327 BGB Rz. 6). Umgekehrt kann aufgrund des insoweit jedoch sehr wohl geltenden § 2325 Abs. 3 BGB der eigentlich gem. § 2327 BGB zu kürzende Pflichtteilsergänzungsanspruch des ursprünglichen Zuwendungsempfängers (hier bspw. des Kindes) aus § 2325 Abs. 1 BGB gegenüber dem zu schützenden nun beschenkten künftigen Alleinerben (hier dem Ehegatten) mit der Folge reduziert bzw. ausgeschlossen sein, dass die beabsichtigte Verrechnung zumindest teilweise scheitern würde. Daher könnte der künftige Erblasser einen derartigen nach § 2325 Abs. 3 BGB ab Leistungsvollzug jährlich um 1/10 abschmelzenden Pflichtteilsergänzungsanspruch (hier bspw. des Kindes) ggf. durch weitere Schenkungen jeweils wieder insoweit anreichern, dass diese Schenkung nach § 2327 Abs. 1 BGB kraft Gesetzes vollständig auf den Pflichtteilsergänzungsanspruch des ursprünglichen Zuwendungsempfängers (hier bspw. des Kindes) angerechnet wird (Langenfeld/Fröhler, Testamentsgestaltung, 2. Kap. Rz. 330; Wall ZErb 2011, 10, 11).

57c Im Gegensatz zu einer dadurch kompensierbaren unterlassenen Pflichtteilsanrechnungsbestimmung iSd. § 2315 Abs. 1 BGB ist hier jedoch Voraussetzung, dass der Zuwendende nochmals zu Lebzeiten eigenes Vermögen durch Übertragung an den zu schützenden Dritten (hier bspw. den Ehegatten) verliert und dabei zudem das Risiko eingeht, dass sich das Verhältnis zu dem dadurch Begünstigten anschließend verschlechtert. Um diese Nachteile zu vermeiden, kann der künftige Erblasser statt einer unmittelbar vollzogenen Schenkung einen **Vertrag zugunsten Dritter auf den Todesfall** in Gestalt eines auf den Namen des Dritten angelegten, aber noch bei sich zurückgehaltenen Sparbuchs oder einer auf seinen Tod abgeschlossenen Lebensversicherung unter widerruflicher Bezugsberechtigung iSd. §§ 159, 160 VVG abschließen (Wall ZErb 2011, 10, 13), der bis zu seinem Tod weder einen Anspruch noch eine Anwartschaft, sondern „lediglich eine Erwerbshoffnung" seitens des Begünstigten (BGH ZEV 2010, 305, 306) begründet. Dadurch erwirbt der Dritte auf den Tod des Erblassers gem. §§ 328 Abs. 1, 331 Abs. 1 BGB originär außerhalb des Nachlasses und damit jenseits des allgemeinen Pflichtteilsanspruchs aus § 2311 Abs. 1 BGB (BGH ZEV 2010, 305, 306; Staudinger/Haas § 2311 BGB Rz. 22), unterliegt jedoch aufgrund des nach §§ 516 ff. BGB schenkungsrechtlich ausgestalteten Valutaverhältnisses stattdessen einem Pflichtteilsergänzungsanspruch iSd. § 2325 Abs. 1 BGB (BGH ZEV 2010, 305, 306), der wiederum nach § 2327 Abs. 1 BGB kraft Gesetzes mit dem Pflichtteilsergänzungsanspruchsberechtigten zugewendeten Eigengeschenken verrechnet wird (Langenfeld/Fröhler, Testamentsgestaltung, 2. Kap. Rz. 331; Wall ZErb 2011, 10, 13 ff. unter kritischem Hinweis auf den diesbezüglichen Wertungswiderspruch zwischen lebzeitigen Schenkungen außerhalb bzw. innerhalb eines Vertrages zugunsten Dritter auf den Todesfall mit dem Plädoyer für dessen dogmatische Einordnung als Forderungsvermächtnis statt als lebzeitige Schenkung).

5. Berechnung der Anrechnung

58 Die Anrechnung von Zuwendungen auf den Pflichtteil erfolgt in drei Schritten. Dabei wird die Berechnung bei Vorhandensein mehrerer anrechnungspflichtiger Zuwendungsempfänger für jeden von ihnen **gesondert** durchgeführt (Erman/Röthel § 2315 BGB Rz. 7). Zunächst ist nach § 2315 Abs. 2 Satz 1 BGB der Wert der Zuwendung des betroffenen Pflichtteilsberechtigten nur für ihn dem Gesamtnachlasswert hinzuzurechnen. Anschließend wird durch Multiplizierung dieses fiktiven Gesamtwertes mit der konkreten Pflichtteilsquote des betroffenen Zuwendungsempfängers

dessen rechnerischer Pflichtteil bestimmt. In einem letzten Schritt ist nach § 2315 Abs. 1 BGB von dem rechnerisch ermittelten Pflichtteil der Wert der Zuwendung abzuziehen.

Soweit der Erblasser diesbezüglich nichts anderes anordnet, bestimmt sich der **Wert der anrechnungspflichtigen Zuwendung** gem. § 2315 Abs. 2 Satz 2 BGB nach den Verhältnissen zum Zeitpunkt der Zuwendung – bei Auseinanderfallen von schuldrechtlichem Verpflichtungs- und dinglichem Vollzugsgeschäft bei Vollzug – unter zusätzlicher Berücksichtigung des Kaufkraftschwundes zwischen Zuwendung und Erbfall nach Lebenshaltungskostenindex (BGH NJW 1975, 1831, 1832; Palandt/Weidlich § 2315 BGB Rz. 8; MünchKomm.BGB/Lange § 2315 BGB Rz. 23; Staudinger/Haas § 2315 BGB Rz. 49). Der Erblasser darf stattdessen einen niedrigeren Wert für maßgebend erklären, zumal er die Bestimmung der Anrechnungspflicht ohnehin gänzlich unterlassen kann. Der Erblasser kann jedoch bei der Pflichtteilsanrechnung im Gegensatz zu Anordnungen im Rahmen der Erbausgleichung (dort allerdings wiederum insoweit ohne pflichtteilsrechtliche Fernwirkungen, vgl. Rz. 41) nicht durch einseitige Bestimmung, sondern nur durch notariellen Pflichtteilsverzichtsvertrag gemeinsam mit dem Zuwendungsempfänger einen höheren als den von § 2315 Abs. 2 Satz 2 BGB vorgesehenen Wert festsetzen, da andernfalls die zwingenden Formerfordernisse aus §§ 2347, 2348 BGB unterlaufen würden (Langenfeld/Fröhler, Testamentsgestaltung, 2. Kap. Rz. 333; Fröhler BWNotZ 2010, 94, 103; Staudinger/Haas § 2315 BGB Rz. 43; Keim MittBayNot 2008, 8, 10 f.; Nieder/Kössinger § 2 Rz. 301; aA Ebenroth/Bacher/Lorz JZ 1991, 277, 281 f.: auch insoweit einseitiges Bestimmungsrecht des Erblassers mangels Schutzbedürftigkeit des Zuwendungsempfängers). Gleichermaßen muss eine Anordnung unzulässig sein, die den Anrechnungswert nach dem Zeitpunkt des Erbfalls auch dann vorsieht, wenn dadurch eine Werterhöhung eintritt (Keim MittBayNot 2008, 8, 10 f.; Langenfeld/Günther, Grundstückszuwendungen, Kap. 4 Rz. 139; aA OLG Nürnberg ZEV 2006, 361 mit abl. Anm. Keim ZEV 2006, 363). 59

Fallbeispiel: Der Ausgangsfall (vgl. Rz. 22) wird dahingehend abgewandelt, dass nunmehr bei jedem Zuwendungsempfänger anstelle der Ausgleichungsanordnung die Anrechnung auf den Pflichtteil einzeln bestimmt wird. Danach hat A nur noch einen Pflichtteil iHv. 11 666,67 Euro (seine Vorabzuwendung von 60 000 Euro wird dem Nettonachlass von 800 000 Euro hinzugefügt, die sich daraus ergebenden 860 000 Euro werden mit der Pflichtteilsquote von 1/12 multipliziert, von den daraus resultierenden 71 666,67 Euro wird der Zuwendungswert von 60 000 Euro abgezogen). B hat nachwievor keinen Pflichtteil (seine Vorabzuwendung von 300 000 Euro wird dem Nettonachlass von 800 000 Euro hinzugefügt, die sich daraus ergebenden 1 100 000 Euro werden mit der Pflichtteilsquote von 1/12 multipliziert, von den daraus resultierenden 91 666,67 Euro wird der Zuwendungswert von 300 000 Euro abgezogen). Der Pflichtteil des C beträgt 66 666,67 Euro (1/12 von 800 000 Euro). F hat einen Pflichtteil von 200 000 Euro (1/4 von 800 000 Euro) (Fröhler BWNotZ 2010, 94, 103). 60

6. Anrechnungsbestimmung gegenüber dem Ehegatten

Der Erblasser kann eine Anrechnungsbestimmung anlässlich einer entsprechenden Zuwendung auch gegenüber seinem Ehegatten treffen. Insoweit gelten zunächst die allgemeinen Grundsätze. Besonderheiten bestehen jedoch bei gesetzlichem Güterstand der Zugewinngemeinschaft im Hinblick auf das Verhältnis der beiden Anrechnungspflichten des Ehegatten auf **Zugewinnausgleichansprüche** aus § 1380 BGB (dazu Kap. 65 Rz. 7 und **M 65.2** und **M 65.3**) einerseits und Pflichtteilsansprüche aus § 2315 BGB andererseits. 61

➲ **Praxistipp:** Soweit der Erblasser bei Zuwendung bestimmt, dass eine Anrechnung sowohl auf Zugewinnausgleichsforderungen nach § 1380 BGB als auch auf Pflichtteilsansprüche nach § 2315 BGB zu erfolgen hat, sollte ausdrücklich die Reihenfolge und damit der **Vorrang** der Anrechnung des insgesamt nur einmal zur Verfügung stehenden Zuwendungswertes vorgegeben werden. Unterbleibt eine Vorrangbestimmung, dürfte im Zweifel aus dem Rechtsgedanken des § 366 Abs. 2 BGB ein Vorrang der Pflichtteilsanrechnung als wegen höherer Insolvenzrisiken und Erbschaftsteuerpflichtigkeit des Pflichtteilsanspruchs für den Zuwendungsempfänger günstigere Variante bestehen (dazu und zur jeweiligen Berechnung Langenfeld/Fröhler, Testamentsgestaltung, 2. Kap. Rz. 336; Fröhler BWNotZ 2010, 94, 103 f.; Erman/Röthel § 2315 BGB Rz. 15). 62

M 81.15 Vorrangbestimmung bei güter- und pflichtteilsrechtlicher Anrechnungspflicht

(Notarielles Beurkundungsprotokoll: Übergabevertrag – Auszug)

...

*Mein Ehegatte hat sich als Zuwendungsempfänger den Zuwendungswert iSd. § 1380 Abs. 1 Satz 2 BGB bzw. § 2315 Abs. 2 Satz 2 BGB, der klarstellend mit ... Euro vorbehaltlich eines zusätzlich zu berücksichtigenden Kaufkraftschwunds zwischen Zuwendung und Scheidung bzw. Erbfall festgestellt wird, vorrangig auf eventuelle Zugewinnausgleichsforderungen und nachrangig auf eventuelle Pflichtteilsansprüche (**alternativ:** vorrangig auf eventuelle Pflichtteilsansprüche und nachrangig auf eventuelle Zugewinnausgleichsforderungen) anrechnen zu lassen.*

...

Kosten: *Notargebühr:* 2,0-Gebühr gem. Nr. 21100 KV GNotKG, mindestens 120 Euro. Geschäftswert gem. §§ 97 Abs. 1 GNotKG.

IV. Kumulation von Erbausgleichung und Pflichtteilsanrechnung

1. Durchführung der Kumulation

63 Erbausgleichungspflichten nach den §§ 2050 ff. BGB und Pflichtteilsanrechnungen nach § 2315 BGB können für dieselbe Zuwendung gegenüber demselben Zuwendungsempfänger **gemeinsam** vorgesehen werden, wenn alle Voraussetzungen für beide Gestaltungsmittel vorliegen.

64 Nach § 2316 Abs. 4 BGB ist jedoch hinsichtlich der Pflichtteilsbestimmung die Besonderheit zu beachten, dass von dem rechnerischen Ausgleichungspflichtteil, der auch bei Vorhandensein eines Ehegatten vorab unter Berücksichtigung der Erbausgleichung nach § 2316 Abs. 1 BGB zu ermitteln ist (Erman/Röthel § 2316 BGB Rz. 8; Staudinger/Haas § 2316 Rz. 49 ff.; Sostmann MittRhNotK 1976, 479, 494; Langenfeld/Fröhler, Testamentsgestaltung, 2. Kap. Rz. 338; Fröhler BWNotZ 2010, 94, 104; Palandt/Weidlich § 2316 BGB Rz. 7; kritisch Schäfer ZEV 2013, 63, 65 f.: aA Erath AcP 127 (1927), 318 ff.; vgl. dazu Rz. 44), gem. § 2316 Abs. 4 BGB lediglich die **Hälfte des Zuwendungswertes** abgezogen werden darf. Dies folgt daraus, dass die andere Hälfte des Zuwendungswertes bereits vorab bei Ermittlung des Erbausgleichungsbetrages im Rahmen der Bestimmung des rechnerischen Ausgleichungspflichtteils nach § 2316 Abs. 1 BGB berücksichtigt wurde (Palandt/Weidlich § 2316 BGB Rz. 7; Langenfeld/Fröhler, Testamentsgestaltung, 2. Kap. Rz. 338; Fröhler BWNotZ 2010, 94, 104; Erman/Röthel § 2316 BGB Rz. 8).

65 Obschon die Zurechnung des Vorempfangs im Rahmen der pflichtteilsrechtlichen Fernwirkungen nach §§ 2316 Abs. 1, 2055 Abs. 1 Satz 2 BGB im Gegensatz zur Pflichtteilsanrechnung nach § 2315 Abs. 1 BGB auf denjenigen Nachlassteil beschränkt ist, der ausschließlich Abkömmlingen iSd. § 2316 Abs. 1 BGB zusteht, gilt die Reduzierung nach § 2316 Abs. 4 BGB auch bei Vorhandensein des pflichtteilsberechtigten **längstlebenden Ehegatten** des Erblassers (Langenfeld/Fröhler, Testamentsgestaltung, 2. Kap. Rz. 339; Fröhler BWNotZ 2010, 94, 104; MünchKomm.BGB/Lange § 2316 BGB Rz. 34; Staudinger/Haas § 2316 BGB Rz. 51).

66 **Fallbeispiel:** Der Ausgangsfall (vgl. Rz. 22) wird dahingehend abgewandelt, dass nunmehr bei jedem Zuwendungsempfänger der Zuwendungswert nicht nur zur Ausgleichung zu bringen, sondern zusätzlich auf den jeweiligen Pflichtteil anzurechnen ist. Der Pflichtteil des A beträgt jetzt 55 000 Euro (von dem nach § 2316 Abs. 1 BGB ermittelten Pflichtteil iHv. 85 000 Euro wird der halbe Zuwendungswert iHv. 30 000 Euro abgezogen), B hat keinen Pflichtteil, da er wegen eines zu hohen Zuwendungswertes nach § 2056 BGB bereits aufgrund der Erbausgleichung nichts mehr erhält, der Pflichtteil des C beträgt 115 000 Euro (von dem rechnerischen Pflichtteil nach § 2316 Abs. 1 BGB iHv. 115 000 Euro ist mangels Vorempfangs nichts abzuziehen). Da der Pflichtteil der F nicht der Erbausgleichung unterliegt und damit nicht von § 2316 Abs. 1 BGB erfasst wird, beträgt er nach § 2315 BGB unverändert 200 000 Euro (Fröhler BWNotZ 2010, 94, 104).

2. Gesamtvergleich der Pflichtteilshöhe zwischen § 2315 Abs. 1, § 2316 Abs. 4 und § 2316 Abs. 1 BGB

Aus einem Gesamtvergleich der jeweiligen Anrechnungs- bzw. Ausgleichungsanordnungen ergibt sich, dass der Pflichtteilsanspruch des Zuwendungsempfängers insbesondere bei Vorhandensein des pflichtteilsberechtigten längstlebenden Ehegatten neben den Abkömmlingen regelmäßig durch **ausschließliche Pflichtteilsanrechnung** iSd. § 2315 Abs. 1 BGB am stärksten reduziert wird (laut Fallbeispiel für A auf 11 666,67 Euro), bei Kumulation von Pflichtteilsanrechnung und Erbausgleichung iSd. § 2316 Abs. 4 BGB deutlich höher ist (laut Fallbeispiel für A 55 000 Euro) und bei bloßer Erbausgleichungsanordnung mit pflichtteilsrechtlichen Fernwirkungen iSd. § 2316 Abs. 1 BGB den höchsten Wert erreicht (laut Fallbeispiel für A 85 000 Euro). Sind ausschließlich Abkömmlinge vorhanden, liegt der aus dem Restnachlass berechnete Pflichtteil des Zuwendungsempfängers unter dem Zuwendungswert und hat kein weiterer Abkömmling Zuwendungen erhalten, dürften sich die Resultate der verschiedenen Varianten je nach Nachlass- und Zuwendungswert tendenziell untereinander annähern (Wegmann, Grundstücksüberlassung, 2. Aufl. 2000, Rz. 568). Es ist jedoch unausweichlich, in jedem Einzelfall vorab eine gesonderte Berechnung durchzuführen und dabei neben der Pflichtteilshöhe auch andere Gesichtspunkte, insbesondere die Problematik der Bindung an Ausgleichungsanordnungen zu berücksichtigen. 67

➲ **Praxistipp:** Insgesamt sollte daher bei Zuwendungen iSd. § 2050 Abs. 3 BGB neben der Pflichtteilsanrechnungsbestimmung eine Erbausgleichung entweder lediglich durch eine (ggf. vorbehaltene) vorausvermächtnisweise Anordnung durch Verfügung von Todes wegen (Nieder/Kössinger § 2 Rz. 260) oder zwar sofort, jedoch unter der **Bedingung** angeordnet werden, dass sich hierdurch der Pflichtteil des Zuwendungsempfängers im Gegensatz zur ausschließlichen Pflichtteilserhöhung nicht erhöht (Beck'sches Notarhandbuch/Jerschke A V Rz. 93). Für kraft Gesetzes ausgleichungspflichtige Zuwendungen iSd. § 2050 Abs. 1 und 2 BGB scheitert eine Nichtausgleichungsanordnung an § 2316 Abs. 3 BGB. Es empfiehlt sich daher eine Klarstellung, welche Zuwendungsart zugrunde liegt. Soweit bei Zuwendung eine vorausvermächtnisweise Anordnung vorbehalten wird, ist zu bedenken, dass ein Vorbehalt als durch späteres Vermächtnis aufschiebend bedingte Anordnung gilt (vgl. Rz. 26), die mit Bedingungseintritt wiederum ungewollte Pflichtteilsverschiebungen iSd. § 2316 Abs. 1 BGB bspw. zum Nachteil des längstlebenden alleinerbenden Ehegatten durch Erhöhung der Pflichtteile der übrigen Abkömmlinge auslösen kann (vgl. dazu im Besonderen Rz. 71 ff.), die anders als die durch die Verschiebung ohnehin reduzierten Pflichtteilsrechte des Zuwendungsempfängers noch nicht durch Pflichtteilsanrechnung neutralisiert sind. Dem lässt sich dadurch vorbeugen, dass der Vorbehalt für gewillkürte Erbfolge (vgl. dazu Rz. 43) oder dann ausgeschlossen wird, wenn der Erblasser in der Verfügung von Todes wegen von dem Vorbehalt ausdrücklich keinen Gebrauch macht, sondern die anderen Abkömmlinge vorausvermächtnisweise lediglich so stellt, als wäre eine Ausgleichung angeordnet (Langenfeld/Fröhler, Testamentsgestaltung, 2. Kap. Rz. 342; Fröhler BWNotZ 2010, 94, 104 f.). 68

M 81.16 Bestimmung der Pflichtteilsanrechnung unter bedingtem Ausgleichungsvorbehalt

(Notarielles Beurkundungsprotokoll: Übergabevertrag – Auszug)

...

Der Zuwendungsempfänger ... (Name) hat sich den Zuwendungswert iSd. § 2315 Abs. 2 Satz 2 BGB, der klarstellend mit ... Euro vorbehaltlich eines zusätzlich zu berücksichtigenden Kaufkraftschwunds zwischen Zuwendung und Erbfall festgestellt wird, beim Tod des Zuwendenden, ... (Name), auf Pflichtteilsansprüche anrechnen zu lassen. Zugleich behält sich der Zuwendende hiermit ausschließlich für den Fall des Eintritts gesetzlicher Erbfolge ausdrücklich vor, durch Verfügung von Todes wegen anzuordnen, dass der Zuwendungsempfänger ... (Name) den Zuwendungswert iSd. § 2055 Abs. 2 BGB, der klarstellend mit ... Euro vorbehaltlich eines zusätzlich zu berücksichtigenden Kaufkraftschwunds zwischen Zuwendung und Erbfall festgestellt wird, oder einen geringeren

Wert bei einer Erbauseinandersetzung iSd. §§ 2050 ff. BGB auf den Tod des Zuwendenden ... (Name) zur Ausgleichung zu bringen hat. Bei Eintritt gewillkürter Erbfolge wird der Vorbehalt selbst dann nicht ausgelöst, wenn diese der gesetzlichen Erbfolge entspricht. Eine vorausvermächtnisweise Umsetzung des Vorbehalts gilt jedoch nicht als gewillkürte Erbfolge. Der Vorbehalt berechtigt auch dazu, die Ausgleichung nur unter der Bedingung anzuordnen, dass sich dadurch der Pflichtteil des Zuwendungsempfängers im Verhältnis zu einer ausschließlichen Pflichtteilsanrechnung iSd. § 2315 BGB nicht erhöht. Den Beteiligten ist bekannt, dass eine entsprechende letztwillige Anordnung zu Pflichtteilsverschiebungen iSd. § 2316 Abs. 1 BGB führen kann.

alternativ: Der Vorbehalt gilt jedoch dann nicht als aufschiebend bedingte Ausgleichungsanordnung iSd. §§ 2316 iVm. 2050 ff. BGB, wenn der Zuwendende in der Verfügung von Todes wegen von diesem Vorbehalt ausdrücklich keinen Gebrauch macht, sondern die Abkömmlinge vorausvermächtnisweise lediglich so stellt, als ob eine Ausgleichung angeordnet wäre.

jeweiliger Zusatz: Es wird klarstellend festgestellt, dass eine Zuwendung iSd. § 2050 Abs. 3 BGB zugrunde liegt.

...

Kosten: *Notargebühr:* wie **M 81.15**.

M 81.17 Bestimmung der Pflichtteilsanrechnung und bedingte Anordnung der Erbausgleichung

(Notarielles Beurkundungsprotokoll: Übergabevertrag – Auszug)

...

Der Zuwendungsempfänger ... (Name) hat sich den Zuwendungswert iSd. § 2315 Abs. 2 Satz 2 BGB, der klarstellend mit ... Euro vorbehaltlich eines zusätzlich zu berücksichtigenden Kaufkraftschwunds zwischen Zuwendung und Erbfall festgestellt wird, beim Tod des Zuwendenden, ... (Name), auf Pflichtteilsansprüche anrechnen zu lassen. Zugleich hat der Zuwendungsempfänger ... (Name) den Zuwendungswert iSd. § 2055 Abs. 2 BGB, der klarstellend mit ... Euro vorbehaltlich eines zusätzlich zu berücksichtigenden Kaufkraftschwunds zwischen Zuwendung und Erbfall festgestellt wird, bei einer Erbauseinandersetzung iSd. §§ 2050 ff. BGB beim Tod des Zuwendenden, ... (Name), unter der Bedingung zur Ausgleichung zu bringen, dass sich dadurch sein Pflichtteil im Verhältnis zu einer ausschließlichen Pflichtteilsanrechnung iSd. § 2315 BGB nicht erhöht. Es wird klarstellend festgestellt, dass eine Zuwendung iSd. § 2050 Abs. 3 BGB zugrunde liegt.

...

Kosten: *Notargebühr:* wie **M 81.15**.

V. Besonderheiten hinsichtlich des Ehegatten des Zuwendenden

1. Erbausgleichung

69 Ist der Übergeber bei Zuwendung an einen gemeinschaftlichen Abkömmling verheiratet und haben sich die Ehegatten durch Verfügung von Todes wegen gegenseitig zu Alleinerben sowie die gemeinsamen Abkömmlinge nach den Regeln der gesetzlichen Erbfolge erster Ordnung zu Schlusserben eingesetzt (Einheitslösung iSd. § 2269 BGB), stellt sich die Frage, ob eine Erbausgleichungspflicht des Zuwendungsempfängers für den Fall, dass der Übergeber erstversterbender Elternteil ist, auf den Tod des **nichtzuwendenden Elternteils** angeordnet werden kann, da die Kinder erst dann eine Erbengemeinschaft bilden, in der ein eventueller Ausgleich praktisch relevant wird. Eine entsprechende Problematik entsteht für den Fall, dass beide Ehegatten jeweils ihren hälftigen Anteil übertragen, auf den Tod des Längstlebenden jedoch den vollständigen Wert, somit auch den hälftigen Anteil des Erstversterbenden ausgeglichen wissen möchten.

Zwar wird vertreten, dass in derartigen Fällen auch der zuerst versterbende Ehegatte beim Tod des längstlebenden Ehegatten insoweit als Erblasser iSd. §§ 2050, 2052 BGB gilt und daher seine Zuwendungen gleichwohl auf den Tod des anderen längstlebenden Ehegatten (im Fall des § 2050 Abs. 3 BGB bei rechtzeitiger Anordnung) auszugleichen sind (RG WarnRspr. 1938 Nr. 22; KG OLGZ 1974, 257, 259 ff. zur Parallelproblematik bei § 2327 BGB; Staudinger/Werner § 2052 BGB Rz. 6). Gegen diese Sichtweise sprechen jedoch der auf den konkreten Erblasser abstellende Wortlaut der §§ 2050, 2052 BGB, die trotz Einheitslösung iSd. § 2269 BGB bestehende systematische **Selbständigkeit der jeweiligen Erbfolge** nach jedem Ehegatten und die Wertungswidersprüche zur unstreitigen Nichtanwendbarkeit dieses weiten Erblasserbegriffs auf § 2316 BGB, der § 2050 BGB gerade voraussetzt (Langenfeld/Fröhler, Testamentsgestaltung, 2. Kap. Rz. 347; DNotI-Gutachten DNotI-Report 2000, 82, 83; Fröhler BWNotZ 2010, 94, 105; Thubauville MittRhNotK 1992, 289, 295; Mohr ZEV 1999, 257, 258). Der BGH hat bislang ausdrücklich offen gelassen, welcher Ansicht insoweit zu folgen ist, eine Anwendung dieses weiten Erblasserbegriffs auf pflichtteilsrechtliche Vorschriften, insbesondere die §§ 2315, 2316, 2325 und 2327 BGB unter ausdrücklicher Ablehnung der o.g. Entscheidung des KG jedoch auch für den Fall ausgeschlossen, dass eine Ausgleichungsanordnung auf den Tod des nichtzuwendenden Ehegatten möglich wäre (BGH NJW 1983, 2875, 2876 f.). Da danach eine pflichtteilsrechtliche Fernwirkung iSd. § 2316 BGB selbst dann ausscheidet, wenn eine derartige Ausgleichungsanordnung zulässig sein sollte, reduziert sich die Diskussion auf die Frage, in welcher Form die Ausgleichungspflicht auf den Tod des nichtzuwendenden Ehegatten angeordnet werden muss. Bis zu einer diesbezüglichen höchstrichterlichen Klärung ist für die Regelungen nach §§ 2050, 2052 BGB die sicherste Gestaltung zu wählen und daher von einem engen Erblasserbegriff auszugehen, der eine Ausgleichung auf den Tod des nichtzuwendenden Ehegatten nicht erfasst. 70

➲ **Praxistipp:** Es sollte stattdessen eine Gestaltung bevorzugt werden, die selbst unter Geltung des engen Erblasserbegriffs bei Erstversterben des Zuwendenden faktisch auf den Tod des nichtzuwendenden Ehegatten eine Ausgleichung ermöglicht. Dies sollte durch beide Ehegatten jeweils **vorausvermächtnisweise** durch Verfügung von Todes wegen beschränkt auf den Tod des Längstlebenden von ihnen, hilfsweise auf ihren zeitgleichen Tod geschehen, hinsichtlich des Zuwendenden aufgrund eines entsprechenden Vorbehalts (Langenfeld/Fröhler, Testamentsgestaltung, 2. Kap. Rz. 348; Fröhler, BWNotZ 2010, 94, 106) (vgl. dazu **M 81.19**). 71

Soweit alternativ ein **Vertrag zugunsten Dritter** nach § 328 BGB zwischen dem Zuwendungsempfänger und dem nichtzuwendenden Ehegatten zugunsten der übrigen Schlusserben vorgeschlagen wird (Thubauville MittRhNotK 1992, 289, 295; DNotI-Gutachten DNotI-Report 2000, 82, 83), dürfte dem entgegenstehen, dass verbindliche Anordnungen für eine Erbauseinandersetzung nicht durch Rechtsgeschäft unter Lebenden getroffen werden können (vgl. BGH FamRZ 2010, 33, 34 mit krit. Anm. Leipold; vgl. dazu Rz. 1c). Wer gleichwohl eine derartige Gestaltung riskiert, sollte den beiden Parteien ein freies Aufhebungsrecht gegenüber den übrigen Schlusserben vorbehalten (Fröhler BWNotZ 2010, 94, 105). 72

2. Pflichtteilsanrechnung

Die Bestimmung einer Pflichtteilsanrechnung nach § 2315 BGB durch den zuwendenden (anschließend erstversterbenden) Ehegatten vermag selbst bei einer Einheitslösung iSd. § 2269 BGB die Pflichtteilsansprüche des betroffenen gemeinschaftlichen Abkömmlings als Zuwendungsempfänger und Schlusserben auf den Tod des nichtzuwendenden längstlebenden Ehegatten aufgrund des eindeutigen Wortlauts des § 2315 BGB und zur Vermeidung einer Doppelanrechnung in zwei getrennten Erbfällen unstreitig **nicht zu reduzieren** (BGH NJW 1983, 2875 ff.; OLG Koblenz ZEV 2010, 473, 474; Langenfeld/Fröhler, Testamentsgestaltung, 2. Kap. Rz. 350; Fröhler BWNotZ 2010, 94, 105; Staudinger/Haas § 2315 BGB Rz. 10; Keim MittBayNot 2008, 8, 9). 73

➲ **Praxistipp:** Bei Zuwendung müsste daher der zuwendende Ehegatte eine Pflichtteilsanrechnungsbestimmung auf seinen Tod treffen und der nichtzuwendende Ehegatte als Erblasser höchstpersönlich gemeinsam mit dem Zuwendungsempfänger einen gegenständlich beschränkten notariellen **Pflichtteilsverzichtsvertrag** (vgl. dazu Kap. 89 Rz. 8) beurkunden lassen. Hierdurch wäre der Pflichtteil des Zuwendungsempfängers unabhängig davon, welcher 74

Ehegatte zuerst verstirbt, sowohl zugunsten des längstlebenden alleinerbenden Ehegatten als auch zugunsten der übrigen Schlusserben um den Zuwendungswert reduziert. Zum Schutz des verzichtenden Zuwendungsempfängers könnte der gegenständlich beschränkte Pflichtteilsverzichtsvertrag dadurch auflösend bedingt werden, dass andere Personen als der jeweils andere Elternteil bzw. als andere Abkömmlinge bedacht werden. Zudem könnte ein vertraglicher Verzicht des nichtzuwendenden Ehegatten auf Pflichtteilsergänzung aufgenommen werden (Langenfeld/Fröhler, Testamentsgestaltung, 2. Kap. Rz. 351; Fröhler BWNotZ 2010, 94, 106; vgl. dazu **M 81.18**). Zu der sehr umstrittenen Frage, ob und bejahendenfalls unter welchen Voraussetzungen ein stillschweigender Pflichtteilsverzicht möglich ist, vgl. Kap. 89 Rz. 8c.

M 81.18 Pflichtteilsanrechnungsbestimmung des zuwendenden Ehegatten, Pflichtteilsergänzungsverzicht, Pflichtteilsverzichtsvertrag zwischen Zuwendungsempfänger und nichtzuwendendem Ehegatten sowie Vorbehalt der Erbausgleichung

(Notarielles Beurkundungsprotokoll: Übergabevertrag – Auszug)

...

Der Zuwendungsempfänger ... (Name) hat sich den Zuwendungswert iSd. § 2315 Abs. 2 Satz 2 BGB, der klarstellend mit ... Euro vorbehaltlich eines zusätzlich zu berücksichtigenden Kaufkraftschwunds zwischen Zuwendung und Erbfall festgestellt wird, beim Tod des Zuwendenden, ... (Name), auf Pflichtteilsansprüche anrechnen zu lassen.

Der nichtzuwendende Ehegatte verzichtet hiermit auf etwaige Pflichtteilsergänzungsansprüche, die aus dieser Zuwendung entstehen können. Dieser Verzicht wird von dem zuwendenden Ehegatten angenommen.

Der Zuwendungsempfänger ... (Name) verzichtet hiermit auf das Ableben des nichtzuwendenden Elternteils (Name) auf etwaige Pflichtteilsansprüche einschließlich etwaiger Ausgleichspflichtteils- bzw. Pflichtteilsergänzungsrechte dadurch auflösend bedingt, dass dieser Elternteil durch andere Personen als den anderen Elternteil und/oder durch einen oder mehrere gemeinschaftliche Abkömmlinge beerbt wird oder unter anderen Personen als innerhalb dieses Personenkreises Zuwendungen tätigt bzw. getätigt hat. Der Verzicht erfolgt gegenständlich beschränkt ausschließlich insoweit, als bei der Bewertung des Nachlasses der Zuwendungswert aus der o.g. Übertragung iSd. § 2315 Abs. 2 Satz 2 BGB nicht berücksichtigt wird. Die Wirkungen dieses Verzichts erstrecken sich auch auf die Abkömmlinge des Verzichtenden. Dieser Verzicht wird hiermit von dem nichtzuwendenden Elternteil ... (Name) angenommen.

Der Zuwendende behält sich hiermit mit Wirkung für und gegen Ersatzerben ausdrücklich vor, durch Verfügung von Todes wegen anzuordnen, dass der Zuwendungsempfänger ... (Name) den Zuwendungswert iSd. § 2055 Abs. 2 BGB, der klarstellend mit ... Euro vorbehaltlich eines zusätzlich zu berücksichtigenden Kaufkraftschwunds zwischen Zuwendung und Erbfall festgestellt wird, oder einen geringeren Wert bei einer Erbauseinandersetzung im Sinne der §§ 2050 ff. BGB auf den Tod des Zuwendenden zur Ausgleichung zu bringen hat. Dieser Vorbehalt gilt nur für den Fall, dass der Zuwendende nicht vor dem nichtzuwendenden Ehegatten verstirbt. Er lässt auch die Bedingung zu, dass sich durch eine Ausgleichungsanordnung der Pflichtteil des Zuwendungsempfängers im Verhältnis zu einer ausschließlichen Pflichtteilsanrechnung iSd. § 2315 BGB nicht erhöht. Der nichtzuwendende Ehegatte erwägt für den Fall, dass er Längstlebender ist, eine entsprechende vorausvermächtnisweise Regelung zur faktischen Ausgleichung der o.g. Zuwendung, ohne sich diese ausdrücklich vorzubehalten. Gleiches erwägt der Zuwendende bei Wegfall der Ausgleichungsanordnung wegen einer o.g. zugunsten des Zuwendungsempfängers wirkenden Pflichtteilserhöhung. Den Beteiligten ist bekannt, dass die jeweilige Anordnung noch eine entsprechende Verfügung von Todes wegen voraussetzt, die dann im Falle der vorbehaltenen Regelung des Ehemanns zu Pflichtteilsverschiebungen iSd. § 2316 Abs. 1 BGB führen kann.

Es wird klarstellend festgestellt, dass eine Zuwendung iSd. § 2050 Abs. 3 BGB zugrunde liegt.

...

Kosten: *Notargebühr:* wie **M 81.15**.

M 81.19 Vorausvermächtnisweise Anordnung einer Ausgleichungspflicht durch den zuwendenden und den nichtzuwendenden Ehegatten

(Gemeinschaftliches Testament bzw. Erbvertrag – Auszug)[1]
*(Ergänzung zu Einheitslösung nach **M 85.16**)*

...

Durch Urkunde des Notars ... (Name) in ... (Ort), vom ... (Datum), UR ... (Urkundenrollennummer), habe ich, ... (Vor- und Nachname des zuwendenden Ehegatten), an ... (Vor- und Nachname des Abkömmlings) meine Eigentumswohnung in ... (genauer Grundbuchbeschrieb) ohne Gegenleistung als sonstige Zuwendung iSd. § 2050 Abs. 3 BGB mit der Bestimmung zur Pflichtteilsanrechnung iSd. § 2315 BGB und unter dem Vorbehalt übertragen, durch Verfügung von Todes wegen eine erbrechtliche Ausgleichungspflicht iSd. §§ 2050 ff. BGB zum Zuwendungswert iSd. § 2055 Abs. 2 BGB oder zu einem geringeren Wert auf den Tod des Längstlebenden von uns, ... (Vor- und Nachname beider Ehegatten), für den Fall anzuordnen, dass ich nicht vor meinem Ehegatten versterbe. Der Vorbehalt lässt auch die Bedingung zu, dass sich durch eine Ausgleichungsanordnung der Pflichtteil des Zuwendungsempfängers im Verhältnis zu einer ausschließlichen Pflichtteilsanrechnung iSd. § 2315 BGB nicht erhöht.

Von diesem Vorbehalt mache ich, ... (Vor- und Nachname des zuwendenden Ehegatten), hiermit Gebrauch und ordne nunmehr eine entsprechende Ausgleichungspflicht dergestalt an, dass ... (Name) den Zuwendungswert iSd. § 2055 Abs. 2 BGB, den ich klarstellend mit ... Euro vorbehaltlich eines zusätzlich zu berücksichtigenden Kaufkraftschwunds zwischen Zuwendung und Erbfall feststelle, bei einer Erbauseinandersetzung iSd. §§ 2050 ff. BGB auf meinen Tod, soweit ich nicht vor meinem Ehegatten versterbe, zur Ausgleichung zu bringen hat, wenn sich dadurch der Pflichtteil des Zuwendungsempfängers im Verhältnis zu einer ausschließlichen Pflichtteilsanrechnung iSd. § 2315 BGB nicht erhöht. Diese Anordnung soll auch für und gegen nachrückende Abkömmlinge bzw. Ersatzerben wegfallender Abkömmlinge gelten. Uns ist bekannt, dass die Ausgleichungsanordnung nach § 2316 Abs. 1 BGB zu Pflichtteilsverschiebungen führen kann. Entfällt die Ausgleichungsanordnung wegen einer derartigen Pflichtteilserhöhung zugunsten des Zuwendungsempfängers, beschwere ich ... (Vor- und Nachname des Zuwendungsempfängers), ersatzweise den an dessen Stelle berufenen Ersatzerben, zugunsten aller anderen Miterben, hilfsweise deren Ersatzerben, mit einem Vorausvermächtnis dahingehend, dass diese jeweils einen Geldbetrag in der Höhe erhalten, der einem Ausgleichungsanspruch nach §§ 2050 ff. BGB wegen der o.g. Übertragung entsprochen hätte.

Soweit ich, ... (Vor- und Nachname des nichtzuwendenden Ehegatten), längstlebender Ehegatte bin, beschwere ich, ... (Vor- und Nachname des nichtzuwendenden Ehegatten), ... (Vor- und Nachname des Zuwendungsempfängers), ersatzweise den an dessen Stelle berufenen Ersatzerben, zugunsten aller anderen Miterben, hilfsweise deren Ersatzerben, mit einem Vorausvermächtnis dahingehend, dass diese jeweils einen Geldbetrag in der Höhe erhalten, der einem Ausgleichungsanspruch nach §§ 2050 ff. BGB wegen der o.g. Übertragung entsprochen hätte.

...

1 Zu Eingang und Schlussformel s. **M 80.6** (eigenhändiges Einzeltestament), **M 80.1** (notariell beurkundetes Einzeltestament), **M 85.1** (eigenhändiges gemeinschaftliches Testament), **M 85.2** (notariell beurkundetes gemeinschaftliches Testament) und **M 85.3** (Erbvertrag).

Kosten: *Notargebühr:* 2,0-Gebühr gem. Nr. 21100 KV GNotKG, mindestens 120 Euro. Geschäftswert gem. § 102 Abs. 1 GNotKG (Wert des Nachlasses, Verbindlichkeiten des Erblassers werden abgezogen, jedoch nur bis zur Hälfte des Werts des Vermögens).

2. Abschnitt. Gestaltung durch Verfügung von Todes wegen

Kapitel 82 Letztwillige Anordnungen

Literatur: S. die Literaturhinweise zu Kap. 80.

I. Allgemeines

Soweit der Erblasser von der gesetzlichen Erbfolge abweichen oder diese umgekehrt ausdrücklich bestätigen möchte – im Rahmen eines notariell beurkundeten Testaments möglicherweise auch in der Absicht, den Erben bereits einen Erbnachweis gem. § 35 Abs. 1 Satz 2 GBO an die Hand zu geben und diese vom Erfordernis eines Erbscheins zu befreien – sind verschiedene **letztwillige Verfügungen** denkbar. 1

Nach § 2065 Abs. 2 BGB kann der Erblasser die Bestimmung der Person, die eine Zuwendung erhalten soll, sowie die Bestimmung des Gegenstandes der Zuwendung nicht einem anderen überlassen. Die Rspr. hat letztwillige Verfügungen als zulässig angesehen, durch die für die Bestimmung des Erben **klare Kriterien** aufgestellt werden, anhand derer es jeder mit der genügenden Sachkunde ausgestatteten Person möglich ist, den Bedachten zu ermitteln, **ohne** dass dabei ihr **eigenes Ermessen** bestimmend oder mitbestimmend ist. Dem Dritten dürfe nur die „Bezeichnung", nicht dagegen die „Bestimmung" überlassen werden (BGH NJW 1955, 100 f.). Die Formel ist allerdings nur scheinbar griffig. Insbesondere bleibt zweifelhaft, ob eine eigene subjektive Wertung der bestimmenden Person tatsächlich ausschließbar ist (Nieder/Kössinger § 8 Rz. 40 ff.; Helms ZEV 2007, 1, 2). Die Einsetzung desjenigen zum Erben, der „sich bis zu meinem Tode um mich kümmert", führt bereits aufgrund der vielfältigen diesbezüglichen Deutungsmöglichkeiten (körperliche Pflege, Hausarbeitshilfe, Ausführung rein finanzieller Vorgänge, seelische Unterstützung oder bloße Aufmerksamkeit) und des daher zu vage vorgegebenen Kriteriums des Sich-Kümmerns dazu, dass die Auswahlentscheidung letztlich unzulässigerweise zwingend vom jeweiligen Begriffsverständnis eines Dritten abhängt (OLG München DNotZ 2013, 788 f.). Im Gegensatz dazu ist die Erbeinsetzung desjenigen, der „mich zuletzt pflegt" dann mit dem Höchstpersönlichkeitsprinzip des § 2065 Abs. 2 BGB vereinbar, wenn der Erblasser vor seinem Tod pflegebedürftig war und die Pflegeperson selbst bestimmt hat (OLG Frankfurt NJW-RR 1995, 711). 1a

II. Erbeinsetzung

Der Erblasser hat die Möglichkeit, einen oder mehrere gemeinsame **Personen** als Erben zu bestimmen. Sollen mehrere Erben eingesetzt werden, können diese entweder zu gleichen oder zu verschiedenen Erbteilen eingesetzt sein. Nach § 83 BGB kann auch eine noch zu errichtende **Stiftung** (dazu Kap. 2), die nach § 84 BGB bereits als vor dem Erbfall als entstanden und damit als erbfähig gilt, und, soweit diese nach deren Heimatrecht – wie bspw. gemäß Art. 81 ZGB (Schweiz) eine schweizerische Stiftung – rechtsfähig ist, sogar eine ausländische Stiftung (OLG München FGPrax 2009, 171, 172 f.) als Erbe eingesetzt werden; alternativ kommt eine Errichtung durch Vermächtnis, Auflage (dazu Rz. 41a) oder Stiftungsgeschäft unter Lebenden in Betracht. (Haus-)**Tiere** sind zivilrechtlich nach § 90a BGB Sachen gleichgestellt und können mangels von § 1922 Abs. 1 BGB vorausgesetzter Eigenschaft als Person nicht Erbe sein (zur Auflagenbegünstigung von Haustieren s. Rz. 41 f.). 2

Gem. § 2093 BGB ist auch eine Einsetzung mehrerer Erben auf einen **gemeinschaftlichen Erbteil** möglich. Die so gemeinschaftlich auf einen Erbteil eingesetzten Erben zählen gegenüber den anderen Erben innerrechtlich als eine Einheit und haben sich den Erbteil in Anwendung der §§ 2089–2092 BGB, damit im Zweifel nach Köpfen, zu teilen. Der gemeinschaftliche Erbteil bildet darüber hinaus auch im Rahmen der Anwachsung nach § 2094 Abs. 1 Satz 2, Abs. 2 BGB und der Ersatzberufung nach § 2098 Abs. 2 BGB einen gedachten Einheitsbruchteil. Der gemeinschaftliche Erbteil tritt nach außen als solcher nicht in Erscheinung. In einem Erbschein sind daher die internen Unterbruchteile als echte Erbteile aufzuführen. 3

M 82.1 Erbeinsetzung

(Alleinerbe/Miterben zu gleichen Erbteilen/Miterben zu verschiedenen Erbteilen)

(Verfügung von Todes wegen – Auszug)[1]

...

Zu meinem alleinigen Erben setze ich ... (Vor- und Nachname), geb. am ... (Geburtsdatum) in ... (Geburtsort), wohnhaft ... (Wohnanschrift) ein.

Oder:

Zu meinen Erben setze ich ... (Vor- und Nachname), geb. am ... (Geburtsdatum) in ... (Geburtsort), wohnhaft ... (Wohnanschrift), ... (Vor- und Nachname), geb. am ... (Geburtsdatum) in ... (Geburtsort), wohnhaft ... (Wohnanschrift) und ... (Vor- und Nachname), geb. am ... (Geburtsdatum) in ... (Geburtsort), wohnhaft ... (Wohnanschrift), jeweils zu gleichen Erbteilen ein.

Oder:

Zu meinen Erben setze ich ... (Vor- und Nachname), geb. am ... (Geburtsdatum) in ... (Geburtsort), wohnhaft ... (Wohnanschrift) zu ½ Erbteil, ... (Vor- und Nachname), geb. am ... (Geburtsdatum) in ... (Geburtsort), wohnhaft ... (Wohnanschrift)) zu ⅓ Erbteil und ... (Vor- und Nachname), geb. am ... (Geburtsdatum) in ... (Geburtsort), wohnhaft ... (Wohnanschrift) zu ⅙ Erbteil ein.

...

1 Zu Eingang, Form und Schlussformel s. **M 80.6** (eigenhändiges Einzeltestament), **M 80.1** (notariell beurkundetes Einzeltestament), **M 85.1** (eigenhändiges gemeinschaftliches Testament), **M 85.2** (notariell beurkundetes gemeinschaftliches Testament) und **M 85.3** (Erbvertrag).

Kosten: *Notargebühr:* 1,0-Gebühr gem. Nr. 21200 KV GNotKG bei Beurkundung eines Testaments, mindestens 60 Euro. Geschäftswert gem. § 102 Abs. 1 GNotKG (Wert des Nachlasses, Verbindlichkeiten des Erblassers werden abgezogen, jedoch nur bis zur Hälfte des Werts des Vermögens). 2,0-Gebühr gem. Nr. 21100 KV GNotKG bei Beurkundung eines Erbvertrags oder eines gemeinschaftlichen Testaments, mindestens 120 Euro. Geschäftswert wie zuvor.

M 82.2 Miterbeneinsetzung auf gemeinschaftlichen Erbteil

(Verfügung von Todes wegen – Auszug)[1]

...

Zu meinen Erben setze ich ... (Vor- und Nachname), geb. am ... (Geburtsdatum) in ... (Geburtsort), wohnhaft ... (Wohnanschrift) zu ⅓ Erbteil sowie ... (Vor- und Nachname), geb. am ... (Geburtsdatum) in ... (Geburtsort), wohnhaft ... (Wohnanschrift) und ... (Vor- und Nachname), geb. am ... (Geburtsdatum) in ... (Geburtsort), wohnhaft ... (Wohnanschrift) untereinander je zur Hälfte auf einen gemeinschaftlichen Erbteil von ⅔ ein.

...

1 Zu Eingang, Form und Schlussformel s. **M 80.6** (eigenhändiges Einzeltestament), **M 80.1** (notariell beurkundetes Einzeltestament), **M 85.1** (eigenhändiges gemeinschaftliches Testament), **M 85.2** (notariell beurkundetes gemeinschaftliches Testament) und **M 85.3** (Erbvertrag).

Kosten: *Notargebühr:* wie **M 82.1**.

M 82.3 Erbeinsetzung einer noch zu errichtenden Stiftung

(Verfügung von Todes wegen – Auszug)[1]

...

Ich errichte hiermit die ... (Bezeichnung) – Stiftung mit Sitz in ... (Ort) und setze sie zu meinem alleinigen Erben ein. Ersatzerbe ist die Gemeinde ... (Gemeinde des Stiftungssitzes).

Für die Stiftung ist die in der mitverlesenen[2] *Anlage enthaltene Satzung maßgebend, auf die bezugnehmend verwiesen wird. Der Testamentsvollstrecker hat die erforderliche behördliche Anerkennung einzuholen und, soweit dies zur Errichtung erforderlich ist, die Satzung an eventuelle gesetzliche oder behördliche Vorgaben anzupassen.*

Wird die Stiftung nicht innerhalb eines Jahres nach meinem Tod förmlich anerkannt, tritt der og. Ersatzerbfall ein und ist die Gemeinde ... (Gemeinde des Stiftungssitzes) als Ersatzerbe mit der Auflage beschwert, meinen Nachlass für den in der Stiftungssatzung vorgesehenen Zweck einzusetzen.

(Testamentsvollstreckungsanordnung vgl. Kap. 84)

...

1 Zu Eingang, Form und Schlussformel s. **M 80.6** (eigenhändiges Einzeltestament), **M 80.1** (notariell beurkundetes Einzeltestament), **M 85.1** (eigenhändiges gemeinschaftliches Testament), **M 85.2** (notariell beurkundetes gemeinschaftliches Testament) und **M 85.3** (Erbvertrag).

2 Der Zusatz, dass die Anlage mitverlesen wurde, entfällt bei eigenhändigen Testamenten.

Kosten: *Notargebühr:* wie **M 82.1**.

Soll das **Schwiegerkind** ausschließlich für den Fall des Fortbestehens der Ehe mit dem eigenen Kind des Erblassers als (Ersatz-)Erbe eingesetzt werden, empfiehlt sich eine ausdrückliche Aufnahme einer um die Eheaufhebung **auflösenden Bedingung** dieser Einsetzung als nach § 2075 BGB zulässige echte Potestativbedingung (Reimann ZEV 2011, 636). Andernfalls bliebe ungewiss, ob im Wege der ergänzenden bzw. erläuternden Auslegung nach §§ 2084, 133 BGB (Litzenburger ZEV 2003, 385, 386 f.; Reimann ZEV 2011, 636, 637 f.), hilfsweise im Falle einer analogen Anwendbarkeit der Auslegungsregelung des § 2077 BGB (verneinend BGH NJW 2003, 2095 f.; bejahend unter Hinweis auf die anschließend erstmals ein Rückforderungsrecht der Schwiegereltern ggü. dem beschenkten Schwiegerkind wegen Wegfalls der Geschäftsgrundlage nach Ehescheidung anerkennende Rspr. BGH NJW 2010, 2202, 2203 ff. bzw. BGH NJW 2010, 2884 ff.; Leipold ZEV 2003, 285 ff.; Reimann ZEV 2011, 636, 638; kritisch wiederum Litzenburger, ZEV 2003, 385, 388 f., wiederum ersatzweise durch Anfechtung nach § 2078 Abs. 2 BGB; Litzenburger, ZEV 2003, 385, 389; Reimann ZEV 2011, 636, 638 f.) das gleiche Ergebnis erzielt werden könnte. 3a

➲ **Praxistipp:** Zur Vermeidung von Auslegungsschwierigkeiten sollte in der letztwilligen Verfügung **ausdrücklich** klargestellt werden, ob eine zum Vonselbstanfall nach § 1942 Abs. 1 BGB führende Erbeinsetzung oder lediglich eine durch den Erben noch zu erfüllende Vermächtnisanordnung gewollt ist. Andernfalls muss die Verfügung zunächst mit offenem Ergebnis, ggf. auch ergänzend ausgelegt und erst dann, wenn dies nicht weiterhilft, hilfsweise im Wege der Auslegungsregel des § 2087 BGB entschieden werden. Danach ist die Zuwendung des Nachlassvermögens oder eines Bruchteils desselben im Gegensatz zur Zuordnung einzelner Gegenstände als Erbeinsetzung anzusehen. Dabei kommt jedoch über den Wortlaut der Verfügung hinaus insbesondere bei Zuwendung eines **Hausgrundstücks**, obwohl es sich dabei um einen Einzelgegenstand handelt, eine Erbeinsetzung in Betracht, wenn dieser Grundbesitz nach den Vorstellungen des Erblassers bei Abfassung der Verfügung den Nachlass vollständig oder zumindest im Wesentlichen ausfüllt, ohne dass daneben erhebliche Restnachlasswerte verbleiben (OLG Düsseldorf RNotZ 2014, 445, 448). 3b

III. Ersatzerbeneinsetzung und Anwachsung

4 **Fällt** ein letztwillig eingesetzter Erbe – insbesondere durch Vorversterben vor dem Tod des Erblassers oder Erbausschlagung nach dessen Tod – **weg**, stellt sich die Frage, wer an dessen Stelle Erbe des Erblassers ist. Der Erblasser hat dabei zum einen die Möglichkeit, gem. § 2096 BGB einen oder mehrere Ersatzerben zu berufen, bei Wegfall eines von mehreren Erben eine Anwachsung zu Gunsten des bzw. der verbleibenden Miterben anzuordnen oder, wenn der eingesetzte Alleinerbe wegfällt, gesetzliche Erbfolge gelten zu lassen bzw. anzuordnen. Soweit Ersatzerben bestimmt sind, schließen diese gem. § 2099 BGB eine Anwachsung zu Gunsten anderer Miterben aus. Ein Wegfall im vorstehend genannten Sinn liegt jedoch nur dann vor, wenn der weggefallene Erbe nicht Erbe wird.

5 Hiervon streng zu trennen ist ein **Nachversterben** des eingesetzten Erben, nachdem er Erbe geworden ist. Im letztgenannten Fall kann der Erblasser bei einem Einzeltestament ausschließlich durch Anordnung einer Nacherbfolge bestimmen, auf wen sein vom sonstigen Vermögen des Erben (Vorerben) separierter Nachlass letztlich übergeht (s. Kap. 84). Bei einem gemeinschaftlichen Testament oder einem Erbvertrag kann der längstlebende Ehegatte bzw. Vertragspartner entsprechende spätere Verfügungen gegenüber dem erstversterbenden Ehegatten bzw. Vertragspartner bindend treffen, ohne dass eine Nacherbfolge erforderlich wäre (s. Kap. 85).

6 Regelt der Erblasser die Folgen des Wegfalls eines eingesetzten Erben in der Verfügung von Todes wegen nicht ausdrücklich, kann gleichwohl eine Ersatzerbeneinsetzung in Betracht kommen. Nach § 2069 BGB **gelten im Zweifel** die Abkömmlinge eines eingesetzten Abkömmlings des Erblassers als ersatzweise eingesetzt. Eine analoge Anwendung dieser Regelung auf den Wegfall anderer eingesetzter Erben als Abkömmlinge des Erblassers kommt nicht in Betracht. Gleichwohl kann aus dem Rechtsgedanken dieser Regelung bei besonderen Näheverhältnissen zwischen eingesetztem Erben und Erblasser im Wege der ergänzenden Testamentsauslegung ein entsprechender hypothetischer Erblasserwille zur Ersatzerbeneinsetzung unterstellt werden, da die Erbeinsetzung dann einen ausreichenden andeutungsweisen Anhaltspunkt darstellt (OLG München BWNotZ 2013, 27, 28; OLG Hamm NJW-RR 1987, 648 f.). Dies gilt jedoch nur dann, wenn kein tatsächlicher davon abweichender Wille des Erblassers festgestellt wird, was jedoch bspw. bei Maßgeblichkeit einer notariell beurkundeten Verfügung von Todes wegen der Fall ist, die ausschließlich die Erbeinsetzung der im Verhältnis zum Erblasser um mehrere Jahre älteren Lebensgefährtin einerseits und den Hinweis andererseits enthält, „weiteres habe der Erblasser nicht zu bestimmen" (OLG Düsseldorf FGPrax 2012, 259 f.; Sarres FamRB 2012, 379 f.). Ausnahmsweise kann im Wege der ergänzenden Testamentsauslegung statt eines Abkömmlings bspw. auch ein entfernterer Neffe des weggefallenen eingesetzten Erben als Ersatzerbe in Betracht kommen, wenn der weggefallene eingesetzte Erbe keine näherstehenden Verwandten als diesen Neffen hatte, der Erblasser mit Ausnahme des Fiskus keine gesetzlichen Erben hinterlässt und die Verfügung von Todes wegen keine Ersatzerbenbenennung enthält (BayObLG NJW 1988, 2744 f.). Ist der letztwillig bedachte weggefallene Erbe jedoch weder Abkömmling noch anderweitig mittels Verwandtschaft, Ehe oder Schwägerschaft mit dem Erblasser verbunden, setzt die hypothetische Feststellung einer diesbezüglichen Ersatzerbeneinsetzung weitere Anhaltspunkte in der Verfügung von Todes wegen voraus (OLG München BWNotZ 2013, 27, 28 zur Tochter einer weggefallenen Freundin der Erblasserin).

7 ➲ **Praxistipp:** Zur Vermeidung von Auslegungsschwierigkeiten sollte in der letztwilligen Verfügung **ausdrücklich** klargestellt werden, wer als Ersatzerbe in Betracht kommt, oder ob statt dessen bei Wegfall eines von mehreren Miterben Anwachsung erfolgt. Soweit Abkömmlinge, die nicht aus einer Ehe stammen, und deren Abkömmlinge als Ersatzerben ausgeschlossen sein sollen, muss auch dieses ausdrücklich angeordnet werden.

M 82.4 Erbsatzerbeneinsetzung und Anwachsung

(Verfügung von Todes wegen – Auszug)[1]

...

Ersatzerben sind jeweils die Abkömmlinge eines weggefallenen Erben nach den Regeln der gesetzlichen Erbfolge erster Ordnung. Hierzu zählen ohne Einschränkung auch nicht aus einer Ehe stammende Kinder und deren Abkömmlinge. Ersatzweise tritt Anwachsung ein.

Oder:

Vorrangig tritt Anwachsung ein. Hilfsweise sind Ersatzerben jeweils die Abkömmlinge eines weggefallenen Erben nach den Regeln der gesetzlichen Erbfolge erster Ordnung. Hierzu zählen ohne Einschränkung auch nicht aus einer Ehe stammende Kinder und deren Abkömmlinge.

...

1 Zu Eingang, Form und Schlussformel s. **M 80.6** (eigenhändiges Einzeltestament), **M 80.1** (notariell beurkundetes Einzeltestament), **M 85.1** (eigenhändiges gemeinschaftliches Testament), **M 85.2** (notariell beurkundetes gemeinschaftliches Testament) und **M 85.3** (Erbvertrag).

Kosten: *Notargebühr:* wie **M 82.1**.

IV. Enterbung und Pflichtteilsentziehung

Möchte der Erblasser eine laut Gesetz erbberechtigte Person von der gesetzlichen Erbfolge **ausschließen**, so kann er eine dementsprechende testamentarische Enterbung auf verschiedenen Wegen erreichen. Zum einen ist es denkbar, den Nachlass testamentarisch vollständig auf andere Personen zu verteilen, so dass für die zu enterbende Person kein Resterbteil mehr verbleibt. Zum anderen kann eine bestimmte Person auch ausdrücklich als Erbe ausgeschlossen werden. Dabei sieht § 1938 BGB sogar ausdrücklich die Möglichkeit vor, durch Testament einen Verwandten, den Ehegatten oder den Lebenspartner von der gesetzlichen Erbfolge auszuschließen, ohne einen Erben einzusetzen (negatives Testament), wobei das bei Nichtvorhandensein gesetzlicher Erben bestehende gesetzliche Erbrecht des Staates iSd. § 1936 BGB ohne Einsetzung eines anderen Erben nicht ausgeschlossen werden kann (Erman/Schlüter § 1936 BGB Rz. 1). 8

➲ **Praxistipp:** Ist die zu enterbende Person zugleich nach §§ 2303, 2309 BGB pflichtteilsberechtigt – Abkömmlinge, ein Ehegatte/gleichgeschlechtlicher Lebenspartner oder, soweit keine Abkömmlinge vorhanden sind, die Eltern –, sollte weiter überprüft werden, ob **zugleich** gem. §§ 2333, 2336 BGB der **Pflichtteil entzogen** werden kann. Hierzu müssen erhebliche Verfehlungen des Pflichtteilsberechtigten vorliegen. 8a

➲ **Hinweis:** Aufgrund der Erbrechtsreform gilt für Erbfälle seit dem 1.1.2010 mittels § 2333 Abs. 2 BGB nach Aufhebung der früheren §§ 2334, 2335 BGB eine einheitliche Regelung hinsichtlich pflichtteilsberechtigter Abkömmlinge, Ehegatten/Lebenspartnern bzw. Eltern. Bezüglich der Tatbestände des nach dem Leben Trachtens (§ 2333 Abs. 1 Nr. 1 BGB) und eines Verbrechens bzw. schweren Vergehens (§ 2333 Abs. 1 Nr. 2 BGB) wirkt der Schutzbereich nunmehr auch bei Beeinträchtigungen des Ehegatten des Erblassers, eines anderen Abkömmlings des Erblassers oder anderer dem Erblasser nahestehender Personen. 9

Der Tatbestand der Pflichtteilsentziehung wegen eines Verbrechens oder eines schweren vorsätzlichen Vergehens gem. § 2333 Abs. 1 Nr. 2 BGB setzt im Gegensatz zu § 2333 Abs. 1 Nr. 4 BGB keine entsprechende strafrechtliche Verurteilung voraus (MünchKomm.BGB/Lange § 2333 BGB Rz. 26; DNotI-Gutachten DNotI-Report 2010, 167 f.). Auch nach Neufassung dieses Tatbestandes im Wege der Erbrechtsreform zum 1.1.2010 ist entsprechend des dortigen gesetzgeberischen Willens (RegE, BT-Drs. 16/8954, S. 23) weiterhin gemäß der zur Altfassung der Regelung ergangenen Rspr. (BGH NJW 1974, 1085 ff.) eine **schwere Kränkung des Erblassers aufgrund grober Missachtung des Eltern-Kind-Verhältnisses** erforderlich (MünchKomm.BGB/Lange § 2333 BGB Rz. 22; DNotI-Gutachten DNotI-Report 2010, 167, 168; aA Palandt/Weidlich § 2333 BGB Rz. 6). Dabei dürfte ins- 9a besondere eine zulasten einer GmbH, oHG bzw. KG, an der die von § 2333 Abs. 1 Nr. 2 BGB geschützten Personen als Gesellschafter beteiligt sind, begangene Straftat aufgrund eigener Rechtsfähigkeit der Gesellschaft zumindest dann nicht ausreichend sein, wenn diese Personen nicht deren alleinige Gesellschafter sind (DNotI-Gutachten DNotI-Report 2010, 167, 168).

9b Eine Pflichtteilsentziehung wegen Verletzung der dem Pflichtteilsberechtigten gegenüber dem Erblasser obliegenden Unterhaltspflicht nach § 2333 Abs. 1 Nr. 3 BGB kann nicht aus einer **Versagung persönlicher Pflege** im Krankheitsfall abgeleitet werden, da Unterhalt gem. § 1612 BGB ausschließlich als Geldleistung geschuldet ist, und setzt zudem für eine böswillige Verletzung eine verwerfliche Gesinnung voraus (OLG Frankfurt FamRZ 2014, 1149 ff.; Sarres FamRB 2014, 142, 143).

9c Nach § 2333 Abs. 1 Nr. 4 BGB ist unbeschadet der anderen Tatbestände nach Nrn. 1 bis 3 bei rechtskräftiger Verurteilung des Pflichtteilsberechtigten wegen einer vorsätzlichen Straftat zu einer Freiheitsstrafe von mindestens 1 Jahr ohne Bewährung oder Anordnung einer Unterbringung zusätzlich der Umstand der für den Erblasser bestehenden subjektiven Unzumutbarkeit der Teilhabe des betroffenen Pflichtteilsberechtigten am Nachlass erforderlich (vgl. Odersky notar 2009, 362, 364). Dabei dürfte eine **Gesamtstrafe** von mindestens einem Jahr aus mehreren Einzelstrafen von jeweils unter einem Jahr wegen des auch in diesem Strafausspruch manifestierten Strafmakels zumindest dann ausreichen, wenn die Gesamtstrafenbildung nicht iSd. § 55 StGB nachträglich erfolgt (DNotI-Gutachten DNotI-Report 2014, 116, 117; Nieder/Kössinger § 8 Rz. 119). Im Falle einer Verurteilung auf Bewährung ändert auch ein erst späterer **Bewährungswiderruf** wegen der Maßgeblichkeit des Unrechtsgehalts bei Urteilsverkündung statt eines erst späteren zusätzlichen Fehlverhaltens nichts an der Unanwendbarkeit des § 2333 Abs. 1 Nr. 4 BGB (MünchKomm.BGB/Lange § 2333 BGB Rz. 40; DNotI-Gutachten DNotI-Report 2014, 116 f.; aA Prütting/Wegen/Weinreich/Deppenkemper § 2333 BGB Rz. 6).

9d Die Pflichtteilsentziehung kann nach § 2336 Abs. 1 BGB ausschließlich **durch letztwillige Verfügung** erfolgen. Gem. § 2336 Abs. 2 BGB muss bei Errichtung der maßgebenden Verfügung von Todes wegen der jeweilige Grund der Entziehung, im Fall des § 2333 Abs. 1 Nr. 4 BGB zusätzlich der Umstand der für den Erblasser bestehenden subjektiven Unzumutbarkeit der Teilhabe des betroffenen Pflichtteilsberechtigten am Nachlass, noch bestehen und in dieser letztwilligen Verfügung angegeben werden. Dabei hat der Erblasser in den Fällen des § 2336 Abs. 2 Satz 1 BGB in der letztwilligen Verfügung den Entziehungsgrund mittels einer ausführlichen **Tatbeschreibung des unverwechselbaren konkretisierten Kernsachverhalts** anzugeben (BGH ZEV 2011, 370, 371; BGH NJW 1985, 1554; OLG Hamm NJW-RR 2007, 1235, 1236 f.; OLG Düsseldorf FamRZ 1999, 1469 f.; im Ergebnis wohl ähnlich BGH NJW 2011, 1878, 1881; aA (jede substanziierte konkret auslegbare Bezeichnung des Grundes reiche aus) Lange DNotZ 2011, 871, 873 f.; Lange, ZErb 2008, 59, 63; NK-BGB/Herzog, § 2336 BGB Rz. 8). Eine ausdrückliche Einordnung unter einen der in § 2333 BGB genannten Entziehungstatbestände ist jedoch nicht erforderlich (OLG Düsseldorf FamRZ 1999, 1469 f.). Zur Parallelproblematik der Konkretisierung des Kernsachverhalts beim Tatbestand der Pflichtteilsbeschränkung in guter Absicht nach § 2338 BGB vgl. Kap. 87 Rz. 37).

9e Es darf keine zwischenzeitliche **Verzeihung** iSd. § 2337 BGB stattgefunden haben, die ihrerseits ein Verhalten des Erblassers voraussetzt, das dessen Einordnung des ursprünglichen Pflichtteilsentziehungsumstandes fortan nicht mehr als Kränkung, sondern ein Wiederaufleben der familiären Beziehung zu dem betroffenen Pflichtteilsberechtigten als Wandel hin zur Normalität erkennen lässt, ohne dass insoweit ein inniges Verhältnis oder eine Versöhnung erforderlich ist (OLG Nürnberg BWNotZ 2012, 111, 112 ff.). Dies kann bspw. auch formlos durch Aufnahme eines nicht unerheblichen Kredits durch den Erblasser für Umbaumaßnahmen des Abkömmlings in der von diesem genutzten Wohnung im Haus des Erblassers erfolgen (OLG Hamm NJW-RR 2007, 1235, 1239).

9f Ein **entfernterer Abkömmling** (zB ein Enkel) ist nicht nur bei Vorversterben nach § 1924 Abs. 3 BGB, Erbausschlagung nach § 1953 Abs. 2 BGB, Erbunwürdigerklärung nach § 2344 Abs. 2 BGB bzw. Erbverzicht nach § 2346 Abs. 1 Satz 2 BGB unter Ausschluss der Erstreckungswirkung aus § 2349 BGB, sondern aufgrund des entstehungsgeschichtlich belegten gesetzgeberisch beabsichtigten Gleichlaufs mit diesen Normen sogar im Falle einer letztwilligen Enterbung iSd. § 1938 BGB seines die Verwandtschaft zum Erblasser (zB Großmutter) erst vermittelnden Elternteils als dem näheren Abkömmling (zB Sohn) nach dem Erblasser (zB Großmutter) iSd. § 2309 BGB gesetzlicher Erbe (BGH NJW 2011, 1878, 1879 f.; RGZ 93, 193, 194 f.; RGZ 61, 14, 17 f.; MünchKomm.BGB/Lange § 2309 BGB Rz. 13; Lange DNotZ 2011, 871, 872 f.; Bamberger/Roth/J. Mayer § 2309 BGB Rz. 4 u. 8; aA (keine Vorversterbensfiktion im BGB bei Enterbung) Staudinger/Haas § 2309 BGB Rz. 16 f.; Bestelmeyer FamRZ 1997, 1124, 1130 ff.). Regelungsgrund des § 2309 BGB ist die gesetzgeberische Prämisse: „Demselben Stamme darf nicht zweimal ein Pflichtteil gewährt werden." (Mot. V, S. 401; Prot. V, S. 512; Lange, DNotZ 2011, 871, 872 f.). Eine Pflichtteilsberechtigung folgt daraus jedoch nur dann, wenn dieser nähere als gesetzlicher Erbe ausgeschlossene Abkömmling (z.B. Sohn) bspw. durch Pflichtteilsentziehung nicht pflichtteilsberechtigt ist (BGH NJW 2011, 1878, 1880 f.; RGZ 93, 193, 195). Dabei genügt als letztwillige Enterbung iSd. § 1938 bereits eine Verfügung, in der die bisherige Erbeinsetzung des näheren Abkömmlings unter gleichzeitiger Pflichtteilsentziehung widerrufen und damit dessen Ausschluss als Erbe zum Ausdruck gebracht wird (BGH NJW 2011, 1878, 1879). Zudem dürfte auch eine bloße erschöpfende Erbeinsetzung Dritter ohne negativ verfügte Enterbung ausreichend sein (RGZ 93, 193, 195; MünchKomm.BGB/Lange § 2309 BGB Rz. 12; MünchKomm.BGB/Leipold § 1938 BGB Rz. 6; aA von Jacubetzky Recht 1906, 281, 282; Kretzschmar, Recht 1908, 793, 794 f.; offen gelassen in BGH NJW 2011, 1878, 1879). Eine Pflichtteilsentziehung kann somit im Gegensatz zu einer Enterbung nicht auch gegenüber den **Abkömmlingen** derjenigen Person, die die schwere Verfehlung iSd. § 2333 BGB begangen hat, als den entfernteren Abkömmlingen des Erblassers angeordnet werden. Diese Abkömmlinge bleiben in einem derartigen Fall gem. § 2309 BGB anders als bspw. bei einem Pflichtteilsverzichtsvertrag iSd. § 2346 Abs. 2 BGB mit Erstreckungswirkung nach § 2349 BGB pflichtteilsberechtigt (BGH NJW 2011, 1878, 1879 f.; MünchKomm.BGB/Lange § 2336 BGB Rz. 17).

➲ **Praxistipp:** Dabei kann die Pflichtteilsentziehung auch in dem zwischen entfernterem Abkömmling und Erben anhängigen Rechtsstreit entschieden werden, da der Erbe das Risiko, den Pflichtteil aufgrund bloßer dort inter partes wirkender Rechtskraft an beide Abkömmlinge und damit doppelt bezahlen zu müssen, durch **Streitverkündung** iSd. § 72 ZPO samt **Hinterlegung** gem. § 372 BGB lösen kann (BGH NJW 2011, 1878, 1881) und sollte (Lange DNotZ 2011, 871, 874). 9g

Kommt eine Pflichtteilsentziehung nicht in Betracht und waren bereits schenkweise Zuwendungen an den Pflichtteilsberechtigten unter Anordnung einer **Anrechnung** auf Pflichtteilsrechte gem. § 2315 BGB erfolgt, sollten diese zu Nachweiszwecken im Testament erwähnt und möglichst detailliert unter Angabe von Beweismitteln konkretisiert werden, um die Erben zumindest teilweise vor einer Inanspruchnahme durch die enterbte, pflichtteilsberechtigte Person zu schützen. 10

M 82.5 Enterbung und Pflichtteilsentziehung

(Verfügung von Todes wegen – Auszug)[1]

...

... (Vor- und Nachname) ist samt seinen/ihren Abkömmlingen weder Erbe noch Ersatzerbe.

Ggf. Zusatz:

Zugleich entziehe ich ihm/ihr den gesetzlichen Pflichtteil, da er/sie sich einer schweren vorsätzlichen Straftat schuldig gemacht hat. Er/Sie hat ... (genaue Sachverhaltsschilderung unter Angabe von Ort, Zeit, Personen und Tatgeschehen). ... (Vor- und Nachname) ist wegen dieses Vorfalles durch das Amtsgericht ... (Ort) zu einer Freiheitsstrafe von ...[2] *verurteilt worden. Das Urteil ist rechtskräftig. Wegen der Einzelheiten verweise ich auf die diesbezügliche Ermittlungs- und Gerichtsakte. Aufgrund der besonderen vorstehend geschilderten Tatumstände und meiner in unserer Familie gelebten Wertvorstellung eines respekt- und vertrauensvollen zwischenmenschlichen Umgangs ist es für mich unzumutbar, dass ... (Vor- und Nachname) an meinem Nachlass teilhat. Mir*

1 Zu Eingang, Form und Schlussformel s. **M 80.6** (eigenhändiges Einzeltestament), **M 80.1** (notariell beurkundetes Einzeltestament), **M 85.1** (eigenhändiges gemeinschaftliches Testament), **M 85.2** (notariell beurkundetes gemeinschaftliches Testament) und **M 85.3** (Erbvertrag).

2 Zu den Vss. des § 2333 Abs. 1 Nr. 4 oben Rz. 9.

ist bekannt, dass diese Pflichtteilsentziehung ausschließlich gegenüber ... (Vor- und Nachname), nicht jedoch gegenüber dessen/deren Abkömmlingen Wirkung entfaltet. Über das gesetzliche Pflichtteilsrecht und das Recht der Pflichtteilsentziehung bin ich eingehend belehrt worden. Insbesondere ist mir bekannt, dass das Recht auf Entziehung des Pflichtteils durch Verzeihung erlischt. Es hat keine Verzeihung stattgefunden.

Oder:

... (Vor- und Nachname) ist samt seinen/ihren Abkömmlingen weder Erbe noch Ersatzerbe. Ihm/Ihr steht auch kein Pflichtteil zu. Er/Sie hat bereits in der Urkunde des Notars ... (Name) in ... (Ort), UR ... (Urkundenrollennummer) vom ... (Datum) über Pflichtteilsverzichtsvertrag mit mir auf sein/ihr Pflichtteilsrecht mit Wirkungserstreckung auf seine Abkömmlinge verzichtet./alternativ: Ich habe ihm/ihr schenkungsweise mit der Bestimmung, sich den diesbezüglichen Wert später iSd. § 2315 Abs. 2 BGB auf Pflichtteilsansprüche mit Wirkung auch gegenüber nachrückenden Abkömmlingen von mir iSd. §§ 2315 Abs. 3, 2051 Abs. 1 BGB anrechnen lassen zu müssen, Geld iHv. ... (Wert) zugewendet. Eine von ihm/ihr gegengezeichnete Empfangsbestätigung samt Bestätigung des Zugangs der Pflichtteilsanrechnungsbestimmung liegt diesem Testament als Anlage bei.

...

Kosten: *Notargebühr:* wie **M 82.1**.

V. Vorausvermächtnis und Ersatzvorausvermächtnisnehmer

11 Das einem Erben zugewendete Vermächtnis ist gem. § 2150 BGB Vorausvermächtnis. Vorausvermächtnisse werden häufig zu Gunsten eines oder Einzelner von mehreren Miterben ausgesetzt. Sie grenzen sich von einer Teilungsanordnung nach § 2048 Satz 1 BGB insbesondere dadurch ab, dass der Berechtigte **zusätzlich zu seinem Erbteil** begünstigt werden soll, während bei einer Teilungsanordnung lediglich eine Objektzuteilung ohne Wertverschiebung erfolgt. Zur steuerlichen Bedeutung der Abgrenzung vgl. Rz. 16; zu den steuerlichen Auswirkungen vgl. Rz. 16 ff. Bei einem gemeinschaftlichen Testament bzw. Erbvertrag hat diese Differenzierung insoweit Bedeutung, als gem. § 2270 Abs. 3 bzw. § 2278 Abs. 2 BGB nur ein Vorausvermächtnis, nicht jedoch eine Teilungsanordnung wechselbezüglich bzw. vertragsmäßig bindende Wirkung entfalten kann.

12 Aufgrund seiner **rechtlichen Selbständigkeit** besteht das Vorausvermächtnis nach § 2150 BGB unabhängig von der Erbenstellung (OLG Köln FamRZ 1998, 197). Soweit durch Verfügung von Todes wegen nichts anderes geregelt wird, kann der Vorausvermächtnisnehmer daher bspw. das Vorausvermächtnis annehmen, obwohl er die Erbschaft ausschlägt, und umgekehrt die Erbschaft trotz Ausschlagung des Vorausvermächtnisses annehmen (Palandt/Weidlich § 2150 BGB Rz. 2). In bestimmten Situationen ist eine Vorausvermächtniszuwendung somit auch für einen **Alleinerben** bedeutsam. Dies kann insbesondere für letztwillig verfügende Partner einer nichtehelichen Lebensgemeinschaft bedeutsam sein, die noch nicht wissen, ob sie einander heiraten, und sich sowohl zu Alleinerben als auch vorausvermächtnisweise zu Wohnungsrechtsberechtigten einsetzen, um im Erbfall je nach steuerrechtlicher Konstellation die Erbenstellung oder das Vermächtnis auszuschlagen. Umgekehrt kann sich im Hinblick auf § 2085 BGB bspw. im Falle einer Enterbung eines Kindes durch den längstlebenden Elternteil bei Geltendmachung des Pflichtteils auf den Tod des erstversterbenden Elternteils ggf. eine Klarstellung dergestalt empfehlen, dass das Vorausvermächtnis entfällt, wenn der Vorausvermächtnisnehmer nicht zugleich Schlusserbe wird.

12a Bei einem Vorausvermächtnis an den Alleinvorerben fällt der Vorausvermächtnisgegenstand im Gegensatz zum sonstigen Nachlassvermögen dem Vorerben gem. § 2110 Abs. 2 BGB von selbst frei von Nacherbenrechten als unbeschränktes Alleineigentum zu. Das Vorausvermächtnis entfaltet insoweit ausnahmsweise dingliche Wirkung (Kap. 83 Rz. 20 ff. und **M 83.3**).

13 ➲ **Praxistipp:** Auch bei Vermächtnissen sollte das Testament zur Vermeidung von **Auslegungsschwierigkeiten** eine ausdrückliche Regelung darüber enthalten, ob und bejahendenfalls welche Ersatzvermächtnisnehmer eingesetzt sind. Für den Fall, dass derselbe Gegenstand mehreren Miterben gemeinsam vorausvermächtnisweise zugeteilt wird, sollte zudem ausdrücklich klargestellt werden, ob vorrangig Anwachsung oder Ersatzvorausvermächtniseinsetzung gilt.

Zu einer etwaigen Anordnung einer Verjährungsfristverlängerung s. Rz. 38. Erhalten mehrere Miterben vorausvermächtnisweise verschiedene Immobilien, sollte jeweils ausdrücklich festgesetzt werden, ob und inwieweit eventuelle Wertdifferenzen bzw. unterschiedliche auf einzelnen Einheiten lastende offene Darlehensverbindlichkeiten vom jeweiligen Erwerber zur alleinigen Haftung unter Mithaftentlassung des anderen Miterben durch den jeweiligen Gläubiger zu übernehmen bzw. auszugleichen sind. Weiter ist zu regeln, ob und ggfs. wie ein Ausgleich herzustellen ist, wenn eine oder mehrere der Einheiten nicht in den Nachlass fällt/fallen, ohne dem betroffenen Miterben im Wege der vorweggenommenen Erbfolge bereits übertragen worden zu sein. Hier bieten sich Lösungen in Form von Ausgleichszahlungsverpflichtungen durch bzw. entsprechende Nichtzuteilung von Immobiliarvermögen zulasten des anderen Miterben an.

M 82.6 Vorausvermächtnis und Ersatzvorausvermächtnisnehmer

(Verfügung von Todes wegen – Auszug)[1]

...

... (Vor- und Nachname) erhält im Wege des Vorausvermächtnisses ohne Anrechnung auf seinen/ihren Erbteil meinen Pkw, soweit ich einen solchen hinterlassen werde. Ersatzvermächtnisnehmer sind die Abkömmlinge von ... (Vor- und Nachname) nach den Regeln der Erbfolge erster Ordnung einschließlich nicht aus einer Ehe stammender Kinder und deren Abkömmlinge. Weitere Ersatzvermächtnisnehmer sind ausdrücklich nicht eingesetzt. Das Vorausvermächtnis entfällt, wenn der Vorausvermächtnisnehmer nicht zugleich Erbe wird.

Oder:

*... (Vor- und Nachname) und ... (Vor- und Nachname) erhalten zu untereinander gleichen Teilen im Wege des Vorausvermächtnisses ohne Anrechnung auf ihren jeweiligen Erbteil meine Münzsammlung, soweit diese in meinen Nachlass fallen sollte. Ersatzvermächtnisnehmer eines jeden Vorausvermächtnisnehmers sind dessen jeweilige Abkömmlinge nach den Regeln der gesetzlichen Erbfolge erster Ordnung einschließlich nicht aus einer Ehe stammender Kinder und deren Abkömmlinge. Ersatzweise tritt Anwachsung ein./**alternativ:** Fällt einer der Vorausvermächtnisnehmer weg, tritt zunächst Anwachsung zu Gunsten des nicht weggefallenen anderen Vorausvermächtnisnehmers ein. Ist auch dieser weggefallen, sind die jeweiligen Abkömmlinge nach den Regeln der gesetzlichen Erbfolge erster Ordnung einschließlich nicht aus einer Ehe stammender Kinder und deren Abkömmlinge als Ersatzvorausvermächtnisnehmer eingesetzt. Das Vorausvermächtnis bzw. Ersatzvorausvermächtnis entfällt für denjenigen, der nicht Erbe wird./**alternativ:** Fällt einer der Vorausvermächtnisnehmer weg, wächst das Vorausvermächtnis dem anderen Vorausvermächtnisnehmer alleine zu. Fällt auch der andere Vorausvermächtnisnehmer weg, ist ausdrücklich jeweils kein Ersatzvorausvermächtnisnehmer eingesetzt.*

Oder:

Im Wege des Vorausvermächtnisses – soweit nachstehend nichts anderes geregelt ist – ohne Ausgleichspflicht oder Anrechnung auf den Erbteil sind meine Erben bzw. Ersatzerben, soweit die nachstehend genannten Objekte in den Nachlass fallen, wie folgt zur unentgeltlichen Grundbesitzübernahme berechtigt:

Meine Tochter ... (Vor- und Nachname) darf meine vier Eigentumswohnungen in ... (jeweils genauer Grundbuchbeschrieb) zu Alleineigentum übernehmen. Mein Sohn ... (Vor- und Nachname) darf meine vier Eigentumswohnungen in ... (jeweils genauer Grundbuchbeschrieb) zu Alleineigentum übernehmen.

Jeder Übernehmer hat eventuelle auf den von ihm übernommenen jeweiligen Einheiten lastende offene Darlehen zur alleinigen Haftung unter Mithaftentlassung des anderen Miterben durch den

1 Zu Eingang, Form und Schlussformel s. **M 80.6** (eigenhändiges Einzeltestament), **M 80.1** (notariell beurkundetes Einzeltestament), **M 85.1** (eigenhändiges gemeinschaftliches Testament), **M 85.2** (notariell beurkundetes gemeinschaftliches Testament) und **M 85.3** (Erbvertrag).

jeweiligen Gläubiger zu übernehmen. Unterschiedliche Darlehensbelastungen sind ebenso wenig auszugleichen wie eventuelle unterschiedliche Objektwerte. Soweit eine oder mehrere der o.g. Einheiten nicht in den Nachlass fällt/fallen, ist derjenige Erbe, dem diese Einheit(en) zusteht/zustehen würde(n), berechtigt, von dem anderen Erben den Verkehrswert dieser fehlenden Einheit(en), der im Streitfall verbindlich durch den Gutachterausschuss der Stadt ... (Belegenheitsgemeinde) bestimmt wird, Zug-um-Zug gegen die übrige Zuteilung in Geld zu verlangen, wenn nicht auf beiden Seiten dieselbe Anzahl gleichwertiger Einheiten fehlt. Ungeachtet des tatsächlichen Wertes betrachten wir die Einheiten aus den Grundbüchern Nrn. ... verbindlich untereinander als gleichwertig, die Einheiten aus den Grundbüchern Nrn. ... verbindlich untereinander als gleichwertig sowie alle übrigen o.g. Einheiten verbindlich untereinander als gleichwertig. Die Ausgleichszahlungsverpflichtung kann dadurch vermieden werden, dass der Verpflichtete auf die Übernahme einer Einheit verzichtet, die der Einheit, die dem Berechtigten fehlt, im o.g. Sinne gleichwertig ist. Der Ausgleichsanspruch besteht im Übrigen dann nicht, wenn dem betroffenen Schlusserben die in Rede stehende(n) Einheit(en) bereits zu Lebzeiten übertragen worden ist/sind.

Ggf. Zusatz (vgl. Rz. 38):

Ich bestimme hiermit, dass dieses Vermächtnis sechs Monate nach der nachlassgerichtlichen Veranlassung der Bekanntgabe dieser Verfügung an den Beschwerten iSd. § 348 FamFG, spätestens jedoch ein Jahr nach meinem Tod fällig ist und erst dreißig Jahre nach meinem Tod verjährt.

...

Kosten: *Notargebühr:* wie **M 82.1**.

VI. Teilungsanordnungen

14 Der Erblasser kann gem. § 2048 BGB für die Auseinandersetzung des Nachlasses Teilungsanordnungen treffen. Sie lassen die Erbteilshöhe unberührt und setzen voraus, dass der Begünstigte Erbe wird. Der zugeteilte Gegenstand ist auf die Erbquote dem Wert nach anzurechnen. Bei Wertdifferenzen besteht eine **Ausgleichspflicht**. Die Teilungsanordnung bedarf des Vollzuges durch die Miterben bzw. den Testamentsvollstrecker. Sie löst eine Zuteilungsverpflichtung aus, entfaltet jedoch keine dingliche Wirkung. Eine **Teilungsversteigerung** iSd. §§ 180, 181 ZVG ist bei Vorhandensein einer letztwilligen Teilungsanordnung unzulässig, da diese einen Teilungsplan der Erben ersetzt, und mit der Drittwiderspruchsklage nach §§ 768, 771 ZPO anfechtbar, wenn sie nicht ausnahmsweise erforderlich ist, um schwere Nachteile für den Nachlass abzuwenden, und berechtigte Interessen des begünstigten Erben nicht entgegenstehen (OLG Oldenburg notar 2014, 262 f. m. Anm. Roth; KG FamRZ 2013, 1163 f.). Soweit der Erblasser auf eine an den Zuteilungswerten ausgerichtete Ausgleichspflicht verzichtet und einen Miterben durch einen Vermögensvorteil begünstigen möchte, liegt ein Vorausvermächtnis vor (OLG Koblenz NJW-RR 2014, 967 f.). Ein Übernahmerecht stellt insoweit eine Sonderform dar, als die Erben zwar zum Wertausgleich verpflichtet sind, aber keine Übernahmepflicht besteht. Zur drittbestimmten Teilungsanordnung s. Kap. 86 Rz. 11 u. **M 86.2**.

M 82.7 Teilungsanordnung

(Verfügung von Todes wegen – Auszug)[1]

...

... (Vor- und Nachname), ersatzweise dessen/deren Ersatzerbe, erhält meine Eigentumswohnung in ... (genauer Grundbuchbeschrieb), wenn diese in meinen Nachlass fällt ... (Vor- und Nachname), ersatzweise dessen/deren Ersatzerbe, erhält mein Ferienhaus in ... (genauer Grundbuch-

1 Zu Eingang, Form und Schlussformel s. **M 80.6** (eigenhändiges Einzeltestament), **M 80.1** (notariell beurkundetes Einzeltestament), **M 85.1** (eigenhändiges gemeinschaftliches Testament), **M 85.2** (notariell beurkundetes gemeinschaftliches Testament) und **M 85.3** (Erbvertrag).

beschrieb), wenn dieses in meinen Nachlass fällt. Soweit durch die vorstehende Zuteilung der jeweilige Erbe bzw. Ersatzerbe gegenüber dem anderen Erben bzw. Ersatzerben einen größeren Wert erhält, ist dieser auszugleichen. Einigen sich die Miterben nicht über den Wert der Nachlassgegenstände, entscheidet darüber verbindlich ein öffentlich bestellter und vereidigter Sachverständiger. Die vorstehenden Zuteilungen erfolgen im Wege der Teilungsanordnung.

Oder:

... (Vor- und Nachname), ersatzweise dessen/deren Ersatzerbe, erhält das Recht, meine Eigentumswohnung in ... (genauer Grundbuchbeschrieb) unter Anrechnung auf den Erbteil und ggf. gegen Wertausgleich alleine zu übernehmen, wenn diese in meinen Nachlass fällt. Der Wert der Eigentumswohnung ist, soweit sich die Miterben nicht auf einen Wert einigen können, verbindlich durch den Gutachterausschuss der Belegenheitsgemeinde festzusetzen. Das Übernahmerecht kann nur bis spätestens drei Monate nach Vorliegen des Wertgutachtens des Gutachterausschusses ausgeübt werden. Die Ausübung erfolgt durch Erklärung gegenüber dem anderen Miterben/dem Testamentsvollstrecker.

...

Kosten: *Notargebühr:* wie **M 82.1**.

VII. Steuerliche Auswirkungen von Teilungsanordnung und Vorausvermächtnis

1. Unterscheidung Teilungsanordnung von Vorausvermächtnis

Die **Teilungsanordnung** (§ 2048 BGB) regelt die Auseinandersetzung unter den Miterben. Sie ordnet an, welche Gegenstände einem Miterben aus dem Nachlass zukommen sollen, ohne ihn wertmäßig zu begünstigen; der zugeteilte Gegenstand wird deshalb wertmäßig auf den Erbanteil des Miterben angerechnet (BFH v. 1.4.1992, BStBl. II, 669). Demgegenüber liegt ein **Vorausvermächtnis** (§ 2150 BGB) vor, wenn dem Begünstigten zusätzlich zu seinem Erbteil ein Vermögensvorteil zugewendet werden soll, den er sich – im Gegensatz zur Teilungsanordnung – nicht auf seinen Erbanteil anrechnen lassen muss. 15

Für die **Abgrenzung** zwischen Teilungsanordnung und Vorausvermächtnis ist demnach entscheidend, ob die zu beurteilende Regelung zu einer **Wertverschiebung bei den Erbquoten** führt. Hat der Erblasser einem Miterben Gegenstände zugewiesen, deren Wert objektiv höher ist, als diesem seiner Quote nach bei der Auseinandersetzung zukäme, so kommt es darauf an, ob der Erblasser subjektiv dem durch die Anordnung begünstigten Miterben zusätzlich zu seinem Erbteil auch noch den Mehrwert zuwenden wollte (dann Vorausvermächtnis), oder ob nach seinem Willen eine Wertverschiebung dadurch ausgeschlossen sein soll, dass der Bedachte hinsichtlich des Mehrwerts den übrigen Miterben Wertausgleich aus seinem eigenen Vermögen zahlen muss (dann Teilungsanordnung; vgl. Palandt/Weidlich § 2048 BGB Rz. 6). Dem folgend ist zur Abgrenzung zwischen Teilungsanordnung und Vorausvermächtnis auch **steuerlich von Bedeutung**, dass sich die Teilungsanordnung in der Zuweisung bestimmter Nachlassgegenstände innerhalb des Rahmens des Erbteils erschöpft, während das Vorausvermächtnis in der Zuweisung bestimmter Nachlassgegenstände außerhalb des Erbteils, d.h. über den Erbteil hinaus, besteht. Mit dem Vorausvermächtnis will der Erblasser einem der Erben einen zusätzlichen Vermögensvorteil zuwenden. Bei der Teilungsanordnung fehlt ein derartiger Begünstigungswille, sie beschränkt sich auf die Verteilung der Nachlassgegenstände bei der Erbauseinandersetzung. Bei der Abgrenzung zwischen Teilungsanordnung und Vorausvermächtnis kommt es daher nicht auf die formale Bezeichnung, sondern auf das tatsächlich Gewollte an. Zur Auslegung einer testamentarischen Anordnung als Vorausvermächtnis oder Teilungsanordnung s. BFH v. 2.7.2004 – II R 73/01 BFH/NV 2005, 214. 16

2. Ertragsteuerliche Folgen

a) Allgemeines

Mit dem Tod des Erblassers geht der gesamte Nachlass unentgeltlich im Wege der Gesamtrechtsnachfolge auf den Alleinerben oder die Erbengemeinschaft über. Der Nachlass ist Gesamthandsver- 17 mögen der Erben (§ 1922 BGB). Die Erbengemeinschaft wird bis zu ihrer Auseinandersetzung (§ 2042 BGB) steuerlich bei den Überschusseinkünften wie eine Bruchteilsgemeinschaft (§ 39 Abs. 2 Nr. 2 AO) und bei den Gewinneinkünften als Mitunternehmerschaft behandelt. Die Einkunftserzielung durch die Erbengemeinschaft und damit die Zurechnung der laufenden Einkünfte an die Miterben findet ihr Ende, soweit sich die Miterben hinsichtlich des gemeinsamen Vermögens auseinandersetzen. Sowohl für den Bereich des Betriebsvermögens als auch für den Bereich des Privatvermögens bilden Erbfall und Erbauseinandersetzung keine rechtliche Einheit. Hinterlässt ein Erblasser mehrere Erben, geht sein Vermögen mit dem Tod im Ganzen auf die Erben über und wird bei ihnen zu gemeinschaftlichem Vermögen. Die Miterben verwalten den Nachlass gemeinsam und können über Nachlassgegenstände nur gemeinschaftlich verfügen. Die Erbengemeinschaft kann unbegrenzt bestehen bleiben. Das Ergebnis ihrer Betätigung wird Bestandteil des gemeinschaftlichen Vermögens. Hieraus ergeben sich Folgerungen für das Entstehen und die Zurechnung von steuerlichen Einkünften bei den Miterben.

18 Gehört ein **gewerbliches, freiberufliches oder land- und forstwirtschaftliches Unternehmen** zum Nachlass, geht es mit dem Erbfall auf die Erbengemeinschaft über. Sämtliche Miterben werden idR **Mitunternehmer** iSd. § 15 Abs. 1 Satz 1 Nr. 2 EStG. Aufgrund ihrer Stellung als Miterben tragen sie ein Mitunternehmerrisiko und können Mitunternehmerinitiative entfalten. Diese Beurteilung hängt nicht von der Länge des Zeitraums ab, in dem die Erbengemeinschaft das Unternehmen weiterführt. Auch wenn die Erben ein Unternehmen frühzeitig nach dem Erbfall abwickeln und einstellen oder es auf eine andere Person übertragen, haben sie idR zunächst die Eigenschaft von Mitunternehmern erlangt und behalten diese bis zur Betriebsbeendigung oder Auseinandersetzung über den Betrieb. Als solche beziehen die Erben ihre **Einkünfte kraft eigener Verwirklichung des Einkünftetatbestands.** Die laufenden Einkünfte sind den einzelnen Miterben als Mitunternehmer nach dem allgemeinen Gewinnverteilungsschlüssel zuzurechnen, der sich bei den Miterben grundsätzlich nach ihren Erbteilen bestimmt (§§ 2038 Abs. 2, 743 Abs. 1 BGB).

19 Hat der Erblasser **Einkünfte aus Kapitalvermögen oder aus vermietetem oder verpachtetem Vermögen** gehabt, wird dieses Vermögen nach dem Erbfall durch die Erbengemeinschaft zur Nutzung oder zum Gebrauch überlassen. Die Miterben bestimmen über die Verwendung des Vermögens, ihnen fließt der Vermögensertrag zu. Sie verwirklichen damit gemeinsam den Tatbestand der Einkunftserzielung nach §§ 20 oder 21 EStG. Die erzielten Einkünfte werden ihnen grundsätzlich ebenfalls nach ihren Erbanteilen zugerechnet. Hinsichtlich der Einkünfte aus Kapitalvermögen wird seit 2009 die Steuer grundsätzlich im Wege der Abgeltungssteuer erhoben, die Berücksichtigung von Werbungskosten scheidet insoweit aus, eine Einbeziehung in die Feststellung der Einkünfte der Erbengemeinschaft erfolgt danach grds. nicht (§ 32d EStG), es sei denn, die in § 32d Abs. 2 EStG genannten Ausnahmetatbestände führen zu einer Einbeziehung der Einkünfte in die Veranlagung der Erben.

20 Wird im Rahmen einer **Erbauseinandersetzung** ein Nachlass real geteilt und **erhält ein Miterbe wertmäßig mehr**, als ihm nach seiner Erbquote zusteht, und zahlt er für dieses „Mehr" an seine Miterben einen Spitzen- oder Wertausgleich (**Abfindung**), liegt insoweit ein Anschaffungs- und Veräußerungsgeschäft vor. In Höhe der Abfindungszahlung liegen Anschaffungskosten vor. Derjenige, der die Abfindung erhält, erzielt einen Veräußerungserlös. Werden die bei der Aufteilung erworbenen Wirtschaftsgüter in ein anderes Betriebsvermögen der Miterben übertragen, ist der sich aus dem Veräußerungsgeschäft ergebende Veräußerungsgewinn nicht nach §§ 16 und 34 EStG begünstigt, sondern als laufender Gewinn zu besteuern. Der Gewinn rechnet grundsätzlich nicht zum Gewerbeertrag nach § 7 Satz 1 GewStG; der Gewinn aus der Aufdeckung der stillen Reserven ist (seit 2002) aber nach § 7 Satz 2 GewStG als Gewerbeertrag zu erfassen, soweit er nicht auf eine natürliche Person als unmittelbar beteiligtem Mitunternehmer entfällt. Werden die bei der Aufteilung erworbenen Wirtschaftsgüter insgesamt ins Privatvermögen übertragen, führt dieser Vorgang zu einer nach §§ 16 und 34 EStG steuerbegünstigten Betriebsaufgabe. Aufgabegewinn ist der Gewinn, der sich aus dem Entnahmegewinn (Übertragung der Wirtschaftsgüter ins Privatvermögen) und dem Gewinn aus der Abfindungszahlung ergibt.

21 ➲ **Wichtig:** Eine Übernahme von Schulden über die Erbquote hinaus führt nach Auffassung der Finanzverwaltung (vgl. BMF v. 14.3.2006, BStBl I, 253, Rz. 18) nicht zu Anschaffungskosten, weshalb auch kein Veräußerungserlös entsteht, soweit ein Miterbe Verbindlichkeiten über die

Erbquote hinaus übernimmt. Dies bestätigte der BFH grds. mit Urteil v. 19.12.2006 (BStBl 2008 II, 216); allerdings kann eine überquotale Schuldübernahme ausnahmsweise zu Anschaffungskosten führen, wenn sie die Gegenleistung für ein zeitliches Vorziehen der Erbauseinandersetzung darstellt. Nach dem Beschluss des Großen Senates des BFH v. 9.7.1990 (BStBl. II, 837) führt die Erfüllung eines erbrechtlichen Auseinandersetzungsanspruches auch dann zu einem Erwerb ohne Gegenleistung, wenn die wertmäßige Angleichung des zugewiesenen Vermögens durch eine überquotale Übernahme von Verbindlichkeiten der Erbengemeinschaft bewirkt wird. Nur soweit der (Saldo-)Wert des Erlangten den Wert des Erbanteils übersteigt und hierfür Abfindungen zu zahlen sind, liegt danach ein entgeltlicher Vorgang vor.

Zur ertragsteuerlichen Behandlung der Erbengemeinschaft und ihrer Auseinandersetzung s. insbesondere BMF v. 14.3.2006, BStBl. I, 253.

b) Vorausvermächtnis

Wird ein Miterbe durch ein Vermächtnis bedacht (Vorausvermächtnis), hat er – ebenso wie ein 22
nicht zu den Miterben gehörender Vermächtnisnehmer – lediglich einen schuldrechtlichen Anspruch gegenüber der Erbengemeinschaft. Die ihm durch das Vorausvermächtnis zugewandten Vermögensgegenstände des Erblassers erwirbt er daher nicht unmittelbar vom Erblasser, sondern von der Erbengemeinschaft. Betrifft das Vorausvermächtnis einen Betrieb, erzielt die Erbengemeinschaft keinen Veräußerungs- oder Aufgabegewinn. Der Vermächtnisnehmer führt nach § 6 Abs. 3 EStG die Buchwerte der Erbengemeinschaft fort. Demgegenüber liegt eine Entnahme durch die Erbengemeinschaft (nicht durch den Erblasser) vor, wenn ein Einzelwirtschaftsgut des Betriebsvermögens in Erfüllung eines Vorausvermächtnisses auf einen der Miterben in dessen Privatvermögen übertragen wird.

Beispiel: 22a

Erben sind A und B zu je ½. Der Nachlass umfasst neben anderen Nachlassgegenständen einen Betrieb. A erhält im Wege des Vorausvermächtnisses ein Grundstück dieses Betriebs (Teilwert 500 000 Euro, Buchwert 200 000 Euro), das er privat nutzt.

Die Erfüllung des Vorausvermächtnisses durch Übertragung des Betriebsgrundstücks auf A führt zu einem laufenden Entnahmegewinn bei der Erbengemeinschaft iHv. 300 000 Euro, der den beiden Miterben A und B im Rahmen der gesonderten und einheitlichen Feststellung der Gewinneinkünfte je hälftig zuzurechnen ist. Wird in Erfüllung eines Vorausvermächtnisses ein Einzelwirtschaftsgut aus dem Betriebsvermögen der Erbengemeinschaft in ein anderes Betriebsvermögen eines der Miterben überführt, besteht nach § 6 Abs. 5 EStG die Pflicht zur – gewinnneutralen – Buchwertfortführung.

Besteht das Vorausvermächtnis darin, dass dem Bedachten ein privates einkunftsrelevantes Wirt- 23
schaftsgut zu übertragen ist, ist er nach § 11d Abs. 1 EStDV an die bisher für die Erbengemeinschaft maßgebenden Steuerwerte gebunden.

c) Teilungsanordnung

Durch eine Teilungsanordnung wird lediglich die Art und Weise der Erbauseinandersetzung durch 24
den Erblasser festgelegt. Deshalb gehen auch bei der Teilungsanordnung zunächst alle Nachlassgegenstände auf die Erbengemeinschaft und nicht einzelne Nachlassgegenstände unmittelbar auf denjenigen Miterben über, der sie aufgrund der Teilungsanordnung erhalten soll. Verhalten sich die Miterben jedoch bereits vor der Auseinandersetzung entsprechend der Teilungsanordnung, ist dies auch steuerrechtlich anzuerkennen, solange die tatsächliche Auseinandersetzung innerhalb einer sich an den Umständen des Einzelfalls orientierten Frist vorgenommen wird. Dies gilt auch bei Anordnung einer Testamentsvollstreckung. Setzen sich die Erben einverständlich über die Teilungsanordnung hinweg, ist für die steuerliche Beurteilung die tatsächliche Auseinandersetzung maßgeblich. Soweit laufende Einkünfte rückwirkend zugerechnet werden, ist die Auseinandersetzung steuerlich so zu behandeln, als ob sich die Erbengemeinschaft unmittelbar nach dem Erbfall auseinander gesetzt hätte (Durchgangserwerb der Erbengemeinschaft). Solange die Teilungsanordnung

von den Erben vor der Auseinandersetzung beachtet wird, sind die Finanzämter gehalten, Veranlagungen nach § 165 Abs. 1 Satz 1 AO vorläufig durchzuführen (BMF v. 14.3.2006, BStBl. I 2006, 253 Rz. 67).

3. Erbschaftsteuer

25 Das Ergebnis einer frei unter den Miterben vereinbarten Auseinandersetzung oder die Teilung aufgrund einer **Teilungsanordnung** des Erblassers hat weder auf die Besteuerung des Erwerbs (BFH v. 1.4.1992, BStBl. II 1992, 669) noch auf die Verteilung des Freibetrags Einfluss. Abweichende Aufteilungsvereinbarungen der Miterben untereinander sind unbeachtlich. Jeder Erbe hat als Erwerb durch Erbanfall den seiner Erbquote entsprechenden Anteil am begünstigten Vermögen zu versteuern.

Enthält die Verfügung von Todes wegen ohne Bestimmung der Erbanteile nur Teilungsanordnungen und ergibt die Auslegung der Willenserklärungen des Erblassers, dass die **Teilungsanordnungen zugleich als Erbeinsetzung** zu beurteilen sind, richten sich die Erbanteile nach dem Verkehrswert der durch die Teilungsanordnungen zugewiesenen Nachlassgegenstände im Verhältnis zum Verkehrswert des Nachlasses. Auch in diesem Fall sind die **Teilungsanordnungen selbst erbschaftsteuerlich unbeachtlich**. Der Erwerb bestimmt sich nach dem sich aus den errechneten Erbanteilen ergebenden Anteil am nach den steuerlichen Bewertungsvorschriften ermittelten Reinwert des Nachlasses.

Die Steuervergünstigungen nach §§ 13a, 13b ErbStG für Betriebsvermögen konnte ein Erwerber (bereits nach bisheriger Rechtslage) nicht in Anspruch nehmen, soweit er das begünstigte Vermögen auf Grund einer letztwilligen Verfügung auf einen Dritten übertragen muss (vgl. § 13a Abs. 3 ErbStG); **Weitergabeverpflichtung aufgrund** einer **Teilungsanordnung des Erblassers**. Dies galt im Übrigen bereits vor 2009 (R E 13a.3 ErbStR 2011) und bleibt besteuerungssystematisch konsequent, da dem Erwerb als Bereicherung einerseits, zugleich die Weitergabeverpflichtung als Schuld andererseits gegenübersteht. Vor dem Hintergrund der Entscheidung des Ersten Senates des BVerfG v. 17.12.2014 (1 BvL 21/12, BStBl 2015 II, 50) bleibt insoweit die zukünftige Ausgestaltung der Vergünstigungsregelungen abzuwarten (vgl. auch Rz. 27b). Nach dem zeitigen Diskussionsstand beabsichtigt der Gesetzgeber an den Vergünstigungsregelungen unter verfassungskonformer Ausgestaltung für die Zukunft festzuhalten.

26 Anders als die Teilungsanordnung, deren Vollziehung nur im Rahmen der Auseinandersetzung der Erbengemeinschaft verlangt werden kann, begründet das **Vorausvermächtnis** einen schuldrechtlichen Anspruch des bedachten Miterben gegen die Erbengemeinschaft, dessen Erfüllung aus dem ungeteilten Nachlass im Wege der Gesamthandsklage (§ 2059 Abs. 2 BGB) verlangt werden kann. Der Bedachte hat den gemeinen Wert des Gegenstands nach dem ErbStG zu versteuern. Ein Vermächtnis kann somit ohne Abänderung der gesetzlichen Erbfolge aufgrund der dem Bedachten zustehenden Freibeträge steuersparend eingesetzt werden. Muss der Erbe das nach § 13a Abs. 1 und 2 ErbStG begünstigte Betriebsvermögen aufgrund **letztwilliger Verfügung**, zB aufgrund eines Vermächtnisses, auf einen Dritten übertragen, ist er so zu besteuern, als sei das herauszugebende Vermögen auf ihn als nicht begünstigtes Vermögen übergegangen. Der Erbe kann insoweit den Freibetrag und den Bewertungsabschlag nicht in Anspruch nehmen; vgl. insoweit auch Rz. 25 (§ 13a Abs. 3 ErbStG, R E 13a.3 ErbStR 2011. Der Entlastungsbetrag nach § 19a ErbStG kommt insoweit ebenfalls nicht in Betracht.

27 Zum einheitlichen Verwaltungsvollzug insbesondere der Begünstigungsregelungen der §§ 13a, 13b, 19a ErbStG hat das BMF am 19.12.2011 (BStBl. I Sondernummer 1/2011 S. 2) die gegenwärtig gültigen Richtlinien zur Anwendung des ErbStR erlassen. Die Verschonungsregelung war hierbei bereits frühzeitig Gegenstand höchstrichterlicher Prüfung. Der BFH hielt in seinem Vorlagebeschluss an das BVerfG v. 27.9.2012 (Az. II R 9/11) die Verschonungsregelungen für verfassungswidrig. Hintergrund des Urteilsfalls war vor allem die Möglichkeit, Kapitalvermögen in sogenannte „Cash-GmbHs" einzulegen und damit die günstigeren Regelungen für Betriebsvermögen zu nutzen; allerdings wurde diese Regelung zwischenzeitlich durch das AmtshilfeRLUmsG geschlossen.

27a Mit Beschluss v. 17.12.2014 (1 BvL 21/12, BStBl. II 2015, 50) urteilte das BVerfG nunmehr, dass die **§§ 13a, 13b iVm. § 19 Abs. 1 ErbStG 2009** aufgrund einer **Überprivilegierung des Betriebsver-**

mögens gegen Art. 3 GG verstoßen. Bis zu einer **Neuregelung** bleibt die bisherige Rechtslage anwendbar, allerdings ist der Gesetzgeber verpflichtet **bis spätestens** zum **30.6.2016** eine Neuregelung zu treffen. Der Gleichheitssatz belässt dem Gesetzgeber im Steuerrecht nach den Ausführungen des BVerfG einen weit reichenden Entscheidungsspielraum sowohl bei der Auswahl des Steuergegenstandes als auch bei der Bestimmung des Steuersatzes. Allerdings müssen sich Abweichungen von der einmal getroffenen Belastungsentscheidung ihrerseits am Gleichheitssatz messen lassen; sie bedürfen eines besonderen sachlichen Grundes und steigen hinsichtlich der Anforderungen mit Umfang und Ausmaß der Abweichung. Die Verschonung von Erbschaftsteuer beim Übergang betrieblichen Vermögens in den §§ 13a, 13b ErbStG ist angesichts des Ausmaßes und der eröffneten Gestaltungsmöglichkeiten mit Art. 3 Abs. 1 GG unvereinbar. Nach den Leitsätzen des BVerfG liegt es allerdings im Entscheidungsspielraum des Gesetzgebers, kleine und mittelständische Unternehmen, die in personaler Verantwortung geführt werden, zur Sicherung des Bestandes und der Erhaltung der Arbeitsplätze von der Erbschaftsteuer weitgehend oder vollständig freizustellen; für jedes Maß der Steuerverschonung benötigt der Gesetzgeber allerdings tragfähige Rechtfertigungsgründe. Eine Unverhältnismäßigkeit erkennt das BVerfG insbesondere, soweit die steuerliche Privilegierung über kleine und mittlere Betriebsvermögen ohne eine Bedürfnisprüfung hinausgeht; die Lohnsummenregelung ist im Grunde verfassungsgemäß, die Freistellung von der Mindestlohnsumme privilegiert den Erwerb von Betrieben mit bis zu 20 Beschäftigten unverhältnismäßig. Gleiches gilt für die Regelung über das Verwaltungsvermögen.

Vor dem Hintergrund der Entscheidung des BVerfG v. 17.12.2014 (1 BvL 21/12, BStBl. 2015 II, 50) 27b
beabsichtigt der Gesetzgeber (vgl. Beschluss des Bundeskabinetts zur Reform der ErbSt v. 8.7.2015) im Grundsatz an der Begünstigung von Betriebsvermögen festzuhalten und damit die Erhaltung von Betrieben und hiermit verbunden von Arbeitsplätzen auch erbschaftsteuerrechtlich zu flankieren. Zielsetzung des Gesetzgebers ist daher die **verfassungsfeste Reform** der **bisherigen Regelungen** der §§ 13a, 13b, 28 ErbStG. Die Neuregelungen sollen nach dem Referentenentwurf nur auf Erwerbe Anwendung finden, für die die Steuer nach dem Tag der Verkündung des geplanten Reformgesetzes entsteht, eine **Rückwirkung der Neuregelungen**, die das BVerfG durchaus einräumte, ist insoweit **nicht beabsichtigt**. Bei einem **Erwerbswert für begünstigtes Vermögen** (nicht identisch mit dem Unternehmenswert) bis zu **26 Mio. Euro** soll es zukünftig grundsätzlich beim Verschonungssystem mit Regel- (Verschonungsabschlag 85 %) und Optionsverschonung (Verschonungsabschlag 100 %) verbleiben. Für Familienunternehmen, bei denen in Folge von Entnahmesperren etc. das Kapital weitgehend im Betrieb gebunden ist, erhöht sich die Prüfschwelle nach dem Referentenentwurf auf 52 Mio. Euro. Bei begünstigen Vermögen von mehr als 116 Mio. Euro kommt auf Antrag des Erwerbers ein konstanter Verschonungsabschlag von 20 % bei der Regelverschonung und 35 % im Falle der Optionsverschonung zur Anwendung. **Kerngedanken** sind insoweit weiterhin die Anknüpfung an die Lohnsummenregelung. Allerdings wird zukünftig hinsichtlich der Anzahl der Arbeitnehmer stärker differenziert, so dass die derzeitige Ausnahme von Betrieben mit bis zu 20 Arbeitnehmern von der **Lohnsummenregelung** (von der etwa 90 % der deutschen Betriebe betroffen waren) nicht fortwirken wird. Der Entwurf sieht insoweit das Absenken der bislang bei 20 Beschäftigten liegenden Grenze auf drei Beschäftigte vor. Da bei Betrieben zwischen vier bis zu zehn Beschäftigten besondere Bedürfnisse für eine Flexibilisierung der bisherigen Lohnsummenregelung bestanden, sieht der Entwurf die Senkung der Mindestlohnsummen vor. Weiterer Kerngedanke ist die grundsätzliche **Neudefinition des begünstigten Vermögens** für Zwecke des Erbschaftsteuerrechts. Hierbei beabsichtigt der Entwurf unabhängig von der jeweiligen Rechtsform (Einzelunternehmen, Personen- oder Kapitalgesellschaft) alle Wirtschaftsgüter einzubeziehen, die zu mehr als 50 % im Hauptzweck den betrieblichen Zwecken dienen; die Schulden folgen hinsichtlich ihrer Beurteilung den Wirtschaftsgütern. Ein Verwaltungsvermögen von bis zu 10 % soll für die erbschaftsteuerrechtliche Begünstigung unproblematisch sein. **Finanzmittel eines Betriebes** (Guthaben, Zahlungsmittel, Geld- und sonstige Forderungen) sollen zum begünstigten Vermögen gehören, wenn ihr gemeiner Wert nach Abzug des gemeinen Wertes der Schulden 20 % des anzusetzenden Wertes des Betriebsvermögens des Betriebs bzw. der Gesellschaft nicht übersteigt (vgl. auch gleichlautende Ländererlasse v. 10.10.2013, BStBl. 2013 I, 272).

VIII. Teilungsverbote

28 Gem. § 2044 BGB kann der Erblasser durch letztwillige Verfügung die **Auseinandersetzung** für den ganzen Nachlass oder für einzelne Nachlassgegenstände im Wege eines Teilungsverbotes **ausschließen** oder von der Einhaltung einer Kündigungsfrist abhängig machen. Entsprechend einer Teilungsanordnung hat auch das Teilungsverbot lediglich schuldrechtlichen Charakter. Das Teilungsverbot kann – soweit es nicht lediglich eine unverbindliche Bitte darstellt – als bloße Anordnung gem. § 2044 Abs. 1 BGB, Auflage nach §§ 1940, 2194 ff. BGB, Vermächtnis gem. §§ 1939, 2147 ff. BGB oder sogar als um die Auseinandersetzung bedingte Erbeinsetzung nach §§ 2074 f. BGB – der jeweilige Erbe ist lediglich befreiter Vorerbe, mit Bedingungseintritt tritt Nacherbfolge ein, Nacherben bestimmen sich gem. § 2104 BGB – ausgestaltet sein. Das Teilungsverbot gilt gem. § 2044 Abs. 2 BGB längstens dreißig Jahre, soweit der Erblasser nicht auf den Eintritt eines bestimmten Ereignisses in der Person des natürlichen Miterben, den Anfall eines Vermächtnisses oder den Eintritt der Nacherbfolge abstellt. Zur Überwachung der Einhaltung des Teilungsverbotes kann ergänzend Testamentsvollstreckung in Form einer Verwaltungsvollstreckung gem. § 2209 Satz 2 BGB angeordnet werden.

29 Sind sich alle Miterben und der Testamentsvollstrecker über eine Auseinandersetzung **einig**, steht dieser der entgegengesetzte Wille des Erblassers nicht im Weg. Umgekehrt kann der Testamentsvollstrecker trotz Einigkeit aller Miterben die Auseinandersetzung verhindern.

M 82.8 Teilungsverbot

(Verfügung von Todes wegen – Auszug)[1]

...

Mein gesamtes Spar- und Wertpapiervermögen soll ungeteilt bleiben und der Versorgung meiner Erben dienen. Durch Auflage

alternativ: *Vermächtnis zu Gunsten der jeweils anderen Miterben*

alternativ: *negative Teilungsanordnung*

wird auf die Dauer von dreißig Jahren nach dem Erbfall das Recht ausgeschlossen, insoweit die Auseinandersetzung zu verlangen. Innerhalb dieser Frist besteht das Teilungsverbot auch nach dem Tod eines Miterben weiter. Zur Absicherung des Teilungsverbotes ist bestimmt, dass der in diesem Testament eingesetzte Testamentsvollstrecker im Wege der Dauerverwaltung die Verfügungsgewalt über das vorstehend genannte Vermögen ausübt.

...

1 Zu Eingang, Form und Schlussformel s. **M 80.6** (eigenhändiges Einzeltestament), **M 80.1** (notariell beurkundetes Einzeltestament), **M 85.1** (eigenhändiges gemeinschaftliches Testament), **M 85.2** (notariell beurkundetes gemeinschaftliches Testament) und **M 85.3** (Erbvertrag).

Kosten: *Notargebühr:* wie **M 82.1**.

IX. Nachträgliche Anordnung bzw. Aufhebung einer erbrechtlichen Ausgleichungspflicht

30 Wendet der Erblasser bereits zu Lebzeiten Abkömmlingen Vermögen zu, stellt sich die Frage, inwieweit derartige Zuwendungen auf den späteren Erbteil anzurechnen sind. Gem. § 2050 Abs. 1 BGB hat der als gesetzlicher Erbe zur Erbfolge gelangende Abkömmling ausschließlich das ihm zu Lebzeiten des Erblassers als Ausstattung iSd. § 1624 Abs. 1 BGB zugewendete Vermögen (insbesondere die Aussteuer bei einer Heirat oder die finanzielle Hilfe zur Gründung einer beruflichen Existenz) bei einer Erbauseinandersetzung zur Ausgleichung zu bringen, und dies nur, soweit der Erblasser nicht spätestens bei der Zuwendung etwas anderes angeordnet hatte, das dann aber nach § 2316 Abs. 3 BGB gleichwohl zum Nachteil eines Pflichtteilsberechtigten keinen Einfluss auf die pflicht-

teilsrechtlichen Fernwirkungen der Ausgleichungspflicht hat. Als Einkünfte zu verwendende Zuschüsse und Aufwendungen für die Vorbildung zu einem Beruf sind nach § 2050 Abs. 2 BGB ausschließlich bei Überschreiten des den Vermögensverhältnissen des Erblassers entsprechenden Maßes in gleicher Weise auszugleichen. Andere Zuwendungen, insbesondere Schenkungen, sind gem. § 2050 Abs. 3 BGB nur dann zur Ausgleichung zu bringen, wenn der Erblasser dies spätestens bei der Zuwendung angeordnet hatte. Diese Regelungen gelten im Zweifel entsprechend gem. § 2052 BGB, wenn der Erblasser die Abkömmlinge auf dasjenige als Erben eingesetzt hat, was sie als gesetzliche Erben erhalten würden, oder wenn deren Erbteile so bestimmt werden, dass sie zueinander in demselben Verhältnis stehen wie gesetzliche Erbteile. Als rechtzeitige aufschiebend bedingte Anordnung gilt dabei auch der spätestens bei Zuwendung erklärte Vorbehalt einer künftigen vorausvermächtnisweisen Anordnung durch Verfügung von Todes wegen. Ggf. kommt auch ohne Vorbehalt eine **vorausvermächtnisweise Regelung** durch Verfügung von Todes wegen in Betracht, die jedoch anders als eine rechtzeitig vorbehaltene Anordnung keine pflichtteilsrechtlichen Fernwirkungen iSd. § 2316 Abs. 1 BGB entfaltet. Zu den jeweiligen Einzelheiten samt Gestaltungsmöglichkeiten und Auswirkungen der Erbrechtsreform hinsichtlich der Erbausgleichung vgl. Kap. 81 Rz. 1 bis 34 und **M 81.1** bis **M 81.9**, ihrer pflichtteilsrechtlichen Fernwirkungen vgl. Kap. 81 Rz. 35 bis 45 und **M 81.10** sowie der Pflichtteilsanrechnung vgl. Kap. 81 Rz. 46 bis 75 und **M 81.11** bis **M 81.19**.

X. Vermächtnisse

Im Gegensatz zur Erbeinsetzung, die eine Gesamtrechtsnachfolge darstellt und nicht an Einzelgegenständen zu Gunsten unterschiedlicher Erben begründet werden kann, ermöglicht eine Vermächtnisanordnung die Zuteilung von **Einzelgegenständen**. Auf Grund der Vermächtniszuwendung erhält der Vermächtnisnehmer jedoch ausschließlich einen schuldrechtlichen Anspruch auf noch vorzunehmende Erfüllung des Vermächtnisses durch die Erben aus § 2174 BGB, während den Erben die Erbschaft unmittelbar und von selbst anfällt. Soweit letztwillig nichts Anderes geregelt ist, wird das Vermächtnis nach § 271 Abs. 1 BGB sofort mit dem Erbfall fällig und ist das sofortige Erfüllungsverlangen des Vermächtnisnehmers nur ausnahmsweise unter besonderen Umständen treuwidrig, zu denen der bloße Umstand einer Testamentsvollstreckungsanordnung nicht gehört (LG Oldenburg ZErb 2010, 152 f.; Palandt/Weidlich, § 2174 BGB Rz. 3). 31

Durch Vermächtnis kann **jedweder Vermögensvorteil** zugewendet werden. Häufig werden ein bestimmter Grundbesitz, ein Geldbetrag, einzelne bewegliche Gegenstände, ein Wohnungsrecht oder eine Rente (s. **M 86.5**) vermacht. Obwohl § 29 Abs. 1 Halbs. 1 UrhG als Verfügungsbeschränkung eine urheberrechtliche Einzelrechtsnachfolge im Grundsatz verbietet, ist nach § 29 Abs. 1 Halbs. 2 UrhG die Übertragung eines **Urheberrechts** in Erfüllung einer Verfügung von Todes wegen, somit neben einer Erbeinsetzung insbesondere durch Vermächtnis, oder an Miterben im Wege der Erbauseinandersetzung zulässig (Gloser DNotZ 2013, 497, 499). 32

Nach § 2154 BGB kann der Erblasser ein **Wahlvermächtnis** nach den Regeln der Wahlschuld gemäß §§ 262 bis 265 BGB anordnen, aufgrund dessen je nach Ausgestaltung entweder der Bedachte, ein Dritter oder der Beschwerte einen von mehreren zur Wahl gestellten Nachlassgegenständen auswählen darf, wobei die Auswahlerklärung durch den Bedachten bzw. Dritten gegenüber dem Beschwerten erfolgt, soweit dieser nicht im Zweifel nach § 262 BGB wahlberechtigt ist. Gem. §§ 2169, 2170 BGB sind auch **Verschaffungsvermächtnisse** möglich, nach denen der Vermächtnisnehmer einen Gegenstand erhält, der nicht zum Nachlass gehört. Im Testament sollte dann ausdrücklich klargestellt werden, dass es sich hierbei um ein Verschaffungsvermächtnis handelt und der Erbe nicht mangels fehlender Zugehörigkeit des vermachten Gegenstands zur Nachlassmasse verschont bleibt. Nach § 2170 Abs. 2 BGB besteht hilfsweise eine Wertersatzpflicht. 33

Auch ein **formunwirksames** mündliches, aber gleichwohl erfülltes Vermächtnis soll trotz grundsätzlicher Übernahme der zivilrechtlichen Betrachtungsweise im Steuerrecht nach § 41 AO iSd. § 10 Abs. 5 Nr. 2 ErbStG als Nachlassverbindlichkeit berücksichtigungsfähig sein (FG München UVR 1994, 58; Groll/Muscheler, B XV Rz. 167), da die Unwirksamkeit eines Rechtsgeschäfts unerheblich ist, soweit und solange die Beteiligten dessen wirtschaftliches Ergebnis gleichwohl eintreten und bestehen lassen (BFH DStRE 1999, 55, 57; Groll/Muscheler, B XV Rz. 167). Entsprechendes 33a gilt auch für einen nicht beurkundeten und daher nach § 2348 BGB formunwirksamen Erb- bzw. Pflichtteilsverzichtsvertrag (BFH DStRE 1999, 55, 57; Groll/Muscheler, B XV Rz. 167).

33b Zwecks mehrfacher Nutzung von Steuerfreibeträgen bzw. Steueroptimierung können in den Grenzen der durch §§ 2162, 2163 BGB vorgegebenen Dreißigjahresfrist auch durch ein zukünftig ungewisses Ereignis aufschiebend bedingte Vermächtnisse jenseits der Zehnjahresfrist aus § 14 ErbStG ähnlich der sukzessiven Übertragung durch Schenkung erwogen werden, die insbesondere von einem auflösend bedingten oder unter aufschiebender Fälligkeit stehenden Vermächtnis abzugrenzen sind, bspw. ein Vermächtnis an den Ehegatten unter der aufschiebenden Bedingung, dass dieser elf Jahre nach dem Erbfall noch lebt bzw. dann noch lebt und nicht erneut geheiratet hat (Stein ZEV 2011, 572).

34 Zum **Herausgabevermächtnis** als Alternative zur Nacherbfolgeanordnung (vgl. Reimann MittBayNot 2002, 4 ff.) s. Kap. 83 Rz. 32 ff. und **M 83.8**. Zum Zweck- bzw. **Supervermächtnis** mit weitgehenden Bestimmungsrechten des beschwerten Erben zur Ausnutzung der Erbschaftsteuerfreibeträge und Reduzierung von Pflichtteilsansprüchen s. Kap. 85 Rz. 22 und **M 85.6.**

35 Soweit ein Vermächtnis an einen von mehreren Miterben zugewendet wird, sollte klargestellt werden, ob dieser den Vermächtniswert auf seinen Erbteil anrechnen lassen muss oder ob der Wert ohne Anrechnungspflicht zusätzlich als **Vorausvermächtnis** gewährt wird. Gleiches gilt für den Fall, dass der Vermächtnisnehmer als Ersatzerbe Erbe werden sollte.

36 Gem. § 2158 BGB tritt Anwachsung ein, wenn einer von mehreren Vermächtnisnehmern desselben Gegenstandes wegfällt, wobei die **Anwachsung** ausgeschlossen ist, wenn ein Ersatzvermächtnisnehmer gem. § 2190 BGB ausdrücklich oder über § 2069 BGB berufen ist. Auch hier gilt ähnlich der Ersatzerbeneinsetzung, dass der Erblasser in der letztwilligen Verfügung ausdrücklich klarstellen sollte, ob und bejahendenfalls wen er als Ersatzvermächtnisnehmer einsetzt und wie das Verhältnis zur Anwachsung ausgestaltet ist.

37 Zur **Sicherstellung** des Vermächtnisvollzuges kann Testamentsvollstreckung angeordnet werden. Dabei sollte auch die Möglichkeit erwogen werden, den Vermächtnisnehmer – ggf. auf die Vermächtniserfüllung an sich selbst beschränkt – zum Testamentsvollstrecker zu ernennen (vgl. bspw. **M 82.17** u. **M 84.7**). Die Anordnung einer unwiderruflichen postmortalen Vollzugsvollmacht ist insbesondere bei eigenhändigen Testamenten problematisch, weil die Urschrift des Testaments zwingend bei den Nachlassakten zu verbleiben hat, daher nicht als Vollmachtsnachweis nach außen zur Verfügung steht und zudem, wenn Grundbesitz vermacht ist, die Vollmachtserteilung dem Grundbuchamt entgegen § 29 GBO nicht in öffentlich beglaubigter Form nachgewiesen werden kann.

38 Aufgrund der Erbrechtsreform gilt nach Art. 229 § 23 EGBGB nunmehr auch für alle am 31.12.2009 noch nicht verjährten erbrechtlichen Ansprüche aufgrund der Aufhebung des § 197 Abs. 1 Nr. 2 BGB aF die regelmäßige **dreijährige Verjährungsfrist** nach § 195 BGB, die gem. § 199 BGB mit dem Schluss desjenigen Jahres beginnt, in dem der Gläubiger von seinem Anspruch Kenntnis erlangt oder ohne grobe Fahrlässigkeit erlangen müsste. Anderenfalls tritt Verjährung spätestens dreißig Jahre nach Anspruchsentstehung ein. Dies gilt, soweit nicht ausdrücklich etwas Anderes bestimmt ist (dies ist unverändert nach § 197 Abs. 1 Nr. 1 BGB mit dreißigjähriger Verjährungsfrist für Herausgabeansprüche nach §§ 2018, 2130 und 2362 BGB bzw. nach §§ 2287 Abs. 2, 2332 Abs. 1 BGB mit starrer dreijähriger Verjährungsfrist für Ansprüche nach §§ 2287 Abs. 1, 2329 BGB der Fall).

Zu faktischen **Verjährungsfristverlängerungen** kann es dadurch kommen, dass nach § 207 Abs. 1 Satz 2 BGB die Verjährung von Ansprüchen zwischen einem Kind und seinen Eltern bzw. dem Ehegatten oder Lebenspartner eines Elternteils bis zur Vollendung des 21. Lebensjahres des Kindes gehemmt ist. Nach Art. 229 § 23 Abs. 2 EGBGB beginnt die Frist dabei in Übergangsfällen jedoch nicht vor dem 1.1.2010. Bei auf Grundbesitzübertragung gerichteten Vermächtnissen gilt nach § 196 BGB ausnahmsweise statt der dreijährigen die zehnjährige Verjährungsfrist.

38a ➲ **Praxistipp:** Angesichts des Risikos einer gerade durch juristische Laien oftmals vergessenen Vermächtniserfüllung empfiehlt sich die Anordnung einer Verjährungsfristverlängerung durch

Verfügung von Todes wegen nach § 202 Abs. 2 BGB (Odersky notar 2009, 362, 365 f.; zur Zulässigkeit bei Vermächtnisanordnungen Erman/Schmidt-Räntsch § 202 BGB Rz. 2).

M 82.9 Vermächtnisse

(Verfügung von Todes wegen – Auszug)[1]

...

... (Vor- und Nachname), geb. am ... (Geburtsdatum), wohnhaft in ... (Wohnort) erhält vermächtnisweise meine gesamte Briefmarkensammlung, soweit diese in meinen Nachlass fällt. Dieses Vermächtnis gilt als Vorausvermächtnis ohne Anrechnung auf den Erbteil, wenn ... (Vor- und Nachname) als Ersatzerbe Erbe werden sollte. Ersatzvermächtnisnehmer sind die Abkömmlinge des Berechtigten nach den Regeln der gesetzlichen Erbfolge erster Ordnung, ersatzweise tritt Anwachsung ein. Anderweitige Ersatzvermächtnisnehmer sind ausdrücklich nicht eingesetzt. Ich bestimme hiermit, dass dieses Vermächtnis sechs Monate nach der nachlassgerichtlichen Veranlassung der Bekanntgabe dieser Verfügung an den Beschwerten iSd. § 348 FamFG, spätestens jedoch ein Jahr nach meinem Tod fällig ist und erst dreißig Jahre nach meinem Tod verjährt.

Oder:

... (Vor- und Nachname), geb. am ... (Geburtsdatum), wohnhaft in ... (Wohnort) und ... (Vor- und Nachname), geb. am ... (Geburtsdatum), wohnhaft in ... (Wohnort) erhalten vermächtnisweise zu untereinander gleichen Miteigentumsanteilen meine Eigentumswohnung in ... (genauer Grundbuchbeschrieb), soweit diese in meinen Nachlass fällt. Dieses Vermächtnis gilt als Vorausvermächtnis ohne Anrechnung auf den jeweiligen Erbteil, wenn ein Berechtigter im Wege der Ersatzerbfolge Erbe wird. Jeder Berechtigte kann im Rahmen der Vermächtniserfüllung geltend machen, gem. § 1010 BGB zu vereinbaren, dass die Aufhebung der Gemeinschaft niemals verlangt werden darf, und dies im Grundbuch einzutragen. Ersatzvermächtnisnehmer sind die jeweiligen Abkömmlinge eines weggefallenen Vermächtnisnehmers nach den Regeln der gesetzlichen Erbfolge erster Ordnung, ersatzweise tritt Anwachsung ein. Anderweitige Ersatzvermächtnisnehmer sind ausdrücklich nicht eingesetzt. Ich bestimme hiermit, dass dieses Vermächtnis sechs Monate nach der nachlassgerichtlichen Veranlassung der Bekanntgabe dieser Verfügung an den Beschwerten iSd. § 348 FamFG, spätestens jedoch ein Jahr nach meinem Tod fällig ist und erst dreißig Jahre nach meinem Tod verjährt.

Oder:

... (Vor- und Nachname), geb. am ... (Geburtsdatum), wohnhaft in ... (Wohnort) erhält vermächtnisweise das unentgeltliche lebtägliche Wohnungsrecht nach § 1093 BGB an der Dachgeschosswohnung in meinem Haus in ... (genauer Grundbuchbeschrieb). Die Kosten für die gewöhnliche Unterhaltung dieser Räume trägt der Berechtigte selbst. Der Berechtigte ist befugt, die zum allgemeinen Gebrauch bestimmten Anlagen und Einrichtungen des Hauses, zB den Keller, sowie den Hausgarten im Umfang ihrer Bedürfnisse mitzubenutzen. Die Familie und die zur späteren Betreuung und Pflege erforderlichen Personen dürfen in die Wohnung aufgenommen werden. Die Ausübung des Wohnungsrechts darf Dritten aber nicht überlassen werden. Damit ist insbesondere eine Vermietung durch den Berechtigten ohne Zustimmung des Eigentümers nicht zulässig. Die Kosten für Strom, Wasser, Müllabfuhr, übrige Energieversorgung und Heizung trägt der Berechtigte selbst. Das Wohnungsrecht erlischt, wenn es von dem Berechtigten aus gesundheitlichen Gründen auf Dauer nicht mehr ausgeübt werden kann. Das Wohnungsrecht wird unentgeltlich zugewendet. Es ist nach dem Erbfall an der nächst offenen Rangstelle im Grundbuch einzutragen. Die Vermächtniserfüllung hat nur Zug-um-Zug gegen Erteilung einer unwiderruflichen Vollmacht des Vermächtnisnehmers an den beschwerten Eigentümer des Grundbesitzes in öffentlich beglaubigter

1 Zu Eingang, Form und Schlussformel s. **M 80.6** (eigenhändiges Einzeltestament), **M 80.1** (notariell beurkundetes Einzeltestament), **M 85.1** (eigenhändiges gemeinschaftliches Testament), **M 85.2** (notariell beurkundetes gemeinschaftliches Testament) und **M 85.3** (Erbvertrag).

Form zu erfolgen, aufgrund derer der beschwerte Eigentümer unter Befreiung von den Beschränkungen des § 181 BGB gegen Vorlage einer Sterbeurkunde zur Abgabe der Löschungsbewilligung für das Wohnungsrecht berechtigt ist.

Alternativ bei Tragung der gewöhnlichen Unterhaltungskosten bzw. Nebenkosten durch den Eigentümer: *Bei dem Wohnungsrecht ist der Vermerk einzutragen, dass zu dessen Löschung der Nachweis des Todes des Berechtigten ausreichend ist. Ein Rangvorbehalt für vorrangig einzutragende Pfandlasten ist nicht einzutragen.*

Eine Wohnungsreallast ist nicht zu bestellen. Ersatzvermächtnisnehmer sind ausdrücklich nicht eingesetzt. Ich bestimme hiermit (je nach Alternative oben ggf.: vorbehaltlich der o.g. Vollmachterteilung), dass dieses Vermächtnis mit meinem Tod fällig ist und erst dreißig Jahre nach meinem Tod verjährt.

...

Kosten: *Notargebühr:* wie **M 82.1**.

39 Im Gegensatz dazu ist eine einseitige Anordnung einer **Verjährungsfristverlängerung für Pflichtteilsansprüche** durch den Erblasser zulasten des Erben nicht möglich, kann jedoch mittelbar durch Zuwendung des Verjährungsvorteils im Wege eines Vermächtnisses oder einer Auflage dahingehend erreicht werden, dass der beschwerte Erbe einer entsprechenden Verjährungsfristverlängerung zustimmen muss (Keim ZEV 2004, 171, 174 f.; Erman/Schmidt-Räntsch § 202 BGB Rz. 2; Odersky notar 2009, 362, 366 Fn. 20).

M 82.10 Vermächtnisweise mittelbare Verjährungsfristverlängerung für Pflichtteilsansprüche

(Verfügung von Todes wegen – Auszug)[1]

...

Hiermit beschwere ich ... (Vor- und Zuname des beschwerten Erben), bei dessen Wegfall die an dessen Stelle nachrückenden Ersatzerben, vermächtnisweise zugunsten von ... (Vor- und Zuname des begünstigten Pflichtteilsberechtigten) mit der Verpflichtung zur Erteilung der Zustimmung dazu, dass etwaige Pflichtteilsansprüche des Berechtigten gegen den beschwerten Erben erst dreißig Jahre nach meinem Tod verjähren. Ersatzvermächtnisnehmer sind bei Wegfall des Berechtigten dessen etwaige pflichtteilsberechtigte Abkömmlinge. Ich bestimme hiermit, dass dieses Vermächtnis mit meinem Tod fällig ist und erst mit Verjährungseintritt bezüglich etwaiger Pflichtteilsansprüche des Berechtigten verjährt.

...

1 Zu Eingang, Form und Schlussformel s. **M 80.6** (eigenhändiges Einzeltestament), **M 80.1** (notariell beurkundetes Einzeltestament), **M 85.1** (eigenhändiges gemeinschaftliches Testament), **M 85.2** (notariell beurkundetes gemeinschaftliches Testament) und **M 85.3** (Erbvertrag).

Kosten: *Notargebühr:* wie **M 82.1**.

40 Nach § 2324 BGB kann der Erblasser vermächtnisweise im **Innenverhältnis** unter Erben, Vermächtnisnehmern und Auflagenbegünstigten die Verteilung der Pflichtteilslast abweichend von den Vorschriften der §§ 2318 Abs. 1, 2320 bis 2323 BGB regeln. Ansprüche von Pflichtteilsberechtigten bleiben nach außen unberührt.

M 82.11 Vermächtnisweise Befreiung des Vermächtnisnehmers von der Pflichtteilslast

(Verfügung von Todes wegen – Auszug)[1]

...

Hiermit bestimme ich vermächtnisweise, dass mein Erbe die Erfüllung des o.g. zugunsten des ... (Vor- und Zuname des begünstigten Vermächtnisnehmers) angeordneten Vermächtnisses entgegen § 2318 Abs. 1 BGB nicht bis zur anteiligen Tragung der Pflichtteilslast durch den Vermächtnisnehmer verweigern darf, dieses Vermächtnis mit meinem Tod fällig ist und erst dreißig Jahre nach meinem Tod verjährt.

...

1 Zu Eingang, Form und Schlussformel s. **M 80.6** (eigenhändiges Einzeltestament), **M 80.1** (notariell beurkundetes Einzeltestament), **M 85.1** (eigenhändiges gemeinschaftliches Testament), **M 85.2** (notariell beurkundetes gemeinschaftliches Testament) und **M 85.3** (Erbvertrag).

Kosten: *Notargebühr:* wie **M 82.1**.

Wird ein Vermächtnisnehmer (dann Hauptvermächtnisnehmer) wiederum mit einem Vermächtnis (**Untervermächtnis**) beschwert, ist der Hauptvermächtnisnehmer nach der Fälligkeitsregelung des § 2186 BGB erst dann zur Erfüllung des Untervermächtnisses verpflichtet, wenn er selbst die Erfüllung des Hauptvermächtnisses verlangen kann. Nach § 2187 Abs. 1 BGB steht dem Hauptvermächtnisnehmer dabei ein **Erfüllungsverweigerungsrecht** zu, das zudem gem. § 2187 Abs. 3 iVm. §§ 1992, 1990 Abs. 1 Satz 1 BGB nach den diesbezüglichen Vorschriften über die Haftung des Erben zur Dürftigkeitseinrede und Überschuldung ausgestaltet ist. § 2188 BGB gestattet dem durch Kürzungen wegen eines Pflichtteilsanspruchs (§§ 2318, 2322, 2324 BGB), aus Erfüllungsverweigerung nach § 2187 BGB bzw. Haftungsbeschränkung iSd. § 327 InsO beschwerten Vermächtnisnehmer seinerseits eine entsprechende Kürzung des Untervermächtnisses. Dies kann insbesondere bei Unteilbarkeit der Untervermächtnisleistung bspw. auf Nießbrauchbestellung zu einer problematischen Teilgegenleistungszahlungspflicht des Untervermächtnisnehmers bzw. im Falle dessen Verweigerung zu einem Freistellungszahlungsrecht des Hauptvermächtnisnehmers in anteiliger Höhe führen (BGH NJW 1956, 507; MünchKomm.BGB/Rudy § 2188 BGB Rz. 3), die bspw. durch eine Ausschließung des Kürzungsrechts vermieden wird (Lutz notar 2014, 347, 348). 40a

M 82.11a Ausschluss des Kürzungsrechts des Hauptvermächtnisnehmers

(Verfügung von Todes wegen – Auszug)[1]

...

Hiermit bestimme ich zugunsten des Untervermächtnisnehmers den Ausschluss des Kürzungsrechts des Hauptvermächtnisnehmers aus § 2188 BGB.

...

1 Zu Eingang, Form und Schlussformel s. **M 80.6** (eigenhändiges Einzeltestament), **M 80.1** (notariell beurkundetes Einzeltestament), **M 85.1** (eigenhändiges gemeinschaftliches Testament), **M 85.2** (notariell beurkundetes gemeinschaftliches Testament) und **M 85.3** (Erbvertrag).

Kosten: *Notargebühr:* wie **M 82.1**.

Der **pflichtteilsberechtigte** Hauptvermächtnisnehmer ist nach § 2318 Abs. 2 BGB dadurch geschützt, dass sein Vermächtnis nur insoweit gekürzt werden kann, als ihm selbst der Pflichtteil verbleibt. Ein in diesen Grenzen durch den Erben gegenüber dem Hauptvermächtnisnehmer ausgeüb- 40b ter Kürzungsbetrag iSd. § 2318 Abs. 2 kann durch den Hauptvermächtnisnehmer nach § 2188 BGB an den Untervermächtnisnehmer weitergegeben werden, wobei der so frei werdende Betrag nach dem Regelungszweck der §§ 2188, 2318 Abs. 2 BGB zur Vermeidung ständiger Neuberechnungen alleine dem Hauptvermächtnisnehmer und nicht dem Erben verbleibt (Lutz notar 2014, 347, 350 mit Berechnungsbeispiel).

XI. Auflagen

41 Gem. § 1940 BGB wird ein Erbe oder Vermächtnisnehmer durch Auflage in einer Verfügung von Todes wegen zu einem Tun oder Unterlassen verpflichtet, ohne dass – im Gegensatz zu einem Vermächtnis – einem Anderen ein Recht auf die Leistung zugewendet ist. Praktisch häufig sind Auflagen zur Anordnung einer **Grabpflege** oder zur zweckgebundenen Verwendung vermachter Geldbeträge bspw. zur Bezahlung von (Haus-)**Tierpflege**.

41a Tierpflegekosten sind dabei nur dann **erbschaftsteuerliche Abzugsposten** iSd. § 10 Abs. 5 Nr. 2 ErbStG, wenn die diesbezügliche Auflage eine entsprechende rechtliche und nicht lediglich moralische Verpflichtung enthält (BFH ZEV 2010, 107 unter zusätzlichem Hinweis auf das Fehlen einer diesbezüglichen staatlichen Steuererstattungspflicht aufgrund Tierschutzes aus Art. 20a GG; FG München BeckRS 2003, 26015207) oder gar nur eine Erwartung des Erblassers besteht (FG München BeckRS 2003, 26015207). Im Falle einer rechtlich verpflichtenden Auflage existiert trotz Verwirklichung desselben Lebenssachverhalts neben dem Erwerb von Todes wegen aus § 3 Abs. 1 Nr. 1 ErbStG in Gestalt der Zweckzuwendung ein selbständiger weiterer steuerbarer Vorgang in Höhe der entreichernden Auflage nach § 1 Abs. 1 Nr. 3 iVm. § 8 ErbStG (BFH NJW 2002, 3047). Daher ist zur Vermeidung einer eventuellen steuerlich **nachteiligen Überkompensation** der Vorteile aus der Abzugsfähigkeit dieser eine Nachlassverbindlichkeit verkörpernden Auflage durch die Steuerlast der Zweckzuwendung im Einzelfall genau abzuwägen, ob nicht ausnahmsweise auf eine rechtlich verpflichtende Auflage verzichtet wird (Götz, ZEV 2012, 649 f. – berichtigt in ZEV 2013, 29 – am Bsp. nicht selbst genutzter Reitpferde). Obwohl der Begünstigte keinen Erfüllungsanspruch hat, kann gem. § 2194 BGB jeder, dem der Wegfall des Beschwerten unmittelbar zu statten kommen würde – vor allem der Erbe, wenn ein Vermächtnisnehmer beschwert ist – deren Vollziehung verlangen. Liegt die Durchsetzung der Auflage im öffentlichen Interesse, steht der nach Landesrecht zuständigen Behörde ein Erzwingungsrecht zu.

M 82.12 Auflage

(Verfügung von Todes wegen – Auszug)[1]

...

Der Erbe wird im Wege der Auflage dazu verpflichtet, meine Grabstätte auf ortsübliche Dauer samt Grabdenkmal zu erwerben, zu unterhalten und angemessen zu pflegen. Hierzu gehört insbesondere auch ein angemessener Grabschmuck.

Den ... -Tierschutzverein e.V. (Name) in ... (Ort) verpflichte ich im Wege der Auflage als Vermächtnisnehmer bezüglich des ihm in diesem Testament zugewendeten Geldbetrages dazu, meine zum Zeitpunkt meines Todes vorhandenen Haustiere, derzeit mein/meine ... (Tierart und Name des Haustiers), bei sich aufzunehmen und auf deren Lebenszeit fachgerecht zu versorgen. Sollte ich kein Haustier hinterlassen, bleibt das Vermächtnis gleichwohl angeordnet.

...

1 Zu Eingang, Form und Schlussformel s. **M 80.6** (eigenhändiges Einzeltestament), **M 80.1** (notariell beurkundetes Einzeltestament), **M 85.1** (eigenhändiges gemeinschaftliches Testament), **M 85.2** (notariell beurkundetes gemeinschaftliches Testament) und **M 85.3** (Erbvertrag).

Kosten: *Notargebühr:* wie **M 82.1**.

Im Wege der Auflage kann der Erbe zudem zur **Errichtung einer Stiftung** verpflichtet werden (vgl. als Alternative dazu die Erbeinsetzung einer noch zu errichtenden Stiftung nach § 83 BGB unter Rz. 2). Im Falle hinreichender Bestimmung des Stiftungszweckes – so bspw. „im Andenken an meinen Vater (...) den akademischen, aber auch den nicht akademischen Nachwuchs sowie die Ausbildung jeweils in technischen Berufen zu fördern, insbesondere durch die Auslobung von Preisen oder die Förderung berufsbildender Einrichtungen" (OLG München RNotZ 2014, 559, 560 ff.) – wird das Höchstpersönlichkeitsgebot aus § 2065 BGB selbst dann noch gewahrt, wenn der Erblasser einem Dritten, insbesondere einem Testamentsvollstrecker, die Auswahl des Stiftungsträgers und die inhaltliche Fassung der Stiftungsfassung überlässt, ohne die Ausgestaltung des Rechtsgeschäfts zwischen dem Testamentsvollstrecker und dem Stiftungsträger als eigentlichen Errichtungsakt für die Stiftung vorzugeben (OLG München DNotZ 2014, 702, 704). Dabei ist Begünstigter iSd. § 2193 Abs. 1 BGB ausschließlich der auszuwählende Stiftungsträger und damit gerade nicht ein nach dem Stiftungszweck potentieller Destinatär (OLG München DNotZ 2014, 702, 705). 41b

Darüber hinaus kommt dem Gestaltungsmittel einer Auflage auch im **Urheberrecht** erhebliche Bedeutung zu, bspw. zur Unterlassung, Duldung oder Einräumung von Nutzungsrechten an Dritte, Abtretung des Urheberrechts an Begünstigte oder Vernichtung des urheberrechtlich geschützten Werkes (Gloser DNotZ 2013, 497, 514). 41c

XII. Verwaltungsausschluss und Pflegerbenennung hinsichtlich letztwillig an minderjährige Kinder zugewandten Vermögens

Geschiedene Ehegatten mit gemeinschaftlichen Kindern möchten häufig dafür Sorge tragen, dass auf ihren Tod der jeweils andere frühere Ehegatte nicht mittels Sorgerechts für die zu Erben eingesetzten gemeinsamen nicht volljährigen Kinder auf das Nachlassvermögen Zugriff nimmt. Entsprechendes gilt für andere Erblasser, die eine Verwaltung des von ihnen den minderjährigen Kinder letztwillig zugewendeten Vermögens durch deren sorgeberechtigten Eltern vermeiden möchten. Insoweit kann der Erblasser nach § 1638 Abs. 1 BGB durch Verfügung von Todes wegen einen entsprechenden **Verwaltungsausschluss** anordnen und diesbezüglich eine Vertrauensperson zum Ergänzungspfleger iSd. § 1917 BGB bestimmen. Hierbei können die für einen Vormund möglichen Befreiungen nach den §§ 1852–1855 BGB (Ausschluss der Bestellung eines Gegenvormundes sowie Befreiung bei der Anlegung von Geld, von Hinterlegung und von Sperrung sowie von der Rechnungslegungspflicht) erteilt werden. Ausnahmsweise können bei fehlender Eignung des längstlebenden früheren Ehegatten, dem nach § 1680 Abs. 1 BGB die elterliche Sorge gesetzlich alleine zusteht, letztwillig Maßnahmen nach § 1666 BGB angeregt werden, insbesondere nach § 1666 Abs. 3 Nr. 6 BGB die teilweise oder vollständige Entziehung der elterlichen Sorge unter Benennung eines Vormundes (s. Rz. 43 und 44 sowie **M 82.14**). 42

M 82.13 Benennung eines Pflegers für nicht volljährige Kinder des Erblassers

(Verfügung von Todes wegen – Auszug)[1]

...

Soweit meine Kinder bei meinem Tod noch nicht volljährig sind, ordne ich hiermit an, dass mein von mir geschiedener Ehegatte ... (Vor- und Nachname) in der Vermögenssorge für unsere Kinder hinsichtlich desjenigen Nachlassvermögens beschränkt ist, das diese durch Erbfolge oder vermächtnisweise von mir erhalten. Als Pfleger benenne ich hierfür ... (Vor- und Nachname) geb. am ... (Geburtsname), wohnhaft in ... (Anschrift), ersatzweise ... (Vor- und Nachname) geb. am ...

1 Zu Eingang, Form und Schlussformel s. **M 80.6** (eigenhändiges Einzeltestament), **M 80.1** (notariell beurkundetes Einzeltestament), **M 85.1** (eigenhändiges gemeinschaftliches Testament), **M 85.2** (notariell beurkundetes gemeinschaftliches Testament) und **M 85.3** (Erbvertrag).

(Geburtsname), wohnhaft in ... (Anschrift). Beide sind im Sinne der §§ 1852–1855, 1909, 1917 BGB befreit.

...

Kosten: *Notargebühr:* wie **M 82.1**.

XIII. Ausschluss der Sorgerechtsübertragung und Benennung eines Vormundes für nicht volljährige, nicht aus einer Ehe entstammende Kinder

43 Durch Verfügung von Todes wegen kann die leibliche Mutter hinsichtlich ihrer nicht volljährigen, nicht aus einer Ehe entstammenden Kinder anordnen, dass nach ihrem Tod abweichend von § 1680 Abs. 2 BGB **an Stelle des leiblichen Vaters** ein Vormund zum gesetzlichen Vertreter bestellt wird. Zudem kann sie den Vormund benennen und ihn nach den §§ 1852–1855 BGB befreien. Gem. § 1680 Abs. 2 BGB hat das Familiengericht beim Tod der mit dem leiblichen Vater nicht verheirateten Mutter, der in Ermangelung einer Sorgerechtserklärung nach § 1626a Abs. 2 BGB bzw. einer familiengerichtlichen Sorgerechtsübertragung nach § 1626a Abs. 3 BGB oder aufgrund einer familiengerichtlichen Sorgerechtsübertragung nach § 1671 BGB die elterliche Sorge über die Kinder alleine zustand, diese elterliche Sorge dann auf den leiblichen Vater zu übertragen, wenn dies wie im Regelfall bzw. im Zweifel anzunehmen (Palandt/Götz, § 1680 BGB Rz. 2) dem Wohl der Kinder nicht widerspricht.

44 ➲ **Praxistipp:** Zur Vermeidung einer im Einzelfall ungerechtfertigten Sorgerechtsübertragung sollte die leibliche Mutter in ihrer Verfügung von Todes wegen eventuell vorhandene Gründe für eine **negative Kindeswohlprüfung** aufführen. Hierzu gehören insbesondere Umstände, auf Grund derer nicht zu erwarten ist, dass der Vater die Belange der Kinder ernsthaft wahrnehmen würde, insbesondere wenn er zu den Kindern jeglichen Kontakt gemieden und sich um diese niemals gekümmert hatte.

M 82.14 Ausschluss der Sorgerechtsübertragung und Benennung eines Vormundes für nicht volljährige, nicht aus einer Ehe stammende Kinder

(Verfügung von Todes wegen – Auszug)[1]

...

Meine beiden o.g. Kinder entstammen nicht aus einer Ehe. Mit dem leiblichen Vater, Herrn ... (Vor- und Nachname), wurde keine gemeinsame Sorgeerklärung abgegeben. Er hat sich um die Kinder seit deren Geburt nicht gekümmert und zu ihnen auch keinen Kontakt gesucht. Eine Übertragung der elterlichen Sorge auf den leiblichen Vater würde dem Wohl der Kinder nach § 1680 BGB widersprechen. Soweit meine beiden o.g. Kinder bei meinem Tod noch minderjährig sind, benenne ich ... (Vor- und Nachname) geb. am ... (Geburtsname), wohnhaft in ... (Anschrift), ersatzweise ... (Vor- und Nachname) geb. am ... (Geburtsname), wohnhaft in ... (Anschrift) zu deren Vormund. Beide sind im Sinne der §§ 1852–1855, 1777 BGB befreit.

...

1 Zu Eingang, Form und Schlussformel s. **M 80.6** (eigenhändiges Einzeltestament), **M 80.1** (notariell beurkundetes Einzeltestament), **M 85.1** (eigenhändiges gemeinschaftliches Testament), **M 85.2** (notariell beurkundetes gemeinschaftliches Testament) und **M 85.3** (Erbvertrag).

Kosten: *Notargebühr:* wie **M 82.1**.

XIV. Ertragswertanordnung für Landgut

§ 2312 BGB privilegiert den seinerseits pflichtteilsberechtigten letztwilligen (Erman/Röthel, § 2312 BGB Rz. 2) oder lebzeitigen (Erman/Röthel, § 2312 BGB Rz. 4) Übernehmer eines Landgutes auf Grund eines öffentlichen Interesses an der Erhaltung eines leistungsfähigen landwirtschaftlichen Betriebes dahingehend, dass für die Berechnung eventueller Pflichtteilsansprüche Dritter der Ertragswert maßgebend sein soll. Dieser bemisst sich gem. § 2049 Abs. 2 BGB nach dem **Reinertrag**, den das Landgut nach seiner bisherigen wirtschaftlichen Bestimmung bei ordnungsmäßiger Bewirtschaftung nachhaltig gewähren kann. 45

Voraussetzung für die Zugrundelegung des Ertragswertes bei der Pflichtteilsberechnung ist dabei insbesondere die Übernahme eines Landgutes. Hierbei muss es sich um eine Besitzung handeln, die zum Zeitpunkt des Erbfalls eine zum selbständigen und dauernden Betrieb der Landwirtschaft geeignete und bestimmte Wirtschaftseinheit darstellt und mit den nötigen Wohn- und Wirtschaftsgebäuden versehen ist (BGHZ 98, 375, 376 ff.). Das Landgut muss eine ausreichende Größe haben und für den Inhaber eine **selbständige Nahrungsquelle** darstellen. Sie muss jedoch nicht dazu geeignet sein, eine bäuerliche Durchschnittsfamilie zu ernähren. Zwingende Voraussetzung ist hingegen, dass der Betrieb wenigstens zu einem erheblichen Teil zum Lebensunterhalt seines Inhabers beiträgt, wobei er auch nebenberuflich geführt sein darf und dann selbst verhältnismäßig klein sein kann (BGH NJW-RR 1992, 770; Palandt/Weidlich, § 2312 BGB Rz. 7). Ein bloßer Zuschussbetrieb ist kein Landgut. Ertragswert ist dabei ein nach betriebswirtschaftlichen Grundsätzen bestimmtes Vielfaches des Reinertrages. Der diesbezügliche Kapitalisierungsfaktor ist auf Grund Ermächtigung in Art. 137 EGBGB landesrechtlich vielfach dahingehend konkretisiert worden, dass der 25- bzw. 18-fache jährliche Reinertrag maßgebend ist (vgl. die diesbezügliche Übersicht bei MünchKomm.BGB/Säcker, Art. 137 EGBGB Rz. 4). 46

M 82.15 Letztwillige Ertragswertanordnung für Landgut

(Verfügung von Todes wegen – Auszug)[1]

...

Soweit ein land- oder forstwirtschaftlicher Betrieb als Landgut in meinen Nachlass fällt, bestimme ich gem. § 2312 BGB, dass die Berechnung des Pflichtteils und der Pflichtteilsergänzungsansprüche auf der Grundlage des Ertragswertes zu erfolgen hat, soweit der Ertragswert niedriger als der ansonsten maßgebende Wert, insbesondere als der Verkehrswert ist. Die Tatbestandsvoraussetzungen für die Zugrundelegung eines „Landgutes" im Sinne des § 2312 BGB sind mir bekannt.

...

1 Zu Eingang, Form und Schlussformel s. **M 80.6** (eigenhändiges Einzeltestament), **M 80.1** (notariell beurkundetes Einzeltestament), **M 85.1** (eigenhändiges gemeinschaftliches Testament), **M 85.2** (notariell beurkundetes gemeinschaftliches Testament) und **M 85.3** (Erbvertrag).

Kosten: *Notargebühr:* wie **M 82.1**.

M 82.15a Lebzeitige Ertragswertanordnung für Landgut

(notariell beurkundeter Übergabevertrag – Auszug)

...

Als Übergeber bestimme ich hiermit gem. § 2312 BGB, dass für den hier lebzeitig übergebenen land- bzw. forstwirtschaftlichen Betrieb als Landgut die Berechnung des Pflichtteils und der Pflichtteilsergänzungsansprüche auf der Grundlage des Ertragswertes zu erfolgen hat, soweit der Ertragswert niedriger als der ansonsten maßgebende Wert, insbesondere als der Verkehrswert ist. Die Tat-

bestandsvoraussetzungen für die Zugrundelegung eines „Landgutes" im Sinne des § 2312 BGB sind mir bekannt.

...

Kosten: *Notargebühr:* wie **M 82.1**.

XV. Einseitig erklärte Rechtswahl zur Bestimmung des Erbstatuts

1. Für ausländische Erblasser nach EGBGB bzw. ausländischem IPR

47 Beschränkt auf in Deutschland belegenes unbewegliches Vermögen können ausländische Staatsangehörige gem. Art. 83 Abs. 2 Alt. 2 EuErbVO **bis längstens am 16.8.2015** nach Art. 25 Abs. 2 EGBGB deutsches Recht wählen, wenn sie zum Zeitpunkt dieser Rechtswahl ungeachtet eventueller späterer diesbezüglicher Veränderungen ihren gewöhnlichen Aufenthalt in Deutschland haben. Dagegen bleibt für ihr übriges Nachlassvermögen das Heimatrecht maßgebend. In jedem Fall der Nachlassspaltung ist jeder Nachlassteil mit der Folge als selbständiger Nachlass anzusehen, dass er bei der Testamentserrichtung so behandelt wird, als wenn er der gesamte Nachlass wäre (Palandt/Thorn Art. 25 EGBGB Rz. 9). Wenn somit ein Erblasser mit ausländischer Staatsangehörigkeit, dessen Nachlass einem ausländischen Erbstatut unterliegt, bis einschließlich 16.8.2015 für seinen in Deutschland belegenen Grundbesitz nach Art. 25 Abs. 2 EGBGB deutsches Recht wählt, dann kann er für diesen Grundbesitz als eigenständigen Spaltnachlass auch abweichend von seinem sonstigen Nachlass Erben einsetzen und sich des gesamten deutschen erbrechtlichen Instrumentariums bedienen, als wäre er Deutscher und dieser Grundbesitz sein gesamter Nachlass (Langenfeld/Fröhler, Testamentsgestaltung 1. Kap. Rz. 171). Diese Rechtswahlmöglichkeit durchbricht im Regelfall den Grundsatz der Nachlasseinheit und führt zu einer Nachlassspaltung, da sie ausschließlich auf unbewegliches Vermögen beschränkt ist. Die nach Art. 25 Abs. 2 EGBGB einem ausländischen Erblasser für im Inland belegenes unbewegliches Vermögen eröffnete Rechtswahl deutschen Rechts nach **deutschem Internationalen Privatrecht** (vgl. dazu Kap. 81 Rz. 27) kann nur durch Verfügung von Todes wegen, somit durch Einzeltestament, gemeinschaftliches Testament oder Erbvertrag, getroffen werden. Da ein entsprechender Erbnachweis für in Deutschland belegenes unbewegliches Vermögen jedoch ausschließlich vor deutschen Nachlassgerichten erwirkt werden würde, wirkt sich ein eventuelles Fehlen einer Anerkennung dieser Rechtswahlmöglichkeit faktisch nicht aus.

M 82.16 Einseitig erklärte Rechtswahl zur Bestimmung des Erbstatuts nach EGBGB

(Verfügung von Todes wegen – Auszug)[1]

...

Hiermit wähle ich für die Erbfolge hinsichtlich meines gesamten im Inland belegenen unbeweglichen Vermögens das deutsche Recht. Diese Rechtswahl für die Erbfolge erstreckt sich darüber hinaus auf mein gesamtes sonstiges Vermögen, wenn eine Rechtswahl auch insoweit derzeit bereits zulässig ist bzw. sobald sie bis zu meinem Tod auch insoweit zulässig wird. Mir sind die Grundzüge des deutschen Erbrechts vom beurkundenden Notar erörtert worden. Ich bin desweiteren durch den Notar, der das durch die Rechtswahl ausgeschaltete fremde Erbrecht weder kennen muss noch über dessen Inhalt belehrt oder diesbezüglich eine Beratung oder Betreuung übernommen hat, darüber belehrt worden, dass die Rechtswahl im Ausland möglicherweise nicht anerkannt wird, auf Grund der Rechtswahl ggf. eine Nachlassspaltung entstehen kann und sich möglicherweise

1 Vgl. dazu Schotten/Schmellenkamp Rz. 360. Zu Eingang, Form und Schlussformel s. **M 80.6** (eigenhändiges Einzeltestament), **M 80.1** (notariell beurkundetes Einzeltestament), **M 85.1** (eigenhändiges gemeinschaftliches Testament), **M 85.2** (notariell beurkundetes gemeinschaftliches Testament) und **M 85.3** (Erbvertrag).

Schwierigkeiten bei der Zuordnung von Nachlassgegenständen zu der dem deutschen Erbrecht unterliegenden Rechtsordnung und zu der fremden Rechtsordnung ergeben können.

...

Kosten: *Notargebühr:* wie **M 82.1**.

2. Nach EuErbVO

Art. 21 Abs. 1 EuErbVO knüpft für Erbfälle ab dem 17.8.2015 abweichend von Art. 25 EGBGB hinsichtlich des Erbstatuts nicht an die Staatsangehörigkeit des Erblassers, sondern an dessen gewöhnlichen Aufenthalt im Zeitpunkt des Erbfalls an, soweit nicht nach Art. 21 Abs. 2 EuErbVO ausnahmsweise wegen offensichtlich engerer Verbindung zu einem anderen Staat dessen Recht anzuwenden ist. Dieser gewöhnliche Aufenthalt muss seinerseits gem. Art. 20 EuErbVO anders als zur Begründung der internationalen Zuständigkeit aus Art. 4 EuErbVO nicht in einem Mitgliedstaat liegen. Nach Art. 22 EuErbVO kann der Erblasser jedoch das Recht seiner bei Rechtswahl oder Tod bestehenden Staatsangehörigkeit bzw. einer von mehreren eigenen Staatsangehörigkeiten durch Verfügung von Todes wegen wählen. Dabei muss ein konkretes Recht gewählt werden, während eine lediglich pauschalierte Rechtswahl des beim Tod bestehenden Heimatrechts zu unbestimmt und daher unwirksam ist (Dörner ZEV 2012, 505, 511; Erman/Hohloch Art. 22 EuErbVO Rz. 6; Janzen DNotZ 2012, 484, 486; Langenfeld/Fröhler, Testamentsgestaltung, 1. Kap. Rz. 182; Leitzen ZEV 2013, 128). Auch eine bloße bestätigende Rechtswahl nach dem gewöhnlichen Aufenthalt kommt nicht in Betracht (Odersky notar 2013, 3, 7). Möchte ein in Deutschland lebender Ausländer gerade nicht nach dem Recht seiner Staatsangehörigkeit, sondern dem deutschen Aufenthaltsrecht beerbt werden, sollte dies jedoch zumindest in der letztwilligen Verfügung klargestellt werden, um das Risiko einer nachlassgerichtlichen Annahme einer stillschweigenden Rechtswahl des Heimatrechts auszuschließen (Langenfeld/Fröhler, Testamentsgestaltung, 1. Kap. Rz. 173; Leitzen ZEV 2013, 128, 132; Odersky notar 2013, 3, 7). Zur EuErbVO im Allgemeinen s. Kap. 80 Rz. 25a ff. 47a

M 82.16a Einseitig erklärte Rechtswahl zur Bestimmung des Erbstatuts nach EGBGB

(Verfügung von Todes wegen – Auszug)[1]

...

Hiermit wähle ich ... (deutscher Staatsangehöriger mit gewöhnlichem Aufenthalt im Ausland)*, der ich meinen gewöhnlichen Aufenthalt in ...* (Ausland) *habe, sowohl für die Zulässigkeit und materielle Rechtswirksamkeit des hiesigen Testaments als auch für das materielle Erbrecht bezüglich meines gesamten Nachlasses, somit vollumfänglich für die Rechtsnachfolge von Todes wegen das deutsche Recht. Der Notar hat mich über dadurch eventuell verdrängtes ausländisches Recht mangels entsprechender Verpflichtung nicht belehrt und wird insoweit von jeder Haftung befreit. Trotz Belehrung ist auf Einholung eines diesbezüglichen Rechtsgutachtens verzichtet.*

...

1 Vgl. dazu Schotten/Schmellenkamp Rz. 360. Zu Eingang, Form und Schlussformel s. **M 80.6** (eigenhändiges Einzeltestament), **M 80.1** (notariell beurkundetes Einzeltestament), **M 85.1** (eigenhändiges gemeinschaftliches Testament), **M 85.2** (notariell beurkundetes gemeinschaftliches Testament) und **M 85.3** (Erbvertrag).

Kosten: *Notargebühr:* wie **M 82.1**.

XVI. Gesamtmuster

Nachstehend sind exemplarisch zwei **typische Beispiele** für ein Einzeltestament skizziert. Das erste Gesamtmuster behandelt ein Einzeltestament einer ledigen kinderlosen Frau mit Nichten und Nef- 48 fen, in dem eine Erbeinsetzung der Nichten und Neffen zu gleichen Erbteilen, eine Ersatzerbenberufung, die Anordnung hilfsweiser Anwachsung, der ausdrückliche Ausschluss eines Verwandten samt dessen Abkömmlingen als Erbe und Ersatzerbe, ein Übernahmerecht, ein Vermächtnis an eine Drittperson, eine Auflagenanordnung einerseits zu Lasten des Vermächtnisnehmers zur Tierpflege und andererseits zu Lasten des Erben zur Grabpflege sowie eine Testamentsvollstreckung zwecks Überwachung der Auflagen sowie des Vollzuges der Vermächtnisse und des Übernahmerechts vorgesehen sind. Einzelheiten zur Thematik der Testamentsvollstreckung werden später gesondert behandelt (s. Kap. 84). Das zweite Gesamtmuster betrifft eine einzeltestamentarische Einsetzung eines Lebensgefährten unter der Maßgabe, dass die Erbeinsetzung als nicht erfolgt gilt, wenn die nichteheliche Lebensgemeinschaft zum Zeitpunkt des Todes des Erblassers mehr als sechs Monate getrennt ist.

M 82.17 Einzeltestament einer ledigen kinderlosen Frau mit Nichten und Neffen

(Verfügung von Todes wegen – Auszug)[1]

Testament

...

Zu meinen Erben setze ich meine Nichte ... (Vor- und Nachname), geb. am ... (Geburtsdatum), wohnhaft in ... (Wohnanschrift) und meinen Neffen ... (Vor- und Nachname), geb. am ... (Geburtsdatum), wohnhaft in ... (Wohnanschrift) jeweils zu ½ Erbteil ein. Ersatzerben sind jeweils die Abkömmlinge eines wegfallenden Erben nach den Regeln der gesetzlichen Erbfolge erster Ordnung. Hierzu zählen ohne Einschränkung auch nichteheliche Kinder und deren Abkömmlinge. Ersatzweise tritt Anwachsung ein.

Mein Neffe ... (Vor- und Nachname), geb. am ... (Geburtsdatum), wohnhaft in ... (Wohnanschrift) ist samt seinen Abkömmlingen weder Erbe noch Ersatzerbe.

Meine Nichte ... (Vor- und Nachname), ersatzweise deren Ersatzerben, erhält das Recht, meine Eigentumswohnung in ... (genauer Grundbuchbeschrieb) unter Anrechnung auf ihren Erbteil zu übernehmen, soweit diese in meinen Nachlass fällt. Soweit sie bzw. der Ersatzerbe gegenüber den anderen Erben durch Ausübung dieses Übernahmerechts einen größeren Wert erhalten würde, ist dieser durch den Übernahmeberechtigten auszugleichen. Der Wert dieser Eigentumswohnung ist, soweit sich die Miterben nicht auf einen Wert einigen können, verbindlich durch den Gutachterausschuss der Belegenheitsgemeinde in ... (Ort) festzusetzen. Das Übernahmerecht kann nur bis spätestens drei Monate nach Vorliegen des Gutachtens ausgeübt werden. Die Ausübung erfolgt durch Erklärung gegenüber dem Testamentsvollstrecker, hilfsweise gegenüber den anderen Miterben. Ich bestimme hiermit, dass dieser Anspruch bei rechtzeitiger Geltendmachung erst dreißig Jahre nach meinem Tod verjährt.

Mein Patenkind ... (Vor- und Nachname), geb. am ... (Geburtsdatum), wohnhaft in ... (Wohnanschrift) erhält vermächtnisweise meinen gesamten Schmuck, soweit dieser in meinen Nachlass fällt. Dieses Vermächtnis gilt als Vorausvermächtnis ohne Anrechnung auf den Erbteil, wenn mein Patenkind ... (Vor- und Nachname) oder bei ihrem Wegfall ein nachstehender Ersatzvermächtnisnehmer als Ersatzerbe Erbe werden sollte. Ersatzvermächtnisnehmer sind die Abkömmlinge der Berechtigten nach den Regeln der gesetzlichen Erbfolge erster Ordnung. Hierzu zählen ohne Einschränkung auch nichteheliche Kinder und deren Abkömmlinge. Anderweitige Ersatzvermächtnisnehmer sind ausdrücklich nicht eingesetzt. Ich bestimme hiermit, dass dieses Vermächtnis einen Monat nach der nachlassgerichtlichen Veranlassung der Bekanntgabe dieser Verfügung an den Beschwerten iSd. § 348 FamFG, spätestens jedoch ein Jahr nach meinem Tod fällig ist und erst dreißig Jahre nach meinem Tod verjährt.

1 Zu Eingang, Form und Schlussformel s. **M 80.6** (eigenhändiges Einzeltestament), **M 80.1** (notariell beurkundetes Einzeltestament), **M 85.1** (eigenhändiges gemeinschaftliches Testament), **M 85.2** (notariell beurkundetes gemeinschaftliches Testament) und **M 85.3** (Erbvertrag).

Die vorstehende Vermächtnisnehmerin verpflichte ich im Wege der Auflage dazu, meine zum Zeitpunkt meines Todes vorhandenen Haustiere, derzeit ... (Beschreibung der Haustiere), bei sich aufzunehmen und auf deren Lebenszeit fachgerecht zu versorgen. Sollte ich kein Haustier hinterlassen, bleibt das Vermächtnis gleichwohl angeordnet.

Meine Erben werden im Wege der Auflage dazu verpflichtet, meine Grabstätte auf ortsübliche Dauer samt Grabdenkmal zu erwerben, zu unterhalten und angemessen zu pflegen. Hierzu gehört insbesondere auch ein angemessener Grabschmuck.

Ich ordne Testamentsvollstreckung nach folgender Maßgabe an:

Die Aufgabe des Testamentsvollstreckers ist auf die Abwicklung, Erbauseinandersetzung, Vermächtniserfüllung und Sicherstellung der Grabpflege beschränkt. Der Testamentsvollstrecker ist von den Beschränkungen des § 181 BGB entbunden und unterliegt in der Eingehung von Verbindlichkeiten für den Nachlass keinen Beschränkungen. Zum Testamentsvollstrecker ist mein Patenkind ... (Vor- und Nachname) ernannt, ersatzweise meine Nichte ... (Vor- und Nachname), wiederum ersatzweise mein Neffe ... (Vor- und Nachname). Ersatzweise ersuche ich das Nachlassgericht einen geeigneten Testamentsvollstrecker zu bestimmen. Der Testamentsvollstrecker erhält neben dem Ersatz seiner notwendigen Auslagen nur dann ein übliches Honorar, wenn Testamentsvollstrecker eine andere Person als mein Patenkind ... (Vor- und Nachname), meine Nichte ... (Vor- und Nachname) bzw. mein Neffe ... (Vor- und Nachname) ist. Das Honorar bestimmt sich für diesen Fall nach den Grundsätzen der Rheinischen Tabelle.

...

Kosten: *Notargebühr:* 1,0-Gebühr gem. Nr. 21200 KV GNotKG, mindestens 60 Euro. Geschäftswert gem. § 102 Abs. 1 GNotKG (Wert des Nachlasses, Verbindlichkeiten des Erblassers werden abgezogen, jedoch nur bis zur Hälfte des Werts des Vermögens).

M 82.18 Einzeltestament eines ledigen kinderlosen Mannes mit Lebensgefährtin

(Verfügung von Todes wegen – Auszug)[1]

Testament

...

Zu meiner alleinigen Erbin setze ich meine Lebensgefährtin ... (Vor- und Nachname), geb. am ... (Geburtsdatum), wohnhaft in ... (Wohnanschrift) ein.

Diese Erbeinsetzung gilt dann als nicht erfolgt, wenn wir im Zeitpunkt meines Todes seit mehr als sechs Monaten getrennt leben. Als Maßstab für ein Getrenntleben gilt die Regelung über die Ehescheidung nach § 1567 BGB entsprechend. Von einem Getrenntleben ist demnach dann auszugehen, wenn zwischen uns als Partnern keine häusliche Gemeinschaft mehr besteht und ein Partner diese erkennbar nicht herstellen will, weil er die Partnerschaft ablehnt. Die häusliche Gemeinschaft besteht in einem solchen Fall auch dann nicht mehr, wenn die Partner innerhalb der gemeinsamen Wohnung getrennt leben.

Ersatzerben werden heute nicht benannt. Über die gesetzliche Erbfolge bin ich informiert.

...

1 Zu Eingang, Form und Schlussformel s. **M 80.6** (eigenhändiges Einzeltestament), **M 80.1** (notariell beurkundetes Einzeltestament), **M 85.1** (eigenhändiges gemeinschaftliches Testament), **M 85.2** (notariell beurkundetes gemeinschaftliches Testament) und **M 85.3** (Erbvertrag).

Kosten: *Notargebühr:* wie wie **M 82.17**.

Kapitel 83 Vor- und Nacherbschaft sowie Vor-, Nach- und Herausgabevermächtnis

Literatur: *Avenarius*, Testamentsauslegung und „Fallgruppen typischer Sachlage" bei der Anordnung von Vor- und Nacherbfolge, NJW 1997, 2740; *Bengel*, Rechtsfragen zum Vor- und Nachvermächtnis, NJW 1990, 1829; *Diederichsen*, Ersatzerbfolge oder Nacherbfolge, NJW 1965, 671; *Fröhler*, Das Vorausvermächtnis zu Gunsten des Vorerben und der Erbnachweis vor sowie ab Eintritt des Nacherbfalls, BWNotZ 2005, 1; *Heskamp*, Überführung von Nachlassgegenständen in das nacherbenfreie Vermögen des Vorerben, RNotZ 2014, 517; *Keim*, Erbauseinandersetzung zwischen Vor- und Nacherben durch Freigabe aus der Nacherbenbindung?, DNotZ 2003, 822; *Keim*, Die Vollmacht über den Tod hinaus bei Vor- und Nacherbschaft, DNotZ 2008, 175; *Leitzen*, Die Auseinandersetzung unter Mitvorerben und ihre Wirkung gegenüber den Nacherben, RNotZ 2012, 159; *Reimann*, Das Herausgabevermächtnis als Alternative zur Nacherbfolgeanordnung, MittBayNot 2002, 4; *Zimmer*, Die Vor- und Nacherbfolge im Grundbuch, ZEV 2014, 526.

I. Einsetzung zum Vorerben mit Anordnung der Nacherbfolge

1. Einführung

1 Gem. § 2100 BGB kann der Erblasser durch Einsetzung eines Nacherben das **weitere Schicksal** seines Nachlassvermögens über den eigenen Erbfall hinaus beeinflussen. Während die Bestimmung

von Ersatzerben lediglich regelt, wer an Stelle des zunächst berufenen Erben die Erbschaft antritt, ermöglicht das Instrument der Nacherbeneinsetzung eine Bestimmung desjenigen Erben, der dem Erben des Erblassers nachfolgen soll. Der Nacherbe ist damit Erbe des Ausgangserblassers und nicht Erbe des Vorerben. Das die Nacherbfolge gem. § 2139 BGB auslösende Ereignis ist dann, wenn der Erblasser keine andere Anordnung trifft, nach § 2106 Abs. 1 BGB der Tod des Vorerben. Die Nacherbfolge kann aber u.a. auch für den Fall angeordnet sein, dass der längstlebende Ehegatte nach dem Tod des erstversterbenden Ehegatten erneut heiratet.

2. Verfügungsbeschränkungen durch die Anordnung der Nacherbfolge

Bis zum Eintritt der Nacherbfolge ist der Vorerbe gem. § 2112 BGB grundsätzlich über Nachlassgegenstände verfügungsbefugt. Er ist Inhaber der zum Nachlass gehörenden Rechte und Schuldner der Nachlassverbindlichkeiten. Nach den §§ 2113–2115 BGB ist der Vorerbe gegenüber dem Nacherben jedoch in seinem **Verfügungsrecht** erheblich beschränkt. Insbesondere sind nach § 2113 Abs. 1 BGB Verfügungen des Vorerben über Grundstücke bei Eintritt der Nacherbfolge absolut unwirksam, soweit sie das Recht des Nacherben – beispielsweise durch Veräußerung von Grundbesitz – vereiteln oder etwa durch Eintragung von Grundpfandrechten auf dem Grundbesitz, wenn der Auszahlungsbetrag nicht in den Nachlass oder zumindest an den Vorerben, der Nachlassgegenstände nach §§ 2134, 2136 BGB sogar ohne Auslösung einer Ersatzpflicht verwenden oder verbrauchen kann, sondern an einen Dritten fließt (s. dazu Rz. 3a), beeinträchtigen, wenn der Nacherbe der Verfügung des Vorerben nicht zugestimmt hat. Gleiches gilt nach § 2113 Abs. 2 BGB für unentgeltliche Verfügungen über Erbschaftsgegenstände, soweit dadurch nicht einer sittlichen Pflicht oder einer auf den Anstand zu nehmenden Rücksicht entsprochen wird. Analog § 2120 BGB kann der befreite Vorerbe als Verkäufer vom Nacherben die förmliche Zustimmung zur Veräußerung eines zum Nachlass gehörenden Grundstücks verlangen, wenn dies zur Löschung des Nacherbenvermerks erforderlich ist oder der Käufer dies verlangt, ohne dass der Verkauf eine Maßnahme ordnungsgemäßer Verwaltung sein muss (RGZ 148, 385, 390; OLG Frankfurt MDR 2011, 921; LG Lübeck Rpfleger 1988, 313). 2

➲ **Hinweis:** Zur Vermeidung eines gutgläubigen Erwerbes an Grundbesitz von einem insoweit nichtberechtigten Vorerben ist im Hinblick auf § 892 Abs. 1 Satz 2 BGB nach § 51 GBO das Recht des Nacherben in Abt. II mit der Eintragung des Vorerben als Eigentümer im Grundbuch durch **Nacherbenvermerk** einzutragen. Dies gilt auch zulasten von Surrogatgrundstücken iSd. § 2111 BGB, bspw. bei Erwerb durch einen von zwei Vorerben im Wege der Nachlassauseinandersetzung, aufgrund gebotener wirtschaftlicher Betrachtungsweise selbst dann, wenn zum Nachlass nicht der Grundstücksanteil, sondern der Gesamthandsanteil an einer Erben- oder Gütergemeinschaft gehört (OLG München FGPrax 2012, 103). Endet nämlich eine aus zwei Personen bestehende Güter- oder Erbengemeinschaft dadurch, dass der überlebende den verstorbenen Gesamthänder alleine als Vorerbe beerbt, ist er hinsichtlich des ihm unabhängig von der Erbfolge bereits zuvor gehörenden Gesamthandanteils von der Nacherbfolge samt deren Beschränkungen nicht betroffen, daher gegenüber den Nacherben vorrangig schutzbedürftig und im Ergebnis überhaupt nicht von § 2113 BGB (auch nicht analog) erfasst, da § 2113 BGB nur zulasten des gesamten Gesamthandvermögens wirken könnte (BGH MDR 2007, 88). 2a

Grundsätzlich darf das Grundbuchamt bei eingetragenem Nacherbenvermerk **andere Eintragungen** (bspw. einer Grundschuld) nicht von den Voraussetzungen des § 2113 BGB abhängig machen, wenn nicht ausnahmsweise die Löschung eines Rechts oder die Eintragung eines Erbbaurechts in Rede steht, da das Nacherbenrecht nur vor der Möglichkeit eines gutgläubigen Erwerbs geschützt werden soll (OLG Frankfurt DNotZ 2012, 150 f.). 2b

Zur **Löschung** des Nacherbenvermerks aufgrund entgeltlicher Verfügung des iSd. §§ 2136, 2113 Abs. 1 BGB befreiten Vorerben über zum Nachlass gehörenden Grundbesitz mittels **Unrichtigkeitsnachweises** kann nach § 29 Abs. 1 Satz 2 GBO eine Offenkundigkeit der Entgeltlichkeit iSv. § 2113 Abs. 2 BGB aufgrund von allgemeinen Erfahrungssätzen insbesondere bei Kaufverträgen mit einem dem Vorerben nicht ersichtlich nahestehenden Dritten ausreichen (OLG Braunschweig Rpfleger 1991, 204 f.; Böhringer DNotZ 2012, 413, 423), wobei die Nacherben anzuhören sind (BayObLG 2c

NJW-RR 1994, 1360 f.; OLG Hamm Rpfleger 1984, 312 f.). Setzt der Erblasser seine Tochter letztwillig zur nichtbefreiten Vorerbin und neben deren bereits lebenden namentlich benannten nunmehr volljährigen Kindern „etwaige weitere Kinder, die" dieser Tochter „noch geboren werden sollten", als Nacherben ein, bedarf es im Rahmen der Abwicklung eines von der Vorerbin mit Zustimmung aller volljährigen Kinder geschlossenen Kaufvertrages über zum Nachlass gehörenden Grundbesitz zur Löschung des Nacherbenvermerks mittels Unrichtigkeitsnachweises hinsichtlich etwaiger künftiger weiterer Kinder grundsätzlich der diesbezüglichen Bewilligung durch einen Pfleger iSd. § 1913 Satz 2 BGB, die wiederum nach §§ 1915 Abs. 1 Satz 1, 1821 Abs. 1 Nr. 1 BGB eine gerichtlichen Genehmigung erfordert (Bremkamp RNotZ 2011, 36, 37). Ob ein Pfleger iSd. § 1913 Satz 2 BGB bestellt wird, ist jedoch im Gegensatz zu Pflegschaften nach §§ 1911, 1912 BGB ausdrücklich („kann ... bestellt werden") Ermessenssache (Bremkamp RNotZ 2011, 36, 39). Ausnahmsweise kann jedoch eine Bewilligung für eventuelle noch nicht gezeugte weitere Nacherben entbehrlich sein, wenn nach lebensnaher Betrachtung offenkundig ist, dass keine weiteren Kinder geboren werden (OLG Hamm NJW-RR 1997, 1095; Bremkamp RNotZ 2011, 36, 38 ff. mwN). Davon wird jedenfalls bei einer 66-jährigen Frau ausgegangen (OLG Hamm NJW-RR 1997, 1095; Bremkamp RNotZ 2011, 36, 37), teilweise wird dies trotz reproduktionsmedizinischer Möglichkeiten sogar bereits ab dem 55. Lebensjahr befürwortet (Bremkamp RNotZ 2011, 36, 39 unter Hinweis auf medizinische Studien, nach denen die Menopause durchschnittlich mit 51,4 Jahren einsetze bzw. die Wahrscheinlichkeit für deren Einsetzen nach dem 55. Lebensjahr 5 % betrage). Soweit nach der letztwilligen Verfügung jedoch auch adoptierte Kinder Nacherben sein können, dürfte eine genehmigungspflichtige Bewilligung unvermeidbar sein, da dann keine objektiven medizinischen Voraussetzungen im Vordergrund stehen.

2d Im Gegensatz zur Löschung mittels Unrichtigkeitsnachweises anlässlich den Nacherben gegenüber wirksamer Grundbesitzveräußerung bedarf die **sonstige Löschung** des Nacherbenvermerks vor Eintritt der Nacherbfolge ohne vorherige wirksame Veräußerung der Bewilligung aller Nacherben und nun ausnahmsweise auch aller Ersatznacherben (Henn DNotZ 2013, 246 f.) bzw. ggf. aller Nachnacherben und Ersatznachnacherben.

2e Eine (teil-)unentgeltliche Verfügung verstößt selbst dann gegen § 2113 Abs. 2 Satz 1 BGB, wenn sie nicht **zugunsten** eines Dritten, sondern **eines von mehreren Nacherben** erfolgt (RGZ 159, 385, 391 f.; OLG Braunschweig FamRZ 1995, 443, 445). Problematisch und mit Restrisiken behaftet dürfte dabei eine teilunentgeltliche Zuwendung durch den Vorerben an eines von seinen zwei Kindern als Nacherben des Ausgangserblassers im Hinblick auf § 2113 Abs. 2 Satz 1 BGB selbst dann sein, wenn der Zuwendungsempfänger zugunsten des anderen nicht mitwirkenden Nacherben den Zuwendungswert im Nacherbfall zur **Ausgleichung** zu bringen hat (so aber im Grundsatz akzeptiert durch RGZ 159, 385, 391 f.; OLG Braunschweig FamRZ 1995, 443, 445), da die Ausgleichung nach §§ 2050, 2052 BGB ausschließlich durch den Ausgangserblasser und damit nicht durch den Vorerben angeordnet, sondern hier allenfalls schuldrechtlich vereinbart werden kann (DNotI-Gutachten DNotI-Report 2010, 165, 166 f.), der Zuwendungsempfänger tatsächlich selbst Nacherbe werden müsste (Friederich, Rechtsgeschäfte zwischen Vorerben und Nacherben, 1999, Rz. 122 u. 279 ff.), eine Auseinandersetzungsregelung hinsichtlich der im Nacherbfall eintretenden Erbengemeinschaft erforderlich wäre und zumindest das Recht des anderen Nacherben auf Teilungsversteigerung nach §§ 2042 Abs. 2, 753 Abs. 1 Satz 1 Halbs. 2 BGB iSv. § 2113 Abs. 2 Satz 1 BGB verletzt sein kann (DNotI-Gutachten DNotI-Report 2010, 165, 166 f.; aA ohne Problematisierung dieser Bedenken RGZ 159, 385, 391 f.; OLG Braunschweig FamRZ 1995, 443, 445). Während zwar für eine Vollentgeltlichkeit iSd. § 2113 Abs. 2 Satz 1 BGB ausnahmsweise die direkte Begleichung des dem künftigen Nacherbteil entsprechenden Wertes unmittelbar an den anderen Nacherben statt in die Nachlassmasse genügen soll (BGH NJW 1953, 219; RGZ 159, 385, 391 f.), ist hingegen insoweit jedoch insbesondere eine Auszahlung des Gegenwertes an den im Zeitpunkt der Verfügung als mutmaßlicher späterer Nacherbe Berufenen gemäß dessen mutmaßlichem künftigen Nacherbteil nicht ausreichend, wenn dieser später doch nicht tatsächlich Nacherbe wird (BGH NJW 1953, 219; RGZ 159, 385, 391 f.).

2f Gem. § 2111 BGB gehört im Wege der **Surrogation** dasjenige, was der Vorerbe auf Grund eines zur Erbschaft gehörenden Rechts, als Ersatz für Zerstörung, Beschädigung oder Entziehung eines

Erbschaftsgegenstands oder durch Rechtsgeschäft mit Mitteln der Erbschaft erwirbt, automatisch zu der der Nacherbfolge unterliegenden Erbschaft. Ausgenommen sind lediglich Nutzungen der Erbschaft, die dem Vorerben zustehen. Im Rahmen der Pflicht zur ordnungsgemäßen Verwaltung hat der Vorerbe den Nachlass getrennt von seinem Eigenvermögen zu verwalten und unterliegt andernfalls im Wege aus Schadensersatzpflicht resultierender **Beweislastumkehr** der Nachweispflicht dafür, dass die Surrogationsvoraussetzungen nicht eingetreten sind (MünchKomm.BGB/Grunsky, § 2130 BGB Rz. 6; Roth NJW-Spezial 2011, 423).

Die Anordnung einer Nacherbfolge dient nach dem Zweck des Gesetzes in erster Linie der **Erhaltung des Nachlassvermögens** zu Gunsten der Nacherben. Vielfach bedient man sich des Instruments der Nacherbfolge jedoch, um Ansprüche von Ehegatten/gleichgeschlechtlichen Lebenspartnern, Abkömmlingen oder – bei Fehlen von Abkömmlingen – Eltern des Vorerben aus **Pflichtteilsrechten** an dem ererbten Nachlass **auszuschließen**. Insbesondere Ehepaare, von denen ein Ehegatte neben gemeinschaftlichen Kindern ein aus vorhergehender Ehe oder ein nicht aus einer Ehe entstammendes Kind hat, zu dem kein Kontakt mehr besteht, möchten häufig sicherstellen, dass dieser Ehegatte als Längstlebender der Eheleute zwar einerseits Eigentümer des Vermögens des erstversterbenden Ehegatten wird, dieses andererseits jedoch ohne Zugriffsmöglichkeiten eines solchen Abkömmlings an die gemeinschaftlichen Abkömmlinge weitergeben werden kann. Da es sich bei dem der Nacherbfolge unterliegenden Vermögen um eine vom sonstigen Vermögen des Vorerben separierte Vermögensmasse handelt, die beim Tod des Vorerben nicht von diesem, sondern vom erstverstorbenen Ehegatten an die gemeinschaftlichen Abkömmlinge weitervererbt wird, ist ein einseitiger Abkömmling des längstlebenden Ehegatten hieran nicht pflichtteilsberechtigt. Insbesondere in derartigen Konstellationen soll die Position des längstlebenden Ehegatten im Übrigen jedoch der eines unbeschränkten Vollerben möglichst nahe kommen. 3

➲ **Hinweis:** Gem. § 2136 BGB kann der Vorerbe von den Beschränkungen und Verpflichtungen insbesondere des § 2113 Abs. 1 BGB hinsichtlich grundbesitzbezogener Verfügungen befreit werden, wobei eine **Befreiung** für Schenkungsverfügungen nach § 2113 Abs. 2 BGB nicht möglich ist. Eine Befreiung nach § 2136 BGB kann auch auf einzelne Vermögensgegenstände beschränkt werden. Dies gestattet beispielsweise eine differenzierte Regelung dahingehend, dass zwingend im Familienbesitz zu erhaltende Vermögensgegenstände der Verfügungsbeschränkung unterliegen und der Vorerbe über das übrige Vermögen nach § 2136 BGB frei verfügen kann. In jedem Falle sollte klargestellt werden, ob und in wie weit eine Befreiung nach § 2136 BGB gewünscht wird. Zum gegenstandsbezogenen Vorausvermächtnis an den Vorerben s. Rz. 2 und **M 83.4**. 3a

Der nach §§ 2136, 2113 Abs. 1 BGB befreite Vorerbe kann auch ohne Zustimmung der Nacherben als iSd. § 2113 Abs. 2 entgeltliche Verfügung zulasten zum Nachlass gehörenden Grundbesitzes eine **Grundschuld** zur Kreditaufnahme bestellen, wenn der Auszahlungsbetrag in den Nachlass oder zumindest an den Vorerben, der Nachlassgegenstände nach §§ 2134, 2136 BGB sogar ohne Auslösung einer Ersatzpflicht verwenden oder verbrauchen kann, nicht jedoch an einen Dritten fließt (RGZ 133, 263, 267; Beck'sches Notarhandbuch/Amann A VI Rz. 94; BeckOK-BGB/Litzenburger, § 2113 BGB Rz. 15; DNotI-Gutachten Abruf Nr. 115288 v. 5.4.2012, S. 2; Schöner/Stöber, Grundbuchrecht, Rz. 3480; Wehrstedt MittRhNotK 1999, 103; aA Gaberdiel/Gladenbeck, Kreditsicherung durch Grundschulden, Rz. 198; Hennings, Eintragungen in Abteilung II des Grundbuchs, Rz. 16.28; Staudinger/Avenarius § 2113 BGB Rz. 76). Wegen verbleibender Restrisiken und des Umstandes, dass auch das finanzierende Kreditinstitut den sichersten Weg beschreiten wird, sollte jedoch sicherheitshalber die Zustimmung der Nacherben bzw. eines eventuell nach §§ 1629 Abs. 2 Satz 1 iVm. § 1795 Abs. 1 Nr. 1 BGB erforderlichen Ergänzungspflegers und eine ggf. nach § 1821 Nr. 1 BGB erforderliche gerichtliche Genehmigung eingeholt werden (DNotI-Gutachten Abruf Nr. 115288 v. 5.4.2012, S. 4; Nieder/Kössinger § 10 Rz. 38). Zudem kann die Eintragung eines Wirksamkeitsvermerks (Schöner/Stöber, Grundbuchrecht, Rz. 3490) insoweit endgültige Klarheit schaffen (DNotI-Gutachten Abruf Nr. 15288 v. 5.4.2012, S. 3). 3b

3. Wegfall von Vor- bzw. Nacherben

4 Gem. § 2102 Abs. 1 BGB tritt bei Wegfall des Vorerben vor oder nach dem Erbfall im Zweifel der Nacherbe als **Ersatzerbe** an seine Stelle. Gleichwohl empfiehlt es sich, zur Vermeidung von Auslegungsstreitigkeiten im Testament ausdrücklich klarzustellen, ob der Nacherbe Ersatzerbe des Vorerben ist.

5 Des Weiteren sollte die letztwillige Verfügung ausdrücklich klarstellen, ob bei Wegfall der Nacherben **Ersatznacherben** eingesetzt sind. Hier gelten die Regelungen zur Ersatzerbenberufung für einen Vollerben entsprechend. Danach sind gem. § 2069 BGB im Zweifel die Abkömmlinge eines zum Nacherben eingesetzten Abkömmlings Ersatznacherben. Zudem kann sich aus ergänzender Testamentsauslegung entsprechend dem Rechtsgedanken des § 2069 BGB bei besonderer Nähebeziehung zwischen eingesetztem Nacherben und Erblasser eine stillschweigende Ersatznacherbeinsetzung ergeben (vgl. dazu Nieder/Kössinger § 8 Rz. 76 iVm. Rz. 69).

6 ➲ **Praxistipp:** Die Einsetzung von Ersatznacherben hat erhebliche Bedeutung für die Verfügungsbefugnis des Vorerben. Soweit der Vorerbe der Zustimmung des Nacherben zur Verfügung über **einzelne Nachlassgegenstände** wegen Unentgeltlichkeit bzw. nichtbefreiter Vorerbschaft zwecks endgültiger Ausscheidung aus der dem Recht der Nacherben unterliegenden Erbschaft bedarf, erfordert dies bei Vorhandensein mehrerer Nacherben die Zustimmung aller Nacherben (DNotI-Gutachten DNotI-Report 2010, 165; Dillmann RNotZ 2002, 2, 11; Hartmann ZEV 2009, 107, 109) sowie aller eventuell eingesetzten Nachnacherben (OLG Zweibrücken ZEV 2011, 321). Zwar wird, wie § 2120 BGB zeigt, keine zusätzliche Zustimmung der Ersatznacherben benötigt (BGHZ 40, 115, 118; OLG München DNotZ 2013, 24; BayObLG DNotZ 1993, 404 ff.; MünchKomm.BGB/Grunsky § 2102 BGB Rz. 12; Heskamp RNotZ 2014, 517, 521; Lange, AcP 212 (2012), 334, 343), die jedoch zur Löschung des Nacherbenvermerks am veräußerten Grundbesitz aufgrund Unrichtigkeitsnachweises formlos anzuhören sein sollen (OLG München DNotZ 2013, 24; aA Henn DNotZ 2013, 246, 249 ff.). Eine derartige Freigabe einzelner Nachlassgegenstände kann der Erblasser zudem nicht wirksam ausschließen (Heskamp RNotZ 2014, 517, 522; Keim DNotZ 2003, 822, 830 f. Selbst ein entsprechend angewiesener Testamentsvollstrecker ist bei Einverständnis aller Erben zu einer Verfügung nicht an die entgegengesetzte Erblasserweisung gebunden (BGHZ 40, 115, 118; BGHZ 56, 275, 281; Heskamp RNotZ 2014, 517, 522).

6a Soll jedoch die gesamte Anwartschaft des Nacherben auf den Vorerben übertragen werden, bedarf dies auch der Zustimmung der Ersatznacherben, wenn sichergestellt sein soll, dass bei Eintritt des ursprünglich durch den Erblasser festgesetzten, den Nacherbfall auslösenden Ereignisses (etwa dem Tod des Vorerben) der verfügende Nacherbe noch lebt und daher die Anwartschaftsrechtsübertragung als Berechtigter vorgenommen hat. Da bei einer derartigen Vorabübertragung des Anwartschaftsrechts auf den Vorerben der spätere Nacherbe bzw. Ersatznacherbe noch nicht feststeht, müsste für diesen gem. § 1913 BGB ein Pfleger bestellt werden. Dessen Erklärungen bedürften gem. §§ 1915, 1822 Nr. 1 BGB der betreuungsgerichtlichen Genehmigung, die wiederum nur bei nachgewiesen vollentgeltlichen Rechtsgeschäften erteilt werden darf. Um eine entsprechende Übertragung des Nacherbenanwartschaftsrechts an den Vorerben zu ermöglichen, sollte daher in der letztwilligen Verfügung ausdrücklich der Zusatz aufgenommen werden, dass im Falle einer derartigen Veräußerung jede ausdrückliche oder stillschweigende Ersatznacherbeneinsetzung entfällt (vgl. **M 83.1**).

4. Höchstdauer der Nacherbfolgeanordnung

7 Gem. § 2109 Abs. 1 Satz 1 und Abs. 2 BGB wird die Einsetzung eines Nacherben mit Ablauf der nach §§ 187 Abs. 1, 188 Abs. 2 BGB am Tag nach dem Tod des Erblassers beginnenden und **30 Jahre** später endenden Frist unwirksam, wenn nicht vorher der Nacherbfall eingetreten ist. Diese Frist ist jedoch insbesondere dann ohne Bedeutung, wenn – wie häufig – nach § 2109 Abs. 1 Satz 2 Nr. 1 BGB der Erbfall mit dem Tod des Vorerben eintritt und der Vorerbe beim Erbfall zur Zeit des Todes des Erblassers lebte (Palandt/Weidlich § 2109 BGB Rz. 2). Im Falle angeordneter Nachnacherbfolge muss ein etwaiger Ausnahmetatbestand nach § 2109 Abs. 1 Satz 2 Nr. 1 BGB für jeden Nach-

erbfall gesondert geprüft werden, wobei die Nacherbeinsetzung bspw. unwirksam wird, wenn die Frist 30 Jahre nach dem Erbfall überschritten ist und der zweite Nacherbe zur Zeit des Erbfalls noch nicht lebte (OLG Hamm ZEV 2011, 327 f.).

M 83.1 Erbeinsetzung zum Vorerben mit Anordnung der Nacherbfolge

(Verfügung von Todes wegen – Auszug)[1]

...

Zu meinem alleinigen Vorerben setze ich ... (Vor- und Nachname), geb. am ... (Geburtsdatum), wohnhaft ... (Wohnanschrift) ein. Er/Sie ist hinsichtlich des gesamten Nachlasses/hinsichtlich des gesamten Nachlasses ausgenommen des gesamten Grundbesitzes/ausschließlich hinsichtlich des Hausrates, des Bar-, Spar- und Wertpapiervermögens von allen Beschränkungen befreit, von denen nach dem Gesetz Befreiung erteilt werden kann. Ersatzerbe des Vorerben ist dessen Nacherbe.

Die Nacherbfolge tritt mit dem Tod des Vorerben ein. Nacherben sind die Abkömmlinge des Vorerben nach den Regeln der gesetzlichen Erbfolge erster Ordnung zum Zeitpunkt des Nacherbenfalls. Hierzu zählen ohne Einschränkung auch nicht aus einer Ehe stammende Kinder und deren Abkömmlinge.

Die Nacherbanwartschaft ist weder vererblich noch veräußerlich, wobei eine Veräußerung an den Vorerben zulässig ist. Im Falle einer Veräußerung an den Vorerben entfällt zudem jede ausdrückliche oder stillschweigende Ersatznacherbeinsetzung.

...

1 Zu Eingang, Form und Schlussformel s. **M 80.6** (eigenhändiges Einzeltestament), **M 80.1** (notariell beurkundetes Einzeltestament), **M 85.1** (eigenhändiges gemeinschaftliches Testament), **M 85.2** (notariell beurkundetes gemeinschaftliches Testament) und **M 85.3** (Erbvertrag).

Kosten: *Notargebühr:* 1,0-Gebühr gem. Nr. 21200 KV GNotKG bei Beurkundung eines Testaments, mindestens 60 Euro. Geschäftswert gem. § 102 Abs. 1 GNotKG (Wert des Nachlasses, Verbindlichkeiten des Erblassers werden abgezogen, jedoch nur bis zur Hälfte des Werts des Vermögens). 2,0-Gebühr gem. Nr. 21100 KV GNotKG bei Beurkundung eines Erbvertrags oder eines gemeinschaftlichen Testaments, mindestens 120 Euro. Geschäftswert wie zuvor.

5. Post- bzw. transmortale Vollmacht des Erblassers

Eine post- bzw. transmortale Vollmacht des Erblassers berechtigt trotz eventueller Schwierigkeiten 8
beim Vollmachtswiderruf bis zum Nacherbfall nicht nur zur Vertretung des Vorerben, sondern auch zur **Vertretung des Nacherben**, ohne den Verfügungsbeschränkungen des Vorerben zu unterliegen (KGJ 36, A 166; OLG Stuttgart DNotZ 1974, 365, 367; MünchKomm.BGB/Schramm § 168 BGB Rz. 33; Keim DNotZ 2008, 175, 178 ff.; aA Palandt/Edenhofer § 2112 BGB Rz. 7; MünchKomm.BGB/Grunsky § 2112 BGB Rz. 8; Staudinger/Avenarius § 2112 BGB Rz. 34). Zulasten des Nacherben kann dabei jedoch **nicht der alleinige Vorerbe** bevollmächtigt werden, da andernfalls die Regelung des § 2136 BGB unterlaufen würde (KGJ 43, A 157; NK-BGB/Gierl § 2123 BGB Rz. 8; aA Palandt/Weidlich § 2112 BGB Rz. 4; Zimmer ZEV 2014, 526, 530; Keim DNotZ 2008, 175, 181 f.: ausnahmsweise auch der Vorerbe bis zur endgültigen Klärung der Erbenstellung).

6. Sonderfälle

Zu den Besonderheiten bei geschiedenen Testierern s. Kap. 87 Rz. 8 ff. und **M 87.2**, bei **behinderten** Erben s. Kap. 87 Rz. 14 ff. und **M 87.3**, bei **überschuldeten** Abkömmlingen s. Kap. 87 Rz. 36 ff. und **M 87.4** sowie bei testierenden **Apothekeninhabern** s. Kap. 87 Rz. 40 ff. und **M 87.5**. 9

7. Steuerliche Folgen der Anordnung der Nacherbfolge

10 Der Erwerb des Vorerben unterliegt der **Erbschaftsteuer** im selben Umfang wie der Erwerb eines Vollerben. Eine Ermäßigung nach § 27 ErbStG wegen zeitlich kurzer Aufeinanderfolge mehrfachen Erwerbes (vgl. Kap. 80 Rz. 84 ff.) kommt zwar bei Vor- und Nacherbfolge tatsächlich häufiger vor, der Erblasser kann aber damit nicht sicher rechnen. Der Vorerbe hat keinen Anspruch auf Jahresbesteuerung nach § 23 ErbStG.

11 Tritt die **Nacherbschaft** mit dem Tod des Vorerben ein, hat der Nacherbe den Erwerb als vom Vorerben stammend zu versteuern. Auf Antrag ist der Versteuerung allerdings das Verhältnis des Nacherben zum Erblasser (Freibeträge und Steuerklasse) zugrunde zu legen (§ 6 Abs. 2 ErbStG).

12 Die **vom Vorerben gezahlte Erbschaftsteuer** wird, selbst bei nur kurzer Dauer der Vorerbschaft, nicht erstattet und bei der auf den Tod des Vorerben abgestellten Nacherbschaft dem Nacherben nicht angerechnet (anders, wenn Nacherbfall nicht der Tod des Vorerben ist; vgl. § 6 Abs. 3 ErbStG).

13 Ist der **Nacherbe gleichzeitig Erbe des Vorerben**, werden die Vermögenswerte der Nacherbschaft mit dem Erwerb des eigenen Vermögens des Vorerben zusammengerechnet und der Freibetrag nur einmal gewährt.

14 Tritt die **Nacherbfolge zu Lebzeiten des Vorerben** ein (beispielsweise bei Wiederverheiratung des Vorerben oder Vollendung eines bestimmten Lebensalters des Nacherben), so gilt die Vorerbschaft als auflösend bedingter, somit endgültiger Erwerb (§ 5 Abs. 1 BewG) und die Nacherbschaft als aufschiebend bedingter (§ 4 BewG), also unmittelbar vom Erblasser herrührender Erwerb. Der Vorerbe hat zunächst die volle Erbschaftsteuer zu entrichten. Bei Eintritt des Nacherbfalles ist dem Nacherben die vom Vorerben entrichtete Steuer abzüglich desjenigen Steuerbetrags anzurechnen, welcher der tatsächlichen Bereicherung des Vorerben entspricht (§ 6 Abs. 3 ErbStG). Es ist also festzustellen, wie hoch sich die Bereicherung des Vorerben aus der Erbschaft durch gezogene, nicht zu ersetzende Früchte und Nutzungen sowie das, was er aus der Erbschaft nach dem Willen des Erblassers sonst noch endgültig erhält (zB Vorausvermächtnisse), gestaltet hat. Aus dieser Bereicherung wird die Erbschaftsteuer neu berechnet und das, was der Vorerbe mehr bezahlt hat, dem Nacherben auf die von diesem zu entrichtende Steuer angerechnet. Dabei ist für die Feststellung der anzurechnenden Steuerbeträge auf die Verhältnisse in dem Zeitpunkt abzustellen, zu dem die Steuerschuld des Vorerben entstanden war, also auf den Zeitpunkt des Todes des Erblassers (§ 9 Abs. 1 Nr. 1 ErbStG). Im Übrigen ist für die Berechnung des Wertes gezogener Nutzungen die Höchstwertvorschrift des § 16 BewG zu beachten.

15 **Geht** in diesem Fall **auch eigenes Vermögen des Vorerben auf den Nacherben über**, so sind beide Vermögensanfälle hinsichtlich der Steuerklasse getrennt zu behandeln. Bei beiden Vermögensanfällen sind die jeweils für sie maßgeblichen persönlichen Freibeträge zu berücksichtigen. Der Abzug des für das eigene Vermögen des Vorerben zu gewährenden Freibetrags ist jedoch nur insoweit zulässig, als der Freibetrag für das der Nacherbfolge unterliegende Vermögen nicht verbraucht ist (s. BFH v. 2.12.1998, BStBl. II 1999, 235).

16 Der Vorerbe hat **keinen Anspruch auf Rückerstattung zu viel gezahlter Steuer**. Insoweit die vom Vorerben entrichtete Steuer (auch unter Berücksichtigung seiner eigenen Bereicherung) die vom Nacherben geschuldete Erbschaftsteuer übersteigt, kann auch der Nacherbe keine Steuererstattung verlangen.

II. Einsetzung weiterer Nacherben

17 Der Erblasser hat die Möglichkeit, nicht nur *eine* Nacherbfolge, sondern auch weitere Nacherbfolgen anzuordnen, indem sog. **Nachnacherben** eingesetzt werden. Hierdurch kann auf den Werdegang des Nachlasses auch über den Nacherbfall hinaus Einfluss genommen werden. Im Gegensatz zum Ersatznacherben, der an Stelle eines weggefallenen Nacherben Nacherbe wird, wird der Nachnacherbe erst durch Eintritt des Nachnacherbfalls Erbe. Zwischen dem Nacherbfall und dem Nachnacherbfall nimmt der Nacherbe die Position eines Vorerben gegenüber dem Nachnacherben ein.

Verfügt der Vorerbe bei angeordneter Nach- und Nachnacherbfolge mit Zustimmung des Nacherben, aber ohne Zustimmung des Nachnacherben über Grundbesitz und wird sodann die diesbezügliche Eigentumsübertragung im Grundbuch eingetragen, kann der Nacherbe nicht unter Berufung auf das Fehlen der Zustimmung des Nachnacherben Grundbuchberichtigung verlangen, da die Verfügung bis zum Eintritt des Nachnacherbfalls wirksam bleibt und die Nachnacherben durch den noch eingetragenen Nachnacherbenvermerk gesichert sind (OLG München FamRZ 2014, 875 f.).

➲ **Wichtig:** Bei der Gestaltung derartiger letztwilliger Verfügungen darf somit nicht übersehen werden, dass der Nacherbe gegenüber dem Nachnacherben grundsätzlich denselben Beschränkungen unterliegt, die für einen Vorerben gelten. Im Rahmen der gestaltenden Beratung ist daher zwingend die Frage aufzuwerfen, ob der Nacherbe gegenüber dem Nachnacherben **befreiter oder nichtbefreiter Vorerbe** sein soll. Eine eventuelle Befreiung ist ausdrücklich in die letztwillige Verfügung aufzunehmen, um Auslegungsschwierigkeiten vorzubeugen. Ebenfalls sollte ausdrücklich klargestellt werden, ob jeweils nur einmal oder nach jeder weiteren Nacherbfolge nochmals weitere Nacherbfolge angeordnet wird. 18

Während der nichtbefreite Vorerbe für Verfügungen über den Nachlass zwecks endgültiger Ausscheidung aus der dem Recht der Nacherben unterliegenden Erbschaft aus o.g. Gründen ausschließlich der Zustimmung des Nacherben, nicht jedoch, wie § 2120 BGB zeigt, der Ersatznacherben bedarf (BGHZ 40, 115, 118; OLG München DNotZ 2013, 24; BayObLG DNotZ 1993, 404 ff.; MünchKomm.BGB/Grunsky § 2102 BGB Rz. 12; Heskamp RNotZ 2014, 517, 521; Lange AcP 212 (2012), 334, 343), ist bei Anordnung einer Nachnacherbfolge zusätzlich auch die **Zustimmung des Nachnacherben** erforderlich (Heskamp RNotZ 2014, 517, 520). Des Weiteren sollte in der letztwilligen Verfügung klargestellt sein, ob Ersatznachnacherben eingesetzt sind und derartige Ersatznachnacherbeinsetzungen bei einer Veräußerung der Nachnacherbanwartschaften entfallen. 19

M 83.2 Weitere Nacherbfolge

(Verfügung von Todes wegen – Auszug)[1]

...

Es wird jeweils weitere Nacherbfolge angeordnet. Die vorstehend genannten jeweiligen Nacherben bzw. Ersatznacherben haben in der Zeit vom ersten Nacherbfall bis zum jeweiligen weiteren Nacherbfall die Rechtstellung eines gesetzlich beschränkten Vorerben. Sie sind jedoch jeweils von allen Beschränkungen befreit, von denen nach dem Gesetz Befreiung erteilt werden kann. Die weitere Nacherbfolge tritt jeweils mit dem Tod des jeweiligen ersten Nacherben ein. Auf den Tod des jeweiligen weiteren Nacherben wird jedoch keine nochmalige weitere Nacherbfolge angeordnet. Jeweils weitere Nacherben auf den jeweiligen Tod des jeweiligen ersten Nacherben sind dessen jeweilige Abkömmlinge nach den Regeln der gesetzlichen Erbfolge erster Ordnung zum Zeitpunkt des Todes des jeweiligen ersten Nacherben, zu denen ohne Einschränkung auch nichteheliche Kinder und deren Abkömmlinge zählen. Ersatzweise tritt jeweils Anwachsung ein. Diese Nachnacherbanwartschaften sind weder vererblich noch veräußerlich, wobei eine Veräußerung an den ersten Nacherben zulässig ist und dann auch jede ausdrückliche oder stillschweigende Ersatznachnacherbeinsetzung entfällt.

...

1 Zu Eingang, Form und Schlussformel s. **M 80.6** (eigenhändiges Einzeltestament), **M 80.1** (notariell beurkundetes Einzeltestament), **M 85.1** (eigenhändiges gemeinschaftliches Testament), **M 85.2** (notariell beurkundetes gemeinschaftliches Testament) und **M 85.3** (Erbvertrag).

Kosten: *Notargebühr:* wie **M 83.1**.

III. Vorausvermächtnis an den Vorerben

20 Soweit die Anordnung der Nacherbfolge den Zweck verfolgt, das wesentliche Nachlassvermögen des Erblassers sicher unter Zwischenerwerb des nichtbefreiten Vorerben in das Eigentum der Nacherben zu überführen, besteht gleichwohl der Bedarf, materiell weniger wertvolle bzw. ideell weniger wichtige Gegenstände in das freie Eigentum des Vorerben zu übertragen. Dies kann durch Anordnung eines Vorausvermächtnisses an den Alleinvorerben geschehen. In derartigen Fällen wird der **Alleinvorerbe** gem. § 2110 Abs. 2 BGB im Zweifel mit dem Tod des Erblassers kraft Gesetzes sofort und ohne Zutun der Nacherben frei von der Nacherbfolge Eigentümer des ihm durch Vorausvermächtnis zugewendeten Gegenstandes. Das dem Alleinvorerben zugewendete Vorausvermächtnis entfaltet damit entgegen der nach § 2174 BGB zu Gunsten des Damnationslegates getroffenen gesetzlichen Grundentscheidung im Zweifel ausnahmsweise nicht lediglich schuldrechtliche, sondern **unmittelbar dingliche Wirkung** eines Vindikationsvermächtnisses. Der Vorausvermächtnisgegenstand tritt dann im Zweifel von selbst aus dem gebundenen Nachlass heraus und zugleich in das freie Vermögen des Vorerben ein, ohne dem in § 2139 BGB geregelten Anfallsrecht des Nacherben oder dem Herausgaberecht des Vorerben zu unterliegen (Fröhler BWNotZ 2005, 1 f.; Staudinger/Avenarius § 2110 BGB Rz. 7; aA Burandt/Rojahn/Lang § 2110 BGB Rz. 3: kein erbrechtlicher Vonselbsterwerb des Vorerben).

20a Da § 2110 Abs. 2 BGB nach seinem eindeutigen Wortlaut lediglich „im Zweifel" und damit nicht zwingend dazu führt, dass das Recht des Nacherben einen Vorausvermächtnisgegenstand nicht erfasst, kann eine von dieser Vermutung abweichende **Erstreckung der Vor- und Nacherbfolge auf den Vorausvermächtnisgegenstand** letztwillig wirksam angeordnet werden, ohne dass auf die Aussetzung eines bloßen Nachvermächtnisses ausgewichen werden müsste (Flad DGWR 1937, 233, 236; Fröhler BWNotZ 2005, 1; Kanzleiter FS Schippel, 1996, S. 287, 299; Leitzen RNotZ 2012, 159, 162, Ludwig, DNotZ 2001, 102, 112; Nieder/Kössinger § 10 Rz. 42; Soergel/Harder/Wegmann § 2110 BGB Rz. 2; Staudinger/Avenarius § 2110 BGB Rz. 4 u. 10; aA Nolting, Die Befreiung des Vorerben über die Grenzen des § 2136 BGB hinaus, 2003, S. 127 ff.; DNotI-Gutachten DNotI-Report 2013, 113, 114 (unter Hinweis auf die abweichende Zielrichtung der Zweiten Kommission, jedoch ohne Erkenntnisse zu den Gründen der abschließenden Gesetzesänderung); Kuetgens, Das Vorausvermächtnis nach dem Bürgerlichen Gesetzbuch, 1913, S. 37; MünchKomm.BGB/Grunsky § 2110 BGB Rz. 3; Nolting, Die Befreiung des Vorerben über die Grenzen des § 2136 BGB hinaus, 2003, S. 127 ff.; Palandt/Weidlich § 2110 BGB Rz. 2; Staudinger/Otte § 2150 BGB Rz. 4).

20b ➲ **Praxistipp:** Bis zu einer diesbezüglichen höchstrichterlichen Klärung sollte, sofern eine sicheres Erfasstsein des zugeordneten Nachlassgegenstandes von den Nacherbenrechten gewünscht und ein vormerkungsgesichertes Nachvermächtnis nicht für ausreichend erachtet wird sowie keine steuerlichen Gründe entgegenstehen, mit einer Teilungsanordnung statt einem Vorausvermächtnis gearbeitet oder zumindest hilfsweise ein ggf. vormerkungsgesichertes Nachvermächtnis angeordnet werden. Im Übrigen ist zu empfehlen, zur Vermeidung von Auslegungsrisiken bei Vorausvermächtnissen an den Vorerben stets ausdrücklich klarzustellen, ob sich die Nacherbenrechte gleichwohl auf den Vorausvermächtnisgegenstand beziehen oder nicht.

20c Wird bspw. ohne eine vorausvermächtnisweise Anordnung ausschließlich aufgrund **Teilerbauseinandersetzungsvereinbarung** zwischen den alleinigen beiden Erben, dem befreiten Vorerben V1, dessen volljähriges Kind N1 diesbezüglicher alleiniger Nacherbe ist, und dem befreiten Vorerben V2, dessen volljähriges Kind N2 diesbezüglicher alleiniger Nacherbe ist, zum Nachlass gehöriger Grundbesitz nachweislich bzw. nach allgemeinen Erfahrungssätzen hinreichend vermutet vollentgeltlich an V1 zu Alleineigentum übertragen, setzt sich nach § 2111 Abs. 1 Satz 3 Var. 3 BGB im Wege der dinglichen Surrogation das Nacherbenrecht des N1 an dem zugeteilten Grundbesitz bzw. das Nacherbenrecht des N2 an dem diesbezüglichen Ausgleichsbetrag von selbst fort, soweit keine zusätzliche ggfs. konkludente Vereinbarung über das Ausscheiden aus dem Nachlass und damit auch aus der Nacherbenbindung getroffen wurde (BGH MDR 2001, 157; BGH NJW 1969, 2043, 2044; BGHZ 40, 115 ff.; RGZ 89, 53, 56 ff.; Deimann Rpfleger 1978, 244; Leitzen RNotZ 2012, 159, 160; Staudinger/Avenarius § 2111 BGB Rz. 27). Ein **Nacherbenvermerk** im Grundbuch ist ausschließlich für die Nacherben bezüglich des betroffenen Grundstückserwerbers (hier N1 und eventuelle Ersatznacherben nach V1) einzutragen (BayObLG DNotZ 1998, 206, 208; KG DNotZ 1993, 607, 608 ff.; Keim DNotZ 2003, 822, 824; Leitzen RNotZ 2012, 159, 162). Darüber hinaus wird bei

Nachvermächtnisanordnung soweit mitvermacht sowie bewilligt und beantragt eine Vormerkung eingetragen (s. Rz. 31). Auf die Erbauseinandersetzung findet § 2113 BGB grundsätzlich bereits dann Anwendung, wenn wenigstens ein beteiligter Miterbe davon betroffen ist (BGHZ 171, 350 ff.; OLG Saarbrücken FamRZ 2000, 122; Staudinger/Avenarius § 2111 BGB Rz. 51; Leitzen RNotZ 2012, 159, 160), soweit nicht ausschließlich eine letztwillige Anordnung des Erblassers erfüllt wird (Staudinger/Avenarius § 2111 BGB Rz. 53; Leitzen RNotZ 2012, 159, 160).

Dagegen muss im Falle **vorausvermächtnisweiser** Zuwendung iSd. § 2110 Abs. 2 BGB (ausdrücklich oder wie im Zweifel) ohne Nacherbenerstreckung wegen diesbezüglichen Erlöschens der Nacherbenrechte ein Vermerk über das Nichterfasstsein des Vorausvermächtnisgegenstandes von der Nacherbfolge in den **Erbschein** aufgenommen werden (KG JFG 21, 122, 126; Fröhler BWNotZ 2005, 1, 3; Leitzen RNotZ 2012, 159, 163), während im Grundbuch kein **Nacherbenvermerk** eingetragen werden darf (Fröhler BWNotZ 2005, 1, 2; Leitzen RNotZ 2012, 159, 162). Wird ausnahmsweise jedoch letztwillig eine Erstreckung der Nacherbenrechte auf einen vorausvermächtnisweise zugewendeten Nachlassgegenstand angeordnet (s. dazu Rz. 20a), entfällt der Vermerk über das Nichterfasstsein des betroffenen konkreten Grundbesitzes von der Nacherbfolge im Erbschein. 20d

Ist das Vorausvermächtnis einem von mehreren **Mitvorerben** zugewendet, bedarf es noch der Vermächtniserfüllung innerhalb der Vorerbengemeinschaft, jedoch im Zweifel mangels dann diesbezüglich eintretender Erstreckung der Nacherbenrechte ebenfalls keiner Mitwirkung der Nacherben (Staudinger/*Avenarius*, § 2110 BGB Rz. 10; Fröhler BWNotZ 2005, 1, 2; Leitzen RNotZ 2012, 159, 162). Auch insoweit muss ein Vermerk über das Nichterfasstsein des Vorausvermächtnisgegenstandes von der Nacherbfolge in den **Erbschein** aufgenommen werden. Dies gilt jedoch wiederum dann nicht, wenn sich ausnahmsweise im Wege der Auslegung oder ausdrücklich eine Erstreckung der Nacherbenrechte auf einen vorausvermächtnisweise zugewendeten Nachlassgegenstand ergibt (s. dazu Rz. 20a). Werden nicht mehrere Vorerben, sondern ist nur ein Vorerbe neben mindestens einem weiteren Vollerben in Erbengemeinschaft Erbe, gilt insoweit nichts anderes. 20e

Allgemein ist zum **Nachweis der Vorerbfolge** anstelle eines Erbscheins nach § 35 Abs. 1 Satz 2 GBO die Vorlage eines notariell beurkundeten (gemeinschaftlichen) Testaments bzw. Erbvertrags samt des nachlassgerichtlichen Eröffnungsprotokolls jeweils in beglaubigter Abschrift ausreichend, wenn diese Verfügung von Todes wegen alle Nacherben namentlich benennt (OLG Dresden JFG 7, 267, 269; Fröhler BWNotZ 2005, 1, 7) oder eine derartige Benennung vor Eintritt des Nacherbfalls auch aufgrund nachlassgerichtlicher Ermittlungen in einem Erbschein – wie bspw. bei einer Einsetzung der im Zeitpunkt des Todes des Vorerben vorhandenen Abkömmlinge des Vorerben zu Nacherben – nicht möglich wäre (BayObLG DNotZ 1984, 502; Fröhler BWNotZ 2005, 1, 7). Zu dem erst **nach Eintritt der Nacherbfolge** beantragten Erbschein als Erbnachweis für die Rechtsnachfolge auf den Ausgangserbfall vor Eintritt der Nacherbfolge bei Vorausvermächtnis an den Alleinvorerben insbesondere zum Zweck der Grundbuchberichtigung s. Kap. 91 Rz. 26 ff. 20f

Als weiteres Gestaltungsmittel in derartigen Konstellationen kann der Vorerbe berechtigt werden, bereits zu seinen Lebzeiten nach dem Tod des Erblassers alles sonstige **Vermögen an einen oder mehrere Nacherben zu übertragen.** Macht der Vorerbe von dieser Berechtigung Gebrauch, so gelten diese Gegenstände ihm gegenüber als vorausvermächtnisweise frei von der Nacherbfolge zugewendet. Hierdurch wird erreicht, dass das letztgenannte Vermögen bereits zu Lebzeiten nach freiem Gutdünken des Vorerben im Kreise der Nacherben verteilt werden kann. Ohne eine derartige Berechtigung bedürfte der Vorerbe hierzu der Zustimmung aller Nacherben, somit auch jener, die diese Vermögensgegenstände nicht erhalten sollen. Da der Vorerbe von diesen eine entsprechende Zustimmung im Zweifel nur sehr schwer wird erhalten können, ist er auf ein derartiges aufschiebend bedingtes Vorausvermächtnis angewiesen. 21

➲ **Wichtig:** Dabei ist jedoch zu beachten, dass das in Rede stehende Vermögen auf diese Art und Weise in das freie Vermögen des längstlebenden Ehegatten übergeht und damit nunmehr dem Zugriff von Personen unterliegt, die nach dem längstlebenden Ehegatten **pflichtteilsberechtigt** sind. Es ist daher genau abzuwägen, ob die freie Verfügungsbefugnis oder der Schutz vor Zugriffen pflichtteilsberechtigter Personen Vorrang haben soll. 22

M 83.3 Vorausvermächtnis an den Alleinvorerben

(Verfügung von Todes wegen – Auszug)[1]

...

Der längstlebende Ehegatte erhält im Wege des Vorausvermächtnisses frei von der Nacherbfolge den gesamten Hausrat und alle persönlichen Gegenstände des erstversterbenden Ehegatten.

Ggf. Zusatz:

Der längstlebende Ehegatte hat als Vorerbe zudem das Recht, über Nachlassgegenstände jeglicher Art vor Eintritt des Nacherbfalls durch Übertragung an einen oder mehrere gemeinschaftliche Abkömmlinge beider Ehegatten zu verfügen. Wird in dieser Weise über Nachlassgegenstände verfügt, gelten diese dem längstlebenden Ehegatten durch den erstversterbenden Ehegatten ebenfalls als vorausvermächtnisweise frei von der Nacherbfolge zugewendet.

...

1 Zu Eingang, Form und Schlussformel s. **M 80.6** (eigenhändiges Einzeltestament), **M 80.1** (notariell beurkundetes Einzeltestament), **M 85.1** (eigenhändiges gemeinschaftliches Testament), **M 85.2** (notariell beurkundetes gemeinschaftliches Testament) und **M 85.3** (Erbvertrag).

Kosten: *Notargebühr:* wie **M 83.1**.

IV. Gegenständlich beschränkte Nacherbeneinsetzung

23 Soll durch Anordnung der Nacherbfolge lediglich sichergestellt werden, dass ein einzelner bestimmter Nachlassgegenstand unter Zwischenerwerb des Vorerben spätestens nach dessen Tod in das Vermögen der Nacherben übergeht, kann auch hier das Gestaltungsmittel des Vorausvermächtnisses an den Vorerben eingesetzt werden. Zwar kennt das Gesetz keine gegenständlich beschränkte Nacherbeneinsetzung. Vielmehr gilt der allgemeine Grundsatz der Universalsukzession, wonach ein Erbe – ggf. begrenzt auf einen Bruchteil – nur am gesamten Nachlass, nicht hingegen **an einzelnen Nachlassgegenständen** berechtigt sein kann. Durch die unmittelbar dingliche Wirkung des Vorausvermächtnisses an den Vorerben nach § 2110 Abs. 2 BGB (s. Rz. 20) ist jedoch die Möglichkeit eröffnet, bei Anordnung einer zunächst den gesamten Nachlass betreffenden Nacherbfolge dem Alleinvorerben vorausvermächtnisweise das gesamte Nachlassvermögen mit Ausnahme desjenigen Nachlassgegenstandes frei von Nacherbenrechten zuzuwenden, der von der Nacherbanwartschaft der Nacherben erfasst bleiben soll.

M 83.4 Gegenständlich beschränkte Nacherbeneinsetzung

(Verfügung von Todes wegen – Auszug)[1]

...

Der Vorerbe erhält im Wege der Vorausvermächtniseinsetzung frei von jeglicher Nacherbfolge den gesamten Nachlass mit Ausnahme meines von meinen Eltern geerbten Grundbesitzes in ... (genauer Grundbuchbeschrieb).

...

1 Zu Eingang, Form und Schlussformel s. **M 80.6** (eigenhändiges Einzeltestament), **M 80.1** (notariell beurkundetes Einzeltestament), **M 85.1** (eigenhändiges gemeinschaftliches Testament), **M 85.2** (notariell beurkundetes gemeinschaftliches Testament) und **M 85.3** (Erbvertrag).

Kosten: *Notargebühr:* wie **M 83.1**.

V. Quotale Vollerbeneinsetzung des längstlebenden Ehegatten bei Wiederverheiratung

Möchten sich Ehegatten, die im gesetzlichen Güterstand der Zugewinngemeinschaft verheiratet sind, in einem gemeinschaftlichen Testament oder Erbvertrag gegenseitig zu Vorerben, die gemeinschaftlichen Abkömmlinge zu Nacherben des erstversterbenden Ehegatten sowie zu Ersatzerben des längstlebenden Ehegatten einsetzen und soll der Nacherbfall bereits im Falle einer Wiederverheiratung des längstlebenden Ehegatten eintreten, kann der durch die Einsetzung der Nacherben beschränkte längstlebende Ehegatte – solange die Ausschlagungsfrist noch läuft, ggf. auch sein Erbe (BGHZ 44, 152 ff.) – gem. § 2306 Abs. 1 BGB die Erbschaft ausschlagen und gem. § 1371 Abs. 3 iVm. Abs. 2 BGB nebeneinander **güterrechtlichen Zugewinnausgleich und kleinen Pflichtteil** geltend machen. 24

➲ **Praxistipp:** Es ist daher zu empfehlen, derartige Verfügungen durch einen zusätzlichen Vertrag über den Verzicht auf Pflichtteilsrechte und güterrechtlichen Zugewinnausgleich im Todesfall iSd. § 1371 Abs. 2 BGB zu flankieren. Soweit die Verfügung von Todes wegen in Gestalt eines Erbvertrags beurkundet wird, sollte dieser in gesonderter Urkunde errichtet werden, um nach § 2300 Abs. 2 iVm. § 2256 BGB ebenso wie ein beurkundetes Einzeltestament gem. § 2256 BGB bzw. ein beurkundetes gemeinschaftliches Testament nach §§ 2272, 2256 BGB aus der amtlichen bzw. notariellen Verwahrung mit der Folge zurückgenommen werden zu können, nicht mehr eröffnet zu werden, aber gleichwohl die Widerrufsfolgen nach § 2256 BGB auszulösen. Für eine gemeinsame Errichtung eines Ehe- und Erbvertrags in derselben Urkunde besteht daher aufgrund zwischenzeitlichen ersatzlosen Wegfalls des früheren diesbezüglichen Kostenprivilegs seit Inkrafttreten des GNotKG keine Veranlassung mehr (vgl. dazu Kap. 85 Rz. 18). 24a

Soweit derartige Ansprüche nicht durch einen Vertrag über Pflichtteils- und Zugewinnausgleichsverzicht ausgeschlossen werden sollen, kann gleichwohl dem längstlebenden Ehegatten für einen entsprechenden Wiederverheiratungsfall dadurch ein **Anreiz** zum Festhalten an der gemeinsamen letztwilligen Verfügung gesetzt werden, dass er aufschiebend bedingt mit einer Erbquote in Höhe seines ggf. gem. § 1371 Abs. 1 BGB erhöhten Pflichtteils unbelastet von jeglicher Nacherbfolge Mitvollerbe wird. 25

Im **Wiederverheiratungsfall** droht zudem auslegungsbedingt ein stillschweigender Wegfall der Bindung des Längstlebenden an wechselbezügliche Verfügungen aus einem gemeinschaftlichen Testament bzw. an vertragsmäßige Verfügungen aus einem Erbvertrag sowie bei Erbverträgen zudem ein stillschweigender Rücktrittsvorbehalt (vgl. dazu auch die Nachweise zu Wiederverheiratungsklauseln in Kap. 85 Rz. 28 ff.). Zur Vermeidung ungewollter Auslegungsergebnisse sollte das gemeinschaftliche Testament bzw. der Erbvertrag in derartigen Fällen eine ausdrückliche positive oder negative Regelung zur diesbezüglichen Bindungswirkung, der Erbvertrag zudem zum Rücktrittsvorbehalt bei Eintritt eines Wiederverheiratungsfalls enthalten (vgl. dazu Kap. 85 Rz. 32). Da entsprechende Regelungen den längstlebenden Ehegatten bei einem Erbvertrag unmittelbar, bei einem gemeinschaftlichen Testament analog (RGZ 132, 1, 4; BGH NJW 1962, 1913) zur Anfechtung nach §§ 2281, 2285, 2078, 2079 BGB berechtigen, ist darüber hinaus zu empfehlen, derartige Verfügungen durch einen Ausschluss des Anfechtungsrechts (s. Kap. 85 Rz. 31a und **M 85.11**) zu flankieren. Zur Gestaltung einer Wiederverheiratungsregelung durch auflösend bedingte Voll- bzw. aufschiebend bedingte befreite Vorerbeneinsetzung des längstlebenden Ehegatten s. Kap. 85 Rz. 30b ff. und **M 85.9**. 26

M 83.5 Quotale Vollerbeneinsetzung des längstlebenden Ehegatten bei Wiederverheiratung

(Verfügung von Todes wegen – Auszug)[1]

...

Tritt die Nacherbfolge auf Grund Wiederverheiratung des längstlebenden Ehegatten ein, wird der längstlebende Ehegatte mit einer Erbquote in Höhe seines – ggf. gem. § 1371 Abs. 1 BGB erhöhten – Pflichtteils unbelastet von jeglicher Nacherbfolge Vollerbe.

Im Falle der Wiederverheiratung des längstlebenden Ehegatten

***(bei gemeinschaftlichem Testament:)** bleiben alle wechselbezüglich vereinbarten Verfügungen bindend.*

***(bei Erbvertrag:)** bleiben alle vertragsmäßig vereinbarten Verfügungen bindend, ohne dass ein stillschweigender Rücktrittsgrund entsteht.*

(Zum Anfechtungsausschluss s. **M 85.11***)*

...

1 Zu Eingang und Schlussformel s. **M 80.6** (eigenhändiges Einzeltestament), **M 80.1** (notariell beurkundetes Einzeltestament), **M 85.1** (eigenhändiges gemeinschaftliches Testament), **M 85.2** (notariell beurkundetes gemeinschaftliches Testament) und **M 85.3** (Erbvertrag).

Kosten: *Notargebühr:* wie **M 83.1**.

VI. Nacherbfolge unter auflösender Bedingung anderweitiger letztwilliger Verfügung

27 Setzt der eine den anderen Ehegatten zum Vorerben und die gemeinschaftlichen Abkömmlinge zu Nacherben ein, so kann der längstlebende Ehegatte als Vorerbe die Nacherbeneinsetzung seinerseits grundsätzlich nicht mehr verändern, da der Nacherbe Erbe des erstversterbenden Ehegatten und nicht des Vorerben ist. Des Weiteren kann der Erblasser dem Vorerben auch nicht die **Auswahl der Nacherben** überlassen. Dem würde die Regelung des § 2065 Abs. 2 BGB entgegenstehen, da der längstlebende Ehegatte hier als Vorerbe nicht selbst Erblasser, sondern ein Anderer im Sinne dieser Vorschrift ist.

28 Soll der längstlebende Ehegatte gleichwohl in die Lage versetzt werden, durch letztwillige Verfügung auf seinen eigenen Tod auch hinsichtlich des Nachlasses des erstversterbenden Ehegatten im Kreise der bisher eingesetzten Nacherben eine **Umverteilung** herbeizuführen, so kann die Anordnung der Nacherbfolge dadurch auflösend bedingt werden, dass der Vorerbe letztwillig ausschließlich zu Gunsten der bisherigen Nacherben verfügt und diese Verfügung bis zu seinem Tod aufrecht erhält. In diesem Sinne ist die Vorerbenstellung des längstlebenden Ehegatten auflösend bedingt, seine Vollerbenposition aufschiebend bedingt (BGHZ 59, 220, 222 f.). Die Bedingung kann erweitert werden, indem sie nur dann eintritt, wenn der längstlebende Ehegatte bis zu seinem Tod nicht erneut heiratet.

29 ➲ **Wichtig:** Ähnlich der dem Vorerben vorausvermächtnisweise zugewendeten Befugnis zur lebzeitigen Verfügung einzelner Nachlassgegenstände zu Gunsten der Nacherben gilt jedoch auch hier, dass das in Rede stehende Vermögen auf diese Weise in das freie Vermögen des längstlebenden Ehegatten übergeht und damit nunmehr dem Zugriff von Personen unterliegt, die nach dem längstlebenden Ehegatten **pflichtteilsberechtigt** sind. Es ist daher genau abzuwägen, ob die freie Verfügungsbefugnis oder stattdessen der Schutz vor Zugriffen pflichtteilsberechtigter Personen Vorrang haben soll.

M 83.6 Nacherbfolge unter auflösender Bedingung anderweitiger letztwilliger Verfügung

(Verfügung von Todes wegen – Auszug)[1]

...

Der zum Vorerben eingesetzte längstlebende Ehegatte ist berechtigt, abweichend von der vorstehenden Erbeneinsetzung auf seinen Tod, jedoch ausschließlich innerhalb des Personenkreises unserer gemeinschaftlichen Abkömmlinge über seinen eigenen Nachlass abweichend zu verfügen. Er ist dabei gleichzeitig dazu berechtigt, seine Beschwerung durch die Nacherbfolge mit der Folge zu beseitigen, dass der Nachlass des erstversterbenden Ehegatten, der sich sodann mit dem Vermögen des längstlebenden Ehegatten vereinigt, auf die so eingesetzten Schlusserben übergeht. Die Vorerbenstellung des längstlebenden Ehegatten ist insoweit auflösend bedingt. Der längstlebende Ehegatte ist insoweit aufschiebend bedingter Vollerbe. Die dazu erforderliche Bedingung tritt jedoch nur dann ein, wenn der längstlebende Ehegatte ausdrücklich von dieser Änderungsbefugnis Gebrauch macht, er bis zu seinem Tod nicht erneut heiratet und dieses wirksame Änderungstestament bis zu seinem Tod aufrechterhält.

...

1 Zu Eingang, Form und Schlussformel s. **M 80.6** (eigenhändiges Einzeltestament), **M 80.1** (notariell beurkundetes Einzeltestament), **M 85.1** (eigenhändiges gemeinschaftliches Testament), **M 85.2** (notariell beurkundetes gemeinschaftliches Testament) und **M 85.3** (Erbvertrag).

Kosten: *Notargebühr:* wie **M 83.1**.

VII. Vor- und Nachvermächtnis

Gem. § 2191 BGB kann ein Erblasser denselben Vermächtnisgegenstand zeitlich nacheinander verschiedenen Personen in der Weise zuwenden, dass bei Eintritt eines Termins oder einer Bedingung der erste Vermächtnisnehmer den Gegenstand dem zweiten Vermächtnisnehmer herauszugeben hat. Das Nachvermächtnis unterscheidet sich dabei von der Nacherbfolge dadurch, dass der Vermächtnisgegenstand anders als die der Nacherbfolge unterliegende Erbschaft dem Berechtigten **nicht von selbst anfällt**, sondern dem Nachvermächtnisnehmer gegenüber dem Vorvermächtnisnehmer **lediglich ein schuldrechtlicher Anspruch** auf Erfüllung gem. § 2174 BGB zusteht. § 2191 Abs. 2 BGB erklärt von den Regelungen der Nacherbfolge abschließend ausschließlich die Vorschriften der §§ 2102, 2106 Abs. 1, 2107 und 2110 Abs. 1 BGB für anwendbar. Andere Vorschriften der Vor- und Nacherbschaft, insbesondere über Verfügungsbeschränkungen des Vorerben finden auf das Nachvermächtnis hingegen keine Anwendung. 30

Ist Nachvermächtnisgegenstand ein Grundstück, so kann der schuldrechtliche Anspruch auf Eigentumsübertragung durch Eintragung einer **Vormerkung** im Grundbuch gesichert werden, soweit dem Nachvermächtnisnehmer auch diese dingliche Sicherheit vermächtnisweise zugewendet wird. Soweit dem Nachvermächtnisnehmer neben dem schuldrechtlichen Eigentumserwerbsanspruch auch die Eintragung einer dinglichen Erwerbsvormerkung vermacht ist, sollte dieses Recht nicht auf die Ersatzvermächtnisnehmer ausgedehnt werden. Zwar dürfte eine entsprechende Vormerkung auch zu Gunsten noch nicht bekannter Ersatznachvermächtnisnehmer wegen deren Bestimmmbarkeit im Grundbuch eingetragen werden können, eine eventuelle Löschung oder ein eventueller Rangrücktritt hinter zwischenzeitlich erforderliche Finanzierungsgrundschulden erscheinen dann jedoch problematisch. Ergänzend kommt eine auf den Vermächtnisgegenstand beschränkte Sicherung durch **einheitliche Testamentsvollstreckung** für dessen Erwerb durch den Vorvermächtnisnehmer, die dortige Erhaltung unter ausdrücklichem Ausschluss jeglicher Veräußerungsbefugnis des Testamentsvollstreckers bis zum Eintritt des Nachvermächtnisfalls und den abschließenden Erwerb durch den Nachvermächtnisnehmer in Betracht (Langenfeld/Fröhler, Testamentsgestaltung, 3. Kap. Rz. 273). Zur Bedeutung eines im Grundbuch einzutragenden Testamentsvollstreckerver- 31 merks und zur Möglichkeit der Eintragung eines Vermächtnisvollstreckervermerks auf Antrag s. Kap. 84 Rz. 12.

32 ➲ **Praxistipp:** Auch beim Nachvermächtnis sollte das Testament Angaben darüber enthalten, ob für den Vorvermächtnisnehmer bzw. den Nachvermächtnisnehmer **Ersatzvermächtnisnehmer** eingesetzt sind bzw. ob unter mehreren Vorvermächtnisnehmern bzw. mehreren Nachvermächtnisnehmern jeweils Anwachsung eintritt. Weiter sollte die letztwillige Verfügung Angaben dazu enthalten, ob die Nachvermächtnisnehmeranwartschaften zwischen dem Erbfall und dem Nachvermächtnisanfall vererblich bzw. übertragbar sind. Für den Fall der Veräußerung der Nachvermächtnisnehmeranwartschaften an den Vorvermächtnisnehmer sollte ein Erlöschen der Nachvermächtnisnehmereinsetzung angeordnet werden.

M 83.7 Anordnung eines Vor- und Nachvermächtnisses mit Testamentsvollstreckung

(Verfügung von Todes wegen – Auszug)[1]

...

... (Vor- und Nachname), geb. am ... (Geburtsdatum), wohnhaft in ... (Wohnanschrift) erhält meine Eigentumswohnung in ... (genauer Grundbuchbeschrieb) im Wege des Vorvermächtnisses, soweit diese in meinen Nachlass fällt. Ersatzvorvermächtnisnehmer ist der Nachvermächtnisnehmer.

Der Nachvermächtnisfall tritt mit dem Tod des Vorvermächtnisnehmers ein. Nachvermächtnisnehmer ist ... (Vor- und Nachname), geb. am ... (Geburtsdatum), wohnhaft in ... (Wohnanschrift). Ersatznachvermächtnisnehmer sind ausdrücklich ausgeschlossen. Die Nachvermächtnisanwartschaft ist weder vererblich noch übertragbar, wobei eine Veräußerung an den Vorvermächtnisnehmer zulässig ist.

Der gegenüber dem Vorvermächtnisnehmer bestehende Übertragungsanspruch des Nachvermächtnisnehmers ist durch Eintragung einer Eigentumserwerbsvormerkung im Grundbuch zu Lasten des Vermächtnisgegenstandes dinglich zu sichern. Bei dieser Erwerbsvormerkung ist ein Rangvorbehalt für vorrangig einzutragende Pfandlasten bis zu ... (Höchstbetrag) mit bis zu 20 % Jahreszinsen hieraus und bis zu 10 % einmaliger Nebenleistung einzutragen. Der Rangvorbehalt darf mehrfach hintereinander, schuldrechtlich jedoch nur zur Finanzierung werterhaltender oder werterhöhender Aufwendung für die o.g. Eigentumswohnung ausgenutzt werden. Die Risiken eines derartigen Rangvorbehaltes – insbesondere im Falle einer Zwangsversteigerung aus der dann vorrangig eingetragenen Pfandlast – sind mir bekannt. Durch eventuelle Grundschulden gesicherte derartige Darlehen hat der Nachvermächtnisnehmer unter interner Freistellung des Vorvermächtnisnehmers in alleiniger Verantwortung zu übernehmen. Der Unterschied zu einer Schuldübernahme mit Außenwirkung ist mir bekannt. Der vorstehende Anspruch auf Eintragung der Erwerbsvormerkung ist dem Nachvermächtnisnehmer zusätzlich zu dem gesicherten Übertragungsanspruch vermacht und nicht vererblich.

Oder: *Der Nachvermächtnisnehmer hat vor Eintritt des Nachvermächtnisfalls keinen Anspruch auf dingliche Sicherung des ihm vermachten Übertragungsanspruchs.*

Ich ordne hiermit Testamentsvollstreckung an, ernenne ... (Vor- und Nachname) als Nachvermächtnisnehmer zum von den Beschränkungen des § 181 BGB befreiten Testamentsvollstrecker und schließe eine Ersatztestamentsvollstreckerernennung sowie eine Testamentsvollstreckervergütung ausdrücklich aus. Die Testamentsvollstreckung ist einheitlich zu führen, gegenständlich auf die o.g. Eigentumswohnung beschränkt und zur Sicherung des Erwerbs der o.g. Eigentumswohnung durch den Vorvermächtnisnehmer, deren dortige Erhaltung unter ausdrücklichem Ausschluss

1 Zu Eingang, Form und Schlussformel s. **M 80.6** (eigenhändiges Einzeltestament), **M 80.1** (notariell beurkundetes Einzeltestament), **M 85.1** (eigenhändiges gemeinschaftliches Testament), **M 85.2** (notariell beurkundetes gemeinschaftliches Testament) und **M 85.3** (Erbvertrag).

jeglicher Veräußerungsbefugnis des Testamentsvollstreckers bis zum Nachvermächtnisfall und des abschließenden Erwerbs durch den Nachvermächtnisnehmer angeordnet.

...

Kosten: *Notargebühr:* wie **M 83.1**.

Bei Bedarf kann im Wege des **Untervermächtnisses** entweder zu Gunsten des Partners des Vorvermächtnisnehmers zu Lasten des Nachvermächtnisnehmers oder zu Gunsten einer Drittperson bereits zu Lasten des Vorvermächtnisnehmers ein Wohnungsrecht an dem Vermächtnisgegenstand bestellt werden, soweit es sich dabei um mit einem Wohngebäude bebauten Grundbesitz handelt. 33

Entsprechend den Regelungen bei der Nacherbfolge ist auch beim Nachvermächtnis eine **Nachnachvermächtnisnehmereinsetzung** möglich (s. Rz. 17 ff. und **M 83.2**). 34

VIII. Herausgabevermächtnis auf den Tod des Erben

Wünscht der Erblasser eine **weitestgehende lebzeitige Verfügungsfreiheit** seines Erben einerseits bei dessen gleichzeitiger Bindung an seine letztwillige Vorgabe andererseits, wer den noch verbleibenden Nachlassrest auf den Tod des Erben erhalten soll, kommt ein Herausgabevermächtnis auf den Tod des Erben als Gestaltungsmittel in Betracht (Reimann MittBayNot 2002, 4 ff.). Dem steht nach § 2163 Abs. 1 Nr. 1 BGB die Dreißigjahresfrist iSd. § 2162 BGB nicht entgegen. Hierdurch werden insbesondere die Nachteile der nach § 2136 BGB nicht disponiblen Beschränkungen einer Nacherbfolgeanordnung umgangen, zu denen vor allem die Unwirksamkeit (teil-)unentgeltlicher Verfügungen nach § 2113 Abs. 2 Satz 1 BGB und die Verzeichnispflicht aus § 2121 BGB zählen. Darüber hinaus bleiben dem Erben auf diese Weise eventuelle weitere Unannehmlichkeiten erspart, die selbst im Falle einer vollentgeltlichen Veräußerung unter nach §§ 2136, 2113 Abs. 2 Satz 1 BGB befreiter Vorerbschaft dadurch entstehen können, dass das Grundbuchamt den Nacherben, bei deren Unbekanntsein einem Pfleger iSd. § 1913 BGB vor Löschung des Nacherbenvermerks rechtliches Gehör hinsichtlich des Nachweises der Vollentgeltlichkeit der Veräußerung gewähren muss (vgl. dazu OLG Hamm Rpfleger 1984, 312, 313; Jung Rpfleger 1999, 204, 208). 35

Zur **Ausschließung der Ergänzungsregel** des § 2103 BGB, wonach im Fall der Anordnung der Herausgabe der Erbschaft eine Nacherbeneinsetzung des Begünstigten anzunehmen ist, sollte ausdrücklich klargestellt werden, dass anstelle einer Nacherbfolge ein um den Tod des Erben iSd. § 2177 BGB aufschiebend befristetes Vermächtnis angeordnet wird. Aus o.g. Beweggründen wird zumeist dem Erben durch den Vermächtnisnehmer **kein Verwendungsersatz** nach § 2185 BGB, dem Vermächtnisnehmer seitens des Erben **keine Sicherheit** (auch nicht durch Vormerkungseintragung bei Grundbesitz), jedoch Surrogate nach § 2111 BGB zugestanden (Langenfeld, Testamentsgestaltung, Rz. 443). 36

Das aufschiebend auf den Tod des Erben bedingte bzw. befristete Herausgabevermächtnis ist ebenso wie eine Nacherbfolge gegenüber gesetzlichen Erben des zunächst begünstigten Erben **pflichtteilsfest**, da es nach § 2311 BGB zu berücksichtigende Erblasserschuld ist und als Nachlassverbindlichkeit des Erben iSd. §§ 1967 Abs. 1, 1922 BGB auf den Tod des Erblassers – somit insbesondere nicht etwa als Verbindlichkeit des Erbeserben aufgrund Anordnung des Erben als Erblasser iSd. § 327 Abs. 1 Nr. 2 InsO – zugunsten des Vermächtnisnehmers vorab in Abzug gebracht wird (MünchKomm.BGB/Lange § 2311 BGB Rz. 15; Schlitt/Müller/G. Müller, Handbuch des Pflichtteilsrechts, § 11 Rz. 249 u. 258; Burandt/Rojahn/G. Müller § 2311 BGB Rz. 28; Reimann MittBayNot 2002, 4, 7 f.; Langenfeld/Fröhler, Testamentsgestaltung, 3. Kap. Rz. 251; Beck'sches Formularbuch Erbrecht/Keim C II 2 Nr. 7; Dieterle BWNotZ 1971, 14, 19; Nieder ZEV 1994, 158; Kanzleiter DNotZ 2001, 152; Hölscher ZEV 2009, 215; Hölscher ZEV 2011, 569 ff.; Rohlfing, Erbrecht in der anwaltlichen Praxis, Rz. 133 f.; kritisch J. Mayer ZEV 2000, 1, 9: Restzweifel an der Abzugsfähigkeit des Herausgabevermächtnisses wegen Unsicherheit aufgrund Vorhandenseins bereits beim Tod des Beschwerten; Kornexl, Nachlassplanung bei Problemkindern, Rz. 531 mit Vorschlag eines auflösend bedingten Herausgabevermächtnisses; Schwarz ZEV 2011, 292, 294 f.: mit Vorschlag eines auflösend bedingten erst beim Tod der beschwerten Erben fälligen Herausgabevermächtnisses mit 37

Zweckauflage; dagegen wiederum Hölscher ZEV 2011, 569 ff.). Wer die Pflichtteilsfestigkeit zwingend voraussetzt und bis zu einer höchstrichterlichen Klärung jedes diesbezügliche Restrisiko ausschließen möchte, dürfte sich daher für eine Vor- und Nacherbfolgegestaltung entscheiden (BeckFormB ErbR/Keim C II 2 Nr. 7). Unklar ist die Problematik der Pflichtteilsfestigkeit hingegen bei Verschaffungsvermächtnissen (vgl. DNotI-Gutachten DNotI-Report 2010, 21 ff.).

M 83.8 Erbeinsetzung und Herausgabevermächtnis auf den Tod des Erben

(Verfügung von Todes wegen – Auszug)[1]

...

Zu meinem alleinigen Erben setzte ich ... (Vor- und Nachname), geb. am ... (Geburtsdatum), wohnhaft ... (Wohnanschrift) ein. Ersatzerben sind die Abkömmlinge des Erben nach den Regeln der gesetzlichen Erbfolge erster Ordnung. Hierzu zählen ohne Einschränkung auch nicht aus einer Ehe stammende Kinder und deren Abkömmlinge.

... (Vor- und Nachname), geb. am ... (Geburtsdatum), wohnhaft in ... (Wohnort) erhält im Wege des Herausgabevermächtnisses aufschiebend befristet auf den Tod meines Erben dasjenige von meinem Nachlass, das beim Tod meines Erben noch vorhanden ist einschließlich dann vorhandener Surrogate iSd. § 2111 BGB. Ich stelle hiermit klar, dass dieses Herausgabevermächtnis erst mit dem Tod meines Erben anfällt und fällig wird, keine Nacherbfolge angeordnet ist und mein Erbe frei unter Lebenden über meinen Nachlass verfügen kann. Die Vermächtnisanwartschaft ist weder übertragbar noch vererblich, wobei eine Veräußerung an den Erben zulässig ist und dann zudem jede ausdrückliche oder stillschweigende Ersatzvermächtnisanordnung entfällt. Der Erbe hat keinen Anspruch auf Verwendungsersatz, der Vermächtnisnehmer keinen Anspruch auf Sicherheiten zur Vermächtniserfüllung, insbesondere nicht auf Vormerkungseintragung bei Vorhandensein von Grundbesitz. Ersatzvermächtnisnehmer sind die Abkömmlinge des Berechtigten nach den Regeln der gesetzlichen Erbfolge erster Ordnung, ersatzweise tritt Anwachsung ein. Anderweitige Ersatzvermächtnisnehmer sind ausdrücklich nicht eingesetzt. Ich bestimme hiermit, dass dieses Vermächtnis erst dreißig Jahre nach dem Tod meines Erben verjährt.

...

1 Zu Eingang, Form und Schlussformel s. **M 80.6** (eigenhändiges Einzeltestament), **M 80.1** (notariell beurkundetes Einzeltestament), **M 85.1** (eigenhändiges gemeinschaftliches Testament), **M 85.2** (notariell beurkundetes gemeinschaftliches Testament) und **M 85.3** (Erbvertrag).

Kosten: *Notargebühr:* wie **M 83.1**.

IX. Ausscheiden eines Nachlassgrundstückes aus der Nacherbenbindung

38 In der Praxis besteht häufig ein Bedürfnis dafür, von **Nacherbenanwartschaftsrechten** belasteten Grundbesitz des Vorerben gegenständlich beschränkt in dessen von den Rechten der Nacherben freies Vermögen zu überführen. Dies gilt um so mehr, als eine Übertragung der gesamten Nacherbenanwartschaften in der Regel daran scheitert, dass – zumindest im Wege der ergänzenden Testamentsauslegung – Ersatznacherben eingesetzt sind und deren Zustimmung ohne Mitwirkung eines dafür gesondert zu bestellenden Pflegers und ohne betreuungsgerichtliche Genehmigung zu diesem Vertrag nicht realisierbar ist (s. Rz. 43).

39 Zur Befreiung eines einzelnen Nachlassgegenstandes aus der Nacherbenbindung wurde zunächst vorgeschlagen, den Grundbesitz in einem ersten Schritt durch **Übertragung** vom Vor- auf den Nacherben aus dem Nachlass vollständig auszuscheiden und ihn sodann vom Nacherben an den Vorerben **zurückzuübertragen**, da Veräußerungen unter Beteiligung des Nacherben auch ohne Zustimmung des Ersatznacherben wirksam sind (Maurer DNotZ 1981, 223, 229 ff.). Eine derartige

Konstruktion zog jedoch sowohl für den Erwerb des Nacherben vom Vorerben als auch für den Rückerwerb des Vorerben vom Nacherben erhebliche Steuerrisiken nach sich.

Deshalb und zur Vereinfachung der Abwicklung wurde weiter vorgeschlagen, die gegenstandsbezogene Freistellung aus der Nacherbenbindung ohne Erfüllungshandlung ausschließlich durch **einseitige Zustimmungserklärung** des Nacherben wiederum ohne Mitwirkung des Ersatznacherben zuzulassen (Keim DNotZ 2003, 822, 829). 40

Zwischenzeitlich ist durch das Bayerische Oberste Landesgericht auf der Grundlage entsprechender zuvor durch den BGH obiter dictum getroffener Feststellungen (BGH ZEV 2001, 19 f.) entschieden worden, dass Vor- und Nacherben ohne Zustimmung des Ersatznacherben ein zur Erbschaft gehörendes Grundstück durch auseinandersetzungsähnliche **Ausscheidungsvereinbarung** auf den Vorerben zu Alleineigentum mit der Folge übertragen können, dass das Grundstück aus dem Nachlass ausscheidet, damit von der Nacherbeneinsetzung nicht mehr erfasst wird und das Grundbuch nach § 22 GBO ohne Bewilligung von Ersatznacherben berichtigt werden kann (BayObLG RNotZ 2005, 366, 367 mit Anm. Keim RNotZ 2005, 368 f.). Soweit Nachnacherben vorhanden sind, ist jedoch deren Zustimmung erforderlich (Heskamp RNotZ 2014, 517, 520). 41

M 83.9 Ausscheidungsvereinbarung über Grundbesitz aus der Nacherbenbindung

(Notarielles Beurkundungsprotokoll – Auszug)

...

Der Alleinvorerbe und sämtliche Nacherben sind sich darüber einig, dass der oben genannte zum Nachlassvermögen gehörige Grundbesitz nunmehr aus der Nacherbenbindung ausscheidet und in das nacherbenfreie Volleigentum des Vorerben eintritt.

... (Vereinbarung eventueller Gegenleistungen bzw. Klarstellung, dass keine Gegenleistung geschuldet ist)

Die Beteiligten sind sich über die vorstehenden Rechtsänderungen in Form der Eigentumsübertragung durch Herauslösung des Gegenstandes aus der Vorerbschaft einig. Sie bewilligen und beantragen den Vollzug im Grundbuch samt Löschung des Nach- und Ersatznacherbenvermerks im Grundbuch.

...

Kosten: *Notargebühr:* wie **M 83.1**.

X. Übertragung der Gesamtheit der Nacherbenrechte an den Vorerben

Soweit nicht ein einzelner Nachlassgegenstand, sondern der **vollständige Nachlass** unter Aufgabe sämtlicher Nacherbenrechte in das freie Vermögen des Vorerben übergehen soll, ist eine Gesamtübertragung entsprechend § 2033 BGB erforderlich. 42

➲ **Hinweis:** Dabei ist insbesondere zu beachten, dass eine derartige Gesamtübertragung Ersatznacherben gegenüber nur wirksam ist, wenn diese der Übertragung zugestimmt haben. Weiter darf die Übertragung der Nacherbenanwartschaftsrechte nicht, was jedoch als solches möglich ist (RGZ 170, 163, 168; Palandt/Weidlich § 2100 BGB Rz. 13; Heskamp RNotZ 2014, 517), durch den Erblasser ausgeschlossen worden sein.

Bei der Ausgangsfrage, ob überhaupt eine Ersatznacherbfolge angeordnet ist, sind wiederum die Grundsätze über die vorrangige individuelle oder die ergänzende Testamentsauslegung nach dem Rechtsgedanken des § 2069 BGB zu beachten (Palandt/Weidlich § 2069 BGB Rz. 1; Heskamp RNotZ 2014, 517; s. Kap. 82 Rz. 6). Da zum Zeitpunkt der Übertragung nicht feststeht, wer als Ersatznacherbe beim Eintritt des Nacherbfalles berufen wäre und daher seine Zustimmungserklärung abzugeben hätte, müsste für die noch unbekannten Ersatznacherben gem. § 1913 BGB ein Pfleger 43 bestellt werden, dessen Erklärungen wiederum gem. § 1822 Nr. 1 BGB der betreuungsgerichtlichen Genehmigung bedürfen. Eine Genehmigung wäre wiederum nur dann zu erlangen, wenn sichergestellt ist, dass die letztlich berufenen Nacherben eine vollentgeltliche Gegenleistung erhalten. Konsequenterweise müsste das Betreuungsgericht in derartigen Fällen darauf bestehen, dass der durch Sachverständigengutachten zur ermittelnde volle Gegenwert des Nachlasses bis zum Eintritt des angeordneten Nacherbfalls (in der Regel somit bis zum Tod des Vorerben) auf einem Treuhandkonto sicher hinterlegt wird. Derartige Abwicklungen erscheinen bereits aus praktischen Gründen nicht empfehlenswert. Umgekehrt dürfte es auch nicht vertretbar sein, eine Übertragung der Nacherbenanwartschaftsrechte ohne Zustimmung der Ersatznacherben vorzunehmen, da dann unklar bliebe, ob eventuell bei Eintritt desjenigen Ereignisses, das den Nacherbfall auslösen würde, Ersatznacherben berufen wären, denen gegenüber das Rechtsgeschäft unwirksam wäre.

43a ➲ **Hinweis:** In der Regel kommt daher eine Übertragung der Gesamtheit der Nacherbenrechte auf den Vorerben nur in solchen Fällen in Betracht, in denen die Einsetzung von Ersatznacherben sicher ausgeschlossen ist. Dies ist insbesondere bei einem ausdrücklich angeordneten Wegfall der Einsetzung von Ersatznacherben bei einer Übertragung der Nacherbenrechte an den Vorerben der Fall.

M 83.10 Übertragung der Gesamtheit der Nacherbenrechte durch den Nacherben an den Vorerben

(Notarielles Beurkundungsprotokoll – Auszug)

...

Die Urkunde betrifft den Nachlass des am ... (Sterbedatum) verstorbenen Herrn ... (Vor- und Nachname des Erblassers), zuletzt wohnhaft gewesen ... (letzte Wohnanschrift). Dieser wurde auf Grund notariellen Erbvertrages vom ... (Errichtungsdatum), UR ... (Urkundenrollennummer), eröffnet durch das Notariat/Amtsgericht – Nachlassgericht – ... (Gerichtsort) am ... (Eröffnungsdatum) auf den Tod des ... (Vor- und Nachname des Erblassers) eröffnet. Nach diesem Erbvertrag ist die Witwe des Erblassers als befreite Vorerbin eingesetzt. Der Nacherbfall tritt mit dem Tod der Vorerbin ein. Nacherbe ist das alleinige gemeinsame Kind ... (Vor- und Nachname), Ersatznacherben sind deren Abkömmlinge nach den Regeln der gesetzlichen Erbfolge erster Ordnung. Die Nacherbanwartschaft ist nicht vererblich oder veräußerlich, wobei eine Veräußerung an den Vorerben zulässig ist und dann jegliche ausdrückliche oder stillschweigende Ersatznacherbeinsetzung gegenstandslos wird.

Frau ... (Vor- und Nachname der Nacherbin) überträgt hiermit ihre Nacherbanwartschaftsrechte am gesamten Nachlass des Erblassers an ihre dies annehmende Mutter ... (Vor- und Nachname der Vorerbin). Eine Gegenleistung ist hierfür nicht geschuldet.

In Vollzug dieser Regelung tritt Frau ... (Vor- und Nachname der Nacherbin) hiermit ihr Nacherbenanwartschaftsrecht am Nachlass des Herrn ... (Vor- und Nachname des Erblassers) an ihre Mutter Frau ... (Vor- und Nachname der Vorerbin) ab. Frau ... (Vor- und Nachname der Vorerbin) nimmt diese Abtretung hiermit an. Zugleich wird hiermit die Löschung des Nacherbenvermerkes im Grundbuch bewilligt und beantragt.

...

Kosten: *Notargebühr:* wie **M 83.1**.

XI. Gesamtmuster

44 Das nachstehende Gesamtmuster behandelt ein gemeinschaftliches **Ehegattentestament**, durch das sich die Ehegatten gegenseitig zu befreiten Alleinvorerben und die gemeinsamen Kinder zu Nacherben des erstversterbenden bzw. Ersatzerben des längstlebenden Ehegatten einsetzen und Nach-

erbenvollstreckung anordnen. Der Nacherbfall tritt mit dem Tode und der Wiederverheiratung des längstlebenden Ehegatten ein.

➲ **Praxistipp:** Bei gemeinschaftlichen Testamenten bzw. Erbverträgen von Ehegatten mit Anordnung einer Vor- und Nacherbfolge ist zwingend zwischen Nacherbeneinsetzung einerseits und Erbeinsetzung auf den längstlebenden Ehegatten andererseits **zu unterscheiden**. Dies gilt insbesondere dann, wenn der Nacherbfall mit dem Tod des Vorerben eintritt. Durch dieses Ereignis werden die Nacherben Erben des Erstversterbenden, während das nicht der Nacherbfolge unterliegende sonstige Vermögen des Längstlebenden dessen Erben zukommt. Bei der Gestaltung derartiger letztwilliger Verfügungen von Todes wegen wird diese Differenzierung häufig übersehen. Nach der Auslegungsregel des § 2102 BGB ist im Zweifel anzunehmen, dass die Einsetzung des Dritten als Nacherben durch den überlebenden Ehegatten zugleich die Einsetzung als Ersatzerbe an Stelle des erstversterbenden Ehegatten beinhaltet (BGH ZEV 1999, 26). Um Auslegungsschwierigkeiten zu vermeiden, sollte im Testament ausdrücklich klargestellt werden, wer Erbe des längstlebenden Ehegatten ist. 45

M 83.11 Gemeinschaftliches Testament von Ehegatten, die sich gegenseitig zu befreiten Alleinvorerben und die gemeinsame Tochter zum Nacherben des Erstversterbenden und Ersatzerben des Längstlebenden einsetzen

(Gemeinschaftliches Testament – Auszug)[1]

. . .

Vorsorglich heben wir frühere Verfügungen von Todes wegen auf.

I. Regelungen auf das Ableben des Ehemanns

§ 1

Ist der Ehemann Erstversterbender, setzt er die Ehefrau als Längstlebende zu seiner alleinigen Vorerbin ein. Diese ist von allen Beschränkungen befreit, von denen nach dem Gesetz Befreiung erteilt werden kann. Ersatzerbe des Vorerben ist dessen Nacherbe.

§ 2

Der Nacherbfall tritt mit einer Wiederverheiratung oder mit dem Tode der Vorerbin ein. Ist der Ehemann Erstversterbender, ist dessen Nacherbe das gemeinsame Kind . . . (Vor- und Nachname), geb. am . . . (Geburtsname), wohnhaft . . . (Wohnort), ersatzweise dessen Abkömmlinge nach den Regeln der gesetzlichen Erbfolge erster Ordnung zum Zeitpunkt des Nacherbfalles, dabei ohne Einschränkung auch nichteheliche Kinder und deren Abkömmlinge. Die Nacherbanwartschaft ist weder vererblich noch veräußerlich, wobei eine Veräußerung an den Vorerben zulässig ist und dann jede ausdrückliche oder stillschweigende Ersatznacherbeneinsetzung entfällt.

§ 3

Ist der Ehemann Längstlebender bzw. versterben die Eheleute gleichzeitig oder nahezu gleichzeitig auf Grund desselben Ereignisses, ist bezüglich des nicht von der Nacherbfolge erfassten Vermögens – für das von der Nacherbfolge erfasste Vermögen gilt § 5 dieses Testaments – Erbe des Ehemanns das gemeinsame Kind . . . (Vor- und Nachname), ersatzweise dessen Abkömmlinge nach den Regeln der gesetzlichen Erbfolge erster Ordnung.

Der Ehemann darf diese Bestimmungen, solange gemeinschaftliche Abkömmlinge vorhanden sind, einseitig nur insoweit ändern, als auch durch das ändernde Testament der Nachlass insgesamt an die gemeinschaftlichen Abkömmlinge fallen muss, wobei er innerhalb dieses Personenkreises den

1 Zu Eingang, Form und Schlussformel s. **M 85.1** (eigenhändiges gemeinschaftliches Testament), **M 85.2** (notariell beurkundetes gemeinschaftliches Testament) und **M 85.3** (Erbvertrag).

oder die Erben frei anderweitig bestimmen kann. Er ist auch berechtigt, Vermächtnisse und Auflagen zu Gunsten von gemeinschaftlichen Abkömmlingen auszusetzen und darf Abkömmlinge auch durch Anordnung der Testamentsvollstreckung beschränken bzw. derartige Regelungen ändern. Diese Bindung entfällt nur dann, wenn sämtliche vorstehend genannten Personen gegen den Willen des Längstlebenden auf den Tod des Erstversterbenden ihren Pflichtteil verlangt und erhalten haben, wobei dabei ein derartiges Verhalten eines Elternteils nicht zu Lasten von dessen Abkömmlingen wirkt.

Zu Lebzeiten darf im Rahmen der vorstehenden Einschränkungen frei verfügt werden, ohne dass Ansprüche analog §§ 2287 f. BGB ausgelöst werden.

Im Übrigen verbleibt es bei der gesetzlichen Bindungswirkung des gemeinschaftlichen Testaments, über die der Notar belehrt hat.

II. Regelungen auf das Ableben der Ehefrau

§ 4

Ist die Ehefrau Erstversterbende, setzt sie den Ehemann als Längstlebenden zu ihrem alleinigen Vorerben ein. Dieser ist von allen Beschränkungen befreit, von denen nach dem Gesetz Befreiung erteilt werden kann. Ersatzerbe des Vorerben ist dessen Nacherbe.

§ 5

Der Nacherbfall tritt mit einer Wiederverheiratung oder mit dem Tode des Vorerben ein. Ist die Ehefrau Erstversterbende, ist deren Nacherbe das gemeinsame Kind ... (Vor- und Nachname), geb. am ... (Geburtsname), wohnhaft ... (Wohnort), ersatzweise dessen Abkömmlinge nach den Regeln der gesetzlichen Erbfolge erster Ordnung zum Zeitpunkt des Nacherbfalles, dabei ohne Einschränkung auch nichteheliche Kinder und deren Abkömmlinge. Die Nacherbanwartschaft ist weder vererblich noch veräußerlich, wobei eine Veräußerung an den Vorerben zulässig ist und dann jede ausdrückliche oder stillschweigende Ersatznacherbeneinsetzung entfällt.

§ 6

Ist die Ehefrau Längstlebende bzw. versterben die Eheleute gleichzeitig oder nahezu gleichzeitig auf Grund desselben Ereignisses, ist bezüglich des nicht von der Nacherbfolge erfassten Vermögens – für das von der Nacherbfolge erfasste Vermögen gilt § 2 dieses Testaments – Erbe der Ehefrau das gemeinsame Kind ... (Vor- und Nacherbe), ersatzweise dessen Abkömmlinge nach den Regeln der gesetzlichen Erbfolge.

Die Ehefrau darf diese Bestimmungen, solange gemeinschaftliche Abkömmlinge vorhanden sind, einseitig nur insoweit ändern, als auch durch das ändernde Testament der Nachlass insgesamt an die gemeinschaftlichen Abkömmlinge fallen muss, wobei sie innerhalb dieses Personenkreises den oder die Erben frei anderweitig bestimmen kann. Sie ist auch berechtigt, Vermächtnisse und Auflagen zu Gunsten von gemeinschaftlichen Abkömmlingen auszusetzen und darf Abkömmlinge auch durch Anordnung der Testamentsvollstreckung beschränken bzw. derartige Regelungen ändern. Diese Bindung entfällt nur dann, wenn sämtliche vorstehend genannten Personen selbst gegen den Willen des Längstlebenden auf den Tod des Erstversterbenden ihren Pflichtteil verlangt und erhalten haben, wobei dabei ein derartiges Verhalten eines Elternteils nicht zu Lasten von dessen Abkömmlingen wirkt.

Zu Lebzeiten darf im Rahmen der vorstehenden Einschränkungen frei verfügt werden, ohne dass Ansprüche analog §§ 2287 f. BGB ausgelöst werden.

Im Übrigen verbleibt es bei der gesetzlichen Bindungswirkung des gemeinschaftlichen Testaments, über die der Notar belehrt hat.

III. Sonstige Regelungen

§ 7

Die beiden Kinder des Ehemanns aus erster Ehe, ... (Vor- und Nachname) und ... (Vor- und Nachname), sind weder Nacherben noch Erben oder Ersatzerben.

§ 8

Wir ordnen Testamentsvollstreckung auf den Tod des erstversterbenden Ehegatten nach folgender Maßgabe an:

Zum Testamentsvollstrecker ist Frau/Herr Steuerberater ... (Vor- und Nachname), geb. am ... (Geburtsdatum), geschäftsansässig ... (Anschrift), ersatzweise Frau/Herr Rechtsanwalt ... (Vor- und Nachname), geb. am ... (Geburtsdatum), geschäftsansässig ... (Anschrift), ernannt. Der Testamentsvollstrecker hat das Recht, einen Nachfolger zu ernennen. Wird der jeweils ernannte Testamentsvollstrecker nicht Testamentsvollstrecker, steht vorrangig dem erstgenannten, nachranging dem ersatzweise genannten Testamentsvollstrecker das Bestimmungsrecht als Drittem nach § 2198 BGB zu, der diese Erklärung danach in öffentlich beglaubigter Form gegenüber dem Nachlassgericht abzugeben hat. Ersatzweise ersuchen wir das Nachlassgericht, einen geeigneten Testamentsvollstrecker zu bestimmen.

Der Testamentsvollstrecker unterliegt in der Eingehung von Verbindlichkeiten für den Nachlass keinen Beschränkungen. Er ist von den Beschränkungen des § 181 BGB befreit.

Die Aufgabe des Testamentsvollstreckers ist darauf beschränkt, die Rechte und Pflichten der Nacherben des erstversterbenden Ehegatten bis zum Eintritt des Nacherbfalls wahrzunehmen. Der längstlebende Ehegatte unterliegt hinsichtlich seiner Vorerbschaft keiner Testamentsvollstreckung. Hat beim Eintritt der Nacherbfolge der jüngste Nacherbe das 21. Lebensjahr noch nicht vollendet, ist der Testamentsvollstrecker zusätzlich bis zur Vollendung des 21. Lebensjahres des jüngsten Nacherben mit der Verwaltung des gesamten Nachlasses des erstversterbenden Ehegatten betraut.

Dem Testamentsvollstrecker steht eine Vergütung nach den Regelungen der „Rheinischen Tabelle" zu.

§ 9

Wir treffen sämtliche letztwilligen Verfügungen in dieser Urkunde unabhängig davon, ob beim Tod eines jeden von uns pflichtteilsberechtigte Personen existieren und um wen es sich dabei ggf. handelt. Eine Anfechtung iSd. § 2079 BGB ist daher ausgeschlossen. Zudem verzichtet jeder von uns auf ein eventuelles künftiges Anfechtungsrecht wegen Irrtums iSd. § 2078 BGB.

Ist beim Tode eines Ehegatten ein Scheidungs- oder Eheaufhebungsantrag rechtshängig, sollen sämtliche hiesigen letztwilligen Verfügungen ihrem gesamten Inhalt nach unwirksam sein, ohne dass die gesetzlichen Voraussetzungen für die Eheauflösung gegeben sein müssen. Zugleich wird der überlebende Ehegatte enterbt. Trotz Belehrung sollen im hiesigen gemeinschaftlichen Testament keine diesbezüglichen Ersatzregelungen getroffen werden.

Die Verfügungen nach den §§ 1 bis 6 sind wechselbezüglich bindend vereinbart, wobei für die Anordnungen gem. §§ 3 u. 6 der jeweilige Änderungsvorbehalt zu beachten ist. Die übrigen Regelungen haben keine Bindungswirkung und können auch durch einseitige Verfügung frei geändert bzw. aufgehoben werden.

Im Falle der Wiederverheiratung des längstlebenden Ehegatten bleiben alle wechselbezüglich vereinbarten Verfügungen bindend.

(Belehrung u.a. über Risiken aus §§ 2306 Abs. 1, 1371 Abs. 3 BGB, vgl. dazu Rz. 24*)*

...

Kosten: *Notargebühr:* wie **M 83.1**.

Kapitel 84 Testaments- und Vermächtnisvollstreckung

Literatur: *Adams*, Interessenkonflikte des Testamentsvollstreckers, 1997; *Amann*, Die Reichweite transmortaler und postmortaler Vollmachten unabhängig von Erbfolge und Testamentsvollstreckung, MittBayNot 2013, 367; *Bengel/Reimann*, Handbuch der Testamentsvollstreckung, 4. Aufl. 2010; *Offergeld*, Die Rechtsstellung des Testamentsvollstreckers, 1995; *Mankowski*, Erbrechtliche Schiedsgerichte in Fällen mit Auslandsbezug und die EuErbVO, ZEV 2014, 395; *Weidlich*, Das Verhältnis von Testamentsvollstreckung und Vollmacht über den Tod hinaus und seine Behandlung im Grundbuchverfahren, MittBayNot 2013, 196; *Weidlich*, Die zulässige Höchstdauer einer Testamentsvollstreckung, MittBayNot 2008, 263; *Werner*, Das Schiedsverfahren als Instrument zur Lösung erbrechtlicher Streitigkeiten, ZEV 2011, 506; *Wiedemann*, Vermächtniserfüllung durch Testamentsvollstrecker: steuerliche Haftungsgefahren und Vermeidungsstrategien, ZEV 2014, 404; *Zimmermann*, Die angemessene Testamentsvollstreckervergütung, ZEV 2001, 334. S. auch die Literaturhinweise zu Kap. 80.

I. Anordnung der Testamentsvollstreckung und Bestimmung der Person des Testamentsvollstreckers

1 Der Erblasser kann durch Testament bzw. gemeinschaftliches Testament gem. § 2197 BGB oder durch Erbvertrag gem. §§ 2299 Abs. 1, 2197 BGB einen oder mehrere Testamentsvollstrecker ernennen (§ 2197 BGB). Im Rahmen eines gemeinschaftlichen Testaments bzw. Erbvertrages kann dies jedoch nach §§ 2270 Abs. 2, 2278 Abs. 2 BGB nur durch einseitige Verfügung und nicht wechselbezüglich bzw. vertragsmäßig bindend geschehen. Ziel einer Testamentsvollstreckung ist im Regelfall die sichere **Erfüllung der Anordnungen** des Erblassers in seiner letztwilligen Verfügung, eine

gerechte Auseinandersetzung unter mehreren Miterben und ggf. die Erhaltung des Nachlassvermögens. In der schweizerischen Rechtsordnung wird der Testamentsvollstrecker nach Art. 517, 518 ZGB daher zutreffenderweise als „Willensvollstrecker" bezeichnet. Der Testamentsvollstrecker handelt kraft eigenen Amtes in eigenem Namen, jedoch mit Wirkung für den Nachlass und ist nicht gesetzlicher Vertreter der Erben.

Die Bestimmung der Person des Testamentsvollstreckers kann der Erblasser gem. § 2198 BGB einem Dritten oder gem. § 2200 BGB dem Nachlassgericht übertragen. Soweit das Nachlassgericht ersucht wird, entscheidet es nach pflichtgemäßem Ermessen und ist zu einer **Testamentsvollstreckerernennung** nicht verpflichtet (OLG Hamm Rpfleger 1984, 316, 317). Gem. § 2199 Abs. 2 BGB kann der Erblasser den Testamentsvollstrecker zudem ermächtigen, seinen Nachfolger zu ernennen, wobei dies ebenso wie die Ernennung durch einen ersuchten Dritten durch Erklärung gegenüber dem Nachlassgericht in öffentlich beglaubigter Form zu erfolgen hat. 2

Die Testamentsvollstreckerernennung ist gem. § 2201 BGB ausschließlich dann **unwirksam**, wenn die in Rede stehende Person bei vorgesehenem Amtsantritt geschäftsunfähig ist, lediglich beschränkt geschäftsfähig ist oder gem. § 1896 BGB zur Besorgung der eigenen Vermögensangelegenheiten einen Betreuer erhalten hat. Das Testamentsvollstreckeramt beginnt gem. § 2202 BGB mit Amtsannahme, die durch Erklärung gegenüber dem Nachlassgericht, frühestens ab Eintritt des Erbfalls erfolgt. 3

Die **Ernennung** des ein öffentliches Testament bzw. einen Erbvertrag **beurkundenden Notars** zum Testamentsvollstrecker des Nachlasses des Erblassers ist – selbst bei Unkenntnis des Notars im Falle Übergabe einer verschlossenen Schrift nach § 2232 S. 2 BGB (Burandt/Rojahn/Egerland, Erbrecht, § 27 BeurkG Rz. 3) bzw. unabhängig von einer etwaigen Testamentsvollstreckervergütung (Grziwotz/Heinemann § 27 BeurkG Rz. 18) – nach §§ 7, 27 BeurkG unzulässig und unwirksam, ohne zwingend die Unwirksamkeit auch der anderen dortigen letztwilligen Verfügungen zu bewirken (DNotI-Gutachten DNotI-Report 2012, 143, 144). Zudem ist eine **Ermächtigung** des Urkundsnotars in einer von ihm beurkundeten Verfügung von Todes wegen zur Bestimmung des Testamentsvollstreckers iSd. § 2198 Abs. 1 BGB nach § 7 Nr. 1 BeurkG unabhängig davon, ob er sich dadurch selbst zum Testamentsvollstrecker bestimmt, unwirksam, um dem Notar selbst bei Bestimmung eines anderen Testamentsvollstreckers eventuelle Vorteile bspw. durch Beauftragung zu Vermächtniserfüllungsverträgen auszuschließen (BGH MDR 2012, 1468 f.). Umgekehrt bewirkt die Beurkundung der Testamentsvollstreckerernennung eines Notars durch dessen **Sozius** zwar keine Unwirksamkeit dieser Verfügung (DNotI-Gutachten DNotI-Report 1999, 101, 103), verstößt jedoch gegen § 3 Abs. 1 Satz 1 Nr. 4 BeurkG, zieht disziplinar- und dienstaufsichtsrechtliche Folgen nach sich und kommt daher ebenfalls nicht in Betracht (DNotI-Gutachten DNotI-Report 2012, 143, 144). 3a

Unsicher erscheint zudem, ob der unverbindliche nicht bindende **Wunsch** eines Erblassers gegenüber dem Nachlassgericht bzw. sonstigen Bestimmungsberechtigten, wonach der die zugrundeliegende Verfügung von Todes wegen beurkundende Notar möglichst dessen Testamentsvollstrecker sein soll, im Hinblick auf § 27 BeurkG wirksam ist (Verneinend Eylmann/Vaasen/Baumann, § 27 BeurkG Rz. 8; bejahend OLG Stuttgart BWNotZ 1990, 45 f.; Burandt/Rojahn/Egerland, Erbrecht, § 27 BeurkG Rz. 6; MünchKomm.BGB/Hagena § 27 BeurkG Rz. 18; Winkler § 27 BeurkG Rz. 9). Dagegen dürfte die bloße Beurkundung einer **Testamentsvollstreckungsanordnung** durch einen später eigenhändig oder durch eine von einem anderen (aber nicht Sozius-)Notar beurkundete Verfügung von Todes wegen zum Testamentsvollstrecker ernannten Notar wirksam und zulässig sein (OLG Oldenburg DNotZ 1990, 431, 432; Winkler § 27 BeurkG Rz. 9), soweit sie dieser Notar nicht selbst so vorgeschlagen hat, da dies wiederum gegen § 16 Abs. 1 BNotO iVm. § 3 Abs. 1 Satz 1 Nr. 4 BeurkG verstoßen würde (Armbrüster § 27 BeurkG Rz. 7). In diesem Fall wird zusätzlich empfohlen, eine derartige eigenhändig verfügte separate Testamentsvollstreckerernennung nicht ebenfalls in denselben für die beurkundete Verfügung verwendeten **Testamentsumschlag** aufzunehmen (BeckOK BeurkG/Litzenburger § 7 BeurkG Rz. 5). Wird die in einem durch den Erblasser eigenhändig errichteten Dokument enthaltene Ernennung des Notars zum Testamentsvollstrecker in einer von diesem ernannten Notar beurkundeten Verfügung von Todes wegen als **Anlage** bezeichnet und gleichzeitig in die besondere Verwahrung des Nachlassgerichts gegeben, kann die 3b

Ernennung insbesondere wegen Umgehung der §§ 27, 7 Nr. 1 BeurkG unwirksam sein (OLG Bremen DNotI-Report 2014, 151 f.).

3c Gänzlich unproblematisch kann ein Notar jedoch durch ausschließlich **eigenhändiges** Testament des Erblassers zum Testamentsvollstrecker ernannt werden und zwar selbst dann, wenn er das betreffende eigenhändige Testament selbst entworfen hat (DNotI-Gutachten DNotI-Report 2012, 143, 144). Entsprechendes dürfte auch für eine Ernennung in einem – ggf. durch den ernannten Notar entworfenen – öffentlichen Testament oder Erbvertrag eines anderen (aber nicht Sozius-)Notars gelten. Im Gegensatz dazu muss eine Testamentsvollstreckerernennung eines Notars mit **Amtssitz im Ausland** in einer von diesem im Land seines Amtssitzes beurkundeten Verfügung von Todes wegen trotz Maßgeblichkeit des deutschen Erbstatuts nicht zwingend unwirksam sein, da insoweit alleine das anwendbare Beurkundungsrecht maßgeblich ist. Beispielsweise ist eine Testamentsvollstreckerernennung eines schweizerischen Notars in einer von diesem in der Schweiz beurkundeten Verfügung von Todes wegen auch dann wirksam, wenn nach dem Erbstatut deutsches Recht gilt, da auf den Beurkundungsvorgang insoweit ausschließlich schweizerisches Beurkundungsrecht zur Anwendung kommt, nach dem eine derartige Ernennung des beurkundenden schweizerischen Notars zum Willens- bzw. Testamentsvollstrecker keine unzulässige Begünstigung iSd. Art. 503 Abs. 2 ZGB darstellt (Ferid/Firsching/Dörner/Hausmann/Lorenz, Internationales Erbrecht, Länderbericht Schweiz, Rz. 133 u. Fn. 650).

4 ➲ **Praxistipp:** Die aus § 2211 Abs. 1 BGB resultierende **Verfügungsbeschränkung** der Erben tritt unabhängig von der Annahme bzw. dem Beginn des Testamentsvollstreckeramtes iSd. § 2202 Abs. 1 BGB sofort mit dem Erbfall ein (BGHZ 25, 275, 282). Ggf. kann dadurch ein Schutzvakuum entstehen, das bei ensprechendem nachlassgerichtlichen Fürsorgebedürfnis nach einer Ansicht wegen der Vergleichbarkeit des Unbekanntseins des Testamentsvollstreckers mit dem Unbekanntsein von Erben analog § 1960 BGB durch Nachlasssicherungspflegschaft (Staudinger/Marotzke § 1960 BGB Rz. 25), nach anderer Ansicht gem. § 1913 Satz 1 BGB lediglich durch eine dann in die Zuständigkeit des Betreuungsgerichts fallende Pflegschaft für den abwesenden bzw. unbekannten Testamentsvollstrecker (Damrau ZEV 1996, 81, 83) behoben werden kann.

5 Grundsätzlich darf im Gegensatz zur zulässigerweise durch alle Miterben gemeinschaftlich geführten Testamentsvollstreckung (RGZ 163, 57, 58) weder der **Alleinvollerbe** (RGZ 77, 177; BayObLG NJW-RR 2005, 232, 233) noch der alleinige Vorerbe (OLG Zweibrücken FamRZ 2000, 323) alleiniger Testamentsvollstrecker sein, da er als alleiniger Erbe ohnehin wie ein an seiner Stelle eingesetzter Testamentsvollstrecker verfügen kann und eine zusätzliche Anordnung der Testamentsvollstreckung überflüssig wäre. Etwas Anderes soll jedoch dann gelten, wenn sich die Testamentsvollstreckung auf die sofortige Erfüllung eines Vermächtnisses beschränkt und das Nachlassgericht bei groben Pflichtverstößen einen anderen Testamentsvollstrecker bestimmen kann (BGH ZEV 2005, 204, 205 mit Anm. v. Adam).

6 ➲ **Wichtig:** In der letztwilligen Verfügung sollte **klargestellt** sein, ob bei einem Wegfall eines ernannten Testamentsvollstreckers ein **Ersatztestamentsvollstrecker** ernannt ist. Andernfalls hat seitens des Nachlassgerichts eine entsprechende Testamentsauslegung zu erfolgen, deren Ergebnis ungewiss ist.

M 84.1 Anordnung der Testamentsvollstreckung und Bestimmung der Person des Testamentsvollstreckers

(Verfügung von Todes wegen – Auszug)[1]

...

Ich ordne Testamentsvollstreckung nach folgender Maßgabe an:

---

1 Zu Eingang, Form und Schlussformel s. **M 80.6** (eigenhändiges Einzeltestament), **M 80.1** (notariell beurkundetes Einzeltestament), **M 85.1** (eigenhändiges gemeinschaftliches Testament), **M 85.2** (notariell beurkundetes gemeinschaftliches Testament) und **M 85.3** (Erbvertrag).

Zum Testamentsvollstrecker ist ... (Vor- und Nachname), geb. am ... (Geburtsdatum), wohnhaft ... (Wohnanschrift), ersatzweise ... (Vor- und Nachname), geb. am ... (Geburtsdatum), wohnhaft ... (Wohnanschrift), ernannt. Der Testamentsvollstrecker hat das Recht, einen Nachfolger zu ernennen. Wird der jeweils ernannte Testamentsvollstrecker nicht Testamentsvollstrecker, steht vorrangig dem erstgenannten, nachranging dem ersatzweise genannten Testamentsvollstrecker das Bestimmungsrecht als Drittem nach § 2198 BGB zu, der diese Erklärung danach in öffentlich beglaubigter Form gegenüber dem Nachlassgericht abzugeben hat. Ersatzweise ist das Nachlassgericht ersucht, einen geeigneten Testamentsvollstrecker zu ernennen.

...

Kosten: *Notargebühr:* 1,0-Gebühr gem. Nr. 21200 KV GNotKG bei Beurkundung eines Testaments, mindestens 60 Euro. Geschäftswert gem. § 102 Abs. 1 GNotKG (Wert des Nachlasses, Verbindlichkeiten des Erblassers werden abgezogen, jedoch nur bis zur Hälfte des Werts des Vermögens). 2,0-Gebühr gem. Nr. 21100 KV GNotKG bei Beurkundung eines Erbvertrags oder eines gemeinschaftlichen Testaments, mindestens 120 Euro. Geschäftswert wie zuvor.

II. Anordnung der Vermächtnisvollstreckung und Bestimmung der Person des Vermächtnisvollstreckers mit dessen Aufgabenbereich

Gem. § 2223 BGB kann der Erblasser auch einen Testamentsvollstrecker zur Ausführung der einem Vermächtnisnehmer auferlegten Beschwerungen ernennen. Hierunter kann insbesondere die **Überwachung einer Auflagenvollziehung** fallen, beispielsweise die Bezahlung der Grabpflege oder der Versorgung eines Haustieres aus einem vermachten Geldbetrag. 7

Daneben ist Vermächtnisvollstreckung auch zum Zwecke der **Verwaltung** eines einem Vermächtnisnehmer zugewendeten Vermächtnisgegenstandes zulässig, beispielsweise eines Miteigentumsanteils an einem Betriebsgrundstück, das aus steuerlichen Gründen minderjährigen Kindern vermächtnisweise zugeteilt wurde, bis diese ein bestimmtes Alter erreicht haben werden. In derartigen Fällen ist es zudem zulässig, dass der Alleinerbe das Amt des Vermächtnisvollstreckers wahrnimmt, obschon er als Alleinerbe grundsätzlich kein Testamentsvollstrecker sein könnte (RGZ 77, 177; BGH ZEV 2005, 204, 205; BayObLG NJW-RR 2005, 232, 233). Eine Vermächtnisvollstreckung erfasst zudem Abwicklungsvollstreckungsaufgaben zur Erfüllung der dem Vermächtnisnehmer auferlegten Beschwerungen, bspw. von Nachvermächtnissen (vgl. Kap. 83 Rz. 31), und kann auf Antrag des Vermächtnisvollstreckers aufgrund eines dem betroffenen Vermächtnisnehmer vermachten Grundbesitzes bzw. Grundpfandrechts im Grundbuch eingetragen werden (BayObLGZ 1990, 82; Staudinger/Reimann § 2223 BGB Rz. 22). 8

Ein Vermächtnisvollstrecker kann alleine auf die Aufgabe der Vermächtnisvollstreckung beschränkt oder **zusätzlich** auch Testamentsvollstrecker sein. 9

M 84.2 Anordnung der Vermächtnisvollstreckung und Bestimmung der Person des Vermächtnisvollstreckers mit dessen Aufgabenbereich

(Verfügung von Todes wegen – Auszug)[1]

...

Ich ordne Vermächtnisvollstreckung nach folgender Maßgabe an:

Zum Vermächtnisvollstrecker ernenne ich ... (Vor- und Nachname), geb. am ... (Geburtsdatum), wohnhaft ... (Wohnanschrift), ersatzweise ... (Vor- und Nachname), geb. am ... (Geburtsdatum),

1 Zu Eingang, Form und Schlussformel s. **M 80.6** (eigenhändiges Einzeltestament), **M 80.1** (notariell beurkundetes Einzeltestament), **M 85.1** (eigenhändiges gemeinschaftliches Testament), **M 85.2** (notariell beurkundetes gemeinschaftliches Testament) und **M 85.3** (Erbvertrag).

wohnhaft ... (Wohnanschrift). Der Vermächtnisvollstrecker hat das Recht, einen Nachfolger zu ernennen. Wird der jeweils ernannte Vermächtnisvollstrecker nicht Vermächtnisvollstrecker, steht vorrangig dem erstgenannten, nachrangig dem ersatzweise genannten Vermächtnisvollstrecker das Bestimmungsrecht als Drittem nach § 2198 BGB zu, der diese Erklärung danach in öffentlich beglaubigter Form gegenüber dem Nachlassgericht abzugeben hat. Ersatzweise ist das Nachlassgericht ersucht, einen geeigneten Testamentsvollstrecker zu ernennen.

Die Aufgabe des Vermächtnisvollstreckers ist darauf beschränkt, die nach ... (Bezifferung) dieses Testaments im Wege der Auflage angeordnete Verpflichtung zur Grabpflege aus dem vermächtnisweise überlassenen Geldbetrag sicherzustellen.

...

Kosten: *Notargebühr:* wie **M 84.1**.

III. Mehrere Testamentsvollstrecker

10 Gem. § 2224 Abs. 1 BGB führen mehrere ernannte Testamentsvollstrecker das Testamentsvollstreckeramt als **Gesamtvollstrecker**, soweit nicht der Erblasser etwas anderes angeordnet hat. Neben dem Einstimmigkeitsprinzip kommt insbesondere das Mehrheitsprinzip mit Überstimmungsmöglichkeit oder die Zuteilung eigenständiger Wirkungskreise in Betracht (Staudinger/Reimann § 2224 BGB Rz. 5 ff.). Bestehen zwischen den Testamentsvollstreckern Meinungsverschiedenheiten über die Amtsführung und können Sie keine Einigung herbeiführen, entscheidet hierüber ausschließlich das Nachlassgericht (vgl. dazu § 355 Abs. 2 FamFG), soweit der Erblasser eine entsprechende Entscheidungsbefugnis nicht *einem* Testamentsvollstrecker oder Dritten übertragen hat. Das Nachlassgericht entscheidet dabei ausschließlich über Fragen der sachlichen Amtsführung, nicht hingegen über Rechtsfragen und ist im Rahmen der Entscheidung an das Spektrum der jeweils vertretenen Ansichten gebunden, darf mithin keine Anordnung treffen, die von keinem Mitvollstrecker vorgeschlagen wird (Erman/M. Schmidt § 2224 BGB Rz. 3).

M 84.3 Bestimmung mehrerer Testamentsvollstrecker als Gesamtvollstrecker

(Verfügung von Todes wegen – Auszug)[1]

...

Ich ordne Testamentsvollstreckung nach folgender Maßgabe an:

Ich ernenne zu meinen Testamentsvollstreckern ... (Vor- und Nachname), geb. am ... (Geburtsdatum), wohnhaft ... (Wohnanschrift), und ... (Vor- und Nachname), geb. am ... (Geburtsdatum), wohnhaft ... (Wohnanschrift). Sie führen ihr Amt als Gesamttestamentsvollstrecker gem. § 2224 BGB gemeinschaftlich. Bei Meinungsverschiedenheiten entscheidet das Nachlassgericht. Fällt ein Gesamttestamentsvollstrecker vor oder nach Annahme seines Amtes weg, so führt der andere das Amt alleine. Ersatzweise ist das Nachlassgericht ersucht, einen geeigneten Einzeltestamentsvollstrecker zu ernennen.

...

1 Zu Eingang, Form und Schlussformel s. **M 80.6** (eigenhändiges Einzeltestament), **M 80.1** (notariell beurkundetes Einzeltestament), **M 85.1** (eigenhändiges gemeinschaftliches Testament), **M 85.2** (notariell beurkundetes gemeinschaftliches Testament) und **M 85.3** (Erbvertrag).

Kosten: *Notargebühr:* wie **M 84.1**.

IV. Aufgaben des Testamentsvollstreckers

11 Typische Aufgabe des Testamentsvollstreckers ist die **Abwicklungsvollstreckung**. Dabei hat der Testamentsvollstrecker gem. § 2203 BGB die letztwilligen Verfügungen des Erblassers zur Ausführung zu bringen, nach § 2204 BGB die Auseinandersetzung unter den Miterben zu bewirken und gem. § 2205 Satz 1 BGB den Nachlass zunächst zu verwalten.

12 Darüber hinaus können die Aufgaben des Testamentsvollstreckers insbesondere gem. § 2208 BGB auf die bloße Verwaltung des Nachlasses oder einzelner Nachlassgegenstände reduziert bzw. gem. § 2209 Satz 1 Halbs. 2 BGB auf eine **Dauerverwaltungsvollstreckung** erweitert werden, die nach § 2209 Satz 2 BGB im Zweifel die Berechtigung zur Eingehung von Verbindlichkeiten für den Nachlass in unbeschränktem Umfang iSd. § 2207 Satz 1 BGB erfasst. Eine Dauerverwaltungsvollstreckung endet grundsätzlich gem. § 2210 Satz 1 BGB dreißig Jahre nach dem Erbfall, wenn der Erblasser nicht nach § 2210 Satz 2 BGB anordnet, dass die Verwaltung bis zum Tode des Erben oder des Testamentsvollstreckers oder bis zum Eintritt eines anderen Ereignisses in der Person des einen oder des anderen fortdauern soll (dazu Weidlich MittBayNot 2008, 263 ff.). Sind seit dem Erbfall dreißig Jahre verstrichen und soll die Verwaltung des Nachlasses nach dem Willen des Erblassers über dreißig Jahre hinaus bis zum Tode des Testamentsvollstreckers fortdauern, verliert die Anordnung der Dauertestamentsvollstreckung ihre Wirksamkeit mit dem Tode des letzten Testamentsvollstreckers, der innerhalb von dreißig Jahren seit dem Erbfall zum Testamentsvollstrecker ernannt wurde (BGH MittBayNot 2008, 301 ff.). Dagegen gilt die zeitliche Begrenzung aus § 2210 Satz 1 BGB für Testamentsvollstreckung im **Urheberrecht** aufgrund dortiger Sonderregelung nach § 28 Abs. 2 Satz 2 UrhG im Gegensatz zur entsprechenden urheberrechtlichen Nacherbfolgeregelung des § 2109 Abs. 1 Satz 1 BGB nicht (Gloser DNotZ 2013, 497, 499 bzw. 510). Da eine Dauertestamentsvollstreckung mit den Grundsätzen eigenverantwortlicher Verwaltung und staatlicher Aufsicht der **Stiftung von Todes wegen** unvereinbar ist, muss der Testamentsvollstrecker die Verfügungsbefugnis über den als Stiftungsvermögen zugeordneten Nachlassteil gegenüber der Stiftung freigeben, sobald deren Rechtsfähigkeit als Stiftung anerkannt worden ist (OLG Frankfurt DNotZ 2012, 217, 218).

12a Derjenige Testamentsvollstrecker, dem nach § 2209 Satz 1 Halbs. 1 BGB ohne Zuweisung anderer Aufgaben lediglich die **Verwaltung** des Nachlasses übertragen wurde, ist gleichwohl im Zweifel dazu befugt, **auch** über Nachlassgegenstände zu **verfügen** (OLG Bremen RNotZ 2013, 225, 226).

12b Eine auflösend (so bspw. bis zur Beendigung der Zugehörigkeit zu einer bestimmten Sekte, OLG Düsseldorf NJW 1988, 2615 ff.) oder aufschiebend (so etwa im Falle einer nicht innerhalb einer bestimmten Zeitspanne realisierten Erbauseinandersetzung, Ruby, ZEV 2007, 18, 20) bedingt angeordnete Testamentsvollstreckung setzt im Hinblick auf § 2065 BGB stets voraus, dass der Erblasser die Bedingung höchstpersönlich selbst vorgibt (DNotI-Gutachten DNotI-Report 2013, 24, 25). Im Falle einer **aufschiebend bedingten Testamentsvollstreckung** dürfte zwar analog §§ 2019, 2041, 2111 BGB, analog § 2041 BGB bzw. analog § 2111 BGB bereits in der Zeitspanne bis zum Eintritt der aufschiebenden Bedingung trotz dann noch fortbestehender alleiniger Verfügungsbefugnis der Erben bei Verfügungen über Nachlassgegenstände dingliche Surrogation eintreten (Hartmann RNotZ 2008, 150, 152 f.). Gleichwohl sollte bis zu einer diesbezüglichen höchstrichterlichen Klärung eine klarstellende letztwillige Regelung der Verfügungsbefugnis während dieser Zwischenphase getroffen werden (DNotI-Gutachten DNotI-Report 2013, 24, 26).

12c ➲ **Hinweis:** Ist der alleinige gesetzliche Vertreter (zB Vater) des Erben (zB Sohn) zugleich Verwaltungsvollstrecker, kann zur Wahrnehmung der Rechte des Vertretenen gegenüber dem gesetzlichen Vertreter als Testamentsvollstrecker – nicht jedoch zur Wahrnehmung der Rechte des Vertretenen aus dem Nachlassvermögen – je nach Einzelfall eine Ergänzungspflegschaft erforderlich sein (BGH MittBayNot 2008, 297 ff.).

M 84.4 Benennung der Aufgaben des Testamentsvollstreckers

(Verfügung von Todes wegen – Auszug)[1]

...

Der Testamentsvollstrecker hat die Aufgabe, unter den Miterben die Erbauseinandersetzung nach den gesetzlichen Vorschriften zu bewirken. Die Erbauseinandersetzung hat nach billigem Ermessen zu erfolgen. Vorab sind die in diesem Testament angeordneten Vermächtnisse und Auflagen – insbesondere die Sicherstellung meiner Grabpflege aus dem Nachlassguthaben – zu erfüllen. Der Testamentsvollstrecker hat des Weiteren die Aufgabe, den gesamten Nachlass im Wege der Dauertestamentsvollstreckung bis zur Vollendung des 21. Lebensjahres des jüngsten Erben für alle Erben zu verwalten und ist dabei zur Eingehung von Verbindlichkeiten für den Nachlass in unbeschränktem Umfang berechtigt.

(alternativ:) *entgegen der Vermutung aus § 2209 S. 2 BGB nicht in unbeschränktem Umfang zur Eingehung von Verbindlichkeiten für den Nachlass berechtigt.*

...

1 Zu Eingang, Form und Schlussformel s. **M 80.6** (eigenhändiges Einzeltestament), **M 80.1** (notariell beurkundetes Einzeltestament), **M 85.1** (eigenhändiges gemeinschaftliches Testament), **M 85.2** (notariell beurkundetes gemeinschaftliches Testament) und **M 85.3** (Erbvertrag).

Kosten: *Notargebühr:* wie **M 84.1**.

V. Verfügungsmacht des Testamentsvollstreckers

13 Gem. § 2205 Satz 1 und 2 BGB ist der Testamentsvollstrecker befugt, den Nachlass in Besitz zu nehmen und über Nachlassgegenstände – nach § 2205 Satz 3 BGB jedoch grundsätzlich **nicht unentgeltlich** – zu verfügen. Soweit ein Kaufvertrag mit einem unbeteiligten Dritten geschlossen und die Gegenleistung tatsächlich an den Testamentsvollstrecker erbracht wird, ist nach einem allgemeinen Erfahrungssatz von einer entgeltlichen Verfügung auszugehen (OLG München DNotZ 2012, 459 ff.) Umgekehrt ist der Testamentsvollstrecker im Falle einer abgekürzten Zahlung der Gegenleistung an einen vermeintlichen Vermächtnisnehmer bei berechtigten Zweifeln dessen wirksamer Vermächtniseinsetzung für die Entgeltlichkeit konkret beweisbelastet (OLG München DNotZ 2014, 69 ff.; Keim MittBayNot 2014, 71 f.). Entsprechendes gilt bei engen verwandtschaftlichen Beziehungen zwischen den Vertragsbeteiligten, bspw. im Rahmen einer Erbauseinandersetzung zwischen Familienangehörigen (DNotI-Gutachten DNotI-Report 2011, 135, 136; ähnlich zur vergleichbaren Problematik des § 2113 Abs. 2 BGB bei Nacherbfolgeanordnung OLG Braunschweig Rpfleger 1991, 204). Nach § 2211 Abs. 1 BGB verliert der Erbe, obschon er Rechtsträger der Nachlassgegenstände bleibt, an den der Verwaltung des Testamentsvollstreckers unterliegenden Nachlassgegenständen seine Verfügungsbefugnis. Das Verfügungsrecht des Testamentsvollstreckers erfasst dabei ausschließlich die einzelnen Nachlassgegenstände und Erbteile des Erblassers an einem anderen Nachlass, nicht jedoch die Erbteile am betroffenen Nachlass, über die der (Mit-)Erbe uneingeschränkt verfügungsbefugt bleibt (BGH v. 9.5.1984 – IV a ZR 234/82, MDR 1985, 32 = FamRZ 1984, 780 f. = NJW 1984, 2464 (2465 f.)). Daher kann ein an den **Erbteilen** der Erben vermachter Nießbrauch trotz Anordnung von Testamentsvollstreckung nicht durch den Testamentsvollstrecker, sondern ausschließlich von den Erben bestellt (DNotI-Gutachten DNotI-Report 2014, 155 f.; aA Kraiß, BWNotZ 1986, 12, 13; Winkler Testamentsvollstrecker, Rz. 242) und sodann im Wege der erweiternden Anwendung analog § 1071 BGB mittels Grundbuchberichtigung im Grundbuch eingetragen werden (DNotI-Gutachten DNotI-Report 2014, 155 f.; Schöner/Stöber, Grundbuchrecht, Rz. 1366).

13a Wird der Testamentsvollstrecker im Rahmen der Veräußerung von Grundbesitz aus dem Nachlass nach Eintragung der Auflassungsvormerkung für den Erwerber **geschäftsunfähig** sowie anschließend gleichwohl aufgrund zuvor erteilter notarieller Vollmacht der Vollzug des Eigentumswechsels bewilligt und im Grundbuch vollzogen, sind zwar die schuldrechtliche Verpflichtung zur Übereignung nach § 130 Abs. 2 BGB und die Vormerkung wirksam (DNotI-Gutachten DNotI-Report 2014, 75, 76). Aufgrund zwischenzeitlicher Geschäftsunfähigkeit endet das Testamentsvollstreckeramt nach §§ 2225, 2201 BGB gesetzlich unter Vonselbsteintritt der Kraftlosigkeit des Testamentsvollstreckerzeugnisses gem. § 2368 Abvs. 3 BGB (DNotI-Gutachten DNotI-Report 2014, 75, 76). Soweit diesbezüglich jedoch mit der wohl hM eine analoge Anwendung von § 878 BGB bejaht wird (OLG Brandenburg VIZ 1995, 365; LG Neubrandenburg MDR 1995, 491; MünchKomm.BGB/Kohler § 878 BGB Rz. 11; Palandt/Bassenge § 878 BGB Rz. 11; Böhringer BWNotZ 1984, 137, 139 f.; aA OLG Frankfurt OLGZ 1980, 100 ff.; BayObLG NJW 1956, 1279; OLG Celle NJW 1953, 945) und die Geschäftsunfähigkeit erst nach Eingang des Antrags auf Vollzug des Eigentumswechsels beim Grundbuchamt eingetreten ist, wäre der Eigentumswechsel gleichwohl wirksam (DNotI-Gutachten DNotI-Report 2014, 75, 76). Andernfalls muss bzw. sollte zur Vermeidung von Restrisiken mangels diesbezüglicher höchstrichterlicher Rspr. der Ersatztestamentsvollstrecker bzw. Erbe die Gesamtverfügung in Gestalt der Auflassung und Grundbuchumschreibung genehmigen, dadurch Konvaleszens iSd. § 185 Abs. 2 Satz 1 Alt. 1 BGB auslösen und auf eine Verlautbarung der Genehmigung mittels Klarstellungsvermerks im Grundbuch hinwirken (DNotI-Gutachten DNotI-Report 2014, 75, 77), wenn die Eigentumsübertragung nicht bereits mittels Grundbuchberichtigung rückgängig gemacht wurde. Ansonsten ist eine neue Auflassung erforderlich (DNotI-Gutachten DNotI-Report 2014, 75, 76).

Zur Vermeidung eines gutgläubigen Erwerbs Dritter bei Grundstücken ist gem. § 52 GBO im **Grundbuch** ein Testamentsvollstreckervermerk einzutragen, wobei den diesbezüglichen Grundbuchberichtigungsantrag, der keine Verfügung über den betroffenen Grundbesitz darstellt, auch ein Miterbe stellen kann (OLG Stuttgart ZEV 2014, 97 f.). Auf Antrag des Vermächtnisvollstreckers kann auch ein Vermächtnisvollstreckervermerk im Grundbuch eingetragen werden (BayObLGZ 1990, 82; Staudinger/Reimann § 2223 BGB Rz. 22). Im Gegensatz zur Testamentsvollstreckung wird die Vermächtnisvollstreckung jedoch nicht im Erbschein vermerkt (KGJ 43 A, 92, 94; 46, 141, 144; Staudinger/Reimann § 2223 BGB Rz. 21). 13b

Die Aufnahme eines Testamentsvollstreckervermerkes in eine **Gesellschafterliste** nach § 40 Abs. 1 GmbHG ist mangels diesbezüglichen Vertrauenstatbestandes hinsichtlich der Vertretungsmacht des darin genannten Gesellschafters aus Gründen der Registerklarheit unzulässig (OLG Köln MittBayNot 2014, 549, 550 f.; OLG München FGPrax 2012, 37), während für einen unter Dauertestamentsvollstreckung stehenden **Kommanditisten** wegen eines diesbezüglichen Informationsbedürfnisses des Rechtsverkehrs ein Testamentsvollstreckervermerk im Handelsregister einzutragen ist (BGH FGPrax 2012, 121). Zur Problematik von Dauertestamentsvollstreckung im Handels- und Gesellschaftsrecht s. Kap. 86 Rz. 19. 13c

Gem. § 2206 BGB ist der Testamentsvollstrecker im Rahmen seiner Verfügungsbefugnis auch dazu berechtigt, sich zu entsprechenden Verfügungen zu **verpflichten** und zur ordnungsgemäßen Verwaltung erforderliche Verbindlichkeiten für den Nachlass einzugehen. Er ist gem. § 2212 BGB für Aktivprozesse ausschließlich, gem. § 2213 BGB für Passivprozesse neben den Erben konkurrierend **prozessführungsbefugt**. 14

Ein Testamentsvollstrecker kann in Gestalt einer „Kombinationslösung“ bspw. auch gleichzeitig für die Vorerbschaft, die Nacherbenvollstreckung und eine Vermächtnisvollstreckung ernannt sein, wobei die Vermächtnisvollstreckung sogar die **Entgegennahme der Auflassung durch den Vermächtnisnehmer** erfasst (OLG München DNotZ 2013, 695; OLG Hamm DNotZ 2011, 221). Durch Anordnung einer derartigen Vermächtnisvollstreckung können insbesondere auch bei minderjährigen Kindern als Vermächtnisnehmern etwaige aus den Regelungen der §§ 1795 Abs. 1 Nr. 1, Abs. 2 iVm. § 181 BGB entstehende Probleme bei der Vermächtniserfüllung (s. dazu Kap. 15 Rz. 55) umgangen werden, wobei jedoch das Restrisiko einer Ergänzungspflegerbestellung für die Wahrnehmung eventueller Rechte des minderjährigen Vermächtnisnehmers gegenüber seinem Elternteil als Testamentsvollstrecker verbleibt (BGH DNotZ 2008, 782; Odersky notar 2011, 242, 244). 14a

Im Rahmen der **Vermächtniserfüllung** sollte der Testamentsvollstrecker vor vollständiger Nachlassauseinandersetzung zur Vermeidung von Restrisiken aus einer eventuellen Haftung des Nachlasses für die Steuer aller am Erbfall Beteiligten aus § 20 Abs. 3 ErbStG den Vermächtnisgegenstand bis zur **Sicherstellung** der Begleichung einer eventuell anfallenden **Erbschaftsteuer** durch den Ver- 14b mächtnisnehmer bzw. eines diesbezüglichen Negativattests des zuständigen Finanzamtes zurückbehalten (Weidmann ZEV 2014, 404, 407 f.).

15 Typische **Erweiterungen** der gesetzlich vorgesehenen Verfügungsmacht des Testamentsvollstreckers sind insbesondere dessen Befreiung von den Beschränkungen des § 181 BGB und Einräumung der Berechtigung zur Eingehung von Verbindlichkeiten für den Nachlass in unbeschränktem Umfang nach § 2207 Satz 1 BGB, wobei aufgrund § 2220 BGB vom zwingenden Grundsatz der ordnungsgemäßen Verwaltung des Nachlasses iSd. § 2216 Abs. 1 BGB nicht befreit werden kann, durch letztwillige Verfügung getroffene schuldrechtliche Anordnungen des Erblassers jedoch nach § 2216 Abs. 2 BGB zu befolgen sind.

M 84.5 Erweiterung der gesetzlichen Verfügungsmacht des Testamentsvollstreckers

(Verfügung von Todes wegen – Auszug)[1]

...

Der Testamentsvollstrecker unterliegt in der Eingehung von Verbindlichkeiten für den Nachlass keinen Beschränkungen. Er ist von den Beschränkungen des § 181 BGB befreit.

...

1 Zu Eingang, Form und Schlussformel s. **M 80.6** (eigenhändiges Einzeltestament), **M 80.1** (notariell beurkundetes Einzeltestament), **M 85.1** (eigenhändiges gemeinschaftliches Testament), **M 85.2** (notariell beurkundetes gemeinschaftliches Testament) und **M 85.3** (Erbvertrag).

Kosten: *Notargebühr:* wie **M 84.1**.

16 Die gesetzliche Verfügungsmacht des Testamentsvollstreckers kann jedoch auch **beschränkt** werden. Dabei kommt insbesondere die Anordnung in Betracht, dass bestimmter Grundbesitz ohne Zustimmung aller Erben nur an einen bestimmten Personenkreis übertragen werden darf.

M 84.6 Einschränkung der gesetzlichen Verfügungsmacht des Testamentsvollstreckers

(Verfügung von Todes wegen – Auszug)[1]

...

Dem Testamentsvollstrecker ist untersagt, den Grundbesitz in ... (genauer Grundbuchbeschrieb) innerhalb der ersten ... (Dauer) Jahre nach meinem Tod ohne Zustimmung sämtlicher Erben an andere Personen als an einen oder mehrere Erben – an Erben nur dann, wenn die Veräußerung vollentgeltlich erfolgt – zu veräußern.

...

1 Zu Eingang, Form und Schlussformel s. **M 80.6** (eigenhändiges Einzeltestament), **M 80.1** (notariell beurkundetes Einzeltestament), **M 85.1** (eigenhändiges gemeinschaftliches Testament), **M 85.2** (notariell beurkundetes gemeinschaftliches Testament) und **M 85.3** (Erbvertrag).

Kosten: *Notargebühr:* wie **M 84.1**.

16a Zur Erfüllung einer bspw. vermächtnisweisen Übertragung von Grundbesitz durch den Testamentsvollstrecker an sich selbst als in einem lediglich **eigenhändigen Testament** begünstigten Vermächtnisnehmer genügt die Vorlage einer beglaubigten Abschrift des eigenhändigen Testaments und des Eröffnungsprotokolls (OLG Düsseldorf ZEV 2014, 200 ff.). Aufgrund ausschließlicher Erfüllung einer Verbindlichkeit nach § 181 Halbs. 2 BGB sind die Insichgeschäftsbeschränkungen des § 181 BGB nicht verletzt. In einem **Testamentsvollstreckerzeugnis** müssen im Hinblick auf die Verfügungsmacht des Testamentsvollstreckers sämtliche Beschränkungen oder Erweiterungen der gesetzlichen Regelung angegeben werden. Hierzu gehören insbesondere die Freistellung bei der Eingehung von Verbindlichkeiten und entgegen der hM (OLG Köln FGPrax 2012, 105 f.; OLG Hamm DNotZ 2004, 808, 810; MünchKomm.BGB/J. Mayer § 2368 BGB Rz. 37; Palandt/Weidlich § 2368 BGB Rz. 2) die Befreiung von den Beschränkungen des § 181 BGB (Letzel ZEV 2004, 289, 290; Fröhler BWNotZ 2006, 97, 101) einerseits sowie das Verbot zu bestimmten Verfügungen andererseits.

Befindet sich Nachlass im **Ausland** und wird dort eine Testamentsvollstreckung nach deutschem 17
Recht nicht anerkannt, kann sich eine **zusätzliche Vollmacht** auf den Todesfall empfehlen (Langenfeld/Fröhler, Testamentsgestaltung, 3. Kap. Rz. 367 ff.).

VI. Vergütung und Auslagenersatz des Testamentsvollstreckers

Gem. § 2221 BGB erhält der Testamentsvollstrecker für seine Tätigkeit eine angemessene Ver- 18
gütung, soweit keine besondere Bestimmung getroffen worden ist. Dieser Vergütungsanspruch ist das Gegenstück zur Verantwortlichkeit des Testamentsvollstreckers gegenüber den Erben bei schuldhafter Pflichtverletzung nach § 2219 BGB. Grundsätzlich ist der **Erblasserwille** bei der Bemessung der Vergütung vorrangig maßgebend. Gleichwohl kann eine davon abweichende Vereinbarung mit den Erben wirksam getroffen werden, auf die sich der Testamentsvollstrecker später berufen kann.

➲ **Praxistipp:** Zur Vermeidung eines späteren Streits über die angemessene Höhe der Ver- 19
gütung, die sich nach nur schwer bezifferbaren Gesichtspunkten wie Testamentsvollstreckeraufgaben und Zusammensetzung des Wertes des Nachlasses bemisst, sollte der Erblasser in der Praxis anerkannte, ohne seine Anordnung jedoch nicht verbindliche Richtlinien in seiner letztwilligen Verfügung für maßgebend erklären. Hierunter fallen insbesondere die „Rheinische Tabelle", die „Möhring'sche Tabelle" sowie die **Empfehlungen** des deutschen Notarvereins zur Testamentsvollstreckervergütung – sog. Neue Rheinische Tabelle (speziell dazu OLG Schleswig notar 2010, 22 f. mit Anm. Odersky) – (ausführliche Nachweise finden sich bei Bengel/Reimann X Rz. 28 ff.). Daneben kann auch ein fester Prozentsatz des Reinnachlasses oder ein bestimmter Pauschalbetrag als Vergütungssatz zuzüglich Auslagenersatz festgesetzt werden. Aufgrund der Erbrechtsreform gilt nach Art. 229 § 23 EGBGB nunmehr aufgrund der Aufhebung des § 197 Abs. 1 Nr. 2 BGB aF auch für alle am 31.12.2009 noch nicht verjährten Vergütungsanspüche von Testamentsvollstreckern die regelmäßige dreijährige Verjährungsfrist nach § 195 BGB, die gem. § 199 BGB mit dem Schluss desjenigen Jahres beginnt, in dem der Gläubiger von seinem Anspruch Kenntnis erlangt oder ohne grobe Fahrlässigkeit erlangen müsste, andernfalls tritt Verjährung spätestens dreißig Jahre nach Anspruchsentstehung ein. Angesichts des Risikos einer oftmals vergessenen Zwischenabrechnung empfiehlt sich die Anordnung einer **Verjährungsfristverlängerung** durch Verfügung von Todes wegen nach § 202 Abs. 2 BGB (Odersky notar 2009, 362, 365 f.).

M 84.7 Anordnung von Vergütung und Auslagenersatz für den Testamentsvollstrecker

(Verfügung von Todes wegen – Auszug)[1]

...

Der Testamentsvollstrecker hat Anspruch auf Ersatz seiner Auslagen. Er kann daneben für seine Tätigkeiten nur dann ein Honorar geltend machen, wenn Testamentsvollstrecker eine andere Person

1 Zu Eingang, Form und Schlussformel s. **M 80.6** (eigenhändiges Einzeltestament), **M 80.1** (notariell beurkundetes Einzeltestament), **M 85.1** (eigenhändiges gemeinschaftliches Testament), **M 85.2** (notariell beurkundetes gemeinschaftliches Testament) und **M 85.3** (Erbvertrag).

als einer der Miterben ist. Dem Testamentsvollstrecker steht dann eine Vergütung iHv. . . . Euro/eine angemessene Vergütung zu, wobei diese an den Empfehlungen des Deutschen Notarvereins (Neue Rheinische Tabelle mit eventuellen Fortschreibungen) ausgerichtet sein soll und der Testamentsvollstrecker die Vergütung nach billigem Ermessen festsetzen darf[2]*/Dem Testamentsvollstrecker steht ein Honorar nach den Regelungen der „Rheinischen Tabelle"/iHv . . . % des Reinnachlasses zu. Ich bestimme hiermit, dass der Vergütungsanspruch erst dreißig Jahre nach meinem Tod verjährt.*

. . .

2 Odersky notar 2010, 23.

Kosten: *Notargebühr:* wie **M 84.1**.

19a Besteht tatsächlich bspw. aufgrund einer erst später bekannt werdenden abweichenden weiteren Verfügung von Todes wegen, die die in einem zuvor eröffneten Testament bzw. Erbvertrag noch angeordnete Testamentsvollstreckung aufhebt, oder wegen einer zum Wegfall der Testamentsvollstreckung führenden Erbausschlagung rückwirkend ab dem Erbfall **keine wirksame Testamentsvollstreckungsanordnung**, hat ein insoweit gutgläubig auf das Bestehen seines Amtes vertrauender vermeintlicher Testamentsvollstrecker keinerlei Vergütungs- oder Aufwendungsersatzansprüche, wenn alle Erben von Anfang an dessen Testamentsvollstreckung abgelehnt haben (BGHZ 69, 235 ff.; Erman/M. Schmidt § 2221 BGB Rz. 18; aA Bengel/Reimann, Handbuch Testamentsvollstreckung, Kap. VIII Rz. 167; Mayer/Bonefeld/Wälzholz/Weidlich Testamentsvollstreckung, S. 298 f.). Haben die Erben jedoch die Testamentsvollstreckung nicht von Anfang an abgelehnt, stehen dem gutgläubigen vermeintlichen Testamentsvollstrecker hingegen sehr wohl Ansprüche auf Vergütung aus §§ 675, 612, 316, 315 Abs. 3 BGB bzw. Aufwendungsersatz nach § 683 BGB zu (BGH NJW 1963, 1615; Erman/M. Schmidt § 2221 BGB Rz. 18; Palandt/Weidlich § 2197 BGB Rz. 4).

VII. Nach- und Nachnacherbentestamentsvollstreckung

20 Gem. § 2222 BGB kann ein Testamentsvollstrecker auch ausschließlich zu dem Zweck ernannt werden, bis zum Eintritt einer angeordneten Nacherbfolge die **Rechte des Nacherben** auszuüben und dessen Pflichten zu erfüllen. Dabei nimmt der Nacherbenvollstrecker zwischen Erbfall und Nacherbfall insbesondere die Kontroll-, Sicherungs- und Mitwirkungsrechte des Nacherben wahr. Die Nacherbenvollstreckung beschränkt dabei ausschließlich die Rechte des Nacherben, nicht jedoch die Rechte des Vorerben. Insbesondere ist der Nacherbenvollstrecker an Stelle des Nacherben für eventuelle Zustimmungen zu Verfügungen über Nachlassgegenstände nach den §§ 2113 ff. BGB zuständig. Durch eine Nacherbenvollstreckung entfällt das Bedürfnis für die Anordnung einer Pflegschaft und ggf. für eine Mitwirkung des Betreuungsgerichts hinsichtlich der bis zum Zeitpunkt des Eintritts des Nacherbfalls noch nicht bekannten Nacherben.

21 Die Nacherbenvollstreckung kann mit anderen Testamentsvollstreckungen verbunden werden oder für sich alleine bestehen. Bei Anordnung weiterer Nacherbfolgen ist auch eine Nachnacherbentestamentsvollstreckung zur Ausübung der Rechte und Erfüllung der Pflichten der **weiteren Nacherben** möglich.

22 ➲ **Praxistipp:** Zur Vermeidung von Auslegungsschwierigkeiten sollte in der letztwilligen Verfügung ausdrücklich klargestellt werden, ob eine Testamentsvollstreckung bei einer Vor- und Nacherbfolge **ausschließlich** die Rechte und Pflichten der Nacherben oder zusätzlich auch des Vorerben erfassen soll.

M 84.8 Nacherbentestamentsvollstreckung/Nachnacherbentestamentsvollstreckung

(Verfügung von Todes wegen – Auszug)[1]

...

Die Aufgabe des Testamentsvollstreckers ist darauf beschränkt, die Rechte und Pflichten der Nacherben/und der Nachnacherben des erstversterbenden Ehegatten bis zum Eintritt des Nacherbfalls/des jeweils ersten Nacherbfalls wahrzunehmen. Der Vorerbe unterliegt hingegen keiner Testamentsvollstreckung. Hat beim Eintritt der Nacherbfolge der jüngste Nacherbe das 21. Lebensjahr noch nicht vollendet, ist der Testamentsvollstrecker zusätzlich bis zur Vollendung des 21. Lebensjahres des jüngsten Nacherben mit der Verwaltung des gesamten Nachlasses des erstversterbenden Ehegatten betraut.

ggf.: *Dies gilt entsprechend für die weitere Nacherbfolge.*

...

1 Zu Eingang, Form und Schlussformel s. **M 80.6** (eigenhändiges Einzeltestament), **M 80.1** (notariell beurkundetes Einzeltestament), **M 85.1** (eigenhändiges gemeinschaftliches Testament), **M 85.2** (notariell beurkundetes gemeinschaftliches Testament) und **M 85.3** (Erbvertrag).

Kosten: *Notargebühr:* wie **M 84.1**.

VIII. Schiedsrichter und Schiedsgutachter

23 Der Erblasser kann durch Verfügung von Todes wegen hinsichtlich des Nachlasses unter Ausschluss der ordentlichen Gerichtsbarkeit für **rechtliche** Streitigkeiten einen Schiedsrichter und für **tatsächliche** Feststellungen einen Schiedsgutachter ernennen, wobei die Klärung von Pflichtteilsansprüchen zwingend den staatlichen Gerichten vorbehalten bleibt, da sich die Schieds- aus der Testierfähigkeit ableitet und der Erblasser nicht über Pflichtteilsrechte verfügen kann (Rosenberg/Schwab/Gottwald, § 175 ZPO Rz. 3; MünchKomm.BGB/Leipold § 1937 BGB Rz. 32; Nieder/Kössinger § 15 Rz. 330; aA Zöller/Geimer § 1066 ZPO Rz. 18), die objektive Schiedsfähigkeit in Deutschland entsprechend § 1059 Abs. 2 Nr. 2 Buchst. a ZPO deutschem Recht unterliegt (Mankowski ZEV 2014, 395 f.; Haas IPrax 1992, 292, 294) und nach § 1030 Abs. 1 Satz 1 ZPO nur vermögensrechtliche Gegenstände schiedsfähig sind (Mankowski ZEV 2014, 395, 397; Werner ZEV 2011, 506, 507 f.). Für diese Ämter kommt auch der Testamentsvollstrecker in Betracht. Streitigkeiten über die Entlassung des Testamentsvollstreckers, die auf einer letztwilligen Verfügung gem. § 1066 ZPO und nicht auf einer zwischen dem Testamentsvollstrecker und den Erben bzw. sonstigen Beteiligten vereinbarten Schiedsklausel beruhen, können einem Schiedsgericht hingegen nicht zugewiesen werden (OLG Karlsruhe NJW 2010, 688 f.).

23a Bei **Auslandsbezug** richtet sich die objektive Schiedsfähigkeit gemäß Art. V (2) (a) UNÜ (New Yorker UN-Übereinkommen über die Anerkennung und Vollstreckung ausländischer Schiedssprüche v. 10.6.1958, BGBl. II 1961, S. 122) nach der lex fori (Mankowski ZEV 2014, 395, 396). Innerhalb eines danach schiedsfähigen Schiedsverfahrens gelten in Verfahren über ab dem 17.8.2015 verstorbene Erblasser die IPR-Regelungen einschließlich diesbezüglicher Rechtswahltatbestände der EuErbVO innerhalb deren Anwendungsbereichs im Gegensatz zu den insoweit kraft Natur der Sache unanwendbaren dortigen Vorschriften über gerichtliche Zuständigkeit, Anerkennung bzw. Vollstreckbarerklärung gerichtlicher Entscheidungen bzw. das Europäische Nachlasszeugnis (Mankowski, ZEV 2014, 395, 398 f.).

M 84.9 Testamentsvollstrecker als Schiedsrichter und Schiedsgutachter

(Verfügung von Todes wegen – Auszug)[1]

...

Hiermit ernenne ich meinen jeweiligen Testamentsvollstrecker zum Schiedsrichter für alle rechtlichen Fragen sowie zum Schiedsgutachter für alle tatsächlichen Umstände, die hinsichtlich meines Nachlasses eventuell streitig sein werden. Die ordentliche Gerichtsbarkeit ist insoweit ausgeschlossen. Der Testamentsvollstrecker entscheidet dabei in Funktion eines Einzelrichters nicht öffentlich seitens der Beteiligten ohne Anwaltszwang nach den Regelungen der ZPO und des GVG. Von der hiesigen Bestimmung sind jedoch eventuelle Streitigkeiten bezüglich des Testamentsvollstreckeramtes nicht erfasst. Dem Testamentsvollstrecker steht für seine Tätigkeit als Schiedsrichter bzw. Schiedsgutachter eine gesonderte angemessene Vergütung zu. Ich bestimme hiermit, dass dieser Vergütungsanspruch erst dreißig Jahre nach meinem Tod verjährt.

...

1 Vgl. Langenfeld/Fröhler, Testamentsgestaltung, 3. Kap. Rz. 371 mit M 138. Zu Eingang, Form und Schlussformel s. **M 80.6** (eigenhändiges Einzeltestament), **M 80.1** (notariell beurkundetes Einzeltestament), **M 85.1** (eigenhändiges gemeinschaftliches Testament), **M 85.2** (notariell beurkundetes gemeinschaftliches Testament) und **M 85.3** (Erbvertrag).

Kosten: *Notargebühr:* wie **M 84.1**.

IX. Postmortale Vollmacht für den Testamentsvollstrecker in gesonderter Urkunde bzw. Testamentsvollstrecker und post- oder transmortal bevollmächtigter Dritter

24 Soweit – wie bspw. bei Auslandsbelegenheit von Nachlassgegenständen oder im Rahmen einer Apothekenverpachtung (s. Kap. 87 Rz. 50) – zweifelhaft ist, ob dem Testamentsvollstrecker alleine durch Anordnung der Testamentsvollstreckung ausreichende Verfügungsmacht zuteil wird, sollte diesem zusätzlich in gesonderter Urkunde postmortale Vollmacht erteilt und der Erbe durch Auflage am Widerruf der Vollmacht gehindert werden. Geschieht die Vollmachtserteilung durch notarielle Beurkundung, ist der Notar anzuweisen, dem Testamentsvollstrecker unter Vorlage des Testamentsvollstreckerzeugnisses Vollmachtsausfertigung zu erteilen (Langenfeld/Fröhler, Testamentsgestaltung, 3. Kap. Rz. 372 mit M 139).

M 84.10 Anordnungen hinsichtlich dem Testamentsvollstrecker gesondert erteilter postmortaler Vollmacht

(Verfügung von Todes wegen – Auszug)[1]

...

Dem Testamentsvollstrecker wird in gesonderter notarieller Urkunde postmortale Vollmacht erteilt, deren Widerruf dem Erben hiermit während der Dauer der Testamentsvollstreckung durch Auflage untersagt ist. Zugleich ist der die Vollmacht beurkundende Notar angewiesen, dem Testamentsvollstrecker gegen Vorlage des Testamentsvollstreckerzeugnisses Vollmachtsausfertigung zu erteilen.

...

1 Vgl. Langenfeld/Fröhler, Testamentsgestaltung, 3. Kap. Rz. 372 mit M 139. Zu Eingang, Form und Schlussformel s. **M 80.6** (eigenhändiges Einzeltestament), **M 80.1** (notariell beurkundetes Einzeltestament), **M 85.1** (eigenhändiges gemeinschaftliches Testament), **M 85.2** (notariell beurkundetes gemeinschaftliches Testament) und **M 85.3** (Erbvertrag).

Kosten: *Notargebühr:* wie **M 84.1**.

Bei einer **postmortalen** Vollmacht – insbesondere an den mit Vermächtnissen und Testamentsvollstreckung zur Vermächtniserfüllung belasteten Alleinerben zur Löschung einer Rückerwerbsvormerkung an dem ihm durch den Erblasser zu Lebzeiten übergebenen Grundbesitz – ist im Wege der Auslegung regelmäßig von dem Willen des vollmachtgebenden Erblassers für deren eigenständigen Bestand neben den Befugnissen des Testamentsvollstreckers auszugehen, ohne dass sie durch Konfusion erlischt, da u.a. die Erbenposition unklar sein kann (OLG München FamRZ 2013, 402 f.; Weidlich, MittBayNot 2013, 196, 199). Dagegen kann eine bereits vor dem Erbfall über den Tod des Erblassers hinaus geltende **transmortale** Vollmacht nur dann „selbständig neben der Testamentsvollstreckung stehen und dem Vollmachtnehmer eigenständige, vom Erblasser und nicht vom Testamentsvollstrecker abgeleitete Befugnisse verleihen", wenn sich durch Auslegung nach § 133 BGB aus der Perspektive des Vollmachtgebers keine Kollision mit den Aufgaben des Testamentsvollstreckers ergibt (OLG München ZEV 2012, 376 f.; Odersky notar 2012, 60 f.; Reimann MittBayNot 2012, 228 f.), wobei im Falle alleiniger Beerbung des Erblassers durch den transmortal Bevollmächtigten die transmortale Vollmacht ggf. durch Konfusion erlöschen kann (OLG Hamm DNotZ 2013, 689 ff.; kritisch dazu Amann MittBayNot 2013, 367 ff.), während sie jedenfalls bei bloßer Miterbenstellung des Bevollmächtigten fortgilt (OLG Schleswig FGPrax 2014, 206 ff.) Sicherheitshalber kann das Verhältnis zwischen Vollmacht und Testamentsvollstreckung im Vollmachtstext klargestellt werden. 24a

M 84.10a Vertretungsberechtigung des Bevollmächtigten im Falle einer Testamentsvollstreckung

(Vollmacht – Auszug)[1]

...

Die Vollmacht ist frei widerruflich. Sie besteht über den Tod hinaus fort. Der Bevollmächtigte ist auch dann vertretungsberechtigt, wenn ein Testamentsvollstrecker ernannt sein sollte.

...

1 In Anlehnung an Odersky notar 2012, 61 f.

Erben können ggf. nach §§ 667 iVm. § 1922 BGB verschuldensunabhängig **Herausgabe** bzw. gem. §§ 667, 280 iVm. § 1922 BGB verschuldensabhängig **Schadensersatz** aus auf sie im Wege der Erbfolge übergegangenen Ansprüchen des Erblassers als Vollmachtgeber gegen den Bevollmächtigten beispielsweise aus ungeklärten Geldabhebungen von einem vollmachtsbezogen verwalteten Konto des Erblassers geltend machen (OLG Brandenburg RNotZ 2014, 374 ff.). 24b

X. Gesamtmuster

Nachstehend sind exemplarisch zwei Gesamtmuster für Testamentsvollstreckungsanordnungen skizziert. Das erste Gesamtmuster behandelt eine **typische** Testamentsvollstreckungsklausel eines Erblassers ohne spezifisches betriebliches Vermögen. Das zweite Gesamtmuster gibt eine Testamentsvollstreckungsklausel für einen Unternehmernachlass wieder. 25

M 84.11 Testamentsvollstreckungsklausel für nichtbetriebliches Vermögen

(Verfügung von Todes wegen – Auszug)[1]

...

Ich ordne Testamentsvollstreckung nach folgender Maßgabe an:

1. *Zum Testamentsvollstrecker ist ... (Vor- und Nachname), geb. am ... (Geburtsdatum), wohnhaft ... (Wohnanschrift), ersatzweise ... (Vor- und Nachname), geb. am ... (Geburtsdatum), wohnhaft ... (Wohnanschrift), ernannt. Der Testamentsvollstrecker hat das Recht, einen Nachfolger zu ernennen. Wird der jeweils ernannte Testamentsvollstrecker nicht Testamentsvollstrecker, steht vorrangig dem erstgenannten, nachranging dem ersatzweise genannten Testamentsvollstrecker das Bestimmungsrecht als Drittem nach § 2198 BGB zu, der diese Erklärung danach in öffentlich beglaubigter Form gegenüber dem Nachlassgericht abzugeben hat. Ersatzweise ist das Nachlassgericht ersucht, einen geeigneten Testamentsvollstrecker zu bestimmen.*
2. *Der Testamentsvollstrecker hat die Aufgabe, unter den Miterben die Erbauseinandersetzung nach den gesetzlichen Vorschriften zu bewirken. Diese hat nach billigem Ermessen zu erfolgen. Vorab sind die o.g. Vermächtnisse und Auflagen – insbesondere die Sicherstellung meiner Grabpflege aus dem Nachlassguthaben – zu erfüllen. Der Testamentsvollstrecker hat desweiteren die Aufgabe, den gesamten Nachlass im Wege der Dauertestamentsvollstreckung bis zur Vollendung des 21. Lebensjahres des jüngsten Erben für alle Erben zu verwalten.*
3. *Der Testamentsvollstrecker unterliegt in der Eingehung von Verbindlichkeiten für den Nachlass keinen Beschränkungen. Er ist von den Beschränkungen des § 181 BGB befreit.*
4. *Der Testamentsvollstrecker hat Anspruch auf Ersatz seiner Auslagen. Er kann daneben für seine Tätigkeiten nur dann ein Honorar geltend machen, wenn Testamentsvollstrecker eine andere Person als einer der Miterben ist. Dem Testamentsvollstrecker steht in diesem Fall eine angemessene Vergütung zu, wobei diese an den Empfehlungen des Deutschen Notarvereins (Neue Rheinische Tabelle mit eventuellen Fortschreibungen) ausgerichtet sein soll und der Testamentsvollstrecker die Vergütung nach billigem Ermessen festsetzen darf*[2]*. Ich bestimme hiermit, dass der Vergütungsanspruch erst dreißig Jahre nach meinem Tod verjährt.*

...

1 Zu Eingang, Form und Schlussformel s. **M 80.6** (eigenhändiges Einzeltestament), **M 80.1** (notariell beurkundetes Einzeltestament), **M 85.1** (eigenhändiges gemeinschaftliches Testament), **M 85.2** (notariell beurkundetes gemeinschaftliches Testament) und **M 85.3** (Erbvertrag).

2 Odersky notar 2010, 23.

Kosten: *Notargebühr:* wie **M 84.1**.

M 84.12 Testamentsvollstreckungsklausel für betriebliches Vermögen

(Verfügung von Todes wegen – Auszug)[1]

...

Ich ordne Testamentsvollstreckung nach folgender Maßgabe an:

Zum Testamentsvollstrecker ernenne ich Herrn Rechtsanwalt und Steuerberater ... (Vor- und Nachname), geb. am ... (Geburtsdatum), geschäftsansässig in ... (Anschrift), der meine betriebliche und außerbetriebliche Vermögensstruktur in allen Einzelheiten kennt und mich seit vielen Jahren berät. Ersatzweise ist Herr Rechtsanwalt und Steuerberater ... (Vor- und Nachname), geb. am ...

1 Zu Eingang, Form und Schlussformel s. **M 80.6** (eigenhändiges Einzeltestament), **M 80.1** (notariell beurkundetes Einzeltestament), **M 85.1** (eigenhändiges gemeinschaftliches Testament), **M 85.2** (notariell beurkundetes gemeinschaftliches Testament) und **M 85.3** (Erbvertrag).

(Geburtsdatum), geschäftsansässig in ... (Anschrift), ernannt, der Herrn ... (Vor- und Nachname des ersternannten Testamentsvollstreckers) im Rahmen dessen Tätigkeit für mich schon mehrfach unterstützend beraten und vertreten hat. Der Testamentsvollstrecker hat das Recht, einen Nachfolger zu ernennen. Wird der jeweils ernannte Testamentsvollstrecker nicht Testamentsvollstrecker, steht vorrangig dem erstgenannten, nachranging dem ersatzweise genannten Testamentsvollstrecker das Bestimmungsrecht als Drittem nach § 2198 BGB zu, der diese Erklärung danach in öffentlich beglaubigter Form gegenüber dem Nachlassgericht abzugeben hat. Ersatzweise ist das Nachlassgericht ersucht, einen geeigneten Einzeltestamentsvollstrecker zu bestimmen.

Der Testamentsvollstrecker hat die Aufgabe, die nicht zum betrieblichen Vermögen gehörenden Teile des Nachlasses entsprechend den weiteren testamentarisch von mir getroffenen Bestimmungen nach billigem Ermessen auseinander zu setzten, die vorstehend ausgesetzten Vermächtnisse zu erfüllen und die testamentarisch angeordneten Auflagen zu überwachen. Des weiteren hat er mein in den Nachlass fallendes betriebliches Vermögen zu verwalten, insbesondere meine Beteiligung an der Firma ... (Firmenname), bis ... (Vor- und Nachname) das 25. Lebensjahr vollendet hat.

Der Testamentsvollstrecker unterliegt in der Eingehung von Verbindlichkeiten für den Nachlass keinen Beschränkungen. Er ist von den Beschränkungen des § 181 BGB befreit.

Dem Testamentsvollstrecker steht neben dem Ersatz seiner Auslagen als Vergütung für die Auseinandersetzungsvollstreckung hinsichtlich des nicht zum betrieblichen Vermögen gehörenden Nachlassteiles einmalig ... % dieses Bruttowertes zu. Für die Verwaltungsvollstreckung bezüglich des betrieblichen Vermögens erhält der Testamentsvollstrecker neben dem Ersatz seiner Auslagen ... % des Jahresbilanzgewinns, der auf die von ihm auf Grund dieses Testaments verwaltete Beteiligung entfällt. Von einer Ausschüttung des Gewinns an den Gesellschafter ist dieser Vergütungsanspruch nicht abhängig. Dem Testamentsvollstrecker steht allerdings eine Vergütung mindestens iHv. ... % des von der betroffenen Firma an ihren jeweiligen Geschäftsführer gezahlten Gehalts zu. Ich bestimme hiermit, dass der Vergütungsanspruch erst dreißig Jahre nach meinem Tod verjährt.

...

Kosten: *Notargebühr:* wie **M 84.1**.

Kapitel 85 Gemeinschaftliches Testament und Erbvertrag

Literatur: *Buchholz*, Berliner Testament (§ 2269 BGB) und Pflichtteilsrecht der Abkömmlinge – Überlegungen zum Ehegattenerbrecht, FamRZ 1985, 872; *Dörner*, Probleme des neuen Internationalen Erbrechts, DNotZ 1988, 67; *Keim*, Regelungen für den „gemeinsamen" und „gleichzeitigen" Tod im Ehegattentestament, ZEV 2005, 10; *Langenfeld*, Freiheit oder Bindung beim gemeinschaftlichen Testament oder Erbvertrag von Ehegatten?, NJW 1987, 1577; *Mayer*, Der Änderungsvorbehalt beim Erbvertrag – erbrechtliche Gestaltung zwischen Bindung und Dynamik, DNotZ 1990, 755; *Meinke*, Vor- und Nachteile von Ehegatten-Testamenten und Erbverträgen, DStR 1981, 523; *S. Schmidt*, Ehegattentestament und Neues Erbschaftsteuerrecht, BWNotZ 1998, 97; *Völzmann*, Wiederverheiratungsklauseln, RNotZ 2012, 1. S. auch die Literaturhinweise zu Kap. 80.

I. Gemeinschaftliches Testament

1 Partner, die in einer **Ehe** oder **gleichgeschlechtlichen Lebenspartnerschaft** nach LPartG leben, können durch gemeinschaftliches Testament einheitlich für den Tod beider Partner testieren. Anderen Personen ist das Gestaltungsmittel des gemeinschaftlichen Testaments verwehrt. Dies gilt insbesondere für verschiedengeschlechtliche nichteheliche Lebensgemeinschaften, gleichgeschlechtliche Lebenspartnerschaften, die in keiner Lebenspartnerschaft nach LPartG leben, Verlobte, Geschwister oder anderweitig Verwandte bzw. Bekannte. Sie sind in derartigen Fällen, soweit sie nicht jeweils Einzeltestamente verfassen, sondern korrespondierende Erklärungen wünschen, auf die Errichtung eines Erbvertrages (s. Rz. 12 ff.) angewiesen. Gem. § 2268 Abs. 1 BGB bzw. § 10 Abs. 5 LPartG jeweils iVm. § 2077 BGB ist die Wirksamkeit des gemeinschaftlichen Testamentes grundsätzlich an den Bestand der Ehe bzw. der Lebenspartnerschaft zum Zeitpunkt des Todes des erstversterbenden Partners geknüpft, soweit bei Testamentserrichtung kein anderer Erblasserwille bestand (zu den einzelnen Tatbestandsvarianten des § 2077 BGB insbesondere im Stadium der Einleitung

der Ehe- bzw. Lebenspartnerschaftsauflösung s. Kap. 80 Rz. 59a ff.; zum Ausschluss des **gesetzlichen** Ehegatten- bzw. Lebenspartnerschaftserbrechts nach § 1933 BGB bzw. § 10 Abs. 3 LPartG s. Kap. 80 Rz. 22).

Hinsichtlich der **Form** gelten die allgemeinen Vorschriften über die Errichtung von Testamenten, wobei § 2267 BGB insoweit eine Formerleichterung vorsieht, als es ausreichend ist, wenn der eine Partner die beiderseitigen Verfügungen in der Form des § 2247 eigenhändig niederschreibt sowie unterzeichnet und der andere Partner diese sodann eigenhändig mitunterzeichnet. 2

Zur Vermeidung von Auslegungsschwierigkeiten sollte das gemeinschaftliche Testament in einer äußerlich **einheitlichen Urkunde** errichtet werden. Ergibt sich die gewollte Gemeinschaftlichkeit des Testamentes aus anderen Umständen, können auch zwei getrennte Testamentsurkunden als gemeinschaftliches Testament gewertet werden, wenn sich aus beiden Einzelurkunden der Wille für ein gemeinschaftliches Testieren bspw. durch Verwendung der „Wir"-Form bzw. der Formulierung „gemeinsam" oder durch einen gemeinschaftlichen verbindenden Zusatz bzw. Nachtrag zu den Einzelurkunden zumindest andeutungsweise ergibt (OLG München ZEV 2008, 485; Erman/Kappler vor § 2265 BGB Rz. 4; DNotI-Gutachten DNotI-Report 2014, 41 ff.), wobei zusätzlich, nicht jedoch ausschließlich, auch Auslegungsumstände von außerhalb der jeweiligen Urkunde herangezogen werden können (Palandt/Weidlich Einf v § 2265 BGB Rz. 7), umgekehrt aber eine bloße Übereinstimmung der Errichtungszeit, Papierverwendung und des in Ich-Form geschriebenen Textes alleine nicht ausreicht (OLG München ZEV 2008, 485; BayObLG FamRZ 1991, 1485; Langenfeld/Fröhler, Testamentsgestaltung 5. Kap. Rz. 15). Es ist jedoch davon abzuraten, auf derartige Auslegungsergebnisse zu vertrauen. Im Gegensatz zu einem Erbvertrag bedarf ein gemeinschaftliches Testament nicht der notariellen Beurkundung. 3

Das gemeinschaftliche Testament kann neben allgemeinen einseitig angeordneten letztwilligen Verfügungen auch **wechselbezügliche** Verfügungen iSd. § 2270 Abs. 1 BGB enthalten. Hierzu gehören gem. § 2270 Abs. 3 BGB ausschließlich Erbeinsetzungen, Vermächtnisse oder Auflagen. Anders als der Erbvertrag, der mindestens eine vertragsmäßig bindende letztwillige Verfügung enthalten muss, kann ein gemeinschaftliches Testament auch ohne wechselbezügliche Verfügungen wirksam errichtet werden. 4

Aus steuerlichen Gesichtspunkten kommen für die Entscheidung der Fragen nach der inhaltlichen Gestaltung der letztwilligen Verfügung beim gemeinschaftlichen Testament grundsätzlich die gleichen Gesichtspunkte in Betracht wie beim einfachen Testament. 5

Ob die **Kinder** bereits in die Erbfolge des Erstversterbenden **einbezogen** werden sollen, die Regelung sich also an die gesetzliche Erbfolge anlehnt, dürfte wirtschaftlich davon abhängen, ob der überlebende Ehegatte dabei ausreichend versorgt ist bzw. zu Lebzeiten alleine verfügungsbefugt sein soll. Steuerlich spricht für eine solche Lösung – beim einfachen wie beim gemeinschaftlichen Testament – die Möglichkeit der Aufteilung des Nachlasses mit Ausnutzung aller Freibeträge bei Vermeidung höherer Sätze des progressiv gestaffelten Tarifs. 6

Von einer **gegenseitigen Einsetzung** der Ehegatten als Alleinerben sollte aus steuerlichen Gründen dann **abgesehen** werden, wenn das Vermögen des einen Ehegatten sehr groß, das des anderen sehr klein ist. Denn sollte der Ehegatte mit dem kleinen Vermögen zuerst versterben, stellt der Hinzuerwerb bei dem Überlebenden wirtschaftlich keine Notwendigkeit, oft nicht einmal einen Vorteil dar. Im Falle des Todes des Längstlebenden führt er aber zu einer weiteren Erhöhung der von den Kindern oder sonstigen Erben des Längstlebenden zu zahlenden Erbschaftsteuer. Soll in derartigen Fällen noch zu Lebzeiten beider Ehegatten eine Bindung des Längstlebenden erreicht werden, ist der Erbvertrag das geeignete Mittel. 7

Bei einem **wechselbezüglichen** gemeinschaftlichen Testament, bei dem der überlebende Ehegatte an die die Einsetzung des Schlusserben betreffende Verfügung gebunden ist, sind nach § 15 Abs. 3 ErbStG die mit dem erstverstorbenen Ehegatten näher verwandten Erben und Vermächtnisnehmer als seine Erben anzusehen, erhalten also einen höheren Freibetrag und gehören evtl. einer günstigeren Steuerklasse an, soweit das Vermögen des Erstversterbenden beim Tode des überlebenden Ehegatten noch vorhanden ist. 8

9 Nach § 2270 Abs. 1 BGB sind in einem gemeinschaftlichen Testament getroffene Verfügungen nur dann **wechselbezüglich und damit für den überlebenden Ehegatten/Lebenspartner bindend** getroffen, wenn anzunehmen ist, dass die Verfügung des einen Ehegatten/Lebenspartner nicht ohne die Verfügung des anderen Ehegatten/Lebenspartner getroffen worden wäre, wenn also jede der beiden Verfügungen mit Rücksicht auf die jeweils andere Verfügung getroffen worden ist und nach dem übereinstimmenden Willen der Ehegatten/Lebenspartner zum Zeitpunkt der Testamentserrichtung die eine mit der anderen Verfügung stehen oder fallen soll (OLG München MittBayNot 2008, 229, 230). Fehlt eine ausdrückliche klare und eindeutige Aussage zur Wechselbezüglichkeit, muss diese nach den allgemeinen Auslegungsgrundsätzen der §§ 133, 2084 BGB und für jede Verfügung gesondert geprüft bzw. ermittelt werden (BGH NJW-RR 1987, 1410; OLG München MittBayNot 2008, 229, 230).

10 **Zu prüfen** ist eine etwaige Wechselbezüglichkeit insbesondere zwischen der Alleinerbeneinsetzung des Längstlebenden durch den Erstversterbenden und der Schlusserbeneinsetzung durch den Längstlebenden sowie zwischen der tatsächlich ins Leere laufenden Schlusserbeneinsetzung durch den letztlich Erstversterbenden und der tatsächlich maßgebenden Schlusserbeneinsetzung durch den letztlich Längstlebenden. Erst wenn die Ermittlung des Erblasserwillens weder die gegenseitige Abhängigkeit noch die gegenseitige Unabhängigkeit der beiderseitigen Verfügungen ergibt, kann die Auslegungsregel des § 2270 Abs. 2 BGB in Betracht kommen und möglicherweise Anwendung finden (OLG München MittBayNot 2008, 229, 230). Soweit § 2070 Abs. 2 BGB danach zur Anwendung kommen sollte, gelten insbesondere gegenseitige Erbeinsetzungen sowie die Einsetzung von Verwandten des Erstversterbenden oder sonstigen mit diesem in einer engen persönlichen Beziehung bzw. inneren Verbindung nahe stehenden Personen zu Schlusserben auf den Tod des Längstlebenden im Zweifel als wechselbezüglich bindend vereinbart.

10a Fällt jedoch ein zum Schlusserben eingesetzter Abkömmling weg, findet auf diesbezügliche Ersatzerben die zu einer Wechselbezüglichkeit führende Auslegungsregel des § 2270 Abs. 2 BGB nur dann Anwendung, wenn deren Ersatzerbeneinsetzung **nicht ausschließlich** auf der Auslegungsregel des **§ 2069 BGB** beruht und damit nicht zwei Auslegungsregeln kumuliert werden (BGH DNotZ 2002, 661; OLG München FamRZ 2010, 1846; BayObLG FGPrax 2001, 248; Langenfeld/Fröhler, Testamentsgestaltung, 5. Kap. Rz. 100; DNotI-Gutachten DNotI-Report 2014, 124; Keim ZEV 2002, 437, 439; Schmucker DNotZ 2002, 665; OLG Hamm ZEV 2004, 68). Daher ist § 2069 BGB hinsichtlich der Ersatzerbenberufung sehr wohl anwendbar, wenn die Wechselbezüglichkeit individuell ausgelegt und nicht aus § 2270 Abs. 2 BGB abgeleitet wird (DNotI-Gutachten DNotI-Report 2014, 124; Reimann/Bengel/J. Mayer § 2270 BGB Rz. 36). Die vorstehenden Grundsätze geltend aufgrund analoger Anwendung des § 2270 Abs. 2 BGB im Erbvertragsrecht (BGH DNotZ 1970, 356; OLG Zweibrücken FamRZ 1995, 1021; Langenfeld/Fröhler, Testamentsgestaltung, 5. Kap. Rz. 100; DNotI-Gutachten DNotI-Report 2014, 124, 125; Staudinger/Kanzleiter § 2278 BGB Rz. 10) entsprechend für die Feststellung vertragsmäßiger Verfügungen bei erbvertraglicher Ersatzerbeneinsetzung (OLG München NJW-RR 2012, 9; Langenfeld/Fröhler, Testamentsgestaltung, 5. Kap. Rz. 116; DNotI-Gutachten DNotI-Report 2014, 124, 125; Keim ZEV 2004, 245, 256; aA OLG Celle FamRZ 2013, 1164).

10b Wird bspw. „die Kirche“ als Schlusserbe eingesetzt und kann dies noch im Rahmen des Höchstpersönlichkeitsprinzips nach § 2065 Abs. 2 BGB hinreichend zuverlässig mittels Auslegung konkretisiert werden, dürfte nur in Ausnahmefällen bspw. bei einem besonderen nahezu lebenswerkähnlichen diesbezüglichen Engagement (OLG München ZEV 2000, 104 zu einer Stiftung; Langenfeld/Fröhler, Testamentsgestaltung 5. Kap. Rz. 117; DNotI-Gutachten DNotI-Report 2013, 164, 165) bzw. bei Ehegatten mit unterschiedlicher Konfession und jeweils ausschließlich auf die eigene Konfession ausgerichteter anteiliger Zuwendungsabsicht im Schlusserbfall (DNotI-Gutachten DNotI-Report 2013, 164, 165; Frisch BWNotZ 2000, 63) als wechselbezüglich bindend angesehen werden können.

10c ➲ **Praxistipp:** Aufgrund der Ungewissheit des Ergebnisses des vorgeschalteten Auslegungsverfahrens sollte daher im gemeinschaftlichen Testament **ausdrücklich klargestellt** werden, welche letztwilligen Verfügungen der Wechselbezüglichkeit unterliegen und daher bindend sind (s. **M 85.1** bzw. **M 85.2**).

Wenn ein gemeinschaftliches Testament bspw. wegen Nichtbestehens einer Ehe/Lebenspartnerschaft, Fehlens der Unterschrift bzw. wegen **Testierunfähigkeit** eines der beiden Ehegatten/Lebenspartner unwirksam ist, können darin enthaltene, auch wechselbezügliche Verfügungen des anderen testierfähigen bzw. unterschreibenden Partners wegen diesbezüglicher Dispositionsfreiheit **in ein wirksames Einzeltestament umgedeutet** werden, soweit dieser Erblasser seine Verfügungen auch in Kenntnis der unwirksamen Verfügungen des bspw. testierunfähigen anderen Partners getroffen hätte (OLG München FGPrax 2014, 214 unter Hinweis auf BGH ZEV 2011, 251 zur Ausschlagung einer Vermächtnisanordnung aus gemeinschaftlichem Testament; OLG München ZEV 2010, 471; BayObLG FamRZ 2004, 224; jurisPK-BGB/Reymann § 2265 Rz. 18 f.; Staudinger/Kanzleiter § 2265 Rz. 12; aA OLG Düsseldorf FamRZ 1997, 165; OLG Hamm FamRZ 1997, 55). 10d

➲ **Praxistipp:** Zur Vermeidung ungewollter Auslegungsergebnisse sollte daher in einem **notariell beurkundeten** gemeinschaftlichen Testament ausdrücklich klargestellt werden, ob dieses, soweit kein anderer Wille festgestellt werden kann, (jeweils) in ein entsprechendes Einzeltestament umzudeuten ist, wenn es wider Erwarten aus anderen als den in §§ 2268, 2077 BGB genannten Gründen unwirksam sein sollte (s. **M 85.2**). Für ein **eigenhändiges** gemeinschaftliches Testament kommt hingegen lediglich eine zusätzliche Errichtung eines jeweiligen eigenhändigen Einzeltestaments in Betracht, da nur so das Erfordernis der eigenhändigen handschriftlichen Texterrichtung bei beiden Testierern und nicht nur bei demjenigen Erblasser gewahrt ist, der den Text des gemeinschaftlichen Testaments eigenhändig handschriftlich geschrieben hatte. 10e

Gem. § 2270 Abs. 1 BGB resultiert aus der Nichtigkeit oder dem Widerruf einer als wechselbezüglich vereinbarten Verfügung die Unwirksamkeit der anderen als wechselbezüglich vereinbarten Verfügung. Zu Lebzeiten sind wechselbezügliche Verfügungen zwar höchstpersönlich im Zustand eigener Testierfähigkeit frei widerruflich, der **Widerruf** bedarf jedoch gem. § 2271 Abs. 1 Satz 1 iVm. § 2296 BGB der notariellen Beurkundung und der Erklärung gegenüber dem anderen Ehegatten/Lebenspartner, ohne dass ein bestimmter Widerrufsgrund erforderlich wäre. Hierzu ist dem anderen Ehegatten/Lebenspartner eine Ausfertigung der notariellen Urkunde über den einseitig erklärten Widerruf mittels Gerichtsvollziehers zuzustellen (s. Kap. 88 Rz. 11 und **M 88.7**). Nach dem Tod des erstversterbenden Ehegatten/Lebenspartners erlischt gem. § 2271 Abs. 2 Satz 1 BGB das Recht des längstlebenden Ehegatten/Lebenspartners zum Widerruf der wechselbezüglichen Verfügungen, soweit nicht formgerecht ein Änderungsvorbehalt vereinbart worden ist. **Schlägt** der längstlebende Ehegatte/Lebenspartner das ihm Zugewendete nach dem Tod des erstversterbenden Ehegatten **aus**, erlangt er seine Widerrufsfreiheit gem. § 2271 Abs. 2 Satz 1 Halbs. 2 BGB zurück (vgl. dazu Keim MittBayNot 2014, 303, 307), wobei dann eine dortige gemeinsam von beiden Partnern für jeden von ihnen angeordnete wechselbezügliche Schlusserbeneinsetzung derselben Person regelmäßig nicht als Ersatzerbenbestimmung ausgelegt werden kann (OLG Hamm MDR 2014, 1033), stattdessen gesetzliche Erbfolge nach dem Erstversterbenden eintritt und daher möglichst ausdrückliche einzelfallbezogene Ersatzerbfolgeregelungen zu erwägen sind (Soutier MittBayNot 2014, 511). **Auch nach Annahme** der Zuwendung kann der Überlebende gem. § 2271 Abs. 2 Satz 2 BGB nach Maßgabe der §§ 2294 bzw. 2336 BGB seine Verfügung **aufheben.** 11

Wurde eine **Wiederverheiratungsklausel** (vgl. dazu Rz. 28) vereinbart, droht im Falle der Wiederheirat des Längstlebenden auslegungsbedingt ein stillschweigender Wegfall seiner Bindung (vgl. dazu MünchKomm.BGB/Musielak § 2269 BGB Rz. 62). Zur Vermeidung ungewollter Auslegungsergebnisse sollte das gemeinschaftliche Testament bei Vorhandensein einer Wiederverheiratungsklausel eine ausdrückliche positive oder negative Regelung zur diesbezüglichen Bindungswirkung bei Eintritt eines Wiederverheiratungsfalls enthalten (s. Rz. 31 und **M 85.9** bzw. **M 85.10**).

M 85.1 Eigenhändiges gemeinschaftliches Ehegattentestament[1] – Urkundenmantel

(Eingang, Widerruf eventueller Verfügungen von Todes wegen, Einordnung in wechselbezügliche und einseitige Verfügungen, Angabe über Ort und Datum, Unterschriften)

Unser Testament

Wir, ... (Vor- und Nachname), geboren am ... (Geburtstag) in ... (Geburtsort) und ... (Vor- und Nachname), geboren am ... (Geburtstag) in ... (Geburtsort), beide wohnhaft in ... (Ort, Straße, Hausnummer), errichten hiermit unser Testament. Uns geht es jeweils gesundheitlich gut. Wir sind jeweils im vollen Besitz unserer geistigen Kräfte. Wir können über unseren Nachlass frei verfügen. Insbesondere ist keiner von uns durch einen Erbvertrag mit Dritten oder durch ein gemeinschaftliches Testament gebunden. Vorsorglich widerruft jeder von uns hiermit alle bisher von ihm getroffenen Verfügungen von Todes wegen. Unser letzter Wille bestimmt sich daher ausschließlich nach unserem hier niedergeschriebenen Testament.

... (letztwillige Verfügungen unter Angabe, ob die jeweilige konkrete Verfügung wechselbezüglich bindend oder frei aufhebbar ist) ... (Ort, Datum)

... (Unterschriften)

1 **Wichtig:** Text muss durch einen der beiden Ehegatten eigenhändig geschrieben und durch beide Ehegatten eigenhändig unterschrieben werden.

Kosten: Evtl. Gerichtsgebühr für die amtliche Verwahrung, 75 Euro gem. Nr. 12100 KV GNotKG.

M 85.2 Notarielles gemeinschaftliches Ehegattentestament – Urkundenmantel

(Eingang, Widerruf eventueller Verfügungen von Todes wegen, Einordnung in wechselbezügliche und einseitige Verfügungen, Belehrungen, Anträge, Vorlesevermerk, Unterschriften)

(Notarielles Beurkundungsprotokoll – Auszug)

Heute, am ... (Datum), sind vor mir Notar ... (Name) mit Amtssitz in ... (Ort) erschienen:

1. Herr ... (Vor- und Nachname, ggf. Geburtsname), geb. am ... (Geburtsdatum) in ... (Geburtsort), wohnhaft ... (Anschrift), Sohn des ... (Vor- und Nachname, ggf. Geburtsname des Vaters) und der ... (Vor- und Nachname, ggf. Geburtsname der Mutter), ausgewiesen durch ... (Ausweispapier)/auf Grund früherer Ausweisung persönlich bekannt.

2. Frau ... (Vor- und Nachname, ggf. Geburtsname), geb. am ... (Geburtsdatum) in ... (Geburtsort), wohnhaft ... (Anschrift), Tochter des ... (Vor- und Nachname, ggf. Geburtsname des Vaters) und der ... (Vor- und Nachname, ggf. Geburtsname der Mutter), ausgewiesen durch ... (Ausweispapier)/auf Grund früherer Ausweisung persönlich bekannt.

Zusätzlich liegt zum Nachweis des Geburtsortes jeweils eine Geburtsurkunde der Erschienenen vor/ Bei Beurkundung liegen keine Geburtsurkunden vor. Die Erschienenen wissen, dass das Testament im Erbfall nur dann sicher aufgefunden werden kann, wenn sie ihren jeweiligen Geburtsort heute richtig angegeben haben. Gleichwohl wird sofortige Beurkundung gewünscht. Der Notar wird insoweit von jeder Haftung freigestellt.

Herr/Frau ... (Vor- und Nachname des Erblassers) leidet nach eigenen Angaben an ... (Krankheit), ist jedoch bei klarem Verstand und kann seinen/ihren Willen deutlich und uneingeschränkt zum Ausdruck bringen. ... (je nach Krankheitsbild ggf. konkrete Schilderung des Verlaufs des Gesprächs mit dem Testierer). Er/sie ist uneingeschränkt testierfähig. Auf die Hinzuziehung eines Zeugen oder zweiten Notars wird verzichtet.

Herr/Frau . . . (Vor- und Nachname des Erblassers) hört nach eigenen Angaben leicht eingeschränkt und trägt ein Hörgerät. Eine Verständigung ist jedoch aufgrund des hier durch den Notar praktizierten lauten Sprechens uneingeschränkt möglich. Ergänzend wird Herrn/Frau . . . der Urkundentext vor Unterschrift zur Durchsicht vorgelegt. Er/sie ist uneingeschränkt testierfähig. Auf die Hinzuziehung eines Zeugen oder zweiten Notars wird verzichtet.

Die Erschienenen erklären, dass sie jeweils deutsche Staatsangehörige seien.

Sie seien im gesetzlichen Güterstand der Zugewinngemeinschaft verheiratet/auf Grund notariellen Ehevertrages im Güterstand der Gütertrennung verheiratet, hätten zwei gemeinschaftliche Kinder und seien durch Erbvertrag oder gemeinschaftliches Testament nicht gebunden.

Zur Beurkundung erklären die Erschienenen folgendes

Gemeinschaftliches Testament

Vorsorglich widerrufen wir hiermit jeweils alle von uns bisher etwa getroffenen Verfügungen von Todes wegen. Unser letzter Wille bestimmt sich daher ausschließlich nach dem hier beurkundeten Testament.

. . . (letztwillige Verfügungen)

Von den vorstehenden Verfügungen sind folgende Regelungen

1. unter gegenseitiger Annahme wechselbezüglich getroffen und damit für den längstlebenden Ehegatten, soweit kein Änderungsvorbehalt vereinbart ist, bindend:

. . .

2. einseitig getroffen und damit frei abänderbar: . . .

. . .

Wir wurden vom Notar über das Wesen des gemeinschaftlichen Testamentes und die Bedeutung der hier getroffenen Verfügungen eingehend belehrt, insbesondere über das gesetzliche Erb- und Pflichtteilsrecht, einschließlich des Pflichtteilsergänzungsrechts, sowie die gesetzlichen Regelungen über die erbrechtliche Ausgleichungspflicht im Falle einer Erbauseinandersetzung gem. §§ 2050 ff. BGB, die Anrechnungspflicht auf Pflichtteilsansprüche gem. §§ 2315 f. BGB und eventuelle mittelbare Bindungswirkungen für Verfügungen unter Lebenden analog §§ 2287 f. BGB. Wir wissen, dass wir eine Eröffnung der letztwilligen Verfügung des längstlebenden Ehegatten bereits beim Tod des erstversterbenden Ehegatten nur durch eine sprachlich getrennte Formulierung der jeweiligen Verfügungen erreichen können. Sollten wir Beteiligungen an Gesellschaften erwerben, werden wir die hier getroffenen letztwilligen Verfügungen auf ihre Vereinbarkeit mit dem jeweils zu Grunde liegenden Gesellschaftsvertrag überprüfen lassen, um eventuelle Vermögensnachteile zu vermeiden. Ferner ist uns bekannt, dass Ansprüche aus Verträgen zu Gunsten Dritter auf den Todesfall, insbesondere aus Lebensversicherungen oder bestimmten Sparkonten, nicht in den Nachlass fallen, sondern direkt dem ggf. im zu Grunde liegenden Vertrag benannten Bezugsberechtigten zukommen dürften.

Sollte das hiesige gemeinschaftliche Testament wider Erwarten aus anderen als den in §§ 2268, 2077 BGB genannten Gründen unwirksam sein, ist es, soweit kein anderer Wille festgestellt werden kann, (jeweils) in ein entsprechendes Einzeltestament umzudeuten.

Zum Zwecke der Kostenberechnung geben wir den Wert unseres Gesamtvermögens nach Abzug von Verbindlichkeiten mit . . . (aktueller Nettowert) an. Wir erbitten jeweils eine beglaubigte Kopie dieser Urkunde für unsere Unterlagen, eine weitere beglaubigte Kopie soll der Notar offen zur Urkundensammlung nehmen. Die Kosten dieser Urkunde einschließlich der amtlichen Verwahrung tragen wir zu gleichen Teilen. Über die gesamtschuldnerische Außenhaftung ist belehrt.

Vom Notar vorgelesen, von den Erschienenen genehmigt und wie folgt eigenhändig unterschrieben:

. . . (Unterschriften)

Kosten: *Notargebühr:* 2,0-Gebühr gem. Nr. 21100 KV GNotKG, mindestens 120 Euro. Geschäftswert gem. § 102 Abs. 1 GNotKG (Wert des Nachlasses, Verbindlichkeiten des Erblassers werden abgezogen, jedoch nur bis zur Hälfte des Werts des Vermögens).

II. Erbvertrag

12 Gem. § 1941 BGB kann ein Erblasser durch Erbvertrag – einem erbrechtlichen Vertrag sui generis, der im Gegensatz zum gemeinschaftlichen Testament nicht nur zwischen Ehegatten bzw. Lebenspartnern iSd. LPartG, sondern zwischen beliebigen Personen geschlossen werden kann – einen oder mehrere Erben einsetzen sowie Vermächtnisse und Auflagen anordnen. Im Gegensatz zu testamentarischen Verfügungen können durch Erbvertrag bereits zu Lebzeiten beider Partner **bindende** Anordnungen getroffen werden, die der Erblasser – soweit kein partieller Abänderungsvorbehalt vereinbart ist – alleine nicht mehr einseitig aufheben kann. Begünstigter Vertragserbe oder Vertragsvermächtnisnehmer kann sowohl der Vertragspartner selbst als auch ein Dritter sein (Lange, Erbrecht, Kap. 4 Rz. 151). Schließen der Erblasser und mehrere Vertragspartner eine gemeinsamen Erbvertrag, kann dieser nur von allen Beteiligten, mithin vom Erblasser und allen Vertragspartnern, nicht jedoch hinsichtlich des alleine zwischen dem Erblasser und einem der Vertragspartner betroffenen Teils nur von diesen beiden wirksam aufgehoben werden, wobei letztere Vereinbarung ggf. in einen diesbezüglich Zuwendungsverzichtsvertrag umgedeutet werden kann (OLG Hamm ZEV 2012, 266); s. dazu Kap. 89 Rz. 17e.

12a Nach § 2289 Abs. 1 Satz 1 BGB wird eine frühere letztwillige Verfügung, die den Erbvertrag beeinträchtigt, insoweit aufgehoben. Nach § 2289 Abs. 1 Satz 2 BGB ist in dem gleichen Umfang eine spätere Verfügung unbeschadet § 2297 BGB unwirksam. Hat eine vertragsmäßig bindende Verfügung bspw. aufgrund Vorversterbens bzw. Erbausschlagung aller dadurch Begünstigten zum Zeitpunkt des Erbfalls keine praktische Bedeutung mehr, ist eine spätere abweichende Verfügung nicht unwirksam (DNotI-Gutachten DNotI-Report 2010, 124 f.).

12b Gem. § 2279 Abs. 2 BGB bzw. § 10 Abs. 5 LPartG jeweils iVm. § 2077 BGB ist die Wirksamkeit des zwischen **Ehegatten, Lebenspartnern** bzw. **Verlobten** abgeschlossenen Erbvertrags grundsätzlich an den Bestand der Ehe, der Lebenspartnerschaft bzw. des Verlöbnisses zum Zeitpunkt des Todes des erstversterbenden Partners geknüpft, soweit bei Erbvertragserrichtung kein anderer Erblasserwille bestand. Entsprechendes gilt nach § 2279 Abs. 2 BGB hinsichtlich eines **bedachten Dritten.** Zu den einzelnen Tatbestandsvarianten des § 2077 BGB insbesondere im Stadium der Einleitung der Ehe- bzw. Lebenspartnerschaftsauflösung s. Kap. 80 Rz. 59a ff.; zum Ausschluss des **gesetzlichen** Ehegatten- bzw. Lebenspartnerschaftserbrechts nach § 1933 BGB bzw. § 10 Abs. 3 LPartG s. Kap. 80 Rz. 22.

13 Im Gegensatz zu einem gemeinschaftlichen Testament darf ein Erbvertrag **keinen Totalabänderungsvorbehalt** enthalten. Vielmehr muss der Erblasser in einem Erbvertrag mindestens hinsichtlich einer vertragsmäßigen Anordnung in seiner Gestaltungsfreiheit dauerhaft beschränkt bleiben, damit der Wesensgehalt des Erbvertrages als den Erblasser bindende Verfügung von Todes wegen nicht aufgegeben wird (BGH NJW 1958, 498; OLG München DNotZ 2009, 138). Dies erfordert jedoch nicht zwingend eine Anordnung ohne Änderungsvorbehalt. Vielmehr ist das eigentliche Wesen des Erbvertrages auch dann gewahrt, wenn die vorbehaltene Änderung nur unter bestimmten Voraussetzungen oder inhaltlich beschränkt möglich ist (OLG München DNotZ 2009, 138 f.).

14 Unabhängig davon ist beim Erbvertrag jedoch ein **Rücktrittsvorbehalt** – sowohl als Teil- als auch als Gesamtrücktrittsvorbehalt – möglich, auf Grund dessen zwar der Erbvertrag als solcher vollständig oder teilweise aufgehoben werden kann, der den Erbvertrag – und dies ist insofern für den Wesensgehalt entscheidend – aber nicht ohne Bindung an zumindest eine Verfügung weiter bestehen lässt (Nieder/Kössinger § 11 Rz. 75). Im Gegensatz zu einem gemeinschaftlichen Testament kann ein gegenseitiger Erbvertrag zu Lebzeiten beider Vertragspartner nicht frei, sondern lediglich bei formgerechter Vereinbarung eines entsprechenden Vorbehaltes nach § 2293 BGB oder Vorliegen eines besonderen Rücktrittsgrundes nach den §§ 2294 und 2295 BGB aufgrund **schwerwiegender Verfehlungen** des Begünstigten durch **Rücktritt** widerrufen werden. Ein Rücktrittsvorbehalt ist ausschließlich für vertragsmäßige Verfügungen erforderlich, da einseitige Verfügungen ohnehin frei änderbar sind, und kann entweder für einzelne vertragsmäßige Verfügungen oder für den gesamten Erbvertrag vorbehalten werden. Die letztgenannte Variante lässt dann aber auch den bloßen Rücktritt von einzelnen vertragsmäßigen Verfügungen zu (Erman/Kappler § 2293 BGB Rz. 2).

Der Vertragspartner, der selbst keine vertragsmäßige letztwillige Verfügung trifft, kann sich keinen Rücktritt iSd. § 2293 BGB, sondern lediglich bei Vereinbarung eigener Verpflichtungen (zB zu Pflegeleistungen) insoweit schuldrechtlich iSd. §§ 346 ff. BGB vorbehalten (MünchKomm.BGB/Musielak § 2293 BGB Rz. 5; Erman/Kappler § 2293 BGB Rz. 6; aA van Venrooy JZ 1987, 15). Im Regelfall enthält eine Wiederverheiratungsklausel (vgl. dazu Rz. 28) einen stillschweigenden Rücktrittsvorbehalt (MünchKomm.BGB/Musielak § 2293 BGB Rz. 5) bzw. Wegfall der Bindung des Längstlebenden (OLG Karlsruhe NJW 1961, 1410). 15

➲ **Praxistipp:** Zur Vermeidung von ungewollten Auslegungsergebnissen sollte der Erbvertrag eine ausdrückliche positive oder negative Regelung zum Rücktrittsvorbehalt und zur Bindungswirkung – ggf. auch ausdrücklich bei Vorhandensein einer Wiederverheiratungsklausel – enthalten. 15a

Gem. § 2278 Abs. 2 BGB können ausschließlich Erbeinsetzungen – auch die einer noch zu errichtenden Stiftung (s. **M 82.3**) als Stiftungsgeschäft durch Verfügung von Todes wegen iSd. § 83 BGB (BGH NJW 1978, 943, 944) –, Vermächtnisse und Auflagen **vertragsmäßig** angeordnet werden, während andere Verfügungen, insbesondere die Anordnung einer Enterbung (OLG München DNotZ 2006, 132, 133), Teilungsanordnung bzw. Testamentsvollstreckung (Erman/Kappler § 2278 BGB Rz. 2), lediglich einseitigen und damit frei abänderbaren Charakter haben. Als vertragsmäßig vereinbart gilt eine Verfügung grundsätzlich dann, wenn daran ein – zumindest nach konkreter Auslegung iSd. §§ 133, 157 BGB festgestelltes – eigenes vermögensrechtliches, familienbezogenes oder sonstiges Interesse des Vertragspartners besteht (RGZ 116, 321, 323 ff.; BayObLG Rpfleger 1983, 70, 71; Erman/Kappler § 2278 BGB Rz. 3). Ähnlich der Frage der Wechselbezüglichkeit letztwilliger Verfügungen bei gemeinschaftlichen Testamenten sollte daher zur Vermeidung ungewollter Auslegungsergebnisse auch bei Erbverträgen ausdrücklich klargestellt werden, welche Verfügungen vertragsmäßig bindend und welche einseitig frei abänderbar sind. 16

Mit Wirkung zum 1.8.2002 wurde durch § 2300 Abs. 2 BGB für Erbverträge, die ausschließlich Verfügungen von Todes wegen enthalten – somit bspw. nicht für den Erbvertragsteil neben zusätzlichen ehe-, pflichtteilsverzichts-, erbverzichts- bzw. pflegevertraglichen Verfügungen oder postmortalen Vollmachten in derselben Urkunde (DNotI-Gutachten DNotI-Report 2010, 40, 41) – die Möglichkeit einer **Rückgabe** aus der amtlichen oder notariellen Verwahrung eröffnet. Auf diese Weise kann nunmehr auch bei reinen Erbverträgen ohne derartige Zusatzregelungen eine nachlassgerichtliche Eröffnung von unwirksam gewordenen bzw. widerrufenen Verfügungen vermieden werden, deren Inhalt nicht bekannt werden soll. 17

➲ **Praxistipp:** Die Errichtung eines Erbvertrags löst auf Grund der notariellen Beurkundungspflicht im Gegensatz zu einem auch eigenhändig errichtbaren gemeinschaftlichen Testament zwingend Notarkosten – Verwahrungsgebühren können unter Verzicht auf besondere amtliche Verwahrung eingespart werden – aus, gewährleistet jedoch eine fachgerechte Erstellung und macht im Hinblick auf § 35 Abs. 1 Satz 2 GBO einen wiederum kostenpflichtigen Erbnachweis entbehrlich. Seit Inkrafttreten des GNotKG im Jahre 2013 ist im Gegensatz zur früheren Regelung nach § 46 Abs. 3 KostO bei gleichzeitiger Mitbeurkundung des Erbvertragsteils in einem Ehevertrag keine Gebührenvergünstigung mehr möglich. Zudem entfällt in diesen Fällen nach § 2300 Abs. 2 BGB die Rückgabemöglichkeit aus der amtlichen Verwahrung (s. Rz. 17). 18

M 85.3 Erbvertrag – Urkundenmantel

(Eingang, Widerruf eventueller Verfügungen von Todes wegen, Einordnung in vertragsmäßige und einseitige Verfügungen, Belehrungen, Anträge, Vorlesevermerk, Unterschriften)

(Notarielles Beurkundungsprotokoll – Auszug)

. . . (s. ***M 85.2****)*

Zur Beurkundung erklären die Erschienenen folgenden

Erbvertrag

Vorsorglich widerrufen wir hiermit jeweils alle von uns bisher etwa getroffenen Verfügungen von Todes wegen. Unser letzter Wille bestimmt sich daher ausschließlich nach dem hier beurkundeten Erbvertrag.

... (letztwillige Verfügungen)

Von den vorstehenden Verfügungen sind folgende Regelungen

1. unter gegenseitiger Annahme vertragsmäßig getroffen und damit für den längstlebenden Ehegatten, soweit kein Änderungsvorbehalt vereinbart ist, bindend:

...

2. einseitig getroffen und damit frei abänderbar: ...

...

Wir wurden vom Notar über das Wesen des Erbvertrages und die Bedeutung der hier getroffenen Verfügungen eingehend belehrt, insbesondere über das gesetzliche Erb- und Pflichtteilsrecht, einschließlich des Pflichtteilsergänzungsrechts, sowie die gesetzlichen Regelungen über die erbrechtliche Ausgleichungspflicht im Falle einer Erbauseinandersetzung gem. §§ 2050 ff. BGB, die Anrechnungspflicht auf Pflichtteilsansprüche gem. §§ 2315 f. BGB und eventuelle mittelbare Bindungswirkungen für Verfügungen unter Lebenden gem. §§ 2287 f. BGB. Wir wissen, dass wir eine Eröffnung der letztwilligen Verfügung des längstlebenden Ehegatten bereits beim Tod des erstversterbenden Ehegatten nur durch eine sprachlich getrennte Formulierung der jeweiligen Verfügungen erreichen können. Sollten wir Beteiligungen an Gesellschaften erwerben, werden wir die hier getroffenen letztwilligen Verfügungen auf ihre Vereinbarkeit mit dem jeweils zu Grunde liegenden Gesellschaftsvertrag überprüfen lassen, um eventuelle Vermögensnachteile zu vermeiden. Ferner ist uns bekannt, dass Ansprüche aus Verträgen zu Gunsten Dritter auf den Todesfall, insbesondere aus Lebensversicherungen oder bestimmten Sparkonten, nicht in den Nachlass fallen, sondern direkt dem im zu Grunde liegenden Vertrag benannten Bezugsberechtigten zukommen dürften.

Zum Zwecke der Kostenberechnung geben wir den Wert unseres Gesamtvermögens nach Abzug von Verbindlichkeiten mit ... (aktueller Nettowert) an. Wir erbitten jeweils eine beglaubigte Kopie dieser Urkunde für unsere Unterlagen. Auf besondere amtliche Verwahrung ist verzichtet. Die Kosten dieser Urkunde tragen wir zu gleichen Teilen.

Vom Notar vorgelesen, von den Erschienenen genehmigt und wie folgt eigenhändig unterschrieben:

... (Unterschriften)

Kosten: *Notargebühr:* wie **M 85.2**.

III. Gegenseitige Alleinerbeneinsetzung des Längstlebenden durch den Erstversterbenden

19 Setzen sich die Eheleute bzw. Lebenspartner (für sie gelten gem. § 10 Abs. 4 Satz 2 LPartG die §§ 2266–2273 BGB entsprechend) gegenseitig zu alleinigen Erben ein und ergibt sich aus der Verfügung von Todes wegen weiter, dass nach dem Tod des Längstlebenden der beiderseitige Nachlass an einen Dritten fallen soll, folgt aus der Auslegungsregel des § 2269 Abs. 1 BGB im Zweifel eine **Einheitslösung** im Sinne des klassischen Berliner Testaments als Vollerben- mit Schlusserbeneinsetzung. Im Gegensatz dazu steht die Trennungslösung in Form einer Vor- und Nacherbfolge mit Erbeinsetzung auf den Tod des Längstlebenden (s. **M 83.11**). Zur Vermeidung von Auslegungsschwierigkeiten empfiehlt sich gleichwohl, zusätzlich eine klarstellende Formulierung dergestalt in das gemeinschaftliche Testament aufzunehmen, dass eine Nacherbfolge nicht angeordnet ist (MünchVertragshdb./Nieder Bd. 6 Muster XVI.28 Ziff. 6). Soweit – insbesondere in einem eigenhändigen gemeinschaftlichen Testament – Ehegatten ausschließlich regeln, dass sie ihre gemeinsamen Kinder je zur Hälfte als Erben einsetzen, kann mangels formgültiger Äußerung keine vorherige gegenseitige Alleinerbeneinsetzung angenommen werden, wenn diese in dem Testament

nicht **wenigstens andeutungsweise** oder versteckt zum Ausdruck kommt, wozu deren Verfügung in der 1. Person Plural, eine ausdrückliche Anordnung in einem Entwurf oder ein schlichtes diesbezügliches Vergessen nicht ausreicht (BGH NJW 1980, 1592; Langenfeld/Fröhler, Testamentsgestaltung 5. Kap. Rz. 62; DNotI-Gutachten DNotI-Report 2011, 150 f.).

➲ **Praxistipp:** Gem. § 2271 Abs. 2 Satz 1 Halbs. 2 BGB kann der längstlebende Partner durch 20
Ausschlagung des ihm Zugewendeten eine ihn bindende letztwillige Verfügung doch noch aufheben. Soweit in diesem Zusammenhang eine Ausschlagung der testamentarischen Berufung unter Annahme des gesetzlichen Berufungsgrundes gem. § 1948 BGB für zulässig erachtet wird, besteht bei der Gestaltung von gemeinschaftlichen Testamenten ein Regelungsbedarf zur Ausschließung derartiger Rechte. Dabei empfiehlt sich zum einen eine Ersatzerbeneinsetzung der Schlusserben, durch die die gesetzliche Erbfolge verdrängt wird, und zum anderen eine ausdrückliche Enterbung des längstlebenden Ehegatten für den Fall der Ausschlagung bzw. der Anfechtung seiner testamentarischen Erbeinsetzung.

M 85.4 Gegenseitige Alleinerbeinsetzung des längstlebenden Ehegatten durch den erstversterbenden Ehegatten

(Verfügung von Todes wegen – Auszug)[1]

...

Der erstversterbende Ehegatte setzt den längstlebenden Ehegatten zu seinem alleinigen Vollerben ein. Eine Nacherbfolge ist nicht angeordnet.

Fällt der längstlebende Ehegatte als testamentarisch/erbvertraglich eingesetzter Erbe durch Anfechtung bzw. Ausschlagung weg, entfällt sein gesetzliches Erbrecht, wenn und soweit dadurch gemeinschaftliche Abkömmlinge der Eheleute Erben des erstversterbenden Ehegatten werden. Ersatzerben sind die Schlusserben entsprechend ihrer Schlusserbenberufung.

...

1 Zu Eingang, Form und Schlussformel s. **M 85.1** (eigenhändiges gemeinschaftliches Testament), **M 85.2** (notariell beurkundetes gemeinschaftliches Testament) und **M 85.3** (Erbvertrag).

Kosten: *Notargebühr:* wie **M 85.2**.

IV. Vermächtnis bei Tod des Erstversterbenden zu Gunsten eines Schlusserben

Insbesondere bei hohem Nachlassvermögen bietet sich für gemeinschaftliche Testamente oder gegenseitige Erbverträge bereits auf den Tod des erstversterbenden Ehegatten eine **Beteiligung der Schlusserben**, insbesondere der gemeinsamen Kinder bzw. Enkelkinder, wegen der ihnen zustehenden Erbschaftsteuerfreibeträge als Vermächtnisnehmer an, um die erbschaftsteuerliche Belastung des Längstlebenden beim ersten Erbfall bzw. beim späteren zweiten Erbfall auf den Tod des Längstlebenden der – oder insbesondere des einzigen – Schlusserben zu reduzieren. Dies gilt vor allem dann, wenn ein derartiges Vermächtnis den Längstlebenden in Anbetracht des Gesamtnachlassumfangs nicht unvertretbar belastet. Schlägt der pflichtteilsberechtigte Abkömmling das Vermächtnis nicht fristgerecht aus, steht ihm zudem nach § 2307 Abs. 1 Satz 2 BGB ein Recht auf den Pflichtteil insoweit nicht zu, als der Wert des Vermächtnisses reicht. Gleichzeitig kann daher auf diese Weise auch eine Reduzierung der Pflichtteilsansprüche erreicht werden. Vermächtnisgegenstand kann insbesondere ein beziffert oder prozentual definierter Geldbetrag sein. 21

➲ **Praxistipp:** Auch hier sollte klarstellend vermerkt werden, ob und bejahendenfalls welche Personen als Ersatzvermächtnisnehmer in Betracht kommen. 21a

M 85.5 Vermächtnisanordnung bei Tod des erstversterbenden Ehegatten neben Alleinerbeneinsetzung des längstlebenden Ehegatten

(Verfügung von Todes wegen – Auszug)[1]

...

Auf den Tod des erstversterbenden Ehegatten erhält unser einziges Kind ... (Vor- und Nachname), geb. am ... (Geburtsdatum), wohnhaft ... (Wohnanschrift), wenn der längstlebende Ehegatte Alleinerbe wird, vermächtnisweise einen Geldbetrag iHv. ... Euro (Wertangabe), höchstens jedoch den Betrag, der erbschaftsteuerfrei ist.

alternativ: *... % (prozentualer Anteil) meines in den Nachlass fallenden Bar-, Spar- bzw. Wertpapiervermögens, höchstens jedoch den Betrag, der erbschaftsteuerfrei ist.*

Das Vermächtnis ist innerhalb von sechs Monaten nach dem Tod des erstversterbenden Ehegatten fällig. Ersatzvermächtnisnehmer sind die Abkömmlinge des Vermächtnisnehmers nach den Regeln der gesetzlichen Erbfolge erster Ordnung. Weitere Ersatzvermächtnisnehmer werden nicht eingesetzt.

...

1 Zu Eingang, Form und Schlussformel s. **M 85.1** (eigenhändiges gemeinschaftliches Testament), **M 85.2** (notariell beurkundetes gemeinschaftliches Testament) und **M 85.3** (Erbvertrag).

Kosten: *Notargebühr:* wie **M 85.2**.

V. Supervermächtnis mit Bestimmungsbefugnis des Längstlebenden

22 Darüber hinaus kommt in zulässiger Durchbrechung des Höchstpersönlichkeitsgrundsatzes aus § 2065 BGB ein sog. **Supervermächtnis** (zu dieser aus der Kumulation verschiedener Bestimmungsrechte des Beschwerten entstandenen Terminologie Langenfeld/Fröhler, Testamentsgestaltung, 5. Kap. Rz. 204 mit Fn. 4) als besondere Ausgestaltung eines Zweckvermächtnisses in Betracht. Der Erstversterbende beschwert dadurch den alleine erbenden Längstlebenden zugunsten gemeinschaftlicher Abkömmlinge zum Zweck der Reduzierung von Pflichtteilsansprüchen iSd. § 2307 Abs. 1 Satz 2 BGB und Ausnutzung der Erbschaftsteuerfreibeträge der/des Begünstigten iSd. § 16 ErbStG unter Vorgabe einer Leistungsfrist, stellt aber die Bestimmung der konkreten berechtigten Person/en, des Vermächtnisgegenstandes und des genauen Zeitpunktes der Zuwendung nach §§ 2151, 2153, 2156 iVm. §§ 315, 2181 BGB in das Ermessen des Längstlebenden (Schmidt BWNotZ 1998, 97, 100; Langenfeld/Fröhler, Testamentsgestaltung, 5. Kap. Rz. 204 ff.).

23 Im Hinblick auf die steuerrechtlichen Vorschriften nach § 6 Abs. 4 ErbStG, nach der eine steuerliche Entlastung bei Anfall des Vermächtnisses erst zum Zeitpunktes des Todes des Beschwerten ausscheidet und die daher wegen der Auslegungsregel des § 2181 BGB (im Zweifel wird das Vermächtnis mit dem Tod des Beschwerten fällig) zu Schwierigkeiten führen kann, bzw. nach § 42 AO über den steuerlichen Gestaltungsmissbrauch sollte die Vermächtnisfälligkeit so gestaltet sein, dass sie nicht beim Tod des Beschwerten eintritt (DNotI-Gutachten DNotI-Report 2010, 3, 5). Vereinbaren statt dessen die kraft Berliner Testaments zu Schlusserben eingesetzten Kinder mit dem längstlebenden Elternteil, jeweils gegen Zahlung einer erst mit dessen Tod fälligen Abfindung auf die Geltendmachung von Pflichtteilsrechten zu verzichten, können die Kinder beim Tod des längstlebenden Elternteils keine Nachlassverbindlichkeiten iSd. § 10 Abs. 5 Nr. 1 ErbStG aus dieser Vereinbarung abziehen (BFH MittBayNot 2008, 324 ff. m. Anm. Ivo).

M 85.6 Supervermächtnis bei Tod des erstversterbenden Ehegatten zulasten des bestimmungsbefugten alleinerbenden Ehegatten

(Verfügung von Todes wegen – Auszug)[1]

...

Auf den Tod des erstversterbenden Ehegatten erhalten, wenn der längstlebende Ehegatte Alleinerbe wird, unsere gemeinsamen Kinder, ersatzweise die Abkömmlinge eines wegfallenden Kindes nach § 1924 Abs. 2 und 3 BGB zweckvermächtnisweise iSd. §§ 2151, 2153, 2156 iVm. 315, 2181 BGB ein Supervermächtnis. Der erstversterbenden Ehegatte verfolgt damit das Ziel, aus dem Kreis der Abkömmlinge einem, mehreren oder allen die Möglichkeit zu eröffnen, erbschaftsteuerliche Freibeträge auszunutzen, für die bei diesem Erbfall eintretende faktische Enterbung unter entsprechender Reduzierung des Pflichtteils abgefunden zu werden, und dem längstlebenden Ehegatten innerhalb dieser Vorgaben eigene Gestaltungsfreit zur eigenen Absicherung unter einer möglichst wirtschaftlich sinnvollen und gerechten Nachlassverteilung einzuräumen. Dieses Vermächtnis steht dabei in keinem unmittelbaren Zusammenhang mit dem Tod des längstlebenden Ehegatten. Insbesondere hat der längstlebende Ehegatte die Vermächtniserfüllung möglichst innerhalb einer Frist von drei Jahren, spätestens jedoch fünf Jahre nach dem Tod des erstversterbenden Ehegatten[2] *abzuschließen. Im Übrigen bestimmt der erstversterbende Ehegatte nach den §§ 2151, 2153, 2156 iVm. 315, 2181 BGB die konkrete Person/konkreten Personen aus dem vorgegebenen Kreis der Abkömmlinge, nach billigem Ermessen Gegenstand, Bedingung und Zeitpunkt der Leistung sowie innerhalb der vorgegebenen Frist den genauen ggf. auch gestaffelt erfolgenden Erfüllungszeitpunkt. Er ist weiter dazu berechtigt, Ausgleichsleistungen zu seinen Gunsten oder untervermächtnisweise zugunsten anderer Vermächtnisberechtigter zu bestimmen bzw. sich Nießbrauch, Wohnungsrechte, vormerkungsgesicherte Rückforderungsrechte und anderweitige dingliche Rechte vorzubehalten.*

...

1 In Anlehnung an Langenfeld/Fröhler, Testamentsgestaltung, 5. Kap. Rz. 204 ff. mit M 181, dieser unter Hinweis auf den Formulierungsvorschlag von Nieder/Kössinger § 6 Rz. 209, die sich wiederum unter Fn. 275 auf Wälzholz und Kornexl berufen. Zu Eingang, Form und Schlussformel s. **M 85.1** (eigenhändiges gemeinschaftliches Testament), **M 85.2** (notariell beurkundetes gemeinschaftliches Testament) und **M 85.3** (Erbvertrag).

2 **Wichtig:** Frist unterhalb der durchschnittlichen Lebenserwartung des Längstlebenden.

Kosten: *Notargebühr:* wie **M 85.2**.

VI. Schlusserbeneinsetzung auf den Tod des Längstlebenden

Die Schlusserbeneinsetzung der gemeinschaftlichen Kinder beider Ehegatten durch den längstlebenden Ehegatten ist ein typisches Beispiel für eine **wechselbezügliche** Verfügung entsprechend der Auslegungsregel des § 2270 Abs. 2 BGB bzw. einer **vertragsmäßigen** Verfügung eines gegenseitigen Erbvertrags. Für die Schlusserbeneinsetzung gelten zunächst dieselben Grundsätze wie für die einfache Erbeinsetzung. Auch hier sollte zur Vermeidung von Auslegungsschwierigkeiten klargestellt werden, ob und bejahendenfalls welche Ersatzschlusserben berufen sind bzw. wann Anwachsung eintritt. Sind keine gemeinschaftlichen Kinder vorhanden und wissen die Ehegatten/Lebenspartner noch nicht endgültig, wen sie zu Schlusserben einsetzen, sollte gleichwohl eine gemeinsame Lösung unter Abänderungsvorbehalt für den Längstlebenden bzw. durch Herausgabevermächtnis gefunden werden, da es ansonsten dem Zufall überlassen bliebe, wessen Verwandte auf Grund der Reihenfolge des Versterbens der Partner gesetzliche Erben würden. 24

Enthält eine gemeinschaftliche Verfügung von Todes wegen zwar keine ausdrückliche Schlusserbeneinsetzung, aber eine Pflichtteilsstrafklausel, durch die der seinen Pflichtteil beim Tod des Erstversterbenden gegenüber dem Überlebenden geltend machende Abkömmling auf den Schlusserbfall enterbt wird, kann mangels entsprechenden Erfahrungssatzes ohne anderweitige Anhaltspunkte für 24a eine entsprechende Auslegung eine letztwillige und dann im Zweifel wechselbezüglich bzw. vertragsmäßig bindende (OLG Karlsruhe ZEV 2006, 409; OLG Oldenburg FamRZ 1999, 1537 (Schlusserbeneinsetzung durch den Nacherben); OLG Köln NJW-RR 1994, 397) Schlusserbeneinsetzung der gemeinsamen den Pflichtteil nicht geltend machenden Kinder durch den Überlebenden nicht vermutet werden (OLG Düsseldorf ZEV 2014, 303; OLG Karlsruhe ZEV 2006, 409; OLG Hamm NJW-RR 2004, 1520; Langenfeld/Fröhler, Testamentsgestaltung 5. Kap. Rz. 63; Burandt/Rojahn/Braun, § 2269 BGB Rz. 24; Palandt/Weidlich § 2269 BGB Rz. 8; aA OLG Frankfurt ZEV 2002, 109; OLG Köln NJW-RR 1994, 397; offengelassen OLG München FGPrax 2012, 205 [Schlusserbeneinsetzung durch den Nacherben]).

25 Bei der Regelung der Schlusserbeneinsetzung sollte zusätzlich vermerkt werden, dass die Schlusserben in gleicher Weise Ersatzerben auf den Tod eines jeden Ehegatten/Lebenspartners im Falle des **gleichzeitigen oder**, was insoweit jedoch ausdrücklich durch Benennung einer Höchstzeitspanne einzugrenzen ist, **nahezu gleichzeitigen**, auf demselben Ereignis beruhenden Todes der Eheleute/Lebenspartner sind. Bleibt die exakte Todesfolge in einem nachlassgerichtlichen Verfahren – insbesondere bei einem gemeinsamen Unfall beider Eheleute/Lebenspartner – unklar, ist § 11 VerschG mit der Folge einschlägig, dass die Gleichzeitigkeit des Versterbens beider Eheleute unterstellt wird. Etwas anderes gilt jedoch dann, wenn die Ermittlungen des Nachlassgerichtes eine bestimmte Sterbeabfolge ergeben. Erbschaftsteuerlich ist es erstrebenswert, dass die Kinder in einem derartigen Fall nicht Schlusserben des längstlebenden Ehegatten, sondern jeweils Erben beider Ehegatten werden, um die Erbschaftsteuerfreibeträge somit doppelt und mit niedrigerer Progression in Anspruch nehmen zu können (Reimann/Bengel/J. Mayer S. 429 Fn. 21; Keim ZEV 2005, 10, 11).

26 Schließen der längstlebende Ehegatte/Lebenspartner und der Schlusserbe untereinander einen **Zuwendungsverzichtsvertrag** gem. § 2352 BGB (s. Kap. 89 Rz. 13 ff. und **M 89.4**), um Bindungswirkungen nach dem Tod des erstversterbenden Ehegatten zu Gunsten des längstlebenden Ehegatten zu beseitigen, bestand bis zum Inkrafttreten der Erbrechtsreform, somit für Nachlässe eines vor dem 1.1.2010 verstorbenen Erblassers das Problem, dass eine derartige vertragliche Vereinbarung gegenüber allen Ersatzschlusserben, die den Zuwendungsverzichtsvertrag (insbesondere weil sie als Ersatzerben noch nicht bekannt sind oder mangels eigener Geschäftsfähigkeit bzw. gerichtlicher Genehmigungserteilung kein Vertragsbeteiligter sein können) nicht mitabschließen, grds. keine Wirkung entfaltete (dazu und zu den Ausnahmen s. Kap. 89 Rz. 14 f.). Ähnlich der Problematik bei der Übertragung von Nacherbenanwartschaftsrechten an den Vorerben, zu Gunsten derer die Ersatznacherbeneinsetzung lediglich auflösend bedingt angeordnet wird, empfahl es sich daher, auch die Ersatzschlusserben ihrerseits auflösend bedingt um das Zustandekommen eines entsprechenden Zuwendungsverzichtsvertrages gem. § 2352 BGB unter Ausschluss der Auslegungsregel des § 2069 BGB und einer Ersatzschlusserbenberufung aufgrund ergänzender Testamentsauslegung einzusetzen (Reimann/Bengel/J. Mayer Formular 42). Mit Inkrafttreten der Erbrechtsreform ist diese Problematik nach Art. 229 § 23 Abs. 4 EGBGB für **Nachlässe seit dem 1.1.2010 verstorbener Erblasser** dadurch beseitigt, dass auf Pflichtteilsverzichtsverträge nach § 2352 Satz 3 BGB nunmehr auch die Wirkungserstreckung auf Abkömmlinge iSd. § 2349 BGB Anwendung findet. Soweit als Ersatzerben (alleine oder auch) andere Personen als Abkömmlinge von Abkömmlingen oder von Seitenverwandten, zB Geschwister, eingesetzt sind, werden diese durch einen Zuwendungsverzicht nach wie vor nicht erfasst.

26a ➲ **Praxistipp:** Insoweit sollte die Ersatzschlusserbeneinsetzung angesichts der Risiken aus § 2270 Abs. 2 BGB ihrerseits auflösend bedingt um das Zustandekommen eines entsprechenden Zuwendungsverzichtsvertrags gem. § 2352 BGB unter Ausschluss der Auslegungsregel des § 2069 BGB und einer Ersatzschlusserbenberufung aufgrund ergänzender Testamentsauslegung erfolgen, selbst wenn insoweit bereits eine vorrangige ergänzende Auslegung zum Ausschluss der Wechselbezüglichkeit führen kann (Odersky notar 2009, 362, 365).

M 85.7 Schlusserbeneinsetzung durch den Längstlebenden bei Vorhandensein von Abkömmlingen

(Verfügung von Todes wegen – Auszug)[1]

. . .

Schlusserben als Erben auf den Tod des längstlebenden Ehegatten und (anstelle des jeweils anderen Ehegatten) Ersatzerbe jedes Ehegatten von uns bei unserem gleichzeitigen oder höchstens im Abstand von vier Wochen und damit nahezu gleichzeitig erfolgenden, auf demselben Ereignis beruhenden Tod sind unsere gemeinschaftlichen Kinder zu untereinander gleichen Teilen, derzeit unsere Tochter . . . (Vor- und Nachname), geb. am . . . (Geburtsdatum), wohnhaft in . . . (Wohnanschrift), und unser Sohn . . . (Vor- und Nachname), geb. am . . . (Geburtsdatum), wohnhaft in . . . (Wohnanschrift), zu jeweils ½ Erbteil. Ersatzschlusserben sind jeweils die Abkömmlinge eines wegfallenden Schlusserben nach den Regeln der gesetzlichen Erbfolge erster Ordnung. Hierzu zählen ohne Einschränkung auch nichteheliche Kinder und deren Abkömmlinge. Ersatzweise tritt Anwachsung ein. Wiederum ersatzweise sind die Geschwister der Ehefrau/des Ehemanns, nochmals ersatzweise die Abkömmlinge eines wegfallenden Geschwisterteils nach den Regeln der gesetzlichen Erbfolge erster Ordnung, zu denen ohne Einschränkung auch nichteheliche Kinder und deren Abkömmlinge zählen, eingesetzt, nochmals ersatzweise tritt auch insoweit Anwachsung ein. Die Ersatzschlusserbeneinsetzung ist, soweit nicht nach §§ 2352 Satz 3, 2349 BGB eine Verzichtserstreckung eintritt, nach demjenigen Schlusserben auflösend bedingt, der mit dem längstlebenden Ehegatten einen entgeltlichen oder unentgeltlichen Zuwendungsverzichtsvertrag gem. § 2352 BGB vereinbart. In einem solchen Falle wird die Auslegungsregel des § 2069 BGB bzw. eine Ersatzschlusserbenberufung aufgrund ergänzender Testamentsauslegung ausdrücklich ausgeschlossen.

. . .

1 Zu Eingang, Form und Schlussformel s. **M 85.1** (eigenhändiges gemeinschaftliches Testament), **M 85.2** (notariell beurkundetes gemeinschaftliches Testament) und **M 85.3** (Erbvertrag).

Kosten: *Notargebühr:* wie **M 85.2**.

M 85.7a Herausgabevermächtnis durch den Erstversterbenden und Schlusserbeneinsetzung durch den Längstlebenden bei derzeitigem Nichtvorhandensein von Abkömmlingen

(Verfügung von Todes wegen – Auszug)[1]

Der erstversterbende Ehegatte setzt den längstlebenden Ehegatten zu seinem alleinigen Vollerben ein. Eine Nacherbfolge ist nicht angeordnet.

Fällt der längstlebende Ehegatte als testamentarisch/erbvertraglich eingesetzter Erbe durch Anfechtung bzw. Ausschlagung weg, entfällt sein gesetzliches Erbrecht, wenn und soweit dadurch gemeinschaftliche Abkömmlinge der Eheleute Erben des erstversterbenden Ehegatten werden. Ersatzerben sind die Schlusserben entsprechend ihrer Schlusserbenberufung.

Derjenige, der beim Tod des längstlebenden Ehegatten gesetzlicher Erbe des Erstversterbenden wäre, wenn der Erstversterbende erst zum Zeitpunkt des Todes des Längstlebenden verstorben wäre, erhält dann, wenn kein gemeinschaftlicher Abkömmling Schlusserbe wird, im Wege des Herausgabevermächtnisses anlässlich des Todes des erstversterbenden Ehegatten aufschiebend befristet auf den Tod des Längstlebenden dasjenige aus dem Nachlass des Erstversterbenden, das beim Tod des Längstlebenden noch vorhanden ist, einschließlich dann etwa vorhandener Surrogate iSd. § 2111 BGB. Es wird hiermit klargestellt, dass dieses Herausgabevermächtnis erst mit dem Tod des

1 Zu Eingang, Form und Schlussformel s. **M 85.1** (eigenhändiges gemeinschaftliches Testament), **M 85.2** (notariell beurkundetes gemeinschaftliches Testament) und **M 85.3** (Erbvertrag).

längstlebenden Ehegatten anfällt und fällig wird, keine Nacherbfolge angeordnet ist und der längstlebende Ehegatte als Erbe des Erstversterbenden frei unter Lebenden über den Nachlass des Erstversterbenden verfügen kann. Die Vermächtnisanwartschaft ist weder übertragbar noch vererblich, wobei eine Veräußerung an den Längstlebenden als Erben des Erstversterbenden zulässig ist und dann zudem jede ausdrückliche oder stillschweigende Ersatzvermächtnisanordnung entfällt. Der Längstlebende als Erbe des Erstversterbenden von uns hat keinen Anspruch auf Verwendungsersatz, der Vermächtnisnehmer keinen Anspruch auf Sicherheiten zur Vermächtniserfüllung, insbesondere nicht auf Vormerkungseintragung bei Vorhandensein von Grundbesitz. Ersatzvermächtnisnehmer sind die Abkömmlinge des Berechtigten nach den Regeln der gesetzlichen Erbfolge erster Ordnung, ersatzweise tritt Anwachsung ein. Anderweitige Ersatzvermächtnisnehmer sind ausdrücklich nicht eingesetzt. Es wird hiermit bestimmt, dass dieses Vermächtnis erst dreißig Jahre nach dem Tod des Längstlebenden als Erbe des Erstversterbenden verjährt.

...

Schlusserben als Erben auf den Tod des längstlebenden Ehegatten und (anstelle des jeweils anderen Ehegatten) Ersatzerbe jedes Ehegatten von uns bei unserem gleichzeitigen oder höchstens im Abstand von vier Wochen und damit nahezu gleichzeitig erfolgenden, auf demselben Ereignis beruhenden Tod sind unsere dann eventuell gezeugten bzw. geborenen gemeinschaftlichen Kinder zu untereinander gleichen Teilen. Ersatzschlusserben sind jeweils die Abkömmlinge eines wegfallenden Schlusserben nach den Regeln der gesetzlichen Erbfolge erster Ordnung. Hierzu zählen ohne Einschränkung auch nichteheliche Kinder und deren Abkömmlinge. Ersatzweise tritt Anwachsung ein. Wiederum ersatzweise sind die dann gesetzlichen Erben des längstlebenden Ehegatten eingesetzt, wobei jedoch das o.g. Herausgabevermächtnis auf den Tod des Erstversterbenden zu beachten ist. Die Ersatzschlusserbeneinsetzung ist, soweit nicht nach §§ 2352 Satz 3, 2349 BGB eine Verzichtserstreckung eintritt, nach demjenigen Schlusserben auflösend bedingt, der mit dem längstlebenden Ehegatten einen entgeltlichen oder unentgeltlichen Zuwendungsverzichtsvertrag gem. § 2352 BGB vereinbart. In einem solchen Falle wird die Auslegungsregel des § 2069 BGB bzw. eine Ersatzschlusserbenberufung aufgrund ergänzender Testamentsauslegung ausdrücklich ausgeschlossen.

...

Kosten: *Notargebühr:* wie **M 85.2**.

VII. Vormundbenennung für minderjährige gemeinschaftliche Kinder auf den Tod beider Eltern

27 Sind nach dem Tod beider Eltern zurückbleibende Kinder noch minderjährig, ist gem. § 1773 Abs. 1 BGB für diese ein Vormund zu bestellen. Dabei wird der Vormund nach § 1779 BGB grundsätzlich durch das Familiengericht bestimmt. Die Eltern können jedoch bereits vorsorglich gem. § 1776 BGB einen Vormund benennen, der vom Familiengericht gem. § 1778 BGB lediglich bei schwerwiegenden entgegenstehenden Gründen übergangen werden darf. Entsprechendes gilt für einen durch die Eltern letztwillig verfügten **Ausschluss** von Personen gem. § 1782 BGB. Nach § 1775 Satz 1 BGB kann auch ein **Ehepaar** gemeinschaftlich als Vormund bestellt werden, während im Übrigen nur bei Vorliegen besonderer Gründe mehr als ein Vormund bestellt werden soll. Diese Bestimmung ist jedoch nur dann wirksam, wenn den Eltern zur Zeit ihres Todes die Personen- und Vermögenssorge für das betroffene Kind zusteht (Erman/Saar § 1777 BGB Rz. 1; Ott BWNotZ 2014, 138). Der Vormund wird dabei nach § 1777 Abs. 3 BGB durch **letztwillige Verfügung** benannt. Gem. §§ 2270 Abs. 2 bzw. 2278 Abs. 2 BGB kann die gemeinsame Benennung in einem gemeinschaftlichen Testament bzw. Erbvertrag nicht wechselbezüglich bzw. vertragsmäßig bindend erfolgen. Vielmehr ist im Falle der Benennung verschiedener Personen durch den Vater einerseits und die Mutter andererseits nach § 1776 Abs. 2 BGB die Benennung durch den zuletzt verstorbenen Elternteil stets vorrangig. Der Vormund kann gem. §§ 1852–1855 BGB befreit werden.

M 85.8 Vormundbenennung für minderjährige Kinder auf den Tod beider Eheleute

(Verfügung von Todes wegen – Auszug)[1]

...

Unsere beiden Kinder ... (Vor- und Nachname) und ... (Vor- und Nachname) sind derzeit noch minderjährig. Soweit sie beim Tod des Längstlebenden von uns bzw. bei unserem gleichzeitigen Tod noch minderjährig sind, benennt jeder von uns ... (Vor- und Nachname), geb. am ... (Geburtsdatum), wohnhaft in ... (Wohnanschrift), ersatzweise ... (Vor- und Nachname), geb. am ... (Geburtsdatum), wohnhaft in ... (Wohnanschrift) zu deren Vormund. Beide sind im Sinne der §§ 1852–1855, 1777 BGB befreit. Unsere Kinder sollen möglichst gemeinsam aufwachsen können.

...

1 Zu Eingang, Form und Schlussformel s. **M 85.1** (eigenhändiges gemeinschaftliches Testament), **M 85.2** (notariell beurkundetes gemeinschaftliches Testament) und **M 85.3** (Erbvertrag).

Kosten: *Notargebühr:* wie **M 85.2**.

VIII. Wiederverheiratungsklausel

Geht der längstlebende Ehegatte nach dem Tod des erstversterbenden Ehegatten **erneut** eine **Ehe** ein, so können auf die gemeinschaftlichen Abkömmlinge, die als Schlusserben auf den Tod des längstlebenden Ehegatten eingesetzt sind, vermögensrechtliche Risiken zukommen. Selbst wenn der längstlebende Ehegatte die Schlusserbeneinsetzung der gemeinschaftlichen Kinder nicht mehr abändern kann, werden die Schlusserben gleichwohl mit einem entsprechenden Pflichtteilsrecht des neuen Ehegatten des längstlebenden Elternteils belastet. Darüber hinaus kann der erstversterbende Ehegatte ein Interesse daran haben, dass sein Nachlass im Wesentlichen zu Gunsten der gemeinschaftlichen Kinder erhalten bleibt und nicht nach erneuter Eheschließung des längstlebenden Ehegatten verbraucht wird. Um diese Interessen zu wahren, bieten sich insbesondere zwei verschiedenartige Wiederverheiratungsklauseln an. 28

Insbesondere kann die Vollerbeneinsetzung des längstlebenden Ehegatten durch dessen erneute Eheschließung auflösend bedingt unter gleichzeitig **aufschiebend bedingter** Einsetzung der bisherigen Schlusserben zu **Nacherben** und des längstlebenden Ehegatten zum befreiten Vorerben gestaltet werden (BGH DNotZ 1986, 541; OLG Hamm ZEV 2011, 589; Langenfeld/Fröhler, Testamentsgestaltung, 5. Kap. Rz. 151; Staudinger/Kanzleiter § 2269 BGB Rz. 42). 29

➲ **Hinweis:** Eine derartige Befreiung des Vorerben wird bei einer Wiederverheiratungsklausel im Zweifel vermutet, da dies der dort typischen Interessenlage, bis zum ungewissen Eintritt einer Wiederverheiratung dem Längstlebenden weitestgehende Verfügungsfreiheit zu gewähren, am ehesten entspricht (OLG Hamm DNotZ 1972, 96 (97 ff.); offengelassen in BGH DNotZ 1986, 541). 29a

Gleichwohl ist der Längstlebende bereits vor Eintritt dieser Bedingung faktisch in der Verfügungsmacht beeinträchtigt, da die Beschränkungen der §§ 2113 ff. BGB schon zu diesem früheren Zeitpunkt in den durch § 2136 BGB vorgegebenen Grenzen zwingend gelten und aufgrund des diesbezüglichen erbrechtlichen Typenzwangs nicht zur Disposition der Beteiligten stehen (Braun MittBayNot 2013, 253; Weidlich ZEV 2013, 41 f.); insbesondere wird bei betroffenem Grundbesitz sofort ein Nacherbenvermerk im Grundbuch eingetragen (OLG Hamm ZEV 2011, 589; Staudinger/Kanzleiter § 2269 BGB Rz. 43; Braun MittBayNot 2013, 253), so dass der Überlebende bis zum Eintritt der Bedingung nur im Rahmen eines befreiten Vorerben verfügen kann. Zu den diesbezüglichen Einzelheiten vgl. Kap. 83 Rz. 35. 30

30a ➲ **Praxistipp:** Zur Vermeidung von Auslegungsschwierigkeiten sollte die Problematik der Befreiung des Vorerben in der letztwilligen Verfügung ausdrücklich positiv oder negativ geregelt werden. Derartige Anordnungen können entweder auf den gesamten Nachlass erstreckt oder auf einen Erbteil daran beschränkt werden. Gleichzeitig ist klarzustellen, dass die Erbeinsetzung auf den Tod des längstlebenden Ehegatten auch im Falle des Bedingungseintritts fortgilt.

30b Alternativ kommt eine um die nicht stattfindende erneute Heirat des Überlebenden auflösend bedingte Vor- bzw. darum aufschiebend bedingte Vollerbschaft in Betracht (MünchKomm.BGB/Musielak § 2269 BGB Rz. 56; Völzmann RNotZ 2012, 1, 10). Daneben wird eine von vorneherein bloße Vorerbschaft unter Eintritt des Nacherbfalls ausschließlich mit einer erneuten Heirat (Reimann/Bengel/J. Mayer § 2269 BGB Rz. 63) bzw. alternativ mit erneuter Heirat oder mit Versterben des Überlebenden (Wilhelm NJW 1990, 2857) erwogen, die somit jeweils zu keinem Zeitpunkt weder auflösend noch aufschiebend bedingt eine Vollerbschaft vorsieht und daher den Überlebenden sehr stark beeinträchtigt (Braun MittBayNot 2013, 253).

31 Im **Wiederverheiratungsfall** droht auslegungsbedingt ein stillschweigender Wegfall der Bindung des Längstlebenden an wechselbezügliche Verfügungen aus einem gemeinschaftlichen Testament (vgl. dazu MünchKomm.BGB/Musielak § 2269 BGB Rz. 62) bzw. an vertragsmäßige Verfügungen aus einem Erbvertrag (OLG Karlsruhe NJW 1961, 1410) sowie bei Erbverträgen zudem ein stillschweigender Rücktrittsvorbehalt (MünchKomm.BGB/Musielak § 2293 BGB Rz. 3).

31a ➲ **Praxistipp:** Zur Vermeidung ungewollter Auslegungsergebnisse sollte das gemeinschaftliche Testament bzw. der Erbvertrag bei Vorhandensein einer Wiederverheiratungsklausel eine ausdrückliche positive oder negative Regelung zur diesbezüglichen Bindungswirkung, der Erbvertrag zudem zum Rücktrittsvorbehalt bei Eintritt eines Wiederverheiratungsfalls enthalten (**M 85.9** bzw. **M 85.10**). Da entsprechende Regelungen den längstlebenden Ehegatten bei einem Erbvertrag unmittelbar, bei einem gemeinschaftlichen Testament analog (RGZ 132, 1, 4; BGH NJW 1962, 1913) zur Anfechtung nach §§ 2281, 2285, 2078, 2079 BGB, gem. § 2306 Abs. 1 BGB zur Ausschlagung und anschließend zur Geltendmachung des Pflichtteils samt güterrechtlichem Zugewinnausgleich nach § 1373 Abs. 3 iVm. Abs. 2 BGB berechtigen, ist darüber hinaus zu empfehlen, derartige Wiederverheiratungsklauseln durch einen Ausschluss des Anfechtungsrechts (s. Rz. 34 und **M 85.11**) sowie einen Vertrag über Pflichtteils- und auch auf den Tod wirkenden güterrechtlichen Zugewinnausgleichsverzicht zu flankieren.

32 Werden die erbrechtlichen Anordnungen in einem **Erbvertrag** getroffen, sollte dieser möglichst nicht gemeinsam mit dem vertraglichen Verzicht auf Zugewinnausgleich und Pflichtteil in derselben Urkunde verbunden werden, da der Erbvertrag andernfalls nach § 2300 Abs. 2 BGB nicht mehr aus der Verwahrung zurückgenommen werden kann, selbst nach inhaltlicher Ersetzung durch eine andere Verfügung von Todes wegen bzw. bloßer Aufhebung zwingend eröffnet wird und daher allen am Nachlassverfahren Beteiligten mitgeteilt werden muss (vgl. dazu Rz. 17). Kommt ein Vertrag über Pflichtteils- und Zugewinnausgleichsverzicht nicht in Betracht, könnte als Anreiz zum Unterlassen der Ausschlagung und Geltendmachung des Pflichtteils und Zugewinnausgleichs im Wiederverheiratungsfall eine Beschränkung der Nacherbfolge auf eine bestimmte Erbquote unter Fortbestand der restlichen Erbquote zugunsten des Längstlebenden frei von Nacherbenrechten (hiervon ist eine Gestaltung zu unterscheiden, durch die der Längstlebende auf den Tod des Erstversterbenden sofort durch Nacherbfolgeanordnung belasteter alleiniger Vorerbe ist und erstmals beim durch Wiederverheiratung eintretenden Nacherbfall neben den Nacherben quotal Mitvollerbe wird, vgl. dazu Kap. 83 Rz. 24 und **M 83.5**) oder eine durch vorausvermächtnisweise Zuwendung von Nachlassgegenständen an den Längstlebenden frei von bedingten Nacherbenrechten lediglich gegenständlich beschränkte aufschiebend bedingte Nacherben- bzw. auflösend bedingte Vollerbeneinsetzung erwogen werden (vgl. dazu Kap. 83 Rz. 23 und **M 83.4**).

M 85.9 Wiederverheiratungsklausel in Form auflösend bedingter Vollerbschaft bzw. aufschiebend bedingter Nacherbeneinsetzung

(Verfügung von Todes wegen – Auszug)[1]

. . .

Die vorstehende Vollerbeneinsetzung des längstlebenden Ehegatten ist durch dessen Wiederverheiratung auflösend bedingt. Aufschiebend bedingt durch eine derartige Wiederverheiratung ist der längstlebende Ehegatte lediglich Vorerbe. Er ist jedoch von allen Beschränkungen befreit, von denen nach dem Gesetz Befreiung erteilt werden kann. Die Nacherbfolge tritt mit der Wiederverheiratung des Vorerben ein, nicht jedoch mit dessen vorherigem Tod.

Nacherben sind in diesem Falle unsere – für den Fall des Nichteintritts der Bedingung der Wiederverheiratung des längstlebenden Ehegatten – Schlusserben untereinander nach den dort genannten Regeln, Ersatznacherben sind die bisher bestimmten Ersatzschlusserben. Es sind jeweils die Verhältnisse zum Zeitpunkt des Eintritts des Nacherbfalls maßgebend. Die Nacherbanwartschaften sind weder vererblich noch veräußerlich, wobei eine Veräußerung an den Vorerben zulässig ist und dann jede ausdrückliche oder stillschweigende Ersatzerbeinsetzung entfällt.

*Diese Anordnungen gelten für den gesamten Nachlass des erstversterbenden Ehegatten/**oder:** ausschließlich für einen Erbteil von . . . (Prozentsatz) des Nachlasses des erstversterbenden Ehegatten/ **oder:** für den gesamten Nachlass des erstversterbenden Ehegatten, wobei der längstlebende Ehegatte im Wege der Vorausvermächtniseinsetzung frei von jeglicher Nacherbfolge den gesamten Nachlass mit Ausnahme des in den Nachlass des erstversterbenden Ehegatten fallenden Grundbesitzes in . . . (genauer Grundbuchbeschrieb) erhält.*

Im Falle des Bedingungseintritts durch Wiederverheiratung des längstlebenden Ehegatten gilt die bisher bestimmte Schlusserbeneinsetzung als Erbeinsetzung auf dessen Tod fort und

***(bei gemeinschaftlichem Testament:)** bleiben alle wechselbezüglich vereinbarten Verfügungen bindend.*

***(bei Erbvertrag:)** bleiben alle vertragsmäßig vereinbarten Verfügungen bindend, ohne dass ein stillschweigender Rücktrittsgrund entsteht.*

*(zum Anfechtungsausschluss s. **M 85.11**)*

. . .

1 Zu Eingang, Form und Schlussformel s. **M 85.1** (eigenhändiges gemeinschaftliches Testament), **M 85.2** (notariell beurkundetes gemeinschaftliches Testament) und **M 85.3** (Erbvertrag).

Kosten: *Notargebühr:* wie **M 85.2**.

Zum Zweiten kann **aufschiebend bedingt** um eine Wiederverheiratung des längstlebenden Ehegatten zu Gunsten der Schlusserben bereits auf den Tod des erstversterbenden Ehegatten ein Quotenvermächtnis in Geld bzw. ein **Geldvermächtnis** ausgesetzt werden, das die drohenden Pflichtteilsrechtsbelastungen gegenüber dem neuen Ehegatten des längstlebenden Elternteils kompensiert und die Verfügungsmacht des Längstlebenden im Übrigen unberührt lässt. Alternativ kommt zur Vermeidung jeglicher nachteiliger Beschränkung des Längstlebenden zu Lebzeiten durch Nacherbfolgeanordnung ein vollumfängliches Herausgabevermächtnis zugunsten der Kinder in Betracht (dazu allgemein Kap. 83 Rz. 35 ff. und **M 83.8**). 33

M 85.10 Wiederverheiratungsklausel in Form eines aufschiebend bedingten Geldvermächtnisses zu Gunsten der gemeinschaftlichen Kinder

(Verfügung von Todes wegen – Auszug)[1]

...

Aufschiebend bedingt um eine Wiederverheiratung des längstlebenden Ehegatten hat dieser an die oben genannten Schlusserben, ersatzweise an die Ersatzschlusserben, jeweils einen ihrem gesetzlichen Erbteil auf den Tod des Erstversterbenden entsprechenden Bruchteil des Nachlasses des erstversterbenden Ehegatten als Quotenvermächtnis in Geld auszubezahlen/oder: jeweils einen Betrag iHv ... Euro (Geldbetrag) auszuzahlen. Das Vermächtnis ist innerhalb von drei Monaten nach dem Tod des erstversterbenden Ehegatten fällig und verjährt erst dreißig Jahre nach meinem Tod.

Im Falle des Bedingungseintritts durch Wiederverheiratung des längstlebenden Ehegatten

***(bei gemeinschaftlichem Testament:)** bleiben alle wechselbezüglich vereinbarten Verfügungen bindend.*

***(bei Erbvertrag:)** bleiben alle vertragsmäßig vereinbarten Verfügungen bindend, ohne dass ein stillschweigender Rücktrittsgrund entsteht.*

*(zum Anfechtungsausschluss s. **M 85.11**)*

...

1 Zu Eingang, Form und Schlussformel s. **M 85.1** (eigenhändiges gemeinschaftliches Testament), **M 85.2** (notariell beurkundetes gemeinschaftliches Testament) und **M 85.3** (Erbvertrag).

Kosten: *Notargebühr:* wie **M 85.2**.

IX. Anfechtungsausschluss

34 Gem. § 2079 BGB kann eine letztwillige Verfügung angefochten werden, wenn der Erblasser einen zur Zeit des Erbfalls vorhandenen **Pflichtteilsberechtigten übergangen** hat, dessen Vorhandensein ihm bei der Errichtung der Verfügung nicht bekannt oder der erst nach der Errichtung geboren bzw. Pflichtteilsberechtigter geworden ist. Um die Fortgeltung der testamentarischen Verfügungen zu gewährleisten – beispielsweise bei späterer Wiederverheiratung des längstlebenden Ehegatten und dadurch entstehendem Pflichtteilsrecht des neuen Ehegatten –, empfiehlt sich ein Ausschluss der Anfechtbarkeit gem. § 2079 Satz 2 BGB. Ergänzend können die Ehegatten auch auf ihr Anfechtungsrecht nach § 2078 BGB wegen Irrtums oder Drohung verzichten. Das Anfechtungsrecht aus §§ 2078, 2079 BGB folgt für Erbverträge unmittelbar, für gemeinschaftliche Testamente analog (RGZ 132, 1, 4; BGH NJW 1962, 1913) aus den §§ 2281, 2285 BGB und steht gem. § 2080 Abs. 3 BGB sowohl dem Erblasser als auch dem Pflichtteilsberechtigten zu.

M 85.11 Anfechtungsausschluss

(Verfügung von Todes wegen – Auszug)[1]

...

Wir treffen sämtliche letztwilligen Verfügungen in dieser Urkunde unabhängig davon, ob beim Tod eines jeden von uns pflichtteilsberechtigte Personen existieren und um wen es sich dabei ggf. han-

1 Zu Eingang, Form und Schlussformel s. **M 85.1** (eigenhändiges gemeinschaftliches Testament), **M 85.2** (notariell beurkundetes gemeinschaftliches Testament) und **M 85.3** (Erbvertrag).

delt. Eine Anfechtung iSd. § 2079 BGB ist daher ausgeschlossen. Zudem verzichtet jeder von uns auf ein eventuelles künftiges Anfechtungsrecht wegen Irrtums iSd. § 2078 BGB.

...

Kosten: *Notargebühr:* wie **M 85.2**.

X. Pflichtteilsklausel

1. Überblick

Das in der Praxis schwerwiegendste Problem bei der Gestaltung letztwilliger Verfügungen für Ehegatten mit Kindern ist die Behandlung der Pflichtteilsrechte der Kinder beim Tod des erstversterbenden Ehegatten. Derartige Pflichtteilsansprüche können nur dann sicher ausgeschlossen werden, wenn zwischen Eltern und Kindern ein entsprechender notariell beurkundeter **Pflichtteilsverzichtsvertrag** geschlossen wird (s. Kap. 89). Scheitert dies daran, dass die Kinder noch minderjährig oder die volljährigen Kinder hierzu nicht bereit sind, können lediglich Anreize dafür geschaffen werden, beim Tod des erstversterbenden Elternteils keinen Pflichtteilsanspruch geltend zu machen. Dem dienen insbesondere zwei verschiedene Typen von Pflichtteilsklauseln, automatische Verwirkungsklauseln einerseits und Ausschlussermächtigungsklauseln andererseits. 35

2. Automatische Verwirkungsklausel

Durch eine automatische Verwirkungsklausel ist die Schlusserbeneinsetzung eines Abkömmlings dadurch **auflösend bedingt**, dass dieser den Pflichtteil auf den Tod des Erstversterbenden verlangt. Hierdurch können einerseits spürbare Anreize für ein Unterlassen der Pflichtteilsgeltendmachung geschaffen werden. Dies gilt insbesondere für eine erweiterte Jastrow'sche Pflichtteilsstrafklausel (dazu Rz. 39). Andererseits wird sogar die erbrechtliche Stellung eines loyalen Abkömmlings dadurch erheblich beeinträchtigt, dass die auflösende Bedingung für die Schlusserbeneinsetzung durch Geltendmachung des Pflichtteils auch noch nach dem Tod des Längstlebenden und selbst nach Verjährung eintreten kann (BGH MittBayNot 2007, 223 f. mit krit. Anm. Selbherr). Danach wird die auflösende Bedingung erst durch einen Erlassvertrag aller Schlusserben untereinander oder noch mit dem Längstlebenden endgültig ausgeschaltet bzw. im Falle eines Alleinschlusserben durch Konfusion mit Eintritt des Schlusserbfalls (Selbherr MittBayNot 2007, 224 zum vorstehenden BGH-Urteil mit letztlich ablehnender Stellungnahme). 36

➲ **Hinweis:** Bis zu diesem Zeitpunkt sind die Schlusserben – ähnlich einem längstlebenden Ehegatten unter Wiederverheiratungsklausel – lediglich (auflösend bedingte Schlussvollerben und damit aufschiebend bedingte)Vorerben (Erman/M. Schmidt § 2075 BGB Rz. 2; Firsching/Graf, Nachlassrecht, 9. Aufl. 2008, Rz. 1 160 und 4 302). Hierauf sollte in der Verfügung hingewiesen werden. Zudem muss bei Vorhandensein von Grundbesitz gegenüber dem Grundbuchamt der Nachweis des Nichteintritts der auflösenden Bedingung geführt werden (OLG Köln FGPrax 2010, 82). 36a

Für den Tatbestand des „Verlangens" des Pflichtteils ist im Zweifel Voraussetzung, dass der Pflichtteilsberechtigte den Pflichtteil *bewusst* – in Kenntnis der Verwirkungsklausel – fordert (BayObLG DNotZ 2004, 804, 805). Ein derartiges **Verlangen** kann auch dann vorliegen, wenn der Pflichtteilsanspruch aufgrund eines zuvor erfolgten Erlasses objektiv nicht mehr bestand (OLG München BWNotZ 2008, 93, 94 f.). Das bloße Auskunftsverlangen ist hingegen unschädlich (BayObLG FamRZ 1991, 494). 37

Enthält insbesondere eine automatische Verwirkungsklausel keine ausdrückliche Regelung zu den Rechtsfolgen ihrer Auslösung hinsichtlich des frei werdenden Erbteils, muss durch ergänzende Auslegung ermittelt werden, ob eine **Ersatzerbenbestimmung** nach § 2069 BGB oder stattdessen eine **Anwachsung** iSd. § 2094 BGB eintritt. Dabei dürfte im Regelfall von einer durch den Erblasser nicht gewollten Doppelbegünstigung desselben Stammes durch Pflichtteilsanspruch und Ersatzerbeneinsetzung mit der Folge auszugehen sein, dass grundsätzlich keine Ersatzerbenberufung der 37a

Abkömmlinge des den Pflichtteil verlangenden Abkömmlings nach § 2069 BGB, sondern eine Anwachsung zugunsten der übrigen Abkömmlinge erfolgt (BayObLG DNotZ 2004, 804; BayObLG FamRZ 1995, 1447; DNotI-Gutachten DNotI-Report 2012, 192, 193; Langenfeld/Fröhler, Testamentsgestaltung 5. Kap. Rz. 132; Reymann MittBayNot 2011, 411, 412). Da eine kumulative Anwendung der beiden Auslegungsvorschriften nach den §§ 2069, 2270 BGB nicht in Betracht kommt (s. dazu Rz. 10a), könnte der längstlebende Ehegatte, falls entgegen den o.g. Grundsätzen ausnahmsweise doch eine Ersatzerbeneinsetzung statt einer Anwachsung vermutet werden sollte, diese gleichwohl **ohne Bindung** ändern (DNotI-Gutachten DNotI-Report 2012, 192, 193). Dagegen dürfte der Überlebende jedoch an eine nach §§ 2270 Abs. 2, 2094 Abs. 1 Satz 1 BGB eintretende Anwachsung trotz Kumulation einer Auslegungs- (§ 2270 Abs. 2 BGB) mit einer Ergänzungsregel (2094 Abs. 1 Satz 1 BGB) wegen diesbezüglicher ausdrücklicher Erblasseranordnung grundsätzlich gebunden sein (DNotI-Gutachten DNotI-Report 2012, 192, 193; Ivo ZEV 2004, 205), soweit nicht im **konkreten Einzelfall** insbesondere bei Eintritt besonderer Umstände wie bspw. der Rückzahlung des Pflichtteils ausnahmsweise doch eine Änderungsbefugnis ergibt (DNotI-Gutachten DNotI-Report 2012, 192, 193 f.; Ivo ZEV 2004, 205; Reimann/Bengel/J. Mayer § 2270 BGB Rz. 87).

37b ➲ **Praxistipp:** Zur Vermeidung ungewollter Auslegungsergebnisse sollte das gemeinschaftliche Testament bzw. der Erbvertrag bei Vorhandensein einer automatisch wirkenden Pflichtteilsstrafklausel ausdrückliche Regelungen dazu vorsehen, ob hinsichtlich des frei werdenden Erbteils Ersatzerben eingesetzt sind oder Anwachsung unter den anderen Pflichtteilsberechtigten eintritt bzw. derartige Rechtsfolgen für den Überlebenden bindend oder frei änderbar sind (**M 85.12** bzw. **M 85.13**).

38 Zum einen kann durch eine sog. **einfache Pflichtteilsstrafklausel** geregelt werden, dass derjenige, der gegen den Willen des längstlebenden Ehegatten bzw. dessen Erben den noch nicht verjährten Pflichtteil fordert und erhält, beim Tod des längstlebenden Ehegatten samt seinen Abkömmlingen als Erbe ausgeschlossen ist. Darüber hinaus ist zur Erhöhung der Warnfunktion darauf zu achten, dass für diesen Personenkreis zudem sämtliche weitere bisher vorgesehene Zuwendungen und Bindungen aus dem gemeinschaftlichen Testament bzw. Erbvertrag entfallen. Umgekehrt sollte dem längstlebenden Ehegatten die Möglichkeit eröffnet bleiben, diese Anordnung im Falle einer späteren Aussöhnung rückgängig zu machen. Geht man davon aus, dass der längstlebende Ehegatte den Nachlass im Wesentlichen ohne Substanzverlust an die Schlusserben weitervererben wird, zeigt sich jedoch, dass die einfache Pflichtteilsstrafklausel nur geringfügige Anreize schafft. Das den Pflichtteil geltend machende Kind erhält dann nämlich sowohl am Vermögen des erstversterbenden Ehegatten als auch am Nachlass des längstlebenden Ehegatten, in den der Nachlass des erstversterbenden Ehegatten eingeflossen ist, – bezogen auf den Nachlass des erstversterbenden Ehegatten praktisch doppelt – seinen Pflichtteil.

M 85.12 Einfache Verwirkungsklausel

(Verfügung von Todes wegen – Auszug)[1]

...

Derjenige gemeinschaftliche Abkömmling, der nach dem Tod des erstversterbenden Ehegatten gegen den Willen des längstlebenden Ehegatten bzw. dessen Erben den noch nicht verjährten Pflichtteil fordert und erhält, ist beim Tod des längstlebenden Ehegatten samt seinen Abkömmlingen als Erbe ausgeschlossen. Anstelle der Ersatzerbenregelung aus § 2069 BGB tritt dabei Anwachsung nach § 2094 Abs. 1 Satz 1 BGB ein. Den gesetzlichen Pflichtteil erhält er samt seinen Abkömmlingen auf den Tod des längstlebenden Ehegatten damit nur insoweit, als dieser gesetzlich besteht und geltend gemacht wird. Zugleich entfallen alle bezüglich dieser Personen in der hiesigen Urkunde enthaltenen Zuwendungen und Bindungen. Über die Problematik einer insoweit ggf. langfristig

1 Zu Eingang, Form und Schlussformel s. **M 85.1** (eigenhändiges gemeinschaftliches Testament), **M 85.2** (notariell beurkundetes gemeinschaftliches Testament) und **M 85.3** (Erbvertrag).

auflösend bedingten Schlusserbeneinsetzung ist belehrt. Der längstlebende Ehegatte darf diese Regelungen jederzeit frei abändern.

...

Kosten: *Notargebühr:* wie **M 85.2**.

Dieser Schwäche eines nur geringfügigen Anreizes versucht eine erweiterte Fassung der sog. **Jastrow'sche Pflichtteilsstrafklausel** entgegenzuwirken, indem beim Tod des längstlebenden Ehegatten zugunsten der den Pflichtteil nicht verlangenden und als Schlusserben berufenen gemeinschaftlichen Abkömmlinge Geldvermächtnisse anfallen, die den Wert des Nachlasses des längstlebenden Ehegatten reduzieren, den Pflichtteilsanspruch des aufbegehrenden Kindes am Nachlass des längstlebenden Ehegatten verkleinern und somit für das aufbegehrende Kind Anreize dafür schaffen, beim Tod des erstversterbenden Ehegatten keinen Pflichtteil geltend zu machen, sondern sich mit der Erbeinsetzung auf den Tod des längstlebenden Ehegatten zufrieden zu geben. Für die Berechnung der Höhe der Vermächtnisansprüche ist der zum Zeitpunkt des Todes des längstlebenden Ehegatten noch vorhandene Nachlass des erstversterbenden Ehegatten maßgebend (Nieder/Kössinger § 14 Rz. 77 ff.). Auch hier gilt die o.g. Problematik einer insoweit ggf. langfristig aufschiebend bedingten Vorerbenstellung der Schlusserben. 39

M 85.13 Erweiterte Verwirkungsklausel nach Jastrow

(Verfügung von Todes wegen – Auszug)[1]

...

Derjenige unserer gemeinschaftlichen Abkömmlinge, der nach dem Tod des erstversterbenden Ehegatten gegen den Willen des längstlebenden Ehegatten bzw. dessen Erben den noch nicht verjährten Pflichtteil fordert und erhält, wird samt seinen Abkömmlingen auf den Tod des längstlebenden Ehegatten als Erbe ausgeschlossen. Anstelle der Ersatzerbenregelung aus § 2069 BGB tritt dabei Anwachsung nach § 2094 Abs. 1 Satz 1 BGB ein. Zugleich entfallen sämtliche bezüglich dieser Personen in der hiesigen Urkunde enthaltenen Zuwendungen und Bindungen. Desweiteren erhalten alle anderen auf den Tod des längstlebenden Ehegatten als Erbe eingesetzten Abkömmlinge, die den Pflichtteil nicht fordern, aus dem Nachlass des erstversterbenden Ehegatten ein Geldvermächtnis. Die Höhe dieses Vermächtnisses bestimmt sich nach dem Wert des gesetzlichen Erbteils des jeweiligen Vermächtnisberechtigten auf Ableben des erstversterbenden Ehegatten. Dabei ist der erstversterbende Ehegatte so zu betrachten, als wäre er zum Zeitpunkt des Todes des längstlebenden Ehegatten verstorben. Für die Berechnung ist der zum Zeitpunkt des Todes des längstlebenden Ehegatten noch vorhandene Nachlass des erstversterbenden Ehegatten maßgebend. Diese Vermächtnisse fallen erst mit dem Tod des längstlebenden Ehegatten an. Als Vermächtnisnehmer kommen ausschließlich zum Zeitpunkt des Todes des längstlebenden Ehegatten noch lebende Abkömmlinge in Betracht. Die Vermächtnisse entfallen, soweit die vorstehende Enterbung des den Pflichtteil fordernden Abkömmlings und dessen Abkömmlingen aufgehoben wird. Über die Problematik einer insoweit ggf. langfristig auflösend bedingten Schlusserbeneinsetzung ist belehrt. Der längstlebende Ehegatte darf diese Regelungen jederzeit frei abändern.

...

1 In Anlehnung an Nieder/Kössinger § 14 Rz. 79. Zu Eingang, Form und Schlussformel s. **M 85.1** (eigenhändiges gemeinschaftliches Testament), **M 85.2** (notariell beurkundetes gemeinschaftliches Testament) und **M 85.3** (Erbvertrag).

Kosten: *Notargebühr:* wie **M 85.2**.

3. Ausschlussermächtigungsklausel

40 Alternativ kommt eine bloße Ausschlussermächtigungsklausel in Betracht, durch die der Längstlebende hinsichtlich desjenigen gemeinschaftlichen Abkömmlings, der gegen den Willen des Längstlebenden beim Tod des Erstversterbenden den Pflichtteil verlangt und erhält, samt dessen Abkömmlingen gegenüber dem Erstversterbenden aus dem Bindungszwang entlassen wird. Diese Klausel führt daher alleine noch zu keiner Änderung der Schlusserbeneinsetzung. Vielmehr wird der Längstlebende dazu lediglich ermächtigt und müsste zur Umsetzung noch eine Verfügung von Todes wegen erstellen. Die Schlusserbeneinsetzung steht nach dem Tod des Längstlebenden dann unter keiner auflösenden Bedingung und ist insoweit jeweils eindeutig. Umgekehrt fehlt ein spürbarer wirtschaftlicher Anreiz dafür, den Pflichtteil nicht geltend zu machen.

M 85.14 Ausschlussermächtigungsklausel

(Verfügung von Todes wegen – Auszug)[1]

...

Hinsichtlich desjenigen gemeinschaftlichen Abkömmlings, der nach dem Tod des erstversterbenden Ehegatten gegen den Willen des längstlebenden Ehegatten bzw. dessen Erben den noch nicht verjährten Pflichtteil fordert und erhält, und dessen Abkömmlingen ist der Längstlebende gegenüber dem Erstversterbenden nicht mehr gebunden.

...

1 Zu Eingang, Form und Schlussformel s. **M 85.1** (eigenhändiges gemeinschaftliches Testament), **M 85.2** (notariell beurkundetes gemeinschaftliches Testament) und **M 85.3** (Erbvertrag).

Kosten: *Notargebühr:* wie **M 85.2**.

XI. Abänderungsvorbehalt

41 Treten nach dem Tod des erstversterbenden Ehegatten bzw. Lebenspartners **unvorhergesehene Ereignisse** ein, die eine Anpassung der Verfügungen des längstlebenden Ehegatten bzw. Lebenspartners rechtfertigen, ist dieser zu Änderungen wechselbezüglich (so beim gemeinschaftlichen Testament) bzw. vertragsmäßig (beim Erbvertrag) bindender Verfügungen nur dann berechtigt, wenn ein entsprechender Abänderungsvorbehalt aufgenommen wurde. Andernfalls sind nicht nur Eingriffe in die Erbeinsetzung selbst, sondern auch anderweitige Beschwerungen unzulässig, beispielsweise die nachträgliche Anordnung einer Testamentsvollstreckung, soweit keine anderen Anhaltspunkte dafür vorhanden sind, dass der gemeinsame Wille der Erblasser derartige Abänderungen getragen hat (OLG Köln NJW-RR 1991, 525, 526; OLG Frankfurt WM 1993, 803, 804; BayObLG FamRZ 1991, 111, 113; Odersky notar 2009, 296, 298) und kein Sonderfall nach §§ 2271 Abs. 2 Satz 2, 2294, 2336 BGB (s. dazu Kap. 88 Rz. 18 u. 20) vorliegt. Der Abänderungsvorbehalt kann personenbezogen, gegenstandsbezogen oder maßnahmenbezogen verschiedenartig gestaltet werden und sollte hinreichend konkretisiert werden, da insbesondere die Formulierung, der überlebende Partner solle „über den beiderseitigen Nachlass frei verfügen können", mangels anderweitiger Anhaltspunkte nur als lebzeitige Verfügungsfreiheit auszulegen ist (OLG Schleswig NJW-RR 2014, 965; BayObLG DNotZ 2003, 58; Langenfeld/Fröhler, Testamentsgestaltung, 5. Kap. Rz. 120).

M 85.15 Abänderungsvorbehalt

(Verfügung von Todes wegen – Auszug)[1]

...

Der längstlebende Ehegatte darf die auf seinen Tod angeordneten letztwilligen Verfügungen in jeder Hinsicht und bezüglich des gesamten Vermögens frei abändern. Er ist auch berechtigt, durch Verfügung unter Lebenden Vermögensübertragungen zu Gunsten anderer Personen vorzunehmen, ohne Ansprüche gem./analog §§ 2287 f. BGB auszulösen. Der Änderungsvorbehalt ermächtigt dabei ua. dazu, alle, einzelne oder einen einzelnen bzw. alleinigen Erben durch Anordnung einer Testamentsvollstreckung, von Vermächtnissen bzw. Auflagen etc. zu beschweren bzw. derartige Regelung zu ändern. Zu Abkömmlingen im Sinne dieses Änderungsvorbehaltes zählen auch nichteheliche Kinder und deren Abkömmlinge.

Oder:

Der längstlebende Ehegatte darf die auf seinen Tod angeordneten letztwilligen Verfügungen beschränkt auf ... (Gegenstand) frei abändern. Er ist insoweit auch berechtigt, durch Verfügung unter Lebenden Vermögensübertragungen zu Gunsten anderer Personen vorzunehmen, ohne Ansprüche gem./analog §§ 2287 f. BGB auszulösen. Der Änderungsvorbehalt ermächtigt dabei ua. dazu, alle, einzelne oder einen einzelnen bzw. alleinigen Erben durch Anordnung einer Testamentsvollstreckung, von Vermächtnissen bzw. Auflagen etc. zu beschweren bzw. derartige Regelung zu ändern. Zu Abkömmlingen im Sinne dieses Änderungsvorbehaltes zählen auch nichteheliche Kinder und deren Abkömmlinge.

Oder:

Der längstlebende Ehegatte darf die auf seinen Tod angeordneten letztwilligen Verfügungen bezüglich des gesamten Vermögens grundsätzlich frei abändern. Der vorstehende Änderungsvorbehalt berechtigt jedoch lediglich dazu, Änderungen zu Gunsten von Personen vorzunehmen, die unsere gemeinschaftlichen Abkömmlinge iSd. § 1589 Satz 1 BGB sind. Diese Beschränkung entfällt wiederum, wenn alle gemeinschaftlichen Abkömmlinge nach dem Tod des erstversterbenden Ehegatten gegen den Willen des längstlebenden Ehegatten bzw. dessen Erben den noch nicht verjährten Pflichtteil gefordert und erhalten haben, wobei ein derartiges Verhalten eines gemeinschaftlichen Abkömmlings dessen gesamtem Stamm zugerechnet wird, so dass gegenüber diesem Stamm keine Bindung mehr besteht. Der längstlebende Ehegatte ist insoweit auch ermächtigt, durch Verfügung unter Lebenden Vermögensübertragungen zu Gunsten anderer Personen aus diesem Kreis vorzunehmen, ohne Ansprüche gem./analog §§ 2287 f. BGB auszulösen. Der Änderungsvorbehalt berechtigt dabei ua. dazu, alle, einzelne oder einen einzelnen bzw. alleinigen Erben durch Anordnung einer Testamentsvollstreckung, von Vermächtnissen bzw. Auflagen etc. jeweils, soweit die Bindung nicht im o.g. Sinne als entfallen gilt, ausschließlich zugunsten gemeinschaftlicher Abkömmlinge zu beschweren bzw. derartige Regelung zu ändern. Zu Abkömmlingen im Sinne dieses Änderungsvorbehaltes zählen auch nichteheliche Kinder und deren Abkömmlinge.

...

1 Zu Eingang, Form und Schlussformel s. **M 85.1** (eigenhändiges gemeinschaftliches Testament), **M 85.2** (notariell beurkundetes gemeinschaftliches Testament) und **M 85.3** (Erbvertrag).

Kosten: *Notargebühr:* wie **M 85.2**.

XII. Rechtswahl zur Bestimmung deutschen Erbrechts durch Erbvertrag

1. Für ausländische Erblasser nach EGBGB bzw. ausländischem IPR

Beschränkt auf in Deutschland belegenes unbewegliches Vermögen können ausländische Staats- 42
angehörige gem. Art. 83 Abs. 2 Alt. 2 EuErbVO **bis längstens am 16.8.2015** nach Art. 25 Abs. 2 EGBGB deutsches Recht wählen, wenn sie zum Zeitpunkt dieser Rechtswahl ungeachtet eventueller späterer diesbezüglicher Veränderungen ihren gewöhnlichen Aufenthalt in Deutschland haben. Da-

gegen bleibt für ihr übriges Nachlassvermögen das Heimatrecht maßgebend. In jedem Fall der Nachlassspaltung ist jeder Nachlassteil mit der Folge als selbständiger Nachlass anzusehen, dass er bei der Testamentserrichtung so behandelt wird, als wenn er der gesamte Nachlass wäre (Palandt/Thorn Art. 25 EGBGB Rz. 9). Wenn somit ein Erblasser mit ausländischer Staatsangehörigkeit, dessen Nachlass einem ausländischen Erbstatut unterliegt, bis einschließlich 16.8.2015 für seinen in Deutschland belegenen Grundbesitz nach Art. 25 Abs. 2 EGBGB deutsches Recht wählt, dann kann er für diesen Grundbesitz als eigenständigen Spaltnachlass auch abweichend von seinem sonstigen Nachlass Erben einsetzen und sich des gesamten deutschen erbrechtlichen Instrumentariums bedienen, als wäre er Deutscher und dieser Grundbesitz sein gesamter Nachlass (Langenfeld/Fröhler, Testamentsgestaltung, 1. Kap. Rz. 171). Diese Rechtswahlmöglichkeit durchbricht im Regelfall den Grundsatz der Nachlasseinheit und führt zu einer Nachlassspaltung, da sie ausschließlich auf unbewegliches Vermögen beschränkt ist.

42a Die nach Art. 25 Abs. 2 EGBGB einem ausländischen Erblasser für im Inland belegenes unbewegliches Vermögen eröffnete Rechtswahl deutschen Rechts nach **deutschem Internationalen Privatrecht** (vgl. dazu Kap. 80 Rz. 27) kann nur durch Verfügung von Todes wegen, somit durch Einzeltestament, gemeinschaftliches Testament oder Erbvertrag, getroffen werden. Dabei ist derzeit noch (s. jedoch Rz. 42b) umstritten, ob eine derartige in einem gemeinschaftlichen Testament oder Erbvertrag enthaltene Rechtswahl bindend vorgenommen werden kann. Art. 26 Abs. 5 Satz 1 EGBGB verweist hinsichtlich der Bindung auf die anzuwendenden Sachnormen und damit auf das deutsche Erbrecht. Gegen die Möglichkeit einer bindenden Vereinbarung spricht der Wortlaut der §§ 2270 Abs. 3, 2278 Abs. 2 BGB, wonach ausschließlich Erbeinsetzungen, Vermächtnisse und Auflagen wechselbezüglich bzw. vertragsmäßig bindend vereinbart werden können, so dass eine in einem gemeinschaftlichen Testament oder Erbvertrag enthaltene Rechtswahl einseitig frei widerrufen werden kann (Dörner DNotZ 1988, 67, 91; Palandt/Thorn Art. 25 EGBGB Rz. 8). Nach anderer Ansicht steht die Rechtswahl in ihren Auswirkungen der Erbeinsetzung gleich und kann daher bindend vereinbart werden (Lichtenberger DNotZ 1986, 644, 665; Döbereiner DNotZ 2014, 323, 332 f.). Selbst wenn eine erbvertragliche Rechtswahl danach keine Bindungswirkung entfaltet und einseitig widerrufen wird, bleibt jedoch nach Art. 26 Abs. 5 Satz 1 EGBGB eine vor dem Widerruf errichtete Verfügung von Todes wegen nach dem bisher gewählten Recht (zB nach Rechtswahl eines italienischen Ehemanns einer deutsch-italienischen Ehe gem. Art. 25 Abs. 2 EGBGB für den in Deutschland belegenen Grundbesitz; zur Rechtswahl nach italienischem Recht vgl. Schotten/Schmellenkamp, Das Internationale Privatrecht in der notariellen Praxis, 2. Aufl. 2007, Rz. 296 u. 296a) wirksam (Dörner DNotZ 1988, 67, 88; Palandt/Thorn Art. 25 EGBGB Rz. 8).

42b Die Bundesregierung plant nun jedoch für ab einschließlich 17.8.2015 eintretende Erbfälle im Rahmen einer Anpassung des nationalen Rechts an die EuErbVO, den jeweiligen Wortlaut der Tatbestände aus § 2270 Abs. 3 bzw. § 2278 Abs. 2 BGB ausdrücklich dahingehend zu ergänzen, dass künftig auch die Wahl des anzuwendenden Rechts im gemeinschaftlichen Testament wechselbezüglich bzw. im Erbvertrag vertragsmäßig bindend vereinbart werden kann und damit der diesbezügliche bisherige Meinungsstreit entschieden ist (Begr. zum GesetzE der BReg. zu §§ 2270 Abs. 3, 2278 Abs. 2 BGB, BR-Drucks. 644/14, S. 79; Fröhler BWNotZ 2015, 47, 49; s. dazu ausführlich Langenfeld/Fröhler, Testamentsgestaltung, 9. Kap. Rz. 84 ff.).

42c Ab einschließlich 17.8.2015 kann ein Erblasser, der nicht spätestens bei seinem Tod zumindest auch die deutsche Staatsangehörigkeit besitzt, für die Rechtsnachfolge von Todes wegen kein deutsches Recht mehr wählen (Odersky notar 2013, 3, 8). Wenn er in Deutschland bei seinem Tod keinen gewöhnlichen Aufenthalt hat, gilt für den Nachlass nach Art. 21 Abs. 1 EuErbVO auch kein gesetzliches deutsches Erbstatut. Daher kann die Variante einer Rechtswahl nach Art. 25 Abs. 2 EGBGB für ausländische Staatsangehörige ohne gewöhnlichen Aufenthalt in Deutschland auch für Erbfälle ab dem 17.8.2015 von erheblicher praktischer Bedeutung sein. Sie muss dann jedoch bis einschließlich 16.8.2015 formgerecht ausgeübt worden sein (Langenfeld/Fröhler, Testamentsgestaltung, 1. Kap. Rz. 173).

43 Ausnahmsweise kann auch **ausländisches Internationales Privatrecht** eine erbrechtliche Rechtswahl zulassen (vgl. Schotten/Schmellenkamp Rz. 296: zB Belgien, Italien, Niederlande, Rumänien, Schweiz). Soweit die betroffene ausländische Rechtsordnung ein gemeinschaftliches Testament bzw. einen Erbvertrag nicht vorsieht, könnte dies über ein Formverbot hinaus als Sachverbot zur Un-

wirksamkeit der darin getroffenen letztwilligen Verfügungen samt Rechtswahl führen (Schotten/Schmellenkamp Rz. 296a für das Bsp. Italien). Daher sollte die Rechtswahl in derartigen Fällen vorsorglich zusätzlich einseitig, wiederum hilfsweise mit testamentarischer Wirkung neben der erbvertraglichen bindenden Anordnung getroffen werden (Schotten/Schmellenkamp Rz. 296a bzw. 361).

M 85.16 Rechtswahl gem. EGBGB zur Bestimmung deutschen Erbrechts durch Erbvertrag

(Erbvertrag – Auszug)[1]

...

Hiermit wähle ich, ... (Vor- und Nachname),/wählt jeder von uns für die Erbfolge hinsichtlich meines/seines gesamten im Inland belegenen unbeweglichen Vermögens das deutsche Recht. Diese Rechtswahl für die Erbfolge erstreckt sich darüber hinaus auf mein/unser gesamtes sonstiges Vermögen, wenn eine Rechtswahl auch insoweit derzeit bereits zulässig ist bzw. sobald sie bis zu meinem/unserem Tod auch insoweit zulässig wird. Wir nehmen diese Rechtswahl gegenseitig an. Soweit dies rechtlich zulässig ist, treffen wir sie mit erbvertraglich bindender Wirkung. Wir sind vom beurkundenden Notar über die Grundzüge des deutschen Erbrechts und die Bindungswirkung belehrt worden. Für den Fall, dass die in dieser Urkunde ebenfalls mit erbvertraglich bindender Wirkung getroffenen Verfügungen von Todes wegen aufgehoben werden oder unwirksam werden sollten oder dass ich, ... (Vor- und Nachname), der Längstlebende von uns bin, behalte ich mir/behält sich jeder von uns das Recht vor, einseitig von dieser Rechtswahl zurückzutreten. Für den Fall, dass die Rechtswahl erbvertraglich bindend nicht wirksam getroffen werden kann, wähle ich, ... (Vor- und Nachname),/wählt jeder das deutsche Recht hiermit einseitig und mit rein testamentarischer Wirkung. Wir sind desweiteren durch den beurkundenden Notar, der das durch die Rechtswahl ausgeschaltete fremde Erbrecht weder kennen muss noch über dessen Inhalt belehrt oder diesbezüglich eine Beratung oder Betreuung übernommen hat, darüber belehrt worden, dass die Rechtswahl im Ausland möglicherweise nicht anerkannt wird, auf Grund der Rechtswahl ggf. eine Nachlassspaltung entstehen kann und sich möglicherweise Schwierigkeiten bei der Zuordnung von Nachlassgegenständen zu der dem deutschen Erbrecht unterliegenden Rechtsordnung und zu der fremden Rechtsordnung ergeben können.

...

1 Zu Eingang, Form und Schlussformel eines Erbvertrags s. **M 85.3**.

Kosten: *Notargebühr:* wie **M 85.2**.

2. Nach EuErbVO

Art. 21 Abs. 1 EuErbVO knüpft abweichend von Art. 25 EGBGB hinsichtlich des Erbstatuts nicht an die Staatsangehörigkeit des Erblassers, sondern an dessen gewöhnlichen Aufenthalt im Zeitpunkt des Erbfalls an, soweit nicht nach Art. 21 Abs. 2 EuErbVO ausnahmsweise wegen offensichtlich engerer Verbindung zu einem anderen Staat dessen Recht anzuwenden ist. Dieser gewöhnliche Aufenthalt muss seinerseits gem. Art. 20 EuErbVO anders als zur Begründung der internationalen Zuständigkeit aus Art. 4 EuErbVO nicht in einem Mitgliedstaat liegen. Nach Art. 22 EuErbVO kann der Erblasser jedoch das Recht seiner bei Rechtswahl oder Tod bestehenden Staatsangehörigkeit bzw. einer von mehreren eigenen Staatsangehörigkeiten durch Verfügung von Todes wegen wählen. Dabei muss ein konkretes Recht gewählt werden, während eine lediglich pauschalierte Rechtswahl des beim Tod bestehenden Heimatrechts zu unbestimmt und daher unwirksam ist (Dörner ZEV 2012, 505, 511; Erman/Hohloch Art. 22 EuErbVO Rz. 6; Janzen DNotZ 2012, 484, 486; Langenfeld/Fröhler, Testamentsgestaltung, 1. Kap. Rz. 182; Leitzen ZEV 2013, 128. Auch eine bloße bestätigende Rechtswahl nach dem gewöhnlichen Aufenthalt kommt nicht in Betracht (Odersky notar 2013, 3, 7). Möchte ein in Deutschland lebender Ausländer gerade nicht nach dem Recht seiner Staatsangehörigkeit, sondern dem deutschen Aufenthaltsrecht beerbt werden, sollte 43a dies jedoch zumindest in der letztwilligen Verfügung klargestellt werden, um das Risiko einer nachlassgerichtlichen Annahme einer stillschweigenden Rechtswahl des Heimatrechts auszuschließen (Langenfeld/Fröhler, Testamentsgestaltung, 1. Kap. Rz. 173; Leitzen ZEV 2013, 128, 132; Odersky notar 2013, 3, 7). Zur EuErbVO im Allgemeinen s. Kap. 80 Rz. 25a ff.

43b Nach Art. 25 EuErbVO sind Zulässigkeit, materielle Wirksamkeit und Bindungswirkung eines Erbvertrags unabhängig von dem jeweils anwendbaren Erbrecht gesondert geregelt (Odersky notar 2013, 3, 8). Erbverträge, die lediglich den Nachlass einer Person betreffen, unterliegen bezüglich Zulässigkeit, materieller Wirksamkeit und Bindungswirkung nach Art. 25 Abs. 1 EuErbVO ebenfalls dem hypothetischen Erbstatut bezüglich des Erblassers zum Zeitpunkt der Erbvertragserrichtung. Jedoch ist für Erbverträge über den Nachlass mehrerer Personen nach Art. 25 Abs. 2 UAbs. 1 EuErbVO kumulativ das jeweilige hypothetische Erbstatut bezüglich jedes Erblassers zum Zeitpunkt der Erbvertragserrichtung relevant. Daher ist ein Erbvertrag, der den Nachlass mehrerer Erblasser betrifft, nur dann zulässig, wenn er nach jedem der Rechte jedes Erblassers zulässig ist. Sind diese Voraussetzungen für die Zulässigkeit des Erbvertrags erfüllt, ist für die materielle Wirksamkeit und Bindungswirkung insgesamt nach Art. 25 Abs. 2 UAbs. 2 EuErbVO das mit dem Erbvertrag am engsten verbundene Recht maßgebend (Simon/Buschbaum NJW 2012, 2393, 2396). Nach Art. 25 Abs. 3 EuErbVO können die Parteien jedoch für Zulässigkeit, materielle Wirksamkeit und Bindungswirkungen des Erbvertrags das Recht desjenigen Staates wählen, dessen Staatsangehörigkeit zumindest einer von ihnen hat (Langenfeld/Fröhler, Testamentsgestaltung, 1. Kap. Rz. 196).

M 85.16a Rechtswahl gem. EuErbVO durch Erbvertrag

(Erbvertrag – Auszug)[1]

...

Wir, die Eheleute ... und ..., haben unseren gewöhnlichen Aufenthalt beide in ... (Ausland), sind jeweils ausschließlich deutsche Staatsangehörige und wählen hiermit jeweils sowohl für die Zulässigkeit, materielle Rechtswirksamkeit und Bindungswirkung des hiesigen Erbvertrages als auch für das materielle Erbrecht bezüglich unseres gesamten Nachlasses, somit vollumfänglich für die Rechtsnachfolge von Todes wegen das deutsche Recht mit möglichst vertragsmäßig bindender Wirkung, hilfsweise jeweils lediglich einseitig testamentarisch. Der Notar hat über dadurch eventuell verdrängtes ausländisches Recht mangels entsprechender Verpflichtung nicht belehrt und wird insoweit von jeder Haftung befreit. Trotz Belehrung ist auf Einholung eines diesbezüglichen Rechtsgutachtens verzichtet.

...

Wir, die Eheleute ... und ..., haben unseren gewöhnlichen Aufenthalt beide in Deutschland, den wir dort auch künftig beibehalten möchten. Ich, ..., (Ehefrau) bin ausschließlich deutsche Staatsangehörige, ich ..., (Ehemann) bin ausschließlich ... (ausländischer) Staatsangehöriger. Wir wählen hiermit jeweils für die Zulässigkeit, materielle Rechtswirksamkeit und Bindungswirkung des hiesigen Erbvertrages nach Art. 25 Abs. 3 EuErbVO im Hinblick auf die deutsche Staatsangehörigkeit des Ehemanns vollumfänglich das deutsche Recht mit möglichst vertragsmäßig bindender Wirkung, hilfsweise jeweils lediglich einseitig testamentarisch. Der Notar hat über durch die Rechtswahl eventuell verdrängtes ausländisches Recht mangels entsprechender Verpflichtung nicht belehrt und wird insoweit von jeder Haftung befreit. Trotz Belehrung ist auf Einholung eines diesbezüglichen Rechtsgutachtens verzichtet.

1 Zu Eingang, Form und Schlussformel eines Erbvertrags s. **M 85.3**.

Kosten: *Notargebühr:* wie **M 85.2**.

XIII. Gesamtmuster

Nachstehend sind exemplarisch zwei Gesamtmuster für **gemeinschaftliche Testamente** skizziert. Das erste Gesamtmuster behandelt ein Berliner Testament zweier Ehegatten. Das zweite Gesamtmuster regelt ein gemeinschaftliches Testament gleichgeschlechtlicher Lebenspartner, die sich gegenseitig zu Alleinerben einsetzen, ohne den Längstlebenden zu binden. 44

M 85.17 Gemeinschaftliches Testament von Ehegatten, die sich gegenseitig zu Alleinvollerben und die gemeinsamen Kinder zu Schlusserben des Längstlebenden einsetzen (Berliner Testament)

(Gemeinschaftliches Testament – Auszug)[1]

...

§ 1

Vorsorglich heben wir frühere letztwillige Verfügungen auf.

§ 2

Der erstversterbende Ehegatte setzt den längstlebenden Ehegatten zu seinem alleinigen Vollerben ein. Eine Nacherbschaft ist nicht angeordnet.

Fällt der längstlebende Ehegatte als testamentarisch eingesetzter Erbe durch Anfechtung bzw. Ausschlagung weg, entfällt sein gesetzliches Erbrecht, wenn und soweit dadurch gemeinschaftliche Abkömmlinge der Eheleute Erben des erstversterbenden Ehegatten werden. Ersatzerben sind die Schlusserben entsprechend ihrer Schlusserbenberufung.

§ 3

Schlusserben als Erben auf den Tod des längstlebenden Ehegatten und (anstelle des jeweils anderen Ehegatten) Ersatzerbe jedes Ehegatten von uns bei unserem gleichzeitigen oder höchstens im Abstand von vier Wochen und damit nahezu gleichzeitig erfolgenden, auf demselben Ereignis beruhenden Tod sind unsere gemeinschaftlichen Kinder zu untereinander gleichen Teilen, derzeit unsere Tochter ... (Vor- und Nachname), geb. am ... (Geburtsdatum), wohnhaft in ... (Wohnanschrift) und unser Sohn ... (Vor- und Nachname), geb. am ... (Geburtsdatum), wohnhaft in ... (Wohnanschrift), zu jeweils ½ Erbteil. Ersatzschlusserben sind jeweils die Abkömmlinge eines wegfallenden Schlusserben nach den Regeln der gesetzlichen Erbfolge erster Ordnung. Hierzu zählen ohne Einschränkung auch nichteheliche Kinder und deren Abkömmlinge. Ersatzweise tritt Anwachsung ein. Wiederum ersatzweise sind die Geschwister der Ehefrau/des Ehemanns, nochmals ersatzweise die Abkömmlinge eines wegfallenden Geschwisterteils nach den Regeln der gesetzlichen Erbfolge erster Ordnung, zu denen ohne Einschränkung auch nichteheliche Kinder und deren Abkömmlinge zählen, eingesetzt, nochmals ersatzweise tritt auch insoweit Anwachsung ein. Die Ersatzschlusserbeneinsetzung ist, soweit nicht nach §§ 2352 Satz 3, 2349 BGB eine Verzichtserstreckung eintritt, nach demjenigen Schlusserben auflösend bedingt, der mit dem längstlebenden Ehegatten einen entgeltlichen oder unentgeltlichen Zuwendungsverzichtsvertrag gem. § 2352 BGB vereinbart. In einem solchen Falle wird die Auslegungsregel des § 2069 BGB bzw. eine Ersatzschlusserbenberufung aufgrund ergänzender Testamentsauslegung ausdrücklich ausgeschlossen.

§ 4

Derjenige unserer gemeinschaftlichen Abkömmlinge, der nach dem Tod des erstversterbenden Ehegatten gegen den Willen des längstlebenden Ehegatten bzw. dessen Erben den noch nicht verjährten Pflichtteil fordert und erhält, wird samt seinen Abkömmlingen auf den Tod des längstlebenden Ehegatten als Erbe ausgeschlossen. Zugleich entfallen sämtliche bezüglich dieser Personen in der

1 Zu Eingang, Form und Schlussformel s. **M 85.1** (eigenhändiges gemeinschaftliches Testament) und **M 85.2** (notariell beurkundetes gemeinschaftliches Testament).

hiesigen Urkunde enthaltenen Zuwendungen und Bindungen. Desweiteren erhalten alle anderen auf den Tod des längstlebenden Ehegatten als Erbe eingesetzten Abkömmlinge, die den Pflichtteil nicht fordern, aus dem Nachlass des erstversterbenden Ehegatten ein Geldvermächtnis. Die Höhe dieses Vermächtnisses bestimmt sich nach dem Wert des gesetzlichen Erbteils des jeweiligen Vermächtnisberechtigten auf Ableben des erstversterbenden Ehegatten. Dabei ist der erstversterbende Ehegatte so zu betrachten, als wäre er zum Zeitpunkt des Todes des längstlebenden Ehegatten verstorben. Für die Berechnung ist der zum Zeitpunkt des Todes des längstlebenden Ehegatten noch vorhandene Nachlass des erstversterbenden Ehegatten maßgebend. Diese Vermächtnisse fallen erst mit dem Tod des längstlebenden Ehegatten an. Als Vermächtnisnehmer kommen ausschließlich zum Zeitpunkt des Todes des längstlebenden Ehegatten noch lebende Abkömmlinge in Betracht. Die Vermächtnisse entfallen, soweit die vorstehende Enterbung des den Pflichtteil fordernden Abkömmlings und dessen Abkömmlingen aufgehoben wird. Über die Problematik der insoweit auflösend bedingten Schlusserbeneinsetzung ist belehrt. Der längstlebende Ehegatte darf diese Regelungen jederzeit frei abändern.

§ 5

Wir treffen sämtliche letztwilligen Verfügungen in dieser Urkunde unabhängig davon, ob beim Tod eines jeden von uns pflichtteilsberechtigte Personen existieren und um wen es sich dabei ggf. handelt. Eine Anfechtung iSd. § 2079 BGB ist daher ausgeschlossen. Zudem verzichtet jeder von uns auf ein eventuelles künftiges Anfechtungsrecht wegen Irrtums iSd. § 2078 BGB.

Ist beim Tode eines Ehegatten ein Scheidungs- oder Eheaufhebungsantrag rechtshängig, sollen sämtliche hiesigen letztwilligen Verfügungen ihrem gesamten Inhalt nach unwirksam sein, ohne dass die gesetzlichen Voraussetzungen für die Eheauflösung gegeben sein müssen. Zugleich wird der überlebende Ehegatte enterbt. Trotz Belehrung sollen im hiesigen gemeinschaftlichen Testament keine diesbezüglichen Ersatzregelungen getroffen werden.

§ 6

Unsere beiden Kinder ... (Vor- und Nachname) und ... (Vor- und Nachname) sind derzeit noch minderjährig. Soweit sie beim Tod des Längstlebenden von uns bzw. bei unserem gleichzeitigen oder nahezu gleichzeitigen Tod noch minderjährig sind, benennt jeder von uns ... (Vor- und Nachname), geb. am ... (Geburtsdatum), wohnhaft in ... (Wohnanschrift), ersatzweise ... (Vor- und Nachname), geb. am ... (Geburtsdatum), wohnhaft in ... (Wohnanschrift), zu deren Vormund. Beide sind im Sinne der §§ 1852–1855, 1777 BGB befreit. Unsere Kinder sollen möglichst gemeinsam aufwachsen können.

§ 7

Der längstlebende Ehegatte darf die auf seinen Tod angeordneten letztwilligen Verfügungen bezüglich des gesamten Vermögens grundsätzlich frei abändern. Der vorstehende Änderungsvorbehalt berechtigt jedoch lediglich dazu, Änderungen zu Gunsten von Personen vorzunehmen, die unsere gemeinschaftlichen Abkömmlinge iSd. § 1589 Satz 1 BGB sind. Diese Beschränkung entfällt wiederum, wenn alle gemeinschaftlichen Abkömmlinge nach dem Tod des erstversterbenden Ehegatten gegen den Willen des längstlebenden Ehegatten bzw. dessen Erben den noch nicht verjährten Pflichtteil gefordert und erhalten haben, wobei ein derartiges Verhalten eines gemeinschaftlichen Abkömmlings dessen gesamtem Stamm zugerechnet wird, so dass gegenüber diesem Stamm keine Bindung mehr besteht. Der längstlebende Ehegatte ist insoweit auch ermächtigt, durch Verfügung unter Lebenden Vermögensübertragungen zu Gunsten anderer Personen aus diesem Kreis vorzunehmen, ohne Ansprüche analog §§ 2287 f. BGB auszulösen. Der Änderungsvorbehalt berechtigt dabei ua. dazu, alle, einzelne oder einen einzelnen bzw. alleinigen Erben durch Anordnung einer Testamentsvollstreckung, von Vermächtnissen bzw. Auflagen etc. jeweils, soweit die Bindung nicht im o.g. Sinne als entfallen gilt, ausschließlich zugunsten gemeinschaftlicher Abkömmlinge zu beschweren bzw. derartige Regelung zu ändern. Zu Abkömmlingen im Sinne dieses Änderungsvorbehaltes zählen auch nichteheliche Kinder und deren Abkömmlinge.

§ 8

Von den vorstehenden Verfügungen sind folgende Regelungen

1. wechselbezüglich getroffen und damit für den längstlebenden Ehegatten, soweit kein Änderungsvorbehalt vereinbart ist, bindend: §§ 2, 3 und 4.

2. einseitig getroffen und damit frei abänderbar: § 6.

Sollte das hiesige gemeinschaftliche Testament wider Erwarten aus anderen als den in §§ 2268, 2077 BGB genannten Gründen unwirksam sein, ist es, soweit kein anderer Wille festgestellt werden kann, (jeweils) in ein entsprechendes Einzeltestament umzudeuten.

...

Kosten: *Notargebühr:* wie **M 85.2**.

M 85.18 Gemeinschaftliches Testament gleichgeschlechtlicher Lebenspartner, die sich gegenseitig zu Alleinerben einsetzen

(Gemeinschaftliches Testament – Auszug)[1]

...

Vorsorglich heben wir frühere letztwillige Verfügungen auf.

Der erstversterbende Lebenspartner setzt den längstlebenden Lebenspartner zu seinem alleinigen Vollerben ein. Eine Nacherbschaft ist nicht angeordnet.

Weitere letztwillige Verfügungen, insbesondere für den Fall des Todes des längstlebenden Lebenspartners bzw. bei unserem gleichzeitigen oder nahezu gleichzeitigen Versterben, wollen wir trotz Belehrung heute nicht treffen.

...

1 Zu Eingang, Form und Schlussformel s. **M 85.1** (eigenhändiges gemeinschaftliches Testament) und **M 85.2** (notariell beurkundetes gemeinschaftliches Testament).

Kosten: *Notargebühr:* wie **M 85.2**.

XIV. Erbvertragliche Grundbesitzzuwendung gegen Pflegeverpflichtung

Vereinbaren der Eigentümer eines Wohnhauses bzw. einer Eigentumswohnung und eine andere Person, dass diese den Eigentümer gegen die letztwillige Zuwendung des Grundbesitzes auf Lebzeiten häuslich versorgt und pflegt, geschieht dies meist durch einen sog. **Verpfründungsvertrag**. Dabei wird ein Erbvertrag mit schuldrechtlich vereinbarter Pflegeverpflichtung verbunden. Ziel der Gestaltung ist es, beiden Vertragsbeteiligten jeweils eine gesicherte Anspruchsposition zu verschaffen. Dann ist jedoch nach § 2300 Abs. 2 BGB keine Rückgabe mehr aus der Verwahrung möglich (vgl. dazu Rz. 17). § 34 Abs. 2 Halbs. 2 BeurkG zeigt, dass die Verbindung des Erbvertrages mit anderen Vertragstypen zulässig ist. 45

Dies geschieht zu Gunsten des pflegenden Vertragspartners durch eine erbvertraglich vertragsmäßig bindende vermächtnisweise Zuwendung des Grundbesitzes. Die Vertragsmäßigkeit der **Vermächtniszuwendung** alleine würde jedoch den Vertragspartner vor gem. § 2286 BGB wirksamen Verfügungen zu Lebzeiten des Eigentümers nicht schützen. Als zusätzliche Sicherung ist daher die schuldrechtliche Verpflichtung des Eigentümers in den Vertrag aufzunehmen, gem. § 137 Satz 2 BGB über den Grundbesitz zu Lebzeiten nicht zu verfügen bzw. sich zu einer Verfügung nicht zu verpflichten. Um einen im Grundbuch vormerkbaren Anspruch zu begründen, ist sodann zu vereinbaren, dass im Falle eines Verstoßes gegen die Verfügungsunterlassungspflicht zu Gunsten des Vermächtnisnehmers ein Anspruch auf sofortige Übertragung des Grundbesitzes ausgelöst wird, der noch vor Bedingungseintritt sofort nach § 883 BGB durch Eintragung einer Erwerbsvormer- 46 kung im Grundbuch dinglich gesichert werden kann. Ein derartiger bedingter Übertragungsanspruch ist jedoch wiederum zum Schutz des Eigentümers lediglich unter dem Vorbehalt des lebtäglichen und unentgeltlichen Nießbrauchs, einer Pflegereallast und einer Rückübertragungsvormerkung für den Fall des Rücktritts des Eigentümers nach einer derartigen Eigentumsübertragung bei Nichterfüllung der Pflegeverpflichtung zu gewähren. Zugunsten des Vermächtnisnehmers ist die sofortige Eintragung einer Erwerbsvormerkung im Grundbuch zu bewilligen und zu beantragen.

47 Soweit der Eigentümer bereits durch gemeinschaftliches Testament bzw. Erbvertrag gebunden ist, verhindert eine vorrangige Verfügung von Todes wegen nach §§ 2271, 2289 Abs. 1 Satz 2 BGB ein Wirksamwerden des hiesigen späteren Erbvertrags.

47a ➲ **Praxistipp:** Bei verheirateten oder in eingetragener Lebenspartnerschaft lebenden Eigentümern ist daher zu empfehlen, sicherheitshalber den Ehegatten/Lebenspartner an der Erbvertragsurkunde mitwirken zu lassen, indem beide Ehegatten bzw. Lebenspartner ausdrücklich die Aufhebung eventueller **früherer bindender Verfügungen** von Todes wegen insoweit erklären, als diese dem hiesigen neuen Erbvertrag entgegenstehen. Entsprechendes gilt für andere Erbvertragspartner bspw. Abkömmlinge des Erblassers. Flankierend sollte ein Vertrag über gegenständlich beschränkten Pflichtteils- bzw. auch auf den Tod des Erblassers wirkenden Zugewinnausgleichsverzicht erwogen werden.

48 Zur Absicherung des Eigentümers auf Einhaltung der Pflege- und Versorgungsverpflichtung durch den Vermächtnisnehmer ist neben der schuldrechtlichen Vereinbarung zu diesen Verpflichtungen ein ausdrückliches Recht auf **Rücktritt** vom Erbvertrag und den übrigen Verpflichtungen für den Fall der Nichterfüllung der Pflege- und Versorgungsansprüche in den Vertrag aufzunehmen. Der Erblasser kann im Falle unterbliebener geschuldeter Pflegeleistungen von dem gegenseitigen Vertrag unter Lebenden nach § 323 BGB und zugleich von dem Erbvertrag gem. § 2295 BGB zurücktreten, wenn er dem pflegeverpflichteten Bedachten unter Fristsetzung zuvor vergeblich zur Erbringung der im Einzelnen bezeichneten Pflegeleistungen aufgefordert hat (BGH DNotZ 2012, 146; Langenfeld/Fröhler, Testamentsgestaltung, 4. Kap. Rz. 14; kritisch J. Mayer DNotZ 2012, 89, 96 f.: Verfügungsunterlassung nur als Nebenpflicht und daher kein synallagmatisches Verhältnis zur Pflegeverpflichtung). Daneben kann es sinnvoll sein, den Vertrag durch Ausschließung der Anfechtungsrechte nach den §§ 2078, 2079 BGB bestandssicher werden zu lassen (s. Rz. 34).

49 Fraglich ist, ob auch zu Gunsten von **Ersatzvermächtnisnehmern** eine Erwerbsvormerkung in das Grundbuch eingetragen werden sollte (bejahend MünchVertragshdb./Nieder Bd. 6 Muster XVI.31, Anmerkung 9). Da dadurch jedoch eine spätere vorzeitige Löschung dieser Vormerkung problematisch sein kann, weil die Ersatzvermächtnisnehmer bis zum Tod des Eigentümers noch nicht bekannt sind, sollte die Eintragung der Erwerbsvormerkung zu Gunsten des Vermächtnisnehmers ausreichend sein und auf Eintragung einer weiteren Erwerbsvormerkung zu Gunsten der noch nicht bekannten Ersatzvermächtnisnehmer verzichtet, hilfsweise zumindest mit einem Rangvorbehalt für vorrangige Finanzierungsgrundschulden versehen werden.

M 85.19 Erbvertragliche Zuwendung gegen Pflegeverpflichtung unter schuldrechtlichem durch Eintragung einer Erwerbsvormerkung abgesicherten Verfügungsverbot

(Notarielles Beurkundungsprotokoll Erbvertrag – Auszug)[1]

...

§ 1

... (Vor- und Nachname des Erblassers) vermacht hiermit zu Lasten seiner/ihrer Erben vertragsmäßig bindend durch Erbvertrag mit ... (Vor- und Nachname des Vertragspartners) diesem sei-

1 In Anlehnung an MünchVertragshdb./Nieder Bd. 6 Muster XVI.31.

nen/ihren Grundbesitz in ... (genauer Grundbuchbeschrieb). Ersatzvermächtnisnehmer des ... (Vor- und Nachname) sind dessen Abkömmlinge nach den Regeln der gesetzlichen Erbfolge erster Ordnung. Hierzu zählen ohne Einschränkungen auch nicht aus einer Ehe entstammende Kinder und deren Abkömmlinge ... (Vor- und Nachname) nimmt diese erbvertraglich vertragsmäßige Verfügung hiermit an. Die heutige Urkunde enthält keinerlei Regelungen zur Erbeinsetzung.

***Ggf. Zusatz:** ... (Vor- und Nachname des geschiedenen Erblassers) und ... (Vor- und Nachname bspw. des einzigen Kindes des Erblassers, das dauerhaft im Ausland lebt, die Versorgung des Elternteils nicht leisten kann, an diesem Grundbesitz nicht interessiert ist und mit dem der Erblasser einen Erbvertrag geschlossen hatte) heben hiermit eventuelle vertragsmäßig bindende Regelungen aus vorrangigen Erbverträgen miteinander insoweit auf, als sie dem hiesigen Erbvertrag entgegenstehen.*

***oder:** ... (Vor- und Nachname des Erblassers) versichert, dass er an den hiesigen Verfügungen weder durch vorrangige bindende gemeinschaftliche Testamente noch durch entsprechende Erbverträge gehindert ist. Der Notar hat über die Risiken derartiger eventueller Verfügungen von Todes wegen belehrt.*

§ 2

A

... (Erblasser) verpflichtet sich hiermit schuldrechtlich gegenüber dem Vermächtnisnehmer ... (Vertragspartner), über den vorstehenden Grundbesitz nicht zu verfügen bzw. sich zu einer Verfügung über diesen Grundbesitz nicht zu verpflichten. Im Ersatzvermächtnisfall gilt diese Verpflichtung gegenüber den Ersatzvermächtnisnehmern.

B

Verstößt ... (Erblasser) gegen die vorstehende Verpflichtung oder werden gegen den vorstehenden Grundbesitz Zwangsvollstreckungsmaßnahmen ergriffen, so kann ... (Vertragspartner) bzw. im Ersatzvermächtnisfall der jeweilige Ersatzvermächtnisnehmer verlangen, dass ... (Erblasser) den vorstehenden Grundbesitz sofort an ... (Vertragspartner) bzw. im Ersatzvermächtnisfall an den vorstehenden Ersatzvermächtnisnehmer auf Kosten der Verpflichteten unentgeltlich zu Eigentum überträgt. Die Übertragung hat auf Verlangen des/der ... (Erblassers) dann unter Vorbehalt dessen/deren lebtäglichen und unentgeltlichen Nießbrauchs und mit Rang danach einer Pflegereallast am vorstehenden Grundbesitz zu erfolgen. Zur Sicherung des bedingten Übertragungsanspruchs bewilligt ... (Erblasser) und beantragt ... (Vertragspartner) die Eintragung einer Eigentumserwerbsvormerkung zu Gunsten des/der ... (Vertragspartners) im Grundbuch zu Lasten des vorstehenden Grundbesitzes. Eine zusätzliche Eigentumserwerbsvormerkung zu Gunsten der noch nicht bekannten Ersatzvermächtnisnehmer wird nicht gewünscht.

C

Die in § 3 geregelte Pflegeverpflichtung bleibt im Falle einer Übertragung nach § 2 B bestehen und ist durch Eintragung einer Reallast dinglich im Grundbuch zu sichern. Gem. § 5 dieser Urkunde ist ... (Erblasser) unter bestimmten Voraussetzungen zum Rücktritt von diesem Vertrag berechtigt. Zur dinglichen Sicherung des dort vereinbarten bedingten Rückübertragungsanspruchs ist gleichzeitig mit einer eventuellen vorzeitigen Eigentumsübertragung nach § 2 B der dort geregelte Nießbrauch, die hier geregelte Pflegereallast – beides mit dem Zusatz, dass zur Löschung der Nachweis des Todes des ... (Erblassers) genügt – und Zug-um-Zug gegen Erteilung einer postmortalen Löschungsvollmacht eine Rückübertragungsvormerkung jeweils für ... (Erblasser) mit Rang entsprechend der vorstehenden Aufzählung im Grundbuch einzutragen.

§ 3

... (Vertragspartner) verpflichtet sich gegenüber ... (Erblasser) dazu, für diesen/diese, solange er/sie die Wohnung in dem vorstehenden Grundbesitz bewohnt, den Haushalt in alten, kranken und gebrechlichen Tagen zu führen, insbesondere nach Wunsch für Wohnung, Kleidung und Wäsche, Organisation der benötigten Lebensmittel, Essenszubereitung und deren Verabreichung zu sorgen und Botengänge zu erledigen. Er/Sie verpflichtet sich zudem zur häuslichen Pflege, soweit diese

nach dem Urteil des Hausarztes der Berechtigtenseite beiden Seiten zugemutet werden kann. Pflegeleistungen sind jedoch lediglich in einem Umfange geschuldet, der der Pflegestufe I des Pflegeversicherungsgesetzes in der derzeit geltenden Fassung entspricht. Der Verpflichtete darf die vorstehend geschuldeten Leistungen auf eigene Kosten auch im Wege der Delegation durch einen ambulanten Pflegedienst erbringen. Bare Auslagen (etwa für Lebensmittel, Kleidung, Wäsche, Haushaltsgegenstände und Hilfsmittel bei der Pflege) trägt die Berechtigtenseite selbst, soweit keine andere Regelung getroffen ist bzw. nicht ein Dritter dafür aufkommt. Die Kosten einer fremden Pflegeperson, eines Pflegeheims, eines Altenheims oder einer Heilbehandlung trägt die Berechtigtenseite selbst. Ansprüche gegen Sozialversicherungsträger und andere Leistungsträger bleiben unberührt. Das Ruhen der Wart- und Pflegeverpflichtung hat – soweit dies wirksam vereinbart werden kann – keine Ersatzleistungen zur Folge. Falls ein Sozialversicherungsträger Pflegegeld für häusliche Pflege bezahlt, steht dieses dem Übernehmer zu, soweit er für die Pflege aufkommt bzw. die Pflegeverpflichtung auf eigene Kosten durch Delegation erfüllt.

§ 4

Die erbvertragliche Vermächtniseinsetzung mit Verfügungsunterlassungs- und bedingtem Eigentumsübertragungsanspruch einerseits und der Pflegeverpflichtungsvertrag andererseits werden hiermit miteinander verbunden. Die Verträge stehen und fallen miteinander.

§ 5

... (Erblasser) kann von dieser erbvertraglichen Vermächtnisanordnung nach § 1 und der Verfügungsunterlassungs- mit bedingter Eigentumsübertragungsvereinbarung nach § 2 A und B dieser Urkunde zurücktreten, wenn ... (Vertragspartner) bzw. nach dessen/deren Tod dessen/deren Gesamtrechtsnachfolger (Erben) bzw. im Ersatzvermächtnisfall die Ersatzvermächtnisnehmer bzw. nach deren Tod deren Gesamtrechtsnachfolger (Erben) die nach dem vorstehenden Pflegeverpflichtungsvertrag übernommenen Verpflichtungen nach erfolgloser Abmahnung nicht ordnungsgemäß persönlich oder im Wege der Delegation durch eine adäquate Fachkraft erfüllen. Der Rücktritt ist schriftlich zu erklären. Wird von dem Rücktritt wirksam Gebrauch gemacht, steht ... (Vertragspartner) bzw. im Ersatzvermächtnisfall den Ersatzvermächtnisnehmern bzw. den jeweiligen Gesamtrechtsnachfolgern (Erben) kein Aufwendungsersatz für eventuell auf Grund der Pflegeverpflichtung nach § 3 bereits erfolge Leistungen zu. Weitergehende Ansprüche sind wechselseitig ausgeschlossen. Die sich nach berechtigtem Rücktritt ergebenden Ansprüche sind frei vererblich.

§ 6

... (Erblasser) trifft sämtliche letztwilligen Verfügungen in dieser Urkunde unabhängig davon, ob bei seinem Tod pflichtteilsberechtigte Personen existieren und um wen es sich dabei ggf. handelt. Eine Anfechtung iSd. § 2079 BGB ist daher ausgeschlossen. Zudem verzichtet er auf ein eventuelles künftiges Anfechtungsrecht wegen Irrtums iSd. § 2078 BGB.

...

Kosten: *Notargebühr:* wie **M 85.2.**

Kapitel 86 Letztwillige Verfügungen von Unternehmern

Literatur: *Böckelmann*, Nutzungen und Gewinn beim Unternehmensnießbrauch, 1971; *Dörrie*, Reichweite der Kompetenzen des Testamentsvollstreckers an Gesellschaftsbeteiligungen, ZEV 1996, 370; *Helms*, Erbrechtliches Drittbestimmungsverbot und kautelarjuristische Praxis, ZEV 2007, 1; *Langenfeld/Gail*, Handbuch der Familienunternehmen, Loseblatt; *Marotzke*, Vererbung von OHG-Anteilen, AcP 184 (1984), 541; *N. Mayer*, Bestimmung des Erben durch Dritte, ZEV 1995, 247; *Priester*, GmbH-Nachfolgeklauseln, GmbHR 1981, 206; *Rasner*, Abfindungsklauseln in OHG- und KG-Verträgen, NJW 1983, 2905; *Reimann*, Testamentsvollstreckung in der Wirtschaftspraxis, 2. Aufl. 1992; *Ulmer*, Testamentsvollstreckung am Kommanditanteil – Voraussetzungen und Rechtsfolgen, NJW 1990, 73; *Weidlich*, Testamentsvollstreckung an einem einzelkaufmännischen Unternehmen – Zulässigkeit auf Grund geänderter Gesetzeslage?, NJW 2011, 641. S. auch die Literaturhinweise zu Kap. 80.

I. Letztwillige Unternehmerverfügungen im Allgemeinen

1. Zielsetzungen

Bei der Gestaltung letztwilliger Verfügungen des Unternehmers sind neben den allgemeinen Erwägungen für die Abfassung eines Testaments (s. Kap. 80, 82 und Kap. 85) oft **spezifische** Gesichtspunkte zu bedenken: Das Unternehmen soll über den Tod des Unternehmers hinaus erhalten und gesichert werden; die Unternehmensleitung soll in kompetente Hände gelangen, wofür möglicherweise nur ein oder gar kein Familienmitglied Gewähr bietet; wer deshalb nicht für eine Führungsaufgabe in Betracht kommt, wird gleichwohl im Regelfall am Unternehmensergebnis beteiligt oder ausnahmsweise – insbesondere hier kommt die Pflichtteilsproblematik zum Tragen – gänzlich ausgeschlossen; die Unternehmenskontinuität soll steuerlich möglichst günstig gewährleistet werden; der Unterhalt des überlebenden Ehegatten und/oder anderer Familienmitglieder soll über den Tod 1 des derzeitigen Unternehmers hinaus gesichert werden; familienfremde Einflüsse auf das Unternehmen sollen vermieden werden.

2 Die Gestaltung letztwilliger Unternehmerverfügungen sollte **rechtzeitig**, frei von Zeitdruck und unter Verwendung eindeutiger Anordnungen erfolgen. Eine Bindung für zu lange Zeiträume ist nicht ratsam. Vorkehrungen für die nächste, allenfalls die übernächste Generation werden meist genügen. Unbedingt empfiehlt es sich, die getroffenen Verfügungen regelmäßig zu überprüfen, um sie insbesondere im Hinblick auf Gesetzesänderungen oder persönliche (zB Eheschließung, Tod oder Geschäftsunfähigkeit einer als Erbe vorgesehenen Person, Geburt weiterer Abkömmlinge) bzw. sachbezogene Veränderungen anpassen zu können.

3 ➲ **Wichtig:** Bei einer Gesellschaftsbeteiligung des Erblassers ist zu bedenken, dass das Erbrecht auf der Grundlage des Gesellschaftsrechts aufbaut. Erbrechtliche Verfügungen können Wirksamkeit daher nur insoweit erlangen, als die zugrundeliegende **Satzung** dies zulässt.

4 ➲ **Praxistipp:** Um das Unternehmen als Ganzes zu erhalten und dennoch mehrere Angehörige bedenken zu können, kann es nützlich sein, rechtzeitig **Privatvermögen außerhalb des Unternehmens** zu bilden, zumindest die Versorgung Hinterbliebener sicherzustellen, oder das Unternehmen in der erforderlichen Weise zu untergliedern, also **mehrere Gesellschaften** – Tochter- bzw. Unter- oder Schwestergesellschaften – zu bilden.

2. Wichtige Gestaltungsmittel für das Unternehmertestament

a) Allgemeines

5 Der **Erhaltung** des Unternehmens dienen im Unternehmertestament vor allem die Vermeidung der Zersplitterung der Vermögensrechte am Unternehmen auf zu viele Erben, die Sicherung einer einheitlichen Willensbildung bei der Unternehmensführung und die steuerlich günstigste Gestaltung. Der andere Ehegatte wird häufig entweder zum Vorerben unter Einsetzung der Kinder zu Nacherben oder als Nießbrauchs- bzw. Rentenvermächtnisnehmer und Testamentsvollstrecker bei Einsetzung der Kinder zu Erben bestimmt. Daneben kommen neben der Verwendung dieser allgemeinen letztwilligen Gestaltungsmittel spezifische letztwillige Maßnahmen in Betracht:

b) Drittbestimmungsrechte

aa) Ausgangsüberlegung

6 Steht für den Erblasser fest, welcher Familienangehörige ihm in der Unternehmensleitung nachfolgen soll, ist zu klären, ob die unternehmensrechtliche (gesellschaftsrechtliche) Regelung eine Bestimmung des Nachfolgers durch letztwillige Verfügung zulässt. Kann der **Erblasser noch nicht beurteilen**, ob beispielsweise eines seiner Kinder zur Nachfolge in die Unternehmensleitung geeignet ist, stellt sich die Frage, ob und bejahendenfalls inwieweit er die endgültige Bestimmung einem Dritten, insbesondere seinem Ehegatten, einem Testamentsvollstrecker oder dem Beirat des Unternehmens überlassen kann.

bb) Erbenbestimmung

7 Nach § 2065 Abs. 2 BGB kann der Erblasser die Bestimmung der Person, die eine Zuwendung erhalten soll, sowie die Bestimmung des Gegenstandes der Zuwendung nicht einem anderen überlassen. Die Rechtsprechung hat letztwillige Verfügungen als zulässig angesehen, durch die für die Bestimmung des Erben **klare Kriterien** aufgestellt werden, anhand derer es jeder mit der genügenden Sachkunde ausgestatteten Person möglich ist, den Bedachten zu ermitteln, **ohne** dass dabei ihr **eigenes Ermessen** bestimmend oder mitbestimmend ist. Dem Dritten dürfe nur die „Bezeichnung", nicht dagegen die „Bestimmung" überlassen werden (BGHZ 15, 199, 200). Die Formel ist allerdings nur scheinbar griffig. Insbesondere bleibt zweifelhaft, ob eine eigene subjektive Wertung der bestimmenden Person tatsächlich ausschließbar ist (Nieder/Kössinger § 8 Rz. 40 ff.; Helms ZEV 2007, 1, 2).

➲ **Praxistipp:** Um einer eventuellen **Unwirksamkeit** der letztwilligen Verfügung **vorzubeugen**, sollte daher möglichst auf eine drittbestimmte Erbeinsetzung verzichtet und stattdessen eine drittbestimmte Vermächtnis-, Auflagen- bzw. Teilungsanordnung bevorzugt werden. 8

cc) Vermächtnisnehmer

Da nach §§ 2151 f. BGB bei Vermächtnissen eine weiter gehende Bestimmung des Berechtigten, nicht aber des Gegenstandes – insoweit ist jedoch ausnahmsweise ein Zweckvermächtnis iSd. § 2156 BGB zulässig (vgl. dazu Kap. 85 Rz. 22) – durch Dritte möglich ist, bietet sich dieser Weg als sichereres Gestaltungsmittel an, wenn noch unklar ist, wer die erforderliche Eignung zur Unternehmensnachfolge im Erbfall aufweisen wird. Voraussetzung ist jedoch, dass die die Unternehmensleitung vermittelnde Vermögensposition (zB der Gesellschaftsanteil) nach der zu Grunde liegenden Satzung auf Vermächtnisnehmer übertragen werden kann (bestehende Gesellschaftsverträge sind daraufhin zu überprüfen). Dass auch Gegenstände, die – wie bei Unternehmen häufig – den Wert des Nachlasses nahezu ausschöpfen, mit Drittbestimmungsrecht vermächtnisweise zugewendet werden können, ist heute herrschende Meinung (Nachw. bei N. Mayer ZEV 1995, 247, 248). 9

➲ **Praxistipp:** Aus der letztwilligen Verfügung muss dann aber im Hinblick auf die ansonsten entgegenstehende Auslegungsregel des § 2087 BGB zweifelsfrei hervorgehen, dass eine **Vermächtnis- und keine Erbeinsetzung** gewollt ist. Die letztwillige Verfügung muss den Personenkreis, aus dem der Vermächtnisnehmer ausgewählt werden soll, zweifelsfrei bezeichnen. Die Vorgabe von Auswahlkriterien ist hier jedoch nicht erforderlich. 10

M 86.1 Drittbestimmter Vermächtnisnehmer

(Verfügung von Todes wegen – Auszug)[1]

...

Vermächtnisweise erhält eines meiner beiden Kinder ... (Vor- und Nachname) und ... (Vor- und Nachname) das von mir unter der Firma ... (Firmenname) betriebene Einzelunternehmen. Meine zur Alleinerbin eingesetzte Ehefrau ... (Vor- und Nachname) ist ohne Vorgaben von Auswahlkriterien zur Bestimmung berechtigt, welches der beiden Kinder das Unternehmen erhält. Im Ersatzerbfall soll das Bestimmungsrecht ersatzweise ... (Vor- und Nachname), geb. am ... (Geburtsdatum), wohnhaft in ... (Wohnort), ausüben und dabei nach der besseren fachlichen Eignung entscheiden. Ich bestimme hiermit, dass dieses Vermächtnis sechs Monate nach der nachlassgerichtlichen Veranlassung der Bekanntgabe dieser Verfügung an den Beschwerten iSd. § 348 FamFG, spätestens jedoch ein Jahr nach meinem Tod fällig ist und erst dreißig Jahre nach meinem Tod verjährt.

...

1 Zu Eingang, Form und Schlussformel bei einem eigenhändigen Einzeltestament s. **M 80.6**, bei einem notariell beurkundeten Einzeltestament s. **M 80.1**.

Kosten: *Notargebühr:* 1,0-Gebühr gem. Nr. 21200 KV GNotKG bei Beurkundung eines Testaments, mindestens 60 Euro. Geschäftswert gem. § 102 Abs. 1 GNotKG (Wert des Nachlasses, Verbindlichkeiten des Erblassers werden abgezogen, jedoch nur bis zur Hälfte des Werts des Vermögens).

dd) Teilungsanordnung

Daneben kommt auch eine Teilungsanordnung nach § 2048 BGB in Betracht, auf Grund derer ein dazu bestimmter **Dritter**, insbes. der Testamentsvollstrecker, die Zuteilung des Unternehmensvermögens an den von ihm als den dazu Geeignetsten bestimmten Miterben unter Anrechnung auf dessen Erbteil vornimmt. 11

M 86.2 Drittbestimmte Teilungsanordnung

(Verfügung von Todes wegen – Auszug)[1]

...

Mein Einzelunternehmen ... (genaue Bezeichnung)/meine Beteiligung an der Firma ... (genaue Bezeichnung) soll an denjenigen Erben zugeteilt werden, den der Testamentsvollstrecker nach seinem billigen Ermessen im Wege einer von ihm zu treffenden Teilungsanordnung iSd. § 2048 Satz 2 BGB als den dazu Geeignetsten bestimmt.

...

1 Zu Eingang, Form und Schlussformel bei einem eigenhändigen Einzeltestament s. **M 80.6**, bei einem notariell beurkundeten Einzeltestament s. **M 80.1**.

Kosten: *Notargebühr:* wie **M 86.1**.

c) Familienfremde Unternehmensführung

12 Kommt dagegen von vornherein **kein geeignetes Familienmitglied** für die Nachfolge in das Unternehmen in Betracht, ist die Unternehmensfortführung nur mit Hilfe familienfremder Führungskräfte möglich. Dies kann durch verschiedene Gestaltungen geschehen.

aa) GmbH

13 Bei einer GmbH ergeben sich keine Schwierigkeiten, weil die Gesellschafter nicht persönlich haften und für die Geschäftsführung der Grundsatz der Drittorganschaft gilt. Hier kann daher auch ein **gesellschaftsfremder Geschäftsführer** eingesetzt werden, während die Gesellschaftsanteile unabhängig von der Qualifikation der Erben vererbt werden können.

bb) OHG

14 Bei einer OHG sind zur Geschäftsführung nur Gesellschafter berechtigt (und verpflichtet). Soll eine familienfremde Person Geschäftsführer werden, muss sie daher als persönlich haftender Gesellschafter in die Gesellschaft aufgenommen werden. Dies ist auch ohne Kapitalbeteiligung und für von vornherein nur begrenzte Dauer möglich. Die zur Geschäftsführung nicht geeigneten Familienmitglieder werden ebenfalls persönlich haftende Gesellschafter, sind jedoch von der Geschäftsführung und **Vertretung auszuschließen** (§§ 114 Abs. 2, 125 Abs. 1 HGB).

cc) KG

15 Bei einer KG gilt für die persönlich haftenden Gesellschafter das den OHG-Gesellschaftern Entsprechende. Zweckmäßigerweise treten alle Familienmitglieder als **Kommanditisten** ein, wenn aus diesem Kreis niemand zur Geschäftsführung geeignet ist. Statt eine familienfremde Person als geschäftsführenden persönlich haftenden Gesellschafter aufzunehmen (und ihm eine zusätzliche Haftungstantieme zu bezahlen) bietet sich die Gründung einer GmbH – im Hinblick auf deren Drittorganschaft – als alleinige persönlich haftende Gesellschafterin der KG an, die somit zur GmbH & Co. KG wird.

dd) Betriebsaufspaltung

16 Eine wichtige Alternative zur Vererbung einer einzelnen Gesellschaft bzw. Bildung einer GmbH & Co. KG kann in einer Betriebsaufspaltung bestehen. Dabei kann insbesondere ein bislang von einer einzigen Gesellschaft geführtes Unternehmen in ein einzelkaufmännisches Unternehmen, eine OHG oder KG als **Besitzgesellschaft** einerseits und eine GmbH als Betriebs-, Produktions- oder **Vertriebsgesellschaft** andererseits aufgeteilt werden. Wertvolles Anlagevermögen wie Grundstücke,

Gebäude und Maschinen werden in das Eigentum der Besitzgesellschaft übertragen, die es an die Betriebs-, Produktions- bzw. Vertriebsgesellschaft verpachtet. Wichtige Voraussetzung für die steuerliche Anerkennung ist der einheitliche Betätigungswille der hinter beiden Gesellschaften stehenden Personen (sachliche und persönliche Verflechtung). Eine Betriebsaufspaltung liegt vor, wenn ein Unternehmen (Besitzunternehmen) eine wesentliche Betriebsgrundlage an eine gewerblich tätige Person oder Kapitalgesellschaft (Betriebsunternehmen) zur Nutzung überlässt (sachliche Verflechtung) und eine Person oder mehrere Personen zusammen sowohl das Besitzunternehmen als auch das Betriebsunternehmen in dem Sinne beherrschen, dass sie in der Lage sind, in beiden Unternehmen einen einheitlichen geschäftlichen Betätigungswillen durchzusetzen (personelle Verflechtung). Die Betriebsaufspaltung kann diverse steuerliche Vorteile mit sich bringen. So gelten Besitz- und Betriebsgesellschaft als wirtschaftliche Einheit mit der Folge der Einkommensteuerneutralität der Betriebsaufspaltung, so dass speziell auch Entnahmegewinne entfallen. Bei Übertragungen kann Umsatzsteuer anfallen. Dies entfällt aber, wenn aufgrund der Betriebsaufspaltung eine umsatzsteuerliche Organschaft begründet vorliegt (§ 2 Abs. 2 Nr. 2 UStG).

Zu den Voraussetzungen für die Annahme einer Betriebsaufspaltung und ihren steuerlichen Folgen s. OFD Frankfurt/Main v. 7.4.2004, StEK EStG § 15 Nr. 356.

d) Pflichtteilsrisiken

Die Geltendmachung von Pflichtteilsansprüchen übergangener Berechtigter im Sinne des § 2303 BGB kann die bedachten Erben oder Vermächtnisnehmer bzw. die Beteiligungsgesellschaft erheblich belasten und den Fortbestand des Unternehmens gefährden. Um derartige Ansprüche auszuschließen, sollte auf eine einvernehmliche notarielle Beurkundung eines ggf. gegenständlich beschränkten **Pflichtteilsverzichtsvertrages** (s. Kap. 90) gegen Abfindungszuwendung hingewirkt werden, die auch letztwillig in einem den Erblasser bindenden Erbvertrag, der wiederum mit dem Pflichtteilsverzichtsvertrag verbunden werden kann, gestaltbar ist. 17

e) Abfindungsrisiken

Insbesondere bei Beteiligung des Erblassers an einer Personengesellschaft (OHG oder KG) können **erhebliche Belastungen für deren Liquidität** entstehen, wenn weichende Erben Abfindungsansprüche geltend machen. Hiergegen muss im Gesellschaftsvertrag Vorsorge getroffen werden: 18

- So kann die Fälligkeit der Abfindungsansprüche hinausgeschoben oder ihr Ausgleich in Raten vereinbart werden.
- Abfindungsansprüche können aber auch im Ergebnis der Höhe nach verringert werden, indem bspw. ein Firmenwert außer Ansatz bleibt oder die Abfindung etwa zum Buchwert statt zum tatsächlichen Verkehrswert erfolgen soll (vgl. BGH NJW 1985, 192). Buchwertklauseln unterliegen jedoch Wirksamkeitsgrenzen, insbesondere dürfen sie die Entschließungsfreiheit zur Kündigung nicht überdurchschnittlich einschränken.
- Der Gesellschaftsvertrag einer OHG kann Abfindungsansprüche von Gesellschaftererben sogar gänzlich ausschließen (vgl. BGHZ 22, 186, 194 ff.).
- Wird von mehreren Erben nur einer zur Nachfolge in die gesamte Gesellschafterstellung zugelassen bzw. durch den Erblasser berufen (s. Rz. 31 „qualifizierte Nachfolgeklausel"), wird das Gesellschaftsvermögen von – in diesem Fall allein erbrechtlich begründeten – Abfindungsansprüchen nicht unmittelbar berührt.

f) Testamentsvollstreckung

Solange die Erben zur Ausübung ihrer Gesellschafterrechte altersbedingt oder fachlich noch nicht in der Lage sind, kann es angezeigt sein, die Verwaltung der betroffenen Erbteile einer **Dauervollstreckung** (§ 2209 Satz 1 Halbs. 2 BGB) zu unterstellen. 19

Testamentsvollstreckung kann auch zur Verwaltung eines Vermächtnisgegenstandes, etwa des dem Nießbrauch unterliegenden Vermögens, angeordnet werden, wobei dann häufig der nießbrauchsberechtigte Ehegatte des Erblassers, möglicherweise aber auch eine andere Person zum Vermächtnisvollstrecker ernannt wird (BGHZ 13, 203, 204 ff.).

19a Für einen Kommanditanteil, auf dessen Einlage der Kommanditist beschränkt haftet, kann Dauertestamentsvollstreckung mit der Folge angeordnet werden, dass der Testamentsvollstrecker die mit der Beteiligung verbundenen Mitgliedschaftsrechte ausübt (BGHZ 108, 195; 98, 55). Soweit ein Kommanditist unter Dauertestamentsvollstreckung steht, ist im Handelsregister ein Testamentsvollstreckervermerk einzutragen, da diesbezüglich ein Informationsbedürfnis des Rechtsverkehrs besteht (BGH FGPrax 2012, 121; Kilian notar 2012, 205; Langenfeld/Fröhler, Testamentsgestaltung, 7. Kap. Rz. 190).

19b Umstritten ist jedoch, ob ein OHG-Anteil angesichts der damit verbundenen unbeschränkten Haftung des Gesellschafters der Testamentsvollstreckung unterliegen kann (verneinend BGHZ 108, 187, 195 II. ZS; Baumbach/Hopt § 139 HGB Rz. 21; bejahend BGHZ 98, 48, 58 f. IV. ZS).

19c Ein Testamentsvollstrecker kann ein Einzelunternehmen ausschließlich auf der Grundlage seines Amtes nicht betreiben, da die Haftungsgrundsätze des Handelsrechts mit denen des Erbrechts nicht vereinbar sind. Denn der Inhaber eines Einzelunternehmens haftet für die im Rahmen des Unternehmens begründeten Verbindlichkeiten handelsrechtlich unbeschränkt und unbeschränkbar, während der Testamentsvollstrecker nach §§ 2206, 2207 BGB ausschließlich den Nachlass verpflichten kann. Er haftet für die kraft Amtes begründeten Verbindlichkeiten nicht persönlich. Durch eine Zulassung der Testamentsvollstreckung über ein Einzelunternehmen würde daher ein beschränkt haftendes Unternehmen geschaffen, was sich wegen des Vorrangs des Handelsrechts gegenüber dem Erbrecht gerade verbietet (BGHZ 12, 100, 102; RGZ 132, 138, 144; BeckOK BGB/J. Mayer § 2205 BGB Rz. 27; Langenfeld/Fröhler, Testamentsgestaltung, 7. Kap. Rz. 146; Staudinger/Reimann § 2205 BGB Rz. 91; aA Weidlich, NJW 2011, 641 unter Hinweis auf Veränderung der gesetzlichen Rahmenbedingungen, insbesondere durch die Zulassung der UG [haftungsbeschränkt] nach §§ 5 Abs. 2, 5a GmbHG mit einem Stammkapital von mindestens 1,00 Euro). Statt dessen kommen insbesondere eine Anweisung an den Testamentsvollstrecker, das Unternehmen in eine haftungsbeschränkende Rechtsform umzuwandeln, in der dann Verwaltungstestamentsvollstreckung und Fremdgeschäftsführung möglich ist, eine Treuhand- oder eine Vollmachtlösung in Betracht (Langenfeld/Fröhler, Testamentsgestaltung, 7. Kap. Rz. 162 ff.).

19d Die Anordnung einer Verwaltungsvollstreckung nach § 2209 Satz 1 Alt. 1 BGB an einem GmbH-Geschäftsanteil ist zulässig und bedarf keiner Zustimmung der Mitgesellschafter (J. Mayer ZEV 2002, 209). Zudem ist auch keine Satzungsklausel über die Zulässigkeit der Testamentsvollstreckung erforderlich (Langenfeld/Fröhler, Testamentsgestaltung, 7. Kap. Rz. 192). Aus Gründen der Registerklarheit ist die Aufnahme eines Testamentsvollstreckervermerks in eine Gesellschafterliste nach § 40 Abs. 1 GmbHG mangels diesbezüglichen Vertrauenstatbestands hinsichtlich der Vertretungsmacht des darin genannten Gesellschafters unzulässig (OLG Köln MittBayNot 2014, 549, 550 f.; OLG München FGPrax 2012, 37; Langenfeld/Fröhler, Testamentsgestaltung, 7. Kap. Rz. 195).

19e Zur Testaments- bzw. Vermächtnisvollstreckung s. ausführlich in Kap. 84, zu einer Testamentsvollstreckerklausel für ein Unternehmertestament s. **M 84.12**.

3. Gesellschaftsrechtliche Lösungsmöglichkeiten

20 Unabhängig davon, ob eine Beteiligung der Nachkommen bereits zu Lebzeiten oder erst auf den Tod des Unternehmens erwogen wird, ist jeweils vorab die zugrunde liegende **Satzung** genauestens darauf zu untersuchen, ob und bejahendenfalls mit welchen Konsequenzen sie die erstrebte Lösung zulässt.

a) BGB-Gesellschaft, OHG und KG

21 Betreibt der Erblasser sein Unternehmen bereits in der Form einer BGB-Gesellschaft, OHG oder KG oder wandelt er sein einzelkaufmännisches Unternehmen in eine solche Rechtsform um, so kann er beispielsweise ein Kind als vollständig mitarbeitenden und uneingeschränkt haftenden **Gesellschafter** – bei einer KG dann als persönlich haftenden Gesellschafter – aufnehmen. Sind bei ei-

ner KG ausschließlich Kapitalbeteiligung und Haftungsbeschränkung beabsichtigt, kommt eine Aufnahme des Nachfolgers als Kommanditist in Betracht. Denkbar ist auch, dass der künftige Erbe zunächst zu Lebzeiten des Unternehmers Kommanditist unter Beschäftigung im Angestellten-Verhältnis wird und später auf Grund letztwilliger Verfügung die Stellung eines persönlich haftenden Gesellschafters erlangt. Durch Schaffung einer GmbH & Co. KG können schließlich alle Vorteile der KG und der GmbH miteinander verbunden werden.

b) GmbH

Wird volle Mitarbeit der Nachkommen unter gleichzeitigem **Ausschluss der persönlichen Haftung** angestrebt, bietet sich die Rechtsform einer GmbH und die Übertragung ihrer Geschäftsanteile an (s. Kap. 119). 22

c) Stille Gesellschaft

In Anbetracht ihres **Variantenreichtums** ermöglicht die Beteiligungsform der stillen Gesellschaft eine Vielfalt von Nachfolge- und Erbregelungen (s. Kap. 115). 23

d) Unterbeteiligung

Vor allem wenn der Unternehmer Gesellschafter einer Personengesellschaft ist, wird eine Beteiligung an seiner Gesellschaftsbeteiligung als Unterbeteiligung oftmals am besten geeignet sein (s. Kap. 117 und **M 86.4**). 24

II. Letztwillige Verfügungen des einzelkaufmännischen Unternehmers

1. Allgemeines

Ist der Erblasser Einzelkaufmann, bestehen aus erbrechtlicher Sicht keine Besonderheiten. Doch können sich aus dem Gesichtspunkt des Unternehmens **spezielle Erfordernisse** ergeben. Es können die Erhaltung des Unternehmens, seine Veräußerung oder seine Auflösung erwünscht sein oder seine Fortführung in der Form einer (bestimmten) Gesellschaft oder einer Stiftung. Es kann fraglich werden, wer das Unternehmen fortführen soll, ob von der Nachfolge Ausgeschlossene abgefunden werden sollen und die Unternehmensfortführung von einem Testamentsvollstrecker überwacht oder – zumindest zeitweise – von diesem selbst vorgenommen werden soll, ob ein Dritter zur Auswahl des Unternehmensleiters unter mehreren Erben nach bestimmten Kriterien ermächtigt werden soll. Zur Fortführung des Einzelunternehmens muss der Testamentsvollstrecker entweder als Bevollmächtigter der Erben oder im eigenen Namen als deren Treuhänder tätig werden. Angesichts der verbleibenden rechtlichen Unsicherheit erscheinen regelmäßig andere Lösungen vorzugswürdig, etwa die (u.U. lebzeitige) Gründung einer GmbH. Im Übrigen ist auf die allgemeinen erbrechtlichen Instrumentarien zurückzugreifen, insbesondere auf Erbeinsetzung, Teilungsanordnung, Teilungsverbot, Vermächtnis und Auflage. 25

2. Mehrzahl von Erben

Sind mehrere Erben vorhanden, können diese das Einzelunternehmen in ungeteilter Erbengemeinschaft – bei minderjährigen Miterben auch ohne familiengerichtliche Genehmigung – fortführen (BGH NJW 1985, 136, 137 f.), über eine Dauer von drei Monaten hinaus jedoch nur auf Grund einstimmigen Beschlusses aller Miterben (§ 27 Abs. 2 Satz 1 HGB). Stattdessen kann das Einzelunternehmen aus Haftungsgründen auch in eine Gesellschaft umgewandelt oder aufgelöst werden. Bei Fortführung eines einzelkaufmännischen Unternehmens unter derselben Firma haftet der Erbe nach §§ 27 Abs. 1, 25 Abs. 1 HGB für die früher begründeten Verbindlichkeiten auch mit seinem sonstigen Vermögen. Soweit der Erblasser seine Erben testamentarisch zur Fortführung des Unternehmens nach Errichtung einer Gesellschaft verpflichtet, muss er die Bedingungen des Gesellschaftsvertrages dergestalt bestimmbar festlegen, dass zumindest die Kriterien eines Vorvertrages erfüllt sind (BGH BB 1953, 97). 26

M 86.3 Pflicht zur Fortführung eines Einzelunternehmens in anderer Rechtsform

(Verfügung von Todes wegen – Auszug)[1]

... (Einsetzung der Ehefrau als befreite Vorerbin und der Kinder als Nacherben s. ***M 83.1****)*

Nach Eintritt des Nacherbfalls haben meine o.g. Erben mein Einzelunternehmen ... (Firma) in der Rechtsform einer offenen Handelsgesellschaft unter der bisherigen Firma fortzuführen. Für den Inhalt des Gesellschaftsvertrages bestimme ich, dass die Gesellschaft auf mindestens ... Jahre geschlossen wird, sich jeder Gesellschafter nach Kräften für die Belange der Gesellschaft einzusetzen hat, jeder Gesellschafter mit gleichem Kapitaleinsatz an der Gesellschaft beteiligt ist und in gleicher Weise an Gewinn und Verlust teilnimmt sowie einzeln vertretungs- und geschäftsführungsbefugt ist. Sofern ein Gesellschafter auf Grund Kündigung ausscheidet, ist der andere Gesellschafter berechtigt, das gesamte Betriebsvermögen zu übernehmen, und zwar mit allen Aktiva und Passiva zu den Buchwerten der Steuerbilanz. Dem ausscheidenden Gesellschafter wird lediglich sein Kapitalanteil in Höhe des Buchwertes ausbezahlt, an etwaigen stillen Reserven wird er nicht beteiligt. Sofern ein Gesellschafter durch Tod ausscheidet, kann eines seiner Kinder seine Nachfolge in der Gesellschaft antreten. Dieser Nachfolger ist entweder im Gesellschaftsvertrag oder danach in den Verfügungen von Todes wegen meiner Erben zu bestimmen. Fehlt jedoch eine derartige Bestimmung eines Nachfolgers, kann der überlebende Gesellschafter das Unternehmen als Einzelfirma fortführen. In diesem Falle haben die Erben des verstorbenen Gesellschafters Anspruch auf eine Abfindung in Höhe des Buchwertes des Kapitalanteils, wie er sich aus der letzten vor dem Tod des Gesellschafters erstellten Steuerbilanz ergibt. Das Auseinandersetzungsguthaben ist ohne Verzinsung innerhalb von ... Jahren auszuzahlen.

Sofern zu dem Zeitpunkt, in dem die offene Handelsgesellschaft eigentlich zu errichten ist, einer meiner beiden Erben bereits verstorben sein sollte, soll von dessen Kindern an Stelle des verstorbenen Erben dasjenige an der zu gründenden Gesellschaft als Gesellschafter teilnehmen, das eine wirtschaftliche oder brancheneinschlägige technische Ausbildung (Fachhochschule oder Universität) erfolgreich absolviert und danach im Ausbildungsberuf praktisch gearbeitet hat. Sind die vorstehenden Voraussetzungen noch bei keinem der Kinder erfüllt, befindet sich aber eines in der genannten Ausbildung, soll dieses berufen sein. Befinden sich mehrere auf diesem beruflichen Wege, ist dasjenige zu berufen, dessen Weg – bei gleicher fachlicher Qualifikation – am weitesten fortgeschritten ist. Bestehen in der fachlichen Qualifikation erhebliche Differenzen, soll dasjenige mit der besseren Qualifikation berufen sein. Die Bestimmung trifft der Überlebende meiner Erben.

Sofern die als Gesellschafter in Betracht kommenden Erben sich darauf einigen, können sie an Stelle einer offenen Handelsgesellschaft eine Kommanditgesellschaft, auch in der Form gründen, dass alleiniger persönlich haftender Gesellschafter eine GmbH wird, deren Geschäftsanteile zum Vermögen der Kommanditgesellschaft gehören. Im Übrigen gelten die vorstehenden Bestimmungen über die Ordnung der gesellschaftsrechtlichen Verhältnisse entsprechend.

...

1 Zu Eingang, Form und Schlussformel bei einem eigenhändigen Einzeltestament s. **M 80.6**, bei einem notariell beurkundeten Einzeltestament s. **M 80.1**.

Kosten: *Notargebühr:* wie **M 86.1**.

III. Letztwillige Verfügungen des Gesellschafters einer Personengesellschaft

1. Bei Beteiligung an einer BGB-Gesellschaft

27 Verstirbt der Gesellschafter einer BGB-Gesellschaft, hat dies nach § 727 Abs. 1 BGB regelmäßig die Auflösung der Gesellschaft zur Folge. Doch kann der Gesellschaftsvertrag **abweichende** Bestimmungen vorsehen.

2. Bei Beteiligung an einer OHG

Bei Tod eines Gesellschafters **scheidet** der verstorbene Gesellschafter aus der Gesellschaft **aus** und die überlebenden Gesellschafter setzen die Gesellschaft fort, § 131 Abs. 3 Nr. 1 HGB. In diesem Fall geht zivilrechtlich der Gesellschaftsanteil nicht auf die Erben über. Diese erlangen lediglich einen privaten Abfindungsanspruch gegenüber den verbleibenden Gesellschaftern. Steuerlich realisiert der Erblasser durch Aufgabe seines Mitunternehmeranteils unter Anwachsung bei den verbleibenden Gesellschaftern einen begünstigten Veräußerungsgewinn, §§ 16, 34 EStG, in Höhe des Unterschieds zwischen dem Abfindungsanspruch und dem Buchwert seines Kapitalkontos im Todeszeitpunkt (BFH v. 15.4.1993, BStBl. II 1994, 227). 28

Ist im Gesellschaftsvertrag eine sog. **Auflösungsklausel**, nach der sich die Gesellschaft bei Tod eines Gesellschafters auflöst, enthalten, liegt insgesamt eine nach §§ 16, 34 EStG begünstigte Betriebsaufgabe vor, soweit weder nach Realteilungsgrundsätzen (BMF-Schreiben v. 28.2.2006, BStBl. I 2006, 228 = StEK EStG § 16 Nr. 106) noch nach § 6 Abs. 5 EStG eine Buchwertfortführung möglich ist. 29

Sieht der Gesellschaftsvertrag die **Fortsetzung mit den Erben** vor, treten diese in die Gesellschaft ein, haben jedoch das Wahlrecht, nach § 139 Abs. 1 HGB das Verbleiben in der Gesellschaft von der Einräumung der Stellung eines Kommanditisten abhängig zu machen und nach § 139 Abs. 2 HGB bei Nichtannahme durch die übrigen Gesellschafter ohne Einhaltung einer Kündigungsfrist das Ausscheiden aus der Gesellschaft zu erklären. 30

Ist im Gesellschaftsvertrag eine **Eintrittsklausel** vereinbart worden, wonach ein oder mehrere Erben mit dem Tod eines Gesellschafters das Recht haben, in die Gesellschaft einzutreten, wird die Gesellschaft zunächst mit den verbleibenden Gesellschaftern fortgesetzt. Der Gesellschaftsanteil des verstorbenen Gesellschafters wächst mithin den übrigen Gesellschaftern an, und die eintrittsberechtigten Erben erhalten lediglich das Eintrittsrecht. Hieraus folgt grundsätzlich, dass bei Zahlung einer Abfindung im Fall des Nichteintritts – wie bei der Fortsetzungsklausel – der Erblasser einen tarifbegünstigten Veräußerungsgewinn, §§ 16, 34 EStG, erzielt. Wird allerdings das Eintrittsrecht innerhalb von sechs Monaten nach dem Erbfall ausgeübt, gelten, wenn alle Erben von ihrem Eintrittsrecht Gebrauch machen, die Ausführungen über die einfache Nachfolgeklausel (Rz. 32), wenn nur einer oder einige Erben von ihrem Eintrittsrecht Gebrauch machen, die Ausführungen über die qualifizierte Nachfolgeklausel (Rz. 33), entsprechend. Beide Klauseln führen zu einem Erwerb durch Erbanfall im Wege der Sonderrechtsnachfolge (**Sondererbfolge**) und unterscheiden sich lediglich darin, dass die Gesellschaft bei einer einfachen Nachfolgeklausel mit allen Erben und bei einer qualifizierten Nachfolgeklausel nur mit einem oder einem Teil von mehreren Erben fortgesetzt wird. 31

Im Fall der sog. **einfachen Nachfolgeklausel** wird die Gesellschaft beim Tod eines Gesellschafters **mit allen Erben dieses Gesellschafters fortgesetzt**. Ertragsteuerlich werden die Erben mit dem Erbfall Mitunternehmer, ohne dass der Erbvorgang zur Auflösung stiller Reserven führt. Mitunternehmeranteile, die vom Erblasser gesondert auf die Miterben übergegangen sind, können in die Erbauseinandersetzung einbezogen und abweichend aufgeteilt werden. Ausgleichszahlungen an die weichenden Miterben führen zu Anschaffungskosten (BFH v. 13.12.1990, BStBl. II 1992, 510; vgl. auch BMF-Schreiben v. 14.3.2006, BStBl. I, 253 Tz. 71). 32

In den Fällen der sog. **qualifizierten Nachfolgeklausel** folgen nicht alle Miterben, sondern **nur einer oder einzelne von mehreren Miterben** dem Erblasser in seiner Gesellschafterstellung nach. Dies hat zur Folge, dass nur die qualifizierten Miterben als Mitunternehmer anzusehen sind (BFH v. 29.10.1991, BStBl. II 1992, 512: kein Durchgangserwerb; vgl. auch BMF-Schreiben v. 14.3.2006, BStBl. I, 253 Tz. 72–74). Werden von den qualifizierten Erben an die nicht qualifizierten Miterben Abfindungen geleistet, entstehen deshalb weder Veräußerungsgewinne noch Anschaffungskosten. Zur Behandlung der Schuldzinsen, die durch die Finanzierung der Wertausgleichsverbindlichkeiten veranlasst sind, wird auf das BMF-Schreiben v. 11.8.1994, BStBl. I 1994, 603, verwiesen. **Problematisch** kann die qualifizierte Nachfolgeklausel daher bei **Vorliegen** von **Sonderbetriebsvermögen** sein. Sonderbetriebsvermögen ist zivilrechtliches Eigentum des einzelnen Gesellschafters und kein Gesamthandsvermögen, sondern vielmehr nur aus steuerlichen Gründen als solches qualifiziert. Soweit durch den Erbfall ein nicht qualifizierter Erbe folglich (erblich bedingte) Eigentumsrechte am Sonderbetriebsvermögen erlangt, kommt es mit dem Erbfall zugleich zu einer anteiligen Ent- 33 nahme etwaigen Sonderbetriebsvermögens. Der insoweit realisierte Entnahmegewinn ist dem Erblasser zuzurechnen, da der nicht qualifizierte Miterbe nicht Mitunternehmer geworden ist.

3. Bei Beteiligung an einer KG

34 Während für den persönlich haftenden Gesellschafter (Komplementär) die für den OHG-Gesellschafter erarbeiteten Grundsätze gelten, wird beim Tod eines **Kommanditisten** die Gesellschaft mangels abweichender vertraglicher Bestimmungen mit den Erben fortgesetzt (§ 177 HGB). Doch kann auch die Kommanditistennachfolge nicht durch Erbengemeinschaft angetreten werden (BGHZ 58, 316, 317). Jeder Miterbe erwirbt vielmehr entsprechend seiner Erbquote einzeln einen Anteil am Kommanditanteil im Wege der Sondererbfolge.

M 86.4 Alleinerbeinsetzung eines Kindes zur Nachfolge am Kommanditanteil mit Unterbeteiligung des Ehegatten und des anderen Kindes

(Verfügung von Todes wegen – Auszug)[1]

...

Ich bin iHv. ... (Nennbetrag) als Kommanditist an der ... (Firma der Beteiligungskommanditgesellschaft) in ... (Sitz) beteiligt. Herr/Frau ... (Vor- und Nachname) ist alleinige/r persönlich haftende/r Gesellschafter/in dieser Kommanditgesellschaft, ich bin ihr einziger Kommanditist. Die Kommanditeinlage ist in vollem Umfange erbracht.

In dem Gesellschaftsvertrag vom ... (Datum) ist vorgesehen, dass beim Tod eines Gesellschafters die Gesellschaft nur mit einem Erben als Nachfolger fortgesetzt wird. Welcher der Erben zur Nachfolge berechtigt sein soll, ist durch einstimmigen Gesellschafterbeschluss oder letztwillig durch den Erblasser zu bestimmen[2].

1. Ich setze als meinen alleinigen Erben meinen Sohn ... (Vor- und Nachname) ein. Er soll als mein Nachfolger in die ... (Firma der Kommanditgesellschaft) eintreten, nachdem er dort bereits seit ... als ... (Tätigkeitsbezeichnung) tätig ist. Ersatzerbe ist meine Tochter ... (Vor- und Nachname). Tritt der Ersatzerbfall infolge Todes meines Sohnes ... (Vor- und Nachname) ein, sind dessen Abkömmlinge, soweit sie an meinem Nachlass pflichtteilsberechtigt sind, an Stelle meiner Tochter ... (Vor- und Nachname) im nachstehenden Sinne unterbeteiligt.

2. Meiner Ehefrau ... (Vor- und Nachname) vermache ich einen Betrag iHv. 35 % meiner Kommanditeinlage, meiner Tochter ... (Vor- und Nachname) einen Betrag iHv. 25 % meiner Kommanditeinlage. Ersatzvermächtnisnehmer sind hinsichtlich meiner Tochter deren Abkömmlinge nach den Regeln der gesetzlichen Erbfolge erster Ordnung. Für meine Ehefrau sind keine Ersatzvermächtnisnehmer eingesetzt. Mit diesen Beträgen hat mein Sohn ... (Vor- und Nachname), der auf diese Weise zum Hauptbeteiligten wird, meine Ehefrau ... (Vor- und Nachname), also seine Mutter, und meine Tochter ... (Vor- und Nachname), also seine Schwester, an seinem Kommanditanteil unterzubeteiligen[3]. *In diesem Verhältnis sind sie an der Substanz des Kommanditanteils in der gleichen Weise beteiligt wie der Kommanditist am Gesellschaftsvermögen*[4].

3. Auf den Kommanditanteil entfällt die Hälfte von Gewinn und Verlust der ... (Firma der Kommanditgesellschaft). Von diesem Gewinn- beziehungsweise Verlustanteil weise ich dem Hauptbetei-

1 Zu Eingang, Form und Schlussformel bei einem eigenhändigen Einzeltestament s. **M 80.6**, bei einem notariell beurkundeten Einzeltestament s. **M 80.1**.

2 Vgl. Baumbach/Hopt § 139 HGB Rz. 1 und 16. Auch ohne gesellschaftsvertragliche Regelung hätte der Tod eines Kommanditisten gem. § 177 BGB nicht die Auflösung der Gesellschaft zur Folge.

3 Nähere Ausführungen zur Unterbeteiligung s. Kap. 117.

4 Eine solche atypische Unterbeteiligung ist bei von vornherein zeitlich begrenzten Unterbeteiligungen für die Unterbeteiligten nur dann günstig, wenn der Gesellschaftsvertrag der Hauptgesellschaft die Abfindungsansprüche ausscheidender Gesellschafter nicht stark beschränkt.

ligten, meinem Sohn ..., 40 %, meiner unterbeteiligten Ehefrau 35 % und meiner unterbeteiligten Tochter 25 % zu. Die Unterbeteiligten sind in der Verwendung ihnen zugeflossener Gewinnbeträge in keiner Weise beschränkt.

Die stillen Reserven des Hauptbeteiligten stehen den Unterbeteiligten entsprechend ihren Anteilen an dem Kommanditanteil (vgl. vorhergehenden Absatz) zu.

4. Die Unterbeteiligungen sind unkündbar, enden aber mit dem Tod des jeweiligen Unterbeteiligten. Die Unterbeteiligung meiner Tochter ... (Vor- und Nachname) endet spätestens mit Vollendung ihres 30. Lebensjahres. Bei Beendigung erhält die Ausscheidende ein Abfindungsguthaben in Höhe des anteiligen Wertes des Kommanditanteils. Die Wertfeststellung erfolgt auf Grund einer Auseinandersetzungsbilanz, die nach dem wirklichen Wert auf den Beendigungszeitpunkt zu erstellen ist; ein Firmenwert bleibt unberücksichtigt. Vorstehende Regelung hat für jeden Fall der Beendigung einer Unterbeteiligung – gleich aus welchem Rechtsgut – Gültigkeit.

5. Gegenüber der Kommanditgesellschaft sind die Rechte und sonstigen Interessen der Unterbeteiligten durch den Hauptbeteiligten wahrzunehmen. Die Unterbeteiligten sind insoweit an die Maßnahmen des Hauptbeteiligten gebunden. Andererseits ist der Hauptbeteiligte verpflichtet, bei seinen Entscheidungen die Interessen der Unterbeteiligten zu wahren. Der Hauptbeteiligte kann seinen Kommanditanteil daher nur mit Zustimmung aller Unterbeteiligten veräußern. Die Unterbeteiligten haben Anspruch auf ständige Unterrichtung über die Angelegenheiten der Kommanditgesellschaft und insbesondere auch auf Vorlage einer Abschrift des Jahresabschlusses durch den Hauptbeteiligten.

Eine Unterbeteiligung kann nur mit Zustimmung des Hauptbeteiligten abgetreten werden.

Ich bestimme hiermit, dass diese Vermächtnisse sechs Monate nach der nachlassgerichtlichen Veranlassung der Bekanntgabe dieser Verfügung an den Beschwerten iSd. § 348 FamFG, spätestens jedoch ein Jahr nach meinem Tod fällig sind und erst dreißig Jahre nach meinem Tod verjähren.

...

Kosten: *Notargebühr:* wie **M 86.1**.

4. Bei Beteiligung an einer stillen Gesellschaft

35 Nach § 234 Abs. 2 HGB wird die stille Gesellschaft durch Tod eines stillen Gesellschafters nicht aufgelöst, doch sind abweichende gesellschaftsvertragliche Vereinbarungen zulässig (s. Kap. 116). Verbleibt es bei der gesetzlichen Regel, treten mehrere Miterben in **Erbengemeinschaft** und damit anders als bei OHG und KG nicht einzeln in Sondererbfolge in vollem Umfange die Nachfolge des verstorbenen Gesellschafters an.

IV. Letztwillige Verfügungen des Kapitalgesellschafters

1. Vererblichkeit von GmbH- und AG-Anteilen

36 Aktien sind **frei vererblich**, ebenso wie – vorbehaltlich abweichender Regelung im Gesellschaftsvertrag – GmbH-Anteile (§ 15 Abs. 1 GmbHG; s. dazu auch Kap. 119). Für den Fall des Todes des Gesellschafters kann in der Satzung jedoch die Auflösung der GmbH, die entgeltliche oder unentgeltliche Einziehung des Anteils des verstorbenen Gesellschafters gem. § 34 GmbHG oder die Abtretung des Anteils an einen anderen Gesellschafter gem. § 15 Abs. 2 GmbHG angeordnet werden. In den beiden zuletzt genannten Fällen wird zwar die Vererblichkeit des Anteils nicht unmittelbar ausgeschlossen, es werden aber die Wirkungen der Vererbung im Ergebnis beseitigt. Trotz des Grundsatzes der freien Vererblichkeit von Geschäftsanteilen sind dem Erblasser verschiedene Möglichkeiten eröffnet, besondere letztwillige Anordnungen zu treffen, um die Anteile in geeignete Hände zu überführen. Die Erben können etwa letztwillig verpflichtet werden, die Geschäftsanteile in eine BGB-Gesellschaft einzubringen, die die Beteiligungsinteressen der Erben einheitlich wahrnimmt. Der Erblasser kann einem Familienmitglied Gesellschaftsanteile auch für den Fall aufschiebend bedingt vermachen, dass der (zunächst) Bedachte seinen Anteil an einen Dritten abtritt. Alle

Maßnahmen können zusätzlich durch Testamentsvollstreckung gesichert werden, die auch zur Verwaltung der Gesellschaftsbeteiligung oder zumindest zur Ausübung der Stimmrechte unter Ausschluss der Erben möglich ist.

M 86.5 Erbeinsetzung der Kinder zur Nachfolge am GmbH-Anteil mit durch Wiederverheiratung auflösend bedingtem Nießbrauchs- und dadurch aufschiebend bedingtem Rentenvermächtnis des Ehegatten samt Testamentsvollstreckung

(Verfügung von Todes wegen – Auszug)[1]

...

Ich setze meine Kinder ... (Vor- und Nachname) und ... (Vor- und Nachname) zu gleichen Teilen als Erben ein, als Ersatzerben die Abkömmlinge eines wegfallenden Erben nach der Regeln der gesetzlichen Erbfolge erster Ordnung. Ersatzweise tritt Anwachsung ein.

Meine Ehefrau ... (Vor- und Nachname), die durch notariell beurkundeten Ehe- und Pflichtteilsverzichtsvertrag vom ... (Datum), Notar ... (Name) in ... (Ort), UR ... (Urkundenrollennummer) gegenständlich beschränkt auf Zugewinnausgleich und Pflichtteilsrechte an meinem Firmenvermögen verzichtet hat und durch die in ihrem Alleineigentum stehende von uns derzeit gemeinsam genutzte Eigentumswohnung ... (Beschrieb) abgesichert ist, erhält als Vermächtnis den lebenslangen und unentgeltlichen Nießbrauch an meinem gesamten Nachlass, der vor allem aus dem Alleingeschäftsanteil an der ... (Firma der GmbH), in der sie bereits seit vielen Jahren aktiv mitarbeitet, und dem Betriebsgrundstück besteht[2]*. Als Nießbrauchsberechtigte übt meine Ehefrau sämtliche Gesellschafterrechte einschließlich des Stimmrechts aus. Auf Verlangen meiner Ehefrau ist ihr Nießbrauch an dem Betriebsgrundstück auf ihre Kosten im Grundbuch einzutragen*[3]*. Eine Überlassung der Ausübung des Nießbrauchs an einen Dritten darf nicht erfolgen. Die Nießbrauchsberechtigte hat während der Dauer des Nießbrauchs alle Lasten des Nachlasses zu tragen, einschließlich derer, die dem Eigentümer obliegen. Ich bestimme hiermit, dass dieses Vermächtnis sofort mit meinem Tod fällig ist und erst dreißig Jahre nach meinem Tod verjährt.*

Für die Dauer des vorstehenden Nießbrauchs bestimme ich meine Ehefrau zur Testamentsvollstreckerin, die als solche in der Eingehung von Verbindlichkeiten für den Nachlass nicht beschränkt und von den Beschränkungen des § 181 BGB befreit ist. Meiner Ehefrau steht keine Testamentsvollstreckervergütung zu.

Durch Wiederverheiratung oder Tod meiner Ehefrau enden der vorstehende Nießbrauch und die vorstehende Testamentsvollstreckung. Für den Fall ihrer Wiederverheiratung sind die Erben zu Gunsten meiner Ehefrau stattdessen mit einer lebtäglichen Rente von monatlich ... (Betrag) beschwert, die mit Erlöschen der Rechte gemäß dem vorhergehenden Absatz beginnt. Die Rente erhöht oder verringert sich in dem gleichen prozentualen Verhältnis, wie sich der Verbraucherpreisindex für Deutschland (Basis 2015 = 100) im Vergleich zu dem Index zum Zeitpunkt dieser Testamentserrichtung oder jeder späteren Neufestlegung erhöht oder verringert. Die erste Anpassung erfolgt auf den Monat des Erbfalls. Weitere Anpassungen erfolgen jeweils in jährlichem Abstand. Sollte die Wertsicherungsklausel wider Erwarten nicht wirksam sein, gilt die Klausel als genehmigungsfreie Leistungsvorbehaltsklausel dergestalt fort, dass die Beteiligten über eine Anpassung der Rente nach Billigkeitsgesichtspunkten unter Berücksichtigung des o.g. Indexes zu verhandeln haben. Alle übrigen Verfügungen bleiben auch im Falle einer Unwirksamkeit der Wertsiche-

---

1 Zu Eingang, Form und Schlussformel bei einem eigenhändigen Einzeltestament s. **M 80.6**, bei einem notariell beurkundeten Einzeltestament s. **M 80.1**.

2 Soweit der Ehegatte an der Fortführung des Unternehmens des Erblassers nicht interessiert sein wird, sollte direkt ein Rentenvermächtnis erwogen werden. Im hier gewählten Beispiel hat die Ehefrau eine enge berufliche Verbindung zu dem Unternehmen, die die Beispielsgestaltung rechtfertigt.

3 Dies ist nur dann möglich, wenn das Betriebsgrundstück nicht im Eigentum der GmbH, sondern des Erblassers steht oder dem Erblasser alle Gesellschaftsanteile gehören.

rungsklausel uneingeschränkt wirksam. Zur dinglichen Absicherung dieser Rente sind meine Kinder darüber hinaus verpflichtet, meiner Ehefrau, also ihrer Mutter, auf Verlangen in notarieller Form ein Pfandrecht an ihren Gesellschafteranteilen an der ... (Firma der GmbH) zu bestellen.

Für den Fall, dass meine Ehefrau das Amt als Testamentsvollstreckerin nicht annimmt oder ihr Amt endet, bevor der jüngste meiner Erben das 25. Lebensjahr vollendet hat, ordne ich die Wahrnehmung bzw. Fortsetzung der Testamentsvollstreckung durch Herrn Rechtsanwalt ... (Name, Anschrift) oder, sofern dieser verhindert ist, durch eine von ihm zu bestimmende Persönlichkeit an. Hilfsweise ersuche ich das Nachlassgericht einen geeigneten Testamentsvollstrecker zu bestimmen. Für die Ausübung seiner Befugnisse, einschließlich der zur Verwaltung des Nachlasses, gelten die gesetzlichen Beschränkungen. Dieser Testamentsvollstrecker hat Anspruch auf Ersatz seiner Auslagen. Ihm steht eine angemessene Vergütung zu, wobei diese an den Empfehlungen des Deutschen Notarvereins (Neue Rheinische Tabelle mit eventuellen Fortschreibungen) ausgerichtet sein soll und der Testamentsvollstrecker die Vergütung nach billigem Ermessen festsetzen darf[4].

...

4 Odersky notar 2010, 23.

Kosten: *Notargebühr:* wie **M 86.1**.

2. Mitgliedschaft in einer eingetragenen Genossenschaft

Gem. § 77 GenG geht die Mitgliedschaft in einer eingetragenen Genossenschaft **auf den Erben über**, endet jedoch mit Schluss des Geschäftsjahres des Erbfalls, wenn das Statut nicht eine Fortsetzung durch die Erben bestimmt (s. Kap. 132 Rz. 45). 37

3. Mitgliedschaft in einem eingetragenen Verein

Die Mitgliedschaft in einem eingetragenen Verein ist gem. §§ 38 Satz 1, 40 BGB **nicht vererblich**, soweit die Satzung keine andere Regelung vorsieht. 38

V. Zusätzliche steuerliche Gesichtspunkte

1. Allgemeiner Hinweis

Über die bislang schon genannten steuerlichen Aspekte (ua. Steuerbefreiung für Betriebsvermögen, Betriebe der Land- und Forstwirtschaft und Anteile an Kapitalgesellschaften §§ 13a, 13b ErbStG und Tarifbegrenzung nach § 19a ErbStG, deren weitere Reform durch den Gesetzgeber aufgrund des BVerfG-Beschlusses vom 17.12.2014 (1 BvL 21/12, BStBl. 2015 II, 50) insbesondere für Schenkungen/Erbfälle nach dem 30.6.2016 abzuwarten bleibt) hinaus kann als Folge des Todes eines Unternehmers die Verpflichtung entstehen, Entnahmen von Betriebsvermögen (ertragsteuerlich) zu versteuern. Derartige Fälle werfen oftmals erhebliche steuerliche und rechtliche Schwierigkeiten auf, weshalb es sich hier empfiehlt, steuerlichen Rat einzuholen. 39

2. Privatvermögen – Betriebsvermögen

Steuersystematisch ist die grundsätzliche begriffliche Differenzierung zwischen den steuerlichen Begriffen des Privatvermögens einerseits und dem Betriebsvermögen andererseits von erheblicher Bedeutung. Letztlich hat der Gesetzgeber in beiden Bereichen sogenannte Einkünfte (vgl. § 2 EStG) definiert, die der Besteuerung unterliegen. Allerdings wirken jeweils unterschiedliche Wege der Einkunftsermittlung. Im steuerlichen Privatvermögen gilt die sogenannte Quellentheorie, die in der Sache nur den Überschuss der Einnahmen über die Werbungskosten erfasst; im steuerlichen Betriebsvermögen gilt der Grundsatz der Reinvermögenszuwachstheorie, wonach jeder betriebliche Vermögenszuwachs (insbesondere entstandene stille Reserven) der Besteuerung unterliegen. 40

Zum **Privatvermögen** gehören alle Gegenstände, die ausschließlich privaten Zwecken, also weder unmittelbar noch mittelbar betrieblichen Zwecken dienen (zB die Einrichtung des lediglich privat genutzten Einfamilienhauses des Unternehmers, die private Briefmarkensammlung, der Ehering). Zum **notwendigen Betriebsvermögen** zählen die Gegenstände, die ausschließlich (bzw. weit überwiegend) und unmittelbar eigenbetrieblichen Zwecken des Steuerpflichtigen dienen oder dazu bestimmt sind. Dies sind vor allem die Wirtschaftsgüter, die für den (Geschäfts)Betrieb wesentlich oder unentbehrlich sind (zB Produktionsmaschinen, Betriebsgebäude, Firmen-Lkw); uU genügt die bloße Eignung zur betrieblichen Nutzung.

41 Daneben besteht ertragsteuerlich das **gewillkürte Betriebsvermögen**. Dies ist dadurch gekennzeichnet, dass das Unternehmen auf diese Vermögensteile nicht angewiesen ist, sie aber in einem objektiven Zusammenhang mit dem Unternehmen stehen und durch tatsächliche Einlage gewillkürtes Betriebsvermögen werden (zB Grundstücke, Wertpapiere, Bargeld). Die Wirtschaftsgüter müssen objektiv „betriebsdienlich" sein, und die Willkürung muss ihr auslösendes Moment im Betrieb haben. Deshalb muss der Steuerpflichtige im Zweifel darlegen, welche Beziehung das Wirtschaftsgut zum Betrieb hat und welche vernünftigen wirtschaftlichen Überlegungen ihn veranlasst haben, das Wirtschaftsgut als Betriebsvermögen zu behandeln (BFH v. 24.2.2000, BStBl. II 2000, 297). Gewillkürtes Betriebsvermögen kommt seit dem BFH-Urteil v. 2.10.2003 (BStBl. II 2004, 985) nun grundsätzlich auch bei Steuerpflichtigen in Betracht, die ihren Gewinn durch Einnahmenüberschussrechnung nach § 4 Abs. 3 EStG ermitteln. Bis dahin galt dies nur in Ausnahmefällen, die Willkürung des Betriebsvermögens war bis dahin dem Gewinnermittler nach §§ 4 Abs. 1, 5 Abs. 1 EStG durch Betriebsvermögensvergleich vorbehalten.

42 Rechtlich zu einer etwas anderen Kategorie – in der Sache und Rechtsfolge jedoch identisch – gehört das **Sonderbetriebsvermögen**. Hierzu zählen die Wirtschaftsgüter, die einem, mehreren oder allen Mitunternehmern einer Personengesellschaft gehören und die nicht Gesamthandsvermögen der Mitunternehmer der Personengesellschaft sind. Dienen die Wirtschaftsgüter entweder unmittelbar dem Betrieb der Personengesellschaft oder werden sie unmittelbar zur Begründung oder zur Stärkung der Beteiligung des Mitunternehmers an der Personengesellschaft eingesetzt, liegt notwendiges Sonderbetriebsvermögen vor. Solche Wirtschaftsgüter können zum gewillkürten Sonderbetriebsvermögen gehören, wenn sie objektiv geeignet und subjektiv dazu bestimmt sind, den Betrieb der Gesellschaft oder die Beteiligung des Gesellschafters zu fördern.

43 Zwar sind Wirtschaftsgüter grds. ausschließlich einer Vermögensart zuzuordnen. Gemischt genutzte **Grundstücke** können aber teils Privatvermögen, teils notwendiges oder teils gewillkürtes (Sonder-)Betriebsvermögen sein. So enthält ein Gebäude aufgrund seiner unterschiedlichen Nutzungs- und Funktionszusammenhänge (eigenbetriebliche und fremdbetriebliche Nutzung, eigene und fremde Wohnzwecke) bis zu vier selbständige Wirtschaftsgüter (R 4.2 Abs. 4 EStR 2012). Mit dem dazugehörenden Grund und Boden können durchaus acht selbständige Wirtschaftsgüter entstehen. Eigenbetrieblich genutzte Grundstücksteile von untergeordnetem Wert brauchen aber nicht als Betriebsvermögen behandelt zu werden. Dies ist der Fall, wenn ihr Wert (inkl. Grund und Boden) nicht mehr als ein Fünftel des gemeinen Werts des gesamten Grundstücks *und* nicht mehr als 20 500 Euro beträgt (§ 8 EStDV).

43a ➲ **Wichtig:** Ein zunächst betrieblich genutzter Gebäudeteil verliert seine Eigenschaft als Betriebsvermögen nicht dadurch, dass er zu fremden Wohnzwecken vermietet wird und sich in dem Gebäude ein weiterer zu fremden Wohnzwecken vermieteter Gebäudeteil befindet, der zum Privatvermögen gehört. Aufgrund des sog. Einheitlichkeitsgrundsatzes kommt es nicht zur Zwangsentnahme (BFH v. 10.11.2004, BStBl. II 2005, 334). Umgekehrt bleibt ein bisher zum Privatvermögen gehörender Gebäudeteil, der nunmehr für fremde gewerbliche Zwecke vermietet wird, Privatvermögen, auch wenn der Steuerpflichtige einen weiteren, schon vorher für fremde betriebliche Zwecke vermieteten Gebäudeteil dem gewillkürten Betriebsvermögen zugeordnet hat (BFH v. 21.4.2005, BStBl. II 2005, 604).

3. Steuerpflichtige Entnahme

44 Der Einkommen-, Gewerbe- und Körperschaftsteuer unterliegen nur **Gewinne**, die **realisiert** werden, etwa durch Veräußerung eines zum Betriebsvermögen gehörenden Gegenstandes. Soweit Wirtschaftsgüter steuerlich schneller abgeschrieben werden (AfA; nach §§ 6 Abs. 1 Nr. 1, 7 EStG),

als es ihrer tatsächlichen Abnutzung entspricht, liegt ihr **Verkehrswert oft höher als** ihr **Buchwert.** Dasselbe ist bei Gegenständen wie Grundstücken der Fall, die mit ihren Anschaffungs- bzw. Herstellungskosten anzusetzen sind, deren Verkehrswert aber inzwischen gestiegen ist (Zeitwert). In beiden Fällen ist der Verkehrswert höher als der Buchwert, so dass bei Veräußerung die im Mehrwert enthaltenen stillen Reserven aufgelöst werden und als Einnahmen zu versteuern sind.

Entnahmen führen steuerlich gleichfalls zur Gewinnrealisierung (§ 4 Abs. 1 EStG). Dies ist bei 45
Überführung von Gegenständen aus dem Betriebs- in das Privatvermögen der Fall, bei Betriebsaufgabe oder wenn die Voraussetzungen einer Betriebsverpachtung nicht mehr vorliegen. Diese Aspekte erlangen nach dem Tod eines Unternehmers häufig Bedeutung.

Beispiel: 45a

Ein Kind erhält das Unternehmen, das andere Kind/die überlebende Ehefrau – ohne Gesellschaftsbeteiligung – das Betriebsgrundstück; das ererbte Unternehmen wird von keinem der Erben fortgeführt, sondern verpachtet.

Statt des Veräußerungserlöses bildet in diesen Fällen der Teilwert des entnommenen Wirtschafts- 46
gutes die Bemessungsgrundlage für die Einkommensbesteuerung. Teilwert ist der Teilbetrag, der bei Veräußerung des Gesamtbetriebs von dessen Kaufpreis auf das betreffende Wirtschaftsgut entfallen würde (§ 6 Abs. 1 Nr. 1 EStG). Bei Betriebsaufgabe (Teilbetriebsaufgabe) ist der Unterschiedsbetrag zwischen Buchwert und gemeinem Wert (Verkehrswert) des Betriebes (bzw. Teilbetriebes) als Entnahmegewinn zu versteuern (§§ 16 Abs. 1, 3 und 18 Abs. 3 EStG). Dabei kann der Teilwert nur im Wege der Schätzung ermittelt werden; zur Ermittlung des ggf. niedrigeren Teilwertes bestehen Teilwertvermutungen (vgl. auch BFH; H 6.7 EStH 2013)

Von Bedeutung ist uU auch der **Besteuerungszeitpunkt**. Der Entnahmegewinn ist **im Jahr der** 47
Entnahme zu versteuern, so dass es im Einzelfall ratsam sein kann, mit der Entnahme etwa bis zu einem ertragsschwächeren Jahr zu warten. Andererseits können **Steuervergünstigungen** eingreifen. Der Entnahmegewinn ist nach § 16 Abs. 4 EStG nur zu versteuern, soweit er den (von Alter und Berufsunfähigkeit abhängigen) Freibetrag von grds. 45 000 Euro übersteigt. Der Freibetrag ist dem Steuerpflichtigen nur einmal zu gewähren und ermäßigt sich um den Betrag, um den der Veräußerungsgewinn 136 000 Euro übersteigt. Der darüber hinausgehende steuerpflichtige Teil unterliegt der Tarifermäßigung nach § 34 EStG. Zur sog. zeitlich gestreckten Betriebsaufgabe s. BFH v. 19.5.2005, BStBl. II 2005, 637.

4. Steuern auf Veräußerungen aus Privatvermögen

Werden aus dem Nachlass (auch dem eines Unternehmers) Gegenstände des Privatvermögens ver- 48
äußert, ist dies grds. nicht steuerpflichtig (aufgrund der eingangs genannten Quellentheorie). Ggf. kommt aber die Besteuerung einer wesentlichen Beteiligung nach § 17 EStG und Besteuerung von sog. privaten Veräußerungsgeschäften nach § 23 EStG in Frage; hierzu näher Kap. 43 Rz. 91–94.

5. Schenkung

Nießbrauchsvorbehalt: Mit Recht wird empfohlen, werthaltiges Vermögen besonders aus steuerli- 49
chen Gründen bereits zu Lebzeiten weiterzugeben. Dies kann vor allem durch Schenkungen oder eine Teilschenkung im Wege der vorweggenommenen Erbfolge (s. Kap. 80 Rz. 137 ff.) erfolgen. Dabei kann sich der Unternehmer wirtschaftlich insbesondere durch Nießbrauchsvorbehalt absichern.

Erbschaft- und schenkungsteuerliche Aspekte: Da nach § 14 ErbStG nur der Erwerb – sei es als 50
Schenkung, sei es von Todes wegen – von derselben Person innerhalb der vergangenen zehn Jahre zusammengerechnet wird, kann durch **Überschreiten der Zeitspanne von zehn Jahren** der Freibetrag mehrfach ausgenutzt und wegen der Progressionswirkung ein günstigerer durchschnittlicher Steuersatz erreicht werden (Kap. 80 Rz. 83, 115 ff.). Zudem wächst eine **Wertsicherung** des Unternehmens dem Beschenkten schenkungsteuerfrei zu.

51 **Ertragsteuerliche Aspekte:** Wird das Unternehmen zu Lebzeiten übertragen, so ist zu beachten, dass Ausgleichs- und Abstandszahlungen des/der Betriebsübernehmer(s) zur Aufdeckung stiller Reserven führen können (vgl. Kap. 80 Rz. 147). Begründet der Einzelunternehmer durch schenkweise Einräumung von Gesellschaftsanteilen eine Familienpersonengesellschaft, so kann infolge der Verteilung von Gewinn auf mehrere Personen Einkommensteuer gespart werden. Denn der Gewinn gerät teilweise aus der hohen Progressionszone des Unternehmers (vgl. Kap. 80 Rz. 87 ff.). UU kann sogar ein Überschreiten des Freibetrages (nach § 16 ErbStG für Kinder 400 000 Euro) und die Inkaufnahme einer Schenkungsteuerbelastung angezeigt sein. Außerdem scheidet die Besteuerung von Entnahmen wegen aufgelöster stiller Reserven aus.

52 Durch die frühzeitige Beteiligung am Unternehmen kann eine spätere Übernahme als Nachfolger gut vorbereitet werden. Auf der anderen Seite dürfen eventuelle zivilrechtlich nachteilige Folgen nicht außer Acht gelassen werden, wie insbesondere im Verhältnis zum Ehegatten nach §§ 1365, 1369 BGB sowie im Rechts- und Geschäftsverkehr nach §§ 25 ff., 139, 159, 160 HGB.

53 **Sonstige Steuervergünstigungen bei vorweggenommener Erbfolge:** Ein Unternehmernachfolger kann Steuervergünstigungen für bestimmte Zuwendungen beanspruchen, so nach § 13 Abs. 1 Nr. 2 ErbStG für Kunstgegenstände und Sammlungen, nach Nr. 9a für Pflege- und Unterhaltsgewährung (näher Kap. 80 Rz. 106 ff.). Schließlich besteht die Stundungsmöglichkeit nach § 28 ErbStG (hierzu Kap. 80 Rz. 112).

6. Heirat, Adoption

54 Ein rechtlich durchaus nicht unzulässiger Weg, um in die erbschaftsteuerlich tarifbegünstigte Steuerklasse I zu gelangen, ist die Eheschließung mit dem Erblasser. Es kommt hierbei auf das Bestehen einer Ehe im Rechtssinne an; der überlebende Partner einer nichtehelichen Lebensgemeinschaft ist dem Ehegatten erbschaftsteuerlich nicht gleichgestellt (BVerfG BStBl. II 1984, 172; BFH BStBl. II 1983, 114). Entsprechendes wie für die Heirat gilt insofern auch für die Adoption.

7. Güterrechtliche Aspekte

55 Aus welchen Gründen auch immer der Güterstand der **Gütertrennung** nach § 1414 BGB vereinbart worden sein mag, bei Vererbung eines Unternehmensnachlasses wirkt er sich jedenfalls steuerlich oft nicht günstig aus. Zwar stehen dem überlebenden Ehegatten stets 500 000 Euro als Freibetrag (§ 16 ErbStG) und bis zu weiteren 256 000 Euro als Versorgungsfreibetrag (§ 17 ErbStG) zu. Doch nur nach **Zugewinngemeinschaft** bleibt für den Ehegatten als Erben ein weiterer Betrag steuerfrei, der dem Ausgleichsanspruch nach § 1371 Abs. 2 BGB (bei güterrechtlicher Abwicklung der Zugewinngemeinschaft) entspricht (§ 5 Abs. 1 ErbStG). Vgl. Kap. 80 Rz. 125 f.

56 Demgegenüber scheint **Gütergemeinschaft** auf den ersten Blick noch ungünstiger zu sein, da Bereicherungen eines Ehegatten infolge der Vereinbarung dieses Güterstandes nach § 7 Abs. 1 Nr. 4 ErbStG steuerpflichtig sind. Auf der anderen Seite aber bewirkt § 4 Abs. 1 ErbStG bei **fortgesetzter Gütergemeinschaft** Steuerfreiheit des überlebenden Ehegatten. Etwas näher Kap. 80 Rz. 127 f.

57 Hinsichtlich der eingetragenen Lebenspartnerschaften s. Kap. 80 Rz. 130 ff.

Kapitel 87 Gestaltung in besonderen Problemfällen

Literatur: *Damrau/J. Mayer*, Zur Vor- und Nachvermächtnislösung beim sog. Behindertentestament, ZEV 2001, 293; *Fröhler*, Der Interessenausgleich zwischen Verfügungsfreiheit und Schutz der Apothekeninhabererben, BWNotZ 2010, 12; *Grziwotz*, Die umgekehrte Vermächtnislösung beim Behindertentestament: der Königsweg?, ZEV 2002, 409; *Grziwotz*, Testamentsgestaltung bei der Patchwork-Familie, FamRB 2003, 232; *Kornexl*, Nachlassplanung bei Problemkindern, 2006; *Litzenburger*, Die interessengerechte Gestaltung des gemeinschaftlichen Testaments von Eltern zugunsten behinderter Kinder, RNotZ 2004, 138; *Litzenburger*, Das Bedürftigentestament – Erbgestaltung zu Gunsten von Langzeitarbeitslosen (Hartz-IV-Empfängern), ZEV 2009, 278; *J. Mayer*, Behindertentestament und Pflichtteilsstrafklauseln, MittBayNot 2005, 286; *Reimann*, Das Geschiedenentestament, 2001; *Spall*, Behindertentestament und Heimgesetz – Bestandsaufnahme und Update, MittBayNot 2010, 9; *Tersteegen*, Sozialhilferechtliche Verwertbarkeit von Vermögen bei Anordnung von Verwaltungsvollstreckung, ZEV 2008, 121; *van de Loo*, Die letztwillige Verfügung von Eltern behinderter Kinder, NJW 1990, 2852; *Vaupel*, Der Sozialhilferegress in der notariellen Praxis, RNotZ 2009, 497.

I. Verfügung von Todes wegen bei Patchwork-Familie

1. Miteinander verheiratete Partner

Häufig besteht eine sog. Patchwork-Familie aus zwei miteinander verheirateten Ehepartnern, von denen jeder ein oder mehrere Kinder aus seiner **vorherigen anderweitigen Beziehung** hat und die zudem mindestens ein **gemeinsames Kind** haben. 1

Den Eheleuten stehen für eine gemeinsame Verfügung von Todes wegen je nach Zielsetzung insbesondere die üblichen Gestaltungsformen der **Einheits-, Trennungs- bzw. Herausgabevermächtnislösung** zur Verfügung. Soll sich das Vermögen des einen Ehegatten nicht mit dem Vermögen des anderen vermischen, etwa um Pflichtteilszugriffe einzelner von der Erbfolge ausgeschlossener Abkömmlinge eines Ehegatten zu vermeiden, kommt eine Vor- und Nacherbfolge in Betracht (s. Kap. 83 Rz. 1 ff. und **M 83.1**) – dann sollte jedoch ein förmlicher gegenseitiger Pflichtteilsverzicht der Eheleute vereinbart und für den Fall deren gleichzeitigen oder nahezu gleichzeitigen Verster- 2 bens angeordnet werden, dass nach jedem Elternteil unter insoweit ausdrücklichem Ausschluss der Vor- und Nacherbfolge ausschließlich die jeweiligen eigenen Abkömmlinge eingesetzt sind –, alternativ ggf. auch eine Vollerbeneinsetzung mit Herausgabevermächtnis (s. Kap. 83 Rz. 35 f. und **M 83.8**). Andernfalls ist regelmäßig eine Vollerbeneinsetzung des Längstlebenden mit Schlusserbenberufung aller Kinder möglich.

3 Da nach dem Tod des leiblichen Elternteils als Erstversterbendem den Stiefkindern gegenüber ihrem Stiefelternteil als Längstlebendem keine gesetzlichen Unterhaltsansprüche zustehen, kann sich auf den Tod des Erstversterbenden zugunsten dessen nicht gemeinschaftlicher Abkömmlinge, die noch keine Berufsausbildung abgeschlossen haben, zumindest für den **Ausbildungsunterhalt** ein entsprechendes Vermächtnis bzw. alternativ oder ergänzend eine Unterhaltsvereinbarung der Eheleute (vgl. dazu Langenfeld/Fröhler, Testamentsgestaltung, 6. Kap. M 196 bzw. M 197) empfehlen. Denn der gegen den Stiefelternteil gerichtete gesetzliche Ausbildungsanspruch auf den Tod des Elternteils nach § 1371 Abs. 4 BGB setzt neben dem Güterstand der Zugewinngemeinschaft eine ausschließlich gesetzliche Erbberechtigung voraus (Erman/Budzikiewicz § 1371 BGB Rz. 19; Hausmann DNotZ 2011, 602, 607; Langenfeld/Fröhler, Testamentsgestaltung, 6. Kap. Rz. 14; Palandt/Brudermüller § 1371 BGB Rz. 7).

4 Gerade bei Patchwork-Familien ist möglichst sorgfältig abzuwägen, ob zugunsten des Längstlebenden ein **Änderungsvorbehalt** gewünscht wird und bejahendenfalls welche Reichweite dieser haben soll. Häufig geht das Interesse dahin, den jeweiligen Stamm der alleinigen Kinder der Ehefrau, der alleinigen Kinder des Ehemanns und der gemeinschaftlichen Kinder durch den Längstlebenden unabänderbar zu gleichen Teilen zu bedenken, jedoch innerhalb des jeweiligen Stamms Änderungen zuzulassen. Ggf. könnte angeordnet werden, dass ausdrücklich genannte einzelne Gegenstände, zB bestimmte Immobilien, durch den Längstlebenden auch einem der drei Stämme alleine zugeteilt werden dürfen. Alternativ könnte dem Längstlebenden auch das Recht zu freien abweichenden letztwilligen Verfügungen eingeräumt werden, wobei dann das Risiko besteht, dass der Stamm der alleinigen Abkömmlinge des Erstversterbenden benachteiligt oder ausgeschlossen wird bzw. aufgrund derartiger Befürchtungen aus diesem Kreis beim Tod des Erstversterbenden Pflichtteilsansprüche geltend gemacht werden.

5 Im Rahmen einer Einheitslösung durch Berliner Testament bestand insbesondere für Erbfälle bis zum 31.12.2009 in derartigen Konstellationen die Problematik, dass Beschwerungen und Beschränkungen nach § 2306 Abs. 1 Satz 1 BGB aF für diejenigen Erben – hier hinsichtlich der leiblichen Kinder des Längstlebenden als Schlusserben neben denjenigen Stiefgeschwistern, die ausschließlich Kinder des Erstverstorbenen sind – nicht als angeordnet galten, deren hinterlassener Erbteil nicht die Hälfte des gesetzlichen Erbteils überstieg. Diese Regelung ist nach Art. 229 § 23 Abs. 4 Satz 2 EGBGB durch die **Erbrechtsreform** für Erbfälle ab dem 1.1.2010 aufgehoben worden.

M 87.1 Gemeinschaftliches Testament in der Patchwork-Familie von Ehegatten, die sich gegenseitig zu Alleinvollerben und alle (gemeinsame sowie ausschließlich von einem von ihnen abstammende) Kinder zu Schlusserben des Längstlebenden einsetzen

(Gemeinschaftliches Testament – Auszug)[1]

...

§ 1

Vorsorglich heben wir frühere letztwillige Verfügungen auf.

1 Zu Eingang, Form und Schlussformel s. **M 85.1** (eigenhändiges gemeinschaftliches Testament) und **M 85.2** (notariell beurkundetes gemeinschaftliches Testament).

§ 2

Der erstversterbende Ehegatte setzt den längstlebenden Ehegatten zu seinem alleinigen Vollerben ein. Eine Nacherbschaft ist nicht angeordnet.

§ 3

Schlusserben als Erben auf den Tod des längstlebenden Ehegatten und jedes Ehegatten von uns bei unserem gleichzeitigen oder nahezu gleichzeitigen, auf demselben Ereignis beruhenden Tod sind unsere gemeinschaftlichen und die lediglich von einem von uns alleine abstammenden Kinder zu untereinander gleichen Teilen, derzeit unsere gemeinsame Tochter ... (Vor- und Nachname), geb. am ... (Geburtsdatum), wohnhaft in ... (Wohnanschrift), der Sohn des Ehemanns ... (Vor- und Nachname), geb. am ... (Geburtsdatum), wohnhaft in ... (Wohnanschrift) und der Sohn der Ehefrau ... (Vor- und Nachname), geb. am ... (Geburtsdatum), wohnhaft in ... (Wohnanschrift), zu jeweils ⅓ Erbteil. Ersatzschlusserben sind jeweils die Abkömmlinge eines wegfallenden Schlusserben nach den Regeln der gesetzlichen Erbfolge erster Ordnung. Hierzu zählen ohne Einschränkung auch nichteheliche Kinder und deren Abkömmlinge. Ersatzweise tritt Anwachsung ein. Die Ersatzschlusserbeneinsetzung ist, soweit nicht nach §§ 2352 Satz 3, 2349 BGB eine Verzichtserstreckung eintritt, nach demjenigen Schlusserben auflösend bedingt, der mit dem längstlebenden Ehegatten einen entgeltlichen oder unentgeltlichen Zuwendungsverzichtsvertrag gem. § 2352 BGB vereinbart. In einem solchen Falle wird die Auslegungsregel des § 2069 BGB bzw. eine Ersatzschlusserbenberufung aufgrund ergänzender Testamentsauslegung ausdrücklich ausgeschlossen.

§ 4

Vermächtnisweise erhält derjenige nichtgemeinschaftliche Abkömmling des erstversterbenden Ehegatten, der bei dessen Tod noch keine Berufsausbildung abgeschlossen hat, auf den Tod des erstversterbenden Ehegatten aus dessen Nachlass ein Geldvermächtnis, das sich nach den voraussichtlich Kosten der Berufsausbildung bemisst, sofort mit dem Erbfall fällig ist und erst dreißig Jahre nach dem Tod des erstversterbenden Ehegatten verjährt. Der erstversterbende Ehegatte ersucht das Nachlassgericht, einen geeigneten Testamentsvollstrecker zu ernennen, der sodann Art wie Höhe der Zahlung zu bestimmen hat[2] und dem eine angemessene Vergütung zusteht, wobei diese an den Empfehlungen des Deutschen Notarvereins (Neue Rheinische Tabelle mit eventuellen Fortschreibungen) ausgerichtet sein soll, der Testamentsvollstrecker die Vergütung nach billigem Ermessen festsetzen darf[3] und der Vergütungsanspruch erst dreißig Jahre nach dem Tod des erstversterbenden Ehegatten verjährt.

§ 5

Wir treffen sämtliche letztwilligen Verfügungen in dieser Urkunde unabhängig davon, ob beim Tod eines jeden von uns pflichtteilsberechtigte Personen existieren und um wen es sich dabei ggf. handelt. Eine Anfechtung iSd. § 2079 BGB ist daher ausgeschlossen. Zudem verzichtet jeder von uns auf ein eventuelles künftiges Anfechtungsrecht wegen Irrtums iSd. § 2078 BGB.

§ 6

Der längstlebende Ehegatte darf die auf seinen Tod angeordneten letztwilligen Verfügungen nur beschränkt abändern. Unverändert muss auf den Stamm der alleinigen Kinder der Ehefrau, den Stamm der alleinigen Kinder des Ehemanns und den Stamm der gemeinschaftlichen Kinder entsprechend der o.g. Schlusserbeneinsetzung jeweils ⅓ des Nachlasses entfallen. Diese Bindung entfällt für einen dieser Stämme jedoch dann, wenn alle aus diesem Stamm berufenen Schlusserben gegen den Willen des Erstversterbenden ihren noch nicht verjährten Pflichtteil verlangt und erhalten haben oder wenn alle Mitglieder eines Stammes weggefallen sind. Innerhalb eines jeden dieser drei Stämme darf der längstlebende Ehegatte die auf seinen Tod angeordneten letztwilligen Verfügungen jedoch bezüglich des gesamten Vermögens frei abändern. Er ist insoweit auch berechtigt, durch Verfügung unter Lebenden Vermögensübertragungen zu Gunsten anderer Abkömmlin-

2 Langenfeld/Fröhler, Testamentsgestaltung, 6. Kap. Rz. 15 ff. mit M 198 bzw. M 199.
3 Odersky, notar 2010, 23.

ge desselben Stammes (zB Enkel statt Kinder) vorzunehmen, ohne Ansprüche analog §§ 2287 f. BGB auszulösen. Der Änderungsvorbehalt berechtigt dabei ua. dazu, alle, einzelne oder einen einzelnen bzw. alleinigen Schlusserben aus diesem Stamm zugunsten anderer Abkömmlinge aus demselben Stamm durch Anordnung von Vermächtnissen bzw. Auflagen etc. zu beschweren bzw. derartige Regelung zu ändern. Zu Abkömmlingen im Sinne dieses Änderungsvorbehaltes zählen auch nichteheliche Kinder und deren Abkömmlinge. Zulasten von Schlusserben darf bis zu deren jeweiliger Volljährigkeit verwaltende und abwickelnde Testamentsvollstreckung, ansonsten darf nur für alle Schlusserben gleichermaßen Abwicklungstestamentsvollstreckung angeordnet werden, wobei dann in beiden Fällen das Nachlassgericht um Ernennung eines neutralen Testamentsvollstreckers zu ersuchen ist.

§ 7

Von den vorstehenden Verfügungen sind folgende Regelungen

1. wechselbezüglich getroffen und damit für den längstlebenden Ehegatten, soweit kein Änderungsvorbehalt vereinbart ist, bindend: §§ 2 und 3.

2. einseitig getroffen und damit frei abänderbar: § 4 und 5.

...

Kosten: *Notargebühr:* 2,0-Gebühr gem. Nr. 21100 KV GNotKG, mindestens 120 Euro. Geschäftswert gem. § 102 Abs. 1 GNotKG (Wert des Nachlasses, Verbindlichkeiten des Erblassers werden abgezogen, jedoch nur bis zur Hälfte des Werts des Vermögens).

2. Nicht miteinander verheiratete Partner

6 Sind die Partner nicht miteinander verheiratet, steht weder dem Längstlebenden der Ehegatten- noch den alleinigen Kindern des Erstverstorbenen nach dem Längstlebenden der Stiefkindererbschaftsteuerfreibetrag zu, vielmehr ist jeweils die **ungünstige Steuerklasse III** maßgebend (Grziwotz FamRB 2003, 232, 235).

7 Weiter können die Partner nach § 2265 BGB kein gemeinschaftliches Testament errichten, sondern sind, soweit sie keine Einzeltestamente, sondern eine gegenseitige Abhängigkeit der beiderseitigen Verfügungen wünschen, auf einen **Erbvertrag** angewiesen.

II. Verfügung von Todes wegen nach Ehescheidung – sog. Geschiedenentestament

8 Ein wesentliches letztwilliges Gestaltungsziel eines geschiedenen Testierers besteht regelmäßig darin, durch Einzeltestament sicherzustellen, gemeinschaftliche Kinder möglichst unbeschränkt zu alleinige Erben einzusetzen sowie zugleich den **früheren Ehegatten** als deren gesetzlichen Erben, Pflichtteilsberechtigten und damit latenten mittelbaren Nutznießer von diesem Nachlass **auszuschließen**.

9 Hierzu bietet sich zunächst als einerseits sicherste, andererseits jedoch den Vorerben am stärksten einschränkende Gestaltungsvariante (s. dazu allgemein Kap. 83 Rz. 35) eine **Vor- und Nacherbfolgelösung** an. Dabei werden die Kinder, ersatzweise die Abkömmlinge eines wegfallenden Kindes nach den Regeln der gesetzlichen Erbfolge erster Ordnung zu befreiten Vorerben und die Kinder des jeweiligen Vorerben, ersatzweise die Abkömmlinge eines wegfallenden Kindes nach den Regeln der gesetzlichen Erbfolge erster Ordnung zu Nacherben eingesetzt. Ggf. kann je nach Abwägung von Aufwand und Risiko ergänzend eine weitere Nacherbfolge (s. Kap. 83 Rz. 17 ff. u. **M 83.2**) erwogen werden, um auch ein relativ unwahrscheinliches Nachversterben der Nacherben vor dem Tod des früheren Ehegatten abzusichern. Der frühere Ehegatte, dessen Abkömmlinge aus anderen Beziehungen und dessen alleinige Verwandte in aufsteigender Linie sollten als Erbe ausdrücklich ausgeschlossen werden.

Gemäß der sog. **Dieterle-Klausel** wurde lange Zeit einvernehmlich zur Steigerung der Verfügungsfreiheit des Vorerben einerseits und Ausnutzung der aus der Nacherbfolgeanordnung resultierenden Sicherheit andererseits vorgeschlagen, als Nacherben denjenigen zu bestimmen, den der Vorerbe als Erbe seines eigenen, nicht der Nacherbfolge unterliegenden Nachlasses einsetzt, dabei jedoch den früheren Ehegatten, dessen Abkömmlinge aus anderen Beziehungen und dessen Verwandte in aufsteigender Linie auszuschließen (Dieterle BWNotZ 1971, 15; Langenfeld/Fröhler, Testamentsgestaltung, 3. Kap. Rz. 128 mit FB 23 u. 6. Kap. Rz. 27 ff.; Nieder/Kössinger § 21 Rz. 39 ff.). Eine derartige Koppelung der Nacherbenbestimmung an die Auswahl der eigenen Erben durch den Vorerben hat das OLG Frankfurt in einem Beschluss v. 10.12.1999 wegen Verstoßes gegen den Höchstpersönlichkeitsgrundsatz iSd. § 2065 Abs. 2 BGB als unwirksam erachtet (OLG Frankfurt DNotZ 2001, 143). Diese Entscheidung muss trotz der ihr berechtigterweise aus dem Schrifttum vehement entgegengebrachten Kritik (vgl. insbes. Ivo DNotZ 2002, 266) bei der Wahl der sichersten Gestaltung dahin gehend berücksichtigt werden, dass derartige Klauseln bis zu einer höchstrichterlichen Klärung möglichst nicht verwendet werden (Kanzleiter DNotZ 2001, 149, 154; Langenfeld/Fröhler, Testamentsgestaltung, 3. Kap. Rz. 128). 10

➲ **Praxistipp:** Da die Nacherbfolge in derartigen Fallgruppen grundsätzlich nicht mehr benötigt wird, wenn der frühere Ehegatte samt Abkömmlingen aus anderen Beziehungen bzw. Verwandten aus aufsteigender Linie verstorben ist, sollte sie um diese Umstände **auflösend bedingt** gestaltet werden. 11

Alternativ kommt zur Vermeidung der den Vorerben beeinträchtigenden Nachteile der Vor- und Nacherbenlösung eine Gestaltung durch Vollerbeneinsetzung der Abkömmlinge unter Anordnung eines **Herausgabevermächtnisses** in Betracht, die zwar ganz überwiegend, nicht jedoch einhellig als pflichtteilsfest angesehen wird (vgl. dazu allgemein Kap. 83 Rz. 35 ff.). Wird entsprechend der Dieterle-Klausel derjenige als Vermächtnisnehmer bestimmt, den der beschwerte Vollerbe als seinen Erben einsetzt, kann ähnlich der Parallelproblematik bei der Nacherbenbestimmung eine Unwirksamkeit wegen Verstoßes gegen den Höchstpersönlichkeitsgrundsatz nach § 2065 Abs. 2 BGB nicht sicher ausgeschlossen werden (Rz. 10). Soweit keine Regelung iSd. § 2151 BGB erwogen wird, sollten die Vermächtnisnehmer durch den geschiedenen Ehegatten ausdrücklich selbst bestimmt werden. 12

Schließlich kann auch eine **Kombination** aus Vor- und Nacherbfolgelösung einerseits sowie Herausgabevermächtnismodell andererseits dergestalt erwogen werden, dass die sichere belastende Nacherbfolgeanordnung bspw. um den Tod des früheren Ehegatten auflösend bedingt und anschließend hinsichtlich des Restrisikos gegenüber Abkömmlingen des früheren Ehegatten aus anderen Beziehungen und alleinigen Verwandten des früheren Ehegatten in aufsteigender Linie durch ein Herausgabevermächtis ersetzt wird (Langenfeld/Fröhler, Testamentsgestaltung, 6. Kap. Rz. 69 mit FB 10; Nieder/Kössinger § 21 Rz. 54). 13

M 87.2 Geschiedenentestament – Kombination aus Vor- und Nacherbfolge mit Herausgabevermächtnis

(Verfügung von Todes wegen – Auszug)[1]

...

§ 1

Über meinen Nachlass kann ich frei verfügen. Ich bin weder durch Erbvertrag noch durch gemeinschaftliches Testament gebunden. Insbesondere habe ich mit meinem früheren Ehegatten ... (Name, Geburtsdatum, ggf. Anschrift) keine derartigen Verfügungen von Todes wegen errichtet/mein früherer Ehegatte und ich haben noch während Bestandes unserer Ehe unser gemeinschaftliches

1 Zu Eingang, Form und Schlussformel s. **M 80.6** (eigenhändiges Einzeltestament) und **M 80.1** (notariell beurkundetes Einzeltestament).

Testament vom ... (Datum) durch gemeinsame letztwillige Verfügung aufgehoben/ich bin durch notariell beurkundete Erklärung vom ... (Datum), Notar ... (Name) in ... (Ort), UR ... (Urkundenrollennummer), die meinem früheren Ehegatten durch Gerichtsvollzieher zugestellt worden ist, von unserem gemeinschaftlichen Testament wirksam zurückgetreten/das gemeinschaftliche Testament zwischen meinem früheren Ehegatten und mir vom ... (Datum) ist mit Rechtskraft unserer Scheidung gem. §§ 2268, 2077 BGB unwirksam geworden, da wir die dortigen Verfügungen nicht auch für den Fall unserer Scheidung getroffen hatten. Vorsorglich widerrufe ich hiermit eventuelle weitere bisher von mir getroffene einseitige Verfügungen von Todes wegen. Mein letzter Wille bestimmt sich daher ausschließlich nach dem hiesigen Testament.

§ 2

Hiermit setze ich meine beiden Kinder, meine Tochter ... (Vor- und Nachname), geb. am ... (Geburtsdatum), wohnhaft in ... (Wohnort), und meinen Sohn ... (Vor- und Nachname), geb. am ... (Geburtsdatum) ..., wohnhaft in ... (Wohnort), zu untereinander gleichen Teilen zu meinen Vorerben ein. Sie sind jeweils von allen Beschränkungen befreit, von denen nach dem Gesetz Befreiung erteilt werden kann. Ersatzerbe des Vorerben ist dessen Nacherbe.

§ 3

Die Nacherbfolge tritt jeweils mit dem Tod des jeweiligen Vorerben ein. Nacherben sind jeweils die Abkömmlinge des jeweiligen Vorerben nach den Regeln der gesetzlichen Erbfolge erster Ordnung zum Zeitpunkt des Nacherbfalls. Hierzu zählen ohne Einschränkung auch nichteheliche Kinder und deren Abkömmlinge. Ersatzweise ist der jeweils andere Vorerbe Nacherbe, wiederum ersatzweise sind die Nacherben des anderen Vorerben Nacherben.

ggf. Zusatz: *Wiederum ersatzweise ist ... (zB caritative Einrichtung) Nacherbe.*

Die jeweiligen Nacherbanwartschaften sind jeweils weder vererblich noch veräußerbar, wobei eine Veräußerung an den jeweiligen Vorerben zulässig ist und dann jede ausdrückliche oder stillschweigende Ersatznacherbeinsetzung entfällt. Mein früherer Ehegatte, seine Abkömmlinge aus anderen Beziehungen und seine alleinigen Verwandten in aufsteigender Linie sind in jeder Weise als Erbe ausgeschlossen.

Die Nacherbfolgeanordnung ist auflösend bedingt durch den Tod meines früheren Ehegatten ... (Name, Geburtsdatum, ggf. Anschrift). Im Falle des Eintritts der auflösenden Bedingung werden die Vorerben Vollerben, die Nacherben sind Ersatzerben. Die Ersatzerben erhalten dann im Wege des Herausgabevermächtnisses aufschiebend befristet auf den Tod meines jeweiligen Erben jeweils dasjenige von dem Nachlass meines jeweiligen Erben, das bei dessen jeweiligem Tod noch vorhanden ist, einschließlich dann vorhandener Surrogate iSd. § 2111 BGB. Ich stelle hiermit klar, dass dieses Herausgabevermächtnis erst mit dem Tod meines jeweiligen Vollerben anfällt und fällig wird, dann keine Nacherbfolge mehr angeordnet ist und mein jeweiliger Erbe dann frei unter Lebenden über meinen Nachlass verfügen kann. Die Vermächtnisanwartschaft ist weder übertragbar noch vererblich, wobei eine Veräußerung an den jeweiligen Erben zulässig ist und dann zudem jede ausdrückliche oder stillschweigende Ersatzvermächtnisanordnung entfällt. Der jeweilige Erbe hat keinen Anspruch auf Verwendungsersatz, der Vermächtnisnehmer keinen Anspruch auf Sicherheiten zur Vermächtniserfüllung, insbesondere nicht auf Vormerkungungseintragung bei Vorhandensein von Grundbesitz. Ersatzvermächtnisnehmer sind die Abkömmlinge des Berechtigten nach den Regeln der gesetzlichen Erbfolge erster Ordnung, ersatzweise tritt Anwachsung ein. Anderweitige Ersatzvermächtnisnehmer sind ausdrücklich nicht eingesetzt. Ich bestimme hiermit, dass dieses Vermächtnis erst dreißig Jahre nach dem Tod meines Erben verjährt.

alternativ:

Die Nacherbfolgeanordnung ist auflösend bedingt durch den Tod meines früheren Ehegatten ... (Name, Geburtsdatum, ggf. Anschrift) und zusätzlich durch das Nichtvorhandensein von anderen Abkömmlingen meines früheren Ehegatten aus einer anderen Beziehung sowie von Verwandten in aufsteigender Linie meines früheren Ehegatten. Im Falle des Eintritts der auflösenden Bedingung werden die Vorerben Vollerben, die Nacherben sind Ersatzerben.

(ggf. weitere Nacherbfolge vgl. Kap. 83 Rz. 17 ff. u. ***M 83.2****)*

...

Kosten: *Notargebühr:* 1,0-Gebühr gem. Nr. 21200 KV GNotKG bei Beurkundung eines Testaments, mindestens 60 Euro. Geschäftswert gem. § 102 Abs. 1 GNotKG (Wert des Nachlasses, Verbindlichkeiten des Erblassers werden abgezogen, jedoch nur bis zur Hälfte des Werts des Vermögens).

III. Verfügung von Todes wegen bei behinderten Abkömmlingen – sog. Behindertentestament

1. Erbschaftslösung

Eltern, die (ggf. neben gesunden Kindern) ein behindertes Kind haben, das voraussichtlich dauerhaft auf staatliche Hilfe angewiesen sein wird, sollten eine letztwillige Verfügung möglichst so gestalten, dass ein Sozialhilfeträger weder auf den jeweiligen Nachlass – sei es dessen Substanz oder seien es die Nachlassfrüchte – zugreifen noch die (anderen) Erben aus Pflichtteilsansprüchen belangen kann. Zusätzlich sollte dem behinderten Kind eine über die staatliche Leistung hinausgehende weitere Zuwendung aus dem Nachlass zuteil werden, die dem **Zugriff des Sozialhilfeträgers** nicht unterliegt. 14

Um diese schwierige Ausgangsproblematik einer sachgerechten Lösung zuzuführen, sind verschiedene Gestaltungsmodelle entwickelt worden, von denen sich nach zwischenzeitlicher Rechtsprechung insbesondere die sog. **Erbschaftslösung** (s. **M 87.3**) durchgesetzt hat. Hierbei wird das behinderte Kind sowohl auf den Tod des erstversterbenden als auch auf den Tod des längstlebenden Elternteils jeweils unter entsprechender Anordnung einer Nacherbfolge beim ersten Erbfall neben dem längstlebenden Elternteil, der als Vollerbe Miterbe ist, beim zweiten Erbfall neben den Geschwistern, die als Vollerben Miterben sind, zum nichtbefreiten Vorerben eingesetzt. 15

Durch die so erzielte Nacherbenbindung wird in einem ersten Schritt erreicht, dass gegenüber dem behinderten Kind zwar eine **Pfändung bzw. Beschlagnahme von Nachlassgegenständen** in Betracht kommt, diese aber durch späteren Eintritt der Nacherbfolge iSd. § 2115 BGB **auflösend bedingt** ist. Verwertungsakte sind daher bereits wegen der Nacherbenbindung während der Dauer der Vorerbschaft unzulässig. Dem Nacherben ist insoweit nach § 773 iVm. § 771 ZPO das Rechtsmittel der Widerspruchsklage eröffnet. 16

Von wesentlicher Bedeutung ist weiter, dass der **Vorerbe nicht iSd. § 2136 BGB befreit** wird, da andernfalls ein mittelbarer Zugriff des Sozialhilfeträgers als Eigengläubiger des behinderten Kindes sowohl auf die Nachlasssubstanz als auch auf Nachlassfrüchte in Betracht käme. Zwar steht dem zunächst der vorstehend dargestellte Vollstreckungsschutz nach § 2115 BGB im Weg. Da im Falle einer Befreiung aus § 2138 Abs. 1 BGB dem Vorerben jedoch ein Substanzverwertungsrecht zusteht, könnte der Sozialhilfeträger auf ein derartiges Verwertungsrecht des Vorerben verweisen und bis zu dessen Umsetzung seine Sozialhilfeleistungen auf das zum Lebensunterhalt Unerlässliche beschränken bzw. darüber hinaus verweigern. Zu Nacherben werden auf den ersten Erbfall der längstlebende Ehegatte bzw. ersatzweise die Schlusserben des längstlebenden Ehegatten, auf den zweiten Erbfall das gesunde Kind, ersatzweise dessen Abkömmlinge eingesetzt. Die Nacherbeneinsetzung vermeidet jeweils die Geltendmachung eines Kostenerstattungsanspruches aus § 102 SGB XII, der gegen die Erben des behinderten Kindes als Vorerbe gerichtet wäre. Soweit nicht nur ein, sondern mehrere gesunde Kinder als Nacherben eingesetzt sind und – wie üblich – die jeweilige Nacherbquote die Hälfte des gesetzlichen Erbteils nicht überschreitet, bestand für Erbfälle bis zum 31.12.2009 die nur selten erkannte Problematik, dass die Anordnung der Nacherbfolge wegen Verstoßes gegen § 2306 Abs. 1 Satz 1 iVm. § 2306 Abs. 2 BGB aF gegenüber den Nacherben unwirksam ist und diese Vollerben werden (Erman/Schlüter 12. Aufl. 2008 § 2306 BGB aF Rz. 6), nach verhältnismäßiger Minderung der nunmehr insgesamt nicht mehr ausreichenden Vollerbteile iSd. § 2090 BGB die Erbquote des behinderten Kindes dessen Pflichtteilsquote unterschreiten und die Nacherbfolgeanordnung auch gegenüber dem behinderten Kind entfallen könnte (dazu jeweils Beck'sches Formularbuch/Tersteegen F. I.2, S. 346 f.). Dieses Risiko ist nach Art. 229 § 23 Abs. 4 17

Satz 2 EGBGB für Erbfälle ab dem 1.1.2010 wegen Aufhebung des § 2306 Abs. 1 Satz 1 BGB entfallen.

18 Die vorstehend dargestellte Nacherbenbindung wird sodann um eine **Dauertestamentsvollstreckungsanordnung** iSd. § 2209 BGB für die jeweilige Vorerbschaft des behinderten Kindes für beide Erbfälle erweitert. Hierdurch wird dem Vorerben nach § 2211 BGB ab dem Erbfall noch vor Annahme des Testamentsvollstreckeramtes das Verfügungsrecht entzogen und nach § 2214 BGB jedweder Gläubigerzugriff auf Nachlassgegenstände vermieden. Bei der Bestimmung des Dauertestamentsvollstreckers ist darauf zu achten, dass der Vormund bzw. Betreuer des behinderten Kindes nicht zugleich Testamentsvollstrecker sein kann, da eine derartige Doppelstellung zu einem Interessengegensatz führt, der die Einrichtung einer Dauerergänzungspflegschaft bedingt (OLG Nürnberg MittBayNot 2002, 403).

19 Damit dem behinderten Kind über die sozialhilferechtlichen Zuwendungen hinaus auch aus dem Nachlass nicht pfändbare Vorteile zuteil werden können und die Reinerträge aus dem Vorerbschaftsteil nicht dem sozialrechtlichen Zugriff unterliegen, wird bei der Erbschaftslösung des Weiteren eine entsprechende **Verwaltungsanordnung nach § 2216 Abs. 2 BGB** getroffen.

19a ➲ **Hinweis:** Dabei ist darauf zu achten, dass eine Anrechnung auf Sozialleistungen im Allgemeinen und nicht lediglich auf Sozialhilfeleistungen im Speziellen ausgeschlossen wird (DNotI-Gutachten DNotI-Report 2004, 65, 66 f.). Nicht verbrauchte Reinerträge sollten – um auch insoweit möglichst einen Zugriff des Sozialhilfeträgers zu vermeiden und dem behinderten Kind langfristig weitere Mittel zur Verfügung zu stellen – für eine entsprechende spätere Verwendung angelegt werden. Ungeklärt ist dabei jedoch, ob eine derartige Anordnung gegen das Gebot der ordnungsgemäßen Verwaltung nach § 2216 Abs. 1 BGB verstößt, von dem wegen § 2220 BGB nicht befreit werden kann. Dies wäre dann der Fall, wenn entsprechende Reinerträge zwingend sofort an das behinderte Kind zur Deckung des angemessenen Unterhaltes ausgekehrt werden müssten (so Krampe AcP 191 [1991], 527, 544 ff.; aA Münch, VertragsHdb./Nieder Bd. 6 S. 956 f.).

20 ➲ **Wichtig:** Besondere Vorsicht ist bei der Bemessung der **Höhe der jeweiligen Vorerbenquote** geboten: Dabei ist darauf zu achten, dass die jeweilige Vorerbenquote des behinderten Kindes dessen **Pflichtteilsquote übersteigt**. Zwar ist § 2306 Abs. 1 Satz 1 BGB aF, nach dem eine Nacherbfolgeanordnung automatisch unwirksam war, wenn die bloße Vorerbenquote den hälftigen gesetzlichen Erbteil – bei Bestehen von Anrechnungs- bzw. Ausgleichungspflichten iSd. §§ 2315, 2316 BGB (s. dazu Kap. 81) wurde hingegen ausnahmsweise der jeweilige tatsächliche Wert verglichen – nicht überschritten hat, aufgrund zwischenzeitlicher Erbrechtsreform gem. Art. 229 § 23 Abs. 4 Satz 2 EGBGB für Erbfälle ab dem 1.1.2010 aufgehoben worden. Daher entfällt bei einer zu tief bemessenen Vorerbquote die zum Schutze vor eventuellen Zugriffen des Sozialhilfeträgers angeordnete Nacherbfolge samt Dauertestamentsvollstreckung gem. § 2306 Abs. 1 BGB nicht mehr von selbst. Gleichwohl sollte die jeweilige Vorerbenquote **nicht nur geringfügig, sondern deutlich höher** als die Pflichtteilsquote ausgerichtet werden. Hierdurch kann für den Betreuer bzw. Ergänzungspfleger des behinderten Kindes ein Anreiz dafür geschaffen werden, eine Ausschlagung des dem behinderten Kind Zugewendeten nach § 2306 Abs. 1 BGB zu unterlassen und dadurch einen uneingeschränkten Zugriff des Sozialhilfeträgers auf die Erbquote und eventuelle Zusatzpflichtteilsansprüche aus § 2305 BGB des behinderten Kindes zu verhindern. Grundlage für die Entscheidung des Betreuers bzw. Ergänzungspflegers darüber, ob er das dem von ihm vertretenen behinderten Kind Zugewendete annimmt bzw. nach § 2306 Abs. 1 BGB ausschlägt, ist ausschließlich das wohlverstandene Interesse des behinderten Kindes und insbesondere weder der Schutz der Allgemeinheit vor Inanspruchnahme von Sozialhilfe einerseits noch der Schutz der Familie vor Verwertung von Vermögensnachlassbestandteilen andererseits (BayObLG FGPrax 2003, 268, 270).

21 Vorsicht ist zudem bei (teil-)unentgeltlichen, insbesondere schenkweisen Zuwendungen iSd. § 2050 Abs. 3 BGB an Geschwister des behinderten Kindes geboten. Hierdurch können – vor allem unter Nießbrauchs-, Wohnungsrechts- bzw. Rückübertragungsvorbehalt, die ggf. mangels Leistungsbewirkung ein Inlaufsetzen der Ausschlussfrist nach § 2325 Abs. 3 BGB verhindern (s. Kap. 15 Rz. 3)

– nach § 93 Abs. 1 Satz 4 SGB XII überleitbare **Pflichtteilsergänzungsansprüche** iSd. § 2325 BGB ausgelöst werden.

➲ **Praxistipp:** Um auch insoweit einen Zugriff des Sozialhilfeträgers zu vermeiden, kann die Aussetzung eines aufschiebend um das Entstehen und auflösend um das Verlangen und den Erhalt, den Untergang oder die Verjährung eines Pflichtteilsergänzungsanspruchs des behinderten Kindes aus lebzeitigen Zuwendungen des jeweiligen Erblassers an Andere als das behinderte Kind sowie durch die Ausschlagung des jeweiligen Miterbenanteils bedingten Geldvorvermächtnisses für das behinderte Kind in geringfügig über dem Wert des Pflichtteilsergänzungsanspruchs liegender Höhe (BeckFormB ErbR/Tersteegen, F. I. 2 Anm. 9; Langenfeld/Fröhler, Testamentsgestaltung, 6. Kap. Rz. 110; Schindler ZErb 2006, 186, 192 f.; Weidlich ZEV 2001, 94, 96)unter Anordnung eines entsprechenden Nachvermächtnisses für die Nacherben und gleichzeitiger Unterstellung unter die Dauertestamentsvollstreckung angezeigt sein, (dazu Langenfeld/Fröhler, Testamentsgestaltung, 6. Kap. Rz. 110 mit FB 12; Ruby ZEV 2006, 66, 69). 21a

Nach neuer Rspr. des BGH ist ein flankierend beurkundeter **Pflichtteilsverzichtsvertrag** zwischen Eltern und einem geschäftsfähigen behinderten Kind wegen der Zulässigkeit entsprechender Behindertentestamente und dabei insbesondere der die Testierfreiheit gewährleistenden **Erbrechtsgarantie** gem. Art. 14 Abs. 1 GG sowie ergänzend der Privatautonomie nach Art. 2 Abs. 1 GG samt daraus unabhängig von etwaiger Geschäftsfähigkeit des behinderten Kindes resultierender **negativer Erbfreiheit nicht sittenwidrig.** Maßgebend sei insoweit alleine die sittlich anzuerkennende Sorge für das Wohl des behinderten Kindes. Dazu könne ein Erblasser alle gesetzlich bereitgestellten Gestaltungsmittel samt Kombinationsvarianten verwenden. Dabei sei selbst eine Erbausschlagung eines Sozialhilfebeziehers nicht sittenwidrig. Zudem könne der **Sozialhilfeträger das Ausschlagungsrecht nicht auf sich überleiten**, da er andernfalls unzulässigerweise auf die Erbfolge Einfluss nehmen würde. Aus dem dieser Ableitung innewohnenden auch erbrechtlichen Grundsatz des **Familienlastenausgleichs** folge, dass der **Schutz des Familienvermögens** ein **legitimer Zweck erbrechtlicher Gestaltung** sein könne (BGH DNotZ 2011, 381, s. dazu Langenfeld/Fröhler, Testamentsgestaltung, 6. Kap. Rz. 97 ff.). 22

Gleichwohl ist noch keine endgültige höchstrichterliche Entscheidung darüber gefallen, wann ein Behindertentestament möglicherweise nach § 138 BGB wegen **Sittenwidrigkeit** unwirksam ist. In diesem Zusammenhang dürfte weiterhin entscheidender Gesichtspunkt bleiben, dass sich der **Zweck** des Behindertentestamentes **nicht ausschließlich in der Erhaltung des Nachlassvermögens innerhalb der Familie** durch Verhinderung von Zugriffen des Sozialhilfeträgers erschöpft, sondern zusätzlich auch zugunsten des behinderten Kindes Leistungszuwendungen vorgesehen werden, die über dem gesetzlichen Sozialhilfestandard liegen können. Nur auf diese Weise erscheinen Eingriffe gegenüber dem Sozialhilfeträger sittlich gerechtfertigt (J. Mayer MittBayNot 2005, 286, 287). Soweit diese Voraussetzungen erfüllt sind, gilt die Ausschließung eines Zugriffs des Sozialhilfeträgers im Behindertentestament zumindest dann nicht wegen Verstoßes gegen die guten Sitten nach § 138 Abs. 1 BGB als unwirksam, wenn das hinterlassene Vermögen nicht beträchtlich ist und „daraus – oder sogar nur aus den Früchten –“ eine „Versorgung sichergestellt wäre“ (BGHZ 111, 36, 40 ff.). 23

Aus der grundsätzlichen Verneinung der Sittenwidrigkeit des Behindertentestaments durch die neue Rspr. des BGH (BGH DNotZ 2011, 381) folgt jedoch zugleich, dass in **Ausnahmefällen** sehr wohl die Grenze zur Sittenwidrigkeit überschritten sein kann (v. Proff RNotZ 2012, 272, 281). Insoweit kann ein Behindertentestament insbesondere dann ausnahmsweise **sittenwidrig** sein, wenn die Betreuungsaufwendungen für das behinderte Kind das Familienvermögen nicht gefährden (Wendt ZNotP 2008, 2, 7; Kleensang BWNotZ 2011, 162, 164) und daher aus dessen Erträgen geleistet werden können (Kleensang BWNotZ 2011, 162, 164; Langenfeld/Fröhler, Testamentsgestaltung, 6. Kap. Rz. 99; ähnlich bereits Münch. VertragsHdb/Nieder, Bd. 6, S. 955). In der verwaltungsgerichtlichen Rspr. wird zwar die grundsätzliche zivilrechtliche Unbedenklichkeit des Behindertentestaments zwischenzeitlich auch in sozialhilferechtlicher Hinsicht durch die Verwaltungsgerichtsbarkeit anerkannt (Sächsisches OVG MittBayNot 1998, 127; OVG Saarland MittBayNot 2007, 65; LSG Baden-Württemberg RNotZ 2008, 115; zurückhaltend VGH Baden-Württemberg Die Justiz 1994, 100). Das OVG Saarland deutet in der vorstehend zitierten Entscheidung jedoch an, dass ein Behindertentestament ausnahmsweise doch sittenwidrig sein könne, wenn er- 24 hebliche Nachlasswerte vorhanden wären. Dabei könne eine solche Grenze allenfalls dann erreicht sein, wenn der Wert des Nachlasses eindeutig ausreiche, während der unter normalen Umständen zu erwartenden Lebenszeit des Behinderten sowohl die Kosten seiner Heimunterbringung als auch diejenigen der ihm in den Verwendungsbestimmungen zugedachten Vorteile zu bestreiten und die Vergütung des Testamentsvollstreckers aufzubringen (OVG Saarland MittBayNot 2007, 65, 68). Mit dieser obiter-dictum-Erwägung weicht das OVG Saarland von der bisherigen herrschenden Lehre ab, nach der nicht auf Nachlassobergrenzen, sondern auf die Höhe des Pflichtteils des behinderten Kindes abgestellt wird, da der Erblasser das behinderte Kind ohne Weiteres enterben könnte (vgl. dazu Nieder/Kössinger § 21 Rz. 103 ff.).

M 87.3 Verfügung von Todes wegen bei behinderten Abkömmlingen – sog. Behindertentestament

(Gemeinschaftliches Testament – Auszug)[1]

...

§ 1

Wir sind beide deutsche Staatsangehörige, sind im gesetzlichen Güterstand der Zugewinngemeinschaft verheiratet und haben zwei gemeinschaftliche volljährige Kinder, unsere Tochter ... (Vor- und Nachname), geb. am ... (Geburtsdatum) und unseren Sohn ... (Vor- und Nachname), geb. am ... (Geburtsdatum). Unsere Tochter ... (Vor- und Nachname) ist geistig behindert. Nach ärztlicher Prognose wird sie auch künftig nicht in der Lage sein, ihre Angelegenheiten selbst für sich wahrzunehmen. Diesem Umstand trägt das hiesige Testament Rechnung.

§ 2

Der erstversterbende setzt den längstlebenden Ehegatten zu 4/5 Erbteil zu seinem Vollerben und unsere behinderte Tochter ... (Vor- und Nachname) zu 1/5 Erbteil zu seinem von den gesetzlichen Beschränkungen der §§ 2113 ff. BGB nicht befreiten Vorerben ein. Ersatzerbe des Vorerben ist dessen Nacherbe.

Der Nacherbfall tritt mit dem Tod des Vorerben ein. Nacherbe auf den Tod des Vorerben ist der längstlebende Ehegatte von uns. Ersatznacherben sind die Abkömmlinge des Vorerben untereinander nach den Regeln der gesetzlichen Erbfolge erster Ordnung zum Zeitpunkt des Eintritts des Nacherbfalls, dabei ohne Einschränkung auch nichteheliche Kinder und deren Abkömmlinge, wiederum ersatzweise die nachstehend eingesetzten nichtbehinderten Schlusserben des längstlebenden Ehegatten. Die jeweilige Nacherbanwartschaft ist weder vererblich noch übertragbar, auch nicht an den Vorerben.

§ 3

Schlusserben auf den Tod des längstlebenden Ehegatten von uns und auf den Tod eines jeden Ehegatten im Falle unseres gleichzeitigen oder nahezu gleichzeitigen, auf demselben Ereignis beruhenden Todes sind unser Sohn ... (Vor- und Nachname) zu 2/3 Erbteil als Vollerbe und unsere Tochter ... (Vor- und Nachname) zu 1/3 Erbteil als von den gesetzlichen Beschränkungen der §§ 2113 ff. BGB nicht befreite Vorerbin. Ersatzerbe des Vorerben ist dessen Nacherbe.

Hinsichtlich der Tochter tritt Nacherbfolge mit deren Tod ein. Nacherben sind ihre Kinder, Ersatznacherben deren Abkömmlinge, jeweils untereinander nach den Regeln der gesetzlichen Erbfolge erster Ordnung zum Zeitpunkt des Nacherbfalls, dabei ohne Einschränkung auch nichteheliche Kinder und deren Abkömmlinge, wiederum ersatzweise ist unser Sohn ... (Vor- und Nachname), wiederum ersatzweise sind dessen Ersatzerben eingesetzt. Die Nacherbanwartschaft ist weder vererblich noch veräußerlich, auch nicht an den Vorerben.

1 In Anlehnung an MünchVertragshdb./Nieder Bd. 6 Muster XVI.19. Zu Eingang, Form und Schlussformel s. **M 85.2** (notariell beurkundetes gemeinschaftliches Testament).

Ersatzschlusserben für unseren Sohn ... (Vor- und Nachname) sind dessen Abkömmlinge untereinander nach den Regeln der gesetzlichen Erbfolge erster Ordnung.

§ 4

Im Schlusserbfall hat der Testamentsvollstrecker den Nachlass nach billigem Ermessen ganz oder teilweise auseinanderzusetzen und dabei unserer behinderten Tochter ... (Vor- und Nachname), an deren zuzuteilendem Vermögen sich die Testamentsvollstreckung fortsetzt, möglichst keinen Grundbesitz, sondern Wertpapier- und Geldvermögen zuzuteilen.[2]

§ 5

Vorausvermächtnisweise erhält unsere behinderte Tochter ... (Vor- und Nachname) auf den Tod des erst- und auf den Tod des zweitversterbenden Ehegatten sowie im Falle unseres gleichzeitigen Todes jeweils zulasten der anderen Miterben – aufschiebend bedingt um das Entstehen und auflösend bedingt um das Verlangen und den Erhalt, den Untergang oder die Verjährung eines Pflichtteilsergänzungsanspruchs der Berechtigten aus lebzeitigen Zuwendungen des jeweiligen Erblassers an Andere als die Berechtigte sowie durch die Ausschlagung des jeweiligen Miterbenanteils – auf den jeweiligen Erbfall jeweils einen Geldbetrag in Höhe von 105 % des bestehenden und nicht verjährten Pflichtteilsergänzungsanspruchs. Unsere behinderte Tochter ... (Vor- und Nachname) ist jedoch nur Vorvermächtnisnehmerin. Der Nachvermächtnisfall tritt mit dem Tod der Vorvermächtnisnehmerin ein. Nachvermächtnisnehmer sind die Nacherben bzw. ersatzweise die Ersatznacherben entsprechend ihren Nacherbquoten. Die Nachvermächtnisanwartschaft ist weder vererblich noch übertragbar, auch nicht an den Vorerben.

§ 6

Wir ordnen Testamentsvollstreckung nach folgender Maßgabe an:

1. Es ist hinsichtlich der vorstehend genannten Erbfälle beschränkt auf die unserer behinderten Tochter ... (Vor- und Nachname) zugewiesenen Erbteile bzw. Vorausvermächtnisse jeweils Dauertestamentsvollstreckung gem. § 2209 BGB bis zum Tode der Vorerbin angeordnet. Im Wege der Verwaltungsanordnung nach § 2216 Abs. 2 BGB wird der Testamentsvollstrecker jeweils verbindlich angewiesen, unserer Tochter ... (Vor- und Nachname) aus den ihr zustehenden anteiligen jährlichen Reinerträgen (Nutzungen) des Nachlasses bzw. aus den ihr nach einer Erbauseinandersetzung zugeteilten Vermögensgegenständen nach billigem Ermessen solche Geld- oder Sachleistungen nach Art und Höhe zukommen zu lassen, die zur Verbesserung ihrer Lebensqualität beitragen, auf die der Sozialhilfeträger jedoch nach den aktuellen bzw. künftigen Vorschriften über das Sozialleistungsrecht (einschließlich SGB XII sowie entsprechender Nachfolgeregelungen) nicht zugreifen kann und bei denen eine Anrechnung auf Sozialleistungen ausgeschlossen ist. Hierzu gehören insbesondere Geschenke anlässlich des eigenen Geburtstages und der üblichen Festtage sowie Aufwendungen für die Freizeitgestaltung, die Wahrnehmung von Hobbys und die Teilnahme an Ferien- und Kuraufenthalten. Soweit die jährlichen Reinerträge nicht in voller Höhe in solcher Weise verwendet werden, sind sie entsprechend der vorstehenden Zielsetzung für größere Anschaffungen oder Unternehmungen zu Gunsten unserer Tochter ... (Vor- und Nachname) anzulegen.

2. Der Testamentsvollstrecker ist von den Beschränkungen des § 181 BGB befreit und unterliegt in der Eingehung von Verbindlichkeiten für den Nachlass keinen Beschränkungen.

3. Zum Testamentsvollstrecker ist der längstlebende Ehegatte, ersatzweise unser Sohn ... (Vor- und Nachname) ernannt. Jeder Testamentsvollstrecker hat das Recht, seinen Nachfolger zu ernennen. Wiederum ersatzweise wird das Nachlassgericht ersucht, eine geeignete Person als Testamentsvollstrecker zu ernennen. Der Testamentsvollstrecker darf nicht zugleich Vormund bzw. Betreuer unserer Tochter ... (Vor- und Nachname) sein.

4. Dem Testamentsvollstrecker steht eine angemessene Vergütung zu, wobei diese an den Empfehlungen des Deutschen Notarvereins (Neue Rheinische Tabelle mit eventuellen Fortschreibungen) ausgerichtet sein soll und der Testamentsvollstrecker die Vergütung nach billigem Ermessen festset-

2 Langenfeld/Fröhler, Testamentsgestaltung, 6. Kap. Rz. 114 mit M 208.

zen darf[3] und der Vergütungsanspruch erst dreißig Jahre nach dem Tod des jeweils verstorbenen Ehegatten verjährt.

§ 7

Soweit gesetzlich möglich sind die vorstehenden Regelungen wechselbezüglich bindend vereinbart. Der längstlebende Ehegatte darf jedoch die auf seinen Tod angeordneten letztwilligen Verfügungen (hierzu gehört nicht die auf den Tod des Erstversterbenden angeordnete mit dem Tod des Längstlebenden eintretende Nacherbfolge) bezüglich des gesamten Vermögens grundsätzlich frei abändern. Dieser Änderungsvorbehalt berechtigt jedoch lediglich dazu, Änderungen zu Gunsten von Personen vorzunehmen, die unsere gemeinschaftlichen Abkömmlinge iSd. § 1589 Satz 1 BGB sind. Diese Beschränkung entfällt wiederum, wenn alle gemeinschaftlichen Abkömmlinge nach dem Tod des erstversterbenden Ehegatten gegen den Willen des längstlebenden Ehegatten bzw. dessen Erben den noch nicht verjährten Pflichtteil gefordert und erhalten haben, wobei ein derartiges Verhalten eines gemeinschaftlichen Abkömmlings dessen gesamtem Stamm zugerechnet wird, so dass gegenüber diesem Stamm keine Bindung mehr besteht. Der längstlebende Ehegatte ist insoweit auch ermächtigt, durch Verfügung unter Lebenden Vermögensübertragungen zu Gunsten anderer Personen aus diesem Kreis vorzunehmen, ohne Ansprüche analog §§ 2287 f. BGB auszulösen. Der Änderungsvorbehalt berechtigt dabei ua. dazu, alle, einzelne oder einen einzelnen bzw. alleinigen Erben durch Anordnung einer Testamentsvollstreckung, von Vermächtnissen bzw. Auflagen etc. zu beschweren bzw. derartige Regelung zu ändern. Zu Abkömmlingen im Sinne dieses Änderungsvorbehaltes zählen auch nichteheliche Kinder und deren Abkömmlinge.

§ 8

Für den Fall, dass das Testament bezüglich der unsere behinderte Tochter ... (Vor- und Nachname) betreffenden Verfügungen nicht wirksam sein sollte, ist diese auf den Tod beider Ehegatten enterbt, die Testamentsvollstreckung entfällt, der längstlebende Ehegatte ist Alleinvollerbe und die nichtbehinderten Abkömmlinge sind gemäß gesetzlicher Erbfolge erster Ordnung Schlussvollerben.

...

3 Odersky notar 2010, 23.

Kosten: *Notargebühr:* wie **M 87.1**.

2. Weitere Lösungsansätze und allgemeine Voraussetzungen

25 Um eine bei der Erbschaftslösung bereits auf den ersten Erbfall eintretende Bildung einer Erbengemeinschaft unter Beteiligung des behinderten Kindes zu vermeiden, wurden weitere Lösungsansätze entwickelt, die sich letztlich jedoch bislang **nicht durchgesetzt** haben.

26 Insbesondere wurde vorgeschlagen, in der o.g. Ausgangskonstellation ein Berliner Testament nach § 2269 BGB zu gestalten (**Enterbungslösung**). Danach soll der längstlebende Ehegatte auf den Tod des erstversterbenden Ehegatten alleiniger Vollerbe sein. Das behinderte Kind ist damit abweichend von der vorstehenden Erbschaftslösung auf den Tod des erstversterbenden Elternteils ebenso wie die Geschwisterkinder enterbt. Auf den Tod des längstlebenden Elternteils findet sodann eine der Erbschaftslösung entsprechende Erbeinsetzung statt. Danach ist das behinderte Kind mit einer über seinem Pflichtteil liegenden Quote nicht befreiter Vorerbe. Die Geschwisterkinder sind hinsichtlich des verbleibenden Erbteils zu untereinander gleichen Teilen Mitvollerben und zugleich Nacherben auf den Tod des behinderten Kindes. Hinsichtlich der Vorerbschaft des behinderten Kindes wird wiederum Dauertestamentsvollstreckung mit entsprechender Verwaltungsanordnung bestimmt. Zugleich wird eine Pflichtteilsstrafklausel dergestalt angeordnet, dass derjenige, der auf den Tod des erstversterbenden Elternteils seinen Pflichtteil verlangt, auch auf den Tod des längstlebenden Elternteils als Erbe ausgeschlossen sein soll. Dabei wird das behinderte Kind von der Anwendbarkeit der Pflichtteilsstrafklausel nicht ausgenommen. Ziel dieser Enterbungslösung war es, mit Hilfe der Pflichtteilsstrafklausel zu erreichen, dass der gesetzliche Vertreter des behinderten Kindes bzw. Sozialhilfeträger den Pflichtteilsanspruch auf den Tod des erstversterbenden Elternteils nicht geltend macht. Argumentiert wurde dabei insbesondere damit, dass eine derartige Geltendmachung

die Pflichtteilsstrafklausel auslöse und so zu einer entsprechenden Enterbung auf den zweiten Erbfall führen würde, die den Wirkungen der Geltendmachung des Ausschlagungsrechts des behinderten Kindes auf den zweiten Erbfall zur Erlangung des dortigen Pflichtteilsrechts entsprechen würde. Da die Ausübung eines derartigen Ausschlagungsrechts jedoch auf einen Sozialhilfeträger nicht überleitbar sei, dürfe bereits die Geltendmachung von Pflichtteilsansprüchen auf den Tod des erstversterbenden Elternteils nicht erfolgen (van de Loo NJW 1990, 2852, 2856).

Dieses frühere Modell gilt seit einem diesbezüglichen **Urteil des BGH vom 8.12.2004** (BGH MittBayNot 2005, 314) als gescheitert. Der BGH bejaht in dieser Entscheidung das **Recht des Sozialhilfeträgers** aus dem damals geltenden § 90 Abs. 1 Satz 4 BSHG (seit 1.1.2005: § 93 Abs. 1 Satz 4 SGB XII), in Durchbrechung des § 852 Abs. 1 ZPO **Pflichtteilsansprüche** unabhängig von einer entsprechenden Geltendmachung durch den Pflichtteilsberechtigten bzw. dessen Betreuer **auf sich überzuleiten und sodann selbst geltend zu machen**, da ein Sozialhilfeträger als Helfer des Sozialhilfeempfängers gegenüber gewöhnlichen Gläubigern privilegiert und ein Sozialhilfeempfänger – strikter als etwa eine unterhaltsbedürftige Person – zur Einsetzung eigener Pflichtteilsansprüche verpflichtet sei (aA noch OLG Frankfurt RNotZ 2004, 164, BayOblG FGPrax 2003, 268). Anders als bei § 2306 Abs. 1 Satz 2 BGB (aF – seit 1.1.2010 § 2306 Abs. 1 BGB) sei hier der originäre Pflichtteilsanspruch beim ersten Erbfall maßgeblich, für den gesetzlich keine Ausschlagung vorausgesetzt ist. Sodann korrigiert der BGH die Pflichtteilsstrafklausel im Hinblick auf den zweiten Erbfall im Wege ergänzender Testamentsauslegung dahin, dass die Eltern, hätten sie die Umstände richtig erkannt, eine Geltendmachung von Pflichtteilsansprüchen nach dem erstverstorbenen Elternteil durch den Sozialhilfeträger vom Anwendungsbereich dieser Klausel ausgenommen hätten. Wäre die Pflichtteilsstrafklausel wörtlich anzuwenden gewesen, hätte die (hier durch den BGH für zulässig erachtete) Geltendmachung der übergeleiteten Pflichtteilsrechte durch den Sozialhilfeträger auf den ersten Erbfall zwangsläufig die testamentarische Enterbung des behinderten Kindes auf den zweiten Erbfall mit der Folge ausgelöst, dass auch insoweit wieder ein auf den Sozialhilfeträger überleitbarer und durch diesen verwertbarer Pflichtteilsanspruch entstanden wäre. Genau dies könne jedoch nicht das Ziel der Eltern gewesen sein. Vielmehr sei davon auszugehen, dass an Stelle einer völligen Gleichbehandlung aller Kinder der Schutz des Vermögens des Erbteils des behinderten Kindes vor dem Zugriff des Sozialhilfeträgers im Vordergrund gestanden habe. Dabei habe unabhängig von der Frage, ob das aus § 2306 Abs. 1 Satz 2 BGB (aF – seit 1.1.2010 § 2306 Abs. 1 BGB) resultierende Ausschlagungsrecht nicht auf den Sozialhilfeträger übergeleitet werden könne, jedenfalls über die Anordnung der Dauertestamentsvollstreckung nach § 2214 BGB ein Zugriffsschutz zugunsten des behinderten Kindes bestanden. Für diese einschränkende Testamentsauslegung spreche zudem der Umstand, dass ein Sozialhilfeträger anders als die anderen Kinder der Erblasser durch die Geltendmachung des Pflichtteilsrechts beim ersten Erbfall im zweiten Erbfall keinerlei Ansprüche verlieren, sondern umgekehrt nur hinzugewinnen konnte. 27

Als weitere Gestaltungsalternative ist insbesondere vorgeschlagen worden, dem behinderten Kind statt einer Vorerbenstellung ein Vorvermächtnis in Höhe einer Geldzahlung zukommen zu lassen, die einen vom Sozialhilfeträger überleitbaren Zusatzpflichtteil im Sinne der §§ 2307, 2305 BGB ausschließen würde (**Vermächtnislösung**). Nachvermächtnisnehmer auf den übrig bleibenden Rest des Vermächtnisbetrages sind die gesunden Geschwisterkinder. Entsprechend der Erbschaftslösung wird wiederum Dauertestamentsvollstreckung mit Verwaltungsanordnung nach § 2216 Abs. 2 BGB vorgesehen (Spall MittBayNot 2001, 249). Hieran wird zu Recht kritisiert, dass der nach dem Tod des behinderten Kindes übrig bleibende Rest des Vorvermächtnisbetrages anders als bei der Erbschaftslösung nicht in voller Höhe den Geschwisterkindern zukommt, da das Nachvermächtnis als rein schuldrechtliche Nachlassbelastung mit den Eigenschulden des Vorvermächtnisnehmers gleichrangig konkurriert und der Sozialhilfeträger nach § 102 SGB XII nunmehr einen Kostenerstattungsanspruch auf Ersatz der für das behinderte Kind aufgewendeten Leistungen geltend machen kann, der wegen der Gleichrangigkeit mit der Nachvermächtnisforderung quotal befriedigt wird (Münch. VertragsHdb./Nieder Bd. 6 S. 954). Zudem besteht die Gefahr einer anteiligen Kürzung des Nachvermächtnisanspruches im Falle der Insolvenz des behinderten Vorvermächtnisnehmers (Damrau/J. Mayer ZEV 2001, 293, 296). Zumindest bis zu einer diesbezüglichen höchstrichterlichen Klärung sollte dieser Ansatz zurückhaltend verwendet werden (Odersky notar 2008, 123, 125). 28

29 Darüber hinaus ist eine **umgekehrte Vermächtnislösung** vorgeschlagen worden, nach der das behinderte Kind alleiniger nichtbefreiter Vorerbe wird, das mit Vermächtnissen zugunsten der gesunden Abkömmlinge als Nacherben und Dauertestamentsvollstreckung unter entsprechenden Verwaltungsanordnungen beschwert wird (Grziwotz ZEV 2002, 409). Hieran wird kritisiert, der Vorschlag sei den Beteiligten angesichts regelmäßig erheblicher Vermächtniserfüllungskosten, der formalen Alleinerbenstellung des behinderten Kindes und des Erfordernisses einer umfassenden entgegengesetzten Ersatzklausel für den Fall der Unwirksamkeit nicht vermittelbar (Langenfeld, Testamentsgestaltung, Rz. 840).

30 Schließlich wird ein **Trennungsmodell** erwogen, durch das sich die Ehegatten gegenseitig zu befreiten Vorerben unter vorausvermächtnisweiser Berechtigung zu Verfügung an die gesunden Kinder einsetzen, damit zunächst eine Erbengemeinschaft umgehen, alle Kinder zu Nacherben auf den Tod des Vorerben unter gleichzeitiger Anordnung weiterer Nacherbfolge (Nachnacherben sind die gesunden Abkömmlinge) zulasten des behinderten Kindes als insoweit nichtbefreitem Vorerben berufen, auf den Tod des längstlebenden Ehegatten die gesunden Kinder zu Vollerben bzw. das behinderte Kind zum nichtbefreiten Vorerben mit Nacherbfolge zugunsten der gesunden Kinder bestimmen und zulasten des behinderten Kindes Dauertestamentsvollstreckung unter entsprechenden Verwaltungsanordnungen anordnen (Litzenburger RNotZ 2004, 138, 144 ff.). Hieran wird insbesondere kritisiert, der Vorschlag provoziere wegen der längeren Dauer bis zum Eintritt des Nacherbfalls zur Vermeidung von Haftungsrisiken eine Ausschlagung durch den Betreuer (J. Mayer ZEV 2004, 299).

3. Verbot der Begünstigung von Heimträgern oder deren Beschäftigten

31 Gem. § 14 HeimG (Bund) iVm. § 134 BGB sind Rechtsgeschäfte zwischen **Heimbewohnern** bzw. **Heimbewerbern** einerseits und dem Träger, der Leitung oder Bediensteten des Heims andererseits nichtig, die über Geld- oder geldwerte Leistungen neben der aus dem Heimvertrag vereinbarten Vergütung geschlossen werden, sofern die Zuwendung nicht nur geringwertig oder keine Ausnahmegenehmigung erteilt ist. Soweit die Länder nicht von ihrer seit der Föderalismusreform bestehenden diesbezüglichen Gesetzgebungskompetenz aus Artt. 70, 74 Abs. 1 Nr. 7 GG Gebrauch machen (vgl. die Länderübersicht zu entsprechenden Regelungen bei Spall MittBayNot 2010, 9, 10), gilt das Bundesrecht nach Art. 125a GG fort.

32 Das o.g. Verbot mit Nichtigkeitsfolge erfasst jedoch nicht ausschließlich lebzeitige, sondern auch **durch Verfügung von Todes wegen** ausgelöste Zuwendungen (OLG München NJW 2006, 2642 f.). Zweck derartiger gesetzlicher Regelungen ist dabei der Schutz alter und pflegebedürftiger Menschen vor nochmaliger oder überhöhter Abgeltung von Pflegeleistungen, der Schutz des Heimfriedens vor unterschiedlicher Behandlung der Bewohner und die Sicherung der Testierfreiheit der Heimbewohner. Dabei ist keine erbvertragliche Bindung erforderlich, es schadet bereits die durch die Heimleitung vermittelte Kenntnis des Heimträgers von einem Testament des Heimbewohners bzw. Heimbewerbers (VGH Mannheim MittBayNot 2005, 317, 318 ff.).

33 Nichtig ist daher bspw. nicht nur eine letztwillige Einsetzung durch den Heimbewohner zugunsten des darüber noch zu dessen Lebzeiten informierten Heimträgers, sondern auch eine **Erb- oder Vermächtniseinsetzung des Heimträgers durch Angehörige** eines Heimbewohners, der anschließend weiter im betroffenen Heim lebt und dessen Dienste in Anspruch nimmt, da hierdurch die Art der Behandlung beeinflusst und daraus der Heimfriede gefährdet werden kann (OLG München NJW 2006, 2642 f.). Im Gegensatz dazu wäre die letztwillige Verfügung jedoch ausnahmsweise dann gültig, wenn der Heimträger von einer derartigen Einsetzung zu Lebzeiten des Heimbewohners keine **Kenntnis** hätte, somit ein sogenanntes „stilles Testament" in Rede stünde und daher eine Auswirkung auf das Verhalten gegenüber dem Heimbewohner ausgeschlossen wäre (BGH DNotZ 2012, 210; BayObLG FamRZ 1991, 1354; Langenfeld/Fröhler, Testamentsgestaltung, 6. Kap. Rz. 127; G. Müller MittBayNot 2012, 298; Tersteegen RNotZ 2012, 376, 378 f.; aA (Kenntnis des Heimträgers sei nicht erforderlich bei Zuwendungen von Angehörigen eines Heimbewohners, wenn letzterer zu diesem Zeitpunkt weiter im betroffenen Heim lebe) OLG München DNotZ 2006, 2642; Sagmeister ZEV 2012, 99).

Daher können insbesondere Eltern, die neben dem behinderten Kind keine weiteren Abkömmlinge hinterlassen, einen **Behindertenheimträger** mit dessen Kenntnis grundsätzlich nicht wirksam als Erben oder Vermächtnisnehmer einsetzen, um ihrem behinderten Kind eine möglichst gute Heimversorgung zuteil werden zu lassen. 34

Etwas Anderes gilt nur dann, wenn nach dem maßgebenden Landesrecht eine **Ausnahmegenehmigung** möglich ist (vgl. die diesbezügliche Länderübersicht samt Hinweisen auf die jeweilige Zuständigkeit bei Spall MittBayNot 2010, 9, 13: so derzeit bspw. für Bayern, Baden-Württemberg, Saarland und Schleswig-Holstein und diejenigen Länder, für die noch § 14 Abs. 6 HeimG-Bund gilt) und im Einzelfall rechtzeitig im Vorfeld erteilt wurde. Je nach Landesrecht dürfte dabei grundsätzlich eine Erteilung **vor Errichtung des Testaments** erforderlich sein (VGH Mannheim MittBayNot 2005, 317, 318 ff.; aA offenbar die hessische Verwaltungspraxis laut Spall MittBayNot 2010, 9, 13: im Rahmen des Vor- und Nacherbfolgemodells sei hinsichtlich einer Nacherbenbegünstigung die Erteilung der Ausnahmegenehmigung noch bis zum Ablauf der Ausschlagungsfrist auf den Nacherbfall ausreichend). Antragsberechtigt ist neben dem Begünstigten auch der testierende Erblasser (VG Würzburg MittBayNot 2010, 56 f.; Spall MittBayNot 2010, 9, 13). Eine Genehmigungserteilung soll je nach Einzelfall insbesondere dann in Betracht kommen, wenn alle Heimbewohner unterschiedslos ohne Bevorzugung des Erblassers bzw. dessen Angehörigen insbesondere über einen Förderverein von der Zuwendung profitieren (vgl. dazu Tersteegen RNotZ 2009, 222, 226). 35

IV. Verfügung von Todes wegen bei überschuldeten bzw. verschwendungssüchtigen Bedachten – sog. Bedürftigentestament

Überschuldete oder der Verschwendung ergebene **Abkömmlinge** kann der Erblasser gem. § 2338 BGB in guter Absicht in ihren Pflichtteilsrechten beschränken, um das Familienvermögen zu schützen. Voraussetzung ist dabei, dass die Überschuldung bzw. Verschwendungssucht sowohl bei Errichtung der letztwilligen Verfügung – hieran wird die Anwendung des § 2338 BGB gegenüber behinderten Abkömmlingen, denen zu diesem Zeitpunkt zumeist lediglich eine spätere Überschuldung drohen wird, häufig scheitern – als auch im Erbfall besteht und den späteren Erwerb der Erbschaft in erheblichem Maß gefährdet. Die Pflichtteilsbeschränkung nach § 2338 BGB ist ausschließlich gegenüber Abkömmlingen iSd. § 2303 BGB – dabei jedoch ungeachtet des Grades – und nur dann eröffnet, wenn der Erblasser die gesetzlichen Erben des zu beschränkenden Abkömmlings auf dessen Tod – ein anderes Ereignis ist nicht zulässig – als Nacherben bzw. Nachvermächtnisnehmer nach dem Verhältnis ihrer gesetzlichen Erbteile einsetzt und/oder auf Lebenszeit des zu beschränkenden Abkömmlings Verwaltungstestamentsvollstreckung mit Weisung zur Auskehrung des jährlichen Reinertrages an den zu beschränkenden Abkömmling anordnet. § 2338 BGB schützt daher unter Beschränkung jeglicher Pflichtteilsansprüche des Abkömmlings insbesondere durch Anordnung der Nacherbfolge bzw. Verwaltungstestamentsvollstreckung durch die Regelungen nach §§ 2111 ff. bzw. 2211 BGB vor Verfügungen des betroffenen Abkömmlings und vor einem Gläubigerpfändungszugriff nach § 2115 bzw. § 2214 BGB, hinsichtlich der Erbschaftsnutzungen gem. § 863 ZPO. Auch für Erbfälle bis zum 31.12.2009 galten derartige Beschränkungen bei Wahrung des Rahmens des § 2338 BGB trotz der zwischenzeitlich aufgehobenen Regelung des § 2306 Abs. 1 Satz 1 BGB aF selbst dann als wirksam, wenn der dem Abkömmling hinterlassene Erbteil nicht größer als die Hälfte des gesetzlichen Erbteils war. 36

Verschwendung erfordert dabei eine Lebensweise mit Hang zu nutz- und zweckloser Vermögensverwendung (OLG Düsseldorf RNotZ 2011, 353, 355; Beck OK.BGB/J. Mayer, § 2338 BGB Rz. 2) ungeachtet einer etwaigen Notlage (MünchKomm.BGB/Lange, § 2338 BGB Rz. 7). **Überschuldung** setzt insoweit das Übersteigen des Aktivvermögens durch die Verbindlichkeiten voraus, wobei dies insbesondere unabhängig von einer etwaigen Notlage, Zahlungsunfähigkeit oder Insolvenzeröffnung gilt, die ihrerseits weder ausreichend noch notwendig sind (OLG Düsseldorf RNotZ 2011, 353, 355 f.). 36a

Weiter muss speziell durch die Verschwendung bzw. Überschuldung eine erhebliche Gefährdung des durch § 2338 BGB geschützten **Erb- oder Pflichtteils**, nicht aber des sonstigen Vermögens des pflichtteilsberechtigten Abkömmlings hervorgerufen werden (OLG Düsseldorf RNotZ 2011, 353, 356; Langenfeld/Fröhler, Testamentsgestaltung, 6. Kap. Rz. 162). 36b

37 ➲ **Wichtig:** Gem. §§ 2338 Abs. 2 Satz 1, 2336 Abs. 2 BGB muss die letztwillige Verfügung den **Grund der Beschränkung** enthalten. Dazu hat sich der Erblasser zwecks Eingrenzung der im Raum stehenden Vorfälle unverwechselbar auf bestimmte konkrete Vorgänge ohne Notwendigkeit der Schilderung von Einzelheiten festzulegen, dabei in der letztwilligen Verfügung den genauen Beschränkungsgrund anzugeben, um so für den Erblasser nicht relevante Gründe auszuschließen, und insbesondere im Rahmen von Verschwendungssucht den jeweiligen Verwendungszweck darzulegen, der zur Bewertung der Ausgaben nach Zweck und Nutzen erforderlich ist (OLG Düsseldorf v. 2.3.2011 – 3 Wx 214/08, RNotZ 2011, 353, 356 f.). Zur Parallelproblematik der Konkretisierung des Kernsachverhaltes beim Tatbestand der Pflichtteilsentziehung nach § 2336 BGB vgl. Kap. 82 Rz. 9d. Nach §§ 2338 Abs. 2 Satz 1, 2336 Abs. 3 BGB obliegt demjenigen die Beweislast für die Voraussetzungen der Beschränkung, der sich darauf beruft.

38 Eine analoge Anwendung der Pflichtteilsbeschränkung in guter Absicht nach den §§ 2338 BGB, 863 ZPO auf überschuldete **Ehegatten** ist **nicht möglich**. Insoweit kommen ausschließlich pflichtteilsanfällige Gestaltungen – bspw. eine Nacherbenanordnung mit Anordnung einer Dauertestamentsvollstreckung oder ein bloßes Nießbrauchs- bzw. Wohnungsrechtsvermächtnis unter Erbausschluss – in Betracht.

M 87.4 Pflichtteilsbeschränkung in guter Absicht

(Verfügung von Todes wegen – Auszug)[1]

...

§ 1

Zu meinen Erben setze ich zu gleichen Teilen meinen Sohn ... (Vor- und Nachname), geb. am ... (Geburtsdatum) in ... (Geburtsort), wohnhaft ... (Wohnanschrift) und meine Tochter ... (Vor- und Nachname), geb. am ... (Geburtsdatum) in ... (Geburtsort), wohnhaft ... (Wohnanschrift) ein.

§ 2

Ersatzerben meines Sohnes ... (Vor- und Nachname), sind dessen Abkömmlinge nach den Regeln der gesetzlichen Erbfolge erster Ordnung. Hierzu zählen ohne Einschränkung auch nicht aus einer Ehe stammende Kinder und deren Abkömmlinge.

§ 3

Meine Tochter ... (Vor- und Nachname), geb. am ... (Geburtsdatum) in ... (Geburtsort), wohnhaft ... (Wohnanschrift) ist suchtkranke Alkoholikerin und dadurch erheblich überschuldet. Ihr Antrag auf Eröffnung des Insolvenzverfahrens wurde zwischenzeitlich mangels Masse abgelehnt. Wegen daraus resultierender weitreichender Gefährdung ihres späteren Erwerbs ist sie nach § 2338 BGB lediglich von den gesetzlichen Beschränkungen der §§ 2113 ff. BGB nicht befreite Vorerbin. Nacherbfolge tritt nach § 2338 BGB mit dem Tod meiner Tochter ein. Nacherben sind die gesetzlichen Erben meiner Tochter iSd. §§ 2338, 2066 BGB. Die Nacherbanwartschaft ist weder vererblich noch veräußerlich, auch nicht an die Vorerbin. Zugleich ist die Vorerbin nach § 2338 BGB durch Verwaltungs- und Nacherbenvollstreckung iSd. § 2222 BGB beschränkt, hat jedoch Anspruch auf den jährlichen Reinertrag. Schlägt meine Tochter ihren Erbteil aus und verlangt sie den Pflichtteil, unterliegt dieser den für den Erbteil angeordneten Beschränkungen. Ersatzerben der Vorerbin sind die Nacherben, zu deren Gunsten dann alle hiesigen Beschränkungen entfallen.

§ 4

Zum Testamentsvollstrecker ist mein Sohn ... (Vor- und Nachname) ernannt. Ersatzweise ersuche ich das Nachlassgericht, eine geeignete Person als Testamentsvollstrecker zu ernennen. Der Testa-

1 In Anlehnung an MünchVertragshdb./Nieder Bd. 6 Muster XVI.18. Zu Eingang, Form und Schlussformel s. **M 80.1** (notariell beurkundetes Einzeltestament) bzw. **M 80.6** (eigenhändiges Einzeltestament).

mentsvollstrecker ist von den Beschränkungen des § 181 BGB befreit und unterliegt in der Eingehung von Verbindlichkeiten für den Nachlass keinen Beschränkungen. Dem Testamentsvollstrecker steht eine angemessene Vergütung zu, wobei diese an den Empfehlungen des Deutschen Notarvereins (Neue Rheinische Tabelle mit eventuellen Fortschreibungen) ausgerichtet sein soll, der Testamentsvollstrecker die Vergütung nach billigem Ermessen festsetzen darf[2] *und der Vergütungsanspruch erst dreißig Jahre nach meinem Tod verjährt.*

...

2 Odersky notar 2010, 23.

Kosten: *Notargebühr:* wie **M 87.2**.

Soweit eine Pflichtteilsbeschränkung in guter Absicht nach § 2338 BGB abgelehnt wird oder nicht möglich ist, da beispw. andere Personen als Abkömmlinge betroffen bzw. sonstige Tatbestandsvoraussetzungen nicht erfüllt sind, kommt möglicherweise eine dem Behindertentestament ähnliche **Vor- und Nacherbenlösung** (vgl. dazu Rz. 15 ff. und **M 87.3**) durch Einsetzung des Bedürftigen als nichtbefreiten Vorerben, der durch Anordnung von Nacherbfolge und Verwaltungsvollstreckung – nunmehr jedoch jeweils auflösend bedingt durch den Wegfall der Hilfsbedürftigkeit – beschwert wird (vgl. Gestaltungsvorschlag von Litzenburger ZEV 2009, 278, 280 f.). Bei dieser Bedingungslösung besteht jedoch die Gefahr einer Überleitung des so begründeten Anwartschaftsrechts des Bedürftigen nach § 93 Abs. 1 SGB XII bzw. § 33 Abs. 1 SGB II während des Bezugs von Sozialleistungen (Litzenburger ZEV 2009, 278, 279), wobei selbst durch ausdrückliche Angabe eines Motives für die Erbeinsetzung (Anfechtungslösung vgl. Limmer ZEV 2004, 133, 140) aufgrund bewusster Nichtaufnahme einer auflösenden Bedingung regelmäßig keine Anfechtung der Nacherbenbeschränkung wegen Motivirrtums iSd. § 2078 Abs. 2 BGB möglich ist (J. Mayer ZEV 2005, 175, 178). Zudem ist zu befürchten, dass ein Bedürftigtentestament angesichts eines geringeren gesellschaftlichen Anerkenntnisses stärker als ein Behindertentestament dem Vorwurf der **Sittenwidrigkeit** unterliegt (so SG Dortmund BeckRS 2009, 72868 durch obiter dictum; dazu Tersteegen MittBayNot 2010, 105 f.). S. dazu ausführlich Langenfeld/Fröhler, Testamentsgestaltung, 6. Kap. Rz. 151 ff. mit FB 18. 39

V. Verfügung von Todes wegen des Apothekeninhabers – sog. Apothekeninhabertestament

1. Apothekenrechtliche Vorgaben

Gehört eine Apotheke zum Nachlass eines Erblassers, unterliegt ihre Verwertbarkeit verschiedenen schwerwiegenden apothekenrechtlichen Beschränkungen, die bei der Gestaltung von letztwilligen Verfügungen zu berücksichtigen sind. Dies gilt insbesondere für die Erteilung einer **Betriebserlaubnis** und die Zulässigkeit einer Verpachtung durch einen am Eigenbetrieb gehinderten Inhaber einer Apotheke. Insoweit kann es auch in letztwilligen Verfügungen eines verheirateten Apothekers mit Kindern erforderlich sein, eine im Grundsatz vollumfänglich gewünschte Verfügungsfreiheit der Erben einzuschränken. 40

Der Betrieb einer Apotheke setzt gem. § 1 Abs. 2 ApoG (Gesetz über das Apothekenwesen in Deutschland, neu gefasst durch Bek. v. 15.10.1980, BGBl. 1980 I, S. 1993, zuletzt geändert durch Art. 16a des Gesetzes v. 28.5.2008, BGBl. 2008 I, S. 874) eine entsprechende behördliche Erlaubnis voraus. Sie kann nach § 2 Abs. 1 Nr. 3 ApoG ausschließlich einem nach deutschem Recht approbierten Apotheker iSd. § 1 Abs. 3 ApoG höchstpersönlich erteilt werden, ist nicht vererblich und erlischt daher gem. § 3 Nr. 1 ApoG mit dem Tod des Erlaubnisinhabers, während der Gewerbe- und Handelsbetrieb der Apotheke gleichwohl vererbt werden kann. Ein Erbe des bisherigen Betriebserlaubnisinhabers bedarf daher zur **Leitung** einer Apotheke seinerseits einer eigenen Betriebserlaubnis. Hierzu muss er die diesbezüglichen Voraussetzungen selbst in seiner Person erfüllen. Ist dies der Fall, kann er die Apotheke im Gegensatz zu einer Verpachtung unabhängig davon betreiben, ob er sie als Erbe, Vermächtnisnehmer oder durch Rechtsgeschäft unter Lebenden erworben 41 hat. Wird dem Erben selbst nach Ablauf einer nach § 13 Abs. 1 ApoG höchstens zwölfmonatigen Zwischenverwaltung keine Betriebserlaubnis erteilt und soll die Apotheke gleichwohl wirtschaftlich genutzt werden, bleibt regelmäßig ausschließlich deren **Verpachtung**, zumal ein Verkauf zumindest dann, wenn ein erbendes Kind die spätere Approbation als Apotheker anstrebt, häufig aus wirtschaftlichen Gründen nicht gewünscht sein wird (Maier, Das Testament des Apothekers, 1983, S. 50). Das gesetzliche Leitbild basiert auf dem Prinzip des „Apothekers in seiner Apotheke" (BVerfG NJW 1964, 1067, 1070) und verbietet daher mit der Nichtigkeitsfolge nach § 12 ApoG grundsätzlich eine Verpachtung. Nach § 9 Abs. 1 Satz 1 Nrn. 2 und 3 ApoG kann eine Apothekenverpachtung jedoch ausnahmsweise insbesondere durch die erbberechtigten Kinder und/oder den erbberechtigen Ehegatten bzw. Lebensgefährten des verstorbenen Apothekers zulässig sein.

42 Nach § 9 Abs. 1 Satz 1 Nr. 2 ApoG sind erbberechtigte (dazu s. Rz. 44) **Kinder** eines Erlaubnisinhabers hinsichtlich einer zum Nachlass gehörenden Apotheke bis zu dem Zeitpunkt verpachtungsberechtigt, in dem das jüngste Kind das 23. Lebensjahr vollendet, wobei sich die Verpachtungsberechtigungsdauer auch dann nicht verkürzt, wenn alle erbenden Kinder noch vor Vollendung des 23. Lebensjahr des jüngsten von ihnen einen anderen als den Apothekerberuf ergriffen haben (Schiedermair/Pieck, Apothekengesetz, 3. Aufl. 1981, § 9 ApoG Rz. 57). Darüber hinaus kann diese Frist auf Antrag zugunsten aller Kinder bis zu dem Zeitpunkt verlängert werden, in dem dasjenige Kind, das vor Vollendung des 23. Lebensjahres den Apothekerberuf ergreift, in seiner Person die Voraussetzungen für die Erteilung der Erlaubnis erfüllen kann. Für diese zusätzliche Fristverlängerungsoption gilt der Apothekerberuf dabei iSd. ApoG als ergriffen, wenn das Kind die Berufsausbildung zum Apotheker beginnt. Insofern wird einerseits teilweise auf den Zeitpunkt, in dem die Zuteilung eines Studienplatzes für das diesbezügliche Hochschulstudium beantragt und dadurch die Berufswahl dokumentiert wird (Schiedermair/Pieck, Apothekengesetz, 3. Aufl. 1981, § 9 ApoG Rz. 58), andererseits teilweise auf den tatsächlichen Studienbeginn (Holland DNotI-Report 1997, 222; Berberich/Köster, Pachten und Verpachten von Apotheken, 3. Aufl. 1994, S. 29) abgestellt. Angesichts des Schutzzwecks, die Versorgung und den Apothekenerhalt in der Familie möglichst bis zum Abschluss der Berufsausbildung der Kinder zu gewährleisten, erscheint die erstgenannte Ansicht vorzugswürdig (Fröhler BWNotZ 2010, 12, 13). Soweit die Tatbestandsvoraussetzungen erfüllt sind, dürfte aufgrund verfassungsrechtlicher Ermessensreduzierung die Fristverlängerung regelmäßig zwingend zu gewähren sein (Schiedermair/Pieck, Apothekengesetz, 3. Aufl. 1981, § 9 ApoG Rz. 59 unter Hinweis auf BVerwGE 11, 95). § 9 Abs. 1 Nr. 2 ApoG ermöglich die Apothekenverpachtung jedoch **keinen Enkeln**, sondern ausschließlich Kindern (Hoffmann, Gesetz über das Apothekenwesen, 1961, § 9 ApoG Rz. 43, Schiedermair/Pieck, Apothekengesetz, 3. Aufl. 1981, § 9 ApoG Rz. 51). Dies dürfte auch zulasten der anstelle weggefallener Kinder als (Ersatz-)Erben nachrückenden Enkel gelten (Fröhler BWNotZ 2010, 12, 14). Zur Vermeidung eines dadurch bedingten Verlusts des Verpachtungsrechts sollten daher durch letztwillige Verfügung entsprechende Vorsichtsmaßnahmen bei der Gestaltung der Ersatzerb-, Ersatznacherb- und weiteren Nacherbfolge getroffen werden (s. Rz. 48). Im Gegensatz zum längstlebenden Ehegatten bzw. Lebenspartner verlieren Kinder des Erlaubnisinhabers das Verpachtungsrecht nicht durch eine eigene Betriebserlaubnis (Fröhler BWNotZ 2010, 12, 14).

43 Nach § 9 Abs. 1 Satz 1 Nr. 3 ApoG ist der erbberechtigte (dazu s. Rz. 44) **Ehegatte** bzw. Lebenspartner bis zum Zeitpunkt seiner erneuten Heirat bzw. Begründung einer Lebenspartnerschaft verpachtungsberechtigt, sofern bzw. bis er nicht selbst konkret eine Erlaubnis gemäß § 1 ApoG erhält, kraft derer er dann jedoch nur bei Vorliegen eines in seiner Person liegenden wichtigen Grundes nach § 9 Abs. 1 Satz 1 Nr. 1 ApoG verpachtungsberechtigt ist. Dabei ist der Tatbestand des § 9 Abs. 1 Satz 1 Nr. 3 ApoG bereits dann nicht erfüllt, wenn der Ehegatte bzw. Lebenspartner eine Betriebserlaubnis für eine andere eigene oder gepachtete Apotheke besitzt bzw. seit Eintritt des Erbfalls zwischenzeitlich besessen hat (Hoffmann, Gesetz über das Apothekenwesen, 1961, § 9 ApoG Rz. 45.). Auch ein späterer Verzicht auf eine erteilte Betriebserlaubnis lässt das Verpachtungsprivileg aus § 9 Abs. 1 Satz 1 Nr. 3 ApoG mangels erbfallbedingter sozialer Notlage selbst dann nicht wieder aufleben, wenn der erbberechtigte Ehegatte oder Lebenspartner durch den Verzicht zusätzlich auch das Verpachtungsprivileg nach § 9 Abs. 1 Satz 1 Nr. 1 ApoG verliert (Schiedermair/Pieck, Apothekengesetz, 3. Aufl. 1981, § 9 ApoG Rz. 73 iVm Rz. 74). Damit das Verpachtungsprivileg in Anspruch genommen werden kann, muss die Ehe bzw. Lebenspartnerschaft iSd. LPartG zum Zeit-

punkt des Erbfalls noch formal bestehen. Ist die Berechtigung zur Apothekenverpachtung durch erneute Heirat bzw. Begründung einer Lebenspartnerschaft weggefallen, vermag eine spätere Beendigung dieser neuen Ehe bzw. Lebenspartnerschaft das Verpachtungsrecht nicht wieder aufleben zu lassen, es bleibt vielmehr endgültig erloschen (Schiedermair/Pieck, Apothekengesetz, 3. Aufl. 1981, § 9 ApoG Rz. 70).

§ 9 Abs. 1 Satz 1 Nrn. 2 und 3 ApoG setzt trotz des insoweit scheinbar weiten und dadurch miss- 44
verständlichen Wortlauts „Erbberechtigung" für beide vorstehenden Tatbestandsvarianten eine **konkrete tatsächliche Erbenstellung** des Kindes, längstlebenden Ehegatten bzw. Lebenspartners voraus. Diese kann auf gesetzlicher Erbfolge, Einzeltestament, gemeinschaftlichem Testament oder Erbvertrag beruhen. Dagegen begründet insbesondere eine bloße vermächtnisweise Zuteilung der Apotheke an einen Nichterben – anders als eine vorausvermächtnisweise Zuteilung an einen Miterben bzw. Vorerben (Fröhler BWNotZ 2010, 12, 17; Holland DNotI-Report 1998, 151) – keine Verpachtungsbefugnis (Hoffmann, Gesetz über das Apothekenwesen, 1961, § 9 ApoG Rz. 42; Fröhler BWNotZ 2010, 12, 17; Holland DNotI-Report 1997, 222; Holland DNotI-Report 1998, 151; aA Schreiber MittBayNot 1983, 107, 108). Dabei muss sich die Erbenstellung unmittelbar auf den Erlaubnisinhaber beziehen. Danach ist es insbesondere zur Begründung eines späteren Apothekenverpachtungsrechts der Kinder nicht ausreichend, wenn aufgrund gemeinschaftlichen Testaments bzw. Erbvertrages nach dem Tod des Erlaubnisinhabers zunächst dessen Ehegatte Vollerbe und nach dessen Tod die Kinder Schlusserben würden, da diese dann Erben des Ehegatten und nicht – was jedoch erforderlich ist – Erben des Erlaubnisinhabers wären (Holland DNotI-Report 1997, 222, 223; Schiedermair/Pieck, Apothekengesetz, 3. Aufl. 1981, § 9 ApoG Rz. 52). Sind mehrere Erben in ungeteilter Erbengemeinschaft auf Ableben des Erlaubnisinhabers als Eigentümer an der Apotheke berechtigt, steht unter den Voraussetzungen des § 9 Abs. 1 Satz 1 Nrn. 2 bzw. 3 ApoG auch das Verpachtungsrecht nach §§ 2038, 741 ff. BGB allen Miterben gemeinschaftlich zu. Aus § 9 Abs. 1 Satz 1 Nr. 2 bzw. 3 ApoG folgt jedoch, dass das Apothekenverpachtungsrecht während Bestehens einer Erbengemeinschaft zu Lasten aller Miterben entfällt, sobald auch nur Einer der Miterben keinen der dort genannten Ausnahmetatbestände erfüllt (Berberich/Köster, Pachten und Verpachten von Apotheken, 3. Aufl. 1994, S. 33; Holland DNotI-Report 1997, 222). Dies ist etwa dann der Fall, wenn eine (Vollerben-)Erbengemeinschaft zwar ausschließlich aus privilegierten Personen wie dem erbberechtigten längstlebenden Ehegatten und den erbberechtigten Kindern besteht, der Ehegatte jedoch entgegen § 9 Abs. 1 Satz 1 Nr. 3 ApoG wieder heiratet und dadurch neben dem Ehegatten auch die Kinder ihr Verpachtungsrecht verlieren. Entsprechende Risiken bestehen für den Fall, dass eines der erbberechtigten Kinder vorverstirbt und an dessen Stelle dessen Kinder als Ersatzerben in die Erbengemeinschaft eintreten bzw. ein solches Kind nach dem Erbfall nachverstirbt, von seinen Kindern beerbt wird und diese damit auch in die Erbengemeinschaft auf den Tod des Apothekenerlaubnisinhabers eintreten. Hier verlieren neben den nicht verpachtungsberechtigten Enkeln zusätzlich sowohl die übrigen Kinder als auch der längstlebende Ehegatte insgesamt jegliche Verpachtungsmöglichkeit. Ist eine Erbengemeinschaft danach insgesamt an der Apothekenverpachtung gehindert, weil nicht alle Erben die Voraussetzungen aus § 9 Abs. 1 Satz 1 Nrn. 1, 2 bzw. 3 ApoG erfüllen und nicht ausreichend letztwillig vorgesorgt wurde, kann das Verpachtungsrecht durch Zuteilung der Apotheke bzw. des Gesamtnachlasses ausschließlich an die privilegierten Miterben im Wege der (Teil-)Erbauseinandersetzung, Erbteilsübertragung an Miterben oder Abschichtung bzw. durch Ausschlagung ermöglicht werden (Fröhler BWNotZ 2010, 12, 16 f. mwN – umstritten). Mangels diesbezüglicher höchstrichterlicher Rechtsprechung ist jedoch dringend eine vorbeugende letztwillige Gestaltung zu empfehlen.

Das Verpachtungsprivileg nach § 9 Abs. 1 Satz 1 Nrn. 2 bzw. 3 ApoG setzt zudem voraus, dass der 45
Erblasser im Zeitpunkt des Erbfalls eine Betriebserlaubnis für die betroffene Apotheke hatte. Eine Apotheke darf durch nach § 9 Abs. 1 Satz 1 Nrn. 2 bzw. 3 ApoG privilegierte Erben des Erlaubnisinhabers nur dann verpachtet werden, wenn und solange sie zum Nachlass des Erlaubnisinhabers gehört.

2. Gestaltung

Ein Apothekeninhaber, der eine entsprechende Betriebserlaubnis besitzt, wird daher bei der Gestal- 46
tung letztwilliger Verfügungen regelmäßig darauf zu achten haben, dass seinen Erben, solange kei-

ner von ihnen eine Apothekerapprobation besitzt, die Möglichkeit eröffnet ist, die Apotheke sofort durch **Verpachtung** wirtschaftlich zu nutzen, wenn keine unmittelbare Veräußerung gewünscht ist. Dies gilt vor allem für eine Übergangszeit zwischen Erbfall und Erlangung einer eventuell angestrebten Betriebserlaubnis durch eines der Kinder. Häufig und daher äußerst praxisrelevant ist dabei die Konstellation, in der der Betriebserlaubnisinhaber verheiratet ist, mehrere Kinder hat und der längstlebende Ehegatte dauerhaft bzw. die Kinderseite vorerst insbesondere bei einem frühen Eintritt des Erbfalls keine Erlaubnis zur Leitung einer Apotheke besitzen wird. Hier besteht jedoch oftmals die Erwartung bzw. der Wunsch, dass zumindest eines der Kinder den Beruf des Apothekers ergreifen wird, die Apotheke bis dahin in der Familie erhalten bleibt und sie gemäß § 9 Abs. 1 Satz 1 Nrn. 2 bzw. 3 ApoG zunächst dem Ehegatten bzw. nach dessen Tod oder erneuter Eheschließung bis zur Erlangung der Apothekerapprobation durch eines der Kinder ggfs. noch vorübergehend allen Kindern durch Verpachtung als Einkommensquelle dient.

47 Beabsichtigt der Apothekeninhaber, seinen Ehegatten als Nichterlaubnisinhaber unter Sicherstellung der ausschließlichen Erbberechtigung der Kinder nach dessen Tod einerseits und Wahrung der o.g. Verpachtungsprivilegien andererseits lebzeitig **möglichst weitgehend frei** über den ihm vererbten Nachlass verfügen zu lassen, ohne die gemeinsamen Kinder vor eventuellen Pflichtteilsansprüchen Dritter (insbesondere späterer nicht gemeinsamer Kinder bzw. eines weiteren Ehegatten im Falle einer erneuten Eheschließung des längstlebenden Ehegatten) oder lebzeitigen Verfügungen (insbesondere Schenkungen) an derartige Dritte schützen zu wollen, müssen verschiedene Gestaltungsinstrumentarien miteinander verbunden werden. Dabei kommt jedoch eine zunächst naheliegende Einheitslösung durch Vollerbeneinsetzung des längstlebenden Ehegatten und Schlusserbenberufung der gemeinsamen Kinder, eventuell ergänzt durch Vermächtniszuwendungen zugunsten der Kinder bereits beim Tod des erstversterbenden Ehegatten nicht in Betracht, da § 9 Abs. 1 Satz 1 Nrn. 2 bzw. 3 ApoG aus o.g. Gründen für eine Verpachtungsberechtigung voraussetzt, dass alle zu schützenden Verpächter, hier somit sowohl der längstlebende Ehegatte als auch jedes Kind, unmittelbare Erben des Erlaubnisinhabers sind. Danach entfiele das Verpachtungsprivileg für die Kinder, wenn sie als Schlusserben lediglich Erben des die Apotheke mit dem sonstigen Nachlass des Erlaubnisinhabers erbenden und daher verpachtungsberechtigten längstlebenden Ehegatten wären, der seinerseits keine Betriebserlaubnis besitzt. Darüber hinaus wären weder der längstlebende Ehegatte noch die Kinder verpachtungsberechtigt, wenn zwar der längstlebende Ehegatte Alleinerbe des Erlaubnisinhabers würde, die Apotheke jedoch vermächtnisweise sofort auf die Kinder zu übertragen wäre, da die Apotheke dann weder nach § 9 Abs. 1 Satz 1 Nr. 3 ApoG vom Erbrecht des Ehegatten erfasst noch nach § 9 Abs. 1 Satz 1 Nr. 2 ApoG den verfügungsberechtigten Kindern als Erben zugefallen ist. Der längstlebende Ehegatte und die Kinder können daher nur dann verpachtungsberechtigt sein, wenn sie jeweils Erbe des Erlaubnisinhabers werden und die Apotheke Nachlassbestandteil ist.

48 Durch Berufung des längstlebenden Ehegatten zum **Vorerben** und der Kinder zu **Nacherben** ergibt sich ein sukzessives Verpachtungsrecht. Dabei wird der Ehegatte zum befreiten alleinigen Vorerben und werden die Kinder zu untereinander gleichen Teilen zu Nacherben bzw. bei Vorversterben des Ehegatten zu Ersatzerben des Erlaubnisinhabers eingesetzt. Der Eintritt des Nacherbfalls darf im Hinblick auf die Verpachtungsvoraussetzungen nach § 9 Abs. 1 Satz 1 Nr. 3 ApoG nicht auf den Tod des Vorerben beschränkt sein, sondern muss auch im Falle dessen erneuter Eheschließung ausgelöst werden. Umgekehrt setzt der Ehegatte den Erlaubnisinhaber als alleinigen Vollerben und die Kinder zu untereinander gleichen Teilen als Ersatzerben ein. Im Hinblick auf die besonderen Anforderungen aus § 9 Abs. 1 Satz 1 Nr. 2 ApoG, wonach ausschließlich Kinder des Erlaubnisinhabers, nicht jedoch Enkel oder Erben der Kinder privilegiert sind, muss bei Gestaltung der letztwilligen Verfügungen weiter berücksichtigt werden, dass bei einem Wegfall eines Kindes als Nacherbe der Eintritt dessen Kinder (nichtprivilegierte Enkel des Erlaubnisinhabers) als Ersatznacherben sowie bei einem Versterben eines Kindes als Nacherbe nach dem Nacherbfall der Eintritt dessen Erben (nichtprivilegierte Enkel des Erlaubnisinhabers oder Dritte) in die bestehende (Nach-)Erbengemeinschaft ein Verpachtungsrecht nicht nur für diese nichtprivilegierten Personen, sondern auch für alle übrigen eigentlich privilegierten Nacherben verhindert (Rz. 42). Für den Fall, dass sich zum Zeitpunkt des Nacherbfalls eine Apotheke im Nachlass befindet, der Erblasser bei seinem Tod dafür eine Betriebserlaubis besaß und eine Verpachtung auch im Übrigen nach den gesetzlichen Regelungen möglich ist, werden als Ersatznacherben zur Aufrechterhaltung der Verpachtbarkeit

der Apotheke ausschließlich die übrigen Kinder des verstorbenen Erlaubnisinhabers und nur hilfsweise die eigenen Abkömmlinge eines wegfallenden Nacherben als Ersatznacherben bestimmt. Dabei ist jedoch zu berücksichtigen, dass die somit ausgeschlossenen Ersatznacherben pflichtteilsberechtigt sind. Es ist daher sorgfältig abzuwägen, ob entweder die zeitlich ohnehin begrenzte Verpachtbarkeit der Apotheke oder die Vermeidung von Pflichtteilsansprüchen Vorrang haben soll. Darüber hinaus sollte zur Vermeidung von Risiken des Nachversterbens eines zum Nacherben eingesetzten Kindes zwecks Ausschließung dessen nichtprivilegierter Erben der Kinder aus der Erbengemeinschaft weitere Nacherbfolge dergestalt vorgesehen werden, dass die übrigen Kinder als Nacherben weitere Nacherben sind. Dabei ist zugleich klarzustellen, ob die eingesetzten Nacherben befreite oder nichtbefreite Vorerben gegenüber den weiteren Nacherben sind. Weiter ist in derartigen Fällen eine etwaige Testaments- bzw. Nacherbenvollstreckung auf die angeordnete weitere Nacherbfolge auszudehnen. Für den Fall, dass der Ehegatte des Erlaubnisinhabers als Vorerbe wegfällt, sind die Kinder zur Absicherung ihres Verpachtungsrechts ersatzweise lediglich befreite Vorerben, bei Wegfall eines von ihnen die jeweils anderen befreite Ersatzvorerben, bei Nachversterben eines von ihnen nach Eintritt des Erbfalls die jeweils anderen Vorerben Nacherben, bei Nachversterben eines von ihnen nach Eintritt des Nacherbfalls ggf. die jeweils anderen Nacherben weitere Nacherben.

Jegliche Nacherbfolge ist jedoch insgesamt einschließlich weiterer Nacherbfolge dadurch nach § 159 BGB mit Wirkung für die Zukunft **auflösend bedingt** zu gestalten, dass die Voraussetzungen für eine Verpachtbarkeit der Apotheke durch die Nacherben nicht vorliegen bzw. zwischenzeitlich weggefallen sind (Fröhler BWNotZ 2010, 12, 19 f.; Rohner ZEV 2003, 15, 16). Wurde jedoch auf Ersatznacherbeinsetzung der anderen Nacherben und auf weitere Nacherbfolge verzichtet, sollte die auflösende Bedingung für den Fall, dass der Nacherbfall zum Zeitpunkt des Wegfalls der Verpachtungsvoraussetzungen bereits eingetreten ist und das Verpachtungshindernis durch Rechtsgeschäft unter Lebenden (zB Erbauseinandersetzung, Abschichtungsvereinbarung, Erbteilsübertragung etc. s. Rz. 44 f.) beseitigt werden kann, jedoch nur dann eintreten, wenn innerhalb einer Übergangsfrist bspw. von drei Monaten nach dem o.g. Wegfallzeitpunkt durch ein derartiges Rechtsgeschäft keine Verpachtungsberechtigung ausgelöst wurde. Eine derartige auflösende Bedingung verstößt insbesondere nicht gegen das Verbot einer fremden Gültigkeitsbestimmung iSd. § 2065 Abs. 1 BGB, da die Wirksamkeit der Nacherbfolgeanordnung primär von dem Eintritt eines äußeren Ereignisses (hier dem Überschreiten einer bestimmten Altersgrenze bzw. Nichterreichen einer spezifischen Berufsqualifikation bzw. eines sonstigen nach Änderung des maßgebenden Fachgesetzes erforderlichen objektiven Kriteriums), nicht jedoch von einer Vertretung im Willen durch den begünstigten Nacherben oder Dritten abhängt (Palandt/Edenhofer § 2065 BGB Rz. 5 und 6: Ausbildungsabschluss; Staudinger/Behrends/Avenarius § 2100 BGB Rz. 28: Prüfungsabschluss). Für diesen Fall setzt der Erlaubnisinhaber seinen Ehegatten ebenso wie umgekehrt der Ehegatte den Erlaubnisinhaber zu seinem alleinigen Vollerben und die Kinder zu gleichen Teilen zu Ersatzerben, wiederum ersatzweise die Abkömmlinge eines wegfallenden Kindes nach den Regeln der gesetzlichen Erbfolge erster Ordnung ein, so dass letztlich die Vorteile einer Einheitslösung aufleben können. 49

Ergänzend sollte **Testamentsvollstreckung** zum einen bis zum Eintritt des Nacherbfalls als Nacherbenvollstreckung gemäß § 2222 BGB zur Ausübung der Rechte und Erfüllung der Pflichten der Nacherben, zum anderen ab Eintritt des Nacherbfalls zur Abwicklung und je nach Alter der Nacherben zur vorübergehenden Verwaltung des Nachlasses angeordnet werden. Hinsichtlich der Nachlassabwicklung nach Eintritt des Nacherbfalls könnte der Testamentsvollstrecker beauftragt werden, im Rahmen einer Teilungsanordnung nach § 2048 Satz 2 BGB dasjenige Kind auszuwählen, das zur Übernahme der Apotheke nach seinem billigen Ermessen am besten geeignet ist (s. Kap. 86 Rz. 11 u. **M 86.2**). Da der Ehegatte alleiniger Vorerbe ist, kommt er nicht als alleiniger Nacherbenvollstrecker in Betracht (s. Kap. 84 Rz. 5). Vielmehr ist eine andere fachlich geeignete Vertrauensperson zum Testamentsvollstrecker zu ernennen. Obwohl eine Apothekenverpachtung nur in den Ausnahmefällen des § 9 Abs. 1 Satz 1 ApoG zulässig ist, Nacherben gemäß § 2211 Abs. 1 BGB bereits aufgrund bloßer Anordnung der Testamentsvollstreckung unabhängig von einer Testamentsvollstreckerernennung bzw. Amtsannahme anders als bei einer Vollmacht ab dem (Nach-)Erbfall das Verfügungsrecht an der zum Nachlass gehörenden Apotheke entzogen ist (Palandt/Edenhofer § 2211 BGB Rz. 2) und der Testamentsvollstrecker im eigenen Namen als Partei kraft Amtes auftritt (BGHZ 13, 203, 205), dürfte er anstelle der privilegierten Nacherben zur Verpachtung der in den 50

Nachlass fallenden Apotheke berechtigt sein, da er ungeachtet seiner formalen Amtsstellung letztlich ausschließlich auf Rechnung der betroffenen Nacherben handelt, Verpachtungseinnahmen daher alleine den nach § 9 Abs. 1 Satz 1 Nr. 2 ApoG verpachtungsberechtigten Nacherben zugute kommen und damit gerade keine nach § 8 Satz 2 ApoG unzulässige Gewinnbeteiligung einer nichtverpachtungsberechtigten Person an der Apotheke erfolgt (Fröhler BWNotZ 2010, 12, 20). Um jedoch eventuelle Restrisiken aus einer derartigen Anordnung zu vermeiden, sollte insoweit entweder hilfsweise zusätzlich im Testament – dies scheidet bei einem privatschriftlichen Testament jedoch zwingend aus, da die dann als Vollmachtsnachweis benötigte Urschrift des Testaments dauerhaft bei den Nachlassakten verbleiben muss – oder in gesonderter Urkunde eine postmortale, durch die Erben unwiderrufliche Vollmacht an die als Testamentsvollstrecker ernannte Person (s. Kap. 84 Rz. 23 u. **M 84.10**) zum alleinigen Zweck der Verpachtung der Apotheke erteilt werden.

51 Häufig besteht ein Bedürfnis dafür, dass der Ehegatte als Vorerbe die ihm überlassene Apotheke noch zu seinen **Lebzeiten** vor Eintritt des Nacherbfalls einem der Nacherben, der zwischenzeitlich approbierter Apotheker geworden ist und eine Betriebserlaubnis für die in Rede stehende Apotheke erhalten kann, gegen Einräumung entsprechender Gegenrechte insbesondere gegen Rentenzahlung überträgt, deren Höhe jedoch im Hinblick auf § 8 Satz 2 ApoG sicherheitshalber nicht an den Umsatz der Apotheke gekoppelt werden sollte (s. Rz. 53). Grundsätzlich könnte eine derartige Übertragung durch vertragliche Auseinandersetzungsvereinbarung zwischen Vorerbe und allen Nacherben einschließlich eventueller Nachnacherben, jedoch ohne Mitwirkungserfordernis seitens der Ersatznacherben (BayObLG RNotZ 2005, 366 f.: kein Erfordernis einer Ersatznacherbenzustimmung zur Übertragung von Grundbesitz in das freie Vermögen des Vorerben ohne Nacherbenbindung durch Ausscheidungsvereinbarung zwischen Vor- und Nacherben) realisiert werden (Reimann DNotZ 2007, 579 ff., dort auch zur Problematik der Mitwirkung eines Testamentsvollstreckers bei nicht vollentgeltlicher Übertragung. Zur Zulässigkeit einer Auseinandersetzungsvereinbarung zwischen Vor- und Nacherben analog § 2042 BGB BGH DNotZ 2001, 392, 394; Palandt/Edenhofer § 2100 BGB Rz. 18). Scheitert eine derartige Übertragung mangels Einvernehmens aller Beteiligten oder Nichtrealisierbarkeit einer ggf. erforderlichen familien- bzw. betreuungsgerichtlichen Genehmigung, kann dem Vorerben gleichwohl aufgrund letztwilliger Verfügung die Möglichkeit eröffnet werden, die Apotheke bereits vor Eintritt des Nacherbfalls zu Lebzeiten einem der Nacherben zukommen zu lassen. Dies könnte durch ein aufschiebend bedingtes Vorausvermächtnis zugunsten des Vorerben nach § 2110 Abs. 2 BGB dergestalt erfolgen, dass der Vorerbe dazu berechtigt wird, die Apotheke vor Eintritt des Nacherbfalls an einen der gemeinschaftlichen Abkömmlinge zu übertragen und aufgrund dieser Berechtigung auf dem Weg dorthin durchgangsweise für eine logische Sekunde mit sofortiger dinglicher Wirkung frei von der Nacherbfolge vorab in sein ungebundenes Vermögen zwischenzuerwerben (Nieder/Kössinger, Testamentsgestaltung, § 10 Rz. 43). Hierdurch würde der übernehmende Nacherbe zwar sein Verpachtungsrecht an der Apotheke verlieren, da er die Apotheke nicht von dem Erlaubnisinhaber (Erblasser), sondern dem zwischenzeitlich insoweit zum Vollerben erstarkten Vorerben erhält. Dies wäre jedoch insoweit unschädlich, da die Übertragung nur und erst dann erfolgen wird, wenn der übernehmende Nacherbe seinerseits approbierter Apotheker ist, eine entsprechende Betriebserlaubnis zur Führung der Apotheke erhalten wird und daher auf eine Verpachtung derselben nicht mehr angewiesen ist.

52 Zur Verwirklichung einer der Vollerbeneinsetzung des Ehegatten möglichst nahe kommenden Gestaltung bei gleichzeitiger Verpachtbarkeit der Apotheke durch die gemeinschaftlichen Kinder nach dem Tod des Ehegatten könnte zudem erwogen werden, die Nacherbfolge gegenständlich auf die Apotheke zu beschränken. Dies könnte im Ergebnis dadurch erreicht werden, dass alle über die Apotheke hinausgehenden weiteren Nachlassgegenstände dem Vorerben gemäß § 2110 Abs. 2 BGB im Wege des **Vorausvermächtnisses** kraft unmittelbarer dinglicher Wirkung frei von Nacherbenrechten in dessen Eigenvermögen übertragen werden (dazu allg. Fröhler BWNotZ 2005, 1 ff.). Soweit jedoch mehrere Nacherben vorhanden sind, wäre bei einer Übertragung der Apotheke als dem dann einzigen Nachlassbestandteil der Nacherbengemeinschaft auf einen der Nacherben mangels anderweitiger Ausgleichsmasse keine Realteilung möglich, sondern müsste statt dessen eine Abfindungszahlung aus Eigenmitteln des übernehmenden Nacherben geleistet werden, die ggfs. eine vermeidbare steuerliche Zusatzbelastung auslösen könnte. Je nach steuerrechtlicher Vorgabe und Zusammensetzung des Vermögens des vorsorgenden Erlaubnisinhabers könnten im Wege einer Kompromisslösung neben der Apotheke bestimmte einzelne weitere Nachlassgegenstände von der

vorausvermächtnisweisen Zuteilung an den Vorerben ausgenommen werden und als Ausgleichsmasse für eine Apothekenübernahme im Nacherbennachlass verbleiben.

M 87.5 Verfügung von Todes wegen des Apothekeninhabers – sog. Apothekeninhabertestament (Ehemann als Apothekeninhaber, Ehefrau ohne Approbation)

(Gemeinschaftliches Testament – Auszug)[1]

...

§ 1

Wir sind beide deutsche Staatsangehörige, sind im gesetzlichen Güterstand der Zugewinngemeinschaft verheiratet und haben vier gemeinschaftliche minderjährige Kinder, unsere Tochter ... (Vor- und Nachname), geb. am ... (Geburtsdatum), unsere Tochter ... (Vor- und Nachname), geb. am ... (Geburtsdatum), unseren Sohn ... (Vor- und Nachname), geb. am ... (Geburtsdatum) und unseren Sohn ... (Vor- und Nachname), geb. am ... (Geburtsdatum). Vorsorglich heben wir frühere letztwillige Verfügungen auf.

I. Regelungen auf das Ableben der Ehefrau

§ 2

Ist die Ehefrau Erstversterbende, setzt sie den Ehemann als Längstlebenden zu ihrem alleinigen Vollerben ein. Es ist keine Nacherbfolge angeordnet.

§ 3

Ist die Ehefrau Längstlebende, fällt der Ehemann als Erbe anders als durch Tod weg bzw. versterben wir gleichzeitig, sind Erben der Ehefrau hinsichtlich des nicht von der u.g. Nacherbfolge erfassten Vermögens zu untereinander gleichen Teilen unsere gemeinsamen Kinder, derzeit unsere Tochter ..., unsere Tochter ..., unser Sohn ... und unser Sohn ..., ersatzweise die Abkömmlinge eines wegfallenden Erben nach den Regeln der gesetzlichen Erbfolge erster Ordnung, wiederum ersatzweise tritt Anwachsung ein. Die Ehefrau darf diese im hiesigen § 3 von ihr auf ihren Tod angeordneten letztwilligen Verfügungen bezüglich ihres gesamten Nachlasses grundsätzlich frei abändern. Dieser Änderungsvorbehalt berechtigt jedoch lediglich dazu, Änderungen zu Gunsten von Personen vorzunehmen, die unsere gemeinschaftlichen Abkömmlinge iSd. § 1589 Satz 1 BGB sind. Diese Beschränkung entfällt wiederum, wenn alle gemeinschaftlichen Abkömmlinge nach dem Tod des Ehemanns gegen den Willen der Ehefrau bzw. deren Erben den noch nicht verjährten Pflichtteil gefordert und erhalten haben, wobei ein derartiges Verhalten eines gemeinschaftlichen Abkömmlings dessen gesamtem Stamm zugerechnet wird, so dass gegenüber diesem Stamm keine Bindung mehr besteht. Die Ehefrau ist insoweit auch ermächtigt, durch Verfügung unter Lebenden Vermögensübertragungen zu Gunsten anderer Personen aus diesem Kreis vorzunehmen, ohne Ansprüche analog §§ 2287 f. BGB auszulösen. Der Änderungsvorbehalt berechtigt dabei u.a. dazu, alle, einzelne oder einen einzelnen bzw. alleinigen Erben durch Anordnung einer Testamentsvollstreckung, von Vermächtnissen bzw. Auflagen etc. zu beschweren bzw. derartige Regelung zu ändern. Zu Abkömmlingen im Sinne dieses Änderungsvorbehaltes zählen auch nichteheliche Kinder und deren Abkömmlinge.

II. Regelungen auf das Ableben des Ehemanns

§ 4

Ist der Ehemann Erstversterbender, setzt er die Ehefrau als Längstlebende zu seiner alleinigen Vorerbin ein. Diese ist von allen Beschränkungen befreit, von denen nach dem Gesetz Befreiung erteilt

1 Zu Eingang, Form und Schlussformel s. **M 85.2** (notariell beurkundetes gemeinschaftliches Testament).

werden kann. Der Nacherbfall tritt mit einer Wiederverheiratung bzw. mit dem Tode der Vorerbin ein.

§ 5

Ist der Ehemann Erstversterbender, sind dessen Nacherben zu untereinander gleichen Teilen unsere gemeinsamen Kinder, derzeit unsere Tochter . . ., unsere Tochter . . ., unser Sohn . . . und unser Sohn . . . . Ersatznacherben sind im Wege der Anwachsung die jeweils anderen Kinder, soweit sie Mitnacherben sind. Die Nacherbanwartschaften sind weder vererblich noch veräußerlich, wobei eine Veräußerung an den Vorerben zulässig ist und dann jede ausdrückliche oder stillschweigende Ersatznacherbeneinsetzung entfällt.

§ 6

Es wird jeweils weitere Nacherbfolge angeordnet. Die vorstehend genannten jeweiligen Nacherben bzw. Ersatznacherben haben in der Zeit vom ersten Nacherbfall bis zum weiteren Nacherbfall die Rechtsstellung eines Vorerben, sind jedoch jeweils von allen Beschränkungen befreit, von denen nach dem Gesetz Befreiung erteilt werden kann. Die weitere Nacherbfolge tritt jeweils mit dem Tod des jeweiligen ersten Nacherben ein. Auf den Tod des jeweiligen weiteren Nacherben wird jedoch keine nochmalige weitere Nacherbfolge angeordnet. Jeweils weitere Nacherben auf den jeweiligen Tod des jeweiligen ersten Nacherben sind dessen Mitnacherben zu untereinander gleichen Teilen. Diese Nachnacherbanwartschaften sind weder vererblich noch veräußerlich, wobei eine Veräußerung an den ersten Nacherben zulässig ist und dann auch jede ausdrückliche oder stillschweigende Ersatznachnacherbeinsetzung entfällt.

§ 7

Die Ehefrau erhält im Wege des Vorausvermächtnisses frei von der Nacherbfolge . . . (Nachlassgegenstände mit Ausnahme von Apotheken und diesbezüglichem Ausgleichungsvermögen), soweit diese Gegenstände in den Nachlass des Ehemanns fallen. Die Ehefrau hat als Vorerbin zudem das Recht, über Nachlassgegenstände jeglicher Art, insbesondere die Apotheke samt Ausgleichungsvermögen, vor Eintritt des Nacherbfalls durch Übertragung an einen oder mehrere gemeinschaftliche Abkömmlinge von uns beiden zu verfügen. Wird in dieser Weise über Nachlassgegenstände verfügt, gelten diese der Ehefrau durch den Ehemann ebenfalls als vorausvermächtnisweise frei von der Nacherbfolge zugewendet. Uns ist bekannt, dass bei entsprechender Verfügung über in den Nachlass fallende Apotheken deren Verpachtbarkeit erlischt und, soweit dadurch keine Apotheke mehr im Nachlass des Ehemanns verbleibt, die gesamte Nacherbfolgeanordnung wegfällt.

§ 8

Die Anordnung der Nacherbfolge und der weiteren Nacherbfolge ist ungeachtet später eintretender gesetzlicher oder faktischer Veränderungen auflösend bedingt um das Nichtbestehen (zB nach derzeitigem Gesetzesstand: es fällt keine Apotheke in den Nachlass bzw. der Erblasser besaß bei seinem Tod für keine in den Nachlass fallende Apotheke eine Betriebserlaubnis) bzw. den Wegfall (zB nach derzeitigem Gesetzesstand: sämtliche zunächst in den Nachlass gefallenen Apotheken scheiden aus dem Nachlass aus, alle Kinder fallen als Nacherben weg bzw. das jüngste Kind überschreitet die maßgebliche Altersgrenze) der gesetzlichen Voraussetzungen für eine Verpachtbarkeit aller in den Nachlass fallenden Apotheken durch die Nacherben. Die Ehefrau ist somit auflösend bedingte Vorerbin bzw. aufschiebend bedingte Vollerbin.

***Zusatz, wenn auf Ersatznacherbeinsetzung der anderen Nacherben und auf weitere Nacherbfolge verzichtet wird:** Ist der Nacherbfall zum Zeitpunkt des Wegfalls der Verpachtungsvoraussetzungen bereits eingetreten und kann das Verpachtungshindernis durch Rechtsgeschäft unter Lebenden (zB Erbauseinandersetzung, Abschichtungsvereinbarung, Erbteilsübertragung etc.) beseitigt werden, tritt die auflösende Bedingung jedoch nur dann ein, wenn innerhalb von drei Monaten nach dem o.g. Wegfallzeitpunkt durch ein derartiges Rechtsgeschäft keine Verpachtungsberechtigung ausgelöst wurde.*

§ 9

Tritt die auflösende Bedingung iSd. § 8 ein, ist die Ehefrau Vollerbin und sind unsere o.g. Kinder, hilfsweise die Abkömmlinge eines wegfallenden Kindes nach den Regeln der gesetzlichen Erbfolge erster Ordnung Ersatzerben. Für die Ehefrau gilt dann § 3.

§ 10

Ist der Ehemann Längstlebender, fällt die Ehefrau als Erbe anders als durch Tod weg bzw. versterben wir gleichzeitig, sind Erben des Ehemanns zu untereinander gleichen Teilen unsere gemeinsamen Kinder als Vorerben, derzeit unsere Tochter . . ., unsere Tochter . . ., unser Sohn . . . und unser Sohn . . . . Diese sind als Vorerben jeweils von allen Beschränkungen befreit, von denen nach dem Gesetz Befreiung erteilt werden kann. Ersatzerben jedes Vorerben sind im Wege der Anwachsung die anderen Mitvorerben ebenfalls als befreite Vorerben. Der Nacherbfall tritt mit dem Tod des jeweiligen Vorerben ein.

Nacherben sind zu untereinander gleichen Teilen die jeweils anderen og. Kinder, soweit sie Mitvorerben bzw. Mitnacherben sind. Ersatznacherben sind im Wege der Anwachsung unsere jeweils anderen Kinder, soweit sie Mitvorerben bzw. Mitnacherben sind. Die Nacherbanwartschaften sind weder vererblich noch veräußerlich, wobei eine Veräußerung an den Vorerben zulässig ist und dann jede ausdrückliche oder stillschweigende Ersatznacherbeneinsetzung entfällt.

Es wird jeweils analog § 6 weitere Nacherbfolge angeordnet.

Die Anordnung der Nacherbfolge und der weiteren Nacherbfolge ist analog § 8 auflösend bedingt. Die Kinder sind somit auflösend bedingte Vorerben bzw. aufschiebend bedingte Vollerben.

§ 11

Ist der Ehemann Längstlebender, fällt die Ehefrau als Erbe anders als durch Tod weg oder versterben wir gleichzeitig und tritt die auflösende Bedingung iSd. § 10 ein, sind Erben des Ehemanns zu untereinander gleichen Teilen unsere gemeinsamen Kinder als Vollerben, derzeit unsere Tochter . . ., unsere Tochter . . ., unser Sohn . . . und unser Sohn . . ., ersatzweise die Abkömmlinge eines wegfallenden Kindes nach den Regeln der gesetzlichen Erbfolge erster Ordnung, wiederum ersatzweise tritt Anwachsung ein.

§ 12

Der Ehemann darf diese in §§ 5, 6, 10 und 11 von ihm auf seinen Tod angeordneten letztwilligen Verfügungen bezüglich seines gesamten Nachlasses grundsätzlich frei abändern und dabei die Nacherbfolgeanordnung auch unbedingt aufheben. Dieser Änderungsvorbehalt berechtigt jedoch lediglich dazu, Änderungen zu Gunsten der Ehefrau und von Personen vorzunehmen, die unsere gemeinschaftlichen Abkömmlinge iSd. § 1589 Satz 1 BGB sind. Diese Beschränkung entfällt wiederum, wenn alle gemeinschaftlichen Abkömmlinge nach dem Tod der Ehefrau gegen den Willen des Ehemanns bzw. dessen Erben den noch nicht verjährten Pflichtteil gefordert und erhalten haben, wobei ein derartiges Verhalten eines gemeinschaftlichen Abkömmlings dessen gesamtem Stamm zugerechnet wird, so dass gegenüber diesem Stamm keine Bindung mehr besteht. Der Ehemann ist insoweit auch ermächtigt, durch Verfügung unter Lebenden Vermögensübertragungen zu Gunsten anderer Personen aus diesem Kreis vorzunehmen, ohne Ansprüche analog §§ 2287 f. BGB auszulösen. Der Änderungsvorbehalt berechtigt dabei ua. dazu, alle, einzelne oder einen einzelnen bzw. alleinigen Erben durch Anordnung einer Testamentsvollstreckung, von Vermächtnissen bzw. Auflagen etc. zu beschweren bzw. derartige Regelung zu ändern. Zu Abkömmlingen im Sinne dieses Änderungsvorbehaltes zählen auch nichteheliche Kinder und deren Abkömmlinge.

§ 13

Soweit gesetzlich möglich sind die vorstehenden Regelungen wechselbezüglich bindend vereinbart. Der jeweilige Abänderungsvorbehalt ist jedoch beachtlich.

III. Regelungen auf den Tod beider Ehegatten

(Testaments- und Nacherbenvollstreckung s. Kap. 84 u. ***M 84.10, M 84.11*** *bzw.* ***M 84.12*** *iVm.* ***M 84.8****)*

(Vormundbenennung s. Kap. 85 Rz. 27 u. ***M 85.8****)*

. . .

Kosten: *Notargebühr:* wie **M 87.1**.

53 Fraglich ist, ob eine sukzessive Verpachtungsmöglichkeit zur Umgehung der nacherbfolgebedingten Beeinträchtigungen alternativ auch durch **Nießbrauchs- bzw. Rentenvermächtnis** zugunsten des längstlebenden Ehegatten bei sofortiger Erbeinsetzung der Kinder erreicht werden kann. Dabei würde der Erlaubnisinhaber die Kinder sofort zu gleichen Teilen zu seinen Erben einsetzen, die durch ein Vermächtnis zugunsten des Ehegatten auf Eigentumsübertragung am gesamten Nachlass mit Ausnahme der Apotheke samt etwaigen weiteren Nachlassgegenständen als Ausgleichsmasse für eine spätere Apothekenzuteilung, ein Nießbrauchsvermächtnis an der Apotheke und die Einsetzung des Ehegatten als dauerhaft verwaltenden Testamentsvollstrecker beschwert sind, wobei der Ehegatte seinerseits die gemeinsamen Kinder zu gleichen Teilen zu seinen Erben einsetzen würde. Die Erbeinsetzungen und Vermächtnisanordnungen würden wechselbezüglich bzw. vertragsmäßig bindend vereinbart. Durch diese Gestaltung wäre zunächst gewährleistet, dass der Ehegatte bezüglich aller Nachlassgegenstände mit Ausnahme der Apotheke samt Ausgleichsmasse als Vermächtnisnehmer zu seinen Lebzeiten ohne Beschränkungen aus einer Nacherbfolgeanordnung, jedoch in den Grenzen der Schlusserbenbindung frei verfügen könnte. Zugleich würden die Kinder die Apotheke unmittelbar vom Erlaubnisinhaber erben und wären – zumindest später nach Wegfall des Nießbrauchsvermächtnisses – diesbezüglich gemäß § 9 Abs. 1 Satz 1 Nr. 2 ApoG verpachtungsberechtigt. Obschon eine Nießbrauchseinräumung auch an einem Gewerbebetrieb möglich ist, dürfte dies jedoch an einer Apotheke ebenso wie ein an den dort tatsächlich erzielbaren bzw. durchschnittlichen Pachteinnahmen ausgerichtetes Rentenvermächtnis nach § 8 Satz 2 ApoG als unzulässige Vereinbarung über eine Gewinnbeteiligung an einer Apotheke unwirksam sein (Holland DNotI-Report 1997, 222, 223; Fröhler BWNotZ 2010, 12, 21). Sicherheitshalber sollte daher von einer Gestaltung durch Nießbrauchs- oder an den konkreten Apothekenumsätzen orientiertes Rentenvermächtnis abgesehen werden.

54 Besitzt der **Ehegatte** des erstversterbenden Erlaubnisinhabers eine **Apothekerapprobation**, verliert er nach § 9 Abs. 1 Satz 1 Nr. 3 ApoG sein Verpachtungsprivileg an der geerbten Apotheke, wenn er für diese oder eine andere eigene oder gepachtete Apotheke eine Betriebserlaubnis erhält (Schiedermaier/Pieck, Apothekengesetz, 3. Aufl. 1981, § 9 ApoG Rz. 74). In derartigen Fällen ist daher vorab zu klären, ob und in welcher Weise der approbierte längstlebende Ehegatte die Apotheke des Erlaubnisinhabers wirtschaftlich selbst nutzen können soll. Soll sich die Nutzung auf einen Eigenbetrieb der Apotheke des Erblassers durch den Ehegatten beschränken, könnte zunächst eine Einheitslösung durch Vollerbeneinsetzung des längstlebenden Ehegatten und Schlusserbenberufung der gemeinsamen Kinder in Betracht gezogen werden. Der längstlebende Ehegatte würde die Apotheke dann nach Eintritt des Erbfalls selbst betreiben und im Falle späterer gesundheitlicher Verhinderung unter den Voraussetzungen des § 9 Abs. 1 Satz 1 Nr. 1 ApoG ggfs. auch verpachten können, während die Kinder als seine Erben ihrerseits unter den Voraussetzungen des § 9 Abs. 1 Satz 1 Nr. 3 ApoG verpachtungsberechtigt wären, wenn er Betriebserlaubnisinhaber geworden und bis zu seinem Tod geblieben ist. Alternativ könnten die Ehegatten jeweils sofort die Kinder zu Erben einsetzen und diese mit weitreichenden Vermächtnissen samt Testamentsvollstreckung zugunsten des längstlebenden Ehegatten beschweren, zu denen auch ein Übernahmerecht an der Apotheke gehören würde. Als weitere Alternative kommt auch insoweit die o.g. Trennungslösung unter Vor- und Nacherbfolge in Betracht, die ein künftiges Verpachtungsrecht der Kinder am sichersten gewährleisten würde (Fröhler BWNotZ 2010, 12, 22).

55 Ist eines der **Kinder approbierter Apotheker**, muss abgewogen werden, ob dieses Kind eine zum Nachlass des Erlaubnisinhabers gehörende Apotheke, soweit diese nicht bereits zu Lebzeiten des Erlaubnisinhabers übergeben wird, schnellst möglich nach dem Tod des Erlaubnisinhabers noch zu

Lebzeiten des längstlebenden Ehegatten vermächtnisweise oder im Wege der lebzeitigen Übertragung durch den Ehegatten – bspw. gegen Bezahlung einer bestimmten nicht am Umsatz der Apotheke ausgerichteten Rente, bei angeordneter Nacherbfolge im Rahmen einer Trennungslösung aufgrund vorausvermächtnisweiser Berechtigung des Ehegatten – zum Zwecke des Eigenbetriebes zu Eigentum erhalten oder zunächst der längstlebende Ehegatte die Apotheke als (Vor-)Erbe des Erlaubnisinhabers unter den Voraussetzungen des § 9 Abs. 1 Satz 1 Nr. 3 ApoG durch Verpachtung wirtschaftlich nutzen können soll. Soweit das Eigentum an der Apotheke an das approbierte Kind erst nach dem Tod des Ehegatten aus der Erbengemeinschaft der Kinder vorausvermächtnisweise oder aufgrund Teilungsanordnung übergehen soll, könnte der Ehegatte die Apotheke zu Lebzeiten vorab an das approbierte Kind verpachten (Fröhler BWNotZ 2010, 12, 22 mit Hinweisen zu weiteren Konstellationen).

➲ **Praxistipp:** Bei verbleibenden Zweifeln an der Vereinbarkeit der letztwilligen Verfügungen mit den apothekenrechtlichen Vorgaben sollte sicherheitshalber eine verbindliche Stellungnahme der zuständigen **Apothekenkammer** eingeholt werden. 56

Kapitel 88 Widerruf und Anfechtung letztwilliger Verfügungen

Literatur: *Hausmann*, Widerruf wechselbezüglicher Verfügungen gegenüber dem testierunfähigen Ehegatten, notar 2014, 58; *Helms*, Der Widerruf und die Anfechtbarkeit wechselbezüglicher Verfügungen bei Geschäfts- und Testierunfähigkeit, DNotZ 2003, 104; *Keim*, Widerruf wechselbezüglicher Verfügungen eines gemeinschaftlichen Testaments auch gegenüber dem Bevollmächtigten des anderen Ehegatten?, ZEV 2010, 358; *Klunzinger*, Die Maßgeblichkeit des Erblasserwillens beim Widerruf des Widerrufs, DNotZ 1974, 278; *von Lübtow*, Zur Lehre vom Widerruf des Testaments, NJW 1968, 1849; *Merle*, Zur Rückgabe eines öffentlichen Testaments aus der amtlichen Verwahrung, AcP 171 (1971), 487; *Schmidt*, Der Widerruf des Testaments durch Vernichtung oder Veränderung der Testamentsurkunde, MDR 1951, 321; *Zimmer*, Der Widerruf wechselbezüglicher Verfügungen bei Geschäftsunfähigkeit des Widerrufsgegners, ZEV 2007, 159.

I. Widerruf einzeltestamentarischer Verfügungen

1. Widerrufstestament

1 Ein Einzeltestament kann sowohl insgesamt als auch lediglich bezüglich einzelner Verfügungen durch den Erblasser jederzeit und **ohne besonderen Grund** gem. § 2253 BGB widerrufen werden. Dies ist auch dann möglich, wenn der Erblasser dem im Testament genannten Begünstigten die dort vorgesehenen Zuwendungen versprochen hat. Im letztgenannten Fall steht dem Begünstigten, der im Vertrauen auf die ihm in Aussicht gestellte Zuwendung seinerseits gegenüber dem Erblasser Leistungen erbracht hat, ggf. ein bereicherungsrechtlicher Anspruch nach § 812 Abs. 1 Satz 2 BGB mangels Eintritts des mit der Leistung bezweckten Erfolges gegen den tatsächlichen Erben zu (BGHZ 44, 321, 322 ff.).

2 Der Erblasser muss sich jedoch dann an seiner letztwilligen Verfügung festhalten lassen, wenn er diese mit dem Begünstigten durch notariellen **Erbvertrag vertragsmäßig** bindend vereinbart hat. Die jederzeitige Widerrufbarkeit letztwilliger Verfügungen von Todes wegen nach § 2253 BGB ist Ausfluss des Grundsatzes der Testierfreiheit.

3 Jeder Widerruf stellt seinerseits eine letztwillige Verfügung dar und erfordert nach § 2229 BGB folglich **Testierfähigkeit** des Erblassers. Dies gilt auch bei Widerruf durch Vernichtung bzw. Veränderung der Testamentsurkunde nach § 2255 BGB oder durch Rücknahme aus der amtlichen Verwahrung nach § 2256 BGB.

4 Ein **Widerrufstestament** nach § 2254 BGB kann sich auf den Widerruf des aufzuhebenden Testaments beschränken. Eine zusätzliche Regelung neuer letztwilliger Verfügungen von Todes wegen ist möglich, aber nicht erforderlich. Es gelten die allgemeinen Formerfordernisse eines Testaments. Wegen des Grundsatzes der Gleichwertigkeit der Testamentsformen muss das Widerrufstestament nicht in derselben Form wie das widerrufene Testament errichtet werden.

4a ➲ **Hinweis:** Insbesondere kann ein notariell beurkundetes Testament wirksam auch durch ein eigenhändiges Widerrufstestament aufgehoben werden (OLG Köln OLGZ 1968, 324, 325).

5 Ein Testament wird auch insoweit widerrufen, als das neue Testament das widerrufene Testament zwar nicht erwähnt, mit diesem jedoch in **inhaltlichem Widerspruch** steht (§ 2258 BGB). Dies gilt selbst dann, wenn der Erblasser das frühere Testament vergessen hatte. Die Widerrufswirkung tritt jedoch gem. § 2258 Abs. 1 BGB lediglich „insoweit" ein, als eine inhaltliche Unvereinbarkeit besteht. Im Übrigen bleibt das Ausgangstestament wirksam bestehen. Vollständige Unwirksamkeit des früheren Testaments tritt lediglich dann ein, wenn dem späteren Testament der Erblasserwille zu entnehmen ist, dass sich die Erbfolge ausschließlich nach dem neuen Testament richten soll. Es ist daher zur Vermeidung von Auslegungsschwierigkeiten dringend zu empfehlen, im Widerrufs- bzw. späteren Testament klarzustellen, in wie weit ein früheres Testament aufgehoben bleiben bzw. fortbestehen soll.

6 Gem. § 2247 Abs. 2 BGB ist die Angabe des Errichtungszeitpunktes grundsätzlich zwar keine Wirksamkeitsvoraussetzung für ein Testament. Im Hinblick auf die vorstehend erörterte Regelung des § 2258 BGB erhält der **Errichtungszeitpunkt** jedoch eine besondere Bedeutung: Liegen mehrere Testamente vor, von denen das eine datiert, das andere hingegen undatiert ist und kann der Errichtungszeitpunkt des undatierten Testamentes nicht mehr festgestellt werden, wird das undatierte Testament im Zweifel mit der Folge als älteres Testament angesehen, dass das datierte Testament gem. § 2247 Abs. 5 BGB Bestand behält und maßgebend ist. Lässt sich der Errichtungszeitpunkt

bei beiden vorliegenden Testamenten nicht mehr feststellen und enthalten beide Testamente inhaltlich widersprüchliche Anordnungen, so heben sie sich insoweit gegenseitig auf. Der Datierung eines Testamentes kommt damit mittelbar erhebliche Bedeutung zu.

M 88.1 Widerruf eines Einzeltestaments

(Testament – Auszug)[1]

...

Ich habe am ... (Datum) vor dem Notar ... (Name) in ... (Ort), unter UR ... (Urkundenrollennummer) ein öffentliches Testament beurkunden lassen. Dieses Testament hebe ich hiermit auf. Mein durch das widerrufene Testament seinerzeit widerrufene Testament vom ... (Datum), Notar ... (Name) in ... (Ort), UR ... (Urkundenrollennummer) soll damit gem. § 2258 Abs. 2 BGB wieder wirksam werden.

oder: *zugleich widerrufe ich eventuelle weitere Verfügungen von Todes wegen, die damit entgegen der Vermutungsregel des § 2258 Abs. 2 BGB durch den Widerruf des vorstehenden Testamentes vom ... (Datum), UR ... (Urkundenrollennummer) nicht wieder aufleben.*

Mir ist bekannt, dass dadurch gesetzliche Erbfolge eintritt, soweit ich keine neue Verfügung von Todes wegen errichte. Derzeit wünsche ich keine weitere Verfügung von Todes wegen.

oder: *Daher verfüge ich über meinen Nachlass wie folgt: ... (neue Verfügungen von Todes wegen)*

...

1 Zu Eingang, Form und Schlussformel s. **M 80.6** (eigenhändiges Einzeltestament) und **M 80.1** (notariell beurkundetes Einzeltestament).

Kosten: *Notargebühr:* 1,0-Gebühr gem. Nr. 21200 KV GNotKG für die Beurkundung des neuen Testaments, mindestens 60 Euro. Geschäftswert gem. § 102 Abs. 1 GNotKG (Wert des Nachlasses, Verbindlichkeiten des Erblassers werden abgezogen, jedoch nur bis zur Hälfte des Werts des Vermögens). Der Widerruf einer Verfügung von Todes wegen und die Errichtung einer neuen Verfügung von Todes wegen sind derselbe Beurkundungsgegenstand (§ 109 Abs. 2 S. 1 Nr. 2 GNotKG). Bei Beurkundung eines reinen Widerrufs 0,5-Gebühr gem. Nr. 21201 Nr. 1 KV GNotKG. Geschäftswert gem. § 102 Abs. 1, 5 GNotKG (Wert des Nachlasses, Verbindlichkeiten des Erblassers werden abgezogen, jedoch nur bis zur Hälfte des Werts des Vermögens).

M 88.2 Widerruf einer einzelnen Testamentsverfügung aus einem Einzeltestament

(Testament – Auszug)[1]

...

Ich habe am ... (Datum) vor dem Notar ... (Name) in ... (Ort), unter UR ... (Urkundenrollennummer) ein öffentliches Testament beurkunden lassen. In dessen § ... habe ich zu Gunsten ... (Vor- und Nachname) ein Geldvermächtnis iHv. ... (Betrag) angeordnet. Dieses Vermächtnis widerrufe ich hiermit ersatzlos. Gleichzeitig stelle ich klar, dass die übrigen letztwilligen Verfügungen aus diesem Testament unverändert fortgelten[2].

...

1 Zu Eingang, Form und Schlussformel s. **M 80.6** (eigenhändiges Einzeltestament) und **M 80.1** (notariell beurkundetes Einzeltestament).

2 Da das öffentliche Testament nicht aus der amtlichen Verwahrung zurückgegeben worden ist, muss auch der durch das Änderungstestament unwirksam gewordene Teil miteröffnet werden. Soweit dies als störend empfunden wird, sollte eine Rückgabe aus der Verwahrung samt vollständiger Neuerrichtung erwogen werden.

Kosten: *Notargebühr:* 0,5-Gebühr gem. Nr. 21201 Nr. 1 KV GNotKG. Geschäftswert gem. § 102 Abs. 1, 3, 5 GNotKG (Wert des Vermächtnisses).

2. Vernichtung bzw. Veränderung

7 Ein Widerruf ist des Weiteren gem. § 2255 BGB durch Vernichtung oder Veränderung des Testamentes mit **Aufhebungsabsicht** möglich. Auch hier ist Testierfähigkeit des Erblassers erforderlich (Erman/Schmidt § 2255 BGB Rz. 1). Die Vernichtung bzw. Veränderung der Testamentsurkunde muss durch den Erblasser erfolgt sein.

8 Trotz des auch hier geltenden Höchstpersönlichkeitsgrundsatzes ist es für einen Widerruf durch Vernichtung ausreichend, wenn sich der Erblasser eines **Dritten** als unselbständiges Werkzeug ohne Entscheidungsspielraum bedient, der die letztwillige Verfügung im Auftrag und mit Willen des Erblassers auf Geheiß zu dessen Lebzeiten vernichtet (OLG Hamm NJW-RR 2002, 222). Dann muss der Erblasser jedoch noch im Zeitpunkt der Vernichtung der Testamentsurkunde **testierfähig** sein (OLG Düsseldorf RNotZ 2014, 445, 449).

9 Da keine Vermutung dafür besteht, dass ein zerstörtes bzw. unauffindbares Testament vom Erblasser vernichtet wurde, trägt derjenige, der aus der Unwirksamkeit des in Rede stehenden Testaments Rechte ableitet, die **objektive Beweislast** für eine Vernichtung bzw. Veränderung durch den Erblasser. Kann das Testament selbst in Urschrift nicht mehr vorgelegt werden, trägt vorab derjenige, der Rechte aus dem Bestehen dieses Testamentes ableitet, die objektive Feststellungslast für dessen formgültige Errichtung und dessen Inhalt (BayObLG FamRZ 1986, 1043, 1045; FamRZ 1985, 839, 840), wobei an den Nachweis der Existenz und des Inhalts des Testaments strenge Anforderungen gestellt werden (OLG München Rpfleger 2008, 364 f.). Steht eine Vernichtung bzw. Änderung des Testamentes durch den Erblasser fest, wird die zur Wirksamkeit der Aufhebung zusätzlich erforderliche **Aufhebungsabsicht** des Erblassers nach § 2255 Satz 2 BGB vermutet (Staudinger/Baumann § 2255 BGB Rz. 37).

3. Rücknahme aus der amtlichen Verwahrung

10 Ein vor einem Notar oder als Nottestament vor einem Bürgermeister errichtetes **öffentliches Testament** gilt darüber hinaus auch dann als widerrufen, wenn es an den Erblasser aus der amtlichen Verwahrung auf Anforderung des Erblassers zurückgegeben wurde. Der Erblasser muss die Rückgabe dabei höchstpersönlich verlangen. Die höchstpersönlich an den Erblasser erfolgende Rückgabe ist formelle Wirksamkeitsvoraussetzung für diesen Widerruf. Der Erblasser muss dabei zudem testierfähig sein, andernfalls darf keine Rückgabe erfolgen (OLG Köln FGPrax 2013, 304). Im Gegensatz dazu stellt gem. § 2256 Abs. 3 BGB die Rückgabe eines eigenhändigen Testamentes aus der amtlichen Verwahrung keinen Testamentswiderruf dar. Erfolgt eine Aushändigung versehentlich, etwa bei einer Einsichtnahme ohne vom Erblasser gestelltes Rückgabeverlangen, tritt die Widerrufswirkung nach § 2256 BGB nicht ein (Staudinger/Baumann § 2256 BGB Rz. 10). § 2256 BGB gilt entsprechend für ein vor einem Konsul errichtetes Testament, auch wenn die Vorschrift in § 16a Abs. 1 KonsG nicht mehr angeführt ist. Ebenfalls entsprechende Anwendung findet § 2256 BGB gem. § 2300 Abs. 2 BGB auf Erbverträge, wenn sie ausschließlich Verfügungen von Todes wegen enthalten, was bereits dann nicht mehr der Fall ist, wenn darin zusätzlich bspw. eine postmortale Vollzugsvollmacht enthalten ist (DNotI-Gutachten DNotI-Report 2010, 40, 41 – vgl. dazu iÜ Kap. 85 Rz. 17). Die Rückgabe muss dann jedoch an alle Vertragsschließenden gemeinschaftlich erfolgen. Ein testamentarischer Widerruf eines Bezugsrechts aus einer Lebensversicherung wird erst durch Anzeige an den Versicherer wirksam (BGHZ 81, 95, 97 ff.).

4. Widerruf des Widerrufs

11 Ein durch Testament erfolgter Widerruf kann seinerseits widerrufen werden. Dabei besagt § 2257 BGB, dass die durch den nunmehr widerrufenen Widerruf ursprünglich widerrufene letztwillige Verfügung im Zweifel wieder wirksam wird. Zur Vermeidung von verbleibenden Ungewissheiten ist daher zu empfehlen, innerhalb der testamentarischen Erklärung über den Widerruf des Widerrufs **ausdrücklich klarzustellen**, ob die ursprüngliche Verfügung wieder gültig sein soll. Wurde ein Testament gem. §§ 2255, 2256 BGB durch Vernichtung, Änderung der Urkunde oder Rücknahme aus der amtlichen Verwahrung widerrufen, ist ein testamentarischer Widerruf dieses Widerrufs zum Zwecke der Wiederherstellung der ursprünglichen letztwilligen Verfügung nicht ausreichend.

Vielmehr muss die Verfügung von Todes wegen formgerecht neu erstellt werden. Hierzu ist es ausreichend, wenn auf einem ursprünglichen eigenhändigen Testament, das durch Durchstreichen widerrufen wurde, der eigenhändig ge- und unterschriebene Vermerk „dieses Testament soll doch gelten" aufgebracht wird. Dies gilt jedoch dann nicht, wenn die ursprüngliche letztwillige Verfügung ein notariell beurkundetes, nicht handgeschriebenes Testament gewesen ist, da dann die nunmehr gewählte eigenhändige Errichtungsform nicht gewahrt wird (BayObLGZ 1973, 35, 39).

M 88.3 Widerruf eines durch Einzeltestament erfolgten Widerrufs durch Einzeltestament

(Testament – Auszug)[1]

...

Hiermit widerrufe ich meinen am ... (Datum) durch Testament erfolgten Widerruf meines Testaments vom ... (Datum). Damit lebt mein Testament vom ... (Datum) wieder auf.

...

1 Zu Eingang, Form und Schlussformel s. **M 80.6** (eigenhändiges Einzeltestament) und **M 80.1** (notariell beurkundetes Einzeltestament).

Kosten: *Notargebühr:* 0,5-Gebühr gem. Nr. 21201 Nr. 1 KV GNotKG. Geschäftswert gem. § 102 Abs. 1, 5 GNotKG (Wert des Nachlasses, Verbindlichkeiten des Erblassers werden abgezogen, jedoch nur bis zur Hälfte des Werts des Vermögens).

II. Widerruf von Verfügungen aus einem gemeinschaftlichen Testament

1. Einseitige Verfügung

Auch Verfügungen in einem gemeinschaftlichen Testament sind frei widerrufbar. Hierbei ist jedoch 12
danach zu unterscheiden, ob es sich um wechselbezügliche oder einseitige Verfügungen handelt. Einseitige Verfügungen eines gemeinschaftlichen Testaments kann jeder Ehegatte entsprechend den og. Grundsätzen für den Widerruf letztwilliger Verfügungen eines **Einzeltestaments** einseitig widerrufen. Bei einer eigenmächtigen Vernichtung bzw. Veränderung einseitiger Verfügungen eines gemeinschaftlichen Testaments können sich jedoch hinsichtlich der Rekonstruktion des Testamentstextes bezüglich der wechselbezüglichen Verfügungen Beweisschwierigkeiten ergeben. Eine einseitige Rücknahme eines öffentlich beurkundeten gemeinschaftlichen Testamentes ist gem. § 2272 BGB nicht möglich, somit auch nicht alleine hinsichtlich der einseitigen Verfügungen des Widerrufenden.

M 88.4 Widerruf einer einseitigen Verfügung aus einem gemeinschaftlichen Testament durch Einzeltestament

(Testament – Auszug)[1]

...

Ich habe gemeinsam mit meiner Ehefrau/meinem Ehemann ... (Vor- und Nachname), geb. am ... (Geburtsdatum), wohnhaft in ... Wohnanschrift), am ... (Datum) vor dem Notar ... (Name des Notars) in ... (Ort) unter UR ... (Urkundenrollennummer) ein gemeinschaftliches Testament beurkunden lassen. Das Testament enthält unter anderem auf den Tod des längstlebenden Ehegatten eine wechselbezüglich angeordnete Erbeinsetzung unseres alleinigen gemeinschaftlichen Kindes.

1 Zu Eingang, Form und Schlussformel s. **M 80.6** (eigenhändiges Einzeltestament) und **M 80.1** (notariell beurkundetes Einzeltestament).

Daneben habe ich für den Fall, dass ich längstlebender Ehegatte bin, durch einseitige Verfügung angeordnet, dass mein Patenkind ... (Vor- und Nachname), geb. am ... (Geburtsdatum), wohnhaft ... (Wohnanschrift), vermächtnisweise einen Geldbetrag von ... (Betrag) erhält. Ich hebe dieses einseitig von mir angeordnete Geldvermächtnis hiermit ersatzlos auf.

...

Kosten: *Notargebühr:* wie **M 88.2**.

2. Wechselbezügliche Verfügung

a) Gemeinsamer Widerruf

13 Auch wechselbezügliche Verfügungen eines gemeinschaftlichen Testaments sind, solange beide Ehegatten leben, frei widerruflich. Dies kann zunächst einvernehmlich gemeinsam wahlweise durch ein **gemeinschaftliches Widerrufstestament** oder bspw. mittels nach § 2276 BGB iVm. § 127a ZPO protokollierten gemeinschaftlichen Widerrufserbvertrags geschehen, der dann jedoch wegen des Höchstpersönlichkeitsprinzips nicht wirksam durch die Parteivertreter ohne Anwesenheit der Ehegatten/Lebenspartner aufgenommen werden kann (OLG Bremen FamRZ 2013, 661).

b) Rücknahme aus der amtlichen Verwahrung

13a Zudem wird ein **öffentlich** beurkundetes gemeinschaftliches Testament durch Rücknahme aus der besonderen amtlichen Verwahrung widerrufen, die jedoch nach §§ 2272, 2256 BGB iVm. § 10 Abs. 4 Satz 2 LPartG nur von **beiden testierfähigen** Ehegatten/Lebenspartnern **höchstpersönlich** und **gleichzeitig** vor dem betroffenen Verwahrgericht bewirkt werden kann (DNotI-Gutachten DNotI-Report 2012, 165 f.; Erman/Kappler § 2272 BGB Rz. 1). Damit ist nicht nur eine Vertretung, sondern auch eine die Aushändigung ersetzende postalische Übersendung des gemeinschaftlichen Testaments ausgeschlossen (Erman/Kappler § 2272 BGB Rz. 1). Dagegen löst die bloße Einsichtnahme in ein öffentliches Testament, die daher zweckmäßigerweise ausdrücklich als solche vermerkt bzw. aktenkundig gemacht werden sollte (DNotI-Gutachten DNotI-Report 2010, 212), noch keine Widerrufsfolgen aus (BeckOK BGB/Litzenburger § 2256 BGB Rz. 3; Erman/Kappler § 2256 BGB Rz. 5; Langenfeld/Fröhler, Testamentsgestaltung, 5. Kap. Rz. 22).

13b Bei einem bloßen **eigenhändigen** gemeinschaftlichen Testament verkörpert das Rückgabeverlangen mangels Widerrufswirkung zwar im Gegensatz zu einem öffentlichen Testament keine Willenserklärung, sondern eine geschäftsähnliche Handlung. Gleichwohl setzt die Rückgabe auch dort **Geschäftsfähigkeit** beider Ehegatten voraus (OLG Hamm ZEV 2013, 453).

M 88.5 Widerruf eines gemeinschaftlichen Testaments durch gemeinschaftliches Widerrufstestament

(Gemeinschaftliches Testament – Auszug)[1]

...

Hiermit widerrufen wir unser eigenhändiges gemeinschaftliches Testament vom ... (Datum). Uns ist bekannt, dass dadurch gesetzliche Erbfolge, deren Folgen wir kennen, eintritt, soweit wir keine neue Verfügung von Todes wegen errichten. Derzeit möchten wird gleichwohl keine weitere Verfügung von Todes wegen errichten.

oder: *Wir verfügen daher über unseren Nachlass wie folgt: ... (neue Verfügung von Todes wegen)*

...

1 Zu Eingang, Form und Schlussformel s. **M 85.1** (eigenhändiges gemeinschaftliches Testament) und **M 85.2** (notariell beurkundetes gemeinschaftliches Testament).

Kosten: *Notargebühr:* 2,0-Gebühr gem. Nr. 21100 KV GNotKG, mindestens 120 Euro. Geschäftswert gem. § 102 Abs. 1 GNotKG (Wert des Nachlasses, Verbindlichkeiten des Erblassers werden abgezogen, jedoch nur bis zur Hälfte des Werts des Vermögens). Der Widerruf und die Errichtung einer neuen Verfügung von Todes wegen sind derselbe Beurkundungsgegenstand (§ 109 Abs. 2 S. 1 Nr. 2 GNotKG).

c) Einseitiger Widerruf

Darüber hinaus kommt aber auch ein **einseitiger Widerruf** einer wechselbezüglichen Verfügung alleine durch einen Ehegatten/Lebenspartner in Betracht, etwa nach einer Trennung. Dann ist jedoch die Widerrufsform nach §§ 2271 Abs. 1 Satz 1, 2296 BGB zu beachten. Wirksamkeitsvoraussetzung ist insoweit, dass der einseitige Widerruf notariell beurkundet und dem anderen Ehegatten/Lebenspartner zu dessen Lebzeiten in **Urschrift** oder **Ausfertigung**, nicht jedoch lediglich in beglaubigter Abschrift (BGHZ 31, 5, 6 ff.; OLG Zweibrücken Rpfleger 2005, 607 f.) als empfangsbedürftige Willenserklärung iSd. § 130 BGB zugeht oder ersatzweise nach § 132 BGB zugestellt wird. Erfolgt der Zugang iSd. § 130 BGB, ist eine Zustellung gem. § 132 BGB durch Gerichtsvollzieher nach ZPO nicht erforderlich, aber ggf. aus Beweisgründen empfehlenswert (Palandt/Weidlich § 2271 BGB Rz. 5). 14

Selbst wenn der andere Ehegatte/Lebenspartner bei Zugang des Widerrufs **testier- bzw. geschäftsunfähig** ist und daher darauf nicht durch neue Verfügung von Todes wegen reagieren kann, kommt gleichwohl ein Widerruf in Betracht, da das Widerrufsrecht aufgrund § 2271 Abs. 2 Satz 1 Halbs. 1 BGB nur bei Tod des anderen Partners erlischt (OLG Hamm FGPrax 2014, 85; OLG Nürnberg MDR 2013, 1409; Erman/Kappler § 2271 BGB Rz. 4; Langenfeld/Fröhler, Testamentsgestaltung, 5. Kap. Rz. 27; MünchKomm.BGB/Musielak § 2271 BGB Rz. 9 Fn. 14; aA Damrau/Bittler ZErb 2004, 77 (79)). Dann muss jedoch die Widerrufserklärung nach § 131 Abs. 1 BGB dem gesetzlichen Vertreter zugehen bzw. zugestellt werden. Ein Betreuer muss dazu für den entsprechenden Wirkungskreis, zumindest für die Vermögenssorge (so als ausreichend erachtet von OLG Hamm FGPrax 2014, 85; OLG Nürnberg MDR 2013, 1409; LG Hamburg DNotI-Report 2000, 86; Zimmer ZEV 2007, 159, 161), möglichst auch ausdrücklich für den Empfang des Widerrufs bestellt sein. Ist der widerrufende Ehegatte Betreuer des anderen Ehegatten/Lebenspartners, verhindern §§ 1795 Abs. 2, 181 BGB einen wirksamen Zugang bei diesem für den Vertretenen, da ein **Insichgeschäft** vorliegt (Hausmann notar 2014, 58, 60; Helms DNotZ 2003, 104, 108), das auch durch das Betreuungsgericht nicht wirksam genehmigt werden kann (BGHZ 21, 229, 234; RGZ 71, 162, 164; Fröhler BWNotZ 2006, 97, 109). In einem solchen Fall muss vorab ein Ergänzungsbetreuer gem. § 1899 Abs. 4 BGB bestellt werden, an den die Widerrufserklärung zuzustellen ist (Palandt/Weidlich § 2271 BGB Rz. 6). Dabei ist ein gemeinschaftliches volljähriges Kind als Ergänzungsbetreuer nicht nach §§ 1908i Abs. 1, 1795 Abs. 1 Nr. 1 BGB ausgeschlossen, da diese Vorschrift ausschließlich *durch* den und nicht auch *gegenüber* dem gesetzlichen Vertreter erklärte Rechtsgeschäfte betrifft (OLG Nürnberg MDR 2013, 1409; BayObLG FamRZ 1977, 141; LG Hamburg DNotI-Report 2000, 86; BeckOK BGB/Bettin § 1795 BGB Rz. 2; Langenfeld/Fröhler, Testamentsgestaltung, 5. Kap. Rz. 29; MünchKomm.BGB/Wagenitz § 1795 BGB Rz. 23; aA BeckOK BGB/Litzenburger § 2271 BGB Rz. 14; Hausmann notar 2014, 58, 60; Helms DNotZ 2003, 104, 108 f.; Keim ZEV 2010, 358). Ist zweifelhaft, ob der andere Ehegatte geschäftsfähig ist – insbesondere bei in Intervallen auftretenden Krankheitsbildern – sollte die Ausfertigung des notariell beurkundeten Widerrufs sowohl dem anderen Ehegatten als auch dessen gesetzlichem Vertreter zugestellt werden. Die Widerrufsentgegennahme bedarf im Gegensatz zu einem Erbvertragsaufhebungsvertrag, für den § 2290 Abs. 3 Satz 3 BGB gilt, **keiner gerichtlichen Genehmigung** (DNotI-Gutachten DNotI-Report 2014, 97, 98). 15

Alternativ ist eine Erklärung und ggf. Zustellung an einen (auch) insoweit möglichst ausdrücklich zur Entgegennahme des Widerrufs **Bevollmächtigten** möglich (LG Leipzig FamRZ 2010, 403 ff.; Erman/Kappler § 2271 BGB Rz. 4; Hausmann notar 2014, 58, 61; Langenfeld/Fröhler, Testamentsgestaltung, 5. Kap. Rz. 32; DNotI DNotI-Report 2010, 49; aA Zimmer ZEV 2007, 159, 162), zumal durch die Neufassung der Regelungen der §§ 1896 Abs. 2 Satz 2, 1901a Abs. 5 BGB und § 51 Abs. 3 ZPO durch das Betreuungsrechtsänderungsgesetz (BGBl. I 2009, S. 2286) eine bewusste Stärkung und Angleichung der Rechtsstellung des Vorsorgebevollmächtigten an die des Betreuers erfolgte. Soweit der widerrufende Ehegatte Vollmachtnehmer ist, muss er jedoch von den Beschränkungen 15a des § 181 BGB befreit und möglichst ausdrücklich zur Entgegennahme des Widerrufs bevollmächtigt sein. Insoweit kann es dazu kommen, dass selbst ein entsprechend vertretener gesunder Ehegatte niemals von einem durch seinen Ehegatten einseitig erklärten Widerruf der wechselbezüglichen Verfügungen aus dem gemeinschaftlichen Testament Kenntnis erhält (kritisch dazu Zimmer ZEV 2007, 159, 162), wobei die Wirksamkeit des Widerrufs in derartigen Konstellationen oftmals wegen Missbrauchs der Vertretungsmacht in Frage stehen dürfte. Bis zu einer diesbezüglichen höchstrichterlichen Klärung sollte auch bei Vorliegen einer Generalvollmacht mit Befreiung von den Beschränkungen des § 181 BGB sicherheitshalber zusätzlich eine förmliche Erklärung gegenüber einem neutralen Betreuer mit entsprechendem Aufgabenkreis erfolgen.

15b Soweit der gesetzliche Vertreter des anderen Ehegatten/Lebenspartners **anwesend** ist, genügt die förmliche Erklärung des Widerrufs unmittelbar gegenüber diesem gesetzlichen Vertreter und die anschließende Aushändigung einer Ausfertigung der diesbezüglichen notariellen Urkunde an diesen gesetzlichen Vertreter unter dessen Entgegennahmebestätigung (OLG Hamm FGPrax 2014, 85; DNotI-Gutachten DNotI-Report 2014, 97, 98).

16 Während der Widerruf nach § 130 Abs. 2 BGB auch bei **Tod des widerrufenden Ehegatten** vor Zugang beim Widerrufsempfänger – ausgenommenen bei einer von dem Widerrufenden bewusst erst nach seinem Tod geplanten Zustellung (BGHZ 9, 233, 236) – wirksam wird (BGH JZ 1976, 243, 244), kann der Widerruf nach dem Tod des Widerrufsempfängers nicht mehr wirksam zugehen (RGZ 65, 270, 272 ff.). Obwohl der einseitige Widerruf wechselbezüglicher Verfügungen selbst letztwillige Verfügung ist, ist ein Widerruf des Widerrufs iSd. § 2257 BGB insoweit nicht möglich, dagegen jedoch eine Anfechtung analog § 2078 BGB (MünchKomm.BGB/Musielak § 2271 BGB Rz. 11). Durch den Widerruf wird die widerrufene wechselbezügliche Verfügung und nach § 2270 Abs. 1 BGB zudem die damit im Verhältnis der Wechselbezüglichkeit stehende Verfügung des Widerrufsempfängers unwirksam (MünchKomm.BGB/Musielak § 2271 BGB Rz. 14).

16a Der **Widerrufende** muss den Widerruf nach §§ 2271 Abs. 1 Satz 1, 2296 Abs. 1 BGB höchstpersönlich zu notarieller Urkunde erklären und bei Ausübung des Widerrufs **testierfähig** sein, da die Regelung des § 2282 Abs. 2 BGB zur Anfechtung eines Erbvertrages nicht entsprechend abwendbar ist (Erman/Kappler § 2271 BGB Rz. 4; Schaal notar 2010, 268, 279). Wird der Widerrufende **nach Abgabe** des Widerrufs **testierunfähig**, gilt jedoch § 130 Abs. 2 BGB analog (Palandt/Weidlich § 2271 BGB Rz. 6).

17 ➲ **Praxistipp:** Wegen des Höchstpersönlichkeitsgebotes nach §§ 2271 Abs. 1 Satz 1, 2296 Abs. 1 BGB kommt ein Widerruf wechselbezüglicher Verfügungen (bzw. ein Rücktritt von vertragsmäßigen Verfügungen beim Erbvertrag) durch einen **geschäftsunfähigen** Erblasser nicht Betracht. Soweit diesem – wie häufig – zugleich ein Anfechtungsrecht zusteht, kann die Verfügung nach § 2282 Abs. 2 BGB insoweit durch den gesetzlichen Vertreter **angefochten** werden, der wiederum der Genehmigung des Familien- bzw. Betreuungsgerichts bedarf (s. Rz. 32 u. 33).

18 Gem. § 2271 Abs. 2 Satz 1 BGB **erlischt** das Recht eines Ehegatten, seine wechselbezüglichen Verfügungen zu widerrufen **mit dem Tod** des anderen Ehegatten. Soweit dem längstlebenden Ehegatten durch Verfügung von Todes wegen nicht das Recht zur einseitigen Änderung bzw. Aufhebung wechselbezüglicher Verfügungen in Form eines Änderungsvorbehaltes eingeräumt worden ist, nicht ausnahmsweise wegen einer nach Errichtung des gemeinschaftlichen Testaments begangenen **Verfehlung** des Bedachten in Gestalt eines Pflichtteilsentziehungsgrundes gem. §§ 2271 Abs. 2 Satz 2, 2294, 2336 BGB eine Aufhebbarkeit in Betracht kommt, wobei § 2337 Satz 2 (KG ZEV 2011, 266) und § 2336 Abs. 2 BGB mangels Verweisung keine Anwendung finden, aber die Angabe des Rücktrittsgrundes aus Beweisgründen wichtig erscheint (Müller ZEV 2011, 240, 241), und der durch die wechselbezügliche Verfügung Bedachte nicht bspw. durch Vorversterben ohne Anwachsung bzw. Ersatzberufung wegfällt, bleibt dem längstlebenden Ehegatten lediglich die Möglichkeit, durch **Ausschlagung** des ihm testamentarisch Zugewandten gem. § 2271 Abs. 2 Satz 1 Halbs. 2 BGB unter Annahme des gesetzlichen Erbteils nach § 1948 BGB ggf. seine eigene Verfügungsfreiheit wiederzuerlangen. Vor Erklärung einer derartigen Ausschlagung ist jedoch dringend zu empfehlen, das gemeinschaftliche Testament genauestens darauf zu überprüfen, ob dadurch nicht eine – möglicherweise auch stillschweigende – Enterbung des Ausschlagenden bzw. Ersatzerbeneinsetzung Drit-

ter mit der Folge ausgelöst wird, dass der Längstlebende selbst den gesetzlichen Erbteil verliert und damit eine ungewollt hohe Vermögenseinbuße erleidet. Durch Verfügung unter Lebenden kann der testamentarisch wechselbezüglich gebundene Erblasser zwar gem. § 2286 BGB grundsätzlich frei verfügen. Es sind jedoch die mittelbaren Bindungswirkungen der §§ 2287 f. BGB zu beachten. Im Falle einer derartigen Ausschlagung nach § 2271 Abs. 2 Satz 1 Halbs. 2 BGB genügt wegen der Ausschlagungsrückwirkung aus § 1953 BGB sogar ein bereits zuvor errichtetes einseitiges Widerrufstestament iSd. § 2271 Abs. 2 Satz 1 Halbs. 2 BGB (OLG Bremen FamRZ 2013, 661; Langenfeld/Fröhler, Testamentsgestaltung, 5. Kap. Rz. 40; MünchKomm.BGB/Musielak § 2271 BGB Rz. 21; aA Burandt/Rojahn/Braun § 2271 BGB Rz. 54). Rechtsfolge der Ausschlagung ist neben der Beseitigung der Erbeinsetzung des ausschlagenden Längstlebenden durch den Erstversterbenden zudem nach § 2270 Abs. 1 BGB, dass auch ein zunächst dem gemeinschaftlichen Testament widersprechendes und daher unwirksames **Einzeltestament des Erstversterbenden nunmehr wirksam wird** (RGZ 149, 200; OLG Bremen FamRZ 2013, 661; Keim ZEV 1999, 413, 415; Langenfeld/Fröhler, Testamentsgestaltung, 5. Kap. Rz. 40; aA OLG Karlsruhe NJWE-FER 1999, 14).

M 88.6 Widerruf einer wechselbezüglichen Verfügung aus einem gemeinschaftlichen Testament mit Änderungsvorbehalt durch Einzeltestament

(Testament – Auszug)[1]

...

Ich habe gemeinsam mit meiner Ehefrau/meinem Ehemann ... (Vor- und Nachname), geb. am ... (Geburtsdatum), wohnhaft in ... (Wohnanschrift), am ... (Datum) vor dem Notar ... (Name des Notars) in ... (Ort) unter UR ... (Urkundenrollennummer) ein gemeinschaftliches Testament beurkunden lassen. In diesem Testament ist ua. wechselbezüglich bindend geregelt, dass auf den Tod des längstlebenden Ehegatten unsere beiden gemeinschaftlichen Kinder ... (Vor- und Nachname), geb. am ... (Geburtsdatum), wohnhaft in ... (Wohnanschrift), und ... (Vor- und Nachname), geb. am ... (Geburtsdatum), wohnhaft in ... (Wohnanschrift), zu untereinander gleichen Teilen Schlusserben werden. Der längstlebende Ehegatte ist jedoch auf Grund Änderungsvorbehaltes dazu berechtigt, den Nachlass zwischen unseren beiden Abkömmlingen anderweitig zu verteilen. Mein Ehemann/meine Ehefrau ist zwischenzeitlich verstorben. Ich mache von dem vorstehend genannten Änderungsvorbehalt hiermit Gebrauch und treffe auf meinen Tod folgende Verfügungen: ... (Veränderung der Erbquoten/Zuwendung eines Vorausvermächtnisses an eines der Kinder).

...

1 Zu Eingang, Form und Schlussformel s. **M 80.6** (eigenhändiges Einzeltestament) und **M 80.1** (notariell beurkundetes Einzeltestament).

Kosten: *Notargebühr:* 1,0-Gebühr gem. Nr. 21200 KV GNotKG für die Beurkundung des neuen Testaments, mindestens 60 Euro. Geschäftswert gem. § 102 Abs. 1 GNotKG (Wert des Nachlasses, Verbindlichkeiten des Erblassers werden abgezogen, jedoch nur bis zur Hälfte des Werts des Vermögens).

M 88.7 Widerruf eines gemeinschaftlichen Testaments durch einseitige Erklärung zu Lebzeiten beider Ehegatten

(Notarielles Beurkundungsprotokoll – Auszug)

Widerruf

...

Ich habe gemeinsam mit meinem Ehemann/meiner Ehefrau ... (Vor- und Nachname), geb. am ... (Geburtsdatum), wohnhaft in ... (Wohnanschrift), am ... (Datum) vor dem Notar ... (Name) in ...

(Ort) zu UR ... (Urkundenrollennummer) ein gemeinschaftliches Testament beurkunden lassen. Mein Ehemann/meine Ehefrau lebt und ist derzeit unter der vorstehenden Adresse wohnhaft. Ich widerrufe hiermit alle von mir in diesem gemeinschaftlichen Testament getroffenen Verfügungen ohne jede Einschränkung. Ich bin darüber belehrt, dass durch diesen Widerruf auch die wechselbezüglichen Verfügungen meines Ehegatten unwirksam werden und damit insoweit das gemeinschaftliche Testament hinfällig ist. Über die gesetzliche Erbfolge bin ich informiert. Mir ist weiter bekannt, dass der Widerruf empfangsbedürftig ist, meinem Ehegatten in Ausfertigung zugehen muss und mein Ehegatte zum Zeitpunkt des Zugangs leben muss. Ich weiß weiter, dass der Widerruf nur dann wirksam zugehen kann, wenn mein Ehegatte zu diesem Zeitpunkt geschäftsfähig ist. Fehlt ihm die Geschäftsfähigkeit, muss die Ausfertigung der Widerrufsurkunde dem gesetzlichen Vertreter im Sinne des § 131 BGB zugehen. Da ich selbst der Betreuer bin, ist dies an meiner Stelle der zu diesem Zweck bereits bestellte Ergänzungsbetreuer ... (Name und Anschrift). Ich beantrage die Erteilung von zwei Ausfertigungen. Eine Ausfertigung soll über den beurkundenden Notar durch Vermittlung des Gerichtsvollziehers gem. § 132 Abs. 1 BGB meinem Ehegatten

oder: *dessen Ergänzungsbetreuer*

oder: *dessen Empfangsbevollmächtigtem ... (Name und Anschrift) zugestellt werden.*

oder: *Ich werde in unmittelbarem Anschluss an die hiesige Beurkundung eine Ausfertigung dieser Verhandlung als auch ausdrücklich hierzu von den Beschränkungen des § 181 BGB befreiter Empfangsbevollmächtigter meines Ehegatten entgegennehmen, hierbei eine Ausfertigung der notariell beurkundeten Vollmacht vorlegen und mir dies durch den Notar bestätigen lassen. Ich beauftrage den Notar hiermit dazu, den Zugang des Widerrufs zu überwachen. Die andere Ausfertigung erbitte ich zu meinen Händen.*

...

Kosten: *Notargebühr:* 0,5-Gebühr gem. Nr. 21201 Nr. 1 KV GNotKG. Geschäftswert gem. § 102 Abs. 1, 5 GNotKG (Wert des Nachlasses, Verbindlichkeiten des Erblassers werden abgezogen, jedoch nur bis zur Hälfte des Werts des Vermögens).

Gerichtsvollzieher: Für die Zustellung 10 Euro gem. Nr. 100 KV GVKostG zzgl. Wegegeld nach Nr. 711 KV GVKostG.

III. Rücktritt vom Erbvertrag kraft Vorbehalts

19 Entsprechendes gilt gem. §§ 2296, 2298 BGB jeweils für den nach § 2293 vorbehaltenen **Rücktritt von einem Erbvertrag** hinsichtlich vertragsmäßiger Verfügungen und zwar auch gegenüber dem nach § 131 Abs. 1 BGB gesetzlichen Vertreter eines geschäftsunfähigen Vertragspartners, für den ebenfalls **keine gerichtliche Genehmigung** erforderlich ist (DNotI-Gutachten DNotI-Report 2014, 97, 98). Dabei ist die Angabe des Rücktrittsgrundes zwar nicht erforderlich, zur Ermöglichung einer eventuellen Überprüfung der Wirksamkeit des Rücktritts im Falle eines Rechtsstreits nach dem Tod des Erblassers jedoch empfehlenswert (MünchKomm.BGB/Musielak § 2296 BGB Rz. 6).

IV. Vertrag über die Aufhebung eines Erbvertrags

19a Alternativ kommt ein Aufhebungsvertrag nach § 2290 Abs. 1 BGB in Betracht, an dem der alleinige **Erblasser** nach § 2290 Abs. 2 Satz 1 BGB nur **persönlich**, im Falle beschränkter Geschäftsfähigkeit ohne Zustimmung seines gesetzlichen Vertreters mitwirken, der nicht selbst letztwillig verfügende ausschließliche **Vertragspartner** jedoch **vertreten** werden kann, dann aber der gerichtlichen Genehmigung bedarf.

19b Soweit jedoch bspw. beide Ehegatten sich gegenseitig ohne Rücktrittsvorbehalt iSd. § 2293 BGB zu Alleinerben eingesetzt haben, die Ehefrau zwischenzeitlich nicht mehr testierfähig ist und der Ehemann ausschließlich die von ihm vorgenommene Alleinerbeneinsetzung seiner Ehefrau aufheben möchte, kann die Ehefrau gleichwohl nicht vertreten werden, da sie, wenn auch nicht bezüglich des Aufhebungsgegenstands, am Erbvertrag, der ein gegenseitiges einheitliches Rechtsgeschäft darstellt, auch als **Erblasser** beteiligt war (DNotI-Gutachten DNotI-Report 2013, 186 f.; Erman/Kappler § 2290 BGB Rz. 3; Langenfeld/Fröhler, Testamentsgestaltung, 5. Kap. Rz. 50).

V. Aufhebung vertragsmäßiger Verfügungen aus Erbvertrag nach Tod des Vertragspartners

Gem. §§ 2294, 2297 BGB ist der Erblasser zu Lebzeiten des anderen Vertragspartners oder nach dessen Tod durch Testament zur Aufhebung vertragsmäßiger Verfügungen berechtigt, soweit sich der Bedachte einer **Verfehlung** schuldig gemacht hat, die den Erblasser zur Entziehung des Pflichtteils berechtigt bzw. berechtigen würde, wenn der Bedachte ein Abkömmling des Erblassers wäre. Hierbei ist zunächst danach zu unterscheiden, ob der Rücktritt zu Lebzeiten oder nach dem Tod des Vertragspartners erfolgt. Zu **Lebzeiten des Vertragspartners** richtet sich die Form des Rücktritts nach § 2296 BGB, wobei der Grund des Rücktritts in der Rücktrittserklärung nicht angegeben werden muss, da § 2336 Abs. 2 BGB keine entsprechende Anwendung findet. Ist der **Vertragspartner bereits verstorben**, erfolgt der Rücktritt nach § 2297 BGB durch Aufhebungstestament, in dem nunmehr wegen der Anwendbarkeit der Regelungen nach § 2336 Abs. 2 und 3 BGB der Rücktrittsgrund anzugeben ist und für dessen Vorliegen dieser beweisbelastet ist (Palandt/Edenhofer § 2297 BGB Rz. 2). Nach dem Tod des Vertragsgegners wäre ein Rücktritt in der Form des § 2296 BGB unwirksam. Nach überwiegender Ansicht ist eine zwischenzeitliche Verzeihung bei einem Rücktritt nach dem Tod des Vertragspartners unschädlich, da § 2297 nicht auf § 2337 Abs. 2 BGB verweist (Erman/Schmidt § 2297 BGB Rz. 2). Die vorstehende Differenzierung nach dem Zeitpunkt des Rücktritts ist desweiteren dafür maßgebend, ob der Rücktritt widerrufen werden kann. Ein Rücktrittswiderruf ist ausschließlich für einen durch Aufhebungstestament nach dem Tod des Vertragspartners erfolgten Rücktritt möglich, da nur dieses ein Testament darstellt, das seinerseits nach § 2257 BGB widerrufen werden kann. 20

M 88.8 Aufhebung einer vertragsmäßigen Verfügung aus einem Erbvertrag durch einseitiges Testament des längstlebenden Erblassers nach dem Tod des erstversterbenden Vertragsgegners wegen Verfehlungen des Bedachten

(Testament – Auszug)[1]

...

Ich habe am ... (Datum) gemeinsam mit meinem zwischenzeitlich verstorbenen Ehegatten ... (Vor- und Nachname) vor dem Notar ... (Name) in ... (Ort) einen Erbvertrag beurkunden lassen, UR ... (Urkundenrollennummer), in dessen § ... ich dessen Tochter aus erster Ehe ... (Vor- und Nachname) vertragsmäßig bindend vermächtnisweise meine Eigentumswohnung in ... (genauer Grundbuchbeschrieb) zugewendet habe. Diese hat sich nach dem Tod meines Ehegatten gem. §§ 2297, 2394, 2333 Abs. 1 Nr. 2 BGB eines schweren vorsätzlichen Vergehens schuldig gemacht, das zur Entziehung des Pflichtteils berechtigen würde ... (genaue Sachverhaltsschilderung) Sie ist wegen dieses Vorfalles durch das Amtsgericht ... (Ort) zu ... (Strafe) verurteilt worden. Das Urteil ist rechtskräftig. Wegen der Einzelheiten verweise ich auf die diesbezügliche Gerichtsakte. Eine Verzeihung fand nicht statt. Ich hebe hiermit durch das hiesige Testament die vermächtnisweise Zuwendung der vorstehend genannten Eigentumswohnung auf.

...

1 Zu Eingang, Form und Schlussformel s. **M 80.6** (eigenhändiges Einzeltestament) und **M 80.1** (notariell beurkundetes Einzeltestament).

Kosten: *Notargebühr:* 0,5-Gebühr gem. Nr. 21201 Nr. 3 KV GNotKG. Geschäftswert gem. § 102 Abs. 1, 5 GNotKG (Wert des Nachlasses, Verbindlichkeiten des Erblassers werden abgezogen, jedoch nur bis zur Hälfte des Werts des Vermögens).

VI. Anfechtung letztwilliger Verfügungen

1. Einzeltestament

21 Letztwillige Verfügungen sind als Willenserklärungen anfechtbar. Anfechtungsgegenstand ist dabei auch bei einer Mehrheit von letztwilligen Verfügungen in einem Testament die jeweilige **einzelne** Verfügung. Die Anfechtbarkeit ist **Gestaltungsrecht** mit der Folge, dass die Nichtigkeit der betroffenen Verfügung erst durch Gebrauchmachen des Anfechtungsrechts und bei Vorliegen eines Anfechtungsgrundes nicht bereits kraft Gesetzes eintritt. Vorrang vor einer eventuellen Anfechtung hat jedoch stets eine den Willen des Erblassers berücksichtigende Auslegung der in Rede stehenden letztwilligen Verfügung.

22 Ergebnis einer Anfechtung kann ausschließlich die **Beseitigung** einer vom Willen des Erblassers nicht getragenen Verfügung, nicht jedoch die Schaffung einer vom Erblasser eigentlich gewollten Anordnung sein. Die Anfechtungsgründe sind in den §§ 2078, 2079 BGB abschließend geregelt. Die Tatbestände der §§ 119, 120 und 123 BGB sind darüber hinaus nicht anwendbar. Die eigentliche Besonderheit des Anfechtungsrechts letztwilliger Verfügungen besteht darin, dass ein ansonsten unbeachtlicher **Motivirrtum** relevant ist.

23 Als Anfechtungsgrund kommt zunächst ein **Erklärungs- und Inhaltsirrtum** nach § 2078 Abs. 1 BGB in Betracht, für den neben dem eigentlichen Irrtum Voraussetzung ist, dass der Erblasser die Erklärung bei Kenntnis der Sachlage auf Grund **subjektiver** (im Gegensatz dazu setzt § 119 Abs. 1 BGB eine objektive Würdigung voraus) Denk- und Anschauungsweise nicht abgegeben haben würde.

24 Darüber hinaus ist ein **Irrtum im Beweggrund** iSd. § 2078 Abs. 2 BGB relevant, der sich sowohl auf vergangene als auch auf gegenwärtige und zukünftige Umstände beziehen kann, die der Erblasser als selbstverständliche Vorstellungen zwar nicht konkret im Bewusstsein haben, jedoch jederzeit abrufen und in sein Bewusstsein holen können muss (BGH NJW-RR 1987, 1412).

25 Weitere Anfechtungsgründe sind das Beruhen einer letztwilligen Verfügung auf einer widerrechtlichen **Drohung** nach § 2078 Abs. 2 BGB (die dort im Gegensatz zu § 123 BGB nicht ausdrücklich erwähnte arglistige Täuschung ist vom Irrtum über den Beweggrund miterfasst) und das **Übergehen** eines zurzeit des Erbfalls vorhandenen **Pflichtteilsberechtigten** gem. § 2079 BGB. Dort wird die ansonsten erforderliche Voraussetzung einer unbewussten Vorstellung des Erblassers ausdrücklich durch dessen bloßes Nichtwissen ersetzt und die Kausalität des Irrtums vermutet. Einer derartigen Anfechtung kann jedoch durch entsprechende Anfechtungsausschlussklauseln vorgebeugt werden, s. dazu Kap. 85 Rz. 34 u. **M 85.11**.

26 Die Anfechtungserklärung richtet sich nach § 2081 BGB, hilfsweise nach der allgemeinen Regelung des § 143 Abs. 1 BGB. Sie erfolgt bei Anfechtung einer letztwilligen Verfügung, durch die ein Erbe eingesetzt, ein gesetzlicher Erbe von der Erbfolge ausgeschlossen, ein Testamentsvollstrecker ernannt oder eine Verfügung solcher Art aufgehoben wird, **gegenüber dem Nachlassgericht** als amtsempfangsbedürftige Willenserklärung iSd. § 130 Abs. 3 BGB, iÜ gegenüber dem Anfechtungsgegner nach § 143 Abs. 2 bis 4 BGB. Die Anfechtung eines Erbvertrages oder gemeinschaftlichen Testaments ist grundsätzlich nach § 143 Abs. 1 und 2 BGB gegenüber dem anderen Vertragspartner, nach dessen Tod bei Verfügungen zu Gunsten Dritter gem. § 2281 Abs. 2 Satz 1 BGB gegenüber dem Nachlassgericht zu erklären (s. Rz. 31).

27 Anfechtungsberechtigt ist nach § 2080 Abs. 1 BGB derjenige, dem der Wegfall der Verfügung unmittelbar zustatten kommen würde, im Falle des § 2079 BGB nach § 2080 Abs. 3 BGB alleine der übergangene Pflichtteilsberechtigte. Die Erklärung iSd. § 2081 BGB muss nicht persönlich erfolgen (BayObLG NJW-RR 1989, 1089, 1091; Palandt/Weidlich § 2081 BGB Rz. 2) und unterliegt grundsätzlich **keinem Formzwang**, bei Anfechtung eines gemeinschaftlichen Testaments oder Erbvertrages ist jedoch nach § 2281 Abs. 1 BGB die höchstpersönliche Erklärung des Anfechtungsberechtigten und nach § 2282 Abs. 3 BGB **notarielle Beurkundung** vorgeschrieben. Das Nachlassgericht nimmt die Anfechtungserklärung lediglich entgegen und teilt sie demjenigen mit, der durch die angefochtene Verfügung begünstigt ist. Ob und inwieweit die Anfechtung begründet ist, wird erst in einem Erbscheins- oder Zivilverfahren geklärt. In § 2081 BGB nicht genannten Fällen ist die An-

fechtung gem. § 143 Abs. 4 Satz 1 BGB gegenüber demjenigen, der auf Grund des Rechtsgeschäfts unmittelbar einen Vorteil erlangt hat, zu erklären, bspw. gegenüber einem eingesetzten Vermächtnisnehmer.

Die Anfechtungsfrist beträgt gem. § 2082 Abs. 1 und 2 BGB ein Jahr ab Kenntnis des Anfechtungsgrundes. Eine Anfechtung ist nach § 2082 Abs. 3 BGB **dreißig Jahre** nach dem Erbfall – da es sich um keine Verjährungsfrist handelt, besteht keine Möglichkeit zur Hemmung des Fristablaufs – endgültig ausgeschlossen, kann jedoch gem. § 2083 BGB als Leistungsverweigerungsrecht durch echte Einrede gegenüber Leistungsansprüchen aus Vermächtnis oder Auflage (MünchKomm.BGB/Leipold § 2084 BGB Rz. 2) auch nach Fristablauf geltend gemacht werden. Das Anfechtungsrecht entsteht erst mit **zuverlässiger Kenntnis** des Anfechtungsberechtigten vom Anfechtungsgrund, somit von allen **Tatsachen**, die das Anfechtungsrecht begründen, insbes. dem Erbfall, der letztwilligen Verfügung und dem Irrtum bzw. der Bedrohung (OLG Hamm OLGZ 1971, 312, 314 ff.). Für die Abkömmlinge beginnt die Frist zur Anfechtung eines Berliner Testaments erst mit dem Tod des längstlebenden Ehegatten (BayObLG FamRZ 1977, 347 ff.). Der Fristbeginn wird ausnahmsweise durch **Rechtsirrtum** nur dann gehindert, wenn dieser auf Unkenntnis einer anfechtungsbegründenden Tatsache beruht (OLG Hamm OLGZ 1971, 312, 314), nicht jedoch bei Unkenntnis von der Notwendigkeit einer Anfechtung bei richtig erkanntem Sachverhalt (RGZ 132, 1, 4 f.). 28

Durch wirksame Anfechtung wird die angefochtene **einzelne** letztwillige Verfügung gem. § 142 Abs. 1 BGB **rückwirkend nichtig**, wobei die übrigen vom Anfechtungsgrund nicht erfassten Verfügungen im Gegensatz zu § 139 BGB gem. § 2085 BGB ihre Wirksamkeit behalten, soweit nichts Abweichendes anzunehmen ist. Unklar ist die Wirkungsreichweite einer Anfechtung, die zwar eine einzelne, gegenständlich jedoch quantitativ teilbare Verfügung betrifft. Nach dem Zweck des § 2085 BGB dürfte auch insoweit dessen analoge Anwendung geboten sein (OLG Stuttgart ZEV 2003, 79, 81; KG JW 1938, 2746, 2747; MünchKomm.BGB/Leipold § 2085 BGB Rz. 11; aA RG SeuffA 75 Nr. 36: § 139 BGB). Insbesondere ist fraglich, ob eine Anfechtung wegen Übergehung eines Pflichtteilsberechtigten gem. § 2079 BGB lediglich insoweit zur Unwirksamkeit der letztwilligen Verfügung von Todes wegen führt, als diese dem Erbrecht des Pflichtteilsberechtigten entgegensteht (OLG Köln NJW 1956, 1522 f.), oder weitergehend grundsätzlich zur Nichtigkeit des gesamten Testamentes führt (so BayObLG NJW 1971, 1565, 1566 f.). § 2078 Abs. 3 BGB erklärt den in § 122 BGB normierten Anspruch auf Ersatz des Vertrauensschadens bei Anfechtungen letztwilliger Verfügungen ausdrücklich für unanwendbar. 29

2. Gemeinschaftliches Testament bzw. Erbvertrag

Besonderheiten bestehen bei der Anfechtung wechselbezüglicher Verfügungen aus gemeinschaftlichen Testamenten bzw. vertragsmäßiger Verfügungen aus Erbverträgen. Im Gegensatz zu einseitigen letztwilligen Verfügungen, die ihrerseits durch den Erblasser jederzeit alleine durch änderndes Einzeltestament beseitigt werden können und für die daher kein Bedürfnis für eine Anfechtbarkeit durch den Erblasser selbst besteht, ist dem wechselbezüglich bzw. vertragsmäßig **Verfügenden** ein **eigenes** Anfechtungsrecht hinsichtlich dieser von ihm getroffenen Verfügungen eröffnet. Die insoweit ausdrücklich im Erbvertragsrecht enthaltenen Regelungen der §§ 2281 bis 2285 BGB gelten wegen der vergleichbaren Ausgangssituation analog auch für wechselbezügliche Verfügungen aus gemeinschaftlichen Testamenten (BGH NJW-RR 2007, 947; Erman/Kappler § 2281 BGB Rz. 1). Ein **Irrtum** über die mit dem Tod des Erstversterbenden eintretende **Bindungswirkung** bei wechselbezüglichen Verfügungen stellt mangels diesbezüglich ausgedrückten Willens und mangels sofort eintretender Bindung im Gegensatz zu der vertragsmäßig vereinbarten Bindung im Erbvertrag (OLG Frankfurt ZEV 1997, 422; BayObLG NJW-RR 1997, 1027; OLG Hamm MDR 1966, 928) keinen zur Anfechtung berechtigenden Inhaltsirrtum dar (OLG München FGPrax 2012, 71; OLG München FGPrax 2011, 129; OLG Hamm BeckRS 18455; Kanzleiter MittBayNot 2011, 508; MünchKomm.BGB/Leipold § 2078 BGB Rz. 21a; aA Erman/Kappler § 2078 BGB Rz. 5; Kanzleiter MittBayNot 2012, 264; Palandt/Weidlich § 2078 BGB Rz. 3). 30

Die wirksame Anfechtung einer wechselbezüglichen Verfügung eines gemeinschaftlichen Testaments **bewirkt** nach § 2270 Abs. 1 BGB die Unwirksamkeit aller damit in Abhängigkeit stehenden 30a

Verfügungen des anderen Ehegatten/Lebenspartners (Palandt/Weidlich § 2271 BGB Rz. 33). Dagegen bewirkt die wirksame Anfechtung einer vertragsmäßigen Verfügung eines zweiseitigen Erbvertrags nach § 2298 Abs. 1 BGB im Zweifel die Nichtigkeit des gesamten Vertrags, während sich die Auswirkungen auf nicht vom Anfechtungsgrund erfasste letztwillige Verfügungen in einem einseitigen Erbvertrag nach § 2085 BGB beurteilen (Palandt/Weidlich § 2281 BGB Rz. 8).

31 Dabei ist der Testierer selbst anfechtungsberechtigt. Die Anfechtung erfolgt durch eine nach § 2282 Abs. 1 Satz 1 BGB **höchstpersönliche**, gem. § 2282 Abs. 3 BGB jedoch **notariell zu beurkundende** Erklärung, die nach § 143 Abs. 1 und 2 BGB gegenüber dem anderen Vertragspartner, nach dessen Tod bei Verfügungen zu Gunsten Dritter gem. § 2281 Abs. 2 Satz 1 BGB gegenüber dem Nachlassgericht nach § 2283 BGB innerhalb einer Frist von einem Jahr ab Kenntnis des Anfechtungsgrundes bzw. Beendigung der Zwangslage abzugeben ist. Dabei bedarf nach dem historischen Willen des Gesetzgebers **alleine die Anfechtungserklärung** selbst, nicht jedoch, wie umgekehrt hinsichtlich der schriftlichen Erteilung der Bürgschaftserklärung § 766 Satz 1 BGB zeigt, deren In-Verkehr-Bringung bzw. Zugehen der notariellen Beurkundung (BGH MDR 2013, 1043; MünchKomm.BGB/Musielak § 2282 BGB Rz. 4). Entsprechend dem Rücktritt von einer vertragsmäßigen bzw. dem Widerruf einer wechselbezüglichen Verfügung muss auch bei der Anfechtung dem Anfechtungsgegner die Urschrift oder eine **Ausfertigung** der notariellen Anfechtungsurkunde iSd. § 130 BGB zugehen (BayObLG Rpfleger 1987, 358); zu den diesbezüglichen Einzelheiten vgl. Rz. 14.

32 Im Gegensatz zum Widerruf bzw. Rücktritt iSd. § 2296 Abs. 1 BGB (s. Rz. 17) kann der Erblasser bei der Anfechtung wechselbezüglicher bzw. vertragsmäßiger Verfügungen nach § 2282 Abs. 2 durch den gesetzlichen Vertreter vertreten werden, wenn er selbst **geschäftsunfähig** ist. Der gesetzliche Vertreter bedarf danach zur Wirksamkeit der Anfechtung jedoch der familien- bzw- betreuungsgerichtlichen Genehmigung. Soweit er nach § 181 BGB bzw. § 1795 BGB von der Vertretung ausgeschlossen ist, muss die Anfechtung durch einen Ergänzungsbetreuer bzw. Ergänzungspfleger erklärt werden. Der beschränkt geschäftsfähige Erblasser bedarf nach § 2282 Abs. 1 Satz 2 BGB nicht der Zustimmung des gesetzlichen Vertreters und kann die Anfechtung nur persönlich erklären. Gleiches gilt für einen geschäftsfähigen Betreuten. Eine Vertretung durch Vollmacht kommt angesichts des Höchstpersönlichkeitsgebots selbst dann nicht in Betracht, wenn Bevollmächtigter der gesetzliche Vertreter ist (Reimann/Bengel/J. Mayer § 2282 BGB Rz. 4).

33 ➲ **Praxistipp:** Bleiben Zweifel an der Geschäftsfähigkeit des Erblassers, sollte neben dem gesetzlichen Vertreter sicherheitshalber **auch der Erblasser** selbst die Anfechtung erklären, da diese andernfalls, wenn doch Geschäftsfähigkeit bestehen sollte, wegen Verstoßes gegen das Höchstpersönlichkeitsgebot aus § 2282 Abs. 1 BGB unwirksam wäre. Zudem sollte im Falle einer Betreuung hinsichtlich des Aufgabenbereichs auf eine ausdrückliche Einbeziehung der Anfechtung des gemeinschaftlichen Testaments/Erbvertrags über die bloße Angabe der allgemeinen Vermögenssorge hinaus hingewirkt werden, um keine Zweifel hinsichtlich der Reichweite der gesetzlichen Vertretungsmacht aufkommen zu lassen (A. Helms DNotZ 2003, 104, 113; Reimann/Bengel/J. Mayer § 2282 BGB Rz. 4).

34 Rechtsfolge einer erfolgreichen Anfechtung einer wechselbezüglichen Verfügung ist gem. § 2270 Abs. 1 BGB die Unwirksamkeit auch der damit korrespondierenden wechselbezüglichen Verfügung des bereits verstorbenen Ehegatten. Dabei ist insbesondere zu beachten, dass durch die Beseitigung des angefochtenen gemeinschaftlichen Testamentes ein dadurch möglicherweise zuvor gem. § 2258 BGB widerrufenes anderweitiges gemeinschaftliches Testament wieder aufleben kann (BayObLG ZEV 1999, 397). Die Anfechtung einer vertragsmäßigen erbvertraglichen Verfügung bewirkt gem. § 142 Abs. 1 BGB zunächst die Nichtigkeit dieser Verfügung. Die Auswirkungen auf die übrigen erbvertraglichen Verfügungen richten sich nach den §§ 2279 Abs. 1, 2085 BGB. § 2298 Abs. 1 BGB sieht vor, dass die Nichtigkeit einer vertragsmäßigen Verfügung eines zweiseitigen Erbvertrages die Unwirksamkeit des ganzen Erbvertrages zur Folge hat. Der Ausschluss von Vertrauensschadensersatzansprüchen nach § 2078 Abs. 3 BGB gilt auch bei einer Anfechtung durch den Erblasser (OLG München NJW 1997, 2331).

M 88.9 Anfechtung eines gemeinschaftlichen Testaments/Erbvertrages durch den längstlebenden Ehegatten nach dem Tod des erstversterbenden Ehegatten

(Notarielles Beurkundungsprotokoll – Auszug)

...

Ich habe am ... (Datum) gemeinsam mit meiner zwischenzeitlich verstorbenen Ehefrau ... (Vor- und Nachname) vor dem Notar ... (Name) in ... (Ort) ein gemeinschaftliches Testament/einen Erbvertrag beurkunden lassen. Darin haben wir uns gegenseitig auf den Tod des Erstversterbenden zu Alleinerben und unsere Tochter ... (Vor- und Nachname) als Schlusserbin des Längstlebenden eingesetzt. Sämtliche Verfügungen sind vertragsmäßig bindend getroffen worden. Meine Ehefrau und ich waren im gesetzlichen Güterstand der Zugewinngemeinschaft verheiratet. Meine Ehefrau ist am ... (Sterbedatum) verstorben. Das Amtsgericht/Notariat – Nachlassgericht – ... (Ort) hat die vorstehend genannte letztwillige Verfügung am ... (Datum) eröffnet und auf meinen Antrag unter dem Az. ... (Aktenzeichen) einen Erbschein über mein Alleinerbrecht erteilt. Am ... (Datum) habe ich erneut geheiratet. Meine Ehefrau aus zweiter Ehe ist damit im Falle meines Todes pflichtteilsberechtigt. Ich fechte deshalb gem. §§ 2281, 2079 BGB die von mir als längstlebendem Ehegatten in dem vorstehenden gemeinschaftlichen Testament/Erbvertrag getroffenen letztwilligen Verfügungen hiermit an. Dort ist ein entsprechendes Anfechtungsrecht nicht ausgeschlossen worden. Ich bin vom beurkundeten Notar ferner darüber belehrt worden, dass mit der Anfechtung alle in dem gemeinschaftlichen Testament/Erbvertrag enthaltenen letztwilligen wechselbezüglichen/vertragsmäßigen, ggf. auch einseitigen letztwilligen Verfügungen unwirksam werden, so dass rückwirkend nach dem Tode meiner Ehefrau gesetzliche Erbfolge eintritt und dies wegen Wegfalls meiner gewillkürten Alleinerbenstellung zu einer Minderung meines Erbrechtes führt, bzw., soweit aus dem gemeinschaftlichen Testament/Erbvertrag für den Fall der Anfechtung eine Enterbung des anfechtenden Ehegatten folgen sollte, sogar der gesetzliche Erbteil entfällt. Ich bin weiter darauf hingewiesen worden, dass die Anfechtung des gemeinschaftlichen Testaments/Erbvertrages möglicherweise zu einer anderen steuerlichen Beurteilung des Erbfalls nach meiner vorverstorbenen Ehefrau aus erster Ehe führen kann, der Notar jedoch keine steuerliche Beratung übernimmt. Mir ist weiter bekannt, dass die Anfechtung amtsempfangsbedürftig ist und dem zuständigen Nachlassgericht innerhalb eines Jahres ab meiner Kenntnis von den anfechtungsberechtigenden Tatsachen (erneute Eheschließung) zugehen muss. Ich beantrage die Erteilung von zwei Ausfertigungen. Eine Ausfertigung soll über den beurkundenden Notar dem zuständigen Nachlassgericht zugestellt werden. Ich beauftrage den Notar hiermit dazu, den Zugang der Anfechtungserklärung zu überwachen. Die andere Ausfertigung erbitte ich zu meinen Händen.

...

Kosten: *Notargebühr:* wie **M 88.7**.

3. Abschnitt. Gestaltung durch Vereinbarung unter Lebenden mit Wirkung auf den Tod

Kapitel 89 Verträge über Erbverzicht, Pflichtteilsverzicht und Zuwendungsverzicht

Literatur: *Ivo*, Die Zustimmung zur erbvertragswidrigen lebzeitigen Verfügung, ZEV 2003, 101; *Kanzleiter*, Die Erstreckung der Wirkungen eines Zuwendungsverzichts auf die Abkömmlinge des Verzichtenden – ein Missgriff des Gesetzgebers!, DNotZ 2009, 805; *Kanzleiter*, Die Erstreckung der Wirkungen eines Zuwendungsverzichts auf die Abkömmlinge – Reichweite der neuen Regelung und Folgerungen für die Gestaltungspraxis, DNotZ 2010, 520; *Keim*, Der stillschweigende Erbverzicht – sachgerechte Auslegung oder unzulässige Unterstellung?, ZEV 2001, 1; *Keim*, Der Zuwendungsverzicht nach der Reform des Pflichtteilsrechts: Ein Gestaltungsmittel wird handhabbar, RNotZ 2009, 574; *Keim*, Fallstricke bei Erb- und Pflichtteilsverzichten, RNotZ 2013, 411; *Kornexl*, Der Zuwendungsverzicht, 1998; *Mattes/Lutz*, Die Erstreckungswirkung des Zuwendungsverzichts – eine Durchbrechung der erbrechtlichen Bindungswirkung?, BWNotZ 2011, 178; *J. Mayer*, Der beschränkte Pflichtteilsverzicht, ZEV 2000, 263; *Odersky*, Der wirksam-wirkungslose Erb- und Pflichtteilsverzicht nach der EU-ErbVO, notar 2014, 139; *v. Proff*, Pflichtteilserlass und Pflichtteilsverzicht von Sozialleistungsempfängern, ZErb 2010, 206; *Reul*, Erbverzicht, Pflichtteilsverzicht, Zuwendungsverzicht, MittRhNotK 1997, 373; *Roth*, Erbauseinandersetzung und Pflichtteilsanspruch im Erbschaftsteuerrecht, RNotZ 2013, 193; *Schotten*, Die Erstreckung eines Zuwendungsverzichts auf die Abkömmlinge des Verzichtenden, ZEV 1997, 1; *Spanke*, Der persönlich beschränkte Pflichtteilsverzicht, ZEV 2012, 345; *Weidlich*, Die Erstreckung des Zuwendungsverzichts auf Ersatzerben – Alte Probleme in neuem Gewand?, FamRZ 2010, 166; *Weirich*, Der gegenständlich beschränkte Pflichtteilsverzicht Zulässigkeit und Vertragsgestaltung, DNotZ 1986, 5; *Wendt*, Unverzichtbares bei erbrechtlichen Verzichten, ZNotP 2006, 2. S. auch die Literaturhinweise zu Kap. 80.

I. Erb- und Pflichtteilsverzicht

1. Allgemeines

Gem. § 2346 BGB können Verwandte bzw. der Ehegatte durch Vertrag mit dem Erblasser auf das gesetzliche Erb- und Pflichtteilsrecht (Abs. 1), beschränkt auf das gesetzliche Erbrecht unter Aufrechterhaltung oder Vorbehalt des Pflichtteilsrechts (Mot. V S. 472; BayObLG MDR 1981, 673; jurisPK-BGB/Hau § 2346 BGB Rz. 18; Langenfeld/Fröhler, Testamentsgestaltung, 2. Kap. Rz. 112; MünchKomm.BGB/Wegerhoff § 2346 BGB Rz. 11; Staudinger/Schotten § 2346 BGB Rz. 35; aA Harrer, ZBlFG 1915, 1, 11.) oder beschränkt auf das gesetzliche Pflichtteilsrecht unter Aufrechterhaltung des Erbrechts (Abs. 2) verzichten. Der Verzicht, der auch auf einen bloßen Bruchteil des gesetzlichen Erbrechts in Gestalt eines Erbteils an dem ansonsten anfallenden Gesamtnachlass bzw. einen Teil eines Erbteils beschränkt werden kann (MünchKomm.BGB/Wegerhoff § 2346 BGB Rz. 14), muss somit durch einen gegenseitigen Vertrag, der gem. § 2348 BGB der notariellen Beurkundung bedarf, vereinbart werden. Hierbei muss der Erblasser gem. § 2347 Abs. 2 Satz 1 BGB im Gegensatz zum Verzichtenden höchstpersönlich mitwirken und darf daher, wenn er nicht geschäftsunfähig ist (s. dazu Rz. 9), weder rechtsgeschäftlich noch gesetzlich vertreten werden. Ein Verstoß gegen dieses **Höchstpersönlichkeitsgebot** führt sowohl bei Erbverzichts- als auch bei Pflichtteilsverzichtsverträgen zur Nichtigkeit des Vertrags (BGHZ 37, 319, 321; OLG Düsseldorf ZEV 2011, 201; Staudinger/Schotten § 2347 BGB Rz. 26). 1

Die Beurkundungspflicht gilt in entsprechender Anwendung des § 2348 BGB auch für eine bloße **Verpflichtung** zum Abschluss eines Erb- oder Pflichtteilsverzichtsvertrags, die auch durch einen formlosen anwaltlichen Vergleichsvertrag nicht ersetzt werden kann, da sie andernfalls durch Klage aus einer nicht beurkundeten Verpflichtung auf Abgabe der Verzichtserklärung umgangen werden könnte (OLG Köln DNotZ 2011, 344; Keim RNotZ 2013, 411, 413). Umgekehrt muss der Erblasser jedoch insoweit mangels Anwendbarkeit des § 2347 Abs. 2 Satz 1 BGB nicht höchstpersönlich handeln (BGHZ 37, 319; OLG Düsseldorf ZEV 2014, 265; Schotten RNotZ 2012, 94, 95). Ein nach § 125 BGB formnichtiges Verpflichtungsgeschäft wird jedoch durch formgerechten Erbverzichtsvertrag in gesamtanaloger Anwendung der §§ 311b Abs. 1 Satz 2, 518 Abs. 2, 766 Satz 3 BGB, § 15 Abs. 4 GmbHG **geheilt** (LG Bonn ZEV 1999, 356, 357; BeckOK BGB/J. Mayer § 2348 BGB Rz. 6; Erman/Simon § 2348 BGB Rz. 3; Langenfeld/Fröhler, Testamentsgestaltung, 2. Kap. Rz. 147; MünchKomm.BGB/Wegerhoff, § 2348 BGB Rz. 8; für Einzelanalogie nach § 311b Abs. 1 Satz 2 BGB: Keller, ZEV 2005, 229, 233 f.; Staudinger/Schotten § 2348 BGB Rz. 17). Umgekehrt führt ein bspw. wegen Missachtung des Höchstpersönlichkeitsgrundsatzes unwirksamer Erb- bzw. Pflichtteilsverzicht als Vollzugsgeschäft wegen des Abstraktionsprinzips nicht auch zur Unwirksamkeit des Kausalgeschäfts und besteht dann nur in sehr seltenen Ausnahmefällen bei konkreten Anhaltspunkten ein einheitliches Rechtsgeschäft iSd. § 139 BGB, wozu alleine ein wirtschaftlicher Zusammenhang, die Aufnahme beider Rechtsgeschäfte in dieselbe Urkunde oder ein Sicherungsbedürfnis des Verzichtenden nicht ausreicht, sondern eine salvatorische Klausel das Gegenteil vermuten lässt (OLG Düsseldorf ZEV 2014, 265). Liegt dem Erbverzicht und anderen damit zusammenhängenden für sich genommen nicht beurkundungspflichtigen Vollzugsgeschäften wie bspw. einer Darlehensforderungsabtretung dasselbe Kausalgeschäft zugrunde, bedürfen derartige **weitere Vollzugsgeschäfte** nicht der Mitbeurkundung, jedoch muss dann, wenn sie Bedingung für den Erbverzichtsvertrag sind, dieser Bedingungsumstand in der Urkunde über den Erbverzicht zumindest anderweitig zum Ausdruck gebracht werden (BGH ZEV 2012, 145). Bis zum Vorliegen diesbezüglich höchstrichterlicher Rspr. kann sich daher die Mitbeurkundung eines verpflichtenden Kausalgeschäfts empfehlen (DNotI DNotI-Report 2014, 93, 94). 1a

Da das Gesetz keine gleichzeitige Anwesenheit beider Parteien vorsieht, können Verzichtsverträge durch jeweils **gesondert** beurkundete Antrags- und Annahmeerklärung wirksam zustande kommen (Keim RNotZ 2013, 411, 413). Verträge über einen Erb- und Pflichtteilsverzicht können nur zu Lebzeiten des Erblassers wirksam vereinbart werden (BGH NJW 1997, 521). Teilweise wird in der Literatur abweichend hiervon differenzierend vertreten, dass Pflichtteilsverzichtsverträge anders als ein Erbverzichtsvertrag auch noch – z.B. durch isolierte Annahme des Verzichtenden – nach dem Tod des Erblassers wirksam zustande kommen können, da hierdurch die gesetzliche Erbfolge nicht 1b berührt wird (J. Mayer MittBayNot 1997, 85), diese Ansicht hat sich bislang jedoch in der Rechtsprechung nicht durchsetzen können.

1c Ein Erb- und Pflichtteilsverzichtsvertrag ist nicht aufgrund des Umstandes unwirksam, dass der beurkundende Notar bzw. dessen Angehörige nach § 7 BeurkG ggf. zu den Erb- und Pflichtteilsberechtigten gehören; zudem ist ein Erbverzichts-, Pflichtteilsverzichts- bzw. Zuwendungsverzichtsvertrag **keine Verfügung von Todes wegen** iSd. § 27 BeurkG und setzt die Anwendbarkeit des § 7 BeurkG hinsichtlich der Verschaffung eines Vorteils für einen Zuwendungsverzicht die Wirksamkeit der die Zuwendung enthaltenden letztwilligen Verfügung voraus (OLG Düsseldorf ZEV 2014, 102).

2 Rechtsfolge eines Erbverzichts ist die unmittelbare **Veränderung der gesetzlichen Erbfolge** dahingehend, dass der Verzichtende und – soweit es sich bei dem Verzichtenden um einen Abkömmling oder Seitenverwandten des Erblassers handelt und keine andere Regelung getroffen ist – gem. § 2349 BGB seine Abkömmlinge beim Erbfall von der gesetzlichen Erbfolge ausgeschlossen sind, als wenn sie zurzeit des Erbfalls nicht mehr lebten. Nach § 2310 Satz 2 BGB werden die durch Erbverzicht ausgeschlossenen Verzichtenden bei der Erbteilsfeststellung zur Berechnung von Pflichtteilen anders als bei ausschließlichem Pflichtteilsverzicht, Ausschlagung, Erbunwürdigerklärung oder Ausschluss durch letztwillige Verfügung nicht mitgezählt. Wurde eine Erstreckung des Erbverzichts auf die Abkömmlinge entgegen § 2349 BGB ausgeschlossen, werden diese gem. ihrem Eintrittsrecht nach § 1924 Abs. 3 BGB mitgezählt.

2a Ausnahmsweise kann ein ausschließlich das gesetzliche Erbrecht erfassender Erbverzichtsvertrag ggf. ergänzend **als Zuwendungsverzichtsvertrag** hinsichtlich der gewillkürten Erbeinsetzung **auszulegen** sein, wenn sich die gewillkürte und die gesetzliche Erbfolge inhaltlich decken (OLG Celle FamRZ 2011, 1535). Dabei dürfte zudem für Erbfälle seit dem 1.1.2010 (zur diesbezüglichen Übergangsregelung s. Rz. 14) grundsätzlich eine Erstreckung hinsichtlich der Abkömmlinge des Verzichtenden nach §§ 2352 iVm. § 2349 BGB anzunehmen sein, so dass es auf eine ergänzende Testamentsauslegung bezüglich einer etwaigen Ersatzerbeneinsetzung (so jedoch OLG Celle FamRZ 2011, 1535) nicht ankäme (Odersky notar 2011, 167). Ein Erbverzichtsvertrag kann aber nur dann ggf. als auch eine letztwillige Erbeinsetzung erfassender Zuwendungsverzichtsvertrag ausgelegt werden, wenn die in Rede stehende Verfügung von Todes wegen bereits bei seiner Errichtung existiert hat und nicht erst später nachgeschoben wird (DNotI Gutachten Abruf-Nr. 113638 v. 16.3.2012, S. 2). Der Erbverzichtsvertrag steht jedoch als solcher einer letztwilligen Erbeinsetzung des verzichtenden Kindes nicht entgegen (BGH FamRZ 2012, 1379; DNotI Gutachten Abruf-Nr. 113638 v. 16.3.2012, S. 2) und vermag nach dem Tod des erstversterbenden Ehegatten keine Bindungswirkung zulasten des Überlebenden dergestalt zu entfalten, dass dieser das verzichtende Kind nicht als gewillkürten Erben einsetzen dürfte, da eine **Enterbung**, selbst wenn man den Erbverzicht auch als Erbvertrag auslegen könnte, wegen des abschließenden Charakters des Katalogs nach § 2278 BGB nicht vertragsmäßig verfügt werden könnte (DNotI Gutachten Abruf-Nr. 113638 v. 16.3.2012, S. 2).

3 Erb- und/oder Pflichtteilsverzichtsverträge sind **Rechtsgeschäfte unter Lebenden**. Daraus folgt, dass sich Willensmängel nach den §§ 116 ff. BGB, eine teilweise Unwirksamkeit nach § 139 BGB statt nach § 2085 BGG und eine Anfechtung nach den §§ 119 ff. BGB statt nach § 2078 BGB richten (Staudinger/Schotten Einl. zu §§ 2346 ff. BGB Rz. 21). Widerrufs- oder Rücktrittsvorbehalte sind unzulässig und dürften regelmäßig in zulässige auflösende Bedingungen umzudeuten sein.

4 Gem. § 2349 BGB **erstreckt** sich die Wirkung eines Erbverzichts eines Abkömmlinge oder eines Seitenverwandten des Erblassers auf dessen Abkömmlinge, sofern nicht ein anderes bestimmt wird. Nach überwiegender Ansicht gilt diese Vermutungsregelung über den Wortlaut hinaus auch für den Pflichtteilsverzichtsvertragsteil bzw. einen reinen Pflichtteilsverzichtsvertrag (Erman/Simon, § 2349 BGB Rz. 1). Zur Vermeidung von Auslegungsrisiken ist jedoch zu empfehlen, dass sowohl beim Erb- als auch beim Pflichtteilsverzichtsvertrag **ausdrücklich klargestellt** wird, ob eine Wirkungserstreckung auf die Abkömmlinge des Verzichtenden gewollt ist. Weiter ist zu berücksichtigen, dass eine derartige Erstreckung auf Abkömmlinge lediglich bei verzichtenden Abkömmlingen oder Seitenverwandten des Erblassers, nicht jedoch bei verzichtenden Ehegatten des Erblassers oder dessen Eltern eintritt.

5 Die Unterscheidung zwischen einem reinen Pflichtteilsverzichtsvertrag einerseits und Erbverzichts- und Pflichtteilsverzichtsvertrag andererseits gewinnt erhebliche Bedeutung zur Bestimmung der

für die übrigen Pflichtteilsberechtigten maßgebenden **Pflichtteilsquoten**. Gem. § 2310 Satz 2 BGB wird bei der Feststellung des für die Berechnung des Pflichtteils maßgebenden Erbteils derjenige nicht mitberücksichtigt, der durch Erbverzicht von der gesetzlichen Erbfolge ausgeschlossen ist. Umgekehrt wird gleichwohl mitberücksichtigt, wer lediglich auf seine Pflichtteilsrechte und nicht zugleich auch auf sein gesetzliches Erbrecht verzichtet hat (BGH NJW 1982, 2497). Der Erblasser wird zur Vermeidung einer ungewollten Erhöhung der Pflichtteilsquoten weiterer nicht verzichtender Pflichtteilsberechtigter darauf dringen, dass der Verzichtende lediglich auf sein Pflichtteils- und nicht zugleich auf das gesetzliche Erbrecht verzichtet.

Für ab 17.8.2015 eintretende Erbfälle richtet sich das für einen Erb- und Pflichtteilsverzicht maß- 5a gebende **Erbstatut** nach Art. 25 EuErbVO (Döbereiner MittBayNot 2013, 437, 442 ff.; Dutta FamRZ 2013, 4, 10; Odersky notar 2014, 139 f.; Nordmeier ZEV 2013, 117, 120 f.; Schaal BWNotZ 2013, 29 f.). Danach ist zunächst das hypothetische Erbstatut des Erblassers bzw. bei gegenseitigem Verzicht jedes Erblassers zum Zeitpunkt des Vertragsabschlusses maßgebend, aufgrund späteren Umzuges bzw. anschließender **Rechtswahl** droht jedoch ein nachträglicher Statutenwechsel nach dem Recht am gewöhnlichen Aufenthaltsort des jeweiligen Erblassers zum Zeitpunkt seines Todes (Döbereiner MittBayNot 2013, 437, 443; Langenfeld/Fröhler, Testamentsgestaltung, 2. Kap. Rz. 132; Odersky notar 2014, 139, 140; Nordmeier ZEV 2013, 117, 121). Je nach Staatsangehörigkeit und gewöhnlichem Aufenthalt kann daher insbesondere für deutsche Staatsangehörige vorsorgend nach Art. 22 EuErbVO eine Wahl des Rechts der eigenen Staatsangehörigkeit erforderlich sein (Odersky notar 2014, 139, 141).

2. Bedingung bzw. Befristung

Erb- und Pflichtteilsverzichtsverträge können bedingt bzw. befristet vereinbart werden. Hiervon 6 wird insbesondere bei Pflichtteilsverzichtsverträgen zwischen Eltern und Kindern auf den Tod des erstversterbenden Elternteils regelmäßig Gebrauch gemacht, indem der Verzicht der Kinder von der Unterlassung einer Erbeinsetzung anderer als des längstlebenden Ehegatten durch den erstversterbenden Ehegatten und dem Nichtvorliegen der Voraussetzungen des Ausschlusses des Ehegattenerbrechts nach § 1933 BGB, insbesondere vom Ausbleiben einer Eheauflösung, oder bei einem Übergabevertrag der Pflichtteilsverzicht des übernehmenden Kindes vom Nichteintritt eines Rückübertragungsfalls abhängig gemacht wird. Gerade im letztgenannten Fall wird nicht selten bereits im Wege der Auslegung gem. §§ 133, 157, 242 BGB eine entsprechende **stillschweigende** auflösende Bedingung anzunehmen sein (OLG München notar 2015, 17). Für derartige Konstellationen sollte der Übergabevertrag zur Vermeidung überraschender Auslegungsergebnisse ausdrücklich Regelungen hinsichtlich des Pflichtteilsverzichts und eventueller Gleichstellungsleistungen beinhalten, die oftmals dahingehend ausgestaltet werden dürften, dass der Pflichtteilsverzichtsverzicht des ursprünglichen Übernehmers durch die Rückübertragung auflösend bedingt gestaltet und im Falle des Vorversterbens des Übernehmers dessen Erben bereits gezahlte Gleichstellungsleistungen durch den Übergeber erstattet bzw. sie durch diesen aus noch offenen Gleichstellungspflichten freigestellt werden (Langenfeld/Fröhler, Testamentsgestaltung, 2. Kap. Rz. 126; Müller notar 2015, 104). Dabei sollte, da der Pflichtteilsverzicht noch zu Lebzeiten des Erblassers wirksam werden muss (s. Rz. 1), eine **auflösende** und keine aufschiebende Bedingung verwendet werden. Ein Rücktrittsvorbehalt kann hingegen nicht wirksam vorgesehen werden. Dies ergibt sich aus dem Umkehrschluss zu § 2293 BGB. Er ist jedoch möglicherweise in eine auflösende Bedingung umzudeuten.

M 89.1 Auflösend bedingter Pflichtteilsverzicht der volljährigen Kinder auf den Tod des erstversterbenden Elternteils

(Notarielles Beurkundungsprotokoll – Auszug)

Pflichtteilsverzichtsvertrag

...

Wir, ... (Vor- und Nachname) und ... (Vor- und Nachname), verzichten hiermit jeweils für uns und mit Wirkung für unsere Abkömmlinge auf unser gesetzliches Pflichtteilsrecht am Nachlass unseres erstversterbenden Elternteils. Dieser Verzicht erfolgt jedoch unter der auflösenden Bedingung, dass sich unsere Eltern nicht gegenseitig alleine beerben und das Ehegattenerbrecht des längstlebenden Elternteils im Sinne des § 1933 BGB ausgeschlossen ist, insbesondere die Ehe unserer Eltern geschieden wird. Wir, die Eheleute ... (Vor- und Nachname) und ... (Vor- und Nachname), nehmen den jeweiligen vorstehenden auflösend bedingten Verzicht hiermit jeweils an. Das gesetzliche Erbrecht der Verzichtenden wird durch den hier beurkundeten jeweiligen Verzicht nicht berührt. Ein Erbverzicht wird nicht gewünscht. Für den jeweiligen Pflichtteilsverzicht ist jeweils keine Gegenleistung geschuldet.

...

bzw. bei Übergabevertrag mit Rückübertragungsvorbehalt:

Kommt es gemäß Ziff. ... dieser Urkunde zu einer Rückübertragung des Übergabeobjektes, dann verbleibt der Gleichstellungsbetrag dem Gleichstellungsberechtigten. Bei einer derartigen Rückübertragung entfällt der Pflichtteilsverzicht des Übernehmers im Wege der auflösenden Bedingung. Zugleich hat der Rückforderungsberechtigte den Erben des Übernehmers den bereits geleisteten Gleichstellungsbetrag zu ersetzen bzw., soweit der Gleichstellungsbetrag bis dahin noch nicht geleistet sein sollte, diese von der Gleichstellungsverpflichtung freizustellen.

Kosten: *Notargebühr:* 2,0-Gebühr gem. Nr. 21100 KV GNotKG, mindestens 120 Euro. Geschäftswert gem. § 102 Abs. 4, 1 GNotKG (Wert der Pflichtteile).

M 89.2 Auflösend bedingter Erbverzichtsvertrag

(Notarielles Beurkundungsprotokoll – Auszug)

Erbverzichtsvertrag

...

Ich, ... (Vor- und Nachname) bin seit ... Jahren verwitwet und bedarf wegen meiner altersbedingten körperlichen Verfassung der ständigen Anwesenheit einer zu meiner Pflege bereiten Person. Meine bereits seit ... Jahren bei mir lebende Lebensgefährtin ... (Vor- und Nachname) geb. am ... (Geburtsdatum), wohnhaft ... (Wohnanschrift) ist bereit, die von ihr bereits mir gegenüber geleistete Pflege fortzuführen. Ich möchte sie deshalb zu meiner alleinigen Erbin einsetzten.

Ich, ... (Vor- und Nachname), verzichte hiermit im Hinblick auf die vorstehenden Umstände und auf die Tatsache, dass mein Vater ... (Vor- und Nachname) mir bereits seine frühere Eigentumswohnung in ... (genauer Grundbuchbeschrieb) unentgeltlich übertragen hat, auf mein gesetzliches Erbrecht gegenüber meinem Vater ... mit Wirkung für mich und meine Abkömmlinge. Dieser Verzicht ist jedoch auflösend dadurch bedingt, dass meine Geschwister nicht ebenfalls wirksam zum Zeitpunkt des Todes des Erblassers auf ihr gesetzliches Erbrecht verzichtet haben werden.

Ich, ... (Vor- und Nachname), nehme diesen Verzicht hiermit an.

...

Kosten: *Notargebühr:* 2,0-Gebühr gem. Nr. 21100 KV GNotKG, mindestens 120 Euro. Geschäftswert gem. § 102 Abs. 4, 1 GNotKG (Bruchteil des Verzichtenden am modifizierten Reinvermögen des Erblassers). 1,0-Gebühr gem. Nr. 21200 KV GNotKG für die Beurkundung des Testaments, mindestens 60 Euro. Geschäftswert gem. § 102 Abs. 1 GNotKG (Wert des Nachlasses, Verbindlichkeiten des Erblassers werden abgezogen, jedoch nur bis zur Hälfte des Werts des Vermögens). Erbverzicht und Testament betreffen verschiedene Gegenstände (§ 111 Nr. 1 GNotKG), daher Wertaddition gem. § 35 Abs. 1 GNotKG.

7 Erbringt der Erblasser für einen Pflichtteilsverzicht keine **Gegenleistung**, liegt darin gleichwohl keine Schenkung. Umgekehrt erfolgt eine Schenkung des Erblassers an den Verzichtenden, wenn die

von ihm geleisteten Abfindungszahlungen die Summe aus Pflichtteils- und Pflichtteilsergänzungsansprüchen übersteigt (Reimann/Bengel/J. Mayer A Rz. 183).

3. Beschränkung des Pflichtteilsverzichts

Ein Erbverzicht kann im Hinblick auf den Grundsatz der Universalsukzession nicht **gegenständlich beschränkt** werden, es sei denn es liegt ein auf ein Vermächtnis bezogener Zuwendungsverzicht vor (Nieder/Kössinger § 19 Rz. 12). Im Gegensatz dazu ist ein auf bestimmte Nachlassgegenstände beschränkter reiner Pflichtteilsverzichtsvertrag zulässig, da der vom Verzicht betroffene Pflichtteilsanspruch lediglich einen rechnerischen Geldausgleichsposten darstellt und von dem Grundsatz der Universalsukzession, die einem gegenständlichen Erbverzicht entgegensteht, nicht betroffen ist (Weirich DNotZ 1986, 5, 11). Neben der Beschränkung des Pflichtteilsverzichts auf einen bestimmten Nachlassgegenstand ist die Beschränkung auf eine bestimmte Zahlungssumme bzw. Ratenzahlung (MünchKomm.BGB/Wegerhoff § 2346 BGB Rz. 20; Weirich DNotZ 1986, 5, 11), eine besondere Bewertungsart bzw. einen fixierten Wert (Weirich DNotZ 1986, 5, 10), einen Bruchteil (Weirich DNotZ 1986, 5, 10), den bloßen Zusatzpflichtteil nach § 2305 BGB (BeckOK BGB/J. Mayer § 2346 BGB Rz. 17; Weirich DNotZ 1986, 5, 10), die Akzeptanz von Beschwerung bzw. Beschränkungen iSd. § 2306 BGB (BeckOK BGB/J. Mayer § 2346 BGB Rz. 17; Weirich DNotZ 1986, 5, 10), Pflichtteilsergänzungsansprüche gem. § 2325 BGB (Staudinger/Schotten § 2346 BGB Rz. 51)oder persönlich beschränkt auf gegen bestimmte Personen gerichtete Pflichtteilsansprüche (Spanke ZEV 2012, 345) anerkannt. 8

M 89.3 Gegenständlich beschränkter Pflichtteilsverzichtsvertrag

(Notarielles Beurkundungsprotokoll – Auszug)

Pflichtteilsverzichtsvertrag

...

Ich, ... (Vor- und Nachname), verzichte hiermit für mich und mit Wirkung für meine Abkömmlinge gegenüber meiner Mutter ... (Vor- und Nachname) auf mein gesetzliches Pflichtteilsrecht, einschließlich eventueller Ausgleichspflichtteils- bzw. Pflichtteilsergänzungsansprüche, auf deren Tod. Der Verzicht erfolgt gegenständlich beschränkt ausschließlich insoweit, als bei der Bewertung des Nachlasses auf den Tod meiner Mutter ... (Vor- und Nachname) zum Zwecke der Pflichtteilsberechnung der Wert ihrer Eigentumswohnung in ... (genauer Grundbuchbeschrieb) nicht berücksichtigt wird. Ich, ... (Vor- und Nachname), nehme hiermit den vorstehenden gegenständlich beschränkten Pflichtteilsverzicht meiner Tochter an.

...

Kosten: *Notargebühr:* 2,0-Gebühr gem. Nr. 21100 KV GNotKG, mindestens 120 Euro. Geschäftswert gem. § 102 Abs. 4, 1 GNotKG (Wert des Pflichtteils bezüglich des betroffenen Gegenstands).

4. Relativer Erbverzicht

Nach § 2350 BGB wird im Wege einer Auslegungsregel vermutet, dass ein gesetzlicher Erbe, der zugunsten eines Anderen bzw. als Abkömmling des Erblassers auf sein gesetzliches Erbrecht verzichtet, einen lediglich **auflösend** (s. dazu Rz. 6) (Palandt/Weidlich § 2350 BGB Rz. 2; aA (aufschiebend) Staudinger/Schotten § 2350 BGB Rz. 11) um zumindest irgendeine (nicht jedoch bloße Nach-)Erbenstellung dieses aus seiner Sicht zu begünstigenden Dritten (Abs. 1) bzw. der anderen Abkömmlinge und des Ehegatten des Erblassers (Abs. 2) bedingten Erbverzichtsvertrag abschließt, soweit sich kein anderer Wille beider Parteien ermitteln lässt (BGH ZEV 2008, 36). Wurde mit dem Erb- nach § 2346 Abs. 2 BGB auch ein Pflichtteilsverzicht verbunden, muss bei Bedingungseintritt iSd. § 2350 BGB durch Auslegung ermittelt werden, ob der **Pflichtteilsverzichtsvertragsteil** auch ohne den Erbverzichtsteil **isoliert** fortbestehen oder der gesamte Vertrag nach § 139 BGB un- 8a wirksam sein sollte (BGH ZEV 2008, 36). Verzichten bspw. zwei Kinder gegenüber dem verwitweten Vater vertraglich zugunsten ihres ausdrücklich benannten dritten Geschwisterteils, gilt § 2350 Abs. 1 BGB vorrangig gegenüber § 2350 Abs. 2 BGB. Verstirbt jedoch das begünstigte dritte Geschwisterteil vor und soll sodann stattdessen dessen Ehegatte begünstigt werden, muss wegen der durch Bedingungswegfall eintretenden Unwirksamkeit des zunächst geschlossenen Erbverzichtsvertrags ein neuer Erbverzichtsvertrag vereinbart werden (DNotI-Gutachten DNotI-Report 2013, 29, 30).

8b § 2350 BGB ist mangels betroffenen gesetzlichen Erbrechts auf einen reinen **Pflichtteilverzichtsvertrag** nicht anwendbar (Erman/Simon § 2350 BGB Rz. 4; Palandt/Weidlich § 2350 BGB Rz. 1), jedoch umgekehrt wegen ähnlicher Zielsetzung sehr wohl auf den **Zuwendungsverzichtsvertrag** (Palandt/Weidlich § 2350 BGB Rz. 1; Langenfeld/Fröhler, Testamentsgestaltung, 2. Kap. Rz. 140; Staudinger/Schotten § 2352 BGB Rz. 18; aA MünchKomm.BGB/Wegerhoff § 2352 BGB Rz. 5).

5. Problematik: Stillschweigender Erb- bzw. Pflichtteilsverzicht

8c Ein Erb- bzw. Pflichtteilsverzicht kann in Ausnahmefällen wirksam **auch stillschweigend** in einem in einem notariell beurkundeten gemeinschaftlichen Testament oder Erbvertrag vereinbart werden, soweit sich diese Regelung aus der dann zulässigen ergänzenden Auslegung hinreichend deutlich erschließt (BGH NJW 1977, 1728; BGHZ 22, 364; OLG Düsseldorf FamRZ 2000, 856; OLG Hamm FamRZ 1996, 1176; BayObLG MDR 1981, 673; BeckOK BGB/J. Mayer § 2346 BGB Rz. 8; Erman/Simon § 2348 BGB Rz. 1; Keim ZEV 2001, 1; Langenfeld/Fröhler, Testamentsgestaltung, 2. Kap. Rz. 159; aA Edenfeld ZEV 1997, 134; Groll/Muscheler B XV Rz. 166; MünchKomm.BGB/Wegerhoff § 2348 BGB Rz. 7; Staudinger/Schotten § 2346 Rz. 13 u. 15).

8d Dies gilt bspw. für einen **notariell beurkundeten Erbvertrag** zwischen den sich gegenseitig zu Alleinerben einsetzenden Ehegatten als Eltern und einem ihrer Kinder als bindend eingesetzten alleinigen Vertragsschlusserben bei gleichzeitiger Vermächtniszuwendung zugunsten der nicht an der Urkunde mitwirkenden Kinder des vorverstorbenen weiteren Kindes für den Fall deren Nichtgeltendmachung von Pflichtteilsrechten. Dabei besteht gerade bei Wahl des Erbvertrags mit dem Schlusserben statt eines gemeinschaftlichen Testaments die **typische Erwartungshaltung** der Eltern an den erbvertraglich gesicherten Schlusserben, dass dieser bzw. sein Stamm auf den Tod des erstversterbenden Elternteils keine Pflichtteilsansprüche erhebt. Ohne besondere weitere Umstände, die in einer etwaigen Verpflichtung des Schlusserben zu eigenen (Gegen-)Leistungen bzw. einem Rücktrittsvorbehalt der Erblasser liegen können, kann davon ausgegangen werden, dass der Schlusserbe mit Annahme seiner bindenden Schlusserbeneinsetzung zugleich auf Pflichtteilsansprüche auf den Tod des erstversterbenden Elternteils verzichtet, wobei die Eltern diesen Verzicht mit der Schlusserbeneinsetzung gleichzeitig annehmen. Dies ist insbesondere dann der Fall, wenn wie hier ausschließlich Bestimmungen zum Ausschluss von Pflichtteilsrechten der anderen Abkömmlinge und gerade nicht solcher des Vertragsschlusserben enthalten sind. Die Form des § 2348 BGB ist dabei durch die Erbvertragsform gewahrt (BGHZ 22, 364).

8e Aber auch in einem **notariell beurkundeten gemeinschaftlichen Testament** kann ein Erb- bzw. Pflichtteilsverzicht stillschweigend vereinbart werden, da dort trotz lediglich einseitig getroffener und zu Lebzeiten frei widerrufbarer letztwilliger Verfügungen der gemeinschaftlich erklärte Wille zu deren gegenseitiger Billigung deutlich wird. Dies gilt bspw. im Falle vorab ehevertraglich vereinbarter Gütertrennung und eines sodann am gleichen Tag vor demselben Notar beurkundeten gemeinschaftlichen Testaments, in dem jeder Ehegatte jeweils seine Kinder aus erster Ehe zu alleinigen Erben einsetzt, dem anderen Ehegatten lediglich den Hausrat sowie ein Wohnungsrecht vermacht und damit auch im Hinblick auf die Gütertrennung zum Ausdruck bringt, dass keine weitere Teilhabe des einen am Vermögen des anderen Ehegatten gewünscht wird. Die Form des § 2348 BGB ist dabei durch die gewählte notarielle Beurkundung gewahrt (BGH NJW 1977, 1728).

8f Aus einem **notariell beurkundeten Übergabevertrag** lässt sich nur sehr selten mittels ergänzender Auslegung ein stillschweigender Erb- bzw. Pflichtteilsverzicht ermitteln. So sind bspw. bloße Abfindungsregelungen regelmäßig kein Anhaltspunkt für einen gewollten Pflichtteilsverzichtsvertrag (OLG Hamm FamRZ 1996, 1176). Soweit die notarielle Vertragsurkunde ausdrücklich einen

Pflichtteilsverzicht enthält, bleibt grundsätzlich kein Raum für eine auslegungsbedingte Erweiterung als Erbverzicht (BayObLG MDR 1981, 673).

6. Steuerpflicht auf Gegenleistung für Pflichtteilsverzicht

Ein Kind, das gegenüber seinen Eltern als potentiellen Erblassern zu deren Lebzeiten auf **künftige** Pflichtteilsansprüche **gegen von vorneherein als wiederkehrende Zahlungen** vorgesehene Leistungen verzichtet, erhält diese wegen der Ungewissheit der späteren tatsächlichen Entstehung von Pflichtteilsansprüchen **unentgeltlich** mit der Folge, dass sie der **Schenkungsteuer** und damit mangels vereinbarter Zahlung einer einmaligen Kapitalsumme nicht der Einkommenssteuer unterliegen (BFH ErbStB 2010, 263; Christ FamRB 2010, 273). 8g

Im Gegensatz dazu muss sich ein Kind bei der Abgeltung bereits entstandener Pflichtteilsansprüche **nach dem Tod des Erblassers** nicht mit bloßen wiederkehrenden Leistungen zufrieden geben und unterliegt daher, wenn es dies doch tut, wegen Überlassung von Kapital zur Nutzung iSd. § 20 Abs. 1 Nr. 7 EStG hinsichtlich des Ertragsteils der Einkommensteuer (BFH ErbStB 2010, 263; Christ FamRB 2010, 273). Da eine Erbschaftsteuer nach § 3 Abs. 1 Nr. 1 ErbStG nicht bereits allein mit dem Erbfall, sondern erst mit der weiteren **Geltendmachung des Pflichtteils** entsteht, stellt sich die Frage, ob möglicherweise auch die vorstehende Einkommensteuerpflicht ebenfalls erst dann entsteht, wenn der Pflichtteil geltend gemacht worden ist (Christ FamRB 2010, 273). 8h

Auch ein nicht beurkundeter und daher nach § 2348 BGB **formunwirksamer** Erb- bzw. Pflichtteilsverzichtsvertrag soll steuerrechtlich nach § 41 AO relevant sein können, da die Unwirksamkeit eines Rechtsgeschäfts unerheblich ist, soweit und solange die Beteiligten dessen wirtschaftliches Ergebnis gleichwohl eintreten und bestehen lassen (BFH DStRE 1999, 55, 57; Groll/Muscheler B XV Rz. 167). Entsprechendes gilt trotz grundsätzlicher Übernahme der zivilrechtlichen Betrachtungsweise im Steuerrecht für ein formunwirksames mündliches, aber gleichwohl erfülltes Vermächtnis, das nach § 10 Abs. 5 Nr. 2 ErbStG als Nachlassverbindlichkeit berücksichtigungsfähig sein soll (FG München UVR 1994, 58; Groll/Muscheler B XV Rz. 167; Langenfeld/Fröhler, Testamentsgestaltung, 2. Kap. Rz. 166). 8i

7. Ausschluss pflichtteilsrechtlicher Mehrfachbegünstigung desselben Stammes

Zur Vermeidung einer pflichtteilsrechtlichen Mehrfachbegünstigung desselben Stammes schließt § 2309 BGB das Pflichtteilsrecht von Eltern bzw. entfernteren Verwandten des Erblassers insoweit aus, als ein Abkömmling den Pflichtteil verlangen kann oder das ihm Hinterlassene annimmt, wenn dieser Abkömmling diese Eltern bzw. entfernteren Verwandten des Erblassers **im Falle der gesetzlichen Erbfolge** ausschließen würde. § 2309 BGB gilt dabei als eine schwer verständliche und zugleich eine der umstrittensten Vorschriften des Pflichtteilsrechts (Lange DNotZ 2011, 872; G. Müller MittBayNot 2012, 478; Röhl DNotZ 2012, 724). 8j

Ein **entfernterer Abkömmling** (zB ein Enkel) ist nicht nur bei Vorversterben nach § 1924 Abs. 3 BGB, Erbausschlagung nach § 1953 Abs. 2 BGB, Erbunwürdigerklärung nach § 2344 Abs. 2 BGB bzw. Erbverzicht nach § 2346 Abs. 1 Satz 2 BGB unter Ausschluss der Erstreckungswirkung aus § 2349 BGB, sondern aufgrund des entstehungsgeschichtlich belegten gesetzgeberisch beabsichtigten Gleichlaufs mit diesen Normen sogar im Falle einer letztwilligen Enterbung iSd. § 1938 BGB seines die Verwandtschaft zum Erblasser (zB Großmutter) erst vermittelnden Elternteils als dem näheren Abkömmling (zB Sohn) nach dem Erblasser (z.B. Großmutter) iSd. § 2309 BGB gesetzlicher Erbe (BGH NJW 2011, 1878, 1879 f.; RGZ 93, 193, 194 f.; RGZ 61, 14, 17 f.; MünchKomm.BGB/Lange § 2309 BGB Rz. 13; aA (keine Vorversterbensfiktion im BGB bei Enterbung) Staudinger/Haas § 2309 BGB Rz. 16 f.; Bestelmeyer FamRZ 1997, 1124, 1130 ff.). Regelungsgrund des § 2309 BGB ist die gesetzgeberische Prämisse: „Demselben Stamme darf nicht zweimal ein Pflichtteil gewährt werden." (Mot. V, S. 401; Prot. V, S. 512; Lange DNotZ 2011, 871, 872 f.). Eine Pflichtteilsberechtigung folgt daraus jedoch nur dann, wenn dieser nähere als gesetzlicher Erbe ausgeschlossene Abkömmling (zB Sohn) bspw. durch Pflichtteilsentziehung nicht pflichtteilsberechtigt ist (BGH NJW 2011, 1878, 1880 f.; RGZ 93, 193, 195). Dabei genügt als letztwillige Enterbung iSd. § 1938 bereits eine Verfügung, in der die bisherige Erbeinsetzung des näheren Abkömmlings unter 8k gleichzeitiger Pflichtteilsentziehung widerrufen und damit dessen Ausschluss als Erbe zum Ausdruck gebracht wird (BGH NJW 2011, 1878, 1879). Zudem dürfte auch eine bloße erschöpfende Erbeinsetzung Dritter ohne negativ verfügte Enterbung ausreichend sein (RGZ 93, 193, 195; MünchKomm.BGB/Lange § 2309 BGB Rz. 12; MünchKomm.BGB/Leipold § 1938 BGB Rz. 6; aA von Jacubetzky, Recht 1906, 281 (282); Kretzschmar, Recht 1908, 793 (794 f.); offen gelassen in BGH NJW 2011, 1878, 1879). Eine Pflichtteilsentziehung kann somit im Gegensatz zu einer Enterbung nicht auch gegenüber den **Abkömmlingen** derjenigen Person, die die schwere Verfehlung iSd. § 2333 BGB begangen hat, als den entfernteren Abkömmlingen des Erblassers angeordnet werden. Diese Abkömmlinge bleiben in einem derartigen Fall gemäß § 2309 BGB anders als bspw. bei einem Pflichtteilsverzichtsvertrag iSd. § 2346 Abs. 2 BGB mit Erstreckungswirkung nach § 2349 BGB pflichtteilsberechtigt (BGH NJW 2011, 1878, 1879 f.; MünchKomm.BGB/Lange § 2336 BGB Rz. 17).

8l Der Erblasser ist durch einen förmlichen **Erb- und Pflichtteilsverzicht** des näheren Abkömmlings iSd. § 2346 BGB nicht an dessen letztwilliger Erbeinsetzung gehindert (BGH MDR 2012, 1099).

8m Nach Rspr. des BGH soll ein entfernterer Abkömmling (zB Enkel des Erblassers) jedoch durch einen näheren Abkömmling (zB Tochter des Erblassers und zugleich Mutter des Enkels des Erblassers) dann nicht pflichtteilsrechtlich ausgeschlossen sein, wenn sowohl der nähere als auch der entferntere Abkömmling beide **demselben alleine bedachten Stamm** gesetzlicher Erben angehören, dieser nähere Abkömmling förmlich gegenüber dem Erblasser auf sein gesetzliches Erb- und Pflichtteilsrecht ohne Erstreckung auf den entfernteren Abkömmling verzichtet hat und daher nach § 2346 Abs. 1 Satz 2 Halbs. 1 BGB als vorverstorben gilt. Dies folge daraus, dass dann der nähere Abkömmling (zB Tochter des Erblassers) zum einen aufgrund seines Erb- und Pflichtteilsverzichts entgegen § 2309 Alt. 1 BGB nicht mehr pflichtteilsberechtigt ist und auch eine letztwillige oder lebzeitige Zuwendung an den dies annehmenden näheren Abkömmling (zB Tochter des Erblassers) bei einer ausschließlich auf denselben alleinigen Stamm bezogenen Erbfolge wegen diesbezüglicher teleologischer Reduktion nicht als Hinterlassenes iSd. § 2309 Alt. 2 BGB gelte (BGH MDR 2012, 1099). Diese Sichtweise schränkt jedoch die Testierfreiheit des Erblassers übermäßig ein, neigt zu Zufallsresultaten, ist mit dem Wortlaut des § 2309 BGB nicht vereinbar, widerspricht dem systematischen Zusammenhang des Pflichtteilsrechts aus § 2315 Abs. 3 BGB iVm. § 2051 Abs. 1 BGB und muss daher abgelehnt werden (Häberle NJW 2012, 3760; Leipold Erbrecht Rz. 822a; Lichtenwimmer ZEV 2012, 474; G. Müller, MittBayNot 2012, 478; Röhl DNotZ 2012, 724; MünchKomm.BGB/Lange § 2309 BGB Rz. 8; Staudinger/Otte § 2309 BGB Rz. 11; Wagenknecht ZErb 2012, 322). Die diesbezügliche praktische Relevanz dieser Rspr. ist jedoch insofern eingeschränkt, als abweichend von der entschiedenen Konstellation zumeist zur Vermeidung einer regelmäßig gerade nicht gewünschten gesetzlichen Erbteils- bzw. Pflichtteilserhöhung Dritter über die ansonsten ausgelöste Rechtsfolge der Regelung des § 2310 Satz 2 BGB lediglich ein Pflichtteilsverzicht ohne Erbrechtsverzicht, dabei mangels abweichender Bestimmung iSd. § 2349 BGB auch eine Erstreckung der Pflichtteilsverzichtswirkungen auf die entfernteren Abkömmlinge des Erblassers bzw. des Verzichtenden ausgelöst und eine Vorversterbensfiktion iSd. § 2346 Abs. 1 Satz 2 Halbs. 1 BGB ausgeschlossen wird (Häberle NJW 2012, 3760; G. Müller MittBayNot 2012, 478; Röhl DNotZ 2012, 724).

8. Auswirkung auf Elternpflichtteil

8n Setzen sich Ehegatten letztwillig gegenseitig zu Alleinerben ein und verzichten die Kinder mit Erstreckung auf ihre Abkömmlinge für den Tod des erstversterbenden Elternteils vertraglich auf Pflichtteilsansprüche, ist ein noch lebender Elternteil des erstversterbenden Ehegatten aufgrund des auch gegenüber ihren Abkömmlingen wirkenden Pflichtteilsverzichts der Kinder ohne Ausschluss nach § 2309 BGB mit der Folge pflichtteilsberechtigt, dass ggf. bei Bezug von Sozialleistungen deren Überleitung auf den Sozialhilfeträger droht. Dieses Risiko kann dadurch ausgeschlossen werden, dass der Pflichtteilsverzicht der Kinder um die Geltendmachung von Pflichtteilsansprüchen von Elternseite bzw. eines diesbezüglichen Überleitungsempfängers auflösend bedingt vereinbart werden (Keim MittBayNot 2012, 137 f.; Langenfeld/Fröhler, Testamentsgestaltung, 2. Kap. Rz. 156), wobei dann jedoch wiederum die Geltendmachung von Pflichtteilsansprüchen durch Abkömmlinge droht.

M 89.3a Um Elternpflichtteilsgeltendmachung auflösend bedingter Pflichtteilsverzichtsverzicht (Notarielles Beurkundungsprotokoll – Auszug)

Pflichtteilsverzichtsvertrag

...

Der Pflichtteilsverzicht ist dadurch auflösend bedingt vereinbart, dass von Elternseite bzw. eines diesbezüglichen Überleitungsempfängers Pflichtteilsansprüche geltend gemacht werden. Insbesondere über die Risiken der Geltendmachung von Pflichtteilsansprüchen durch Abkömmlinge ist belehrt.

...

Kosten: *Notargebühr:* 2,0-Gebühr gem. Nr. 21100 KV GNotKG, Geschäftswert gem. § 102 Abs. 4 iVm. Abs. 1 S. 1 u. 2 GNotKG. Maßgebend ist der betroffene Bruchteil des Verzichtenden am modifizierten Reinvermögen des Erblassers.

9. Auswirkung auf Unterhalt

Nach § 1586b BGB geht mit dem Tod des Verpflichteten die Nacheheunterhaltspflicht **beschränkt** auf die Höhe des fiktiv im Falle einer nicht erfolgten Scheidung bestehenden Pflichtteils als Nachlassverbindlichkeit auf den Erben über. Im Falle eines Erb- bzw. Pflichtteilsverzichts entfällt diese Unterhaltspflicht jedoch nicht von selbst, da nur so die gesetzgeberische Zielsetzung des Schutzes eines unterhaltsberechtigten Ehegatten gewährleistet ist und zudem ein unterhaltsrechtlicher Anspruch betroffen ist (BeckOK BGB/J. Mayer § 2346 BGB Rz. 21; Bergschneider FamRZ 2003, 1049, 1057; Grziwotz FamRZ 1991, 1258; Keim RNotZ 2013, 411, 414; Klingelhöffer ZEV 1999, 13; Langenfeld/Fröhler, Testamentsgestaltung, 2. Kap. Rz. 157; Münch, Ehebezogene Rechtsgeschäfte, Rz. 872; Palandt/Brudermüller § 1586b BGB Rz. 8; Schwab/Borth IV Rz. 1501; aA Dieckmann FamRZ 1999, 1029; MünchKomm.BGB/Leipold § 1933 BGB Rz. 25; MünchKomm.BGB/Maurer § 1586b BGB Rz. 6; Palandt/Weidlich § 1933 BGB Rz. 10). Bis zu einer höchstrichterlichen Klärung sollte jedoch bei Beurkundung des Erb- bzw. Pflichtteilsverzichts ein Fortbestehen oder ein Wegfall des Unterhaltsanspruchs ausdrücklich geregelt werden (Keim RNotZ 2013, 411, 414; Langenfeld/Fröhler, Testamentsgestaltung, 2 Kap. Rz. 157; Münch, Ehebezogene Rechtsgeschäfte, Rz. 2115). 80

M 89.3b Regelung zur Unterhaltspflicht im Pflichtteilsverzichtsvertrag

(Notarielles Beurkundungsprotokoll – Auszug)

Pflichtteilsverzichtsvertrag

...

Im Hinblick auf § 1586b BGB vereinbaren wir hiermit, dass die Unterhaltspflicht aufgrund des Pflichtteilsverzichts entfällt.

alternativ:

Im Hinblick auf § 1586b BGB vereinbaren wir hiermit, dass die Unterhaltspflicht trotz des Pflichtteilsverzichts nicht entfällt, sondern fortbesteht.

...

Kosten: *Notargebühr:* **wie M 89.3a.** Es handelt sich um einen Austauschvertrag (§ 97 Abs. 3 GNotKG). Die höherwertige Leistung (Pflichtteilsverzicht, Unterhalt) ist für den Wert maßgebend; im Regelfall der Pflichtteilsverzicht. Die Vereinbarung zum Unterhalt ist nach § 52 GNotKG zu bewerten.

10. Auswirkung auf Einrede gegen Pflichtteilsergänzungsansprüche

8p Nach § 2328 BGB kann der pflichtteilsberechtigte Erbe die Ergänzung des Pflichtteils insoweit verweigern, als ihm bei fiktiver Enterbung sein eigener Gesamtpflichtteil tatsächlich zustehen würde (Palandt/Weidlich § 2328 BGB Rz. 1). Daher würde ein Erbe durch Erb- bzw. Pflichtteilsverzicht mangels dann tatsächlichen Pflichtteilsrechts seine Einrede aus § 2328 BGB verlieren (J. Mayer ZEV 2007, 556, 557 f.; Langenfeld/Fröhler, Testamentsgestaltung, 2. Kap. Rz. 158; Schlitt/Müller/Kasper, Handbuch Pflichtteilsrecht, § 8 Rz. 27 ff.; Tanck ZErb 2001, 194, 196). Daher sollte der Pflichtteilsverzicht lediglich auflösend bedingt um die Geltendmachung von Pflichtteilsergänzungsansprüchen gegen den Verzichtenden erklärt werden (Keim RNotZ 2013, 411, 422).

M 89.3c Um Pflichtteilsergänzungsgeltendmachung auflösend bedingter Pflichtteilsverzichtsverzicht

(Notarielles Beurkundungsprotokoll – Auszug)

Pflichtteilsverzichtsvertrag

...

Der Pflichtteilsverzicht ist dadurch auflösend bedingt vereinbart, dass gegen den Verzichtenden Pflichtteilsergänzungsansprüche geltend gemacht werden.

...

Kosten: *Notargebühr:* **wie M 89.3a.**

11. Gesetzliche Vertretung

9 Gem. § 2347 Abs. 2 Satz 2 BGB kann anders als beim Erbvertrag für einen nach § 104 Nr. 1 und 2 BGB **geschäftsunfähigen Erblasser** dessen gesetzlicher Vertreter in Durchbrechung des Höchstpersönlichkeitsgebots aus § 2347 Abs. 2 Satz 1 BGB einen Erbverzichts- und/oder Pflichtteilsverzichtsvertrag abschließen. Hierzu ist eine betreuungs- bzw. familiengerichtliche Genehmigung erforderlich, im Falle gesetzlicher Vertretung kraft elterlicher Sorge jedoch nur dann, wenn dieser Vertrag weder mit dem Ehegatten noch mit dem Verlobten des gesetzlich vertretenen Erblassers abgeschlossen wird. Die erst iSd. § 40 Abs. 2 Satz 1 FamFG mit **Rechtskraft** nach § 45 FamFG durch Ablauf der Rechtsmittelfrist wirksame Genehmigung (vgl. dazu Kap. 15 Rz. 57) muss dem gesetzlichen Vertreter gegenüber noch während Bestehens seiner Vertretungsmacht und **zu Lebzeiten des Erblassers** erklärt werden. Soweit der gesetzliche Vertreter nach § 181 BGB bzw. § 1795 BGB von der Vertretung ausgeschlossen ist, muss die Willenserklärung durch einen Ergänzungsbetreuer bzw. Ergänzungspfleger abgegeben werden. Eine **Vertretung durch Vollmacht** kommt angesichts des grundsätzlichen Höchstpersönlichkeitsgebots aus § 2347 Abs. 2 Satz 1 BGB nicht in Betracht (Erman/Simon § 2347 BGB Rz. 2). Dies gilt selbst dann, wenn Bevollmächtigter der gesetzliche Vertreter ist. Zudem kann auch eine Vertretung des Erblassers durch einen vollmachtlosen Vertreter mit anschließender Genehmigung seitens des Erblassers nicht in einen sukzessiven Abschluss mittels Angebot und Annahme umgedeutet werden, zumal eine mit Unterschriftsbeglaubigung versehene Genehmigung des Erblassers das Beurkundungserfordernis aus § 2348 BGB verletzten würde (OLG Düsseldorf FamRZ 2002, 1147). Ist der Erbverzichtsvertrag mit Grundstücksübertragungen verbunden, heilt der Grundbuchvollzug nach § 311b Abs. 1 Satz 2 BGB lediglich die Formunwirksamkeit des Grundbesitzübertragungsteils, nicht jedoch diejenige des Erbverzichts (OLG Düsseldorf FamRZ 2002, 1147).

Soweit der gesetzliche **Vertreter zugleich verzichtender Vertragspartner** ist, dürfte zumindest bei einem reinen Pflichtteilsverzichtsvertrag kein Vertretungsausschluss iSd. §§ 1795, 181 BGB vorliegen, da der Pflichtteilsverzicht für den Erblasser lediglich rechtlich vorteilhaft ist (DNotI-Gutachten DNotI-Report 2004, 197, 198). Da bei einem Erbverzichtsvertrag nicht ausgeschlossen werden kann, dass aufgrund nunmehr ausgelöster Änderung der gesetzlichen Erbfolge bei gleichzeitiger geschäftsunfähigkeitsbedingter Verhinderung des Erblassers an einer letzwilligen Verfügung für diesen nicht lediglich ein rechtlicher Vorteil eintritt (DNotI-Gutachten DNotI-Report 2004, 197, 198, worin letztlich jedoch der lediglich rechtliche Vorteil bejaht wird), sollte insoweit sicherheitshalber ein Ergänzungsbetreuer bzw. Ergänzungspfleger bestellt werden, der für den geschäftsunfähigen Erblasser handelt. Ein minderjähriger beschränkt geschäftsfähiger Erblasser kann bei Abschluss eines Erbverzichts- und/oder Pflichtteilsverzichtsvertrags nach § 2347 Abs. 2 Satz 1 Halbs. 2 BGB ausschließlich persönlich handeln, ohne hierzu der Zustimmung des gesetzlichen Vertreters oder der Genehmigung des Familiengerichts zu bedürfen.

➲ **Praxistipp:** Bleiben Zweifel an der Geschäftsfähigkeit des Erblassers, sollte neben dem gesetzlichen Vertreter sicherheitshalber **auch der Erblasser** selbst an dem Erb- bzw. Pflichtteilsverzichtsvertrag mitwirken, da letzterer andernfalls, wenn doch Geschäftsfähigkeit bestehen sollte, wegen Verstoßes gegen das Höchstpersönlichkeitsgebot aus § 2347 Abs. 2 Satz 1 BGB unwirksam wäre (BayObLG FamRZ 2001, 941 ff.; Staudinger/Schotten § 2347 BGB Rz. 31). Zudem sollte im Falle einer Betreuung hinsichtlich des Aufgabenbereichs auf eine ausdrückliche Einbeziehung des Erb- bzw. Pflichtteilsverzichtsvertragsabschlusses über die bloße Angabe der allgemeinen Vermögenssorge hinaus hingewirkt werden, um keine Zweifel hinsichtlich der Reichweite der gesetzlichen Vertretungsmacht aufkommen zu lassen. 10

12. Wirksamkeits- und Ausübungskontrolle

Ähnlich der gerichtlichen Überprüfung von Eheverträgen wird nunmehr auch eine gerichtliche Ausübungs- und Wirksamkeitskontrolle für Erbverzichts- und Pflichtteilsverzichtsverträge, insbesondere hinsichtlich eines **Wegfalls der Geschäftsgrundlage** für einen unter Eheleuten geschlossenen isolierten Pflichtteilsverzichtsvertrag erwogen (Wendt ZNotP 2006, 2 ff.). Daher sollte bei Beurkundung auf diesbezügliche eventuelle Risiken hingewiesen werden. Bspw. kann eine ausdrücklich beabsichtigte spätere Errichtung eines gemeinschaftlichen Testaments Geschäftsgrundlage für einen vorab vereinbarten wechselseitigen Pflichtteilsverzichtsvertrag sein (OLG Nürnberg RNotZ 2003, 187, 188 ff.). Nach Eintritt des Erbfalls bleibt ein abstrakter Erbverzichtsvertrag grundsätzlich wirksam, ggf. kommt jedoch eine Anpassung eines dem Erbverzicht möglicherweise zugrunde liegenden schuldrechtlichen Grundgeschäfts in Betracht (BGH DNotZ 1997, 806, 808 f.). Es empfiehlt sich daher, das jeweilige Motiv für eine Verzichtserklärung ausdrücklich in die Urkunde aufzunehmen (Reimann/Bengel/J. Mayer A Rz. 184). 11

Die **Anfechtung** eines Erbverzichtsvertrags ist **nur zu Lebzeiten** und nicht mehr nach dem Tod des Erblassers möglich, da die Erbfolge im Erbfall aus Rechtssicherheitsgründen feststehen muss (OLG Düsseldorf ZEV 2013, 498; BayObLG NJW-RR 2006, 372; OLG Celle ZEV 2004, 156; OLG Schleswig NJW-RR 1997, 1092; OLG Koblenz MDR 1993, 656; aA Damrau, MittBayNot 2006, 251; Leipold, ZEV 2006, 212; Mankowski, ZEV 1998, 30). 11a

Ein Erbverzichtsvertrag, durch den der Begünstigte aufgrund unrichtig geschilderter Ausgangstatsachen die alters- und erfahrungsmäßig schwächere Position des Verzichtenden ausnutzt und verstärkt, kann nach § 138 Abs. 1 BGB **sittenwidrig** und daher nichtig sein (OLG München MittBayNot 2006, 428, 429 f. – Verzicht des nichtehelichen Kindes gegenüber dem leiblichen Vater). Eine Sittenwidrigkeit ist jedoch ausgeschlossen, wenn bei Abschluss eines Erbverzichtsvertrags zwischen künftigen Ehegatten der eine dem anderen Partner **ungefragt** und ohne konkrete Anhaltspunkte für ein diesbezügliches Informationsinteresse selbst eine erhebliche eigene **Vermögensposition nicht offenbart** (OLG Düsseldorf ZEV 2013, 498; Grziwotz FamRB 2013, 151; Keim MittBayNot 2014, 173, 174). In seltenen Ausnahmefällen kann jedoch ggf. ein sittenwidriger Ehevertrag einen isoliert betrachtet rechtmäßigen mitbeurkundeten Erbverzichtsvertrag infizieren, wobei aufgrund typischer diesbezüglicher Interessenausrichtung regelmäßig ein Erbverzichtsteil unabhängig von der Wirksamkeit des Ehevertragsteils fortgelten soll (Keim MittBayNot 2014, 173, 174). 12

Ein Pflichtteilsverzicht eines uneingeschränkt geschäftsfähigen körperlich **behinderten** volljährigen Sozialleistungen beziehenden Kindes mit seinen Eltern ist ebenso wie die Ablehnung der Erbenstellung oder eines Vermächtnisses insbesondere aufgrund dessen verfassungsrechtlich gewährleisteter (auch negativer) Erbfreiheit und Privatautonomie nicht wegen Sittenwidrigkeit unwirksam (BGH FamRZ 2011, 472; OLG Köln ZEV 2020, 87; Kleensang BWNotZ 2011, 162; Ivo DNotZ 2011, 387; 12a

Langenfeld/Fröhler, Testamentsgestaltung, 2. Kap. Rz. 186; v. Proff ZErb 2010, 206, 210; Spall, MittBayNot 2012, 141; Vaupel RNotZ 2009, 497, 508; kritisch Staudinger/Sack/Fischinger, § 138 BGB Rz. 466 f.).

12b Noch nicht gesichert ist, ob und inwieweit diese BGH-Rspr. auf **nicht behinderte** Sozialleistungsempfänger übertragen werden kann. Dabei dürfte zwischen das abstrakte Pflichtteilsrecht betreffenden Pflichtteilsverzichtsverträgen einerseits und einem Erlass mit dem Erbfall bereits konkret entstandener Pflichtteilsansprüche andererseits zu unterscheiden sein. Ein Pflichtteilsverzichtsvertrag kann trotz eines dann regelmäßig nicht relevanten Familienlastenausgleichs wegen der aber ebenfalls maßgebenden negativen Erbfreiheit des nicht behinderten Erben grundsätzlich je nach Gewichtung und Abwägung aller Einzelfallumstände rechtmäßig sein (DNotI Abruf-Gutachten Nr. 125189 v. 12.7.2013, S. 2; v. Proff ZErb 2010, 206, 210). Selbst dann kann aber auch ein nicht sittenwidriger Pflichtteilsverzicht des Sozialleistungsempfängers als Pflichtverletzung nach § 31 Abs. 2 Nr. 1 SGB II zu sozialrechtlichen Nachteilen führen (Klühs ZEV 2011, 15, 18). Im Gegensatz dazu kann jedoch ein erst nach dem Tod des Erblassers zwischen dem Pflichtteilsberechtigten und den Erben des Erblassers vereinbarter unentgeltlicher Pflichtteilserlassvertrag bezüglich dann erstmals nach § 2317 Abs. 1 BGB konkret entstandener Pflichtteilsansprüche sittenwidrig sein (VGH Mannheim NJW 1993, 2953, 2954 f.; v. Proff ZErb 2010, 206, 210). Wird **Sozialhilfe** gewährt, geht der mit dem Tod des Erblassers entstandene konkrete Pflichtteilsanspruch erst mit Anordnung ihrer Überleitung nach § 93 Abs. 2 SGBXII auf den Sozialhilfeträger über und untersteht bis dahin noch der Verfügungsmacht des Sozialhilfeempfängers (v. Proff ZErb 2010, 206, 207). Anders verhält es sich hingegen bei Empfängern von **ALG II**, die mit dem Erblasser keinen Pflichtteilsverzichtsvertrag geschlossen haben, nun mit dem Erbfall sofort nach § 33 Abs. 1 Satz 1 SGB II und ohne Erfordernis einer Überleitungsanzeige die Forderungsinhaberschaft an ihrem Pflichtteilsrecht verlieren und daher keinen Erlass von Pflichtteilsrechten aussprechen können (v. Proff ZErb 2010, 206 f.). Das vor dem Erbfall noch nicht konkretisierte abstrakte Pflichtteilsrecht ist jedoch weder bei Bezug von ALG II noch von Sozialhilfe überleitungsfähig (v. Proff ZErb 2010, 206, 209).

12c Der Verzicht auf die Geltendmachung des Pflichtteils ist ebenso wie eine Erbausschlagung auch in der **Wohlverhaltensphase** keine zum Verlust der Restschuldbefreiung führende Obliegenheitsverletzung des Schuldners iSd. Regelung des § 295 Abs. 1 Nr. 2 InsO, da andernfalls deren Zweck zur Schaffung eines Annahmeanreizes verfehlt würde (BGH FamRZ 2009, 1486). Selbst die Mitwirkung des vertraglich eingesetzten Erben an der Aufhebung seiner Erbeinsetzung, die Erb- oder Vermächtnisausschlagung und die Vereinbarung eines Erbverzichts sind wegen ihres höchstpersönlichen Charakters im **Insolvenzverfahren** nicht nach § 83 Abs. 1 InsO anfechtbar (BGH FamRZ 2013, 373). Daher kann der insolvente Schuldner erst recht auch während des Insolvenzverfahrens ohne Mitwirkung des Insolvenzverwalters durch Abschluss eines Zuwendungsverzichtsvertrages auf eine ihm noch nicht angefallene Erbschaft verzichten (BeckOK BGB/J. Mayer § 2346 BGB Rz. 2; DNotI-Gutachten DNotI-Report 2014, 43; Ivo ZErb 2003, 250, 253; Langenfeld/Fröhler, Testamentsgestaltung, 2. Kap. Rz. 193; Staudinger/Schotten § 2346 BGB Rz. 8).

II. Zuwendungsverzicht

13 Gem. § 2352 BGB können durch letztwillige Verfügungen als Erbe oder Vermächtnisnehmer Bedachte durch **Vertrag** mit dem Erblasser auf ihre Zuwendung verzichten. Ist diese Zuwendung durch Erbvertrag angeordnet, sind Besonderheiten zu beachten (s. Rz. 17). Ein Zuwendungsverzichtsvertrag ist in der Praxis insbesondere dann bedeutsam, wenn der Erblasser bei mehrseitigem Erbvertrag oder gemeinschaftlichem Testament seinerseits auf Grund vertragsmäßig bzw. wechselbezüglich bindend gewordener Verfügungen nicht mehr frei über seinen eigenen Nachlass verfügen kann oder testierunfähig und daher ausschließlich über den gesetzlichen Vertreter iSd. §§ 2352 Satz 3, 2347 Abs. 2 BGB handlungsfähig ist. Ist der Erblasser hingegen testierfähig und bspw. aufgrund Abänderungsvorbehalts dazu in der Lage, von ihm bereits getroffene letztwillige Verfügungen von Todes wegen durch Testament abzuändern, bedarf es keines Zuwendungsverzichtsvertrages.

Soweit der Erblasser aus einem gemeinschaftlichen Testament mit dem erstverstorbenen Ehegatten resultierende Bindungen aus **wechselbezüglich getroffenen Verfügungen** aufheben möchte, kommt zumeist keine Anfechtung der eigenen bindenden Verfügung – sofern nicht ohnehin ein testamentarischer Anfechtungsausschluss vereinbart wurde (s. **M 85.11**) – etwa im Falle der Wiederverheiratung nach §§ 2079, 2281 Abs. 1 BGB in Betracht, da diese regelmäßig auch die Nichtigkeit der wechselbezüglichen Verfügung des erstverstorbenen Ehegatten und damit der wichtigen Erbeinsetzung durch den erstversterbenden Ehegatten bewirken würde (Palandt/Weidlich § 2271 BGB Rz. 33) – etwas anderes soll jedoch dann gelten, wenn der längstlebende Ehegatte mangels Verwirkungsklausel auch gegenüber denjenigen Kindern gebunden ist, die von ihm beim Tod des Erstversterbenden den Pflichtteil verlangt haben (Nieder/Kössinger § 14 Rz. 83). Scheidet daher eine Anfechtung aus, kann ein Zuwendungsverzichtsvertrag mit den durch das gemeinschaftliche Testament bindend begünstigten Personen eine einvernehmliche Lösung ermöglichen.

Hierbei ist jedoch zu beachten, dass trotz einer derartigen vertraglichen Vereinbarung der zunächst 14
wechselbezüglich bzw. vertragsmäßig gebundene Erblasser gleichwohl nicht frei verfügen kann, wenn und soweit der Zuwendungsverzichtsvertrag Dritte nicht erfasst, die an die Stelle der verzichtenden Vertragspartner als durch die Bindung geschützte Berechtigte nachrücken. Aufgrund der zwischenzeitlich gem. Art. 229 § 23 Abs. 4 Satz 2 EGBGB für Erbfälle seit dem 1.1.2010 in Kraft getretenen Erbrechtsreform verweist § 2352 Satz 3 BGB nF nunmehr auf die Erstreckungsregelung für Erbverzichts- und Pflichtteilsverzichtsverträge nach § 2349 BGB. Dies gilt in derartigen Fällen somit auch dann, wenn der Zuwendungsverzichtsvertrag vor dem 1.1.2010 geschlossen wurde (Erman/Simon § 2352 BGB Rz. 7). Daraus folgt, dass ein Zuwendungsverzicht eines Abkömmlings oder Seitenverwandten des Erblassers auch die **Abkömmlinge** dieses Verzichtenden erfasst, soweit der Zuwendungsverzichtsvertrag nicht ausdrücklich oder stillschweigend etwas anderes regelt bzw. der Erblasser aufgrund seiner Testierfreiheit in der betroffenen Verfügung von Todes wegen als andere Bestimmung iSd. § 2349 BGB die Erstreckungswirkung ausschließt (OLG Schleswig ZEV 2014, 425; Keim ZEV 2014, 428; Langenfeld NJW 2009, 3121, 3122 f.; Weidlich FamRZ 2010, 166). Hierbei handelt es sich um eine Dispositivnorm und nicht um eine Auslegungsregel (DNotI-Gutachten DNotI-Report 2009, 173, 175; *Keim*, RNotZ 2009, 574, 575; Langenfeld/Fröhler, Testamentsgestaltung, 5. Kap. Rz. 231; Muscheler ZEV 1999, 49, 50; Odersky notar 2009, 362, 365; Wälzholz DStR 2009, 2104, 2108; aA Kanzleiter DNotZ 2010, 520, 523 ff.; Mattes/Lutz BWNotZ 2011, 178, 182; Palandt/Weidlich § 2352 BGB Rz. 5). Damit werden ebenso wie beim Erb- bzw. Pflichtteilsverzicht keine anderen als die in § 2349 BGB genannten Ersatzerben, insbesondere keine ersatzweise berufenen Geschwister des Erblassers erfasst (sehr wohl jedoch deren Abkömmlinge, wenn Geschwister des Erblassers unmittelbar bedacht waren und verzichtet haben). Diesen gegenüber entfaltet ein Zuwendungsverzicht nur dann Wirkung, wenn die Ersatzberufung um eine Zuwendungsverzichtsvereinbarung auflösend bedingt vereinbart worden ist (s. **M 85.7**). Die Erstreckungswirkung gilt unabhängig davon, ob der Zuwendungsverzicht entgeltlich oder unentgeltlich (Erman/Simon § 2352 BGB Rz. 7; MünchKomm.BGB/Wegerhoff § 2352 BGB Rz. 13; Schaal/Grigas BWNotZ 2008, 2, 24) bzw. umfassend, eingeschränkt oder teilweise vereinbart wurde (DNotI-Gutachten DNotI-Report 2009, 173, 175), und erfasst aufgrund des Wortlauts nicht nur insbes. über § 2069 BGB auslegungsbedingt berufene, sondern auch ausdrücklich eingesetzte Ersatzerben (Odersky notar 2009, 362, 365; DNotI-Gutachten DNotI-Report 2009, 173, 175; Keim RNotZ 2009, 574, 575, zweifelnd Schaal/Grigas BWNotZ 2008, 2, 24). Eine Beschränkung der Erstreckungswirkung des Zuwendungsverzichts auf einzelne von mehreren betroffenen Abkömmlingen dürfte unzulässig sein (Keim RNotZ 2009, 574, 575).

Für **Erbfälle bis einschließlich 31.12.2009** galt die Erstreckungsregelung des § 2349 BGB mangels früherer entsprechender Verweisung in § 2352 Satz 3 BGB weder direkt noch analog (BayObLG Rpfleger 1984, 65 f.).

Ausnahmsweise ergab sich durch Auslegung der in Rede stehenden bindenden Verfügung und Er- 15
mittlung des hypothetischen Erblasserwillens doch eine **Erstreckung** auf mangels ausdrücklicher Ersatzbestimmung erst durch Auslegung ersatzberufene Personen, wenn der Zuwendungsverzicht gegen eine vollentgeltliche Abfindungsleistung erklärt wurde und ohne die Verzichtserstreckung eine Doppelbegünstigung des Stammes des Verzichtenden durch Abfindungsleistung einerseits und die gleichwohl erfolgende letztwillige Zuwendung andererseits eingetreten wäre (BGH NJW 1974, 43, 44), es sei denn, es wäre lediglich ein einziges Kind als Erbe eingesetzt und dadurch eine Doppelbegünstigung eines von mehreren Stämmen ausgeschlossen (OLG Frankfurt ZEV 1997, 454,

457). Da die Auslegungsregel zur Feststellung einer Wechselbezüglichkeit der Schlusserbeneinsetzung iSd. § 2270 Abs. 2 BGB nicht mit der Auslegungsregel des § 2069 BGB zur Ersatzerbenberufung kumuliert werden kann und daher eine Wechselbezüglichkeit der Ersatzschlusserbeneinsetzung über § 2069 BGB hinausgehende Auslegungsanhaltspunkte voraussetzt (BGH NJW 2002, 1126, 1127), bedarf es oftmals mangels Wechselbezüglichkeit der Ersatzschlusserbeneinsetzung keiner Zuwendungsverzichtserstreckung auf Abkömmlinge verzichtender Abkömmlinge des Erblassers. Soweit in der Verfügung von Todes wegen jedoch eine ausdrückliche Ersatzberechtigung vorgesehen war, drohte eine Erstreckung der Zuwendungsverzichtswirkungen auf die Ersatzberufenen selbst bei einer vollentgeltlichen Abfindungsleistung zu scheitern (vgl. OLG Düsseldorf DNotZ 1974, 367, 368 ff., großzügiger hingegen BayObLG ZEV 1997, 377, 381). Diese Grundsätze können auch unter Geltung von § 2352 Satz 3 BGB nF iVm. § 2349 BGB für die vom Zuwendungsverzicht nicht erfassten Personengruppen bedeutsam sein. Trotz des klaren Wortlauts des Art. 229 § 23 Abs. 4 EGBGB muss für Übergangsfälle, in denen die Beurkundung des Zuwendungsverzichtsvertrags noch vor dem 1.1.2010 erfolgt ist, entsprechend dem Willen der Parteien danach differenziert werden, ob bei Beurkundung eine Wirkungserstreckung etwa in Kenntnis der bevorstehenden Gesetzesänderung gewünscht war oder nicht (Kanzleiter DNotZ 2009, 805, 813; Keim RNotZ 2009, 574, 576; Weidlich FamRZ 2010, 166; 171).

16 Gegenstand des Zuwendungsverzichts sind nach § 2352 BGB **Erbeinsetzungen** oder **Vermächtnisse**, die auf einer Verfügung von Todes wegen beruhen. Anderweitige Begünstigungen, insbesondere der Voraus des Ehegatten oder Auflagen sind hiervon nicht erfasst. Die vom Verzicht erbrachte Zuwendung muss exakt bezeichnet werden. Es kommen ausschließlich zum Zeitpunkt des Abschluss des Verzichtsvertrages bereits angeordnete Zuwendungen in Betracht. Gegenständliche Beschränkungen des Zuwendungsverzichtes sind möglich, soweit sie sich auf einzelne Vermächtnisgegenstände oder ideelle Erbteile beziehen. Auch kann ein Zuwendungsverzicht auf die Berechtigung des Erblassers zur Anordnung von Auflagen, Vermächtnissen, Testamentsvollstreckungen bzw. Vor- und Nacherbschaftsregelungen beschränkt werden (BGH NJW 1982, 1100, 1101 f.). Bezüglich einer Erbeinsetzung ist eine gegenständliche Beschränkung auf einzelne Nachlassgegenstände jedoch unzulässig, soweit diese dem Erben nicht vorausvermächtnisweise zugeteilt sind und sich der Verzicht gegenständlich auf das Vorausvermächtnis beschränkt. Hinsichtlich der persönlichen Voraussetzungen gelten die Regelungen des Erbverzichtsvertrages über § 2352 Satz 3 BGB entsprechend. Das zugrunde liegende **Kausalgeschäft** – vor allem eine Abfindungsregelung – bedarf der notariellen Mitbeurkundung.

17 Für einen Verzicht auf **erbvertragliche Zuwendungen** sieht § 2352 Satz 2 BGB Besonderheiten vor. Danach kann wirksam nur auf solche durch Erbvertrag erfolgte Zuwendungen verzichtet werden, die einem Dritten zukommen. Dritter in diesem Sinne kann grundsätzlich (zu Ausnahmen s. Rz. 17a u. 17b) nicht sein, wer Erblasser oder dessen Erbvertragspartner ist (Erman/Simon § 2352 BGB Rz. 4; Groll/Muscheler B XV Rz. 80). Diese Einschränkung gilt zunächst nicht für einseitige letztwillige Verfügungen, die in Erbverträgen enthalten sind, da für diese nach § 2299 Abs. 2 Satz 1 BGB die testamentarischen Regelungen gelten (Groll/Muscheler B XV Rz. 79; Jackschath MittRhNotK 1977, 117, 119). § 2352 Satz 2 BGB meint lediglich vertragsmäßig bindende Verfügungen von Todes wegen. Sind derartige vertragsmäßige Verfügungen in einem Erbvertrag zwischen lediglich zwei Personen ausschließlich zu Gunsten eines dieser beiden Personen angeordnet worden, so kann ein Zuwendungsverzichtsvertrag nicht wirksam abgeschlossen werden, da diesbezüglich ausschließlich eine Erbvertragsaufhebung zwischen diesen beiden einzigen Vertragsparteien in Betracht kommt (OLG Stuttgart OLGZ 1979, 129, 130; OLG Hamm DNotZ 1977, 751, 753 ff.; Erman/Simon § 2352 BGB Rz. 3). Im Wege teleologischer Reduktion des § 2352 Satz 2 BGB ist jedoch ausnahmsweise auch bei einem zwischen lediglich zwei Personen ausschließlich zu Gunsten eines dieser beiden Personen abgeschlossenen Erbvertrag ein Zuwendungsverzichtsvertrag zwischen gebundenem Erblasser und Bedachtem möglich, wenn die an sich vorrangige Erbvertragsaufhebung wegen Geschäftsunfähigkeit einer der beiden Erbvertragsparteien nach § 2290 Abs. 2 BGB scheitert (Staudinger/Schotten § 2352 BGB Rz. 25). Ist die Zuwendung durch einen Erbvertrag, an dem ausschließlich zwei Personen mitgewirkt haben, zu Gunsten einer dritten Person angeordnet worden, ist ein Zuwendungsverzichtsvertrag zwischen Erblasser und Drittpersonen unzweifelhaft möglich, ohne dass die Zustimmung des Vertragspartners erforderlich ist (Staudinger/Schotten § 2352 BGB Rz. 24). Haben bei Beurkundung des Erbvertrages neben dem Notar drei Personen

mitgewirkt, könnte unklar sein, ob eine Zuwendung an einen Dritten iSd. § 2352 Satz 2 BGB erfolgt ist, um einen wirksamen Zuwendungsverzichtsvertrag mit diesem abschließen zu können. So könnte erwogen werden, die Person des Dritten iSd. § 2352 Satz 2 BGB rein formell zu definieren und einen Zuwendungsverzichtsvertrag bereits dann auszuschließen, wenn die Drittperson den in Rede stehenden Erbvertrag lediglich mitunterschrieben hat, ohne Vertragspartner zu sein. Richtigerweise muss hingegen funktionell darauf abgestellt werden, ob der Dritte unabhängig von einer förmlichen Mitunterzeichnung des Erbvertrags Vertragspartner gewesen ist, so dass Zuwendungsverzichtsverträge mit Personen, die zwar den Erbvertrag formell zur Kenntnisnahme mitunterschrieben haben, aber nicht materiell Vertragspartner geworden sind, zulässig sind (OLG Stuttgart OLGZ 1979, 129, 130; BayObLG NJW 1965, 1552; Groll/Muscheler B XV Rz. 80; Langenfeld/Fröhler, Testamentsgestaltung, 5. Kap. Rz. 23).

➲ **Praxistipp:** Insoweit ist für den gestaltenden Berater größte Vorsicht geboten. Auf die Risiken der Auslegung des Begriffs des „Dritten" iSd. § 2352 Satz 2 BGB ist ausdrücklich hinzuweisen. 17a

Mittels teleologischer Reduktion des § 2352 Satz 2 BGB ist bei einem **Erbvertrag zwischen mehr als zwei Personen** Dritter in diesem Sinne auch der bedachte Vertragspartner, da der Gesetzgeber eine derartige Konstellation trotz grundsätzlicher Absicht zur Regelung der Aufhebbarkeit bindender letztwilliger Verfügung im Einvernehmen zwischen Bedachtem und gebundenem Erblasser offensichtlich übersehen hat, diese aber auch dann möglich sein muss, wenn eine Erbvertragsaufhebung, die nach § 2290 BGB die Mitwirkung aller Vertragsbeteiligten erfordert, an der Verweigerung einer durch die in Rede stehende Verfügung gar nicht unmittelbar betroffenen Vertragspartei scheitern würde, so dass zur Aufhebung der diesbezüglichen Zuwendung ausnahmsweise keine Mitwirkung der insoweit nicht betroffenen anderen Erbvertragsparteien erforderlich ist (OLG Hamm ZEV 2012, 266; BayObLG NJW 1965, 1552 BeckOK BGB/J. Mayer § 2352 BGB Rz. 12; Erman/Simon § 2352 BGB Rz. 4; Langenfeld/Fröhler, Testamentsgestaltung, 5. Kap. Rz. 247; MünchKomm.BGB/Wegerhoff § 2352 BGB Rz. 8; Palandt/Weidlich § 2352 BGB Rz. 3; Staudinger/Schotten § 2352 BGB Rz. 25; aA OLG Celle NJW 1959, 1923). 17b

Entsprechendes gilt ausnahmsweise auch bei einem zwischen lediglich zwei Personen ausschließlich zu Gunsten eines dieser beiden Personen abgeschlossenen Erbvertrags, wenn die an sich erforderliche vorrangige Erbvertragsaufhebung wegen **Geschäftsunfähigkeit** einer der beiden Erbvertragsparteien nach § 2290 Abs. 2 BGB scheitert (Staudinger/Schotten § 2352 BGB Rz. 25). 17c

Für den Fall, dass ein Zuwendungsverzichtsvertrag wegen Wegfalls des Verzichtenden vor Eintritt des Erbfalles und gleichzeitiger Ersatzerbenberufung ins Leere geht, sollten hilfsweise **Ausgleichsregelungen** mitbeurkundet werden. Hier empfiehlt sich insbesondere die Verpflichtung zur Rückerstattung bereits erbrachter Abfindungszahlungen an den Verzichtsbegünstigten und die Verpflichtung des Verzichtenden auf Abtretung des vom Zuwendungsverzichtsvertrag anvisierten Erbteils an den Verzichtsbegünstigten gegen Bezahlung einer neuen Abfindung (Reimann/Bengel/J. Mayer Muster 84). Diese Erbteilsabtretungsverpflichtung muss sich im Rahmen des § 311b Abs. 5 BGB bewegen. Sie ist nur dann zwingend zu vollziehen, wenn die Erben des Verzichtenden mit den Ersatzerben identisch sind und damit in diese Verpflichtung eintreten. 18

Ein wirksam abgeschlossener Zuwendungsverzichtsvertrag verhindert analog § 2346 BGB den Anfall der bindend vorgesehenen Zuwendung an den Verzichtenden, der so behandelt wird, als hätte er den Erbfall nicht erlebt (KG JFG 15, 98, 99; MünchKomm.BGB/Wegerhoff § 2352 BGB Rz. 12). Soweit infolge der Wirkungserstreckung nach §§ 2352 Satz 3, 2349 BGB aufgrund Wegfalls des Verzichtenden kein ausdrücklich berufener oder durch Auslegung zu ermittelnder Ersatzberufener nachrückt (s. dazu Rz. 14), wird die vom Zuwendungsverzicht betroffene bindende Verfügung gegenstandslos, jedoch anders als bspw. nach Anfechtung oder Widerruf nicht unwirksam. Folglich bleiben die Verfügungen, die mit der vom Zuwendungsverzicht betroffenen Verfügung korrespondieren, anders als nach Anfechtung oder Widerruf ebenfalls bestehen. Dem Erblasser ist nunmehr die Möglichkeit eröffnet, abweichend von der bisherigen Bindung anderweitige letztwillige Verfügungen zu treffen. Er muss diese dann jedoch noch anordnen, um insbesondere das verbleibende gesetzliche Erbrecht des vom Verzicht Betroffenen auszuschalten. Es empfiehlt sich daher, dass der Erblasser parallel zu dem Zuwendungsverzicht eine neue Verfügung von Todes wegen errichtet und 19 mit pflichtteilsberechtigten Verzichtenden einen Pflichtteilsverzichtsvertrag mit Wirkungserstreckung nach § 2349 BGB auf deren Abkömmlinge schließt. Von einem Erbverzichtsvertrag ist hingegen zur Vermeidung einer ungewünschten Erhöhung der Pflichtteilsquoten nicht mitwirkender anderer Pflichtteilsberechtigter nach § 2310 Satz 2 BGB (s. Rz. 5) abzuraten. Wird ausschließlich ein Zuwendungsverzichtsvertrag ohne weitergehenden Verzichtsvertrag geschlossen, bleibt das gesetzliche Erb- und Pflichtteilsrecht des Verzichtenden unberührt. Entsprechendes gilt bei im gesetzlichen Güterstand der Zugewinngemeinschaft verheirateten Ehegatten hinsichtlich der Ansprüche aus § 1371 Abs. 3 BGB.

20 Ein durch vertragsmäßig bindende Verfügung aus Erbvertrag bzw. durch wechselbezüglich bindende Verfügung aus gemeinschaftlichem Testament Begünstigter kann gegenüber dem gebundenen Erblasser, der einem Dritten eine Schenkung zuwendet, auf den **Schutz der §§ 2287 f. BGB** durch zuwendungsverzichtsähnlichen Vertrag wirksam verzichten, sofern die Beurkundungsform des § 2348 BGB und ein eventuelles aus dem Rechtsgedanken des § 2347 Abs. 1 BGB resultierendes gerichtliches Genehmigungserfordernis gewahrt bleiben (BGH DNotZ 1990, 803, 804 f.). Wegen der durch die Rechtsprechung bejahten Nähe eines derartigen Verzichtsvertrags zum Zuwendungsverzichtsvertrag iSd. § 2352 BGB dürfte insoweit auch von einer analog §§ 2352 Satz 3, 2349 BGB eintretenden Wirkungserstreckung auf Abkömmlinge verzichtender Abkömmlinge bzw. Seitenverwandter des Erblassers auszugehen sein, zumal der Schutz der §§ 2287 f. BGB nicht weiter reichen kann als die Bindungswirkung eines gemeinschaftlichen Testaments bzw. Erbvertrags (Keim RNotZ 2009, 574, 577; Langenfeld/Fröhler, Testamentsgestaltung, 5. Kap. Rz. 253;DNotI-Gutachten DNotI-Report 2009, 173, 174 f.: wahlweise Zustimmungsvereinbarung zur konkreten Schenkung, Zuwendungsverzichtsvertrag auf Gestattung derartiger Schenkungen oder umfassender Zuwendungsverzichtsvertrag mit bindender Neueinsetzung des Verzichtenden auf den Rest durch den Erblasser jeweils unter ausdrücklicher Ablehnung der Begründung von Kanzleiter ZEV 1997, 261, 266 über einen Erstrechtschluss aus dem Nichterfordernis der Zustimmung des Ersatznacherben bei Zustimmung eines Nacherben zu einer nach § 2113 BGB zustimmungspflichtigen Grundbesitzveräußerung).

20a Die Regelungen eines **relativen Erbverzichts** aus § 2350 BGB (s. dazu Rz. 8a) sind wegen ähnlicher Zielsetzung auf einen Zuwendungsverzichtsvertrag anwendbar (Palandt/Weidlich § 2350 BGB Rz. 1; Staudinger/Schotten § 2352 BGB Rz. 18; aA MünchKomm.BGB/Wegerhoff § 2352 BGB Rz. 5).

M 89.4 Vertrag über vollentgeltlichen Zuwendungsverzicht

(Notarielles Beurkundungsprotokoll – Auszug)[1]

Zuwendungsverzichtsvertrag

...

Die Eheleute ... (Vor- und Nachname) und ... (Vor- und Nachname) haben am ... (Datum) vor dem Notar ... (Name) in ... (Ort) unter UR ... (Urkundenrollennummer) einen Erbvertrag beurkunden lassen. Danach hat der erstversterbende Ehegatte den längstlebenden Ehegatte zum alleinigen Vollerben und der längstlebende Ehegatte die beiden gemeinschaftlichen Kinder ... (Vor- und Nachname) und ... (Vor- und Nachname) zu untereinander gleichen Teilen zu Schlusserben, ersatzweise die jeweiligen Abkömmlinge eines wegfallenden Schlusserben nach den Regeln der gesetzlichen Erbfolge erster Ordnung, wiederum ersatzweise die Schwester des Ehemanns, wiederum ersatzweise deren Abkömmlinge nach den Regeln der gesetzlichen Erbfolge erster Ordnung eingesetzt. Sämtliche Verfügungen sind mit vertragsmäßig bindender Wirkung angeordnet. ... (Vor- und Nachname des erstversterbenden Ehemanns) ist zwischenzeitlich verstorben. Die beiden Kinder ... (Vor- und Nachname) und ... (Vor- und Nachname) haben derzeit jeweils keine Kinder. Der Erbvertrag, enthält zu Gunsten des längstlebenden Ehegatten keinen Änderungsvorbehalt.

1 In Anlehnung an Reimann/Bengel/J. Mayer Muster 84.

... (Vor- und Nachname des Verzichtenden) verzichtet hiermit gegenüber der ... (Vor- und Nachname der Ehefrau als längstlebendem Erblasser) auf das ihm/ihr im vorstehend genannten Erbvertrag vertragsmäßig zugeteilte Erbrecht, ohne zugleich auf sein/ihr gesetzliches Erb- oder Pflichtteilsrecht zu verzichten. Dieser Verzicht steht unter der auflösenden Bedingung, dass die nachstehend vereinbarte Gegenleistung nicht bis spätestens ... (Datum) vereinbarungsgemäß erbracht sein wird. Der bedingte Zuwendungsverzicht wird hiermit von ... (Vor- und Nachname des Erblassers) angenommen.

Als Gegenleistung verpflichtet sich ... (Vor- und Nachname des Begünstigten) ... (Vor- und Nachname des Verzichtenden) gegenüber, diesem/dieser bis zum ... (Datum) einen Geldbetrag von ... (Höhe) zu bezahlen.

Die Beteiligten wurden vom beurkundenden Notar darüber belehrt, dass der Zuwendungsverzichtsvertrag nur gegenüber dem/der hier verzichtenden ... (Vor- und Nachname des Verzichtenden) wirksam ist. Sollte ... (Vor- und Nachname des Verzichtenden) – etwa im Falle eines Vorversterbens vor dem längstlebenden Elternteil ... (Vor- und Nachname) – nicht Schlusserbe werden, erstreckt sich der Zuwendungsverzicht grundsätzlich nicht auf die Ersatzerben. Alle Beteiligten erklären hiermit, dass die vereinbarte Gegenleistungsverpflichtung eine vollentgeltliche Abfindung für das dem/der ... (Vor- und Nachname des Verzichtenden) erbvertraglich zustehende Erbrecht ist. Dies kann möglicherweise dazu führen, dass nicht von einer Ersatzerbeneinsetzung auszugehen ist. Soweit gleichwohl ein Ersatzschlusserbe berufen ist, ... (Vor- und Nachname des Verzichtenden) bzw. der Ersatzschlusserbe die vereinbarte Gegenleistung erhalten hat, dadurch die auflösende Bedingung für den Zuwendungsverzicht ausgefallen ist und der Ersatzschlusserbe nunmehr Ansprüche gegen den Nachlass geltend macht, hat er die bereits geleistete Abfindungszahlung zzgl. ... % Jahreszinsen aus diesem Betrag zurückzuleisten. Trotz Belehrung wird eine entsprechende Absicherung nicht gewünscht. Gleichzeitig entfällt dann die Wirksamkeit des Zuwendungsverzichts.

Sollte der Ersatzerbfall ohne Vorversterben von ... (Vor- und Nachname des Verzichtenden) eintreten oder sollte ... (Vor- und Nachname des Verzichtenden) vorversterben und sollten die Erben mit den Ersatzerben auf den Tod des/der ... (Vor- und Nachname) personengleich sein, ist ... (Vor- und Nachname des Verzichtenden) bzw. sind dessen/deren Gesamtrechtsnachfolger (Erben) im Rahmen des § 311b Abs. 5 BGB dazu verpflichtet, den insoweit nach dem Erbvertrag zufallenden Erbanteil an ... (Vor- und Nachname des Begünstigten) auf dessen/deren Kosten nach § 2033 BGB frei von Rechten Dritter Zug um Zug gegen Bezahlung einer der vorstehenden Gegenleistungsverpflichtung entsprechenden Summe zu übertragen.

Über die Risiken einer derartigen Vertragsgestaltung insbesondere im Hinblick auf die Problematik einer Ersatzerbenberufung und die Reichweite des § 311b Abs. 5 BGB wurde eingehend belehrt.

...

Kosten: *Notargebühr:* 2,0-Gebühr gem. Nr. 21100 KV GNotKG, mindestens 120 Euro. Geschäftswert gem. § 102 Abs. 4, 1, 97 Abs. 3 GNotKG (Vergleich des Wert des Zuwendungsverzichts und der vereinbarten Gegenleistung, der höhere ist maßgebend).

III. Verzichtsaufhebung

Ein Vertrag über Erb- bzw. Pflichtteilsverzicht kann nach § 2351 BGB als Rechtsgeschäft unter Lebenden vertraglich zwischen Erblasser und Verzichtendem jederzeit in notariell beurkundeter Form ohne Mitwirkung der durch den Verzicht Begünstigten oder von dessen Wirkungserstreckung erfassten Abkömmlinge aufgehoben werden, da der dadurch ausgelöste Wegfall der ursprünglich von § 2310 Satz 2 BGB bewirkten Erbteilserhöhung eine bloße Reflexwirkung der Aufhebung ist (BeckOK BGB/J. Mayer § 2351 BGB Rz. 8; DNotI Abruf-Gutachten Nr. 116245 v. 16.2.2012, S. 2; MünchKomm.BGB/Wegerhoff § 2351 BGB Rz. 2). Wurde der Erb- und Pflichtteilsverzichtsvertrag mit einem Erbvertrag verbunden, müssen an der Aufhebung des Erb- und Pflichtteilsverzichtsvertragsteils die ausschließlich erbvertraglich bindend eingesetzten Erben, die keinen Verzicht abge- 21 geben hatten, selbst dann nicht mitwirken, wenn die Verzichtsaufhebung unentgeltlich erfolgt, da insoweit keine Schenkung aus dem Vermögen des Erblassers an den Verzichtenden iSd. § 516 BGB zugrunde liegt und daher § 2287 BGB nicht anwendbar ist, wenn der Zuwendungswert unter dem fiktiven Pflichtteil des Verzichtenden liegt (BGHZ 77, 264; OLG Düsseldorf ZEV 2013, 392; LG Aachen FamRZ 1996, 61; Erman/Simon § 2351 BGB Rz. 1; DNotI Abruf-Gutachten Nr. 116245 v. 16.2.2012, S. 2; Kanzleiter DNotZ 2009, 86; Keim RNotZ 2013, 411, 415; Langenfeld/Fröhler, Testamentsgestaltung, 2. Kap. Rz. 195; MünchKomm.BGB/Musielak § 2289 BGB Rz. 15; aA Schindler DNotZ 2004, 824 u. ZEV 2005, 299).

21a Zur Vermeidung künftiger pflichtteilsrechtlicher Anspruchsstellung können sich der Verzichtende und der durch den Verzicht Begünstigte, wenn sie künftige gesetzliche Erben nach dem in Rede stehenden Erblasser sind, insbesondere nach **§ 311b Abs. 5 Satz 1 BGB** durch notariell beurkundeten Vertrag zur Nichtgeltendmachung von Pflichtteilsansprüchen verpflichten (DNotI Abruf-Gutachten Nr. 116245 v. 16.2.2012, S. 3 f.; Palandt/*Weidlich*, § 2351 BGB Rz. 1; Schindler DNotZ 2004, 824, 837).

21b Ebenso wie bei Abschluss des Erbverzichts- und Pflichtteilsverzichtsvertrages ist zu dessen Aufhebung neben notarieller Beurkundung die **höchstpersönliche** Mitwirkung des Erblassers erforderlich (OLG München notar 2015, 17). Ausgenommen ist der geschäftsunfähige Erblasser, für den sein gesetzlicher Vertreter handelt, der wiederum der gerichtlichen Genehmigung bedarf (s. dazu Rz. 9 f.). Mangels Verweisung auf § 2347 Abs. 2 Satz 1 Halbs. 2 BGB ist für den minderjährigen Erblasser angesichts der ihn betreffenden Nachteiligkeit zwar die Zustimmung des gesetzlichen Vertreters, jedoch keine gerichtliche Genehmigung erforderlich (Palandt/Weidlich, § 2351 BGB Rz. 1; Staudinger/Schotten § 2351 BGB Rz. 13). Da eine Verweisung auf § 2347 Abs. 1 BGB in Ansehung des Verzichtenden fehlt, kann der minderjährige Verzichtende als lediglich rechtlich vorteilhaftes Geschäft iSd. § 107 BGB ohne Zustimmung seines gesetzlichen Vertreters persönlich alleine (Palandt/Weidlich, § 2351 BGB Rz. 1) bzw. der geschäftsunfähige Verzichtende zwar nur über seinen gesetzlichen Vertreter, aber ohne Bedürfnis einer betreuungs- bzw. familiengerichtlichen Genehmigung handeln (Palandt/Weidlich, § 2351 BGB Rz. 1; Staudinger/Schotten § 2351 BGB Rz. 22).

22 Trotz Fehlens einer ausdrücklichen Verweisung in § 2352 Satz 3 BGB auf § 2351 BGB sind **auch Zuwendungsverzichtsverträge** analog § 2351 BGB durch notariell beurkundeten Vertrag vertraglich aufhebbar (BGH MittBayNot 2008, 481, 482 ff. m. Anm. Müller; LG Kempten MittBayNot 1978, 63; Erman/Simon, § 2352 BGB Rz. 10; Langenfeld/Fröhler, Testamentsgestaltung, 5. Kap. Rz. 254; Palandt/Weidlich, § 2353 BGB Rz. 6; aA Mittenzwei ZEV 2004, 488 (Aufhebbarkeit folge aus Rechtsgedanken derr §§ 141, 311 Abs. 1, 397 BGB bzw. dem Prinzip der Vertragsfreiheit); aA Kornexl, Der Zuwendungsverzicht, 1998, Rz. 554 ff.). Auch insoweit dürfte eine Wirksamkeitserstreckung auf Abkömmlinge verzichtender Abkömmlinge bzw. Seitenverwandter des Erblassers erfolgen (Keim RNotZ 2009, 574, 577). Nach wie vor ist unklar, ob angesichts der Verweisung des § 2351 BGB auf § 2347 Abs. 2 Satz 2 BGB dem Abschluss eines Vertrages über Zuwendungsverzichtsaufhebung, bei dem der gesetzliche Vertreter den zwischenzeitlich testierunfähigen Erblasser vertritt, das Höchstpersönlichkeitsgebot des § 2065 BGB entgegensteht (vgl. dazu Müller MittBayNot 2008, 484, 485; Keim RNotZ 2009, 574, 577) und ob ein Aufhebungsvertrag zurückwirkt (Müller MittBayNot 2008, 484, 485).

23 Ein Aufhebungsvertrag iSd. § 2351 BGB kann nur dann wirksam abgeschlossen werden, wenn sowohl der Erblasser als auch der Verzichtende zum Zeitpunkt des Vertragsschlusses noch **leben** (BGH NJW 1998, 3117, 3118 f.). Auch hierbei handelt es sich um ein Rechtsgeschäft unter Lebenden mit der Folge, dass sich Willensmängel der Beteiligten nach den §§ 116 ff. BGB, eine teilweise Unwirksamkeit nach § 139 BGB statt nach § 2085 BGB und eine Anfechtung nach den §§ 119 ff. BGB statt nach § 2078 BGB richten. Sukzessive Beurkundung von Angebot und Annahme ist zulässig.

M 89.5 Vertrag über die Aufhebung eines Erb- und Pflichtteilsverzichtsvertrages

(Notarielles Beurkundungsprotokoll – Auszug)

Vertrag über Aufhebung eines Erb- und Pflichtteilsverzichtsvertrages

...

Wir haben am ... (Datum) vor dem Notar ... (Name) in ... (Ort) unter UR ... (Urkundenrollennummer) einen Erbverzichtsvertrag beurkunden lassen, durch den wir den gegenseitigen Verzicht auf unser jeweiliges gesetzliches Erb- und Pflichtteilsrecht vereinbart haben. Wegen des weiteren Inhalts wird auf die vorstehende Bezugsurkunde verwiesen. Sie liegt bei Beurkundung urschriftlich vor. Ihr Inhalt ist uns bekannt. Auf erneutes Verlesen und Beifügen verzichten wir.

Wir heben hiermit den jeweiligen vorstehend genannten Erb- und Pflichtteilsverzicht auf. Uns ist bekannt, dass der heutige Aufhebungsvertrag den jeweiligen Erb- und Pflichtteilsverzicht jeweils auf Ableben des anderen Ehegatten beseitigt und den gesetzlichen Ausgangszustand wieder herstellt.

...

Kosten: *Notargebühr:* 2,0-Gebühr gem. Nr. 21100 KV GNotKG, mindestens 120 Euro. Geschäftswert gem. § 102 Abs. 4, 1, 97 Abs. 2 GNotKG.

Kapitel 90 Schenkungen auf den Tod

Literatur: *Bredemeyer*, Lebensversicherungen vor und nach dem Todesfall, ZEV 2010, 288; *Gubitz*, Der Wettlauf zwischen Erben und Begünstigtem beim Vertrag zugunsten Dritter auf den Todesfall ist vermeidbar!, ZEV 2006, 333; *Rötelmann*, Zuwendungen unter Lebenden auf den Todesfall, NJW 1959, 661; *Schreiber*, Unentgeltliche Zuwendungen auf den Todesfall, Jura 1995, 159. S. auch die Literaturhinweise zu Kap. 80.

Sind sich der Grundbesitzeigentümer und sein Abkömmling über die Übertragung des Grundbesitzes einig, möchte sich jedoch der Eigentümer zu Lebzeiten insbesondere aus emotionalen Gründen noch nicht vom Eigentum daran trennen und wünscht der künftige Erwerber gleichwohl insbesondere im Hinblick auf noch vor dem Tod des Eigentümers geplante **Investitionsmaßnahmen** eine möglichst weit gehende Sicherheit für den späteren Erwerb, bietet sich als Gestaltungsmittel eine erst auf den Tod des Schenkers zu erfüllende, jedoch bereits zu dessen Lebzeiten wirksame Schenkung an (BGHZ 8, 23, 24 ff.). 1

Diese beurteilt sich nach den Regelungen der §§ 516, 163, 158 BGB und unterliegt insbesondere in Abgrenzung zu einer Schenkung, die unter der aufschiebenden Bedingung steht, dass der Beschenkte den Schenker überlebt, **nicht** den Anforderungen des **§ 2301 BGB** und damit auch nicht den Bestimmungen über Verfügungen von Todes wegen. Die sofort wirksame Schenkung, deren Erfüllung bis zum Tod des Schenkers aufgeschoben ist, schafft im Gegensatz zu der unter der Überlebensbedingung des Beschenkten stehenden Schenkung bereits zu Lebzeiten des Eigentümers einen wirksamen – wenn auch noch nicht fälligen – Anspruch, der vererblich ist und damit im Gegensatz zu § 2301 BGB beim Tod des Beschenkten vor dem Schenker nicht untergeht (s. Kap. 15 Rz. 39). 2

3 ➲ **Praxistipp:** Es sollte daher in der Urkunde ausdrücklich klargestellt werden, dass die Schenkung nicht unter der Überlebensbedingung des § 2301 BGB steht, sondern lediglich in ihrer **Erfüllung** auf den Tod des Schenkers **hinausgeschoben** ist.

4 Anders als bei Schenkungen unter Überlebensbedingung nach § 2301 BGB, für die der bedingt Beschenkte kein Anwartschaftsrecht erwirbt und daher auch nicht vormerkungsfähig ist, kann bei einer erst mit dem Tod des Schenkers zu erfüllenden, jedoch bereits zu Lebzeiten unbedingt wirksamen Schenkung unter Lebenden zum Schutz des Beschenkten sofort eine **Erwerbsvormerkung** im Grundbuch eingetragen werden (LG Zweibrücken MittBayNot 1972, 118). Im Gegensatz zu Gestaltungen nach § 2301 BGB, die über die Anwendbarkeit der Bestimmungen über letztwillige Verfügungen von Todes wegen zumindest ein höchstpersönliches Handeln des Schenkers voraussetzen – teilweise werden darüber hinaus zudem die Vorschriften über den Erbvertrag für anwendbar gehalten (Palandt/Edenhofer § 2301 BGB Rz. 8), teilweise beschränkt man sich auf die Anwendbarkeit der Regelungen über einseitige Verfügungen von Todes wegen (MünchKomm.BGB/Musielak § 2301 BGB Rz. 13) –, ist eine erst mit dem Tod des Schenkers zu erfüllende Schenkung unter Lebenden auch dann wirksam, wenn der Schenker bei Vertragsabschluss vertreten worden ist und nicht persönlich gehandelt hat. Abweichend von einer Schenkung unter Überlebensbedingung, bei der die Heilung eines Formmangels gem. § 2301 Abs. 2 BGB ausschließlich durch Vollzug zu Lebzeiten des Schenkers möglich ist (BGHZ 99, 97, 99 ff.), kann eine Nichtbeachtung der zwingend vorgeschriebenen notariellen Beurkundungsform bei einer betagten Schenkung unter Lebenden auch noch durch Vollzug der Leistung nach dem Tod des Schenkers geheilt werden.

M 90.1 Vertrag über eine erst auf den Tod des Übergebers zu erfüllende unbedingte Grundstücksschenkung

(Notarielles Beurkundungsprotokoll – Auszug)

Übertragungsvertrag

...

§ 1

... (Vor- und Nachname) ist im Grundbuch von ... (Ort) als Eigentümer des nach Abt. II und III lastenfreien Grundstücks ... (genauer Grundbuchbeschrieb) eingetragen. Der Grundbuchstand wurde mit Hilfe eines unbeglaubigten Ausdrucks aus dem elektronischen Grundbuch vom ... (Datum) festgestellt. Trotz Belehrung wird der Notar von der Pflicht zur Grundbucheinsicht befreit.

§ 2

... (Vor- und Nachname) überträgt hiermit den vorstehend genannten Grundbesitz an seinen/seine dies annehmenden/annehmende Sohn/Tochter ... (Vor- und Nachname).

Die Übertragung erfolgt unbedingt. Die Beteiligten stellen klar, dass der Vollzug des Eigentumswechsels bis zum Tod des/der ... (Vor- und Nachname) aufgeschoben ist, ... (Vor- und Nachname) jedoch sofort einen vererblichen und veräußerbaren Anspruch auf Erwerb des Grundstückes erhält und die Übertragung insbesondere nicht unter der Bedingung steht, dass ... (Vor- und Nachname) den/die ... (Vor- und Nachname) überlebt.

Gegenleistungen sind nicht geschuldet.

... (ggf. Regelungen über erbrechtliche Ausgleichungs- und Anrechnungspflicht auf Pflichtteilsansprüche s. Kap. 81)

§ 3

Besitz, Nutzungen, Lasten, Grundsteuer (interne Verrechnung) und Gefahr gehen mit dem Tod des/der ... (Vor- und Nachname) auf ... (Vor- und Nachname) über. Eine Mängelhaftung für Sach- und Rechtsmängel jeglicher Art ist ausgeschlossen, es sei denn, es lägen Vorsatz oder Arglist vor.

§ 4

... (Vor- und Nachname) bewilligt, ... (Vor- und Nachname) beantragt die Eintragung einer Erwerbsvormerkung im Grundbuch zu Lasten des obigen Grundbesitzes zur Sicherung des vorstehenden Anspruches auf Eigentumserwerb ... (Vor- und Nachname) bewilligt und beantragt bereits heute die Löschung der Vormerkung Zug um Zug mit Eigentumsumschreibung im Rang der Vormerkung.

§ 5

... (Vor- und Nachname) bevollmächtigt hiermit unter Befreiung von den Beschränkungen des § 181 BGB soweit möglich unwiderruflich ... (Vor- und Nachname), ihn/sie nach seinem/ihrem Tod bei der Erklärung der Auflassung und zur Abgabe bzw. Entgegennahme aller Erklärungen, die zur Erfüllung dieses Vertrages erforderlich oder zweckmäßig sind, zu vertreten. Von der Vollmacht darf nur nach Vorlage einer Sterbeurkunde des/der ... (Vor- und Nachname) und Gebrauch gemacht werden. Sie ist nach außen unbeschränkt.

...

Kosten: *Notargebühr:* 2,0-Gebühr gem. Nr. 21100 KV GNotKG, mindestens 120 Euro. Geschäftswert gem. § 97 Abs. 1, 46 GNotKG (Grundstückswert). Die Vollmacht betrifft denselben Gegenstand (§ 109 Abs. 1 GNotKG).

Gerichtsgebühr: Für die Eintragung der Vormerkung 0,5-Gebühr gem. Nr. 14150 KV GNotKG, Geschäftswert gem. § 45 Abs. 3 GNotKG (Grundstückswert).

➲ **Praxistipp:** Wird hingegen eine unentgeltliche Zuwendung von Grundbesitz ausschließlich unter der Voraussetzung, dass der Zuwendungsempfänger den Übertragenden überlebt, mithin ohne Vererblichkeit einer Anwartschaftsposition einerseits und eine möglichst weit gehende Absicherung des künftigen Erwerbers andererseits gewünscht, ist den Beteiligten zu empfehlen, dass der Grundbesitz durch **Erbvertrag vermächtnisweise** verbunden mit einer Verfügungsunterlassungspflicht, bei deren Missachtung ein bedingter Übertragungsanspruch ausgelöst wird, der seinerseits durch Erwerbsvormerkung zu sichern ist (s. Kap. 85 Rz. 46 und **M 85.19**), zugewendet wird, da eine Schenkung unter Lebenden auf den Todesfall nach § 2301 BGB mangels Auslösung eines durch Vormerkung sicherbaren Anwartschaftsrechts (s. Rz. 4) für den investitionswilligen künftigen Erwerber zu riskant wäre. 5

Zu Verträgen zu Gunsten Dritter auf den Todesfall s. Kap. 15 Rz. 40. 6

Die Schenkung auf den Todesfall unterliegt nach § 3 Abs. 1 Nr. 2 Satz 1 ErbStG der **Schenkungsteuer.** Trotz der Zuordnung zu den Erwerben von Todes wegen erfordert sie die Tatbestandsmerkmale einer freigebigen Zuwendung. Eine (steuerpflichtige) freigebige Zuwendung setzt voraus, dass sie unentgeltlich erfolgt und der Empfänger objektiv auf Kosten des Zuwendenden bereichert ist. Die – wie vorstehend ausführlich dargelegt – nicht notwendige Überlebensbedingung des Beschenkten macht die Schenkung entgegen dem ersten Eindruck nicht zu einer Schenkung auf den Todesfall nach § 2301 BGB (vgl. auch FG München v. 18.11.2003, EFG 2004, 663). Folglich sind die Grundsätze bei gemischten Schenkungen sowie Schenkungen unter Leistungsauflage nicht anzuwenden (R 6 ErbStG). Übernommene Verbindlichkeiten sind vom steuerlichen Wert des Erwerbsgegenstandes abzuziehen (§ 10 Abs. 1 Satz 2 ErbStG). 7

Zu den objektiven und subjektiven Voraussetzungen einer Schenkung auf den Todesfall hat der BFH mit Urteil v. 5.12.1990, BStBl. II 1991, 181 Stellung bezogen.

Als Schenkung auf den Todesfall gilt auch der **Anwachsungserwerb**, § 3 Abs. 1 Nr. 2 Satz 2 ErbStG. 8

Beispiel: 9

Gesellschafter der gewerblich tätigen X-OHG sind die natürlichen Personen A, B und C zu je einem Drittel. Beim Tod des Gesellschafters A wird die Gesellschaft durch die verbleibenden Gesellschafter B und C fortgesetzt. Der Gesellschaftsvertrag sieht die Abfindung der Erben zum Buchwert vor. Der Gesellschaftsanteil des A hatte bei seinem Tod einen steuerlichen Wert von 500 000 Euro und einen Buchwert von 300 000 Euro.

Der Anwachsungserwerb von B und C unterliegt als Schenkung auf den Todesfall der Erbschaftsteuer mit folgendem Wert: Steuerwert des Gesellschaftsanteils A 500 000 Euro abzüglich Abfindung an die Erben zum Buchwert 300 000 Euro = übersteigender Wert 200 000 Euro, davon entfallen auf B bzw. C (je ½) = 100 000 Euro. Der Erwerb von B und C ist außerdem iHv. je 100 000 Euro nach §§ 13a, 19a ErbStG (s. R 51 und R 71 ErbStR) steuerbegünstigt.

4. Abschnitt. Nachlassverfahren

Kapitel 91 Erbscheins-, Testaments- bzw. Vermächtnisvollstreckerzeugnisanträge, Europäisches Nachlasszeugnis und Auslegungsvertrag

Literatur: *Asbeck*, Testamentseröffnung und Erbscheinserteilung beim „Berliner Testament" mit Wiederverheiratungsklausel, MDR 1959, 897; *Baumann*, Abschied vom erbrechtlichen Auslegungs- oder Feststellungsvertrag – Folgen für die notarielle Gestaltungspraxis, RNotZ 2011, 33; *Buschbaum/Simon*, EuErbVO: Das Europäische Nachlasszeugnis, ZEV 2012, 525; *Dorsel*, Europäische Erbrechtsverordnung und Europäisches Nachlasszeugnis, ZErb 2014, 212; *Dressler*, Der erbrechtliche Auslegungsvertrag – Gestaltungshilfe bei einvernehmlichen Nachlassregelungen, ZEV 1999, 289; *Firsching/Graf*, Nachlassrecht, 9. Aufl. 2008; *Fröhler*, Das Vorausvermächtnis zu Gunsten des Vorerben und der Erbnachweis vor sowie ab Eintritt des Nacherbfalls, BWNotZ 2005, 1; *Fröhler*, Das Verfahren in Nachlass- und Teilungssachen nach dem neu geschaffenen FamFG – Eine Bestandsaufnahme unter ergänzender Berücksichtigung des Personenstandsrechtsreformgesetzes, BWNotZ 2008, 183; *Schotten/Schmellenkamp*, Das Internationale Privatrecht in der notariellen Praxis, 2. Aufl. 2007; *Simon/Bauschbaum*, Die neue EU-Erbrechtsverordnung, NJW 2012, 2393; *Technau*, Der Erbschein bei Vor- und Nacherbfolge, BWNotZ 1984, 63; *Wittkowski*, Die Beantragung und Erteilung von Erbscheinen in Erbfällen mit Auslandsberührung nach dem FamFG, RNotZ 2010, 102; *Zimmermann*, Erbschein und Erbscheinsverfahren, 2. Aufl. 2008.

I. Erbscheinsantrag

1. Erbscheinsantrag im Allgemeinen sowie Alleinerbschein und gemeinschaftlicher Erbschein im Besonderen

Der Erbschein ist eine öffentliche Urkunde, durch die die Gesamtrechtsnachfolge des Erben, die jeweilige Erbteilsquote und das Bestehen bzw. Nichtbestehen eventueller Beschränkungen des Erben bezeugt wird. Die Richtigkeit des bezeugten Erbrechts wird gem. § 2365 BGB vermutet, soweit nicht mehrere einander widersprechende Erbscheine vorliegen. Gem. §§ 2366, 2367 BGB genießt 1 der erteilte und in Kraft befindliche Erbschein **öffentlichen Glauben**. Geschützt ist jedoch ausschließlich der rechtsgeschäftliche Einzelerwerb und dieser lediglich insoweit, als der in Rede stehende Gegenstand tatsächlich zum Nachlass gehört. Diese Richtigkeitsfunktion des Erbscheins gilt entsprechend auch dann, wenn ein Erbscheinserbe hinsichtlich eines Geschäftsanteils einer GmbH, der zum Nachlass gehört, an Beschlüssen der Gesellschafterversammlung der GmbH mitwirkt (Däubler GmbHR 1963, 181). Ungeachtet hiervon bleibt die **tatsächliche Erbfolge** von einem abweichenden Erbschein **unberührt**.

2 Mangels materieller Rechtskraft vermag daher ein Erbschein ein Prozessgericht **nicht inhaltlich zu binden**. Umgekehrt ist das Nachlassgericht, wenn ausschließlich die Prozessparteien Beteiligte des Erbscheinsverfahrens sind, trotz der Unterschiede im jeweiligen Verfahren an rechtskräftige Zivilprozessurteile gebunden, die das Erbrecht als solches feststellen, nicht jedoch bei einer ausschließlichen Behandlung des Erbrechts als Vorfrage oder vorgreifliches Rechtsverhältnis (MünchKomm.BGB/J. Mayer § 2359 BGB Rz. 41 ff.). Umstritten ist, ob insoweit auch bloße **Anerkenntnis-, Verzichts- bzw. Versäumnisurteile** Bindungswirkung entfalten (bejahend Lange/Kuchinke § 39 III; verneinend MünchKomm.BGB/J. Mayer § 2359 BGB Rz. 43; Zimmermann Rz. 168).

2a ➲ **Hinweis:** Ausnahmsweise entfällt eine Bindung jedoch, wenn sich der im Zivilprozess Unterlegene gegenüber der Ausnutzung des rechtskräftigen Urteils auf den Einwand unzulässiger Rechtsausübung wegen sittenwidriger Herbeiführung der Rechtskraft berufen kann (Prütting/Helms/*Fröhler*, § 352 FamFG Rz. 14).

3 Gem. § 35 Abs. 1 Satz 1 GBO wird die Erbfolge gegenüber dem **Grundbuchamt** grundsätzlich durch Erbschein nachgewiesen. Beruht jedoch die Erbfolge auf einer öffentlich beurkundeten Verfügung von Todes wegen, genügt die Vorlage der Verfügung samt Niederschrift über deren Eröffnung, soweit nicht das Grundbuchamt die Erbfolge durch diese Urkunden nicht für nachgewiesen hält. Während ein Erbschein stets in Ausfertigung vorzulegen ist, genügt für einen Nachweis nach § 35 Abs. 1 Satz 2 GBO die Vorlage einer beglaubigten Abschrift, es genügt sogar eine beglaubigte Abschrift von einer beglaubigten Abschrift statt von der Urschrift (KG FGPrax 1998, 7), hilfsweise kann auf die die Urkunde enthaltenden Nachlassakten desselben Amtsgerichts verwiesen werden (BayObLG Rpfleger 1987, 59, 60).

4 Der Erbschein wird auf entsprechenden **Antrag**, der Antragsberechtigung voraussetzt und gegenüber dem zuständigen (s. Rz. 5) Nachlassgericht zu stellen ist, durch das Nachlassgericht erteilt. Antragsberechtigt sind insbesondere der jeweilige Erbe nach Anfall der jeweiligen Erbschaft, Gläubiger eines Erben, soweit ein vollstreckbarer Titel vorliegt, der Gesamtrechtsnachfolger (Erbeserbe) bzw. Einzelrechtsnachfolger (Erbteilserwerber nach Vollzug iSd. § 2033 BGB), der Testamentsvollstrecker (ausgenommen der Nacherbentestamentsvollstrecker nach § 2222 BGB bzw. der Vermächtnisvollstrecker nach § 2223 BGB), der Nachlassverwalter, der Nachlassinsolvenzverwalter, der Abwesenheits- und Auseinandersetzungspfleger (ausgenommen ist jedoch der Nachlasspfleger bezüglich desjenigen Nachlasses, für den die Pflegschaft bestellt worden ist), der Insolvenzverwalter bei Insolvenz des Erben, die Eltern für ihr Kind sowie Bevollmächtigte, die jedoch keine eidesstattliche Versicherung abgeben können.

5 Aufgrund des am 1.9.2009 in Kraft getretenen FGG-RG sind auch in Nachlassverfahren die zuvor maßgebenden Regelungen des FGG durch das neue FamFG ersetzt worden. Im Vordergrund stehen dabei insbes. eine Erweiterung der Beteiligtenrechte durch die §§ 7, 345 FamFG, die Ausdehnung der internationalen Zuständigkeit deutscher Nachlassgerichte nach § 105 FamFG und die Ersetzung der bisherigen Vorbescheids- durch eine Suspensivlösung im streitigen Zeugniserteilungsverfahren gem. § 352 FamFG (vgl. dazu jeweils Fröhler BWNotZ 2008, 183 ff.). Nach Art. 111 FGG-RG gilt **übergangsweise** das alte Recht insbesondere für bis dahin bereits eingeleitete Verfahren (Abs. 1), zB Einleitung durch vor dem 1.9.2009 eingereichten Erbscheinsantrag. Altverfahren in diesem Sinne sind solche, die durch Endentscheidung gem. § 38 Abs. 1 Satz 1 FamFG abgeschlossen werden. Dabei gilt im Fall der Einlegung eines Rechtsmittels erst ab dem 1.9.2009 gegen eine Entscheidung über ein bis zum 31.8.2009 eingeleitetes Verfahren für Rechtsmittelzug, Verfahren und anzuwendendes Recht mangels diesbezüglicher Einschlägigkeit des FGG-RG nach wie vor altes Recht, so dass über eine Beschwerde nach § 19 Abs. 1 FGG zwecks **einheitlicher Handhabung für**

den gesamten Instanzenzug (Begr. zum GesetzE der BReg. zu Art. 111 FGG-RG, BT-Drucks. 16/6308, S. 359; BGH FGPRax 2010, 102, 103; OLG Köln FGPrax 2009, 287, 288) das Landgericht als Beschwerdegericht iSd. § 19 Abs. 2 FGG entscheidet (BGH FGPRax 2010, 102, 103; OLG Köln FGPrax 2009, 287, 288; OLG Stuttgart Die Justiz 2012, 443; MünchKomm.FamFG/Pabst, Art. 111 FGG-RG Rz. 16; Sternal FGPrax 2009, 143; Thomas/Putzo/Hüßtege vor § 606 ZPO Rz. 3; Prütting/Helms, Art. 111 FGG-RG Rz. 6; Prütting/Helms/Fröhler § 343 FamFG Rz. 195; aA Zöller/*Geimer*, FamFG Einl Rz. 54: Behandlung jeder Instanz als ein selbständiges Verfahren mit der Folge, dass sich der Rechtsmittelzug samt Verfahren und anzuwendendem Recht für ein vor dem 1.9.2009 eingeleitetes, durch Entscheidung nach altem Recht abgeschlossenes Verfahren nunmehr gleichwohl nach dem FGG-RG richten würde und daher nach § 119 Abs. 1 Nr. 1 GVG das Oberlandesgericht anstelle des Landgerichts Beschwerdegericht wäre).

Im Erbscheins- und Testamentsvollstreckerzeugnisverfahren ist **sachlich** nach § 23a Abs. 1 Nr. 2 6
iVm Abs. 2 Nr. 1 bzw. 2 GVG das Amtsgericht als Nachlassgericht zuständig, in Baden-Württemberg nach Art. 147 EGBGB iVm. §§ 1 Abs. 1 und 2, 38 LFGG BW das staatliche Notariat (insges. zur sachlichen Zuständigkeit Prütting/Helms/Fröhler § 343 FamFG Rz. 129 bis 141).

Die **örtliche** Zuständigkeit richtet sich nach § 343 FamFG, dabei primär nach dem Wohnsitz des 7
Erblassers iSd. §§ 7 ff. BGB zur Zeit des Erbfalls, in Ermangelung eines inländischen Wohnsitzes nach dem Aufenthalt des Erblassers zur Zeit des Erbfalls. Hatte der Erblasser zur Zeit des Erbfalls im Inland weder Wohnsitz noch Aufenthalt, ist bei einem deutschen Erblasser nach § 343 Abs. 2 FamFG das Amtsgericht Schöneberg in Berlin mit der Möglichkeit einer Verweisung an ein anderes Gericht aus wichtigen Gründen, bei einem ausländischen Erblasser nach § 343 Abs. 3 FamFG jedes Gericht, in dessen Bezirk sich mindestens ein Nachlassgegenstand befindet, für alle Nachlassgegenstände allgemein örtlich zuständig (insges. zur örtlichen Zuständigkeit Prütting/Helms/Fröhler § 343 FamFG Rz. 1 bis 128).

Funktionell ist nach § 3 Nr. 2 Buchst. c RPflG grundsätzlich der Rechtspfleger zuständig, soweit 8
nicht ausnahmsweise nach § 16 Abs. 1 Nr. 6 RPflG für die Erteilung von Erbscheinen bei Vorliegen einer Verfügung von Todes wegen oder bei möglicher Anwendbarkeit ausländischen Rechts und für die Erteilung von Testamentsvollstreckerzeugnissen ein Richtervorbehalt besteht. Im badischen Rechtsgebiet Baden-Württembergs bleibt im Falle der Zuweisung eines Rechtspflegers daneben der (Richter-)Notar nach § 35 Abs. 3 RPflG zuständig (insges. zur funktionellen Zuständigkeit Prütting/Helms/Fröhler § 343 FamFG Rz. 142 bis 147).

Die **internationale** Zuständigkeit folgt für bis einschließlich 16.8.2015 verstorbene Personen gem. 9
§ 105 FamFG der örtlichen Zuständigkeit. Damit ist für seit dem 1.9.2009 eingeleitete Nachlassverfahren der frühere, kraft Richterrechts praktizierte, ungeschriebene Gleichlaufgrundsatz nicht mehr maßgebend, nach dem deutsche Gerichte für Nachlasssachen nur bei Anwendung deutschen Erbrechts (Sachrecht) zuständig seien (BayObLG NJW 1987, 1148, 1149) und der lediglich durch auf inländischen Nachlass beschränkte Fremdrechtszeugnisse nach §§ 2369 Abs. 1 aF, 2368 Abs. 3 Halbs. 1 BGB durchbrochen wurde. Für erbrechtliche Entscheidungen hinsichtlich am 17.8.2015 oder danach verstorbener Personen ist gem. Art. 4 iVm. Art. 83 Abs. 1 EuErbVO (Verordnung (EU) Nr. 650/2012 idF vom 4.7.2012, ABl. EU 2012, Nr. L 201, S. 107) als nach Art. 3 Nr. 1 EGBGB gegenüber nationalen Regelungen und damit auch gegenüber §§ 105, 343 FamFG unmittelbar geltendes **vorrangiges Recht** (Bachmayer BWNotZ 2010, 146, 157; Prütting/Helms/Fröhler § 343 FamFG Rz. 152) – die Gerichte desjenigen Mitgliedstaats international zuständig, in dessen Hoheitsgebiet der Erblasser im Zeitpunkt seines Todes den gewöhnlichen Aufenthalt hatte, soweit abweichender Sonderregelungen nach Artt. 5 bis 11 EuErbVO aufgrund Rechtswahl, Gerichtsstandsvereinbarung, subsidiärer Belegenheit von Nachlassgegenständen bzw. Notzuständigkeit etwas anderes gilt (insges. zur internationalen Zuständigkeit Prütting/Helms/Fröhler § 343 FamFG Rz. 148 bis 169).

Die erforderlichen **Angaben** des Erbscheinsantrags ergeben sich bei gesetzlicher Erbfolge aus 10
§ 2354 BGB, bei gewillkürter Erbfolge aus § 2355 BGB und hinsichtlich der Besonderheiten beim gemeinschaftlichen Erbschein aus § 2357 BGB. Danach muss der Antrag insbesondere das beanspruchte Erbrecht genau und hinreichend bestimmt bezeichnen, bei mehreren Erben somit die

jeweilige Erbquote angeben, den Erblasser, das beanspruchte Erbrecht unter Hinweis auf den Berufungsgrund der gesetzlichen bzw. testamentarischen Erbfolge, eventuelle Verfügungsbeschränkungen (etwa auf Grund angeordneter Nacherbfolge), Ersatznacherbfolge bzw. Testamentsvollstreckung benennen und angeben, ob ein gegenständlich, auf ein bestimmtes Verfahren oder dem Gebrauch nach beschränkter Erbschein begehrt wird.

11 ➲ **Wichtig:** Da das Nachlassgericht an den Antrag **gebunden** ist und daher davon weder inhaltlich abweichen noch teilweise dahinter zurückbleiben darf (KG DNotZ 1955, 408, 410), sind größte Anforderungen an eine präzise Formulierung des Antrages zu stellen, insbesondere auch, um nachträgliche Zusatzkosten für berichtigte Erbscheinsanträge zu vermeiden. Hierbei sollte angesichts der aus § 105 FamFG resultierenden erweiterten internationalen Zuständigkeit deutscher Nachlassgerichte, die auch ausländischem Sachrecht unterliegenden Nachlass erfasst (s. Rz. 32 f.), im Erbscheinsantrag klargestellt werden, ob sich Nachlass, insbes. Grundbesitz im Ausland, befindet oder nicht.

12 Zum Nachweis der Richtigkeit der Angaben sind gem. § 2356 BGB entsprechende öffentliche **Urkunden** vorzulegen, hilfsweise genügt bei unverhältnismäßigen Schwierigkeiten hinsichtlich der Beschaffung derartiger Urkunden die Angabe anderer Beweismittel.

13 Des Weiteren ist im dort genannten Umfang grundsätzlich vor Gericht oder vor einem Notar **an Eides Statt zu versichern**, dass nichts bekannt ist, was der Richtigkeit der Angaben entgegensteht. Ausnahmsweise kann das Nachlassgericht die eidesstattliche Versicherung erlassen. Soweit auswärtige Antragsteller ihren Erbscheinsantrag nicht vor einem ersuchten Gericht protokollieren lassen, ist daher grundsätzlich eine notarielle Beurkundung eines Erbscheinsantrages mit eidesstattlicher Versicherung erforderlich.

M 91.1 Antrag auf Erteilung eines Alleinerbscheins nach gesetzlicher Erbfolge ohne Auslandsbezug

(Notarielles Beurkundungsprotokoll)

Erbscheinsantrag

... (Urkundeneingang)

§ 1

Ich beantrage die Erteilung eines Erbscheins auf Ableben meiner Schwester ... (Vor- und Nachname, ggf. Geburtsname), geb. am ... (Geburtsdatum) in ... (Geburtsort), verstorben am ... (Sterbedatum) in ... (Sterbeort), deutsche Staatsangehörige, zuletzt wohnhaft gewesen in ... (letzter Wohnsitz). Sie war ledig und hatte keine Abkömmlinge.

Die Erblasserin hat keine Verfügung von Todes wegen hinterlassen. Es ist gesetzliche Erbfolge eingetreten. Da die Erblasserin nicht verheiratet und nicht verpartnert war, keine Abkömmlinge hinterlassen hat und unsere Eltern vorverstorben sind, bin ich ... (Vor- und Nachname des Antragstellers) als deren Bruder zum Alleinerben berufen. Die Namen unserer Eltern lauten ... (Vor- und Nachname), geb. am ... (Geburtsdatum) in ... (Geburtsort), verstorben am ... (Sterbedatum) in ... (Sterbeort), zuletzt wohnhaft gewesen in ... (letzter Wohnort), und ... (Vor- und Nachname), geb. am ... (Geburtsdatum) in ... (Geburtsort), verstorben am ... (Sterbedatum) in ... (Sterbeort), zuletzt wohnhaft in ... (letzter Wohnort). Aus deren Ehe ging außer der Erblasserin und mir noch ein weiteres Kind hervor, ... (Vor- und Nachname), geb. am ... (Geburtsdatum) in ... (Geburtsort), das am ... (Sterbedatum) in ... (Sterbeort) mit letztem Wohnsitz in ... (letzter Wohnsitz) vor der Erblasserin verstorben ist und keine Abkömmlinge hinterlassen hat.

Weitere Personen außer den Vorgenannten, durch die das Erbrecht gemindert oder wegfallen würde, sind oder waren nicht vorhanden, auch keine nicht aus einer Ehe stammenden adoptierten oder für ehelich erklärten Kinder. Zum Zeitpunkt des Todes der Erblasserin war keine Ehesache (§ 1933 BGB) anhängig.

Ein Rechtsstreit über das Erbrecht ist nicht anhängig. Im Ausland befindet sich kein Nachlass, insbesondere kein Grundbesitz.

§ 2

Die Erblasserin ist daher kraft Gesetzes von mir . . . (Vor- und Nachname des Antragstellers) alleine beerbt worden.

Ich habe die Erbschaft in Kenntnis der damit verbundenen Folgen angenommen. Dies ergibt sich aus der heutigen Antragstellung sowie aus dem zwischenzeitlichen Ablauf der Ausschlagungsfrist.

Angeschlossen sind dem heutigen Antrag folgende Urkunden: . . . (regelmäßig werden benötigt: Sterbeurkunde des Erblassers, beglaubigter Auszug aus dem Familienbuch, Sterbeurkunde vorrangig berufener gesetzlicher Erben, Geburtsurkunden als Abstammungsnachweis für die Kinder bzw. Geschwister etc.). Hilfsweise beziehe ich mich auf meine Eidesstattliche Versicherung.

§ 3

Der Notar hat mich vorab über die Strafbarkeit einer vorsätzlichen bzw. fahrlässigen falschen Eidesstattlichen Versicherung belehrt. Ich versichere nunmehr an Eides statt:

Es ist mir nichts bekannt, was der Vollständigkeit und Richtigkeit meiner vorstehenden Angaben entgegensteht.

§ 4

Ich beantrage die Erteilung eines Erbscheins dahin, dass ich, . . . (Vor- und Nachname des Antragstellers), alleine Erbe meiner verstorbenen Schwester . . . (Vor- und Nachname) bin.

§ 5

Gegenüber dem beurkundenden Notar beantrage ich die Erteilung einer Ausfertigung dieses Erbscheinsantrages für das Amtsgericht/Notariat – Nachlassgericht – . . . (Gericht des letzten Wohnsitzortes des Erblassers) zu Az. . . . (Aktenzeichen) sowie einer einfachen Fotokopie dieses Erbscheinsantrages für meine Unterlagen.

Gegenüber dem Amtsgericht/Notariat – Nachlassgericht – . . . (Nachlassgericht am letzten Wohnsitzort des Erblassers) beantrage ich hiermit die Erteilung einer Ausfertigung und drei beglaubigte Fotokopien des Erbscheins für mich.

Zum Zwecke der Kostenberechnung gebe ich den Wert des reinen Nachlasses mit . . . (Wert des reinen Nachlasses) an.

. . . (Schlussformel)

Kosten: *Notargebühr:* 1,0-Gebühr gem. Nr. 23300 KV GNotKG. Geschäftswert gem. § 40 Abs. 1 GNotKG (Wert des Nachlasses im Zeitpunkt des Erbfalls, vom Erblasser herrührende Verbindlichkeiten werden abgezogen). Für die Beurkundung des Antrags an das Nachlassgericht wird keine gesonderte Gebühr erhoben (Vorbem. 2.3.3. Abs. 2 KV GNotKG)

Gerichtsgebühr: 1,0 Gebühr gem. Nr. 12210 KV GNotKG für die Erteilung des Erbscheins. Geschäftswert gem. § 40 Abs. 1 GNotKG (Wert des Nachlasses im Zeitpunkt des Erbfalls, vom Erblasser herrührende Verbindlichkeiten werden abgezogen).

Praxistipp: Bei der Antragstellung vor dem Rechtspfleger des Nachlassgerichts könnten Unklarheiten über benötigte Urkunden oder den Nachlasswert direkt erledigt werden, weiterhin entfällt die Umsatzsteuer.

Sieht eine Verfügung von Todes wegen Testamentsvollstreckung vor, ist im Erbschein lediglich der Umstand anzugeben, *dass* **Testamentsvollstreckung** angeordnet ist, die Person des Testamentsvollstreckers und dessen Aufgabenbereiche werden im Erbschein jedoch nicht vermerkt. Eine Vermächtnisvollstreckung ist im Erbschein im Gegensatz zur Testamentsvollstreckung nicht zu erwähnen. Dem Vermächtnisvollstrecker kann jedoch nach § 2368 BGB auf dessen Antrag ein Vermächtnisvollstreckerzeugnis erteilt werden (Staudinger/Reimann § 2368 BGB Rz. 19). 14

15 Gem. § 2357 Abs. 1 Satz 2 BGB kann der Antrag auf Erteilung eines **gemeinschaftlichen Erbscheins** von jedem der Erben **allein** gestellt werden. Es ist daher nicht erforderlich, dass die Erbscheinserteilung von allen Erben beantragt wird. Das Nachlassgericht hat jedoch zu überprüfen, ob die Erbschaft auch durch die übrigen Miterben, die den Antrag nicht gestellt haben, angenommen worden ist. Es wird dabei nach freiem Ermessen überprüfen, ob hierzu eine eidesstattliche Versicherung erforderlich ist. Richtet sich die Erbfolge nach deutschem Sachrecht oder nach ausländischem Recht, das eine den §§ 1943, 1944 BGB entsprechende gesetzliche Annahmefiktion vorsieht, und ist dem Nachlassgericht nach Ablauf der Ausschlagungsfrist und einem zeitlichen Sicherheitszuschlag für eine event. Übersendung von einem ersuchten oder nach § 344 Abs. 7 FamFG zuständigen auswärtigen Gericht am Wohnsitz des Ausschlagenden keine Ausschlagung zugegangen, bedarf es keines Annahmenachweises (ebenso für das Verfahren nach FGG Zimmermann Rz. 210; Firsching/Graf Rz. 4.144).

M 91.2 Antrag auf Erteilung eines gemeinschaftlichen Erbscheins bei gewillkürter Erbfolge ohne Auslandsbezug

(Notarielles Beurkundungsprotokoll – Auszug)

Erbscheinsantrag

...

Die Erblasserin hat folgende Verfügungen von Todes wegen hinterlassen: ... (Aufzählung sämtlicher Testamente bzw. Erbverträge der Erblasserin unter Nennung des Errichtungs- sowie des Eröffnungsdatums).

Durch das gemeinschaftliche Testament unserer Eltern vom ... (Errichtungsdatum) sind wir durch den längstlebenden Elternteil, hier somit durch die Erblasserin, zu untereinander gleichen Teilen als Schlusserben eingesetzt worden. Nach der Auslegungsregel des § 2270 Abs. 2 BGB unterliegt die Schlusserbeneinsetzung durch den längstlebenden Elternteil der Wechselbezüglichkeit. Das gemeinschaftliche Änderungstestament vom ... (Errichtungsdatum) beinhaltet ausschließlich eine Teilungsanordnung und die Anordnung einer Testamentsvollstreckung, sieht jedoch ebenso wenig wie das Ausgangstestament einen ausdrücklichen Änderungsvorbehalt vor. Die im Einzeltestament unserer Mutter vom ... (Errichtungsdatum) enthaltene Alleinerbeneinsetzung ihres Lebensgefährten stellt einen Widerruf dieser wechselbezüglichen Verfügung auf den Tod des längstlebenden Elternteils dar, der gem. § 2271 Abs. 2 Satz 1 BGB unwirksam ist. Maßgebend ist daher alleine das gemeinschaftliche Ausgangstestament unserer Eltern vom ... (Errichtungsdatum).

Auf Grund des vorstehend genannten gemeinschaftlichen Testaments unserer Eltern vom ... (Errichtungsdatum) ist die Erblasserin durch uns, ... (Vor- und Nachname), geb. am ... (Geburtsdatum), wohnhaft in ... (Wohnort), und ... (Vor- und Nachname), geb. am ... (Geburtsdatum), wohnhaft in ... (Wohnort), zu jeweils ½ Erbteil beerbt worden. Testamentsvollstreckung ist angeordnet.

Eine Nacherbfolge ist nicht angeordnet. Personen, durch die das Erbrecht gemindert oder wegfallen würde, sind oder waren nicht vorhanden. Weitere Verfügungen von Todes wegen sind nicht vorhanden, auch keine nicht aus einer Ehe stammende adoptierte oder für ehelich erklärte Kinder. Ein Rechtsstreit über das Erbrecht ist nicht anhängig. Im Ausland befindet sich kein Nachlass, insbesondere kein Grundbesitz.

Wir haben die Erbschaft nach unserer Mutter in Kenntnis der damit verbundenen Folgen angenommen. Dies ergibt sich aus der heutigen Antragstellung bzw. aus dem Ablauf der jeweiligen Ausschlagungsfrist.

Die Kosten tragen wir zu gleichen Teilen.

... (Eidesstattliche Versicherung; Schluss)

Kosten: *Notar- und Gerichtsgebühr:* wie ***M 91.1***.

Praxistipp: Bei der Antragstellung vor dem Rechtspfleger des Nachlassgerichts könnten Unklarheiten über benötigte Urkunden oder den Nachlasswert direkt erledigt werden, weiterhin entfällt die Umsatzsteuer.

2. Vorläufiger Erbschein

16 Steht der Kreis der Miterben fest, ist jedoch deren **quotale Beteiligung** untereinander **noch ungeklärt**, besteht gleichwohl häufig ein Bedarf für einen Erbnachweis, um etwa gemeinsam über den Nachlass verfügen zu können. Derartige Konstellationen können etwa dann eintreten, wenn gesetzliche Erbfolge gilt, aber der Güterstand des längstlebenden Ehegatten, der die gesetzliche Erbfolge maßgebend bestimmt, noch nicht endgültig ermittelt worden ist. In derartigen Fällen kann ein vorläufiger gemeinschaftlicher Erbschein beantragt werden, in dem der Kreis der Miterben ohne Benennung der einzelnen Erbquoten abschließend festgestellt wird (KG JFG 10, 75, 76 f.; MünchKomm.BGB/J. Mayer § 2357 BGB Rz. 16; Firsching/Graf Rz. 4. 144).

M 91.3 Antrag auf Erteilung eines vorläufigen gemeinschaftlichen Erbscheins bei gesetzlicher Erbfolge ohne Auslandsbezug

(Notarielles Beurkundungsprotokoll – Auszug)[1]

Erbscheinsantrag

...

Danach sind die Witwe ... (Vor- und Nachname) sowie die drei Kinder ... (jeweils Vor- und Nachname) die ausschließlichen Erben des Erblassers. Die quotale Beteiligung kann noch nicht festgestellt werden, da der gesetzliche Güterstand der Eheleute ... (jeweils Vor- und Nachname) noch nicht ermittelt ist. Umgekehrt besteht jedoch ein erheblicher Bedarf für einen gemeinschaftlichen Erbnachweis, da andernfalls die Zwangsversteigerung des Familiengrundbesitzes droht. Es wird daher die Erteilung eines vorläufigen gemeinschaftlichen Erbscheins ohne Angaben der Erbquoten beantragt.

...

1 Zu Eingang und Schlussformel s. **M 91.1**.

Kosten: *Notar- und Gerichtsgebühr:* wie ***M 91.1***.

Praxistipp: Bei der Antragstellung vor dem Rechtspfleger des Nachlassgerichts könnten Unklarheiten über benötigte Urkunden oder den Nachlasswert direkt erledigt werden, weiterhin entfällt die Umsatzsteuer.

3. Teilerbschein

17 Gem. § 2353 Alt. 2 BGB kann die Erteilung eines Teilerbscheins beantragt werden, der lediglich den Erbteil **eines von mehreren Miterben** bezeugt. Dabei ist es nicht erforderlich, dass Antragsteller und derjenige Miterbe, dessen Erbrecht bezeugt wird, personengleich sind. Vielmehr kann auch der eine Miterbe hinsichtlich des anderen Miterben die Erteilung eines Teilerbscheins beantragen (Firsching/Graf Rz. 4 145). Teilerbscheine können als Alleinteilerbschein, gemeinschaftlicher Teilerbschein, Mindestteilerbschein oder vorläufiger Teilerbschein erteilt und beantragt werden. Insbesondere im Falle eines eventuellen gesetzlichen Erbrechts des nasciturus – dieses setzt nach § 1923 Abs. 2 BGB neben der vor dem Erbfall erfolgten Zeugung zusätzlich die spätere lebende Geburt voraus – kann bereits vor dessen Geburt ein Bedürfnis dafür bestehen, dass für die anderen feststehenden Miterben ein vorläufiger Teilerbschein erteilt wird.

M 91.4 Antrag auf Erteilung eines Teilerbscheins ohne Auslandsbezug

(Notarielles Beurkundungsprotokoll – Auszug)[1]

Erbscheinsantrag

...

Ich beantrage daher die Erteilung eines Teilerbscheins, wonach ich ... (Vor- und Nachname) zu ¼ Erbteil Erbe des Erblasser geworden bin.

Oder:

Ich beantrage daher die Erteilung eines Teilerbscheins, wonach mein Bruder ... (Vor- und Nachname) zu ¼ Erbteil Erbe des Erblassers geworden ist.

Oder:

Ich beantrage daher die Erteilung eines gemeinschaftlichen Teilerbscheins, wonach mein Bruder ... (Vor- und Nachname) und ich ... (Vor- und Nachname) zu jeweils ¼ Erbteil Erbe des Erblassers geworden sind.

Oder:

Ich beantrage die Erteilung eines Mindestteilerbscheins, wonach ich ... (Vor- und Nachname) zu mindestens ¼ Erbteil Erbe des Erblassers geworden bin.

Oder:

Ich beantrage die Erteilung eines vorläufigen Teilerbscheins, wonach ich ... (Vor- und Nachname) Miterbe des Erblassers geworden bin. Die genaue Erbquote steht noch nicht fest, da das zum Zeitpunkt des Erbfalls bereits gezeugte, aber bislang noch nicht geborene Kind des Erblassers möglicherweise gem. § 1923 Abs. 2 BGB als Miterbe hinzukommt, wenn es lebend geboren wird.

...

1 Zu Eingang und Schlussformel s. **M 91.1**.

Kosten: *Notargebühr:* 1,0-Gebühr gem. Nr. 23300 KV GNotKG. Geschäftswert gem. § 40 Abs. 3, 1 GNotKG (Wert des Teilnachlasses im Zeitpunkt des Erbfalls, vom Erblasser herrührende Verbindlichkeiten werden abgezogen). Für die Beurkundung des Antrags an das Nachlassgericht wird keine gesonderte Gebühr erhoben (Vorbem. 2.3.3. Abs. 2 KV GNotKG).

Gerichtsgebühr: 1,0 Gebühr gem. Nr. 12210 KV GNotKG für die Erteilung des Erbscheins. Geschäftswert gem. § 40 Abs. 3, 1 GNotKG (Wert des Teilnachlasses im Zeitpunkt des Erbfalls, vom Erblasser herrührende Verbindlichkeiten werden abgezogen).

Praxistipp: Bei der Antragstellung vor dem Rechtspfleger des Nachlassgerichts könnten Unklarheiten über benötigte Urkunden oder den Nachlasswert direkt erledigt werden, weiterhin entfällt die Umsatzsteuer.

4. Erbschein bei angeordneter Nacherbfolge vor Eintritt des Nacherbfalls

18 Ist durch Verfügung von Todes wegen **Nacherbfolge angeordnet** worden, sind diverse Besonderheiten zu beachten. Zunächst ist im Erbscheinsantrag anzugeben, dass und mit welcher Erbquote der Erbe bzw. bei mehreren Erben welcher Erbe als Vorerbe durch Anordnung der Nacherbschaft beschränkt ist und auf Grund welchen Umstandes – ggf. differenziert nach einzelnen Vorerben bzw. nach Quoten bezüglich desselben Vorerben – Nacherbfolge eintritt und wer als Nacherbe eingesetzt ist, wobei die Erbquoten der Nacherben mangels entsprechender Ausweisung im Erbschein auch im Erbscheinsantrag nicht anzugeben sind. Weiter sind im Erbscheinsantrag im Falle einer entsprechenden Anordnung durch Verfügung von Todes wegen Befreiungen des Vorerben von Verfügungsbeschränkungen, – unter Zuordnung zu dem jeweils betroffenen Nacherben – eine Anordnung von Ersatznacherbschaft samt Benennung der Ersatznacherben wiederum ohne Bezeichnung der jeweiligen Erbquoten, die Nichtvererblichkeit des Nacherbenrechts – diese ist insbesondere mangels anderweitiger Anhaltspunkte bei aufschiebend bedingter Nacherbeneinsetzung iSd. § 2108 Abs. 2 Satz 2 BGB in Wiederverheiratungsklauseln im Zweifel anzunehmen (BayObLGZ 1966, 227) –, eine Nichtveräußerlichkeit des Nacherbenrechts, die Einsetzung weiterer Nacherben – sog. Nach-

nacherben – und dann etwa angeordnete Befreiung der Nacherben gegenüber den Nachnacherben von Verfügungsbeschränkungen, Anordnung allgemeiner Testamentsvollstreckung und Anordnung von Nacherbenvollstreckung gem. § 2222 BGB anzuführen.

➲ **Wichtig:** Besondere Sorgfalt sollte auf die Auslegung des Testaments hinsichtlich einer eventuellen **Ersatznacherbeneinsetzung** verwendet werden. Hier kommt neben einer ausdrücklichen Anordnung auch eine Ersatznacherbenbestimmung im Wege ergänzender Testamentsauslegung nach dem Rechtsgedanken – nicht jedoch in analoger Anwendung – des § 2069 BGB in Betracht. Hierbei können die Grundsätze über die ergänzende Testamentsauslegung zur Bestimmung von Ersatzerben zugrundegelegt werden. Danach gelten bei Wegfall eingesetzter Erben, die dem Erblasser vergleichbar einem eigenen Abkömmling nahe standen, deren Abkömmlinge als ersatzweise eingesetzt, beispielsweise, wenn die Abkömmlinge des anderen Ehegatten eingesetzt waren (vgl. Aufstellung bei Nieder/Kössinger § 8 Rz. 67 ff.). Desweiteren besteht bei angeordneter Nachnacherbfolge mangels ausdrücklicher Gestaltung häufig Auslegungsbedarf dafür, ob der Nacherbe gegenüber dem Nachnacherben die Position eines **befreiten** oder nichtbefreiten Vorerben einnimmt. Auch hier sind im Rahmen des Erbscheinsantrags entsprechende Auslegungskriterien vorzutragen. 19

M 91.5 Antrag auf Erteilung eines Erbscheins bei angeordneter Nacherbfolge ohne Auslandsbezug

(Notarielles Beurkundungsprotokoll – Auszug)[1]

Erbscheinsantrag

...

Ich beantrage daher die Erteilung eines Erbscheines mit dem Inhalt, dass ich ... (Vor- und Nachname) alleiniger Erbe des Erblassers geworden bin. Nacherbfolge ist hinsichtlich des gesamten Nachlasses angeordnet. Sie tritt mit meinem Tod als Vorerbe ein. Ich bin als Vorerbe von allen Beschränkungen befreit, für die nach dem Gesetz Befreiung erteilt werden kann. Nacherben sind meine beiden Kinder ... (Vor- und Nachname) und ... (Vor- und Nachname). Es ist jeweils Ersatznacherbfolge angeordnet. Ersatznacherben sind die jeweiligen Abkömmlinge eines wegfallenden Nacherben nach den Regeln der gesetzlichen Erbfolge erster Ordnung. Die jeweiligen Nacherbanwartschaften sind jeweils weder vererblich noch veräußerlich, wobei eine Veräußerung an den jeweiligen Vorerben zulässig ist. Im Falle einer Veräußerung an den Vorerben entfällt zudem jede Ersatznacherbeneinsetzung. Für jeden Nacherben ist Testamentsvollstreckung gem. § 2222 BGB angeordnet.

...

1 Zu Eingang und Schlussformel s. **M 91.2**.

Kosten: *Notar- und Gerichtsgebühr:* wie ***M 91.1***.

Praxistipp: Bei der Antragstellung vor dem Rechtspfleger des Nachlassgerichts könnten Unklarheiten über benötigte Urkunden oder den Nachlasswert direkt erledigt werden, weiterhin entfällt die Umsatzsteuer.

Ein durch **Vorausvermächtnis** bedachter **Alleinvorerbe** wird unter Anwendung des § 2110 Abs. 2 BGB mit dem Tod des Erblassers kraft Gesetzes sofort und ohne Zutun der Nacherben frei von der Nacherbfolge Eigentümer des ihm durch Vorausvermächtnis zugewendeten Gegenstandes. Das dem Alleinvorerben zugewendete Vorausvermächtnis entfaltet damit entgegen der nach § 2174 BGB zu Gunsten des Damnationslegates getroffenen gesetzlichen Grundentscheidung ausnahmsweise nicht lediglich schuldrechtliche, sondern unmittelbar dingliche Wirkung eines Vindikationsvermächtnisses. Der Vorausvermächtnisgegenstand tritt damit von selbst aus dem gebundenen Nachlass heraus und zugleich in das freie Vermögen des Vorerben ein, ohne dem in § 2139 BGB ge- 20 regelten Anfallsrecht des Nacherben oder der Herausgabenpflicht des Vorerben zu unterliegen. Es ist allgemein anerkannt, dass ein dem Vorerben zugewendetes Vorausvermächtnis im Erbschein als von der Nacherbfolge nicht erfasst anzugeben ist, obwohl der Wortlaut des § 2363 BGB dies nicht ausdrücklich vorsieht. Dies ergibt sich aus einem Erst-recht-Schluss daraus, dass bereits die weniger einschneidende Befreiung von Verfügungsbeschränkungen nach § 2136 BGB im Vorerbschein anzugeben sind, und aus dem Erbscheinszweck, die Erben im Rechtsverkehr zutreffend auszuweisen (KG JFG 21, 122, 126).

M 91.6 Antrag auf Erteilung eines Erbscheins bei angeordneter Nacherbfolge und dem Vorerben zugewendetem Vorausvermächtnis vor Eintritt des Nacherbfalls ohne Auslandsbezug

(Notarielles Beurkundungsprotokoll – Auszug)[1]

Erbscheinsantrag

...

Das Recht der Nacherben erstreckt sich nicht auf den Grundbesitz in A-Dorf (genauer Grundbuchbeschrieb), das dem . . . (Vor- und Nachname des Vorerben) gem. § 2110 Abs. 2 BGB als Vorausvermächtnis zugewendet worden ist.

...

1 Zu Eingang und Schlussformel s. **M 91.2**, zum weiteren Antragsinhalt s. **M 91.5**.

Kosten: *Notar- und Gerichtsgebühr:* wie ***M 91.1***.

Praxistipp: Bei der Antragstellung vor dem Rechtspfleger des Nachlassgerichts könnten Unklarheiten über benötigte Urkunden oder den Nachlasswert direkt erledigt werden, weiterhin entfällt die Umsatzsteuer.

21 Auch nach Eintritt des Vorerbfalles ist bei angeordneter Nacherbfolge anerkannt, dass auf einen Erbschein verzichtet werden kann, wenn die notariell beurkundete letztwillige Verfügung **alle Nacherben namentlich** benennt (OLG Dresden JFG 7, 267, 269) oder eine derartige Benennung vor Eintritt des Nacherbfalls auf Grund nachlassgerichtlicher Ermittlungen in einem Erbschein – wie etwa bei einer Einsetzung der im Zeitpunkt des Todes des Vorerben vorhandenen Abkömmlinge des Vorerben zu Nacherben – nicht möglich wäre (BayObLG Rpfleger 1983, 104), andernfalls ist jedoch ein Erbschein erforderlich (Demharter § 35 GBO Rz. 42). Betrifft die Grundbuchberichtigung durch Vorausvermächtnis an den Vorerben zugewendeten Grundbesitz, besteht kein Bedürfnis zur Benennung von Nacherben, da der Vorausvermächtnisgegenstand gem. § 2110 Abs. 2 BGB mit dem Erbfall von selbst in das ungebundene Vermögen des Vorerben frei von Nacherbenrechten übergeht, die Nacherben diesbezüglich nicht schutzbedürftig sind und daher im Grundbuch insoweit kein Nacherbenvermerk eingetragen werden darf (Fröhler BWNotZ 2005, 1, 7). Vielmehr ist § 35 Abs. 1 Satz 2 Halbs. 1 GBO bei namentlicher Benennung des Vorerben in der öffentlichen Urkunde für eine Grundbuchberichtigung hinsichtlich eines Vorausvermächtnisgegenstandes nach § 2110 Abs. 2 BGB sowohl vor als auch ab Eintritt des Nacherbfalls ausreichend.

5. Erbschein ab Eintritt des Nacherbfalls

22 Mit **Eintritt der Nacherbfolge** wird der dem Vorerben erteilte Erbschein unrichtig und ist vom Nachlassgericht gem. § 2361 Abs. 1 BGB von Amts wegen einzuziehen. Kann der Erbschein nicht sofort erlangt werden, hat ihn das Nachlassgericht gem. § 2361 Abs. 2 BGB durch Beschluss für kraftlos zu erklären. Gleichzeitig können die Nacherben nunmehr einen Erbschein auf Ableben des ursprünglichen Erblassers beantragen.

23 ➲ **Wichtig:** Daneben besteht häufig Bedarf für einen **zusätzlichen Erbschein** auf Ableben des verstorbenen Vorerben. Beide Erbfolgen werden in der Praxis insbesondere bei Vor- und

Nacherbfolge zwischen Ehegatten miteinander verwechselt. Dabei sind die Erbfälle auf Ableben des erstversterbenden Ehegatten, auf dessen Tod zunächst der Vorerbschein zu Gunsten des längstlebenden Ehegatten und nach Eintritt des Nacherbfalles der Erbschein zu Gunsten der Nacherben zu beantragen sind, einerseits und der Erbschein auf den Tod des längstlebenden Ehegatten andererseits zu unterscheiden. Letztlich werden in derartigen Konstellationen somit insgesamt drei Erbscheine benötigt.

M 91.7 Antrag auf Erteilung eines Erbscheins bei eingetretener Nacherbfolge ohne Auslandsbezug

(Notarielles Beurkundungsprotokoll – Auszug)[1]

Erbscheinsantrag

...

Ich beantrage daher die Erteilung eines Erbscheins, nach dem ich auf Grund des durch den Tod des Vorerben ... (Vor- und Nachname des Vorerben) eingetretenen Nacherbfalls alleiniger Erbe der Erblasserin geworden bin. Zugleich rege ich an, den dem Vorerben erteilten Erbschein vom ... (Erstellungsdatum) als unrichtig einzuziehen.

...

1 Zu Eingang und Schlussformel s. **M 91.2**.

Kosten: *Notar- und Gerichtsgebühr:* wie ***M 91.1***.

Praxistipp: Bei der Antragstellung vor dem Rechtspfleger des Nachlassgerichts könnten Unklarheiten über benötigte Urkunden oder den Nachlasswert direkt erledigt werden, weiterhin entfällt die Umsatzsteuer.

6. Erbschein bei aufschiebend bedingter Nacherbfolge (Wiederverheiratungsklausel)

24 Soweit Ehegatten, die sich durch letztwillige Verfügung von Todes wegen gegenseitig zu Alleinerben eingesetzt haben, zugleich anordnen, dass der längstlebende Ehegatte bei einer Wiederverheiratung lediglich **Vorerbe** ist und die gemeinschaftlichen zu Schlusserben eingesetzten Kinder in einem derartigen Fall **Nacherben des erstversterbenden Ehegatten** werden, sind bei der Formulierung des Erbscheinsantrags mehrere Aspekte zu beachten. Soweit das gemeinschaftliche Testament bzw. der Erbvertrag der Ehegatten keine weiter gehende Regelung enthält, ist zunächst durch Auslegung zu klären, ob die Nacherbfolge aufschiebend (dann ist das Nacherbanwartschaftsrecht nicht vererblich) oder auflösend (dann kommt eine Vererblichkeit des Anwartschaftsrechts in Betracht) bedingt angeordnet ist.

24a ➲ **Hinweis:** Nach der Auslegungsregelung des § 2074 BGB wird in derartigen Fällen im Zweifel von einer aufschiebenden und damit nichtvererblichen Position auszugehen sein (BayOblGZ 1966, 227).

25 Weiter ist zu klären, ob sich aus der letztwilligen Verfügung, wenn auch nur andeutungsweise oder versteckt, **Hinweise auf eine Befreiung des Vorerben** ergeben. Die Einsetzung des anderen Ehegatten zum Alleinerben verkörpert für sich genommen noch keine Befreiungstendenz. Anders verhält es sich jedoch dann, wenn der zum alleinigen Vollerben eingesetzte längstlebende Ehegatte für den Fall der Wiederverheiratung mit einer Nacherbfolge der Kinder belastet ist. Hier ist im Zweifel eine befreite Vorerbschaft zu unterstellen, da der längstlebende Ehegatte bis zur ungewissen Wiederverheiratung möglichst umfangreich entsprechend einem unbeschränkten Erben verfügungsberechtigt bleiben soll (BGH FamRZ 1961, 275; BayObLGZ 66, 227; OLG Hamm DNotZ 1972, 96). Als weitere Auslegungsregel ist § 2137 BGB zu beachten, wonach im Zweifel jeweils von befreiter Vorerbschaft auszugehen ist, wenn der Nacherbe auf dasjenige eingesetzt ist, was von der Erbschaft bei dem Eintritt der Nacherbfolge übrig sein wird, bzw. der Vorerbe zur freien Verfügung über die Erbschaft berechtigt sein soll.

M 91.8 Antrag auf Erteilung eines Erbscheins bei durch Wiederverheiratung bedingter Nacherbfolge ohne Auslandsbezug

(Notarielles Beurkundungsprotokoll – Auszug)[1]

Erbscheinsantrag

...

Ich beantrage daher die Erteilung eines Erbscheines, nach dem ich ... (Vor- und Nachname des längstlebenden Ehegatten) alleiniger Erbe der Erblasserin geworden bin. Nacherbfolge ist angeordnet. Sie tritt im Falle meiner Wiederverheiratung oder meines Todes ein. Ich bin als Vorerbe von allen gesetzlichen Beschränkungen befreit, von denen Befreiung erteilt werden kann. Nacherben sind unsere Tochter ... (Vor- und Nachname) und unser Sohn ... (Vor- und Nachname). Es ist jeweils Ersatznacherbfolge angeordnet. Ersatznacherben sind die jeweiligen Abkömmlinge eines wegfallenden Nacherben nach den Regeln der gesetzlichen Erbfolge erster Ordnung. Die Nacherbenrechte sind weder vererblich noch veräußerlich.

...

1 Zu Eingang und Schlussformel s. **M 91.2**.

Kosten: *Notar- und Gerichtsgebühr:* wie ***M 91.1***.

Praxistipp: Bei der Antragstellung vor dem Rechtspfleger des Nachlassgerichts könnten Unklarheiten über benötigte Urkunden oder den Nachlasswert direkt erledigt werden, weiterhin entfällt die Umsatzsteuer.

7. Erbschein bei Vorausvermächtnis an Vorerben ab Eintritt des Nacherbfalls

26 Soweit dem Vorerben ein Vorausvermächtnis zugewendet ist, können hinsichtlich des Erbnachweises ab Eintritt des Nacherbfalls erhebliche Schwierigkeiten auftreten. Dabei sind in der Praxis am häufigsten diejenigen Fälle, in denen Ehegatten, die aus ihrer jeweiligen ersten Ehe jeweils eigene Kinder, aus der gemeinsamen Ehe jedoch keine Abkömmlinge hinterlassen, sich gegenseitig durch eigenhändiges gemeinschaftliches Testament zu befreiten Vorerben, der Erstversterbende zudem seine eigenen Kinder aus erster Ehe zu Nacherben, der Längstlebende seine eigenen Kinder aus erster Ehe zu seinen Erben einsetzen und dabei der erstversterbende Ehegatte dem längstlebenden Ehegatten frei von Nacherbenrechten vorausvermächtnisweise Grundbesitz zuwendet. Ein Erbnachweis ist bis zum Eintritt des Nacherbfalls zu Gunsten des Vorerben unproblematisch (**M 91.6**). Hat der längstlebende Ehegatte zu Lebzeiten keinen Vorerbschein erwirkt und das Grundbuch dadurch nicht berichtigen lassen, gestaltet sich der Erbnachweis für den vorausvermächtnisweise zugewendeten, in das von Nacherbenrechten unbelastete Vermögen gelangten Vorausvermächtnisgegenstand aus Sicht der Erben nunmehr als problematisch. Dies ergibt sich daraus, dass ein Vorerbschein, wäre er durch den Vorerben zu Lebzeiten vor Eintritt des Nacherbfalls noch beantragt worden, mit Eintritt des Nacherbfalls nach § 2363 Abs. 1 BGB als unrichtig eingezogen werden müsste. Folgerichtig darf ein derartiger Vorerbschein grundsätzlich in derselben Form nach Eintritt des Nacherbfalls auch nicht erstmals erteilt werden (OLG Hamm NJW 1974, 1827, 1828). Umgekehrt ist zwingend, dass auch in derartigen Konstellationen eine Grundbuchberichtigung möglich sein und dazu ein Erbschein – mit welchem Inhalt auch immer – erteilt werden können muss.

26a ➲ **Hinweis:** Hierzu bieten sich sowohl ein gegenständlich auf das dem früheren Vorerben zugewendete Vorausvermächtnisvermögen beschränkter Vollerbenerbschein als auch ein Vorerbenerbschein analog § 2363 BGB mit Hinweis auf bereits eingetretene Nacherbfolge an (Einzelheiten bei Fröhler BWNotZ 2005, 1, 4 ff.).

27 Da § 2110 Abs. 2 BGB neben dem kraft Gesetzes eintretenden Eigentumserwerb am Vorausvermächtnisgegenstand frei von Nacherbenrechten eine zweigeteilte Erbfolge dergestalt auslöst, dass der Vorerbe hinsichtlich des ihm vorausvermachten Gegenstandes in Durchbrechung der bewuss-

ten Abkehr des Gesetzgebers von der gemeinrechtlichen „institutio ex re certa“ Vollerbe ist und im Übrigen Vorerbe bleibt (KG JFG 21, 122, 125 f. „insoweit Vollerbe“; OLG München JFG 23, 300, 302 „insoweit Vollerbe“; BGHZ 32, 60, 62, Fn. 1 „kraft Erbrechts“; Staudinger/Otte § 2150 Rz. 4; aA Staudinger/Behrends/Avenarius § 2110 BGB Rz. 7, wonach § 2110 Abs. 2 BGB nach wie vor ein Vermächtnis auslöse, das ausnahmsweise in Durchbrechung des Grundsatzes des Damnationslegats in der Form des römisch rechtlichen Vindikationslegats auftrete) und Nachlassspaltungen sowie deren ausdrückliche Benennung im Erbschein in verschiedenen speziellen Konstellationen – etwa bei einer Hoffolge im Anwendungsbereich der HöfeO oder des früheren Reichserbhofrechts bzw. landesrechtlicher Anerbenbestimmungen in Form eines Erbscheins, der zusätzlich auch die Hoffolge bescheinigt, eines ausschließlichen Hoffolgezeugnisses oder eines auf das hoffreie Vermögen beschränkten Erbscheins, wenn Nachlassteile im Ausland belegen sind und Art. 3a Abs. 2 EGBGB Anwendung findet, wenn durch Rückverweisung nach Art. 4 EGBGB bzw. auf Grund Rechtswahl deutsches Recht für Nachlassteile anwendbar ist und ausdrücklich kraft Gesetzes nach § 2369 BGB bei territorial auf die im Inland befindlichen Nachlassgegenstände beschränkten Erbscheinen – anerkannt sind, muss ein gegenständlich auf das dem früheren Vorerben zugewendete Vorausvermächtnisvermögen beschränkter Vollerbenschein zulässig sein (Fröhler BWNotZ 2005, 1, 4 ff. mwN insbesondere auch dazu, dass die Rechtsprechung gegenständlich beschränkte Erbscheine ausnahmslos in Fällen ausschließt, die lediglich einen Teil eines einheitlich vererbten Vermögens betreffen, und daher auf die Fälle des § 2110 Abs. 2 BGB, der für das gesamte dem Vorerben vorausvermächtnisweise zugewendete Vermögen eine von der Vorerbfolge abweichende Erbfolge vorsieht, nicht anwendbar ist). Daneben ist anerkannt, dass auch noch nach Eintritt des Nacherbfalls ein Vorerbschein analog § 2363 BGB zulässig ist, wenn darin durch einen ausdrücklichen Zusatz klargestellt wird, dass der Vorerbe mit zwischenzeitlichem Eintritt des Nacherbfalls hinsichtlich des nicht von Vorausvermächtniszuwendungen erfassten Vermögens kein Erbe mehr ist (LG Bonn MittRhNotK 1984, 123, 124; MünchKomm.BGB/J. Mayer § 2353 BGB Rz. 25).

➲ **Wichtig:** In dieser dogmatisch sehr schwierigen Konstellation darf das Nachlassgericht die Erteilung eines gegenständlich auf die Vorausvermächtniszuwendung nach § 2110 Abs. 2 BGB beschränkten Vollerbscheins nicht von der gleichzeitigen **Mitbescheinigung** der Nacherbfolge in demselben Erbschein abhängig machen. Da gem. § 2353 Alt. 2 BGB einem Miterben die Möglichkeit eröffnet ist, die alleinige Erteilung eines Erbscheins über seinen bruchteilsmäßigen Erbteil zu beantragen, muss erst recht der kraft Gesetzes gem. § 2110 Abs. 2 BGB gegenständlich beschränkte Vollerbe ohne Mitwirkung der Nacherben die Erteilung eines Alleinerbscheins beantragen können (Fröhler BWNotZ 2005, 1, 6). Häufig bestehen in derartigen Konstellationen zwischen Stiefelternteilen (bzw. nach deren Tod deren Abkömmlingen) einerseits und Stiefkindern andererseits erhebliche Interessengegensätze und Spannungen, auf Grund derer die Nacherben den Erben des Vorerben bei der Grundbuchberichtigung für den ihnen vorenthaltenen Grundbesitz nicht behilflich sein werden, insbesondere dann nicht, wenn die Vorausvermächtnisgegenstände – wie häufig – nahezu das gesamte Vermögen darstellen und an den Nacherben vorbei in das Eigentum der Vorerben gelangt sind. Ohne Erbscheinsantrag zumindest eines der Nacherben kann wegen des Antragserfordernisses nach § 2353 BGB das Erbrecht der Nacherben, das einen anderen Erblasser betrifft, im Erbschein auf den Tod des Vorerben nicht mitbescheinigt werden. Liegt hingegen ein derartiger Antrag eines Nacherben vor, ist ein gemeinsamer Erbschein als Doppelerbschein möglich. 28

➲ **Praxistipp:** Bis zur Herausbildung einer gefestigten Rechtsprechung für die Erbscheinerteilung ab Eintritt des Nacherbfalls bei durch Vorausvermächtnis angeordneten Zuwendungen an den Vorerben erscheint es prozesstaktisch geboten, beide hier vorgeschlagenen Lösungswege gemeinsam in Form eines **Haupt-** (gegenständlich beschränkte Vollerbenstellung des früheren Vorerben) **und Hilfsantrags** (Erbschein analog § 2363 BGB mit Vermerk nach § 2110 Abs. 2 BGB und Vermerk über den zwischenzeitlichen Eintritt des Nacherbfalls) zu nutzen. 29

M 91.9 Antrag auf Erteilung eines gegenständlich beschränkten Vollerbscheins (Hauptantrag) bzw. eines Vorerbscheins mit Vermerk über Eintritt der Nacherbfolge (Hilfsantrag) bei angeordneter Nacherbfolge und dem Vorerben zugewendetem Vorausvermächtnis ab Eintritt des Nacherbfalls ohne Auslandsbezug

(Notarielles Beurkundungsprotokoll – Auszug)[1]

Erbscheinsantrag

...

Wir beantragen als Erbeserben daher die Erteilung eines Erbscheins, nach dem die Erblasserin ... (Vor- und Nachname der erstverstorbenen Ehefrau) von ihrem nachverstorbenen Ehemann ... (Vor- und Nachname des Vorerben) alleine gegenständlich beschränkt auf den Grundbesitz in ... (genauer Grundbuchbeschrieb), der dem nachverstorbenen Ehemann gem. § 2110 Abs. 2 BGB als Vorausvermächtnis zugewendet worden ist, beerbt worden ist (Hauptantrag). Hilfsweise beantragen wir als Erbeserben die Erteilung eines Erbscheins, nach dem die Erblasserin ... (Vor- und Nachname der erstverstorbenen Ehefrau) von ihrem nachverstorbenen Ehemann ... (Vor- und Nachname des Vorerben) alleine beerbt worden ist. Nacherbfolge ist angeordnet. Sie tritt mit dem Tod des Vorerben ein. Nacherben sind die Kinder der Erblasserin aus deren erster Ehe, nämlich der Sohn ... (Vor- und Nachname) und die Tochter ... (Vor- und Nachname). Ersatznacherbfolge ist jeweils angeordnet. Ersatznacherben sind jeweils die Abkömmlinge eines wegfallenden Nacherben nach den Regeln der gesetzlichen Erbfolge erster Ordnung. Das Recht der Nacherben erstreckt sich nicht auf den Grundbesitz in ... (genauer Grundbuchbeschrieb), der dem nachverstorbenen längstlebenden Ehemann ... (Vor- und Nachname) gem. § 2110 Abs. 2 BGB als Vorausvermächtnis zugewendet worden ist. Das Nacherbenanwartschaftsrecht ist jeweils weder vererblich noch veräußerlich, ausgenommen Veräußerungen an den Vorerben. Die Nacherbfolge ist mit dem Tod des Vorerben am ... (Datum) eingetreten.

...

1 Zu Eingang und Schlussformel s. **M 91.2**.

Kosten: *Notargebühr:* 1,0-Gebühr gem. Nr. 23300 KV GNotKG. Geschäftswert gem. § 40 Abs. 1 GNotKG (Wert des Gesamtnachlasses im Zeitpunkt des Erbfalls, vom Erblasser herrührende Verbindlichkeiten werden abgezogen). Für die Beurkundung des Antrags an das Nachlassgericht wird keine gesonderte Gebühr erhoben (Vorbem. 2.3.3. Abs. 2 KV GNotKG).

Gerichtsgebühr: 1,0 Gebühr gem. Nr. 12210 KV GNotKG für die Erteilung des Erbscheins. Geschäftswert wie zuvor.

Praxistipp: Bei der Antragstellung vor dem Rechtspfleger des Nachlassgerichts könnten Unklarheiten über benötigte Urkunden oder den Nachlasswert direkt erledigt werden, weiterhin entfällt die Umsatzsteuer.

30 **Nacherben** haben in derartigen Konstellationen in ihrem Erbscheinsantrag klarzustellen, dass sich das Erbrecht der Nacherben nicht auf die dem Vorerben gem. § 2110 Abs. 2 BGB zugewendeten Vorausvermächtnisgegenstände erstreckt:

M 91.10 Antrag auf Erteilung eines Erbscheins bei eingetretener Nacherbfolge, wenn dem Vorerben ein Vorausvermächtnis zugewendet wurde ohne Auslandsbezug

(Notarielles Beurkundungsprotokoll – Auszug)[1]

Erbscheinsantrag

...

Das Erbrecht erstreckt sich nicht auf den Grundbesitz in ... (genauer Grundbuchbeschrieb), der durch Vorausvermächtniszuwendung gem. § 2110 Abs. 2 BGB aus dem Nachlass ausgeschieden ist.

...

1 Zu Eingang und Schlussformel s. **M 91.2**, zum weiteren Antragsinhalt s. **M 91.7**.

Kosten: *Notar- und Gerichtsgebühr:* wie ***M 91.1***.

Praxistipp: Bei der Antragstellung vor dem Rechtspfleger des Nachlassgerichts könnten Unklarheiten über benötigte Urkunden oder den Nachlasswert direkt erledigt werden, weiterhin entfällt die Umsatzsteuer.

8. Problematik Pflichtteilsstrafklausel (Verwirkungsklausel)

Sehen Eheleute in einem Berliner Testament eine Pflichtteilsstrafklausel in Form einer **automatischen Verwirkungsklausel** als Anreiz dafür vor, dass die Abkömmlinge auf den Tod des Erstversterbenden möglichst keine Pflichtteilsansprüche geltend machen (Kap. 85 Rz. 36 f.), dann ist die Schlusserbeneinsetzung eines Abkömmlings um dessen Pflichtteilsverlangen auf den Tod des Erstversterbenden auflösend bedingt. Dabei kann die diesbezügliche auflösende Bedingung auch durch eine erst nach dem Tod des Längstlebenden erfolgende Geltendmachung des Pflichtteils und/oder sogar noch nach Verjährung des Pflichtteilsanspruchs eintreten (BGH MittBayNot 2007, 223 f. mit krit. Anm. Selbherr). Hieraus folgt zugleich, dass die auflösende Bedingung für die Schlusserbeneinsetzung nur durch einen **Erlassvertrag** aller Schlusserben untereinander oder noch mit dem Längstlebenden endgültig ausgeschaltet wird bzw. im Falle eines Alleinschlusserben durch Konfusion mit Eintritt des Schlusserbfalls entfällt (Selbherr MittBayNot 2007, 224 zum vorstehenden BGH-Urteil mit letztlich ablehnender Stellungnahme). Bis zu diesem Zeitpunkt sind die Schlusserben – ähnlich einem längstlebenden Ehegatten unter Wiederverheiratungsklausel – lediglich (auflösend bedingte Schlussvollerben und damit aufschiebend bedingte)Vorerben (Erman/Schmidt § 2075 BGB Rz. 2; Firsching/Graf Rz. 1.160 und 4.302). In einer derartigen Konstellation kann daher im Schlusserbfall nur dann ein die unbeschränkte Vollerbenstellung ausweisender Erbschein erteilt werden, wenn im Erbscheinsantrag ein entsprechender Erlassvertrag nachgewiesen bzw. enthalten ist. Andernfalls kann lediglich analog zur Konstellation bei einer Wiederverheiratungsklausel (s. Rz. 24 u. **M 91.8**) ein Erbschein beantragt und erteilt werden, der jeweils eine auflösend bedingte Schlussvollerbenstellung unter aufschiebend bedingter Nacherbfolge ausweist. 31

9. Erbschein bei Auslandsbezug

a) Eigenrechtserbschein

Nach § 105 FamFG folgt die internationale Zuständigkeit der örtlichen Zuständigkeit(s. Rz. 5). Damit ist der zuvor kraft Richterrechts praktizierte ungeschriebene Gleichlaufgrundsatz nicht mehr maßgebend, nachdem deutsche Gerichte für Nachlasssachen nur bei Anwendung deutschen Erbrechts (Sachrecht) zuständig seien (BayObLG NJW 1987, 1148, 1149) und der lediglich durch auf inländischen Nachlass beschränkte Fremdrechtszeugnisse nach §§ 2369 Abs. 1 aF, 2368 Abs. 3 Halbs. 1 BGB durchbrochen wurde. Verstirbt ein ausländischer Erblasser mit Wohnsitz bzw. Aufenthalt in Deutschland oder hinterlässt er zumindest *einen* Nachlassgegenstand in Deutschland, besteht eine internationale Zuständigkeit eines deutschen Gerichts nach den §§ 105, 343 Abs. 1 bzw. 3 32

FamFG für den gesamten Nachlass unabhängig davon, ob und inwieweit dieser einem **ausländischen Erbstatut** unterliegt und das Nachlassgericht daher ausländisches Recht anzuwenden hat. Entsprechendes gilt nach Art. 3a Abs. 2 EGBGB bei einem deutschen Erblasser mit Grundbesitz im Ausland, wenn die dortige Rechtsordnung dafür die Geltung des eigenen Erbrechts beansprucht (Prütting/Helms/Fröhler § 343 FamFG Rz. 149).

33 Das für das jeweilige Nachlassverfahren einschlägige Recht richtet sich stets nach der **lex fori** (Staudinger/Schilken § 2369 BGB Rz. 25; Schotten/Schmellenkamp Rz. 344 Fn. 512). Ein deutsches Nachlassgericht hat daher im Erbscheinsverfahren die Regelungen der §§ 2353 ff. BGB selbst dann anzuwenden, wenn für die Erbfolge ausländisches Sachrecht maßgeblich ist (OLG Köln NJW 1983, 525; BayObLG Rpfleger 1996, 199, 202). Eine ausländische Rechtsfigur kann nur dann in einen deutschen Erbschein aufgenommen werden, wenn sie einem deutschen Rechtsinstitut entspricht und daher zuvor in ein solches übersetzbar ist (Pinckernelle/Spreen DNotZ 1967, 195, 204). Dieser allgemeine Grundsatz gilt auch nach der durch § 105 FamFG bewirkten Ausdehnung der internationalen Zuständigkeit in Nachlasssachen trotz Aufgabe des Gleichlaufprinzips unverändert fort (Schaal BWNotZ 2007, 154, 160; dies deutet auch die Begründung zum GesetzE der BReg. zu § 105, BT-Drucks. 16/6308, 222 an, in der ausdrücklich auf eine möglicherweise abweichend erfolgende Beurteilung der Erbfolge durch den ausländischen Belegenheitsstaat eines Nachlassgegenstands verwiesen wird). Ob die für das materielle Erbrecht berufene ausländische Rechtsordnung ihrerseits überhaupt einen Erbschein bzw. eine entsprechende Zeugniserteilung kennt, ist dabei unerheblich (Staudinger/Dörner Art. 25 EGBGB Rz. 878; Firsching/Graf Rz. 2.98). Danach dürfen in einen durch ein deutsches Nachlassgericht ausgestellten Erbschein ausschließlich die nach den §§ 2353 ff. BGB vorgesehenen Angaben aufgenommen werden, die das Erbrecht einer Person bezeugen oder auf die sich die Vermutung des § 2365 BGB bzw. der Gutglaubensschutz der §§ 2366, 2367 BGB erstreckt (OLG Köln NJW 1983, 525, 526; BayObLGRpfleger 1996, 199, 202 – vertiefend dazu und zur Behandlung ausländischer Noterbrechte Prütting/Helms/Fröhler § 343 FamFG Rz. 150).

34 Dabei ggf. im Erbscheins- bzw. Testamentsvollstreckerzeugnisverfahren auftretende Schwierigkeiten lassen sich durch eine **Zeugnisbeschränkung auf den inländischen Nachlass** nach §§ 2369 Abs. 1, 2368 Abs. 3 Halbs. 1 BGB kompensieren. Dies setzt eine entsprechende Beschränkung des Antrags voraus. § 2369 Abs. 1 BGB ermöglicht bei **Nachlassspaltung** nunmehr anders als noch für vor dem 1.9.2009 eingeleitete Verfahren nicht mehr lediglich ein Fremdrechts-, sondern auch ein entsprechendes Eigenrechtszeugnis, das jeweils auf den in Deutschland belegenen Nachlass beschränkt ist (Prütting/Helms/Fröhler § 343 FamFG Rz. 169). Dies kompensiert insoweit teilweise die Folgen des Wegfalls des vor Inkrafttreten des § 105 FamFG maßgebend gewesenen Gleichlaufprinzips, aufgrund dessen in derartigen Fällen mangels früherer internationaler Zuständigkeit die Erbfolge durch ein deutsches Nachlassgericht nur insoweit bescheinigt werden durfte, als deutsches Sachrecht anwendbar war bzw. in dessen Durchbrechung durch § 2369 Abs. 1 BGB aF sich bei Maßgeblichkeit ausländischen Sachrechts Nachlassgegenstände im Inland befanden. Daraus wurde abgeleitet, dass ein Eigenrechtserbschein nach deutschem Recht im Ausland belegene Nachlassgegenstände von der Bescheinigung des Erbrechts **ausdrücklich auszuschließen** hatte, wenn die „lex rei sitae" für die nach deutschem internationalen Privatrecht eigentlich dem deutschen Sachrecht unterliegende Erbfolge *insoweit* die Anwendung des eigenen Sachrechts beanspruchte (BayObLG NJW 1960, 775; KG Rpfleger 1984, 358; aA Palandt/Weidlich § 2353 BGB Rz. 1; Weithase Rpfleger 1985, 267, 271). Dies gilt auch nach neuem Recht, wobei das deutsche Nachlassgericht nunmehr auch für den im Ausland belegenen Nachlass, der ausländischem Sachrecht unterliegt, international zuständig ist (s. Rz. 35) und insoweit ein Doppelerbschein erteilt werden kann (s. Rz. 39).

35 Bei einem **deutschen Erblasser**, der bspw. Grundbesitz in Frankreich hinterlässt, untersteht dieser in Frankreich belegene Grundbesitz nach Art. 3a Abs. 2 EGBGB wegen des diesbezüglichen Vorrangs des französischen Einzelstatuts französischem Erbrecht (Schotten/Schmellenkamp Rz. 20), der übrige Nachlass nach Art. 25 Abs. 1 EGBGB deutschem Erbrecht (Kap. 80 Rz. 27). Nach §§ 105 iVm. 343 Abs. 1 bzw. Abs. 2 FamFG ist das deutsche Nachlassgericht auf Grund seiner örtlichen Zuständigkeit auch international uneingeschränkt zuständig und könnte daher – gäbe es keine gesetzliche Ausnahme – die Erbfolge bzw. das Testamentsvollstreckeramt nur vollständig und damit

auch bezüglich des in Frankreich belegenen Grundbesitzes unter Berücksichtigung französischen Rechts ausweisen. Hierfür wären zwei verschiedene Erbfolgen zu bescheinigen: zum einen nach deutschem Recht mit ausdrücklichem Geltungsausschluss hinsichtlich des in Frankreich belegenen Grundbesitzes, zum anderen nach französischem Recht mit ausdrücklicher Geltungsbeschränkung auf den in Frankreich belegenen Grundbesitz, wobei beide Erbfolgen zweckmäßigerweise in derselben Urkunde zu bezeugen wären (Schotten Rpfleger 1991, 181, 189). Um dadurch eintretende ungewollte zeitliche Verzögerungen und Kosten zu vermeiden, kann nunmehr nach § 2369 Abs. 1 BGB an Stelle einer derartigen vollumfänglichen Bescheinigung ein auf die im Inland belegenen Nachlassgegenstände beschränktes Zeugnis beantragen werden (Prütting/Helms/Fröhler § 343 FamFG Rz. 169).

M 91.11 Antrag auf Erteilung eines gegenständlich auf den im Inland befindlichen Nachlass beschränkten Eigenrechtserbscheins nach einem deutschen Erblasser mit Grundbesitz im Ausland

(Notarielles Beurkundungsprotokoll – Auszug)[1]

Erbscheinsantrag

...

Ich beantrage daher die Erteilung eines Eigenrechtserbscheins, nach dem ich ... (Vor- und Nachname) gegenständlich auf den im Inland befindlichen Nachlass beschränkt alleine Erbe des Erblassers geworden bin.

...

1 Zu Eingang und Schlussformel s. **M 91.1**.

Kosten: *Notargebühr:* 1,0-Gebühr gem. Nr. 23300 KV GNotKG. Geschäftswert gem. § 40 Abs. 3 S. 1, 1 GNotKG (im Inland befindlicher Nachlass abzüglich diesbezüglicher Verbindlichkeiten). Für die Beurkundung des Antrags an das Nachlassgericht wird keine gesonderte Gebühr erhoben (Vorbem. 2.3.3. Abs. 2 KV GNotKG).

Gerichtsgebühr: 1,0 Gebühr gem. Nr. 12210 KV GNotKG für die Erteilung des Erbscheins. Geschäftswert wie Notargebühr.

Praxistipp: Bei der Antragstellung vor dem Rechtspfleger des Nachlassgerichts könnten Unklarheiten über benötigte Urkunden oder den Nachlasswert direkt erledigt werden, weiterhin entfällt die Umsatzsteuer.

Entsprechendes kann für einen **ausländischen Erblasser** gelten, bspw. für einen schweizerischen 36
Erblasser mit letztem Wohnsitz in der Schweiz, der Grundbesitz in Deutschland, für den nach Art. 25 Abs. 2 EGBGB abweichend von dem hier ansonsten maßgebenden schweizerischen Erbrecht (dazu und zu den sonstigen deutsch-schweizerischen Nachlasskonstellationen ausführlich Fröhler BWNotZ 2008, 38, 42 ff.) gegenständlich beschränkt deutsches Recht gewählt wurde, und den restlichen Nachlass in der Schweiz hinterlässt. Auch hier ist ein deutsches Nachlassgericht nach §§ 105 iVm. 343 Abs. 1 (wenn der schweizerische Erblasser mit letztem Wohnsitz in der Schweiz, aber letztem Aufenthalt in Deutschland verstirbt) bzw. Abs. 3 FamFG (wenn der schweizerische Erblasser mit letztem Wohnsitz in der Schweiz und letztem Aufenthalt außerhalb Deutschlands verstirbt) international uneingeschränkt zuständig. Nach § 2369 Abs. 1 BGB kann eine Zeugniserteilung nunmehr für ab dem 1.9.2009 eingeleitete Verfahren auf den im Inland befindlichen Nachlass beschränkt werden, im Beispielsfall damit auf den in Deutschland befindlichen und durch Rechtswahl deutschem Erbrecht unterstellten Grundbesitz. Hinterlässt der schweizerische Erblasser daneben noch bewegliches Vermögen in Deutschland, gilt für dieses, da insoweit keine Rechtswahl möglich ist, schweizerisches Erbrecht. Dies steht der Erteilung eines auf den inländischen Grundbesitz beschränkten Zeugnisses nach § 2369 Abs. 1 BGB gleichwohl nicht entgegen. Zwar ergibt sich aus dem Wortlaut des § 2369 Abs. 1 BGB, dass eine Beschränkung lediglich für *die* (somit für sämtliche) im Inland befindlichen und damit anders als nach Art. 25 Abs. 2 EGBGB bzw. nach Art. 15

Abs. 2 Nr. 3 EGBGB nicht in offenerer Weise für (somit auch einzelne) im Inland befindliche Gegenstände möglich ist. Im Falle einer Inlandsnachlassspaltung (zum Begriff der Nachlassspaltung Schotten/Schmellenkamp Rz. 269) in jeweils einen dem deutschen Erbrecht und einen dem ausländischen Erbrecht unterstehenden Nachlassteil ist jedoch zur Ermöglichung einer raschen Zeugniserteilung (nach der Begr. zum GesetzE der BReg. zu § 2369 Abs. 1 BGB, BT-Drucks. 16/6308, 349, soll insbesondere eine zügige Erteilung eines Erbscheins für den auf Grund Nachlassspaltung deutschem Erbrecht unterliegenden Nachlassteil ermöglicht werden) eine Beschränkung auf alle demselben inländischen Spaltnachlass unterliegenden Nachlassgegenstände zulässig (Schaal BWNotZ 2007, 154, 156 f.; Fröhler BWNotZ 2008, 183, 187; ebenso zur früheren Rechtslage nach § 2369 Abs. 1 BGB aF für die Erteilung eines Fremdrechtserbscheins MünchKomm.BGB/Mayer § 2369 BGB Rz. 23). Im abgewandelten Beispiel kann daher nach § 2369 Abs. 1 BGB ein auf das in Deutschland belegene, durch Rechtswahl dem deutschen Erbrecht unterstellte unbewegliche Vermögen beschränkter Erbschein erteilt werden. Entsprechendes gilt nach § 2368 Abs. 3 Halbs. 1 BGB für ein Testamentsvollstreckerzeugnis (BayObLGZ 1986, 466, 470; Palandt/Weidlich § 2368 BGB Rz. 4). Weitere Varianten der Nachlassspaltung können insbesondere durch Beschränkung der Rechtswahl des Erbstatuts auf Teile des inländischen Grundbesitzes oder durch Rechtswahl des Güterrechtsstatuts nach Art. 15 Abs. 2 Nr. 3 EGBGB eintreten, soweit sich hierdurch Auswirkungen auf die Erbfolge bezüglich einzelner Nachlassgegenstände ergeben (Fröhler BWNotZ 2008, 183, 187; zu den erbrechtlichen Auswirkungen einer derartigen Güterrechtswahl im Allgemeinen und zur Frage einer Erbteilserhöhung nach § 1371 Abs. 1 BGB bei einem im gesetzlichen Güterstand nach deutschem Recht verheirateten Erblasser mit schweizerischer Staatsangehörigkeit im Besonderen Fröhler BWNotZ 2008, 38, 45 ff.).

M 91.12 Antrag auf Erteilung eines gegenständlich auf den inländischen Spaltnachlass für unbewegliches Vermögen beschränkten Eigenrechtserbscheins nach einem ausländischen Erblasser

(Notarielles Beurkundungsprotokoll – Auszug)[1]

Erbscheinsantrag

...

Ich beantrage daher die Erteilung eines Eigenrechtserbscheins, nach dem ich ... (Vor- und Nachname) gegenständlich auf den inländischen Spaltnachlass für das im Inland befindliche unbewegliche Vermögen beschränkt alleine Erbe des Erblassers geworden bin.

...

1 Zu Eingang und Schlussformel s. **M 91.1**.

Kosten: *Notar- und Gerichtsgebühr:* wie ***M 91.11***.

Praxistipp: Bei der Antragstellung vor dem Rechtspfleger des Nachlassgerichts könnten Unklarheiten über benötigte Urkunden oder den Nachlasswert direkt erledigt werden, weiterhin entfällt die Umsatzsteuer.

37 Beansprucht das ausländische Belegenheitsrecht für die Erbfolge hinsichtlich des *gesamten* Nachlasses und nicht nur für den bei sich belegenen Nachlassteil die Anwendung eigenen Rechts, ist Art. 3a Abs. 2 EGBGB nicht anwendbar und tritt keine Nachlassspaltung ein. Vielmehr liegt dann ein sog. **hinkendes Rechtsverhältnis** (dazu ausführlich Schotten/Schmellenkamp Rz. 52) mit der Folge zugrunde, dass ein deutsches Nachlassgericht gem. deutschem internationalen Privatrecht nur einen unbeschränkten Eigenrechtserbschein nach deutschem Sachrecht erteilen kann, der im ausländischen Belegenheitsland aufgrund dort maßgebenden eigenen abweichenden internationalen Privatrechts nicht anerkannt werden dürfte. Um auch insoweit einen verwertbaren Erbnachweis zu erhalten, muss im Belegenheitsland ein aus Kostengründen möglichst auf das dort befindliche Nachlassvermögen beschränkter Erbschein nach dortigem Recht beantragt werden. Zur Kostenre-

duzierung sollte zudem gegenüber dem deutschen Nachlassgericht lediglich ein auf den im Inland befindlichen Nachlass beschränkter Eigenrechtserbschein iSd. § 2369 Abs. 1 BGB beantragt werden.

Verstirbt ein ausländischer Staatsangehöriger mit letztem Wohnsitz in Deutschland und sieht dessen Heimatrecht die Anwendung deutschen Rechts vor, gilt insoweit deutsches Sachrecht und tritt **Nachlassspaltung** ein. Dies kann nicht nur Folge einer Rechtswahl nach Art. 25 Abs. 2 EGBGB sein. Praktisch häufig sind Fälle einer teilweisen Rück- oder Weiterverweisung nach Art. 4 Abs. 1 EGBGB auf Grund einer Nachlassspaltung in einem zunächst berufenen ausländischen Kollisionsrecht. Hierzu zählen insbesondere die Anknüpfungen an den letzten Wohnsitz hinsichtlich des beweglichen Vermögens und an den Belegenheitsort der Sache für Immobilien sowohl nach französischem als auch nach britischem Recht. Eine Nachlassspaltung kann darüber hinaus auch auf dem Vorrang eines Einzelstatuts gem. Art. 3a Abs. 2 EGBGB beruhen, bspw. bei nach deutschem Internationalen Privatrecht berufenen niederländischen Recht, das die aus Art. 25 Abs. 1 EGBGB resultierende Gesamtverweisung zwar grundsätzlich annimmt, jedoch durch die Regelung des Art. 3a Abs. 2 EGBGB beschränkt werden kann, etwa für in Deutschland belegene Hofgüter, die den Regelungen der deutschen Höfeordnung und damit gegenstandsbezogen deutschem Recht unterstehen. 38

b) Doppelerbschein

Soweit im vorstehenden Beispielsfall (Rz. 35) kein gegenständlich auf den inländischen Spaltnachlass für unbewegliches Vermögen beschränkter Eigenrechtserbschein beantragt wird, kommt ein Doppelerbscheinsantrag entweder nach § 2369 Abvs. 1 BGB auf den im Inland befindlichen Nachlass **beschränkt** (einmal auf den inländischen Spaltnachlass des unbeweglichen Vermögens nach gewähltem deutschen Recht, zum anderen auf den inländischen Spaltnachlass des Restvermögens nach schweizerischem Recht) oder **unbeschränkt** nach § 2353 BGB (vgl. Wittkowski RNotZ 2010, 102, 124 ff.) in Betracht. Entsprechendes gilt nach § 2368 Abs. 3 Halbs. 1 BGB für ein Testamentsvollstreckerzeugnis (BayObLGZ 1986, 466, 470; Palandt/Weidlich § 2368 BGB Rz. 4). 39

M 91.13 Antrag auf Erteilung eines gegenständlich auf den im Inland befindlichen Nachlass beschränkten Doppelerbscheins nach einem ausländischen Erblasser

(Notarielles Beurkundungsprotokoll – Auszug)[1]

Erbscheinsantrag

...

Ich beantrage daher

die Erteilung eines Eigenrechtserbscheins, nach dem ich ... (Vor- und Nachname) gegenständlich auf den inländischen Spaltnachlass für das im Inland befindliche unbewegliche Nachlassvermögen beschränkt alleine Erbe des Erblassers geworden bin, und

die Erteilung eines Fremdrechtserbscheins, nach dem ich ... (Vor- und Nachname) nach schweizerischem Recht gegenständlich auf den mit Ausnahme des inländischen unbeweglichen Nachlassvermögens gesamten sonstigen im Inland befindlichen Nachlasses alleine Erbe des Erblassers geworden bin.

...

1 Zu Eingang und Schlussformel s. **M 91.1**.

Kosten: *Notar- und Gerichtsgebühr:* wie ***M 91.1*** (gesamter Nachlass erfasst).

Praxistipp: Bei der Antragstellung vor dem Rechtspfleger des Nachlassgerichts könnten Unklarheiten über benötigte Urkunden oder den Nachlasswert direkt erledigt werden, weiterhin entfällt die Umsatzsteuer.

M 91.14 Antrag auf Erteilung eines unbeschränkten Doppelerbscheins nach einem ausländischen Erblasser

(Notarielles Beurkundungsprotokoll – Auszug)[1]

Erbscheinsantrag

...

Ich beantrage daher

die Erteilung eines Eigenrechtserbscheins, nach dem ich ... (Vor- und Nachname) gegenständlich auf den inländischen Spaltnachlass für das im Inland befindliche unbewegliche Nachlassvermögen beschränkt alleine Erbe des Erblassers geworden bin, und

die Erteilung eines Fremdrechtserbscheins, nach dem ich ... (Vor- und Nachname) nach schweizerischem Recht für den mit Ausnahme des im Inland befindlichen unbeweglichen Nachlassvermögens gesamten Nachlass alleine Erbe des Erblassers geworden bin.

...

1 Zu Eingang und Schlussformel s. **M 91.1**.

Kosten: *Notar- und Gerichtsgebühr:* wie ***M 91.1*** (gesamter Nachlass erfasst).

Praxistipp: Bei der Antragstellung vor dem Rechtspfleger des Nachlassgerichts könnten Unklarheiten über benötigte Urkunden oder den Nachlasswert direkt erledigt werden, weiterhin entfällt die Umsatzsteuer.

c) Innerdeutsche Nachlassspaltung

40 Eine besondere Art der Nachlassspaltung tritt in innerdeutschen Erbfällen zwischen dem 1.1.1976 und dem 2.10.1990 auf, wenn der Erblasser seinen letzten gewöhnlichen Aufenthalt im alten Bundesgebiet hatte und zu seinem Nachlass ein in der früheren DDR belegenes Grundstück gehört (zur Problematik interlokaler deutsch-deutscher Nachlassverfahren vertiefend Prütting/Helms/Fröhler § 343 FamFG Rz. 120 ff.). In derartigen Konstellationen ist hinsichtlich des Eigentums und anderer Rechte an Grundstücken und Gebäuden, die sich in der früheren DDR befinden, gem. Art. 3a Abs. 2 EGBGB iVm. § 25 Abs. 2 des Rechtsanwendungsgesetzes der DDR (DDR-RAG), das in der vorstehenden Zeitspanne geltende ZGB der DDR, für den übrigen Nachlass des Erblassers jedoch das BGB anwendbar (BGHZ 131, 22, 26 f.). Als Erbnachweis ist hierzu ein auf derartigen Grundbesitz gegenständlich beschränkter Erbschein unter Anwendung des in dieser maßgebenden Zeitspanne geltenden ZGB der früheren DDR statthaft (BGHZ 146, 310 ff.). Örtlich ist das Nachlassgericht des letzten Wohnsitzes des Erblassers zuständig. Soweit hinsichtlich des restlichen Vermögens des Erblassers (auf das das Erbrecht des BGB anzuwenden ist) noch kein Erbschein erteilt worden ist, kann auch die Erteilung eines Doppelerbscheins für beide Erbfolgen beantragt werden. Erfasst der Nachlass jedoch weder das Eigentum noch andere Rechte an Grundstücken oder Gebäuden iSd. § 25 Abs. 2 DDR-RAG, sondern lediglich Rückübertragungs- bzw. Entschädigungsansprüche nach den §§ 3 ff. VermG, wird hierdurch keine Nachlassspaltung herbeigeführt, sondern die Geltung eines einheitlichen Erbstatuts für das gesamte Vermögen des Erblassers unberührt belassen (BGHZ 131, 22, 27 ff.).

M 91.15 Antrag auf Erteilung eines Erbscheins, der gegenständlich auf im Gebiet der früheren DDR belegenen Grundbesitz beschränkt ist

(Notarielles Beurkundungsprotokoll – Auszug)[1]

Erbscheinsantrag

...

Die Erblasserin verstarb am 1.1.1985 mit letztem Wohnsitz in Bonn. Sie war deutsche Staatsangehörige (Bundesrepublik Deutschland) und hatte zuvor ihre frühere DDR-Staatsangehörigkeit verloren. Zu ihrem Nachlass gehört ein Gebäudeeigentum in Dresden (genauer Grundbuchbeschrieb). Weiterer Grundbesitz ist auf dem Gebiet der früheren DDR nicht vorhanden. Mir liegt bereits ein Eigenrechtserbschein des Amtsgerichts – Nachlassgericht – Bonn, Az. ... (Aktenzeichen) vom ... (Erstellungsdatum) vor. Ich beantrage daher die Erteilung eines Erbscheins, nach dem ich ... (Vor- und Nachname) gegenständlich beschränkt auf in der früheren DDR belegenen Grundbesitz samt Gebäuden und Rechten daran unter Anwendung des Erbrechtes der früheren DDR alleine Erbe der Erblasserin geworden bin.

...

1 Zu Eingang und Schlussformel s. **M 91.1**.

Kosten: *Notargebühr:* 1,0-Gebühr gem. Nr. 23300 KV GNotKG. Geschäftswert gem. § 40 Abs. 3 S. 1, 1 GNotKG (Wert des Gesamtnachlasses im Zeitpunkt des Erbfalls, vom Erblasser herrührende Verbindlichkeiten werden abgezogen). Für die Beurkundung des Antrags an das Nachlassgericht wird keine gesonderte Gebühr erhoben (Vorbem. 2.3.3. Abs. 2 KV GNotKG).

Gerichtsgebühr: 1,0 Gebühr gem. Nr. 12210 KV GNotKG für die Erteilung des Erbscheins. Geschäftswert wie Notargebühr.

Praxistipp: Bei der Antragstellung vor dem Rechtspfleger des Nachlassgerichts könnten Unklarheiten über benötigte Urkunden oder den Nachlasswert direkt erledigt werden, weiterhin entfällt die Umsatzsteuer.

d) Fremdrechtserbschein

41 Gem. § 2369 Abs. 1 BGB kann auf den Tod eines **ausländischen Erblassers** mit bspw. italienischer Staatsangehörigkeit, dessen auch im Inland belegener Nachlass ausländischem Sachrecht untersteht, insbesondere zum Zwecke der Grundbuchberichtigung ein gegenständlich auf den im Inland befindlichen Nachlass beschränkter Fremdrechtserbschein beantragt werden. Hinterlässt der ausländische Erblasser im Inland neben Grundbesitz noch anderes bewegliches Vermögen, kommt eine nochmalige Beschränkung auf das unbewegliche Vermögen nur dann in Betracht, wenn dieses einen eigenständigen Inlandsspaltnachlass bildet (s. Rz. 35). Trotz Anwendung ausländischen Rechts beurteilt sich das Nachlassverfahren bei Erteilung eines Fremdrechtserbscheins nach deutschem Recht (s. Rz. 33 – vertiefend dazu Prütting/Helms/Fröhler § 343 FamFG Rz. 150).

M 91.16 Antrag auf Erteilung eines gegenständlich auf den im Inland befindlichen Nachlass beschränkten Fremdrechtserbscheins nach einem ausländischen Erblasser mit Grundbesitz im Inland

(Notarielles Beurkundungsprotokoll – Auszug)[1]

Erbscheinsantrag

...

1 Zu Eingang und Schlussformel s. **M 91.1**.

Ich beantrage daher die Erteilung eines Fremdrechtserbscheins, nach dem ich ... (Vor- und Nachname) gemäß italienischem Recht gegenständlich auf den im Inland befindlichen Nachlass beschränkt alleine Erbe des Erblassers geworden bin.

...

Kosten: *Notar- und Gerichtsgebühr:* wie ***M 91.11***.

Praxistipp: Bei der Antragstellung vor dem Rechtspfleger des Nachlassgerichts könnten Unklarheiten über benötigte Urkunden oder den Nachlasswert direkt erledigt werden, weiterhin entfällt die Umsatzsteuer.

e) Besonderheiten bei deutsch-schweizerischen Erbfällen

42 Ist der Erblasser **schweizerischer Staatsangehöriger** und wird – etwa zur Grundbuchberichtigung für in Deutschland belegenen Grundbesitz – ein Erbschein bzw. ein Testamentsvollstreckerzeugnis eines deutschen Nachlassgerichts benötigt, verweist Art. 25 Abs. 1 EGBGB über Art. 4 Abs. 1 Satz 1 EGBGB auf die gesamte Rechtsordnung der Schweiz einschließlich schweizerischem Kollisionsrecht. Art. 90 Abs. 1 IPRG stellt im Gegensatz zu Art. 25 Abs. 1 EGBGB nicht auf die Staatsangehörigkeit, sondern auf den letzten Wohnsitz des Erblassers ab. Auf Erblasser mit letztem Wohnsitz in der Schweiz findet daher schweizerisches Recht Anwendung, ohne dass die Staatsangehörigkeit relevant wird. Art. 91 Abs. 1 IPRG unterstellt den Nachlass eines Erblassers mit letztem Wohnsitz außerhalb der Schweiz, beispielsweise in Deutschland, demjenigen Recht, auf das das Kollisionsrecht des Wohnsitzstaates verweist. Nach deutscher Rechtsauffassung wird die Rückverweisung aus Art. 91 Abs. 1 IPRG bei schweizerischen Staatsangehörigen mit letztem Wohnsitz in Deutschland als Gesamtverweisung auf deutsches Recht gewertet und daher gem. Art. 4 Abs. 1 Satz 2 EGBGB mit der Folge abgebrochen, dass letztlich deutsches Erbrecht Anwendung findet und ein dauerhafter „Hin- und Herdriften" vermieden wird (BayObLG ZEV 2001, 483; LG Kempten NJW-RR 2002, 1588; DNotI-Gutachten DNotI-Report 2001, 153 mwN; Lorenz DNotZ 1993, 148, 152; Fröhler BWNotZ 2008, 38, 43 ff.). In der schweizerischen Literatur ist die dogmatische Einstufung des Art. 91 Abs. 1 IPRG umstritten. Zum einen wird vertreten, diese Norm verkörpere im Wege der „foreign court theory" keine Gesamt-, sondern eine Sachnormverweisung, die anders als eine Kollisionsnorm nicht an deutsche Gerichte adressiert sei und daher von diesen nicht angewendet werden dürfe, so dass schweizerisches Erbrecht maßgebend wäre (Zürcher Kommentar/Heini, 2. Aufl. 2004, Art. 14 IPRG Rz. 12; Sturm, Mélanges en l'honneur de Henri-Robert Schüpbach, 2000, S. 337 ff.). Andererseits wird darauf hingewiesen, nach Art. 91 Abs. 1 IPRG habe ein schweizerisches Gericht wie ein deutsches Wohnsitzgericht zu entscheiden, das von einer Gesamtverweisung, die in Deutschland abzubrechen sei, auszugehen und daher deutsches Erbrecht anzuwenden habe (Siehr, Das Internationale Privatrecht der Schweiz, 2002, S. 165). Eine Entscheidung des schweizerischen Bundesgerichts liegt zu dieser Problematik bislang nicht vor. Ggf. sollte der schweizerische Staatsangehörige eine Rechtswahl nach Art. 25 Abs. 2 EGBGB zugunsten deutschen Rechts für in Deutschland belegenes unbewegliches Vermögen bzw. nach Art. 25 Abs. 1 EGBGB iVm. Art. 91 Abs. 2 IPRG zugunsten schweizerischen Rechts für den in der Schweiz belegenen Nachlass treffen. Mit Ausnahme dieser Rechtswahltatbestände und dem sehr begrenzten Anwendungsbereich des schweizerisch-badischen Staatsvertrages (dazu Fröhler BWNotZ 2008, 38, 43) kommt es zu keiner Nachlassspaltung.

43 Der Nachlass eines **deutschen Erblassers mit letztem Wohnsitz in der Schweiz** unterliegt nach deutschem Internationalen Privatrecht wegen der Anknüpfung des Art. 25 Abs. 1 EGBGB an die Staatsangehörigkeit des Erblassers ausschließlich deutschem Recht. Im Gegensatz dazu ist nach schweizerischem Internationalen Privatrecht gemäß Art. 90 Abs. 1 IPRG aufgrund dortiger Anknüpfung an den letzten Wohnsitz des Erblassers jedoch schweizerisches Recht anzuwenden. Es entsteht daher insoweit ein hinkendes Rechtsverhältnis. Wünscht ein deutscher Erblasser davon abweichend die Anwendung deutschen Rechts, sollte er nach Art. 90 Abs. 2 Satz 1 IPRG eine entsprechende Rechtswahl treffen, insbes. um auch aus Sicht eines schweizerischen Gerichts das ungünstige schweizerische dingliche Pflichtteilsrecht auszuschalten (dazu Fröhler BWNotZ 2008, 38, 39

und 43). Eine derartige Rechtswahl verstößt nach schweizerischer Rechtsprechung weder gegen den schweizerischen ordre public, noch ist sie rechtsmissbräuchlich (BGE 102 II 136, 140 f.).

Ein **schweizerischer Erblasser mit letztem Wohnsitz in der Schweiz** untersteht sowohl nach Art. 25 Abs. 1 EGBGB als auch nach Art. 90 Abs. 1 IPRG schweizerischem Recht, soweit keine Rechtswahl getroffen wurde (s. dazu auch Rz. 36 mit **M 91.12** und **M 91.13**). 44

Hinterlässt ein **deutscher Erblasser mit letztem Wohnsitz in Deutschland** Nachlassvermögen in der Schweiz, ist aus Sicht schweizerischer Gerichte – deckungsgleich mit der Perspektive deutscher Gerichte nach Art. 25 Abs. 1 EGBGB – gemäß Art. 90 Abs. 1 IPRG deutsches Recht anwendbar. Eine Unterstellung des Nachlasses unter schweizerisches Recht gemäß Art. 91 Abs. 2, 87 Abs. 1 IPRG kommt nicht in Betracht, da sich das deutsche Nachlassgericht mit dem Nachlass des deutschen Erblassers stets vollumfänglich befassen wird (Wachter RNotZ 2001, 65, 98 Fn. 141). 45

10. Wegfall der Testamentsvollstreckung

Das Amt des Testamentsvollstreckers endet, wenn dieser seine Aufgaben vollständig erledigt hat, die in der zugrunde liegenden Verfügung von Todes wegen bestimmte Zeitspanne abgelaufen ist, der Testamentsvollstrecker das Amt gekündigt hat, er durch das Nachlassgericht in durch sofortige Beschwerde nicht mehr anfechtbarer Entscheidung entlassen worden oder verstorben ist. In derartigen Fällen wird das Testamentsvollstreckerzeugnis kraft Gesetzes **von alleine kraftlos**. Unabhängig davon, ob ein Dritter das Erlöschen des Amtes des Testamentsvollstreckers kennt, verliert das Testamentsvollstreckerzeugnis von selbst seine Beweiskraft. Eine Einziehung bzw. Kraftloserklärung des Testamentsvollstreckerzeugnisses nach § 2361 BGB kommt daher nicht in Betracht. 46

➲ **Hinweis:** Das Nachlassgericht wird jedoch regelmäßig dazu verpflichtet sein, das Testamentsvollstreckerzeugnis zur Vermeidung einer weiteren Nutzung zu den Nachlassakten zurückzufordern (Prütting/Helms/Fröhler § 354 FamFG Rz. 4) oder auf im Umlauf befindliche Ausfertigungen bzw. beglaubigten Abschriften den Umstand und den Zeitpunkt des Erlöschens des Testamentsvollstreckeramtes zu vermerken. Ein Zeugnis über den Wegfall der Testamentsvollstreckung kann anders als über die Fortdauer des Amtes nicht erteilt werden (OLG München NJW 1951, 74). 47

Die Beendigung des Testamentsvollstreckeramtes führt dazu, dass sich die Anordnung der Testamentsvollstreckung als solche erledigt, insbesondere bei Erfüllung aller Aufgaben durch den Testamentsvollstrecker. Bei **Kündigung, Entlassung bzw. Tod** ist hingegen zu klären, ob die zugrundeliegende letztwillige Verfügung von Todes wegen die Ernennung eines Ersatztestamentsvollstreckers beinhaltet. Weiter ist zu berücksichtigen, dass ein **Erbschein**, auf dem die Anordnung der Testamentsvollstreckung vermerkt ist, **unrichtig** geworden ist (BayObLG Rpfleger 1974, 345). Umstritten ist, zu welcher Rechtsfolge diese Unrichtigkeit führt. Nach der Rechtsprechung und einem Teil der Literatur ist der Erbschein zwingend einzuziehen (KG RJA 16, 53; BayObLG Rpfleger 1974, 345; OLG Hamm OLGZ 1983, 59; OLG Köln FamRZ 1993, 1124; MünchKomm.BGB/J. Mayer § 2364 BGB Rz. 17; Palandt/Weidlich § 2364 BGB Rz. 1; Soergel/Damrau § 2364 BGB Rz. 2). Nach anderer Ansicht in der Literatur genügt zur Vermeidung unnötig hoher Kosten auf Antrag der Erben das Aufbringen eines Vermerkes auf dem Erbschein dahingehend, dass die Testamentsvollstreckung weggefallen ist, da der Testamentsvollstreckervermerk alleine keine Vermutung über den Fortbestand der Testamentsvollstreckung erzeugt (Erman/Simon § 2364 BGB Rz. 3; Staudinger/Schilken § 2364 BGB Rz. 14 mwN). 48

➲ **Praxistipp:** Um die vergleichsweise hohen Kosten für die Neuerteilung eines Erbscheins im Falle einer Einziehung zu vermeiden, sollte zumindest der **Versuch** unternommen werden, durch Antrag des Erben beim Nachlassgericht das kostengünstigere Aufbringen eines Vermerkes über den Wegfall der Testamentsvollstreckung auf dem Erbschein zu erwirken. 49

M 91.17 Antrag auf Berichtigung eines Erbscheins nach Wegfall der Testamentsvollstreckung infolge Aufgabenerledigung

An das Amtsgericht/Notariat

– Nachlassgericht –

. . . (Ort)

Nachlass des . . . (Daten des Erblassers)

Hier: Berichtigung des am . . . (Erstellungsdatum) erteilten Erbscheins in Folge Wegfalls der Testamentsvollstreckung auf Grund zwischenzeitlicher Aufgabenerledigung

Sehr geehrte Damen und Herren,

in der o.g. Nachlassangelegenheit hat Ihnen der Testamentsvollstrecker durch Schreiben vom . . . (Datum) bestätigt, dass er seine Aufgaben als Testamentsvollstrecker vollständig erledigt hat. Dadurch ist das Amt des Testamentsvollstreckers beendigt. Die angeordnete Testamentsvollstreckung ist erledigt. Der Erbschein ist hinsichtlich des Vermerkes der Anordnung der Testamentsvollstreckung unrichtig geworden. Ich beantrage als Alleinerbe des Erblassers hiermit, auf dem Erbschein den Wegfall der Testamentsvollstreckung zu vermerken und von einer Einziehung des Erbscheins abzusehen. Anbei überlasse ich die mir erteilten Dokumente (eine Ausfertigung und zwei beglaubigte Abschriften des Erbscheins) mit der Bitte, mir nach Aufbringung des beantragten Vermerkes erneut eine Ausfertigung und zwei beglaubigte Abschriften des berichtigten Erbscheins zu erteilen.

Mit freundlichen Grüßen

. . . (Unterschrift des Alleinerben)

Kosten: *Gerichtsgebühr:* keine, für die Erteilung der Abschriften entsteht die Dokumentenpauschale Nr. 31000 KV GNotKG.

II. Testamentsvollstreckerzeugnisantrag

1. Ernennung des Nachfolgertestamentsvollstreckers durch die übrigen Mitvollstrecker

50 Der Erblasser kann die Bestimmung der Person des Testamentsvollstreckers bei Wegfall eines von ihm selbst ernannten Testamentsvollstreckers, aber auch von vornherein – soweit er selbst durch Verfügung von Todes wegen Testamentsvollstreckung angeordnet hat – einem **Dritten** übertragen. Dieser hat die Bestimmung gem. § 2198 BGB sodann durch öffentlich beglaubigte Erklärung gegenüber dem Nachlassgericht vorzunehmen. Das Bestimmungsrecht des Dritten erlischt, wenn das Nachlassgericht auf Antrag eines Beteiligten für die Ausübung des Bestimmungsrechts gem. § 2198 Abs. 2 BGB eine Frist gesetzt hat und diese ergebnislos abläuft. Entsprechendes gilt nach § 2199 BGB für die Ermächtigung zur Ernennung eines Mitvollstreckers bzw. Nachfolgertestamentsvollstreckers. Sind mehrere Personen gemeinsam ermächtigt und fehlen Vorgaben zur Entscheidungsfindung, ist durch Auslegung zu ermitteln, ob durch Mehrheit oder einstimmig beschlossen werden soll (Staudinger/Reimann § 2199 BGB Rz. 4). Gem. § 2200 BGB kann das durch den Erblasser mittels Verfügung von Todes wegen entsprechend ersuchte Nachlassgericht seinerseits einen Testamentsvollstrecker ernennen, soll vor der Ernennung jedoch möglichst die Beteiligten anhören.

M 91.18 Ernennung eines Nachfolgertestamentsvollstreckers durch die übrigen Mitvollstrecker

An das Amtsgericht/Notariat

– Nachlassgericht –

. . . (Ort)

Nachlass des ... (Daten des Erblassers)

Ihr Zeichen: ... (Aktenzeichen)

Der am ... (Sterbedatum) in ... (Sterbeort) mit letztem Wohnsitz in ... (letzter Wohnsitz) verstorbene Erblasser hat in dem am ... (Eröffnungsdatum) durch das Nachlassgericht eröffneten Testament vom ... (Errichtungsdatum) uns, die unterzeichnenden ... (Vor- und Nachname) und ... (Vor- und Nachname), sowie Herrn ... (Vor- und Nachname) zu seinen gemeinschaftlichen Testamentsvollstreckern ernannt. Gleichzeitig ist geregelt, dass nach Ausscheiden eines der drei Testamentsvollstrecker die verbliebenen beiden Testamentsvollstrecker einen Ersatztestamentsvollstrecker zu bestimmen haben. Herr ... (Vor- und Nachname) hat gegenüber dem Nachlassgericht sein Amt als Testamentsvollstrecker durch Schreiben vom ... (Datum), dass sich bei den Nachlassakten befindet, gekündigt. Dadurch ist sein Amt beendet. Wir, die Unterzeichnenden, ... (Vor- und Nachname) und ... (Vor- und Nachname), ernennen hiermit an Stelle von Herrn ... (Vor- und Nachname des ausgeschiedenen Testamentsvollstreckers) Herrn ... (Vor- und Nachname) zum weiteren Testamentsvollstrecker. Herr ... (neu ernannter Testamentsvollstrecker) wird die Annahmeerklärung gem. § 2202 BGB innerhalb der nächsten Tage beim Nachlassgericht einreichen.

... (Ort, Datum)

... (Unterschriften)

Unterschriftsbeglaubigung

...

Kosten: *Notargebühr:* 0,2-Gebühr gem. Nr. 25100 KV GNotKG, mindestens 20 Euro, höchstens 70 Euro. Geschäftswert gem. §§ 121, 36 GNotKG.

Gerichtsgebühr: 15 Euro gem. Nr. 12410 KV GNotKG.

2. Annahme bzw. Ablehnung des Testamentsvollstreckeramtes

Gem. § 2202 Abs. 1 BGB **beginnt** das Amt des Testamentsvollstreckers mit dem Zeitpunkt der Annahme des Amtes durch den Ernannten, wobei die Verfügungsbeschränkung der Erben iSd. § 2211 Abs. 1 BGB unabhängig davon bereits mit dem Erbfall eintritt (BGHZ 25, 275, 282). Die Annahmeerklärung bedarf keiner Form. Eine Annahme unter Bedingung, Zeitbestimmung oder Widerrufsvorbehalt ist nach § 2202 Abs. 2 Satz 2 BGB jedoch unzulässig. Das Nachlassgericht kann dem Ernannten auf Antrag eines der Beteiligten eine Frist zur Erklärung über die Annahme setzen. Mit ergebnislosem Ablauf der Frist gilt das Amt als abgelehnt. 51

M 91.19 Annahme/Ablehnung des Testamentsvollstreckeramtes

An das Amtsgericht/Notariat

– Nachlassgericht –

... (Ort)

Nachlass des/der ... (Daten des Erblassers)

Ihr Zeichen: ... (Aktenzeichen)

Am ... (Sterbedatum) ist in ... (Sterbeort) der Erblasser ... (Vor- und Nachname) mit letztem Wohnsitz in ... (letzter Wohnsitz) verstorben. Er hat mich auf Grund seines Testamentes vom ... (Errichtungsdatum), eröffnet durch das Nachlassgericht am ... (Eröffnungsdatum) zu seinem Testamentsvollstrecker ernannt. Ich nehme hiermit das Amt des Testamentsvollstreckers an/ich lehne hiermit das Amt des Testamentsvollstreckers endgültig ab.

... (Ort, Datum)

... (Unterschrift)

Kosten: *Gerichtsgebühr:* Für die Entgegennahme der Erklärung 15 Euro gem. Nr. 12410 KV GNotKG.

3. Testamentsvollstreckerzeugnis bzw. Nacherbenvollstreckerzeugnis

52 Ein Testamentsvollstreckerzeugnis wird gem. § 2368 BGB ausschließlich auf **Antrag** erteilt. Hinsichtlich der erforderlichen Angaben und der grundsätzlichen Notwendigkeit einer Abgabe einer eidesstattlichen Versicherung verweist § 2368 Abs. 3 BGB auf die Regelungen über den Erbschein gem. den §§ 2354, 2355 BGB. Nach Landes- oder Bundesrecht angeordnete Genehmigungspflichten sind vom Nachlassgericht nicht zu überprüfen (Firsching/Graf Rz. 4.456). Ähnlich einem streitigen Erbscheinsverfahren ist auch bei einem streitigen Testamentsvollstreckerzeugnisverfahren für ab dem 1.9.2009 eingeleitete Verfahren die frühere ungeschriebene Vorbescheids- durch eine Suspensivlösung nach §§ 354 iVm. 352 FamFG ersetzt worden (vgl. dazu oben Rz. 5 und Prütting/Helms/Fröhler § 352 FamFG Rz. 11 ff.).

53 Im Hinblick auf die **Verfügungsmacht** des Testamentsvollstreckers sind sämtliche Beschränkungen oder Erweiterungen von der gesetzlichen Regelung im Antrag anzugeben. Hierzu gehören insbes. die Freistellung bei der Eingehung von Verbindlichkeiten und die Befreiung von den Beschränkungen des § 181 BGB einerseits sowie das Verbot zu bestimmten Verfügungen andererseits (vgl. dazu vertiefend Kap. 84 Rz. 15 und 16).

M 91.20 Antrag auf Erteilung eines Testamentsvollstreckerzeugnisses

(Notarielles Beurkundungsprotokoll – Auszug)

Testamentsvollstreckerzeugnisantrag

...

Der Erblasser hat folgende letztwillige Verfügungen hinterlassen:

... (Aufzählung sämtlicher Testamente bzw. Erbverträge des Erblassers unter Nennung des Errichtungs- sowie des Eröffnungsdatums).

Auf Grund des maßgebenden Testaments vom ... (Errichtungsdatum), eröffnet durch das Nachlassgericht am ... (Eröffnungsdatum) bin ich zum alleinigen Testamentsvollstrecker des Erblassers ernannt. Ich habe das Amt des Testamentsvollstreckers bereits durch Schreiben vom ... (Datum) gegenüber dem Nachlassgericht angenommen. Das Annahmeschreiben befindet sich bei den Nachlassakten. Ich bestätige dies hiermit nochmals.

Auf Grund des vorstehenden Testaments bin ich als Testamentsvollstrecker in der Eingehung von Verbindlichkeiten für den Nachlass nicht beschränkt und von den Beschränkungen des § 181 BGB befreit. Ich beantrage, mir ein Zeugnis über meine Ernennung zum Testamentsvollstrecker zu erteilen.

Weitere als die vorstehend genannten letztwilligen Verfügungen von Todes wegen hat der Erblasser nicht hinterlassen. Ein Rechtsstreit über meine Ernennung zum Testamentsvollstrecker ist nicht anhängig.

Der Notar hat mich vorab über die Strafbarkeit einer vorsätzlichen bzw. fahrlässigen falschen eidesstattlichen Versicherung belehrt. Ich versichere nunmehr an Eides Statt:

Es ist mir nichts bekannt, was der Vollständigkeit und Richtigkeit meiner vorstehenden Angaben entgegensteht.

Ich beantrage gegenüber dem beurkundenden Notar die Erteilung einer Ausfertigung dieses Testamentsvollstreckerantrages für das Amtsgericht/Notariat – Nachlassgericht – ... (Nachlassgericht des letzten Wohnsitzorts des Erblassers) zu Az ... (Aktenzeichen) sowie einer einfachen Fotokopie dieses Testamentsvollstreckerzeugnisantrages für meine Unterlagen.

Gegenüber dem Amtsgericht/Notariat – Nachlassgericht – ... (Nachlassgericht am letzten Wohnsitzort des Erblassers) beantrage ich hiermit die Erteilung einer Ausfertigung und drei beglaubigter Fotokopien des Testamentsvollstreckerzeugnisses für mich.

Über meine Pflichten wurde ich belehrt.

...

Kosten: *Notargebühr:* 1,0-Gebühr gem. Nr. 23300 KV GNotKG. Geschäftswert gem. § 40 Abs. 5 GNotKG (20 Prozent des Nachlasswerts im Zeitpunkt des Erbfalls, wobei Nachlassverbindlichkeiten nicht abgezogen werden). Für die Beurkundung des Antrags an das Nachlassgericht wird keine gesonderte Gebühr erhoben (Vorbem. 2.3.3. Abs. 2 KV GNotKG).

Gerichtsgebühr: 1,0 Gebühr gem. Nr. 12210 KV GNotKG für die Erteilung des Testamentsvollstreckerzeugnisses. Geschäftswert wie Notargebühr.

M 91.21 Antrag auf Erteilung eines Nacherbentestamentsvollstreckerzeugnisses

(Notarielles Beurkundungsprotokoll – Auszug)[1]

Testamentsvollstreckerzeugnisantrag

...

Meine Befugnis ist auf eine Nacherbenvollstreckung gem. § 2222 BGB beschränkt.

...

1 Zu Eingang und Schlussformel s. **M 91.20**.

Kosten: *Notar- und Gerichtsgebühr:* wie ***M 91.20***.

III. Vermächtnisvollstreckerzeugnisantrag

In der Praxis werden zur Vermeidung von Erbschaftsteuerbelastungen insbesondere im unterneh- 54
merischen Bereich häufig beim Tod des erstversterbenden Ehegatten neben der Alleinerbeinsetzung des längstlebenden Ehegatten Miteigentumsanteile an gewerblichem Grundbesitz vermächtnisweise auf die gemeinschaftlichen Kinder übertragen. Um die Verfügungsbefugnis gleichwohl beim längstlebenden Ehegatten zu belassen, empfiehlt sich die Anordnung einer **Vermächtnisvollstreckung** nach § 2223 BGB. Vermächtnisvollstrecker kann hier anders als bei einer Testamentsvollstreckung der längstlebende Ehegatte als Alleinerbe sein. Die Anordnung der Vermächtnisvollstreckung ist im Erbschein nicht zu erwähnen. Dem Vermächtnisvollstrecker ist jedoch auf Antrag ein Vermächtnisvollstreckerzeugnis analog § 2368 BGB zu erteilen (Staudinger/Reimann § 2368 BGB Rz. 19).

M 91.22 Antrag auf Erteilung eines Vermächtnisvollstreckerzeugnisses

(Notarielles Beurkundungsprotokoll – Auszug)[1]

Vermächtnisvollstreckerzeugnisantrag

...

Meine Aufgabe als Vermächtnisvollstrecker ist darauf beschränkt, das den Söhnen ... (Vor- und Nachname), geb. am ... (Geburtsdatum), wohnhaft in ... (Wohnanschrift) und ... (Vor- und Nachname), geb. am ... (Geburtsdatum), wohnhaft in ... (Wohnanschrift), vermachte Vermögen von jeweils ... Miteigentum (Miteigentumsanteil) an dem Hotelanwesen ... (genauer Grundbuchbeschrieb) zu verwalten. Ich bin von den Beschränkungen des § 181 BGB befreit.

...

1 Zu Eingang und Schlussformel s. **M 91.20**.

Kosten: *Notar- und Gerichtsgebühr:* wie ***M 91.20***.

55 Ebenso wie ein Erbschein können auch Testamentsvollstrecker- bzw. Vermächtnisvollstreckerzeugnisse **gegenständlich beschränkt** erteilt werden. Dies gilt insbesondere für Fremdrechtstestaments- bzw. Fremdrechtsvermächtnisvollstreckerzeugnisse analog § 2369 BGB.

IV. Europäisches Nachlasszeugnis für Erbfälle ab dem 17.8.2015

55a Im Anwendungsbereich der EuErbVO führt Art. 62 EuErbVO für die Rechtsnachfolge von am 17.8.2015 oder danach verstorbenen Personen ein Europäisches Nachlasszeugnis zur nicht verpflichtenden Verwendung in einem anderen Mitgliedstaat ein, das nicht an die Stelle innerstaatlicher Schriftstücke tritt, jedoch iSd. Art. 69 EuErbVO auch in dem Ausstellungsstaat Wirkung entfaltet. Dieses Zeugnis bezweckt dabei nach Art. 63 EuErbVO die Verwendung als Nachweis durch Erben, Vermächtnisnehmer mit unmittelbarer Berechtigung am Nachlass, Testamentsvollstrecker und Nachlassverwalter.

55b Antragsberechtigt sind nach Art. 65 Abs. 1 iVm. Art. 63 Abs. 1 EuErbVO Erben, Vermächtnisnehmer mit unmittelbarer Berechtigung am Nachlass, Testamentsvollstrecker und Nachlassverwalter. Der Antrag muss dabei die in § 65 Abs. 2 EuErbVO genannten Angaben zu Erblasser, Antragsteller, dessen etwaigem Vertreter, Ehegatte oder Partner des Erblassers, sonstigen Berechtigten, dem beabsichtigten Zweck, Kontaktangaben des Gerichts oder sonstiger zuständiger Behörden, dem zugrundeliegenden Sachverhalt, etwaigen Verfügungen von Todes wegen, Eheverträgen, Annahmen, Ausschlagungen bzw. Rechtsstreitigkeiten abgeben. Zwingende Voraussetzung ist im Rahmen der Zweckangabe die beabsichtigte Verwendung in einem anderen Mitgliedstaat, da eine beabsichtigte ausschließliche Verwendung im Staat der Ausstellungsbehörde den Antrag unzulässig macht (Buschbaum/Simon ZEV 2012, 525).

55c Im Gegensatz zum deutschen Erbscheinsverfahren händigt die Ausstellungsbehörde nach Art. 70 Abs: 1 EuErbVO dem Antragsteller bzw. anderen Personen mit nachgewiesenem berechtigten Interesse keine Ausfertigung, sondern gem. Art. 70 Abs. 3 EuErbVO lediglich eine auf sechs Monate begrenzt gültige beglaubigte Abschrift aus, auf der das Ablaufdatum angegeben wird.

55d Die Erteilung eines nach Art. 62 Abs. 3 Satz 1 EuErbVO neben nationalen Erbnachweisen statthaften Europäischen Nachlasszeugnisses lässt das Rechtsschutzbedürfnis für einen deutschen Eigen- bzw. Fremdrechtserbschein nicht entfallen (Buschbaum/Simon ZEV 2012, 525, 528).

V. Haftungserklärung

56 Verzögert sich die Erbscheinserteilung und sind gleichwohl **dringende Zahlungen**, insbesondere Beerdigungskosten oder andere unaufschiebbare Nachlassverbindlichkeiten zu erfüllen, kann die Abgabe einer Haftungserklärung zur Erzielung der Auszahlung von Sterbegeldern hilfreich sein.

M 91.23 Haftungserklärung wegen Auszahlung des Sterbegeldes

An die
Hilfskasse der Steuerbevollmächtigten
... (Anschrift)

Am ... (Sterbedatum) ist in ... (Sterbeort) der Steuerbevollmächtigte (Vor- und Nachname des Erblassers) mit letztem Wohnsitz in ... (letzte Wohnanschrift) verstorben, der aus Ihrer Hilfskasse sterbegeldberechtigt war. Der Erblasser hat keine letztwillige Verfügung hinterlassen. Er war verwitwet. Wir versichern, dass wir als seine Kinder die alleinigen gesetzlichen Erben sind, und beantragen, das Sterbegeld iHv. ... (Sterbegeldbetrag) an uns ... (jeweils Vor- und Nachname sowie Wohnanschriften der Kinder) auf das gemeinsame Nachlasskonto Nr. ... (Kontonummer) bei der ... (Bank) BLZ ... (Bankleitzahl) zu überweisen.

Wir verpflichten uns hiermit als Gesamtschuldner, das Empfangene unverzüglich zurückzuzahlen, wenn von dritter Stelle Erbrechte geltend gemacht werden, und Ihnen außerdem allen Schaden zu ersetzen, der Ihnen dadurch entsteht, dass Sie das Sterbegeld an uns ohne Nachweis der Erblegitimation auszahlen.

Mit freundlichen Grüßen

... (Unterschriften)

VI. Feststellungs- bzw. Auslegungsvertrag und Vergleich

Beteiligte können hinsichtlich einer **unklar** formulierten und daher auslegungsbedürftigen Verfügung von Todes wegen eine **einvernehmliche schuldrechtliche Vereinbarung** durch Vergleich iSd. § 779 BGB oder Feststellungs- bzw. Auslegungsvertrag iSd. § 311 BGB treffen (BGH NJW 1986, 1812, 1813; OLG München NJW-RR 2011, 13 f.; Baumann RNotZ 2011, 33; DNotI DNotI-Report 2010, 169). Eine derartige schuldrechtliche Vereinbarung ist hinsichtlich Vermächtnissen und Auflagen grundsätzlich formfrei wirksam, soweit sich nicht aus speziellen Formvorschriften, insbesondere aus § 311b Abs. 1 BGB bei betroffenem Grundbesitz etwas anderes ergibt (Groll/Esser B II Rz. 374). Umgekehrt beinhalten die Erbfolge betreffende Regelungen zumeist die Verpflichtung zur vollständigen oder anteiligen Übertragung von Erbteilen und sind daher nach §§ 2371, 2385 Abs. 1 BGB ebenso wie der spätere Vollzug durch Erbteilsabtretung nach § 2033 Abs. 1 BGB beurkundungspflichtig (Zimmermann, Erbschein und Erbscheinsverfahren Rz. 250). Insoweit kann bereits für die in einem einvernehmlichen Erbscheinsantrag enthaltene Einigung über die Erbfolge eine notarielle Beurkundung erforderlich machen (Dressel ZEV 1999, 289, 292). 57

Das Nachlassgericht ist an einen Feststellungs- bzw. Auslegungsvertrag bzw. Vergleich der Beteiligten angesichts des Amtsermittlungsgrundsatzes aus § 2358 BGB iVm. § 26 FamFG grundsätzlich nicht gebunden. Umgekehrt besteht jedoch eine Bindung an rechtskräftige Feststellungsurteile aus Zivilprozessverfahren, in denen der zur Dispotition der Parteien stehende Verhandlungsgrundsatz maßgebend ist, ohne dass der zugrundeliegende Sachverhalt von Amts wegen aufgeklärt werden müsste (s. dazu Rz. 2 mwN). Soweit nicht der eindeutige Wortlaut der betroffenen letztwilligen Verfügung oder Interessen Dritter entgegenstehen, kommt daher einer Einigung aller Beteiligten eine **erhebliche indizielle Bedeutung** zu, von der das Nachlassgericht regelmäßig nicht abweichen wird (BGH NJW 1986, 1812, 1813; Zimmermann, Erbschein und Erbscheinsverfahren Rz. 248). 58

Kapitel 92 Ausschlagung von Erbschaft und Vermächtnis sowie Anfechtung von Annahme, Fristversäumnis, Ausschlagung und Anfechtung

Literatur: *Baumann*, Erbausschlagung gegen Abfindung bei minderjährigen Ersatzerben – Zugleich Anmerkungen zum Beschl. des OLG Köln v. 26.4.2012 – II-12 UF 10/12, DNotZ 2012, 803; *Dieterlen*, Die vertragliche Verpflichtung zur Ausschlagung einer Erbschaft, 1998; *Fröhler*, Erbausschlagung und FamFG, BWNotZ 2012, 160; *Fröhler*, Erbausschlagungen von Eltern für ihr minderjähriges Kind, BWNotZ 2013, 88; *Ivo*, Die Erbausschlagung für das minderjährige Kind, ZEV 2002, 309; *Ivo*, Erbschaftsausschlagung wegen vermeintlicher Überschuldung und ihre Anfechtung bei Nachlassspaltung, NJW 2003, 185; *Linde*, Zur Ausschlagung einer Erbschaft – Nasciturus, Sozialhilfe, BWNotZ 1988, 54; *von Lübtow*, Die Vererblichkeit des Ausschlagungsrechts, JZ 1969, 502; *Mensch*, Erbschaftsausschlagung für Minderjährige bei positivem Nachlassvermögen, BWNotZ 2013, 144; *Pentz*, Ausschlagung durch Erbeserben, Rpfleger 1999, 516; *Sagmeister*, Die Erbausschlagung bei minderjährigen Nach- und Ersatzerben, ZEV 2012, 121; *Strobl*, Das Wahlrecht des Erben nach § 1948 BGB, DNotZ 1965, 373.

I. Erbschaftsausschlagung

1. Allgemeines

1 Gem. § 1942 Abs. 1 BGB geht die Erbschaft zum Zeitpunkt des Todes des Erblassers **von selbst** auf den Erben über. Dies geschieht auch dann, wenn der Erbe vom Erbfall keinerlei Kenntnis hat. Einer Annahmeerklärung oder eines behördlichen bzw. gerichtlichen Aktes bedarf es nicht. Insbesondere ist eine Annahmeerklärung durch den gesetzlichen Vertreter ohne gerichtliche Genehmigung wirksam – gleiches gilt für eine durch Ablaufen der Ausschlagungsfrist, die je nach Kenntnisstand der gesetzlichen Vertreter beginnt, eintretende Annahme (OLG Koblenz FamRZ 2008, 1031) – und unterliegt, da sie weder empfangsbedürftige Willenserklärung ist noch die anderen Miterben Erklärungsadressat sind, nicht den Beschränkungen der §§ 181, 1795 BGB (DNotI-Gutachten DNotI-Report 2010, 47 f.).

2 Der Anfall der Erbschaft kann jedoch durch Ausschlagung, Erbunwürdigkeitserklärung oder Anfechtung einer zu Grunde liegenden Verfügung von Todes wegen **rückwirkend beseitigt** werden. Häufigster Anlass einer Erbausschlagung ist die Überschuldung des Nachlasses. Der **Fiskus** (Staat) kann die ihm als gesetzlichem Erben angefallene Erbschaft anders als seine letztwillige Einsetzung gem. § 1942 Abs. 2 BGB nicht ausschlagen. Eine Ausschlagung der Erbschaft ist nach § 1946 BGB erst **nach dem Erbfall** möglich, erfolgt sie vorher, muss die daher wirkungslose Ausschlagung erneut form- und fristgerecht erklärt werden (Palandt/Weidlich § 1946 BGB Rz. 1). Sie erfolgt gem. § 1945 Abs. 1 BGB durch Erklärung gegenüber dem Nachlassgericht entweder zur Niederschrift des Nachlassgerichts oder in öffentlich beglaubigter Form, bei **Bevollmächtigung** bedarf die Vollmacht nach § 1945 Abs. 3 Satz 1 BGB der öffentlich beglaubigten Form.

2a Befindet sich der Ausschlagende im Ausland, ist nach Art. 11 Abs. 1 EGBGB die am Ort der Ausübung der Ausschlagung maßgebende Form (**Ortsform**) für die Frage ausreichend (BayObLG NJW-RR 1994, 967, 969; MünchKomm.BGB/Spellenberg Art. 11 EGBGB Rz. 22; Palandt/Weidlich § 1945 BGB Rz. 3; Palandt/Thorn Art. 11 EGBGB Rz. 1; Staudinger/Dörner Art. 25 EGBGB Rz. 116). Das Formstatut entscheidet insbesondere darüber, ob die Erbausschlagungserklärung mündlich bzw. schriftlich erklärt werden kann oder stattdessen eine Erklärung zur Niederschrift des Nachlassgerichts bzw. in öffentlich beglaubigter Form erforderlich ist (Staudinger/Dörner Art. 25 EGBGB Rz. 116).

➲ **Wichtig:** Eine von § 1945 Abs. 3 BGB ausdrücklich zugelassene Bevollmächtigung vermag jedoch für die eigenen letztwilligen Verfügungen des Ausschlagenden wegen des Höchstpersönlichkeitsgebotes aus § 2065 BGB keine Wirkung nach § 2271 Abs. 2 Satz 1 Halbs. 2 BGB auszulösen, so dass insoweit ein erbrechtlich gebundener längstlebender Ehegatte seine **Testierfreiheit nur dann wiedererlangen** kann, wenn er seine Einsetzung durch den Erstverstorbenen **persönlich ausschlägt** (Staudinger/Kanzleiter § 2271 BGB Rz. 44; ähnlich, aber missverständlich OLG Zweibrücken DNotZ 2008, 384, 385 mit Anm. Müller). Tut er dies und trifft er zudem eine neue abweichende Verfügung von Todes wegen, wodurch nach § 2270 Abs. 1 BGB die letztwillige Verfügung des erstversterbenden Ehegatten unwirksam wird, bleibt diese auch dann unwirksam, wenn der längstlebende Ehegatte seine neue Verfügung wieder ändert (BGH NJW 2011, 1353, 1354 f.). 3

Die Ausschlagung einer werthaltigen Erbschaft, die zu einem Fortbestehen der **Sozialhilfebedürftigkeit** des vorläufigen Erben führt, ist entgegen früherer obergerichtlicher Rspr. (OLG Stuttgart NJW 2001, 3484 ff.; OLG Hamm ZEV 2009, 471 ff. mit krit. Anm. Leipold) nach Ansicht des BGH grundsätzlich wegen der aus Art. 14 Abs. 1 GG resultierenden negativen Erbfreiheit des Erben samt damit verbundener Ablehnungsmöglichkeit gegenüber erbrechtlichen Zuwendungen **nicht** iSd. § 138 Abs. 1 BGB **sittenwidrig** (BGH ZEV 2011, 258, 259 ff.; LG Aachen ZEV 2005, 120, 121). Bei einem Behindertentestament kommt eine gerichtliche Genehmigung zu einer Ausschlagung der Vorerbenstellung dann nicht in Betracht, wenn die darin vorgesehenen Zuwendungen den Behinderten besser stellen als bei einem Sozialhilfezugriff auf den durch die Ausschlagung ausgelösten Pflichtteil (OLG Köln FamRZ 2008, 1113). 4

➲ **Wichtig:** Soweit die Ausschlagung nicht nach § 1945 Abs. 1 Halbs. 2 iVm. § 129 BGB in öffentlich beglaubigter Form, sondern zur Niederschrift des Nachlassgerichts erklärt wird, muss zur Vermeidung etwaiger Wirksamkeitsrisiken darauf geachtet werden, dass die Niederschrift ausschließlich durch das allgemein nach § 343 FamFG **örtlich zuständige** Nachlassgericht oder das seit 1.9.2009 nach § 344 Abs. 7 FamFG speziell für Erbausschlagungen zuständige Gericht am **Wohnsitz** des Ausschlagenden, über dessen Zuständigkeit bisherige Unsicherheiten im Verfahren vor einem ersuchten Gericht beseitigt werden sollen, erklärt wird. Dabei sind mit größter Vorsicht die Voraussetzungen eines Wohnsitzes nach den §§ 7 ff. BGB zu prüfen (dazu vertiefend Prütting/Helms/Fröhler § 343 FamFG Rz. 11 bis 50), insbes. fehlt am Studienort wohnhaften Studenten regelmäßig der dazu erforderliche nicht nur vorübergehende Domizilwille (BVerfG NJW 1990, 2193, 2194; OLG Düsseldorf FamRZ 1992, 103). 5

§ 344 Abs. 7 FamFG begründet aufgrund seines Regelungszwecks trotz des unpräzisen und unvollständigen Wortlauts neben ausdrücklich benannten Erbausschlagungen und deren Anfechtung auch eine Zuständigkeit des Wohnsitzgerichts für die Anfechtung der Erbschaftsannahme, der Fristversäumnis und der Ausschlagung des Pflichtteilsberechtigten und neben der ausdrücklich erwähnten Entgegennahme auch für die Protokollierung derartiger Erklärungen (Heinemann ZErb 2008, 293, 295; Prütting/Helms/Fröhler § 344 FamFG Rz. 67 bis 69). Die in öffentlich beglaubigter Form durch den Erben am Ort seines Wohnsitzes vor einem Notar erklärte Ausschlagung sollte daher zur Vermeidung von postalischen Verzögerungs- bzw. Verlustgefahren persönlich vor Ort beim Wohnsitzgericht iSd. § 344 Abs. 7 FamFG gegen Eingangsbestätigung fristwahrend (Prütting/Helms/Fröhler § 344 FamFG Rz. 68) abgegeben werden. Trotz des unvollständigen Hinweises auf die Tatbestände der §§ 1945 Abs. 1, 1955 BGB ist das Wohnsitzgericht insbes. aufgrund des Gesetzeszweckes und der Entstehungsgeschichte dieser Norm nach § 105 FamFG auch international zuständig, wenn das allgemeine international zuständige Nachlassgericht ein deutsches Gericht ist (Prütting/Helms/Fröhler § 344 FamFG Rz. 75 bis 78 mwN; Keidel/Zimmermann § 344 FamFG Rz. 47; aA Heinemann ZErb 2008, 293, 299). 6

Gem. § 1947 BGB kann die Ausschlagung nicht unter einer **Bedingung** oder einer **Zeitbestimmung** erfolgen. Nach § 1944 Abs. 1 BGB beträgt die Ausschlagungsfrist **sechs Wochen, dann**, wenn der Erblasser seinen letzten Wohnsitz nur im Ausland gehabt hat oder sich der Erbe bei dem Beginn der Frist im Ausland aufhält, jedoch sechs Monate. Hinsichtlich des Beginns der Ausschlagungsfrist ist zu differenzieren: Ist der Erbe durch Verfügung von Todes wegen berufen, beginnt die 7

Frist gem. § 1944 Abs. 2 Satz 2 BGB nicht vor der nach § 348 Abs. 2 FamFG mündlich gegenüber dem im Eröffnungstermin anwesenden Erben bzw. nach § 348 Abs. 3 FamFG schriftlich erfolgenden **Bekanntgabe** der Verfügung, bei erst späterer Kenntniserlangung (bspw. durch verloren gegangene Post) ist dieser spätere Zeitpunkt maßgebend, während eine frühere Kenntnis nicht schadet (Palandt/Weidlich § 1944 BGB Rz. 4).

7a Im Falle der Eröffnung von Verfügungen von Todes wegen in Abwesenheit von Beteiligten setzt der Fristbeginn jedoch die Bekanntgabe an den betroffenen Erben **als Beteiligten** voraus (BGH NJW 1991, 169, 170). Daher verkörpert ein nachlassgerichtliches Schreiben an einen Nacherben als gesetzlichen Vertreter des Nach-Nacherben keine diesbezügliche Bekanntgabe gegenüber dem Nacherben (OLG München ZEV 2011, 318, 319).

8 Bei gesetzlicher Erbfolge – auch bei Vorliegen einer Verfügung von Todes wegen, die den gesetzlichen Erben lediglich beschränkt bzw. beschwert, nicht jedoch bei einer solchen, die eine gewillkürte Erbeinsetzung entsprechend der gesetzlichen Erbfolge vorsieht – beginnt die Ausschlagungsfrist bereits mit dem Zeitpunkt, in dem der Erbe **von dem Anfall und dem Grunde der Berufung Kenntnis erlangt**. Hierzu ist Kenntnis der das Erbrecht begründenden Familienverhältnisse und des Nichtvorhandenseins einer die gesetzliche Erbfolge ausschließenden Verfügung erforderlich. Die Ausschlagungsfrist beginnt daher beispielsweise dann nicht zu laufen, wenn der Erbe irrtümlich annimmt, auf Grund eines Testamentes berufen zu sein, obschon er tatsächlich gesetzlicher Erbe ist. Dabei steht selbst **grob fahrlässige Unkenntnis** der Kenntnis nicht gleich.

9 Vor Ablauf der Ausschlagungsfrist **verliert der Erbe sein Ausschlagungsrecht** dann, wenn er durch ausdrückliche Erklärung oder durch sein Verhalten konkludent zu erkennen gibt, dass er die Erbschaft behalten will und sie somit gem. § 1943 BGB angenommen hat. In Fällen des § 2306 Abs. 1 BGB beginnt die Ausschlagungsfrist, die über den Wortlaut („Erbteil") hinaus auch für den Alleinerben gilt (BGH ZEV 2006, 168, 170; OLG Karlsruhe MittBayNot 2008, 137; Erman/Röthel § 2306 BGB Rz. 4), erst, wenn der Erbe Kenntnis von den Belastungen hat und zusätzlich die allgemeinen Voraussetzungen nach § 1944 BGB vorliegen (BayObLG FamRZ 1998, 642, 643). § 2306 Abs. 1 BGB ist neben § 1371 Abs. 3 BGB die einzige Regelung, die dem Ausschlagenden ein Pflichtteilsrecht eröffnet.

M 92.1 Ausschlagung einer Erbschaft

An das

Amtsgericht/Notariat

– Nachlassgericht –

. . . (Ort)

Nachlass des/der . . . (Vor- und Nachname des Erblassers), verstorben am . . . (Sterbedatum) in . . . (Sterbeort), geb. am . . . (Geburtsdatum), zuletzt wohnhaft gewesen in . . . (letzte Wohnanschrift)

Ihr Zeichen: . . . (Aktenzeichen)

Am . . . (Sterbedatum) ist . . . (Vor- und Nachname des Erblassers) in . . . (Sterbeort) verstorben. Er/Sie war zuletzt wohnhaft gewesen in . . . (letzter Wohnsitz). Ob er eine Verfügung von Todes wegen hinterlassen hat, ist mir nicht bekannt.

Ich komme als sein/ihr . . . (Verwandtschaftsverhältnis)/nach zwischenzeitlicher Erbausschlagung vorrangig berufener Erben/als gesetzlicher Erbe in Betracht.

Der Nachlass ist überschuldet. Ich schlage die Erbschaft nach . . . (Vor- und Nachname des Erblassers) aus allen möglichen Berufungsgründen und ohne Bedingung aus. Von dem Anfall und dem Grunde der Berufung habe ich erst durch Schreiben des Amtsgerichts/Notariats – Nachlassgericht – . . . (Ort) vom . . . (Datum des Schreibens) Kenntnis erlangt.

Ich habe und erwarte derzeit keine Abkömmlinge.

Über die Bedeutung der heutigen Ausschlagungserklärung bin ich eingehend informiert. Mir ist bekannt, dass diese Erklärung von mir unverzüglich an das zuständige Nachlassgericht zu übersenden ist und der dortige rechtzeitige Eingang der Unterlagen von mir überprüft werden sollte[1].

. . . (Ort, Errichtungsdatum)

(Unterschriftsbeglaubigung)

. . .

---

1 Das Formular sieht zur Vermeidung von Haftungsgefahren eine eigenverantwortliche Übersendung durch den Ausschlagenden vor, die durch Einschreiben gegen Rückschein erfolgen sollte, um einen Nachweis über den Eingangszeitpunkt zu erhalten. Die in öffentlich beglaubigter Form errichtete Ausschlagungsurkunde sollte mit fristwahrender Wirkung vor Ort beim Wohnsitzgericht iSd. § 344 Abs. 7 FamFG gegen Eingangsbestätigung abgegeben werden (s. Rz. 6).

Kosten: *Notargebühr:* 0,2-Gebühr gem. Nr. 25100 KV GNotKG, mindestens 20 Euro, höchstens 70 Euro. Geschäftswert gem. §§ 121, 103 Abs. 1 GNotKG (bei Überschuldung 0 Euro, daher Mindestgebühr). Bei Fertigung des Entwurfs und Beglaubigung 0,5-Gebühr gem. Nrn. 24102, 21201 Nr. 7 KV GNotKG (§ 91 Abs. 2 GNotKG) – mindestens 30 Euro –, Geschäftswert gem. §§ 119, 103 Abs. 1 GNotKG (bei Überschuldung 0 Euro, daher Mindestgebühr).

Gerichtsgebühr: keine.

Für **Nacherben** läuft die Ausschlagungsfrist erst bei Kenntnis des Eintritts der Nacherbfolge und des Berufungsgrundes. Dazu ist die bloße Kenntniserlangung vom Testamentsinhalt im Erbscheinsverfahren des Vorerben nicht ausreichend (OLG München ZEV 2011, 318, 319). Ein Nacherbe kann jedoch gem. § 2142 BGB die Nacherbschaft bereits nach Eintritt des Erbfalls ausschlagen. Schlägt einer von mehreren Vorerben die Erbschaft aus und verlangt den Pflichtteil, dann kann dessen als Nacherbe letztwillig eingesetztes Kind gem. § 2102 Abs. 1 BGB Ersatzerbe sein, soweit nicht ein anderer Erblasserwille – so bspw. bei diesbezüglicher Bevorzugung des betroffenen Stamms – festgestellt wird (OLG München FGPrax 2012, 24, 25). 10

Gegenüber einer gezeugten Leibesfrucht (**nasciturus**) kann die Ausschlagungsfrist nicht vor der Lebendgeburt beginnen (MünchKomm.BGB/Leipold § 1923 BGB Rz. 21). Gleichwohl ist eine Ausschlagung gem. § 1946 BGB bereits vor Fristbeginn möglich (OLG Oldenburg MittBayNot 1994, 449 f.; OLG Stuttgart Rpfleger 1993, 157; LG Osnabrück Rpfleger 1993, 342; Erman/Schmidt § 1946 BGB Rz. 2; MünchKomm.BGB/Leipold § 1923 BGB Rz. 21; Staudinger/Otte § 1946 BGB Rz. 5; Linde BWNotZ 1988, 54, 56; aA LG Berlin Rpfleger 1990, 362 f.; AG Recklinghausen Rpfleger 1988, 106 f.). 11

➲ **Praxistipp:** Um hinsichtlich der Wirksamkeit der Ausschlagungserklärung für den nasciturus jegliches Risiko zu vermeiden, empfiehlt es sich, die Ausschlagung sowohl fristgerecht vor als auch zusätzlich sechs Wochen nach der Geburt – somit **doppelt** – zu erklären. Weiter sollte der Gestalter einer Erbausschlagung im Rahmen der Angaben des Ausschlagenden über nachrückende Kinder eine Erklärung dazu vorsehen, ob die Geburt eines Kindes erwartet wird, und bejahendenfalls einen Belehrungsvermerk über die Empfehlung einer Doppelausschlagung aufnehmen (Linde BWNotZ 1988, 54, 57). 12

Soweit keine Feststellung des Fiskuserbrechts iSd. § 1964 BGB erfolgt, ist das Nachlassgericht selbst unter Geltung landesrechtlicher Erbenermittlungspflichten grundsätzlich nicht befugt, förmlich feststellend über die Wirksamkeit einer Erbausschlagung außerhalb eines Erbscheinsverfahrens zu **entscheiden** (OLG München MittBayNot 2010, 486 f.; BayObLG Rpfleger 1985, 363 f.; MünchKomm.BGB/Leipold § 1945 BGB Rz. 22; Palandt/Weidlich § 1945 BGB Rz. 7; aA Kroiß MittBayNot 2010, 487 f.). 12a

2. Gesetzliche Vertretung

a) Grad der Geschäftsfähigkeit

Für eine Ausschlagungserklärung gelten die allgemeinen Regeln über die Geschäftsfähigkeit. Danach kann ein **beschränkt geschäftsfähiger** Erbe gem. §§ 107, 111 BGB entweder vertreten durch 13 seinen gesetzlichen Vertreter oder selbst mit Einwilligung seines gesetzlichen Vertreters die Erbschaft ausschlagen (MünchKomm.BGB/Leipold § 1945 BGB Rz. 12), während eine Erbausschlagung für den **geschäftsunfähigen** Erben ausschließlich durch dessen gesetzlichen Vertreter möglich ist.

b) Fristbeginn

13a Ergänzend zu den allgemeinen Grundsätzen beginnt die Ausschlagungsfrist nach § 1944 BGB bei minderjährigen Kindern erst mit demjenigen Zeitpunkt, in dem der **letzte** von mehreren gemeinsam Vertretungsberechtigten erstmals Kenntnis von dem Anfall und dem Grunde der Berufung erlangt (OLG Frankfurt RNotZ 2012, 579; LG Freiburg BWNotZ 1993, 44; AnwK-BGB/Ivo § 1944 Rz. 11; Beck-OGK/Siegmann/Höger § 1944 BGB Rz. 12; JurisPK-BGB/Weidmann § 1944 BGB Rz. 9; Palandt/Weidlich § 1944 BGB Rz. 6; Lange Erbrecht Rz. § 38 Rz. 27; Kölmel MittBayNot 2013, 153 ff.; DNotI-Gutachten DNotI-Report 2014, 17, 18; aA MünchKomm.BGB/Leipold § 1944 BGB Rz. 14; Muscheler, Erbrecht Band II, 2010, Rz. 2965).

c) Gerichtlicher Genehmigungsbedarf

aa) Eltern

13b Gem. § 1629 Abs. 1 Satz 2 Halbs. 1 BGB vertreten grundsätzlich **beide Eltern** ihr Kind aufgrund elterlicher Sorge **gemeinschaftlich**. Davon abweichend vertritt jedoch nach § 1629 Abs. 1 Satz 3 BGB ausnahmsweise ***ein* Elternteil allein**, soweit er die elterliche Sorge alleine ausübt oder ihm die Entscheidung nach § 1628 BGB übertragen ist. Sind die Eltern bei Geburt des Kindes nicht miteinander verheiratet, vertritt die Mutter das Kind gem. § 1626a Abs. 2 BGB grundsätzlich alleine, soweit beide Elternteile keine **Sorgeerklärung** iSd. § 1626a Abs. 1 Nr. 1 BGB abgegeben haben, sie einander nicht geheiratet haben und das Familiengericht ihnen die elterliche Sorge nicht gemäß der zum 19.5.2013 in Kraft getretenen gesetzlichen Neuregelung nach § 1626a Abs. 1 Nr. 3 iVm. Abs. 2 BGB (§ 1626a BGB neu gefasst und § 1672 BGB aufgehoben mit Wirkung vom 19.5.2013 durch Gesetz vom 16.4.2013, BGBl. 2013 I, S. 795) auf Antrag eines Elternteils gemeinsam übertragen hat (Fröhler BWNotZ 2013, 88).

13c Ist bei einer Erbausschlagung für ein minderjähriges Kind verheirateter Eltern die **Vaterschaft** des Ehemannes **angefochten**, gilt der Ehemann nach § 1600c Abs. 1 iVm. § 1592 Nr. 1 BGB während des Anfechtungsverfahrens gleichwohl als Vater. Daher sollte dieser neben der Mutter fürsorglich die Erbschaft für das Kind unter ausdrücklichem Hinweis auf die Aufrechterhaltung seiner Vaterschaftsanfechtung ausschlagen. Wird anschließend rechtskräftig gerichtlich festgestellt, dass der Ehemann nicht der Vater ist, sollte die Mutter sicherheitshalber nochmals aufgrund ihres dann alleinigen Sorgerechts bzw. im Falle einer förmlichen Sorgeerklärung zusätzlich mit dem leiblichen Vater die Erbschaft unverzüglich förmlich ausschlagen.

13d Wird ein gesetzlich vertretenes minderjähriges Kind zwischen Abgabe und Zugang der Erbausschlagungserklärung beim Nachlassgericht volljährig, ist diese Erklärung der Eltern analog § 130 Abs. 2 BGB gleichwohl ausreichend, wenn im Übrigen alle weiteren Wirksamkeitsvoraussetzungen eingetreten sind, insbesondere dort die bereits vorab erteilte rechtskräftig gewordene familiengerichtliche Genehmigung vorliegt (OLG Karlsruhe OLGZ 1965, 260, 261 ff.; Fröhler BWNotZ 2012, 160, 166; Fröhler BWNotZ 2013, 88; MünchKomm.BGB/Leipold § 1945 BGB Rz. 19). Ist die Erbausschlagung zum Zeitpunkt ihres Eingangs beim Nachlassgericht nach **zwischenzeitlichem Eintritt der Volljährigkeit** des vertretenen Kindes jedoch – insbesondere mangels rechtswirksamer Erteilung einer erforderlichen familiengerichtlichen Genehmigung – noch nicht rechtswirksam geworden, geht die Genehmigungsbefugnis vom Familiengericht auf das nun volljährige Kind über, das die Erbausschlagung sodann noch selbst gegenüber dem Nachlassgericht genehmigen muss (OLG Hamm MittBayNot 2014, 350, 351). Insoweit ist eine form- und fristgerechte Genehmigungserklärung erforderlich. Analog § 1945 Abs. 3 Satz 1 BGB bedarf die Genehmigung wie eine Vollmacht der öffentlichen Beglaubigung iSd. § 129 BGB. Analog § 1945 Abs. 3 Satz 2 BGB muss die Genehmigung zudem innerhalb der Ausschlagungsfrist beim Nachlassgericht eingehen (ähnlich MünchKomm.BGB/Leipold § 1945 BGB Rz. 17), deren Ablauf während eines zunächst eingeleiteten familiengerichtlichen Genehmigungsverfahrens (s. dazu Rz. 16) und nach dem Rechtsgedanken des § 1944 Abs. 2 BGB bis zu dem Zeitpunkt gehemmt ist, in dem das volljährig gewordene Kind von dem Anfall und dem Grunde der Berufung Kenntnis erlangt.

Die Eltern sind auch dann als gesetzliche Vertreter zur Erbausschlagung für ihre minderjährigen 13e Kinder vertretungsberechtigt, wenn der Erblasser die Eltern dieser durch ihn bedachten Kinder nach § 1638 BGB letztwillig **von der Verwaltung des Nachlasses ausgeschlossen** hat (OLG Karlsruhe OLGZ 1965, 260, 261; MünchKomm.BGB/Leipold § 1945 BGB Rz. 19).

Unterlassen Eltern bei überschuldetem Nachlass die Ausschlagung der Erbschaft für ihr minderjähriges 13f Kind aufgrund irrtümlicher Erwartung, das Jugendamt sei insoweit ausschließlich vertretungsberechtigt, ist **hoheitliches Eingreifen** bspw. durch Entzug der elterlichen Sorge unzulässig, wenn zu erwarten ist, dass die Eltern durch unterstützende Aufklärung die Ausschlagung selbst erklären und daher das Kindesvermögen nicht gefährdet ist (OLG Brandenburg FamRB 2014, 291, 292 mit Beraterhinweis von Stößer).

Die Ausschlagungserklärung der Eltern bzw. des alleine sorge- und damit vertretungsberechtigten 13g Elternteils bedarf zu ihrer Wirksamkeit gem. § 1643 Abs. 2 Satz 1 iVm. Abs. 1 BGB grundsätzlich der Genehmigung des Familiengerichts. Mangels entsprechenden Verweises durch § 1643 Abs. 1 BGB folgt dies jedoch nicht bereits aus der vormundschaftsrechtlichen Regelung des § 1822 Nr. 2 BGB, die über § § 1915 Abs. 1 BGB. Die Notwendigkeit einer familiengerichtlichen Genehmigung besteht jedoch nur dann, wenn kein **Ausnahmetatbestand** iSd. § 1643 Abs. 2 Satz 2 Halbsatz 1 BGB eröffnet oder stattdessen eine Gegenausnahme nach § 1643 Abs. 2 Satz 2 Halbsatz 2 BGB einschlägig ist. Eine familiengerichtliche Genehmigung ist dabei nach § 1643 Abs. 2 Satz 2 BGB ausnahmsweise entbehrlich, wenn das Kind ausschließlich dadurch Erbe geworden ist, dass der allein oder mitvertretende Elternteil seinerseits zuvor die Erbschaft mit Wirkung nach § 1953 Abs. 2 BGB ausgeschlagen hat, ohne neben dem Kind berufen gewesen zu sein. Ein Elternteil ist jedoch nicht dadurch iSd. § 1643 Abs. 2 Satz 2 BGB *neben* seinem Kind berufen, dass er letztwillig als Vorerbe und das Kind als Nacherbe eingesetzt ist, da das Kind ähnlich einem Ersatzerben dadurch lediglich *nach* und *nicht neben* dem Elternteil als Erbe vorgesehen wird (OLG Frankfurt ZEV 2011, 597, 599; Ivo ZEV 2002, 310; Mensch BWNotZ 2013, 144; DNotI-Gutachten DNotI-Report 2014, 17, 18; aA Sagmeister ZEV 2012, 121, 122, der insoweit das Nacherbenanwartschaftsrecht genügen lässt).

Bspw. bedarf die mangels Sorgeerklärung oder familiengerichtlicher gemeinsamer Übertragung der 13h elterlichen Sorge alleinsorgeberechtigte Mutter eines minderjährigen **nichtehelichen Kindes** bezüglich der von ihr für das Kind erklärten Ausschlagung nach dessen Großeltern väterlicherseits dann nach § 1643 Abs. 2 Satz 1 BGB mangels Ausnahmetatbestands iSd. § 1643 Abs. 2 Satz 2 BGB der familiengerichtlichen Genehmigung, wenn diesem Kind die Erbschaft aufgrund der Ausschlagung des nichtsorgeberechtigten Vaters angefallen ist (OLG Naumburg FamRZ 2007, 1047; BeckOK/Veit § 1643 BGB Rz. 5.1; Fröhler BWNotZ 2013, 88; Prütting/Helms/Fröhler § 344 FamFG Rz. 86; DNotI DNotI-Report 2002, 139; Ivo ZEV 2002, 309, 311.). Darüber hinaus besteht ein Genehmigungserfordernis mangels gesetzlich vermuteten generell-abstrakten Interessengleichlaufs auch dann, wenn die ein gemeinsames Sorgerecht begründende Sorgeerklärung bzw. familiengerichtliche Sorgerechtsübertragung zwar vor der gemeinsamen elterlichen Erbausschlagung für das Kind, aber erst nach der Ausschlagungserklärung des bislang nicht vertretungsberechtigten Vaters für sich selbst erfolgt (Ivo ZEV 2002, 309, 311; BeckOK/Veit § 1643 BGB Rz. 5.1).

Schlägt jedoch der mitvertretungsberechtigte Vater die Erbschaft nach seiner vermögenden verwitweten 13i Mutter zunächst für sich selbst und sodann gemeinsam mit seiner Ehefrau für das gemeinsame minderjährige und zugleich für ihn einzige Kind aus, ist selbst dann keine familiengerichtliche Genehmigung erforderlich, wenn der Nachlass einen **hohen Wert** hat und die Ausschlagung wirtschaftlich unvernünftig erscheint bzw. Abfindungsvereinbarungen getroffen wurden, da die Regelung des § 1643 Abs. 2 Satz 2 BGB das konkrete Ausschlagungsmotiv unbeachtlich lässt, generell abstrakt ausgerichtet ist, der Entlastung der Gerichte dient und deren Neigung zur Versagung von Genehmigungen in Zweifelsfällen unterbinden soll (OLG Köln NJW-RR 2013, 11 f.; Baumann DNotZ 2012, 803, 805; Staudinger/Engler § 1643 BGB Rz. 37; MünchKomm.BGB/Huber § 1643 BGB Rz. 19; Ivo ZEV 2002, 309, 310; Fröhler BWNotZ 2013, 88, 89; Lauck/Schmalenberger FamFR 2012, 502).

13j Schlägt hingegen die mitvertretungsberechtigte Mutter die Erbschaft nach ihrem Vater zunächst für sich selbst und sodann gemeinsam mit ihrem Ehemann **selektiv** für lediglich eines von zwei gemeinsamen minderjährigen Kindern aus, um sie für das andere Kind alleine anzunehmen, ist entgegen dem Wortlaut des insoweit **teleologisch zu reduzierenden Tatbestands** des § 1643 Abs. 2 Satz 2 BGB nach § 1643 Abs. 2 Satz 1 BGB sehr wohl eine familiengerichtliche Genehmigung erforderlich, da durch die mittelbare Weiterleitung der Erbschaft an das andere nicht von der Ausschlagung erfasste Kind die generell-abstrakte Vermutung aus § 1643 Abs. 2 Satz 2 BGB ihrerseits generell-abstrakt widerlegt ist (OLG Hamm MittBayNot 2014, 350 f.; KG ZEV 2012, 332 f.; Engler FamRZ 1972, 7, 8; Langenfeld/Fröhler, Testamentsgestaltung, 8. Kap. Rz. 38; Staudinger/Engler § 1643 BGB Rz. 38; BeckOK BGB/Veit § 1643 BGB Rz. 5.1; Erman/Döll, § 1643 BGB Rz. 22; Erman/Schmidt § 1945 BGB Rz. 8; Fröhler BWNotZ 2013, 88, 89; MünchKomm.BGB/Huber, § 1643 BGB Rz. 25; Palandt/Götz § 1643 BGB Rz. 2; aA (unter Hinweis auf den Willen des Gesetzgebers) Sagmeister ZEV 2012, 121, 123 ff.; Sagmeister MittBayNot 2014, 352 f.; Baumann DNotZ 2012, 803, 807; Litzenburger ZEV 2012, 333; Mensch BWNotZ 2013, 144, 145 f.).

13k Gleiches gilt, wenn ein durch Verfügung von Todes wegen als Alleinerbe berufener Elternteil für sich und sodann für sein ebenfalls durch Verfügung von Todes wegen zum **Ersatzerben** berufenes Kind ausschlägt, aber die Erbschaft als gesetzlicher Erbe selbst anzunehmen. Verstirbt ein Ehemann, der neben seiner Ehefrau einen Sohn, eine verwitwete Tochter und von dieser einen minderjährigen Enkel hinterlässt sowie testamentarisch die Tochter zur Alleinerbin und den minderjährigen Enkel zum alleinigen Ersatzerben einsetzt, dann bedarf diese Tochter, die ihre testamentarische Alleinerbeneinsetzung mit dem Ziel der Herbeiführung der mit ihrer Mutter und ihrem Bruder gemeinsamen gesetzlichen Erbfolge nach § 1948 BGB ausschlägt, zur Ausschlagung der testamentarischen Ersatzerbeneinsetzung ihres von ihr kraft alleinigen Sorgerechts vertretenen minderjährigen Sohnes entgegen dem Wortlaut des insoweit **teleologisch zu reduzierenden Tatbestands** des § 1643 Abs. 2 Satz 2 BGB nach § 1643 Abs. 2 Satz 1 BGB ebenfalls einer familiengerichtlichen Genehmigung. Dies folgt in derartigen Konstellationen im Wege des Erst-Recht-Schlusses aus der Gegenausnahmeregelung des § 1643 Abs. 2 Satz 2 Halbsatz 2 BGB, die sogar bei einer ursprünglichen Berufung des erstausschlagenden Elternteils neben dem Kind ein generell-abstraktes familiengerichtliches Genehmigungserfordernis begründet (OLG Frankfurt NJW 1955, 466; Engler FamRZ 1972, 7, 8; Staudinger/Engler § 1643 BGB Rz. 39; Langenfeld/Fröhler, Testamentsgestaltung, 8. Kap. Rz. 39; BeckOK BGB/Veit § 1643 BGB Rz. 5.1; Erman/Döll § 1643 BGB Rz. 22; MünchKomm.BGB/Huber § 1643 BGB Rz. 25; Fröhler BWNotZ 2013, 88, 89; Palandt/Götz § 1643 BGB Rz. 2). Trotz dieses Genehmigungserfordernisses besteht kein Vertretungsverbot iSd. §§ 1629 Abs. 2 Satz 1, 1795 Abs. 2, 181 BGB, da § 181 BGB aufgrund der materiellen Empfangszuständigkeit des Nachlassgerichts auf derartige amtsempfangsbedürftige Erklärungen nicht anwendbar ist und der Genehmigungstatbestand des § 1643 Abs. 2 Satz 2 BGB typischerweise auch derartige Interessenkonflikte betrifft (BayObLG Rpfleger 1983, 482 f. unter Hinweis auf die Möglichkeit einer punktuellen Entziehung der Vertretungsmacht nach § 1796 BGB; Ivo ZEV 2002, 309, 313; Fröhler BWNotZ 2013, 88, 89; Coing NJW 1985, 6, 10; Palandt/Ellenberger § 181 BGB Rz. 13; aA Buchholz NJW 1993, 1161, 1166; Damrau, Der Minderjährige im Erbrecht, Rz. 32.).

13l Verstirbt bspw. der überschuldete Ehemann ohne Hinterlassung einer Verfügung von Todes wegen, sind die Ehefrau sowie das minderjährige einzige Kind **nebeneinander** gesetzliche Erben und schlägt dann die Ehefrau ihren Erbteil aus, bedarf die Ausschlagung durch die Ehefrau für das Kind nach § 1643 Abs. 2 Satz 2 Halbsatz 2 BGB insgesamt der Genehmigung (MünchKomm.BGB/Huber § 1643 BGB Rz. 21; Langenfeld/Fröhler, Testamentsgestaltung, 8. Kap. Rz. 40; Staudinger/Engler § 1643 BGB Rz. 40), da die Ehefrau zunächst neben dem Kind berufen war, das Kind zudem einen originären nicht erst durch Ausschlagung seiner Mutter (der Ehefrau) angefallenen Erbteil hat und die aufgrund der eigenen Ausschlagung der Ehefrau durch den Anfall beim Kind nach § 1953 Abs. 2 BGB rückwirkend auf den Erbfall ausgelöste Erbteilserhöhung gemeinsam mit dessen originärem Erbteil insoweit – anders als in Ansehung hier nicht relevanter Vermächtnisse bzw. Auflagen nach § 1935 BGB – einheitlich behandelt wird (BeckOK/Müller-Christmann § 1935 BGB Rz. 6), obwohl die durch die Ausschlagung der Ehefrau dem Kind angefallene Erbteilserhöhung ein für sich isoliert betrachtet genehmigungsfreier Tatbestand wäre und die Ausschlagung der Mutter ein wirtschaftliches Ausschlagungserfordernis indiziert (Fröhler BWNotZ 2012, 160, 165 f., Fröhler BWNotZ 2013, 88, 89). Diese Konstellation ist streng von einer zulässigen Teilausschlagung mehrerer Erbteile iSd. § 1951 BGB zu unterscheiden, da durch Erhöhung iSd. § 1935 BGB oder Anwachsung iSd. §§ 2094, 2095 bzw. 2279 Abs. 1 BGB gerade keine Mehrheit von Erbteilen iSd. § 1951 BGB entstehen kann (Erman/Schmidt § 1951 BGB Rz. 3).

Unabhängig von der Staatsangehörigkeit des im Rahmen einer Erbausschlagung vertretenen minderjährigen Kindes richtet sich das Vertretungsrecht nach dem Recht desjenigen Staates, in dem dieses Kind seinen **gewöhnlichen Aufenthalt** hat. Lebt eine deutsche Familie **im Ausland**, gilt danach für die Frage der Vertretung der minderjährigen Kinder das ausländische Ortsrecht. Dies folgt für diesbezügliche Vertragsstaaten aus Art. 5 Abs. 1 iVm. Art. 15 Abs. 1 KSÜ (Text s. Prütting/Helms/Hau 3. Aufl. § 97 FamFG Anhang 3), für Italien aus Art. 8 Abs. 1 Brüssel IIa-VO (Text s. Prütting/Helms/Hau 3. Aufl. § 97 FamFG Anhang 2) iVm. Art. 21 EGBGB sowie für Macau und die Türkei aus Art. 1 iVm. Art. 2 MSA (Text s. Prütting/Helms/Hau 1. Aufl. § 97 FamFG Anhang 3) (s. dazu jeweils Palandt/Thorn Anh Art. 24 EGBGB Rz. 12). In derartigen Konstellationen sollte ein Notar bzw. Nachlassrichter bei Vornahme der Erbausschlagung auf die eventuelle Anwendbarkeit ausländischen Vertretungsrechts und die Möglichkeit der Einholung eines Fachgutachtens hinsichtlich des anzuwendenden Vertretungsrechts hinweisen sowie jegliche diesbezügliche Beratung und Haftung ausschließen. 13m

bb) Sonstige gesetzliche Vertreter

Ein **Vormund**, ein **Betreuer** bzw. ein **Pfleger** bedarf zur Erbausschlagung gem. (§§ 1908i bzw. 1915 BGB iVm.) § 1822 Nr. 2 BGB der betreuungsgerichtlichen Genehmigung (zum diesbezüglichen Gerichtsverfahren Sorg BWNotZ 2010, 107, 113). 14

Erfolgt die Ausschlagung durch das Jugendamt als **Amtsvormund**, genügt für die Form eine öffentliche Urkunde iSd. § 415 ZPO, ohne dass öffentliche Beglaubigung erforderlich ist (BGH NJW 1966, 1808, 1809 f. zu § 1706 Abs. 2 BGB aF; Palandt/Weidlich § 1945 BGB Rz. 3). Nach § 56 Abs. 2 Satz 3 SGB VIII kann Landesrecht für das Jugendamt als Amtsvormund oder Amtspfleger Ausnahmen von den Regelungen der §§ 1773 bis 1895 BGB zulassen (MünchKomm.BGB/Wagenitz § 1821 BGB Rz. 4). Insoweit wird bspw. gem. § 24 Abs. 1 bad.-württ. LKJHG vom gerichtlichen Genehmigungserfordernis des § 1822 Nr. 2 BGB befreit. 14a

Verstirbt der Betreute bzw. das Mündel vor Erlass der gerichtlichen Genehmigung oder danach, aber vor dessen Rechtskraft, kann die Ausschlagung nicht mehr durch gerichtliche, sondern ausschließlich durch form- und fristgerechte (s. dazu Rz. 13b) Genehmigung seines Erben wirksam werden (Schaal notar 2010, 268, 276 f.). 14b

Fällt der gesetzliche Vertreter während des Genehmigungsverfahrens bspw. durch Tod oder Entlassung **weg**, wird das Verfahren nach § 21 FamFG wegen wichtigen Grundes aus- und nach Bestellung eines neuen gesetzlichen Vertreters mit diesem fortgesetzt (Schaal notar 2010, 268, 277; MünchKomm.BGB/Wagenitz § 1829 BGB Rz. 21 unter Verweis auf BayObLGZ 21, 375 jeweils für den Parallelfall der alleinigen Zuständigkeit des aktuellen neuen gesetzlichen Vertreters bei einem Vertrag für die Mitteilung der erteilten Genehmigung an die andere Vertragspartei). 14c

d) Genehmigungserteilung

Die familien- bzw. betreuungsgerichtliche Genehmigung für die Ausschlagung muss in derartigen Fällen als einseitige amtsempfangsbedürftige Erklärung in Gestalt einer Beschlussausfertigung mit Rechtskraftvermerk gemeinsam mit einem Nachweis über deren Bekanntgabe gegenüber dem gesetzlichen Vertreter iSd. § 1643 Abs. 3 iVm. § 1828 BGB **bis zum Ablauf der Ausschlagungsfrist** rechtskräftig beim Nachlassgericht vorliegen (Erman/Döll § 1643 BGB Rz. 26; Erman/Saar § 1831 BGB Rz. 3; Erman/Schmidt § 1945 BGB Rz. 8; Fröhler BWNotZ 2012, 160, 166.). 15

Wird die Erteilung der Genehmigung innerhalb dieser Frist beantragt und verzögert sich daher die Erteilung der gerichtlichen Genehmigung aufgrund des dortigen Verfahrens, kann ein Fall höherer Gewalt iSd §§ 206, 1944 Abs. 2 Satz 2 BGB vorliegen, der den Lauf der Ausschlagungsfrist **hemmt**, wobei jedoch die nach Zugang der rechtskräftigen Genehmigung für deren Übermittlung an das Nachlassgericht noch benötigte Zeit nicht in den Hemmungszeitraum einbezogen wird und daher 16 der Antrag auf Genehmigungserteilung rechtzeitig vor Fristablauf gestellt werden sollte (OLG Frankfurt OLGZ 1966, 337, 338 ff.; Fröhler BWNotZ 2012, 160, 166; Prütting/Helms/Fröhler § 344 FamFG Rz. 87).

17 Die zunächst zwischen den Obergerichten heftig umstrittene Frage, ob und ggfs. wann im Verfahren auf Genehmigung einer Erbausschlagung für ein minderjähriges Kind ein **Ergänzungspfleger** bestellt werden muss (Grds. bejahend: OLG Celle ZErb 2011, 198; OLG Celle FamRB 2012, 336 mit Beraterhinweis von Stößer; KG MittBayNot 2010, 482; OLG Köln FamRZ 2011, 231; OLG Karlsruhe v. 5.9.2012 – 20 WF 135/12, n.v.; Prütting/Helms/Fröhler § 344 FamFG Rz. 88; aA OLG Brandenburg MittBayNot 2011, 240), ist durch Beschluss des BGH vom 12.2.2014 entschieden worden: Danach ist zur Entgegennahme des Beschlusses über die beantragte familiengerichtliche Genehmigung und für die Entscheidung über die diesbezügliche Erteilung eines Rechtsmittelverzichts bzw. die Einlegung von Rechtsmitteln nach § 9 Abs. 2 FamFG iVm § 1909 Abs. 1 Satz 1 BGB innerhalb des Genehmigungsverfahrens für ein vertretenes geschäftsunfähiges bzw. noch nicht vierzehnjähriges beschränkt geschäftsfähiges minderjähriges Kind nur dann ein Ergänzungspfleger erforderlich, wenn die Voraussetzungen für eine Entziehung der Vertretungsmacht nach § 1796 BGB festgestellt sind (BGH FamRB 2014, 169 f. mit Beraterhinweis von Stößer; DNotI-Report 2014, 70 f.). Dies folgt dann daraus, dass diesem Kind der Beschluss mangels eigener Verfahrensfähigkeit iSd. § 9 Abs. 1 FamFG nach § 41 Abs. 3 FamFG nicht persönlich, wegen dortiger erheblicher generell-abstrakter Interessengegensätze aus den grundrechtsgleichen Rechten auf effektiven Rechtsschutz nach Art. 19 Abs. 4 GG und faires Verfahren nach Art. 2 Abs. 1 GG iVm Art. 20 Abs. 3 GG (Rechtsstaatsprinzip) (BVerfG NJW 2000, 1709, wobei in durch Rechtspfleger geführten Verfahren mangels diesbezüglicher Richtereigenschaft iSd. Art. 92 GG kein Anspruch auf rechtliches Gehör nach Art. 103 Abs. 1 GG eröffnet ist) auch nicht dem die Genehmigung namens des Vertretenen beantragenden gesetzlichen Vertreter (BVerfG v. 18.1.2000 – 1 BvR 321/96, NJW 2000, 1709, 1710) – unabhängig davon, ob dies ein Elternteil oder als Vormund das Jugendamt ist – und schließlich nicht einem Verfahrensbeistand iSd. § 158 Abs. 4 Satz 6 FamFG bekannt gegeben werden kann, da dieser kein gesetzlicher Vertreter des Kindes ist und hier das Vermögen statt – wie jedoch für eine Kindschaftssache erforderlich – die Person des Kindes betroffen ist (OLG Celle ZErb 2011, 198; OLG Celle FamRB 2012, 336 mit Beraterhinweis von Stößer; KG MittBayNot 2010, 482; OLG Köln FamRZ 2011, 231; OLG Karlsruhe v. 5.9.2012 – 20 WF 135/12, n.v.). Die Bekanntgabe erfolgt nach § 164 FamFG iVm. § 151 Nr. 1 FamFG jedoch gegenüber dem Kind selbst, wenn es das 14. Lebensjahr vollendet hat und nicht gem. § 104 Nr. 2 BGB geschäftsunfähig ist (KG MittBayNot 2010, 482), da es dann nach § 9 Abs. 1 Nr. 3 FamFG verfahrensfähig ist und gem. § 60 Abs. 1 FamFG ein eigenes selbständiges Beschwerderecht hat.

e) Bestattungskosten

17a Eine Erbausschlagung vermag die bezüglich des Erblassers entstandenen Beerdigungskosten lediglich insofern auszuschließen, als Erbfallschulden nach § 1968 BGB betroffen sind, während sowohl andere diesbezügliche zivilrechtliche Ansprüche aus § 1615 Abs. 2 BGB gegen den **Unterhaltsverpflichteten** bzw. **öffentlich-rechtliche** durch Landesrecht begründete Bestattungspflichten (OVG Lüneburg NJW 2000, 3513) unberührt bleiben (ausführlich dazu Grziwotz MittBayNot 2012, 333 f.).

M 92.2 Ausschlagung einer Erbschaft durch den gesetzlichen Vertreter

An das

Amtsgericht/Notariat

– Nachlassgericht –

... (Ort)

Nachlass des ... (Vor- und Nachname des Erblassers), verstorben am ... (Sterbedatum) in ... (Sterbeort), geb. am ... (Geburtsdatum), zuletzt wohnhaft gewesen in ... (letzte Wohnanschrift)

Ihr Zeichen: ... (Aktenzeichen)

Am ... (Sterbedatum) ist mein Ehemann ... (Vor- und Nachname des Erblassers), zuletzt wohnhaft gewesen in ... (letzte Wohnanschrift) in ... (Sterbeort) verstorben. Ein Testament hat er nicht hinterlassen. Als gesetzliche Erben kommen meine beiden minderjährigen Kinder ... (Vor- und Nachname), geb. am ... (Geburtsdatum) und ... (Vor- und Nachname), geb. am ... (Geburtsdatum) sowie ich, ... (Vor- und Nachname), als Witwe in Betracht.

Der Nachlass ist überschuldet. Ich schlage hiermit für mich selbst und gleichzeitig als alleiniger Inhaber des elterlichen Sorgerechts für meine beiden vorstehend genannten minderjährigen Kinder die Erbschaft nach meinem Ehemann ... (Vor- und Nachname des Erblassers) aus allen möglichen Berufungsgründen und ohne jede Bedingung aus, somit sowohl hinsichtlich des ihnen durch meine Ausschlagung angefallenen Erbteils als auch bezüglich des ihnen direkt mit dem Erbfall angefallenen Erbteils.

Die erforderliche familiengerichtliche Genehmigung werde ich sofort in Ausfertigung mit Rechtskraftvermerk beim zuständigen Familiengericht[1] beantragen und sodann nach Erhalt unverzüglich gemeinsam mit einem Nachweis über deren mir gegenüber erfolgte Bekanntgabe an das Nachlassgericht weiterleiten.

Über die Bedeutung der heutigen Ausschlagung bin ich belehrt. Mir ist bekannt, dass diese Erbausschlagungserklärungen von mir unverzüglich gesondert vorab und nach späterem Eingang die mir überlassene Ausfertigung der familiengerichtlichen Genehmigung samt Rechtskraftvermerk gemeinsam mit einem Nachweis über deren mir gegenüber erfolgte Bekanntgabe an das zuständige Nachlassgericht zu übersenden sind und der jeweilige dortige rechtzeitige Eingang der Unterlagen von mir überprüft werden sollte.

... (Ort, Datum)

... (Unterschrift)

(Unterschriftsbeglaubigung)

...

1 Handelt ein Vormund bzw. Betreuer, ist beim Betreuungsgericht die betreuungsgerichtliche Genehmigung einzuholen.

Kosten: *Notar- und Gerichtsgebühr:* wie **M 92.1**.

M 92.3 Antrag auf familiengerichtliche/betreuungsgerichtliche Genehmigung der Erbausschlagung

An das

Amtsgericht

– Familiengericht[1] –

... (Ort)

Meine beiden minderjährigen Kinder ... (Vor- und Nachname), geb. am ... (Geburtsdatum), wohnhaft in ... (Wohnanschrift), und ... (Vor- und Nachname), geb. am ... (Geburtsdatum), wohnhaft in ... (Wohnanschrift), sind kraft gesetzlicher Erbfolge Erben zu jeweils ¼ Erbteil ihres am ... (Sterbedatum) verstorbenen Vaters ... (Vor- und Nachname des Erblassers), zuletzt wohnhaft gewesen in ... (letzte Wohnanschrift), geworden. Von dem Anfall der Erbschaft habe ich am ... (Datum) Kenntnis erlangt.

Da der Nachlass überschuldet ist, habe ich im Interesse meiner Kinder die Erbschaft durch notariell beglaubigte Erklärung vom ... (Errichtungsdatum) ausgeschlagen. Durch dieselbe Erklärung habe ich zudem den mir zunächst selbst zugefallenen Erbteil von ½ ausgeschlagen und diesen sodann nach § 1643 Abs. 2 Satz 2 BGB insoweit genehmigungsfrei namens meiner Kinder ausgeschlagen.

1 Handelt ein Vormund bzw. Betreuer, ist beim Famlilien- bzw. Betreuungsgericht die famlilien- bzw. betreuungsgerichtliche Genehmigung einzuholen.

Die Erklärung ist in beglaubigter Abschrift beigefügt. Ich beantrage, die Ausschlagungserklärung familiengerichtlich zu genehmigen und mir die Genehmigung rechtzeitig vor Ablauf der Ausschlagungsfrist bekannt zu geben.

... (Ort, Datum)

... (Unterschrift)

Kosten: *Gerichtsgebühr:* 0,5-Gebühr gem. Nr. 1310 KV FamGKG. Verfahrenswert gem. § 36 Abs. 1 FamGKG (bei Überschuldung ist der Wert Null, daher Mindestgebühr 10 Euro).

3. Aus ererbtem Ausschlagungsrecht

18 Gem. § 1952 Abs. 1 BGB ist das **Erbausschlagungsrecht vererblich**. Dabei endigt die Ausschlagungsfrist nach § 1952 Abs. 2 BGB nicht vor dem Ablauf der für die Erbschaft des Erben vorgeschriebenen Ausschlagungsfrist, wenn der Erbe vor Ablauf der Ausschlagungsfrist verstorben ist. Soweit die Voraussetzungen des § 1956 BGB in der Person des Erben vorlagen, ist dem Erbeserben eine Anfechtung der Fristversäumnis des Erben eröffnet (Kroiß/Ann/Maier/Ivo § 1952 BGB Rz. 12). Der Erbeserbe kann dadurch die Erblassererbschaft aus dem Nachlass des Erben ausscheiden und darüber entscheiden, ob er die so verbleibende Erbschaft des Erben ohne Erblassererbschaft annehmen oder insgesamt ausschlagen möchte. Umgekehrt ist es jedoch nicht möglich, die zuletzt angefallene Erbschaft des Erben auszuschlagen und die zuerst angefallene Erblassererbschaft anzunehmen, da die Erblassererbschaft nur als Bestandteil der Erbschaft des Erben auf den Erbeserben übergehen kann.

19 ➲ **Praxistipp:** In derartigen Fällen sollte **klargestellt** werden, ob neben der Erblassererbschaft auch die restliche Erbschaft des Erben ausgeschlagen wird. Dabei ist unbedingt zu beachten, dass bei unterschiedlichem letzten Wohnsitz des Ausgangserblassers und des verstorbenen Erben verschiedene Nachlassgerichte zuständig sind und die jeweilige Erbausschlagung dem jeweils zuständigen Nachlassgericht fristgerecht zugehen muss, damit sie wirksam ist. Dieses Problem kann seit dem 1.9.2009 durch Ausschlagungserklärung zu Protokoll oder durch Abgabe der in öffentlich beglaubigter Form erstellten Ausschlagung mit jeweils sofortiger fristwahrender Wirkung zu Händen des Gerichts am Wohnsitz des Ausschlagenden gem. § 344 Abs. 7 FamFG (s. Rz. 5) entschärft werden.

M 92.4 Ausschlagung einer Erbschaft aus ererbtem Ausschlagungsrecht

An das

Amtsgericht/Notariat

– Nachlassgericht –

... (Ort)

Nachlass des ... (Vor- und Nachname des Erblassers), verstorben am ... (Sterbedatum) in ... (Sterbeort), geb. am ... (Geburtsdatum), zuletzt wohnhaft gewesen in ... (letzte Wohnanschrift)

Ihr Zeichen: ... (Aktenzeichen)

Am ... (Sterbedatum) ist mein Bruder ... (Vor- und Nachname des Erblassers), geb. am ... (Geburtsdatum des Erblassers), zuletzt wohnhaft gewesen in ... (letzte Wohnanschrift des Erblassers), in ... (Sterbeort des Erblassers) verstorben. Ein Testament hat er nicht hinterlassen. Er war ledig und hatte keine Abkömmlinge. Auf Grund Erbausschlagung unserer Eltern vom ... (Ausschlagungsdatum) komme ich ... (Vor- und Nachname der Ausschlagenden) als Schwester des Erblassers als Erbin in Betracht. Ich schlage hiermit die Erbschaft nach meinem Bruder aus allen möglichen Berufungsgründen und ohne jede Bedingung aus.

Mein nicht aus einer Ehe stammender Sohn ... (Vor- und Nachname) ist in der Universitätsklinik in ... (Ort) am ... (Geburtsdatum) lebend zur Welt gekommen, jedoch wenige Minuten nach der Geburt am gleichen Tag verstorben. Wir, ... (Vor- und Nachname beider leiblichen Eltern), sind die alleinigen Erben unseres verstorbenen Sohnes ... (Vor- und Nachname des verstorbenen Kindes). Durch den Tod unseres Sohnes ist im Erbgang auch dessen Ausschlagungsrecht auf Ableben des Erblassers (Vor- und Nachname) auf uns vererbt worden. Wir schlagen daher hiermit kraft des aus dem Nachlass unseres Sohnes hervorgehenden, gem. § 1952 BGB an uns vererbten Ausschlagungsrechts die Erbschaft nach ... (Vor- und Nachname des Erblassers) aus allen möglichen Berufungsgründen und ohne jede Bedingung aus. In Kenntnis der damit verbundenen Folgen nehmen wir die Erbschaft nach unserem Sohn hiermit ausdrücklich an. Des Weiteren sind wir über die Folgen der heutigen Erbschaftsausschlagung belehrt worden.

Uns ist bekannt, dass diese Erklärung von uns unverzüglich an das zuständige Nachlassgericht zu übersenden ist und der dortige rechtzeitige Eingang der Unterlagen von uns überprüft werden sollte.

... (Ort, Datum)
... (Unterschriften)

(Unterschriftsbeglaubigung)

...

Kosten: *Notargebühr:* 0,2-Gebühr gem. Nr. 25100 KV GNotKG, mindestens 20 Euro, höchstens 70 Euro. Geschäftswert gem. §§ 121, 103 Abs. 1 GNotKG (bei Überschuldung 0 Euro, dann Mindestgebühr). Bei Fertigung des Entwurfs und Beglaubigung 0,5-Gebühr gem. Nrn. 24102, 21201 Nr. 7 KV GNotKG (§ 91 Abs. 2 GNotKG) – mindestens 30 Euro –, Geschäftswert gem. §§ 119, 103 Abs. 1 GNotKG (bei Überschuldung 0 Euro, dann Mindestgebühr).

Gerichtsgebühr: keine.

4. Mehrere Berufungsgründe

§ 1948 BGB eröffnet die Möglichkeit, bei mehreren Berufungsgründen die Erbschaft als **eingesetzter** Erbe auszuschlagen und als **gesetzlicher** Erbe anzunehmen. Voraussetzung ist jedoch, dass die Ausschlagung wegen Berufung auf Grund letztwilliger Verfügung die gesetzliche Erbfolge zu Gunsten des Ausschlagenden eröffnet. 20

➲ **Wichtig:** § 1948 BGB kommt insbesondere dann nicht zur Anwendung, wenn eine ausdrückliche **Ersatzerbeneinsetzung** – was häufig der Fall ist – durch die letztwillige Verfügung angeordnet ist, gesetzlich insbesondere gem. § 2069 BGB als angeordnet gilt bzw. im Wege der ergänzenden Testamentsauslegung unterstellt wird oder nach § 2094 BGB Anwachsung eintritt. Eine Erbausschlagung nach § 1948 BGB ist daher nur nach besonders sorgfältiger Überprüfung der zugrunde liegenden letztwilligen Verfügung auf eine eventuelle Ersatzerbeneinsetzung oder Anwachsung zu empfehlen. 21

Wird die letztwillige Erbeinsetzung ausgeschlagen, beginnt für die Berufung als gesetzlicher Erbe ab Kenntnis dieses Berufungsgrundes eine **neue Ausschlagungsfrist**. 22

Gem. § 1948 Abs. 2 BGB kann bei Berufung durch Testament einerseits und Erbvertrag andererseits ebenfalls die Erbschaft aus dem einen Berufungsgrund angenommen und aus dem anderen ausgeschlagen werden. Diese Regelung ist **nicht analog** auf Konstellationen anwendbar, in denen die Berufung auf zwei Testamenten oder zwei Erbverträgen beruht, da insoweit § 1951 Abs. 2 BGB entgegensteht. § 1948 Abs. 2 BGB hat in der Praxis nur eine geringe Bedeutung (DNotI DNotI-Report 2013, 124, 125). § 1948 Abs. 1 BGB verbietet im Umkehrschluss, die Erbschaft als gesetzlicher Erbe auszuschlagen und als eingesetzter Erbe anzunehmen. Hier greift vielmehr die Regelung des § 1949 Abs. 2 BGB, wonach die Ausschlagung im Zweifel als auf alle Berufungsgründe erstreckt gilt. Wird die Erbschaft **„aus allen Berufungsgründen"** ausgeschlagen, erfasst die Ausschlagung nicht nur die dem Ausschlagenden bekannten, sondern auch die diesem unbekannten Berufungsgründe mit der Folge, dass eine Anfechtung wegen Irrtums nicht mehr möglich ist (OLG Hamm FGPrax 2011, 184 f.). 23

M 92.5 Ausschlagung einer Erbschaft als eingesetzter Erbe unter Annahme einer Erbschaft als gesetzlicher Erbe

(Auszug)

*... (wie **M 92.1**)*

Ich schlage hiermit die Erbschaft nach meinem verstorbenen Ehemann insoweit aus, als ich durch Verfügung von Todes wegen als Erbe berufen bin, nehme sie jedoch als gesetzlich berufener Erbe an. In unserem gemeinschaftlichen Testament vom ... (Errichtungsdatum) ist ausdrücklich vorgesehen, dass im Falle der Ausschlagung durch den längstlebenden Ehegatten hinsichtlich des testamentarischen Berufungsgrundes eine Ersatzerbeneinsetzung Dritter ausscheidet und eine Annahme der Erbschaft des längstlebenden Ehegatten hinsichtlich des gesetzlichen Berufungsgrundes möglich ist.

*... (wie **M 92.1** Unterschriftsbeglaubigung)*

Kosten: *Notargebühr:* 0,2-Gebühr gem. Nr. 25100 KV GNotKG, mindestens 20 Euro, höchstens 70 Euro. Geschäftswert gem. §§ 121, 103 Abs. 1 GNotKG (Wert des Nachlasses nach Abzug der Verbindlichkeiten). Bei Fertigung des Entwurfs und Beglaubigung 0,5-Gebühr gem. Nrn. 24102, 21201 Nr. 7 KV GNotKG (§ 91 Abs. 2 GNotKG) – mindestens 30 Euro –, Geschäftswert gem. §§ 119, 103 Abs. 1 GNotKG (Wert des Nachlasses nach Abzug der Verbindlichkeiten).

Gerichtsgebühr: keine.

5. Nachlassspaltung

24 Auf Grund einer **Rechtswahl** nach Art. 25 Abs. 2 EGBGB, einer **teilweisen Rück- oder Weiterverweisung** nach Art. 4 Abs. 1 EGBGB, die auf eine Nachlassspaltung in einem ausländischen Kollisionsrecht beruht (etwa bei einem französischen Erblasser mit in Deutschland belegenem Grundbesitz bzw. mit letztem Wohnsitz in Deutschland), oder eines **Vorrangs des Einzelstatuts** nach Art. 3a Abs. 2 EGBGB kann es abweichend von dem in Art. 25 Abs. 1 EGBGB niedergelegten Grundsatz der Nachlasseinheit zu Nachlassspaltungen kommen. Im Hinblick auf eine Ausschlagung oder Anfechtung der Annahme der Erbschaft hat dies zur Folge, dass der jeweilige Nachlass, der dem deutschen Recht bzw. einer ausländischen Rechtsordnung unterliegt, für sich gesondert ausgeschlagen bzw. angenommen werden kann.

M 92.6 Ausschlagung einer Erbschaft bei Nachlassspaltung

(Auszug)

*... (wie **M 92.1**)*

Am ... (Sterbedatum) ist mein Vater, Herr ... (Vor- und Nachname des Erblassers), geb. am ... (Geburtsdatum des Erblassers) in ... (Geburtsort des Erblassers), französischer Staatsangehöriger, zuletzt wohnhaft gewesen in Deutschland in ... (letzte Wohnanschrift), in ... (Sterbeort) verstorben. Er war verwitwet. Ein Testament hat er nicht hinterlassen. Als gesetzlicher Erbe komme ich, ... (Vor- und Nachname des Ausschlagenden), in Frage. Der Nachlass ist überschuldet.

Ich schlage hiermit, soweit das französische Erbrecht für den in Deutschland belegenen Grundbesitz des Erblassers und dessen bewegliches Vermögen auf deutsches Recht im Wege der Nachlassspaltung zurückverweist, die Erbschaft nach meinem Vater aus allen möglichen Berufungsgründen und ohne jede Bedingung aus. Von dem Anfall und dem Grunde der Berufung habe ich erst vor zwei Wochen Kenntnis erlangt. Ich habe und erwarte derzeit keine Abkömmlinge.

*... (wie **M 92.1** Unterschriftsbeglaubigung)*

Kosten: *Notar- und Gerichtsgebühr:* wie **M 92.4**.

➲ **Wichtig:** Im Rahmen der international-privatrechtlichen Betrachtung ist dabei insbesondere zu berücksichtigen, dass sich eventuelle **Vorfragen** der Erbausschlagung abweichend vom Recht der Ausschlagung nach dem Recht anderer Staaten richten können. Dies gilt insbesondere bei Erbausschlagungen durch gesetzliche Vertreter und damit verbundene Genehmigungserfordernisse nach familienrechtlichen Grundsätzen. Fällt bspw. der nach deutschem Recht zu beurteilende Nachlass des Erblassers, der deutscher Staatsangehöriger war, seinen letzten Wohnsitz in Deutschland hatte und ausschließlich Nachlassvermögen in Deutschland zurück lässt, nach Erbausschlagung seiner Tochter, die deutsche Staatsangehörige ist, der minderjährigen Enkeltochter mit französischer Staatsangehörigkeit und Wohnsitz in Frankreich zu, beurteilt sich die Frage der Wirksamkeit der gesetzlichen Vertretung im Rahmen der nach deutschem Recht zu beurteilenden Erbausschlagung als Vorfrage nach französischem Recht. 25

6. Vertrag über Ausschlagungsverpflichtung

Durch **schuldrechtlichen** Vertrag kann sich ein ausschlagungsberechtigter Erbe zur Erbausschlagung verpflichten. Ein derartiger Vertrag unterliegt nicht dem für die eigentliche Ausschlagung als diesbezüglichem Vollzugsakt geltenden Formzwang des § 1944 BGB und ist dann formfrei wirksam, wenn er nach dem Erbfall abgeschlossen wird (Groll/Muscheler C II Rz. 131 mwN). Ein vor dem Erbfall vereinbarter Ausschlagungsverpflichtungsvertrag bedarf jedoch der **notariellen Beurkundung**. Dies folgt für entsprechende Verträge zwischen Ausschlagungsberechtigtem und Drittem aus § 311b Abs. 4 und 5 BGB bzw. für entsprechende Verträge zwischen Ausschlagungsberechtigtem und Erblasser aus §§ 311b Abs. 5 bzw. 2346 BGB analog, wobei regelmäßig ein unmittelbar wirkender Verzichtsvertrag nach §§ 2346 bzw. 2352 BGB vorzugswürdig erscheint, wenn der Erblasser nicht über den Fall des § 2347 Abs. 2 Satz 2 BGB hinaus vertreten werden können soll (Groll/Muscheler C II Rz. 133 f. mwN). 26

II. Anfechtung der Annahme, Fristversäumnis, Ausschlagung bzw. Anfechtung

1. Allgemeines

Gem. § 1943 BGB kann der Erbe die Erbschaft nicht mehr ausschlagen, wenn er sie **angenommen** hat oder wenn die für die Ausschlagung vorgeschriebene Frist verstrichen ist. Mit dem Ablauf der Frist gilt die Erbschaft als angenommen. 27

Die Annahme gilt gem. § 1949 BGB jedoch dann als nicht erfolgt, wenn der Erbe über den Berufungsgrund im **Irrtum** war. Insoweit bedarf es keiner Anfechtung mehr. Die Ausschlagungsfrist beginnt in einem derartigen Falle erst mit Kenntnis des wahren Grundes. Ist dem Erben jedoch gleichgültig gewesen, aus welchem Grund die Berufung erfolgte, liegt kein Irrtum über den Berufungsgrund vor. Die Annahme wird dann nach den allgemeinen Grundsätzen fingiert. Berufungsgrund iSd. § 1949 Abs. 1 BGB meint die Art und Weise der konkreten Berufung durch ein bestimmtes Verwandtschaftsverhältnis, Ehe oder eine bestimmte Verfügung von Todes wegen. Sie ist damit von der Kenntnis des Grundes der Berufung iSd. § 1944 Abs. 2 BGB zu unterscheiden, durch die die Ausschlagungsfrist ausgelöst wird. Da der Berufungsgrund in den meisten Erbfällen unerheblich ist, hat § 1949 Abs. 1 BGB nur geringe praktische Bedeutung. 28

Von erheblicher praktischer Relevanz ist hingegen die **Anfechtbarkeit** der Versäumnis der Ausschlagungsfrist, der Annahme der Erbschaft oder deren Ausschlagung gem. §§ 1954, 1956 BGB. Eine derartige Anfechtung setzt das Vorhandensein eines relevanten **Anfechtungsgrundes** voraus. Hier sind die allgemeinen Vorschriften der §§ 119 f., 123 BGB – somit nicht die Regelung des § 2078 BGB – anwendbar. Der jeweilige Anfechtungsgrund muss für das angefochtene Verhalten ursächlich gewesen sein (OLG Düsseldorf MittBayNot 2013, 491, 492). Die Anfechtung erfolgt auch ohne deren ausdrückliche Bezeichnung als solche bereits dann formgerecht, wenn der Anfechtungswille hinreichend erkennbar ist (Odersky MittBayNot 2013, 493). Zwar ist auch eine erst nach Fristablauf beim Nachlassgericht eingereichte genauere Darlegung insbesondere zur Kausalität noch zu berücksichtigen (Odersky MittBayNot 2013, 493). Es muss jedoch der eigentliche Grund 29 der Anfechtung fristgerecht in der Anfechtungserklärung angegeben sein (Palandt/Weidlich § 1955 BGB Rz. 2; Odersky MittBayNot 2013, 493). Werden mehrere Anfechtungsgründe geltend gemacht, kann dadurch möglicherweise der Kausalitätsnachweis erschwert bzw. ausgeschlossen werden (OLG Düsseldorf MittBayNot 2013, 491, 492). Ein nach § 119 Abs. 1 Alt. 1 BGB relevanter Irrtum über den Erklärungsinhalt liegt bspw. vor, wenn sich der Erbe der objektiv aufzufassenden Wirkung seines Verhaltens nach außen nicht bewusst war (zB Befriedigung eines Nachlassgläubigers), ihm dabei die rechtliche Möglichkeit der Ausschlagung nicht bekannt war (BayObLGZ 1983, 153) oder eine Ausschlagung in der irrigen Erwartung, dadurch einen Pflichtteilsanspruch zu erlangen, erklärt wurde (OLG Hamm Rpfleger 1981, 402) bzw. eine Annahme in der irrigen Vorstellung des unter Beschwerungen als Alleinerbe eingesetzten Pflichtteilsberechtigten erfolgte, er dürfe die Erbschaft nicht ausschlagen, um seinen Anspruch auf den Pflichtteil nicht zu verlieren (BGH DNotI-Report 2006, 170).

29a ➲ **Hinweis:** Ein relevanter Irrtum über die Erklärungshandlung gem. § 119 Abs. 1 Alt. 2 BGB ist bspw. anerkannt, wenn der Erbe von der Existenz, dem Lauf bzw. den Rechtsfolgen des Ablaufs einer Ausschlagungsfrist nichts wusste (OLG Hamm Rpfleger 1985, 364 f.) oder über die Dauer der Ausschlagungsfrist irrte (RGZ 143, 419, 423) und deshalb jeweils die Ausschlagung unterließ.

30 Insbesondere im Hinblick auf eine eventuelle Überschuldung des Nachlasses ist ein Eigenschaftsirrtum gem. § 119 Abs. 2 BGB dann relevant, wenn der Erbe falsche Vorstellungen über **wertbildende Faktoren** des Nachlasses hatte, insbesondere über die Zusammensetzung des Nachlasses, bspw. die Zugehörigkeit bestimmter Aktiva zum Nachlass oder das Vorhandensein einzelner Nachlassverbindlichkeiten. Im Gegensatz dazu ist es unbeachtlich, wenn dem Erben die einzelnen Aktiv- bzw. Passivposten des Nachlasses bekannt sind, er sie jedoch lediglich irrtümlich unzutreffend bewertet.

31 Gem. § 1954 BGB beträgt die Anfechtungsfrist **sechs Wochen** ab Kenntnis derjenigen Tatsachen, die die Anfechtungsmöglichkeit begründen bzw. ab Beendigung der Zwangslage. Im Gegensatz zu der ausdrücklich in § 1956 BGB geregelten Anfechtbarkeit der Versäumung der Ausschlagungsfrist fehlt eine ausdrückliche Regelung zu einer etwaigen Anfechtung der Versäumnis der Anfechtungsfrist. Ob auch die Versäumnis der Anfechtungsfrist anfechtbar ist, ist umstritten. Das BayObLG bejaht dies (BayObLGZ 1983, 9, 13), in der Literatur wird eine Anfechtung der Versäumnis der Anfechtungsfrist teilweise abgelehnt (Leipold Rz. 449). Die Form der Anfechtung richtet sich nach den Regelungen über die Form der Ausschlagung gem. § 1945 BGB. Die Anfechtung bewirkt gem. § 142 Abs. 1 BGB die Nichtigkeit des angefochtenen Rechtsgeschäfts und gilt darüber hinaus gem. § 1957 Abs. 1 BGB bei Anfechtung der Annahme als Ausschlagung bzw. bei Anfechtung der Ausschlagung als Annahme.

31a In Nachlassverfahren auf Bestimmung einer Inventarfrist nach § 1994 Abs. 1 Satz 1 BGB wird im Rahmen inzidenter Prüfung der Erbenstellung des Schuldners angenommen, dass die Anfechtungsfrist iSd. § 1954 BGB als nicht gewahrt gilt, wenn der Anfechtende die Tatsachen für die Erlangung seiner Kenntnis vom Anfechtungsgrund, die das Nachlassgericht nicht anderweitig ermitteln kann, nicht innerhalb dieser Frist darlegt und dadurch seine Mitwirkungspflicht aus § 27 FamFG verletzt (OLG Düsseldorf MittBayNot 2013, 491, 492). Dieser Grundsatz lässt sich jedoch nicht über das Inventarfristverfahren hinaus beliebig auf andere Verfahrensarten, insbesondere nicht auf Erbscheinsverfahren übertragen, da dort das Nachlassgericht von der in Rede stehenden Erbenstellung überzeugt sein muss und diese Überzeugung nicht durch Sanktionen wegen Verletzung von etwaigen Mitwirkungspflichten ersetzt werden darf (Odersky MittBayNot 2013, 493).

2. Anfechtung der Fristversäumnis

32 Der praktisch häufigste Fall ist die Anfechtung der Fristversäumnis.

M 92.7 Anfechtung der Versäumnis der Ausschlagungsfrist unter Nachholung der Ausschlagung

(Auszug)

*... (wie **M 92.1**)*

Ich habe die Erbschaft nach ... (Vor- und Nachname des Erblassers) niemals annehmen wollen. Ich war irrtümlich der Meinung, zur Annahme bedürfe es einer ausdrücklichen Erklärung. Weiterhin war mir nicht bekannt, dass die Erbschaft dem Erben mangels Ausschlagung von selbst anfällt bzw. dann, wenn eine Annahme nicht gewünscht wird, innerhalb einer Frist von sechs Wochen ausgeschlagen werden muss. Ferner hatte ich bislang keine Kenntnis davon, dass der Nachlass überschuldet ist, da mir die Darlehensverbindlichkeiten bei ... (Gläubigername) nicht bekannt waren.

Ich fechte hiermit den Ablauf der Ausschlagungsfrist und eine eventuelle konkludente Annahme der Erbschaft an. Zugleich schlage ich die Erbschaft hiermit aus allen möglichen Berufungsgründen und ohne jede Bedingung aus.

*... (wie **M 92.1** Unterschriftsbeglaubigung)*

Kosten: *Notar- und Gerichtsgebühr:* wie **M 92.4**.

3. Anfechtung der Ausschlagung

a) Grundfall

Eine Anfechtung der Erbausschlagung erfolgt meist nach irrtümlicher Annahme wertreduzierender Faktoren des Nachlasses, die zu einer Überschuldung des Nachlasses geführt hätten. Auch insoweit ist erforderlich, dass der Irrtum auf unrichtigen Vorstellungen über den **Bestand der Aktiva und Passiva** beruht. Dies ist bspw. nicht der Fall, wenn der Ausschlagende davon ausgegangen war, der Nachlass sei „wohl eher überschuldet", und damit zumindest eine Nichtüberschuldung in Kauf nahm (OLG Düsseldorf RNotZ 2009, 52, 54). 33

M 92.8 Anfechtung der Ausschlagung einer Erbschaft

(Auszug)

*... (wie **M 92.1**)*

Durch öffentlich beglaubigte Erklärung vom ... (Errichtungsdatum) habe ich die mir durch das Testament meines am ... (Sterbedatum) verstorbenen Onkels ... (Vor- und Nachname des Erblassers) angefallene Erbschaft ausgeschlagen.

Zu dieser Ausschlagung bin ich durch arglistige Täuschung bestimmt worden. Der Miterbe ... (Vor- und Nachname) hat mir gegenüber behauptet, er habe festgestellt, der Nachlass sei überschuldet. Dies habe sich daraus ergeben, dass die zu Lasten des zum Nachlass gehörigen Grundbesitzes (genauer Grundbuchbeschrieb) eingetragenen Grundschulden iHv ... (Betrag) mit offenen Darlehensverbindlichkeiten des Erblassers valutiert gewesen seien. Daher habe auch dieser Miterbe die Erbschaft bereits ausgeschlagen. Beides trifft jedoch nicht zu. Die eingetragenen Grundschulden sind nicht mehr valutiert, entsprechende Darlehensverbindlichkeiten sind nicht vorhanden und der Miterbe hat die Erbschaft zu keinem Zeitpunkt gegenüber dem Nachlassgericht ausgeschlagen. Erst unter Zugrundelegung des behaupteten offenen Darlehensbetrages entstand bei mir die Überzeugung, dass der Nachlass insgesamt überschuldet ist. In meiner Ausschlagungserklärung hatte ich auf die Überschuldung des Nachlasses als Grund für meine Ausschlagung hingewiesen. Von dieser arglistigen Täuschung habe ich erst heute Kenntnis erlangt. Ich habe heute bereits bei der Staatsanwaltschaft in ... (Ort) Strafanzeige erstattet.

Ich fechte daher meine gegenüber dem Nachlassgericht am ... (Errichtungsdatum) abgegebene Erbausschlagungserklärung UR ... (Urkundenrollennummer) des Notars ... (Name) in ... (Ort) an und erkläre, dass ich die Erbschaft nach meinem Onkel ... (Vor- und Nachname des Erblassers) annehme.

*... (wie **M 92.1** Unterschriftsbeglaubigung)*

Kosten: *Notargebühr:* 0,2-Gebühr gem. Nr. 25100 KV GNotKG, mindestens 20 Euro, höchstens 70 Euro. Geschäftswert gem. §§ 121, 103 Abs. 1 GNotKG (Wert des Nachlasses nach Abzug der Verbindlichkeiten). Bei Fertigung des Entwurfs und Beglaubigung 0,5-Gebühr gem. Nrn. 24102, 21201 Nr. 7 KV GNotKG (§ 91 Abs. 2 GNotKG) – mindestens 30 Euro –, Geschäftswert gem. §§ 119, 103 Abs. 1 GNotKG (Wert des Nachlasses nach Abzug der Verbindlichkeiten).

Gerichtsgebühr: keine.

b) Deutsch-deutsche Nachlassspaltung

34 Problematisch ist die Anfechtung einer Erbausschlagung wegen vermeintlicher Überschuldung des Nachlasses bei Nachlassspaltung, insbesondere in deutsch – deutschen Erbfällen, bei denen der westdeutsche Erblasser mit letztem gewöhnlichen Aufenthalt in der Bundesrepublik Deutschland nach dem 31.12.1975, jedoch vor dem 3.10.1990 verstarb und Eigentum sowie andere Rechte an Grundstücken und Gebäuden, die sich zu diesem Zeitpunkt in der früheren DDR befanden, hinterlässt. Gem. Art. 3a Abs. 2 EGBGB iVm. § 25 Abs. 2 DDR-RAG tritt Nachlassspaltung ein und ist für das vorstehend genannte in der früheren DDR belegene Vermögen auch für die Erbausschlagung und deren Anfechtung das damals geltende DDR-ZGB, insbesondere die §§ 402 ff. DDR-ZGB, anwendbar. Es sind daher **zwei eigenständige Nachlässe** zu beurteilen, der aus dem Grundbesitz in der früheren DDR bestehende Nachlass nach den Regeln des DDR-ZGB einerseits und der übrige Nachlass nach den Regeln des BGB andererseits. Trotz Nachlassspaltung haftet jeder eigenständige Nachlass den Gläubigern gegenüber jeweils bis zu seiner Erschöpfung uneingeschränkt in voller Höhe und nicht lediglich pro rata im Verhältnis des jeweiligen Nachlassteils zum Gesamtnachlass, soweit nicht ausnahmsweise eine eindeutige alleinige Zuordnung zu einer der beiden Nachlassmassen, wie zB bei dinglichen Schulden, möglich ist (Ivo NJW 2003, 185, 186 mwN). Insbesondere haften alle vorhandenen Nachlassmassen ungeachtet eines eventuellen späteren Ausgleichsanspruches untereinander uneingeschränkt für Geldschulden des Erblassers. Dies gilt auch für den gem. § 25 Abs. 2 DDR-RAG nach DDR-Recht zu beurteilenden Nachlass. Bei Berechnung der Überschuldung ist sodann getrennt nach jeder eigenständigen Nachlassmasse wie folgt zu bewerten: Für den nach DDR-Recht zu beurteilenden Grundbesitz in der früheren DDR ist dessen Wert im Verhältnis zum Wert sämtlicher Verbindlichkeiten, die nicht ausschließlich dem anderen Nachlass zugeordnet werden können, maßgebend, wodurch als Nachlassverbindlichkeiten insbesondere allgemeine Geldschulden zu berücksichtigen sind, selbst wenn sie nach dem Recht der Bundesrepublik Deutschland begründet und vererbt wurden; für den nach dem Recht der Bundesrepublik Deutschland zu behandelnden Nachlass ist das gesamte übrige Aktivvermögen maßgebend, dem sämtliche Verbindlichkeiten gegenüberzustellen sind, soweit sie nicht ausnahmsweise ausschließlich dem DDR-Recht unterliegenden Nachlass zuzuordnen sind (BayObLG NJW 2003, 216, 221).

4. Anfechtung der Annahme

35 Eine Anfechtung der Erbannahme erfolgt meist nach irrtümlicher Annahme wertbildender Faktoren des Nachlasses, die zu einem positiven Nachlasssaldo geführt hätten.

M 92.9 Anfechtung der Annahme einer Erbschaft

(Auszug)

*... (wie **M 92.1**)*

Durch Erbscheinsantrag vom ... (Datum) habe ich gegenüber dem Nachlassgericht die Erbschaft nach meinem Vater ... (Vor- und Nachname des Erblassers) angenommen.

Bei Annahme der Erbschaft bin ich irrtümlich davon ausgegangen, dass die zu Lasten des Grundbesitzes in ... (genauer Grundbuchbeschrieb) eingetragenen Grundschulden keine Kredite des Erblassers mehr sichern, sondern unvalutiert sind. Nunmehr hat sich herausgestellt, dass diese Grundschulden noch Restdarlehensverbindlichkeiten des Erblassers iHv. ... (Höhe des noch offenen Darlehensbetrages) sichern. Unter Berücksichtigung dieses beträchtlichen notleidenden Darlehensbetrages ist für mich nun erstmals erkennbar geworden, dass der Nachlass insgesamt überschuldet ist. Von dem offenen Restdarlehensbetrag habe ich erst durch heutiges Schreiben der Gläubigerbank Kenntnis erlangt. Das Schreiben füge ich meiner heutigen Erklärung zum Nachweis bei.

Ich fechte daher meine von mir erklärte Annahme hiermit an und schlage zugleich die Erbschaft nach meinem Vater aus allen möglichen Berufungsgründen und ohne jede Bedingung aus. Ich habe und erwarte keine Abkömmlinge.

*... (wie **M 92.1** Unterschriftsbeglaubigung)*

Kosten: *Notargebühr:* 0,2-Gebühr gem. Nr. 25100 KV GNotKG, mindestens 20 Euro, höchstens 70 Euro. Geschäftswert gem. §§ 121, 103 Abs. 1 GNotKG (bei Überschuldung 0 Euro, dann Mindestgebühr). Bei Fertigung des Entwurfs und Beglaubigung 0,5-Gebühr gem. Nrn. 24102, 21201 Nr. 7 KV GNotKG (§ 91 Abs. 2 GNotKG) – mindestens 30 Euro –, Geschäftswert gem. §§ 119, 103 Abs. 1 GNotKG (bei Überschuldung 0 Euro, dann Mindestgebühr).

Gerichtsgebühr: keine.

5. Anfechtung der Annahmeanfechtung

Die Anfechtung der Erbschaftsannahme kann nicht widerrufen, jedoch wegen Irrtums angefochten werden, sofern sie selbst auf einem beachtlichen Irrtum beruht (OLG Hamm Rpfleger 2009, 384, 385 f.; BayObLG DNotZ 2001, 54, 55 ff.). Die Anfechtung bedarf analog §§ 1945, 1955 BGB der **Form der Ausschlagung** (OLG Hamm FGPrax 2009, 119 ff.; MünchKomm.BGB/Leipold § 1955 BGB Rz. 4). 36

6. Abgrenzung zur Haftungsbeschränkung

Von der Frage der Erbausschlagung bzw. deren Anfechtung, die insbesondere nicht auf die den Wert des Aktivvermögens übersteigenden Verbindlichkeiten beschränkt werden kann, ist eine eventuelle Haftungsbeschränkung auf den Nachlass, insbesondere durch Nachlassverwaltung, Eröffnung des Nachlassinsolvenzverfahren, Aufgebot der Nachlassgläubiger bzw. Inventarerrichtung zu unterscheiden (dazu s. Kap. 93 Rz. 24 ff.). 37

III. Vermächtnisausschlagung und deren Anfechtung

Gem. § 2176 BGB fällt dem Vermächtnisnehmer das ihm zugewandte Vermächtnis mit dem Erbfall dergestalt an, dass der **Vermächtnisanspruch** sofort entsteht. Nach § 2180 BGB kann der Vermächtnisnehmer das Vermächtnis – soweit er es noch nicht angenommen hat – durch Erklärung gegenüber dem Beschwerten nach Eintritt des Erbfalls ausschlagen. Die Ausschlagungserklärung darf weder unter einer Bedingung noch unter einer Zeitbestimmung abgegeben werden. Die Ausschlagung ist an keine Form gebunden. Sie ist zudem selbst bei wechselbezüglichen Verfügungen nicht fristgebunden, da § 2180 Abs. 3 BGB gerade nicht auf § 1944 BGB verweist (BGH NJW 2011, 1353, 1354). Es ist jedoch empfehlenswert, aus Nachweisgründen schriftlich auszuschlagen und das Schriftstück per Einschreiben gegen Rückschein an den Beschwerten zu übersenden. Es besteht keine Ausschlagungsfrist. Die Erklärungen sind nach den allgemeinen Vorschriften der §§ 119 ff. BGB gegenüber dem Beschwerten anfechtbar. Die Annahme des Vermächtnisses schließt gem. § 2180 Abs. 1 BGB dessen Ausschlagung aus. Die Ausschlagung des Vermächtnisses bewirkt gem. §§ 2180 Abs. 3, 1953 BGB, dass das Vermächtnis dem Ausschlagenden als nicht angefallen gilt. 38

M 92.10 Ausschlagung eines Vermächtnisses

An

... (Vor- und Nachname des Erben)

... (Wohnanschrift des Erben)

Vermächtnis nach Ziff. ... des Testaments des Erblassers ... (Vor- und Nachname des Erblassers) vom ... (Errichtungsdatum, bei notariellem Testament zusätzlich Name des Notars und Urkundenrollennummer)

Sehr geehrter/geehrte Herr/Frau ... (Vor- und Nachname des Erben)

Auf Grund des o.g. Testaments ist mir der dort genannte Geldbetrag unter der Auflage vermacht worden, hieraus die Pflege der Katze des Erblassers im Tierheim in ... (Ort) zu bezahlen. Ich schlage hiermit das vorstehend genannte Vermächtnis ohne jede Bedingung oder Zeitbestimmung aus.

Mit freundlichen Grüßen

... (Unterschrift)

Kapitel 93 Notarielles Nachlassverzeichnis, Nachlasssicherung, Gläubigerbefriedigung und Haftungsbeschränkung

Literatur: *Du Carrois*, Der überschuldete Nachlass – Handlungsoptionen des Nachlasspflegers, Rpfleger 2009, 197; *Firsching/Graf*, Nachlassrecht, 10. Aufl. 2014; *Fröhler*, Leitfaden Nachlasspflegschaften, BWNotZ 2014, 70;

Greiser, Die Nachlasspflegschaft, DFG 1938, 167; *Grziwotz*, Bestattungskosten und Erbenhaftung, FamRB 2012, 226; *Müller*, Abwesenheits-, Nachlasspflegschaft und Pflegschaft für unbekannte Beteiligte, NJW 1956, 652; *Nieder*, Das notarielle Nachlassverzeichnis im Pflichtteilsrecht, ZErb 2004, 60; *Sagmeister*, Das notarielle Nachlassverzeichnis, MittBayNot 2013, 519; *Schaal*, Schnittstellen notarieller Tätigkeit mit dem Nachlass(verfahrens)recht, notar 2010, 393 u. 431; *Schindler*, Eidesstattliche Versicherung im notariellen Nachlassbestandsverzeichnis? – zugleich einige allgemeine Bemerkungen zum Verzeichnis nach § 2314 BGB, BWNotZ 2004, 73; *Schreinert*, Das notarielle Nachlassverzeichnis, RNotZ 2008, 61; *Zimmermann*, Die Nachlasspflegschaft und sonstige Nachlassverfahren im FamFG, Rpfleger 2009, 437; *Zimmermann*, Die Nachlasspflegschaft, 2. Aufl. 2009.

I. Notarielles Nachlassverzeichnis

Gem. § 2314 Abs. 1 Satz 1 BGB hat ein **Pflichtteilsberechtigter** gegenüber dem Erben Anspruch auf **Auskunft** über den Bestand des Nachlasses, die gem. § 2314 Abs. 1 Satz 3 BGB auch in Form eines notariellen Nachlassverzeichnisses verlangt werden kann. Dies gilt selbst dann, wenn der Erbe auf Verlangen des Pflichtteilsberechtigten bereits ein privatschriftliches Verzeichnis erstellt hat (OLG Karlsruhe MittBayNot 2007, 412, 413; OLG Düsseldorf RNotZ 2008, 105, 106). Der Anspruch auf Erstellung des Nachlassverzeichnisses besteht uU auch noch nach Verjährung des Pflichtteilsanspruchs, wenn der Pflichtteilsberechtigte ein anderes Informationsbedürfnis geltend macht, bspw. die Überprüfung von Schadensersatzansprüchen gegen den früheren Prozessbevollmächtigten wegen Unterlassens von Maßnahmen zur Unterbrechung bzw. Hemmung der Verjährung (OLG Karlsruhe MittBayNot 2007, 412, 414 f.). 1

Grundsätzlich muss der Auskunftsverpflichtete bei der notariellen Aufnahme **persönlich** anwesend sein (OLG Koblenz DNotZ 2007, 773; OLG Nürnberg FamRZ 2010, 584 (obiter dictum); aA Sandkühler RNotZ 2008, 33; Schlitt/Müller/G. Müller, Handbuch Pflichtteilsrecht, 2010, § 10 Rz. 64), wobei insbesondere innerhalb einer Erbengemeinschaft die Teilnahme ortsfremder Miterben, die keine sinnvollen Angaben zur Nachlasszusammensetzung machen können, bzw. dementer Erben verzichtbar sein dürfte (DNotI-Gutachten DNotI-Report 2010, 153 f.). Der **Notar** darf sich bei Erstellung des Nachlassverzeichnisses nicht darauf beschränken, ausschließlich die Angaben des Erben wiederzugeben. Zusätzlich ist er verpflichtet, den Nachlassbestand selbst zu ermitteln und durch Unterzeichnung der Urkunde seine **Verantwortlichkeit** für den Inhalt und die vom Gesetz vorgesehene höhere Richtigkeitsgewähr zu manifestieren (OLG Koblenz RNotZ 2014, 371 ff.; OLG Köln RNotZ 2013, 127, 128 ff.; OLG Saarbrücken DNotI-Report 2010, 160 f.; OLG Celle DNotZ 2003, 62). Bei der Ausgestaltung des Verfahrens zur Ermittlung der Vermögensmasse ist der Notar mangels entsprechender gesetzlicher Vorschriften frei. Grundsätzlich hat er vorhandene Unterlagen zu sichten und zu überprüfen. Soweit vorhanden und möglich ist die Erblasserwohnung zu begehen. Im Rahmen der Möglichkeiten sind eigene Ermittlungen anzustellen, letztlich werden jedoch die Auskünfte des Erben wesentliche Grundlage des Verzeichnisses bleiben (DNotI-Gutachten DNotI-Report 2003, 137, 138). Das Nachlassverzeichnis hat sämtliche Aktiv- und Passivposten einschließlich ausgleichspflichtiger Zuwendungen und Schenkungen innerhalb der letzten zehn Jahre vor dem Tod des Erblassers zu enthalten (BGH NJW 1961, 602, 603; OLG Karlsruhe MittBayNot 2007, 412, 414). Die Nachlassgegenstände sind nach Anzahl, Art und wertbildenden Faktoren zu bezeichnen (BGH NJW 1982, 1643, 1644). Nach § 2314 Abs. 2 BGB fallen die Kosten dem Nachlass zur Last. 2

➲ **Wichtig:** Der Pflichtteilsberechtigte hat gem. § 2314 Abs. 1 Satz 2 BGB ein Recht auf **Anwesenheit** bei Aufnahme des Verzeichnisses. 3

Soweit Grund zu der Annahme besteht und der Pflichtteilsberechtigte beweist, dass das Verzeichnis nicht mit der erforderlichen Sorgfalt aufgestellt worden ist und es sich nicht um eine Angelegenheit von geringer Bedeutung handelt (Schreinert RNotZ 2008, 61, 76), hat der Erbe gem. § 260 Abs. 2 BGB auf Verlangen des Pflichtteilsberechtigten bei freiwilliger Leistung zu Protokoll des nach § 411 Abs. 1 FamFG zuständigen Amtsgerichts (weitere Angelegenheit der freiwilligen Gerichtsbarkeit iSd. § 410 Nr. 1 FamFG), nach vorheriger Verurteilung gem. § 889 ZPO vor dem Vollstreckungsgericht die **eidesstattliche Versicherung** abzugeben. Notare sind zur Abnahme einer eidesstattlichen Versicherung unter dem Strafschutz des § 156 StGB nicht zuständig (OLG Karlsruhe BWNotZ 1995, 47; Winkler, § 38 BeurkG Rz. 8; Nieder ZErb 2004, 60, 65; Schindler BWNotZ 2004, 73, 77). Wegen der gerichtlichen Alleinzuständigkeit bleibt auch kein Raum für eine bloße 4 notariell beurkundete Aufnahme einer eidesstattlichen Versicherung ohne den Strafschutz des § 156 StGB (Winkler, § 38 BeurkG Rz. 8; Dieterle BWNotZ 1987, 11, 12; Nieder ZErb 2004, 60, 65; Schindler BWNotZ 2004, 73, 77; aA Eylmann/Vaasen/Limmer § 20 BNotO Rz. 26 und § 26 BNotO Rz. 8). Obschon nach § 413 Satz 1 FamFG auch der verpflichtete Erbe Antrag auf Abgabe der eidesstattlichen Versicherung stellen kann, darf zudem gegen den Willen des Pflichtteilsberechtigten keine eidesstattliche Versicherung erfolgen, da § 260 Abs. 2 BGB ausdrücklich dessen Verlangen voraussetzt (Keidel/Giers § 413 FamFG Rz. 2).

M 93.1 Nachlassverzeichnis für den Pflichtteilsberechtigten

(Notarielles Beurkundungsprotokoll – Auszug)

Nachlassverzeichnis

§ 1

... (Vor- und Nachname des erschienenen Erben) erklärt zunächst, dass er/sie in der Nachlasssache auf Ableben des/der ... (Vor- und Nachname, Geburtsname, Sterbedatum, Sterbeort, letzter Wohnsitz des Erblassers), Amtsgericht/Notariat – Nachlassgericht – ... (Ort), Az.: ... (Aktenzeichen des Nachlassgerichts), von ... (Vor- und Nachname des Pflichtteilsberechtigten) zur Vorlage eines Nachlassverzeichnisses gem. § 2314 BGB aufgefordert worden sei. Dieser/Diese habe an dem ihm/ihr bekannten heutigen Termin weder persönlich noch vertreten durch seinen/ihren Rechtsanwalt teilnehmen wollen[1].

Auf Veranlassung von ... (Vor- und Nachname des Erben) nehme ich, Notar ... (Name des Notars), folgendes Verzeichnis der Nachlassgegenstände des/der ... (Vor- und Nachname des Erblassers) auf:

Die Ermittlung beruht – soweit nachstehend nichts anderes vermerkt ist – auf Angaben des Erben, deren Richtigkeit dieser versichert. Ergänzend wurden vom protokollierenden Notar Herr/Frau ... (Name, Anschrift), Inhaber des Pflegeheimes, in dem der Erblasser seinen letzten Wohnsitz hatte, telefonisch befragt sowie die Nachlassakte ... (Az. des Nachlassgerichts) und die in diesem Verzeichnis als Anlagen benannten Dokumente am ... (Datum) beigezogen und eingesehen. Nach den Verhältnissen zum Zeitpunkt des Todes des vorgenannten Erblassers hat sich dessen Nachlass danach wie nachstehend aufgenommen zusammengesetzt:

1. Grundbesitz und Betriebsvermögen: ... (Benennung des diesbezüglichen Vermögens und Angabe, auf welcher Grundlage die Feststellungen getroffen worden sind)

2. Bank- bzw. Sparkassen-, Bauspar- und ähnliche Guthaben: ... (Benennung des diesbezüglichen Vermögens und Angabe, auf welcher Grundlage die Feststellungen getroffen worden sind)

3. Bargeld ... (Benennung des diesbezüglichen Vermögens und Angabe, auf welcher Grundlage die Feststellungen getroffen worden sind)

4. Sonstiger beweglicher Nachlass:

a) Schmuck und sonstige Wertgegenstände: ... (Benennung des diesbezüglichen Vermögens und Angabe, auf welcher Grundlage die Feststellungen getroffen worden sind)

b) Persönliche Gegenstände: ... (Benennung des diesbezüglichen Vermögens und Angabe, auf welcher Grundlage die Feststellungen getroffen worden sind)

c) Bestattungsgeld: ... (Benennung des diesbezüglichen Vermögens und Angabe, auf welcher Grundlage die Feststellungen getroffen worden sind)

d) Sonstige Rechte: ... (Benennung des diesbezüglichen Vermögens und Angabe, auf welcher Grundlage die Feststellungen getroffen worden sind)

5. Unentgeltliche bzw. teilunentgeltliche Zuwendungen des Erblassers innerhalb der letzten zehn Jahre vor dem Tod des Erblassers:

---

1 Soweit eine Teilnahme nach vorheriger Verständigung gewünscht wurde, ist zudem zu vermerken, dass der Pflichtteilsberechtigte bzw. dessen Anwalt ebenfalls zugegen war.

a) Grundbesitz: ... (Benennung des diesbezüglichen Vermögens, des Empfängers, des Datums der Zuwendung und Angabe, auf welcher Grundlage die Feststellungen getroffen worden sind)

b) Barschenkungen: ... (Benennung des diesbezüglichen Vermögens, des Empfängers, des Datums der Zuwendung und Angabe, auf welcher Grundlage die Feststellungen getroffen worden sind)

c) Sonstige Zuwendungen: ... (Benennung des diesbezüglichen Vermögens, des Empfängers, des Datums der Zuwendung und Angabe, auf welcher Grundlage die Feststellungen getroffen worden sind)

6. Beerdigungskosten und sonstige Nachlassverbindlichkeiten: ... (Benennung des diesbezüglichen Passivvermögens und Angabe, auf welcher Grundlage die Feststellungen getroffen worden sind).

§ 2

Ich erkläre hiermit fürsorglich meine Zustimmung zur Erteilung von Auskünften durch den eingangs genannten Pflichtteilsberechtigten beim zuständigen Finanzamt.

(Kosten; Anträge)

(Schlussformel)

... (Unterschriften)

Kosten: *Notargebühr:* 2,0-Gebühr gem. Nr. 23500 KV GNotKG. Geschäftswert gem. § 115 GNotKG (Wert der verzeichneten Gegenstände).

II. Nachlasssicherung

1. Allgemeines

Nach dem Tod des Erblassers ist die Nachlasssicherung grundsätzlich Aufgabe des nach § 1962 BGB iVm. § 23a Abs. 1 Nr. 2 iVm. Abs. 2 Nr. 1 bzw. 2 GVG sachlich zuständigen Amtsgerichts (in Baden-Württemberg nach Art. 147 EGBGB iVm. §§ 1 Abs. 1 und 2, 38 LFGG BW des staatlichen Notariats) als Nachlassgericht, für das wiederum gem. §§ 3 Nr. 2 lit. c, 35 Abs. 1, Abs. 3 RPflG der Rechtspfleger zuständig ist, soweit nicht ausnahmsweise nach § 16 Abs. 1 Nr. 1 iVm. § 14 Abs. 1 Nrn. 5 und 10 RPflG bei Meinungsverschiedenheiten mehrerer in gemeinsamer Mitpflegschaft bestellter Nachlasspfleger bzw. wegen ausländischer Staatsangehörigkeit des Erblassers (OLG Hamm Rpfleger 1976, 94) ein Richtervorbehalt besteht. Nach Art. 147 EGBGB in Verbindung mit landesrechtlichen Regelungen sind auch anderweitige Behörden mit nachlassgerichtlichen Verrichtungen betraut, etwa in Baden-Württemberg die Gemeindebehörden gem. § 40 LFGG. Das Nachlassgericht entscheidet bei einem entsprechenden Sicherungsbedarf grundsätzlich nach **freiem Ermessen**, welches Sicherungsmittel es für erforderlich hält. 5

2. Sicherungspflegschaft

Neben der Anlegung von Siegeln, der amtlichen Inverwahrnahme und der Aufnahme eines Nachlassverzeichnisses kommt in der Praxis insbesondere die Anordnung einer **Nachlasspflegschaft** in Betracht. Eine Nachlasspflegschaft ist gem. § 342 Abs. 1 Nr. 2 bzw. Nr. 8 FamFG Nachlasssache und zugleich nach § 340 Nr. 1 FamFG betreuungsgerichtliche Zuweisungssache. Es finden daher sowohl nachlass- als auch betreuungsrechtliche Regelungen Anwendung. Das Gesetz unterscheidet dabei zwischen der Sicherungspflegschaft nach § 1960 BGB, der Prozesspflegschaft nach § 1961 BGB und der Nachlassverwaltung nach § 1975 BGB. 6

Der in der Praxis häufigste Anwendungsfall der Nachlasspflegschaft ist die Sicherungspflegschaft iSd. § 1960 BGB. Hier wird für die noch unbekannten endgültigen Erben ein **Personenpfleger** bestellt, der den Nachlass zu sichern, zu erhalten, zu verwalten und die Erben zu ermitteln hat. 7

Voraussetzung ist zunächst, dass der **Erbe** dem Nachlassgericht **unbekannt** oder zwar bekannt ist, die Erbschaft aber (noch) nicht angenommen hat. Ein Erbe gilt unter anderem dann als unbekannt, wenn mehrere Testamente vorliegen, aber noch ungewiss ist, welches Testament davon gültig ist, wenn mehrere bekannte Personen die Erbschaft angenommen haben, aber über das Erbrecht 8 streiten oder der Erbe zwar gezeugt aber noch nicht geboren ist. Ist der Erbe bekannt, jedoch unbekannten Aufenthaltes, ist in der Regel ein Abwesenheitspfleger zu bestellen. Besteht die Ungewissheit, wer Erbe geworden ist, nur hinsichtlich eines Erbteils, muss die Nachlasspflegschaft mangels weitergehenden Fürsorgebedürfnisses auf diesen **Erbteil beschränkt** werden (OLG Köln NJW-RR 1989, 454).

9 Des Weiteren muss ein **Fürsorgebedürfnis** für die Anordnung der Nachlasspflegschaft bestehen. Dies ist etwa dann der Fall, wenn in den Wintermonaten ein zum Nachlass gehörendes Haus beheizt werden muss, damit keine Substanzschäden auftreten.

10 Die **örtliche** Zuständigkeit ergibt sich aus §§ 343, 344 Abs. 4 FamFG, an die nach § 105 FamFG die **internationale** Zuständigkeit anknüpft. Für ab einschließlich 17.8.2015 verstorbene Erblasser sind hinsichtlich der internationalen Zuständigkeit die Regelungen der Artt. 4 ff. iVm. Art. 19 und Art. 29 EuErbVO als unmittelbar geltendes Recht nach Art. 3 Nr. 1 EGBGB gegenüber nationalen Regelungen und damit auch gegenüber §§ 105, 343 FamFG vorrangig (Bachmayer BWNotZ 2010, 146, 157; Prütting/Helms/Fröhler § 343 FamFG Rz. 155) zu beachten.

11 Die Sicherungsnachlasspflegschaft wird im Gegensatz zur Prozesspflegschaft und Nachlassverwaltung, die einen Antrag voraussetzen, **von Amts wegen** angeordnet, kann jedoch von jedermann angeregt werden (s. **M 93.2**). Hieraus folgt zudem, dass sich die **Beteiligteneigenschaft** im praktischen Regelfall einer Sicherungspflegschaft alleine nach § 7 Abs. 2 Nr. 1 FamFG richtet und nur für die praktisch selteneren Fälle der Prozesspflegschaft und der Nachlassverwaltung die auf Antragsverfahren beschränkte Regelung nach § 345 Abs. 4 Satz 1 Nr. 1, Satz 2 und 3 FamFG maßgebend ist (Prütting/Helms/Fröhler § 345 FamFG Rz. 54).

12 Der Nachlasspfleger ist im Rahmen der Sicherungsunterhaltung des Nachlasses **gesetzlicher Vertreter** der unbekannten Erben. Er handelt eigenverantwortlich, führt sein Amt selbständig und bedarf gem. §§ 1915, 1962, 1812, 1821 bzw. 1822 BGB für bestimmte Rechtsgeschäfte der nachlassgerichtlichen Genehmigung. Die Aufgaben des Nachlasspflegers werden durch seinen Wirkungskreis festgelegt. Dabei hat er insbesondere den Nachlass in Besitz zu nehmen und ein Nachlassverzeichnis einzureichen. Bei Überschuldung und Zahlungsunfähigkeit des Nachlasses ist der Nachlasspfleger im Umkehrschluss zu §§ 1985 Abs. 2, 1990 BGB zwar nicht zum Schutz der Nachlassgläubiger, ggf. jedoch im Interesse der Erben zur Stellung des Insolvenzantrages verpflichtet (BGH NJW 2005, 756, 758; KG Rpfleger 1975, 175, 176; aA Groll/Zimmermann, 3. Aufl. 2010, C III Rz. 98: keine Pflicht). Zur Nachlassauseinandersetzung ist der Nachlasspfleger nicht befugt. Grundsätzlich ist es nicht Aufgabe des Nachlasspflegers, Nachlassgläubiger zu befriedigen und dazu Nachlassgegenstände zu veräußern, wobei ausnahmsweise etwas anderes gilt, wenn dies zur ordnungsgemäßen Verwaltung bzw. Erhaltung des Nachlasses oder zur Schadensverhütung geboten ist (OLG Köln ZEV 1997, 210, 212). Wird in einem derartigen Ausnahmefall Grundbesitz veräußert, darf das Grundbuchamt nur bei evidentem bzw. besonders schwerem Gesetzesverstoß das Unbekanntsein der Erben als Voraussetzung für die Anordnung der Nachlasspflegschaft selbst überprüfen und ist andernfalls an die Entscheidung des Nachlassgerichts gebunden (OLG Köln RNotZ 2011, 43, 44 ff.).

Der Nachlasspfleger untersteht der **Aufsicht** des Nachlassgerichts. Dieses hat insbesondere dafür Sorge zu tragen, dass das zum Nachlass gehörige Geldvermögen auf ein Konto mit Sperrvermerk übertragen wird. Der Nachlasspfleger hat über seine Verwaltung nach §§ 1915 Abs. 1, 1840 BGB mindestens einmal jährlich **Rechnung zu legen.**

13 Eine etwaige **Vergütung** des Nachlasspflegers bestimmt sich gem. § 1915 Abs. 1 BGB grundsätzlich nach den über § 1836 BGB für den Vormund diesbezüglich geltenden Regelungen, soweit dort nichts anderes geregelt ist. Nach § 1915 Abs. 1 BGB iVm. §§ 1836 Abs. 1 Satz 1, 1835a BGB wird die Nachlasspflegschaft abgesehen von einer eventuellen jährlichen pauschalen Aufwandsentschädigung grundsätzlich unentgeltlich geführt, soweit nicht das Nachlassgericht bei der Bestellung ausdrücklich feststellt, dass der Nachlasspfleger die Nachlasspflegschaft berufsmäßig führt und daher für ihn eine Vergütung aus Nachlassmitteln gem. §§ 1915 Abs. 1 Satz 2 Halbs. 1, 1836 Abs. 1 BGB nach Umfang und Schwierigkeit der Geschäfte bzw. den nutzbaren Fachkenntnissen des Nachlasspflegers – nach OLG Stuttgart ist ein durchschnittlicher Netto-Stundensatz von 100 Euro für einen Dipl.-Rechtspfleger FH bei üblichem Schwierigkeitsgrad nicht zu beanstanden (OLG Stuttgart

BWNotZ 2013, 51 ff. mit Anm. Lauk S. 54 ff., dort S. 55 f. wiederum u.a. Übersicht über die neuere aktuelle bundesweite obergerichtliche Rspr. zur Nachlasspflegervergütung – Bejahung von gestaffelten Nettostundensätzen zwischen 100,00 Euro und 130,00 Euro; ähnlich OLG Düsseldorf FGPrax 2013, 69 f. 110,00 Euro/Stunde) – zzgl. Umsatzsteuer, bzw. bei Mittellosigkeit des Nachlasses nach § 1915 Abs. 1 Satz 2 Halbsatz 2 BGB iVm. § 3 VBVG festgesetzt wird. Eine nachträgliche Feststellung der Berufsmäßigkeit ist rückwirkend erst ab der diesbezüglichen Antragstellung, somit nicht bereits ab der ursprünglichen Bestellung möglich, wobei im Falle einer derartigen Umwandlung von einer ehrenamtlichen in eine berufsmäßige Amtsführung zur Person des Bestellten eine neue Auswahlentscheidung getroffen werden muss (BGH FamRB 2014, 100 f. zur Betreuung). Fehlt hingegen die Feststellung der berufsmäßigen Amtsführung, kann das Nachlassgericht nach §§ 1915 Abs. 1 Satz 1, 1836 Abs. 2, 1835a BGB lediglich eine angemessene Vergütung samt jährlicher pauschaler Aufwandsentschädigung bewilligen, soweit Umfang und Schwierigkeit dies rechtfertigen und der Nachlass nicht mittellos ist (Fröhler BWNotZ 2014, 89 f.).

Ist noch keine abschließende Berechnung möglich, können nach §§ 1915 Abs. 1 Satz 1, 1836 Abs. 2 BGB iVm. § 3 Abs. 4 VBVG Abschlagszahlungen auf die zu erwartende Vergütung geltend gemacht werden, wobei der Nachlasspfleger die rechtskräftig festgesetzte Vergütung vorbehaltlich vorrangiger Sicherungsrechte anderer Nachlassgläubiger aus dem verwalteten Nachlass entnehmen darf und der Vergütungsanspruch gem. §§ 1915 Abs. 1 Satz 1, 1836 Abs. 1 Satz 3 BGB iVm. § 2 VBVG 15 Monate nach seiner Entstehung erlischt (KG FGPrax 2011, 235; OLG Zweibrücken Rpfleger 2007, 471; Bestelmeyer Rpfleger 2010, 635, 648; Palandt/Weidlich § 1960 BGB Rz. 22), soweit nicht ausnahmsweise nach §§ 1915 Abs. 1 Satz 1, 1835 Abs. 1 Buchst. a BGB iVm. § 2 VBVG eine abweichende Frist bestimmt wurde (OLG Schleswig FGPrax 2006, 119; Palandt/Weidlich § 1960 BGB Rz. 22). Der Nachlasspfleger hat auch dann einen Anspruch auf Vergütung, wenn die Nachlasspflegschaft zu Unrecht angeordnet bzw. durch das Beschwerdegericht aufgehoben wurde (OLG Hamm FamRZ 2010, 1110; Palandt/Weidlich, § 1960 BGB Rz. 22). Der Nachlasspfleger kann mangels Berechtigung zur Erbauseinandersetzung (OLG Dresden ZEV 2000, 402, 405) für eine von ihm ausgearbeitete Auseinandersetzung im Rahmen der Nachlasspflegervergütung keine Anwaltskosten als Aufwendungsersatz verlangen (OLG Düsseldorf FGPrax 2012, 117; Fröhler BWNotZ 2014, 89, 90). 13a

Schuldner der festgesetzten Vergütung ist der Erbe. Bei Mittellosigkeit, die jedoch im Falle einer Deckung der Vergütung durch den Aktivnachlass ohne Abzug von Nachlassverbindlichkeiten trotz eventueller Überschuldung zu verneinen ist (OLG München Rpfleger 2006, 405; OLG Düsseldorf FGPrax 2013, 69 f.; Zimmermann, Die Nachlasspflegschaft, Rz. 743), haftet die Staatskasse. Haften nach § 24 Nr. 2 bzw. Nr. 3 GNotKG für die Kosten einer Nachlasspflegschaft die Erben, sind diese Kosten im Nachlassinsolvenzverfahren gemäß § 324 Nr. 4 InsO Masseschulden (Palandt/Weidlich § 1960 BGB Rz. 22). Das Vergütungsfestsetzungsverfahren unterliegt den Regelungen der §§ 342 Abs. 1 Nr. 2 bzw. Nr. 8, 340 Nr. 1, 168 Abs. 5 bzw. Abs. 1 bis 4 FamFG. Die von der Vergütungsfestsetzung betroffenen bekannten Erben bzw. ein Ergänzungspfleger für unbekannte Erben sind vor der Festsetzung zu hören (LG Berlin FamRZ 2008, 1481 f.; Palandt/Weidlich § 1960 BGB Rz. 25; Fröhler BWNotZ 2014, 89, 90). 13b

Die Nachlasspflegschaft **endet** durch nachlassgerichtlichen Aufhebungsbeschluss iSd. §§ 1915 Abs. 1, 1919 BGB und nicht bereits mit bloßer Aufgabenerledigung oder Wegfall der Anordnungsvoraussetzungen. Zur Aufhebung der Nachlasspflegschaft genügt die hohe Wahrscheinlichkeit dafür, dass eine bestimmte Person Erbe geworden ist. Weder ist dafür letzte Gewissheit noch die Erteilung eines Erbscheins erforderlich (OLG München NJW-RR 2006, 80). 14

M 93.2 Anregung der Anordnung einer Nachlasspflegschaft

An das
Amtsgericht/Notariat
– Nachlassgericht –
. . . (Ort)

Nachlass des/der ... (Vor- und Nachname des Erblassers), geb. am ... (Geburtsdatum) in ... (Geburtsort), verstorben am ... (Sterbedatum) in ... (Sterbeort), zuletzt wohnhaft gewesen in ... (letzter Wohnsitz)

Sehr geehrte Damen und Herren,

am ... (Sterbedatum) ist mit letztem Wohnsitz in ... (letzter Wohnsitz) ... (Vor- und Nachname) verstorben. Eine Verfügung von Todes wegen hat er/sie nach hiesiger Kenntnis nicht hinterlassen. Es sind ausschließlich Verwandte dritter Ordnung vorhanden. Namen und genaue Anschriften sind noch nicht vollständig bekannt. Zum Nachlass gehört ua. ein einzelkaufmännisch geführter Pensionsbetrieb in ... (Anschrift).

Als Angestellte des Erblassers/der Erblasserin sind mir lediglich in begrenztem Umfang Verwaltungsmaßnahmen übertragen. Die Pension ist derzeit bis ... (Datum) ausgebucht. Im Interesse der Erben und zur Vermeidung von Regressansprüchen durch die Pensionsgäste ist die Fortführung des Geschäfts dringend angezeigt. Es sind in erheblichem Umfang Zahlungen an Lieferanten zu leisten und Investitionen zu tätigen. Ich rege daher an, einen Nachlasspfleger zu bestellen. Für dieses Amt schlage ich Herrn Steuerberater ... (Vor- und Nachname), geschäftsansässig ... (Geschäftsanschrift) vor. Dieser betreut den Betrieb bereits seit mehreren Jahren und hat sich mir gegenüber bereit erklärt, das Amt zu übernehmen.

Den Wert des Netto-Nachlasses schätze ich auf ... (Wert).

... (Ort, Datum)

... (Unterschrift)

Kosten: *Gerichtsgebühr:* Für die Nachlasspflegschaft entsteht für jedes Kalenderjahr eine Jahresgebühr nach Nr. 12311 KV GNotKG. Sie beträgt 10,00 Euro je angefangene 5000,00 Euro des Nachlasswerts, mindestens 200,00 Euro. Bei Ablehnung des Antrags 0,5-Gebühr gem. Nr. 12310 KV GNotKG, Geschäftswert gem. § 46 Abs. 1 GNotKG (Wert des von der Verwaltung betroffenen Vermögens).

III. Prozesspflegschaft

1. Allgemeines

15 Im Gegensatz zur Sicherungspflegschaft nach § 1960 BGB, die von Amts wegen nach pflichtgemäßem Ermessen angeordnet wird, ist die Prozesspflegschaft iSd. § 1961 BGB auf entsprechenden **Antrag** zwingend anzuordnen, wenn die gesetzlichen Voraussetzungen erfüllt sind. Antragsteller muss ein Nachlassgläubiger sein.

16 Ohne einen derartigen Antrag darf keine Prozesspflegschaft angeordnet werden, bei entsprechendem Fürsorgebedürfnis kommt jedoch von Amts wegen eine Sicherungspflegschaft in Betracht. Das Antragserfordernis beruht darauf, dass die Prozesspflegschaft primär zugunsten von Nachlassgläubigern die **gerichtliche Geltendmachung** gegen den Nachlass bestehender Ansprüche ermöglichen soll. Dabei ist ausreichend, dass die Anspruchsverfolgung im Prozesswege beabsichtigt ist. Diese darf schließlich nicht ohne Bestellung eines Nachlasspflegers nach § 1961 BGB durchführbar sein, wobei insoweit keine strengen Anforderungen bestehen. Vielmehr wird das für die Sicherungspflegschaft erforderliche Sicherungsinteresse regelmäßig durch die beabsichtigte gerichtliche Geltendmachung des gegen den Nachlass gerichteten Anspruchs ersetzt.

17 Da auch die Prozesspflegschaft eine vollumfängliche Nachlasspflegschaft darstellt, endet sie ebenfalls erst mit **Aufhebung** durch das Nachlassgericht und nicht bereits mit Beendigung des in Rede stehenden Prozesses. Für die Kosten der Nachlasspflegschaft haften gem. § 24 Nr. 3 GNotKG „nur die Erben" wie für sonstige Nachlassverbindlichkeiten. Die Anordnung der Prozesspflegschaft nach § 1961 BGB kann insbesondere mangels entsprechender gesetzlicher Grundlage nicht davon abhängig gemacht werden, dass der antragstellende Gläubiger die Gerichtskosten vorschießt (LG Oldenburg Rpfleger 1989, 460). Bei Dürftigkeit des Nachlasses wird letztlich die Staatskasse belastet (kritisch dazu Weidhase Rpfleger 1988, 434, 437). Die Prozesspflegschaft eignet sich daher auch dazu, Vermietern eines Erblassers eine gerichtliche Durchsetzung ihrer Ansprüche auf Räumung und In-

standsetzung einer durch den Erblasser in verwahrlostem Zustand hinterlassenen Mietwohnung sowie die Befriedigung rückständiger Ansprüche auf Entrichtung der Miete zu ermöglichen.

M 93.3 Antrag eines Nachlassgläubigers auf Bestellung eines Nachlasspflegers zwecks gerichtlicher Geltendmachung einer Forderung

An das
Amtsgericht/Notariat
– Nachlassgericht –
... (Ort)

Nachlass des/der ... (Vor- und Nachname des Erblassers), geb. am ... (Geburtsdatum) in ... (Geburtsort), verstorben am ... (Sterbedatum) in ... (Sterbeort), zuletzt wohnhaft gewesen in ... (letzter Wohnsitz)

Sehr geehrte Damen und Herren,

am ... (Sterbedatum) ist in ... (Sterbeort) Herr ... (Vor- und Nachname des Erblassers), zuletzt wohnhaft gewesen in ... (letzte Wohnanschrift), verstorben. Vor dem Tod des Erblassers habe ich in dessen Auftrag Installateurarbeiten an seinem Hausgrundstück in ... (Ort) ausgeführt und in Rechnung gestellt. Da die Rechnung unbezahlt geblieben ist, möchte ich die Rechnungssumme gerichtlich geltend machen und einziehen. Mir ist nicht bekannt, wer Erbe des Erblassers geworden ist. Ich habe lediglich erfahren, dass ein Verwandter des Erblassers gegen den Vorbescheid des Amtsgerichts über die beabsichtigte Erteilung eines Erbscheins Beschwerde eingelegt hat, die dem Landgericht ... (zuständiges Landgericht) zur Entscheidung vorliegt. Um eine Zahlungsklage ohne weitere Verzögerungen erheben zu können, beantrage ich, einen Nachlasspfleger zu bestellen, gegen den ich die Klage richten kann.

... (Ort, Datum)
... (Unterschrift)

Kosten: *Gerichtsgebühr:* Wenn die Nachlasspflegschaft auf den Rechtsstreit beschränkt wird, 0,5-Gebühr gem. Nr. 12310 KV GNotKG. Geschäftswert gem. § 46 Abs. 2 GNotKG (Betrag der Forderung), höchstens jedoch der Wert nach § 46 Abs. 1 GNotKG (Wert des von der Verwaltung betroffenen Vermögens). Die Gebühr ist auf die Höhe einer Gebühr nach Nr. 12311 beschränkt. Für eine umfassende Nachlasspflegschaft entsteht für jedes Kalenderjahr eine Jahresgebühr nach Nr. 12311 KV GNotKG. Sie beträgt 10 Euro je angefangene 5000 Euro des Nachlasswerts, mindestens 200 Euro. Bei Ablehnung des Antrags 0,5-Gebühr gem. Nr. 12310 KV GNotKG, Geschäftswert gem. § 46 Abs. 2 GNotKG (Betrag der Forderung) höchstens jedoch der Wert nach § 46 Abs. 1 GNotKG (Wert des von der Verwaltung betroffenen Vermögens).

2. Besonderheiten bei Mietwohnungsräumung

Begehrt der Vermieter der vom Erblasser bis zu dessen Tod mietweise genutzten Wohnung deren Räumung zwecks Renovierung und Neuvermietung kommt zur Vermeidung von Mietzinsausfällen und Substanzschädigung ggfs. eine Prozesspflegschaft nach § 1961 BGB in Betracht, bei der an die Stelle des Fürsorgebedürfnisses iSd. § 1960 Abs. 2 BGB ein Rechtsschutzbedürfnis zur Geltendmachung von Ansprüchen gegen den Nachlass tritt. Die Anordnung nach § 1961 BGB darf nicht von einem Kostenvorschuss abhängig gemacht werden, da für die Kosten nach § 24 Nr. 3 GNotKG die Erben haften (OLG Karlsruhe BWNotZ 2012, 12, 13; OLG Dresden FamRZ 2010, 1114; OLG Hamm FGPrax 2010, 80; LG Köln NJW-RR 2009, 375; Palandt/Weidlich § 1961 BGB Rz. 3; differenzierend MünchKomm.BGB/Leipold § 1961 BGB Rz. 12). Dabei dürfte regelmäßig eine Begrenzung des Wirkungskreises des Prozessnachlasspflegers auf die Entgegennahme der durch den Vermieter auszusprechenden Kündigung nicht ausreichen, sondern müssen insoweit zusätzlich alle zur **endgültigen Beendigung des Mietverhältnisses samt Abwicklung** der Räumung erforderlichen Tätigkeiten erfasst werden, je nach Einzelfall ggfs. auch zur Beantragung der Eröffnung des Nachlassinsolvenzverfahrens bzw. ersatzweise zur Erhebung der Dürftigkeitseinrede nach §§ 1990, 1991 17a

BGB (Zimmermann, Nachlasspflegschaft Rz. 590) zwecks Befriedigung des Gläubigers mittels Herausgabe des Nachlasses (OLG München FGPrax 2012, 118). Die Antragsberechtigung folgt dabei insbesondere aus § 546 BGB (Recht auf Rückgabe der Mietsache). Da andernfalls eine Klage gegen unbekannte Erben nicht möglich ist, schadet es nicht, dass der Prozessweg aufgrund ggfs. erforderlicher Fristsetzungen noch nicht sofort beschritten werden soll (OLG München FGPrax 2012, 118). Die Nachlasssicherung ist daneben nur dann relevant, wenn ein Fürsorgebedürfnis iSd. § 1960 Abs. 2 BGB besteht. Dieses dürfte in der hiesigen vergleichsweise häufig vorkommenden Mieträumungskonstellation bei offensichtlicher Überschuldung des Nachlasses regelmäßig fehlen, so dass das Nachlassgericht den Wirkungskreis dann zumeist auf die Beendigung des Mietverhältnisses samt Räumung der gemieteten Räume beschränkt und lediglich bei Auffinden gefährdeter werthaltiger Gegenstände ggfs. später ergänzend eine Sicherung anordnet (Fröhler BWNotZ 2014, 90).

17b Die Kündigung eines Mietvertrages auf Mieterseite durch den Prozesspfleger dürfte anders als auf Vermieterseite (dazu OLG Hamm FamRZ 1991, 605 ff.) **keiner nachlassgerichtlichen Genehmigungspflicht** unterliegen, da §§ 1915 Abs. 1, 1822 Nr. 5, 1831 BGB lediglich den *Abschluss* eines Mietvertrages betrifft (MünchKomm.BGB/Wagenitz § 1822 BGB Rz. 36) und nach §§ 1915 Abs. 1, 1812 Abs. 3, 1831 BGB zumindest die hier betroffenen unbekannten, die Mietsache nicht selbst nutzenden Erben nicht schutzbedürftig sind, sowie aus dem Umkehrschluss zu dem anlässlich des Inkrafttretens des Betreuungsrechts neu eingeführten betreuungsgerichtlichen Genehmigungserfordernis für die Kündigung eines durch den Betreuten genutzten Wohnraums ohne entsprechende Regelung zur Nachlasspflegschaft (Im Ergebnis ebenso, Zimmermann, Nachlasspflegschaft Rz. 496; Damrau FamRZ 1984, 842; MünchKomm.BGB/Wagenitz § 1812 BGB Rz. 19; Erman/Saar § 1812 BGB Rz. 8d; aA LG Berlin Rpfleger 1973, 135 – betrifft jedoch anders als hier Gebrechlichkeitspflegschaft für den die Mietsache tatsächlich nutzenden Mieter; Palandt/Götz § 1812 BGB Rz. 7; Fröhler BWNotZ 2014, 90, 91).

IV. Nachlassverwaltung

1. Allgemeines

18 Die Nachlassverwaltung verfolgt als spezielle Form der Nachlasspflegschaft den Zweck, die Nachlassgläubiger zu **befriedigen** und die Haftung der Erben auf den Nachlass zu **beschränken.**

Im Gegensatz zum Sicherungs- bzw. Klagenachlasspfleger ist der Nachlassverwalter amtlich bestelltes **Organ** zur Verwaltung einer fremden Vermögensmasse mit eigener Parteistellung im Rechtsstreit, mithin nicht gesetzlicher Vertreter der Erben.

2. Antrag und Antragsberechtigung

19 Entsprechend einer Prozesspflegschaft nach § 1961 BGB setzt auch die Anordnung einer Nachlassverwaltung einen entsprechenden Antrag voraus. Antragsberechtigt sind der Alleinerbe und Miterben, letztere ausschließlich gemeinschaftlich und gem. § 2062 BGB nur bis zur Teilung des Nachlasses. Der Nacherbe ist erst nach Eintritt des Nacherbfalles antragsberechtigt. Des Weiteren sind antragsberechtigt ein Erbschaftskäufer, der Ehegatte des Erben (jedoch nur soweit Gütergemeinschaft besteht und der Nachlass zum Gesamtgut der Gütergemeinschaft gehört und dieser Ehegatte dieses Gesamtgut zumindest gemeinschaftlich mit dem anderen Ehegatten verwaltet) und der verwaltende Testamentsvollstrecker. Nachlassgläubiger sind antragsberechtigt, wenn seit der letzten Erbschaftsannahme weniger als zwei Jahre vergangen sind und gem. § 1981 Abs. 2 BGB Grund zu der Annahme besteht, dass die Befriedigung der Nachlassgläubiger aus dem Nachlass durch das Verhalten oder die Vermögenslage des Erben gefährdet wird. Nachlassgläubiger haben die Gefährdungsbefürchtung glaubhaft zu machen. Dabei ist es ausreichend, wenn diese in der Person eines von mehreren Miterben vorliegt (BayObLGZ 1966, 75).

3. Masse bzw. Vorschuss

20 Nachlassverwaltung ist nach Antrag und gem. § 1982 BGB Vorliegen einer den **Kosten** entsprechenden Masse oder eines die Verfahrenskosten **deckenden** Vorschusses zwingend anzuordnen. Es

besteht insoweit ähnlich der Klagepflegschaft keine Ermessensfreiheit. Die Nachlassverwaltung ist für den gesamten Nachlass anzuordnen, eine Beschränkung auf einen Erbteil ist unzulässig.

4. Zuständigkeit

Zur Anordnung der Nachlassverwaltung ist das **Nachlassgericht** gem. § 1981 BGB iVm. § 23a Abs. 1 Nr. 2 iVm. Abs. 2 Nr. 1 bzw. 2 GVG, §§ 343, 105 FamFG zuständig (s. Rz. 5 und 10). Das Nachlassgericht überwacht, dass die Anordnung der Nachlassverwaltung im Grundbuch eingetragen wird. 21

5. Aufgaben und Befugnisse des Nachlassverwalters

Durch Anordnung der Nachlassverwaltung verlieren die Erben gem. § 1984 Abs. 1 Satz 1 BGB die **Verfügungs- und Verwaltungsbefugnis** über die Nachlassbestandteile. Sie sind jedoch weiter dazu in der Lage, über ihre Erbteile zu verfügen. Um gutgläubigen Erwerb Dritter bei Grundbesitz auszuschließen, ist in der zweiten Abteilung ein **Nachlassverwaltervermerk** einzutragen. Der Nachlassverwalter bedarf insbesondere in den Fällen der §§ 1821 und 1822 BGB für bestimmte Rechtsgeschäfte der nachlassgerichtlichen Genehmigung. Das gilt unabhängig davon, ob Erben minderjährig sind. Die Regelungen der Nachlasspflegschaft gelten insoweit entsprechend. Die Nachlassverwaltung erfasst auch das Recht zur Verwertung der Nachlassgegenstände. Der Nachlassverwalter ist gem. §§ 1985 Abs. 2, 1980 BGB zum Schutz der Nachlassgläubiger verpflichtet, unverzüglich Eröffnung des Nachlassinsolvenzverfahrens zu beantragen, wenn sich herausstellt, dass der Nachlass überschuldet und zahlungsunfähig ist. 22

6. Beendigung

Die Nachlassverwaltung endet mit **Eröffnung des Nachlassinsolvenzverfahrens** gem. § 1988 Abs. 1 BGB oder mit **Aufhebung** durch das Nachlassgericht. Dem Nachlassverwalter steht nach § 1987 BGB ein gesetzlicher Anspruch auf Vergütung zu. Die Vergütungssätze übersteigen in der Regel die Vergütung der Nachlasspfleger. 23

M 93.4 Antrag eines Nachlassgläubigers auf Anordnung der Nachlassverwaltung

An das
Amtsgericht/Notariat
– Nachlassgericht –
. . . (Ort)

Nachlass des/der . . . (Vor- und Nachname des Erblassers), geb. am . . . (Geburtsdatum) in . . . (Geburtsort), verstorben am . . . (Sterbedatum) in . . . (Sterbeort), zuletzt wohnhaft gewesen in . . . (letzter Wohnsitz)

Sehr geehrte Damen und Herren,

am . . . verstarb . . . (Vor- und Nachname des Erblassers) mit letztem Wohnsitz in . . . (letzter Wohnsitz). Er wurde kraft Gesetzes von seinen vier Kindern . . . (Vor- und Nachname sowie Wohnort aller Erben) zu jeweils ¼ Erbteil beerbt. Die Erben haben die Erbschaft angenommen. Ein entsprechender gemeinschaftlicher Erbschein wurde vor vier Wochen durch das Nachlassgericht erteilt. Eine den Kosten entsprechende Masse ist vorhanden, da das Aktivvermögen des Nachlasses das Passivvermögen des Nachlasses um etwa . . . (Betrag) übersteigt. Der Nachlass ist nicht geteilt.

Ich habe gegen den Erblasser eine fällige Forderung über . . . (Betrag) aus Warenlieferung vom . . . (Datum). Schriftliches Schuldanerkenntnis hierüber liegt diesem Schreiben als Anlage bei. Ergänzend verweise ich auf die Unterlagen, die sich bei der Nachlassakte befinden.

Durch das Verhalten eines der Miterben, des/der ... (Vor- und Nachname des Miterben), ist die Befriedigung der Gesamtheit der Nachlassgläubiger gefährdet. Dieser Miterbe ist mit Ausnahme seines Anteils am Nachlass vermögenslos. Er hat bei vielen Gläubigern Schulden und leistet mit Hilfe einer noch nicht widerrufenen transmortalen Vollmacht des Erblassers regelmäßig Zahlungen an einzelne Gläubiger. Die Vollmacht wurde zwischenzeitlich durch die anderen Erben widerrufen. Die Urschrift der Vollmacht ist jedoch noch nicht herausgegeben worden. Ergänzend verweise ich auf die Ermittlungsakte bei der Staatsanwaltschaft ... (Ort), Az.: ... (Aktenzeichen). Ich bin bereit, die vorstehenden Angaben an Eides statt zu versichern, und beantrage, die Verwaltung des Nachlasses des ... (Vor- und Nachname des Erblassers) anzuordnen.

... (Ort, Datum)

... (Unterschrift)

Kosten: *Gerichtsgebühr:* Für eine Nachlassverwaltung entsteht für jedes Kalenderjahr eine Jahresgebühr nach Nr. 12311 KV GNotKG. Sie beträgt 10 Euro je angefangene 5000 Euro des Nachlasswerts, mindestens 200 Euro. Bei Ablehnung des Antrags 0,5-Gebühr gem. Nr. 12310 KV GNotKG, Geschäftswert gem. § 46 Abs. 2 GNotKG (Betrag der Forderung) höchstens jedoch der Wert nach § 46 Abs. 1 GNotKG (Wert des von der Verwaltung betroffenen Vermögens).

V. Haftungsbeschränkung

1. Allgemeines

24 Gem. § 1967 BGB haftet der Erbe für die **Nachlassverbindlichkeiten**, zu denen außer den vom Erblasser herrührenden Schulden die den Erben als solchen treffenden Verbindlichkeiten, insbesondere die Verbindlichkeiten aus Pflichtteilsrechten, Vermächtnissen und Auflagen gehören. Der Erbe haftet dabei grundsätzlich persönlich und nicht ausschließlich mit dem Nachlassvermögen. Zu den Nachlassverbindlichkeiten zählen Erblasserschulden (vererbliche privatrechtliche Verbindlichkeiten des Erblassers – mangels Vererblichkeit gehören hierzu insbesondere nicht beim Erbfall noch nicht fällig gewesene Unterhaltsverpflichtungen des Erblassers), Erbfallschulden (aus Anlass des Erbfalls in Bezug auf den Nachlass entstehende Verbindlichkeiten, insbesondere Pflichtteilsansprüche, Vermächtnisse und Auflagen) sowie Nachlasserbenschulden (auf Grund anlässlich des Erbfalls ausgelöster Rechtshandlungen des Erben).

25 Gem. § 1958 BGB kann ein gegen den Nachlass gerichteter Anspruch vor Annahme der Erbschaft gegen den Erben nicht gerichtlich geltend gemacht werden. Ein Nachlassgläubiger muss für diesen Zeitpunkt vielmehr die Anordnung einer **Prozesspflegschaft** iSd. § 1961 BGB bzw. unter Einschränkung der Verfügungsbefugnis der Erben Nachlassverwaltung oder ein Nachlassinsolvenzverfahren beantragen.

26 Der Erbe kann bis zu seiner unbeschränkten Haftung gem. § 2014 BGB die **Drei-Monats-Einrede** (Recht auf Verweigerung der Berichtigung einer Nachlassverbindlichkeit bis zum Ablauf der ersten drei Monate nach der Annahme der Erbschaft, jedoch nicht über die Errichtung des Inventars hinaus) bzw. gem. § 2015 BGB bis zur Beendigung des Aufgebotsverfahrens – soweit er das Aufgebot innerhalb eines Jahres nach der Annahme der Erbschaft beantragt hat und der Antrag zugelassen worden ist – verweigern. Des Weiteren kann der Erbe eine Beschränkung seiner grundsätzlich unbeschränkten Haftung durch Absonderung des Nachlasses aus seinem Vermögen neben der **Dürftigkeitseinrede** nach § 1990 BGB ausschließlich durch amtliche Anordnung einer **Nachlassverwaltung** und eines **Nachlassinsolvenzverfahren** gem. §§ 1975 f. BGB mit der Wirkung gegenüber sämtlichen Gläubigern erreichen. Haftungsbeschränkung lediglich einzelnen Gläubigern gegenüber sind gem. §§ 1970–1973 BGB über das Aufgebotsverfahren und die Verweigerungseinrede nach § 1974 BGB auf Grund fünfjähriger Säumnis eines Nachlassgläubigers möglich. Die Möglichkeiten einer Haftungsbeschränkung sind ausgeschlossen, wenn der Erbe gem. § 1994 Abs. 1 Satz 2 BGB eine vom Nachlassgericht auf Antrag eines Nachlassgläubigers bestimmte Frist zur Errichtung eines Inventars ohne Inventarerrichtung verstreichen lässt bzw. das Inventar zwar errichtet, aber Inventaruntreue gem. § 2005 BGB begeht (Ausschluss gegenüber sämtlichen Nachlassgläubigern) bzw.

wenn der Erbe die von dem entsprechenden Nachlassgläubiger verlangte eidesstattliche Versicherung nach § 2006 Abs. 3 BGB verweigert (Ausschluss gegenüber einzelnen Nachlassgläubigern).

2. Aufgebot

a) Allgemeines

27 Gem. § 1970 BGB können Nachlassgläubiger im Wege des Aufgebotsverfahrens **zur Anmeldung ihrer Forderungen aufgefordert** werden. Hierdurch wird der Erbe in die Lage versetzt, beurteilen zu können, ob Maßnahmen zur Beschränkung der Haftung auf den Nachlass insbesondere in Form einer Nachlassverwaltung oder zur Eröffnung eines Nachlassinsolvenzverfahrens zweckmäßig sind. Meldet ein Nachlassgläubiger seine Forderung auf ein entsprechendes Aufgebot nicht an, besteht die Forderung zwar gleichwohl fort, unterliegt aber der Erschöpfungseinrede des Erben aus § 1973 BGB. Durch das Aufgebotsverfahren werden insbesondere gem. § 1971 BGB dinglich Berechtigte, nach § 1972 BGB Pflichtteilsberechtigte, Vermächtnisnehmer und Auflagenbegünstigte sowie gem. § 2013 Abs. 1 BGB Gläubiger, denen der Erbe unbeschränkbar haftet, nicht betroffen.

b) Zuständigkeit

28 Nach § 23a Abs. 1 Nr. 2 und Abs. 2 Nr. 7 GVG iVm. §§ 433, 454 Abs. 2 FamFG ist für das Aufgebot von Nachlassgläubigern das **Amtsgericht** zuständig, dem die Angelegenheiten des Nachlassgerichts obliegen, in Baden-Württemberg gem. § 454 Abs. 2 Satz 2 FamFG dasjenige Amtsgericht, in dessen Bezirk das nach Art. 147 EGBGB iVm §§ 1 Abs. 1 und 2, 38 LFGG BW als Nachlassgericht berufene staatliche Notariat seinen Sitz hat (Prütting/Helms/Maass § 454 FamFG Rz. 5). Funktionell ist aufgrund zwischenzeitlicher Aufhebung der früheren Richtervorbehalte aus §§ 952 ff. ZPO aF nach § 3 Nr. 1 lit. c RPflG der Rechtspfleger zuständig.

c) Erlass des Aufgebots

29 Der Erlass des Aufgebotes erfolgt gem. § 434 FamFG durch Beschluss auf entsprechenden Antrag. **Antragsberechtigt** sind gem. § 455 FamFG nach Annahme der Erbschaft jeder Erbe, soweit er nicht gem. § 2013 Abs. 1 BGB – etwa wegen Inventarsäumnis nach § 1994 Abs. 1 Satz 2 BGB, Inventaruntreue nach § 2005 Abs. 1 BGB bzw. Verzicht auf die Beschränkung der Haftung gegenüber allen Nachlassgläubigern – unbeschränkt haftet, der verwaltende Nachlasspfleger, der Nachlassverwalter, der verwaltende Testamentsvollstrecker nach Annahme der Erbschaft, der Erbschaftskäufer nach § 463 FamFG und der das Gesamtgut verwaltende Ehegatte gem. § 462 FamFG, wenn der Nachlass zum Gesamtgut gehört. Das Aufgebotsgericht darf dabei die Bejahung der Antragsbefugnis des Erben nicht von der Vorlage eines Erbscheins abhängig machen, wenn die Erbenstellung schlüssig dargelegt wird und sich keine durchgreifenden Zweifel an der Erbenstellung ergeben (OLG Hamm FGPrax 2012, 90 f.).

30 Es besteht **keine Ausschlussfrist**. Aus §§ 2015 Abs. 1 BGB, 782 ZPO ergibt sich jedoch, dass der Aufgebotsantrag praktisch binnen Jahresfrist seit der Erbschaftsannahme gestellt werden muss.

31 Der Antrag ist gem. § 947 Abs. 1 Satz 1 ZPO schriftlich oder zu Protokoll der Geschäftsstelle zu stellen. Die Aufgebotsfrist beträgt gem. §§ 437, 458 Abs. 2 FamFG mindestens sechs Wochen, höchstens sechs Monate. Der Ausschluss der Nachlassgläubiger im Sinne der Erschöpfungseinrede nach § 1973 BGB erfolgt durch das mit Eintritt der Rechtskraft ausgelöste Wirksamwerden des Ausschließungsbeschlusses iSd. § 439 Abs. 2 FamFG, der im Gegensatz zum früheren richterlichen Ausschlussurteil gem. § 952 Abs. 1 ZPO aF, das allein durch Anfechtungsklage gem. § 975 Abs. 1 Nr. 1 ZPO aF angegriffen werden konnte, mit der allgemeinen befristeten Beschwerde gem. §§ 58 ff. FamFG angefochten werden kann.

M 93.5 Antrag eines Erben auf Aufgebot der Nachlassgläubiger

An das

Amtsgericht

... (Ort)

Nachlass des/der ... (Vor- und Nachname des Erblassers), geb. am ... (Geburtsdatum) in ... (Geburtsort), verstorben am ... (Sterbedatum) in ... (Sterbeort), zuletzt wohnhaft gewesen in ... (letzter Wohnsitz)

Sehr geehrte Damen und Herren,

meine Mutter ... (Vor- und Nachname, ggf. Geburtsname) ist am ... (Sterbedatum) mit letztem Wohnsitz in ... (letzter Wohnsitz) verstorben. Mein Vater ist vorverstorben. Letztwillige Verfügungen von Todes wegen sind nicht vorhanden. Ich bin als einziges Kind meiner Mutter deren Alleinerbe geworden. Ich habe die Erbschaft angenommen. Erbschein wurde am ... (Erstellungsdatum) erteilt. Als Alleinerbe hafte ich den Nachlassgläubigern gegenüber nicht unbeschränkt.

Ich beantrage hiermit das Aufgebot der Nachlassgläubiger und den Erlass eines Ausschließungsbeschlusses.

Anbei überlasse ich Ihnen ein von mir am ... (Errichtungsdatum) vollständig erstelltes Gläubigerverzeichnis. Ergänzend verweise ich auf die Nachlassakte und meine beiliegende notariell beurkundete Eidesstattliche Versicherung vom ... (Errichtungsdatum).

Mit freundlichen Grüßen

... (Unterschrift)

Kosten: *Gerichtsgebühr:* 0,5-Gebühr gem. Nr. 15212 Nr. 3 KV GNotKG. Geschäftswert gem. § 36 GNotKG.

3. Fristsetzung zur Inventarerrichtung

32 Auf Antrag eines Nachlassgläubigers hat das Nachlassgericht gem. § 1994 BGB dem Erben zur Errichtung des Inventars eine Frist zu bestimmen. Nach dem **Ablauf** der Frist **haftet** der Erbe für die Nachlassverbindlichkeiten **unbeschränkt**, wenn nicht vorher das Inventar errichtet wird. Antragsberechtigt ist jeder Nachlassgläubiger.

33 ➲ **Praxistipp:** Von erheblicher praktischer Bedeutung ist das Antragsrecht eines testamentarisch übergangenen **Pflichtteilsberechtigten.** Wird das Inventar rechtzeitig errichtet, wird im Verhältnis zwischen dem Erben und den Nachlassgläubigern gem. § 2009 BGB vermutet, dass zurzeit des Erbfalls weitere Nachlassgegenstände als die angegebenen nicht vorhanden gewesen sind.

M 93.6 Antrag eines Nachlassgläubigers auf Fristsetzung zur Inventarerrichtung

An das

Amtsgericht/Notariat

– Nachlassgericht –

... (Ort)

Nachlass des/der ... (Vor- und Nachname des Erblassers), geb. am ... (Geburtsdatum) in ... (Geburtsort), verstorben am ... (Sterbedatum) in ... (Sterbeort), zuletzt wohnhaft gewesen in ... (letzter Wohnsitz)

Sehr geehrte Damen und Herren,

am ... (Sterbedatum) ist mit letztem Wohnsitz in ... (letzter Wohnsitz) Herr/Frau ... (Vor- und Nachname des Erblassers) verstorben. Durch Testament vom ... (Errichtungsdatum) hat der Erblasser seine Lebensgefährtin ... (Vor- und Nachname), wohnhaft in ... (Wohnanschrift) zu seiner Alleinerbin eingesetzt. Als einziges Kind des Erblassers bin ich gegenüber der Alleinerbin pflichtteilsberechtigt. Es ist beträchtliches Vermögen vorhanden. Es ist weder Nachlassverwaltung eröffnet noch besteht Nachlassinsolvenz. Zur Glaubhaftmachung verweise ich auf die bei der Nachlassakte befindlichen Unterlagen. Ergänzend lege ich eine Geburtsurkunde zum Nachweis meiner Abstammung bei.

Ich beantrage hiermit, der Alleinerbin gem. § 1994 BGB eine Frist zur Inventarerrichtung zu bestimmen.

... (Ort, Datum)

... (Unterschrift)

Kosten: *Gerichtsgebühr:* 25 Euro gem. Nr. 12411 KV GNotKG.

4. Antrag auf amtliche Aufnahme des Inventars

Der Erbe kann entweder gem. § 1993 BGB freiwillig oder auf entsprechende Fristbestimmung des Nachlassgerichts hin beim Nachlassgericht ein **Verzeichnis** des Nachlasses einreichen. Dabei kommen sowohl gem. § 2004 BGB eine Bezugnahme auf ein bereits vorhandenes, den Vorschriften der §§ 2002, 2003 BGB entsprechendes Inventar, die Einreichung eines Inventars, das der Erbe gem. § 1993 BGB selbst aufgenommen und unterschrieben hat, oder eine amtliche Aufnahme des Inventars auf Antrag des Erben gem. § 2003 BGB in Betracht. Folge der Inventarerrichtung ist die aus § 2009 BGB resultierende Vermutung, dass zur Zeit des Erbfalls weitere Nachlassgegenstände als die angegebenen nicht vorhanden sind. Durch Gesetz zur Übertragung von Aufgaben im Bereich der freiwilligen Gerichtsbarkeit auf Notare vom 26.6.2013 (BGBl. I 2013, S. 1800. Zur Gesetzesbegründung s. Gesetzentwurf des Bundesrates, BT-Drucks. 17/1469, S. 12 ff. bzw. Beschlussempfehlung und Bericht des Rechtsausschusses, BT-Drucks. 17/13136, S. 28 ff.) wurde die Zuständigkeit für die **Aufnahme des Inventars** nach Antrag des Erben ausschließlich auf einen vom Nachlassgericht zu beauftragenden Notar bzw. bis 31.12.2017 bei landesrechtlicher Übertragung der Nachlassgerichtsaufgaben auf Notare durch den zuständigen Notar selbst verlagert. 34

M 93.7 Antrag eines Erben auf amtliche Aufnahme des Inventars

An das

Amtsgericht/Notariat

– Nachlassgericht –

... (Ort)

Nachlass des/der ... (Vor- und Nachname des Erblassers), geb. am ... (Geburtsdatum) in ... (Geburtsort), verstorben am ... (Sterbedatum) in ... (Sterbeort), zuletzt wohnhaft gewesen in ... (letzter Wohnsitz)

Sehr geehrte Damen und Herren,

am ... (Sterbedatum) ist mit letztem Wohnsitz in ... (letzter Wohnsitz) mein Lebensgefährte ... (Vor- und Nachname des Erblassers) verstorben. Auf Grund notariell beurkundeten Testaments vom ... (Errichtungsdatum und Urkundenrollennummer des beurkundenden Notars) bin ich als Lebensgefährtin des Erblassers von diesem zu seiner Alleinerbin eingesetzt worden. Die Erbschaft habe ich angenommen. Alleinerbschein wurde am ... (Ausstellungsdatum) erteilt. Durch Beschluss des Amtsgerichts/Notariats – Nachlassgericht – ... (Ort) vom ... (Datum), der mir am ... (Zustellungsdatum) zugestellt wurde, ist mir auf Antrag des pflichtteilsberechtigten Sohns des Erblassers, Herrn ... (Vor- und Nachname des Antragstellers), eine Frist von ... (Frist) zur Errichtung des In-

ventars über den Nachlass des Erblassers bestimmt worden. Ich beantrage hiermit die amtliche Aufnahme des Inventars.

. . . (Ort, Datum)

. . . (Unterschrift)

Kosten: *Gerichtsgebühr:* 40 Euro gem. Nr. 12412 KV GNotKG.

Notargebühr: Für die Aufnahme des Inventars durch einen Notar 2,0-Gebühr gem. Nr. 23500 KV GNotKG. Geschäftswert gem. § 115 GNotKG (Wert der verzeichneten Gegenstände).

5. Nachlassinsolvenz

35 Das Nachlassinsolvenzverfahren bezweckt die **Befriedigung der Nachlassgläubiger** gemäß der durch die §§ 54, 55, 324 Abs. 1 Nrn. 1 bis 6 InsO vorgegebenen Reihenfolge (dazu Firsching/Graf Rz. 4 864). Daher sind die Erben gem. § 1980 BGB und der Nachlassverwalter gem. §§ 1985 Abs. 2, 1980 BGB bei Kenntnis von Überschuldung bzw. Zahlungsunfähigkeit des Nachlasses unverzüglich zur Stellung eines Antrags auf Eröffnung des Nachlassinsolvenzverfahrens verpflichtet. Der Nachlasspfleger kann dazu ausschließlich im Interesse der Erben verpflichtet sein, wobei den Erben ein eventuelles diesbezügliches Fehlverhalten des Nachlasspflegers nicht zugerechnet wird (BGH NJW 2005, 756, 758).

36 Das Nachlassinsolvenzverfahren setzt einen **Antrag** voraus. Das jeweilige Antragsrecht ergibt sich aus § 317 InsO. Antragsberechtigt sind alle Erben, der Nachlassverwalter, ein anderer Nachlasspfleger, ein verwaltungsberechtigter Testamentsvollstrecker und jeder Nachlassgläubiger, letztere jedoch nach § 319 InsO nur innerhalb von **zwei Jahren** seit Annahme der Erbschaft.

37 Nach § 315 InsO ist das **Insolvenzgericht** – somit nicht das Nachlassgericht – zuständig, in dessen Bezirk der Erblasser bei seinem Tod den allgemeinen Gerichtsstand hatte.

38 Eröffnungsgründe sind nach § 320 InsO die **Überschuldung bzw. Zahlungsunfähigkeit**, bei Antragstellung durch den Erben, Nachlassverwalter, Nachlasspfleger oder Testamentsvollstrecker zudem die **drohende** Zahlungsunfähigkeit des Nachlasses iSd. § 18 InsO.

39 Die **Eröffnung** des Nachlassinsolvenzverfahrens setzt nach § 26 InsO voraus, dass die vorhandene Masse zumindest die Kosten des Verfahrens iSd. § 54 InsO deckt oder ein ausreichender Vorschuss geleistet ist. Durch Eröffnung nach § 27 InsO wird die Haftung gem. § 1975 BGB auf den Nachlass beschränkt. Zugleich wird ein Insolvenzverwalter mit dem Nachlassverwalter ähnlichen Befugnissen bestellt. Im Falle der **Antragsabweisung** mangels Masse, gegen die nach § 34 Abs. 1 InsO die sofortige Beschwerde eröffnet ist, tritt zugunsten der Erben Haftungsbeschränkung durch Dürftigkeitseinrede iSd. §§ 1990, 1991 BGB ein.

40 Das Insolvenzverfahren wird durch Aufhebungsbeschluss nach Vollzug der Schlussverteilung (gem. §§ 200, 196 InsO) bzw. nach rechtskräftiger Bestätigung des Insolvenzplans (gem. § 258 InsO) **beendet**. Die Erben, die ihr Haftungsbeschränkungsrecht nicht gegenüber den Nachlassgläubigern verloren haben, haften den noch vorhandenen Nachlassgläubigern gegenüber gem. §§ 1989, 1973 BGB ausschließlich mit dem Nachlassüberschuss (Groll/Endemann C V Rz. 122).

5. Abschnitt. Gestaltung nach Eintritt des Erbfalls

Kapitel 94 Erbauseinandersetzung, Abschichtungsvereinbarung und Vermächtniserfüllung

Literatur: *Becker*, Zur Erbauseinandersetzung bei vermieteten bzw. verpachteten Grundstücken, BWNotZ 2013, 98; *Becker*, Zur „Abschichtung" im gütergemeinschaftlichen Erbrecht der §§ 1483 ff. BGB, RNotZ 2013, 535; *Böttcher*, Grundbuchberichtigung beim Ausscheiden aus einer Erbengemeinschaft oder GbR, Rpfleger 2007, 437; *Eberl-Borges*, Erbauseinandersetzung durch formloses Ausscheiden von Miterben aus der Erbengemeinschaft, MittRhNotK 1998, 242; *Keim*, Erbauseinandersetzung und Erbanteilsübertragung, RNotZ 2003, 374; *Roth*, Erbauseinandersetzung und Pflichtteilsanspruch im Erbschaftsteuerrecht, RNotZ 2013, 193; *van Venrooy*, Die Abschichtung von Miterben, DNotZ 2012, 119; *Wesser/Saalfrank*, Formfreier Grundstückserwerb durch Miterben, NJW 2003, 2937.

I. Allgemeines

Bilden mehrere Miterben eine Erbengemeinschaft, so kann gem. § 2042 BGB jeder Miterbe jederzeit 1
die **Auseinandersetzung** der Erbengemeinschaft verlangen, soweit sich nicht aus den §§ 2043–2045 BGB etwas anderes ergibt, insbesondere durch den Erblasser nicht nach § 2044 BGB auf Grund letztwilliger Verfügung die Auseinandersetzung in Ansehung des Nachlasses insgesamt oder hinsichtlich einzelner Nachlassgegenstände ausgeschlossen worden ist.

Können sich die Miterben untereinander über die Modalitäten einer Erbauseinandersetzung nicht 2
einig werden, ermöglicht § 363 FamFG auf Antrag eines Miterben, eines Erbteilserwerbers oder eines Gläubigers, dem ein Pfandrecht oder ein Nießbrauch an einem Erbteil zusteht (dazu vertiefend Prütting/Helms/Fröhler § 363 FamFG Rz. 44 bis 50), eine **Auseinandersetzungsvermittlung** durch das Nachlassgericht, sofern kein zur Bewirkung der Auseinandersetzung berechtigter Testamentsvollstrecker vorhanden ist. Gem. § 487 Abs. 1 Nr. 3 FamFG iVm. § 20 Abs. 5 BNotO können auf Grund landesgesetzlicher Vorschriften an Stelle der Gerichte oder daneben Notare mit der Vermittlung der Auseinandersetzung betraut werden (dazu vertiefend Prütting/Helms/Fröhler § 363 FamFG Rz. 6). Das zuständige Nachlassgericht bzw. der zuständige Notar stellt in einem derartigen Verfahren zunächst einen Auseinandersetzungsplan auf, dessen Annahme jedoch von der Zustimmung aller Erben abhängt, wobei säumige als zustimmende Erben behandelt werden. Widerspricht dem Auseinandersetzungsplan auch nur ein Miterbe, so ist die Auseinandersetzungsvermittlung gescheitert. Auseinandersetzungsvermittlungen iSd. §§ 366, 368 FamFG haben daher nur geringe praktische Bedeutung. Scheitern die Vermittlungsbemühungen endgültig, kann jeder Miterbe die Auseinandersetzung der Erbengemeinschaft dadurch zu erzwingen versuchen, dass er nicht zustim-

mende Miterben auf Abgabe entsprechender Zustimmungserklärungen verklagt. Bei einem Obsiegen wird die fehlende Zustimmungserklärung gem. § 894 ZPO durch Urteil ersetzt. Der Kläger muss dabei einen detaillierten Teilungsplan aufstellen und hierzu die entsprechenden Zustimmungen verlangen. Dieser Plan muss der erbrechtlichen Situation vollumfänglich entsprechen (Erman/Schlüter § 2042 BGB Rz. 19).

II. Abschichtungsvereinbarung

3 Soweit nicht die Gegenleistungsverpflichtung – bspw. durch abfindungsweise Übertragung von GmbH-Anteilen bzw. Grundbesitz, die nicht zur Erbengemeinschaft gehören – der Form bedarf, können einzelne Miterben durch **formlos wirksame** Abschichtungsvereinbarung aller Erben hinsichtlich des **gesamten Nachlasses** aus der Erbengemeinschaft mit der Folge ausscheiden, dass ihre Erbteile allen in der Erbengemeinschaft verbleibenden Miterben analog § 738 Abs. 1 Satz 1 BGB gleichmäßig anwachsen (BGH NJW 2005, 284; BGH NJW 1998, 1557; Böhringer BWNotZ 2006, 118, 120; aA Schöner/Stöber Rz. 976b; Reimann MittBayNot 1998, 190 f.; Keim RNotZ 2003, 375, 386: Erfordernis der notariellen Beurkundung iSd. § 2033 BGB auch insoweit). Zur beurkundungspflichtigen Erbteilübertragung s. Kap. 95 Rz. 1 ff.

Gleichwohl ist zu berücksichtigen, dass eine Abschichtung bei Nachlasszugehörigkeit von Grundbesitz zum Zwecke der Grundbuchberichtigung gegenüber dem Grundbuchamt in öffentlich beglaubigter Form nachgewiesen werden muss. Gegenüber dem Grundbuchamt ist eine Berichtigungsbewilligung durch **alle Miterben** nach § 19 GBO (Schöner/Stöber Rz. 976d; Böhringer BWNotZ 2006, 118, 121; Wesser/Saalfrank NJW 2003, 2937, 2940; aA Böttcher Rpfleger 2007, 437, 439: Berichtigungsbewilligung nur des ausscheidenden Miterben) oder der Nachweis der Unrichtigkeit des Grundbuchs gem. § 22 GBO in der Form des § 29 GBO durch Unterschriftsbeglaubigung ausreichend. Dem Handelsregister ist bei Betroffenheit von GmbH-Anteilen nach § 40 Abs. 2 GmbHG unverzüglich elektronisch eine qualifizierte Gesellschafterliste zu übermitteln. Hilfsweise sollten die ausscheidenden Erben den verbleibenden Erben hinsichtlich des Geschäftsanteils eine Stimmrechtsvollmacht erteilen.

4 Ob die Abschichtung **zwingend eine Abfindung** voraussetzt, ist unklar (OLG Rostock ZEV 2009, 464; van Venrooy DNotZ 2012, 119, 125). Während nach OLG Hamm ein Miterbe durch Abschichtungsvereinbarung lediglich „ggf. unter Vereinbarung einer Abfindung" aus der Erbengemeinschaft ausscheidet (OLG Hamm DNotZ 2014, 695, 696), formuliert der BGH, dass Miterben „gegen Abfindung einverständlich aus der Erbengemeinschaft ausscheiden (Abschichtung)" (BGH DNotZ 1999, 60, 61; dazu van Venrooy DNotZ 2012, 119, 124 f.). Nach KG können „einzelne Miterben mit dinglicher Wirkung im Wege der Abschichtung aus dem Nachlass abgefunden werden und dadurch aus der Erbengemeinschaft ausscheiden" (KG OLGZ 1965, 244, 247). Gleichwohl muss dies nicht notwendig bedeuten, dass ohne Abfindung keine Abschichtung möglich ist (OLG Hamm DNotZ 2014, 695, 696; van Venrooy DNotZ 2012, 119, 125). Möglicherweise wird damit lediglich zum Ausdruck gebracht, dass ohne Abfindung die Entgeltlichkeit und damit die grundsätzliche Formfreiheit der Abschichtungsvereinbarung aufgrund dann aus § 518 Abs. 1 BGB resultierender schenkungsrechtlicher Beurkundungspflichtigkeit verloren geht, sofern kein sofortiger Vollzug der Schenkung nach § 518 Abs. 2 BGB erfolgt.

5 Innerhalb der **fortgesetzten Gütergemeinschaft** gewährt § 1491 BGB ausschließlich einem anteilsberechtigten Abkömmling die Möglichkeit zu einer Abschichtung durch Verzicht, während dies dem längstlebenden Ehegatten auch nicht analog § 738 BGB eröffnet ist (Becker RNotZ 2013, 535, 538 f.).

M 94.1 Vollständiges Ausscheiden eines Miterben aus der Erbengemeinschaft durch Abschichtungsvereinbarung

... (Vor- und Nachname des Erblassers), geb. am ... (Geburtsdatum), ist am ... (Sterbedatum) verstorben. Er war zuletzt wohnhaft gewesen in ... (letzte Wohnanschrift). Zu seinem Nachlass gehört ua. ein Geschäftsanteil iHv. ... (Nennbetrag) an der X-GmbH (Name der Firma) mit Sitz in ... (Sitz

der Firma), eingetragen im Handelsregister des Amtsgerichts ... (Amtsgericht) unter HRB ... (Handelsregisterblatt) und eine Teileigentumseinheit (Gewerberäume) in ... (genauer Grundbuchbeschrieb). Erben des Erblassers sind dessen drei Kinder ... (Vor- und Nachname aller drei Erben) zu jeweils ⅓ Erbteil. Entsprechender Erbschein wurde durch das Amtsgericht/Notariat – Nachlassgericht – ... (Ort) unter Az. ... (Aktenzeichen des Nachlassgerichts) am ... (Ausstellungsdatum) erteilt.

... (Vor- und Nachname des einen ausscheidenden Miterben) und ... (Vor- und Nachname des anderen ausscheidenden Miterben) möchten insgesamt aus dieser Erbengemeinschaft ausscheiden. Alle Miterben treffen zu diesem Zweck folgende Abschichtungsvereinbarung:

Mit sofortiger Wirkung scheiden ... (Vor- und Nachname des einen ausscheidenden Miterben) und ... (Vor- und Nachname des anderen ausscheidenden Miterben) vollständig aus der Erbengemeinschaft aus. Hierdurch wächst deren jeweiliger Erbanteil dem verbleibenden Alleinerben ... (Vor- und Nachname des verbleibenden Miterben) in entsprechender Anwendung des § 738 Abs. 1 Satz 1 BGB an. Als gleichwertige Abfindungsleistung haben die beiden ausscheidenden Miterben durch den verbliebenen Alleinerben vorab bereits jeweils einen Geldbetrag iHv. ... (Geldbetrag) erhalten. Sie bestätigen hiermit den Eingang dieser Zahlung. Nachlassverbindlichkeiten seien vollständig befriedigt. Hilfsweise verpflichtet sich der verbleibende Alleinerbe gegenüber den beiden ausscheidenden früheren Miterben, diese im Innenverhältnis vollständig aus eventuellen gleichwohl vorhandenen Nachlassverbindlichkeiten freizustellen. Die beiden ausscheidenden früheren Miterben sind über den Unterschied zwischen einer lediglich im Innenverhältnis vereinbarten Haftungsfreistellung einerseits und einer eventuellen unmittelbaren Haftung im Außenverhältnis eingehend belehrt.

Alle Beteiligten bewilligen und beantragen hiermit, das Anwachsen der jeweiligen früheren Erbanteile der nunmehr ausgeschiedenen früheren Miterben ... (Vor- und Nachname) und ... (Vor- und Nachname) am o.g. Grundbesitz im Wege der Grundbuchberichtigung im Grundbuch von ... (Benennung des betroffenen Grundbuches) einzutragen. Dem Amtsgericht – Registergericht – ... (Ort) ist zu HRB ... (Handelsregisternummer) hinsichtlich der o.g. Firma gem. § 40 Abs. 2 GmbHG unverzüglich eine qualifizierte Gesellschafterliste elektronisch zu übermitteln. Die ausgeschiedenen Erben haben den verbleibenden Erben bereits in gesonderter Urkunde bezüglich des betroffenen Geschäftsanteils unwiderruflich Stimmrechtsvollmacht erteilt

... (Ort, Datum)

... (Unterschriften)

(Unterschriftsbeglaubigung)

...

Kosten: *Notargebühr:* 0,2-Gebühr gem. Nr. 25100 KV GNotKG, mindestens 20 Euro, höchstens 70 Euro. Geschäftswert gem. §§ 121, 97 Abs. 3, 47 GNotKG (Gegenleistung oder Wert der Anteile). Bei Fertigung des Entwurfs und Beglaubigung 0,5-Gebühr gem. Nrn. 24102, 21201 Nr. 4 KV GNotKG (§ 92 Abs. 2 GNotKG), Geschäftswert wie zuvor.

Gerichtsgebühr: 1,0-Gebühr gem. Nr. 14110 KV GNotKG. Geschäftswert gem. § 70 Abs. 2 S. 1 GNotKG (Hälfte des Werts des Grundstücks). Eventuell Gebührenfreiheit gem. Abs. 1 der Anm. zu Nr. 14110 KV GNotKG.

III. Erbauseinandersetzung

1. Allgemeines

Scheiden Miterben nicht hinsichtlich des gesamten Nachlasses aus, sondern werden **einzelne Nachlassgegenstände** an verschiedene Miterben zugeteilt, ist eine Abschichtungsvereinbarung nicht ausreichend, sondern eine Erbauseinandersetzung erforderlich, die bei Zugehörigkeit von Grundbesitz wegen § 311b Abs. 1 BGB oder von Gesellschaftsanteilen an einer GmbH wegen § 15 Abs. 3 und 4 GmbHG sowie im Falle einer (Teil-)Schenkung aus § 518 Abs. 1 BGB, sofern kein sofortiger Vollzug der Schenkung nach § 518 Abs. 2 BGB erfolgt, beurkundungspflichtig ist. Ist im Nachlass befindlicher Grundbesitz bereits seitens des Erblassers vermietet bzw. verpachtet worden, geht das diesbezügliche Miet- bzw. Pachtverhältnis mittels Gesamtrechtsnachfolge nach §§ 1922, 2032 ff. 6

BGB insgesamt als solches auf die in Erbengemeinschaft gesamthänderisch gebundenen Miterben über (Becker BWNotZ 2013, 98, 100).

7 Ist bei Durchführung einer Erbauseinandersetzung an Grundbesitz ein **Miterbe noch nicht bekannt** und wirkt dieser daran daher nicht mit, wird der in Vollzug dieses Vertrages zwischen den bis dahin bekannten und aufgrund Erbscheins in Erbengemeinschaft im Grundbuch voreingetragenen Miterben schließlich als Alleineigentümer im Grundbuch eingetragene Miterbe gleichwohl nicht Alleineigentümer, da nicht alle tatsächlichen Miterben iSd. § 2040 Abs. 1 BGB wirksam verfügt haben und mangels Rechtsgeschäfts iSd. § 892 Abs. 1 BGB kein gutgläubiger Erwerb erfolgt ist (DNotI-Gutachten DNotI-Report 2010, 219 f.). Jedoch kommt eine nachträgliche Genehmigung des Verfügungsgeschäfts nach § 185 Abs. 2 BGB und ggfs. auch, soweit wider Erwarten zudem für nicht bekannte Miterben gehandelt wurde, des schuldrechtlichen Kausalgeschäfts in Betracht (DNotI-Gutachten DNotI-Report 2010, 219, 220).

2. Vollständige Erbauseinandersetzung

8 Zunächst kommt eine vollständige, **alle Aktiva und Passiva** erfassende Auseinandersetzung der Erbengemeinschaft in Betracht.

M 94.2 Vollständige Auseinandersetzung aller Miterben durch Erbauseinandersetzungsvertrag

(Notarielles Beurkundungsprotokoll)

Erbauseinandersetzungsvertrag

(Urkundeneingang)

§ 1

Die Beurkundung betrifft den Nachlass des am ... (Sterbedatum) in ... (Sterbeort) verstorbenen ... (Vor- und Nachname des Erblassers). Dieser wurde auf Grund gemeinschaftlichen Erbscheins des Amtsgerichts/Notariat – Nachlassgericht – ... (Ort) vom ... (Datum), Az. ... (Aktenzeichen des Nachlassgerichts), von seiner Witwe ... (Vor- und Nachname) zu ½ Erbteil und seinen beiden Kindern, der Tochter ... (Vor- und Nachname) und dem Sohn ... (Vor- und Nachname) zu jeweils ¼ beerbt.

§ 2

Nach Angaben der Beteiligten setzt sich der Nachlass aus folgenden Bestandteilen zusammen:

1. Aktivvermögen:

a) Grundbesitz: ... (genauer Grundbuchbeschrieb und Grundbuchstand)

b) Geldguthaben: ... (Sparbuch Nr. ... etc.)

c) sonstige bewegliche Sachen: ... (Aufzählung; ggf. Hinweis darauf, dass diese bereits untereinander verteilt worden sind)

2. Passivvermögen:

a) Valutierte Grundpfandlasten: ... (Nennbetrag der jeweiligen Grundpfandlast unter Angabe des belasteten Grundbesitzes und des jeweiligen Valutierungsstandes)

b) sonstige Forderungen Dritter: ... (Benennung der Art der Forderung und der offenen Forderungshöhe)

§ 3

Die Miterben heben hiermit die Erbengemeinschaft insgesamt auf und setzten sich über das Gesamthandsvermögen wie folgt auseinander:

1. . . . (Vor- und Nachname) wird der vorstehend unter . . . aufgeführte Grundbesitz zu Alleineigentum zugeteilt . . . (Vor- und Nachname) übernimmt die auf dem Grundbesitz lastenden o.g. Grundschulden ab sofort zur ferneren Verzinsung und Tilgung in dinglicher und persönlicher Hinsicht zu den ihm bekannten Bedingungen mit für die Erbengemeinschaft möglichst schuldbefreiender Wirkung. Die Mithaftentlassung der übrigen Mitglieder der Erbengemeinschaft durch den jeweiligen Grundpfandgläubiger wird seitens des übernehmenden Miterben selbst und eigenverantwortlich beantragt werden, ohne dass der Notar dies zu überwachen hat. Auf die Benachrichtigungspflicht wurde hingewiesen. Sollte die Mithaftentlassung von den jeweiligen Gläubigern nicht genehmigt bzw. nicht wirksam werden, so hat der übernehmende Miterbe dennoch die übrigen Miterben von diesen Verbindlichkeiten im Wege der Erfüllungsübernahme völlig freizustellen. Über den Unterschied zwischen einer lediglich im Innenverhältnis wirkenden Erfüllungsübernahme und einer Mithaftentlassung mit Außenwirkung wurde eingehend belehrt. Trotz Belehrung soll die Erteilung der Mithaftentlassung der übrigen Miterben keine zwingende Bedingung für die Eigentumsübertragung sein, obwohl dies ein übliches Sicherungsmittel wäre[1]. Die Abwicklung erfolgt auf der Grundlage gegenseitigen Vertrauens.

2. . . . (Vor- und Nachname) erhält als Abfindung einen Geldbetrag von . . . (Höhe) aus dem unter . . . bezeichneten Guthaben. Die Zahlung wird schnellstmöglich freigegeben[2].

3. . . . (Vor- und Nachname) erhält aus dem sonstigen beweglichen Nachlass nach . . . den dort genannten Schmuck. Es wird hiermit bestätigt, dass der Schmuck bereits von . . . (Vor- und Nachname des erwerbenden Miterben) in Besitz genommen worden ist.

Der übrige bewegliche Nachlass ist bereits aufgeteilt. Weitere Nachlassverbindlichkeiten bestehen nicht mehr.

Jeder Erwerber nimmt die für ihn vorgesehene Zuteilung hiermit an.

§ 4

Besitz, Nutzungen, Lasten und Gefahr hinsichtlich der einzelnen Nachlassgegenstände gehen jeweils sofort am heutigen Tag über. Über die Regelung der §§ 95 ff. VVG ist informiert. Von der Verkehrssicherungspflicht hat der jeweilige Erwerber die Erbengemeinschaft ab Besitzübergang freizustellen. Eine Mängelhaftung für Sachmängel jeglicher Art und Rechtsmängel wird ausgeschlossen, es sei denn, es läge Vorsatz bzw. Arglist vor. Der Grundbesitz ist weder vermietet noch verpachtet.

§ 5

Die Vertragsbeteiligten sind sich über den Eigentumswechsel nach § 3 Nr. 1 dieser Urkunde einig. Die Erbengemeinschaft bewilligt, der erwerbende Miterbe beantragt die Eintragung im Grundbuch. Auf Eintragung einer Erwerbsvormerkung ist trotz Belehrung verzichtet.

§ 6

Alle Miterben treten hiermit in Erfüllung der Verpflichtung aus § 3 Nr. 2 das dort angegebene Sparguthaben iHv. . . . (Geldbetrag) samt anteiligen Zinsen an den dies annehmenden erwerbenden Miterben . . . (Vor- und Nachname) ab. Sie ersuchen . . . (Kreditinstitut), das bisherige Sparbuch einzuziehen und ein entsprechend neues Sparbuch auf den Namen des erwerbenden Miterben auszustellen und diesem auszuhändigen.

(Kosten; Vollmacht; weitere Belehrungshinweise; Anträge)

(Schlussformel)

. . . (Unterschriften)

---

1 Hier sind alternativ auch andere Gestaltungsvarianten vorstellbar: Insbesondere kann die Mithaftentlassung der übrigen Miterben zur Bedingung für die Freigabe der Grundbucherklärungen zur Eigentumsübertragung gemacht werden.

2 Soweit abweichend von der hier gewählten Variante gegenseitige Vorleistungsrisiken abgesichert werden, wäre die Freigabe der Zahlung erst Zug um Zug gegen ranggerechte Eintragung einer Erwerbsvormerkung im Grundbuch freizugeben.

Kosten: *Notargebühr:* 2,0-Gebühr gem. Nr. 21100 KV GNotKG. Geschäftswert gem. § 97 Abs. 1 S. 1, 38 GNotKG (Gesamtwert des Nachlasses ohne Schuldenabzug). Daneben können Vollzugs- und Betreuungsgebühren Gebühren entstehen.

Gerichtsgebühr: 1,0-Gebühr gem. Nr. 14110 KV GNotKG. Geschäftswert gem. § 70 Abs. 2 S. 1 GNotKG (Hälfte des Werts des Grundstücks). Eventuell Gebührenfreiheit gem. Abs. 1 der Anm. zu Nr. 14110 KV GNotKG.

3. Gegenständlich beschränkte Erbauseinandersetzung

9 Die Erben können frei vereinbaren, ob sie die Erbengemeinschaft vollständig oder lediglich bezüglich **einzelner Nachlassgegenstände** auseinander setzen. Soweit sie eine Auseinandersetzung wünschen, wird vielfach aus Kostengründen erwogen, nur hinsichtlich derjenigen Gegenstände eine notarielle Urkunde erstellen zu lassen, die einer Beurkundungspflicht unterliegen. Im Hinblick auf die Regelungen nach §§ 311b Abs. 1 BGB, 15 Abs. 3 und 4 GmbHG ist jedoch zu beachten, dass alle Abreden mitbeurkundet werden müssen, die für die formpflichtigen Regelungen wesentlich sind. Bei einer Teilerbauseinandersetzung wird wiederum zwischen einer gegenständlichen Beschränkung einerseits und einer persönlichen Teilerbauseinandersetzung andererseits unterschieden. Von großer praktischer Relevanz ist die gegenständlich beschränkte Teilerbauseinandersetzung. Soweit GmbH-Anteile betroffen sind, ist dem Handelsregister nach § 40 Abs. 2 GmbHG unverzüglich elektronisch eine qualifizierte Gesellschafterliste zu übermitteln. Hilfsweise sollten die Erben dem erwerbenden Miterben hinsichtlich der Geschäftsanteile eine Stimmrechtsvollmacht erteilen.

M 94.3 Auf bestimmte Nachlassgegenstände beschränkte Auseinandersetzung aller Miterben durch Teilerbauseinandersetzungsvertrag

(Notarielles Beurkundungsprotokoll)

Teilerbauseinandersetzungsvertrag

(Urkundeneingang)

§ 1

Die Urkunde betrifft den Nachlass des am ... (Sterbedatum) in ... (Sterbeort) verstorbenen ... (Vor- und Nachname), zuletzt wohnhaft gewesen in ... (letzter Wohnort).

Dieser wurde auf Grund Erbscheins des Amtsgerichts/Notariats – Nachlassgericht – ... (Ort) vom ... (Datum der Erbscheinserteilung), Az. ... (Aktenzeichen des Nachlassgerichts), von seiner Witwe ... (Vor- und Nachname) zu ½ Erbteil und seinen beiden Kindern, der Tochter ... (Vor- und Nachname) sowie dem Sohn ... (Vor- und Nachname) zu jeweils ¼ Erbteil, beerbt.

Der Nachlass besteht unter anderem aus dem von dem Erblasser bisher alleine gehaltenen gesamten Gesellschaftsvermögen an der ...-GmbH (Firmenname der Gesellschaft) in ... (Sitz der Firma), deren Stammkapital ... (Nennbetrag des Stammkapitals) beträgt und deren alleiniger Gesellschafter der Erblasser gewesen ist.

Die hiesige Auseinandersetzung betrifft ausschließlich den vorstehend genannten Alleingeschäftsanteil an der o.g. Firma.

§ 2

Die Miterben heben die Erbengemeinschaft bezüglich dieses Alleingesellschaftsanteils an der o.g. Firma auf und setzen sich wie folgt auseinander:

Der Alleingesellschaftsanteil an der o.g. Firma wird dem Miterben ... (Vor- und Nachname) zur alleinigen Berechtigung zugeteilt. Der Alleingeschäftsanteil sei vollständig und ohne Verstoß gegen das Verbot der verschleierten Sacheinlage einbezahlt bzw. erbracht worden und nicht mit Rechten Dritter belastet. Der Gewinn für das laufende Geschäftsjahr steht dem erwerbenden Miterben in vollständiger Höhe alleine zu. Eine Abfindungszahlung ist nicht fällig. Es erfolgt auch keine Anrech-

nung für eine eventuelle spätere weitere Auseinandersetzung. Der erwerbende Miterbe entlässt die übertragenden Miterben hiermit aus der ihm gegenüber der o.g. Firma noch zustehenden offenen Zahlungsforderung iHv. ... (Höhe der Forderung) aus Handwerkerrechnung Nr. ... (Nummer der Rechnung) vom ... (Datum der Rechnung). Dies stelle eine gleichwertige Gegenleistung dar. Dem Amtsgericht – Registergericht – ... (Ort) ist zu HRB ... (Handelsregisternummer) hinsichtlich der o.g. Firma gem. § 40 Abs. 2 GmbHG unverzüglich elektronisch eine qualifizierte Gesellschafterliste zu übermitteln. Die Erben erteilen dem erwerbenden Miterben hiermit bezüglich des betroffenen Geschäftsanteils unwiderruflich Stimmrechtsvollmacht mit Wirkung über den Tod des Vollmachtgebers hinaus und unter Befreiung von den Beschränkungen des § 181 BGB. Der erwerbende Miterbe darf sich jederzeit eine Ausfertigung der Urkunde erteilen lassen.

(Kosten; Vollmacht; weitere Belehrungshinweise; Anträge)

(Schlussformel)

... (Unterschriften)

Kosten: *Notarkosten:* wie **M 94.2**, Geschäftswert ist Wert des betroffenen Vermögens.

IV. Vermächtniserfüllung

Durch letztwillige Verfügung angeordnete Vermächtnisse bedürfen nach Erbanfall noch der Erfüllung durch die Erben, den Testamentsvollstrecker oder den post- bzw. transmortal Bevollmächtigten. Soweit Grundbesitz oder GmbH-Anteile Vermächtnisgegenstand sind, müssen entsprechende Erklärungen wegen §§ 925 BGB, 29 GBO bzw. § 15 Abs. 3 und 4 GmbHG notariell beurkundet werden. Soweit GmbH-Anteile betroffen sind, ist dem Handelsregister nach § 40 Abs. 2 GmbHG unverzüglich elektronisch eine qualifizierte Gesellschafterliste zu übermitteln. Hilfsweise sollten die Erben dem Vermächtnisnehmer hinsichtlich der Geschäftsanteile eine Stimmrechtsvollmacht erteilen. 10

M 94.4 Vermächtniserfüllungsvertrag

(Notarielles Beurkundungsprotokoll)

Erbauseinandersetzungsvertrag

(Urkundeneingang)

Auf Grund Erbschein des Amtsgerichts/Notariats – Nachlassgericht – ... (Ort), Az. ... (Aktenzeichen des Nachlassgerichts), vom ... (Datum der Erteilung des Erbscheins) ist die Witwe des Erblassers, ... (Vor- und Nachname) Alleinerbin des Erblassers geworden. Gem. ... (Vermächtnisanordnung in der letztwilligen Verfügung) ist der Alleingeschäftsanteil an der ...-GmbH (Firmenname der Gesellschaft) mit Sitz in ... (Firmensitz), eingetragen im Handelsregister des Amtsgerichts ... (Ort) unter HRB ... (Handelsregisterblatt) dem gemeinschaftlichen Sohn ... (Vor- und Nachname, ggf. Geburtsname) beim Tod des Erblassers – unabhängig davon, ob er erstversterbender oder längstlebender Ehegatte ist – vermächtnisweise zugewendet ... (Vor- und Nachname) nimmt dieses Vermächtnis hiermit an.

Die Alleinerbin überträgt hiermit zur Erfüllung der vorstehend genannten Vermächtnisanordnung den gesamten Alleingesellschaftsanteil an der o.g. Gesellschaft an den dies annehmenden ... (Vor- und Nachname) als Vermächtnisnehmer. Dem Amtsgericht – Registergericht – ... (Ort) ist zu HRB ... (Handelsregisternummer) hinsichtlich der o.g. Firma gem. § 40 Abs. 2 GmbHG unverzüglich elektronisch eine qualifizierte Gesellschafterliste zu übermitteln. Die Alleinerbin erteilt dem Vermächtnisnehmer hiermit bezüglich des betroffenen Geschäftsanteils unwiderruflich Stimmrechtsvollmacht mit Wirkung über den Tod des Vollmachtgebers hinaus und unter Befreiung von den Beschränkungen des § 181 BGB. Der Vermächtnisnehmer darf sich jederzeit eine Ausfertigung der Urkunde erteilen lassen.

(Schlussformel)

...

Kosten: *Notarkosten:* wie **M 94.2**, Geschäftswert ist Wert des betroffenen Vermögens.

V. Steuerlicher Hinweis

11 Zur steuerlichen Behandlung der Erbauseinandersetzung s. Kap. 80 Rz. 137 ff. sowie BMF-Schreiben v. 14.3.2006, BStBl. I 2006, 253.

Kapitel 95 Erbteilsübertragungs-, Erbteilsverpfändungs- und Erbschaftsvertrag

Literatur: *Henssler,* Erbschaftsverträge nach § 311b Abs. 4 und 5 BGB, RNotZ 2010, 221; *Ivo,* Erbteilsverfügungen bei Sondererbfolge in Anteile von Personengesellschaften, ZEV 2004, 499; *Keim,* Erbauseinandersetzung und Erbanteilsübertragung, RNotZ 2003, 374; *Mauch,* Zur Sicherungsproblematik beim Erbteilskauf, BWNotZ 1993, 134; *Muscheler,* Der Erbschaftskauf, RNotZ 2009, 65; *Rink,* Der Erbteilskauf, 1963; *Schmidt,* Die Bruchteilsgemeinschaft als Untergemeinschaft der Erbengemeinschaft, BWNotZ 2012, 35; *Venjakob,* Die Untergemeinschaft innerhalb der Erbengemeinschaft, Rpfleger 1993, 2.

I. Erbschaftskauf- und Erbteilsübertragungsvertrag

1. Formzwang

1 Der Erbschaftskauf- und Erbteilsübertragungsvertrag unterliegt gem. § 2371 BGB für den schuldrechtlichen Erbschaftskauf und nach § 2033 BGB hinsichtlich der dinglichen Erbteilsübertragung der **notariellen Beurkundungspflicht**. Entsprechendes gilt nach § 2385 BGB für ähnliche Verträge, bspw. eine Erbschaftsschenkung. Durch den Abtretungsvollzug erlangt der Erwerber hinsichtlich des erworbenen Erbteils keine Erbenstellung, sondern ausschließlich die gesamthänderische Berechtigung bzw. Verpflichtung an bzw. aus den einzelnen Nachlassgegenständen (Palandt/Weidlich § 2033 BGB Rz. 6).

➲ **Wichtig:** Auf die Abfassung des schuldrechtlichen Erbteilskaufvertrags ist besondere Sorgfalt zu verwenden, da ein dortiger etwaiger Formmangel durch Erfüllung im Wege der dinglichen Erbteilsübertragung nach überwiegender Ansicht **nicht geheilt** wird (BGH DNotZ 1971, 37, 38 f.; MünchKomm.BGB/Musielak § 2371 BGB Rz. 7 ff.; Palandt/Weidlich § 2371 BGB Rz. 2; aA Erman/Simon § 2371 BGB Rz. 6; Staudinger/Ohlhausen § 2371 BGB Rz. 27; Soergel/Zimmermann § 2371 BGB Rz. 22). 2

2. Gesamthandsvermögen

Eine dingliche Erbteilsübertragung setzt voraus, dass bei Vornahme der Verfügung gesamthänderisches Nachlassvermögen vorhanden ist. Da Beteiligungen an einer Personengesellschaft im Wege der **Sondererbfolge** quotal auf die Miterben übergehen, werden sie von einer Erbteilsübertragung nicht erfasst, sondern müssen insoweit gesondert übertragen werden (Ivo ZEV 2004, 499, 500; Palandt/Edenhofer § 2033 BGB Rz. 6). 3

3. Erbteilsbruchteil

Ein Miterbe muss seinen Erbanteil nicht insgesamt, sondern kann ihn auch lediglich zu einem Bruchteil bzw. vollständig zu mehreren **Bruchteilen** an verschiedene Erwerber übertragen, wobei insoweit umstritten ist, ob die den geteilten Erbanteil haltende Bruchteilsgemeinschaft neben der Erbengemeinschaft in das Grundbuch einzutragen ist (bejahend OLG Düsseldorf Rpfleger 1968, 188; OLG Köln Rpfleger 1974, 109; Schöner/Stöber Rz. 964; verneinend BayObLG NJW 1968, 505; Schmidt BWNotZ 2012, 35, 37 f.; Staudenmaier DNotZ 1967, 724 ff.; Kehrer BWNotZ 1957, 256 ff.). Wird der erstversterbende Ehegatte bspw. kraft Gesetzes durch den Längstlebenden und seine Kinder beerbt, verstirbt anschließend der längstlebende Ehegatte und wird dieser seinerseits ausschließlich von denselben Kindern beerbt, besteht gleichwohl dieser Erbteil des längstlebenden Ehegatten auf den Tod des Erstverstorbenen auch nach dem Tod des Längstlebenden in dessen Nachlasses fort, ohne den Erbteilen der Kinder anzuwachsen (DNotI-Gutachten DNotI-Report 2014, 25 f.). 4

4. Testamentsvollstreckung

Die Anordnung einer Testamentsvollstreckung beeinträchtigt den Miterben zwar in der Verfügung über einzelne Nachlassgegenstände, über seinen Erbanteil kann er jedoch ohne Mitwirkung des Testamentsvollstreckers **frei** verfügen. 5

5. Vorkaufsrecht

Soweit ein Erbe seinen Erbanteil **anderen Personen als Miterben** verkauft, steht den Miterben gem. § 2034 BGB ein Vorkaufsrecht zu, nicht jedoch bei einem Verkauf an einen Miterben. 6

6. Gesetzliche Vertretung

Der Erwerb eines Erbteils durch ein minderjähriges oder geschäftsunfähiges Kind bedarf stets – soweit eine gesetzliche Vertretung durch die Eltern bereits nach § 1795 BGB ausscheidet, der Mitwirkung eines Ergänzungspfleger, darüber hinaus in jedem Falle – der familiengerichtlichen Genehmigung gem. § 1822 Nr. 1 BGB, bei Grundbesitzzugehörigkeit zum Nachlass zudem nach § 1821 Abs. 1 Nr. 1 BGB, da auf Grund der persönlichen Haftung des Käufers aus § 2382 BGB, die über § 2385 BGB auch im Falle einer Schenkung Anwendung findet, kein lediglich rechtlicher Vorteil begründet wird. 7

7. Absicherung von Vorleistungsrisiken

Von besonderer Bedeutung ist beim Erbschaftskauf, der **Grundbesitz** betrifft, die gegenseitige Absicherung von Vorleistungsrisiken des Verkäufers und des Käufers. Selbst dann, wenn die Parteien ei- 8 nander vertrauen, kann eine derartige Absicherung insbes. bei Notwendigkeit einer Ehegattenzustimmung iSd. § 1365 BGB, einer betreuungs-, nachlass- oder familiengerichtlichen Genehmigung bzw. einer steuerlichen Unbedenklichkeitsbescheinigung Bedeutung erlangen. Gehört zum Nachlass Grundbesitz, löst die Übertragung von Grundbesitz gem. § 1 Abs. 1 Nr. 3 GrEStG grundsätzlich Grunderwerbsteuer aus. Ist der Käufer seinerseits Miterbe, liegt jedoch eine Grunderwerbsteuerbefreiung nach § 3 Nr. 3 GrEStG vor (NdsFinMin DNotZ 1984, 657). Gleichwohl kann das Grundbuchamt die Vorlage einer steuerlichen Unbedenklichkeitsbescheinigung verlangen, wenn seine Prüfung ergeben hat, dass der Vorgang grundsätzlich § 1 GrEStG unterliegt, da die Folgeproblematik einer Steuerbarkeit alleine durch die Finanzbehörde zu untersuchen ist (OLG Celle BeckRS 2011, 14327; Roth NJW-Spezial 2011, 391 f.), soweit die betroffene Fallgruppe nicht ausdrücklich vom Erfordernis einer **Unbedenklichkeitsbescheinigung** befreit ist.

9 Dabei wird überwiegend vorgeschlagen (vgl. Schöner/Stöber Rz. 955), die Erbteilsübertragung auflösend bedingt durch Ausübung eines dem Verkäufer vorbehaltenen Rechts des Rücktritts vom Erbteilskauf im Falle einer Nichtzahlung des Kaufpreises zu gestalten. Bis zum Vollzug der Erbteilsübertragung durch Grundbuchberichtigung ist der Erbteilskäufer durch Eintragung eines Widerspruchs gegen die Richtigkeit des Grundbuches zu schützen. Eines derartigen Schutzes bedarf es nicht, wenn das Vorliegen der steuerlichen Unbedenklichkeitsbescheinigung – etwa bei einem Erbteilskauf durch einen Miterben – nicht erforderlich ist und die Grundbuchberichtigung daher sofort vollzogen werden kann. Zum Schutz des Verkäufers ab Vollzug der Erbteilsübertragung durch Grundbuchberichtigung ist in Abt. II des Grundbuchs eine Verfügungsbeschränkung des Käufers einzutragen, die auflösend bedingt um den endgültigen Wegfall des Rücktrittsrechts nach Bezahlung des Kaufpreises zu gestalten ist. Die Löschung dieser Verfügungsbeschränkung ist ähnlich einer Auflassungsüberwachung durch den beurkundenden Notar nach Nachweis der Kaufpreiszahlung zu veranlassen.

10 Alternativ kann erwogen werden, den Kaufpreis vorab treuhänderisch auf einem Anderkonto des beurkundenden Notars zu hinterlegen und die diesbezügliche Auszahlung erst nach Erlöschen eventueller Vorkaufsrechte und Vollzug der Grundbuchberichtigung ohne entgegenstehende anderweitige Eintragungen freizugeben (Würzburger Notarhandbuch/Baumann Teil 4 Kap. 2 Rz. 202).

8. Entbehrlichkeit einer Voreintragung der Erbengemeinschaft

11 Überträgt ein Miterbe einer Erbengemeinschaft seinen Erbteil auf einen anderen diesbezüglichen **Miterben**, bedarf es analog § 40 Abs. 1 GBO keiner Voreintragung der Erbengemeinschaft iSd. § 39 Abs. 1 GBO (OLG Nürnberg MittBayNot 2014, 335).

9. Anzeigepflicht

12 Nach § 2384 BGB ist der Verkäufer den Nachlassgläubigern gegenüber verpflichtet, den schuldrechtlichen Verkauf der Erbschaft bzw. eines Erbteils (Staudinger/Olshausen § 2384 BGB Rz. 7) und die dingliche Erbteilsübertragung und den Namen des Käufers unverzüglich dem **Nachlassgericht** anzuzeigen. Dies gilt entsprechend mit dann jedoch jeweiliger Anzeigepflicht des Käufers für eine Vertragsaufhebung vor Erfüllung (Palandt/Weidlich § 2384 BGB Rz. 1) bzw. bei Ausübung eines Vorkaufsrecht durch einen Miterben (MünchKomm.BGB/Musielak § 2384 BGB Rz. 5). Eine schuldhafte Verletzung der Anzeigepflicht begründet Schadensersatzansprüche (Staudinger/Olshausen § 2384 BGB Rz. 3). Die Anzeigepflicht wird regelmäßig über den beurkundenden Notar erfüllt.

10. Steuerliche Aspekte

13 Nach § 22 Abs. 1 Satz 1 GrEStG darf der Erwerber eines Grundstücks iSv. § 2 GrEStG erst dann als Eigentümer in das Grundbuch eingetragen werden, wenn eine Bescheinigung des für die Besteuerung zuständigen Finanzamts vorgelegt wird, aus der sich ergibt, dass der Eintragung **keine steuerlichen Bedenken** entgegenstehen. Dabei hat der Gesetzgeber (1999) vorgesehen, dass die obersten Finanzbehörden der Länder im Einvernehmen mit den Landesjustizverwaltungen Ausnahmen zulassen können. Verschiedene Landesfinanz- oder Oberfinanzdirektionen haben daher bereits in

Verfügungen Fälle aufgezählt, in denen Personen als Eigentümer oder Erbbauberechtigte in das Grundbuch eingetragen werden, ohne dass die Unbedenklichkeitsbescheinigung nach § 22 GrEStG vorgelegt wird.

Das Finanzamt hat nach § 22 Abs. 2 GrEStG die Bescheinigung zu erteilen, wenn die Grunderwerbsteuer entrichtet, sichergestellt oder gestundet worden ist oder wenn Steuerfreiheit (§§ 3 ff. GrEStG) gegeben ist. In anderen Fällen darf das Finanzamt die Bescheinigung auch erteilen, wenn nach seinem Ermessen die Steuerforderung nicht gefährdet ist. Die Bescheinigung ist schriftlich zu erteilen, die elektronische Übermittlung ist ausgeschlossen.

M 95.1 Erbschaftskauf- und Erbteilsübertragungsvertrag[1]

(Notarielles Beurkundungsprotokoll)

Erbschaftskauf- und Erbteilsübertragungsvertrag

(Urkundeneingang)

§ 1

Die Urkunde betrifft den Nachlass des am ... (Sterbedatum) in ... (Sterbeort) verstorbenen ... (Vor- und Nachname des Erblassers), zuletzt wohnhaft gewesen in ... (letzter Wohnort).

Dieser wurde auf Grund Erbscheins des Amtsgerichts/Notariats – Nachlassgericht – ... (Ort) vom ... (Datum der Erbscheinserteilung), Az. ... (Aktenzeichen des Nachlassgerichts), von seinen zwei Kindern ... (jeweils Vor- und Nachname beider Erben) zu jeweils ½ Erbteil beerbt. Da ... (Vor- und Nachname des verkaufenden Miterben) durch diese Urkunde über sein nahezu gesamtes Vermögen verfügt, bedarf er nach § 1365 BGB der Zustimmung seines Ehegatten ... (Vor- und Nachname) in öffentlich beglaubigter Form. Der ungeteilte Nachlass des Erblassers besteht nach Angaben der Beteiligten ausschließlich aus dem nachstehend benannten Grundbesitz.

§ 2

... (jeweils Vor- und Nachname der beiden Erben) sind in Erbengemeinschaft im Grundbuch von ... (Ort) Blatt Nr. ... (Nr.) als Eigentümer folgenden Grundbesitzes eingetragen:

... (Grundbuchbeschrieb)

Nach Abt. II und III des Grundbuchs ist der Grundbesitz jeweils lastenfrei.

Der Grundbuchstand wurde mit Hilfe eines beglaubigten Ausdrucks aus dem elektronischen Grundbuch vom ... (Datum des Ausdrucks) festgestellt. Trotz Belehrung über die damit verbundenen Risiken wird der Notar von der Pflicht zur Grundbucheinsicht befreit.

§ 3

... (Vor- und Nachname des verkaufenden Miterben) verkauft hiermit seinen o.g. Erbteil von ½ am o.g. Nachlass an seinen Bruder ... (Vor- und Nachname des kaufenden Miterben).

§ 4

Der Kaufpreis beträgt ... Euro (Kaufpreissumme).

§ 5

Der Kaufpreis ist am ... (Fälligkeitsdatum) fällig, nicht jedoch vor Ablauf von zehn Tagen nach Absendung einer schriftlichen notariellen Mitteilung an den Käufer über das Vorliegen folgender Voraussetzungen:

Eintragung des nach § 8 Nr. 2 Satz 2 bewilligten Widerspruchs, hilfsweise der nach § 8 Nr. 2 Satz 1 bewilligten Grundbuchberichtigung im Grundbuch,

---

1 In Anlehnung an das Muster Rz. 955 bei Schöner/Stöber.

Vorliegen der Zustimmung des Ehegatten ... (Vor- und Nachname) des Verkäufers in öffentlich beglaubigter Form beim beurkundenden Notar[2].

Der Kaufpreis ist auf das Konto des ... (Vor- und Nachname des verkaufenden Miterben) bei der ... (kontoführende Bank), Konto-Nr. ... (Kontonummer), BLZ ... (Bankleitzahl), zu bezahlen. Für die Rechtzeitigkeit der Zahlung ist der Eingang des o.g. Kaufpreisbetrages auf dem vorstehend genannten Konto maßgebend. Wegen der Verpflichtung zur Kaufpreiszahlung unterwirft sich der Käufer in Kenntnis der damit verbundenen Folgen der sofortigen Zwangsvollstreckung aus dieser Urkunde in sein gesamtes Vermögen. Zur Erteilung einer vollstreckbaren Ausfertigung genügt die Darlegung der Fälligkeit durch den Verkäufer. Die Beweislast in einem gerichtlichen Verfahren wird hierdurch nicht berührt. Der Verkäufer ist berechtigt, sich jederzeit auf Kosten des Käufers eine vollstreckbare Ausfertigung erteilen zu lassen.

§ 6

Gerät der Käufer mit der Zahlung des Kaufpreises mehr als vierzehn Tage in Verzug, so steht dem Verkäufer das Recht zu, von diesem Vertrag unbeschadet weitergehender gesetzlicher Rechte zurückzutreten. Der Rücktritt ist durch eingeschriebenen Brief gegenüber dem Käufer zu erklären. Im Falle des Rücktritts trägt sämtliche bis dahin ausgelösten Kosten, Gebühren und Steuern der Käufer. Über die diesbezügliche gesetzliche gesamtschuldnerische Haftung beider Parteien ist belehrt. Weitergehende Ansprüche bleiben vorbehalten.

§ 7

Besitz, Nutzungen, Lasten und Gefahr gehen am ... (entspricht dem Datum der Kaufpreisfälligkeit) auf den Käufer über, nicht jedoch vor Gutschrift des Kaufpreises auf dem vorstehend genannten Konto. Der Verkäufer hat außer dem Anteil an dem in § 2 genannten Grundbesitz keinerlei andere Nachlassgegenstände oder Surrogate herauszugeben, keinen Wertersatz zu leisten und verzichtet auf den Ersatz aller ihm auf die Erbschaft gemachten Aufwendungen, Verbindlichkeiten, Abgaben und außerordentlichen Lasten. Eine auf den veräußerten Erbteil entfallende Erbschaftsteuer ist von dem Verkäufer zu zahlen. Die Gewährleistung richtet sich ausschließlich nach § 2376 BGB, soweit in dieser Urkunde nichts anderes geregelt ist.

Der Verkäufer sichert dem Käufer jedoch zu, dass der vorgenannte Grundbesitz zur Erbschaft gehört, dass keine Nachlassverbindlichkeiten mehr bestehen, eine etwa anfallende Erbschaftsteuer bezahlt ist und der vertragsgegenständliche Erbteil nicht anderweitig veräußert, ver- bzw. gepfändet wurde oder mit sonstigen Rechten Dritter belastet ist[3].

§ 8

(1) In Vollzug des Kaufvertrags überträgt der Verkäufer den verkauften Erbteil an den Käufer mit sofortiger dinglicher Wirkung. Die Übertragung steht jedoch unter der auflösenden Bedingung, dass der Verkäufer auf Grund des hier vorbehaltenen Rücktrittsrechts vom Kaufvertrag wirksam zurücktritt. Der Käufer nimmt diese auflösend bedingte Übertragung des Erbteils hiermit an.

(2) Der Verkäufer bewilligt, der Käufer beantragt die Erbteilsübertragung im Wege der Berichtigung in das Grundbuch einzutragen. Der Verkäufer bewilligt, der Käufer beantragt die Eintragung eines entsprechenden Widerspruchs gem. § 899 BGB gegen die Richtigkeit des Grundbuches, wenn der

---

2 Bei Veräußerungen an andere Personen als Miterben wäre weiter noch der Verzicht auf ein gesetzliches Vorkaufsrecht der Miterben nach § 2034 BGB bzw. dessen Fristablauf ohne entsprechende Ausübung Voraussetzung für die Fälligkeitsmitteilung. Das Vorkaufsrecht ist innerhalb von zwei Monaten nach Mitteilung des rechtswirksamen Kaufvertrages auszuüben. In einem derartigen Falle empfiehlt es sich, den Notar mit der Mitteilung des Vertragsinhaltes durch Übersendung einer beglaubigten Abschrift des Kaufvertrages an die Miterben zu betrauen und im Verhältnis zwischen Verkäufer und Käufer dem Verkäufer ein Rücktrittsrecht vom Kaufvertrag zur Vermeidung von Gewährleistungsansprüchen zwischen den Vertragsparteien einzuräumen.

3 Bei Veräußerungen an andere Personen als Miterben wäre weiter noch zu versichern, dass zwischen den Miterben auch schuldrechtlich kein Auseinandersetzungsvertrag abgeschlossen worden ist.

Vollzug der Grundbuchberichtigung nicht sofort möglich ist[4]*. Der Käufer bewilligt und beantragt bereits heute die Löschung des Widerspruchs Zug um Zug mit Vollzug der hier beantragten Grundbuchberichtigung im Rang des Widerspruchs.*

(3) Zum Schutze des Verkäufers gegen den möglichen Verlust der gesamthänderischen Berechtigung am Grundbesitz durch zwischenzeitlichen gutgläubigen Erwerb Dritter bis zum endgültigen Wegfall der auflösenden Bedingung bewilligt und beantragt der Käufer, gleichzeitig mit dem Vollzug der Grundbuchberichtigung die Eintragung einer Verfügungsbeschränkung in Abt. II des Grundbuchs, nach der die heutige Erbteilsübertragung auflösend bedingt um den Rücktritt des Verkäufers von diesem Erbteilskaufvertrag ist.

(4) Der Verkäufer bewilligt, der Käufer beantragt bereits heute die Löschung der vorstehenden Verfügungsbeschränkung. Der beurkundende Notar wird unwiderruflich angewiesen, Ausfertigungen und beglaubigte Abschriften dieser Urkunde nur auszugsweise ohne die Löschungsbewilligung für die Verfügungsbeschränkung nach dieser Nr. 4 zu erteilen, bis der Verkäufer bestätigt hat, dass der vereinbarte Kaufpreis bezahlt wurde, bzw. der Käufer dies gegenüber dem Notar nachgewiesen hat.

§ 9

Der Notar hat insbesondere weiter wie folgt belehrt:

. . . (Belehrungshinweise)

(Vollmacht; Kosten; Anträge)

(Schlussformel)

. . . (Unterschriften)

4 Der Widerspruch soll den Käufer ähnlich einer Erwerbsvormerkung vor einer anderweitigen Erbteilsübertragung insbesondere solange schützen, bis der Vollzug der in diesem Vertrag vereinbarten Erbteilsübertragung möglich ist. Soweit für die Erbteilsübertragung keine steuerliche Unbedenklichkeitsbescheinigung erforderlich ist und diese sofort vollzogen werden kann, entfällt das Bedürfnis für die Eintragung des Widerspruchs.

Kosten: *Notargebühr:* 2,0-Gebühr gem. Nr. 21100 KV GNotKG. Geschäftswert gem. § 97 Abs. 1 S. 1, 38 GNotKG (Gesamtwert des Nachlasses ohne Schuldenabzug). Daneben können Vollzugs- und Betreuungsgebühren entstehen.

Gerichtsgebühr: 1,0-Gebühr gem. Nr. 14110 KV GNotKG. Geschäftswert gem. § 70 Abs. 2 S. 1 GNotKG (Hälfte des Werts des Grundstücks). Eventuell Gebührenfreiheit gem. Abs. 1 der Anm. zu Nr. 14110 KV GNotKG. Für die Eintragung und Löschung der Verfügungsbeschränkung entstehen keine Gebühren. Für die Eintragung des Widerspruchs 50 Euro gem. Nr. 14151 KV GNotKG; die Löschung ist gebührenfrei.

II. Erbteilsverpfändung

1. Formpflicht

Gem. §§ 873, 1274, 2033 Abs. 1 Satz 2 BGB bedarf die Erbteilsverpfändung als vertragliche Vereinbarung zwischen Miterbe und Pfandgläubiger der **notariellen Beurkundung**. Insbesondere ist eine einseitig erklärte, öffentlich beglaubigte Pfandrechtsbestellung durch den Miterben im Hinblick auf § 2033 Abs. 1 Satz 2 BGB nicht ausreichend. 14

2. Rechtswirkung

Bei einer Erbteilsverpfändung handelt es sich um keine rechtsgeschäftliche Verfügungsbeschränkung, die nach § 137 BGB überdies unzulässig wäre, sondern um die Belastung des Erbteils mit einem dinglichen Recht, das die Rechte des Miterben entsprechend vermindert (RGZ 90, 236). Die Eintragung der Erbteilsverpfändung führt weder zu einer dinglichen Belastung des Miterbenanteils an dem betroffenen Nachlassgrundstück noch zu einer pfandrechtlichen Belastung des Grundstücks selbst, die nach den Vorschriften des BGB ausschließlich durch Hypothek, Grundschuld oder Rentenschuld erfolgen könnte. Das Pfandrecht an dem Erbteil bewirkt jedoch eine **Ver-** 15

fügungsbeschränkung für sämtliche Miterben, die gem. §§ 135, 892 Abs. 1 Satz 2, 1276 BGB den gutgläubigen Erwerb des Grundstücks zum Nachteil des Erbteilspfandgläubigers ausschließt (KG JFG 17, 38, 40 ff.). Diese Verfügungsbeschränkung hat jedoch keine absolute, sondern lediglich relative Wirkung, da die Verfügung über das Nachlassgrundstück nur demjenigen gegenüber unwirksam ist, dessen Schutz die Veräußerungsbeschränkung bezweckt, während sie anderen Personen (auch den verfügenden Miterben) gegenüber wirksam ist und schlechthin absolut wirksam wird, wenn das Erbteilspfandrecht wegfallen oder der Erbteilspfandgläubiger der Verfügung nachträglich zustimmen würde (BayObLG JFG 4, 297, 300). Sobald die Erbteilsverpfändung im Grundbuch eingetragen ist, wird der Pfandgläubiger gegen Beeinträchtigungen geschützt und darf der Grundstückserwerb ohne Nachweis seiner Zustimmung eingetragen werden, obwohl dieser Erwerb ihm gegenüber unwirksam ist. Unzulässig sind nur Löschungen eines Rechts auf Grund der Bewilligung des in der Verfügung Beschränkten, weil mit der Löschung auch die Schutzwirkung des eingetragenen Pfandvermerks hinfällig würde. Die Verpfändung des Erbteils **hindert** auch die **Aufhebung der Erbengemeinschaft** im Wege der Auseinandersetzung des Nachlasses, wenn der Pfandgläubiger nicht zustimmt. Eine ohne seine Zustimmung vorgenommene Auseinandersetzung ist ihm gegenüber unwirksam, weil damit sein Erbteilspfandrecht hinfällig würde (KG JFG 17, 38, 40 ff.). Die Übertragung des Erbanteils als solchem lässt das Erbteilspfandrecht unberührt, solange sich nicht sämtliche Erbteile in einer Hand vereinigen. Das Pfandrecht geht als Belastung des Erbteils auf den Erwerber über, auch wenn er es nicht gekannt hat und wenn es nicht im Grundbuch eingetragen ist. Die Vereinigung sämtlicher Erbanteile in einer Hand ist dem Erbteilspfandgläubiger, der nicht zustimmt, gegenüber unwirksam, da dem Erbteilspfandrecht andernfalls das Substrat entzogen würde, indem sämtliche Nachlassgegenstände dem Erwerber wie einem Alleinerben gehören würden und er von nun an nicht mehr nur über einen ehemaligen Miterbenanteil, sondern nur noch über die einzelnen Gegenstände des Nachlasses verfügen kann, da es keine „Ein-Mann-Erbengemeinschaft" gibt (RGZ 88, 116; 134, 299). Ebenso wie die Verpfändung eines Miterbenanteils rechtsgeschäftlich vereinbart werden kann, ist der Anteil eines Miterben am Nachlass auch der Pfändung gem. § 859 Abs. 2 ZPO unterworfen.

3. Grundbucheintragung

16 Sowohl die **Verpfändung** als auch die **Pfändung** eines Miterbenanteils, zu dem ein Grundstück gehört, können daher in das entsprechende Grundbuch im Wege der Grundbuchberichtigung eingetragen werden (BayObLG Rpfleger 1960, 157, 158 ff.).

M 95.2 Erbteilsverpfändung

(Notarielles Beurkundungsprotokoll)

Erbteilsverpfändung

(Urkundeneingang)

§ 1

... (Vor- und Nachname des seinen Erbteil verpfändenden Miterben) ist auf Grund gemeinschaftlichen Erbscheins des Amtsgerichts/Notariats – Nachlassgericht – ... (Ort) vom ... (Datum der Erteilung des Erbscheins), Az.: ... (Aktenzeichen des Nachlassgerichts), zu ½ Erbteil Miterbe des am ... (Sterbedatum) verstorbenen Erblassers ... (Vor- und Nachname des Erblassers), zuletzt wohnhaft gewesen in ... (letzter Wohnort des Erblassers). Der Nachlass ist noch nicht auseinander gesetzt.

§ 2

... (Vor- und Nachname des den Erbteil verpfändenden Miterben) schuldet der Stadt ... (Ort) als Rechtsnachfolgerin des Landeswohlfahrtsverbandes ... (Region) die Rückzahlung der darlehensweise gewährten Sozialhilfeleistungen gem. Bescheid des Landeswohlfahrtsverbandes ... (Region) vom ... (Erstellungsdatum des Sozialhilfebescheides), der in Kopie als Anlage dieser Urkunde angesiegelt ist, der mitverlesen wurde und auf den bezugnehmend verwiesen wird.

§ 3

Zur Sicherung dieses Rückzahlungsanspruchs verpfändet ... (Vor- und Nachname des seinen Erbteil verpfändenden Miterben) der Stadt ... (Ort) als Rechtsnachfolgerin des Landeswohlfahrtsverbandes ... (Region) hiermit ihren vorgenannten Erbteil. Die Stadt ... (Ort) nimmt diese Verpfändung hiermit an.

§ 4

Zum Nachlass des Erblassers gehört das im Grundbuch von ... (Ort) Blatt Nr. ... gebuchte Flurstück Nr. ... (Flurstücknummer) Gebäude- und Freifläche, ... (genauer Grundbuchbeschrieb). Die Erbengemeinschaft ist bereits als Eigentümer des Grundbesitzes im Grundbuch eingetragen[1]*. Hiermit wird die Eintragung der Erbteilsverpfändung zu Lasten des vorstehend genannten Erbteils beim o.g. Grundbesitz im Grundbuch beantragt.*

§ 5

Sämtliche Kosten trägt ... (Vor- und Nachname des den Erbteil verpfändenden Miterben) soweit nicht nach § 64 Abs. 2 SGB X Gebührenfreiheit besteht.

§ 6

Die Erschienenen wurden ua. über das Wesen der Erbteilsverpfändung belehrt. Um die Verpfändung gegenüber dem anderen Miterben praktisch wirksam zu machen, muss der Pfandgläubiger diesen von der Verpfändung benachrichtigen, damit der andere Miterbe die Zustimmung des Pfandgläubigers zu einer Verfügung über einzelne Nachlassgegenstände einholt und ihn bei der Auseinandersetzung zuzieht.
(weitere Belehrungshinweise; Vollmacht; Anträge)
(Schlussformel)
... (Unterschriften)

1 Sollte die Eintragung noch nicht erfolgt sein, ist an dieser Stelle unter Vorlage eines Erbnachweises gem. § 35 GBO die Grundbuchberichtigung zu beantragen.

Kosten: *Notargebühr:* 2,0-Gebühr gem. Nr. 21100 KV GNotKG. Geschäftswert gem. § 53 Abs. 2 GNotKG (Betrag der Forderung oder höherer Wert des Erbteils).

Gerichtsgebühr: keine

III. Verpflichtung zur Übertragung eines künftigen Erbteils durch Erbschaftsvertrag

Ist eine Mitwirkung des **noch lebenden Erblassers** an einer Regelung zur Verteilung des künftigen Nachlasses auf seinen Tod mangels Testierfähigkeit oder Bereitschaft nicht möglich, besteht gleichwohl oftmals ein praktisches Bedürfnis für eine entsprechende Vereinbarung zwischen den voraussichtlichen künftigen Erben, um die eigene Vermögensplanung gestalten zu können. Gem. § 311b Abs. 5 BGB sind als Ausnahme der grundsätzlichen Unwirksamkeit von Verträgen über den Nachlass noch lebender Dritter nach § 311b Abs. 4 BGB Verträge, die unter künftigen gesetzlichen Erben über den gesetzlichen Erbteil oder den Pflichtteil eines von ihnen geschlossen werden, zulässig. Sie bedürfen zu ihrer Wirksamkeit der notariellen Beurkundung. Trotz des missverständlichen Wortlauts sind danach auch Erbschaftsverträge zulässig, die testamentarische Erbteile zum Gegenstand haben, soweit diese die ohne das Testament bestehende gesetzliche Erbquote der betroffenen künftigen Erben quantitativ nicht übersteigen (BGHZ 104, 279, 280). 17

➲ **Wichtig:** Es sollte ausdrücklich darauf hingewiesen werden, dass ein derartiger Verpflichtungsvertrag **keinerlei Sicherheit** für den beabsichtigten späteren Vollzug und die dann tatsächliche Zusammensetzung des Nachlasses gewährt. Insbesondere kann vorab nicht sicher geklärt werden, ob der sich zur Übertragung des Erbteils verpflichtende Miterbe letztlich überhaupt und in der zugrundegelegten Höhe Erbe wird. Weiter ist zu bedenken, dass eine 18 derartige Regelung meist in den Fällen Bedeutung erlangt, in denen der künftige Erblasser nicht mehr testierfähig ist. Dann drohen wegen des Gesundheitszustandes des künftigen Erblassers in der Folgezeit zumeist Zugriffe von Sozialhilfeträgern auf das künftige Nachlassvermögen. Es ist damit bei Abschluss des Erbschaftsvertrages häufig nicht absehbar, welchen Wert der künftige zu übertragende Erbteil haben wird. Dies wird insbesondere bei der Bemessung der Gegenleistungsverpflichtung zu Schwierigkeiten führen.

M 95.3 Erbschaftsvertrag – Verpflichtung zur Übertragung eines künftigen testamentarischen Erbteils, der die gesetzliche Erbquote nicht übersteigt

Verpflichtungsvertrag über künftigen Erbteil

(Notarielles Beurkundungsprotokoll)

(Urkundeneingang)

§ 1

Durch notarielles Testament vom … (Errichtungsdatum), Notar … (Name des beurkundenden Notars), UR … (Urkundenrollennummer), haben sich die Eheleute … (Vor- und Nachname beider Eheleute) gegenseitig, der Erstversterbende den Längstlebenden zu Alleinerben sowie der Längstlebende auf seinen Tod die beiden Kinder, die Tochter … (Vor- und Nachname der Tochter) und den Sohn … (Vor- und Nachname des Sohnes), zu untereinander gleichen Teilen zu Schlusserben, ersatzweise die Abkömmlinge eines wegfallenden Schlusserben nach den Regeln der gesetzlichen Erbfolge erster Ordnung eingesetzt, wiederum ersatzweise ist Anwachsung angeordnet. Sämtliche Verfügungen sind wechselbezüglich mit bindender Wirkung angeordnet. Eine Abänderungsbefugnis für den längstlebenden Ehegatten ist nicht vorgesehen.

Der Ehemann ist verstorben. Die Ehefrau ist demnach Alleinerbin geworden. Sie ist auf Grund einer schweren Demenzerkrankung nicht mehr testierfähig.

Die beiden Kinder beabsichtigen eine Regelung dergestalt, dass die Schwester ihren künftigen Erbteil an ihren Bruder gegen eine Abfindungszahlung iHv. … (Geldbetrag) überträgt. Die Mutter ist durch umfangreiche Pensionsansprüche und Zusatzpflegeversicherung nach Angaben der Beteiligten auch im Falle einer schweren Pflegebedürftigkeit dergestalt abgesichert, dass auf das sonstige Vermögen nicht Zugriff genommen werden muss. Zum Vermögen der Mutter gehört ua. ein nach Abt. II und III lastenfreier Grundbesitz in … (genauer Grundstücksbeschrieb).

§ 2

Auf Grund der im vorstehenden Testament vereinbarten wechselbezüglichen Bindungswirkung einerseits und des Wegfalls der Testierfähigkeit der Erblasserin andererseits gehen die Beteiligten … (Vor- und Nachname beider Geschwister) davon aus, dass sie zu jeweils ½ Erbteilen Erben ihrer Mutter werden. Ihnen ist jedoch bekannt, dass die hier getroffene Regelung im Hinblick auf § 311b Abs. 5 BGB nur begrenzte, rein schuldrechtliche Wirkung entfalten kann. Die nachstehend vereinbarte Verpflichtung zur Erbteilsübertragung kann insbesondere nur dann erfüllt werden, wenn die sich zur Übertragung verpflichtende … (Vor- und Nachname der Schwester) im o.g. Umfang Schlusserbin wird.

§ 3

Frau … (Vor- und Nachname der Schwester) verpflichtet sich hiermit, an ihren Bruder … (Vor- und Nachname des Bruders) ihren künftigen Erbteil von ½ am künftigen Nachlass ihrer Mutter … (Vor- und Nachname der Mutter) nach § 2033 BGB zu übertragen.

§ 4

Als Gegenleistung schuldet … (Vor- und Nachname des Bruders) seiner Schwester … (Vor- und Nachname der Schwester) einen Geldbetrag iHv. … (Geldbetrag). Zur Wertsicherung bis zur Leis-

tungserbringung wird folgende Leistungsvorbehaltsklausel vereinbart: Ändert sich künftig der vom Statistischen Bundesamt festgestellte Verbraucherpreisindex für Deutschland (Basis 2005 = 100) im Vergleich zum Index im Zeitpunkt dieses Vertragsabschlusses oder jeder Neufestlegung, so soll dies zu einer Neubestimmung des geschuldeten Betrages führen. Beide Parteien sind zur Mitwirkung bei dieser Neubestimmung unverzüglich verpflichtet. Eine Neufestlegung des Betrages kommt solange nicht in Frage, als die Änderung auf Grund des genannten Indexes weniger als 5 % des zuletzt geschuldeten Betrages ausmacht. Der Anspruch auf Anpassung des geschuldeten Betrages ist durch Einschreibbrief geltend zu machen. Kommt eine Einigung weder über den Grund noch die Höhe des Anpassungsanspruchs innerhalb von drei Monaten nach dessen Geltendmachung zu Stande, so soll ein Gremium von drei Gutachtern darüber durch Mehrheitsbeschluss nach billigem Ermessen entscheiden. Sie sollen dabei, soweit sachdienlich, die Entwicklung des genannten Indexes berücksichtigen. Jeder Vertragsteil hat unverzüglich nach Ablauf der Frist einen Gutachter zu bestellen. Der dritte Gutachter wird auf Antrag einer Partei oder eines Gutachters von der Handwerkskammer in ... (Ort) bestellt. Im Übrigen gelten die §§ 315 ff. BGB. Die Vereinbarung ist ggf. wiederholt anwendbar.

§ 5

Nach dem Tod der Erblasserin ... (Vor- und Nachname der Mutter) haben beide Vertragsbeteiligten unverzüglich einen Notartermin zu vereinbaren, in dem zum Vollzug der heute eingegangenen Verpflichtung ein Erbteilsübertragungsvertrag zu beurkunden ist. Bereits heute wird vereinbart, dass darin eine wechselseitige Absicherung gegenseitiger Vorleistungsrisiken im üblichen Rahmen vorgesehen werden soll (sofortige Grundbuchberichtigung nach Erbteilsübertragung, hilfsweise Eintragung eines Widerspruchs gem. § 899 BGB gegen die Richtigkeit des Grundbuches zum Schutze des Käufers, falls die Grundbuchberichtigung nicht sofort möglich sein sollte; Löschung des Widerspruchs Zug um Zug mit der beantragten Grundbuchberichtigung; Eintragung einer Verfügungsbeschränkung zum Schutz des Verkäufers gleichzeitig mit Vollzug der Grundbuchberichtigung, die auflösend bedingt um den endgültigen Wegfall des Rücktrittsrechts des Verkäufers vereinbart ist; Löschung der Verfügungsbeschränkung, sobald der vereinbarte Zahlungsbetrag beim Verkäufer eingeht; Fälligkeit des vereinbarten Zahlungsbetrages erst nach Eintragung eines Widerspruchs bzw. der Grundbuchberichtigung im Grundbuch; Rücktrittsrecht des Verkäufers vom Vertrag bei nicht fristgerechter Zahlung).

(Kosten; Anträge)

(Schlussformel)

... (Unterschriften)

Kosten: *Notargebühr:* 2,0-Gebühr gem. Nr. 21100 KV GNotKG. Geschäftswert gem. § 97 Abs. 3, 38 GNotKG (Wert des Erbanteils ohne Schuldenabzug oder höherer Wert der Gegenleistung).

D. Arbeitsrecht

1. Abschnitt. Arbeitsrechtliche Grundlagen

Kapitel 96 Grundlagen des Arbeitsrechts

Literatur: *Bauer/Lingemann/Diller/Haußmann*, Anwalts-Formularbuch Arbeitsrecht, 6. Aufl. 2015; *Dieterich/Müller-Glöge/Preis/Schaub*, Erfurter Kommentar zum Arbeitsrecht (zitiert: ErfK), 15. Aufl. 2015; *Henssler/Willemsen/Kalb*, Arbeitsrecht Kommentar (zitiert: HWK), 6. Aufl. 2015; *Richardi/Wlotzke*, Münchener Handbuch zum Arbeitsrecht (zitiert: MünchHdb. ArbR), 3. Aufl. 2009; *Schaub/Koch/Linck*, Arbeitsrechts-Handbuch, 15. Aufl. 2013; *Tschöpe*, Anwalts-Handbuch Arbeitsrecht, 9. Aufl. 2015.

Unter dem **Begriff Arbeitsrecht** versteht man die Summe der rechtlichen Vorschriften, die sich 1
mit der Arbeit beschäftigen, die in abhängiger Tätigkeit geleistet wird. Man unterscheidet zwischen Individual- und Kollektivarbeitsrecht. Die Regeln, die das Verhältnis von Arbeitgebern und Arbeitnehmern bestimmen, unterfallen dem Individualarbeitsrecht. Dieses Verhältnis hat seine Grundlage im Arbeitsvertrag. Das Arbeitsrecht bezieht sich aber auch auf das Verhältnis des Arbeitgebers zu den im gleichen Betrieb zusammengeschlossenen Mitarbeitern und auf die Verhältnisse der Arbeitnehmer- und Arbeitgeberzusammenschlüsse und ihre Rechtsbeziehung zueinander sowie auf das Verhältnis der Arbeitsvertragspartei und ihrer Verbände zum Staat. Diese Rechtsverhältnisse gehören zum Kollektivarbeitsrecht.

Das Arbeitsrecht geht vom zentralen **Begriff des Arbeitnehmers** aus. Allgemein wird formuliert: 2
„Arbeitnehmer ist, wer auf Grund privatrechtlichen Vertrages oder eines ihm gleichgestellten Rechtsverhältnisses im Dienst eines anderen zur Leistung weisungsgebundener, fremdbestimmter Arbeit in persönlicher Abhängigkeit verpflichtet ist" (BAG NZA 2004, 39). Arbeit ist dabei im wirtschaftlichen Sinne zu verstehen. Es ist jede Betätigung oder jedes Verhalten, das zur Befriedigung eines Bedürfnisses dient und im Wirtschaftsleben als Arbeit qualifiziert wird. Die Verpflichtung zur Arbeitsleistung muss auf einem privatrechtlichen Vertrag oder einem gleichgestellten Verhältnis beruhen. Deshalb sind zB die Strafgefangenen und die in einer Heil- und Pflegeanstalt Untergebrachten, die Fürsorgezöglinge, Rote-Kreuz-Schwestern usw. keine Arbeitnehmer. Auch die sog. „Ein-Euro-Jobber" sind keine Arbeitnehmer (vgl. § 16 Abs. 3 Satz 2 SGB II). Die Arbeit muss zudem im Dienst eines Anderen in persönlicher Abhängigkeit geleistet werden. Dadurch unterscheidet sich der Arbeitsvertrag als eine Form des Dienstvertrages vom **freien Dienstvertrag**. Für die Abgrenzung kommt es auf die Art und Weise der Erbringung der Dienstleistung und die wirtschaftliche Stellung des Leistenden an. Wesentliches Merkmal ist die persönliche bzw. die wirtschaftliche Abhängigkeit (vgl. Erman/Edenfeld § 611 BGB Rz. 4). Für die Abgrenzung eines freien Dienstvertrages vom Arbeitsvertrag besteht Rechtsformzwang (BAG AP § 611 Abhängigkeit). Die **rechtliche Einordnung** des Beschäftigungsverhältnisses steht nicht zur Disposition der Beteiligten, sondern wird auf Grund der objektiven Merkmale der verschiedenen Vertragstypen entschieden (vgl. Erman/Edenfeld § 611 BGB Rz. 9; vgl. auch zur Abgrenzung von abhängiger Beschäftigung zur Selbständigkeit Kap. 97 Rz. 51 ff.).

Von den Arbeitnehmern sind die **arbeitnehmerähnlichen Personen** abzugrenzen. Darunter wer- 3
den Dienstleistende verstanden, die mangels persönlicher Abhängigkeit keine Arbeitnehmer, aber wegen ihrer wirtschaftlichen Abhängigkeit auch keine Unternehmer sind. Zu ihnen gehören vor allem Heimarbeiter, Hausgewerbebetreibende, Handelsvertreter. Das Arbeitsrecht ist auf arbeitnehmerähnliche Personen nur teilweise anwendbar; sie haben zB einen Urlaubsanspruch nach §§ 2 Satz 2, 1 BUrlG.

Entsprechend dem Wesen des Arbeitsrechts sind seine **Rechtsgrundlagen** vielfältig: Zu nennen ist 4
hier zunächst das **internationale Arbeitsrecht**. Darunter versteht man einerseits das von mehreren

Staaten vereinbarte Arbeitsrecht, das in ihrem Gebiet gleichmäßig gilt (Völkerrecht), zum anderen aber auch die Gesamtheit arbeitsrechtlicher Kollisionsnormen (vgl. HWK/Strick Art. 27, 30, 34 EGBGB Rz. 1 ff.). Daneben übt das Arbeitsrecht der **Europäischen Union** großen Einfluss auf das nationale Arbeitsrecht aus. Hierzu zählen neben dem primären Gemeinschaftsrecht, die Verordnungen und Richtlinien der EU. Im **Grundgesetz** finden sich Bestimmungen über die Gesetzgebungsbefugnis des Bundes und der Länder (Art. 70 ff. GG) sowie bestimmte allgemeine Grundsätze. Darüber hinaus enthalten zahlreiche **Gesetze und Verordnungen** des Bundes und der Länder arbeitsrechtliche Regelungen. Auf Grund seiner historischen Entwicklung weist das Arbeitsrecht in Deutschland eine erhebliche Zersplitterung und Unübersichtlichkeit aus. Die wichtigsten arbeitsrechtlichen Gesetze sind auch auf der Homepage des Bundesministeriums für Arbeit (www. bmas.bund.de) zu finden. Als Rechtsquelle sind zudem **Tarifverträge** von großer Bedeutung. Unsere Verfassung geht vom Grundsatz der Tarifautonomie (Art. 9 Abs. 3 GG) aus. Der Staat hat damit einen Teil seiner Rechtsetzungsbefugnis auf die Tarifparteien übertragen. Daneben sind auch **Betriebsvereinbarungen** Rechtsquellen des Arbeitsrechts. Die Mitbestimmung und Mitwirkung des Betriebsrats als Organ der Arbeitnehmer wird in erster Linie durch den Abschluss von Betriebsvereinbarungen realisiert. Das zentrale Gestaltungsmittel des Arbeitsverhältnisses ist jedoch der **Arbeitsvertrag** (vgl. hierzu Kap. 97 Rz. 10 ff.). Letztlich beeinflussen auch die sog. **betriebliche Übung** und das **Richterrecht** das Arbeitsverhältnis.

5 Für den Betriebspraktiker gliedert sich das Arbeitsrecht in fünf große **Systembereiche:**

(1) Rechtsnormen, die das Verhältnis von Arbeitgeber zu Arbeitnehmer regeln

(2) Vorschriften, die der Staat im öffentlichen Interesse zum Schutz des Arbeitnehmers erlassen hat

(3) Rechtsnormen, die das Verhältnis der Verbände zueinander und ihre Rechtsetzungsbefugnis regeln

(4) Betriebs- und Unternehmensverfassungsrecht

(5) Arbeitsverfahrensrecht

2. Abschnitt. Individualarbeitsrecht

Kapitel 97 Recht des Arbeitsvertrags

Literatur: *Annuß*, AGB-Kontrolle im Arbeitsrecht: Wo geht die Reise hin?, BB 2002, 458; *Annuß*, Tarifbindung durch arbeitsvertragliche Bezugnahme?, ZfA 2005, 405; *Bauer/Haußmann*, Schöne Bescherung: Abschied von der Gleichstellungsabrede!, DB 2005, 2815; *Clemenz/Kreft/Krause*, AGB-Arbeitsrecht, 2013; *Däubler*, Die Auswirkungen der Schuldrechtsmodernisierung auf das Arbeitsrecht, NZA 2001, 1329; *Fischer*, Die formularmäßige Abbedingung des Beschäftigungsanspruchs des Arbeitnehmers während der Kündigungsfrist, NZA 2004, 233; *Gotthardt*, Der Arbeitsvertrag auf dem AGB-rechtlichen Prüfstand, ZIP 2002, 277; *Hanau*, Neueste Rechtsprechung zum flexiblen Arbeitsverhältnis: Erfurter Allerlei oder neues Rezept?, ZIP 2005, 1661; *Hanau/Hromadka*, Richterliche Kontrolle flexibler Entgeltregelungen in Allgemeinen Arbeitsbedingungen, NZA 2005, 73; *Hümmerich*, Gestaltung von Arbeitsverträgen nach der Schuldrechtsreform, NZA 2003, 753; *Hümmerich*, Arbeitsrecht, 8. Aufl. 2014; *Krieger/Arnold*, Urlaub erster und zweiter Klasse – Das BAG folgt der Schultz-Hoff-Entscheidung des EuGH, NZA 2009, 530; *Lingemann*, Allgemeine Geschäftsbedingungen und Arbeitsvertrag, NZA 2002, 181; *Preis*, Der Arbeitsvertrag, 5. Aufl. 2015; *Schaub*, Ist die Frage nach der Schwerbehinderung zulässig?, NZA 2003, 299; *Scherer*, Verträge mit Praktikanten, NZA 1986, 280; *Thüsing/Lambrich*, AGB-Kontrolle arbeitsvertraglicher Bezugnahmeklauseln, NZA 2002, 1361; *Wiedemann/Thüsing*, Der Schutz älterer Arbeitnehmer und die Umsetzung der Richtlinie 2000/78/EG, NZA 2002, 1234; s. auch die Literaturhinweise zu Kap. 96.

I. Anbahnung des Arbeitsverhältnisses

1. Allgemeines

1 Der **Arbeitsvertrag** ist ein privatrechtlicher Vertrag auf Grundlage der §§ 611–630 BGB. Es gilt der Grundsatz der Vertragsfreiheit, dh., dass der Arbeitgeber auch bei der Auswahl seines Vertragspartners grundsätzlich frei ist. Aufgrund verfassungsrechtlicher und europarechtlicher Vorgaben findet die Vertragsfreiheit allerdings ihre Grenzen in den Diskriminierungsverboten. Zudem hat der Gesetzgeber durch das „Gesetz zur Stärkung der Tarifautonomie", durch das ein flächendeckender Mindestlohn ab 1.1.2015 eingeführt wird, die Privatautonomie wieder deutlich eingeschränkt.

2 Die europäischen Antidiskriminierungsrichtlinien wurden durch das **Allgemeine Gleichbehandlungsgesetz** (AGG v. 14.8.2006, BGBl. I 1897) im deutschen Recht umgesetzt (s. auch Kap. 104 Rz. 11 ff.). Das AGG verbietet bereits bei der Auswahl der Beschäftigten und Begründung des Arbeitsverhältnisses Benachteiligungen aus Gründen

- der Rasse
- der ethnischen Herkunft
- des Geschlechts
- der Religion oder Weltanschauung
- einer Behinderung
- des Alters
- der sexuellen Identität.

3 Ein entsprechendes Diskriminierungsverbot für Schwerbehinderte findet sich auch in § 81 Abs. 2 SGB IX, der auf die Regelungen des AGG verweist. Verboten sind sowohl die unmittelbare als auch die mittelbare Benachteiligung, wobei Letztere durch ein rechtmäßiges Ziel sachlich gerechtfertigt sein kann, wenn auch die Mittel zur Erreichung dieses Ziels angemessen und erforderlich sind (§ 3 Abs. 2 AGG). Eine unterschiedliche Behandlung ist gem. § 8 Abs. 1 AGG wegen eines in § 1 AGG genannten Merkmals nur zulässig, wenn an einen Grund angeknüpft wird, der wegen der Art der auszuübenden Tätigkeit oder der Bedingung ihrer Ausübung eine wesentliche und entscheidende berufliche Anforderung darstellt, sofern der Zweck rechtmäßig und die Anforderung angemessen ist. In § 9 AGG findet sich zudem eine Ausnahme für Religionsgemeinschaften. In § 10 Nr. 1–6 AGG sind in Bezug auf Benachteiligungen wegen des Alters zulässige Rechtfertigungsgründe genannt. § 10 Nr. 1–4 AGG entsprechen den zulässigen Differenzierungskriterien, die auch in den Richtlinien enthalten sind. Die Nr. 5, 6 hat der deutsche Gesetzgeber zusätzlich eingefügt. Da diese Rechtfertigungsgründe nicht europarechtlich vorgegeben sind, bleibt abzuwarten, ob und gegebenenfalls unter welchen weiteren Voraussetzungen diese von der Rechtsprechung des EuGH anerkannt werden (FD-ArbR 2009, 280043, Anm. zu EuGH: Ungleichbehandlung).

4 Der Verstoß eines Arbeitgebers gegen seine Verpflichtungen bzw. Verhaltensanforderungen nach dem AGG führt zu einer **Schadensersatz**- und ggf. zu einer **Entschädigungspflicht** (§ 15 AGG) (vgl. zum AGG Nicolai AnwBl. 2006, 563; Annuß BB 2006, 1629; Wisskirchen DB 2006, 1491; Bauer/Thüsing/Schunder NZA 2006, 774, Walker, NZA 2009, 1). Einen Anspruch auf Einstellung vermittelt das AGG dagegen nicht.

5 ➲ **Wichtig:** Verstößt der Arbeitgeber bei der Anbahnung von Arbeitsverhältnissen gegen das AGG, kann dies gravierende wirtschaftliche Folgen wegen der Schadensersatz- bzw. Entschädigungspflicht nach § 15 AGG haben. Aufgrund der Beweiserleichterung in § 22 AGG, nach der der Anspruchsteller nur Indizien, die eine Benachteiligung wegen eines in § 1 AGG genannten Merkmals vermuten lassen, vortragen muss, bestehen gerade bei **Stellenausschreibungen** und **Fragebögen**, aber auch bei **Auswahlgesprächen** besondere Haftungsrisiken. Weist der Arbeitgeber etwa in einer Stellenausschreibung nur mittelbar auf eine Altersgrenze hin (zB: „Junges Team sucht"), so wird bereits vermutet, dass eine Benachteiligung wegen des Alters vorliegt. Der Arbeitgeber trägt dann die volle Beweislast dafür, dass eine Benachteiligung nicht vorliegt (vgl. Annuß BB 2006, 1629, 1635 f.).

2. Personalfragebogen

6 Personalfragebogen stellen ein zulässiges Mittel des Arbeitgebers dar, vor der Einstellung des Arbeitnehmers von diesem Informationen zu erlangen, die im Zusammenhang mit der in Aussicht gestellten Beschäftigung stehen (der Personalfragebogen muss von dem Einstellungsbogen unterschieden werden, in dem der Arbeitgeber **nach Unterzeichnung** des Arbeitsvertrages Daten des Arbeitnehmers erhebt).

7 Das Persönlichkeitsrecht und die Individualsphäre des Bewerbers bilden die Grenze des Fragerechts. Der Arbeitgeber muss ein berechtigtes, billigenswertes und schutzwürdiges Interesse an der Beantwortung seiner Fragen im Hinblick auf das Arbeitsverhältnis haben (BAG AP Nr. 31 § 123 BGB). Die Unzulässigkeit einer Frage führt dazu, dass der Arbeitnehmer die Frage nicht nur nicht beantworten muss, sondern sogar ein „Recht zur Lüge" hat (ErfK/Preis § 611 BGB Rz. 334).

8 ➲ **Wichtig:** Wie bei der Formulierung von Ausschreibungen muss der Arbeitgeber auch bei Personalfragebogen die Regelungen des Allgemeinen Gleichbehandlungsgesetzes (AGG) beachten. Der Arbeitgeber darf in der Regel nicht nach einem unzulässigen Differenzierungsmerkmal fragen, es sei denn, die Ungleichbehandlung ist durch das AGG selbst gerechtfertigt. Da in der Verwendung unzulässiger Fragen im Personalfragebogen eine Benachteiligung liegen kann, besteht die Gefahr, dass der Arbeitgeber sich entschädigungspflichtig und/oder schadensersatzpflichtig (§ 15 AGG) macht.

9 Gem. § 94 Abs. 1 BetrVG bedarf die Einführung bzw. Änderung von Personalfragebogen der Zustimmung des Betriebsrats (s. Kap. 105 Rz. 4 und **M 105.2**).

Falls ein Arbeitnehmer eine zulässige Frage bewusst falsch oder unvollständig beantwortet, kann der Arbeitsvertrag vom Arbeitgeber wegen arglistiger Täuschung nach § 123 BGB angefochten werden. Daneben kann eine außerordentliche Kündigung nach § 626 BGB in Betracht kommen.

M 97.1 Personalfragebogen

Ich bewerbe mich um die Einstellung als . . .

I. Angaben des Bewerbers zur Person

Name: . . .

Vorname: . . .

Geburtsname: . . .

Wohnort: . . .

Straße: . . .

Tel.-Nr.: . . .

Geburtstag[1]*: . . .*

Geburtsort: . . .

Aufenthaltserlaubnis erforderlich: ja/nein gültig bis . . .

Arbeitserlaubnis erforderlich: ja/nein gültig bis . . .

Bei minderjährigen Arbeitnehmern Name und Anschrift des bzw. der gesetzlichen Vertreter: . . .

II. Persönliche Verhältnisse des Bewerbers/Bewerberin[2]

1. Leiden Sie an einer Körper- oder Schwerbehinderung, die die Ausübung der für Sie in Aussicht genommenen Tätigkeit ausschließt[3]*?*

2. Leiden Sie an chronischen oder anderen Erkrankungen, durch die die Tauglichkeit für die vorgesehene Tätigkeit erheblich eingeschränkt ist[4]*?*

3. a) Sind Sie bereit, sich auf Kosten der Firma im Hinblick auf die unter II.1 und 2 genannten Fragen untersuchen zu lassen?

b) Entbinden Sie den untersuchenden Arzt insoweit von der ärztlichen Schweigepflicht?

1 **Hinweis:** Ob eine Frage nach dem Lebensalter noch zulässig ist, ist zweifelhaft. Eine Diskriminierung von Beschäftigten auf Grund des Lebensalters ist nicht zulässig, es sei denn, das Alterskriterium ist wesentliche und entscheidende berufliche Anforderung, wie etwa bei Polizisten, Feuerwehrmännern und Piloten (vgl. Wiedemann/Thüsing NZA 2002, 1234).

2 Das allgemeine Persönlichkeitsrecht und die Würde des Menschen (Art. 1 Abs. 1 GG) sind zu wahren. Es sind deshalb nur Fragen zulässig, bei denen ein erkennbarer Zusammenhang mit dem Arbeitsverhältnis besteht. Unzulässig ist allerdings die Frage nach einer etwaigen Gewerkschaftszugehörigkeit. Zu Fragemöglichkeiten bei (vermeintlichen) Scientologen vgl. ErfK/Preis, § 611 BGB Rz. 274.

3 **Hinweis:** Ob die Frage nach der Schwerbehinderteneigenschaft zulässig ist, hat das BAG offen gelassen BAG NZA 2012, 34. Im Hinblick auf das Benachteiligungsverbot im AGG sowie in § 81 Abs. 2 SGB IX, nach dem der Arbeitgeber schwerbehinderte Beschäftigte nicht benachteiligen darf, es sei denn, dass eine Vereinbarung oder eine Maßnahme die Art der von dem Schwerbehinderten auszuübenden Tätigkeit zum Gegenstand hat und eine bestimmte körperliche Funktion, geistige Fähigkeit oder seelische Gesundheit wesentliche und entscheidende berufliche Anforderung für diese Tätigkeit ist, ist die Frage nach der Behinderung nach hM grundsätzlich unzulässig (ErfK/Preis, § 611 BGB Rz. 274). Nur dann, wenn das Fehlen einer Schwerbehinderung eine unerlässliche Voraussetzung für die Ausübung der konkret in Aussicht gestellten Tätigkeit ist, kann danach gefragt werden (Schaub NZA 2003, 299, 300; HWK/Thüsing § 123 BGB Rz. 26).

Hinweis: Das BAG hält symptomlose HIV-Infektion (Aids) ebenfalls für eine Behinderung BAG – 19.12.2013 – 6 AZR 190/12). Arbeitgeber sollten danach nicht fragen!

4 Fragen nach früheren Erkrankungen sind nur in diesem eingeschränkten Umfang zulässig.

4. Für Jugendliche: Sind Sie, sofern Sie in das Berufsleben eintreten, innerhalb der letzten neun Monate, sonst innerhalb der letzten zwölf Monate ärztlich untersucht worden?

5. Üben Sie eine ehrenamtliche Tätigkeit aus?

III. Ausbildung

Schulbildung: ... Abschluss: ... Hochschulstudium: ...

Berufsausbildung als ...

Bei welcher Firma: ...

Welche Abschlussprüfungen haben Sie abgelegt? ...

Haben Sie Fortbildungsveranstaltungen besucht? ...

Welche? ...

Haben Sie Kenntnisse in Fremdsprachen? ...

Sind Sie im Besitz einer Fahrerlaubnis? ...

Falls ja, welche? ...

Welche besonderen Kenntnisse und Fertigkeiten haben Sie? ...

IV. Nachweis der beruflichen Tätigkeit[5]

1. Beschäftigungsnachweis seit der Ausbildung/der letzten ... Jahre

2. Sind Sie in ungekündigter/gekündigter Stellung/arbeitslos (seit wann)? ...

V. Sozialversicherung

1. In welcher Krankenkasse sind Sie versichert? ...

2. Wollen Sie Mitglied in der Betriebskrankenkasse werden? ...

VI. Sonstiges

1. Welches Gehalt wünschen Sie? ...

2. Wie hoch war Ihr letzter Verdienst[6]*? ...*

3. a) Sind Sie im Hinblick auf die für Sie in Aussicht genommene Tätigkeit einschlägig vorbestraft[7]*? ...*

b) Schwebt gegen Sie ein Ermittlungsverfahren wegen eines im Hinblick auf die Ausübung der vorgesehenen Tätigkeit erheblichen Delikts[8]*? ...*

4. a) Liegen Pfändungen vor? ...

Falls ja, durch wen und in welcher Höhe? ...

b) Haben Sie Ihre Bezüge verpfändet oder im Voraus abgetreten? ...

5. Haben Sie für das laufende Kalenderjahr bereits bei einem früheren Arbeitgeber Urlaub gehabt? ...

6. Wann können Sie die Arbeit aufnehmen? ...

7. Unterliegen Sie irgendwelchen Wettbewerbsbeschränkungen? ...

Inhalt des Wettbewerbsverbots? ...

8. Haben Sie gegen Ihren früheren Arbeitgeber einen Anspruch auf Betriebsrente oder eine unverfallbare Versorgungsanwartschaft? ...

---

5 Fragen danach sind zulässig (LAG Hamm LAGE § 123 BGB Nr. 21; LAG Köln DB 1996, 892).

6 **Hinweis:** Die Frage ist nach Auffassung des BAG (DB 1984, 298) dann unzulässig, wenn die bisherige Vergütung für die neue Stelle keine Aussagekraft hat.

7 **Wichtig:** Die Frage nach Vorstrafen ist nur insoweit zulässig, wie es die Art des zu besetzenden Arbeitsplatzes erfordert. Zulässig ist zB bei Kassierern und Buchhaltern die Frage nach Vorstrafen wegen Vermögens-, bei Kraftfahrern wegen Verkehrsdelikten (Raab RdA 1995, 36; ArbG Münster NZA 1993, 461).

8 Wegen der Unschuldsvermutung ist das Fragerecht hier noch enger als bei der Frage nach Vorstrafen.

Dieser Personalfragebogen wird Bestandteil des Arbeitsvertrages. Unvollständige und unrichtige Angaben berechtigen zur Anfechtung des Arbeitsvertrages oder zur fristlosen Entlassung und verpflichten zum Schadensersatz.

. . . (Unterschrift)

M 97.2 Einwilligung des Arbeitnehmers in eine Eignungsuntersuchung/ärztliche Untersuchung

Hiermit erkläre ich, dass ich mit einer psychologischen Eignungsuntersuchung/einem graphologischen Gutachten[1] und/oder einer werks- oder vertrauensärztlichen Untersuchung[2] einverstanden bin.

Den untersuchenden Arzt entbinde ich von seiner Schweigepflicht, soweit die Auskünfte erforderlich sind, meine Eignung für die Tätigkeit zu beurteilen.

. . . (Unterschrift)

1 Psychologische Testverfahren (vgl. Schmid BB 1981, 1646; Marschner DB 1971, 2260) und graphologische Gutachten (vgl. Michel/Wiese NZA 1986, 505; BAG AP 24 zu § 123 BGB) bedürfen der ausdrücklichen Zustimmung des Bewerbers.

2 Das Verlangen nach einer solchen Untersuchung ist grundsätzlich zulässig. Der Bewerber muss sich zwar nicht untersuchen lassen, er muss dann aber damit rechnen, nicht eingestellt zu werden.
Hinweis: Gemäß §§ 19, 20 GenDG sind genetische Untersuchungen und Analysen vor und nach Begründung des Beschäftigungsverhältnisses grundsätzlich unzulässig. Eine Ausnahme enthält § 20 Abs. 2 GenDG für genetische Analysen zum Zwecke des Arbeitsschutzes im Rahmen arbeitsmedizinischer Vorsorgeuntersuchungen in eng bezeichneten Fällen.

II. Grundlagen des Arbeitsvertrags

1. Maßgebliche Bestimmungen und AGB-Kontrolle

Durch den **Arbeitsvertrag** wird der Arbeitnehmer vom Arbeitgeber zur Leistung von Arbeit gegen Entgelt angestellt. Mit dem besonderen Merkmal der Abhängigkeit und Unselbständigkeit des Arbeitnehmers ist der Arbeitsvertrag eine Unterart des Dienstvertrags (§ 611 BGB). 10

Für den Arbeitsvertrag sind **maßgebend:**

(1) die gesetzlichen Bestimmungen; auch Verordnungen

(2) eine etwa geltende Tarifbestimmung

(3) etwaige Betriebsvereinbarungen

(4) etwaige Einzelabmachungen

(5) etwaige betriebliche Übungen

Zwingende bzw. unabdingbare Bestimmungen dieser Rechtsquellen gehen immer den nachgiebigen Bestimmungen vor. Innerhalb der zwingenden Bestimmungen ist die Rangordnung: Gesetz, Tarifvertrag, Betriebsvereinbarung, Arbeitsvertrag. Innerhalb der nachgiebigen Bestimmungen dagegen geht die Sonderregelung der allgemeinen Regelung vor.

Durch das Gesetz zur Modernisierung des Schuldrechts v. 26.11.2001 sind die Vorschriften über die Gestaltung rechtsgeschäftlicher Schuldverhältnisse durch **AGB** gem. §§ 305–310 BGB auch für das Arbeitsrecht bindend. Eine **Ausnahme** gilt gem. § 310 Abs. 4 Satz 1 BGB für Tarifverträge, Betriebs- und Dienstvereinbarungen, die Rechtsvorschriften iSv. § 307 Abs. 3 BGB gleichstehen. 11

➲ **Praxistipp:** In Arbeitsverträgen vormals übliche Regelungen, etwa Zugangsfiktionen bzw. der Ausschluss von Zurückbehaltungsrechten halten einer AGB-Kontrolle nicht Stand (vgl. § 308 Nr. 6 BGB für die Zugangsfiktionen; § 309 Nr. 2 lit. b BGB für Zurückbehaltungsrechte). 12

Solche Regelungen können aber ggf. in einer Betriebsvereinbarung enthalten sein, für die die AGB-Kontrolle nicht gilt (vgl. § 310 Abs. 4 BGB). Ein Arbeitgeber kann daher versuchen, zweckmäßige Regelungen mit dem Betriebsrat zu vereinbaren, zB in einer Arbeitsordnung (s. auch **M 104.1** Rz. 2). Das BAG hat entschieden, dass insbesondere § 308 Nr. 4 BGB bei Widerrufsvorbehalten in einer Betriebsvereinbarung nicht anwendbar ist. Die in einer Betriebsvereinbarung geregelten Widerrufsvorbehalte unterliegen lediglich einer gerichtlichen Ausübungskontrolle nach § 315 Abs. 3 BGB (BAG NZA 2006, 563).

13 Bei der Anwendung der Regelungen zu den AGB sind gem. § 310 Abs. 4 Satz 2 Halbs. 1 BGB die **im Arbeitsrecht geltenden Besonderheiten** angemessen zu berücksichtigen. So hat das BAG unter Hinweis auf die im Arbeitsrecht geltenden Besonderheiten Vertragsstrafen in Formulararbeitsverträgen trotz des Ausschlusses in § 309 Nr. 6 BGB grundsätzlich für zulässig erachtet (NZA 2004, 727). Die Wirksamkeit der konkreten Regelung wird letztlich gem. § 307 Abs. 1 BGB danach beurteilt, ob eine unangemessene Benachteiligung vorliegt. Die Vertragsstrafenklausel muss die tatbestandlichen Voraussetzungen und Rechtsfolgen so genau beschreiben, dass für den Arbeitgeber keine Beurteilungsspielräume mehr verbleiben. Zudem muss die Höhe der Strafe klar und bestimmt sein (BAG NZA 2008, 170).

14 Verstoßen vertragliche Regelungen gegen die §§ 305 ff. BGB, so bleibt es bei der Wirksamkeit des Arbeitsvertrages als solchem. Lediglich die konkrete Regelung ist gem. § 306 Abs. 1 BGB unwirksam. Eine geltungserhaltende Reduktion ist unzulässig, so dass auch die sog. **salvatorische Klausel**, die regelmäßig dazu dienen soll, eine unwirksame Bestimmung soweit als rechtlich zulässig aufrecht zu erhalten, hier keine Abhilfe schaffen kann (BGHZ 84, 109; BAG NZA 2008, 40).

2. Tarifvertrag

15 Viele Arbeitsverhältnisse werden durch tarifvertragliche Regelungen (mit-)bestimmt, insbesondere zwingend wegen **Tarifbindung** der Parteien oder **Allgemeinverbindlichkeit** eines Tarifvertrages. Üblich ist auch die **individuelle Inbezugnahme** eines Tarifvertrages oder einzelner tarifvertraglicher Regelungen in Arbeitsverträgen.

16 Der Tarifvertrag wird zwischen der Gewerkschaft und dem einzelnen Arbeitgeber bzw. einem Arbeitgeberverband abgeschlossen und regelt **Mindestbedingungen** für den Abschluss von Arbeitsverträgen. Entsprechend dem räumlichen **Geltungsbereich** gibt es Orts-, Bezirks- und Landestarife. Der fachliche Geltungsbereich richtet sich nach den einzelnen Betriebsgruppen (zB Betriebe der Metallindustrie, Gaststättenbetriebe, Bäckereien usw.).

17 Den Inhalt des Tarifvertrages bilden **normative** Bestimmungen zur Regelung der Arbeitsbedingungen (zB Lohnhöhe, Arbeitszeit, Urlaub, Kündigung usw.) und **obligatorische** Bestimmungen über die Beziehungen zwischen den Tarifvertragsparteien (zB die sog. Friedenspflicht, die Kampfmaßnahmen über tariflich noch geregelte Fragen verbietet).

18 Bei beiderseitiger Tarifbindung oder Allgemeinverbindlichkeit hat der Tarifvertrag die Wirkung der **Unabdingbarkeit**, dh. die einzelvertragliche Vereinbarung von für den Beschäftigten ungünstigerer Arbeitsbedingungen ist unzulässig und rechtsunwirksam; dagegen können günstigere Bedingungen jederzeit vereinbart werden. Ein Verzicht auf durch zwingenden Tarifvertrag eingeräumte Rechte ist nur mit Zustimmung der Tarifvertragsparteien möglich.

19 Tarifverträge bedürfen der **Schriftform** und werden in ein Tarifregister eingetragen. Im Übrigen wird auf das Tarifvertragsgesetz und die einschlägige Literatur verwiesen.

3. Betriebsvereinbarung

20 Die Betriebsvereinbarung (Kap. 103 Rz. 24) dient der Regelung der betrieblichen und betriebsverfassungsrechtlichen Ordnung sowie der **Gestaltung der individuellen Rechtsbeziehungen zwischen Arbeitgeber und Arbeitnehmern**. Grundsätzlich hat ein Tarifvertrag Vorrang vor der Betriebsvereinbarung, es sei denn, der Tarifvertrag enthält eine Öffnungsklausel. Darüber hinaus kann, auch bei Fehlen eines Tarifvertrages, die Betriebsvereinbarung solche Arbeitsbedingungen nicht regeln, die üblicherweise durch Tarifvertrag geregelt werden (§ 77 Abs. 3 BetrVG).

4. Betriebliche Übung

Unter dem **Begriff** „betriebliche Übung“ versteht man die regelmäßige Wiederholung bestimmter Verhaltensweisen des Arbeitgebers, aus denen der Arbeitnehmer schließen kann, ihm solle eine Leistung auf Dauer gewährt werden, so dass er diesen Anspruch erhält (BAG AP 50 zu § 242 – Betriebliche Übung). 21

Die **rechtliche Bedeutung** der betrieblichen Übung besteht darin, dass ihr Inhalt kraft einer stillschweigenden einzelvertraglichen Vereinbarung in die Einzelarbeitsverträge eingeht und die Arbeitsverträge ergänzen kann. 22

Ein rein **tatsächliches** (auch ein wiederholtes) **Verhalten** des Arbeitgebers kann allerdings allein noch keine Rechtspflicht erzeugen. Das tatsächliche Verhalten des Arbeitgebers muss vielmehr bei den Arbeitnehmern den gerechtfertigten Schluss auf einen verbindlichen Willen des Arbeitgebers zulassen, sich nicht nur im konkreten Fall, sondern auch in Zukunft, wie bisher verhalten zu wollen (AP 1, 2, 10 zu § 242 – Betriebliche Übung; BAG NZA 1987, 778). Keine betriebliche Übung auf zukünftige Gewährung von Weihnachtsgeld entsteht, wenn – für den Arbeitnehmer erkennbar – die Zuwendung nach Gutdünken des Arbeitgebers dreimalig in unterschiedlicher Höhe gezahlt wird. Der Arbeitnehmer muss in einem solchen Fall davon ausgehen, dass der Arbeitgeber die Zuwendung nur für das jeweilige Jahr gewähren wollte (BAG NZA 2009, 535, 536). 23

➲ **Praxistipp:** Will der Arbeitgeber das Entstehen einer betrieblichen Übung verhindern, muss er einen entsprechenden Vorbehalt erklären. Dieser **Vorbehalt** muss klar und unmissverständlich sein (BAG NZA 1998, 423). 24

Eine einfache Schriftformabrede im Arbeitsvertrag verhindert das Entstehen einer betrieblichen Übung nicht, da der vereinbarte Formzwang jederzeit wieder formlos und stillschweigend aufgehoben werden kann. Nach der bisherigen Rechtsprechung des Bundesarbeitsgerichts schützte eine doppelte Schriftformklausel (nach der die Aufhebung des Schriftformerfordernisses ebenfalls der Schriftform bedarf) vor dem Entstehen einer betrieblichen Übung (BAG EZA § 195 Nr. 10 BGB). Dies gilt nun nicht mehr uneingeschränkt. Vielmehr **unterliegen auch doppelte Schriftformklauseln einer AGB-Kontrolle**. Unwirksam ist eine Schriftformklausel dann, wenn sie dazu dient, eine nach Vertragsschluss getroffene Individualvereinbarung zu unterlaufen, indem sie beim anderen Vertragsteil den Eindruck erweckt, eine mündliche Abrede sei entgegen § 305b BGB unwirksam. Intransparent und damit insgesamt unwirksam sind damit doppelte Schriftformklauseln, soweit sie den Eindruck erwecken, der Vorrang der Individualabrede gelte nicht (BAG NZA 2008, 1233). 25

Während nach früherer Rechtsprechung Ansprüche aus betrieblicher Übung durch eine geänderte, gegenläufige betriebliche Übung beendet werden konnten, indem der Arbeitgeber erklärte, dass auf die Leistungen (zukünftig) kein Rechtsanspruch mehr besteht und der Arbeitnehmer über einem Zeitraum von drei Jahren der neuen Regelung nicht widersprach (BAG AP 50 zu § 242 – Betriebliche Übung), gilt dies nach Inkrafttreten des Schuldrechtsmodernisierungsgesetzes wegen § 308 Nr. 5 BGB nicht mehr, soweit die dort vorgesehenen Möglichkeiten eines ausdrücklichen Hinweises nicht genutzt werden (BAG NZA 2009, 601). 26

5. Einzelarbeitsvertrag

Der Arbeitsvertrag ist grundsätzlich **formfrei**, er kann also auch mündlich oder stillschweigend durch schlüssige Handlungen geschlossen werden. Ausnahmsweise ist Schriftform vorgeschrieben für den gewerblichen und kaufmännischen Ausbildungsvertrag sowie bei Wettbewerbsvereinbarungen. Bei Vertragsabschlüssen mit Minderjährigen sind die §§ 108 ff. BGB zu beachten. Nach dem **NachwG** (vom 20.7.1995, BGBl. I 1995, 946) hat der Arbeitgeber die wesentlichen Vertragsbedingungen schriftlich niederzulegen, die Niederschrift zu unterzeichnen und dem Arbeitnehmer auszuhändigen. Grundsätzlich können sich der Arbeitgeber und Arbeitnehmer ihre Vertragspartner frei aussuchen. Es gilt der **Grundsatz der Vertragsfreiheit**. Zu beachten sind allerdings sowohl die Abschlussverbote (zB Jugendarbeitsschutzgesetz, Mutterschutzgesetz) als auch die Abschlussgebote (Beschäftigungspflicht nach dem Sozialgesetzbuch IX – Schwerbehindertenrecht). Zudem darf der Arbeitgeber nach dem Allgemeinen Gleichbehandlungsgesetz bei der Bewerberauswahl nicht nach 27

Alter, Herkunft, Rasse, sexueller Identität, Behinderung, Religion oder Weltanschauung und Geschlecht differenzieren. Tut er dies doch, muss er zwar mit dem Arbeitnehmer keinen Arbeitsvertrag schließen, er setzt sich allerdings Schadensersatzansprüchen aus.

28 Zu den Pflichten aus dem Arbeitsverhältnis gehören neben den **Hauptleistungspflichten** (Lohn gegen Arbeit) auch arbeitsvertragliche **Nebenpflichten**, wozu zB die Verschwiegenheit über Betriebsgeheimnisse oder die Pflicht zum sorgfältigen Umgang mit Rechtsgütern des Arbeitgebers zählen. Ein Arbeitsvertragsbruch des Arbeitnehmers, dh. die rechtswidrige Verletzung seiner Arbeitspflicht bzw. arbeitsvertraglicher Nebenpflichten kann eine Schadensersatzpflicht nach allgemeinen Grundsätzen auslösen.

29 Bei Arbeitsverträgen zwischen nahen **Angehörigen**, insbesondere zwischen Ehegatten sowie zwischen Eltern und Kindern müssen bestimmte Erfordernisse erfüllt sein, um die steuerliche Anerkennung des Arbeitsverhältnisses nicht zu gefährden. Erforderlich sind klare und eindeutige vertragliche Vereinbarungen, die bürgerlich-rechtlich wirksam abgeschlossen und auch tatsächlich durchgeführt werden. Sie müssen ferner einem Fremdvergleich standhalten, dh. das Vertragsverhältnis muss in einer Form bestehen, wie es auch zwischen fremden Dritten Bestand hat. Zur Verhinderung missbräuchlicher Vertragsgestaltungen ist die Finanzverwaltung berechtigt, an den Beweis des Vertragsabschlusses und die Ernsthaftigkeit der Vertragsdurchführung erhöhte Anforderungen zu stellen (BVerfG v. 7.11.1995, BStBl. II 1996, 34).

M 97.3 Einfacher Anstellungsvertrag ohne Bezugnahme auf Tarifvertrag[1]

Zwischen der Firma . . .
(im Folgenden Arbeitgeber) und Herrn/Frau . . .
(im Folgenden Arbeitnehmer)
wird folgender

Arbeitsvertrag

vereinbart:

§ 1 Beginn des Arbeitsverhältnisses/Tätigkeit/Versetzung[2]

(1) Der Arbeitnehmer wird ab . . . in . . . eingestellt. Die einzelnen zu seinem Aufgabenbereich gehörenden Tätigkeiten ergeben sich aus der als Anlage 1 beigefügten Stellenbeschreibung, die Bestandteil dieses Vertrages ist.

oder:

(1) Zu seinem Aufgabenbereich gehören insbesondere . . . (hier Aufzählung)

1 In der Regel enthalten Arbeitsverträge allgemein vorformulierte Arbeitsvertragsbedingungen, auf die das Recht der AGB nach §§ 305 ff. BGB Anwendung findet. Grundsätzlich müssen die Vertragsbedingungen für eine Vielzahl von Fällen vorformuliert sein, wobei es nicht darauf ankommt, wie oft der Text tatsächlich verwendet wird. Nach Ansicht des BAG (v. 31.8.2005 – 5 AZR 545/04) sind Arbeitnehmer Verbraucher iSv. § 13 BGB. Dies hat insofern Bedeutung, als deshalb eine Inhaltskontrolle von Arbeitsvertragsbedingungen auch dann stattfinden muss, wenn diese nur zur einmaligen Verwendung bestimmt sind und der Arbeitnehmer auf Grund der Vorformulierung keinen Einfluss auf ihren Inhalt nehmen konnte (§ 310 Abs. 3 Nr. 2 BGB; zust. Däubler NZA 2001, 1329, 1333; Hümmerich/Holthausen NZA 2002, 173, 178; HWK/Gotthardt § 305 BGB Rz. 4; aA Lingemann NZA 2002, 181, 184; Löwisch NZA 2001, 465, 466).

2 **Praxistipp:** Bei der Formulierung von Arbeitsverträgen sollten immer Überschriften gewählt werden, um dem Transparenzgebot von § 307 Abs. 1 Satz 2 BGB Genüge zu tun. Die Überschriften sollten klar und eindeutig sein und inhaltlich die in diesem Abschnitt getroffenen Regelungen abbilden.

(2) Der Arbeitgeber behält sich vor, dem Arbeitnehmer andere zumutbare, dh. seiner Qualifikation entsprechende gleichwertige Tätigkeiten bei Beibehaltung der vertragsgemäßen Vergütung zuzuweisen[3]

(3) Der Arbeitgeber behält sich vor, den Arbeitnehmer auch innerhalb des Unternehmens an einen anderen Ort zu versetzen.

§ 2 Dauer des Arbeitsverhältnisses und Probezeit (ggf.: Befristung)

(1) Das Arbeitsverhältnis ist unbefristet. Als Probezeit werden ... Monate vereinbart. Während dieser Zeit kann das Arbeitsverhältnis unter Einhaltung einer Frist von zwei Wochen gekündigt werden.

oder:

(1) Es wird zunächst ein Probearbeitsverhältnis vereinbart, das mit Ablauf des ... (Datum) endet, ohne dass es einer Kündigung bedarf[4]*.*

(2) Das Probearbeitsverhältnis ist während der Befristung unter Einhaltung einer Frist von zwei Wochen ordentlich kündbar. Der Arbeitgeber wird den Arbeitnehmer rechtzeitig, dh. ... Wochen vor Beendigung des Probearbeitsverhältnisses informieren, ob die Fortsetzung der Beschäftigung als unbefristetes Arbeitsverhältnis beabsichtigt ist.

(3) Der Arbeitsvertrag kann von beiden Parteien[5] *ordentlich gekündigt werden. Es gelten für beide Parteien die gesetzlichen Kündigungsfristen. Die Verlängerung der Kündigungsfristen nach § 622 Abs. 2 BGB gilt für beide Parteien.*

---

3 Nach § 106 Satz 1 GewO kann der Arbeitgeber im Rahmen des Direktionsrechts die nur grob umschriebenen Leistungspflichten im Einzelnen nach Zeit, Art und Ort bestimmen. Wenn arbeitsvertragliche Versetzungsklauseln die Voraussetzungen des § 106 GewO einhalten, bestehen auch keine AGB-rechtlichen Bedenken (BAG AP 16 zu § 307 BGB). Der Umfang des Weisungsrechts ist grundsätzlich nicht überprüfbar, weil es um die Festlegung der Hauptleistungspflicht geht. Es verbleibt allerdings bei der Kontrolle der Angemessenheit der Ausübung des Weisungsrechts nach § 315 BGB (BAG AP 16 zu § 307 BGB).
Die Wirksamkeit von Konzernversetzungsklauseln mit der Folge eines Arbeitgeberwechsels ist umstritten (s. HWK/Lembke § 106 GewO Rz. 74). Hier liegt ein Verstoß auch gegen § 309 Nr. 10 BGB nahe (Hümmerich NZA 2003, 753, 758). Teilweise wird in der Literatur darauf verwiesen, dass Versetzungsklauseln als eine Besonderheit des Arbeitsrechts gem. § 310 Abs. 4 Satz 2 Halbs. 1 BGB zu sehen sind und daher wie bislang zu würdigen sind, dh. keiner besonderen Inhaltskontrolle unterliegen (kritisch Hümmerich NZA 2003, 753, 758). Eine Klausel, welche dem Unternehmen die Versetzung eines Arbeitnehmers zu einem anderen Konzernunternehmen aufgrund vorübergehender Arbeitnehmerüberlassung erlaubt, dürfte dagegen grundsätzlich zulässig sein (so auch HWK/Lembke § 106 GewO Rz. 74).
Wichtig: *Von Versetzungsklauseln sollte ein Arbeitgeber überlegt Gebrauch machen. Zwar erweitern die Versetzungsklauseln einerseits die Einsatzmöglichkeiten des Arbeitnehmers, führen andererseits aber auch zu einer Erweiterung des Kreises vergleichbarer Arbeitnehmer im Rahmen der Sozialauswahl nach § 1 Abs. 3 KSchG. Bei ortsbezogenen Versetzungsklauseln ist allerdings zu berücksichtigen, dass eine betriebsübergreifende Sozialauswahl bei Versetzungsklauseln nicht notwendig ist (BAG NZA 2005, 1175).*

4 Die Befristung eines Arbeitsverhältnisses zur Erprobung ist gem. § 14 Abs. 1 Nr. 5 TzBfG zulässig.
Praxistipp: *Diese Variante wird Arbeitgebern empfohlen, um in den ersten sechs Monaten das Kündigungsverbot des § 9 MuSchG zu umgehen, das auf Befristungen keine Anwendung findet. Wählt man diese Variante aber ausschließlich bei Frauen, dürfte ein Verstoß gegen das AGG zu vermuten sein. Von einer solchen Handhabung ist daher Abstand zu nehmen.*
Hinweis: *Vorsicht ist bei teilweise üblichen Doppelbefristungen angebracht. Enthält ein Formulararbeitsvertrag neben einer drucktechnisch hervorgehobenen Befristung für die Dauer eines Jahres im nachfolgenden Vertragstext ohne besondere Hervorhebung eine weitere Befristung zum Ablauf der sechsmonatigen Probezeit, wird die Probezeitbefristung vom Bundesarbeitsgericht als überraschende Klausel nach § 305c Abs. 1 BGB gewertet, und damit nicht Vertragsbestandteil (BAG MDR 2008, 1106).*
Eine im Rahmen von § 622 Abs. 3 BGB vereinbarte Probezeit ist im Hinblick auf die Umstände des Einzelfalls nicht auf ihre Angemessenheit zu prüfen. Die Arbeitsvertragsparteien machen hier von einer gesetzlich eröffneten Möglichkeit Gebrauch (BAG MDR 2008, 807).

5 Die Verlängerung der gesetzlichen Kündigungsfrist gilt nach § 622 Abs. 2 BGB ohne ausdrückliche Vereinbarung nur für den Arbeitgeber. Eine Verlängerung der Kündigungsfristen auch für die Arbeitnehmer ist weder überraschend noch intransparent oder interessenwidrig (BAG EzA § 307 BGB 2002 Nr. 45).

(4) Es endet spätestens mit Ablauf des Monats, in dem der Arbeitnehmer die Regelaltersgrenze der gesetzlichen Rentenversicherung erreicht[6].

§ 3 Arbeitszeit[7]

(1) Die regelmäßige wöchentliche Arbeitszeit beträgt ausschließlich der Pausen 40 Stunden.

oder:

(1) Die Arbeitszeit beträgt ... Stunden monatlich. Der monatliche Arbeitszeitkorridor beträgt zwischen ... und ... Stunden[8]*. Die Zahl der geleisteten Stunden ist bis zum Jahresende auszugleichen*[9].

(2) Die Lage der Arbeitszeit, das heißt Beginn und Ende der täglichen Arbeitszeit und der Pausen werden vom Arbeitgeber festgelegt[10].

§ 4 Mehrarbeit/Überstunden

Der Arbeitnehmer erklärt sich bereit, auf Anordnung des Arbeitgebers Mehrarbeit/Überstunden bis zu ... Stunden monatlich, sowie Nacht-, Samstags-, Sonntags- und Feiertagsarbeit in gesetzlich zulässigem Umfang zu leisten[11].

§ 5 Vergütung

(1) Der Arbeitnehmer erhält eine monatliche Bruttovergütung von ... Euro, die jeweils am Monatsende fällig und auf das Konto des Arbeitnehmers angewiesen wird.

(2) Mit der Vergütung sind Überstunden in einem Umfang von bis zu 10 % der monatlichen Arbeitszeit abgegolten[12].

---

6 Das Arbeitsverhältnis endet nicht automatisch mit Erreichen des Rentenalters (HWK/Schmalenberg § 14 TzBfG Rz. 62 ff.). Ist dies gewollt, bedarf es daher einer ausdrücklichen Regelung. Nach § 41 Abs. 4 Satz 3 SGB VI sind solche Altersgrenzen wirksam. Dies gilt auch für Vereinbarungen aus der Zeit vor 1992, weil der am 1.8.1994 in Kraft getretenen Neuregelung Rückwirkung zukommt (BAG NZA 1997, 1290; LAG Köln LAGE SGB IV § 41 Abs. 4 Nr. 4).
Wichtig: *Für die Vereinbarung einer Altersgrenze ist die Schriftform nach § 14 Abs. 4 TzBfG zwingend. Es ist daher darauf zu achten, dass die Vorschriften des § 126 BGB eingehalten sind.*
Eine einzelvertragliche Altersgrenze ist wirksam, wenn der Arbeitnehmer nach dem Vertragsinhalt und der Vertragsdauer eine gesetzliche Altersrente erwerben kann oder bereits erworben hat (BAG NZA 2006, 37).

7 Bei der Gestaltung der Arbeitszeit sind die Arbeitsvertragsparteien im Rahmen der zulässigen Höchstgrenze nach dem Arbeitszeitgesetz frei. Da § 3 ArbZG von einer Höchstgrenze von acht Stunden bei einer Sechs-Tage-Woche ausgeht, bedeutet dies auf eine Fünf-Tage-Woche übertragen, dass die durchschnittliche Arbeitszeit dauerhaft 9,6 Stunden pro Tag und 48 Stunden pro Woche betragen darf. An einzelnen Tagen kann sie auf bis zu zehn Stunden pro Tag verlängert werden, wenn dies innerhalb von sechs Monaten wieder so ausgeglichen wird, dass 48 Arbeitsstunden pro Woche nicht überschritten werden.
Zu beachten sind allerdings tarifvertragliche Arbeitszeiten, die dann anzuwenden sind, wenn der Tarifvertrag wegen beiderseitiger Tarifgebundenheit unmittelbar und zwingend gilt bzw. für allgemeinverbindlich erklärt wurde.

8 Die Verteilung der Arbeitszeit unterliegt ebenfalls grundsätzlich nur den Einschränkungen des Arbeitszeitgesetzes.

9 ***Praxistipp:*** *Dieses Modell kann sich für Arbeitgeber empfehlen, die zB saisonbedingt Kapazitätsspitzen durch flexible Arbeitszeiten abdecken müssen.*

10 Dem Arbeitgeber steht hinsichtlich der Bestimmung der Lage der Arbeitszeit nach § 106 Abs. 1 GewO das Direktionsrecht zu. Der Arbeitgeber hat allerdings bei der Verteilung der Arbeitszeit nach billigem Ermessen die Interessen des Arbeitnehmers angemessen zu berücksichtigen. Stehen betriebliche Gründe einer Berücksichtigung der schutzwürdigen Belange aller Arbeitnehmer entgegen, hat der Arbeitgeber eine personelle Auswahlentscheidung zu treffen, in der er eigene Interessen wie die Vermeidung einer möglichen Beeinträchtigung des Betriebsfriedens einstellen kann (BAG NZA 2005, 359).

11 Vgl. §§ 6 und 9 ff. ArbZG.

12 Einen allgemeinen Rechtssatz, dass jede Mehrarbeit über die vereinbarte Arbeitszeit zu vergüten ist, gibt es nicht. Im Arbeitsvertrag kann daher vereinbart werden, dass eine gewisse Anzahl an Überstunden mit der Vergütung abgegolten sind. Entscheidend ist dabei, dass kein Missverhältnis zwischen dem objektiven Wert der Arbeitsleistung und der faktischen Höhe der Vergütung besteht und sich klar und verständlich aus dem Arbeitsvertrag ergibt, welche Arbeitsleistung in welchem Umfang geschuldet wird. Der Arbeitnehmer muss bei Vertragsschluss erkennen können, welche Leistung er für die vereinbarte Vergütung maximal erbringen muss (vgl. BAG NZA 2013, 266; NZA 2012, 1147; NZA 2012, 908).

Darüber hinausgehende Mehrarbeit/Überstunden werden nach Wahl des Arbeitgebers durch Freizeitausgleich bzw. durch zuschlagsfreie Auszahlung abgegolten.

ggf.:

(3) Die Gewährung weiterer Leistungen (zB Weihnachts- und Urlaubsgeld, 13. Gehalt, Gratifikation etc.) durch den Arbeitgeber erfolgt freiwillig mit der Maßgabe, dass auch mit einer wiederholten Zahlung kein Rechtsanspruch für die Zukunft begründet wird[13].

oder:

(3) Der Arbeitnehmer erhält eine Gratifikation iHv. einem Brutto-Monats-Gehalt. Es handelt sich um eine widerrufliche Leistung. Der Arbeitgeber behält sich vor, die Zahlung der Gratifikation aus wirtschaftlichen Gründen oder aus Gründen in der Leistung oder dem Verhalten des Arbeitnehmers mit einer Frist von einem Monat zum Monatsende zu widerrufen. Hierzu gehören insbesondere eine wirtschaftliche Notlage des Unternehmens, ein negatives wirtschaftliches Ergebnis der Betriebsabteilung, ein Unterschreiten des jährlich angestrebten Ebit, ein Rückgang bzw. Nichterreichen der erwarteten wirtschaftlichen Umsatz- oder Ertragsentwicklung (Budgets), eine unterdurchschnittliche Leistung des Arbeitnehmers, eine Änderung seiner Tätigkeit oder schwerwiegende Pflichtverletzungen.

Durch den Widerruf bleibt die Vergütung des Arbeitnehmers gem. § 5 Abs. 1 unangetastet. Außerdem darf der Widerruf maximal 25 % der Gesamtvergütung des Arbeitnehmers umfassen[14].

§ 6 Urlaub

Der Mitarbeiter hat Anspruch auf den gesetzlichen Mindesturlaub von 20 Arbeitstagen bei einer 5-Tage-Woche nach dem BUrlG. Über den gesetzlichen Anspruch hinaus hat der Mitarbeiter einen Anspruch auf – ausgehend von einer 5-Tage-Woche – weitere . . . Arbeitstage bezahlten Jahresurlaub. Dieser Anspruch verfällt, abweichend von den gesetzlichen Bestimmungen, am 31.03. des Folgejahres auch dann, wenn der Mitarbeiter den Urlaub wegen Krankheit nicht in Anspruch nehmen konnte. Bei der Gewährung wird vorrangig der gesetzliche Urlaub erfüllt[15].

---

13 ***Hinweis:*** *Grundsätzlich sind Freiwilligkeitsvorbehalte sehr sorgfältig zu formulieren. Werden Leistungen im Vertrag ausdrücklich und gegebenenfalls detailliert erwähnt, können diese nicht unter einen Freiwilligkeitsvorbehalt gestellt werden, da die Regelung sonst als intransparent anzusehen und damit unwirksam ist (vgl. BAG v. 20.2.2013 – 10 AZR 177/12). Auch sollte nicht der Begriff Leistungsbonus verwendet werden, da dieser Begriff auf die Gewährung einer Vergütung der erbrachten Arbeitsleistungen und nicht auf eine Sonderzahlung hinweist (vgl. LAG München v. 7.5.2014 – 6 Sa 731/12).*

Wichtig: *Formulierungen, in denen zunächst ein Anspruch gewährt wird und dieser Anspruch im Arbeitsvertrag selbst als freiwillige Leistung definiert wird, sind unbedingt zu vermeiden. Ein solcher Freiwilligkeitsvorbehalt ist intransparent und unwirksam (BAG DB 2009, 684).*

14 Es handelt sich um eine Klausel in Anlehnung an Hunold (AuA 2005, 180) und Gaul/Naumann (Arbeitsrechtsberater 2005, 149).

Wichtig: *Das BAG unterwirft Widerrufsvorbehalte einer Inhaltskontrolle gem. § 308 Nr. 4 BGB (BAG NZA 2005, 465). Die Widerrufsgründe sollten möglichst genau festgelegt und beschrieben werden. Zudem ist zu berücksichtigen, dass nicht in den Kernbereich des Arbeitsverhältnisses eingegriffen werden darf. Hierbei ist zu prüfen, ob nach Abzug der widerruflichen Vergütungsbestandteile noch wenigstens der Tariflohn oder der übliche Lohn erhalten bleibt und ob die Summe der widerruflichen Leistung nicht mehr als 25–30 % des Gesamtverdienstes umfasst (vgl. Schimmelpfennig NZA 2005, 603; Reinecke NZA 2005, 953; Willemsen/Grau NZA 2005, 1137; Hanau ZIP 2005, 1661).*

Insgesamt ist bei Widerrufsvorbehalten große Sorgfalt und Vorsicht geboten. Zwar lässt es der Wortlaut der BAG-Entscheidung zu, „allgemein auf die wirtschaftliche Entwicklung" abzustellen. Allerdings sollte dem Transparenzgebot durch eine weitere Konkretisierung Genüge getan werden. Zu beachten ist dann, dass es bei der Ausübung des Widerrufs zu erheblichen Problemen und Streitigkeiten kommen kann (so Hanau ZIP 2005, 1661, 1664).

15 Nach § 3 Abs. 1 BUrlG beträgt der Mindesturlaub 24 Werktage. Der Samstag zählt dabei als Werktag. Die Klausel differenziert nach gesetzlichem Mindesturlaub und übergesetzlichem Zusatzurlaub. Sie zieht die Konsequenzen aus der Auslegung von § 7 Abs. 3 und 4 BUrlG in Fällen krankheitsbedingter Arbeitsunfähigkeit durch den EuGH in dem Verfahren Schultz-Hoff (NZA 2009, 135). Das BAG (MDR 2009, 811) ist der Rechtsprechung des EuGH, nach der ein Anspruch auf Abgeltung gesetzlichen Voll- oder Teilurlaubs nicht erlischt, wenn der Arbeitnehmer bis zum Ende des Urlaubsjahres und/oder des Übertragungszeitraums erkrankt und deshalb arbeitsunfähig ist, gefolgt. Diese Rechtsprechung gilt nicht für den übergesetzlichen Urlaub (vgl. auch Krieger/Arnold NZA 2009, 530). Zu weiteren Einzelheiten des Rechts auf Urlaub vgl. Kap. 98 Rz. 6.

Die Lage des Erholungsurlaubs ist mit der Gesellschaft unter Berücksichtigung der betrieblichen Belange abzustimmen.

§ 7 Arbeitsverhinderung

Der Arbeitnehmer ist verpflichtet, jede Arbeitsunfähigkeit und die voraussichtliche Dauer unverzüglich der Geschäftsleitung anzuzeigen. Nach zwei Tagen ist die Arbeitsunfähigkeit durch ärztliches Attest nachzuweisen, dasselbe gilt für Folgebescheinigungen[16].

§ 8 Verschwiegenheitspflicht

Der Arbeitnehmer wird über alle betrieblichen/geschäftlichen Angelegenheiten dritten Personen gegenüber Stillschweigen bewahren. Dies gilt auch nach Beendigung des Anstellungsverhältnisses.

§ 9 Ausschlussfrist

Alle wechselseitigen Ansprüche aus und in Verbindung mit dem Arbeitsverhältnis müssen binnen drei Monaten nach Fälligkeit gegenüber der anderen Vertragspartei schriftlich geltend gemacht werden. Andernfalls sind sie verwirkt. Hiervon nicht erfasst werden Ansprüche aus vorsätzlichem oder grob fahrlässigem Handeln sowie Ansprüche aus Verletzung des Lebens, des Körpers sowie der Gesundheit[17].

ggf. zusätzlich:

Weist die andere Vertragspartei den Anspruch zurück oder erklärt sich nicht innerhalb von vier Wochen nach Geltendmachung des Anspruchs, verfällt dieser, wenn er nicht innerhalb von sechs Monaten nach Ablehnung oder dem Fristablauf gerichtlich geltend gemacht wird[18].

§ 10 Nebentätigkeit

Während der Dauer der Beschäftigung ist jede entgeltliche oder unentgeltliche Tätigkeit, die die Arbeitsleistung des Arbeitnehmers beeinträchtigen könnte, untersagt. Der Arbeitnehmer verpflichtet sich, vor Aufnahme einer entgeltlichen oder unentgeltlichen Nebentätigkeit den Arbeitgeber zu informieren[19].

§ 11 Betriebsvereinbarung/Betriebsordnung

Im Übrigen gelten die jeweiligen Betriebsvereinbarungen und die anliegende Betriebsordnung.

---

16 Gem. § 5 Abs. 1 Satz 2 EFZG gilt hier eine Frist von drei Tagen, der Arbeitgeber ist jedoch berechtigt, die Vorlage einer Arbeitsunfähigkeitsbescheinigung früher zu verlangen.
Hinweis: *Die zulässige Anweisung des Arbeitgebers, Zeiten der Arbeitsunfähigkeit unabhängig von der Dauer durch eine vor Ablauf des dritten Kalendertages nach Beginn der Arbeitsunfähigkeit vorzulegende ärztliche Bescheinigungen nachzuweisen, ist nach § 87 Abs. 1 Nr. 1 BetrVG mitbestimmungspflichtig (BAG MDR 2000, 890).*

17 Nach derzeitiger Rechtsprechung ist dieser Hinweis zwar nicht notwendig, da die Ausschlussklausel dahingehend auszulegen ist, dass die Ansprüche aus der Verletzung des Lebens, des Körpers sowie der Gesundheit nicht von der Klausel erfasst sein sollen (BAG NJW 2013, 3741–3743). Zur Sicherheit sollten die Ansprüche aber ausdrücklich ausgenommen werden.

18 Ausschlussfristen sind im Arbeitsrecht grundsätzlich zulässig (BAG NZA 2001, 723). Im Einzelvertrag findet eine Inhaltskontrolle statt. Eine unangemessene Benachteiligung des Arbeitnehmers kann sich aus der Länge der Ausschlussfrist ergeben. Ausschlussfristen von weniger als drei Monaten stellen idR eine unangemessene Benachteiligung dar. Das BAG (NZA 2005, 1111) lässt zweistufige Ausschlussklauseln in Formulararbeitsverträgen zu. Die vereinbarte Klagefrist muss dem Gläubiger allerdings ausreichend Zeit lassen. Das BAG hält eine Frist für die gerichtliche Geltendmachung von weniger als drei Monaten im Rahmen einer einzelvertraglichen zweistufigen Ausschlussfrist für unangemessen kuRz. Der Fristbeginn darf nicht ohne Rücksicht auf die Fälligkeit festgelegt werden (BAG NJW 2006, 2205).

19 Ein genereller Ausschluss jeder Nebentätigkeit ist wegen Verstoßes gegen Art. 12 GG nicht möglich.

§ 12 Schriftformklausel[20]

Änderungen und/oder Nebenabreden zu diesem Vertrag bedürfen zu ihrer Rechtswirksamkeit der Schriftform. Dieses Schriftformerfordernis kann weder mündlich noch stillschweigend aufgehoben oder außer Kraft gesetzt werden. Es gilt der Vorrang der Individualabrede nach § 305b BGB.

... (Ort/Datum)

... (Unterschriften)

Datenschutz-Einwilligung*[21] *des Arbeitnehmers

Der Arbeitnehmer stimmt der Erhebung, Bearbeitung und Nutzung seiner Daten unter Einschluss von personenbezogenen Daten zu, soweit sie im Rahmen des Arbeitsverhältnisses erfolgen. Die Datenerhebung, -bearbeitung und -nutzung erfolgt zu folgenden Zwecken: ...[22]

... (Ort/Datum)

... (Unterschriften des AN)

20 S. Rz. 25.

21 Vgl. § 4a Abs. 1 BDSG; die entsprechende Einwilligung sollte drucktechnisch gesondert hervorgehoben werden. Erforderlich ist, dass die Einwilligungsklausel an deutlich sichtbarer Stelle, drucktechnisch vom anderen Text abgesetzt erscheint (Simitis/Simitis, 6. Aufl. 2006, § 4a BDSG Rz. 43).

22 Nach § 4a Abs. 1 Satz 2 BDSG ist der Betroffene auf den Zweck der Datenverarbeitung hinzuweisen.

a) Bezugnahmeklauseln

Unter Bezugnahmeklauseln oder Verweisungsklauseln versteht man Bestimmungen in Arbeitsverträgen, die **tarifliche Regelungen in den Arbeitsvertrag mit einbeziehen**. Dabei kann sich eine Bezugnahme auch auf bestimmte tariflich geregelte Inhalte wie etwa Urlaub, Vergütung etc. beziehen. Die vertragliche Bezugnahme ist nicht an eine bestimmte Form gebunden, sondern kann sich auch aus einer betrieblichen Übung oder einem konkludenten Verhalten ergeben (BAG NZA 2002, 800). Bei tarifgebundenen Arbeitgebern ist die Bezugnahmeklausel in der Regel umfassend zu verstehen, dh., dass alle einschlägigen Tarifbestimmungen gelten sollen, also auch tarifliche Ausschlussfristen (BAG NZA 1999, 879). 30

Nach der Rechtsprechung des BAG (NZA 2006, 607; zuletzt 24.2.2010 – 4 AZR 691/08; vgl. dazu Klebeck NZA 2006, 15; Giesen NZA 2006, 625) unterliegen Bezugnahmeklauseln in Arbeitsverträgen, die nach dem 1.1.2002 abgeschlossen wurden, einer AGB-Kontrolle, insbesondere der sog. Unklarheitenregelung des § 305c Abs. 2 BGB (vgl. zur AGB-Kontrolle arbeitsvertraglicher Bezugnahmeklauseln auch Thüsing/Lambrich NZA 2002, 1361). Man unterscheidet grundsätzlich zwischen der sog. statischen, einer kleinen dynamischen und einer großen dynamischen Bezugnahmeklausel. Welche Klausel vorliegt, ist durch Auslegung zu ermitteln. Die **statische Bezugnahmeklausel** verweist auf Regelungen eines Tarifvertrages in der Fassung eines bestimmten Datums. Die tariflichen Entwicklungen werden daher nicht Bestandteil des Arbeitsvertrages. 31

In der sog. **kleinen dynamischen Klausel** wird auf einen bestimmten Tarifvertrag in seiner jeweils gültigen Fassung verwiesen. Die bisherige Rechtsprechung hat dies bei tarifgebundenen Arbeitgebern als Gleichstellungsabrede ausgelegt, die die fehlende Tarifgebundenheit des Arbeitnehmers ersetzen und zur schuldrechtlichen Anwendung derjenigen Tarifverträge führen soll, an die der Arbeitgeber tarifrechtlich gebunden ist. Demzufolge begründe eine solche Bezugnahmeklausel nicht die Anwendung eines nach dem Verbandsaustritt des Arbeitgebers abgeschlossenen Tarifvertrags (BAG NZA 2003, 1207). Durch die **neue Rechtsprechung** des BAG gilt dies nur noch für vor dem 1.1.2002 abgeschlossene Arbeitsverträge (vgl. Bauer/Haußmann BB 2005, 2815). Bei **ab dem 1.1.2002 abgeschlossenen Arbeitsverträgen** hat diese Klausel bei einem etwaigen Verbandsaustritt bzw. bei einem Betriebsübergang auf einen nicht tarifgebundenen Arbeitgeber zur Folge, dass die tariflichen Entwicklungen in der Zukunft den Arbeitnehmern weiterhin zustehen. 32

33 Bei der sog. **großen dynamischen Bezugnahmeklausel** verweist der Arbeitgeber auf die jeweils maßgeblichen Tarifverträge in ihrer jeweils gültigen Fassung. Zu diesen Bezugnahmeklauseln, auch Tarifwechselklauseln genannt, gibt es bislang keine Aussage darüber, ob auch hier die Unklarheitenregelung dazu führen wird, dass diese Klauseln im Falle des Verbandsaustritts oder des Betriebsübergangs weiterhin dynamische Wirkung entfalten (dagegen Bauer/Haußmann DB 2005, 2815, 2816).

Nach Ansicht des BAG kann die Bezugnahme auf das Tarifwerk einer bestimmten Branche über ihren Wortlaut hinaus nur dann als große dynamische Verweisung (= Bezugnahme auf den jeweils für den Betrieb fachlich/betrieblich geltenden Tarifvertrag) ausgelegt werden, wenn sich dies aus den besonderen Umständen ergibt (BAG 103, 9, 12 f.; NZA 2008, 364, 365).

34 ➲ **Praxistipp:** Bei der Formulierung von Bezugnahmeklauseln ist große Vorsicht geboten. Insbesondere wenn ein tarifgebundener Arbeitgeber seinen Verbandsaustritt bzw. den Verkauf seines Betriebes erwägt, sollte von Bezugnahmeklauseln ganz abgesehen werden bzw. eine Klausel so formuliert werden, dass die Geltung der Tarifverträge nicht zementiert wird. Von daher ist von der sog. kleinen dynamischen Klausel dringend abzuraten. Die sog. große dynamische Bezugnahmeklausel wird zwar weiterhin als Tarifwechselklausel ausgelegt, muss dann aber eindeutig formuliert sein. Im Hinblick auf die AGB-Kontrolle von Tarifverträgen ist darauf hinzuweisen, dass eine Verweisung auf Tarifverträge zulässig und nicht intransparent oder überraschend ist. Dies gilt jedenfalls für eine Verweisung auf Tarifverträge, die branchenüblich sind und mit denen zu rechnen war (BAG NZA 2009, 154). Die **Inbezugnahme** nur **bestimmter Teile** eines Tarifvertrages ist nicht alleine deswegen intransparent (BAG NZA – RR 2009, 593). Eine Herausnahme bestimmter Tarifverträge aus der Verweisungsklausel kann allerdings überraschend und daher gemäß § 305c BGB unwirksam sein. Dies gilt insbesondere, wenn sie nicht klar und eindeutig ist, ua. aber auch dann, wenn die Überschrift keinerlei Hinweise gibt.

Soll über eine zeitdynamische Bezugnahmeklausel auf eine tarifliche Wochenarbeitszeit verwiesen werden, ist davon abzuraten, die zum Zeitpunkt des Vertragsschlusses gültige tarifliche Wochenarbeitszeit zusätzlich in den Vertrag aufzunehmen. Durch die Dynamik einerseits und die starre vertragliche Festsetzung andererseits kann es zu Unklarheiten kommen. Zwar sieht das BAG (ZTR 2013, 625) bislang keine Mehrdeutigkeit in einer solchen Ausgestaltung und gibt der dynamischen Verweisung den Vorrang, es empfiehlt sich dennoch aus Gründen der Transparenz, keine zusätzliche Regelung neben der Bezugnahmeklausel aufzunehmen.

34a Arbeitsvertragliche Bezugnahmeklauseln, die auf Tarifverträge verweisen, unterfallen nicht der Ausnahmeregelung nach § 310 Abs. 4 Satz 1 BGB. Diese gilt nur für Tarifverträge. Sie sind daher voll kontrollfähig (BAG NZA-RR 2008, 586).

M 97.4 Anstellungsvertrag mit Bezugnahmeklausel auf Tarifvertrag

Zwischen . . . (Firma) und
Herrn/Frau . . .
wird folgender

Arbeitsvertrag

geschlossen:

§ 1

Der Arbeitnehmer wird ab dem . . . auf unbestimmte Zeit bei dem Arbeitgeber als . . . unter Eingruppierung in die Vergütungsgruppe . . . eingestellt.

§ 2

Das Arbeitsverhältnis bestimmt sich nach den für den Betrieb der Firma einschlägigen Tarifverträgen in ihrer jeweils gültigen Fassung. Derzeit sind dies die Tarifverträge der ... Industrie[1].

oder:

§ 2

Im Übrigen gilt der ... (zB Metall-)Tarifvertrag in seiner jeweils gültigen Fassung[2].

oder:

§ 2

Im Übrigen gilt der ... Tarifvertrag in seiner Fassung vom ... Der Arbeitnehmer hat keinen Anspruch auf Teilhabe an zukünftigen Tarifentwicklungen[3].

oder:

§ 2

Die Firma ist Mitglied im Arbeitgeberverband ... Sie wendet daher die jeweils geltenden Tarifverträge (Manteltarifvertrag, Lohntarifvertrag etc.) auf das Arbeitsverhältnis des Arbeitnehmers an, so dass diese in der jeweils gültigen Fassung Bestandteil des Arbeitsvertrages werden. Für den Fall des Verbandsaustritts bzw. des Betriebsinhaberwechsels auf einen neuen Betriebserwerber, der nicht Mitglied im Arbeitgeberverband ... ist, gelten die Tarifverträge nur in ihrer bis zum Zeitpunkt des Verbandsaustritts bzw. des Betriebsinhaberwechsels gültigen Fassung fort. An künftigen Tarifentwicklungen nimmt der Arbeitnehmer in diesen Fällen nicht teil[4].

§ 3

Die Probezeit beträgt ... Monate.

§ 4

... (Nebenabreden)

... (Ort/Datum)

... (Unterschriften)

1 § 2 Abs. 1 Nr. 10 NachwG; die Formulierung entspricht einer sog. großen dynamischen Bezugnahmeklausel, die nach der bisherigen Rechtsprechung des BAG regelmäßig dazu dient, nicht organisierte und organisierte Arbeitnehmer gleichzustellen (BAG DB 2002, 1005). Die Klausel verweist also auf den jeweils für den Betrieb geltenden Tarifvertrag. Kommt es zu Veränderungen etwa in Folge eines Betriebsübergangs, einer räumlichen Verlegung des Betriebs oder beim Abschluss eines Haustarifvertrages mit einer anderen Gewerkschaft, so wird der neue Tarifvertrag durch die Klausel in Bezug genommen (BAG NZA 2003, 390). Nach dem Urteil des BAG v. 28.7.2005 – 3 AZR 14/05, MDR 2006, 523, gilt dies auch bei Verschlechterung gegenüber den bisherigen Regelungen.

2 Es handelt sich um die sog. kleine dynamische Bezugnahmeklausel. Hier ist besondere Vorsicht geboten, s. Rz. 31 und Bauer/Haußmann DB 2005, 2815.

3 Hier handelt es sich um eine statische Bezugnahmeklausel, die die Gefahr beinhaltet, dass der Arbeitgeber, der kollektivrechtlich an Tarifverträge gebunden ist, seine nicht organisierten Mitarbeiter schlechter behandelt.

4 Diese Klausel dürfte an sich den Kriterien der neuen Rechtsprechung insbesondere im Hinblick auf das Transparenzgebot, genügen (weitere Formulierungsvorschläge bei Giesen NZA 2006, 625).

b) Teilzeit – geringfügige Beschäftigung

Seit 1.1.2001 haben sich durch das Gesetz über Teilzeitarbeit und befristete Arbeitsverhältnisse sowie Änderungen zum Bundeselterngeld – und Elternzeitgesetz die Rechtsgrundlagen der Teilzeitarbeit grundlegend geändert. **Teilzeitbeschäftigte** sind gem. § 2 Abs. 1 TzBfG die Arbeitnehmer, deren regelmäßige Wochenarbeitszeit kürzer ist, als die der vergleichbaren vollzeitbeschäftigten Arbeitnehmer. Während vor Inkrafttreten des TzBfG ein Anspruch der Arbeitnehmer auf Teilzeit- 35 arbeit nicht bestand, ist nunmehr in § 8 Abs. 1 TzBfG ein **allgemeiner Anspruch** auf Verkürzung der Arbeitszeit eingeführt worden. Voraussetzung ist, dass das Arbeitsverhältnis länger als sechs Monate bestanden hat, der Arbeitgeber in der Regel mehr als 15 Arbeitnehmer beschäftigt und keine betrieblichen Gründe entgegenstehen. Neben diesem allgemeinen Teilzeitanspruch besteht auch ein **Anspruch auf Teilzeitarbeit während der Elternzeit** nach § 15 Abs. 6 und 7 BEEG. Hier steht dem Arbeitgeber grundsätzlich keine Entscheidungsfreiheit zu, vielmehr kann er das Teilzeitverlangen (Voraussetzung: mindestens 15 Arbeitnehmer, Wartezeit sechs Monate und Teilzeit zwischen 15 und 30 Stunden für mindestens 30 Monate) nur verweigern, wenn **dringende betriebliche Gründe** entgegenstehen.

Das TzBfG sieht vor, dass Arbeitgeber und Arbeitnehmer auf ein Teilzeitverlangen eines Arbeitnehmers hin (vgl. **M 99.5**) zunächst **Verhandlungen** aufnehmen, um eine einvernehmliche Regelung zu finden (vgl. **M 99.4**). Einen Anspruch auf Teilzeitbeschäftigung haben nach § 81 Abs. 5 Satz 3 SGB IX auch **schwerbehinderte** Menschen, wenn die kürzere Arbeitszeit auf Grund der konkreten Form der Behinderung notwendig ist (vgl. dazu ArbG Frankfurt/M. NZA-RR 2002, 573).

36 Arbeitnehmer, die in Teilzeit arbeiten, dürfen nach § 4 Abs. 1 TzBfG nicht schlechter behandelt werden, als ein vergleichbarer vollzeitbeschäftigter Arbeitnehmer, es sei denn, dass sachliche Gründe eine unterschiedliche Behandlung rechtfertigen (Diskriminierungsverbot). Die §§ 6 ff. TzBfG sehen besondere Pflichten des Arbeitgebers zur Förderung von Teilzeitarbeit und Informationspflichten vor.

37 Eine besondere Form der Teilzeitarbeit ist die sog. geringfügige Beschäftigung (oder 450 Euro-Job). Hier gelten sozialversicherungsrechtliche Besonderheiten (§ 8 SGB IV). Besonderheiten gelten nach § 8a SGB IV auch für **haushaltsnahe geringfügige Beschäftigungen.**

37a ➲ **Wichtig:** Für geringfügig Beschäftigte gelten ebenfalls die Regelungen des Teilzeit- und Befristungsgesetzes, insbesondere auch das Diskriminierungsverbot. Geringfügig Beschäftigte müssen also grundsätzlich gleichbehandelt werden, dh., sie dürfen nicht von etwaig anderen Beschäftigten gewährten Sonderleistungen ohne Sachgrund ausgeschlossen werden.

M 97.5 Teilzeitarbeitsvertrag

§ 1 Beginn des Arbeitsverhältnisses/Probezeit

(1) Der Arbeitnehmer wird mit Wirkung zum ... als Teilzeitarbeitnehmer für die Tätigkeit eines ... eingestellt. Zu seinen Aufgaben gehört insbesondere ...

(2) Die ersten drei/sechs Monate gelten als Probezeit. Während dieser Zeit können die Vertragsparteien das Arbeitsverhältnis mit einmonatiger Frist zum Monatsschluss/mit einer Frist von zwei Wochen kündigen.

§ 2 Arbeitszeit

(1) Die regelmäßige wöchentliche Arbeitszeit beträgt ... Stunden.

(2) Beginn und Ende der täglichen Arbeitszeit richten sich nach den betrieblichen Erfordernissen/der Betriebsvereinbarung für Teilzeitbeschäftigte vom ... .

oder:

(2) Die tägliche Arbeitszeit beginnt um ... und endet um ... Uhr[1].

1 Die Bestimmung der Lage der Arbeitszeit obliegt grundsätzlich dem Arbeitgeber im Rahmen des billigen Ermessens nach § 106 Abs. 1 GewO. Die vorliegende Formulierung legt allerdings die Arbeitszeit vertraglich fest und schließt somit das Direktionsrecht aus. Eine Änderung der Lage der Arbeitszeit ist dann regelmäßig nur im Wege der Änderungskündigung möglich.
Praxistipp: *Eine Festlegung der Arbeitszeiten ist für den Arbeitnehmer dann vorteilhaft, wenn er etwa wegen der Betreuung der Kinder auf bestimmte Zeiten angewiesen ist. Der Arbeitnehmer gewinnt dadurch Planungssicherheit.*

(3) Der Arbeitnehmer ist verpflichtet, bis zu ... Stunden Überstunden pro Tag/Woche/Monat zu leisten[2].

§ 3 Vergütung

(1) Der Arbeitnehmer erhält eine monatliche Bruttovergütung von ... Euro, zahlbar jeweils am Monatsende[3].

(2) Mit der Vergütung sind monatlich ... Überstunden abgegolten. Darüber hinausgehende Überstunden werden nach Wahl des Arbeitgebers innerhalb von zwei Monaten durch Freizeit ausgeglichen oder ohne Zuschlag ausbezahlt.

§ 4 Urlaub

Der Mitarbeiter hat Anspruch auf den gesetzlichen Mindesturlaub von 20 Arbeitstagen bei einer 5-Tage-Woche nach dem BUrlG. Über den gesetzlichen Anspruch hinaus hat der Mitarbeiter einen Anspruch auf – ausgehend von einer 5-Tage-Woche – weitere ... Arbeitstage bezahlten Jahresurlaub. Dieser Anspruch verfällt abweichend von den gesetzlichen Bestimmungen am 31.3. des Folgejahres auch dann, wenn der Mitarbeiter den Urlaub wegen Krankheit nicht in Anspruch nehmen konnte. Bei der Gewährung wird vorrangig der gesetzliche Urlaub erfüllt. Die Lage des Erholungsurlaubs ist mit der Gesellschaft unter Berücksichtigung der betrieblichen Belange abzustimmen[4].

§§ 5 ff. s. ***M 97.3****.*

---

2 Ein vorhandener Betriebsrat hat auch bei der vorübergehenden Verlängerung der Arbeitszeit von Teilzeitbeschäftigten nach § 87 Abs. 1 Nr. 3 BetrVG mitzubestimmen (BAG NZA 1992, 70).

3 S. **M 97.3.**

4 Mitarbeiter in Teilzeitarbeitsverhältnissen haben ebenfalls Anspruch auf Urlaub. Zu beachten ist, dass in diesem Formular als Bezugsgröße Werktage genannt sind, dh. Samstage grundsätzlich umfasst sind. Bei gleichmäßiger Verkürzung der Arbeitszeit entspricht die Urlaubsdauer bei Teilzeitbeschäftigten der des vollzeitig beschäftigten Arbeitnehmers, beträgt also bei einer Fünf-Tage-Woche mindestens 20 Arbeitstage (gesetzlicher Mindesturlaub nach § 3 Abs. 1 BUrlG). Arbeitet der Teilzeitarbeitnehmer nicht an jedem Tag der Woche, gelten die Grundsätze für Vollzeitarbeitsverhältnisse entsprechend. Es ist auf die Anzahl der Arbeitstage abzustellen, an denen der Arbeitnehmer nach seinem Arbeitsverhältnis zur Arbeit verpflichtet ist. Diese Anzahl ist zu fünf Arbeitstagen mit 20 gesetzlichen Urlaubstagen ins Verhältnis zu setzen. Der Urlaub bestimmt sich dabei nicht nach den angefallenen Arbeitsstunden, sondern allein nach Werk- oder Arbeitstagen mit den jeweils individuell festgelegten Arbeitszeiten. Bruchteile von Urlaubstagen, die sich bei der Umrechnung ergeben können, sind dem Arbeitnehmer in diesem Umfang zu gewähren. § 5 Abs. 2 BUrlG findet keine Anwendung.

Praxistipp: *Die Berechnung für teilzeitbeschäftigte Arbeitnehmer, die regelmäßig an weniger Arbeitstagen pro Woche als ein vollzeitbeschäftigter Arbeitnehmer beschäftigt sind, erfolgt nach folgender Formel (BAG NJW 1992, 995):*

$$\text{Urlaubsanspruch} = \frac{\text{Gesamturlaubsanspruch (Vollzeitbeschäftigte)}}{\text{Wochenarbeitstage (Vollzeit)}} \times \text{Wochenarbeitstage(AN)}$$

Wenn in der Urlaubsregelung der Vollzeitbeschäftigten von Werk- (nicht von Arbeits-)tagen ausgegangen wird, ist bei „Wochenarbeitstage" die Zahl „6" (statt „5") einzusetzen. S. ***M 97.3****.*

M 97.6 Teilzeitarbeitsvertrag mit geringfügiger Beschäftigung[1]

§ 1 Beginn und Art der Tätigkeit

Der Mitarbeiter ist ab ... als Teilzeitbeschäftigter für ... angestellt.

§ 2 Arbeitszeit

Die Arbeitszeit beträgt wöchentlich ... Stunden, monatlich insgesamt jedoch nicht mehr als ... Stunden.

§ 3 Vergütung

Der Mitarbeiter erhält monatlich eine Vergütung iHv. ... Euro[2] (s. auch ***M 97.3***).

§ 4 Probezeit und Kündigung

Es wird eine Probezeit von drei Monaten vereinbart. Während dieser Probezeit kann das Arbeitsverhältnis mit einer Frist von zwei Wochen gekündigt werden. Nach Ablauf der Probezeit kann das Arbeitsverhältnis mit der gesetzlichen Frist gekündigt werden. Die Verlängerung der gesetzlichen Kündigungsfristen gilt für beide Parteien.

§ 5 Rentenversicherung

(1) Der Mitarbeiter unterliegt grundsätzlich der Versicherungspflicht und vollen Beitragspflicht in der gesetzlichen Rentenversicherung. Der vom Arbeitnehmer zu tragende Anteil am Rentenversicherungsbeitrag beträgt dabei die Differenz zwischen dem Pauschalbetrag des Arbeitgebers und dem vollen Rentenversicherungsbeitrag. Der Mitarbeiter kann nach § 6 Abs. 1b SGB VI durch schriftliche Erklärung gegenüber dem Arbeitgeber von der Versicherungspflicht in der gesetzlichen Krankenversicherung befreit werden.

(2) Nach dieser Belehrung erklärt der Mitarbeiter:

Ich beantrage die Befreiung von der Versicherungspflicht in der gesetzlichen Rentenversicherung und verzichte auf den Erwerb von Pflichtbeitragszeiten[3].

... (Ort/Datum) *(Unterschrift des Mitarbeiters)*

---

1 Geringfügige Beschäftigung iSv. § 8 SGB IV liegt dann vor, wenn das Arbeitsentgelt aus dieser Beschäftigung regelmäßig im Monat 450 Euro nicht übersteigt bzw. die Beschäftigung innerhalb eines Kalenderjahres auf längstens zwei Monate oder fünfzig Arbeitstage nach ihrer Eigenart begrenzt zu sein pflegt oder im Voraus vertraglich begrenzt ist, es sei denn, dass die Beschäftigung berufsmäßig ausgeübt wird und ihr Entgelt 450 Euro im Monat übersteigt. Man unterscheidet also zwischen einer geringfügig entlohnten Beschäftigung und einer sog. kurzfristigen Beschäftigung. Die Dauer der Arbeitszeit ist nach neuer Rechtslage nunmehr unbeachtlich. Werden mehrere geringfügig entlohnte Beschäftigungen bei verschiedenen Arbeitgebern nebeneinander ausgeübt, so sind sie im Hinblick auf das Entgelt zusammenzurechnen. Bei Überschreiten der Entgeltgrenze von 450 Euro monatlich werden die Arbeitsverhältnisse insgesamt sozialversicherungspflichtig und die steuerrechtlichen Privilegien entfallen. Kommen mehrere **kurzfristige Beschäftigungen** nach § 8 Abs. 1 Nr. 2 SGB IV zusammen, so werden sie ebenfalls zusammengerechnet.

Praxistipp: *Zwar muss der Arbeitgeber nach der gesetzlichen Regelung nicht mehr befürchten, bei der Einstellung von geringfügigen Beschäftigten nachträglich den gesamten Sozialversicherungsbeitrag zu zahlen, wenn der Arbeitnehmer mehrere geringfügige Beschäftigungsverhältnisse verschwiegen hat, da § 8 Abs. 2 Satz 3 SGB IV regelt, dass die Beitragspflicht erst mit dem Tag der Bekanntgabe der Feststellung durch die Einzugsstelle eintritt. Trotzdem sollte im Arbeitsvertrag eine Anzeigepflicht bei Mehrfachbeschäftigung vereinbart werden, da dann das Arbeitsverhältnis ggf. nach § 123 BGB angefochten werden kann, wenn der Arbeitnehmer wahrheitswidrig antwortet.*

2 Hier muss die 450 Euro-Grenze beachtet werden.

3 ***Hinweis:*** *Die Befreiung von der Rentenversicherungspflicht gilt für die gesamte Dauer der geringfügigen Beschäftigung. Sie kann nicht widerrufen werden. Werden mehrere geringfügige Beschäftigungen nebeneinander ausgeübt, so kann die Wahl hinsichtlich der Beitragsbefreiung nur einheitlich ausgeübt werden. Für Mini-Jobs, die vor dem 1.1.2013 aufgenommen wurden, ist weiterhin das zum 31.12.2012 geltende Recht maßgeblich.*

§ 6 Lohnsteuer, Sozialversicherung, weitere Erklärungen des Mitarbeiters

(1) Da es sich um eine Teilzeitbeschäftigung mit geringfügiger Arbeitszeit und geringfügiger Vergütung handelt, wird die Lohnsteuer pauschaliert durch die Firma übernommen[4].

(2) Der Mitarbeiter bestätigt, dass er keine anderen geringfügigen Beschäftigungen ausübt und die Voraussetzungen für die Lohnsteuerpauschalierung und Versicherungsfreiheit vorliegen. Der Mitarbeiter verpflichtet sich, jede Änderung der steuerlichen bzw. versicherungsrechtlichen Verhältnisse, insbesondere die Aufnahme weiterer Beschäftigungen neben der Teilzeitarbeit, der Firma unverzüglich mitzuteilen[5].

§ 7 Urlaub

Der jährliche Urlaubsanspruch richtet sich nach den gesetzlichen Regelungen[6].

§ 8 ff. Nebenabreden etc.

---

4 Die steuerrechtlichen Regelungen zu geringfügigen Beschäftigungsverhältnissen knüpfen unmittelbar an das Sozialversicherungsrecht an, vgl. § 40a Abs. 2 EStG. Geringfügige Beschäftigungsverhältnisse sind unterteilt in geringfügig entlohnte Beschäftigungen („450 Euro-Mini-Job", dh. regelmäßiges monatliches Arbeitsentgelt beträgt nicht mehr als 450 Euro) und Beschäftigungen, die wegen ihrer kurzen Dauer geringfügig sind (sog. kurzfristige Beschäftigungen). Das Arbeitsentgelt aus geringfügigen Beschäftigungsverhältnissen ist stets lohnsteuerpflichtig. Der Arbeitgeber kann unter Verzicht auf die Vorlage einer Lohnsteuerkarte die Lohnsteuer einschließlich Solidaritätszuschlag und Kirchensteuer für das Arbeitsentgelt aus einer geringfügigen Beschäftigung im Sinne des § 8 Abs. 1 Nr. 1 SGB IV (geringfügige Beschäftigung) oder des § 8a SGB IV (geringfügige Beschäftigung in Privathaushalten), für das er Beiträge zur gesetzlichen Rentenversicherung iHv. 15 % oder 5 % nach § 168 Abs. 1 Nr. 1b oder 1c SGB VI (geringfügig versicherungspflichtig Beschäftigte) oder nach § 172 Abs. 3 oder 3a SGB VI (versicherungsfrei geringfügig Beschäftigte) zu entrichten hat, mit einem einheitlichen Pauschsteuersatz iHv. 2 % des Arbeitsentgelts erheben (einheitliche Pauschsteuer, § 40a Abs. 2 EStG). Der einheitliche Pauschsteuersatz beträgt auch dann 2 %, wenn der Arbeitnehmer konfessionslos ist. Das Steuerrecht knüpft damit im Fall der Pauschalierung nach § 40a Abs. 2 EStG an die Voraussetzungen des SGB IV an. Nach § 40a Abs. 5 iVm. § 40 Abs. 3 EStG bleibt der pauschal versteuerte Arbeitslohn bei der Einkommensteuerveranlagung außer Ansatz und die Pauschsteuer wird auf die Einkommensteuer nicht angerechnet. Nach § 10 Abs. 1 Nr. 2 Satz 2 EStG wird zu den nach § 10 Abs. 1 Nr. 2a und Nr. 2b EStG als Sonderausgaben zu berücksichtigenden Altersvorsorgeaufwendungen der nach § 3 Nr. 62 EStG steuerfreie Arbeitgeberanteil zur gesetzlichen Rentenversicherung hinzugerechnet. Der sich insoweit ergebende Betrag wird dann mit dem in der Übergangsphase jeweils geltenden Prozentsatz angesetzt, § 10 Abs. 3 Satz 4 EStG; anschließend wird der steuerfreie Arbeitgeberanteil zur gesetzlichen Rentenversicherung in Abzug gebracht, § 10 Abs. 3 Satz 5 EStG. Dies gilt gleichermaßen für den bei einem Minijob gezahlten und nach § 3 Nr. 62 EStG steuerfreien Arbeitgeberanteil zur gesetzlichen Rentenversicherung unabhängig davon, ob der Beitrag in einer Lohnsteuerbescheinigung ausgewiesen wird oder ob eine Pauschalbesteuerung nach § 40a EStG erfolgt.

5 Bei der Anwendung der Geringfügigkeitsgrenze sind mehrere geringfügige Beschäftigungen zusammenzurechnen (§ 8 Abs. 2 SGB IV). Es kann dadurch Versicherungspflicht eintreten.
Wichtig: *Auch für geringfügig Beschäftigte gilt der Gleichbehandlungsgrundsatz, was zur Folge hat, dass zB auch geringfügig Beschäftigte im Hinblick auf Gratifikationen nicht schlechter behandelt werden dürfen als andere Arbeitnehmer. Bei der Bemessung des Entgelts ist dies insofern von Bedeutung, da der Arbeitnehmer durch den Anspruch auf Gratifikation die Geringfügigkeitsgrenze von 450 Euro überschreiten kann und in vollem Umfang sozialversicherungspflichtig wird.*

6 Vgl. BUrlG sowie **M 97.5** § 4.

M 97.7 Teilzeitbeschäftigung nach betrieblichem Bedarf[1] – Abrufarbeit

§ 1 Beginn und Art der Tätigkeit

S. ***M 97.6*** *§ 1*

---

1 In der Praxis wird häufig von „Kapovaz" = „kapazitätsorientierter variabler Arbeitszeit" gesprochen. Der Betriebsrat hat nach § 87 Abs. 1 Nr. 2 BetrVG über die Frage mitzubestimmen, ob Teilzeitkräfte zu festen Zeiten oder nach Bedarf beschäftigt werden sollen (BAG BB 1989, 423; vgl. auch BAG DB 1989, 385).

§ 2 Arbeitszeit

(1) Der Arbeitnehmer hat seine Arbeit entsprechend dem betrieblichen Bedarf zu erbringen.

(2) Die wöchentliche[2] Arbeitszeit beträgt insgesamt zehn Stunden[3], wobei immer mindestens drei Stunden zusammenhängend zu arbeiten sind[4].

(3) Die Firma teilt dem Arbeitnehmer spätestens bis Mittwoch jeder Woche den Bedarf für die Folgewoche und die Zeiteinteilung mit[5].

§ 3 Vergütung

Die Vergütung beträgt monatlich ... Euro brutto[6].

§§ 4 ff. zu Probezeit, Kündigung, Rentenversicherung usw. s. ***M 97.6.***

2 Vgl. zur Abrufarbeit mit variabler Arbeitszeit auf der Basis einer Gesamtjahresarbeitszeit BAG NZA 1996, 597 und dazu Schüren NZA 1996, 1306 und Andritzky NZA 1997, 643.

3 Nach § 12 Abs. 1 Satz 2 TzBfG muss eine bestimmte Dauer der Arbeitszeit festgelegt werden, andernfalls gilt eine wöchentliche Arbeitszeit von zehn Stunden als vereinbart (§ 12 Abs. 1 Satz 3 TzBfG).

4 Sinn eines „Kapovaz"-Vertrages ist es, von vornherein eben nicht die tägliche Arbeitsdauer und Arbeitszeit festzulegen. Andererseits ist § 12 Abs. 1 Satz 4 TzBfG zu berücksichtigen, wonach der Arbeitgeber verpflichtet ist, den Arbeitnehmer jeweils für mindestens drei aufeinanderfolgende Stunden in Anspruch zu nehmen, wenn in der Vereinbarung die tägliche Dauer der Arbeitszeit nicht festgelegt ist.

5 Der „Abruf" muss mindestens vier Tage vor Arbeitsantritt erfolgen, andernfalls ist der Arbeitnehmer nicht zur Arbeitsleistung verpflichtet, § 12 Abs. 2 TzBfG.

6 Hier gibt es keine Probleme, da die vertraglich vereinbarte Arbeitszeit zu vergüten und nur der zeitliche Anfall variabel gestaltet ist.

c) Altersteilzeit

38 Altersteilzeitvereinbarungen werden durch **einzelvertragliche Vereinbarung** zwischen Arbeitgeber und Arbeitnehmer geschlossen.

Im Gegensatz zur Teilzeit nach dem TzBfG und dem BEEG gibt das ATZG **keinen Rechtsanspruch** auf Gewährung von Altersteilzeit. Der Arbeitnehmer hat lediglich einen Anspruch darauf, dass der Arbeitgeber bei der Entscheidung über den Antrag auf Abschluss des Altersteilzeitvertrags in entsprechender Anwendung von § 315 Abs. 1 BGB billiges Ermessen wahrt und nach sachgerechten Kriterien entscheidet (vgl. BAG DB 2002, 98; BAGE 81, 323). Umgekehrt kann allerdings auch **kein Arbeitnehmer** in die Altersteilzeit **gezwungen werden**. Einige **Tarifverträge** sehen eine Verpflichtung des Arbeitgebers vor, Verhandlungen über eine Altersteilzeitregelung aufzunehmen, während andere abhängig vom Lebensalter einen Rechtsanspruch zur Vereinbarung von Altersteilzeit vorsehen, den der Arbeitgeber nur unter bestimmten Umständen ablehnen kann.

39 Zu beachten ist, dass Arbeitnehmer in Altersteilzeit ohne gesonderte Vereinbarung grundsätzlich keinen besonderen Kündigungsschutz genießen. Auch einem Arbeitnehmer in Altersteilzeit kann daher grundsätzlich unter den im Kündigungsschutzgesetz genannten Voraussetzungen gekündigt werden. Das BAG (NZA 2003, 789) geht allerdings davon aus, dass Arbeitnehmern, die Block-Altersteilzeit vereinbart haben und sich in der Freistellungsphase befinden, selbst im Falle der Betriebsstilllegung nicht mehr betriebsbedingt gekündigt werden kann. Befindet sich das Teilzeitarbeitsverhältnis allerdings nicht in der Freistellungsphase, ist eine betriebsbedingte Kündigung möglich (LAG Düsseldorf NZA-RR 2003, 635).

40 ➲ **Praxistipp:** Bei der Beratung von Arbeitnehmern, denen ein Altersteilzeitarbeitsverhältnis angeboten wurde, sollte der Arbeitnehmer darauf hingewiesen werden, dass er allein durch die vertragliche Vereinbarung von Altersteilzeit keinen besonderen Kündigungsschutz genießt (sofern ein Tarifvertrag nichts anderes vorsieht). In den Altersteilzeitverträgen sollte daher eine entsprechende Formulierung, die eine ordentliche Kündigungsmöglichkeit für den Arbeitgeber ausschließt, aufgenommen werden.

➲ **Wichtig:** Die Bundesagentur für Arbeit erstattet dem Arbeitgeber die Aufstockungsbeträge nach derzeitiger Rechtslage nur noch dann, wenn mit der Altersteilzeit spätestens am 31.12.2009 begonnen worden ist (vgl. § 16 ATZG). Danach läuft diese Förderung der Altersteilzeit aus. § 1 Abs. 3 ATZG gilt jedoch weiter, so dass das steuerliche Privileg des § 3 Nr. 28 StG (Steuerfreiheit der Aufstockungsbeträge und zugleich Beitragsfreiheit in der Sozialversicherung) auch für diejenigen Altersteilzeitverhältnisse erhalten bleibt, die mit der Altersteilzeitarbeit erst nach dem 31.12.2009 beginnen (vgl. ausführlich Preis/Rolfs II A 30 Rz. 1 ff.). 40a

M 97.8 Altersteilzeit-Vertrag

§ 1 Beginn der Altersteilzeit

Das am ... zwischen den Parteien geschlossene Arbeitsverhältnis wird nach Maßgabe der folgenden Vorschriften vom ...[1] an als Altersteilzeitarbeitsverhältnis[2] fortgeführt.

§ 2 Tätigkeit[3]

(1) Der Arbeitnehmer übt seine bisherige Tätigkeit weiter aus, soweit die Umwandlung in ein Altersteilzeitarbeitsverhältnis keine Veränderung notwendig macht.

oder:

(1) Mit Beginn der Altersteilzeit übt der Arbeitnehmer die Tätigkeit als ... aus.

(2) Der Arbeitgeber behält sich vor, im Rahmen betrieblicher Notwendigkeit dem Arbeitnehmer eine andere zumutbare und gleichwertige Arbeit zu übertragen.

§ 3 Arbeitszeit

(1) Die Arbeitszeit beträgt im Wochendurchschnitt[4] die Hälfte der bisherigen tariflichen regelmäßigen wöchentlichen Arbeitszeit von ..., wobei der Arbeitnehmer aber nicht geringfügig iSd. § 8 SGB IV beschäftigt werden darf.

Bei künftigen Veränderungen der tariflichen regelmäßigen wöchentlichen Arbeitszeit erfolgt eine entsprechende Anpassung, soweit sie damit versicherungspflichtig bleibt.

(2) Hinsichtlich der Verteilung der Arbeitszeit über den das Altersteilzeitarbeitsverhältnis erfassenden Zeitraum wird Folgendes vereinbart:

...[5]

Für die Dauer des Altersteilzeitarbeitsverhältnisses wird der Arbeitnehmer montags bis donnerstags jeweils ... Stunden arbeiten.

oder:

Die Arbeitszeit ist so zu verteilen, dass sie in der ersten Hälfte des Altersteilzeitarbeitsverhältnisses geleistet wird. In der zweiten Hälfte des Altersteilzeitverhältnisses wird der Arbeitnehmer entsprechend der von ihm erworbenen Zeitguthaben von der Arbeit ohne Verpflichtung zur Arbeitsleistung freigestellt[6].

1 Datum nach Beginn des 55. Lebensjahrs, § 2 Abs. 1 Nr. 1 ATZG.

2 Der Entwurf beruht auf dem Gesetz zur Förderung eines gleitenden Übergangs in den Ruhestand v. 23.7.1996 (BGBl. I, 1078 ff.) idF des sog. Flexi-Gesetzes v. 6.4.1998 (BGBl. I, 680), zuletzt geändert durch Gesetz vom 12.4.2012 (BGBl. I, 579).

3 Zu beachten sind die Weisungen der Bundesagentur für Arbeit zur Wiederbesetzung, insbesondere soweit sie die erforderliche Identität des durch den Altersteilzeitbeschäftigen freigemachten Arbeitsplatzes mit dem Arbeitsplatz des Wiederbesetzers betreffen.

4 Die Verteilung kann wöchentlich, monatlich oder jährlich erfolgen. Insoweit handelt es sich um einen Vorschlag.

5 § 2 Abs. 2 Satz 1 ATZG sieht einen Verteilzeitraum von bis zu drei Jahren und bei Vorliegen eines Tarifvertrages von bis zu sechs Jahren vor.

6 Sog. Blockmodell.

(3) Der Arbeitnehmer ist verpflichtet, im Anforderungsfall Mehrarbeit zu leisten. Diese ist innerhalb der folgenden ... Monate durch entsprechende Freizeit auszugleichen[7].

§ 4 Altersentgelt

Der Arbeitnehmer erhält für die Dauer des Altersteilzeitarbeitsverhältnisses Entgelt nach Maßgabe der gem. § 3 reduzierten Arbeitszeit.

Das Arbeitsentgelt ist unabhängig von der Verteilung der Arbeitszeit fortlaufend zu zahlen.

§ 5 Altersteilzeitleistungen[8]

(1) Der Arbeitnehmer erhält gem. § 3 Abs. 1 Nr. 1 lit. a ATZG Aufstockungsleistungen iHv. 20 % des Regelarbeitsentgelts für die Altersteilzeit.

(2) Der Arbeitgeber entrichtet für den Arbeitnehmer zusätzlich Beiträge zur gesetzlichen Rentenversicherung in Höhe des Beitrags, der auf 80 % des Regelarbeitsentgelts für die Altersteilzeit, begrenzt auf den Unterschiedsbetrag zwischen 90 % der monatlichen Beitragsbemessungsgrenze und dem Regelarbeitsentgelt, entfällt, höchstens jedoch bis zur Beitragsbemessungsgrenze (§ 3 Abs. 1 Nr. 1 ATZG).

§ 6 Krankheit

(1) Im Falle krankheitsbedingter Arbeitsunfähigkeit leistet der Arbeitgeber Entgeltfortzahlung nach den für das Arbeitsverhältnis jeweils geltenden Bestimmungen.

(2) Der Arbeitnehmer ist verpflichtet, im Falle seiner Arbeitsunfähigkeit den Grund und die voraussichtliche Dauer dem Arbeitgeber unverzüglich mitzuteilen. Spätestens am dritten Tag der Erkrankung hat der Arbeitnehmer dem Arbeitgeber ein ärztliches Attest über seine Arbeitsunfähigkeit und deren voraussichtliche Dauer vorzulegen.

§ 7 Ruhen und Erlöschen des Anspruchs auf Altersteilzeitleistungen

(1) Der Anspruch auf die Altersteilzeitleistungen nach § 5 ruht während der Zeit, in der der Arbeitnehmer über die Altersteilzeit hinaus eine Beschäftigung oder selbständige Tätigkeit ausübt, die den Umfang der Geringfügigkeitsgrenze in § 8 SGB IV[9] überschreitet. Beschäftigungen oder ständige Tätigkeiten bleiben unberücksichtigt, soweit sie der Arbeitnehmer bereits innerhalb der letzten fünf Jahre vor Beginn der Altersteilzeit ständig ausgeübt hat.

(2) Der Anspruch auf die Altersteilzeitleistungen erlischt, wenn die Gesamtruhenszeit einen Zeitraum von 150 Tagen überschreitet. Mehrere Ruhezeiten werden zusammengezählt.

§ 8 Verbot der Aufnahme oder Ausübung von Nebentätigkeiten

(1) Der Arbeitnehmer verpflichtet sich, keine Beschäftigung oder selbständige Tätigkeit auszuüben, die die Geringfügigkeitsgrenze des § 8 SGB IV überschreitet.

---

7 Es handelt sich bei § 3 Abs. 3 um eine Möglichkeit der Vertragsausgestaltung. Der Ausgleichszeitraum ist einzutragen. Es muss allerdings sichergestellt sein, dass im Mittel die gesetzlich vorgegebene Arbeitszeit nicht überschritten wird. Mehrarbeit führt im Übrigen unter den Voraussetzungen von § 5 Abs. 4 ATZG zum Ruhen bzw. Erlöschen des Anspruchs auf Erstattung der Altersteilzeitleistungen, sie darf also den Umfang der Geringfügigkeitsgrenze nicht überschreiten. Da § 8 SGB IV allerdings keine zeitliche Begrenzung mehr enthält, geht der Verweis ins Leere. Der Arbeitgeber sollte aber zur Sicherheit darauf achten, dass 15 Stunden Mehrarbeit monatlich nicht überschritten werden.

8 Die Altersteilzeitleistungen sind steuer- und sozialabgabenfrei, auch soweit sie über die gesetzlichen Mindestleistungen hinausgehen. Nach § 3 Abs. 1 Nr. 1a ATZG stockt der Arbeitgeber das Regelentgelt aber um mindestens 20 % auf. Die Aufstockungsbeträge, die Teil des Arbeitsentgelts darstellen, sind nach § 3 Nr. 28 EStG steuerfrei. Die Werbungskosten, die den in der Altersteilzeit befindlichen Arbeitnehmern entstehen, sind wegen der steuerfreien Aufstockungsbeträge nicht nach Maßgabe des § 3c EStG zu kürzen, da kein unmittelbarer wirtschaftlicher Zusammenhang zwischen den steuerfreien Einnahmen und den Werbungskosten besteht.

9 Vgl. § 8 SGB IV: Eine geringfügige Beschäftigung liegt vor, wenn das Arbeitsentgelt regelmäßig nicht mehr als 450 Euro beträgt.

Dies gilt auch, wenn der Arbeitnehmer auf Grund einer solchen Beschäftigung eine Lohnersatzleistung erhält. Vom Verbot werden Beschäftigungen oder ständige Tätigkeiten nicht erfasst, soweit sie der Arbeitnehmer bereits innerhalb der letzten fünf Jahre vor Beginn der Altersteilzeit ständig ausgeübt hat. Andernfalls ruht der Anspruch auf die Aufstockungsleistungszahlungen nach § 5 Abs. 3 ATZG.

(2) Der Arbeitnehmer verpflichtet sich, für die Übernahme einer zulässigen Nebentätigkeit die schriftliche Zustimmung des Arbeitgebers einzuholen.

(3) Der Arbeitnehmer verpflichtet sich, dem Arbeitgeber jeden möglichen Schaden aus einer Zuwiderhandlung gegen § 8 Abs. 1 und 2 zu ersetzen.

§ 9 Mitwirkungs- und Erstattungspflichten

(1) Der Arbeitnehmer hat Änderungen der ihn betreffenden Verhältnisse, die für die Altersteilzeitleistungen nach § 5 erheblich sind, dem Arbeitgeber unverzüglich anzuzeigen.

(2) Der Arbeitgeber hat ein Zurückbehaltungsrecht, wenn der Arbeitnehmer seinen Mitwirkungspflichten nicht nachkommt, oder vorsätzlich oder grob fahrlässig unvollständige oder unrichtige Auskünfte gibt.

(3) Zu Unrecht empfangene Leistungen hat der Arbeitnehmer zu erstatten[10].

§ 10 Ende des Altersteilzeitarbeitsverhältnisses

(1) Das Altersteilzeitarbeitsverhältnis endet ohne Kündigung am ...

- *wenn der Arbeitnehmer die für ihn geltende Altersgrenze der gesetzlichen Rentenversicherung erreicht hat*
- *mit Ablauf des Kalendermonats vor dem Kalendermonat, für den der Arbeitnehmer eine Rente wegen Alters, eine Knappschaftsausgleichsleistung, eine Leistung öffentlich-rechtlicher Art oder, wenn er von der Versicherungspflicht in der gesetzlichen Rentenversicherung befreit ist, eine vergleichbare Leistung einer Versicherungs- oder Versorgungseinrichtung oder eines Versicherungsunternehmens beanspruchen kann*[11]
- *mit Beginn des Kalendermonats, für den der Arbeitnehmer eine Rente wegen Alters, eine Knappschaftsausgleichsleistung, eine ähnliche Leistung öffentlich-rechtlicher Art oder, wenn er von der Versicherungspflicht in der gesetzlichen Rentenversicherung befreit ist, eine vergleichbare Leistung einer Versicherungs- oder Versorgungseinrichtung oder eines Versicherungsunternehmens bezieht*
- *mit dem Tod des Arbeitnehmers*

10 Zu Unrecht erbrachte Leistungen der Bundesagentur für Arbeit an den Arbeitgeber hat der Arbeitnehmer gem. § 11 Abs. 2 ATZG der Bundesagentur für Arbeit zu erstatten. Altersteilzeitleistungen des Arbeitgebers, die über die Mindestleistungen des § 3 ATZG hinausgehen, hat der Arbeitnehmer demgegenüber diesem zu erstatten.

11 Vgl. § 8 Abs. 3 ATZG, nach dem die Arbeitsvertragsparteien vereinbaren können, dass das Arbeitsverhältnis ohne Kündigung endet, sobald der Arbeitnehmer Anspruch auf eine Rente nach Altersteilzeit hat. § 37 SGB VI verlangt hierzu ua. die Ausübung einer mindestens 24 Kalendermonate dauernden Altersteilzeit. Nach § 237 SGB V ist dies übergangsweise frühestens mit Beginn des sechzigsten Lebensjahres der Fall. Die Altersgrenze ist in Abhängigkeit vom Geburtsjahr- und -monat des Arbeitnehmers sowie der Rentenart (Altersrente für langjährige Versicherte, für schwerbehinderte Menschen etc.) gestaffelt und muss in jedem Fall gesondert ermittelt werden. Nach § 5 Abs. 1 Nr. 2 ATZG enden die Erstattungsleistungen der Bundesagentur nicht automatisch (s. aber Rz. 40), wenn der Arbeitnehmer einen Anspruch auf geminderte Rentenzahlungen hat. Eine abweichende Vereinbarung, wie sie hier gewählt ist, bleibt dennoch möglich.
Praxistipp: *Für den Fall, dass das Arbeitsverhältnis nicht mit der Bezugsmöglichkeit einer geminderten Altersrente enden soll, bietet sich folgende Formulierung an: „... Dies gilt nicht für Renten, die vor dem für den Versicherten maßgeblichen Rentenalter in Anspruch genommen werden können.".*

(2) Im Übrigen bleibt das Recht zur Kündigung nach Maßgabe des Arbeitsvertrages vom . . . und des Gesetzes unberührt[12].

§ 11 Auslegungsfragen

(1) Für die Auslegung dieses Vertrages ist maßgeblich das ATZG in seiner jeweils geltenden Fassung.

(2) Sollte eine Vorschrift dieses Vertrages unwirksam sein oder sollte eine Vorschrift dazu führen, dass von der Bundesagentur für Arbeit – bei Vorliegen der sonstigen gesetzlichen Voraussetzungen – Leistungen gem. § 4 ATZG nicht erbracht werden können, sind die Vertragsparteien verpflichtet, den Vertrag so zu ändern, dass die Voraussetzungen für die Leistungen erfüllt werden.

§ 12 Insolvenzsicherung[13]

(1) Der Arbeitgeber wird spätestens zum . . . eine Bankbürgschaft zu Gunsten des Arbeitnehmers über die Höhe des während der Arbeitsphase aufzubauenden Wertguthabens bei der X-Bank abschließen.

(2) Die Bürgschaftsurkunde wird dem Mitarbeiter bis zum . . . ausgehändigt.

(3) Die Kosten der Bürgschaft trägt die Gesellschaft.

§ 13 Vertragsänderungen

(1) Mündliche Nebenabreden bestehen nicht. Änderungen und Ergänzungen dieses Vertrages bedürfen der Schriftform.

(2) Im Übrigen gelten die Bestimmungen des Arbeitsvertrages vom . . . weiter.

. . . (Unterschriften)

---

12 Ist in § 3 ein Blockmodell für die Altersteilzeit vereinbart, ist die ordentliche Kündigung für die zweite Hälfte des Blocks faktisch ohnehin ausgeschlossen; dies kann auch vertraglich klargestellt werden (s. Rz. 39 f.).

13 Nach § 8a Abs. 1 ATZG muss der Arbeitgeber Zeitguthaben aus einer Altersteilzeitvereinbarung einschließlich des auf sie entfallenden Arbeitgeberanteils am Gesamtsozialversicherungsbeitrag gegen das Risiko seiner eigenen Insolvenz absichern, soweit das Guthaben des Beschäftigten den Betrag des Dreifachen des Regelarbeitsentgelts einschließlich des darauf entfallenden Arbeitgeberanteils am Gesamtsozialversicherungsbeitrag übersteigt. Dabei muss der Arbeitgeber ein geeignetes Sicherungsmittel wählen. Patronatserklärungen und Rückstellungen zB sind ausgeschlossen. Gem. § 8a Abs. 3 ATZG muss der Arbeitgeber dem Arbeitnehmer die zur Sicherung des Wertguthabens ergriffenen Maßnahmen mit der ersten Gutschrift und danach alle sechs Monate in Textform (vgl. § 126b BGB) nachweisen.

d) Befristung

41 Unter einem befristeten Arbeitsverhältnis versteht man ein auf eine bestimmte vorher festgelegte Dauer geschlossenes Arbeitsverhältnis, welches nach deren Ablauf automatisch endet, ohne dass es einer Kündigung bedarf.

42 Man unterscheidet zwischen zweck- und zeit-, dh. kalendarisch befristeten Arbeitsverhältnissen. Bei einer **Zweckbefristung** endet das Arbeitsverhältnis mit dem Eintritt des zuvor bestimmten Ereignisses, bei einer **Zeitbefristung** mit dem Ablauf des sich aus der Befristung ergebenden Kalendertages. Aufgrund der Umgehung des Kündigungsschutzgesetzes bedarf eine Befristung grundsätzlich eines **sachlichen Grundes**. Ein Katalog von Sachgründen ist in § 14 Abs. 1 Nr. 1–8 TzBfG aufgeführt. So kann beispielsweise eine Beschäftigung zur Vertretung eines anderen Arbeitnehmers eine Befristung rechtfertigen (§ 14 Abs. 1 Nr. 3 TzBfG). Besondere Befristungsmöglichkeiten sieht das Gesetz über befristete Arbeitszeitverträge in der Wissenschaft vor (vgl. dazu Kortstock ZTR 2007, 350). Hat der Arbeitgeber einen sachlichen Grund für die Befristung, so ist auch die nachträgliche Befristung eines unbefristeten Arbeitsverhältnisses zulässig (BAG NZA 1999, 81).

Besteht **kein sachlicher Grund** für die Befristung, ist die Befristung grundsätzlich unwirksam und das Arbeitsverhältnis gilt nach § 16 TzBfG als auf unbestimmte Zeit geschlossen. Ist eine ordentliche Kündigung nicht vereinbart, kann das Arbeitsverhältnis zudem vom Arbeitgeber frühestens zum vereinbarten Ende ordentlich gekündigt werden.

Ohne sachlichen Grund darf ein Arbeitsverhältnis kalendermäßig gem. § 14 Abs. 2 TzBfG befristet werden, wenn die Befristung einschließlich einer höchstens dreimaligen Verlängerung die Gesamtdauer von zwei Jahren nicht überschreitet. Voraussetzung ist, dass es sich um eine Neueinstellung handelt, dh., dass mit demselben Arbeitgeber zuvor kein Arbeitsverhältnis bestanden haben darf (vgl. § 14 Abs. 2 Satz 2 TzBfG). 43

Nach § 14 Abs. 4 TzBfG bedarf die Befristung zu ihrer Wirksamkeit der Schriftform. Ein Verstoß gegen die Formabrede führt nicht zur Unwirksamkeit des Arbeitsvertrages, es besteht dann allerdings ein unbefristetes Arbeitsverhältnis.

➲ **Praxistipp:** Oft übersehen Arbeitgeber, dass die Befristungsabrede schriftlich vor Arbeitsantritt abgeschlossen sein muss. Die nachträgliche Unterschrift heilt diesen Formmangel nicht (BAG NZA 2005, 575). Nimmt der Arbeitnehmer die Arbeit auf, ohne dass die Befristungsabrede schriftlich getroffen wurde, so befindet er sich in einem unbefristeten Arbeitsverhältnis, so dass eine nachfolgende Befristung ohne sachlichen Grund nach § 14 Abs. 2 TzBfG mangels Neueinstellung nicht möglich ist. 44

M 97.9 Kalendarisch befristeter Arbeitsvertrag aus sachlichen Gründen

§ 1 Befristung

Herr/Frau ... wird von der Firma für die Zeit vom ... bis ... als ... eingestellt. Das Arbeitsverhältnis endet mit Ablauf der Frist, ohne dass es einer Kündigung bedarf[1]*. Die Befristung erfolgt, weil ...*[2]*.*

§ 2 Kündigung

Während der Befristung kann das Arbeitsverhältnis ordentlich von beiden Parteien mit einer Frist von ... Wochen/Monaten zum ... gekündigt werden[3]*.*

§ 3 Meldepflicht bei der Arbeitsagentur

Herr/Frau ... wird darauf hingewiesen, dass er/sie gem. § 38 SGB III zur Aufrechterhaltung ungekürzter Ansprüche auf Arbeitslosengeld verpflichtet ist, sich drei Monate vor Ablauf dieses Vertragsverhältnisses persönlich bei der für ihn/sie zuständigen Arbeitsagentur arbeitsuchend zu melden und aktiv nach einer Beschäftigung zu suchen. Sofern dieses Arbeitsverhältnis für eine kürzere Dauer befristet ist, hat die Meldung bei der Arbeitsagentur innerhalb von drei Tagen nach Abschluss dieses Vertrages zu erfolgen[4]*.*

(§§ 4 ff. zu Vergütung, Arbeitszeit, Urlaub usw. s. ***M 97.3*** *§§ 3 ff.)*

1 Zu beachten ist allerdings, dass wegen § 15 Abs. 5 TzBfG der Arbeitgeber darauf achten sollte, dass er nach Ablauf der Befristung des Arbeitsverhältnisses keine Arbeitsleistung des Arbeitnehmers mehr in Anspruch nimmt. Ansonsten besteht die Gefahr, dass dadurch ein unbefristetes Arbeitsverhältnis begründet wird.

2 Grundsätzlich bedarf es keiner Angabe des sachlichen Grundes im Arbeitsvertrag. Besonderheiten gelten im Bereich des öffentlichen Dienstes (TVöD und bisherige Regelungen zum BAT). Zu den sachlichen Gründen vgl. § 14 Abs. 1 Nr. 1–8 TzBfG.

3 Diese Regelung darf wegen § 620 Abs. 2 BGB nicht vergessen werden (vgl. Koch NZA 1992, 154). Im Übrigen darf nicht übersehen werden, dass die sog. Nichtverlängerungsanzeige grundsätzlich keine Kündigungserklärung enthält (BAG AP 47 zu § 620 BGB „Befristeter Arbeitsvertrag"). Etwas anderes gilt nur, wenn die Parteien zuvor schon über die Rechtswirksamkeit der Befristung gestritten haben (BAG AP 47 zu § 620 BGB „Befristeter Arbeitsvertrag"). Deshalb sollte immer dann, wenn hinsichtlich des Befristungsgrundes Zweifel bestehen, vorsorglich ordentlich gekündigt werden.

4 Nach § 2 Abs. 2 Nr. 3 SGB III soll der Arbeitgeber den Arbeitnehmer auf diese Meldepflicht hinweisen. Unterlässt der Arbeitgeber diesen Hinweis, so begründet dies allerdings keinen Schadensersatzanspruch des Arbeitnehmers gegen den Arbeitgeber (BAG NZA 2005, 1406). Bei Verstößen des Arbeitnehmers gegen die Meldepflicht drohen Nachteile beim Bezug von Arbeitslosengeld (Sperrzeit nach § 159 Abs. 1 Nr. 3 bzw. 7 SGB III; vgl. dazu Preis/Schneider NZA 2006, 177, 179 f.).

M 97.10 Zweckbefristeter Arbeitsvertrag aus sachlichen Gründen

§ 1 Befristung

Der Mitarbeiter wird vom Arbeitgeber für die Dauer (zB der Erkrankung des Mitarbeiters X; des Projekts Y) eingestellt. Das Arbeitsverhältnis endet mit Erreichen des Zwecks, ohne dass es einer Kündigung bedarf, spätestens jedoch am ...[1].

(§§ 2 ff. zu Kündigung, Meldepflicht usw. s. ***M 97.9****)*

1 Nach § 15 Abs. 2 TzBfG endet ein zweckbefristeter Arbeitsvertrag mit Erreichen des Zwecks, frühestens jedoch zwei Wochen nach Zugang der schriftlichen Unterrichtung des Arbeitnehmers durch den Arbeitgeber über den Zeitpunkt der Zweckerreichung. In der vorgeschlagenen Klausel ist zudem eine Höchstdauer der Befristung vereinbart. Damit hat der Arbeitgeber die Möglichkeit, wenn sich zB die Erkrankung eines vertretenen Arbeitnehmers länger hinauszieht, das Arbeitsverhältnis dennoch enden zu lassen, bevor der Zweck erreicht ist. Bei dieser sog. Doppelbefristung hat eine etwaige Unwirksamkeit der Zweckbefristung auf die kalendermäßige Befristung keinen Einfluss (BAG NZA 2002, 85; BAG v. 22.4.2009 – 7 AZR 768/09 zit. nach juris).

M 97.11 Mitteilung der Zweckerreichung nach § 15 Abs. 2 TzBfG[1]

Sehr geehrter Herr/Frau ...,

Sie sind bei uns auf Grund des Arbeitsvertrages vom ... für die Dauer ... (zB des Projekts X oder der Erkrankung von Herrn Y) zweckbefristet eingestellt. Der Zweck ist nunmehr erreicht, da ... (zB das Projekt X beendet wurde oder Herr Y ab ... wieder arbeiten kann).

Nach § 15 Abs. 2 TzBfG endet Ihr Arbeitsverhältnis daher auf Grund der Zweckerreichung mit Ablauf des ...[2].

Wir weisen Sie darauf hin, dass Sie gem. § 38 SGB III verpflichtet sind, sich innerhalb von drei Kalendertagen nach Erhalt dieser Mitteilung persönlich bei der Arbeitsagentur arbeitsuchend zu melden und aktiv nach einer Beschäftigung zu suchen. Sofern das Arbeitsverhältnis noch mehr als drei Monate besteht, reicht eine Meldung drei Monate vor Beendigung aus. Ansonsten drohen Ihnen Nachteile bei Bezug von Arbeitslosengeld (Sperrzeit!).
Sie sind ferner verpflichtet, aktiv nach einer Beschäftigung zu suchen.

Wir danken Ihnen für Ihre Mitarbeit und wünschen Ihnen auf Ihrem weiteren persönlichen und beruflichen Lebensweg alles Gute und weiterhin viel Erfolg.

Mit freundlichen Grüßen

...

1 ***Praxistipp:*** *Es darf nicht übersehen werden, dass die sog. Nichtverlängerungsanzeige grundsätzlich keine Kündigungserklärung enthält (BAG AP 47 zu § 620 BGB, „Befristeter Arbeitsvertrag"). Etwas anderes gilt nur, wenn die Parteien zuvor schon über die Rechtswirksamkeit der Befristung gestritten haben (BAG AP 47 zu § 620 BGB, „Befristeter Arbeitsvertrag"). Deshalb sollte immer dann, wenn hinsichtlich des Befristungsgrundes Zweifel bestehen, vorsorglich ordentlich gekündigt werden.*

2 Zwei Wochen nach Zugang der schriftlichen Unterrichtung.

M 97.12 Befristeter Arbeitsvertrag nach § 14 Abs. 2 TzBfG/ sachgrundlose Befristung

§ 1 Befristung[1]

Herr/Frau ... wird von der Firma für die Zeit vom ... bis ... als ... eingestellt. Das Arbeitsverhältnis endet mit Ablauf der Frist, ohne dass es einer Kündigung bedarf[2].

§ 2 Kündigung

Während der Befristung kann das Arbeitsverhältnis von beiden Seiten mit einer Frist von ... Wochen/Monaten zum ... gekündigt werden[3].

§ 3 Neueinstellung

Der Arbeitgeber weist Herrn/Frau ... darauf hin, dass er Herrn/Frau nur auf Grund der Befristungsregelung nach § 14 Abs. 2 TzBfG, dh. ohne sachlichen Grund einstellt. Mit Rücksicht auf § 14 Abs. 2 Satz 2 TzBfG versichert Herr/Frau ... ausdrücklich, dass er/sie noch nie in seinem/ihrem Leben in einem Arbeitsverhältnis zur Firma gestanden hat. Herr/Frau ... ist darüber informiert, dass eine unrichtige Angabe hierüber den Arbeitgeber zur Anfechtung des Arbeitsvertrages nach § 123 BGB berechtigen kann[4].

(§ 4 ff. zu Vergütung, Urlaub, Meldepflicht usw. s. ***M 97.9****)*

1 Nach § 14 Abs. 2 TzBfG ist eine Befristung bis zur Höchstdauer von zwei Jahren auch ohne sachlichen Grund zulässig. Voraussetzung ist allerdings, dass mit demselben Arbeitgeber vorher kein befristetes oder unbefristetes Arbeitsverhältnis bestanden hat. Nach § 14 Abs. 2a TzBfG ist die kalendermäßige Befristung eines Arbeitsvertrages ohne Vorliegen eines sachlichen Grundes bis zur Dauer von **vier Jahren** zulässig, wenn es sich um eine Neugründung eines Unternehmens handelt. Die sachgrundlose Befristungsmöglichkeit bei Arbeitnehmern ab 52 Jahren, die in § 14 Abs. 3 TzBfG geregelt ist, wurde vom EuGH für gemeinschaftsrechtswidrig angesehen (EuGH NZA 2005, 1345).
Praxistipp: *Auch hier ist hilfsweise an eine ordentliche Kündigung zu denken für den Fall, dass sich die Befristung später als unzulässig herausstellt.*

2 Der befristete Vertrag kann dreimal verlängert werden, wobei unterschiedliche Befristungszeiträume zulässig sind. Allerdings darf die Höchstbefristungsdauer von 24 Monaten (inkl. der ersten Befristung) nicht überschritten werden. Soweit § 14 Abs. 2 TzBfG von „Verlängerung" spricht, müssen die wesentlichen Vertragsbedingungen beibehalten werden.

3 ***Wichtig:*** *Diese Regelung darf wegen § 15 Abs. 3 TzBfG nicht vergessen werden.*

4 ***Praxistipp:*** *Diese Klausel empfiehlt sich im Hinblick auf das Neueinstellungserfordernis nach § 14 Abs. 2 TzBfG.*

e) Führungskräfte

Der Begriff Führungskraft alleine hat keine arbeitsrechtliche Bedeutung. In der betrieblichen Praxis wird darunter in der Regel der Arbeitnehmer verstanden, der sich aufgrund seiner Verantwortung und seiner Vergütung gegenüber den übrigen Beschäftigten besonders hervorhebt. Oft sind dies Beschäftigte, die als **außertarifliche Angestellte** eine Vergütung oberhalb der höchsten Tarifgruppe erhalten. In diesen Fällen ist es üblich, mit Arbeitsvertragsmustern zu arbeiten, die der besonderen Verantwortung und der höheren Entlohnung der Mitarbeiter entsprechen. 45

➲ **Hinweis:** Gerade in Arbeitsverträgen mit Führungskräften sollten allgemeine Bezugnahmeklauseln auf Tarifverträge vermieden werden. Denn diese können dazu führen, dass ein besonderer tariflicher Kündigungsschutz auch auf diese Gruppe Anwendung findet. 45a

Teilweise sind Führungskräfte zugleich sog. **leitende Angestellte** und bilden somit eine besondere Gruppe innerhalb der Arbeitnehmer. Nach dem Betriebsverfassungsgesetz sind leitende Angestellte solche, die nach Dienststellung und Dienstvertrag zur selbständigen Einstellung und Entlassung von Arbeitnehmern berechtigt sind, Generalvollmacht oder Prokura haben oder regelmäßig sons- 45b tige Aufgaben wahrnehmen, die für den Bestand oder die Entwicklung des Betriebs oder Unternehmens von Bedeutung sind (vgl. § 5 Abs. 3 Satz 2 BetrVG). Für leitende Angestellte gelten teilweise Sonderregelungen. Sie sind zB gem. § 5 Abs. 3 Satz 1 BetrVG grundsätzlich vom Geltungsbereich des Betriebsverfassungsrechts mit Ausnahme der Informationspflicht gem. § 105 BetrVG vor Ausspruch von Kündigungen ausgenommen. Arbeitsverhältnisse von leitenden Angestellten nach § 14 Abs. 2 KSchG haben grundsätzlich keinen durchgreifenden Bestandsschutz; es besteht im Falle des Auflösungsverlangens des Arbeitgebers lediglich ein Abfindungsanspruch (vgl. Vogel NZA 2002, 313, 316).

M 97.13 Ausführlicher Anstellungsvertrag mit Klauseln für Führungskräfte

Zwischen der . . .-AG

(im Folgenden Gesellschaft) und

Herrn/Frau . . .

wird Folgendes vereinbart:

§ 1 Art der Tätigkeit

(1) Die Gesellschaft überträgt Herrn/Frau . . . die Leitung der Abteilung . . . Zu seinen/ihren Aufgaben gehört insbesondere: . . .

(2) Die Stelle ist mit Prokura/Handlungsvollmacht/Generalvollmacht ausgestattet[1].

oder:

(2) Nach einer Einarbeitungszeit von . . . Monaten wird Herrn/Frau . . . bei Bewährung Prokura/Handlungsvollmacht/Generalvollmacht erteilt.

(3) Herr/Frau . . . ist leitende/r Angestellte/r iSd. § 5 Abs. 3 BetrVG[2].

(4) Die Gesellschaft behält sich vor, Herrn/Frau . . . auch andere seiner/ihrer Vorbildung und seiner/ihrer Fähigkeit entsprechende und zumutbare gleichwertige Aufgaben zu übertragen und/oder ihn/sie an einen anderen Arbeitsplatz oder Tätigkeitsort bei Beibehaltung der vertragsgemäßen Bezüge zu versetzen[3].

(5) Herr/Frau . . . tritt seine/ihre Stelle spätestens am . . . an.

§ 2 Arbeitszeit

(1) Die regelmäßige Arbeitszeit beträgt . . . Stunden wöchentlich; ihre Einteilung richtet sich nach den betrieblichen Regelungen unter besonderer Berücksichtigung der Erfordernisse des Betriebes[4].

---

1 Widerruft der Arbeitgeber vertragswidrig eine Prokura, so kann er schadenersatzpflichtig werden oder der Arbeitnehmer außerordentlich kündigen; der Arbeitnehmer kann aber nicht verlangen, dass ihm die Prokura erteilt wird (BAG NZA 1987, 202).

2 Eine solche Klausel findet sich in vielen Verträgen mit Führungskräften. Die Parteien dürfen aber nicht übersehen, dass das Selbstverständnis und die Bezeichnung eines Angestellten als „leitender Angestellter" im Arbeitsvertrag nicht bindend sind. Selbst die Zuordnung eines leitenden Angestellten nach § 18a BetrVG ist nur für die Betriebs-/Sprecherausschusswahl bindend. In Zweifelsfällen sollte der Arbeitgeber deshalb vor Ausspruch einer Kündigung den Betriebsrat hilfsweise nach § 102 BetrVG anhören (s. **M 105.12**). Besteht ein Sprecherausschuss, ist dieser vor der Kündigung eines leitenden Angestellten zu hören, § 31 Abs. 2 SprAuG (vgl. Bauer NZA 1989 Beilage Nr. 1, S. 20, 27; Vogel NZA 2002, 313, 317).

3 Eine solche Vertragsklausel verliert um so mehr an Bedeutung, je länger der Angestellte unverändert eine Tätigkeit erbracht hat; ggf. wird es nötig sein, eine (hilfsweise) Änderungskündigung auszusprechen.

4 Das ArbZG ist nicht anzuwenden auf leitende Angestellte iSd. § 5 Abs. 3 BetrVG sowie Chefärzte (§ 18 Abs. 1 Nr. 1 ArbZG).

(2) Herr/Frau ... ist verpflichtet, seine/ihre ganze Arbeitskraft im Interesse der Gesellschaft einzusetzen und auch im Falle der Erforderlichkeit über die betriebliche Arbeitszeit hinaus zu arbeiten[5].

(3) Sollte die Gesellschaft gezwungen sein, Kurzarbeit einzuführen, ist Herr/Frau ... damit einverstanden, dass seine/ihre Arbeitszeit vorübergehend im gleichen Umfang verkürzt wird, wie die seiner/ihrer Untergebenen. Für die Dauer der Arbeitszeitverkürzung erfolgt eine entsprechende Gehaltsreduzierung[6].

§ 3 Vergütung

(1) Herr/Frau ... erhält eine monatlich am Monatsschluss zahlbare Bruttovergütung von ... Euro. Im Falle von Tariferhöhungen oder -ermäßigungen erhöht oder ermäßigt sich die Bruttovergütung um den Prozentsatz wie sich das höchste Tarifgehalt für Angestellte des ... Tarifvertrages verändert.

Im Übrigen bleibt die Veränderung der Vergütung einer besonderen Vereinbarung vorbehalten.

(2) Herr/Frau ... erhält jedes Jahr am ... eine Weihnachtsgratifikation iHv. ... Euro. Der Anspruch auf die Gratifikation ist ausgeschlossen, wenn das Arbeitsverhältnis vor dem Auszahlungszeitpunkt endet. Anteilige Zahlungen werden nicht gewährt.

Der Anspruch auf Gratifikation entfällt auch, wenn das Arbeitsverhältnis im Zeitpunkt der Auszahlung von Herrn/Frau ... gekündigt wurde, ohne dass dies vom Arbeitgeber zu vertreten ist, oder die Gesellschaft das Arbeitsverhältnis verhaltensbedingt oder aus wichtigem Grund gekündigt hat[7].

Diese Regelung gilt sinngemäß für Aufhebungsvereinbarungen, die das Arbeitsverhältnis im gegenseitigen Einvernehmen auflösen.

ergänzende Möglichkeit:

Eine gewährte Weihnachtsgratifikation ist zurückzuzahlen, wenn Frau/Herr ... auf Grund eigener, nicht vom Arbeitgeber veranlasster Kündigung oder auf Grund von ihm/ihr zu vertretenden außerordentlichen oder ordentlicher verhaltensbedingten Kündigung der Gesellschaft bis drei Monate

---

5 **Hinweis:** *Eine solche Regelung ist bei leitenden Angestellten durchaus üblich. Allerdings gelten selbstverständlich auch für leitende Angestellte – sofern der Anstellungsvertrag nicht individuell ausgehandelt wurde – die Regelungen der §§ 305 ff. BGB (AGB-Kontrolle). Da die Klausel kein bestimmtes Überstundenkontingent benennt, kann sie gegen § 307 Abs. 1 Satz 2 und § 307 Abs. 2 Nr. 1 BGB verstoßen. Will man hier Unsicherheiten vermeiden, so empfiehlt sich, auf die entsprechenden Formulierungen in* ***M 97.3*** *zurückzugreifen.*

6 Die Klausel ist empfehlenswert, da andernfalls zur Änderungskündigung gegriffen werden muss, wenn sich der leitende Angestellte nicht einverstanden erklärt. Diese Klausel kann allerdings gegen § 308 Nr. 4 BGB und 307 Abs. 2 Nr. 1 BGB (Hümmerich NZA 2003, 753, 764) verstoßen. Vorsorglich sollte daher mit dem Mitarbeiter eine Ergänzungsvereinbarung getroffen werden bzw. eine Änderungskündigung ausgesprochen werden.

7 Diese Klausel dürfe auch den Anforderungen der Rechtsprechung an Stichtagsklauseln Genüge tun. Nach Ansicht des BAG sollte eine Stichtagsklausel zwischen einer vom Arbeitgeber und einer vom Arbeitnehmer ausgesprochenen Kündigung differenzieren. Nur für den Fall, dass die Kündigung in den Verantwortungsbereich des Arbeitnehmers fällt, sei eine solche Klausel bei typisierender Betrachtung interessengerecht. Zwar sieht das BAG im Einzelfall die Nichtauszahlung einer Gratifikation auch dann als angemessen an, wenn die Beendigung nicht in den Verantwortungsbereich des Arbeitnehmers fällt. Allerdings erfordert dies, dass die Sonderzuwendung nicht der Vergütung geleisteter Arbeit dient, sondern nur an den Bestand des Arbeitsverhältnisses anknüpft. Der ungekündigte Bestand des Arbeitsverhältnisses muss folglich als Anspruchsvoraussetzung bestimmt werden (vgl. BAG NZA 2012, 620). Dient eine Sonderzahlung jedenfalls auch der Vergütung für bereits erbrachte Leistungen, so kann dies zur Unwirksamkeit der Stichtagsregelung führen (sog. Sonderzahlung mit Mischcharakter, vgl. BAG NZA 2014, 46). Zudem ist nach Ansicht des BAG auch erforderlich, dass die zugesagte Gratifikation (entsprechendes gilt für Bonusvereinbarungen, Tantiemeregelungen, etc.) nicht mehr als 25 % der Gesamtvergütung ausmacht. Ansonsten sei eine solche Stichtagsregelung bedenklich (BAG NZA 2008, 40; BAG NZA 2009, 883).

nach Fälligkeit der Gratifikation aus dem Arbeitsverhältnis ausscheidet[8]*. Eine Rückzahlungsverpflichtung besteht nicht bei einem vorzeitigen Ausscheiden Herrn/Frau ... aus betriebsbedingten Gründen. Diese Regelung gilt sinngemäß für Aufhebungsvereinbarungen, die das Arbeitsverhältnis im gegenseitigen Einvernehmen auflösen. Die Gesellschaft ist berechtigt, mit ihrer Rückzahlungsforderung gegen rückständige oder nach der Kündigung (Aufhebungsvereinbarung) fällig werdende Vergütungsansprüche im Rahmen der gesetzlichen Pfändungsschutzvorschriften aufzurechnen.*

(3) Herr/Frau ... erhält mit der Vergütung nach Abs. 1 jeweils für den Monat ... eine Urlaubsgratifikation von ... Euro.

Die Urlaubsgratifikation steht Herrn/Frau ... nur zu, wenn er/sie sich am 1.5. des Urlaubsjahres in einem ungekündigten Arbeitsverhältnis befindet. Scheidet Herr/Frau ... nach Empfang der Gratifikation bis zum 30.9. des Urlaubsjahres aus dem Arbeitsverhältnis aus, ist er/sie zur Rückzahlung der Urlaubsgratifikation verpflichtet, es sei denn, das Arbeitsverhältnis endet vorzeitig aus betriebsbedingten oder aus anderen Gründen, die Herr/Frau ... nicht zu vertreten hat[9]*.*

(4) Herr/Frau ... erhält eine Gewinnbeteiligung iHv. ... % des sich aus der Handelsbilanz der Gesellschaft ergebenden Jahresgewinns, mindestens aber eine Gewinnbeteiligung von jährlich ... Euro.

Die Gewinnbeteiligung gelangt binnen Monatsfrist nach Verabschiedung der Bilanz zur Auszahlung. Scheidet Herr/Frau ... innerhalb des laufenden Geschäftsjahres aus der Gesellschaft aus, steht ihm/ihr nur ein Anspruch auf Gewinnbeteiligung pro rata temporis der Zugehörigkeit zur Gesellschaft zu.

oder:

(4) Herr/Frau ... erhält eine Sondervergütung, die nach Abschluss des Geschäftsjahres zum 31.3. des folgenden Kalenderjahres ausgezahlt wird.

Die Höhe der Sondervergütung wird von der Gesellschaft in Abhängigkeit vom Geschäftsergebnis und der Dauer der Betriebszugehörigkeit von Herrn/Frau ... jedes Jahr neu nach billigem Ermessen festgesetzt. Bei einer Beschäftigungsdauer von weniger als zwölf Monaten in einem Geschäftsjahr wird die Sondervergütung anteilig im Verhältnis zur Dauer der Firmenzugehörigkeit gezahlt[10]*.*

(5) Für die Zeit des Ruhens des Arbeitsverhältnisses besteht kein Anspruch auf eine Gratifikation nach Abs. 2–4. Dabei ist es unerheblich, ob das Arbeitsverhältnis kraft Gesetzes oder kraft Vereinbarung ruht. Auch für Zeiten der Elternzeit wird eine Gratifikation nicht gezahlt[11]*.*

(6) Mit dieser Vergütungsregelung sind Mehr-, Sonn- und Feiertagsarbeit abgegolten[12]*.*

---

8 Bei einer Gratifikation über 100 Euro brutto, aber unter einem Monatsgehalt, kann der Arbeitnehmer nur drei Monate nach deren Fälligkeit zur Rückzahlung verpflichtet werden (BAG NZA 2004, 924). Sieht die Rückzahlungsklausel in diesem Fall die Rückzahlung der Gratifikation durch den Arbeitnehmer nach dieser Frist vor, ist sie unwirksam. Nur ein vorheriges Ausscheiden begründet die Rückzahlungsverpflichtung. Das bedeutet, dass ein Arbeitnehmer, der eine Gratifikation von über 100 Euro, aber unter einem Monatsgehalt erhält, so kündigen kann, dass er mit Ablauf der Drei-Monats-Frist ausscheidet, ohne den Anspruch auf die Gratifikation zu verlieren (BAG AP 22, 23 zu § 611 BGB „Gratifikation"; BAG NZA 1993, 935; LAG Düsseldorf LAGE § 611 BGB Gratifikation Nr. 40).

9 Auch hier kann der Arbeitgeber den Arbeitnehmer zur Rückzahlung nur in einem Zeitraum von drei Monaten nach Fälligkeit der Gratifikation verpflichten, wenn diese in einer Höhe zwischen 100 Euro und einem Bruttomonatsgehalt gewährt wird.

10 Klausel ist klar und verständlich, wenn der Arbeitsvertrag eindeutig bestimmt, dass nach billigem Ermessen über den Leistungsbonus entschieden wird und welche Faktoren in die Bemessung einfließen (BAG v. 20.3.2013 – 10 AZR 636/11).

11 Auch bei der Inanspruchnahme von Elternzeit ruht das Arbeitsverhältnis zwar auf Grund einer einseitigen Erklärung des/der berechtigten Arbeitnehmers/Arbeitnehmerin, aber letztlich doch kraft Gesetzes (BAG NZA 1993, 801 unter Aufgabe von BAG NZA 1989, 759). Auch für diese Zeit ist grundsätzlich eine Gratifikation zu zahlen, es sei denn, der Tarifvertrag oder der Einzelarbeitsvertrag sehen ausdrücklich eine anteilige Kürzung vor (BAG NZA 1991, 275).

12 Auch diese Klausel ist in Anstellungsverträgen mit Führungskräften üblich, allerdings im Hinblick auf eine AGB-Kontrolle problematisch (vgl. ausführlich Preis II M 20 Rz. 12 ff.). Auch hier kann auf die Klausel in **M 97.3** zurückgegriffen werden.
Praxistipp: *In jedem Fall empfiehlt es sich, in den Arbeitsvertrag eine Ausschlussfrist aufzunehmen, um mögliche Ansprüche der Führungskraft auf Überstundenvergütung zu begrenzen.*

§ 4 Verschwiegenheitspflicht[13]

Herr/Frau ... ist verpflichtet, während und nach Beendigung des Arbeitsverhältnisses über alle nicht allgemein bekannten betrieblichen oder geschäftlichen Angelegenheiten sowohl gegenüber Außenstehenden als auch gegenüber anderen Mitarbeitern, die mit dem betreffenden Sachgebiet nicht unmittelbar befasst sind, Verschwiegenheit zu wahren und erhaltene Anweisungen zur Geheimhaltung zu erfüllen.

§ 5 Nebentätigkeiten[14]

(1) Die Übernahme jeder auf Erwerb gerichteten Nebentätigkeit, auch die tätige Beteiligung an anderen Unternehmen, die Mitgliedschaft in Organen fremder Gesellschaften sowie die Übernahme von Ehrenämtern in wirtschaftlichen Verbänden oder im öffentlichen Leben bedürfen der schriftlichen Einwilligung der Gesellschaft. Dies gilt auch für direkte oder indirekte Beteiligungen an Unternehmen, sofern Herr/Frau ... durch seine/ihre Stellung oder Tätigkeit bei uns einen direkten Einfluss auf die Geschäftsbeziehungen zu diesen Unternehmen ausüben kann.

(2) Ohne schriftliche Einwilligung der Gesellschaft darf Herr/Frau ... auf den Geschäftsgebieten der Gesellschaft keine Geschäfte auf eigene oder fremde Rechnung vornehmen[15].

(3) Vorträge und/oder Veröffentlichungen, die die Interessen der Gesellschaft tangieren, bedürfen der vorherigen Zustimmung.

§ 6 Urlaub

(S. ***M 97.3*** *§ 6)*

§ 7 Reisekosten

(S. ***M 97.14*** *§ 9)*

§ 8 Erfindungen, Urheberrechte

(1) Für die Behandlung von schutzwürdigen Erfindungen gelten die gesetzlichen Bestimmungen.

(2) Sonstige Urheberrechte aller Art, die auf Grund der Tätigkeit von Herrn/Frau ... entstehen, sind auf die Gesellschaft zu übertragen, soweit nicht gesetzliche Bestimmungen entgegenstehen. Die Übertragung dieser Rechte ist durch die Vergütung nach § 3 abgegolten[16].

§ 9 Nachvertragliches Wettbewerbsverbot

(Vgl. ***M 100.1****)*

§ 10 Altersversorgung

Herr/Frau ... hat Anspruch auf betriebliche Altersversorgung im Rahmen der jeweils geltenden Betriebsvereinbarungen, deren Anwendbarkeit auf das vorliegende Anstellungsverhältnis ausdrücklich vereinbart wird.

oder:

13 Die Schweigepflicht beginnt grundsätzlich mit dem Abschluss des Arbeitsvertrages. Nach Auffassung des BAG besteht die Schweigepflicht über Betriebs- und Geschäftsgeheimnisse auch nach rechtlicher Beendigung des Arbeitsverhältnisses (BAG AP 1 § 611 BGB „Betriebsgeheimnis"; BAG NZA 1988, 502). Droht ein Verstoß, kann der Arbeitgeber Unterlassung begehren. Hält der Dienstverpflichtete noch Geheimnismaterial in den Händen, kann Herausgabe verlangt werden. Im Übrigen kommen Schadensersatzansprüche in Betracht (vgl. BAG NZA 1989, 860; Molkenbur BB 1990, 1196 zu den prozessualen Problemen, insbesondere der Bestimmtheit des Klageantrags).

14 Nebentätigkeitsverbote sind allerdings nur insoweit wirksam, wie der Arbeitgeber daran ein berechtigtes Interesse hat (BAG AP 60, 68 zu § 626 BGB).

15 Diese Regelung entspricht dem gesetzlichen Wettbewerbsverbot nach § 60 Abs. 1 HGB. Die Rechtsfolgen der Verletzung des Wettbewerbsverbots sind in § 61 HGB geregelt.

16 §§ 32 Abs. 1 UrhG, 22 ArbNErfG gewähren dem Arbeitnehmer einen unabdingbaren Anspruch auf angemessene Vergütung für die Übertragung seiner Rechte. § 8 Abs. 2 schließt daher einen Anspruch des Arbeitnehmers nicht aus. Es empfiehlt sich deswegen, eine Vergütung im Einzelfall zu vereinbaren.

Herr/Frau ... erhält eine betriebliche Altersversorgung auf Grund einer Ruhegeld-Direktzusage, die diesem Vertrag als Anlage beigefügt ist.

§ 11 Vergütungsfortzahlung

(1) Bei Arbeitsunfähigkeit in Folge Krankheit erhält Herr/Frau ... das Monatsgehalt nach § 3 Abs. 1 für die Dauer von ... Monaten fortbezahlt. Sondervergütungen nach § 3 Abs. 1–4 werden in Zeiten der Arbeitsunfähigkeit nicht gekürzt.

(2) Sollte Herr/Frau ... während des ungekündigten Bestands des Arbeitsverhältnisses sterben, so erhalten seine/ihre Erben oder unterhaltsberechtigten Angehörigen bis zum Ende des Sterbemonats und danach noch für ... Monate das Monatsgehalt nach § 3 Abs. 1 als Sterbegeld. Die Bezugsdauer erhöht sich nach fünfjähriger Betriebszugehörigkeit auf ... Monate und nach zehnjähriger Betriebszugehörigkeit auf ... Monate.

(3) Falls Herr/Frau ... gegenüber der Gesellschaft keine schriftliche Bestimmung getroffen hat, bleibt es der Gesellschaft überlassen, an welchen Erben oder Unterhaltsberechtigten das Sterbegeld nach Abs. 2 bezahlt wird. Die Erben bzw. Unterhaltsberechtigten haben sich falls erforderlich selbst auseinander zu setzen.

(4) Schadensersatzansprüche, die Herr/Frau ..., seine/ihre Erben oder seine/ihre unterhaltsberechtigten Angehörigen wegen des Verdienstausfalls im Falle seiner/ihrer Arbeitsunfähigkeit oder seines/ihres Todes gegen Dritte haben, tritt Herr/Frau ... hiermit an die Gesellschaft bis zur Höhe des Betrages ab, den die Gesellschaft nach den vorstehenden Absätzen zahlt. Versicherungsansprüche gegen gesetzliche oder private Lebens-, Unfall- und Krankenversicherungsträger fallen nicht hierunter.

§ 12 Umzugskosten

(1) Die Gesellschaft verpflichtet sich, Herrn/Frau ... die Umzugskosten von ... nach ... gegen Vorlage der Belege zu erstatten.

(2) Die Erteilung des Umzugsauftrages darf nur im Einverständnis mit der Gesellschaft erfolgen. Vorher hat Herr/Frau ... die Angebote von mindestens ... Möbelspediteuren beizubringen.

(3) Scheidet Herr/Frau ... vor Ablauf von drei Jahren nach dem Umzugstermin aus dem Arbeitsverhältnis aus, ohne dass er/sie dafür einen wichtigen Grund hat, oder beruht eine Kündigung der Gesellschaft innerhalb dieses Zeitraums auf Gründen, die Herr/Frau ... zu vertreten hat, so ist Herr/Frau ... verpflichtet, die Umzugskosten zurückzuzahlen, wobei pro Monat der Betriebszugehörigkeit 1/36 der Umzugskosten als getilgt gelten.

§ 13 Vertragsstrafe/Schadensersatz

Im Falle der Nichtaufnahme der Tätigkeit oder ihrer vertragswidrigen vorzeitigen Beendigung[17] *hat der Arbeitnehmer eine Vertragsstrafe in Höhe der Bezüge, die während der zu dem Zeitpunkt des Vertragsverstoßes geltenden Mindestkündigungsfrist zu zahlen wären, verwirkt. Höchstens beträgt die Vertragsstrafe aber ein Monatsgehalt*[18] *nach § 3 Abs. 1.*

---

17 Tritt ein Arbeitnehmer vertragswidrig die Stelle nicht an, kann er sich schadensersatzpflichtig machen. Zum Schaden des Arbeitgebers gehören die Kosten zB für Zeitungsinserate zur Suche einer Ersatzkraft, aber nur dann, wenn diese Kosten bei ordnungsgemäßer Einhaltung der Kündigungsfrist vermeidbar gewesen wären. Um den Arbeitnehmer davon abzuhalten, sich vertragswidrig zu verhalten, empfiehlt sich somit eine Vertragsstrafenregelung.

18 Das BAG hält Vertragsstrafen in Formulararbeitsverträgen trotz der Regelung in § 309 Nr. 6 BGB auf Grund der Besonderheiten des Arbeitsrechts für zulässig, § 310 Abs. 4 Satz 2 BGB. Allerdings misst das BAG die Vertragsstrafenregelung an § 307 Abs. 1 Satz 1 BGB, wonach Bestimmungen in den AGB unwirksam sind, wenn sie den Vertragspartner entgegen Treu und Glauben unangemessen benachteiligen (BAG NZA 2004, 727). Eine unangemessene Benachteiligung kann insbesondere in einer zu hohen Vertragsstrafe bestehen. Von daher sollte sich die Höhe der Vertragsstrafe bei Vertragsbruch immer an dem Lauf der ordentlichen Kündigungsfrist orientieren. Wenn zB ein Arbeitsverhältnis in der Probezeit mit einer Frist von zwei Wochen beendet werden kann, so kann die Vertragsstrafe für eine Beendigung vor dieser Frist nur in der Höhe vereinbart werden, in der der Arbeitgeber noch Vergütung zu zahlen hätte, dh. höchstens in Höhe des Gehalts von zwei Wochen. Die Vertragsstrafenklausel muss auch hin-

Darüber hinaus ist die Gesellschaft berechtigt, auch einen weitergehenden Schaden geltend zu machen.

§ 14 Beendigung des Anstellungsverhältnisses

(1) Die ersten sechs Monate des Arbeitsverhältnisses gelten als Probezeit. Während dieser Zeit kann das Arbeitsverhältnis mit einer Frist von zwei Wochen gekündigt werden[19].

(2) Nach Ablauf von sechs Monaten beträgt die Kündigungsfrist vier Wochen zum 15. oder zum Ende eines Kalendermonats[20]. *Verlängert sich die vom Arbeitgeber einzuhaltende Kündigungsfrist kraft Gesetzes, so gilt dies auch für eine Eigenkündigung von Herrn/Frau ...*[21].

(3) Vor der Arbeitsaufnahme kann das Arbeitsverhältnis nicht ordentlich gekündigt werden[22].

(4) Ohne dass es einer Kündigung bedarf, endet das Anstellungsverhältnis spätestens mit Ablauf des Monats, in dem Herr/Frau ... die für ihn/sie geltende Regelaltersgrenze der gesetzlichen Rentenversicherung erreicht hat[23].

(5) Während der Kündigungsfrist ist die Gesellschaft berechtigt, Herrn/Frau ... unter Fortzahlung der Bezüge und unter Anrechnung etwaiger restlicher Urlaubsansprüche bzw. Freizeitguthaben von der Arbeit freizustellen[24]. *Entsprechendes gilt bei einverständlicher Beendigung des Arbeitsverhältnisses.*

---

reichend bestimmt sein, da sie ansonsten ebenfalls gegen § 307 Abs. 1 Satz 2 BGB verstößt und darf darüber hinaus nicht jegliches schuldhafte vertragswidrige Verhalten des Arbeitnehmers, das den Arbeitgeber zur fristlosen Kündigung veranlassen kann, erfassen (BAG NZA 2005, 1053). Vertragsstrafen von mehr als einem Monatsgehalt sollten nicht vereinbart werden, diese sind laut BAG (NZA 2004, 727) idR unangemessen. Allerdings gibt es keine generelle Höchstgrenze für eine arbeitsvertraglich vereinbarte Vertragsstrafe. Je nach Grund der Vertragsstrafe und den typischer Weise für den Arbeitgeber eintretenden Folgen bei Nichtbeachtung der durch die Vertragsstrafe gesicherten Verpflichtung kann es daher angemessen sein, auch eine höhere Vertragsstrafe als ein Bruttomonatsgehalt zu vereinbaren, etwa wenn der Arbeitgeber, der Spezialisten für ein bestimmtes kostenintensives Forschungsprojekt benötigt, berechtigte Interessen hat, dass ein Arbeitnehmer nicht vorzeitig ohne Beachtung der vereinbarten Kündigungsfristen das Arbeitsverhältnis beendet oder bei Wettbewerbsverboten (BAG NZA 2009, 371, 375 f.).

19 Diese Möglichkeit eröffnet § 622 Abs. 3 BGB.

20 Dies entspricht der gesetzlichen Grundkündigungsfrist nach § 622 Abs. 1 BGB.

21 Für eine Kündigung durch den Arbeitgeber verlängert sich die Kündigungsfrist nach zwei Jahren Betriebszugehörigkeit auf einen Monat zum Ende eines Kalendermonats und dann gestaffelt je nach Dauer der Betriebszugehörigkeit auf bis zu sieben Monate zum Ende eines Kalendermonats (§ 622 Abs. 2 BGB). Es kann aber auch – wie im Muster vorgesehen – eine Verlängerung für die Kündigung durch den Arbeitnehmer vereinbart werden (§ 622 Abs. 5 Satz 3 BGB). Allerdings darf für die Kündigung des Arbeitsverhältnisses durch den Arbeitnehmer keine längere Frist vereinbart werden als für die Kündigung durch den Arbeitgeber (§ 622 Abs. 6 BGB).

22 Im Zweifel kann eine Kündigung auch vor Dienstaufnahme erfolgen, und zwar unter Einhaltung der vereinbarten Kündigungsfrist (BAG BB 1979, 1038). Eine Kündigung vor Dienstaufnahme stellt deshalb nur dann einen Vertragsbruch dar, wenn sich aus dem Anstellungsvertrag – wie hier – oder den sonstigen Umständen ergibt, dass eine solche Kündigung ausgeschlossen sein soll (vgl. LAG Hamm DB 1989, 1191). Wird vertragswidrig gekündigt, entsteht in vielen Fällen nur ein theoretischer Schadensersatzanspruch, weil es dem Arbeitgeber schwer fällt, einen Schaden nachzuweisen. Inseratskosten können nach Auffassung des BAG (AP 7 zu § 626 BGB (Vertragsbruch) nur geltend gemacht werden, wenn sie bei der Einhaltung ordnungsgemäßer Kündigungsfristen nicht entstanden wären. Deshalb legen viele Arbeitgeber Wert auf eine Vertragsstrafenregelung.

23 S. **M 97.3** Fn. 6.

24 Vgl. dazu Bauer NZA 2007, 409. Im gekündigten Arbeitsverhältnis wird die Vereinbarung einer Freistellungsmöglichkeit zu Gunsten des Arbeitgebers von der wohl hM auch in Formulararbeitsverträgen für zulässig erachtet (vgl. HWK/Gotthardt Anh. §§ 305–310 BGB Rz. 18; ArbG Köln NZA-RR 1997, 186; aA Fischer NZA 2004, 233, 235). Nach der Rechtsprechung des BAG zum Beschäftigungsanspruch (AP Nr. 14 zu § 611 BGB) sind Freistellungsklauseln im ungekündigten Arbeitsverhältnis im Hinblick auf eine Inhaltskontrolle nach § 307 Abs. 1 Nr. 1 BGB problematisch und können wenn überhaupt nur bei leitenden Angestellten vereinbart werden (aA Fischer NZA 2004, 233, 236).

§ 15 Ausschlussfristen[25]

(1) Alle Ansprüche aus dem Anstellungsverhältnis und solche, die mit dem Anstellungsverhältnis in Verbindung stehen, sind innerhalb von drei Monaten nach Fälligkeit, geltend zu machen. Ansprüche, die nicht innerhalb dieser Frist geltend gemacht werden, sind verwirkt.

(2) Bleibt die Geltendmachung erfolglos, so muss der Anspruch innerhalb einer Frist von drei Monaten nach schriftlicher Ablehnung durch die Gegenpartei eingeklagt werden, andernfalls ist er ebenfalls verwirkt.

§ 16 Schlussbestimmungen

(1) Änderungen und/oder Ergänzungen zu diesem Vertrag bedürfen der Schriftform. Die Änderung dieser Bestimmung bedarf ebenfalls der Schriftform. Der Vorrang der Individualabrede bleibt unberührt.

(2) Sollte eine Bestimmung dieses Vertrages und/oder seiner Änderungen bzw. Ergänzungen unwirksam sein, so wird dadurch die Wirksamkeit des Vertrages im Übrigen nicht berührt. Die unwirksame Bestimmung wird durch eine wirksame ersetzt, die dem wirtschaftlich Gewollten am Nächsten kommt.

... (Unterschriften)

25 S. dazu **M 97.3** Fn. 16.

f) Außendienstmitarbeiter

46 Außendienstmitarbeiter sind solche, die ihre Arbeitsleistung weitestgehend außerhalb der Arbeitsstelle im Verkaufs- oder beratenden Außendienst erbringen. Sie werden auch als Reisende oder Kundenberater bezeichnet. Außendienstmitarbeiter sind Arbeitnehmer und daher vom Handelsvertreter abzugrenzen. **Handelsvertreter** ist, wer als selbständiger Gewerbetreibender ständig damit betraut ist, für einen anderen Unternehmer Geschäfte zu vermitteln oder in dessen Namen abzuschließen. Er unterscheidet sich vom Außendienstmitarbeiter durch seine Selbständigkeit (§ 84 Abs. 1, 2 HGB; vgl. Rz. 6). Auf den Handelsvertreter findet Arbeitsrecht grundsätzlich keine Anwendung.

M 97.14 Vertrag mit Außendienstmitarbeitern mit Provisionsvereinbarung[1]

Zwischen der Firma ...

und Herrn/Frau ...

(im Folgenden Arbeitnehmer)

wird folgender

Anstellungsvertrag

vereinbart:

§ 1 Tätigkeit-Versetzung/Gebietswechsel

(1) Der Arbeitnehmer ist bei der Firma im Außendienst für die Kundenbetreuung der Produkte ... zuständig. Er ist dem Bereich Marketing und Vertrieb unterstellt.

ggf.:

Er ist der Region ... zugeordnet und arbeitet nach den Weisungen des zuständigen Regionalleiters.

1 Es handelt sich um ein an Küstner, Handbuch des gesamten Außendienstrechts, Bd. III, 1985, Anhang A angelehntes Muster.

(2) Der Arbeitnehmer übernimmt als Bearbeitungsgebiet den Raum ... Die Firma behält sich vor, die Gebietsgrenzen nach den betrieblichen Erfordernissen zu ändern, wobei auch nach Möglichkeit die Wünsche des Mitarbeiters berücksichtigt werden sollen. Der Bestand des Vertrages wird hiervon nicht berührt. Der Arbeitnehmer erklärt sich bereit, je nach den Erfordernissen vorübergehend oder ggf. auch dauernd im kaufmännischen Innendienst mit einer gleichwertigen Tätigkeit bei Beibehaltung der vertragsgemäßen Durchschnittsbezüge, die er als Außendienstmitarbeiter in den letzten 12 Monaten vor Versetzung erreicht hat, eingesetzt zu werden.

(3) Der Arbeitnehmer wird seinen Wohnsitz spätestens nach Ablauf der Probezeit im Postleitzahlenbezirk ... nehmen.

ggf.:

(4) Der Arbeitnehmer ist nicht berechtigt, Verträge mit den Kunden rechtsverbindlich abzuschließen.

§ 2 Beginn des Arbeitsverhältnisses und Kündigung

(1) Das Arbeitsverhältnis beginnt am ... Es wird eine Probezeit von sechs Monaten vereinbart, während der das Arbeitsverhältnis mit einer Frist von zwei Wochen gekündigt werden kann.

(2) Nach Ablauf der Probezeit gelten für beide Parteien die gesetzlichen Kündigungsfristen. Die Verlängerung der Fristen nach § 622 Abs. 2 BGB gilt für beide Parteien.

§ 3 Mitteilungspflichten

(1) Der Arbeitnehmer wird seine gesamte Arbeitskraft im Rahmen des Arbeitsverhältnisses für die Firma einsetzen. Dazu gehört insbesondere, vorhandene und potentielle Kunden regelmäßig zu besuchen und anzuwerben. Zweifel an der Bonität bzw. Kreditwürdigkeit hat er der Firma unverzüglich mitzuteilen.

(2) Der Arbeitnehmer beobachtet die Markt- und Konkurrenzsituation und berichtet darüber regelmäßig.

(3) Der Arbeitnehmer verpflichtet sich, über seine Tätigkeit schriftlich gem. den bestehenden Anweisungen Rechenschaft abzulegen. Er ist insbesondere verpflichtet, von Vertragsbeginn an für die Firma eine Kundendatei aufzubauen bzw. eine ihm bei Vertragsbeginn ausgehändigte Kundendatei fortzuführen und in diese neben den Besuchen die Umsätze, Daten und Besonderheiten der Kunden einzutragen. Die Kundendatei steht im Eigentum der Firma.

(4) Die Firma wird dem Arbeitnehmer alle zur Ausübung seiner Tätigkeit erforderlichen Informationen und Unterlagen stets rechtzeitig zur Verfügung stellen. Alle dem Mitarbeiter übergebenen Unterlagen, Software, Hardware etc. bleiben im Eigentum der Firma. Sie sind während der Dauer des Anstellungsvertrages auf Anforderung der Firma und nach Beendigung des Anstellungsvertrages unaufgefordert an die Firma zurückzugeben.

(5) Zurückbehaltungsrechte an der Datei bzw. den in Abs. 3 und 4 bezeichneten Unterlagen etc. kann der Arbeitnehmer nicht geltend machen[2].

§ 4 Bezüge, Mehrarbeit, Reisezeit

(1) Als Vergütung für seine Tätigkeit erhält der Arbeitnehmer ein monatliches Bruttofestgehalt iHv. ... Euro. Nach Ablauf der Probezeit beträgt das monatliche Bruttofestgehalt ... Euro. Das Gehalt wird am Monatsende auf ein vom Mitarbeiter genanntes Konto angewiesen.

(2) Daneben erhält der Arbeitnehmer für seine Vermittlungstätigkeit und für alle provisionspflichtigen Geschäfte eine Vermittlungsprovision, deren Höhe sich aus der diesem Vertrag als Anlage ...

---

2 Nach § 309 Nr. 2 lit. b BGB sind Bestimmungen nichtig, durch die ein dem Vertragspartner des Verwenders zustehendes Zurückbehaltungsrecht, soweit es auf dem selben Vertragsverhältnis beruht, ausgeschlossen oder eingeschränkt wird. Derartige Vereinbarungen werden daher als unzulässig erachtet (Hümmerich NZA 2003, 753, 763; aA Annuß BB 2002, 458, 463 und Gotthardt ZIP 2002, 283, die eine Vereinbarung über den Ausschluss eines Zurückbehaltungsrechts des Arbeitnehmers an ihm vom Arbeitgeber zum Besitz überlassenen Gegenständen wie PKW, Mobiltelefon, Laptop für rechtmäßig halten, wenn der Arbeitgeber ein aus der spezifischen Struktur der Arbeitsbeziehung resultierendes berechtigtes Interesse am Ausschluss des Zurückbehaltungsrechts habe).

beigefügten Provisionstabelle ergibt. Die Firma behält sich die Änderung dieser Provisionstabelle aus markt- oder vertriebsbedingten Gründen vor, sofern diese Änderung auch für den Arbeitnehmer zumutbar ist.

(3) Provisionspflichtig sind alle Geschäfte, die mit geschützten Kunden während des Bestehens des Vertragsverhältnisses abgeschlossen werden, gleichgültig, wann die Ausführung erfolgt. Vor Vertragsbeginn zu Stande gekommene Geschäfte sind auch dann nicht provisionspflichtig, wenn ihre Ausführung erst nach Vertragsbeginn erfolgt.

(4) Nachvertragliche Geschäfte, die innerhalb von drei Monaten nach der Vertragsbeendigung abgeschlossen werden, sind nur dann provisionspflichtig, wenn der Mitarbeiter diese Geschäfte vermittelt oder eingeleitet und so vorbereitet hat, dass der nachvertragliche Abschluss überwiegend auf seine Tätigkeit zurückzuführen ist.

(5) Kommt ein Geschäft nicht allein durch die Vermittlungsbemühungen des Arbeitnehmers zu Stande, sind vielmehr ein oder mehrere andere Außendienstmitarbeiter der Firma am Geschäftsabschluss mitursächlich beteiligt, ist der für dieses Geschäft entstehende Provisionsanspruch auf die beteiligten Außendienstmitarbeiter je nach dem Grad ihrer Mitursächlichkeit zu verteilen. Kommt eine Einigung zwischen den Beteiligten nicht zu Stande, so entscheidet die Firma nach billigem Ermessen und unter Ausschluss des Rechtsweges.

(6) Durch die vorgenannten Bezüge ist die gesamte vertragsgemäße Tätigkeit des Arbeitnehmers einschließlich etwaiger Reisezeit usw. abgegolten.

Mit den vorgenannten Bezügen ist auch etwaig angefallene Mehrarbeit iHv. bis zu 10 % der wöchentlichen Arbeitszeit abgegolten[3].

§ 5 Entstehen und Fälligkeit des Provisionsanspruchs

(1) Der Provisionsanspruch entsteht, sobald und soweit die Firma das Geschäft ausführt oder die Geschäftsführung nach den mit dem Kunden getroffenen Vereinbarungen erfolgen müsste. Unterbleibt die Geschäftsführung ganz oder teilweise, entfällt der Provisionsanspruch nur dann, wenn die in § 7 niedergelegten Tatbestände erfüllt sind.

(2) Ist der Kunde vorleistungspflichtig, entsteht der Provisionsanspruch bereits dann, wenn und soweit der Kunde seiner Vorleistungspflicht genügt.

(3) Der Provisionsanspruch wird in dem Zeitpunkt fällig, in dem gem. § 8 spätestens über die Provision abzurechnen ist.

oder:

(3) Der Provisionsanspruch entsteht, sobald und soweit der Kunde den Kaufpreis bezahlt hat.

(4) Der Arbeitnehmer hat jedoch – unabhängig von der Zahlung durch den Kunden – einen Anspruch auf Provisionsvorschuss, wenn die Firma das abgeschlossene Geschäft ausgeführt hat. Der Provisionsvorschuss beträgt 50 % derjenigen Provision, die dem Mitarbeiter für dieses Geschäft insgesamt zusteht.

(5) Die Entstehung des Provisionsanspruchs ist ausgeschlossen, sofern die in § 7 niedergelegten Tatbestände erfüllt sind.

(6) Der Anspruch auf Provisionsvorschuss wird einen Monat nach dem Tag fällig, an dem die Firma die Ausführung des Geschäfts beim Kunden abgeschlossen hat; der Provisionsanspruch im Übrigen wird in dem Zeitpunkt fällig, in dem gem. § 8 spätestens über die Provision abzurechnen ist.

§ 6 Berechnung und Höhe des Provisionsanspruchs

(1) Die Provision, auf die der Reisende nach § 5 Anspruch hat, errechnet sich aus dem in Rechnung gestellten Netto-Waren-Wert.

3 Vorformulierte Nebenabreden zur Arbeitszeit unterliegen der Inhaltskontrolle. Es handelt sich um kontrollfähige Preisnebenabreden, die an den Maßstäben von § 307 BGB (unangemessene Benachteiligung) zu messen sind. Eine unbegrenzte Verpflichtung zur Ableistung von Mehr- und Überarbeit mit einer Pauschalabgeltung kann zu einer krassen Beeinträchtigung des Äquivalenzverhältnisses führen und daher unwirksam sein (LAG Köln AuR 2002, 193). Anders ist dies dann, wenn nur geringfügige (bis ca. 10 %) Überschreitungen der regelmäßigen Arbeitszeit mit dem vereinbarten Gehalt abgegolten sind.

(2) Dem Kunden gewährte Nachlässe (Skonti, Mengen- und Treuerabatte etc.) sind für die Provisionsrechnung vom Netto-Rechnungsbetrag nicht abzuziehen.

(3) Nebenkosten (zB für Fracht, Porto, Zoll, Steuer etc.) führen nur dann zu einer Minderung der Provision, wenn sie dem Kunden gesondert in Rechnung gestellt werden.

oder:

(3) Der Netto-Waren-Wert als Bemessungsgrundlage für die Provision ist um . . . % zu kürzen, wenn im Rechnungsbetrag Nebenkosten enthalten sind.

(4) Durch Rabatte, zu deren Gewährung die Firma im Einzelfall ausnahmsweise genötigt sein kann (Unterpreis-Geschäfte), ändern sich die in der diesem Vertrag als Beilage 3 beigefügten Provisionsliste genannten Provisionssätze nicht.

§ 7 Wegfall des Provisionsanspruchs

(1) Der Provisionsanspruch entfällt, wenn und soweit die Ausführung des abgeschlossenen Geschäfts unmöglich geworden ist, ohne dass die Firma die Unmöglichkeit zu vertreten hat, oder wenn ihr die Ausführung nicht zuzumuten ist.

(2) Steht fest, dass der Dritte nicht leistet, so entfällt der Anspruch auf Provision; bereits empfangene Beträge sind zurückzugewähren und werden mit fälligen Provisionsansprüchen verrechnet. Der Nachweis, dass der Dritte nicht leistet, gilt als geführt, wenn eine Auskunft der Firma bestätigt, dass nach ihren Unterlagen eine Zwangsvollstreckung voraussichtlich nicht zum Ziele führen wird, oder wenn die Firma dies auf andere Weise glaubhaft macht.

(3) Eine Verpflichtung der Firma zur gerichtlichen Geltendmachung und Vollstreckung ihres Erfüllungsanspruchs gegenüber dem Kunden besteht nur, wenn diese Maßnahmen Aussicht auf Erfolg bieten.

§ 8 Provisionsabrechnung

(1) Die Firma hat über die Provision, auf die der Mitarbeiter Anspruch hat, monatlich, und zwar spätestens bis zum 10. des Monats abzurechnen, der der Auslieferung/Kundenzahlung folgt. Die Provision wird mit der Abrechnung fällig und zusammen mit dem Gehalt jeweils am Ende des Monats gezahlt.

(2) In der Provisionsabrechnung sind die dem Mitarbeiter zustehenden Provisionen getrennt danach aufzuschlüsseln, ob sie auf Geschäften beruhen, die auf eine unmittelbare und ursächliche Tätigkeit des Mitarbeiters zurückzuführen sind oder auf sog. Direktgeschäfte, für deren Abschluss der Arbeitnehmer nicht unmittelbar tätig geworden ist.

(3) Der Arbeitnehmer hat die erteilte Provisionsabrechnung unverzüglich zu prüfen und die ihm übersandte Abrechnungs-Zweitschrift mit seinem Anerkenntnisvermerk der Firma jeweils bis zum 20. des Abrechnungsmonats zurückzusenden.

§ 9 Aufwendungsersatz und Firmenfahrzeug

(1) Die dem Arbeitnehmer entstandenen Aufwendungen werden pauschal wie folgt erstattet:

1. Kfz-Kosten

Für die Benutzung eines eigenen Kraftfahrzeuges erhält der Arbeitnehmer . . . Euro pro gefahrenen Kilometer.

oder:

eine Benzinkostenpauschale von . . . Euro pro Monat.

Wird dem Arbeitnehmer ein firmeneigenes Kraftfahrzeug zur Verfügung gestellt, gelten die Bestimmungen des Kraftfahrzeugüberlassungsvertrages[4] bzw. der Kraftfahrzeugüberlassungsrichtlinie, die diesem Vertrag als wesentlicher Bestandteil beigefügt sind.

2. Übernachtungskosten

Für jede nachgewiesene Übernachtung erhält der Arbeitnehmer eine Übernachtungspauschale iHv. . . . Euro.

---

4 S. **M 98.13.**

oder:

die tatsächlich entstandenen und nachgewiesenen Kosten bis zu einer Höhe von . . . Euro erstattet.

ggf.:

3. Reisespesenpauschale

Für jeden Reisetag erhält der Arbeitnehmer eine zusätzliche Reisespesenpauschale iHv. . . . Euro.

(2) Für betrieblich geführte Telefonate (auch Mobiltelefon) erhält der Arbeitnehmer eine monatliche Pauschale iHv. . . . Euro.

(3) Die Erstattung der Aufwendungen setzt entstandene Aufwendungen voraus; während des Urlaubs oder einer anderen Arbeitsverhinderung wird demgemäß kein Aufwendungsersatz geleistet.

§ 10 Gehaltsabtretung, Verpfändung oder Pfändung

(1) Der Arbeitnehmer darf seine Vergütungsansprüche weder abtreten noch verpfänden.

(2) Jede Pfändung der Vergütungsansprüche ist der Firma unverzüglich schriftlich anzuzeigen.

§ 11 Arbeitsverhinderung

(1) Der Arbeitnehmer ist verpflichtet, jede Arbeitsverhinderung und ihre voraussichtliche Dauer unverzüglich der Firma mitzuteilen und der Mitteilung im Falle einer krankheitsbedingten Arbeitsverhinderung ein ärztliches Attest über die Arbeitsunfähigkeit und deren voraussichtliche Dauer beizufügen.

(2) Für die Entgeltfortzahlung im Falle einer Arbeitsunfähigkeit gelten die gesetzlichen Regelungen[5]*.*

§ 12 Urlaub

Der Mitarbeiter hat Anspruch auf den gesetzlichen Mindesturlaub von 20 Arbeitstagen bei einer 5-Tage-Woche nach dem BUrlG. Über den gesetzlichen Anspruch hinaus hat der Mitarbeiter einen Anspruch auf – ausgehend von einer 5-Tage-Woche – weitere . . . Arbeitstage bezahlten Jahresurlaub. Dieser Anspruch verfällt abweichend von den gesetzlichen Bestimmungen am 31.03. des Folgejahres auch dann, wenn der Mitarbeiter den Urlaub wegen Krankheit nicht in Anspruch nehmen konnte. Bei der Gewährung wird vorrangig der gesetzliche Urlaub erfüllt.

Die Lage des Erholungsurlaubs ist mit der Firma unter Berücksichtigung der betrieblichen Belange abzustimmen[6]*.*

§ 13 Nebentätigkeit

(S. ***M 97.3*** *§ 10)*

§ 14 Verschwiegenheitsverpflichtung

(S. ***M 97.3*** *§ 8)*

§ 15 Vertragsstrafen

(S. ***M 97.13*** *§ 13)*

§ 16 Vertragsdauer, Kündigung

(1) Dieser Vertrag wird auf unbestimmte Zeit abgeschlossen. Die ersten sechs Monate gelten als Probezeit, während der das Vertragsverhältnis mit Monatsfrist jeweils für den Schluss eines Kalendermonats gekündigt werden kann.

(2) Nach Ablauf der Probezeit beträgt die Kündigungsfrist . . . Monate zum Quartal/Halbjahresschluss/Jahresschluss. Die gesetzliche Verlängerung der Kündigungsfrist zu Gunsten des Arbeitnehmers gilt auch zu Gunsten der Firma.

---

5 Vgl. §§ 3 und 4 EFZG.

6 S. auch **M 97.3** § 6.

(3) Ohne dass es einer Kündigung bedarf, endet das Anstellungsverhältnis spätestens mit Ablauf des Monats, in dem vom Arbeitnehmer die gesetzliche Regelaltersrente ohne Abschläge in Anspruch genommen werden kann.

(4) Bei einer Kündigung des Arbeitsverhältnisses durch die Partei ist die Firma berechtigt, den Arbeitnehmer unter Fortzahlung der Bezüge und unter Anrechnung etwaiger restlicher Urlaubsansprüche bzw. Freizeitguthaben von der Arbeit freizustellen. Entsprechendes gilt bei einvernehmlicher Beendigung des Arbeitsverhältnisses.

§ 17 Ausschlussfristen

(S. ***M 97.13*** *§ 15)*

§ 18 Schlussbestimmungen

(1) Mündliche Nebenabreden zu diesem Vertrag bestehen nicht.

(2) Ergänzungen oder Vertragsänderungen sind nur wirksam, wenn sie schriftlich vereinbart und von beiden Vertragsparteien unterzeichnet werden. Entsprechendes gilt für den Verzicht auf die vereinbarte Schriftform.

... (Unterschriften)

g) Arbeitnehmerüberlassung

Bei der Arbeitnehmerüberlassung handelt es sich um einen drittbezogenen Personaleinsatz. Dabei überlässt der Arbeitgeber (**Verleiher**) einem Dritten (**Entleiher**) seine Arbeitnehmer (**Leiharbeitnehmer**) gegen Entgelt zur Arbeitsleistung. Der Entleiher setzt sie dann nach seinen Vorstellungen und Zielen wie eigene Arbeitnehmer ein. Die Leiharbeitnehmer werden voll in den Betrieb des Entleihers eingegliedert und führen ihre Arbeiten allein nach dessen Weisungen aus. Arbeitgeber bleibt jedoch der Verleiher. Auch wenn das Arbeitnehmerüberlassungsgesetz in § 1 Abs. 1 Satz 2 AÜG nur einen „vorübergehenden" Einsatz von Leiharbeitnehmern vorsieht, kommt auch bei einer Überlassung auf Dauer kein Arbeitsverhältnis mit dem Entleiher zu Stande. Ein dahingehender Anspruch auf Festanstellung zu Gunsten des Leiharbeitnehmers besteht nicht (BAG NZA 2014, 40). Durch die Tätigkeit beim Entleiher erfüllen die Leiharbeitnehmer ihre Vertragspflicht gegenüber ihrem Arbeitgeber, dem Verleiher. Die Vertragspflicht des Verleihers gegenüber dem Entleiher besteht und erschöpft sich darin, die Arbeitnehmer auszuwählen und sie ihm, dem Entleiher, zur Arbeitsleistung zur Verfügung zu stellen. Der Verleiher haftet grundsätzlich nur für Verschulden bei der Auswahl der verliehenen Arbeitnehmer. 47

Die Arbeitnehmerüberlassung richtet sich nach den Vorschriften des Arbeitnehmerüberlassungsgesetzes (**AÜG**). Nach Art. 1 § 1 Abs. 1 Satz 1 AÜG bedarf ein Arbeitgeber zur gewerbsmäßigen Arbeitnehmerüberlassung der Erlaubnis der Bundesagentur für Arbeit.

Von der Arbeitnehmerüberlassung ist die Tätigkeit eines Unternehmers auf Grund eines Werk- oder Dienstvertrages zu unterscheiden. In diesen Fällen wird der Unternehmer für einen anderen tätig; er organisiert die zur Erreichung eines wirtschaftlichen Erfolgs notwendigen Handlungen nach eigenen betrieblichen Voraussetzungen und bleibt für die Erfüllung der im Vertrag vorgesehenen Dienste oder für die Herstellung des geschuldeten Werkes gegenüber dem Drittunternehmen verantwortlich. Die zur Ausführung des Dienst- oder Werkvertrages eingesetzten Arbeitnehmer unterliegen der Weisung des Unternehmers und sind dessen Erfüllungsgehilfen. Der Werkbesteller kann jedoch, wie sich aus § 645 Abs. 1 Satz 1 BGB ergibt, wiederum den Werkunternehmer selbst oder dessen Erfüllungsgehilfen Anweisungen für die Ausführung des Werkes erteilen. Solche Dienst- oder Werkverträge werden vom AÜG nicht erfasst (Zur Abgrenzung zwischen Werk- und Arbeitsvertrag: BAG NZA 2013, 1348; Brors/Schüren NZA 2014, 569; Greiner NZA 2013, 697; Plander AiB 1992, 19; Richter BB 1992, 421, 422). 48

M 97.15 Anstellungsvertrag zwischen Verleiher und Arbeitnehmer mit Bezugnahme auf einen Tarifvertrag

Zwischen der Firma . . .
und Herrn/Frau . . .
(im Folgenden Arbeitnehmer)
wird Folgendes vereinbart[1]:

§ 1 Gegenstand des Vertrages

(1) Der Arbeitnehmer wird als Arbeiter/Angestellter im Berufsbild . . . eingestellt. Er ist verpflichtet, bei Kunden der Firma – auch außerhalb seines Sitzes in . . . – tätig zu werden.

(2) Der Arbeitnehmer ist ohne besondere schriftliche Ermächtigung der Firma nicht berechtigt, Geld für diese entgegenzunehmen oder Inkasso zu betreiben.

(3) Der Arbeitnehmer ist verpflichtet, seine Aufgaben gewissenhaft zu erfüllen und die Interessen der Firma wahrzunehmen. Er ist verpflichtet, sowohl über Geschäftsgeheimnisse der Firma wie ihrer Kunden Stillschweigen zu bewahren.

(4) Die Firma versichert, im Besitz einer Erlaubnis zur Arbeitnehmerüberlassung nach Art. 1 § 1 AÜG zu sein. Die Erlaubnis wurde am . . . von der Arbeitsagentur . . . (Ort) erteilt.

§ 2 Beginn und Dauer des Vertrages

(1) Das Arbeitsverhältnis wird auf unbestimmte Zeit ab . . . abgeschlossen.

(2) Das Arbeitsverhältnis ist während der . . . Monate betragenden Probezeit kündbar mit einer Frist von . . . zum . . .

(3) Nach Ablauf der Probezeit ist das Arbeitsverhältnis kündbar mit einer Frist von . . . zum . . .

§ 3 Arbeitszeit[2]

(1) Die regelmäßige wöchentliche Arbeitszeit beträgt . . . Stunden. Der Arbeitnehmer wird in Tagschicht/Wechselschicht/Nachtschicht eingesetzt.

(2) Der Arbeitnehmer ist verpflichtet, im Rahmen des Gesetzes zulässige Über- und Mehrarbeit zu leisten.

---

1 Nach Art. 1 § 11 Abs. 1 AÜG ist der Verleiher verpflichtet, den wesentlichen Inhalt des Arbeitsverhältnisses in eine von ihm unterzeichnete Urkunde aufzunehmen. Der Nachweis richtet sich nach den Bestimmungen des Nachweisgesetzes. Zusätzlich zu den in § 2 Abs. 1 des Nachweisgesetzes genannten Angaben sind in die Niederschrift aufzunehmen: (1) Firma und Anschrift des Verleihers, die Erlaubnisbehörde sowie Ort und Datum der Erteilung der Erlaubnis nach § 1, (2) NachweisG Art und Höhe der Leistungen für Zeiten, in denen der Leiharbeitnehmer nicht verliehen ist.

2 Im Bereich der Arbeitnehmerüberlassung gilt folgender Gleichbehandlungsgrundsatz („equal-pay" Gebot): Der Arbeitgeber muss dem Leiharbeitnehmer für die Zeit der Überlassung im Wesentlichen die im Betrieb des Entleihers für einen vergleichbaren Arbeitnehmer geltenden Arbeitsbedingungen gewähren, Art. 1 § 9 Nr. 2 AÜG. Dies gilt auch hinsichtlich der Arbeitszeit. Sie muss also für die Zeit der Überlassung der Arbeitszeit vergleichbarer Arbeitnehmer des Entleihers entsprechen. Ansonsten ist die Vereinbarung unwirksam. Ausnahmen ergeben sich, wenn der Arbeitnehmer zuvor arbeitslos war, vgl. Art. 1 § 9 Nr. 2 AÜG.
Hinweis: *Bei der Einstellung von Leiharbeitnehmern ist der Betriebsrat des Entleihbetriebes nach § 99 BetrVG zu beteiligen. Ein Verstoß gegen das „equal-pay"-Gebot gibt dem Betriebsrat allerdings kein Zustimmungsverweigerungsrecht nach § 99 Abs. 2 Nr. 1 BetrVG (BAG NZA 2009, 1156, 1157 f.).*

§ 4 Arbeitsentgelt und Zahlungsweise[3]

(1) Die Arbeitsvergütung richtet sich nach dem ... Tarifvertrag[4]*. Der Arbeitnehmer wird in die Vergütungsgruppe ... des ... eingereiht. Die Betriebsstätte des Arbeitgebers gehört zur Ortsklasse ...*

(2) Die Arbeitsvergütung beträgt zurzeit monatlich/wöchentlich/stündlich ... Euro.

(3) Überstunden sind die über die in § 3 festgelegte regelmäßige Arbeitszeit hinaus geleisteten Stunden. Überstunden werden mit 1/173 des Monatsgehalts/1/40 des Wochenlohnes/dem Stundenlohn von ... Euro und einem Zuschlag von 25 % je Stunde vergütet. Eine Vergütung der Überstunden erfolgt nur, wenn diese im Einvernehmen mit der Firma geleistet werden.

(4) Der Arbeitnehmer ist verpflichtet, täglich/wöchentlich/monatlich Tätigkeitsnachweise vom Kunden unterzeichnen zu lassen. Die Auszahlung der Arbeitsvergütung erfolgt täglich/wöchentlich/monatlich nach Vorlage der Tätigkeitsnachweise.

oder[5]***:***

§ 4 Arbeitsentgelt und Zahlungsweise

(1) Der Leiharbeitnehmer erhält für die Zeit seiner Überlassung die Vergütung, die ein mit ihm vergleichbarer, im Betrieb des Entleihers für die Zeit seiner Überlassung befristet beschäftigter Arbeitnehmer erhielte.

(2) Für die Zeiten in denen der Arbeitnehmer nicht verliehen ist, beträgt die Arbeitsvergütung monatlich/wöchentlich/stündlich ... Euro.

§ 5 Urlaub

(1) Der Arbeitnehmer hat in jedem Kalenderjahr Anspruch auf Erholungsurlaub unter Fortzahlung der Bezüge. Der Jahresurlaub beträgt ... (s. auch ***M 97.3*** *§ 6).*

(2) Der Zeitpunkt des Jahresurlaubs wird nach den Wünschen des Arbeitnehmers unter Berücksichtigung der betrieblichen Erfordernisse vom Arbeitgeber festgelegt. Der Urlaub ist auf Verlangen des Arbeitnehmers zusammenhängend zu gewähren.

(3) Der Anspruch auf den vollen Jahresurlaub kann erstmals nach sechsmonatiger ununterbrochener Betriebszugehörigkeit geltend gemacht werden.

§ 6 Arbeitsverhinderung

(1) Der Arbeitnehmer ist verpflichtet, der Firma unverzüglich eine Arbeitsverhinderung mitzuteilen.

(2) Dauert die Arbeitsunfähigkeit länger als drei Kalendertage, hat der Arbeitnehmer eine ärztliche Bescheinigung über das Bestehen der Arbeitsunfähigkeit sowie deren voraussichtliche Dauer spätestens an dem darauf folgenden Arbeitstag vorzulegen, wobei die Firma allerdings berechtigt ist, die Vorlage der ärztlichen Bescheinigung früher zu verlangen[6]*. Dauert die Arbeitsunfähigkeit länger als in der Bescheinigung angegeben, so ist der Arbeitnehmer verpflichtet, eine neue ärztliche Bescheinigung entsprechend Abs. 2 Satz 1 vorzulegen und die Firma entsprechend Abs. 1 von der weiteren Arbeitsverhinderung zu unterrichten.*

---

3 Der Grundsatz der Gleichbehandlung des Leiharbeitnehmers mit den Arbeitnehmern des Entleihers gilt vor allem auch hinsichtlich der Vergütung. Eine abweichende Regelung, sofern sie nicht auf einem Tarifvertrag beruht, ist unwirksam und berechtigt den Leiharbeitnehmer zur Geltendmachung von Schadenersatz.

4 Von den unter Rz. 2 und 3 dargestellten Regelungen kann durch Tarifvertrag abgewichen werden, Art. 1 § 9 Nr. 2 AÜG (einschränkend Ulber NZA 2009, 232).
Wichtig: *Von dem Grundsatz der Gleichbehandlung kann durch einzelvertragliche Bezugnahme auf einen Tarifvertrag abgewichen werden. Voraussetzung ist allerdings, dass im Ganzen auf den für den Betrieb des Verleihers räumlich, fachlich, persönlich und zeitlich geltenden Tarifvertrag verwiesen wird. Die Bezugnahme auf einzelne Regelungen bzw. auch Regelungskomplexe ist nach hM nicht ausreichend, da eine Richtigkeitsgewähr immer nur einem Tarifvertrag im Ganzen zukommt (Boemke/Lembke, 3. Aufl. 2013, § 9 AÜG Rz. 70).*

5 Diese Regelung ist zu wählen, sofern keine von Art. 1 § 9 AÜG abweichende tarifvertragliche Regelung besteht.

6 Diese Regelung ist identisch mit § 5 Abs. 1 Satz 2 und 3 EFZG.

§ 7 Krankheit, Arbeitsfreistellung

Ist der Arbeitnehmer infolge Krankheit an seiner Arbeitsleistung verhindert, ohne dass ihn ein Verschulden trifft, so wird die Vergütung nach den gesetzlichen Vorschriften fortbezahlt.

§ 8 Fahrtkostenerstattung, Wegezeitvergütung und Auslösung

Der Arbeitnehmer hat Anspruch auf Fahrtkostenerstattung, Wegezeitvergütung und Auslösung nach Maßgabe folgender Bestimmungen: . . .

§ 9 Weisungsrecht

(1) Die Firma ist berechtigt, den Arbeitnehmer jederzeit von seinem Einsatzort abzuberufen und für die Dauer des Vertrages im Rahmen der getroffenen Vereinbarungen anderweitig einzusetzen.

(2) Solange der Arbeitnehmer bei Kunden der Firma eingesetzt ist, unterliegt er dem Weisungsrecht des Kunden im Rahmen des Vertrages. Änderungen von Einsatzdauer, Arbeitszeit sowie Art der Tätigkeit und Vergütung sind jedoch nur bei Vereinbarung zwischen Arbeitnehmer und Firma wirksam.

§ 10 Verweisung auf Tarifrecht[7]

Für das Arbeitsverhältnis im Übrigen gilt der Manteltarifvertrag für die Arbeitnehmer in Unternehmen für Zeitarbeit und Dienstleistungen auf Zeit in seiner jeweils gültigen Fassung und die diesen ergänzenden Tarifverträge.

§ 11 Nebenabreden etc.

. . .

. . . (Unterschriften)

§ 12 Merkblatt[8]

Der Arbeitnehmer bestätigt, das Merkblatt für Leiharbeitnehmer der Erlaubnisbehörde erhalten zu haben.

. . . (Unterschrift Arbeitnehmer)

Datenschutzklausel (s. ***M 97.3*** *aE)*

. . . (Unterschrift Arbeitnehmer)

7 S. Rz. 30 ff.

8 Zur Aushändigung des Merkblatts ist der Verleiher nach Art. 1 § 11 Abs. 2 AÜG verpflichtet. Handelt es sich um einen Ausländer, muss das Merkblatt auf Kosten des Verleihers in der Muttersprache des Arbeitnehmers ausgehändigt werden.

h) Verträge mit Auszubildenden und Praktikanten

49 **Auszubildender** ist derjenige, der auf Grund eines Berufsausbildungsvertrages systematisch in einem geordneten Ausbildungsgang eine breit angelegte berufliche Grundausbildung und die für die Ausbildung einer qualifizierten beruflichen Tätigkeit notwendigen fachlichen Fähigkeiten und Kenntnisse vermittelt erhält. Der privatrechtliche Berufsausbildungsvertrag ist nach herrschender Ansicht ein durch Ausbildungsgesichtspunkte geprägtes Vertragsverhältnis mit Mischcharakter (BAG AP Nr. 26 zu § 611 BGB – Lehrverhältnis), auf welches nach § 10 Abs. 2 BBiG die für den Arbeitsvertrag geltenden Rechtsvorschriften und Rechtsgrundsätze anzuwenden sind. Häufig sind aber Sonderregelungen zu beachten (vgl. **M 97.16**).

Von Auszubildenden sind **Praktikanten** abzugrenzen. Darunter versteht man Personen, die sich zum Zweck einer Gesamtausbildung auf einen Beruf, zB für die Zulassung zu einer Hochschulprüfung, in einem Betrieb für eine bestimmte Dauer die notwendigen praktischen Erfahrungen und Kenntnisse aneignen, ohne sich einer Berufsausbildung zu unterwerfen (vgl. Scherer NZA 1986, 280). Ob ein Praktikantenverhältnis ein Berufsausbildungsverhältnis oder ein Arbeitsverhältnis ist, hängt von der Ausgestaltung ab. Praktika, die im Rahmen eines Studiums oder einer sonstigen Hochschulausbildung zur Erreichung der Prüfungsvoraussetzungen erforderlich sind, sind regelmäßig Berufsausbildungsverhältnisse und keine Arbeitsverhältnisse. Leistet der Praktikant jedoch neben seiner Hochschul- oder sonstiger Schulausbildung Arbeit in einem Unternehmen, handelt es sich um ein normales Arbeitsverhältnis (Tschöpe/Leuchten 1. A Rz. 79).

Grundsätzlich ist auch bei Praktika eine Vergütung nach dem Mindestlohngesetz zu zahlen. 49a
Pflichtpraktika sowie freiwillige Praktika von bis zu drei Monaten sind während Ausbildung oder Studium von der zum 1.1.2015 geltenden Mindestlohnregelung ausgenommen.

➲ **Hinweis:** Wird ein Praktikantenverhältnis „vereinbart", bei dem es sich tatsächlich um ein rei- 49b
nes Arbeitsverhältnis handelt, besteht die Gefahr des Lohnwuchers (vgl. LAG Rheinland-Pfalz v. 18.6.2009 – 10 Sa 137/09; zit. nach juris).

M 97.16 Berufsausbildungsvertrag[1]

Zwischen dem Ausbildenden ... (Unternehmen)

und dem Auszubildenden ...

wird nachstehender

Vertrag zur Ausbildung im Ausbildungsberuf ...

nach Maßgabe der Ausbildungsordnung geschlossen:

I.

A. Die Ausbildungszeit beträgt nach der Ausbildungsordnung ... Jahre. Hierauf wird die Berufsbildung zum ... (genaue Bezeichnung des Ausbildungsberufs angeben) und/oder eine Vorbildung/Ausbildung in ... (Schulart oder sonstige Ausbildungsstätte angeben) mit ... Monaten angerechnet.

Das Ausbildungsverhältnis beginnt am ... und endet am ...

B. Die Probezeit beträgt ... Monate[2].

C. Die Ausbildung findet vorbehaltlich der Regelungen nach § 3 Nr. 12 in ... und den mit dem Betriebssitz für die Ausbildung üblicherweise zusammenhängenden Bau-, Montage- und sonstigen Arbeitsstellen statt.

D. Ausbildungsmaßnahmen außerhalb der Ausbildungsstätte ...

E. Der Ausbildende zahlt dem Auszubildenden eine angemessene Vergütung; sie beträgt zurzeit monatlich ... Euro brutto im ersten Ausbildungsjahr, ... Euro brutto im zweiten Ausbildungsjahr, ... Euro im dritten Ausbildungsjahr, ... Euro brutto im vierten Ausbildungsjahr. Soweit Vergütungen tariflich geregelt sind, gelten mindestens die tariflichen Sätze[3].

F. Die regelmäßige tägliche Ausbildungszeit beträgt ... Stunden[4].

G. Der Ausbildende gewährt dem Auszubildenden Urlaub nach den geltenden Bestimmungen. Es besteht ein Urlaubsanspruch auf ... Werktage oder ... Arbeitstage im Jahre ..., auf ... Werktage oder ... Arbeitstage im Jahre ..., auf ... Werktage oder ... Arbeitstage im Jahre ...

H. Sonstige Vereinbarungen ...

1 Der Ausbildende hat unverzüglich nach Abschluss des Berufsausbildungsvertrags, spätestens vor Beginn der Berufsausbildung, den wesentlichen Inhalt des Vertrags schriftlich niederzulegen (§ 11 Abs. 1 Satz 1 BBiG; vgl. weiter § 11 Abs. 1 Satz 2 BBiG zum notwendigen Inhalt des Vertrags).

2 Die Probezeit muss mindestens einen Monat und darf höchstens vier Monate betragen (§ 20 BBiG).

3 Diese Klausel ist nur zu empfehlen, wenn der Arbeitgeber tarifgebunden ist.

4 Nach dem Jugendarbeitsschutzgesetz beträgt die höchstzulässige Arbeitszeit (Ausbildungszeit) bei noch nicht 18 Jahre alten Personen acht Stunden. Im Übrigen sind die Vorschriften des Jugendarbeitsschutzgesetzes über die höchstzulässige Wochenarbeitszeit (im Normalfall 40 Stunden) zu beachten.

II.

§ 1 Ausbildungszeit

1. Dauer s. I.A.

2. Probezeit s. I.B.

Wird die Ausbildung während der Probezeit um mehr als ein Drittel dieser Zeit unterbrochen, so verlängert sich die Probezeit um den Zeitraum der Unterbrechung.

3. Vorzeitige Beendigung des Berufsausbildungsverhältnisses

Besteht der Auszubildende vor Ablauf der unter Nr. 1 vereinbarten Ausbildungszeit die Abschlussprüfung, so endet das Berufsausbildungsverhältnis mit Bestehen der Abschlussprüfung.

4. Verlängerung des Berufsausbildungsverhältnisses

Besteht der Auszubildende die Abschlussprüfung nicht, so verlängert sich das Berufsausbildungsverhältnis auf sein Verlangen bis zur nächstmöglichen Wiederholungsprüfung, höchstens um ein Jahr.

§ 2 Ausbildungsstätte(n)

S. I.C.

§ 3 Pflichten des Ausbildenden

Der Ausbildende verpflichtet sich,

1. [Ausbildungsziel]

dafür zu sorgen, dass dem Auszubildenden die Fertigkeiten und Kenntnisse vermittelt werden, die zum Erreichen des Ausbildungszieles nach der Ausbildungsordnung erforderlich sind, und die Berufsausbildung nach den beigefügten Angaben zur sachlichen und zeitlichen Gliederung des Ausbildungsablaufs so durchzuführen, dass das Ausbildungsziel in der vorgesehenen Ausbildungszeit erreicht werden kann;

2. [Ausbilder]

selbst auszubilden oder einen persönlich und fachlich geeigneten Ausbilder ausdrücklich damit zu beauftragen;

3. [Ausbildungsordnung]

dem Auszubildenden vor Beginn der Ausbildung die Ausbildungsordnung kostenlos auszuhändigen;

4. [Ausbildungsmittel]

dem Auszubildenden kostenlos die Ausbildungsmittel, insbesondere Werkzeuge, Werkstoffe und Fachliteratur zur Verfügung zu stellen, die für die Ausbildung in den betrieblichen und überbetrieblichen Ausbildungsstätten und zum Ablegen von Zwischen- und Abschlussprüfungen, auch soweit solche nach Beendigung des Berufsausbildungsverhältnisses und in zeitlichem Zusammenhang damit stattfinden, erforderlich sind;

5. [Besuch der Berufsschule und von Ausbildungsmaßnahmen außerhalb der Ausbildungsstätte]

den Auszubildenden zum Besuch der Berufsschule anzuhalten und freizustellen. Das Gleiche gilt, wenn Ausbildungsmaßnahmen außerhalb der Ausbildungsstätte vorgeschrieben oder nach Nr. 12 durchzuführen sind;

6. [Berichtsheftführung]

dem Auszubildenden vor Ausbildungsbeginn und später die Berichtshefte für die Berufsausbildung kostenfrei auszuhändigen und ihm Gelegenheit zu geben, das Berichtsheft in Form eines Ausbildungsnachweises während der Ausbildungszeit zu führen, sowie die ordnungsgemäße Führung durch regelmäßige Abzeichnung zu überwachen, soweit Berichtshefte im Rahmen der Berufsausbildung verlangt werden;

7. [Ausbildungsbezogene Tätigkeiten]

dem Auszubildenden nur Verrichtungen zu übertragen, die dem Ausbildungszweck dienen und seinen körperlichen Kräften angemessen sind;

8. [Sorgepflicht]

dafür zu sorgen, dass der Auszubildende charakterlich gefördert sowie sittlich und körperlich nicht gefährdet wird;

9. [Ärztliche Untersuchung]

von dem jugendlichen Auszubildenden Bescheinigungen gem. §§ 32, 33 Jugendarbeitsschutzgesetz darüber vorlegen zu lassen, dass dieser

a) vor der Aufnahme der Ausbildung untersucht und

b) vor Ablauf des ersten Ausbildungsjahres nachuntersucht worden ist;

Vgl. § 4 Nr. 9, § 9 Nr. 5.

10. [Eintragungsantrag]

unverzüglich nach Abschluss des Berufsausbildungsvertrages die Eintragung in das Verzeichnis der Berufsausbildungsverhältnisse bei der zuständigen Stelle unter Beifügung der Vertragsniederschriften und – bei Auszubildenden unter 18 Jahren – einer Kopie der ärztlichen Bescheinigung über die Erstuntersuchung gem. § 32 Jugendarbeitsschutzgesetz zu beantragen; entsprechendes gilt bei späteren Änderungen des wesentlichen Vertragsinhaltes;

11. [Anmeldung zu Prüfungen]

den Auszubildenden rechtzeitig zu den angesetzten Zwischen- und Abschlussprüfungen anzumelden und für die Teilnahme freizustellen.

12. [Ausbildungsmaßnahmen außerhalb der Ausbildungsstätte] s. I. D.

§ 4 Pflichten des Auszubildenden

Der Auszubildende hat sich zu bemühen, die Fertigkeiten und Kenntnisse zu erwerben, die erforderlich sind, um das Ausbildungsziel zu erreichen. Er verpflichtet sich insbesondere,

1. [Lernpflicht]

die ihm im Rahmen seiner Berufsausbildung übertragenen Verrichtungen und Aufgaben sorgfältig auszuführen;

2. [Berufsschulunterricht, Prüfungen und sonstige Maßnahmen]

am Berufsschulunterricht und an Prüfungen sowie an Ausbildungsmaßnahmen außerhalb der Ausbildungsstätte teilzunehmen, für die er nach § 3 Nr. 5, 11 und 12 freigestellt wird;

3. [Weisungsgebundenheit]

den Weisungen zu folgen, die ihm im Rahmen der Berufsausbildung vom Ausbildenden, vom Ausbilder oder von anderen weisungsberechtigten Personen, soweit sie als weisungsberechtigt bekannt gemacht worden sind, erteilt werden;

4. [Betriebliche Ordnung]

die für die Ausbildungsstätte geltende Ordnung zu beachten;

5. [Sorgfaltspflicht]

Werkzeug, Maschinen und sonstige Einrichtungen pfleglich zu behandeln und sie nur zu den ihm übertragenen Arbeiten zu verwenden;

6. [Betriebsgeheimnisse]

über Betriebs- und Geschäftsgeheimnisse Stillschweigen zu wahren;

7. [Berichtsheftführung]

ein vorgeschriebenes Berichtsheft ordnungsgemäß zu führen und regelmäßig vorzulegen;

8. [Benachrichtigung]

bei Fernbleiben von der betrieblichen Ausbildung, vom Berufschulunterricht oder von sonstigen Ausbildungsveranstaltungen dem Ausbildenden unter Angabe von Gründen unverzüglich Nachricht zu geben und ihm bei Krankheit oder Unfall spätestens am dritten Tag eine ärztliche Bescheinigung zuzuleiten;

9. [Ärztliche Untersuchungen]

soweit auf ihn die Bestimmungen des Jugendarbeitsschutzgesetzes Anwendung finden, sich gem. §§ 32 und 33 dieses Gesetzes ärztlich

a) vor Beginn der Ausbildung untersuchen,

b) vor Ablauf des ersten Ausbildungsjahres nachuntersuchen zu lassen

und die Bescheinigungen hierüber dem Ausbildenden vorzulegen.

§ 5 Vergütung und sonstige Leistungen

1. Höhe und Fälligkeit s. I.E.

Eine über die vereinbarte regelmäßige Ausbildungszeit hinausgehende Beschäftigung wird besonders vergütet.

Die Vergütung wird spätestens am letzten Arbeitstag des Monats gezahlt. Das auf die Urlaubszeit entfallende Entgelt (Urlaubsentgelt) wird vor Antritt des Urlaubs ausgezahlt.

Die Beiträge für die Sozialversicherung tragen die Vertragschließenden nach Maßgabe der gesetzlichen Bestimmungen.

2. Sachleistungen

Soweit der Ausbildende dem Auszubildenden Kost und/oder Wohnung gewährt, gilt die in der Anlage beigefügte Regelung.

3. Kosten für Maßnahmen außerhalb der Ausbildungsstätte

Der Ausbildende trägt die Kosten für Maßnahmen außerhalb der Ausbildungsstätte gem. § 3 Nr. 5, soweit sie nicht anderweitig gedeckt sind. Ist eine auswärtige Unterbringung erforderlich, so können dem Auszubildenden anteilige Kosten für Verpflegung in dem Umfang in Rechnung gestellt werden, in dem dieser Kosten einspart. Die Anrechnung von anteiligen Kosten und Sachbezugswerten nach § 10 Abs. 2 BBiG darf 75 % der vereinbarten Bruttovergütung nicht übersteigen.

4. Berufskleidung

Wird vom Ausbildenden eine besondere Berufskleidung vorgeschrieben, so wird sie von ihm zur Verfügung gestellt.

5. Fortzahlung und Vergütung

Dem Auszubildenden wird die Vergütung auch gezahlt

a) für die Zeit der Freistellung gem. § 3 Nr. 5, 11 und 12 dieses Vertrages sowie gem. § 10 Abs. 1 Nr. 2 und § 43 Jugendarbeitsschutzgesetz

b) bis zur Dauer von sechs Wochen, wenn er

aa) sich für die Berufsausbildung bereit hält, diese aber ausfällt,

bb) in Folge unverschuldeter Krankheit nicht an der Berufsausbildung teilnehmen kann oder

cc) aus einem sonstigen, in seiner Person liegenden Grund unverschuldet verhindert ist, seine Pflichten aus dem Berufsausbildungsverhältnis zu erfüllen.

§ 6 Ausbildungszeit und Urlaub

1. Tägliche Ausbildungszeit s. I.F.

2. Urlaub s. I.G.

3. Lage des Urlaubs

Der Urlaub soll zusammenhängend und in der Zeit der Berufsschulferien erteilt und genommen werden. Während des Urlaubs darf der Auszubildende keine dem Urlaubszweck widersprechende Erwerbstätigkeit leisten.

§ 7 Kündigung

1. Kündigung während der Probezeit

Während der Probezeit kann das Berufsausbildungsverhältnis ohne Einhaltung einer Kündigungsfrist und ohne Angabe von Gründen gekündigt werden.

2. Kündigungsgründe

Nach der Probezeit kann das Berufsausbildungsverhältnis nur gekündigt werden

a) aus wichtigem Grund ohne Einhalten der Kündigungsfrist,

b) vom Auszubildenden mit einer Kündigungsfrist von vier Wochen, wenn er die Berufsausbildung aufgeben oder sich für eine andere Berufsausbildung ausbilden lassen will.

3. Form der Kündigung

Die Kündigung muss schriftlich, im Falle der Nr. 2 unter Angabe der Kündigungsgründe erfolgen[5].

4. Unwirksamkeit einer Kündigung

Eine Kündigung aus wichtigem Grund ist unwirksam, wenn die ihr zugrunde liegenden Tatsachen dem zur Kündigung Berechtigten länger als zwei Wochen bekannt sind. Ist ein Schlichtungsverfahren gem. § 9 eingeleitet, so wird bis zu dessen Beendigung der Lauf dieser Frist gehemmt.

5. Schadensersatz bei vorzeitiger Beendigung

Wird das Berufsausbildungsverhältnis nach Ablauf der Probezeit vorzeitig gelöst, so kann der Ausbildende oder der Auszubildende Ersatz des Schadens verlangen, wenn der andere den Grund für die Auflösung zu vertreten hat. Das gilt nicht bei Kündigung wegen Aufgabe oder Wechsels der Berufsausbildung nach Nr. 2 lit. b. Der Anspruch erlischt, wenn er nicht innerhalb von drei Monaten nach Beendigung des Berufsausbildungsverhältnisses geltend gemacht wird.

6. Aufgabe des Betriebes, Wegfall der Ausbildungseignung

Bei Kündigung des Berufsausbildungsverhältnisses wegen Betriebsaufgabe oder wegen Wegfalls der Ausbildungseignung verpflichtet sich der Ausbildende, sich mit Hilfe der Berufsberatung der zuständigen Arbeitsagentur rechtzeitig um eine weitere Ausbildung im bisherigen Ausbildungsberuf in einer anderen geeigneten Ausbildungsstätte zu bemühen.

§ 8 Zeugnis

Der Ausbildende stellt dem Auszubildenden bei Beendigung des Berufsausbildungsverhältnisses ein Zeugnis aus. Hat der Ausbildende die Berufsausbildung nicht selbst durchgeführt, so soll auch der Ausbilder das Zeugnis unterschreiben. Es muss Angaben enthalten über Art, Dauer und Ziel der Berufsausbildung sowie über die erworbenen Fertigkeiten und Kenntnisse des Auszubildenden, auf Verlangen des Auszubildenden auch Angaben über Führung, Leistung und besondere fachliche Fähigkeiten.

§ 9 Beilegung von Streitigkeiten

Bei Streitigkeiten aus dem bestehenden Berufsausbildungsverhältnis ist vor Inanspruchnahme des Arbeitsgerichts der nach § 111 Abs. 2 des Arbeitsgerichtsgesetzes errichtete Ausschuss anzurufen.

§ 10 Erfüllungsort

Erfüllungsort für alle Ansprüche aus diesem Vertrag ist der Ort der Ausbildungsstätte.

§ 11 Sonstige Vereinbarungen

S. I.H.

Rechtswirksame Nebenabreden, die das Berufsausbildungsverhältnis betreffen, können nur durch schriftliche Ergänzung im Rahmen des § 11 dieses Berufsausbildungsvertrages getroffen werden.

Vorstehender Vertrag ist in zwei gleich lautenden Ausfertigungen (bei Minderjährigen dreifach) ausgestellt und von den Vertragschließenden eigenhändig unterschrieben worden.

5 Vgl. § 22 Abs. 3 BBiG. Die Nichtangabe bzw. unzureichende Angabe der Kündigungsgründe führt zur Unwirksamkeit der Kündigung.
Praxistipp: *Zu beachten ist, dass der Auszubildende eine Kündigung auch begründen muss. Wird der Auszubildende daher nach einer Verfehlung wie in der Praxis oft üblich vom Arbeitgeber angehalten, selbst zu kündigen, ist diese Eigenkündigung formunwirksam, wenn sie keine Begründung enthält.*

Ort, Datum . . .
Der Ausbildende: . . .
(Stempel und Unterschrift)

Ort, Datum . . .
Der Auszubildende: . . .
(Voller Vor- und Zuname)

Die gesetzlichen Vertreter des Auszubildenden:
(Falls ein Elternteil verstorben, bitte vermerken)
Vater: . . . und Mutter: . . . oder Vormund: . . .
(Voller Vor- und Zuname)

M 97.17 Praktikantenvertrag[1]

Zwischen der Firma . . .
und Herrn/Frau . . .
– im Folgenden Praktikant –
wird Folgendes vereinbart:

§ 1

Die Firma verpflichtet sich, den Praktikanten in der Zeit vom . . . bis . . . zur Vermittlung von Erfahrungen und Kenntnissen im Fachgebiet/Fachbereich . . . im Betrieb einzusetzen. Ein Einsatz außerhalb der Betriebsstätte in . . . erfolgt nicht.

§ 2

Der erste Monat, dh. die Zeit bis zum . . ., gilt als Probezeit. Innerhalb dieser Zeit können beide Seiten den Vertrag jederzeit unter Einhaltung einer Frist von einem Tag kündigen; die Kündigung hat schriftlich zu erfolgen. Nach Ablauf der Probezeit ist der Vertrag

1. ordentlich kündbar durch den Praktikanten mit einer Frist von vier Wochen, wenn er die Praktikantentätigkeit aufgeben will;

2. außerordentlich ohne Einhaltung einer Kündigungsfrist von beiden Seiten kündbar, wenn ein wichtiger Grund dafür vorliegt.

In beiden Fällen hat die Kündigung schriftlich unter Angabe der Kündigungsgründe zu erfolgen[2].

§ 3

Der Praktikant erhält monatlich eine Unterhaltsbeihilfe iHv. . . . Euro brutto, fällig jeweils zum Monatsende. Der Urlaub des Praktikanten beträgt pro Kalenderjahr 18 Werktage, dh. . . . (Anzahl!) Werktage für die gesamte Praktikantenzeit. Die Unterhaltsbeihilfe gem. Satz 1 wird während des Urlaubs weiter gewährt.

§ 4

Die sachliche und zeitliche Gliederung des Praktikums bleibt einem gesondert aufzustellenden Plan vorbehalten. Die Dauer der täglichen Einsatzzeit beträgt . . . Stunden, beginnend um . . . Uhr.

---

1 Es handelt sich hier um ein Muster im Anschluss an Scherer NZA 1986, 280, 285.
Für die Praktikanten gelten gem. § 26 BBiG die §§ 10–23 und 25 BBiG mit der Maßgabe, dass die gesetzliche Probezeit abgekürzt, auf die Vertragsniederschrift verzichtet und bei vorzeitiger Lösung des Vertragsverhältnisses nach Ablauf der Probezeit abweichend von § 23 Abs. 1 Satz 1 Schadensersatz nicht verlangt werden kann. Es ist aber zu beachten, dass auch bei Praktikantenverhältnissen nach Ablauf der Probezeit die Kündigung nur aus wichtigem Grund zulässig ist.
***Praxistipp:** Soll ein Praktikantenvertrag fristlos gekündigt werden, muss eine ausführliche schriftliche Begründung in dem Kündigungsschreiben enthalten sein. Wird die Begründung erst nach Ablauf der Zwei-Wochen-Frist von § 626 Abs. 2 BGB nachgeholt, so ist die Kündigung ebenfalls insgesamt unwirksam.*

2 Zu beachten ist, dass eine Kündigung ohne Angabe von Gründen rechtsunwirksam ist. Vgl. § 22 Abs. 3 BBiG.

§ 5

Die Firma verpflichtet sich im Rahmen der betrieblichen Möglichkeiten,

1. dem Praktikanten die sein Fachgebiet betreffenden praktischen Kenntnisse und Erfahrungen zu vermitteln, soweit dies im Rahmen der betrieblichen Möglichkeiten liegt;

2. auf seine Teilnahme an einem theoretischen Unterricht hinzuwirken;

3. auf seine Eignung zu achten und ggf. die Zweckmäßigkeit der Fortsetzung des Praktikums mit ihm zu erörtern;

4. ihm kostenlos erforderliche betriebliche Ausbildungsmittel zur Verfügung zu stellen;

5. nach Beendigung des Praktikums einen Tätigkeitsnachweis zu erstellen.

§ 6

Der Praktikant verpflichtet sich,

1. die ihm gebotenen Ausbildungsmöglichkeiten wahrzunehmen;

2. die ihm übertragenen Arbeiten gewissenhaft auszuführen;

3. die Betriebsordnung, die Werkstattordnung und die Unfallverhütungsvorschriften zu beachten sowie Werkzeuge, Geräte und Werkstoffe sorgsam zu behandeln;

4. die Interessen der Firma zu wahren und über Betriebsvorgänge, insbesondere Geschäfts- und Betriebsgeheimnisse – auch nach Beendigung des Praktikums – Stillschweigen zu bewahren;

5. bei Fernbleiben die Firma unter Angabe des Grundes unverzüglich zu benachrichtigen und im Falle einer Erkrankung bis zum dritten Tag eine ärztliche Bescheinigung vorzulegen;

6. die tägliche Einsatzzeit gem. § 4 Satz 2 einzuhalten;

7. auf Anforderung Tätigkeitsberichte zu erstellen.

§ 7

Besondere Vereinbarungen: . . .

§ 8

Mündliche Nebenabreden bestehen darüber hinaus nicht. Änderungen und Ergänzungen dieses Vertrages bedürfen der Schriftform.

. . . (Unterschriften)

Datenschutzklausel (s. ***M 97.3*** *aE)*

. . . (Unterschrift des Arbeitnehmers)

i) Nachweispflicht

Nach dem Nachweisgesetz ist der Arbeitgeber verpflichtet, spätestens einen Monat nach dem vereinbarten Beginn des Arbeitsverhältnisses die wesentlichen Vertragsbedingungen schriftlich niederzulegen, die Niederschrift zu unterzeichnen und dem Arbeitnehmer auszuhändigen, § 2 Abs. 1 NachwG (vgl. dazu Birk NZA 1996, 281; Hohmeister BB 1996, 2406; Richter/Mitsch AuA 1996, 7; Stückemann BB 1995, 1846; Wank RdA 1996, 21; Zwanziger DB 1996, 2027). 50

Dieser Nachweis ist nicht bei Arbeitnehmern erforderlich, die nur zur vorübergehenden Aushilfe von höchstens einem Monat eingestellt werden.

Die Nachweispflicht entfällt auch, wenn dem Arbeitnehmer ein schriftlicher Arbeitsvertrag ausgehändigt worden ist, der die in **M 97.18** aufgeführten Angaben enthält.

M 97.18 Nachweis über die wesentlichen Vertragsbedingungen gemäß Nachweisgesetz

Zwischen dem Betrieb . . .
(im Folgenden Arbeitgeber), . . . (Adresse des Sitzes)
und Herrn/Frau . . ., geb. am . . ., wohnhaft . . .
(im Folgenden Arbeitnehmer)
besteht ein Arbeitsverhältnis mit folgendem Inhalt: (Zutreffendes bitte ankreuzen und Leerstellen ausfüllen)

§ 1 Beginn des Arbeitsverhältnisses

Das Arbeitsverhältnis ist

☐ *unbefristet und besteht seit dem . . .*

☐ *besteht seit dem . . . und ist bis zum . . . befristet[1]. Die Befristung beruht auf folgender Basis:*

☐ *Der sachliche Grund für die Befristung liegt in . . .*

☐ *Der Arbeitnehmer wird nach § 14 Abs. 2 TzBfG eingestellt.*

§ 2 Arbeitsort

☐ *Der Arbeitnehmer wird regelmäßig in . . . (Anschrift) beschäftigt.*

☐ *Der Arbeitnehmer wird an verschiedenen Orten (auswärtige Baustellen, Filialen etc.) beschäftigt.*

§ 3 Inhalt des Arbeitsverhältnisses

Der Arbeitnehmer wird als . . . eingestellt und verrichtet in der Regel folgende Arbeiten (kurze Beschreibung der vom Arbeitnehmer zu leistenden Tätigkeit): . . .

§ 4 Vergütung

Es wird folgende Vergütung vereinbart:

☐ *1. Der Arbeitnehmer erhält als Grundvergütung pro Stunde/Monat . . . Euro brutto.*

☐ *2. Der Arbeitnehmer erhält eine jederzeit frei widerrufliche Zulage iHv. . . . Euro brutto.*

☐ *3. Sonstige Entgeltbestandteile: . . . Euro brutto*

☐ *4. Auslösungen: . . . Euro brutto*

☐ *5. Sonderzahlungen: . . . Euro brutto*

☐ *6. Prämien: . . . Euro brutto*

☐ *7. Tantiemen: . . . Euro brutto*

☐ *8. Zuschläge: . . . Euro brutto*

Die Grundvergütung nach Nr. 1 ist fällig am . . . (zB Monatsende). Vergütungsbestandteile nach Nr. 2 und 3 sind fällig am . . . Die . . . (andere Zahlungen nach Punkt 4–8) ist/sind fällig am . . . Es gelten die Regelungen der folgenden einschlägigen Tarifverträge, Betriebs- oder Dienstvereinbarungen: . . .

§ 5 Arbeitszeit

☐ *Die Arbeitszeit beträgt regelmäßig . . . Stunden pro Woche/Tag.*

☐ *Es gelten die Regelungen der folgenden einschlägigen Tarifverträge, Betriebs- oder Dienstvereinbarungen bzw. ähnlichen Bestimmungen:*

1 ***Wichtig:*** *Hier ist zu beachten, dass der Nachweis der Befristung nicht das Schriftformerfordernis bei befristeten Verträgen ersetzt. Eine mündlich (§ 16 TzBfG) vereinbarte Befristung ist unwirksam. Der Vertrag gilt dann als unbefristet.*

§ 6 Urlaub

☐ *Der Jahresurlaub beträgt . . . Arbeitstage (mindestens 20 Arbeitstage pro Kalenderjahr – § 3 Abs. 1 BUrlG).*

☐ *Der Jahresurlaubsanspruch errechnet sich nach folgender Staffelung (zB Betriebszugehörigkeit): . . .*

☐ *Es gilt der gesetzliche Mindesturlaubsanspruch von 24 Werktagen pro Kalenderjahr.*

☐ *Es gelten die Regelungen der folgenden einschlägigen Tarifverträge, Betriebs- oder Dienstvereinbarungen bzw. ähnlichen Bestimmungen: . . .*

§ 7 Kündigungsfristen

☐ *Unter Beachtung der gesetzlichen Mindestkündigungsfristen (§ 622 BGB) gelten folgende Kündigungsfristen: . . .*

☐ *Es gelten die gesetzlichen Kündigungsfristen (§ 622 BGB).*

☐ *Es gelten die Regelungen der folgenden einschlägigen Tarifverträge, Betriebs- oder Dienstvereinbarungen bzw. ähnlichen Bestimmungen: . . .*

§ 8 Sonstige anwendbare Vorschriften

Auf das Arbeitsverhältnis finden folgende sonstige Vorschriften Anwendung:

☐ *Tarifvertrag des folgenden Tarifbereichs: . . .*

☐ *Betriebs- oder Dienstvereinbarungen der folgenden Betriebs- oder Dienststelle: . . .*

§ 9 Zusätzliche Angaben bei geringfügiger Beschäftigung

Der Mitarbeiter hat die Möglichkeit, auf seine Versicherungsfreiheit nach § 5 Abs. 2 SGB VI zu verzichten und somit in der Rentenversicherung die Stellung eines versicherungspflichtigen Arbeitnehmers zu erwerben. In diesem Fall muss er auf eigene Kosten die Rentenversicherungsbeiträge auf den vollen Beitragssatz (derzeit 19,5 %) aufstocken. Der Aufstockungsbeitrag beträgt also derzeit 7,5 % des Bruttolohns.

§ 10 Zusätzliche Angaben bei Tätigkeiten im Ausland

1. Dauer der im Ausland auszuübenden Tätigkeit: . . .

2. Vereinbarte Bedingungen für die Rückkehr des Arbeitnehmers: . . .

3. Währung, in der das Arbeitsentgelt ausgezahlt wird: . . .

4. Zusätzliches mit dem Auslandsaufenthalt verbundenes Arbeitsentgelt und damit verbundene zusätzliche Sachleistungen: . . .

5. Es gelten die Regelungen der folgenden einschlägigen Tarifverträge, Betriebs- oder Dienstvereinbarungen bzw. ähnlichen Bestimmungen (statt Nr. 3 und 4): . . .

§ 11 Besondere Vereinbarungen

. . .

. . . (Unterschrift des Arbeitgebers)

j) Freie Mitarbeit

Der freie Mitarbeiter ist **kein Arbeitnehmer**. Der unselbständige oder abhängige Arbeitnehmer unterscheidet sich vom freien Mitarbeiter durch seine Weisungsunterworfenheit oder – wie auch anders formuliert wird – durch seine persönliche Abhängigkeit. 51

Die Begriffe „Abhängig- bzw. Selbständigkeit" sind allerdings relativ und oft nicht scharf von einander zu trennen. Eine verlässliche Grenzziehung ist kaum möglich. Nach § 84 Abs. 1 Satz 2 HGB ist **selbständig**, wer im Wesentlichen frei seine Tätigkeit gestalten und seine Arbeitszeit bestimmen 52 kann. Das BAG (NZA 2001, 551) hält dies für ein typisches Abgrenzungsmerkmal zwischen Arbeitnehmergemeinschaft und freier Mitarbeit. Entscheidend ist dabei nicht die vertragliche Vereinbarung, sondern die tatsächliche Ausgestaltung des Vertragsverhältnisses. Abgrenzungskriterien sind ua. Weisungsfreiheit, eigenes Unternehmerrisiko und formale Merkmale wie Form und Bezeichnung des Vertrages sowie die steuerliche und sozialversicherungsrechtliche Behandlung. Der steuerrechtliche Arbeitnehmerbegriff (§ 1 Abs. 1 LStDV) hat allerdings eigenständigen Charakter. Es ist daher durchaus möglich, dass steuerrechtlich ein Dienstverhältnis, arbeitsrechtlich jedoch ein Arbeitsverhältnis vorliegt (BFH v. 14.12.1978 – I R 121/76, BStBl. II 1979, 188).

53 **Checkliste: Abgrenzung Arbeitnehmer – freier Mitarbeiter**

1. Ist der Mitarbeiter an feste Arbeitszeiten gebunden?
2. Muss er seine Tätigkeiten im Betrieb oder an einem von dem Unternehmen vorgeschriebenen Ort *verrichten*?
3. Ist er weisungsgebunden?
4. Ist er in den Betrieb eingegliedert?
5. Hat er keine nennenswerte Freiheit bei der Durchführung seiner Aufgaben? Ist er nicht unternehmerisch tätig?
6. Ist er nur für einen Auftraggeber tätig?
7. Führt er in der Regel einfache Tätigkeiten aus, für die eine Arbeitnehmereigenschaft typisch ist?
8. Erhält er Lohn oder Gehalt?
9. Wird ihm Entgeltfortzahlung gewährt?
10. Ist er in die Urlaubsplanung des Unternehmens eingebunden und erhält Urlaub nur nach *Genehmigung* des Unternehmens?
11. Hat er kein eigenes Büro oder keine eigene Betriebsstätte?
12. Trägt er kein eigenes unternehmerisches Risiko?
13. Schuldet er nur seine Arbeitskraft und nicht auch ein Arbeitsergebnis?
14. Erbringt er die gleiche Tätigkeit wie andere fest angestellte Arbeitnehmer?
15. Zahlt die Firma Sozialversicherungsbeiträge?
16. Führt die Firma die Steuer für den Mitarbeiter ab?

Wenn die überwiegende Zahl der Fragen mit ja beantwortet werden muss, handelt es sich im Zweifel nicht um ein freies Mitarbeiter-, sondern um ein Arbeitsverhältnis. Es muss allerdings darauf hingewiesen werden, dass nicht alle Kriterien gleichgewichtig zu beurteilen sind. Es kommt immer auf eine genaue Betrachtung des jeweiligen Einzelfalles an.

54 ➲ **Wichtig:** Stellt sich ein freies Mitarbeiterverhältnis nachträglich als sozialversicherungspflichtiges Beschäftigungsverhältnis bzw. Arbeitsverhältnis dar, sind die Folgen für den Arbeitgeber gravierend. So trifft ihn die Zahlungspflicht für den Gesamtsozialversicherungsbeitrag (§ 28e SGB IV). Da der Arbeitgeber nach § 28g SGB IV den unterbliebenen Abzug nur bei den drei nächsten Lohn- und Gehaltszahlungen nachholen kann, verbleibt hier ein erhebliches wirtschaftliches Risiko. Gleiches gilt für die Lohnsteuer, die zwar grundsätzlich vom Arbeitnehmer zurückgefordert werden kann, allerdings trägt der Arbeitgeber hier das Insolvenzrisiko des Arbeitnehmers. Zudem besteht die Gefahr, sich nach § 266a StGB strafbar zu machen oder im Rahmen einer Ordnungswidrigkeit Geldbußen auferlegt zu bekommen bzw. gewerbeaufsichtsrechtliche Konsequenzen drohen. Nach § 7a SGB IV besteht allerdings die Möglichkeit, schriftlich eine Entscheidung darüber zu beantragen, ob eine sozialversicherungspflichtige Beschäftigung vorliegt. Für den Antrag ist grundsätzlich die Deutsche Rentenversicherung zuständig. Weitere Informationen und entsprechende Formulare sind über die Homepage www.deutsche-rentenversicherung-bund.de erhältlich.

M 97.19 Vertrag mit einem freien Mitarbeiter

Zwischen der Firma ...

und Herrn/Frau ...

wird Folgendes vereinbart:

§ 1 Aufgabengebiet

(1) Herr/Frau ... wird als freier Mitarbeiter die Firma in allen Fragen der Verkaufsförderung beraten.

(2) Der freie Mitarbeiter ist in der Bestimmung seines Arbeitsortes und seiner Arbeitszeit frei. Er verpflichtet sich aber, für die Firma wöchentlich ... Stunden, maximal ... Stunden tätig zu sein.

§ 2 Vergütung

(1) Der freie Mitarbeiter erhält für seine Tätigkeit ein Stundenhonorar von ... Euro, soweit er umsatzsteuerpflichtig ist zzgl. Umsatzsteuer. Das Honorar wird jeweils bis zum ... eines Monats für den vorangegangenen Monat abgerechnet.

(2) Steuern und evtl. Sozialabgaben führt der freie Mitarbeiter selbst ab. Ansprüche auf Urlaub und Vergütungsfortzahlung bestehen nicht. Es ist der ausdrückliche Wunsch von Herrn/Frau ... dass das vorliegende Vertragsverhältnis als freies Mitarbeiterverhältnis praktiziert wird, um auch anderen Tätigkeiten nachgehen zu können, soweit sie nicht gegen die in § 5 formulierten Treuepflichten verstoßen.

§ 3 Aufwendungsersatz

(1) Die Firma ersetzt dem freien Mitarbeiter die erforderlichen und nachgewiesenen Aufwendungen für Reisen, Telefon und Porto, die in Ausübung seiner Aufgaben im Rahmen dieses Vertrages entstehen, bis zu einer Höhe von ... Euro monatlich.

(2) Die Erforderlichkeit von Reisen mit einer Dauer von mehr als ... Tagen ist vor Reiseantritt mit der Firma abzustimmen.

(3) Für das Bereithalten und die Benutzung seines eigenen geschäftlichen Telefonanschlusses erhält der freie Mitarbeiter pauschal ... Euro monatlich.

(4) Der freie Mitarbeiter hat seine Aufwendungen monatlich, spätestens bis zum ... Werktag des nachfolgenden Monats abzurechnen.

§ 4 Vertragsdauer

(1) Der freie Mitarbeiter nimmt die Tätigkeit am ... auf.

(2) Der Vertrag kann ohne Angabe von Gründen spätestens am 15. eines Monats zum Schluss eines Kalendermonats gekündigt werden. Die Möglichkeit einer außerordentlichen Kündigung aus wichtigem Grund bleibt unberührt.

(3) Jede Kündigung hat schriftlich zu erfolgen.

§ 5 Treuepflichten

(1) Der freie Mitarbeiter verpflichtet sich, über alle ihm während seiner Tätigkeit für die Firma bekannt gewordenen Geschäfts- und Betriebsgeheimnisse während und nach Beendigung des Vertragsverhältnisses Stillschweigen zu bewahren.

(2) Der freie Mitarbeiter verpflichtet sich, während der Dauer des Vertragsverhältnisses nicht für ein Unternehmen tätig zu werden, das mit der Firma im Wettbewerb steht[1]*.*

1 § 60 HGB findet auf freie Mitarbeiter keine Anwendung.

§ 6 Aufbewahrung und Rückgabe von Unterlagen

(1) Der freie Mitarbeiter verpflichtet sich, alle ihm zur Verfügung gestellten Unterlagen sowie sämtliche selbst angefertigten Schriftstücke oder andere Aufzeichnungen, auch Konzepte, die sich in seinem Besitz befinden und die Angelegenheiten der Firma betreffen, ordnungsgemäß aufzubewahren, insbesondere dafür zu sorgen, dass Dritte nicht Einsicht nehmen können.

(2) Unterlagen und Aufzeichnungen nach Abs. 1 sind während der Dauer des Vertragsverhältnisses auf Anforderung, nach Beendigung des Vertragsverhältnisses unverzüglich unaufgefordert der Firma zurückzugeben.

(3) Dem freien Mitarbeiter steht an Unterlagen nach Abs. 1 kein Zurückbehaltungsrecht zu[2]*.*

§ 7 Sonstiges

(1) Sonstige Vereinbarungen bestehen nicht.

(2) Änderungen und Ergänzungen des Vertrages bedürfen der Schriftform.

. . . (Unterschriften)

---

2 S. **M 97.14** Fn. 2.

Kapitel 98 Vertragliche Nebenabreden und Erklärungen im laufenden Arbeitsverhältnis

Literatur: S. die Literaturhinweise zu Kap. 96.

I. Fortbildungsvereinbarung

1 Fortbildungsverträge mit Rückzahlungsklauseln unterlagen schon vor Inkrafttreten des Schuldrechtsmodernisierungsgesetzes unter Berufung auf § 242 BGB einer Inhaltskontrolle (vgl. BAG

NJW 1999, 443). Für formularmäßig vereinbarte Rückzahlungsklauseln ergibt sich der **Prüfungsmaßstab** nunmehr aus § 307 BGB. Grundsätzlich sind Rückzahlungsklauseln auch in Allgemeinen Geschäftsbedingungen zulässig, wenn dem Arbeitnehmer eine angemessene Gegenleistung in Form seiner Weiterqualifizierung zufließt, insbesondere wenn sie zu einer Verbesserung der Chancen des Arbeitnehmers auf dem Arbeitsmarkt oder der Schaffung von Aufstiegsmöglichkeiten beiträgt (BAG NZA 2009, 435) und ihn die Klauseln darüber hinaus nicht unangemessen benachteiligen. Eine **unangemessene Benachteiligung** kann in einer unverhältnismäßig langen Bindungsdauer oder finanziellen Belastung des Arbeitnehmers liegen, da er dadurch in seiner Berufsfreiheit aus Art. 12 Abs. 1 GG eingeschränkt wird.

Fortbildungsdauer und Dauer der Bindung durch die Rückzahlungsklausel müssen **in einem angemessenen Verhältnis** stehen. Bei einer Lehrgangsdauer von bis zu einem Monat hat das BAG (NZA 2003, 559) eine sechsmonatige Bindungsfrist als angemessen angesehen. Bei einer zweimonatigen Fortbildungsdauer ohne Verpflichtung zur Arbeitsleistung kann im Regelfall höchstens eine einjährige Bindungsdauer vereinbart werden. Dagegen rechtfertigt eine Lehrgangsdauer von zwei bis sechs Monaten im Regelfall keine längere Bindung als zwei Jahre (BAG DB 1996, 532). Eine Lehrgangsdauer von sechs Monaten bis zu einem Jahr rechtfertigt im Regelfall keine längere Bindung als drei Jahre (BAG NZA 1994, 835). Besteht die Bildungsmaßnahme aus mehreren Unterrichtsabschnitten, so sind die dazwischen liegenden Zeiten bei der Berechnung der Maßnahmedauer nicht zu berücksichtigen (BAG DB 1996, 532). Diese Grundsätze gelten nur für den Regelfall; insbesondere gibt es keinen Grundsatz, dass die Bindungsdauer höchstens sechsmal so lang sein darf, wie die Dauer der Bildungsmaßnahme (BAG DB 1996, 532); vgl. zu Rückzahlungsklauseln ausführlich HWK/Thüsing § 611 BGB Rz. 460 ff.; zuletzt BAG NZA 2006, 542. 2

Eine **zu lange Bindungsfrist** wurde nach der bisherigen Rechtsprechung auf das zulässige Maß reduziert. Aufgrund des Verbots der geltungserhaltenden Reduktion nach § 306 Abs. 2 BGB kann die Klausel bei der Wahl einer zu langen Bindungsfrist insgesamt unwirksam sein. Da es für einen Arbeitgeber regelmäßig schwierig ist, die zulässige Bindungsdauer zu ermitteln, lässt das BAG im Wege der ergänzenden Vertragsauslegung ausnahmsweise zu, dass die unzulässige Bindungsdauer auf eine zulässige zurückgeführt wird. Voraussetzung ist, dass es wegen der einzelfallbezogenen Betrachtung für den Arbeitgeber objektiv schwierig war, die zulässige Bindungsdauer im Einzelfall zu bestimmen. Verwirklicht sich dieses Prognoserisiko, ist die Bindungsdauer durch ergänzende Vertragsauslegung zu bestimmen (BAG NZA 2009, 666).

➲ **Praxistipp:** Angesichts der Rechtsfolge empfiehlt es sich, die Bindungsfrist eher zu kurz als zu lang zu wählen. 3

Voraussetzung für eine wirksame Klausel ist regelmäßig auch, dass der Arbeitgeber dem 4

Arbeitnehmer die Möglichkeit gibt, durch Betriebstreue die Ausbildungskosten tatsächlich abzuarbeiten. Dies gilt auch, falls der Arbeitgeber für die Kosten ein **Darlehen** gewährt. Eine Rückzahlung wird vom Arbeitnehmer nicht geschuldet, falls

- der Arbeitgeber betriebsbedingt kündigt,
- aus sonstigen Gründen kündigt, die nicht auf ein vertragswidriges Verhalten des Arbeitnehmers zurückzuführen sind, insbesondere also wegen Krankheit,
- der Arbeitnehmer wegen eines Fehlverhaltens des Arbeitgebers kündigt (BAG NZA 2012, 738).

Es ist zudem erforderlich, dass in der Rückzahlungsklausel zumindest Art und Berechnungsgrundlage der zu erstattenden Kosten angegeben werden, da der Arbeitnehmer ansonsten sein Rückzahlungsrisiko nicht ausreichend abschätzen kann. Erforderlich ist die genaue und abschließende Bezeichnung der einzelnen Positionen (zB Lehrgangsgebühren, Fahrt-, Unterbringungs- und Verpflegungskosten), aus denen sich die Gesamtforderung zusammensetzen soll sowie die Angabe, nach welchen Grundsätzen die einzelnen Positionen berechnet werden sollen (BAG NZA 2013, 1361). 5

Der Vertrag über die Rückzahlung von Weiterbildungskosten muss zudem **vor Beginn der Fortbildung** abgeschlossen werden. 6

7 Von den Fortbildungsvereinbarungen im laufenden Arbeitsverhältnis müssen die Vereinbarungen abgegrenzt werden, bei denen Arbeitgeber im Hinblick auf eine **künftige Mitarbeit** zB eines Studenten die Ausbildungskosten ganz oder teilweise übernehmen. Hierfür gelten im Wesentlichen die dargelegten Grundsätze. Allerdings ist hier entscheidend, dass der Arbeitgeber dem künftigen Arbeitnehmer, dessen Ausbildungskosten er übernimmt, die Möglichkeit gibt, diese abzuarbeiten. Der XI. Senat des BAG vertritt hierzu sogar die Ansicht, dass in der Vereinbarung zumindest rahmenmäßig anzugeben ist, zu welchen materiellen Arbeitsbedingungen die Weiterbeschäftigung bzw. die neue Beschäftigung erfolgen wird. Der Arbeitgeber sei also verpflichtet, Art und Umfang der Beschäftigung sowie Umfang der Vergütung zB durch Angabe der Berufsgruppe oder der Tarifgruppe in der Vereinbarung anzugeben (BAG NZA 2009, 435).

M 98.1 Fortbildungsvertrag mit Rückzahlungsklausel

Zwischen der Firma ...

und dem Arbeitnehmer ...

wird folgender

Fortbildungsvertrag

abgeschlossen:

§ 1

(1) Der Arbeitnehmer nimmt vom ... bis ... an einem Fortbildungskurs für ... teil.

(2) Die Parteien sind sich darüber einig, dass die Teilnahme auf eigenen Wunsch des Arbeitnehmers im Interesse seiner beruflichen Fort- und Weiterbildung erfolgt.

§ 2

(1) Die Firma wird den Arbeitnehmer für die Dauer des Fortbildungskurses unter Fortzahlung der Bezüge von der Arbeit freistellen. Die Vergütung wird entsprechend dem Durchschnittsverdienst der letzten drei Monate berechnet.

(2) Die Lehrgangskosten, bestehend aus Unterrichtsgebühr, Übernachtungs- und Tagungskosten sowie An- und Abreisekosten übernimmt die Firma ganz/zur Hälfte (usw.).

Die Kosten betragen im Einzelnen: ...

oder:

Die Kosten berechnen sich im Einzelnen wie folgt: ...

Die Erstattung erfolgt nur gegen Beleg. Ein Kostenerstattungsanspruch besteht nicht, soweit die Arbeitsagentur oder ein sonstiger Sozialversicherungsträger die Kosten übernimmt[1].

§ 3

Hat die Firma unter Fortzahlung der Bezüge die Lehrgangskosten voll oder teilweise übernommen, so ist der Arbeitnehmer zur Rückzahlung der Bezüge und der übernommenen Lehrgangskosten verpflichtet, wenn er das Arbeitsverhältnis kündigt, ohne dass dies durch ein Fehlverhalten des Arbeitgebers veranlasst war, oder wenn es seitens der Firma aus einem vom Arbeitnehmer zu vertretenden Grund[2] *gekündigt wird. Für je einen Monat der Beschäftigung nach dem Ende des Lehrgangs werden (zB 1/12) ... des gesamten Rückzahlungsbetrages erlassen.*

... (Unterschriften)

1 Dem Arbeitnehmer letztlich verbleibende Kosten kann dieser als Werbungskosten steuerlich geltend machen.

2 Damit wird vor allem eine Rückzahlungsverpflichtung für den Fall ausgeschlossen, dass das Arbeitsverhältnis vom Arbeitgeber betriebsbedingt gekündigt wird.

M 98.2 Fortbildungsvertrag auf ausschließlichen Wunsch des Arbeitgebers

1. Der Arbeitnehmer nimmt vom ... bis ... an einem Fortbildungskurs für ... teil.

2. Beide Seiten sind sich einig, dass die Teilnahme auf Wunsch der Firma erfolgt und zur Einarbeitung auf dem Arbeitsplatz ... dient[1]*.*

3. Die Firma stellt den Arbeitnehmer für die Dauer der Fortbildungsmaßnahme unter Fortzahlung der Bezüge von der Arbeit frei, ohne dass es sich dabei um Urlaub handelt.

4. Die Firma übernimmt sämtliche Lehrgangskosten. Sie zahlt außerdem Spesen nach folgender Maßgabe: ...

1 In einem solchen Fall ist eine Rückzahlungsklausel für Lehrgangskosten usw. nicht zulässig (vgl. BAG AP Nr. 26 zu Art. 12 GG).

II. Auslandsentsendung

Der Ort, an welchem die Arbeitsleistung zu erbringen ist, ergibt sich in der Regel aus dem Arbeitsvertrag, unter Umständen auch aus dem Direktionsrecht des Arbeitgebers. Letzteres reicht allerdings nicht soweit, als dass es dem Arbeitgeber möglich wäre, einen Arbeitnehmer kraft Anweisung ins Ausland zu entsenden. Dazu bedarf es einer **vertraglichen Vereinbarung.** 8

Stellt die Entsendung eine **Versetzung** dar, muss das Beteiligungsrecht des Betriebsrats nach § 99 BetrVG beachtet werden (s. Kap. 105 Rz. 9 ff.).

M 98.3 Auslandsentsendungsvereinbarung

Herr ... (im Folgenden Mitarbeiter) soll zunächst für die Dauer eines Jahres bei dem ausländischen Tochterunternehmen der Fa. X in ... (im Folgenden Auslandsgesellschaft) eingesetzt werden. Vor diesem Hintergrund vereinbaren der Mitarbeiter und die Firma ... (im Folgenden Arbeitgeber) folgende Ergänzung des Anstellungsvertrages vom ... für die Dauer der Tätigkeit des Mitarbeiters bei ...:

§ 1 Dauer der Auslandstätigkeit

(1) Der Mitarbeiter wird vorübergehend zu der Auslandsgesellschaft ... in ... entsandt. Der Mitarbeiter wird seine Tätigkeit am ... aufnehmen. Die Entsendung ist für ein Jahr vorgesehen. Sie kann auf Vereinbarung beider Parteien um ein Jahr verlängert werden. Sie endet spätestens sechs Monate nach Abschluss der Aufgabe gem. § 2 Abs. 1.

(2) Für die Dauer der Entsendung ist die ordentliche Kündigung für beide Vertragsparteien ausgeschlossen.

(3) Der Mitarbeiter bleibt während seiner Auslandstätigkeit Angestellter der deutschen Gesellschaft.

§ 2 Aufgabengebiet

(1) Der Mitarbeiter wird in der Auslandsgesellschaft ... als ... eingesetzt. Er wird folgende Aufgaben übernehmen:

...

(2) Der Mitarbeiter ist der Geschäftsleitung vor Ort unterstellt. Zudem berichtet er an seinen Vorgesetzten in ...

(3) Der Arbeitgeber behält sich vor, dem Mitarbeiter auch eine andere, seiner Qualifikation entsprechende gleichwertige Stelle zu übertragen oder die Unterstellung zu ändern.

§ 3 Vergütung

(1) Der Mitarbeiter erhält für die Dauer der Auslandstätigkeit weiter seine bisherige vertragsgemäße Vergütung von ... Euro brutto. An der allgemeinen Gehaltsentwicklung im Inland nimmt der Mitarbeiter teil.

(2) Zum Ausgleich der durch die Auslandstätigkeit entstehenden Mehraufwendungen erhält der Arbeitnehmer eine Auslandszulage iHv. ... % des Inlandsgehalts. Diese Auslandszulage gilt alle zusätzlichen Erschwernisse, die mit dem Auslandsaufenthalt verbunden sind, ab.

(3) Die Tätigkeit im Ausland wird auf die Betriebszugehörigkeit und alle daraus resultierenden Ansprüche, insbesondere auch auf die betriebliche Altersversorgung, angerechnet.

(4) Für die Bemessung der betrieblichen Altersversorgung gilt weiterhin das Inlandsgehalt ohne Auslandszulage.

(5) Sollte sich der Wechselkurs um mehr als ... Prozent gegenüber dem Wechselkurs zum Zeitpunkt dieses Vertragsschlusses ändern, wird der Arbeitgeber mit dem Mitarbeiter Gespräche über die Anpassung des Gehalts aufnehmen.

(6) Zahlungen erfolgen auf das bisherige Gehaltskonto des Mitarbeiters, sofern dieser nicht bis ... ein anderes Gehaltskonto benennt. Die Zahlung erfolgt in Euro. Gebühren gehen zu Lasten des Mitarbeiters/des Arbeitgebers.

§ 4 Arbeitsbedingungen

(1) Für die Dauer der Entsendung gelten die Arbeitsbedingungen der Auslandsgesellschaft. Dies gilt insbesondere hinsichtlich Arbeitszeit- und Feiertagsregelungen.

*(2) Die Urlaubsdauer richtet sich nach dem bestehenden Arbeitsvertrag (***ggf.:** *der Mitarbeiter erhält zudem einen jährlichen Zusatzurlaub von ... Arbeitstagen).*

§ 5 Reisekosten

(1) Der Arbeitgeber zahlt die tatsächlich entstandenen Reisekosten bis zur Höhe des Flugpreises in der ... Klasse für Hin- und Rückreise. Das Gleiche gilt für bis zu ... Familienheimreise/n jährlich.

(2) Der Arbeitgeber trägt die Kosten für den Transport des Hausrates, die dafür erforderlichen Reiseversicherungen, den Zoll und die in der Umzugsperiode anfallenden Hotelkosten gegen Beleg bis zur Höhe von ... Euro.

(3) Bei einer ernsthaften, länger als ... Wochen dauernden Erkrankung des Mitarbeiters übernimmt der Arbeitgeber die Kosten des Rücktransports. Gleiches gilt für andere Notfälle. Dies sind ua. schwere, lebensbedrohliche Erkrankungen der unmittelbaren Angehörigen (Ehepartner, Kinder, Eltern, Geschwister) sowie sonstige gravierende Umstände politischer Art (etwa Unruhen), sowie bei **Naturkatastrophen** *oÄ im Ausland).*

§ 6 Unterkunft und Dienstfahrzeug

(1) Der Arbeitgeber stellt dem Mitarbeiter eine möblierte ...-Zimmer-Wohnung am Einsatzort zur Verfügung.

oder:

(1) Der Arbeitgeber übernimmt die Kosten für eine möblierte ...-Zimmer-Wohnung in gehobener Ausführung am Einsatzort bis zur Höhe von ... Euro pro Monat. Die vor Ort anfallenden Nebenkosten werden ebenfalls bis zur Höhe von ... Euro von dem Arbeitgeber getragen.

(2) Der Mitarbeiter erhält am Einsatzort ein Dienstfahrzeug, Typ ... oder vergleichbar, das ihm auch zur privaten Nutzung zur Verfügung steht. Die anfallenden Steuern trägt der Mitarbeiter. Der Arbeitgeber ist berechtigt, jederzeit die Herausgabe des Fahrzeugs zu verlangen, wenn er sich auf einen sachlichen Grund berufen kann. Ein sachlicher Grund liegt insbesondere vor, wenn [hier müssen sachliche Gründe aufgezählt werden, etwa der Verlust des Führerscheins, Kündigung des Ar-

beitsverhältnisses und Freistellung etc.][1]*. Bei Beendigung des Auslandseinsatzes hat der Mitarbeiter das Fahrzeug unverzüglich zurückzugeben. Ein Zurückbehaltungsrecht an dem Fahrzeug kann der Mitarbeiter nicht geltend machen*[2]*.*

(3) Etwaige auf die vorgenannten Sachleistungen entfallenden Steuern hat der Mitarbeiter zu tragen.

§ 7 Versicherungen

(1) Der Arbeitgeber schließt für den Mitarbeiter für die Dauer der Entsendung eine zusätzliche Unfallversicherung mit einer Versicherungssumme von ... Euro für den Todesfall und ... Euro für den Fall der Invalidität ab[3]*.*

(2) Der Mitarbeiter sorgt selbst für einen ausreichenden Krankenversicherungsschutz im Ausland. Anfallende Mehrkosten können auf Antrag vom Arbeitgeber bis zur Höhe von ... Euro übernommen werden.

§ 8 Steuern

(1) Der Mitarbeiter verpflichtet sich, die steuerrechtlichen Vorschriften des Einsatzlandes zu beachten und die sich daraus ergebenden Verpflichtungen zu erfüllen.

(2) (ggf.) Aufgrund des mit ... bestehenden Doppelbesteuerungsabkommens beantragt der Arbeitgeber für den Mitarbeiter bei der zuständigen Finanzbehörde die Befreiung von der Lohnsteuer in Deutschland.

§ 9 Einreisebestimmungen

(1) Der Mitarbeiter wird die zur Einreise und Arbeitsaufnahme erforderlichen behördlichen Genehmigungen im Einsatzland beantragen. Der Arbeitgeber wird hierbei – sofern notwendig – mitwirken.

(2) Der Mitarbeiter wird auf Kosten des Arbeitgebers eine Bescheinigung seines Hausarztes über eine körperliche Eignung für den Auslandseinsatz beibringen und die für den Einsatzort empfohlenen Schutzimpfungen durchführen.

(3) Bei Fehlen oder Entzug einer behördlichen Genehmigung oder des ärztlichen Nachweises kann der Arbeitgeber den Mitarbeiter zurückrufen und ihm eine Tätigkeit im Inland zuweisen.

(4) Der Mitarbeiter verpflichtet sich, die Sitten und Gebräuche des Einsatzlandes zu respektieren. Er nimmt an einem Sprachkurs und an einem Cultural-Training teil.

§ 10 Vorzeitige Beendigung und Abberufung

(1) Bei vorzeitiger Beendigung der Entsendung aus Gründen, die der Mitarbeiter nicht zu vertreten hat, wird er unmittelbar beim Arbeitgeber im Inland wieder eingegliedert.

(2) Erfolgt die vorzeitige Beendigung auf Grund eines vertragswidrigen Verhaltens des Mitarbeiters, das einen wichtigen Grund iSd. § 626 Abs. 1 BGB darstellt, ist der Arbeitgeber mit sofortiger Wirkung von sämtlichen Leistungsverpflichtungen aus diesem Vertrag entbunden. Insbesondere hat der Mitarbeiter dann keinen Anspruch auf Zahlung der Rückreisekosten.

(3) Der Arbeitgeber behält sich vor, den Mitarbeiter mit einer Ankündigungsfrist von ... Monaten in folgenden Fällen zurückzurufen:

...

(4) Nach Beendigung der Entsendung verpflichtet sich der Arbeitgeber, dem Mitarbeiter eine Weiterbeschäftigung im Inland auf einem der vor der Entsendung ausgeübten Tätigkeit vergleichbaren

---

1 Eine vorformulierte Widerrufsklausel unterliegt ebenfalls der AGB-Kontrolle. Eine Klausel, die den Arbeitgeber jederzeit nach jedem Anlass zum Widerruf der Privatnutzung des Dienstwagens berechtigt, ist zu weitgehend. Vielmehr muss eine Widerrufsklausel aus Gründen des Transparenzgebotes die Fälle bezeichnen, in welchen der Mitarbeiter mit der Ausübung eines Widerrufs rechnen muss (vgl. BAG NZA 2007, 809).

2 Diese Klausel ist wegen 309 Nr. 2 lit. b BGB problematisch; vgl. **M 97.14** § 3 Abs. 5.

3 Ggf. können auch andere übliche Versicherungen, wie etwa Reisegepäckversicherung, Haftpflichtversicherung und Hausratsversicherung einbezogen werden.

Arbeitsplatz anzubieten. Ist kein entsprechender Arbeitsplatz vorhanden, so erhält der Mitarbeiter eine Stellung, die hinsichtlich Verantwortungsbereich, Einkommen und Anforderung der Stellung dem Profil des Arbeitsplatzes vor Antritt des Auslandseinsatzes entspricht.

(5) Eine möglicherweise höherwertige Tätigkeit im Rahmen des Auslandseinsatzes begründet keine Ansprüche hinsichtlich der Tätigkeit des Mitarbeiters nach Beendigung der Entsendung.

§ 11 Ausschlussfrist

Ansprüche aus diesem Vertrag verfallen, wenn sie nicht innerhalb von sechs Monaten nach Fälligkeit schriftlich gegenüber der jeweils anderen Vertragspartei geltend gemacht werden. Dies gilt nicht für Ansprüche aus der Haftung wegen vorsätzlichen oder grob fahrlässigen Handelns. Von der Ausschlussfrist ausgenommen sind ebenfalls Ansprüche aus der Verletzung des Lebens, des Körpers sowie der Gesundheit.

§ 12 Vertragslaufzeit

Diese Vereinbarung tritt mit dem Tag der Ausreise des Mitarbeiters in Kraft. Sie endet, ohne dass es einer Kündigung bedarf, mit der endgültigen Rückreise in die Bundesrepublik Deutschland.

§ 13 Fortgeltung des Arbeitsvertrages

Ergänzend gelten die Vereinbarungen des Arbeitsvertrages vom … weiter.

§ 14 Anwendung des deutschen Rechts

Für diesen Vertrag gilt deutsches Recht.

§ 15 Schriftformklausel, salvatorische Klausel

(1) Änderungen und Ergänzungen in diesem Vertrag bedürfen der Schriftform. Sämtliche Vereinbarungen über die Aufhebung der Schriftform sind unwirksam.

(2) Sollten einzelne Bestimmungen dieses Vertrages unwirksam sein oder werden, bleibt der Vertrag im Übrigen wirksam. Unwirksame Bestimmungen und Vertragslücken werden durch solche Bestimmungen ersetzt, die den von den Vertragsparteien verfolgten Zielen am Nächsten kommen.

… (Unterschriften)

III. Teilzeitarbeit

9 Zu den Problemen der Teilzeitarbeit s. die Erl. in Kap. 97 Rz. 35 ff.

M 98.4 Teilzeitvereinbarung gem. § 8 TzBfG bzw. § 15 BEEG[1]

Der Mitarbeiter hat gegenüber dem Arbeitnehmer eine Verringerung der vertraglich vereinbarten Arbeitszeit gem. § 8 TzBfG (bzw. § 15 Abs. 5 Satz 1 BEEG) geltend gemacht. Vor diesem Hintergrund vereinbaren die Parteien folgende Änderung des bestehenden Arbeitsvertrages vom …

1. Ab dem … beträgt die tägliche Arbeitszeit des Mitarbeiters …

Die Arbeitszeit wird wie folgt verteilt:

Montag – Freitag von … bis …

ggf.

Der Arbeitgeber behält sich vor, die Lage der Arbeitszeit zu ändern, sofern betriebliche Gründe dies erfordern.

1 Einigen sich Arbeitgeber und Arbeitnehmer über eine Verringerung der Arbeitszeit, sollte dies wegen § 3 Satz 1 NachwG in einer schriftlichen Vereinbarung festgehalten werden.

2. Entsprechend der verringerten Arbeitszeit beträgt die Vergütung ab ...... Euro ... brutto[2]*.*

3. Im Übrigen bleibt der Arbeitsvertrag vom ... bestehen, soweit diese Vereinbarung keine abweichenden Regelungen enthält.

(Unterschriften)

---

2 Bei Teilzeitbeschäftigten ist der Gleichbehandlungsgrundsatz nach § 4 TzBfG zu beachten. Insbesondere bei der Vergütung dürfen Teilzeitmitarbeiter nicht schlechter als Vollzeitmitarbeiter gestellt werden.

M 98.5 Antrag auf Verringerung der Arbeitszeit

Firma ... (Anschrift)

z. Hd. Herrn ...

Sehr geehrter Herr ...,

ich bin in Ihrem Unternehmen als ... seit ...[1] *beschäftigt und beantrage, meine Arbeitszeit von bisher ... wöchentlich ab dem ... um ... Stunden auf ... Stunden herabzusetzen.*

Ich würde gerne ab ... wie folgt arbeiten:

Von montags bis mittwochs von ... bis ..., donnerstags von ... bis ... Uhr.

Alternativ könnte ich mir eine Verteilung wie folgt vorstellen:

...

Ich bitte Sie um Zustimmung zu der verkürzten Arbeitszeit und der vorgeschlagenen Verteilung. Selbstverständlich bin ich jederzeit gerne zu einem Gespräch bereit, in dem wir etwaige Probleme erörtern können.

Mit freundlichen Grüßen

...

---

1 Das Arbeitsverhältnis muss mindestens sechs Monate bestanden haben, § 8 Abs. 1 TzBfG.

M 98.6 Nachricht bei verspätet gestelltem Teilzeitverlangen

... (Name, Anschrift)

Ihr Antrag auf Verringerung der Arbeitszeit vom ...

Sehr geehrter Herr ...,

Sie haben uns mitgeteilt, dass Sie ab dem 1.9.2015 statt der mit Ihnen vereinbarten Arbeitszeit von 38,5 Stunden nur noch 20 Stunden pro Woche arbeiten wollen. Dies hätten Sie mit einer Frist von drei Monaten, also spätestens am 31.5.2015 schriftlich beantragen müssen.

Da Ihr Antrag bei uns erst am 15.7.2015 eingegangen ist, werden wir ihn als zum 16.10.2015 gestellt behandeln[1]*. Wir werden Ihr Schreiben bis spätestens 31.8.2015 beantworten*[2]*.*

---

1 Hält der Arbeitnehmer nicht die Drei-Monats-Frist gem. § 8 Abs. 2 Satz 1 TzBfG ein, sind die Rechtsfolgen unklar. Während im Bereich des BEEG gem. § 15 Abs. 7 Nr. 5 BEEG die Fristwahrung Anspruchsvoraussetzung ist, fehlt im Bereich des TzBfG eine Regelung. Nach dem LAG Hamm (NZA-RR 2003, 178) ist davon auszugehen, dass sich der Beginn der Teilzeit nach dem vermeintlichen Willen des Antragstellers auf den nächstmöglichen fristgemäßen Zeitpunkt richtet.

2 Nach § 8 Abs. 5 Satz 1 TzBfG muss der Arbeitgeber spätestens einen Monat vor dem gewünschten Beginn der Verringerung dem Arbeitnehmer schriftlich seine Entscheidung mitteilen. Unterlässt er dies, so gilt nach § 8 Abs. 5 Satz 3 TzBfG die Verringerung und Verteilung der Arbeitszeit entsprechend den Wünschen des Arbeitnehmers als festgelegt.

M 98.7 Ablehnung des Teilzeitverlangens

... (Name, Anschrift)

Ihr Antrag auf Verringerung der Arbeitszeit vom ...

Sehr geehrte Frau ...,

mit Schreiben vom ... haben Sie eine Verringerung und Neuverteilung Ihrer Arbeitszeit geltend gemacht. Wir haben am ... mit Ihnen gemeinsam ein Gespräch geführt, in dem wir Ihren Wunsch mit dem Ziel erörtert haben, zu einer Vereinbarung zu gelangen. Wir konnten allerdings keine Einigung erzielen. Hiermit lehnen wir wegen entgegenstehender betrieblicher Gründe Ihren Antrag auf Verringerung und Neuverteilung[1] *Ihrer Arbeitszeit ab. Die betriebsbedingten Gründe liegen insbesondere darin*[2]*, ...*

Beispiel:

dass Sie in Ihrer Funktion als Kfz-Meister vor allem bei Werkstattaufträgen erster Ansprechpartner unserer Kunden sind. Wir verfolgen – wie wir Ihnen mitgeteilt haben – das unternehmerische Konzept, gerade im Bereich Service für die Kunden einen permanenten Ansprechpartner zu gewährleisten. Mit Ausnahme Ihrer Urlaubszeiten sind Ihre Arbeitszeiten mit den Zeiten unserer Auftragsannahme auch identisch[3]*. Vorsorglich haben wir aber auch geprüft, ob eine Ersatzeinstellung möglich ist. Da Sie Ihre Arbeitszeit um 50 % reduzieren wollen, müssten wir einen Kfz-Meister mit einer entsprechenden Arbeitszeit finden. Unsere Nachfrage bei der örtlichen Arbeitsagentur hat ergeben, dass es keine Bewerber um Teilzeitstellen für Kfz-Meister gibt.*

Mit freundlichen Grüßen

...

---

1 Da § 8 Abs. 5 Satz 2 und 3 TzBfG sowohl die Verringerung der Arbeitszeit als auch die Neuverteilung der Arbeitszeit fingieren, wenn sich der Arbeitgeber nicht rechtzeitig zu dem Teilzeitverlangen schriftlich äußert, ist immer auch vorsorglich die gewünschte Verteilung der Arbeitszeit abzulehnen. Der Arbeitgeber kann ein Teilzeitverlangen nur ablehnen, wenn er sich auf betriebliche Gründe berufen kann. Das BAG hält zwar grundsätzlich „rationale nachvollziehbare Gründe" für ausreichend, es müssen sich jedoch aufgrund des Teilzeitverlangens Auswirkungen ergeben, die zu einer wesentlichen Beeinträchtigung oder zu unverhältnismäßig hohen Kosten führen. Das BAG hat hier eine dreistufige Prüfungsreihenfolge entwickelt (BAG NZA 2004, 1225; zusammenfassend HWK/Schmalenberg § 8 TzBfG Rz. 24).

2 **Wichtig:** Das **Teilzeit- und Befristungsgesetz** verlangt keine Begründung der Ablehnung. Zu beachten ist allerdings, dass der Arbeitgeber ein **Teilzeitverlangen** nach § 15 Abs. 7 Satz 4 BEEG nur innerhalb einer Frist von vier Wochen nach dem Verlangen **mit schriftlicher Begründung** ablehnen kann.

3 Vgl. BAG NZA 2004, 383.

IV. Urlaub

10 Auf bezahlten Erholungsurlaub hat der Arbeitnehmer gem. §§ 1, 3 BUrlG einen **Rechtsanspruch iHv. 24 Werktagen**, wobei auch Samstage Werktage iSd. BUrlG sind. Der Urlaub ist vom Arbeitgeber auf Antrag des Arbeitnehmers so, wie von diesem gewünscht, zu gewähren, es sei denn, dass dringende betriebliche Belange oder Urlaubswünsche anderer Arbeitnehmer entgegenstehen (§ 7 Abs. 1 BUrlG). Ein Arbeitnehmer, der eigenmächtig einen vom Arbeitgeber nicht genehmigten Urlaub antritt, verletzt seine arbeitsvertraglichen Pflichten. Ein solches Verhalten kann grundsätzlich einen wichtigen Grund zur außerordentlichen Kündigung darstellen (BAG AP Nr. 37 zu § 103 BetrVG 1972). Zu beachten ist außerdem § 7 Abs. 3 BUrlG, nach dem der Urlaub im laufenden Kalenderjahr gewährt und genommen werden muss. Eine Übertragung auf das nächste Kalenderjahr ist nur möglich, wenn dringende betriebliche oder in der Person des Arbeitnehmers liegende Gründe dies rechtfertigen. Der Urlaub muss dann in den ersten drei Monaten des neuen Kalenderjahres angetreten werden. Nicht genommener Urlaub verfällt regelmäßig. Tarifverträge sehen hier allerdings oftmals andere Übertragungszeiträume vor.

Ein Anspruch auf Gewährung **unbezahlten Urlaubs** ist hingegen grundsätzlich zu verneinen (vgl. von Hoyningen-Huene NJW 1981, 714). Gelegentlich sehen Tarifverträge oder Betriebsvereinbarungen aber einen solchen Anspruch unter bestimmten Voraussetzungen vor.

Zum Urlaubsanspruch von Teilzeitbeschäftigten vgl. **M 97.5** § 4.

M 98.8 Urlaubsantrag des Arbeitnehmers mit formularmäßiger Bewilligung

... (Name, Vorname)

... (Anschrift)

Personal-Nr. ...

Antrag auf Bewilligung von Urlaub von ... bis ...

Urlaubsanschrift ...

... (Unterschrift des Arbeitnehmers)

Zur Kenntnisnahme von

a) Meister/Abteilungsleiter

b) Betriebsleiter

Urlaub bewilligt von ... bis ...

Antrag abgelehnt, weil ...[1]

... (Unterschrift des Arbeitgebers)

1 Beachte § 7 Abs. 1 BUrlG.

M 98.9 Erteilung von bezahltem und unbezahltem Urlaub

... (Name, Anschrift)

Sehr geehrte/r Herr/Frau ...,

auf Ihren Antrag vom ... wird Ihnen Erholungsurlaub für die Zeit vom ... bis ... bewilligt. Ferner wird Ihnen unbezahlter Urlaub für die Zeit vom ... bis ... bewilligt. Es besteht Einigkeit darüber, dass der unbezahlte Urlaub anderen als Erholungszwecken dient. Für den Zeitraum des unbezahlten Urlaubs ruht das Arbeitsverhältnis.

Ihr erster Arbeitstag nach dem Urlaub ist am ... Erkranken Sie während des Urlaubs, so müssen Sie die Erkrankung unverzüglich unter Beifügung einer ärztlichen Bescheinigung der Firma anzeigen. Dauert die Erkrankung länger als in der ärztlichen Bescheinigung angegeben, so ist eine neue zu übersenden[1]*. Der Urlaub verlängert sich nicht um die in der ärztlichen Bescheinigung angegebenen Tage. Vielmehr wird der Urlaub durch eine Erkrankung unterbrochen. Der Resturlaub muss neu beantragt und erteilt werden.*

... (Unterschrift)

1 Vgl. § 5 Abs. 1 und 2 EFZG.

M 98.10 Vereinbarung unbezahlten Sonderurlaubs

Die Firma und Herr/Frau ... sind sich einig, dass Herr/Frau ... in der Zeit vom ... bis zum ... (einschließlich) unbezahlten Sonderurlaub erhält. Dieser Urlaub dient nicht zu Erholungszwecken, sondern ...[1].

Deshalb ruht das Arbeitsverhältnis während des Sonderurlaubs mit der Maßgabe, dass Herr/Frau ... nicht zur Arbeitsleistung und die Firma nicht zur Vergütungszahlung verpflichtet ist. Herr/Frau ... sorgt selbst für eine freiwillige Weiterversicherung für Krankheit während dieser Zeit.

... (Unterschriften)

1 So wird sichergestellt, dass der Arbeitgeber nicht zur Vergütungsfortzahlung im Krankheitsfall verpflichtet wird (BAG DB 1983, 25, 26).

V. Zielvereinbarungen

11 Zielvereinbarungen ermöglichen dem Unternehmen eine Flexibilisierung der Arbeitsvergütung. Sie dienen insbesondere der Förderung der Motivation und stellen einen zusätzlichen Anreiz für Mehrleistungen der Mitarbeiter dar (vgl. Hidalgo/Ried BB 2005, 2686; Lindemann/Simon BB 2002, 1807). Zielvereinbarungen sind nach richtiger Auffassung als **im Synallagma stehende Vergütungen im engeren Sinne** zu beurteilen, was unmittelbare Auswirkungen auf die Flexibilisierungsmöglichkeiten hat (so Hidalgo/Ried BB 2005, 2686; Riesenhuber/von Steinau-Steinrück NZA 2005, 792; ErfK/Preis § 611 BGB Rz. 626a; aA Bauer/Diller/Göpfert BB 2002, 882).

12 Durch Zielvereinbarungen werden die individuellen Ziele der Arbeitnehmer mit den Unternehmenszielen in Einklang gebracht. Zu unterscheiden sind Zielvereinbarungen und **Zielvorgaben**. Zielvorgaben sind die einseitige Bestimmung von Zielen durch den Arbeitgeber im Rahmen seines Direktionsrechts (LAG Hamm – 15 Sa 1000/08, zit. nach juris). Dies bedeutet, dass die Vorgabe bereits vom Arbeitsvertrag gedeckt sein muss (vgl. Riesenhuber/von Steinau-Steinrück NZA 2005, 785, 787). Bei einseitigen Zielvorgaben muss der Arbeitgeber vorab die Ziele festlegen. Ansonsten kann er sich schadensersatzpflichtig machen (LAG Hamm – 15 Sa 1000/08, zit. nach juris).

Dagegen werden **Zielvereinbarungen** einvernehmlich zwischen Arbeitgeber und Arbeitnehmer ausgehandelt. Nicht selten unterlässt es der Arbeitgeber, mit dem Arbeitnehmer Ziele entsprechend der vorgegebenen Rahmenregelung zu vereinbaren. Bei einer nicht abgeschlossenen Zielvereinbarung nach Ablauf der Zielperiode kann ein Arbeitgeber verpflichtet sein, dem Arbeitnehmer wegen der entgangenen Vergütung Schadensersatz zu leisten. Der Arbeitgeber muss also zumindest den Arbeitnehmer auffordern, über die Ziele zu verhandeln und angemessene Ziele vorschlagen. Weigert sich der Arbeitnehmer, ein Angebot auf Abschluss einer Zielvereinbarung anzunehmen, kann ein Verschulden des Arbeitgebers am Nichtzustandekommen einer Zielvereinbarung ausgeschlossen sein. Der Arbeitnehmer kann sich dann nicht auf einen Schadensersatzanspruch berufen (BAG NZA 2008, 409; BAG NZA 2009, 256).

13 ➲ **Praxistipp:** Die konkrete Zielvereinbarung sollte klar und eindeutig formuliert werden. Bei einer Vorformulierung durch den Arbeitgeber ist zu beachten, dass Unklarheiten zu Lasten des Arbeitgebers gehen. Eine klare und eindeutige Regelung ist auch deshalb zu empfehlen, da ansonsten die Gefahr von Unstimmigkeiten zwischen Arbeitgeber und Arbeitnehmer besteht und der Zweck der Zielvereinbarung ins Gegenteil verkehrt würde.

M 98.11 Rahmenregelung für eine Zielvereinbarung[1]

§ 1 Gegenstand der Zielvereinbarung

(1) Der Mitarbeiter erhält einen erfolgsabhängigen Bonus. Der individuelle Zielerfolg bestimmt sich aus einer auf das Ergebnis aus laufender Geschäftstätigkeit bezogenen Komponente (ergebnisabhängiger Teil) und einer individuellen Komponente (individueller Teil).

(2) Die Gewichtung der beiden Komponenten ist in der jeweiligen Zielvereinbarung festzulegen.

(3) Maßgeblich für den ergebnisabhängigen Teil ist das „Ebit" des Unternehmens (Earnings before interests and taxes)[2].

(4) Die individuelle Komponente kann quantitative und qualitative Ziele enthalten. Die Zielvereinbarung regelt die entsprechenden Komponenten und ihr Gewicht.

§ 2 Verfahren zur Zielvereinbarung

Die Zielvereinbarung zwischen Mitarbeiter und dem Vorgesetzten wird unverzüglich nach Fertigstellung der Geschäftsplanung für die nächste Abrechnungsperiode getroffen. Können sich die Parteien nicht auf ein bestimmtes Ziel einigen, so bestimmt dieses der Arbeitgeber nach billigem Ermessen (§ 315 BGB).

§ 3 Ermittlung des Bonus

(1) Bei 100 %iger Zielerreichung beträgt die Prämie 100 % der Zielprämie. Die Prämie verändert sich im gleichen prozentualen Verhältnis, in dem das festgestellte Ergebnis vom Zielergebnis abweicht.

(2) Hängt der individuelle Teil von einer Beurteilung des Mitarbeiters ab und ist die Leistung quantitativ nicht messbar, wird der Erfüllungsgrad nach pflichtgemäßem Ermessen durch den zuständigen Vorgesetzten ermittelt und festgelegt.

§ 4 Fälligkeit

Der Bonus ist am Ende des Monats fällig, der auf den Monat der Bilanzfeststellung folgt.

§ 5 Vorzeitiges Ausscheiden

Endet das Arbeitsverhältnis im Laufe des Geschäftsjahres, wird der individuelle Teil des Bonus pro rata temporis ermittelt. Der ergebnisabhängige Teil des Bonus entfällt vollständig[3].

§ 6 Kürzung bei Fehlzeiten

Bei einer Erkrankung des Arbeitnehmers entfällt der Zielbonus nach Ablauf des gesetzlichen oder tarifvertraglich vereinbarten Entgeltfortzahlungszeitraums anteilig[4].

In Zeiten, in denen das Arbeitsverhältnis ruht, entfällt die Bonuszahlung anteilig.

---

1 Es handelt sich hier nur um eine Rahmenregelung, die die wesentlichen Grundsätze für Zielvereinbarungen festlegt. Eine Rahmenregelung regelt üblicherweise nur das „Ob" der zielabhängigen Vergütung und ergänzende Nebenpflichten. Alles Weitere (konkretes Ziel, maßgeblicher Zeitraum usw.) ist Gegenstand der zwischen den Parteien gesondert zu vereinbarenden Zielvereinbarung. Zu beachten ist, dass solche konkreten (jährlichen) Zielvereinbarungen bei Vorformulierung durch den Arbeitgeber ebenfalls der Inhaltskontrolle nach §§ 307–309, 310 Abs. 4 BGB unterliegen. Hier ist insbesondere das Transparenzgebot des § 307 Abs. 1 Satz 2 BGB zu beachten, das für preisbestimmende Nebenabreden gilt. Eine unangemessene Benachteiligung kann auch darin liegen, dass die Vereinbarung nicht verständlich genug ist.

2 Es ist auch möglich, die ergebnisabhängige Komponente nach Arbeitsbereichen oder Abteilungen festzulegen.

3 Problematisch ist, ob der Entzug des ergebnisabhängigen Teils des Bonus wirksam ist. Unter Berücksichtigung der Rechtsprechung des BAG zu variablen Bestandteilen der Vergütung sind diese erdient, sobald der Arbeitnehmer die entsprechende Arbeitsleistung erbracht hat (BAG BB 1997, 579).
Ein vollständiger Entzug auch nur eines Teils der verdienten Ansprüche kann unter dem Gesichtspunkt der unzulässigen Kündigungserschwerung unwirksam sein.

4 Für die Zulässigkeit dieser Klausel Hidalgo/Ried BB 2005, 2686, differenzierend je nach Erreichung der persönlichen Ziele bzw. des Unternehmensziels, Riesenhuber/von Steinau-Steinrück NZA 2005, 785.

§ 7 Befristung

Die Rahmenzielvereinbarung gilt nur für das Geschäftsjahr ... Ein Rechtsanspruch für die Zukunft folgt hieraus nicht[5].

§ 8 Schriftform etc.

... (Unterschriften)

5 Die Befristung einzelner Arbeitsbedingungen unterliegt ebenfalls der Inhaltskontrolle nach AGB-Recht. Anwendbar ist § 307 Abs. 1, Abs. 2 BGB, so dass es einer Angemessenheitsprüfung bedarf. Die speziellen befristungsrechtlichen Vorschriften des TzBfG sind für die Befristung einzelner Arbeitsbedingungen nicht einschlägig (BAG MDR 2012, 858; Willemsen/Grau NZA 2005, 1137, 1141).
Die Grenze dürfte dann erreicht sein, wenn der Zielbonus mehr als 25–30 % der Gesamtvergütung, bei leitenden Angestellten auch ein höherer Prozentsatz, beträgt.

VI. Arbeitgeberdarlehen

14 Um ein Arbeitgeberdarlehen handelt es sich, wenn der Arbeitgeber dem Arbeitnehmer über die Entgeltzahlung hinaus einen Betrag zur Verfügung stellt, der mit den normalen Bezügen nicht oder nicht sofort erreicht werden kann und zu dessen Erlangung auch sonst üblicherweise Kreditmittel in Anspruch genommen werden (LAG Düsseldorf AP Nr. 1 zu § 614 BGB Gehaltsvorschuss). Auf den Darlehensvertrag finden die Bestimmungen der §§ 488 ff. BGB Anwendung.

15 ➲ **Wichtig:** Bei der Rückzahlung des Darlehens durch Einbehalt von Vergütungen sind die Pfändungsgrenzen des § 850c ZPO zu beachten (§ 394 BGB). Der Arbeitgeber sollte sich je nach Höhe des Darlehensbetrages auch geeignete Sicherheiten vorbehalten.

M 98.12 Darlehensvertrag

Zwischen der Firma ...

und dem Arbeitnehmer ...

wird mit Rücksicht auf das Arbeitsverhältnis folgender

Darlehensvertrag

vereinbart[1]*:*

1. Die Firma gewährt dem Arbeitnehmer ein Darlehen iHv. ... Euro, das mit ... % ab dem ... zu verzinsen[2] *ist. Die Zinsen werden kalenderjährlich berechnet.*

1 Bei einem Anspruch aus einem Darlehen kann umstritten sein, ob es sich um einen „Anspruch aus dem Arbeitsverhältnis" handelt. Sollen deshalb im Rahmen der Beendigung eines Arbeitsverhältnisses solche Ansprüche auch im Rahmen einer Generalbereinigung (Erledigungsklausel) miterledigt werden, ist auf sorgfältige Formulierung zu achten.
Praxistipp: Im Zuge der Beendigung eines Arbeitsverhältnisses ist es durchaus nicht selten, dass Nebenabreden wie Darlehen, aber auch Wettbewerbsverbote übersehen werden. Der Abschluss eines Darlehensvertrages sollte so vermerkt werden, dass dieser bei Verhandlungen über die Beendigung des Arbeitsverhältnisses nicht übersehen wird.

2 Dem Arbeitgeber bleibt es natürlich unbenommen, auch ein zinsloses Darlehen zu gewähren. Es ist allerdings zu berücksichtigen, dass die diesbezüglichen Zinsvorteile Arbeitslohn sozialversicherungs- und lohnsteuerpflichtig sind (Voßkuhl DStR 1998, 12).
Praxistipp: Falls der Arbeitgeber Vorzugskonditionen gewährt, kann für den Fall einer ordentlichen Arbeitnehmerkündigung oder einer vom Arbeitnehmer zu vertretenden Beendigung des Arbeitsverhältnisses daran gedacht werden, in einer Klausel vorzusehen, dass in diesen Fällen die Vorzugskonditionen enden und der Darlehensbetrag fortan zu marktüblichen Darlehenskonditionen zu verzinsen ist (vgl. BAG NZA 1999, 1212).

2. Das Darlehen ist in monatlichen Raten, beginnend ab dem ... zurückzuzahlen. Die kalendervierteljährlich errechneten Zinsen sind in dem auf die Errechnung folgenden Monat neben den Rückzahlungsraten zu zahlen.

Die Firma ist berechtigt, an den Fälligkeitstagen gewährte Vergütungsansprüche mit den Rückzahlungsverpflichtungen zu verrechnen.

3. Endet das Arbeitsverhältnis, so wird der noch offenstehende Restbetrag des Darlehens sofort und auf einmal fällig. Dies gilt nur dann nicht, wenn das Arbeitsverhältnis vom Arbeitgeber aus dringenden betrieblichen Gründen gekündigt oder ein entsprechender Aufhebungsvertrag abgeschlossen worden ist oder wenn der Arbeitnehmer das Arbeitsverhältnis aus einem wichtigen Grund iSv. § 626 BGB kündigt, den der Arbeitgeber zu vertreten hat[3].

4. Für den Fall der Beendigung des Arbeitsverhältnisses tritt der Arbeitnehmer seine jeweils pfändbaren Vergütungsansprüche gegen etwaige spätere Arbeitgeber an die Firma ab. Die Firma wird die Abtretung nur offen legen, wenn der Arbeitnehmer seinen etwa bei einem Ausscheiden eingeräumten Restratenzahlungsverpflichtungen nicht nachkommt. Von der Abtretung wird nur bis zur Höhe des Restdarlehens Gebrauch gemacht.

5. Der Arbeitnehmer verpflichtet sich, jede Änderung seiner Anschrift unverzüglich anzuzeigen, es sei denn, das Arbeitsverhältnis wäre beendet und sämtliche Schulden aus dieser Vereinbarung wären getilgt.

6. Der Arbeitnehmer verpflichtet sich, eine Pfändung, Verpfändung oder Abtretung seiner Vergütungsansprüche unverzüglich anzuzeigen.

7. Der Arbeitnehmer verpflichtet sich, im Falle der Beendigung des Arbeitsverhältnisses jede Anschriftenänderung, Name und Anschrift seines jeweiligen Arbeitgebers unverzüglich anzuzeigen, es sei denn, sämtliche Schulden aus der vorliegenden Vereinbarung wären getilgt.

Der Arbeitnehmer erklärt, dass seine Vergütungsansprüche wie folgt gepfändet, verpfändet oder abgetreten sind:

...

8. a) Der Arbeitnehmer übereignet dem Arbeitgeber zur Sicherung des Darlehens[4] *den Pkw Marke ..., Fahrgestell-Nr. ..., Motor-Nr. ... mit dem polizeilichen Kennzeichen ... und übergibt die Zulassungsbescheinigung Teil II.*

b) Der Arbeitgeber überlässt den Pkw dem Arbeitnehmer zur Leihe. Der Arbeitnehmer ist verpflichtet, Steuern und Haftpflichtversicherungen sowie die Unterhaltskosten zu bezahlen und ferner das Kraftfahrzeug Teilkasko/Vollkasko zu versichern und die Versicherungsprämie zu bezahlen.

Nach vollständiger Tilgung des Darlehens wird der Arbeitgeber dem Arbeitnehmer das Kraftfahrzeug wieder übereignen und die Zulassungsbescheinigung Teil II herausgeben.

Für den Fall der Fälligkeit des Darlehens ist der Arbeitgeber berechtigt, das Kraftfahrzeug freihändig zu verkaufen, wobei der Preis, den ein vereidigter Sachverständiger festgesetzt hat, nicht unter-

3 Scheidet der Arbeitnehmer aus dem Arbeitsverhältnis aus, wird die Rückzahlung des Darlehens automatisch fällig. Sind Rückzahlungsmodalitäten oder ein Rückzahlungstermin nicht vereinbart, kann das Darlehen nach § 488 Abs. 3 BGB unter Beachtung der Kündigungsfrist gekündigt werden. Zu beachten ist allerdings, dass die Klausel nicht zu einer unangemessenen Benachteiligung nach § 307 BGB führen darf. Gerade im Hinblick auf Art. 12 Abs. 1 GG kann eine Regelung, nach der der Darlehensbetrag bei einer Kündigung sofort zur Beendigung des Arbeitsverhältnisses fällig wird, die Berufsausübungsfreiheit in unzulässiger Weise beeinträchtigen. Dies kann insbesondere dann der Fall sein, wenn das zurückzuzahlende Darlehen die monatliche Bruttovergütung des Arbeitnehmers erheblich übersteigt und dem Arbeitnehmer die sofortige Rückzahlung daher nur sehr schwer möglich bzw. wirtschaftlich gar nicht möglich ist oder wenn eine langfristige Tilgungsvereinbarung getroffen wurde (LAG Hamm DB 1994, 1243). Zulässig ist hingegen eine Gesamtfälligkeitsregelung, die für den Fall einer vom Arbeitnehmer verursachten Arbeitgeberkündigung getroffen wird.

4 Bei größeren Darlehen sollte an weitere Sicherungen (Hypotheken, Grundschulden, Bürgschaften usw.) gedacht werden.

schritten werden darf. Die Tax- oder Schätzkosten trägt der Arbeitnehmer. Der Arbeitnehmer ist verpflichtet, den Kraftwagen zur Schätzung und zum Verkauf auf Verlangen herauszugeben.

... (Unterschriften)

S. auch ausführlich zum Darlehensrecht Kap. 24.

VII. Dienstwagen

16 Benötigt ein Arbeitnehmer **zur Erledigung seiner arbeitsvertraglichen Aufgaben ein Fahrzeug**, so kann der Arbeitgeber ihm einen Dienstwagen stellen oder – falls der Arbeitnehmer sein eigenes Fahrzeug verwendet – dem Arbeitnehmer die damit verbundenen Aufwendungen ersetzen. Arbeitgeber und Arbeitnehmer können vereinbaren, dass der Dienstwagen auch **für private Zwecke** verwandt werden darf. Es handelt sich dann um einen steuerlich geldwerten Vorteil in Form des Sachbezugs. Soweit ein Anspruch auf private Nutzung eines Dienstwagens besteht, ist dieser Teil des Arbeitsentgelts. In diesen Fällen besteht ein Nutzungsanspruch auch während der Zeiten der Arbeitsunfähigkeit fort. Bei vorformulierten Vereinbarungen unterliegen auch Kfz-Überlassungsverträge einer AGB-Kontrolle, insbesondere darf es nicht zu einer unangemessenen Benachteiligung kommen. Gerade Widerrufsvorbehalte, die nicht mehr an bestimmte Bedingungen geknüpft sind, stellen eine unangemessene Benachteiligung dar. Auch Vereinbarungen, nach denen der Arbeitnehmer verpflichtet ist, einen Leasingwagen nach Beendigung des Arbeitsverhältnisses zu übernehmen, stellen eine unangemessene Benachteiligung gem. § 307 Abs. 1 Satz 1 BGB dar, wenn die Übernahme des Vertrages zu unverhältnismäßigen Kosten führt (BAG NZA 2007, 809; BAG NZA 2004, 484).

M 98.13 Kfz-Überlassungsvertrag

§ 1

(1) Die Firma überlässt ihr Kraftfahrzeug Marke ..., polizeiliches Kennzeichen ..., Herrn/Frau ... zur Benutzung.

(2) Überlässt die Firma dem Arbeitnehmer ein anderes Fahrzeug, so gilt dieser Vertrag entsprechend.

§ 2

(1) Das Kraftfahrzeug darf ausschließlich von Herrn/Frau ... gefahren werden.

(2) Herr/Frau ... ist berechtigt, das Kraftfahrzeug auch zu Privatfahrten zu benutzen[1]*. Der private Anteil der Verbrauchskosten für solche Privatfahrten ist von Herrn/Frau ... selbst zu tragen und bei der Reisekostenabrechnung abzusetzen. Des Weiteren sind die Privatkilometer ordnungsgemäß wie im Fahrtenbuch auch in der Reisekostenabrechnung zu vermerken.*

(3) Privatfahrten ins Ausland müssen in jedem Einzelfall vorher schriftlich von der Firma genehmigt werden. Herr/Frau ... ist verpflichtet, vor jeder Auslandsfahrt auf eigene Kosten eine entsprechende Auslandsschutzbriefversicherung abzuschließen.

§ 3

(1) Die Firma trägt die Kosten des Betriebs sowie für Reparaturen und Wartungen des Fahrzeugs. Sie unterhält eine Haftpflichtversicherung mit einer Deckungssumme von ... Euro und eine Teil-/

1 Das dem Arbeitnehmer eingeräumte Recht zur privaten Nutzung eines Kraftfahrzeugs stellt regelmäßig einen Sachbezug dar und ist Teil der Vergütung. Das Recht zur privaten Nutzung des Fahrzeugs endet deshalb grundsätzlich mit dem Ende des Entgeltfortzahlungszeitraums, sofern sich aus den Parteivereinbarungen nichts Abweichendes ergibt (LAG Köln NZA 1996, 986).

Vollkaskoversicherung mit einer Selbstbeteiligung von Herrn/Frau ... von ... Euro pro Schadensfall, eine Insassenunfallversicherung und eine Rechtsschutzversicherung.

*(2) Treibstoffkosten werden gegen Vorlage der Belege ersetzt. Treibstoffkosten für Privatfahrten (**ggf**. für Privatfahrten ins Ausland) trägt Herr/Frau ... selbst.*

§ 4

(1) Herr/Frau ... ist verpflichtet,

1. den Kfz-Schein mit grüner Versicherungskarte bei Fahrten mitzuführen und ansonsten sorgfältig zu verwahren;

ggf.:

2. ein Fahrtenbuch zu führen;

3. für rechtzeitige und ordnungsgemäße Pflege und Wartung des Fahrzeugs zu sorgen und die Wartungsintervalle nach dem Kundendienstheft einzuhalten; sämtliche Arbeiten sind ausschließlich in Vertragswerkstätten des Herstellers durchzuführen;

4. den Wagen stets sorgfältig zu fahren.

(2) Er/Sie verpflichtet sich auch gegenüber der Firma, die Verkehrsvorschriften einzuhalten. Nach Alkoholgenuss oder Konsum anderer berauschender Mittel, insbesondere Drogen oder entsprechender Arzneimittel ist die Benutzung des Wagens, auch zu Privatfahrten, unzulässig.

§ 5

(1) Unfälle, Verluste und Beschädigungen des Kraftfahrzeuges hat Herr/Frau ... unverzüglich der Firma zu melden.

(2) Bei Kraftfahrzeugunfällen, bei denen der Schaden voraussichtlich mehr als ... Euro beträgt, sowie bei Unfällen mit Personenschäden ist in jedem Fall die Polizei hinzuziehen, auch wenn der Unfall von Herrn/Frau ... selbst verschuldet worden ist.

§ 6

(1) Herr/Frau ... haftet für Beschädigungen des Fahrzeuges im Dienstbetrieb auf Schadensersatz nach den Grundsätzen des BAG bei betrieblich veranlassten Tätigkeiten[2]*.*

(2) Bei auf Privatfahrten entstandenen Schäden haftet Herr/Frau ... für jedes Verschulden.

(3) Für Schäden oder Wertminderung, die durch Verstoß gegen § 4 Abs. 1 Nr. 3 bzw. § 4 Abs. 2 Satz 2 entstehen, haftet Herr/Frau ... für jedes Verschulden uneingeschränkt.

(4) Herr/Frau ... haftet nicht, soweit der Schaden durch eine Versicherung abgedeckt wird. Sofern eine Vollkaskoversicherung besteht und eintrittspflichtig ist, haftet er/sie im Rahmen der in § 6 Abs. 1 und Abs. 2 genannten Grundsätze in Höhe der Selbstbeteiligung und trägt daneben den Verlust von Schadensfreiheitsrabatten.

(5) Herr/Frau ... stellt die Firma von allen Haftpflichtansprüchen Dritter frei, sofern diese nicht durch die Haftpflichtversicherung gedeckt sind.

§ 7

Die Firma kann die entschädigungslose Rückgabe des Fahrzeuges (ggf. unter Einhaltung einer Ankündigungsfrist von ... Wochen) verlangen, wenn der

- *Arbeitnehmer arbeitsunfähig erkrankt ist und der gesetzliche bzw. anstellungsvertragliche Entgeltfortzahlungszeitraum endet;*
- *nach Ausspruch einer Kündigung durch den Arbeitnehmer, ohne dass die Firma die Kündigung zu vertreten hat, bzw. einer (nicht betriebsbedingten) Kündigung durch den Arbeitgeber;*

---

2 Die volle Haftung des Arbeitnehmers greift nur dann ein, wenn auch der Schaden vom Vorsatz erfasst ist (vgl. BAG NZA 2004, 649; BAG NZA 2003, 37).

- *während einer – auch einseitigen – berechtigten Freistellung nach Ausspruch einer Kündigung bzw. Abschluss eines Aufhebungsvertrags*[3]*;*
- *während Zeiten, in denen das Arbeitsverhältnis ohne Anspruch auf Vergütungszahlung ruht;*
- *aus wirtschaftlichen Gründen, wenn der Entzug unter Berücksichtigung der Interessen des Arbeitnehmers für diesen zumutbar ist*[4]*, insbesondere . . .*[5]*.*

Das Rückgabeverlangen ist ausgeschlossen, wenn der geldwerte Vorteil der Privatnutzung mehr als 20 % der Gesamtvergütung des Arbeitnehmers beträgt.
Ein Zurückbehaltungsrecht von Herrn/Frau . . . ist ausgeschlossen[6]*.*

§ 8

Herr/Frau . . . wird den Führerschein vor Übernahme des Fahrzeuges vorlegen und ist verpflichtet, bei Entzug der Fahrerlaubnis oder einem Fahrverbot die Firma unverzüglich zu unterrichten.

§ 9[7]

. . .

§ 10

Herr/Frau . . . ist die Mitnahme Dritter in dem Fahrzeug nicht gestattet, es sei denn, dass hierfür ein geschäftliches Interesse besteht. In häuslicher Gemeinschaft lebende Familienangehörige oder Lebenspartner dürfen mitgenommen werden, soweit sie jeweils eine Haftungsausschlusserklärung zu Gunsten der Firma unterzeichnen. Dritten darf die Führung des Fahrzeuges nicht überlassen werden.

§ 11

Änderungen und Ergänzungen dieses Vertrages bedürfen der Schriftform. Sind einzelne Bestimmungen dieses Vertrages unwirksam, so wird hiervon die Wirksamkeit der übrigen Bestimmungen nicht berücksichtigt.

---

3 Das BAG hält den Widerruf der Privatnutzung eines Dienstwagens nach einer Freistellung für grundsätzlich zulässig (BAG NZA 2012, 616), verlangt aber, dass der Widerruf auch billigem Ermessen im Rahmen der Ausübungskontrolle entsprechen muss. Daher kann unter Umständen die Einräumung einer Auslauffrist erforderlich sein.

4 Ein Recht zum jederzeitigen Entzug des Dienstwagens ist jedenfalls in Formularverträgen wegen § 308 Nr. 4 BGB nicht zulässig. Insoweit empfiehlt sich die Widerrufsgründe und deren Voraussetzungen im Einzelnen darzulegen. Ein unberechtigter Entzug des Dienstwagens kann zu einem Schadensersatzanspruch gegen den Arbeitgeber führen. Auch eine einstweilige Verfügung auf Herausgabe des Dienstwagens kommt in Betracht.

5 ***Hinweis:*** *Hier konkrete Gründe nennen!*

6 Nach § 309 Nr. 2 lit. b BGB ist diese Regelung in Formulararbeitsverträgen nicht wirksam und kann nur in individuell ausgehandelten Verträgen verwendet werden.

7 Die steuerliche Bewertung der Überlassung eines betrieblichen Kraftfahrzeugs an Arbeitnehmer ist vor allem in § 8 Abs. 2 Sätze 2–5 EStG und in R 8.1 Abs. 9–10 LStR 2008 geregelt.
Überlässt der Arbeitgeber oder aufgrund des Dienstverhältnisses ein Dritter dem Arbeitnehmer ein Kraftfahrzeug unentgeltlich zu Privatfahrten, so ist der Nutzungsvorteil dem Arbeitslohn zuzurechnen. Zur privaten Nutzung eines Kraftfahrzeugs gehören alle Fahrten, die einem privaten Zweck dienen, zB Fahrten zur Erholung, Fahrten zu Verwandten, Freunden, kulturellen oder sportlichen Veranstaltungen, Einkaufsfahrten, Fahrten zu Gaststättenbesuchen und Mittagsheimfahrten. Nicht zu den privaten Fahrten gehören Fahrten zwischen Wohnung und Arbeitsstätte einschließlich der Fahrten, die der Arbeitnehmer aus beruflichen Gründen mehrmals am Tag durchführen muss, und Familienheimfahrten im Rahmen einer doppelten Haushaltsführung. Der private Nutzungsvorteil ist grundsätzlich pauschal über die sog. 1 %-Regelung zu ermitteln. Wird der geldwerte Vorteil aus der privaten Nutzung eines betrieblichen Kraftfahrzeugs zu privaten Fahrten typisierend nach der 1 %-Regelung besteuert, so ist der geldwerte Vorteil um monatlich 0,03 % des Listenpreises zuzüglich der Kosten für Sonderausstattungen für jeden Kilometer der Entfernung zwischen Wohnung und Arbeitsstätte zu erhöhen, wenn das Kraftfahrzeug auch für Fahrten zwischen Wohnung und Arbeitsstätte genutzt werden kann (§ 8 Abs. 2 Satz 3 EStG). Hierbei ist – anders als für den BFH (vgl. Urteile v. 4.4.2008 – VI R 85/04 u. VI R 68/05, BStBl. I, 887 u. 890) – für die Finanzverwaltung der Umfang der tatsächlichen Nutzung eines betrieblichen Kraftfahrzeugs für Fahrten

zwischen Wohnung und Arbeitsstätte für die Anwendung des § 8 Abs. 2 Satz 3 EStG unerheblich, weil es nach dem Gesetzeswortlaut („kann … genutzt werden") und dem Zweck des Gesetzes allein darauf ankommt, ob der Arbeitnehmer die objektive Möglichkeit hat, das betriebliche Kraftfahrzeug auch für Fahrten zwischen Wohnung und Arbeitsstätte zu nutzen. Die Regelung des § 8 Abs. 2 Satz 3 EStG ist eine Typisierung, die der Vereinfachung des Besteuerungsverfahrens dient. Mit einer über die Fahrtenbuchmethode hinausgehenden Einzelbewertung der Fahrten würde der typisierende und vereinfachende Charakter der Regelung zunichte gemacht (BMF v. 23.10.2008 – IV C 5 - S 2334/08/10010, BStBl. I, 961). Ausnahme: Setzt der Arbeitnehmer ein ihm überlassenes Kraftfahrzeug bei den Fahrten zwischen Wohnung und regelmäßiger Arbeitsstätte oder bei Familienheimfahrten im Rahmen einer doppelten Haushaltsführung nur für eine Teilstrecke ein, weil er regelmäßig die andere Teilstrecke mit öffentlichen Verkehrsmitteln zurücklegt, so ist der Ermittlung des pauschalen Nutzungswerts die gesamte Entfernung zugrunde zu legen. Ein Nutzungswert auf der Grundlage der Entfernung, die mit dem Kraftfahrzeug tatsächlich zurückgelegt worden ist, kommt aber in Betracht, wenn das Kraftfahrzeug vom Arbeitgeber nur für diese Teilstrecke zur Verfügung gestellt worden ist und der Arbeitgeber die Einhaltung seines Verbots überwacht hat (vgl. BMF v. 28.5.1996 – IV B 6-S 2334 - 173/96, BStBl. I, 654 = StEK EStG § 8 Nr. 372). Eine andere Rechtsauffassung als der BFH hat die Finanzverwaltung auch zu Folgendem: Nach der Auffassung des BFH gehen bei der Ermittlung des geldwerten Vorteils nach der Fahrtenbuchmethode in die Gesamtkosten eines dem Arbeitnehmer vom Arbeitgeber zur privaten Nutzung überlassenen Kraftfahrzeugs auch vom Arbeitnehmer selbst getragene Aufwendungen ein. Der BFH sieht darin Aufwendungen zum Erwerb des Nutzungsvorteils iSd. § 9 Abs. 1 Satz 1 EStG und damit Werbungskosten. Eine Berücksichtigung der selbst getragenen Aufwendungen als Werbungskosten kommt laut BFH bei der 1 %-Regelung dagegen nicht in Betracht, weil bei dieser typisierenden Regelung die Höhe des geldwerten Vorteils nicht von den individuellen Kosten abhängt (BFH v. 18.10.2007 – VI R 57/06, BStBl. II 2008, 199). Die Rechtsgrundsätze des BFH-Urteils hinsichtlich der Fahrtenbuchmethode wurden mit einem Nichtanwendungserlass belegt (BMF v. 6.2.2009 – IV C 5-S 2334/08/10003, BStBl. I, 412). Danach ist in Höhe der selbst getragenen Aufwendungen der Arbeitnehmer nicht bereichert und die gesetzlichen Voraussetzungen des § 8 Abs. 1 EStG iVm. § 19 Abs. 1 EStG sind nicht erfüllt. Bei der Fahrtenbuchmethode fließen vom Arbeitnehmer selbst getragene Aufwendungen nicht in die Gesamtkosten ein und erhöhen nicht den individuell zu ermittelnden geldwerten Vorteil (R 8.1 Abs. 9 Nr. 2 Satz 1 2. Halbs. LStR 2008). Bei der 1 %-Regelung mindern vom Arbeitnehmer selbst getragene Aufwendungen nicht den pauschal ermittelten geldwerten Vorteil (R 8.1 Abs. 9 Nr. 1 Satz 5 LStR 2008) und stellen auch kein Nutzungsentgelt dar (BFH v. 18.10.2007 – VI R 96/04, BStBl. II 2008, 198). Die Nutzung des Kraftfahrzeugs zu einer Familienheimfahrt im Rahmen einer doppelten Haushaltsführung ist ebenfalls pauschal, jedoch mit 0,02 % des vorgenannten Listenpreises für jeden Entfernungskilometer zwischen dem Ort des eigenen Hausstandes und dem Beschäftigungsort anzusetzen (dies entfällt, wenn für diese Fahrt ein Werbungskostenabzug nach § 9 EStG in Betracht käme, § 8 Abs. 2 Satz 5 EStG u. R 9.11 Abs. 10 Satz 7 Nr. 1 LStR 2008). Der Nutzungswert kann anstelle der pauschalen vH-Methoden individuell anhand eines ordnungsgemäß geführten Fahrtenbuchs ermittelt werden. Bei Anwendung der pauschalen vH-Methoden ist noch Folgendes zu beachten: Für die Bewertung des Sachbezugs nach § 8 Abs. 2 Satz 3 EStG ist die kürzeste benutzbare Straßenverbindung maßgebend. Dagegen kann dem Werbungskostenabzug nach § 9 Abs. 1 Satz 3 Nr. 4 Satz 4 EStG eine andere (längere) Verbindung zugrunde gelegt werden, wenn sie offensichtlich verkehrsgünstiger ist und vom Arbeitnehmer regelmäßig für Wege zwischen Wohnung und Arbeitsstätte benutzt wird.

Ein vom Arbeitgeber an den Arbeitnehmer gezahltes Nutzungsentgelt für eine Garage des Arbeitnehmers, in der dieser den vom Arbeitgeber zur Verfügung gestellten Dienstwagen unterstellt, stellt regelmäßig keinen Arbeitslohn dar (BFH v. 7.6.2002, BStBl. II, 829). Bei Anwendung der 1 %-Regelung sind alle Kosten und Vorteile der privaten Pkw-Nutzung abgegolten; dies umfasst insbesondere auch die Kosten einer Garage.

VIII. Geheimhaltung

Auch ohne Vorliegen einer ausdrücklichen schriftlichen Vereinbarung ist jeder Arbeitnehmer während und nach Beendigung des Arbeitsverhältnisses verpflichtet, **Verschwiegenheit über Geschäfts- und Betriebsgeheimnisse** des bisherigen Arbeitgebers zu wahren (BAG NZA 1989, 860). § 17 UWG schützt den Arbeitgeber ebenfalls vor der Verletzung von Betriebs- und Geschäftsgeheimnissen. Der Arbeitgeber kann aber die arbeitsvertragliche Verschwiegenheitspflicht auch auf darüber hinaus gehende schützenswerte Interessen erstrecken (MünchHdB.ArbR/Reichold § 53 Rz. 64). Er kann insbesondere die Schweigepflicht auf Tatsachen, die mangels Betriebsbezogenheit oder wirtschaftlichen Interesses keine Unternehmensgeheimnisse darstellen, insoweit erweitern als bestimmte Informationen vom Arbeitgeber ausdrücklich als vertraulich bezeichnet werden (Preis/Reinfeld 17

ArbuR 1989, 361, 363). Hierfür ist allerdings eine allgemein gehaltene Geheimhaltungsklausel nicht ausreichend. Die Geheimhaltungspflicht erstreckt sich nicht auf solche Kenntnisse, die jedermann zugänglich sind, oder deren Weitergabe für die Firma ersichtlich ohne Nachteil ist. Bei der Formulierung von Geheimhaltungsklauseln ist darauf zu achten, dass die Grenzen zur nur unter den Voraussetzungen der §§ 74 ff. HGB zulässigen Wettbewerbsabrede nicht überschritten werden (vgl. dazu BAG DB 1988, 1020).

18 ➲ **Hinweis:** Eine konkret formulierte Geheimhaltungsklausel kann mit einer Vertragsstrafenregelung verbunden werden.

M 98.14 Geheimhaltungsklausel

Der Mitarbeiter hat über alle ihm im Rahmen seiner Tätigkeit zur Kenntnis gelangenden vertraulichen geschäftlichen Angelegenheiten und Vorgängen in der Firma oder der mit der Firma verbundenen Unternehmen oder der Kunden, insbesondere über Geschäfts- und Betriebsgeheimnisse Stillschweigen gegenüber Unbefugten – auch innerhalb des Unternehmens – zu wahren. Der Mitarbeiter wird insbesondere über... (hier konkrete Ausführungen machen!) Stillschweigen wahren.

Er hat durch geeignete Vorkehrungen dafür zu sorgen, dass Unbefugte von den genannten Angelegenheiten und Vorgänge keine Kenntnis erlangen. Diese Verpflichtungen bestehen auch nach Beendigung des Vertragsverhältnisses fort, soweit sie das berufliche Fortkommen des Mitarbeiters nicht behindern.

IX. Wiedereingliederung nach § 74 SGB V – betriebliches Eingliederungsmanagement

19 Nach § 74 SGB V soll jeder behandelnde Arzt auf der **Arbeitsunfähigkeitsbescheinigung** vermerken, wann der arbeitsunfähige Arbeitnehmer seine bisherige Tätigkeit wieder teilweise verrichten kann und deren stufenweise Wiederaufnahme seine bessere Wiedereingliederung verspricht. Es sollten möglichst genau Art und Umfang der möglichen Tätigkeit angegeben werden. Die Vereinbarung über die stufenweise Wiederaufnahme einer Tätigkeit ist ein Vertrag sui generis (BAG DB 1992, 1478). Im Gegensatz zum Arbeitsvertrag handelt es sich hier nicht um einen Vertrag Arbeit gegen Entgelt, sondern um einen Vertrag zur beruflichen Rehabilitation des Arbeitnehmers. Ein Urlaubsanspruch entsteht nicht. Auch ist keine Vergütung geschuldet, es sei denn Arbeitnehmer und Arbeitgeber vereinbaren dies ausdrücklich. § 81 Abs. 4 Satz 1 Nr. 1 SGB IX gibt einen Anspruch auf eine Beschäftigung zur stufenweise Wiedereingliederung. Allerdings setzt dies voraus, dass der Arbeitnehmer eine ärztliche Bescheinigung seines behandelnden Arztes vorlegt, aus der sich Art und Weise der empfohlenen Beschäftigung, Beschäftigungsbeschränkungen, Umfang der täglichen und wöchentlichen Arbeitszeit sowie die Dauer der Maßnahme ergeben. Sie muss eine Prognose enthalten, wann voraussichtlich die Wiederaufnahme der Tätigkeit erfolgt. Hierzu muss der Arzt den Vordruck der Sozialversicherungsträger nutzen. Unterlässt der Arbeitnehmer die Mitteilung dieser ärztlichen Hinweise, so kann der Arbeitgeber nicht beurteilen, ob er an der Wiedereingliederung mitwirken muss. Er ist daher berechtigt, sie als unzumutbar iSv. § 81 Abs. 4 Satz 3 SGB IX abzulehnen (BAG NZA 2007, 91). Besondere Bedeutung gewinnt der Wiedereingliederungsvertrag im Rahmen der Verpflichtung des Arbeitgebers zu einem betrieblichen Wiedereingliederungsmanagement nach § 84 Abs. 2 SGB IX.

20 ➲ **Hinweis:** Nach § 84 Abs. 2 SGB IX muss der Arbeitgeber bei Beschäftigten, die innerhalb eines Jahres länger als sechs Wochen ununterbrochen oder wiederholt arbeitsunfähig sind, klären, wie die Arbeitsunfähigkeit überwunden werden und mit welchen Leistungen oder Hilfen erneuter Arbeitsunfähigkeit vorgebeugt und der Arbeitsplatz erhalten werden kann (betriebliches Eingliederungsmanagement). Unterlässt er dieses betriebliche Eingliederungsmanagement besteht die Gefahr, dass eine krankheitsbedingte Kündigung dann im Rahmen der Interessenabwägung scheitern wird. Das BAG sieht zwar den Arbeitgeber nicht formell verpflichtet, vor Ausspruch einer krankheitsbedingten Kündigung ein betriebliches Einglie-

derungsmanagement durchzuführen. Das betriebliche Eingliederungsmanagement stelle allerdings eine gesetzliche Konkretisierung des dem gesamten Kündigungsschutzrecht inne wohnenden Verhältnismäßigkeitsgrundsatzes dar (BAG NZA 2008, 173; zu den weiteren kündigungsrechtlichen Folgen vgl. Tschöpe NZA 2008, 398). Dem Wiedereingliederungsvertrag nach § 74 SGB V wird daher in Zukunft wohl größere praktische Bedeutung zukommen.

M 98.15 Eingliederungsvertrag nach § 74 SBG V

Nebenabrede zum Arbeitsvertrag vom ...

1. Herr/Frau ... kann in Folge Arbeitsunfähigkeit derzeit seine/ihre arbeitsvertraglichen Pflichten nicht erfüllen.

2. Auf Grund ärztlicher Feststellung kann sie ihre/er seine bisherige Tätigkeit teilweise verrichten und durch stufenweise Wiederaufnahme ihrer/seiner Tätigkeit voraussichtlich wieder besser in das Arbeitsleben eingegliedert werden. Herr/Frau ... kann im Rahmen einer stufenweisen Wiedereingliederung nach § 74 SGB V von ... bis ... mit einer Arbeitszeit von ... Stunden wöchentlich/täglich am bisherigen Arbeitsplatz (oder) beschäftigt werden[1]. Anspruch auf Vergütung besteht nicht.

3. Im Übrigen wird der Arbeitsvertrag vom ... durch diese Nebenabrede nicht berührt.

... (Unterschriften)

1 Art und Umfang der Tätigkeit soll der Arzt in der Bescheinigung über die Arbeitsunfähigkeit angeben.

Kapitel 99 Betriebliche Altersversorgung

Literatur: *Blomeyer/Otto/Rolfs*, Betriebsrentengesetz, Kommentar, 6. Aufl. 2015; *Bruns*, Lebenspartner und die betriebliche Altersversorgung, NZA 2009, 596; *Förster/Rühmann/Cisch*, Betriebsrentengesetz, 14. Aufl. 2014; *Höfer*, Die Neuregelung des Betriebsrentenrechts durch das Altersvermögensgesetz (AVmG), DB 2001, 1145; *Höfer*, BetrAVG, Kommentar, Bd. I Arbeitsrecht, Loseblatt; *Höfer*, Das neue Betriebsrentenrecht, 2003.

I. Rechtsgrundlagen der betrieblichen Altersversorgung

1. Allgemeines

1 Gewährt ein Arbeitgeber Leistungen der **betrieblichen Altersversorgung**, so geschieht dies regelmäßig auf freiwilliger Basis. Ein Rechtsanspruch des Mitarbeiters besteht nicht. Lediglich § 1a BetrAVG gibt dem Arbeitnehmer einen begrenzten Anspruch auf **Entgeltumwandlung.**

Sagt der Arbeitgeber eine betriebliche Altersversorgung zu, ist er an die Regelungen des Betriebsrentengesetzes (BetrAVG) gebunden. § 1 Abs. 1 BetrAVG enthält eine Definition des Begriffs der betrieblichen Altersversorgung. Darunter fallen alle Leistungen der Alters-, Invaliditäts- oder Hinterbliebenenversorgung aus Anlass eines Arbeitsverhältnisses, die dem Arbeitnehmer vom Arbeitgeber zugesagt werden. Die entsprechende Zusage kann in einer **Einzelvereinbarung**, einer **Gesamtzusage in Betriebsvereinbarungen** und grundsätzlich auch in **Tarifverträgen** geregelt werden. Daneben kann sich die Verpflichtung zur Zahlung von Leistungen aus der betrieblichen Altersversorgung auch aus einer **betrieblichen Übung** oder dem **Gleichbehandlungsgrundsatz** ergeben (s. § 1b Abs. 1 Satz 4 BetrAVG).

2 Grundsätzlich wird im Bereich der betrieblichen Altersversorgung zwischen der unmittelbaren und der mittelbaren Versorgung unterschieden. Danach richten sich auch die verschiedenen Durchführungswege. Bei einer **Direktzusage** muss der Arbeitgeber die Versorgungsleistungen unmittelbar aus dem Unternehmenswert leisten. Besondere Zusageformen sind die beitragsorientierte Leistungszusage (§ 1 Abs. 2 Nr. 1 BetrAVG) und die Beitragszusage mit Mindestleistungen (§ 1 Abs. 2 Nr. 2 BetrAVG). Bei **sog. mittelbaren Versorgungszusagen** bedient sich der Arbeitgeber zur Erfüllung seiner Verpflichtungen anderer Versorgungsträger wie etwa einer Unterstützungskasse oder einer Pensionskasse.

3 ➲ **Hinweis:** Bei der Einführung des Allgemeinen Gleichbehandlungsgesetzes war zweifelhaft, wie § 2 Abs. 2 Satz 2 AGG zu verstehen ist, der bestimmt, dass für die betriebliche Altersversorgung das Betriebsrentenrecht gilt. Das BAG hat entschieden, dass es sich bei dieser Regelung nicht um eine Bereichsausnahme handelt, mit der Folge, dass die Regelung des Betriebsrentenrechts immer vorginge und das AGG keine Anwendung fände. Vielmehr finde das AGG auf die betriebliche Altersversorgung grundsätzlich Anwendung, soweit das Betriebsrentenrecht nicht vorrangige Sonderregelungen enthält (BAG NZA 2008, 532). Dies bedeutet, dass zunächst geprüft werden muss, ob das Betriebsrentengesetz eine spezielle Regelung enthält. Ist dies nicht der Fall, sind die Vorschriften des AGG einschlägig. So hat das BAG entschieden, dass eine Regelung, die männlichen Arbeitnehmern eine unbedingte Witwenversorgung gewährt, weiblichen Arbeitnehmern allerdings nur eine betriebliche Altersversorgung mit einer Witwerversorgung zusagt, wenn die Ehefrau den überwiegenden Teil des Unterhalts bestritten hat, gegen das Geschlechterdiskriminierungsverbot verstößt und deshalb nach dem AGG die Ehefrau einen Anspruch auf die vorenthaltene Leistung hat. Auch die Gleichstellung von Ehegatten und Partnern einer eingetragenen Lebenspartnerschaft hinsichtlich der Hinterbliebenenversorgung bei der betrieblichen Altersversorgung ist nach dem AGG geboten (BAG NZA 2009, 489). Hier ist allerdings zu beachten, dass das Rechtsverhältnis zwischen dem Versorgungsberechtigten und dem Versorgungsschuldner noch am 1.1.2005, dh. vor dem Inkrafttreten des AGG bestanden haben muss (BAG aaO, 495). Klauseln zur Altersdifferenzierung sind allerdings zulässig (BAG NZA 2006, 1276 [Vorabentscheidungsgesuch]; EuGH NZA 2008, 1119 „Bartsch"). Das BAG hat allerdings eine Höchstaltersgrenze in einem Leistungsplan einer Unterstützungskasse, nach der ein Arbeitnehmer keinen Anspruch auf betriebliche Altersversorgung mehr erwerben kann, wenn er bei Eintritt das 50. Lebensjahr vollendet hat, als wirksam angesehen, da sie nach § 10 AGG gerechtfertigt sei (BAG BB 2013, 2864).

2. Durchführungswege der betrieblichen Altersversorgung

4 § 1b BetrAVG definiert die fünf Durchführungswege der betrieblichen Altersversorgung:

- die unmittelbare Versorgungszusage in Abs. 1,
- die Direktversicherungszusage in Abs. 2,

- die Pensionskassenzusage in Abs. 3,
- die Pensionsfondszusage ebenfalls in Abs. 3,
- die Unterstützungskassenzusage in Abs. 4.

Bei der **unmittelbaren Versorgungszusage** übernimmt der Arbeitgeber selbst die Finanzierung, meist in Form von Rückstellungen, ggf. auch durch Abschluss von Rückdeckungsversicherungen.

Bei einer **Direktversicherung** schließt der Arbeitgeber auf das Leben des Arbeitnehmers Arbeitnehmereinzel- oder Gruppenlebensversicherungen ab. Versicherungsnehmer bleibt der Arbeitgeber, der Arbeitnehmer bzw. seine Angehörigen sind bezugsberechtigt.

Die **Pensionskasse** ist eine rechtlich selbständige Versorgungseinrichtung, die dem Arbeitnehmer oder seinen Hinterbliebenen auf seine Versorgungsleistungen einen Rechtsanspruch gewährt. Damit unterliegt sie auch der Versicherungsaufsicht.

Eine **Unterstützungskasse** ist eine rechtlich selbständige Versorgungseinrichtung, die Leistungen erbringt, auf die kein Rechtsanspruch besteht. Allerdings stellt die Rechtsprechung des BAG trotz der fehlenden Rechtsansprüche die Versorgungsansprüche der Arbeitnehmer im Wesentlichen den der anderen Zusageformen gleich (BAG BB 2003, 2749).

Als neuer und letzter Durchführungsweg wurde der **Pensionsfonds** aufgenommen, bei dem es sich gem. § 112 Abs. 1, § 113 Abs. 2 Nr. 3 VAG um eine rechtlich selbständige, rechtsfähige Einrichtung in Form einer Aktiengesellschaft oder eines Pensionsfondsverein auf Gegenseitigkeit handelt. Gem. § 112 Abs. 1 Nr. 3 VAG haben die Arbeitnehmer einen unmittelbaren Leistungsanspruch gegenüber dem Pensionsfonds, der verpflichtet ist, die Altersversorgung als lebenslange Altersrente bzw. in Form eines Auszahlungsplans mit anschließender Restverrentung zu erbringen.

II. Grundzüge der gesetzlichen Regelung

Die betriebliche Altersversorgung soll nach dem Willen des Gesetzgebers zu einer wesentlichen Stütze der Altersversorgung von Arbeitnehmern ausgebaut werden. Das Gesetz von 1974 wurde in den letzten Jahren grundlegend erneuert und ergänzt durch das Altersvermögensgesetz v. 26.6.2001, (BGBl. I 2001, 1310) und das Alterseinkünftegesetz v. 5.7.2004 (BGBl. I 2004, 1427). Wesentliche, für die Vertragsgestaltung bedeutende Grundsätze sind folgende: 5

1. Unverfallbarkeit der Versorgungsanwartschaften (§§ 1–4a BetrAVG)

Ein Arbeitnehmer, dem aus Anlass seines Arbeitsverhältnisses Versorgungszusagen – gleich welcher Art – gemacht worden sind, behält auch bei Arbeitsplatzwechsel vor Eintritt des Versorgungsfalles seine Anwartschaften. Voraussetzungen sind nach der gesetzlichen Neuregelung zur Unverfallbarkeit gem. § 1b Abs. 1 Satz 1 BetrAVG, dass der Arbeitnehmer das 25. Lebensjahr vollendet hat und die Versorgungszusage zu diesem Zeitpunkt mindestens fünf Jahre bestanden hat. Die Höhe der unverfallbaren Anwartschaft wird anteilig nach dem sog. m/n-Verfahren berechnet; sie ergibt sich aus dem Verhältnis der tatsächlichen Betriebszugehörigkeit zu der Zeit vom Beginn der Betriebszugehörigkeit bis zur Vollendung des gesetzlichen Rentenalters oder – wenn eine andere feste Altersgrenze vorgesehen ist – zu diesem Zeitpunkt (zu den Auswirkungen der Altersgrenzen ausführlich Höfer § 6 BetrAVG Rz. 4251.1 H). Während das BAG früher bei einem Ausscheiden mit einer unverfallbaren Anwartschaft und der vorzeitigen Inanspruchnahme der Rente zuließ, dass die Ansprüche doppelt zeitanteilig gekürzt werden, auch wenn das Versorgungswerk nichts Gegenteiliges bestimmt, ist das BAG nun von dieser Rechtsprechung abgerückt (BAG BB 2001, 1854; ausführlich: HWK/Schipp § 6 BetrAVG Rz. 22 ff.). 6

➲ **Hinweis:** Angesichts der Rechtsprechung des BAG ist es wichtig, mit einer ausdrücklichen Regelung in einer Versorgungsordnung einer weiteren Kürzung mit Hilfe eines versicherungsmathematischen Abschlags Rechnung zu tragen (vgl. Höfer § 6 BetrAVG Rz. 4279). 6a

Der Arbeitgeber hat dem ausgeschiedenen Arbeitnehmer auf dessen Verlangen **Auskunft** darüber zu erteilen, ob und in welcher Höhe Versorgungsleistungen bei Erreichen der Altersgrenze beansprucht werden können, § 4a BetrAVG (vgl. **M 99.4, M 99.5**). In den in § 3 BetrAVG genannten Fällen kann der Arbeitgeber sog. Bagatellanwartschaften unter den dort in § 3 Abs. 2–6 BetrAVG 6b genannten Voraussetzungen abfinden. Ansonsten besteht ein weit reichendes Abfindungsverbot, das nach der gesetzlichen Neuregelung nicht nur bei Beendigung des Arbeitsverhältnisses eingreift, sondern nach der Übergangsvorschrift in § 30g Abs. 2 BetrAVG auch für laufende Betriebsrenten gilt, wenn sie erstmals nach dem 1.1.2005 gezahlt worden sind. Ein Verstoß gegen das Abfindungsgebot nach § 3 BetrAVG führt zur Nichtigkeit. Eine Abfindung kann nunmehr ausschließlich der Arbeitgeber verlangen.

7 Unter den Voraussetzungen von § 4 Abs. 2 Nr. 1 oder Nr. 2 BetrAVG ist es möglich, bei Beendigung des Arbeitsverhältnisses durch **dreiseitigen Vertrag** Versorgungsverpflichtungen auf den neuen Arbeitgeber zu übertragen. In diesem Fall erlischt die Verpflichtung des alten Arbeitgebers. Nach § 4 Abs. 3 BetrAVG hat der Arbeitnehmer das Recht, innerhalb eines Jahres nach Beendigung des Arbeitsverhältnisses unter bestimmten Voraussetzungen eine Übertragung seiner Anwartschaften auf den neuen Arbeitgeber zu verlangen, ohne dass dies einer Zustimmung des ehemaligen Arbeitgebers bedarf. Im Fall der Betriebsübernahme ist eine Vereinbarung, wonach der Veräußerer gegenüber der Belegschaft alleiniger Schuldner der Versorgungsverpflichtung bleibt, wegen Verstoßes gegen § 613a BGB iVm. § 5 BetrAVG auch dann nichtig, wenn die versorgungsberechtigten Arbeitnehmer zustimmen (BAG NJW 1982, 1607).

2. Auszehrungsverbot (§ 5 BetrAVG)

8 Das Auszehrungsverbot besagt, dass nach Eintritt des Versorgungsfalles die einmal festgesetzten Leistungen der betrieblichen Altersversorgung nicht etwa dadurch geschmälert werden dürfen, dass Erhöhungen anderer Sozialversicherungsleistungen, zB der gesetzlichen Rentenversicherung, auf die betriebliche Rente angerechnet werden. Es soll gewährleistet sein, dass die in Anpassung an die wirtschaftliche Entwicklung vorgenommenen Erhöhungen anderer Versorgungsleistungen auch wirklich dem Arbeitnehmer zugute kommen. Ebenso wenig dürfen Versorgungsbezüge angerechnet werden, die auf eigenen Beiträgen des Versorgungsempfängers beruhen. Dies gilt jedoch nicht für Renten aus den gesetzlichen Rentenversicherungen, soweit sie auf Pflichtbeiträgen beruhen sowie für sonstige Versorgungsbezüge, die mindestens zur Hälfte der Arbeitgeber finanziert hat.

3. Altersgrenze (§ 6 BetrAVG)

9 Diese Vorschrift führt die flexible Altersgrenze der gesetzlichen Rentenversicherung auch für die betriebliche Altersversorgung ein. Einem Arbeitnehmer, der vor Vollendung der für ihn geltenden Regelaltersgrenze eine Rente aus der gesetzlichen Rentenversicherung erhält, ist – soweit die anderen Voraussetzungen für die betriebliche Altersversorgung erfüllt sind – auch ohne Beendigung des Arbeitsverhältnisses die betriebliche Altersversorgung zu gewähren. Der Arbeitgeber kann dann allerdings über § 2 Abs. 1 BetrAVG hinausgehende Kürzungen vorsehen (ca. 0,3–0,5 % für jeden Monat des vorzeitigen Bezugs), wenn dies in der Versorgungsordnung vorgesehen ist (vgl. ausführlich Höfer § 6 BetrAVG Rz. 4277 ff.).

4. Insolvenzsicherung (§§ 7–15 BetrAVG)

10 Gesichert sind Ansprüche und unverfallbare Anwartschaften (vgl. § 1b BetrAVG) auf Leistungen der betrieblichen Altersversorgung gegen im Einzelnen aufgeführte Ausfälle. Hauptfall ist die Insolvenzeröffnung über das Vermögen des Arbeitgebers. Träger der Insolvenzsicherung ist ein privatrechtlicher Versicherungsverein auf Gegenseitigkeit, der **„Pensionssicherungsverein VVaG"**. Die Mittel für die Durchführung der Insolvenzsicherung werden auf Grund öffentlich-rechtlicher Verpflichtung durch Beiträge der Arbeitgeber aufgebracht, die betriebliche Altersversorgungseinrichtungen unterhalten. Will ein Arbeitgeber Ruhegeldzusagen wegen wirtschaftlicher Schwierigkeiten **widerrufen**, so muss er mit dem Pensionsversicherungsverein klären, ob dieser mit dem Widerruf einverstanden ist und seine Einstandspflicht anerkennt. Lehnt dieser ab, dann bleibt dem Arbeitgeber nur die Klage gegen den Pensionssicherungsverein auf Feststellung der Berechtigung des Widerrufs (BAG NJW 1981, 189). Zur Wirksamkeit des Widerrufs gegenüber dem Versorgungsberechtigten vgl. BAG MDR 2014, 410; BGH AG 1984, 150.

5. Anpassung (§ 16 BetrAVG)

Der Arbeitgeber hat alle drei Jahre eine Anpassung der **laufenden** Leistungen aus der betrieblichen Altersversorgung an die **Lebenshaltungskosten** zu prüfen und hierüber nach billigem Ermessen zu entscheiden; dabei sind die Belange des Versorgungsempfängers und die wirtschaftliche Lage des Arbeitsgebers zu berücksichtigen. Der Dreijahresturnus zwingt nicht zu starren, individuellen Prüfungsterminen. Der Arbeitgeber kann die in einem Jahr fälligen Anpassungsprüfungen vielmehr gebündelt zu einem bestimmten Zeitpunkt innerhalb oder am Ende des Jahres vornehmen (BAG NZA 1993, 69). Bei der Anpassung ist von einem Anpassungsbedarf in Höhe des Kaufkraftvolumens seit Rentenbeginn und nicht von einem Anpassungsbedarf lediglich der letzten drei Jahre auszugehen (BAG NZA 2012, 1291). Der Arbeitgeber kann eine solche Anpassung ganz oder teilweise ablehnen, wenn und soweit er dadurch übermäßig belastet würde. Eine übermäßige Belastung liegt vor, wenn es mit einiger Wahrscheinlichkeit nicht möglich sein wird, den Teuerungsausgleich aus dem Wertzuwachs des Unternehmens und dessen Erträgen in der Zeit nach dem Anpassungsstichtag aufzubringen (BAG NZA 1994, 551). Weitere Ausnahmen von der Anpassungspflicht enthält § 16 Abs. 3 BetrAVG. So kann sich der Arbeitgeber verpflichten, die laufenden Leistungen jährlich um wenigstens 1 % anzupassen, mit der Folge, dass dann eine Anpassungsprüfungspflicht ausscheidet. Auch bei einer Beitragszusage mit Mindestleistung und bei der betrieblichen Altersversorgung über eine Direktversicherung gelten Ausnahmen. Nach § 16 Abs. 4 BetrAVG muss der Arbeitgeber zu Recht unterbliebene Anpassungen später nicht nachholen, wenn sich die wirtschaftliche Lage entspannt. 11

➲ **Praxistipp:** Der Arbeitgeber kann den Arbeitnehmer über die unterbliebene Anpassung schriftlich unter Darlegung der wirtschaftlichen Lage des Unternehmens informieren. In diesem Schreiben muss der Arbeitnehmer darauf hingewiesen werden, dass er das Recht hat, binnen drei Kalendermonaten nach Zugang der Mitteilung schriftlich zu widersprechen. Unterlässt der betroffene Arbeitnehmer dann einen Widerspruch, so gilt die Anpassung als zu Recht unterblieben. 11a

6. Entgeltumwandlung

Gem. § 1a Abs. 1 BetrAVG kann der Arbeitnehmer vom Arbeitgeber verlangen, sein zukünftiges Gehalt iHv. bis zu 4 % der jeweiligen Beitragsbemessungsgrenze durch Entgeltumwandlung für seine betriebliche Altersversorgung zu verwenden (s. **M 99.3**). Die Durchführung des Anspruchs ist durch eine Vereinbarung zwischen Arbeitgeber und Arbeitnehmer zu regeln. Dabei muss der Arbeitgeber nicht das vom Arbeitnehmer gewünschte Modell wählen, sondern hat die Möglichkeit, die Durchführung über einen Pensionsfonds oder eine Pensionskasse sicherzustellen. Wenn der Arbeitgeber nicht diese Durchführungswege wählt, kann der Arbeitnehmer ihn zum Abschluss einer Direktversicherung verpflichten, wobei der Arbeitgeber die Auswahl des Versicherungsunternehmens hat (Blomeyer NZA 2001, 913). Der Arbeitnehmer kann grundsätzlich Sonderzuwendungen, aber auch laufende regelmäßige Monatsentgelte umwandeln. Soweit der Arbeitnehmer Teile seines regelmäßigen Arbeitsentgelts verwendet, kann der Arbeitgeber verlangen, dass während des laufenden Kalenderjahres gleichbleibende monatliche Beträge verwendet werden (§ 1a Abs. 1 Satz 5 BetrAVG). 12

III. Steuerrecht der betrieblichen Altersversorgung

Bei der Einführung von betrieblichen Versorgungssystemen ist ein wesentlicher Gesichtspunkt, wie sich die Einführung steuerlich und liquiditätsmäßig auswirkt. Hier muss auf die einschlägige Literatur, zB Höfer, BetrAVG, Bd. II Steuerrecht, verwiesen werden. Zur lohnsteuerlichen Behandlung von Zusagen auf Leistungen der betrieblichen Altersversorgung und der steuerlichen Behandlung der Versorgungsleistungen vgl. auch BMF v. 31.3.2010, BStBl. I, 270, StEK EStG § 10a Nr. 37. 13

M 99.1 Versorgungszusage (Einzelzusage)[1]

Zwischen der Firma . . .

– im Folgenden Gesellschaft –

und Herrn/Frau . . .

wird Folgendes vereinbart:

I.

Die Gesellschaft übernimmt eine Versorgungsverpflichtung gem. § 4 des Gesetzes zur Verbesserung der betrieblichen Altersversorgung gegenüber Herrn/Frau . . . in Höhe der Versorgungsanwartschaft, die diese(r) in seinem früheren Dienstverhältnis bei der X-AG erworben hat. Als Gegenleistung hierfür erhält die Gesellschaft die zur Deckung der Versorgungsverpflichtung bisher angesammelten Vermögenswerte von . . . Euro. Die X-AG hat der Übernahme zugestimmt.

II.

Die übernommene Verpflichtung hat die Gewährung einer Alters-, Invaliden- und Witwenrente zum Inhalt.

Die Höhe der Rente ergibt sich, indem die übertragenen Vermögenswerte als Einmalprämie im versicherungstechnischen Sinne angesetzt werden.

1. Altersrente

Herrn/Frau . . . wird eine Altersrente von monatlich . . . Euro gewährt, wenn er/sie bei Vollendung des Lebensjahres, das für ihn/sie als jeweilige gesetzliche rentenrechtliche Altersgrenze gilt als Angestellte(r) im Dienstverhältnis zur Gesellschaft gestanden hat und das Dienstverhältnis beendet ist.

Altersrente wird erstmals für den Monat gezahlt, in dem die Voraussetzungen für ihre Gewährung gegeben sind, frühestens jedoch für den Monat, der auf den Zeitpunkt des Ausscheidens aus dem Dienstverhältnis mit der Gesellschaft folgt.

2. Invalidenrente

Die Invalidenrente hat die gleiche Höhe wie die Altersrente. Voraussetzung für ihre Gewährung ist das Vorliegen der Berufsunfähigkeit für die Dauer von mindestens einem Jahr sowie die Beendigung des Dienstverhältnisses.

Berufsunfähigkeit im Sinne dieser Vertragsbestimmung liegt vor, wenn ein Vertrauensarzt der Gesellschaft feststellt, dass Herr/Frau . . . auf die Dauer seinen/ihren Aufgaben als leitende(r) Mitarbeiter(in) der Gesellschaft körperlich oder geistig nicht mehr voll nachzukommen vermag. Ebenso ist Berufsunfähigkeit stets gegeben, wenn der zuständige Träger der Sozialversicherung eine Berufsunfähigkeit anerkennt.

Die Invalidenrente wird erstmals für den Monat gezahlt, in dem die Berufsunfähigkeit eingetreten ist, frühestens jedoch von dem Zeitpunkt an, bis zu dem Gehalt gezahlt worden ist.

3. Witwenrente/Witwerrente/eingetragene Lebenspartnerschaft

Im Falle des Ablebens von Herrn/Frau . . . erhält seine/ihr Ehefrau/mann bzw. Lebenspartner einer eingetragenen Lebenspartnerschaft . . . bis zu ihrem/seinem Tode oder ihrer/seiner Wiederverheiratung eine Witwenrente/Witwerrente iHv. 60 % der Alters- oder Invalidenrente.

Die Witwenrente/Witwerrente wird erstmals für den Monat gezahlt, der auf den Monat der letzten Gehalts- oder Pensionszahlung folgt, letztmalig für den Monat, in dem die Witwe/der Witwer/bzw. der eingetragene Lebenspartner stirbt oder sich wieder verheiratet bzw. eine eingetragene Lebenspartnerschaft begründet.

---

1 In dem Muster wird unterstellt, dass die Versorgungsverpflichtung aus dem früheren Arbeitsverhältnis gegenüber dem neuen Mitarbeiter durch Einzelzusage von dem neuen Arbeitgeber (unverfallbare Anwartschaft) gegen Übertragung entsprechender Vermögenswerte übernommen wird. Vgl. § 4 BetrAVG. Zu den Zusagearten s. Rz. 1 f.

III.

Die Gesellschaft behält sich vor, die zugesagten Leistungen zu kürzen oder einzustellen, wenn der/die Versorgungsberechtigte Handlungen begeht, die in grober Weise gegen Treu und Glauben verstoßen oder zu einer fristlosen Entlassung berechtigen würden[2].

IV.

Die nach dieser Versorgungszusage bestehenden Versorgungsansprüche können weder abgetreten noch verpfändet werden. Entgegenstehende Verfügungen sind der Gesellschaft gegenüber unwirksam.

V.

Die Versorgungsleistungen werden monatlich nachträglich gezahlt.

VI.

Die Gesellschaft behält sich vor, Herrn/Frau . . . über die nach Ziffer 1 übernommene Verpflichtung hinaus, eine besondere Versorgungszusage zu erteilen.

VII.

Im Übrigen gelten die Bestimmungen des BetrAVG, insbesondere auch § 2 Abs. 1 BetrAVG. Die Gesellschaft ist vor allem verpflichtet, die Versorgungsansprüche nach Eintritt der Unverfallbarkeit iS dieses Gesetzes sowie auch die späteren Versorgungsleistungen bei dem Pensions-Sicherungs-Verein gegen Fälle der Insolvenz der Gesellschaft abzusichern.

2 Der Widerruf wegen Treuepflichtverletzung unterliegt sehr strengen Voraussetzungen. Eine Ruhegeldzusage kann nur widerrufen werden, wenn der Arbeitnehmer das Unternehmen sehr geschädigt hat oder rechtsmissbräuchlich die Versorgungszusage erschlichen hat. Vgl. zu Einzelfällen BAG NZA 2000, 1288; BGH NZA 2000, 318; MDR 2014, 14).

M 99.2 Versorgungsordnung (Gesamtzusage)[1]

§ 1

(1) Angehörige unseres Betriebes, die der Belegschaft fünf Jahre angehören (Wartezeit) und die das 25. Lebensjahr vollendet haben, erhalten eine zusätzliche Alters-, Invaliden- und Witwenversorgung nach Maßgabe dieser Versorgungsordnung. Dadurch sollen unsere Mitarbeiter über die Leistungen der sozialen Rentenversicherung hinaus bei Invalidität und im Alter nach Möglichkeit vor wirtschaftlicher Sorge geschützt werden.

(2) Es bleibt in das Ermessen der Geschäftsleitung gestellt, ob im Einzelfall von der Bestimmung des Abs. 1 zu Gunsten eines Betriebsangehörigen abgewichen wird.

(3) Jeweils im Dezember eines Wirtschaftsjahres wird die Geschäftsleitung denjenigen Betriebszugehörigen, die die fünfjährige Wartezeit erfüllt haben, eine entsprechende Mitteilung machen.

§ 2

Die Versorgungsleistungen bestehen:

(1) In der Gewährung eines Altersruhegeldes – das Ruhegeld wird den Berechtigten in der Regel nach Vollendung des Lebensjahres, in dem der Berechtigte die gesetzliche Regelaltersgrenze erreicht, auf Lebenszeit gewährt, erstmals für denjenigen Monat, der auf das Ausscheiden aus dem Betrieb folgt. Nimmt der Arbeitnehmer, nachdem er die Voraussetzungen dieser Versorgungsord-

1 Besteht ein Betriebsrat, so ist er gem. § 87 Abs. 1 Nr. 10 BetrVG bei der Einführung der Versorgungsordnung zu beteiligen. Er kann aber nicht die Einführung einer betrieblichen Altersversorgung im Wege des Initiativrechts verlangen. Zu den Zusagearten s. Rz. 1 f.
Hinweis: *Vgl. zur Geltung des AGG Rz. 3.*

nung erfüllt hat, das vorgezogene Altersruhegeld aus der gesetzlichen Rentenversicherung in Anspruch, so kann er zum gleichen Zeitpunkt auch die betriebliche Versorgungsleistung verlangen. In diesem Fall werden die Leistungen um 0,5 % für jeden Monat des vorzeitigen Ausscheidens gekürzt.

(2) In der Gewährung einer Invalidenrente – die Invalidenrente wird gewährt, wenn der Berechtigte im Dienste des Unternehmens nach den Bestimmungen der gesetzlichen Rentenversicherung vorzeitig berufsunfähig oder erwerbsunfähig wird.

(3) In der Gewährung einer Witwenrente/Witwerrente[2] *bzw. Rente für einen eingetragenen Lebenspartner iHv. 50 % des Ruhegeldes – die Witwenrente/Witwerrente wird erstmals für denjenigen Monat gezahlt, der auf das Ableben des Mannes/der Frau als aktives Betriebsmitglied oder im Ruhestand folgt, letztmals für denjenigen Monat, in dem die Witwe/der Witwer/oder der eingetragene Lebenspartner stirbt oder wieder heiratet bzw. eine neue eingetragene Lebenspartnerschaft begründet.*

Ein Anspruch auf Witwenrente/Witwerrente besteht nicht

1. *wenn die Ehe/eingetragene Lebenspartnerschaft zum Zeitpunkt der Versetzung des Betriebsangehörigen in den Ruhestand oder – bei Versterben im aktiven Dienst zum Todeszeitpunkt nicht mindestens zwei Jahre bestanden hat,*
2. *wenn die Ehe/eingetragene Lebenspartnerschaft erst nach Vollendung des 60. Lebensjahres des Ehemannes/der Ehefrau/des Lebenspartners oder erst nach Eintritt des Versorgungsfalles geschlossen wurde.*

§ 3

(1) Als Richtsätze für die Bemessung des Ruhegeldes gelten folgende Monatsgrundbeträge:

	Euro
Ganztagsbeschäftigte[3] *für Arbeiter und Angestellte*	*50*
Meister	*75*
Handlungsbevollmächtigte	*125*

Teilzeitbeschäftigte erhalten den entsprechenden Anteil des Grundbetrages[4].

(2) Zu diesem Grundbetrag kommt ein monatlicher Steigerungsbetrag von 5 % des Grundbetrags für jedes nach der Wartezeit zurückgelegte weitere anrechnungsfähige Dienstjahr hinzu.

(3) Auf die Bestimmung des § 1 Abs. 2 wird verwiesen.

§ 4

(1) Das Ruhegeld wird als Alters- oder Invalidenrente erst von demjenigen Zeitpunkt an gezahlt, an dem der/die Berechtigte in Folge Alters oder Berufsunfähigkeit aus den Diensten der Firma ausscheidet.

---

2 Gegen Art. 3 Abs. 2 GG bzw. auch gegen das Allgemeine Gleichbehandlungsgesetz (vgl. Rz. 2) verstoßen Versorgungsregelungen, die zwischen Männern und Frauen in ihren Anspruchsvoraussetzungen unterscheiden, etwa hinsichtlich des Eintrittsalters, anrechnungsfähiger Dienstzeiten, unterschiedlicher Wartezeiten oder unterschiedlicher fester Altersgrenzen. Hierzu gehören auch Hinterbliebenenversorgungsbestimmungen, die nur eine Witwen-, nicht jedoch eine Witwerrente vorsehen (BAG AP Nr. 8 zu § 1 BetrAVG „Hinterbliebenenversorgung").

3 Der Gleichbehandlungsgrundsatz beinhaltet nur das Verbot, Arbeitnehmer willkürlich zu benachteiligen, sachlich gerechtfertigte Differenzierungen lassen einen Anspruch auf Ruhegeld nicht entstehen. Möglich ist die Gewährung einer betrieblichen Altersversorgung nur für einen beschränkten Personenkreis, der sich nach abstrakten Kriterien abgrenzen lässt, etwa für Arbeitnehmer in gehobenen Positionen, die der Arbeitgeber wegen ihrer Bedeutung für das Unternehmen in besonderem Maße entlohnen und an das Unternehmen binden will (BAG NZA 1990, 973).

4 Der allgemeine Ausschluss Teilzeitbeschäftigter von den Versorgungsleistungen ist wegen Verstoßes gegen den Gleichbehandlungsgrundsatz unzulässig (BAG NJW 1982, 2013; NZA 1990, 25; NZA 1990, 778); vgl. § 4 TzBfG.

Scheidet ein Betriebsangehöriger wegen Invalidität aus, so setzt die Rentenzahlung den Nachweis der vollen Berufs- oder Erwerbsunfähigkeit voraus. Der Nachweis ist zu erbringen durch Vorlage des Rentenbescheids der zuständigen Sozialversicherung, bei nichtversicherungspflichtigen Berechtigten durch ein amtsärztliches Zeugnis.

(2) Ruhegeld wird nicht gewährt, wenn die Erwerbs- oder Berufsunfähigkeit vorsätzlich herbeigeführt wurde.

(3) Der Empfänger einer Versorgungsleistung ist verpflichtet, der Firma von jeder Änderung der Invaliditätsfeststellung durch den Träger der Sozialversicherung umgehend und unaufgefordert Kenntnis zu geben. Die Firma kann die Vorlage eines amtsärztlichen Zeugnisses verlangen. Versorgungsleistungen, die unberechtigt bezogen worden sind, müssen zurückgezahlt werden.

§ 5

(1) Die Versorgungsleistungen werden in monatlichen Raten vorschüssig gezahlt.

(2) Auf die Versorgungsleistungen werden andere Renten, die der Berechtigte bezieht, nicht angerechnet.

(3) Die Versorgungsleistungen gem. dieser Versorgungsordnung können von dem Bezugsberechtigten weder verpfändet noch abgetreten werden. Derartige Abmachungen sind der Firma gegenüber nichtig. Im Falle der Pfändung erlöschen die Versorgungsansprüche in Höhe des gepfändeten Betrages für den von der Pfändung betroffenen Zeitraum. Dies gilt nicht bei Pfändungen wegen Unterhaltsansprüchen, die Verwandten, früheren Ehegatten oder nichtehelichen Kindern kraft Gesetzes gegen den Berechtigten zustehen.

(4) Versorgungsleistungen werden nicht gezahlt und die Zahlung bereits laufender Renten wird eingestellt, wenn der Bezieher ein Verhalten zeigt, das nach den geltenden Bestimmungen zur fristlosen Kündigung[5] *des Arbeitsverhältnisses berechtigt hätte*[6].

§ 6

(1) Die Firma kann diese Versorgungsordnung jederzeit ändern oder einschränken, sofern sachliche Gründe vorliegen. Die Versorgungsordnung kann auch zukünftig durch eine Betriebsvereinbarung geändert oder eingeschränkt werden.

(2) Die Firma kann auch den Durchführungsweg der betrieblichen Altersversorgung ändern, insbesondere einen anderen Versorgungsweg als das Pensionskassenverfahren, Unterstützungskassenverfahren oder einen Pensionsfonds wählen. Etwaige steuerliche Lasten, die den Arbeitnehmer in Folge des Wechsels des Durchführungsweges treffen können, hat dieser zu tragen[7].

Zur Sicherstellung der auf Grund dieser Versorgungsordnung bestehenden Verpflichtungen bildet die Firma in ihren Jahresabschlüssen, ohne dazu verpflichtet zu sein, eine Rückstellung, der jährlich planmäßig die versicherungsmathematisch errechneten Beträge zugeführt werden sollen.

(3) Die Firma behält sich vor, die Leistungen zu kürzen oder einzustellen, wenn die bei Erteilung der Versorgungszusage maßgebenden Verhältnisse sich nachhaltig so wesentlich verschlechtert

---

5 Nach Auffassung des BAG (NZA 1990, 808 und BB 1990, 1910; vgl. auch BGH AG 1984, 150 und BB 1981, 643) ist der Widerruf nur zulässig, wenn die Treuepflichtverletzung so schwer wiegt, dass sich die erbrachte Betriebszugehörigkeit im Nachhinein als wertlos herausstellt. Ein Arbeitnehmer handelt aber arglistig, wenn er sich auf die Unverfallbarkeit seiner Versorgungsanwartschaft beruft, obwohl er die erforderliche Betriebszugehörigkeitsdauer nur durch das Vertuschen schwerer Verfehlungen erreichen konnte; in einem solchen Fall kann der Arbeitgeber die Versorgungszusage widerrufen, sobald die Verfehlungen zu seiner Gewissheit festgestellt sind (BAG BB 1983, 1100).

6 Kommt ein Widerruf wegen grober Treuwidrigkeit trotz der sehr restriktiven Rechtsprechung ausnahmsweise in Betracht, so wird er im Allgemeinen nur unverzüglich nach Bekanntwerden der Widerrufsgründe ausgeübt werden können. In entsprechender Anwendung von § 626 Abs. 2 BGB sollte der Widerruf innerhalb von zwei Wochen erfolgen.

7 Es empfiehlt sich, eine Versorgungsordnung betriebsvereinbarungsoffen zu gestalten, um durch eine ablösende Betriebsvereinbarung auch einschränkend unter Beachtung der Anforderungen der Rechtsprechung (sog. Drei-Stufen-Modell, vgl. Höfer, BetrAVG, ART Rz. 569 ff.) eingreifen zu können. Da es auch erforderlich sein kann, den Durchführungsweg zu ändern, sollte ein entsprechender Vorbehalt ebenfalls in die Versorgungsordnung aufgenommen werden.

haben, dass der Firma die Aufrechterhaltung der zugesagten Leistungen auch unter objektiver Beachtung der Belange des Versorgungsberechtigten nicht mehr möglich ist[8].

§ 7

Jeder Betriebsangehörige, dem die in § 1 Abs. 3 vorgesehene Mitteilung zugeht, hat durch Unterschrift sein Einverständnis mit der Versorgungsordnung zu erklären.

§ 8

Diese Versorgungsordnung tritt am ... in Kraft. Sie gilt nur für diejenigen Arbeitnehmer, die nach diesem Zeitpunkt in das Unternehmen eintreten. Für diejenigen Betriebsangehörigen, die vor dem 1.5. ... eingetreten sind, gilt die Pensionsordnung vom 1.1. ...

Im Übrigen gelten die Bestimmungen des Gesetzes zur Verbesserung der betrieblichen Altersversorgung. Die Firma ist vor allem verpflichtet, die Versorgungsansprüche nach Eintritt der Unverfallbarkeit iS dieses Gesetzes sowie auch die späteren Versorgungsleistungen bei dem Pensionssicherungsverein gegen Fälle der Insolvenz der Firma abzusichern.

---

8 Dieser allgemeine Vorbehalt, die zugesagten Leistungen zu kürzen oder einzustellen, wenn die wirtschaftliche Lage des Unternehmens sich nachhaltig so wesentlich verschlechtert, dass dem Unternehmen eine Aufrechterhaltung der zugesagten Leistungen nicht mehr zugemutet werden kann, enthält nur den Hinweis auf Kürzungs- oder Widerrufsmöglichkeiten wegen Wegfalls der Geschäftsgrundlage (BAG DB 1988, 2311). Der Widerruf zur Durchsetzung einer neuen Leistungsordnung ist im Übrigen nur wirksam, wenn der Arbeitgeber zuvor das Mitbestimmungsrecht des Betriebsrats nach § 87 Abs. 1 Nr. 10 BetrVG beachtet hat (BAG DB 1988, 2311).

M 99.3 Verlangen des Arbeitnehmers auf Entgeltumwandlung gem. § 1a BetrAVG[1]

An die Geschäftsführung/Personalleitung

Bitte um Entgeltumwandlung für betriebliche Altersversorgung

Sehr geehrter Herr/Frau ...,

hiermit bitte ich Sie, die Sonderzuwendung/einen monatlichen Betrag von ... Euro umzuwandeln und in eine Direktversicherung/Pensionskasse oder Pensionsfonds[2] *zu zahlen. Ich bitte Sie, mit mir hierüber eine Vereinbarung zu treffen*[3].

Bei der Entgeltumwandlung bitte ich Sie sicherzustellen, dass die Voraussetzungen für eine Förderung nach den §§ 10a, 82 Abs. 2 EStG erfüllt werden[4].

Selbstverständlich bin ich gerne bereit, mit Ihnen über die Einzelheiten zu sprechen.

Mit freundlichen Grüßen

... (Unterschrift)

---

1 S. Rz. 12.

2 Grundsätzlich sind alle fünf Durchführungswege frei wählbar (Reinecke NJW 2001, 3511). Will der Arbeitnehmer allerdings staatliche Förderung in Anspruch nehmen, so sind änderungsfähig nur die Durchführungswege Direktversicherung, Pensionskasse oder Pensionsfonds (Höfer, Das neue Betriebsrentenrecht, Rz. 269).

3 In diesem Muster einschlägig ist die Individualvereinbarung. Es kann sich aber auch um eine kollektive Vereinbarung als Grundlage der Entgeltumwandlung handeln (Betriebsvereinbarung oder Tarifvertrag) (vgl. Höfer, Das neue Betriebsrentenrecht, Rz. 249).

4 Vgl. § 1a Abs. 3 BetrAVG; Voraussetzung einer staatlichen Förderung im Rahmen der sog. „Riesterrente" ist, dass die Beiträge zur Entgeltumwandlung aus individuell versteuertem und in der Sozialversicherung als verbeitragtem Entgelt geleistet werden. Als Leistungen kommen gleich bleibende oder steigende Leibrenten oder Auszahlungspläne in Betracht. Es muss zudem eine lebenslange Altersleistung vorgesehen sein (vgl. Höfer, Das neue Betriebsrentenrecht, Rz. 275).
Zur Unverfallbarkeit s. Rz. 6.

M 99.4 Unverfallbarkeitsbescheinigung nach § 4a Abs. 1 BetrAVG für unmittelbare Versorgungszusage[1,2]

Sehr geehrte(r) Frau/Herr . . .,

wir bescheinigen Ihnen hiermit gem. § 4a Abs. 1 des Gesetzes zur Verbesserung der betrieblichen Altersversorgung v. 19.12.1974 (BetrAVG), dass Sie auf Grund der Versorgungszusage vom . . . einen unverfallbaren Anspruch erworben haben.

Der Anspruch wird mit Vollendung des 65. Lebensjahres[3] fällig (bzw. wenn Sie die für Sie geltende Altersgrenze in der gesetzlichen Rentenversicherung erreichen). Seine Höhe bestimmt sich nach § 2 Abs. 1 BetrAVG. Danach haben Sie einen Anspruch in Höhe des Teils der Leistung, die Sie bekommen würden, wenn Sie die Vollendung des 65. Lebensjahres in unserem Betrieb erleben würden, der dem Verhältnis der Dauer ihrer tatsächlichen Betriebszugehörigkeit zu der Dauer Ihrer bis zur Vollendung Ihres 65. Lebensjahres rechnerisch möglichen Betriebszugehörigkeit entspricht[4].

1. Da Sie bei uns am . . . eingetreten und am . . . ausgeschieden sind und am . . . das 65. Lebensjahr vollenden, entspricht das Verhältnis Ihrer tatsächlichen Betriebszugehörigkeit von . . . Jahren und . . . Monaten (= . . . Monaten) zu Ihrer bis zur Vollendung des 65. Lebensjahres möglichen Betriebszugehörigkeit von . . . Jahren und . . . Monaten (= . . . Monaten) einem Verhältnis von . . . zu . . . = . . . %.

2. Würden Sie bis zur Vollendung Ihres 65. Lebensjahres bei uns geblieben sein, hätten Sie auf Grund der Versorgungszusage vom . . . einen Anspruch auf Altersruhegeld iHv. . . . Euro. Darauf steht Ihnen ein Teilanspruch, herabgesetzt auf . . . % (nach dem Verhältnis der Betriebszugehörigkeit gem. Ziff. 1) zu. Ihr bei Vollendung des 65. Lebensjahrs fällig werdender Teilanspruch auf Altersruhegeld beträgt somit . . . % von . . . Euro = . . . Euro.

3. Sollten Sie das vorzeitige Altersruhegeld aus der gesetzlichen Rentenversicherung in Anspruch nehmen und daraufhin nach § 6 des Gesetzes zur Verbesserung der betrieblichen Altersversorgung auch das betriebliche Altersruhegeld vorzeitig beziehen wollen, muss der Teilanspruch neu berechnet werden, da dann nach § . . . unserer Versorgungszusage Abschläge vorzunehmen sind, die pro Monat . . . % der Leistung betragen.

4. Der Betrag für das Altersruhegeld ist auch Grundlage für nach Vollendung Ihres 65. Lebensjahres fällig werdende Ansprüche auf Hinterbliebenenversorgung.

5. Ihr unverfallbarer Anspruch auf Invaliden- und vorzeitige Hinterbliebenenleistungen nach §§ . . . unserer Versorgungszusage bestimmt sich nach dem grundsätzlich gleichen Rechenverfahren, das für das Altersruhegeld gilt, vorausgesetzt, dass bei Eintritt des Versorgungsfalles die Wartezeit erfüllt ist. Ihr Teilanspruch bzw. der Teilanspruch Ihrer Hinterbliebenen darauf beträgt ebenfalls . . . / . . . = . . . % der Leistung, die Sie oder Ihre Hinterbliebenen erhalten würden, wenn Sie nicht vorzeitig ausgeschieden wären. Der gegenwärtig erreichte unverfallbare Anspruch auf eine Invalidenrente beträgt (nach Vollendung der Wartezeit) . . . Euro.

Wir bitten Sie, sich zu gegebener Zeit wegen des Altersruhegeldes an uns zu wenden. Das Gleiche gilt entsprechend für einen etwaigen Anspruch auf Invaliden- und Hinterbliebenenleistungen.

Bitte beachten Sie, dass diese Auskunft nur vorläufiger Natur ist und Irrtümer vorbehalten sind.

Den Empfang dieser Auskunft bitten wir auf der beigefügten Zweitschrift zu bestätigen.

. . . (Ort/Datum)

. . . (Unterschrift des Arbeitgebers)

---

1 Die Versorgungszusage kann auch im Rahmen einer Versorgungsordnung bzw. Ruhegeld-Betriebsvereinbarung erfolgt sein.

2 Das Gesetz verlangt für den Auskunftsanspruch nach § 4a BetrAVG nunmehr ein berechtigtes Interesse des Arbeitnehmers. Dies ist allerdings nur eine Missbrauchsschranke (Förster/Cisch BB 2004, 2126).

3 Sieht die Versorgungszusage eine andere Altersgrenze vor, so ist diese einzusetzen.

4 Sog. m/n-Verfahren. Dabei wäre ggf. auch eine andere Altersgrenze zu berücksichtigen.

Zusatz für Duplikat:

Ich bestätige, diese Auskunft nach § 4a Abs. 1 BetrAVG erhalten zu haben.

... (Ort/Datum)

... (Unterschrift des Arbeitnehmers)

M 99.5 Verlangen des Arbeitgebers nach Abfindung der Versorgungsanwartschaft nach § 3 BetrAVG[1]

Sehr geehrte(r) Frau/Herr ...

wie Sie aus unserer Bescheinigung vom ... nach § 4a Abs. 2 des Gesetzes zur Verbesserung der betrieblichen Altersversorgung v. 19.12.1974 (BetrAVG) über die Höhe Ihrer unverfallbaren Ansprüche aus unserer betrieblichen Altersversorgung ersehen, beträgt ihr unverfallbarer Anspruch auf eine Altersrente, die im Alter ... einsetzt, ... Euro.

Der Gesetzgeber hat für kleinere Anwartschaften ausgeschiedener Arbeitnehmer in § 3 BetrAVG vorgesehen, dass der Arbeitgeber den Arbeitnehmer ohne dessen Zustimmung abfinden kann, wenn der Monatsbetrag der aus der Anwartschaft resultierenden laufenden Leistung bei Erreichen der vorgesehenen Altersgrenze 1 von 100, bei Kapitalleistungen 12/10 der monatlichen Bezugsgröße nach § 18 SGB IV nicht übersteigen würde[2].

In Ihrem Fall betrüge die nach § 3 Abs. 2 des Gesetzes versicherungsmathematisch ermittelte Abfindung der unverfallbaren Ansprüche auf Alters-, (Invaliden- und Hinterbliebenen-)leistungen ... Euro[3].

Wir haben uns entschieden, von der Möglichkeit der Abfindung Gebrauch zu machen und werden daher den Abfindungsbetrag auf das uns bekannte Konto (hier Bankverbindung nennen) anweisen. Bitte teilen Sie uns Änderungen Ihrer Kontoverbindung unverzüglich, spätestens bis zum ... mit.

Mit der Zahlung der Abfindung sind Ihre Ansprüche auf Versorgungsleistungen gegen uns erloschen.

Mit freundlichen Grüßen

... (Unterschrift)

1 Nach § 3 Abs. 2 BetrAVG können nur sog. Bagatellanwartschaften abgefunden werden. Dazu bedarf es nicht mehr der Zustimmung des Arbeitnehmers.
Hinweis: *Das Abfindungsverbot nach § 3 Abs. 1 BetrAVG erfasst nunmehr auch laufende Leistungen!*

2 Ein Abfindungsvergleich kann sittenwidrig sein (BAG DB 1986, 548). Zulässig ist trotz § 3 BetrAVG ein Vergleich über die tatsächlichen Voraussetzungen von Ruhegeldansprüchen und Anwartschaften (BAG DB 1985, 1949; BAG NZA 1995, 421). Vgl. auch BAG BB 1984, 1168 zur Abfindung unverfallbarer Versorgungsanwartschaften.

3 § 3 BetrAVG verbietet nicht nur die Abfindung, sondern auch den entschädigungslosen Erlass einer älteren Versorgungsanwartschaft (BAG NZA 1991, 174).

Kapitel 100 Wettbewerbsverbot

Literatur: *Bauer*, Wettbewerbsverbote und Kündigungen von Arbeitsverhältnissen, DB 1979, 500; *Bauer/Diller*, Indirekte Wettbewerbsverbote, DB 1995, 426; *Bauer/Diller*, Zulässige und unzulässige Bedingungen in Wettbewerbsverboten, DB 1997, 94; *Bauer/Diller*, Wettbewerbsverbote, 7. Aufl. 2015; *Diller*, Nachvertragliche Wettbewerbsverbote und AGB-Recht, NZA 2005, 251; *Gaul, B.*, Neues zum nachvertraglichen Wettbewerbsverbot, DB 1995, 874; *Gaul/Khamian*, Zulässigkeit und Grenzen arbeitsrechtlicher Regelungen zu Wettbewerbsverboten, MDR 2006, 181; *Straube*, AGB-Kontrolle von nachvertraglichen Wettbewerbsverboten, BB 2013, 117.

I. Vertragliches Wettbewerbsverbot

Während der Dauer des Arbeitsverhältnisses unterliegt der Arbeitnehmer einem vertraglichen Wettbewerbsverbot. Für Handlungsgehilfen sieht § 60 Abs. 1 HGB eine entsprechende gesetzliche Verpflichtung vor. Es ist allerdings anerkannt, dass das Wettbewerbsverbot für Handlungsgehilfen als Ausprägung eines allgemeinen Rechtsgedankens **für alle Arbeitnehmer** gilt (BAG DB 1991, 1682). Einer besonderen vertraglichen Vereinbarung bedarf es daher nicht. Dieses vertragliche Wettbewerbsverbot gilt für die rechtliche Dauer des Arbeitsverhältnisses, also auch in der zumindest widerruflichen Freistellungsphase oder in Zeiten, in denen das Arbeitsverhältnis ruht. Eine Arbeitsaufnahme während der Elternzeit bei einem Wettbewerber kann den Arbeitgeber zur Verweigerung der Zustimmung berechtigen (LAG Düsseldorf LAGReport 2004, 170). 1

II. Nachvertragliches Wettbewerbsverbot

1. Gesetzliche Regelung

Ein nachvertragliches Wettbewerbsverbot bedarf einer **ausdrücklichen Regelung** zwischen Arbeitnehmer und Arbeitgeber. § 110 GewO, der nach § 6 Abs. 2 GewO **für alle Arbeitnehmer** anwendbar ist, verweist auf die Regelungen der §§ 74–75f HGB. 2

Nach der Rechtsprechung des BGH gelten die §§ 74 ff. HGB dagegen nicht für **Organmitglieder** wie GmbH-Geschäftsführer und Vorstandsmitglieder (BGHZ 91, 1; ausführlich zu Wettbewerbsverboten mit Organmitgliedern Bauer/Diller GmbHR 1999, 885). Im Einzelfall ist daher zu prüfen, welche Vorschriften der §§ 74 ff. HGB vom BGH bei der Prüfung von Wettbewerbsverboten im Rahmen des § 138 BGB entsprechend herangezogen werden. 3

2. Formelle Voraussetzungen

Gem. § 74 Abs. 1 HGB bedarf die nachvertragliche Wettbewerbsvereinbarung der **Schriftform** iSd. § 126 BGB, dh. der Unterschriften von Arbeitgeber und Arbeitnehmer. Sie kann grundsätzlich im Arbeitsvertrag enthalten sein. Daneben ist erforderlich, dass der Arbeitgeber die unterzeichnete Urkunde dem Arbeitnehmer **aushändigt**. Der Arbeitgeber ist für die Aushändigung beweispflichtig. Daher sollte er sich den Empfang vom Arbeitnehmer quittieren lassen. Bei vorformulierten Wettbewerbsverboten ist hier § 309 Nr. 12 lit. b BGB zu beachten, der es erforderlich macht, sich den Empfang auf einer gesonderten Urkunde bestätigen zu lassen. 4

3. AGB-Kontrolle

Auch für **formularmäßig vereinbarte Wettbewerbsverbote** gilt seit dem 1.1.2002 die AGB-Kontrolle. Bei der Abfassung von Wettbewerbsverboten sind insbesondere das Transparenzgebot (§ 307 5

Abs. 1 Satz 2 BGB), die Unklarheitenregel (§ 305c Abs. 2 BGB) und das Verbot überraschender Klauseln (§ 305c Abs. 1 BGB) zu beachten. Ob zudem eine Angemessenheitskontrolle erfolgt, ist von der Rechtsprechung noch nicht entschieden. Allerdings besteht angesichts der Regelungsdichte der §§ 74 ff. HGB, die einen angemessenen Ausgleich der Arbeitgeber- und Arbeitnehmerinteressen gewährleisten, für eine Angemessenheitskontrolle kein zusätzliches Bedürfnis (LAG Baden-Württemberg NZA-RR 2008, 508; Küttner/Reinecke Personalbuch 2014 Nr. 460 Wettbewerbsverbote Rz. 12; Diller NZA 2005, 250, 251).

Auch **Vertragsstrafenabreden** unterliegen der AGB-Kontrolle. Eine Klausel, wonach für jeden Fall der Zuwiderhandlung des Arbeitnehmers gegen ein Wettbewerbsverbot eine Vertragsstrafe in Höhe eines gewissen Betrages zu zahlen ist und gleichzeitig bestimmt wird, dass im Fall einer dauerhaften Verletzung des Wettbewerbsverbots jeder angebrochene Monat als erneute Verletzungshandlung gilt, ist wegen Verstoßes gegen das Transparenzgebot nach § 307 Abs. 1 Satz 2 BGB unwirksam (BAG NZA 2008, 170; anschaulich und amüsant zu den aus der Entscheidung resultierenden Formulierungsproblemen Diller NZA 2008, 574).

4. Karenzentschädigung

6 § 74 Abs. 2 HGB setzt für ein verbindliches Wettbewerbsverbot die Verpflichtung zur Zahlung einer Karenzentschädigung voraus (s. **M 100.2**). Die Karenzentschädigung muss für jedes Jahr des Verbots **mindestens die Hälfte** der von dem Arbeitnehmer zuletzt bezogenen vertragsmäßigen Leistungen erreichen. Wird eine zu geringe Karenzentschädigung zugesagt, ist das Wettbewerbsverbot unverbindlich mit der Folge, dass dem Arbeitnehmer ein Wahlrecht zusteht, ob er sich an das Wettbewerbsverbot halten will und die Karenzentschädigung in der geringeren Höhe beanspruchen will oder ob er sich nicht an das Wettbewerbsverbot halten will (BAG AP Nr. 59 zu § 74 HGB). Fehlt die Zusage einer Karenzentschädigung, so ist das Wettbewerbsverbot nichtig.

7 Nach § 74b Abs. 1 HGB ist die Entschädigung jeweils **zum Monatsende** zu zahlen. Ihre Berechnung bereitet oftmals erhebliche Schwierigkeiten. Nicht nur das monatlich ausbezahlte Gehalt, sondern **sämtliche Geld- und Sachleistungen** sind zu berücksichtigen. In Betracht kommen hier insbesondere variable Gehaltsbestandteile wie Zulagen, Tantiemen, Provisionen, Boni usw. aber auch andere vermögenswerte Vorteile, wie die Bereitstellung von Dienstwagen, Dienstlaptop und -handy, Firmenunterkunft, Verpflegung uä. Zur Berechnung der Entschädigung werden die festen Bezüge des Arbeitnehmers in der Höhe des letzten Monatsgehalts in Ansatz gebracht. Soweit es sich um Provisionen oder andere wechselnde Bezüge handelt, sind diese gem. § 74b Abs. 2 Satz 1 HGB mit dem Durchschnitt der letzten drei Jahre anzusetzen.

Nach § 74c HGB muss sich der Arbeitnehmer das **anrechnen lassen**, was er durch anderweitige Verwertung seiner Arbeitskraft erwirbt oder zu erwerben böswillig unterlässt. Jedoch nur, soweit die Entschädigung unter Hinzurechnung dieses Betrags den Betrag der zuletzt von ihm bezogenen Leistungen um mehr als ein Zehntel übersteigt. Vgl. zur Berechnung **M 100.3**. Ausführlich zur Berechnung der Karenzentschädigung HWK/Diller § 74 HGB Rz. 76 ff.

5. Umfang des Wettbewerbsverbots

8 Das Wettbewerbsverbot muss dem **berechtigten geschäftlichen Interesse des Arbeitgebers** dienen (§ 74a Abs. 1 Satz 1 HGB). Es darf zudem nicht zu einer unbilligen Erschwernis des Fortkommens des Arbeitnehmers führen. Überschreitet ein Wettbewerbsverbot diese Grenzen, ist es ebenfalls unverbindlich. Ein Wettbewerbsverbot kann nur für höchstens zwei Jahre vereinbart werden (§ 74a Abs. 1 Satz 3 HGB). Ist eine längere Dauer vereinbart, so wird das Wettbewerbsverbot nach Ablauf von zwei Jahren unverbindlich, dh. der Arbeitnehmer hat auch hier ein Wahlrecht.

6. Bedingte Wettbewerbsverbote

9 Oftmals versuchen Arbeitgeber sich die Entscheidung vorzubehalten, ob das Verbot nach Beendigung des Arbeitsverhältnisses in Kraft treten soll oder nicht. Alle Klauseln, die darauf abzielen, dass es letztlich der Entscheidung des Arbeitgebers überlassen bleibt, ob der Arbeitnehmer Wettbewerb

unterlassen muss oder nicht, führen zur **Unverbindlichkeit** des Wettbewerbsverbots (sog. bedingte Wettbewerbsverbote). Beispiele sind zB Zustimmungsvorbehalte des Arbeitgebers oder Klauseln, die ein einseitiges Verlangen des Arbeitgebers gegenüber dem Arbeitnehmer zum Unterlassen von Wettbewerb statuieren.

Zulässig ist allerdings die Vereinbarung einer **aufschiebenden Bedingung** für ein nachvertragliches Wettbewerbsverbot, etwa dass ein nachvertragliches Wettbewerbsverbot erst wirksam wird, wenn das Arbeitsverhältnis einen bestimmten Zeitraum ungekündigt bestanden hat. Die Regelung muss allerdings ebenfalls dem Transparenzgebot genügen (BAG AP Nr. 78 zu § 74 HGB).

7. Rechtsfolgen wirksamer Wettbewerbsverbote

Der Arbeitgeber kann wirksame nachvertragliche Wettbewerbsverbote mit einer **Klage bzw. einer einstweiligen Verfügung auf Unterlassung** durchsetzen. Oft wird in Wettbewerbsverboten zudem eine Vertragsstrafe vereinbart. Auch in formularmäßig vereinbarten Wettbewerbsverboten ist eine Vertragsstrafe trotz der Regelung in § 309 Nr. 6 BGB zulässig. Zum einen ist die Vertragsstrafe in § 75c HGB gesetzlich vorgesehen. Zum anderen gehört die Vorschrift zu den nach § 310 Abs. 4 Satz 2 BGB zu berücksichtigenden „Besonderheiten des Arbeitsrechts" (BAG NZA 2004, 727; Bauer/Diller NJW 2002, 1609). Der Arbeitgeber kann zudem Schadensersatzansprüche geltend machen. 10

8. Entfallen des Wettbewerbsverbots

Nachvertragliche Wettbewerbsverbote können jederzeit von den Parteien **einvernehmlich aufgehoben** werden (s. **M 100.2**). Während der Dauer des Arbeitsverhältnisses kann der Arbeitgeber auch nach § 75a HGB durch schriftliche Erklärung einseitig auf das Wettbewerbsverbot verzichten. Das Wettbewerbsverbot entfällt dann mit sofortiger Wirkung. Der Arbeitgeber wird allerdings erst mit Ablauf eines Jahres ab Zugang der Erklärung von der Verpflichtung zur Zahlung der Karenzentschädigung frei. 11

Bei einer rechtswirksamen **außerordentlichen Kündigung des Arbeitnehmers** kann dieser binnen eines Monats schriftlich erklären, er halte sich an das Wettbewerbsverbot nicht gebunden (§ 75 Abs. 1 HGB). Mit Zugang dieser Erklärung beim Arbeitgeber entfallen sowohl das Wettbewerbsverbot als auch die Pflicht zur Zahlung einer Karenzentschädigung.

Zumindest auch **die ordentliche Kündigung des Arbeitgebers** gibt dem Arbeitnehmer nach § 75 Abs. 2 HGB die Befugnis, sich vom Wettbewerbsverbot loszusagen. Voraussetzung ist allerdings, dass die Kündigung nicht aus einem in der Person des Arbeitnehmers liegendem Grund erfolgt ist. Auch hier ist vom Arbeitnehmer die Monatsfrist für die Erklärung zu beachten.

Kündigt der Arbeitgeber rechtswirksam **fristlos**, hat er in entsprechender Anwendung von § 75 Abs. 1 HGB ebenso das Lossagerecht.

Allgemeine Ausgleichsklauseln in **Aufhebungsverträgen** oder **gerichtlichen Vergleichen** können je nach den Umständen ebenfalls zu einer Aufhebung des Wettbewerbsverbots führen (vgl. BAG MDR 2003, 93; BAG NJW 2009, 1019).

➲ **Praxistipp:** Für Arbeitgeber empfiehlt es sich, vor Abschluss von Aufhebungsverträgen oder gerichtlichen Vergleichen mit allgemeinen Ausgleichsklauseln zu prüfen, ob und inwieweit noch Interesse an einem nachvertraglichen Wettbewerbsverbot besteht. Grundsätzlich sollte auch in einem Aufhebungsvertrag klar geregelt werden, welches Schicksal ein nachvertragliches Wettbewerbsverbot haben soll. 12

M 100.1 Nachvertragliches Wettbewerbsverbot

Nachvertragliches Wettbewerbsverbot
zwischen der Firma ...
– im Folgenden Firma –

und Herrn/Frau . . .

– im Folgenden Arbeitnehmer –

§ 1

(1) Der Arbeitnehmer verpflichtet sich, für die Dauer von zwei Jahren nach Beendigung des Arbeitsverhältnisses weder in selbstständiger, unselbstständiger noch in sonstiger Weise für ein Unternehmen tätig zu werden, welches mit der Firma in direktem oder indirektem Wettbewerb steht oder mit einem Wettbewerbsunternehmen verbunden ist.[1]

ggf.:

Das Wettbewerbsverbot gilt auch zu Gunsten der mit der Firma verbundenen Unternehmen[2].

(2) Das Wettbewerbsverbot erstreckt sich räumlich auf das Gebiet der/des . . .[3]

(3) Das Arbeitsgebiet der Firma erstreckt sich auf nachfolgende Bereiche . . .[4]

§ 2

Die Firma verpflichtet sich, dem Arbeitnehmer für die Dauer des Wettbewerbsverbots eine Entschädigung zu zahlen, die für jedes Jahr des Verbotes mindestens die Hälfte der von dem Arbeitnehmer zuletzt bezogenen vertragsmäßigen Leistungen erreicht[5].

§ 3

(1) Der Arbeitnehmer verpflichtet sich, während der Dauer des Wettbewerbsverbots auf Verlangen Auskunft über die Höhe seiner Bezüge[6] *zu geben und die Anschrift seines jeweiligen Arbeitgebers mitzuteilen.*

(2) Die Karenzentschädigung wird fällig am Schluss eines jeden Monats[7]. *Am Schluss eines Kalenderjahres ist er verpflichtet, seine Lohnsteuerkarte vorzulegen.*

---

1 Weder die Verwendung des Begriffs „indirekter Wettbewerb" noch des Begriffs „verbundene Unternehmen" führen zu einer Intransparenz eines vorformulierten nachvertraglichen Wettbewerbsverbots (LAG Hamm – 14 Sa Ga 59/09, zit. nach juris).

2 Bei Wettbewerbsverboten, die auch zu Gunsten von konzernverbundenen Unternehmen gelten sollen, sollte genau geprüft werden, inwieweit hieran ein berechtigtes Interesse des Arbeitgebers besteht. Ansonsten besteht die Gefahr, dass das Wettbewerbsverbot insoweit nach § 74a Abs. 1 HGB unverbindlich ist und dem Arbeitnehmer ein Wahlrecht dahingehend zusteht, ob er sich dem Wettbewerbsverbot unterwerfen und die Karenzentschädigung erhalten will oder nicht.

3 Das Wettbewerbsverbot sollte unbedingt räumlich beschränkt werden, da es ansonsten weltweit gilt und – falls der Arbeitgeber dann kein berechtigtes Interesse nachweisen kann –, unwirksam ist.

4 Das Wettbewerbsverbot ist nach § 74a HGB nur insoweit verbindlich, wie es dem Schutz eines berechtigten geschäftlichen Interesses des Arbeitgebers dient und unter Berücksichtigung der Entschädigung nach Ort, Zeit oder Gegenstand das Fortkommen des Arbeitnehmers nicht unbillig erschwert (BAG NZA 1996, 310). Es empfiehlt sich deshalb, in der Regel „tätigkeitsgebundene" und territorial begrenzte Verbote zu vereinbaren.

5 Diese an das Gesetz angelehnte Formulierung und nicht ein konkreter Betrag ist dringend zu empfehlen, weil durchaus streitig sein kann, auf welchen Betrag sich die gesetzliche Mindestkarenzentschädigung beläuft (vgl. BAG NZA 1990, 519). Da bei der Berechnung der Karenzentschädigung alle Einkommensbestandteile zu berücksichtigen sind, mithin auch Naturalleistungen, wie etwa der Firmenwagen, besteht bei der Angabe eines Geldbetrages das Risiko, dass sonstige Leistungen übersehen werden mit der Folge, dass das Wettbewerbsverbot unverbindlich wird und der Arbeitnehmer ein Wahlrecht hat. Eine Formulierung, die auch als Zusage einer niedrigeren als der gesetzlichen Karenzentschädigung verstanden werden kann, kann unklar iSv. § 305c Abs. 2 BGB sein und damit ebenfalls zur Unverbindlichkeit des Wettbewerbsverbots führen (LAG Hamm – 14 Sa 818/08, zit. nach juris).

6 Vgl. § 74c Abs. 2 HGB.

7 Eine Verfallsklausel für alle beiderseitigen Ansprüche aus dem Arbeitsverhältnis und solchen, die mit dem Arbeitsverhältnis in Verbindung stehen, erfasst auch den monatlich fällig werdenden Anspruch auf Karenzentschädigung (BAG NZA 1998, 258).

§ 4

(1) Der Arbeitnehmer hat für jeden Fall der schuldhaften Zuwiderhandlung gegen das Wettbewerbsverbot eine Vertragsstrafe[8] von ... Euro zu zahlen.

Besteht die Zuwiderhandlung in der kapitalmäßigen Beteiligung an einem Wettbewerbsunternehmen oder der Eingehung eines Dauerschuldverhältnisses (zB Arbeits-, Dienst-, Handelsvertreter- oder Beraterverhältnis), wird die Vertragsstrafe für jeden angefangenen Monat, in dem die kapitalmäßige Beteiligung oder das Dauerschuldverhältnis besteht, neu verwirkt (Dauerverletzung). Mehrere Verletzungshandlungen lösen jeweils gesonderte Vertragsstrafen aus, gegebenenfalls auch mehrfach innerhalb eines Monats. Erfolgen dagegen einzelne Verletzungshandlungen im Rahmen einer Dauerverletzung, sind sie von der für die Dauerverletzung verwirkten Vertragsstrafe mit umfasst[9].

(2) Das Recht der Firma gegenüber dem Arbeitnehmer sonstige gesetzliche Ansprüche, insbesondere einen darüber hinausgehenden Schaden bzw. Unterlassung etc. geltend zu machen, wird durch Abs. 1 nicht berührt.

§ 5

Das Wettbewerbsverbot gilt auch im Falle einer Rechtsnachfolge des Betriebs. Es geht bei Veräußerung auf den Erwerber über. Der Arbeitnehmer ist mit dem Übergang der Rechte aus dieser Vereinbarung auf den Rechtsnachfolger einverstanden.

§ 6

Das Wettbewerbsverbot tritt erst in Kraft, wenn das Arbeitsverhältnis mehr als sechs Monate bestanden hat[10].

§ 7

Im Übrigen gelten die Vorschriften der §§ 74 ff. HGB.

... (Unterschriften)

Empfangsbekenntnis:

§ 8

Der Arbeitnehmer bekennt, ein rechtsverbindlich unterzeichnetes Exemplar dieser Vereinbarung erhalten zu haben[11].

... (Unterschrift Arbeitnehmer)

8 Eine Vertragsstrafenandrohung erweist sich häufig durchaus als taugliches Mittel, um einen Arbeitnehmer an der vereinbarten Wettbewerbsenthaltung festzuhalten (vgl. § 75c HGB). § 309 Nr. 6 BGB steht dem nach hM nicht entgegen.

9 Formulierung nach Diller NZA 2008, 574, 576.

10 Es handelt sich hier nicht um ein unverbindliches bedingtes Wettbewerbsverbot, sondern um eine objektive Bedingung, die nicht vom Willen des Arbeitgebers abhängig ist. Die Klausel ist daher wirksam und zieht nicht Unverbindlichkeit des Wettbewerbsverbots nach sich. Es handelt sich auch nicht um eine überraschende Klausel iSv. § 305c Abs. 1 BGB (BAG v. 13.7.2005 – 10 AZR 532/04).

11 Nach § 74 Abs. 1 HGB muss dem Arbeitnehmer eine vom Arbeitgeber verbindlich unterzeichnete Vereinbarung ausgehändigt werden. Die entsprechende Klausel ist in individuell ausgehandelten Vertragsabreden in die Vereinbarung aufzunehmen. Bei **vorformulierten** Arbeitsverträgen muss die Empfangsbestätigung drucktechnisch hervorgehoben und wegen § 309 Nr. 12 lit. b BGB gesondert vom Vertragstext unterzeichnet werden.

M 100.2 Zusage erhöhter Karenzentschädigung[1]

An Herrn/Frau ...

Ordentliche betriebsbedingte Kündigung und Zusage erhöhter Karenzentschädigung

1 Vgl. Rz. 6 und Bauer DB 1979, 500.

Sehr geehrte(r) Herr/Frau ...,

wir sehen uns leider gezwungen, Ihnen aus dringenden betrieblichen Gründen ordentlich zum ... zu kündigen. Die Kündigung ist nötig, weil ...

Bitte haben Sie Verständnis dafür, dass wir auf die Einhaltung des unter dem Datum vom ... vereinbarten nachvertraglichen Wettbewerbsverbotes trotz der betriebsbedingten Kündigung großen Wert legen[2]. Wir halten daher trotz der Kündigung an dem Wettbewerbsverbot fest und erklären uns gem. § 75 Abs. 2 HGB bereit[3], während der Dauer des Wettbewerbsverbots die vollen zuletzt von Ihnen bezogenen vertragsmäßigen Leistungen zu gewähren[4].

Wir weisen Sie zudem darauf hin, dass Sie verpflichtet sind, sich unverzüglich nach Erhalt der Kündigung bei der Arbeitsagentur arbeitssuchend zu melden. Ansonsten drohen Ihnen Nachteile beim Bezug von Arbeitslosengeld (§§ 38b, 140 SGB III).

2 Solche Konstellationen sind zwar selten, aber denkbar.

3 Wird diese Erklärung nicht gegeben, kann sich der Arbeitnehmer binnen eines Monats nach Zugang der Kündigung durch schriftliche Erklärung vom Wettbewerbsverbot lösen. Bietet der Arbeitgeber die erhöhte Karenzentschädigung nicht an und löst sich der Arbeitnehmer nicht, muss der Arbeitnehmer Wettbewerbe unterlassen, wobei er dann nur Anspruch auf die „normale" Karenzentschädigung hat.

4 Die Zusage erhöhter Karenzentschädigung ist nur bei betriebsbedingten Kündigungen notwendig, nicht jedoch, wenn für die Kündigung ein „erheblicher Anlass in der Person" des Arbeitnehmers vorliegt.

M 100.3 Berechnungsschema/Beispiel für Karenzentschädigung[1]

1.	*Letzter Jahresverdienst Bei der Berechnung der Karenzentschädigung sind alle Vergütungsbestandteile zu berücksichtigen, auch wenn ein Rechtsanspruch nicht besteht (BAG AP Nr. 34 zu § 74 HGB). Darunter fallen zB auch Sonderzuwendungen, Sachbezüge etc. beim „alten" Arbeitgeber*	*= 60 000 Euro*
2.	*Letzter Monatsverdienst beim „alten" Arbeitgeber*	*= 5 000 Euro*
3.	*50 % von 2. (Minimaler monatlicher Mindestanspruch auf Karenzentschädigung)*	*= 2 500 Euro*
4.	*Jahresverdienst beim „neuen" Arbeitgeber*	*= 48 000 Euro*
5.	*Monatsverdienst beim „neuen" Arbeitgeber*	*= 4 000 Euro*
6.	*Summe 3 und 5 (Entschädigung + „neues" Gehalt)*	*= 6 500 Euro*
7.	*110 % von 2.*	*= 5 500 Euro*
	(110 % des „alten" Gehalts) Die Anrechnung nach § 74c HGB erfolgt nur, wenn die Karenzentschädigung unter Hinzurechnung des Betrages, den der Arbeitnehmer beim neuen Arbeitgeber erhält, den Verdienst beim „alten" Arbeitgeber um mehr als ***ein Zehntel*** *übersteigt. (alternativ: 125 % von 2.*	*= 6 250 Euro)*[2]
8.	*Differenz von 6. und 7.*	*= 1 000 Euro*
	(Anrechnungsbetrag) (alternativ: Differenz von 6. und 7.	*= 500 Euro)*
9.	*Differenz aus 3. und 8.*	*= 1 500 Euro*
	(zahlbare Karenzentschädigung) (alternativ: Differenz von 3. und 8.	*= 2 250 Euro)*

1 Dazu Rz. 6 f.

2 Soweit der Arbeitnehmer wegen des Wettbewerbsverbots zu einem Wohnsitzwechsel gezwungen war, erfolgt eine Anrechnung nur soweit die Karenzentschädigung zuzüglich des Gehalts beim „neuen" Arbeitgeber den Verdienst beim „alten" Arbeitgeber um mehr als **ein Viertel** übersteigt (zur erhöhten anrechnungsfreien Grenze BAG NZA 1995, 631).

M 100.4 Einseitiger Verzicht des Arbeitgebers auf die Einhaltung des Wettbewerbsverbotes

Herrn/Frau …

… (Anschrift)

Einseitiger Verzicht des Arbeitgebers auf die Einhaltung des Wettbewerbsverbotes[1]

Sehr geehrte(r) Herr/Frau …

hiermit verzichten[2] *wir nach § 75a HGB auf das nachvertragliche Wettbewerbsverbot vom … mit der Wirkung, dass wir mit Ablauf eines Jahres seit dem Zugang dieser Erklärung von der Verpflichtung zur Zahlung der Karenzentschädigung frei werden*[3].

… (Unterschriften)[4]

---

1 Bei der Beendigung des Arbeitsverhältnisses sollte immer an § 75a HGB gedacht werden, der dem Arbeitgeber ein einseitiges Verzichtsrecht einräumt mit der Folge, dass er von der Zahlung der Karenzentschädigung ein Jahr nach Zugang der Erklärung frei wird. Dieser Weg erspart dem Arbeitgeber dann unnütze Kosten, wenn das Wettbewerbsverbot aus seiner Sicht keinen Sinn macht. Zu beachten ist, dass auch Pensionäre grundsätzlich Anspruch auf Karenzentschädigung haben (BAG NZA 1991, 308). Falls es nicht gelingt, das Wettbewerbsverbot einvernehmlich aufzuheben, sollte möglichst frühzeitig die Lösung erklärt werden.

2 Der Verzicht kann bis zum rechtlichen Ende des Arbeitsverhältnisses ausgesprochen werden, also vor, bei und auch noch nach Ausspruch einer ordentlichen Kündigung. Bei einer fristlosen Kündigung muss die Verzichtserklärung spätestens mit der Kündigung zugehen.

3 Der Arbeitnehmer wird seinerseits sofort von dem Wettbewerbsverbot befreit (BAG NZA 1987, 453).

4 Der Verzicht kann nur durch schriftliche Erklärung (§ 126 BGB) erfolgen.

M 100.5 Lösungserklärung des Arbeitnehmers

An die Firma …

z. Hd. Herrn/Frau …

Lösungserklärung gem. § 75 Abs. 1/Abs. 2 HGB

Sehr geehrte(r) Herr/Frau …,

hiermit erkläre ich gem. § 75 Abs. 1/Abs. 2 HGB, dass ich mich an das Wettbewerbsverbot ab sofort nicht mehr gebunden erachte[1].

… (Unterschrift)

---

1 Die Lösungserklärung nach § 75 Abs. 1 HGB kommt in Betracht, wenn der Arbeitnehmer das Arbeitsverhältnis wegen vertragswidrigen Verhaltens des Arbeitgebers aus wichtigem Grund (§ 626 BGB) gekündigt hat. Dabei wird das Wettbewerbsverbot unwirksam, wenn der Arbeitnehmer die Lösungserklärung **vor Ablauf eines Monats** nach Zugang der Kündigung **schriftlich** erklärt.
Nach § 75 Abs. 2 HGB muss die Lösungserklärung ebenfalls innerhalb eines Monats nach Zugang der Kündigung vom Arbeitnehmer erklärt werden. Die Erklärung ist unzulässig, wenn für die Kündigung des Arbeitgebers ein „erheblicher Anlass in der Person" des Arbeitnehmers vorliegt oder sich der Arbeitgeber bei der Kündigung bereit erklärt hat, während der Dauer der Beschränkung dem Arbeitnehmer „die vollen zuletzt von ihm bezogenen vertragsmäßigen Leistungen" (erhöhte Karenzentschädigung vgl. **M 100.2**) zu gewähren. Gründe in der „Person" des Arbeitnehmers sind auch verhaltensbedingte Kündigungsgründe.

M 100.6 Lösungserklärung des Arbeitgebers[1]

. . .

Außerordentliche fristlose Kündigung

und Lösungserklärung nach § 75 Abs. 3, Abs. 1 HGB

Sehr geehrte(r) Frau/Herr . . .,

hiermit kündigen wir das mit Ihnen bestehende Arbeitsverhältnis aus wichtigem Grund fristlos. Die Kündigung erfolgt, weil Sie am . . .[2].

Gleichzeitig erklären wir gem. § 75 Abs. 3 und Abs. 1 HGB, dass wir uns an das Wettbewerbsverbot vom . . . nicht gebunden erachten. Sie sind daher ab sofort in der Verwertung Ihrer Arbeitskraft frei, haben aber auch keinen Anspruch auf Zahlung einer Karenzentschädigung.

Mit freundlichen Grüßen

. . . (Unterschrift)

---

1 § 75 Abs. 3 HGB, der ursprünglich vorgesehen hatte, dass bei berechtigter arbeitgeberseitiger außerordentlicher Kündigung das Wettbewerbsverbot bestehen bleiben sollte, der Anspruch des Arbeitnehmers aber entfallen sollte, wurde für verfassungswidrig und nichtig erklärt. Die entstandene Lücke wird vom BAG durch eine Analogie zum Lösungsrecht des Arbeitnehmers aus § 75 Abs. 1 HGB geschlossen (BAG AP Nr. 6 zu § 75 HGB). Das bedeutet, dass die Lösungserklärung des Arbeitgebers ebenfalls innerhalb eines Monats nach Zugang der Kündigung schriftlich erfolgen muss. Die Lösungserklärung ist zweckmäßigerweise mit der Kündigung zu verbinden.

2 Eine Angabe von Kündigungsgründen ist in der Regel für die Wirksamkeit der Kündigung nicht erforderlich. Ausnahmen statuieren einige Tarifverträge bzw. § 22 Abs. 3 BBiG bei Kündigungen von Berufsausbildungsverhältnissen.

M 100.7 Aufforderung zur Auskunft über anderweitigen Erwerb[1]

Frau/Herrn . . .,

Sehr geehrte(r) Frau/Herr . . .,

gem. § 74c Abs. 2 HGB sind Sie verpflichtet, uns während der Dauer des Wettbewerbsverbots Auskünfte über anderweitigen Erwerb zu erteilen[2]. Für den Eingang Ihrer Auskunft haben wir uns eine Frist bis zum . . . vorgemerkt. Vorsorglich weisen wir Sie darauf hin, dass uns ein Zurückbehaltungsrecht an der Karenzentschädigung zusteht, falls Sie die Auskunft nicht rechtzeitig oder unvollständig erteilen. Gleichzeitig fordern wir Sie hiermit auf, künftig zu jedem Quartalsende unaufgefordert Auskunft über anderweitigen Erwerb zu erteilen.

Mit freundlichen Grüßen

. . . (Unterschrift)

---

1 Nach § 74c HGB muss sich der Arbeitnehmer als anderweitigen Erwerb auf die Karenzentschädigung anrechnen lassen, was er durch Verwertung seiner Arbeitskraft erwirbt oder zu erwerben böswillig unterlässt. Vgl. das Berechnungsschema **M 100.3**. Anrechenbar sind neben den Vergütungen für ein neues Anstellungsverhältnis auch Honorare für freie Mitarbeit, Einkünfte aus selbständiger Tätigkeit und das Arbeitslosengeld. Auch „böswillig unterlassener Erwerb" ist anrechenbar.

2 § 74c Abs. 2 HGB sieht eine Aufforderung durch den ehemaligen Arbeitgeber vor. Von sich aus hat der Arbeitnehmer keine Verpflichtung, etwaige Bezüge mitzuteilen. Die Auskunft muss vollständig, klar und überprüfbar sein und ist durch Nachweise zu belegen. Der Arbeitgeber kann zudem vom Arbeitnehmer verlangen, Lohn- und Gehaltsberechnungen, bzw. die Lohnsteuerkarte vorzulegen (BAG AP Nr. 6 zu § 74c HGB).

Checkliste: Prüfung des Wettbewerbsverbots mit einem Arbeitnehmer

1. Schriftform eingehalten? 13
2. Aushändigung der Urkunde?
3. Arbeitnehmer im Vereinbarungszeitpunkt nicht minderjährig? (Das Wettbewerbsverbot ist gem. § 74a Abs. 2 HGB nichtig, wenn der Arbeitnehmer zum Zeitpunkt des Abschlusses minderjährig ist).
4. Hinreichende Inhaltsbestimmung?
5. Berechtigtes geschäftliches Interesse des Arbeitgebers?
   - ☐ Schützenswerte Interessen?
   - ☐ Konkurrenzgefahr?
   - ☐ Fehlender Erwerb von Betriebs- und Geschäftsgeheimnissen?
   - ☐ Örtliche Reichweite?
   - ☐ Zeitliche Reichweite?
6. Unbillige Erschwerung des Fortkommens des Arbeitnehmers?
   - ☐ Ausreichende Höhe der Karenzentschädigung?
   - ☐ Vollständiges Tätigkeitsverbot in ganz Deutschland bzw. Europa oder weltweit?
7. Höchstdauer von zwei Jahren eingehalten?
8. Ausreichende Zusage der Karenzentschädigung?
   - ☐ Mindestens 50 % der letzten Gesamtbezüge?
   - ☐ Unbedingte Zusage der Entschädigung?
   - ☐ Monatliche Zahlungsweise?
   - ☐ Ausreichende Entschädigung sowohl im Zusagezeitpunkt als auch bei der Geltendmachung?
   - ☐ Zu weit gehende Anrechnung anderweitigen Erwerbs?
9. Bedingtes Wettbewerbsverbot?
   - ☐ Vorbehalt des Gebrauchmachens/Auferlegens?
   - ☐ Freigabeklausel/Verzichtsklausel?
   - ☐ Variable Laufzeit?
   - ☐ Wegfall bei Eintritt in den Ruhestand?
   - ☐ Wegfall bei bestimmten beruflichen Entscheidungen?
   - ☐ Geltung nur bei bestimmten Beendigungstatbeständen?
10. Arbeitsverhältnis in Vollzug gesetzt?
11. Anschließendes neues Dienstverhältnis mit dem gleichen Arbeitgeber im gleichen Konzern?
12. Wettbewerbsverbot durch Verzicht gem. § 75a HGB erloschen?
13. Lösungsrecht nach § 75 Abs. 1–3 HGB?
14. Konkludente Aufhebung des Wettbewerbsverbots?
15. Greift eine Ausschlussfrist für die Geltendmachung der Karenzentschädigung ein?

Kapitel 101 Beendigung des Arbeitsverhältnisses

Literatur: *Ascheid/Preis/Schmidt*, Kündigungsrecht, 4. Aufl. 2012; *Bauer*, Arbeitsrechtliche Aufhebungsverträge, 9. Aufl. 2014; *Etzel/Bader/Fischermeier u.a.*, Gemeinschaftskommentar zum Kündigungsschutzgesetz und zu sonstigen kündigungsschutzrechtlichen Vorschriften, 10. Aufl. 2013 (zitiert: KR); *v. Hoyningen-Huene/Linck*, Kündigungsschutzgesetz, 15. Aufl. 2013; *Stahlhacke/Preis/Vossen*, Kündigung und Kündigungsschutz im Arbeitsverhältnis, 11. Aufl. 2015; *Weber/Ehrich/Burmester/Fröhlich*, Handbuch der arbeitsrechtlichen Aufhebungsverträge, 5. Aufl. 2009.

I. Kündigung

1. Kündigungserklärung

Kündigungen müssen wegen ihrer einschneidenden Bedeutung deutlich und zweifelsfrei erklärt 1
werden (Bestimmtheitsgrundsatz). Eine Kündigung unter einer **Bedingung** ist grundsätzlich unzulässig. Möglich sind aber Bedingungen, deren Eintritt ausschließlich vom Willen des Arbeitnehmers abhängt. Das ist der Fall bei der sog. Änderungskündigung.

Wird die Kündigung durch einen **Bevollmächtigten**, zB einen leitenden Angestellten oder einen 2
Anwalt erklärt, so muss dieser zur Vermeidung der unverzüglichen Zurückweisung der Kündigung gem. § 174 Satz 1 BGB darauf achten, dass er die Vollmacht mit vorlegt und der Vollmachtstext eindeutig die Berechtigung zur Kündigungserklärung ausweist. Beim Anwalt genügt die allgemeine Prozessvollmacht dafür nicht (BAG AnwBl. 1980, 149). Die Vollmacht muss in Urschrift vorgelegt werden; beglaubigte Abschrift genügt nicht (BGH MDR 1981, 664). Auch die Vorlage einer Faxkopie der Vollmacht soll der Vorlage der Originalurkunde im Rahmen des § 174 BGB nicht gleichkommen (BGH NJW 1994, 1472; OLG Hamm AnwBl. 1991, 340, vgl. **M 101.10**; wegen der Unverzüglichkeit der Zurückweisung vgl. BAG NJW 1979, 447; wegen der klaren und eindeutig erkennbaren Angabe des Zurückweisungsgrunds BAG NJW 1981, 2374). Bei der Kündigung durch Personalleiter oder Personalabteilungsleiter ist nach Auffassung des BAG (AP Nr. 1 zu § 174 BGB) die Beifügung einer Vollmacht regelmäßig nicht erforderlich. Bei gesamtvertretungsberechtigten Organmitgliedern ist die Vollmacht vorzulegen (ArbG Hannover BB 1981, 791). Bei einer Kündigung durch ein einzelvertretungsbefugtes Organmitglied oder einen Prokuristen mit Einzelprokura ist die Beifügung einer Vollmacht wegen § 15 Abs. 2 HGB nicht erforderlich (BAG NZA 1992, 449).

2. Schriftform der Kündigung

Kündigungen bedürfen der Schriftform (§ 623 BGB). Die Kündigung von Berufsausbildungsver- 3
hältnissen hat ebenfalls schriftlich zu erfolgen (vgl. § 22 Abs. 3 BBiG).

3. Wirksamwerden der Kündigung

Kündigungen werden erst mit dem **Zugang** beim Kündigungsempfänger **wirksam** (§ 130 BGB). 4
Wird einem anwesenden Mitarbeiter durch Übergabe des Kündigungsschreibens gekündigt, so ist die Kündigung sofort zugegangen. Das Beweisrisiko für den Zugang trägt jedoch der Arbeitgeber. Wird einem Abwesenden durch Brief gekündigt, so kommt es auf die übliche Leerung des Briefkastens an (BAG AP Nr. 8 zu § 130 BGB). Besonders zu beachten ist, dass Einschreibebriefe als Einschreiben mit Rückschein erst mit Aushändigung durch die Post zugehen, noch nicht dagegen bei Hinterlassung des Benachrichtigungszettels (BAG AP Nr. 4 zu § 130 BGB; BAG NZA 1996, 1227). Der Empfänger kann sich jedoch dann nicht auf den fehlenden Zugang berufen, wenn er rechtsmissbräuchlich das Abholen des Einschreibebriefs unterlässt oder verzögert.

➲ **Praxistipp:** Gerade beim Zugang der Kündigung unterlaufen Arbeitgebern häufig Fehler. Von 5
einer Kündigung per Einschreiben mit Rückschein ist dringend abzuraten, da diese nicht mit Einwurf des Benachrichtigungszettels zugeht. Die Kündigung sollte entweder per Boten oder per Einwurf-Einschreiben übersandt werden. Sind vom Arbeitgeber Fristen, wie etwa die Zwei-Wochen-Frist des § 626 Abs. 2 BGB einzuhalten, ist auf den Nachweis des Zugangs der Kündigung besonderer Wert zu legen.

Problematisch ist auch die Kündigung von Arbeitnehmern, die krank sind oder sich in Urlaub be- 6
finden. Zutreffend geht das BAG (NZA 1988, 875; anders noch BAG BB 1981, 1031) davon aus, dass die Kündigung gegenüber einem (urlaubs-)abwesenden Arbeitnehmer dennoch an dessen normale Adresse zugestellt werden kann (vgl. insgesamt Becker-Schaffner BB 1998, 422).

7 ➲ **Wichtig:** Insbesondere für den Anwalt ist zu beachten, dass auch die Zurückweisung einer Kündigung nach § 174 BGB voraussetzt, dass der Anwalt dem Zurückweisungsschriftsatz eine Vollmacht, die zur Vornahme einseitiger Rechtsgeschäfte berechtigt, **im Original** beifügt. Ansonsten kann die Gegenseite wieder ihrerseits unter Beachtung der Formvorschriften zurückweisen.

8 Bei einer **Gesellschaft bürgerlichen Rechts** setzt die Wahrung der gesetzlichen Schriftform voraus, dass die Urkunde erkennen lässt, dass die Unterschrift der handelnden Gesellschafter auch die Erklärung des nichtunterzeichnenden Gesellschafters decken soll, sie also auch in dessen Namen erfolgt (BAG NZA 2005, 865). Grundsätzlich ist es erforderlich, dass alle Erklärenden die schriftliche Willenserklärung unterzeichnen. Unterzeichnet für eine GbR ein Vertreter, muss dies durch einen Zusatz hinreichend deutlich zum Ausdruck kommen, ansonsten ist nicht auszuschließen, dass vorgesehen war, dass auch das andere Mitglied oder die anderen Mitglieder die Urkunde noch unterschreiben sollten (BAG NZA 2005, 865).

4. Begründung der Kündigung

9 Eine Kündigung ist grundsätzlich auch ohne **Angabe von Kündigungsgründen** wirksam, es sei denn, es handelt sich um ein **Ausbildungsverhältnis** (vgl. § 22 Abs. 3 BBiG), oder ein Kollektiv- bzw. Individualvertrag würde etwas anderes vorschreiben. Die Kündigung kann grundsätzlich innerhalb oder außerhalb der Arbeitszeit, an jedem Ort, vor oder am Kündigungstermin erfolgen. Allein durch Zugang am „Heiligen Abend" wird eine Kündigung nicht unwirksam (BAG BB 1985, 1913). Ob eine Kündigung auch vor Dienstaufnahme unter Einhaltung der vereinbarten Kündigungsfrist ausgesprochen werden kann, ist durch Vertragsauslegung zu ermitteln (BAG BB 1985, 1913). Grundsätzlich ist davon auszugehen, dass die Parteien bei einer Kündigung vor Dienstantritt nicht gewollt haben, dass die Kündigungsfrist in der Regel mit dem Zugang der Kündigungserklärung beginnt. Eine tatsächliche Mindestbeschäftigung ist nur in Ausnahmefällen gewollt (BAG NZA 2006, 1207).

5. Kündigungsfristen

10 Die einzuhaltenden **gesetzlichen Kündigungsfristen** sind in § 622 BGB geregelt. Die Grundkündigungsfrist beträgt nach § 622 Abs. 1 BGB vier Wochen zum 15. oder zum Ende eines Kalendermonats. Die **Kündigungsfrist erhöht** sich bei der **Kündigung** des **Arbeitgebers** nach einer Beschäftigungszeit von

- zwei Jahren auf einen Monat,
- von fünf Jahren auf zwei Monate,
- von acht Jahren auf drei Monate,
- von zehn Jahren auf vier Monate,
- von zwölf Jahren auf fünf Monate,
- von fünfzehn Jahren auf sechs Monate und
- von zwanzig Jahren auf sieben Monate,

jeweils zum Monatsende. Nach § 622 Abs. 2 Satz 2 BGB werden bei der Berechnung der Beschäftigungsdauer nur die Beschäftigungsjahre mitgerechnet, die der Arbeitnehmer nach Vollendung des 25. Lebensjahres bei demselben Arbeitgeber zugebracht hat. Der EuGH hält diese gesetzliche Regelung für einen Verstoß gegen das Diskriminierungsverbot wegen Alters in seiner Konkretisierung durch die Richtlinie 2000/78/EG (EuGH NZA 2010, 85). Die Regelung des § 622 Abs. 2 Satz 2 BGB ist daher nun obsolet. Die für die Kündigungsfristen maßgebliche Beschäftigungszeit muss schon im Zeitpunkt des Zugangs der Kündigung erreicht sein. Die verlängerten Kündigungsfristen gelten nur zu Gunsten der Arbeitnehmer. Allerdings finden sich in Anstellungsverträgen häufig rechtlich unbedenkliche Klauseln, wonach sich die von einem Arbeitnehmer einzuhaltende Kündigungsfrist im gleichem Umfang wie für den Arbeitgeber verlängert (§ 622 Abs. 5 Satz 3 BGB). Für die Kündigung des Arbeitsverhältnisses durch den Arbeitnehmer darf aber keine längere Frist vereinbart werden als für die Kündigung durch den Arbeitgeber (§ 622 Abs. 6 BGB).

Vereinbaren die Parteien eine **Probezeit** für längstens sechs Monate, so gilt automatisch während dieser Zeit eine Kündigungsfrist von zwei Wochen (§ 622 Abs. 3 BGB). Ein Kündigungstermin ist dabei nicht einzuhalten. 11

Alle gesetzlichen Kündigungsfristen (Kündigungsfrist während der Probezeit, Grundkündigungsfrist, verlängerte Kündigungsfrist) sind gem. § 622 Abs. 4 BGB **tarifdispositiv**. Die Tarifvertragsparteien können von den gesetzlichen Fristen zu Gunsten oder zuungunsten der Arbeitnehmer abweichen. Allerdings ist der Gestaltungsspielraum der Tarifvertragsparteien durch Art. 3 GG begrenzt. **Unterschiedliche tarifliche Kündigungsfristen** für Arbeiter und Angestellte sind nur dann wirksam, wenn die Ungleichbehandlung durch einen sachlichen Grund gerechtfertigt ist. Funktions- und betriebsspezifische Interessen des Arbeitgebers an größerer personalwirtschaftlicher Beweglichkeit im produktiven Bereich oder auch gruppenspezifische Schwierigkeiten bestimmter Arbeitnehmer bei der Stellensuche, können unterschiedliche Kündigungsfristen für Arbeiter und Angestellte rechtfertigen (vgl. BVerfG DB 1990, 1565; BAG NZA 1992, 742: Gartenbaubetriebe; BAG NZA 1992, 886: Baugewerbe; BAG NZA 1992, 787 und BAG DB 1995, 1470: Textilbranche; BAG NZA 1993, 995: Chemie). 12

6. Beteiligung des Betriebsrats

Vor der Kündigung ist der **Betriebsrat anzuhören** (s. Kap. 105 Rz. 25); unterbleibt die Anhörung oder erfolgt diese nicht ordnungsgemäß, dann ist die Kündigung nichtig (§ 102 Abs. 1 BetrVG). Dies gilt auch für die Kündigung eines ausländischen Betriebsangehörigen mit ausländischem Arbeitsvertragsstatut (BAG NJW 1978, 1124). 13

Der Arbeitnehmer, der seine Kündigung für sozial ungerechtfertigt hält, kann binnen einer Woche nach der Kündigung **Einspruch** beim Betriebsrat einlegen. Hält der Betriebsrat den Einspruch für berechtigt, so hat er sich um eine Verständigung mit dem Arbeitgeber zu bemühen. Seine Stellungnahme hat er auf Verlangen dem Arbeitnehmer und dem Arbeitgeber schriftlich mitzuteilen (§ 3 KSchG).

➲ **Wichtig:** Der Einspruch des Arbeitnehmers gegen die Kündigung beim Betriebsrat ersetzt keinesfalls die erforderliche Erhebung der Kündigungsschutzklage! 13a

II. Kündigungsschutzverfahren

1. Anwendbarkeit des Kündigungsschutzgesetzes

Innerhalb der ersten sechs Monate des Bestehens des Arbeitsverhältnisses **(Wartezeit)** gilt bis zu den Grenzen der Sittenwidrigkeit der Grundsatz der Kündigungsfreiheit. 14

Nach Ablauf der Wartezeit greift der Kündigungsschutz nach § 23 Abs. 1 Satz 2 KSchG ein, wenn im Betrieb idR zehn oder mehr Arbeitnehmer beschäftigt sind. Uneingeschränkt gilt dies allerdings nur für Arbeitnehmer, deren Arbeitsverhältnis ab 1.1.2004 begonnen hat. Arbeitnehmer, die am 31.12.2003 in einem Betrieb oder Unternehmen mit mehr als fünf Arbeitnehmern beschäftigt waren, bleiben kündigungsgeschützt, auch wenn sie am Stichtag noch nicht die Wartefrist von sechs Monaten erfüllt hatten (vgl. Bader NZA 2004, 65). Der Schwellenwert von mehr als fünf Arbeitnehmern gilt jedoch nur dann, wenn in dem Betrieb oder Unternehmen noch mehr als fünf „Alt-Arbeitnehmer“ ununterbrochen seit dem 31.12.2003 beschäftigt sind. Ersatzeinstellungen für ausgeschiedene Alt-Arbeitnehmer reichen nicht aus, um zu einer Anwendung des Kündigungsschutzgesetzes zu gelangen (BAG NZA 2009, 485).

Nach § 2 Abs. 4 AGG gelten für Kündigungen ausschließlich die Bestimmungen zum allgemeinen und besonderen Kündigungsschutz. Damit wäre das **Allgemeine Gleichbehandlungsgesetz** für Kündigungen nicht relevant. Auch diese Bereichsausnahme ist im Hinblick auf die europarechtlichen Vorgaben umstritten (Annuß BB 2006, 1629 ff.). Das BAG hat in seiner Entscheidung v. 6.11.2008 (NZA 2009, 361) das Verhältnis von AGG und Kündigungsschutzgesetz geklärt. Die Diskriminierungsverbote des AGG sind bei der Auslegung der unbestimmten Rechtsbegriffe des KSchG zu beachten. Die Kriterien der Sozialauswahl gem. § 1 Abs. 3 Satz 1 KSchG gelten auch weiterhin. Punktetabellen in der Sozialauswahl und Altersgruppenbildung gem. § 1 Abs. 3 Satz 2 15

KSchG zur Erhaltung einer ausgewogenen Altersstruktur sind auch erlaubt. Bei Altersgruppen muss allerdings das legitime Ziel, die Erhaltung der Altersstruktur im Betrieb, im Prozess vom Arbeitgeber dargelegt werden. Regelmäßig sei aber davon auszugehen, dass der Arbeitgeber ein legitimes Ziel verfolgt, wenn die Altersgruppenbildung bei Massenkündigungen aufgrund einer Betriebsänderung erfolgt, da ansonsten die Erhaltung einer altersmäßig ausgewogenen Personalstruktur gefährdet sei (BAG NZA 2009, 361, 366).

16 Soweit die **Bestimmungen** des **Kündigungsschutzgesetzes nicht greifen**, gewährleisten die zivilrechtlichen Generalklauseln (§§ 138, 242 BGB) den durch Art. 12 Abs. 1 GG gebotenen Mindestschutz der Arbeitnehmer (BVerfG BB 1998, 1058; vgl. dazu Gragert/Kreutzfeldt NZA 1998, 567). **Teilzeitbeschäftigte** Arbeitnehmer werden bei der Ermittlung des Schwellenwertes nach § 23 Abs. 1 Satz 4 KSchG bis zu einer wöchentlichen Arbeitszeit von nicht mehr als 20 Stunden mit 0,5 und nicht mehr als 30 Stunden mit 0,75 berücksichtigt.

16a ➲ **Wichtig:** Oftmals wird übersehen, dass das Kündigungsschutzgesetz in vollem Umfang auch für sog. **geringfügig Beschäftigte** („450 Euro-Jobber") gilt. Diese werden entsprechend ihrer Arbeitszeit mitberechnet.

17 Bei der Feststellung der **regelmäßigen Beschäftigtenzahl** bedarf es eines Rückblicks und einer Einschätzung der zukünftigen Personalentwicklung (BAG NZA 1991, 562). Dabei stellt § 23 KSchG nach wie vor auf Betriebe und Verwaltungen ab. Allerdings gilt das KSchG auch für Unternehmen mit mehreren Betrieben, die jeweils nur zehn oder weniger Arbeitnehmer beschäftigen, so lange nur die Gesamtzahl der Beschäftigten im Unternehmen den „Schwellenwert" übersteigt (BVerfG 1991, 562; BAG NZA 2001, 831). Bei der Feststellung des Schwellenwertes zählen Personen, die zu ihrer Berufsausbildung beschäftigt werden, nicht mit.

2. Kündigungsgründe

18 **Sozial ungerechtfertigt** ist die Kündigung, wenn sie

(1) nicht durch Gründe bedingt ist, die in der Person oder in dem Verhalten des Arbeitnehmers liegen oder

(2) nicht durch dringende betriebliche Erfordernisse bedingt ist, die einer Weiterbeschäftigung des Arbeitnehmers in diesem Betrieb entgegenstehen.

Ist einem Arbeitnehmer aus dringenden betrieblichen Erfordernissen gekündigt worden, so ist die Kündigung trotzdem sozial ungerechtfertigt, wenn der Arbeitgeber bei der Auswahl des Arbeitnehmers die **Dauer der Betriebszugehörigkeit**, das **Lebensalter**, **Unterhaltspflichten** und die **Schwerbehinderung** des Arbeitnehmers nicht oder nicht ausreichend berücksichtigt hat (§ 1 Abs. 3 Satz 1 Halbs. 1 KSchG).

19 ➲ **Wichtig:** Zwar hat der Gesetzgeber gem. § 2 Abs. 4 AGG Kündigungen vom Anwendungsbereich des AGG ausgenommen. Aber selbst wenn diese Ausnahme Geltung hätte, ist insbesondere bei der Berücksichtigung des Lebensalters im Rahmen der **Sozialauswahl** das europarechtliche Verbot der **Altersdiskriminierung** zu beachten (EuGH BB 2005, 2748 – Mangold/Helm). Zwar ist es weiterhin möglich, das Alter entsprechend dem Wortlaut des § 1 Abs. 3 KSchG bei der Sozialauswahl zu berücksichtigen, dafür ist aber nunmehr eine besondere Rechtfertigung erforderlich. Umstritten ist, ob die bislang häufig **verwendeten Punktetabellen** noch anwendbar sind (dagegen Annuß BB 2006, 1629, 1633). Möglich ist aber wohl, bei der Sozialauswahl die Arbeitnehmer bestimmten **Altersgruppen** zuzuordnen und die unterschiedlichen Aussichten der Altersgruppen auf dem Arbeitsmarkt insoweit angemessen zu berücksichtigen (vgl. dazu Annuß BB 2006, 325, 326; Lingemann/Beck NZA 2009, 577).

20 In die soziale Auswahl sind allerdings Arbeitnehmer nicht einzubeziehen, deren Weiterbeschäftigung, insbesondere wegen ihrer Kenntnisse, Fähigkeiten und Leistungen oder zur Sicherung einer ausgewogenen Personalstruktur des Betriebes, im berechtigten betrieblichen Interesse liegt (§ 1 Abs. 3 Satz 2 KSchG).

21 Durch die **verhaltensbedingte Kündigung** soll es dem Arbeitgeber ermöglicht werden, auf Vertragsverletzungen des Arbeitnehmers zu reagieren. Wegen der einschneidenden Wirkung der Kün-

digung ist bei Störungen im sog. Leistungs- oder Verhaltensbereich vor Ausspruch einer Kündigung eine vorherige vergebliche **Abmahnung** nötig (BAG NZA 1994, 656).

Kaum kalkulierbar sind auch **personenbedingte Kündigungen**, vor allem wegen häufiger Fehlzeiten. Dazu und auch zu den anderen Kündigungsgründen muss auf die Spezialliteratur verwiesen werden (zB HWK/Quecke § 1 KSchG Rz. 92 ff.).

3. Kündigungsschutz- und Entfristungsklage

Die **Kündigungsschutzklage** muss innerhalb von drei Wochen nach Zugang der Kündigung erhoben werden, andernfalls gilt die Kündigung als wirksam (§ 7 KSchG). Das gilt auch, wenn der Arbeitgeber außerordentlich (fristlos) gekündigt hat. Nach § 17 TzBfG gilt eine Drei-Wochen-Frist zur Erhebung der Klage auch dann, wenn der Arbeitnehmer geltend macht, dass eine **Befristung unwirksam** ist. 22

III. Befristung und Bedingung

Liegt ein wirksam befristetes Arbeitsverhältnis vor (zulässig bei sachlich gerechtfertigtem Grund oder Befristung nach § 14 Abs. 2 TzBfG), greift das KSchG nicht ein. Anders ist die Rechtslage, wenn das Arbeitsverhältnis vor Fristablauf beendet werden soll. Aus § 15 Abs. 3 TzBfG ergibt sich, dass befristete Arbeitsverhältnisse während der Laufzeit der Befristung im Zweifel nicht ordentlich kündbar sind. Der Arbeitgeber sollte deshalb im Vertrag gesonderte Kündigungsmöglichkeiten vorsehen. Nach Erfüllung der Wartezeit und in Betrieben oder Unternehmen mit regelmäßig mehr als zehn Beschäftigten greift dann jedoch der allgemeine Kündigungsschutz nach dem Kündigungsschutzgesetz ein. 23

Der **auflösend bedingte** Arbeitsvertrag ist ein Unterfall des befristeten Arbeitsvertrags (BAG AP 2 zu § 620 BGB „Bedingung"). Eine auflösende Bedingung liegt dann vor, wenn das Arbeitsverhältnis bei Eintritt eines zukünftigen ungewissen Ereignisses enden soll. Das BAG hält solche Bedingungen für unzulässig, wenn dadurch das wirtschaftliche Risiko auf den Arbeitnehmer übertragen wird (BAG AP 4 zu § 620 BGB „Bedingung"; BAG BB 1996, 1441; vgl. auch Felix NZA 1994, 1111). Zulässig ist dagegen der Abschluss eines Arbeitsvertrages unter einer **aufschiebenden Bedingung**, zB dass der Arbeitnehmer nach ärztlichem Gutachten tropentauglich ist (LAG Niedersachsen DB 1980, 1799). 24

IV. Checkliste Kündigungsschutzsachen

Checkliste: Kündigungsschutzsachen 25

➲ **Hinweis:** Betroffenen Arbeitnehmern und Arbeitgebern, aber auch Beratern und/oder Prozessbevollmächtigten ist in Kündigungsschutzsachen dringend zu empfehlen, schon frühzeitig und gründlich die Sach- und Rechtslage aufzuklären, um die Weichen richtig stellen zu können. Dabei soll die Checkliste, die selbstverständlich keinen Anspruch auf Vollständigkeit erhebt, behilflich sein (vgl. auch Bauer NZA 1985, 20 und die Checkliste zur einvernehmlichen Beendigung von Arbeitsverhältnissen, s. Rz. 40).

1. Feststellung der Parteienverhältnisse

a) Arbeitnehmer: Name, Anschrift, Familienstand, Berufstätigkeit des Ehepartners, Unterhaltspflichten, Alter, Eintritt in die Firma (Betriebszugehörigkeit; auch frühere Betriebszugehörigkeitszeiten), Tätigkeit, Status (leitender Angestellter nach § 5 Abs. 3 BetrVG und/oder § 14 Abs. 2 KSchG, Vollmachten), Gewerkschaftsmitglied.

b) Arbeitgeber: Name/Firmierung, Anschrift/Sitz, Vertretungsberechtigung (notfalls Handelsregisterauszug!), Organisation (Konzern, mehrere Betriebe), Belegschaftsstärke des Betriebes (§ 23 KSchG), Verbandszugehörigkeit?

2. Zugang der Kündigung und Klagefrist

a) Exaktes Datum des Kündigungszugangs ermitteln (vgl. BAG NZA 1988, 875). Liegen weitere Kündigungen vor (punktuelle Streitgegenstandstheorie!)?

b) Ablauf der dreiwöchigen Klagefrist nach § 4 KSchG festhalten.

c) Ist Antrag auf nachträgliche Zulassung nach § 5 KSchG möglich und nötig?

➲ **Praxistipp:** Vorsicht bei schwangeren Mitarbeiterinnen, die von der Schwangerschaft erst nach Ablauf der Klagefrist erfahren!

3. Ist die Kündigung formell in Ordnung?

a) Verstoß gegen Schriftformerfordernis (§ 623 BGB, § 22 Abs. 3 BBiG)?

b) Verstoß gegen vorgeschriebene schriftliche Begründung (zB § 22 Abs. 3 BBiG)? Tarif- und Individualvertrag prüfen!

c) Kann die Kündigung nach § 174 BGB zurückgewiesen werden? **Achtung:** nur unverzüglich möglich; Originalvollmacht des Auftraggebers bei der Zurückweisung beifügen (OLG Hamm AnwBl. 1991, 340: Faxkopie der Vollmacht reicht nicht).

4. Greift der Kündigungsschutz nach dem KSchG ein?

a) Betriebsgröße (§ 23 KSchG) feststellen.

b) Handelt es sich um ein vertretungsberechtigtes Organmitglied (§ 14 Abs. 1 KSchG)? Sonderprobleme: GmbH & Co. KG-Geschäftsführer (vgl. LAG DB 1981, 275; NJW 1983, 2405) und (mögliches) ruhendes Arbeitsverhältnis beim GmbH-Geschäftsführer (BAG DB 1987, 2659; vgl. aber auch BAG NZA 1994, 905; BAG DB 1997, 834).

c) Ist die Wartezeit nach § 1 KSchG abgelaufen? (Vgl. BAG 1990, 227 zur Frage, ob die Zeiten früherer Arbeitsverhältnisse anzurechnen sind und BAG NZA 1989, 884 zur Beweislast für eine rechtliche Unterbrechung eines Arbeitsverhältnisses.)

5. Kündigungsart und Gründe prüfen; dabei vor allem

a) Außerordentliche Kündigung: Einhaltung der Zwei-Wochen-Frist des § 626 Abs. 2 BGB!

b) Änderungskündigung: Annahme unter Vorbehalt nach § 2 KSchG (Fristproblem!)

c) Krankheitsbedingte Kündigung: Fehlzeiten, Zukunftsprognose, negative betriebliche Auswirkungen (auch Belastung durch Entgeltfortzahlungskosten) prüfen. Häufig Fehler im Anhörungsverfahren nach § 102 BetrVG!

d) Verhaltensbedingte Kündigung: Liegen Abmahnungen vor (wann, weshalb, wo, durch wen)?

e) Betriebsbedingte Kündigung: Unternehmerentscheidung und Sozialauswahl prüfen! Bei betriebsbedingter Kündigung mit Abfindungsangebot (§ 1a KSchG): Höhe des Angebots (§ 1a Abs. 2 KSchG) prüfen.

f) Kommt ein Wiedereinstellungsanspruch in Betracht? (Vgl. BAG NZA 1997, 757 und BAG NZA 1998, 254 zum Wiedereinstellungsanspruch wegen Wegfalls des betriebsbedingten Kündigungsgrundes; vgl. auch BAG, DB. 1997, 1998, 1087 zum Wegfall des Kündigungsgrundes nach Abschluss eines Abfindungsvergleichs.)

6. Ist der Betriebsrat/Sprecherausschuss ordnungsgemäß angehört worden?

a) Sind die Gründe konkret mitgeteilt worden? Bei schriftlicher Anhörung, wenn möglich, Schriftstück prüfen.

b) Sind die Fristen des § 102 BetrVG eingehalten worden?

c) Wie hat der Betriebsrat reagiert? Wichtig für Geltendmachung des Weiterbeschäftigungsanspruchs gem. § 102 Abs. 5 BetrVG.

d) Arbeitgeber sollte notfalls Anhörungsverfahren (hilfsweise und formgerecht) wiederholen sowie anschließend neue (hilfsweise) Kündigung aussprechen. Ist zweifelhaft, ob es sich um einen leitenden Angestellten handelt, sollten Betriebsrat und Sprecherausschuss gehört werden.

e) Der Arbeitnehmer kann evtl. unmittelbar beim Betriebsrat/Sprecherausschuss zu den Punkten a–c nachfragen.

7. Kann sich der Arbeitnehmer auf besonderen Kündigungsschutz berufen,

zB Mutterschutz, SGB IX (Schwerbehinderung), Arbeitsplatzschutzgesetz, Pflegezeit, § 15 KSchG, auf Grund tariflicher Alterssicherung, Rationalisierungsschutz oder Betriebsvereinbarung?

8. Soweit weder der Kündigungsschutz nach dem KSchG noch Sonderkündigungsschutz eingreift, prüfen, ob **Kündigungsschutz nach Art. 12 GG iVm. §§ 138, 242 BGB** in Betracht kommt (vgl. BVerfG BB 1998, 1058).
9. **Ist die richtige Kündigungsfrist (Individual-, Tarifvertrag, § 622 BGB) eingehalten worden?**
10. **Ist ein nachvertragliches Wettbewerbsverbot vereinbart? Falls ja, Folgendes beachten:**
    a) Wirksamkeit (Schriftform, Karenzentschädigung, Dauer, berechtigtes Interesse) prüfen!
    b) Arbeitgeber sollte Verzichtsmöglichkeit nach § 75a HGB beachten!
    c) Bei außerordentlicher Kündigung Lösungsmöglichkeiten nach § 75 HGB beachten!
    d) Bei ordentlicher Arbeitgeberkündigung Problem des § 75 Abs. 2 HGB (erhöhte Karenzentschädigung) prüfen!
    e) Ausschlussfrist für monatliche Karenzentschädigung beachten (vgl. BAG NZA 1998, 258)!
11. **Besteht Anspruch auf betriebliche Altersversorgung?**
    a) Wann wurde Zusage erteilt?
    b) Ist die Zusage schon unverfallbar?
    c) Wenn der Arbeitnehmer Kapitalisierung wünscht, Abfindungsverbot des § 3 BetrAVG beachten.
12. **Auflistung aller sonstigen offenen gegenseitigen Ansprüche der Parteien vornehmen**, zB. (rückständige) Vergütung (Gratifikation, 13. oder 14. Monatsgehalt, Urlaub und Urlaubsgeld, Provision, Tantieme), Spesenvorschuss, Darlehen, Firmen-Pkw, Umzugs-, Ausbildungskosten, Werkwohnung, (Zwischen-)Zeugnis, Schadensersatz, Arbeitnehmererfinderansprüche, Herausgabe von Arbeitsmitteln (Preis- und Kundenlisten, Muster, Werkzeuge, Angebotsunterlagen, Literatur usw.), Arbeitspapiere (Lohnsteuerkarte, Versicherungsunterlagen, Urlaubsbescheinigung, Bescheinigung nach § 312 SGB III).
13. **Prüfung, ob Ansprüche iS von Nr. 11 tangiert werden durch**
    a) tarifliche oder individualvertragliche Ausschlussfristen; ggf. Tarifregisterauskunft einholen und/oder Ansprüche mit Kündigungsschutzklage verbinden;
    b) Bindungsklauseln und Rückzahlungsvorbehalte.
14. **Muss die Arbeit angeboten werden?**
    §§ 615 BGB, 11 KSchG beachten (vgl. Bauer/Hahn NZA 1991, 217).
15. **Klarheit über (Prozess-)Ziel gewinnen:**
    a) Arbeitnehmer: Will er sich den Arbeitsplatz erhalten oder strebt er eine Abfindung (wichtig für Auflösungsantrag!) an? Sollen oder müssen weitere Ansprüche mit geltend gemacht werden? Weiterbeschäftigungsanspruch nicht vergessen!
    b) Arbeitgeber: Ist er bereit, notfalls eine Abfindung (in welcher Höhe?) zu bezahlen? Kommt eine Widerklage (zB wegen Schadensersatz) in Betracht?
    c) Wurde ein Interessenausgleich und/oder Sozialplan abgeschlossen?
16. **Wurde vor Ausspruch der Kündigung eine Massenentlassungsanzeige abgegeben?** Ansonsten ist die Kündigung unwirksam (vgl. EuGH NZA 2005, 213).
17. **Welches Gericht ist sachlich und örtlich zuständig?**
    Sonderproblem: GmbH & Co. KG-Geschäftsführer und GmbH-Geschäftsführer mit evtl. ruhendem Arbeitsverhältnis (vgl. oben 4b).

Zusätzlich für Anwälte:

18. Gegenstandswert der anwaltlichen Tätigkeit ermitteln.

    ➲ **Wichtig:** Bei Kündigungsschutzstreitigkeiten iRd. § 42 Abs. 4 Satz 1 GKG (Vierteljahresbezug, nicht drei Monatseinkommen) auch anteilige Leistungen (zB 13. Monatsgehalt, private Nutzung des Firmen-Pkw, Deputate usw.) berücksichtigen!

19. Prüfen, ob eine Rechtsschutzversicherung besteht. Deckungszusage besorgen.
20. Kommt PKH-Antrag oder Antrag nach § 11a ArbGG in Betracht?

21. Kommt eine Honorarvereinbarung (schriftlich, § § 3a I RVG) in Betracht? Soll ein Vorschuss verlangt werden?
22. Belehrung des Mandanten gem. § 12a ArbGG über den Ausschluss der Kostenerstattung!
23. Vollmacht unterschreiben lassen!

M 101.1 Außerordentliche Kündigung des Arbeitsverhältnisses durch den Arbeitnehmer und Lossagung vom Wettbewerbsverbot[1]

Firma . . .

z. Hd. der Geschäftsleitung

. . . (Ort, Datum)

Sehr geehrte Damen und Herren,

mit Schreiben vom . . .[2] habe ich das Arbeitsverhältnis außerordentlich/fristlos[3] wegen wichtigen Grundes[4] nach § 626 BGB gekündigt. Hiermit erkläre ich nach § 75 Abs. 1 HGB weiter, dass ich mich an das Wettbewerbsverbot vom . . . nicht gebunden erachte.

. . . (Unterschrift)[5]

1 Vgl. Bauer DB 1979, 500 zu den rechtlichen und taktischen Problemen mit Wettbewerbsverboten bei der Kündigung von Arbeitsverhältnissen.

2 Die Lossagung nach § 75 Abs. 1 HGB muss vor Ablauf eines Monats nach Zugang der außerordentlichen Kündigung erfolgen.

3 Die Kündigung muss nicht unbedingt fristlos erfolgt sein; sie muss aber auf ein vertragswidriges Verhalten des Arbeitgebers iSd. § 626 BGB gestützt werden; auch die Zweiwochenfrist des § 626 Abs. 2 BGB ist einzuhalten.

4 Das rechtliche Risiko für den behaupteten Grund dieser Kündigung geht zu Lasten des Arbeitnehmers. Den Beweis hat er auch dann zu führen, wenn der Arbeitgeber damit einverstanden ist, dass der Arbeitnehmer sofort ausscheidet. Darin liegt kein Eingeständnis des Arbeitgebers, einen wichtigen Grund geliefert zu haben; das sollte er dennoch schriftlich klarstellen.

5 **Schriftliche** Erklärung (§ 126 BGB!) ist nötig. Auch der Arbeitgeber kann so vorgehen, wenn der Arbeitnehmer durch vertragswidriges Verhalten einen wichtigen Grund nach § 626 BGB geliefert hat: § 75 Abs. 3 HGB ist verfassungswidrig (BAG DB 1977, 1143); § 75 Abs. 1 HGB ist analog anzuwenden. Ist sich der Arbeitgeber nicht sicher, ob das Verhalten des Arbeitnehmers einen wichtigen Grund iSd. § 626 BGB darstellt, kann hilfsweise der Verzicht nach § 75a HGB ausgesprochen werden.

M 101.2 Arbeitnehmerkündigung[1]

Firma . . .

z. Hd. der Geschäftsleitung

Personalleitung

. . . (Ort, Datum)[2]

1 Ein „Schutzgesetz zu Gunsten des Arbeitgebers" gegen eine ordentliche Kündigung des Arbeitnehmers gibt es nicht.

Praxistipp: Will der Arbeitgeber, zB wegen der Bedeutung des Arbeitnehmers für ein bestimmtes Projekt, verhindern, dass dieser sein Arbeitsverhältnis vorzeitig kündigt, muss er im Anstellungsvertrag die ordentliche Kündigungsmöglichkeit ausschließen. Der Ausschluss sollte für beide Parteien des Arbeitsvertrages gelten, ansonsten besteht die Gefahr eines Verstoßes gegen § 307 Abs. 1 Satz 1 BGB. Der Ausschluss der ordentlichen Kündigung sollte mit einer Befristung des Anstellungsvertrags verbunden werden. Es ist auch möglich, die ordentliche Kündigung nur für einen bestimmten Zeitraum auszuschließen und zu vereinbaren, dass anschließend das Arbeitsverhältnis von beiden Parteien auch wieder ordentlich kündbar ist.

2 Auch der Arbeitnehmer muss die Zwei-Wochen-Frist des § 626 Abs. 2 Satz 1 und 2 BGB berücksichtigen, wenn er eine außerordentliche Kündigung ausspricht.

Sehr geehrte Damen und Herren,

hiermit kündige ich das mit Ihnen bestehende Arbeitsverhältnis ordentlich zum .../fristlos aus wichtigem Grund[3]*. Folgendes veranlasst mich zu diesem Schritt: ...*[4].

... (Unterschrift)

3 Kündigt der Arbeitnehmer zu Recht außerordentlich wegen vertragswidrigen Verhaltens des Arbeitgebers, so kann er vom Arbeitgeber Schadensersatz nach § 628 Abs. 2 BGB verlangen. Ist seine außerordentliche Kündigung unwirksam, weil in Wahrheit kein wichtiger Grund vorliegt, wird der Arbeitnehmer vertragsbrüchig; er ist zum Schadensersatz verpflichtet, wenn ihm die Unwirksamkeit bekannt war oder hätte bekannt sein müssen (BAG AP Nr. 2 zu § 9 KSchG 1969; AP Nr. 2 zu § 276 BGB Vertragsverletzung).

4 Auch bei einer außerordentlichen Kündigung muss der Arbeitnehmer nicht von vornherein die Kündigungsgründe dem Arbeitgeber offenbaren. Auf dessen Verlangen hat er sie aber unverzüglich schriftlich mitzuteilen (§ 626 Abs. 2 Satz 3 BGB).

M 101.3 Aufforderung zur Mitteilung außerordentlicher Kündigungsgründe

Sehr geehrte(r) Frau/Herr ...

mit Schreiben vom ... haben Sie das Arbeitsverhältnis fristlos gekündigt, ohne Gründe für diesen Schritt mitzuteilen. Wir fordern Sie auf, uns die Gründe unverzüglich schriftlich mitzuteilen. Dazu sind Sie nach § 626 Abs. 2 Satz 3 BGB verpflichtet.

Sollten sich die Gründe nicht als wichtige iSd. § 626 Abs. 1 BGB herausstellen, so haben Sie einen Vertragsbruch begangen. Schon jetzt weisen wir darauf hin, dass wir dann Schadensersatz verlangen werden.

Firma ...

M 101.4 Anfechtung einer Eigenkündigung oder eines Aufhebungsvertrages durch den Arbeitnehmer

Firma ...

z. Hd. des Personalleiters

... (Ort, Datum)

Sehr geehrter Herr ...,

hiermit fechte ich meine Kündigung vom .../den mit Ihnen am ... abgeschlossenen Aufhebungsvertrag nach § 123 BGB an, weil ...[1]*. Meine Arbeitsleistung biete ich ab sofort wieder an. Außerdem bitte ich Sie, mir bis spätestens ... mitzuteilen, ob Sie die Fortsetzung des Arbeitsverhältnisses akzeptieren. Sollte die Frist fruchtlos verstreichen, werde ich Klage*[2] *beim zuständigen Arbeitsgericht erheben.*

Herr/Frau ...

1 Die Willenserklärungen können vor allem dann nach § 123 BGB angefochten werden, wenn der Arbeitgeber mit einer fristlosen Kündigung oder einer Strafanzeige gedroht hatte, ohne dass eine solche Maßnahme von einem „verständigen Arbeitgeber" ernsthaft in Erwägung gezogen worden wäre (BAG AP Nr. 8, 16 zu § 123 BGB; vgl. aber auch BAG NZA 1992, 1023, wonach sogar die Drohung mit einer alternativen ordentlichen Kündigung widerrechtlich iSd. § 123 BGB sein kann; dazu Bauer NZA 1992, 1015; Bauer NJW 1994, 980).

2 Feststellungsklage und ggf. auch Leistungsklage hinsichtlich schon fälliger oder erst in der Zukunft fällig werdender Vergütungsansprüche.

V. Abmahnung

26 Mit der Abmahnung rügt der Arbeitgeber bzw. der Arbeitnehmer ein konkretes Fehlverhalten der anderen Arbeitsvertragspartei und warnt mit der Kündigungsandrohung vor weiteren Vertragsverstößen (BAG DB 1994, 1477). Die Abmahnung hat also eine **Rüge**- und **Warnfunktion** (zum Verlust der Warnfunktion vgl. BAG NZA 2005, 459). Damit unterscheidet sie sich von der bloßen Ermahnung. Die Abmahnung ist grundsätzlich formfrei möglich, sollte aber zu Beweiszwecken schriftlich ausgesprochen werden. Die Rechtsprechung sieht eine Abmahnung als Wirksamkeitsvoraussetzung für die auf vertragswidriges Verhalten gestützte Änderung oder Auflösung des Arbeitsvertrages (BAG DB 1986, 2133). Eine Abmahnung ist grundsätzlich bei Pflichtverletzungen im Leistungsbereich erforderlich (BAG NZA 1994, 656). Auch im Vertrauensbereich muss der Arbeitgeber vor einer Kündigung eine Abmahnung aussprechen, wenn es sich um steuerbares Verhalten des Arbeitnehmers handelt und eine Wiederherstellung des Vertrauens erwartet werden kann (BAG NZA 1997, 1281). Eine Abmahnung ist nur dann entbehrlich, wenn die Rechtswidrigkeit seines Tuns dem Arbeitnehmer ohne Weiteres erkennbar und deren Hinnahme durch den Arbeitgeber offensichtlich ausgeschlossen ist (BAG NZA 1999, 1270). Abmahnungsberechtigt ist grundsätzlich jeder Vorgesetzte. Der Ausspruch einer Abmahnung macht zugleich deutlich, dass der Arbeitgeber nicht zur Sanktion der Kündigung greifen will. Das Kündigungsrecht wird dadurch verwirkt.

26a ➲ **Wichtig:** In der Praxis kommt es immer wieder dazu, dass ein nicht kündigungsberechtigter Vorgesetzter eine Abmahnung ausspricht, obwohl der Arbeitgeber auf das abgemahnte Verhalten eine fristlose Kündigung stützen wollte. Mit dem Ausspruch der Abmahnung verwirkt das Kündigungsrecht des Arbeitgebers. Dieser sollte daher im Rahmen seines Organisationsrechts vorsehen, dass auch Abmahnungen nur von der zur Kündigung zuständigen Stelle ausgesprochen werden dürfen.

M 101.5 Abmahnung[1]

Sehr geehrte(r) Frau/Herr . . .

leider sehen wir uns gezwungen, Sie aus folgenden Gründen abzumahnen[2]:

Sie haben am Dienstag, 29.11.2010, zu Ihrem Kollegen . . . gesagt:

„Du dummer . . .

Außerdem sind Sie am 30.11.2010 ohne triftigen Grund zu spät zur Arbeit erschienen, nämlich erst um . . . Uhr, statt um . . . Uhr[3].

---

1 Vgl. insgesamt Falkenberg NZA 1988, 489; Eich NZA 1988, 759; Beckerle/Schuster, Die Abmahnung, 1988; Conze DB 1989, 778; Schaub NZA, 1997, 1185; v. Hoyningen-Huene RdA 1990, 193; Walker NZA 1995, 601; Becker-Schaffner BB 1995, 2526; Gerhards BB 1996, 794; Bahntje AuR 1996, 250; Schrader NJW 2012, 342; Ritter, NZA 2012, 12.

2 Der Begriff „Abmahnung" muss nicht, sollte aber verwendet werden. Nur wenn folgende Komponenten enthalten sind, kann von einer Abmahnung gesprochen werden: Rüge des vertragswidrigen Verhaltens; Aufforderung, das vertragswidrige Verhalten einzustellen; Androhung der Kündigung für den Wiederholungsfall.

3 ***Wichtig:*** *Der Arbeitnehmer kann die Entfernung der schriftlichen Abmahnung aus der Personalakte verlangen, wenn diese nach Form oder Inhalt geeignet ist, ihn in seiner Rechtstellung zu beeinträchtigen (BAG AP Nr. 93 zu § 611 BGB „Fürsorgepflicht"; BAG NZA 1993, 838). Da im* ***vorliegenden*** *Muster zwei Verstöße zusammen gerügt werden, handelt es sich um eine sog.* ***Sammelabmahnung*** *mit der Folge, dass das Abmahnungsschreiben auf Verlangen des Arbeitnehmers vollständig aus der Personalakte entfernt werden muss, wenn nur ein Verstoß vorliegt. Der Arbeitgeber kann dann aber eine auf die zutreffende Pflichtverletzung beschränkte neue Abmahnung aussprechen (BAG NZA 1991, 768).*

Praxistipp: *Um zu vermeiden, dass von mehreren in einem Schreiben abgemahnten Verstößen sich einer als nicht nachweisbar zeigt und damit die gesamte Abmahnung rechtswidrig macht, sollte eine Sammelabmahnung nur bei eindeutig klar erwiesenen Verstößen gewählt werden. Ansonsten empfiehlt es sich, für jeden Vorwurf ein eigenes Abmahnungsschreiben zu entwerfen.*

Wir fordern Sie auf, beleidigende Äußerungen wie oben angeführt oder ähnlicher Art[4] in Zukunft zu unterlassen und pünktlich zur Arbeit zu erscheinen.

Sollten Sie dieser ersten Aufforderung nicht Folge leisten, müssen Sie mit einer Kündigung rechnen[5].

Mit freundlichen Grüßen

Firma[6] ...

Abmahnung erhalten am ...

... (Unterschrift Arbeitnehmer)

ggf.:

Gegen den/die in der Abmahnung erhobenen Vorwurf/Vorwürfe erhebe ich keine Einwendungen in tatsächlicher Hinsicht.

... (Unterschrift Arbeitnehmer)

---

4 Wiederholt der Arbeitnehmer einen gleichartigen Vertragsverstoß, so kann der Arbeitgeber kündigen. Verstößt der Arbeitnehmer allerdings gegen eine andere, nicht zuvor abgemahnte Arbeitspflicht, so muss wiederum zur Abmahnung gegriffen werden.

5 ***Praxistipp:*** *Häufig verlangen Arbeitnehmer nach Zugang einer Abmahnung, dass ein Anwalt dagegen Klage erhebt. Dies sollte allerdings gut überlegt werden. Setzt sich der Arbeitnehmer mit der Klage etwa nur aus formalen Gründen (Unbestimmtheit der Abmahnung) durch, so kann der Arbeitgeber die Abmahnung grundsätzlich nochmals unter Beachtung der Rechtsauffassung des Gerichts aussprechen. Es kann sich daher empfehlen, gegen eine Abmahnung nicht vorzugehen und nur eine kurze Stellungnahme rein tatsächlicher Art abzugeben. Die Abmahnung wird – sollte der Arbeitgeber später eine Kündigung aussprechen – vom Arbeitsgericht im Rahmen des Kündigungsrechtsstreits dann vollinhaltlich auf ihre Wirksamkeit hin überprüft.*
Wichtig: *Es muss ausdrücklich darauf hingewiesen werden, dass eine Kündigung droht. Der Hinweis auf „arbeitsrechtliche Konsequenzen" alleine ist nach Ansicht der Landesarbeitsgerichte nicht ausreichend.*

6 Die Abmahnung stellt keine mitbestimmungspflichtige Maßnahme iSd. § 87 Abs. 1 Nr. 1 BetrVG dar (BAG DB 1979, 1511). Wird allerdings eine Betriebsbuße verhängt, ohne dass sie auf einer mit dem Betriebsrat nach § 87 Abs. 1 Nr. 1 BetrVG abgestimmten Betriebsbußenordnung beruht, so ist sie unwirksam (BAG DB 1990, 483).

M 101.6 Außerordentliche Kündigung durch den Arbeitgeber

Sehr geehrte(r) Frau/Herr ...

hiermit kündigen wir das mit Ihnen bestehende Arbeitsverhältnis fristlos/außerordentlich mit einer Auslauffrist zum ...[1].

Die Kündigung erfolgt aus wichtigem Grund[2] nach § 626 BGB, weil ...[3].

---

1 Wenn ein wichtiger Grund vorliegt, sollte der Arbeitgeber nur in Ausnahmefällen zum Mittel der außerordentlichen Kündigung unter Einhaltung einer sozialen Auslauffrist greifen. Je mehr nämlich die Dauer der tatsächlichen Weiterbeschäftigung der Dauer der ordentlichen Kündigungsfrist entspricht oder diese gar überschreitet, desto eher entfällt die Voraussetzung der Unzumutbarkeit der Fortsetzung des Arbeitsverhältnisses bis zum Ablauf der ordentlichen Kündigungsfrist (BAG NZA 1992, 418). Etwas anderes gilt allerdings bei betriebsbedingter Kündigung, wenn ein Arbeitnehmer ordentlich nicht kündbar ist (vgl. BAG DB 1998, 1035) und bei einer außerordentlichen Kündigung, die auf eine krankheitsbedingte dauernde Unfähigkeit des Arbeitnehmers, die geschuldete Arbeitsleistung zu erbringen, gestützt wird (BAG EzA § 626 BGB nF Nr. 144; BAG NZA 1995, 1100; hier muss eine Auslauffrist eingehalten werden, die mindestens der ordentlichen Kündigungsfrist entspricht).

2 Die Kündigung muss nach § 626 Abs. 2 BGB dem Arbeitnehmer innerhalb von zwei Wochen nach Kenntnis des Arbeitgebers vom wichtigen Grund zugehen.

3 Auf die Mitteilung der Gründe kann der Arbeitgeber zunächst verzichten; auf Verlangen des Arbeitnehmers sind sie aber unverzüglich schriftlich mitzuteilen (§ 626 Abs. 2 Satz 3 BGB); andernfalls setzt sich der Arbeitgeber möglichen Schadensersatzansprüchen aus.

*(**ggf.:** Die Stellungnahme des Betriebsrates fügen wir bei.)*

Nach § 38 SGB III sind Sie verpflichtet, sich innerhalb von drei Tagen nach Erhalt dieser Kündigung bei der zuständigen Agentur für Arbeit persönlich arbeitssuchend zu melden. Sofern das Arbeitsverhältnis noch länger als drei Monate besteht, ist eine Meldung drei Monate vor der Beendigung ausreichend. Sie sind auch verpflichtet, aktiv nach einer Beschäftigung zu suchen. Sollten Sie diesen Verpflichtungen nicht nachkommen, müssen Sie mit Nachteilen beim Bezug von Arbeitslosengeld rechnen (Gefahr einer Sperrzeit nach § 144 Abs. 1 Nr. 3 bzw. 7 SGB III)[4].

Firma . . .

4 Nach § 2 Abs. 2 Nr. 3 SGB III sollen die Arbeitgeber ihre Arbeitnehmer auf ihre Verpflichtungen gegenüber der Arbeitsagentur hinweisen. Ein Verstoß gegen die Hinweispflicht zieht allerdings keine Schadensersatzansprüche des Arbeitnehmers gegen den Arbeitgeber nach sich (BAG NZA 2005, 1406).

M 101.7 Außerordentliche, hilfsweise ordentliche Kündigung durch den Arbeitgeber

Sehr geehrte(r) Frau/Herr . . .

hiermit kündigen wir das mit Ihnen bestehende Arbeitsverhältnis fristlos, hilfsweise ordentlich zum . . .[1].

Der Betriebsrat hat sowohl der fristlosen als auch der ordentlichen Kündigung zugestimmt/Bedenken geäußert/widersprochen/der fristlosen Kündigung widersprochen, jedoch der ordentlichen Kündigung zugestimmt/Bedenken geäußert[2]*. Die Stellungnahme des Betriebsrates fügen wir bei.*

Nach § 38 SGB III sind Sie verpflichtet, sich innerhalb von drei Tagen nach Erhalt dieser Kündigung bei der zuständigen Agentur für Arbeit persönlich arbeitssuchend zu melden. Sofern das Arbeitsverhältnis noch länger als drei Monate besteht, ist eine Meldung drei Monate vor der Beendigung ausreichend. Sie sind auch verpflichtet, aktiv nach einer Beschäftigung zu suchen. Sollten Sie diesen Verpflichtungen nicht nachkommen, müssen Sie mit Nachteilen beim Bezug von Arbeitslosengeld rechnen (Gefahr einer Sperrzeit nach § 144 Abs. 1 Nr. 3 bzw. 7 SGB III)[3].

Firma . . .

1 Ist kein Betriebsrat vorhanden oder hat ein vorhandener Betriebsrat der fristlosen Kündigung zugestimmt oder ist er ordnungsgemäß nach § 102 BetrVG auch zu einer hilfsweisen ordentlichen Kündigung gehört worden, kann der Hinweis auf die hilfsweise ordentliche Kündigung unterbleiben. Es reicht dann aus, wenn sich der Arbeitgeber im möglichen Kündigungsschutzprozess darauf beruft, dass die fristlose Kündigung notfalls in eine ordentliche umzudeuten ist.

2 Vgl. **M 105.11**.

3 Nach § 2 Abs. 2 Nr. 3 SGB III sollen die Arbeitgeber ihre Arbeitnehmer auf ihre Verpflichtungen hinweisen. Ein Verstoß gegen die Hinweispflicht zieht allerdings keine Schadensersatzansprüche des Arbeitnehmers gegen den Arbeitgeber nach sich (BAG NZA 2005, 1406).

M 101.8 Ordentliche Kündigung durch den Arbeitgeber

Sehr geehrte(r) Frau/Herr . . .

hiermit kündigen[1] *wir das mit Ihnen seit . . . bestehende Arbeitsverhältnis ordentlich zum . . .*[2].

1 Kündigungen müssen wegen ihrer einschneidenden Bedeutung deutlich und zweifelsfrei erklärt werden.

2 Die Kündigungsfristen können sich aus Gesetz (§ 622 BGB), Tarifvertrag, Betriebsvereinbarung oder Individualvertrag ergeben.

Die Kündigungsgründe sind Ihnen bekannt/die Kündigung erfolgt aus folgenden Gründen . . .[3].

Der Betriebsrat hat der Kündigung zugestimmt/Bedenken geäußert/widersprochen; seine Stellungnahme fügen wir bei[4].

Nach § 38 SGB III sind Sie verpflichtet, sich innerhalb von drei Tagen nach Erhalt dieser Kündigung bei der zuständigen Agentur für Arbeit persönlich arbeitssuchend zu melden. Sofern das Arbeitsverhältnis noch länger als drei Monate besteht, ist eine Meldung drei Monate vor der Beendigung ausreichend. Sie sind auch verpflichtet, aktiv nach einer Beschäftigung zu suchen. Sollten Sie diesen Verpflichtungen nicht nachkommen, müssen Sie mit Nachteilen beim Bezug von Arbeitslosengeld rechnen (Gefahr einer Sperrzeit nach § 144 Abs. 1 Nr. 3 bzw. 7 SGB III).

Firma[5]*. . .*

---

3 Eine ordentliche Kündigung ist auch ohne Angabe der Kündigungsgründe wirksam, es sei denn, die Angabe der Gründe ist individual- oder kollektivvertraglich vorgeschrieben.

4 Nach § 102 Abs. 4 BetrVG hat der Arbeitgeber bei Aussprache einer Kündigung trotz Widerspruch des Betriebsrates dem Arbeitnehmer zugleich eine Stellungnahme des Betriebsrates zuzuleiten. Unterlässt dies der Arbeitgeber, wird die Kündigung dadurch nicht unwirksam; allerdings kommen – wenn auch selten – Schadensersatzansprüche in Betracht.

5 Kündigungen bedürfen der Schriftform, § 623 BGB.

VI. Betriebsbedingte Kündigung mit Abfindungsangebot

Seit 1.1.2004 besteht für den Arbeitgeber die Möglichkeit, eine auf dringende betriebliche Erfordernisse gestützte Kündigung mit einem Abfindungsangebot zu verknüpfen, § 1a KSchG. Entspricht das Abfindungsangebot der in § 1a Abs. 2 KSchG bestimmten Höhe von 0,5 Monatsverdiensten für jedes Jahr des Bestehen des Arbeitsverhältnisses nach § 10 Abs. 3 KSchG, so hat der Arbeitnehmer nach Verstreichen der Klagefrist des § 4 Satz 1 KSchG Anspruch auf Abfindung. Erhebt der Arbeitnehmer zunächst Klage und nimmt diese dann zurück, so entsteht der Abfindungsanspruch aber nicht. § 269 Abs. 3 ZPO, der bei einer Klagerücknahme fingiert, dass in diesem Fall der Rechtsstreit nicht anhängig geworden ist, ist für den Tatbestand des § 1a KSchG nach herrschender Ansicht ohne Bedeutung (Preis DB 2004, 70; HWK/Quecke § 1a KSchG Rz. 15). Ohne den Hinweis des Arbeitgebers nach § 1a Abs. 1 Satz 2 KSchG entsteht kein Abfindungsanspruch. 27

Zu beachten ist, dass der Anspruch nach § 1a KSchG auf Zahlung der Abfindung erst mit Ablauf der Kündigungsfrist der zu Grunde liegenden betriebsbedingten Kündigung entsteht. Stirbt der Arbeitnehmer vor Ablauf der Kündigungsfrist, kann der Anspruch deshalb nicht auf den Erben übergehen (BAG MDR 2007, 1203). 28

➲ **Hinweis:** Bei der Beratung von Arbeitnehmern, denen ein Angebot nach § 1a KSchG unterbreitet wurde, ist auf diesen Aspekt hinzuweisen. Gegebenenfalls kann man den Arbeitgeber auffordern, zu bestätigen, dass der Abfindungsanspruch nach § 1a KSchG bereits entstanden und vererblich ist. 28a

➲ **Praxistipp:** Während § 1a KSchG zunächst in der Praxis kaum angewandt wurde, wird ein mit dem Ausspruch der Kündigung versehenes Abfindungsangebot von Vielen als eine Möglichkeit gesehen, eine Sperrzeit nach § 144 Abs. 1 Nr. 1 SGB III zu vermeiden (HWK/Quecke § 1a KSchG Rz. 6; Küttner/Eisenmann, Personalbuch 2010, Abfindung Rz. 5). Wenn der Arbeitnehmer nach Verstreichen der Klagefrist sich nicht aktiv an der Lösung seines Arbeitsverhältnisses beteiligt, sondern lediglich eine betriebsbedingte Kündigung hinnimmt, wird von der hM vertreten, dass ein solches Verhalten keine Sperrzeit auslöst. 28b

M 101.9 Betriebsbedingte Kündigung mit Abfindungsangebot gem. § 1a KSchG

Anschrift

Frau/Herrn ...

Betriebsbedingte Kündigung und Abfindungsangebot gem. § 1a KSchG

Sehr geehrte(r) Frau/Herr ...,

hiermit kündigen wir das mit Ihnen bestehende Arbeitsverhältnis ordentlich zum ... Die Kündigung erfolgt aus dringenden betrieblichen Erfordernissen.

Sofern Sie die Klagefrist nach § 2, 4 KSchG von drei Wochen nach Zugang dieser Kündigung verstreichen lassen und auch keinen Antrag auf nachträgliche Zulassung nach § 5 KSchG stellen[1]*, können Sie eine Abfindung iHv. ... Euro verlangen*[2]*. Die Höhe der Abfindung haben wir gem. § 1a Abs. 2 KSchG berechnet. Sie beträgt 0,5 Monatsverdienste für jedes Jahr des Bestehens Ihres Arbeitsverhältnisses.*

Der Betriebsrat hat der Kündigung zugestimmt/Bedenken geäußert/widersprochen. Seine Stellungnahme fügen wir bei[3]*.*

Nach § 38 SGB III sind Sie verpflichtet, sich innerhalb von drei Tagen nach Erhalt dieser Kündigung bei der zuständigen Agentur für Arbeit persönlich arbeitssuchend zu melden. Sofern das Arbeitsverhältnis noch länger als drei Monate besteht, ist eine Meldung drei Monate vor der Beendigung ausreichend. Sie sind auch verpflichtet, aktiv nach einer Beschäftigung zu suchen. Ansonsten müssen Sie mit Nachteilen beim Bezug von Arbeitslosengeld rechnen (Gefahr einer Sperrzeit nach § 144 Abs. 1 Nr. 3 und 7 SGB III)[4]*.*

... (Unterschrift)

---

1 Nach herrschender Auffassung schließt auch ein Antrag auf nachträgliche Zulassung einen Abfindungsanspruch nach § 1a KSchG aus (ErfK/Ascheidt § 1 KSchG Rz. 586).

2 Nach § 1a Abs. 2 Satz 1 KSchG beträgt die Abfindung 0,5 Monatsverdienste für jedes Jahr des Bestehen des Arbeitsverhältnisses. Die Berechnung erfolgt nach § 10 Abs. 3 KSchG. Bei der Ermittlung der Dauer des Arbeitsverhältnisses ist ein Zeitraum von mehr als sechs Monaten auf ein volles Jahr aufzurunden.

3 ***Praxistipp:*** *Die Beifügung der Stellungnahme des Betriebsrats kann sich deshalb empfehlen, da dann der Arbeitnehmer nicht mehr pauschal die nicht ordnungsgemäße Anhörung des Betriebsrats rügen kann, sondern sich im Einzelnen mit der Anhörung auseinandersetzen muss.*

4 Ein Verstoß gegen die in § 2 SGB III normierte Hinweispflicht des Arbeitgebers zieht keine Schadensersatzansprüche des Arbeitgebers nach sich. Dennoch sollte der Hinweis erfolgen (vgl. BAG NZA 2005, 1406).

M 101.10 Kündigungszurückweisung wegen fehlender Vollmachtsvorlage[1]

Firma ...

z. Hd. der Geschäftsleitung

... (Ort, Datum)[2]

---

1 Wird die Kündigung des Arbeitsverhältnisses durch einen Bevollmächtigten des Arbeitgebers ohne Vorlage einer Vollmachtsurkunde (Original!) erklärt, kann der Arbeitnehmer die Kündigung gem. § 174 BGB aus diesem Grund unverzüglich zurückweisen. Bei einer Kündigung durch ein einzelvertretungsbefugtes Organmitglied oder einen Prokuristen mit Einzelprokura ist die Beifügung einer Vollmacht wegen § 15 HGB nicht erforderlich (BAG NZA 1992, 449).

2 Für die Berechnung der Unverzüglichkeit ist von der normalen Postlaufzeit und einer angemessenen Überlegungsfrist für die Einholung rechtskundigen Rats auszugehen. Abzulehnen ist es, dem Arbeitnehmer in Anlehnung an § 626 Abs. 2 BGB grundsätzlich eine Frist von zwei Wochen einzuräumen (vgl. aber BAG NJW 1980, 1302 und NJW 1981, 1334 für die Anfechtungsfrist nach § 121 BGB).

Sehr geehrte Damen und Herren,

die Kündigung vom . . ., mir zugestellt am . . ., die von Frau/Herrn . . . mit p.p.a.[3]*/i.V. unterzeichnet*[4] *worden ist, weise ich mangels fehlender Vollmachtsvorlage gem. § 174 BGB zurück*[5].

. . . (Unterschrift)[6]

3 Die Zurückweisung ist hier möglich und sinnvoll, wenn es sich um einen Gesamtprokuristen handelt, der alleine unterschrieben hat, ohne die Vollmacht des zweiten Gesamtprokuristen vorzulegen (vgl. OLG Hamm AnwBl. 1991, 340: Vorlage einer Faxkopie der Vollmacht reicht nicht aus!).

4 Der Vorlage einer Vollmachtsurkunde bedarf es nicht bei der Kündigung durch Personalabteilungsleiter (BAG AP Nr. 1 zu § 174 BGB). Auf Personalsachbearbeiter ist dieser Grundsatz jedoch nicht übertragbar (BAG AP 2 zu § 174 BGB).

5 Die Kündigung ist damit unwirksam, es sei denn der Vollmachtgeber hatte den Arbeitnehmer (nachweisbar) von der Bevollmächtigung in Kenntnis gesetzt (§ 174 Satz 2 BGB).

6 ***Wichtig:*** *Wird die gegen § 174 BGB verstoßende Kündigung durch einen Bevollmächtigten zurückgewiesen, so hat auch dieser eine Vollmachtsurkunde (Original) beizufügen.*

M 101.11 Kündigungseinspruch beim Betriebsrat[1]

An den Betriebsrat *. . . (Ort, Datum)Der Einspruch muss binnen einer Woche nach Zugang der Kündigung erfolgen (§ 3 Satz 1 KSchG).*

Ich bin seit . . . bei der Firma . . . als . . . tätig. Am . . . habe ich meine Kündigung zum . . . erhalten. Da die Kündigung sozial ungerechtfertigt ist, erhebe ich gegen sie Einspruch und bitte, mit dem Inhaber der Firma, Frau/Herrn . . ., darüber zu verhandeln, ob nicht meine Weiterbeschäftigung möglich ist.

Die Gründe, aus welchen ich die Kündigung als sozial ungerechtfertigt ansehe, werde ich noch näher angeben[2]*. Ich bitte, mich hierüber persönlich zu hören.*

Für den Fall, dass die Verhandlungen über meine Weiterbeschäftigung erfolglos verlaufen sollten, bitte ich um schriftliche Stellungnahme im Sinne der gesetzlichen Vorschriften[3].

Frau/Herr . . .

1 Nach § 3 KSchG kann ein gekündigter Arbeitnehmer Einspruch beim Betriebsrat einlegen.
Wichtig: Der Kündigungseinspruch beim Betriebsrat entbindet nicht von der Verpflichtung, innerhalb der Drei-Wochen-Frist Kündigungsschutzklage beim Arbeitsgericht einzureichen. Die Frist verlängert sich auch nicht um den Zeitraum der Behandlung des Einspruchs.

2 Die Begründung des Einspruchs durch den Arbeitnehmer kann auch schriftlich erfolgen.

3 Vgl. § 3 Satz 3 KSchG.

M 101.12 Ausübung des Direktionsrechts und vorsorgliche Änderungskündigung[1] durch den Arbeitgeber

Sehr geehrte(r) Frau/Herr . . .,

wir bitten Sie, ab sofort folgende Aufgabe . . . in der Abteilung . . . zu übernehmen. Ihre Bezüge bleiben davon unberührt.

Zu dieser Änderung der Arbeitsbedingungen sind wir auf Grund von § . . . des Anstellungsvertrages vom . . . berechtigt. Darauf haben wir Sie schon mündlich hingewiesen. Die Maßnahme bewegt sich deshalb im Rahmen des uns zustehenden Direktionsrechtes.

1 Dieser Weg bietet sich an, wenn es fraglich ist, ob ein Versetzungsvorbehalt im Anstellungsvertrag (noch) wirksam ist.

Wir bitten Sie deshalb, Ihre bisher ablehnende Haltung aufzugeben. Sollten Sie sich weigern, die neue Position zu übernehmen, käme dies einer Arbeitsverweigerung gleich; wir müssten dann das Arbeitsverhältnis aus verhaltensbedingten Gründen kündigen.

Für den Fall, dass die Personalmaßnahme wider Erwarten nicht vom Direktionsrecht gedeckt wäre, sprechen wir vorsorglich folgende Änderungskündigung aus: Wir kündigen Ihnen ordentlich zum ... Gleichzeitig bieten wir Ihnen ab ... eine Fortsetzung des Arbeitsverhältnisses als ... in der Abteilung ... an. Ihre finanziellen Bezüge bleiben unverändert.

Nach § 38 SGB III sind Sie verpflichtet, sich innerhalb von drei Tagen nach Erhalt dieser Kündigung bei der zuständigen Agentur für Arbeit persönlich arbeitssuchend zu melden. Sofern das Arbeitsverhältnis noch länger als drei Monate besteht, ist eine Meldung drei Monate vor der Beendigung ausreichend. Sie sind auch verpflichtet, aktiv nach einer Beschäftigung zu suchen. Sollten Sie diesen Verpflichtungen nicht nachkommen, müssen Sie mit Nachteilen beim Bezug von Arbeitslosengeld rechnen (Gefahr einer Sperrzeit nach § 144 Abs. 1 Nr. 3 bzw. 7 SGB III).

Der Betriebsrat hat dieser Änderungskündigung nach § 102 BetrVG und der Versetzung nach § 99 BetrVG zugestimmt[2]*.*

Firma ...

2 Auch wenn es sich um einen wirksamen individualvertraglichen Versetzungsvorbehalt handelt, muss der Betriebsrat nach § 99 BetrVG eingeschaltet werden. Widerspricht der Betriebsrat, kann der Arbeitgeber ggf. von seinem Recht zur Eilmaßnahme nach § 100 BetrVG Gebrauch machen (zu den Problemen ausführlich Berkowsky NZA 2010, 250 ff.).

M 101.13 Änderungskündigung durch den Arbeitgeber

Sehr geehrte(r) Frau/Herr ...,

hiermit kündigen[1] *wir das mit Ihnen seit ... bestehende Arbeitsverhältnis ordentlich zum ...*

Wir bieten Ihnen aber gleichzeitig an, das Arbeitsverhältnis ab ... zu den bisherigen Bedingungen fortzusetzen, mit folgenden Ausnahmen[2]*: ...*

Die Änderungskündigung erfolgt aus folgenden Gründen[3]*:*

...

Wir hoffen, dass Sie für diese Maßnahme Verständnis haben. Wir versichern Ihnen, dass wir auch in Zukunft an einer guten Zusammenarbeit mit Ihnen interessiert sind.

1 Eine Änderungskündigung beinhaltet stets eine Beendigungskündigung verbunden mit dem Angebot, das Arbeitsverhältnis zu geänderten Bedingungen fortzusetzen. Vgl. zu den Problemen der Änderungskündigung vor allem Löwisch NZA 1988, 633; Berkowsky DB 1990, 834; Becker-Schaffner BB 1991, 129; Hromadka RdA 1992, 234; Hromadka NZA 1996, 1; Zirnbauer NZA 1995, 1073; Boewer BB 1996, 2618; Berkowsky NZA Beil. 2010, 50; Sagan/Witschen/Reuter NZA 2013, 935.

2 Was sich in welchem Umfang ändern soll (Bezüge, Arbeitsgebiet usw.), muss deutlich wiedergegeben werden.

Wichtig: *Während ein Arbeitgeber früher nach Ablehnung eines Änderungsangebots durch den Arbeitnehmer eine Beendigungskündigung aussprechen konnte, hat das BAG nunmehr die Rechtsprechung geändert (NZA 2005, 1289). Der Arbeitgeber ist auch dann verpflichtet, eine Änderungskündigung auszusprechen, wenn der Arbeitnehmer ein Angebot des Arbeitgebers auf Weiterbeschäftigung zu anderen Bedingungen vor Ausspruch der Kündigung abgelehnt hat.*

Vgl. auch zum Maßstab für die rechtliche Bewertung eines Änderungsangebots bei einer betriebsbedingten Änderungskündigung BAG NZA 2006, 92.

3 Es kommen verhaltens-, personen- oder betriebsbedingte Gründe in Betracht. Auch eine außerordentliche Änderungskündigung ist denkbar.

Der Betriebsrat hat der Änderungskündigung nach § 102 BetrVG zugestimmt[4]. *Da die Änderungskündigung gleichzeitig eine Versetzung beinhaltet, hat er auch nach § 99 BetrVG seine Zustimmung erklärt*[5].

Nach § 38b SGB III sind Sie verpflichtet, sich innerhalb von drei Tagen nach Erhalt dieser Kündigung bei der zuständigen Agentur für Arbeit persönlich arbeitssuchend zu melden. Sofern das Arbeitsverhältnis noch länger als drei Monate besteht, ist eine Meldung drei Monate vor der Beendigung ausreichend. Sie sind auch verpflichtet, aktiv nach einer Beschäftigung zu suchen. Sollten Sie diesen Verpflichtungen nicht nachkommen, müssen Sie mit Nachteilen beim Bezug von Arbeitslosengeld rechnen (Gefahr einer Sperrzeit nach § 144 Abs. 1 Nr. 3 bzw. 7 SGB III).

. . . (Unterschrift)

4 Der Betriebsrat ist wie bei jeder anderen Kündigung nach § 102 BetrVG vorher zu hören.
5 Widerspricht der Betriebsrat, muss das Verfahren nach § 99 Abs. 4 BetrVG eingeleitet werden.

M 101.14 Vorbehalt bei Änderungskündigung[1]

Firma . . .

z. Hd. Frau/Herrn . . .

. . . (Ort, Datum)[2]

Sie haben mir am . . . zum . . . mit dem Angebot gekündigt, mich am Arbeitsplatz . . . bei niedrigerem Gehalt weiter zu beschäftigen. Dieses Angebot nehme ich nur unter dem Vorbehalt an, dass die mir zugemutete Änderung der Arbeitsplatzbedingungen nicht sozial ungerechtfertigt ist[3]. *Kündigungseinspruch beim Betriebsrat und Anrufung des Arbeitsgerichts behalte ich mir vor.*

. . . (Unterschrift)

1 Vgl. § 2 KSchG.
2 Der Vorbehalt muss innerhalb der Kündigungsfrist, spätestens jedoch innerhalb von drei Wochen nach Zugang der Kündigung erklärt werden (§ 2 Satz 2 KSchG).
3 Bei der Frage, ob der Vorbehalt erklärt werden soll oder nicht, muss berücksichtigt werden, dass bei einer Annahme unter Vorbehalt der Arbeitnehmer nach Ablauf der Kündigungsfrist während der Dauer des Rechtsstreits grundsätzlich verpflichtet ist, zu den geänderten Bedingungen zu arbeiten. Das BAG (BB 1990, 1843) hat allerdings offen gelassen, ob entsprechend § 102 Abs. 5 BetrVG ein Beschäftigungsanspruch zu den bisherigen Bedingungen dann besteht, wenn der Betriebsrat einer mit der Änderung der Arbeitsbedingungen verbundenen Versetzung oder Umgruppierung widersprochen hat, die Zustimmung nicht ersetzt ist und es dem Arbeitgeber auch verwehrt ist, die Maßnahmen vorläufig durchzuführen. Bei einer Änderungsschutzklage kommt eine Auflösung des Arbeitsverhältnisses durch Urteil nach §§ 9, 10 KSchG nicht in Betracht, weil sich der Rechtsstreit auf die Berechtigung der Änderung der Arbeitsbedingungen beschränkt; anders ist die Rechtslage, wenn der Arbeitnehmer die Änderung nicht unter Vorbehalt angenommen hat.

VII. Anfechtung

Arbeitsverträge können wegen Irrtums (§ 119 BGB), Drohung oder arglistiger Täuschung (§ 123 29
BGB) angefochten werden. Das Recht zur Anfechtung kann mit dem zur außerordentlichen Kündigung konkurrieren. Die Anfechtung bietet für den Arbeitgeber den Vorteil, dass eine Mitwirkung von Behörden (vgl. §§ 85 ff. SGB IX, § 9 MuSchG) und/oder des Betriebsrats (§§ 102, 103 BetrVG) nicht nötig ist (vgl. dazu Kap. 105 Rz. 25).

M 101.15 Anfechtung des Arbeitsvertrages mit Schwerbehindertem[1]

Sehr geehrte(r) Frau/Herr . . .,

hiermit fechten wir den mit Ihnen am . . . abgeschlossenen Arbeitsvertrag wegen arglistiger Täuschung gem. § 123 BGB an, weil Sie Ihre Schwerbehinderung wahrheitswidrig im Einstellungsfragebogen verleugnet haben[2].

Zudem fechten wir den mit Ihnen abgeschlossenen Arbeitsvertrag wegen § 119 Abs. 2 BGB (Irrtum über eine verkehrswesentliche Eigenschaft) an.

Wegen Ihres Gesundheitszustandes sind Sie nicht in der Lage, die nach dem Arbeitsvertrag übernommenen Aufgaben zu erledigen. Hätten Sie unsere Frage nach der Schwerbehinderung wahrheitsgemäß beantwortet, wären Sie von uns nicht eingestellt worden. Mit Zugang dieses Schreibens endet damit das Arbeitsverhältnis[3].

. . . (Unterschrift)

1 Der Arbeitnehmer ist in der Regel nicht verpflichtet, von sich aus auf eine bestehende Schwerbehinderung hinzuweisen.

2 Die Frage nach dem Vorliegen einer Schwerbehinderung ist nur noch unter sehr engen Voraussetzungen zulässig, vgl. dazu **M 97.1**.
Hinweis: *Durfte der Arbeitnehmer seine Schwerbehinderung verschweigen, wäre nicht nur die Anfechtung unwirksam, sondern es drohen dem Arbeitgeber auch noch Entschädigungs- bzw. Schadensersatzansprüche nach dem AGG. Hier ist eine genaue Prüfung der Voraussetzungen der Anfechtung unabdingbar! Nach § 90 Abs. 2 lit. a SGB III besteht der besondere Kündigungsschutz von Schwerbehinderten nur, wenn zum Zeitpunkt der Kündigung die Eigenschaft als schwerbehinderter (oder gleichgestellter) Mensch offenkundig oder nachgewiesen ist und das Versorgungsamt (oder die Bundesagentur für Arbeit) nach Ablauf der Frist des § 69 Abs. 1 Satz 2 SGB IX eine Feststellung wegen fehlender Mitwirkung des Arbeitnehmers nicht treffen konnte. Offenkundig muss nicht nur die Behinderung, sondern auch der Grad der Behinderung von mindestens 50 sein. Der Antrag des Arbeitnehmers auf Anerkennung der Schwerbehinderung bzw. der Gleichstellungsantrag muss mindestens drei Wochen vor Zugang der Kündigung gestellt werden (BAG DB 2007, 1702).*
§ 90 Abs. 2 lit. a 2. Alt. SGB IX erweist sich insoweit als Bestimmung einer Vorfrist (ausführlich HWK/Thies § 90 SGB IX Rz. 8).

3 Sollte es fraglich sein, ob der Arbeitnehmer eine Täuschungshandlung iSd. § 123 BGB begangen hat, muss zusätzlich eine (hilfsweise) Kündigung erwogen werden, für die allerdings die vorherige Zustimmung des Integrationsamts nötig ist (vgl. § 85 SGB IX). Einer Zustimmung des Integrationsamts bedarf es nur dann nicht, wenn das Arbeitsverhältnis zum Zeitpunkt des Zugangs der Kündigungserklärung ohne Unterbrechung noch nicht länger als sechs Monate besteht (§ 90 Abs. 1 SGB IX).

VIII. Kündigungsschutz von Schwerbehinderten, werdenden Müttern und Mitarbeitern in Elternzeit

1. Besonderer Kündigungsschutz nach dem SGB IX

30 Für **Schwerbehinderte** und diesen gem. § 2 Abs. 3 SGB IX gleichgestellten Arbeitnehmern gelten die kündigungsschutzrechtlichen Besonderheiten der §§ 85 ff. SGB IX. Eine Kündigung gegenüber diesem Personenkreis ist nur dann zulässig, wenn die **vorherige Zustimmung des Integrationsamts** zur Kündigung eingeholt wurde (vgl. § 85 SGB IX). Dies ist dann nicht erforderlich, wenn das Arbeitsverhältnis zum Zeitpunkt des Zugangs der Kündigungserklärung ohne Unterbrechung noch nicht länger als sechs Monate (vgl. § 90 Abs. 1 Nr. 1 SGB IX) besteht. § 86 SGB IX ordnet zudem eine Mindestkündigungsfrist von vier Wochen an. Eine ohne Zustimmung ausgesprochene Kündigung ist nichtig (§ 134 BGB). Eine einvernehmliche Aufhebung des Arbeitsverhältnisses mit einem Schwerbehinderten bedarf grundsätzlich nicht der Zustimmung des Integrationsamts. Eine Ausnahme sieht § 92 SGB IX bei Schwerbehinderten im Falle des Eintritts einer teilweisen Erwerbsminderung, der Erwerbsminderung auf Zeit, Berufsunfähigkeit oder der Erwerbsunfähigkeit auf Zeit vor. Nach § 88 Abs. 1 SGB IX soll das Integrationsamt die Entscheidung innerhalb eines Monats vom Tag des Eingangs des Antrages auf Zustimmung zur Kündigung treffen. Diese Sollvorschrift gilt allerdings nur für den Bereich der **ordentlichen** Kündigung. Gem. § 91 Abs. 3 SGB IX

muss das Integrationsamt im Falle einer **außerordentlichen** Kündigung die Entscheidung innerhalb von zwei Wochen vom Tage des Eingangs des Antrages treffen. Wird eine Entscheidung nicht getroffen, gilt die Zustimmung als erteilt (vgl. § 91 Abs. 3 Satz 2 SGB IX).

➲ **Praxistipp:** Will der Arbeitgeber einem Schwerbehinderten außerordentlich kündigen, so muss er den Antrag gem. § 91 Abs. 2 Satz 1 binnen zwei Wochen seit Kenntnis der Kündigungsgründe beim Integrationsamt stellen. Er muss nach Erteilung der Zustimmung durch das Integrationsamt die Kündigung unverzüglich erklären (§ 91 Abs. 5 SGB IX). Besondere Sorgfalt muss der Arbeitgeber dann walten lassen, wenn er noch den Betriebsrat bzw. Personalrat anhören muss. Zu diesem Problemkomplex muss auf die einschlägige Spezialliteratur verwiesen werden. 30a

Zu beachten ist zudem, dass – sofern die Zustimmung zur ordentlichen Kündigung nach § 88 Abs. 1 SGB IX erteilt wurde – der Arbeitgeber die Kündigung nur innerhalb eines Monats nach Zustellung der Entscheidung erklären kann (§ 88 Abs. 3 SGB IX). 31

M 101.16 Zustimmungsantrag des Arbeitgebers zur Kündigung eines schwerbehinderten Menschen/gleichgestellten behinderten Menschen

An das Integrationsamt

Antrag auf Zustimmung zur ordentlichen Kündigung/außerordentlichen Kündigung/außerordentlichen, hilfsweise ordentlichen Kündigung/Änderungskündigung des (Name, Vorname, Geburtsdatum, Familienstand, Anschrift)

Sehr geehrte Damen und Herren,

wir beabsichtigen Frau/Herrn ... außerordentlich/ordentlich zu kündigen. Wir bitten Sie deshalb, zuvor der beabsichtigten Personalmaßnahme zuzustimmen. Dazu weisen wir auf Folgendes hin:

(1) Frau/Herr ... hat uns mitgeteilt, dass sie/er mit einem Behinderungsgrad von ... Prozent als Schwerbehinderte/r anerkannt ist. Einen Schwerbehindertenausweis hat sie/er vorgelegt/nicht vorgelegt. Frau/Herr ... ist bei uns als ... seit ... beschäftigt. Sie/Er verdient zurzeit ... Euro brutto/monatlich. Die Kündigung ist vorgesehen am ... Die gesetzliche/vertragliche/tarifvertragliche Kündigungsfrist beträgt ...

(2) In unserem Betrieb werden zurzeit ... Arbeitnehmer beschäftigt, davon ... Schwerbehinderte/Gleichgestellte. Der Pflichtsatz beträgt ...

(3) Wir sehen uns gezwungen, Frau/Herrn ... zu kündigen, weil ...[1].

(4) Die Stellungnahmen des Betriebsrates und des Vertrauensmannes der Schwerbehinderten fügen wir bei[2].

Für Rückfragen und weitere Informationen steht Ihnen Frau/Herr ... von unserer Personalabteilung zur Verfügung[3].

Mit freundlichen Grüßen

... (Unterschrift)

1 Es gibt zwar grundsätzlich keine inhaltlichen Anforderungen an den Antrag. Das Integrationsamt kann weitere Informationen formlos anfordern. Allerdings sollte der Antrag möglichst genau begründet werden, um Zeitverzögerungen zu vermeiden.

2 Es empfiehlt sich, die Stellungnahme mit dem Antrag vorzulegen. Das Integrationsamt kann Unterlagen nach § 87 Abs. 2 SGB IX selbst anfordern, was allerdings wiederum eine Zeitverzögerung bedeutet.

3 Ein solcher Hinweis auf einen Sachbearbeiter kann sich ebenfalls empfehlen, um Zeitverzögerungen zu vermeiden.

2. Sonderkündigungsschutz nach dem MuSchG

32 Nach § 9 MuSchG ist die Kündigung gegenüber einer Frau während der Schwangerschaft und bis zum Ablauf von vier Monaten nach der Entbindung unzulässig, wenn dem Arbeitgeber zur Zeit der Kündigung die Schwangerschaft oder Entbindung bekannt war oder innerhalb von zwei Wochen nach Zugang der Kündigung mitgeteilt wird. Entgegenstehende Kündigungen sind nichtig, § 134 BGB. § 9 Abs. 1 MuSchG gewährt gegen sonstige Beendigungstatbestände keinen Bestandsschutz (KR/Bader § 9 MuSchG). Insbesondere greift das Kündigungsverbot dann nicht ein, wenn sich die Arbeitsvertragsparteien einvernehmlich auf eine Beendigung des Arbeitsverhältnisses einigen (BAG AP Nr. 4 zu § 9 MuSchG). Auch bei einer wirksamen Befristung des Arbeitsvertrags findet § 9 Abs. 1 MuSchG keine Anwendung (KR/Bader § 9 MuSchG). Nur in krassen Ausnahmefällen und nach Vorschriften und Prinzipien außerhalb des Mutterschutzrechts kann die Berufung auf die Befristungsabrede unwirksam sein (KR/Bader § 9 MuSchG).

Ausnahmsweise kann nach § 9 Abs. 3 MuSchG die für den Arbeitsschutz zuständige oberste Landesbehörde oder die von ihr bestimmte Stelle in besonderen Fällen die Kündigung für zulässig erklären. Der besondere Fall ist nicht identisch mit dem wichtigen Grund iSd. § 626 Abs. 1 BGB. Grundsätzlich wird ein besonderer Fall nur dann bejaht, wenn der Arbeitgeber durch die wirtschaftliche Belastung in die Nähe der Existenzgefährdung gerückt wird bzw. bei besonders schwerwiegenden Pflichtverletzungen, wie zB Straftaten gegen den Arbeitgeber (vgl. dazu HWK/C.W. Hergenröder § 9 MuSchG Rz. 13). Der Arbeitgeber kann in diesen Fällen einen Antrag auf Zulässigerklärung der Kündigung seiner schwangeren Mitarbeiterin bei der zuständigen Behörde stellen (vgl. dazu die Aufstellung bei KR/Bader § 9 MuSchG).

3. Sonderkündigungsschutz in der Elternzeit

33 Nach § 18 Abs. 1 Satz 1 BEEG darf der Arbeitgeber das Arbeitsverhältnis ab dem Zeitpunkt, von dem ein Mitarbeiter Elternzeit verlangt hat, höchstens jedoch acht Wochen vor Beginn der Elternzeit und während der Elternzeit nicht kündigen. In besonderen Fällen kann ausnahmsweise eine Kündigung für zulässig erklärt werden. Diese Zulässigkeitserklärung erfolgt durch die für den Arbeitsschutz zuständige oberste Landesbehörde oder die von ihr bestimmte Stelle. Praktisch bedeutsamer Fall einer ausnahmsweise zulässigen Kündigung ist regelmäßig eine Betriebsstilllegung (OVG Münster EzA § 18 BErzGG Nr. 5).

Der Antrag kann auch formlos gestellt werden, aus Beweisgründen sollte der Antrag allerdings schriftlich gestellt werden.

4. Sonderkündigungsschutz in der Pflegezeit

34 Nach § 5 des PflegeZG (BGBL 2008 I 874) wurde ein Kündigungsschutz der Beschäftigten eingeführt, die Angehörige pflegen. Geschützt sind sowohl Beschäftigte, die nach § 2 PflegeZG kurzzeitig von der Arbeit fernbleiben, als auch diejenigen, die eine Pflegezeit nach § 3 PflegeZG in Anspruch nehmen. Geschützt sind nicht nur Arbeitnehmer, sondern auch arbeitnehmerähnliche Beschäftigte (kritisch hierzu Preis/Weber NZA 2008, 82). Eine Kündigung bedarf nach § 5 Abs. 2 PflegeZG wie auch nach § 18 Abs. 1 Satz 1 BEEG oder § 9 MuSchG der vorherigen Zulässigerklärung durch die für den Arbeitsschutz zuständige oberste Landesbehörde. Regelmäßig wird auch hier eine Kündigung an dem besonders strengen Maßstab des § 626 Abs. 1 BGB gemessen werden müssen. Eine Besonderheit des Kündigungsschutzes ist, dass dieser von dem Zeitpunkt der „Ankündigung" an gilt. Sobald der Mitarbeiter mitteilt, dass er kurzzeitig nach § 2 PflegeZG an der Arbeit verhindert ist bzw. die Pflegezeit nach § 3 PflegeZG in Anspruch nimmt, beginnt der Kündigungsschutz. Dies gilt unabhängig vom Bestand des Arbeitsverhältnisses, dh. dass ein Mitarbeiter, der noch keine Wartezeit iSd. § 1 KSchG erfüllt hat, sich ebenfalls auf diesen besonderen Kündigungsschutz berufen kann. Die Frage einer Begrenzung dieses Kündigungsschutzes ist noch offen. Gesetzlich ist eine solche nicht vorgesehen (Joussen NZA 2009, 69, 73 ff.).

34a ➲ **Hinweis:** Theoretisch ist es möglich, dass ein Beschäftigter lange Zeit vor Inanspruchnahme der Pflegezeit eine entsprechende Ankündigung macht und damit den besonderen Kündigungsschutz erlangt. Gerade bei bevorstehenden Kündigungswellen kann dies durchaus ein taktisches Mittel für Arbeitnehmer darstellen, sich einen besonderen Kündigungsschutz zu verschaffen. Die Grenze dürfte bei der Rechtsmissbräuchlichkeit liegen (vgl. Joussen NZA 2009, 69, 73 ff.).

M 101.17 Antrag auf Zulassung der Kündigung nach dem MuSchG/BErzGG/PflegeZG an zB Gewerbeaufsichtsamt

Antrag auf Zulassung der Kündigung von Frau/Herrn ... (Name, Vorname, Geburtsdatum, Anschrift)

Sehr geehrte Damen und Herren,

Frau ... ist seit[1] *... als ... bei uns beschäftigt. Sie ist zurzeit schwanger. Voraussichtlicher Termin der Entbindung ist am ...*

Wir bitten Sie, nach § 9 Abs. 3 Satz 1 MuSchG einer Kündigung aus wichtigem Grund (§ 626 BGB) zuzustimmen. Frau ... hat am ... (hier Vorfall schildern).

oder *(§ 18 Abs. 1 BEEG):*

Frau/Herr ... ist seit ... als ... bei uns beschäftigt. Sie/Er befindet sich zurzeit in Elternzeit. Voraussichtliches Ende der Elternzeit ist am ...

Wir bitten Sie, nach § 18 Abs. 1 Satz 2 BEEG einer Kündigung aus wichtigem Grund (§ 626 BGB) zuzustimmen. Frau/Herr ... hat am ... (hier Vorfall schildern).

oder *(§ 5 Abs. 2 PflegeZG)*

Eine Fortsetzung des Arbeitsverhältnisses mit Frau/Herrn ... kann uns deshalb nicht zugemutet werden. Eine Stellungnahme des Betriebsrates fügen wir bei.

Mit freundlichen Grüßen

... (Unterschrift)

oder

Herr/Frau ist seit ... als ... bei uns beschäftigt. Er/Sie befindet sich zurzeit in Pflegezeit (gegebenenfalls er/sie hat Pflegezeit ab ... beantragt). Voraussichtliches Ende der Pflegezeit ist am ....

Wir bitten Sie, nach § 5 Abs. 2 PflegeZG einer Kündigung aus wichtigem Grund (§ 626 BGB) zuzustimmen. Herr/Frau ... hat am ... (hier Vorfall schildern).

1 Das Kündigungsverbot greift auch ein, wenn der allgemeine Kündigungsschutz nach dem KSchG (noch nicht) eingreift, weil zB die sechsmonatige Wartezeit noch nicht zurückgelegt ist.

M 101.18 Quittung

Hiermit bestätige ich, bei Beendigung meines Arbeitsverhältnisses folgende von der Firma ... ordnungsgemäß ausgefüllte Arbeitspapiere erhalten zu haben:

1. *Lohnsteuerkarte für das Jahr ...*
2. *Arbeitsbescheinigung für das Arbeitsamt*
3. *Versicherungsnachweisheft einschließlich Versicherungskarte*
4. *Zeugnis*
5. *Urlaubsbescheinigung*
6. *Gehaltsabrechnung und Abrechnung der Urlaubsabgeltung*
7. *...*

Die in den Abrechnungen über das Gehalt und die Urlaubsabgeltung genannten Beträge sind mir auf das Konto ... überwiesen worden. Ich bestätige, dass Gehalt und Urlaubsabgeltung zutreffend abgerechnet worden sind.

Diese Quittung habe ich sorgfältig gelesen/Die Quittung ist mir in meine Landessprache übersetzt worden.

Herr/Frau ...

35 Teilweise werden von Arbeitgebern noch sog. **Ausgleichsquittungen** (s. **M 93.19** der 15. Auflage) verwandt. In solchen Ausgleichsquittungen wurde häufig vereinbart, dass mit Unterschrift des Arbeitnehmers alle wechselseitigen Ansprüche erledigt sind und dass der Mitarbeiter mit der Beendigung seines Arbeitsverhältnisses einverstanden ist. Aufgrund der restriktiven Rechtsprechung des BAG zu den Ausgleichsquittungen ist von diesen in der Praxis Abstand zu nehmen. So hat die Rechtsprechung zB einen ohne Gegenleistung erfolgten formularmäßigen Verzicht auf die Erhebung der Kündigungsschutzklage als unzulässig erachtet (das BAG hält dies für eine unangemessene Benachteiligung iSv. § 307 Abs. 1 Satz 1 BGB (BAG NZA 2008, 219)). In der Regel ist auch mit der Ausgleichsquittung kein negatives Schuldanerkenntnis verbunden, da ein Arbeitnehmer üblicherweise keinen Grund hat, auf Ansprüche, insbesondere nicht auf streitige Ansprüche, zu verzichten. Etwas Anderes kann nur gelten, wenn eine Vereinbarung vergleichsähnlich nach Verhandlungen der Parteien zu Stande kommt (BAG NZA 2008, 355; vgl. auch LAG Schleswig-Holstein v. 24.9.2013 – 1 Sa 61/13, das in dem zu Grunde liegenden Fall das Vorliegen eines negativen Schuldanerkenntnisses bejaht hat).

IX. Einvernehmliche Beendigung

36 Die einvernehmliche Beendigung von Arbeitsverhältnissen ist für beide Seiten häufig eine **Alternative** zur einseitigen Kündigung oder zur Beendigung eines Kündigungsrechtsstreits. Aufhebungsverträge spielen in der Praxis eine erhebliche Rolle; sie entspringen immer wieder einem Gebot wirtschaftlicher Vernunft, können aber regelmäßig für den Arbeitnehmer negative sozialrechtliche Folgen haben. Insbesondere besteht hier das Risiko einer Sperrzeit nach § 144 SGB III bzw. (bei Zusage einer Abfindung ohne Einhaltung der Kündigungsfrist) des Ruhens des Anspruchs auf Arbeitslosengeld (§ 143a SGB III).

37 Durch Aufhebungsvertrag kann ein Arbeitsverhältnis jederzeit für die Zukunft einvernehmlich beendet werden. Soweit Kollektivnormen nichts anderes bestimmen, bedarf es keiner Anhörung des Betriebsrats nach § 102 BetrVG. Aufhebungsverträge sind auch zur Beendigung von Arbeitsverhältnissen mit Arbeitnehmern, die besonderen Kündigungsschutz genießen, zulässig. Die einvernehmliche Beendigung bedarf gem. § 623 BGB zu deren Wirksamkeit der Schriftform. Sorgfältig zu prüfen ist, zu welchem Zeitpunkt das Arbeitsverhältnis bei einer einvernehmlichen Regelung beendet werden soll; Gleiches gilt für **Art** und **Inhalt** eines Aufhebungsvertrages.

38 Wird ein Arbeitsverhältnis einvernehmlich beendet, bieten sich im Wesentlichen **zwei Varianten** an: (1) Das Arbeitsverhältnis wird einvernehmlich von den Parteien beendet, ohne dass zuvor seitens des Arbeitgebers eine Kündigung ausgesprochen worden wäre. (2) Der Arbeitgeber spricht zunächst eine Kündigung aus; dann erklärt der Arbeitnehmer, dass er mit der Beendigung des Arbeitsverhältnisses auf Grund der Kündigung einverstanden ist. Bei Variante (2) handelt es sich um einen Aufhebungsvertrag in Form der Hinnahme einer Kündigung (sog. **Abwicklungsvertrag**; vgl. dazu Hümmerich NZA 1994, 200; Hümmerich NZA 1994, 833 und NJW 1996, 2081; Grunewald NZA 1994, 441; Bauer NZA 1994, 440). Der Abwicklungsvertrag bot früher sozialversicherungsrechtliche Vorteile, wird aber nunmehr sozialversicherungsrechtlich dem Aufhebungsvertrag weitgehend gleichgestellt (BSG NZA 2004, 661).

39 Eine Aufhebungsvereinbarung fällt nicht unter den Anwendungsbereich der §§ 312 ff. BGB. Ein Arbeitnehmer ist deshalb **nicht zum Widerruf** seiner Erklärung nach §§ 312, 355 BGB berechtigt

(BAG NZA 2004, 597). In der Regel unterliegt auch eine arbeitsrechtliche Beendigungsvereinbarung keiner Inhaltskontrolle nach §§ 307 Abs. 2 iVm. § 310 Abs. 3 BGB, weil die unmittelbaren Hauptleistungspflichten (Beendigung des Arbeitsverhältnisses zu einem bestimmten Termin, Verzicht auf den Ausspruch einer außerordentlichen Kündigung, keine Erhebung einer Kündigungsschutzklage) einer vertraglichen Regelung keiner Inhaltskontrolle unterliegen (BAG NZA 2004, 597).

Bei der Formulierung von Aufhebungsverträgen ist allerdings auch das Verbot überraschender Klauseln iSv. § 305c Abs. 1 BGB zu beachten. Ist in einer allgemein gehaltenen Vereinbarung die Beendigung des Arbeitsverhältnisses „versteckt", so kann dies die Vereinbarung unwirksam machen (BAG NZA 2007, 614).

Bei Aufhebungs- und Abwicklungsvereinbarungen sind immer die sozialversicherungsrechtlichen Folgen zu beachten. So können bei Aufhebungs- und Abwicklungsvereinbarungen von der Bundesagentur für Arbeit Sperrzeiten wegen Arbeitsaufgabe gem. § 159 Abs. 1 Nr. 2 SGB III verhängt werden. Voraussetzung ist, dass der Arbeitnehmer das Beschäftigungsverhältnis gelöst hat oder durch arbeitsvertragswidriges Verhalten Anlass zur Lösung des Beschäftigungsverhältnisses gegeben hat. Diese Lösung muss grob fahrlässig oder vorsätzlich gewesen sein und darf nicht durch einen wichtigen Grund iSv. § 159 Abs. 1 Satz 1 SGB III gerechtfertigt sein. Das BSG hat die Aufhebungs- und Abwicklungsvereinbarung hier im Wesentlichen gleichgestellt (BSG NZA 2004, 661; dazu Bauer/Krieger NZA 2004, 640). Die Gefahr einer Sperrzeit wegen Arbeitsaufgabe wurde allerdings durch das BSG insoweit entschärft, als dass die Vereinbarung einer Abfindung bis zu der nach § 1a KSchG berechneten Höhe regelmäßig auf einen wichtigen Grund des Arbeitnehmers zur Lösung seines Beschäftigungsverhältnisses hindeutet (BSG NZA 2006, 1359). Die Vorgaben der Entscheidungen des BSG wurden in der Durchführungsanweisung der Bundesagentur für Arbeit zu Sperrzeiten beim Bezug von Arbeitslosengeld umgesetzt. Danach liegt ein wichtiger Grund für den Abschluss eines Aufhebungsvertrages vor, wenn 40

- eine Kündigung durch den Arbeitgeber mit Bestimmtheit in Aussicht gestellt worden ist,
- die drohende Arbeitgeberkündigung auf betriebliche Gründe gestützt wurde,
- die Arbeitgeberkündigung zu dem selben Zeitpunkt erfolgt, zu dem das Beschäftigungsverhältnis geendet hat oder früher wirksam geworden wäre,
- im Fall der Arbeitgeberkündigung die Kündigungsfrist eingehalten wurde und
- eine Abfindung von 0,25 bis zu 0,5 Monatsgehältern pro Beschäftigungsjahr an den Arbeitnehmer gezahlt wird.

Bei Beachtung dieser Voraussetzungen kann im Rahmen von Abwicklungsverträgen und Aufhebungsverträgen eine Sperrzeitverhängung vermieden werden.

➲ **Praxistipp:** In der Praxis lassen sich Sperrzeiten mitunter auch dadurch vermeiden, dass man zunächst eine Bestandschutzklage vor dem Arbeitsgericht erhebt und sich dann dort vergleicht. Die Arbeitsagenturen sehen dann idR von der Sperrzeit ab (kritisch Kroeschell NZA 2008, 560, 563). Riskant, aber in der Praxis recht verbreitet ist es, die Regelungen bereits vor Erhebung der Klage zwischen den Parteien zu vereinbaren (vgl. dazu auch Preis NZA 2005, 1321). 40a

M 101.19 Einfacher Aufhebungsvertrag[1]

Frau/Herr ... und die Firma ... sind sich darüber einig, dass das Arbeitsverhältnis mit Ablauf des ... im gegenseitigen Einvernehmen sein Ende finden wird[2].

oder:

Frau/Herr ... und die Firma ... sind sich darüber einig, dass das Arbeitsverhältnis auf Grund ordentlicher Kündigung vom ... mit Ablauf des ... sein Ende gefunden hat/finden wird.

Frau/Herr ... bestätigt, dass sie/er über etwaige Nachteile beim Bezug von Arbeitslosengeld belehrt ist und hierüber die Arbeitsagentur verbindlich entscheidet, die zur Erteilung von Auskünften berufen und verpflichtet ist.

Frau/Herr ... wird darauf hingewiesen, dass sie/er nach § 38 SGB III verpflichtet ist, sich innerhalb von drei Tagen nach Abschluss dieses Aufhebungsvertrages bei der für sie/ihn zuständigen Agentur für Arbeit persönlich arbeitssuchend zu melden. Sofern dieses Arbeitsverhältnis noch länger als drei Monate besteht, ist eine Meldung drei Monate vor der Beendigung ausreichend.

Bei einer Nichtbeachtung der Verpflichtungen drohen Frau/Herr ... Nachteile beim Bezug von Arbeitslosengeld (Sperrzeit nach § 159 Abs. 1 Nr. 3 bzw. 7 SGB III).

... (Ort, Datum)

Herr/Frau ...

Firma ...

1 Die einvernehmliche Beendigung von Arbeitsverhältnissen ist für beide Seiten häufig eine Alternative zur einseitigen Kündigung oder zur Beendigung eines Kündigungsrechtsstreits. Aufhebungsverträge spielen in der Praxis eine erhebliche Rolle; sie entspringen immer wieder einem Gebot wirtschaftlicher Vernunft; auch der Arbeitnehmer kann durch den Aufhebungsvertrag Vorteile haben, insbesondere wenn er ein neues Arbeitsplatzangebot erhalten hat und deshalb seine Kündigungsfrist nicht einhalten wird. Häufig wird in der Praxis auch ein Aufhebungsvertrag abgeschlossen, wenn dem Arbeitnehmer Pflichtverletzungen zur Last gelegt werden, die eine verhaltensbedingte Kündigung bzw. außerordentliche Kündigung rechtfertigen würden und der Arbeitnehmer im Hinblick auf seine weitere berufliche Entwicklung den Abschluss eines Aufhebungsvertrags vorzieht. S. dazu auch die Checkliste Rz. 41.

2 Durch einen Aufhebungsvertrag kann ein Arbeitsverhältnis jederzeit für die Zukunft beendet werden (§ 311 BGB). Soweit Kollektivnormen nichts anderes bestimmen, bedarf es keiner Anhörung des Betriebsrates nach § 102 BetrVG.

M 101.20 Aufhebungsvertrag mit Abfindungsregelung und Erledigungsklausel

§ 1

Die Parteien sind sich einig, dass das Arbeitsverhältnis mit Ablauf des ... auf Grund ordentlicher Kündigung der Firma vom ... geendet hat.

§ 2

Frau/Herr ... erhält aus Anlass der Beendigung des Arbeitsverhältnisses eine Sozialabfindung im Sinne der §§ 9, 10 KSchG von ... Euro.

§ 3

Die Parteien sind sich darüber einig, dass sämtliche wechselseitigen Ansprüche aus und in Verbindung mit dem Arbeitsverhältnis, gleich aus welchem Rechtsgrund, nicht mehr gegeneinander bestehen.

oder:

Die Parteien sind sich darüber einig, dass alle wechselseitigen finanziellen Ansprüche aus und in Verbindung mit dem Arbeitsverhältnis und seiner Beendigung, gleich aus welchem Rechtsgrund, erledigt sind.

oder:

Mit der Erfüllung der vorstehenden Verpflichtungen sind sämtliche wechselseitigen Ansprüche aus dem Arbeitsverhältnis und aus Anlass seiner Beendigung erfüllt[1]*. Sollte die Firma bis zum ... einen Sozialplan aufstellen, der für Mitarbeiter Abfindungsleistungen bei Verlust des Arbeitsplatzes vorsieht, und sollte sich aus diesem Sozialplan zu Gunsten des Mitarbeiters ein höherer Abfindungsbetrag, als in dieser Vereinbarung vorgesehen, ergeben, so berechnet sich die Abfindung abweichend von dieser Vereinbarung nach der Regelung des Sozialplans. Auf den sich aus dem Sozialplan ergebenden Anspruch wird die Abfindung gem. § 2 dieser Vereinbarung dann angerechnet.*

§ 4

Frau/Herr ... bestätigt, dass sie/er über etwaige Nachteile beim Bezug von Arbeitslosengeld belehrt ist und hierüber die Arbeitsagentur verbindlich entscheidet, die zur Erteilung von Auskünften berufen und verpflichtet ist.

Frau/Herr ... wird darauf hingewiesen, dass er/sie nach § 38 SGB III verpflichtet ist, sich innerhalb von drei Tagen nach Abschluss dieses Aufhebungsvertrages bei der für ihn/sie zuständigen Agentur für Arbeit persönlich arbeitssuchend zu melden. Sofern dieses Arbeitsverhältnis noch länger als drei Monate besteht, ist eine Meldung drei Monate vor der Beendigung ausreichend.

Bei einer Nichtbeachtung der Verpflichtungen drohen Frau/Herr ... Nachteile beim Bezug von Arbeitslosengeld (Sperrzeit nach § 159Abs. 1 Nr. 3 bzw. 7 SGB III).

... (Ort, Datum)

Frau/Herr ...

Firma ...

---

1 Vor Abschluss des Prozessvergleichs oder außergerichtlichen Aufhebungsvertrags ist sorgfältig zu prüfen, ob eine Erledigungsklausel überhaupt in Betracht kommt. Die Erledigungsklausel kann sich auf alle wechselseitigen Ansprüche, gleich aus welchem Rechtsgrund, erstrecken. Unter Umständen ist sie auf finanzielle Ansprüche und/oder auf Ansprüche „aus" dem Arbeitsverhältnis zu beschränken. Dabei ist zB fraglich, ob es sich beim Rückzahlungsanspruch des Arbeitgebers auf Grund eines Darlehensvertrages um einen Anspruch „aus" dem Arbeitsverhältnis handelt (hierzu BAG NZA 2009, 896).
Besondere Vorsicht ist weiterhin bei unverzichtbaren Rechten und Ansprüchen geboten, also zB bei tariflichen Rechten (§ 4 Abs. 4 Satz 1 TVG) und Rechten aus Betriebsvereinbarungen (§ 77 Abs. 4 Satz 2 BetrVG). Nicht geklärt ist, ob ein Arbeitnehmer bei oder nach der Beendigung des Arbeitsverhältnisses wirksam auf ein Zeugnis verzichten kann (ausdrücklich offen gelassen von BAG AP 9 zu § 630 BGB).
Handelt es sich um unverzichtbare Rechte und Ansprüche, stellt sich die Frage, ob sie von allgemeinen Erledigungsklauseln überhaupt erfasst werden. Dies wird verneint für schon entstandene Fortzahlungsansprüche (BAG DB 1982, 1302 und DB 1981, 222), bei Ansprüchen auf betriebliche Altersversorgung (LAG Hamm DB 1980, 113 und DB 1980, 643; vgl. auch BAG BB 1984, 280 zur Ausgleichsquittung) und für den Anspruch auf Erteilung eines Zeugnisses (sofern darauf überhaupt verzichtet werden kann; vgl. BAG AP Nr. 9 zu § 630 BGB). Ob eine allgemeine Ausgleichsklausel in einem gerichtlichen Vergleich auch Ansprüche aus einem nachvertraglichen Wettbewerbsverbot umfasst, ist anhand der konkreten Umstände zu prüfen. Bei einer Formulierung „mit der Erfüllung der Vereinbarungen sind sämtliche Ansprüche „hinüber und herüber" aus dem Arbeitsverhältnis und seiner Beendigung abgegolten und ausgegliedert sind im Zweifel auch Ansprüche aus einem nachvertraglichen Wettbewerbsverbot abgegolten (BAG MDR 2003, 93). Kein unzulässiger Verzicht nach § 4 Abs. 1 Satz 1 TVG liegt allerdings vor, wenn sich bei subjektiver und/oder objektiver Ungewissheit die Parteien im Wege des gegenseitigen Nachgebens über die tatsächlichen Voraussetzungen eines tariflichen Anspruchs vergleichsweise einigen.
Der Anspruch des Arbeitnehmers auf Arbeitsentgelt und Abfindung geht in Höhe des im Ruhezeitraum bezogenen Arbeitslosengeldes auf die Bundesagentur für Arbeit über (§ 115 Abs. 1 SGB X). Wollen die Parteien im Innenverhältnis von der gesetzlichen Regel der Anrechenbarkeit abweichen, müssen sie dies vereinbaren; eine allgemeine Ausgleichsklausel genügt dazu nicht (BAG NZA 1997, 376).

M 101.21 Ausführlicher Aufhebungsvertrag

§ 1 Beendigung

Die Parteien sind sich darüber einig, dass das Arbeitsverhältnis mit Ablauf des ... (auf Veranlassung der Firma) einvernehmlich enden wird/geendet hat.

oder:

Die Parteien sind sich einig, dass das Arbeitsverhältnis mit Ablauf des ... auf Grund ordentlicher (betriebsbedingter) Kündigung vom ... enden wird/geendet hat.

§ 2 Abfindung[1]

Wegen der Beendigung des Arbeitsverhältnisses und der damit verbundenen Aufgabe des sozialen Besitzstandes zahlt die Firma Frau/Herrn ... eine einmalige Abfindung gem. §§ 9, 10 KSchG iHv. ... Euro brutto. Der Abfindungsanspruch ist bereits jetzt entstanden und vererblich, fällig allerdings erst bei der rechtlichen Beendigung des Arbeitsverhältnisses[2].

§ 3 Freistellung, vertragliches Wettbewerbsverbot[3, 4]

Frau/Herr ... wird mit sofortiger Wirkung/wird ab .../bleibt unwiderruflich freigestellt bis zu dem in § 1 genannten rechtlichen Beendigungszeitpunkt des Arbeitsverhältnisses und zwar unter Fortzahlung der vertragsmäßigen Bezüge. Das vertragliche Wettbewerbsverbot bleibt während der Freistellung bestehen. (ggf.: Die Firma behält sich vor, Frau/Herrn ... während der Restlaufzeit des Vertrages teilweise oder ganz (ggf. unter Einhaltung einer Ankündigungsfrist von vier Arbeitstagen[5]*) an den Arbeitsplatz zurückzurufen)*[6].

oder:

Frau/Herr ... wird mit sofortiger Wirkung/wird ab .../bleibt unwiderruflich freigestellt bis zu dem in § 1 genannten rechtlichen Beendigungszeitpunkt des Arbeitsverhältnisses. Sie/Er ist bis zu dem in § 1 genannten Zeitpunkt in der Verwertung ihrer/seiner Arbeitskraft frei, wobei ihre/ihm jede Beteiligung und/oder Tätigkeit für ein Konkurrenzunternehmen untersagt ist. Während der Zeit der

1 Abfindungen sind kein für die Dauer des Arbeitsverhältnisses gezahltes Arbeitsentgelt iSd. § 14 SGB IV; aus der Lohnsteuerpflicht folgt keine Beitragspflicht zur Sozialversicherung (BAG DB 1989, 327).

2 Diese Klarstellung empfiehlt sich, da umstritten ist, wann der in einem Vergleich bzw. Aufhebungsvertrag geregelte Abfindungsanspruch entsteht (vgl. BAG BB 1998, 700). Die Abfindung wird aber in der Regel erst zum Zeitpunkt der vorgesehenen Beendigung des Arbeitsverhältnisses fällig, sofern nichts Abweichendes vereinbart wurde. Um hier Unsicherheiten zu vermeiden, empfiehlt sich eine Klarstellung im Aufhebungsvertrag bzw. gerichtlichen Vergleich.

3 Eine vom Arbeitgeber einseitig erklärte Freistellung (Suspendierung) des Arbeitnehmers ist nur zulässig, wenn in der Art der Tätigkeit des Arbeitnehmers oder in dessen Person ein Grund vorliegt, der eine Beschäftigung für den Arbeitgeber unzumutbar erscheinen lässt (BAG AP 4 zu § 611 BGB „Beschäftigungspflicht"). Eine einvernehmliche Freistellung – wie hier – ist dagegen unproblematisch.

4 Bei der Formulierung von Freistellungsklauseln war besondere Vorsicht geboten. In einer Entscheidung des BSG v. 25.4.2002 wurde eine unwiderrufliche Freistellung als Lösung des Beschäftigungsverhältnisses im sozialversicherungsrechtlichen Sinne angesehen (NZA-RR 2003, 105). Nach Ansicht des BSG wurde die Beschäftigungslosigkeit im sozialversicherungsrechtlichen Sinne unabhängig von dem Bestehen des Arbeitsverhältnisses im Sinne des Arbeitsrechts durch die tatsächliche Nichtbeschäftigung des Versicherten gekennzeichnet. Diese Entscheidung hat zu erheblichen Unsicherheiten geführt und in der Praxis wurden verschiedene Lösungsansätze zur Vermeidung einer Sperrzeit unternommen (vgl. Gaul BB 2003, 2457; Giesen/Ricken NZA 2006, 88). Nun hat das BSG ausdrücklich klargestellt, dass die Arbeitnehmer bis zur Beendigung des Arbeitsverhältnisses auch dann der Sozialversicherungspflicht unterliegen, wenn sie ihrer Freistellung zugestimmt haben. Für die betriebliche Praxis steht also fest, dass in Aufhebungsverträgen ohne Weiteres auch unwiderrufliche Freistellungsvereinbarungen getroffen werden können, ohne dass dadurch für den Arbeitnehmer die Gefahr des Verlustes seines Sozialversicherungsschutzes besteht (BSG NZA-RR 2009, 272; vgl. auch Weber/Ehrich/Burmester/Fröhlich, Teil 2, Rz. 169 ff.).

5 Vgl. § 12 Abs. 2 TzBfG.

6 Hier handelt es sich um eine widerrufliche Freistellungsklausel.

Freistellung findet § 615 BGB Anwendung/keine Anwendung. Durch die Freistellung sind sämtliche Urlaubsansprüche und Freizeitguthaben (Überstundenausgleich, Gleitzeitguthaben etc.) abgegolten[7].

oder:

Frau/Herr ... wird mit sofortiger Wirkung/wird ab ... zunächst unwiderruflich unter Anrechnung auf sämtliche Urlaubsansprüche und Ansprüche auf Freizeitausgleich (Überstunden, Gleitzeitguthaben etc.), dh. bis zum Ablauf des ... freigestellt. Anschließend ist Frau/Herr ... bis zur rechtlichen Beendigung des Arbeitsverhältnisses widerruflich freigestellt, dh. die Firma ist berechtigt, Frau/Herrn ... ganz oder teilweise an den Arbeitsplatz zurückzurufen[8].

§ 4 Gewinnbeteiligung, Tantieme[9]

Frau/Herr ... hat für das laufende Geschäftsjahr/das Kalenderjahr 2 ... Anspruch auf Gewinnbeteiligung iHv. ... % des Jahresgewinns. Diese Gewinnbeteiligung wird trotz Beendigung des Arbeitsverhältnisses mit Ablauf des ... für das ganze Jahr gezahlt. Die Auszahlung erfolgt nach Ende des laufenden Geschäftsjahres und Erstellung der Bilanz.

oder:

Frau/Herr ... hat für das laufende Geschäftsjahr/Kalenderjahr 2 ... Anspruch auf Gewinnbeteiligung iHv. ... % des Jahresgewinns. Wegen der vorzeitigen Beendigung des Arbeitsverhältnisses am ... wird die Gewinnbeteiligung zu .../12 gezahlt. Die Auszahlung erfolgt nach Ende des laufenden Geschäftsjahres und der Erstellung der Bilanz.

oder:

Frau/Herr ... hat an und für sich Anspruch auf eine vertragliche Gewinnbeteiligung. Diese wird pauschal sofort mit ... Euro abgegolten.

§ 5 Gratifikation

Frau/Herr ... erhält am ... für das Jahr 2 ... die vertraglich zugesagte Gratifikation trotz des Ausscheidens am ... ungekürzt.

oder:

Die vertraglich zugesagte Gratifikation erhält Frau/Herr ... in diesem Jahr mit Rücksicht auf die vorzeitige Beendigung des Arbeitsverhältnisses nicht.

oder:

Frau/Herr ... erhält die vertraglich zugesagte Gratifikation am ... zu .../12.

§ 6 Dienstwagen[10]

Frau/Herr ... ist verpflichtet, den Dienstwagen sofort an die Firma zurückzugeben.

oder:

Frau/Herr ... kann den Dienstwagen auch während der Zeit der Freistellung privat nutzen. Sie/Er ist verpflichtet, den Wagen am ... an die Firma zurückzugeben.

oder:

7 Fehlt eine solche oder ähnliche Klausel, so kann der Arbeitnehmer im Zweifel trotz (längerer) Freistellung noch Urlaubsabgeltung verlangen (BAG NZA 1991, 944).

8 Diese Klausel (nach Gaul BB 2003, 2457) verbindet für den Arbeitgeber den Vorteil der Anrechnung von Urlaubsansprüchen mit dem Vorteil, dass er den Arbeitnehmer unter Umständen noch zu Abwicklungsarbeiten heranziehen kann.

9 Soweit solche Ansprüche entstanden sind, können sie nicht in die Abfindung „verpackt" werden, weil es sich um schon verdiente Vergütungsansprüche handelt. Dies gilt erst recht, wenn die Ansprüche auch zusätzlich schon fällig sind.

10 Ist ein Dienstwagen ohne wirksamen Widerrufsvorbehalt dem Arbeitnehmer auch zur privaten Nutzung überlassen worden, kann er grundsätzlich nicht einseitig vom Arbeitgeber vor dem rechtlichen Ende des Arbeitsverhältnisses herausverlangt werden.

Frau/Herr . . . übernimmt den Dienstwagen am . . . käuflich zum Buchwert.

oder:

Frau/Herr . . . ist verpflichtet, den Dienstwagen sofort an die Firma zurückzugeben. Als Entschädigung erhält sie/er eine Pauschale von . . . Euro

oder:

Der Dienstwagen nebst . . . wird Frau/Herrn . . . kostenlos mit Wirkung zum . . . übereignet. Dadurch anfallende etwaige Steuern trägt Frau/Herr . . .

§ 7 Urlaub

Die Parteien sind sich darüber einig, dass Frau/Herr . . . den ihr/ihm für das Jahr . . . noch zustehenden Urlaub von . . . Werk-/Arbeitstagen vom . . . bis . . . nehmen wird[11]*/genommen hat*[12].

oder:

Wegen der vorzeitigen Beendigung des Arbeitsverhältnisses konnte Frau/Herr . . . den ihr/ihm für das Jahr . . . zustehenden Urlaub von . . . Werk-/Arbeitstagen nicht nehmen. Die Firma zahlt deshalb eine Urlaubsabgeltung von . . . Euro, fällig am . . .[13].

oder:

Die in § 3 geregelte Freistellung erfolgt unter Anrechnung etwaiger restlicher Urlaubsansprüche[14].

§ 8 Werkwohnung[15]

Frau/Herr . . . verpflichtet sich, die Werkwohnung in der . . .-straße in . . . bis spätestens . . . zu räumen.

oder:

Die bisher benutzte Werkwohnung in der . . .-straße in . . . wird an Frau/Herrn . . . ab . . . zu folgenden Bedingungen weiter vermietet:

. . .

§ 9 Darlehen[16]

Frau/Herr . . . hat von der Firma am . . . ein Darlehen iHv. . . . Euro erhalten. Hierauf sind bis heute . . . Euro zurückbezahlt. Der Restbetrag wird in monatlichen Raten von . . . Euro, zahlbar am . . . ei-

11 Der Arbeitnehmer kann im Falle einer fristgemäßen Kündigung den Urlaub nicht einfach einseitig in die Kündigungsfrist legen; notfalls kann er dies aber durch eine einstweilige Verfügung erreichen (BAG AP Nr. 58 zu § 611 BGB „Urlaubsrecht").

12 Mit dieser Formulierung stellen die Parteien klar, dass der Urlaubsanspruch erfüllt wurde. Eine Abgeltung gem. § 7 Abs. 4 BUrlG kommt dann nicht mehr in Betracht.

13 Es entsprach der bisher herrschenden Meinung, dass der Urlaubsabgeltungsanspruch das Surrogat für den während des Arbeitsverhältnisses nicht erfüllten Urlaubsanspruch und damit ebenfalls unabdingbar ist (BAG DB 1980, 2197). Dies galt allerdings bereits bislang nur für den gesetzlich geschützten Mindesturlaub. Tariflicher Mehrurlaub konnte ua. auch von Ausschlussfristen erfasst werden (BAG AP Nr. 11 InsO § 55). Im Anschluss an die neue Rechtsprechung des BAG, in der dieses die Vorgaben des EuGH umsetzt, ist nun zu erwarten, dass das Prinzip der Unabdingbarkeit für das Surrogat aufgegeben wird. Der Arbeitnehmer muss seine Ansprüche dann geltend machen und gegebenenfalls gerichtlich einklagen, andernfalls verfallen sie. Dies soll dazu führen, dass Ausschlussfristen auf Urlaubsabgeltungsansprüche anwendbar sind. Das Gemeinschaftsrecht stünde dem nicht entgegen, da dieses nur den Arbeitnehmer schützt, der gehindert ist, seine Ansprüche zu realisieren, nicht aber den, der untätig bleibt (ErfK/Dörner § 7 BUrlG Rz. 65). Angesichts der unklaren Rechtslage empfiehlt es sich aber, diese Ansprüche ausdrücklich in einen Aufhebungsvertrag aufzunehmen.

14 Daran ist zu denken, weil eine Freistellung nicht ohne Weiteres mit Urlaubserteilung gleichzusetzen ist (vgl. Fn. 3).

15 Zu unterscheiden sind Werkmiet- und Werkdienstwohnungen (§§ 576 ff. BGB).

16 Sieht der Anstellungsvertrag vor, dass ein Darlehen nur dann zurückgezahlt werden soll, wenn der Arbeitnehmer vor Ablauf eines bestimmten Zeitraumes aus den Diensten des Arbeitgebers ausscheidet, so ist der Bereich des eigentlichen Arbeitgeber-Darlehens verlassen. In Wirklichkeit liegt dann eine gratifikationsähnliche Form der Sonderzuwendung vor, so dass die Grundsätze des BAG über die Bindungsdauer bei Gratifikationen entsprechend anwendbar sind (ArbG Berlin BB 1975, 1304).

nes jeden Monats, beginnend mit dem . . ., zurückgezahlt. Kommt Frau/Herr . . . mit einer Rate in Verzug, ist der gesamte Restbetrag fällig. Zur Sicherung des Darlehensrestes tritt Frau/Herr . . . hiermit an die Firma die zukünftigen Lohnforderungen gegen jeden neuen Arbeitgeber in Höhe des jeweils pfändungsfreien Betrages ab.

§ 10 Diensterfindung

Frau/Herr . . . erhält für die am . . . gemeldete Diensterfindung eine Vergütung von . . . Euro. Weitere Ansprüche auf Grund des Arbeitnehmererfindungsgesetzes bestehen nicht.

oder:

Die Parteien sind sich darüber einig, dass Frau/Herr . . . für die am . . . gemeldete Diensterfindung keine Vergütung erhält[17].

§ 11 Nachvertragliches Wettbewerbsverbot[18]

Das am . . . von den Parteien vereinbarte nachvertragliche Wettbewerbsverbot wird von dem vorliegenden Aufhebungsvertrag nicht berührt.

oder:

Das am . . . vereinbarte nachvertragliche Wettbewerbsverbot wird von dem vorliegenden Aufhebungsvertrag nicht berührt. Die Firma nimmt zur Kenntnis, dass Frau/Herr . . . am . . . in die Dienste der Firma . . . treten wird. Die Parteien sind sich darüber einig, dass diese Tätigkeit nicht gegen das vereinbarte Wettbewerbsverbot verstößt.

oder:

Die Parteien ändern das am . . . vereinbarte nachvertragliche Wettbewerbsverbot so ab, dass Frau/Herr . . . statt einer monatlichen Karenzentschädigung von . . . Euro monatlich nur . . . Euro erhält. Außerdem wird die Laufzeit des Wettbewerbsverbotes auf die Zeit vom . . . bis . . . beschränkt.

oder:

Die Parteien heben das nachvertragliche Wettbewerbsverbot mit sofortiger Wirkung auf.

§ 12 Betriebsgeheimnisse, Wohlverhalten

Frau/Herr . . . ist verpflichtet, alle ihr/ihm während ihrer/seiner Tätigkeit bekannt gewordenen betriebsinternen Angelegenheiten, vor allem Geschäfts- und Betriebsgeheimnisse, geheim zu halten.

Beide Seiten verpflichten sich, negative Äußerungen über die jeweilige andere Seite zu unterlassen.

oder:

Die Firma nimmt hiermit alle negativen Behauptungen über Frau/Herrn . . . zurück. Frau/Herr . . . sichert zu, sich nicht negativ über die Firma zu äußern.

Bei echten Darlehen (davon wird im Muster ausgegangen) ist zu prüfen, ob für den Fall der vorzeitigen Beendigung des Arbeitsverhältnisses die Fälligkeit des dann noch valutierten Teils vereinbart worden ist, da die Rechtsprechung nicht grundsätzlich davon ausgeht, dass Darlehen bei Beendigung des Arbeitsverhältnisses automatisch auf einmal und sofort zur Rückzahlung fällig werden (LAG Baden-Württemberg BB 1969, 1269). Wenn sofortige Rückzahlung für den Fall der Beendigung des Arbeitsverhältnisses ausdrücklich vereinbart ist, werden Zweifel an der Wirksamkeit einer solchen Klausel geäußert, wenn es sich um eine betriebsbedingte Kündigung durch den Arbeitgeber oder eine begründete fristlose Kündigung durch den Arbeitnehmer handelt (vgl. ErfK/Preis § 611 BGB Rz. 637); dem Rückzahlungsverlangen kann der Arbeitnehmer dann unter Umständen den Einwand des Rechtsmissbrauchs (§ 242 BGB) entgegenhalten.

17 Möglicherweise verstößt eine solche Klausel aber gegen §§ 22, 23 ArbnErfG (Bauer, Arbeitsrechtliche Aufhebungsverträge, 9. Aufl. 2014, Rz. 609).

18 Nachvertragliche Wettbewerbsverbote können jederzeit einvernehmlich aufgehoben werden; eine allgemeine Ausgleichsklausel genügt aber nicht immer.

§ 13 Betriebliche Altersversorgung[19]

Die Parteien sind sich darüber einig, dass Frau/Herr ... keinen unverfallbaren Anspruch nach dem Gesetz zur Verbesserung der betrieblichen Altersversorgung vom 19.12.1974 erworben hat.

oder:

Frau/Herr ... hat aus der betrieblichen Altersversorgung der Firma einen unverfallbaren Anspruch/ eine unverfallbare Anwartschaft auf Leistungen erworben. Die Bescheinigung nach § 4a des Gesetzes zur Verbesserung der betrieblichen Altersversorgung vom 19.12.1974 wird gesondert erteilt.

oder:

Die Parteien sind sich darüber einig, dass Frau/Herr ... einen jüngeren und damit nach § 3 BetrAVG abfindbaren, unverfallbaren Anspruch aufgrund der betrieblichen Altersversorgung der Firma erworben hat. Dieser Anspruch auf eine Altersrente, die im Alter von ... einsetzt, beträgt ... Euro. Die Parteien vereinbaren, diese Altersrente gem. § 3 Abs. 2 des Gesetzes zur Verbesserung der betrieblichen Altersversorgung versicherungsmathematisch abzufinden. Frau/Herr ... erhält deshalb einen einmaligen Pauschalbetrag von ... Euro, fällig am ... Damit sind sämtliche Ansprüche aus der betrieblichen Altersversorgung erledigt.

oder:

Frau/Herr ... hat aus der betrieblichen Altersversorgung der Firma einen unverfallbaren Anspruch erworben. Bei Erreichen der Altersgrenze (Vollendung des 65. Lebensjahres bzw. des 63. Lebensjahres bei Inanspruchnahme des gesetzlichen flexiblen Altersruhegeldes) hat Frau/Herr ... einen Leistungsanspruch, der (nicht) nach § 2 BetrAVG gekürzt wird.

oder:

Die Firma räumt mit Beendigung des Arbeitsverhältnisses Frau/Herrn ... das Recht ein, die bei der ... Versicherung abgeschlossene Direktversicherung (Nr. ...) fortzuführen und wird die dazu notwendigen Erklärungen gegenüber dem Versicherer auf ihre Kosten abgeben.

§ 14 Zeugnis[20]

Frau/Herr ... erhält das als Anlage zu dieser Vereinbarung beigefügte qualifizierte Zeugnis.

oder:

Frau/Herr ... erhält das als Anlage zu dieser Vereinbarung beigefügte Zwischenzeugnis. Am ... erhält Frau/Herr ... ein mit dem Zwischenzeugnis übereinstimmendes Endzeugnis, dessen Schlussformel so lauten wird: „Frau/Herr ... ist am ... auf eigenen Wunsch/aufgrund betriebsbedingter Kündigung ausgeschieden. Wir bedauern ihr/sein Ausscheiden, danken für die geleistete Arbeit und wünschen ihr/ihm für die Zukunft weiterhin viel Erfolg und alles Gute[21]*.*

§ 15 Firmenunterlagen

Frau/Herr ... wird am ... sämtliche der Firma gehörenden Unterlagen zurückgeben, insbesondere ...

oder:

Frau/Herr ... erklärt, dass sie/er

(1) die Schlüssel und den Zugangsausweis für das Forschungs- und Entwicklungszentrum abgegeben hat, des Weiteren sonstige Schlüssel zu Firmengebäuden und -einrichtungen,

---

19 Vgl. Bauer, Arbeitsrechtliche Aufhebungsverträge, 9. Aufl. 2014, Rz. 638 ff., vor allem zum Abfindungsverbot des § 3 BetrAVG bei der Beendigung von Arbeitsverhältnissen und Checkliste.

20 **Praxistipp:** Der Arbeitnehmer sollte darauf achten, dass der Inhalt des Zeugnisses schon im Zuge der Aufhebungsverhandlungen festgelegt wird; so kann ein ansonsten möglicher späterer Zeugnisprozess vermieden werden.

21 Der Arbeitgeber ist gesetzlich nicht verpflichtet, das Arbeitszeugnis mit Formulierungen abzuschließen, in denen er dem Arbeitnehmer für die gute Zusammenarbeit dankt und ihm für die Zukunft alles Gute wünscht (BAG NZA 2001, 843). Auch aus diesem Grund sollte eine entsprechende Formulierung in einem Aufhebungsvertrag vorgesehen werden.

(2) alle ihr/ihm von der Firma überlassenen Gegenstände, Waren, Geräte, Apparaturen und alle Unterlagen, die im Zusammenhang mit ihrer/seiner Tätigkeit bei der Firma entstanden sind, vollständig an die Firma zurückgegeben hat. Zu diesen Unterlagen zählen ua. Zeichnungen, Skizzen, Briefe, Besprechungsberichte, Versuchsauswertungen, handschriftliche Notizen, Fotos, Literatur usw. sowie Kopien und Abschriften dieser Unterlagen.

§ 16 Spesen

Noch ausstehende Reise-/Spesenabrechnungen sind bis zum ... abzurechnen. Ein eventuell bestehender Reise- oder Spesenvorschuss muss bis zum ... zurückbezahlt werden.

§ 17 Zurückbehaltungsrecht

Der Firma steht kein Zurückbehaltungsrecht hinsichtlich der sich aus diesem Vertrag ergebenden Verpflichtungen zu.

§ 18 Aufrechnungsverbot

Eine Aufrechnung der Firma gegenüber den sich aus diesem Vertrag ergebenden finanziellen Verpflichtungen ist nicht möglich.

§ 19 Arbeitsbescheinigung

Die Firma stellt Frau/Herrn ... eine Arbeitsbescheinigung gem. § 312 SGB III aus. Als Grund für die Beendigung des Arbeitsverhältnisses wird angegeben: ...

§ 20 Kosten

Frau/Herr ... verpflichtet sich, die beim ArbG .../LAG .../BAG ... anhängige Klage (Az.: ...) unverzüglich nach Unterzeichnung dieses Vertrages zurückzunehmen. Jede Partei trägt ihre außergerichtlichen Kosten und die Hälfte der entstandenen Gerichtskosten.

oder:

Frau/Herr ... verpflichtet sich, die beim ArbG .../LAG .../BAG ... anhängige Klage (Az.: ...) unverzüglich nach Unterzeichnung dieses Vertrages zurückzunehmen. Die Firma übernimmt die entstandenen Gerichtskosten; jede Partei trägt ihre außergerichtlichen Kosten selbst.

oder:

Die Kosten werden gegeneinander aufgehoben.

oder:

Die Firma erstattet Frau/Herrn ... die dieser/diesem durch die Inanspruchnahme von Rechtsanwalt ... entstandenen Kosten iHv. ... Euro.

oder:

Die Firma erstattet Frau/Herrn ... Anwaltskosten auf der Basis eines Streitwerts von ... Euro, und zwar ... Gebühren nebst Auslagen.

§ 21 Geheimhaltungsklausel

Frau/Herr ... sichert zu, Stillschweigen hinsichtlich des finanziellen Inhalts dieser Vereinbarung gegenüber jedermann zu wahren, es sei denn, sie/er sei gesetzlich zur Auskunft verpflichtet oder die Auskunft sei aus steuerlichen oder sozialversicherungsrechtlichen Gründen gegenüber Behörden oder zur Wahrung von Rechtsansprüchen gegenüber Gerichten erforderlich.

§ 22 Belehrung und Hinweis nach § 38 SGB III

(1) Frau/Herr ... bestätigt, dass sie/er über etwaige Nachteile beim Bezug von Arbeitslosengeld belehrt ist und hierüber die Arbeitsagentur verbindlich entscheidet, die zur Erteilung von Auskünften berufen und verpflichtet ist.

(2) Frau/Herr ... wird darauf hingewiesen, dass sie/er nach § 38 SGB III verpflichtet ist, sich frühzeitig um einen neuen Arbeitsplatz zu bemühen. Zudem ist sie/er verpflichtet, sich innerhalb von drei

Tagen nach Abschluss dieses Aufhebungsvertrages bei der für sie/ihn zuständigen Agentur für Arbeit persönlich arbeitssuchend zu melden. Sofern dieses Arbeitsverhältnis noch länger als drei Monate besteht, ist eine Meldung drei Monate vor der Beendigung ausreichend.

Bei einer Nichtbeachtung der Verpflichtungen drohen Frau/Herr . . . Nachteile beim Bezug von Arbeitslosengeld (Sperrzeit nach § 144 Abs. 1 Nr. 3 bzw. 7 SGB III).

§ 23 Sprachregelung

Presseveröffentlichungen und andere Verlautbarungen an einen unbestimmten Personenkreis werden die Parteien jeweils nur in einer miteinander abgestimmten Form abgeben. Die Parteien vereinbaren als Richtschnur dafür folgenden Wortlaut: „. . ."/

oder:

werden als Richtschnur dafür unverzüglich nach Abschluss dieses Vertrages einen Wortlaut ausarbeiten.

§ 24 Sicherheiten

Die Firma ist verpflichtet, innerhalb von fünf Tagen nach Unterzeichnung des vorliegenden Aufhebungsvertrages eine selbstschuldnerische, unwiderrufliche und unbefristete Bankbürgschaft einer deutschen Bank iHv. . . . Euro zur Sicherung der nach § 2 geschuldeten Abfindung vorzulegen. Sollte die Bankbürgschaft nicht pünktlich vorgelegt werden, so gilt der Aufhebungsvertrag als nicht geschlossen.

§ 25 Salvatorische Klausel

Sollte eine Bestimmung dieses Vertrages unwirksam sein, wird die Wirksamkeit der übrigen Bestimmungen davon nicht berührt. Die Parteien verpflichten sich, an Stelle einer unwirksamen Bestimmung eine dieser Bestimmung möglichst nahekommende wirksame Regelung zu treffen.

. . . (Ort, Datum)

Frau/Herr . . .

Firma . . .

M 101.22 Lohnsteueranrufungsauskunft[1]

Finanzamt

– Lohnsteuerstelle –

Lohnsteueranrufungsauskunft *. . . (Ort, Datum)*

Sehr geehrte Damen und Herren,

mein Arbeitsverhältnis bei der Firma . . . ist am . . . auf Veranlassung der Firma zum . . . beendet worden. Das Arbeitsverhältnis hat . . . Jahre bestanden; zum Zeitpunkt meines Ausscheidens war ich . . . Jahre alt. Die Lohnsteuerkarte habe ich erhalten. Zwischen der Firma . . . und mir ist der in Kopie beiliegende Aufhebungsvertrag geschlossen worden. Danach steht mir eine Abfindung von . . . Euro zu.

Ich bitte Sie, mir gem. § 42e EStG verbindlich zu bestätigen, dass auf die vereinbarte Abfindung die sog. „Fünftelregelung" der §§ 24, 34 EStG Anwendung findet.

Außerdem bitte ich Sie, mir mitzuteilen, ob und welche Lohnsteuer die Firma . . . einzubehalten hat.

1 Vgl. insgesamt Bauer, Arbeitsrechtliche Aufhebungsverträge, 9. Aufl. 2014, Rz. 978 ff.; Bauer NZA 1991, 617, 623; Offerhaus DB 1991, 2457.

Für rasche Antwort wäre ich dankbar.

Mit freundlichen Grüßen

Herr/Frau . . .[2]

2 Nach § 42e Satz 1 EStG hat das Betriebsstättenfinanzamt auf Anfrage eines Beteiligten darüber Auskunft zu geben, ob und inwieweit im einzelnen Fall die Vorschriften über die Lohnsteuer anzuwenden sind (Anrufungsauskunft). Einen Anspruch auf Auskunft haben sowohl der Arbeitgeber als auch der Arbeitnehmer. An die Anrufungsauskunft ist das Finanzamt im Lohnsteuer-Abzugsverfahren gebunden. Hat der Arbeitgeber eine Anrufungsauskunft eingeholt und ist er danach verfahren, ist das Betriebsstättenfinanzamt im Lohnsteuer-Abzugsverfahren daran gebunden. Eine Nacherhebung der Lohnsteuer ist auch dann nicht zulässig, wenn der Arbeitgeber nach einer Lohnsteuer-Außenprüfung einer Pauschalierung nach § 40 Abs. 1 Satz 1 Nr. 2 EStG zugestimmt hat (BFH v. 16.11.2005, BStBl. II 2006, 210). Eine dem Arbeitgeber erteilte Anrufungsauskunft stellt nicht nur eine Wissenserklärung (unverbindliche Rechtsauskunft) des Betriebsstätten-FA darüber dar, wie im einzelnen Fall die Vorschriften über die Lohnsteuer anzuwenden sind. Sie ist vielmehr feststellender Verwaltungsakt iSd. § 118 Satz 1 AO, mit dem sich das FA selbst bindet. Die Vorschrift des § 42e EStG gibt dem Arbeitgeber nicht nur ein Recht auf förmliche Bescheidung seines Antrags. Sie berechtigt ihn auch, eine ihm erteilte Anrufungsauskunft erforderlichenfalls im Klagewege inhaltlich überprüfen zu lassen (BFH v. 30.4.2009, BFH/NV 2009, 1528).

M 101.23 Mitteilung an Geschäftsfreunde wegen Ausscheidens eines leitenden Angestellten und Vorstellung des Nachfolgers

Sehr geehrte Geschäftsfreunde,

nach fast 25-jähriger erfolgreicher Tätigkeit ist Frau/Herr . . .

Prokurist(in) und Leiter(in) unserer Abteilung . . . zum . . . auf eigenen Wunsch in den vorgezogenen Ruhestand getreten.

Wir wollen Frau/Herrn . . . für ihre/seine langjährige und wertvolle Arbeit in unserem Unternehmen auch auf diesem Weg nochmals herzlich Dank sagen und ihr/ihm für ihren/seinen neuen Lebensabschnitt alles Gute, vor allen Dingen Gesundheit und Wohlergehen wünschen.

Die Nachfolge in der Leitung der Abteilung . . . haben wir der/dem bisherigen Leiter(in) unseres Finanz- und Rechnungswesens Frau/Herrn . . . zum . . . dieses Jahres übertragen.

In ihrer/seiner neuen Tätigkeit wünschen wir Frau/Herrn . . . alles Gute und viel Erfolg und bitten Sie, ihr/ihm Ihr Vertrauen entgegenzubringen.

M 101.24 Presseerklärung beim Ausscheiden eines leitenden Arbeitnehmers[1]

Die Firma . . . und Frau/Herr . . ., Leiter(in) der Abteilung . . . trennen sich einvernehmlich[2] *zum . . .*

Frau/Herr . . . wird neue Aufgaben außerhalb des Y-Konzerns übernehmen, zu dem die Firma . . . gehört.

oder:

Frau/Herr . . ., Vertriebschef(in) der . . . Firma . . . AG, scheidet im besten Einvernehmen zum . . . aus. Sie/Er wird dem Unternehmen auch künftig als Berater/in zur Seite stehen.

oder:

Herr/Frau . . ., Leiter(in) der Abteilung . . . und die Firma . . . trennen sich einvernehmlich wegen unterschiedlicher Auffassungen in der Geschäftspolitik zum . . .

1 Der Wortlaut kann ggf. auch im Aufhebungsvertrag festgelegt werden.

2 Um nicht sozialversicherungsrechtliche Nachteile heraufzubeschwören, kann auch ein Hinweis auf „Differenzen" (zB „unterschiedliche Auffassung in der Geschäftspolitik") erfolgen.

oder:

Frau/Herr . . ., Vertriebschef(in) der . . ., ist in den Ruhestand getreten. Sie/Er hat dem Unternehmen . . . Jahre angehört. Ihrer/seiner Nachfolger(in) wird Dr. . . ., früher als . . . tätig bei der Firma . . .

M 101.25 Dienstbescheinigung[1]

Wir bescheinigen hiermit, dass Frau/Herr . . . vom . . . bis . . . bei uns als . . . beschäftigt war.

Firma

1 Auf die Erteilung einer solchen Dienstbescheinigung besteht ein Rechtsanspruch auf Grund der Treue- und Fürsorgepflicht des Arbeitgebers.

M 101.26 Einfaches Zeugnis[1]

Frau/Herr . . ., geb. am . . . in . . ., war ab . . . bei uns als . . . beschäftigt. Sie/Er verlässt unsere Firma zum . . . auf eigenen Wunsch.

Firma

1 Darauf besteht ein Rechtsanspruch nach § 630 Satz 1 BGB, § 109 Abs. 1 Satz 1 GewO.

M 101.27 Qualifizierte[1] Zeugnisse[2]

Frau . . ., geb. am . . ., war vom . . . bis . . . als Bürogehilfin in unserem Betrieb tätig. Sie hatte in der Registratur bei der Prospekt-, Listen- und Korrespondenzablage zu arbeiten. Dabei war sie mit der alphabetischen Einordnung und Vorlage aller Vorgänge und mit der Terminkontrolle befasst.

Frau . . . ist eine schnelle, sehr gründliche und gewissenhafte Mitarbeiterin mit ausdauernder Einsatzbereitschaft, auch bei Mehrbelastung. Bei Mitarbeitern und Vorgesetzten war sie aufgrund ihrer Leistungen und angenehmen Umgangsformen sehr beliebt. Ihre Führung war immer einwandfrei[3].

Frau . . . scheidet auf eigenen Wunsch aus unseren Diensten.

oder:

1 Nach § 630 Satz 2 BGB, § 109 Abs. 1 Satz 3 GewO ist das Zeugnis auf Verlangen „auf die Leistungen und die Führung im Dienste" zu erstellen. Dann handelt es sich um ein sog. qualifiziertes Zeugnis (vgl. dazu LAG Hamm NZA-RR 1998, 151).

2 Weitere Zeugnismuster bei Schleßmann, Das Arbeitszeugnis, 19. Aufl. 2009.

3 Das Zeugnis soll einerseits wahr, andererseits aber auch von „verständigem Wohlwollen" gegenüber den ausscheidenden Arbeitnehmern getragen sein (BAG BB 1972, 618). Die Praxis trägt dem zunehmend durch Gefälligkeitszeugnisse Rechnung (s. dazu Preis NZA 2005, 1321). Welcher Arbeitgeber lässt sich schon gerne in einen Zeugnisprozess hineinziehen.
Will der Arbeitnehmer eine bessere Beurteilung geltend machen, so trifft ihn dann die Beweislast, wenn der Arbeitgeber dem Arbeitnehmer im Zeugnis eine gut durchschnittliche Gesamtleistung bescheinigt hat (BAG NZA 2004, 843). Erteilt der Arbeitgeber eine unterdurchschnittliche Beurteilung, so ist er dafür beweisverpflichtet.
Praxistipp: *Der Arbeitnehmer sollte versuchen, einen schwebenden Streit über die Wirksamkeit der Beendigung des Arbeitsverhältnisses zu nutzen, um den Arbeitgeber zu möglichst wohlwollenden Formulierungen zu bewegen. Das Zeugnis kann dann entweder der gerichtlichen/außergerichtlichen Vereinbarung als Anlage beigefügt werden, zumindest sollten allerdings die Führung und das Verhalten des Arbeitnehmers sowie die Formulierung der Abschlussformel festgehalten werden.*

Herr . . ., geb. am . . ., war vom . . . (Datum) bis heute in unserer Firma als Buchhalter, seit . . . (Datum) als stellvertretender Leiter des Rechnungswesens tätig.

Herr . . . hat sich von Anfang an rasch und gründlich in die Einzelheiten unseres Rechnungswesens eingearbeitet und sich vor allem um dessen Umstellung auf EDV außer Haus gekümmert. Er führte außerdem unsere Lohn- und Gehaltsabrechnungen durch.

Wir kennen Herrn . . . als einen zuverlässigen und verantwortungsbewussten Mitarbeiter. Alle ihm übertragenen Aufgaben hat er gewissenhaft zu unserer vollen Zufriedenheit erfüllt. In Anerkennung seiner Verdienste um unsere Firma erhielt er am . . . Handlungsvollmacht/Prokura[4].

Herr . . . verlässt uns auf eigenen Wunsch, um in einem größeren Betrieb tätig zu werden. Wir wünschen ihm für seine Zukunft alles Gute[5].

. . . (Ort[6]*/Datum*[7]*)*

Firma[8] *. . .*

4 Bestand eine Prokura nicht während der gesamten Dauer des Arbeitsverhältnisses, so hat der Arbeitnehmer nur Anspruch auf den Hinweis der Prokura unter exakter Zeitangabe, also unter Angabe von Beginn und Ende der Prokura (LAG Baden-Württemberg NZA 1993, 127).

5 Ein Anspruch auf eine solche „Wunschformel" besteht allerdings nicht (BAG MDR 2001, 1063).

6 Grundsätzlich handelt es sich um eine Holschuld (BAG NZA 1995, 671).

7 Ein vom Arbeitgeber berichtigtes Zeugnis ist auf das ursprüngliche Ausstellungsdatum zurückzudatieren, wenn die verspätete Aufstellung nicht vom Arbeitnehmer zu vertreten ist (BAG NZA 1993, 698).

8 Werden im Geschäftszweig des Arbeitgebers für schriftliche Äußerungen üblicherweise Firmenbögen verwendet und verwendet auch der Arbeitgeber solches Geschäftspapier, so ist ein Zeugnis nur dann ordnungsgemäß, wenn es auf Firmenpapier geschrieben ist (BAG NZA 1993, 697). Das Arbeitszeugnis kann auch in Form eines Briefes erteilt werden; eine Faltung des Briefes ist unschädlich (LAG Schleswig-Holstein BB 1998, 275).

M 101.28 Urlaubsbescheinigung bei Beendigung des Arbeitsverhältnisses[1]

Frau/Herr . . .

war im Urlaubsjahr . . . von . . . bis . . . bei uns beschäftigt. Gem. Tarifvertrag . . ./Arbeitsvertrag beträgt der gesamte Jahresurlaub . . . Arbeitstage. Für das Urlaubsjahr . . . wurden . . . Tage gewährt und . . . Arbeitstage abgegolten. Das sind . . ./12 des gesamten Jahresurlaubs[2].

1 Der Arbeitgeber hat bei Beendigung des Arbeitsverhältnisses dem Arbeitnehmer eine Bescheinigung über den gewährten oder abgegoltenen Urlaub auszuhändigen (§ 6 Abs. 2 BUrlG).

2 Wird die Bescheinigung nicht erteilt, kann sie eingeklagt und nach § 888 ZPO vollstreckt werden.

X. Checkliste Aufhebungsverträge/Prozessvergleiche

Checkliste: Außergerichtliche Aufhebungsverträge und Prozessvergleiche in Kündigungs(schutz-)sachen 41

➲ **Hinweis:** Fehler werden von Anwälten nicht nur bei der Annahme von Mandaten in Kündigungs-(schutz-)sachen begangen, sondern auch beim Abschluss außergerichtlicher Aufhebungsverträge oder von Prozessvergleichen. Die vorliegende Checkliste, die selbstverständlich keinen Anspruch auf Vollständigkeit erhebt, soll dazu dienen, solche Fehler zu vermeiden. Soweit nur von „Aufhebungsverträgen" die Rede ist, sind damit sowohl außergerichtliche Aufhebungsverträge als auch Prozessvergleiche gemeint.

1. Form

a) Der Aufhebungsvertrag (s. **M 101.19**) muss schriftlich nach §§ 623, 126 BGB abgeschlossen werden.

b) Der Prozessvergleich muss vom Gericht protokolliert werden. Er endet mit der Formel „v.u.g." (vorgelesen und genehmigt).

2. „Art" der Beendigung

a) Vor allem folgende Möglichkeiten kommen in Betracht:

aa) „Die Parteien sind sich einig, dass das Arbeitsverhältnis einvernehmlich mit Ablauf des … beendet worden ist/enden wird." (klassische Aufhebungsformulierung)

bb) „Die Parteien sind sich einig, dass das Arbeitsverhältnis wegen dringender betrieblicher Gründe/personenbedingter Gründe (ggf.: nähere Beschreibung der Gründe) mit Ablauf des … beendet worden ist/enden wird." (Abwicklungsvertrag)

cc) „Die Parteien sind sich einig, dass das Arbeitsverhältnis aufgrund ordentlicher personen-(krankheits-)bedingter/verhaltensbedingter/betriebsbedingter Kündigung vom … mit Ablauf des … beendet worden ist/enden wird."

dd) „Es wird festgestellt, … (im Übrigen Wortlaut wie bei cc) …"

b) Die Aufhebung kann zB folgende Auswirkungen haben:

aa) Sperrzeit nach § 144 SGB III.

bb) Bei Nichteinhalten der Kündigungsfrist und Zahlung einer Abfindung kann der Anspruch auf Arbeitslosengeld ruhen, § 143a SGB III.

cc) Durch das Gesetz zu Reformen am Arbeitsmarkt vom 24.12.2003 (BGBl. 2003 I, 2848) ist die Erstattungspflicht nach § 147a SGB III seit 1.2.2006 vollständig entfallen.

dd) Ein rückdatierter Aufhebungsvertrag ist nicht wegen Umgehung des § 143a SGB III und wegen Vorbereitung einer Straftat in dem Sinne sittenwidrig, dass er insgesamt nichtig ist. Er ist vielmehr hinsichtlich der Beendigung des Arbeitsverhältnisses wirksam (LAG Hamm, LAGE § 611 BGB Aufhebungsvertrag Nr. 3), natürlich mit der Folge, dass §§ 143a, 144 SGB III zum Zuge kommen. Der Arbeitnehmer kann grds. keine Anpassung der Abfindung verlangen (LAG Baden-Württemberg, LAGE § 611 BGB Aufhebungsvertrag Nr. 4).

3. Zeitpunkt des rechtlichen Endes des Arbeitsverhältnisses

Dieser Zeitpunkt kann, muss aber nicht, von folgenden Kriterien bestimmt werden:

a) Welche kollektiv-/individualvertragliche/gesetzliche Kündigungsfrist gilt?

b) Bei Beendigung vor Ablauf der ordentlichen Kündigungsfrist und Vereinbarung einer Abfindung müssen beide Parteien § 143a SGB III beachten. Wird die ordentliche Kündigungsfrist nicht eingehalten, kann es zu einem Ruhen des Arbeitslosengeldanspruchs nach § 143a SGB III kommen.

c) Die vorzeitige Beendigung des Arbeitsverhältnisses kann zu Nachteilen bei der betrieblichen Altersversorgung führen (vgl. Nr. 7).

4. Freistellung und Urlaub

Bei der Frage, ob der Arbeitnehmer bis zum rechtlichen Ende des Arbeitsverhältnisses arbeiten oder freigestellt werden soll, ist zu bedenken:

a) Für die Zeit des unstreitigen Arbeitsverhältnisses steht dem Arbeitnehmer der allgemeine Beschäftigungsanspruch zu (BAG AP Nr. 4, 5 zu § 611 BGB „Beschäftigungspflicht").

b) Der Beschäftigungsanspruch nach lit. a ist grds. abdingbar (vgl. Leßmann RdA 1988, 149). Der Arbeitnehmer kann deshalb im Rahmen des Aufhebungsvertrags widerruflich oder unwiderruflich bis zum rechtlichen Ende des Arbeitsverhältnisses freigestellt werden.

c) Auch bei unwiderruflicher Freistellung sollte der Arbeitgeber darauf achten, dass restliche Urlaubsansprüche des Arbeitnehmers miterledigt werden (BAG BB 1991, 1788).

d) Häufig empfiehlt es sich, die bis zum rechtlichen Ende des Arbeitsverhältnisses fortzuzahlenden Bezüge exakt festzulegen.

e) Anrechnung anderweitigen Erwerbs.

➲ **Wichtig:** Ob bei vertraglich vereinbarter Freistellung § 615 Satz 2 BGB (Anrechnung anderweitigen Erwerbs) – unmittelbar oder analog – eingreift, ist unsicher. Eine unmittelbare Anwendung dieser Vorschrift ist ausgeschlossen, da § 615 Satz 2 BGB Annahmeverzug des Arbeitgebers voraussetzt (vgl. LAG Hamm DB 1991, 1577; LAG Köln LAGE § 615 BGB Nr. 30).

f) Wegen der Unsicherheit nach lit. e kann es sich empfehlen, die Geltung des § 615 Satz 2 BGB entweder festzulegen oder auszuschließen.

g) Das gesetzliche Wettbewerbsverbot nach § 60 HGB gilt grds. trotz Freistellung bis zum rechtlichen Ende des Arbeitsverhältnisses (BAG BB 1979, 324). Da § 60 HGB dispositiv ist, können die Parteien vertraglich auf die Einhaltung des Verbots verzichten.

h) Urlaubsabgeltungsansprüche werden auf Grund eines früheren Arbeitsverhältnisses durch das Entstehen von Urlaubsansprüchen in einem nachfolgenden Arbeitsverhältnis nicht berührt (BAG NZA 1991, 944).

5. Abfindung

a) Höhe

Bei der Höhe von Abfindungen orientieren sich die Parteien und/oder Gerichte häufig an den Maßstäben der §§ 9, 10 KSchG bzw. § 1a KSchG. Diese Bestimmungen gelten aber zwingend nur bei der gerichtlichen Auflösung von Arbeitsverhältnissen durch Urteil bzw. im Falle eines mit der Kündigung verbundenen, den Anforderungen des § 1a KSchG genügenden, Abfindungsangebots. Vereinbarte Abfindungen können deshalb die Höchstgrenzen der §§ 9, 10 KSchG ohne Weiteres überschreiten oder auch deutlich unter dem liegen, was nach „üblichen Formeln" (0,3 bis ein Monatsgehalt pro Jahr Betriebszugehörigkeit; vgl. § 1a Abs. 2 KSchG) ermittelt wird.

b) Steuer

aa) Die betragsmäßig begrenzte Steuerbefreiung nach § 3 Nr. 9 EStG für Abfindungen wegen einer vom Arbeitgeber veranlassten oder gerichtlich ausgesprochenen Auflösung des Dienstverhältnisses ist mit Wirkung zum 1.1.2006 vollständig entfallen. Hat ein Arbeitgeber mit seinem Arbeitnehmern vor dem 1.1.2006 eine Altersteilzeitvereinbarung getroffen, die am Ende der Freistellungsphase für das Ausscheiden aus dem Dienstverhältnis die Zahlung einer Abfindung vorsieht, und ist diese Zahlung erst nach dem 31.12.2007 fällig, kann der Steuerfreibetrag nach § 3 Nr. 9 EStG im Rahmen der Übergangsregelung (§ 52 Abs. 4a Satz 1 EStG) bei Abfindungszahlungen in Anspruch genommen werden, wenn Arbeitgeber und Arbeitnehmer einvernehmlich die Auszahlung der Abfindung vor dem 1.1.2008 leisten. Dieses Vorziehen der Fälligkeit lässt den vor dem 1.1.2006 vereinbarten und individualisierten Anspruch unberührt und kann in den genannten Abfindungsfällen regelmäßig nicht als ein Missbrauch von rechtlichen Gestaltungsmöglichkeiten nach § 42 AO beurteilt werden. Hierbei ist es unbeachtlich, ob die gesamte Abfindungszahlung oder nur ein Teilbetrag vorgezogen wird. Auch eine eventuell aus dem Vorziehen der Auszahlung vorgenommene Abzinsung der Abfindungszahlung bzw. eines Teilbetrags führt zu keiner anderen Beurteilung.

bb) Die Abfindungszahlungen können ungeachtet des Wegfalls der Steuerbefreiung weiterhin als außerordentliche Einkünfte nach §§ 24 Nr. 1, 34 Abs. 1 EStG (sog. „Fünftelregelung") ermäßigt besteuert werden, wenn die entsprechenden Voraussetzungen vorliegen. Die Besteuerung einer Entschädigung iSd. § 24 Nr. 1 EStG mit dem ermäßigten Steuersatz gem. § 34 Abs. 1 EStG setzt grundsätzlich einen zusammengeballten Zufluss der Entschädigung in einem Veranlagungszeitraum voraus. Eine derartige Zusammenballung ist daher nicht gegeben, wenn eine Entschädigung auf zwei Veranlagungszeiträume aufgeteilt wird (BFH v. 16.6.2004, BStBl. II 2004, 1055). Die Besteuerung der in den unterschiedlichen Veranlagungszeiträumen zugeflossenen Entschädigung erfolgt mit dem regulären Steuersatz. Voraussetzung einer Zusammenballung ist, dass der Arbeitnehmer infolge der Beendigung des Arbeitsverhältnisses einschließlich der Entschädigung in dem jeweiligen Veranlagungszeitraum insgesamt mehr erhält, als er bei ungestörter Fortsetzung des Arbeitsverhältnisses, also bei normalem Ablauf der Dinge erhalten würde. Was er bei normalem Ablauf der Dinge erhalten würde, kann nur aufgrund einer hypothetischen und prognostischen Beurteilung ermittelt werden; dabei ist nicht auf die Verhältnisse des Vorjahres abzustellen, wenn die Einnahmesituation durch außergewöhnliche Ereignisse geprägt ist und sich daraus keine Vorhersagen für den (unterstellten) normalen Verlauf bei Fortsetzung des Arbeitsverhältnisses ableiten lassen (BFH v. 27.1.2010, BFH/NV 2010, 1324).

cc) Wird ein (noch) verfallbarer Anspruch auf lebenslängliche Betriebsrente im Zusammenhang mit der Auflösung eines Dienstverhältnisses in einen unverfallbaren Anspruch umgewandelt, so ist die Umwandlung des Anspruchs für die Anwendung des § 34 Abs. 1 EStG auf die Einmalzahlung unschädlich. Keine Entschädigung im Sinne von § 24 Nr. 1 lit. a EStG liegt vor, sondern eine nicht tarifbegünstigt zu besteuernde Erfüllungsleistung, wenn vertragliche Ansprüche bestehen bleiben und sich nur die Zahlungsmodalität für diese Ansprüche ändert (BFH v. 6.3.2002, BStBl. II 2002, 516). Zu Zweifelsfragen im Zusammenhang mit der ertragssteuerlichen Behandlung von Entlassungsentschädigungen Hinweis auf BMF v. 24.5.2005, BStBl. I 2004, 505.

dd) Karenzentschädigungen aufgrund nachvertraglicher Wettbewerbsverbote können ebenfalls steuerlich nach §§ 24, 34 EStG optimiert werden (BFH BStBl. II 1996, 516).

ee) Vereinbarte Abfindungen sind regelmäßig als Bruttobeträge zu verstehen. Möglich ist aber auch eine „Netto-Abfindung". Widersprüchlich sind deshalb „Brutto = Netto"-Klauseln (vgl. LAG Hamm DB 1980, 2396; LAG Niedersachsen BB 1985, 272; LAG Bremen NZA 1988, 433).

ff) Um steuerliche Nachteile zu vermeiden, kann es sinnvoll sein, vor oder nach Abschluss eines Aufhebungsvertrages eine Lohnsteueranrufungsauskunft beim zuständigen Betriebsstätten-Finanzamt nach § 42e EStG einzuholen.

gg) Der Arbeitnehmer muss seine Tätigkeit nicht in vollem Umfang aufgeben. Das EStG setzt lediglich voraus, dass Einnahmen wegfallen und dass dafür Ersatz geleistet wird. Zahlt daher der Arbeitgeber seinem Arbeitnehmer eine Abfindung, weil dieser seine Wochenarbeitszeit aufgrund eines Vertrags zur Änderung des Arbeitsvertrags unbefristet reduziert, so kann darin eine begünstigt zu besteuernde Entschädigung liegen, BFH v. 25.8.2009, BFH/NV 2010, 98.

c) Fälligkeit

Nach richtiger Auffassung (LAG Köln DB 1984, 568; Müller/Bauer, Der Anwalt vor den Arbeitsgerichten, 3. Aufl. 1991, S. 48; vgl. auch BAG NJW 1984, 1650 zur Abfindung nach § 113 Abs. 3 BetrVG) wird der Abfindungsanspruch des Arbeitnehmers erst mit dem rechtlichen Ende des Arbeitsverhältnisses fällig (aA LAG Hamm NZA 1991, 940). Der Fälligkeitszeitpunkt sollte dennoch grds. klargestellt werden.

d) Vertretbarkeit

Nach BAG BB 1988, 1392 ist das Erleben des vereinbarten Auflösungszeitpunkts für den Arbeitnehmer nicht ohne Weiteres Voraussetzung für den Anspruch der Erben. Bei erheblicher Diskrepanz zwischen dem Zeitpunkt des Abschlusses des Aufhebungsvertrages und dem rechtlichen Ende des Arbeitsverhältnisses kann sich deshalb eine entsprechende Regelung im Aufhebungsvertrag empfehlen.

e) Familienrechtliche Konsequenzen

Kann der Arbeitnehmer auf Grund einer arbeitsrechtlichen Auseinandersetzung mit einer (größeren) Abfindung rechnen, kann dies zu Überlegungen hinsichtlich des günstigsten Zeitpunkts zur Einreichung des Scheidungsantrags beim Familiengericht führen (vgl. Müller/Bauer, Der Anwalt vor den Arbeitsgerichten, 3. Aufl. 1991, S. 147 f.).

f) Sozialversicherung

Für eine Entlassungsabfindung besteht keine Sozialversicherungspflicht (BSG BB 1990, 1350; BAG BB 1989, 428), es sei denn, die Abfindung würde an Stelle von Bezügen bezahlt (BSG EzA § 9 KSchG nF Nr. 38).

6. Zeugnis

Unangenehme nachträgliche Streitigkeiten über Art und Inhalt eines Zeugnisses können vermieden werden, wenn schon im Aufhebungsvertrag eine Festlegung (konkretes Zeugnis oder aber konkrete Vorgaben für das Zeugnis) erfolgt.

7. Betriebliche Altersversorgung

a) Unverfallbare Anwartschaft?

Hat der Arbeitnehmer zum Zeitpunkt des rechtlichen Endes des Arbeitsverhältnisses noch keine unverfallbare Anwartschaft nach § 1b BetrAVG erworben, geht er an und für sich „leer" aus. Abweichend von § 1b BetrAVG können die Parteien aber einen Anspruch auf betriebliche Altersversorgung vereinbaren.

b) „Pro rata temporis"-Regelung des § 2 BetrAVG

Hat der Arbeitnehmer zum Zeitpunkt des rechtlichen Endes des Arbeitsverhältnisses eine unverfallbare Anwartschaft erworben, muss er beachten, dass § 2 BetrAVG eine Kürzung der Rente für den Fall vorsieht, dass das Arbeitsverhältnis vor dem eigentlichen Pensionierungszeitpunkt endet. Auch insoweit ist eine abweichende vertragliche Regelung zu Gunsten des Arbeitnehmers möglich.

c) Abfindungsverbot

§§ 3, 17 Abs. 3 BetrAVG enthalten ein weit reichendes Abfindungsverbot für Versorgungsanwartschaften (Ausnahme: Bagatellanwartschaften).

d) Vorstandsmitglieder/Geschäftsführer

Das Abfindungsverbot der §§ 3, 17 Abs. 3 BetrAVG gilt auch für vertretungsberechtigte Organmitglieder, es sei denn, sie sind gleichzeitig beherrschende Gesellschafter.

e) Sittenwidriger Abfindungsvergleich

Nach Ansicht des BAG (DB 1986, 548) kann ein Vergleich, der die Abfindung einer Versorgungsanwartschaft durch einen Kapitalbetrag vorsieht, gegen die guten Sitten verstoßen und deshalb nichtig sein (§ 138 BGB), wenn ein grobes Missverhältnis des beiderseitigen Nachgebens besteht (vgl. dazu Blomeyer RdA 1988, 88).

f) Tatsachenvergleich

Eine Vereinbarung im Rahmen eines Aufhebungsvertrags über tatsächliche Voraussetzungen eines Versorgungsanspruchs verstößt nicht gegen zwingende Grundsätze des BetrAVG. Auch eine Einigung, wonach keine Versorgungsrechte bestehen, wird durch die §§ 3, 17 Abs. 3 BetrAVG nicht verboten (BAG DB 1985, 1949; BAG DB 1995, 52).

g) Zustimmung des Betriebsrats/Sprecherausschusses

Beruht der Anspruch auf betriebliche Altersversorgung auf einer Betriebsvereinbarung bzw. einer Richtlinie, so ist ein Verzicht des Arbeitnehmers nur mit Zustimmung des Betriebsrats/Sprecherausschusses zulässig (§§ 77 Abs. 4 Satz 1 BetrVG, 28 Abs. 2 Satz 3 SprAuG). Dies gilt auch für den Verzicht im Rahmen eines Aufhebungsvertrags.

h) Unverfallbarkeitsbescheinigung

Liegen die Voraussetzungen einer unverfallbaren Anwartschaft nach § 1b BetrAVG vor, kann der Arbeitnehmer die Aushändigung einer Unverfallbarkeitsbescheinigung nach § 4a BetrAVG verlangen.

8. Nachvertragliches Wettbewerbsverbot (nvW)

Haben die Parteien ein nvW vereinbart, liegt es nahe, sich im Rahmen eines Aufhebungsvertrages Gedanken über das Schicksal der Wettbewerbsabrede zu machen.

a) Wirksamkeit

Beide Parteien sollten zunächst prüfen, ob das nvW wirksam oder unverbindlich nach §§ 74 ff. HGB vereinbart worden ist (vgl. insgesamt Bauer DB 1979, 500).

b) Verzicht des Arbeitgebers

Vor, beim oder nach Abschluss des Aufhebungsvertrags kann es sich für den Arbeitgeber empfehlen, nach § 75a HGB schriftlich auf das nvW zu verzichten. Diese Erklärung hat zur

Folge, dass der Arbeitgeber mit Ablauf eines Jahres von der Verpflichtung zur Zahlung der Entschädigung frei wird. Die Erklärung muss dem Arbeitnehmer vor dem rechtlichen Ende des Arbeitsverhältnisses zugehen. § 75a HGB gilt analog auch bei einem nvW mit einem vertretungsberechtigten Organmitglied, wenn der Dienstvertrag keine Verweisung auf §§ 74 ff. HGB enthält (BGH GmbHR 1992, 263).

➲ **Hinweis:** Sinn und Zweck des § 75a HGB ist es nicht, dem Arbeitgeber einen Weg zu bieten, sich von der Klausel zu lösen, wenn er erfahren hat, dass der ausscheidende Arbeitnehmer eine konkurrenzfreie Tätigkeit übernehmen wird. In diesem Fall kann der Verzicht nach § 242 BGB unwirksam sein (BAG BB 1979, 1557).

c) Lösungserklärung nach § 75 Abs. 1 HGB

Ist vor Abschluss des Aufhebungsvertrags eine außerordentliche Kündigung nach § 626 BGB vom Arbeitnehmer oder Arbeitgeber ausgesprochen worden, ist zu prüfen, ob außerdem eine Lösungserklärung vom nvW nach § 75 Abs. 1 HGB vorliegt (§ 75 Abs. 1 HGB ist nach BAG AP Nr. 6 zu § 75 HGB für den Fall der außerordentlichen Kündigung durch den Arbeitgeber analog anzuwenden).

➲ **Wichtig:** Die Lösungserklärung nach § 75 Abs. 1 HGB wirkt nur, wenn wirksam außerordentlich gekündigt worden ist und die Erklärung vor Ablauf eines Monats nach Zugang der Kündigung erfolgt. Im Aufhebungsvertrag sollte deshalb klargestellt werden, ob das nvW durch die Lösungserklärung erledigt ist oder nicht.

d) Erhöhte Karenzentschädigung

Vor allem bei ordentlicher betriebsbedingter Kündigung muss der Arbeitgeber beachten, dass er gezwungen ist, eine erhöhte Karenzentschädigung nach § 75 Abs. 2 HGB anzubieten, wenn er das nvW aufrechterhalten will. Vergisst er dies, kann sich der Arbeitnehmer binnen Monatsfrist vom nvW lossagen.

Verhängnisvoll ist es, wenn nicht beachtet wird, dass die Monatsfrist des § 75 HGB ausschließlich ab Zugang der Kündigung zu laufen beginnt. Dies gilt auch dann, wenn später ein Aufhebungsvertrag geschlossen wird (BAG AP Nr. 4 zu § 75 HGB).

e) Einvernehmliche Aufhebung oder Änderung

aa) Ein nvW kann jederzeit einvernehmlich aufgehoben werden, also auch im Rahmen eines Aufhebungsvertrags. Die Aufhebung zur Klarstellung sollte allerdings ausdrücklich erfolgen (BAG BB 1982, 861).

bb) Nach dem rechtlichen Ende des Arbeitsverhältnisses können die Parteien in einem Aufhebungsvertrag von den zwingenden gesetzlichen Vorschriften der §§ 74 ff. HGB abweichen. Möglich ist es deshalb, eine Wettbewerbsklausel ohne Karenzentschädigung oder eine Karenzentschädigung in geringerer als der gesetzlichen Mindesthöhe zu vereinbaren (BAG AP Nr. 23, 24 zu § 74 HGB).

cc) Vorsicht ist bei von §§ 74 ff. HGB abweichenden Regelungen geboten, wenn sie im Rahmen eines Aufhebungsvertrages erfolgen, der vor dem rechtlichen Ende des Arbeitsverhältnisses abgeschlossen wird (vgl. Müller/Bauer, Der Anwalt vor den Arbeitsgerichten, 3. Aufl. 1991, S. 129; LAG Düsseldorf DB 1974, 1915).

dd) Grundsätzlich nicht anrechenbar sind Betriebsrenten. Deshalb ist es für den Arbeitgeber so wichtig, die Möglichkeit des rechtzeitigen Verzichts nach § 75a HGB nicht zu vergessen (vgl. BAG NZA 1991, 308).

f) Geschäfts- und Betriebsgeheimnisse

Unabhängig vom Vorliegen eines nvW ist der Arbeitnehmer nach Beendigung des Arbeitsverhältnisses verpflichtet, Verschwiegenheit über Geschäfts- und Betriebsgeheimnisse seines Arbeitgebers zu bewahren (BAG NZA 1988, 502). Ggf. kann dies auch im Aufhebungsvertrag ausdrücklich hervorgehoben werden.

9. Sonstige Ansprüche, bestimmte Erledigungsklauseln

Im Aufhebungsvertrag sollte grundsätzlich auch geregelt werden, was mit sonstigen Ansprüchen wird, und zwar vor allem hinsichtlich Darlehen, (rückständiger) Vergütung (auch Tantieme, Provision, Gewinnbeteiligung, Gratifikation usw.), Dienstwagen, Werkwohnung, Spesenvorschuss, Diensterfindung, Firmenunterlagen, Schadensersatz, Urlaub und Freistellung.

10. Allgemeine Erledigungsklausel

Solche Klauseln erfassen im Zweifel nicht Ansprüche auf/aus

a) schon entstandene Fortzahlungsansprüche (BAG BB 1982, 1302 und BB 1981, 119).

b) betriebliche Altersversorgung (LAG Hamm DB 1980, 113 und DB 1980, 643; vgl. auch BAG BB 1984, 280 zur Ausgleichsquittung).

c) nvW (BAG BB 1982, 861).

d) Zeugnis, sofern darauf überhaupt verzichtet werden kann (BAG AP 9 zu § 630 BGB).

e) Arbeitnehmererfindung.

11. Unverzichtbare Rechte und Ansprüche

a) Dazu gehören

aa) schon entstandene tarifliche Rechte. Ein Verzicht ist nur in einem von den Tarifvertragsparteien gebilligten Vergleich zulässig (§ 4 Abs. 4 Satz 1 TVG).

bb) Rechte aus einer Betriebsvereinbarung. Ein Verzicht ist nur mit Zustimmung des Betriebsrats möglich (§ 77 Abs. 4 Satz 1 BetrVG).

cc) nach noch herrschender Meinung gesetzliche Urlaubs- und Urlaubsabgeltungsansprüche (BAG AP 2 zu § 7 BUrlG „Abgeltung" und BAG AP zu § 13 BUrlG „Unabdingbarkeit"; str., vgl. ErfK/Dörner § 7 BUrlG Rz. 65).

b) In den unter lit. a genannten Fällen ist jedoch ein Tatsachenvergleich möglich.

12. Zurückbehaltungsrecht und Aufrechnungsverbot

a) An Arbeitspapieren besteht grundsätzlich kein Zurückbehaltungsrecht nach § 273 BGB.

b) Im Übrigen wird das Zurückbehaltungsrecht des Arbeitgebers durch eine analoge Anwendung von § 394 BGB eingeschränkt, wenn der Arbeitnehmer einen Lohnanspruch geltend macht.

c) Ein bestehendes Zurückbehaltungsrecht kann grds. im individuell ausgehandelten Aufhebungsvertrag ausgeschlossen werden.

In vorformulierten Aufhebungsverträgen ist ein Zurückbehaltungsrecht nach § 309 Nr. 2 lit. b BGB unwirksam.

d) Der Arbeitgeber kann auch gegenüber einer Gehaltsforderung oder einem Abfindungsanspruch des Arbeitnehmers aufrechnen, allerdings nicht, soweit es sich um eine unpfändbare Forderung handelt (§ 374 BGB). Ein Aufrechnungsverbot kann im Aufhebungsvertrag aber vereinbart werden (Ausnahme: Aufrechnungsverbot unwirksam nach § 309 Nr. 3 BGB bei vorformulierten Vertragsklauseln).

13. Aufhebungsverträge mit besonders geschützten Arbeitnehmern und sonstige Sonderfälle

a) Betriebsratsmitglieder

Der Zustimmung des Betriebsrats bedarf es nicht.

➲ **Wichtig:** Mit Rücksicht auf § 143a Abs. 1 SGB III kann es sich empfehlen, dass das Betriebsratsmitglied vor Abschluss des Aufhebungsvertrags sein Betriebsratsamt niederlegt. Nach der Niederlegung des Amtes ist das Betriebsratsmitglied nach § 15 Abs. 1 KSchG für die Dauer eines Jahres (also nicht mehr zeitlich unbegrenzt) ordentlich nicht kündbar. Ein Ruhen des Arbeitslosengeldanspruchs kommt deshalb nach § 143a SGB III nur dann noch in Betracht, wenn zwischen Abschluss des Aufhebungsvertrages und rechtlichem Ende des Arbeitsverhältnisses nicht die Frist eingehalten wird, die ohne § 15 Abs. 1 KSchG gelten würde.

Die Niederlegung des Betriebsratsamtes und der nachfolgende Abschluss des Aufhebungsvertrages können aber zu einer Sperrzeit nach § 144 SGB III führen.

b) Schwerbehinderte

Der Schwerbehinderte kann nach Ausspruch der Kündigung oder auch ohne vorangegangene Kündigung auf den besonderen Schutz nach §§ 85 ff. SGB IX verzichten. Im Aufhebungsvertrag liegt ein solcher Verzicht, der den Kündigungsschutz nimmt.

Um Nachteile nach §§ 144, 143a SGB III zu vermeiden, kann es zweckmäßig sein, das Integrationsamt einzuschalten.

c) (Werdende) Mütter

Hier gilt ein zeitlich befristeter Ausschluss der Kündigung nach § 9 MuSchG. Im Rahmen des § 143a SGB III ist deshalb auf die Kündigungsfrist zurückzugreifen, die ohne den Ausschluss der ordentlichen Kündigung maßgeblich wäre.

d) Auszubildende

➲ **Wichtig:** Bei minderjährigen Auszubildenden bedarf der Aufhebungsvertrag der Zustimmung des gesetzlichen Vertreters.

e) Ausländer

Problematisch sind die sog. „Heimkehrklauseln". Nach BAG (NZA 1988, 15) kann eine solche Klausel wegen funktionswidriger Umgehung der §§ 111, 112 BetrVG unwirksam sein, wenn der Aufhebungsvertrag in Ausführung einer Betriebsvereinbarung geschlossen wird, die Personalabbau durch Abschluss von Aufhebungsverträgen zum Ziel hat und der deshalb eine Art Sozialplanersatzcharakter zukommt.

f) Ältere Arbeitnehmer

g) (Schein-)Selbständige

Ebenso wie viele Kündigungsschutzverfahren endet auch die Mehrzahl der Streitigkeiten um eine (angebliche) Scheinselbständigkeit mit einer Aufhebungsvereinbarung, nach der das Vertragsverhältnis gegen Zahlung einer Abfindung beendet wird. Die sachgerechte Formulierung kann Kopfzerbrechen bereiten, weil zahlreiche Besonderheiten zu beachten sind, die sich bei Abfindungsvergleichen mit Arbeitnehmern nicht stellen (vgl. dazu Diller/Schuster FA 1998, 138).

h) Bedingte Aufhebungsverträge

Unwirksam sind Aufhebungsverträge, wenn durch ihre Ausgestaltung zwingende Bestimmungen des Kündigungsrechts umgangen werden. Dazu zählen Aufhebungsverträge mit bedingten Wiedereinstellungszusagen (BAG NZA 1988, 391 und 1985, 324). Unwirksam ist auch ein Aufhebungsvertrag, der zur Beendigung eines Arbeitsverhältnisses unter der aufschiebenden Bedingung der Überschreitung einer bestimmten Krankheitsquote innerhalb eines bestimmten Zeitraumes führen soll (LAG Baden-Württemberg DB 1991, 918).

i) Aufhebungsverträge im Rahmen von Betriebsveräußerungen nach § 613a BGB

Eine Umgehung des § 613a Abs. 4 Satz 1 BGB liegt vor, wenn ein Aufhebungsvertrag mit einem vom Betriebsübergang betroffenen Arbeitnehmer abgeschlossen wird, um dann mit dem Erwerber einen neuen (für den Erwerber günstigeren) Arbeitsvertrag abzuschließen (BAG 8 AZR 523/04).

Keine Umgehung des § 613a Abs. 4 Satz 1 BGB liegt dagegen vor, wenn der Arbeitnehmer den Aufhebungsvertrag mit dem Veräußerer abschließt und er nicht vom Erwerber übernommen wird (vgl. BAG 8 AZR 523/04). **Achtung:** In einem solchen Fall kommt aber eine Anfechtung nach § 123 BGB in Betracht, wenn der Arbeitnehmer nicht hinsichtlich des Betriebsübergangs aufgeklärt wird.

j) Massenentlassungen, Betriebsänderungen (s. Kap. 106)

Betriebsbedingte Aufhebungsverträge zählen im Rahmen des § 17 KSchG und der §§ 111 ff. BetrVG mit (vgl. § 112a Abs. 1 BetrVG).

➲ **Hinweis:** Ob eine unterlassene Massenentlassungsanzeige einen Aufhebungsvertrag unwirksam macht, ist zweifelhaft. Der EuGH hat in seiner Entscheidung (NZA 2005, 213 i.S. Junk) nur über die Unwirksamkeit von Kündigungen bei unterlassener Massenentlassungsanzeige entschieden. Meines Erachtens ist diese Rechtsprechung nicht auf Aufhebungsverträge zu übertragen. Allerdings kann bei einer unterlassenen Massenentlassungsanzeige auch bei Aufhebungsverträgen die Entlassungssperre nach § 18 KSchG drohen.

k) Rücktritts-, Widerrufsrechte, Anfechtung, Unwirksamkeit

aa) Wird ein Aufhebungsvertrag abgeschlossen, so kann von diesem unter den Voraussetzungen der §§ 320 ff. BGB zurückgetreten werden (Bauer/Haußmann BB 1996, 901; vgl. auch LAG Köln BB 1996, 907).

bb) Ein Widerruf kommt nur in Betracht, wenn dafür eine individual- oder kollektivvertragliche Regelung besteht. Ein Widerrufsrecht nach §§ 312 Abs. 1, 355 BGB steht dem Arbeitnehmer nicht zu (BAG NZA 2004, 1295).

cc) Der Aufhebungsvertrag kann unter den Voraussetzungen des § 123 BGB angefochten werden. Nach Auffassung des BAG (NZA 1992, 1023) kann auch in der Ankündigung einer (alternativen) ordentlichen Kündigung eine Drohung iSd. § 123 Abs. 1 BGB liegen (krit. dazu Bauer NZA 1992, 1015).

dd) Der Aufhebungsvertrag ist aber nicht allein deshalb unwirksam, weil er unter Zeitdruck des Arbeitgebers zu Stande gekommen ist (BAG NZA 1994, 209; BAG NZA 1996, 811).

14. Kostenregelung

Im erstinstanzlichen Arbeitsgerichtsverfahren hat die obsiegende Partei keinen Anspruch auf Erstattung von Anwaltskosten gegenüber der unterlegenen Partei (§ 12a Abs. 1 ArbGG). Nach der Rechtsprechung des BAG (AP 14 zu § 61 ArbGG „Kosten") sind auch vorprozessuale Anwaltskosten nicht erstattungspflichtig. Freiwillig kann jedoch eine Partei jederzeit Kosten der anderen übernehmen.

➲ **Praxistipp:** Vorsicht ist vor allem bei einer Kostenregelung im Prozessvergleich geboten, wenn der Arbeitnehmer erstattungsfähige Reisekosten (auch hypothetische) geltend machen kann.

15. Prozessvergleich und Streitwert

a) Ggf. Widerrufsvorbehalt nicht vergessen.

➲ **Wichtig:** Ein solcher Widerrufsvorbehalt eines Prozessvergleichs unterliegt keiner gerichtlichen Verfügung, da es sich „nur" um eine vom Gericht protokollierte Parteivereinbarung handelt. Eine Verlängerung der Widerrufsfrist durch Gerichtsbeschluss ist daher nicht möglich. Die Parteien können aber einen neuen Vergleich gleichen Wortlauts mit längerem Widerrufsvorbehalt schließen. Die Protokollierung kann ggf. durch Bedienstete des Gerichts in Untervollmacht erfolgen.

b) Exakten Wortlaut des Vergleichs notieren.

c) Ggf. Widerrufsvorbehalt nicht vergessen. Der Widerruf muss gegenüber dem richtigen Adressaten ausgeübt werden (BAG NZA 1992, 134).

d) **Für Anwälte:** Streitwertfestsetzung beantragen.

➲ **Wichtig:** Bei Kündigungsschutzstreitigkeiten im Rahmen des § 42 Abs. 4 Satz 1 GKG liegt der Streitwert in der Regel bei ¼ Jahresbezug (nicht bei drei Monatseinkommen!). Auch anteilige Leistungen (zB 13. Monatsgehalt, private Nutzung des Firmen-Pkw, Deputate usw.) sind zu berücksichtigen.

Kapitel 102 Unternehmensveräußerung und Arbeitsrecht

Literatur: *Annuß*, Der Betriebsübergang nach „Ayse Süzen", NZA 1998, 70; *Annuß*, Der Betriebsübergang in der neuesten Rechtsprechung des BAG, BB 1998, 1582; *Bauer/v. Steinau-Steinrück*, Neuregelungen des Betriebsübergangs: Erhebliche Risiken und viel mehr Bürokratie, ZIP 2002, 457; *Gaul, B./Otto*, Unterrichtungsanspruch und Widerspruchsrecht bei Betriebsübergang und Umwandlung, DB 2002, 634; *Hauck*, Information über einen Betriebsübergang nach § 613a V BGB und Widerspruch nach § 613a V, BGB NZA Beil. 1/2009, 18; *Henssler/Willemsen/Kalb*, Arbeitsrecht Kommentar, 5. Aufl. 2012 (zitiert: HWK); *Hohenstatt/Müller-Bonanni*, Auswirkungen eines Betriebsinhaberwechsels auf Gesamtbetriebsrat und Gesamtbetriebsvereinbarungen, NZA 2003, 766; *Kallmeyer*, Umwandlungsgesetz, 6. Aufl. 2014; *Müller-Bonanni*, Betriebsübergang – ja oder nein? – Die aktuelle Rechtsprechung zum Tatbestand des § 613a BGB, NZA Beil. 1/2009, 13; *Picot/Schnitker*, Arbeitsrecht bei Unternehmenskauf und Restrukturierung, 2001; *Salomon*, Der Betriebsbegriff des § 613a BGB, Justierungen des BAG im Fall „Klarenberg", NZA 2012, 482; *Schmitt/Hörtnagl/Stratz*, Umwandlungsgesetz, 6. Aufl. 2013; *Semler/Stengel*, Umwandlungsgesetz, 3. Aufl. 2012; *Willemsen/Hohenstatt/Schweibert/Seibt*, Umstrukturierung und Übertragung von Unternehmen, 4. Aufl. 2011.

I. Allgemeines

1 Bei einer Unternehmensveräußerung werden entweder **Gesellschaftsanteile** (vgl. **M 102.1**) oder aber alle oder bestimmte **Wirtschaftsgüter** und Verbindlichkeiten (vgl. **M 102.2**) übertragen. Stellt sich die zweite Variante gleichzeitig als Verkauf eines Betriebs oder Betriebsteils dar, gilt die arbeitsrechtliche Sonderregelung des § 613a BGB. Danach ist der neue Inhaber grundsätzlich gezwungen, die Arbeitsverhältnisse unverändert mit den vom Übergang betroffenen Arbeitnehmern fortzusetzen. Daneben sieht das Umwandlungsgesetz Möglichkeiten für gesellschaftsrechtliche Umstrukturierungen vor, die je nach Ausgestaltung unterschiedliche arbeitsrechtliche Folgen haben können.

II. Anteilskauf, sog. Share Deal

2 Ist der Arbeitgeber eine Kapitalgesellschaft (AG, GmbH oder KGaA), so können die Anteilseigner ihre Geschäftsanteile oder Aktien einem anderen Gesellschafter insgesamt oder teilweise übertragen (Share Deal). Die rechtliche Identität des Unternehmens bleibt unberührt. Der Vertragspartner des Arbeitnehmers, der Arbeitgeber, bleibt erhalten.

2a ➲ **Praxistipp:** Bei Unternehmenskäufen sollte sich der Erwerber über bestehende Arbeitnehmerrechte, insbesondere Geltung von Tarifverträgen, Betriebsvereinbarungen, betriebliche Übungen und eine mögliche betriebliche Altersversorgung informieren. Um unliebsame Überraschungen zu vermeiden, empfiehlt es sich, eine arbeits- und sozialversicherungsrechtliche Due Diligence (dazu Grimm NZA 2002, 193) durchzuführen.

M 102.1 Unternehmenserwerb in Form des Anteilserwerbs (sog. Share Deal)

Zwischen Herrn A . . .

und

der B-GmbH . . .

wird folgender

Kaufvertrag

über den Erwerb von Anteilen[1] geschlossen:

§ 1 Kaufgegenstand

(1) A ist alleiniger Aktionär der im Handelsregister des Amtsgerichtes Freiburg unter Nr. . . . eingetragenen C-AG.

(2) Das Grundkapital der C-AG beträgt . . . Euro. Es ist eingeteilt in Inhaberaktien mit einem Nennbetrag von je . . . Euro.

(3) Als Anlage 1 zu diesem Vertrag wird die Satzung der C-AG beigefügt.

§ 2 Kaufpreis

(1) A verkauft seine Aktien an der C-AG einschließlich aller mit ihnen verbundenen Rechte zum Preis von . . . Euro an die B-GmbH.

(2) Der Kaufpreis ist folgendermaßen zu zahlen: . . .

(3) A und B-GmbH sind sich darüber einig, dass das Eigentum an den Aktien der C-AG mit Übergabe der Aktienurkunden auf die B-GmbH übergeht.

§ 3 Zusicherungen[2]

A sichert zu, dass:

(1) die Angaben in § 1 zutreffend sind;

(2) er uneingeschränkt berechtigt ist, über die Aktien der C-AG zu verfügen;

(3) die Aktien der C-AG frei von Rechten Dritter sind;

(4) die Aktien nicht sein ganzes oder nahezu sein ganzes Vermögen darstellen;

(5) . . . (Zusicherungen hinsichtlich von Jahresabschlüssen, Verbindlichkeiten usw.) . . .;

(6) die C-AG hinsichtlich Vorstandsmitgliedern und leitenden Angestellten nur die in Anlage 2 aufgeführten Dienst- und Anstellungsverträge zu den dort genannten Konditionen abgeschlossen hat;

(7) keinem Arbeitnehmer, mit Ausnahme der in Abs. 6 genannten Personen, eine höhere Jahresvergütung als . . . Euro zusteht;

(8) die C-AG keine Verträge über Gewinnbeteiligungen, Pensionen, Gruppenversicherungen oder ähnliche Leistungen im Krankheits-, Invaliditäts- oder Altersfall abgeschlossen hat, soweit solche Verträge nicht in Anlage 3 aufgeführt sind;

(9) für Pensionen die Rückstellungen in der Bilanz zum . . . (Datum) mindestens dem versicherungsmathematischen Wert entsprechen;

(10) . . .

. . .

1 Der Anteilserwerb berührt die Identität der C-AG nicht. § 613a BGB ist deshalb nicht einschlägig (vgl. BAG NZA 1991, 63).

2 Zusicherungen sollte sich der Erwerber auch gerade hinsichtlich von Arbeitnehmerrechten und -ansprüchen geben lassen (vgl. § 3 Abs. 6 ff.).

§ 4 Rechtsfolgen bei falschen Zusicherungen

Ist eine von A gegebene Zusicherung falsch, so wird A die B-GmbH so stellen, wie sie stünde, wenn die Zusicherung richtig wäre.

§§ 5 ff. ... (Firmenführung, Kosten des Vertragsabschlusses, Börsenumsatzsteuer, salvatorische Klausel, Schiedsgericht, Sicherheiten usw.)

III. Betriebsübergang – Asset Deal

1. Allgemeines

3 Die Rechtsfolgen des Übergangs eines Betriebs oder Betriebsteils durch Rechtsgeschäft auf einen anderen Inhaber regelt § 613a BGB. Beim Vorliegen der Tatbestandsvoraussetzungen eines Betriebsübergangs tritt der neue Inhaber in die Rechte und Pflichten der zum Zeitpunkt des Übergangs bestehenden Arbeitsverhältnisse ein, § 613a Abs. 1 Satz 1 BGB.

4 Der **Betriebsübergang** setzt einen **Betriebsinhaberwechsel** voraus, dh. es muss eine Änderung in der Person desjenigen erfolgen, der über die arbeitsrechtliche Organisations- und Leitungsmacht verfügt (BAG DB 1987, 990). Gegenstand des Betriebsinhaberwechsels kann nur ein Betrieb oder ein Betriebsteil sein. Es kommt entscheidend darauf an, ob eine wirtschaftliche Einheit vorhanden ist, die trotz des Inhaberwechsels ihre Identität wahrt (EuGH NZA 1997, 433; Rechtsprechungsübersicht bei Müller-Bonanni NZA Beil.1/2009, 13). Der Betriebsübergang ist damit von der **Funktionsnachfolge** abzugrenzen, bei der lediglich bestimmte Tätigkeiten vom Erwerber fortgeführt werden, ohne dass er eine bestimmte Organisationsstruktur übernimmt (BAG NZA 1998, 251; BAG NZA 2004, 845). Zu beachten ist, dass auch der Übergang eines nach Zahl und Sachkunde wesentlichen Teils der Belegschaft zu einem Betriebsübergang führen kann (BAG NZA 2000, 1180).

5 Der Betriebsübergang muss durch Rechtsgeschäft erfolgen, worunter man den einverständlichen Wechsel der Inhaberschaft versteht. Damit scheiden zB öffentlich-rechtliche Funktionsnachfolgen aus, die in der Regel auf Rechtsnormen beruhen (BAG NZA 2000, 1170).

6 Schwierig zu beurteilen kann die Frage sein, ob die Arbeitsverhältnisse bei einem Betriebsteilübergang dem Erwerber oder dem bisherigen Arbeitgeber zuzuordnen sind. Entscheidend ist, wo der Schwerpunkt bzw. das Schwergewicht der Tätigkeit liegt (Jaeger ZIP 2004, 433).

2. Haftung des bisherigen Betriebsinhabers

7 Gem. § 613a Abs. 1 Satz 1 BGB übernimmt der Erwerber die Arbeitsverhältnisse so, wie sie zum Zeitpunkt des Betriebsübergangs bestehen, dh., er haftet auch für bereits bestehende Verbindlichkeiten des Betriebsveräußerers. Gem. § 613a Abs. 2 BGB haftet der Betriebsveräußerer allerdings neben dem Erwerber für solche Verpflichtungen, die vor dem Betriebsübergang entstanden und fällig geworden sind sowie solche, die vor dem Betriebsübergang entstanden und spätestens ein Jahr nach dem Betriebsübergang fällig geworden sind. Es handelt sich um eine gesamtschuldnerische Haftung.

7a ➲ **Praxistipp:** Im Innenverhältnis zwischen Veräußerern und Erwerbern sollte eine Vereinbarung über die Haftung getroffen werden, da ansonsten die Regeln der §§ 421 ff. BGB Anwendung finden und die Haftungsverteilung im Innenverhältnis im Zweifel gem. § 426 Abs. 1 Satz 1 zu gleichen Teilen erfolgt.

3. Rechtsfolgen des Betriebsübergangs

8 Der neue Arbeitgeber tritt in alle Rechte und Pflichten des Arbeitsverhältnisses ein. Im Individualarbeitsrecht sind dies zB noch nicht abgewickelter Erholungsurlaub, Wettbewerbsverbote, Nebentätigkeitsgenehmigungen und Versorgungszusagen hinsichtlich einer bestehenden betrieblichen Al-

tersversorgung. Zu den komplizierten Regelungen der Fortgeltung von Kollektivvereinbarungen muss auf die einschlägige Literatur verwiesen werden (HWK/Willemsen/Müller-Bonanni § 613a BGB Rz. 249 ff.).

M 102.2 Unternehmens-(Betriebs-)Kaufvertrag in Form der Übernahme von Wirtschaftsgütern und Verbindlichkeiten

Zwischen der A-GmbH . . .

– im Folgenden Verkäuferin –

und

der B-GmbH . . .

– im Folgenden Käuferin –

wird folgender

Kaufvertrag

abgeschlossen:

§ 1 Kaufgegenstand

(1) Die Verkäuferin verfügt zurzeit über drei Betriebe, nämlich jeweils einen in A-Stadt, in B-Stadt und in C-Stadt.

(2) Die Verkäuferin überträgt alle zum Betrieb A-Stadt gehörenden Wirtschaftsgüter per 30.6.2015 auf die Käuferin[1]*.*

oder:

Die Verkäuferin überträgt alle Wirtschaftsgüter per 30.6.2015 auf die Käuferin, soweit sie nicht zu den Betrieben B-Stadt und C-Stadt gehören.

(3) Die Käuferin übernimmt nur die Verbindlichkeiten der Verkäuferin, die in diesem Vertrag abschließend aufgezählt sind.

§ 2 Stichtage

(1) Vorläufiger Stichtag ist . . . (Datum). Zu diesem Datum ist eine Aufstellung aller Wirtschaftsgüter der Verkäuferin erstellt worden, die zum Betrieb A-Stadt gehören.

(2) Endgültiger Stichtag ist der . . .

(3) Vertragsdatum ist das Datum der Unterzeichnung dieses Vertrages.

(4) Durchführungsstichtag ist der Zeitpunkt, zu dem die Übertragung der wesentlichen Wirtschaftsgüter und die Übernahme der Verbindlichkeiten nach diesem Vertrag vollzogen sind. Als wesentliche Wirtschaftsgüter im Sinne dieser Vereinbarung gelten:

a) . . .

b) . . .

§ 3 Arbeitnehmer

(1) Beide Parteien sind sich darüber einig, dass die Arbeitsverhältnisse der Arbeitnehmer (einschließlich der leitenden Angestellten), die zu dem durch diesen Vertrag übertragenen Betrieb gehören, auf die Käuferin übergehen, soweit nicht in diesem Vertrag etwas anderes geregelt ist[2]*.*

---

1 Es handelt sich um eine Betriebsveräußerung iSd. § 613a BGB.

2 ***Wichtig:*** *Zwingende Folge des Betriebsübergangs ist der Übergang der Arbeitsverhältnisse. Abweichende vertragliche Absprachen zwischen Veräußerer und Erwerber sind unwirksam im Verhältnis zu den Arbeitnehmern. Denkbar ist, dass sich der Veräußerer im Veräußerungsvertrag verpflichtet, freiwillig ausscheidenden Arbeitnehmern Abfindungsangebote zu unterbreiten.*

(2) Beide Parteien werden am ... (Datum)[3] durch von ihnen gemeinsam (oder: durch von der Käuferin) unterzeichnete Schreiben die Arbeitnehmer unterrichten über:

1. den Zeitpunkt des vorgesehenen Betriebsübergangs (endgültiger Stichtag),

2. den Grund für den Übergang,

3. die rechtlichen, wirtschaftlichen und sozialen Folgen des Übergangs für die Arbeitnehmer und

4. die hinsichtlich der Arbeitnehmer in Aussicht genommenen Maßnahmen[4].

(3) In dem in Abs. 2 erwähnten Schreiben werden die Parteien die Arbeitnehmer schriftlich auffordern, binnen eines Monats nach Erhalt des Schreibens[5] gegenüber der Verkäuferin oder der Käuferin[6] zu widersprechen, falls sie nicht auf die Käuferin übergehen wollen.

(4) Nach Ablauf der in Abs. 3 genannten Widerspruchsfrist wird die Verkäuferin eine Liste der übergehenden Arbeitnehmer erstellen und diese der Käuferin aushändigen.

(5) Die Käuferin verpflichtet sich, die von den Arbeitnehmern im Betrieb der Verkäuferin erbrachten Dienstzeiten bei der Erbringung gesetzlicher, tariflicher oder freiwilliger Leistungen anzurechnen.

(6) Die Käuferin haftet gegenüber den übergehenden Arbeitnehmern auch für rückständige Forderungen[7]. Beide Parteien sind sich darüber einig, dass die Verkäuferin für solche Verbindlichkeiten als Gesamtschuldner neben der Käuferin haftet, die schon im Zeitpunkt des Übergangs entstanden sind oder bis spätestens ein Jahr nach Übergang fällig werden[8].

(7) Die Verkäuferin verpflichtet sich, die Käuferin von ... bis zum ... entstandenen und fälligen rückständigen Forderungen der übernommenen Arbeitnehmer im Innenverhältnis freizustellen: Die Käuferin verpflichtet sich dagegen, die Verkäuferin im Innenverhältnis von sämtlichen nach dem Betriebsübergang fällig werdenden Forderungen freizustellen[9].

(8) Beide Parteien sind sich darüber einig, dass die Haftung der Verkäuferin für Ruhegeldansprüche und Versorgungsanwartschaften im Zeitpunkt des Betriebsübergangs schon ausgeschiedener Arbeitnehmer unberührt bleibt. Die Käuferin tritt damit nur in Versorgungsanwartschaften übergehender Arbeitnehmer ein[10].

(9) Für Versorgungsleistungen, die vor Ablauf eines Jahres nach dem Betriebsübergang fällig werden, also vor Ablauf des ..., haftet die Verkäuferin im Außenverhältnis als Gesamtschuldner neben der Käuferin. Im Innenverhältnis stellt die Verkäuferin die Käuferin von solchen Ansprüchen frei.

(10) Die Verkäuferin ist verpflichtet, folgenden Arbeitnehmern, die die Wartezeit des § 1 KSchG noch nicht zurückgelegt haben, ordentlich zu kündigen:

a) Frau/Herrn ..., am ..., zum ...

b) ...

c) ...

3 ***Hinweis:*** *Die Information gem. § 613a Abs. 5 BGB muss* **vor dem Übergang** *des Arbeitsverhältnisses erfolgen. Sinnvoll, aber nicht zwingend, ist es, die Information spätestens einen Monat vor dem Betriebsübergang zu erteilen, da gem. § 613a Abs. 6 BGB der Arbeitnehmer innerhalb eines Monats nach Zugang der Unterrichtung schriftlich dem Übergang seines Arbeitsverhältnisses auf den Betriebserwerber widersprechen kann (s. Rz. 11).*

4 S. **M 102.4.**

5 Vgl. § 613a Abs. 6 Satz 1 BGB.

6 Vgl. § 613a Abs. 6 Satz 2 BGB.

7 Das ergibt sich schon aus § 613a Abs. 1 Satz 1 BGB.

8 Nach § 613a Abs. 2 Satz 1 BGB haftet der bisherige Inhaber neben dem neuen als Gesamtschuldner für Verpflichtungen, die vor dem Zeitpunkt des Übergangs entstanden sind und vor Ablauf von einem Jahr nach diesem Zeitpunkt fällig werden.

9 Im Innenverhältnis können vom Haftungssystem des § 613a Abs. 2 BGB abweichende Regelungen getroffen werden. Nach dem Gesetz haftet der bisherige Inhaber für Verbindlichkeiten, die erst nach Übergang des Betriebes fällig werden, nur „pro rata temporis" (§ 613a Abs. 2 Satz 2 BGB).

10 Der neue Inhaber ist nach § 613a BGB nicht verpflichtet, Versorgungsansprüche solcher Arbeitnehmer zu erfüllen, die vor dem Betriebsübergang ausgeschieden bzw. in den Ruhestand getreten sind.

§ 4 Kollektivverträge[11]

(1) Die Verkäuferin ist verpflichtet, folgende für den Betrieb A-Stadt abgeschlossene Betriebsvereinbarungen zu kündigen[12]*:*

a) Am ... die Betriebsvereinbarung vom ... mit Wirkung zum ...

b) ...

(2) Die Verkäuferin ist verpflichtet, spätestens am ... den Firmentarifvertrag ... mit Wirkung für den Betrieb A-Stadt zum ... zu kündigen.

§§ 5 ff. ... (zB Regelungen zu folgenden Komplexen: Grundstücksübertragungen, Übertragung von Wirtschaftsgütern, gewerbliche Schutzrechte, Forderungen und Verbindlichkeiten, Verträge, Vertragsstrafen, Garantien).

---

11 Vgl. zur komplizierten Rechtslage hinsichtlich der Fortgeltung von Kollektivnormen HWK/Willemsen/Müller-Bonanni § 613a BGB Rz. 249 ff.

12 Dem Erwerber ist dringend eine Bestandsaufnahme zu empfehlen, ggf. mit der Verpflichtung des Veräußerers, bestimmte Betriebsvereinbarungen (oder auch einen Firmentarifvertrag) zum nächst zulässigen Zeitpunkt zu kündigen.

M 102.3 Vertragliche Überleitung der Arbeitsverhältnisse[1]

Zwischen Firma A (Verkäufer) und Firma B (Käufer) wird wegen des Übergangs des Betriebes X (s. Kaufvertrag vom ...) hinsichtlich der Arbeitsverhältnisse Folgendes vereinbart:

§ 1 Übergang von Arbeitsverhältnissen

Die Parteien sind sich einig, dass die Arbeitsverhältnisse der von dem Betriebsübergang betroffenen Arbeitnehmer auf den Käufer übergehen, es sei denn, dass diese widersprechen.

§ 2 Information der Arbeitnehmer

Beide Parteien werden am ... durch gemeinsam unterzeichnete Schreiben die Arbeitnehmer vom Betriebsübergang und dessen Folgen unter Beachtung der Vorgaben von § 613a Abs. 5 BGB unterrichten.

§ 3 Besitzstand der Arbeitnehmer

(1) Der Käufer tritt gem. § 613a Abs. 1 BGB in die Rechte und Pflichten aus den übergegangenen Arbeitsverhältnissen ein.

(2) Er ist verpflichtet, die von den Arbeitnehmern beim Verkäufer erbrachten Vordienstzeiten in vollem Umfang als bei ihm zurückgelegte Dienstzeiten anzuerkennen.

oder[2]***:***

---

1 Auch wenn der Übergang der Arbeitsverhältnisse zwingende Rechtsfolge des Betriebsübergangs ist, kann eine solche Vereinbarung nützlich sein.

2 Die Dauer der Betriebszugehörigkeit begründet für sich allein keine Rechte; sie ist nur Tatbestandsmerkmal, von dem die Entstehung oder der Inhalt eines Rechts oder einer Anwartschaft abhängen können. Nach § 613a Abs. 1 BGB bleiben den Arbeitnehmern vertragliche oder gesetzliche Ansprüche erhalten, soweit diese an die zurückgelegte Dienstzeit beim alten Inhaber geknüpft sind. Sagt der Erwerber weitergehende Leistungen zu, gilt § 613a BGB grundsätzlich nicht; in den Grenzen von Recht und Billigkeit kann er entscheiden, ob und inwieweit eine beim bisherigen Inhaber verbrachte Betriebszugehörigkeit berücksichtigt werden soll. Die zurückgelegte Betriebszugehörigkeit muss der neue Inhaber vor allem in den Fällen der §§ 1 KSchG, 622 Abs. 2 BGB, 4 BUrlG gegen sich gelten lassen.

Er ist verpflichtet, die von den Arbeitnehmern beim Verkäufer erbrachten Verdienstzeiten als bei ihm zurückgelegte Dienstzeiten anzuerkennen, soweit die Arbeitnehmer durch die Vordienstzeiten vertragliche oder gesetzliche Ansprüche oder Rechte erworben haben.

§§ 4 ff. (Haftung, betriebliche Altersversorgung)

4. Information nach § 613a Abs. 5 BGB

9 In § 613a Abs. 5 BGB wurde die in der Betriebsübergangsrichtlinie 2001/23/EG (ABl. EG Nr. L 82, 16) vorgesehene Regelung zur Information der von einem Betriebsübergang betroffenen Arbeitnehmer umgesetzt. Danach müssen der Betriebsveräußerer oder der Betriebserwerber die vom Betriebsübergang betroffenen Arbeitnehmer **vor dem Übergang** in Textform **informieren** (s. **M 102.4**) über

- Zeitpunkt oder den geplanten Zeitpunkt des Übergangs
- den Grund für den Übergang
- die rechtlichen, wirtschaftlichen und sozialen Folgen des Übergangs für die Arbeitnehmer und
- die hinsichtlich der Arbeitnehmer in Aussicht genommenen Maßnahmen.

10 Für die Unterrichtung ist Textform gem. § 126b BGB zwingend vorgeschrieben. Die Unterrichtungspflicht trifft den bisherigen und den neuen Betriebsinhaber als Gesamtschuldner. In der Praxis empfiehlt es sich, die wechselseitige Auskunftserteilung sowie die Frage der Haftung für eine unrichtige oder unvollständige Auskunftserteilung im Unternehmenskaufvertrag zu regeln (HWK/Willemsen/Müller-Bonanni § 613a BGB Rz. 318). Sinnvoll ist es, ein gemeinsames Anschreiben an die Arbeitnehmer zu entwerfen, das vom alten und vom neuen Arbeitgeber unterzeichnet wird. Damit lassen sich Widersprüche vermeiden. Da nach § 613a Abs. 6 BGB der Beginn der Widerspruchsfrist vom Zeitpunkt der Unterrichtung abhängt, besteht bei fehlerhafter oder unterbliebener Unterrichtung ein zeitlich unbegrenztes Widerspruchsrecht (BAG BB 2006, 105, 107). Allerdings führt die Verletzung der Unterrichtungspflicht des § 613a Abs. 5 BGB nicht zur Unwirksamkeit der Kündigung, wenn der bisherige Arbeitnehmer widerspricht und dann von seinem Arbeitgeber betriebsbedingt gekündigt wird (BAG BB 2006, 105, 107). Wie umfänglich die Unterrichtung zu erfolgen hat, ist im Gesetz nicht definiert. Verlangt wird nur eine Unterrichtung über Grundlagen, nicht eine Unterrichtung in jedem Einzelfall. Unterrichtet werden sollte über die rechtlichen, wirtschaftlichen und sozialen Folgen des Übergangs, insbesondere über den Eintritt des Betriebserwerbers in die Rechte und Pflichten aus dem Arbeitsverhältnis sowie die Haftungsverteilung zwischen bisherigem und neuem Betriebsinhaber. Es sollten das Kündigungsverbot erwähnt werden (§ 613a Abs. 4 BGB) sowie die Folgen für Kollektivvereinbarungen (§ 613a Abs. 1 Satz 2–4 BGB). Auch über das Widerspruchsrecht des Arbeitnehmers nach § 613a Abs. 6 BGB und die erforderliche Schriftform muss informiert werden (BAG AP 312 § 613a BGB). Daneben enthält das Gesetz eine Information bezüglich der gegenüber den Arbeitnehmern in Aussicht genommenen Maßnahmen. Sie müssen allerdings bereits konkret geplant sein und im Zusammenhang mit dem Betriebsübergang stehen (Grobys BB 2002, 726, 728).

5. Widerspruchsrecht des Arbeitnehmers

11 § 613a Abs. 6 BGB gewährt dem Arbeitnehmer ein Widerspruchsrecht gegen den Übergang seines Arbeitsverhältnisses auf den Betriebserwerber. Er muss dieses Widerspruchsrecht innerhalb eines Monats nach Zugang der Unterrichtung nach § 613a Abs. 5 BGB schriftlich geltend machen. Der Widerspruch kann gegenüber dem bisherigen Arbeitgeber und dem Betriebserwerber ausgeübt werden (vgl. Hauck NZA Beil. 1/2009, 18, 22 f.).

M 102.4 Unterrichtung der Arbeitnehmer wegen Betriebsübergangs

Übergang Ihres Arbeitsverhältnisses auf die X-AG

(Als Absender beide Firmen bezeichnen)

Herrn/Frau . . . (Adresse)

Sehr geehrter Herr/Frau . . .,

wir möchten Sie darüber informieren, dass Ihr bei der Y-GmbH bestehendes Arbeitsverhältnis zum . . . auf die X-AG übergehen wird. Grund für den Übergang ist die kaufvertraglich vereinbarte Übernahme der Geschäftsaktivitäten, insbesondere auch des Vertriebs von Produkten der Y-GmbH durch die X-AG, sowie die Übernahme der Betriebsmittel. Somit wird der gesamte Geschäftsbestand der Y-GmbH unverändert auf die X-AG übergehen. Von diesem Zeitpunkt an geht auch die Leitung auf die X-AG über.

Für Sie persönlich bedeutet der Betriebsübergang, dass Ihr Arbeitsverhältnis nach § 613a BGB in vollem Umfang auf die X-AG übergeht. Sie behalten Ihren Arbeitsplatz und Ihre Arbeitsaufgaben bei. Zum Zeitpunkt des Betriebsübergangs geht auch das Direktionsrecht auf die X-AG über. Nach § 613a Abs. 2 BGB haftet die Y GmbH neben der X-AG für Verpflichtungen aus dem Arbeitsverhältnis, soweit sie vor dem Zeitpunkt des Übergangs entstanden sind und vor Ablauf von einem Jahr nach diesem Zeitpunkt fällig werden, als Gesamtschuldner.

Die X-AG plant im Zusammenhang mit dem Betriebsübergang keine Kündigungen. Eine Kündigung wegen Betriebsübergang ist auch nach § 613a Abs. 4 BGB ausgeschlossen. Zum jetzigen Zeitpunkt bestehen keine Pläne für einen Personalabbau. Selbstverständlich können sich in Zukunft auch die Entscheidungsgrundlagen insoweit verändern.

Der Betrieb geht vollständig auf die X-AG über und bleibt auch dort als selbständige Einheit erhalten.

Der Betriebsübergang ändert daher nichts an den bestehenden Betriebsvereinbarungen. Der Betriebsrat bleibt ebenfalls im Amt.

Die X-AG ist nicht Mitglied im Arbeitgeberverband und daher nicht tarifgebunden. Damit gelten die für die Y-GmbH bestehenden tarifvertraglichen Regelungen nicht mehr kollektivrechtlich weiter, sondern werden zum Zeitpunkt des Übergangs Bestandteil des Arbeitsvertrages zwischen Ihnen und der X-AG. Sie können für den Zeitraum eines Jahres nicht zu Ihrem Nachteil geändert werden.

Weitere Maßnahmen im Zusammenhang mit dem Betriebsübergang sind derzeit nicht geplant. Bitte beachten Sie allerdings, dass die X-AG ein neu gegründetes Unternehmen ist, für das noch keine Sozialplanpflicht besteht[1].

Wir weisen Sie darauf hin, dass Sie dem Übergang Ihres Arbeitsverhältnisses auf die X-AG innerhalb eines Monats nach Zugang dieses Schreibens widersprechen können. Der Widerspruch muss bis zu diesem Termin in schriftlicher Form vorliegen. Sie können den Widerspruch sowohl gegenüber der Y-GmbH als auch der X-AG erklären. Wenn Sie nicht widersprechen, geht Ihr Arbeitsverhältnis gem. § 613a BGB auf die X-AG über, andernfalls besteht es fort. Das kann allerdings die Folge haben, dass die Y-GmbH ihr Arbeitsverhältnis aus betriebsbedingten Gründen wegen Wegfall des Arbeitsplatzes und fehlender Weiterbeschäftigungsmöglichkeiten beendigen muss[2].

---

1 Darüber sollte informiert werden, vgl. HWK/Willemsen/Müller-Bonanni § 613a BGB Rz. 330.

2 Einer erfolgten Kündigung (s. **M 102.5**) steht § 613a Abs. 4 BGB nicht entgegen. Widerspricht ein Arbeitnehmer und muss ihm vom bisherigen Arbeitgeber gekündigt werden, handelt es sich nicht um eine Kündigung wegen „Übergangs", sondern „aus anderen Gründen" (HWK/Willemsen/Müller-Bonanni § 613a BGB Rz. 357). Während nach der früheren Rechtsprechung des BAG Besonderheiten im Hinblick auf die nach § 1 Abs. 3 KSchG durchzuführende Sozialauswahl zu berücksichtigen waren, bei der die Gründe, die den Arbeitnehmer zu dem Widerspruch bewogen haben, Berücksichtigung finden mussten, hat das BAG nunmehr entschieden, dass die Sozialauswahl ausschließlich an Hand der im Gesetz genannten Kriterien vorzunehmen sei. Gründe des Arbeitnehmers für seinen Widerspruch seien in der gesetzlichen Regelung nicht erwähnt und dürften deshalb auch keine Berücksichtigung finden. Der widersprechende Arbeitnehmer ist also in der Sozialauswahl so zu stellen, wie die Arbeitnehmer, die nicht vom Betriebsübergang betroffen waren (BAG MDR 2008, 270).

Falls Sie Rückfragen haben bzw. Erläuterungen wünschen, bitten wir Sie, sich an Herrn/Frau ... (Tel. ...; E-Mail ...) zu wenden. Wenn Sie bereits jetzt dem Übergang Ihres Arbeitsverhältnisses auf die X-AG zustimmen, können Sie dies durch Unterzeichnung einer entsprechenden Erklärung, die diesem Schreiben beigefügt ist, ebenfalls gerne tun.

Mit freundlichen Grüßen

... (Unterschriften)

Zum Zwecke der Dokumentation bitten wir Sie noch, den Empfang dieses Schreibens zu bestätigen.

Erhalten am ...

... (Unterschrift)

Ich bin mit dem Übergang meines Arbeitsverhältnisses auf die X-AG einverstanden.

... (Ort/Datum)

... (Unterschrift[3])

3 Eine solche Erklärung kann sich dann empfehlen, wenn der Betriebsübergang unmittelbar bevorsteht und die Monatsfrist nicht eingehalten werden kann. Um schneller Gewissheit zu erlangen, kann es sich anbieten, den Arbeitnehmern eine gesonderte Erklärung anzubieten. Auf Seiten der Arbeitnehmer liegt darin ein konkludenter Verzicht auf das Widerspruchsrecht (BAG AP 177 zu § 613a BGB).

M 102.5 Kündigung gegenüber einzelnen Arbeitnehmern in zeitlichem Zusammenhang mit einem Betriebsübergang[1]

Sehr geehrter Frau/Herr ...,

wir sehen uns leider gezwungen, Ihnen zum ... aus verhaltensbedingten/personenbedingten Gründen zu kündigen, weil Sie ...

Der Betriebsrat hat der Kündigung zugestimmt/widersprochen/Bedenken geäußert.

Die Kündigung hat nichts mit dem bevorstehenden und Ihnen bekannten Betriebsübergang zu tun; sie erfolgt also nicht „wegen" des Betriebsübergangs, sondern ausschließlich wegen der oben genannten Gründe[2].

Wir weisen Sie darauf hin, dass Sie sich unverzüglich nach Erhalt dieser Kündigung arbeitssuchend melden und eigene Bemühungen zur Suche einer neuen Beschäftigung entfalten müssen. Ansonsten drohen Ihnen Nachteile beim Bezug von Arbeitslosengeld im Rahmen der §§ 141, 159 SGB III.

Mit freundlichen Grüßen

... (Unterschrift)

1 Nach § 613a Abs. 4 BGB ist eine Kündigung „wegen" Betriebsübergang unwirksam.

2 Übersehen wird immer wieder, dass es sich durchaus um eine Kündigung „aus anderen Gründen" handelt, wenn die Belegschaft reduziert werden muss, um den Betrieb marktfähig zu machen. Dabei kommen betriebsbedingte Kündigungen nach allgemeinen Maßstäben sowohl durch den Veräußerer oder nach dem Übergang durch den Erwerber in Betracht (BAG NZA 1997, 148). Das BAG hält zudem auch eine Kündigung des Betriebsveräußerers nach einem Erwerberkonzept für möglich (NZA 2000, 3027).

IV. Umwandlungen nach dem Umwandlungsgesetz

12 Gem. § 1 Abs. 1 UmwG können Rechtsträger mit Sitz im Inland **umgewandelt** werden (1) durch Verschmelzung (§§ 2–122 UmwG), (2) durch Spaltung (Aufspaltung, Abspaltung, Ausgliederung, §§ 123–173 UmwG), (3) durch Vermögensübertragung (Voll- oder Teilübertragung, §§ 174–189 UmwG) und (4) durch Formwechsel (§§ 190–304 UmwG). Entsprechend dem im Gesellschaftsrecht geltenden Typenzwang ist diese Aufzählung der **Umwandlungsarten** abschließend. Andere Arten der Umwandlung sind gem. § 1 Abs. 2 UmwG nur zulässig, wenn sie in anderen Bundes-

oder Landesgesetzen zugelassen oder angeordnet sind. § 1 Abs. 3 UmwG stellt dabei klar, dass die Vorschriften des UmwG zwingendes Recht enthalten. Auf der Ebene des **Individualarbeitsrechts** wird durch § 324 UmwG bestimmt, dass § 613a Abs. 1 und 4 BGB durch die Wirkungen der Eintragung einer Verschmelzung, Spaltung oder Vermögensübertragung unberührt bleiben soll, was soviel bedeutet, dass § 613a BGB insoweit auch in Umwandlungsfällen Anwendung findet.

§ 323 Abs. 1 UmwG enthält einen **Sonderschutz**, nach dem die „kündigungsrechtliche Stellung" eines Arbeitnehmers, wie sie vor Wirksamwerden einer Spaltung oder Teilübertragung besteht, für einen Zeitraum von zwei Jahren festgeschrieben wird. Nach § 323 Abs. 2 UmwG kann bei einem umwandlungsbedingt vereinbarten Interessenausgleich eine vorgenommene namentliche Zuordnung von Arbeitnehmern zu Betriebsteilen durch das Arbeitsgericht nur auf grobe Fehlerhaftigkeit überprüft werden.

Der **Betriebsrat** muss bei allen Umwandlungsarten **informiert** werden. Mindestens einen Monat vor dem Tag der Anteilsinhaberversammlung, die über die Zustimmung zur Umwandlung beschließt, sind gesellschaftsrechtliche Umwandlungsverträge oder ein Entwurf dem Betriebsrat zuzuleiten (§ 5 Abs. 3 UmwG; Willemsen RdA 1998, 223). Diese Information ist eine von mehreren Voraussetzungen für die Registereintragung.

Im Übrigen muss zu den zahlreichen arbeitsrechtlichen Problemen, die sich in Umwandlungsfällen ergeben, auf die einschlägige **Literatur** verwiesen werden (zB Willemsen NZA 1996, 791).

M 102.6 Angaben der Folgen der Verschmelzung für die Arbeitnehmer und ihre Vertretungen sowie die insoweit vorgesehenen Maßnahmen im Rahmen eines Verschmelzungsvertrags[1]

§§ 1–4 (Vermögensübertragung, Gegenleistung, Kapitalerhöhung, Treuhänder)

§ 5 Folgen der Verschmelzung für die Arbeitnehmer und ihre Vertretungen[2]

(1) Mit dem Wirksamwerden der Verschmelzung gehen sämtliche Arbeitsverhältnisse, die mit der X-AG bestehen, gem. § 324 UmwG iVm. § 613a BGB mit allen Rechten und Pflichten auf die Y-AG über. Mit Stand vom ... waren bei der X-AG acht leitende Angestellte und ... sonstige Arbeitnehmer beschäftigt.

(2) Für die Arbeitnehmer, deren Arbeitsverhältnisse auf die Y-AG übergehen, gelten die bei der X-AG erreichten Dienstzeiten als bei der Y-AG verbrachte Dienstzeiten.

(3) Soweit die X-AG Arbeitnehmern in von ihr abhängigen Gesellschaften Versorgungszusagen erteilt hat, gehen diese Verbindlichkeiten nach § 20 Abs. 1 Nr. 1 UmwG auf die Y-AG über. Dies gilt auch, soweit sich die X-AG hinsichtlich anderer arbeitsvertraglicher Leistungen in abhängigen Gesellschaften mitverpflichtet haben sollte.

(4) Soweit Arbeitnehmer in abhängigen Gesellschaften der X-AG am ... Mitarbeiter-Beteiligungsprogramm teilnehmen, ist nach dem Wirksamwerden der Verschmelzung ein Erwerb von Aktien der X-AG nicht mehr möglich, da die X-AG erlischt. Es ist vorgesehen, den betreffenden Arbeitneh-

1 Bei der Verschmelzung (Fusion) handelt es sich um die Vereinigung von Gesellschaften unter Ausschluss der Abwicklung und gegen Gewährung von Gesellschaftsrechten. Sie erfolgt nach § 2 UmwG entweder durch Übertragung des Vermögens der übertragenden Gesellschaft(en) als Ganzes auf eine übernehmende Gesellschaft (Verschmelzung durch Aufnahme) oder durch Bildung einer neuen Gesellschaft, auf die das Vermögen jeder der sich vereinigenden Gesellschaften als Ganzes übertragen wird (Verschmelzung durch Neugründung). Die übertragende Gesellschaft wird „unter Auflösung ohne Abwicklung" verschmolzen (§ 2 UmwG). Sie geht also mit der Verschmelzung unter. Die Mitgliedschaftsrechte ihrer Gesellschafter erlöschen und werden durch Mitgliedschaftsrechte an der übernehmenden bzw. neu gebildeten Gesellschaft ersetzt.

2 Nach § 5 Abs. 1 Nr. 9 UmwG muss der Verschmelzungsvertrag auch die „Folgen der Verschmelzung für die Arbeitnehmer und ihre Vertretungen sowie die insoweit vorgesehenen Maßnahmen" aufzeigen. Die Anforderungen an Umfang und Tiefe der Angaben dürfen aber nicht überspannt werden, weil der formale Informationscharakter von § 5 Abs. 1 Nr. 9 UmwG im Vordergrund steht (Bungert DB 1997, 2209).

mern Aktien der Y-AG in gleichwertiger Zahl anzubieten. Im Übrigen bleiben die Arbeitsverhältnisse in den abhängigen Gesellschaften von der Verschmelzung unberührt.

(5) Betriebsänderungen sind infolge der Verschmelzung derzeit nicht geplant.

(6) Die örtlichen Betriebsräte in den von den Vertragspartnern abhängigen Gesellschaften bleiben unverändert bestehen. Die Verschmelzung hat keine Auswirkungen auf die Struktur der Gesamtbetriebsräte und Wirtschaftsausschüsse in den abhängigen Gesellschaften. Der bei der X-AG gebildete Konzernbetriebsrat geht mit dem Wirksamwerden der Verschmelzung unter.

(7) Die in den Betrieben der X-AG mit den Betriebsräten abgeschlossenen Betriebsvereinbarungen gelten als Betriebsvereinbarungen weiter. Gesamtbetriebsvereinbarungen bleiben von der Verschmelzung unberührt.

(8) Mit dem Wirksamwerden der Verschmelzung enden die Mandate aller Mitglieder des Aufsichtsrats der X-AG. Bei der Y-AG ist – soweit er zum Zeitpunkt des Wirksamwerdens der Verschmelzung noch nicht bestehen sollte – ein mitbestimmter Aufsichtsrat mit 20 Mitgliedern nach § 7 Abs. 1 Nr. 3 Mitbestimmungsgesetz zu bilden. Nach dem Übergang ihrer Arbeitsverhältnisse auf die Y-AG sind die Arbeitnehmer der X-AG und der nachgeordneten Konzernunternehmen bei den nächsten Wahlen zum Aufsichtsrat der Y-AG aktiv und passiv wahlberechtigt.

3. Abschnitt. Betriebsverfassungsrecht

Kapitel 103 Allgemeines

Literatur: *Bauer/Lingemann/Diller/Haußmann*, Anwaltsformularbuch Arbeitsrecht, 5. Aufl. 2014; *Däubler/Kittner/Klebe/Wedde*, Betriebsverfassungsgesetz, 14. Aufl. 2014; *Ehrich/Fröhlich*, Die Einigungsstelle, 2. Aufl. 2010; *Fitting/Engels/Schmidt/Trebinger/Linsenmaier*, Betriebsverfassungsgesetz, 27. Aufl. 2014; *Gamillscheg*, Kollektives Arbeitsrecht, Bd. II: Betriebsverfassung, 2008; *Henssler/Willemsen/Kalb* (Hrsg.), Arbeitsrecht Kommentar, 6. Aufl. 2014 (zitiert: HWK); *Küttner*, Personalbuch, 22. Aufl. 2015; *Müller-Glöge/Preis/I. Schmidt* (Hrsg.), Erfurter Kommentar zum Arbeitsrecht, 15. Aufl. 2015 (zitiert: ErfK); *Oberthür/Seitz*, Betriebsvereinbarungen, 2014; *Pulte/Bigos*, Betriebsvereinbarungen in der Praxis, 4. Aufl. 2014; *Richardi*, Betriebsverfassungsgesetz, 14. Aufl. 2014; *Röder/Baeck*, Interessenausgleich und Sozialplan, 4. Aufl. 2009; *Schaub*, Arbeitsrechtshandbuch, 15. Aufl. 2013; *Spengler/Hahn/Pfeiffer* (Hrsg.), Betriebliche Einigungsstelle, 2010; *Wenning-Morgenthaler*, Die Einigungsstelle – Leitfaden für die Praxis, 6. Aufl. 2013; *Wiese/Kreutz/Oetker/Raab/Weber/Franzen/Gutzeit/Jacobs*, Gemeinschaftskommentar zum Betriebsverfassungsgesetz (zitiert: GK-BetrVG), 2 Bde., 10. Aufl. 2014; *Wlotzke/Preis/Kreft*, Betriebsverfassungsgesetz, 4. Aufl. 2009; s. auch die Literaturhinweise zu Kap. 96.

I. Geltung des BetrVG

Das am 19.1.1972 in Kraft getretene BetrVG (BGBl. I, 13), das durch das Gesetz zur Reform des Betriebsverfassungsgesetzes v. 23.7.2001 (BGBl. I, 1852) grundlegend überarbeitet worden ist, wird von dem Grundgedanken getragen, dass Arbeitgeber und Betriebsrat unter Beachtung der geltenden Gesetze und Tarifverträge **vertrauensvoll** zum Wohl der Arbeitnehmer und des Betriebs **zusammenarbeiten** sollen (§ 2 Abs. 1 BetrVG). 1

Der **räumliche Geltungsbereich** des Gesetzes erstreckt sich auf alle in Deutschland gelegenen Betriebe. Es gilt das **Territorialprinzip**. Die Geltung des Gesetzes beschränkt sich also nicht auf Betriebe deutscher Inhaber, erfasst werden vielmehr alle im Geltungsbereich liegenden betriebsratsfähigen Betriebe, unabhängig von der Nationalität ihrer Inhaber oder Mitarbeiter. Dagegen findet das Gesetz keine Anwendung auf den Betrieb eines deutschen Unternehmens, der im Ausland liegt (BAG AP Nr. 8 zu § 14 AÜG). 2

Der **gegenständliche Geltungsbereich** des BetrVG umfasst die Betriebe der Privatwirtschaft. Das Gesetz gilt nicht für den öffentlichen Dienst (§ 130 BetrVG) und nicht für die Religionsgemeinschaften und ihre karitativen oder erzieherischen Einrichtungen (§ 118 Abs. 2 BetrVG). Dort gelten die Regelungen des Bundes- oder der Landespersonalvertretungsgesetze bzw. die Mitarbeitervertretungsordnung – MAVO – (katholische Kirche) oder das Mitarbeitervertretungsgesetz – MVG – (evangelische Kirche). Auch auf Kleinbetriebe mit in der Regel weniger als fünf wahlberechtigten ständigen Arbeitnehmern oder weniger als drei wählbaren Arbeitnehmern findet das BetrVG keine Anwendung (§ 1 Abs. 1 BetrVG). Sonderregelungen gelten für die Seeschifffahrt (§§ 114–116 BetrVG) und können durch Tarifvertrag für im Flugbetrieb von Luftfahrtunternehmen beschäftigte Arbeitnehmer getroffen werden (§ 117 Abs. 2 BetrVG). Schließlich ist die Anwendung des BetrVG eingeschränkt und teilweise aufgehoben in sog. Tendenzunternehmen und -betrieben (§ 118 Abs. 1 BetrVG). 3

Der **persönliche Geltungsbereich** des BetrVG erstreckt sich auf alle Arbeitnehmer (Arbeiter und Angestellte) einschließlich der zu ihrer Berufsausbildung Beschäftigten (§ 5 Abs. 1 BetrVG). Erfasst werden die Arbeitnehmer des Betriebs, die dem Betrieb zuzuordnenden Außendienstmitarbeiter und Telearbeiter und gem. § 5 Abs. 1 Satz 2 BetrVG auch Heimarbeiter, die in der Hauptsache für den Betrieb arbeiten. Darüber hinaus erstreckt sich der Geltungsbereich des BetrVG nach § 5 Abs. 1 Satz 3 BetrVG auf Beamte, Soldaten und Arbeitnehmer des öffentlichen Dienstes, die in Betrieben privatrechtlicher Unternehmen tätig sind. Über §§ 14 Abs. 2, 3 AÜG, 7 Satz 2 BetrVG werden Regelungen des BetrVG teilweise ausdrücklich auf im Betrieb eingesetzte Leiharbeitnehmer erstreckt. Grundsätzlich vom BetrVG nicht erfasst werden die leitenden Angestellten (§ 5 Abs. 3 BetrVG). Deren Interessenvertretung ist der ggf. nach Maßgabe des SprAuG zu errichtende Sprecherausschuss. 4

II. Betriebsverfassungsorgane

1. Betriebsrat

Der Betriebsrat wird in geheimer und unmittelbarer **Wahl** und in der Regel nach den Grundsätzen der Verhältniswahl gewählt. Die Zahl der zu wählenden Mitglieder des Betriebsrats richtet sich nach der Größe des Betriebs (§ 9 BetrVG). Zu den Einzelheiten der Wahl und des Wahlverfahrens wird auf §§ 7 ff., 14 ff. BetrVG sowie auf § 126 BetrVG iVm. der Wahlordnung verwiesen. 5

Die regelmäßige **Amtszeit** der Betriebsratsmitglieder beträgt vier Jahre (§§ 13, 21 BetrVG). Wiederwahl ist zulässig. Schon vorher kann ausnahmsweise eine neue Wahl erfolgen (vgl. §§ 13 Abs. 2, 23 BetrVG). 6

Der aus der Betriebsratswahl hervorgegangene Betriebsrat ist die **institutionalisierte Interessenvertretung der Arbeitnehmerschaft** des Betriebs. Er besitzt keine Rechtsfähigkeit im allgemeinen Rechtsverkehr, sondern lediglich eine betriebsverfassungsrechtliche Teilrechtsfähigkeit (ErfK/Koch § 1 BetrVG Rz. 18). Allein im Rahmen der Betriebsverfassung kann er Träger vermögensrechtlicher Ansprüche und Rechtspositionen sein (vgl. § 40 BetrVG), darüber hinaus ist er nicht vermögensfähig (BAG AP Nr. 81 zu § 40 BetrVG 1972). Der Betriebsrat handelt im Rahmen der ihm nach dem BetrVG gegebenen Beteiligungsrechte sowie etwaiger freiwilliger Betriebsvereinbarungen oder 7

Regelungsabreden als Interessenvertretung der Belegschaft gegenüber dem Arbeitgeber. Dabei hat er mit dem Arbeitgeber unter Beachtung der geltenden Tarifverträge vertrauensvoll und im Zusammenwirken mit den im Betrieb vertretenen Gewerkschaften und Arbeitgeberverbänden zum Wohl der Arbeitnehmer und des Betriebs zusammenzuarbeiten (§ 2 Abs. 1 BetrVG).

8 Der Betriebsrat hat aus seiner Mitte einen **Vorsitzenden und dessen Stellvertreter** zu wählen (§ 26 Abs. 1 BetrVG). Der Vorsitzende oder im Falle seiner Verhinderung sein Stellvertreter vertreten den Betriebsrat im Rahmen der von ihm gefassten Beschlüsse nach außen (§ 26 Abs. 2 BetrVG). Andere Betriebsratsmitglieder oder gar außenstehende Dritte sind hierzu nicht berechtigt. Selbst der Stellvertreter ist nicht „zweiter Betriebsratsvorsitzender", sondern ausschließlich im Falle der Verhinderung des Vorsitzenden berechtigt und verpflichtet, dessen Funktion und Aufgaben zu übernehmen.

9 ➲ **Praxistipp:** Der Betriebsrat kann durch ordnungsgemäßen Beschluss im Einzelfall ein bestimmtes anderes Betriebsratsmitglied zur Abgabe der beschlossenen Erklärungen bevollmächtigen (str., vgl. Fitting/Engels/Schmidt/Trebinger/Linsenmaier § 26 BetrVG Rz. 36 mwN). Davon sollte aus Gründen der Rechtssicherheit und -klarheit allerdings nur im Ausnahmefall Gebrauch gemacht werden. Die Bevollmächtigung sollte gegenüber dem Arbeitgeber offen gelegt und muss im Streitfall nachgewiesen werden.

10 ➲ **Wichtig:** Der Betriebsratsvorsitzende kann den Betriebsrat nur im Rahmen der vom Gremium wirksam gefassten Beschlüsse nach außen vertreten. Er ist nicht Vertreter im Willen, sondern allein **Vertreter in der Erklärung** (BAG AP Nr. 77 zu § 40 BetrVG 1972). Liegt einer Erklärung des Betriebsratsvorsitzenden kein wirksamer Beschluss des Gremiums zugrunde, ist die Erklärung unwirksam. Das gilt beispielsweise auch für eine abgeschlossene Betriebsvereinbarung. Allerdings soll nach der Rechtsprechung des BAG bei einer von dem Betriebsratsvorsitzenden unterzeichneten Erklärung eine – widerlegbare – Vermutung dafür sprechen, dass diese auf der Grundlage eines wirksamen Beschlusses des Gremiums zu Stande gekommen ist (BAG EzA § 1 KSchG Interessenausgleich Nr. 10; BAG AP Nr. 7 zu § 1 KSchG 1969 Namensliste; vgl. auch Grosjean NZA-RR 2005, 113, 123 mwN). Im Übrigen kann der Betriebsrat durch eine nachträgliche ordnungsgemäße Beschlussfassung das vollmachtlose Handeln seines Vorsitzenden genehmigen (BAG AP Nr. 17 zu § 26 BetrVG 1972 mit Anm. Klein, dbr 8/2008, 38 f.; zur Frage, ob und wann dies mit Rückwirkung geschehen kann, vgl. Fitting/Engels/Schmidt/Trebinger/Linsenmaier § 26 BetrVG Rz. 25 ff.).

11 Hat ein Betriebsrat neun oder mehr Mitglieder, so bildet er einen **Betriebsausschuss.** Dieser besteht aus dem Vorsitzenden des Betriebsrats, seinem Stellvertreter und je nach Größe des Betriebsrats zwischen drei und neun weiteren Mitgliedern (§ 27 Abs. 1 BetrVG). Der Betriebsausschuss führt die laufenden Geschäfte; zusätzlich können ihm durch qualifizierten Mehrheitsbeschluss des Betriebsrats weitere Aufgaben übertragen werden (§ 27 Abs. 2 BetrVG).

12 Die **Sitzungen** des Betriebsrats werden vom Vorsitzenden unter Festsetzung der Tagesordnung anberaumt (§ 29 Abs. 2 BetrVG). Die Betriebsratssitzungen finden in der Regel während der Arbeitszeit statt (§ 30 BetrVG). Beschlüsse des Betriebsrats werden, soweit im BetrVG nicht eine qualifizierte Mehrheit vorgeschrieben ist, mit der einfachen Stimmenmehrheit der anwesenden Betriebsratsmitglieder gefasst (§ 33 Abs. 1 BetrVG).

13 Der Betriebsrat kann allein auf der Grundlage wirksam zu Stande gekommener Beschlüsse rechtserheblich handeln. In der Praxis kommt es hier häufig zu Problemen, zB weil

- keine ordnungsgemäße Ladung zur Sitzung des Betriebsrats vorlag,
- ein Beschluss spontan gefasst wurde, ohne dass das Thema zuvor auf der Tagesordnung mitgeteilt worden war oder zumindest nach vorheriger Einladung aller Betriebsratsmitglieder das beschlussfähige Gremium einstimmig einer Beschlussfassung zugestimmt hatte (BAG EzA § 29 BetrVG 2001 Nr. 4; Joussen NZA 2014, 505),
- Ersatzmitglieder fehlerhaft nicht oder ohne Vorliegen eines Vertretungsfalles geladen wurden oder die falschen Ersatzmitglieder geladen wurden (BAG AP Nr. 7 zu § 25 BetrVG 1972),
- Beschlüsse ohne Beschlussfähigkeit oder ohne die erforderliche Mehrheit gefasst wurden, oder
- Beschlüsse im Umlaufverfahren gefasst wurden (hierzu BAG AP Nr. 4 zu § 102 BetrVG 1972).

➲ **Praxistipp:** Auf Betriebsratsseite ist daher besonders auf die Formalien beim Zustandekommen von Beschlüssen zu achten, um nicht später allein deshalb mit der Durchsetzung von Mitwirkungs- und Mitbestimmungsrechten erfolglos zu bleiben, weil kein formell rechtswirksames Handeln vorlag. Außerdem kann sich anderenfalls uU auch das Risiko einer persönlichen Haftung für Betriebsratsmitglieder ergeben (vgl. BGHZ 195, 174; krit. Molkenbur/Weber DB 2014, 242; Lunk/Rodenbusch, NJW 2014, 1989). Auf Arbeitgeberseite sollte ebenfalls besonderes Augenmerk auf die Formalien gerichtet werden, denn in vielen Fällen liegt die Wirksamkeit von Betriebsratsbeschlüssen auch im Interesse des Arbeitgebers (zB beim Abschluss konsensualer Betriebsvereinbarungen oder eines Interessenausgleichs mit Namensliste iSv. § 1 Abs. 5 KSchG, s. Kap. 106 Rz. 8). In allen anderen Fällen kann auf diesem Wege ggf. die Beeinträchtigung unternehmerischer Maßnahmen durch Mitbestimmungsrechte abgewendet werden. 13a

2. Betriebsversammlung

Die Betriebsversammlung (§§ 42 ff. BetrVG) besteht aus allen Arbeitnehmern des Betriebes. Der Betriebsrat hat die **ordentliche Betriebsversammlung** in jedem Kalendervierteljahr einzuberufen. Unter Umständen sind die Betriebsversammlungen als Abteilungsversammlungen durchzuführen. Der Arbeitgeber ist zur Betriebsversammlung unter Mitteilung der Tagesordnung zu laden. Er kann das Wort ergreifen und einen Vertreter seines Arbeitgeberverbandes hinzuziehen, hat allerdings kein Stimmrecht. 14

Die **außerordentliche** Betriebsversammlung kann vom Betriebsrat einberufen werden, wenn dies aus besonderen Gründen sachlich dringend geboten erscheint. Sie ist ferner auf Wunsch des Arbeitgebers oder von mindestens einem Viertel der wahlberechtigten Arbeitnehmer einzuberufen (§ 43 Abs. 3 BetrVG). 15

Der **Themenkreis** der Betriebsversammlung kann sämtliche Angelegenheiten einschließlich tarifpolitischer, sozialpolitischer, umweltpolitischer und wirtschaftlicher Art umfassen, die den Betrieb oder seine Arbeitnehmer unmittelbar betreffen (§ 45 BetrVG). An allen Betriebs- und Abteilungsversammlungen können Beauftragte der im Betrieb vertretenen Gewerkschaft teilnehmen (§ 46 BetrVG). Im Übrigen sind Betriebsversammlungen nicht öffentlich (§ 42 Abs. 1 Satz 2 BetrVG). 16

Beschlüsse der Betriebsversammlung werden mit einfacher Mehrheit der teilnehmenden Arbeitnehmer gefasst. Die Beschlüsse binden allerdings weder Betriebsrat noch Arbeitgeber. Die Betriebsversammlung kann keine Betriebsvereinbarungen abschließen oder sonst rechtswirksam die Belegschaft an Stelle des Betriebsrats vertreten. Sie kann allerdings dem Betriebsrat Anträge unterbreiten und zu seinen Beschlüssen Stellung nehmen (§ 45 Satz 2 BetrVG). 17

3. Gesamtbetriebsrat

Sofern in einem Unternehmen **mehrere Betriebsräte** bestehen, ist ein Gesamtbetriebsrat zu errichten (§ 47 Abs. 1 BetrVG). In den Gesamtbetriebsrat entsendet jeder Einzelbetriebsrat entsprechend seiner Größe ein oder zwei Mitglieder (§ 47 Abs. 2 BetrVG). Das Stimmgewicht dieser Mitglieder richtet sich nach der Anzahl der in ihrem Betrieb vertretenen wahlberechtigten Arbeitnehmer (§ 47 Abs. 7 BetrVG). 18

Der Gesamtbetriebsrat ist ein **Dauerorgan**. Er besteht über den Zeitraum der Wahlperiode der einzelnen Betriebsräte hinaus und hat keine feste Amtszeit. Nach der Neuwahl eines Einzelbetriebsrats hat dieser seine Mitglieder im Gesamtbetriebsrat neu zu bestimmen. Das Amt des Gesamtbetriebsrats endet nur dann, wenn die Voraussetzungen für seine Errichtung wieder wegfallen (BAG AP Nr. 11 zu § 47 BetrVG 1972). 19

Der Gesamtbetriebsrat ist **zuständig** für die Behandlung von Angelegenheiten, die das Gesamtunternehmen oder mehrere Betriebe betreffen und nicht durch die einzelnen Betriebsräte innerhalb ihrer Betriebe geregelt werden können, sowie für Angelegenheiten, die ihm durch die einzelnen Betriebsräte mit qualifiziertem Mehrheitsbeschluss übertragen wurden (§ 50 BetrVG). Zwischen Betriebsrat und Gesamtbetriebsrat besteht kein Über-/Unterordnungsverhältnis (§ 50 Abs. 1 Satz 2 20

BetrVG). Vielmehr ist strikt nach Zuständigkeiten abzugrenzen: Wo der Gesamtbetriebsrat zuständig ist, kann eine Regelung durch Einzelbetriebsräte nicht erfolgen; wo diese zuständig sind, kann andererseits der Gesamtbetriebsrat nicht wirksam tätig werden.

21 ➲ **Praxistipp:** In vielen Fällen ist die Abgrenzung der Zuständigkeiten von Einzelbetriebsräten und Gesamtbetriebsrat höchst problematisch (vgl. Lunk NZA 2013, 233 ff.). Nach der Rechtsprechung des BAG ist im Einzelfall zu prüfen, ob in einer Angelegenheit eine betriebsübergreifende einheitliche Regelung durch den Gesamtbetriebsrat aus technischen oder rechtlichen Gründen zwingend erforderlich ist (st. Rspr.: BAG NZA 2002, 988, 991 mwN). Hier besteht ein hohes Risikopotential, denn falls bei einer Gesamtbetriebsvereinbarung die Zuständigkeit der Einzelbetriebsräte gegeben ist, ist die Vereinbarung unwirksam. Für eine Einzelbetriebsvereinbarung gilt bei Zuständigkeit des Gesamtbetriebsrats nichts anderes. Im Zweifelsfalle ist deshalb – soweit möglich – die Begründung der Zuständigkeit des Gesamtbetriebsrats über § 50 Abs. 2 BetrVG (Beauftragung durch Beschluss der Einzelbetriebsräte) anzuraten.

4. Konzernbetriebsrat

22 Die Errichtung eines Konzernbetriebsrats ist von einer Entscheidung einer qualifizierten Mehrheit der Gesamtbetriebsräte des Konzerns abhängig (§ 54 BetrVG), da nicht in allen Konzernen für ihn ein Bedürfnis besteht. In den Konzernbetriebsrat entsendet jeder Gesamtbetriebsrat zwei seiner Mitglieder. Diese haben ein Stimmgewicht in Höhe jeweils der Hälfte der Stimmen der Mitglieder des sie entsenden Gesamtbetriebsrats (§ 55 Abs. 3 BetrVG). Hinsichtlich der Zuständigkeit gelten gem. § 58 BetrVG – bezogen nunmehr allerdings auf die Konzernsituation – die gleichen Grundsätze wie beim Gesamtbetriebsrat.

III. Beteiligung des Betriebsrats

23 Der Betriebsrat hat ein Mitwirkungs- und Mitbestimmungsrecht in sozialen (s. Kap. 104), personellen (s. Kap. 105) und wirtschaftlichen (s. Kap. 106) Angelegenheiten.

IV. Betriebsvereinbarung

1. Zustandekommen

24 Die Betriebsvereinbarung kommt durch übereinstimmende Beschlüsse von Arbeitgeber und Betriebsrat zu Stande. Sie bedarf zwingend der **Schriftform** (§ 77 Abs. 2 BetrVG). Nicht jeder gemeinsam gefasste Beschluss von Arbeitgeber und Betriebsrat ist notwendigerweise eine Betriebsvereinbarung, die ihrer Natur nach nur generelle (kollektive) Regelungen oder Maßnahmen enthält. Deswegen werden die Beteiligungsrechte des Betriebsrats auf personellem Gebiet (s. Kap. 105) nicht durch Abschluss einer Betriebsvereinbarung ausgeübt, soweit sie nur das einzelne Arbeitsverhältnis betreffen und nicht allgemeine Richtlinien festgelegt werden.

25 Die Betriebsvereinbarung ist gem. § 77 Abs. 2 Satz 2 BetrVG von beiden Betriebspartnern zu unterschreiben. Grundsätzlich gelten die Regelungen der §§ 125 ff. BGB. Allerdings findet § 126 Abs. 2 Satz 2 BGB keine Anwendung (ErfK/Kania § 77 BetrVG Rz. 19 mwN). Vielmehr müssen beide Vertragsparteien auf derselben Urkunde unterzeichnen (§ 126 Abs. 2 Satz 1 BGB). Auch im Übrigen können die Anforderungen des § 126 BGB auf Normenverträge nicht unbesehen übertragen werden. Nach § 126 BGB muss die Urkunde das gesamte formbedürftige Rechtsgeschäft enthalten mit der Maßgabe, dass Bezugnahmen unzulässig sind, wenn sich Angaben, die für den Vertragsinhalt wesentlich sind, ausschließlich aus Umständen außerhalb der Urkunde ergeben (vgl. ua. BGHZ 26, 142, 146). Diese Anforderung dient dem Übereilungsschutz. Er spielt beim Abschluss von Tarifverträgen oder Betriebsvereinbarungen aber keine Rolle; bei ihnen soll die Schriftform Zweifel über den Inhalt der vereinbarten Normen ausschließen. Die erforderliche Klarheit kann auch bei einer **Verweisung** auf genau bezeichnete andere schriftliche Regelungen bestehen (BAG AP Nr. 69 zu § 77 BetrVG 1972).

Die **Regelungsabrede**, auch betriebliche Einigung genannt, bedarf nicht der Schriftform. Ihr fehlt allerdings auch die Rechtswirkung einer Betriebsvereinbarung. 26

2. Rechtsnatur und Rechtswirkungen

Die Betriebsvereinbarung ist das durch schriftliche Vereinbarungen der Organe der Betriebsverfassung geschaffene Gesetz des Betriebs. Die Normen der Betriebsvereinbarung gelten nach § 77 Abs. 4 Satz 1 BetrVG ebenso wie Tarifnormen (§ 4 Abs. 1 TVG) **unmittelbar und zwingend** in den Arbeitsverhältnissen der Arbeitnehmer des Betriebs. Sie sind unabdingbar, dh. sie können nicht zu Ungunsten der Arbeitnehmer durch Individualvereinbarungen geändert werden, es sei denn, es handelt sich um nachgiebige Normen (dispositives Recht) und/oder günstigere Einzelvereinbarungen. Auf Rechte aus einer Betriebsvereinbarung können Arbeitnehmer nur mit Zustimmung des Betriebsrats verzichten (§ 77 Abs. 4 Satz 2 BetrVG). 27

3. Geltungsbereich

Die Betriebsvereinbarung gilt **räumlich** nur für den Betrieb bzw. für die Betriebe des Unternehmens, für die sie durch Arbeitgeber und Betriebsrat bzw. Gesamtbetriebsrat vereinbart ist. In **persönlicher Hinsicht** gilt die Betriebsvereinbarung grundsätzlich für alle Arbeitnehmer (§ 5 BetrVG) des Betriebs, ohne Rücksicht auf ihre gewerkschaftliche Zugehörigkeit. Nicht um Arbeitnehmer des Betriebs handelt es sich bei den Pensionären (BAG AP Nr. 142, 185 zu § 242 BGB Ruhegehalt; vgl. auch BAG NZA 1998, 160 zur ablösenden Betriebsvereinbarung für Ruheständler und dazu Waltermann NZA 1998, 505). Schließlich gilt eine Betriebsvereinbarung nicht für den in § 5 Abs. 2 und 3 BetrVG genannten Personenkreis (vertretungsberechtigte Organmitglieder, leitende Angestellte). 28

4. Inhalt

Grundsätzlich können alle betrieblichen und betriebsverfassungsrechtlichen Regelungen sowie normative Regelungen über Inhalt, Abschluss und Beendigung von Arbeitsverhältnissen Gegenstand einer Betriebsvereinbarung sein (st. Rspr.: BAG AP Nr. 46 zu § 77 BetrVG 1972; BAG AP Nr. 1, 3 zu § 77 BetrVG 1972 Tarifvorbehalt). Man unterscheidet die **freiwillige, mitbestimmte und teilmitbestimmte** Betriebsvereinbarung, je nachdem, ob und in welchem Umfang ihre Regelungen der zwingenden Mitbestimmung des Betriebsrats unterliegen. 29

Bei Abschluss einer Betriebsvereinbarung außerhalb des Anwendungsbereichs des § 87 Abs. 1 BetrVG ist der **Tarifvorbehalt** des § 77 Abs. 3 BetrVG zu beachten. Danach können Arbeitsentgelte und sonstige Arbeitsbedingungen nicht Gegenstand einer Betriebsvereinbarung sein, soweit sie durch Tarifvertrag geregelt oder auch nur üblicherweise geregelt werden, es sei denn, der Tarifvertrag lässt den Abschluss einer ergänzenden Betriebsvereinbarung ausdrücklich zu (zu den Einzelheiten Fitting/Engels/Schmidt/Trebinger/Linsenmaier § 77 BetrVG Rz. 67 ff. mwN). Die Regelung dient dem Schutz der Tarifautonomie. Eine gegen den Tarifvorbehalt verstoßende Betriebsvereinbarung ist rechtsunwirksam. 30

➲ **Hinweis:** Das gilt insbesondere auch für die in der Praxis häufig anzutreffenden sog. „**Betrieblichen Bündnisse für Arbeit**". Soweit hier in einer Betriebsvereinbarung abweichend von einem Tarifvertrag beispielsweise die Verlängerung der Arbeitszeit mit oder ohne Lohnausgleich oder der Wegfall oder die Einschränkung tariflicher Sonderleistungen als Gegenleistung für den Verzicht auf betriebsbedingte Kündigungen geregelt werden, sind diese Regelungen ohne weiteres gem. §§ 134 BGB, 77 Abs. 3 BetrVG nichtig. Das Günstigkeitsprinzip findet bei der Kollision von Tarifvertrag und Betriebsvereinbarung keine Anwendung, darüber hinaus sollen die betrieblichen Regelungen nach der Rechtsprechung des BAG in diesen Fällen regelmäßig auch nicht günstiger sein (vgl. BAG AP Nr. 89 zu Art. 9 GG; ferner Fitting/Engels/Schmidt/Trebinger/Linsenmaier § 77 BetrVG Rz. 97 mwN). 31

32 Der Tarifvorbehalt gilt nicht für **Sozialpläne** (§ 112 Abs. 1 Satz 4 BetrVG; s. Kap. 106 Rz. 9). Zudem findet die Regelung des § 77 Abs. 3 BetrVG nach hM keine Anwendung im Bereich der zwingenden Mitbestimmung nach § 87 BetrVG (s. Kap. 105 Rz. 8). Hier soll allein der Tarifvorrang des § 87 Abs. 1 Einleitungssatz BetrVG Anwendung finden (**Vorrangtheorie**, vgl. BAG AP Nr. 51 zu § 87 BetrVG 1972 Lohngestaltung; BAG AP Nr. 5 zu § 3 TVG Betriebsnormen; ErfK/Kania § 77 BetrVG Rz. 53; Fitting/Engels/Schmidt/Trebinger/Linsenmaier § 77 BetrVG Rz. 109 ff. mwN zum Streitstand).

33 Als Normenvertrag darf die Betriebsvereinbarung **höherrangigem Recht**, insbesondere aus der Verfassung und zwingenden gesetzlichen Regelungen, nicht widersprechen. Zudem sind speziell die Vorgaben aus § 75 BetrVG zu beachten (Grundsätze von Recht und Billigkeit, Diskriminierungsverbot, Schutz des Persönlichkeitsrechts der Mitarbeiter).

34 Im Verhältnis der Betriebsvereinbarung zum individuellen Arbeitsvertrag gilt das **Günstigkeitsprinzip**, dh. günstigere Regelungen in den einzelnen Arbeitsverträgen werden durch die ansonsten ranghöhere Betriebsvereinbarung nicht verdrängt, sondern bleiben wirksam. Bei betrieblichen Sozialleistungen, die auf eine betriebseinheitliche Regelung zurückzuführen sind, soll nach der Rechtsprechung des BAG allerdings lediglich ein sog. kollektiver Günstigkeitsvergleich durchzuführen sein (BAG AP Nr. 43, 83 zu § 77 BetrVG 1972; vgl. ErfK/Kania § 77 BetrVG Rz. 70 mwN).

5. Ende und Nachwirkung

35 Die Betriebsvereinbarung endet nach Ablauf der Zeit, für die sie ausdrücklich oder dem Zweck der geregelten Angelegenheit nach abgeschlossen ist. Ist keine Regelung zur **Kündigung** in der Betriebsvereinbarung getroffen worden, kann sie von beiden Vertragsparteien jeweils mit einer Frist von drei Monaten gekündigt werden (§ 77 Abs. 5 BetrVG).

36 ➲ **Hinweis:** Eine Teilkündigung ist zulässig, wenn der gekündigte Teil einen selbständigen Regelungskomplex betrifft, der ebenso in einer eigenständigen Betriebsvereinbarung geregelt werden könnte. Wollen die Betriebsparteien gleichwohl die **Teilkündigung** ausschließen, müssen sie dies in der Betriebsvereinbarung deutlich zum Ausdruck bringen (BAG AP Nr. 35 zu § 77 BetrVG 1972 Betriebsvereinbarung).

37 Die Betriebsvereinbarung wirkt bis zum Abschluss einer neuen Betriebsvereinbarung nach, wenn es sich um eine Betriebsvereinbarung handelt, in der der Spruch der Einigungsstelle die Einigung zwischen Arbeitgeber und Betriebsrat ersetzen kann, also in den Fällen der **sog. zwingenden Mitbestimmung** (§ 77 Abs. 6 BetrVG).

38 ➲ **Praxistipp:** Die Regelungen einer **teilmitbestimmten Betriebsvereinbarung** über freiwillige Leistungen wirken nach Ablauf der Kündigungsfrist nicht nach, falls der Arbeitgeber mit der Kündigung beabsichtigt, die freiwillige Leistung vollständig entfallen zu lassen. Die teilmitbestimmte Betriebsvereinbarung wirkt jedoch gem. § 77 Abs. 6 BetrVG nach, falls der Arbeitgeber mit der Kündigung beabsichtigt, das zur Verfügung gestellte Volumen zu reduzieren und den Verteilungsschlüssel zu ändern (BAG NZA 1994, 572; zu Einzelheiten Fitting/Engels/Schmidt/Trebinger/Linsenmaier § 77 BetrVG Rz. 189 ff. mwN). Aus Gründen der Rechtssicherheit empfiehlt sich eine ausdrückliche Regelung zur Nachwirkung in der Betriebsvereinbarung, denn die gesetzliche Nachwirkung ist **dispositiv** und kann durch Regelung in der Betriebsvereinbarung erweitert oder auch ausgeschlossen werden.

39 **Checkliste: Betriebsvereinbarung**

Bei Abschluss einer Betriebsvereinbarung sollten folgende Punkte beachtet werden:

☐ Liegt ein wirksamer Beschluss des Betriebsrates vor?

☐ Ist die Betriebsvereinbarung schriftlich niedergelegt?

☐ Ist die Betriebsvereinbarung auf derselben Urkunde von Arbeitgeberseite und auf Seiten des Betriebsrats durch dessen Vorsitzenden unterzeichnet?

☐ Sind alle notwendigen und zweckmäßigen Regelungen getroffen?

- ☐ Geltungsbereich?
- ☐ Inhalt?
- ☐ Tarifvorbehalt (§ 77 Abs. 3 BetrVG) bzw. Tarifvorrang (§ 87 Abs. 1 Einleitungssatz BetrVG) beachtet?
- ☐ Kein Verstoß gegen höherrangiges Recht und § 75 BetrVG?
- ☐ Inkrafttreten geregelt?
- ☐ Beendigung, insbesondere Kündigungsfristen geregelt?
- ☐ Nachwirkung geregelt?

V. Einigungsstelle

Das BetrVG sieht vor allem in den Fällen der zwingenden Mitbestimmung (zB §§ 87 Abs. 2, 112 Abs. 4 BetrVG, s. Kap. 105 und 107) vor, dass eine betriebliche Einigungsstelle im Falle von Meinungsverschiedenheiten zwischen Arbeitgeber und Betriebsrat tätig werden soll (§ 76 BetrVG). Diese setzt sich zusammen aus einer gleichen Anzahl von Beisitzern, die vom Arbeitgeber und Betriebsrat bestellt werden, sowie einem unparteiischen Vorsitzenden, dessen Stimme bei einer Pattsituation letztlich ausschlaggebend ist. Die Einigungsstelle entscheidet durch Spruch. Dieser ersetzt die Einigung der Betriebsparteien. Die Einigungsstelle fasst ihre Beschlüsse nach mündlicher Beratung mit Stimmenmehrheit; dabei sind die Belange des Betriebes und der betroffenen Arbeitnehmer nach billigem Ermessen zu berücksichtigen. Eine umfassende Darstellung des Einigungsstellenverfahrens findet sich bei Kliemt in Schwab/Weth, ArbGG, 4. Aufl. 2015, S. 1759 ff. 40

Kapitel 104 Mitbestimmung in sozialen Angelegenheiten

Literatur: S. die Literaturhinweise zu Kap. 96 und Kap. 103.

I. Allgemeines

1 Die Mitbestimmungsrechte des Betriebsrats in sozialen Angelegenheiten sind in § 87 BetrVG geregelt. Zu den in § 87 Abs. 1 Nr. 1–13 BetrVG abschließend geregelten Themen besteht ein **zwingendes Mitbestimmungsrecht** des Betriebsrats. Dieses wird in der Regel durch Abschluss einer Betriebsvereinbarung ausgeübt.

2 Zwingende Mitbestimmung bedeutet, dass der Arbeitgeber keine Regelung ohne Zustimmung des Betriebsrats oder Ersetzung der Zustimmung durch die **Einigungsstelle** herbeiführen kann (§ 87 Abs. 2 BetrVG).

3 Wird eine mitbestimmungspflichtige Maßnahme (zB Anordnung von Überstunden) ohne Zustimmung des Betriebsrats oder genehmigenden Spruch der Einigungsstelle im Betrieb einseitig vom Arbeitgeber durchgeführt, ist sie unwirksam und den Arbeitnehmern gegenüber unverbindlich (**Theorie der Wirksamkeitsvoraussetzung**, vgl. BAG AP Nr. 51, 52 zu § 87 BetrVG 1972 Lohngestaltung; Fitting/Engels/Schmidt/Trebinger/Linsenmaier § 87 BetrVG Rz. 599 mwN).

4 Darüber hinaus steht dem Betriebsrat nach der ständigen Rechtsprechung des BAG im Falle mitbestimmungswidriger Handlungen des Arbeitgebers hiergegen ein allgemeiner **Unterlassungsanspruch** zu, der ggf. auch im Wege der einstweiligen Verfügung durchgesetzt werden kann (BAG AP Nr. 23 zu § 23 BetrVG 1972; BAG AP Nr. 68 zu § 87 BetrVG 1972 Arbeitszeit; vgl. auch Fitting/Engels/Schmidt/Trebinger/Linsenmaier § 87 BetrVG Rz. 596).

5 Der Betriebsrat muss nicht abwarten, bis der Arbeitgeber eine mitbestimmungspflichtige Maßnahme iSv. § 87 Abs. 1 Nr. 1–13 BetrVG im Betrieb umsetzen will. Vielmehr steht dem Betriebsrat insoweit ein **Initiativrecht** zu (Fitting/Engels/Schmidt/Trebinger/Linsenmaier § 87 BetrVG Rz. 583 ff. mwN). Er kann von sich aus versuchen, im mitbestimmten Bereich Regelungen einzuführen oder zu ändern. Verweigert der Arbeitgeber dazu seine Zustimmung und kommt auch nach Verhandlungen keine Einigung zu Stande, kann der Betriebsrat einseitig die Einigungsstelle anrufen und auf diesem Weg versuchen, die Zustimmung des Arbeitgebers ersetzen zu lassen.

II. Voraussetzungen

1. Kollektiver Tatbestand

6 Das Mitbestimmungsrecht aus § 87 BetrVG besteht grundsätzlich nur bei Regelungen mit kollektivem Bezug (Ausnahme: § 87 Abs. 1 Nr. 5 BetrVG – Urlaubsregelung im Einzelfall – und § 87 Abs. 1 Nr. 9 BetrVG – Zuweisung und Kündigung von Wohnräumen). Es besteht nicht bei Anordnungen im Einzelfall, die durch die besonderen Umstände des individuellen Arbeitsverhältnisses bedingt sind. Allerdings kann auch eine einmalige und nur einen Arbeitnehmer betreffende Maßnahme kollektiven Regelungscharakter haben (Einzelheiten bei Fitting/Engels/Schmidt/Trebinger/Linsenmaier § 87 BetrVG Rz. 14 ff. mwN).

2. Kein Notfall

Das Mitbestimmungsrecht besteht nicht in Notfällen. Ein Notfall liegt vor bei einem plötzlich eintretenden, nicht vorhersehbaren Ereignis mit drohenden erheblichen Schäden für Arbeitnehmer oder den Betrieb (zB Brand oder Überschwemmung). In einem solchen Fall kann der Arbeitgeber Maßnahmen zur unmittelbaren Schadensabwendung auch ohne Zustimmung des Betriebsrats durchführen, hat ihn hierüber allerdings unverzüglich zu unterrichten (str., vgl. Fitting/Engels/Schmidt/Trebinger/Linsenmaier § 87 BetrVG Rz. 25 mwN). Darüber hinaus kommen Einschränkungen des Mitbestimmungsrechts nicht in Betracht, insbesondere also auch nicht in sog. Eilfällen (zB Anordnung von Überstunden bei kurzfristig erteilten Aufträgen von wichtigen Kunden, vgl. BAG AP Nr. 79 zu § 87 BetrVG 1972 Arbeitszeit). Für solche Fälle können Rahmenregelungen durch Betriebsvereinbarung getroffen werden (s. zB **M 104.9**). 7

3. Keine abschließende Regelung durch Gesetz oder Tarifvertrag

Das Mitbestimmungsrecht aus § 87 BetrVG tritt zurück, soweit eine zwingende und abschließende gesetzliche Regelung besteht. Desgleichen schließt eine zwingende und abschließende tarifliche Regelung die Mitbestimmung aus. Voraussetzung ist allerdings, dass der Tarifvertrag für den Betrieb gilt, also Tarifbindung zumindest des Arbeitgebers besteht (BAG AP Nr. 9 zu § 87 BetrVG 1972 Auszahlung). Im Anwendungsbereich des § 87 BetrVG gilt darüber hinaus nicht der allgemeine Tarifvorbehalt des § 77 Abs. 3 BetrVG (s. Kap. 103 Rz. 30 ff., 32), so dass hier mitbestimmte Betriebsvereinbarungen in tariflich geregelten Bereichen wirksam abgeschlossen werden können, solange der Tarifvertrag im Betrieb mangels Tarifbindung des Arbeitgebers keine Anwendung findet (Vorrangtheorie des BAG, vgl. BAG AP Nr. 51 zu § 87 BetrVG 1972 Lohngestaltung; BAG AP Nr. 5 zu § 3 TVG Betriebsnormen). 8

III. Mitbestimmungstatbestände

1. Fragen der Ordnung des Betriebs und des Verhaltens der Arbeitnehmer im Betrieb

§ 87 Abs. 1 Nr. 1 BetrVG betrifft das betriebliche Zusammenwirken und Zusammenleben der Arbeitnehmer und schränkt in seinem Anwendungsbereich das Direktionsrecht des Arbeitgebers ein. Mitbestimmungspflichtig sind allein Anordnungen zum **Ordnungsverhalten** der Arbeitnehmer (BAG AP Nr. 16 zu § 87 BetrVG 1972). Abzugrenzen hiervon ist das mitbestimmungsfreie **Arbeits- oder Leistungsverhalten.** Letzteres ist betroffen bei Anordnungen, die unmittelbar die vertragliche Arbeitspflicht der Arbeitnehmer konkretisieren und damit abfordern (BAG NZA 2002, 1299). 9

Mitbestimmungspflichtig sind regelmäßig ua. 10

- Allgemeine Verhaltensanordnungen in einer Arbeitsordnung (s. **M 104.1**)
- Antidiskriminierungsregelungen (s. Rz. 11 ff. und **M 104.2**)
- Regelungen zum Nichtraucherschutz/Rauchverbote (s. **M 104.3**)
- Regelungen zu Alkoholverboten (s. **M 104.4**)
- Parkplatzordnungen (s. **M 104.5**)
- Privatnutzungsregelungen zu Telefon, Internet und E-Mail (s. **M 104.14**)
- Ethikregeln (vgl. BAG AP Nr. 14 zu § 87 BetrVG 1972; ferner LAG Düsseldorf NZA-RR 2006, 81).

M 104.1 Arbeitsordnung[1]

Präambel

Unternehmensleitung und Betriebsrat vereinbaren folgende Arbeitsordnung als Betriebsvereinbarung[2]. Die Arbeitsordnung wird jedem Arbeitnehmer bei Einstellung mit dem Arbeitsvertrag ausgehändigt und allen bei Abschluss der Arbeitsordnung bereits beschäftigten Arbeitnehmern zusammen mit der nächsten Lohnabrechnung übermittelt.

I. Beginn und Dauer des Arbeitsverhältnisses

1. Fragen bei der Arbeitsaufnahme und Änderungen während des Arbeitsverhältnisses

Wir bitten Sie, alle notwendigen Fragen, die das Arbeitsverhältnis betreffen, vollständig und wahrheitsgemäß zu beantworten. Bitte teilen Sie uns auch alle für das Arbeitsverhältnis bedeutsamen Veränderungen ihrer persönlichen Verhältnisse, ggf. unter Vorlage der entsprechenden Bescheinigungen, unaufgefordert mit. Hierzu gehören auch besondere Rechte, zB nach dem Schwerbehindertenrecht oder Mutterschutzgesetz. Selbstverständlich werden wir Ihre Angaben vertraulich behandeln.

2. Wohnungswechsel

Ist ein Wohnungswechsel nicht gemeldet, so gelten unsere Schreiben an die uns zuletzt gemeldete Anschrift auch dann als zugegangen, wenn sie als unzustellbar zurückkommen.

3. Ärztliche Untersuchung

Die Tätigkeit in unserem Unternehmen setzt eine gesundheitliche Eignung für den entsprechenden Arbeitsplatz voraus. Deshalb müssen Sie sich einer für Sie kostenlosen Untersuchung durch unseren Betriebsarzt unterziehen.

II. Allgemeines

1. Jeder Mitarbeiter ist verpflichtet,

a) die ihm übertragenen Aufgaben nach den Weisungen des Vorstands oder der von ihm bestellten Vorgesetzten gewissenhaft und nach bestem Können unter Beachtung des geltenden Rechts und der Unfallverhütungsvorschriften zu erfüllen;

b) im Rahmen des Zumutbaren auch außerhalb der betrieblichen Arbeitszeit Arbeiten zu verrichten, die für den störungsfreien Betriebsablauf erforderlich sind, wenn dafür eine ausdrückliche Anweisung vorliegt;

c) während der Arbeitszeit nur die ihm übertragenen Arbeiten zu erledigen;

---

1 ***Hinweis:*** *Ob eine Arbeitsordnung überhaupt oder einzelne Regelungen des Vorschlags sinnvoll sind, muss im Einzelfall entschieden werden. In den meisten Arbeitsordnungen wird die Differenzierung zwischen mitbestimmungspflichtigem Ordnungs- und mitbestimmungsfreiem Arbeitsverhalten nicht säuberlich vorgenommen. Arbeitsordnungen setzen sich deshalb regelmäßig aus mitbestimmungspflichtigen und mitbestimmungsfreien (freiwilligen) Regelungen zusammen.*

2 ***Praxistipp:*** *Nachdem viele Regelungen in Formulararbeitsverträgen seit Einführung der AGB-Kontrolle durch das Schuldrechtsmodernisierungsgesetz an den Vorgaben der §§ 305 ff. BGB scheitern dürften oder zumindest ein erhebliches Risiko bei der Vertragsgestaltung besteht (s. Kap. 98 Rz. 10 ff.; vgl. im Übrigen Preis, Der Arbeitsvertrag, 5. Aufl. 2015), kann insoweit über die Aufnahme entsprechender allgemein verwendeter Klauseln in eine als Betriebsvereinbarung mit dem Betriebsrat abgeschlossene Arbeitsordnung die Ausnahmeregelung des § 310 Abs. 4 BGB nutzbar gemacht werden (für den Fall eines Widerrufsvorbehalts in einer Betriebsvereinbarung bestätigt durch BAG NZA 2006, 563; vgl. im Übrigen auch BAG AP Nr. 105 zu § 77 BetrVG 1972 zur generellen Betriebsvereinbarungsoffenheit von AGB in Arbeitsverträgen; krit. hierzu wiederum Preis/Ulber NZA 2014, 6 ff.). Voraussetzung ist neben dem Vorliegen eines kollektiven Tatbestandes und den allgemeinen Wirksamkeitsvoraussetzungen der Betriebsvereinbarung insbesondere die Zustimmung des Betriebsrats, da insoweit regelmäßig Regelungen einer freiwilligen Betriebsvereinbarung vorliegen dürften. Als Beispiele seien hier genannt die Zugangsfiktionsregelung unter Ziff. I.2 des Musters (vgl. § 308 Nr. 6 BGB) und der Ausschluss des Zurückbehaltungsrechts unter Ziff. XI.3 des Musters (vgl. § 309 Nr. 2 BGB).*

d) bei Vorliegen wichtiger betrieblicher oder persönlicher Gründe einen anderen zumutbaren Arbeitsplatz innerhalb des Unternehmens anzunehmen;

e) den Anordnungen der mit Ordnungs- und Sicherheitsaufgaben beauftragten Personen im Rahmen ihrer Zuständigkeit zu folgen;

f) die Bestimmungen der Hausordnungen der Betriebsteile einzuhalten;

g) weder Geschenke noch andere Vorteile von Personen oder Firmen zu fordern, sich versprechen zu lassen oder anzunehmen, die zu ... eine Geschäftsverbindung anstreben oder unterhalten. Dies gilt nicht für übliche Gelegenheits- oder Werbegeschenke von geringem Wert.

2. Nebenbeschäftigung

Die Aufnahme einer erwerbsmäßigen Nebenarbeit darf nicht zu einer Beeinträchtigung der Arbeitsleistung im Betrieb führen. Sie bedarf der Zustimmung des Unternehmens, sofern die Nebenbeschäftigung von erheblicher Bedeutung ist; das gilt insbesondere für folgende Tätigkeiten: ...

Für Veröffentlichungen und Vorträge grundsätzlichen Inhalts auf dem Gebiet der ... ist die Zustimmung des Unternehmens erforderlich. Die Annahme von Ehrenämtern und ähnlichen Aufgaben, sofern sie das Arbeitsverhältnis beeinträchtigen können, ist dem Vorgesetzten bekannt zu geben und bedarf der Zustimmung des Unternehmens, sofern keine staatsbürgerliche Verpflichtung vorliegt.

3. Geheimhaltungspflicht[3]

Jeder Mitarbeiter hat über betriebliche Angelegenheiten vertraulicher Art Stillschweigen zu bewahren. Dies gilt insbesondere für Geschäfts- und Betriebsgeheimnisse, die ihm im Zusammenhang mit dem Arbeitsverhältnis anvertraut oder sonst bekannt wurden.

4. Gegenseitige Achtung

Ihre Vorgesetzten sind verpflichtet, Sie gerecht und korrekt zu behandeln und etwa notwendige Kritik in sachlicher, nicht verletzender Form auszusprechen. Wir erwarten auch von Ihnen, dass Sie sich Ihren Vorgesetzten gegenüber in gleicher Form verhalten.

5. Klärung von Fragen und Beschwerden

Bei Fragen oder Beschwerden, die Ihren Arbeitsbereich betreffen, wenden Sie sich bitte an Ihren Vorgesetzten, die Personalabteilung oder an den Betriebsrat.

III. Arbeitszeit

1. Allgemeines

Die Arbeitstage sowie Beginn oder Ende der regelmäßigen Arbeitszeit und der Pausen werden im Einvernehmen mit dem (Gesamt-)Betriebsrat festgelegt. Das Gleiche gilt für Arbeitszeitänderungen; sie sind jeweils rechtzeitig bekannt zu geben.

2. Unbezahlter Urlaub

Falls Sie einmal aus einem bestimmten Anlass unbezahlten Urlaub benötigen, holen Sie die Zustimmung Ihres unmittelbaren Vorgesetzten ein und beantragen Sie ihn möglichst frühzeitig. Unbezahlter Urlaub kann nur durch den Leiter der Personalabteilung genehmigt werden.

3. Arbeitsbefreiung

Wenn Sie Ihre Arbeit aus einem der nachstehend genannten Anlässe versäumen müssen, erhalten Sie Ihre Vergütung in folgenden Fällen weiterbezahlt für:

a) einen Arbeitstag bei schwerer Erkrankung in der Familie mit Ausnahme des Personenkreises, für den eine tarifvertragliche Regelung besteht (ärztliche Bescheinigung ist vorzulegen);

b) die benötigte Zeit zum Blutspenden.

IV. Arbeitsentgelt

1. Vergütung

Die Höhe des Arbeitsentgelts für Ihre Tätigkeit richtet sich nach dem für das Unternehmen geltenden Tarifvertrag.

---

3 Zur Frage, ob und in welchem Umfang hier ein Mitbestimmungsrecht nach § 87 Abs. 1 Nr. 1 BetrVG besteht, vgl. BAG AP Nr. 16 zu § 87 BetrVG 1972.

2. Abrechnungszeitraum und -verfahren

Abrechnungszeitraum ist für alle Mitarbeiter der Kalendermonat. Um einen reibungslosen Ablauf der Gehalts- und Lohnabrechnung zu gewährleisten, bitten wir Sie, den Abrechnungsstellen Änderungen Ihrer Bankverbindung mitzuteilen. Das Arbeitsentgelt wird so rechtzeitig überwiesen, dass es spätestens am vereinbarten Zahlungstermin auf dem angegebenen Konto zur Verfügung steht.

Die Abrechnung für Ihre Vergütung erhalten sie jeweils über Ihre Abteilung zugestellt. Vergleichen Sie bitte stets den überwiesenen Betrag mit der Abrechnung und teilen Sie etwaige Unstimmigkeiten sofort der Abrechnungsstelle mit. Einsprüche gegen die rechnerische Richtigkeit der Abrechnung müssen Sie unverzüglich bei der Gehalts- oder Lohnabrechnung geltend machen.

3. Einkommensabtretungen

Eine Abtretung von Vergütungsansprüchen wird grundsätzlich nicht anerkannt; es sei denn, dass der Leiter der Personalabteilung schriftlich zugestimmt hat. Durch die Bearbeitung von Einkommensabtretungen entstehen bei den Abrechnungsstellen zusätzliche Verwaltungskosten, die dem Arbeitnehmer mit 5 % des zu überweisenden Betrages berechnet werden können.[4]

4. Lohnabtretung bei Verschulden Dritter

Ist die Arbeitsunfähigkeit eines Mitarbeiters auf ein ersatzpflichtiges Verhalten eines Dritten zurückzuführen und wird von uns für die Dauer der Arbeitsunfähigkeit die Vergütung weiterbezahlt oder werden betriebliche Leistungen im Krankheitsfalle gewährt, so ist der Mitarbeiter verpflichtet, seine Ansprüche insoweit an uns abzutreten.

V. Soziale Leistungen und andere betriebliche Regelungen

Im Anhang führen wir soziale Leistungen und andere betriebliche Regelungen auf, die für Ihr Arbeitsverhältnis von Bedeutung sind.

VI. Urlaub

In jedem Jahr haben Sie Anspruch auf bezahlten Erholungsurlaub nach Maßgabe der gesetzlichen, tariflichen und der arbeitsvertraglichen Regelungen sowie der Bestimmungen der Betriebsvereinbarung über Urlaubsgrundsätze und Betriebsferien[5].

VII. Einweisung – Ausbildung – Fortbildung

1. Einweisung

Wichtige Voraussetzung für eine gute Leistung ist eine sorgfältige Arbeitsunterweisung. Hieraus erwächst für jeden von uns eine besondere Verpflichtung gegenüber Mitarbeitern, die neu eintreten oder versetzt werden und Ihrer Hilfe und Erfahrung am neuen Arbeitsplatz bedürfen.

2. Ausbildung

Unseren Auszubildenden möchten wir in besonderem Maße Förderung zuteil werden lassen. Ihrer Ausbildung in den Abteilungen unseres Unternehmens wollen wir deshalb unsere ganze Aufmerksamkeit widmen.

3. Fortbildung

Wir helfen Ihnen bei Ihrer beruflichen Fortbildung. Wenn Sie zur Fortbildung bereit sind und dies auch im Firmeninteresse liegt, können Ihnen zeitliche und finanzielle Vergünstigungen im Rahmen der Betriebsvereinbarung „Berufliche Förderung von Betriebsangehörigen" vom ... gewährt werden. Wenden Sie sich bitte entsprechend der Betriebsvereinbarung vor der Fortbildungsmaßnahme an Ihre Fachabteilung oder an die Personalabteilung.

4. Verbesserungsvorschläge

In jedem Unternehmen, auch bei uns, kann manches noch besser und zweckmäßiger gemacht werden. Haben Sie Anregungen, zB zur Vereinfachung oder Verbesserung von Arbeitsverfahren, Er-

4 Die Regelung betrifft nur den Fall der Abtretung und kann nicht auf Lohn- und Gehaltspfändungen erstreckt werden, da die mit deren Bearbeitung verbundenen Kosten dem Arbeitgeber zur Last fallen. Hiervon kann auch nicht durch Betriebsvereinbarung abgewichen werden, vgl. BAG NJW 2007, 1302.

5 S. **M 104.11**.

höhung der Sicherheit, Ersparnis an Zeit, Material oder Energie, so reichen Sie einen Verbesserungsvorschlag über Ihren Vorgesetzten oder direkt bei der Personalabteilung ein. Der zuständige Ausschuss wird über Ihren Vorschlag beraten.

VIII. Ordnung im Betrieb

1. Mitteilungen

Die Mitteilungen des Unternehmens an den Anschlagtafeln und in Rundschreiben sind rechtswirksame Erklärungen. Sie können sich später nicht darauf berufen, dass Sie diese Mitteilungen nicht gelesen haben, es sei denn, dass Sie während der Dauer des Aushangs abwesend waren.

2. Betreten und Verlassen der Arbeitsräume

Betreten und verlassen Sie den Betrieb und die Arbeitsräume stets nur durch die dafür bezeichneten Ein- und Ausgänge und halten Sie sich nur in den Teilen des Betriebes auf, in die Sie Ihre Arbeit oder ein ausdrücklicher Auftrag führt. Der Aufenthalt in den Arbeitsräumen ist nur während der Arbeitszeit und der Pausen gestattet. Soweit wir Ihnen zum Essen, Waschen und Umkleiden besondere Aufenthaltsräume und Waschräume zur Verfügung stellen, betreten Sie diese Räume – außer in begründeten Ausnahmefällen – nur vor Arbeitsbeginn, in den Pausen und nach Arbeitsschluss.

Für Schäden oder Nachteile, die Sie durch Nichtbeachtung dieser Vorschriften erleiden, wird eine Haftung nicht übernommen. Müssen Sie aus besonderen Gründen die Arbeitsstätte während der Arbeitszeit verlassen, brauchen Sie hierzu die Genehmigung Ihres Vorgesetzten.

3. Aufenthalts- und Waschräume

Die Aufenthalts-, Wasch- und Umkleideräume sowie sanitäre Anlagen sind sauber zu halten und pfleglich zu behandeln.

4. Betriebsfremde

Betriebsfremde Personen, auch Ihre eigenen Angehörigen, dürfen Sie nicht ohne Erlaubnis in den Betrieb oder in die Arbeitsräume einführen oder dort empfangen.

5. Mängel

Vermeiden Sie alles, was den geregelten Arbeitsablauf stören oder gefährden kann, und unterrichten Sie über etwaige Mängel Ihren Vorgesetzten.

6. Änderungen im Arbeitsablauf

Änderungen im Arbeitsablauf, an Maschinen oder an Betriebseinrichtungen dürfen Sie nur mit Zustimmung Ihres Vorgesetzten vornehmen.

7. Rauchverbot

Das Rauchen ist auf dem gesamten Betriebsgelände untersagt. Ausgenommen von diesem Verbot sind die ausgewiesenen Rauchzonen; dort ist das Rauchen nur in den Pausen erlaubt.

8. Telefongespräche

Unser Unternehmen ist auf Grund seiner Aufgabe besonders auf das Telefon angewiesen. Wir können deshalb private Telefongespräche nur in dringenden Fällen gestatten. Gespräche außerhalb des Ortsbereichs müssen bezahlt werden.

9. Betriebseinrichtungen

Mit Maschinen, Apparaten und sonstigen Betriebseinrichtungen ist sorgfältig umzugehen. Helfen Sie mit, das Unternehmen und Ihren Arbeitsplatz vor Schaden zu bewahren. Akten, Zeichnungen, Schriftstücke uÄ dürfen ohne Erlaubnis nicht aus den Geschäftsräumen entfernt werden.

10. Kleiderschränke

Soweit wir Ihnen verschließbare Kleiderschränke zur Verfügung stellen, halten Sie bitte Ihre Privatsachen unter Verschluss.

11. Parkplätze

Kraftfahrzeuge und Fahrräder sind auf den hierfür bestimmten Parkplätzen abzustellen. Bitte sichern Sie die Fahrzeuge gegen Diebstahl und missbräuchliche Benutzung.

12. Haftungsausschluss

Für Schäden, die Ihnen durch Diebstahl, Beschädigung oder Nichtbeachtung dieser Vorschriften entstehen, wird eine Haftung nicht übernommen.

13. Haftpflichtschaden

Wer in Ausübung seiner dienstlichen Tätigkeit fremdes oder Firmeneigentum beschädigt oder Personen verletzt, hat dies unverzüglich seinem Vorgesetzten anzuzeigen.

14. Diebstahlkontrollen

Zum Schutze des betrieblichen und persönlichen Eigentums gegen Diebstahl können bei begründetem Verdacht unter vorhergehender Benachrichtigung und in Gegenwart des örtlichen Betriebsrats im Betrieb und an den Toren Kontrollen durchgeführt werden.[6] *Auch Schränke, Werkzeugkästen und andere Behältnisse können überprüft werden.*

IX. Sicherheit und Gesundheit

1. Sicherheitsvorschriften, Sicherheitsfachkräfte, Sicherheitsbeauftragte

Lesen und beachten Sie bitte die im Betrieb ausliegenden und die Ihnen ausgehändigten Unfallverhütungsvorschriften. Befolgen Sie auch die Ihnen mündlich erteilten Weisungen zur Verhütung von Unfällen und Gesundheitsschäden. Sie sind verpflichtet, wo es vorgeschrieben ist, ausgegebene Unfallschutzmittel und die Sicherheitsvorrichtungen zu benutzen.

Fragen und Anregungen aus dem Gebiet der Arbeitssicherheit richten Sie bitte an die Sicherheitsfachkraft oder den Sicherheitsbeauftragten, die für den jeweiligen Betriebsteil zuständig sind. Auf sie wird in jedem Betriebsteil in einem besonderen Aushang hingewiesen.

Greifen Sie nur bei drohender Gefahr in die Arbeit anderer Mitarbeiter ein. Arbeiten Sie nur mit Maschinen, Apparaten oder Geräten, an denen Sie unterwiesen wurden und sich auskennen. Betreten Sie keine Betriebsabteilungen, zu denen Ihnen als Unbefugter der Zutritt untersagt ist. Informieren Sie sich über die bezeichneten Fluchtwege und Notausgänge. Diese sind stets freizuhalten.

2. Unfallverhütungs- und Schutzvorrichtungen

Unfallverhütungs- und Schutzvorrichtungen dürfen nicht eigenmächtig entfernt, beschädigt oder unwirksam gemacht werden. Sie dürfen nur zu den Zwecken benutzt werden, für die sie bestimmt sind. Wenn Sie bemerken, dass solche Vorrichtungen fehlen oder mangelhaft geworden sind, melden Sie dies bitte unverzüglich dem Vorgesetzten bzw. der zuständigen Sicherheitsfachkraft. Das Gleiche gilt für Schäden oder Mängel an Materialien, Maschinen, Apparaten oder Geräten und für alle sonstigen Umstände, die erfahrungsgemäß geeignet sind, Unfälle zu verursachen oder ihre Bekämpfung zu erschweren.

3. Unfallmeldung

Melden Sie unverzüglich jeden Unfall, den Sie erleiden, auch wenn es nur ein leichter Unfall zu sein scheint, über den zuständigen Vorgesetzten der Personalabteilung. Die Meldung ist wichtig für etwaige Entschädigungs- oder Rentenansprüche aus dem Unfall.

4. Erste Hilfe

Wenden Sie sich bei Verletzungen und plötzlichen Erkrankungen, die Sie im Betrieb erleiden, an die im betrieblichen Telefonverzeichnis genannten Ersthelfer.

5. Betriebsärzte

Für die arbeitsmedizinische Betreuung unserer Mitarbeiter sind für die verschiedenen Betriebsteile Betriebsärzte tätig. Sie führen auch die gesetzlich vorgeschriebenen Vorsorgeuntersuchungen bei Mitarbeitern durch, die unter erschwerten Arbeitsbedingungen tätig sind.

6. Alkohol und Drogen

Der Genuss von alkoholischen Getränken während der Arbeit ist mit der Ordnung und Sicherheit des Betriebes nicht vereinbar und daher untersagt. Dasselbe gilt für den Genuss anderer Drogen wie Cannabis/Haschisch, LSD, Kokain etc.

6 Vgl. insoweit auch BAG EzA § 29 BetrVG 2001 Nr. 4.

7. Brandschutz

Betreten Sie Räume, in denen leicht entzündbare oder explosionsgefährliche Stoffe aufbewahrt werden, nicht mit offenem Licht oder Feuer. Feuerlöscheinrichtungen müssen ungehindert zugänglich sein und dürfen nicht missbräuchlich benützt werden.

8. Verhalten bei Gefahr

Bei Brand oder sonstiger Gefahr ist den Anordnungen der mit Sicherheits- und Feuerlöschdienst beauftragten Personen unbedingt Folge zu leisten. Machen Sie sich mit den örtlich ausgehängten Verhaltensmaßnahmen bei Feuer und mit den Gebäuderäumungsplänen vertraut.

X. Pflichtverletzungen

1. Ordnungsmaßnahmen

Verstöße gegen die Bestimmungen der Arbeitsordnung können folgende Ordnungsmaßnahmen nach sich ziehen:

a) mündliche Verwarnung durch den Abteilungsleiter/Betriebsleiter,

b) schriftliche Verwarnung durch den Leiter der Personalabteilung,

c) schriftliche Abmahnung durch den Leiter der Personalabteilung.

Sowohl die schriftliche Verwarnung als auch die Abmahnung müssen den Pflichtverstoß möglichst genau bezeichnen. Die Abmahnung unterscheidet sich von der Verwarnung dadurch, dass in der Abmahnung zusätzlich der Hinweis aufzunehmen ist, dass im Wiederholungsfall die (ordentliche oder fristlose) Kündigung des Arbeitsverhältnisses droht. Vor Anwendung einer der Ordnungsmaßnahmen sind der Mitarbeiter und der zuständige Betriebsrat zu hören[7]*. Verwarnungen und Abmahnungen werden nach zwei Jahren aus den Akten entfernt, sofern nicht inzwischen eine neue Ordnungsmaßnahme getroffen wurde.*

2. Fristlose Kündigung

Fristlose Kündigungen erfolgen aus wichtigem Grund (§ 626 BGB). Als solcher können insbesondere grobe Verstöße gegen die Arbeitsordnung, wiederholte Fälle von Alkoholmissbrauch, Tätlichkeiten oder grobe Beleidigungen, fortgesetztes unentschuldigtes Fehlen, mutwillige Beschädigung von Firmeneigentum und vorsätzlich falsche oder irreführende Angaben bei der Einstellung angesehen werden.

XI. Ende des Arbeitsverhältnisses

1. Ordentliche Kündigung

Für die ordentliche Kündigung des Arbeitsverhältnisses gelten die Fristen des Manteltarifvertrages.

2. Beurlaubung, Zeugnis

Nach der Kündigung, gleichgültig von wem sie ausgegangen ist, sind wir jederzeit berechtigt – selbstverständlich unter Fortzahlung Ihrer Vergütung und unter Anrechnung restlicher Urlaubs- und sonstiger Freizeitausgleichsansprüche – auf Ihre weiteren Dienste ganz oder teilweise zu verzichten. Auf Ihren Wunsch erhalten Sie nach der Kündigung ein Zwischenzeugnis, das bei Beendigung des Arbeitsverhältnisses durch ein endgültiges ersetzt wird.

3. Rückgabe von Firmeneigentum

Beim Ausscheiden müssen Sie alle firmeneigenen Gegenstände wie Arbeitsschutzkleidung, Werkzeuge, Schlüssel, Geschäftsunterlagen und die dienstlichen Aufzeichnungen ohne besondere Aufforderung und unverzüglich in ordnungsgemäßem Zustand den hierfür zuständigen Stellen übergeben. Ein Zurückbehaltungsrecht Ihrerseits besteht insoweit nicht. Für schuldhaft abhanden gekommenes sowie für vorsätzlich oder grob fahrlässig beschädigtes Firmeneigentum müssen wir eine Ersatzleistung vorsehen. Falls wir bei Ihrem Ausscheiden noch Forderungen an Sie haben, können diese unter Beachtung der Pfändungsfreigrenzen gegen Ihre Restbezüge aufgerechnet werden.

7 **Hinweis:** Der Ausspruch einer Abmahnung unterliegt nicht der Mitbestimmung des Betriebsrats. Insoweit liegt mithin eine freiwillige Vereinbarung in der Arbeitsordnung vor.

4. Altersgrenze

Die Beendigung des Arbeitsverhältnisses richtet sich nach den Bestimmungen des Manteltarifvertrages.

11 Das **Allgemeine Gleichbehandlungsgesetz** (AGG), mit dem die Zielsetzung verfolgt wird, Benachteiligungen aus Gründen der Rasse, der ethnischen Herkunft, des Geschlechts, der Religion, der Weltanschauung, einer Behinderung, des Alters oder der sexuellen Identität zu verhindern oder zu beseitigen (§ 1 AGG), gilt auch für Betriebsvereinbarungen.

So sind diskriminierende Regelungen unwirksam, selbst wenn sie auf Betriebsvereinbarungen oder Tarifverträgen beruhen (§ 7 Abs. 2 AGG).

12 Das AGG erweitert zudem die **Rechte und Pflichten des Betriebsrats**. Gem. §§ 17 AGG, 80 Abs. 1 Nr. 1 BetrVG soll er die Einhaltung der Vorgaben des AGG überwachen und daran mitwirken. Bei groben Verstößen des Arbeitgebers gegen seine Pflichten aus dem Gesetz stehen dem Betriebsrat unmittelbar Unterlassungsansprüche mit der Möglichkeit der Festsetzung von Ordnungsgeldern zu (§§ 17 Abs. 2 AGG, 23 Abs. 3 BetrVG). Bei personellen Einzelmaßnahmen, die mit den Anforderungen des AGG nicht übereinstimmen, kann ihm ein Zustimmungsverweigerungsrecht zustehen (§ 99 Abs. 2 Nr. 1 BetrVG, s. Kap. 105 Rz. 7 ff.). Personalfragebögen (Kap. 105 Rz. 4 f.) sollten auf unzulässige Fragestellungen überprüft werden. Auswahlrichtlinien (Kap. 105 Rz. 6), die nach dem Alter differenzieren, müssen auf ihre Vereinbarkeit mit dem AGG überprüft und ggf. der Gesetzeslage angepasst werden. Das Gleiche gilt für Vergütungsgruppenregelungen (s. **M 104.20**) und hinsichtlich der Überprüfung sonstiger Betriebsvereinbarungen auf ihre Vereinbarkeit mit dem AGG und § 75 BetrVG.

13 Die Vereinbarung von **Antidiskriminierungsregelungen in Betriebsvereinbarungen** (s. **M 104.2**) kann sowohl aus Arbeitnehmer- als auch aus Arbeitgebersicht sinnvoll und notwendig sein. Für den Arbeitgeber gilt dies bereits zum Zwecke des Nachweises der Erfüllung seiner aus § 12 AGG resultierenden Organisationspflichten. Der Betriebsrat wird insoweit über § 17 Abs. 1 AGG ebenfalls in die Pflicht genommen. Bei der Vereinbarung von Antidiskriminierungsregeln und den entsprechenden Verhaltensanweisungen besteht ein Mitbestimmungsrecht nach § 87 Abs. 1 Nr. 1 BetrVG (vgl. auch BAG NZA 2009, 1049).

M 104.2 Betriebsvereinbarung zur Antidiskriminierung

Präambel

Geschäftsleitung und Betriebsrat kommen überein, dass im Betrieb ein Arbeitsklima gewährleistet werden muss, das es den hier arbeitenden Menschen ermöglicht, frei von Diskriminierung, Mobbing und sexueller Belästigung ihrer Arbeit nachzugehen. Unmittelbare und mittelbare Diskriminierung auf Grund des Geschlechts, der sexuellen Identität, der ethnischen Zugehörigkeit, der Religion oder Weltanschauung, des Alters oder einer Behinderung, Mobbing und sexuelle Belästigung am Arbeitsplatz stellen eine schwerwiegende Störung des Betriebsfriedens und einen unzulässigen Eingriff in das Persönlichkeitsrecht der Betroffenen dar. Sie können zu Unsicherheit, Stress, Ausgrenzung und menschlichem Leid bis hin zur gesundheitlichen Schädigung führen. Sie sollen durch die Maßnahmen und Sanktionen dieser Betriebsvereinbarung verhindert werden.

1. Geltungsbereich

Diese Betriebsvereinbarung gilt für alle Arbeitnehmer iSv. § 5 Abs. 1 BetrVG. Soweit in dieser Betriebsvereinbarung Begriffe wie „Arbeitnehmer", „Betroffener", „Vorgesetzter" usw. verwendet werden, beziehen sich diese gleichermaßen auf männliche wie weibliche Betriebsangehörige.

2. Begriffe

2.1 Eine unmittelbare Diskriminierung liegt vor, wenn eine Person wegen des Geschlechts, der sexuellen Identität, der ethnischen Zugehörigkeit, der Religion oder Weltanschauung, des Alters oder einer Behinderung eine weniger günstige Behandlung erfährt, als eine andere Person in einer vergleichbaren Situation erfährt, erfahren hat oder erfahren würde, es sei denn, die Ungleichbehandlung ist gesetzlich gerechtfertigt.

2.2 Eine mittelbare Diskriminierung liegt vor, wenn dem Anschein nach neutrale Vorschriften, Maßnahmen, Kriterien oder Verfahren Personen wegen des Geschlechts, der sexuellen Identität, der ethnischen Zugehörigkeit, der Religion oder Weltanschauung, des Alters oder einer Behinderung in besonderer Weise gegenüber anderen Personen benachteiligen können, es sei denn, die betreffenden Vorschriften, Maßnahmen, Kriterien oder Verfahren sind durch ein rechtmäßiges Ziel sachlich gerechtfertigt und die Mittel sind zur Erreichung dieses Ziels erforderlich und angemessen.

2.3 Eine Belästigung liegt vor, wenn unerwünschte Verhaltensweisen, die mit dem Geschlecht, der sexuellen Identität, der ethnischen Zugehörigkeit, der Religion oder Weltanschauung, des Alters oder einer Behinderung in Zusammenhang stehen, bezwecken oder bewirken, dass die Würde der betreffenden Person verletzt wird, und wenn dabei ein von Tätlichkeiten, Einschüchterungen, Anfeindungen, Erniedrigungen, Entwürdigungen oder Beleidigungen gekennzeichnetes Umfeld geschaffen wird. Hierzu zählen insbesondere auch fremdenfeindliche, rechtsextreme und/oder antisemitische Äußerungen und Verhaltensweisen.

2.4 Sexuelle Belästigung ist jedes vorsätzliche, sexuell bestimmte Verhalten, das die Würde von Beschäftigten am Arbeitsplatz verletzt, zB:

- *unerwünschte körperliche Übergriffe und Berührungen,*
- *unerwünschte Einladungen und Aufforderungen zu sexuellem Verhalten,*
- *anzügliche Bemerkungen, Kommentare oder Witze zur Person,*
- *auf Einzelpersonen bezogene Bemerkungen über sexuelle Aktivitäten und das Intimleben, über körperliche Vorzüge und Schwächen,*
- *sexuell gefärbte Gesten und Verhaltensweisen (Anstarren, Hinterherpfeifen),*
- *Zeigen sexistischer und pornographischer Darstellungen (zB Pin-up-Kalender),*
- *Andeutungen, dass sexuelles Entgegenkommen berufliche Vorteile bringen könnte.*

2.5 Mobbing liegt vor bei einem systematischen Anfeinden, Schikanieren und Ausgrenzen einer anderen Person über einen längeren Zeitraum. Es liegt beispielsweise vor bei

- *Verleumdung von Werksangehörigen oder deren Familien,*
- *Verbreiten von Gerüchten über Werksangehörige oder deren Familien,*
- *absichtlichem Zurückhalten von arbeitsnotwendigen Informationen oder sogar Desinformation,*
- *Drohungen und Erniedrigungen,*
- *Beschimpfung, verletzender Behandlung, Hohn und Aggressivität,*
- *unwürdiger Behandlung durch Vorgesetzte, wie zB bei der Zuteilung kränkender, unlösbarer, sinnloser oder gar keiner Aufgaben.*

3. Verbote

3.1 Unmittelbare sowie mittelbare Diskriminierungen und Belästigungen wegen des Geschlechts, der sexuellen Identität, der ethnischen Zugehörigkeit, der Religion oder Weltanschauung, des Alters oder einer Behinderung, ferner sexuelle Belästigungen und Mobbing sind verboten.

3.2 Anweisungen zu einer Diskriminierung, (sexuellen) Belästigung oder zum Mobbing sind verboten und unwirksam.

4. Beschwerderecht[1]

4.1 Alle Beschäftigten sind berechtigt und aufgefordert, Fälle von Diskriminierung, (sexueller) Belästigung oder Mobbing, von denen sie selbst betroffen sind oder die ihnen zur Kenntnis gelangen, den zuständigen Stellen zu melden.

4.2 Vorgesetzte, die in ihrem Zuständigkeitsbereich von Diskriminierungsfällen, (sexueller) Belästigung oder einem Fall von Mobbing Kenntnis erlangen, sind verpflichtet, dies den zuständigen Stellen zu melden.

4.3 Zuständige Stellen sind:

- *der/die betrieblichen Vorgesetzten,*
- *der Betriebsrat,*
- *das Personalwesen.*

Diese haben die Aufgabe, unverzüglich, spätestens innerhalb einer Woche nach Kenntnis des Vorfalls:

- *die Betroffenen zu beraten und zu unterstützen,*
- *den Sachverhalt festzustellen und zu dokumentieren,*
- *den Sachverhalt der Beschwerdekommission zur weiteren Behandlung zu übermitteln.*

4.4 Eine Beschwerde darf nicht zu Benachteiligungen führen. Über die Informationen und Vorkommnisse, persönlichen Daten und Gespräche ist absolutes Stillschweigen gegenüber Dritten zu bewahren, die nicht am Verfahren beteiligt sind.

4.5 Darüber hinaus können sich betroffene Betriebsangehörige auch jederzeit an andere Personen ihres Vertrauens wenden. Die §§ 84 und 85 BetrVG über das allgemeine Beschwerderecht bleiben unberührt.

5. Beschwerdekommission

5.1 Um Diskriminierungen, (sexuelle) Belästigungen und Mobbing zu verhindern, wird eine Beschwerdekommission aus vier Mitgliedern gebildet. Je zwei Mitglieder der Kommission werden jeweils von der Geschäftsleitung und dem Betriebsrat benannt. Den Vorsitz übernimmt wechselnd in einem sechsmonatigen Turnus zunächst ein Vertreter der Geschäftsleitung und dann des Betriebsrats.

5.2 Zu den Aufgaben der Beschwerdekommission gehört,

- *allen Beschwerden und Hinweisen (auch anonym) über Diskriminierungen, (sexuelle) Belästigungen und Mobbing unverzüglich nachzugehen und über deren Berechtigung zu entscheiden,*
- *dem Arbeitgeber Gegenmaßnahmen und Sanktionen vorzuschlagen,*
- *Vorschläge für eine Verbesserung des Arbeitsklimas zu machen,*
- *Informationen an die Belegschaft zu geben,*
- *Zusammenarbeit mit außerbetrieblichen Stellen.*

5.3 Beschlüsse der Beschwerdekommission werden mit der Mehrheit der Stimmen der anwesenden Mitglieder gefasst. Kommt bei der Entscheidung über die Berechtigung einer Beschwerde oder eines Hinweises sowie über den Vorschlag für Gegenmaßnahmen und Sanktionen eine Mehrheit nicht zu Stande, so entscheidet auf Antrag des Betriebsrates oder der Geschäftsleitung die Einigungsstelle (§ 76 Abs. 6 BetrVG).

5.4 Die Beschwerdekommission tagt mindestens vierteljährlich während der Arbeitszeit. Nach pflichtgemäßem Ermessen beruft der Vorsitzende darüber hinaus in Eilfällen außerordentliche Sitzungen der Beschwerdekommission ein. Auf Antrag der Geschäftsleitung oder des Betriebsrates ist der Vorsitzende verpflichtet, eine außerordentliche Sitzung einzuberufen. Die Kosten trägt die Ge-

1 ***Hinweis:*** *Mit dieser und der Regelung unter Ziffer 5 wird zugleich den Anforderungen des § 13 AGG Genüge getan. Dabei sind Regelungen dazu, wo der Arbeitgeber eine Beschwerdestelle einrichtet und wie er sie personell besetzt, mitbestimmungsfrei, während der Betriebsrat bei der Einführung und Ausgestaltung des Beschwerdeverfahrens nach § 87 Abs. 1 Nr. 1 BetrVG mitzubestimmen hat (BAG NZA 2009, 1049).*

schäftsleitung analog § 40 BetrVG. Den Mitarbeitern der Beschwerdekommission darf aus ihrer Tätigkeit kein Nachteil entstehen. Die Freistellungsansprüche bei der Arbeitszeit und der Teilnahme an Schulungen richten sich nach § 37 BetrVG analog.

5.5 Entscheidungen der Beschwerdekommission über Beschwerden sind dem Beschwerdeführer, dem Betriebsrat und der Geschäftsleitung schriftlich mitzuteilen.

5.6 Die Mitglieder der Beschwerdekommission haben über die Informationen und Vorkommnisse, persönlichen Daten und Gespräche absolutes Stillschweigen gegenüber Dritten zu bewahren, die nicht am Verfahren beteiligt sind.

6. Sanktionen

6.1 Die Geschäftsleitung verpflichtet sich, gegen Mitarbeiter vorzugehen, die selbst diskriminieren, (sexuell) belästigen oder mobben oder sich an solchen Handlungen beteiligen oder zu ihnen anstiften. Sie wird sich dabei von dem Gedanken leiten lassen, dass deren Handlungen gegen ihren Arbeitsvertrag und gegen den Betriebsfrieden verstoßen und dass die von solchen Handlungen Betroffenen keinen Nachteil aus der Diskriminierung, (sexuellen) Belästigung, dem Mobbing oder einer eventuellen Anzeige/Beschwerde erleiden dürfen. Die Sanktionen sollen künftige Diskriminierungen, (sexuelle) Belästigungen oder Mobbing verhindern und dem Täter und allen Betriebsangehörigen vor Augen führen, dass die Geschäftsleitung solche Verhaltensweisen auf keinen Fall toleriert. Je nach Schwere des vorgeworfenen Vergehens sind folgende Sanktionen zu verhängen:

- *persönliches Gespräch und Hinweis auf das Verbot der Diskriminierung, (sexuellen) Belästigung bzw. des Mobbings,*
- *Anordnung zur Teilnahme an Schulungen/Fortbildungen,*
- *Aktenvermerk in die Personalakte,*
- *mündliche und schriftliche Verwarnung,*
- *schriftliche Abmahnung mit Kündigungsandrohung,*
- *Versetzung in eine andere Abteilung/an einen anderen Arbeitsort,*
- *fristgerechte und/oder fristlose Kündigung,*
- *Strafanzeige durch die Geschäftsleitung.*

Dabei soll ein abgestuftes Sanktionsverfahren dazu dienen, dem Täter das Verbot nachdrücklich vor Augen zu führen, ihm ggf. Hilfe anzubieten (Beratung, eventuell Therapie, Einbeziehung der Angehörigen) und nötigenfalls arbeitsrechtliche Konsequenzen zu ziehen. Sind im Falle von Belästigungen die Belästiger Kunden oder Dritte (zB Vertragspartner), so wird die Geschäftsleitung ihre rechtlichen und tatsächlichen Möglichkeiten ausschöpfen, um Belästigungen zu verhindern, zB durch:

- *Bekanntgabe des Verbots an Kunden und Vertragspartner,*
- *schriftlichen Hinweis in den Geschäftsräumen,*
- *Aufnahme des Verbots in die Hausordnungen, Satzungen, allgemeinen Vertragsbedingungen, Verträge,*
- *Androhung der Kündigung von Verträgen,*
- *Hausverbote,*
- *Kündigung von Verträgen.*

6.2 Die Geschäftsleitung wird die Anregungen und Vorschläge der Beschwerdekommission vor dem Ergreifen von Maßnahmen abwarten und in ihre Überlegungen einbeziehen, soweit keine gesetzlichen Ausschlussfristen (zB § 626 Abs. 2 BGB) zu beachten sind. Soweit sie von den Vorschlägen abweicht, wird sie dies gegenüber der Beschwerdekommission und dem Betriebsrat schriftlich begründen. Im Falle einer von der Beschwerdekommission für berechtigt erklärten Beschwerde hat die Geschäftsleitung den Beschwerdeführer, die Beschwerdekommission und den Betriebsrat über die von ihr ergriffenen Maßnahmen schriftlich zu unterrichten.

7. Arbeitsklima

Die Geschäftsleitung verpflichtet sich, nicht nur Diskriminierungen, (sexuelle) Belästigungen und Mobbing zu verbieten, sondern auch besondere Anstrengungen zu unternehmen, um ein Arbeitskli-

ma zu schaffen und zu sichern, das gekennzeichnet ist von gegenseitiger Achtung, Toleranz und Wahrung der menschlichen Würde am Arbeitsplatz. Sie verpflichtet sich, diese Grundsätze auch im Rahmen ihrer eigenen Werbemaßnahmen und ihres Auftretens nach außen zu beachten.

8. Personelle Maßnahmen

Bei allen personellen Maßnahmen wird die Geschäftsleitung auf das Problem der Diskriminierung, (sexuellen) Belästigung und des Mobbings besonders achten. Es gelten folgende Grundsätze der Personalauswahl und -führung:

8.1 Arbeits- und Ausbildungsplätze stehen Bewerbern jeglicher Nationalität, Herkunft, politischer und religiöser Ausrichtung, sexueller Ausrichtung, unabhängig von Alter, Geschlecht oder einer Behinderung grundsätzlich offen. Einschränkungen ergeben sich allein aus den beruflichen Anforderungen. Die Personalauswahl erfolgt nach einheitlichen Sachkriterien. Bei Einstellungstests oder Aufnahmegesprächen dürfen nur solche Fragen gestellt werden, die sich auf die beruflichen Anforderungen beziehen.

8.2 Das Geschlecht, die sexuelle Identität, die ethnische Zugehörigkeit, die Religion oder Weltanschauung, das Alter oder eine Behinderung sind vorbehaltlich gesetzlicher oder tariflicher Regelungen als Auswahlkriterien ausgeschlossen bei

- *Einstellungen, Versetzungen, Ein- und Umgruppierungen, Leistungsbeurteilungen und beruflichem Aufstieg sowie Beendigung des Arbeitsverhältnisses;*
- *Arbeitsbedingungen, einschließlich der Entlohnung, Entlohnungsgrundsätze und Sonderzahlungen;*
- *sozialen Maßnahmen, insbesondere bei allen betrieblichen Sozialleistungen und Sozialeinrichtungen;*
- *dem Zugang zu und den Bedingungen in der betrieblichen Aus- und Weiterbildung.*

9. Schulungen

In die betrieblichen Fortbildungsveranstaltungen werden die Themen „Verbesserung des Arbeitsklimas", „Antidiskriminierung", „Mobbing" sowie „Sexuelle Belästigung am Arbeitsplatz" aufgenommen. Besondere Fortbildungen zu diesen Themen werden regelmäßig angeboten.

10. Umsetzung der Betriebsvereinbarung

10.1 Alle Beschäftigten erhalten ein Exemplar dieser Betriebsvereinbarung. Sie wird außerdem im Betrieb ausgehängt.

10.2 Geschäftsleitung, Betriebsrat und Beschwerdekommission treffen mindestens zweimal pro Jahr zusammen, um über die Umsetzung dieser Betriebsvereinbarung und um über weitere Maßnahmen zu beraten. Die Einladung und die Festlegung der Tagesordnung erfolgt durch den Vorsitzenden der Beschwerdekommission.

11. Inkrafttreten, Kündigung

Diese Betriebsvereinbarung tritt am ... in Kraft. Sie kann frühestens nach zwei Jahren gekündigt werden. Nach ihrer Kündigung wirken ihre Bestimmungen bis zum Abschluss einer neuen Betriebsvereinbarung nach.

M 104.3 Betriebsvereinbarung zum Nichtraucherschutz

1. Regelungsgegenstand

Gegenstand dieser Betriebsvereinbarung ist die Gewährleistung eines wirksamen Schutzes der nicht rauchenden Beschäftigten vor den Gesundheitsgefahren durch Tabakrauch unter angemes-

sener Berücksichtigung der Bedürfnisse der rauchenden Beschäftigten sowie der betrieblichen Belange[1].

2. Rauchverbot

Auf dem gesamten Betriebsgelände, insbesondere in allen Gebäuden und Räumen des Betriebes gilt ein generelles Rauchverbot. Das gilt auch für Besprechungen, Sitzungen und Veranstaltungen mit Publikumsverkehr[2].

3. Ausnahmen

3.1 In Ausnahme zu der Regelung unter Ziff. 2 ist das Rauchen gestattet

- *in geschlossenen Räumen, in denen ausschließlich Raucher arbeiten,*
- *in den ausgewiesenen Rauchzonen (Ziff. 4).*

3.2 Soweit das Rauchen ausnahmsweise gestattet ist, gilt folgende Regelung: In den Räumen ist während des Rauchens die Tür geschlossen zu halten und nach dem Rauchen ausreichend zu lüften, bevor die Tür wieder geöffnet wird. Zigarettenkippen sind generell nur in den dafür aufgestellten Aschenbechern zu hinterlassen.

4. Rauchzonen

4.1 Der Arbeitgeber weist zu jedem Betriebsgebäude eine oder mehrere Rauchzone(n) außerhalb des Gebäudes durch Aushang aus, von denen je Gebäude zumindest eine Rauchzone wind- und wettergeschützt ist.

4.2 In den Rauchzonen ist das Rauchen ausschließlich während der Pausen gestattet.

5. Inkrafttreten, Beendigung, Nachwirkung

Diese Betriebsvereinbarung tritt am . . . in Kraft. Sie kann mit einer Frist von sechs Monaten gekündigt werden, erstmals zum . . . Im Falle der Kündigung wirkt sie bis zum Inkrafttreten einer neuen Betriebsvereinbarung nach.

---

1 Vgl. § 5 ArbStättV.

2 **Hinweis:** *Hier kommt auch eine abweichende Regelung in Betracht, denn gem. § 5 Abs. 2 ArbStättV ist der Arbeitgeber in Arbeitsstätten mit Publikumsverkehr nur insoweit zu Maßnahmen zum Nichtraucherschutz verpflichtet, als die Natur des Betriebes und die Art der Beschäftigung es zulassen.*

M 104.4 Betriebsvereinbarung zu Alkoholproblemen am Arbeitsplatz

1. Geltungsbereich

Diese Betriebsvereinbarung gilt ausnahmslos für alle Betriebsangehörigen. Sofern im Folgenden Begriffe wie „Mitarbeiter", „Betroffene" und andere verwendet werden, beziehen sich diese auch auf weibliche Betriebsangehörige.

2. Ziele

Ziele der Vereinbarung sind:

- *den Betroffenen nach Möglichkeit zu helfen;*
- *allen Beteiligten verbindliche Richtlinien an die Hand zu geben;*
- *die Arbeitssicherheit zu erhöhen;*
- *die Gleichbehandlung aller Betroffenen sicherzustellen;*
- *die Aufgaben von Suchtkrankenhelfern zu benennen.*

3. Grundsätzliches

Es ist zu unterscheiden zwischen der Vorgehensweise bei Trunkenheit am Arbeitsplatz einerseits und den zu unternehmenden Schritten beim Erkennen eines alkoholkranken Mitarbeiters andererseits.

4. Trunkenheit am Arbeitsplatz

4.1 Der Genuss von alkoholischen Getränken während der Arbeit ist mit der Ordnung und Sicherheit des Betriebes nicht vereinbar und daher untersagt.

4.2 Kein Betriebsangehöriger darf sich weder während der Arbeitszeit noch in den Pausen durch Missbrauch von Alkohol oder anderen berauschenden Mitteln in einen Zustand versetzen, durch den er sich selbst oder andere gefährden kann.

4.3 Aufgrund der Fürsorgepflicht, der Unfallverhütungsvorschriften und zur Sicherstellung eines ordnungsgemäßen Betriebsablaufes hat der Vorgesetzte die Pflicht, einen unter Alkoholeinfluss stehenden Mitarbeiter umgehend des Arbeitsplatzes zu verweisen. Der Vorgesetzte ist auch verantwortlich für die sichere Heimkehr des Betrunkenen. Er hat die erforderlichen Vorkehrungen zu treffen. Ggf. muss für eine Begleitperson gesorgt werden.

4.4 Die Kosten für den Heimtransport (zB Taxi) gehen zu Lasten des betreffenden Mitarbeiters. Für die Zeit des alkoholbedingten Arbeitsausfalles wird kein Entgelt bezahlt.

4.5 Bevor der Vorgesetzte einen Mitarbeiter heimschickt, ist, sofern kurzfristig möglich, ein Betriebsratsmitglied, ansonsten ein anderer betrieblicher Zeuge hinzuzuziehen. Über die durchgeführte Maßnahme ist vom Vorgesetzten ein Protokoll zu erstellen. Im Wiederholungsfalle ist das Protokoll an die Personalleitung weiterzuleiten.

5. Hilfsangebote

5.1 Entsteht bei einem Vorgesetzten der Eindruck, dass ein Mitarbeiter alkoholgefährdet ist bzw. eine Alkoholkrankheit besteht, dann hat er die Pflicht, mit dem Betroffenen eine erste vertrauliche Unterredung zu führen mit dem Ziel, das Problem offen anzusprechen. Dieses Gespräch hat keine personellen Konsequenzen. Der Vorgesetzte macht auf Hilfsangebote aufmerksam: Gespräch mit der Sozialberatung, Gespräch mit einem Suchtkrankenhelfer (Namen sind über die Personalleitung oder den Betriebsrat zu erfragen), Teilnahme an einer außerbetrieblichen Gruppe, Aufsuchen der örtlichen Suchtberatungsstelle. Der Vorgesetzte erläutert die Folgen des Alkoholmissbrauchs, insbesondere im Hinblick auf die Gefährdung des Arbeitsplatzes.

5.2 Ist nach überschaubarer Zeit, spätestens nach sechs Wochen, keine Änderung festzustellen, schaltet der Vorgesetzte die Sozialberatung ein. Diese terminiert ein weiteres Gespräch, je nach betrieblichen Gegebenheiten unter Hinzuziehung des nächst höheren Vorgesetzten sowie eines Suchtkrankenhelfers nach Wahl des Betroffenen. Hierbei werden die Hilfsangebote nochmals eingehend erläutert. Außerdem spricht der Vorgesetzte im Einvernehmen mit dem Betriebsrat für den Betreffenden ein Alkoholverbot aus und weist auf die Möglichkeit einer Abmahnung beim nächsten alkoholbedingten Vorfall hin. Der Gesprächsinhalt wird vom Vorgesetzten in einer Aktennotiz mit Durchschlag an den Betroffenen festgehalten.

5.3 Ändert sich das Verhalten innerhalb von wiederum spätestens sechs Wochen nicht und hat die Suchterkrankung oder -gefährdung Auswirkungen auf arbeitsvertragliche Pflichten (hohe Fehlzeiten, Schlecht- oder Minderleistung, sonstige Verstöße gegen arbeitsrechtliche Pflichten), führt der Vorgesetzte zusammen mit der Personalleitung ein weiteres Gespräch, bei dem auch ein Betriebsratsmitglied, bei Schwerbehinderten die Schwerbehindertenvertretung, und evtl. eine Bezugsperson anwesend ist. Dem Betroffenen wird klargemacht, dass er keine Krankheitseinsicht zeigt und dass deshalb eine erste Abmahnung erfolgt. Hierbei wird arbeitsrechtliches Fehlverhalten benannt und das Einleiten einer Therapie zur Auflage gemacht.

5.4 Erfüllt der Betroffene weiterhin nicht seine Pflichten aus dem Arbeitsverhältnis und befolgt er empfohlene Maßnahmen nicht, so wird wieder im Zeitraum von spätestens sechs Wochen eine zweite Abmahnung ausgesprochen mit dem Hinweis, dass bei weiterer Weigerung, die Hilfsangebote wahrzunehmen, die Kündigung erfolgt. Ggf. sind in Absprache mit dem Betriebsrat weitere betriebliche Maßnahmen vorzunehmen, zB Streichen einer evtl. vorhandenen Leistungszulage usw.

5.5 Befolgt der Betroffene die in der zweiten Abmahnung genannten Auflagen nicht und kann er innerhalb von weiteren sechs Wochen seine Pflichten aus dem Arbeitsverhältnis nicht ordnungsgemäß erfüllen, wird das Arbeitsverhältnis unter Beachtung der Mitbestimmungsrechte des Betriebsrates gekündigt. Die Kündigung erfolgt fristgemäß, sofern nicht nach vorliegenden Umständen die Einhaltung der Kündigungsfrist unzumutbar ist.

5.6 Mit der Kündigung wird dem Betroffenen die Wiedereinstellung für den Fall zugesichert, dass er innerhalb eines Jahres nach seinem Ausscheiden durch ärztliches Zeugnis nachweist, dass die Entziehungsbehandlung erfolgreich abgeschlossen und er zum Zeitpunkt der Wiedereinstellung als abstinent anzusehen ist. Bei der Vergabe eines Arbeitsplatzes sind betriebliche Erfordernisse vorrangig zu berücksichtigen. Ein Anspruch auf den vorherigen Arbeitsplatz besteht nicht.

5.7 Nimmt ein Betroffener vor Ausspruch einer Kündigung eine Heilbehandlung auf, bricht sie jedoch wieder ab, wird das weitere Vorgehen zwischen Personalleitung, Fachabteilung, Betriebsrat und Sozialberatung geregelt. Dasselbe gilt bei einem Rückfall; dieser ist gegeben, wenn der Betroffene nach erfolgreichem Abschluss einer Hilfsmaßnahme erneut suchtbedingt arbeitsvertragliche Pflichten verletzt.

5.8 Die aufgezeigte zeitliche Abfolge ist eine Richtschnur, sie kann im Einzelfall nach Erfordernis flexibel gehandhabt werden.

6. Helfer

6.1 Der alkoholkranke Mitarbeiter bedarf auf dem ganzen Weg des unter Punkt 5 beschriebenen Verfahrens der Betreuung. Diese Aufgabe übernehmen die Sozialberatung und besonders dafür vorgesehene innerbetrieblichen Helfer.

6.2 In der Gruppe der Helfer sollten möglichst viele Bereiche des Unternehmens vertreten sein, um den Zugang zu dem Betroffenen zu erleichtern.

6.3 Soweit erforderlich werden die Helfer im Einvernehmen mit der Personalleitung und dem Betriebsrat durch geeignete Schulungen, auch unter Einbeziehung externer Stellen, auf ihre Aufgaben vorbereitet.

6.4 Die Helfer führen mit den Betroffenen vertrauliche Gespräche, informieren über vorhandene Möglichkeiten, leisten Aufklärungs- und Motivationsarbeit und begleiten den Betroffenen ggf. zu Anlaufstellen.

6.5 Die Tätigkeit eines Helfers kann auch während der Arbeitszeit stattfinden, soweit dies erforderlich ist und die betrieblichen Verhältnisse es zulassen.

6.6 Die Helfer sind über die ihnen bekannt gewordenen persönlichen Verhältnisse und Angelegenheiten zum Stillschweigen verpflichtet. Ein Helfer kann sein Amt jederzeit niederlegen. Er unterrichtet hierüber die Personalabteilung oder den Betriebsrat.

7. Inkrafttreten und Kündigung

7.1 Diese Betriebsvereinbarung tritt am ... in Kraft und kann mit einer Frist von drei Monaten zum Quartalsende gekündigt werden.

7.2 Einzelne Teile dieser Betriebsvereinbarung können geändert werden, ohne dass es einer Kündigung bedarf. Änderungen werden am Schwarzen Brett bekannt gegeben.

M 104.5 Parkplatzordnung

1. Geltungsbereich

Diese Parkplatzordnung gilt für den Standort ... und umfasst folgende Flächen: ...

2. Benutzung des Parkplatzes

2.1 Jeder Mitarbeiter darf sein Fahrzeug auf dem oben beschriebenen firmeneigenen Parkgelände abstellen, um seinen Arbeitsplatz aufzusuchen. Ein Rechtsanspruch auf einen Parkplatz besteht nicht.

2.2 Die Firmenleitung gibt zum Nachweis der Parkberechtigung Parkscheine an die Mitarbeiter heraus. Die Parkscheine sind von den Mitarbeitern beim Parken auf dem Parkgelände im Fahrzeug von außen gut sichtbar anzubringen.

2.3 Das Parken ist nur innerhalb der markierten Parkflächen erlaubt.

2.4 Bei Schneefall und Eisglätte ist entsprechend den witterungsbedingten Möglichkeiten so zu parken, dass Behinderungen vermieden werden.

2.5 Das Abstellen von stillgelegten Fahrzeugen ist untersagt.

2.6 Die Durchführung von Wasch- oder Wartungsarbeiten (zB Ölwechsel) an geparkten Fahrzeugen ist nicht gestattet.

3. Besucher- und Sonderparkplätze

Besucher- und Sonderparkplätze dürfen nur von den dazu Berechtigten benutzt werden.

4. Verkehrsvorschriften

4.1 Auf dem firmeneigenen Parkgelände gelten die Vorschriften der Straßenverkehrsordnung, soweit in dieser Vereinbarung nichts Abweichendes geregelt ist.

4.2 Zur Vermeidung von Unfällen ist Vorsicht und gegenseitige Rücksichtnahme erforderlich. Aus Parkfeldern ausfahrende Fahrzeuge sind wartepflichtig gegenüber dem fließenden Verkehr.

4.3 Es gilt auf dem firmeneigenen Parkgelände generell eine Höchstgeschwindigkeit von 30 km/h.

5. Verkehrsunfälle

Ereignet sich auf dem firmeneigenen Parkplatz ein Unfall, so ist

- *bei Sachschäden eine Regelung unter den Beteiligten möglich. Auf Wunsch eines Beteiligten kann die Polizei hinzugezogen werden. Die Verständigung der Polizei übernimmt auf Anforderung der Werkschutz.*
- *eine Beschädigung von Firmeneigentum (Zaun, Beleuchtungskörper, Hinweistafeln, usw.) unverzüglich dem Werkschutz mitzuteilen.*
- *ein Personenschaden dem Werkschutz unverzüglich zu melden. Dieser verständigt die zuständigen Stellen.*

6. Haftung

Die Firma haftet nur für Schäden, welche ihre beauftragten Personen bei Erfüllung ihrer Aufgaben vorsätzlich oder grob fahrlässig verursacht haben.

7. Werkschutz

7.1 Der Werkschutz beaufsichtigt den Parkplatz durch unregelmäßige Kontrollgänge.

7.2 Den Anweisungen des Werkschutzpersonals ist Folge zu leisten.

8. Verstöße gegen die Parkplatzordnung

8.1 Die Firma kann falsch parkende Fahrzeuge auf Kosten des Fahrers bzw. Halters abschleppen lassen, wenn durch falsches Parken

- *Rettungswege versperrt werden,*
- *andere Parkplatzbenutzer behindert werden,*
- *außerhalb der markierten Parkflächen, auf Fußgängerwegen oder auf Sperrflächen geparkt wird, oder*
- *unberechtigt ein Fahrzeug auf dem Besucher- oder Sonderparkplatz abgestellt wird.*

8.2 Vor dem Abschleppen soll der Fahrzeugführer oder -halter nach Möglichkeit verständigt werden.

8.3 Die durch das Abschleppen verursachten Kosten werden im Lohn- und Gehaltsabzugsverfahren einbehalten.

8.4 Der Standort abgeschleppter Fahrzeuge kann beim Werkschutz erfragt werden.

8.5 Bei wiederholtem Verstoß gegen die Parkplatz- und/oder die Straßenverkehrsordnung kann die Firmenleitung nach vorheriger Anhörung des Mitarbeiters und des Betriebsrats die Parkberechtigung entziehen. Daneben bleiben andere arbeitsrechtliche Konsequenzen oder die Erstattung von Anzeigen vorbehalten.

9. Arbeitsvertrag

Neu eingestellten Mitarbeitern wird die Parkplatzordnung als Anlage zum Arbeitsvertrag mit den Einstellungspapieren ausgehändigt.

10. Inkrafttreten und Kündigung

Diese Parkplatzordnung tritt am ... in Kraft und kann mit einer Frist von sechs Monaten zum Halbjahres- oder Jahresende gekündigt werden. Im Falle der Kündigung wirkt sie nach.

2. Arbeitszeit

Der Betriebsrat hat gem. § 87 Abs. 1 Nr. 2 BetrVG mitzubestimmen bei der Festlegung von Beginn und Ende der täglichen Arbeitszeit einschließlich der Pausen sowie bei der Verteilung der Arbeitszeit auf die einzelnen Wochentage (s. **M 104.6**). Das Mitbestimmungsrecht erfasst also **Lage und Verteilung** der Arbeitszeit. Hingegen ist die Festlegung der **Dauer** der Wochenarbeitszeit, soweit es nicht um vorübergehende Verlängerungen oder Verkürzungen geht (§ 87 Abs. 1 Nr. 3 BetrVG), mitbestimmungsfrei. 14

Hinsichtlich der **Pausen** ist neben deren zeitlicher Lage und Verteilung auch die Dauer mitbestimmt (vgl. ErfK/Kania § 87 BetrVG Rz. 25 mwN). Das Arbeitszeitgesetz enthält in § 4 ArbZG insoweit nur Mindestvorgaben, über die im Rahmen einer Betriebsvereinbarung hinausgegangen werden kann (s. **M 104.6**). Pausen iSv. § 87 Abs. 1 Nr. 2 BetrVG sind allerdings nur die unbezahlten Arbeitsunterbrechungen (BAG NZA 2004, 620). 15

Alle Arten von **flexibler Arbeitszeit** wie etwa Gleitzeit (s. **M 104.7**), Bedarfsarbeitszeit, Bereitschaftsdienst oder die Einführung und Ausgestaltung von Arbeitszeitkonten (s. **M 104.8**) sind mitbestimmt. Schichtmodelle einschließlich der Grundsätze, nach denen die einzelnen Arbeitnehmer den Schichten zugeordnet werden sowie die Aufstellung der konkreten **Schichtpläne** und deren nähere Ausgestaltung bis hin zur Zuordnung der Arbeitnehmer zu den einzelnen Schichten unterliegen der Mitbestimmung (BAG NZA 2003, 1352, 1354). 16

➲ **Hinweis:** Vereinbaren die Arbeitsvertragsparteien bei Abschluss des Arbeitsvertrags die zu diesem Zeitpunkt im Betrieb geltende Regelung über Beginn und Ende der täglichen Arbeitszeit und die Verteilung der Arbeitszeit auf die einzelnen Wochentage, liegt darin keine individuelle Arbeitszeitvereinbarung, die gegenüber einer späteren Veränderung der betrieblichen Arbeitszeit durch Betriebsvereinbarung Bestand hätte (BAG NZA 1993, 89). 17

Die Anordnung von **Überstunden** unterliegt der Mitbestimmung (s. **M 104.9**). Denn gem. § 87 Abs. 1 Nr. 3 BetrVG ist auch die vorübergehende Verlängerung der betriebsüblichen Arbeitszeit vom Mitbestimmungsrecht des Betriebsrats erfasst. Das Mitbestimmungsrecht erstreckt sich nicht allein auf die Anordnung der Überstunden als solche, sondern auch darauf, in welchem Umfang und von welchen Arbeitnehmern Überstunden zu leisten sind (vgl. ErfK/Kania § 87 BetrVG Rz. 34 mwN). 18

➲ **Wichtig:** Das Mitbestimmungsrecht aus § 87 Abs. 1 Nr. 3 BetrVG greift nicht nur bei ausdrücklicher Anordnung von Überstunden ein, sondern auch dann, wenn der Arbeitgeber freiwillig geleistete Überstunden lediglich duldend entgegen nimmt (BAG AP Nr. 41, 44 zu § 87 BetrVG 1972 Arbeitszeit). Das Mitbestimmungsrecht kann selbst dann bestehen, wenn nur ein einzelner Arbeitnehmer betroffen ist und die Überstunden aus betrieblichen Gründen notwendig sind (BAG DB 1986, 2391; vgl. auch BAG DB 1982, 1115; NZA 1987, 207 und BAG NZA 1992, 376 zum groben Verstoß gegen Mitbestimmungsrechte bei Überarbeit). Der 19

Betriebsrat hat schließlich auch bei der vorübergehenden Verlängerung der Arbeitszeit von Teilzeitbeschäftigten mitzubestimmen, wenn für diese unterschiedliche Wochenarbeitszeiten gelten (BAG NZA 1992, 70).

20 Schließlich unterliegt auch die **Einführung von Kurzarbeit** nach § 87 Abs. 1 Nr. 3 BetrVG der Mitbestimmung (s. **M 104.10**). Sie erstreckt sich auf die Frage, ob und in welchem Umfang Kurzarbeit eingeführt wird und wie die geänderte Arbeitszeit auf die einzelnen Wochentage verteilt wird. Im Falle der Beendigung der Kurzarbeit handelt es sich allerdings um keine vorübergehende Änderung der betriebsüblichen Arbeitszeit, sondern lediglich um deren Wiederherstellung, weshalb die Aufhebung der Kurzarbeit mitbestimmungsfrei angeordnet werden kann (BAG AP Nr. 2 zu § 87 BetrVG 1972 Arbeitszeit; aA ErfK/Kania § 87 BetrVG Rz. 35).

21 ➲ **Praxistipp:** Bei Kurzarbeit können Leistungen der Bundesagentur für Arbeit (**Kurzarbeitergeld**) beantragt werden. Die Voraussetzungen hierfür sind in §§ 95 ff. SGB III geregelt. Gem. § 99 SGB III hat der Arbeitgeber eine Kurzarbeitsanzeige zu erstatten. Der Betriebsrat kann dies an seiner Stelle ebenfalls tun (§ 99 Abs. 1 Satz 2 SGB III) und hat im Übrigen eine Stellungnahme zur Anzeige des Arbeitgebers abzugeben. Kurzarbeitergeld kann grundsätzlich frühestens ab dem Kalendermonat gezahlt werden, in dem die Kurzarbeitsanzeige bei der Agentur für Arbeit eingeht (§ 99 Abs. 2 SGB III). Für die Kurzarbeitsanzeige wird seitens der Bundesagentur für Arbeit ein amtliches Formular zur Verfügung gestellt, das bei den örtlichen Arbeitsagenturen erhältlich ist sowie über Internet (www.arbeitsagentur.de).

M 104.6 Betriebsvereinbarung zur Lage der Arbeitszeit und der Pausen

1. Geltungsbereich

Diese Betriebsvereinbarung gilt für alle Arbeitnehmer des Betriebes mit Ausnahme der Auszubildenden und regelt die Verteilung und Lage der Arbeitszeit bei Vollzeitbeschäftigung. Teilzeitbeschäftigte Arbeitnehmer werden nach vorheriger Zustimmung des Betriebsrats entsprechend ihrer anteiligen Arbeitszeit und unter Berücksichtigung der berechtigten betrieblichen Belange innerhalb der nachfolgend geregelten Arbeitszeiten eingesetzt.

2. Arbeitszeit

„1. Schicht":	*Montag bis Donnerstag:*	*7.00 Uhr bis 15.45 Uhr*
	Freitag:	*7.00 Uhr bis 14.15 Uhr*
„2. Schicht":	*Montag bis Freitag:*	*8.45 Uhr bis 17.30 Uhr*

Die „Schicht" wird wöchentlich gewechselt, damit im 14-tägigen Rhythmus die Mitarbeiter der „1. Schicht" jeweils am Freitag 1 ½ Stunden früher gehen können.

Zur Erreichung der 38,5-Stunden-Woche erhält jeder Arbeitnehmer einmal im Quartal einen Tag Freizeitausgleich. Dieser Tag Freizeitausgleich wird im Voraus für das jeweilige Quartal geplant und ist vom Vorgesetzten zu genehmigen.

3. Ausfallzeiten

Für die Ausfallzeiten (zB Urlaub, Krankheit etc.) werden bei Vollzeitbeschäftigung durchschnittlich pro Arbeitstag 7 Stunden und 42 Minuten angesetzt.

4. Pausen

a) Frühstückspause:	*15 Minuten*	*„Schicht 1": 9.00 Uhr bis 9.15 Uhr*
		„Schicht 2": 10.00 Uhr bis 10.15 Uhr
b) Mittagspause:	*30 Minuten*	*„Schicht 1": 12.00 Uhr bis 12.30 Uhr*
		„Schicht 2": 13.00 Uhr bis 13.30 Uhr

5. Geltungsdauer

Diese Betriebsvereinbarung tritt am ... in Kraft. Es gilt eine Kündigungsfrist von drei Monaten zum Quartalsende als vereinbart, wobei die Betriebsvereinbarung frühestens zum ... kündbar ist. Im Falle der Kündigung wirkt die Betriebsvereinbarung nach.

M 104.7 Gleitzeit-Betriebsvereinbarung

1. Geltungsbereich

Diese Gleitzeitordnung gilt für alle Arbeitnehmer des Betriebes, die im Verwaltungsgebäude ... beschäftigt sind.

Ausgenommen von der Gleitzeit sind die im Schichtbetrieb arbeitenden Mitarbeiter sowie die Beschäftigten der Kantine, Telefonzentrale und Hausdienste. Für den Bereich EDV kann aus betrieblichen Notwendigkeiten die Gleitzeit nur eingeschränkt gelten (betrifft Punkt 5.4 Pausenregelung).

Mit dem Betriebsrat ist abzusprechen, wenn auch andere Bereiche von dieser Regelung betroffen werden.

2. Bedienung der Zeiterfassungsanlage

2.1 Jedem Mitarbeiter sind Zeiterfassungsgeräte in der entsprechenden Etage zugeordnet.

2.2 Beim Betreten der Etage zieht der Mitarbeiter seinen kodierten Ausweis in der (am Gerät) angegebenen Weise durch den Leseschlitz des Zeiterfassungsgerätes.

3. Arbeitszeiten

Definitionen

3.1 Bandbreite

	7.00 Uhr bis 17.30 Uhr

Zeit zwischen frühestem Arbeitsbeginn und spätestem Arbeitsende

3.2 Kernarbeitszeit

von Montag bis Donnerstag	*8.45 bis 15.30 Uhr*
am Freitag	*8.45 bis 15.00 Uhr*

3.3 Gleitzeit

	7.00 Uhr bis 8.45 Uhr sowie
von Montag bis Donnerstag	*15.30 Uhr bis 17.30 Uhr und*
am Freitag	*15.00 Uhr bis 17.30 Uhr*

Der Mitarbeiter kann Arbeitsbeginn und Arbeitsende im Rahmen dieser Gleitzeit selbst bestimmen.

3.4 Soll-Arbeitszeit

Soll-Anwesenheitszeit abzüglich der Pausen.

3.5 Soll-Anwesenheitszeit

Soll-Arbeitszeit	*7 Stunden 42 Minuten + Pause 45 Minuten*
= Soll-Anwesenheitszeit	*8 Stunden 27 Minuten*

4. Zeitansicht

Im Erdgeschoss (vor der Kantine) ist ein Bildschirm installiert. Nach Durchziehen seiner Ausweiskarte wird dem Mitarbeiter eine Übersicht über seine Arbeitszeit angezeigt.

5. Pausenregelung

5.1 Ausgegangen wird von einer „gleitenden Pausenregelung", dh. freie Wahl der Pause(n) hinsichtlich Zeitpunkt und Länge.

5.2 Für das Erfassen der Pausen ist es notwendig, dass der Mitarbeiter für jede Pause, auch beim Verbleiben am Arbeitsplatz, die Gleitzeitanlage betätigt, und zwar mit einem Gehen bei Pausenbeginn und mit einem Kommen bei Pausenende. Es wird die tatsächlich beanspruchte Pausenzeit registriert. Liegt die Summe der tatsächlichen Pausen unter 0,75 Stunden, werden dem Mitarbeiter 0,75 Stunden verrechnet. Liegt die Summe der tatsächlichen Pausen über 0,75 Stunden, wird dem Mitarbeiter die tatsächlich beanspruchte Zeit verrechnet.

5.3 Der Vorgesetzte ist dazu verpflichtet, darauf zu achten, dass der Betriebsablauf durch die Pausen nicht beeinträchtigt wird und die Funktionsfähigkeit der entsprechenden Abteilung auf jeden Fall während der Arbeitszeit aufrechterhalten bleibt.

5.4 Aus betrieblicher Notwendigkeit müssen die Mitarbeiter aus bestimmten Bereichen (EDV, Kantine, Telefonzentrale, Hausdienste) von der gleitenden Pausenregelung ausgenommen werden. Mit dem Betriebsrat ist abzusprechen, wenn auch andere Bereiche von dieser Regelung betroffen werden.

6. Wenn man sich einmal nicht ausweisen kann . . .

Hat ein Mitarbeiter seinen Ausweis vergessen, meldet er sich zur Zeitregistrierung unverzüglich bei Dienstaufnahme bei seinem Gleitzeitbeauftragten. Der Verlust eines Ausweises ist sofort der Personalabteilung zu melden.

7. Dienstliche Arbeitsunterbrechung/Dienstgang

7.1 Bei dienstlichen Arbeitsunterbrechungen/Dienstgängen, die ein Verlassen des Unternehmens erfordern, meldet sich der Mitarbeiter bei seinem Vorgesetzten bzw. dem Gleitzeitbeauftragten ab.

Bei Rückkehr muss sich der Mitarbeiter sofort zurückmelden. Beabsichtigt der Mitarbeiter am selben Tage zurückzukehren, so muss das Lesegerät nicht betätigt werden. Ist eine Rückkehr am selben Tag nicht geplant, so muss beim Verlassen des Gebäudes ein „Gehen" gecheckt werden. Nach Rückkehr ist dem Gleitzeitbeauftragten mitzuteilen, wann die Arbeit beendet wurde, damit die entsprechende manuelle Korrektur vorgenommen werden kann.

7.2 Ganztätige Abwesenheit aus dienstlichen und diesen bezüglich der Zeiterfassung gleichzustellenden Gründen (Reise, Urlaub, Krankheit) muss ebenfalls dem Gleitzeitbeauftragten mitgeteilt werden, da an diesen Tagen der Ausweisleser nicht bedient werden kann. Mit Ausnahme der ganztätigen Dienstreisen, die entsprechend den Reisekostenrichtlinien verrechnet werden, wird der Tag mit 7,7 Stunden vergütet.

8. Überstunden

Überstunden müssen vom Vorgesetzten angeordnet und genehmigt werden. Die Bestimmungen des Betriebsverfassungsgesetzes sind dabei einzuhalten.

8.1 Es gelten nur diejenigen Arbeitsstunden als Überstunden, die über die Soll-Arbeitszeit hinaus geleistet werden. Überstunden können nur abgegolten werden, wenn das monatliche Gleitzeitkonto ausgeglichen ist oder ein Zeitguthaben zu Gunsten des Mitarbeiters enthält.

8.2 Die abgezeichnete Überstundengenehmigung wird vom Vorgesetzten an die Personalleitung weitergeleitet. Die geleisteten Überstunden werden von der Personalabteilung in das System eingegeben und abgerechnet.

8.3 Hinsichtlich der Überstundenvergütung und der Zuschläge gelten die Regelungen des Manteltarifvertrages[1].

9. Arbeitszeitordnung

9.1 Auch bei gleitender Arbeitszeit darf die tägliche Höchstarbeitszeit zehn Stunden nicht überschreiten.

---

1 ***Hinweis:*** *Soweit keine Tarifbindung besteht, können hier Regelungen zur Überstundenvergütung und zu Zuschlägen aufgenommen werden. Mitbestimmungsrechtlich ist dabei nicht § 87 Abs. 1 Nr. 2, 3 BetrVG, sondern § 87 Abs. 1 Nr. 10 BetrVG einschlägig, soweit es um die Verteilungsgrundsätze geht.*

9.2 Bei Jugendlichen, die unter das Jugendarbeitsschutzgesetz fallen, muss eine tägliche maximale Arbeitszeit von acht Stunden eingehalten werden.

9.3 Die Bandbreite darf von werdenden Müttern nur mit 8,5 Stunden täglich – ohne Pausen – ausgenutzt werden (§ 8 Abs. 2 MuSchG).

9.4 Ansonsten gelten die gesetzlichen Arbeitszeit- und Arbeitsschutzregelungen.

10. Zeitguthaben/Zeitschulden

10.1 Aus der täglichen Gegenüberstellung von Tages-Soll und Tages-Ist können Zeitguthaben und Zeitschulden entstehen. Abrechnungszeitraum ist der Kalendermonat. Während des Abrechnungszeitraums ist die Sollanwesenheitszeit möglichst einzuhalten. Der fortgeschriebene Differenzvortrag darf plus/minus zehn Stunden nicht überschreiten. Innerhalb dieser Grenze sind Zeitguthaben- und Zeitschuldensalden in den folgenden Abrechnungszeitraum übertragungsfähig. Der ein Zeitguthaben von zehn Stunden übersteigende Teil bleibt unberücksichtigt. Bei Zeitschulden von über zehn Stunden erfolgt nach Rücksprache mit dem Mitarbeiter eine Gehaltsverrechnung.

10.2 Nur in begründeten Ausnahmefällen, in denen Ausfallzeiten (zB durch Krankheit, Dienstreise oder Urlaub) einen rechtzeitigen Ausgleich verhindern, kann nach Zustimmung durch die Personalabteilung ein weiter gehender Saldovortrag erfolgen. Falls die Zeitspanne zwischen Rückkehr in den Betrieb und Abrechnungsende mehr als zwei Wochen beträgt, sollte dieser weiter gehende Saldovortrag in demselben Abrechnungsmonat ausgeglichen werden. In jedem Fall muss der Ausgleich im nächsten Monat durchgeführt werden.

10.3 Die Abgeltung von Zeitguthaben ist einmal monatlich ganztägig möglich oder zweimal monatlich halbtägig. Zusätzlich werden pro Quartal 1 ½ Gleitzeittage bzw. drei halbe Gleitzeittage zur Abgeltung von Zeitguthaben gewährt. In einem Monat können aber höchstens zwei ganze oder vier halbe Gleitzeittage genommen werden. Die Gleitzeittage müssen mindestens mit einer Woche Vorlauf beim Vorgesetzten angemeldet und von ihm genehmigt werden. Die Genehmigung kann nur aus betrieblichen Gründen verweigert werden. Im Streitfall entscheidet die Personalleitung. Der Betriebsrat soll vor der Entscheidung angehört werden. Bei Ablehnung eines Gleittages sind dem Mitarbeiter mindestens zwei Ersatztermine für die Abgeltung des Zeitguthabens vorzuschlagen.

10.4 Bei Ausscheiden eines Mitarbeiters soll dieser bis zum Zeitpunkt des Ausscheidens sein Gleitzeitkonto ausgleichen. Ist dies aus betrieblichen Gründen oder wegen Krankheit oder vergleichbarer dringender persönlicher Gründe nicht möglich, wird ein restliches Zeitguthaben ausgezahlt. Eine restliche Zeitschuld führt zu einer Zahlungsforderung des Unternehmens, die – soweit möglich – durch Entgeltabzug geltend zu machen ist.

11. Zeitabrechnung

Das Gleitzeitguthaben bzw. die Gleitzeitschuld wird jedem Mitarbeiter bis spätestens 15. des Folgemonats durch eine Zeitabrechnungsliste mitgeteilt und durch seine Unterschrift hierauf anerkannt. Diese Zeiten werden danach in die Gehaltsabrechnung des Folgemonats übernommen.

12. Geräteausfall

Beim Ausfall eines Ausweislesers wenden sich die Mitarbeiter umgehend an ihre Gleitzeitbeauftragten, damit Kommen- und Gehen-Zeiten notiert werden.

13. Missbrauch und Kontrolle

Der vorsätzliche oder wiederholte Missbrauch der für die Zeiterfassung geschaffenen Einrichtungen (zB Benutzung fremder Ausweise, mutwillige Beschädigung von Zeiterfassungsgeräten, Zeitregistrierung durch Dritte o.ä.) stellt einen Verstoß gegen die arbeitsvertraglichen Pflichten dar, der je nach Schwere arbeitsrechtliche Konsequenzen bis hin zur Kündigung des Arbeitsverhältnisses nach sich ziehen kann.

14. Inkrafttreten und Kündbarkeit

Diese Betriebsvereinbarung tritt am ... in Kraft. Es gilt eine Kündigungsfrist von drei Monaten zum Quartalsende als vereinbart, wobei frühestens zum ... gekündigt werden kann. Im Falle der Kündigung wirkt die Betriebsvereinbarung nach.

M 104.8 Arbeitszeitkonto mit „Ampelregelung"

1. Geltungsdauer

Diese Betriebsvereinbarung tritt zum ... in Kraft. Sie ist mit der gesetzlichen Kündigungsfrist kündbar, frühestens allerdings zum .... Im Falle der Kündigung wirkt sie nach, bis eine Folgeregelung in Kraft tritt.

2. Geltungsbereich

Die Betriebsvereinbarung gilt für alle Mitarbeiter des Betriebes mit Ausnahme der leitenden Angestellten.

3. Arbeitszeitkonten

Für alle Mitarbeiter wird ein Arbeitszeitkonto als Ampelkonto geführt. Für dieses gelten folgende Regelungen:

a) Das Arbeitszeitkonto unterscheidet zwischen drei Phasen:

aa) Bis zu einem Arbeitszeitplus von 40 Stunden einerseits und einem Arbeitszeitminus von 15 Stunden andererseits bewegt sich das Arbeitszeitkonto in der ***grünen Phase****, in der nichts weiter zu veranlassen ist.*

bb) Ab einem Arbeitszeitplus von mehr als 40 bis zu 60 Stunden oder einem Arbeitszeitminus von mehr als 15 bis zu 22,5 Stunden befindet sich das Arbeitszeitkonto in der ***gelben Phase****. Ergibt sich am Ende eines Kalendermonats, dass das Arbeitszeitkonto die gelbe Phase erreicht hat, bespricht der Vorgesetzte unverzüglich mit dem Mitarbeiter die notwendigen Maßnahmen für die Rückführung des Kontos in die grüne Phase.*

cc) Ab einem Arbeitszeitplus von mehr als 60 Stunden oder einem Arbeitszeitminus von mehr als 22,5 Stunden erreicht das Arbeitszeitkonto die ***rote Phase****. Ergibt sich am Ende eines Kalendermonats, dass das Arbeitszeitkonto die rote Phase erreicht hat, ist es in dem Folgemonat in die grüne Phase zurückzuführen. Dies geschieht durch entsprechende Arbeitsbefreiung bzw. durch die Anordnung zusätzlicher Arbeit bis zum Erreichen der grünen Phase. Kann die Arbeitsbefreiung bzw. die zusätzliche Arbeitsleistung wegen Krankheit, Urlaub, Dienstreise oder aus ähnlichen Gründen nicht innerhalb eines Monats erfolgen, ist sie spätestens in dem darauffolgenden Monat vorzunehmen und so die grüne Phase zu erreichen. Wird die grüne Phase nicht innerhalb der vorgenannten Fristen erreicht, gilt folgendes:*

- *Die über 40 Plusstunden hinausgehenden Stunden werden als zuschlagspflichtige Mehrarbeit vergütet und aus dem Arbeitszeitkonto entnommen.*
- *Die über 15 Minusstunden hinausgehenden Minusstunden werden dem Arbeitszeitkonto als Gutschrift zugeführt. Soweit die Minusstunden aus der Sphäre des Mitarbeiters herrühren, erfolgt die Rückführung des Arbeitszeitkontos in die grüne Phase durch einen entsprechenden Lohnabzug.*

b) Werden zusätzliche Schichten oder Tage gearbeitet, erfolgt eine Zeitgutschrift auf dem Arbeitszeitkonto. Durch Freizeitausgleich und Schichtabsagen entstehende Ausfallzeiten werden dem Arbeitszeitkonto entnommen. Die Obergrenzen für das Arbeitszeitplus und das Arbeitszeitminus sind zu beachten.

c) Scheidet ein Mitarbeiter aus dem Arbeitsverhältnis aus, werden etwaige Zeitguthaben oder Zeitschulden ausgeglichen. Der Ausgleich erfolgt vorrangig in Zeit. Ist dies nicht möglich, z.B. bei fristloser Kündigung, führen Zeitschulden zum Lohnabzug, Zeitguthaben sind abzugelten.

d) Der Betriebsrat wird monatlich über den Stand der Arbeitszeitkonten unterrichtet. Für die Arbeitszeitkonten in der roten Phase wird ihm zugleich mitgeteilt, welche Maßnahmen zur Rückführung in die grüne Phase getroffen wurden.

M 104.9 Betriebsvereinbarung zu Überstunden

Vorbemerkung

Zwischen Geschäftsleitung und Betriebsrat besteht Einigkeit darüber, dass die Ableistung von Mehrarbeit grundsätzlich eine Ausnahmesituation darstellt. Fallen in Abteilungen regelmäßig und in erheblichem Umfang Überstunden an, so ist diese Situation zusammen mit dem Betriebsrat zu analysieren und mit dem Ziel einer Normalisierung zu beraten, das bedeutet eine Überprüfung der Personalplanung.

1. Definition

Überstunden im Sinne dieser Betriebsvereinbarung sind die Arbeitsstunden, die über die tarifliche/vereinbarte tägliche oder wöchentliche Arbeitszeit hinausgehend angeordnet sind (Mehrarbeit).

2. Geltungsbereich

Diese Vereinbarung gilt für alle Arbeitnehmer des Betriebes ...

3. Mitbestimmungsrechte des Betriebsrats

Geplante Mehrarbeit gem. Ziff. 1 dieser Betriebsvereinbarung ist vor deren Anordnung und Leistung über die Personalabteilung zu beantragen. Sie bedarf der Zustimmung des Betriebsrats. Der Betriebsrat wird der Personalabteilung unverzüglich seine Entscheidung über die beantragte Mehrarbeit mitteilen.

4. Beantragungs- und Genehmigungsverfahren

4.1 Für die Beantragung von Mehrarbeit im Rahmen der gesetzlichen und tariflichen Höchstgrenzen ist der jeweilige Abteilungsleiter zuständig. Der Antrag ist unter Angabe der betrieblichen Notwendigkeit, des voraussichtlichen Zeitraumes und der betroffenen Arbeitnehmer an die Personalabteilung weiterzugeben. Diese holt die Zustimmung des Betriebsrats ein.

4.2 Die Beantragung von Mehrarbeit soll eine Woche vor Monatsende für den darauf folgenden Monat schriftlich erfolgen. Bei kurzfristig erforderlicher (nicht vorhersehbarer) Mehrarbeit ist von dem jeweiligen Abteilungsleiter telefonisch bei der Personalabteilung und dem Betriebsrat eine Vorabgenehmigung einzuholen. Der entsprechende schriftliche Antrag ist unverzüglich, spätestens innerhalb von zwei Werktagen nachzureichen.

5. Notfälle

5.1 Notfälle liegen vor bei Unfällen, Unglücksfällen und anderen plötzlich auftretenden, nicht vorhersehbaren schwerwiegenden Situationen, in denen erhebliche Schäden für den Betrieb, Arbeitnehmer oder Dritte drohen. Personalengpässe und Lieferschwierigkeiten begründen in der Regel keine Notfälle.

5.2 In Notfällen ist der jeweilige Abteilungsleiter befugt, die erforderlichen Anordnungen zur Leistung von Mehrarbeit ohne vorherige Zustimmung von Personalabteilung und Betriebsrat zu treffen, soweit und solange das Verfahren nach Ziff. 4.2 dieser Betriebsvereinbarung nicht eingehalten werden kann und die Anordnungen zur Abwendung drohender erheblicher Schäden für den Betrieb, einzelne Arbeitnehmer oder Dritte erforderlich sind.

5.3 Im Falle der Notfallanordnung von Mehrarbeit hat der jeweilige Abteilungsleiter unverzüglich nachträglich die Personalabteilung und den Betriebsrat über die Gründe der Anordnung, den Umfang geleisteter Mehrarbeit und die betroffenen Arbeitnehmer zu informieren.

6. Heranziehen von Arbeitnehmern zu Mehrarbeit

6.1 Anordnungen von Mehrarbeit, die im Rahmen dieser Betriebsvereinbarung erfolgen, sind für die betroffenen Arbeitnehmer verbindlich und zu befolgen, es sei denn, der Arbeitsvertrag lässt keine Anordnung von Mehrarbeit zu.

6.2 Bei der Auswahl der von Mehrarbeit betroffenen Arbeitnehmer sind zunächst die betrieblichen Belange und der betriebliche Bedarf zu berücksichtigen. Kommen danach mehrere Arbeitnehmer für die Leistung von Mehrarbeit in Betracht, soll die Anordnung zunächst denjenigen gegenüber getroffen werden, die zur Mehrarbeit freiwillig bereit sind. Sind mehr Arbeitnehmer freiwillig zur Leistung von Mehrarbeit bereit als benötigt werden, entscheidet der Abteilungsleiter nach billigem Ermessen. Bei mehrfachen Anordnungen von Mehrarbeit ist insgesamt auf eine gleichmäßige Berücksichtigung aller Arbeitnehmer zu achten, die sich freiwillig zur Leistung von Mehrarbeit bereit erklärt haben.

6.3 Bei Anordnung von Mehrarbeit gegenüber Arbeitnehmern, die sich nicht freiwillig gemeldet haben, ist auf familiäre oder persönliche Belange angemessen Rücksicht zu nehmen.

7. Nachweispflicht

Der Betriebsrat erhält monatlich eine Auswertung über die Überstunden des vorhergegangenen Monats, aus der unterteilt nach Kostenstellen die von jedem einzelnen Arbeitnehmer tatsächlich geleisteten Mehrarbeitsstunden ersichtlich sind. Dabei ist anzugeben, ob diese bezahlt wurden oder ob diese durch Freizeit abzugelten sind. Nicht vergütete Überstunden sowie verfallende Gleitzeitstunden sind gesondert auszuweisen.

8. Ausgleich für geleistete Mehrarbeit

Geschäftsleitung und Betriebsrat sind sich darüber einig, dass die Abgeltung von geleisteter Mehrarbeit vorrangig durch Gewährung von Freizeit erfolgt.

Dabei ist wie folgt zu verfahren:

- *Die Gewährung von Freizeit für geleistete Mehrarbeit erfolgt im Verhältnis 1:1. Mehrarbeitszuschläge werden in Geld vergütet.*
- *Bei der zeitlichen Festlegung des Freizeitausgleichs sind die Wünsche der Arbeitnehmer angemessen zu berücksichtigen.*
- *Die Freizeitnahme ist auch in vollen Tagen zu gewähren, sie hat grundsätzlich in den folgenden drei Monaten zu erfolgen.*
- *Erfolgt innerhalb der Frist von drei Monaten kein Freizeitausgleich, ist die nicht durch Freizeitnahme ausgeglichene Mehrarbeit einschließlich der Mehrarbeitszuschläge mit der nächstfolgenden Abrechnung finanziell abzugelten.*

9. Meinungsverschiedenheiten

Ergeben sich bei der Anwendung oder Auslegung dieser Betriebsvereinbarung Meinungsverschiedenheiten, sind diese zwischen Betriebsrat und Geschäftsleitung einvernehmlich beizulegen. Kommt eine Einigung nicht zu Stande, so ist entsprechend den gesetzlichen Bestimmungen zu verfahren.

10. Inkrafttreten und Kündigung

Diese Betriebsvereinbarung tritt am ... in Kraft und kann mit einer Frist von drei Monaten zum Quartalsende, erstmals zum ... gekündigt werden. Im Falle der Kündigung wirkt die Betriebsvereinbarung nach.

M 104.10 Betriebsvereinbarung zu Kurzarbeit

Geschäftsleitung und Betriebsrat kommen überein, dass auf Grund der derzeitigen Auftragslage zur Vermeidung von betriebsbedingten Entlassungen die vorübergehende Einführung von Kurzarbeit erforderlich ist.

1. Dauer und Umfang der Kurzarbeit

Mit Wirkung ab ... bis zunächst ... wird Kurzarbeit für die in der Anlage zu dieser Betriebsvereinbarung aufgeführten Abteilungen und Arbeitnehmer eingeführt. Die Arbeitszeit der betroffenen Arbeitnehmer wird während der Kurzarbeitsphase auf null reduziert.

2. Kurzarbeitergeld

2.1 Die Geschäftsleitung stellt unverzüglich unter Mitwirkung des Betriebsrates bei der zuständigen Agentur für Arbeit die erforderlichen Anträge zur Gewährung von Kurzarbeitergeld.

2.2 Das Kurzarbeitergeld wird vom Betrieb bei der üblichen Lohnabrechnung im Folgemonat abgerechnet und ausgezahlt. Kommt es bei der Gewährung des Kurzarbeitergeldes durch die Agentur für Arbeit zu Verzögerungen, die von dem Unternehmen nicht zu vertreten sind und ist das Unternehmen zur Vorfinanzierung nicht in der Lage, kann es zu Verzögerungen der Auszahlung des Kurzarbeitergeldes bis zu maximal zwei Monaten kommen. Selbst dann ist jedoch jedem Arbeitnehmer ein Vorschuss iHv. ... Euro zu zahlen, der später mit dem auszuzahlenden Kurzarbeitergeld verrechnet wird.

2.3 Sollte die Agentur für Arbeit die Zahlung von Kurzarbeitergeld aus einem von dem Unternehmen zu vertretenden Grund ablehnen, ist der volle Lohn für die Kurzarbeitsphase so zu zahlen, als wäre normal gearbeitet worden.

2.4 Urlaubsentgelt, Urlaubsgeld, vermögenswirksame Leistungen, Entgeltfortzahlungen im Krankheitsfall, entschädigungspflichtige Arbeitsverhinderungen sowie das Entgelt an gesetzlichen Feiertagen während der Kurzarbeitsphase werden so berechnet, als wäre normal gearbeitet worden.

3. Überstunden

Während der Kurzarbeitsphase werden grundsätzlich keine Überstunden genehmigt und geleistet. Nur in dringenden Ausnahmefällen können Überstunden angeordnet werden. In jedem Fall ist die vorherige Zustimmung des Betriebsrates erforderlich, dessen Mitbestimmungsrechte nach § 87 BetrVG im Übrigen unberührt bleiben.

4. Auswärtsvergaben

Während der Kurzarbeitsphase werden grundsätzlich keine zusätzlichen Aufträge nach auswärts vergeben, sofern diese Aufträge im Betrieb ausgeführt werden können. Ausnahmen bedürfen der vorherigen Zustimmung des Betriebsrates. Unter Auswärtsvergaben sind auch Aufträge an verbundene Unternehmen zu verstehen.

5. Betriebsbedingte Kündigungen

Während der Kurzarbeitsphase sind betriebsbedingte Kündigungen unzulässig.

6. Urlaub

Arbeitnehmer, denen Urlaub gewährt wurde, sind für die Dauer des Urlaubs von der Kurzarbeit ausgenommen[1].

1 Zur Problematik der Urlaubsgewährung bei „Kurzarbeit Null" s. BAG NZA 2009, 689 und Kortmann ArbR-Aktuell 2010, 29, 30 f.

7. Mitwirkungsrechte des Betriebsrats

Der Betriebsrat wird wöchentlich von der Geschäftsleitung über die Entwicklung der Auftragslage umfassend anhand von Unterlagen informiert. Eine vorzeitige Beendigung oder Unterbrechung der Kurzarbeit ist dem Betriebsrat vorher unter Angabe der Gründe mitzuteilen. Eine Ausweitung der Kurzarbeit in räumlicher, persönlicher oder zeitlicher Hinsicht bedarf der vorherigen Zustimmung des Betriebsrats oder der Ersetzung der Zustimmung durch Entscheidung der Einigungsstelle.

8. Kontakt mit der Agentur für Arbeit

An allen Gesprächen der Geschäftsleitung mit der Agentur für Arbeit nimmt ein Vertreter des Betriebsrates teil. Der Betriebsrat erhält von allen Unterlagen und Mitteilungen im Zusammenhang mit der Agentur für Arbeit eine Kopie.

9. Veränderung der Kurzarbeit

9.1 Sollte sich die Auftragslage überraschend verbessern, kann die Kurzarbeit durch die Geschäftsleitung unter Beachtung der Regelung unter Ziff. 7 unterbrochen oder beendet werden.

9.2 Eine Ausweitung bzw. Verlängerung der Kurzarbeit ist nur nach Maßgabe der Regelung unter Ziff. 7 möglich.

10. Geltungsdauer

10.1 Diese Betriebsvereinbarung gilt für den unter Ziff. 1 festgelegten Kurzarbeitszeitraum und endet mit dessen Ablauf. Eine vorherige ordentliche Kündigung ist ausgeschlossen. Die Betriebsvereinbarung wirkt mit Ausnahme der Regelungen über die Abwicklung der sich aus ihr für den Kurzarbeitszeitraum ergebenden Verpflichtungen nicht nach.

10.2 Sollten sich Geschäftsleitung und Betriebsrat auf die Ausweitung bzw. Verlängerung der Kurzarbeit einigen (Ziff. 9.2 und 7), ohne insoweit eine neue Betriebsvereinbarung abzuschließen, erstreckt sich die Geltung dieser Betriebsvereinbarung auf den Bereich der Ausweitung bzw. auf den Verlängerungszeitraum.

3. Zeit, Ort und Art der Auszahlung der Arbeitsentgelte

22 Das Mitbestimmungsrecht nach § 87 Abs. 1 Nr. 4 BetrVG erstreckt sich nur auf Zeit, Ort und Art der Auszahlung des Arbeitsentgelts, nicht hingegen auf dessen Höhe. Ihm kommt heute, wo die bargeldlose Auszahlung durch Überweisung auf das Bankkonto des Arbeitnehmers die Regel ist, nur noch wenig praktische Bedeutung zu. Allerdings soll nach der Rechtsprechung des BAG in diesem Zusammenhang die Frage der Kostentragungslast für Kontoführungsgebühren einer mitbestimmten Regelung zugeführt werden können (BAG AP Nr. 6 zu § 87 BetrVG 1972 Auszahlung).

4. Aufstellung allgemeiner Urlaubsgrundsätze und des Urlaubsplans

23 Der Betriebsrat hat nach § 87 Abs. 1 Nr. 5 BetrVG bei der Aufstellung allgemeiner Urlaubsgrundsätze und des Urlaubsplans mitzubestimmen. Davon wird auch die Festlegung von Betriebsferien erfasst (s. **M 104.11**). Kein Mitbestimmungsrecht besteht allerdings bei der Frage des Umfangs des Urlaubsanspruchs und der Zahlung von Urlaubsgeld als Gratifikation. Hier gelten jeweils allein die tariflichen oder arbeitsvertraglichen Bestimmungen sowie die Vorgaben des BUrlG.

M 104.11 Betriebsvereinbarung über Urlaubsgrundsätze und Betriebsferien

1. Geltungsbereich

Diese Betriebsvereinbarung gilt für alle Arbeitnehmer des Betriebes mit Ausnahme der leitenden Angestellten iSv. § 5 Abs. 3 BetrVG.

2. Urlaubsgrundsätze

2.1 Urlaubsjahr ist das Kalenderjahr. Der Urlaub ist grundsätzlich im laufenden Urlaubsjahr in Anspruch zu nehmen. Kann der Urlaub aus dringenden betrieblichen oder persönlichen Gründen nicht bis zum Jahresende vollständig genommen werden, wird er in das Folgejahr übertragen und muss dann bis spätestens 30.4.[1] *genommen werden. Bis dahin nicht in Anspruch genommener Resturlaub verfällt nach Maßgabe der vertraglichen, tariflichen und der allgemeinen urlaubsrechtlichen Grundsätze*[2].

2.2 Die Höhe des individuellen Urlaubsanspruchs sowie die bei Eintritt und Austritt im laufenden Urlaubsjahr maßgebliche Rechtslage ergeben sich jeweils aus dem Arbeitsvertrag, den tariflichen Regelungen und dem Bundesurlaubsgesetz.

2.3 Der Urlaub dient der Erholung des Arbeitnehmers. Deshalb ist Urlaub grundsätzlich zusammenhängend zu beantragen und zu gewähren, es sei denn, dass dringende betriebliche oder persönliche Gründe eine Aufteilung in kleinere Einheiten erforderlich machen. In jedem Fall ist jedoch in jedem Urlaubsjahr mindestens eine zusammenhängende Urlaubsperiode von zwei Wochen zu beantragen und zu gewähren, es sei denn, der Urlaubsanspruch des Arbeitnehmers reicht hierfür wegen Eintritt oder Austritt im laufenden Urlaubsjahr nicht aus.

2.4 Vorgriffe auf Urlaub eines zukünftigen Urlaubsjahres sind grundsätzlich unzulässig. Ausnahmen sind nur bei zwingenden Gründen und nur mit Zustimmung des betroffenen Arbeitnehmers, der Personalleitung und des Betriebsrats zulässig. Hierbei darf nicht auf mehr als insgesamt ¼ des künftigen Jahresurlaubsanspruchs zugegriffen werden; außerdem muss dem Arbeitnehmer für das kommende Urlaubsjahr auch nach Abzug der vorweg genommenen Urlaubstage der gesetzliche Mindesturlaubsanspruch von 24 Werktagen vollständig erhalten bleiben.

2.5 Die Ausübung einer dem Erholungszweck widersprechenden Erwerbstätigkeit während des Urlaubs ist unzulässig.

3. Urlaubsplan/Verfahren der Beantragung und Genehmigung von Urlaub

3.1 Jeder Vorgesetzte ist verpflichtet, unter Mitwirkung seiner Mitarbeiter bis 31.1. eines jeden Jahres einen Urlaubsplan aufzustellen. Grundlage des Urlaubsplans ist eine ab Oktober beim Vorgesetzten ausliegende Liste, in die die Mitarbeiter ihre Urlaubswünsche eintragen können. Der Vorgesetzte trägt die Urlaubswünsche dann in den Urlaubsplan unter Beachtung folgender Grundsätze ein:

- *der Betriebsablauf muss gewährleistet bleiben;*
- *es muss bei jedem Mitarbeiter noch genügend Urlaub für die Betriebsferien verbleiben;*
- *bei Kollision mehrerer Urlaubswünsche für denselben Zeitraum gilt, dass auf dringende persönliche und soziale Gründe Rücksicht genommen werden soll; insbesondere haben die Urlaubswünsche von Eltern schulpflichtiger Kinder während der Schulferien Vorrang;*
- *Mitarbeiter, die im vergangenen Urlaubsjahr mit ihren Urlaubsanträgen von ihren im Urlaubsplan aufgenommenen Urlaubswünschen ohne triftigen Grund abgewichen sind, werden mit ihren Wünschen im aktuellen Urlaubsjahr nur nachrangig berücksichtigt;*
- *bei Meinungsverschiedenheiten soll der Vorgesetzte einen Ausgleich unter und mit den betroffenen Mitarbeitern versuchen.*

---

1 **Praxistipp:** Der gesetzliche Übertragungszeitraum nach § 7 Abs. 3 Satz 3 BUrlG endet am 31.3. des Folgejahres. Für die Arbeitnehmer günstigere Regelungen sind aber möglich (vgl. § 13 Abs. 1 Satz 3 BUrlG). Die hier gefundene Lösung ist in der Praxis verbreitet, weil damit in jedem Jahr die Osterferien noch mit dem Resturlaub erreicht werden können.

2 **Hinweis:** Nach der Rechtsprechung des EuGH (NZA 2009, 135) und ihm folgend des BAG (MDR 2009, 811) erlischt der Urlaubsanspruch nicht, wenn und soweit er bis zum Ende des Übertragungszeitraums wegen Erkrankung des Arbeitnehmers nicht in Anspruch genommen werden kann. Hiervon kann durch Betriebsvereinbarung nicht zu Lasten des Arbeitnehmers abgewichen werden. Allerdings betrifft diese Rechtsprechung nur den gesetzlichen Mindesturlaubsanspruch. Soweit in einem Tarifvertrag oder im Arbeitsvertrag ein höherer Urlaubsanspruch geregelt wird, kann dort zugleich für den Mehrurlaubsanspruch weiterhin auch im Krankheitsfall der Verfall mit Ablauf des Übertragungszeitraums angeordnet werden. Hierfür ist allerdings eine ausdrückliche Regelung erforderlich. S. auch **M 97.3** § 6.

3.2 Der Urlaubsplan wird von den Vorgesetzten mit einer Aufstellung etwaiger nicht berücksichtigter, aber aufrecht erhaltener Urlaubswünsche einzelner Mitarbeiter dem jeweiligen Abteilungsleiter zur Genehmigung vorgelegt. Dessen Entscheidung hat in Abstimmung mit der Personalleitung bis spätestens 28.2. zu erfolgen. Über die Entscheidung ist der Betriebsrat unverzüglich zu unterrichten.

3.3 Bei verbleibenden Meinungsverschiedenheiten hinsichtlich einzelner Urlaubswünsche entscheidet hierüber die Personalleitung zusammen mit dem Betriebsrat. Kommt zwischen diesen kein Einvernehmen zu Stande, entscheidet auf Antrag der Personalleitung oder des Betriebsrats die Einigungsstelle. Die Entscheidung ist in den Urlaubsplan aufzunehmen.

3.4 Urlaub darf nur angetreten werden, wenn er nach Maßgabe der folgenden Regelungen ordnungsgemäß beantragt und genehmigt worden ist.

3.5 Jeder Arbeitnehmer beantragt mit dem dafür vorgesehenen Formular Urlaub. Der Antrag ist im Regelfall spätestens zwei Wochen, für Kurzurlaub im Regelfall acht, spätestens aber drei Tage vor dem vorgesehenen Urlaubsantritt dem Vorgesetzten zur Genehmigung vorzulegen.

3.6 Der Vorgesetzte hat unverzüglich über den Urlaubsantrag zu entscheiden. Stimmt der beantragte Urlaub mit der Eintragung im genehmigten Urlaubsplan überein, besteht Genehmigungspflicht, soweit sich aus Ziff. 4 dieser Betriebsvereinbarung nichts anderes ergibt. Ansonsten gelten die Grundsätze zu Ziff. 3.1 dieser Betriebsvereinbarung für die Entscheidung über den Urlaubsantrag. Die Entscheidung hat schriftlich auf dem Antragsformular zu erfolgen. Je eine Ausfertigung erhalten der Arbeitnehmer, der Abteilungsleiter und die Personalabteilung.

3.7 Eine Ablehnung des Urlaubsantrages ist schriftlich auf dem Antragsformular mit kurzer Begründung zu vermerken. Dem Arbeitnehmer ist ein Alternativurlaub vorzuschlagen. Bei verbleibenden Meinungsverschiedenheiten hat unter Einschaltung des Abteilungsleiters unverzüglich ein Vermittlungsversuch stattzufinden. Bei dessen Scheitern entscheiden Personalleitung und Betriebsrat entsprechend Ziff. 3.3 dieser Betriebsvereinbarung.

4. Widerruf des Urlaubs/Rückruf aus dem Urlaub

4.1 Genehmigter Urlaub kann vom Vorgesetzten mit Zustimmung der Abteilungs- und Personalleitung widerrufen werden, wenn unabweisbare und unvorhergesehene betriebliche Belange dies erfordern.[3] *Hierbei ist ein strenger Maßstab anzulegen. Betriebliche Belange können nur dann berücksichtigt werden, wenn sie keinen Aufschub dulden und sonst erhebliche wirtschaftliche Nachteile für den Betrieb zu befürchten sind. Der Widerruf hat schriftlich und mit Gründen zu erfolgen. Das Unternehmen ist im Falle des Widerrufs verpflichtet, dem Arbeitnehmer Ersatz für Ausgaben zu leisten, die er im Vertrauen auf die Genehmigung des Urlaubs geleistet hat und nicht rückgängig machen kann (zB Buchung von Reisen, Unterbringung, Stornokosten).*

4.2 Ein Rückruf aus dem Urlaub ist nur bei schwerwiegenden Notlagen des Betriebs und Unglücksfällen oder mit Zustimmung des betroffenen Arbeitnehmers zulässig. Im Falle des Rückrufs ist dem betroffenen Arbeitnehmer auch der bereits in Anspruch genommene Teil des unterbrochenen Urlaubs wieder gut zu schreiben, soweit der Urlaub nicht bis zur Unterbrechung bereits zwei Wochen angedauert hat. Das Unternehmen hat dem betroffenen Arbeitnehmer alle durch den Rückruf verursachten Kosten zu erstatten (Stornokosten für den Arbeitnehmer und seine Familienangehörigen, Kosten des vorzeitigen Rücktransports des Arbeitnehmers und seiner Familienangehörigen, sonstige Regresskosten).

4.3 Bei Widerruf oder Rückruf sind entsprechende neue Urlaubsanträge der betroffenen Arbeitnehmer vorrangig zu berücksichtigen.

3 Das BAG hat bislang offen gelassen, ob selbst mit der hier vorgenommenen Beschränkung ein Widerruf oder die Rückholung aus dem Urlaub rechtlich überhaupt zulässig sind, vgl. BAG AP Nr. 28 zu § 7 BUrlG; ferner HWK/Schinz § 7 BUrlG Rz. 43. Nach hL besteht insoweit idR zudem kein Mitbestimmungsrecht, da es sich um Einzelfallanordnungen handelt und kein kollektiver Regelungstatbestand gegeben ist, vgl. Fitting/*Engels/Schmidt/Trebinger/Linsenmaier*, § 87 BetrVG Rz. 203; GK-BetrVG/Wiese, § 87 Rz. 468 mwN. Daher kann die Regelung lediglich freiwillig in einer Betriebsvereinbarung zustande kommen.

5. Betriebsferien

5.1 In der Zeit zwischen Weihnachten und Neujahr ruht der Betrieb (Betriebsferien). Die Personalleitung legt gemeinsam mit dem Betriebsrat für jedes Jahr den genauen Zeitraum der Betriebsferien im Voraus bis 30.11. des Vorjahres fest, ferner den Kreis der ggf. aus dringenden betrieblichen Gründen nicht von der Betriebsferienregelung erfassten Arbeitnehmer (insbesondere betreffend die Abteilungen Abrechnung, Haustechnik, Werkschutz). Kommt eine Einigung nicht zu Stande, entscheidet die Einigungsstelle. Die Entscheidung wird unverzüglich im Betrieb durch Aushang bekannt gemacht.

5.2 Jeder Arbeitnehmer ist verpflichtet, für die gem. Ziff. 5.1 angeordnete Urlaubszeit bis Jahresende ausreichend Urlaub aufzusparen. Urlaubsanträge, die diese Verpflichtung nicht beachten, sind nicht genehmigungsfähig. Mit der Bekanntmachung der Betriebsferien nach Ziff. 5.1 wird zugleich die Anzahl der aufzusparenden Urlaubstage bekannt gegeben. Dabei gilt, dass für Heiligabend und Silvester, soweit diese Tage auf betriebliche Arbeitstage fallen, jeweils ein halber Urlaubstag in Anrechnung gebracht wird.

5.3. Neu eingestellte Mitarbeiter, die keinen ausreichenden Urlaubsanspruch haben, nehmen für die Betriebsferien als Ausnahme zu Ziff. 2.4 dieser Betriebsvereinbarung bereits in Vorgriff auf das nächste Urlaubsjahr Urlaub in Anspruch. Im Falle eines Austritts aus dem Betrieb, bevor ein zur Kompensation ausreichender Teilurlaubsanspruch entstanden ist, findet für diese Urlaubstage kein Lohnabzug statt.

6. Erkrankung während des Urlaubs

Bei Erkrankung während des Urlaubs werden die ordnungsgemäß durch Arbeitsunfähigkeitsbescheinigung nachgewiesenen Tage der Arbeitsunfähigkeit nicht auf den Urlaubsanspruch angerechnet. Eine Verlängerung des Urlaubs um die Tage der Arbeitsunfähigkeit ist nicht zulässig, es sei denn mit schriftlicher Zustimmung des zuständigen Vorgesetzten. Die eigenmächtige Urlaubsverlängerung stellt eine schwerwiegende Verletzung der arbeitsvertraglichen Pflichten dar und kann zu arbeitsrechtlichen Konsequenzen bis hin zur fristlosen Kündigung führen.

7. Auszubildende

Auszubildende nehmen und erhalten ihren Jahresurlaub nach Möglichkeit während der Berufsschulferien.

8. Geltungsdauer

Diese Betriebsvereinbarung tritt am 1.1. . . . in Kraft und kann mit einer Kündigungsfrist von sechs Monaten zum Kalenderjahresende gekündigt werden, frühestens zum . . . Im Falle der Kündigung wirkt sie bis zum Inkrafttreten einer Neuregelung nach.

5. Technische Überwachungseinrichtungen

24 Der Betriebsrat hat nach § 87 Abs. 1 Nr. 6 BetrVG mitzubestimmen bei der Einführung und Anwendung von technischen Einrichtungen, die dazu bestimmt sind, das Verhalten oder die Leistung der Arbeitnehmer zu überwachen. Das BAG versteht den Begriff der mitbestimmungspflichtigen technischen Überwachungseinrichtung traditionell sehr weit. Die Mitbestimmung setzt bereits dann ein, wenn eine technische Einrichtung **objektiv geeignet** ist, das Verhalten oder die Leistung der Arbeitnehmer zu überwachen; unerheblich ist, ob sie hierzu nach dem Willen des Arbeitgebers auch tatsächlich genutzt werden soll (st. Rspr.: BAG AP Nr. 2, 11 zu § 87 BetrVG 1972 Überwachung).

25 Unter einer technischen Überwachungseinrichtung wird jedes optische, mechanische, akustische oder elektronische Gerät verstanden, das zur **Erhebung oder Auswertung von Daten** zum Verhalten oder der Leistung der Arbeitnehmer eingesetzt werden kann (vgl. ErfK/Kania § 87 BetrVG Rz. 48 ff. mwN). Darunter fallen zB Telefondatenerfassungsgeräte (s. **M 104.12** und **M 104.13**), EDV-Anlagen einschließlich der Software, Inter- und Intranet, E-Mail (s. **M 104.14**), Arbeitszeit-

erfassungsgeräte (s. **M 104.15**) sowie Personalabrechnungs- und Informationssysteme (PAISY, s. **M 104.16**).

M 104.12 Betriebsvereinbarung Telefondatenverarbeitung[1]

1. Telefondatenerfassungsanlage

Alle Fernsprechnebenstellen der Telefonanlage des Betriebes sind an eine elektronische Telefondatenerfassungsanlage (TDE-Anlage) angeschlossen. Die über die Nebenstellenanschlüsse geführten Gespräche werden von der TDE-Anlage registriert, soweit über das Amtsnetz telefoniert wird.

2. Private Telefongespräche

Private Telefongespräche sind außerhalb der Arbeitszeit zu erledigen. Für diese Privatgespräche ist vor Eingabe der „0" für die Amtsleitung zunächst die „9" in Verbindung mit der persönlichen, geheimen dreistelligen Kennzahl zu wählen; danach kann die Rufnummer des gewünschten Zielanschlusses eingegeben werden. Die angefallenen Gebühren werden bei der monatlichen Lohn- und Gehaltsabrechnung einbehalten.

3. Umfang der Datenerfassung und Datenvereinbarung

Für jeden Nebenstellenanschluss werden erfasst und gespeichert:

- *die interne Rufnummer der Nebenstelle und die Kostenstelle;*
- *der Name des zur Benutzung des Nebenstellenanschlusses Berechtigten;*
- *das Datum des geführten Gesprächs (Monat, Tag, Uhrzeit);*
- *die Gebühreneinheiten pro Gespräch;*
- *der angewählte Anschluss (Vorwahl, Rufnummer, Ortsnetzbezeichnung),*

4. Zweck der TDE

Die TDE dient der Telefonkostenkontrolle. Sie ist auch ein Mittel zur Verhinderung unberechtigter Privatnutzung der Diensttelefone.

5. Telefondatenausdruck (TDE-Listen)

Die TDE-Anlage speichert die Daten aller von Nebenstellenanschlüssen aus geführten Telefonate auf elektronischen Bändern. Monatlich wird eine Liste pro Nebenstelle ausgedruckt (TDE-Liste). Die gem. Ziff. 2 angemeldeten Privatgespräche sind in der ausgedruckten TDE-Liste nicht enthalten. Sie werden maschinell überlesen. Sie werden zum Zwecke der Abrechnung und als Nachweis bei Reklamationen der Abrechnung gesondert ausgedruckt und aufbewahrt.

6. Prüfen der TDE-Listen; Löschen der Daten

6.1 Die TDE-Listen werden dem für den jeweiligen Nebenstellenanschluss zuständigen Kostenstellenverantwortlichen zur Prüfung vorgelegt. Die Prüfung beschränkt sich auf den dienstlichen Anlass der geführten Gespräche und deren angemessene Dauer.

6.2 Es werden gelöscht bzw. vernichtet

- *die von der TDE-Anlage erstellten Eingabebänder innerhalb von 90 Tagen nach der Benutzung (Eingabe);*
- *die zentralen Abrechnungsdaten innerhalb von 40 Tagen nach dem letzten ausgedruckten Gesprächstermin;*
- *die TDE-Listen pro Nebenstellenanschluss innerhalb von 40 Tagen nach dem letzten ausgedruckten Gesprächstermin, bei Beanstandungen spätestens nach deren Erledigung;*

1 S. auch **M 104.13**; eine wechselseitige Kombination ist möglich.

- *die gesonderten Listen über Privatgespräche als Lohn-/Gehaltsabrechnungsunterlagen drei Jahre nach Ablauf eines jeden Kalenderjahres.*

7. Behandlung von Beanstandungen

Stellt der Kostenstellenverantwortliche bei der Prüfung der TDE-Listen einen klärungsbedürftigen Fall fest, so hat er zunächst den Mitarbeiter zu hören, der zur Benutzung des Nebenstellenanschlusses berechtigt ist. Gebühren für unberechtigt geführte, in der TDE-Liste ausgedruckte Privatgespräche sind vom Mitarbeiter unverzüglich zu bezahlen.

8. Nebenstellenanschluss des Betriebsrates

Die TDE-Liste des Nebenstellenanschlusses des Betriebsrates wird ausschließlich dem Betriebsrat vorgelegt. Sie ist nur aus begründetem Anlass auf Verlangen dem Personalleiter zur Prüfung weiterzuleiten, wobei in diesem Fall die letzten drei Ziffern der Rufnummer geschwärzt werden können.

9. Inkrafttreten und Kündigung

Diese Vereinbarung tritt am ... in Kraft. Sie ist mit einer Frist von drei Monaten kündbar und wirkt nach, bis eine Nachfolgeregelung in Kraft tritt.

M 104.13 Betriebsvereinbarung Telefongebührenerfassung[1]

1. Telefongebührenerfassung

Zur Darstellung der Telefonkosten wird eine Gebührenerfassung und -auswertung eingeführt. Die Gebührenerfassung erfolgt über die Telefonanlage ... Es wird nur das als Anlage beigefügte Listenbild, das Bestandteil dieser Vereinbarung ist, erstellt. Ziff. 4 dieser Betriebsvereinbarung bleibt unberührt. Eine Verknüpfung mit anderen Systemen findet nicht statt.

2. Rahmen der Gebührenerfassung

2.1 Bei dienstlichen Amtsgesprächen können folgende Gesprächsdaten erfasst und gespeichert werden: Nebenapparat, Datum, Uhrzeit, Kostenstelle, Gebühreneinheiten, Gebühren, sowie die ersten fünf Ziffern der Rufnummer des Gesprächspartners.

Gesprächsdaten werden komplett ausgedruckt und der Geschäftsführung bzw. den Kostenstellenleitern (für die der Kostenstelle zugeordneten Nebenstellen) zugänglich gemacht. Der Mitarbeiter hat das Recht auf Einsicht in die seinen Telefonanschluss betreffenden Aufzeichnungen. Der Betriebsrat kann die ausgedruckten Gesprächsdaten stichpunktartig einsehen.

2.2 Bei privaten Amtsgesprächen kann der Mitarbeiter die Registrierung der Gesprächsdaten unterbinden. In diesem Falle werden lediglich die Gebühren und Datum und Uhrzeit aufgezeichnet und dem Inhaber der Nebenstelle bei der Gehaltsabrechnung in Rechnung gestellt und einbehalten. Das gilt auch für Gespräche des Betriebsrats mit der Maßgabe, dass die Uhrzeit nicht aufgezeichnet und die Gespräche nicht in Rechnung gestellt werden.

3. Abrechnung Privatgespräche

Vor Übernahme in die Gehaltsabrechnung wird dem Mitarbeiter die monatliche Abrechnung der Privatgespräche zur Anerkennung vorgelegt. Die Geschäftsführung kann im Falle wiederholter Unstimmigkeiten Privatgespräche des betroffenen Mitarbeiters nur nach vorheriger Anmeldung bei der Vermittlung zulassen.

4. Missbrauch der Anlage

Besteht der begründete Verdacht des Missbrauchs der Anlage, kann mit Einverständnis des Betriebsrates für einen Zeitraum von längstens einem Monat bei dienstlichen Amtsgesprächen und

1 S. auch **M 104.12**; eine wechselseitige Kombination ist möglich.

internen Gesprächen die Rufnummer des Gesprächspartners für einen bestimmten Apparat/Mitarbeiter vollständig erfasst, gespeichert und ausgewertet werden. Der Mitarbeiter ist davon und von dem Ergebnis der Auswertung nachträglich unverzüglich zu unterrichten.

5. Löschung der Daten

Gespeicherte Gesprächsdaten werden spätestens drei Monate nach Ende des Monats gelöscht, in dem die Speicherung erfolgte, es sei denn, es ergeben sich Beanstandungen. Dann erfolgt die Löschung nach Erledigung der Beanstandungen.

6. Inkrafttreten und Kündigung

Diese Vereinbarung tritt am ... in Kraft. Sie ist mit einer Frist von drei Monaten kündbar und entfaltet die gesetzliche Nachwirkung.

Anlage

Listenbild
Liste erstellt am: ... *Betrieb/Standort: ...*
Abteilung: ...
Kostenstelle: ...

Nebenstelle ...

Datum	*Zeit*	*Angerufene Nummer*	*Einh.*	*Kosten*
...	...	...	...	...

Nebenstelle ...

Datum	*Zeit*	*Angerufene Nummer*	*Einh.*	*Kosten*
...	...	...	...	...

Blattwechsel: Je Kostenstelle

M 104.14 Betriebsvereinbarung über die Nutzung von Internet und E-Mail

1. Geltungsbereich

Diese Betriebsvereinbarung gilt für alle Arbeitnehmer des Betriebes einschließlich der Auszubildenden und ohne die leitenden Angestellten iSv. § 5 Abs. 3 BetrVG.

2. Computerarbeitsplätze

2.1 Das Unternehmen stellt im erforderlichen Umfang Computerarbeitsplätze zur Arbeitsleistung zur Verfügung. Die Computeranlagen ermöglichen den Zugang zum betriebsinternen Intranet, zum Internet und zur E-Mail-Kommunikation (Systemzugang).

2.2 Es besteht kein Rechtsanspruch auf Überlassung eines Computerarbeitsplatzes mit den unter Ziff. 2.1 beschriebenen Zugangsmöglichkeiten.

2.3 Jeder Computerarbeitsplatz ist einem Benutzer oder einer Benutzergruppe zugeordnet. Jeder Benutzer und jedes Mitglied einer Benutzergruppe ist verpflichtet, den Computerarbeitsplatz sorgsam zu behandeln und die Regelungen dieser Betriebsvereinbarung und der Arbeitsordnung zu beachten.

2.4 Jeder Benutzer und jedes Mitglied einer Benutzergruppe erhalten eine Zugangskennung und ein geheimes Passwort für den Zugang in das System. Außer dem Benutzer/Mitglied der Benutzergruppe sind Zugangskennung und Passwort nur dem Systemadministrator bekannt und zugänglich.

2.5 Jeder Benutzer und jedes Mitglied einer Benutzergruppe sind verpflichtet, ihren Computerarbeitsplatz vor unberechtigter Nutzung und unberechtigtem Zugriff zu schützen. Ein Zugang in das System ist nur den berechtigten Personen und diesen nur über ihr eigenes Passwort erlaubt. Passwörter sind geheim zu halten und bei jedem Verlassen des Arbeitsplatzes hat zuvor ein Abmelden (Ausloggen) aus dem System stattzufinden.

2.6 Jeder Computerarbeitsplatz darf nur mit der vom Unternehmen zur Verfügung gestellten Hard- und Software ausgestattet sein. Erweiterungen und Ergänzungen sind genehmigungspflichtig. Das gilt insbesondere für Downloads aus dem Internet. Die Genehmigung erteilt bei Software der Systemadministrator, bei Hardware der Systemadministrator nach Rücksprache mit der Personalabteilung.

3. Intranet und Internet

3.1 Das Unternehmen verfügt über ein betriebsinternes Intranet. Das Intranet dient als interne Informationsplattform für alle Benutzer und Mitglieder von Benutzergruppen eines Computerarbeitsplatzes.

3.2 Alle Benutzer und Mitglieder von Benutzergruppen eines Computerarbeitsplatzes erhalten einen Internet-Zugang einschließlich der damit verbundenen Dienste.

3.3 Intranet und Internet sind ausschließlich zur dienstlichen Nutzung zugelassen. Eine Nutzung zu privaten Zwecken ist verboten. Missbrauchsfälle können je nach Schweregrad zum Widerruf der Zugangsberechtigung und zu arbeitsrechtlichen Konsequenzen bis hin zur fristlosen Kündigung führen.

3.4 Bei der dienstlichen Nutzung des Internets ist jederzeit auf den Schutz des Computernetzwerks vor unberechtigtem Zugriff von außen und vor Virenbefall zu achten. In Zweifelsfällen ist umgehend der Systemadministrator zu kontaktieren.

3.5 Das Unternehmen bietet für den Umgang mit Intranet und Internet in regelmäßigen Abständen, mindestens einmal im Kalenderjahr, Schulungen an. Jeder Benutzer und jedes Mitglied einer Benutzergruppe können sich zu solchen Schulungen anmelden oder durch die Personalabteilung auf Vorschlag des Systemadministrators auch zur Teilnahme verpflichtet werden. Der Teilnehmerkreis wird von der Personalabteilung nach Rücksprache mit dem Systemadministrator festgelegt. Die Schulung ist wie Arbeitszeit, etwaige Reisekosten sind nach den für Dienstreisen geltenden Richtlinien zu behandeln und abzurechnen.

4. E-Mail-Nutzung

4.1 Jedem Benutzer und jedem Mitglied einer Benutzergruppe eines Computerarbeitsplatzes wird eine E-Mail-Adresse zugeteilt. Diese setzt sich zusammen aus Vorname und Nachname sowie der Unternehmensadresse (Beispiel: heiko.mustermann@. . . .de).

4.2 Die Nutzung des E-Mail-Zugangs ist intern wie extern zu dienstlichen und privaten Zwecken nach Maßgabe der folgenden Regelungen erlaubt.

4.3 Bei der dienstlichen Nutzung des E-Mail-Zugangs sind folgende Regeln zu beachten:

- *Nachrichten mit vertraulichem Inhalt dürfen per E-Mail nur kodiert verschickt werden;*
- *bei vorübergehender Abwesenheit wegen Urlaub, Krankheit etc ist auf geeignete Weise sicherzustellen, dass eingehende E-Mails an den Vertreter weitergeleitet werden;*
- *das Versenden einer dienstlichen E-Mail hat mit der Sorgfalt und im Stile eines dienstlichen Schreibens zu erfolgen. Das Unternehmen wird auch über die dienstlichen E-Mails seiner Mitarbeiter nach außen repräsentiert. Deshalb sind Verhaltensweisen, die die Reputation des Unternehmens oder seiner Vertreter beeinträchtigen können, zu vermeiden. E-Mail-Korrespondenz mit pornographischen, sexistischen, rassistischen oder sonst diskriminierenden Inhalten ist strengstens untersagt.*

4.4 Für die private Nutzung des E-Mail-Zugangs gilt:

- *Die private Nutzung ist ausschließlich außerhalb der Arbeitszeit erlaubt;*
- *der Umfang der privaten Nutzung ist gering zu halten; der dienstliche Gebrauch des Computerarbeitsplatzes und der Betriebsablauf im Übrigen dürfen nicht beeinträchtigt werden;*

- *private E-Mail-Korrespondenz darf nur in einem als privat gekennzeichneten Ordner gespeichert werden, der regelmäßig, spätestens monatlich zu leeren ist;*
- *auch bei der privaten Nutzung sind Verhaltensweisen, die die Reputation des Unternehmens oder seiner Vertreter beeinträchtigen können, zu vermeiden. E-Mail-Korrespondenz mit pornographischen, sexistischen, rassistischen oder sonst diskriminierenden Inhalten ist strengstens untersagt.*

5. Speicherung und Auswertung von Daten

5.1 Jede Benutzeraktivität wird mit folgenden Daten gespeichert:
- *Datum und Uhrzeit des Einloggens im System;*
- *Nutzungszeit;*
- *Zugangskennung;*
- *Hostname (Name des Rechners, von dem aus der Zugriff erfolgte);*
- *Datum und Uhrzeit des Ausloggens aus dem System.*

5.2 Jede Aktivität im Internet wird mit folgenden Daten gespeichert:
- *Datum und Uhrzeit des Zugriffs;*
- *Nutzungszeit;*
- *Zugangskennung;*
- *Hostname;*
- *Internet-Adresse, auf die zugegriffen wurde;*
- *Zahl der übertragenen Bytes.*

5.3 Die gespeicherten Daten sind grundsätzlich nur dem Systemadministrator zugänglich und sind vor dem Zugriff unbefugter Dritter zu sichern. Sie werden von dem Systemadministrator zur Erhaltung von Systemsicherheit und -funktionalität ausgewertet. Auswertungsergebnisse dürfen außerhalb des Anwendungsbereichs von Ziff. 5.4 dieser Betriebsvereinbarung von dem Systemadministrator nur auf Abteilungsleiterebene weitergegeben werden, und nur, soweit dies aus Gründen der Systemsicherheit und -funktionalität erforderlich ist und die Daten anonymisiert und keinesfalls mehr individualisierbar sind. Der Betriebsrat wird unverzüglich über den Inhalt und den Adressatenkreis weitergegebener Auswertungsergebnisse in Kenntnis gesetzt.

5.4 Bei dem Verdacht missbräuchlicher oder sonst dieser Betriebsvereinbarung nicht entsprechender Nutzung ist eine Auswertung der gespeicherten Daten durch den Systemadministrator unter Einschaltung eines Mitarbeiters der Personalabteilung und eines Mitglieds des Betriebsrates zulässig. Über die Auswertung wird ein schriftliches Protokoll erstellt. Der betroffene Arbeitnehmer ist über die Auswertung nachträglich unverzüglich zu informieren.

5.5 Darüber hinausgehend findet eine Auswertung gespeicherter Daten zur Leistungs- oder Verhaltenskontrolle nicht statt.

5.6 Die gespeicherten Daten werden nach sechs Monaten gelöscht, es sei denn, auf Grund einer Auswertung nach Ziff. 5.4 ergeben sich Rechtsfolgen gem. Ziff. 6 dieser Betriebsvereinbarung. Dann erfolgt die Löschung der dafür zugrunde gelegten Daten aus Gründen der Beweissicherung erst sechs Monate nach Abschluss der Maßnahmen gem. Ziff. 6, bei einem Rechtsstreit erst nach dessen rechtskräftigen Abschluss. Der Betriebsrat wird von dem Systemadministrator quartalsweise über durchgeführte Datenlöschungen (ohne Individualisierung) und Ausnahmen informiert.

5.7 Private E-Mail-Ordner dürfen nicht ohne Zustimmung des betroffenen Arbeitnehmers geöffnet und die dort gespeicherten Mails gelesen oder sonst ausgewertet werden[1]*. Der Systemadministrator ist allerdings befugt, die Größe des Ordners zu prüfen und bei Belegung von zu viel Speicherplatz den betroffenen Arbeitnehmer zur Löschung von Daten aufzufordern. Kommt der Arbeitnehmer diesem Verlangen nicht innerhalb einer Woche nach, wird der private email-Ordner durch den*

---

1 Zur Zulässigkeit der Überwachung von E-Mail-Korrespondenz am Arbeitsplatz s. Wolf/Mulert BB 2008, 442 ff.

Systemadministrator geschlossen, alle dort gespeicherten Daten werden gelöscht. Hiervon werden Personalabteilung und Betriebsrat unterrichtet. Die Personalabteilung entscheidet darüber, wann der private E-Mail-Ordner wieder geöffnet wird und welche weiteren Maßnahmen zu ergreifen sind.

5.8 Auf dienstliche E-Mails und andere auf dem dienstlich überlassenen Computer abgespeicherte Dateien finden die vorstehenden Regelungen der Ziff. 5 keine Anwendung. Ihr Inhalt ist als Arbeitsmaterial und Arbeitsergebnis dem Vorgesetzten oder der Abteilungsleitung auf Aufforderung zugänglich zu machen. Bei dem Verdacht missbräuchlicher oder sonst dieser Betriebsvereinbarung nicht entsprechender Nutzung kann der Systemadministrator unter Einschaltung eines Mitarbeiters der Personalabteilung und eines Mitglieds des Betriebsrates auf diese Dateien zum Zwecke der Überprüfung unmittelbar Zugriff nehmen. Über die Auswertung wird ein schriftliches Protokoll erstellt. Der betroffene Arbeitnehmer ist über den Zugriff und die Auswertung nachträglich unverzüglich zu informieren.

6. Rechtsfolgen bei Missbrauch und Missbrauchsverdacht

6.1 Die Personalleitung kann die Zugangsberechtigung zu Intranet, Internet und E-Mail-Kommunikation im Falle eines Missbrauchs oder eines sonstigen Verstoßes gegen diese Betriebsvereinbarung nach vorheriger Anhörung des Betriebsrats ganz oder teilweise widerrufen. Hiervon wird der betroffene Arbeitnehmer schriftlich unterrichtet.

6.2 Bei schweren Missbrauchsfällen oder sonstigen schwerwiegenden Verstößen gegen diese Betriebsvereinbarung kann es zudem zu arbeitsrechtlichen Konsequenzen kommen, die von einer Abmahnung bis hin zur (fristlosen) Kündigung des Arbeitsverhältnisses reichen können.

6.3 Die Berechtigung zur privaten Nutzung des E-Mail-Zugangs kann von der Personalleitung bereits widerrufen werden, wenn sich objektive Verdachtsmomente für eine missbräuchliche oder sonst dieser Betriebsvereinbarung widersprechende Nutzung ergeben, insbesondere, wenn der Verdacht besteht, dass private E-Mails während der Arbeitszeit geschrieben und/oder versandt werden. Der betroffene Arbeitnehmer und der Betriebsrat sind vorher anzuhören. Die Entscheidung der Personalleitung erfolgt schriftlich gegenüber dem betroffenen Arbeitnehmer.

7. Inkrafttreten und Kündigung

Diese Betriebsvereinbarung tritt am ... in Kraft und kann mit einer Frist von sechs Monaten zum Monatsende gekündigt werden, erstmals zum ... Im Falle der Kündigung wirkt die Betriebsvereinbarung nach.

M 104.15 Betriebsvereinbarung zur Arbeitszeiterfassung und Zugangskontrolle

1. Gegenstand und Geltungsbereich

1.1 Gegenstand dieser Betriebsvereinbarung ist die Anwendung des Systems ... in seinen Teilbereichen Arbeitszeiterfassung und Zutrittskontrolle sowie insoweit der Schutz der Mitarbeiter vor den Gefahren einer unberechtigten technischen Überwachung im Sinne einer Leistungs- und Verhaltenskontrolle.

1.2 Diese Vereinbarung gilt für alle Arbeitnehmer iSv. § 5 BetrVG.

2. Stammdatenerfassung und Verwaltung/Pflege/Datenverarbeitung

2.1 In Anlage 1 sind abschließend die für die Arbeitszeiterfassung und Zutrittskontrolle erforderlichen Stammdaten aufgeführt. Die Erfassung und Pflege der Stammdatensätze im System ... erfolgt zentral in der Personalabteilung. Die Stammdatensätze können auch über eine Schnittstelle aus PAISY eingelesen werden.

2.2 Die Vorgaben des Bundesdatenschutzgesetzes sind bei der Datenverarbeitung zu beachten. Auf die Auskunftsrechte der Arbeitnehmer nach dem Bundesdatenschutzgesetz wird verwiesen. Die Verarbeitung personenbezogener Daten muss den Grundsätzen der Zweckbindung, der Transparenz und der Verhältnismäßigkeit sowie der Datensparsamkeit entsprechen. Die Arbeitgeberin verpflichtet sich, die gesetzlichen Regelungen zum Datenschutz uneingeschränkt einzuhalten und dafür Sorge zu tragen, dass diese Betriebsvereinbarung und die gesetzlichen Regelungen auf allen Ebenen und von allen Stellen eingehalten werden.

3. Zugriffsberechtigungen

3.1 Zutritt

Zugriffsberechtigung auf die Daten bezüglich der Zutrittszonen und Zutrittsmuster hat ausschließlich die Personalabteilung.

3.2 Zeiterfassung

Zugriffsberechtigung auf die vorhandenen Datenfelder haben neben der Personalabteilung die Führungskräfte (inkl. Abwesenheitsvertreter) sowie die Zeiterfassungsbeauftragten im Rahmen ihrer Aufgabenstellung. Die Führungskräfte (inkl. Abwesenheitsvertreter) sowie die Zeiterfassungsbeauftragten haben keinen schreibenden Zugriff auf die Stammdaten, sondern schreibenden Zugriff allein auf die Bewegungsdaten (zB Zeitkorrekturen einschl. der eigentlich arbeitsfreien Tage, Gleitzeittage, Freizeittage, Saldenkorrekturen etc.).

Zwei von dem Betriebsrat zu bestimmende Mitglieder haben lesenden Zugriff auf die Datenfelder.

3.3 Die Mitarbeiter haben ein jederzeitiges Einsichtsrecht in ihre Arbeitszeitkonten. Daneben sind die Zeiterfassungsbeauftragten und/oder die Führungskräfte (inkl, Abwesenheitsvertreter) dem Mitarbeiter zur Auskunft verpflichtet.

4. Terminalstandorte

4.1 Zugang

Die Zugangsterminals werden dort installiert, wo aus Sicherheitsgründen eine Zugangsberechtigung erforderlich ist.

4.2 Zeiterfassung

Die Zeiterfassungsterminals werden in den Eingangsbereichen und in der Nähe der Pausenzonen installiert.

5. Ausweise

5.1 Jeder Mitarbeiter erhält einen codierten Ausweis. Die Erstellung erfolgt zentral durch die Personalabteilung. Dieser Ausweis wird für den Zugang und die Arbeitszeiterfassung genutzt.

5.2 Der Verlust des Ausweises ist über die Zeiterfassungsbeauftragten an die Personalabteilung unverzüglich zu melden. Bei Verlust oder Zerstörung des Ausweises besteht keine Schadensersatzpflicht des Mitarbeiters, es sei denn, es handelt sich um Vorsatz oder grobe Fahrlässigkeit.

6. Auswertungen

6.1 Im Rahmen der Zugangsberechtigung werden nur folgende mitarbeiterbezogenen Auswertungen erstellt:

- *vergebene Zugangsberechtigungen nach Zutrittszonen und Zutrittsmuster.*

6.2 Eine Wege- und/oder Zugangsprotokollierung findet nicht statt.

6.3 Im Rahmen der Arbeitszeiterfassung werden ausschließlich folgende mitarbeiterbezogenen Auswertungen erstellt:

- *Buchungsnachweis/Monatsübersicht*
- *Monatssummenprotokoll*

- *Warnungsliste/Hinweisliste*

  Gründe, die einen Eintrag in die Warnungsliste auslösen, sind:

  - *Ganztägige Abwesenheiten*
  - *Maximale Arbeitszeit (Zehn-Stunden-Grenze)*
  - *Grenzwertprotokoll (beinhaltet Unter-/Überschreitungen der Toleranzgrenzen/Fehlstunden nach den einschlägigen Betriebsvereinbarungen)*

  Über Grenzwertverletzungen wird der Betriebsrat über die zuständigen Leiter informiert.

- *Saldenliste*
- *Anwesenheitsliste*

6.4 Mit Ausnahme von Maßnahmen zur Wiederherstellung der technischen Betriebsfähigkeit wird der Betriebsrat über beabsichtigte anonymisierte gruppenbezogene Auswertungen rechtzeitig und umfassend vorab informiert. Diese Information beinhaltet insbesondere:

- *Zeitraum der Auswertung*
- *Benennung der Gruppe*
- *Grund und Ziel der Auswertung*
- *Darlegung der möglichen Auswirkungen*

Dem Betriebsrat wird die Auswertung automatisch zur Verfügung gestellt.

6.5 Zugriffsberechtigung auf die Auswertungen hat die Personalabteilung. Die jeweils zuständigen Bereiche haben im Rahmen ihrer Aufgabenstellung Zugriffsberechtigung.

7. Aufbewahrungsfristen und Datenlöschung

Alle Bewegungsdaten bezüglich der Arbeitszeiterfassung, die älter als zwei Kalenderjahre sind, werden gelöscht, sofern dem keine gesetzlichen Aufbewahrungsfristen entgegenstehen. Auswertungen mit Ausnahme von anonymisierten Auswertungen werden spätestens nach zwei Kalenderjahren zum Jahresende gelöscht.

8. Kontrollrechte des Betriebsrates

Der Betriebsrat hat das Recht, in die mit dem System verbundenen Vorgänge der Datenerfassung, Verarbeitung, Speicherung und Ausgabe Einblick zu nehmen.

Die Arbeitgeberin verpflichtet sich, dem Betriebsrat auf dessen Verlangen jederzeit vollumfänglich Auskünfte zu erteilen.

9. Schnittstellen

Eine Weitergabe von Stammdaten und/oder Bewegungsdaten an externe EDV-Systeme findet nicht statt, mit Ausnahme der PAISY-Schnittstelle. Das Gleiche gilt für einen Datenimport von externen EDV-Systemen.

10. Änderungen und Erweiterungen des Systems

Über geplante Änderungen/Erweiterungen des Systems einschließlich Versions- und Releasewechsel sowie eine Anbindung an andere EDV-Anwendungen ist der Betriebsrat unverzüglich und vollumfänglich zu unterrichten. Der Arbeitgeber hat die Angelegenheit mit ihm zu beraten.

Soweit mitbestimmungspflichtige Tatbestände berührt sind, bedarf es der Zustimmung des Betriebsrates. Kommt eine Einigung nicht zu Stande, entscheidet die Einigungsstelle.

11. Schlussbestimmung

Diese Vereinbarung kann mit einer Frist von sechs Monaten gekündigt werden. Im Falle der Kündigung wirkt sie nach bis zum Abschluss einer neuen Regelung.

M 104.16 Betriebsvereinbarung Lohn- und Gehaltsabrechnung mit PAISY[1]

1. Gegenstand und Geltungsbereich

1.1 Diese Betriebsvereinbarung regelt die Lohn- und Gehaltsabrechnung im Unternehmen mit Hilfe des EDV-Programms PAISY.

1.2 Eine Leistungs- und Verhaltenskontrolle durch Nutzung des EDV-Programms PAISY ist grundsätzlich nicht zulässig und kann im Ausnahmefall nur mit ausdrücklicher Zustimmung des Gesamtbetriebsrats erfolgen.

1.3 Durch die Einführung und Anwendung des Programmsystems PAISY werden keine Entlassungen vorgenommen. Die bei der Einführung und Anwendung erfolgenden Veränderungen dürfen nicht Anlass zu einer Herabgruppierung sein.

2. Organisation und Datenverarbeitung

2.1 Die Daten werden auf Erhebungsbögen gem. Anlage 1 erfasst und an das Rechenzentrum der vom Unternehmen beauftragten Firma . . . übermittelt. Die Verarbeitung der Daten erfolgt durch das Programmsystem PAISY sowie durch Datenerfassungs- und Auswertungsprogramme. Diese Programme werden ausschließlich auf den Rechnern der Firma . . . verarbeitet.

2.2 Die Datenverarbeitung erfolgt nur im Stapelbetrieb

2.3 Die Datenverarbeitung ist als Auftragsverarbeitung ausgestaltet. Die Bestimmungen des Bundesdatenschutzgesetzes (BDSG) hinsichtlich des Datenschutzes und der Datensicherung werden eingehalten.

3. Erfasste Daten

3.1 Es werden nur solche Daten gespeichert, die auf Grund gesetzlicher und tarifvertraglicher Bestimmungen oder für die Erfüllung der Pflichten aus dem Arbeitsverhältnis erforderlich sind. Eine darüber hinausgehende Veränderung der Datenfelder ist nur mit Zustimmung des Gesamtbetriebsrats möglich.

3.2 Alle zu verarbeitenden personenbezogenen Daten sind getrennt nach Satzarten/Untersatzarten in der Anlage 2 (Datenkatalog) und Anlage 3 (Handbuch) aufgelistet.

3.3 Datenkatalog (Anlage 2) und Handbuch (Anlage 3) sind Bestandteil dieser Vereinbarung.

4. Datenverarbeitung

4.1 Die zu verarbeitenden Daten werden zu Zwecken der Lohn- und Gehaltsabrechnung benutzt sowie zur Erstellung der Statistiken und Auflistungen gem. den nachfolgenden Bestimmungen.

4.2 Alle mit Hilfe der PAISY-Info-Sprache erstellbaren Listen werden in einer Bibliothek (Anlage 4) dokumentiert. Das Unternehmen verpflichtet sich, nur die in der Bibliothek dokumentierten Abfragen durchführen zu lassen. Ausnahmen bedürfen der vorherigen Zustimmung des Gesamtbetriebsrats, dieser trifft innerhalb von 14 Tagen eine Entscheidung.

4.3 Info-Anforderungen aus dem Programmsystem PAISY werden ausschließlich von der Personalabteilung der Hauptverwaltung bei der Firma . . . vorgenommen.

4.4 Alle durch PAISY erstellten Listen werden in einem Ausgabenkatalog dokumentiert. Der Ausgabenkatalog enthält:

- *laufende Arbeitsnummer der Ausgabe*
- *Bezeichnung des Programmabrufs der Ausgabe*
- *Klartextbezeichnung der Ausgabe*
- *Verwendungszweck und Rechtsgrundlage*
- *Auflistung der in der Ausgabe verarbeiteten Datenfelder*

1 Es handelt sich um das Muster einer Gesamtbetriebsvereinbarung.

- *ein Muster der Druckausgabe*
- *Empfänger*
- *veranlassende Stelle.*

4.5 Eine Verknüpfung der mit PAISY zu verarbeitenden Daten mit Daten anderer EDV-Programme bedarf vor Inbetriebnahme einer besonderen Betriebsvereinbarung; Ausnahme: unspezifizierter Personaleinkauf. Ausgenommen ist die maschinelle Erzeugung von Datenträgern für DÜVO und für Kreditinstitute zur Abwicklung der Banküberweisungen.

5. Datenübermittlung an Dritte

5.1 Eine Datenübermittlung an Dritte findet nur in den in den Gesetzen und Verordnungen vorgeschriebenen bzw. geregelten Fällen statt.

5.2 Anlage 5 enthält die vollständige Auflistung aller Datenübermittlungen. Aus ihr geht hervor:

- *datenempfangende Stelle*
- *feldweise Klartextbezeichnung der übermittelten Einzeldaten*
- *Rechtsgrundlage und Verwendungszweck der Übermittlung*
- *betroffener Personenkreis und*
- *Zeitpunkt bzw. Ereignis bei dem eine Übermittlung erfolgt.*

5.3 Anlage 5 ist Bestandteil der Vereinbarung. Veränderungen bedürfen der Zustimmung des Gesamtbetriebsrats, falls die Übermittlung nicht durch eine Rechtsgrundlage oder Verordnung zwingend geboten ist.

6. Informationsrechte der Arbeitnehmer, Datenberichtigung, Löschung von Daten

6.1 Alle Arbeitnehmer erhalten nach Inkrafttreten der Betriebsvereinbarung eine Kopie ihres Personalstammblattes (Anlage 1 A). Dasselbe gilt für neueingestellte Arbeitnehmer nach ihrem Eintritt. Darüber hinaus erhalten alle Arbeitnehmer auf Wunsch eine Kopie ihres jüngsten Stammblattes und Lohnkontos. Die Informationen erfolgen kostenlos. Ein Schlüsselverzeichnis wird in der Personalabteilung und im Betriebsratsbüro ausgelegt.

6.2 Personenbezogene Daten sind zu sperren, wenn ihre Richtigkeit vom betroffenen Arbeitnehmer bestritten wird und sich weder die Richtigkeit noch die Unrichtigkeit feststellen lässt.

6.3 Sämtliche Bewegungsdaten sowie Stammdaten von ohne Versorgungsanwartschaften oder -ansprüchen ausgeschiedenen Arbeitnehmern werden nach 15 Monaten gelöscht.

6.4 Arbeitnehmer haben das Recht, einen Verdacht der missbräuchlichen Verwendung von Personaldaten dem Betriebsrat und dem betrieblichen Datenschutzbeauftragten mitzuteilen. Aus dieser Mitteilung erwachsen dem Arbeitnehmer keine Nachteile.

7. Informationsrecht der örtlichen Betriebsräte

Die örtlichen Betriebsräte können sich bei den Personalsachbearbeitern jederzeit über PAISY-spezifische Fragen informieren.

8. Informations- und Kontrollrechte des Gesamtbetriebsrats

8.1 Das Unternehmen wird mit der Firma ... vereinbaren, dass diese sicherstellt, dass jede mit PAISY vorgenommene Datenverarbeitung protokolliert wird. Der Gesamtbetriebsrat erhält mindestens vierteljährlich einen Ausdruck der Info-Protokolldatei. Darüber hinaus hat er das Recht, jederzeit Einblick in die Info-Protokolldatei zu nehmen.

8.2 Der Gesamtbetriebsrat ist zwecks Qualifizierung und zur Wahrnehmung seiner Kontrollrechte berechtigt, bis zu drei seiner Mitglieder auf Kosten des Unternehmens zu Anwenderseminaren der PAISY-Vertriebsfirma ... zu entsenden.

8.3 Zur Wahrnehmung der Kontrollrechte des Gesamtbetriebsrats ist der Datenschutzbeauftragte jederzeit dem Gesamtbetriebsrat zur Auskunft verpflichtet.

8.4 Der Gesamtbetriebsrat kann Sachverständige seines Vertrauens hinzuziehen, wenn Fragen über die Art der Datenverarbeitung mit der Unternehmensleitung nicht abschließend geklärt werden können.

9. Streitigkeiten

Kommt es zu Auslegungsstreitigkeiten einzelner Punkte oder versagt der Gesamtbetriebsrat seine Zustimmung in einem der Punkte 1, 3.1, 4.2 und 5.3 dieser Betriebsvereinbarung, entscheidet die Einigungsstelle gem. § 76 Abs. 5 BetrVG.

10. Inkrafttreten; Kündigung

Diese Betriebsvereinbarung tritt mit der Unterzeichnung in Kraft. Sie kann mit einer Frist von sechs Monaten zum Quartalsende, erstmals zum ... gekündigt werden und wirkt nach, bis eine Folgeregelung in Kraft tritt.

6. Arbeits- und Gesundheitsschutz

26 Der Betriebsrat hat nach § 87 Abs. 1 Nr. 7 BetrVG mitzubestimmen bei Regelungen über die Verhütung von Arbeitsunfällen und Berufskrankheiten sowie über den Gesundheitsschutz im Rahmen der gesetzlichen Vorschriften oder der Unfallverhütungsvorschriften. Dieses Mitbestimmungsrecht gewinnt in der Praxis in jüngerer Zeit zunehmend an Bedeutung. Überall dort, wo noch Handlungsspielräume verbleiben und gesetzlich nicht bereits abschließend Verhaltenspflichten vorgegeben sind, greift die Mitbestimmung ein. Das betrifft ua. die Bestellung und Abberufung von Betriebsärzten und Fachkräften für Arbeitssicherheit (§ 9 Abs. 3 ASiG), das weite Feld der **Ausgestaltung der Pflichten aus §§ 3, 5, 12 ArbSchG** (BAG NZA 2014, 855; BAG DB 2014, 1498; vgl. auch ErfK/Kania § 87 BetrVG Rz. 66 mwN), Regelungen zum Nichtraucherschutz (s. **M 104.3**; vgl. auch § 5 ArbStättV und BAG MDR 1999, 944 zur insoweit ebenfalls begründeten Mitbestimmung nach § 87 Abs. 1 Nr. 1 BetrVG) sowie solche zum Ausgleich für geleistete Nachtarbeit nach § 6 Abs. 5 ArbZG (BAG dbr 1/2006, 37 m. Anm. Klein).

27 Die Mitbestimmung erstreckt sich darüber hinaus grundsätzlich auch auf **Regelungen zum Betrieblichen Eingliederungsmanagement** nach § 84 Abs. 2 SGB IX (BAG AP Nr. 18 zu § 87 BetrVG 1972; s. **M 104.17**), wobei die genaue Abgrenzung des mitbestimmungspflichtigen zum mitbestimmungsfreien Bereich hier weiterhin umstritten und höchstrichterlich ungeklärt ist (vgl. hierzu Reinhard, ArbRB 2013, 251 ff. mwN).

M 104.17 Betriebsvereinbarung zum betrieblichen Eingliederungsmanagement

§ 1 Präambel

Durch diese Betriebsvereinbarung wird geregelt, wie in der ... GmbH ein betriebliches Eingliederungsmanagement (BEM) unter der Maßgabe des § 84 Abs. 2 SGB IX durchgeführt wird.

Grundlage für ein erfolgreiches BEM ist eine vertrauensvolle Zusammenarbeit innerhalb der ... GmbH und mit den ggfs. zu beteiligenden externen Stellen. Dazu zählen insbesondere die örtlichen gemeinsamen Servicestellen (§§ 22 ff. SGB IX), das Integrationsamt, die Integrationsfachdienste und die örtlichen Fürsorgestellen.

§ 2 Ziele

Ziele des BEM im Sinne des § 84 Abs. 2 SGB IX sind:

- *chronische Krankheiten und Behinderungen, die am Arbeitsplatz (zB auch als Folge einer physischen oder psychischen Belastungserkrankung) entstehen können, zu vermeiden,*
- *Arbeitsunfähigkeit zu überwinden bzw. erneuter Arbeitsunfähigkeit vorzubeugen,*
- *die Arbeitsfähigkeit zu erhalten und zu fördern,*

- *den Arbeitsplatz für die von Krankheit oder Behinderung betroffenen und bedrohten Arbeitnehmer/innen zu erhalten.*

§ 3 Geltungsbereich

Diese Betriebsvereinbarung gilt für alle Bereiche und alle Beschäftigten der... GmbH mit Ausnahme der leitenden Angestellten iSd. § 5 Abs. 3 BetrVG.

§ 4 Begriffsbestimmungen

1. Das BEM kann bedarfsorientiert Maßnahmen der Prävention, Rehabilitation und Integration umfassen.

2. Prävention erfasst insbesondere die Aufdeckung von und die Reaktion auf Fehlbeanspruchungen und gesundheitsbedingte Leistungsveränderungen des Einzelnen sowie die Vermeidung von arbeitsbedingten Gesundheitsgefahren, gesundheitlichen Beeinträchtigungen und arbeitsbedingten Erkrankungen.

3. Rehabilitation erfasst zB den Prozess der Wiederherstellung der Arbeitsfähigkeit, die Förderung der arbeitsrelevanten Fähigkeiten und die Suche nach geeigneten Einsatzmöglichkeiten und Tätigkeitsbereichen.

4. Eingliederung ist u.a. der optimale Einsatz der Beschäftigten gemäß ihren Fähigkeiten und Fertigkeiten einschließlich evtl. erforderlicher Maßnahmen zur Aus- und Weiterbildung oder zur Anpassung des Arbeitsplatzes.

§ 5 Verantwortlichkeit und Zuständigkeiten für die Durchführung des BEM

1. Die Arbeitgeberin ist für die Durchführung des BEM nach Maßgabe des § 84 Abs. 2 SGB IX und der Regelungen dieser Betriebsvereinbarung verantwortlich.

2. Zur Verwirklichung des BEM wird ein innerbetriebliches Integrationsteam gebildet. Diesem obliegt im Regelfall die Durchführung des BEM. Der/die betroffene Beschäftigte kann der Beteiligung des Integrationsteams von vornherein oder auch im Verlauf eines BEM widersprechen; in diesem Fall ist die Arbeitgeberin für die (weitere) Durchführung des BEM zuständig. Der/die betroffene Beschäftigte ist berechtigt, den Widerspruch nachträglich zu widerrufen und damit (wieder) die Zuständigkeit des Integrationsteams zu begründen.

3. Das Integrationsteam setzt sich wie folgt zusammen:

- *ein Vertreter der Arbeitgeberin*
- *ein Mitglied des Betriebsrates*
- *die Schwerbehindertenvertretung, sofern der/die betroffene Arbeitnehmer/in schwerbehindert oder einer/einem Schwerbehinderten gleichgestellt ist.*

Die Betriebsparteien entscheiden autonom darüber, wer von ihnen in das Integrationsteam als Mitglied entsandt wird und unterrichten einander jeweils umgehend über die Bestellung ihres Mitglieds und diesbezügliche Änderungen. Die Bestellung der Mitglieder soll sich an den Zielen und Aufgaben des BEM und der hierfür erforderlichen fachlichen und persönlichen Eignung orientieren. Interessenkonflikte sollen vermieden werden. Während eines laufenden BEM ist die personelle Zusammensetzung des Integrationsteams grundsätzlich nicht veränderbar, es sei denn, es liegt ein schwerwiegender Grund vor (zB eine mehr als zwei Wochen dauernde Erkrankung/andere Verhinderung, durch die die Durchführung des BEM verzögert würde; Wechsel der Führungskraft, sofern diese Mitglied des Integrationsteams ist); dann ist unverzüglich ein Ersatzmitglied zu benennen. Im Falle eines personellen Wechsels im Integrationsteam ist dessen Arbeit auf der Grundlage der bis zum Wechsel erzielten Zwischenergebnisse fortzuführen.

4. Das Integrationsteam oder im Falle eines Widerspruchs nach Ziffer 2 Satz 3 die Arbeitgeberin entscheidet im Einzelfall mit Zustimmung des betroffenen Beschäftigten, ob und ggf. welche weiteren Teilnehmer hinzugezogen werden. Nach erfolgter Einwilligung des/der Betroffenen können im Bedarfsfall zB hinzugezogen werden:

- *Betriebsrat*
- *Vertreter der Personalfunktion (HR)*

- *Betriebsärztin/Betriebsarzt*
- *Vertreter des Integrationsamtes bzw. der Integrationsfachdienste,*
- *sachverständige Vertreter der gemeinsamen Servicestellen gem. §§ 22 ff. SGB IX*
- *Schwerbehindertenvertretung, sofern sie im Einzelfall nicht schon Mitglied des Integrationsteams nach Ziffer 3 ist*
- *Fachkraft für Arbeitssicherheit und*
- *direkte Führungskraft, sofern sie im Einzelfall nicht schon Mitglied des Integrationsteams nach Ziffer 3 ist.*

5. Aufgaben des Integrationsteams oder im Falle eines Widerspruchs nach Ziffer 2 Satz 3 der Arbeitgeberin sind es:

- *Alle Informationen zum BEM zu erörtern, zu verarbeiten und zu bewerten.*
- *Vorschlag allgemeiner und/oder individueller Maßnahmen des BEM. Begleitung und Dokumentation der internen und externen Prozesse im Rahmen des BEM und Durchführung der Maßnahmen.*
- *In Zusammenarbeit mit den externen und den weiteren unter Ziffer 4 genannten Stellen und Personen im Einzelfall einen Katalog für präventive Maßnahmen sowie ein Konzept zur Rehabilitation, einschließlich Regelungen zur stufenweise Wiedereingliederung zu entwickeln.*

6. Die einzelnen Schritte des BEM werden fortlaufend von dem Integrationsteam oder im Falle eines Widerspruchs nach Ziffer 2 Satz 3 von der Arbeitgeberin protokolliert.

7. Entscheidungen des Integrationsteams sollen einvernehmlich von den Mitgliedern gem. Ziffer 3 getroffen werden. Kommt kein Einvernehmen zustande und besteht das Integrationsteam im Einzelfall aus drei Mitgliedern, entscheidet es mit Stimmenmehrheit. Eine Mehrheitsentscheidung gegen die Stimme des Arbeitgebervertreters ist nicht zulässig. Kommt weder ein Einvernehmen noch eine zulässige Mehrheitsentscheidung zustande, ist dies gesondert zu dokumentieren und festzuhalten, wer welche Vorschläge gemacht hat und wie hierüber abgestimmt wurde. Soweit ein Mitglied des Integrationsteams die Hinzuziehung einer der ausdrücklich unter § 5 Ziffer 4 genannten Stellen für erforderlich hält und hierfür die Zustimmung des/der Beschäftigten vorliegt, ist dem Verlangen auch ohne Mehrheitsentscheidung des Integrationsteams nachzukommen.

§ 6 Einleitung eines betrieblichen Eingliederungsmanagements

1. Die zuständige Personalabteilung wertet jeweils zum 15. eines Monats routinemäßig die Summe der krankheitsbedingten Fehlzeiten aus. Ergibt sich hiernach, dass Beschäftigte innerhalb eines zusammenhängenden 12-Monatszeitraumes insgesamt mehr als 42 Tage arbeitsunfähig erkrankt waren, ist das Verfahren zum BEM einzuleiten. Die Personalabteilung informiert unverzüglich den Betriebsrat über die Beschäftigten, die diese Voraussetzungen erfüllen.

2. Die/der betroffene Beschäftigte erhält von der Arbeitgeberin das Informationsschreiben zur Teilnahme am BEM inklusive der Einladung zu einem Erstgespräch. Es findet hierzu ausschließlich das Informationsschreiben nebst Antwortformular der Anlage zu dieser Betriebsvereinbarung Verwendung. Die/der Beschäftigte kann sich ergänzend, auch während der Arbeitszeit, telefonisch oder persönlich an ein Mitglied des Integrationsteams wenden. Der Termin für das Erstgespräch wird zwischen dem Integrationsteam und der/dem Beschäftigten vereinbart, sofern und sobald deren/dessen Zustimmung hierzu vorliegt; im Falle eines Widerspruchs nach § 5 Ziffer 2 Satz 3 tritt die Arbeitgeberin an die Stelle des Integrationsteams.

3. Das BEM unterliegt dem Prinzip der Freiwilligkeit für die/den betroffenen Beschäftigte/n. Das Erstgespräch und die weitere Durchführung des BEM-Verfahrens bedürfen dementsprechend deren/dessen Zustimmung, die sie/er jederzeit widerrufen kann. Mit dem Informationsschreiben wird sie/er gebeten, ihre/seine Zustimmung zu einem Erstgespräch schriftlich binnen drei Wochen zu erklären.

4. Der Betriebsrat und das Integrationsteam sind von der Arbeitgeberin unverzüglich über das Informationsschreiben und über die Reaktion der/des Beschäftigten zu informieren.

5. Liegt von der/dem Beschäftigten drei Wochen nach dem Anschreiben noch keine Antwort vor, erhält die/der Beschäftigte von der Arbeitgeberin ein Erinnerungsschreiben. Hierüber sind der Betriebsrat und das Integrationsteam unverzüglich zu informieren. Gibt es nach weiteren drei Wo-

chen keine Rückmeldung von der/dem Beschäftigten, wird dieses in der BEM-Akte vermerkt. Trotz Schweigens kann die/der Beschäftigte zu einem späteren Zeitpunkt noch am BEM teilnehmen und sich an das Integrationsteam oder an die Arbeitgeberin wenden, soweit die Voraussetzungen für das BEM (mehr als 42 Tage Arbeitsunfähigkeit in den letzten 12 Monaten) immer noch vorliegen.

6. Nach einmal erfolgter Einleitung eines BEM ist dieses nur dann gegenüber der/dem selben Beschäftigten zu wiederholen, wenn das vorangegangene BEM-Verfahren abgeschlossen ist und die Voraussetzungen nach Ziffer 1 bei der/dem Beschäftigten erneut und nicht ausschließlich (rein rechnerisch) aufgrund der bereits für das vorangegangene Verfahren maßgeblichen Krankheitszeiten erfüllt sind.

§ 7 Erstgespräch und Festlegung der weiteren Vorgehensweise

1. Das Erstgespräch wird nach Wahl der/des Beschäftigten von dieser/diesem geführt mit

- *einem von der/dem Beschäftigten ausgewählten Mitglied des Integrationsteams (Fallmanager),*
- *dem gesamten Integrationsteam oder*
- *im Falle des § 5 Ziffer 2 Satz 3 mit dem Vertreter der Arbeitgeberin.*

2. Das Erstgespräch dient der/dem betroffenen Beschäftigten zur Entscheidungsfindung. Mögliche betriebliche bzw. arbeitsbedingte Ursachen für die Erkrankung sind wertfrei zu erkunden.

3. Wenn die/der betroffene Beschäftigte im Erstgespräch ihre/seine Zustimmung zur weiteren Durchführung des BEM erteilt, wird sie/er um eine schriftliche Einwilligung zu dem BEM und zur Erhebung, Verarbeitung und Nutzung ihrer/seiner personenbezogenen Daten im Rahmen des BEM gebeten.

4. Erteilt der/die betroffene Beschäftigte seine/ihre schriftliche Zustimmung zum Eingliederungsmanagement, stimmt das Integrationsteam mit der/dem Beschäftigten die weitere Vorgehensweise im Sinne des § 5 Ziff. 4 und § 5 Ziff. 5 dieser Betriebsvereinbarung ab. Hat die/der Beschäftigte sich für das Erstgespräch mit einem Fallmanager entschieden, stellt der Fallmanager zuvor dem Integrationsteam die Ergebnisse des Erstgesprächs anhand eines Protokolls vor. Hat die/der Beschäftigte der Beteiligung des Integrationsteams nach § 5 Ziffer 2 Satz 3 widersprochen, stimmt der Vertreter der Arbeitgeberin die weitere Vorgehensweise mit der/dem Beschäftigten ab. Soweit notwendig, können ein oder mehrere Klärungsgespräche mit dem/der betroffenen Beschäftigten vereinbart werden.

5. Die/der Beschäftigte hat jederzeit das Recht, eine Person ihres/seines Vertrauens zu Gesprächen im Rahmen des BEM hinzuzuziehen.

§ 8 Klärungsgespräche und Hinzuziehung weiterer Beteiligter

1. In Klärungsgesprächen ist mit der/dem betroffenen Beschäftigten zu beraten, wie die Arbeitsunfähigkeit möglichst überwunden und mit welchen Leistungen oder Hilfen erneuter Arbeitsunfähigkeit vorgebeugt und der Arbeitsplatz erhalten werden kann.

2. Hierbei sind insbesondere mögliche arbeitsbedingte Gesundheitsgefahren und mögliche betriebliche Ursachen sowie mögliche Lösungen und Maßnahmen zu klären.

3. Im Einvernehmen mit dem/der betroffenen Beschäftigten zieht das Integrationsteam oder im Falle des § 5 Ziffer 2 Satz 3 die Arbeitgeberin nach der Ursachenklärung für den Fall, dass Leistungen zur Teilhabe oder begleitende Hilfen im Arbeitsleben in Betracht kommen, die örtlichen gemeinsamen Servicestellen und/oder bei schwerbehinderten Beschäftigten das Integrationsamt sowie den Betriebsarzt hinzu.

§ 9 Maßnahmenplan

1. Das Integrationsteam legt im Anschluss an das Erstgespräch/Klärungsgespräch unter Beteiligung der/des betroffenen Beschäftigten sowie ggf. unter Beteiligung der o.a. Stellen einen individuellen Maßnahmenplan fest und schlägt diesen der Arbeitgeberin vor. Kommt keine Entscheidung des Integrationsteams zustande (§ 5 Ziff. 7), ist der Arbeitgeberin und der/dem Beschäftigten die entsprechende Dokumentation mit den Vorschlägen der einzelnen Mitglieder des Integrationsteams vorzulegen.

Im Falle des § 5 Ziffer 2 Satz 3 dieser Betriebsvereinbarung legt die Arbeitgeberin im Anschluss an das Erstgespräch/Klärungsgespräch unter Beteiligung der/des betroffenen Beschäftigten sowie ggf. unter Beteiligung der o.a. Stellen einen individuellen Maßnahmenplan fest.

2. Als Maßnahmen können z.B. in Anwendung kommen:

- *Arbeitsplatz- und Ablaufanalysen,*
- *Umgestaltung des Arbeitsplatzes,*
- *Prüfung alternativer Einsatzmöglichkeiten,*
- *Maßnahmen der Gesundheitsförderung,*
- *Maßnahmen der beruflichen Qualifizierung und Fortbildung sowie*
- *Maßnahmen der betriebsnahen Rehabilitation einschließlich Maßnahmen der stufenweisen Wiedereingliederung während bestehender Arbeitsunfähigkeit.*

3. Die Umsetzung der Maßnahmen nach Ziffer 1 sowie Ziffer 2 ist von der Zustimmung der/des betroffenen Beschäftigten und der Arbeitgeberin abhängig. Nach erteilter Zustimmung ist die Umsetzung einzuleiten.

4. Hierbei hat das Integrationsteam oder im Falle des § 5 Ziffer 2 Satz 3 die Arbeitgeberin insbesondere die folgenden Aufgaben:

- *Kontaktaufnahme zu außerbetrieblichen Stellen und Diensten,*
- *Beratung und Unterstützung der betroffenen Beschäftigten und ggf. erforderliche Beantragung von Maßnahmen,*
- *Beratung und Unterstützung aller Beteiligten bei der konkreten Maßnahmenumsetzung,*
- *die Zusammenarbeit mit allen beteiligten Personen und*
- *die Überprüfung des Erfolgs der Maßnahmen.*

5. Das BEM endet

- *bei Widerruf der Zustimmung der/des Beschäftigten zur Durchführung des BEM,*
- *falls nach Durchführung der Erst- und Klärungsgespräche kein Maßnahmenplan vorgeschlagen wird und auch keine Vorschläge der Mitglieder des Integrationsteams oder der/des betroffenen Beschäftigten hierzu unterbreitet werden,*
- *bei vollständiger Verweigerung der Zustimmung zur Umsetzung von Maßnahmen durch die/den Beschäftigte/n oder die Arbeitgeberin,*
- *nach vollständiger Umsetzung der durchzuführenden Maßnahmen gemäß Ziffer 3.*

§ 10 Benachteiligungsverbot

Wegen der Beteiligung der Beschäftigten am BEM, wegen der Verweigerung oder wegen des Widerrufs ihrer Zustimmung zum BEM dürfen die Beschäftigten gemäß § 612a BGB nicht benachteiligt werden.

§ 11 Datenschutz

1. Die Arbeitgeberin, alle Mitglieder des Integrationsteams sowie die gemäß § 5 Ziffer 4 hinzugezogenen innerbetrieblichen Stellen sind zur Wahrung des Datenschutzes verpflichtet. Das Integrationsteam ist der Arbeitgeberin zur Auskunft über den Verfahrensablauf verpflichtet, soweit diese die Informationen zum Nachweis der Erfüllung ihrer Verpflichtungen aus § 84 Abs. 2 SGB IX (zB im Rahmen eines gerichtlichen oder behördlichen Verfahrens) benötigt; diese Auskunftspflicht erstreckt sich nicht auf die dem Integrationsteam im Rahmen des BEM bekannt gewordenen besonderen personenbezogenen Daten iSv. § 3 Abs. 9 BDSG. Informationen, die die Anforderungen an den derzeitigen oder einen künftigen Arbeitsplatz betreffen, sind der Arbeitgeberin zu erteilen, soweit damit weiterhin keine Offenbarung von Krankheiten und deren Ursachen verbunden ist. Die Auskunftspflicht gegenüber Gerichten und Behörden bleibt durch diese Betriebsvereinbarung unberührt. Die gemäß § 5 Ziffer 4 hinzugezogenen außerbetrieblichen Stellen sind auf die Wahrung des Datenschutzes hinzuweisen.

2. Die Arbeitgeberin darf im Rahmen des BEM ausschließlich die Daten erheben, nutzen und verarbeiten, die dazu erforderlich sind.

3. Die Erhebung, Nutzung und Verarbeitung dieser Daten für Leistungs- und Verhaltenskontrollen ist unzulässig. Eine Aufhebung der Zweckbegrenzung ist nicht zulässig.

4. Das Erheben, Speichern und Übermitteln personenbezogener Daten im Rahmen des betrieblichen Eingliederungsmanagements erfordert die Einwilligung der/des Betroffenen, die jederzeit widerrufen werden kann. Anschließend sind die nicht mehr erforderlichen Daten zu löschen. Insbesondere die nicht in der BEM-Akte (Ziffer 5) aufzubewahrenden Dokumente gehören zu den erforderlichen Daten.

5. Im Rahmen des betrieblichen Eingliederungsmanagements von dem Integrationsteam erfasste medizinische und nicht-medizinische Daten und erstellte Protokolle müssen in einer von der Personalakte getrennten BEM-Akte aufbewahrt werden, auf die ausschließlich die Mitglieder des Integrationsteams Zugriff haben. Im Rahmen des betrieblichen Eingliederungsmanagements mangels Beteiligung des Integrationsteams gem. § 5 Ziffer 2 Satz 3 von der Arbeitgeberin erfasste medizinische und nicht-medizinische Daten und erstellte Protokolle müssen ebenfalls in einer von der Personalakte getrennten BEM-Akte aufbewahrt werden. Die/der betroffene Beschäftigte hat jederzeit das Recht auf Einsichtnahme ihrer/seiner BEM-Akte. Nicht in der BEM-Akte, sondern in der Personalakte werden aufbewahrt das Informationsschreiben zur Einleitung des BEM, der Antwortbogen und die Zustimmungserklärungen der/des Beschäftigten, ein etwaiger Widerruf und der gem. § 9 dieser Betriebsvereinbarung festgelegte Maßnahmenplan sowie die im Rahmen seiner Umsetzung durch die Arbeitgeberin anfallende Dokumentation.

6. Alle BEM-Daten der BEM-Akte werden drei Jahre nach Abschluss des Eingliederungsmanagements vernichtet.

§ 12 Schlussbestimmungen

1. Die Betriebsvereinbarung tritt am . . . in Kraft.

Mit ihr ist das Mitbestimmungsrecht des Betriebsrats nach § 84 Abs. 2 SGB IX iVm. § 87 Abs. 1 Nr. 1, 6, 7 BetrVG ausgeübt. Anderweitige, hier nicht geregelte Beteiligungsrechte des Betriebsrates bleiben unberührt; das betrifft insbesondere seine Auskunftsrechte aus § 80 BetrVG und etwaige Mitwirkungs- oder Mitbestimmungsrechte bei personellen Einzelmaßnahmen.

2. Die Betriebsvereinbarung kann von beiden Parteien mit einer Frist von drei Monaten gekündigt werden. Im Falle einer Kündigung wirkt diese Betriebsvereinbarung nach.

3. Die Anlage (Informationsschreiben nebst Antwortformular) ist Bestandteil dieser Betriebsvereinbarung. Hinsichtlich dieser Anlage besteht für beide Parteien ein Teilkündigungsrecht mit einer Kündigungsfrist von drei Monaten; im Falle der Teilkündigung wirkt die Anlage nach.

Anlage zur Betriebsvereinbarung zum betrieblichen Eingliederungsmanagement

Informations- und Einladungsschreiben gem. § 6 Ziffern 2, 3 der BV

Beratungsangebot zu einem ersten Gespräch im Betrieblichen Eingliederungsmanagement (BEM)

Sehr geehrte/r Frau/Herr . . .,

unser Unternehmen legt großen Wert auf die Erhaltung der Gesundheit seiner Mitarbeiterinnen und Mitarbeiter. Deshalb bieten wir allen Beschäftigten, die wie in Ihrem Fall mehr als sechs Wochen innnerhalb der vergangenen 12 Monate ununterbrochen oder in mehreren Zeitabschnitten arbeitsunfähig krank waren, Unterstützung durch das Betriebliche Eingliederungsmanagement (BEM) an.

Das BEM soll Ihnen helfen, die Erkrankung zu überwinden und erneuten Arbeitsunfähigkeiten vorzubeugen, um Ihre Arbeitsfähigkeit dauerhaft zu sichern. Wir möchten gerne gemeinsam mit Ihnen nach Möglichkeiten und Wegen suchen, wie wir Ihre Rückkehr an den Arbeitsplatz gesundheitsförderlich begleiten und unterstützen können. Wir wollen möglichst frühzeitig mit Ihnen über erforderliche Hilfe und Leistungen sprechen und prüfen, ob wir den Prozess der Wiedereingliederung durch gezielte Maßnahmen der arbeitsplatznahen Rehabilitation, Prävention und Gesundheitsför-

derung unterstützen können. Darüber hinaus verfolgt das BEM das Ziel, chronische Erkrankungen und Behinderungen, die am Arbeitsplatz entstehen können, von vornherein zu vermeiden. Nicht zuletzt soll damit auch ein wesentlicher Beitrag zum Erhalt des Arbeitsplatzes für die von Krankheit und Behinderung betroffenen oder bedrohten Beschäftigten geleistet werden.

Wir möchten Ihnen hiermit anbieten, ein erstes Gespräch mit dem Integrationsteam oder nach Ihrer Wahl auch nur mit einem von Ihnen zu bestimmenden Mitglied des Integrationsteams zu führen. Das Integrationsteam ist nach der bestehenden Betriebsvereinbarung, die wir anliegend in Kopie beifügen, für die Durchführung des BEM zuständig. Das Integrationsteam besteht für Sie aus folgenden Personen:

Beauftragte/-r der Arbeitgeberin: Herr/Frau . . .

Beauftragte/-r des Betriebsrates: Herr/Frau . . .

Beauftragte/-r der Schwerbehindertenvertretung: Herr/Frau . . .

Gerne können Sie sich zur ergänzenden Information auch vorab unmittelbar mit einer der vorstehend genannten Personen in Verbindung setzen.

Das BEM unterliegt für Sie dem Prinzip der Freiwilligkeit. Der Arbeitgeber ist zwar zu dem Angebot eines BEM gesetzlich verpflichtet, für Sie hingegen ist die Teilnahme absolut freiwillig und Maßnahmen des BEM können ohne Ihre Einwilligung nicht erfolgen. Auch das Integrationsteam wird nur tätig, wenn Sie damit einverstanden sind. Wollen Sie zwar das BEM durchführen, aber sprechen sich gegen die Beteiligung des Integrationsteams aus, wird das BEM von Ihrer Führungskraft oder einem anderen Vertreter des Arbeitgebers durchgeführt. Sie können sich bei allen Gesprächen von einer Person Ihres Vertrauens begleiten lassen.

Alle im Rahmen des BEM mit Ihren Daten in Berührung kommenden Personen unterliegen der Schweigepflicht und das ganze Verfahren wird vertraulich behandelt, soweit nicht mit Ihnen gemeinsam entschieden wird, dass weitere Personen hinzugezogen werden sollen.

Bitte geben Sie auf dem Antwortschreiben an, ob Sie ein erstes Gespräch im Rahmen des BEM wünschen und von wem das Erstgespräch durchgeführt werden soll und senden Sie uns Ihre Antwort möglichst binnen drei Wochen zu.

Wenn Sie derzeit nicht beraten werden wollen, können Sie sich auch noch zu einem späteren Zeitpunkt für ein BEM entscheiden. Bitte kommen Sie dann gerne auf uns zu.

Mit freundlichen Grüßen

Antwortformular gemäß § 6 Ziffern 2, 3 der Betriebsvereinbarung

Rückmeldebogen

Beratungsangebot zum Betrieblichen Eingliederungsmanagement (BEM)

Name, Vorname: . . .

Geburtsdatum: . . .

Personal-Nr.: . . .

Ich bin an einem Erstgespräch im Rahmen des Eingliederungsmanagements interessiert:

☐ *ja, ab sofort*

☐ *ja, voraussichtlich ab . . .*

☐ *nein*

Wenn ja:

☐ *Ich möchte das Gespräch mit dem gesamten Integrationsteam führen*

☐ *Ich möchte das Gespräch mit folgendem Mitglied aus dem Integrationsteam führen:*

- ☐ *. . . (Beauftragte/-r der Arbeitgeberin)*
- ☐ *. . . (Beauftragte/-r des Betriebsrates)*
- ☐ *. . . (Beauftragte/-r der Schwerbehindertenvertretung)*

☐ *Ich möchte das Gespräch nur mit meiner Führungskraft (bzw. einem anderen Vertreter des Arbeitgebers) führen*

... Datum, Unterschrift

7. Sozialeinrichtungen

Das Mitbestimmungsrecht nach § 87 Abs. 1 Nr. 8 BetrVG erstreckt sich auf die Form, Ausgestaltung und Verwaltung von Sozialeinrichtungen, deren Wirkungsbereich auf den Betrieb, das Unternehmen oder den Konzern beschränkt ist. Das Mitbestimmungsrecht soll eine **gemeinsame Verwaltung** der Sozialeinrichtung durch Arbeitgeber und Betriebsrat ermöglichen. Daher setzt die Sozialeinrichtung ein gewisses Maß an organisatorischer Eigenständigkeit voraus; es muss sich um ein an einen sozialen Zweck gebundenes Sondervermögen handeln (BAG AP Nr. 9 zu § 87 BetrVG 1972 Sozialeinrichtung). Beispiele für betriebliche Sozialeinrichtungen sind Pensions- und Unterstützungskassen, Sozialfonds und Kantinen. 28

Das Mitbestimmungsrecht erfasst nicht die Entscheidung des Arbeitgebers über die Errichtung der Sozialeinrichtung, ihre Zweckbestimmung und die finanzielle Ausstattung, also das „**Ob**", sondern allein das „**Wie**", nämlich die Form, Ausgestaltung und Verwaltung der Einrichtung (Einzelheiten bei Fitting/Engels/Schmidt/Trebinger/Linsenmaier § 87 BetrVG Rz. 350 ff.; ErfK/Kania § 87 BetrVG Rz. 73 ff., jeweils mwN). 29

8. Zuweisung und Kündigung von Wohnraum

Nach § 87 Abs. 1 Nr. 9 BetrVG hat der Betriebsrat mitzubestimmen bei der Zuweisung und Kündigung von Wohnräumen, die den Arbeitnehmern mit Rücksicht auf das Bestehen eines Arbeitsverhältnisses vermietet werden, sowie bei der allgemeinen Festlegung der Nutzungsbedingungen. Es handelt sich um die sog. **Werkmietwohnungen.** Das Mitbestimmungsrecht hat heute keine hohe praktische Bedeutung mehr, denn die Entscheidung, ob überhaupt Mietwohnungen im Zusammenhang mit dem Arbeitsverhältnis zur Verfügung gestellt werden (das „Ob") ist mitbestimmungsfrei (BAG AP Nr. 8 zu § 87 BetrVG 1972 Werkmietwohnungen) und kaum ein Arbeitgeber entscheidet sich heute noch für eine solch kostenintensive Sozialleistung. 30

9. Betriebliche Lohngestaltung

Der Betriebsrat hat mitzubestimmen bei Fragen der betrieblichen Lohngestaltung, insbesondere bei der Aufstellung von Entlohnungsgrundsätzen und der Einführung und Anwendung von neuen Entlohnungsmethoden (§ 87 Abs. 1 Nr. 10 BetrVG). Darüber hinaus ist die Festsetzung der Akkord- und Prämiensätze und vergleichbarer leistungsbezogener Entgelte, einschließlich der Geldfaktoren mitbestimmt (§ 87 Abs. 1 Nr. 11 BetrVG). Das Mitbestimmungsrecht soll die Arbeitnehmer vor einer einseitigen oder willkürlichen Lohngestaltung durch den Arbeitgeber schützen und die **Angemessenheit, Transparenz und Gerechtigkeit des innerbetrieblichen Lohngefüges** sichern (ErfK/Kania § 87 BetrVG Rz. 96). 31

An diesem Zweck orientiert, wird der Lohnbegriff weit verstanden. **Lohn** sind alle Zuwendungen des Arbeitgebers, die als Gegenleistung für die von den Arbeitnehmern erbrachten Leistungen gewährt werden, gleichgültig, ob es sich um leistungsbezogene Vergütungen, Gratifikationen, einmalige oder laufende Zahlungen, um Geld- oder Sachleistungen handelt (BAG AP Nr. 17 zu § 77 BetrVG 1972; ErfK/Kania § 87 BetrVG Rz. 96 ff. mwN). 32

Das Mitbestimmungsrecht erstreckt sich auf die Lohngestaltung, die Aufstellung von Entlohnungsgrundsätzen und Entlohnungsmethoden. Außer bei den leistungsbezogenen Entgelten iSv. § 87 Abs. 1 Nr. 11 BetrVG ist die **Höhe des Entgelts** als solche nicht mitbestimmt (BAG NZA 2002, 920, 921). Die Lohngestaltung im Übrigen allerdings, das „Wie", unterliegt der Mitbestimmung des Betriebsrats. Daher werden beispielsweise Verteilungsgrundsätze für die Vergabe von Mitarbeiterdarlehen (s. **M 104.18**) vom Mitbestimmungsrecht ebenso erfasst wie etwa die Aufstellung einer Vergütungsgruppenordnung (s. **M 104.20**). 33

34 Stets zu beachten ist bei der Mitbestimmung nach § 87 Abs. 1 Nr. 10 BetrVG der Vorrang etwaiger im Betrieb anwendbarer Tarifverträge (s. auch Rz. 8). Soweit der Arbeitgeber allerdings **über-/außertarifliche Zulagen** gewährt, ist bei deren Ausgestaltung und den Verteilungsgrundsätzen (nicht beim Gesamtvolumen und auch nicht bei der Entscheidung, die Zulagen vollständig und ersatzlos abzuschaffen!) das Mitbestimmungsrecht des Betriebsrats zu beachten (s. **M 104.19**).

35 ➲ **Hinweis:** Die **Anrechnung einer Tariflohnerhöhung** auf über-/außertarifliche Zulagen und der Widerruf solcher Zulagen aus Anlass und bis zur Höhe einer Tariflohnerhöhung unterliegen dann nach § 87 Abs. 1 Nr. 10 BetrVG der Mitbestimmung des Betriebsrats, wenn sich dadurch die Verteilungsgrundsätze ändern und darüber hinaus für eine anderweitige Anrechnung bzw. Kürzung ein Regelungsspielraum verbleibt (BAG NZA 1996, 328, 329). Dies gilt unabhängig davon, ob die Anrechnung durch gestaltende Erklärung erfolgt oder sich automatisch vollzieht (BAG 1996, 328, 329). Anrechnung bzw. Widerruf sind nur mitbestimmungsfrei, wenn dadurch das Zulagenvolumen völlig aufgezehrt wird oder die Tariflohnerhöhung vollständig und gleichmäßig auf die über-/außertariflichen Zulagen angerechnet wird (BAG 1996, 328, 329).

M 104.18 Konzernbetriebsvereinbarung Mitarbeiterdarlehen[1]

1. Zweck

Zweck dieser Vereinbarung ist die Feststellung von Richtlinien für die Vergabe von Darlehen an Mitarbeiter der Konzernunternehmen der . . . AG.

2. Antragsberechtigung

Antragsberechtigt ist jeder Mitarbeiter nach Ablauf von sechs Monaten Beschäftigungszeit, sofern das Arbeitsverhältnis ungekündigt besteht[2].

3. Form der Beantragung

Mitarbeiterdarlehen müssen mit dem anliegenden Formular unter Angabe einer schriftlichen Begründung beantragt werden. Das Formular ist Gegenstand dieser Betriebsvereinbarung.

4. Darlehen zur Wohnraumbeschaffung

4.1 Darlehen zur Wohnraumbeschaffung dienen ausschließlich dem bevorstehenden erstmaligen Erwerb von andauernd eigengenutztem Wohnraum für den Mitarbeiter und seine Familie.

4.2 Darlehen zur Wohnraumbeschaffung können zurzeit bis zur Höhe eines Jahresbruttoeinkommens (Monatslohn/-gehalt × 12 zuzüglich letzte Jahresabschlussvergütung/ähnliche Zahlung) beantragt werden. Die Darlehen werden zurzeit bis zu einem Betrag von Euro . . . mit . . . p.a., über Euro . . . mit . . . p.a. verzinst. Das Darlehen ist innerhalb von . . . Jahren durch monatliche oder jährliche Beträge zurückzuzahlen.

4.3 Die Gewährung eines Darlehens zur Wohnraumbeschaffung setzt die Stellung einer dinglichen oder vergleichbaren Sicherheit voraus. Eine Revolvierung des Darlehens ist ausgeschlossen.

5. Personaldarlehen

5.1 Personaldarlehen dienen ausschließlich der Anschaffung von notwendigem Hausrat, zur Renovierung von Wohnungen, zur Finanzierung von Umzügen und zur Unterstützung in Fällen unverschuldeter Not bei finanziellen Schwierigkeiten.

---

1 S. zur einzelvertraglichen Umsetzung **M 98.12**.

2 ***Hinweis:*** *Wird hier auch noch die Voraussetzung des unbefristeten Bestehens des Arbeitsverhältnisses hinzugefügt, können sich Diskriminierungsprobleme ergeben, denn nach § 4 Abs. 2 TzBfG darf ein Arbeitnehmer nicht wegen der Befristung seines Arbeitsvertrags schlechter behandelt werden als ein vergleichbarer unbefristet beschäftigter Arbeitnehmer, es sei denn, sachliche Gründe rechtfertigen die unterschiedliche Behandlung.*

5.2 Personaldarlehen können zurzeit bis zur Höhe von Euro ... beantragt werden. Die Darlehen werden zurzeit mit ... p.a. verzinst. Das Darlehen ist innerhalb von ... Jahren durch monatliche Beträge zurückzuzahlen.

5.3 Eine Revolvierung des Personaldarlehens ist ausgeschlossen.

6. Gewährung

Die Gewährung von Mitarbeiterdarlehen erfolgt unter Berücksichtigung der individuellen finanziellen Verhältnisse des Antragstellers. Die Vergabe bzw. Ablehnung beantragter Darlehen erfolgt im Einvernehmen mit den örtlichen Betriebsräten.

7. Rückzahlung bei Ausscheiden des Mitarbeiters

Mitarbeiterdarlehen sind im Falle des Ausscheidens des Mitarbeiters spätestens mit dem Ausscheiden in Höhe der Restschuld des Darlehens zuzüglich Zinsen zurückzuzahlen. Hiervon abweichende individuelle Rückzahlungsvereinbarungen, beispielsweise in einem Aufhebungsvertrag, sind anlässlich der Beendigung des Arbeitsverhältnisses möglich und zulässig.

8. Änderung der Bedingungen

Es besteht Einvernehmen darüber, dass die derzeitigen Bedingungen der Mitarbeiterdarlehen (Darlehenshöhe, Zinsen, Laufzeit, Genehmigungsverfahren etc.) unter Berücksichtigung der zu erwartenden Zahl der Antragsteller, der allgemeinen Kreditbedingungen der Banken und der wirtschaftlichen Lage der betroffenen Unternehmen jederzeit für die Zukunft geändert werden können. Insbesondere besteht kein Rechtsanspruch des Mitarbeiters auf Gewährung eines Mitarbeiterdarlehens.

9. Steuerliche Auswirkungen

Sofern die Darlehensvergabe steuerrechtlich zu berücksichtigen ist, geht dies zu Lasten des Darlehensnehmers[3].

---

3 Für die Ermittlung des geldwerten Vorteils aus der Überlassung eines zinslosen oder zinsverbilligten Arbeitsgeberdarlehens ist zwischen einer Bewertung nach § 8 Abs. 2 EStG, zB Arbeitnehmer eines Einzelhändlers erhält ein zinsverbilligtes Arbeitgeberdarlehen, und einer Bewertung nach § 8 Abs. 3 EStG, zB Sparkassenangestellter erhält ein zinsverbilligtes Arbeitgeberdarlehen, zu unterscheiden. Zinsvorteile sind jedoch nur als Sachbezüge zu versteuern, wenn die Summe der noch nicht getilgten Darlehen am Ende des Lohnzahlungszeitraums 2600 Euro übersteigt. Außerdem erlangt der Arbeitnehmer keinen lohnsteuerlich zu erfassenden Vorteil, wenn der Arbeitgeber ihm ein Darlehen zu einem marktüblichen Zinssatz (Maßstabszinssatz) gewährt, BFH v. 4.5.2006, BStBl. II, 781. Marktüblich in diesem Sinne ist auch die nachgewiesene günstigste Marktkondition für Darlehen mit vergleichbaren Bedingungen am Abgabeort unter Einbeziehung allgemein zugänglicher Internetangebote, zB von Direktbanken. Bei Zinsvorteilen, die nach **§ 8 Abs. 2 EStG** zu bewerten sind, bemisst sich der geldwerte Vorteil nach dem Unterschiedsbetrag zwischen dem Maßstabszinssatz für vergleichbare Darlehen am Abgabeort und dem Zinssatz, der im konkreten Einzelfall vereinbart ist. Ein steuerpflichtiger geldwerter Vorteil aus der Überlassung eines zinslosen oder zinsverbilligten Arbeitgeberdarlehens im Sinne des § 8 Abs. 2 EStG kann nach § 37b EStG pauschal besteuert werden, vgl. BMF v. 29.4.2008, BStBl. I, 566, StEK EStG § 37b Nr. 5. Bei Zinsvorteilen, die nach **§ 8 Abs. 3 EStG** zu bewerten sind, bemisst sich der geldwerte Vorteil nach dem Unterschiedsbetrag zwischen dem im Preisaushang der kontoführenden Zweigstelle des Kreditinstituts oder im Preisverzeichnis des Arbeitgebers, das zur Einsichtnahme bereitgehalten wird, angegebenen um 4 % geminderten Effektivzinssatz, den der Arbeitgeber fremden Letztverbrauchern im allgemeinen Geschäftsverkehr für Darlehen vergleichbarer Kreditart, zB Wohnungsbaukredit, Konsumentenkredit, anbietet (Maßstabszinssatz), und dem Zinssatz, der im konkreten Einzelfall vereinbart ist. Der Unterschiedsbetrag ist steuerfrei, soweit er nicht den Rabattfreibetrag iHv. 1080 Euro im Kalenderjahr übersteigt.

Wichtig: *Auf den geldwerten Vorteil eines zinsgünstigen Arbeitgeberdarlehens ist der Rabattfreibetrag jedoch nur anwendbar, wenn der Arbeitgeber Darlehen dieser Art auch an Fremde vergibt (BFH v. 9.10.2002, BStBl. II 2003, 373). Auf den geldwerten Vorteil eines zinslosen Arbeitgeberdarlehens kann der Rabattfreibetrag aber nicht schon deswegen angewendet werden, weil der Arbeitgeber drei verbundenen Unternehmen Darlehen gewährt (BFH v. 18.9.2002, BStBl. II 2003, 371).*

Weitere Einzelheiten zur Besteuerung von Arbeitgeberdarlehen s. BMF v. 1.10.2008, BStBl. I, 892, StEK EStG § 8 Nr. 536).

10. Inkrafttreten und Kündigung

Diese Vereinbarung tritt zum ... in Kraft und kann mit einer Frist von drei Monaten zum Ende des Kalenderjahres gekündigt werden. Die im Falle einer Kündigung bereits zugesagten oder gewährten Darlehen werden zu den Bedingungen dieser Betriebsvereinbarung fortgewährt.

M 104.19 Betriebsvereinbarung über übertarifliche Zulagen

1. Diese Betriebsvereinbarung gilt für alle Arbeitnehmer mit Ausnahme der Auszubildenden und der leitenden Angestellten iSd. § 5 Abs. 3 BetrVG.

2. Der Arbeitgeber bestimmt die Höhe der im Einzelfall zu zahlenden übertariflichen Zulage. Diese übertarifliche Zulage muss jedoch in jeder Lohngruppe/Gehaltsgruppe für jeden Arbeitnehmer mindestens betragen:

nach einer Betriebszugehörigkeit von einem Jahr	*40 %*
nach einer Betriebszugehörigkeit von zwei Jahren	*50 %*
nach einer Betriebszugehörigkeit von drei Jahren	*60 %*
nach einer Betriebszugehörigkeit von vier Jahren	*70 %*
nach einer Betriebszugehörigkeit von fünf Jahren	*80 %*

der durchschnittlichen übertariflichen Zulage, die in jeder Lohngruppe/Gehaltsgruppe im zweiten Monat vor Inkrafttreten der neuen Lohn- und Gehaltstarifverträge für ...[1] *bezahlt wird. Spätester Termin für die Feststellung der durchschnittlichen übertariflichen Zulage in den jeweiligen Lohn- und Gehaltsgruppen ist jedoch der Dezember eines Kalenderjahres. Nach Feststellung der durchschnittlichen übertariflichen Zulagen gewährt der Arbeitgeber dem Betriebsrat Einblick in die zu Grunde liegenden Berechnungsunterlagen und die dazugehörigen Bruttolohn- und Gehaltslisten (§ 80 Abs. 2 BetrVG).*

3. Die oben genannten Prozentzahlen sind erstmals zu berücksichtigen ab ..., allerdings mit der Maßgabe, dass die Auszahlung der übertariflichen Zulagen gekoppelt ist an die genannten Tarifverträge, jedenfalls so lange, wie diese eine Laufzeit von zwölf Monaten haben und jeweils am 31.1. eines Jahres enden. Verschiebt sich die Laufzeit der genannten Tarifverträge, so erfolgt die Neuberechnung der übertariflichen Zulagen zum 1.2. mit einer Fälligkeit Ende Februar jeden Jahres.

4. Diese Betriebsvereinbarung kann mit einer Frist von sechs Monaten zum Jahresende gekündigt werden, frühestens jedoch zum ...[2].

1 Hier ist die Branche und ggf. das Gebiet des anwendbaren Tarifvertrags einzutragen.
2 Zur Frage einer möglichen Nachwirkung s. Kap. 103 Rz. 37 f.

M 104.20 Betriebsvereinbarung über eine Vergütungsgruppenordnung

1. Geltungsbereich

Diese Betriebsvereinbarung gilt im Betrieb der Firma ... für alle Arbeitnehmer/innen iSv. § 5 Abs. 1 BetrVG ohne die Auszubildenden und ohne die leitenden Angestellten.

2. Einführung einer Vergütungsgruppenordnung

Im Betrieb gilt die nachfolgende Vergütungsgruppenordnung, deren Ziel die Schaffung von mehr Transparenz und Lohngerechtigkeit unter gleichzeitiger Wahrung bisheriger Besitzstände der Arbeitnehmer/innen ist.

3. Eingruppierung

3.1 Alle ab ... neu einzustellenden Arbeitnehmer/innen werden von dem Arbeitgeber unter Wahrung des Mitbestimmungsrechts des Betriebsrates nach §§ 99 ff. BetrVG nach Maßgabe dieser Vergütungsgruppenordnung eingruppiert und sodann vergütet. Die Eingruppierung ist im Arbeitsvertrag anzugeben.

3.2 Alle Arbeitnehmer/innen, die am ... bereits in einem Arbeitsverhältnis stehen, werden von dem Arbeitgeber unter Wahrung des Mitbestimmungsrechts des Betriebsrates nach §§ 99 ff. BetrVG nach Maßgabe dieser Vergütungsgruppenordnung bis zum ... eingruppiert. Die Arbeitnehmer/innen erhalten eine schriftliche Mitteilung des Arbeitgebers über das Ergebnis der Eingruppierung unter Hinweis auf die Besitzstandsklausel unter Ziff. 4 dieser Betriebsvereinbarung.

3.3 Die Eingruppierung erfolgt in die Vergütungsgruppen nach Ziff. 5 dieser Betriebsvereinbarung und richtet sich nach den dort niedergelegten Tätigkeits- und Qualifikationsmerkmalen sowie den Fallbeispielen mit folgender Maßgabe:

Soweit eine Vergütungsgruppe Tätigkeitsmerkmale aufweist, gelten diese nur als erfüllt, wenn zeitlich überwiegend, also mindestens zu 50 % und über einen Zeitraum von mindestens sechs Monaten Arbeitsvorgänge anfallen, die für sich genommen die Anforderungen eines oder mehrerer Tätigkeitsmerkmale dieser Vergütungsgruppe erfüllen. Soweit eine Vergütungsgruppe Qualifikationsmerkmale aufweist, müssen diese erfüllt sein. In Zweifelsfällen sind die Fallbeispiele maßgeblich zu berücksichtigen. Insbesondere, wenn die Eingruppierung eines/einer Arbeitnehmers/in auf Grund seiner/ihrer Qualifikation in unterschiedlichen Gruppen möglich ist, erfolgt die Eingruppierung in der Vergütungsgruppe des maßgeblichen Fallbeispiels.

3.4 Für Arbeitnehmer/innen der Vergütungsgruppe 4 als Stellvertreter/innen von Arbeitnehmer/innen der Vergütungsgruppe 5 gilt: Im Vertretungsfall ab einem zusammenhängenden Vertretungszeitraum von mehr als einer Woche erhält der/die Stellvertreter/in für den gesamten Zeitraum der Vertretung einen Bonus. Dieser beträgt 7,5 Prozentpunkte über dem Faktor der Vergütungsgruppe 4, bezogen auf den Vertretungszeitraum und die konkrete Vergütungshöhe des/der Arbeitnehmer/in gem. Ziff. 4.1 dieser Betriebsvereinbarung. Der/die Stellvertreter/in wird jeweils durch die Abteilungsleitung bestimmt.

4. Vergütungshöhe und Besitzstandsklausel

4.1 Die Vergütungshöhe wird in dieser Betriebsvereinbarung nicht unmittelbar geregelt. Der Arbeitgeber legt die abstrakte Vergütungshöhe der Vergütungsgruppe 1 bezogen auf eine von ihm als Berechnungsgröße zu bestimmende Wochenstundenzahl fest und teilt beides dem Betriebsrat unverzüglich schriftlich mit. Die abstrakte Vergütungshöhe der übrigen Vergütungsgruppen ergibt sich durch Multiplikation mit dem in Ziff. 5 genannten Faktor (Prozentzahl/100). Die konkrete Vergütungshöhe (Bruttomonatsentgelt) der einzelnen Arbeitnehmer/innen ergibt sich, indem deren individuelle vertragliche Wochenarbeitszeit durch die als Berechnungsgröße vorgegebene Wochenstundenzahl geteilt und das Ergebnis mit der abstrakten Vergütungshöhe der zutreffenden Vergütungsgruppe nach Ziff. 5 dieser Betriebsvereinbarung multipliziert wird.

4.2 Bei Neueinstellungen wird durch Eingruppierung nach dieser Vergütungsgruppenordnung das einzelvertraglich zu vereinbarende Entgelt bestimmt. Bei späteren Änderungen der Entgelthöhe durch den Arbeitgeber gilt auch für neu eingestellte Arbeitnehmer/innen die Regelung unter Ziff. 4.3.

4.3 Durch diese Betriebsvereinbarung wird in die einzelvertraglich vereinbarten Vergütungen nicht eingegriffen. Unabhängig von der nach dieser Betriebsvereinbarung vorgenommenen Eingruppierung begründet diese unmittelbar kein Recht, bei Inkrafttreten dieser Betriebsvereinbarung bestehende vertragliche Vereinbarungen zum Nachteil eines/einer Arbeitnehmers/in abzuändern.

4.4 Sollten sich bei künftigen Entgelterhöhungen Mitbestimmungsrechte ergeben, werden diese beachtet.

5. Vergütungsgruppen

Die einzelnen Vergütungsgruppen sind dieser Betriebsvereinbarung in Form einer Tabelle beigefügt und Bestandteil dieser Betriebsvereinbarung.

6. Beginn und Ende der Betriebsvereinbarung

Diese Betriebsvereinbarung tritt am ... in Kraft und kann mit einer Frist von drei Monaten gekündigt werden, erstmals zum ... Im Falle der Kündigung wirkt die Betriebsvereinbarung nach.

Anlage: Vergütungsgruppen

Verg.-Gruppe	*Tätigkeits-/Qualifikationsmerkmale*	*Fallbeispiele*	*Faktor*
Gruppe 1	*Arbeitnehmer mit einfachen Tätigkeiten, für deren Ausübung keine besondere Berufsausbildung erforderlich und keine oder geringe fachliche Kenntnisse notwendig sind (ungelernte Arbeitnehmer)*	...	*100 %*
Gruppe 2	*Arbeitnehmer mit Tätigkeiten, die fachliche Kompetenz erfordern, die durch Anleitung in betrieblicher Praxis in vergleichbarer Tätigkeit erworben wurde, nach einer Anlernzeit von einem Jahr im Unternehmen (angelernte Arbeitnehmer)*	...	*105 %*
Gruppe 3	*Arbeitnehmer, die eine anerkannte abgeschlossene fachspezifische Berufsausbildung von mindestens einem Jahr absolviert haben*	...	*120 %*
Gruppe 4	*Arbeitnehmer, die eine anerkannte abgeschlossene fachspezifische Berufsausbildung von mindestens zwei Jahren absolviert haben oder denen durch Arbeitsvertrag eine solche Stelle zugewiesen ist*	...	*125 %*
Gruppe 5	*Arbeitnehmer der Gruppe 4 mit anerkannter arbeitsplatzspezifischer Zusatzqualifikation oder Zusatzverantwortung mit Leitungsaufgaben, denen durch schriftliche Zuweisung eine solche Stelle zugewiesen wurde*	...	*140 %*
Gruppe 6	*Arbeitnehmer mit anerkannter arbeitsplatzspezifischer Zusatzqualifikation sowie Führungs- und Leitungsfunktionen und erhöhter Verantwortung*	...	*155 %*
Gruppe 7	*Arbeitnehmer mit besonderer Fachausbildung und umfassenden Führungsaufgaben unter Kenntnis der gesamtbetrieblichen Zusammenhänge und eigenverantwortlicher Tätigkeit*	...	*170 %*

10. Betriebliches Vorschlagswesen

36 Der Betriebsrat hat nach § 87 Abs. 1 Nr. 12 BetrVG bei der Aufstellung von Grundsätzen über das betriebliche Vorschlagswesen mitzubestimmen. Betroffen werden hiervon allein die (freiwilligen) Verbesserungsvorschläge von Arbeitnehmern, die nicht bereits aus einer konkreten arbeitsvertraglichen Verpflichtung resultieren. Die Vergütung von Verbesserungsvorschlägen, die auf Grund einer entsprechenden vertraglichen Verpflichtung gemacht werden und mithin Gegenstand der geschuldeten Arbeitsleistung sind, richtet sich nach den arbeitsvertraglichen Vereinbarungen und unterliegt nicht der Mitbestimmung nach § 87 Abs. 1 Nr. 12 BetrVG (vgl. ErfK/Kania § 87 BetrVG Rz. 130 mwN).

11. Gruppenarbeit

37 Der Betriebsrat hat mitzubestimmen bei der Aufstellung von Grundsätzen über die Durchführung von Gruppenarbeit (§ 87 Abs. 1 Nr. 13 BetrVG). Gruppenarbeit in diesem Sinne liegt vor, wenn im Rahmen des betrieblichen Arbeitsablaufs eine Gruppe von Arbeitnehmern eine ihr übertragene Gesamtaufgabe im Wesentlichen eigenverantwortlich erledigt (Einzelheiten bei Fitting/Engels/Schmidt/Trebinger/Linsenmaier § 87 BetrVG Rz. 565 ff. mwN).

Kapitel 105 Mitbestimmung in personellen Angelegenheiten

Literatur: *Etzel/Bader/Fischermeier/Friedrich/Gallner/Griebeling/Kreft/Link/Lipke/Rost/Spilger/Treber/Vogt/Weigand*, Gemeinschaftskommentar zum Kündigungsschutzgesetz und zu sonstigen kündigungsschutzrechtlichen Vorschriften (zitiert: KR), 10. Aufl. 2013; *Stahlhacke/Preis/Vossen*, Kündigung und Kündigungsschutz im Arbeitsverhältnis, 11. Aufl. 2015; s. auch die Literaturhinweise zu Kap. 96 und Kap. 103.

I. Innerbetriebliche Stellenausschreibung

1 Der Betriebsrat kann nach § 93 BetrVG verlangen, dass Arbeitsplätze, die besetzt werden sollen, allgemein oder für bestimmte Arten von Tätigkeiten vor ihrer Besetzung innerhalb des Betriebes ausgeschrieben werden. Es kann nur eine **Ausschreibung für den Betrieb**, nicht aber für das Unternehmen oder gar den Konzern verlangt werden, es sei denn, der Gesamtbetriebsrat wäre zuständig.

2 ➲ **Hinweis:** Nach überwiegender, jedoch nicht unumstrittener Ansicht bezieht sich das Mitbestimmungsrecht des Betriebsrats nicht auf **Inhalt, Form und Frist** der Ausschreibung (BAG AP Nr. 132 zu § 99 BetrVG 1972; Fitting/Engels/Schmidt/Trebinger/Linsenmaier § 93 BetrVG Rz. 6 mwN; aA Däubler/Kittner/Klebe/Wedde § 93 BetrVG Rz. 10). Folgt man der hM, kommt allenfalls eine Regelung durch freiwillige Betriebsvereinbarung in Betracht.

3 Schreibt der Arbeitgeber trotz entsprechenden Verlangens des Betriebsrats eine Stelle vor Besetzung nicht innerbetrieblich aus oder handelt er insoweit entgegen einer abgeschlossenen Betriebsvereinbarung (s. **M 105.1**), kann der Betriebsrat die dann beabsichtigte Einstellung durch Ausübung seines **Zustimmungsverweigerungsrechts** nach § 99 Abs. 2 Nr. 1 bzw. 5 BetrVG verhindern.

M 105.1 Betriebsvereinbarung innerbetriebliche Stellenausschreibung

1. Ausschreibungspflicht und Ausschreibungsdauer

1.1 Jede freie und neue Stellen im Betrieb sind grundsätzlich vor der Besetzung innerbetrieblich ausschreiben.

1.2 Auf eine innerbetriebliche Stellenausschreibung kann nur ausnahmsweise mit vorheriger Zustimmung des Betriebsrates verzichtet werden.

1.3 Der Zeitraum der innerbetrieblichen Stellenausschreibung beträgt grundsätzlich zwei Wochen.[1] *Der Tag des Beginns und des Endes der Ausschreibung wird auf dem für die Ausschreibung verwendeten Formular angegeben. Nach Ablauf einer Woche kann daneben eine außerbetriebliche Ausschreibung erfolgen. Neben der innerbetrieblichen Ausschreibung kann – wenn besondere betriebliche Erfordernisse gegeben sind – mit vorheriger Zustimmung des Betriebsrates auch von Anfang an gleichzeitig eine außerbetriebliche Ausschreibung erfolgen.*

1.4 Bei der Durchführung der innerbetrieblichen Stellenausschreibung, die durch die Personalabteilung erfolgt, arbeiten die Personalabteilung und der Personalausschuss des Betriebsrates eng zusammen.

2. Form und Inhalt der Ausschreibung

2.1 Die Ausschreibung erfolgt durch

- *Aushang am Schwarzen Brett,*
- *entsprechende Mitteilung in der Werkszeitung und*
- *Veröffentlichung im firmeninternen Intranet.*

2.2 Die Ausschreibung enthält:

- *die Arbeitsplatzbeschreibung;*
- *die Stellenbeschreibung (Kurzform);*
- *die fachlichen und persönlichen Anforderungen einschließlich der erforderlichen Prüfungsnachweise;*
- *die Eingruppierung, ggf. die Entwicklungschancen;*
- *die ausschreibende Abteilung;*
- *die Bewerbungsfrist.*

2.3 Darüber hinaus sollen, soweit möglich, folgende Angaben in der Stellenausschreibung enthalten sein:

- *Hinweise auf angemessene Einarbeitungsmöglichkeiten;*
- *erforderliche Bewerbungsunterlagen;*
- *Arbeitszeit.*

1 Diese Frist ist für den Regelfall als angemessen anerkannt, vgl. BAG AP Nr. 132 zu § 99 BetrVG 1972.

2.4 Die Ausschreibung hat gem. § 11 AGG diskriminierungsfrei, insbes. geschlechtsneutral zu erfolgen.

2.5 Der Betriebsrat erhält von jeder Stellenausschreibung ein Exemplar.

3. Bewerbung

3.1 Die Bewerbung erfolgt schriftlich auf einem von der Personalabteilung herausgegebenen innerbetrieblichen Bewerbungsbogen.

3.2 Die Bewerbung ist an die Personalabteilung zu richten.

3.3 Die Bewerbung von Mitarbeitern wird bis zum Zeitpunkt der Auswahl von der Personalabteilung vertraulich behandelt.

4. Auswahl

4.1 Es werden nur innerhalb der Bewerbungsfrist eingereichte Bewerbungen berücksichtigt.

4.2 Die Auswahl unter den internen und externen Bewerbern erfolgt nach Ablauf der Ausschreibungsfrist unter Berücksichtigung gesetzlicher Mitwirkungsrechte des Betriebsrates durch die Personalabteilung in Abstimmung mit der jeweiligen Fachabteilung.

4.3 Bei gleicher Qualifikation soll dem internen Bewerber bei der Besetzung der Stelle der Vorrang eingeräumt werden.

4.4 Sofern nicht eine andere einvernehmliche Regelung zwischen der Leitung der jeweiligen Abteilung, der Personalabteilung und dem Mitarbeiter erfolgt, ist die abgebende Abteilung verpflichtet, den ausgewählten Bewerber spätestens mit Ablauf der arbeitnehmerseitigen Kündigungsfrist freizugeben.

4.5 Die Mitarbeiter werden über den Ausgang ihrer Bewerbung unverzüglich unterrichtet. Ablehnende Bescheide bedürfen keiner Begründung.

4.6 Von dem bisherigen Vorgesetzten wird anlässlich der Versetzung eine Beurteilung abgegeben. Auf Wunsch erhält der zu versetzende Mitarbeiter ein Zwischenzeugnis.

5. Tätigkeit in der neuen Position

Entsprechen die Leistungen des Mitarbeiters nach einer der üblichen Probezeit entsprechenden Einarbeitungszeit nicht den Anforderungen der neuen Position, ohne dass der Mitarbeiter Anlass zu einer Kündigung aus wichtigem Grund gegeben hat, kann er die Zuweisung einer seiner vorangegangenen Stelle gleichwertigen Tätigkeit fordern, jedoch nur insoweit, als entsprechende betriebliche Möglichkeiten gegeben sind. Bei Konsequenzen, die sich aus der Nichtbewährung eines Mitarbeiters in der neuen Position ergeben, werden Personalabteilung und Betriebsrat eng zusammenarbeiten.

6. Sonstiges

6.1 Eine Bewerbung darf nicht zum Anlass genommen werden, einen Mitarbeiter wegen seiner Bewerbung gegenüber anderen Mitarbeitern zu benachteiligen.

6.2 Die Mitarbeiter sind berechtigt, Kolleginnen und Kollegen auf entsprechende interne Stellenausschreibungen hinzuweisen.

7. Inkrafttreten, Kündigung

Diese Betriebsvereinbarung tritt am ... in Kraft. Sie kann mit einer Frist von drei Monaten zum Ende eines Kalenderjahres gekündigt werden, erstmals zum ... Im Falle der Kündigung wirkt sie nicht nach. Die Rechte des Betriebsrates nach § 93 BetrVG bleiben hiervon unberührt.

II. Personalfragebogen

Nach § 94 Abs. 1 BetrVG hat der Betriebsrat mitzubestimmen bei der **Einführung und Verwendung** von Personalfragebogen. Personalfragebogen sind formularmäßig gefasste Zusammenstellun- 4 gen von Fragen, die ein Bewerber oder Arbeitnehmer beantworten soll und die Aufschluss geben sollen über Person, Kenntnisse und Fertigkeiten des Befragten (BAG AP Nr. 4 zu § 94 BetrVG 1972; Fitting/Engels/Schmidt/Trebinger/Linsenmaier § 94 BetrVG Rz. 6).

5 Von dem Mitbestimmungsrecht werden sowohl Fragebogen für die bereits im Betrieb tätigen Arbeitnehmer als auch für externe Bewerber erfasst (Fitting/Engels/Schmidt/Trebinger/Linsenmaier § 94 BetrVG Rz. 6 mwN). Der Betriebsrat hat allerdings **kein Initiativrecht** zur Einführung eines Fragebogens. Das Mitbestimmungsrecht setzt erst dann ein, wenn der Arbeitgeber sich zur Einführung und Verwendung eines Fragebogens entschließt, und endet automatisch mit seinem Entschluss, keine Fragebogen mehr zu verwenden (Fitting/Engels/Schmidt/Trebinger/Linsenmaier § 94 BetrVG Rz. 13). Soweit der Arbeitgeber allerdings Fragebogen einführen und nutzen will, hat der Betriebsrat ein vollumfängliches inhaltliches Mitgestaltungsrecht. Im Streitfall entscheidet die Einigungsstelle (§ 94 Abs. 1 Satz 2 BetrVG).

M 105.2 Betriebsvereinbarung Einführung eines Personalfragebogens

1. Alle außerbetrieblichen Bewerber[1] haben einen Fragebogen auszufüllen, wie er in der Anlage[2] beigefügt ist.

2. Der Inhalt des Fragebogens ist Gegenstand dieser Betriebsvereinbarung.

3. Änderungen des Fragebogens bedürfen der Zustimmung des Betriebsrates.

4. Diese Betriebsvereinbarung tritt am ... in Kraft und kann mit einer Frist von drei Monaten zum Quartalsende gekündigt werden[3].

1 ***Hinweis:*** *Da § 94 Abs. 1 BetrVG auch einen Fragebogen für schon im Betrieb tätige Arbeitnehmer erfasst, könnte die Betriebsvereinbarung auch auf diesen Personenkreis ausgedehnt werden.*

2 S. **M 97.1**.

3 ***Hinweis:*** *Kündigt der Arbeitgeber mit dem Hinweis, dass er in Zukunft keinen Fragebogen mehr verwenden will, wirkt die Betriebsvereinbarung nicht gem. § 77 Abs. 6 BetrVG nach.*

III. Auswahlrichtlinien

6 Richtlinien über die personelle Auswahl bei **Einstellungen, Versetzungen und Kündigungen** bedürfen nach § 95 Abs. 1 BetrVG der Zustimmung des Betriebsrats. In Betrieben mit mehr als 500 Arbeitnehmern kommt dem Betriebsrat zudem ein Initiativrecht zur Einführung solcher Auswahlrichtlinien zu (§ 95 Abs. 2 BetrVG). Das Mitbestimmungsrecht ist zwingend. Im Streitfall entscheidet die Einigungsstelle. Im Falle von Kündigungen (s. **M 105.3**) führt die Anwendung einer Auswahlrichtlinie dazu, dass die Sozialauswahl hinsichtlich der Gewichtung der einzelnen Auswahlkriterien zueinander nur noch auf grobe Fehlerhaftigkeit überprüft werden kann (§ 1 Abs. 4 KSchG). Andererseits wird auch für den Betriebsrat die Überprüfung von Auswahlentscheidungen erleichtert. Zudem bestehen besondere Zustimmungsverweigerungs- bzw. Widerspruchsgründe bei einem Verstoß gegen Vorgaben einer Auswahlrichtlinie (vgl. §§ 99 Abs. 2 Nr. 2, 102 Abs. 3 Nr. 2 BetrVG).

M 105.3 Betriebsvereinbarung zu Auswahlrichtlinien

1. Diese Betriebsvereinbarung findet Anwendung bei allen betriebsbedingten Kündigungen.

2. Soweit aufgrund außerbetrieblicher oder innerbetrieblicher Umstände ein Beschäftigungsüberhang entsteht und Arbeitsplätze wegfallen, ist zunächst zu prüfen, ob Weiterbeschäftigungsmöglichkeiten auf anderen freien Arbeitsplätzen im Betrieb oder im Unternehmen bestehen.

3. Soweit eine Weiterbeschäftigung nach Ziffer 2 nicht in Betracht kommt und betriebsbedingte Kündigungen unvermeidlich sind, ist die soziale Auswahl nach folgenden Richtlinien durchzuführen:

a) Die soziale Auswahl findet unter allen vergleichbaren Mitarbeitern des gesamten Betriebes statt. Vergleichbar sind die Mitarbeiter der gleichen Hierarchieebene, die aufgrund gleichartiger Tätigkeit und beruflicher Qualifikation untereinander austauschbar sind. Eine zumutbare Einarbeitungszeit von in der Regel drei bis sechs Wochen[1] ist zu berücksichtigen. Nicht in die Sozialauswahl einzubeziehen sind Arbeitnehmer, deren Tätigkeit nicht im Wege des Direktionsrechts einseitig durch den Arbeitgeber übertragen werden könnte.

b) Nicht in die Sozialauswahl einbezogen werden Mitarbeiter mit Sonderkündigungsschutz.

c) Nicht in die Sozialauswahl einbezogen werden gemäß § 1 Abs. 3 Satz 2 KSchG Mitarbeiter, deren Weiterbeschäftigung, insbesondere wegen ihrer Kenntnisse, Fähigkeiten und Leistungen im berechtigten betrieblichen Interesse liegt (Leistungsträger).

d) Die soziale Auswahl der vom Ausscheiden betroffenen Mitarbeiter wird nach folgender Punkteliste vorgenommen, wobei die Mitarbeiter mit der niedrigsten Punktzahl vorbehaltlich einer abschließend noch vorzunehmenden Einzelfallprüfung im Umfang des erforderlichen Abbaus von Arbeitsplätzen von der Kündigung betroffen sind[2]:

→ Je Beschäftigungsjahr	*1 Punkt*
ab dem 11. Dienstjahr je Dienstjahr	*2 Punkte max. 70 Punkte*
→ Für jedes volle Lebensjahr	*1 Punkt max. 55 Punkte*
→ Unterhaltspflicht gegenüber Ehegatten/eingetragenen Lebenspartnern	*4 Punkte*
→ Unterhaltspflicht je Kind	*4 Punkte*
→ Schwerbehinderung/Gleichstellung	*5 Punkte*
je GdB von 10 über 50 zusätzlich	*1 Punkt*

e) Es zählen nur die zum Zeitpunkt des Ausspruchs der Kündigung vollen Lebens- und Betriebszugehörigkeitsjahre und die zu diesem Zeitpunkt tatsächlich bestehenden Unterhaltspflichten und der behördlich anerkannte Grad der Behinderung bzw. die behördlich anerkannte Gleichstellung. Die Daten sind, soweit unbekannt, von den betroffenen Mitarbeitern zu erfragen.

4. Der Betriebsrat wird im Rahmen der Anhörung nach § 102 BetrVG zu den einzelnen Kündigungen insbesondere darüber informiert, wie der Kreis der vergleichbaren Mitarbeiter nach Ziffer 3a)–c) gebildet worden ist und welche Mitarbeiter mit welcher Begründung als Leistungsträger gemäß Ziffer 3c) nicht in die Sozialauswahl einbezogen wurden. Unter den vergleichbaren Mitarbeitern wird dem Betriebsrat in Tabellenform mitgeteilt, welche Sozialdaten diese haben und welcher Punktwert daraus errechnet worden ist. Abweichende Einzelfallbewertungen sind offenzulegen.

5. Diese Betriebsvereinbarung tritt am ... in Kraft und kann mit einer Frist von drei Monaten zum Monatsende gekündigt werden. Im Falle der Kündigung wirkt sie nicht nach.

1 Vgl. Stahlhacke/Preis/Vossen Rz. 1044 mwN.

2 ***Hinweis:*** *Solche Punktelisten sind vom BAG (AP Nr. 183 zu § 1 KSchG 1969 Betriebsbedingte Kündigung; BAG dbr 7/2008, 40 f. mit Anm. Klein; vgl. auch Stahlhacke/Preis/Vossen Rz. 1143 ff.) als wirksam anerkannt worden. Zur weiterhin umstrittenen Vereinbarkeit von Altersgruppen mit Art. 6 der Richtlinie 2000/78/EG s. auch Kaiser/Dahm NZA 2010, 473 ff.*

IV. Mitbestimmung bei Einstellung, Versetzung, Ein- und Umgruppierung

In allen Unternehmen mit in der Regel mehr als 20 wahlberechtigten Arbeitnehmern hat der Arbeitgeber den Betriebsrat vor jeder Einstellung (s. **M 105.4**), Versetzung (s. **M 105.6**), Ein- oder Umgruppierung zu unterrichten, ihm die erforderlichen Bewerbungsunterlagen vorzulegen und Auskunft über die Person der Beteiligten zu geben. Er hat dem Betriebsrat Auskunft über die Auswirkungen der geplanten Personalmaßnahme zu geben, bei Einstellungen und Versetzungen insbesondere den in Aussicht genommenen Arbeitsplatz und die vorgesehene Eingruppierung mitzuteilen, und sodann die **Zustimmung des Betriebsrats** einzuholen (§ 99 Abs. 1 BetrVG). 7

8 Eine mitbestimmungspflichtige **Einstellung** liegt vor, wenn eine Person in den Betrieb eingegliedert wird, um zusammen mit den schon beschäftigten Arbeitnehmern dessen arbeitstechnischen Zweck durch weisungsgebundene Tätigkeit zu verwirklichen (BAG NZA 2005, 945, 946; BAG AP Nr. 98 zu § 99 BetrVG 1972). Nicht ausschlaggebend ist der bloße Abschluss eines Arbeitsvertrags, soweit dieser (noch) nicht tatsächlich umgesetzt wird (aA Fitting/Engels/Schmidt/Trebinger/Linsenmaier § 99 BetrVG Rz. 31 f.). Ebenfalls keine Einstellung liegt vor bei der Rücknahme einer Kündigung, wenn die Beschäftigung ohne Unterbrechung fortgesetzt wird (Fitting/Engels/Schmidt/Trebinger/Linsenmaier § 99 BetrVG Rz. 44). Hingegen sind alle Formen der weisungsgebundenen Beschäftigung im Betrieb mitbestimmungspflichtig, egal, ob eine unbefristete, befristete, Vollzeit- oder Teilzeittätigkeit vorliegt, ein Probe- oder Aushilfsarbeitsverhältnis begründet worden ist. Auch die Verlängerung eines befristeten oder seine Umwandlung in ein unbefristetes Arbeitsverhältnis begründet erneut das Mitbestimmungsrecht nach § 99 BetrVG (BAG AP Nr. 82 zu § 99 BetrVG 1972), ebenso die Verlängerung eines Arbeitsverhältnisses über die vorgesehene Altersgrenze hinaus oder die Aufnahme einer Teilzeitbeschäftigung bei demselben Arbeitgeber während der Elternzeit (BAG NZA 2005, 945, 946 mwN). Selbst die einvernehmliche, den Zeitraum von einem Monat überschreitende und mindestens 10 Stunden pro Woche umfassende Erhöhung der Wochenarbeitszeit eines Arbeitnehmers soll eine „Einstellung" sein (BAG AP Nr. 59 zu § 99 BetrVG 1972 Einstellung), wohingegen bei Verminderung der Arbeitszeit kein Mitbestimmungsrecht nach § 99 BetrVG ausgelöst wird (BAG NZA 2005, 945, 947 f.). Die Versetzung eines Arbeitnehmers von einem Betrieb in einen anderen stellt im aufnehmenden Betrieb eine Einstellung dar (Fitting/Engels/Schmidt/Trebinger/Linsenmaier § 99 BetrVG Rz. 37). Über § 14 Abs. 3 AÜG hat der Betriebsrat schließlich auch beim Einsatz von Leiharbeitnehmern im Betrieb mitzubestimmen.

9 Der betriebsverfassungsrechtliche Versetzungsbegriff ist in § 95 Abs. 3 BetrVG legaldefiniert. Danach ist **Versetzung** die Zuweisung eines anderen Arbeitsbereichs, die voraussichtlich die Dauer von einem Monat überschreitet, oder die mit einer erheblichen Änderung der Arbeitsumstände verbunden ist. Bei Arbeitnehmern, deren Arbeitsverhältnis typischerweise mit wechselnden Tätigkeiten oder Tätigkeitsorten verbunden ist (zB Springer, Montagearbeitnehmer), stellt die jeweilige Zuweisung neuer Arbeitsplätze keine Versetzung dar (§ 95 Abs. 3 Satz 2 BetrVG).

10 ➲ **Wichtig:** Bei Versetzungen ist das Mitbestimmungsrecht nach § 99 BetrVG auch dann zu beachten, wenn der betroffene Arbeitnehmer der Maßnahme zustimmt oder sie sogar auf seinen eigenen Wunsch hin erfolgt. Denn das Mitbestimmungsrecht dient nicht primär dem **Schutz** des einzelnen betroffenen Arbeitnehmers, sondern **der Belegschaft**, wie die Zustimmungsverweigerungsrechte aus § 99 Abs. 2 BetrVG zeigen.

11 Die Beachtung des Mitbestimmungsrechts aus § 99 BetrVG ist **Wirksamkeitsvoraussetzung** für die personelle Einzelmaßnahme. Dies bedeutet insbesondere bei gegen den Willen des betroffenen Arbeitnehmers erfolgenden Versetzungen, dass diese bis zur ordnungsgemäßen Durchführung des Mitbestimmungsverfahrens und Erteilung der Zustimmung durch den Betriebsrat oder Ersetzung der Zustimmung durch das Arbeitsgericht (§ 99 Abs. 4 BetrVG) individualrechtlich unwirksam sind (BAG NZA 1994, 187; BAG AP Nr. 174 zu § 626 BGB).

12 ➲ **Hinweis:** Bei **Versetzungen von Betriebsratsmitgliedern** kann an Stelle des § 99 BetrVG die Regelung des § 103 Abs. 3 BetrVG zu beachten sein, falls die Versetzungsmaßnahme zum Amtsverlust führen würde und gegen den Willen des Betriebsratsmitglieds erfolgen soll. Das Gleiche gilt für **Wahlvorstände und Wahlbewerber**, die bei einer Versetzung ihr Amt oder die Wählbarkeit im Betrieb verlieren würden.

13 **Eingruppierung** ist die erstmalige Festlegung der für die Entlohnung des Arbeitnehmers maßgebenden Lohn- oder Gehaltsgruppe. Sie ist regelmäßig mit der Einstellung verbunden, weshalb sich die Kombination beider Anhörungen nach § 99 BetrVG empfiehlt (s. **M 105.4**).

14 **Umgruppierung** ist jede Änderung der Einreihung in die tarifliche oder betriebliche Lohn- oder Gehaltsgruppenordnung (Fitting/Engels/Schmidt/Trebinger/Linsenmaier § 99 BetrVG Rz. 104 ff.). Sie kann mit einer Versetzungsmaßnahme einhergehen. Ist dies der Fall, empfiehlt sich auch hier die Kombination der Anhörungen (s. **M 105.6**).

Die Unterrichtungs- und Vorlagepflicht nach § 99 Abs. 1 BetrVG dient dazu, dem Betriebsrat die Informationen zu verschaffen, die er benötigt, um sein Recht zur Stellungnahme nach § 99 Abs. 2 BetrVG sachgerecht ausüben zu können. Der Arbeitgeber muss den Betriebsrat so informieren, dass dieser auf Grund der mitgeteilten Tatsachen in die Lage versetzt wird zu prüfen, ob einer der in § 99 Abs. 2 BetrVG genannten Zustimmungsverweigerungsgründe vorliegt. Darüber hinaus soll der Betriebsrat die Möglichkeit erhalten, Anregungen für die Bewerberauswahl vorzubringen, unabhängig davon, ob damit zugleich ein Zustimmungsverweigerungsgrund geltend gemacht werden kann (BAG NZA 2006, 111, 113 f.). Es soll ein Zustand von **Informationsparität** hinsichtlich der zu entscheidenden Personalmaßnahme erreicht werden. 15

Die Anhörung hat, soweit keine vorläufige Maßnahme nach § 100 BetrVG begründet ist, **mindestens eine Woche vor der Umsetzung** stattzufinden. Denn dies ist der Zeitraum, der dem Betriebsrat nach § 99 Abs. 3 BetrVG für seine Stellungnahme zur Verfügung steht. Da der Arbeitgeber bei Verweigerung der Zustimmung durch den Betriebsrat die Maßnahme erst nach von ihm nach § 99 Abs. 4 BetrVG beim Arbeitsgericht zu beantragender **Zustimmungsersetzung** umsetzen darf, empfiehlt sich eine möglichst frühzeitige Anhörung. 16

➲ **Praxistipp:** Da die Verfahrenslaufzeiten eines Zustimmungsersetzungsverfahrens allein durch zwei Instanzen bereits ohne weiteres bis zu zwölf Monate betragen können, empfiehlt sich aus Arbeitgebersicht bei zu erwartender Zustimmungsverweigerung stets die Anhörung zu einer **vorläufigen personellen Maßnahme** nach § 100 BetrVG (s. **M 105.8**). Hierzu ist der Betriebsrat **unverzüglich** separat zu unterrichten. Selbst wenn er dann auch zu der vorläufigen Umsetzung der personellen Maßnahme seine Zustimmung verweigern sollte, was auch seinerseits unverzüglich zu geschehen hat, kann die Maßnahme dann bereits unmittelbar umgesetzt werden, wenn nunmehr binnen drei Tagen von dem Arbeitgeber beim zuständigen Arbeitsgericht der Antrag nach § 100 Abs. 2 Satz 3 BetrVG gestellt wird (s. hierzu bei Bauer/Lingemann/Diller/Haußmann M 42.9). Die Maßnahme kann dann mindestens für die Laufzeit des gerichtlichen Verfahrens aufrechterhalten werden. 17

Die Unterrichtung des Betriebsrats nach § 99 Abs. 1 BetrVG ist an **keine Form** gebunden. Allein schon aus Beweissicherungsgründen für ein späteres Zustimmungsersetzungsverfahren empfiehlt sich jedoch dringend, das Mitbestimmungsverfahren schriftlich einzuleiten und sich vom Betriebsratsvorsitzenden den Empfang des Schreibens und der Unterlagen quittieren zu lassen, da ab dem Zugang der vollständigen Anhörungsunterlagen die Wochenfrist nach § 99 Abs. 3 Satz 1 BetrVG zu laufen beginnt. 18

➲ **Wichtig:** Der Betriebsrat ist wegen des Grundsatzes der vertrauensvollen Zusammenarbeit (§ 2 Abs. 1 BetrVG) gehalten, den Arbeitgeber darauf hinzuweisen, dass und soweit er eine Unterrichtung nach § 99 Abs. 1 BetrVG als unzureichend ansieht. Unterlässt er dies, läuft die Wochenfrist nach § 99 Abs. 3 Satz 1 BetrVG trotz unzureichender Information. Dies gilt allerdings nur dann, wenn der Arbeitgeber davon ausgehen durfte, den Betriebsrat **vollständig** unterrichtet zu haben. Das setzt voraus, dass er die unverzichtbaren Angaben gegenüber dem Betriebsrat gemacht, Auskunft über die geplante Maßnahme und über die Person aller Bewerber unter Einschluss der von ihm selbst erhobenen auswahlrelevanten Daten erteilt hat (BAG NZA 2006, 111, 115). Erfüllt der Arbeitgeber diese Vorgaben nicht, beginnt die Wochenfrist nach § 99 Abs. 3 Satz 1 BetrVG selbst dann nicht zu laufen, wenn der Betriebsrat die Unvollständigkeit der Angaben erkannt, aber nicht gerügt und in der Sache evtl. sogar bereits Stellung genommen hat. Die personelle Maßnahme kann dann nicht umgesetzt werden. Der Betriebsrat könnte gegen eine gleichwohl erfolgende Umsetzung nach § 101 BetrVG gerichtlich vorgehen. 19

Die **Zustimmungsverweigerungsgründe** des Betriebsrats sind in § 99 Abs. 2 Nr. 1–6 BetrVG **abschließend** aufgezählt. Danach steht dem Betriebsrat insbesondere kein Widerspruchsrecht gegen eine personelle Maßnahme mit der Begründung zu, ein anderer Bewerber sei fachlich qualifizierter. Diese Beurteilung bleibt grundsätzlich dem Arbeitgeber allein vorbehalten. Widerspruchsgründe, die nicht unter den Katalog des § 99 Abs. 2 Nr. 1–6 BetrVG fallen, können zwar vom Betriebsrat geltend gemacht werden, verpflichten den Arbeitgeber aber nicht zur Einleitung eines Zustimmungsersetzungsverfahrens vor dem Arbeitsgericht. 20

21 Die Zustimmungsverweigerung (s. **M 105.5** und **M 105.7**) muss **binnen einer Woche** nach ordnungsgemäßer Anhörung und in jedem Falle auf der Grundlage eines wirksamen Betriebsratsbeschlusses und **schriftlich** erfolgen (§ 99 Abs. 3 Satz 1 BetrVG). Lässt der Betriebsrat die Frist verstreichen, gilt seine Zustimmung als erteilt (§ 99 Abs. 3 Satz 2 BetrVG). Arbeitgeber und Betriebsrat können allerdings eine Fristverlängerung vereinbaren (BAG AP Nr. 18 zu § 99 BetrVG 1972).

22 ➲ **Hinweis:** Für die Schriftlichkeit iSv. § 99 Abs. 3 Satz 1 BetrVG reicht, da darunter nicht die gesetzliche Schriftform des § 126 BGB zu verstehen ist, jede Erklärung des Betriebsrats in **Textform** aus (BAG NZA 2009, 627 mit Anm. Klein dbr 7/2009, 37). Damit genügt eine Erklärung per E-Mail (BAG NZA 2009, 622 mit Anm. Klein dbr 11/2009, 38) grundsätzlich ebenso wie die Übersendung der von dem Betriebsratsvorsitzenden unterzeichneten Zustimmungsverweigerung per **Telefax** (BAG AP Nr. 118 zu § 99 BetrVG 1972), solange der Betriebsrat als Absender hinreichend klar aus der Erklärung hervorgeht und die übrigen Anforderungen an die Textform nach § 126b BGB erfüllt sind.

23 Die bloße Wiederholung des Wortlauts einer der Nummern des § 99 Abs. 2 BetrVG genügt in keinem Fall für eine wirksame Zustimmungsverweigerung (ErfK/Kania § 99 BetrVG Rz. 39 mwN). Auch pauschale Begründungen mit bloßen Schlagwörtern genügen in der Regel nicht. In diesen Fällen tritt nach Ablauf der Wochenfrist automatisch Zustimmungsfiktion ein. Auch eine offensichtlich unsinnige Begründung ist unbeachtlich und erlaubt es dem Arbeitgeber, die personelle Maßnahme trotz – formell unwirksamen – Widerspruchs des Betriebsrats unmittelbar umzusetzen. Eine ordnungsgemäße Begründung der Zustimmungsverweigerung muss so **konkret** gefasst sein, dass der Arbeitgeber und später auch das Arbeitsgericht in die Lage versetzt werden, die Stichhaltigkeit der Zustimmungsverweigerungsgründe zumindest ansatzweise zu prüfen. Die Begründung muss es aus sich heraus als möglich erscheinen lassen, dass ein Widerspruchstatbestand geltend gemacht wird, ohne dass allerdings dabei ausdrücklich auf die Nummern des § 99 Abs. 2 BetrVG Bezug genommen werden müsste (BAG AP Nr. 50, 57, 118 zu § 99 BetrVG 1972).

24 ➲ **Praxistipp:** Hier treten in der Praxis auf Betriebsratsseite die häufigsten Probleme auf. Besonders sorgfältige Arbeit ist hier aber erforderlich, denn ein **Nachschieben** neuer Widerspruchsgründe nach Ablauf der Wochenfrist ist unzulässig (BAG NZA 1994, 187); zulässig ist allein die Vertiefung der Begründung bereits innerhalb der Frist vorgebrachter Widerspruchsgründe (BAG AP Nr. 18 zu § 99 BetrVG 1972 – Eingruppierung).

M 105.4 Unterrichtung des Betriebsrates nach § 99 BetrVG bei beabsichtigter Einstellung und Eingruppierung eines Bewerbers

An den Betriebsrat[1]
zu Händen seines Vorsitzenden . . .
im Hause

Es ist beabsichtigt, den Bewerber
Name: . . .
Vorname: . . .
Anschrift: . . .
Geburtsdatum: . . .
Familienstand: . . .
mit Wirkung ab . . .
als . . .
in der Abteilung . . . einzustellen.

1 Soweit es einen Personalausschuss gibt, evtl. auch: „*An den Personalausschuss zu Händen seines Vorsitzenden*".

Es bestehen bei ihm folgende Erwerbsbeschränkungen: ...

Er war bisher bei ... als ... beschäftigt. Die fachlichen und persönlichen Voraussetzungen für die Stelle sind bei ihm erfüllt, denn ...

Er soll in die tarifliche Lohngruppe ... eingestuft werden. Begründung: ...

Die Einstellung kann auf die übrige Belegschaft keine/folgende Auswirkungen haben: ...

Um den Arbeitsplatz haben sich ferner beworben[2]:

1. ...

2. ...

Eine Abschrift des Personalfragebogens ist beigefügt. Die Bewerbungsunterlagen sämtlicher Bewerber (Bewerbungsschreiben, Lebenslauf, Zeugnisse, Teilnahmebestätigungen, Lichtbild, Angaben über den Gesundheitszustand[3], soweit von den Bewerbern eingereicht/vorgelegt) sind beigefügt/ können im Personalbüro eingesehen werden.

Anlässlich des Stellenbesetzungsverfahrens wurden Vorstellungsgespräche durchgeführt. Aus diesen Gesprächen wird folgender für die Besetzungsentscheidung maßgeblich gewordener Inhalt mitgeteilt: ...[4]

Weitere Unterlagen sind im Rahmen des Stellenbesetzungsverfahrens nicht angefertigt und der Besetzungsentscheidung zu Grunde gelegt worden[5].

Wir bitten Sie, der beabsichtigten Einstellung innerhalb der gesetzlichen Wochenfrist zuzustimmen.

... (Ort/Datum)

... (Unterschrift)

Hiermit wird der Empfang der Mitteilung nach § 99 BetrVG bestätigt[6]:

... (Ort/Datum)

... (Unterschrift[7])

---

2 ***Hinweis:*** *Zu den anderen Bewerbern sind die Personalien und die fachlichen und persönlichen Voraussetzungen für den in Aussicht genommenen Arbeitsplatz mitzuteilen (BAG NZA 2005, 827, 829).*

3 Vgl. BAG NZA 2005, 827 ff.

4 ***Wichtig:*** *Die Unterrichtung des Betriebrates ist nur dann vollständig und die Wochenfrist für die Stellungnahme des Betriebsrats wird nur dann in Gang gesetzt, wenn Erkenntnisse aus Vorstellungsgesprächen, die für die Auswahlentscheidung des Arbeitgebers maßgeblich sind, dem Betriebsrat ebenfalls mitgeteilt werden (BAG NZA 2006, 111). Darüber hinaus besteht allerdings kein Anspruch des Betriebsrats auf Teilnahme an Vorstellungsgesprächen.*

5 Anderenfalls sind auch diese vorzulegen oder ihr Inhalt mitzuteilen, BAG NZA 2005, 827 ff.

6 ***Praxistipp:*** *Die Einholung einer schriftlichen Empfangsquittung des Betriebsratsvorsitzenden ist dem Arbeitgeber zum Beweis des Zugangsdatums und damit des Beginns der Wochenfrist dringend zu empfehlen.*

7 ***Wichtig:*** *Erforderlich ist die Unterschrift des Betriebsratsvorsitzenden, nur im Falle seiner Verhinderung die des Stellvertreters (§ 26 Abs. 2 Satz 2 BetrVG). Jeder andere Empfänger ist nur Bote, so dass die ihm gegenüber abgegebene Erklärung erst dann dem Betriebsrat zugeht, wenn sie das Gremium oder den Vorsitzenden tatsächlich erreicht (vgl. Fitting/Engels/Schmidt/Trebinger/Linsenmaier § 26 BetrVG Rz. 39 mwN). Erst dann wird die Wochenfrist nach § 99 Abs. 3 BetrVG in Gang gesetzt.*

M 105.5 Stellungnahme des Betriebsrates bei Einstellung und Eingruppierung[1]

Betriebsrat der Firma ...

Der Betriebsratsvorsitzende

An die Geschäftsführung/Personalleitung

im Hause

---

1 S. auch die Anmerkungen bei **M 105.7**.

Ihr Antrag nach § 99 BetrVG[2] vom … wegen beabsichtigter Einstellung und Eingruppierung des Bewerbers/der Bewerberin …

Sehr geehrte Damen und Herren,

der Betriebsrat hat auf seiner Sitzung vom … den Beschluss[3] gefasst, der beabsichtigten Einstellung von Herrn/Frau … aus folgenden Gründen die Zustimmung zu versagen:

- *Die personelle Maßnahme verstößt gegen § …, weil … (§ 99 Abs. 2 Nr. 1 BetrVG).*
- *Die personelle Maßnahme verstößt gegen die Vorgaben der Auswahlrichtlinie vom …, denn … (§ 99 Abs. 2 Nr. 2 BetrVG).*
- *Es steht zu befürchten, dass auf Grund der beabsichtigten Einstellung im Betrieb beschäftigte Arbeitnehmer gekündigt werden. Es handelt sich dabei um … Der Betriebsrat stützt seine Befürchtung auf folgende Gründe: … (§ 99 Abs. 2 Nr. 3 BetrVG).*
- *Die Stelle ist unbefristet ausgeschrieben worden und soll mit einem externen Bewerber besetzt werden, obwohl sich auch der Kollege … beworben hat. Beide Bewerber sind gleich geeignet, der Kollege ist jedoch bislang befristet beschäftigt und die Befristung läuft am … aus (§ 99 Abs. 2 Nr. 3 BetrVG).*
- *Der Bewerber selbst wird durch die in Aussicht genommene Maßnahme ungerechtfertigt benachteiligt, denn … (§ 99 Abs. 2 Nr. 4 BetrVG).*
- *Der Betriebsrat hatte bereits am … die innerbetriebliche Ausschreibung aller/unter anderem auch der hier zu besetzenden Stelle verlangt. Die Ausschreibung ist vor Besetzung der Stelle unter Verstoß gegen § 93 BetrVG unterblieben und somit nachzuholen und das Stellenbesetzungsverfahren neu durchzuführen (§ 99 Abs. 2 Nr. 5 BetrVG).*
- *Der Bewerber ist kommunalpolitisch für die …-Partei aktiv und für seine fremdenfeindlichen Äußerungen bekannt (s. anliegende Zeitungsausschnitte). Es steht zu befürchten, dass er durch seine bekannt fremdenfeindliche Betätigung den Betriebsfrieden stören wird, was nicht hinnehmbar und insbesondere den bei uns beschäftigten ausländischen Kollegen nicht zumutbar ist (§ 99 Abs. 2 Nr. 6 BetrVG).*

  Der Betriebsrat hat ferner am … beschlossen, der beabsichtigten Eingruppierung die Zustimmung zu verweigern[4]. Die in Aussicht genommene Tätigkeit weist folgende Merkmale auf: … Damit entspricht sie nicht der Tarifgruppe …, sondern rechtfertigt die Eingruppierung in die Tarifgruppe …

… (Ort/Datum)

… (Unterschrift[5])

---

2 ***Wichtig:*** *Sollte der Arbeitgeber den Betriebsrat zugleich mit einem Antrag nach § 99 BetrVG auch über die vorläufige Durchführung der personellen Maßnahme gem. § 100 BetrVG unterrichtet haben (s.* **M 105.8**) und der Betriebsrat diese nicht für dringend erforderlich halten, ist dies dem Arbeitgeber unverzüglich mitzuteilen (§ 100 Abs. 2 Satz 2 BetrVG).

3 ***Praxistipp:*** *Der Zustimmungsverweigerung muss stets ein wirksamer Beschluss des Betriebsrats zugrunde liegen. Da hier aus den unterschiedlichsten Gründen Probleme auftreten können, empfiehlt es sich auf Arbeitgeberseite, im Rahmen eines gerichtlichen Zustimmungsersetzungsverfahrens die Formalien der Beschlussfassung des Betriebsrates mit zu durchleuchten. Ist der Beschluss nicht wirksam zu Stande gekommen, liegt innerhalb der Wochenfrist rechtlich keine wirksame Zustimmungsverweigerung vor und die Zustimmungsfiktion nach § 99 Abs. 3 Satz 2 BetrVG tritt ein. Auf Betriebsratsseite empfiehlt sich aus den gleichen Gründen, besondere Sorgfalt bei der Beschlussfassung walten zu lassen.*

4 ***Praxistipp:*** *Es steht dem Betriebsrat frei, bei Vorliegen entsprechender Gründe die Zustimmung sowohl zu der Einstellung als auch zu der beabsichtigten Eingruppierung zu verweigern. Sollten gegen die Einstellung als solche keine Bedenken bestehen, wohl aber gegen die beabsichtigte Eingruppierung, kann auch die Zustimmung zu der Einstellung erteilt und isoliert hinsichtlich der Eingruppierung verweigert werden. Dann kann der Arbeitgeber die Einstellung problemlos bereits vornehmen und die Frage der zutreffenden Eingruppierung wird im Zustimmungsersetzungsverfahren vor dem Arbeitsgericht geklärt.*

5 ***Hinweis:*** *S. Rz. 21 f. Der Betriebsrat wird gem. § 26 Abs. 2 Satz 1 BetrVG durch seinen Vorsitzenden und nur im Falle der Verhinderung desselben von seinem Stellvertreter in der Erklärung vertreten. Deshalb kann nicht irgendein Mitglied des Betriebsrats die Zustimmungsverweigerung erklären, sondern grundsätzlich allein der Betriebsratsvorsitzende. Wird hier ein Fehler gemacht, ist die Zustimmungsverweigerung nicht wirksam und nach Ablauf der Wochenfrist tritt die Zustimmungsfiktionswirkung nach § 99 Abs. 3 Satz 2 BetrVG ein. Der Be-*

triebsrat kann allerdings durch ordnungsgemäßen Beschluss im Einzelfall ein bestimmtes anderes Betriebsratsmitglied zur Abgabe der beschlossenen Erklärungen bevollmächtigen (str., vgl. Fitting/Engels/Schmidt/Trebinger/Linsenmaier § 26 BetrVG Rz. 36 mwN). Davon sollte aus Gründen der Rechtssicherheit und -klarheit nur im Ausnahmefall Gebrauch gemacht werden. Die Bevollmächtigung sollte gegenüber dem Arbeitgeber offen gelegt und muss im Streitfall nachgewiesen werden.

M 105.6 Unterrichtung des Betriebsrates nach § 99 BetrVG bei beabsichtigter Versetzung und Umgruppierung[1]

An den Betriebsrat[2]

zu Händen seines Vorsitzenden ...

im Hause

Es ist beabsichtigt,

den Arbeitnehmer ...

wohnhaft in ...

beschäftigt als ...

in Abteilung ...

1. *von der bisherigen Tarifgruppe ...*
   in die neue Tarifgruppe ...
   umzugruppieren und ihn
2. *von ... nach ... zu versetzen.*

Die Umgruppierung/Versetzung soll erfolgen, weil ...

Die Personalmaßnahmen sollen ab ... in Kraft treten.

Der Betriebsrat wird gebeten, den beabsichtigten Maßnahmen innerhalb einer Woche nach § 99 BetrVG zuzustimmen.

... (Ort/Datum)

(Unterschrift)

Hiermit wird der Empfang der Mitteilung nach § 99 BetrVG bestätigt:

... (Ort/Datum)

... (Unterschrift)

1 S. auch die Fn. zu **M 105.4**.

2 Soweit es einen Personalausschuss gibt, evtl. auch: *„An den Personalausschuss zu Händen seines Vorsitzenden"*.

M 105.7 Stellungnahme des Betriebsrates bei Versetzung und Umgruppierung[1]

Betriebsrat der Firma ...

Der Betriebsratsvorsitzende

An die Geschäftsführung/Personalleitung

im Hause

Ihr Antrag nach § 99 BetrVG vom ... wegen beabsichtigter Versetzung und Umgruppierung des Arbeitnehmers/der Arbeitnehmerin ...

1 S. auch die Fn. zu **M 105.5**.

Sehr geehrte Damen und Herren,

der Betriebsrat hat auf seiner Sitzung vom ... den Beschluss gefasst, zu der beabsichtigten Versetzung von Herrn/Frau ... folgende Stellungnahme abzugeben:

- *Der Betriebsrat stimmt der beabsichtigten Maßnahme zu.*
- *Der Betriebsrat hat von der beabsichtigten Maßnahme Kenntnis genommen. Eine weitere Stellungnahme ist nicht beabsichtigt*[2].
- *Der Betriebsrat ist der Ansicht, bislang nicht hinreichend informiert zu sein und verlangt insbesondere noch folgende Informationen: ...*[3].
- *Der Betriebsrat verweigert zu der beabsichtigten Versetzung seine Zustimmung gem. § 99 Abs. 2 Nr. ... BetrVG. Die Zustimmungsverweigerung wird mit folgenden konkreten betrieblichen Umständen begründet: ...*[4]

Ferner hat der Betriebsrat zu der beabsichtigten Umgruppierung folgenden Beschluss gefasst[5]*:*

Der Betriebsrat verweigert seine Zustimmung zur beabsichtigten Umgruppierung in die Tarifgruppe ... gem. § 99 Abs. 2 Nr. 1 BetrVG. Die richtige Eingruppierung müsste in die Tarifgruppe ... erfolgen. Die von uns vorgeschlagene Eingruppierung ergibt sich aus den folgend beschriebenen Aufgaben, die an dem betreffenden Arbeitsplatz zu erfüllen sind: ...

Der Betriebsrat bestreitet aus folgenden Gründen, dass die vorläufige personelle Maßnahme (§ 100 BetrVG) aus sachlichen Gründen dringend erforderlich ist: ...

... (Ort/Datum)

... (Unterschrift)

---

2 ***Hinweis:*** *In diesem Fall ist die Wochenfrist von dem Arbeitgeber trotzdem noch abzuwarten, weil erst nach deren Ablauf die Zustimmung des Betriebsrates als erteilt gilt.*

3 ***Praxistipp:*** *Im Falle nicht offensichtlich unzureichender Information ist der Betriebsrat aus dem Grundsatz der vertrauensvollen Zusammenarbeit (§ 2 Abs. 1 BetrVG) verpflichtet, aus seiner Sicht fehlende Angaben und Unterlagen innerhalb der Wochenfrist nachzufordern, ansonsten kann er sich nicht darauf berufen, die Frist sei mangels hinreichender Unterrichtung nicht in Gang gesetzt worden (s. Rz. 19). Deshalb empfiehlt sich für den Betriebsrat in Zweifelsfällen stets, einerseits auf fehlende Informationen und Verständnisprobleme hinzuweisen und andererseits zugleich innerhalb der Wochenfrist alle Zustimmungsverweigerungsgründe bereits schriftlich geltend zu machen, die sich aus den bislang erteilten Informationen begründen lassen, um den Eintritt der Zustimmungsfiktion auf jeden Fall zu vermeiden.*

4 S. bei **M 105.5**.

5 ***Praxistipp:*** *Ebenso wie bei der Anhörung zu Einstellung und Eingruppierung (s.* ***M 105.5****) gilt auch hier, dass der Betriebsrat Versetzung und Umgruppierung sowohl gemeinsam als auch einzeln die Zustimmung verweigern kann.*

M 105.8 Unterrichtung des Betriebsrates über eine vorläufige personelle Maßnahme[1]

An den Betriebsrat[2]

zu Händen seines Vorsitzenden ...

im Hause

Sehr geehrte Damen und Herren,

unserer Absicht, Herrn ... ab ... einzustellen/in die Abteilung ... zu versetzen, haben Sie mit Schreiben vom ... widersprochen. Das Beschlussverfahren nach § 99 Abs. 4 BetrVG haben/werden wir eingeleitet/einleiten.

---

1 Die Unterrichtung über eine vorläufige personelle Maßnahme kann auch mit der Unterrichtung nach § 99 Abs. 1 BetrVG (**M 105.4** und **M 105.6**) verbunden werden.

2 Soweit es einen Personalausschuss gibt, evtl. auch: „*An den Personalausschuss zu Händen seines Vorsitzenden*".

Wir weisen Sie darauf hin, dass die – zumindest vorläufige – Einstellung/Versetzung von Herrn ... aus folgenden sachlichen Gründen[3] *dringend erforderlich ist: ...*

Sollten Sie solche dringenden Gründe bestreiten, müssen Sie uns das nach § 100 BetrVG unverzüglich mitteilen[4].

... (Ort/Datum)

... (Unterschrift)

3 Die Gründe und die Dringlichkeit müssen konkret dargelegt werden.

4 ***Wichtig:*** *Darauf muss der Arbeitgeber nicht ausdrücklich hinweisen. Bestreitet der Betriebsrat, dass die Maßnahme aus sachlichen Gründen dringend erforderlich ist, darf der Arbeitgeber nicht übersehen, dass er die vorläufige personelle Maßnahme nur dann aufrechterhalten kann, wenn er binnen drei Tagen insoweit ein Beschlussverfahren beim Arbeitsgericht einleitet (§ 100 Abs. 2 Satz 3 BetrVG). Verweigert der Betriebsrat die Zustimmung nach § 99 Abs. 2 BetrVG und bestreitet er nach § 100 Abs. 2 Satz 2 BetrVG, dass die Maßnahme aus sachlichen Gründen dringend erforderlich ist, kann ein Beschlussverfahren direkt mit zwei Anträgen (Zustimmungsersetzung und Feststellung der dringenden Erforderlichkeit der vorläufigen Durchführung der Maßnahme) eingeleitet werden.*

V. Mitbestimmung bei Kündigung

Der Betriebsrat ist vor jeder Kündigung zu hören. Der Arbeitgeber hat ihm die Gründe für die 25
Kündigung mitzuteilen. Eine ohne Anhörung des Betriebsrats ausgesprochene Kündigung ist unwirksam (§ 102 Abs. 1 BetrVG). Über den Wortlaut des § 102 Abs. 1 Satz 3 BetrVG hinaus ist auch eine solche Kündigung unwirksam, der eine nicht **ordnungsgemäße Anhörung** des Betriebsrats vorausgegangen ist (BAG AP Nr. 62 zu § 102 BetrVG 1972).

Die Anhörung des Betriebsrats hat vor **jeder Kündigung** stattzufinden. Es kommt weder auf die 26
Art der Kündigung (ordentlich, außerordentlich, Änderungs- oder Beendigungskündigung) noch darauf an, ob das KSchG Anwendung findet. Auch bei einer Kündigung in der Wartezeit nach § 1 Abs. 1 KSchG oder in der Probezeit ist der Betriebsrat nach § 102 BetrVG zu hören (BAG NZA 1995, 24). Der Inhalt der Mitteilungspflicht richtet sich hier nach den Umständen, aus denen der Arbeitgeber subjektiv seinen Kündigungsentschluss herleitet (BAG NZA 1995, 24). Selbst bei einer „einvernehmlichen" Kündigung, die im Zusammenhang mit einem Abwicklungsvertrag ausgesprochen wird, muss der Betriebsrat zuvor beteiligt werden (BAG NZA 2006, 48).

➲ **Hinweis:** Die Anhörung nach § 102 BetrVG muss **nicht** notwendigerweise **schriftlich** erfol- 27
gen (BAG EzA § 102 BetrVG 1972 Nr. 96), allerdings ist dies aus Beweissicherungsgründen dringend zu empfehlen.

Die Notwendigkeit der Anhörung **vor** Ausspruch der Kündigung bedeutet auf Grund der Stellung- 28
nahmefristen des Betriebsrats nach § 102 Abs. 2 Satz 1 und 3 BetrVG, dass bei einer ordentlichen Kündigung (s. **M 105.9**) eine Woche und bei einer außerordentlichen, fristlosen Kündigung (s. **M 105.10**) drei Tage vom Arbeitgeber für das Mitbestimmungsverfahren eingeplant werden müssen.

➲ **Wichtig:** Das spielt eine erhebliche Rolle bei außerordentlichen Kündigungen, weil bei diesen 29
gem. § 626 Abs. 2 BGB eine **Ausschlussfrist** läuft, deren Ablauf durch die Betriebsratsanhörung nicht gehemmt wird (vgl. Stahlhacke/Preis/Vossen Rz. 379). Auch bei ordentlichen Kündigungen ist wegen der ansonsten eintretenden Verlängerung der Kündigungsfrist regelmäßig darauf zu achten, dass der Betriebsrat mehr als eine Woche vor Ablauf eines Monats angehört wird.

Hinsichtlich des **Umfangs der Unterrichtung** des Betriebsrats gilt, dass der Arbeitgeber alle Grün- 30
de mitzuteilen hat, auf die er die Kündigung stützen will. Eine bloß pauschale, schlag- oder stichwortartige Mitteilung der Kündigungsgründe ist unzureichend und führt zur Unwirksamkeit der Kündigung (vgl. BAG AP Nr. 2, 4, 17, 19 zu § 102 BetrVG 1972). Andererseits gehört zur Mitteilung der Gründe im Allgemeinen nicht die Vorlage von Beweismaterial (BAG NZA 1995, 672). Ferner ist keine objektiv vollständige Anhörung zu fordern, vielmehr gilt der sog. **Grundsatz der subjektiven Determination**. Der Arbeitgeber muss nur die für seinen Kündigungsentschluss subjektiv maßgebenden Gründe vollständig mitteilen; erweisen sich diese als objektiv unzureichend, führt

dies nicht bereits zu einer fehlerhaften Betriebsratsanhörung, möglicherweise allerdings im Rahmen eines Kündigungsschutzverfahrens zur Feststellung der fehlenden sozialen Rechtfertigung der Kündigung (Stahlhacke/Preis/Vossen Rz. 335 ff. mwN). Auch unter Berücksichtigung des Grundsatzes der subjektiven Determination ist für eine ordnungsgemäße Betriebsratsanhörung im Allgemeinen allerdings zumindest die Mitteilung des Lebensalters, der Dauer der Betriebszugehörigkeit sowie eines evtl. Sonderkündigungsschutzes des betroffenen Arbeitnehmers als unverzichtbare Daten für die Beurteilung der Kündigung erforderlich (vgl. BAG NZA 2006, 431).

31 **Checkliste: Betriebsbedingte Kündigung (s. M 105.9)**

Bei der betriebsbedingten Kündigung sind dem Betriebsrat regelmäßig mitzuteilen

☐ Person des zu kündigenden Arbeitnehmers;

☐ Abteilung und bisherige Tätigkeit;

☐ Dauer der Betriebszugehörigkeit;

☐ Alter, Familienstand, Unterhaltspflichten;

☐ evtl. Sonderkündigungsschutz;

☐ Grad der Behinderung;

☐ Art der Kündigung (ordentlich, außerordentlich, Änderungs- oder Beendigungskündigung);

☐ Kündigungsfrist;

☐ voraussichtlicher Kündigungstermin;

☐ konkrete Tatsachen, die die Betriebsbedingtheit der Kündigung begründen (dazu gehört bei innerbetrieblichen Gründen in jedem Fall die Angabe von Zeitpunkt, Inhalt und Ursachen der unternehmerischen Entscheidung sowie eine Darstellung zu der geplanten Umsetzung der Entscheidung und ihren Auswirkungen auf das Beschäftigungsbedürfnis bezogen auf den Arbeitsplatz des betroffenen Arbeitnehmers und den in Aussicht genommenen Kündigungstermin);

☐ Ergebnis der Prüfung von Weiterbeschäftigungsmöglichkeiten;

☐ die getroffene soziale Auswahl (Bildung des Kreises der vergleichbaren Arbeitnehmer mit Angabe der Sozialdaten und des Auswahlergebnisses);

☐ Mitteilung der Gründe für die Herausnahme einzelner, namentlich zu benennender Arbeitnehmer aus der Sozialauswahl gem. § 1 Abs. 3 Satz 2 KSchG.

32 **Checkliste: Krankheitsbedingte Kündigung (s. M 105.9)**

Bei der krankheitsbedingten Kündigung sind dem Betriebsrat regelmäßig mitzuteilen:

☐ Person des zu kündigenden Arbeitnehmers;

☐ Abteilung und bisherige Tätigkeit;

☐ Dauer der Betriebszugehörigkeit;

☐ Alter, Familienstand, Unterhaltspflichten;

☐ evtl. Sonderkündigungsschutz;

☐ Grad der Behinderung;

☐ Art der Kündigung (ordentlich, außerordentlich, Änderungs- oder Beendigungskündigung);

☐ Kündigungsfrist;

☐ voraussichtlicher Kündigungstermin;

☐ Aufstellung der krankheitsbedingten Fehlzeiten (konkret unter Angabe der jeweiligen Zeiträume und der ausgefallenen Arbeitstage) und Begründung der negativen Zukunftsprognose;

☐ konkrete Tatsachen zur Begründung der erheblichen Betriebsablaufstörungen (zB die Aufstellung der Entgeltfortzahlungskosten der letzten Jahre);

☐ Angaben zur Durchführung und zum Ergebnis eines betrieblichen Eingliederungsmanagements (§ 84 Abs. 2 SGB IX) bzw. zur Entbehrlichkeit der Durchführung eines solchen Verfahrens (vgl. BAG DB 2010, 621 ff.);

☐ Angaben zur Interessenabwägung.

Checkliste: Verhaltensbedingte Kündigung (s. M 105.10) 33

Bei der verhaltensbedingten Kündigung sind dem Betriebsrat regelmäßig mitzuteilen:

- ☐ Person des zu kündigenden Arbeitnehmers;
- ☐ Abteilung und bisherige Tätigkeit;
- ☐ Dauer der Betriebszugehörigkeit;
- ☐ Alter, Familienstand, Unterhaltspflichten;
- ☐ evtl. Sonderkündigungsschutz;
- ☐ Grad der Behinderung;
- ☐ Art der Kündigung (ordentlich, außerordentlich, Änderungs- oder Beendigungskündigung);
- ☐ speziell zur Art der Kündigung: Tat- und/oder Verdachtskündigung?
- ☐ Kündigungsfrist;
- ☐ voraussichtlicher Kündigungstermin;
- ☐ konkrete Tatsachen zur Begründung der Kündigung: Pflichtverstoß des Arbeitnehmers;
- ☐ etwaige Abmahnungen;
- ☐ Auswirkungen des Pflichtverstoßes auf den Betriebsablauf;
- ☐ bei der Verdachtskündigung: Anhörung des Arbeitnehmers und ihr Ergebnis;
- ☐ bei der außerordentlichen Kündigung: Zeitpunkt der Kenntnis vom Kündigungsgrund und Angaben zur Einhaltung der Ausschlussfrist des § 626 Abs. 2 BGB;
- ☐ Angaben zur Interessenabwägung.

➲ **Hinweis:** Im Einzelfall kann der notwendige Inhalt der Anhörung über die vorstehend dargelegten Anforderungen noch hinausgehen, aber auch dahinter zurück bleiben (Einzelheiten bei Stahlhacke/Preis/Vossen Rz. 336 ff., 345 ff. mwN). So ist dem Betriebsrat insbesondere das nicht mehr nach § 102 BetrVG noch einmal mitzuteilen, wovon er ohnehin bereits **Kenntnis** hat. Allerdings ist diese Kenntnis im Kündigungsschutzverfahren vom Arbeitgeber notfalls zu beweisen, weshalb sich aus Beweissicherungsgründen im Zweifel eher eine zu umfängliche schriftliche als eine knappe oder gar nur eine mündliche Betriebsratsanhörung empfiehlt. Bei der verhaltensbedingten Kündigung sind im Regelfall keine näheren Angaben zur **Interessenabwägung** gegenüber dem Betriebsrat erforderlich, da sich deren Ergebnis implizit bereits aus der Mitteilung der Kündigungsabsicht ergibt (BAG NZA 2014, 243 ff.). 34

Die **Reaktion des Betriebsrats** auf die Anhörung kann darin bestehen, dass er der Maßnahme zustimmt, keine Stellungnahme abgibt, Bedenken anmeldet oder Widerspruch einlegt (s. **M 105.12**). Die Stellungnahmefrist beträgt bei der ordentlichen Kündigung eine Woche (§ 102 Abs. 2 Satz 1 BetrVG) und bei der außerordentlichen Kündigung drei Tage (§ 102 Abs. 2 Satz 3 BetrVG). Vorher darf die Kündigung nicht ausgesprochen werden, es sei denn es läge bereits die Zustimmung oder eine andere abschließende (!) Stellungnahme des Betriebsrats vor. Der Betriebsrat kann in keinem Fall rechtlich verhindern, dass die Kündigung nach Fristablauf ausgesprochen wird. Er kann allenfalls durch die Formulierung seiner Bedenken oder des Widerspruchs versuchen, auf den Kündigungsentschluss des Arbeitgebers tatsächlich einzuwirken. 35

Bedenken kann der Betriebsrat in jeder Hinsicht gegen die Kündigung äußern. Es können sowohl soziale Bedenken sein als auch rechtliche. Hier kann alles geltend gemacht werden, was aus Sicht des Gremiums gegen die Kündigung spricht. Der Arbeitgeber soll dies nach dem Sinn und Zweck des Gesetzes bei seinem Kündigungsentschluss berücksichtigen. 36

Mit dem **Widerspruch** nach § 102 Abs. 3 BetrVG, der nur bei einer ordentlichen Kündigung möglich ist, kann der Betriebsrat dem betroffenen Arbeitnehmer einen Weiterbeschäftigungsanspruch während eines laufenden Kündigungsschutzverfahrens verschaffen (§ 102 Abs. 5 BetrVG). Voraussetzung ist allerdings, dass der Widerspruch auf einem wirksamen Beschluss des Betriebsrats beruht und schriftlich innerhalb der Wochenfrist des § 102 Abs. 2 Satz 1 BetrVG erfolgt. Zudem muss der Widerspruch einen der abschließend in § 102 Abs. 3 Nr. 1–5 BetrVG genannten Gründe mit konkretem Tatsachenvortrag ausfüllen. Insoweit gelten die gleichen Grundsätze wie bei der Zustimmungsverweigerung nach § 99 Abs. 2 BetrVG (s. Rz. 23 f.). 37

38 ➲ **Praxistipp:** Da bei der Einhaltung der **Formalien** des Widerspruchs aus den unterschiedlichsten Gründen (ordnungsgemäßer Betriebsratsbeschluss, konkrete Formulierung von Widerspruchsgründen, Beachtung der Wochenfrist) Probleme auftreten können, empfiehlt es sich auf Arbeitgeberseite, die Formalien mit zu durchleuchten. Ist der Widerspruch bereits formell unwirksam, ist er unbeachtlich und kann den gesetzlichen Weiterbeschäftigungsanspruch nicht begründen. Auf Betriebsratsseite empfiehlt sich deshalb, besondere Sorgfalt bei der Beschlussfassung und den übrigen Formalien walten zu lassen, will man dem gekündigten Arbeitnehmer nicht Steine statt Brot geben.

39 Die Kündigung eines **leitenden Angestellten** unterliegt nicht der Anhörungspflicht nach § 102 BetrVG, sondern lediglich einer Anzeigepflicht nach § 105 BetrVG (s. **M 105.13**). Verstöße gegen § 105 BetrVG führen nicht zur Unwirksamkeit der Kündigung des leitenden Angestellten (BAG AP Nr. 12, 13 zu § 5 BetrVG 1972). Sollte in dem Unternehmen allerdings ein Sprecherausschuss der leitenden Angestellten bestehen, ist dieser nach § 31 SprAuG zu hören.

40 ➲ **Praxistipp:** Da in vielen Fällen die Abgrenzung von leitenden und anderen Angestellten nicht einfach ist, empfiehlt sich in allen Zweifelsfällen die **Kombination** einer Anhörung nach § 105 BetrVG mit einer vorsorglichen Anhörung nach § 102 BetrVG (s. **M 105.13**). Denn falls in einem späteren Kündigungsschutzverfahren festgestellt würde, dass der Arbeitnehmer nicht leitender Angestellter war, scheiterte anderenfalls die Kündigung bereits an der dann erforderlichen, aber fehlenden Betriebsratsanhörung nach § 102 BetrVG.

41 Die beabsichtigte **Kündigung eines Betriebsratsmitglieds**, eines Wahlvorstands oder eines Wahlbewerbers ist nicht nur anhörungspflichtig, sondern bedarf nach § 103 Abs. 1 BetrVG der ausdrücklichen Zustimmung des Betriebsrats (s. **M 105.14**). Wird diese nicht erteilt, muss der Arbeitgeber bei dem zuständigen Arbeitsgericht ihre Ersetzung beantragen (§ 103 Abs. 2 BetrVG).

M 105.9 Anhörung des Betriebsrates zu einer beabsichtigten ordentlichen Kündigung nach § 102 BetrVG

An den Betriebsrat[1]
zu Händen seines Vorsitzenden ...
im Hause

Sehr geehrte Damen und Herren,
wir beabsichtigen, dem Arbeitnehmer
Name: ...
Vorname: ...
Geburtsdatum: ...
Personal-Nr.: ...
Anschrift: ...
Familienstand: ...
Bekannte Unterhaltspflichten laut Lohnsteuerkarte[2]*: ...*
Bekannte (Schwer-)Behinderung: ...
Bei uns beschäftigt seit: ...
Zuletzt tätig als: ...

1 Soweit es einen Personalausschuss gibt, evtl. auch: *„An den Personalausschuss zu Händen seines Vorsitzenden".*

2 ***Hinweis:*** *Der Arbeitgeber kann sich im Rahmen der Betriebsratsanhörung auf die ihm bekannten Angaben aus der Lohnsteuerkarte verlassen (BAG AP Nr. 96 zu § 1 KSchG 1969 Soziale Auswahl). Insoweit gilt ebenfalls der Grundsatz der subjektiven Determination (s. Rz. 30). Sind dem Arbeitgeber allerdings über die Angaben aus der Lohnsteuerkarte hinaus weitere Unterhaltspflichten bekannt, sind diese dem Betriebsrat mitzuteilen.*

Werk/Abteilung: . . .

Kündigungsfrist: . . .

eine ordentliche Kündigung mit Wirkung zum . . . auszusprechen[3].

Begründung der Kündigung[4]*: . . .*

Bitte teilen Sie uns innerhalb der gesetzlichen Frist von einer Woche mit, ob Sie der beabsichtigten Kündigung zustimmen.

. . . (Ort/Datum)

. . . (Unterschrift)

Hiermit wird der Empfang der Mitteilung nach § 102 BetrVG bestätigt[5]*:*

. . . (Ort/Datum)

. . . (Unterschrift[6]*)*

---

3 ***Hinweis:*** *Bei einer beabsichtigten Änderungskündigung ist zugleich der Inhalt des Änderungsangebotes anzugeben. Zudem kann bei der Änderungskündigung, soweit das Änderungsangebot beispielsweise betriebsverfassungsrechtlich eine Versetzung beinhaltet, parallel die Einleitung des Mitbestimmungsverfahrens nach § 99 BetrVG erforderlich werden. Vgl. auch Moderegger, ArbRB 2014, 185, 187.*

4 Zum je nach Art der ausgesprochenen Kündigung erforderlichen Inhalt der Kündigungsbegründung s. Rz. 30 ff.

5 ***Praxistipp:*** *Die Einholung einer schriftlichen Empfangsquittung des Betriebsratsvorsitzenden ist dem Arbeitgeber zum Beweis des Zugangsdatums und damit des Beginns der Wochenfrist dringend zu empfehlen.*

6 ***Wichtig:*** *Erforderlich ist die Unterschrift des Betriebsratsvorsitzenden, nur im Falle seiner Verhinderung die des Stellvertreters (§ 26 Abs. 2 Satz 2 BetrVG). Jeder andere Empfänger ist nur Bote, so dass die ihm gegenüber abgegebene Erklärung erst dann dem Betriebsrat zugeht, wenn sie das Gremium oder den Vorsitzenden tatsächlich erreicht (vgl. Fitting/Engels/Schmidt/Trebinger/Linsenmaier § 26 BetrVG Rz. 39 mwN). Erst dann wird die Wochenfrist nach § 102 Abs. 2 BetrVG in Gang gesetzt.*

M 105.10 Anhörung des Betriebsrates zu einer beabsichtigten verhaltensbedingten fristlosen, hilfsweise ordentlichen Kündigung nach § 102 BetrVG[1]

An den Betriebsrat[2]
zu Händen seines Vorsitzenden . . .
im Hause

Sehr geehrte Damen und Herren,
wir beabsichtigen, dem Arbeitnehmer

Name: . . .

Vorname: . . .

Geburtsdatum: . . .

Personal-Nr.: . . .

---

1 ***Praxistipp:*** *Will der Arbeitgeber, der eine außerordentliche Kündigung beabsichtigt, sicherstellen, dass im Falle der Unwirksamkeit der außerordentlichen Kündigung die von ihm vorsorglich erklärte oder dahin umgedeutete ordentliche Kündigung nicht an der fehlenden Anhörung des Betriebsrats scheitert, muss er den Betriebsrat deutlich darauf hinweisen, dass die geplante außerordentliche Kündigung hilfsweise als ordentliche Kündigung gelten soll. Dies ist nur dann nicht nötig, wenn der Betriebsrat der außerordentlichen Kündigung ausdrücklich und vorbehaltlos zustimmt (BAG AP 15 zu § 102 BetrVG 1972). Wie der Betriebsrat reagieren wird, kann der Arbeitgeber bei Einleitung des Anhörungsverfahrens aber kaum wissen. Deshalb sollte er ihn grundsätzlich bei der fristlosen auch zu einer hilfsweisen ordentlichen Kündigung anhören.*

2 Soweit es einen Personalausschuss gibt, evtl. auch: *„An den Personalausschuss zu Händen seines Vorsitzenden".*

Anschrift: . . .

Familienstand: . . .

Bekannte Unterhaltspflichten laut Lohnsteuerkarte[3]*: . . .*

Bekannte (Schwer-)Behinderung: . . .

Bei uns beschäftigt seit: . . .

Zuletzt tätig als: . . .

Werk/Abteilung: . . .

Kündigungsfrist: . . .

eine außerordentliche, fristlose Kündigung sowie eine hilfsweise ordentliche Kündigung mit Wirkung zum . . . auszusprechen.

Begründung der Kündigung[4]*: . . .*

Bitte teilen Sie uns Ihre Stellungnahme zu der beabsichtigten fristlosen Kündigung unverzüglich, spätestens binnen drei Tagen, und zu der hilfsweise ordentlichen Kündigung spätestens innerhalb einer Woche mit[5].

. . . (Ort/Datum)
. . . (Unterschrift)

Hiermit wird der Empfang der Mitteilung nach § 102 BetrVG bestätigt:

. . . (Ort/Datum)
. . . (Unterschrift)

3 ***Hinweis:*** *Der Wirksamkeit einer außerordentlichen Kündigung steht die fehlende Mitteilung der genauen Sozialdaten des zu kündigenden Arbeitnehmers an den Betriebsrat dann nicht entgegen, wenn es dem Arbeitgeber wegen der Schwere der Kündigungsvorwürfe auf die genauen Daten ersichtlich nicht ankommt, der Betriebsrat die ungefähren Daten kennt und er daher die Kündigungsabsicht des Arbeitgebers ausreichend beurteilen kann (BAG NZA 1996, 419; s. aber auch BAG NZA 2006, 431 und die Ausführungen bei Rz. 30 zu den unverzichtbaren Angaben).*

4 Zum je nach Art der ausgesprochenen Kündigung erforderlichen Inhalt der Kündigungsbegründung s. Rz. 30, 33.

5 ***Wichtig:*** *Wegen der bei der fristlosen Kündigung zu beachtenden Zwei-Wochen-Frist des § 626 Abs. 2 BGB kann es erforderlich werden, zunächst bereits nach Ablauf der dreitägigen Stellungnahmefrist des Betriebsrats die fristlose Kündigung auszusprechen und dann nach Ablauf der längeren Wochenfrist für die hilfsweise ordentliche Kündigung diese nachzuschieben. Auf keinen Fall sollten Arbeitgeber den – in der Praxis häufigen – Fehler begehen, bereits nach drei Tagen fristlos und hilfsweise ordentlich zu kündigen, wenn der Betriebsrat nicht beiden Kündigungen zuvor ausdrücklich zugestimmt hat, sondern beispielsweise schweigt. Dann wäre die ordentliche Kündigung auf jeden Fall wegen Nichteinhaltung der einwöchigen Stellungnahmefrist bereits unwirksam. Der Betriebsrat ist berechtigt, die ihm gesetzlich eingeräumten Fristen von drei Tagen bzw. einer Woche auch in Eilfällen voll auszuschöpfen (BAG AP Nr. 11 zu § 102 BetrVG 1972).*

M 105.11 Anhörung des Betriebsrates zu einer beabsichtigten außerordentlichen Kündigung mit sozialer Auslauffrist bei ordentlich unkündbaren Arbeitnehmern

An den Betriebsrat[1]
zu Händen seines Vorsitzenden . . .
im Hause

1 Soweit es einen Personalausschuss gibt, evtl. auch: *„An den Personalausschuss zu Händen seines Vorsitzenden"*.

Sehr geehrte Damen und Herren,

wir beabsichtigen, dem Arbeitnehmer

Name: . . .

Vorname: . . .

Geburtsdatum: . . .

Personal-Nr.: . . .

Anschrift: . . .

Familienstand: . . .

Bekannte Unterhaltspflichten laut Lohnsteuerkarte[2]*: . . .*

Bekannte (Schwer-)Behinderung: . . .

Bei uns beschäftigt seit: . . .

Zuletzt tätig als: . . .

Werk/Abteilung: . . .

eine außerordentliche Kündigung mit sozialer Auslauffrist zum . . . auszusprechen.

Begründung der Kündigung: Herr/Frau . . . genießt besonderen tariflichen Kündigungsschutz nach § . . . des Tarifvertrages . . ., denn er/sie ist . . . Jahre alt und seit . . . Jahren im Unternehmen beschäftigt. Damit ist der Ausspruch einer ordentlichen Kündigung ausgeschlossen. Nach der Rechtsprechung des BAG ist in diesen Fällen jedoch das Recht der außerordentlichen Kündigung aus wichtigem Grunde nach § 626 BGB nicht ausgeschlossen. Eine solche Kündigung ist auch betriebsbedingt/krankheitsbedingt ausnahmsweise dann begründet, wenn festgestellt werden muss, dass das Arbeitsverhältnis sinnentleert ist, weil ein arbeitsvertraglicher Einsatz des tariflich geschützten Arbeitnehmers unter Aufwendung aller zumutbaren Mittel in absehbarer Zeit ausgeschlossen ist. Der Arbeitgeber kann nach der Rechtsprechung des BAG in diesen Fällen nicht verpflichtet werden, über Jahre hinaus das vereinbarte Entgelt weiter zu zahlen, ohne im Gegenzug die Arbeitsleistung des Arbeitnehmers in Anspruch nehmen zu können[3]*. So liegt der Fall hier, denn . . .*[4]*.*

Die Kündigung soll mit einer Auslauffrist ausgesprochen werden, die der tariflichen Kündigungsfrist entspricht, die gelten würde, wenn hier kein besonderer tariflicher Kündigungsschutz bestünde[5]*. Diese Frist beträgt hier . . .*

Bitte teilen Sie uns Ihre Stellungnahme zu der beabsichtigten Kündigung spätestens innerhalb einer Woche mit[6]*.*

---

2 S. **M 105.9** Fn. 2.

3 Vgl. BAG DB 2003, 102 f.; BAG AP Nr. 143, 181 zu § 626 BGB; BAG AP Nr. 97 zu § 615 BGB; BAG AP Nr. 9 zu § 626 BGB – Krankheit; HWK/Sandmann § 626 BGB Rz. 163 ff., 193 ff. mwN.

4 Zum je nach Art der ausgesprochenen Kündigung erforderlichen Inhalt der Kündigungsbegründung s. Rz. 30 ff. Die Begründung hat in besonderem Maße auf die Anforderungen der außerordentlichen Kündigung einzugehen. Die Zwei-Wochen-Frist des § 626 Abs. 2 BGB ist allerdings regelmäßig in diesen Fällen nicht zu beachten, weil ein so genannter Dauertatbestand vorliegen dürfte, vgl. hierzu HWK/Sandmann § 626 BGB Rz. 363 ff. mwN.

5 ***Hinweis:*** *Das ist erforderlich, weil ansonsten der tariflich besonders geschützte Arbeitnehmer gegenüber dem nicht besonders geschützten benachteiligt würde, vgl. BAG AP Nr. 86, 150 zu § 626 BGB; BAG NZA 2001, 277; HWK/Sandmann § 626 BGB Rz. 325 ff.; zur Streitfrage, ob darüber hinaus stets die längste nach dem Tarifvertrag mögliche Kündigungsfrist zu wählen ist, um eine „Beststellung" des tariflich ordentlich unkündbaren Arbeitnehmers zu erreichen, vgl. Stahlhacke/Preis/Vossen Rz. 780 mwN.*

6 ***Wichtig:*** *Bei der außerordentlichen Kündigung mit sozialer Auslauffrist soll entgegen dem Wortlaut des § 102 Abs. 2 BetrVG nach der Rechtsprechung des BAG nicht die Stellungnahmefrist für außerordentliche Kündigungen von drei Tagen, sondern die von einer Woche für ordentliche Kündigungen gelten, vgl. BAG AP Nr. 143 zu § 626 BGB; Stahlhacke/Preis/Vossen Rz. 781 mwN. Beachtet der kündigende Arbeitgeber dies nicht und spricht bei Schweigen des Betriebsrats bereits nach drei Tagen die Kündigung aus, ist diese wegen Nichtbeachtung der Stellungnahmefrist unwirksam! Da bei der außerordentlichen Kündigung mit Auslauffrist regelmäßig keine zweiwöchige Ausschlussfrist nach § 626 Abs. 2 BGB zu beachten ist, besteht hier allerdings auch kein Eilbedarf wie bei der fristlosen Kündigung.*

... (Ort/Datum)

... (Unterschrift)

Hiermit wird der Empfang der Mitteilung nach § 102 BetrVG bestätigt:

... (Ort/Datum)

... (Unterschrift)

M 105.12 Stellungnahme/Widerspruch des Betriebsrats

Betriebsrat der Firma ...

Der Betriebsratsvorsitzende

An die Geschäftsführung/Personalleitung

im Hause

Beabsichtigte Kündigung des Arbeitsverhältnisses des Herrn/der Frau ...

Ihr Anhörungsschreiben vom ...

Sehr geehrte Damen und Herren,

der Betriebsrat hat die von Ihnen beabsichtigte Kündigung auf seiner Sitzung vom ... beraten und hierzu folgenden Beschluss gefasst[1]*:*

- *Der Betriebsrat stimmt der beabsichtigten Kündigung zu.*
- *Der Betriebsrat hat von der beabsichtigten Kündigung Kenntnis genommen. Eine weitere Stellungnahme ist nicht beabsichtigt*[2]*.*
- *Der Betriebsrat ist der Ansicht, bislang nicht hinreichend informiert worden zu sein und verlangt insbesondere noch folgende Informationen: ... Zudem ist für den Betriebsrat nicht nachvollziehbar, ...*[3]*.*
- *Der Betriebsrat äußert gegen die beabsichtigte Kündigung folgende Bedenken: ...*

1 Im Folgenden handelt es sich um alternative Reaktionsmöglichkeiten, von denen die zutreffende auszuwählen ist.

2 In diesem Fall liegt eine abschließende Stellungnahme des Betriebsrates vor. Der Arbeitgeber kann nun die Kündigung aussprechen, ohne noch den Ablauf der Stellungnahmefrist weiter abwarten zu müssen.

3 ***Praxistipp:*** *Vorsicht ist für den Arbeitgeber geboten, wenn er eine solche Stellungnahme erhält. Denn ist der Betriebsrat zu Recht der Ansicht, nicht umfassend genug oder mit nicht nachvollziehbarer Begründung informiert worden zu sein, kann eine nicht ordnungsgemäße Betriebsratsanhörung vorliegen, die zur Unwirksamkeit der Kündigung führt (vgl. BAG AP Nr. 113 zu § 102 BetrVG 1972). Der Mangel wird zwar nur in einem etwaigen Kündigungsschutzprozess des gekündigten Arbeitnehmers und auch dort nur auf dessen Rüge hin vom Arbeitsgericht überprüft werden, tritt dieser Fall jedoch ein, drohen erhebliche Kosten. Daher sollte die Anhörung des Betriebsrats in diesem Fall genauestens überprüft und sollten erkannte Mängel jetzt noch rechtzeitig beseitigt werden, soweit nicht zB die Ausschlussfrist des § 626 Abs. 2 BGB bei der fristlosen Kündigung zum Handeln und zur Inkaufnahme des Risikos zwingt. Die Ergänzung der Anhörung des Betriebsrats ist nämlich – wenn die bisherige Information unzureichend war – wie eine neue Anhörung zu bewerten und zieht daher den erneuten Beginn der Stellungnahmefrist nach sich.*

Auf Seiten des Betriebsrats ist zu prüfen, ob bei erkannten Mängeln der Anhörung hierauf hingewiesen wird. In der Praxis bestehen oftmals Bedenken hiergegen, weil Betriebsräte keine „Schützenhilfe" für den Arbeitgeber leisten wollen. Das beruht mE auf einem grundlegenden Missverständnis der Rechtsstellung des Betriebsrats. Dieser dürfte aus dem Grundsatz der vertrauensvollen Zusammenarbeit verpflichtet sein, auf Mängel im Anhörungsverfahren, die nicht bereits offensichtlich sind, hinzuweisen. Vorsätzliche und beharrliche Verstöße hiergegen können als grober Verstoß iSv. § 23 Abs. 1 BetrVG zu werten sein. Sie hindern allerdings nicht die Rechtsfolge der Unwirksamkeit der Kündigung im Kündigungsschutzverfahren des einzelnen Arbeitnehmers.

- *Der Betriebsrat widerspricht der Kündigung mit folgender Begründung:*
- *Bei der Auswahl des zu kündigenden Arbeitnehmers wurde keine ausreichende Sozialauswahl durchgeführt, denn . . . (§ 102 Abs. 3 Nr. 1 BetrVG).*
- *Die beabsichtigte Kündigung verstößt gegen die Vorgaben der Auswahlrichtlinie vom . . ., denn . . . (§ 102 Abs. 3 Nr. 2 BetrVG).*
- *Nach Kenntnis des Betriebsrates ist in der Abteilung . . . ein Arbeitsplatz als . . . frei, auf dem Herr/Frau . . . weiterbeschäftigt werden könnte (§ 102 Abs. 3 Nr. 3 BetrVG).*
- *Die Weiterbeschäftigung von Herrn/Frau . . . auf dem bisherigen/auf dem freien Arbeitsplatz in der Abteilung . . . als . . . wäre nach Umschulung/Fortbildung möglich. Die Umschulung/Fortbildung würde einen Zeitraum von ca. . . . Wochen in Anspruch nehmen und nach Informationen des Betriebsrates ca. . . . Euro kosten. Das ist zur Vermeidung der Kündigung angemessen und zumutbar. Herr/Frau . . . hat sich gegenüber dem Betriebsrat auch bereit erklärt, die Umschulung/Fortbildung durchzuführen. Damit hat die Weiterbeschäftigung nach Umschulung/Fortbildung Vorrang vor dem Ausspruch einer Kündigung (§ 102 Abs. 3 Nr. 4 BetrVG).*
- *Die Weiterbeschäftigung von Herrn/Frau . . . wäre auf dem freien Arbeitsplatz in der Abteilung . . . als . . . möglich. Zwar handelt es sich dabei lediglich um eine Teilzeitstelle mit . . . % der Wochenarbeitszeit eines Vollzeitbeschäftigten, deren Übernahme daher für Herrn/Frau . . . mit einer entsprechenden Entgeltreduzierung verbunden wäre. Die Tätigkeit könnte von ihm/ihr allerdings ohne/mit lediglich kurzer Einarbeitungszeit von . . . übernommen werden und er/sie hat sich gegenüber dem Betriebsrat auch bereit erklärt, die Vertragsänderung und Entgeltreduzierung zu akzeptieren. Damit hat die Weiterbeschäftigung zu geänderten Bedingungen Vorrang vor dem Ausspruch einer Kündigung (§ 102 Abs. 3 Nr. 5 BetrVG).*

Sollten Sie die Kündigungsabsicht gleichwohl aufrechterhalten, ist eine Abschrift dieses Widerspruchsschreibens der Kündigung beizufügen (§ 102 Abs. 4 BetrVG).

. . .

. . . (Datum, Unterschrift)

M 105.13 Mitteilung über die Entlassung eines leitenden Angestellten nach § 105 BetrVG mit hilfsweiser Anhörung nach § 102 BetrVG

An den Betriebsrat[1]

zu Händen seines Vorsitzenden . . .

im Hause

Sehr geehrte Damen und Herren,

wir teilen Ihnen gem. § 105 BetrVG mit, dass wir beabsichtigen, Frau/Herrn . . . zum . . . ordentlich zu kündigen. Frau/Herr . . . ist leitender Angestellter iSv. § 5 Abs. 3 BetrVG.

Für den Fall, dass Frau/Herr . . . wider Erwarten doch nicht leitender Angestellter nach § 5 Abs. 3 BetrVG sein sollte, unterrichten wir Sie gleichzeitig gem. § 102 BetrVG.

Frau/Herr . . . ist seit . . . bei uns als . . . beschäftigt. Folgende Personaldaten sind uns bekannt: . . . (Alter, Familienstand, Anzahl der Kinder usw.).

Die Kündigung ist nötig, weil . . .

Wir bitten Sie, der beabsichtigten Kündigung zuzustimmen.

. . . (Ort/Datum)

. . . (Unterschrift)

1 Soweit es einen Personalausschuss gibt, evtl. auch: *„An den Personalausschuss zu Händen seines Vorsitzenden"*.

Hiermit wird der Empfang der Mitteilung nach § 102 BetrVG bestätigt[2]*:*

... (Ort/Datum)

... (Unterschrift)

2 ***Praxistipp:*** *Die Einholung einer schriftlichen Empfangsquittung des Betriebsratsvorsitzenden ist dem Arbeitgeber zum Beweis des Zugangsdatums und damit des Beginns etwaiger Stellungnahmefristen dringend zu empfehlen.*

M 105.14 Antrag auf Zustimmung zur beabsichtigten außerordentlichen Kündigung eines Betriebsratsmitglieds nach § 103 BetrVG[1]

An den Betriebsrat

zu Händen seines Vorsitzenden ...

im Hause

Sehr geehrte Damen und Herren,

wir teilen Ihnen gem. § 103 BetrVG mit, dass wir beabsichtigen, das Mitglied Ihres Gremiums, Frau/Herrn ... fristlos gem. §§ 15 KSchG, 626 BGB zu kündigen.

Frau/Herr ... ist seit ... bei uns als ... beschäftigt. Die folgenden Personaldaten sind uns bekannt:

Personal-Nr.: ...

Geburtsdatum: ...

Anschrift: ...

Familienstand: ...

Bekannte Unterhaltspflichten laut Lohnsteuerkarte: ...

Bekannte (Schwer-)Behinderung: ...

Die Kündigung wird auf folgenden Sachverhalt gestützt: ...[2]*.*

Wir bitten Sie, der beabsichtigten Kündigung innerhalb von drei Tagen zuzustimmen[3]*.*

... (Ort/Datum)

... (Unterschrift)

1 ***Hinweis:*** *Soweit ausnahmsweise über § 15 Abs. 4 und 5 KSchG für die Fälle der Betriebsstilllegung und (eingeschränkt) der Stilllegung einer Betriebsabteilung die ordentliche Kündigung von Betriebsratsmitgliedern zugelassen ist, bedarf diese dann nicht der Zustimmung des Betriebsrats nach § 103 BetrVG, aber dessen Anhörung nach § 102 BetrVG (BAG AP Nr. 370 zu § 613a BGB; BAG BB 1981, 1335; s.* ***M 105.9****). Im Falle sog. tariflicher Unkündbarkeit eines Betriebsratsmitglieds bedarf es für dessen (außerordentliche) betriebsbedingte Kündigung nach § 15 Abs. 4 oder 5 KSchG nicht der Zustimmung des Betriebsrats (BAG NZA 1998, 189). Der Betriebsrat ist also in diesem Sonderfall zu einer außerordentlichen Kündigung nach § 102 BetrVG anzuhören (s.* ***M 105.11****).*

2 Zum bei der fristlosen Kündigung erforderlichen Inhalt der Kündigungsbegründung s. Rz. 30, 33.

3 ***Wichtig:*** *Anders als nach § 102 Abs. 2 BetrVG gilt bei § 103 BetrVG die Zustimmung als verweigert, wenn der Betriebsrat binnen drei Tagen keine Erklärung abgibt (BAG BB 1978, 43). Der Arbeitgeber muss den Betriebsrat so rechtzeitig einschalten, dass bei Nichterteilung der Zustimmung noch innerhalb der Zweiwochenfrist des § 626 Abs. 2 BGB die Ersetzung der Zustimmung beim Arbeitsgericht gem. § 103 Abs. 2 BetrVG beantragt werden kann. Ist die Zustimmung des Betriebsrats durch rechtskräftige gerichtliche Entscheidung ersetzt oder hat der Betriebsrat nachträglich zugestimmt oder hat der Arbeitnehmer seinen Status als Betriebsratsmitglied verloren, so muss der Arbeitgeber in Anlehnung an § 91 Abs. 5 SGB IX unverzüglich nach Eintritt dieser Ereignisse die Kündigung aussprechen (BAG AP 14 zu § 103 BetrVG 1972; BAG BB 1979, 323).*

Hiermit wird der Empfang der Mitteilung nach § 103 BetrVG bestätigt[4]:

... (Ort/Datum)

... (Unterschrift)

4 ***Praxistipp:*** *Die Einholung einer schriftlichen Empfangsquittung des Betriebsratsvorsitzenden ist dem Arbeitgeber zum Beweis des Zugangsdatums und damit des Beginns der Stellungnahmefrist dringend zu empfehlen. Das Betriebsratsmitglied, dem gekündigt werden soll, ist bei der Beratung und Beschlussfassung des Betriebsrats zu diesem Thema aus rechtlichen Gründen verhindert und durch ein Ersatzmitglied zu ersetzen (vgl. ErfK/Kania § 103 BetrVG Rz. 7 mwN).*

Kapitel 106 Mitbestimmung in wirtschaftlichen Angelegenheiten

Literatur: S. die Literaturhinweise zu Kap. 96 und Kap. 103.

I. Wirtschaftsausschuss

1 In allen Unternehmen mit mehr als 100 ständig beschäftigten Arbeitnehmern ist ein Wirtschaftsausschuss als **Hilfsorgan des Betriebsrats** zu bilden (§ 106 Abs. 1 BetrVG). Dieser hat Anspruch auf Unterrichtung und Beratung über die wirtschaftlichen Angelegenheiten des Unternehmens anhand von Unterlagen, soweit dadurch nicht die Betriebs- und Geschäftsgeheimnisse des Unternehmens gefährdet werden (§ 106 Abs. 2 BetrVG). Ist in einem Unternehmen ein Wirtschaftsausschuss nicht zu errichten, weil die nach § 106 Abs. 1 BetrVG erforderliche Zahl beschäftigter Arbeitnehmer nicht erreicht wird, so stehen die Unterrichtungsansprüche des Wirtschaftsausschusses nicht dem Betriebsrat bzw. Gesamtbetriebsrat zu (BAG NZA 1991, 644).

2 Die **wirtschaftlichen Angelegenheiten**, über die der Wirtschaftsausschuss zu unterrichten ist und die mit ihm zu beraten sind, sind in § 106 Abs. 3 Nr. 1–10 BetrVG beispielhaft aufgezählt. Insbesondere zählen dazu die unternehmerischen Maßnahmen, die das Unternehmen in wesentlichem Umfang berühren, also vor allem Fabrikations- und Arbeitsmethoden, Produktions- und Investitionsprogramme, Rationalisierungsvorhaben, die Stilllegung oder Verlegung von Betrieben oder Betriebsteilen sowie die wirtschaftliche Lage des Unternehmens und sonstige Vorgänge, die die In-

teressen der Arbeitnehmer wesentlich berühren können. Dazu gehört auch die Veräußerung sämtlicher Geschäftsanteile an einen neuen Gesellschafter (BAG NZA 1991, 649).

3 Kommt es zum **Streit** zwischen Betriebsrat und Unternehmensleitung über den Umfang der Unterrichtungspflichten des Wirtschaftsausschusses, entscheidet gem. § 109 BetrVG letztlich die **Einigungsstelle**. In regelmäßig wiederkehrenden Streitfällen kann sich mit oder ohne Einschaltung der Einigungsstelle eine auch für die Zukunft verbindliche Regelung durch Betriebsvereinbarung oder Regelungsabrede anbieten (s. **M 106.1**).

M 106.1 Regelungsabrede über den Umfang von Mitteilungspflichten gegenüber dem Wirtschaftsausschuss

Unternehmen und Betriebsrat[1] kommen hinsichtlich der Unterrichtung des Wirtschaftsausschusses wie folgt überein:

1. *Das Unternehmen wird dem Wirtschaftsausschuss auf seiner ersten dem Abschluss dieser Regelungsabrede nachfolgenden Sitzung das Budget für das Jahr ... zur Einsichtnahme einschließlich der Angaben zu ..., jedoch ohne Angaben zu den Personalkosten anderer Unternehmen des Konzerns vorlegen. Dem Wirtschaftsausschuss wird keine Kopie des Budgets ausgehändigt[2].*
2. *Das Unternehmen wird dem Wirtschaftsausschuss auf seiner ersten dem Abschluss dieser Regelungsabrede nachfolgenden Sitzung die wöchentlichen Ergebnisberichte (Flash-Reports) für den Zeitraum ab ... einschließlich der Angaben zu ... zur Unterrichtung gem. § 106 Abs. 2 BetrVG vorlegen. Dem Wirtschaftsausschuss werden keine Kopien dieser Flash-Reports ausgehändigt.*
3. *Das Unternehmen wird dem Wirtschaftsausschuss zukünftig in jeder ordentlichen Sitzung die seit der letzten Sitzung erstellten wöchentlichen Ergebnisberichte (Flash-Reports) einschließlich der Angaben zu ... zur Unterrichtung gem. § 106 Abs. 2 BetrVG vorlegen. Dem Wirtschaftsausschuss werden jeweils keine Kopien dieser Flash-Reports ausgehändigt.*
4. *Die Betriebsparteien sind einig darüber, dass die Informationen, die der Wirtschaftsausschuss in Erfüllung der Verpflichtungen unter Ziff. 1–3 dieser Vereinbarung erhält, ausnahmslos Betriebs- und Geschäftsgeheimnisse betreffen, für die die Geheimhaltungspflicht nach § 79 BetrVG gilt. Unberührt hiervon bleiben die Verpflichtungen und Rechte des Wirtschaftsausschusses und seiner Mitglieder gem. §§ 106 Abs. 1 Satz 2, 108 Abs. 4 BetrVG.*

---

1 ***Wichtig:*** *Der Wirtschaftsausschuss selbst kann als bloßes Hilfsorgan des (Gesamt-)Betriebsrats in eigenen Angelegenheiten weder eine Regelungsabrede noch gar eine Betriebsvereinbarung abschließen, noch die Einigungsstelle anrufen.*

2 ***Hinweis:*** *Die Mitglieder des Wirtschaftsausschusses haben das Recht, Einsicht in Unterlagen zu nehmen (§ 108 Abs. 3 BetrVG). Sie können sich auch schriftliche Aufzeichnungen über die mitgeteilten Informationen machen. Allerdings sind sie nach der Rechtsprechung des BAG nicht berechtigt, Kopien von vorgelegten Unterlagen anzufertigen, es sei denn, der Arbeitgeber lässt dies freiwillig zu (BAG AP Nr. 3 zu § 106 BetrVG 1972; Fitting/Engels/Schmidt/Trebinger/Linsenmaier § 106 BetrVG Rz. 41f).*

II. Betriebsänderung

4 Bei geplanten Betriebsänderungen (zB Betriebsstilllegung) hat der Betriebsrat in Unternehmen mit mehr als 20 Arbeitnehmern ein Mitbestimmungsrecht (vgl. § 111 BetrVG). Bei solchen Betriebsänderungen sollen Betriebsrat und Unternehmen einen **Interessenausgleich** versuchen. Außerdem ist unter Umständen ein **Sozialplan** aufzustellen (§ 112 BetrVG). Sozialpläne regeln vor allem Abfindungen für die von den Betriebsänderungen betroffenen Arbeitnehmer.

1. Interessenausgleich

5 Der Interessenausgleich hat keinen gesetzlich definierten **Inhalt**. Er soll die Einigung der Betriebsparteien über das „Ob“, „Wann“ und „Wie“ der geplanten Betriebsänderung herstellen. Wie die Ei-

nigung konkret aussieht, bleibt allein den Verhandlungen der Betriebsparteien überlassen. Sie kann sogar allein darin bestehen, dass beide Betriebsparteien **negativ** feststellen, dass eine Einigung über die Maßnahme nicht möglich ist (s. **M 106.2**). Sie kann allerdings auch konkrete **positive** Regelungen über die geplante Betriebsänderung treffen, die sodann verbindlich und insbesondere vom Arbeitgeber bei der Umsetzung zu beachten sind (s. **M 106.3** und **M 106.8**). Kommt der Interessenausgleich zu Stande, ist er **schriftlich** niederzulegen und von Unternehmensleitung und Betriebsratsvorsitzenden zu unterschreiben (§ 112 Abs. 1 Satz 1 BetrVG).

Der Arbeitgeber ist verpflichtet, einen Interessenausgleich vor Durchführung der geplanten Be- 6
triebsänderung zu versuchen. Kommt er dieser Verpflichtung nicht oder nicht hinreichend nach oder weicht er später von den Regelungen des Interessenausgleichs ohne zwingenden Grund ab, ist er den betroffenen Arbeitnehmern zum **Nachteilsausgleich** nach § 113 BetrVG verpflichtet.

Kommt eine Einigung auf einen Interessenausgleich nicht freiwillig zu Stande, kann die **Einigungs-** 7
stelle nach § 112 Abs. 2 Satz 2, Abs. 3 BetrVG angerufen werden. Diese hat allerdings **keine Entscheidungskompetenz**. Sie soll die Einigung der Betriebsparteien versuchen. Gelingt ihr dies nicht, endet das Einigungsstellen- und damit auch das Interessenausgleichsverfahren allein mit dieser Feststellung.

➲ **Praxistipp:** Vereinbaren die Betriebsparteien bei einer Betriebsänderung nicht nur einen ein- 8
fachen Interessenausgleich, sondern legen sie sich mit einer **Namensliste** (s. **M 106.4**) bereits auf die Namen der zu kündigenden Arbeitnehmer fest, führt dies nach § 1 Abs. 5 KSchG im Kündigungsschutzverfahren der betroffenen Arbeitnehmer zu einer gesetzlichen Vermutung des dringenden betrieblichen Erfordernisses für die Kündigung und zur Einschränkung des Prüfungsmaßstabes der sozialen Auswahl lediglich noch auf grobe Fehlerhaftigkeit. Damit vermindert der Arbeitgeber etwaige Prozessrisiken in Kündigungsschutzverfahren erheblich. In der Praxis geht in solchen Fällen kaum noch ein Kündigungsprozess zu Gunsten des Arbeitnehmers aus. Dementsprechend zurückhaltend sind regelmäßig allerdings die Betriebsräte, einen Interessenausgleich mit Namensliste zu unterzeichnen. Erzwungen werden kann er nicht. Meist wird es zu Kompensationsgeschäften bei zeitgleich geführten Sozialplanverhandlungen kommen.

M 106.2 Interessenausgleich bei Uneinigkeit über die durchzuführende Betriebsänderung

1. *Die Firma hält an ihrer Absicht fest, den Betrieb bis spätestens ... zu schließen.*
2. *Der Betriebsrat widerspricht der Schließung des Betriebes nach wie vor*[1].
3. *Firma und Betriebsrat sind sich einig, dass mit Unterzeichnung dieser Vereinbarung die Verhandlungen über den Interessenausgleich rechtswirksam beendet sind*[2].

1 ***Praxistipp:*** *Eine solche Formulierung bietet sich häufig für den Betriebsrat an, um sich nicht Vorwürfen der Belegschaft auszusetzen. Sie ist für den Arbeitgeber unschädlich, wenn der Betriebsrat gleichzeitig die Verhandlungen über den Interessenausgleich für rechtswirksam beendet erklärt.*

2 Damit steht fest, dass ein Einigungsstellenverfahren bezüglich des Interessenausgleichs nicht stattfindet. Die Kündigungen können nun unter Beachtung des Anhörungsverfahrens nach § 102 BetrVG ausgesprochen werden.

M 106.3 Interessenausgleich bei Einigkeit über die durchzuführende Betriebsänderung

1. *Firma und Betriebsrat sind sich einig, dass der Betrieb stillgelegt wird.*
2. *Die Stilllegung soll zum . . . erfolgen*[1].
3. *Die wegen der Stilllegung notwendig werdenden Kündigungen erfolgen auf Grund eines dringenden betrieblichen Erfordernisses iSd. § 1 Abs. 2 KSchG.*
4. *Das Anhörungsverfahren nach § 102 BetrVG hinsichtlich der auszusprechenden (Änderungs-) Kündigungen wird gesondert durchgeführt.*
5. *Firma und Betriebsrat werden unverzüglich Verhandlungen über einen Sozialplan zur Milderung von sozialen Härten aufnehmen.*

oder:

5. *Firma und Betriebsrat haben mit gleichem Datum einen Sozialplan zur Milderung von sozialen Härten vereinbart.*
6. *Dieser Interessenausgleich tritt mit dem Tag der Unterzeichnung in Kraft.*

---

1 Wenn es zweckmäßig und/oder erreichbar ist, kann auch nur ein Zeitraum für die Stilllegung festgelegt werden.

M 106.4 Interessenausgleich mit Namensliste nach § 1 Abs. 5 KSchG

1. Geltungsbereich

Dieser Interessenausgleich gilt für alle Arbeitnehmer des Betriebes am Standort . . . mit Ausnahme der leitenden Angestellten iSd. § 5 Abs. 3 BetrVG.

2. Gegenstand des Interessenausgleichs

2.1 Die langfristige Sicherung der Wettbewerbsfähigkeit des Unternehmens erzwingt eine Steigerung der Ertragskraft. Das Unternehmen muss auf das wirtschaftliche Umfeld und den zunehmenden Konkurrenzdruck durch Mitbewerber reagieren. Steigende Energie- und Rohstoffkosten sowie der Preisdruck am Markt machen Restrukturierungsmaßnahmen notwendig. Davon betroffen ist auch der Betrieb am Standort . . .

2.2 Nach umfangreichen Untersuchungen hat die Geschäftsleitung folgende Maßnahmen beschlossen:

- *Der Produktionsbereich . . . wird an den Standort . . . verlagert und mit der dortigen . . . -Produktion zusammengeführt.*
- *Die Bereiche . . . werden stillgelegt. Die entsprechenden Aufgaben werden künftig an externe Dienstleister vergeben.*
- *Die Maßnahmen werden ab . . . umgesetzt und sollen bis . . . abgeschlossen sein.*

2.3 Betroffen von den vorstehend beschriebenen Maßnahmen sind die in der Anlage 1 bezeichneten Arbeitsplätze und Kostenstellen. Diese fallen sukzessive zu dem jeweils in der Anlage angegebenen Zeitpunkt weg. Soweit für die von der Produktionsverlagerung betroffenen Arbeitnehmer eine Weiterbeschäftigung am Standort . . . möglich ist und diese nicht bereits durch Versetzung erreicht werden kann, ist unter Berücksichtigung der gesetzlichen Sozialauswahlkriterien vorrangig eine Änderungskündigung auszusprechen.

3. Beteiligungsrechte des Betriebsrats

3.1 Über die vorstehend beschriebenen Maßnahmen und die Gründe hierfür haben zwischen Geschäftsleitung und Betriebsrat umfangreiche Beratungen stattgefunden. Der Betriebsrat verschließt sich den wirtschaftlichen Sachzwängen nicht. Man hat deshalb umfassende Regelungen in diesem Interessenausgleich und dem ebenfalls heute zu Stande gekommenen Sozialplan[1] *vereinbart, um die notwendigen Maßnahmen sozialverträglich durchzuführen.*

3.2 Der Betriebsrat bestätigt, dass seine Informations- und Beratungsrechte nach §§ 111, 112 BetrVG beachtet worden sind, das Interessenausgleichsverfahren ordnungsgemäß durchgeführt wurde und mit Unterzeichnung dieser Vereinbarung abgeschlossen ist.

4. Namensliste der zu kündigenden Arbeitnehmer

4.1 Geschäftsleitung und Betriebsrat haben nach umfassenden Beratungen unter Berücksichtigung der gesetzlichen Sozialauswahlkriterien folgende Namenslisten gem. § 1 Abs. 5 KSchG beschlossen:

- *Die Namensliste der Anlage 2, in der alle Arbeitnehmer aufgeführt sind, denen eine Änderungskündigung zum Standort ... ausgesprochen wird*[2]*.*
- *Die Namensliste der Anlage 3, in der alle Arbeitnehmer aufgeführt sind, denen eine Beendigungskündigung ausgesprochen wird.*

4.2 Die Namenslisten enthalten folgende Angaben zu den betroffenen Arbeitnehmern: Name, Vorname, Abteilung, Tätigkeit, Kostenstelle, Geburtsdatum, Beginn des Arbeitsverhältnisses, Familienstand, bekannte Unterhaltspflichten, bekannter Grad der Behinderung, Kündigungsfrist, vorgesehener Kündigungstermin[3]*.*

4.3 Die Namenslisten sind nach sozialer Schutzwürdigkeit unter Berücksichtigung der berechtigten betrieblichen Belange durchnummeriert. Sollte der Ausspruch einer Änderungskündigung gegenüber einem Arbeitnehmer der Liste 2 nicht möglich sein, weil dessen Arbeitsverhältnis bereits aus anderen Gründen endet, oder sollte ein Arbeitnehmer der Liste 2 das Änderungsangebot nicht (unter Vorbehalt) binnen der im Kündigungsschreiben vorgegebenen dreiwöchigen Frist annehmen, wird das Unternehmen die beabsichtigte Beendigungskündigung desjenigen Arbeitnehmers der Liste 3 aus derselben Abteilung und mit der gleichen Tätigkeit nach vorheriger Anhörung des Betriebsrats gem. § 102 BetrVG durch eine Änderungskündigung zum Standort ... ersetzen, der die niedrigste Listennummer hat. Sollte diesem Arbeitnehmer gegenüber bereits die Beendigungskündigung ausgesprochen worden sein, wird ihm nachträglich ein Weiterbeschäftigungsangebot am Standort ... unterbreitet. Nimmt er es an, wird die Beendigungskündigung zurückgezogen. Sollte der betreffende Arbeitnehmer der Liste 3 das Änderungsangebot nicht annehmen, ist das Unternehmen in diesem Fall zu einem weiteren Wechsel von Beendigungs- zu Änderungskündigung nicht verpflichtet. Ausschlaggebend sind die in den Namenslisten verwendeten Tätigkeitsbezeichnungen.

1 ***Praxistipp:*** *Der Betriebsrat wird und sollte einen Interessenausgleich mit Namensliste wegen der kündigungsschutzrechtlichen Wirkungen der Namensliste für die betroffenen Arbeitnehmer regelmäßig nur dann akzeptieren, wenn zugleich eine entsprechende Kompensation über einen gut dotierten Sozialplan erzielt werden kann. Daher sollte und wird in diesen Fällen regelmäßig der Abschluss des Interessenausgleichs zeitgleich mit dem des Sozialplans stattfinden. Das setzt zügige Verhandlungen auch über den Sozialplan voraus. Dem Arbeitgeber sollte daran ebenfalls gelegen sein, denn für ihn bedeutet ein Interessenausgleich mit Namensliste eine durchgreifende Reduzierung von Prozessrisiken in nachfolgenden Kündigungsschutzprozessen und damit die Herstellung von Rechts- und Planungssicherheit.*

2 ***Hinweis:*** *Die Vermutungswirkung des § 1 Abs. 5 KSchG erfasst nicht nur ordentliche Beendigungs-, sondern auch Änderungskündigungen (BAG MDR 2008, 155). Nicht erfasst werden allerdings außerordentliche betriebsbedingte (Änderungs-)Kündigungen (BAG MDR 2009, 1344).*

3 ***Praxistipp:*** *Diese umfangreichen Angaben sind zu empfehlen, um in etwaigen Kündigungsschutzverfahren keinerlei Zweifel über die Person des gem. Namensliste zu kündigenden Arbeitnehmers und die Einigung über die soziale Auswahl aufkommen zu lassen. Zudem erleichtert eine so umfangreiche Namensliste die Darlegung der ordnungsgemäßen Betriebsratsanhörung nach § 102 BetrVG. Zwingend erforderlich für die Namensliste nach § 1 Abs. 5 KSchG sind allerdings nur so viele Angaben, dass eine zweifelsfreie Identifikation möglich ist (in der Regel also: Name, Vorname, Abteilung, vgl. KR/Griebeling § 1 KSchG Rz. 703i). Bei sukzessiver Umsetzung der Betriebsänderung muss in der Namensliste auch der Kündigungstermin für jeden Arbeitnehmer bestimmt werden, damit die Vermutungswirkung gem. § 1 Abs. 5 KSchG sich auch auf die dann zu einem bestimmten Termin ausgesprochene Kündigung erstrecken kann.*

4.4 Die Namenslisten sind diesem Interessenausgleich beigefügt, von Geschäftsleitung und Betriebsrat separat auf jedem Blatt unterzeichnet und durch Klammerung fest mit dem Interessenausgleich verbunden[4]*.*

5. Betriebsratsanhörung gem. § 102 BetrVG

Der Betriebsrat bestätigt, im Rahmen der Interessenausgleichsverhandlungen abschließend am ... zu den Kündigungen der in den Namenslisten 2 und 3 aufgeführten Arbeitnehmer ordnungsgemäß unter Angabe der Kündigungsgründe sowie der Änderungsangebote (bei den Arbeitnehmern der Liste 2), der Kriterien der sozialen Auswahl und des Kreises der vergleichbaren Arbeitnehmer sowie zu den Gründen einer Herausnahme einzelner Arbeitnehmer aus der Sozialauswahl nach § 1 Abs. 3 Satz 2 KSchG angehört worden zu sein[5]*. Der Betriebsrat hat heute den Beschluss gefasst, allen beabsichtigten Kündigungen zuzustimmen. Damit ist das Verfahren nach § 102 BetrVG abgeschlossen.*

6. Mitbestimmung nach § 99 BetrVG und Konsultationsverfahren gem. § 17 KSchG

6.1 Der Betriebsrat bestätigt, im Rahmen der Interessenausgleichsverhandlungen zu den mit den Änderungskündigungen der in der Namensliste 2 aufgeführten Arbeitnehmer verbundenen Versetzungen ordnungsgemäß nach § 99 BetrVG beteiligt worden zu sein. Der Betriebsrat hat heute den Beschluss gefasst, allen Versetzungen auch nach § 99 BetrVG zuzustimmen.

6.2 Die Betriebsparteien sind sich einig, dass das Konsultationsverfahren nach § 17 Abs. 2 KSchG mit dem Abschluss dieses Interessenausgleichs abgeschlossen ist. Der Betriebsrat sieht keine Möglichkeit, die in diesem Interessenausgleich geregelten Entlassungen zu vermeiden[6]*.*

7. Inkrafttreten

Diese Vereinbarung tritt mit ihrer Unterzeichnung in Kraft und endet mit Abschluss der letzten Personalmaßnahme.

---

4 ***Wichtig:*** *Interessenausgleich und Namensliste müssen, wenn nicht die Namensliste bereits im Interessenausgleich selbst enthalten ist, sondern ihm als Anlage beigefügt wird, eine Gesamturkunde bilden. Zu den Anforderungen: BAG EzA § 1 KSchG Interessenausgleich Nr. 9, 10; BAG AP Nr. 1 zu § 1 KSchG 1969 Namensliste; ErfK/Oetker § 1 KSchG Rz. 361).*

5 ***Wichtig:*** *Der Interessenausgleich mit Namensliste ersetzt nicht die Anhörung des Betriebsrats zu den einzelnen Kündigungen nach § 102 BetrVG (s.* ***M 105.9****). Wird diese nicht durchgeführt, ist die Kündigung ohne weiteres unwirksam. Nach der Rechtsprechung des BAG kann das Anhörungsverfahren nach § 102 BetrVG mit dem Verfahren des Interessenausgleichs verbunden werden (BAG NZA 1999, 1101). Im Kündigungsschutzprozess gelten allerdings grundsätzlich keine erleichterten Anforderungen an die Darlegungslast des Arbeitgebers hinsichtlich der ordnungsgemäßen Anhörung nach § 102 BetrVG. Die hier verwendete Klausel im Interessenausgleich kann gleichwohl hilfreich sein, denn damit wird beweiskräftig dokumentiert, dass und wann eine Anhörung nach § 102 BetrVG stattgefunden hat und dass sie mit Unterzeichnung des Interessenausgleichs und damit vor Ausspruch der Kündigungen abgeschlossen war. Im Kündigungsschutzverfahren wird die Anhörung des Betriebsrates nach § 102 BetrVG dann erfahrungsgemäß regelmäßig nur dahingehend problematisiert werden, was dem Betriebsrat in dem jeweiligen Einzelfall zu den konkreten Sozialauswahlerwägungen, insbesondere zum Kreis der vergleichbaren Arbeitnehmer und einer Herausnahmeentscheidung nach § 1 Abs. 3 Satz 2 KSchG, mitgeteilt worden ist.*

6 ***Hinweis:*** *Die hier verwendete Klausel im Interessenausgleich ersetzt die Stellungnahme des Betriebsrats gem. §§ 1 Abs. 5 S 4, 17 Abs. 3 S 2 KSchG; vgl. auch BAG NJW-Spezial 2012, 403 f. Sie ersetzt nicht die separate Verpflichtung nach § 17 Abs. 3 KSchG zum Nachweis der ordnungsgemäßen Einleitung des Konsultationsverfahrens. S. im Übrigen Rz. 17.*

M 106.5 Interessenausgleich bei gleichzeitiger Festlegung des Sozialplanvolumens[1]

1. Der Betriebsrat stimmt der (sukzessiven) Stilllegung des Werkes ... zum ... zu.

oder*[2]*:

1. Der Betriebsrat widerspricht nach wie vor der beabsichtigten Schließung des Werkes ... Er ist sich mit der Firma aber einig, dass weitere Verhandlungen wegen eines Interessenausgleichs zwecklos sind. Beide Seiten erklären deshalb insoweit die Verhandlungen als rechtswirksam beendet.

2. Firma und Betriebsrat sind sich einig, dass ein Sozialplan mit einem möglichen Abfindungsvolumen[3] von ... Euro (in Worten ... Euro) aufgestellt wird. Die Anspruchsberechtigten und die Höhe ihrer Ansprüche werden in einer besonderen Betriebsvereinbarung festgelegt.

1 ***Praxistipp:*** *Wenn die Zeit drängt (lange Kündigungsfristen), bietet sich diese Variante an. Es liegt auf der Hand, dass der Betriebsrat eher geneigt sein wird, der Betriebsänderung zuzustimmen oder die Verhandlungen hinsichtlich des Interessenausgleichs für beendet zu erklären, wenn das Sozialplanvolumen feststeht.*

2 In beiden Fällen können die Kündigungen nach Unterzeichnung der Vereinbarung ausgesprochen werden, allerdings nur unter Beachtung von § 102 BetrVG und §§ 17, 18 KSchG.

3 ***Praxistipp:*** *Der Arbeitgeber sollte darauf achten, dass nur das potentielle Volumen festgelegt wird. Im Übrigen ist dieser Weg problematisch, wenn Versetzungen größeren Ausmaßes vorgenommen werden. Dann müsste zumindest klargestellt werden, ob auch Versetzungspauschalen, Fahrtkosten usw. mit in das Volumen einfließen.*

2. Sozialplan

Der Sozialplan (s. **M 106.6** und **M 106.9**) ist die Einigung der Betriebsparteien über den Ausgleich oder die Milderung der **wirtschaftlichen Nachteile**, die den Arbeitnehmern infolge der geplanten Betriebsänderung entstehen (§ 112 Abs. 1 Satz 2 BetrVG). Er hat die Wirkung einer Betriebsvereinbarung, ohne den Tarifvorbehalt des § 77 Abs. 3 BetrVG beachten zu müssen (§ 112 Abs. 1 Satz 3, 4 BetrVG). Zu beachten sind allerdings insbesondere bei der Regelung von Abfindungen die gesetzlichen Vorgaben zum Schutz vor Diskriminierung aufgrund des AGG (s. Kap. 104 Rz. 11 ff.). Einen Überblick über die Rechtsprechung des BAG zum Sozialplanrecht gibt Hunold AuA 2010, 106 ff. 9

Kommt eine Einigung der Betriebsparteien über den Sozialplan nicht zu Stande, entscheidet die Einigungsstelle (§ 112 Abs. 4 BetrVG). Die Einigungsstelle ist bei der Entscheidungsfindung an die Vorgaben aus § 112 Abs. 5 BetrVG gebunden. Der Soziaplan ist damit im Unterschied zum Interessenausgleich **erzwingbar**. Eine Ausnahme hiervon gilt nur bei neu gegründeten Unternehmen in den ersten vier Jahren (§ 112a Abs. 2 BetrVG). Besteht die geplante Betriebsänderung allein in einem Personalabbau, gibt § 112a Abs. 1 BetrVG die Schwellenwerte vor, ab deren Erreichen ein Sozialplan erzwingbar ist. 10

➲ **Praxistipp:** Nach der st. Rspr. des BAG ist es grundsätzlich unzulässig, Leistungen eines Sozialplans von einem Verzicht auf die Erhebung einer Kündigungsschutzklage abhängig zu machen (sog. „**Turboprämien**", vgl. BAG NJW 1984, 1581; BAG NZA 1986, 258; vgl. auch Fitting/Engels/Schmidt/Trebinger/Linsenmaier §§ 112, 112a BetrVG Rz. 169). 11

Mit Entscheidung vom 31.5.2005 hat das BAG (NZA 2005, 997) eine Ausnahme für den Sozialplan **ergänzende Betriebsvereinbarungen** (s. **M 106.7**) zugelassen, wenn folgende Voraussetzungen kumulativ erfüllt sind (s. auch Riesenhuber NZA 2005, 1100, 1102; Klein dbr 12/2005, 38 f.):

- Es ist ein Sozialplan zwischen den Betriebsparteien zustande gekommen;
- Ergänzend hierzu wird eine Betriebsvereinbarung auf freiwilliger Basis abgeschlossen, dh. im Unterschied zur Situation bei dem Sozialplan kommt eine Zwangsentscheidung durch die Einigungsstelle hier nicht in Betracht;

- Gegenstand der ergänzenden Betriebsvereinbarung sind zusätzliche Leistungen für solche Arbeitnehmer, die auf die Erhebung einer Kündigungsschutzklage verzichten, dh. es darf für die Zusatzabfindung nicht auf Leistungen aus dem Sozialplan zurückgegriffen werden;
- Das Verbot, Sozialplanleistungen mit dem Verzicht auf die Erhebung einer Kündigungsschutzklage zu koppeln, darf nicht umgangen werden. Eine Umgehung ist nach Ansicht des BAG anzunehmen, wenn der Sozialplan keine angemessenen Leistungen vorsieht oder sonst greifbare Anhaltspunkte dafür vorliegen, dass das Finanzvolumen des Sozialplans zu Gunsten der „Turboprämie" geschmälert wurde. Hier ist auf Arbeitgeberseite Vorsicht geboten, denn bei Annahme eines Verstoßes gegen das Umgehungsverbot dürfte die Bedingung des Klageverzichts in der ergänzenden Betriebsvereinbarung unwirksam sein und es drohen Gleichbehandlungsansprüche auch derjenigen Arbeitnehmer, die nicht auf eine Kündigungsschutzklage verzichtet haben!

Auch für noch nicht geplante, aber in groben Umrissen schon abschätzbare Betriebsänderungen können Betriebsrat und Arbeitgeber einen Sozialplan in Form einer freiwilligen Betriebsvereinbarung aufstellen. Darin liegt noch kein (unzulässiger) Verzicht auf künftige Mitbestimmungsrechte (BAG NZA 1998, 216). Soweit ein solcher **vorsorglicher Sozialplan** wirksame Regelungen enthält, ist das Mitbestimmungsrecht des Betriebsrats nach § 112 BetrVG verbraucht, falls eine entsprechende Betriebsänderung später tatsächlich vorgenommen wird (BAG aaO).

M 106.6 Sozialplan bei Betriebsschließung

1. Regelungsgegenstand

Gegenstand dieses Sozialplans ist die Milderung der Nachteile für die Arbeitnehmer und Arbeitnehmerinnen, die auf Grund der Stilllegung des Betriebes ihren Arbeitsplatz verlieren und deren Arbeitsverhältnisse aus diesem Grund enden.

2. Geltungsbereich

Die Regelungen dieses Sozialplans gelten grundsätzlich für alle Beschäftigten des Betriebes iSd. § 5 Abs. 1 BetrVG. Sie gelten nicht für

- *leitende Angestellte iSv. § 5 Abs. 3 BetrVG*[1]*;*
- *Arbeitnehmer, denen wirksam außerordentlich nach § 626 BGB oder ordentlich aus verhaltensbedingten*[2] *Gründen gekündigt wurde oder wird;*
- *Arbeitnehmer, die am ...*[3] *in einem wirksam befristeten Arbeitsverhältnis standen und deren Arbeitsverhältnis wegen der Befristung ohnehin bis ... enden würde;*
- *Arbeitnehmer, die auf Grund einer vor dem ... ausgesprochenen ordentlichen Eigenkündigung oder auf Grund eines vor dem ... abgeschlossenen Aufhebungsvertrages aus dem Betrieb ausgeschieden sind oder ausscheiden*[4]*;*
- *Arbeitnehmer, die auf Grund fristloser Eigenkündigung ausgeschieden sind oder ausscheiden (Ausnahme: Ziff. 6);*
- *Arbeitnehmer, die einen Antrag bei der Sozialversicherung auf Altersrente (zB Ausscheiden mit Beendigung des 65. Lebensjahres, Ausscheiden als Schwerbehinderter) bzw. Erwerbsunfähig-*

1 Vgl. BAG DB 1985, 2207; es bleibt den Betriebspartnern allerdings unbenommen, leitende Angestellte in den Sozialplan einzubeziehen und damit für diesen Personenkreis einen Vertrag zu Gunsten Dritter abzuschließen.
2 Vgl. BAG DB 1979, 1039 zum Ausschluss von Arbeitnehmern bei möglicher fristloser Kündigung, deren Arbeitsverhältnis aber auf andere Weise beendet wurde. Üblicherweise wird darauf verzichtet, Arbeitnehmer auszuschließen, denen aus personenbedingten Gründen gekündigt wird; möglich ist aber auch dies.
3 Hier ist der Tag der Bekanntgabe der beabsichtigten Betriebsänderung als Datum einzusetzen.
4 Vgl. BAG AP Nr. 71, 77, 85, 89, 191 zu § 112 BetrVG 1972; ErfK/Kania §§ 112, 112a BetrVG Rz. 20, 25.

keitsrente stellen und bewilligt bekommen bzw. einen Antrag auf Altersruhegeld nicht stellen, obwohl die Voraussetzungen vorliegen[5].

3. Abfindungsanspruch

3.1 Jeder vom Arbeitsplatzverlust betroffene Arbeitnehmer erhält für jedes Jahr der Betriebszugehörigkeit nachfolgend aufgeführten Anteil seines Monatsbruttoentgelts (bis zu einem Höchstbetrag von ... Euro) ausbezahlt[6]*:*

Alter	*Anteil*
bis 34 Jahre	*0,50*
bis 39 Jahre	*0,63*
bis 49 Jahre	*0,66*
bis 54 Jahre	*0,70*
bis 65 Jahre	*0,75*

3.2 Als Monatsbruttoentgelt gilt die monatlich fest vereinbarte Vergütung, Stand 31.12. ...

3.3 Lebensalter ist das Alter des Arbeitnehmers in vollen Jahren zum Zeitpunkt des fristgemäßen Ausscheidens aus dem Betrieb.

3.4 Die Betriebszugehörigkeit bemisst sich nach den bis zum Zeitpunkt des jeweiligen Ausscheidens zurückgelegten vollen Jahren[7].

3.5 Die gesamte Abfindung wird unter Einbeziehung der unter den nachstehenden Ziff. 3.6–3.8 aufgeführten Beträge auf ... Euro begrenzt[8].

3.6 Arbeitnehmer mit Kindern erhalten für jedes unterhaltsberechtigte Kind höchstens bis zum 27. Lebensjahr, dem zum Zeitpunkt des Inkrafttretens des Sozialplanes tatsächlich Unterhalt gewährt wird, und für jedes Kind, das zwischen dem Inkrafttreten des Sozialplanes und der Beendigung des Arbeitsverhältnisses geboren wird, eine zusätzliche Abfindung iHv. ... Euro. Eine doppelte Inanspruchnahme dieses Abfindungsbetrages ist ausgeschlossen. Die Elternteile können den Bezugsberechtigten jeweils nach eigener Wahl bestimmen. Wird das Bestimmungsrecht nicht einvernehmlich oder gar nicht ausgeübt, steht es im Ermessen der Firma, wem der jeweilige Abfindungsbetrag ausgezahlt wird.

3.7 Schwerbehinderte mit einem Grad der Behinderung von mindestens 50 oder ihnen Gleichgestellte erhalten einen zusätzlichen Abfindungsbetrag iHv. ... Euro.

3.8 Für ältere Arbeitnehmer werden folgende Abschläge vorgenommen[9]*:*

ab dem 59. Lebensjahr werden nur noch 80 %

ab dem 61. Lebensjahr werden nur noch 50 %

ab dem 63. Lebensjahr werden nur noch 25 %

---

5 Da auf die tatsächlich zu erwartenden Nachteile abgestellt werden soll, ist ein solcher Ausschluss angemessen (vgl. BAG FA 2009, 353 und BAG AP Nr. 196, 198 zu § 112 BetrVG 1972).

6 **Hinweis:** *Eine nach Lebensalter gestufte Festsetzung von Abfindungen ist auch unter Geltung des AGG weiterhin zulässig, soweit sie sich im konkreten Regelungsfall typisierend an den in der Regel mit steigendem Lebensalter schlechteren Chancen auf dem Arbeitsmarkt orientiert (vgl. § 10 Satz 3 Nr. 6 AGG). Die hier vorgenommene Abstufung ist insoweit lediglich als Beispiel zu verstehen, das nicht allgemein übertragbar ist.*

7 Elternzeiten iSd. BEEG sind einzubeziehen (BAG AP Nr. 159 zu § 112 BetrVG 1972).

8 Zur grundsätzlichen Zulässigkeit von Höchstbegrenzungsklauseln BAG AP Nr. 52 zu § 75 BetrVG 1972.

9 **Hinweis:** *Es ist auch vor dem Hintergrund europäischen Antidiskriminierungsrechts zur Altersdiskriminierung (vgl. EuGH NZA 2005, 1345) und des Allgemeinen Gleichbehandlungsgesetzes (AGG) weiterhin zulässig, Abfindungen für ältere Arbeitnehmer nach den mit hoher Wahrscheinlichkeit zu erwartenden geringeren tatsächlichen Nachteilen zu bemessen und für jüngere Arbeitnehmer einen höheren pauschalen Ausgleich vorzusehen, der sich an der Dauer der bisherigen Betriebszugehörigkeit orientiert. Bestätigt wird dies durch die Regelung des § 10 Satz 3 Nr. 6 AGG. Arbeitnehmer, die zum Zeitpunkt der Auflösung des Arbeitsverhältnisses die Voraussetzungen für den übergangslosen Rentenbezug nach Beendigung des Anspruchs auf Arbeitslosengeld erfüllen, können sogar ganz von Sozialplanleistungen ausgenommen werden (BAG AP Nr. 198 zu § 112 BetrVG 1972). Gleiches gilt für Arbeitnehmer, wenn sie durch „Vermittlung" des Arbeitgebers einen neuen Arbeitsplatz erhalten (BAG ArbRAktuell 2010, 122 mit Anm. Arnold).*

ausgezahlt.

3.9 Für besondere Härtefälle wird ein Härtefonds geschaffen. Das Vorliegen der Voraussetzungen für eine Begünstigung aus diesem Fonds stellen Arbeitgeber und Betriebsrat einvernehmlich fest. Im Streitfall entscheidet eine Einigungsstelle. Die Dotierung des Härtefonds beträgt maximal . . . Euro. Der Höchstbetrag je Begünstigtem soll . . . Euro nicht übersteigen.

4. Fälligkeit, Anrechnung, Vererbbarkeit, Abtretbarkeit

4.1 Die Abfindungszahlung wird mit dem Ausscheiden aus dem Unternehmen fällig. Sie wird dem Arbeitnehmer/in mit der letzten Entgeltzahlung bargeldlos überwiesen.

4.2 Erhebt ein Arbeitnehmer Kündigungsschutzklage oder wird in sonstiger Weise die Unwirksamkeit der Kündigung gerichtlich geltend gemacht, wird die Abfindung erst fällig, wenn das Verfahren rechtskräftig beendet und dabei die Beendigung des Arbeitsverhältnisses bestätigt worden ist[10].

4.3 Eine gem. §§ 9, 10 KSchG oder gem. § 113 BetrVG[11] *gerichtlich zugesprochene oder (im Rahmen eines Prozesses) vereinbarte Abfindung wird auf die Abfindung aus diesem Sozialplan angerechnet. Das Gleiche gilt bei einer Abfindung aus einem Aufhebungsvertrag oder einer solchen nach § 1a KSchG*[12].

4.4 Abfindungen aus dem Sozialplan sind vor Fälligkeit nicht vererbbar[13] *und nicht abtretbar.*

5. Steuer- und Sozialabgabenpflicht

Die Auszahlung der Abfindung erfolgt ohne Abzug für Sozialabgaben und unter Beachtung der zum Zeitpunkt der Fälligkeit geltenden steuerrechtlichen Regelungen.

6. Vorzeitiges Ausscheiden

6.1 Einem gekündigten Arbeitnehmer steht das Recht zu, vor Ablauf der Kündigungsfrist die Beendigung des Arbeitsverhältnisses zu verlangen. Die Firma hat dem Verlangen zuzustimmen, wenn eine Frist von zwei Wochen eingehalten wird und keine dringenden betrieblichen Erfordernisse entgegenstehen. Das vorzeitige Ausscheiden darf dann keine Kürzung der Abfindung zur Folge haben.

6.2 Gekündigte Arbeitnehmer können von der Firma unter Fortzahlung der Bezüge jederzeit von ihrer Arbeitspflicht freigestellt werden. Urlaubsansprüche werden auf die Freistellung angerechnet. Der Arbeitnehmer kann dem jedoch widersprechen, wenn berechtigte Interessen seinerseits der Freistellung entgegenstehen.

7. Aufhebungsvertrag

Aufhebungsverträge bedürfen der Schriftform. Dem Arbeitnehmer ist nach Vorlage des Vertrages eine Bedenkzeit von drei Arbeitstagen einzuräumen. Der Tag des Zugangs des Vertragsangebotes zählt hierbei nicht mit.

8. Betriebsrenten

Soweit die Unverfallbarkeitsvoraussetzungen nach § 1b BetrAVG für einen Betriebsrentenanspruch zum Zeitpunkt des Ausscheidens des Arbeitnehmers erfüllt sind, wird ihm gem. § 4a BetrAVG mit-

---

10 ***Praxistipp:*** *Nach Ansicht des BAG (AP Nr. 33 zu § 112 BetrVG 1972; ebenso Fitting/Engels/Schmidt/Trebinger/Linsenmaier §§ 112, 112a BetrVG Rz. 168; vgl. aber auch BAG NZA 2005, 997 m. Anm. Klein dbr 12/2005, 38 f. und* ***M 106.7****) sind Klauseln unzulässig, wonach der Anspruch auf eine Abfindung dann entfällt, wenn gegen die Kündigung Klage erhoben wird. Zulässig sind aber Fälligkeitsregelungen. Solche Klauseln, aber auch Anrechnungsklauseln, dienen dazu, unnötige gerichtliche Auseinandersetzungen um Sozialplanbestimmungen und/oder Kündigungen möglichst zu vermeiden.*

11 ***Praxistipp:*** *Eine ausdrückliche Regelung ist insoweit zu empfehlen, denn es ist streitig, ob ohne eine solche insbesondere bei Nachteilsausgleichsansprüchen eine Anrechnung automatisch stattfindet (vgl. Fitting/Engels/Schmidt/Trebinger/Linsenmaier § 113 BetrVG Rz. 32 f.).*

12 Vgl. BAG AP Nr. 4 zu § 1a KSchG 1969.

13 Vgl. BAG NZA 1997, 163. Die Vererbbarkeit vor Fälligkeit kann allerdings vereinbart werden.

geteilt, in welcher Höhe er Versorgungsleistungen bei Erreichen der in der Versorgungsordnung vorgesehenen Altersgrenze beanspruchen kann. Weiter wird ihm mitgeteilt, wem gegenüber beim Eintritt des Versorgungsfalles der Rentenanspruch geltend zu machen ist.

9. Dienstjubiläen

Würde ein Arbeitnehmer ohne das durch die Betriebsschließung bedingte Ausscheiden im Jahre ... ein Betriebsjubiläum feiern können, hat er beim Ausscheiden Anspruch auf das volle Jubiläumsentgelt, wie es bisher betriebsüblich gezahlt wurde.

10. Urlaub

Ausscheidenden Arbeitnehmern ist der Urlaub grundsätzlich vor dem Austritt aus der Firma zu gewähren.

11. Zeugnisanspruch

Jeder Arbeitnehmer erhält auf Anforderung zu Bewerbungszwecken ein Zwischenzeugnis. Zum Zeitpunkt des Ausscheidens aus dem Betrieb wird unverzüglich ein Endzeugnis erteilt.

12. Bewerbungen

Alle Arbeitnehmer können sich in erforderlichem Umfang während der Arbeitszeit ohne Verdienstminderungen für Bewerbungen bei anderen Arbeitgebern oder für die Meldung bei der Agentur für Arbeit freistellen lassen. Der Freistellungswunsch ist dem jeweiligen Vorgesetzten rechtzeitig, in der Regel eine Woche vor der gewünschten Freistellung mitzuteilen. Dem Freistellungswunsch kann dann nur binnen zwei Arbeitstagen und nur aus dringenden betrieblichen Gründen widersprochen werden.

13. Günstigkeitsklausel

Günstigere gesetzliche, tarifliche oder einzelvertragliche Regelungen werden durch diesen Sozialplan nicht berührt.

14. Inkrafttreten

Diese Vereinbarung tritt am ... in Kraft.

3. Steuerhinweise

Abfindungen wegen einer vom Arbeitgeber veranlassten oder gerichtlich ausgesprochenen Auflösung des Dienstverhältnisses sind steuerpflichtig. Die Abfindungszahlung ist grundsätzlich **ermäßigt** zu besteuern, wenn sie die Voraussetzungen einer Entschädigung nach § 24 Nr. 1 EStG iVm. § 34 Abs. 1 und 2 EStG erfüllt. Eine Entschädigung iSd. § 24 Nr. 1 lit. a EStG, die aus Anlass einer Entlassung aus dem Dienstverhältnis vereinbart wird (Entlassungsentschädigung), setzt den Verlust von Einnahmen voraus, mit denen der Arbeitnehmer rechnen konnte. Weder Abfindung noch Entschädigung sind Zahlungen des Arbeitgebers, die bereits erdiente Ansprüche abgelten, wie zB rückständiger Arbeitslohn, anteiliges Urlaubsgeld, Urlaubsabgeltung, Weihnachtsgeld, Gratifikationen, Tantiemen oder bei rückwirkender Beendigung des Dienstverhältnisses bis zum steuerlich anzuerkennenden Zeitpunkt der Auflösung noch zustehende Gehaltsansprüche. Das gilt auch für freiwillige Leistungen, wenn sie in gleicher Weise den verbleibenden Arbeitnehmern tatsächlich zugewendet werden. Die Anwendung der begünstigten Besteuerung nach § 34 Abs. 1 und 2 EStG setzt ua. voraus, dass die Entschädigungsleistungen zusammengeballt in einem Veranlagungszeitraum zufließen; der Zufluss mehrerer Teilbeträge in unterschiedlichen Veranlagungszeiträumen ist deshalb grundsätzlich schädlich (BFH v. 3.7.2002, BStBl. II 2004, 447). Übersteigt die anlässlich der Beendigung eines Arbeitsverhältnisses gezahlte Entschädigung die bis zum Ende des Veranlagungszeitraums entgehenden Einnahmen, die der Arbeitnehmer bei Fortsetzung des Arbeitsverhältnisses bezogen hätte, so ist das Merkmal der Zusammenballung von Einkünften stets erfüllt. Übersteigt die 12 anlässlich der Beendigung eines Dienstverhältnisses gezahlte Entschädigung die bis zum Ende des (Zufluss-)Veranlagungszeitraums entgehenden Einnahmen nicht und bezieht der Steuerpflichtige keine weiteren Einnahmen, die er bei Fortsetzung des Dienstverhältnisses nicht bezogen hätte, so ist das Merkmal der Zusammenballung von Einkünften grundsätzlich nicht erfüllt. S. zur ertragsteuerlichen Behandlung von Entlassungsentschädigungen auch BMF v. 24.5.2004, BStBl. I 2004, 505 = StEK EStG § 34 Abs. 1 Nr. 78) sowie Kap. 101 Rz. 41 Nr. 5 lit. b.

M 106.7 Ergänzende Betriebsvereinbarung zu sog. „Turboprämien"

1. Präambel

Unternehmen und Betriebsrat haben am ... einen Sozialplan zur Milderung der Nachteile für die Arbeitnehmer abgeschlossen, die auf Grund der Maßnahmen zur ... ihren Arbeitsplatz verlieren und deren Arbeitsverhältnisse aus diesem Grund enden. Dieser Sozialplan und die dort begründeten Rechte der Arbeitnehmer bleiben von dieser ergänzenden Betriebsvereinbarung unberührt.

2. Anspruch auf Abschluss eines Abwicklungsvertrages

2.1 Jeder Arbeitnehmer, der unter den Geltungsbereich des Sozialplans vom ... fällt und eine arbeitgeberseitige betriebsbedingte Kündigung erhält, hat gegen das Unternehmen unter den in Ziff. 2.2 genannten Voraussetzungen einen Anspruch auf Abschluss eines Abwicklungsvertrages zu den unter Ziff. 2.3 genannten Konditionen.

2.2 Die folgenden Voraussetzungen müssen alle erfüllt sein:

- *Das Arbeitsverhältnis wird in dem Zeitraum vom ... bis ... arbeitgeberseitig betriebsbedingt gekündigt und der Sozialplan vom ... findet Anwendung. Das Unternehmen verpflichtet sich, jedem Arbeitnehmer, dem in dem vorgenannten Zeitraum fristgemäß gekündigt wird, in der Kündigung schriftlich mitzuteilen, ob diese Voraussetzungen bei ihm vorliegen und ihn auf die Wahlmöglichkeit nach dieser Betriebsvereinbarung hinzuweisen*[1].
- *Der Arbeitnehmer erklärt binnen 14 Tagen nach Zugang der Kündigung schriftlich gegenüber dem Unternehmen, dass er auf die Erhebung einer Kündigungsschutzklage verzichtet. Ist eine Klage bereits erhoben, steht dem Verzicht die Klagerücknahme gleich, falls diese binnen 14 Tagen nach Zugang der Kündigung erfolgt.*
- *Bis zum Zeitpunkt der Verzichtserklärung oder Klagerücknahme darf kein anderer Beendigungstatbestand vorliegen (Zugang einer weiteren, insbesondere fristlosen oder ordentlichen verhaltensbedingten Kündigung, Abschluss eines Aufhebungsvertrages, Eigenkündigung des Arbeitnehmers).*

2.3 Der Abwicklungsvertrag hat folgenden Inhalt:

- *Das Anstellungsverhältnis zwischen den Vertragsparteien endet auf Grund der ordentlichen betriebsbedingten Kündigung des Unternehmens zu dem in der Kündigung vorgesehenen Beendigungstermin.*
- *Der dem Arbeitnehmer aus dem Sozialplan vom ... zustehende Abfindungsbetrag wird um den Betrag eines Bruttomonatsentgelts erhöht. Die Abfindung wird fällig zu dem im Sozialplan festgelegten Zeitpunkt.*

3. Inkrafttreten

Diese Betriebsvereinbarung tritt mit Unterzeichnung in Kraft.

1 ***Wichtig:*** *Dieser Hinweis ist nach BAG NZA 2006, 1420 erforderlich.*

M 106.8 Interessenausgleich bei Betriebsverlegung

Präambel

Das Unternehmen unterhält in ... ein Lager. Auf Grund der Erweiterungen der ... ist die Kapazität des vorhandenen Lagers erschöpft. Die Geschäftsleitung hat deshalb am ... beschlossen, in ... ein neues Lager zu errichten. Es besteht Einigkeit zwischen Geschäftsleitung und Betriebsrat, dass damit eine Betriebsänderung vorliegt.

1. Gegenstand

Das Lager wird in der Zeit vom ... bis ... von ... nach ... verlegt.

2. Durchführung

2.1 Die Betriebsparteien sind sich einig, dass wegen der Verlegung des Lagers keine betriebsbedingten Beendigungskündigungen ausgesprochen werden müssen. Alle unbefristeten Mitarbeiter können in ... weiterbeschäftigt werden. Davon unberührt bleibt die Möglichkeit, Kündigungen aus anderen Gründen auszusprechen.

2.2 Das Unternehmen wird allen Mitarbeitern, die derzeit im Lager in ... beschäftigt sind, einen im Übrigen gleichwertigen Arbeitsplatz in ... anbieten. Sollte ein Mitarbeiter den Arbeitsplatz nicht annehmen, wird ihm ein Arbeitsplatz innerhalb der Unternehmensgruppe ... angeboten, soweit dort freie Kapazitäten vorhanden sind. Sollte er für diesen Arbeitsplatz eine Schulung benötigen und die Schulung innerhalb von sechs Monaten durchführbar sein, wird der Mitarbeiter auf Kosten des Unternehmens entsprechend geschult.

2.3 Sollte ein Mitarbeiter weder den angebotenen Arbeitsplatz in ... noch in der Unternehmensgruppe ... annehmen, ist das Unternehmen berechtigt, eine betriebsbedingte Kündigung auszusprechen.

2.4 Herabgruppierungen werden auf Grund der Verlegung des Lagers nicht vorgenommen.

2.5 Die Mitarbeiter werden für ihre Tätigkeit in ... auf Kosten des Unternehmens aufgabenspezifisch und grundsätzlich während der Arbeitszeit geschult.

2.6 Eine aktuelle Liste der betroffenen Mitarbeiter ist dem Interessenausgleich als Anlage 1 beigefügt[1]. Die Liste enthält folgende Angaben: Name, Vorname, Wohnort, Alter, Betriebszugehörigkeit, Familienstand, Kinder, Tätigkeit, Tarifgehalt, Ausbildung, Entfernung Wohnort – Lager ... bisher, Entfernung Wohnort – Lager ... künftig.

3. Rechte des Betriebsrates

3.1 Der Betriebsrat hat das Recht, auf Wunsch des Mitarbeiters bei Personalgesprächen im Zusammenhang mit der Verlegung des Lagers anwesend zu sein.

3.2 Soweit mit Maßnahmen nach diesem Interessenausgleich Versetzungen iSv. § 99 BetrVG verbunden sind, erteilt der Betriebsrat mit der Unterschrift unter diesen Interessenausgleich zugleich seine Zustimmung zu diesen Versetzungen nach § 99 BetrVG.

3.3 Andere Beteiligungsrechte des Betriebsrates bleiben von dieser Vereinbarung unberührt.

4. Sozialplan

Zum Ausgleich der wirtschaftlichen Nachteile, die den Mitarbeitern durch die geplante Betriebsverlegung entstehen, wird der beiliegende/ein noch zu verhandelnder Sozialplan abgeschlossen.

---

1 ***Hinweis:*** *Es handelt sich hierbei nicht um eine Namensliste iSv. § 1 Abs. 5 KSchG; sieht der Interessenausgleich im Unterschied zu dem hier verwendeten Muster von vornherein auch Kündigungen vor, ist allerdings eine Kombination mit dem Muster* ***M 106.4*** *möglich.*

5. Inkrafttreten

Dieser Interessenausgleich tritt mit Unterzeichnung in Kraft. Die Verhandlungen sind damit abgeschlossen und das Verfahren zur Herbeiführung des Interessenausgleichs ist beendet.

M 106.9 Sozialplan bei Betriebsverlegung[1]

Präambel

Auf Grund der Betriebsänderung und des Interessenausgleichs vom ... wird zum Ausgleich sowie zur Milderung der wirtschaftlichen Nachteile, die den Mitarbeitern durch die Verlegung des Lagers nach ... entstehen, folgender Sozialplan zwischen den Parteien vereinbart.

1. Geltungsbereich

1.1 Der Sozialplan findet auf alle Mitarbeiter Anwendung, die von Maßnahmen betroffen sind, die im Zusammenhang mit der Betriebsänderung stehen.

1.2 Der Sozialplan findet keine Anwendung

- *auf Mitarbeiter, die bei ihrer Einstellung Kenntnis von der Betriebsverlegung nach ... hatten oder*
- *auf Mitarbeiter, die in einem befristeten Arbeitsverhältnis stehen und deren Arbeitsverhältnis wegen der Befristung ohnehin bis zum ... enden würde, es sei denn, der Mitarbeiter wird zum Zeitpunkt der Betriebsverlegung in ein unbefristetes Arbeitsverhältnis übernommen oder*
- *auf Mitarbeiter, deren Arbeitsverhältnis aus personen- oder verhaltensbedingten Gründen ordentlich oder außerordentlich oder aus diesen Gründen einvernehmlich beendet wird oder*
- *auf Mitarbeiter, die das Arbeitsverhältnis selbst kündigen und dadurch zu einem Zeitpunkt vor der Verlegung ausscheiden oder*
- *auf Mitarbeiter, die sich intern auf einen Arbeitsplatz in ... bewerben und sich nicht auf Veranlassung des Arbeitgebers beworben haben oder*
- *auf Mitarbeiter, die leitende Angestellte iSv. § 5 Abs. 3 BetrVG sind.*

2. Leistungen bei Versetzung

2.1 Ausgleich für Mehrfahrtzeit und Mehrfahrtkosten

2.1.1 Die Mitarbeiter, die auf Grund der Verlegung einen längeren Anfahrtsweg (von mindestens 20 Straßenkilometer) zur neuen Arbeitsstätte haben, erhalten die folgenden Leistungen (bei der Berechnung der Entfernung für den längeren Anfahrtsweg sind die Straßenkilometer maßgeblich; für die Ermittlung der Straßenkilometer ist die kürzestmögliche Strecke maßgebend):

- *Für jeden geleisteten Arbeitstag wird die Mehrfahrtzeit pauschal mit ... Euro brutto ausgeglichen. Die Fahrzeit gilt nicht als Arbeitszeit.*
- *Die Fahrtkosten vom Wohnort nach ... werden in voller Höhe erstattet. Grundlage für die Höhe der Fahrtkosten sind die Kosten für öffentliche Verkehrsmittel.*

2.1.2 Die Leistungen nach Ziff. 2.1.1 werden für die Dauer von zwölf Monaten nach Arbeitsbeginn in ... gewährt.

2.2 Umzugskosten

2.2.1 Die Mitarbeiter, die innerhalb von sechs Monaten nach Arbeitsaufnahme in die nähere Umgebung von ... umziehen und dadurch die Anfahrtszeit maßgeblich verkürzen, erhalten die Kosten nach dem Bundesumzugskostengesetz erstattet, sofern im Folgenden nichts anderes geregelt ist:

- *Durch Rechnung nachgewiesene Maklergebühren werden iHv. maximal zwei Monatsmieten erstattet.*

---

1 S. auch die Anmerkungen in den Fn. bei **M 106.6**.

- *Speditionskosten werden gegen Beleg erstattet. Die Beauftragung der Spedition ist vorab mit der Personalabteilung abzustimmen. Die Personalabteilung kann eine Spedition benennen. Auf Anforderung der Personalabteilung sind drei Alternativkostenvoranschläge vorzulegen.*
- *Eventuell anfallende doppelte Mieten werden für einen Zeitraum bis zu zwei Monaten übernommen.*
- *Es wird eine Pauschale iHv. . . . Euro für Mitarbeiter mit Unterhaltspflichten und . . . Euro für Mitarbeiter ohne Unterhaltspflichten für durch den Umzug entstandene Mehraufwendungen gezahlt.*

2.2.2 Scheidet ein Mitarbeiter innerhalb von zwei Jahren nach seinem Umzug aus, ist er verpflichtet, die erstatteten Kosten sowie die Pauschale, um 1/24 je Beschäftigungsmonat gemindert, zurückzuzahlen. Die Rückzahlung entfällt bei betriebsbedingter Kündigung oder Eigenkündigung aus wichtigem Grund.

2.2.3 Die Personalabteilung ist bei der Wohnungssuche auf Verlangen behilflich. Es werden Anzeigen in den ortsüblichen Zeitungen geschaltet.

2.3 Härtefonds

Für besondere soziale Härtefälle steht ein Fonds von . . . Euro zur Verfügung. Über die Verteilung entscheidet auf Antrag eines Mitarbeiters eine vierköpfige Kommission. Je zwei Mitglieder werden von der Geschäftsführung und dem Betriebsrat benannt. Der Antrag auf Mittel aus dem Härtefonds muss bis spätestens zum . . . gestellt werden.

2.4 Zeugnis

Die Mitarbeiter, die nach . . . versetzt werden, erhalten ein qualifiziertes Zwischenzeugnis.

2.5 Arbeitsplatz in . . .

Es wird eine Besichtigung der Arbeitsplätze und der Betriebsstätte durchgeführt.

2.6 Pendelverkehr

Das Unternehmen wird einen Pendelverkehr zwischen der S-Bahn-Station . . . und dem Werksgelände in . . . einrichten.

3. Beendigung des Arbeitsverhältnisses und Leistungen

3.1 Soweit möglich wird dem Mitarbeiter, der einen angebotenen Arbeitsplatz in . . . ablehnt, ein anderer freier zumutbarer Arbeitsplatz in der Unternehmensgruppe . . . angeboten.

3.2 Die Mitarbeiter, die einen in . . . angebotenen Arbeitsplatz ablehnen und denen kein zumutbarer anderer Arbeitsplatz zur Verfügung gestellt werden kann, erhalten eine Abfindung, sofern im Folgenden nichts anderes bestimmt ist.

3.3 Folgende Mitarbeiter erhalten keine Abfindung:

- *Mitarbeiter, deren Wohnung am . . . (Datum) von . . . nicht weiter als 35 Straßenkilometer (einfach) entfernt ist als bisher. Es sei denn, der Mitarbeiter ist Alleinerzieher eines schulpflichtigen Kindes oder er muss für einen pflegebedürftigen Verwandten ersten Grades sorgen und andere zumutbare Pflegemöglichkeiten stehen nicht zur Verfügung.*
- *Mitarbeiter, die einen Antrag bei der Sozialversicherung auf Altersruhegeld bzw. Erwerbsunfähigkeitsrente stellen und bewilligt bekommen bzw. einen Antrag auf Altersruhegeld nicht stellen, obwohl die Voraussetzungen vorliegen.*
- *Mitarbeiter, die Anspruch auf eine Vorruhestandsregelung haben oder mit denen der Vorruhestand einvernehmlich vereinbart wird*
- *Mitarbeiter, bei denen keine wichtigen Gründe vorliegen, die es dem Mitarbeiter unzumutbar machen, den in . . . angebotenen Arbeitsplatz anzunehmen.*

3.4 Die Höhe der Abfindungen wird wie folgt berechnet:

Betriebszugehörigkeit × Bruttomonatsgehalt: 2

3.5 Begriffsbestimmungen

3.5.1 Bei der Berechnung der Betriebszugehörigkeit werden nur volle Jahre berücksichtigt. Stichtag für die Berechnung ist der Tag, mit dem das Arbeitsverhältnis rechtlich beendet wird.

3.5.2 Bruttomonatsgehalt ist das letzte Bruttomonatsgehalt (Tarifgehalt zuzüglich Zulagen) auf der Basis der vertraglichen Vereinbarung ohne die Berücksichtigung etwaiger Sonderzahlungen.

3.6 Steuer- und Sozialabgabenpflicht

Die Auszahlung der Abfindung erfolgt ohne Abzug für Sozialabgaben und unter Beachtung der zum Zeitpunkt der Fälligkeit geltenden steuerrechtlichen Regelungen.

3.7 Die Abfindung ist mit dem rechtlichen Ende des Arbeitsverhältnisses fällig.

3.8 Die Abfindungsregelung findet ebenfalls auf die Mitarbeiter Anwendung, die sechs Monate nach Arbeitsaufnahme in … aus wichtigen Gründen nicht ihre Tätigkeit fortsetzen können und denen in der Unternehmensgruppe kein anderer zumutbarer Arbeitsplatz angeboten werden kann, so dass das Arbeitsverhältnis beendet werden muss.

3.9 Der Mitarbeiter muss innerhalb von 14 Tagen, nachdem ihm ein Arbeitsplatz in … angeboten wurde, erklären, ob der Arbeitsplatz angenommen wird.

4. Schlussbestimmungen

4.1 Sollten einzelne Bestimmungen dieses Sozialplanes unwirksam sein oder werden, so bleiben die übrigen Regelungen bestehen. Die unwirksame Regelung ist durch eine Regelung zu ersetzen, die dem von den Parteien mit der ersetzten Regelung Gewollten möglichst nahe kommt. Gleiches gilt für eine eventuelle Regelungslücke.

4.2 Eventuelle günstigere bzw. weiter gehende Regelungen aus bestehenden Arbeitsverträgen, Betriebsvereinbarungen, Tarifverträgen und Gesetzen bleiben unberührt.

4.3 Der Sozialplan tritt mit Unterzeichnung durch die Betriebsparteien in Kraft. Er ist bis zum … gültig.

4. Massenentlassungsanzeige

13 Oftmals ist mit einer Betriebsänderung zugleich eine Massenentlassung iSv. § 17 KSchG verbunden. Ist dies der Fall, tritt neben den einfachen Kündigungsschutz aus **arbeitsmarktpolitischen Gründen** der besondere Massenentlassungsschutz der §§ 17–22 KSchG. Der Arbeitgeber ist danach verpflichtet, der Agentur für Arbeit schriftlich Anzeige zu erstatten, bevor er

(1) in Betrieben mit in der Regel mehr als 20 und weniger als 60 Arbeitnehmern mehr als fünf Arbeitnehmer,

(2) in Betrieben mit in der Regelung mindestens 60 und weniger als 500 Arbeitnehmern 10 % der im Betrieb regelmäßig beschäftigten Arbeitnehmer oder aber mehr als 25 Arbeitnehmer,

(3) in Betrieben mit in der Regel mindestens 500 Arbeitnehmern mindestens 30 Arbeitnehmer innerhalb von 30 Kalendertagen entlässt; den Entlassungen stehen andere Beendigungen des Arbeitsverhältnisses gleich, die vom Arbeitgeber veranlasst werden (§ 17 Abs. 1 KSchG).

14 Beabsichtigt der Arbeitgeber nach § 17 Abs. 1 KSchG anzeigepflichtige Entlassungen vorzunehmen, hat er dem **Betriebsrat** rechtzeitig die zweckdienlichen Auskünfte zu erteilen und ihn schriftlich insbesondere zu unterrichten über

(1) die Gründe für die geplanten Entlassungen,

(2) die Zahl und die Berufsgruppen der zu entlassenden Arbeitnehmer,

(3) die Zahl und die Berufsgruppen der in der Regel beschäftigten Arbeitnehmer,

(4) den Zeitraum, in dem die Entlassungen vorgenommen werden sollen,

(5) die vorgesehenen Kriterien für die Auswahl der zu entlassenden Arbeitnehmer und

(6) die für die Berechnung etwaiger Abfindungen vorgesehenen Kriterien.

Arbeitgeber und Betriebsrat haben insbesondere die Möglichkeiten zu beraten, Entlassungen zu vermeiden oder einzuschränken und ihre Folgen zu mindern (§ 17 Abs. 2 KSchG). Der Arbeitgeber hat gleichzeitig der Agentur für Arbeit eine Abschrift der Mitteilung an den Betriebsrat zuzuleiten; sie muss zumindest die in § 17 Abs. 2 Satz 1 Nr. 1 bis 5 KSchG vorgeschriebenen Angaben enthalten. Die Anzeige nach § 17 Abs. 1 KSchG ist schriftlich unter Beifügung der Stellungnahme des Betriebsrats zu den Entlassungen zu erstatten (§ 17 Abs. 3 Satz 2 KSchG). Liegt eine Stellungnahme nicht vor, so ist die Anzeige wirksam, wenn der Arbeitgeber glaubhaft macht, dass er den Betriebsrat mindestens zwei Wochen vor Erstattung der Anzeige nach § 17 Abs. 2 Satz 1 KSchG unterrichtet hat, und er den Stand der Beratungen darlegt (§ 17 Abs. 3 Satz 3 KSchG).

Die **Anzeige** muss Angaben über den Namen des Arbeitgebers, den Sitz und die Art des Betriebes 15 enthalten, ferner die Gründe für die geplanten Entlassungen, die Zahl und die Berufsgruppen der zu entlassenden und der in der Regel beschäftigten Arbeitnehmer, den Zeitraum, in dem die Entlassungen vorgenommen werden sollen und die vorgesehenen Kriterien für die Auswahl der zu entlassenden Arbeitnehmer (§ 17 Abs. 3 Satz 4 KSchG). In der Anzeige sollen ferner im Einvernehmen mit dem Betriebsrat für die Arbeitsvermittlung Angaben über Geschlecht, Alter, Beruf und Staatsangehörigkeit der zu entlassenden Arbeitnehmer gemacht werden (§ 17 Abs. 3 Satz 5 KSchG). Der Arbeitgeber hat dem Betriebsrat eine Abschrift der Anzeige zuzuleiten (§ 17 Abs. 3 Satz 6 KSchG). Der Betriebsrat kann gegenüber der Arbeitsagentur weitere Stellungnahmen abgeben, wobei er dem Arbeitgeber jeweils Abschriften zuzuleiten hat (§ 17 Abs. 3 Sätze 7 und 8 KSchG).

Unterlässt der Arbeitgeber eine erforderliche Massenentlassungsanzeige nach § 17 KSchG, so sind 16 sämtliche Kündigungen und nicht nur diejenigen, die den Umfang des § 17 KSchG überschreiten, unwirksam (BAG NJW 1994, 1263; BAG AP Nr. 2 zu § 2 KSchG 1969). Während das BAG früher den Begriff „**Entlassung**" iSv. §§ 17 ff. KSchG als den Zeitpunkt der tatsächlichen Beendigung des Arbeitsverhältnisses verstanden hat (BAG NZA 1999, 609), hat der EuGH mit Urteil v. 27.1.2005 (NZA 2005, 213) entschieden, dass als Entlassung im Sinne der europäischen Massenentlassungsrichtlinie (98/59/EG) die Kündigungserklärung und nicht erst der Zeitpunkt des Ausscheidens aus dem Arbeitsverhältnis gilt. Das BAG hat sich dieser Auffassung angeschlossen und entschieden, dass die Regelung des § 17 Abs. 1 Satz 1 KSchG richtlinienkonform dahin auszulegen ist, dass die Massenentlassungsanzeige bei der Agentur für Arbeit rechtzeitig vor **Erklärung der Kündigungen** erfolgen muss (BAG AP Nr. 21, 22 zu § 17 KSchG 1969; BAG NZA 2009, 1267). Die Sperrfrist des § 18 KSchG hingegen hindert die Wirksamkeit einer unmittelbar nach Erstattung der Massenentlassungsanzeige ausgesprochenen Kündigung nicht (BAG NZA 2009, 1013; BAG NZA 2009, 1267).

➲ **Hinweis:** Das BAG hat mit Urteil vom 21.3.2013 (BB 2013, 2875 ff.) entschieden, dass die 17 ordnungsgemäße Durchführung des Konsultationsverfahrens mit dem Betriebsrat vor Ausspruch der Kündigungen Wirksamkeitsvoraussetzung für diese ist (vgl. auch Lelley/Taterka DB 2013, 2564 ff.; Berger BB 2013, 3065 ff.). Viele Einzelfragen in diesem Zusammenhang sind allerdings weiterhin umstritten (Überblick bei ErfK/Kiel, § 17 KSchG Rz. 19 ff.). Daher ist zu empfehlen, das Konsultationsverfahren vor Erstattung der Massenentlassungsanzeige unter strenger Beachtung der gesetzlich geregelten Schriftform so umfangreich wie möglich zu betreiben und auch seinen Abschluss entsprechend zu dokumentieren (s. **M 106.4**; vertiefend Bauer/Lingemann/Diller/Haußmann, Kap. 22 Rz. 119 ff.).

E. Handels- und Gesellschaftsrecht

Erster Teil. Handelsrecht (ohne Gesellschaften)

1. Abschnitt. Prokura und Handelsvollmacht

Kapitel 107 Prokura und Handlungsvollmacht

Literatur: *Baumbach/Hopt*, HGB, 36. Aufl. 2014; *Krafka/Kühn*, Registerrecht, 8. Aufl. 2013; *Röhricht/Graf von Westphalen/Haas* (Hrsg.), HGB, 4. Aufl. 2013; *Karsten Schmidt*, Handelsrecht, 6. Aufl. 2013.

I. Prokura

1. Bedeutung, Fallgruppen, Typen

a) Bedeutung

1 Die Prokura ist eine im Handelsregister verlautbarte **handelsrechtliche Vollmacht** mit einem besonders weiten und rechtsgeschäftlich nicht einschränkbaren Umfang der Vertretungsmacht. Aus den umfassenden Kompetenzen und der Handelsregisterpublizität ergibt sich die besondere Bedeutung der Prokura für das Unternehmen und den Rechtsverkehr einerseits sowie das persönliche Ansehen und Selbstwertgefühl des Prokuristen andererseits. Traditionell erhebliche Bedeutung hat die Prokura nach wie vor im Bereich der Banken und Versicherungen.

2 ➲ **Wichtig:** Für das Unternehmen bewirkt die Prokura eine personelle Erweiterung der Vertretung im Rechtsverkehr über den Inhaber oder die Organe hinaus. Für den Prokuristen bringt die Prokura die Möglichkeit rechtsgeschäftlicher Vertretung des Unternehmens nach außen und einen gegenüber den sonstigen Mitarbeitern hervorgehobenen persönlichen Status mit sich. Die im Rechtsverkehr häufige Gesamtprokura bedeutet hier keine Einschränkung, da das Vieraugenprinzip regelmäßig auch für die Organe der Handelsgesellschaft gilt. Die im Bereich der Kapitalgesellschaften häufige gemischte Gesamtvertretung durch einen Geschäftsführer oder Vorstand gemeinsam mit einem Prokuristen dient vor allem dazu, anstelle der Mitwirkung eines weiteren Geschäftsführers oder Vorstandes die Mitwirkung eines Prokuristen genügen zu lassen.

b) Fallgruppen

3 Als Fallgruppen lassen sich unterscheiden die Erteilung der Prokura im Einzelunternehmen, in der Personenhandelsgesellschaft und in der Kapitalgesellschaft.

4 Dem **Einzelunternehmer** erlaubt die Erteilung einer Prokura die Installierung einer oder mehrerer für den Gesamtbereich des Unternehmens umfassend zuständiger, im Handelsregister verlautbarter Vertreter im Rechtsverkehr. Er erreicht damit eine personelle Vervielfältigung der Handlungsfähigkeit des Unternehmens nach außen. Da die Prokura nach § 52 Abs. 3 HGB durch den Tod des Inhabers des Handelsgeschäfts nicht erlischt, dient sie auch der Vorsorge für die Unternehmensfortführung im Todesfall. Der mit der Erteilung der Prokura angesichts der Unwirksamkeit der Beschränkung ihres Umfangs im Außenverhältnis verbundene Vertrauensvorschuss wird durch die jederzeitige Widerruflichkeit und Unübertragbarkeit der Prokura nach § 52 Abs. 1 und 2 HGB erleichtert.

5 Wird das Einzelunternehmen durch eine **Erbengemeinschaft** ohne Wechsel in die Handelsgesellschaft gesamthänderisch weitergeführt, so vermeidet die Erteilung einer Prokura die umständliche Vertretung durch alle Erben gemeinschaftlich.

6 Bei der **Personenhandelsgesellschaft**, also der OHG und KG, erlaubt die Prokura die umfassende Vertretung der Gesellschaft durch Nichtgesellschafter und durch die von der gesetzlichen Vertretung gemäß § 170 HGB ausgeschlossenen Kommanditisten, die bei der organschaftlichen Vertretung angesichts des Grundsatzes der Selbstorganschaft nicht möglich ist.

7 Bei den **Kapitalgesellschaften**, insbesondere der GmbH und AG, sowie bei den Genossenschaften entlastet die Bestellung von Prokuristen die Organe. Dies gilt etwa für die Bankprokuristen. Insbesondere bei zentral geleiteten größeren Kapitalgesellschaften erlaubt die Bestellung von Prokuristen die Hervorhebung leitender Mitarbeiter auch im Außenverhältnis. Bei Zweigniederlassungen haben die Prokuristen die gleiche Verantwortung und Bedeutung wie in dezentralisierten Konzernen die Geschäftsführer der Tochtergesellschaften.

c) Typen

8 Als Typen der Prokura kann man unterscheiden die **Einzelprokura**, die **Gesamtprokura** zur Vertretung durch mehrere, in der Regel zwei Prokuristen gemeinschaftlich, die Prokura zur **unechten Gesamtvertretung** mit einem Organ und die auf eine **Zweigniederlassung beschränkte** Prokura. Hierzu wird auf die folgenden Anmeldungsformulare (**M 107.1–M 107.7**) verwiesen.

2. Gesetzliche Regelung, Rechtsprechungsgrundsätze

a) Wer kann Prokura erteilen?

9 Da die Prokura nach § 48 Abs. 1 HGB nur von dem Inhaber eines Handelsgeschäfts oder seinem gesetzlichen Vertreter erteilt werden kann, sind **nur Handelsgewerbe** iS der §§ 1 ff. HGB prokurafähig, dies unabhängig davon, ob sie als Einzelfirma oder Handelsgesellschaften betrieben werden. So sind OHG und KG nach § 6 Abs. 1 HGB prokurafähig, die AG nach § 3 AktG, die GmbH

nach § 13 Abs. 3 GmbHG und die eingetragene Genossenschaft nach § 42 GenG, ferner juristische Personen iSd § 33 HGB und ausländische Kapitalgesellschaften mit deutscher Zweigniederlassung. Keine Prokura können Partnerschaftsgesellschaften erteilen.

Da die Eintragung der Prokura im Handelsregister nicht konstitutiv, sondern deklaratorisch ist, können richtiger Ansicht nach auch die noch nicht im Handelsregister eingetragenen **Vorgesellschaften** (Vor-GmbH, Vor-AG) Prokura erteilen. Von großer praktischer Bedeutung ist die Streitfrage aber nicht, da ohnehin erst mit Registereintragung der Gesellschaft die Prokura im Handelsregister verlautbart wird. Von größerer Bedeutung ist die Streitfrage, ob auch eine Gesellschaft in Liquidation noch eine Prokura erteilen kann (dagegen RGZ 72, 119, 122; dafür die heute hM, etwa Krafka/Kühn Rz. 360). 10

Ist eine Handelsgesellschaft Unternehmensträgerin, so erteilen ihre Organe die Prokura. Kraft dieser Erteilung ist die Prokura nach außen immer wirksam, auch wenn im Innenverhältnis gesellschaftsrechtlich erforderliche Gesellschafterbeschlüsse oder Zustimmungen fehlen. Derartige nur im Innenverhältnis erhebliche Erfordernisse sind bei OHG und KG die Zustimmung aller Gesellschafter, §§ 119, 126 Abs. 1 HGB, bei der AG die durch die Satzung möglicherweise vorgeschriebene Zustimmung des Aufsichtsrats, § 11 Abs. 4 AktG, bei der GmbH ein Gesellschafterbeschluss nach § 46 Nr. 7 GmbHG. 11

b) Wer kann Prokura erhalten?

Prokuristenfähig sind **nur natürliche Personen** (KG FGPrax 2002, 35). Sie müssen nach einer neuerdings vertretenen Meinung als Teil des Unternehmens erscheinen, was insbesondere bei einem Anstellungsverhältnis oder einer Gesellschafterstellung der Fall ist. Danach wäre die Prokuraerteilung an einem organisatorisch nicht eingegliederten Anwalt oder Makler unzulässig. Demgegenüber dürfte gelten, dass schon die Erteilung und Eintragung der Prokura im Handelsregister einen ausreichenden Unternehmensbezug schafft. Dem Inhaber der Einzelfirma, vertretungsberechtigten Personengesellschaftern, den Organen der Kapitalgesellschaft sowie dem Insolvenzverwalter und Testamentsvollstrecker kann nach hL Prokura nicht erteilt werden. Dies gilt nach hL auch für die Miterbenprokura, also die Erteilung der Prokura seitens der das Unternehmen betreibenden Erbengemeinschaft an einen Miterben (BGHZ 30, 391, 397). Die neuerdings wieder vertretene Gegenmeinung (Wagner in Röhricht/Graf von Westphalen/Haas § 48 HGB Rz. 26) entspricht aber einem praktischen Bedürfnis. 12

c) Prokuraerteilung und Grundverhältnis

Die Erteilung der Prokura ist eine einseitige, der Bedingung oder Befristung nicht zugängliche empfangsbedürftige Willenserklärung gegenüber dem Prokuristen. Sie bedarf keiner Form. Ihre Eintragung im Handelsregister ist deklaratorisch. Es gilt aber § 15 HGB. 13

Von der Prokura zu unterscheiden ist das ihr zu Grunde liegende Rechtsverhältnis, regelmäßig das Anstellungsverhältnis.

d) Formen der Gesamtprokura

Nach § 48 Abs. 2 HGB kann die Prokuraerteilung an mehrere Personen gemeinschaftlich als Gesamtprokura erfolgen. Die Varianten der Gesamtprokura sind mannigfaltig (Wagner in Röhricht/Graf von Westphalen/Haas § 48 HGB Rz. 47 ff.). In der Wirtschaftspraxis kommt die echte Gesamtprokura als Prokura zur gemeinsamen Vertretung durch mehrere, regelmäßig zwei, Prokuristen vor, weiterhin die sog. gemischte oder unechte Gesamtprokura (BGHZ 99, 76), bei der ein Prokurist nur gemeinsam mit einem organschaftlichen Vertreter zur Wahrnehmung der Prokura berechtigt ist (s. unten Rz. 24, einzutragen in Spalte 4 bei Rechtsträgern in Teil A des Handelsregisters, in Spalte 5 bei Rechtsträgern in Teil B des Handelsregisters). Hiervon ganz grundsätzlich zu unterscheiden ist die (in diesem Kapital nicht weitere vertiefte) sog. gemischte oder unechte (organschaftliche, dh. gesetzliche) Gesamtvertretung: Hierbei geht es um die Regelung der organ- 14 schaftlichen Vertretungsverhältnisse, und zwar in Gestalt einer Bindung des gesetzlichen Vertreters einer Handelsgesellschaft an die Mitwirkung eines Prokuristen (§§ 125 Abs. 3 HGB, 78 Abs. 2 AktG, 25 Abs. 2 GenG, einzutragen in Spalte 3 bzw. Spalte 4, näher DNotI-Report 2011, 60). Sowohl in rechtssystematischer Hinsicht als auch hinsichtlich ihres (zB mangels Anwendbarkeit von § 49 HGB) weiteren Umfangs ist diese Vertretungsmacht grundsätzlich verschieden von der Prokura, einer Art der gewillkürten Vertretung.

15 ➲ **Wichtig:** Bei der GmbH & Co. KG ist zu beachten, dass gesetzlicher Vertreter der KG nicht der Geschäftsführer der Komplementär-GmbH persönlich ist, sondern die von ihm vertretene Komplementär-GmbH selbst. Die Prokura für die KG kann deshalb nicht zur Vertretung mit dem Geschäftsführer der GmbH erteilt werden.

e) Umfang der Prokura

16 Nach § 49 Abs. 1 HGB ermächtigt die Prokura zu allen Arten von gerichtlichen und außergerichtlichen Geschäften und Rechtshandlungen, die der **Betrieb eines Handelsgewerbes** mit sich bringt; den Gegenbegriff hierzu bilden die sog. Grundlagengeschäfte, von denen der Prokurist zwingend ausgeschlossen ist, Beispiel: Handelsregisteranmeldung des Ausscheidens eines Geschäftsführers, s. OLG Düsseldorf NZG 2012, 1223, allgemein zu Registeranmeldungen durch den Prokuristen Seebach, RNotZ 2015, 68). Eine Beschränkung dieses Umfangs der Prokura ist nach § 50 Abs. 1 HGB Dritten gegenüber unwirksam. Zur Veräußerung und Belastung von Grundstücken ist der Prokurist nach § 49 Abs. 2 HGB nur ermächtigt, wenn ihm diese Befugnis besonders erteilt ist. Dies wird im Handelsregister eingetragen. Entsprechendes gilt für Befreiungen von den Beschränkungen des § 181 BGB. Der Prokurist hat nach § 51 HGB in der Weise zu zeichnen, dass er der Firma seinen Namen und einen die Prokura andeutenden Zusatz beifügt. Üblich ist der Zusatz „ppa" (per procuram).

3. Anmeldung der Prokura

17 Nach § 53 HGB ist die **Erteilung** der Prokura von dem **Inhaber des Handelsgeschäfts** zur Eintragung in das Handelsregister anzumelden. Bei unechter Gesamtvertretung kann der Prokurist bei der Anmeldung der eigenen, zuvor erteilten Prokura nicht mitwirken, da das Registergericht sonst zur Prüfung der wirksamen Prokuraerteilung gezwungen wäre (BayObLG NJW 1973, 2068). Eine solche Prüfung hat das Registergericht aber nicht vorzunehmen; die wirksame Erteilung der Prokura ist ihm nicht nachzuweisen, insbesondere nicht durch Vorlage eines schriftlichen Gesellschafterbeschlusses.

18 Die Zeichnung der Namensunterschrift zum Handelsregister ist wie alle Hinterlegungspflichten von Zeichnungen entfallen.

Natürliche Personen sind nicht mehr mit dem Beruf anzumelden und einzutragen, sondern nach § 24 Abs. 1 HRV mit ihrem Geburtsdatum.

19 Das **Erlöschen der Prokura** ist nach § 53 Abs. 2 HGB in gleicher Weise wie die Erteilung zur Eintragung anzumelden (**M 107.7**). Auch in diesem Fall ist der Unterschied zwischen Prokura und zugrunde liegendem Rechtsverhältnis zu beachten (Rz. 13).

4. Anmeldungsmuster

a) Anmeldung einer Einzelprokura

20 Die Form der Anmeldung ergibt sich aus § 12 HGB.

Die Einzelprokura ist der gesetzliche Regelfall.

M 107.1 Einzelprokura

An das Amtsgericht ...

– Handelsregister –

Zum Handelsregister HRA ... der ... e.K. melde ich als deren Inhaber zur Eintragung an, dass ich Herrn ..., geboren am ..., wohnhaft ... Prokura erteilt habe.

... (Ort, Datum)

... (Unterschrift des Einzelkaufmanns, notarielle Beglaubigung der Unterschrift; elektronische Einreichung nach § 12 Abs. 1 HGB)

Kosten: *Notargebühr:* 0,2-Gebühr gem. Nr. 25100 KV GNotKG, mindestens 20 Euro, höchstens 70 Euro. Geschäftswert gem. §§ 121, 105 Abs. 4 Nr. 4 GNotKG 30 000 Euro. Bei Fertigung des Entwurfs und Beglaubigung 0,5-Gebühr gem. Nrn. 24102, 21201 Nr. 5 KV GNotKG (§ 92 Abs. 2 GNotKG), Geschäftswert gem. §§ 119, 105 Abs. 4 Nr. 4 GNotKG wie zuvor. 0,3-Gebühr für den Vollzug gem. Nr. 22114 KV GNotKG, Geschäftswert gem. § 112 GNotKG wie zuvor.

Gerichtsgebühren: 40 Euro gem. Nr. 4000 GV HRegGebV.

b) Ermächtigung zur Veräußerung und Belastung von Grundstücken

Nach § 49 Abs. 2 HGB ist der Prokurist zur Veräußerung und Belastung von Grundstücken nur ermächtigt, wenn ihm diese Befugnis besonders erteilt ist. Die Ermächtigung wird nach Anmeldung im Handelsregister eingetragen. 21

M 107.2 Ermächtigung zur Veräußerung und Belastung von Grundstücken

*(Im Anschluss an **M 107.1** Satz 1:)*

Der Prokurist ist zur Veräußerung und Belastung von Grundstücken befugt.

c) Beschränkung der Prokura auf den Betrieb einer Zweigniederlassung

Nach § 50 Abs. 3 HGB ist die Beschränkung der Prokura auf den Betrieb einer von mehreren Niederlassungen Dritten gegenüber nur wirksam, wenn die Niederlassungen unter verschiedenen Firmen betrieben werden. 22

M 107.3 Beschränkung der Prokura auf den Betrieb einer Zweigniederlassung

*(Im Anschluss **M 107.1** Satz 1:)*

Die Prokura ist auf den Betrieb der hier unter dem Zusatz: „Zweigniederlassung der ... in ..." bestehenden Zweigniederlassung beschränkt.

d) Anmeldung einer Gesamtprokura

§ 48 Abs. 2 HGB geht davon aus, dass die Prokura als allseitige Gesamtprokura an mehrere Prokuristen erteilt wird, die dann gemeinschaftlich vertreten. Zulässig ist aber auch die halbseitige Gesamtprokura, bei der nur einzelne Prokuristen an die Mitwirkung der anderen gebunden werden, 23 während andere Prokuristen einzelvertretungsberechtigt sind. Dies ist durchaus praxisrelevant, etwa wenn die gesamtvertretungsberechtigten Prokuristen die Prokura in erster Linie zur Hebung ihres persönlichen Status erhalten und zur rechtsgeschäftlichen Vertretung nach außen eigentlich nicht benötigt werden.

M 107.4 Gesamtprokura

An das Amtsgericht . . .

– Registergericht –

Zum Handelsregister HRA . . . der . . . KG mit dem Sitz in . . . melde ich als deren persönlich haftender Gesellschafter zur Eintragung an, dass Frau . . ., geboren am . . ., wohnhaft . . ., Gesamtprokura in der Weise erteilt wird, dass sie gemeinschaftlich mit einem anderen Prokuristen vertritt.

. . . (Ort, Datum)

. . . (Unterschrift des persönlich haftenden Gesellschafters, notarielle Unterschriftsbeglaubigung, elektronische Einreichung nach § 12 Abs. 1 HGB).

e) Anmeldung einer unechten Gesamtprokura

24 Bei der Bindung der Prokura an die Mitwirkung eines alleinvertretungsberechtigten Organmitglieds handelt es sich stets notwendig um eine halbseitige Gesamtprokura, die nur den Prokuristen bindet, während sie die Einzelvertretungsbefugnis des Organmitglieds nicht beeinträchtigt.

M 107.5 Gesamtprokura zur unechten Gesamtvertretung

An das Amtsgericht . . .

– Registergericht –

Zum Handelsregister HRB . . . der . . . GmbH mit dem Sitz in . . . melden wir als deren gemeinsamen vertretungsberechtigte Geschäftsführer zur Eintragung an, dass Herrn . . ., geboren am . . ., wohnhaft . . ., Gesamtprokura in der Weise erteilt wurde, dass er gemeinschaftlich mit einem Geschäftsführer vertritt.

. . . (Ort, Datum)

. . . (Unterschriften der Geschäftsführer, notarielle Unterschriftsbeglaubigung, elektronische Einreichung nach § 12 Abs. 1 HGB)

Kosten: *Notargebühr:* 0,2-Gebühr gem. Nr. 25100 KV GNotKG, mindestens 20 Euro, höchstens 70 Euro. Geschäftswert gem. §§ 121, 105 Abs. 4 Nr. 1 GNotKG (1 Prozent des eingetragenen Stammkapitals). Bei Fertigung des Entwurfs und Beglaubigung 0,5-Gebühr gem. Nrn. 24102, 21201 Nr. 5 KV GNotKG (§ 92 Abs. 2 GNotKG), Geschäftswert gem. §§ 119, 105 Abs. 4 Nr. 1 GNotKG wie zuvor. 0,3-Gebühr für den Vollzug gem. Nr. 22114 KV GNotKG, Geschäftswert gem. § 112 GNotKG wie zuvor.

Gerichtsgebühren: 40 Euro gem. Nr. 4000 GV HRegGebV.

f) Anmeldung einer Gesamtprokura zur echten und unechten Gesamtvertretung

25 Häufig ist die Verbindung der echten und der unechten Gesamtvertretung. Hervorzuheben ist, dass es sich auch hierbei um eine Form der gewillkürten Vertretung handelt, nicht um einen Fall der gesetzlichen Vertretung (s.o. Rz. 14).

M 107.6 Gesamtprokura zur echten und unechten Gesamtvertretung

An das Amtsgericht ...

– Registergericht –

Zum Handelsregister HRB ... der ... AG melden wir als deren gemeinsam vertretungsberechtigte Vorstandsmitglieder zur Eintragung an, dass Herrn ..., geboren am ..., wohnhaft ... Gesamtprokura in der Weise erteilt wurde, dass er die Gesellschaft entweder gemeinsam mit einem Mitglied des Vorstandes oder gemeinsamen mit einem anderen Prokuristen vertritt.

... (Ort, Datum)

... (Unterschriften der Vorstandsmitglieder, notarielle Unterschriftsbeglaubigung, elektronische Einreichung nach § 12 Abs. 1 HGB)

g) Erlöschen der Prokura

Vgl. Rz. 19. 26

M 107.7 Anmeldung des Erlöschens der Prokura

An das Amtsgericht

– Registergericht –

Zum Handelsregister A ... melde ich als Inhaber der Firma ... zur Eintragung, dass die Prokura von ... (Name) erloschen ist.

... (Ort, Datum)

... (Unterschrift des Einzelkaufmanns, notarielle Unterschriftsbeglaubigung, elektronische Einreichung nach § 12 Abs. 1 HGB)

Kosten: wie **M 107.1**.

II. Handlungsvollmacht

1. Gesetzliche Regelung

Die in § 54 HGB geregelte Handlungsvollmacht wird als Regelfall kaufmännischer Stellvertretung angesehen (MünchKomm.HGB/Krebs § 54 HGB Rz. 1). Von der Prokura unterscheidet sie sich vor allem dadurch, dass sie nicht zum Handelsregister anzumelden und auch nicht eintragungsfähig ist. Im Übrigen ist sie als **„kleine Schwester der Prokura“** (Karsten Schmidt § 16 IV 1c) dieser inhaltlich verwandt. Sie erstreckt sich auf alle Geschäfte und Rechtshandlungen, die der Betrieb eines derartigen Handelsgewerbes oder die Vornahme derartiger Geschäfte gewöhnlich mit sich bringt. Zur Veräußerung oder Belastung von Grundstücken, zur Eingehung von Wechselverbindlichkeiten, zur Aufnahme von Darlehen und zur Prozessführung ist der Handlungsbevollmächtigte nur ermächtigt, wenn ihm eine solche Befugnis besonders erteilt ist. Sonstige Beschränkungen der Handlungsvollmacht braucht ein Dritter nur dann gegen sich gelten zu lassen, wenn er sie kannte oder kennen musste. 27

Die für die Handlungsvollmacht nach Wortlaut des § 54 Abs. 1 HGB geltende Beschränkung auf im jeweiligen Geschäftsbetrieb übliche Geschäfte kann sowohl aufgehoben werden, indem die Vollmacht auf den Umfang der Prokura erweitert wird (MünchKomm.HGB/Krebs § 54 HGB Rz. 27), wie umgekehrt weiter gehende Beschränkungen auf konkret bezeichnete Geschäfte möglich sind. 28

2. Typen der Handlungsvollmacht in der Praxis

29 In der Praxis wird die Handlungsvollmacht schriftlich unter genauer Bezeichnung der Rechtsgeschäfte erteilt, die der Bevollmächtigte vornehmen kann. Dies führt regelmäßig zu einem gegenüber der Prokura geringeren Umfang der Vertretungsmacht und damit zu einer gegenüber der Prokuraerteilung geringer gewichteten Bedeutung der Handlungsvollmacht für das Unternehmen und für den Status des Bevollmächtigten. Dies gilt etwa im Verhältnis des Bankprokuristen zum Handlungsbevollmächtigten einer Bank.

30 Als Typus der Handlungsvollmacht wird aber auch die in der Großindustrie übliche Generalvollmacht angesehen (MünchKomm.HGB/Krebs § 54 HGB Rz. 15). Der **Generalbevollmächtigte** ist der Geschäftsführung oder dem Vorstand zugeordnet und auf einer höheren Ebene als die Prokuristen angesiedelt. Unter keinen Umständen kann der Generalvollmacht aber organverdrängende Wirkung zukommen; bestimmte Rechtshandlungen sind zwingend den organschaftlichen Vertretern vorbehalten.

31 ➲ **Wichtig:** Die Bandbreite der Handlungsvollmacht in der Praxis ist groß. Es kommt auf die konkrete Ausgestaltung im Einzelfall an. Zu beachten ist, dass der Handlungsbevollmächtigte zwar wie der Prokurist nur zur Gesamtvertretung befugt sein kann, dass aber eine Bindung sowohl von Organen wie von Prokuristen an die Mitwirkung eines Handlungsbevollmächtigten nicht möglich ist.

2. Abschnitt. Einzelkaufmann und eingetragener Kaufmann

Kapitel 108 Kaufmännisches Einzelunternehmen

Literatur: S. hierzu die Kommentierungen zum HGB.

I. Kaufmann und Gewerbebetrieb

1. Kaufmannsbegriff des Handelsrechtsreformgesetzes

Das Handelsrechtsreformgesetz 1998 hat den Kaufmannsbegriff, an den die meisten Vorschriften 1 des Ersten und Vierten Buchs des HGB und Sondervorschriften für Kaufleute in zahlreichen anderen Gesetzen anknüpfen, neu definiert. Damit wird insbesondere der moderne Dienstleistungsverkehr von vornherein miterfasst. Allerdings wurde bewusst darauf verzichtet, das Handelsrecht im Sinne einer Auflösung des HGB und einer Umstrukturierung in ein Recht der Unternehmen (dazu MünchKomm.HGB/Karsten Schmidt § 1 HGB Rz. 4) und des Wirtschaftsverkehrs umzugestalten. Es wurde aber der Begriff des **„Handelsgewerbes“** neu definiert. Handelsgewerbe ist nach § 1 Abs. 2 HGB jeder Gewerbebetrieb, es sei denn, dass das Unternehmen nach Art oder Umfang einen in kaufmännischer Weise eingerichteten Geschäftsbetrieb nicht erfordert. In diesem Bereich ist die Eintragung im Handelsregister lediglich deklaratorisch. Kaufmann ist nach § 1 Abs. 1 HGB, wer ein Handelsgewerbe betreibt (**Istkaufmann**).

Nach § 2 HGB gilt ein **gewerbliches Unternehmen, das** nach Art oder Umfang **einen in kaufmännischer Weise eingerichteten Geschäftsbetrieb nicht erfordert**, als Handelsgewerbe, wenn die Firma des Unternehmens in das Handelsregister eingetragen ist **Kannkaufmann**. Der betreffende Unternehmer ist berechtigt, aber nicht verpflichtet, die Eintragung nach den für die Eintragung kaufmännischer Firmen geltenden Vorschriften herbeizuführen. Er kann später die Löschung im Handelsregister nach Belieben beantragen, sofern das Unternehmen immer noch einen in kaufmännischer Weise eingerichteten Geschäftsbetrieb nicht erfordert. Dem Minderkaufmann steht es also frei, durch konstitutive Eintragung im Handelsregister bzw. konstitutive Löschung die rechtliche Eigenschaft eines Handelsgewerbes zu erwerben bzw. abzulegen. 2

Nach § 3 Abs. 2 HGB gilt für ein **land- oder forstwirtschaftliches Unternehmen**, das nach Art 3 und Umfang einen in kaufmännischer Weise eingerichteten Geschäftsbetrieb erfordert, § 2 HGB mit der Maßgabe, dass nach Eintragung in das Handelsregister eine Löschung der Firma nur nach den allgemeinen Vorschriften stattfindet, welche für die Löschung kaufmännischer Firmen gelten. Ein derartiges Unternehmen kann also die konstitutive Handelsregistereintragung wählen, dann aber nicht mehr nach Belieben gelöscht werden, wenn es weiterhin einen nach Art und Umfang in kaufmännischer Weise eingerichteten Gewerbebetrieb erfordert.

2. Minderkaufmann

4 Das Handelsrechtsreformgesetz hat § 4 HGB über den Minderkaufmann aufgehoben, verwendet aber den durch die Rechtsprechung in vielfältiger Weise definierten Begriff des „nach Art und Umfang in kaufmännischer Weise eingerichteten Geschäftsbetriebs" zur Abgrenzung der deklaratorischen von der konstitutiven Handelsregistereintragung weiter. Das Erfordernis eines **in kaufmännischer Weise eingerichteten Geschäftsbetriebs** ist unter Berücksichtigung von Art und Umfang der Geschäftstätigkeit zu beurteilen. Es kommt nicht darauf an, ob eine kaufmännische Einrichtung (Buchführung und Bilanzierung, Firmenführung, kaufmännische Ordnung der Vertretung und Haftung) tatsächlich vorhanden ist, sondern ob sie nach den Umständen erforderlich ist. Dabei ist auf sämtliche relevanten Umstände des Einzelfalles abzustellen. Bei der Art der Geschäftstätigkeit kommt es zB auf die Vielfalt der Erzeugnisse und Leistungen, die Teilnahme am Wechselverkehr, die aktive oder passive Teilnahme am Frachtverkehr oder eine grenzüberschreitende Tätigkeit an. Beim Umfang der Geschäftstätigkeit entscheiden zunächst Umsatzvolumen, Anlage- und Betriebskapital, dann aber auch Zahl und Funktion der beschäftigten Mitarbeiter sowie Größe, Zahl und Organisation der Betriebsstätten. Maßgebend ist stets das Gesamtbild des Unternehmens. Auskunft im Einzelfall erteilt die zuständige Industrie- und Handelskammer. Auch die Neuregelung durch das Handelsrechtsreformgesetz hat von einer gesetzlichen Vorgabe einzelner Kriterien und Größenordnungen abgesehen.

3. Handelsgewerbe

5 Auch für den durch das Handelsrechtsreformgesetz neu definierten Begriff des Handelsgewerbes und damit für die Begründung der Kaufmannseigenschaft ist maßgebliches Kriterium wie schon früher der Umstand, dass ein „Gewerbe" betrieben wird. Das Handelsrechtsreformgesetz hat bewusst darauf verzichtet, eine Legaldefinition des Gewerbebegriffes in das HGB aufzunehmen. Es verbleibt bei dem durch die Rechtsprechung entwickelten **Gewerbebegriff** (vgl. MünchKomm.HGB/Karsten Schmidt § 1 HGB Rz. 26 ff.). Danach ist Gewerbe jede selbständige und berufsmäßige wirtschaftliche, nicht künstlerische, wissenschaftliche oder freiberufliche Tätigkeit, die auf Gewinnerzielung durch einen auf Dauer gerichteten Geschäftsbetrieb zielt. Ob die Gewinnerzielungsabsicht zu den notwendigen Begriffsmerkmalen eines Handelsgewerbes gehört, ist streitig (bejahend BGHZ 66, 49; 83, 386; aA zB MünchKomm.HGB/Karsten Schmidt § 1 HGB Rz. 26, 31). Die freien Berufe wie Rechtsanwälte, Notare, Wirtschaftsprüfer, Steuerberater, Ärzte und Zahnärzte gelten kraft ausdrücklicher Bestimmung in den jeweils für sie geltenden Spezialgesetzen nicht als Gewerbe.

4. Kaufmann als Betreiber des Handelsgewerbes

6 Kaufmann ist nach § 1 Abs. 1 HGB, wer das Unternehmen betreibt. Dies ist nicht derjenige, der das Unternehmen führt, sondern allein derjenige, der aus den im Unternehmen geschlossenen Geschäften berechtigt und verpflichtet wird. Bei den juristischen Personen (GmbH, AG, eG, eV, VVaG) als Formkaufleuten nach § 6 HGB sind Kaufleute nicht die handelnden Organe, sondern die juristischen Personen als solche. Bei den Personenhandelsgesellschaften (OHG, KG) sind Kaufleute die Gesellschaften als solche (§ 6 Abs. 1 HGB) sowie daneben die persönlich haftenden Gesellschafter, nicht aber die Kommanditisten (BGHZ 95, 330; BGHZ 45, 282; gegen die Kaufmannseigenschaft der Gesellschafter zB MünchKomm.HGB/Karsten Schmidt § 1 HGB Rz. 67 mwN.). Niemals solche Kaufleute sind die in einem kaufmännischen Unternehmen tätigen Angestellten wie Prokuristen, Generalbevollmächtigte und Handlungsbevollmächtigte. Der Treuhänder ist Inhaber des Handelsgeschäfts und damit Kaufmann (MünchKomm.HGB/Karsten Schmidt § 1 HGB Rz. 54.). Bei Verpachtung eines Unternehmens oder beim Nießbrauch an einem Unternehmen ist Kaufmann allein der Pächter und der Nießbraucher, nicht auch der Verpächter bzw. Eigentümer (MünchKomm.HGB/Karsten Schmidt § 1 HGB Rz. 54). Für Eheleute gilt lediglich die Besonderheit, dass im seltenen Fall der Zugehörigkeit des Unternehmens zum Gesamtgut der ehelichen Gütergemeinschaft bei gemeinsamer Verwaltung des Gesamtguts beide Ehegatten Kaufmann sind, bei Verwaltung des Gesamtguts nur durch einen Ehegatten nur dieser (MünchKomm.HGB/Karsten Schmidt § 1 HGB Rz. 51). Die Erbengemeinschaft kann das ererbte Handelsgeschäft als solche ohne zeitliche Beschränkung weiterführen. Kaufmann und als solche in das Handelsregister ein-

zutragen sind alle Miterben in Erbengemeinschaft (MünchKomm.HGB/Karsten Schmidt § 1 HGB Rz. 52).

5. Gewerberecht, Standesrecht

Jeder gewerbliche Unternehmer hat die **Aufnahme seiner Geschäftstätigkeit** dem Ordnungsamt 7
der Sitzgemeinde anzuzeigen (§ 14 GewO iVm. dem jeweiligen Landesrecht). Einige gesetzlich bestimmte Gewerbearten bedürfen der Gewerbeerlaubnis, insbesondere zum Nachweis persönlicher Qualifizierung (§§ 30 ff. GewO, zB Privatkrankenanstalten, Makler und Bauträger). Handwerker müssen in die Handwerksrolle eingetragen sein, wozu die Meisterprüfung oder eine Ausnahmebewilligung erforderlich ist (§§ 1, 7 HandwO). Konzessionspflichtig ist zB die Gastronomie (§§ 1 ff. GaststättenG). Die Ordnungsämter und die IHK geben hier im Einzelfall Auskunft.

Zwangsmitgliedschaft besteht für Kaufleute bei der Industrie- und Handelskammer, für Hand- 8
werker bei der Handwerkskammer, für Landwirte mit landesrechtlichen Unterschieden bei der Landwirtschaftskammer. Diese Körperschaften des öffentlichen Rechts sind ua. nach § 380 FamFG verpflichtet, die Registergerichte bei der Führung des Handelsregisters durch Auskünfte, Stellungnahmen und Maßnahmen gegen ihre Mitglieder zu unterstützen. Sie erhalten Nachricht von allen gewerbepolizeilichen und handelsregisterlichen Vorgängen in ihrem Bezirk.

6. Kaufmännische Buchführung und Bilanzierung

Der Einzelkaufmann hat nach den Vorschriften der §§ 238 ff. HGB Buch zu führen und zu bilan- 9
zieren. Er hat neben der Bilanz jährlich auch eine Gewinn- und Verlustrechnung aufzustellen, § 242 HGB. Befreiungen gelten nach §§ 241a, 242 Abs. 4 HGB idF des **BilMoG** v. 25.5.2009 (BGBl. I, 1102) für umsatz- oder erlösschwache Einzelkaufleute und BilRuG (BGBl. I 2015, 1245 v. 23.7.2015).

Von besonderer Bedeutung sind auch die Bewertungsgrundsätze der §§ 252 ff. HGB. Sie wurden durch das BilMoG modifiziert (Schulze-Osterloh DStR 2008, 63).

7. Steuerrecht

Das **Steuerrecht** knüpft hinsichtlich der **Buchführungspflichten** grundsätzlich an die handels- 10
rechtlichen Buchführungspflichten an. Soweit nach den handelsrechtlichen Vorschriften ein kaufmännisches Einzelunternehmen gegeben ist und der Kaufmann aufgrund der §§ 238 ff. HGB Bücher zu führen und zu bilanzieren hat, obliegen ihm diese Verpflichtungen zugleich für steuerliche Zwecke (§ 140 AO). Der Gewinn aus Gewerbebetrieb ist somit für steuerliche Zwecke nach den Grundsätzen des **Betriebsvermögensvergleichs** unter Beachtung der handelsrechtlichen Grundsätze ordnungsgemäßer Buchführung zu ermitteln (§§ 4 Abs. 1, 5 EStG). **Erfordert** ein **gewerbliches Unternehmen** nach Art und Umfang einen in kaufmännischer Weise **eingerichteten Geschäftsbetrieb nicht,** wurde die Firma des Unternehmers auch nicht in das Handelsregister eingetragen, so dass sich eine Verpflichtung zur Buchführung nicht bereits nach Handelsrecht ergibt, gelten die Grenzen des § 141 AO. Da in diesem Falle keine handelsrechtliche Verpflichtung zur Buchführung besteht, kann sich gegebenenfalls über § 141 AO eine eigenständige – auf rein abgabenrechtlichen/steuerrechtlichen Vorschriften gründende – Verpflichtung ergeben. Werden auch die Grenzen des § 141 AO nicht überschritten, steht es dem Einzelunternehmer zu, den Gewinn aus Gewerbebetrieb nach den Grundsätzen der Einnahmeüberschussrechnung (§ 4 Abs. 3 EStG) zu ermitteln. Sofern der **Umsatz 17 500 Euro** p.a. überschreitet fordert die Finanzverwaltung hierfür die standardisierte Einreichung der **Anlage „EÜR"** (§ 60 Abs. 4 ESt-DV). In der verpflichtenden Aufforderung des FA zur Abgabe der Anlage EÜR erkannte der BFH (Urteil v. 16.11.2011, BStBl II 2012, 129) einen anfechtbaren Verwaltungsakt; die Verpflichtung zur Beifügung einer Gewinnermittlung nach amtlich vorgeschriebenem Vordruck ist danach zur Erreichung der Gleichmäßigkeit der Besteuerung unter Berücksichtigung der Vereinfachungen des Besteuerungsverfahrens allerdings verhältnismäßig. Seit 2009 gilt über § 241a HGB (inzwischen) auch im Handelsrecht für Einzelunternehmen eine Regelung zur Vereinfachung der Gewinnermittlung. Einzelkaufleute, die an den Abschlussstichtagen von zwei aufeinander folgenden Geschäftsjahren nicht mehr als 500 000 Euro Umsatzerlöse (ab

2016 600 000 Euro) und nicht mehr als 50 000 Euro Jahresüberschuss (ab 2016 60 000 Euro) erzielten, brauchen die Regelungen der §§ 238 bis 241 HGB nicht anzuwenden; die Ermittlung des Gewinnes kann dann ebenfalls durch Gegenüberstellung der Ein- und Ausgaben erfolgen.

11 Der **Kaufmann** iS des Handelsrechts (kaufmännischer Einzelunternehmer) **erzielt** im Rahmen seiner Tätigkeit **gewerbliche Einkünfte** iS des § 15 EStG. Danach liegen gewerbliche Einkünfte vor, wenn die Tätigkeit selbständig, nachhaltig und mit der Absicht, Gewinn zu erzielen, unter Beteiligung am allgemeinen wirtschaftlichen Verkehr ausgeübt wird; diese Betätigung darf weder als Ausübung von Land- und Forstwirtschaft, eines freien Berufs bzw. einer anderen selbständigen Arbeit oder als reine Vermögensverwaltung zu qualifizieren sein. Für **einkommensteuerliche Zwecke** ist der **Gewinn** (nach dem HGB unter Berücksichtigung der Besonderheiten des Steuerrechtes) **zu Grunde** zu **legen,** § 5 Abs. 1 EStG; dabei gelten seit dem BilMoG die Regelungen zur umgekehrten Maßgeblichkeit nicht mehr. **Verluste** aus Gewerbebetrieb **können** mit positiven Einkünften aus der gleichen bzw. anderen Einkunftsarten **verrechnet werden** (§ 10d EStG). Eine Verrechnung der Verluste mit den Einkünften aus Kapitalvermögen kommt seit der Einführung der Abgeltungssteuer auf Kapitaleinkünfte (ab 2009) grds. nicht mehr in Betracht; Ausnahmen bestehen lediglich in Fallgestaltungen der Einbeziehung in die Veranlagung (vgl. § 32d Abs. 2, Abs. 6 EStG). Gegebenenfalls ist ein eingeschränkter Verlustausgleich bzw. Verlustrück- oder -vortrag möglich (§§ 15a, 23 EStG).

Soweit nach den Vorschriften des EStG ein Gewerbebetrieb gegeben ist und das **Gewerbe** als **stehender Betrieb** im Inland betrieben wird, unterliegt der Gewinn zudem der **Gewerbesteuer** (§ 2 Abs. 1 GewStG). Für Gewerbeverluste sieht § 10a GewStG nur den eingeschränkten Verlustvortrag und dessen Verrechnung mit im Rahmen desselben Betriebes erzielten Gewinnen der Folgejahre vor. Zur Vermeidung einer Doppelbesteuerung des Gewinnes aufgrund der gleichzeitigen Besteuerung mit Einkommen- und Gewerbesteuer sieht das EStG in § 35 EStG die Steuerermäßigung der Einkommensteuer in Höhe des 3,8-fachen des für den entsprechenden Veranlagungszeitraum festgestellten Gewerbesteuer-Messbetrages vor.

12 Wie hinsichtlich der Buchführungspflichten, adaptiert das Steuerrecht grundsätzlich auch für den **Gewinnermittlungszeitraum** die handelsrechtlichen Vorgaben. Gem. § 4a Abs. 1 Satz 1 EStG bestimmt sich der Gewinnermittlungszeitraum grundsätzlich nach dem **Wirtschaftsjahr.** Nur bei Gewerbetreibenden, deren Firma im Handelsregister eingetragen wurde, kann dies ein vom Kalenderjahr abweichender Zeitraum sein (§ 4a Abs. 1 Satz 2 Nr. 2 EStG); allerdings kann dieser die Dauer von zwölf Monaten weder über- noch unterschreiten. Lediglich für das erste sog. Rumpfwirtschaftsjahr kann ein Zeitraum von weniger als zwölf Monaten vorliegen (§ 8b EStG).

13 **Umsatzsteuerpflichtiger** Unternehmer ist der Einzelkaufmann über § 2 Abs. 1 UStG dann, wenn er eine gewerbliche oder berufliche Tätigkeit **selbständig** ausübt. Gewerblich oder beruflich ist dabei jede **nachhaltige Tätigkeit mit Einnahmeerzielungsabsicht**, selbst wenn die Absicht, Gewinn zu erzielen, fehlt.

II. Handelsregister

1. Reform durch das EHUG

14 Durch das Gesetz über das elektronische Handelsregister und Genossenschaftsregister sowie das Unternehmensregister **EHUG** v. 27.9.2006 (BGBl. I, 2553) hat das Handelsregister eine tiefgreifende und für den Wirtschaftsstandort Deutschland höchst wichtige Reform erfahren. Aus einem in Papierform geführten, in der Handhabung schwerfälligen Register über rechtserhebliche Tatsachen und Rechtsverhältnisse kaufmännischer Unternehmen ist ein elektronisch geführtes und entsprechend schnell und effektiv gehandhabtes Instrument der Begründung und Darstellung von Rechten, an Unternehmen und des Zugriffs auf diese Daten geworden. Insofern hat § 8 Abs. 1 HGB den Charakter eines Programmsatzes, wenn er bestimmt, dass das Handelsregister von den Gerichten **elektronisch** geführt wird. Seiner Bedeutung entsprechend wird das elektronische Handelsregister nach § 8 Abs. 2 HGB dadurch geschützt, dass andere Dienstleistungen nicht unter Verwendung oder Beifügung der Bezeichnung „Handelsregister" in den Verkehr gebracht werden dürfen.

2. Rechtliche Grundlagen

Die **rechtlichen Grundlagen** des Handelsregisters sind grundsätzlich unverändert geblieben. Das Handelsregister ist ein **öffentliches Register**, das beim Amtsgericht über die in seinem Bezirk bestehenden Firmen geführt wird (§§ 8 ff. HGB iVm. der Verordnung über die Einrichtung und Führung des Handelsregisters HRV). Es besteht aus zwei Abteilungen, der Abteilung A für Einzelkaufleute und Personenhandelsgesellschaften (OHG, KG) sowie die juristischen Personen gem. § 31 HGB, sowie der Abteilung B für Kapitalgesellschaften, vor allem GmbH und AG. 15

Die **Publizität des Handelsregisters** richtet sich nach der schwierigen und in den Einzelheiten streitigen Vorschrift des § 15 HGB, ergänzt durch die allgemeine Rechtsscheinhaftung. Als Grundsatz gilt, dass sich der Rechtsverkehr auf das Schweigen des Registers verlassen kann (negative Publizität), nicht jedoch auf die Richtigkeit des Registerinhalts (keine positive Publizität). Für die wichtigsten eintragungspflichtigen Tatsachen, insbesondere die Vertretungsbefugnisse und Prokuren, gilt jedoch die besondere Rechtsscheinhaftung nach § 15 Abs. 3 HGB, so dass derjenige, der sich gutgläubig auf eine unrichtige Eintragung verlassen hat, geschützt wird. 16

Was im Handelsregister einzutragen ist, bestimmen die jeweils einschlägigen Gesetze (HGB, GmbHG, AktG ua.), wobei sich der Bereich der eintragungspflichtigen Vorgänge mit dem Bereich der eintragsfähigen Vorgänge weitgehend deckt. Die einzelnen gesetzlichen Vorschriften bestimmen auch, welche Eintragungen lediglich **deklaratorisch** (zB Prokuraerteilung) und welche insgesamt (zB Neueintragung einer GmbH) oder im Hinblick auf einzelne Rechtsfolgen (zB Haftungsbeschränkung des Kommanditisten) **konstitutiv** sind. Die Einhaltung gesetzlicher Anmeldungspflichten wird vom Registergericht durch Festsetzung von Zwangsgeld erzwungen, § 14 HGB. 17

Das Verfahren in Handelsregistersachen bestimmt sich im Wesentlichen nach dem Nachfolger des FGG, dem Gesetz über das Verfahren in Familiensachen und in den Angelegenheiten der freiwilligen Gerichtsbarkeit **FamFG** v. 17.12.2008 (dort §§ 374 ff.), daneben nach der Handelsregisterverordnung und ergänzenden länderrechtlichen Vorschriften zur Zuständigkeit und zum elektronischen Rechtsverkehr.

3. Führung des Handelsregisters

Die Führung des Handelsregisters verbleibt bei den Amtsgerichten (§ 8 Abs. 1 HGB, § 376 FamFG). Die zwischenzeitlich erwogene Übertragung auf die Industrie- und Handelskammern ist gescheitert. 18

Nach § 8a Abs. 1 HGB wird eine Eintragung in das Handelsregister wirksam, sobald sie in den für die Handelsregistereintragungen bestimmten Datenspeicher aufgenommen ist und auf Dauer inhaltlich unverändert in lesbarer Form wiedergegeben werden kann. Die Eintragungen erfolgen elektronisch in einer für den jeweiligen Rechtsträger geführten Datei, dem **Registerblatt**, § 13 HRV. Sie werden von dem Eintragenden elektronisch signiert, § 28 HRV. Dem digitalen Registerblatt steht ein digitaler **Registerordner** zur Seite, § 9 HRV, der z.B. Gesellschafterlisten, Gesellschafterverträge, Satzungen oder Niederschriften über Hauptversammlungen enthält. Er ist an die Stelle des bisherigen Sonderbands des Papierregisters getreten. Das Registerblatt und der Registerordner können von jedermann online eingesehen werden. 19

Die Eintragungen werden im elektronischen Bundesanzeiger bekanntgemacht. Die zusätzliche Bekanntmachung in einer Tageszeitung ist entfallen.

Daneben gibt es nach § 8 HRV noch **Registerakten** über Vorgängen wie Verfügungen, Kostenrechnungen, Gutachten der IHK und Schriftwechsel, die dem bisherigen Hauptband entsprechen, nicht elektronisch geführt werden müssen und zur Einsicht nicht offen stehen.

4. Einreichung von Dokumenten zum Handelsregister

Dokumente wie Satzungen, Gesellschafterlisten, Unternehmensverträge und Niederschriften über Hauptversammlungen sind elektronisch einzureichen. Das Nähere bestimmen Rechtsverordnungen der Landesregierungen, § 18a Abs. 2 HGB. 20

21 Wenn das Gesetz die Einreichung eines notariell beurkundeten oder beglaubigten Dokuments oder einer öffentlich beglaubigte Abschrift vorschreibt, ist ein mit einem einfachen elektronischen Zeugnis eines Notars nach § 39a BeurkG versehenes Dokument zu übermitteln.

5. Anmeldungen zur Eintragung

22 Anmeldungen zur Eintragung sind nach § 12 Abs. 1 Satz 1 HGB elektronisch in öffentlich beglaubigter Form einzureichen. Es bleibt bei der Unterschriftsbeglaubigung unter der Anmeldung, der sich dann die Einreichung nach § 39a BeurkG anschließt. Unterschriftszeichnungen sind entfallen.

Zunächst wird also eine Anmeldung mit Unterschrift der Anmeldungspflichtigen und notarieller Unterschriftsbeglaubigung in Papierform erstellt, aus der dann in einem zweiten Schritt ein elektronisches Dokument hergestellt wird, das dem Registergericht über elektronische Gerichtspostfächer übermittelt wird.

23 Hinsichtlich der Urschrift der Anmeldungen in Papierform hat sich also nichts geändert. Sie wird aber dem Registergericht nicht mehr körperlich eingereicht. Vielmehr wird eine elektronische Abschrift durch Einscannen oder Generieren unmittelbar vom elektronischen Dokument gefertigt und mit einem Beglaubigungsvermerk und der elektronischen Signatur des Notars versehen. Das elektronische Dokument ist eingereicht, sobald die für den Empfang bestimmte Einrichtung des Gerichts es aufgezeichnet hat (§ 14 Abs. 2 Satz 2 FamFG iVm. § 130a Abs. 3 ZPO).

Für die Übermittlungstätigkeit der Notare hat die Bundesnotarkammer eigene Programme entwickelt, die von den etwa 9000 deutschen Notaren benutzt werden.

6. Kosten

24 Für die notarielle Beglaubigung und elektronische Einreichung einer Anmeldung entstehen Kosten nach Maßgabe der Vorschriften des GNotKG (v.a. KV Nr. 21201, 22125). Für die Eintragung erheben die Registergerichte Gebühren auf Grund der HRegGebV (§ 58 GNotKG).

III. Gründung und Anmeldung des Einzelunternehmens

25 Handelsrechtlich bedarf die Gründung eines Einzelunternehmens weder eines besonderen Gründungsaktes noch einer besonderen Form. Es genügt die Aufnahme des Betriebs des Handelsgeschäftes. Das vollkaufmännische Unternehmen ist dann zum Handelsregister anzumelden. Bei minderkaufmännischen Unternehmen kann der Inhaber entscheiden, ob er die konstitutive Anmeldung zum Handelsregister wünscht oder nicht.

1. Erstanmeldung des Istkaufmanns

26 Die Pflicht zur Anmeldung folgt aus § 12 HGB. Sie besteht nach § 1 HGB für den Kaufmann, der ein Handelsgewerbe betreibt. Für den Inhalt der Registeranmeldung macht es keinen Unterschied, ob es sich um sich um einen Ist- oder Kannkaufmann handelt.

M 108.1 Erstanmeldung des Ist- oder Kannkaufmanns

An das Amtsgericht

– Registergericht –

. . . (Ort)

Zur Eintragung in das Handelsregister melde ich an:

Ich betreibe mit Sitz in . . . den Einzelhandel mit . . . unter der Firma . . . e.K.

Inländische Geschäftsadresse ist . . . (genaue Anschrift).

... (Ort, Datum)

... (Unterschrift des Einzelkaufmanns, notarielle Unterschriftsbeglaubigung, elektronische Einreichung nach § 12 Abs. 1 HGB)

Kosten: *Notargebühr:* 0,2-Gebühr gem. Nr. 25100 KV GNotKG, mindestens 20 Euro, höchstens 70 Euro. Geschäftswert gem. §§ 121, 105 Abs. 3 Nr. 1 GNotKG 30 000 Euro. Bei Fertigung des Entwurfs und Beglaubigung 0,5-Gebühr gem. Nrn. 24102, 21201 Nr. 5 KV GNotKG (§ 92 Abs. 2 GNotKG), Geschäftswert gem. §§ 119, 105 Abs. 3 Nr. 1 GNotKG wie zuvor. 0,3-Gebühr für den Vollzug gem. Nr. 22114 KV GNotKG, Geschäftswert gem. § 112 GNotKG wie zuvor.

Gerichtsgebühr: 70 Euro gem. Nr. 1100 GV HRegGebV.

2. Erstanmeldung des Kannkaufmanns

Nach der Handelsrechtsreform kann ein **gewerbliches Kleinunternehmen** zum Handelsregister 27 angemeldet werden und dadurch Kaufmannseigenschaft erhalten. Von dieser Möglichkeit wird in der Praxis Gebrauch gemacht, wenn dem Inhaber an der Registerpublizität und der damit verbundenen Seriosität gelegen ist.

IV. Handelsfirma

1. Gesetzliche Regelung

Nach § 17 HGB ist die **Firma eines Kaufmanns** der Name, unter dem er seine Geschäfte betreibt 28 und die Unterschrift abgibt. Der Kaufmann kann unter seiner Firma klagen und verklagt werden. Nach § 18 Abs. 1 HGB muss die Firma zur Kennzeichnung des Kaufmanns geeignet sein und Unterscheidungskraft besitzen. Nach § 18 Abs. 2 HGB darf die Firma keine Angaben enthalten, die geeignet sind über geschäftliche Verhältnisse, die für die angesprochenen Verkehrskreise wesentlich sind, irrezuführen. Nach § 19 HGB muss der Firma ein Rechtsformzusatz beigefügt werden. So muss nach § 19 Abs. 1 Nr. 1 HGB die Firma des Einzelkaufmanns die Bezeichnung „eingetragener Kaufmann“, „eingetragene Kauffrau“ oder eine allgemein verständliche Abkürzung dieser Bezeichnung, insbesondere „e.K.“, „e.Kfm.“ oder, „e.Kfr.“ enthalten.

Hinter diesen gesetzlichen Vorschriften steht eine grundsätzliche Neuordnung des hergebrachten 29 Firmenrechts, ein Hauptgegenstand der **Handelsrechtsreform**. Traditionell galten für jede Rechtsform eigene Vorschriften über die Firmenbildung. Beim Einzelkaufmann musste die Firma nach § 18 aF dessen Familiennamen und mindestens einen ausgeschriebenen Vornamen enthalten. Ein Rechtsformzusatz war nicht vorgesehen. Die reine Sachfirma und die Fantasiefirma waren nicht zulässig, es konnten der Namensfirma lediglich entsprechende Zusätze beigefügt werden.

Die Handelsrechtsreform hat das **Firmenrecht liberalisiert und vereinfacht**. Unabhängig von der Rechtsform sind jetzt bei allen Handelsfirmen die Personenfirma, die Sachfirma, die Fantasiefirma und Mischformen zulässig. Insofern wurde das deutsche Recht dem Firmenrecht anderer europäischer Staaten angepasst, um die Wettbewerbsfähigkeit deutscher Unternehmen zu stärken. Zum Schutz des Rechtsverkehrs wurde aber der Rechtsformzusatz nach § 19 HGB vorgeschrieben.

Die in den ersten Jahren nach der Reform noch zu verzeichnenden Bestrebungen der registerrechtlichen Literatur und der Rechtsprechung der Instanzgerichte, alte Restriktionen in das neue Recht zu transponieren, haben signifikant abgenommen. Inzwischen akzeptieren auch die Gerichte größtenteils die Tendenz zur Liberalisierung.

Ebenso unzulässig wie eine dem Geist der Neuregelung widersprechende Restriktion ist aber das 30 Bestreben, Liberalisierung um jeden Preis zu betreiben. Insbesondere aus den **Irreführungsverbot** des § 18 Abs. 2 HGB können sich Grenzen der Firmenbildung ergeben, etwa wenn es bei der Namensfirma um die Verwendbarkeit von Namen von Nichtgesellschaftern geht, wenn die Fantasiefirma auch als Name vorkommt oder wenn die Sachfirma über Art und Umfang des Unternehmens täuscht. Auf die Einzelheiten wird im Folgenden eingegangen.

2. Anforderungen an die Firmenbildung

31 Nach geltendem Recht muss die Handelsfirma

- Kennzeichnungseignung im Sinne einer Namensfunktion haben, § 18 Abs. 1 HGB,
- Unterscheidungskraft besitzen, § 18 Abs. 1 HGB,
- das Irreführungsverbot des § 18 Abs. 2 HGB beachten,
- sich von anderen Firmen am selben Ort unterscheiden, § 30 Abs. 1 HGB,
- und den Rechtsformzusatz des § 19 Abs. 1 HGB enthalten.

Im Übrigen gelten für Firmenstreitigkeiten § 37 Abs. 2 HGB, § 3 UWG und § 14 Abs. 5 Markengesetz.

3. Anforderungen nach § 18 HGB im Einzelnen

a) Abgrenzung der Kennzeichnungswirkung von der Unterscheidungskraft

32 Nach § 18 Abs. 1 BGB muss der Firma Kennzeichnungswirkung und Unterscheidungskraft zukommen. Die Bereiche beider Tatbestandsmerkmale sind nur schwer abzugrenzen (MünchKomm.HGB/Heidinger § 18 HGB Rz. 9). Aus dem Erfordernis der **Kennzeichnungseignung** ergibt sich, dass die Firma Namensfunktion haben muss. Das Merkmal der **Unterscheidungskraft** bezieht sich auf die Individualisierung, also die Eignung, den Unternehmensträger von anderen zu unterscheiden.

b) Kennzeichnungswirkung

33 Aus der **Namensfunktion** ergibt sich, dass sowohl Firmenkern wie Firmenzusätze grundsätzlich wörtlich aussprechbar sein müssen (BGH NZG 2009, 192; BayObLG NJW 2001, 2337).

33a ➲ **Wichtig:** Bildzeichen wie das kaufmännische „&" und das mathematische „+" sind eintragungsfähig, da sie üblicherweise als „und" ausgesprochen werden, nicht aber das Zeichen „#". Das BayObLG (NJW 2001, 2337) sieht das Computerzeichen „@" (Computerlexikon. Com: „Klammeraffe") nicht als eintragungsfähigen Firmenbestandteil an. Die Entscheidung widerspricht dem Geist der Firmenrechtsreform. Das LG Berlin (GmbHR 2004, 428) hat deshalb richtig entschieden, dass es sich um ein Wortzeichen mit spezifischer Bedeutung, vergleichbar mit dem firmenüblichen Zeichen „&" und „+", handelt.

34 Nach hM (OLG München NZG 2011, 753; KG GmbHR 2000, 1101; MünchKomm.HGB/Heidinger § 18 HGB Rz. 14 mwN) besteht kein Anspruch auf Verwendung einer besonderen Schreibweise der Firma bei der Eintragung im Handelsregister, also etwa auf **Groß- oder Kleinschreibung**. Bei letzterem (nicht aber bei Fettdruck, Hochdruck oä.) sind die meisten Registergerichte in der Praxis aber bereit, den Bedürfnissen des Wirtschaftsverkehrs entgegenzukommen.

35 Aus der Namensfunktion ergibt sich, dass sowohl Firmenkern wie Firmenzusätze grundsätzlich aussprechbar sein müssen (Rz. 33). Angesichts des Kriteriums der Aussprechbarkeit war die Geeignetheit reiner Buchstabenfolgen für die Firmenbildung streitig. Das OLG Celle (OLG Celle GmbHR 1999, 412; OLG Celle MittBayNot 2007, 140 mit abl. Anm. Kanzleiter zu „AKDV GmbH") leitete aus der Namensfunktion ab, dass die Verwendung einer Buchstabenzusammenstellung, die lautlich nicht ausgeschrieben ist und die kein aussprechbares Wort oder Phantasiewort ergibt, unzulässig ist.

36 Den Streit um die Firmentauglichkeit von Buchstabenkombinationen hat eine Entscheidung des BGH v. 8.12.2008 (II ZB 46/07, GmbHR 2009, 249 mit Anm. Lamsa zu „HM & A" bei einer GmbH & Co. KG) in praxisfreundlicher Weise entschieden. Danach kommt der Aneinanderreihung einer Buchstabenkombination gem. § 18 Abs. 1 HGB neben der Unterscheidungskraft auch die erforderliche Kennzeichnungseignung – und damit zugleich Namensfunktion nach § 17 Abs. 1 HGB im Geschäftsverkehr – für die Firma von Einzelkaufleuten, Personen- und Kapitalgesellschaften zu, wenn sie im Rechts- und Wirtschaftsverkehr zur Identifikation der dahinter stehenden Gesellschaft ohne Schwierigkeiten akzeptiert werden kann. Hierfür reicht als notwendige, aber zugleich hinrei-

chende Bedingung die Aussprechbarkeit der Firma im Sinne der Artikulierbarkeit aus. Es genügt also, wenn die einzelnen Buchstaben „buchstabierend“ ausgesprochen werden können. Sie müssen nicht „als Wort aussprechbar“ sein. Die Differenzierung zwischen einer als Wort aussprechbaren Buchstabenkombination mit Namensfunktion und ansprechbaren Buchstabenkombinationen ohne Namensfunktion ist kein taugliches Abgrenzungskriterium. Damit sind jetzt beliebige Buchstabenkombinationen als firmentauglich anzusehen.

Soweit Zahlen in Verbindung mit Buchstaben oder Zeichen verwendet werden, sind sie ebenfalls 37 zur Kennzeichnung iS der Namensfunktion geeignet (Lutter/Welp ZIP 1999, 1078 zu „1 2 fly GmbH“, „181 GmbH“, „Pik7 GmbH“). Dies gilt auch für ausgeschriebene Zahlenbezeichnungen wie „Fifty-one GmbH“. Nach hM nicht eintragungsfähig sind hingegen reine Ziffernfirmen (KG NZG 2013, 1153), erst recht endlose Zahlenketten, etwa Telefonnummern als alleiniger Firmenbestandteil.

c) Unterscheidungskraft

Der schon nach altem Firmenrecht geltende Grundsatz, dass aus Branchenangaben wie „Gaststätte“, „Bau“ oder „Transport“ allein keine Sachfirma gebildet werden kann, wird jetzt am Tatbestandsmerkmal der Unterscheidungskraft nach § 18 Abs. 1 Alt. 2 HGB festgemacht (MünchKomm.HGB/Heidinger § 18 HGB Rz. 28). 38

In derartigen **Gattungsbezeichnungen** liegt zudem die unzulässige Selbstberühmung, das einzige oder eines der bedeutendsten Unternehmen innerhalb der Gattung zu sein. Außerdem ist die Besetzung einer ganzen Branche durch eine Firma unzulässig. Entsprechendes gilt für geografische Bezeichnungen.

Allerweltsnamen wie „Müller“ oder „Meyer“ sind unterscheidungskräftig und eintragungsfähig, 39 wenn sie mindestens mit dem abgekürzten Vornamen gebildet werden.

d) Irreführungsverbot

Das Irreführungsverbot des § 18 Abs. 2 HGB rechtfertigt sich aus dem hergebrachten handelsrecht- 40 lichen **Grundsatz der Firmenwahrheit** (MünchKomm.HGB/Heidinger § 18 HGB Rz. 34). Firmenwahrheit bedeutet, dass die Irreführung des Rechtsverkehrs vermieden werden soll. Die Firma darf weder in ihrem Kern noch den Zusätzen oder insgesamt Angaben enthalten, die geeignet sind, über geschäftliche Verhältnisse, die für die angesprochenen Verkehrskreise wesentlich sind, unrichtige Vorstellungen hervorzurufen. Auch Übertreibungen können dem Irreführungsverbot unterfallen.

Am Maßstab des Irreführungsverbots zu messen sind die Verwendung fremder Namen in der Personenfirma und die Verwendung einer Fantasiefirma, die auch ein Name sein könnte (MünchKomm.HGB/Heidinger Vor § 17 HGB Rz. 53 ff. und § 18 HGB Rz. 167). Im Übrigen sind die Auswirkungen des Irreführungsverbots mannigfaltig und nur durch Fallgruppenbildung zu erfassen (ausführlich MünchKomm.HGB/Heidinger § 18 HGB Rz. 56 ff., 106 ff.).

M 108.2 Anmeldung einer Firmenänderung

An das Amtsgericht

– Registergericht –

. . . (Ort)

HRA 176

Zur Eintragung in das Handelsregister melde ich an:

Ich habe die Firma geändert in

Schuhhaus am Markt . . . e.K.

... (Ort, Datum)

... (Unterschrift des Einzelkaufmanns, notarielle Unterschriftsbeglaubigung, elektronische Einreichung nach § 12 Abs. 1 HGB)

Kosten: *Notargebühr:* 0,2-Gebühr gem. Nr. 25100 KV GNotKG, mindestens 20 Euro, höchstens 70 Euro. Geschäftswert gem. §§ 121, 105 Abs. 4 Nr. 4 GNotKG 30 000 Euro. Bei Fertigung des Entwurfs und Beglaubigung 0,5-Gebühr gem. Nrn. 24102, 21201 Nr. 5 KV GNotKG (§ 92 Abs. 2 GNotKG), Geschäftswert gem. §§ 119, 105 Abs. 4 Nr. 4 GNotKG wie zuvor. 0,3-Gebühr für den Vollzug gem. Nr. 22114 KV GNotKG, Geschäftswert gem. § 112 GNotKG wie zuvor.

Gerichtsgebühr: 40 Euro Festgebühr gem. GV 1500 HRegGebV, Auslagen der Veröffentlichung.

V. Niederlassung, Zweigniederlassung

41 Nach § 29 HGB hat der Kaufmann den „Ort seiner Handelsniederlassung" beim zuständigen Registergericht anzumelden. Gemeint ist hier und bei der „Hauptniederlassung" des § 13 HGB der politische Ort der Niederlassung, wo der Kaufmann unter seiner Geschäftsadresse mindestens postalisch erreichbar ist. Regelmäßig wird der **Ort der Niederlassung** mit dem Ort des Schwerpunktes des Geschäftsbetriebes übereinstimmen, wobei allerdings der Kaufmann ein Bestimmungsrecht haben dürfte, welchen Ort er als Schwerpunkt des Unternehmens ansieht.

42 Die **Zweigniederlassung** ist gekennzeichnet durch räumliche Selbständigkeit, gleichen Unternehmensgegenstand, selbständige oder bei Vorhandensein einer gemeinsamen Buchungsstelle abgrenzbare Buchführung und eine Zweigstellenleitung mit eigenen geschäftlichen Entscheidungsbefugnissen (Einzelheiten bei MünchKomm.HGB/Krafka § 13 HGB Rz. 7 ff.).

M 108.3 Anmeldung der Verlegung der Niederlassung eines Einzelunternehmens

An das Amtsgericht

– Registergericht –

A-Stadt

Zum Handelsregister A ... melde ich an:

Ich habe mein bisher in A-Stadt unter der Firma ... e.K. betriebenes Einzelunternehmen nach B-Stadt verlegt. Ich führe die Firma unverändert fort. Die neuen Geschäftsräume befinden sich in B-Stadt ... (genaue Anschrift)

... (Ort, Datum)

... (Unterschrift des Einzelkaufmanns, notarielle Unterschriftsbeglaubigung, elektronische Einreichung nach § 12 Abs. 1 HGB)

Kosten: *Notargebühr:* 0,2-Gebühr gem. Nr. 25100 KV GNotKG, mindestens 20 Euro, höchstens 70 Euro. Geschäftswert gem. §§ 121, 105 Abs. 4 Nr. 4 GNotKG 30 000 Euro. Bei Fertigung des Entwurfs und Beglaubigung 0,5-Gebühr gem. Nrn. 24102, 21201 Nr. 5 KV GNotKG (§ 92 Abs. 2 GNotKG), Geschäftswert gem. §§ 119, 105 Abs. 4 Nr. 4 GNotKG wie zuvor. 0,3-Gebühr für den Vollzug gem. Nr. 22114 KV GNotKG, Geschäftswert gem. § 112 GNotKG wie zuvor.

Gerichtsgebühr: 40 Euro gem. GV 1200 HRegGebV.

43 Die Anmeldung erfolgt beim Registergericht der bisherigen Niederlassung, § 13h Abs. 1 HGB. Befindet sich auch der neue Niederlassungsort im Bezirk dieses Gerichts, so verfährt es nach § 13h Abs. 3 HGB. Wechselt die Zuständigkeit auf ein anderes Amtsgericht, so richtet sich das Verfahren nach § 13h Abs. 2 HGB. Die Verlegung des Geschäftslokals innerhalb derselben politischen Ge-

meinde ist keine Verlegung der Niederlassung iSv. § 13h HGB. Sie sollte dem Registergericht privatschriftlich mitgeteilt werden.

M 108.4 Anmeldung der Errichtung einer Zweigniederlassung

An das Amtsgericht
– Registergericht –
A-Stadt

Zum Handelsregister A ... melde ich an:

Ich habe in B-Stadt eine Zweigniederlassung meines hier unter der Firma ... e.K. betriebenen Geschäftes errichtet, und zwar unter derselben Firma.

Ich betreibe auch in der Zweigniederlassung den Handel mit Damen- und Herrenoberbekleidung. Die Geschäftsräume der Zweigniederlassung befinden sich in B-Stadt ... (genaue Anschrift).

... (Ort, Datum)

... (Unterschrift des Einzelkaufmanns, notarielle Unterschriftsbeglaubigung, elektronische Einreichung nach § 12 Abs. 1 HGB)

Kosten: *Notargebühr:* 0,2-Gebühr gem. Nr. 25100 KV GNotKG, mindestens 20 Euro, höchstens 70 Euro. Geschäftswert gem. §§ 121, 105 Abs. 4 Nr. 4 GNotKG 30 000 Euro. Bei Fertigung des Entwurfs und Beglaubigung 0,5-Gebühr gem. Nrn. 24102, 21201 Nr. 5 KV GNotKG (§ 92 Abs. 2 GNotKG), Geschäftswert gem. §§ 119, 105 Abs. 4 Nr. 4 GNotKG wie zuvor. 0,3-Gebühr für den Vollzug gem. Nr. 22114 KV GNotKG, Geschäftswert gem. § 112 GNotKG wie zuvor.

Gerichtsgebühr: 40 Euro Festgebühr gem. GV 1500 HRegGebV.

Das Eintragungsverfahren ergibt sich aus § 13 HGB. Entfallen ist durch das EHUG die Anlegung eines eigenen Registerblattes für die Zweigniederlassung bei dem für die Zweigniederlassung örtlich zuständigen Registergericht. Auch Urkunden werden dort nicht mehr geführt. Es verbleibt bei der Eintragung der Zweigniederlassung lediglich auf dem Blatt der Hauptniederlassung. Eine separate Führung erschien nicht mehr erforderlich, da eine ortsgebundene Einsicht nicht mehr erfolgt, vielmehr alle Register und Urkunden bundesweit zentral online eingesehen werden. 44

VI. Firmenfortführung durch den Erwerber des Einzelunternehmens

1. Grundsätze

Wer ein bestehendes Handelsgeschäft unter Lebenden oder von Todes wegen erwirbt, darf nach § 22 HGB die **bisherige Firma**, auch wenn sie den Namen des bisherigen Geschäftsinhabers enthält, mit oder ohne Beifügung eines das Nachfolgeverhältnis andeutenden Zusatzes **fortführen**, wenn der bisherige Geschäftsinhaber oder dessen Erben in die Fortführung der Firma ausdrücklich einwilligen. Dies gilt auch dann, wenn ein Handelsgeschäft auf Grund eines Nießbrauchs, eines Pachtvertrags oder eines ähnlichen Verhältnisses übernommen wird. 45

Bei Anmeldung der Fortführung eines unter Lebenden erworbenen Handelsgeschäfts ist § 25 HGB zu beachten. Nach dieser Vorschrift **haftet der Erwerber**, der die bisherige Firma mit oder ohne Nachfolgerzusatz fortführt, für alle im Betrieb des Geschäfts begründeten Verbindlichkeiten des früheren Inhabers einschließlich der Steuerschulden. Rechtsgeschäftliche Erwerber in diesem Sinn sind der Käufer, der Beschenkte, der Vermächtnisnehmer, der Nießbraucher und der Pächter. Die Ansprüche verjähren, soweit nicht nach allgemeinen Vorschriften kürzere Verjährung eintritt, fünf Jahre nach Eintragung des Erwerbers im Handelsregister bzw. bei späterer Fälligkeit der Forderung fünf Jahre nach dieser, § 26 HGB. 46

Die Haftung des Erwerbers kann nach § 25 Abs. 2 HGB ausgeschlossen werden. Hierzu sind erforderlich die Anmeldung, Eintragung und Bekanntmachung des Ausschlusses, die gleichzeitig mit 47 oder unverzüglich nach der Geschäftsübernahme zu erfolgen haben. Die Vorschriften gelten nach § 27 HGB für den das Handelsgeschäft fortführenden Erben entsprechend.

2. Kauf

48 Neben den zivilrechtlichen Haftungsvorschriften ist für rückständige Betriebssteuern die rein **steuerliche Haftungsnorm** des § 75 AO zu beachten. Hiernach haftet der Erwerber eines Unternehmens im Ganzen für solche betrieblichen Steuern, die seit dem Beginn des letzten vor der Übereignung liegenden Kalenderjahres entstanden sind und bis zum Ablauf von einem Jahr nach Anmeldung des Betriebes durch den Erwerber festgesetzt oder angemeldet werden. An einer beschleunigten Anmeldung des Unternehmens sollte der Erwerber dementsprechend interessiert sein, hierzu reicht eine einfache Mitteilung an das Finanzamt aus, wobei die Jahresfrist jedoch frühestens im Zeitpunkt der Betriebsübernahme beginnt. Die Haftung nach § 75 AO ist gegenständlich auf das übernommene Vermögen beschränkt, kann jedoch anders als die Haftung nach § 25 HGB nicht ausgeschlossen werden; insoweit kann sich eine Hinweispflicht des Notars ergeben (BGH MDR 2008, 52). Auch auf die Fortführung der Firma kommt es insoweit nicht an. Um unliebsame Überraschungen zu vermeiden, sollte der Erwerber insoweit vor dem Erwerb entsprechende Informationen über Steuerrückstände einholen bzw. eventuelle Steuerschulden kaufpreismindernd berücksichtigen. Ein Haftungsausschluss ergibt sich lediglich insoweit, als das Unternehmen aus einer Insolvenzmasse oder im Rahmen eines Vollstreckungsverfahrens erworben wurde (§ 75 Abs. 2 AO).

49 ➲ **Praxistipp:** Der Kauf eines Einzelunternehmens ist ein Unternehmenskauf, dessen Gegenstand, insbesondere das Betriebsvermögen, regelmäßig durch beigefügte Anlagen bestimmt wird. Der notariellen Form bedarf der Kaufvertrag nur, wenn er zu formbedürftigen Übereignungsakten, etwa bei Grundvermögen oder GmbH-Anteilen, verpflichtet oder wenn die Grenze zu § 311b Abs. 3 BGB überschritten wird.

M 108.5 Anmeldung der Veräußerung des Einzelunternehmens mit Firma

An das Amtsgericht

– Registergericht –

A-Stadt

Zur Eintragung in das Handelsregister A . . . melden wir an:

Der bisherige Firmeninhaber, der Kaufmann B, hat das von ihm hier unter der Firma „Textilkaufhaus B" betriebene Handelsunternehmen an den Kaufmann E mit dem Recht zur Fortführung der Firma mit oder ohne Nachfolgezusatz veräußert. Dieser führt das Unternehmen unter der Firma

„Textilkaufhaus B, Inhaber E e.K."

fort.

Die Geschäftsräume bleiben unverändert.

. . . (Ort, Datum)

. . . (Unterschriften von B und E, notarielle Unterschriftsbeglaubigung, elektronische Einreichung nach § 12 Abs. 1 HGB)

Kosten: *Notar- und Gerichtsgebühr:* wie **M 108.3**.

3. Pacht

50 ➲ **Praxistipp:** Der Pachtvertrag bedarf keiner besonderen Form. Zu regeln sind insbesondere die in der Anmeldung enthaltenen Punkte (Firma, Übergang von Forderungen und Haftung), die Verzeichnung der Warenvorräte und Betriebsgegenstände, die Pachtdauer und Kündigungsfrist, der Pachtzins und Rechte und Pflichten von Pächter und Verpächter.

Im Rahmen einer **Betriebsverpachtung (im Ganzen)** ist für **steuerliche Zwecke** das sog. **Verpächterwahlrecht** (R 16 Abs. 5 EStR 2009) zu beachten. Gegenstand der Besteuerung ist bei den Gewinneinkunftsarten die Mehrung des Betriebsvermögens. Die Aufgabe, der Verkauf oder die Einstellung des Betriebes führt daher zur Aufdeckung sämtlicher sog. stiller Reserven, da bspw. Grundvermögen zum Verkehrswert zu entnehmen, für Besteuerungszwecke jedoch nur um den meist erheblich niedrigeren Buchwert (laut Bilanz) zu verringern ist. Dies kann insbesondere in Fällen der Aufgabe zu einer erheblichen Steuerschuld aufgrund der Überführung der Wirtschaftsgüter ins sog. steuerliche Privatvermögen führen, obgleich in tatsächlicher Hinsicht kein Mittelzufluss in Geld erfolgte. Wird folglich ein Betrieb als Ganzes verpachtet, hat der Verpächter ein Wahlrecht. Er kann **entweder ausdrücklich die Betriebsaufgabe erklären,** die zu einer Aufdeckung der stillen Reserven unter Beachtung der §§ 16, 34 EStG führt, und hinsichtlich der „Pachteinnahmen" anschließend eine Versteuerung nach § 21 EStG vornehmen. **Alternativ** kann er aber den Betrieb als **„ruhenden Betrieb"** fortführen, die **Pachteinnahmen führen** dann **zu Betriebseinnahmen,** die bisherige Gewinnermittlungsart, bzw. die Absetzungen für Abnutzung sind fortzuführen. **Für** den **ruhenden Betrieb erlischt** gem. § 2 Abs. 1 GewStG die **Gewerbesteuerpflicht,** da diese stets den „stehenden Gewerbebetrieb" betrifft, also den Betrieb des Pächters. Erklärt der Verpächter nicht ausdrücklich die **Betriebsaufgabe,** kann sich eine solche jedoch dann **zwingend** ergeben, wenn sich zu Beginn oder im Laufe der Verpachtung die Wesensart des Betriebes dergestalt ändert, dass der Verpächter sein ursprüngliches Unternehmen nicht wieder aufnehmen kann, also die wesentlichen Betriebsgrundlagen grundlegend umgestaltet werden oder der Pächter auf dem ihm überlassenen Grundstück ein grundlegend anderes Gewerbe betreibt. 51

M 108.6 Anmeldung der Verpachtung der Einzelfirma mit Haftungsausschluss

An das Amtsgericht

– Registergericht –

. . . (Ort)

Zur Eintragung in das Handelsregister . . . melden wir an:

Der bisherige Firmeninhaber . . . hat das unter der Firma . . . e.K. betriebene Unternehmen verpachtet an den Kaufmann . . ., und zwar mit dem Recht, die Firma mit oder ohne Nachfolgezusatz fortzuführen. Dieser führt die Firma unverändert fort.

Die Haftung des Pächters für die im Betrieb des Verpächters begründeten Verbindlichkeiten sowie der Übergang der im Betrieb des Verpächters begründeten Forderungen sind ausgeschlossen worden.

Die Geschäftsadresse ist unverändert . . .

. . . (Ort, Datum)

. . . (Unterschriften der beiden Beteiligten, notarielle Unterschriftsbeglaubigung, elektronische Einreichung nach § 12 Abs. 1 HGB)

Kosten: *Notar- und Gerichtsgebühr:* 0,2-Gebühr gem. Nr. 25100 KV GNotKG, mindestens 20 Euro, höchstens 70 Euro. Geschäftswert gem. §§ 121, 105 Abs. 4 Nr. 4 GNotKG 30 000 Euro. Bei Fertigung des Entwurfs und Beglaubigung 0,5-Gebühr gem. Nrn. 24102, 21201 Nr. 5 KV GNotKG (§ 92 Abs. 2 GNotKG), Geschäftswert gem. §§ 119, 105 Abs. 4 Nr. 4 GNotKG wie zuvor. 0,3-Gebühr für den Vollzug gem. Nr. 22114 KV GNotKG, Geschäftswert gem. § 112 GNotKG wie zuvor.

VII. Vererbung eines Einzelunternehmens

1. Vererblichkeit, handelsrechtliche Haftung

Ein einzelkaufmännisches Handelsgeschäft wird als **Teil des Nachlasses** nach § 1922 HGB vererbt 52
und damit eigenes Vermögen des Alleinerben oder Bestandteil des Gesamthandsvermögens der Er-

bengemeinschaft. Nach § 22 Abs. 1 HGB kann die Firma mit und oder ohne Beifügung eines Nachfolgezusatzes fortgeführt werden. Diese Fortführung hat nach § 27 Abs. 1 HGB die unbeschränkte persönliche Haftung aller Erben für Geschäftsverbindlichkeiten zur Folge, führt also zu einer erweiterten handelsrechtlichen Haftung über die allgemeine Erbenhaftung hinaus.

53 Nach § 27 Abs. 1 HGB finden auf die **Haftung des Erben** für die Geschäftsverbindlichkeiten des Einzelunternehmens die Vorschriften des § 25 HGB entsprechende Anwendung. Streitig ist, ob diese Verweisung auch für § 25 Abs. 2 HGB gilt. Die noch herrschende Ansicht (Baumbach/Hopt § 27 Rz. 8 mwN) bejaht dies mit der Folge, dass der Erbe, der das Unternehmen unter der bisherigen Firma fortführt, gleichwohl eine beschränkte handelsrechtliche Haftung für Altverbindlichkeiten durch Eintragung der Nichtübernahme der Geschäftsverbindlichkeiten in das Handelsregister und Bekanntmachung erreichen kann. Dies setzt eine analoge Anwendung der Vorschrift, die nach ihrem Wortlaut eine Ausschlussvereinbarung erfordert, auf die einseitige Ausschlusserklärung des Erben voraus. Eine im Vordringen begriffene Meinung (K. Schmidt, § 8 IV 3a; Ries in Röhricht/Graf von Westphalen/Haas § 27 HGB Rz. 42) lehnt diese Analogie mit der Folge ab, dass der Erbe bei Firmenfortführung seine persönliche Haftung für Altverbindlichkeiten nicht beschränken kann. Die Frage ist weitgehend akademisch, da auch bei Bejahung der Möglichkeit der Haftungsbegrenzung diese unverzüglich im Handelsregister einzutragen wäre und binnen weniger Tage nach Kenntnis des Erbfalls bekannt zu machen wäre. In der Praxis werden sich diese Voraussetzungen regelmäßig nicht verwirklichen lassen, da der Erbe den notwendigen Nachweis über sein Erbrecht, also den Erbschein oder das notarielle Testament mit Eröffnungsprotokoll, nicht kurzfristig beibringen kann.

54 **Steuerlich** wird durch die Gesamtrechtsnachfolge nach § 1922 BGB keine Haftung begründet, obwohl das Zivilrecht eine solche an einigen Stellen bejaht (§§ 1967 Abs. 1, 2058 Abs. 1 BGB). Vielmehr wird der Erbe eben wegen der Gesamtrechtsnachfolge bezüglich der auf ihn übergegangenen Steuerschulden selbst zum Steuerschuldner (§ 45 Abs. 1 Satz 1 AO), Miterben insoweit zu Gesamtschuldnern (§ 45 Abs. 1 Satz 2 AO).

2. Gewerbe- und handwerksrechtliche Beschränkungen

55 Personengebundene Gewerbeerlaubnisse erlöschen mit dem Tod des Gewerbetreibenden. Der Erbe muss die gewerberechtlichen Voraussetzungen in seiner Person erfüllen. Die §§ 45, 46 GewO enthalten Übergangsvorschriften. Bei Fortführung eines Handwerksbetriebes besteht nach § 4 Abs. 1 HandwO ein Erbenprivileg. Der Betrieb darf zunächst fortgeführt werden. Nach Ablauf eines Jahres seit dem Tod des selbständigen Handwerkers muss ein befähigter Betriebsleiter eingestellt werden, wenn der Erbe bis dahin die erforderliche Qualifikation nicht selbst erworben hat.

3. Fortführung des Einzelunternehmens durch die Erbengemeinschaft

56 Fällt das Handelsgeschäft im Erbgang einer Erbengemeinschaft an, so bedarf es nicht notwendigerweise eines gesellschaftsrechtlichen Zusammenschlusses der Erben. Vielmehr kann das Handelsgeschäft des Einzelkaufmanns in ungeteilter Erbengemeinschaft zeitlich unbegrenzt fortgeführt werden (BGHZ 92, 259). Es handelt sich dann um ein Einzelunternehmen mit mehreren Inhabern. Die Erbengemeinschaft ist nach § 31 HGB als neuer Geschäftsinhaber zum Handelsregister anzumelden und dort einzutragen. Ob bei der Firma ein entsprechender Zusatz einzutragen ist (so zB Ries in Röhricht/Graf von Westphalen/Haas § 27 HGB Rz. 40), ist noch ungeklärt. Auf das Verhältnis der Erben untereinander sind die Regelungen des OHG-Rechts analog anzuwenden (BGHZ 17, 299). Minderjährige Erben können nach § 1629a BGB nach Eintritt der Volljährigkeit ihre Haftung auf das dann vorhandene Vermögen begrenzen.

57 ➲ **Praxistipp:** In der Literatur besteht Einigkeit darüber, dass der Betrieb eines Handelsgeschäfts in Erbengemeinschaft keine empfehlenswerte Lösung ist. Der Erblasser sollte deshalb verhindern, dass das Einzelunternehmen einer Erbengemeinschaft anfällt oder von ihr fortgeführt wird. Er kann dies tun durch Einsetzung lediglich eines Erben, durch lebzeitige Umwandlung des Einzelunternehmens in eine geeignete Handelsgesellschaft oder durch letztwillige Gesellschaftsgründungs- bzw. Umwandlungsklausel.

4. Steuerliche Folgen

58 Mit dem **Tod des Erblassers** geht der gesamte Nachlass unentgeltlich im Wege der **Gesamtrechtsnachfolge kraft Gesetzes** (§§ 1922 ff. BGB) auf den oder die Erben über. Zugleich wird der Nachlass zum Gesamthandsvermögen der Erben, dh. jeder der Erben hat grundsätzlich die gleichen Eigentumsrechte am Erbe.

Folglich stellt die **Vererbung eines Einzelunternehmens** auch **keine Betriebsveräußerung** oder **Betriebsaufgabe durch** den **Erblasser** dar. Der laufende Gewinn oder Verlust des Unternehmens ist bis zum Todestag dem Erblasser und ab diesem Zeitpunkt dem Erben zuzurechnen (vgl. auch BMF v. 14.3.2006 – IV B 2-S 2242-7/06, BStBl. I 2006, 253, Tz. 2 bis 9). Die Abgrenzung des auf den Erblasser und die Erben entfallenden Gewinnanteils erfolgt bei bilanzierenden Gewerbetreibenden grundsätzlich durch Erstellung einer Zwischenbilanz auf den Todestag; im Einzelfall kann der Gewinn auch zeitanteilig geschätzt werden, soweit eine Zwischenbilanz nicht erstellt worden ist (BFH, BStBl. II 1973, 544). In jedem Fall entsteht durch den Tod des bisherigen Unternehmers hinsichtlich des Gewinnermittlungszeitraums ein Rumpfwirtschaftsjahr, das einen Zeitraum von weniger als zwölf Monaten umfasst (§ 8b ESt-DV).

59 Die **zivilrechtliche Gesamtrechtsnachfolge** des § 1922 BGB führt **steuerlich** zu einem **unentgeltlichen Übergang des Betriebes auf** den/die **Erben** (ggf. zur gesamten Hand). Folgerichtig haben der/die Erbe(n) zwingend die Buchwerte des Erblassers fortzuführen (§ 6 Abs. 3 EStG). Begrifflich fasst der steuerliche Begriff des Betriebes dabei das Betriebsvermögen in Gestalt des Kapitals. Dies bildet sich letztlich aus dem Aktivvermögen abzüglich der betrieblichen Verbindlichkeiten. Das Aktivvermögen darf vom Passivvermögen insoweit nicht isoliert betrachtet werden. Folglich stellt der Übergang der betrieblichen Verbindlichkeiten dabei keine Gegenleistung für die Übernahme des Betriebsvermögens dar und führt insoweit nicht zur Entstehung von Anschaffungskosten. Die unternehmensbezogenen Schulden sind vielmehr Bestandteil des in § 6 Abs. 3 EStG genannten als Einheit zu betrachtenden Objektes Betrieb, das im Ganzen unentgeltlich übertragen wird (BFH, BStBl. II 1990, 847).

60 Geht ein Einzelunternehmen im Erbgang gem. § 1922 BGB auf mehrere Erben über, werden die Erben in Gestalt der **Erbengemeinschaft** zu **Mitunternehmern** iS des § 15 Abs. 1 Nr. 2 EStG. Zwar ist der Gewinn unter Berücksichtigung der handels- und steuerrechtlichen Bestimmungen zu ermitteln und auf die Erben zu verteilen. Daher folgt die gesellschaftsrechtliche Beurteilung der Erbengemeinschaft den §§ 704 ff. BGB. Allerdings mangelt es der Erbengemeinschaft an einem „freiwilligen zweckbestimmten Zusammenschluss" der Gesellschafter (denn die Erbengemeinschaft ist von ihrem Typus her auf die Herbeiführung der Auseinandersetzung ausgerichtet), so dass keine Gesellschaft im vorgenannten Sinne entstanden ist. Die Erbengemeinschaft entsteht insoweit vielmehr kraft Gesetzes nach § 1922 BGB, unabhängig vom Willen der Erben.

Die **Erben tragen ab** dem **Erbfall** das **Unternehmerrisiko** und können insoweit aufgrund der erbrechtlichen Mitwirkungsrechte nach § 2038 Abs. 1 BGB auch die **Unternehmerinitiative** ausüben. Unerheblich ist aus den vorgenannten Gründen, ob sie von diesen Möglichkeiten auch tatsächlich Gebrauch machen.

Das **Kapitalkonto des Erblassers** ist ab dem Erbfall im Verhältnis der Erbquoten **auf** die einzelnen **Miterben aufzuteilen;** Gewinne und Verluste werden nach Maßgabe der §§ 179, 180 Abs. 1 Nr. 2a AO gesondert und einheitlich festgestellt. Die Versteuerung erfolgt folglich jeweils anteilig durch die Miterben, die Grundsätze über Sonderbetriebsvermögen bzw. Sondervergütungen für gewerblich tätige Personengesellschaften sind zu beachten. Eine rückwirkende Zurechnung der laufenden Einkünfte auf die einzelnen Erben bzw. der steuerlichen Behandlung einer Erbauseinandersetzung kann nur in engen Grenzen erfolgen (GrS BFH v. 5.7.1990, BStBl. II 1990, 837). Nach Auffassung der Verwaltung kann insoweit eine **rückwirkende Zurechnung für sechs Monate** angenommen werden (vgl. auch BMF v. 14.3.2006 – IV B 2-S 2242-7/06, BStBl. I 2006, 253).

61 Einen **vom Erblasser nicht ausgenutzten Verlustabzug** kann der Erbe **nicht** mehr nach § 10d EStG **bei** seiner **eigenen Veranlagung** zur Einkommensteuer **geltend machen** (GrS. v. 17.12.2007, BStBl. II 2008, 608). Der Beschluss beendete die bis dahin divergierenden Auffassungen zwischen dem ersten und elften Senat. In Fällen, die bis zum Ablauf des Tages der Veröffentlichung des Be-

schlusses eingetreten waren, konnte die alte, günstigere Rechtsprechung des BFH aus Gründen des Vertrauensschutzes weiterhin angewendet werden.

62 **Umsatzsteuerlich** ist der **Erwerb eines Unternehmens** im Rahmen eines Erbfalles **nicht umsatzsteuerbar.** Der Unternehmenserwerb iS des § 1922 BGB vollzieht sich kraft Gesetzes und nicht im Rahmen eines steuerbaren Leistungsaustausches. Festzustellen ist in diesem Zusammenhang, dass die Unternehmereigenschaft auf tatsächlichen Handlungen des Unternehmers gründet, folglich durch den Unternehmer verwirklicht wird. Die Unternehmereigenschaft kann nicht vererbt werden.

Die Erben müssen nach dem Erbfall insoweit kraft eigenen Handelns unternehmerisch tätig werden, um das Unternehmen des Erblassers fortzuführen und umsatzsteuerlich insoweit als Unternehmer behandelt zu werden. Die sofortige in einem einheitlichen Vorgang vollzogene Veräußerung eines Unternehmens unmittelbar nach dem Erbfall ist dementsprechend mangels nachhaltiger Tätigkeit der Erben iS des § 2 Abs. 1 UStG nicht umsatzsteuerbar. Über § 1922 BGB treten der bzw. die Erben jedoch in die abgabenrechtliche Stellung des Erblassers ein. Sie haben damit die steuerlichen Pflichten (Steuererklärungs- und -entrichtungspflichten) des Erblassers aus dessen eigener unternehmerischer Betätigung vor dem Erbfall bis zur endgültigen Abwicklung des Unternehmens zu erfüllen.

63 Die **Bewertung von Betriebsvermögen** richtet sich für die Festsetzung der Erbschaftsteuer nach den Vorschriften der § 12 Abs. 5 ErbStG iVm. §§ 95 bis 99, 103, 109 Abs. 1 und § 137 BewG. Im Übrigen sieht das ErbStG zahlreiche Begünstigungen hinsichtlich der Besteuerung von geschenktem oder geerbtem Betriebsvermögen vor (§§ 13a, 13b, 19a, 28 ErbStG). Mit Beschluss d. BVerfG v. 17.12.2014 (1 BvL 21/12, BStBl. II 2015, 50) urteilte das BVerfG jedoch, dass die **§§ 13a, 13b iVm. § 19 Abs. 1 ErbStG 2009** aufgrund einer **Überprivilegierung des Betriebsvermögens** gegen Art. 3 GG verstoßen. Bis zu einer **Neuregelung** bleibt die bisherige Rechtslage anwendbar, allerdings ist der Gesetzgeber verpflichtet **bis spätestens** zum **30.6.2016** eine Neuregelung zu treffen. Der Gleichheitssatz belässt dem Gesetzgeber im Steuerrecht nach den Ausführungen des BVerfG einen weit reichenden Entscheidungsspielraum sowohl bei der Auswahl des Steuergegenstands als auch bei der Bestimmung des Steuersatzes. Allerdings müssen sich Abweichungen von der einmal getroffenen Belastungsentscheidung ihrerseits am Gleichheitssatz messen lassen; sie bedürfen eines besonderen sachlichen Grundes und steigen hinsichtlich der Anforderungen mit Umfang und Ausmaß der Abweichung. Die Verschonung von Erbschaftsteuer beim Übergang betrieblichen Vermögens in den §§ 13a, 13b ErbStG ist angesichts des Ausmaßes und der eröffneten Gestaltungsmöglichkeiten mit Art. 3 Abs. 1 GG unvereinbar. Nach den Leitsätzen des BVerfG liegt es allerdings im Entscheidungsspielraum des Gesetzgebers, kleine und mittelständische Unternehmen, die in personaler Verantwortung geführt werden, zur Sicherung des Bestandes und der Erhaltung der Arbeitsplätze von der Erbschaftsteuer weitgehend oder vollständig freizustellen; für jedes Maß der Steuerverschonung benötigt der Gesetzgeber allerdings tragfähige Rechtfertigungsgründe.

M 108.7 Anmeldung der Fortführung des Einzelunternehmens durch den Alleinerben

An das Amtsgericht

– Registergericht –

. . .

Zum Handelsregister A . . . der Einzelfirma . . . e.K. melde ich an:

Der bisherige Firmeninhaber . . . (Name) verstarb am . . . (Datum) und wurde von mir allein beerbt. Ausfertigung des Erbscheins . . . lege ich mit der Bitte um Rückgabe bei:

Ich führe die Firma . . . unverändert fort. Auch der Gegenstand des Unternehmens ist unverändert . . .

Die Herrn . . . erteilte Prokura bleibt bestehen.

Die Geschäftsadresse ist unverändert . . .

... (Ort, Datum)

... (Unterschrift des Erben, notarielle Unterschriftsbeglaubigung, Erbnachweis, elektronische Einreichung nach § 12 Abs. 1 HGB)

Kosten: *Notar- und Gerichtsgebühr:* 0,2-Gebühr gem. Nr. 25100 KV GNotKG, mindestens 20 Euro, höchstens 70 Euro. Geschäftswert gem. §§ 121, 105 Abs. 4 Nr. 4 GNotKG 30 000 Euro. Bei Fertigung des Entwurfs und Beglaubigung 0,5-Gebühr gem. Nrn. 24102, 21201 Nr. 5 KV GNotKG (§ 92 Abs. 2 GNotKG), Geschäftswert gem. §§ 119, 105 Abs. 4 Nr. 4 GNotKG wie zuvor. 0,3-Gebühr für den Vollzug gem. Nr. 22114 KV GNotKG, Geschäftswert gem. § 112 GNotKG wie zuvor.

M 108.8 Anmeldung der Fortführung des Einzelunternehmens durch die Erbengemeinschaft

An das Amtsgericht
– Registergericht –

...

Zum Handelsregister A ... melden wir an:

Der bisherige Firmeninhaber ... ist am ... verstorben und wurde von uns, seinen Abkömmlingen ... (Namen der Erben), zu gleichen Teilen beerbt. Ausfertigung des Erbscheins ... fügen wir mit der Bitte um Rückgabe bei. Wir führen das Unternehmen in Erbengemeinschaft fort. Der bisherigen Firma Paul Schulze e.K. fügen wir den Zusatz „Erben" bei.

Das Geschäftslokal ist unverändert.

... (Ort, Datum)

... (Unterschriften der Erben, notarielle Unterschriftsbeglaubigung, Erbnachweis, elektronische Einreichung nach § 12 Abs. 1 HGB)

Kosten: *Notar- und Gerichtsgebühr:* 0,2-Gebühr gem. Nr. 25100 KV GNotKG, mindestens 20 Euro, höchstens 70 Euro. Geschäftswert gem. §§ 121, 105 Abs. 4 Nr. 4 GNotKG 30 000 Euro. Bei Fertigung des Entwurfs und Beglaubigung 0,5-Gebühr gem. Nrn. 24102, 21201 Nr. 5 KV GNotKG (§ 92 Abs. 2 GNotKG), Geschäftswert gem. §§ 119, 105 Abs. 4 Nr. 4 GNotKG wie zuvor. 0,3-Gebühr für den Vollzug gem. Nr. 22114 KV GNotKG, Geschäftswert gem. § 112 GNotKG wie zuvor.

M 108.9 Anmeldung der Fortführung des Einzelunternehmens durch den Vermächtnisnehmer

An das Amtsgericht
– Registergericht –

...

Zum Handelsregister A ... melden wir an:

Der Inhaber des unter der Firma ... betriebenen Haushaltswarengeschäftes, der Kaufmann M., verstarb am ... und wurde nach vorliegendem Erbschein ..., von dem wir eine Ausfertigung mit der Bitte um Rückgabe beilegen, beerbt von den Unterzeichneten, seinen drei Söhnen. Mit letztwilliger Verfügung vom ... hat er das Handelsgeschäft mit dem Recht zur Fortführung der Firma und den bestehenden Forderungen und Verbindlichkeiten dem Sohn K als Vorausvermächtnis ausgesetzt. Die Erbengemeinschaft hat das Handelsgeschäft dem Miterben K im Wege der Vermächtniserfüllung übertragen. Sie willigt in die Fortführung der Firma mit oder ohne Nachfolgezusatz ein.

Der Kaufmann K führt die Firma unverändert fort. Gegenstand des Unternehmens ist unverändert ...

Die Geschäftsadresse ist unverändert.

... (Ort, Datum)

... (Unterschriften aller Erben, notarielle Unterschriftsbeglaubigung, Erbnachweis, elektronische Einreichung nach § 12 Abs. 1 HGB)

Kosten: *Notar- und Gerichtsgebühr:* 0,2-Gebühr gem. Nr. 25100 KV GNotKG, mindestens 20 Euro, höchstens 70 Euro. Geschäftswert gem. §§ 121, 105 Abs. 4 Nr. 4 GNotKG 30 000 Euro. Bei Fertigung des Entwurfs und Beglaubigung 0,5-Gebühr gem. Nrn. 24102, 21201 Nr. 5 KV GNotKG (§ 92 Abs. 2 GNotKG), Geschäftswert gem. §§ 119, 105 Abs. 4 Nr. 4 GNotKG wie zuvor. 0,3-Gebühr für den Vollzug gem. Nr. 22114 KV GNotKG, Geschäftswert gem. § 112 GNotKG wie zuvor.

VIII. Erlöschen der Firma

64 Die Firma erlischt mit dem Erlöschen des Unternehmens, dh. mit dessen endgültiger Auflösung als organisierter Einheit. Während der Liquidation besteht die Firma also weiter. Das Erlöschen ist auf Anmeldung, hilfsweise von Amts wegen einzutragen, § 31 Abs. 2 HGB. Weiter erlischt die Firma bei Veräußerung des Unternehmens ohne die Firma (§ 23 HGB).

M 108.10 Anmeldung des Firmenerlöschens nach Veräußerung

An das Amtsgericht

– Registergericht –

...

Zur Eintragung in das Handelsregister A ... melde ich an:

Ich habe das unter der Firma ... betriebene Haushaltswarengeschäft ohne die Firma veräußert. Die Firma ist erloschen.

... (Ort, Datum)

... (Unterschrift des Beteiligten, notarielle Unterschriftsbeglaubigung, elektronische Einreichung nach § 12 Abs. 1 HGB)

Kosten: *Notar- und Gerichtsgebühr:* 0,2-Gebühr gem. Nr. 25100 KV GNotKG, mindestens 20 Euro, höchstens 70 Euro. Geschäftswert gem. §§ 121, 105 Abs. 4 Nr. 4 GNotKG 30 000 Euro. Bei Fertigung des Entwurfs und Beglaubigung 0,5-Gebühr gem. Nrn. 24102, 21201 Nr. 5 KV GNotKG (§ 92 Abs. 2 GNotKG), Geschäftswert gem. §§ 119, 105 Abs. 4 Nr. 4 GNotKG wie zuvor. 0,3-Gebühr für den Vollzug gem. Nr. 22114 KV GNotKG, Geschäftswert gem. § 112 GNotKG wie zuvor.

M 108.11 Anmeldung des Firmenerlöschens nach Aufgabe des Unternehmens

An das Amtsgericht

– Registergericht –

...

Zur Eintragung in das Handelsregister A ... melde ich an:

Ich habe die unter Firma ... betriebene Chemische Reinigung aufgegeben. Geschäftsvermögen ist nicht mehr vorhanden. Die Firma ist erloschen.

... (Ort, Datum)

... (Unterschrift des Beteiligten, notarielle Unterschriftsbeglaubigung, elektronische Einreichung nach § 12 Abs. 1 HGB)

Kosten: *Notargebühr:* 0,2-Gebühr gem. Nr. 25100 KV GNotKG, mindestens 20 Euro, höchstens 70 Euro. Geschäftswert gem. §§ 121, 105 Abs. 4 Nr. 4 GNotKG 30 000 Euro. Bei Fertigung des Entwurfs und Beglaubigung 0,5-Gebühr gem. Nrn. 24102, 21201 Nr. 5 KV GNotKG (§ 92 Abs. 2 GNotKG), Geschäftswert gem. §§ 119, 105 Abs. 4 Nr. 4 GNotKG wie zuvor. 0,3-Gebühr für den Vollzug gem. Nr. 22114 KV GNotKG, Geschäftswert gem. § 112 GNotKG wie zuvor.

Gerichtsgebühr: keine, Vorbemerkung 1 Abs. 4 GV HRegGebV.

M 108.12 Abmeldung der Firma eines Kannkaufmanns

An das Amtsgericht

– Registergericht –

. . .

Ich beantrage die Löschung meiner Firma . . . Die Firma wurde von mir nach § 2 HGB angemeldet. Sie erfordert weiterhin nicht einen in kaufmännischer Weise eingerichteten Geschäftsbetrieb.

. . . (Ort, Datum)

. . . (Unterschrift des Beteiligten, notarielle Unterschriftsbeglaubigung, elektronische Einreichung nach § 12 Abs. 1 HGB)

Kosten: *Notargebühr:* 0,2-Gebühr gem. Nr. 25100 KV GNotKG, mindestens 20 Euro, höchstens 70 Euro. Geschäftswert gem. §§ 121, 105 Abs. 4 Nr. 4 GNotKG 30 000 Euro. Bei Fertigung des Entwurfs und Beglaubigung 0,5-Gebühr gem. Nrn. 24102, 21201 Nr. 5 KV GNotKG (§ 92 Abs. 2 GNotKG), Geschäftswert gem. §§ 119, 105 Abs. 4 Nr. 4 GNotKG wie zuvor. 0,3-Gebühr für den Vollzug gem. Nr. 22114 KV GNotKG, Geschäftswert gem. § 112 GNotKG wie zuvor.

Gerichtsgebühr: keine, Vorbemerkung 1 Abs. 4 GV HRegGebV.

2. Teil. Personengesellschaften und Beteiligungen

1. Abschnitt. Gesellschaft des Bürgerlichen Rechts

Kapitel 109 BGB-Gesellschaft

Literatur: *Langenfeld*, Gesellschaft bürgerlichen Rechts, Beck'sche Musterverträge, 7. Aufl. 2009; Münchener Handbuch des Gesellschaftsrechts, Band 1, 4. Aufl. 2014; *Ulmer/Schäfer*, Gesellschaft bürgerlichen Rechts und Partnerschaftsgesellschaft, 6. Aufl. 2013; s. auch die Literaturhinweise zu Kap. 107.

I. Zuerkennung der Rechts- und Parteifähigkeit

1. Wandlungen der GbR

1 Die GbR als Grundform der Personenunternehmen hat im Rechtsleben mannigfaltige **Anwendungsmöglichkeiten und Erscheinungsformen**, etwa Gelegenheitsgesellschaften (zB Lotto- und Tippgemeinschaften, Reise- und Fahrgemeinschaften, Heizöl- und Zählergemeinschaften), Freizeit- und Sportgesellschaften (zB Unterhaltung und Nutzung von Segelbooten oder Sportflugzeugen), Bauherrengemeinschaften (zB geschlossene Immobilienfonds), Freiberuflergesellschaften (zB Sozietäten oder Bürogemeinschaften von Anwälten, Steuerberatern oder Wirtschaftsprüfern, Gemeinschaftspraxen von Ärzten), Arbeitsgemeinschaften (zB im Baugewerbe, ARGE) oder Kooperationen in der Wirtschaft (zB Kartelle, Konsortien, Pools). Die der GbR vom BGH durch Urteil v. 29.1.2001 zugesprochene Teilrechtsfähigkeit hat die Praxistauglichkeit der GbR erhöht (BGHZ 146, 341).

Als Rechtsform des Familienunternehmens scheidet die GbR im vollkaufmännischen Bereich aus, da beim Betrieb eines Handelsgewerbes kraft Gesetzes eine OHG/KG vorliegt. Sie kommt noch im minderkaufmännischen Bereich vor, erlaubt aber keine Haftungsbeschränkung. Eine Haftungsbeschränkung ist jetzt über die Kapitalgesellschaften oder seit 2013 auch über die Partnerschaftsgesellschaft mit beschränkter Berufshaftung möglich (s. dazu Kap. 134). Im Bereich der vermögensverwaltenden Gesellschaften – insbesondere auch: Familienpools – hat die GbR durch die seit der Handelsrechtsreform von 1998 mögliche vermögensverwaltende OHG/KG ernsthafte Konkurrenz bekommen. Die größten Unzulänglichkeiten der GbR im Grundbuchverkehr wurden durch § 899a BGB ausgeräumt, auch wenn im Grundbuch- und Rechtsverkehr manche Lücken verbleiben. Neue Bedeutung hat die GbR als Erbschaftsteuerpool erhalten.

Verschiedene Gesetzes- und Rechtsprechungsänderungen haben in den letzten Jahren den praktischen Anwendungsbereich der GbR beeinflusst. Bei den Vermögensgesellschaften ist seit dem Handelsrechtsreformgesetz 1998 die rein vermögensverwaltende OHG oder KG zulässig, §§ 105 Abs. 2, 161 Abs. 2 HGB. Der GbR mit Haftungsbeschränkung hat der BGH mit Urteil v. 27.9.1999 (BGHZ 142, 315) eine Absage erteilt. Als gewerblich geprägte Personengesellschaft iSv. § 15 Abs. 3 Nr. 2 EStG ist die GbR nicht tauglich.

2. Rechtsfähigkeit der Außen-GbR

Unter Aufgabe seiner bisherigen Rechtsprechung hat der BGH mit Urteil v. 29.1.2001 (BGHZ 146, 2
341 = NJW 2001, 1056) festgestellt, dass die Außen-Gesellschaft bürgerlichen Rechts Rechtsfähigkeit besitzt, soweit sie durch Teilnahme am Rechtsverkehr **eigene Rechte und Pflichten** begründet. Die Außengesellschaft zeichnet sich durch die Bildung von Gesamthandsvermögen aus und unterscheidet sich hierdurch von der Innengesellschaft als reinem Schuldverhältnis. Sie ist nicht juristische Person, sondern Gesamthandsgemeinschaft, aber iSv. § 14 Abs. 2 BGB, der durch Gesetz v. 27.6.2000 in das BGB eingeführt wurde, mit der Fähigkeit ausgestattet, Rechte zu erwerben und Verbindlichkeiten einzugehen. Der BGH schließt sich damit der Auffassung von der Gesamthand als mit eigener Rechtsfähigkeit ausgestatteter Personeneinheit oder Gruppe (Otto v. Gierke, Deutsches Privatrecht I 1895, Nachdruck 1936, S. 671 ff.; Flume ZHR 136 (1972), 177 ff.) an. Gleichwohl kann eine GbR im Wege des Durchgriffs als Verbraucher iSv. § 13 BGB anzusehen sein (BGH NJW 2002, 368).

Über die gesamthänderische Vermögensbindung hinaus besitzt die GbR in ihrer Ausgestaltung als 3
Außengesellschaft **eigene Rechtssubjektivität**. Die daneben bestehende Haftung der Gesellschafter für die Geschäftsschulden ist eine gesetzliche und akzessorische Haftung, wie sie bei der OHG durch §§ 128 ff. HGB geregelt ist. Die geschäftsführenden Gesellschafter verpflichten als Vertretungsorgane rechtsgeschäftlich nur die Gesellschaft, nicht daneben und direkt auch die Gesellschafter. Deren Haftung tritt nicht kraft Vertretung durch die geschäftsführenden Gesellschafter, sondern kraft Gesetzes akzessorisch ein. Vorteil dieses Modells ist insbesondere, dass – wie bei OHG und KG – ein Wechsel im Mitgliederbestand keinen Einfluss auf den Fortbestand der mit der Gesellschaft bestehenden Rechtsverhältnisse hat. Nur so lässt sich der identitätswahrende Übergang von der GbR zur OHG/KG und umgekehrt erklären, und nur auf der Grundlage einer Rechtssubjektivität der GbR sind jüngere gesetzliche Vorschriften wie die §§ 190 ff., 226 ff. UmwG, § 11 Abs. 2 InsO und § 14 Abs. 2 BGB verständlich.

3. Grundbuchfähigkeit und Grundbucheintragung der GbR

a) Grundbuchfähigkeit als Ausfluss der Rechtsfähigkeit

In Konsequenz aus der vom BGH (BGH NJW 2001, 1056; BGH NJW 2006, 3716) dekretierten 4
Rechtsfähigkeit der GbR hatte der V. (Grundstücks- und Grundbuchs-)Senat des BGH mit seinem Beschluss v. 4.12.2008 auch die Grundbuchfähigkeit der GbR anerkannt (BGH NJW 2009, 594). Die hierdurch aufgeworfenen Probleme des Grundbuchrechts und des materiellen Rechts waren so gravierend, dass der Gesetzgeber am Ende der 16. Legislaturperiode zwecks Beseitigung der gröbsten Missstände tätig wurde.

b) Der Spruch des Gesetzgebers

5 Am 18.8.2009 traten als Teil des Gesetzes zur Einführung des elektronischen Rechtsverkehrs und der elektronischen Akte im Grundbuchverfahren sowie zur Änderung weiterer grundbuch-, register- und kostenrechtlicher Vorschriften Ergänzungen und Änderungen des BGB, der GBO und der GBVfg in Kraft, durch die die grundstücksmäßige Rechtsfähigkeit der GbR bestätigt wurde, aber auch die durch die Verlagerung der Rechtsinhaberschaft von den Gesellschaftern auf die Gesellschaft entstandenen Regelungslücken (mangelhafte Identifizierung der Gesellschaft; Entfallen der Grundlage für die Anwendung der §§ 891 bis 899 BGB) geschlossen wurden.

c) Die einzelnen Neuregelungen

6 Der neue Abs. 2 des § 47 GBO bestimmt, dass dann, wenn ein Recht für eine GbR eingetragen werden soll, auch deren **Gesellschafter im Grundbuch einzutragen** sind. Die für den Berechtigten geltenden Vorschriften gelten entsprechend für die Gesellschafter. Dann ist die Eintragung der Gesellschafter nicht mehr bloße Identifizierungshilfe, sondern wieder Inhalt des Grundbuchs. Für sie gelten die allgemeinen Verfahrensvorschriften, die die Richtigkeit des Grundbuchs sicherstellen sollen. Dies ermöglicht es, an die Eintragung wieder eine materiell-rechtliche Vermutung auf die Gesellschafterstellung und die entsprechende Anwendbarkeit der §§ 892 ff. BGB zu knüpfen (Bericht des Rechtsausschusses, BT-Drucks. 16/13437, S. 24).

Wechsel im Gesellschafterbestand sind eintragungspflichtig. Dies verdeutlicht der neue Satz 3 des § 82 GBO. Die Regelungen der §§ 894–899 BGB kommen iVm. § 889a Satz 2 BGB zur Anwendung, wenn der Gesellschafterbestand im Grundbuch unrichtig verlautbart ist. Bei der Abtretung eines Anteils an einer im Grundbuch eingetragenen GbR etwa steht dem Zessionar gegen den Zedenten ein Berichtigungsanspruch gem. § 894 BGB zu.

Eine gesetzgeberische Fehlleistung ist zumindest vom Wortlaut her der neue Buchstabe c des § 15 GBV. Danach „können" zur Bezeichnung der Gesellschaft neben den Gesellschaftern zusätzlich deren Namen und Sitz angegeben werden. Die Vorschrift muss so ausgelegt werden, dass das Grundbuchamt die Eintragung vornehmen muss, wenn sie beantragt wird und der Name eintragungsfähig ist.

7 Der neue § 899a BGB ist die materiell-rechtliche Ergänzung der grundbuchverfahrensrechtlichen Neuregelung des § 47 Abs. 2 Satz 1 GBO. Nach seinem Satz 1 wird, wenn eine GbR im Grundbuch eingetragen ist, in Ansehung des eingetragenen Rechts auch vermutet, dass diejenigen Personen Gesellschafter sind, die nach § 47 Abs. 2 Satz 1 GBO im Grundbuch eingetragen sind, und dass darüber hinaus keine weiteren Gesellschafter vorhanden sind. Damit wird **sowohl eine positive als auch eine negative Vermutung** begründet (Bericht des Rechtsausschusses, BT-Drucks. 16/13437, S. 26). Positiv wird vermutet, dass diejenigen Personen Gesellschafter sind, die als solche im Grundbuch eingetragen sind. Negativ wird vermutet, dass die GbR keine weiteren Gesellschafter hat. In Kombination dieser Aspekte wird also angesichts der gesetzlichen Gesamtvertretung (§§ 709, 714 BGB) vermutet, dass die GbR ordnungsgemäß vertreten ist, wenn diejenigen Personen in ihrem Namen handeln, die als ihre Gesellschafter im Grundbuch verlautbart sind. Die Vermutung gilt gegenüber jedermann, auch gegenüber dem Grundbuchamt im Grundbuchverfahren. Eine weitere Konsequenz der Regelung des § 899a Satz 1 BGB ist, dass nicht nur vermutet wird, dass bestimmte Personen Gesellschafter sind, sondern auch, dass die GbR **tatsächlich (noch) existiert** (Bericht des Rechtsausschusses, BT-Drucks. 16/13437, S. 27). Dies gilt zB dann, wenn einer von zwei Gesellschaftern seine Beteiligung dem anderen überträgt. Hierdurch erlischt die GbR. Bis zur Grundbuchberichtigung wird aber vermutet, dass sie unter den eingetragenen Gesellschaftern fortbesteht.

Nach § 899a Satz 2 BGB gelten die §§ 892 bis 899 BGB bezüglich der Eintragung der Gesellschafter entsprechend. Die Vorschriften waren, als die Gesellschafter der GbR noch selbst als Rechtsinhaber angesehen wurden, direkt anwendbar. Der Bericht des Rechtsausschusses spricht jetzt davon, dass durch § 899a Satz 2 BGB der alte Rechtszustand auf der Grundlage der neuen Rechtsprechung „funktional nachgebildet" wird (BT-Drucks. 16/13437, S. 27). Nach § 899a Satz 2 iVm. § 892 BGB gelten für einen gutgläubigen Erwerber diejenigen Personen als Gesellschafter, die als solche im Grundbuch verlautbart sind. Daneben bleibt § 892 BGB hinsichtlich der Eintragung der GbR selbst direkt anwendbar. Als **Beispiel** für de Anwendung beider Gutglaubensregelungen nebeneinander führt der Bericht des Rechtsausschusses (BT-Drucks. 16/13437, S. 26) den Fall an, dass zunächst die Auflassung an eine als Grundstückseigentümerin eingetragene GbR unwirksam ist und später zudem außerhalb des Grundbuchs Gesellschafterwechsel stattgefunden haben. Trotz dieser Mängel ermöglicht dann eine Kombination aus § 892 BGB in direkter Anwendung und iVm. Satz 2 einen gutgläubigen Erwerb.

Eine wesentliche **Einschränkung** der Vermutungswirkungen des § 899a BGB liegt darin, dass diese nur „in Ansehung des eingetragenen Rechts" bestehen. Die Eintragung der Gesellschafter äußert Gutglaubensschutz nur für die Rechtshandlungen, die einen unmittelbaren Bezug zum Eintragungsgegenstand aufweisen, also etwa der Eintragung der GbR als Eigentümer eines bestimmten Grundstücks. Der Bericht des Rechtsausschusses (BT-Drucks. 16/13437, S. 26) verdeutlicht dies an dem **Beispiel**, dass bei Eintragung der Gesellschaft bürgerlichen Rechts als Grundstückseigentümerin Gutglaubensschutz hinsichtlich der Verfügung der eingetragenen Gesellschafter über das Eigentum am Grundstück besteht, nicht aber hinsichtlich der Verfügung über Einrichtungsgegenstände für das auf dem Grundstück stehende Gebäude. Das Grundbuch hat hinsichtlich des Gesellschafterbestandes also keine allgemein geschützte Verlautbarungsfunktion, wie sie dem Handelsregister zukommt. Dies gilt vor allem für die Abtretung eines Gesellschaftsanteils an einer im Grundbuch eingetragenen GbR. § 892 BGB iVm. § 899a Satz 2 BGB ermöglicht in diesem Fall den gutgläubigen Erwerb eines GbR-Anteils von Buchgesellschaftern nicht, da der Gesellschaftsanteil nicht Gegenstand der Grundbucheintragung ist. 8

d) Defizite der Vermutungswirkungen

Der erstmalige Erwerb eines Grundstücks durch eine noch nicht bestehende GbR gestaltet sich problemlos so, dass alle Gesellschafter beim Notar mit der Erklärung erscheinen, sie erwürben für die Gesellschaft. Hierin liegt unabhängig davon, ob der Erwerbsurkunde der Wortlaut eines Gesellschaftsvertrags als Anlage beigefügt wird oder nicht, die Gründung der GbR. Die Auflassung erfolgt an die GbR, sie wird im Grundbuch eingetragen. Durch die Entscheidung des BGH vom 28.4.2011 (MittBayNot 2011, 393) im Grundsatz geklärt ist die Frage, welche Existenz- und Vertretungsnachweise erforderlich sind, wenn die Gesellschafter zum Kauf eines weiteren Grundstücks beim Notar erscheinen und erklären, sie erwürben für die im letzten Termin gegründete, zwischenzeitlich für das damals erworbene Grundstück im Grundbuch eingetragene GbR, und zum Nachweis von deren Bestehen einen Grundbuchauszug vorlegen. Zwar ist ein Grundbuchauszug hinsichtlich bereits erworbenen Grundbesitzes zum Nachweis des Bestehens, des Gesellschalterbestandes und der Vertretungsbefugnis der erwerbenden GbR nicht geeignet, da sich die Vermutungswirkung nur auf das bereits im Grundbuch eingetragene Grundstück bezieht und sich nicht auf andere, neue Rechtsgeschäfte erstreckt. Es geht aber zu weit, wenn gefordert wird, dass nach § 29 Abs. 1 Satz 1 GBO dem Notar und dem Grundbuchamt zum Nachweis der Identität und Vertretungsregelung der bereits bestehenden Gesellschaft deren Gesellschaftsvertrag in zumindest öffentlich beglaubigter Form vorzulegen sei (so Lautner DNotZ 2009, 650, 658 m.w.N.). Vielmehr genügt beim Erwerb mangels anderer konkreter Anhaltspunkte stets die Erklärung aller mitwirkenden Gesellschafter, sie seien alle Gesellschafter einer bestimmten GbR (so zutreffend BGH MittBayNot 2011, 393). 9

Bei der **Veräußerung** eines für die GbR eingetragenen Grundstücks ergeben sich keine Probleme, wenn alle im Grundbuch eingetragenen Gesellschafter beim Notar erscheinen. Für sie streitet dann die Vermutung der Gesamtvertretung durch alle Gesellschafter. Anders ist dies, wenn nur einzelne Gesellschafter zu Beurkundung erscheinen mit dem Vorbringen, sie seien nach dem Gesellschaftsvertrag unter Ausschluss der anderen Gesellschafter einzelvertretungsbefugt. Da im Grundbuch im Gegensatz zum Handelsregister die Vertretungsbefugnis der Gesellschafter nicht eingetragen wird, ist beim Notar und Grundbuchamt eine von der Gesamtvertretung abweichende Regelung durch Vorlage des Gesellschaftsvertrags in zumindest öffentlich beglaubigter Form nachzuweisen (Lautner DNotZ 2009, 650, 659). Nach Ansicht mancher defizitär ist die Vorschrift des § 899a BGB jedoch im Hinblick auf den Schutz des guten Glaubens hinsichtlich der Existenz der GbR als solcher und die Kondiktionsfestigkeit eines nach dieser Vorschrift dinglich wirksamen Erwerbs; insoweit sind viele Fragen noch nicht geklärt (näher etwa Hartmann ZNotP 2011, 139). 10

11 ➲ **Praxistipp:** Bei der Grundstücks-GbR empfiehlt sich gleichwohl, bei Gründung den Gesellschaftsvertrag in notariell beurkundeter Form abzuschließen oder zumindest die Unterschriften der Gesellschafter notariell beglaubigen zu lassen. Bei künftigen Änderungen im Personenbestand der GbR behält der ursprüngliche Vertrag seine Beweiskraft nur, wenn diese Änderungen lückenlos im Grundbuch eingetragen wurden.

II. Fallgruppen und Typen der GbR

1. Typen der GbR

12 Die GbR ist die Grundform der Personengesellschaft. Auf ihre gesetzliche Regelung in den §§ 705 ff. BGB wird zur Ergänzung und Auffüllung der Regelungen der OHG/KG in den §§ 105 ff. HGB nach § 5 Abs. 3 HGB verwiesen. Typen der GbR wurden unter Rz. 1 dargestellt. Zum Fall einer vermögenserhaltenden Familiengesellschaft als Grundstücksgesellschaft s. Kap. 44 Rz. 15 ff. und **M 44.5.**

2. Keine GbR mit Haftungsbeschränkung

13 Der BGH hat der Möglichkeit der Gründung einer GbR mit Haftungsbeschränkung für und gegen alle eine klare Absage erteilt. Die „GbRmbH" kraft Vereinbarung der Gesellschafter und allgemeiner Kundgabe gegenüber dem Rechtsverkehr (durch entsprechende „Firmierung") ist im deutschen Recht nicht vorgesehen. Unberührt bleiben die Möglichkeit der Haftungsbeschränkung im Einzelfall oder der Gründung einer Kapitalgesellschaft & Co. KG.

3. Keine gewerblich geprägte GbR

14 Die GbR mbH steht damit als Gestaltung zur Erfüllung der Voraussetzungen des § 15 Abs. 3 Nr. 2 Satz 1 EStG nicht zur Verfügung. Nach letzterer Vorschrift gilt eine lediglich vermögensverwaltende Personengesellschaft dann als Gewerbebetrieb, wenn ausschließlich Kapitalgesellschaften persönlich haftende und geschäftsführende Gesellschafter sind. Die gewerbliche Prägung iSv. § 15 Abs. 3 Nr. 2 Satz 1 EStG ist danach nur noch über die Kapitalgesellschaft & Co. KG zu erzielen.

III. Strukturen der GbR

1. Selbstorganschaft

15 Sowohl die organschaftliche Geschäftsführung wie vor allem die organschaftliche Vertretung im Rechtsverkehr können nur von Gesellschaftern wahrgenommen werden. Außenstehende Dritte können nur als Beauftragte und Bevollmächtigte tätig werden. Diese zwingende Selbstorganschaft soll die persönlich haftenden Gesellschafter schützen, ist aber im Rechtsverkehr eher hinderlich. So wird es als Vorzug der GmbH und GmbH & Co. KG angesehen, dass bei ihnen Fremdorganschaft, also Geschäftsführung und Vertretung durch angestellte Geschäftsführer, möglich ist.

2. Fehlende Registerpublizität

16 Für die GbR mangelt es an einem öffentlichen Register. Dementsprechend gibt es grundsätzlich – zu einer beschränkten Ausnahme s. § 899a BGB – keinen Schutz des Vertrauens des Rechtsverkehrs auf die Angaben insbesondere zu Existenz, Gesellschafterbestand und Vertretungsverhältnissen der Gesellschaft. § 15 HGB findet keine Anwendung. Umso größer ist die Bedeutung der persönlichen Haftung der Beteiligten.

3. Abspaltungsverbot

17 Nach § 717 Satz 1 BGB sind die mitgliedschaftlichen Verwaltungsrechte zwingend unübertragbar. Sie sind vom Gesellschafter selbst auszuüben und können weder auf Dritte noch auf andere Gesellschafter übertragen werden. So kann der Gesellschafter sein Stimmrecht nicht insgesamt übertra-

gen, wohl aber im Einzelfall Stimmrechtsvollmacht erteilen. Die unwiderrufliche verdrängende Stimmrechtsvollmacht verstößt jedenfalls gegen das Abspaltungsverbot (BGHZ 20, 265).

4. Kernbereichslehre

Die Kernbereichslehre dient dem Schutz eines Gesellschafters gegenüber den anderen Gesellschaftern dadurch, dass ihm ein unverzichtbarer Mindestbestand von Gesellschafterrechten zustehen muss, der gesellschaftsvertraglich nicht eingeschränkt werden kann (vgl. Röttger, Die Kernbereichslehre im Recht der Personenhandelsgesellschaften, 1989). Sie wurde vom BGH als Schranke des Umfangs eines zulässigen Stimmrechtsausschlusses entwickelt und ist Ausdruck der gesellschafterlichen Treuepflicht. Wenn der Gesellschafter zwar mitstimmen darf, aber als Minderheitsgesellschafter überstimmt werden kann, so hat er im Kernbereich seiner Mitgliedschaft ein Zustimmungsrecht mit der Folge, dass der an sich zulässige Mehrheitsbeschluss seiner Zustimmung bedarf (BGH NJW 1985, 974). Im Einzelnen ist hier vieles streitig. Zum Kernbereich gehören jedenfalls ein Mindestmaß von Kontroll- und Informationsrechten und Sonderrechten des Gesellschafters. 18

5. Bestimmtheitsgrundsatz

Der auf die Rechtsprechung des Reichsgerichts zurückgehende Bestimmtheitsgrundsatz diente der einschränkenden Auslegung von gesellschaftsvertraglichen Mehrheitsklauseln. In seiner neueren Rechtsprechung (BGHZ 170, 283 – Otto) hat der Bundesgerichtshof aber herausgearbeitet, dass es ein Gebot der minutiösen Aufzählung der Gegenstände von Mehrheitsentscheidungen nicht gibt, sondern die formale Prüfung der gesellschaftsvertraglichen Legitimation einer Mehrheitsentscheidung durch eine materiell-rechtliche Prüfung insbesondere auf der Grundlage der gesellschafterlichen Treuepflicht zu ergänzen ist (zuletzt BGH DNotI-Report 2014, 166). Für die Beschlusskontrolle folgt hieraus, dass auf einer ersten Stufe zunächst die formal-rechtliche Legitimation anhand einer Auslegung des Gesellschaftsvertrages nach allgemeinen Grundsätzen zu überprüfen ist (dh. ob die Mehrheitsklausel den Beschlussgegenstand umfasst), und auf einer zweiten Stufe sodann die Wirksamkeit des Beschlusses daran zu prüfen ist, ob der Beschluss – ausnahmsweise – auf einer treuwidrigen Ausnutzung der Mehrheitsmacht beruht oder den Kernbereich der Mitgliedschaftsrechte verletzt. 19

IV. Steuerliche Behandlung der GbR

Bei der **GbR** handelt es sich im **steuerlichen** Sinne um eine **Mitunternehmerschaft** iS des § 15 Abs. 1 Nr. 2 EStG. Wesentliche Voraussetzung für die Mitunternehmerschaft ist zum einen das Mitunternehmerrisiko, das alle Gesellschafter gleichermaßen tragen, und zum anderen die Mitunternehmerinitiative, die alle Gesellschafter entfalten können. Die Mitunternehmerschaft kann insoweit grundsätzlich sämtliche Einkunftsarten verwirklichen, gewerbliche (vgl. oben), land- und forstwirtschaftliche Einkünfte (§ 13 Abs. 5 EStG) oder Einkünfte aus selbständiger Tätigkeit (§ 18 Abs. 4 EStG). Allerdings muss die Mitunternehmerschaft die Voraussetzungen für die Annahme der jeweiligen Einkünfte erfüllen. Dies gilt insbesondere für den Bereich der Land- und Forstwirtschaft und des freien Berufes. Im letzteren Fall müssen sämtliche Mitunternehmer die Voraussetzungen für den freien Beruf (Ausbildung und tatsächliche Tätigkeit) erfüllen; liegen die Voraussetzungen nicht vor, gelten die Einkünfte als gewerblich. 20

Der durch die GbR **erwirtschaftete Gewinn** ist **auf** die **Mitunternehmer** bzw. Gesellschafter **aufzuteilen** und von diesen im Rahmen der Einkommen- oder Körperschaftsteuer als gewerbliche, land- und forstwirtschaftliche oder selbständige Einkünfte zu versteuern. Zu beachten sind hierbei auch die rein steuerlichen Regeln über die Entstehung bzw. Behandlung von **Sonderbetriebsvermögen** bzw. Sondervergütungen nach § 15 Abs. 1 Nr. 2 EStG. Diese gründen im Wesentlichen auf den unterschiedlichen Eigentumsverhältnissen: Während die GbR ein Gesamthandsvermögen unterhält, das allen Gesellschaftern zur gesamten Hand dient, gibt es einzelne Gesellschafter, die der Gesamthand zusätzlich Wirtschaftsgüter überlassen. Neben das Gesamthandseigentum tritt somit normales zivilrechtliches Eigentum der einzelnen Gesellschafter, das zwar dem Gesellschaftszweck dient, jedoch nicht zum Gesamthandsvermögen gehört. Um dies für steuerliche Zwecke mitzuerfassen, hat der (Steuer)Gesetzgeber über § 15 Abs. 1 Nr. 2 EStG das (zivilrechtliche Privatvermögen, das sogenannte) Sonderbetriebsvermögen der Gesellschafter geschaffen.

21 Erhalten einzelne bzw. alle Gesellschafter aufgrund schuldrechtlicher Verträge monatliche, gewinnunabhängige Vergütungen, handelt es sich um Sonderbetriebseinnahmen, die zwar den Gewinn der Gesellschaft im Gesamthandsbereich mindern, dem Gesellschafter über § 15 Abs. 1 Nr. 2 EStG jedoch als Einkünfte aus Gewerbebetrieb zuzurechnen sind. Gleiches gilt für Einnahmen aus der Überlassung von Kapital bzw. sonstigen Wirtschaftsgütern, insoweit liegt Sonderbetriebsvermögen vor; die Annahme von Einkünften aus nichtselbständiger Arbeit, Kapitalvermögen oder Vermietung und Verpachtung (§§ 19, 20, 21 EStG) scheidet insoweit aus.

Verfahrensrechtlich wird der **Gewinn** (einschließlich des Gewinnes aus dem Sonderbetriebsvermögen) gem. §§ 179 ff. AO **gesondert und einheitlich festgestellt** und auf die Gesellschafter/Mitunternehmer verteilt (einschließlich der jeweils hierauf entfallenden Sonderbetriebseinnahmen bzw. -ausgaben etc.).

22 Für Zwecke der **Gewerbe-** und **Umsatzsteuer** wird die Mitunternehmerschaft hinsichtlich des erzielten Gewinnes bzw. der ausgeführten Umsätze eigenständig steuerpflichtig. Als Betreiber des stehenden Gewerbes (§ 2 Abs. 1 GewStG) unterliegt die Mitunternehmerschaft der Gewerbesteuer, als leistungserbringender Unternehmer gem. § 2 Abs. 1 UStG der Umsatzsteuer.

23 Die **Gründung von Personengesellschaften** ist ebenso einfach in der Form wie vielfältig in der (Kapital-)Ausstattung. Für den Gesellschaftsvertrag ist grundsätzlich **keine Form vorgeschrieben.** Allerdings ist die schriftliche Dokumentation aus Beweislastgründen stets empfehlenswert. Soweit keine Vereinbarung besteht, greift das dispositive Recht des BGB.

Die **(Kapital-)Ausstattung** kann im Wege der Bar- oder Sachgründung durch Einbringung einzelner Wirtschaftsgüter aus dem Privat- (§§ 6 Abs. 6, 17, 23 EStG) oder Betriebsvermögen (§ 6 Abs. 5 EStG) erfolgen bzw. durch Einbringung ganzer Betriebe, Teilbetriebe oder Mitunternehmeranteile (§ 24 UmwStG). Erfolgt die Sachgründung mit Hilfe von Wirtschaftsgütern, die einem Betriebsvermögen entstammen, ist zur Bewertung insbesondere § 6 Abs. 5 EStG zu berücksichtigen.

Beim Zusammenschluss von **(Familien-)Angehörigen** zu einer Personengesellschaft bestehen zwar dem Grunde nach dieselben Voraussetzungen. Allerdings sind derartige Verhältnisse von einem in der Regel nicht sehr starken Interessengegensatz der Vertragspartner geprägt. Zur steuerlichen Anerkennung von Verträgen zwischen Angehörigen müssen die Verträge wie zwischen fremden Dritten abgeschlossen werden (also zwecks Beweislast schriftlich) und tatsächlich auch so durchgeführt werden (vgl. auch R 15.9 EStR 2012).

24 Der **Gewinn aus der Veräußerung** eines ganzen Mitunternehmeranteils (einschließlich des Sonderbetriebsvermögens!) führt nicht zu laufendem Gewinn, sondern ist nach §§ 16 Abs. 1 Nr. 2, 34 EStG begünstigt. Der Veräußerung gleichgestellt ist die komplette **Aufgabe** einer Gesellschaft, die nicht lediglich vermögensverwaltend tätig wurde. Sofern der Veräußerer eine natürliche Person ist, kann er die **Begünstigungen der §§ 16, 34 EStG** in Anspruch nehmen. Da es sich insoweit um den Gewinn aus den stillen Reserven handelt, folglich nicht aus dem aktiven stehenden Gewerbebetrieb, unterliegt ein solcher Veräußerungsgewinn nicht der Gewerbesteuer (vgl. § 2 Abs. 1 GewStG). Anders verhält es sich bei juristischen Personen (GmbH, AG); nach § 7 Satz 2 GewStG unterliegt der Gewinn dort der Gewerbesteuer, soweit die Gesellschaft nicht lediglich vermögensverwaltend tätig war. In diesen Fällen greifen ggf. die §§ 17, 23 EStG, § 16 EStG kommt nicht zur Anwendung.

Im Falle der **Realteilung** einer Mitunternehmerschaft mit Übertragung von Teilbetrieben, Mitunternehmeranteilen oder einzelnen Wirtschaftsgütern in Betriebsvermögen einzelner Gesellschafter sieht § 16 Abs. 3 Satz 2 EStG eine Sonderregelung vor, die **zwingend** die **Fortführung der Buchwerte** fordert.

V. Hinweise zur Vertragsgestaltung

1. Name der GbR

25 Angesichts der Rechts- und Parteifähigkeit der GbR kommt dem im Gesetz nicht vorgesehenen Namen besondere Bedeutung für die Identitätsausstattung der Gesellschaft zu. Die GbR kann im

Rechtsverkehr einen aus den Namen eines oder mehrerer Gesellschafter gebildeten Namen, auch mit Sachbestandteil, führen (MünchKomm.BGB/Ulmer § 705 BGB Rz. 270 ff.; Erman/Westermann § 705 BGB Rz. 69), muss dies aber nicht. Entsprechend der Reform des Firmenrechts dürfte auch ein Fantasiename mit Rechtsformzusatz zulässig sein.

2. Sitz der GbR

Auch die im Gesetz nicht vorgesehene gesellschaftsvertragliche Bestimmung eines Sitzes ist zweckmäßig und dient der Identitätsausstattung der GbR. Sitz der Gesellschaft ist zwingend der Verwaltungssitz, einen hiervon zu unterscheidenden und frei wählbaren „Satzungssitz" gibt es im Personengesellschaftsrecht nicht. 26

3. Form des Gesellschaftsvertrags der GbR

Der Gesellschaftsvertrag der GbR nach § 705 BGB bedarf grundsätzlich keiner Form. Eine Formbedürftigkeit kann sich jedoch aus anderen Vorschriften ergeben (MünchKomm.BGB/Ulmer § 705 BGB Rz. 32 ff.). Praktisch wichtig sind insbesondere § 311b Abs. 1 BGB (notarielle Beurkundung der Verpflichtung, das Eigentum an einem Grundstück zu übertragen oder zu erwerben), § 15 Abs. 4 GmbHG und § 518 BGB (notarielle Beurkundung des Schenkungsversprechens). 27

Formbedürftigkeit nach § 518 BGB besteht nach der Rspr. des BGH beim Schenkungsversprechen auf unentgeltliche Beteiligung an einer Innengesellschaft, etwa wenn der Vater dem Sohn eine stille Beteiligung unentgeltlich zuwendet. Hier liegt nach Ansicht des BGH auch in der Ein- oder Umbuchung kein Schenkungsvollzug nach § 518 Abs. 2 BGB (BGHZ 7, 174 = NJW 1952, 1412; aA die Literatur, MünchKomm.BGB/Ulmer § 705 BGB Rz. 44 mwN). Bei Außengesellschaften ist wegen der Tätigkeitspflichten und der Haftung des eintretenden Gesellschafters meist keine Schenkung anzunehmen. Jedenfalls aber tritt mit dem Beitritt Heilung nach § 518 Abs. 2 BGB ein. 28

4. Zweck, Beiträge

Die GbR kann alle erlaubten und nicht sittenwidrigen Zwecke haben. Niemals kann sie jedoch ein vollkaufmännisches Handelsgewerbe betreiben, da sie wegen des Rechtsformzwanges der §§ 105, 161 HGB damit OHG oder KG wäre. Als Beiträge der Gesellschafter zur GbR sind ebenfalls alle erlaubten und nicht sittenwidrigen Beiträge materieller oder immaterieller, realer oder idealer Art möglich. § 706 Abs. 2 und 3 BGB sind nicht abschließend, sondern nur auf vermögenswerte Beiträge bezogen. 29

Die Einbringung von Sachen oder sonstigen Gegenständen in die Gesellschaft kann erfolgen entweder zu Eigentum der Gesellschaft oder nur dem Werte nach oder nur zur Nutzung (MünchKomm.BGB/Ulmer/Schäfer § 706 BGB Rz. 10 ff.). Bei der Einbringung nur dem Werte nach bleibt das Eigentum am eingebrachten Gegenstand beim Gesellschafter, während im Innenverhältnis zwischen Gesellschafter und Gesellschaft der Gegenstand während des Bestehens der Gesellschaft und bei der Liquidation so behandelt wird, als sei er Teil des Gesellschaftsvermögens (MünchKomm.BGB/Ulmer/Schäfer § 706 BGB Rz. 11).

5. Gesellschafter

Als Personengesellschaft muss die GbR mindestens zwei Gesellschafter haben. Als solche kommen in Betracht natürliche und juristische Personen, Personenhandelsgesellschaften, der nichtrechtsfähige Verein (MünchKomm.BGB/Ulmer § 705 BGB Rz. 68; str.), eine andere GbR (RGZ 136, 236/240 und die hM in der Literatur, MünchKomm.BGB/Ulmer § 705 BGB Rz. 67; aA BGHZ 46, 291). Die Erbengemeinschaft soll nicht Gesellschafter der GbR sein können (MünchKomm.BGB/Ulmer § 705 BGB Rz. 69). 30

Ist beim Vertragsschluss ein **Minderjähriger** beteiligt, so handelt für diesen sein gesetzlicher Vertreter. Ist dieser selbst am Vertrag beteiligt, handelt ein Pfleger, §§ 181, 1629 Abs. 2, 1975, 1909 BGB.

Bei Erwerbsgesellschaften ist die Genehmigung des Vormundschaftsgerichts erforderlich, §§ 1643 Abs. 1, 1822 Nr. 3 BGB.

31 Auch **Ehegatten** können miteinander eine GbR eingehen. Leben sie in Gütergemeinschaft, so ist dies nur möglich, wenn die Gesellschaftsanteile in der Form des § 1410 BGB ehevertraglich zu Vorbehaltsgut erklärt werden (BGHZ 65, 79 = NJW 1975, 1774). Würden die Gesellschaftsanteile jeweils zum Gesamtgut erworben, würden sie sich in diesem vereinigen, wodurch die Gesellschaft erlöschen würde.

32 Die Gesellschafter trifft eine gesellschaftliche **Treuepflicht** gegenüber den anderen Gesellschaftern, auf Grund derer sie zu zumutbaren und erforderlichen Vertragsänderungen verpflichtet sein können (BGH WPM 1985, 256) und die auch den **Wettbewerb** mit der Gesellschaft verbietet. Empfehlenswert ist aber immer die vertragliche Vereinbarung eines Wettbewerbsverbots bei der werbenden Gesellschaft.

6. Einstimmigkeit – Mehrheit – Bestimmtheit

33 Für die Gesellschafterbeschlüsse der GbR gilt wegen ihrer personalistischen Struktur das Einstimmigkeitsprinzip, das für die Geschäftsführung ausdrücklich in § 709 Abs. 1 BGB geregelt ist. Der Gesellschaftsvertrag kann Mehrheitsbeschlüsse vorsehen (zuletzt BGH DNotI-Report 2014, 166). Wegen der Einzelheiten der Beschlusskontrolle wird auf Rz. 18 und 19 verwiesen. Für die Vertragsgestaltung folgt aus alledem kein Gebot der minutiösen Aufzählung jedes einzelnen denkbaren Beschlussgegenstandes, sondern vielmehr die Empfehlung, für eine möglichst eindeutige und trennscharfe Abgrenzung zu sorgen, so dass der Rechtsanwender möglichst zweifelsfrei ermitteln kann, welche Beschlüsse mit welcher Mehrheit gefasst werden können. Hierfür können auch generalisierende Formulierungen verwendet werden. So kann zB grundsätzlich das Prinzip der einfachen Mehrheit eingeführt werden, was dann durch einen Katalog von Gegenständen ergänzt wird, die eines höheren Quorums bedürfen.

7. Geschäftsführung

34 Die Geschäftsführung ist ein Ausfluss der Mitgliedschaft, folgt aus der Pflicht zur Förderung des Gesellschaftszweckes und wird nach der gesetzlichen Regel des § 709 BGB gemeinsam ausgeübt. Geschäftsführer können nur Gesellschafter sein (Grundsatz der Selbstorganschaft BGHZ 33, 105 = NJW 1960, 1997). Dritte können nur Bevollmächtigte sein (BGH NJW 1982, 877 und 2495).

35 Gesamtgeschäftsführung nach § 709 Abs. 1 BGB bedeutet, dass entweder alle Gesellschafter gemeinsam handeln oder ein Gesellschafter mit einstimmiger Zustimmung aller Gesellschafter handelt. Der Gesellschaftsvertrag kann nach § 709 Abs. 2 BGB auch bestimmen, dass die Zustimmung der Mehrheit der Gesellschafter genügt. Vereinbart werden kann nach § 711 BGB auch Einzelgeschäftsführung aller Gesellschafter oder mehrerer Gesellschafter gemeinsam sowie nach § 710 BGB die Beschränkung der Geschäftsführung auf einzelne Gesellschafter unter Ausschluss der anderen Gesellschafter von der Geschäftsführung. Die gesetzliche Regelung ist dispositiv. Insbesondere kann die Geschäftsführung auch nach Geschäftsbereichen (zB Herstellung einerseits, Vertrieb andererseits) verteilt werden. Der Ausschluss aller Gesellschafter von der Geschäftsführung ist unzulässig (MünchKomm.BGB/Ulmer/Schäfer § 705 BGB Rz. 20).

8. Vertretung

36 Aus der Rechtsfähigkeit der Außen-GbR folgt, dass die Vertretungsmacht der Gesellschafter organschaftlichen Charakter hat. Nach der gesetzlichen Regelung besteht Gesamtvertretungsbefugnis aller Gesellschafter gemeinsam, §§ 714, 709 BGB. Der Gesellschaftsvertrag kann Abweichendes regeln, insbesondere Einzelvertretung, Gesamtvertretung durch je zwei Gesellschafter oder den Ausschluss von Gesellschaftern von der Vertretung vorsehen. Die Problematik abweichender Vertretungsregelungen besteht darin, dass die Vertretungsverhältnisse keinem öffentlichen Register entnommen werden können (BGH NJW 2002, 1195). Der Geschäftspartner kann nach einer Entscheidung des BGH v. 9.11.2001 die von einem abweichend vom Gesetz vertretungsbefugten Ge-

sellschafter abgegebene Willenserklärung gem. § 174 Satz 1 BGB zurückweisen, es sei denn, der Gesellschafter legt eine Vollmacht der übrigen Gesellschafter vor oder der Gesellschafter legt den Gesellschaftsvertrag mit der konkreten Vertretungsregelung vor oder der Gesellschafter legt eine Erklärung aller oder der übrigen Gesellschafter über eine von §§ 709, 714 BGB abweichende Vertretungsregelung vor (BGH NJW 2002, 1195).

Auch bei Anwendung dieser BGH-Grundsätze bleibt in den Fällen, in denen Vollmachten oder Er- 37
klärungen der übrigen Gesellschafter vorgelegt werden, die Schwierigkeit des Nachweises, wer Gesellschafter ist. Die angesichts der Teilrechtsfähigkeit der GbR adäquate Handhabung besteht in der Vorlage des Gesellschaftsvertrages. Dieser Gesellschaftsvertrag bleibt unabhängig von einem späteren Gesellschafterwechsel maßgeblich. Enthält er eine allgemeine vom Gesetz abweichende Vertretungsregelung – zB Einzelvertretungsbefugnis aller Gesellschafter – oder eine personenbezogene abweichende Vertretungsregelung – zB Einzelvertretungsbefugnis der Gesellschafter A und B –, so genügt seine Vorlage für Vertretungshandlungen der Gründungsgesellschafter bzw. der namentlich bezeichneten Gesellschafter.

9. Verfügung über Gesellschaftsanteile

Die in ihrer Tragweite lange Zeit umstrittene Vorschrift des § 719 Abs. 1 BGB wird jetzt allgemein 38
so ausgelegt, dass sie den unauflöslichen Zusammenhang zwischen Gesellschafterstellung und Gesamthandsberechtigung normiert, aber den Gesellschafterwechsel durch Verfügung über die Mitgliedschaft im Ganzen nicht regelt (BGHZ 44, 229 = NJW 1966, 499; BGH NJW 1975, 166; MünchKomm.BGB/Ulmer § 719 Rz. 2).

Der Gesellschafterwechsel kann sich einmal durch Austritt des einen Gesellschafters und Eintritt 39
des anderen Gesellschafters, jeweils durch Vereinbarung mit den übrigen Gesellschaftern, und ohne dass zwischen Ein- und Austretenden unmittelbar gesellschaftsrechtliche Beziehungen entstehen, vollziehen (**Theorie des Doppelvertrages**, BGHZ 44, 229 = NJW 1966, 499; BGH NJW 1975, 166), zum anderen aber auch in der Form der Anteilsübertragung zwischen ausscheidendem und neu eintretendem Gesellschafter. Der Gesellschafter einer Personengesellschaft kann seinen Gesellschaftsanteil mit Zustimmung der übrigen Gesellschafter auf einen Mitgesellschafter oder auf einen Dritten durch Verfügungsgeschäft mit der Wirkung übertragen, dass der Erwerber ohne weiteres in die Rechtsstellung eintritt, die bis dahin der Veräußerer innehatte (BGH NJW 1981, 2747). Zur steuerlichen Behandlung des Gesellschafterwechsels s. Braun/Günther, Das Steuerhandbuch, Stichwort „Personengesellschaften, Gesellschafterwechsel".

Auch die vollständige und gleichzeitige Auswechslung aller Mitglieder durch Anteilsübertragung 40
bei Bestehenbleiben der GbR und des Gesamthandsvermögens ist möglich (BGHZ 44, 229 = NJW 1966, 499). Bei Vereinigung aller Gesellschaftsanteile in einer Person tritt Anwachsung ein. Das Gesamthandsvermögen geht damit in das Alleineigentum dieser Person über, ohne dass es rechtsgeschäftlicher Einzelübertragungsakte bedarf. Bei Grundstücken ist das Grundbuch zu berichtigen.

Zur Abtretung des Gesellschaftsanteils erforderlich ist die Zustimmung aller Mitgesellschafter. Ge- 41
sellschaftsvertragliche Mehrheitsklauseln sind zulässig, ebenso die allgemeine gesellschaftsvertragliche Zulassung der Abtretung iS einer vorweggenommenen generellen Zustimmung (MünchKomm.BGB/Ulmer/Schäfer § 719 BGB Rz. 27 mwN).

10. Auflösung

Das Gesetz regelt in §§ 723–728 BGB insgesamt sechs Auflösungsgründe der GbR, zunächst drei 42
Fälle der Kündigung durch Gesellschafter oder Pfändungspfandgläubiger, dann die Zweckerreichung oder das Unmöglichwerden des Zweckes der Gesellschaft, dann den Tod eines Gesellschafters, schließlich die Insolvenz eines Gesellschafters. Diese Auflösungsgründe sind nicht abschließend. Auflösung tritt insbesondere auch durch Zeitablauf, Vereinigung aller Anteile oder Auflösungsbeschluss ein. Die gesetzlichen Auflösungsgründe sind auch nicht zwingend. Häufig ist etwa die gesellschaftsvertragliche Vereinbarung, dass bei Kündigung oder Tod eines Gesellschafters die Gesellschaft fortgesetzt wird. Auflösungsfolge ist die Liquidation des Gesellschaftsvermögens oder dessen Anwachsung an den einzigen verbleibenden Gesellschafter.

11. Kündigung

43 Nach § 723 BGB hat jeder Gesellschafter Kündigungsrechte, die nach § 723 Abs. 3 BGB durch Vereinbarung weder ausgeschlossen noch den gesetzlichen Vorschriften zuwider beschränkt werden können. § 723 Abs. 3 BGB verbietet auch unangemessen lange Befristungen der GbR (MünchKomm.BGB/Ulmer/Schäfer § 723 BGB Rz. 61 ff.) und Abfindungsklauseln, die durch Ausschluss oder weit gehende Beschränkung des Abfindungsanspruchs die Entschließungsfreiheit des Gesellschafters im Zeitpunkt der beabsichtigten Kündigung unvertretbar einengen (BGH NJW 1985, 192).

Zulässig ist es aber, als Folge der Kündigung nicht die Auflösung der Gesellschaft, sondern das Ausscheiden des kündigenden Gesellschafters zu vereinbaren.

12. Tod eines Gesellschafters

44 Nach § 727 Abs. 1 BGB wird die Gesellschaft durch den Tod eines Gesellschafters aufgelöst, sofern nicht der Gesellschaftsvertrag ein anderes ergibt. Abweichende Vereinbarungen iS von Fortsetzungsklauseln, Nachfolgeklauseln und Eintrittsklauseln sind häufig, insbesondere in der Form der erbrechtlichen Nachfolgeklausel, deren Wirkung die Rechtsprechung des BGH geklärt hat. Hierzu wird verwiesen auf die Darstellung bei der OHG, wo sich auch Formulierungsvorschläge finden.

44a ➲ **Praxistipp:** Da die Rechtsfolge der Auflösung häufig unbekannt ist und nicht dem Willen der Beteiligten entspricht, sollte der Berater hier ein Problembewusstsein schaffen und mit den Beteiligten eine am Einzelfall ausgerichtete Lösung ausarbeiten. Anderenfalls drohen der Gesellschaft bzw. den verbleibenden Gesellschaftern durch den Tod eines Gesellschafters gravierende Risiken, insbesondere wegen der geschuldeten Abfindung.

45 Zur **ertragsteuerlichen** Behandlung der einzelnen Erbklauseln vgl. BMF-Schreiben v. 14.3.2006, BStBl. I, 253 Tz. 69–74. Die Bewertung eines Mitunternehmeranteils für Zwecke der Erbschaftsteuer richtet sich insbesondere nach den Vorschriften der § 12 Abs. 5 ErbStG, § 97 Abs. 1 Nr. 5, Abs. 1a BewG. Bei Festsetzung der Erbschaftsteuer sind zudem ggf. die Begünstigungen der §§ 13a, 19a, 28 ErbStG zu beachten. Vgl. insoweit aber auch BVerfG-Urteil v. 17.12.2014 – 1 BvL 21/12, BStBl. 2015 II, 50 hinsichtlich der Überprivilegierung des Betriebsvermögens und neuer Rechtslage hierzu spätestens ab 1.7.2016.

13. Ausschließung eines Gesellschafters

46 Nach § 737 BGB kann ein Gesellschafter, in dessen Person ein die übrigen Gesellschafter nach § 723 Abs. 1 Satz 2 BGB zur Kündigung berechtigender Umstand eintritt, aus der Gesellschaft ausgeschlossen werden, wenn der Gesellschaftsvertrag eine Fortsetzungsklausel enthält. Enthält der Vertrag also eine Fortsetzungsklausel, so braucht er die Ausschließung eines Gesellschafters nicht ausdrücklich zu regeln. Bei einer zweigliedrigen Gesellschaft steht dem verbleibenden Gesellschafter ein entsprechendes Übernahmerecht zu.

47 Zahlungen, die gegenüber einem sog. lästigen Gesellschafter über dem Wert seines Anteils im Zeitpunkt seines Ausscheidens geleistet werden, stellen für den Ausscheidenden Einkünfte iSd. § 16 Abs. 1 Nr. 2 EStG und für den bzw. die Abfindenden sofortigen Aufwand dar; es handelt sich insoweit insbesondere nicht um Anschaffungskosten der Beteiligung.

48 Das Hinauskündigen eines Gesellschafters ohne wichtigen Grund ist grundsätzlich nach § 138 BGB unwirksam (BGHZ 107, 351). Wirksam sind jedoch gesellschaftsvertragliche Hinauskündigungsklauseln, die auf sachlich gerechtfertigte Gründe abstellen, dies insbesondere bei der Managerbeteiligung (BGHZ NJW 2005, 3641) und der Mitarbeiterbeteiligung (BGH NJW 2005, 3644). Hier kann durch die Hinauskündigungsklausel eine Befristung der Mitgliedschaft in Abhängigkeit vom Beschäftigungsverhältnis erreicht werden.

14. Abfindung ausscheidender Gesellschafter

49 Das Ausscheiden eines Gesellschafters durch Kündigung, Ausschluss oder Tod oder in sonstigen Fällen führt zur teilweisen Auseinandersetzung mit dem ausscheidenden Gesellschafter. Das Gesetz

gibt in §§ 738–740 BGB dem ausscheidenden Gesellschafter dieselbe Stellung wie bei Auflösung der Gesellschaft. Er erhält als Abfindung den Wert seiner Beteiligung, allerdings nach ganz hM nicht den Liquidationswert (Zerschlagungswert), sondern den anteiligen Wert an der fortgeführten Gesellschaft (going concern; BGH NJW 1955, 1025; BGH WPM 1961, 323; BGH WPM 1971, 1450). Zu Abfindungsklauseln vgl. die Darstellung bei der OHG (Kap. 110 Rz. 77 ff.).

M 109.1 Gesellschaftsvertrag einer Grundstücksverwaltungsgesellschaft

§ 1 Rechtsform, Name, Sitz

(1) Die Gesellschaft ist eine Gesellschaft bürgerlichen Rechts.

(2) Sie führt den Namen ... Grundstücksverwaltungsgesellschaft bürgerlichen Rechts.

(3) Sitz der Gesellschaft ist ...

§ 2 Zweck

Zweck der Gesellschaft ist das Halten und die Verwaltung des Bürohauses ... in ... (Adresse).

§ 3 Gesellschafter, Anteile

(1) Gesellschafter sind

A (Name, Beruf, Adresse)

B (Name, Beruf, Adresse)

C (Name, Beruf, Adresse)

(2) Die Gesellschafter sind zu gleichen Teilen an der Gesellschaft beteiligt, insbesondere an deren Gewinn und Verlust und am Auseinandersetzungsguthaben.

Variante:

(2) Der Gesellschafter A ist an der Gesellschaft mit 40/100, der Gesellschafter B mit 40/100 und der Gesellschafter C mit 20/100 beteiligt. Dies gilt insbesondere für die Anteile am Gewinn und Verlust der Gesellschaft und am Auseinandersetzungsguthaben.

§ 4 Einlagen

(1) Die Gesellschafter haben ihre Einlagen durch Erwerb des Grundstücks in Gesellschaft bürgerlichen Rechts bereits erbracht.

Variante:

(1) Die Gesellschafter sind zu gleichen Teilen die Eigentümer des Grundstücks. Sie erbringen ihre Einlagen dadurch, dass sie der Gesellschaft das Grundstück zur Benutzung überlassen.

(2) Weiterhin leistet jeder Gesellschafter eine Bareinlage von ... Euro

§ 5 Rechnungsjahr

Rechnungsjahr ist das Kalenderjahr.

§ 6 Überschussrechnung

(1) In den ersten zwei Monaten nach dem Ende eines jeden Rechnungsjahres haben die Gesellschafter einen Rechnungsabschluss über das Ergebnis des abgelaufenen Rechnungsjahres als Überschussrechnung aufzustellen.

(2) Kommt eine Einigung über diesen Rechnungsabschluss nicht zu Stande, ist er durch einen von der zuständigen Industrie- und Handelskammer zu bestimmenden Schiedsgutachter mit verbindlicher Wirkung für die Gesellschafter auf Kosten der Gesellschaft zu fertigen.

§ 7 Verwaltung

(1) Aufgrund des Rechnungsabschlusses des abgelaufenen Geschäftsjahres ist ein Wirtschaftsplan für das laufende Rechnungsjahr aufzustellen. Dabei gilt § 21 Abs. 5 des Wohnungseigentumsgesetzes entsprechend.

(2) Insbesondere ist eine angemessene Instandhaltungsrücklage zu bilden, die mindestens 10 % des Gewinnes des abgelaufenen Rechnungsjahres beträgt.

§ 8 Überschussverteilung, Entnahmen, Vorab

(1) Der nach Abzug der Vorabentnahmen und der Instandhaltungsrücklage verbleibende und festgestellte Jahresüberschuss kann von den Gesellschaftern voll entnommen werden.

(2) Die Überschussverteilung erfolgt im Verhältnis der Gesellschaftsanteile.

(3) Die Gesellschafter können monatliche Überschussvorausentnahmen auf der Grundlage des Rechnungsabschlusses des vorausgegangenen Rechnungsjahres beschließen.

§ 9 Kündigung der Gesellschaft

(1) Die Gesellschaft kann von jedem Gesellschafter auch ohne wichtigen Grund unter Einhaltung einer Frist von sechs Monaten auf das Ende eines Kalenderjahres, erstmals zum 31.12. . . ., gekündigt werden. Weitergehende gesetzliche Kündigungsrechte bleiben unberührt.

(2) Die Kündigung hat durch eingeschriebene Briefe an die Mitgesellschafter zu erfolgen. Für die Rechtzeitigkeit der Kündigung kommt es auf das Datum des Postabgangsstempels an.

(3) Eine Kündigung hat nicht die Auflösung der Gesellschaft, sondern lediglich das Ausscheiden des kündigenden Gesellschafters zur Folge. Die Gesellschaft wird zwischen den verbleibenden Gesellschaftern fortgesetzt. Verbleibt nur noch ein Gesellschafter, so hat er das Recht auf Übernahme des Gesellschaftsvermögens im Wege der Gesamtrechtsnachfolge.

(4) Ebenso scheidet ein Gesellschafter bei Fortsetzung der Gesellschaft aus, wenn ein Gläubiger nach § 725 BGB kündigt, wenn über sein Vermögen ein Insolvenzverfahren eröffnet wird oder wenn er nach § 737 BGB ausgeschlossen wird. Das Übernahmerecht des alleinigen verbleibenden Gesellschafters besteht auch in diesem Fall.

§ 10 Abfindung ausscheidender Gesellschafter

(1) Die Abfindung eines ausscheidenden Gesellschafters bestimmt sich nach den gesetzlichen Vorschriften der §§ 738 ff. BGB.

(2) Die Abfindungsbilanz ist für alle Beteiligten verbindlich durch einen öffentlich bestellten Grundstücksschätzer aufzustellen, dessen Person die zuständige Industrie- und Handelskammer bestimmt. Die hierdurch entstehenden Kosten trägt die Gesellschaft.

§ 11 Geschäftsführung und Vertretung

(1) Die Geschäftsführung und Vertretung der Gesellschaft erfolgt durch je zwei Gesellschafter gemeinschaftlich.

(2) Die geschäftsführenden Gesellschafter sind von den Beschränkungen des § 181 BGB befreit.

§ 12 Gesellschafterbeschlüsse

Die Beschlüsse der Gesellschafter erfolgen einstimmig.

§ 13 Veräußerung und Belastung von Gesellschaftsanteilen

(1) Die Gesellschaftsbeteiligungen sind veräußerlich und belastbar.

(2) Die Veräußerung und Belastung bedarf zu ihrer Wirksamkeit der Zustimmung aller Gesellschafter.

§ 14 Vererbung von Gesellschaftsanteilen

(1) Beim Tod eines Gesellschafters wird die Gesellschaft mit dessen Erben fortgesetzt.

(2) Die Mitgliedschaft des verstorbenen Gesellschafters teilt sich dabei entsprechend den Erbteilen oder der Bestimmung des Erblassers zwischen den mehreren Erben auf.

(3) Testamentsvollstreckung ist zulässig.

§ 15 Schriftform

Änderungen und Ergänzungen dieses Vertrages bedürfen der Schriftform. Dies gilt auch für einen Verzicht auf das Schriftformerfordernis. Etwaige weiter gehende gesetzliche Formvorschriften bleiben unberührt.

§ 16 Schlussbestimmungen

(1) Sollten einzelne Bestimmungen des Vertrags sich als unwirksam erweisen, so bleibt der Vertrag im Übrigen wirksam.

(2) Die unwirksame Bestimmung ist durch eine wirksame Bestimmung zu ersetzen, die den Zweck der weggefallenen Bestimmung mit größtmöglicher Näherung erreicht.

(3) Die Gesellschafter sind einander kraft Treuepflicht zu Änderungen und Ergänzungen des Gesellschaftsvertrages verpflichtet, die im Interesse der Gesellschaft geboten und den Gesellschaftern zumutbar sind.

2. Abschnitt. Offene Handelsgesellschaft

Kapitel 110 Gesellschaftsvertrag der OHG

I. Fallgruppen und Typen der OHG

1 Die OHG ist die **Grundform der Personenhandelsgesellschaften**. Nach der Definition des § 105 HGB ist eine Gesellschaft, deren Zweck auf den Betrieb eines Handelsgewerbes unter gemeinsamer Firma gerichtet ist und deren sämtliche Gesellschafter den Gesellschaftsgläubigern gegenüber unbeschränkt haften, eine offene Handelsgesellschaft. Soweit nicht besondere handelsrechtliche Vorschriften bestehen, findet auf die OHG das Recht der Gesellschaft bürgerlichen Rechts Anwendung, §§ 105 Abs. 3 HGB, 705 ff. BGB.

2 Wesentlich erweitert wurde der Anwendungsbereich der OHG durch den in der Handelsrechtsreform 1998 eingeführten **§ 105 Abs. 2 HGB**. Danach werden Gesellschaften, deren Unternehmen nach Art oder Umfang einen in kaufmännischer Weise eingerichteten Gewerbebetrieb nicht erfordert, sowie Gesellschaften, die nur eigenes Vermögen verwalten, durch die Eintragung in das Handelsregister offene Handelsgesellschaft. Über § 161 Abs. 2 HGB gilt die Vorschrift auch für die KG.

3 Gekennzeichnet ist die OHG durch einen kleinen Gesellschafterkreis, der den Gesellschaftszweck mit vollem persönlichen Einsatz und bei vollem persönlichen Risiko verfolgt, sie ist nach einer **Typusbeschreibung** des BGH (BGHZ 38, 306, 312) ein Zusammenschluss mehrerer Personen, bei dem diese ihre Arbeitskraft und die verfügbaren Teile ihres Vermögens einem gemeinsamen Unternehmen widmen und bei der durch die Geschäftsführungsbefugnis aller Gesellschafter die Leitung des Unternehmens bei diesen liegt, aber auch die volle Verantwortung für das Unternehmen durch ihre unbeschränkte Haftung.

4 Die enge und allseits mit voller persönlicher Haftung verbundene Zusammenarbeit der Gesellschafter setzt ein besonderes Vertrauensverhältnis voraus, das die OHG auch zur **Grundform der Familiengesellschaft** macht. Sie ist die seriöseste Gesellschaftsform mit breiter Kreditbasis, Elastizität und Krisenfestigkeit.

Die unbeschränkte Haftung aller Gesellschafter mit dem eigenen Vermögen entspricht dem Bild des „ehrbaren Kaufmanns" alter Prägung. Vor allem in Anbetracht vielfältiger regulatorischer Vorgaben werden die Haftungsrisiken für Gesellschafter heute aber verbreitet als für den Einzelnen unzumutbar betrachtet. Die Tendenz geht dahin, das Insolvenzrisiko auf das Unternehmen zu beschränken und die persönliche Haftung der Gesellschafter zu vermeiden. Deshalb überwiegen von der Verbreitung her haftungsbeschränkende Unternehmensformen wie die GmbH und die GmbH & Co. KG. OHG werden im gewerblichen Bereich kaum noch gegründet. 5

Im **Verhältnis zur KG** war die OHG schon immer regelmäßig nur die Rechtsform der ersten Generation der Gesellschafter. Auf die Dauer geht die Tendenz zur KG. Dies ergibt sich regelmäßig schon aus dem Bedürfnis, betrieblich nicht voll mitarbeitende und voll haftende Familienmitglieder an der Substanz der Gesellschaft als Kommanditisten zu beteiligen. Auch die Erbfolge nach einem verstorbenen Gesellschafter führt über den unabdingbaren § 139 HGB, nach dem jeder Erbe sein Verbleiben in der Gesellschaft davon abhängig machen kann, dass ihm die Stellung eines Kommanditisten eingeräumt wird, häufig zur KG. 6

Einen neuen Anwendungsbereich für die Familien-OHG hat die **Zulassung der vermögensverwaltenden OHG** nach § 105 Abs. 2 HGB eröffnet. In einen derartigen Familienpool können die Familienmitglieder ihre Beteiligungen an verschiedenen Unternehmen zwecks Vinkulierung und Vereinheitlichung der Willensbildung und Leitung einbringen. Im Vergleich zur OHG bietet die KG den Vorteil, Differenzierungen in der Rechtsstellung zwischen den persönlich haftenden Gesellschaftern und den bloß kapitalmäßig beteiligten Kommanditisten zu ermöglichen. Eine weitere Alternative ist die GbR, die aber auch hier an ihren Defiziten in der Registerpublizität und der Vertretung nach außen leidet.

II. Grundstrukturen der OHG

Die OHG ist Personengesellschaft und Handelsgesellschaft. Als Personengesellschaft ist sie **Gesamthand** mit einem gemeinschaftlichen Vermögen nach § 718 BGB, das nach § 719 BGB der gesamthänderischen Bindung unterliegt. Als Handelsgesellschaft ist sie Kaufmann nach § 6 HGB und zwecks Teilnahme am Handelsverkehr nach § 124 HGB **mit partieller Rechtsfähigkeit ausgestattet**. Sie kann unter ihrer Firma Gläubiger und Schuldner sein, klagen und verklagt werden und Eigentum und sonstige Rechte erwerben, insbesondere auch im Grundbuch eingetragen werden. Im Übrigen gelten die für die BGB-Gesellschaft geltenden Grundsätze analog (s. Kap. 109). 7

III. Typische Regelungsinhalte und Form des Gesellschaftsvertrages

1. Regelungsinhalte

a) Grundsätze

Zu unterscheiden ist zwischen dem **konstituierenden (zwingenden) Inhalt** des Gesellschaftsvertrages und den **sonstigen gesellschaftsvertraglichen Vereinbarungen**. Konstituierend sind die Mindesterfordernisse zur Entstehung dieser konkreten OHG. Sie ergeben sich aus dem Einzelfall. Neben diesem konstitutiv-individualisierenden Mindestinhalt sind weitere Vereinbarungen zweckmäßig und üblich, die gesetzliche Regelungen abrogieren, modifizieren oder ergänzen oder die von kautelarjuristischen Gestaltungsmöglichkeiten außerhalb der gesetzlichen Regelungen Gebrauch machen. 8

b) Konstitutiver Inhalt

Die konkrete Gesellschaft wird gebildet und definiert durch die Personen der Gesellschafter, den im Unternehmensgegenstand schwerpunktmäßig bezeichneten gemeinsamen Zweck, die gewählte Firma und den Sitz der Gesellschaft. Die Vereinbarungen und Bestimmungen hierüber konstituieren die individuelle Gesellschaft und sind zum Handelsregister anzumelden und dort einzutragen, § 106 HGB. 9

c) Einlagen, Beteiligung, Sonderrechte

10 Ebenfalls einzelfallabhängig sind die Einlageverpflichtungen der Gesellschafter und die sich aus ihnen ergebenden, häufig unterschiedlichen Kapitalanteile. Ihre Aufnahme in den Gesellschaftsvertrag ist üblich. Bei der Familiengesellschaft können einzelne Gesellschafter Sonderrechte haben.

d) Willensbildung, Geschäftsführung, Vertretung

11 Die gesetzlichen Geschäftsführungs- und Vertretungsregelungen können konkretisiert und modifiziert werden. Häufig sind modifizierende und ergänzende Bestimmungen über die Willensbildung innerhalb und außerhalb von Gesellschafterversammlungen.

e) Gewinnverteilung, Rechnungswesen

12 Die gesetzlichen Vorschriften über Gewinn- und Verlustverteilung und Entnahmen sind weitgehend unzweckmäßig. Hier hat die Kautelarjurisprudenz eigene Lösungen entwickelt, insbesondere hinsichtlich der Führung fester Kapitalkonten.

f) Wechsel und Ausscheiden von Gesellschaftern

13 Zweckmäßiger Inhalt des Gesellschaftsvertrages sind die Ermöglichung des Gesellschafterwechsels unter Lebenden und von Todes wegen bei Fortsetzung der Gesellschaft und die Regelung der Abfindung ausscheidender Gesellschafter.

g) Weitere Störfallvorsorge

14 Ergänzende zukunftssichernde Störfallvorsorge ist möglich durch Aufsichts- und Beiräte, Schiedsgutachter, Schiedsgerichte und salvatorische Klauseln.

2. Formfragen

15 Der Gesellschaftsvertrag der OHG kann grundsätzlich formfrei abgeschlossen werden. Üblich ist seine schriftliche Niederlegung. Insbesondere aus Beweisgründen kann sich die notarielle Beurkundung empfehlen, wobei dann zu bestimmen ist, dass auch Vertragsänderungen zu beurkunden sind. Die Pflicht zur notariellen Beurkundung des gesamten Vertrages folgt zB bei der Einlagenschenkung aus § 518 BGB, bei der Vermögenseinbringung aus § 311b Abs. 3 BGB, bei der Grundstückseinbringung aus § 311b Abs. 1 BGB oder bei der Einbringung von GmbH-Anteilen aus § 15 Abs. 4 GmbHG.

M 110.1 Gesellschaftsvertrag der gewerblichen OHG

§ 1 Firma, Sitz, Gegenstand

(1) Die Gesellschaft führt die Firma ...

(2) Die Gesellschaft hat ihren Sitz in ...

(3) Gegenstand des Unternehmens ist ...

§ 2 Gesellschafter, Einlagen

(1) Gesellschafter sind ...

(2) Die Gesellschafter leisten folgende Einlagen ...

§ 3 Dauer, Geschäftsjahr

(1) Die Gesellschaft wird auf unbestimmte Zeit errichtet.

(2) Die Kündigung eines Gesellschafters hat nicht die Auflösung der Gesellschaft, sondern nur das Ausscheiden des kündigenden Gesellschafters zur Folge.

(3) Geschäftsjahr ist das Kalenderjahr.

§ 4 Vertretung, Geschäftsführung, Wettbewerbsverbot

(1) Jeder Gesellschafter kann die Gesellschaft allein vertreten.

(2) Die Geschäftsführungsbefugnis eines Gesellschafters erlischt mit dem vollendeten 70. Lebensjahr. Der Gesellschafter kann die Geschäftsführung ab der Vollendung des 65. Lebensjahres niederlegen. Der Jahresurlaub beträgt sechs Wochen. Bei Arbeitsunfähigkeit von mehr als sechs Monaten kann die Gesellschaft eine Ersatzkraft einstellen oder sonst erforderliche Maßnahmen treffen.

(3) Jedem Gesellschafter ist es untersagt, während seiner Zugehörigkeit zur Gesellschaft zu dieser in Wettbewerb zu treten. Wettbewerb ist jede selbständige oder unselbständige Tätigkeit im örtlichen und sachlichen Tätigkeitsbereich der Gesellschaft. Jeder Gesellschafter hat in Angelegenheiten der Gesellschaft gegenüber Dritten Stillschweigen zu bewahren.

§ 5 Gesellschafterversammlung, Beschlüsse

(1) Jeder Gesellschafter kann eine Gesellschafterversammlung am Sitz der Gesellschaft einberufen. Die Einberufung erfolgt mit einer Frist von drei Wochen unter Mitteilung der Tagesordnung. Die Versammlung ist beschlussfähig, wenn die Hälfte aller Stimmen anwesend oder vertreten sind. Andernfalls ist mit einer Frist von drei Wochen eine weitere Gesellschafterversammlung einzuberufen, die immer beschlussfähig ist. Darauf ist in der Einberufung hinzuweisen. Vertretung durch einen Mitgesellschafter oder einen zur Berufsverschwiegenheit verpflichteten Dritten ist möglich. Der Vertreter hat eine schriftliche Vollmacht vorzulegen.

(2) Beschlüsse der Gesellschafter werden mit einfacher Mehrheit der abgegebenen Stimmen gefasst, soweit nicht dieser Vertrag eine andere Mehrheit vorschreibt. Je 50 Euro eines Kapitalkontos I ergeben eine Stimme. Stimmenthaltungen zählen nicht als abgegebene Stimmen. Bei Stimmengleichheit gilt der Antrag als abgelehnt.

(3) Änderungen des Gesellschaftsvertrages einschließlich der Erhöhung des Kapitals bedürfen einer Mehrheit von drei Vierteln der abgegebenen Stimmen.

(4) Soweit eine Änderung des Gesellschaftsvertrags mit Ausnahme der Erhöhung des Kapitals die Rechte eines Gesellschafters vermindert, seine Pflichten erhöht oder die vertragliche Bindung verlängert, bedarf sie seiner Zustimmung.

§ 6 Jahresabschluss, Gewinn- und Verlustbeteiligung

(1) Der Jahresabschluss ist innerhalb von drei Monaten nach dem Ende des Geschäftsjahres von den Gesellschaftern aufzustellen und festzustellen.

(2) Für jeden Gesellschafter wird ein festes Kapitalkonto I, ein bewegliches Kapitalkonto II und ein Darlehenskonto geführt. Das Kapitalkonto I entspricht dem Kapitalanteil. Auf dem Kapitalkonto II werden nicht entnahmefähige Gewinnanteile und Verlustanteile verbucht. Auf dem Darlehenskonto werden die entnahmefähigen Gewinnanteile, die Entnahmen und der sonstige Zahlungsverkehr zwischen Gesellschafter und Gesellschaft verbucht. Die Kapitalkonten werden unverzinslich geführt. Guthaben und Soll auf den Darlehenskonten sind mit 6 % jährlich zu verzinsen.

(3) Gewinn und Verlust werden im Verhältnis der Kapitalanteile verteilt. Die Gewinnanteile sind zunächst zum Ausgleich des Kapitalkontos II zu verwenden und werden im Übrigen den Darlehenskonten gutgeschrieben. Guthaben auf Darlehenskonten können jederzeit entnommen werden.

(4) Die Gesellschafter können monatliche Vorabentnahmen vornehmen, deren Höhe sich nach dem Verhältnis der Kapitalanteile und einem jährlich anlässlich der Feststellung des Jahresabschlusses zu fassenden Gesellschafterbeschluss richtet. Die Vorabentnahmen werden auf den Darlehenskonten verbucht.

§ 7 Abtretung und Belastung der Beteiligung

Die Abtretung und Belastung der Beteiligung bedarf zu ihrer Wirksamkeit der vorherigen Zustimmung aller Gesellschafter.

§ 8 Tod eines Gesellschafters

Beim Tod eines Gesellschafters wird die Gesellschaft mit dessen Erben fortgesetzt.

§ 9 Ausschließung

(1) Wird über das Vermögen eines Gesellschafters das Insolvenzverfahren eröffnet oder wird die Zwangsvollstreckung in sein Auseinandersetzungsguthaben oder ein sonstiges Gesellschaftsrecht betrieben, können die übrigen Gesellschafter den Ausschluss des betreffenden Gesellschafters beschließen. Der Ausschluss wird mit der Bekanntgabe des Beschlusses, im Falle der Einzelzwangsvollstreckung jedoch erst drei Monate nach Bekanntgabe des Beschlusses wirksam, es sei denn, dass der betroffene Gesellschafter bis dahin die eingeleiteten Vollstreckungsmaßnahmen abgewendet hat.

(2) Im Übrigen kann der Gesellschafter ausgeschlossen werden, wenn hierzu ein wichtiger Grund vorliegt, insbesondere wenn ein Gesellschafter durch sein Verhalten die Gesellschaftsinteressen schädigt oder wenn auf Grund seines Verhaltens den übrigen Gesellschaftern die Fortsetzung der Gesellschaft mit ihm nicht mehr zugemutet werden kann.

§ 10 Abfindung

Der ausscheidende Gesellschafter erhält als Abfindung 75 % des wirklichen Wertes seiner Beteiligung. Der wirkliche Wert der Beteiligung ist von einem von der Industrie- und Handelskammer zu bestimmenden Sachverständigen als Schiedsgutachter auf Kosten der Gesellschaft verbindlich festzustellen. Der Schiedsgutachter kann, wenn durch die sofortige Auszahlung der Abfindung die Liquidität der Gesellschaft beeinträchtigt würde, eine angemessene Ratenzahlung bestimmen.

§ 11 Salvatorische Klausel

Sollten Bestimmungen dieses Vertrages oder eine künftig in ihn aufgenommene Bestimmung ganz oder teilweise nicht rechtswirksam oder nicht durchführbar sein oder ihre Rechtswirksamkeit oder Durchführbarkeit später verlieren, so soll hierdurch die Gültigkeit der übrigen Bestimmungen des Vertrages nicht berührt werden. Das Gleiche gilt, soweit sich herausstellen sollte, dass der Vertrag eine Regelungslücke enthält. Anstelle der unwirksamen oder undurchführbaren Bestimmungen oder zur Auffüllung der Lücke soll eine angemessene Regelung gelten, die, soweit rechtlich möglich, dem am nächsten kommt, was die Gesellschafter gewollt haben oder nach dem Sinn und Zweck des Vertrages gewollt hätten, sofern sie bei Abschluss dieses Vertrages oder bei der späteren Aufnahme einer Bestimmung den Punkt bedacht hätten.

IV. Entstehung und Beendigung der OHG

1. Neugründung

16 Der gesetzlich vorausgesetzte Regelfall des Zusammenschlusses mehrerer Personen zur Neugründung und Anmeldung einer OHG (§§ 105, 106, 108 HGB) ist die praktische Ausnahme. Unternehmensgründungen erfolgen heute überwiegend in der Rechtsform der GmbH, der GmbH & Co. KG oder der AG.

2. Entstehung aus der BGB-Gesellschaft bei Betrieb eines Handelsgewerbes

17 Nimmt eine bestehende Gesellschaft bürgerlichen Rechts, die bisher kein Handelsgewerbe betrieben hat, ein solches in ihre Tätigkeit auf oder erhält eine bisher ein Handelsgewerbe ohne in kaufmännischer Weise eingerichteten Betrieb betreibende BGB-Gesellschaft jetzt einen derartigen kaufmännischen Betrieb, entsteht eine anmeldungspflichtige OHG.

3. Entstehung bei fakultativer Eintragung nach § 105 Abs. 2 HGB

18 Nach § 105 Abs. 2 HGB ist eine Gesellschaft, deren Gewerbebetrieb nach Art oder Umfang einen in kaufmännischer Weise eingerichteten Geschäftsbetrieb nicht erfordert oder die nur ihr eigenes

Vermögen verwaltet, offene Handelsgesellschaft, wenn die Firma des Unternehmens in das Handelsregister eingetragen ist. Die konstitutive Anmeldung und die jederzeit mögliche Abmeldung zur Löschung richten sich nach § 2 Satz 2 und 3 HGB. Bis zur Eintragung handelt es sich um eine BGB-Gesellschaft.

4. Entstehung aus der Einzelfirma

Ein häufiger Fall ist die Aufnahme einer weiteren Person in die vollkaufmännische Einzelfirma. 19
Hierdurch entsteht eine OHG, wenn beide Geschäftsinhaber jetzt voll haften und nicht die Gründung einer GmbH vorziehen.

5. Entstehung durch Umwandlung

Nach dem Umwandlungsgesetz kann die OHG im Wege der Gesamtrechtsnachfolge aus einer Ka- 20
pitalgesellschaft entstehen (§§ 228 ff. UmwG), weiter im Wege der partiellen Sonderrechtsnachfolge durch Spaltung einer Personen- oder Kapitalgesellschaft auf eine neu zu gründende OHG (§ 123 UmwG). **Steuerlich** sind insoweit die **Vorschriften des UmwStG** zu beachten.

6. Beendigung der OHG

Die gesetzlichen Auflösungsgründe finden sich in § 131 HGB. Praktisch relevante Auflösungsgrün- 21
de sind der Auflösungsbeschluss, die Gesellschafterinsolvenz, das Eintreten von Kommanditisten bzw. die Umwandlung einer Komplementär- in eine Kommanditbeteiligung mit der Folge der Entstehung einer KG und der Wechsel in eine andere Gesellschaftsform nach dem Umwandlungsgesetz. Je nachdem führt die Auflösung dann zur Liquidation oder zur Fortsetzung in anderer Rechtsform.

V. Firma, Sitz und Unternehmensgegenstand

1. Firma der OHG

Die vom Handelsrechtsreformgesetz 1998 vorgenommene **Liberalisierung des Firmenrechts** wirkt 22
sich auch auf die Firma der OHG aus. Als gesetzliche Vorgabe bestimmt § 19 Abs. 1 Nr. 2 HGB lediglich noch, dass bei einer offenen Handelsgesellschaft diese Bezeichnung oder eine allgemeinverständliche Abkürzung (zB OHG) Firmenbestandteil zu sein hat. Damit sind zulässig die – nicht notwendigerweise aus der Person des bzw. eines Inhabers abgeleitete (OLG München NZG 2013, 108 zu fiktiver Namensfirma beim Einzelkaufmann) – Personenfirma (zb „Selmer OHG“), die Sachfirma (zB „Plastikteile OHG“), die Fantasiefirma (zB „Selpla OHG“) und die gemischte Firma (zB „Selmer Plastikteile OHG“ oder „Selpla Plastikteile OHG“).

Die Personenfirma, die Sachfirma, die Fantasiefirma und deren Kombinationen mit dem zwingenden Rechtsformzusatz sind zulässig, wenn sie Kennzeichnungs- und Unterscheidungskraft nach § 18 Abs. 1 HGB besitzen, nicht irreführend iSv. § 18 Abs. 2 HGB sind und sich von allen an demselben Ort oder in derselben Gemeinde bereits bestehenden eingetragenen Firmen deutlich unterscheiden, wie es der unveränderte § 30 Abs. 1 HGB vorschreibt. Aus dem Erfordernis der Kennzeichnungseignung ergibt sich, dass die Firma Namensfunktion haben muss. Das Merkmal der Unterscheidungskraft bezieht sich auf die Individualisierung, also die Eignung, den Unternehmensträger von anderen zu unterscheiden. Die Anforderungen der Rechtsprechung und Lehre an die Erfüllung dieser Tatbestandsmerkmale sind auf ein im Vergleich zu früher weit geringeres Level gesunken. So werden auch reine Buchstabenfolgen (zB „SP OHG“) – ihre Aussprechbarkeit vorausgesetzt – heute als firmentauglich anerkannt (BGH NZG 2009, 192 zur „HM & A GmbH & Co. KG“), während bloße Zahlenfolgen nach wie vor verbreitet kritisch gesehen werden (Kammergericht NZG 2013, 1153 zu „23 GmbHG“).

Der **Rechtsformzusatz** ist auch bei der abgeleiteten Firma erforderlich. Bei der Firmenfortführung sind die Haftungsfolgen des § 25 HGB zu beachten.

2. Sitz der OHG

23 Nach § 106 Abs. 1 HGB ist die OHG bei dem Gericht, in dessen Bezirk sie ihren Sitz hat, zur Eintragung in das Handelsregister anzumelden. In der Anmeldung ist der Ort des Sitzes anzugeben, § 106 Abs. 2 Nr. 2 HGB. Nach dem Sitz bestimmen sich neben dem zuständigen Registergericht insbesondere das zuständige Finanzamt, die zuständige Industrie- und Handelskammer und der allgemeine Gerichtsstand des § 17 Abs. 1 Satz 1 ZPO.

Nach der – auch nach Inkrafttreten des MoMiG – nach wie vor hM wird der Sitz zwingend vom tatsächlichen Ort der Geschäftsführung bestimmt. Abweichende gesellschaftsvertragliche Bestimmungen sind nicht möglich (KG NZG 2012, 1346; BGH WM 1957, 999; BGH DB 1969, 343; BayObLG WM 1986, 968; Baumbach/Hopt § 106 HGB Rz. 8). Die Sitzverlegung setzt die Verlegung der Geschäftsführung an einen anderen Ort voraus. Sie ist ein tatsächlicher und kein rechtsgeschäftlicher Vorgang (BGH WM 1957, 999). Die OHG kann nur einen Sitz haben (Baumbach/Hopt § 106 HGB Rz. 9).

3. Unternehmensgegenstand der OHG

24 Der Zweck der Gesellschaft muss nach § 105 Abs. 1 HGB auf den Betrieb eines Handelsgewerbes gerichtet sein, damit überhaupt eine OHG vorliegt. Von diesem konstituierenden Zweck ist der Gegenstand des Unternehmens als Festlegung des Tätigkeitsbereichs im Einzelnen zu unterscheiden (K. Schmidt, GesR, § 4 II 3a, b). Betreibt die OHG etwa zunächst den Handel mit Textilien und geht dann zum Handel mit Schmuck über, so bleibt sie nach § 105 Abs. 1 iVm. § 1 Abs. 1 HGB eine ein Handelsgewerbe betreibende OHG, ändert aber ihren Unternehmensgegenstand; abzugrenzen sind solche Fälle von den Fällen der Gründung einer personengleichen Personengesellschaft und dem Fortbestand der zuerst gegründeten Gesellschaft. Gegenstand der nach § 105 Abs. 2 HGB durch Eintragung entstehenden OHG kann auch die Verwaltung des eigenen Vermögens sein.

Die Festlegung des Unternehmensgegenstandes im Gesellschaftsvertrag ist nicht erforderlich, solange es nur einen gemeinsamen Zweck iSd § 705 BGB gibt. Der vereinbarte Unternehmensgegenstand definiert die Geschäftsführungshandlungen, die zum gewöhnlichen Betrieb iSv. § 116 Abs. 1 HGB gehören. Handlungen der geschäftsführenden Gesellschafter außerhalb des vereinbarten Unternehmensgegenstandes sind außergewöhnliche Geschäfte, die der vorherigen Abstimmung bedürfen. Weiterhin grenzt der vereinbarte Unternehmensgegenstand den Umfang des sich aus § 112 Abs. 1 HGB ergebenden Wettbewerbsverbots der Gesellschafter ab. Aus diesen Gründen ist die Festlegung des Unternehmensgegenstandes im Gesellschaftsvertrag zweckmäßig. Nach § 24 HRV ist der Unternehmensgegenstand auch zum Handelsregister anzumelden, soweit er sich nicht schon aus der Firma ergibt.

VI. Gesellschafter, Einlagen

1. Stellung der Gesellschafter

25 Die Gesellschafter der OHG haben einerseits mitgliedschaftliche Rechte wie das Stimmrecht, den Gewinnanspruch und Geschäftsführungs- und Vertretungsbefugnisse, andererseits mitgliedschaftliche Pflichten wie Beitragspflichten, Förderungspflichten, Treuepflichten und die Haftung für Verbindlichkeiten der Gesellschaft. Weiterhin sind sie am Gesellschaftsvermögen beteiligt. Der Gesamtbereich dieser Beteiligung an der Gesellschaft wird als Mitgliedschaft bezeichnet, wobei überwiegend die persönlichen Mitgliedschaftsrechte und -pflichten von der vermögensmäßigen Beteiligung an der Gesellschaft kategorisch unterschieden werden.

2. Gesellschafterfähigkeit, Minderjährige

26 Gesellschafter einer OHG können grundsätzlich sein alle natürlichen und juristischen Personen, aber auch Personengesamtheiten ohne Rechtsfähigkeit, die im Verkehr als selbständige Einheit auftreten und haftungsmäßig abgrenzbar sind. Insbesondere kann eine OHG oder KG Gesellschafter einer anderen OHG sein. Die BGB-Gesellschaft ist nach der Zuerkennung der Rechtsfähigkeit ebenfalls gesellschafterfähig. Dagegen ist die Erbengemeinschaft nicht gesellschafterfähig (BGHZ

58, 316), nach herkömmlicher, heute aber von vielen bestrittener Auffassung auch nicht der nicht rechtsfähige Verein (Staub/Schäfer § 105 HGB Rz. 99).

Minderjährige Gesellschafter werden durch die Eltern als gesetzliche Vertreter oder, wenn diese selbst Gesellschafter sind, durch einen Pfleger vertreten, §§ 1629 Abs. 2 Satz 1, 1795 Abs. 2, 181 BGB. Ihre Beteiligung an der OHG bedarf nach §§ 1822 Nr. 3, 1643, 1915 BGB der vormundschaftsgerichtlichen Genehmigung.

3. Rechte und Pflichten des Gesellschafters

a) Persönliche Rechtsausübung, Abspaltungsverbot

Der zwingenden persönlichen Haftung des Gesellschafters muss nach der Grundstruktur der OHG 27
die persönliche Ausübung der Gesellschafterrechte entsprechen. Der Grundsatz der persönlichen Rechtsausübung ist die Folge des Grundsatzes der persönlichen Haftung (BGHZ 20, 363, 368). Es gilt das zwingende und gesellschaftsvertraglich nicht abdingbare **Abspaltungsverbot** (BGH in ständiger Rspr. seit BGHZ 3, 354), nach dem Mitgliedschaftsrechte nicht von der Mitgliedschaft abgespalten und auf andere Gesellschafter oder Dritte übertragen werden können, § 717 BGB. Dies gilt insbesondere für das Stimmrecht und die sonstigen Verwaltungsrechte.

b) Stimmrecht

Das Stimmrecht als das Recht, in der Gesellschafterversammlung mitzustimmen, gehört zum 28
Kernbereich der Mitgliedschaft. Im Einzelfall kann den Gesellschafter ein Stimmverbot treffen, und zwar in den ausdrücklich gesetzlich geregelten Fällen (§§ 112 Abs. 2, 113 Abs. 2, 117, 127, 140 Abs. 1, 141 HGB) und in weiteren Fällen der Interessenkollision. Grundsätze sind (K. Schmidt, GesR, § 21 II 2), dass kein Gesellschafter durch Mitwirkung an Gesellschafterbeschlüssen zum Richter in eigener Sache werden darf, weiter, dass kein Gesellschafter durch Mitwirkung an Gesellschafterbeschlüssen gegen das allgemeine Verbot des Selbstkontrahierens verstoßen darf.

Die **unterschiedliche Gewichtung** der Stimmrechte der einzelnen Gesellschafter, etwa durch die 29
gesellschaftsvertragliche Bestimmung, dass nicht nach Köpfen, sondern nach Kapitalanteilen abgestimmt wird, ist zulässig. Ebenso sind, wenn der Bestimmtheitsgrundsatz beachtet ist, auch gesellschaftsvertragliche Mehrheitsklauseln zulässig.

Streitig ist, ob gesellschaftsvertraglich für einen persönlich haftenden Gesellschafter das Stimmrecht 30
ganz **ausgeschlossen** werden kann. Teilweise wird dies unter Berufung auf den auch dem Abspaltungsverbot zu Grunde liegenden Gedanken des zwingenden Zusammenhangs zwischen Haftung und Herrschaft verneint (Wiedemann, GesR, § 7 II 1; Heymann/Emmerich, § 119 HGB Rz. 25). Die hL (Ebenroth/Boujong/Joost/Strohn/Goette § 119 HGB Rz. 14; Flume, PersGes, § 14 III) hält den Stimmrechtsausschluss grundsätzlich für zulässig. Dies gilt uneingeschränkt im Bereich der Geschäftsführungsakte oder anderer Organisationsakte. Im Bereich der Vertragsänderungen bedürfen dagegen Beschlüsse, die die Rechte des stimmrechtslosen Gesellschafters schmälern oder seine Pflichten erhöhen, der Zustimmung des stimmrechtslosen Gesellschafters (BGHZ 20, 363, 370).

c) Informationsrechte

Informationsrechte (Kontrollrechte nach § 118 HGB und Auskunftsansprüche nach §§ 105 Abs. 2 31
HGB, 713, 666 BGB oder § 242 BGB) gehören zum Kernbereich der Mitgliedschaft (BGH ZIP 1994, 1942). Gesellschaftsvertragliche Regelungen – auch Einschränkungen – der Informationsrechte sind möglich, ein vollständiger Ausschluss aber nicht (Haas in Röhricht/Graf von Westphalen/Haas § 118 HGB Rz. 17).

d) Geschäftsführungs- und Vertretungsbefugnis

Nach § 117 HGB ist jeder OHG-Gesellschafter zur Geschäftsführung berechtigt und verpflichtet. Es 32
gelten die Grundsätze der Selbstorganschaft und des Abspaltungsverbots. Gesetzliche Regel ist die **Einzelgeschäftsführung** mit Widerspruchsrecht gegen die Geschäftsführungsmaßnahmen der an-

deren Gesellschafter, § 115 Abs. 1 HGB. Der Gesellschaftsvertrag kann die Geschäftsführungsbefugnis abweichend regeln, § 109 HGB.

33 Die Vereinbarungsfreiheit ist hier groß. So kann **Gesamtgeschäftsführung** vorgesehen werden, § 115 Abs. 2 HGB. Einzelne Gesellschafter können von der Geschäftsführung **ausgeschlossen** werden, § 114 Abs. 2 HGB. Das Zustimmungserfordernis nach § 116 Abs. 2 HGB für außergewöhnliche Geschäfte kann abbedungen werden. Die Geschäftsführung kann auf die Gesellschafter nach Bereichen aufgeteilt werden, zB für den kaufmännischen und den technischen Bereich. Es kann vorgesehen werden, dass die Geschäftsführungsbefugnis mit Erreichung eines bestimmten Lebensalters erlischt.

34 Die **Vertretungsbefugnis** ist der Teil der Geschäftsführungsbefugnis, der die organschaftliche Vertretung der Gesellschaft nach außen betrifft. Die Grundsätze der Selbstorganschaft und des Abspaltungsverbots gelten auch und gerade hier. Im Interesse des Rechtsverkehrs sind die gesellschaftsvertraglichen Abänderungsmöglichkeiten eingeschränkt. Der Umfang der Vertretungsmacht kann nicht beschränkt werden, § 126 HGB. Gesellschafter können von der Vertretung ausgeschlossen werden, § 125 Abs. 1 HGB. Es kann echte oder gewünschte Gesamtvertretung vorgesehen werden, § 125 Abs. 2, 3 HGB.

35 Aus **wichtigem Grund** kann der Gesellschafter die Geschäftsführung kündigen, §§ 105 Abs. 2 HGB, 712 Abs. 2 BGB. Die Kündigung führt zum Erlöschen seiner Vertretungsmacht. Umgekehrt kann dem Gesellschafter das Geschäftsführungs- und Vertretungsrecht aus wichtigem Grund entzogen werden, §§ 117, 127 HGB.

e) Vermögensbeteiligung und Gewinnanspruch

36 Neben der persönlichen Haftung ist die persönliche Beteiligung am gesamthänderisch gebundenen Gesellschaftsvermögen für die OHG kennzeichnend. An verschiedenen Gesetzesstellen wird die vermögensmäßige Beteiligung an der Gesellschaft als Kapitalanteil bezeichnet (zB §§ 120 Abs. 2, 121 Abs. 1 Satz 1 und Abs. 2, 122 Abs. 1 und 2, 155 Abs. 1 HGB). Der Gesellschaftsvertrag kann bestimmen, dass einzelne Gesellschafter keinen Kapitalanteil haben sollen. Dies gilt zB für den familienfremden Manager, der in die Gesellschaft als persönlich haftender geschäftsführender Gesellschafter aufgenommen wird, an ihrem Vermögen aber nicht beteiligt ist, keinen Gewinnanspruch hat und ohne Abfindung ausscheidet. Aus der vermögensmäßigen Beteiligung an der OHG folgt die Ergebnisbeteiligung. Der vorerwähnte geschäftsführende Gesellschafter ohne Kapitalanteil wird über sein Gehalt und eine Gewinntantieme am Ergebnis beteiligt.

f) Beitragspflichten

37 Jeder Gesellschafter stellt wegen der zwingenden persönlichen Haftung der Gesellschaft seine persönliche Kreditwürdigkeit zur Verfügung. Daneben werden regelmäßig noch andere Einlagepflichten vereinbart, etwa zur Einbringung von Geld, Gewährung von Darlehen, Einbringung von Sachen zu Eigentum oder zum Gebrauch der Gesellschaft, Einbringung von Sachgesamtheiten wie etwa eines Unternehmens, Einbringung von immateriellen Wirtschaftsgütern wie etwa eines Knowhow oder Einbringung von Dienstleistungen. Der erbrachte Beitrag wird üblicherweise als Einlage bezeichnet. Er kann für die Höhe des Kapitalanteils maßgeblich sein. Der Gesellschaftsvertrag kann Nachschusspflichten vorsehen.

g) Treuepflichten

38 Aus der allgemeinen Zweckförderungspflicht des Gesellschafters folgt die gesellschaftsrechtliche Treuepflicht, die den Rang von Gewohnheitsrecht hat (Stimpel in FS 25 Jahre BGH, S. 19). Sie beinhaltet die Verpflichtung zur gesellschaftszweckorientierten Ausübung von Gestaltungsrechten. Die Treuepflicht beherrscht das vom gegenseitigen Vertrauen getragene Gesellschaftsverhältnis in einer handelsrechtlichen Personengesellschaft in besonderem Maße (BGHZ 89, 162/165). Kraft dieser Treuepflicht kann der Gesellschafter verpflichtet sein, bei notwendigen oder zweckmäßigen Anpassungen des Gesellschaftsvertrages oder des Gesellschaftsverhältnisses mitzuwirken. Dabei sind

auch seine Individualinteressen in der Weise zu berücksichtigen, dass persönliche Nachteile nicht entstehen oder auf Verlangen ausgeglichen werden (BGH WM 1986, 1348; BGH ZIP 1987, 914). Die Treuepflicht ist justitiabel. Sie kann im Wege der Leistungsklage über § 894 ZPO durchgesetzt werden, vorausgesetzt, das Ermessen des Gesellschafters ist dergestalt eingeschränkt, dass nur eine einzige Art der Ausübung mit dem Gesellschaftsinteresse vereinbar ist und dementsprechend eine Verpflichtung zur Abgabe einer bestimmten Erklärung besteht.

h) Wettbewerbsverbote

Ausfluss der gesellschaftsrechtlichen Treuepflicht ist das in § 112 Abs. 1 HGB normierte Wettbewerbsverbot des Inhalts, dass ein Gesellschafter ohne Einwilligung der anderen weder im Handelszweig der Gesellschaft Geschäfte machen darf, noch Komplementär einer anderen gleichartigen Handelsgesellschaft werden darf. Darüber hinaus gilt der Grundsatz, dass der Gesellschafter Geschäftschancen der Gesellschaft nicht für sich selbst nutzen darf, sondern allein für die Gesellschaft zu nutzen hat (BGHZ 80, 69; BGH ZIP 1989, 986). 39

Das Wettbewerbsverbot gilt für alle Gesellschafter unabhängig von ihrer Geschäftsführungsbefugnis (BGHZ 89, 162/165). Der Bereich des Wettbewerbsverbots bestimmt sich nach dem vertraglich festgelegten Unternehmensgegenstand, aber auch nach dem tatsächlich praktizierten Geschäftsbetrieb der Gesellschaft im Zeitpunkt der Wettbewerbshandlung. Das Wettbewerbsverbot ist disponibel. Im Gesellschaftsvertrag können Einschränkungen bis zur völligen Befreiung und Erweiterungen, etwa über die Dauer der Gesellschaftszugehörigkeit hinaus, vorgenommen werden.

Der Verstoß gegen das Wettbewerbsverbot ist Verletzung einer Gesellschafterpflicht mit den möglichen Folgen der Unterlassungsverpflichtung, der Entziehung von Geschäftsführungs- und Vertretungsbefugnissen (§§ 117, 127 HGB) oder des Ausschlusses (§§ 140, 142 HGB). Weiterhin kann die Gesellschaft nach § 113 HGB Schadensersatz verlangen oder wahlweise in das Geschäft eintreten. Zusätzlich kann der Gesellschaftsvertrag Vertragsstrafen vorsehen.

i) Persönliche Haftung

Nach § 128 Satz 1 HGB haftet der Gesellschafter für die Verbindlichkeiten der Gesellschaft deren Gläubigern persönlich und mit weiteren Gesellschaftern gesamtschuldnerisch. Bei nachträglichem Eintritt gilt dies auch für die vor dem Eintritt begründeten Verbindlichkeiten, § 130 Abs. 1 HGB. Diese Haftung kann durch Vereinbarung der Gesellschafter gegenüber gesellschaftsfremden Gläubigern nicht ausgeschlossen werden, §§ 128 Satz 2, 130 Abs. 2 HGB. Der Gesellschafter haftet unmittelbar, primär, unbeschränkt und auf das Ganze. Auf dieser persönlichen Haftung aller Gesellschafter beruht das besondere Ansehen der OHG. Sie ist die Rechtfertigung dafür, dass es bei der OHG keiner weiteren Gläubigersicherung durch Vorschriften über Mindestkapital, Kapitalerbringung und Kapitalerhaltung bedarf. 40

Die Forderung des Gläubigers gegen den Gesellschafter ist mit seiner Forderung gegen die Gesellschaft nicht identisch. Die Haftung des Gesellschafters steht aber zur Verbindlichkeit der Gesellschaft im Verhältnis der Akzessorietät. Alle die Gesellschaftsverbindlichkeit berührenden Tatsachen wirken sich auch im Verhältnis zwischen Gläubiger und Gesellschafter aus. Dies bewirkt einen prinzipiellen Gleichlauf von Gesellschaftsverbindlichkeit und Gesellschafterhaftung (BGHZ 73, 217, 225). Diese Akzessorietät erlischt mit dem Ausscheiden des Gesellschafters aus der Gesellschaft, da dann der ausgeschiedene Gesellschafter keinen Einblick und Einfluss mehr hat (BGHZ 36, 224, 227). Es ist dann in Anwendung des Rechtsgedankens des § 425 BGB jeweils zu prüfen, welche Veränderungen im Bereich der Gesellschaftsschuld sich auf den ausgeschiedenen Gesellschafter auswirken und welche nicht. 41

➲ **Hinweis:** Die alte Streitfrage, ob der Gesellschafter inhaltlich dieselbe Leistung schuldet wie die Gesellschaft (Erfüllungstheorie) oder lediglich für die Erfüllung in dem Sinne einsteht, dass er bei Nichterfüllung durch die Gesellschaft Schadensersatz wegen Nichterfüllung zu leisten hat (Haftungstheorie), löst der BGH (BGHZ 23, 302; BGHZ 59, 64; BGHZ 73, 217; BGH WM 1983, 220; BGH BB 1987, 1201) differenzierend im Wege der Fallgruppenbildung. Ist die 42

Erfüllung durch den Gesellschafter möglich und zumutbar, so wird sie von ihm auch geschuldet. Ist dies nicht der Fall, so haftet der Gesellschafter nur auf Geldersatz.

4. Gesellschaftsvermögen und Einlagen

a) Gesamthandsvermögen, Anwachsung

43 Nach §§ 105 Abs. 2 HGB, 719 Abs. 1 BGB steht das Gesellschaftsvermögen den Gesellschaftern gemeinsam zu. Dieses gesamthänderisch gebundene Sondervermögen ist vom persönlichen Vermögen der Gesellschaft zu unterscheiden. Der einzelne Gesellschafter hat lediglich einen Anteil am Gesamthandsvermögen, nicht aber einen Anteil an den einzelnen Vermögensgegenständen. Scheidet ein Gesellschafter etwa durch Austritt oder Tod aus der Gesellschaft aus, so wächst sein Anteil am Gesellschaftsvermögen den anderen Gesellschaftern zu, Anwachsungsprinzip. Wird ein Vermögensgegenstand von einem Gesellschafter in die Gesellschaft eingebracht, so ist er dieser nach den jeweiligen rechtsgeschäftlichen Übertragungsregeln zu übereignen. So ist zB ein Grundstück vom Privatvermögen des Gesellschafters zum Gesamthandsvermögen der Gesellschaft aufzulassen, §§ 873, 925 BGB. Umgekehrt erfolgt bei Entnahme die Auflassung vom Gesamthandsvermögen zum Privatvermögen.

b) Einlagen

44 Den Grundstock ihres Vermögens erhält die OHG durch die Einlagen der Gesellschafter bei Gründung. Auch spätere Einlagen sind möglich und häufig. Weiteres Vermögen erwirbt die Gesellschaft durch ihre Geschäftstätigkeit und Erwerbsgeschäfte mit Dritten.

VII. Dauer, Geschäftsjahr

45 Die OHG kann auf bestimmte Zeit unkündbar vereinbart werden, wobei eine zu lange Dauer gegen § 138 HGB verstoßen kann (zur GbR: BGH ZIP 2012, 1599). Üblich ist die Vereinbarung auf unbestimmte Zeit, für die § 132 HGB eine disponible Kündigungsregelung vorsieht. Das Geschäftsjahr hat handelsrechtliche und steuerrechtliche Bedeutung (vgl. zB § 242 HGB, § 4a EStG). Die OHG kann nach § 4a Abs. 1 Nr. 2 EStG ein vom Kalenderjahr abweichendes Geschäftsjahr haben, da ein Eintrag im Handelsregister insoweit gegeben ist.

VIII. Geschäftsführung und Vertretung

1. Abgrenzung von Geschäftsführung und Vertretung

46 Das Gesetz unterscheidet zwischen der Führung der Geschäfte der Gesellschaft (§§ 114–117 HGB) und der Vertretung der Gesellschaft (§§ 125–127 HGB). Die Geschäftsführung betrifft das Innenverhältnis, das Rechtsverhältnis der Gesellschafter untereinander, die Vertretung das Außenverhältnis, das Rechtsverhältnis zu Dritten. Nach der Geschäftsführungsbefugnis bestimmt sich das rechtliche Dürfen im Innenverhältnis, nach der Vertretungsmacht das rechtliche Können im Außenverhältnis. Dieselbe Handlung kann beiden Bereichen zuzuordnen sein. So ist der Abschluss eines Umsatzgeschäftes der Gesellschaft mit einem Dritten für den handelnden Gesellschafter sowohl Ausübung seiner Geschäftsführungsbefugnis im gewöhnlichen Geschäftsbetrieb wie seiner Vertretungsmacht nach außen.

2. Geschäftsführung

47 Geschäftsführung ist die Tätigkeit, die für die Gesellschaft zur Förderung des Gesellschaftszwecks wahrgenommen wird und nicht die Grundlagen des Gesellschaftsverhältnisses berührt. Die Geschäftsführung umfasst Rechtsgeschäfte wie den Abschluss von Verträgen, tatsächliche Handlungen wie die Buchführung, die Korrespondenz oder die Personalführung und prozessuale Handlungen wie die Prozessführung im Interesse der Gesellschaft. Zu ihr gehören gewöhnliche Geschäfte nach § 116 Abs. 1 HGB, die ohne vorherigen Gesellschafterbeschluss vorgenommen werden dürfen, und

ungewöhnliche Geschäfte nach § 116 Abs. 2 HGB, die eines vorherigen Gesellschafterbeschlusses bedürfen. Von der Geschäftsführung ausgenommen und ausschließlich der Gesellschafterversammlung vorbehalten sind die Geschäfte, die die Grundlagen der Gesellschaft betreffen (Schlegelberger/Martens § 114 HGB Rz. 4). Hierzu gehören Vertragsänderungen, die Bestellung der Gesellschaftsorgane, die Bilanzfeststellung und Geschäfte, die das wesentliche Betriebsvermögen betreffen (BGH NJW 1995, 596).

Grundsätzlich hat jeder Gesellschafter das Recht und die Pflicht zur Geschäftsführung. Der Haftungsmaßstab ergibt sich aus § 708 BGB. Das Gesetz geht von Einzelgeschäftsführung mit Widerspruchsrecht der übrigen Geschäftsführer aus, § 115 Abs. 1 HGB. Der Gesellschaftsvertrag kann die Geschäftsführungsbefugnis abweichend regeln, § 109 HGB.

Die Vereinbarungsfreiheit ist hier groß. So kann Gesamtgeschäftsführung vorgesehen werden, § 115 Abs. 2 HGB. Einzelne Gesellschafter können von der Geschäftsführung ausgeschlossen werden, § 114 Abs. 2 HGB. Das Zustimmungserfordernis nach § 116 Abs. 2 HGB für außergewöhnliche Geschäfte kann abbedungen werden. Die Geschäftsführung kann auf die Gesellschafter nach Bereichen aufgeteilt werden, zB für den kaufmännischen und den technischen Bereich. Es kann vorgesehen werden, dass die Geschäftsführungsbefugnis mit Erreichung eines bestimmten Lebensalters erlischt. 48

Die Geschäftsführertätigkeit ist Ausfluss der Gesellschafterstellung und damit keine entgeltliche Dienstleistung iS der §§ 611 ff. BGB. Ein Vergütungsanspruch besteht nur, wenn er im Gesellschaftsvertrag vorgesehen ist oder durch Gesellschafterbeschluss festgelegt wurde. Nach jetzt hL handelt es sich dann um einen Gewinnvoraus im Rahmen einer Gewinnverteilungsabrede (Riegger DB 1983, 1909; Schlegelberger/Martens § 114 HGB Rz. 23; MünchKomm.BGB/Ulmer/Schäfer § 709 BGB Rz. 32). Weiterhin können im Rahmen des § 110 HGB Aufwendungsersatzansprüche entstehen, soweit die Aufwendungen nicht als durch die vereinbarte Vergütung abgedeckt anzusehen ist. 49

3. Vertretung

Die Vertretung der OHG erfolgt organschaftlich nur durch Gesellschafter, Grundsatz der Selbstorganschaft. Den Umfang der Vertretungsmacht legt § 126 HGB zwingend und umfassend fest. Nur Grundlagengeschäfte wie die Veräußerung und Verpachtung des Unternehmens insgesamt sind von der Vertretungsmacht nicht mehr gedeckt und der Gesellschaftergesamtheit vorbehalten (BGH NJW 1995, 596). 50

Nach der gesetzlichen Regel des § 125 Abs. 1 HGB besteht grundsätzlich Einzelvertretungsbefugnis. 51
Die Regelung ist dispositiv. Im Gesellschaftsvertrag kann bestimmt werden, dass

- einzelne Gesellschafter von der Vertretung ausgeschlossen sind, § 125 Abs. 1,
- alle oder einzelne Gesellschafter die Gesellschaft nur gemeinschaftlich vertreten können, Gesamtvertretung nach § 125 Abs. 2,
- bei Gesamtvertretung auch gemeinsam mit einem oder mehreren Prokuristen vertreten werden kann, gemischte Gesamtvertretung nach § 125 Abs. 3 HGB.

Gesellschafter mit Gesamtvertretungsbefugnis können nach § 125 Abs. 2 Satz 2 HGB einzelne von ihnen zur Vornahme bestimmter Geschäfte oder bestimmter Arten von Geschäften ermächtigen. Der Ermächtigte wird dadurch partiell zum organschaftlichen Alleinvertreter (BGHZ 64, 72, 75). Der Ermächtigte kann ohne Verstoß gegen § 181 BGB an seiner eigenen Ermächtigung mitwirken (BGHZ 64, 72, 76 f.).

Die Vertretungsmacht der Gesellschafter ist, auch wenn es bei der gesetzlichen Einzelvertretung verbleibt, nach § 106 Abs. 2 Nr. 4 HGB zum Handelsregister anzumelden. 52

IX. Willensbildung der Gesellschaft

1. Gesellschafterbeschlüsse

Die interne Willensbildung der Gesellschaft vollzieht sich durch Gesellschafterbeschlüsse. Nach § 119 Abs. 1 HGB werden sie von allen zur Mitwirkung bei der Beschlussfassung berufenen Gesell- 53 schaftern einstimmig gefasst. Nach § 119 Abs. 2 HGB kann der Gesellschaftsvertrag Mehrheitsbeschlüsse vorsehen. Nicht stimmberechtigt ist, wer einem Stimmverbot oder einem Stimmrechtsausschluss unterliegt.

2. Mehrheitsprinzip

54 Gesellschaftsvertragliche Mehrheitsklauseln etwa des Inhalts, dass Gesellschafterbeschlüsse mit einfacher Mehrheit der abgegebenen Stimmen erfolgen, unterliegen einer zweifachen Einschränkung. Zunächst ist in formaler Hinsicht zu prüfen, ob die fragliche Mehrheitsklausel den konkreten Beschlussgegenstand abdeckt; sodann ist auf einer zweiten Stufe der Beschluss einer inhaltlichen Kontrolle insbesondere anhand der Kernbereichslehre und des Treuegrundsatzes zu unterwerfen.

55 Wegen Einzelheiten kann auf Kap. 109 Rz. 18 und 19 und die dort zitierte neue Rechtsprechung Bezug genommen werden.

56 Dem aktuellen Stand der Rechtsprechung entspricht es, auch formal wirksame, auf der Grundlage eines Kataloges für zulässige Mehrheitsentscheidungen oder auch aufgrund einer allgemeinen Mehrheitsklausel gefasste Beschlüsse der weiteren Einschränkung durch die **Kernbereichslehre** zu unterwerfen. Sie war von der Rechtsprechung ursprünglich zur Abgrenzung derjenigen Beschlussgegenstände entwickelt worden, bei denen das Stimmrecht des Gesellschafters nicht ausgeschlossen werden kann (BGHZ 20, 363, 368). Im Bereich der Mehrheitsklauseln besagt sie, dass ein Eingriff in den Kernbereich der Mitgliedschaft eines Gesellschafters der Zustimmung dieses Gesellschafters bedarf. Diesen Kernbereich berühren Beitragserhöhungen, Eingriffe in das Stimmrecht, Änderungen der Gewinnverteilungsregelung und der Abfindungsregelung, Zweckänderungen einschließlich der Auflösung der Gesellschaft, Änderungen in der Geschäftsführungs- und Vertretungsregelung und Vertragsverlängerungen (MünchKomm.BGB/Ulmer/Schäfer § 709 BGB Rz. 78 mwN). Auch in ihrem Bereich sind Mehrheitsbeschlüsse nicht von vornherein unzulässig, sondern nur mit Zustimmung des betroffenen Gesellschafters zulässig. Ein im Gesellschaftsvertrag antizipiertes Einverständnis ist denkbar, aber in der Vertragsgestaltung kaum darstellbar. Jedenfalls genügen die vorerwähnten Kataloge nicht (MünchKomm.BGB/Ulmer/Schäfer § 709 BGB Rz. 77).

57 ➲ **Praxistipp:** Angesichts dessen kann derzeit für die Vertragsgestaltung nur empfohlen werden, gewünschte Mehrheitsklauseln ausdrücklich auf Vertragsänderungen zu erstrecken, aber in Umsetzung der Kernbereichslehre weiter zu bestimmen, dass Vertragsänderungen, die den Gesellschaftszweck ändern, die vertragliche Bindung verlängern, die Rechtsstellung eines Gesellschafters schmälern, seine Pflichten erhöhen, den Gesellschafterbestand ändern oder zu einer Ungleichbehandlung mit anderen Gesellschaftern führen, der Zustimmung des betroffenen Gesellschafters bedürfen.

X. Kapitalanteile, Jahresabschluss, Gewinnverteilung

1. Kapitalanteile und Gesellschafterkonten

a) Kapitalanteile

58 Die Bewertung der Einlagen der einzelnen Gesellschafter führt zu deren Kapitalanteilen. Das Gesetz unterstellt das Bestehen solcher Kapitalanteile in § 120 Abs. 2 HGB. Kapitalanteile lauten auf einen bestimmten Geldbetrag. Sie entstammen der alten Handelsübung, das Verhältnis der Beteiligung der Gesellschafter untereinander nicht in Verhältniszahlen (zB Gesellschafter A ½, Gesellschafter B ¼, Gesellschafter C ¼), sondern in Geldbeträgen anzugeben, deren Summe dem nominellen Gesellschaftskapital entspricht.

59 Rechtlich gesehen sind die Kapitalanteile jedoch lediglich **Verhältniszahlen** für die Beteiligung der Gesellschafter am Gesellschaftsvermögen. Sie sind keine dinglichen Anteile am Gesellschaftsvermögen, auch keine Forderungen der Gesellschafter gegen die Gesellschaft. Bei der Bewertung der Einlagen zum Zwecke der Bildung von Kapitalanteilen sind die Gesellschafter etwa an den Nennwert einer Bareinlage nicht gebunden. Tritt zB ein neuer Gesellschafter einer schon bestehenden

Gesellschaft mit großen stillen Rücklagen mit einer Bareinlage von 100 000 Euro bei, so kann sein Kapitalanteil etwa mit 75 000 Euro oder auch mit 50 000 Euro festgesetzt werden.

Nach dem Gesetz sind die Kapitalanteile maßgeblich für Gewinnverteilung, Entnahmerechte und Auseinandersetzung des Gesellschaftsvermögens nach Liquidation (§§ 121, 122 und 155 HGB). Nach § 120 Abs. 2 HGB sind die Kapitalanteile beweglich. Der auf Grund der jährlichen Bilanz errechnete Gewinn wird anteilig dem Kapitalanteil eines Gesellschafters zugeschrieben, der anteilige Verlust und das auf den Kapitalanteil entnommene Geld werden vom Kapitalanteil abgeschrieben. 60

Durch Verluste und Entnahmen kann der Kapitalanteil auch passiv oder negativ werden. Auch dann bleibt er eine Verhältniszahl für die Beteiligung des Gesellschafters am Gesellschaftsvermögen. Er bedeutet nicht etwa eine Schuld des Gesellschafters an die Gesellschaft. Eine Nachschusspflicht besteht nicht. Bei alten Gesellschaften mit großen stillen Reserven deutet ein durch Entnahmen entstandenes negatives Kapitalkonto auch wirtschaftlich nicht unbedingt auf die Überschuldung der Gesellschaft hin. Zur Vermeidung von Unstimmigkeiten auch unter den Gesellschaftern empfehlen sich hier feste Kapitalkonten und eine genaue Regelung der Entnahmerechte, die überhöhte Entnahmen eines Gesellschafters zu Lasten der anderen verhindert.

➲ **Praxistipp:** In der Praxis werden häufig feste Kapitalanteile vereinbart, die das Verhältnis der Gesellschafter ohne Rücksicht auf Gewinne, Verluste und Entnahmen festschreiben. Diese Vertragsgestaltung ist grundsätzlich zu empfehlen. Sie muss dann jedoch durch zweckmäßige Bestimmungen über die Behandlung und Verbuchung von Gewinnen, Verlusten und Entnahmen ergänzt werden. Bei Familiengesellschaften garantiert diese Regelung die Beibehaltung der Gewichtigkeiten der einzelnen Gesellschafter im Hinblick auf Einfluss, Rechte und Pflichten und verhindert Störungen im Einvernehmen der Gesellschafter untereinander. 61

Insoweit zum gleichen Ergebnis führt die gesellschaftsvertragliche Vereinbarung bloßer **Quoten als Messzahlen** für das Verhältnis der Gesellschafter untereinander. Sie ist jedoch selten und nicht empfehlenswert, da sie sich mit den üblichen Buchungsverfahren nicht verträgt. 62

Der Gesellschaftsvertrag kann auch **Gesellschafter ohne Kapitalanteil** vorsehen. 63

b) Gesellschafterkonten

Nach der gesetzlichen Regelung der §§ 120 ff. HGB sind die Kapitalanteile der Gesellschafter veränderlich und werden auf einem einzigen Konto jedes Gesellschafters verbucht. In der Vertragspraxis werden mehrere Konten geführt. Empfehlenswert ist insbesondere die getrennte Führung eines Kapitalkontos I, eines Kapitalkontos II und eines Darlehenskontos für jeden Gesellschafter. Auf dem festen Kapitalkonto I werden die Kapitalanteile der Gesellschafter verbucht. Auf dem beweglichen Kapitalkonto II werden die Gewinne, Verluste und Entnahmen verbucht. Das Darlehenskonto wird für Gesellschafterdarlehen geführt. Die Kapitalkonten I und II betreffen das Eigenkapital der Gesellschaft, die Darlehenskonten das Fremdkapital der Gesellschaft. 64

➲ **Wichtig:** Die Unterscheidung zwischen dem Eigenkapital der Gesellschaft, verbucht auf den Kapitalkonten, und dem Fremdkapital der Gesellschaft, verbucht auf den Darlehenskonten, hat erhebliche rechtliche und praktische sowie nicht zuletzt steuerliche Bedeutung (BGH NJW 1978, 877 sowie nach wie vor grundlegend Huber, Vermögensanteil, Kapitalanteil und Gesellschaftsanteil an Personengesellschaften des Handelsrechts). Bei der Auseinandersetzung der Gesellschaft bzw. der Abschichtung eines ausscheidenden Gesellschafters müssen Darlehen voll zurückbezahlt werden. Sie dürfen nicht mit Verlustanteilen saldiert werden. Etwaige gesellschaftsvertragliche Abfindungsklauseln hinsichtlich der Abfindung eines ausscheidenden Gesellschafters unter dem Verkehrswert oder nach bestimmten Bewertungsgrundsätzen gelten nur für seinen Gesellschaftsanteil, weil er auf dem Kapitalkonto verbucht ist, nicht für etwaige auf dem Darlehenskonto verbuchte Forderungen des Gesellschafters gegen die Gesellschaft. Für die Beteiligung des ausscheidenden Gesellschafters am Auseinandersetzungsguthaben, insbesondere hinsichtlich der stillen Reserven, ist nur sein Kapitalkonto, nicht etwa auch ein positives Darlehenskonto maßgeblich. Als Darlehen verbuchte Forderungen kann der Gesellschafter in der Insolvenz der Gesellschaft geltend machen. Allerdings hilft dies nur dem Kommanditisten, da der Komplementär auch persönlich haftungsmäßig mit der Gesellschaft iden- 65 tisch ist. Zahlung auf Darlehenskonto befreit den Kommanditisten nicht von seiner Haftung für rückständige Einlagen nach § 171 Abs. 1 HGB. Bei der GmbH & Co. KG, bei der auch die Überschuldung Insolvenzgrund ist, ist zur Prüfung der Überschuldung nach §§ 130a, b, 177a HGB zwischen Eigenkapital, verbucht auf Kapitalkonten, und Fremdkapital, verbucht auf Darlehenskonten, streng zu scheiden, was auch strafbewehrt ist. Steuerlich ist die Unterscheidung der Konten – anders als bei der KG – nicht relevant, da Sonderbeziehungen zwischen Gesellschaft und Gesellschaftern ertragsteuerlich nicht anerkannt werden, § 15 Abs. 1 Nr. 2 EStG.

2. Jahresabschluss

66 Nach § 242 iVm. § 6 Abs. 1 HGB hat die OHG als Jahresabschluss eine Bilanz und eine Gewinn- und Verlustrechnung aufzustellen. Der Jahresabschluss ist nach den Grundsätzen ordnungsgemäßer Buchführung klar und übersichtlich in angemessener Zeit zu erstellen und von allen Gesellschaftern zu unterzeichnen, §§ 243 ff. HGB.

67 Die Aufstellung des Jahresabschlusses ist eine Maßnahme der Geschäftsführung und fällt in die Zuständigkeit der geschäftsführenden Gesellschafter (BGH BB 1980, 121; BGHZ 76, 339, 342). Die Feststellung des Jahresabschlusses ist auf der Grundlage des Entwurfs der geschäftsführenden Gesellschafter dann von allen Gesellschaftern vorzunehmen.

3. Gewinn- und Verlustverteilung

a) Gesetzliche Regelung

68 Das Gesetz sieht in § 121 HGB eine Vordividende mit anschließender Verteilung des übersteigenden Jahresgewinnes nach Köpfen oder im Falle des Verlustes dessen Verteilung nach Köpfen vor. Weist das Jahresergebnis einen Gewinn aus, so ist an die Gesellschafter eine Vordividende von 4 % ihrer Kapitalanteile zu zahlen. Reicht der Gewinn für diese Vordividende nicht aus, so ist sie entsprechend herabzusetzen. Übersteigt der Gewinn die Vordividende, so ist der Überschuss nicht nach Kapitalanteilen, sondern nach Köpfen zu verteilen.

b) Vertragliche Regelungen

69 Die gesetzliche Regelung wird allgemein als nicht zweckmäßig angesehen und regelmäßig durch eine gesellschaftsvertragliche Gewinn- und Verlustverteilung ersetzt. Hierbei besteht weitgehend Regelungsfreiheit. Im Gesellschaftsvertrag kann insbesondere vorgesehen werden:

70 Ein Gesellschafter kann gänzlich **vom Gewinn ausgeschlossen** werden (Haas in Röhricht/Graf von Westphalen/Haas § 121 HGB Rz. 5).

71 Eine Verteilung von Gewinn und Verlust nach **festen Quoten** ist die einfachste Lösung. Sie ist aber unflexibel, wenn sich die wirtschaftlichen Verhältnisse ändern und wird deshalb kaum noch vorgesehen.

72 **Verzinsungsregelungen** sind aus mehreren Gründen problematisch. Werden verschiedene Gesellschafterkonten geführt, so ist genau zu bestimmen, welche Konten verzinst werden. Weiterhin ist zu bestimmen, ob eine Verzinsung nur erfolgt, wenn ein entsprechender Jahresgewinn erzielt wird, oder ob sie von diesem unabhängig ist. Eine Verzinsungsregelung spiegelt den Gesellschaftern eine Ertragsgarantie vor, die in Wirklichkeit nicht besteht. Schon deshalb sollte man nur Tätigkeitsvergütungen und Gewinnverteilungsregelungen vorsehen.

73 Weithin üblich sind **Tätigkeitsvergütungen** für die Gesellschafter, die die Geschäfte führen. Sind alle Gesellschafter voll geschäftsführend tätig, so bietet sich an, monatliche Tätigkeitsvergütungen als Gewinnvoraus vorzusehen, die mit den Gewinnanteilen verrechnet werden. Sind nur einzelne Gesellschafter geschäftsführend tätig, so kann vorgesehen werden, dass ihre Tätigkeitsvergütung unabhängig vom Gewinn zu zahlen und auf die übrigen Gesellschafter als Verlust umzulegen ist. Steuerlich handelt es sich bei der letzten Gestaltung jedoch nach § 15 Abs. 1 Nr. 2 EStG für die Ge-

sellschafter weiterhin um Einkünfte aus Gewerbebetrieb und keinesfalls um Einkünfte aus nichtselbständiger Tätigkeit.

Wohl die häufigste Lösung ist die Verteilung von Gewinn und Verlust nach den **festen Kapitalkonten I**. Ergänzend kann vorgesehen werden, dass die geschäftsführenden Gesellschafter vorweg einen Gewinnvoraus erhalten. Auch die **Kapitalkonten II** können berücksichtigt werden. So kann die Bereitschaft der Gesellschafter, Gewinn stehen zu lassen, durch eine Vorabverzinsung der Guthaben auf Kapitalkonto II verstärkt werden. Umgekehrt kann Negativsalden auf Kapitalkonto II dadurch vorgebeugt werden, dass bestimmt wird, dass der Gewinnanteil zunächst zum Ausgleich der Kapitalkonten II zu verwenden ist. 74

4. Entnahme und Auszahlung des Gewinns

a) Gesetzliche Regelung

Das Gesetz sieht in § 122 HGB die volle Entnahme des Gewinns durch jeden Gesellschafter nach Feststellung der Bilanz vor. Die Regelung ist in zweierlei Hinsicht unzweckmäßig. Sie verhindert einmal eine angemessene Kapitalbildung der Gesellschaft und sieht zum Zweiten notwendige laufende Entnahmen nicht vor. Vertragliche abweichende Regelungen sind deshalb üblich. 75

b) Vertragliche Regelungen

Vorwegentnahmerechte werden häufig für die geschäftsführenden Gesellschafter in Form von monatlich zu zahlenden Tätigkeitsvergütungen und für die anderen Gesellschafter in Form von Steuerentnahmerechten zur Begleichung ihrer Steuervorauszahlungen vereinbart. Je nach Gesellschafterkonstellation können Mindestentnahmerechte zum Schutze von Minderheitsgesellschaftern oder Thesaurierungsklauseln zur Stärkung des Gesellschaftsvermögens vereinbart werden. So kann zB bestimmt werden, dass ein Prozentsatz des Jahresgewinns auszuschütten ist, ein anderer Prozentsatz in die Rücklage einzustellen ist, und über den Restgewinn die Gesellschafterversammlung beschließt. Zu beachten ist, dass Änderungen der Gewinnverteilungsregelung nach dem Bestimmtheitsgrundsatz bzw. der Kernbereichslehre regelmäßig nur einstimmig beschlossen werden können. Der vertraglichen Regelung ist deshalb besondere Sorgfalt zu widmen. Für die Besteuerung ist die tatsächliche Entnahme der Gewinne bzw. eine eventuelle Ausschüttung ohne Bedeutung. Der Gewinn der Gesellschaft wird bei seiner Entstehung, also mit Ablauf des Wirtschaftsjahres als Gewinnermittlungszeitraum den Gesellschaftern anteilig zugerechnet und ist von diesen entsprechend zu versteuern. 76

XI. Abfindung ausscheidender Gesellschafter

1. Grundsätze

In allen Fällen des Ausscheidens eines Gesellschafters bei Fortbestehen der Gesellschaft stellt sich die Frage, wie der ausscheidende Gesellschafter für den Verlust seiner Mitgliedschaft abzufinden ist. Das Gesetz gibt in §§ 738–740 BGB, 105 Abs. 3 HGB dem ausscheidenden Gesellschafter einen **schuldrechtlichen Abfindungsanspruch** gegen die übrigen Gesellschafter, der dem vollen Wert seiner Beteiligung unter Berücksichtigung des Fortbestands der Gesellschaft zu entsprechen hat. Damit ist auf den Zeitpunkt des Ausscheidens der wirkliche Wert des Gesellschaftsvermögens einschließlich schwebender Geschäfte, stiller Reserven und good will zu ermitteln. Die gesetzliche Regelung berücksichtigt also lediglich das Abfindungsinteresse des ausscheidenden Gesellschafters. Die Entscheidung, nach welcher betriebswirtschaftlichen Methoden die **Höhe des Unternehmenswerts** zu ermitteln ist, ist im Zivilrechtsstreit dem Tatrichter vorbehalten (BGH DNotZ 2006, 707). Die forensische Praxis greift üblicherweise auf Gutachten von Sachverständigen zurück, die sich in Ermangelung abweichender Satzungsbestimmungen mehrheitlich des Ertragswertverfahrens oder des Discount-Cash-Flow-Verfahrens nach den Richtlinien des Hauptfachausschusses des Instituts der Wirtschaftsprüfer in Düsseldorf (derzeit IDW S1, Wpg 2008, 271) bedienen. Nach der konzeptionellen Grundlage wird bei beiden Methoden der Barwert zukünftiger finanzieller Überschüsse ermittelt. 77

78 Die Kautelarpraxis ist seit jeher bestrebt, die gesetzliche Abfindungsregelung vertraglich zu konkretisieren und in der Höhe zu modifizieren (Überblick über die Probleme bei Leitzen, Abfindungsklauseln bei Personengesellschaften und GmbHs – Aktuelle Entwicklungen und Auswirkungen der Erbschaftsteuerreform, RNotZ 2009, 315). Angestrebt werden dabei einmal der Schutz des Unternehmens vor betriebswirtschaftlich nachteiligem Kapitalabfluss (Erhaltungsinteresse), zum anderen die Erleichterung, Verbilligung und Beschleunigung des Abfindungsverfahrens im Interesse der Gesellschaft und des ausscheidenden Gesellschafters (Vereinfachungsinteresse). Die Höhe der Abfindung ausscheidender Gesellschafter wird hierbei vor allem unter dem Gesichtspunkt der rechtlich zulässigen Mindestentschädigung und der Sicherung der Liquidität der Gesellschaft gestaltet. Abschläge vom Unternehmenswert werden dabei bis höchstens 50 % als zulässig angesehen (Nachweise bei Leitzen RNotZ 2009 315, 317), wobei die vorsichtige Praxis nicht über einen Abschlag von einem Drittel hinausgeht (Leitzen RNotZ 2009 315, 319 mwN).

Von den Ausgangspunkten der kautelarjuristischen Abfindungsklauseln her sind zu unterscheiden die Anknüpfung an den Buchwert (Buchwertklausel), die Anknüpfung an steuerliche Bewertungsvorschriften (bisher das Stuttgarter Verfahren, Erbschaftssteuerrichtlinien R 96 ff.) und die Anknüpfung an betriebswirtschaftliche Bewertungsmethoden (zuletzt IDW-Standard S1 des Instituts der Wirtschaftsprüfer, Düsseldorf, WPg 2008). Die Rechtsprechung erkennt grundsätzlich alle diese Anknüpfungspunkte an.

Die auf diese Anknüpfungspunkten beruhenden Abfindungsklausel enthalten entweder immanente Abfindungsbeschränkungen wie die Buchwertklausel, oder sind wegen der Unvorhersehbarkeit des Ergebnisses problematisch, oder enthaltenen zusätzliche Einschränkungen wie etwa Abschläge zum Unternehmensschutz oder Zahlungsstreckungen.

Der Streit um die Zulässigkeit derartiger Abfindungsklauseln ist ein gesellschaftsrechtliches Dauerthema. In der Praxis geht es vor allem um die Fälle, dass eine zunächst zulässige Abfindungsbeschränkung im Laufe der Zeit unangemessen wird. Dies kann zum Beispiel dann eintreten, wenn sich unter der Geltung einer Buchwertklausel in Grundstücksbereich stille Reserven bilden, deren Nichtberücksichtigung dem ausscheidenden Gesellschafter nicht zuzumuten ist. Hier hat ein Urteil des BGH aus dem Jahre 1993 zugleich eine Kurskorrektur vorgenommen wie eine Basis für kautelarjuristische Gestaltungen geschaffen (BGH NJW 1993, 3193 = GmbHR 1993, 505). Nach diesem Urteil wird eine Abfindungsklausel, die eine unter dem wirklichen Anteilswert liegende Abfindung vorsieht, dann, wenn dem hierdurch Belasteten aufgrund der seit dem Vertragsabschluss eingetretenen Änderung der Verhältnisse das Festhalten an der gesellschaftsvertraglichen Regelung auch unter Berücksichtigung der berechtigten Interessen der Mitgesellschafter nicht zugemutet werden kann, nicht unwirksam, sondern lediglich unanwendbar. Bei der Entscheidung hierüber und der Festsetzung der angemessenen Vergütung sind die gesamten Umstände des konkreten Falles in Betracht zu ziehen. Zu ihnen gehören außerdem Verhältnis zwischen Verkehrs- und Abfindungswert die Dauer der Mitgliedschaft des Ausgeschiedenen in der Gesellschaft, sein Anteil am Aufbau und Erfolg des Unternehmens und der Anlass seines Ausscheidens.

Damit hat der BGH eine Ausübungskontrolle mit ergänzender Vertragsauslegung an die Stelle der Inhaltskontrolle gesetzt. Dieser vorsichtigere Umgang mit satzungsmäßigen Abfindungsbeschränkungen sollte den Vertragsgestalter dazu ermutigen, ergänzende Anpassungsregelungen wie etwa eine Schiedsgutachterklausel in den Vertrag aufzunehmen. Die vom BGH aufgegebene Inhaltskontrolle hatte darin bestanden (BGH NJW 1979, 104; 1983, 651; 1985, 192), Abfindungsklauseln, insbesondere Buchwertklauseln, dann als unwirksam anzusehen, wenn sie im Ergebnis dazu führten, dass der Gesellschafter wegen unzureichender Abfindung davon abgehalten wird, von seinem gesetzlichen Kündigungs- bzw. Auflösungsklagerecht nach §§ 723 Abs. 3 BGB, 133 Abs. 3 HGB Gebrauch zu machen.

2. Traditionell: Buchwertklausel

79 Bei der OHG als der Rechtsform der engsten persönlichen Zusammenarbeit der Gesellschafter hat die Buchwertklausel traditionell besondere Bedeutung. Sie ist hier auch keineswegs überholt. Gerechtfertigt wird sie dadurch, dass die Gewinne entweder entnommen werden oder einen unstreitigen Buchwertposten bilden, weiter dadurch, dass der persönliche Arbeitseinsatz und damit der Zusammenhang wischen der aktiven Gesellschafterstellung und der Gewinnbeteiligung im Vorder-

grund stehen, schließlich dadurch, dass die Gesellschaft durch das Ausscheiden eines Gesellschafters nicht in ihrem Bestand gefährdet sein soll. Hier stellt die mit der Buchwertklausel verbundene Nichtberücksichtigung des Geschäftswerts und der stillen Reserven eine sachgerechte Lösung des Abfindungsproblems dar. Bei der Bewertung nach Buchwerten erhält der ausscheidende Gesellschafter seinen buchmäßigen Kapitalanteil zuzüglich anteiliger offener Rücklagen und Gewinnvortrag sowie abzüglich eines anteiligen etwaigen Verlustvortrages. Damit ist die Berücksichtigung der stillen Reserven und des Firmenwerts ausgeschlossen. Die Bilanzwerte einschließlich der offenen Rücklagen und aller als Rücklagen ausgewiesenen Posten werden dagegen voll ausgeschöpft. Regelmäßig wird zur Vereinfachung und Beschleunigung die Bilanz des abgelaufenen Geschäftsjahres für maßgeblich erklärt.

Scheidet ein Gesellschafter aus der Gesellschaft aus, so erhält er als Abfindung den Buchwert seiner Beteiligung. Dieser ergibt sich aus seinem Kapitalanteil zuzüglich anteiliger Rücklagen und Rückstellungen, die Eigenkapital der Gesellschaft sind, zuzüglich eines etwaigen Guthabens bzw. abzüglich eines etwaigen Schuldsaldos auf dem Kapitalkonto II. Weiterhin ist das Privatkonto abzurechnen.

Maßgeblich für die Ermittlung des Buchwertes ist die letzte ordnungsgemäß festgestellte Jahresbilanz. Sie bleibt auch dann maßgeblich, wenn sich ihre Ansätze aufgrund einer Prüfung durch die Finanzbehörde nachträglich ändern. Außer Betracht bleiben weiter Gewinne und Verluste zwischen dem Stichtag der Bilanz und dem Tag des Ausscheidens. An den am Tag des Ausscheidens schwebenden Geschäften nimmt der Ausscheidende nicht teil.

Das Abfindungsguthaben ist in drei gleichen Jahresraten zu zahlen, beginnend mit dem dem Ausscheiden folgenden Monatsersten. Es ist ab dem Tag des Ausscheidens mit 2 % über dem jeweiligen Diskontsatz der Deutschen Bundesbank zu verzinsen. Die Zinsen werden mit der jeweiligen Rate fällig. Sicherheiten können nicht verlangt werden.

Ist im Zeitpunkt des Ausscheidens der Unterschied zwischen dem Buchwert und dem wirklichen Wert der Beteiligung durch Bildung stiller Reserven so groß geworden, dass die Abfindung zum Buchwert dem ausscheidenden Gesellschafter nicht zugemutet werden kann, so erfolgt die Abfindung zum wirklichen Wert abzüglich eines Abschlags zum Bestandsschutz des Unternehmens in Höhe von 25 vom Hundert. Der wirkliche Wert wird verbindlich von einem Schiedsgutachter bestimmt, den der Präsident des Landgerichts am Ort der Gesellschaft auf Antrag einer Partei bestimmt.

Die Kosten des Schiedsgutachters tragen die verbleibenden Gesellschafter zur Hälfte, zur anderen Hälfte der ausscheidende Gesellschafter, wenn die Abfindung mindestens 50 vom Hundert höher festgesetzt wird als der Buchwert, sonst der ausscheidende Gesellschafter allein.

Die Probleme von Praxis und Rechtsprechung mit der Buchwertklausel beruhen im Wesentlichen auf der Bildung von stillen Reserven in Grundstücksbereich, deren Berücksichtigung bei der Abfindung ausgeschlossen ist, wodurch der ausscheidende Gesellschafter verhältnismäßig benachteiligt wird. Will man diesen Störfaktor ausschalten, so sollte man das Grundvermögen als Sonderbetriebsvermögen beim einzelnen Gesellschafter belassen oder besondere Vereinbarungen über die Bewertung von Grundbesitz treffen.

Grundstücke oder grundstücksgleiche Rechte, als deren Eigentümer die Gesellschaft im Grundbuch eingetragen ist, werden zum Verkehrswert bewertet. Diesen Verkehrswert bestimmt der öffentliche Schätzer der Gemeinde als Schiedsgutachter verbindlich.

Weiterhin kann und sollte man entsprechend der Rechtsprechung des Bundesgerichtshofs für den Fall der unvorhergesehenen und für den ausscheidenden Gesellschafter nicht zumutbaren Entwicklung der Werte eine Schiedsgutachterklausel vorsehen.

3. Aktuell: IDW-Klausel

Die Alternative zur Buchwertklausel mit Schiedsgutachtervereinbarung ist die Ertragswertklausel in der Form der IDW-Klausel. Die Bewertung nach IDW-Grundsätzen ist kompliziert und in hohem Maße von der Person, des Gutachters abhängig. 80

In allen Fällen des Ausscheidens eines Gesellschafters wird die Abfindung von dem für die Gesellschaft tätigen Steuerberater als Schiedsgutachter gemäß § 317 BGB festgesetzt.

Als Abfindungsguthaben erhält der ausgeschiedene Gesellschafter einen seiner Beteiligung an der Gesellschaft entsprechenden Anteil am Unternehmenswert. Der Unternehmenswert wird nach den Bewertungsgrundsätzen des Instituts der Wirtschaftsprüfer in Düsseldorf festgesetzt. Der Steuerberater kann hierzu einen Wirtschaftsprüfer hinzuziehen. Die Kosten trägt die Gesellschaft.

Das Abfindungsguthaben ist in fünf gleichen, unmittelbar aufeinander folgenden Jahresraten auszuzahlen. Die erste Rate ist ein Jahr nach dem Ausscheidungsstichtag zur Zahlung fällig. Ab diesem Zeitpunkt ist das restliche Abfindungsguthaben mit jährlich fünf vom Hundert zu verzinsen. Die Zinsen sind jeweils mit den Jahresraten zu entrichten.

Vorzeitige Zahlung der Abfindung ist jederzeit zulässig. Sicherheitsleistung kann für das Abfindungsguthaben nicht gefordert werden.

4. Neue Rechtslage bei Steuerklauseln

81 Die Erbschaftsteuerreform 2009 hat die Unternehmensbewertung auf neue rechtliche Grundlagen gestellt. Das Stuttgarter Verfahren wurde durch das **Vereinfachte Ertragswertverfahren** nach §§ 200 ff. BewG ersetzt. Im Ausgangspunkt ist anders als nach altem Recht die Bewertung von Gesellschaftsanteilen rechtsformneutral. Die für die Bewertung von Anteilen an Kapitalgesellschaften maßgeblichen Rechtsvorschriften gelten entsprechend für die Bewertung von Anteilen an Personengesellschaften (§ 12 Abs. 1, 5 ErbStG iVm. § 9 Abs. 2, § 11 Abs. 2 und 3, § 109 Abs. 1, § 199 Abs. 1 und 2, §§ 200 ff. BewG). Beim Vereinfachten Ertragswertverfahren wird der zukünftig nachhaltig erzielbare Jahresertrag mit einem Kapitalisierungsfaktor multipliziert und der so ermittelte gemeine Wert quotal auf die einzelnen Beteiligungen umgelegt. Das neue Bewertungsrecht führt in aller Regel zu höheren Anteilsbewertungen als früher.

82 ➲ **Hinweis:** Dogmatisch steht nichts entgegen, die Abfindungsregelung durch Bezugnahme auf das Vereinfachte Ertragswertverfahren zu gestalten, wie dies bisher beim Stuttgarter Verfahren geschehen ist. Der vorsichtige Vertragsgestalter wird jedoch die Klärung noch bestehender Zweifelsfragen abwarten wollen. Insbesondere wird für die Gestaltung der Abschläge abzuwarten sein, zu welchen Anteilswerten das neue Verfahren in der Praxis führen wird. Möglicherweise kann das Vereinfachte Ertragswertverfahren sich entsprechend seinem Namen zu einer praktisch einfach handhabbaren Bewertungsmethode für kleinere Unternehmen entwickeln und damit – wie ursprünglich das Stuttgarter Verfahren – abfindungstauglich sein.

5. Steuerliche Folgen von Abfindungsklauseln

83 Gesellschaftsanteile werden (seit der Erbschaftssteuerreform 2009) mit dem Verkehrswert bewertet; soweit der Abfindungswert letztlich dem Verkehrswert entspricht, bleibt dies unproblematisch. Differenzen zwischen dem Abfindungswert (zu Gunsten des ausscheidenden Gesellschafters wie bspw. bei Vereinbarung einer Buchwertklausel) und dem Verkehrswert (idR. inklusive vorhandener stiller Reserven) führt für die „übernehmenden" Gesellschafter, bei denen es zur Anwachsung (bei Personengesellschaften) kommt, zu einer Bereicherung iSd. Schenkungssteuer.

Ist nach dem Gesellschaftsvertrag der Abfindungswert beim Ausscheiden eines Gesellschafters geringer als der Verkehrswert, so ist die Differenz zwischen steuerlichem Unternehmenswert und Abfindungswert schenkungsteuerpflichtig (§ 3 Abs. 1 Nr. 2 und § 7 Abs. 7 ErbStG). Die Anhebung der steuerlichen Unternehmenswerte führt also bei Personen- und Kapitalgesellschaften auf Seiten der übernehmenden Gesellschafter oder auf Seiten der Gesellschaft zu steuerpflichtigen Erwerbstatbeständen, wenn eine **Abfindung unter** dem **Verkehrswert gezahlt** wird. Diese steuerlichen Auswirkungen können entfallen, wenn die Vergünstigungen für Unternehmensvermögen beansprucht werden. Zu beachten sind insoweit die Vergünstigungsregelungen für Betriebsvermögen nach §§ 13a, 13b ErbStG (Steuerfreiheit) bzw. hinsichtlich der Stundung der ErbSt/SchenkSt nach § 28 ErbStG für Zwecke der Erhebung. Mit Beschluss d. BVerfG v. 17.12.2014 (1 BvL 21/12) urteilte das BVerfG jedoch zu den Vergünstigungsnormen, dass die **§§ 13a, 13b iVm. § 19 Abs. 1 ErbStG 2009** aufgrund einer **Überprivilegierung des Betriebsvermögens** gegen Art. 3 GG verstoßen. Bis zu einer **Neuregelung** bleibt die bisherige Rechtslage anwendbar, allerdings ist der Gesetzgeber verpflichtet **bis spätestens** zum **30.6.2016** eine Neuregelung zu treffen. Der Gleichheitssatz belässt dem Gesetzgeber im Steuerrecht nach den Ausführungen des BVerfG einen weit reichenden Entscheidungsspielraum sowohl bei der Auswahl des Steuergegenstandes als auch bei der Bestimmung des Steuersatzes. Allerdings müssen sich Abweichungen von der einmal getroffenen Belastungsentscheidung ihrerseits am Gleichheitssatz messen lassen; sie bedürfen eines besonderen sachlichen Grundes und steigen hinsichtlich der Anforderungen mit Umfang und Ausmaß der Abweichung. Die Verschonung von Erbschaftsteuer beim Übergang betrieblichen Vermögens in den §§ 13a, 13b ErbStG ist angesichts des Ausmaßes und der eröffneten Gestaltungsmöglichkeiten mit Art. 3 Abs. 1 GG unvereinbar. Nach den Leitsätzen des BVerfG liegt es allerdings im Entscheidungsspielraum des Gesetzgebers, kleine und mittelständische Unternehmen, die in personaler Verantwortung geführt werden, zur Sicherung des Bestandes und der Erhaltung der Arbeitsplätze von der Erbschaftsteuer weitgehend oder vollständig freizustellen; für jedes Maß der Steuerverschonung benötigt der Gesetzgeber allerdings tragfähige Rechtfertigungsgründe.

XII. Vererbung der Mitgliedschaft

1. Grundlagen

Nach § 131 Nr. 4 HGB aF wurde die OHG durch den Tod eines Gesellschafters aufgelöst. Das Handelsrechtsreformgesetz 1998 hat diesen Auflösungsgrund gestrichen und im Interesse der Unternehmenskontinuität in § 131 Abs. 2 Nr. 1 HGB nF angeordnet, dass der Tod eines Gesellschafters lediglich zum Ausscheiden dieses Gesellschafters führt. Bei der gesetzlichen Vererbungssperre ist es damit verblieben. Nach wie vor ist die Mitgliedschaft nur dann vererblich, wenn es der Gesellschaftsvertrag ausdrücklich vorsieht. Von den bis zum Handelsrechtsreformgesetz üblichen Klauseln auf den Tod eines Gesellschafters ist lediglich die reine Fortsetzungsklausel („*Beim Tod eines Gesellschafters wird die Gesellschaft zwischen den verbleibenden Gesellschaftern fortgesetzt*") durch die gesetzliche Neuregelung obsolet geworden. Wo sie in Alt-Gesellschaftsverträgen noch enthalten ist, schadet sie nichts, da sie das geltende Recht wiedergibt. Alle anderen Klauseln (Abfindungsklauseln, Nachfolgeklauseln, Eintrittsklauseln) sind weiterhin erforderlich, wenn es nicht bei der gesetzlichen Regel des Ausscheidens bei Fortsetzung der Gesellschaft und voller Abfindung der Erben bleiben soll. 84

2. Fortsetzung mit Abfindungsausschluss

Im gesetzlichen Fortsetzungsfall wächst der Anteil des verstorbenen Gesellschafters am Gesellschaftsvermögen den übrigen Gesellschaftern an. Den Erben des verstorbenen Gesellschafters steht gesetzlich an Stelle der Gesellschaftsbeteiligung ein schuldrechtlicher Anspruch auf Abfindung in Höhe des wirklichen Wertes der Beteiligung nach dem Stand vom Todestag zu, §§ 105 Abs. 2 HGB, 738 BGB. Dieser Abfindungsanspruch kann durch den Gesellschaftsvertrag gekürzt, pauschaliert oder ausgeschlossen werden (näher Leitzen RNotZ 2009, 315). 85

3. Allgemeine erbrechtliche Nachfolgeklausel

Die allgemeine erbrechtliche Nachfolgeklausel macht die Beteiligung – wie schon nach dem Gesetz (§ 177 HGB) die Kommanditbeteiligung – vererblich, eröffnet also den Weg für die Nachfolge des Erben eines Gesellschafters in dessen Beteiligung an der OHG. 86

Soweit der Gesellschafter nur von einer Person beerbt wird, entstehen keine Schwierigkeiten. Diese ergeben sich jedoch im Widerstreit der Prinzipien des Erbrechts einerseits und des Gesellschaftsrechts andererseits, wenn mehrere Personen erben. Nach erbrechtlichen Grundsätzen würden hier die Erben in ihrer Gesamtheit als Erbengemeinschaft Gesellschafter werden. Dies ist jedoch unvereinbar mit der Gesellschafterstellung und der Gesellschafterhaftung. Nach dem vom BGH aufgestellten **Prinzip der Sondernachfolge** handelt es sich bei dem Gesellschaftsanteil um einen vom übrigen, gesamthänderisch gebundenen Nachlass zu trennenden Nachlassbestandteil, der sich mit Eintritt des Erbfalls automatisch auf mehrere Erben verteilt: Jeder Miterbe erhält unmittelbar und 87 direkt einen seinem Erbteil entsprechenden Teil der Gesellschaftsbeteiligung des Verstorbenen. Er wird mit diesem Teil automatisch Gesellschafter. Die Erbengemeinschaft wird nicht, auch nicht vorübergehend, Gesellschafter der OHG. Die Mitgliedschaft teilt und vervielfältigt sich unmittelbar. Die Lösung des BGH ist für die Praxis zu begrüßen. Probleme der Abfindung und Auseinandersetzung treten für die Gesellschaft nicht auf, da die ungeschmälerte Gesellschaftsbeteiligung des Verstorbenen auf die Erben übergeht. Werden Pflichtteilsberechtigte übergangen, so können diese gegen die Nachfolger-Erben Ansprüche haben.

88 Zu Problemen für die Gesellschaft kann lediglich der nicht abdingbare **§ 139 HGB** führen, nach dem jeder Erbe sein Verbleiben in der Gesellschaft davon abhängig machen kann, dass ihm unter Belastung des bisherigen Gewinnanteils die Stellung eines Kommanditisten eingeräumt wird und der auf ihn fallende Teil der Einlage des Erblassers als seine Kommanditeinlage anerkannt wird. Im Fall der Ablehnung kann der Gesellschafter gegen Abfindung aus der Gesellschaft ausscheiden. Die allgemeine erbrechtliche Nachfolgeklausel ist immer dann zweckmäßig, wenn allen Gesellschaftern freie Hand zur Vererbung ihrer Beteiligung gegeben werden soll.

M 110.2 Allgemeine erbrechtliche Nachfolgeklausel

Beim Tod eines Gesellschafters wird die Gesellschaft mit seinen Erben fortgesetzt. Die Mitgliedschaft des verstorbenen Gesellschafters geht auf die Miterben zu den ihren Erbteilen entsprechenden Teilen über.

4. Qualifizierte erbrechtliche Nachfolgeklausel

89 Der Gesellschaftsvertrag kann auch bestimmen, dass **nur bestimmte Personen** im Wege der Erbfolge Gesellschafter werden können. Die Bestimmung ist beliebig, zB nur der älteste Sohn oder nur Abkömmlinge usw. Nach der obigen Grundsatzentscheidung des BGH (BGHZ 68, 225) ist es auch möglich, dass nur einer von mehreren Miterben die Mitgliedschaft des verstorbenen Gesellschafters unmittelbar und voll erwirbt. Am übrigen Nachlass ist er nur entsprechend seiner Erbquote beteiligt.

90 **Abfindungsansprüche** der weichenden Erben gegen die Gesellschaft entstehen auch hier nicht, da die Beteiligung voll auf den eintretenden Erben übergeht.

Im Verhältnis der Miterben untereinander können Ausgleichsansprüche entstehen, soweit nicht die Beteiligung dem Nachfolger zusätzlich zu seinem Erbteil zugewendet wird.

M 110.3 Qualifizierte erbrechtliche Nachfolgeklausel

Beim Tod eines Gesellschafters wird die Gesellschaft mit nur einem Erben fortgesetzt, den der Gesellschafter letztwillig zu bestimmen hat. Ist dieser nicht Maurermeister oder Ingenieur im Hochbau, so können die übrigen Gesellschafter verlangen, dass seine Gesellschafterstellung in die eines Kommanditisten umgewandelt wird.

5. Gescheiterte erbrechtliche Nachfolgeklausel

91 Die qualifizierte erbrechtliche Nachfolgeklausel birgt die Gefahr, dass das Testament gewollt oder ungewollt Verfügungen enthält, die die Nachfolge vereiteln, oder dass eine der Klausel entsprechende testamentarische Verfügung nicht möglich ist, etwa weil ein geeigneter Nachfolger nicht vorhanden ist. Nach der Rspr. (BGH, NJW 1978; OLG Frankfurt NJW-RR 1988, 1251) kann der qualifizierten erbrechtlichen Nachfolgeklausel in dem Fall, dass die gesellschaftsvertraglich festgelegte Nachfolgeregelung daran scheitert, dass die im Gesellschaftsvertrag vorgesehene Person nicht Erbe

geworden ist, im Wege der ergänzenden Vertragsauslegung die Bedeutung einer rechtsgeschäftlichen Eintrittsklausel zuerkannt werden.

6. Rechtsgeschäftliche Nachfolgeklausel

Durch gesellschaftsvertragliche Vereinbarung, also **Rechtsgeschäft unter Lebenden** außerhalb der erbrechtlichen Nachfolge, kann ebenfalls sichergestellt werden, dass eine oder mehrere Personen die Beteiligung eines verstorbenen Gesellschafters unmittelbar erwerben. Der Nachfolger muss in diesem Fall aber an der Vereinbarung beteiligt sein. Einer rechtsgeschäftlichen Nachfolgeklausel ohne Beteiligung des Nachfolgers steht das Verbot von Verfügungen zu Gunsten Dritter und von Verträgen zu Lasten Dritter entgegen (BGHZ 68, 225, 232; hL). Die rechtsgeschäftliche Nachfolgeklausel stellt die Nachfolge durch Rechtsgeschäft unter Lebenden sicher. Sie hat den Nachteil, dass dem Nachfolger ein gesellschaftsvertragliches Recht auf direkten Übergang der Beteiligung eingeräumt wird, das ihm ohne seine Mitwirkung nicht mehr entzogen werden kann. Diese Bindung ist nicht immer praktisch. Abfindungsansprüche weichender Erben gegen die Gesellschaft sind ausgeschlossen, da die Mitgliedschaft nicht in die Erbmasse fällt. Pflichtteilsergänzungsansprüche gegen den Nachfolger selbst sind denkbar. Die Vereinbarung unterliegt nicht der Form des § 2301 BGB (Ulmer BB 1977, 808). 92

M 110.4 Rechtsgeschäftliche Nachfolgeklausel

Beim Tod des Gesellschafters A geht dessen Mitgliedschaft auf seinen Sohn SA, der diesen Vertrag als zukünftiger Gesellschafter neben den übrigen Gesellschaftern zur Begründung seines unmittelbaren Eintritts kraft Rechtsgeschäft unter Lebenden mitunterzeichnet, über.

7. Einfache Eintrittsklausel

Der Gesellschaftsvertrag der OHG kann bestimmen, dass die Erben eines Gesellschafters bei seinem 93
Tod das Recht haben sollen, mit den dem verstorbenen Gesellschafter zugestandenen Rechten und Pflichten in die Gesellschaft einzutreten.

Die Eintrittsklausel begründet einen schuldrechtlichen Anspruch des Begünstigten auf Aufnahme in die Gesellschaft, also ein unter Lebenden auf den Todesfall begründetes Recht außerhalb des Erbrechts. Der Eintritt in die Gesellschaft erfolgt nicht automatisch, sondern durch Aufnahme des neuen Gesellschafters, regelmäßig zu den Bedingungen der Mitgliedschaft des Verstorbenen. Letztere wächst also vorübergehend den übrigen Gesellschaftern zu. Abfindungsansprüche gegen die Gesellschaft sind denkbar, wenn der Eintrittsberechtigte von seinem Eintrittsrecht keinen Gebrauch macht. Der Vertrag sollte deshalb zusätzlich Abfindungsausschlüsse und eine Frist zur Ausübung des Eintrittsrechts vorsehen. Der BGH (BGHZ 68, 225; BGH NJW 1978, 264) sieht die Eintrittsklausel als Auffangtatbestand bei gescheiterten erbrechtlichen Nachfolgeklauseln an. Bei der Vertragsgestaltung ist wegen des unmittelbaren Eintritts und der hiermit verbundenen Sonderrechtsnachfolge in den Gesellschaftsanteil mit allen Rechten und Pflichten die erbrechtliche Nachfolgeklausel regelmäßig vorzuziehen.

XIII. Steuerliche Behandlung der OHG

Hinsichtlich der **laufenden Besteuerung** kann uneingeschränkt auf die entsprechenden **Ausführungen zur GbR** (Kap. 109 Rz. 20 ff.) verwiesen werden. Die Regelungen zur Verlustausgleichsbeschränkung nach § 15a EStG finden bei der OHG keine Beachtung, da hier alle Gesellschafter vollumfänglich haften (§ 128 HGB); eine Haftungsbeschränkung vergleichbar derjenigen des Kommanditisten (§ 161 ff. HGB) ist hier folglich nicht denkbar. Als Kaufmann iS des HGB (vgl. § 6 HGB) hat die OHG den **Gewinn** aus Gewerbebetrieb nach den Grundsätzen des **Betriebsvermögensvergleichs** zu ermitteln (unter Beachtung der §§ 4 Abs. 1, 5, 6 EStG); die handelsrechtliche Vereinfachungsregelung des § 241a HGB ist auf Personengesellschaften nicht anwendbar. 94

Die Vermögensstruktur der OHG differenziert wie bei den übrigen Personengesellschaften das (nur handelsrechtliche) Gesamthands- und (nur für steuerliche Zwecke zusätzlich das) Sonderbetriebsvermögen.

Das Gesamthandsvermögen ist in einer **Gesamthandsbilanz** auszuweisen; Sonderbetriebsvermögen ist nach § 15 Abs. 1 Nr. 2 EStG im Rahmen einer (nur steuerlich zu erstellenden) **Sonderbilanz** zu aktivieren; die Qualifikation als Sonderbetriebsvermögen stützt sich insoweit jedoch auf § 4 Abs. 1 EStG, insbesondere kommt es auf die Zahlung eines Entgeltes für die Überlassung eines Wirtschaftsgutes insoweit nicht an. Die Aufdeckung von stillen Reserven führt für die erwerbenden Gesellschafter zu weiterem das Gesamthandsvermögen erhöhendem Betriebsvermögen, das im Rahmen einer **Ergänzungsbilanz** (der jeweiligen Gesellschafter zur Gesamthandsbilanz) auszuweisen ist. Zu weiteren Einblicken vgl. auch Braun/Günther, Das Steuerhandbuch, Stichwort „Personengesellschaften" mit Unterstichworten.

Kapitel 111 Handelsregisteranmeldungen zur OHG

I. Anmeldung der Neuerrichtung einer OHG zum Beginn eines Gewerbebetriebs

1 Anmeldungen erfolgen nach § 12 Abs. 1 Satz 1 HGB elektronisch in öffentlich beglaubigter Form. Die OHG ist nach § 106 HGB zur Eintragung in das Handelsregister ihres Sitzes anzumelden. Die Anmeldung hat Namen, Vornamen, Geburtsdatum und Wohnort jedes Gesellschafters, Firma und Sitz der Gesellschaft, die inländische Geschäftsanschrift und die Vertretungsmacht der Gesellschafter zu enthalten. Die Gesellschaft beginnt mit der Aufnahme ihrer Geschäfte, spätestens mit der Eintragung in das Handelsregister, § 123 HGB. Nach § 24 HRV soll auch der Unternehmensgegenstand angegeben werden; dieser wird aber nicht Registerinhalt. Die Anmeldung hat durch alle Ge-

sellschafter zu erfolgen, § 108 Abs. 1 HGB. Vertretung ist zulässig, wobei die Vollmacht nach § 12 Abs. 1 HGB der notariellen Form bedarf.

M 111.1 Anmeldung der Neuerrichtung einer OHG

An das Amtsgericht

– Registergericht –

...

Zur Eintragung in das Handelsregister melden wir an:

Wir haben unter der Firma

... OHG

eine offene Handelsgesellschaft errichtet. Die Gesellschaft hat am ... begonnen.

Unternehmensgegenstand ist ... (Beschreibung). Die Gesellschaft hat ihren Sitz in ... Die inländische Geschäftsanschrift lautet: ...

Gesellschafter sind der ... (Name), geb. am ..., und der ... (Name) in ... (Wohnort), geb. am ...

Zur Vertretung der Gesellschaft ist jeder Gesellschafter allein befugt.

... (Ort, Datum)

... (Unterschriften aller Gesellschafter, notarielle Unterschriftsbeglaubigung, elektronische Einreichung nach § 12 Abs. 1 HGB)

Kosten: *Notargebühr:* 0,2-Gebühr gem. Nr. 25100 KV GNotKG, mindestens 20 Euro, höchstens 70 Euro. Geschäftswert gem. §§ 121, 105 Abs. 3 Nr. 2 GNotKG 45 000 Euro. Bei Fertigung des Entwurfs und Beglaubigung 0,5-Gebühr gem. Nrn. 24102, 21201 Nr. 5 KV GNotKG (§ 92 Abs. 2 GNotKG), Geschäftswert gem. §§ 119, 105 Abs. 3 Nr. 2 GNotKG wie zuvor. 0,3-Gebühr für den Vollzug gem. Nr. 22114 KV GNotKG, Geschäftswert gem. § 112 GNotKG wie zuvor.

Gerichtsgebühr: 100 Euro gem. Nr. 1101 GV HRegGebV.

II. Anmeldung der Errichtung einer OHG durch Eintritt eines Gesellschafters in das Einzelunternehmen

Eine OHG kann durch Eintritt in das Einzelhandelsunternehmen errichtet werden, wodurch der Einzelunternehmer und der Eintretende Gesellschafter werden. 2

Zu beachten ist die Haftung der Gesellschaft und des Eintretenden für Altschulden des Einzelunternehmens und der Forderungsübergang nach § 28 Abs. 1 HGB.

Abweichende Vereinbarungen sind nach § 28 Abs. 2 HGB möglich, müssen aber wie bei § 25 Abs. 2 HGB unverzüglich nach Entstehung der OHG angemeldet werden. Es kann sich deshalb empfehlen, den Eintritt und damit die Entstehung der OHG mit der Eintragung der OHG im Handelsregister zusammenfallen zu lassen.

Statt eine eigene neue Firma zu bilden, kann die OHG auch die Firma des Einzelunternehmens fortführen, muss aber den Reformzusatz hinzufügen (§ 19 Abs. 1 Nr. 2 HGB).

M 111.2 Anmeldung der Errichtung einer OHG durch Eintritt eines Gesellschafters in das Einzelunternehmen

An das Amtsgericht

– Registergericht –

...

Zum Handelsregister A ... der Firma ... e.K. melden wir zur Eintragung an:

Herr A in ... (Wohnort), geb. am ..., ist als persönlich haftender Gesellschafter in das von ... betriebene Handelsgeschäft eingetreten. Die hierdurch mit den Gesellschaftern A und B entstandene Offene Handelsgesellschaft hat die Firma

... OHG

Sie hat am ... begonnen. Geschäftszweig ist weiterhin der Einzelhandel mit Möbeln, Sitz ..., Die inländische Geschäftsanschrift lautet ...

Zur Vertretung der Gesellschaft ist jeder Gesellschafter allein befugt.

Die Gesellschaft und damit der Gesellschafter A haften nicht für die im Betriebe des Geschäfts entstandenen Verbindlichkeiten des früheren Geschäftsinhabers.

... (Ort, Datum)

... (Unterschriften aller Gesellschafter, notarielle Unterschriftsbeglaubigung, elektronische Einreichung nach § 12 Abs. 1 HGB)

Kosten: *Notar- und Gerichtsgebühr:* wie **M 111.1**.

III. Anmeldung der Fortführung des Einzelunternehmens durch Miterben in der Rechtsform der OHG

3 Anstelle der Fortführung des Einzelunternehmens in Erbengemeinschaft (dazu **M 108.9**) können mehrere Miterben das Unternehmen unter Buchwertfortführung in eine von ihnen gegründete OHG einbringen. Dies ist zum Handelsregister anzumelden.

M 111.3 Anmeldung der Fortführung des Einzelunternehmens durch Miterben in der Rechtsform der OHG

An das Amtsgericht

– Registergericht –

...

Zum Handelsregister A ... der Firma ... e.K. melden wir zur Eintragung an:

Der bisherige Firmeninhaber, A in ... (Wohnort), verstarb am ... und wurde nach dem Erbschein ..., den wir in elektronisch beglaubigter Abschrift beifügen, beerbt von uns, B in ... (Wohnort), geb. am ..., und C in ... (Wohnort), geb. am ...

Wir führen den Einzelhandel mit Möbeln mit Sitz in ... unter unveränderter Geschäftsadresse als Offene Handelsgesellschaft fort, die am ... entstanden ist. Gesellschafter sind wir, B in ... (Wohnort), geb. am ..., und C in ... (Wohnort), geb. am ...

Die Firma der Gesellschaft lautet:

Gebrüder Schulze OHG

Jeder Gesellschafter ist allein zur Vertretung der Gesellschaft befugt.

... (Unterschriften aller Gesellschafter, notarielle Unterschriftsbeglaubigung, elektronische Einreichung nach § 12 Abs. 1 HGB)

Kosten: *Notar- und Gerichtsgebühr:* wie **M 111.1**.

IV. Eintritt eines weiteren Gesellschafters in die OHG

4 Der Eintritt weiterer Gesellschafter in die OHG vollzieht sich durch – grundsätzlich formlos möglichen – Aufnahmevertrag, durch die Abtretung bei deren gesellschaftsvertragliche Zulassung oder

durch Erbfolge im Rahmen der gesellschaftsvertraglichen Erbfolgeregelung. Der Eintritt ist durch alle Gesellschafter zum Handelsregister anzumelden, §§ 107, 108 HGB.

M 111.4 Anmeldung des Eintritts eines weiteren Gesellschafters in die OHG

An das Amtsgericht

– Registergericht –

...

Zum Handelsregister A ... der ... OHG melden wir zur Eintragung an:

... (Name) in ... (Wohnort), geb. am ..., ist als weiterer Gesellschafter in die Gesellschaft eingetreten. Er vertritt die Gesellschaft wie die übrigen Gesellschafter allein.

... (Ort, Datum)

... (Unterschriften aller Gesellschafter, notarielle Unterschriftsbeglaubigung, elektronische Einreichung nach § 12 Abs. 1 HGB)

Kosten: *Notargebühr:* 0,2-Gebühr gem. Nr. 25100 KV GNotKG, mindestens 20 Euro, höchstens 70 Euro. Geschäftswert gem. §§ 121, 105 Abs. 4 Nr. 3 GNotKG 30 000 Euro. Bei Fertigung des Entwurfs und Beglaubigung 0,5-Gebühr gem. Nrn. 24102, 21201 Nr. 5 KV GNotKG (§ 92 Abs. 2 GNotKG), Geschäftswert gem. §§ 119, 105 Abs. 4 Nr. 3 GNotKG wie zuvor. 0,3-Gebühr für den Vollzug gem. Nr. 22114 KV GNotKG, Geschäftswert gem. § 112 GNotKG wie zuvor.

Gerichtsgebühr: 60 Euro gem. Nr. 1501 GV HRegGebV.

V. Austritt von Gesellschaftern

Der Austritt von Gesellschaftern vollzieht sich durch einverständliches Ausscheiden oder durch 5
Ausübung gesetzlicher oder gesellschaftsvertraglicher Austrittsrechte. Der Austritt ist durch alle Gesellschafter – einschließlich des ausscheidenden bzw. schon ausgeschiedenen – zum Handelsregister anzumelden, §§ 107, 108 HGB.

M 111.5 Anmeldung des Austritts eines Gesellschafters

An das Amtsgericht

– Registergericht –

...

Zum Handelsregister A ... der ... OHG melden wir zur Eintragung an:

... ist ... aus der Gesellschaft ausgeschieden. Die verbleibenden Gesellschafter B und C führen mit Einwilligung des ausscheidenden Gesellschafters die Firma unverändert fort.

... (Ort, Datum)

... (Unterschriften aller Gesellschafter, notarielle Unterschriftsbeglaubigung, elektronische Einreichung nach § 12 Abs. 1 HGB)

Kosten: *Notar- und Gerichtsgebühr:* wie **M 111.4**.

VI. Anmeldung des Ein-/Austritts von Gesellschaftern oder der Abtretung der Beteiligung

6 Der mit dem Austritt eines Gesellschafters verbundene Eintritt eines neuen Gesellschafters sowie die Abtretung der Beteiligung ist nach §§ 107, 108 HGB von allen Gesellschaftern einschließlich des Ausscheidenden bzw. Abtretenden anzumelden, und zwar unabhängig davon, ob materiellrechtlich die Zustimmung aller Mitgesellschafter erforderlich ist oder nicht. Bei der Registereintragung und dementsprechend auch bei der Anmeldung macht es keinen Unterschied, ob es sich materiell-rechtlich um eine Kombination von Aus- und Eintritt (§ 311 Abs. 2 BGB) oder um eine Abtretung (§§ 399, 182 BGB analog) handelt. Nach einer in der Literatur vertretenen Ansicht soll die Eintragung der Abtretung im Handelsregister mit einem Rechtsnachfolgevermerk erfolgen (Oetker/Weitemeyer § 107 HGB Rz. 10); die rechtliche Existenzberechtigung des Vermerks im Recht der OHG ist aber abzulehnen, da es für die Haftung von Alt- und Neugesellschafter (vgl. §§ 128, 130, 160 HGB) keinen Unterschied macht, auf welchem Rechtsgrund der Gesellschafterwechsel beruht (zutreffend Krafka/Kühn, Registerrecht, Rz. 664).

M 111.6 Anmeldung des Ausscheidens eines Gesellschafters nebst Eintritt eines neuen Gesellschafters (auch: Abtretung)

An das Amtsgericht

– Registergericht –

. . .

Zum Handelsregister A . . . der . . . OHG melden wir an:

A ist aus der Gesellschaft ausgeschieden. In die Gesellschaft eingetreten ist B in . . . (Wohnort), geb. am . . . .

Der Gesellschafter B vertritt die Gesellschaft allein.

. . . (Ort, Datum)

. . . (Unterschriften aller Gesellschafter, notarielle Unterschriftsbeglaubigung, elektronische Einreichung nach § 12 Abs. 1 HGB)

Kosten: *Notargebühr:* wie **M 111.4**.

Gerichtsgebühr: 60 Euro und 30 Euro gem. Nr. 1501, 1503 GV HRegGebV.

VII. Anmeldungen beim Tod eines Gesellschafters

7 Die Anmeldepflicht folgt aus §§ 107, 108, 143 Abs. 2 HGB. Anzumelden sind das Ausscheiden des verstorbenen Gesellschafters und die Rechtsnachfolgen des Ausscheidens je nach Gestaltung der erbrechtlichen Nachfolge in die Gesellschafterbeteiligung. Unabhängig davon, ob die Erben bzw. einzelne von ihnen in die Gesellschafterstellung nachfolgen, müssen grundsätzlich sämtliche von ihnen an der Handelsregisteranmeldung mitwirken (§ 12 Abs. 1 S. 4 HGB).

M 111.7 Anmeldung bei Fortsetzung nach Tod eines Gesellschafters

An das Amtsgericht

– Registergericht –

. . .

Zum Handelsregister A . . . der . . . OHG melden wir zur Eintragung an:

Der A ist am . . . verstorben und damit aus der Gesellschaft ausgeschieden. Die Gesellschafter B und C führen die Gesellschaft unter der bisherigen Firma fort.

Die mitunterzeichnenden Erben des Gesellschafters stimmen der Fortführung der Firma hiermit zu. Erbscheinsausfertigung ist in elektronisch beglaubigter Ablichtung beigefügt.

... (Ort, Datum)

... (Unterschriften aller Gesellschafter und aller Erben, notarielle Unterschriftsbeglaubigung, elektronische Einreichung nach § 12 Abs. 1 HGB)

Kosten: *Notar- und Gerichtsgebühr:* wie **M 111.4**.

M 111.8 Anmeldung bei erbrechtlicher Nachfolgeklausel

An das Amtsgericht

– Registergericht –

...

Zur Eintragung in das Handelsregister A ... der ... OHG melden wir an:

Der A ist am ... verstorben. Seine Erben, die Söhne B in ... (Wohnort), geb. am ..., und C in ... (Wohnort), geb. am ..., sind im Wege der Sondererbfolge in die Gesellschaft eingetreten.

Erbscheinsausfertigung ist in elektronisch beglaubigter Ablichtung beigefügt.

Die neuen Gesellschafter vertreten die Gesellschaft jeweils allein.

... (Ort, Datum)

... (Unterschriften aller Gesellschafter und aller Erben, notarielle Unterschriftsbeglaubigung, elektronische Einreichung nach § 12 Abs. 1 HGB)

Kosten: *Notargebühr:* wie **M 111.4**.

Gerichtsgebühr: 60 Euro und 2-mal 30 Euro gem. Nr. 1501, 1503 GV HRegGebV.

M 111.9 Anmeldung der Fortführung als Einzelfirma[1]

An das Amtsgericht

– Registergericht –

...

Zum Handelsregister A ... der ... OHG melde ich, der Kaufmann A in ... (Wohnort), zur Eintragung an:

B ist am ... verstorben. Dadurch ist die Gesellschaft aufgelöst. Ich, A, führe das Geschäft mit unverändertem Gegenstand, Ort und Geschäftsadresse unter der Firma „A e.K." als Einzelunternehmen fort.

... (Ort, Datum)

... (Unterschriften des Übernehmers und der Erben des Verstorbenen, notarielle Unterschriftsbeglaubigung, elektronische Einreichung nach § 12 Abs. 1 HGB mit Erbnachweis)

1 Beim Tod eines von zwei Gesellschaftern erlischt die OHG, wenn für den Ausscheidenden kein Erbe eintritt. Es gibt keine Einpersonen-Personengesellschaft. Das Gesellschaftervermögen wächst dem verbleibenden Gesellschafter an. Dieser kann das Geschäft als Einzelfirma fortführen.

Kosten: *Notargebühr:* 0,2-Gebühr gem. Nr. 25100 KV GNotKG, mindestens 20 Euro, höchstens 70 Euro. Geschäftswert gem. §§ 121, 105 Abs. 4 Nr. 4 GNotKG 30 000 Euro. Bei Fertigung des Entwurfs und Beglaubigung 0,5-Gebühr gem. Nrn. 24102, 21201 Nr. 5 KV GNotKG (§ 92 Abs. 2 GNotKG), Geschäftswert gem. §§ 119, 105 Abs. 4 Nr. 4 GNotKG wie zuvor. 0,3-Gebühr für den Vollzug gem. Nr. 22114 KV GNotKG, Geschäftswert gem. § 112 GNotKG wie zuvor.

Gerichtsgebühr: 70 Euro Festgebühr gem. Nr. 1100 GV HRegGebV.

VIII. Anmeldung von Auflösung und Erlöschen

8 Zu den Auflösungsgründen vgl. §§ 131 ff. HGB, zur Liquidation §§ 145 ff. HGB.

M 111.10 Anmeldung der Auflösung der OHG

An das Amtsgericht

– Registergericht –

. . .

Zum Handelsregister A . . . der . . . OHG melden wir zur Eintragung an:

Die Gesellschaft ist durch Beschluss der Gesellschafter aufgelöst. Die Liquidation erfolgt durch die Gesellschafter A und B, die jeweils einzeln vertretungsberechtigt sind.

. . . (Ort, Datum)

. . . (Unterschriften aller Gesellschafter, notarielle Unterschriftsbeglaubigung, elektronische Einreichung nach § 12 Abs. 1 HGB)

Kosten: *Notar- und Gerichtsgebühr:* wie **M 111.4**.

M 111.11 Anmeldung des Erlöschens der OHG

An das Amtsgericht

– Registergericht –

. . .

Zum Handelsregister A . . . der . . . OHG i.L. melden wir als deren Liquidatoren zur Eintragung an:

Die Liquidation ist beendet. Die Firma ist erloschen.

. . . (Ort, Datum)

. . . (Unterschriften, notarielle Unterschriftsbeglaubigung, elektronische Einreichung nach § 12 Abs. 1 HGB)

Kosten: *Notargebühr:* wie **M 111.4**.

Gerichtsgebühr: keine, s. **M 108.11**.

3. Abschnitt. Kommanditgesellschaft

Kapitel 112 Gesellschaftsvertrag der KG

I. Gesellschaftstyp, Gründung einer gewerblichen KG

1 Die KG ist eine Personenhandelsgesellschaft mit allen Strukturmerkmalen der OHG (und damit auch der BGB-Gesellschaft), bei der es neben mindestens einem persönlich haftenden Gesellschafter noch mindestens einen Gesellschafter gibt, bei dem Haftung gegenüber der Gesellschaftsgläubigern auf den Betrag einer bestimmten Haftsumme beschränkt ist, § 161 HGB. Von diesem **Kommanditisten** leitet die KG ihren Namen und ihren besonderen Charakter ab. Nach der gesetzlichen Systematik gelten für sie zunächst die auf den Kommanditisten zugeschnittenen besonderen Vorschriften der §§ 161–177a HGB, dann über § 161 Abs. 2 HGB die Vorschriften des Rechts der OHG, also §§ 105–160 HGB, dann über § 105 Abs. 2 HGB die Vorschriften des Rechts der BGB-Gesellschaft, also §§ 705–740 BGB.

2 Die KG ist eine alte Gesellschaftsform mit großer Tradition. So gab es schon im Spätmittelalter Familien-KG wie die Große Ravensburger Gesellschaft mit zuletzt über 50 Gesellschaftern. Die Publikums-KG (früher verbreiteter Firmenzusatz: „& Cie.") hatte große Bedeutung als Vorläuferin der AG. Die **Familien-KG** und die **Publikums-KG** sind noch heute die **häufigsten Typen der KG**. Die gesetzliche Regelung ist wie bei der OHG auf einen kleinen Gesellschafterkreis zugeschnitten, lockert aber die personenbezogenen Strukturen dadurch auf, dass sie den Kommanditisten grundsätzlich von der Geschäftsführung ausschließt, ihm mindere Gesellschafterrechte gibt und seine Kapitalbeteiligung in den Vordergrund stellt. Im Bereich der Kapitalanlagegesellschaften ist in jüngerer Zeit vermehrt anstelle der KG mit einer Vielzahl von Gesellschaftern diejenige mit nur einer („Treuhand"-)Kommanditistin – etwa einer GmbH oder GbR – zu verzeichnen, an der die Kapitalanleger beteiligt sind; dementsprechend reichhaltig ist inzwischen die Rechtsprechung zu Treuhandkommanditisten.

3 Die KG ist **ungleich verbreiteter als die OHG** und in der Form der GmbH & Co. KG (dazu Kap. 115) neben der GmbH die häufigste Form der Mitunternehmerschaft. Sie kann aus der OHG durch reguläre Vertragsänderung entstehen, ferner dadurch, dass Erben eines verstorbenen Gesellschafters in Ausübung ihres Rechts nach § 139 HGB oder im Einverständnis mit den übrigen Gesellschaftern die Rechtsstellung von Kommanditisten erhalten. Möglich ist weiter die Entstehung dadurch, dass der Einzelkaufmann den künftigen Nachfolger als Kommanditisten aufnimmt. Dieser kann dann gleitend an der Geschäftsführung beteiligt werden, indem er Handlungsvollmacht und später Prokura erhält.

4 Nicht selten entsteht die **KG als GmbH & Co. KG** auch aus der GmbH heraus, wenn man sich hiervon Rechtsformvorteile verspricht. Weiterhin entsteht die GmbH & Co. KG häufig aus der KG, indem eine neu gegründete GmbH die Komplementär-Stellung übernimmt und die natürlichen Personen Kommanditisten und GmbH-Gesellschafter werden.

5 Nach Zulassung der vermögensverwaltenden Personenhandelsgesellschaft durch § 105 Abs. 2 HGB idF des Handelsrechtsreformgesetzes 1998 hat die **vermögensverwaltende KG** eine besondere Bedeutung erhalten. Deren besondere Vorteile gegenüber der GbR liegen in der mit der Registerpublizität verbundenen erhöhten Anerkennung im Rechtsverkehr und der Möglichkeit der gewerblichen Prägung im steuerlichen Sinne.

6 Die Neufassung des § 105 Abs. 2 HGB hat aber nicht dazu geführt, dass OHG und KG für Personengesellschaften mit jeglichem Gesellschaftszweck geöffnet worden sind. Der Betrieb eines Handelsgewerbes und die Verwaltung eigenen Vermögens sind aber die einzigen zulässigen Gesellschaftszwecke; unzulässig bleibt insbesondere die Freiberufler-KG (s. aber zur Steuerberatungs-GmbH & Co. KG BGH v. 15.7.2014 – II ZB 2/13).

II. Grundstrukturen der KG

1. Strukturgleichheit mit der OHG

7 Wie die OHG (s. Kap. 110) ist die KG Personengesellschaft und Handelsgesellschaft. Es gelten auch für sie die Grundsätze

- der Gesamthand mit partieller Rechtsfähigkeit,
- der Selbstorganschaft,
- der Verbandssouveränität,
- des Abspaltungsverbots und

der Kernbereichslehre.

2. Kommanditistenbedingte Strukturen

8 Die Besonderheit der KG gegenüber der OHG ist das Nebeneinander von persönlich haftenden Komplementären mit vollen Mitgliedschaftsrechten und beschränkt haftenden Kommanditisten mit eingeschränkten Mitgliedschaftsrechten. Hieraus ergeben sich als Besonderheiten:

9 Unterschiedliche **Bindung an die Gesellschaft:** Der Komplementär ist durch die persönliche Haftung, die Geschäftsführungspflicht und Wettbewerbsverbote eng mit der Gesellschaft verbunden. Beim Kommanditisten steht die vermögensmäßige Beteiligung im Vordergrund. Seine persönliche Bindung zur Gesellschaft ist schwächer als die des Komplementärs. Er unterliegt nach § 165 HGB keinem Wettbewerbsverbot. Seine Mitgliedschaft ist nach § 177 HGB vererblich, soweit nicht etwas anderes bestimmt ist (näher unten Rz. 22).

10 Unterschiedliche **Kompetenzen:** Während der Komplementär das Recht und die Pflicht zur Geschäftsführung und Vertretung hat, ist der Kommanditist nach § 164 HGB dispositiv von der Geschäftsführung und nach § 170 HGB zwingend von der Vertretung der KG ausgeschlossen.

11 Unterschiedliche **Informationsrechte:** Der geschäftsführende Komplementär ist kraft Amtes voll informiert. Der von der Geschäftsführung ausgeschlossene Komplementär hat nach § 118 HGB umfassende Kontrollrechte. Die Kontrollrechte des Kommanditisten dagegen werden durch § 166 HGB auf das Recht zur Vorlage des Jahresabschlusses und zur Prüfung seiner Richtigkeit unter Einsicht der Bücher und Papiere beschränkt.

12 Unterschiedliche **Haftung nach außen:** In der Haftung nach außen liegt der entscheidende Unterschied in der Rechtsstellung beider Gesellschaftertypen. Der Komplementär haftet unbeschränkt und unbeschränkbar für die Gesellschaftsschulden. Der Kommanditist haftet beschränkt auf seine Haftsumme. Über deren Verlust hinaus trägt er kein Risiko.

III. Gestaltungsschwerpunkte

13 Auf Grund der überwiegenden Strukturgleichheit gelten für die Vertragsgestaltung bei der KG zunächst die bei der OHG dargestellten Grundsätze (s. Kap. 110). Der Dualismus der Gesellschaftertypen erfordert im Regelungsbereich differenziertere Lösungen und bei der Störfallvorsorge angesichts des vorgegebenen Interessenkonflikts eingehendere Gestaltungen als bei der OHG. Schwerpunkte sind hier:

14 **Gesellschafter, Kapitalanteile**. Die bei der OHG lediglich übliche Festlegung der Kapitalanteile der Gesellschafter in Euro ist bei der KG immer vorzunehmen. Häufig sind Regelungen zu Pflichten des Kommanditisten, über die Pflichteinlage hinaus Beiträge in das Gesellschaftsvermögen zu leisten, sei es als Eigenkapital, sei es als Gesellschafterdarlehen.

15 **Beginn, Dauer**. Hinsichtlich des Beginns der Gesellschaft ist die Haftungsfalle des § 176 Abs. 1 HGB zu beachten. Lässt man die Gesellschaft mit Aufnahme ihrer Geschäfte beginnen, bevor sie in das Handelsregister eingetragen ist (zur Anmeldung s. Kap. 111), so haften die Kommanditisten, die dem Geschäftsbeginn zugestimmt haben, für die bis zur Eintragung begründeten Verbindlichkeiten der Gesellschaft gleich einem persönlich haftenden Gesellschafter.

➲ **Hinweis:** Es ist deshalb vertragsgestalterischer Standard, eine neu gegründete KG erst mit Eintragung im Handelsregister beginnen zu lassen. Will man den früheren Geschäftsbeginn, so ist den späteren Kommanditisten bis zur Eintragung ausdrücklich die Stellung lediglich stiller Gesellschafter zu geben. 16

Um Kapitalabfluss durch Kündigung eines Kommanditisten zu vermeiden, ist die Vereinbarung einer Mindestdauer der Gesellschaft zweckmäßig. 17

Geschäftsführung, Vertretung. Eine Beteiligung von Kommanditisten an der Geschäftsführung kommt bei der reinen KG regelmäßig nur in Betracht, wenn der Unternehmensnachfolger in die Unternehmensführung hineinwachsen soll. Ihm kann dann auch Handlungsvollmacht oder Prokura erteilt werden. Die Aufnahme von Sonderrechten hierauf in den Vertrag kann sich bei Mehrfamilien-Gesellschaften empfehlen. Tätigkeitsvergütungen eines Kommanditisten sollte man aber außerhalb des Gesellschaftsvertrags arbeitsrechtlich regeln, um die Gefahr der Einlagenrückgewähr zu vermeiden. 18

Willensbildung der Gesellschaft. Die Zulassung von Mehrheitsbeschlüssen ist bei der KG regelmäßig zwingend erforderlich. Die Formalien der Einberufung und Abhaltung einer Gesellschafterversammlung sollten ausdrücklich geregelt werden, da die Möglichkeit streitiger Abstimmungen größer ist als bei der OHG. 19

Gewinn und Verlustverteilung. Die Führung verschiedener Konten ist bei der KG unumgänglich. Besondere steuerliche Bedeutung hat in diesem Zusammenhang die Vorschrift des § 15a EStG. 20

Wechsel von Gesellschaftern. Die Abtretungs- und Vererbungsregelungen sind regelmäßig liberaler als bei der OHG, immer aber sehr präzise zu gestalten. Empfehlenswert sind Austritts- und Ausschlussklauseln. 21

Tod eines Gesellschafters. Die gesetzliche Regelung auf den Tod eines Kommanditisten unterscheidet sich vom Ansatzpunkt her von der auf den Tod eines Komplementärs. Beim Tod eines persönlich haftenden Gesellschafters wird nach § 131 Abs. 3 HGB die Gesellschaft unter den verbleibenden Gesellschaftern fortgesetzt. Die Erben treten also nicht in die Gesellschaft ein. Der Gesellschaftsvertrag kann Abweichendes bestimmen. Dagegen wird beim Tod eines Kommanditisten die Gesellschaft nach § 177 HGB mit den Erben fortgesetzt. Diese treten also nach der gesetzlichen Regelung automatisch in die Gesellschaft ein, und zwar bei mehreren Erben diese nicht in ungeteilter Erbengemeinschaft, sondern jeder mit einem Gesellschaftsanteil entsprechend seiner Erbquote (sog. Sondererbfolge, Baumbach/Hopt § 177 Rz. 3; Dorsel/Dickhuth-Harrach, Kölner Formularbuch Erbrecht Kap. 11 Rz. 9). Auch hier kann der Gesellschaftsvertrag Abweichendes bestimmen. 22

➲ **Wichtig:** Diese unterschiedlichen gesetzlichen Regelungen sind bei der Vertragsgestaltung zu beachten. Will man beim Tod von Gesellschaftern die Fortsetzung der KG lediglich mit den verbleibenden Gesellschaftern unter Ausschluss der Erben, so ist für die Komplementäre keine vertragliche Regelung erforderlich, wohl aber für die Kommanditisten. Will man beim Tod von Gesellschaftern die Fortsetzung der KG mit allen Erben als Nachfolgern, so ist für die Kommanditisten keine vertragliche Regelung erforderlich, wohl aber für die Komplementäre. Will man lediglich eine qualifizierte Nachfolge mit bestimmten Erben, so ist eine Regelung für beide Gesellschaftergruppen erforderlich. 23

Insgesamt ist es dann, wenn die Vererbung der Mitgliedschaft von Komplementären und Kommanditisten parallel geregelt werden soll, die praktisch einfachste Lösung, wenn man ohne Rücksicht auf die verschiedenen Ausgangspunkte die gewünschte Regelung für beide Gesellschaftergruppen gemeinsam ausdrücklich in den Vertrag aufnimmt. Dass diese Regelung dann teilweise nur deklaratorisch ist, weil sie der gesetzlichen Regelung entspricht, schadet nichts. 24

Schiedsgerichte, Beiräte. Der Interessengegensatz zwischen Komplementären und Kommanditisten macht die Störfallvorsorge durch Schiedsgutachter, Schiedsgerichte und insbesondere Beiräte erwägenswert. 25

M 112.1 Gesellschaftsvertrag zur Gründung einer gewerblichen KG

§ 1 Firma, Sitz, Gegenstand

(1) Die Gesellschaft führt die Firma ... KG

(2) Sie hat ihren Sitz in ...

(3) Gegenstand des Unternehmens ist ...

§ 2 Gesellschafter, Einlagen

(1) Persönlich haftender Gesellschafter ist ... mit einer Einlage von Euro ...

(2) Kommanditisten sind ... jeweils mit einer Einlage und Haftsumme von Euro ...

(3) Die Einlagen sind erbracht.

§ 3 Dauer, Geschäftsjahr

(1) Die Gesellschaft beginnt als Kommanditgesellschaft mit Eintragung in das Handelsregister. Bis zu diesem Zeitpunkt haben die späteren Kommanditisten die Rechtsstellung von atypisch still beteiligten Gesellschaftern, für die die Bestimmungen dieses Vertrages entsprechend gelten.

(2) Die Gesellschaft wird bis zum 31.12. ... unkündbar geschlossen. Ab dann besteht sie auf unbestimmte Zeit und kann mit halbjähriger Frist zum Ende eines Kalenderjahres gekündigt werden. Die Kündigung hat nicht die Auflösung der Gesellschaft, sondern das Ausscheiden des kündigenden Gesellschafters zur Folge.

(3) Geschäftsjahr ist das Kalenderjahr.

§ 4 Geschäftsführung, Vertretung

(1) Zur Geschäftsführung und Vertretung ist ausschließlich der persönlich haftende Gesellschafter berechtigt und verpflichtet. Die übrigen Gesellschafter sind von der Geschäftsführung und Vertretung ausgeschlossen. Der persönlich haftende Gesellschafter ist von den Beschränkungen des § 181 BGB befreit.

(2) Der persönlich haftende Gesellschafter schuldet der Gesellschaft seine ganze Arbeitskraft. Er erhält für die Geschäftsführung eine Vergütung von monatlich Euro ... Er kann jährlich anlässlich der Bilanzfeststellung eine Anpassung der Vergütung unter Berücksichtigung der Entwicklung der Lebenshaltungskosten und der Geschäfte für entsprechende Führungskräfte nach den Grundsätzen der Billigkeit verlangen. Die Vergütung wird in der Handelsbilanz der Gesellschaft als Aufwand behandelt. Sie wird auch dann gewährt, wenn die Gesellschaft keinen Gewinn erzielt. Weiterhin sind dem persönlich haftenden Gesellschafter die Auslagen zu erstatten, die ihm durch die Führung der Geschäfte der Gesellschaft entstehen.

§ 5 Gesellschafterversammlung

(1) Die Gesellschafterversammlung findet mindestens einmal jährlich statt.

(2) Darüber hinaus hat jeder Gesellschafter das Recht, von dem persönlich haftenden Gesellschafter die Einberufung einer Gesellschafterversammlung zu verlangen. Wird diesem Verlangen nicht innerhalb einer Frist von zwei Wochen stattgegeben, so hat der Antragsteller das Recht, von sich aus eine Gesellschafterversammlung am Sitz der Gesellschaft einzuberufen. Die Kosten fallen dem Antragsteller zur Last, sofern nicht die Gesellschafterversammlung die Übernahme der Kosten beschließt.

(3) Die Einladung zur Gesellschafterversammlung hat unter Angabe der Tagesordnung mit einer Frist von drei Wochen zu erfolgen.

(4) Die Gesellschafter können sich in der Gesellschafterversammlung durch einen Mitgesellschafter oder durch eine zur Berufsverschwiegenheit verpflichtete Person vertreten lassen. Der Bevollmächtigte hat eine schriftliche Vollmacht vorzulegen.

(5) Die einberufene Gesellschafterversammlung ist nur beschlussfähig, wenn 60 % des Gesellschaftskapitals anwesend oder vertreten ist. Andernfalls ist mit einer Frist von drei Wochen eine weitere Gesellschafterversammlung einzuberufen, die in jedem Fall beschlussfähig ist. Hierauf ist in der Einladung hinzuweisen.

(6) Die Abstimmungen können auch schriftlich im Umlaufverfahren erfolgen, wenn jeder Gesellschafter damit einverstanden ist.

§ 6 Beschlüsse der Gesellschafter

(1) Beschlüsse der Gesellschafter werden mit einfacher Mehrheit der abgegebenen Stimmen gefasst, soweit nicht dieser Vertrag eine andere Mehrheit vorschreibt. Je 50 Euro eines Kapitalkontos I ergeben eine Stimme. Stimmenthaltungen zählen nicht als abgegebene Stimmen. Bei Stimmengleichheit gilt der Antrag als abgelehnt.

(2) Änderungen des Gesellschaftsvertrages einschließlich der Erhöhung des Kapitals bedürfen einer Mehrheit von drei Vierteln der abgegebenen Stimmen.

(3) Soweit eine Änderung des Gesellschaftsvertrages die Rechte eines Gesellschafters vermindert, seine Pflichten erhöht oder die vertragliche Bindung verlängert, bedarf sie seiner Zustimmung. Dies gilt nicht für die Erhöhung des Kapitals.

§ 7 Jahresabschluss, Gewinn- und Verlustbeteiligung

(1) Der persönlich haftende Gesellschafter hat innerhalb von drei Monaten nach Ablauf eines Geschäftsjahres den Jahresabschluss nach den gesetzlichen Vorschriften aufzustellen und den Kommanditisten zuzuleiten.

(2) Für jeden Gesellschafter wird ein festes Kapitalkonto I, ein bewegliches Kapitalkonto II und ein Darlehenskonto geführt. Das Kapitalkonto I entspricht dem Kapitalanteil. Auf dem Kapitalkonto II werden nicht entnahmefähige Gewinnanteile und Verlustanteile verbucht. Auf dem Darlehenskonto werden die entnahmefähigen Gewinnanteile, die Entnahmen und der sonstige Zahlungsverkehr zwischen Gesellschafter und Gesellschaft verbucht. Die Kapitalkonten werden unverzinslich geführt. Guthaben und Soll auf den Darlehenskonten sind mit 6 % jährlich zu verzinsen.

(3) Gewinn und Verlust werden im Verhältnis der Kapitalanteile verteilt. Die Gewinnanteile sind zunächst zum Ausgleich des Kapitalkontos II zu verwenden und werden im Übrigen den Darlehenskonten gutgeschrieben. Guthaben auf Darlehenskonten können jederzeit abgehoben werden.

(4) Als Vorschuss auf die Gewinnanteile dürfen die Kommanditisten im laufenden Geschäftsjahr die Auszahlung der Beträge verlangen, die sie zur Zahlung der Steuervorauszahlungen für ihre Beteiligung benötigen.

§ 8 Abtretung und Belastung

Die Abtretung und Belastung der Beteiligung und der Vermögensrechte aus der Beteiligung bedarf der vorherigen Zustimmung der Gesellschafterversammlung. Der Zustimmungsbeschluss bedarf einer Mehrheit von ¾ aller Kapitalanteile. Der betroffene Gesellschafter kann mitstimmen.

§ 9 Tod eines Gesellschafters

(1) Nachfolger eines verstorbenen Gesellschafters werden dessen Erben oder Vermächtnisnehmer, sofern es sich hierbei um Mitgesellschafter, den Ehegatten oder leibliche Abkömmlinge des verstorbenen Gesellschafters handelt. Andernfalls wird die Gesellschaft von den verbleibenden Gesellschaftern fortgesetzt.

(2) Die Erben oder Vermächtnisnehmer des persönlich haftenden Gesellschafters können die Rechtsstellung eines Komplementärs nur in Anspruch nehmen, wenn sie die für die Geschäftsführung erforderliche Vorbildung und Eignung aufweisen. Sofern sich die Beteiligten nicht innerhalb von drei Monaten nach dem Versterben eines Gesellschafters einigen, entscheidet der für die Gesellschaft tätige Steuerberater als Schiedsgutachter gem. § 317 BGB über die Eignung eines Gesellschafters als Komplementär.

(3) Stirbt der persönlich haftende Gesellschafter, ohne dass ein zur Übernahme der Geschäftsführung bereiter oder geeigneter Nachfolger vorhanden ist, wird die Gesellschaft mit den Erben oder

Vermächtnisnehmern des Verstorbenen als Kommanditisten fortgesetzt. Die Gesellschafter sind verpflichtet, im bisherigen Beteiligungsverhältnis eine Geschäftsführungs-GmbH mit Mindeststammkapital zu gründen, die die Rechtsstellung des Komplementärs ohne Beteiligung am Gesellschaftsvermögen erhält.

(4) Zur Verwaltung von Kommanditanteilen kann Testamentsvollstreckung angeordnet werden.

§ 10 Ausschließung

(1) Wird über das Vermögen eines Gesellschafters ein Insolvenzverfahren eröffnet oder wird die Zwangsvollstreckung in sein Auseinandersetzungsguthaben oder ein sonstiges Gesellschafterrecht betrieben, können die übrigen Gesellschafter seinen Ausschluss beschließen. Der Ausschluss wird mit der Bekanntgabe des Beschlusses, im Falle der Einzelzwangsvollstreckung jedoch erst drei Monate nach Bekanntgabe des Beschlusses wirksam, es sei denn, dass der betroffene Gesellschafter bis dahin die eingeleiteten Vollstreckungsmaßnahmen abgewendet hat.

(2) Im Übrigen kann der Gesellschafter ausgeschlossen werden, wenn hierzu ein wichtiger Grund vorliegt, insbesondere wenn ein Gesellschafter durch sein Verhalten die Gesellschaftsinteressen schädigt oder wenn auf Grund seines Verhaltens den übrigen Gesellschaftern die Fortsetzung der Gesellschaft mit ihm nicht mehr zugemutet werden kann.

§ 11 Abfindung

(1) In allen Fällen des Ausscheidens eines Gesellschafters wird die Abfindung von dem für die Gesellschaft tätigen Steuerberater als Schiedsgutachter gem. § 317 BGB festgesetzt.

(2) Als Abfindungsguthaben erhält der ausgeschiedene Gesellschafter einen seiner Beteiligung an der Gesellschaft entsprechenden Anteil am Unternehmenswert. Der Unternehmenswert wird nach den Bewertungsgrundsätzen des Instituts der Wirtschaftsprüfer in Düsseldorf festgesetzt. Der Steuerberater kann hierzu einen Wirtschaftsprüfer hinzuziehen. Die Kosten trägt die Gesellschaft.

(3) Das Abfindungsguthaben ist in fünf gleichen, unmittelbar aufeinander folgenden Jahresraten auszuzahlen. Die erste Rate ist ein Jahr nach dem Ausscheidungsstichtag zur Zahlung fällig. Ab diesem Zeitpunkt ist das restliche Abfindungsguthaben mit jährlich 5 % zu verzinsen. Die Zinsen sind jeweils mit den Jahresraten zu entrichten.

(4) Vorzeitige Zahlung der Abfindung ist jederzeit zulässig. Sicherheitsleistung kann für das Abfindungsguthaben nicht gefordert werden.

IV. Rechtsstellung des Kommanditisten

26 Wegen der Haftungsbeschränkung sind auch die Gesellschafterrechte des Kommanditisten eingeschränkt.

1. Geschäftsführung, Vertretung

27 Von der organschaftlichen Vertretung der KG ist der Kommanditist zwingend ausgeschlossen, § 170 HGB. Natürlich kann ihm Prokura erteilt werden (BGH BB 1972, 726). Über die Geschäftsführung besagt der dispositive § 164 HGB, dass die Kommanditisten von ihr ausgeschlossen sind und einer Handlung des Komplementärs nur widersprechen können, wenn sie über den gewöhnlichen Betrieb des Handelsgewerbes der KG hinausgeht. Zum Kontrollrecht des Kommanditisten vgl. § 166 HGB.

2. Gewinn- und Verlustbeteiligung, Entnahmen

28 Für die Berechnung des Gewinnes und Verlustes verweist § 167 Abs. 1 HGB auf den unpraktischen § 120 HGB, der in der Praxis regelmäßig zu Gunsten fester Kapitalanteile und damit eines festen Gewinnverteilungsschlüssels abbedungen wird, wobei gleichzeitig die Regelung der §§ 168, 121 Abs. 1 HGB abbedungen ist. Entgegen dem irreführenden Wortlaut des § 167 Abs. 3 HGB kann der Kapitalanteil des Kommanditisten negativ werden, was bedeutet, dass späterer Gewinn zu-

nächst wieder zur Auffüllung des Kapitalanteils verwendet werden muss. Zum Nachschießen aus eigenem Vermögen ist der Kommanditist aber nicht verpflichtet. Ein gesetzliches Entnahmerecht hat der Kommanditist nach § 169 HGB nur für seinen Anteil am festgestellten Jahresgewinn. Einmal bezogenen Gewinn hat er wegen späterer Verluste der Gesellschaft nicht zurückzuzahlen. Der Gesellschaftsvertrag kann weitere Entnahmen durch den Kommanditisten zulassen, was aber Rückzahlung der Einlage mit nach § 172 Abs. 4 HGB haftungsbegründender Wirkung bedeuten kann.

3. Haftung

Der Kommanditist haftet den Gesellschaftsgläubigern mit dem gesamten Gesellschaftsvermögen. 29
Mit seinem Privatvermögen haftet er nur bis zur Höhe seiner im Handelsregister eingetragenen Haftsumme. Diese persönliche Haftung erlischt, wenn der Kommanditist eine Einlage in Höhe der Haftsumme geleistet hat, § 171 Abs. 1 HGB. Sie lebt wieder auf, wenn die Einlage zurückgezahlt wurde, § 172 Abs. 4 HGB. Regelmäßig stimmen der Betrag der Einlage und der Haftsumme überein (BGH BB 1979, 855), ebenso der etwa für die Gewinnverteilung maßgebliche Kapitalanteil. Einlage, Haftsumme und Kapitalanteil können jedoch vertraglich auch mit unterschiedlichen Beträgen vereinbart werden.

➲ **Wichtig:** Zu beachten ist, dass die Haftungsbeschränkung des Kommanditisten auf seine 30
Haftsumme erst mit deren Eintragung in das Handelsregister eintritt. Beginnt die KG vor ihrer Eintragung oder tritt der Kommanditist in eine bestehende Gesellschaft ein, so haftet er für die Verbindlichkeiten der Gesellschaft, die zwischen dem Beginn der Gesellschaft bzw. seinem Eintritt und der Eintragung begründet werden, nach § 176 HGB gleich einem persönlich haftenden Gesellschafter. Deshalb empfiehlt es sich, den Beginn der Gesellschaft bzw. den Eintritt auf den Zeitpunkt der Eintragung festzusetzen (BGHZ 82, 21; BGH NJW 1983, 2258).

V. Steuerliche Behandlung der KG

Grundsätzlich kann hinsichtlich der steuerlichen Behandlung einer KG auf die entsprechenden 31
Ausführungen zur GbR (Kap. 109 Rz. 20 ff.) verwiesen werden. Allerdings gelten insbesondere nachfolgende Einschränkungen für den **Kommanditisten.**

Seit 1980 wird der **Verlustausgleich für den Kommanditisten** nach Maßgabe des **§ 15a EStG** beschränkt, weil seine Haftung auf die vereinbarte Einlage beschränkt ist und er über deren Verlust hinaus kein weiteres Risiko trägt. Für Zwecke des steuerlichen Ausgleiches des auf ihn entfallenden Verlustanteiles stellt der Gesetzgeber folglich auf den Stand des steuerlichen Kapitalkontos ab. Der einem **Kommanditisten zuzurechnende Anteil am Verlust** einer KG darf nach § 15a EStG weder mit anderen Einkünften aus Gewerbebetrieb noch mit Einkünften aus anderen Einkunftsarten ausgeglichen werden, **soweit** ein **negatives Kapitalkonto** des Kommanditisten **entsteht** oder sich erhöht (§ 15 Abs. 1 Satz 1 EStG). Allerdings geht dieser nichtausgleichsfähige Verlust dem Steuerpflichtigen nicht verloren, sondern insoweit erfolgt die gesonderte Feststellung eines sog. **„verrechenbaren Verlustes"** nach § 15a Abs. 4 EStG, der das Ausgleichspotential für die Zukunft sichert. Ein solcher nichtausgleichsfähiger „verrechenbarer Verlust" darf nach § 15a Abs. 2 EStG **nur mit Gewinnen** verrechnet werden, die dem Kommanditisten **in einem späteren Wirtschaftsjahr** aus dieser Beteiligung an der Kommanditgesellschaft zuzurechnen sind.

Zum **Umfang des Kapitalkontos** iS des § 15a EStG hat der BFH mit Urteil v. 14.5.1991 (BStBl. 32
1992 II, 167) entschieden, dass das positive und negative Sonderbetriebsvermögen in die Ermittlung der Verlustabzugsbeschränkung des § 15a EStG nicht einzubeziehen ist. Der BFH erkennt in seiner Begründung die einschränkende Regelung des § 15a Abs. 1 EStG für den Stpfl. und beschränkt diese – aus dem Gesetzeswortlaut folgerichtig – daher auf den Gesamthandsbereich; teleologisch orientiert sich der BFH im Hinblick auf die Auslegung des Begriffes des Kapitalkontos an den §§ 167 Abs. 1, 120 HGB. Folglich gehört nur der (anteilige) Gesamthandsverlust und ein etwaiger Verlust aus einer steuerlichen Ergänzungsbilanz zum Bereich des § 15a EStG. Ein **Sonderbetriebsverlust** ist **nach BFH stets abzugs- und ausgleichsfähig**. Zum Umfang des steuerlichen Kapitalkontos hat das BMF mit Schreiben v. 30.5.1997 (BStBl. I, 627) umfassend Stellung bezogen. Durch Entnahmen vom steuerlichen Kapitalkonto kann es darüber hinaus zum Wiederaufleben

der sog. **Außenhaftung,** oder aber zu **Gewinnzuschlägen** aufgrund von Korrekturen nach § 15a Abs. 3 EStG kommen. Zu weiteren Einzelheiten vgl. BFH v. 11.10.2007 BStBl. 2009 II, 135; Braun/Günther, Das Steuerhandbuch, Stichwort „Personengesellschaften, negatives Kapitalkonto"; dto. bei Ausscheiden oder Wechsel eines Gesellschafters von der unbeschränkten in die beschränkte Haftung und umgekehrt (R 15a EStR, H 15a EStH).

Bei der Überlassung von Wirtschaftsgütern durch den Kommanditisten an die Kommanditgesellschaft zur betrieblichen Nutzung kann die rein **steuerliche Haftungsregelung** des **§ 74 AO** (für die Inanspruchnahme von Steuerschulden) zu beachten sein.

Kapitel 113 KG-Familienpool

I. Vermögensverwaltende KG

1 Die vermögensverwaltende OHG/KG nach § 5 Abs. 2 HGB idF des Handelsrechtsreformgesetzes 1998 besitzt kraft Rechtsform neben der jetzt auch der GbR zuerkannten Rechtsfähigkeit mit der vollen Registerfähigkeit und der Identitätsausstattung durch die Handelsregisterpublizität die Attribute, bei denen für die GbR immer noch Defizite bestehen. Die Handelsregistereintragung gibt Auskunft über Existenz, Firma, Gesellschafter und Vertretungsbefugnisse, soweit sie von der Einzelvertretung durch jeden Gesellschafter abweichen. Die Eintragung im Grundbuch erfolgt unter der Firma. Der Gesellschafterwechsel berührt die Ebene des Grundbuchs nicht. Die einmal eingetragene OHG/KG bleibt bis zum Erlöschen ihrer Firma im Grundbuch eingetragen, soweit das Grundstück in ihrem Vermögen verbleibt.

M 113.1 Vertrag der grundstücksverwaltenden Familien-KG

§ 1 Firma, Sitz, Gegenstand

(1) Die Gesellschaft ist eine Kommanditgesellschaft. Sie führt die Firma . . . KG.

(2) Die Gesellschaft hat ihren Sitz in . . .

(3) Gegenstand der Gesellschaft ist die Verwaltung eigenen Vermögens.

§ 2 Gesellschafter, Einlagen, Gesellschaftsanteile

(1) Gesellschafter sind die Eheleute M und F als Komplementäre sowie deren Kinder S und T als Kommanditisten.

(2) Die Einlagen aller Gesellschafter sind durch Einbringung des Grundstücks . . . (Adresse) durch die Eheleute M und F in die Gesellschaft erbracht.

(3) Die Gesellschaftsanteile betragen je ein Viertel. Sie sind unveränderlich, werden also durch Gewinne oder Verluste, Einlagen oder Entnahmen nicht verändert. Die Kommanditisten S und T haben eine erbrachte Pflichteinlage und eine Haftsumme von je 100 000 Euro.

(4) Verwandeln sich die Komplementärbeteiligungen von M und F in Kommanditbeteiligungen, so entsprechen diesen Beteiligungen von je einem Viertel ebenfalls jeweils eine erbrachte Pflichteinlage von Euro 100 000 und eine Haftsumme von 100 000 Euro.

§ 3 Geschäftsjahr

Geschäftsjahr ist das Kalenderjahr.

§ 4 Vertretung, Vollmacht

(1) Die Gesellschaft wird durch jeden persönlich haftenden Gesellschafter je einzeln vertreten. Jeder persönlich haftende Gesellschafter ist von den Beschränkungen des § 181 BGB befreit.

(2) Die Komplementäre M und F erhalten hiermit von den Kommanditisten S und T je einzeln unwiderruflich und über den Tod hinaus Vollmacht zur Abgabe aller die Gesellschaft und die Gesellschafter betreffender Anmeldungen zum Handelsregister. Die jeweiligen Kommanditisten sind verpflichtet, die jeweiligen Komplementäre in notarieller Form entsprechend zu bevollmächtigen.

§ 5 Überschussrechnung, Gesellschafterkonten

(1) Die Ermittlung der Einkünfte der Gesellschaft erfolgt durch Überschussrechnung.

(2) Für die Gesellschafter werden nur die zur Erfüllung der steuerlichen Pflichten erforderlichen Konten geführt.

§ 6 Beschlüsse

(1) Beschlüsse der Gesellschafter werden mit einfacher Mehrheit der abgegebenen Stimmen gefasst, soweit nicht dieser Vertrag eine andere Mehrheit vorschreibt. Je 50 Euro des Betrages der Hafteinlage ergeben eine Stimme. Die Beteiligung der Komplementäre wird für die Ermittlung ihrer Stimmen nach Maßgabe von § 2 Abs. 4 in eine Hafteinlage umgerechnet. Stimmenthaltungen zählen nicht als abgegebene Stimmen. Bei Stimmengleichheit gilt der Antrag als abgelehnt.

(2) Änderungen des Gesellschaftsvertrages bedürfen einer Mehrheit von drei Vierteln der abgegebenen Stimmen.

(3) Soweit eine Änderung des Gesellschaftsvertrags die Rechte eines Gesellschafters mindert, seine Pflichten erhöht oder die vertragliche Bindung verlängert, bedarf sie seiner Zustimmung.

§ 7 Verfügung über Geschäftsanteile

(1) Jeder Gesellschafter kann seine Beteiligung ganz oder teilweise im Wege der vorweggenommenen Erbfolge auf Abkömmlinge übertragen.

(2) Jeder Gesellschafter kann seinem Ehegatten unter Lebenden oder letztwillig einen Nießbrauch an seiner Beteiligung mit dem Recht zur Ausübung des Stimmrechts bestellen.

(3) Die Verwaltungstestamentsvollstreckung am Kommanditanteil ist zulässig.

(4) Die Ausübung des Rückforderungsrechts der Gesellschafter M und F ist ohne Zustimmung der übrigen Gesellschafter zulässig.

(5) Im Übrigen bedarf die Übertragung oder Belastung der Beteiligung der Zustimmung aller Gesellschafter.

§ 8 Tod eines Gesellschafters

(1) Beim Tod eines Gesellschafters wird die Gesellschaft mit den Abkömmlingen des verstorbenen Gesellschafters fortgesetzt, soweit diese Erben werden. Andere Erben werden nicht Gesellschafter. Sind keine Abkömmlinge als Erben vorhanden oder hat sie der Gesellschafter von der Nachfolge ausgeschlossen, wird die Gesellschaft unter den verbleibenden Gesellschaftern fortgesetzt. Die Erben erhalten in diesem Fall die in § 10 dieses Vertrags vorgesehene Abfindung.

(2) Die Teilung der Mitgliedschaft zwischen mehreren Abkömmlingen erfolgt entsprechend der gesetzlichen Erbfolge nach einem nicht verheirateten Aszendenten. Jeder Gesellschafter kann testamentarisch abweichende Teile festsetzen. Er kann ferner testamentarisch einzelne oder alle Abkömmlinge von der Nachfolge in die Gesellschaft ausschließen.

(3) Die den Gesellschaftsanteil von Todes wegen erwerbenden Nachfolger erhalten die Stellung von Komplementären, soweit sie volljährig sind und die Eheleute M und F beide verstorben sind. Beim Tod des Letztversterbenden der Eheleute M und F wandeln sich die Kommanditbeteiligungen in Komplementärbeteiligungen. In allen Fällen bleiben jedoch minderjährige Nachfolger Kommanditisten. Mit Eintritt der Volljährigkeit erhalten sie das Recht, Komplementäre zu werden.

(4) Vorstehende Grundsätze gelten entsprechend für den Erwerb einer Beteiligung durch Vermächtnis.

§ 9 Ausschließung, Austritt

(1) Wird über das Vermögen eines Gesellschafters ein Insolvenzverfahren anhängig oder wird die Zwangsvollstreckung in sein Auseinandersetzungsguthaben oder ein sonstiges Gesellschaftsrecht betrieben, können die übrigen Gesellschafter den Ausschluss des betreffenden Gesellschafters beschließen.

(2) Im Übrigen kann der Gesellschafter ausgeschlossen werden, wenn hierzu ein wichtiger Grund vorliegt, insbesondere wenn ein Gesellschafter durch sein Verhalten die Gesellschaftsinteressen schädigt oder wenn auf Grund seines Verhaltens den übrigen Gesellschaftern die Fortsetzung der Gesellschaft mit ihm nicht mehr zugemutet werden kann.

(3) Ein Gesellschafter kann durch eingeschriebenen Brief an die übrigen Gesellschafter aus der Gesellschaft austreten, und zwar mit einer Frist von einem Jahr auf das Ende eines Geschäftsjahres, erstmals zum …

(4) Bei Ausschließung oder Austritt wird die Gesellschaft nicht aufgelöst, sondern unter Ausscheiden des betroffenen Gesellschafters fortgesetzt.

§ 10 Abfindung ausscheidender Gesellschafter

(1) Kommt beim Ausscheiden eines Gesellschafters eine Einigung über die dem ausscheidenden Gesellschafter oder seinen Rechtsnachfolgern zu zahlende Abfindung nicht zu Stande, so entscheidet über die Höhe und Zahlungsweise der Abfindung gem. § 317 Abs. 1 BGB ein Schiedsgutachter. Schiedsgutachter ist der die Steuerangelegenheiten der Gesellschaft bearbeitende Steuerberater. Hilfsweise bestimmt die Steuerberaterkammer einen Schiedsgutachter.

(2) Die Kosten des Schiedsgutachters tragen die Gesellschaft zur einen und der ausscheidende Gesellschafter bzw. seine Rechtsnachfolger zur anderen Hälfte.

(3) Bei der Ermittlung der Abfindung werden die Vermögensgegenstände und Verbindlichkeiten der Gesellschaft mit dem Verkehrswert angesetzt. Der Grundbesitz der Gesellschaft wird abweichend hiervon nur mit dem Zehnfachen der durchschnittlich erzielten Jahresmiete ohne Nebenkosten, errechnet aus dem Durchschnitt der vorausgegangenen drei Kalenderjahre, angesetzt, hilfsweise der Miete, die bei Fremdvermietung erzielbar gewesen wäre. Mindestens ist jedoch der Grundstückswert, ermittelt nach den amtlichen Bodenrichtwerten, anzusetzen. Aus dem so ermittelten Gesellschaftsvermögen erhält der ausscheidende Gesellschafter eine seiner Beteiligung entsprechende Abfindung.

(4) Der Schiedsgutachter kann zum Schutz der Gesellschaft bestimmen, dass die Abfindung in bis zu fünf Jahresraten bei angemessener Verzinsung ausgezahlt wird. Sicherheit kann nicht verlangt werden.

§ 11 Schlussbestimmungen

(1) Sollten einzelne Bestimmungen des Vertrages sich als unwirksam erweisen, so bleibt der Vertrag im Übrigen wirksam.

(2) Die unwirksame Bestimmung ist durch eine Bestimmung zu ersetzen, die den Zweck der weggefallenen Bestimmung mit größtmöglicher Näherung erreicht.

(3) Die Gesellschafter sind einander kraft Treuepflicht zu Änderungen und Ergänzungen des Gesellschaftsvertrages verpflichtet, die im Interesse der Gesellschaft geboten und den Gesellschaftern zumutbar sind.

II. Gestaltungshinweise

1. Gründung der OHG/KG vor Einbringung der Grundstücke

Die vermögensverwaltende OHG/KG entsteht nach § 105 Abs. 2 HGB erst mit Eintragung im Handelsregister. Deshalb kann die Einbringung durch Auflassung erst erfolgen, nachdem die Gesellschaft konstitutiv eingetragen wurde. Bis zur Eintragung kann es sich um eine BGB-Gesellschaft handeln. 2

2. Einlagen

Der Umfang der den Kindern eingeräumten Gesellschaftsanteile wird sich häufig an der optimalen Ausnutzung der erbschaftsteuerlichen Freibeträge des § 16 ErbStG orientieren. Einlagen leisten nur die Eltern durch Einbringung der Grundstücke in die Gesellschaft. Hierbei ist eine gestufte Übergabe zunächst der Miteigentumsanteile an die Kinder mit nachfolgender gemeinsamer Einbringung in die Gesellschaft schenkungsteuerlich seit dem Urteil des BFH vom 14.9.1994 (BFH DStR 1995, 94) nicht mehr erforderlich. Erwerber und damit unter anderem auch Steuerschuldner iSv. § 20 ErbStG sind insbesondere die Kinder als Gesellschafter und nicht die jeweilige GbR, OHG oder KG. 3

3. Nutzungsvorbehalt

Probleme bereitet, dass die Eltern unabhängig von ihrer Gesellschaftsbeteiligung (die idR weniger als 100 % beträgt) die vollen oder überwiegenden Grundstückserträge behalten wollen. Die zivilrechtlich unstreitig mögliche beteiligungskonträre Gewinnverteilungsregelung im Gesellschaftsvertrag stößt jedoch auf Bedenken unter dem Gesichtspunkt des steuerlich gebotenen Fremdvergleichs. Bedenkenfrei ist die Lösung, die Grundstücke zunächst mit einem Eigentümernießbrauch zugunsten der Eltern zu belasten und mit dieser Belastung an die Gesellschaft aufzulassen. Soll bei der Gesellschaft ein verteilungsfähiger Ertrag entstehen, so ist der Nießbrauch als Bruchteils- oder Quotennießbrauch zu bestellen. Für den Fall, dass sich die Eltern den Nießbrauch an den entsprechenden Grundstücken vorbehalten, bleibt ihnen die Berechtigung zur Inanspruchnahme der Jahresabschreibung (AfA) erhalten, da sie in eigener Person die ursprünglichen Anschaffungs- oder Herstellungskosten des Grundstücks getragen haben. Zu Einzelheiten vgl. Nießbrauchserlass im BMF-Schreiben v. 30.9.2013, BStBl. I 2013, 1184). Möglich, aber komplizierter ist auch der Nießbrauchsvorbehalt an den übergebenen KG-Anteilen (hierzu Baumann, FS Kanzleiter, S. 53). In diesem Fall steht den Eltern im Übrigen auch nicht mehr die AfA-Berechtigung an den übertragenen Grundstücken zu. 4

4. Rückforderungsrechte der Übergeber

Wie beim Standardvertrag der vorweggenommenen Erbfolge durch direkte Grundstücksübertragung sollte auch bei der gesellschaftsrechtlichen Variante nicht auf Rückforderungsrechte mindestens für den Fall des Vorversterbens verzichtet werden. Zu beachten ist, dass die Absicherung des Rückerwerbsrechts durch Auflassungsvormerkung nur dann möglich ist, wenn Gegenstand des schuldrechtlichen Anspruchs der Grundbesitz oder ein Bruchteil hieran ist. 5

5. Übernehmer als Kommanditisten

Die Aufnahme der Kinder lediglich als Kommanditisten wird der familiären Struktur in idealer Weise gerecht. Die Kommanditisten haben mindere Gesellschafterrechte, insbesondere sind sie von der Vertretung ausgeschlossen. Bei minderjährigen Abkömmlingen, die zB im Wege der Sondererbfolge später Gesellschafter werden, verhindert die beschränkte Haftung des Kommanditisten, dass 6 ein solcher Abkömmling bei Eintritt der Volljährigkeit nach § 723 Abs. 1 Satz 3 Nr. 2 BGB zur außerordentlichen Kündigung berechtigt ist (Reimann DNotZ 1999, 179).

6. Beteiligung Minderjähriger

7 Bei der originären Beteiligung Minderjähriger an der Gründung einer grundstücksverwaltenden Personengesellschaft gleich welcher Rechtsform und dem Beitritt Minderjähriger ist zur Rechtswirksamkeit nach heute hM außerhalb der §§ 1643, 1822 Nr. 3 BGB (Gründung einer Erwerbsgesellschaft) keine Genehmigung des Vormundschaftsgerichts/Familiengerichts erforderlich (OLG Jena ZEV 2013, 521; anders noch Reimann in FS Hagen, 1999, S. 173, 177; Lautner MittBayNot 2002, 256/260).

Der unentgeltliche und derivative Erwerb eines Kommanditisten durch einen Minderjährigen an einer bestehenden Kommanditgesellschaft, deren Tätigkeit sich auf die Verwaltung des von den Gesellschaftern selbstgenutzten Wohnhauses beschränkt, bedarf nicht der vormundschaftsgerichtlichen Genehmigung nach § 1822 Nr. 3 BGB (OLG Jena ZEV 2013, 521; OLG München DNotZ 2009, 230).

7. Gesellschaftsanteile, Stimmrechte

8 Mangels handelsrechtlicher Buchführung sind Kapitalkonten nicht erforderlich und genügen in Bruchteilen ausgedrückte unveränderliche Gesellschaftsanteile. Für die Kommanditisten sind Haftsummen zu bestimmen. Beim nachfolgebedingten Wechsel von der Stellung des Komplementärs zum Kommanditisten und umgekehrt müssen die Haftsummen feststehen, ebenso bei der Aufteilung einer Beteiligung im Erbgang. Im Beispielsfall entspricht das Gesellschaftsvermögen rechnerisch einer Gesamthaftsumme von 400 000 Euro. Diese Gesamtsumme ist auch für die Stimmrechte nach § 6 des Gesellschaftsvertrags maßgeblich. Um Blockaden durch Minderheitsgesellschafter zu vermeiden, empfiehlt sich die Abweichung vom Einstimmigkeitsgrundsatz.

8. Einkünfte, Überschussrechnung

9 Die rein vermögensverwaltende OHG/KG erhält über die konstitutive Eintragung nach § 105 Abs. 2 HGB die Attribute einer teilrechtsfähigen Personenhandelsgesellschaft, betreibt aber tatsächlich kein Handelsgewerbe. Aufgrund der reinen Vermögensverwaltung sind folglich die Tatbestandsmerkmale des § 15 EStG nicht erfüllt, so dass die Gesellschaft steuerlich entweder Einkünfte aus Kapitalvermögen iSv. § 20 EStG oder solche aus Vermietung und Verpachtung iSv. § 21 EStG erzielt. Über § 21 Abs. 1 Satz 2 EStG ist jedoch die Vorschrift des § 15a EStG insoweit ebenfalls für die Gewinn- bzw. Verlustanteile eines Kommanditisten an einer rein vermögensverwaltenden KG zu beachten. Die eingebrachten Gegenstände bleiben steuerliches Privatvermögen, so dass eventuelle Veräußerungsvorgänge lediglich unter den Voraussetzungen der §§ 17, 23 EStG steuerpflichtig werden können.

10 Buchführungs- und Bilanzierungspflichten wie bei einem Gewerbetreibenden bestehen grundsätzlich nicht. Solche ergeben sich auch nicht aus § 140 AO für steuerliche Zwecke. Die Anwendung des § 141 AO scheitert daran, dass die Gesellschaft nicht als gewerblicher Unternehmer anzusehen ist. Folglich sind die Einkünfte der Gesellschaft der Überschuss der Einnahmen über die Werbungskosten (§ 2 Abs. 1 Nr. 5 und 6, Abs. 2 Nr. 2 EStG).

9. Keine IHK-Zwangsmitgliedschaft

11 Für die rein vermögensverwaltende OHG/KG wird keine Zwangsmitgliedschaft bei der IHK angenommen.

10. Vinkulierungen unter Lebenden und von Todes wegen

12 Die Vinkulierungen unter Lebenden nach § 7 des Gesellschaftsvertrags und die qualifizierte Nachfolgeregelung von Todes wegen nach § 8 des Gesellschaftsvertrags sind zur Erhaltung der Familien-

bindung unerlässlich. Die Interessen der nicht nachfolgeberechtigten Ehegatten werden durch die Möglichkeit gewahrt, diesen nach § 7 Abs. 2 einen Nießbrauch zu bestellen und sie nach § 7 Abs. 3 zu Testamentsvollstreckern zu ernennen. Innerhalb des Kreises der nachfolgeberechtigten Abkömmlinge hat der Erblasser nach § 8 Abs. 2 Auswahlfreiheit.

11. Abfindungsregelung

Bei Abfindungsregelungen setzen sich Schiedsgutachterklauseln zunehmend durch. Ein Mitglied 13
der steuerberatenden/wirtschaftsprüfenden Berufe bietet sich als Schiedsgutachter an. Die Bewertung des Grundbesitzes mit einem Vielfachen der Jahresmiete stellt eine handhabbare Regelung dar, die einen familiär gerechtfertigten Bewertungsabschlag erlaubt.

Kapitel 114 Handelsregisteranmeldungen zur KG

I. Anmeldung der Errichtung einer KG

Die Anmeldepflicht ergibt sich aus §§ 161 Abs. 2, 106, 162 Abs. 1 HGB. Anmelden müssen alle Ge- 1
sellschafter einschließlich der Kommanditisten. Die Anmeldung hat Namen, Vornamen, Geburtsdatum und Wohnort jedes Gesellschafters, die Firma der Gesellschaft, den Ort des Sitzes, die inländische Geschäftsanschrift und die Bezeichnung und Höhe der Haftsumme der Kommanditisten zu enthalten, weiterhin die Vertretungsmacht der persönlich haftenden Gesellschafter. Ist eine BGB-Gesellschaft als Kommanditistin beteiligt, sind alle Gesellschafter derselben mit den entsprechenden Daten anzumelden und einzutragen (§ 162 Abs. 1 S. 2 HGB).

Wegen der unbeschränkten Haftung der Kommanditisten bis zur Eintragung empfiehlt es sich regelmäßig, die KG erst mit Eintragung beginnen zu lassen (§ 176 HGB). Nach § 24 HRV soll die Anmeldung auch den Unternehmensgegenstand und die Geschäftsadresse enthalten. Die Einreichung erfolgt in elektronischer Form, § 12 HGB.

M 114.1 Errichtung einer KG

An das Amtsgericht
– Registergericht –

...

Zur Eintragung in das Handelsregister melden wir an:

Wir haben unter der Firma ... KG eine Kommanditgesellschaft gegründet, die mit der Eintragung in das Handelsregister beginnt. Gegenstand des Unternehmens ist der Betrieb einer Gebäudereinigung.

Persönlich haftender Gesellschafter ist der Gebäudereinigermeister A in ... (Wohnort), geb. am ... Kommanditist ist der Kaufmann B in ... (Wohnort), geb. am ..., mit einer Hafteinlage von 150 000 Euro. Sitz der Gesellschaft ist A-Stadt, die inländische Geschäftsanschrift lautet: A-Stadt ...

Der persönlich haftende Gesellschafter A vertritt die Gesellschaft allein.

(Ort, Datum)

(Unterschriften aller Gesellschafter, notarielle Unterschriftsbeglaubigung, elektronische Einreichung nach § 12 Abs. 1 HGB)

Kosten: *Notargebühr:* 0,2-Gebühr gem. Nr. 25100 KV GNotKG, mindestens 20 Euro, höchstens 70 Euro. Geschäftswert gem. §§ 121, 105 Abs. 1 Nr. 5 GNotKG (Summe der Kommanditeinlage zzgl. 30 000 Euro für den ersten und 15 000 Euro für jeden weiteren persönlich haftenden Gesellschafter). Bei Fertigung des Entwurfs und Beglaubigung 0,5-Gebühr gem. Nrn. 24102, 21201 Nr. 5 KV GNotKG (§ 92 Abs. 2 GNotKG), Geschäftswert gem. §§ 119, 105 Abs. 1 Nr. 5 GNotKG wie zuvor. 0,3-Gebühr für den Vollzug gem. Nr. 22114 KV GNotKG, Geschäftswert gem. § 112 GNotKG wie zuvor.

Gerichtsgebühr: 100 Euro Festgebühr gem. Nr. 1101 GV HRegGebV.

II. Anmeldung der Aufnahme eines Kommanditisten in das Geschäft des Einzelkaufmanns

2 Der Beginn der Gesellschaft sollte wegen § 176 HGB auf den Zeitpunkt der Eintragung hinausgeschoben werden, um die persönliche Haftung des Kommanditisten zwischen den Zeitpunkten des Eintritts und der Eintragung zu vermeiden. Der eintretende Kommanditist haftet bis zur Höhe seiner Hafteinlage für die im Betrieb der Einzelfirma entstandenen Verbindlichkeiten, § 28 Abs. 1 HGB. Ein Haftungsausschluss ist anzumelden und einzutragen, § 28 Abs. 2 HGB.

M 114.2 Aufnahme eines Kommanditisten in das Geschäft des Einzelkaufmanns

An das Amtsgericht
– Registergericht –

...

Zum Handelsregister A der Firma ... e.K. melden wir zur Eintragung an:

Der Kaufmann A in ... (Wohnort) hat Herrn B in ... (Wohnort), geb. am ..., als Kommanditisten mit einer Hafteinlage von 100 000 Euro in den von ihm betriebenen Großhandel aufgenommen. Die hierdurch entstehende Kommanditgesellschaft beginnt mit der Eintragung in das Handelsregister. Die Firma wird als ... KG fortgeführt. Gegenstand des Unternehmens bleibt ... (Beschreibung). Sitz bleibt ... Die Geschäftsadresse ist unverändert.

Der persönlich haftende Gesellschafter A vertritt die Gesellschaft allein.

(Ort, Datum)

(Unterschriften aller Gesellschafter, notarielle Unterschriftsbeglaubigung, elektronische Einreichung nach § 12 Abs. 1 HGB)

Kosten: *Notar- und Gerichtsgebühr:* wie **M 114.1**.

III. Anmeldung der Umwandlung einer OHG in eine KG durch Erbfolge

M 114.3 Umwandlung einer OHG in eine KG durch Erbfolge 3

An das Amtsgericht
– Handelsregister –
...

Zur Eintragung in das Handelsregister A ... der ... OHG melden wir an:

Der Gesellschafter A ist am ... verstorben und wurde gemäß in Ausfertigung vorliegendem elektronisch eingereichten Erbschein zu gleichen Teilen beerbt von seinen Söhnen ... (Name, Wohnort), geb. am ..., und ... (Name, Wohnort), geb. am ... Die Gesellschaft wird mit den Erben eines Gesellschafters als Kommanditisten fortgesetzt. Damit sind in die Gesellschaft eingetreten ... (Name, Wohnort), geb. am ... mit einer Haftsumme von 50 000 Euro und ... (Name, Wohnort), geb. am ... mit einer Haftsumme von 50 000 Euro.

Die hierdurch entstandene KG führt die Firma der OHG unter Anpassung an die neue Rechtsform fort als „... KG“. Der persönlich haftende Gesellschafter B willigt ausdrücklich in die Fortführung ein. Er vertritt die Gesellschaft allein.

(Ort, Datum)

(Unterschriften aller Gesellschafter, notarielle Unterschriftsbeglaubigung, elektronische Einreichung nach § 12 Abs. 1 HGB)

Kosten: *Notargebühr:* 0,2-Gebühr gem. Nr. 25100 KV GNotKG, mindestens 20 Euro, höchstens 70 Euro. Geschäftswert gem. §§ 121, 105 Abs. 1 Nr. 6 GNotKG (Summe der Kommanditeinlage). Bei Fertigung des Entwurfs und Beglaubigung 0,5-Gebühr gem. Nrn. 24102, 21201 Nr. 5 KV GNotKG (§ 92 Abs. 2 GNotKG), Geschäftswert gem. §§ 119, 105 Abs. 1 Nr. 5 GNotKG wie zuvor. 0,3-Gebühr für den Vollzug gem. Nr. 22114 KV GNotKG, Geschäftswert gem. § 112 GNotKG wie zuvor.

Gerichtsgebühr: 60 Euro und 30 Euro Festgebühr gem. Nrn. 1501, 1503 GV HRegGebV.

IV. Anmeldung der Änderung der Stellung eines Komplementärs in die eines Kommanditisten und umgekehrt

Die Umwandlung der Gesellschafterstellung ist Vertragsänderung. Sie bedarf, falls nicht der Vertrag ausdrücklich eine andere Mehrheit vorsieht, der Mitwirkung aller Gesellschafter. Die Eintragung ist deklaratorisch und erfolgt auf Grund Anmeldung aller Gesellschafter in notarieller Form (§§ 161 Abs. 2, 108 Abs. 1, 12 Abs. 2 HGB). 4

Der künftige Kommanditist haftet spätestens ab Eintragung für Neuschulden der Gesellschaft beschränkt, § 15 HGB. Für seine Nachhaftung für Altschulden der Gesellschaft gilt § 159 HGB. Der zukünftige Komplementär haftet nach § 130 HGB wie ein in die Gesellschaft eintretender Komplementär unbeschränkbar für alle bestehenden Verbindlichkeiten der Gesellschaft.

M 114.4 Änderung der Stellung eines Komplementärs in die eines Kommanditisten und umgekehrt

An das Amtsgericht

– Registergericht –

. . .

Zum Handelsregister A . . . der . . . KG melden wir zur Eintragung an:

Der persönlich haftende Gesellschafter A ist ab Eintragung dieser Änderung Kommanditist mit einer Hafteinlage von 200 000 Euro. Er willigt in die Firmenfortführung ein.

Der Gesellschafter B ist ab Eintragung dieser Änderung persönlich haftender Gesellschafter. Er vertritt die Gesellschaft allein.

Firma, Sitz, Unternehmensgegenstand und Geschäftsanschrift der Gesellschaft sind unverändert.

(Ort, Datum)

(Unterschriften aller Gesellschafter, notarielle Unterschriftsbeglaubigung, elektronische Einreichung nach § 12 Abs. 1 HGB)

Kosten: *Notargebühr:* wie **M 114.3**.

Gerichtsgebühr: 120 Euro Festgebühr (1 × 60, 2 × 30) gem. Nrn. 1501, 1503 GV HRegGebV.

V. Anmeldung der Erhöhung und Herabsetzung von Hafteinlagen

5 Die Änderung der Haftsummen ist Vertragsänderung, ebenso die von ihr zu unterscheidende Änderung der Kapitalanteile. Die erhöhte Haftsumme wird spätestens mit Eintragung im Handelsregister, zuvor unter den Voraussetzungen des § 172 Abs. 2 HGB, den Gesellschaftsgläubigern gegenüber wirksam. Die Herabsetzung der Einlage wirkt gegenüber den Gläubigern erst nach Eintragung und Bekanntmachung, §§ 174, 15 Abs. 1 HGB. Die Anmeldung hat durch alle Gesellschafter zu erfolgen, § 175 HGB.

M 114.5 Erhöhung und Herabsetzung von Hafteinlagen

An das Amtsgericht

– Registergericht –

. . .

Zum Handelsregister A . . . der . . . KG melden wir zur Eintragung an:

Die Haftsumme des Kommanditisten A ist von 100 000 Euro um 50 000 Euro auf 150 000 Euro erhöht worden.

Die Haftsumme des Kommanditisten B ist von 80 000 Euro um 40 000 Euro auf 40 000 Euro herabgesetzt worden.

(Ort, Datum)

(Unterschriften aller Gesellschafter, notarielle Unterschriftsbeglaubigung, elektronische Einreichung nach § 12 Abs. 1 HGB)

Kosten: *Notargebühr:* 0,2-Gebühr gem. Nr. 25100 KV GNotKG, mindestens 20 Euro, höchstens 70 Euro. Geschäftswert gem. §§ 121, 105 Abs. 1 Nr. 7 GNotKG (Summe der Erhöhungsbeträge). Bei Fertigung des Entwurfs und Beglaubigung 0,5-Gebühr gem. Nrn. 24102, 21201 Nr. 5 KV GNotKG (§ 92 Abs. 2 GNotKG), Geschäftswert gem. §§ 119, 105 Abs. 1 Nr. 5 GNotKG wie zuvor. 0,3-Gebühr für den Vollzug gem. Nr. 22114 KV GNotKG, Geschäftswert gem. § 112 GNotKG wie zuvor.

Gerichtsgebühr: 90 Euro Festgebühr gem. Nrn. 1501, 1503 GV HRegGebV.

VI. Anmeldung des Eintritts eines weiteren Kommanditisten

Der Eintritt erfolgt auf Grund Aufnahmevertrags zwischen dem Eintretenden und den bisherigen Gesellschaftern und ist für letztere Vertragsänderung. Wegen der aus § 176 Abs. 2 HGB folgenden persönlichen Haftung des Eintretenden für die zwischen Eintritt und Eintragung begründeten Verbindlichkeiten empfiehlt es sich, regelmäßig die Wirksamkeit des Eintritts auf den Zeitpunkt der Eintragung hinauszuschieben (BGH NJW 1983, 2258). 6

M 114.6 Eintritt eines weiteren Kommanditisten

An das Amtsgericht

– Registergericht –

...

Zum Handelsregister A ... der ... KG melden wir an:

Der ... in ... (Wohnort), geb. am ..., ist mit Wirkung ab Eintragung im Handelsregister als Kommanditist in die Gesellschaft mit einer Hafteinlage von 100 000 Euro eingetreten.

(Ort, Datum)

(Unterschriften aller Gesellschafter, notarielle Unterschriftsbeglaubigung, elektronische Einreichung nach § 12 Abs. 1 HGB)

Kosten: *Notargebühr:* wie **M 114.3**.

Gerichtsgebühr: 60 EuroFestgebühr gem. Nr. 1501 GV HRegGebV.

VII. Anmeldung des Ausscheidens eines Kommanditisten

Das Ausscheiden kann auf Grund Vertrags mit allen Gesellschaftern, Ausschlusses oder vertraglich oder gesetzlich begründeten Austrittsrechts erfolgen. Es ist von allen Gesellschaftern, auch dem ausgeschiedenen, in notarieller Form anzumelden, §§ 161, 143, 162, 12 HGB. Soweit der ausscheidende Kommanditist eine Abfindung aus dem Gesellschaftsvermögen erhält, lebt seine persönliche Haftung bis zur Höhe der Hafteinlage wieder auf, §§ 172 Abs. 4, 171 Abs. 1 HGB. Die Verjährung richtet sich nach § 159 HGB. 7

M 114.7 Ausscheiden eines Kommanditisten

An das Amtsgericht

– Registergericht –

...

Zum Handelsregister A ... der ... KG melden wir an:

Der Kommanditist ... ist aus der Gesellschaft ausgeschieden.

(Ort, Datum)

(Unterschriften aller Gesellschafter, notarielle Unterschriftsbeglaubigung, elektronische Einreichung nach § 12 Abs. 1 HGB)

Kosten: *Notargebühr:* wie **M 114.3**.

Gerichtsgebühr: wie **M 114.6**.

VIII. Anmeldung der Veräußerung einer Kommanditbeteiligung

8 Es ist erforderlich, bei der Veräußerung einer Kommanditbeteiligung neben dem Ausscheiden des bisherigen und dem Eintritt des neuen Kommanditisten einen Hinweis auf die Sonderrechtsnachfolge anzumelden und einzutragen. Nach st. Rspr. (BGH notar 2013, 375; OLG Nürnberg ZIP 2012, 2302; Kammergericht ZIP 2009, 1571) setzt die Eintragung des Sonderrechtsnachfolgevermerks die Versicherung der Gesellschaft, vertreten durch den Komplementär, und des ausscheidenden Kommanditisten des Inhalts voraus, dass eine Abfindung aus dem Gesellschaftsvermögen nicht gewährt oder versprochen wurde. Zusätzlich ist darauf zu achten, dass die unbeschränkte Haftung aus § 176 Abs. 2 HGB des eintretenden Kommanditisten für die in der Zeit zwischen seinem Eintritt und der Eintragung begründeten Verbindlichkeiten der Gesellschaft auch dann eintritt, wenn der Eintretende seinen Anteil durch Abtretung erworben hat (BGH WPM 1983, 651). Es empfiehlt sich also auch hier, die Wirksamkeit der Abtretung auf den Zeitpunkt der Eintragung zu bedingen. Erfolgt die Anmeldung in der Form des Musters, wird häufig auch entsprechend eingetragen (ohne dass der Vermerk über den Zeitpunkt des Wirksamwerdens zwingendes Element der Eintragung wäre).

9 Wurde die Einlage vom alten oder neuen Kommanditisten voll einbezahlt und hat keiner von ihnen etwas darauf zurückerhalten, so sind sowohl der alte wie auch der neue Kommanditist den Gläubigern gegenüber persönlich haftungsfrei.

M 114.8 Veräußerung einer Kommanditbeteiligung

An das Amtsgericht

– Registergericht –

...

Zum Handelsregister A ... der ... KG melden wir an:

Der Kommanditist A hat seine Kommanditbeteiligung mit einer Haftsumme von 100 000 Euro übertragen auf B (Name, Wohnort), geb. am ..., und zwar mit Wirkung auf den Zeitpunkt der Eintragung der Rechtsnachfolge im Handelsregister. A scheidet zu diesem Zeitpunkt aus der Gesellschaft aus. B tritt zu diesem Zeitpunkt an seiner Stelle im Wege der Sonderrechtsnachfolge mit einer Hafteinlage von 100 000 Euro in die Gesellschaft ein.

Der persönlich haftende Gesellschafter C und der ausscheidende Kommanditist A versichern, dass dem ausscheidenden Kommanditisten von Seiten der Gesellschaft keinerlei Abfindung für die von ihm aufgegebenen Rechte aus dem Gesellschaftsvermögen gewährt oder versprochen worden ist.

(Ort, Datum)

(Unterschriften aller Gesellschafter, notarielle Unterschriftsbeglaubigung, elektronische Einreichung nach § 12 Abs. 1 HGB)

Kosten: *Notargebühr:* wie **M 114.3.**
Gerichtsgebühr: wie **M 114.3.**

IX. Anmeldung der Vererbung eines Kommanditanteils

10 Zur Sondererbfolge vgl. Kap. 110 Rz. 84 ff. Die Anmeldung muss von allen Gesellschaftern und allen Erben in notarieller Form vorgenommen werden, auch soweit nicht alle Erben Gesellschafter geworden sind, §§ 161 Abs. 2, 143 Abs. 2, 197, 12 HGB.

M 114.9 Vererbung eines Kommanditanteils

An das Amtsgericht
– Registergericht –

...

Zum Handelsregister A ... der ... KG melden wir zur Eintragung an:

Der Kommanditist A ist am ... verstorben. Im Wege der Sondererbfolge sind seine Söhne ... (Name, Wohnort), geb. am ..., und A, geb. am ..., die ihn ausweislich des in Ausfertigung vorliegenden elektronisch eingereichten Erbscheins ... zu gleichen Teilen beerbt haben, mit Hafteinlagen von je 50 000 Euro in die Gesellschaft eingetreten.

(Ort, Datum)

(Unterschriften aller Gesellschafter, notarielle Unterschriftsbeglaubigung, elektronische Einreichung nach § 12 Abs. 1 HGB)

Kosten: *Notargebühr:* wie **M 114.3**.
Gerichtsgebühr: 60 Euro und 2-mal 30 Euro Festgebühren gem. Nrn. 1501, 1503 GV HRegGebV.

X. Auflösung der KG

Für die Anmeldung der Auflösung der KG wird auf **M 111.10** und **M 111.11** verwiesen. Anmeldepflichtig sind alle Gesellschafter einschließlich der Kommanditisten. Besonders zu beachten ist, dass vorbehaltlich anderer Regelung die Liquidation durch sämtliche Gesellschafter – also auch die Kommanditisten – erfolgt (§ 146 HGB, s. OLG Dresden RNotZ 2012, 291). 11

Kapitel 115 GmbH & Co. KG

Literatur: *Hesselmann/Tillmann/Mueller-Thuns*, Handbuch GmbH & Co. KG, 20. Aufl. 2009; *Binz/Sorg*, Die GmbH & Co. KG, 11. Aufl. 2010.

I. Fallgruppen und Typen

1 Die GmbH & Co. KG bleibt solange, wie die Rahmenbedingungen des Gesellschaftsrechts, insbesondere das Steuerrecht, überwiegend rechtsformspezifisch ausgestaltet sind, also die Kapitalgesellschaft benachteiligen und die Personengesellschaft privilegieren, attraktiv. Sie **verbindet die Vorteile** der Personengesellschaft mit den Vorteilen der Kapitalgesellschaft, also insbesondere der allseits beschränkten Haftung und der Möglichkeit der Fremdgeschäftsführung. Die Wirtschafts- und Vertragspraxis nimmt um der Kombination der jeweiligen Vorteile willen die komplizierte Konstruktion der Doppelgesellschaft in Kauf, wobei die Tendenz von der klassischen Form zu der sog. Einheitsgesellschaft geht, bei der die Kommanditgesellschaft alleinige GmbH-Gesellschafterin ist (aufgrund Übertragung der GmbH-Anteile auf die KG nach Gründung der KG). Verbreitet ist auch die UG (haftungsbeschränkt) & Co. KG, deren Zulässigkeit heute außer Streit steht. Bei der Erbschaftsteuer sind allerdings durch die von der Reform 2009 eingeführte rechtsformunabhängige Bewertung (Vereinfachtes Ertragswertverfahren, §§ 199 ff. BewG) einige Vorteile der Personengesellschaft gegenüber der Kapitelgesellschaft entfallen.

2 Kennzeichnend für die GmbH & Co. KG ist die **Einheit des Unternehmens beim Nebeneinander mindestens zweier Gesellschaften**. Die GmbH übernimmt dabei lediglich die Geschäftsführung der KG und übernimmt die Rolle des Vollhafters. Am Gewinn und Verlust der KG ist sie nicht beteiligt. Der Gewinn fällt bei den Kommanditisten an, die auf ihre Kommanditeinlage beschränkt und mit dem Stammkapital der GmbH haften. Die GmbH & Co. verbindet die Rechtsformprivilegien der KG mit dieser beschränkten Haftung. In ihrer personengleichen Form, wenn also die Gesellschafter der KG auch die Gesellschafter der GmbH sind, ist sie im Ergebnis eine OHG mit beschränkter Haftung. Hinzu kommt die willkommene Möglichkeit der Fremdgeschäftsführung, auch durch angestellte professionelle Manager.

3 Diese Vorteile machen die GmbH & Co. KG zu einer überaus beliebten Rechtsform. Dabei ist die **personengleiche** GmbH & Co. KG der Regelfall. Bei ihr sind die Gesellschafter der GmbH personengleich auch die Kommanditisten der KG. Auf dem Vormarsch ist, wie ausgeführt, die Einheitsgesellschaft.

4 Ein anderer Typus ist die **personenverschiedene** GmbH & Co. KG, bei der die Kommanditisten nicht Gesellschafter der GmbH sind. Im Bereich der Familiengesellschaften bietet dieser Typus etwa die Möglichkeit der „Herrschaft ohne Majorität" für den Familiensenior, der Gesellschafter und Geschäftsführer der GmbH ist, während die übrigen Familienmitglieder Kommanditisten sind. Man kann auch differenzieren zwischen Abkömmlingen, die als Doppelgesellschafter weisungsbefugte GmbH-Gesellschafter sind, und anderen, die lediglich die eingeschränkten Rechte eines Kommanditisten haben. Ein weiterer Anwendungsbereich dieses Typus ist die KG mit Treuhandkomplementärin, bei der die Anteile an der GmbH von einem Treuhänder für Rechnung der Kommanditisten gehalten werden.

5 Ein weiterer Typus ist die **Einmann-GmbH & Co. KG**, bei der dieselbe Person Alleingesellschafter der GmbH und Kommanditist ist. Im Familienbereich kann dies die erste Station nach Gründung sein.

Weitere Typen, die auch bei Familiengesellschaften vorkommen, sind die **Einheits-GmbH & Co. KG**, bei der die KG Alleingesellschafter ihrer Komplementär-GmbH (Rz. 49 ff.), und die **mehrstöckige GmbH & Co. KG**, bei der die GmbH & Co. wiederum Komplementärin einer weiteren KG ist. Die mehrstöckige GmbH & Co. KG vervielfacht die Probleme der Abstimmung und Handhabung mehrerer Gesellschaften bei Einheit des Unternehmens. 6

➲ **Praxistipp:** Die Praxis ist teilweise bestrebt, die mit einem gesetzlichen Mindestkapital ausgestattete GmbH durch einen weniger aufwändigen Komplementär zu ersetzen. Dabei ist aber zu berücksichtigen, dass das eingezahlte Stammkapital nicht bei der GmbH zu verbleiben hat, sondern der KG als Darlehen zur Verfügung gestellt werden darf. Dies wurde nach zwischenzeitlichen Irritationen seitens der Rechtsprechung durch die Neufassung des § 30 Abs. 1 Satz 2 GmbHG im Rahmen des MoMiG ausdrücklich gestattet. 7

Dennoch werden als mögliche Komplementäre an Stelle der GmbH auch die Limited nach englischem Recht oder die durch des MoMiG eingeführte Unternehmergesellschaft (haftungsbeschränkt) diskutiert und im Falle der Limited schon eingesetzt. Dabei ist zu beachten, dass dies in der Firma zum Ausdruck kommen muss (Kammergericht GmbHR 2009, 1281). Bei Einsatz der Ltd. muss die Firma also zumindest **„X Ltd & Co. KG"** lauten, bei der Unternehmergesellschaft (haftungsbeschränkt) **„UG (haftungsbeschränkt) & Co. KG"**. 8

Das entscheidende **Regelungsproblem** bei den Verträgen der GmbH & Co. KG liegt darin, die Regelungen des Kommanditvertrags und des GmbH-Vertrags so aufeinander abzustimmen, dass sie sich verzahnen und nicht auseinander laufen. Bei personengleichen GmbH & Co. KG dürfen typischerweise die Beteiligungen an beiden Gesellschaften nicht auseinander fallen. Dies ist durch gleichlautende Abtretungs- und Vererbungsbestimmungen sicherzustellen, wobei die Problematik darin liegt, dass Abtretung und Vererbung bei der Personengesellschaft einerseits und der Kapitalgesellschaft andererseits verschiedenen Rechtsregeln gehorchen. 9

Keine Verzahnungsprobleme entstehen bei der **Einheits-GmbH & Co. KG** (Rz. 52 ff.). Ihre Gründung beginnt mit der Gründung der GmbH, deren Gesellschafter die Personen werden, die Inhaber des Unternehmens sein sollen. Dann wird die KG mit der GmbH als persönlich haftender Gesellschafterin und den Inhaber-Personen als Kommanditisten gegründet. Beide Gesellschaften werden eingetragen. Dann treten die Inhaber-Personen ihre GmbH-Anteile an die GmbH & Co. KG ab. 10

Ein gravierender Nachteil der **doppelstöckigen GmbH & Co. KG** ist das Nebeneinander zweier Gesellschaften mit rechtlich unterschiedlichen Strukturen, nämlich der GmbH als Kapitalgesellschaft und der KG als Personengesellschaft. Auch bei eingespielten GmbH & Co. KG entstehen immer wieder Probleme der Handhabung, zB bei der Frage, ob die Gesamtprokuren bei der GmbH oder der KG festgemacht werden sollen. Bei der Testamentsgestaltung ist zu berücksichtigen, dass bei den Doppelgesellschaften zwei Beteiligungen zu vererben sind. Entsprechendes gilt beim lebzeitigen Gesellschafterwechsel. Dagegen ist die reine GmbH gesellschafts- und erbrechtlich insofern problemlos zu handhaben. 11

II. Gestaltung der Gesellschaftsverträge

1. Firmenbildung

Das Handelsrechtsreformgesetz 1998 hat die Firmenbildung bei der GmbH & Co. KG wesentlich erleichtert. Bis dahin war die Firma der KG aus dem Namen des Komplementärs zu bilden. Seit der Reform hat die Firma der KG lediglich noch den Rechtsformzusatz zu erhalten (§ 19 Abs. 1 Nr. 3 HGB). Das Erfordernis der Abstimmung der Firmen ist entfallen. Auch für die Firma der KG sind Phantasiebezeichnungen zulässig. Es gelten die beim Einzelunternehmen erläuterten Grundsätze (vgl. Kap. 108 Rz. 28 ff.) der Kennzeichnungs- und Unterscheidungskraft und der Unterscheidung von allen an demselben Ort bereits bestehenden und eingetragenen Firmen ohne Rücksicht auf deren Rechtsform (§ 30 HGB). 12

Streitig ist noch, ob die ursprüngliche Firma mit dem **Namen eines Nichtgesellschafters** gebildet werden kann (ablehnend Bockelmann GmbHR 1998, 59; Jung ZIP 1998, 680; bejahend LG Landshut MittBayNot 2000, 333). Hier ist auch der Namensschutz nach § 12 BGB zu beachten. Jedenfalls 13 kann jetzt der Name eines Kommanditisten für die Namensfirma verwendet werden (OLG Karlsruhe RNotZ 2010, 482; OLG Saarbrücken RNotZ 2006, 195). Der Rechtsformzusatz „KG“ ist zwingend, ebenso auch bei abgeleiteter Firma die Kennzeichnung der Haftungsbeschränkung (§ 19 Abs. 1 Nr. 3, Abs. 2 HGB). Bei jeder Firma einer KG, bei der nur die Komplementär-GmbH persönlich haftet, führt dies zum zwingenden Zusatz „GmbH & Co. KG“. Der bloße Zusatz „GmbH & Co.“ ist nicht mehr zulässig.

14 Die Firma der Komplementär-GmbH muss sich nach wie vor **von der Firma der an demselben Ort sitzenden KG unterscheiden**. Sie kann völlig verschieden sein. Soll sie der Firma der KG entsprechen, was zur Verdeutlichung der Zusammengehörigkeit zweckmäßig sein kann, so kann die Unterscheidbarkeit durch einen Zusatz hergestellt werden, zB durch die A Verwaltungs-GmbH als Komplementärin der A GmbH & Co. KG.

2. Sitz, Gegenstand

15 Für den **Sitz** der KG gelten die allgemeinen personengesellschaftsrechtlichen Grundsätze, so dass – anders als bei der GmbH (wegen § 4a GmbHG) – ein vom tatsächlichen Sitz abweichender Sitz kraft Statuts nicht anzuerkennen ist (KG NZG 2012, 1346, hM). Zweckmäßigerweise sollte der Sitz für beide Gesellschaften identisch gewählt werden.

16 Die **Festlegung des Unternehmensgegenstandes** im Vertrag der KG schränkt nach § 126 Abs. 2 HGB die Vertretungsbefugnis der Komplementärin nicht ein, wohl aber ihre Geschäftsführungsbefugnis iS von § 116 Abs. 1 HGB und die Widerspruchsrechte der Kommanditisten nach § 164 HGB.

17 Bei der Komplementär-GmbH ist nach einer vor allem von der älteren Rechtsprechung vertretenen Ansicht in den Unternehmensgegenstand auch der Hinweis auf den Gegenstand der KG aufzunehmen („Gegenstand der Gesellschaft ist die Geschäftsführung der A GmbH & Co. KG, deren Gegenstand die Herstellung und der Vertrieb von Elektrogeräten ist“). Nach heute ganz hL (Henssler/Strohn/Schäfer, § 3 GmbHG Rz. 7; BayObLG GmbHR 1995, 722; BayObLG GmbHR 1996, 360) ist dies überflüssig. Nach immer noch hM ist jedoch die **KG zu bezeichnen, deren Geschäfte geführt werden** sollen.

18 **Unternehmensgegenstand** der KG kann nicht nur der Betrieb eines Handelsgewerbes sein (§§ 161 Abs. 2, 105 Abs. 1 HGB), sondern auch ein Kleingewerbe oder die Verwaltung eigenen Vermögens (§§ 161 Abs. 2, 105 Abs. 2 HGB). Ausgeschlossen ist die KG dagegen, wenn das Unternehmen – überwiegend oder ausschließlich – freiberuflich tätig ist (OLG Dresden NZG 2013, 873; KG NZG 2013, 1313, zur Anwalts-KG BGH NZG 2011, 562).

3. Gesellschafter

19 Bei der typischen GmbH & Co. KG ist die GmbH die Komplementärin und sind deren Gesellschafter die Kommanditisten. Die mit Beurkundung ihrer Satzung entstehende Vor-GmbH kann Komplementär sein (BGHZ 80, 129), weshalb man bei Neugründung GmbH und KG gleichzeitig zum Handelsregister anmelden kann.

4. Beiträge, Einlagen

20 Nach §§ 161 Abs. 2, 105 Abs. 3 HGB, 705 BGB haben die Gesellschafter Beiträge zu leisten, nicht aber vermögensmäßige Einlagen. Die Komplementär-GmbH leistet Beiträge in Form der persönlichen Haftung und der Geschäftsführung, regelmäßig nicht aber Beiträge mit der Folge der Beteiligung am Gesellschaftsvermögen und der Gewinnbeteiligung. Die Einlagen können als Bar- oder Sacheinlagen geleistet werden. Sacheinlagen müssen einen bilanzierungsfähigen Wert darstellen. Eine Werthaltigkeitsprüfung durch das Registergericht, wie sie das GmbHG vorschreibt, findet bei der KG nicht statt.

5. Haftsumme, Pflichteinlage

Zwischen Haftsumme und Pflichteinlage ist zu unterscheiden. Haftsumme ist der im Handelsregister eingetragene Betrag, bis zu dem ein Kommanditist den Gläubigern unmittelbar haftet (§§ 171 Abs. 1, 172 Abs. 1 HGB). Pflichteinlage ist die im Verhältnis zur Gesellschaft zu leistende Einlage, die höher oder niedriger sein kann als die Haftsumme. Mangels besonderer Regelung ist davon auszugehen, dass beide auf den gleichen Betrag lauten sollen. Verknüpft sind sie miteinander dadurch, dass der Kommanditist nach § 171 Abs. 1 Halbs. 2 HGB durch die Einlagenleistung von seiner Haftung befreit wird und dass nach § 172 Abs. 4 HGB die Haftung bei Einlagenrückgewähr wiederauflebt. 21

Die Einlagen in GmbH und KG müssen gesondert erbracht werden. Nach § 172 Abs. 6 HGB kann die Einlage in die KG nicht durch Einbringung der GmbH-Anteile haftungsbefreiend erbracht werden. 22

6. Gesellschafterkonten

Das gesetzliche System variabler Kapitalkonten (§§ 120 Abs. 1, 167 Abs. 2 HGB) ist nicht praktikabel. Allgemein werden deshalb die Beteiligungsverhältnisse durch Festkonten, meist Kapitalkonto I genannt, festgelegt. Die Kapitalkonten sind Eigenkapital der Gesellschaft. Verluste werden auf Verlustvortragskonten mit der Maßgabe gebucht, dass erst die Verluste auszugleichen sind, ehe Gewinne und Entnahmen gebucht werden dürfen. Für die Gewinne und Entnahmen werden Privatkonten als Fremdkapital der Gesellschaft geführt, die häufig als Kapitalkonto II bezeichnet werden. Erforderlichenfalls werden Darlehenskonten geführt. Rücklagen werden auf einem gesamthänderischen Rücklagenkonto, das den Gesellschaftern beteiligungsproportional zusteht, verbucht. Die Komplementär-GmbH erhält lediglich ein Verrechnungskonto. 23

7. Jahresabschluss

Für die GmbH & Co. KG gelten nach § 264a HGB idF des Kapitalgesellschaften & Co. Richtlinie-Gesetzes vom 8.3.2000 die Sondervorschriften für Kapitalgesellschaften. 24

8. Geschäftsführung und Vertretung

Nach §§ 161 Abs. 2, 114 Abs. 1, 125 Abs. 1 HGB führt die **GmbH als persönlich haftende Gesellschafterin** die Geschäfte der KG und vertritt diese allein. Damit ist den im Personengesellschaftsrecht geltenden Grundsätzen der Selbstorganschaft und des Abspaltungsverbots genügt. Ein Vorteil der GmbH & Co. KG ist, dass über den Geschäftsführer der GmbH Fremdgeschäftsführung möglich ist. Natürlich können auch Kommanditisten Geschäftsführer der Komplementärin sein. 25

Die Komplementär-GmbH ist von den Beschränkungen des **§ 181 BGB** zu befreien, damit Rechtsgeschäfte zwischen der GmbH und der KG möglich sind. Hierüber hinaus zweckmäßig ist die Befreiung der Geschäftsführer der GmbH von den Beschränkungen des § 181 BGB in der KG. Ins Handelsregister der KG eingetragen werden kann sowohl die Befreiung der Komplementärin wie die Befreiung der Geschäftsführer der Komplementärin (zum Ganzen Baetzgen RNotZ 2005, 193; Fröhler BWNotZ 2005, 129; Suttmann MittBayNot 2011, 1). 26

➲ **Praxistipp: Prokuren** können sowohl bei der GmbH wie bei der KG erteilt werden. Einzelprokura sollte die KG erteilen, damit der Prokurist unmittelbar und nicht nur über die GmbH für sie handeln kann. Dies gilt auch für die Gesamtprokura mit einem anderen Prokuristen. Die Gesamtprokura mit einem Geschäftsführer sollte für die GmbH erteilt werden. Bei der KG kann diese Gesamtprokura nur zur Vertretung mit dem persönlich haftenden Gesellschafter erteilt werden, nicht zur Vertretung mit einem Geschäftsführer des persönlich haftenden Gesellschafters (BayObLG MittBayNot 1994, 564.). Wird die Prokura zur Vertretung mit der GmbH als persönlich haftendem Gesellschafter erteilt, so müssen, wenn bei der GmbH Gesamtvertretung angeordnet ist, drei Personen handeln. 27

9. Gesellschafterversammlung

28 Das HGB macht keine Vorgaben für die Gesellschafterversammlung. Die Formalitäten wie Einberufung, Vorsitz, Beschlussfähigkeit und Protokoll können im KG-Vertrag geregelt werden, zweckmäßigerweise dann entsprechend den Bestimmungen der GmbH-Satzung.

10. Gesellschafterbeschlüsse

29 § 119 Abs. 1 HGB statuiert für Gesellschafterbeschlüsse der OHG und KG den **Einstimmigkeitsgrundsatz**. Gesellschaftsvertragliche **Mehrheitsklauseln** sind nach § 119 Abs. 2 HGB zulässig, wobei das dort vorgesehene Kopfzahlstimmrecht in der Praxis regelmäßig durch ein kapitalorientiertes Stimmrecht ersetzt wird. Bei der GmbH & Co. KG bietet es sich an, bei der GmbH wie bei der KG vorzusehen, dass je 1 Euro eines Anteils eine Stimme gewähren.

30 **Mehrstimmrecht und Vetorechte** sind zulässig, ebenso stimmrechtslose Anteile für Kommanditisten (BGHZ 20, 363).

31 Jedenfalls bei der personengleichen GmbH & Co. KG kann das Stimmrecht der Komplementär-GmbH völlig **ausgeschlossen** werden, und zwar auch für Angelegenheiten des mitgliedschaftlichen Kernbereichs (Oetker/Oetker § 161 HGB Rz. 100).

11. Jahresergebnis, Gewinn- und Verlustbeteiligung

32 Die **Komplementär-GmbH** wird am Jahresergebnis nur insoweit beteiligt, wie es steuerlich erforderlich ist. Bei einer Komplementär-GmbH ohne Kapitalbeteiligung an der KG genügt der **Aufwendungsersatz** und eine Prämie für die Übernahme des Haftungsrisikos (vgl. BFH BStBl. II 1968, 152; BFH BStBl. II 1977, 346). Im Übrigen ist die Komplementärin weder am Gewinn noch am Verlust zu beteiligen.

33 Bei den **Kommanditisten** ist die Gewinnbeteiligung im Verhältnis der Beteiligung an der Gesellschaft in Abweichung von der unpraktischen gesetzlichen Regelung des § 168 HGB üblich. Die volle Verlustbeteiligung geht über § 167 Abs. 3 HGB, wonach lediglich bis zum Verlust des Kapitalanteils gehaftet wird, hinaus. Es können so negative Kapitalkonten entstehen.

12. Übertragung, Belastung und Vererbung der Kommanditanteile

34 Die Kommanditanteile sind von Gesetzes wegen durch Rechtsgeschäft nicht übertragbar, § 719 Abs. 1 BGB; jedoch ist – auch ohne Grundlage im Gesellschaftsvertrag – die Übertragung mit Zustimmung aller Mitgesellschafter möglich. Der Gesellschaftsvertrag kann die **Abtretung** unbeschränkt oder eingeschränkt zulassen, zB nur mit Zustimmung aller Gesellschafter oder einer Gesellschaftermehrheit. Entsprechendes gilt für die Belastung. Bei der GmbH & Co. KG haben beide Gesellschaftsverträge durch sog. Gleichlaufklauseln sicherzustellen, dass die Beteiligungen nicht auseinander laufen.

35 ➲ **Praxistipp:** Enthält der Gesellschaftsvertrag der KG die Verpflichtung, im Falle der Übertragung des Kommanditanteils auch die parallele GmbH-Beteiligung zu übertragen, macht dies den KG-Vertrag gem. § 15 Abs. 4 GmbHG nach verbreiteter Ansicht beurkundungspflichtig (Henssler/Strohn/Verse § 15 GmbHG Rz. 65). In einschlägigen Fällen empfiehlt sich daher die Beurkundung des Gesellschaftsvertrages.

36 Nach § 177 HGB wird die Gesellschaft beim Tod eines Kommanditisten **mit dessen Erben fortgesetzt**, wenn der Gesellschaftsvertrag nichts anderes bestimmt. Schließt der Gesellschaftsvertrag die Vererblichkeit der Beteiligung aus, etwa indem er die Fortsetzung der Gesellschaft nur unter den verbleibenden Gesellschaftern bestimmt, so vererbt sich lediglich der Anspruch auf das Abfindungsguthaben. Bei der GmbH & Co. KG sollte man es bei der Vererblichkeit der Beteiligungen belassen und die Ausschließung der Erben gegen Abfindung für beide Gesellschaften vorsehen.

Ein nicht zu beseitigender und für die Testamentsgestaltung wichtiger Strukturunterschied liegt darin, dass der GmbH-Anteil der Erbengemeinschaft gesamthänderisch anfällt, während sich der KG-

Anteil nach den Regeln der erbrechtlichen Sondernachfolge in Personengesellschaftsanteile im Erbgang teilt und in Quoten auf die einzelnen Miterben übergeht.

Von **qualifizierten Nachfolgeklauseln** sollte man bei der GmbH & Co. KG absehen und die Selektion der Erben wie bei der GmbH über die Ausschließung vorsehen. 37

Entsprechend den Anforderungen der Rechtsprechung (BGHZ 108, 187) ist die Testamentsvollstreckung am KG-Anteil ausdrücklich zuzulassen. Nach neuerer Rechtsprechung kann die Dauertestamentsvollstreckung am Kommanditanteil im Handelsregister vermerkt werden (BGH DB 2012, 682).

13. Austritt, Ausschließung

Wie bei der GmbH ist die Regelung von Austritt und Ausschließung möglich und zweckmäßig, 38 wobei bei der GmbH & Co. KG die Regelung inhaltlich gleich sein sollten. Die Ausgestaltung des Austrittsrechts als persönliches Kündigungsrecht ist nicht erforderlich. Die gesetzliche Regelung der Ausschließung in § 140 HGB ist zu eng und umständlich. Die Fortsetzung der Gesellschaft entspricht dem Grundsatz des § 131 Abs. 2 HGB idF des Handelsrechtsreformgesetzes.

14. Steuerliche Behandlung der GmbH & Co. KG

a) Allgemeines

Auch steuerlich stellt die GmbH & Co. KG eine Personengesellschaft und nicht etwa eine Kapital- 39 gesellschaft dar. Es handelt sich somit um eine **steuerliche Mitunternehmerschaft**, die gewerbliche Einkünfte erzielt (vgl. § 15 Abs. 3 Nr. 2 EStG). Zu weiteren Einzelheiten vgl. auch Braun/Günther, Das Steuerhandbuch, Stichwort „Personengesellschaften" mit Unterstichworten.

b) Umfang des steuerlichen Betriebsvermögens

Im Falle der typischen GmbH & Co. KG, in der die Kommanditisten der KG zugleich Gesellschaf- 40 ter der Komplementär-GmbH sind, gehören die **Anteile an der Komplementär-GmbH** stets zum **Sonderbetriebsvermögen** (sog. SBV I) **der Kommanditisten** (vgl. st. Rspr. des BFH, BStBl. I 2002, 825). Sie dienen unmittelbar der Verwirklichung des Gewerbes. Eine Ausnahme besteht nach BFH (BStBl. II 1991, 510) nur dann, wenn die Komplementärstätigkeit für die KG aufgrund weiterer Tätigkeiten der GmbH insgesamt nur von untergeordneter Bedeutung ist. Mit Verfügung v. 17.6.2014 hat die OFD NRW (S 2242-2014/0003-St 114) umfangreich zu der Frage Stellung bezogen, in welchen Fallgestaltungen die Anteile an der Komplementär-GmbH eine wesentliche Betriebsgrundlage darstellen. Die bisherige Sichtweise der Verwaltung aufgrund der BFH-Rspr. wurde durch das Urteil des FG Münster v. 14.8.2013 (2 K 4721/10 G, inzwischen BFH v. 16.4.2015 – IV R 1/12, GmbHR 2015, 827–830; BFH/NV 2015, 1180–1183) diesbezüglich weiter spezifiziert. Betroffen von dieser neuen Sichtweise sind insbesondere Veränderungsprozesse der Gesellschaft, die unter Berücksichtigung der Vergünstigungen der §§ 6 Abs. 3 EStG bzw. § 24 UmwStG erfolgen sollen.

Die wesentliche **steuerliche Konsequenz** der Qualifizierung der Gesellschaftsanteile als Sonderbetriebsvermögen besteht in der **Zuordnung offener** und **verdeckter Gewinnausschüttungen zum betrieblichen Bereich.**

Die Qualifikation als Sonderbetriebsvermögen ist (ohne Berücksichtigung der Problematiken der §§ 6 Abs. 3 EStG, 24 UmwStG) insbesondere für die Besteuerung der (aus den Anteilen „fließenden") Dividenden von Bedeutung. Gehören die Anteile zum steuerliche Privatvermögen, erzielen die Anteilseigner (und Kommanditisten) hieraus Einkünfte aus §§ 20, 32d EStG, die grds. der Abgeltungssteuer unterliegen. Sofern es in diesem Zusammenhang zu verdeckten Gewinnausschüttungen kommt (die idR durch eine spätere BP aufgedeckt werden), sind diese verdeckten Gewinnausschüttungen idR im Rahmen des § 32d Abs. 2 Nr. 4 EStG in die Veranlagung mit einzubeziehen (da die vorherige Besteuerung des Vorganges mit Kapitalertragsteuer idR nicht erfolgt ist). Die Zuordnung zum steuerlichen Sonderbetriebsvermögen (ggf. zur Vermeidung der Übertragungsproblematiken im Zusammenhang mit §§ 6 Abs. 3 EStG bzw. § 24 UmwStG) führt hinsichtlich der Ausschüttungen zur Anwendung der Subsidiaritätsklausel des § 20 Abs. 8 EStG, der die Gewinnausschüttungen in den gewerblichen Bereich verlagert. Gewinnausschüttungen der GmbH sind dann dem Teileinkünfteverfahren (§§ 3 Nr. 40, 3c EStG) zu unterwerfen; danach bleiben (zur Abmilderung der Doppelbesteuerung) letztlich 40 % der Einnahmen steuerfrei, in gleichem Umfange können jedoch auch keine Werbungskosten berücksichtigt werden.

Gewinnausschüttungen sind dann im Rahmen der gesonderten und einheitlichen Gewinnfeststellung (§ 179 AO) im Rahmen des Sonderbetriebsvermögens der KG zu erfassen. Steueranrechnungsbeträge sind ebenfalls gesondert und einheitlich festzustellen und auf die Gesellschafter zu verteilen (vgl. auch BFH BStBl. II 1986, 17). Gleiches gilt hinsichtlich der bei Veräußerung oder Übertragung von Anteilen an der GmbH realisierten Gewinne oder Verluste.

41 Gewinnausschüttungen der GmbH unterliegen (seit Einführung der Abgeltungssteuer 2009) dem Teileinkünfteverfahren, sofern sie dem gewerblichen Bereich zuzuordnen sind (bis 2008 galt insoweit in jedem Falle das sogenannte Halbeinkünfteverfahren, wenn der Anteilseigner eine natürliche Person war). Eine Kapitalgesellschaft als Anteilseignerin vereinnahmt entsprechende Gewinne nach § 8b Abs. 1 KStG (unter Berücksichtigung des § 8b Abs. 5 KStG) zu 95 % steuerfrei. Die Abgeltungssteuer wandelte das Halbeinkünfte- zum sog. **Teileinkünfteverfahren,** begünstigt fortan **ausschließlich Erträge** im **gewerblichen Bereich;** faktisch gewährt sie hierüber eine Steuerfreiheit bei der Vereinnahmung durch natürliche Personen iHv. 40 % der Einnahmen (§§ 3 Nr. 40 Satz 1, 2; 20 Abs. 8 EStG).

42 Zum **steuerlichen Betriebsvermögen** der KG zählen auch Wirtschaftsgüter, die der GmbH gehören und von dieser an die KG zur Nutzung überlassen werden (BFH BStBl. II 1994, 282). Insoweit entsteht **Sonderbetriebsvermögen** der GmbH bei der KG. Diese Zurechnung der Wirtschaftsgüter geht insbesondere der Zurechnung zum Betriebsvermögen des eigentlichen zivilrechtlichen Eigentümers, also der GmbH, vor. Die Qualifikation als Sonderbetriebsvermögen hat dabei insbesondere Bedeutung für die Zuordnung der Wirtschaftsgüter zum Betriebsvermögen der Mitunternehmerschaft; Sonderbetriebsvermögen (bzw. die hieraus fließenden Erträgnisse) sind im Rahmen der Ermittlung der gewerblichen Einkünfte der Mitunternehmerschaft (folglich der KG) zu erfassen.

c) Besteuerung der Komplementär-GmbH

43 Die Besteuerung der Komplementär-GmbH erfolgt nach den allgemeinen Regeln des KStG. Auch wenn die GmbH in der Regel nicht vermögensmäßig an der KG beteiligt ist, so ist sie angemessen an der Gewinnverteilung zu berücksichtigen. Ihr steht mindestens eine Auslagenerstattung für die Übernahme der Geschäftsführung und des Haftungsrisikos zu. Erhält sie **keine angemessene Vergütung**, so ist darin regelmäßig eine **verdeckte Gewinnausschüttung** an ihre Gesellschafter zu sehen (BFH BB 1990, 2025). Im Übrigen gelten hinsichtlich eventueller verdeckter Gewinnausschüttungen der Komplementär-GmbH an ihre Gesellschafter die allgemeinen Grundsätze (R 36 ff. KStR). Eine entsprechende Problematik ergibt sich hinsichtlich der Gewinnanteile an der GmbH & Co. KG nicht.

d) Geschäftsführer-Gehälter und Pensionsrückstellungen

44 Die GmbH & Co KG unterscheidet sich im Kern nur hinsichtlich der Komplementärstellung von einer „normalen" KG, die hier durch die GmbH wahrgenommen wird. Kraft Gesetzes ist der Komplementär zur Geschäftsführung (dispositiv vgl. §§ 163, 164 HGB) und Vertretung (vgl. § 170 HGB) der KG berufen; faktisch kann die GmbH nur über ihre Organe (den Geschäftsführer nach § 35 GmbHG) handeln. Im Falle der typischen GmbH & Co KG, bei der der Kommanditist zugleich Gesellschafter der GmbH ist, führen die Vergütungen der Kommanditisten für die Ausführung der Geschäftsführung zu **Sonderbetriebseinnahmen** (iSv. § 15 Abs. 1 Nr. 2 EStG) des Kommanditisten, auch wenn die Zahlungen durch die GmbH getätigt werden. Die Kostenerstattungen der GmbH durch die KG erfolgen insoweit im Sonderbereich der GmbH; zugleich erfolgt dort auch die Berücksichtigung der Aufwendungen im Zusammenhang mit der Komplementärstellung. Dies gilt nur dann nicht, wenn und soweit die Geschäftsführungstätigkeit im Wesentlichen auf Tätigkeitsbereiche der GmbH entfällt, die nicht im Zusammenhang zur Geschäftsführungs- bzw. Vertretungstätigkeit der KG stehen. Nur in diesem Fall liegen originäre Betriebsausgaben der GmbH

und Einkünfte aus Arbeitslohn iSv. § 19 EStG für den Gesellschafter vor. Nur soweit Einkünfte nach § 19 EStG vorliegen, kann sich ein Belastungsvorteil für die GmbH ergeben.

Nach steuerlichen Grundsätzen anzuerkennende **Pensionszusagen** einer Kapitalgesellschaft für Gesellschafter-Geschäftsführer mindern bei der GmbH aufgrund der jährlich aufzustockenden Pensionsrückstellung (Buchungssatz: Aufwand an Rückstellung) die Körperschaft- und Gewerbesteuerbelastung. Allerdings kann eine zivilrechtlich zugesagte und folglich schuldrechtlich unstreitig bestehende Leistungsverpflichtung der Gesellschaft gegenüber dem Gesellschafter-Geschäftsführer aus steuerlichen Gründen (als gesellschaftsrechtlich veranlasste verdeckte Gewinnausschüttung) nicht anzuerkennen sein (vgl. insoweit R 38 KStR). 45

Für die GmbH & Co. KG hat der BFH (BStBl. II 1993, 792) entschieden, dass **derartige Aufwendungen** grundsätzlich **Sondervergütungen** an den betreffenden Kommanditisten-Geschäftsführer darstellen, folglich eine Sofortversteuerung zu erfolgen habe (§ 15 Abs. 1 Nr. 2 EStG) und den Gewinn der KG nicht mindern dürfe. In der Praxis tritt diese Problematik häufig bei langlaufenden Pensionszusagen auf, die eine Kapitalgesellschaft ihren Gesellschafter-Geschäftsführern gab und noch fortbestehen, obgleich die Rechtsform der Kapitalgesellschaft bereits (unter Berücksichtigung der Bestimmungen des Umwandlungs- und Umwandlungssteuergesetzes) in eine KG (oder sonstige Personengesellschaft) gewandelt wurde. Im Rahmen der Buchführung erfolgt dann im Rahmen der Sonderbilanz die Aufnahme eines entsprechenden Korrekturpostens für die Pensionsrückstellung und korrigiert hierüber die erfolgswirksamen Buchungen der KG. 46

e) Gesellschafterdarlehen

Bei der GmbH führt die Fremdfinanzierung durch Darlehen der Gesellschafter zu einer Minderung der Gewerbesteuerbelastung und zu Einkünften aus Kapitalvermögen iSv. § 20 EStG der Gesellschafter. Bei der GmbH & Co. KG sind die Zinsen dagegen steuerlich entweder (als gesellschaftsrechtlich veranlasster) Vorabgewinn bzw. (als schuldrechtlich veranlasste) Sonderbetriebseinnahmen und damit (wirtschaftlich betrachtet) im Ergebnis nicht gewinnmindernd zu berücksichtigen. Dem Darlehen im Gesamthandsbereich der GmbH & Co. KG stehen (Verbindlichkeiten gegenüber den Gesellschaftern) im steuerlichen Sonderbereich der Gesellschafter entsprechende Forderungen gegenüber, sie gleichen sich also im Ergebnis aus. 47

f) Anteilsveräußerung

Gewinne aus der Veräußerung von GmbH-Anteilen, die im Privatvermögen gehalten werden, also kein Sonderbetriebsvermögen der Gesellschafter darstellen, sind nur unter den Voraussetzungen der §§ 17, 20 Abs. 2 Nr. 1 EStG steuerpflichtig (für vor 2009 begründete Anteile nach §§ 17, 23 EStG). 48

Diese unterliegen (seit 2009) grundsätzlich der Abgeltungssteuer iHv. 25 %, wenn nicht die Voraussetzungen des § 32d Abs. 2 Nr. 3 EStG vorliegen. Ist der Anteilseigner zu 1 % beteiligt und beruflich für die Gesellschaft tätig, kann für Dividenden auf Antrag die Einbeziehung in die Veranlagung, folglich die Belastung mit dem persönlichen Steuersatz unter Fortgeltung des Werbungskostenabzugs in tatsächlicher Höhe begehrt werden. 49

Sofern die Anteile im Betriebsvermögen gehalten werden, führt die Veräußerung der Anteile zu einem betrieblichen Ertrag, der im Rahmen der §§ 20 Abs. 2 Nr. 1, Abs. 8, 3 Nr. 40 EStG zu besteuern ist. Zur steuerlichen Abgrenzung der Berücksichtigung von Anteilen an einer Komplementär-GmbH als notwendiges bzw. gewillkürtes Sonderbetriebsvermögen vgl. auch Verfügung der OFD-NRW v. 17.6.2014. 50

g) Besonderheiten bei der Einheitsgesellschaft

Die nachfolgend dargestellte Rechtsform der Einheitsgesellschaft wirft steuerlich keine weiteren Besonderheiten auf. Abweichend von der typischen GmbH & Co. KG zählen die Anteile an der GmbH jedoch zum Gesamthandsvermögen der KG, so dass auf dieser Ebene ggf. Ausschüttungen unter Beachtung von §§ 3 Nr. 40, 3c Abs. 2 EStG zu erfassen sind. 51

M 115.1 Gesellschaftsvertrag der KG

§ 1 Firma, Sitz

(1) Die Firma der Gesellschaft lautet
X GmbH & Co. KG
(2) Sitz der Gesellschaft ist . . .

§ 2 Gegenstand

(1) Gegenstand des Unternehmens ist . . .
(2) Die Gesellschaft darf andere Unternehmen gleicher oder ähnlicher Art erwerben oder sich an ihnen beteiligen. Sie darf Zweigniederlassungen errichten.

§ 3 Gesellschafter, Einlagen

(1) Persönlich haftende Gesellschafterin ist die Y Verwaltungs-GmbH in . . . Sie leistet keine Einlage und ist am Vermögen der Gesellschaft nicht beteiligt.
(2) Kommanditisten sind
Herr A mit einer Kommanditeinlage von 50 000 Euro.
Frau B mit einer Kommanditeinlage von 50 000 Euro.
Die Kommanditeinlagen sind sofort in Geld zu leisten.
(3) Der Betrag der Kommanditeinlage bestimmt sowohl die Pflichteinlage wie die Haftsumme.
(4) Die Kommanditisten haben sicherzustellen, dass sie stets im Verhältnis ihrer Kommanditeinlagen am Stammkapital der Komplementärin beteiligt sind.

§ 4 Konten

(1) Für jeden Kommanditisten wird ein Kapitalkonto I in Höhe der Kommanditeinlage als Festkonto geführt.
(2) Für jeden Kommanditisten wird ferner ein Kapitalkonto II als Privatkonto geführt, auf dem Gewinne und Entnahmen gebucht werden. Erforderlichenfalls werden Darlehenskonten geführt.
(3) Rücklagen werden auf einem Rücklagenkonto verbucht, das den Kommanditisten entsprechend ihren Kommanditeinlagen gesamthänderisch zusteht.

§ 5 Geschäftsführung, Vertretung

(1) Zur Geschäftsführung und Vertretung ist die Komplementärin berechtigt und verpflichtet.
(2) Die Komplementärin ist von den Beschränkungen des § 181 BGB befreit.

§ 6 Gesellschafterversammlung

(1) Die ordentliche Gesellschafterversammlung findet jährlich einmal innerhalb von zwei Monaten nach Aufstellung des Jahresabschlusses am Sitz der Gesellschaft statt. Darüber hinaus sind außerordentliche Versammlungen einzuberufen, wenn dies im Interesse der Gesellschaft erforderlich ist oder von Kommanditisten, die zusammen mindestens 10 % des Kommanditkapitals innehaben, verlangt wird. Gesellschafterversammlungen können zeitgleich mit einer Gesellschafterversammlung der Komplementärin stattfinden.
(2) Die Einberufung erfolgt durch die Komplementärin mittels eingeschriebenen Briefs unter Einhaltung einer mit Aufgabe zur Post beginnenden Frist von drei Wochen und Mitteilung der Tagesordnung.
(3) Den Vorsitz in der Versammlung führt der älteste anwesende Geschäftsführer der Komplementärin, nach Einrichtung eines Beirats dessen Vorsitzender.
(4) Die Gesellschafterversammlung ist beschlussfähig, wenn mindestens ¾ des gesamten Kommanditkapitals anwesend bzw. vertreten ist. Ist das nicht der Fall, so muss unverzüglich gem. Abs. 2 ei-

ne neue Versammlung mit gleicher Tagesordnung einberufen werden, die dann ohne Rücksicht auf das vertretene Kommanditkapital beschließen kann. Darauf ist in der Ladung hinzuweisen.

(5) Jeder Gesellschafter kann sich durch einen Mitgesellschafter oder einen zur Berufsverschwiegenheit verpflichteten Angehörigen der rechts- und steuerberatenden Berufe vertreten lassen. Die Vollmacht bedarf der Schriftform.

(6) Mit Zustimmung aller Gesellschafter können Beschlüsse auch ohne Einhaltung von Abs. 2 und darüber hinaus auch schriftlich, durch Telefax oder per E-Mail gefasst werden.

(7) Über sämtliche Gesellschafterbeschlüsse ist eine Niederschrift anzufertigen. Diese ist von der Komplementärin zu unterzeichnen. Die Kommanditisten erhalten Abschriften.

§ 7 Gesellschafterbeschlüsse

(1) Gesellschafterbeschlüsse werden mit einfacher Mehrheit der abgegebenen Stimmen gefasst, soweit nicht dieser Vertrag oder zwingende gesetzliche Vorschriften eine andere Mehrheit verlangen.

(2) Mit allen vorhandenen Stimmen müssen Vertragsänderungen, die Auflösung der Gesellschaft und die Aufnahme neuer Gesellschafter beschlossen werden.

(3) Je 1 Euro einer Kommanditeinlage gewähren eine Stimme. Die Komplementärin hat kein Stimmrecht.

(4) Beschlüsse können nur innerhalb von zwei Monaten nach Absendung der Niederschrift durch Klage angefochten werden.

§ 8 Geschäftsjahr, Jahresabschluss

(1) Geschäftsjahr ist das Kalenderjahr.

(2) Der Jahresabschluss (Bilanz nebst Gewinn- und Verlustrechnung und Anhang) sowie erforderlichenfalls der Lagebericht sind von der Komplementärin innerhalb der gesetzlichen Frist nach Ablauf eines Geschäftsjahres aufzustellen und den Gesellschaftern zusammen mit einem Gewinnverwendungsvorschlag zuzuleiten.

Steuerliche Sonder- oder Ergänzungsbilanzen werden ebenfalls durch die Komplementärin in Abstimmung mit dem betreffenden Gesellschafter erstellt.

(3) Die Feststellung des Jahresabschlusses obliegt den Gesellschaftern. Sie können dessen vorherige Prüfung durch einen Abschlussprüfer auch für den Fall beschließen, dass eine gesetzliche Prüfungspflicht nicht besteht.

§ 9 Gewinn- und Verlustbeteiligung

(1) Die Komplementärin erhält vorab Ersatz ihrer aus der Geschäftsführung entstandenen Aufwendungen sowie zur Abgeltung ihres Haftungsrisikos einen Betrag von 10 % ihres Stammkapitals. Im Übrigen ist sie am Gewinn und Verlust der Gesellschaft nicht beteiligt.

(2) Der Gewinn steht den Kommanditisten im Verhältnis ihrer Beteiligung zu. Einen Verlust tragen die Kommanditisten ebenfalls im Verhältnis ihrer Beteiligung.

§ 10 Rücklagen, Entnahmen

(1) Durch Gesellschafterbeschluss können bis zu 25 % des verfügbaren Jahresgewinns in die offene Rücklage eingestellt werden. An dieser Rücklage sind die Kommanditisten im Verhältnis ihrer Kommanditeinlagen beteiligt. Die Auflösung von Rücklagen bedarf einer Mehrheit von ¾ aller vorhandenen Stimmen.

(2) Die auf dem Kapitalkonto II gebuchten Gewinne können jederzeit entnommen werden. Entnahmen aus dem Kapitalkonto I sind unzulässig. Entnahmen aus dem Darlehenskonto bedürfen der Zustimmung der Gesellschaft.

§ 11 Übertragung, Belastung und Vererbung der Kommanditanteile

(1) Die Übertragung eines Kommanditanteils oder seine Belastung mit einem Nießbrauch bedarf der Zustimmung aller Gesellschafter.

(2) Die Zustimmung darf nur erteilt werden, wenn der Beteiligungsgleichlauf hinsichtlich der Komplementär-GmbH sichergestellt ist.

(3) Die Erben eines Kommanditisten können insgesamt oder einzeln innerhalb eines Jahres nach dem Erbfall gegen Abfindung ausgeschlossen werden.

(4) Die Verwaltungstestamentsvollstreckung am Kommanditanteil ist zulässig.

§ 12 Austritt, Ausschließung

(1) Ein Kommanditist kann durch eingeschriebenen Brief an die Komplementärin aus der Gesellschaft austreten, und zwar mit einer Frist von einem Jahr auf das Ende eines Geschäftsjahres. Der Austritt ist nur wirksam, wenn der Gesellschafter zum gleichen Zeitpunkt aus der Komplementär-GmbH ausscheidet.

(2) Ein Kommanditist kann aus der Gesellschaft ausgeschlossen werden, wenn in seiner Person ein wichtiger Grund vorliegt, insbesondere dann, wenn er nachhaltig grob gegen wesentliche Gesellschafterpflichten verstößt. Die Ausschließung kann auch ganz oder teilweise zur Herstellung der Beteiligungsgleichheit an der GmbH erfolgen. Die Ausschließung bedarf einer Mehrheit von 70 % aller vorhandenen Stimmen. Der betroffene Gesellschafter hat kein Stimmrecht.

(3) Bei Austritt oder Ausschluss wird die Gesellschaft nicht aufgelöst, sondern unter Ausscheiden des betroffenen Kommanditisten fortgesetzt.

§ 13 Abfindung ausscheidender Kommanditisten

(1) Kommt beim Ausscheiden eines Kommanditisten eine Einigung über die dem ausscheidenden Kommanditisten oder seinen Rechtsnachfolgern zu zahlende Abfindung nicht zu Stande, so entscheidet über die Höhe und Zahlungsweise der Abfindung ein Wirtschaftsprüfer oder eine Wirtschaftsprüfungsgesellschaft als Schiedsgutachter. Der Schiedsgutachter wird auf Antrag einer der Parteien von der örtlich zuständigen Industrie- und Handelskammer bestimmt.

(2) Die Anteilsbewertung erfolgt auf der Grundlage einer Unternehmensbewertung nach den dann geltenden Bewertungsgrundsätzen des Instituts der Wirtschaftsprüfer, Düsseldorf oder seines Nachfolgers. Stehen derartige Bewertungsgrundsätze nicht mehr zur Verfügung, so bestimmt der Schiedsgutachter die Bewertungsmethode. Der Schiedsgutachter bestimmt auch Einzelheiten der Konkretisierung der Bewertungsgrundsätze. Von dem ermittelten Unternehmens- bzw. Anteilswert ist ein Abschlag von 25 % zum Unternehmensschutz zu machen. Der Schiedsgutachter kann bestimmen, dass der Abfindungsbetrag in zeitlich gestreckten Teilbeträgen bei angemessener Verzinsung zu zahlen ist. Die Kosten des Schiedsgutachtens tragen die Gesellschaft zur einen und der ausscheidende Kommanditist bzw. seine Rechtsnachfolger zur anderen Hälfte.

(3) Zusätzlich erhält der ausscheidende Kommanditist etwaige Guthaben auf seinem Kapitalkonto II oder seinem Darlehenskonto.

M 115.2 Gesellschaftsvertrag der Komplementär-GmbH

§ 1 Firma, Sitz

(1) Die Gesellschaft hat die Firma Y Verwaltungs-GmbH.

(2) Sitz der Gesellschaft ist . . .

§ 2 Gegenstand des Unternehmens

Gegenstand des Unternehmens ist der Erwerb und die Verwaltung von Beteiligungen an Handelsgesellschaften sowie die Übernahme der persönlichen Haftung und Geschäftsführung bei diesen, insbesondere die Beteiligung als persönlich haftende geschäftsführende Gesellschafterin an der X GmbH & Co. KG in . . .

§ 3 Stammkapital, Stammeinlagen

(1) Das Stammkapital der Gesellschaft beträgt 25 000 Euro (in Worten fünfundzwanzigtausend Euro).

(2) Auf das Stammkapital haben übernommen Herr A 12 500 Euro, Frau B 12 500 Euro.

(3) Die Stammeinlagen sind sofort in bar zu erbringen.

§ 4 Geschäftsführung, Vertretung

(1) Die Gesellschaft hat einen oder mehrere Geschäftsführer. Ist nur ein Geschäftsführer bestellt, so vertritt er die Gesellschaft allein. Sind mehrere Geschäftsführer bestellt, so wird die Gesellschaft von zwei Geschäftsführern oder einem Geschäftsführer in Gemeinschaft mit einem Prokuristen vertreten. Die Gesellschafter können jedem Geschäftsführer Alleinvertretungsbefugnis und Befreiung von den Beschränkungen des § 181 BGB erteilen.

(2) Zu allen Erklärungen, die den Gesellschaftsvertrag der X GmbH & Co. KG oder das Gesellschaftsverhältnis zu der X GmbH & Co. KG berühren, bedürfen die Geschäftsführer eines vorherigen einstimmigen Beschlusses der Gesellschafter.

§ 5 Veräußerung und Vererbung von Geschäftsanteilen

(1) Jeder Gesellschafter soll stets am Stammkapital der Gesellschaft in dem Verhältnis beteiligt sein, wie er am Festkapital der X GmbH & Co. KG beteiligt ist. Er ist verpflichtet, alles zu tun, was zur Aufrechterhaltung oder Wiederherstellung gleicher Beteiligungsverhältnisse erforderlich ist.

(2) Rechtsgeschäftliche Verfügungen eines Gesellschafters über seinen Geschäftsanteil bedürfen der Zustimmung aller Gesellschafter. Die Zustimmung zur Veräußerung eines Geschäftsanteils darf nur erteilt werden, wenn gleichzeitig die Beteiligung an der X GmbH & Co. KG auf denselben Erwerber übertragen wird. Geht ein Geschäftsanteil im Erbgang auf einen Erwerber über, so darf dieser den Geschäftsanteil nur behalten, wenn er gleichzeitig eine entsprechende Beteiligung an der X GmbH & Co. KG erworben hat.

§ 6 Einziehung von Geschäftsanteilen

(1) Die Gesellschafter können die Einziehung eines Geschäftsanteils beschließen, ohne dass es der Zustimmung des betroffenen Gesellschafters bedarf, wenn der Geschäftsanteil von einem Gesellschafter gehalten wird, der nicht im gleichen Verhältnis an der X GmbH & Co. KG beteiligt ist.

(2) Weiterhin kann die Einziehung erfolgen, wenn ein Gesellschafter nachhaltig grob gegen wesentliche Gesellschafterpflichten verstößt.

(3) Statt der Einziehung können die Gesellschafter beschließen, dass der Geschäftsanteil ganz oder teilweise auf die Gesellschaft oder einen Dritten übertragen wird.

(4) Das Entgelt im Falle der Einziehung oder verlangten Abtretung bemisst sich nach dem Wert des Geschäftsanteils, der sich für das Ende des vorangegangenen Geschäftsjahres aus den Büchern der Gesellschaft ergibt.

§ 7 Bekanntmachungen

Die Bekanntmachungen der Gesellschaft erfolgen im elektronischen Bundesanzeiger.

§ 8 Kosten

Die Gründungskosten trägt die Gesellschaft iHv. 1000 Euro.

M 115.3 Anmeldung der KG zum Handelsregister[1]

An das

Amtsgericht

– Registergericht –

... (Ort)

Zur Eintragung in das Handelsregister A melden wir als Geschäftsführer der Komplementärin und als Kommanditisten an:

Wir haben mit dem Sitz in ... eine Kommanditgesellschaft errichtet, die mit der Eintragung in das Handelsregister beginnt. Die persönlich haftende Gesellschafterin vertritt die Gesellschaft immer allein. Gegenstand des Unternehmens ist ... Geschäftsadresse ist ... Die Firma lautet X GmbH & Co. KG.

Persönlich haftende Gesellschafterin ist die im Handelsregister B ... des Amtsgerichts ... eingetragene Y Verwaltungs-GmbH in ...

Kommanditisten sind Herr A Vorname ... geb. am ... Wohnort ... mit einer Hafteinlage von 50 000 Euro und Frau B Vorname ... geb. am ... Wohnort ... mit einer Hafteinlage von 50 000 Euro.

(Unterschriften aller Gesellschafter, notarielle Unterschriftsbeglaubigung, elektronische Einreichung nach § 12 Abs. 1 HGB)

1 S. Kap. 114 Rz. 1.

Kosten: *Notargebühr:* 0,2-Gebühr gem. Nr. 25100 KV GNotKG, mindestens 20 Euro, höchstens 70 Euro. Geschäftswert gem. §§ 121, 105 Abs. 1 Nr. 5 GNotKG (Summe der Kommanditeinlage zzgl. 30 000 Euro für den ersten und 15 000 Euro für jeden weiteren persönlich haftenden Gesellschafter) Bei Fertigung des Entwurfs und Beglaubigung 0,5-Gebühr gem. Nrn. 24102, 21201 Nr. 5 KV GNotKG (§ 92 Abs. 2 GNotKG), Geschäftswert gem. §§ 119, 105 Abs. 1 Nr. 5 GNotKG wie zuvor. 0,3-Gebühr für den Vollzug gem. Nr. 22114 KV GNotKG, Geschäftswert gem. § 112 GNotKG wie zuvor.

Gerichtsgebühr: 100 Euro Festgebühr gem. Nr. 1101 GV HRegGebV.

III. Einheitsgesellschaft

1. Vertragstyp

52 In der Vertragspraxis hat sich als eigener Typ der GmbH & Co. KG die Einheitsgesellschaft herausgebildet, bei der die KG die alleinige Gesellschafterin der GmbH ist. Die Gestaltung erfreut sich in der Praxis zunehmender Beliebtheit. Die Kommanditisten sind an der GmbH nicht direkt beteiligt, sondern lediglich mittelbar über ihre Beteiligung an der KG. Sie halten nicht zwei Gesellschaftsbeteiligungen, sondern lediglich eine einzige.

53 Hieraus ergeben sich die folgenden **Vorteile:**

- Die Gefahr des Auseinanderfallens der Gesellschaftsbeteiligungen besteht nicht, weshalb die Notwendigkeit der gesellschaftsvertraglichen Verzahnung der Mitgliedschaften an der GmbH einerseits und der KG andererseits entfällt.
- Beim Kommanditistenwechsel entfällt die beurkundungspflichtige gleichzeitige Abtretung des GmbH-Geschäftsanteils.
- Bei der erbrechtlichen Vermögensnachfolge wird nur die Kommanditbeteiligung vererbt, nicht gleichzeitig auch der GmbH-Geschäftsanteil.
- Steuerliches Sonderbetriebsvermögen der Kommanditisten hinsichtlich der GmbH-Anteile wird vermieden.

2. Zulässigkeit und Wertung

Die Einheitsgesellschaft wird teilweise als hypertrophe Rechtskonstruktion kritisiert, bei der die Phantasie der Kautelarjuristen mit dem Gesellschaftsrecht durchgegangen sei (K. Schmidt, GesR, § 56 II 3e), wird aber heute allgemein als zulässig angesehen, seit der Gesetzgeber sie voraussetzt. **§ 172 Abs. 6 HGB** bestimmt, dass durch die als wirksam vorausgesetzte Abtretung der Anteile an der Komplementär-GmbH an die KG die Hafteinlage des Kommanditisten nicht geleistet werden kann. Die Einheitsgesellschaft ist eine in der Praxis beliebte Gesellschaftsform (vgl. die Darstellungen von Binz/Sorg § 8). 54

3. Spezifische Gestaltungsprobleme der Einheitsgesellschaft

Durch die für die Einheitsgesellschaft typische Bündelung der Geschäftsführungs- und Vertretungsbefugnisse in der Person des Geschäftsführers der Komplementär-GmbH sowie die Konzentration der Weisungsbefugnisse für beide Gesellschaften bei den Kommanditisten ergeben sich spezifische Gestaltungsprobleme, die die Vertragspraxis aber mittlerweile in den Griff bekommen hat. Insbesondere kann es, weil die folgenden Erörterungen zeigen, bei der grundsätzlichen Unterscheidung beider Gesellschaften mit jeweils eigener Willensbildung in zwei Gesellschafterversammlungen verbleiben. Für eine völlig andere dogmatische Auffassung als „Einheitsgestaltung mit organisationsrechtlichem Durchgriff", wie sie von Karsten Schmidt vorgeschlagen wird (K. Schmidt in FS Westermann, 2008, S. 1425 und K. Schmidt ZIP 2007, 2193), besteht kein praktisches Bedürfnis. 55

4. Organisationsverfassung

a) Problematik

Im Gefüge der Einheitsgesellschaft ist die GmbH als gesetzliche Vertreterin ihrer Alleingesellschafterin, der KG, in ihrer eigenen Gesellschafterversammlung stimmberechtigt mit der Folge, dass die GmbH-Geschäftsführer zB im Bereich des § 46 Nr. 5 GmbHG über ihre eigene Bestellung, Entlastung durch Abberufung zu beschließen haben. Es liegt auf der Hand, dass die Geschäftsführer ohne Anwendung besonderer Regeln hier als **„Richter in eigener Sache"** tätig werden. 56

Hieraus wird teilweise gefolgert, die Komplementär-GmbH könne bei Beschlüssen nach § 46 Nr. 5 GmbHG aus Rechtsgründen ihren Alleingesellschafter, die GmbH & Co. KG, in ihrer eigenen Gesellschafterversammlung nicht vertreten (sog. Einheitslösung; Bülow GmbHR 1982, 121; Esch BB 1991, 1130). Die Vertretung erfolge dann zwingend nicht durch die Geschäftsführer, sondern durch die Kommanditisten. Dies ist schon deshalb nicht überzeugend, weil bei der Einmann-GmbH der alleinige Gesellschafter-Geschäftsführer alle Beschlüsse fassen kann, für die nach § 46 GmbHG die Gesellschafterversammlung zuständig ist, einschließlich seiner eigenen Bestellung, Abberufung und Entlastung als Geschäftsführer. Dies gilt selbst für solche Beschlüsse, für die § 47 Abs. 4 GmbHG einen Stimmrechtsausschluss vorsieht (Binz/Sorg § 18 Rz. 12).

b) Klärung durch den BGH

Für die Praxis sind diese Bedenken durch eine Grundsatzentscheidung des BGH v. 16.7.2007 (II ZR 109/06, GmbHR 2007, 1034 mit zustimmender Anm. Werner) erledigt. Mit ihr hat der BGH, dem sog. Trennungsprinzip folgend, dekretiert, dass über die Kündigung des organschaftlichen Anstellungsverhältnisses eines Geschäftsführers der Komplementär-GmbH dessen Mitgeschäftsführer entscheiden. In der Gesellschafterversammlung einer Komplementär-GmbH, deren Anteile von der KG gehalten werden, nehmen – sofern der Gesellschaftsvertrag der KG keine abweichenden Regeln enthält – nach Feststellung des BGH die organschaftlichen Vertreter der GmbH die der KG als Alleingesellschafterin zustehenden Rechte wahr. Damit hat der BGH klargestellt, dass die KG in der Gesellschafterversammlung der GmbH durch ihre Komplementärin vertreten wird, für die ihre Geschäftsführer auch dann handeln, wenn Beschlüsse nach § 46 Nr. 5 GmbHG gefasst werden. Die Geschäftsführer beschließen also auch über ihre eigene Bestellung und Abberufung und können auch selbst den Anstellungsvertrag schließen, aufheben oder kündigen (Luxem GmbH-Stb 2007, 57

305). Insoweit ist das Ergebnis das gleiche wie bei der Einpersonen-GmbH, bei der der alleinige Gesellschafter zugleich Geschäftsführer ist.

58 ➲ **Hinweis:** Aus Rechtsgründen ist, was damit höchstrichterlich geklärt ist, eine besondere Satzungsregelung über die Vertretung der KG in eigenen Angelegenheiten der Geschäftsführer nicht erforderlich. Der BGH hat sie aber ausdrücklich als zulässig bezeichnet.

59 ➲ **Praxistipp:** Es empfehlen sich (so auch Werner GmbHR 2007, 1035) weiterhin auch zum Schutz der Kommanditisten die bisher üblichen satzungsmäßigen Regelungen des Inhalts, dass an Stelle der durch den Geschäftsführer vertretenen Komplementär-GmbH zumindest in eigenen Angelegenheiten der Geschäftsführer eine Beschlusskompetenz für die Kommanditisten oder einen externen Beirat begründet wird.

Deshalb wird wie bisher empfohlen, es den Kommanditisten durch gesellschaftsvertragliche Regelung zu ermöglichen, die Rechte der KG in der Gesellschafterversammlung der Komplementär-GmbH wahrzunehmen. Ob eine derartige gesellschaftsvertragliche Regelung in die Satzung der Komplementär GmbH, den Gesellschaftsvertrag der KG oder in beide Statuten aufgenommen werden soll, wird unterschiedlich beantwortet.

c) Regelung in der Satzung der GmbH

60 Im Recht der GmbH ist allgemein anerkannt, dass der Gesellschafterversammlung einzelne Beschlusskompetenzen entzogen und auf ein anderes Gesellschaftsorgan übertragen werden können. Deshalb kann hier in der Satzung der Komplementär-GmbH vorgesehen werden, dass für die Bestellung, Abberufung und Entlastung der Geschäftsführer nicht die Gesellschafterversammlung, sondern ein aus den Kommanditisten der Alleingesellschafterin gebildeter Beirat zuständig ist. Dieser handelt dann als Gesellschaftsorgan der Komplementär-GmbH (MünchKomm.HGB/Grunewald § 161 HGB Rz. 99).

M 115.4 Beirat der GmbH

Soweit und solange die Gesellschaft die geschäftsführende Komplementärin der KG unter der Firma ... ist, hat sie als weiteres Gesellschaftsorgan einen Beirat. Der Beirat besteht aus den jeweiligen Kommanditisten der KG. Er wählt einen Vorsitzenden, der ihn nach außen vertritt und gibt sich seine Geschäftsordnung selbst. Aufgabe des Beirats ist die Entscheidung über die Anstellung und Bestellung, die Entlassung und Abberufung und die Entlastung der Geschäftsführung.

d) Regelung im Gesellschaftsvertrag der KG

61 Im Gesellschaftsvertrag der KG kann bestimmt werden, dass die Gesellschafterrechte aus den Geschäftsanteilen an der Komplementär-GmbH von den Kommanditisten wahrgenommen werden. Da die Kommanditisten nach § 170 HGB zwingend von der organschaftlichen Vertretung der KG ausgeschlossen sind, handelt es sich bei einer derartigen Bestimmung um eine rechtsgeschäftliche Bevollmächtigung zur Stimmrechtsausübung. (Zur Qualifizierung der Ermächtigung der Kommanditisten nicht als Vollmacht, sondern als „gesellschaftsrechtlicher Akt sui generis“ vgl. Binz/Sorg § 18 Rz. 24. Diese Auffassung ist für die Vertragsgestaltung noch nicht tragfähig.) Eine derart auf einzelne Bereiche beschränkte Vollmacht bedeutet keine Umgehung des § 170 HGB (zum Ganzen Gutachten DNotI-Report 2010, 154).

M 115.5 Bevollmächtigung der Kommanditisten

Solange die KG Inhaberin der Geschäftsanteile ihrer persönlich haftenden Gesellschafterin, der ... GmbH, ist, wird sie in deren Gesellschafterversammlung bei Beschlüssen über die Anstellung und

Bestellung, die Entlassung und Abberufung sowie die Entlastung der Geschäftsführung nicht von der Komplementärin organschaftlich vertreten, sondern von den Kommanditisten kraft Vollmacht. Zur Vertretung der KG in diesen Angelegenheiten sind die jeweiligen Kommanditisten gemeinsam bevollmächtigt. Sie können einem oder einzelnen von ihnen Untervollmacht erteilen.

e) Regelung in beiden Statuten

Die teilweise empfohlene Verankerung dieser Kommanditistenrechte in beiden Statuten ist widersprüchlich, da die Kommanditisten nur entweder mit rechtsgeschäftlicher Vollmacht oder als Satzungsorgan handeln können (so richtig Binz/Sorg § 8 Rz. 19). 62

➲ **Hinweis:** Praxisüblich ist die Regelung lediglich im Gesellschaftsvertrag der KG. 63

5. Gläubigerschutz

Die Einbringung der GmbH-Anteile in die KG darf nicht zur Rückzahlung der Kommanditeinlagen iS von § 172 Abs. 4 HGB führen. Nach Gründung der Einheitsgesellschaft müssen sich deshalb im Vermögen der KG die unverminderten Hafteinlagen und zusätzlich die GmbH-Anteile befinden. Die Hafteinlagen dürfen nicht teilweise oder ganz durch die Einbringung der GmbH-Geschäftsanteile erbracht werden, § 172 Abs. 6 HGB. 64

➲ **Praxistipp:** Um jeden Anschein eines als Rückzahlung qualifizierbaren Zusammenhangs zwischen dem Haftkapital der KG und dem Erwerb der GmbH zu vermeiden, empfiehlt es sich, dass die Kommanditisten ihre GmbH-Anteile ohne Gegenleistung und zusätzlich zu ihren Hafteinlagen der KG abtreten. Wird, was sich ebenfalls empfiehlt, die Verpflichtung zu dieser zusätzlichen unentgeltlichen Einbringung in den KG-Vertrag aufgenommen, so wird dieser insgesamt nach § 15 GmbHG beurkundungspflichtig. 65

M 115.6 Einbringung der GmbH-Anteile in die KG

Jeder Kommanditist hat eine Pflichteinlage von ... Euro in bar zu erbringen, die auch seine Hafteinlage darstellt. Weiterhin hat jeder Kommanditist der KG unentgeltlich und auf seine Kosten seine Geschäftsanteile an der ... GmbH abzutreten.

6. Gründungsvorgang

Der Gründungsvorgang ist unter Beachtung der Grundsätze der § 172 Abs. 4 und 6 HGB wie folgt zu gestalten (Binz/Sorg § 8 Rz. 27): Die Kommanditisten vereinbaren zu notarieller Urkunde den Gesellschaftsvertrag der Komplementär-GmbH, zahlen die Bareinlagen ein und melden über die Geschäftsführung die Errichtung zur Eintragung ins Handelsregister an. Nach Eintragung der Komplementär-GmbH oder schon nach notarieller Beurkundung ihres Gesellschaftsvertrags schließen die GmbH oder die Vor-GmbH, vertreten durch die Geschäftsführung, als persönlich haftende Gesellschafterin ohne Kapitalanteil und die Kommanditisten den Gesellschaftsvertrag der KG ab und melden die KG zum Handelsregister an. Nach Eintragung der KG im Handelsregister treten die Kommanditisten ihre GmbH-Geschäftsanteilen an die KG ab, und zwar unentgeltlich ohne Gegenleistung. 66

Die Gesellschaftsverträge können kurz sein. Verzahnungsbestimmungen sind nicht erforderlich. Bei der GmbH genügt der Mindestinhalt nach § 3 GmbHG, eventuell ergänzt durch die Beiratsklausel. Bei der KG genügen die §§ 1–5 des Musters **M 112.1**, eventuell ergänzt durch die Einbringungsklausel und die – empfehlenswerte – Vollmachtsklausel. 67

4. Abschnitt. Stille Gesellschaft und Unterbeteiligung

Kapitel 116 Gesellschaftsvertrag der stillen Gesellschaft

Literatur: Handelsrecht/Steuerrecht: *Blaurock*, Handbuch Stille Gesellschaft, 7. Aufl. 2010; *Fichtelmann*, Die GmbH & Still im Steuerrecht, 5. Aufl. 2000; *Fleischer/Thierfeld*, Stille Gesellschaft im Steuerrecht, 8. Aufl. 2008; *Friedel*, Die ertragsteuerliche Behandlung und deren Gestaltung bei der GmbH & atypisch Still, 2. Aufl. 2013; *Hense*, Die stille Gesellschaft im handelsrechtlichen Jahresabschluss, 1990; *Hübner*, Unterbeteiligung und stille Beteiligung in der Unternehmensnachfolge, ErbR 2014, 257; *Kühne/Rehm*, Die Unterbeteiligung als Gestaltungsinstrument der Unternehmensnachfolge, NZG 2013, 561; *Lipp*, Die stille Gesellschaft im nationalen und internationalen Kontext: Eine Analyse unter steuergestalterischen Aspekten, 2014; *Mertens*, GmbH & Still: Die stille Beteiligung an der GmbH als Steuergestaltungsinstrument, 2. Aufl. 2010; *Post/Hoffmann*, Die stille Beteiligung am Unternehmen der Kapitalgesellschaft, 3. Aufl. 1997; *Reusch*, Die stille Gesellschaft als Publikumsgesellschaft, 1989; *Schoor*, Die GmbH & Still im Steuerrecht, 4. Aufl. 2005; *Schulze-Osterloh*, Die atypische stille Gesellschaft ist der typische stille Gesellschafter, in FS Kruse 2001, S. 377; *Schulze zur Wiesche*, Die GmbH & Still, 6. Aufl. 2013; *Schwedhelm*, Die GmbH & Still als Mitunternehmerschaft, 2. Aufl. 1995; *Singhof/Seiler/Schlitt*, Mittelbare Gesellschaftsbeteiligungen, Stille Gesellschaft, Unterbeteiligung, Treuhand, 2004; *Volb*, Die stille Gesellschaft: Zivil- und Steuerrecht, 2013; *Weigl*, Stille Gesellschaft und Unterbeteiligung, 3. Aufl. 2012; *Zacharias/Hebig/Rinnewitz*, Die atypische stille Gesellschaft, 2. Aufl. 2000. **Steuerrecht (international):** BMF DStR 2000, 245; *Glessner*, Die grenzüberschreitende stille Gesellschaft im Internationalen Steuerrecht, 2000; *Günkel/Lieber*, BMF-Schreiben zur steuerlichen Behandlung von Gewinnanteilen aus atypisch stillen Beteiligungen nach den DBA, IWB Fach 3 Gruppe 2, S. 871; *Haase*, IStR 2008, 312; *Krabbe*, Anmerkung zum Schreiben des BMF v. 29.12.1999, IStR 2000, 23, *Krabbe*, Qualifikationskonflikte bei atypischen stillen Gesellschaften, IStR 1999, 591; *R. Müller*, Die atypische stille Gesellschaft im deutschen Abkommensrecht, IStR 1996, 266; *Reiner*, Die stille Gesellschaft im internationalen Steuerrecht aus deutscher Sicht, 1997; *Ch. Schmidt*, Die atypische stille Gesellschaft im deutschen internationalen Steuerrecht, IStR 1996, 213; *Schneider*, Die atypische stille Gesellschaft im Recht der deutschen DBA, IStR 1999, 392.

I. Wesen und Begriff der stillen Gesellschaft

1. Stille Gesellschaft als Innengesellschaft

1 Die stille Gesellschaft ist eine (**Innen**-Personen-)Gesellschaft, bei der sich eine natürliche oder juristische Person mit einer **Vermögenseinlage** an dem **Handelsgewerbe eines Kaufmanns** (§§ 1–6 HGB) oder an einem **von diesem abgrenzbaren Bereich** (Blaurock Rz. 5.33) beteiligt, um an dessen Geschäftserfolg teilzunehmen, ohne nach außen als Gesellschafter zwingend in Erscheinung zu treten (§ 230 HGB – Gesellschaftszweck). Die Beteiligung muss am Handelsgewerbe „eines anderen“ erfolgen. Das schließt nicht aus, dass Gesellschafter einer Handelsgesellschaft (auch einer Einpersonengesellschaft) sich an dieser gleichzeitig still beteiligen (zu den steuerlichen Folgen: Blaurock Rz. 5.34, 20.21). **Gegenleistung** für die Vermögenseinlage ist der Gewinnanteil. Werden Verluste erzielt, nimmt der stille Gesellschafter daran grundsätzlich im Rahmen seines Beteiligungsverhältnisses teil (Verminderung seiner Einlage, § 232 Abs. 2 HGB), wobei die **Verlustbeteiligung** jedoch **ausgeschlossen** werden **kann** (§ 231 HGB).

➲ **Wichtig:** Es ist der **Gesellschaftscharakter** zu betonen, weil sich die Vertragsbeteiligten zur **Erreichung eines gemeinsamen Zwecks** zusammengeschlossen haben. Daraus ergeben sich die Abgrenzungen zu anderen Schuldverhältnissen, insbesondere zum partiarischen Darlehen. 2

Auf die stille Gesellschaft finden neben den §§ 230–237 HGB ergänzend die für Gesellschaften des bürgerlichen Rechts maßgebenden Bestimmungen (§§ 705–740 BGB) Anwendung. Das Vertrags-/Gesellschaftsverhältnis unterliegt weiter den Grundsätzen über die gesellschaftsrechtliche **Treuepflicht** (allg. Ansicht, Baumbach/Hopt § 230 HGB Rz. 16). 3

2. Übergang der Vermögenseinlage in das Vermögen des Geschäftsinhabers

Die geleistete Vermögenseinlage geht in das Eigentum des Inhabers des Handelsgewerbes über. 4

➲ **Wichtig:** Durch die Vermögenseinlage wird der stille Gesellschafter **nicht dinglich** am Vermögen des Inhabers beteiligt. Das gilt auch bei der Vereinbarung eines sog. **atypisch stillen Beteiligungsverhältnisses,** bei dem die Vertragsparteien mit schuldrechtlicher Wirkung eine Beteiligung des stillen Gesellschafters an der Vermögenssubstanz des Geschäftsinhabers vereinbaren (zu Einzelheiten Rz. 8). 5

II. Arten stiller Gesellschaften

1. Unterschied zwischen typischer und atypischer stiller Gesellschaft

Die stille Gesellschaft kann in typischer und atypischer Form vereinbart werden. Die Unterscheidung ist sowohl zivilrechtlich als auch steuerlich von Bedeutung (zu der steuerlichen Unterscheidung Rz. 222 ff.). **Unterscheidungskriterien** sind: 6

a) Typische stille Gesellschaft (s. M 116.1)

- **Zweigliedrige Organisation** (Geschäftsinhaber – Stiller Gesellschafter); 7
- keine Gewährung anderer als in §§ 230 ff. HGB bestimmter Rechte; insbesondere grundsätzliche **Alleingeschäftsführung des Geschäftsinhabers;**
- **Fremdkapitalcharakter der Einlage** des stillen Gesellschafters und fehlende Bildung gemeinsamen Vermögens (zu den insolvenzrechtlichen Folgen: Rz. 206 ff.);
- Kontrollrechte des stillen Gesellschafters (§ 233 Abs. 1 HGB).

b) Atypische stille Gesellschaft (s. M 116.2)

- **Schuldrechtliche Beteiligung am** beim Eintritt bestehenden **Unternehmensvermögen** („wie der Gesellschafter einer Personenhandelsgesellschaft", § 738 BGB), **ohne Bildung von Gesamthandsvermögen** (zu verschiedenen Typen der atypischen stillen Gesellschaft Piehler in Hauschild/Kallrath/Wachter, Notarhandbuch Gesellschafts- und Unternehmensrecht, § 18 Rz. 14 ff.); 8
- **Quasi-Gesellschaftskapitalcharakter** der Einlage des atypisch still Beteiligten in Abweichung von § 236 Abs. 1 HGB (BGH NJW 1983, 1856; zu den insolvenzrechtlichen Folgen: Rz. 210);
- Einräumung von über § 233 Abs. 1 HGB hinausgehenden Kontrollrechten;
- **Mitwirkung an Geschäftsführungshandlungen** durch den Stillen in Form von Widerspruchsrechten bei Geschäftsführungsmaßnahmen, Zustimmungserfordernissen, Weisungsrechten oder tatsächlichen Geschäftsführungsfunktionen bis hin zur Vertretungsmacht (zur Ausgestaltung BGH WM 1961, 574; 1966, 29 f.; MünchKomm.HGB/K. Schmidt § 230 HGB Rz. 179), auch wenn er nicht am Verlust oder am Geschäftswert teilnimmt (BFH BStBl. II 1982, 389; DB 1991, 1052; FG Köln WM 1990, 2018);
- **mehrgliedrige Organisation** durch Bindung der Willensbildung des Geschäftsinhabers an die Mitwirkung mehrerer still Beteiligter (hierzu unten Rz. 16);
- **Verknüpfung der gesellschaftsrechtlichen Beteiligung** an einer Kapital- oder Personenhandelsgesellschaft mit einer (weiteren) stillen Beteiligung (sog. gesplittete Beteiligung, unten

Rz. 15; BGH NJW 1985, 1079; DB 1991, 1054; BGHZ 127, 176, 179; Mock in Röhricht/Graf von Westphalen/Haas § 230 HGB Rz. 78 ff.);

– die Verlustanteile des atypischen stillen Gesellschafters fallen unter § 15 Abs. 1 Satz 1 Nr. 2 EStG; es handelt sich um berücksichtigungsfähige negative Einkünfte (zur Beschreibung Rz. 236).

9 ➲ **Wichtig:** Auch die **atypische stille Gesellschaft** ist immer eine **Innengesellschaft** und kein nach außen in Erscheinung tretender dinglicher Gesellschaftsverbund.

2. Qualifizierte Vermögensbeteiligung: Atypische stille Gesellschaft als „Innengesellschaft", insbesondere bei der KG

10 Bei diesem Sondertypus erschöpft sich die Beteiligung nicht an einer Beteiligung an den stillen Reserven; vielmehr umfasst sie auch die Vermögens- und Mitgliedsrechte eines Kommanditisten (**„virtuelle KG":** MünchKomm.HGB/K. Schmidt § 230 HGB Rz. 81).

3. Sondertypus: (Kapitalgesellschaft) GmbH & Still

11 Der Gesellschafter schließt neben seiner Kapitalbeteiligung mit „seiner" Gesellschaft ein stilles Gesellschaftsverhältnis. Dieses ist gesellschaftsrechtlich zulässig (Blaurock Rz. 21.61 ff.). Die GmbH & Still **nähert sich der GmbH & Co KG an**, ohne wegen ihres Charakters als Innengesellschaft deren Rechtsqualität zu erreichen, wie auch die stille Beteiligung des Alleingesellschafters einer GmbH an dieser.

11a ➲ **Wichtig:** Derartige Beteiligungsformen wirken sich – insbesondere bei beherrschendem Einfluss – auf die steuerliche Einordnung als typische oder atypische Gesellschaft aus (vgl. BFH DStR 2006, 1172, 1173). Die Gewinnbeteiligung muss einem objektiven Fremdvergleich standhalten.

12 **Hintergrund** für die Begründung einer eine Kapitalgesellschaftsbeteiligung ergänzenden stillen Beteiligung kann sein:

– **flexiblere Gestaltung** des stillen Beteiligungsverhältnisses im Gegensatz zu der zwingenden Gesetzesvorschriften unterliegenden Kapitalgesellschaftsbeteiligung,

– **keine Kapitalbindung** der Einlage des stillen Gesellschafters,

– **verminderte Haftungsrisiken** des stillen Gesellschafters; in der **Insolvenz** der GmbH kann der stille Gesellschafter seinen Anspruch auf Rückzahlung der Einlage, soweit sie den Betrag des auf ihn entfallenden Anteils am Verlust übersteigt, als Insolvenzforderung geltend machen (§ 236 Abs. 1 HGB), es sei denn, die Einlage wird als „eigenkapitalähnlich" ausgestaltet (Mock in Röhricht/Graf von Westphalen/Haas § 236 Rz. 21 ff.),

– schnellere und unkompliziertere Kapitalzuführungsmöglichkeiten.

13 Bei derartigen **Doppelbeteiligungen** in Form der Kapitalgesellschaft & Still ist zu beachten, dass das **Haftungsprivileg** des § 236 HGB **in Frage gestellt** werden kann (Mock in Röhricht/Graf von Westphalen/Haas § 236 HGB Rz. 23).

14 Hinzukommen die unter Rz. 234 ff. aufgeführten **steuerlichen Überlegungen**.

4. Publikumspersonengesellschaft mit stillen Gesellschaftern

15 Es handelt sich in der Regel um eine KG mit einer „gesplitteten Einlage". Jeder Gesellschafter ist gleichzeitig Kommanditist und stiller Gesellschafter (zu den Haftungsfragen in Konkurs/Insolvenz BGH NJW 1982, 2253; OLG Köln ZIP 1982, 310 sowie Blaurock Rz. 19.1 ff.; Mock DStR 2008, 1645, 1647 ff.).

5. Mehrgliedrige stille Gesellschaft

16 An einem Handelsgewerbe können über die Zweigliedrigkeit hinaus **mehrere** stille Gesellschafter beteiligt sein (Blaurock Rz. 5.49). Entweder liegen so viele stille Gesellschaftsverhältnisse vor, wie es

stille Gesellschafter gibt, oder aber es handelt sich um eine mehrgliedrige, jedoch einheitliche stille Gesellschaft (sog. mehrgliedrige stille Gesellschaft ieS). Das ist im Gesellschaftsvertrag klarzustellen (zu Auslegungskriterien BGH BB 1980, 958; weiterhin zur **mehrgliedrigen stillen Gesellschaft** Oetker/Schubert § 230 HGB Rz. 34 ff. und Mock in Röhricht/Graf von Westphalen/Haas § 230 HGB Rz. 71 ff., zur Geltung der Grundsätze der fehlerhaften Gesellschaft OLG München NZG 2013, 65, 67 f.).

Außerdem können sich **mehrere Personen** zu einer **Gesellschaft des bürgerlichen Rechts** zusammenschließen, die dann ihrerseits ein (nur zweigliedriges) Gesamthandsverhältnis eingeht (Blaurock Rz. 5.47; BGH GmbHR 2006, 832) und sich dann an dem Handelsgeschäft des Geschäftsinhabers beteiligt. 17

6. Atypische stille Gesellschaft mit Verbandscharakter

Hierbei sind die verschiedenen stillen Gesellschafter eines Handelsgeschäfts einschließlich des Geschäftsinhabers durch Vereinbarung zu einer einheitlichen Organisation verbunden (Näheres MünchKomm.HGB/K. Schmidt § 230 HGB Rz. 84 f.). 18

7. Gesamtbild der Verhältnisse

Wegen der Vielfältigkeit der Einzelmerkmale hängt das endgültige Urteil über die Bewertung als typisch oder atypisch stille Gesellschaft vom **Gesamtbild der Verhältnisse** und ihrer **wirtschaftlichen Würdigung** ab. Im **Steuerrecht** kommt es dagegen darauf an, ob der stille Gesellschafter **Mitunternehmerinitiative** entfalten kann und/oder am **Unternehmensrisiko** bzw. den stillen Reserven und dem Geschäftswert beteiligt ist (Rz. 222). 19

8. Abgrenzung der stillen Gesellschaft zu anderen Vertragsformen

a) Personenhandelsgesellschaft

Von der Personenhandelsgesellschaft unterscheidet sich die stille Gesellschaft als Innengesellschaft durch die fehlende rechtliche Verselbständigung (§ 124 Abs. 1 HGB gilt nicht) und das **fehlende Gesamthandsvermögen**, also der fehlenden dinglichen Beteiligung an den vorhandenen offenen und stillen Reserven und Rücklagen sowie am Geschäfts-/Firmenwert. 20

b) Partiarische Rechtsverhältnisse

Die **Abgrenzung** zu partiarischen Rechtsverhältnissen (Austauschverträge nicht gesellschaftsrechtlicher Art, bei denen der eine Vertragspartner dem anderen eine Leistung gegen eine Beteiligung am Gewinn verspricht, insbesondere partiarisches Darlehen, aber zB auch Genussrecht, Mezzanin-Darlehen, Nachrangdarlehen) ist **fließend und einzelfallbezogen** vorzunehmen (exemplarisch BGH NJW-RR 2009, 1119; erg. Blaurock Rz. 8.16 ff. und Piehler in Hauschild/Kallrath/Wachter, Notarhandbuch Gesellschafts- und Unternehmensrecht, § 18 Rz. 4). Die unterschiedliche Einordnung führt zu bedeutenden Unterschieden bei den Rechtsfolgen, insbesondere auch im Steuerrecht. 21

Wesentlich für die Annahme einer stillen Gesellschaft ist der Wille zur **Verwirklichung eines gemeinschaftlichen Zwecks**. Schuldrechtsbeziehungen sind demgegenüber Austauschbeziehungen. Entscheidend ist, dass kein gesellschaftsrechtlicher Zweck verwirklicht wird. 22

Die Einräumung von Kontroll- und Mitwirkungsrechten, die Höhe der Gewinn- und/oder Verlustbeteiligung sowie die Übertragbarkeit der Rechtsstellung bilden weitere Abgrenzungskriterien (erg. zur Abgrenzung der atypischen stillen Gesellschaft von sonstigen Rechtsverhältnissen BGH NJW 1992, 2696). 23

➲ **Wichtig:** Wer am Gewinn und Verlust beteiligt ist, kann nicht Vertragspartei eines partiarischen Darlehensverhältnisses sein (BFH BStBl. II 1997, 767, 769; Blaurock Rz. 8.23). 23a

c) Unterbeteiligung

24 Während sich der stille Gesellschafter (schuldrechtlich) am Handelsgeschäft des Geschäftsinhabers beteiligt, ist die Unterbeteiligung (dazu Kap. 117) eine schuldrechtliche Beteiligung an einer gesellschaftsrechtlichen Beteiligung des „Hauptgesellschafters".

d) Treuhand

25 Der Vertrag zwischen den Gesellschaftern einer stillen Gesellschaft erstreckt sich nicht auf die Verwaltung eines bestimmten Treugutes, sondern die Förderung eines gemeinsamen Zwecks für die die Einlage des stillen Gesellschafters verbraucht oder benutzt werden kann. Um diesen Zweck zu erreichen, geht die Einlage des stillen Gesellschafters in das Vermögen des Geschäftsinhabers über und steht insoweit zu dessen freien Verfügung (erg. Blaurock Rz. 8.52).

e) Genussrechte

26 Stille Gesellschaften und Genussrechte können sich weitgehend annähern (Einzelheiten: Oetker/Schubert § 230 HGB Rz. 30). Entscheidend ist hier die Unterscheidung zwischen einem schuldrechtlichen Austauschvertrag und einer gemeinsamen Zweckverfolgung.

f) Partiarische Miet-, Pacht- und Nutzungsverhältnisse

27 Auch hier bestehen zwischen diesen Verhältnissen und der stillen Gesellschaft nicht unbeträchtliche Unterschiede (Einzelheiten: Mock in Röhricht/Graf von Westphalen/Haas § 230 HGB Rz. 54 ff.). Abgrenzungsmerkmal ist auch insoweit, ob ein gemeinsamer gesellschaftlicher Zweck verfolgt wird.

III. Motive für die Errichtung der stillen Gesellschaft

1. Allgemeines

28 Im Wirtschaftsverkehr werden vielfach Unternehmensziele verfolgt, deren Verwirklichung mit **hohem Kapitalbedarf** verbunden ist. Eine entsprechende **Eigenkapitalaufbringung** ist **oft nicht darstellbar** oder unerwünscht. Die Unternehmensinhaber wollen andererseits die **Mitsprache** der (Fremd-)Kapitalgeber **beschränken**. Den Kapitalgebern ihrerseits ist oft nicht an der Überlassung von Eigenkapital mit den sich daraus ergebenden **Haftungsfolgen** gelegen. Ihr Interesse zielt auf die Gewährung von Fremdkapital, um in einem möglichen Insolvenzfall einen Mindestschutz zu erhalten. Ist die Beteiligung nicht auf Dauer angelegt, fallen die Vorteile der Erleichterungen bei der Begründung und Auflösung der Gesellschaft gegenüber einer unmittelbaren Beteiligung besonders ins Gewicht.

29 Die knappen gesetzlichen Vorschriften über die stille Gesellschaft (§§ 230–237 HGB), von denen außerdem weitgehend durch entsprechende Gesellschaftsvertragsbestimmungen abgewichen werden kann, eröffnen einen **weiten Gestaltungsspielraum** bei der Gestaltung dieser Zielvorstellungen.

30 Die Motive für die Errichtung einer stillen Gesellschaft reichen von **Beteiligungsfinanzierungsüberlegungen** über **Erbfolgegestaltungen** bis zu **Gestaltungen aus steuerlichen Gründen.**

31 **Wesentliches Motiv** für die Gründung einer stillen Gesellschaft ist vielfach die **legale Geheimhaltung** des Beteiligungsverhältnisses.

32 Eine Offenlegung Dritten gegenüber, wie sie zB für die Beteiligung an einer Personengesellschaft (persönlich haftender Gesellschafter/Kommanditist) notwendig ist, erfolgt bei der stillen Gesellschaft nicht. Derjenige, der die stille Beteiligung einräumt – der Geschäftsinhaber –, zeigt fremden Dritten, insbesondere Konkurrenten, nicht, dass er sein Handelsgewerbe nicht allein ausübt.

33 Diese **grundsätzliche Anonymität** wird aber bei einer Kapitalanlage in atypisch stiller Form (zB schuldrechtliche Beteiligung an der Substanz und dem Geschäftswert, weiter gehende als im Gesetz vorgesehene Mitbestimmungsrechte des stillen Gesellschafters in Gesellschaftsangelegenheiten)

durch **Bilanzierungsregeln** durchbrochen (näher Rz. 123). Ohne dass diese Bilanzierungsfragen abschließend geklärt sind, entspricht es der heute herrschenden Meinung, die atypische stille Beteiligung als eigenkapitalähnlichen Posten unter den Passiven gesondert auszuweisen (Hense, Die stille Gesellschaft im handelsrechtlichen Jahresabschluss, 1990, S. 258, 261; Mock in Röhricht/Graf von Westphalen/Haas § 230 HGB Rz. 131 ff.; zu neueren Entwicklungen Nodoushani, ZIP 2011, 1995, 1997 ff.).

➲ **Wichtig: Keine Geheimhaltungsmöglichkeiten** bestehen gegenüber der **Finanzverwaltung**, 33a
unabhängig davon, ob es sich um eine typische oder um eine atypische stille Beteiligung handelt.

Dem Vorteil der Anonymität stehen **Nachteile** bei der Kapitalbeschaffung gegenüber. Außenstehen- 34
de, denen das stille Beteiligungsverhältnis unbekannt ist, können die Kapitalausstattung des Unternehmens des Geschäftsinhabers nicht zutreffend beurteilen. Die Offenlegung des stillen Beteiligungsverhältnisses gegenüber potentiellen Kreditgebern ist der Preis des partiellen Anonymitätsverlustes, wobei **diese Offenlegung nach den Vereinbarungen mit dem stillen Gesellschafter gestattet sein muss.**

2. Motive des stillen Gesellschafters

Die stille Beteiligung kann durch den Wunsch nach einer **günstigeren Kapitalanlage** im Vergleich 35
zu anderen Anlageformen (Darlehen, Wertpapiere) bestimmt sein. Bei entsprechender Vertragsgestaltung (zB Vereinbarung von Zustimmungsvorbehalten etc.) vermittelt das stille Beteiligungsverhältnis **weiter gehende Einflussmöglichkeiten** auf die Geschäftstätigkeit als eine bloße Geldeinlage. Die Gewinnbeteiligung umfasst außerdem ein potenzielles **Wertsicherungselement.** Zusätzlich kann eine Beteiligung an dem Sach- und Ertragswert des Unternehmens gewählt werden, was als Indiz für eine atypische stille Beteiligung anzusehen ist. Im Gegensatz zu einer Kommanditbeteiligung ist das **Verlustrisiko ausschließbar** oder **beschränkbar.** Die mit einer Beteiligung an einer Personenhandelsgesellschaft ggf. verbundene gesamtschuldnerische Haftung (§ 128 HGB) besteht bei einem stillen Gesellschaftsverhältnis nicht.

Wirtschaftlich gestattet das stille Beteiligungsverhältnis, ohne das nach außen hin zu erkennen zu 36
geben, sich an einem Unternehmen als der **eigentliche Geschäftsinhaber** zu beteiligen, wenn der nach außen auftretende Geschäftsherr für die wesentlichen oder sogar für alle Geschäftsführungsmaßnahmen der Zustimmung des stillen Gesellschafters bedarf.

Es kann weiter den Überlegungen des stillen Gesellschafters entsprechen, seine zukünftige (offene) 37
gesellschaftsrechtliche Beteiligung zunächst **„vorzubereiten“**, bevor sie in eine endgültige Beteiligung umgewandelt wird.

3. Motive bei dem Inhaber des Handelsgeschäfts

Die stille Beteiligung bietet die Möglichkeit zur **Aufnahme längerfristigen Fremdkapitals in anony-** 38
mer Form Verbesserung der Kapitalausstattung. Dieses Beteiligungskapital ist in der Regel nur **gewinnabhängig zu verzinsen.** Außerdem kann der Geschäftsinhaber durch Kündigungsklauseln eine langfristige Kreditbindung erreichen, deren Vergütung im Gegensatz zu einem festen (Bank-)Kredit vom Geschäftsergebnis abhängig ist.

Kapitalgesellschaften vermeiden durch Begründung stiller Beteiligungen die **gesetzlichen Kapital-** 39
erhöhungsförmlichkeiten. Insbesondere sind Sacheinlagevorschriften nicht zu beachten (BGH WM 1991, 671). Das stille Beteiligungskapital ist in diesem Fall auch nicht ohne Weiteres als Eigenkapitalersatz mit den sich daraus ergebenden Haftungsfolgen anzusehen. Jedoch ist **Vorsicht geboten.**

Entsprechendes gilt bei zu beachtenden Förmlichkeiten für „Kapitalherabsetzungen“.

Insbesondere bei **notleidenden Unternehmen** liegt in der stillen Beteiligung eine **Sanierungsge-** 40
staltung, die auch von Banken oder darüber hinausgehend im Rahmen von Wirtschaftsförderungsprogrammen eingesetzt wird.

41 Vielfach entstehen stille Gesellschaften auch nach Beendigung von Personengesellschaften. Der bisherige Gesellschafter belässt seine Einlage, ist aber nicht mehr der persönlichen Haftung für die nach seinem Ausscheiden entstandenen Verbindlichkeiten ausgesetzt (§§ 159, 160 HGB) und hat nach Rückforderung seiner stillen Einlage keine Nachhaftung zu befürchten (§§ 172 Abs. 4, 171 Abs. 1 HGB; erg. Hageböke DB 2010, 1610).

42 Auf die sich aus **steuerlichen Gründen** ergebenden Beweggründe wird unter Rz. 48 ff. eingegangen.

4. Stille Gesellschaft unter Familienangehörigen

43 Es gibt keine gesetzliche Form der „Familiengesellschaft" oder der „Angehörigengesellschaft". Nach der Rechtsprechung und der Ansicht der Finanzverwaltung ist bei der Anerkennung von sich aus dem Familienkreis zusammensetzenden Personen insbesondere die Angemessenheit der Gewinnbeteiligung zu untersuchen.

44 ➲ **Wichtig:** Es besteht eine **umfangreiche Kasuistik**, wann eine stille „Familiengesellschaft" steuerlich nicht anerkannt wird (dazu ausführlich Blaurock Rz. 21.30 ff.), ua.:

- Beschränkung der Kontrollrechte des § 233 HGB,
- eingeschränkte Verfügungsrechte über die Beteiligung,
- Beschränkung des Kündigungsrechts,
- ungewöhnliche Höhe der Gewinnbeteiligung, wobei der Finanzverwaltung die Beweislast obliegt,
- Gewinnauszahlungsbeschränkungen,
- vermögensmäßige Durchführung des Gesellschaftsvertrags.

a) Interessenlage

45 Die **Ausgangsinteressen** sind hierbei: Möglichst geringer Herrschaftsverlust des Firmeninhabers trotz teilweiser Vermögensübertragung auf Familienmitglieder; Sicherung der Kapitalerhaltung trotz der Vermögensübertragung bei optimaler Gewinnverteilung auf diese wegen des auf die Einkünfte von Familienmitgliedern in der Regel anzuwendenden geringeren Steuersatzes; dennoch gleichzeitiger „Behalt" dieser Gewinne zur weiteren Unternehmensfinanzierung.

46 Voraussetzung für die steuerliche Anerkennung sind **klare Absprachen und deren Durchführung** (vgl. BFH BStBl. II 2001, 186), insbesondere wenn stille Beteiligungen durch Schenkung eingeräumt werden. Derartige „**Einkommensteuersplittungsgedanken**" stehen auch im Mittelpunkt der Umwandlung eines Einzelunternehmens in eine Personenhandelsgesellschaft durch Aufnahme von Familienangehörigen oder anderer nahe stehender Personen.

47 ➲ **Wichtig:** Die stille Gesellschaft führt im Gegensatz zu Umwandlungen in eine nach außen auftretende Gesellschaft zu **keiner dinglichen Verbindung** zwischen den Gesellschaftern untereinander. Die Familienangehörigen sind nur schuldrechtlich in der Form einer **Innengesellschaft** verbunden. Diese kann einfacher als ein dinglicher Verbund aufgelöst werden, wenn die Vorstellungen und gesetzten Ziele nicht eintreten. Da jedoch Familiengesellschaften häufig auch als Vorstufe zur (auch gleitenden) Übertragung des Vermögens dienen, wird in der Praxis häufig die Gründung einer Außengesellschaft bevorzugt.

b) Einkommensteuersplitting unter Familienangehörigen

48 Oft spielen bei der Vereinbarung stiller Beteiligungen unter Familienangehörigen neben Erbfolgeüberlegungen besonders **einkommensteuerliche Motive** eine Rolle. Durch die gewählte Gestaltung werden Einkunftsquellen mit dem Ziel der Minderung der (Spitzen-)Steuerbelastung des Unternehmers übertragen („**Verlagerung von Einkünften**"; Schmidt/Wacker § 15 EStG Rz, 740 ff.; Hohaus u.a. BB 2004, 1707).

c) Beteiligung zukünftiger Erben am Unternehmen

Soll die **Unternehmensnachfolge schrittweise vorbereitet** werden, können Abkömmlinge zunächst still beteiligt werden, um sie an das Unternehmen heranzuführen. Ihnen wird Gelegenheit gegeben, sich unternehmerisch zu bewähren, ohne dass ihnen zugleich die gesamte Unternehmensverantwortung übertragen wird. 49

Stellt sich während der **Bewährungsphase** heraus, dass sich die Abkömmlinge nicht für die Unternehmensnachfolge eignen, kann das Engagement „still", ohne Publizität nach außen, aufgelöst werden. 50

Die **Verstärkung der typischen stillen Beteiligung in eine atypisch stille Beteiligung** ist ein weiterer Schritt zur Vorbereitung der Unternehmensnachfolge, an deren Ende die Gewährung einer auch nach außen in Erscheinung tretenden (offenen) gesellschaftsrechtlichen Beteiligung stehen kann. 51

d) Erbregelungen

Wünscht der Erblasser, dass sein Handelsgeschäft – ua. zur Vermeidung von Zersplitterungen – nur von einem Abkömmling fortgeführt wird, können die **anderen Abkömmlinge** durch Begründung stiller Beteiligungen **abgefunden** werden, ohne dass dem Unternehmen Geldmittel entzogen werden. Bestimmungen im Gesellschaftsvertrag gestatten wegen der bestehenden Vertragsfreiheit, die Interessen und Belange der ausgeschlossenen Erben sicherzustellen (zB durch Zustimmungsvorbehalte, Überwachungs- und/oder Kontrollrechte). Außerdem kann ihr „**Erbteil**" in Form der Vermögenseinlage durch Bestellung insbesondere von **dinglichen Sicherheiten** abgesichert werden, was bei Einräumung einer Kommanditistenstellung ausgeschlossen ist. 52

Der Erblasser kann auch über eine laufende Gewinnbeteiligung der ausgeschlossenen Erben hinausgehen und diese an der Substanz des Unternehmens (allerdings nur mit schuldrechtlicher Wirkung) beteiligen. Ohne Einräumung einer Kommanditistenstellung ermöglicht eine stille Beteiligung, die ausgeschlossenen Erben bei einer Auseinandersetzung wie Kommanditisten zu behandeln. 53

Neben einer Beteiligung an der (materiellen) Unternehmenssubstanz kann auch eine Beteiligung am **Geschäftswert** eingeräumt werden. 54

➲ **Gestaltunghinweise: 1.** Die Ermittlung der dem stillen Gesellschafter einzuräumenden Beteiligung am Geschäftswert wirft umfangreiche Einzelfragen auf, die an dieser Stelle nicht iE erörtert werden können (zu Einzelheiten: Blaurock Rz. 14.42). Vertragliche Pauschalregelungen sieht die Steuerrechtsprechung insoweit kritisch (BFH BStBl. II 1982, 59; 1986, 311); klare und eindeutige Vereinbarungen im Vertrag (über die eindeutige Beteiligung bzw. Nichtbeteiligung des Stillen an den stillen Reserven) sind unerlässlich. Im Zusammenhang mit derartigen Gestaltungen ist im Hinblick auf die (gewollten) steuerlichen Folgen im Einzelfall dessen fachliche Beurteilung vorab ratsam. 55

2. Außerdem ist es sinnvoll, **Bestimmungen über die Auszahlung der Abfindung** vorzusehen, damit dem Unternehmen nicht mit einem Mal notwendige, zur Existenzgefährdung führende Beträge entzogen werden (Blaurock Rz. 16.38).

e) Vorweggenommene Erbfolge

Schenkt der Geschäftsinhaber seinem Ehegatten bzw. seinem Lebenspartner im Rahmen einer eingetragenen Lebenspartnerschaft oder seinen Kindern die Vermögenseinlage, werden für Ehegatten bzw. Lebenspartner ein **Freibetrag** von 500 000 Euro, für die Kinder iSd. Steuerklasse I Nr. 2 (vgl. § 15 ErbStG) und Kinder von verstorbenen Kindern iSd. Steuerklasse I Nr. 2 von 400 000 Euro abgezogen (§ 16 Abs. 1 Nr. 1 und 2 ErbStG). Die Verpflichtung aufgrund einer **typisch stillen Beteiligung** an einem Gewerbebetrieb ist dabei grundsätzlich mit dem Nennwert der Vermögenseinlage des stillen Gesellschafters anzusetzen (§ 12 Abs. 1 ErbStG; § 12 Abs. 1 BewG). Bei einer **atypisch stillen Beteiligung** ist demgegenüber von deren gemeinem Wert auszugehen (§§ 12 Abs. 5 ErbStG; 97 Abs. 1 Satz 1 Nr. 5 BewG, und hinsichtlich des Grundvermögens 151 Abs. 1 Satz 1 Nr. 2 BewG). 56

57 Liegt zwischen dem Schenkungsvorgang und einem eventuellen Erbfall **ein Zeitraum von mindestens zehn Jahren**, bleibt die **vorangegangene Schenkung** im Rahmen des Erwerbs von Todes wegen unberücksichtigt (§ 14 Abs. 1 Satz 1 ErbStG). Die **Freibeträge** des § 16 ErbStG greifen quasi nach Ablauf des Zehnjahreszeitraumes iSd. § 14 ErbStG wieder vollumfänglich; ansonsten sind alle Zuwendungen/Bereicherungen von einer bestimmten Person an den Stillen im Zeitpunkt der Zuwendung (für Erbschaftsteuerzwecke) für einen zehn Jahre zurückreichenden Zeitraum zu addieren. Zudem sind die besonderen Versorgungsfreibeträge des § 17 ErbStG zu beachten.

58 Mit derartigen steuerbegünstigten Vorabschenkungen kann zugleich **außerdem** die mit der Übertragung von Einkommensquellen verbundene **Verminderung der Einkommensteuerbelastung** (der vorherigen Einkunftsquelle) einhergehen (Blaurock Rz. 2.23).

59 ➲ **Wichtig:** Der Schenker muss sich bewusst sein, dass der Schenkungsgegenstand bei dieser Gestaltung **endgültig sein Vermögen verlässt**, damit die Schenkung steuerlich anzuerkennen ist. **Widerrufsvorbehalte** (§§ 528, 530 BGB) sind zwar zivilrechtlich zulässig, gefährden nach Lage des Einzelfalles jedoch die steuerliche Anerkennung. Damit ist eine Einflusseinbuße verbunden, die allerdings durch Gestaltungen betreffend das verbleibende Vermögen aufgefangen werden kann (zB Zustimmungsvorbehalte zu Gunsten des Schenkers im Gesellschaftsvertrag).

59a Bei Bildung offener oder stiller Reserven wächst dem atypisch still Beteiligten Vermögen **schenkungsteuerfrei** zu, wobei sich das Vermögen des Hauptgesellschafters verringert und damit zu einem geringeren Nachlasswert führt.

5. Beteiligung von Mitarbeitern am Unternehmensergebnis

60 Eine weit verbreitete Form, Mitarbeiter am Unternehmenserfolg zu beteiligen, ist die Gewährung einer **Erfolgstantieme**.

61 **Intensiver** wird ein Mitarbeiter durch eine **gesellschaftsrechtliche Beteiligung** an das Unternehmen gebunden. Bevor – insbesondere bei mittelständischen Unternehmen – eine nach außen wirkende Kapitalbeteiligung eingegangen wird, kommt die stille Beteiligung als Vorstufe in Betracht, wobei diese keine Geldeinlage verlangt, sondern durch **Erbringung der Arbeitskraft**, deren Wert im Gesellschaftsvertrag festgelegt ist, erfolgen kann (Blaurock Rz. 6.38 ff. sowie zu Fragen der Behandlung vergangener Dienstleistungen Mock in Röhricht/Graf von Westphalen/Haas § 230 HGB Rz. 43).

62 Das typische stille Beteiligungsverhältnis kann in einem weiteren Schritt dadurch intensiviert werden, dass der Mitarbeiter – allerdings **nur mit schuldrechtlicher Wirkung** – auch an der Substanz, den stillen Reserven sowie am Firmenwert beteiligt wird (**atypische stille Beteiligung**; iE Blaurock Rz. 2.29).

63 Grundlage derartiger Beteiligungsverhältnisse zwischen dem Geschäftsinhaber und dem Mitarbeiter können ein Tarifvertrag, Betriebsvereinbarungen (§ 88 Nr. 3 BetrVG) oder eine Einzelvereinbarung (5. Vermögensbildungsgesetz idF v. 4.3.1994 für die typische stille Beteiligung), wobei nur diese begünstigt ist (Schmidt/Drenseck § 19a EStG Rz. 12; Blaurock Rz. 2.21 ff.; Weigl DStR 1999, 1568, 1574 f.; BMF BStBl. I 2004, 717).

6. Steuerliche Überlegungen

64 Bei der Vereinbarung einer stillen Beteiligung spielen aus steuerlichen Gesichtspunkten insbesondere nachfolgende „Gesellschaftsformen" eine Rolle. Besonderheiten ergeben sich hierbei daraus, dass bei diesen Gesellschaften im Besonderen bei Familiengesellschaften/bzw. Gestaltungen mit der „eigenen" Kapitalgesellschaft hinsichtlich der Vertragsgestaltungen insbesondere der zwischen fremden Dritten bestehende natürliche Interessengegensatz nicht besteht.

a) Familiengesellschaften

64a Der Begriff ist nicht im Einzelnen definiert (Einzelheiten: Blaurock Rz. 21.4). Dazu auch oben Rz. 43 f.

b) Stille Gesellschaft an der eigenen Kapitalgesellschaft (Kapitalgesellschaft) GmbH & Still

Das Steuerrecht anerkennt **die stille Beteiligungsvereinbarung** des Gesellschafters einer Kapitalgesellschaft (auch einer Ein-Mann-Kapitalgesellschaft) **mit seiner Kapitalgesellschaft** (BFH BStBl. II 1977, 155 mwN; BFH BB 1983, 1515). Hierbei beteiligt sich der Alleingesellschafter einer GmbH gleichzeitig an „seiner" GmbH als stiller Gesellschafter, wobei hinsichtlich der steuerlichen Bewertung einige Besonderheiten zu beachten sind (Blaurock Rz. 21.70 ff.); grundsätzlich gilt das auch für Personengesellschaften. 65

➲ **Wichtig:** Jedoch betrachtet das Steuerrecht diese Gesellschaften in der Regel als Mitunternehmerschaften; atypische stille Gesellschaft (Blaurock Rz. 21.70). Die dem stillen Gesellschafter vertraglich zustehenden Gewinne bilden keine verdeckte Gewinnausschüttung (§ 8 Abs. 3 KStG), wenn eine ausgewogene Relation zwischen Eigenkapital und stillem Beteiligungskapital besteht. 66

Im **Vordergrund** stehen ua. folgende steuerliche Motive (erg. Blaurock Rz. 21.63 ff.): 67

- Überführung von (auf der Ebene der Kapitalgesellschaft nicht ausgleichsfähigen) Verlusten der Kapitalgesellschaft auf die **Einkommensteuerebene** des Gesellschafters im Wege der atypischen stillen Gesellschaft (vgl. Rz. 68 ff.);
- der gewerbesteuerliche Freibetrag iHv. 24 500 Euro für natürliche Personen und Personengesellschaften; mit dem Wegfall des Staffeltarifs ab 2008 wurde die Steuermesszahl für den Gewerbeertrag einheitlich für alle (juristische und natürliche Personen) Gewerbe auf 3,5 % festgesetzt (§ 11 Abs. 1 Nr. 1 und Abs. 2 GewStG);
- mögliche **Steuerfreiheit von Veräußerungsgewinnen** unter Beachtung von § 23 EStG im Gegensatz zu § 17 EStG bei typischer stiller Gesellschaft jedoch nur bei „Altfällen" vor 2009 (seit 1.1.2009 Steuerpflicht gem. § 20 Abs. 2 Nr. 4 EStG).

c) Verlustausgleich bei der Kapitalgesellschaft und der atypisch stillen Gesellschaft

Der an einer Kapitalgesellschaft beteiligte Anteilseigner kann Verluste dieser Kapitalgesellschaft nicht im Rahmen seiner persönlichen Einkommensteuerveranlagung geltend machen. 68

Durch die Begründung einer atypischen stillen Beteiligung („Mitunternehmerschaft") an „seiner" Kapitalgesellschaft fallen die ihm auf Grund des stillen Beteiligungsverhältnisses zuzurechnenden (anteiligen) Verluste bei ihm als negative Einkünfte aus Gewerbebetrieb an und führen zum **Verlustausgleich** mit anderen positiven Einkünften. Hierbei sind die **Beschränkungen** des § 15a EStG zu beachten. Sind atypische stille Gesellschaften an Kapitalgesellschaften beteiligt, gelten außerdem die Beschränkungen des § 15 Abs. 4 Satz 6 und 7 EStG (Einzelheiten: Schmidt/Wacker § 15 EStG Rz. 905 ff.). 69

Der aktuelle Körperschaftsteuersatz beträgt 15 % (**Prozentsatz** ohne Solidaritätszuschlag und der ab 2008 nach § 4 Abs. 5b EStG nicht mehr abziehbaren Gewerbesteuer). Gewinnausschüttungen beim Anteilseigner unterliegen je nach dessen Rechtspersönlichkeit entweder der Abgeltungssteuer (vgl. Rz. 226), wenn die Beteiligung im Privatvermögen gehalten wird; ansonsten gelten hinsichtlich der Ausschüttungen aus Kapitalgesellschaften die Grundsätze des Teileinkünfteverfahrens, sofern die Anteile im Betriebsvermögen befindlich sind (60 % Steuerfreiheit – § 3 Nr. 40 EStG für natürliche Personen unter weiterhin bestehender Berücksichtigung von Aufwendungen im Zusammenhang mit der Beteiligung, allerdings ist § 3c EStG zu beachten); bei Kapitalgesellschaften als Anteilseigner erfolgt die Besteuerung nur zu 5 % (§ 8b KStG) Unter Berücksichtigung des Umstandes, dass durch die Errichtung der typisch Stillen Gesellschaft letztlich eine „Teilverschiebung" des Jahresüberschusses auf die natürliche Person erfolgt, ist das Einsparpotential über die Gestaltung einer typisch stillen Gesellschaft mit einer natürlichen Person dabei umso größer, je geringer der persönliche Einkommensteuersatz des Stillen ist; die Teile des Gewinns, die auf den stillen Gesellschafter verlagert werden, mindern nämlich den körperschaftsteuerlichen Gewinn der Kapitalgesellschaft als Betriebsausgaben. 70

d) Schütt-aus-hol-zurück-Verfahren

71 Während der Zeit des Anrechnungsverfahrens (1977 bis 2001) erfolgten Stille Beteiligungsgestaltungen häufig zur Nutzung von Ausschüttungen verbunden mit der Wiedereinlage, soweit der individuelle Einkommensteuersatz den individuellen Körperschaftsteuerausschüttungssatz unterschritt. Das sukzessive Absenken der Höchststeuersätze und die Einführung des Halbeinkünfteverfahrens (2001) bzw. der Abgeltungssteuer (2009) haben das Interesse an dieser Gestaltung genommen (erg. Blaurock Rz. 2.14).

e) Ausländische Anteilsinhaber

72 Die Begründung einer stillen Beteiligung statt einer Beteiligung am Kapital einer Gesellschaft selbst ist für **Ausländer** – also steuerlich nicht im Inland veranlagte Personen – nach der erneuten Änderung des § 8a KStG weniger interessant (im Übrigen zu grenzüberschreitenden stillen Gesellschaften: Oetker/Schubert § 230 HGB Rz. 107 ff.; Mock in Röhricht/Graf von Westphalen/Haas § 230 HGB Rz. 137 ff.).

f) Zusammenfassende steuerliche Betrachtung

73 Ob durch die stille Gesellschaft die günstigste steuerliche Gestaltung erreicht werden kann, muss anhand der Umstände des Einzelfalles ermittelt werden. Steuerliche Belastungsvergleiche spielen eine Rolle. Im Vordergrund steht jedoch die Entscheidung der zutreffenden Rechtsformwahl unter Berücksichtigung der betriebswirtschaftlichen Interessen sowie Haftungsbeschränkungsüberlegungen.

IV. Vertragspartner der stillen Gesellschaft

1. Inhaber des Handelsgeschäfts

74 Der Vertragspartner des stillen Gesellschafters, der Inhaber des Handelsgeschäfts (zum stillen Beteiligungsverhältnis an nicht gewerblichen Unternehmen MünchKomm.HGB/K. Schmidt § 230 HGB Rz. 24; Milatz DStZ 2006, 141) muss ein Kaufmann gem. §§ 1–6 HGB sein, wobei die Beteiligung sich auch auf einen Teil des Unternehmens beschränken kann. **Freie Berufe** fallen nicht darunter. Das gilt auch für **Partnerschaftsgesellschaften.**

75 Eine **Handelsgesellschaft** (OHG, KG, GmbH oder AG) oder auch eine **Erbengemeinschaft** können als Geschäftsinhaber auftreten (Einzelheiten: MünchKomm.HGB/K. Schmidt § 230 HGB Rz. 26–30), dasselbe gilt für Formkaufleute (MünchKomm.HGB/K. Schmidt § 230 HGB Rz. 20).

76 Fehlen diese Eigenschaften, sind die Beziehungen als Gesellschaft des bürgerlichen Rechts zu qualifizieren, wobei §§ 230 ff. HGB entsprechend anwendbar sein können (BGH NJW 1982, 99; weiterhin Baumbach/Hopt § 230 HGB Rz. 1).

2. Vertretung des Geschäftsinhabers

77 Bei der Begründung **typischer stiller Gesellschaften** mit Handelsgesellschaften sind deren vertretungsberechtigte Organe zum Abschluss typisch stiller Gesellschaftsverträge befugt (MünchKomm.HGB/K. Schmidt § 230 HGB Rz. 111). Nach hM wirksam ist auch der Vertragsschluss durch einen Prokuristen.

78 Die Begründung einer **atypischen stillen Beteiligung** unterliegt als – auch im Außenverhältnis – außergewöhnliches Geschäft der Zustimmung der Gesellschafterversammlung (MünchKomm.HGB/K. Schmidt § 230 HGB Rz. 112 und 118; Blaurock Rz. 9.52 [Bevollmächtigte]).

79 Bei der Begründung einer stillen Beteiligung durch eine **AG** wird der Abschluss eines (typischen oder atypischen) stillen Beteiligungsverhältnis mit der Gesellschaft als **Teilgewinnabführungsvertrag** angesehen, der der Zustimmung der Hauptversammlung nach §§ 292 Abs. 1 Nr. 2, 293 AktG

bedarf (BGHZ 156, 38, 43; BGH ZIP 2005, 753; Blaurock Rz. 7.19 ff.; Schulze-Osterloh ZGR 1974, 427; K. Schmidt ZGR 1984, 299;)

➲ **Gestaltunghinweis:** Auf Grund des „Supermarktbeschlusses" (BGHZ 105, 324) sollte auch bei dem Abschluss über eine **stille Gesellschaft durch eine GmbH als stiller Gesellschafter** – aus Sicherheitsgründen – deren Gesellschafterversammlung zustimmen (zum Meinungsstand OLG München DNotZ 2011, 363; BayObLG GmbHR 2003, 534 m. Anm. Weigl; Mock in Röhricht/Graf von Westphalen/Haas § 230 HGB Rz. 24 ff.). Sind die §§ 292 ff. AktG (entsprechend) anwendbar, bedarf es zur Wirksamkeit des Vertragsschlusses auch der Handelsregistereintragung. 80

3. Stiller Gesellschafter

Stiller Gesellschafter kann jede beliebige Person (auch ein Nichtkaufmann), eine Gesellschaft bürgerlichen Rechts, eine Erbengemeinschaft oder eine juristische Person sein (zur Beteiligung Minderjähriger als stille Gesellschafter Rz. 84 ff. sowie Blaurock Rz. 5.37 sowie zu nicht rechtsfähigen Gebilden Blaurock Rz. 5.40) und Körperschaften des öffentlichen Rechts (Blaurock Rz. 5.42). 81

Der stille Gesellschafter wird durch seine Beteiligung **nicht Kaufmann.** Da sich der stille Gesellschafter nur an dem Handelsgewerbe beteiligen kann, das ein anderer betreibt (§ 230 Abs. 1 HGB), scheidet die **stille Beteiligung am eigenen Unternehmen** aus. 82

➲ **Wichtig:** Im **nicht gewerblichen Bereich** ist die Begründung einer stillen Gesellschaft verboten (für Apotheken § 8 Abs. 2 ApoG; weiterhin im Rahmen der Rechts- und Steuerberatung sowie bei Ärzten; erg. Blaurock Rz. 9.74 ff.; Baumbach/Hopt § 230 HGB Rz. 5; Beyer-Petz DStR 2008, 73). 83

4. Beteiligung Minderjähriger

a) Allgemeine Grundsätze der Vertretung Geschäftsunfähiger/Minderjähriger

Allgemein verlangt der Vertragsschluss mit minderjährigen Kindern die Mitwirkung der gesetzlichen Vertreter (§§ 104 Nr. 1, 105 Abs. 1, 1626 Abs. 1, 1629 Abs. 2 BGB). Wenn das Kind das siebente Lebensjahr vollendet hat, kann es den Vertrag abschließen (§ 112 BGB). Dessen Wirksamkeit verlangt die Einwilligung seiner gesetzlichen Vertreter (§§ 106, 107, 108 Abs. 1 BGB). 84

➲ **Wichtig:** Umstritten ist das Zustimmungserfordernis, wenn die stille Beteiligung dem **Minderjährigen** lediglich einen **rechtlichen Vorteil** (§ 107 BGB) bringt. Wird ihm eine Beteiligung an einer **typischen stillen Gesellschaft geschenkt** (Einbuchung oder Einlageleistung) und **nimmt er am Verlust nicht teil** oder entstehen ihm auch keine weiteren Verpflichtungen, so soll zumindest bei langfristiger Bindung (BFH BStBl. II 1974, 289; 1988, 1443, 1444) trotzdem die Zustimmungsbedürftigkeit gelten. Dem wird nicht uneingeschränkt gefolgt (insges. BGHZ 7, 378; MünchKomm.HGB/K. Schmidt § 230 HGB Rz. 105; Oetker/Schubert § 230 HGB Rz. 44 ff.). 85

Daraus folgt weiter: **Atypische stille Beteiligungen** sind – wie Kommanditbeteiligungen – auch im Fall einer unentgeltlichen Zuwendung nicht ausschließlich vorteilhaft. Deren Eingehung bedarf der Zustimmung. 86

b) Ergänzungspfleger

Wenn die Eltern oder ein Elternteil als Geschäftsinhaber ihrem nicht geschäftsfähigen Kind eine stille Beteiligung einräumen, muss ein Ergänzungspfleger bestellt werden; gleiches gilt für den Vertragsabschluss mit einem in gerade Linie Verwandten (§§ 1909, 1629 Abs. 2, 1795 Abs. 1 Nr. 1 BGB; BFH BStBl. II 1994, 635). Das gilt auch beim Verlustausschluss oder wenn ein Elternteil dem Kind die zur Leistung der Einlage erforderlichen Mittel schenkt (Blaurock Rz. 9.38). 87

Liegen die Voraussetzungen des § 1795 BGB vor (zB einer der gesetzlichen Vertreter ist selbst weiterer Gesellschafter der stillen Gesellschaft oder gesetzlicher Vertreter eines Gesellschafters der stil- 88 len Gesellschaft (§§ 1795 Abs. 2, 181 BGB) oder wenn diese Voraussetzungen in der Person des Ehegatten oder einer in gerader Linie verwandten Person bestehen) ist die gerichtliche Bestellung eines Ergänzungspflegers erforderlich (§ 1909 Abs. 1 Satz 1 BGB; BFH BStBl. II 1974, 289, 290).

89 Dessen Bestellung bedarf es nicht, wenn das Rechtsgeschäft dem Vertretenen **lediglich einen rechtlichen Vorteil** bringt (§ 107 BGB; BGHZ 59, 236; vgl. zur Pflegschaft Kap. 77 Rz. 5 ff.).

c) Dauerergänzungspfleger

90 Die Bestellung eines Dauerergänzungspflegers ist **nicht erforderlich** (BGH BB 1975, 1452; BFH BStBl. II 1976, 328; BdF-Schreiben BB 1976, 22).

d) Änderungen des Gesellschaftsvertrags

91 Auch bei einer Änderung des Gesellschaftsvertrags sind die Eltern nach § 181 BGB von der Vertretung ihres minderjährigen Kindes ausgeschlossen. Gem. §§ 1629 Abs. 2, 1795 Abs. 1 Nr. 1, 1909 Abs. 1 Satz 1 BGB muss in diesem Fall ebenfalls ein Ergänzungspfleger bestellt werden (Seer DStR 1988, 601).

e) Familiengerichtliche Genehmigungen

aa) Gesetzlicher Vertreter des Geschäftsinhabers

92 Der gesetzliche Vertreter des minderjährigen Geschäftsinhabers bedarf zur Aufnahme eines stillen Gesellschafters grundsätzlich keiner familiengerichtlichen Genehmigung zum Vertragsabschluss, da diese bereits bei Geschäftsaufnahme erteilt wurde (Einzelheiten: Blaurock Rz. 9.40 [anders bei der Begründung einer atypischen stillen Gesellschaft, Rz. 9.43]).

bb) Stiller Gesellschafter

93 Eine familiengerichtliche Genehmigung (§§ 1643 Abs. 1, 1822 Nr. 3 BGB) des gesetzlichen Vertreters des minderjährigen stillen Gesellschafters ist erforderlich, wenn der Gesellschaftsvertrag zum Betrieb eines Erwerbsgeschäfts eingegangen wird. Das ist insbesondere bei einer Beteiligung an Verlusten, der Vereinbarung einer Nachschusspflicht oder wegen des damit verbundenen unternehmerischen Risikos bei der Vereinbarung einer atypischen stillen Beteiligung der Fall (LG München II NJW-RR 1999, 1018; OLG Hamm OLGZ 1974, 158, 162; FamRZ 1984, 1036, 1038; LG Bielefeld NJW 1969, 753; BFH BStBl. II 1968, 671; 1974, 289; zu weiteren Differenzierungen Blaurock Rz. 9.46, MünchKomm.HGB/K. Schmidt § 230 HGB Rz. 105).

94 Auch für **steuerliche Zwecke** sind die zivilrechtlichen Formerfordernisse stets mit erheblicher Sorgfalt zu beachten. Die Begründung einer Stillen Gesellschaft, die der familienrechtlichen Genehmigung bedarf, erfolgt im Regelfall im Familienverbund, so dass aus steuerlicher Perspektive **neben** den formalen **Regelungen der Ergänzungspflegschaft** bei Beteiligung Minderjähriger einerseits, die **Grundsätze des Fremdvergleiches** zu beachten sind, da im Rahmen des Familienverbundes der **natürliche Interessengegensatz** der Vertragspartner **nicht als grds. gegeben** angesehen werden kann. Vor dem Hintergrund der Einzelfallüberlegungen ist daher auch die steuerliche Rspr. zu würdigen. Mit Urteil v. 8.11.1972 (BStBl II 1973, 287) hat der BFH (zur damaligen Rechtslage der vormundschaftlichen Genehmigung) **eine der Gesellschaftsgründung nachfolgende** familiengerichtliche Genehmigung nur dann anerkannt, wenn sie unverzüglich beantragt und in angemessener Frist erteilt wird. Bereits in diesem Urteil hat der BFH die Würdigung vorgenommen, ob ggf. außerbetriebliche (private) Gründe für die Rückwirkung von Bedeutung waren; eine Frage, die stets in Abhängigkeit vom Einzelfall zu entscheiden ist. Zwar sah das FG Sachsen-Anhalt mit Urteil v. 23.5.2013 (1 K 1568/07) insgesamt keine Bedenken und erkannte folglich keine Notwendigkeit der Genehmigung, wenn das Rechtsverhältnis für den Minderjährigen nur von Vorteil war (schenkweise Überlassung der Einlage; Erfolgsbeteiligung und Begrenzung des Verlustes lediglich in Bezug auf den Verzehr der geschenkten Einlage). Aufgrund der regelmäßig erfolgenden Gestaltung im fami-

liären Verbund können diese Rechtsgrundsätze nicht ohne Weiteres übertragen werden; gegen das Urteil des FG-Sachsen-Anhalt ist ein Revisionsverfahren vor dem BFH rechtshängig (Mitteilg. v. 20.8.2013 – IV R 27/13). Gerade bei **Gestaltungen im Familienverbund** empfiehlt sich daher zzt. die **Einholung der Genehmigung** (im Zweifelsfall vor Gründung).

V. Gesellschaftsvertrag

1. Vertragsform

a) Grundsätze

Es bedarf eines Gesellschaftsvertrags. Ein faktisches Verhältnis reicht nicht aus (zur Geltung der Grundsätze der fehlerhaften Gesellschaft Mock in Röhricht/Graf von Westphalen/Haas § 230 HGB Rz. 18 ff.). UU können die Vorschriften über den Vertragsschluss bei Haustürgeschäften und im Fernabsatz zur Anwendung kommen (näher Mock in Röhricht/Graf von Westphalen/Haas § 230 HGB Rz. 17). 95

Der Abschluss des Gesellschaftsvertrags ist **grundsätzlich formfrei**, gleichgültig ob es sich um eine typische oder um eine atypische stille Gesellschaft handelt. Dennoch ist die Regel, schon aus steuerlichen Nachweisgründen, die **Schriftform**.

b) Schriftform-Zustimmung

Schriftform und ein Zustimmungsbeschluss sind dann erforderlich, wenn eine **AG** oder **KGaA** eine stille Gesellschaft eingehen (§§ 292 Abs. 1 Nr. 2, 293 Abs. 3 Satz 1, 278 Abs. 3 AktG – Teilgewinnabführungsvertrag; zu atypischen stillen Gesellschaften mit Verbandscharakter; Reusch, Die stille Gesellschaft als Publikumsgesellschaft, 1989, S. 89). Für eine stille Beteiligung einer GmbH sind die entsprechenden Fragen streitig (vgl. Rz. 80). 96

c) Beurkundungszwang

Aus dem Umstand, dass der Geschäftsinhaber über **Grundbesitz** verfügt, ergibt sich kein Beurkundungszwang. Die Beurkundung ist jedoch nach § 311b Abs. 1 BGB zwingend, wenn der Stille nach § 230 Abs. 1 HGB zur Übertragung von Grundeigentum oder die Gesellschaft zum Erwerb von Grundeigentum verpflichtet ist oder bei Beendigung des Gesellschaftsverhältnisses Grundstücke des Geschäftsinhabers zu veräußern sind (Mock in Röhricht/Graf von Westphalen/Haas § 230 HGB Rz. 9). Entsprechendes gilt, wenn der Stille sein gegenwärtiges Vermögen oder einen Teil davon einbringt (§ 311b BGB) sowie dann, wenn die stille Beteiligung schenkweise eingeräumt wird (näher unten Rz. 105). 97

Der Vertrag ist weiterhin notariell zu beurkunden, wenn der stille Gesellschafter einen **GmbH-Anteil** überträgt (§ 15 Abs. 4 GmbHG). 98

2. Vertragsinhalt

a) Notwendiger Inhalt

- Vereinbarung über die **Beteiligung** des stillen Gesellschafters an dem **Handelsgewerbe** des Geschäftsinhabers, 99
- Verpflichtung des stillen Gesellschafters einen Beitrag zu leisten, der in das Vermögen des Geschäftsinhabers übergeht,
- **Gewinnbeteiligung** des stillen Gesellschafters (bis zur vollständigen Gewinnabführung an den Stillen).

Unabhängig vom Vertragsinhalt sind die **gesellschaftsrechtlichen Treuepflichten** zu beachten (Oetker/Schubert § 230 HGB Rz. 74).

b) Zweckmäßige weitere Vereinbarungen

100 Weiterhin sollte der Vertrag **folgende Bestimmungen** enthalten (vgl. Muster **M 108.1** und **M 108.2** sowie weiterhin Blaurock Rz. 10.65):

- Firma, „Sitz", und Gegenstand der Gesellschaft,
- Geschäftsführung, Informations- und Kontrollrechte,
- Einzelheiten zur Beitragsleistung und zur Gewinn- und eventuellen Verlustbeteiligung,

100a ➲ **Wichtig:** In der typischen stillen Gesellschaft nimmt der stille Gesellschafter an den **vor dem Geschäftsbeginn** gebildeten Reserven oder Rücklagen nicht teil; deshalb sollte auf den Beginn der stillen Gesellschaft eine **Eröffnungsbilanz** erstellt werden.

100b ➲ **Wichtig:** Vereinbarung darüber, in welcher Form Rechnung zu legen ist, insbesondere auf welcher Grundlage: Handelsbilanz oder Steuerbilanz.

- Entnahmerechte,
- Dauer und Kündigungsmöglichkeiten,
- Fortsetzungsklauseln bei Beteiligung natürlicher Personen,
- Methode der Ermittlung des Auseinandersetzungsguthabens,
- Verfügung über Gesellschaftsrechte, insbesondere bei Umwandlungen einer der Beteiligten,
- Schicksal der Gesellschaft beim Tod des Inhabers.

c) Bezeichnung des Unternehmensgegenstands

101 ➲ **Wichtig:** Da der stille Gesellschafter mit einer bestimmten Zielrichtung investiert, dient eine **Bezeichnung des Unternehmensgegenstandes** der Konkretisierung der Verwendung der von dem stillen Gesellschafter gemachten Einlage. Durch eine Angabe des Unternehmensgegenstandes im Gesellschaftsvertrag wird eventuellen Streitigkeiten über die zweckentsprechende Verwendung der Einlage durch den Geschäftsinhaber vorgebeugt.

102 Eine wesentliche Änderung des Unternehmensgegenstandes durch den Inhaber bedarf der Zustimmung des stillen Gesellschafters.

d) Besondere Vertragsgestaltung bei der atypischen stillen Gesellschaft

103 Im Vergleich zur typischen stillen Gesellschaft sind ua. Regelungen zu folgenden Punkten erforderlich:

- Schuldrechtliche Beteiligung an den stillen Reserven und dem Geschäftswert,
- Kontrollrechte (§ 233 HGB) oder Geschäftsführungsbefugnis des stillen Gesellschafters,
- Mitunternehmerrisiko und Mitunternehmerinitiative (vgl. H 15.8 EStH 2013 Stichworte „Mitunternehmerinitiative" bzw. „Mitunternehmerrisiko"),
- Ausgestaltung der Gesellschafterbeziehungen Vertragsgestaltung bei der mehrgliedrigen Gesellschaft (dazu Rz. 16 f.).

e) Beginn

104 Der Vertrag wird mit seinem Abschluss wirksam. Besonderer **Erfüllungshandlungen** bedarf es **nicht**. Die Vermögenseinlage muss mit Vertragsschluss nicht erbracht worden sein. Die Vereinbarung einer Beitragsleistung ist ausreichend (Blaurock Rz. 6.31). Der Beitrag des Stillen ist im Gegensatz zu der von der hM vertretenen Auffassung von der Einlage zu trennen (Blaurock Rz. 6.1 und 6.7; MünchHdb.GesRII/Bezzenberger/Keul § 72 Rz. 12 ff.).

3. Schenkung der stillen Beteiligung

Wird die stille Einlage durch den Geschäftsinhaber geschenkt, bedarf das **Schenkungsversprechen** der Form des § 518 Abs. 1 Satz 1 BGB. In der **Umbuchung** auf den Kapitalkonten liegt nach herkömmlicher Auffassung kein heilender Schenkungsvollzug iS von § 518 Abs. 2 BGB (BGHZ 7, 149, 378 = NJW 1983, 138, 139 m. Anm. Hueck; JR 1953, 98, m. Anm. von Godin; JZ 1953, 225 m. Anm. Würdinger; anders MünchKomm.HGB/K. Schmidt § 230 HGB Rz. 98 ff.; Jebens BB 1980, 408 sowie nunmehr BGHZ 191, 354 für die Unterbeteiligung sowie die heute hM für die atypisch stille Gesellschaft: BFHE 220, 513, BStBl II 2008, 631 Rz. 13; Mock in Röhricht/Graf von Westphalen/Haas § 230 HGB Rz. 11). Der steuerliche Grundsatz, dass für die steuerliche Anerkennung von Verträgen die zivilrechtlichen Formalitäten zu beachten sind, gilt auch hier. Dementsprechend vertritt der BFH (ua. BFH/NV 1986, 91) die Auffassung, schenkweise eingeräumte Stille Beteiligungen werden nur dann als ernsthaft begründet angesehen, wenn die Schenkung notariell beurkundet worden ist (BFH BStBl. II, 1992, 468; Zivilrechtliche Wirksamkeit ist Voraussetzung der steuerlichen Anerkennung). Allerdings folgt aus dem Beurkundungszwang im Fall von Schenkungen nicht, dass der Vertrag über die Stille Gesellschaft selbst zu beurkunden ist. Zum **Vollzug einer Schenkung** bei unentgeltlicher Zuwendung einer **atypisch stillen Beteiligung** – atypisch still Beteiligter als Mitunternehmer – **und** der steuerlichen Anerkennung von **Vereinbarungen zwischen nahen Angehörigen** vgl. auch BFH v. 17.7.2014 (BFHE 246, 349; BFH/NV 2014, 1449 ff.; GmbHR 2014, 1278 ff.). In Fortentwicklung der Zivilrechtsprechung (BGH v. 29.11.2011, BGHZ 191, 354) konstatiert der BFH die zivilrechtlich wirksame Vollziehung mit Abschluss des Gesellschaftsvertrages. 105

4. Inhaltskontrolle

Ob bei einer formularmäßigen Verwendung stiller Gesellschaftsverträge eine Anwendung der Inhaltskontrollregeln (§§ 305 ff. BGB) ausgeschlossen ist, wird unterschiedlich beantwortet, überwiegend aber verneint (zu Einzelheiten: Blaurock Rz. 19.25 und 32). Bei einer Publikumsgesellschaft kann aber wegen § 242 BGB eine Inhaltskontrolle entsprechend den §§ 305 ff. BGB geboten sein (BGHZ 127, 176; Mock in Röhricht/Graf von Westphalen/Haas § 230 HGB Rz. 16). 106

5. Beteiligungsbeschränkungen im Gewerbe- und Berufsrecht – Kartellrechtliche Regelungen

Der Abschluss des Vertrags über eine stille Gesellschaft hat gewerberechtliche (zB Apothekerregelungen) und berufsrechtliche Sonderbestimmungen (zB Besorgung fremder Rechtsangelegenheiten, Steuerberatung oder Wirtschaftsprüfung; dazu Blaurock Rz. 9.69 ff.) sowie ggf. die GWB-Regeln zu beachten (Piehler in Hauschild/Kallrath/Wachter, Notarhandbuch Gesellschafts- und Unternehmensrecht, § 18 Rz. 41). 107

6. Fehlerhafte Gesellschaft

Bei der fehlerhaften Gesellschaft (zum Begriff Blaurock Rz. 11.1 ff., 19 ff.) geht es um die unterschiedlich beantwortete Frage, ob die Regeln über die fehlerhafte Gesellschaft auch auf stille Gesellschaften Anwendung finden. Aus der Unwirksamkeit des Vertrags werden keine Folgen für die Vergangenheit gezogen. Das Gesellschaftsverhältnis muss trotz des ihm anhaftenden Mangels wirksam und auch durchgeführt worden sein. Der BGH wendet die Grundsätze über fehlerhafte Gesellschaften auch auf stille Gesellschaften an (BGH ZIP 2006, 1201; BGHZ 55, 5, 8 f.; 62, 234, 237; NJW 1992, 2696, 2698; zum Streitstand insgesamt Oetker/Schubert § 230 HGB Rz. 53 ff., dort auch zum Verhältnis zu § 312 BGB und zur Rspr. des EuGH). 108

VI. Beiträge der Beteiligten/Einlagen

1. Grundsätze

Unterscheidet man Beitrag und Einlage, so setzt die stille Gesellschaft zwar die Beitragsleistung voraus, die Beitragsleistung ist jedoch von der Gutschrift des Einlagewertes auf dem Einlagekonto des 109

Stillen zu unterscheiden. Der Beitrag des stillen Gesellschafters besteht darin, dass er die vereinbarte Einlage bis zur Beendigung der Gesellschaft hält (MünchKomm.HGB/K. Schmidt § 230 HGB Rz. 143). Die Höhe der Gutschrift des Wertes der Einlage ist unabhängig von dem tatsächlichen Wert der Beitragsleistung und kann von den Gesellschaftern frei vereinbart werden. Sie muss objektiv bewertbar und bestimmbar sein.

2. Beitrag des Geschäftsinhabers

110 Der Beitrag des Geschäftsinhabers besteht darin, dass er das Unternehmen auf gemeinsame Rechnung führt. Veräußert er das Unternehmen ohne Zustimmung des stillen Gesellschafters, kann darin eine Vertragsverletzung liegen, die zur Kündigung berechtigt (BGH NJW 1988, 413).

3. Beitrag/Einlage des Stillen Gesellschafters

a) Beitrag

111 Der Beitrag besteht in jeder Form, durch den der Gesellschaftszweck gefördert wird (MünchKomm.HGB/K. Schmidt § 230 HGB Rz. 143 f.), soweit er bewertbar ist.

b) Übertragung der Einlage in das Vermögen des Geschäftsinhabers

112 Anders als bei der OHG, der KG und der Gesellschaft des bürgerlichen Rechts ist die **Vermögenseinlage nicht in ein Gesellschaftsvermögen**, das es bei der stillen Gesellschaft nicht gibt, sondern so zu leisten, dass sie in das Vermögen des Inhabers des Handelsgeschäfts übergeht.

113 Die Einlage muss nach verbreiteter Auffassung zwingend dem **Geschäftsinhaber übertragen** werden. **Ausreichend** ist die **Nutzungsüberlassung** (sog. Überlassung quoad usum). In diesem Fall ist die Einlageverpflichtung erfüllt, wenn der Geschäftsinhaber über die zur Nutzung überlassene Einlage entsprechend dem Gesellschaftszweck verfügen kann. Die Gegenauffassung trennt streng zwischen der Einlage als Guthaben und dem Beitrag des stillen Gesellschafters (Zusammenfassung des Meinungsstands bei Piehler in Hauschild/Kallrath/Wachter, Notarhandbuch Gesellschafts- und Unternehmensrecht, § 18 Rz. 5).

4. Art der Vermögenseinlage

a) Form der Vermögenseinlage

114 Vermögenseinlage kann alles sein, was einen **Vermögenswert** hat, übertragbar ist und damit zu grds. **bilanzierbaren Vermögensgegenständen** führt: Geld, bewegliche Sachen, Grundstücke, Wertpapiere, Patente und sonstige Rechte, ein Handelsunternehmen oder kaufmännisches Einzelunternehmen, der Kundenstamm eines Geschäfts, Fabrikationsgeheimnisse, die Tilgung von Verbindlichkeiten (BFH MittBayNot 2009, 69), auch einzelne Dienstleistungen (ua. BGHZ 7, 174; BFH BB 1984, 1028; BFH BStBl. II 1975, 611 [Know-how-Vertrag]; weitere Einzelheiten Blaurock Rz. 6.31 ff.). Bilanzierungsfähigkeit im engeren Sinne (und damit die notwendige selbständige Bewert- bzw. Handelbarkeit) ist nicht zwingend erforderlich, dürfte jedoch rein praktisch die Wertfindung erschweren.

115 In der Vergangenheit erbrachte oder in der Zukunft zu erbringende **Dienstleistungen** sind nur dann einlagefähig, wenn ihnen ein Vermögenswert beigelegt und diese Verbindlichkeit des Geschäftsinhabers mit der Einlageforderung verrechnet werden kann. Bei der Einbringung von **Dienstleistungen** spricht die Rspr. eher von einer Innengesellschaft statt von einer stillen Gesellschaft (BGH FamRZ 61, 212; 67, 319, 618; 68, 589; MünchKomm.HGB/K. Schmidt § 230 HGB Rz. 147 ff.).

b) Schenkweise Einbuchung

Oft bucht der Geschäftsinhaber einen Betrag schenkweise auf das Konto des stillen Gesellschafters um. Während die Rspr. (BGHZ 7, 378;) auch für steuerliche Zwecke die notarielle Beurkundung fordert, stößt diese Ansicht im Schrifttum auf Ablehnung (vgl. Rz. 105). 116

5. Bewertung der Vermögenseinlage

Die Vertragsparteien sind in der Bestimmung des Wertes der stillen Einlage grundsätzlich frei (Blaurock Rz. 6.61 ff.). 117

➲ **Wichtig:** Nicht zum Verkehrswert bewertete Einlagen können Schenkungen darstellen; in diesem Fall ist die Formvorschrift des § 518 BGB zu beachten. Gefahren können die Beteiligten bei einer Überbewertung durch eine (hilfsweise) Verbuchung als Darlehen vermeiden. Bei einer Unterbewertung müsste der entsprechende Betrag als Nachzahlung auf die zu leistende Einlage behandelt werden. 118

Die Einlage ist zahlenmäßig zu beziffern. Nach ihrem Betrag richtet sich der bei der Auflösung der Gesellschaft zurückzugewährende Einlagebetrag. 119

6. Einlage und Haftung

Die Einlage des stillen Gesellschafters stellt kein haftendes Kapital (§ 236 Abs. 1 HGB) dar, soweit die Einlage nicht als kapitalersetzendes Darlehen anzusehen ist oder anderweitig mit dem Eigenkapital gleichgestellt wird (erg. Blaurock Rz. 17.12 und die Kommentierungen zu § 236 HGB). 120

VII. Bilanzierung der Einlage, buchmäßige Behandlung von Gewinn und Verlust

1. Bilanzierungsverpflichtung und Feststellung des Jahresabschlusses

Die stille Gesellschaft selbst erstellt keine Handelsbilanz. **Buchführungspflichtig** ist nur der Geschäftsinhaber (BFH NV 1990, 545) bei Erfüllung der gesetzlichen Voraussetzungen (vgl. aber seit BilMoG die Befreiungsvorschrift nach § 241a HGB, die der rein steuerrechtlichen Vorschrift zur Buchführung nach § 141 AO zwar ähnelt, jedoch nicht damit übereinstimmt). 121

➲ **Gestaltunghinweis:** Es ist sinnvoll, im Gesellschaftsvertrag eine Bestimmung vorzusehen, dass beide Vertragspartner den Jahresabschluss bzw. eine Jahresrechnung zB durch Übersenden der Unterlagen **feststellen.** 122

2. Verbuchung der Einlage

Die Vermögenseinlage des stillen Gesellschafters wird einem für ihn eröffneten **Einlagekonto** gutgeschrieben. Dieses Konto hat bei der **typisch stillen Gesellschaft Fremdkapitalcharakter.** In der Praxis werden stille Beteiligungen, bei denen der Stille auch am Verlust teilnimmt, unter Verbindlichkeiten ausgewiesen (Oetker/Schubert § 230 HGB Rz. 96 ff.; Blaurock Rz. 13 102 ff.; Knobbe-Keuk ZIP 1983, 127, 130: Eigenkapital; aber erwägenswert, wenn der stille Gesellschafter eine Rangrücktrittserklärung abgegeben hat; zur näheren Ausgestaltung auch BFH DStR 2001, 175. Formulierungsmuster: Kußmaul DB 2002, 2258, 2260). 123

Atypische Beteiligungen sind dagegen als Posten zwischen Eigenkapital und Verbindlichkeiten zB unter der Bezeichnung „Stilles Beteiligungskapital“ auszuweisen (Westerfeldhaus DB 1988, 1173). 124

Auf dem Einlagekonto werden auch die **weiteren Leistungen**, die vereinbarungsgemäß die **Einlage erhöhen** sollen, verbucht. 125

Vom Einlagekonto abzubuchen, bzw. auf einem Verlustgegenkonto – es empfiehlt sich die Ausweisung eines Kapitalkontos II – auszuweisen, sind die Beträge, mit denen der Stille am **Verlust** beteiligt ist. Die Abbuchung (bzw. die Belastung des Verlustgegenkontos) hat in voller Höhe auch dann 126 zu erfolgen, wenn das Einlagekonto dadurch negativ wird bzw. sich in einen aktivischen Korrekturposten umwandelt, der die Entnahmesperre des § 232 Abs. 2 Satz 2 Halbs. 2 HGB sicherstellt. In die (Handels-)Bilanz geht dieser Posten als Jahresfehlbetrag ein, da kein Forderungsrecht gegenüber dem Stillen besteht (zum Ganzen BFH DStR 2002, 1852).

127 Aus Klarheitsgründen sollte ein **Verlustkonto** als **Gegenkonto** zum Kapitalkonto geführt werden.

128 ➲ **Hinweis:** Außerdem sollte ein **Privatkonto** eingerichtet werden, auf dem die entnahmefähigen Gewinne gebucht werden. Dieses Privatkonto ist jedoch kein reines Darlehenskonto, weil die Geltendmachung von Ansprüchen daraus ggf. die Beachtung gesellschaftsrechtlicher **Treuepflichten** verlangt. Zu überlegen ist daher, ob nicht ein spezielles Entnahmekonto geführt wird.

3. Änderung der Einlage

129 Ein nicht entnommener Gewinnanteil des stillen Gesellschafters erhöht dessen Einlage im Zweifel nicht (§ 232 Abs. 3 HGB).

130 Andererseits kann der Vertrag vorsehen, dass die Einlage während der Dauer des Gesellschaftsverhältnisses verändert wird, was auch die Höhe des Beteiligungsverhältnisses beeinflussen kann.

131 Der stille Gesellschafter kann der Änderung der Kapitalverhältnisse zu Gunsten des Geschäftsinhabers – vorbehaltlich gesellschaftsrechtlicher Absprachen – nicht widersprechen (zur Aufnahme weiterer Gesellschafter Mock in Röhricht/Graf von Westphalen/Haas § 230 HGB Rz. 75).

4. Sicherung der Einlage

132 Die Einlage des stillen Gesellschafters kann durch Bürgschaft (Kap. 25), Sicherungsübereignung (Kap. 29), Hypotheken- (Kap. 57) oder Pfandrechtsbestellung (Kap. 28) gesichert werden.

5. Einlagepflicht nach Auflösung der stillen Gesellschaft

133 Nach Auflösung der stillen Gesellschaft ist eine rückständige Einlage grundsätzlich nur noch bis zur Höhe eines bis dahin entstandenen Verlustanteils des stillen Gesellschafters zu erbringen.

VIII. Gewinn- und Verlustbeteiligung des stillen Gesellschafters

1. Grundsätze

134 Der Stille ist regelmäßig am **Gewinn und Verlust** beteiligt. Die Beteiligung des stillen Gesellschafters am **Verlust** kann **ausgeschlossen** werden, dagegen nicht die Beteiligung am Gewinn (§ 231 HGB).

135 Demgegenüber kann **der Geschäftsinhaber** gesellschaftsvertraglich von der Beteiligung **am Gewinn ausgeschlossen** werden, da § 231 HGB für ihn nicht gilt.

136 Enthält der Gesellschaftsvertrag nur eine Bestimmung über die Gewinnverteilung, gilt im Zweifel diese Bestimmung auch für die Verlustverteilung (§ 722 Abs. 2 BGB).

137 ➲ **Hinweis:** Oft ist es üblich, dem stillen Gesellschafter oder dem Geschäftsinhaber zur Abgeltung von besonderen Leistungen einen **Vorabgewinn** oder eine **feste Verzinsung** seiner Einlage oder darüber hinaus einen weiteren Gewinnanteil zu gewähren.

2. Höhe der Gewinnbeteiligung/Ergebnisbeteiligungsquote

138 ➲ **Wichtig:** Einer der **Kernpunkte des Gesellschaftsvertrags** ist die **Bestimmung der Ergebnisbeteiligungsquote** des stillen Gesellschafters. Im Regelfall wird die Ergebnisbeteiligung **nicht nach dem Nominalbetrag** des Eigenkapitals des Geschäftsinhabers und der Einlage des stillen Gesellschafters bestimmt. Entscheidend ist der Verkehrswert des Unternehmens des Geschäftsinhabers.

Enthält der Gesellschaftsvertrag keine Regelung, gilt – nach der wenig aussagekräftigen gesetzlichen Regelung – ein nach den Umständen angemessener Anteil als bedungen (§ 231 Abs. 1 HGB), so dass die Gesellschafter Interesse daran haben, in diesem Punkte eine ihren Interessen entsprechende Regelung zu finden. Besonderes Augenmerk verdient die Höhe der Gewinnbeteiligung unter dem Gesichtspunkt des Steuerrechts (Rz. 163 ff.). 139

➲ **Wichtig: Determinanten** der gesellschaftsvertraglichen Gewinnbeteiligungsregelung sind ua.: 140
- Prozentualer Wert der Einlage im Verhältnis zum Verkehrswert des Geschäftsvermögens,
- Arbeitseinsatz,
- Unternehmerrisiko,
- besondere persönliche Eigenschaften.

➲ **Wichtig:** Eine **unangemessene Quote** kann die steuerliche Anerkennung der stillen Gesellschaft in Frage stellen und Schenkungsteuer auslösen (Rz. 118). 141

3. Verlustbeteiligung und deren Ausschluss

Die Beteiligung des stillen Gesellschafters am Verlust kann ausgeschlossen werden (§ 231 Abs. 2 Halbs. 1 HGB; Einzelheiten bei Blaurock Rz. 7.35). Eine **Haftung** des stillen Gesellschafters gegenüber Dritten besteht nicht (BGH DStR 2010, 1489), auch wenn er seine Einlage noch nicht geleistet hat (Blaurock Rz. 4.11). Dritte können den Anspruch des Inhabers gegen den stillen Gesellschafter aber pfänden. 142

Verlustbeteiligung heißt „Aufrechnung" der auf den stillen Gesellschafter entfallenden Verluste mit seiner geleisteten oder rückständigen Einlage. Solange sein Einlagekonto die vereinbarte Höhe nicht erreicht hat, werden die auf ihn entfallenden Jahresüberschüsse nicht ausbezahlt. Ein bei Beendigung der stillen Gesellschaft noch nicht ausgeglichener Verlust wird mit der Einlage, allerdings nicht über den Betrag der Einlage hinaus, verrechnet. 143

Soweit kein besonderes Verlustkonto eingerichtet ist, wird der darüber hinausgehende Betrag auf dem Verlustkonto gebucht und bewirkt, dass der stille Gesellschafter erst nach Ausgleich dieses Verlustkontos wieder Gewinne entnehmen kann. 144

In **keinem Fall** besteht eine **Nachschusspflicht** (§ 232 Abs. 2 HGB). 145

Eine Verrechnung oder Rückzahlung von in Vorjahren gutgeschriebenen Gewinnen mit späteren Verlusten erfolgt nicht (§ 232 Abs. 2 Satz 2 HGB). 146

Im Gesellschaftsvertrag kann abweichend hiervon eine über den Betrag der Einlage **hinausgehende oder geringere Verlustbeteiligung** des Stillen vereinbart werden. 147

Weiterhin kann der Geschäftsinhaber bei der Verlustzurechnung gegenüber dem stillen Gesellschafter bevorzugt werden, wenn zB der Geschäftsinhaber nur formal nach außen haftet, während der stille Gesellschafter als „eigentlicher Geschäftsherr" im Innenverhältnis durch Übernahme weitergehender Verluste das Haftungsrisiko (allein) trägt. 148

➲ **Wichtig:** Der **Verlustausschluss** kann die **steuerliche Anerkennung** des stillen Beteiligungsverhältnisses insbesondere bei Beteiligung von minderjährigen Familienangehörigen in Frage stellen. 149

4. Zeitpunkt der Gewinnfeststellung

Der Gewinnanteil des stillen Gesellschafters ist **am Schluss eines jeden Geschäftsjahres** des Unternehmens des Geschäftsinhabers zu ermitteln (§ 232 Abs. 1 HGB). Ausgangspunkt ist der handelsrechtliche Jahresabschluss (§§ 238 ff. HGB). Er wird mit der Erstellung des Jahresabschlusses durch den Geschäftsinhaber fällig bzw. zu einem Zeitpunkt, bis zu dem der Jahresabschluss im Rahmen eines ordnungsmäßigen Geschäftsgangs hätte erstellt werden können. Dem ist auch der Steuergesetzgeber in § 44 Abs. 3 EStG (iVm. § 43 Abs. 1 Nr. 3 EStG) gefolgt. Sofern bei Vorliegen einer Stillen Gesellschaft keine Vereinbarung über den Zeitpunkt der Ausschüttung getroffen wurde, **gilt** der 150

Kapitalertrag am **Tag nach der Aufstellung der Bilanz** oder einer sonstigen Feststellung des Gewinnanteils des Stillen Gesellschafters, spätestens jedoch sechs Monate nach Ablauf des Wirtschaftsjahres, für das der Kapitalertrag ausgeschüttet oder gutgeschrieben werden soll **als zugeflossen.**

151 ➲ **Hinweis:** In der Regel enthält der Gesellschaftsvertrag Fälligkeits- bzw. Auszahlungsbestimmungen (s. **M 116.1** § 7 Abs. 4).

152 ➲ **Wichtig:** Da die Gewinnermittlung allein dem Geschäftsinhaber obliegt, kommt den **Kontrollrechten des stillen Gesellschafters besondere Bedeutung** zu.

5. Handels- oder Steuerbilanz als Ausgangspunkt der Ergebnisbeteiligung

a) Grundsätze

153 **Ausgangspunkt** für die Ermittlung des dem stillen Gesellschafter zukommenden Gewinnanteils ist idR der **Handelsbilanz- oder Steuerbilanzgewinn.**

154 In jedem Fall ist die dem stillen Gesellschafter geschuldete Vergütung hinzuzurechnen, da sie das Jahresergebnis als Betriebsausgabe gemindert hat. Außerdem ist klarzustellen, ob die Einkommensteuer zu berücksichtigen ist und ob ein bei Kapitalgesellschaften anfallender Körperschaftsteueraufwand den aufzuteilenden Gewinn mindert (erg. Blaurock Rz. 14.26;). Gleiches gilt für die Frage, wer bei der atypischen stillen Gesellschaft die Gewerbesteuer trägt. Einkommensteuerzahlungen sind hierbei grds. über die Kapitalkonten (Entnahmen) abzubilden; der durch die Körperschaft zu erfassende Körperschaftsteueraufwand hingegen über eine (durch § 10 KStG außerbilanziell zu korrigierende) Aufwandsberücksichtigung. Eine steuerliche Auswirkung der Gewerbesteuer ist seit 2008 aufgrund der Hinzurechnungsverpflichtung des § 4 Abs. 5b EStG ebenfalls nicht mehr gegeben.

b) Handelsbilanz als Ausgangspunkt

155 Nach den geltenden handelsrechtlichen Vorschriften soll die Vermögenslage des Unternehmens nicht günstiger dargestellt werden, als sie es nach den wirtschaftlichen Verhältnissen ist.

156 Oft wird argumentiert, es sei **interessengerechter**, statt der Ergebnisermittlung auf der handelsrechtlichen Grundlage auf die steuerliche Gewinnermittlung (**Steuerbilanz**) abzustellen, weil diese Ergebnisermittlung als „objektiver" angesehen wird, insbesondere „reservenfeindlich" ist.

157 Die Steuerbilanz unterliegt zudem der Prüfung durch die Finanzverwaltung. Sie gibt dem Stillen Gesellschafter quasi aufgrund der weiteren „externen Prüfung" durch die Finanzbehörden sozusagen eine zusätzliche (subjektive) Sicherheit. Darüber hinaus ist die Steuerbilanz im Rahmen von Außenprüfungen zudem Gegenstand der Betriebsprüfungen durch die Finanzverwaltung. Trotz des Vorliegens einer reinen Innengesellschaft für den Stillen Gesellschafter, prüft die Steuerbilanz hinsichtlich der zu Grunde gelegten Ansätze und Werte zusätzlich alljährlich die Finanzverwaltung und damit aus Sicht des Stillen Gesellschafters ein externer Dritter.

158 Ob es zutrifft, dass die **steuerliche Gewinnermittlung** ein getreueres Bild des erwirtschafteten Ergebnisses als die **Handelsbilanz** ergibt, ist an dieser Stelle **nicht abschließend zu beantworten.** Seit dem Bilanzrichtlinien-Gesetz und nunmehr durch das Bilanzrechtsmodernisierungsgesetz (BilMoG) hat die Frage an Bedeutung verloren. **Bewertungsreserven** ergeben sich im Wesentlichen noch aus §§ 248 Abs. 1 und 4, 252 Abs. 1 Nr. 4, 253 Abs. 1 und 3 S. 4, 255 Abs. 2 HGB.

159 Zunächst ist festzuhalten, dass eine Reihe von Ausgaben, die **handelsrechtlich** und betriebswirtschaftlich **Aufwand** darstellen, **steuerlich nicht** als Betriebsausgaben anerkannt werden (zB Körperschaftsteuer, Gewerbesteuer, bestimmte bzw. nur begrenzt abziehbaren Spenden, hälftige Aufsichtsratsvergütungen und insbesondere die Tätigkeitsvergütungen bei Mitunternehmerschaften).

160 Auch bei der Ermittlung des Ergebnisanteils nach den **steuerlichen Ergebnisvorschriften** sind **Korrekturen erforderlich**, wenn der Stille am betriebswirtschaftlichen Ergebnis der Geschäftstätigkeit des Unternehmens beteiligt werden soll (vgl. **M 116.1** Fn. 19 ff. [zu § 6]).

➲ **Wichtig:** Soll der stille Gesellschafter am dem wirtschaftlich **„zutreffenden" Ergebnis** beteiligt werden, verlangt das Handelsbilanzergebnis **gesellschaftsvertraglich vorzusehende Korrekturen.** Angesichts der nur sehr rudimentären gesetzlichen Regelung verdienen vertragliche Regelungen über die Ergebnisermittlung und die Abgrenzung des teilhabefähigen vom nicht teilhabefähigen Gewinn besondere Aufmerksamkeit. 161

c) Praktische Bestimmung des Ausgangspunkts

Vielfältige Aspekte bestimmen die **Bemessungsgrundlage des Beteiligungsergebnisses** des stillen Gesellschafters. Für die **Vertragspraxis** folgt daraus, dass in den wenigsten Fällen auf das handelsrechtliche oder steuerliche Jahresergebnis allein abgestellt werden kann. Das eine oder andere Jahresergebnis kann nur die **Ausgangsbasis** für die Ermittlung der Ergebnisbeteiligung bilden, das **entsprechend der Interessen der Partner zu verändern** ist. Einzelheiten zu den möglichen – jedoch nicht als abschließend aufzufassenden – Korrekturmöglichkeiten enthält **M 116.1** § 6. 162

6. (Steuerliche) Angemessenheit der Gewinnbeteiligung

a) Vereinbarungen zwischen Dritten

Soweit der Vertrag von **untereinander unabhängigen Vertragspartnern** (fremde Dritte) geschlossen wurde, tauchen in der Regel keine **Angemessenheitsfragen** auf. Es ist davon auszugehen, dass die Gewinnbeteiligungsregelungen im Rahmen eines natürlichen Interessenausgleichs zu Stande gekommen sind. 163

b) Stille Beteiligungen zwischen Familienangehörigen

Bei Vereinbarungen zwischen nahen Angehörigen (vgl. auch § 15 AO) mangelt es in der Regel an einem natürlichen Interessengegensatz zwischen den Parteien. Dennoch können natürlich auch nahe Angehörige steuerrechtlich wirksame Verträge schließen. Notwendige Voraussetzung ist insoweit allerdings eine **Vereinbarung wie** sie **unter fremden Dritten üblich** ist und eine dementsprechende **tatsächliche Durchführung.** IdR sollte – bereits aus Beweislastgründen – hierfür stets eine **schriftliche Vereinbarung** erfolgen. Vereinbarungen zwischen Familienangehörigen werden daher steuerlich nur dann anerkannt, wenn sie **ernsthaft gewollt** und **tatsächlich durchgeführt** sind und unter Bedingungen abgeschlossen wurden, wie sie auch unabhängige Dritte vereinbart hätten (H 4.8 EStH 2013; BMF-Schreiben v. 23.12.2010, BStBl I 2011, 37 unter Berücksichtigung der Änderungen des BMF v. 29.4.2014 BStBl I 2014, 809 aufgrund BFH v. 22.10.2013, BStBl 2014 II, 374). Besondere Regelungen hat die Praxis für die Angemessenheit der sog. Einlagerendite unter Berücksichtigung der Vorgaben der Rechtsprechung entwickelt (vgl. BFH v. 19.2.2009, BStBl. II 2009, 798; H 15.9 (5) EStH 2013): 164

c) Erwerb durch eigene Mittel

Stammt die stille Einlage des nahen Angehörigen nicht aus einer Schenkung, liegt also eine **Zuführung eigener Mittel** des Stillen vor, so darf die **durchschnittliche Rendite bei Verlustbeteiligung 25–35 %** (BFH BStBl. II 1978, 427; 1982, 387; 2001, 299; FG Köln EFG 1981, 278, 279: 40 % bei risikobehafteter Branche) und **bei Verlustausschluss bis zu 25 %** des „tatsächlichen" auf Grund einer Unternehmensbewertung ermittelten Werts der Beteiligung betragen (BFH BStBl. II 1973, 395 und 650; Blaurock Rz. 21.55). 165

d) Schenkungen

Für eine stille Beteiligung, die einem nahen Angehörigen durch **Schenkung bzw. Umbuchung vom Kapitalkonto des Schenkers** zugewendet wurde, kann bei Gewinn- und Verlustbeteiligung eine Rendite von **bis zu 15 %** und **bei Verlustausschluss bis zu 12 %** des Werts (zur Wertermittlung Schmidt/Wacker § 15 EStG Rz. 778) der stillen Beteiligung (Einlage) anerkannt werden (BFH GrS BStBl. II 1973, 5; BFH BStBl. II 1973, 650; 1973, 650; 1987, 54; 1990, 10;). 166

167 Erhöht ein Familienangehöriger später seine stille Einlage durch stehengelassene Gewinne, so ist insoweit, da es sich um eigene Mittel handelt, ein Satz von **25–35 %** (je nach Verlustbeteiligung oder -ausschluss) angemessen; für den ursprünglich geschenkten Teil bleibt es bei der Renditehöhe von 15 %.

e) Mischfälle

168 Bei nur teilweiser Schenkung der Einlage gilt ein Misch-Prozentsatz zwischen dem Prozentsatz einer angemessenen Gewinnbeteiligung für geschenkte und aus Eigenmitteln finanzierter stiller Beteiligungen (BFH BStBl. II 1973, 650).

f) Überschreitung

169 Eine Überschreitung der vorgenannten Prozentsätze führt zu einer **steuerlichen Gewinnkorrektur** auf der Grundlage „angemessener" Gewinn-Beteiligungsprozentsätze (BFH NV 1990, 692, 693). Der über den angemessenen Teil hinausgehende Gewinn wird als Einkommen des Schenkers angesehen und bei ihm der Einkommensteuer unterworfen. Der beim Beschenkten angefallene **„Übergewinn"** gilt als Entnahme des Schenkers und **Schenkung an** den **Begünstigten** (beachte aber Freibetrag nach § 16 Abs. 1 Nr. ErbStG,§ 7 Abs. 6 ErbStG).

170 Die von der Rspr. herausgearbeiteten Beteiligungsprozentsätze betreffen **typische stille Beteiligungsverhältnisse.**

171 Feste **Höchstgrenzen** für **atypische stille Beteiligungsverhältnisse** gibt es nicht (OFD Rostock DStR 2000, 593; Schwedhelm DStR 2000, 1670).

g) Begründung stiller Beteiligungen durch Einräumung zukünftiger Gewinne

172 Soll der nahe Familienangehörige (zB ein Kind) seine **Einlage** als stiller Gesellschafter erst durch (schenkweise) Übertragung **zukünftiger Gewinnanteile** erbringen, handelt es sich zunächst noch nicht um eine stille Beteiligung (arg. § 232 Abs. 3 HGB), sondern nur um ein Versprechen des Vaters, dem Kind entsprechende Beträge zu schenken, die dann zur Einlage verwendet werden (BFH BStBl. II 1973, 221, 526), was aufgrund des Schenkungsversprechens **notariell zu beurkunden** ist.

h) Zeitpunkt der Angemessenheitsbetrachtung

173 Es ist von einer auf fünf Jahre zu berechnenden **Durchschnittsverzinsung** (ausgehend von dem mutmaßlichen Gewinn bei „vernünftiger kaufmännischer Beurteilung", BFH BStBl. II 1973, 650) als Maßstab für die angemessene Gewinnbeteiligung des stillen Gesellschafters auszugehen. Maßgebender Zeitpunkt für die Angemessenheitsprüfung ist der Zeitpunkt der Vereinbarung; war die Gewinnverteilungsabrede in diesem Zeitpunkt angemessen, so bleibt sie es auch, wenn die tatsächliche Gewinnbeteiligung in den Folgejahren zu einem Gewinn führt, der die vorgenannten Prozentsätze übersteigt (BFH BStBl. II 1973, 395, 650).

i) Überprüfung der Gewinnbeteiligungsvereinbarung

174 ➲ **Hinweis:** In jedem Fall erscheint es sinnvoll, nach einer angemessenen Zeit (in der Regel nach fünf Jahren) eine **Revision der Gewinnbeteiligung** unter Berücksichtigung der vorgenannten Kriterien vorzusehen (erg. BFH BStBl. II 2009, 798).

IX. Geschäftsführung des Geschäftsinhabers und Kontrollrechte des Stillen

175 Die Geschäftsführung steht **ausschließlich dem Geschäftsinhaber** zu. Er bedarf zu Geschäftsführungsmaßnahmen grundsätzlich nicht der Zustimmung des stillen Gesellschafters, es sei denn, diese gingen über den Gegenstand des von ihm betriebenen Handelsgewerbes hinaus (vgl. **M 116.1** Fn. 14 f. [zu § 4]; zB Unternehmensumwandlung; Oetker/Schubert § 230 HGB Rz. 68 f.). Der stille

Gesellschafter verfügt über die gesetzlichen Kontrollrechte (§ 233 HGB; erg. BGH GmbHR 1985, 20).

➲ **Hinweis:** Im Gesellschaftsvertrag können hiervon **abweichende Vereinbarungen** getroffen werden (vgl. **M 116.1** § 4 Abs. 2). Entsprechend § 712 BGB kann dem Geschäftsinhaber im Innenverhältnis die Geschäftsführung sogar entzogen werden und – intern – der Stille an die Stelle des Geschäftsinhabers treten. Im Außenverhältnis sind jedoch allein die Rechtshandlung des Geschäftsinhabers wirksam. Denkbar ist auch Prokuraerteilung an den Stillen. Bei einer stillen Beteiligung an einer Kapitalgesellschaft kann er zum organschaftlichen Vertreter bestellt werden. 176

➲ **Wichtig: Beschränkungen** der gesetzlich vorgesehenen Überwachungsrechte des Stillen stellen die Rechtsnatur des stillen Beteiligungsverhältnisses in Frage. Wenn in einem derartigen Fall überhaupt noch von einem Gesellschaftsverhältnis ausgegangenen werden kann, gelten die Bestimmungen der Gesellschaft bürgerlichen Rechts. 177

X. Übertragbarkeit der stillen Beteiligung

Es ist **streitig**, ob die stille Beteiligung nur ein Rechtsverhältnis darstellt oder auch Mitgliedschaftsrechte vermittelt und damit als Übertragungsobjekt angesehen werden kann. 178

➲ **Hinweis:** Es ist sinnvoll, den Übergang der Mitgliedschaft als Ganzes unter Wahrung der Identität der bestehenden stillen Gesellschaft zu vereinbaren. Die Beteiligungsübertragung findet zwischen dem ausscheidenden und dem neu eintretenden Gesellschafter statt (Mock in Röhricht/Graf von Westphalen/Haas § 230 HGB Rz. 113), bedarf aber der Zustimmung des Geschäftsinhabers. 178a

Entsprechendes gilt für die **Umwandlung** der stillen in eine „offene" Beteiligung durch Schaffung neuer Gesellschaftsrechte. Demgegenüber sind der **Gewinnauszahlungs**- und der **Auseinandersetzungsanspruch** des Stillen **frei abtretbar** (§ 717 Satz 2 BGB; BGH NJW 1976, 189). Andererseits kann der **Inhaber des Handelsgeschäfts** bei einer Veräußerung seines Unternehmens die Beteiligung des stillen Gesellschafters nicht ohne dessen Zustimmung übertragen, auch wenn das Unternehmen hinsichtlich seines Gegenstands unverändert bleibt. 179

Außerdem kann der stille Gesellschafter einen anderen an seiner Beteiligung unterbeteiligen, ohne dazu der Genehmigung des Geschäftsinhabers zu bedürfen (Blaurock Rz. 10.37). 180

XI. Haftungsfragen in Sonderfällen

Die vertragsmäßige Gleichstellung des stillen Gesellschafters mit einem Kommanditisten führt dazu, dass sich die stille Einlage von einer Fremdkapitalforderung in eine Einlage umwandelt (näher MünchKomm.HGB/K. Schmidt § 230 HGB Rz. 171). Selbst der atypische stille Gesellschafter, der im Innenverhältnis einem Kommanditisten gleichgestellt ist, haftet deswegen noch nicht für die Verbindlichkeiten des Inhabers des Handelsgeschäfts (BGH DStR 2010, 1489). 181

XII. Beendigung der stillen Gesellschaft

1. Auflösung

Die stille Gesellschaft wird **aufgelöst**: 182

- durch **Ablauf** der gesellschaftsvertraglich bestimmten Dauer, **Beschluss** der Gesellschafter, **Erreichung** des vereinbarten **Zwecks** oder **Unmöglichkeit** seiner Erreichung (§ 728 BGB);
- durch den **Tod des Geschäftsinhabers** (§ 727 BGB, mangels anderer Vereinbarung; Blaurock Rz. 10.55 ff.). Dagegen ist der **Tod des Stillen kein Auflösungsgrund** (§ 234 Abs. 2 HGB). Mehrere Erben eines stillen Gesellschafters rücken nicht einzeln, sondern als Erbengemeinschaft an seine Stelle (RGZ 126, 392). Es kann auch vereinbart werden, dass von mehreren Erben nur

ein einzelner, namentlich bestimmter Erbe als stiller Gesellschafter eintritt (BGH WM 1962, 1084);

- durch Zweckerreichung oder Zweckvereitelung (§ 726 BGB);
- durch **Insolvenz** über das Vermögen des Geschäftsinhabers (§ 728 Abs. 2 Satz 1 BGB) oder des Stillen oder durch Kündigung eines Privatgläubigers des Stillen (§ 234 Abs. 1 Satz 1 iVm. §§ 132, 134, 135 HGB). Dagegen steht den Gläubigern des Geschäftsinhabers kein Kündigungsrecht zu. § 725 BGB ist nicht anwendbar, da es keinen Anteil an dem Gesellschaftsvermögen gibt (die Gläubiger haben einen direkten Zugriff auf das haftende Vermögen des Geschäftsinhabers).

183 ➲ **Hinweis:** Der Gesellschaftsvertrag kann **weitere Auflösungsgründe** vorsehen.

2. Präzisierung nicht gesetzlicher Auflösungsgründe

184 ➲ **Wichtig:** Was als Auflösungsgrund anzusehen ist, kann im Einzelfall schwierig zu bestimmen sein und sollte deshalb **vertraglich genau festgelegt** werden. Vielfach bilden bestimmte Tatbestände nur einen Kündigungs-, nicht aber einen automatisch wirkenden Auflösungsgrund (MünchKomm.HGB/K. Schmidt § 234 HGB Rz. 17 ff.). Zum Beispiel ist die **Unternehmensveräußerung** nur ein Kündigungsgrund, nicht aber ein zwingender Auflösungsgrund.

185 Besteht eine **atypische stille Beteiligung**, kann diese nur durch eine Änderung des Gesellschaftsvertrags unter Mitwirkung des Erwerbers herbeigeführt werden (MünchKomm.HGB/K. Schmidt § 234 HGB Rz. 40).

186 ➲ **Hinweis:** Es empfiehlt sich, für Fälle der Unternehmensveräußerung Kündigungsrechte vorzusehen (MünchKomm.HGB/K. Schmidt § 234 HGB Rz. 39 f.).

187 ➲ **Wichtig:** Bei **Unternehmensumgestaltungen** nach dem Umwandlungsgesetz gelten ähnliche Grundsätze. Typische stille Beteiligungsverhältnisse bleiben bestehen und setzen sich an dem neuen Rechtsträger fort. Atypische stille Beteiligungsverhältnisse bleiben nur bei einer formwechselnden Umwandlung an dem umgewandelten Unternehmen bestehen. Ggf. steht dem stillen Gesellschafter in diesen Fällen ein außerordentliches Kündigungsrecht zu.

3. Kündigung des Geschäftsinhabers, des stillen Gesellschafters oder eines Gläubigers des stillen Gesellschafters (§ 234 Abs. 1 HGB)

a) Ordentliche Kündigung

188 Die ordentliche Kündigung kann bei der auf unbestimmte Zeit oder auf Lebenszeit geschlossenen Gesellschaft nur für den Schluss eines Geschäftsjahres mit einer Frist von sechs Monaten erfolgen (§§ 132, 134 HGB). Gesellschaftsvertragliche Erleichterungen, aber auch Fristverlängerungen sind möglich. Die Kündigung darf nicht zur Unzeit erfolgen oder missbräuchlich sein.

b) Außerordentliche Kündigung

189 Bei Vorliegen eines wichtigen Grundes (zB vorsätzliche Vertragsverletzung, dauernde Unrentabilität) sowie in den Fällen des § 11 Abs. 1 des Musters **M 116.1** kann die auf bestimmte Zeit abgeschlossene stille Gesellschaft fristlos (§ 723 BGB) gekündigt werden, sonst durch gerichtliche Entscheidung (§ 133 Abs. 1 HGB.

c) Kündigung durch einen Privatgläubiger der Gesellschaft

190 Nach § 135 HGB hat ein Privatgläubiger das Recht, die Gesellschaft unter Einhaltung einer Sechsmonatsfrist zum Ende des Geschäftsjahres zu kündigen, selbst wenn die Gesellschaft auf bestimmte Zeit eingegangen ist (zu Voraussetzungen und Folgen: Blaurock Rz. 15.39 ff.).

4. Auseinandersetzung zwischen dem Geschäftsinhaber und dem Stillen

a) Umfang der Abfindung anlässlich der Auseinandersetzung

Nach § 235 Abs. 1 HGB hat sich der Inhaber des Handelsgeschäfts nach Auflösung der Gesellschaft mit dem stillen Gesellschafter auseinanderzusetzen und dessen Guthaben in Geld zu berichtigen. 191

Gewinn- und Verlustanteil des stillen Gesellschafters an bei der Auflösung **schwebenden Geschäfte** sind bei der Errechnung seines Auseinandersetzungsanspruchs zu berücksichtigen (§ 235 Abs. 2 Satz 2 HGB). 192

b) Beendigung

Mit der **Auflösung** der stillen Gesellschaft wird diese sofort beendet. Daran schließt sich die Auseinandersetzung zwischen dem Geschäftsinhaber und dem Stillen an, allerdings im Gegensatz zu anderen Gesellschaften wegen des bei der stillen Gesellschaft fehlenden Gesellschaftsvermögens **auf schuldrechtlicher Ebene** und nicht im Wege der Liquidation. Der Geschäftsinhaber führt nach dem Ausscheiden des stillen Gesellschafters das Handelsgeschäft auf eigene Rechnung weiter. 193

Die **Auseinandersetzung** ist Sache des Geschäftsinhabers, an der der stille Gesellschafter vorbehaltlich anderslautender Gesellschaftsvertragsbestimmungen nicht mitwirkt; ggf. sind entsprechende gesellschaftsvertragliche Abreden zu treffen. 194

c) Typische stille Gesellschaft

Grundsätzlich beläuft sich bei der typischen stillen Gesellschaft die Abfindung auf den Nominalbetrag des Einlage- und Privatkontos zuzüglich des auf den Zeitpunkt des Ausscheidens entstandenen Gewinnanteils, der pro rata temporis auf den Zeitpunkt der Auflösung nach den Grundsätzen ermittelt wird, wie sie für die Ermittlung des Jahresergebnisses gelten. 195

d) Atypische Gesellschaft

Bei der atypischen stillen Gesellschaft ist der stille Gesellschafter entsprechend den getroffenen gesellschaftsvertraglichen Vereinbarungen an den bei der Beendigung bestehenden stillen Reserven und dem Geschäftswert neben der Rückzahlung des Einlage- und Privatkontos zu beteiligen. 196

Nach neuerer Entwicklung gelten besondere Auflösungsregeln für einen atypisch still beteiligten Gesellschafter, dem eine Vermögensbeteiligung „wie ein Kommanditist" eingeräumt worden ist. Er wird dann auch bei der Auflösung wie ein Kommanditist behandelt (BGH NJW-RR 1995, 1061). Diese „virtuelle Innen-KG" wird nach Liquidationsgrundsätzen auseinandergesetzt (MünchKomm.HGB/K. Schmidt § 235 HGB Rz. 65). 197

e) Andere Abfindungsklauseln

Diese Grundsätze schließen andere Abfindungsklauseln nicht aus. Es kann zB bestimmt werden, dass die stillen Reserven oder offenen Rücklagen dem Geschäftsinhaber allein zustehen oder dass der Stille nur eine feste Abfindungssumme erhält. Die Gesellschafter können auch festlegen, dass eine Auflösung und Abwicklung des Unternehmens stattfindet und dass der stille Gesellschafter dieses unter Abfindung des Geschäftsinhabers übernimmt (**M 116.1**). 198

f) Einfluss der Abfindung auf den Typus der stillen Gesellschaft

➲ **Wichtig:** Die **Abfindungsklausel** ist ein **bedeutendes Merkmal** für die Abgrenzung der stillen Gesellschaft zu ihrer atypischen Form. Je stärker der stille Gesellschafter (schuldrechtlich) am Vermögen des Geschäftsinhabers beteiligt wird, desto mehr spricht für ein atypisches stilles Beteiligungsverhältnis mit den sich daraus ergebenden insbesondere steuerlichen Folgen. 199

5. Beteiligung an schwebenden Geschäften

200 Die Auflösung der stillen Gesellschaft beendet das Gesellschaftsverhältnis sofort. Dennoch bleibt der stille Gesellschafter an dem Gewinn und Verlust, der sich aus den am Tage des Ausscheidens noch **schwebenden Rechtsgeschäften** (im Zeitpunkt der Auflösung noch nicht abgewickelten Geschäften) ergibt, beteiligt. Der Gesellschaftsvertrag kann Abweichendes bestimmen.

201 ➲ **Hinweis:** Wegen der Schwierigkeit der Ermittlung sind in der Praxis zu der Beteiligung an den schwebenden Geschäften **Pauschalvereinbarungen** üblich (vgl. **M 116.1** § 12 Abs. 3 Fn. 35 – Blaurock Rz. 10.24 und 16.54). Das gilt aber in der Regel nicht für die Bestimmung des Abfindungsguthabens insgesamt.

202 Wird über die Abwicklung schwebender Geschäfte keine Bestimmung getroffen, hat der Geschäftsinhaber dem stillen Gesellschafter zum Schluss eines jeden Geschäftsjahrs Rechnung über deren Abwicklung zu legen und diesem den daraus auf ihn entfallenden Anteil auszuzahlen. Aus Klarheitsgründen sollte der Vertrag ein entsprechendes **Prüfungsrecht** vorsehen (zu Auslegungsfragen BGH WM 1968, 1245 gegen OLG Frankfurt BB 1967, 1182).

6. Fälligkeit des Auszahlungsanspruchs

203 Der Auszahlungsanspruch ist mit der Berechnung durch den Geschäftsinhaber, die dieser unverzüglich vorzunehmen hat, fällig (§ 271 BGB). Die Verzinsung des Auszahlungsanspruchs ist im Gesellschaftsvertrag zu vereinbaren (**M 116.1** § 13). Den Liquiditätserfordernissen des Geschäftsinhabers ist durch Vereinbarung von Zahlungsfristen ggf. Rechnung zu tragen.

XIII. Wettbewerbsverbote

204 Zunächst gilt für beide Vertragspartner die **Treupflicht**, alles zu unterlassen, was die Verwirklichung des Geschäftszwecks vereitelt. Im Übrigen besteht kein ausdrückliches gesetzliches Wettbewerbsverbot für die Gesellschafter einer stillen Gesellschaft (Oetker/Schubert § 230 HGB Rz. 82). Sie sind deshalb zu vereinbaren. Entsprechendes gilt für nachvertragliche Wettbewerbsverbote.

XIV. Stille Gesellschaft und Insolvenz

1. Grundsatz

205 Es gibt keine stille Gesellschaft in der Insolvenz, sondern nur die Insolvenz des Geschäftsinhabers (im Einzelnen die Kommentierungen zu § 236 HGB). Diese ist entsprechend § 728 BGB gesetzlicher Auflösungsgrund (Oetker/Schubert § 230 HGB Rz. 26).

2. Stiller Gesellschafter als Insolvenzgläubiger

a) Grundregeln

206 Nach der Gesetzesvorstellung ist der stille Gesellschafter Kreditgeber und kann seine Einlage, soweit sie nicht durch von ihm zu tragendende Verlustanteile gemindert ist, als Gläubiger zur Insolvenztabelle anmelden (§ 236 Abs. 1 HGB).

207 Was der stille Gesellschafter nicht gezahlt hat, ist ggf. in der Insolvenz des Geschäftsinhabers nach Maßgabe von § 236 InsO zu zahlen (vgl. auch § 136 InsO – Zu Besonderheiten der Rückzahlung K. Schmidt KTS 1977, 67 ff.).

208 Eine **rückständige Einlage** ist in Höhe des von dem Stillen zu tragenden Verlustanteils zur Insolvenzmasse zu leisten (§ 236 Abs. 2 HGB).

b) Ausnahmen

➲ **Wichtig:** Hat die Einlage des stillen Gesellschafters allerdings **Eigenkapitalcharakter**, gelten besondere Regeln, sie wird in der Insolvenz als **haftendes Kapital** behandelt (MünchKomm.HGB/K. Schmidt § 236 HGB Rz. 25 ff.). Sie kann dann – über den Umfang des § 236 Abs. 2 HGB hinaus – in voller Höhe vom Insolvenzverwalter eingezogen werden, soweit sie noch nicht geleistet ist (erg. Mock in Röhricht/Graf von Westphalen/Haas § 236 HGB Rz. 21 ff.). 209

Solche Ausnahmefälle wurden ua. anerkannt, wenn 210

- der stille Gesellschafter **treuhänderisch** für Rechnung der Gesellschaft handelt (BGHZ 81, 311, 316),
- der stille (insbesondere atypische) Gesellschafter die Geschicke der Gesellschaft **mitbestimmt** und am Vermögen und Ertrag beteiligt ist (BGHZ 119, 196),
- die Einlage des stillen Gesellschafters Teil der gesellschaftsrechtlichen Beitragspflicht verbundenen mit seiner anderweitigen Gesellschafterstellung anzusehen ist (BGH NJW 1981, 2251),
- der Gesellschaftsvertrag bestimmt, dass die stille Einlage als **Eigen-/Risikokapital** eingesetzt werden soll (BGH NJW 1989, 983; MünchKomm.HGB/K. Schmidt § 236 HGB Rz. 42),
- oder eine **atypische stille Beteiligung** begründet worden ist (BGH DB 1989, 218; OLG Frankfurt WM 1981, 1371; K. Schmidt ZHR 140 [1976], 488; Lutter/Hommelhoff ZGR 1979, 49; Kollhosser WM 1985, 929).

3. Kapitalersetzende Leistungen des stillen Gesellschafters

➲ **Wichtig:** Hat der an einer GmbH & Still Beteiligte der Gesellschaft **neben** seiner Einlage ein **Darlehen** eingeräumt, entsteht in der Insolvenz eine ähnliche Situation wie bei der GmbH & Co KG. Die stille (insbesondere atypische) Gesellschaft wird in den Nachrangbestimmungen der §§ 39 Abs. 1 Nr. 5, Abs. 4, 135 Abs. 1 Nr. 2 InsO nicht ausdrücklich angesprochen, könnte aber dennoch anwendbar sein (vgl. Mock DStR 2008, 1645; Oetker/Schubert § 236 HGB Rz. 15 sowie nunmehr BGH ZIP 2012, 1869). 211

XV. Besteuerung der stillen Gesellschaft

1. Gründung der stillen Gesellschaft

a) Typische stille Gesellschaft

aa) Umsatzsteuer

Die **typische stille Gesellschaft** ist **nicht Unternehmer** im umsatzsteuerlichen Sinn (vgl. § 2 UStG); vielmehr ist das **ausschließlich der Geschäftsinhaber**, da nur dieser im Rahmen eines Leistungsaustausches am Markt nachhaltig tätig wird; der Stille tritt hingegen grds. gar nicht in Erscheinung. 212

Soweit der **typische stille Gesellschafter** folglich keine selbständige, nachhaltige Tätigkeit zur Erzielung von Einnahmen ausübt (was dem Regelfall entspricht), ist er **nicht Unternehmer** und fällt nicht unter das Umsatzsteuergesetz. **Anders** ist die Rechtslage, wenn der stille Gesellschafter die Beteiligung in seinem **Betriebsvermögen** hält, wobei **zwischen Bar- und Sacheinlagen** zu unterscheiden ist. Nach der „KapHag Renditefonds"-Entscheidung des EuGH (DStRE 2003, 936) ist davon auszugehen, dass die Bareinlage des stillen Gesellschafters keine steuerbare Leistung darstellt. Demgegenüber geht die hM davon aus, dass die **Sacheinlage** durch den eintretenden Gesellschafter einen steuerbaren Vorgang darstellt (BFH DStR 2004, 629; BMF BStBl. I 2006, 614). 213

Daraus folgt weiter: Wird die Beteiligung im Betriebsvermögen gehalten, kann der **stille Gesellschafter** berechnete Umsatzsteuer auf seine Eingangsleistungen (zB Beratungskosten) als Vorsteuer geltend machen (BFH DStR 2004, 1425; Abschnitt 213a Abs. 4 UStR; zu Aufteilungsfragen: EuGH DStR 2008, 615 [„Securenta-Eggers"], DB 2008, 719; UR 2008, 348).

214 Hinsichtlich des **Inhabers des Handelsgeschäfts** gilt, dass einer Publikumspersonengesellschaft durch die Aufnahme eines Gesellschafters gegen Bareinlage der Vorsteuerabzug für Beratungsleistungen zu gewähren sein kann (vgl. auch (EuGH DStR 2005, 945 [„Kretztechnik"]; BFH DStR 2004, 1425; zu Aufteilungsfragen bei gemischter Tätigkeit: EuGH DStR 2008, 615 [„Securenta"]; Eggers UR 2008, 348, 349 f.).

bb) Grunderwerbsteuer

215 Besteht die **Vermögenseinlage des stillen Gesellschafters** in der Übertragung von Grundvermögen, das in das Eigentum des Geschäftsinhabers übergeht, fällt im Regelfall Grunderwerbsteuer gem. § 1 Abs. 2 GrEStG nach Maßgabe des bewertungsrechtlich zu ermittelnden Bedarfswerts dieses Grundstücks an (§ 8 Abs. 1 GrEStG). Zu beachten bleiben insoweit die zwischenzeitlich je nach Bundesland mitunter erheblich divergierenden Steuersätze von zzt. bis zu 6,5 % der Bemessungsgrundlage.

cc) Erbschaftsteuer

216 Hier können zwei steuerpflichtige Tatbestände erfüllt sein: einerseits die **Zuwendung selbst**, zum Anderen die **Abweichung** der gewährten Beteiligung **vom Wert der Vermögenseinlage**. Auch die Einräumung einer Gewinnbeteiligung, die nicht im angemessenen Wert zu der erbrachten Leistung steht, löst Schenkungsteuer aus (Troll/Gebel/Jülicher § 7 ErbStG Rz. 389; zu Bewertungsfragen bei typischer und atypischer stiller Beteiligung: MünchHdb.GesRII/Schönhaus § 79 Rz. 13 ff.).

b) Atypische stille Gesellschaft

aa) Einkommensteuer – Gründung als steuerpflichtige Einbringung

217 ➲ **Wichtig:** Die **Gründung einer atypischen stillen Gesellschaft** führt für den bisherigen Geschäftsinhaber zur **Einbringung eines Betriebs in eine Mitunternehmerschaft** und damit dem Grunde nach zu einer gewinnauslösenden Betriebsveräußerung iSv. § 16 EStG. § 24 Abs. 2 Satz 2 iVm. Abs. 1 UmwStG räumt insoweit jedoch auch die Möglichkeit der Buchwertfortführung ein, die letztlich wiederum zu einer ertragsteuerneutralen Einbringung führt (Blaurock Rz. 22.3 f.).

bb) Umsatzsteuer

218 Auch umsatzsteuerlich fehlt der atypischen Gesellschaft die Unternehmereigenschaft. Das zu Rz. 213 f. Ausgeführte gilt entsprechend.

cc) Grunderwerbsteuer

219 Auch bei der atypischen stillen Gesellschaft, die steuerrechtlich als Mitunternehmerschaft anzusehen ist, fällt bei der Einbringung mangels einer dinglichen Mitberechtigung des stillen Gesellschafters Grunderwerbsteuer an (§ 1 Abs. 2 GrEStG; BFHE 139, 442), wobei die Befreiungsvorschriften des § 5 GrEStG faktisch aufgrund des fehlenden Gesamthandseigentums der atypisch stillen Mitunternehmerschaft keine Anwendung finden (BFH BStBl. II 1975, 363).

220 ➲ **Wichtig:** Durch eine atypische stille Beteiligung lässt sich der Grunderwerbsteuersachverhalt der Anteilsvereinigung (§ 1 Abs. 3 GrEStG) nicht vermeiden (BFH BB 1988, 1111).

dd) Erbschaftsteuer

221 Da in der Regel keine zeitnahen Verkäufe vorliegen, ist der anzusetzende gemeine Wert der Beteiligung zu ermitteln (Wiegand DStR 2008, Beihefter zu Heft 51–52, S. 94 f.).

2. Einkommenbesteuerung

a) Grundsätze – Unterschiede zwischen typischer und atypischer stiller Gesellschaft unter steuerlichen Gesichtspunkten

Das Einkommen- und Gewerbesteuerrecht unterscheidet bei der Besteuerung der stillen Gesellschaft zwischen der **typischen** und der **atypischen stillen Gesellschaft**. Die Abgrenzung ist einzelfallbezogen vorzunehmen. Sie richtet sich nach den üblichen Kriterien, die für die Annahme einer Mitunternehmerschaft gelten: 222

- **Beteiligung am laufenden Gewinn und Verlust** (BFH BStBl. II 1978, 644; Schmidt/Wacker § 15 EStG Rz. 265),
- schuldrechtliche Beteiligung am Anlagevermögen, den stillen Reserven sowie am Geschäftswert (BFH NV 2009, 1981),
- Mitunternehmerinitiative und Mitunternehmerrisiko (BFH BStBl. II 1993, 616; 2000, 183).

Der atypische stille Gesellschafter tritt gegenüber dem Geschäftsinhaber nicht als bloßer „Kredit-/Geldgeber" auf; vielmehr ist er außerdem (schuldrechtlich) an den **stillen Reserven** des Handelsgewerbes beteiligt, hat Einfluss auf die **Unternehmerinitiativen** und trägt **unternehmerisches Risiko** (Einzelheiten: Schmidt/Wacker § 15 EStG Rz. 263 f., 340 mwN). Diese Merkmale werden einzeln oder insgesamt verwirklicht. 223

➲ **Wichtig:** Mitunternehmerschaft ist anzunehmen, wenn eine **Gesamtwürdigung** zu dem Ergebnis führt, dass die Stellung des atypisch still Beteiligten mit der eines Gesellschafters einer Personengesellschaft vergleichbar ist. **Leitbild** der Abgrenzung ist hierbei **der mitunternehmerische Kommanditist**. Notwendige Voraussetzung aus steuerlicher Sicht ist folglich die Entfaltung von Mitunternehmerinitiative und Tragung des Mitunternehmerrisikos des stillen Gesellschafters. 224

b) Besteuerung der typischen stillen Gesellschaft und Steuerfolgen beim Geschäftsinhaber

Die typische stille Gesellschaft selbst ist in keinem Fall als solche steuerpflichtig (kein Steuersubjekt). Die auf den stillen Gesellschafter entfallenden **Gewinnanteile** sind **Betriebsausgaben des Geschäftsinhabers** im Jahr der Gewinnermittlung. Die Gewinnanteile des typischen stillen Gesellschafters können allerdings bei Erfüllung der in §§ 4h EStG, 8a KStG („Zinsschranke") genannten Voraussetzungen nicht oder nur eingeschränkt abziehbar sein (zu weiteren Einzelheiten: MünchHdb.GesRII/Schönhaus § 90 Rz. 3). 225

c) Besteuerung des typischen stillen Gesellschafters

aa) Einkunftsart

Der dem **stillen Gesellschafter** gezahlte **Gewinnanteil** zählt bei ihm mit dem Zufluss zu den kapitalertragsteuerpflichtigen **Einkünften aus Kapitalvermögen** (§§ 20 Abs. 1 Nr. 4, 43 Abs. 1 Nr. 3 EStG), die ihm grundsätzlich im Zeitpunkt der Auszahlung zufließen. Das gilt auch, soweit die durch Verluste geminderte – jedoch noch nicht ganz verlorene – Einlage wieder aufgefüllt wird. 226

Besonderheiten gelten bei einem **beherrschenden Gesellschafter** (BFH BStBl. II 1999, 223 sowie Blaurock Rz. 22 142) sowie im Rahmen des § 32d Abs. 2 Satz 1 Nr. 1 EStG. 227

Zahlungen aufgrund einer typischen stillen Beteiligung an einem Handelsgewerbe unterliegen (sofern die Beteiligung im Privatvermögen des Stillen befindlich) der Kapitalertragsteuer (in Gestalt der seit 2009 geltenden Abgeltungssteuer) von 25 % zzgl. Solidaritätszuschlag von 5,5 %, also insgesamt 26,375 % (§ 43 Abs. 1 Nr. 3 iVm. § 20 Abs. 1 Nr. 4 EStG; § 44 Abs. 3 EStG). Werbungskosten, Betriebsausgaben, Sonderausgaben sind nicht zu berücksichtigen (§ 43a Abs. 2 Satz 1 EStG). 228

bb) Verlustbehandlung

229 **Verlustbeteiligungen sind** nach Rspr. (BFH BStBl. II 1988, 186) und hM (Blaurock Rz. 22.219 ff.) **Werbungskosten**, deren Abziehbarkeit nach § 20 Abs. 9 EStG zwar grds. ausgeschlossen ist. Hierbei handelt es sich um negative Einnahmen, die aufgrund der Einführung der Abgeltungssteuer 2009 an Bedeutung gewonnen haben (vgl. auch Dinkelbach DB 2009, 870; Kleinmanns DStR 2009, 2359). Der Verlust ist dem stillen Gesellschafter im Jahr der Feststellung des Jahresabschlusses des Handelsgeschäfts des Geschäftsinhabers zuzurechnen (BFH BStBl. II 1988, 186). Im Übrigen gilt § 15a EStG (§ 20 Abs. 1 Nr. 4 Satz 2 EStG), soweit die geleistete Einlage des stillen Gesellschafters **aufgezehrt** ist.

Verlustbeteiligungen sind nach Rspr. (BFH BStBl. II 1988, 186) und hM (Blaurock Rz. 22.219 ff.) **Werbungskosten**, deren Abziehbarkeit nach § 20 Abs. 9 EStG ausgeschlossen ist. Andere (Dinkelbach DB 2009, 870; Kleinmanns DStR 2009, 2359) sehen Verluste als negative Einnahmen an; eine Sichtweise, die aufgrund der Einführung der Abgeltungssteuer 2009 an Bedeutung gewonnen hat. Der Verlust ist dem stillen Gesellschafter im Jahr der Feststellung des Jahresabschlusses des Handelsgeschäfts des Geschäftsinhabers zuzurechnen (BFH BStBl. II 1988, 186). Im Übrigen gilt § 15a EStG (§ 20 Abs. 1 Nr. 4 Satz 2 EStG), soweit die geleistete Einlage des stillen Gesellschafters **aufgezehrt** ist.

230 Nach Auffassung des BFH (NV 2001, 45; DStR 2002, 1852, 1854) ist auch für den typischen stillen Gesellschafter ein negatives Kapitalkonto zu bilden. Verluste sind erfolgsneutral auf dem negativen Kapitalkonto zu verrechnen (BFH DStR 2002, 1852).

231 Der **Verlust der Einlage** bei der **Insolvenz** des Geschäftsinhabers ist für den stillen Gesellschafter, wenn die stille Beteiligung zu seinem Betriebsvermögen zählt, Betriebsausgabe, sonst nicht abziehbarer privater Vermögensverlust (vgl. aber § 20 Abs. 2 Nr. 4 EStG ab 2009).

cc) Kapitalertragsteuer

232 Ist im Gesellschaftsvertrag der Zeitpunkt der Ausschüttung nicht festgelegt, gilt als Zeitpunkt des Zuflusses der Tag nach der Aufstellung des Jahresabschlusses oder, soweit gesellschaftsvertraglich vorgesehen, der Tag, an dem dieser festgestellt worden ist. Wird die stille Beteiligung dagegen im Betriebsvermögen gehalten, entscheidet der Zeitpunkt der Bilanzierung des Beteiligungsertrags.

233 Demgegenüber ist die von dem Beteiligungsertrag einzubehaltende Kapitalertragsteuer spätestens sechs Monate und zehn Tage nach Ablauf des Wirtschaftsjahres zu entrichten, für das der Kapitalertrag ausgeschüttet wird (§ 44 Abs. 3, Abs. 1 Sätze 1 und 5 EStG).

d) Ertragsbesteuerung der atypischen stillen Gesellschaft

aa) Ergebnisermittlung

234 Die atypische stille Gesellschaft ist steuerlich **Mitunternehmerschaft**, für die grundsätzlich die für die Mitunternehmerbesteuerung geltenden allgemeinen Regeln eingreifen (vgl. Rz. 222). Die atypische stille Gesellschaft selbst verfügt über steuerliches Betriebsvermögen. Der Betriebsvermögensvergleich (Ergebnisermittlung) ist auf der **Ebene der stillen Gesellschaft** (Steuerbilanz) durchzuführen und das Ergebnis aufgrund des gesellschaftsvertraglichen Beteiligungsverhältnisses zu verteilen (BFH DB 1997, 1060; DStRE 2002, 1339, 1341; Blaurock Rz. 22 8).

bb) Besteuerung des stillen Gesellschafters im Besonderen

235 Zu den gewerblichen Einkünften des atypischen stillen Gesellschafters zählt neben dem Gewinnanteil (gem. § 15 Abs. 1 Satz 1 Nr. 2, 1. HS EStG) alles, was er als Vergütung für seine Tätigkeit im Dienste des Inhabers oder für die Hingabe von Darlehen oder für die Überlassung von Wirtschaftsgütern bezieht (§ 15 Abs. 1 Nr. 2, 2. HS EStG).

Auch Verlustanteile des atypischen stillen Gesellschafters fallen unter § 15 Abs. 1 Satz 1 Nr. 2 EStG und stellen somit negative Einkünfte aus Gewerbebetrieb dar. 236

cc) Feststellung der Einkünfte aus einer atypischen stillen Gesellschaft

Verfahrensrechtlich hat nach §§ 179 ff. AO für die **atypische stille Gesellschaft** eine einheitliche und gesonderte Feststellung der Einkünfte zu erfolgen, da (vgl. auch § 180 Abs. 1 Nr. 2a AO) an den einkommen- bzw. körperschaftsteuerpflichtigen Einkünften mehrere Personen beteiligt und ihnen diese Einkünfte steuerlich zuzurechnen sind. 237

Für die **typische stille Gesellschaft** ist ein solches Verfahren **nicht durchzuführen**, da der Unternehmer und der still Beteiligte keine Einkünfte aus einer einheitlichen Einkunftsquelle beziehen. Der **Unternehmer** erzielt **Einkünfte aus Gewerbebetrieb** aufgrund seiner eigentlichen Betätigung, **der stille** Gesellschafter hingegen in der Regel solche aus **Kapitalvermögen** aufgrund der Überlassung von (Kapital)Vermögenswerten.

3. Gewerbesteuer

a) Typische stille Gesellschaft

Die **typische stille Gesellschaft** unterhält als solche **keinen Gewerbebetrieb** und ist daher auch **nicht Gewerbesteuersubjekt**. Gewerbesteuerliche **Folgen** sind allein beim **Inhaber des Handelsgeschäfts** zu ziehen. 238

Seit 2008 gilt für gewerbesteuerliche Zwecke die Hinzurechnung des Gewinnanteils des Stillen nach § 8 Nr. 1c GewStG unabhängig davon, ob der Stille die Beteiligung im Betriebs- oder Privatvermögen hält. Allerdings erfolgt lediglich eine Zurechnung von 25 % des Gewinnanteils des stillen Gesellschafters; darüber hinaus wird ein Freibetrag von 100 000 Euro auf sämtliche Finanzierungsaufwendungen des § 8 Nr. 1 GewStG gewährt. In Einzelfällen kann es hierdurch zu einer doppelten Besteuerung kommen. Insoweit greift grds. die Ermäßigung nach § 35 EStG, soweit eine natürliche Person Steuerschuldner ist und Einkünfte vorliegen, die zusätzlich der Gewerbesteuer unterlagen; bei Kapitalgesellschaften greift die Gewerbesteueranrechnung nach § 35 EStG hingegen nicht. 239

b) Atypische stille Gesellschaft

Bei dieser Gesellschaftsform herrscht ein **schwer zu verstehendes Gewirr** hinsichtlich der Gewerbesteuerermittlung und der Gewerbesteuerschuldnerschaft. 240

aa) Besteuerungsgrundlage

Besteuerungsgrundlage ist der Gewerbeertrag der atypischen stillen Gesellschaft (zu Gewerbeverlusten Blaurock Rz. 24.46). 241

Die neue Zurechnungsvorschrift des § 8 Nr. 1 Buchst. c GewStG schließt Doppelbesteuerungen (unter Berücksichtigung eines Freibetrags von 100 000 Euro für alle Hinzurechnungstatbestände) nicht mehr aus (iE Blaurock Rz. 24.9). 242

Nach § 7 Satz 2 Nr. 2 GewStG zählt auch der Gewinn aus der **Veräußerung oder Aufgabe** des Mitunternehmeranteils zu den gewerbesteuerlichen Einkünften (Behrens/Schmitt BB 2002, 860 ff.; Füger/Rieger DStR 2002, 933 ff.). 243

bb) Steuerobjekt

Nach Auffassung des BFH stellt die Tätigkeit der atypischen stillen Gesellschaft einen selbständigen gewerbesteuerpflichtigen Betrieb dar (BFH BStBl. II 1995, 794). 244

245 ➲ **Wichtig** ist die sich daraus ergebende Konsequenz, dass der atypischen stillen Gesellschaft der Freibetrag (§ 11 Abs. 1 und 2 GewStG) gewährt wird (jedoch nur einmal: BFH DB 1995, 1644).

cc) Subjektive Steuerpflicht

246 Trotz ihrer Eigenschaft als Personengesellschaft (§ 5 Abs. 1 Satz 3 GewStG) sieht der BFH nur den **Geschäftsinhaber** als **Schuldner** der Gewerbesteuer an, selbst wenn seine Rechtsprechung nicht eindeutig ist (BFH FR 1986, 244 einerseits und BStBl. II 1998, 328 andererseits; zum Verfahrensrecht Blaurock Rz. 24.57).

247 ➲ **Wichtig:** Bei dieser Rechtslage ist es von Bedeutung, im Gesellschaftsvertrag eine Regelung über die Tragung der Gewerbesteuer vorzusehen.

248 Auf den atypischen stillen Gesellschafter findet jedoch unter Umständen die Haftungsregelung des § 74 AO Anwendung.

dd) Steuerermäßigung nach § 35 EStG

249 Die Abmilderung der Doppelbesteuerung der gewerblichen Einkünfte mit Gewerbesteuer einerseits und Einkommensteuer andererseits unterliegt dem ständigen Wandel. Die gegenwärtige Fassung (basierend auf dem Unternehmenssteuerreformgesetz, das den Wegfall des früheren Staffeltarifs und über § 4 Abs. 5b EStG die außerbilanzielle Hinzurechnung, der zuvor innerbilanziell aufwandswirksam erfassten Gewerbesteuer seit 2008 vorsieht) fingiert den 3,8 fachen Satz des Gewerbesteuermessbetrags für Zwecke der Steuerermäßigung nach § 35 EStG.

4. Besteuerung der stillen Angehörigengesellschaft

250 ➲ **Wichtig:** Den gesellschaftsrechtlichen **Formerfordernissen** und den **Gewinnbeteiligungsregeln** ist bei dieser Gesellschaftsform **besondere Beachtung** zu schenken.

Sie müssen den Anforderungen genügen, die zwischen unabhängigen Dritten vereinbart worden wären. Es ist zu unterscheiden zwischen

- Anerkennung des Gesellschaftsverhältnisses und
- Angemessenheit der Gewinnverteilung („wie unter fremden Dritten").

250a Den Angehörigen muss die Rechtsstellung eingeräumt werden, die ein **fremder Dritter** in vergleichbaren Fällen verlangen würde (BFH BStBl. II 1984, 623; 90, 10). Zu Einzelfragen der steuerlichen Anerkennung schenkweise zwischen Familienangehörigen begründeter stiller Beteiligungen ohne Verlustbeteiligung vgl. auch BMF v. 23.12.2010, BStBl. I 2011, 37.

5. Erbschaftsteuer

251 Auf die erbschaftsteuerlichen Überlegungen im Zusammenhang mit der Begründung einer stillen Gesellschaft wurde bereits an vielen Stellen eingegangen (ua. Rz. 52 ff.); zu Fragen im Zusammenhang mit der Besteuerung im Fall einer Erbschaft des stillen Gesellschafters oder des Geschäftsinhabers Blaurock Rz. 27.15 ff.).

6. Einheitsbewertung

252 Einheitswerte sind nur noch in besonderen Fällen festzustellen

7. Umsatzsteuer

253 Sowohl bei der typischen als auch bei atypischen stillen Gesellschaft ist allein der **Geschäftsinhaber umsatzsteuerlicher Unternehmer** (UStAE Abschn. 2.1 Abs. 5 UStAE 2014/2015). Bei beiden Ge-

sellschaftsformen tritt gegenüber Dritten nur der Geschäftsinhaber in Erscheinung (ausführlich zur atypischen stillen Gesellschaft Blaurock Rz. 25.4 ff.).

8. Besteuerungsfragen bei der Auflösung der stillen Gesellschaft

a) Typische stille Beteiligung

Soweit der **Geschäftsinhaber** das Guthaben/die Einlage (einschließlich stehen gelassener Gewinne) 254 des stillen Gesellschafters **zurückzahlt** (§ 235 Abs. 1 HGB), liegt **kein einkommensteuerpflichtiger Vorgang** vor. Wird ein höherer Betrag als der Nennbetrag der Einlage zurückgezahlt, handelt es sich hinsichtlich des Differenzbetrags bei dem stillen Gesellschafter um Einkünfte aus Kapitalvermögen iSv. § 20 Abs. 1 Nr. 4 iVm. Abs. 2 Nr. 1 EStG (zu weiteren Einzelheiten BFH BStBl. II 1984, 580; Fleischer/Thierfeld S. 80 f.; Blaurock Rz. 22.176). Entsprechendes gilt für noch nicht zugeflossene Gewinnanteile aus vorangehenden Wirtschaftsjahren einschließlich des dem Stillen zustehenden anteiligen Gewinns für das Jahr seines Ausscheidens.

Mit der Einführung der Abgeltungssteuer ab dem Erhebungszeitraum 2009 wurde zugleich die 255 steuerliche Bemessungsgrundlage um Substanzwertsteigerungen erhöht (vgl. insoweit § 20 Abs. 2 EStG). Danach gehört der Gewinn aus der Veräußerung von Wirtschaftsgütern, die Erträge im Sinne des Absatzes 1 Nr. 4 – nämlich der Stillen Beteiligung – erzielen, zu den Einkünften aus Kapitalvermögen (§ 20 Abs. 2 Nr. 4 EStG). Die Abgeltungssteuer der §§ 20, 32d Abs. 1 EStG gilt zwar grundsätzlich auch insoweit; allerdings dürfte in den meisten Praxisfallgestaltungen der Ausnahmetatbestand des § 32d Abs. 2 EStG erfüllt sein, so dass es im Regelfall bei der normalen Veranlagung zum persönlichen Steuersatz verbleibt (vgl. hierzu im Einzelnen auch BMF-Schreiben v. 9.10.2012 (BStBl. I. 953) unter Berücksichtigung der Änderungen durch BMF v. 31.7.2013 (BstBl I, 940) v. 12.9.2013 (BStBl I, 1167), vom 9.12.2014 (IV C 1 – S 2252/08/10004:015, 2014/0887849) v. 16.12.2014 (IV C 1 – S 2252/14/10001:001, 2014/1106737).

b) Atypische stille Beteiligung

Die sich hierbei ergebenden Steuerfolgen entsprechen denen der Mitunternehmerschaft, dh. die 256 Wirtschaftsgüter der Gesellschaft werden um einen entsprechenden Betrag erhöht und in den Folgejahren abgeschrieben (ausf. MünchHdb.GesRII/Schönhaus § 94 Rz. 14 ff., auch zu den Zinsvortragsfragen des § 4h EStG und Thesaurierungsbegünstigungen nach § 34a EStG; weiterhin Blaurock § 24 Rz. 24.47; Schmidt/Wacker § 16 EStG Rz. 496).

M 116.1 Gesellschaftsvertrag einer stillen Gesellschaft (typische stille Gesellschaft)

Vertrag[1] über die Errichtung einer stillen Gesellschaft

zwischen

1. . . . (Name, Adresse) . . .,

im Folgenden auch: Geschäftsinhaber[2]

2. . . . (Name, Adresse) . . .,

im Folgenden auch: stiller Gesellschafter[3]

1 Zur Form Rz. 95 ff.

2 Zu dem Personenkreis der Geschäftsinhaber Rz. 74 ff. Bei einer Gesellschaft als Geschäftsinhaber sollte wegen des Zustimmungsvorbehalts auch die Zustimmung der Gesellschafterversammlung mit angegeben werden, Rz. 77 ff. sowie **M 116.2** § 17.

3 Sind mehrere stille Gesellschafter beteiligt, vgl. Rz. 17.

§ 1 Geschäftsinhaber – Einlage des stillen Gesellschafters

(1) ... ist alleiniger Inhaber des unter der eingetragenen Firma ... (Bezeichnung) ... in ... (Ort) ... betriebenen Einzelhandelsgeschäfts (Amtsgericht ... HRA ...)[4]

(2) An diesem von dem Geschäftsinhaber betriebenen Handelsgewerbe[5] *beteiligt sich ... (Name) ... als stiller Gesellschafter mit einer Bareinlage von ... (Betrag der Bareinlage) Euro (in Worten ... Euro)*[6]*. Diese Einlage ist sofort fällig*[7]*.*

(3) Der stille Gesellschafter ist weder an der Vermögenssubstanz noch am Firmenwert des Unternehmens des Geschäftsinhabers beteiligt[8]*.*

§ 2 Konten des stillen Gesellschafters

(1) Die Einlage des stillen Gesellschafters wird auf einem für ihn errichteten Einlagekonto[9] *verbucht. Der stille Gesellschafter kann ohne Kündigung der Gesellschaft keine Auszahlung zu Lasten dieses Einlagekontos verlangen. Das Konto ist unverzinslich.*

(2) Auf einem Verlustkonto als Gegenkonto des Einlagegegenkontos werden die auf den stillen Gesellschafter entfallenden Verluste gebucht. Solange das Verlustkonto belastet ist, werden auf ihm die auf den stillen Gesellschafter entfallenden Gewinnanteile gebucht, bis dieses Konto ausgeglichen ist[10]*.*

(3) Nicht die Einlage oder ihre Erhöhung berührende Vorgänge, also insbesondere Gewinnanteile, werden auf einem Privatkonto[11] *verbucht, das mit ... % über dem jeweiligen Basiszinssatz zu verzinsen ist. Der stille Gesellschafter kann mit einer Kündigungsfrist von drei Monaten insgesamt oder teilweise Rückzahlung dieses Privatkontos verlangen*[12]*. Entsprechendes gilt für die Auszahlungsberechtigung des Geschäftsinhabers.*

---

4 Es empfiehlt sich eine genaue Bezeichnung des Unternehmensgegenstandes, um die gesellschaftsvertraglich vereinbarte Verwendung der Einlage des stillen Gesellschafters sicherzustellen; vgl. im Einzelnen Rz. 101. Die zweckwidrige Verwendung der Einlage kann auch die steuerliche Abziehbarkeit der dafür geleisteten Vergütung als Betriebsausgabe in Frage stellen (BFH DStR 2003, 1117).
Eine wesentliche Änderung des Unternehmenszwecks durch den Inhaber bedarf der Zustimmung des stillen Gesellschafters, Rz. 102.

5 Die Beteiligung an einem Handelsgewerbe ist Begriffsmerkmal der stillen Gesellschaft (§ 230 Abs. 1 HGB); erg. Rz. 74.

6 Die Geldeinlage geht in das Vermögen des Geschäftsinhabers über (Rz. 4 f.). Zu den möglichen Einlagearten und der Abgrenzung zu Beiträgen des stillen Gesellschafters Rz. 109.

7 Bei einer Sacheinlage könnte wie folgt formuliert werden: *„Als Einlage erbringt B das Grundstück ... (Bezeichnung) ...“* (**Hinweis:** notarielle Beurkundung des Vertrags über die stille Gesellschaft). *Dem Einlagekonto wird dafür ein Betrag von ... Euro gutgeschrieben. Die Auflassung ist für den ... (Datum) ... vorgesehen. Nutzen und Lasten gehen mit Wirkung vom ... (Datum) auf A über. Die anfallende Grunderwerbsteuer wird von ... übernommen.*

8 Das Muster geht davon aus, dass die Parteien eine typische und keine atypische stille Gesellschaft vereinbaren wollten. Zu Einzelheiten der Abgrenzung Rz. 6 ff.; 222.

9 Trotz dieser Bezeichnung handelt es sich (bei der typischen stillen Gesellschaft) um ein Forderungskonto, das Fremdkapitalcharakter hat und im Fall der Überschuldung als Schuldposten auszuweisen ist (Knobbe-Keuk ZIP 1983, 127), es sei denn, der stille Gesellschafter erklärte einen Rangrücktritt. Unter bestimmten Voraussetzungen kann die Einlage des stillen Gesellschafters auch kapitalersetzenden Charakter haben (§ 234 Abs. 1 HGB; BGH NJW 1983, 1855). Im Fall der Insolvenz des Geschäftsinhabers ist der stille Gesellschafter grundsätzlich Insolvenzgläubiger (BGH NJW 1983, 1988; anders bei einer Publikumskommanditgesellschaft, wenn die über die Kommanditbeteiligung hinaus zu leistende stille Beteiligung zu der gesellschaftsvertraglich bedingten Einlageverpflichtung zählt: im Einzelnen Rz. 209 ff.

10 Vgl. Rz. 126 ff.

11 Im Einzelnen Rz. 128.

12 Durch diese Regelung sollen Liquiditätsprobleme für die stille Gesellschaft ausgeschlossen werden. Im Einzelfall ist zu überlegen, ob dem stillen Gesellschafter nicht ein jederzeitiges Entnahmerecht bezüglich der Steuern zuzugestehen ist, die mit dem ihm aus der stillen Beteiligung zufließenden Gewinn verbunden sind. Um Diskussionen über Steuerbelastungen auszuschließen, empfiehlt sich auf der Grundlage der jeweiligen persönlichen Situation die Festlegung eines Maximalbetrags.

§ 3 Dauer der Gesellschaft

Ordentliche Kündigung

(1) Als Dauer der Gesellschaft wird die Zeit vom 1.1.20 ... bis 31.12.20 ... fest vereinbart[13]. *Danach gilt das Gesellschaftsverhältnis als auf unbestimmte Zeit eingegangen.*

(2) Sie kann erstmals mit einer Frist von ... Monaten zum darauffolgenden Ende des Geschäftsjahres gekündigt werden.

(3) Erfolgt keine Kündigung, verlängert sich die Gesellschaft um jeweils zwei Jahre und kann in entsprechender Anwendung der Fristen des Abs. 2 gekündigt werden.

(4) Die Kündigung hat schriftlich zu erfolgen.

§ 4 Geschäftsführung

(1) Die Geschäftsführung wird allein von dem Geschäftsinhaber ... wahrgenommen.

(2) Der Geschäftsinhaber bedarf zur Vornahme von Handlungen, die über den gewöhnlichen Geschäftsbetrieb hinausgehen, der vorherigen Zustimmung des stillen Gesellschafters[14]. *Als über den gewöhnlichen Geschäftsbetrieb hinausgehend gelten insbesondere:*

- *Änderung der Firma oder des Unternehmensgegenstandes,*
- *Änderung der Unternehmensform,*
- *Aufnahme neuer Gesellschafter einschließlich der Beteiligung weiterer stiller Gesellschafter,*
- *Einstellung, Aufgabe oder Veräußerung des Unternehmens sowie dessen Verpachtung*[15].

Die Zustimmung darf nicht ohne sachlichen Grund verweigert werden.

(3) Der Geschäftsinhaber hat den stillen Gesellschafter schriftlich zur Zustimmung aufzufordern. Gibt der stille Gesellschafter binnen drei Wochen nach Zugang der Aufforderung keine Erklärung ab, gilt sein Schweigen als Zustimmung.

(4) Der Geschäftsinhaber erhält für seine Geschäftsführertätigkeit eine feste monatliche Vergütung von ... Euro, die ungeachtet ihrer steuerlichen Behandlung als Aufwand bei der Ermittlung des Beteiligungsergebnisses zu behandeln ist.

§ 5 Geschäftsjahr und Aufstellung des Jahresabschlusses

(1) Das Geschäftsjahr[16] *der Gesellschaft beginnt am 1.1.20 ... und endet am darauffolgenden 31.12.*

---

13 Gegen eine unbefristete Vereinbarung bestehen keine Bedenken. Es wäre dann zu formulieren: „*Die Gesellschaft ist auf unbestimmte Zeit errichtet. Sie ist, unbeschadet des Kündigungsrechts aus wichtigem Grund, mit einer Frist von ... Monaten zum Ende eines Geschäftsjahrs, schriftlich kündbar, erstmals zum ...*"; zur Kündigung im Einzelnen Rz. 188 ff.

14 Bestimmte Geschäftsführungsmaßnahmen darf der Geschäftsinhaber dann nicht vornehmen, wenn sie den berechtigten Interessen des Stillen zuwiderlaufen (BGH WM 1983, 1210; 1971, 1213). Außerdem ist zu beachten, dass gesteigerte Mitwirkungsrechte Indiz für das Vorliegen einer atypischen stillen Gesellschaft sein können: erg. Rz. 8 und 222 f.

15 Diese Bestimmung ist das Äquivalent dafür, dass der stille Gesellschafter seine Beteiligung grundsätzlich nicht auf einen Dritten übertragen kann; vgl. jedoch § 9 Abs. 2 dieses Musters.
Je nach den Umständen des Einzelfalles kann dem stillen Gesellschafter auch ein Mitwirkungsrecht an anderen Geschäftsführungsmaßnahmen eingeräumt werden, zB Grundstücksgeschäfte, Prokuristenbestellung, Abschluss von Dauerschuldverhältnissen, wobei sich Wertgrenzen empfehlen. Zustimmungsvorbehalte sollten durch folgenden Nachsatz ergänzt werden: „Ist die zustimmungsbedürftige Handlung eilbedürftig, so ist dem Zustimmungsvorbehalt genügt, wenn der Geschäftsinhaber den stillen Gesellschafter sofort nach der Vornahme unter Darlegung der Eilbedürftigkeit unterrichtet.".

16 Als Geschäftsjahr wird zweckmäßigerweise zur Vermeidung von Mehraufwand für die Rechnungslegung das Datum des Jahresabschlusses des Unternehmens des Geschäftsinhabers gewählt. Aus dessen Jahresabschluss (nach Vornahme von Korrekturen) leitet sich die Ergebnisbeteiligung des stillen Gesellschafters ab (vgl. § 6 des Musters). Da es kein Gesellschaftsvermögen der stillen Gesellschaft gibt, ist auch kein „eigener" handelsrechtlicher Jahresabschluss oder eine Steuerbilanz der stillen Gesellschaft aufzustellen, jedoch zum empfehlen. Für die atypische stille Gesellschaft wird demgegenüber vertreten, dass sie einen steuerlichen Jahresabschluss aufzustellen hat; dazu Rz. 234.

(2) Spätestens innerhalb von ... Monaten[17] nach Ablauf des Geschäftsjahres hat der Geschäftsinhaber für das abgelaufene Geschäftsjahr eine Bilanz sowie eine Gewinn- und Verlustrechnung (Jahresabschluss) aufzustellen[18] und dem stillen Gesellschafter abschriftlich mitzuteilen. Eventuelle Einwendungen gegen den Jahresabschluss hat der stille Gesellschafter binnen ... Wochen nach dessen Erhalt dem Geschäftsinhaber gegenüber schriftlich geltend zu machen.

(3) Die Aufstellung des Jahresabschlusses erfolgt nach den handelsrechtlichen Regeln.

§ 6 Ergebnisbeteiligung des stillen Gesellschafters

(1) Grundlage der Ermittlung der Ergebnisbeteiligung des stillen Gesellschafters[19] ist der nach § 5 dieser Vereinbarung aufgestellte Jahresabschluss des Geschäftsinhabers, der zu Zwecken der Ermittlung der Ergebnisbeteiligung des stillen Gesellschafters nach Maßgabe der folgenden Absätze zu korrigieren ist.

(2) Der Gewinnanteil des stillen Gesellschafters wird dem Jahresergebnis hinzugerechnet[20].

(3) Weicht die Gewinnermittlung des handelsrechtlichen Jahresabschlusses von steuerlichen Gewinnermittlungsvorschriften und Grundsätzen ab, ist die steuerliche Gewinnermittlung der Bestimmung der Ergebnisbeteiligung zugrunde zu legen.

(4) Die nachfolgenden Anpassungen sollen dazu führen, dass die Ergebnisbeteiligung den Regeln allgemein anerkannter betriebswirtschaftlicher Grundsätze entspricht. Als Anpassungsbeträge sind dem Ergebnis insbesondere hinzuzusetzen bzw. abzusetzen[21]:

- *An die Stelle von nach steuerrechtlichen Vorschriften vorgenommenen erhöhten Absetzungen und Sonderabschreibungen treten die betriebswirtschaftlichen Grundsätzen entsprechenden Absetzungen und Abschreibungen[22],*
- *Erträge oder Verluste aus der Veräußerung, dem Abgang oder Zugang/Zuschreibung von Wirtschaftsgütern des Anlagevermögens sowie Ergebnisse außergewöhnlicher Geschäftsvorfälle aus Sachverhalten, die vor dem Beginn der stillen Gesellschaft begründet worden sind, werden neutralisiert.*
- *Zinsbelastungen an den Geschäftsinhaber.*
- *Aufwendungen zur Bildung steuerfreier Rücklagen werden hinzugerechnet, soweit dadurch nicht die Realisierung stiller Reserven kompensiert werden soll, an der der stille Gesellschafter nicht beteiligt ist.*

---

17 § 243 Abs. 3 HGB fordert die Aufstellung des Jahresabschlusses innerhalb der einem ordnungsgemäßen Geschäftsgang entsprechenden Zeit; es gibt keine absoluten Aufstellungsfristen. Die Sechs-Monats-Frist für kleine Kapitalgesellschaften (§ 264 Abs. 1 Satz 3 HGB) gilt jedoch auch für Einzelkaufleute und für Personenhandelsgesellschaften.

18 Es handelt sich um den Jahresabschluss des Unternehmens des Geschäftsinhabers und nicht um einen Jahresabschluss der stillen Gesellschaft. Auch der Einzelunternehmer ist den allgemeinen Rechnungslegungsvorschriften der §§ 238–263 HGB unterworfen. Im Einzelfall ist zu überlegen, welche Bewertungsspielräume dem Geschäftsinhaber eingeräumt werden sollen, da die Bewertung unmittelbaren Einfluss auf die Höhe des Gewinnanspruchs des Stillen hat. Zur Frage, ob bei der Ermittlung des Gewinnanspruchs die Handelsbilanz oder die Steuerbilanz zugrunde gelegt werden sollen, Rz. 153 ff.

19 Bei der Ergebnisbeteiligung ist als Ausgangsfrage zu beantworten: Soll die Gewinnbeteiligung auf der Grundlage der Handelsbilanz oder der Steuerbilanz erfolgen? Das Muster legt als Basis der Ergebnisermittlung die steuerliche Gewinnermittlung zugrunde. Die uneingeschränkte Bezugnahme löst jedoch nicht alle Fragen, im Einzelnen Rz. 153 ff. Je nach den Verhältnissen des Einzelfalles ist diese Ausgangsbasis durch Zu- oder Abrechnungen zu korrigieren. Zum Pro und Contra Handelsbilanz – Steuerbilanz Rz. 159.

20 Die Hinzurechnung erfolgt, da der Gewinnanteil des stillen Gesellschafters in dem zugrunde zu legenden Jahresabschluss, unabhängig davon, ob die Handels- oder die Steuerbilanz zugrunde gelegt wird, als Aufwand erscheint.
Außerdem ist bei der stillen Beteiligung an einer Körperschaft festzulegen, ob der Steueraufwand den Gewinnanteil des stillen Gesellschafters mindert oder ob er diesem hinzuzurechnen ist.

21 Die nachfolgenden Aufzählungen sind lediglich beispielhaft und auf die Umstände des Einzelfalles abzustimmen.

22 Vgl. zu den Einzelheiten der vorzunehmender Anpassungen Rz. 159.

- *Erträge aus vor dem Beginn der stillen Gesellschaft gebildeten Rückstellungen und Rücklagen bleiben unberücksichtigt*[23]*.*
- *Erhaltene steuerfreie Investitionszulagen werden dem Ergebnis hinzugerechnet, soweit sie im steuerlichen Ergebnis nicht enthalten sind; haben sie die Anschaffungs- oder Herstellungskosten gemindert, nimmt der stille Gesellschafter jedoch an Gewinnen teil, die bei der Veräußerung der bezuschussten Wirtschaftsgüter in der Höhe der Zuschüsse entstehen.*

(5) Soweit in dem der Ergebnisermittlung zugrunde gelegten Jahresabschluss nicht enthalten, erfolgen Verminderungen oder Erhöhungen des Jahresergebnisses[24]*:*

- *Erträge aus der Auflösung steuerfreier Rücklagen,*
- *Tätigkeitsvergütungen oder Zinsen, die dem Geschäftsinhaber gutgeschrieben worden sind,*
- *Erträge aus der Veräußerung von Wirtschaftsgütern des Anlagevermögens, soweit diese Wirtschaftsgüter bei Beginn der stillen Gesellschaft bereits vorhanden waren.*

§ 7 Ergebnisbeteiligung

(1) Der nach den vorstehenden Absätzen modifizierte Jahresabschluss bildet die Bemessungsgrundlage der Ergebnisbeteiligung des stillen Gesellschafters. Von dem so ermittelten Ergebnis entfallen auf den stillen Gesellschafter . . . %[25]*, höchstens aber ein Betrag von . . . Euro. Am Verlust ist der stille Gesellschafter mit . . . %, jedoch nicht über einen Betrag von jährlich . . . Euro hinaus beteiligt.*

(2) Kommt es auf Grund einer steuerlichen Außenprüfung zu Änderungen der Jahresabschlüsse, die der Ermittlung der Ergebnisbeteiligung des stillen Gesellschafters zugrunde gelegt worden sind, tritt eine Änderung der Grundlage für die Ermittlung der Ergebnisbeteiligung ein. An Mehrergebnissen auf Grund einer steuerlichen Außenprüfung ist der stille Gesellschafter nach den in Abs. 1 festgelegten Grundsätzen zu beteiligen.

(3) In Anrechnung auf den Gewinnanteil sind dem stillen Gesellschafter im Voraus monatlich, und zwar beginnend am . . . (Datum), . . . (Betrag) Euro (in Worten: . . . Euro) zu zahlen. Falls der stille Gesellschafter auf Grund dieser Vorauszahlungen mehr erhalten hat, als ihm für das Geschäftsjahr auf Grund der endgültigen Ergebnismitteilung zusteht, ist der zu viel gezahlte Betrag auf die monatlichen Vorauszahlungen des folgenden Geschäftsjahrs anzurechnen. Darüber hinaus kann der stille Gesellschafter die Auszahlung derjenigen Beträge, ggf. darlehensweise, verlangen, die zur Zahlung der mit der stillen Beteiligung erforderlichen Steuern fällig werden.

(4) Die Abrechnung der für ein Geschäftsjahr dem stillen Gesellschafter zustehenden Ergebnisbeteiligung nach Verrechnung mit Vorauszahlungen hat innerhalb einer Frist von . . . Monaten nach Abschluss des Geschäftsjahres des Geschäftsinhabers zu erfolgen.

§ 8 Gewinn- und Verlustbeteiligung bei Änderung der Kapitalverhältnisse

(1) Bei der Beteiligung eines weiteren stillen Gesellschafters am Handelsgeschäft des Geschäftsinhabers werden die Parteien die Gewinn- und Verlustbeteiligung angemessen neu festsetzen.

(2) Ändert sich das Kapital in der Bilanz des Geschäftsinhabers, die diesem Vertrag zugrunde liegt und als Anlage beigefügt ist, kann der stille Gesellschafter eine Erhöhung seiner Kapitaleinlage in entsprechender Weise verlangen. Die Einlage des stillen Gesellschafters ist binnen . . . Wochen fäl-

23 Auch daran hat der Stille keinen Anteil. Außerdem ist zu überlegen, wie die sich aus diesen Folgen ergebenden Steuerfolgen zu behandeln sind. Das hängt davon ab, ob die Ergebnisbeteiligung vor oder nach Steuern erfolgen soll.

24 Korrespondierende Bestimmung zu Abs. 4.

25 Rz. 138 ff.; die Höhe der Gewinnbeteiligung kann in einem festen Prozentsatz erfolgen oder nach dem Verhältnis der (ursprünglichen oder zum jeweiligen Stichtag bilanzierten) Einlage des Stillen zum Betriebsvermögen des Geschäftsinhabers oder in anderer Form auf Grund der individuellen Verhältnisses (zB Teilnahme an Geschäftsführungsmaßnahmen, Höhe der Verlustbeteiligung usw.) ermittelt werden. In Familiengesellschaften sind die Verhältnisse zugrunde zu legen, wie sie unabhängige Dritte in vergleichbarer Situation vereinbart hätten. Die Beteiligung am Verlust kann auch insgesamt ausgeschlossen werden (§ 231 Abs. 2 Halbs. 1 HGB).
Es kann dem stillen Gesellschafter auch eine Mindestvergütung zugesagt werden.

lig, nachdem ihm der Geschäftsinhaber die Kapitalerhöhung schriftlich angezeigt hat. Erhöht der stille Gesellschafter seinen Kapitalanteil nicht, werden die Vertragsparteien seine Gewinn- und Verlustbeteiligung neu vereinbaren.

§ 9 Verfügungen über die stille Beteiligung[26]

(1) Der stille Gesellschafter kann seine Beteiligung insgesamt[27] *auf seinen Ehegatten oder Abkömmlinge übertragen. Den Abkömmlingen können Unterbeteiligungen eingeräumt werden.*

(2) Weitergehende Verfügungen über die Beteiligung oder einzelne Rechte daraus sind nicht zulässig[28]*. Ein Verstoß berechtigt den Inhaber zur Kündigung aus wichtigem Grund.*

§ 10 Tod eines Gesellschafters[29]

(1) Stirbt der Geschäftsinhaber, so wird die stille Gesellschaft nicht aufgelöst, sondern mit dessen Erben fortgesetzt, soweit diese den Geschäftsbetrieb weiterführen[30]*. Der Geschäftsinhaber kann Testamentsvollstreckung anordnen.*

(2) Beim Tod des stillen Gesellschafters treten die Erben an seine Stelle[31]*.*

(3) Der stille Gesellschafter kann Testamentsvollstreckung anordnen.

§ 11 Kündigung aus wichtigem Grund

(1) Ohne Einhaltung einer Kündigungsfrist kann die Gesellschaft neben anderweitig in dieser Vereinbarung genannten Gründen jederzeit bei Vorliegen eines wichtigen Grundes gekündigt werden. Ein wichtiger Grund ist gegeben, wenn Umstände eintreten, bei deren Vorliegen einem Gesellschafter die Fortsetzung des Gesellschaftsverhältnisses billigerweise nicht zugemutet werden kann. Als wichtiger Kündigungsgrund gilt insbesondere:

- *Verstoß gegen wesentliche sich aus diesem Vertrag ergebende Verpflichtungen oder Unmöglichkeit ihrer Erfüllung,*
- *Auflösung des Handelsgeschäfts des Inhabers,*

---

26 Nach der gesetzlichen Regelung sind Verfügungen über stille Beteiligungen nicht möglich; zu abweichenden und hier vorgeschlagenen Lösungen BGH NJW 1976, 189 sowie Rz. 178 ff.

27 Eine teilweise Beteiligungsübertragung ist möglich.

28 Weitergehend: *„Die stille Beteiligung kann zu Gunsten von … mit einem Nießbrauch belastet werden.“*.

29 Der Tod des Geschäftsinhabers führt zur Auflösung der stillen Gesellschaft, soweit der Gesellschaftsvertrag nichts anderes vorsieht; vgl. Rz. 182.

30 Ist der Inhaber eine Handelsgesellschaft, ist deren Auflösung nicht mit dem Tod des Geschäftsinhabers gleichzusetzen.
Von § 727 BGB abweichende Regelung. Diese Fortführungsklausel muss gesellschaftsvertraglich vereinbart sein. Eine testamentarische Verfügung entfaltet diese Wirkung nicht. Mehrere Erben treten dem Stillen als Erbengemeinschaft gegenüber. Ein nicht interessierter Erbe kann die Fortsetzung der Gesellschaft nicht ablehnen; er muss vielmehr in diesem Fall die Erbschaft ausschlagen. Ggf. hat er ein Kündigungsrecht aus wichtigem Grund. Zu überlegen ist, ob der Gesellschaftsvertrag festlegen soll, dass ein Erbe die Annahme der Gesellschafterstellung ablehnen kann, um nicht in die stille Gesellschaft einzutreten. Eine nach dem Tod des Geschäftsherrn entstandene Erbengemeinschaft kann sich ohne Zustimmung des stillen Gesellschafters in eine OHG umwandeln.

31 Stiller Gesellschafter wird die Erbengemeinschaft, nicht jeder Erbe einzeln. Soll die stille Beteiligung im Rahmen einer Erbauseinandersetzung (§§ 2042 ff. BGB) auf einen oder mehrere Miterben oder einen Dritten übertragen werden, verlangt das die Zustimmung des Geschäftsinhabers, es sei denn, es wäre etwas anderes vereinbart.
Vgl. § 234 Abs. 2 HGB; anders, ohne eine derartige Vertragsbestimmung, wenn dem stillen Gesellschafter Mitwirkungsrechte bei der Geschäftsführung eingeräumt werden.
Ein außerordentliches Kündigungsrecht des Geschäftsinhabers besteht nur im Fall einer entsprechenden Vereinbarung. Bei erheblichen vertraglichen Einflussrechten des stillen Gesellschafters auf die Geschäftsführung wird ein außerordentliches Kündigungsrecht gegenüber den Erben auch ohne das Vorliegen einer ausdrücklichen Vereinbarung angenommen (Blaurock Rz. 15.32).
Vorgesehen werden kann für diesen Fall auch die Auflösung der stillen Gesellschaft (MünchHdb.GesR. II/Polzer § 91 Rz. 27 ff., 30.

- *Eröffnung des Insolvenzverfahrens über das Vermögen des Geschäftsinhabers oder des stillen Gesellschafters,*
- *Zwangsvollstreckungsmaßnahmen gegen den Geschäftsinhaber oder den stillen Gesellschafter, falls sie nicht binnen zwei Wochen nach Eintritt der Maßnahme durch Zahlung abgewendet werden,*
- *schwerwiegende Verstöße des Geschäftsinhabers bei der Ausübung der ihm obliegenden Geschäftsführung,*
- *wesentliche Verschlechterung der Vermögensverhältnisse des Geschäftsinhabers,*
- *Ertragslosigkeit der Gesellschaft während einer Dauer von . . . Geschäftsjahren,*
- *Nichtigkeit, Unwirksamkeit oder Anfechtbarkeit der Gesellschaft, wenn diese als wirksam in Vollzug gesetzt worden ist („fehlerhafte Gesellschaft"), wobei dieser wichtige Grund von beiden Gesellschaftern geltend gemacht werden kann*[32].

(2) Der Gesellschafter, der selbst die Veranlassung zur Kündigung aus wichtigem Grund gegeben hat, ist nicht zur Kündigung berechtigt.

(3) Die Kündigung hat schriftlich zu erfolgen.

§ 12 Beendigung – Auseinandersetzung[33]

(1) Bei Beendigung der Gesellschaft ist der stille Gesellschafter abzufinden.

(2) Zur Ermittlung der Abfindung ist auf den Tag der Beendigung der stillen Gesellschaft eine Auseinandersetzungsbilanz auf der Grundlage der in §§ 5 f. genannten Grundsätze aufzustellen; stille Reserven sind nicht zu berücksichtigen[34].

(3) Diese Abfindung besteht aus:

- *der Rückzahlung der Einlage des stillen Gesellschafters nach Saldierung mit einem bestehenden Verlustgegenkonto;*
- *einem Anteil an dem Ergebnis der am Tag der Beendigung der Gesellschaft schwebenden Geschäfte, soweit sie bilanzierungsfähig sind*[35].

(4) Ergibt sich bei dieser Berechnung ein negativer Saldo, ist dieser von dem stillen Gesellschafter in Höhe seiner Verlustbeteiligung (§ 7 Abs. 1 Satz 3) auszugleichen.

(5) Scheidet ein Gesellschafter während des Geschäftsjahres aus, so sind die zum letzten Bilanzstichtag vor seinem Ausscheiden ermittelten Kontenstände, bereinigt um zwischenzeitliche Entnahmen und Einlagen, maßgeblich. Am Geschäftsergebnis des laufenden Geschäftsjahres ist der stille Gesellschafter zeitanteilig nach den vereinbarten Ergebnisermittlungsgrundsätzen beteiligt. Der anteilige Gewinn oder Verlust erhöht oder vermindert sein Abfindungsguthaben.

§ 13 Auszahlung der Abfindung

(1) Wird die Gesellschaft wegen eines vom Geschäftsinhaber zu vertretenden wichtigen Grundes aufgelöst, sind die Ansprüche des stillen Gesellschafters sofort zu erfüllen. In den übrigen Fällen entsteht der Anspruch auf Auszahlung des Guthabens des stillen Gesellschafters mit der Auflösung der stillen Gesellschaft; die Auszahlung kann jedoch bis zu . . . Monate nach diesem Termin erfolgen[36]*. Für diesen Zeitraum ist das Guthaben mit . . . % über dem jeweils Basiszinssatz p.a. zu verzinsen. Die Zinsen werden mit den Raten fällig. Der Geschäftsinhaber ist berechtigt, das Abfindungsguthaben jederzeit ganz oder teilweise vor der Fälligkeit auszuzahlen.*

---

32 Erg. Rz. 108.

33 Wegen der bloß schuldrechtlichen Beteiligung des stillen Gesellschafters kommt es nicht zu einer Liquidation im eigentlichen Sinn, auch dann nicht, wenn eine atypische stille Beteiligung eingegangen worden ist.

34 Rz. 198. Um Berechnungsschwierigkeiten zu vermeiden, kann auch an die Vereinbarung eines Pauschalbetrags gedacht werden; jedoch ist Vorsicht geboten.

35 Schwebende Geschäfte, aus denen ein Verlust zu erwarten ist, sind gleichfalls zu berücksichtigen (Döllerer BB 1974, 1541). Die Beteiligung des stillen Gesellschafters am Ergebnis schwebender Geschäfte kann pauschaliert oder vollständig ausgeschlossen werden; Einzelheiten s. Rz. 200 ff.

36 Denkbar ist eine ratenweise Auszahlungsregelung.

(2) Wird die der Auseinandersetzung zugrunde zu legende Steuerbilanz nachträglich durch eine steuerliche Außenprüfung geändert, ist der stille Gesellschafter an einem dadurch entstehenden Mehrgewinn auch nach seinem Ausscheiden in Höhe seines Gewinnbezugsrechts zu beteiligen. Für Mindererergebnisse gilt entsprechendes.

(3) Unabhängig von den vorstehenden Bestimmungen ist das Privatkonto des stillen Gesellschafters mit der Beendigung der stillen Gesellschaft auszuzahlen.

§ 14 Informations- und Kontrollrechte des stillen Gesellschafters

Dem stillen Gesellschafter stehen die Rechte nach § 716 BGB zu[37]*. Außerdem ist er berechtigt, den Jahresabschluss des Geschäftsinhabers und die Buchführung durch einen Wirtschaftsprüfer oder eine Wirtschaftsprüfungsgesellschaft prüfen zu lassen. Diese Überwachungsrechte stehen ihm auch nach Auflösung des Gesellschaftsverhältnisses bis zur endgültigen Festsetzung des Abfindungsguthabens zu*[38]*. Die Kosten der Prüfung werden von ihm getragen.*

§ 15 Verschwiegenheitspflichten

Über die Angelegenheiten der Gesellschaft hat der stille Gesellschafter Stillschweigen zu bewahren. Diese Verpflichtung gilt auch für die Dauer von ... Jahren nach Beendigung der Gesellschaft, es sei denn, das Interesse des Geschäftsinhabers ... erfordert keine Erfüllung dieser Verpflichtung[39]*.*

§ 16 Wettbewerbsverbot[40, 41]

(1) Während des Bestehens der stillen Gesellschaft ist der Geschäftsinhaber nicht berechtigt, in ... (Beschreibung der räumlichen Grenzen dieses Wettbewerbsverbots) ein Handelsgewerbe, dessen Gegenstand mit dem dieser Gesellschaft identisch ist, zu errichten oder sich an einem solchen in irgendeiner Form zu beteiligen.

(2) Handelt der Geschäftsinhaber dieser Verpflichtung in irgendeiner Form zuwider, hat er dem stillen Gesellschafter für jeden Fall der Verletzung eine Vertragsstrafe von ... Euro (in Worten: ... Euro) zu zahlen, wobei das Recht zur Geltendmachung eines weiteren Schadens unberührt bleibt. Außerdem ist der stille Gesellschafter zur fristlosen Kündigung dieses Gesellschaftsvertrags berechtigt.

§ 17 Sicherung der Ansprüche des stillen Gesellschafters[42]

Zur Sicherung der Ansprüche des stillen Gesellschafters aus diesem Vertrag übernimmt ... (Bezeichnung des Bürgen) die selbstschuldnerische Bürgschaft. Eine entsprechende Bürgschaftsurkunde ist diesem Vertrag als Anlage beigefügt.

§ 18 Kosten des Vertrags

Die Kosten dieses Vertrags übernimmt der Geschäftsinhaber.

§ 19 Schlussbestimmungen

(1) Vertragsänderungen bedürfen der Schriftform.

(2) Die Ungültigkeit einzelner Bestimmungen dieses Vertrags berührt seine Wirksamkeit im ganzen nicht, vielmehr ist an Stelle der unwirksamen Bestimmung oder zur Ausfüllung einer Lücke eine an-

---

37 Hierin liegt eine Erweiterung des gesetzlichen Informations- und Kontrollrechts. Jedoch sind auch Beschränkungen des in § 233 HGB gesetzlich umschriebenen Rechts möglich.

38 Diese Erweiterung ist erforderlich, weil die gesetzlich vorgesehenen Befugnisse (§ 233 HGB) oder vereinbarte Befugnisse diesen Fall nicht abdecken, insbesondere wenn eine Beteiligung an dem Ergebnis schwebender Geschäfte vorgesehen ist.

39 Zur Absicherung dieser Verpflichtung kann im Einzelfall (für jeden Fall der Zuwiderhandlung) eine Vertragsstrafe vereinbart werden.

40 Die Aufnahme eines Wettbewerbsverbots empfiehlt sich, weil §§ 112 f. HGB nicht analog anzuwenden sind.

41 Zu nachvertraglichen Wettbewerbsverboten, deren Regelungsrahmen durch Art. 12 und 14 GG, § 138 BGB und § 1 GWB eingeschränkt ist, OLG Hamburg BB 1979, 1163 (betreffend KG).

42 S. als Muster für die selbstschuldnerische Bürgschaft **M 25.2**. Es sind die verschiedensten Formen der Sicherstellung denkbar, vgl. Rz. 132.

gemessene Regelung durch die Vertragschließenden zu vereinbaren, die der am nächsten kommt, was dieselben gewollt haben oder nach dem Sinn und Zweck des Vertrages gewollt haben würden, sofern sie die Ungültigkeit der Bestimmung bzw. die Lücke bedacht hätten.

. . . (Ort, Datum)

. . . (Unterschriften der Gesellschafter)

Als selbstschuldnerischer Bürge

. . . (Unterschrift)

Anlagen:

Bürgschaftsurkunde

Jahresabschluss auf den . . . des Geschäftsinhabers

Kosten: *Notargebühr:* Bei Beurkundung 2,0-Gebühr gem. Nr. 21100 KV GNotKG, mindestens 60 Euro. Geschäftswert gem. §§ 97 Abs. 1, 107 Abs. 1 GNotKG (Bareinlage des stillen Gesellschafters); mindestens 30 000 Euro, höchstens 10 Mill. Euro.

M 116.2 Gesellschaftsvertrag über eine stille Beteiligung am Geschäftsbetrieb einer GmbH (atypische stille Gesellschaft)

(Gesondertes notarielles Beurkundungsprotokoll)[1]

Einleitung

Der Gesellschaftsvertrag der „... GmbH" trifft Bestimmungen, nach denen nur ein bestimmter Personenkreis Anteilseigner der Gesellschaft (nachstehend „GmbH" genannt) sein kann. Dieser Personenkreis umfasst . . . (Bezeichnung des Personenkreises). Andere Personen sind von jeglicher direkten Beteiligung an der „GmbH" ausgeschlossen. Damit soll erreicht werden, dass die familiäre Geschlossenheit des Unternehmens dauernd gewahrt wird und dass familienfremde Einflüsse auf die Führung der Gesellschaft ausgeschlossen bleiben[2].

Dies vorausgeschickt, schließen die GmbH einerseits, vertreten durch den allein vertretungsberechtigten Geschäftsführer, . . . (Name, Adresse)[3]

– nachfolgend: GmbH –

. . ., und andererseits

1. . . . (Name, Adresse)[4],

2. . . . (Name, Adresse),

– nachfolgend jeweils: Stiller Gesellschafter –

---

1 Da im vorliegenden Fall die stillen Gesellschafter von ihrem Vater die zur Leistung ihrer Einlage erforderlichen Beträge durch Schenkung erhalten (§ 2 Abs. 1 Satz 2 dieses Musters), bedarf nach der Rspr. die Schenkung – **nicht der Gesellschaftsvertrag** – der notariellen Beurkundung nach § 518 Abs. 1 BGB, die auch für die steuerliche Anerkennung eine unerlässliche Voraussetzung bildet (Rz. 105).

2 Die Einleitung sollte das nach den Einzelumständen verfolgte Ziel knapp voranstellen.

3 Wegen der schuldrechtlichen Natur kann nach hM die Geschäftsführung in vertretungsberechtigter Zahl den Vertrag über eine typische stille Gesellschaft abschließen. Ein Beschluss der Gesellschafterversammlung ist nicht erforderlich. Demgegenüber hat bei einem Vertrag über eine atypische stille Gesellschaft, durch den dem stillen Gesellschafter Mitverwaltungs- und Vermögensbeteiligungsrechte eingeräumt werden, die Gesellschafterversammlung zuzustimmen: vgl. § 17 dieses Musters sowie Rz. 78.

4 Es soll sich um minderjährige Kinder des Gesellschafter-Geschäftsführers handeln. Sachverhaltsmäßig wird im Muster unterstellt, dass der Vater seinen beiden Söhnen die stillen Beteiligungen durch „Umbuchung" der entsprechenden Beträge schenkt (vgl. § 2 Abs. 1).

vertreten durch den gerichtlich bestellten Pfleger[5], ... (Name), den nachstehenden Gesellschaftsvertrag über eine stille Beteiligung am Geschäftsbetrieb der GmbH, der mit Wirkung vom 1.1.20 ... gilt:

§ 1 Errichtung

(1) Die Erschienenen errichten atypische stille Gesellschaften[6], in der Weise, dass ... (Namen der Begünstigten) durch Leistung der in § 2 Abs. 1 näher bezeichneten Einlagen, die in das Vermögen der GmbH als Inhaberin des Handelsgeschäfts übergehen[7], an dem Handelsgewerbe der GmbH beteiligt werden.

(2) Außer an den Erträgen der GmbH sind die stillen Gesellschafter auch an deren Vermögen beteiligt[8].

§ 2 Einlagen, Konten

(1) Jede der stillen Gesellschafterinnen leistet eine Bareinlage iHv. ... (Betrag) Euro (in Worten: ... Euro). Die zur Leistung der Einlage erforderlichen Mittel werden ihnen von ihrem Vater geschenkt und in der Weise erbracht, dass die entsprechenden Beträge von dessen bei der GmbH unterhaltenen Darlehenskonto umgebucht werden.

(2) Die Einlagen werden den Einlagekonten der stillen Gesellschafter gutgeschrieben[9].

(3) Außerdem werden für die stillen Gesellschafter Privatkonten geführt[10]. Auf den Privatkonten werden Gewinne, Entnahmen und Zinsen gebucht. Sie sind im Soll und Haben mit ... % p.a. zu verzinsen.

(4) Auf die stillen Gesellschafter entfallende Verluste werden gesonderten Verlustkonten belastet. Sind Verlustkonten belastet, werden zukünftige Gewinnanteile dem Verlustkonto so lange gutgeschrieben, bis sie ausgeglichen sind.

(5) Eine Haftung über den Betrag der Einlage ist ausgeschlossen.

§ 3 Erhöhung des Stammkapitals und der stillen Einlage

(1) Erhöht die GmbH ihr derzeitiges Stammkapital[11] von ... Euro, kann jeder stille Gesellschafter seine Einlage bis zu einem Betrag erhöhen, der dasselbe Verhältnis zum erhöhten Stammkapital schafft, wie es heute im Verhältnis von ... Euro zu dem derzeitigen Stammkapital besteht. Für weitere Kapitalerhöhungen gilt Entsprechendes.

(2) Die stillen Gesellschafter werden von dem Kapitalerhöhungsbeschluss unverzüglich unterrichtet.

---

5 Da der Vater des stillen Gesellschafters als deren gesetzlicher Vertreter diese wegen des Verbots des Selbstkontrahierens nicht vertreten kann, ist für minderjährige Kinder ein Ergänzungspfleger zu bestellen (§§ 1630 Abs. 2 Satz 1, 181, 1909 BGB; Rz. 87 ff.). Im Muster handelt es sich um eine atypische stille Gesellschaft mit Verlustbeteiligung; nach der Rspr. ist auch die Einholung der familiengerichtlichen Genehmigung erforderlich (Rz. 92 ff.).

6 Mehrere still an einem Handelsgeschäft Beteiligte können jeder für sich in ein stilles Beteiligungsverhältnis zu dem Geschäftsinhaber treten oder können sich zusammenschließen und mit dem Geschäftsinhaber einen einheitlichen stillen Beteiligungsvertrag schließen; zu weiteren Einzelheiten Rz. 16 f. Das Muster legt mehrere unabhängige atypische stille Gesellschaftsverhältnisse zugrunde.
Der Hinweis auf den atypischen Charakter der stillen Gesellschaft hat nur deklaratorischen Charakter, bezweckt jedoch eine Einordnung des Beteiligungsverhältnisses gleich von Beginn an.

7 Durch die Wiederholung des Wortlauts des § 230 Abs. 1 HGB wird klargestellt, dass es sich hier nicht um eine gesellschaftsrechtliche Beteiligung an der GmbH selbst handelt.

8 Die Beteiligung des stillen Gesellschafters am Vermögen des Geschäftsinhabers ist ein wesentliches Indiz für die Annahme einer atypischen stillen Beteiligung. Gleichwohl erfolgt diese Vermögensbeteiligung nur mit schuldrechtlicher, nicht aber mit dinglicher Wirkung.

9 In der Bilanz der Gesellschaft, an der die atypische stille Beteiligung besteht, ist die Einlage nicht als Verbindlichkeit, sondern als Sonderposten zwischen dem Eigenkapital und den Verbindlichkeiten auszuweisen (Rz. 33; str.).

10 Zum Charakter des Privatkontos **M 116.1** § 2 Fn. 11.

11 Ggf. ist abstrakter auf alle Formen einer Kapitalveränderung abzustellen.

(3) Ihre Entscheidung über eine Erhöhung ihrer Einlagen haben die stillen Gesellschafter der GmbH binnen vier Wochen nach Zugang der Mitteilung über die Kapitalerhöhung durch eingeschriebenen Brief mitzuteilen. Der Erhöhungsbetrag ist binnen weiterer vier Wochen an die GmbH zu leisten[12].

§ 4 Dauer

Die stille Gesellschaft ist bis zum 31.12.20 . . . fest vereinbart. Sie verlängert sich um jeweils . . . Jahre, wenn sie nicht spätestens ein Jahr vor Vertragsablauf durch eingeschriebenen Brief gekündigt wird.

§ 5 Geschäftsjahr

(1) Geschäftsjahr ist das Kalenderjahr[13].

(2) Das erste Geschäftsjahr ist ein Rumpfwirtschaftsjahr und beginnt mit der Unterzeichnung dieses Vertrages und endet am 31.12.20 . . .[14].

§ 6 Geschäftsführung, Vertretung

Zur Geschäftsführung und Vertretung der Gesellschaft, auch bei außergewöhnlichen[15] *Maßnahmen, ist allein*[16] *die GmbH berechtigt und verpflichtet*[17].

§ 7 Aufstellung des Jahresabschlusses

(1) Spätestens innerhalb von . . . (drei)[18] *Monaten nach Ablauf des Geschäftsjahres haben die Geschäftsführer der GmbH für das abgelaufene Geschäftsjahr deren Jahresabschluss aufzustellen*[19] *und dem stillen Gesellschafter abschriftlich mitzuteilen. Soweit der Jahresabschluss von einem Ab-*

---

12 In den Vertrag kann folgende Bestimmung für den Fall des Scheiterns einer Kapitalerhöhung aufgenommen werden: *„Wird die Kapitalerhöhung endgültig nicht in das Handelsregister eingetragen und ist sie damit gescheitert, entfällt auch die Einlageerhöhungsverpflichtung und -berechtigung der stillen Gesellschafterinnen."*
Die Vereinbarung einer Sanktion (zB Kündigung der stillen Beteiligung) kann für den Fall sinnvoll sein, dass sich die stillen Gesellschafter nicht an einer (wirtschaftlich gebotenen) Kapitalerhöhung beteiligen.

13 Dieses sollte sich mit dem Geschäftsjahr der Hauptgesellschaft decken, um unnötigen Rechnungslegungsaufwand zu vermeiden.

14 Zwar gibt es keinen eigenen Jahresabschluss der stillen Gesellschaft wegen des fehlenden gesamthänderischen Vermögens. Geschäftsjahresbestimmungen für die stille Gesellschaft sind aber sinnvoll, um die Ergebnisabrechnung zwischen dem Inhaber des Handelsgeschäfts und dem Stillen auf eine rechnerisch klare Grundlage zu stellen.

15 Diese umfassende Befugnis folgt bei dem Muster aus dem mit der Begründung der stillen Gesellschaft verfolgten Ziel (vgl. die Einl. des Textes zu diesem Muster). Die Geschäftsführungs- und Vertretungsbefugnis kann begrenzt werden (vgl. **M 116.1** § 4). Zu immanenten Grenzen der Geschäftsführung Rz. 101 f.

16 Der Ausschluss jeder Beteiligung an Geschäftsführungsmaßnahmen kann den Charakter als atypische stille Beteiligung in Frage stellen, was im Rahmen des Musters nicht abschließend beantwortet werden soll. Das Muster berührt den Schnittpunkt zwischen der typischen und der atypischen stillen Gesellschaft; wesentliches Einordnungs- und Abgrenzungskriterium ist die Beteiligung an den stillen Reserven und am Liquidationserlös der GmbH bei Auflösung.

17 Es erscheint bedenklich, wenn nicht sogar ausgeschlossen, der GmbH als Geschäftsführerin eine Geschäftsführungsvergütung für Tätigkeiten im Rahmen der stillen Gesellschaft zuzugestehen, da deren Geschäftsführer bereits eine Vergütung der GmbH erhält.

18 § 264 Abs. 1 Satz 2 HGB.

19 Es gibt keinen handelsrechtlichen Jahresabschluss der atypischen stillen Gesellschaft. Steuerlich werden demgegenüber unterschiedliche Auffassungen vertreten: Döllerer DStR 1985, 295 ff.; Knobbe-Keuk, Bilanz- und Unternehmenssteuerrecht, 9. Aufl. 1993, § 9 II 4c bb, S. 401 ff. sowie Rz. 234.
Besondere Bilanzierungsbestimmungen sind auf Grund der bestehenden handelsrechtlichen Regeln nicht erforderlich, wenn die stille Gesellschaft an einer Kapitalgesellschaft begründet wird. Anders kann es in Sonderfällen und bei der Begründung einer stillen Gesellschaft an einem Einzelunternehmen oder einer Personengesellschaft sein, weil für diese nur die allgemeinen Bilanzierungsregeln (§§ 238–256 HGB) gelten, die dem Geschäftsinhaber uU bedeutende Bewertungsspielräume einräumen.

schlussprüfer zu prüfen ist[20]*, ist dessen Prüfungsbericht ebenfalls zu übersenden. Einwendungen gegen den Jahresabschluss hat ein stiller Gesellschafter binnen ... Wochen nach Zugang dieses Prüfungsberichts gegenüber der GmbH schriftlich geltend zu machen.*

(2) Ist der Jahresabschluss von einem Abschlussprüfer zu prüfen, hat sich diese Prüfung auch auf die Einhaltung der Gewinn- und Verlustbeteiligungsbestimmungen nach § 8 zu erstrecken.

§ 8 Gewinn- und Verlustbeteiligung der stillen Gesellschafter

(1) Die stillen Gesellschafter sind am Gewinn und Verlust beteiligt, am Verlust jedoch nur in Höhe ihrer jeweiligen Einlage. Soweit Verlustgegenkonten belastet sind, werden Gewinnanteile auf diesen Konten verbucht, bis diese ausgeglichen sind.

(2) Maßgebend für die Gewinn- und Verlustbeteiligung ist die Handelsbilanz der GmbH[21]*, vor Berücksichtigung der auf die stillen Gesellschafterinnen entfallenden Gewinn- oder Verlustbeteiligungen.*

(3) Verteilungsmaßstab ist das Verhältnis der Einlagen abzüglich eventuell bestehender Verlustkonten der stillen Gesellschafter zum Stammkapital der GmbH[22]*.*

§ 9 Entnahmen

(1) Die stillen Gesellschafter sind während eines Geschäftsjahres zu Entnahmen in Anrechnung auf den zu erwartenden Gewinn oder unter Inanspruchnahme bestehender Guthaben auf ihrem Privatkonto berechtigt, soweit sie zur Bestreitung des angemessenen Lebensunterhalts, der mit der stillen Beteiligung verbundenen persönlichen Steuern und der etwaigen Berufsausbildungskosten benötigt werden. Bei allen Entnahmen ist auf die wirtschaftliche Lage der Gesellschaft Rücksicht zu nehmen.

(2) Haben die stillen Gesellschafter während eines Geschäftsjahres mehr entnommen, als der Gewinnanteil des betreffenden Geschäftsjahres oder ein etwaiges Guthaben auf dem Privatkonto ausmachen, so vermindert sich im darauffolgenden Geschäftsjahr der Entnahmebetrag in dieser Höhe.

(3) In Verlustjahren ist den stillen Gesellschaftern, soweit Guthaben auf ihren Privatkonten nicht zur Verfügung stehen, eine Mindestentnahme zur Bestreitung ihrer angemessenen persönlichen Bedürfnisse sowie zur Bezahlung der mit der stillen Beteiligung verbundenen persönlichen Steuern gestattet.

§ 10 Verfügungen über Gesellschaftsrechte

Verfügungen über den Anteil eines stillen Gesellschafters sind nur zu Gunsten eigener Abkömmlinge gestattet[23]*.*

§ 11 Tod einer stillen Gesellschafterin

Die stille Gesellschaft wird durch den Tod eines stillen Gesellschafters nicht aufgelöst[24]*. Sie wird vielmehr mit dessen Erben oder Vermächtnisnehmern fortgesetzt, soweit Erben oder Vermächtnisnehmer Abkömmlinge der Verstorbenen sind. Andere Erben oder Vermächtnisnehmer scheiden mit dem Tod des stillen Gesellschafters, an deren Stelle sie getreten sind, aus der Gesellschaft aus*[25]*.*

20 § 316 Abs. 1 Satz 1 HGB.

21 Zur Frage, ob auf den handelsrechtlichen oder den steuerlichen Jahresabschluss abgestellt werden soll, spielt bei der atypischen stillen Gesellschaft keine Rolle, da der atypisch still beteiligte Gesellschafter an den stillen Reserven und einem Geschäftswert beteiligt ist. Zu klären ist allerdings, wer die Gewerbesteuer zu tilgen hat (vgl. Rz. 154, 246 f.).

22 Es wird unterstellt, dass bei Begründung der stillen Gesellschaft keine darüber hinausgehenden Eigenkapitalposten bestanden, weil sonst andere Gewinnverteilungsgrundsätze anzugeben sind.

23 Einzelheiten Rz. 178 ff.

24 Klarstellende Wiederholung von § 234 Abs. 2 HGB.

25 Vgl. Rz. 182.

§ 12 Kündigung aus wichtigem Grund[26]

(1) Die stille Gesellschaft kann außerdem von jedem Gesellschafter jederzeit ohne Einhaltung einer Frist bei Vorliegen eines wichtigen Grundes gekündigt werden. Als wichtiger Grund gilt insbesondere:

- *Auflösung der GmbH,*
- *Rechtsformwechsel der GmbH durch Umwandlung oder Verschmelzung,*
- *Aufnahme neuer Gesellschafter in die GmbH (durch Kapitalerhöhung),*
- *Eröffnung des Insolvenzverfahrens über das Vermögen eines Gesellschafters,*
- *Zwangsvollstreckung in die Gesellschaftsrechte eines stillen Gesellschafters, wenn diese Maßnahme nicht binnen ... Monaten wieder aufgehoben ist.*

(2) Unabhängig von den Kündigungsgründen nach Abs. 1 kann jeder stille Gesellschafter das Gesellschaftsverhältnis mit einer Frist von ... Monaten zum Schluss des Geschäftsjahres kündigen.

...

(3) Die Kündigung hat schriftlich zu erfolgen.

(4) Wird nur durch einen stillen Gesellschafter gekündigt oder kündigt die GmbH nur einem stillen Gesellschafter, so hat diese Kündigung lediglich die Beendigung des stillen Gesellschaftsverhältnisses mit dem betreffenden stillen Gesellschafter zur Folge.

§ 13 Beendigung – Auseinandersetzung

(1) Bei Beendigung eines der stillen Gesellschaftsverhältnisse steht dem ausscheidenden stillen Gesellschafter eine Abfindung zu.

(2) Auf den Tag der Beendigung hat die GmbH eine Auseinandersetzungsbilanz aufzustellen, in der sämtliche Posten einschließlich eines eventuellen Firmenwertes zu Verkehrswerten anzusetzen sind, wobei davon auszugehen ist, dass die GmbH ihr Geschäft fortführt.

(3) Der Abfindungsanspruch besteht aus:

- *dem Saldo des Einlagekontos, vermindert um den Betrag eines ggf. bestehenden Verlustgegenkontos, sowie dem Habensaldo des Privatkontos*[27]*,*
- *einem Anteil an den stillen Reserven der Vermögensgegenstände des Handelsgewerbes und an einem bestehenden Firmenwert*[28]*,*
- *dem anteiligen Ansatz eines Geschäftswerts.*

(4) An den zur Zeit der Auflösung der stillen Gesellschaft schwebenden und noch nicht realisierten Geschäften ist die ausscheidende stille Gesellschafterin beteiligt[29]*. Scheidet ein Gesellschafter während des Geschäftsjahres aus, so sind die zum letzten Bilanzstichtag vor seinem Ausscheiden bestehenden Kontenstände bereinigt um zwischenzeitliche Entnahmen und Einlagen maßgeblich. Am Geschäftsergebnis ist der stille Gesellschafter zeitanteilig nach den vereinbarten Ermittlungsgrundsätzen beteiligt. Das anteilige Ergebnis erhöht oder vermindert sein Abfindungsguthaben.*

(5) Der Anteil an den stillen Reserven richtet sich nach dem Verhältnis des Buchwertes der Einlage des ausscheidenden stillen Gesellschafters abzüglich eines nicht ausgeglichenen Verlustkontos zum gesamten buchmäßigen Eigenkapital der GmbH.

---

26 Erg. zu wichtigen Kündigungsgründen Rz. 189.

27 Da der Stille nach dem Vertragsmuster nicht über den Betrag seiner Kapitaleinlage hinaus haftet (§ 2 Abs. 5), mindert ein das Einlagekonto übersteigender Verlust nicht den Rückzahlungsbetrag des Privatkontos.

28 Statt auf der Grundlage einer Auseinandersetzungsbilanz kann auch die Bewertung der Einlage zB nach den Bestimmungen des BewG vereinbart werden, zB: *„Bei der Berechnung des Auseinandersetzungsguthabens ist die Einlage des stillen Gesellschafters gemäß Einlagekonto mit dem Hundertsatz zu bewerten, der nach dem Bewertungsgesetz und den dazu ergangenen Richtlinien (Stuttgarter Verfahren) auf den Tag des Ausscheidens (oder: den letzten vor dem Ausscheiden maßgebenden Bewertungsstichtag) entspricht."* Zu weiteren Einzelheiten der Auseinandersetzungsermittlung Baumbach/Hopt § 235 HGB Rz. 1.

29 Ein Ausschluss der in § 235 Abs. 2 HGB getroffenen Regelung ist möglich, stellt aber die Annahme einer atypischen stillen Gesellschaft in Frage.

(6) Auf Verlangen eines ausscheidenden stillen Gesellschafters ist diese Auseinandersetzungsbilanz durch einen Wirtschaftsprüfer oder eine Wirtschaftsprüfungsgesellschaft zu prüfen, der/die im Streitfall als Schiedsgutachter entscheidet. Die dadurch verursachten Kosten sind von der Gesellschaft zu tragen, soweit sich die Differenzen in der von der GmbH aufgestellten Abfindungsbilanz und der geprüften Bilanz von mehr als ... Euro bei der Bilanzsumme ergeben.

(7) Die vorstehenden Abfindungsregeln gelten nicht für die Erben oder Vermächtnisnehmer eines stillen Gesellschafters, mit denen gem. § 11 dieses Vertrags die stille Gesellschaft nicht fortgesetzt wird und die vielmehr aus der Gesellschaft ausscheiden. Diese erhalten nur den Nominalbetrag der Einlage nach Verrechnung mit einem eventuell bestehenden Verlustkonto und die auf dem Privatkonto bestehenden Guthaben bzw. die ihnen daran zustehenden Anteile.

(8) Das nach den vorstehenden Bestimmungen ermittelte Auseinandersetzungsguthaben ist dem ausscheidenden stillen Gesellschafter in ... Jahresbeträgen auszuzahlen, wovon ein Betrag von ... Euro innerhalb zweier Monate von dem Tag an, an dem das stille Gesellschaftsverhältnis beendigt wird, zur Auszahlung gelangen müssen, während der Rest in ... gleichen Teilbeträgen jeweils ein Jahr später zu entrichten ist. Die GmbH kann das Auseinandersetzungsguthaben auch in kürzerer Frist zurückzahlen.

(9) Die von der GmbH geschuldeten Abfindungsbeträge sind vom Tag der Beendigung des Gesellschaftsverhältnisses an mit 3 % über dem jeweiligen Basiszinssatz, jedoch nicht mit mehr als ... %, zu verzinsen. Die Zinsen sind jeweils am 31. Dezember eines Jahres zu entrichten, erstmals an dem der Beendigung des Gesellschaftsverhältnisses folgenden 31. Dezember.

(10) Wird das Ergebnis der GmbH – auch nach dem Ausscheiden – durch eine steuerliche Außenprüfung geändert, ist der stille Gesellschafter an einem dadurch entstehenden Mehrgewinn in Höhe seines Gewinnbezugsrechts zu beteiligen. Für Mindererergebnisse gilt entsprechendes.

§ 14 Beendigung der stillen Gesellschaft bei Auflösung der GmbH

Wird die stille Gesellschaft durch Auflösung der GmbH beendet oder erfolgt die Beendigung zugleich mit der Auflösung, so steht dem stillen Gesellschafter statt einer Abfindung eine Beteiligung am Liquidationserlös der GmbH zu, die sich nach dem in § 13 Abs. 3 und 4 aufgeführten Verhältnis bestimmt[30]*.*

§ 15 Informationsrechte der stillen Gesellschafter

(1) Weitere als die in § 716 BGB aufgeführten Überwachungsrechte stehen den stillen Gesellschaftern nicht zu.

(2) Die Informationsrechte nach Abs. 1 können von einem stillen Gesellschafter auch nach der Auflösung des Gesellschaftsverhältnisses bis zur Beendigung der Auseinandersetzung ausgeübt werden[31]*. Dadurch verursachte Kosten trägt der dies beantragende stille Gesellschafter.*

§ 16 Rechtsformänderung der GmbH

Das stille Gesellschaftsverhältnis wird nicht beendet, wenn die GmbH durch Umwandlung oder Verschmelzung aufgelöst und ihr Vermögen auf ein Unternehmen anderer Rechtsform übertragen wird. In diesem Fall setzt sich das stille Gesellschaftsverhältnis an dem neuen Unternehmen fort[32]*.*

§ 17 Wirksamwerden

Die vorliegende Vereinbarung wird erst durch einen zustimmenden Beschluss der Gesellschafterversammlung der GmbH wirksam. Herr ... (Name des Geschäftsführers) wird zu diesem Zweck den vorliegenden Vertrag den Gesellschaftern der GmbH zur Zustimmung vorlegen. Ausfertigungen des Zustimmungsbeschlusses werden den stillen Gesellschaftern und dem beurkundenden Notar be-

30 Der atypische Charakter der hier vereinbarten stillen Gesellschaft kommt auch in dieser Gleichstellung des stillen Gesellschafters mit den GmbH-Gesellschaftern für den Fall der Auflösung zum Ausdruck.

31 Zur Rechtfertigung dieser über das Gesetz hinausgehenden Vertragsbestimmung **M 116.1** § 14 Satz 3 Fn. 38, Rz. 202.

32 Nach dem Muster besteht jedoch in diesem Fall ein Grund zur Kündigung aus wichtigem Grund: § 12 Abs. 1 Satz 2.

kannt gegeben. Mit Zugang des Zustimmungsbeschlusses beim beurkundenden Notar wird die vorliegende Vereinbarung wirksam, soweit zu diesem Zeitpunkt auch die vormundschaftsgerichtlichen Genehmigungen vorliegen.

§ 18 Kosten

Die mit dieser Vereinbarung verbundenen Kosten trägt die GmbH.

§ 19 Schlussbestimmungen

(1) Falls einzelne Bestimmungen des vorliegenden Vertrags unwirksam sind oder werden sollten, sind sie derart umzudeuten bzw. zu ergänzen, dass der mit der betroffenen Bestimmung verbundene wirtschaftliche Zweck weitestgehend erreicht wird. Die Gültigkeit der übrigen Bestimmungen wird dadurch nicht berührt.

(2) Änderungen oder Ergänzungen dieses Vertrags bedürfen der Schriftform.

(3) Die stillen Gesellschafter verpflichten sich, diesen Gesellschaftsvertrag sowie den Schiedsgerichtsvertrag durch den zu ihrer Vertretung bestellten Pfleger, Herrn . . ., zur Genehmigung dem Familiengericht vorzulegen und dessen erteilte Genehmigung der GmbH nachzuweisen.

(Schlussformel, Unterschriften)

Kosten: *Notargebühr:* 2,0-Gebühr gem. Nr. 21100 KV GNotKG, mindestens 60 Euro. Geschäftswert gem. §§ 97 Abs. 1, 107 Abs. 1, 36 GNotKG (Wert der prozentualen Beteiligung am Aktivvermögen ohne Schuldenabzug); mindestens 30 000 Euro, höchstens 10 Mill. Euro.

Kapitel 117 Unterbeteiligung

Literatur: *Blaurock*, Unterbeteiligung und Treuhand an Gesellschaftsanteilen, 1981; *Henn*, Die Unterbeteiligung in der GmbH, 1996; *Groh*, Die Bilanz der Unterbeteiligungsgesellschaft, in FS Priester, 2007, S. 107; *Tebben*, Die Unterbeteiligung an einer Personengesellschaft, 1978; *Tebben*, Unterbeteiligung und Treuhand an Gesellschaftsanteilen, 2000; *Thomsen*, Die Unterbeteiligung an einem Personengesellschaftsanteil, 1978; *Weigl*, Stille Gesellschaft und Unterbeteiligung, 3. Aufl. 2012; *Zapp*, Die Unterbeteiligung am mittelständischen Unternehmen; s. auch Literaturhinweise in Kap. 116.

I. Grundsätze

1. Begriff

1 Unterbeteiligung ist die gesellschaftsrechtliche „Beteiligung an der Beteiligung" des Hauptgesellschafters auf der Grundlage eines Gesellschaftsvertrags (BGHZ 50, 316, 319; MünchKomm.HGB/K. Schmidt § 230 HGB Rz. 192 ff.). Eine Unterbeteiligung ist vorhanden, wenn auf Grund des zwischen dem Gesellschafter einer Kapital- oder Personengesellschaft (Hauptgesellschaft) und einem Unterbeteiligten zur Erreichung eines gemeinsamen Zwecks geschlossenen Gesellschaftsvertrags der Unterbeteiligte ohne Bildung eines Gesellschaftsvermögens mit einer Einlage an dem Anteil des Hauptgesellschafters beteiligt ist und eine Gewinnbeteiligung erhält. Damit sind vier **Voraussetzungen** erforderlich:

- Vorhandensein eines Hauptbeteiligten,
- Gesellschaftsvertrag zwischen dem Hauptbeteiligten und dem Unterbeteiligten,
- Beitrag/Einlage des Unterbeteiligten in die Hauptbeteiligung,
- Gewinnbeteiligung **und ggf.** Verlustbeteiligung (vgl. Rz. 42) des Unterbeteiligten.

Es handelt sich hierbei um eine besondere, im Gesetz **nicht ausdrücklich erwähnte** Form einer Gesellschaft des bürgerlichen Rechts in Form der **Innengesellschaft** (ua. Obermüller/Obermüller in FS Werner, 1984, S. 616; BGH BB 1994, 1597; Blaurock Rz. 30.1). Eine Unterbeteiligung kann am Gesellschaftsanteil einer OHG, KG, GmbH, AG, stillen Gesellschaft oder einem anderen Recht, das kein Gesellschaftsrecht darstellt (zB Darlehensforderung oder Erbteil) eingeräumt werden. **Ausgeschlossen** ist die Unterbeteiligung an der eigenen Beteiligung.

2 **Mehrstufige** (weitere Beteiligung an einer Unterbeteiligung) oder auch **mehrgliedrige** Unterbeteiligungen (Beteiligung mehrerer Unterbeteiligter an einer Hauptbeteiligung) sind möglich.

3 Die Unterbeteiligung erstreckt sich in aller Regel auf die Ergebnisteilung (Blaurock Rz. 30.2) der Hauptbeteiligung, den Auseinandersetzungsanspruch des Hauptgesellschafters und auf den etwaigen Liquidationserlös bei einer späteren Auflösung der Hauptgesellschaft.

2. Gesellschaftsform/Vermögensbindung

4 Die Unterbeteiligung besitzt als Innengesellschaft **kein** eigenes **gesamthänderisch gebundenes Vermögen.** Es bestehen nur schuldrechtliche Beziehungen zwischen den Gesellschaftern der Unterbeteiligungsgesellschaft, also zwischen dem Unterbeteiligten und dem Hauptgesellschafter. Der

Hauptgesellschafter bzw. der Hauptbeteiligte ist trotz des bestehenden Unterbeteiligungsverhältnisses alleiniger Gesellschafter der Hauptgesellschaft mit allen Rechten und Pflichten. Es muss eine Gewinnbeteiligung vorgesehen sein; eine **Verlustbeteiligung ist nicht Voraussetzung**.

3. Gesetzliche Grundlagen

Unterbeteiligungsverhältnisse sind **gesetzlich nicht ausdrücklich geregelt**. Zu entscheiden ist, welche Normen auf die Unterbeteiligung anzuwenden sind. §§ 230 ff. HGB greifen analog ein, was den Rückgriff auf bestimmte Vorschriften der §§ 705 ff. BGB nicht ausschließt, soweit sie kein Gesamthandsvermögen erfordern (BGH NJW-RR 1995, 165; BGHZ 50, 321; BFH BStBl. II 1974, 415; OLG Hamm NJW-RR 1994, 999; MünchKomm.HGB/K. Schmidt § 234 HGB Rz. 63 ff., § 236 HGB Rz. 31). 5

II. Abgrenzung von anderen Rechtsverhältnissen

Die Unterbeteiligung unterscheidet sich von der **stillen Gesellschaft** dadurch, dass der Unterbeteiligte in **keinerlei Rechtsbeziehungen zur Hauptgesellschaft** (Geschäftsinhaber), sondern nur zum Hauptgesellschafter steht (BGH WM 1966, 188, 190). Bei der stillen Gesellschaft geht es um die Beteiligung an einem Handelsunternehmen. So kann bei einer Einpersonengesellschaft in Form einer GmbH diese „mit sich selbst" ein stilles Gesellschaftsverhältnis eingehen; der Abschluss einer Unterbeteiligung an seinem „eigenen" Anteil ist dem (Einmann-)Gesellschafter versagt. 6

Sie ist auch von der **Abtretung** einer Beteiligung zu unterscheiden, bei der der Erwerber an die Stelle des Abtretenden in die Hauptgesellschaft eintritt. Es kann daher zB ein Unterbeteiligungsvertrag hinsichtlich eines Geschäftsanteils an einer GmbH formfrei abgeschlossen werden (OLG Schleswig GmbHR 2002, 652), während § 15 GmbHG für die Abtretung von Geschäftsanteilen die notarielle Form verlangt. 7

Die Abgrenzung zu **partiarischen Rechtsverhältnissen** ist nach den in Kap. 116 Rz. 21 dargestellten Grundsätzen vorzunehmen. Verlustbeteiligungen können nur im Rahmen eines Unterbeteiligungsverhältnisses vereinbart werden (MünchKomm.HGB/K. Schmidt § 230 HGB Rz. 201). 8

Das Unterbeteiligungsverhältnis kann mit einem **Treuhandverhältnis** (der Hauptbeteiligte hält die Beteiligung ausschließlich für fremde Rechnung) zusammentreffen, so insbesondere bei Publikumspersonengesellschaften (BGH NJW 1994, 2886, sowie Blaurock Rz. 30.12 mwN auch zur Abgrenzung zu **Publikums-Treuhandgesellschaften**). Im Grundsatz handelt es sich aber um verschiedene Vertragstypen, die sich durch das Vorhandensein bzw. Fehlen eines gemeinsamen Zwecks unterscheiden (Piehler in Hauschild/Kallrath/Wachter, Notarhandbuch Gesellschafts- und Unternehmensrecht, § 18 Rz. 101). 9

III. Motive für die Vereinbarung einer Unterbeteiligung

Ein praktisches Bedürfnis für die Vereinbarung einer Unterbeteiligung besteht in den Fällen, in denen nach dem Gesetz oder Gesellschaftsvertrag die **Übertragung** des Mitgliedschaftsrechts an der Gesellschaft erschwert ist, so zB bei einer OHG oder KG, bei der, vorbehaltlich abweichender Regelungen im Gesellschaftsvertrag, die Gesellschafterstellung als solche nur mit Zustimmung der Mitgesellschafter übertragen werden kann (§§ 717, 719 BGB) oder wenn die Unterbeteiligung an dem Gesellschaftsanteil des Hauptgesellschafters nach außen hin geheim bleiben soll. 10

Der Unterbeteiligte erwirbt **kein dingliches Recht** am Gesellschaftsvermögen, er ist rechtlich nur Gläubiger des Hauptgesellschafters. 11

Unterbeteiligungen werden oft eingegangen, wenn die gesetzliche oder vertragliche Unübertragbarkeit von Gesellschaftsbeteiligungen die Beteiligung eines Dritten ausschließt oder ein Wechsel im Gesellschafterbestand nicht gewünscht wird. 12

Die Unterbeteiligung ist besonders häufig bei **Familiengesellschaften** anzutreffen, wenn der **Gesellschafterkreis eng** gezogen bleiben soll, wie zB bei einer Familien-GmbH, deren Geschäftsantei- 13 le nach der Satzung bzw. § 15 Abs. 5 GmbHG nur mit Genehmigung der übrigen Gesellschafter oder der Gesellschaft abgetreten werden können.

14 **Weitere praktische Bedeutung** besitzt die Unterbeteiligung auch in Fällen, in denen von mehreren **Erben** nach dem Gesellschaftsvertrag nur einer in die Gesellschaft eintreten soll. In diesen Fällen stellt die Unterbeteiligung am Anteil des Hauptgesellschafters ein geeignetes Mittel zur **Abfindung weichender Erben** dar.

15 Ferner eignet sich die Unterbeteiligung als Gegenstand einer **vorweggenommenen Erbfolge**, wenn der Unternehmensnachfolger bereits zu Lebzeiten des Erblassers an dessen Beteiligungserträgen beteiligt werden soll, ohne schon die Gesamtbefugnis/Vollbesitz der Gesellschafterrechte zu erhalten, wobei auch erbschaftsteuerliche Überlegungen (Ausschöpfung der Freibeträge bei Vorabschenkungen) eine maßgebliche Rolle spielen. Sie dient weiter zum Ausgleich erbrechtlicher Ansprüche bei einer qualifizierten Nachfolgeklausel.

16 Weiterhin können **steuerliche Erwägungen** hinzutreten, um durch eine nach den Regeln des Steuerrechts anzuerkennende Verteilung von Gewinnen auf mehrere Personen die Steuerlast zu vermindern.

17 Möglich ist weiter, dass der Hauptgesellschafter zur **Finanzierung seiner Beteiligung** das erforderliche Kapital durch den Abschluss einer Unterbeteiligung beschafft oder ein aufgenommenes Darlehen durch diese absichert.

18 Bei **atypischer Ausgestaltung** (Rz. 21 ff.) kann die Unterbeteiligung ein Mittel darstellen, um den Unterbeteiligten an der Gesellschaftssubstanz zu beteiligen, was über ein „offenes Kreditverhältnis" hinausgeht.

IV. Formen der Unterbeteiligung

19 Hinsichtlich möglicher Gestaltungsformen ist – trotz Fehlen eines gesetzlichen Typus – gesellschafts- und steuerrechtlich zwischen der **typischen** und der **atypischen** Unterbeteiligung zu unterscheiden (MünchKomm.HGB/K. Schmidt § 230 HGB Rz. 207; Blaurock Rz. 30.15).

20 Bei der **typischen Unterbeteiligung** ist der Unterbeteiligte nur am Ertrag der Hauptbeteiligung beteiligt. Ihm wird eine bestimmte Quote des Gewinns überlassen. Die geleistete Einlage ist bei Vertragsende zurückzuzahlen. Veränderungen im Wert der typischen stillen Unterbeteiligung sollen nicht eintreten, was bei Wertsteigerungen während der Dauer des Beteiligungsverhältnisses fraglich ist.

20a ➲ **Praxistipp:** Der Gesellschaftsvertrag sollte diesbezüglich eine klare Regel aufstellen.

21 Bei der **atypischen Unterbeteiligung** steht dem Unterbeteiligten **schuldrechtlich** außer am Ertrag als Abfindungsguthaben auch ein **Anteil an der Substanz** (stille Reserven, Geschäftswert) der Beteiligung des Hauptgesellschafters zu. Daneben können ihm – mit schuldrechtlicher Wirkung – **Mitverwaltungsrechte** an der Beteiligung des Hauptgesellschafters eingeräumt werden, die jedoch nicht auf die Verwaltung an der Hauptgesellschaft „durchschlagen". Insgesamt trägt er bei der atypischen Beteiligungsform das **Unternehmerrisiko** des Hauptbeteiligten mit oder sogar allein. Dabei umfasst das Unternehmerrisiko nach ständiger höchstrichterlicher Finanzrechtsprechung stets die Entfaltung von (Mit-)Unternehmerinitiative und (Mit-)Unternehmerrisiko (in Gestalt der Übernahme der aus dem Handeln sich ergebenden Folgen).

22 Eine atypische stille Beteiligung ist auch anzunehmen, wenn dem Unterbeteiligten (im Rahmen dieser Beteiligung – nicht als Rechtsstellung in der Hauptgesellschaft) **Geschäftsführungsbefugnisse** eingeräumt werden.

23 Der Hauptbeteiligte kann dem Untergesellschafter seinen Anteil insgesamt einschließlich von Gewinn und Verlust überlassen. Er ist auch nicht gehindert, an seiner Beteiligung mehrere Unterbeteiligungen – im Gesamtwert seiner Beteiligung – einzuräumen. Der Gesamtheit der Unterbeteiligten steht er dann als **Treuhänder** gegenüber. Dieses ist typisch bei „**Publikumsgesellschaften**" (MünchKomm.HGB/K. Schmidt § 230 HGB Rz. 44).

Es können **mehrfache oder mehrstufige Unterbeteiligungen** vereinbart werden. Der weitere Unterbeteiligte steht hierbei ebenfalls in keiner Beziehung zum Hauptbeteiligten (zu **mehrgliedrigen Unterbeteiligungsgesellschaften** Blaurock Rz. 30.20; MünchKomm.HGB/K. Schmidt § 230 HGB Rz. 211 ff., insbesondere zur „virtuellen Gesamthand"). 24

V. Form des Unterbeteiligungsvertrags

Unabhängig von gesetzlichen, für die Hauptbeteiligungsvereinbarung geltenden Formvorschriften ist der Vertrag über die Unterbeteiligung **formfrei** (Ausn.: BGHZ 75, 352) möglich. Eine Zustimmung der Gesellschafter der Hauptgesellschaft ist nur dann erforderlich, wenn deren Gesellschaftsvertrag eine entsprechende Verpflichtung enthält, eine Vinkulierung wirkt aber in aller Regel nur schuldrechtlich (näher Rz. 27). Bei der Beteiligung **Minderjähriger** gelten hinsichtlich der gerichtlichen Genehmigung oder einer Pflegerbestellung dieselben Regeln wie bei der stillen Gesellschaft (Kap. 117 Rz. 84 ff. sowie Blaurock Rz. 30.30 ff.; Überblick über den Meinungsstand bei Piehler, in Hauschild/Kallrath/Wachter, Notarhandbuch Gesellschafts- und Unternehmensrecht, § 18 Rz. 110 f.). 25

VI. Notwendiger Vertragsinhalt und weitere Vertragsregelungen

Das Gesetz stellt **keine Regelungen** für den Unterbeteiligungsvertrag auf. In Anbetracht der Lückenhaftigkeit der gesetzlichen Bestimmungen sind den Verhältnissen angepasste Vertragsbestimmungen erforderlich, in denen insbesondere folgende Punkte geregelt werden sollten (**M 117.1**): 26

Checkliste/Vertragsinhalt: 26a

(s. erg. Rz. 40, 53)

- ☐ Beteiligte und Bezeichnung der Gesellschaft
- ☐ Bezeichnung des Gesellschaftsanteils, an dem die Unterbeteiligung eingeräumt wird
- ☐ Gesellschaftszweck
- ☐ Beitrag/(bilanzierungsfähige)Einlage (zu Einzelheiten der Begriffe: MünchKomm.HGB/K. Schmidt § 230 HGB Rz. 230; Blaurock Rz. 30.39)
- ☐ Beteiligung an den Konten des Hauptgesellschafters und Rechnungslegung im Rahmen der Unterbeteiligungsgesellschaft
- ☐ Vertretung/Geschäftsführung – Mitspracherechte, auch bezüglich von Grundsatzentscheidungen bei der Hauptgesellschaft
- ☐ Rechnungslegung und Ergebnisverteilung; Entnahmeregelungen
- ☐ Informations- und Kontrollrechte
- ☐ Übertragbarkeit der Beteiligung
- ☐ Wettbewerbsverbot (vgl. Rz. 37)
- ☐ Dauer und Kündigung
- ☐ Rechtsfolgen im Fall des Todes eines Beteiligten
- ☐ Abfindungsermittlung; Zahlungsfristen

Die **Genehmigung** des Unterbeteiligungsvertrags durch die Mitglieder der Hauptgesellschaft ist nicht erforderlich, selbst wenn die Übertragung der Hauptbeteiligung formbedürftig ist. Jedoch kann der Vertrag über die Hauptgesellschaft die Begründung von Unterbeteiligungen (schuldrechtlich) untersagen (Blaurock Rz. 30.27; Tebben GmbHR 2007, 63), und ein Verstoß hiergegen einen Kündigungs- bzw. Einziehungsgrund darstellen. Besonderheiten können für atypische stille Beteiligungsverhältnisse bestehen (OLG Frankfurt GmbHR 1992, 688; MünchKomm.HGB/K. Schmidt § 230 HGB Rz. 221). 27

➲ **Wichtig:** Der Gesellschaftsvertrag der Unterbeteiligungsgesellschaft muss mit dem Gesellschaftsvertrag der Hauptgesellschaft parallel laufen. Es gibt keinen Grundsatz, dass Bestim- 28 mungen des Hauptgesellschaftsvertrags Lücken oder Widersprüchlichkeiten dazu im Unterbeteiligungsvertrag durch dessen Bestimmung verdrängt werden.

VII. Hauptbeteiligter – Unterbeteiligter

29 Beteiligte Personen können jede natürliche oder juristische Person, jede Personengesellschaft und selbst eine BGB-Gesellschaft sein (BGH NJW 2001, 1056). Die Rechte mehrerer Unterbeteiligter können durch eine BGB-Innengesellschaft koordiniert werden (MünchKomm.HGB/K. Schmidt § 230 HGB Rz. 213).

VIII. Geschäftsführung und Vertretung, Informations- und Kontrollrechte sowie Stimmrecht

1. Geschäftsführung und Vertretung (s. M 117.1 § 5)

30 Grundsätzlich stehen Geschäftsführung und Vertretung nur dem Hauptgesellschafter zu. Dem Unterbeteiligten kann jedoch im Gesellschaftsvertrag – mit ausschließlicher Wirkung im Innenverhältnis – eine stärkere Stellung durch Mitsprache- oder Widerspruchsrechte bei Geschäftsführungsmaßnahmen eingeräumt werden (erg. **M 117.1** § 5 Abs. 2)

31 Eine **Vertretung** der Unterbeteiligungsgesellschaft **gegenüber Dritten** durch den Unterbeteiligten scheidet im Hinblick auf ihren Charakter als Innengesellschaft aus. Möglich sind jedoch gesellschaftsvertragliche Regelungen, die dem Unterbeteiligten gestatten, den Hauptbeteiligten zu vertreten (zum **Entzug der Geschäftsführungsbefugnis** des Hauptbeteiligten MünchKomm.HGB/K. Schmidt § 230 HGB Rz. 237).

2. Informations- und Kontrollrechte (s. M 117.1 § 6)

32 Dem Unterbeteiligten stehen Informationsrechte in analoger Anwendung von § 233 HGB zu, die gesellschaftsvertraglich erweitert werden können (BGHZ 50, 316, 323; Einzelheiten, MünchKomm.HGB/K. Schmidt § 233 HGB Rz. 33 ff.; weitergehend Blaurock Rz. 30.48).

33 ➲ **Wichtig:** Es ist darauf zu achten, dass nicht die vom Hauptbeteiligten eingeräumten Informationsrechte mit im Gesellschaftsvertrag der Hauptgesellschaft vereinbarten Vertraulichkeitsverpflichtungen kollidieren, insbesondere dass der Hauptbeteiligte keine Offenlegungsverpflichtungen eingeht, deren Erfüllung er selbst in der Hauptgesellschaft nicht beanspruchen kann.

3. Stimmrecht

34 Das Stimmrecht in der Gesellschafterversammlung der Hauptgesellschaft wird allein vom Hauptbeteiligten wahrgenommen, was nicht ausschließt, dass er gesellschaftsvertraglich bei dessen Ausübung zu Abstimmungen mit dem Unterbeteiligten oder sogar an dessen Weisungen gebunden ist (**Stimmbindungsvertrag**; Blaurock Rz. 30.45).

4. Kapitalveränderungen bei der Hauptgesellschaft

35 Grundsätzlich nimmt der Unterbeteiligte an diesen Maßnahmen nicht teil. Nach Sinn und Zweck des Unterbeteiligungsvertrags besteht jedoch zwischen dem Hauptgesellschafter und dem Unterbeteiligten ein Bezugsrecht, dessen Einräumung im Vertrag vorzusehen ist (**M 117.1** § 12 Abs. 2).

5. Übertragbarkeit

36 Die Unterbeteiligung ist grundsätzlich nicht übertragbar (Blaurock Rz. 30.51) mit Ausnahme der in § 717 Satz 2 BGB genannten Ansprüche. Das schließt aber Vereinbarungen mit den Gesellschaftern der Hauptgesellschaft nicht aus.

6. Wettbewerbsverbot

Ein solches besteht zwischen dem Haupt- und Unterbeteiligten grundsätzlich nicht, es sei denn gesellschaftsrechtliche Treuepflichten stünden der Konkurrenz entgegen (iE: MünchKomm.HGB/K. Schmidt § 230 HGB Rz. 242 ff.; Blaurock Rz. 30.49). 37

7. Haftung

Die gesetzliche Gesellschafterhaftung (Außenhaftung) gegenüber Gesellschaftsgläubigern (zB §§ 128, 171 f. HGB) oder der Gesellschaft (zB § 31 GmbHG) trifft allein den Hauptbeteiligten (Einzelheiten: MünchKomm.HGB/K. Schmidt § 230 HGB Rz. 246) 38

IX. Kontenführung

Um Abrechnungsschwierigkeiten zwischen den Beteiligten entgegenzutreten, empfehlen sich im Gesellschaftsvertrag klare Regeln über die Kontenführung (vgl. **M 117.1** §§ 4, 7 sowie Huber ZGR 1988, 1 ff.). Der Unterbeteiligte ist nicht an der Jahresabschlussaufstellung und -feststellung der Hauptgesellschaft beteiligt. Im Innenverhältnis steht ihm jedoch ein Recht auf Rechnungslegung zu (BGHZ 50, 316, 323). Demgegenüber hat er bei einer nicht offengelegten Unterbeteiligung kein Recht auf Einsicht in den Jahresabschluss der Hauptgesellschaft (zur Anwendung des § 233 Abs. 1 HGB und § 716 BGB: Blaurock Rz. 30.48). 39

X. Gewinn- und Verlustbeteiligung, Entnahmerechte

1. Gewinn- und Verlustbeteiligung

Die Gewinn- und Verlustbeteiligung kann zwischen den Beteiligten beliebig vertraglich vereinbart werden, doch kann der Hauptgesellschafter dem Unterbeteiligten nicht mehr Rechte (insbesondere keinen höheren Gewinnanteil) zubilligen, als ihm selbst zusteht. Grundsätzlich nimmt er an dem dem Hauptgesellschafter zukommenden Gewinn in der vereinbarten Höhe teil. Jedoch sind folgende Punkte insbesondere im Hinblick auf (die potentielle Abgrenzung zu) typischen Unterbeteiligungen vertraglich festzulegen: 40

- Einfluss der Veränderungen des Firmenwertes der Hauptbeteiligung,
- Teilnahme an offenen und aufgelösten Reserven,
- stehengelassene Rücklagen,
- Auswirkungen der Tätigkeits-, Haftungs- und Nutzungsvergütung des Hauptgesellschafters.

Bei der **atypischen Unterbeteiligung** besteht die Besonderheit, dass der atypisch Unterbeteiligte einen Anspruch auf das Auseinandersetzungsguthaben hat, das sich auch auf die stillen Reserven (und ggf. einen Geschäftswert sowie offene und „stille" Rücklagen) und damit auf die nicht ausgeschütteten Gewinne der Hauptgesellschaft erstreckt. 41

Falls keine gegenteiligen vertraglichen Bestimmungen getroffen worden sind, ist der Unterbeteiligte auch am **Verlust des Hauptgesellschafters** beteiligt. Ist im Unterbeteiligungsvertrag nur der Anteil des Unterbeteiligten am Gewinn bestimmt worden, gilt dieses in entsprechender Anwendung des § 722 Abs. 2 BGB im Zweifel auch für seine Beteiligung am Verlust. 42

➲ **Wichtig:** Soll der Unterbeteiligte über seinen Kapitalanteil hinausgehend am Verlust der Hauptgesellschaft beteiligt werden, muss dies im Unterbeteiligungsvertrag klar zum Ausdruck kommen. Andernfalls besteht keine Nachschusspflicht des Unterbeteiligten (§ 232 Abs. 1 Satz 1 HGB). 42a

Die **Verlustbeteiligung** des Unterbeteiligten kann vertraglich ganz **ausgeschlossen** werden. 42b

Welche **Bilanz** (Handelsbilanz oder Steuerbilanz) der **Ergebnisermittlung** zugrunde gelegt werden soll, bedarf der Abwägung im Einzelfall (zu den damit verbundenen Fragen vgl. Kap. 116 Rz. 153 ff.). 43

2. Entnahmerecht

44 Entnahmebeschränkungen, denen sich der Hauptgesellschafter im Gesellschaftsvertrag gegenüber der Hauptgesellschaft unterworfen hat, muss auch der Unterbeteiligte gegen sich gelten lassen, so dass Barausschüttungen nur insoweit an ihn weiterzuleiten sind, als diese auf den Hauptgesellschafter entfallen. Klarstellend sollte das im Unterbeteiligungsvertrag festgelegt werden, bzw. an welchen bei der Hauptgesellschaft geführten Konten (Einlage-, Verlust-, Rücklage- und Privatkonto) der Unterbeteiligte beteiligt ist (erg. **M 117.1** § 8 Abs. 1 lit. a und Fn. 13).

45 Ebenso sollten Bestimmungen darüber getroffen werden, ob und in welchem Ausmaß der Unterbeteiligte an dem in der Hauptgesellschaft auf Privat- und Verrechnungskonto stehen gelassenen Gewinnen zu beteiligen ist sowie darüber, ob und inwieweit er an den bei der Hauptgesellschaft nach deren Gesellschaftsvertrag zur Stärkung des Eigenkapitals des Unternehmens zu bildenden offenen Rücklagen teilnimmt, wenn die Hauptgesellschaft keinen Jahresüberschuss ausweist und das Jahresergebnis sofort den Gesellschafter- oder Kapitalkonten gutgeschrieben wird.

XI. Beendigungsgründe

1. Kündigung

46 Ist die Unterbeteiligung auf bestimmte Zeit eingegangen, kann sie in entsprechender Anwendung von § 723 BGB (außerordentliche Kündigung; zum außerordentlichen Kündigungsgrund: MünchKomm.HGB/K. Schmidt § 230 HGB Rz. 73, § 234 HGB Rz. 73 ff.) nur vor dem Ende der vereinbarten Frist gekündigt werden, wenn ein **wichtiger Grund** besteht. Liegt dagegen der Gesellschaftsvertrag keine Dauer der Unterbeteiligung fest, so kann das Gesellschaftsverhältnis analog nach §§ 234 Abs. 1, 132, 134 HGB wie ein auf unbestimmte Zeit eingegangenes Gesellschaftsverhältnis von beiden Teilen mit mindestens sechsmonatiger Frist auf den Schluss des Geschäftsjahres gekündigt werden (BGHZ 50, 136, 321; differenzierend Blaurock Rz. 30.57); das Gleiche gilt, wenn das Unterbeteiligungsverhältnis auf die Lebenszeit eines Gesellschafters eingegangen ist. Nach BGH BB 1968, 973 gilt eine auf die Dauer der Hauptgesellschaft eingegangene Unterbeteiligungsgesellschaft idR als auf unbestimmte Zeit abgeschlossen und ist daher mit den für ordentliche Kündigungen geltenden Fristen auflösbar. Ist die Dauer der Hauptgesellschaft zeitlich festgelegt oder von der Erreichung eines bestimmten Gesellschaftszwecks abhängig, kann das ordentliche Kündigungsrecht für die Unterbeteiligung für die Zeit bis zur Beendigung der Hauptgesellschaft ausgeschlossen werden. **Aufhebungsverträge** sind immer möglich. Wenn ein **Gläubiger des Unterbeteiligten** kündigen will, ist streitig, ob §§ 234, 135 HGB oder § 725 BGB Anwendung finden (Blaurock Rz. 30.59).

47 Neben diesen abstrakten Regeln ist jedoch für die Praxis

➲ **Wichtig:** Die Kündigungsfristen der Unterbeteiligungsgesellschaft sollten mit denen der Hauptgesellschaft abgestimmt sein, insbesondere um sicherzustellen, dass sich der Hauptgesellschafter bei einer Kündigung durch den Unterbeteiligten die für die Abfindung erforderlichen Finanzierungsmittel beschaffen kann.

2. Andere Beendigungsgründe

a) Insolvenz

48 Die Unterbeteiligung erlischt nach § 728 BGB automatisch, wenn ein Beteiligter insolvent wird (§§ 726, 728 BGB). Hinsichtlich der Hauptbeteiligungseinlage steht dem typischen Unterbeteiligten (ungeklärt ist die Anwendung von § 39 Abs. 1 Nr. 5 InsO auf den „atypisch" Unterbeteiligten) eine Insolvenzforderung in entsprechender Anwendung des § 236 HGB zu (MünchKomm.HGB/K. Schmidt § 236 HGB Rz. 45 ff.; Blaurock Rz. 30.61). Der Hauptgesellschafter dürfte im Insolvenzfall seine Beteiligung verlieren. Das schließt nicht aus, dass er einen Rückzahlungsanspruch für seinen Beteiligungswert anmelden kann.

b) Kündigung durch Gläubiger

Das Gesellschaftsverhältnis endet bei der Kündigung durch einen Gläubiger (§§ 234, 135 HGB; str., vgl. Blaurock Rz. 30.59). 49

c) Erlöschen der Hauptgesellschaft

Das Unterbeteiligungsverhältnis endet ferner, wenn der **Unterbeteiligte selbst Gesellschafter** der Hauptgesellschaft wird (zB durch Erbfolge des Hauptgesellschafters oder rechtsgeschäftliche Übertragung der Hauptbeteiligung) oder wenn der Hauptgesellschafter seine Beteiligung an der Hauptgesellschaft veräußert oder aus sonstigen Gründen aus dieser ausscheidet, wozu er der Zustimmung des Unterbeteiligten – vorbehaltlich einer anderweitigen Regelung im Unterbeteiligungsvertrag – bedarf. 50

Bestand die Unterbeteiligung an einer Personengesellschaft und wird diese dadurch beendet, dass der Hauptgesellschafter nach dem Ausscheiden der anderen Mitgesellschafter das Unternehmen allein fortführt, so kann sich die Unterbeteiligung, je nach Vertragsauslegung bzw. vertraglicher Vereinbarung, als stille Gesellschaft an dem Einzelunternehmen fortsetzen (Blaurock, Unterbeteiligung und Treuhand an Gesellschaftsanteilen, 1981, S. 169 ff.). 51

d) Auflösung

Bei **Auflösung der Hauptgesellschaft** bleibt die Unterbeteiligung im Zweifel bis zum Ende deren Liquidation bestehen. Die Auflösung der Hauptbeteiligungsgesellschaft kann einen wichtigen Grund zur Kündigung der Unterbeteiligung darstellen (BGH NJW 1982, 2821). 52

e) Tod eines Beteiligten

Bei dem Tod eines Beteiligten ist zu unterscheiden: 53

Stirbt der Hauptgesellschafter, so endet die Unterbeteiligungsgesellschaft dann, wenn durch den Tod des Hauptbeteiligten auch dessen Beteiligung an der Hauptgesellschaft erlischt (erg. Blaurock Rz. 30.57; zum entgegengesetzten Fall BGH NJW 1977, 1339).

➲ **Wichtig:** Da die Frage streitig ist (erg. MünchKomm.HGB/K. Schmidt § 234 HGB Rz. 78), bedarf es einer gesellschaftsvertraglichen Regelung. 53a

Der **Tod des Unterbeteiligten** beendet demgegenüber die Unterbeteiligung nicht; die Gesellschaft wird mit den Erben fortgeführt (§ 234 Abs. 2 HGB; erg. MünchKomm.HGB/K. Schmidt § 234 HGB Rz. 77). Bei familienfremden Personen als Erben sollte die Möglichkeit vorgesehen werden, die Beteiligung auf eine Person zu übertragen, die der Hauptgesellschafter akzeptiert. 54

f) Auseinandersetzung

Die **Folgen der Beendigung** der Unterbeteiligungsgesellschaft sind verschieden, je nachdem ob es sich um eine typische oder atypische Unterbeteiligung handelt, und richten sich in erster Linie nach den von den Beteiligten **gesellschaftsvertraglich getroffenen Vereinbarungen.** 55

➲ **Wichtig:** Die **Abfindungsregelung** muss **hinreichend** detailliert sein (BGH WM 1967, 685; BB 1973, 441). 56

Liegen derartige Abreden nicht vor, erfolgt die Auseinandersetzung nach § 235 HGB und nicht nach § 730 BGB (OLG Hamm NJW-RR 1994, 999; MünchKomm.HGB/K. Schmidt § 235 HGB Rz. 68 ff.). Danach hat sich der Inhaber des Handelsgeschäftes/Hauptgesellschafter mit dem stillen Gesellschafter auseinander zu setzen und dessen Guthaben in Geld zu berichtigen (§ 230 Abs. 1 HGB). 57

aa) Typische Unterbeteiligung

58 Bei der typischen Unterbeteiligung hat der Unterbeteiligte lediglich Anspruch auf den Buchwert seiner Einlage zuzüglich bzw. abzüglich des letzten Jahresergebnisses. An Werterhöhungen des Gesellschaftsvermögens nimmt der typisch Unterbeteiligte nicht teil.

bb) Atypische Unterbeteiligung

59 Dagegen wird der atypisch Unterbeteiligte bei Beendigung des Unterbeteiligungsverhältnisses so gestellt, als ob durch die Unterbeteiligung Gesamthandsvermögen bestanden hätte; er ist dann an Wertsteigerungen oder -minderungen (einschließlich einer Beteiligung am anteiligen Geschäftswert) beteiligt.

cc) Bestimmung des Auseinandersetzungsguthabens bei atypischen Unterbeteiligungen

60 ➲ **Hinweis:** Im Unterbeteiligungsvertrag sollten **vereinfachende, jedoch der Interessenlage der Beteiligten angemessene Bestimmungen** auf der Basis pauschaler Wertermittlungen über die Errechnung des **Auseinandersetzungsguthabens** getroffen werden. Die dem Unterbeteiligten zustehende Abfindung ist sinnvoller Weise an die Abfindungsregeln im Gesellschaftsvertrag der Hauptgesellschaft anzupassen. Wenn Liquiditätsfragen eine Rolle spielen, ist eine ratenweise Auszahlung des Abfindungsguthabens vorzusehen.

61 Der Abfindungsanspruch kann abgesichert werden, zB durch Grundpfandrechte oder eine Bürgschaft.

XII. Übertragung der Unterbeteiligung und/oder der Hauptbeteiligung

62 Eine **Übertragung der Unterbeteiligung** ohne Zustimmung des Hauptgesellschafters oder mangels einer ausdrücklichen Gestattung im Unterbeteiligungsvertrag ist grundsätzlich ausgeschlossen (§ 717 Satz 1 BGB). Einzelansprüche (Anspruch auf anteiligen Gewinn; Anspruch auf das Auseinandersetzungsguthaben) sind demgegenüber nach § 717 Satz 2 BGB vorbehaltlich anderweitiger Regelungen im Unterbeteiligungsvertrag frei abtretbar, was jedoch vertraglich ausgeschlossen werden kann. Das schließt nicht aus, dass der Unterbeteiligte an seiner Unterbeteiligung weitere Unterbeteiligungen begründet.

63 Eine **Übertragung der Hauptbeteiligung** an einen Dritten berührt in erster Linie das Rechtsverhältnis zwischen der Hauptgesellschaft und den Hauptgesellschaftern. Eine Übertragung ist daher nur dann zulässig, wenn die übrigen Gesellschafter der Hauptgesellschaft zustimmen oder wenn generell die Übertragung im Gesellschaftsvertrag der Hauptgesellschaft gestattet ist. Der Hauptgesellschafter ist verpflichtet, zu der Übertragung der Rechte aus dem Unterbeteiligungsverhältnis auch die Zustimmung des Unterbeteiligten einzuholen. Geschieht dies nicht, verbleiben dem Unterbeteiligten nur Schadensersatzansprüche gegen den Hauptgesellschafter (erg. MünchKomm.HGB/K. Schmidt § 234 HGB Rz. 73).

XIII. Steuerliche Behandlung der Unterbeteiligung

1. Einkommensteuer

64 **Ertragsteuerlich** ist die **Differenzierung** zwischen **typischer** und **atypischer Unterbeteiligung** von erheblicher Bedeutung (zur Abgrenzung zwischen den beiden Beteiligungsformen in steuerlicher Hinsicht Kap. 116 Rz. 222 ff.). Abhängig von der (steuerlichen) Qualifizierung handelt es sich dementsprechend um Einkünfte aus Kapitalvermögen oder solche aus Gewerbebetrieb.

a) Typische Unterbeteiligung

aa) Unterbeteiligter

Die Behandlung des **typisch Unterbeteiligten** folgt einkommensteuerlich der Behandlung des typisch stillen Gesellschafters (s. Kap. 116 Rz. 222 ff.). Seine Gewinnanteile aus einer im **Privatvermögen** gehaltenen Unterbeteiligung führen bei diesem zu **Einkünften aus Kapitalvermögen** (§ 20 Abs. 1 Nr. 4 EStG; BFH BStBl. II 1991, 313). Soweit eine Beteiligung am Verlust des stillen Gesellschafters nicht nach § 231 Abs. 2 HGB ausgeschlossen wurde, nimmt er am Verlust nur bis zum Betrag seiner eingezahlten oder rückständigen Einlage teil (§ 232 Abs. 2 Satz 1 HGB). **Einnahmen des typisch Unterbeteiligten unterliegen** gem. §§ 43 Abs. 1 Nr. 3 EStG, 3 Abs. 1 Nr. 5 SolZG dem **Kapitalertragsteuerabzug** (und dem Solidaritätszuschlag) iHv. **25 %** (§ 43a Abs. 1 Nr. 1 EStG). Schuldner der Kapitalertragsteuer ist zwar der typisch Unterbeteiligte, allerdings hat der Schuldner der Kapitalerträge, folglich der „Hauptbeteiligte", diese für den typisch Unterbeteiligten einzubehalten (§ 44 Abs. 1 Satz 1 u. 2 EStG) und bis zum 10. des folgenden Monats an das für die Besteuerung des Schuldners der Kapitalerträge (Hauptbeteiligter) zuständige Finanzamt nach Anmeldung abzuführen (§ 44 Abs. 1 Satz 5 EStG). 65

Mit der Einführung der Abgeltungssteuer 2009 unterliegen die Einnahmen des Unterbeteiligten zwar grds. der Abgeltungssteuer; **§ 32d Abs. 2 Nr. 1 EStG** hat insoweit jedoch **Ausnahmen** geschaffen, **die in der Praxis häufig greifen** dürften. Damit verbleibt es in den meisten Fallgestaltungen bei der Einbeziehung in die Veranlagung unter Berücksichtigung des Werbungskostenabzugs für den Unterbeteiligten; die Kapitalertragsteuer entfaltet insoweit keine abgeltende Wirkung, sondern stellt vielmehr eine „Vorauszahlung" auf die Einkommensteuerschuld dar.

Wird die Unterbeteiligung in einem **Betriebsvermögen** gehalten, handelt es sich insoweit um Einkünfte aus Gewerbebetrieb (§ 20 Abs. 8 EStG). Die steuerlichen Konsequenzen (vgl. auch Rz. 65) stellen sich dann ähnlich dar wie in den Fallgestaltungen, in denen die Erträgnisse nicht der Abgeltungssteuer unterliegen (§ 32d Abs. 2 EStG). Die Erträgnisse führen dann zu betrieblichen Einnahmen; damit im wirtschaftlichen Zusammenhang stehende Ausgaben hingegen können mindernd (insoweit) als Betriebsausgaben berücksichtigt werden. 66

Der **besteuerungsrelevante Zufluss** erfolgt **in** dem **Veranlagungszeitraum, in dem** der **Unterbeteiligte** den **Ertrag erhalten** hat, soweit er **im Privatvermögen** gehalten wird (BFH BStBl. II 1988, 186); zählt die Unterbeteiligung zu einem **Betriebsvermögen**, für das Buchführungspflicht (§§ 238 ff. HGB, 5 Abs. 1 EStG; Gewinnermittlung nach Betriebsvermögensvergleich) besteht, ist der Ertrag zum Ende des Wirtschaftsjahres der Hauptbeteiligung (unabhängig vom tatsächlichen Zufluss) im Rahmen einer zu aktivierenden Forderung zu erfassen (die bereits einen entsprechenden Ertrag ausweist). 67

Aufwendungen im Zusammenhang mit dem Erwerb der Unterbeteiligung bzw. andere zusammenhängende Ausgaben stellen Werbungskosten (im steuerlichen Privatvermögen) oder Betriebsausgaben (sofern die Beteiligung im Betriebsvermögen gehalten wurde) dar. Unterliegen die Einkünfte den Grundsätzen der Abgeltungssteuer (§ 32d EStG), scheidet ab 2009 der Abzug der tatsächlichen Werbungskosten nach § 20 Abs. 9 EStG aus (anders bei Beteiligung im Betriebsvermögen, vgl. auch Rz. 66 u. 67). Ebenso eventuelle **Verlustanteile** des Unterbeteiligten (zu Veranlagungsfragen Blaurock Rz. 31.11), für die jedoch die Regelung des § 15a EStG entsprechend zu beachten ist, wenn diese die geleistete Einlage übersteigen (§ 20 Abs. 1 Nr. 4 EStG; zu Einzelheiten Kempermann FR 1988, 248; FR 1981, 508; Schmidt § 20 EStG Rz. 144 f.; zum Zeitpunkt der Verlustberücksichtigung BFH BStBl. II 1988, 186). 68

Bei einer im steuerlichen Privatvermögen befindlichen Beteiligung des stillen Gesellschafters sind die **laufenden Verlustanteile bis** zur Höhe der **Einlage** (§ 232 Abs. 1 HGB) nach § 20 Abs. 1 Nr. 4 EStG zu **berücksichtigen.** Seit 2009 führen Erträge und Verluste aus der Veräußerung einer entsprechenden Beteiligung (§ 20 Abs. 2Nr. 4 EStG) zu steuerlich zu berücksichtigenden (bei Verlusten negativen) Einnahmen. 69

bb) Hauptbeteiligter

70 Für den Hauptbeteiligten stellen die Gewinnanteile des Unterbeteiligten grundsätzlich (Sonder-)Betriebsausgaben (BFH BStBl. II 1989, 343) und die Verlustanteile entsprechend (Sonder-)Betriebseinnahmen (Sterner DStZ 1986, 66 ff.) bzw. Werbungskosten dar.

71 Diese **Erträge bzw. Aufwendungen** sind jeweils zum Ende des Wirtschaftsjahres der Hauptbeteiligung steuerlich unter Erfassung einer Verbindlichkeit oder Forderung gegenüber dem Unterbeteiligten zu berücksichtigen.

72 Bei **Auszahlung** eines Gewinnanteils hat der Hauptbeteiligte die Kapitalertragsteuer bzw. den Solidaritätszuschlag einzubehalten (Rz. 65 und erg. §§ 32d Abs. 2 Satz 1 Nr. 1, 43 Abs. 1 Nr. 3, 44 EStG).

73 Insgesamt bedarf es hinsichtlich der Einkünfte des Haupt- und Unterbeteiligten aufgrund der verschiedenen Einkunftsquellen (idR Gewerbebetrieb beim Hauptbeteiligten bzw. Kapitalüberlassung beim Unterbeteiligten) im Gegensatz zur atypischen Unterbeteiligung keiner Durchführung einer gesonderten und einheitlichen Gewinnfeststellung iSv. §§ 179 ff. AO (zu Veranlagungsfragen insbesondere bei einer nicht offen gelegten Unterbeteiligung: Blaurock Rz. 31.14).

b) Atypische stille Unterbeteiligung

aa) Mitunternehmerschaft

74 Inwieweit eine atypisch stille Beteiligung und somit eine Mitunternehmerschaft gegeben ist, richtet sich nach den allgemeinen Voraussetzungen des § 15 EStG, die nach höchstr. Rspr. stets Mitunternehmerinitiative und -risiko fordern (vgl. Kap. 116 Rz. 222). Für die Unterbeteiligung gilt die Besonderheit, dass sich die Mitunternehmerinitiative **auf Ebene der Hauptgesellschaft** auswirken muss. Einzelheiten sind streitig. Die Rspr. stellt teilweise nur auf die Beziehungen zwischen dem Hauptbeteiligten und dem Unterbeteiligten ab (BFH BStBl. II 1998, 137; dazu § 15 Abs. 1 Nr. 2 Satz 2 EStG und Schmidt/Wacker § 15 EStG Rz. 365 und 623).

75 Bei der Unterbeteiligung an einer Kapitalgesellschaft bezieht der Unterbeteiligte Einkünfte nach § 20 Abs. 1 Nr. 1 EStG, bei der Unterbeteiligung an einer gewerblich tätigen Personengesellschaft solche gem. § 15 Abs. 1 Satz 1 Nr. 2 EStG.

76 Soweit zwischen **Familienmitgliedern** Unterbeteiligungsverhältnisse eingegangen werden, **müssen** die entsprechenden **Vereinbarungen** dem sog. **Fremdvergleich standhalten** (vgl. Kap. 116 Rz. 43 f., sowie Blaurock Rz. 31.34).

77 Bei der Einräumung eines Unterbeteiligungsverhältnisses an **GmbH-Anteilen** bestehen weitere Besonderheiten (dazu Blaurock Rz. 31.56 ff.).

bb) Gewinnfeststellungsverfahren

78 In Fällen der atypischen Unterbeteiligung am Anteil des Gesellschafters einer Personengesellschaft (Mitunternehmerschaft) hat wegen des Geheimhaltungsbedürfnisses der Beteiligten im Regelfall eine besondere gesonderte und einheitliche Feststellung der Einkünfte für die Unterbeteiligung zu erfolgen; im Ergebnis werden folglich Gewinnfeststellungen auf zwei Ebenen vorgenommen, eine auf der Ebene der „normalen" Personengesellschaft unter Ausweis des Hauptbeteiligten und eine weitere (für die Mitgesellschafter nicht offenbare) für den Haupt- und den Unterbeteiligten. Die Berücksichtigung der Unterbeteiligung im Feststellungsverfahren für die Hauptgesellschaft ist nur mit Einverständnis aller Beteiligter – also der Gesellschafter der Hauptgesellschaft und der Unterbeteiligten zulässig (§ 179 Abs. 2 Satz 3 AO; BFH DB 1993, 617, 618; Tipke/Kruse § 179 AO Rz. 15). Sonst sind zwei Feststellungsverfahren durchzuführen (zum Ganzen: Blaurock Rz. 31.28).

cc) Einräumung, Auflösung und Veräußerung der Unterbeteiligung

79 Die entgeltliche **Einräumung** einer atypischen Unterbeteiligung an einem **Mitunternehmeranteil** wird überwiegend als teilweise Veräußerung des entsprechenden Anteils angesehen. Für die Be-

günstigungen der §§ 16 Abs. 4, 34 EStG in diesen Fällen kein Raum, da insoweit eben nur ein Teil des Mitunternehmeranteils und nicht der vollständige Mitunternehmeranteil veräußert wird. Für den Hauptbeteiligten fällt daher insoweit laufender Gewinn iSv. § 16 Abs. 1 Satz 2 EStG an, der auch der Gewerbesteuer unterliegt.

Die **Beendigung** einer **mitunternehmerischen Unterbeteiligung** ist **beim Unterbeteiligten** als Veräußerung seines gesamten Mitunternehmeranteils nach § 16 Abs. 1 Satz 1 Nr. 2 EStG zu behandeln und für den Hautgesellschafter als entgeltlicher Anteilserwerb. Der Unterbeteiligte kann (da es bei ihm den gesamten Mitunternehmeranteil umfasst) ggf. von den Steuerbegünstigungsvorschriften der §§ 16 Abs. 4 und 34 EStG Gebrauch machen. Für den Hauptbeteiligten ist der Vorgang erfolgsneutral (Blaurock Rz. 31.31). 80

Bei einer **Veräußerung** der mitunternehmerischen Unternehmensbeteiligung treten dieselben steuerlichen Folgen wie bei einer Auflösung ein. § 16 Abs. 1 Satz 1 Nr. 2 EStG ist anzuwenden. 81

Auch die Begründung einer atypischen Unterbeteiligung an einer **Kapitalgesellschaft** ist insoweit steuerpflichtig (Einzelheiten: Blaurock Rz. 31.70 ff.). 82

c) Höhe der Gewinnbeteiligung

Zur steuerlichen Anerkennung der Gewinnbeteiligung insbesondere bei **Familiengesellschaftsverhältnissen** gelten die für stille Beteiligungsverhältnisse entwickelten Grundsätze entsprechend (vgl. Kap. 116 Rz. 163 ff. sowie zu den Besonderheiten insgesamt: Blaurock Rz. 31.50). 83

2. Gewerbesteuer

Die Unterbeteiligungsgesellschaft als Innengesellschaft ist nicht selbst gewerbesteuerpflichtig; der Gewerbesteuer unterliegt jeder stehende Gewerbebetrieb (§ 2 Abs. 1 GewStG), gerade dies liegt bei der Unterbeteiligungsgesellschaft jedoch nicht vor. Der Gewerbesteuer unterliegende Einkünfte erzielt insoweit idR. der Hauptbeteiligte als Gewerbetreibender bzw. Mitunternehmer einer Mitunternehmerschaft. 84

a) Typische Unterbeteiligung

Im Regelfall, also wenn die Hauptbeteiligung Betriebsvermögen, die Unterbeteiligung Privatvermögen darstellt und der Gewinnanteil des Unterbeteiligten auf Ebene der Hauptbeteiligung als Sonderbetriebsausgabe berücksichtigt worden ist, ist der Gewinnanteil dem Gewerbeertrag für Zwecke der Gewerbesteuer ab 2008 nach § 8 Nr. 1 Buchst. c (§ 36 Abs. 5a GewStG) **zu einem Viertel der Gewinnanteile** des Unterbeteiligten **unter Berücksichtigung** des **Globalbetrags** für Hinzurechnungen von **100 000 Euro** hinzuzurechnen. Hierbei kann es zu gewerbesteuerlichen Doppelbelastungen kommen. 85

Befindet sich die Hauptbeteiligung im steuerlichen Privatvermögen, die Unterbeteiligung dagegen im Betriebsvermögen, zählen Gewinnanteile des Unterbeteiligten zum steuerpflichtigen Gewerbeertrag (des Unterbeteiligten in dessen „Betriebsvermögen"). 86

b) Atypische Unterbeteiligung

Erzielt der Hauptbeteiligte keine gewerblichen Einkünfte, fallen beim Unterbeteiligten keine gewerbesteuerpflichtigen Erträge an. Nach § 2 GewStG unterliegt der stehende Gewerbebetrieb der GewSt, folglich nur der Gewerbebetrieb der Hauptgesellschaft. Aufgrund des Umstandes, dass die Beteiligung durch den Unterbeteiligten im Betriebsvermögen gehalten wird, führt der durch ihn bezogene Gewinnanteil letztlich für den Unterbeteiligten wiederum zu betrieblichen Erträgnissen, die folglich auch bei diesem der Gewerbesteuer unterliegen. Da der Gewinnanteil aus der Unterbeteiligung jedoch bereits im Rahmen der Gewerbebesteuerung der Hauptgesellschaft belastet wurde, 87 ist dieser Gewinnanteil (zur Vermeidung der Doppelbesteuerung) bei der Ermittlung des Gewerbeertrages für das (Einzel-)Gewerbe des Unterbeteiligten nach § 9 Nr. 2 GewStG zu kürzen.

3. Erbschaft- und Schenkungsteuer

88 Es gelten im Wesentlichen dieselben Grundsätze wie bei stillen Beteiligungen (vgl. Kap. 116 Rz. 52 ff., 251).

4. Grunderwerbsteuer

89 Grunderwerbsteuerliche Tatbestände werden im Zusammenhang mit Unterbeteiligungen nur ausgelöst, wenn als Einlage Grundbesitz oder dessen wirtschaftliche Verwertungsmöglichkeit überlassen wird.

M 117.1 Unterbeteiligungs-Vertrag an dem Gesellschaftsanteil des persönlich haftenden Gesellschafters einer Kommanditgesellschaft

Schenkweise Einräumung

(Notarielles Beurkundungsprotokoll)[1]

Die Erschienenen erklärten:

Ich, ... (Name), bin persönlich haftender Gesellschafter der Kommanditgesellschaft ... (Firma) KG in ... (Ort). Hiermit räume ich im Wege der Schenkung meinem volljährigen Sohn ... (Name) an meinem Kapitalanteil, wie er sich aus der festen Einlage[2] *gem. § 4 des Gesellschaftsvertrags der Firma ... (Firma) KG vom ... (Datum) ergibt, eine Unterbeteiligung iHv. 20 % ein. Dieser Prozentsatz wurde wie folgt ermittelt ...*

Ich, ... (Name des Begünstigten), nehme diese Schenkung an.

Die Unterbeteiligungsgesellschaft richtet sich nach den folgenden Vertragsbestimmungen:

§ 1 Rechtsverhältnisse der Beteiligten untereinander und im Verhältnis zu der Kommanditgesellschaft

(1) ... (nachstehend „Unterbeteiligter" genannt) steht nur in unmittelbaren Rechtsbeziehungen zu ... (nachstehend „Hauptgesellschafter" genannt), nicht dagegen zu der ... KG (nachstehend „Hauptgesellschaft" genannt). Der Hauptgesellschafter ist durch die Unterbeteiligung nicht gehindert, seine Gesellschafterrechte gegenüber der Hauptgesellschaft selbständig in vollem Umfang wahrzunehmen; jedoch hat er hierbei die Interessen des Unterbeteiligten nach Maßgabe dieser Vereinbarung zu wahren.

(2) Die dem Unterbeteiligten im Innenverhältnis gegenüber dem Hauptgesellschafter zustehenden Rechte und Pflichten finden ihre Grenze in dem Gesellschaftsvertrag der Hauptgesellschaft, der den Vertragspartnern bekannt ist. Seine Bestimmungen ergänzen, soweit erforderlich, die Bestimmungen der vorliegenden Vereinbarung.

(3) Erhöht die Hauptgesellschaft ihr Kapital, steht es im freien Ermessen des Hauptgesellschafters, ob und in welcher Höhe er sich daran beteiligt. Nimmt der Hauptgesellschafter an der Kapitalerhö-

1 Vgl. Rz. 25 f. Im Muster wird unterstellt, dass der Schenkungsempfänger volljährig ist. Der Abschluss des Unterbeteiligungsvertrags bedarf daher weder der Bestellung eines Ergänzungspflegers noch der Genehmigung durch das Familiengericht.

2 Nach dem Muster besteht das Unterbeteiligungsverhältnis nur an dem festen Kapitalanteil. Allgemein kann der Umfang des Unterbeteiligungsverhältnisses frei bestimmt werden. Es kann auch ein bestehendes Privat-(Darlehens-)Konto des Hauptgesellschafters einschließen; erg. Rz. 38 sowie nachfolgend § 4 des Musters. Wird für den Hauptgesellschafter bereits bei Vertragsabschluss ein Verlustkonto geführt, ist klarzustellen, ob sich die Unterbeteiligung auch darauf erstreckt.

hung teil, hat er dies dem Unterbeteiligten durch eingeschriebenen Brief mitzuteilen. Binnen vier Wochen nach Zugang dieser Anzeige kann der Unterbeteiligte dem Hauptgesellschafter durch eingeschriebenen Brief mitteilen, dass er seine Unterbeteiligungsquote in entsprechender Weise erhöhen will. Die Erhöhung wird mit Zugang dieser Mitteilung wirksam. Gleichzeitig wird der Erhöhungsbetrag fällig[3].

§ 2 Dauer der Gesellschaft

Die Unterbeteiligungsgesellschaft wird auf unbestimmte Zeit abgeschlossen.

§ 3 Geschäftsjahr

Das Geschäftsjahr ist das Geschäftsjahr der Hauptgesellschaft.

§ 4 Konten der Gesellschaft[4]

(1) Für jeden Gesellschafter werden folgende Konten geführt:

1. *Kapitalkonto*[5],
2. *Privatkonto*[6],
3. *Verlustkonto als Kapitalgegenkonto.*

(2) Die Beteiligungen der Gesellschafter werden auf den Kapitalkonten gebucht. Diese sind fest und unverzinslich.

(3) Auf den Privatkonten werden die Gewinnanteile, Entnahmen und Zinsen verbucht. Die Privatkonten werden zu denselben Bedingungen wie die Privatkonten der Hauptgesellschaft verzinst.

(4) Auf den Verlustkonten[7] *werden die Verlustanteile gebucht. Ist ein Verlustkonto belastet, sind zukünftige Gewinnanteile auf diesem Konto zu buchen, bis es ausgeglichen ist. Das Verlustkonto ist unverzinslich.*

§ 5 Geschäftsführung

(1) Alleiniger Geschäftsführer der Unterbeteiligungsgesellschaft ist der Hauptgesellschafter[8]*. Für seine Tätigkeit erhält er als Vergütung . . . Euro pro Monat.*

---

3 Abs. 3 kann auch allgemeiner in der Weise gefasst werden, dass auf alle Kapitalveränderungen bei der Hauptgesellschaft abgestellt wird. Zu überlegen ist weiterhin, ob der Unterbeteiligungsvertrag Sanktionsrechte (zB Kündigung durch den Hauptbeteiligten) vorsehen soll, wenn der Unterbeteiligte nicht an Kapitalerhöhungen mitwirkt.

4 Die Einführung von Konten lehnt sich an die bei Personenhandelsgesellschaften gebräuchlichen Regeln an. Ihre Einführung dient der Klarheit. Sie ist nicht zwingend.

5 Im Muster wird auf das Kapitalkonto des Unterbeteiligten der Schenkungsbetrag gebucht; in anderen Fällen erfolgt hierauf die Verbuchung der Einlage. Die Summe der Kapitalkonten entspricht nicht unbedingt dem Nominalbetrag der Kapitalbeteiligung des Hauptgesellschafters, wenn der Nominalbetrag des Gesellschafters geringer ist als der von den Vertragsbeteiligten zugrunde gelegte Wert.

6 Das Privatkonto hat nicht in jedem Fall Darlehenscharakter. Gesellschaftsrechtliche Treuepflichten können unter bestimmten Voraussetzungen die Verfügungsmöglichkeiten einschränken. Das „einheitliche" Privatkonto kann um ein Entnahmekonto erweitert werden (vgl. Kap. 116 Rz. 126 ff.).

7 Das Konto entfällt, wenn eine Verlustbeteiligung des Unterbeteiligten ausgeschlossen ist. Belastungen auf dem Verlustkonto führen zu keiner Nachschussverpflichtung des Unterbeteiligten (vgl. Rz. 42).

8 Grds. ist der Hauptgesellschafter hinsichtlich der Verwaltung der Hauptbeteiligung frei. Einschränkungen (vgl. Abs. 2) sind möglich. Die Gesellschafter der Unterbeteiligungsgesellschaft können auch einen Stimmbindungsvertrag abschließen (BGH WM 1977, 525). Bei Konflikten zwischen den Interessen der Haupt- und Unterbeteiligungsgesellschaft dürfte die Treupflicht zur Hauptgesellschaft vorrangig sein. Hierbei werden dem Unterbeteiligten unmittelbare Rechte in der und gegen die Hauptgesellschaft eingeräumt. Jedoch müssen die Hauptgesellschafter bei dieser Vertragsgestaltung mitwirken (MünchKomm.BGB/Ulmer vor § 705 BGB Rz. 68a).
Die Geschäftsführungsbefugnis kann dem Hauptgesellschafter nicht entzogen werden.

(2) Handlungen des Hauptgesellschafters von besonderer Bedeutung bedürfen der Zustimmung des Unterbeteiligten[9]. Dazu zählen insbesondere:

1. Kündigung der Hauptgesellschaft

2. Änderung des Gesellschaftsvertrags der Hauptgesellschaft

3. . . .

§ 6 Informationsrechte des Unterbeteiligten

Der Hauptgesellschafter ist dem Unterbeteiligten gegenüber zur Vorlage des jährlichen Jahresabschlusses der Hauptgesellschaft sowie der Berechnungen seines Gewinn- und Verlustanteils verpflichtet. Der Unterbeteiligte kann darüber hinaus Auskünfte über alle wesentlichen Vorgänge in der Gesellschaft, vor allem über besondere Risiken, welche die Unterbeteiligung gefährden können, verlangen, soweit der Hauptgesellschafter nach der ihm gegenüber der Hauptgesellschaft bestehenden Verschwiegenheits- und Treuepflicht zur Auskunftserteilung berechtigt ist[10].

§ 7 Jahresabschluss

(1) . . . Monate nach Feststellung des Jahresabschlusses der Hauptgesellschaft stellt der Hauptgesellschafter den Jahresabschluss der Unterbeteiligungsgesellschaft nach denselben Grundsätzen auf, wie bei der Hauptgesellschaft Rechnung zu legen ist.

(2) Der Hauptgesellschafter hat dem Unterbeteiligten den Jahresabschluss der Hauptgesellschaft sowie etwaige weitere Berechnungen über seinen Gewinn- und Verlustanteil vorzulegen[11].

§ 8 Gewinn- und Verlustbeteiligung

(1) Der verteilungsfähige Gewinn und der den Gesellschaftern zuzurechnende Verlust sind wie folgt zu ermitteln:

1. Ausgangsgröße ist der auf den Hauptgesellschafter entfallende Gewinn nach dem steuerlichen Jahresabschluss (Steuerbilanz)[12] der Hauptgesellschaft[13]. Ergebnisänderungen auf Grund steuerlicher Außenprüfungen sind zu berücksichtigen.

2. Dieser Ergebnisanteil ist um die an den Hauptgesellschafter zu zahlende Vergütung für seine Tätigkeit bei der Hauptgesellschaft zu mindern, soweit sie in der Steuerbilanz bereits wieder hinzugerechnet worden ist. Entsprechendes gilt für Entgelte, die nach den steuerlichen Vorschriften dem Gewinnanteil des Hauptgesellschafters hinzugerechnet werden, jedoch betriebswirtschaftlich bei der Hauptgesellschaft als Aufwendungen anzusehen sind.

3. Der Ergebnisanteil mindert sich außerdem um die Zinsen, die einem Gesellschafter vergütet worden sind; er erhöht sich im Gegenzug um die Zinsen, die einem Gesellschafter belastet worden sind. Voraussetzung ist in jedem Fall, dass entsprechende Korrekturen in der Steuerbilanz vorgenommen worden sind.

---

9 Im Einzelfall kann sich eine Präzisierung empfehlen, ob die Zustimmung in Form der Einwilligung oder der Genehmigung zu erfolgen hat. Zu Entscheidungen in Eilfällen **M 116.1** § 4 Abs. 3.
Die Beschränkung gilt nur im Innenverhältnis. Trotz eines Widerspruchs vorgenommene Handlungen sind gegenüber der Hauptgesellschaft wirksam (Wendelstein BB 1970, 736). Weitgehende Mitwirkungsrechte bei der Geschäftsführung sprechen für ein atypisches Beteiligungsverhältnis (Rz. 64 und Kap. 116 Rz. 222 ff.).

10 Nach hM ergibt sich das Informationsrecht des Unterbeteiligten aus § 233 HGB und nicht aus § 716 BGB (zum Inhalt im Einzelnen BGHZ 50, 316, 323 sowie Rz. 32 f.). Bezüglich der Ausgestaltung des Informationsrechts sind bei der Hauptgesellschaft bestehende Geheimhaltungsrechte/-pflichten zu berücksichtigen. Weitergehende als die gesetzlichen Informationsrechte legen das Vorliegen einer atypischen Unterbeteiligung nahe (Rz. 64 und Kap. 116 Rz. 222 ff.).

11 Voraussetzung dieser Bestimmung ist, dass diese Unterlagen nach den gesellschaftsvertraglichen Bestimmungen der Hauptgesellschaft einem Dritten gegenüber offen gelegt werden dürfen.

12 Zur Frage des Ausgangspunkts „Handels- oder Steuerbilanz" vgl. Kap. 116 Rz. 153 ff.

13 Es ist klarzustellen, ob der Unterbeteiligte nur an dem ausgeschütteten oder auch an den in der Hauptgesellschaft belassenen Gewinnen beteiligt sein soll, zB: *„An dem in der Hauptgesellschaft auf Verrechnungskonto stehen gelassenen oder in Rücklagekonten eingestellte Gewinnen der Hauptgesellschafters ist der Unterbeteiligte im gleichen Verhältnis wie an ausgeschütteten Gewinnen beteiligt."*.

4. Der Ergebnisanteil ändert sich außerdem, wenn das Jahresergebnis der Hauptgesellschaft auf Grund gesellschaftsvertraglicher Bestimmungen hinsichtlich der Ergebnisbeteiligung zu ändern ist.

(2) Der nach Abs. 1 ermittelte verteilbare Jahresüberschuss oder zuzurechnende Verlust werden dem Hauptgesellschafter und dem Unterbeteiligten nach folgenden Grundsätzen zugerechnet ... (zB nach dem Verhältnis der Kapitalkonten der Unterbeteiligungsgesellschaft)[14].

§ 9 Entnahmen

(1) Der Hauptgesellschafter kann seine Tätigkeitsvergütung (§ 5 Abs. 1 Satz 2) monatlich entnehmen.

(2) Für weitere Entnahmen gelten die Entnahmebestimmungen des Gesellschaftsvertrags der Hauptgesellschaft entsprechend[15].

§ 10 Verfügungen des Unterbeteiligten über die Beteiligung

Der Unterbeteiligte kann über seine Beteiligung insgesamt oder teilweise nur nach vorheriger Zustimmung des Hauptgesellschafters verfügen.

§ 11 Verfügungen des Hauptgesellschafters über die Beteiligung

Beabsichtigt der Hauptgesellschafter Verfügungen über seine Beteiligung an der Hauptgesellschaft, so hat er den Unterbeteiligten davon zu unterrichten. Im Fall einer Abtretung steht er dafür ein, dass der Abtretungsempfänger dem Unterbeteiligten die Möglichkeit zum Abschluss eines diesem Vertrag entsprechenden Unterbeteiligungsvertrags einräumt, soweit der Unterbeteiligte die Hauptbeteiligung nicht selbst übernehmen will und er dieses nach dem Gesellschaftsvertrag der Hauptgesellschaft kann.

§ 12 Änderung der Rechtsverhältnisse an oder bei der Hauptgesellschaft

(1) Falls sich die Beteiligung des Hauptgesellschafters an der Hauptgesellschaft durch Verschmelzung, Umwandlung oder in anderer Weise rechtlich ändert, wird die Unterbeteiligung in gleicher Weise an der neuen Beteiligung des Hauptgesellschafters fortgesetzt[16].

(2) Beschließt die Hauptgesellschaft eine Kapitalerhöhung, an der der Hauptbeteiligte teilnimmt, steht dem Unterbeteiligten ein Bezugsrecht an dem auf den Unterbeteiligten prozentual entfallenden Kapitalerhöhungsbetrag zu. Den Wert des Bezugsrechts legen die Parteien im Einzelnen fest.

§ 13 Beendigung der Hauptgesellschaft

(1) Die Unterbeteiligung endet mit der Auflösung der Hauptgesellschaft.

(2) Entsprechendes gilt bei Ausscheiden des Hauptgesellschafters aus der Hauptgesellschaft; das Ausscheiden bedarf keiner Zustimmung des Unterbeteiligten.

§ 14 Tod eines Gesellschafters

(1) Der Tod des Hauptgesellschafters führt nicht zur Auflösung der Unterbeteiligungsgesellschaft, es sei denn, dass der Unterbeteiligte den Hauptgesellschafter beerbt und mit dem geerbten Kapitalanteil selbst Gesellschafter der Hauptgesellschaft wird[17] *oder die Hauptgesellschaft selbst durch den Tod erlischt.*

---

14 Zu den steuerlichen Angemessenheitsregeln vgl. Kap. 116 Rz. 163 ff.

15 Die Entnahmerechte des Unterbeteiligten können nicht weiter gehen als die Entnahmerechte des Hauptgesellschafters in der Hauptgesellschaft. Gesellschaftsverträge beschränken oft die Entnahmemöglichkeiten in Höhe der mit der Beteiligung verbundenen Steuerzahlungspflichten, was zu Schwierigkeiten führen kann, wenn die Steuerbelastungsquote des Unterbeteiligten die des Hauptgesellschafters überschreitet.

16 Einzelheiten: Schwedhelm DStR 2003, 1444; Schmidt-Diemitz DB 1978, 239 ff.

17 Da die Unterbeteiligungsgesellschaft – auch im atypischen Fall – nur schuldrechtlichen Charakter entfaltet, erlischt sie in diesem Fall durch Konfusion (BGH NJW 1977, 1339).

(2) Stirbt der Unterbeteiligte, so geht die Unterbeteiligung auf seine Erben oder Vermächtnisnehmer[18] über unter der Voraussetzung, dass es sich um seinen Ehegatten, um eheliche Abkömmlinge, Geschwister, deren Abkömmlinge, Geschwister des Ehegatten und deren Abkömmlinge handelt. In allen anderen Fällen endet die Unterbeteiligungsgesellschaft[19].

(3) Mehrere Erben oder Vermächtnisnehmer des Unterbeteiligten können ihre Rechte gegenüber dem Hauptgesellschafter nur durch einen gemeinsamen Vertreter ausüben.

§ 15 Insolvenz, Pfändung

(1) Die Unterbeteiligungsgesellschaft erlischt, wenn über das Vermögen des Unterbeteiligten rechtskräftig ein Insolvenzverfahren eröffnet oder dessen Eröffnung mangels Masse abgelehnt wird.

(2) Entsprechendes gilt, wenn der Anteil des Unterbeteiligten oder sein Auseinandersetzungsguthaben von einem seiner Gläubiger gepfändet und diese Pfändung nicht innerhalb von ... Monaten aufgehoben wird.

§ 16 Kündigung

(1) Die Unterbeteiligungsgesellschaft kann, unbeschadet des Rechts auf Kündigung aus wichtigem Grund, wie die Hauptgesellschaft erstmals zum ... gekündigt werden und von diesem Zeitpunkt weiterhin wie die Hauptgesellschaft jeweils zum ...

(2) Der Unterbeteiligte kann die Unterbeteiligungsgesellschaft ... Monate vor Beginn der im Gesellschaftsvertrag der Hauptgesellschaft vereinbarten Kündigungsfrist gegenüber dem Hauptgesellschafter kündigen.

(3) Der Hauptgesellschafter seinerseits kann die Unterbeteiligungsgesellschaft mit einer Frist von ... Monaten zum Monatsende kündigen.

(4) Die Kündigung bedarf der Schriftform.

(5) Mit Ablauf der Kündigungsfrist ist die Unterbeteiligungsgesellschaft beendet.

§ 17 Abfindung

(1) Dem Unterbeteiligten steht bei Beendigung der Unterbeteiligungsgesellschaft eine Abfindung in Höhe des Buchwertes[20] seiner Beteiligung (Saldo aus Kapitalkonto, Privatkonto und eventuellem Verlustkonto, das jedoch nur mit dem Kapitalkonto zu verrechnen ist, wobei weitere Einzahlungen bis zur Höhe des Kapitalkontos nicht zu leisten sind) zu[21]. Sie ist auf den Tag seines Ausscheidens zu berechnen. Am Ergebnis schwebender Geschäfte nimmt der Unterbeteiligte teil. Er kann insoweit auch nach Beendigung der Unterbeteiligungsgesellschaft Auskunft und Rechnungslegung verlangen.

(2) Die Abfindung ist innerhalb von drei Jahren in drei gleichen Jahresraten, von denen die erste innerhalb eines Monats nach Anspruchsentstehung fällig ist, zu zahlen. Die noch nicht ausgezahlten Teile der Abfindung sind jährlich mit ... %, jedoch nicht mit mehr als ... % zu verzinsen. Die Zin-

---

18 Wechselt die Hauptbeteiligung den Rechtsträger durch Vermächtnis, setzt sich die Unterbeteiligungsgesellschaft nicht unmittelbar mit dem Vermächtnisnehmer fort, da dieser nicht Gesamtrechtsnachfolger des Erblassers ist.

19 Vgl. Rz. 54.

20 Es ist ggf. über die während der Besitzzeit gebildeten stillen Reserven eine Abfindungsregelung zu treffen. Je nach Ausgestaltung entscheidet sich auch, ob es sich um eine typische oder atypische Unterbeteiligung handelt (Rz. 64 und Kap. 116 Rz. 222 ff.).

21 Zur Buchwertabfindung Rasner NJW 1983, 2905; differenzierend bezüglich der Zulässigkeit Geßler GmbHR 1984, 29, 31 sowie Kap. 116 Rz. 195 ff.
Bei einer typischen Unterbeteiligung erhält der Unterbeteiligte keinen Anteil (str., vgl. vorige Fn.) an den stillen Reserven. Die atypische Unterbeteiligung ist demgegenüber durch eine Beteiligung an den stillen Reserven gekennzeichnet, wobei die darauf zielende Vertragsbestimmung wie folgt lauten kann: „Außerdem ist der Unterbeteiligte an den stillen Reserven der Unterbeteiligungsgesellschaft beteiligt. Als stille Reserven gilt der Anteil an den stillen Reserven der Hauptgesellschaft, den der Hauptbeteiligte nach Maßgabe der Bestimmungen des Gesellschaftsvertrags der Hauptgesellschaft bei deren Beendigung verlangen könnte. Ein Geschäftswert ist in die Berechnungen einzubeziehen. Der auf den Unterbeteiligten entfallende Anteil ermittelt sich in entsprechender Anwendung von § 8 Abs. 2."

sen sind sofort fällig. Der Hauptgesellschafter kann die Abfindung in größeren Beträgen oder in kürzerer Zeit auszahlen.

§ 18 Salvatorische Klausel

...

(Schlussformel)

... *(Unterschriften)*

Kosten: *Notarkosten:* 2,0-Gebühr gem. Nr. 21100 KV GNotKG, mindestens 60 Euro. Geschäftswert gem. §§ 97 Abs. 1, 36 GNotKG (Wert der Unterbeteiligung).

Dritter Teil. Kapitalgesellschaften

1. Abschnitt. Gesellschaft mit beschränkter Haftung

Kapitel 118 GmbH: Gesellschaftstypen und Gesetzesentwicklung

I. Rechtsformvorteile der GmbH

1 Die GmbH ist vor der KG und der GmbH & Co. KG die mit Abstand häufigste Rechtsform des mittelständischen Unternehmens. Ihre wichtigsten Vorteile gegenüber der KG bestehen in der allseits **beschränkten Haftung** und der Möglichkeit der **Fremdgeschäftsführung**, gegenüber der GmbH & Co. KG in der **strukturellen Einfachheit**. Bei der Haftungsbeschränkung ist zu beachten, dass diese regelmäßig nur gegenüber den Endabnehmern von Waren und Dienstleistungen durchsetzbar ist, aber nur eingeschränkt gegenüber Zulieferern und finanzierenden Banken. Dennoch bleibt sie bei ordnungsgemäßer Handhabung der GmbH ein nicht zu unterschätzender Vorteil, zumal die Rechtsprechung sich bisher allen Versuchen, eine allein auf mangelhafte Kapitalausstattung gestützte Durchgriffshaftung zu begründen, widersetzt hat. Die Möglichkeit der Fremdgeschäftsführung ist gerade im Bereich der Familiengesellschaft gegenüber der zwingenden Selbstorganschaft bei der KG ein willkommenes Instrument zur Ergänzung der familiären Geschäftsleitung durch fremden Sachverstand und zur Überbrückung von Zwischenzeiten ohne geeigneten familiären Geschäftsführer.

2 Ein weiterer Rechtsformvorteil der GmbH ist die Möglichkeit, sie grundsätzlich problemlos in die Personengesellschaft in der Form der GmbH & Co. KG oder in die Aktiengesellschaft überführen zu können, dies insbesondere unter Einsatz des Umwandlungsrechts und des Umwandlungssteuerrechts. Auch der Weg zurück in die GmbH bereitet keine grundsätzlichen Probleme.

3 Schließlich liegt ein ganz wesentlicher Rechtsformvorteil der GmbH in ihrer großen **rechtlichen Elastizität**, die die personalistische Ausgestaltung der Satzung nicht nur erlaubt, sondern zum Regelfall werden lässt. Alle familienbezogenen Möglichkeiten von Stimmrechtsgestaltungen, Veräuße-

rungsbeschränkungen und Konfliktlösungsmechanismen sind bei der GmbH problemlos zu verwirklichen, während sie bei der KG teilweise auf Strukturprobleme stoßen und bei der AG wegen des Grundsatzes der Satzungsstrenge größtenteils überhaupt nicht zu verwirklichen sind.

II. Typen der GmbH

1. Die personalistische Mehrpersonen-GmbH

Weitaus häufigster Typ ist die personalistische GmbH, deren Strukturen durch das persönliche Verhältnis der Gesellschafter zueinander bestimmt werden. Entweder arbeiten die Gesellschafter auch in der Geschäftsführung partnerschaftlich zusammen oder es sind ihre Beziehungen familiär begründet und bestimmt oder der nicht in der Geschäftsführung tätige Gesellschafter wird im Innenverhältnis an den wichtigen Entscheidungen beteiligt. Diese persönlichen Verpflichtungen wirken sich in der Vinkulierung der Mitgliedschaft etwa durch Abtretungs- und Vererbungsbeschränkungen, in Wettbewerbsbeschränkungen, in persönlichen Sonderrechten etwa auf Geschäftsführung, im verstärkten Minderheitenschutz, in ausgewogenen Abfindungsregelungen, die auch den Fortbestand der Gesellschaft beim Ausscheiden von Gesellschaftern sichern, in der Konstituierung von Beiräten, in Schiedsgutachter- und Schiedsgerichtsklauseln und weiteren besonderen vertraglichen Instituten zur Personalisierung der Kapitalgesellschaft aus. Der Vertrag dieser personalistischen GmbH wird im Folgenden (**M 119.38**) eingehend dargestellt. 4

2. Die Einpersonen-GmbH

Ausführliche Satzungsbestimmungen sind für die Einpersonen-GmbH nicht erforderlich. Der Vertragstyp ist deshalb durch seine auf den gesetzlichen Mindestinhalt beschränkte Kürze gekennzeichnet (s. **M 119.39**). 5

3. Die Komplementär-GmbH

Ein weiterer Vertragstyp ist die Komplementär-GmbH der GmbH & Co. Kennzeichnend für diesen Vertragstyp sind Regelungen, die den Gleichlauf der Beteiligungen an beiden Gesellschaften sicherstellen. 6

4. Die Unternehmergesellschaft (haftungsbeschränkt)

Die Unternehmergesellschaft (haftungsbeschränkt) ist ein Sonderfall der GmbH und kann als eigener Vertragstyp angesehen werden. Dazu Kap. 120 Rz. 38 ff. 7

III. Die GmbH-Reform 2008

1. Die Ziele der Reform

Der Entwurf eines Gesetzes zur Modernisierung des GmbH-Rechts und zur Bekämpfung von Missbräuchen (MoMiG) idF des Gesetzentwurfs der Bundesregierung v. 23.5.2007 (Text in BT-Drucks. 16/6140; Stellungnahme des Bundesrats v. 6.7.2007, BR-Drucks. 354/07) hatte sich zum Ziel gesetzt, das GmbHG grundlegend zu modernisieren und zugleich zu deregulieren. Existenzgründungen sollten erleichtert werden. Die Registereintragung von GmbH sollte beschleunigt werden. Die GmbH sollte international **wettbewerbsfähig** werden, insbesondere im Vergleich mit der Limited englischen Rechts (s. hierzu Kap. 131). 8

Bestrebungen, neben der herkömmlichen GmbH eine neue Gesellschaftsform für kleinere Unternehmen zu schaffen, wurde eine Absage erteilt. Der aus der Mitte des Bundestags stammende Vorschlag, eine haftungsbeschränkte Unternehmensgesellschaft ohne Mindeststammkapital zuzulassen, wurde in Form einer GmbH-Variante mit Tendenz zur Normalform in den Entwurf aufgenommen.

Durch die Reform hat die GmbH ein neues Gesicht erhalten. **Gründung und Handhabung sind wesentlich erleichtert worden**. Es wurden aber auch neue Anwenderprobleme geschaffen, insbesondere im Bereich des Gesellschafterwechsels und der Führung der Gesellschafterliste. Nachfolgend sollen die Schwerpunkte der Reform aufgezeigt werden.

2. Mindestkapital und Geschäftsanteilsbildung

9 Als Reaktion auf die Rechtsprechung des EuGH zur Ablehnung der Sitztheorie und den damit verbundenen zunehmenden Wettbewerb der Gesellschaftsrechtsformen in Europa wurden die Vorschriften über die Aufbringung des Mindeststammkapitals gelockert. Die Wettbewerbsfähigkeit der GmbH sollte im europäischen Vergleich erhalten und gestärkt werden, ohne die bestehenden Vorteile des deutschen GmbH-Rechts aufzugeben.

Die Stückelung der Geschäftsanteile wurde erleichtert, § 5 Abs. 2 und 3 GmbHG. Der Nennbetrag jedes Geschäftsanteils muss lediglich auf volle Euro lauten, was die Bildung etwa von 1-Euro-Geschäftsanteilen ermöglicht. Ein Gesellschafter kann bei Errichtung der Gesellschaft jetzt mehrere Geschäftsanteile übernehmen.

3. Vereinfachtes Verfahren bei Gründung

10 Mit § 2 Abs. 1a GmbHG wurde ein vereinfachtes Verfahren für die Gründung einer GmbH eingeführt, die höchstens drei Gesellschafter und einen Geschäftsführer haben. Der die Gründung beurkundende Notar hat das in der Anlage zum GmbHG vorgegebene Musterprotokoll zu verwenden. Darüber hinaus dürfen keine vom Gesetz abweichenden Bestimmungen getroffen werden. Das Musterprotokoll gilt zugleich als Gesellschafterliste. Im Übrigen finden auf das Musterprotokoll die Vorschriften des GmbHG über den Gesellschaftsvertrag entsprechende Anwendung. Anlage 1 zum GmbHG gibt ein Musterprotokoll für die Gründung einer Einpersonengesellschaft und ein Musterprotokoll für die Gründung einer Mehrpersonengesellschaft mit bis zu drei Gesellschaftern vor.

11 Die beiden **Musterprotokolle** (Einpersonengründung und Mehrpersonengründung) enthalten die Errichtungserklärung mit Bestimmung von Firma, Sitz, Gegenstand und Stammkapital der Gesellschaft sowie die Bestellung des Geschäftsführers und die Erklärung über die Gründungskosten. Hinsichtlich der Daten nach § 3 Abs. 1 GmbHG macht das Musterprotokoll keine Vorgaben. Firma, Sitz, Gegenstand, Stammkapital und Stammeinlagen können also nach allgemeinen Grundsätzen bestimmt oder vereinbart werden. Das insoweit unter Mitwirkung des Notars konkretisierte Gründungsprotokoll hat zugleich die Funktion des Gesellschaftsvertrages und der Gesellschafterliste. Der Notar erstellt die Anmeldung zum Handelsregister und reicht sie mit der beglaubigten Ablichtung des Gründungsprotokolls in elektronischer Form beim Registergericht zum Vollzug ein.

12 ➲ **Hinweis:** Das vereinfachte Verfahren ist im Einzelfall für die Einpersonengründung sinnvoll. Für die Mehrpersonengründung ist demgegenüber zu bedenken, dass alle für das Funktionieren des Gesellschaftsverhältnisses erforderlichen personalistischen Regelungen fehlen. Hierüber wird der Notar die Beteiligten zu belehren haben mit der Folge, dass sie im Regelfall vernünftigerweise eine normale Gründung mit ausführlichem und maßgeschneidertem Gesellschaftsvertrag als Anlage des Gründungsprotokolls vornehmen werden.

13 Bei Gründung einer Einpersonen-GmbH ist zu beachten, dass das Auftreten eines vollmachtlosen Vertreters zu einer unheilbaren Nichtigkeit führt, KG Beschluss v. 14.12.2011 – 25 W 48/11 GmbHR 2012, 569.

4. Unternehmergesellschaft (haftungsbeschränkt)

14 Im Extremfall kann eine GmbH mit einem Stammkapital von 1 Euro gegründet werden; sie muss nach § 5a Abs. 1 GmbHG in der Firma abweichend von § 4 die Bezeichnung „Unternehmergesellschaft (haftungsbeschränkt)“ oder „UG (haftungsbeschränkt)“ führen. In der Praxis hat diese Einstiegsvariante zur GmbH zur Verdrängung der Limited nach englischem Recht geführt.

Die Unternehmergesellschaft (haftungsbeschränkt) ist eine GmbH. Für sie gelten die besonderen Vorschriften des § 5a GmbHG und darüber hinaus unmittelbar das gesamte GmbHG und alle die GmbH betreffenden Regelungen des deutschen Rechts.

➲ **Hinweis:** Bei späterer Aufstockung des Kapitals auf die Mindestkapitalziffer des § 5 Abs. 1 GmbHG entfallen die Besonderheiten des § 5a GmbHG (zu den Einzelheiten s. Kap. 119 Rz. 17). Bei Erhöhung des Stammkapitals auf 25 000 EUR ist eine Volleinzahlung des Stammkapitals nicht erforderlich, OLG München Beschl. v. 7.11.2011 – 31 WX 475/11, Rpfleger 2012, 151, unter Aufgabe seiner bisherigen Auffassung. 15

5. Änderung der Kapitalerhaltungsgrundsätze

Im Bereich der Kapitalerhaltung nimmt das MoMiG Änderungen vor, die erheblich in das bisherige System der Kapitalerhaltungsvorschriften eingreifen. 16

a) Gesellschafterdarlehen

Den einschneidendsten Eingriff in die bisherigen Kapitalerhaltungsgrundsätze stellt die ersatzlose Aufhebung der §§ 32a und 32b GmbHG dar. Die Regelungen zu den Gesellschafterdarlehen wurden in das Insolvenzrecht verlagert. Rückzahlungen auf Gesellschafterdarlehen werden erst ein Jahr vor der Insolvenz und in der Insolvenz kritisch. 17

b) Ersatzpflicht bei Zahlungen an Gesellschafter

§ 64 Abs. 2 GmbHG regelt die Ersatzpflicht der Geschäftsführer bei Zahlungen nach Eintritt der Zahlungsunfähigkeit der Gesellschaft oder Feststellung ihrer Überschuldung. Die Regelung wurde durch Einfügung eines Satzes erweitert, der die Ersatzpflicht bei Zahlungen an Gesellschafter vorsieht, soweit diese zur Zahlungsunfähigkeit der Gesellschaft führen mussten. Die Regelung ergänzt den Grundsatz des § 30 Abs. 1 GmbHG, dass das zur Erhaltung des Stammkapitals erforderliche Vermögen an die Gesellschafter nicht ausgezahlt werden darf, in der Weise, dass sie auch Zahlungen erfasst, die zwar das zur Erhaltung des Stammkapitals erforderliche Gesellschaftsvermögen nicht antasten, die aber die Zahlungsunfähigkeit herbeiführen müssen und tatsächlich auch herbeiführen. 18

c) Eigenkapitalersetzende Gesellschafterleistungen

§ 30 Abs. 1 Satz 3 GmbHG führt zur Aufgabe der Rspr. zu eigenkapitalersetzenden Gesellschafterdarlehen, indem er generell anordnet, dass Gesellschafterdarlehen und gleichgestellte Leistungen nicht wie haftendes Eigenkapital zu behandeln sind. Tilgungsleistungen auf Gesellschafterdarlehen können keine nach § 30 Satz 1 verbotenen Auszahlungen des zur Erhaltung des Stammkapitals erforderlichen Vermögens sein. 19

6. Auslandsberührung

a) Wahl des Sitzes

Durch § 4a GmbHG wird es deutschen Gesellschaften ermöglicht, einen Verwaltungssitz zu wählen, der nicht notwendig mit dem Satzungssitz übereinstimmt. Sie erhalten die Option, ihre Geschäftstätigkeit auch außerhalb des deutschen Hoheitsgebiets zu entfalten, damit die gleiche Befugnis, die EU-Auslandsgesellschaften auf Grund der EuGH-Rechtsprechung (Überseering v. 5.11.2002 und Inspire Art v. 30.9.2003, Rs. C-208/00 und Rs. C-167/01) bei entsprechender Zulassung in ihrem Gründungsstaat zusteht, nämlich ihren effektiven Verwaltungssitz in einem anderen Staat zu wählen. 20

b) Erweiterte Geschäftsführerversicherung

§ 8 Abs. 2 GmbHG regelt die Ausschlusstatbestände für die Berufung zum Geschäftsführer. Diese beziehen sich auch auf Verurteilungen im Ausland wegen einer Tat, die mit den Straftatbeständen des deutschen Rechts vergleichbar ist. Hinsichtlich der Belehrung nach § 53 Abs. 2 BZRG wird angesichts der praktischen Schwierigkeiten mit ausländischen Geschäftsführern durch § 8 Abs. 3 21

Satz 2 GmbHG klargestellt, dass die Belehrung auch schriftlich erfolgen und auch durch einen ausländischen Notar oder einen deutschen Konsulatsbeamten vorgenommen werden kann. Als zur Belehrung befugt werden auch Vertreter eines dem Notar vergleichbaren rechtsberatenden Berufs genannt, worunter die Gesetzesbegründung auch Rechtsanwälte versteht.

7. Zulassung des gutgläubigen Erwerbs von Geschäftsanteilen

22 Nach § 16 Abs. 3 GmbHG kann der Erwerber einen Geschäftsanteil oder ein Recht daran durch Rechtsgeschäft wirksam vom Nichtberechtigten erwerben, wenn der Veräußerer als Inhaber des Geschäftsanteils in der im Handelsregister aufgenommenen **Gesellschafterliste** eingetragen ist.

Voraussetzung ist die Gutgläubigkeit des Erwerbers, das Fehlen eines der Gesellschafterliste zugeordneten Widerspruchs und die Unrichtigkeit der Gesellschafterliste seit mindestens drei Jahren. Geschützt wird nur der gute Glaube an die Verfügungsbefugnis. Nicht existente Geschäftsanteile können nicht gutgläubig erworben werden. Lediglich künftige (bedingte) Änderungen in der Person eines GmbH-Gesellschafters können nicht in die Gesellschafterliste nach § 40 GmbHG aufgenommen werden, BGH NZG 2011, 1268.

Bei der Geschäftsanteilsabtretung als dem häufigsten Veränderungsfall spielt die Vollzugstätigkeit des Notars nach § 40 Abs. 2 GmbHG eine wichtige Rolle. Der beurkundende Notar hat unverzüglich nach dem Wirksamwerden der Abtretung ohne Rücksicht auf etwaige später eintretende Unwirksamkeitsgründe die Liste an Stelle der Geschäftsführer zu unterschreiben, zum Handelsregister einzureichen und eine Abschrift der geänderten Liste an die Gesellschaft zu übermitteln. Die Liste muss mit der Bescheinigung des Notars versehen sein, dass die geänderten Eintragungen den Veränderungen entsprechen, an denen er mitgewirkt hat, und die übrigen Eintragungen mit dem Inhalt der zuletzt im Handelsregister aufgenommenen Liste übereinstimmen.

8. Verdeckte Sacheinlagen und Rückzahlungsfälle, Cash-Pooling

23 Die verdeckte Sacheinlage befreit den Gesellschafter gem. § 19 Abs. 4 GmbHG nicht von seiner Einlageverpflichtung (ausführlich dazu Kap. 119 Rz. 40 ff.).

24 Zum Fragenkreis der verdeckten Sacheinlage gehört, dass § 19 Abs. 5 GmbHG die **Rückzahlungsfälle**, soweit sie nicht verdeckte Sacheinlage sind, ausdrücklich regelt. Die Rechtsprechung hat in den Fällen, in denen die gezahlte Einlage dem Inferenten sofort als Darlehen zurückgezahlt wurde, die Einlagewirkungen verneint, um sie dann aber bei Darlehensrückzahlung anzunehmen (dazu Kap. 119 Rz. 47).

25 Ein Fall des § 19 Abs. 5 liegt auch bei der Kapitalaufbringung im **Cash-Pool** vor, wenn die Einlage infolge der Einzahlung auf das in den Cash-Pool einbezogene Konto im Ergebnis wieder an den Inferenten zurückfließt und dies nicht iS einer verdeckten Sacheinlage zu einer Tilgung bereits bestehender Darlehensverbindlichkeiten der Gesellschaft gegenüber dem Inferenten führt. Zumindest für den Regelfall sind damit Cash-Pool-Gründungen dem Bereich der verdeckten Sacheinlage entzogen, der Kapitalrückfluss an den Pool steht der endgültigen Bewirkung der Einlage nicht entgegen (dazu Kap. 119 Rz. 33 ff.).

9. Abtretung von Geschäftsanteilen

26 Anknüpfungspunkt für die Rechtsfolgen des § 16 GmbHG ist nicht die Anmeldung bei der Gesellschaft, sondern die Eintragung in der im Handelsregister aufgenommenen Gesellschafterliste nach § 40 GmbHG. Im Übrigen stellt der Terminus „gilt" klar, dass es sich bei der Anknüpfung um eine Fiktionswirkung der Vorschrift handelt.

27 Durch die geänderte Anknüpfung erfährt die **Gesellschafterliste** eine Aufwertung in die Richtung einer Annäherung an das Aktienregister bei der Namensaktie. Die Gesellschafterliste ist im Handelsregister aufgenommenen, wenn sie in den für das entsprechende Registerblatt bestimmten Registerordner nach § 9 Abs. 1 HRV bzw. den Sonderband der Papierregister nach § 8 Abs. 2 HRV aufgenommen ist. Das Abstellen auf diesen Zeitpunkt bietet sich an, da die Liste ab der Aufnahme

im Handelsregister eingesehen werden kann. Die Geschäftsführer werden in den Fällen, in denen der Notar nach § 40 Abs. 2 Satz 1 GmbHG die Gesellschafterliste selbst erstellt, unterschreibt und sofort nach Wirksamwerden des Rechtsübergangs elektronisch an das Registergericht gibt, vom Notar zeitnah durch Übermittlung einer Abschrift der Liste informiert.

Die Anknüpfung der Rechtsfolgen des § 16 GmbHG an den Zeitpunkt der Aufnahme im Handelsregister bedeutet nicht, dass erst dann der Erwerb des Geschäftsanteils wirksam wird. Vielmehr ist die **Wirksamkeit** der Übertragung auch weiterhin unabhängig von der Eintragung in die Gesellschafterliste. Ohne die Eintragung und die Aufnahme der Liste im Handelsregister bleibt dem Neugesellschafter allerdings infolge der Fiktionswirkung des § 16 Abs. 1 GmbHG die Ausübung seiner Mitgliedschaftsrechte verwehrt, da er im Verhältnis zur Gesellschaft seine Gesellschafterstellung erst mit dieser Eintragung und Aufnahme erhält. Dies bedeutet auch, dass er die vor Eintragung und Aufnahme von der Gesellschaft gegenüber dem Veräußerer oder vom Veräußerer gegenüber der Gesellschaft in Bezug auf das Gesellschaftsverhältnis vorgenommenen Rechtshandlungen gegen sich gelten lassen muss. 28

Bei der Abtretung aller Geschäftsanteile hat die Rechtsprechung satzungsändernde Beschlüsse der Abtretungsempfänger als nichtig angesehen, wenn diese nicht vor Beschlussfassung ordnungsgemäß als Neugesellschafter gem. § 16 GmbHG bei der Gesellschaft angemeldet waren (BayObLG GmbHR 1990, 216; BGH GmbHR 1990, 449; BGH GmbHR 1997, 165). Angesichts dieser Rechtsprechung von größter praktischer Wichtigkeit ist § 16 Abs. 1 Satz 2 GmbHG, demzufolge eine vom Erwerber in Bezug auf das Gesellschaftsverhältnis vorgenommenen Rechtshandlung als von Anfang an wirksam gilt, wenn die Liste unverzüglich nach Vornahme der Rechtshandlung in das Handelsregister aufgenommen wird. Dies erlaubt es der Beurkundungspraxis, die neuen Gesellschafter sofort im Anschluss an die Abtretung der Geschäftsanteile Gesellschafterbeschlüsse etwa über Satzungsänderungen fassen zu lassen. Denn die bisherige Möglichkeit, die Anzeige an einen anwesenden, von dem Veräußerer bestellten Geschäftsführer vorzunehmen und damit wirksam zu machen, entfällt künftig. Es obliegt in diesem Fall wie allgemein bei Geschäftsanteilsabtretungen dem Notar, die Gesellschafterliste sofort zu erstellen, zu unterschreiben und dem Handelsregister elektronisch zu übermitteln, damit die Aufnahme unverzüglich erfolgen kann. 29

IV. Laufende Besteuerung der Gesellschafter

Der Gewinn der GmbH unterliegt der Körperschaftsteuer mit einer feststehenden Körperschaftsteuerbelastung von 15 %. Zur Vermeidung einer wirtschaftlichen Doppelbelastung erfolgt im Falle der Ausschüttung auf der Ebene der Anteilseigner eine Entlastung. Das Gesetz bedient sich hier verschiedener Entlastungsmechanismen. 30

Ist der Anteilseigner der GmbH eine **natürliche Person** und wird die Beteiligung im steuerlichen Privatvermögen gehalten, so unterliegen ab 2009 Gewinnausschüttungen beim Anteilseigner der Abgeltungsteuer von 25 %. Das bis dahin geltende Halbeinkünfteverfahren ist entfallen.

Wird die Beteiligung in einem **steuerlichen Betriebsvermögen** (Einzelunternehmen oder Personengesellschaft) gehalten, so erfolgt eine teilweise Freistellung der Gewinnausschüttungen durch 40 %ige Steuerfreistellung (Teileinkünfteverfahren) und eine Belastung des steuerpflichtigen Teils mit der tariflichen Einkommensteuer. Betriebsausgaben in Zusammenhang mit der Beteiligung können zu 60 % steuerlich geltend gemacht werden, § 3c EStG. 31

Ist Anteilseigner der GmbH wiederum eine **Kapitalgesellschaft**, so erhält sie nach § 8b KStG für die Gewinnausschüttungen der GmbH eine Steuerfreistellung iHv. 95 %. Betriebsausgaben sind unbeschränkt abzugsfähig. 32

Kapitel 119 Die Gestaltung des Gesellschaftsvertrags der GmbH

I. Firma, Sitz, Gegenstand

1. Die Firma der GmbH

1 Für die Firma der GmbH macht § 4 GmbHG (nur noch) die Vorgabe, dass sie die Bezeichnung „Gesellschaft mit beschränkter Haftung“ oder eine allgemein verständliche Abkürzung wie „GmbH“ enthalten muss. Damit gelten für das Firmenrecht der GmbH die **allgemeinen Grundsätze**, wie sie bei der Einzelfirma dargestellt wurden (s. Kap. 108 Rz. 28 ff.). Zulässig sind die Fantasiefirma und wie bisher die Sachfirma und die Personenfirma, weiterhin Mischfirmen aus diesen Bestandteilen. § 4 S. 2 GmbHG gestattet die Verwendung der Abkürzung „gGmbH“, wenn die Gesellschaft ausschließlich und unmittelbar steuerbegünstigte Zwecke nach §§ 51 ff. AO verfolgt.

2 Bei der Firmenbildung sind **standesrechtliche Vorgaben** zu beachten. Steuerberatungsgesellschaften nach § 53 StBerG und Wirtschaftsprüfungsgesellschaften sowie Buchprüfungsgesellschaften nach §§ 31, 128 Abs. 2 WPO sind verpflichtet, die Bezeichnung „Steuerberatungsgesellschaft“ bzw. „Wirtschaftsprüfergesellschaft“ in die Firma aufzunehmen bzw. die Bezeichnung „Buchprüfungsgesellschaft“ im beruflichen Verkehr zu führen. Entsprechendes gilt für Rechtsanwaltsgesellschaften und Patentanwaltsgesellschaften nach §§ 59k Abs. 1 BRAO, 52k Abs. 1 PatentAO. Die Firmen dieser Gesellschaften müssen auch den Namen eines Gesellschafters, der Rechtsanwalt bzw. Patentanwalt ist, enthalten.

3 Die Zulassung der **Fantasiefirma** hat die Praxis der Firmenbildung grundlegend verändert. Dennoch ist es durchaus nicht so, dass die Fantasiefirma die Namensfirma, die Sachfirma bzw. die kombinierte Namens- und Sachfirma verdrängt hat. Die Fantasiefirma wird insbesondere im IT-Bereich und von Dienstleistern außerhalb der Handwerksordnung benutzt. Im Bereich des Handwerks überwiegt noch die Namensfirma bzw. die Kombination von Namensfirma mit Sachzusatz. Hier wird ein Fantasiezusatz allenfalls ergänzend beigefügt. Im industriellen Bereich, soweit sich dieser noch der Rechtsform der GmbH bedient, ist die Fantasiefirma im Vordringen.

2. Der Sitz der GmbH

4 Nach § 3 Abs. 1 Nr. 1 GmbHG muss der Gesellschaftsvertrag den Sitz der Gesellschaft enthalten. Der Sitz ist nach § 10 GmbH im Handelsregister einzutragen und bekanntzumachen. Nach dem Sitz bestimmt sich das zuständige Registergericht, § 7 Abs. 1 GmbHG, § 125 Abs. 1 FGG, das Prozessgericht, § 17 ZPO und das Insolvenzgericht, §§ 3, 4 InsO.

5 § 4a GmbHG zufolge gilt: „Sitz der Gesellschaft ist der Ort im Inland, den der Gesellschaftsvertrag bestimmt.“ Bei der Anwendung des § 4a GmbHG ist der Satzungssitz vom Verwaltungssitz zu unterscheiden (Scholz/Emmerich Nachtrag MoMiG § 4a GmbHG Rz. 5). Der **Satzungssitz** iSv. § 3 Abs. 1 Nr. 1 GmbHG muss sich wie bisher an einem beliebigen Ort **im Inland** befinden. Der **Verwaltungssitz** bezeichnet dagegen den Ort, von dem aus die Gesellschaft tatsächlich geleitet wird. Er kann **im Inland oder im Ausland** beliebig gewählt werden. Dadurch wird es deutschen Gesellschaften ermöglicht, einen Verwaltungssitz zu wählen, der nicht notwendig mit dem Satzungssitz übereinstimmt. Sie erhalten die Möglichkeit, ihre Geschäftstätigkeit auch außerhalb des deutschen Hoheitsgebiets zu entfalten und damit die gleiche Befugnis, die EU-Auslandsgesellschaften auf Grund der EuGH-Rechtsprechung (Überseering v. 5.11.2002 und Inspire Art v. 30.9.2003, Rs.

C-208/00 und Rs. C-167/01) bei entsprechender Zulassung in ihrem Gründungsstaat zusteht, nämlich ihren effektiven Verwaltungssitz in einem anderen Staat zu wählen. Diese Möglichkeit war deutschen Gesellschaften auf Grund der durch das MoMiG gestrichenen Absätze 2 der §§ 4a GmbHG und 5 AktG verwehrt.

Vom Sitz iS der politischen Gemeinde ist die **Geschäftsadresse**, also Straße und Hausnummer innerhalb der Sitzgemeinde, zu unterscheiden. Gemäß § 8 Abs. 4 Nr. 1 GmbHG ist in der Anmeldung eine inländische Geschäftsanschrift anzugeben und nach § 10 Abs. 1 Satz 1 GmbHG in das Handelsregister einzutragen. 6

Ausländische Konzerne können sich nach der Änderung des § 4a GmbHG bei der Gründung einer Tochter für die Rechtsform der deutschen GmbH entscheiden, auch wenn die Geschäftstätigkeit aus dem Ausland geführt werden soll. Deutsche Konzerne können nach der Änderung ihre ausländische Tochter in der Rechtsform der GmbH gründen, auch wenn die Geschäftsführung im Ausland erfolgen soll. Es bleibt aber dabei, dass die Gesellschaften eine **Geschäftsanschrift im Inland** im deutschen Handelsregister eintragen und aufrechterhalten müssen. 7

3. Der Gegenstand des Unternehmens

a) Inhalt und Zweck

Der Gegenstand des Unternehmens ist nach § 3 Nr. 2 GmbHG zwingender Inhalt der Satzung und nach § 10 Abs. 1 GmbHG im Handelsregister einzutragen. Seine Festsetzung dient der Unterrichtung der Öffentlichkeit (OLG Hamburg GmbHR 1968, 118; BGH DB 1981, 466; BayObLG GmbHR 1994, 705), dem Schutz der Gesellschaft vor Willkür der Geschäftsführer (BayObLG GmbHR 1976, 38) und dem Schutz der Minderheitsgesellschafter gegen willkürliche Änderungen oder Ausweitungen des Unternehmensgegenstands (Streuer GmbHR 2002, 407). 8

Nach Aufhebung des § 8 Abs. 1 Nr. 6 GmbHG aF ist bei der Anmeldung die Genehmigungsurkunde nicht mehr vorzulegen, wenn der Gegenstand des Unternehmens der staatlichen Genehmigung bedarf. 9

➲ **Hinweis:** Es bleibt aber wohlgemerkt dabei, dass vor Genehmigung die entsprechende Tätigkeit nicht aufgenommen werden darf. 9a

Nachdem das Registergericht Genehmigungserfordernisse nach öffentlichem Recht nicht mehr nachzuprüfen hat und ohne Rücksicht auf das Vorliegen einer etwa erforderlichen Genehmigung einzutragen hat, ist beim Unternehmensgegenstand die Funktion der Ermöglichung einer Nachprüfung durch das Registergericht entfallen. 10

➲ **Wichtig:** Trotzdem dürfte es aus Gründen der Unterrichtung der Öffentlichkeit weiterhin dabei bleiben, dass Unternehmensgegenstände, die einer staatlichen Genehmigung bedürfen (vgl. die Aufstellung bei Gottwald MittBayNot 2001, 164 = DStR 2001, 944) immer in den Satzungswortlaut aufzunehmen sind. 10a

Genehmigungspflichten ergeben sich z.B. aus §§ 30 ff. GewO für verschiedene Gewerbe, insbesondere Baubetreuung und Bauträgerschaft nach § 34c Abs. 1 Nr. 2 GewO, aus dem Kreditwesengesetz für Bankgeschäfte, aus dem Personenbeförderungsgesetz für die entgeltliche Personenbeförderung, aus dem Güterverkehrsgesetz für Speditionsgeschäfte und aus dem Steuerberatungsgesetz bzw. der Wirtschaftprüferordnung für die Ausübung dieser Berufe. Eine Genehmigung nach §§ 2, 3 Gaststättengesetz ist erforderlich, wenn ein bestimmter Betrieb zum Unternehmensgegenstand gehört, nicht aber, wenn nur allgemein der Betrieb von Gaststätten bezweckt wird (BayObLG DB 1990, 1079). 10b

b) Individualisierung

Für die Vertragsgestaltung gilt weiter, dass eine Individualisierung des Unternehmensgegenstandes zwingend erforderlich ist (Scholz/Emmerich § 3 GmbHG Rz. 14 mwN; Baumbach/Hueck/Fastrich 11

§ 3 GmbHG Rz. 8), Vertragsklauseln wie „Handel mit Waren aller Art“, „Erledigung sämtlicher Dienstleistungen“ oder „Betreiben von Handelsgeschäften“ sowohl als Definition des Gegenstandes wie auch als Zusätze zu ihm also unzulässig sind (BayObLG GmbHR 1994, 705; BayObLG GmbHR 1996, 360; BayObLG GmbHR 2003, 414 zu „Handel mit Waren aller Art“) und der satzungsmäßige Unternehmensgegenstand nicht alle ins Auge gefassten Aktivitäten der Gesellschaft aufzählen muss, sondern lediglich den Schwerpunkt der Geschäftstätigkeit hinreichend zu bezeichnen hat (BGHZ 78, 311 = NJW 1981, 682 = GmbHR 1981, 188).

c) Enge Fassung des Unternehmensgegenstands

12 Empfehlungen, den satzungsmäßigen Gegenstand des Unternehmens möglichst weit zu fassen (so etwa Sina GmbHR 2001, 661), entsprechen zwar einem häufig geäußerten Wunsch der Beteiligten, widersprechen aber dem von der ganz herrschenden Meinung vertretenen Konkretisierungserfordernis und sind wegen der möglichen Ableitung verdeckter Gewinnausschüttungen aus den Wettbewerbsverboten für Geschäftsführer und Mehrheitsgesellschafter gefährlich.

12a ➲ **Praxistipp:** Es verbleibt daher bei der Empfehlung, den satzungsmäßigen Unternehmensgegenstand nur aus den Schwerpunkten der beabsichtigten Tätigkeiten und so präzise wie möglich zu formulieren. Ein eng und präzise gefasster Unternehmensgegenstand vermeidet Schwierigkeiten mit der Abgrenzung von Wettbewerbstätigkeiten der Gesellschafter und Geschäftsführer und beugt so der möglichen Annahme verdeckter Gewinnausschüttungen vor.

II. Gesellschafter

1. Gesellschafterfähigkeit

13 Die Gründung der GmbH erfolgt durch eine oder mehrere Personen, die als Gesellschafter den Gesellschaftsvertrag zur notariellen Urkunde abzuschließen haben und in ihm je eine Stammeinlage zu übernehmen haben, §§ 1, 2, 3 Abs. 1 Nr. 4 GmbHG. **Gründungsgesellschafter** können sein

- natürliche Personen,
- juristische Personen des privaten und des öffentlichen Rechts,
- Personenhandelsgesellschaften,
- Vor-GmbH und Vor-AG,
- Erbengemeinschaften,
- nicht rechtsfähige Vereine,
- Ehegatten in Gütergemeinschaft und
- Gesellschaften bürgerlichen Rechts.

2. Ausländer

14 Ausländer, deren Aufenthaltserlaubnis mit einem Gewerbesperrvermerk versehen ist, sind als beherrschende Gründungsgesellschafter ausgeschlossen (OLG Stuttgart Rpfleger 1984, 149; Tountopoulos Rpfleger 1997, 457; aA Bayer in Lutter/Hommelhoff § 1 GmbHG Rz. 16 und Baumbach/Hueck/Fastrich § 1 GmbHG Rz. 17).

3. Minderjährige

15 Minderjährige werden durch den gesetzlichen Vertreter vertreten. Soweit dieser selbst an der GmbH beteiligt ist, ist für jeden Minderjährigen ein eigener Ergänzungspfleger zu bestellen. Ob die vormundschaftsgerichtliche Genehmigung erforderlich ist, ist höchstrichterlich noch nicht geklärt, aber schon allein wegen der Gründerhaftung allgemein zu bejahen (Scholz/Emmerich § 2 GmbHG Rz. 42 ff.).

III. Stammkapital, Stammeinlagen

1. Mindestkapital von 25 000 Euro

Zwingender Inhalt des Gesellschaftsvertrags sind der Betrag des Stammkapitals und die Stammeinlagen, also ist die Zahl und die Nennbeträge der Geschäftsanteile, die jeder Gesellschafter gegen Einlage auf das Stammkapital übernimmt, § 3 Abs. 1 Nrn. 3, 4 GmbHG. Möglich sind Bareinlagen, Sacheinlagen und gemischte Bar- und Sacheinlagen. Bei Sacheinlagen müssen der Gegenstand und der Nennbetrag des Geschäftsanteils, auf den sich die Sacheinlage bezieht, im Gesellschaftsvertrag festgesetzt und die Werthaltigkeit in einem Sachgründungsbericht erläutert werden, § 5 Abs. 4 GmbHG. 16

2. Unternehmergesellschaft (haftungsbeschränkt)

Die Unternehmergesellschaft wurde als Variante der GmbH mit einem die Mindestkapitalziffer unterschreitenden Stammkapital, im Extremfall in Höhe von einem Euro, zugelassen (dazu Kap. 118 Rz. 9). Sie muss nach § 5a Abs. 1 GmbHG in der Firma abweichend von § 4 die Bezeichnung „Unternehmergesellschaft (haftungsbeschränkt)" oder „UG (haftungsbeschränkt)" führen. 17

Nach den Absätzen 2 bis 5 des § 5a GmbHG darf die Anmeldung erst erfolgen, wenn das Mindeststammkapital in voller Höhe eingezahlt ist. Sacheinlagen sind ausgeschlossen. In der Bilanz des nach den §§ 242, 264 HGB aufzustellenden Jahresabschlusses ist eine gesetzliche Rücklage zu bilden, in die ein Viertel des um einen Verlustvortrag aus dem Vorjahr geminderten Jahresüberschusses einzustellen ist. Diese Rücklage darf nur für eine Kapitalerhöhung aus Gesellschaftsmitteln oder zum Ausgleich von nicht gedeckten Jahresfehlbeträgen oder Verlustvorträgen verwendet werden. Bei drohender Zahlungsunfähigkeit muss die Versammlung der Gesellschafter unverzüglich einberufen werden. Erhöht die Gesellschaft ihr Stammkapital so, dass es das Mindeststammkapital von 25 000 Euro erreicht oder übersteigt, so finden diese Vorschriften keine Anwendung mehr. Die Firma mit der Bezeichnung „Unternehmergesellschaft (haftungsbeschränkt)" oder „UG (haftungsbeschränkt)" darf beibehalten werden, aber auch in „GmbH" geändert werden.

3. Entfallen sonstiger Mindestbeträge

Mit dem MoMiG ist die Bestimmung entfallen, der zufolge die Stammeinlage jedes Gesellschafters mindestens 100 Euro betragen musste (s. Kap. 118 Rz. 9). Die Summe der Nennbeträge aller Geschäftsanteile muss mit dem Stammkapital übereinstimmen. 18

Mit dem Wegfall des Mindestbetrages von 100 Euro und der Teilbarkeit durch 50 sind gestalterische Fußfallen entfallen und werden etwa im Bereich der Familiengesellschaften fein abgestimmte Beteiligungsregelungen erleichtert. Das erforderliche Korrektiv hinsichtlich der Verhinderung eines für die GmbH untypischen freien Geschäftsanteilshandels bildet die Beurkundungspflicht für Übertragungen von Geschäftsanteilen nach § 15 Abs. 3 GmbHG, verbunden mit der Möglichkeit der Statuierung einer Genehmigungspflicht nach § 15 Abs. 5 GmbHG. An diesen Vorschriften hält das MoMiG fest. Ebenso bleibt § 5 Abs. 4 GmbHG über die besonderen Erfordernisse bei Sacheinlage bis auf eine redaktionelle Änderung unverändert. 19

Die Erleichterungen, die mit dem MoMiG eingeführt worden sind, gelten nicht für Alt-Gesellschaften, die noch zu DM-Zeiten gegründet und nicht auf (geglättete) Euro-Beträge umgestellt worden sind. Bei diesen Gesellschaften sind die Vorgaben zur Teilbarkeit von Geschäftsanteilen weiterhin zu beachten. Es empfiehlt sich bei der Übertragung von Geschäftsanteilen eine Umstellung auf Euro vorzusehen, auch um den Fallstricken vorzubeugen, die aus der alten Fassung des § 5 GmbHG resultieren. 19a

4. Bareinlagen

Die sofortige volle Einzahlung der Bareinlagen sollte angesichts der Ausfallhaftung aller Gesellschafter für nicht einbringbare Einlagebeträge nach § 24 GmbHG die praktische Regel sein. 20

20a ➲ **Praxistipp:** Die Satzung hat klarstellend zu formulieren, dass die Einlagen in bar zu erbringen und sofort einzuzahlen sind.

21 Möglich ist nach § 7 Abs. 2 GmbHG die **teilweise Einzahlung** der Bareinlagen in der Weise, dass auf jeden Geschäftsanteil mindestens ein Viertel des Nennbetrages eingezahlt wird und insgesamt der Gesellschaft einschließlich etwaiger Sacheinlagen die Hälfte des Mindeststammkapitals, also 12 500 Euro, zugeführt werden. Über die Einforderung der ausstehenden Einlagen entscheidet nach § 46 Nr. 2 GmbHG die Gesellschafterversammlung. Auf der Grundlage dieses Einforderungsbeschlusses erfolgt dann die Anforderung durch die Geschäftsführer, wobei mit Zugang der Anforderungserklärung die Fälligkeit eintritt.

M 119.1 Teilweise Einzahlung von Bareinlagen, Einforderungsregelung

Die Stammeinlagen sind in bar zu erbringen. Sie sind jeweils zur Hälfte sofort einzuzahlen. Über die Einforderung der Resteinlagen entscheidet die Gesellschafterversammlung. Sie werden mit Anforderung durch die Geschäftsführung fällig.

22 Die Satzung kann die **Fälligkeit der Resteinlagen** auch nach dem Kalender bestimmen.

M 119.2 Teilweise Einzahlung von Bareinlagen, Fälligkeit

Die Stammeinlagen sind in bar zu erbringen. Sie sind jeweils zur Hälfte sofort, die andere Hälfte am 31.12. . . . zu zahlen, ohne dass es einer Einforderung oder Anforderung bedarf.

23 Die Satzung kann die **Einforderungskompetenz** auch auf ein anderes Gesellschaftsorgan wie etwa die Geschäftsführer übertragen. Angesichts der drohenden Konsequenzen durch das Kaduzierungsverfahren hat die Regelung klar und eindeutig zu sein. Die Formulierung „die Resteinlage wird nach Anforderung durch die Geschäftsführung fällig" soll der Rspr. zufolge nicht hinreichend klar sein (BGH DStR 1996, 111 m. Anm. Goette).

M 119.3 Abweichende Einforderungskompetenz bei Einlagen

Die Stammeinlagen sind in bar zu erbringen. Die Resteinlagen werden mit Anforderung durch die Geschäftsführung fällig. Der Geschäftsführung steht abweichend von § 46 Nr. 2 GmbHG auch die Befugnis zur Einforderung zu.

5. Sacheinlagen

a) Besondere Vorschriften für Sacheinlagen

24 Nach § 5 Abs. 4 GmbHG müssen dann, wenn Sacheinlagen geleistet werden, der Gegenstand der Sacheinlage und der Nennbetrag des Geschäftsanteils, auf den sich die Sacheinlage bezieht, **im Gesellschaftsvertrag festgesetzt** werden. Die Gesellschafter haben in einem Sachgründungsbericht die für die Angemessenheit der Leistungen für Sacheinlagen wesentlichen Umstände darzulegen und beim Übergang eines Unternehmens auf die Gesellschaft die Jahresergebnisse der beiden letzten Geschäftsjahre anzugeben. Erreicht der Wert einer Sacheinlage im Zeitpunkt der Anmeldung der Gesellschaft zur Eintragung in das Handelsregister nicht den Nennbetrag des dafür übernommenen Geschäftsanteils, so hat der Gesellschafter nach § 9 GmbHG in Höhe des Fehlbetrags eine

Einlage in Geld zu leisten. Sind Sacheinlagen nicht unwesentlich überbewertet worden, so hat das Registergericht nach § 9c Abs. 1 Satz 2 GmbHG die Eintragung abzulehnen. Die Änderung des § 9c Abs. 1 Satz 2 GmbHG durch das MoMiG mindert die Effektivität der Werthaltigkeitsprüfung durch das Registergericht erheblich.

Nach § 7 Abs. 3 GmbHG sind die Sacheinlagen **vor Anmeldung** zu erbringen. Sie sind also nach 25 den für den jeweiligen Gegenstand der Sacheinlage geltenden Vorschriften der Gesellschaft in Gründung, vertreten durch die Geschäftsführer, zu übereignen. Bei Grundstücken ist nach § 925 BGB dabei Auflassung erforderlich, die zweckmäßigerweise im Gründungsmantel nach der Bestellung der Geschäftsführer mitbeurkundet wird. Bei der Anmeldung der Sachgründung haben die Gesellschafter zu versichern, dass die Sacheinlagen voll erbracht sind und sich endgültig in ihrer freien Verfügung befinden (§ 8 Abs. 2 GmbHG).

b) Einlagefähigkeit

Sacheinlagen sind alle Einlagen, die nicht durch Einzahlung von Geld erfolgen. Sie sind nach § 7 26 Abs. 3 GmbHG vor Anmeldung der Gesellschaft zum Handelsregister zu bewirken. Sacheinlagen können entsprechend § 27 Abs. 2 AktG nur Vermögensgegenstände sein, deren wirtschaftlicher Wert feststellbar ist (BGH GmbHR 2004, 1219). Gegenstand von Sacheinlagen können Sachen, Rechte und sonstige vermögenswerte Positionen sein, die so auf die Gesellschaft übertragen werden können, dass sie zu ihrer freien Verfügung stehen. Es genügt die wirtschaftliche Verwertbarkeit für das Unternehmen und die Aussonderung aus dem Vermögen des Gesellschafters. Einlagefähig sind jedenfalls alle Sachen und Rechte, die der Gesellschaft zu Eigentum übertragen werden. Nicht einlagefähig sind obligatorische Rechte, die sich gegen den Gesellschafter selbst richten, etwa die Verpflichtung zu eigenen Dienstleistungen (BGH ZIP 2009, 713). Die Gebrauchsüberlassung etwa von Immobilien wird überwiegend dann als einlagefähig angesehen, wenn sie auf bestimmte Zeit unkündbar und – etwa durch Dienstbarkeit – dinglich gesichert erfolgt (Baumbach/Hueck/Fastrich § 5 GmbHG Rz. 25). Obligatorische Nutzungsrechte haben jedenfalls dann einen im Sinne der Sacheinlagefähigkeit feststellbaren wirtschaftlichen Wert, wenn ihre Nutzungsdauer in Form einer festen Laufzeit oder als konkret bestimmte Mindestdauer feststeht (Bayer in Lutter/Hommelhoff § 5 GmbHG Rz. 22).

6. Sachübernahme

Als Sacheinlage gilt auch die in § 19 Abs. 5 GmbHG beschriebene Sachübernahme, die dann vor- 27 liegt, wenn die Vergütung für von der Gesellschaft zu übernehmende Vermögensgegenstände mit einer Geldeinlageverpflichtung verrechnet werden soll. Es handelt sich also um eine Bareinlage mit ausnahmsweise gestatteter Aufrechnung, die wie die Sacheinlage offenzulegen und als solche zu behandeln ist. Von dieser Möglichkeit wird in der Praxis kein Gebrauch gemacht.

7. Einlage von Sachgesamtheiten

Praxishäufig ist die Einbringung von Betrieben, Teilbetrieben und Betriebsteilen. 28

Für die Bezeichnung derartiger Sachgesamtheiten als Gegenstand der Sacheinlage genügt die verkehrsübliche pauschalierende Sammelbezeichnung (Baumbach/Hueck/Fastrich § 5 GmbHG Rz. 9). Detaillierte Anlagen sind möglich, aber nicht erforderlich und nicht üblich. Ist noch keine Bewertung möglich, etwa weil die Jahresbilanz noch aussteht, so sichert die ausdrückliche Vereinbarung einer Differenzschuld des einbringenden Gesellschafters die Eintragungsfähigkeit (Bayer in Lutter/Hommelhoff § 5 GmbHG Rz. 21).

M 119.4 Betriebseinbringung

Der Gesellschafter F erbringt seine Stammeinlage von 100 000 Euro durch Übertragung seines Friseurbetriebs mit allen Aktiva und Passiva auf die Gesellschaft. Die Übertragung erfolgt zu den Wer-

ten der noch ausstehenden Jahresbilanz zu, 31.12.... Übersteigt der Bilanzwert den Betrag der Stammeinlage, so wird der überschießende Betrag als Gesellschafterdarlehen verbucht. Erreicht der Bilanzwert den Betrag der Stammeinlage nicht, so ist der fehlende Betrag sofort in bar zuzuzahlen.

M 119.5 Einbringung einzelner Gegenstände

Der Gesellschafter T erbringt seine Stammeinlage von 20 000 Euro durch Übereignung der Werkzeuge und Geräte der auf dem Grundstück seiner Tankstelle neben dieser betriebenen Kfz-Reparaturwerkstatt auf die Gesellschaft. Hierfür sind das Einzelverzeichnis und die Bewertung des Sachverständigen maßgeblich, die eine Anlage dieses Vertrages bilden, auf die verwiesen wird. Der überschießende Wert von 2700 Euro wird für den Gesellschafter als Darlehen verbucht.

8. Gemischte Bar- und Sacheinlagen

29 Zulässig ist es, eine Stammeinlage teilweise in bar, teilweise als Sacheinlage zu erbringen.

M 119.6 Gemischte Bar- und Sacheinlage

Der Gesellschafter... übernimmt eine Stammeinlage von... Euro. Er erbringt diese Stammeinlage sofort und voll, und zwar in Höhe von... Euro als Bareinlage, in Höhe von... Euro als Sacheinlage, indem er der Gesellschaft... übereignet. Der Gegenstand der Sacheinlage wird mit... Euro bewertet.

IV. Probleme der Einlagenerbringung

1. Erfüllungswirkung trotz Rückzahlung der Einlage?

a) Rechtsprechung bis zum MoMiG

30 Wird der auf die Einlageverpflichtung eingezahlte Barbetrag absprachegemäß dem Gesellschafter oder einem mit ihm verbundenen Unternehmen sofort wieder mit Rückzahlungsverpflichtung – etwa als „Darlehen" – zurückgewährt, so lag nach der Rechtsprechung des BGH bis zum MoMiG eine für die Erfüllung der Einlageschuld nach § 19 Abs. 1 GmbHG erforderliche Leistung zur freien Verfügung der Geschäftsführung nicht vor (BGH GmbHR 2001, 1111). Der Anspruch der Gesellschaft auf Rückzahlung des Darlehens wurde prinzipiell nicht als gleichwertig angesehen und konnte deshalb die unverzichtbare Einlageforderung nicht ersetzen (BGH GmbHR 2003, 231). Zahlte der Gesellschafter später – etwa unter der Bezeichnung „Rückzahlung Darlehen" – den Betrag an die Gesellschaft zurück, so sah dies der BGH als erstmalige Erbringung der Stammeinlage an.

b) Neuregelung durch das MoMiG

31 Das MoMiG regelt in § 19 Abs. 5 GmbHG erstmals die Erfüllungswirkung bei Rückzahlungsfällen, die auch für Altfälle gilt (Scholz/Veil § 19 GmbHG Rz. 176). Die Neuregelung korrigiert die bisherige Rechtsprechung, indem sie bestimmt, dass eine vor der Einlage vereinbarte Leistung an den Gesellschafter, die wirtschaftlich einer Rückzahlung der Einlage entspricht und die nicht als verdeckte Sacheinlage iSv. § 19 Abs. 4 GmbHG zu beurteilen ist, den Gesellschafter von seiner Einlageverpflichtung befreit, dies allerdings nur dann, wenn die Leistung durch einen vollwertigen Rückgewähranspruch gedeckt ist, der jederzeit fällig ist oder durch fristlose Kündigung durch die Gesellschaft fällig werden kann.

➲ **Hinweis:** Eine solche Leistung oder die Vereinbarung einer solchen Leistung ist in der Anmeldung nach § 8 GmbHG anzugeben. 31a

Die Vorschrift führt in das Recht der Kapitalaufbringung eine bilanzielle Betrachtungsweise ein, die sich als roter Faden durch die Neuregelungen zum Haftkapitalsystem zieht. Sie erlangt insbesondere in den Fällen Bedeutung, in denen die Gesellschaft auf Grund einer Absprache eine Geldeinlage als Darlehen zurückzahlt. Der an die Stelle der Geldeinlage tretende Rückgewähranspruch ist vollwertig, wenn er bilanziell zu 100 % angesetzt werden darf (Scholz/Veil, § 19 GmbHG Rz. 182).

➲ **Wichtig:** Zu beachten ist, dass nach der Qivive-Entscheidung des BGH (BGHZ 81, 38 = GmbHR 2009, 540) die Offenlegung des Hin- und Herzahlens gegenüber dem Registergericht eine konstitutive Bedingung für den Eintritt der Erfüllungswirkung darstellt, Scholz/Veil, § 19 GmbHG Rz. 187. 31b

c) Darlehen der Vorrats-GmbH an den Gründer

Bei den professionellen Anbietern von Vorrats-GmbH dürfte es weit verbreitete Praxis sein, dass sich der Gründer das eingezahlte Stammkapital sogleich wieder als Darlehen zurückzahlen lässt (vgl. etwa OLG Schleswig MittRhNotK 2000, 399). Dies verstößt noch nach dem Urteil des BGH v. 24.11.2003 (BGH GmbHR 2004, 302) gegen § 30 GmbHG. Infolge der gesetzlichen Neuregelung gilt dies nicht mehr, eine entsprechende Abrede ist bei Vollwertigkeit der Darlehensforderung der Gesellschaft zulässig. 32

d) Cash-Pooling

Die (Neu-)Regelung des § 19 Abs. 5 GmbHG sollinsbesondere wirksame Einlageleistungen im Rahmen des betriebswirtschaftlich zweckmäßigen und praxishäufigen Cash-Pooling ermöglichen (eingehend hierzu Lieder GmbHR 2009, 1177). 33

Unter Cash-Pooling versteht man die Zusammenfassung von Liquiditätsüberschüssen im Rahmen der zentralen Konzernfinanzierung mittels Darlehensbeziehungen der Konzerngesellschaften. Die Konzerngesellschaften und die kontoführenden Institute schließen einen Vertrag, auf dessen Grundlage die Salden der laufenden Bankkonten (Quellkonten) täglich auf ein zentrales Bankkonto (Zentralkonto) übertragen werden. Das Quellkonto einer Mitgliedsgesellschaft schließt täglich mit einem Saldo von Null ab, während sich der Saldo auf dem Zentralkonto um den jeweiligen Übertrag verändert. Bei einem positiven Saldo gewährt die Gesellschaft der Cash-Pool-Führerin ein Darlehen, bei einem negativen Saldo ist die Gesellschaft Empfängerin eines Darlehens. 34

In seinem Urteil „Cash Pool I" v. 16.1.2006 (BGHZ 166, 8 = GmbHR 2006, 477) hatte der BGH entschieden, dass die Erbringung einer Bareinlage an eine GmbH keine wirksame Einlageleistung darstellt, wenn die Barmittel im Rahmen eines Cash-Pooling an ein verbundenes Unternehmen zurückfließen. Er hat die Tilgung der Einlageschuld schon deshalb verneint, weil das Geld nicht zur endgültig freien Verfügung der Geschäftsführung eingezahlt worden sei. Ein solcher Zahlungsvorgang sei vielmehr als unwirksames Umgehungsgeschäft in der Form der verdeckten Sacheinlage anzusehen. 35

Im Rahmen des Urteils „Cash Pool II" v. 20.7.2009 (GmbHR 2009, 926 mit Anm. Bormann = DNotZ 2009, 941 mit Anm. Priester = MittBayNot 2010, 58 mit Anm. Weiler) hat der BGH die gesetzliche Neuregelung des § 19 Abs. 5 GmbHG hinsichtlich der Erbringung von Einlageleistungen nur als „eingeschränkt tauglich" (so Priester DNotZ 2009, 946) angesehen. Sie greift nach ihrem klaren Wortlaut nur ein, wenn der Vorgang nicht als verdeckte Sacheinlage zu bewerten ist. Wird das Verrechnungskonto der Gesellschaft bei der Cash-Pool-Führerin im Soll geführt, hat also die Cash-Pool-Führerin eine Darlehensforderung gegen die Gesellschaft, so liegt eine verdeckte Sacheinlage in Gestalt der Verwendung einer Forderung des Inferenten gegen die Gesellschaft vor. Statt diese im Wege der offenen Sacheinlage einzubringen, wird nach außen eine Bareinlage deklariert, die in Wahrheit nicht vorliegt. Dies ist ein Fall des § 19 Abs. 4 GmbHG. Wird dagegen das Verrechnungskonto der Gesellschaft bei der Cash-Pool-Führerin im Haben geführt, so kommt § 19 Abs. 5 36

GmbHG zur Anwendung. Zur Abgrenzung beider Fälle stellt der BGH auf den Stand des Zentralkontos in dem Zeitpunkt ab, zu dem der Einlagebetrag dort gebucht wird.

37 Eine **wirksame Einlagenerbringung** im Rahmen des Cash-Pooling kommt also nur an den Tagen in Betracht, an denen das zentrale Konto in Bezug auf die Gesellschaft nicht im Soll steht. Weiterhin muss der Rückgewähranspruch jederzeit fällig sein oder fällig gestellt werden können, was nach „Cash Pool II" voraussetzt, dass der Cash-Management-Vertrag jederzeit fristlos und ohne Angabe von Gründen kündbar ist. Schließlich ist die Einhaltung der Offenlegungspflicht des § 19 Abs. 5 Satz 2 GmbHG in der Anmeldung nach § 8 GmbHG Voraussetzung für die Erfüllung der Einlageschuld.

38 Die **Praktikabilität** der Neuregelung des § 19 Abs. 5 GmbHG für Einlageleistungen an Cash-Pool-befangene Gesellschaften ist im Ergebnis als gering anzusehen. Hierzu trägt vor allem der Umstand bei, dass der täglich wechselnde Kontostand der Gesellschaft auf dem Zentralkonto die Planung einer wirksamen Einlageleistung zumindest erschwert. Hier wird die Einrichtung eines Sonderkontos für Einlageleistungen vorgeschlagen (Priester ZIP 2006, 1560 und DNotZ 2010, 948; Korts BB 2009, 2112; Theusinger NZG 2009, 1018), was den Ablauf zusätzlich verkompliziert.

e) Darlehen der Komplementär-GmbH an die KG

39 Praxisüblich ist, dass die Komplementär-GmbH der von ihr geführten KG ihr eingezahltes Stammkapital als Darlehen zur Verfügung stellt, damit es nicht wirtschaftlich sinnlos bei der GmbH verbleibt, die keinen Kapitalbedarf hat. Dieses Verfahren verstieß bisher bei strikter Anwendung des Urteils vom 24.11.2003 gegen § 30 GmbHG. Nachdem der BGH in den Gründen ohne nähere Konkretisierung Ausnahmen für möglich hält, sprach aber schon bisher einiges dafür, hier eine derartige Ausnahme zu machen. Denn das Darlehen erfolgt nicht an die hinter der Doppelgesellschaft stehenden Gesellschafter, also die Kommanditisten, sondern an die nach außen geschäftlich tätig werdende KG. Es wird nicht den Kommanditisten zur freien privaten Verfügung gewährt, sondern verbleibt im Unternehmen. Der Geschäftsführer der GmbH bestimmt nach wie vor über die Verwendung des Geldes, jetzt nicht mehr als Organ der GmbH, sondern für den Komplementär der KG.

Nach der gesetzlichen Neuregelung durch § 19 Abs. 5 GmbHG ist dieses Verfahren grundsätzlich zulässig (Scholz/Veil, § 19 GmbHG Rz. 178). Da die Kommanditeinlagen im Regelfalle höher sind als das Stammkapital der Komplementärin, besteht an der Vollwertigkeit der Darlehensforderung kein Zweifel.

2. Verdeckte Sacheinlagen bei Gründung der GmbH

a) Der Tatbestand der verdeckten Sacheinlage

40 Verdeckte Sacheinlagen (zunächst als „verschleierte" Sacheinlagen bezeichnet) sind bei der Gründung oder Kapitalerhöhung der GmbH ebenso praxishäufig wie sie vor der Entschärfung der Rechtslage durch das MoMiG in ihren Folgen „ganz und gar katastrophal" (Luther in FS Stiefel, 1987, S. 517; Heidenhain GmbHR 2006, 455) waren. Durch die verdeckte Sacheinlage versuchen die Gesellschafter, die Einhaltung der strengen Sacheinlagevorschriften des Gesetzes zu vermeiden. Eine verdeckte Sacheinlage liegt dann vor, wenn bei Gründung oder Kapitalerhöhung eine Einlage erfolgt, die unter die Sacheinlagevorschriften des Gesetzes fällt, aber als Bareinlage deklariert, beurkundet und angemeldet wird. Tatsächlich erbracht wird dann nicht die Bareinlage, sondern die durch die vorgeschobene Bareinlageverpflichtung verdeckte Sacheinlage (s. die Legaldefinition in § 19 Abs. 4 Satz 1 GmbHG).

b) Rechtsfolgen der verdeckten Sacheinlage

41 Die Rechtsprechung (vgl. nur BGH NJW 1990, 982 in Auseinandersetzung mit der kritischen Literatur) und ihr folgend die Literatur (kritisch insbesondere Meilicke, Die „verschleierte" Sacheinlage – eine deutsche Fehlentwicklung, 1989) sanktionierte bis zur Entschärfung der Rechtslage durch das MoMiG diesen Verstoß gegen die gesetzlichen Sacheinlagevorschriften in gravierender Weise.

Die verdeckte Sacheinlage hatte hinsichtlich der beurkundeten Bareinlageverpflichtung keine Erfüllungswirkung. Die Bareinlageverpflichtung blieb bestehen. Die Rechtsgeschäfte zur Einbringung des Gegenstandes der Sacheinlage waren unwirksam, und zwar sowohl das schuldrechtliche Grundgeschäft wie das dingliche Erfüllungsgeschäft, dies bei Weiterbestehen der Bareinlageverpflichtung.

Für den BGH (BGH NJW 1990, 982 = BB 1990, 382 = DB 1990, 156) waren die verschärften Sacheinlagevorschriften Ausfluss des Grundsatzes der realen Kapitalaufbringung und Teil seines Systems von Schutzvorschriften für die Kapitalerbringung und Kapitalerhaltung. Die Lehre von der verdeckten Sacheinlage verhinderte die Umgehung dieser Vorschriften und diente dem präventiven Kapitalaufbringungsschutz (BGH DStR 1996, 795).

§ 19 Abs. 4 GmbHG nF dekretiert, dass die verdeckte Sacheinlage den Gesellschafter **nicht von seiner Einlageverpflichtung befreit**. Jedoch sind die Verträge über die Sacheinlage und die Rechtshandlungen zu ihrer Ausführung nicht unwirksam. Auf die fortbestehende Geldeinlagepflicht des Gesellschafters wird der Wert des Vermögensgegenstandes im Zeitpunkt der Anmeldung der Gesellschaft zur Eintragung in das Handelsregister oder im Zeitpunkt seiner Überlassung an die Gesellschaft, falls diese später erfolgt, angerechnet. Die Anrechnung erfolgt nicht vor Eintragung der Gesellschaft in das Handelsregister. Die Beweislast für die Werthaltigkeit des Vermögensgegenstandes trägt der Gesellschafter. Im Beispielsfall der verdeckten Einbringung eines Grundstücks sind zwar der Verkauf und die Übereignung des Grundstücks wirksam, die Geldeinlageverpflichtung ist aber nicht erfüllt. Fordert der Insolvenzverwalter die Geldeinlage, so wird dem Inferenten der damalige Grundstückswert auf seine Geldeinlageverpflichtung angerechnet, wobei er die Beweislast für die Werthaltigkeit des Grundstücks zum damaligen Zeitpunkt trägt. 42

Die verdeckte Sacheinlage ist **schuldrechtlich und dinglich wirksam**, ihr Wert zum Zeitpunkt der Einbringung geht dem Inferenten nicht verloren. Das Ergebnis der bis zum MoMiG geltenden Rechtsprechungsgrundsätze, dass der Insolvenzverwalter die volle Geldeinlage fordern und den Inferenten hinsichtlich der Rückforderung seiner unwirksamen Sacheinlage auf die Insolvenzquote verweisen kann, wenn die Aussonderung nicht möglich ist, wird vermieden. 43

c) Verringerte Bedeutung der Heilung

Die durch die Gesetzesänderung an die Stelle der bisherigen Unwirksamkeit tretende volle Wirksamkeit der verdeckten Sacheinlage hat auch Auswirkungen auf die von der Rechtsprechung zugelassenen und der Kautelarjurisprudenz umgesetzten **Heilungsmöglichkeiten** (dazu ausführlich mit Formulierungsmustern Kapitel 115 der 15. Aufl. dieses Buches; Grundsatzentscheidungen BGH GmbHR 1996, 351 und GmbHR 2003, 1051). Es besteht weiterhin die Möglichkeit, im Wege der Satzungsänderung die beurkundete und fortbestehende Geldeinlageverpflichtung durch die verdeckte Sacheinlageverpflichtung zu ersetzen. Nicht mehr erforderlich ist aber die Nachholung des Vollzugs der Sacheinlage, da diese trotz der Verdeckung von vornherein wirksam erbracht ist. Das Registergericht hat also auch keine Veranlassung, die zunächst unterbliebene Werthaltigkeitsprüfung nachzuholen. Ein möglicher Differenzhaftungsanspruch ist von der Gesellschaft direkt gegen den Inferenten geltend zu machen, sein Nichtbestehen oder gegebenenfalls seine Höhe können in der Heilungsurkunde festgestellt werden. Angesichts dieser begrenzten Wirkungen der Heilung wird die Praxis von ihrer Vornahme wohl regelmäßig absehen. 44

d) Fallgruppen der verdeckten Sacheinlage

Die verdeckte Sacheinlage bleibt trotz der Entschärfung ihrer Rechtsfolgen weiterhin verboten. In Konkretisierung der Legaldefinition des § 19 Abs. 4 Satz 1 GmbHG gelten die bisherigen Fallgruppen weiter. 45

Verdeckte Sacheinlagen kommen sowohl bei der Gründung wie bei der Kapitalerhöhung der GmbH vor. Für die Fallgruppenbildung sind maßgeblich einmal der Gegenstand der Einlage und zum Zweiten die Art und Weise seiner verdeckten Einbringung. Für den **Einlagegegenstand** ist kennzeichnend, dass er gesetzeskonform nur im Wege der Sacheinlage an die Gesellschaft geleistet werden kann. Dies gilt für alle Einlagegegenstände mit Ausnahme des Geldes als Gegenstand der Bareinlage, also insbesondere bewegliche Sachen, unbewegliche Sachen und Forderungen. Instrumente der verdeckten Einbringung sind bei Sachen der fingierte Kaufvertrag mit anschließender Verrechnung der Bareinlagenforderung der Gesellschaft mit der Kaufpreisforderung des Gesellschafters oder mit Hin- und Herzahlung in der Form der Rückzahlung des Einlagebetrags als Kaufpreis, bei Forderungen die Verrechnung der Bareinlagenforderung der Gesellschaft mit der Forderung des Gesellschafters auf Rückzahlung eines Darlehens oder auf Ausschüttung von Gewinnen.

Verdeckte Sacheinlage durch **Verrechnung** liegt vor, wenn der Gesellschafter an die Gesellschaft Waren liefert und sein Kaufpreisanspruch mit seiner Bareinlageverpflichtung verrechnet wird, ebenso, wenn bei der Kapitalerhöhung Darlehensforderungen des Gesellschafters oder stehengelassener Gewinn mit der Einlageforderung der Gesellschaft verrechnet werden. Am Tatbestand der verdeckten Sacheinlage ändert sich nichts, wenn man statt der Verrechnung eine Hin- und Herzahlung vornimmt, also den auf die Bareinlageverpflichtung gezahlten Betrag als Kaufpreis oder als Tilgung des Gesellschafterdarlehens zurückzahlt.

46 Im Ergebnis lassen sich **zwei Fallgruppen** unterscheiden, innerhalb derer es Untergruppen geben kann.

– Deklarierung der Sacheinlage als Kaufvertrag

Diese Fallgruppe kommt bei Gründung und bei Kapitalerhöhung vor. Die vereinbarte Einbringung von Sachen oder Sachgesamtheiten wird dadurch verdeckt, dass eine Bareinlageverpflichtung notariell beurkundet wird, die durch Verrechnung mit dem Zahlungsanspruch der Gesellschaft aus einem fingierten Kaufvertrag über die Sachen oder Sachgesamtheiten oder dadurch erfüllt werden soll, dass der der Bareinlageverpflichtung entsprechende Einzahlungsbetrag als Kaufpreis wieder an den Gesellschafter zurückfließt.

– Deklarierung der Forderungseinbringung als Bareinlage

Diese Fallgruppe kommt fast ausschließlich bei Kapitalerhöhung vor. Die vereinbarte Einbringung einer Forderung des Gesellschafters gegen die Gesellschaft aus Darlehen oder Gewinnausschüttungsbeschluss wird nicht als Sacheinlage offengelegt. Es wird eine Bareinlageverpflichtung notariell beurkundet, die durch Verrechnung mit der Forderung des Gesellschafters gegen die Gesellschaft erfüllt werden soll.

e) Ausgrenzung der Rückzahlungsfälle

47 Der BGH (BGH GmbHR 2006, 43; BGH GmbHR 2006, 306; BGH GmbHR 2006, 982) unterscheidet von den Fällen der Verdeckung einer Sacheinlageverpflichtung die Fälle, bei denen die beurkundete Bareinlage dem wirklich Gewollten entspricht, aber die Bareinlageleistung durch die Einzahlung des Einlagebetrages nicht endgültig erbracht wurde, weil der Einlagebetrag vorgefasster Abrede entsprechend umgehend an den Gesellschafter zurückgezahlt wurde. Hier liegt keine verdeckte Sacheinlage vor, sondern eine Bareinlage mit zunächst infolge der sofortigen Rückzahlung unwirksamer Erfüllung und später wirksamer Erfüllung trotz unrichtiger Bezeichnung der Einzahlung. § 19 Abs. 5 GmbHG regelt diese Rückzahlungsfälle.

f) Abgrenzung der Fallgruppen der verdeckten Sacheinlage von zulässigen Verkehrsgeschäften

48 Die Verrechnung oder Hin- und Herzahlung bei beurkundeter Bareinlageverpflichtung kann verdeckte Sacheinlage sein, kann aber auch auf einem zulässigen Verkehrsgeschäft zwischen Gesellschaft und Gesellschafter beruhen, das mit der Erbringung der Bareinlage nichts zu tun hat. Die Abgrenzung nimmt die ständige Rechtsprechung des BGH (BGH NJW 1996, 1473 = GmbHR 1996, 351) mit dem objektiven Tatbestandsmerkmal des unmittelbaren zeitlichen und sachlichen Zusammenhangs beider Vorgänge und dem subjektiven Tatbestandsmerkmal der Vorabsprache vor. Für den zeitlichen Zusammenhang hat sich der BGH der von Priester (ZIP 1991, 350) vorgeschlagenen Faustregel angeschlossen, dass bei einem längeren Zeitraum als sechs Monaten der Zusammenhang regelmäßig nicht mehr besteht. Er ist dann im Einzelfall nachzuweisen. Das Tatbestands-

merkmal der Vorabsprache setzt keine Umgehungsabsicht voraus. Für die schwer zu beweisende Vorabsprache besteht bei unmittelbarem zeitlichen und sachlichen Zusammenhang eine tatsächliche Vermutung.

V. Geschäftsjahr, Dauer der Gesellschaft

1. Geschäftsjahr

Das GmbHG enthält keine Bestimmungen zum Geschäftsjahr. Auch die Satzung müsste folglich diesbezüglich keine Regelungen treffen, tut dies aber üblicherweise. Nach § 240 Abs. 2 Satz 2 HGB darf das Geschäftsjahr jedoch nicht länger als zwölf Monate dauern. Regelt die Satzung nichts, so entspricht das Geschäftsjahr nach allgemeiner Ansicht dem Kalenderjahr. Die erste Festlegung des Geschäftsjahres in der Satzung entfaltet auch steuerliche Wirkung, ist ohne Zustimmung des Finanzamtes also auch beachtlich, wenn es sich hierbei um ein vom Kalenderjahr abweichendes Geschäftsjahr handelt. Lediglich die spätere Umstellung auf ein vom Kalenderjahr abweichendes Geschäftsjahr bedarf zur Berücksichtigung für steuerliche Zwecke der Zustimmung des Finanzamtes (§ 7 Abs. 4 Satz 3 KStG). 49

➲ **Wichtig:** Unstreitig ist, dass die Änderung des in der Satzung bestimmten Geschäftsjahres Satzungsänderung nach §§ 53, 54 GmbHG ist. Die rückwirkende Änderung ist wegen der Publizitätsfunktion der Eintragung nicht möglich (Scholz/Priester/Veil § 53 GmbHG Rz. 187; Priester GmbHR 1992, 585 mwN). Die Änderung ist also anzumelden und einzutragen, bevor das geänderte Geschäftsjahr beginnt. Das entstehende Rumpfgeschäftsjahr darf bei Eintragung noch nicht abgelaufen sein (OLG Frankfurt MittRhNotK 1999, 206). 49a

Beispiel: 49b

Das Geschäftsjahr läuft vom 1.10. bis 30.9. Am 10.10.2015 wird beschlossen und angemeldet, dass das Geschäftsjahr das Kalenderjahr ist und vom 1.10. bis 31.12.2015 ein Rumpfgeschäftsjahr läuft. Bei Eintragung der Satzungsänderung vor 31.12.2015 ist der Vorgang nicht zu beanstanden (vgl. auch BFH GmbHR 1997, 670).

Nach hL (Scholz/Priester/Veil § 53 GmbHG Rz. 139) ist die Änderung des Geschäftsjahrs auch dann, wenn die Satzung schweigt, also das Kalenderjahr Geschäftsjahr ist, Satzungsänderung. 49c

2. Dauer der Gesellschaft

Nach § 3 Abs. 2 GmbHG bedarf die Beschränkung der Gesellschaft auf eine bestimmte Zeit der Aufnahme in den Gesellschaftsvertrag. 50

➲ **Praxistipp:** Die häufig anzutreffende Klausel, dass die Gesellschaft auf unbestimmte Zeit gegründet wird, ist überflüssig. 50a

VI. Geschäftsführung, Vertretung

1. Abgrenzung Geschäftsführung – Vertretung

Die Vertretungsbefugnis betrifft das **Können nach außen**, die Geschäftsführungsbefugnis das **Dürfen nach innen**. Während die Vertretungsbefugnis im Interesse des Rechtsverkehrs nicht einschränkbar ist, kann die Geschäftsführungsbefugnis in Ausübung des Weisungsrechts der Gesellschafter weitgehend geregelt werden. 51

2. Gesamtgeschäftsführung, Einzelgeschäftsführung, Geschäftsführung nach Bereichen

Mangels abweichender Regelung gilt der Grundsatz **der Gesamtgeschäftsführung**. Abweichend können die Gesellschafter allen oder einzelnen Geschäftsführern Einzelgeschäftsführungsbefugnis erteilen oder die Geschäftsführung nach Bereichen verteilen, zB den kaufmännischen und technischen Bereich. 52

Bei Einzelgeschäftsführungsbefugnis gilt das **Widerspruchsrecht des § 115 HGB** entsprechend (BGHZ 43, 261). Bei Ressortverteilung besteht eine wechselseitige Überwachungspflicht (BGH NJW 1993, 463). Insbesondere trifft auch den für den kaufmännischen Bereich intern nicht zuständigen Geschäftsführer die Insolvenzanmeldungspflicht (BGH DStR 1994, 1092 mit Anm. Goette) und die Pflicht zur Abführung von Sozialversicherungsbeiträgen (BGH DStR 1996, 2029 mit Anm. Goette). Hieraus folgt allgemein, dass im Kernbereich organschaftlicher Verantwortung die Geschäftsführungsbefugnis des Geschäftsführers nicht beschränkt werden kann.

3. Zustimmungskataloge

53 Weiterhin üblich und insbesondere bei Fremdgeschäftsführung zweckmäßig sind Zustimmungskataloge, die die Geschäftsführer bei bestimmten Maßnahmen zur vorherigen Einholung der Zustimmung der Gesellschafter verpflichten.

M 119.7 Zustimmungskatalog

Die Geschäftsführer bedürfen der vorherigen Zustimmung durch Gesellschafterbeschluss für

- *die jährliche Aufstellung des Investitions- und Finanzplans,*
- *Investitionen und Kreditaufnahmen, die den Finanzplan übersteigen,*
- *Verfügungen über Tochterunternehmen und Unternehmensbeteiligungen,*
- *Verfügungen über Grundstücke und Verpflichtungen hierzu,*
- *Eingehung von Wechselverbindlichkeiten oder Bürgschaftsverbindlichkeiten von im Einzelfall mehr als 50 000 Euro oder insgesamt mehr als 500 000 Euro,*
- *Abschluss und Änderung von Anstellungsverträgen mit Mitarbeitern mit einem Bruttojahreseinkommen von über 100 000 Euro,*
- *Zusage von Altersversorgungen.*

53a ➲ **Praxistipp:** Geschäftsführungsregelungen und Zustimmungskataloge können in die Satzung, den Geschäftsführervertrag oder eine Geschäftsordnung für die Geschäftsführer aufgenommen werden. Da sie personen- und situationsabhängig sind und hinsichtlich der Euro-Beträge veralten, empfiehlt sich regelmäßig die Aufnahme in eine von der Gesellschafterversammlung durch Beschluss zu erlassende **Geschäftsordnung**, die nach Bedarf ohne förmliche Satzungsänderung überprüft und geändert werden kann. Satzungsregelungen in diesen Bereichen werden immer seltener. Sie können im Einzelfall erfolgen, wenn auf die nur mit satzungsändernder Mehrheit revisible Festschreibung von Zustimmungserfordernissen Wert gelegt wird oder satzungsmäßige Sonderrechte einzelner Geschäftsführer begründet werden sollen.

4. Vertretung

54 Die Vertretungsmacht ist nach § 37 Abs. 2 Satz 1 GmbHG nicht beschränkbar. Mehrere Geschäftsführer vertreten gemeinsam, § 35 Abs. 2 Satz 2 GmbHG. Die Vertretungsmacht bezieht sich auf rechtsgeschäftliches Handeln und die Prozessvertretung, § 35 Abs. 1 GmbHG.

55 **Die Satzung kann** bei mehreren Geschäftsführern Anderes als die Gesamtvertretung **bestimmen,** § 35 Abs. 2 Satz 2 GmbHG. Möglich sind die Anordnung von Einzelvertretungsbefugnis, von Gesamtvertretung durch mehrere, aber nicht alle Geschäftsführer und von unechter Gesamtvertretung durch einen Geschäftsführer in Gemeinschaft mit einem Prokuristen (Analogie zu §§ 78 Abs. 3 AktG, 125 Abs. 3 HGB). Die Satzung kann auch bestimmen, dass die Gesellschaft nur einen Geschäftsführer haben darf oder mehrere Geschäftsführer oder eine Mindestzahl von Geschäftsführern haben muss. Nicht zulässig ist es, den einzigen Geschäftsführer an die Mitwirkung eines Prokuristen zu binden oder bei Anordnung unechter Gesamtvertretung die Vertretung durch je zwei

Geschäftsführer auszuschließen. Es muss also immer rein organschaftliche Vertretung möglich sein. Der nach § 44 GmbHG mögliche stellvertretende Geschäftsführer hat zwingend dieselbe Vertretungsmacht wie ein ordentlicher Geschäftsführer. Er kann nicht mehr als solcher im Handelsregister eingetragen werden (BGH GmbHR 1998, 182), sondern nur zusatzlos als Geschäftsführer.

➲ **Praxistipp:** Die in der Mustersatzung formulierte Öffnungsklausel lässt der Gesellschafterversammlung alle praxisrelevanten Möglichkeiten von der Bestellung nur eines Geschäftsführers bis zur Bestellung mehrerer Geschäftsführer mit der Bestimmung, dass alle oder einzelne alleinvertretungsbefugt sind bzw. nur mit einem anderen Geschäftsführer oder einem Prokuristen vertreten dürfen. Diese Regelung kann in jedem Gesellschaftsvertrag aufgenommen werden, wenn nicht aus besonderen Gründen eine abweichende Regelung indiziert ist. 55a

Bei Geltung der vorgeschlagenen Öffnungsklausel ist zur Bestellung eines Geschäftsführers ein Gesellschafterbeschluss, der die Person und die Vertretungsbefugnis des Geschäftsführers bestimmt, erforderlich. Dieser ist zum Handelsregister anzumelden. Die Eintragung ist deklaratorisch. 55b

5. Befreiung von den Beschränkungen des § 181 BGB

Die insbesondere beim Alleingeschäftsführer aus steuerlichen Gründen regelmäßig empfehlenswerte Befreiung von den Beschränkungen des § 181 BGB bedarf nach der Rechtsprechung zu ihrer Wirksamkeit der **Satzungsbestimmung und der Eintragung** in das Handelsregister (BGHZ 87, 59; BayObLG GmbHR 1985, 116; OLG Köln GmbHR 1993, 37; OLG Celle NJW-RR 2001, 175). Dies gilt auch für GmbH, deren Alleingesellschafter der Geschäftsführer ist, § 35 Abs. 4 Satz 1 GmbHG. Die Satzung kann bestimmen, dass die jeweiligen Geschäftsführer von den Beschränkungen des § 181 BGB befreit sind. Dies wird dann bei Gründung oder Satzungsänderung angemeldet und im Handelsregister eingetragen. 56

Zwischen einem Geschäftsführer und der von ihm vertretenen Gesellschaft geschlossene Vereinbarungen sind ohne eine Befreiung von den Beschränkungen des § 181 BGB steuerlich unbeachtlich. Schließt ein beherrschender Gesellschafter-Geschäftsführer im Namen der Gesellschaft mit sich selbst ein Rechtsgeschäft ab, obwohl er mangels Befreiung von § 181 BGB dazu nicht befugt ist, handelt er insoweit ohne Vertretungsbefugnis. Das Rechtsgeschäft ist damit schwebend unwirksam (§ 177 Abs. 1 BGB). Den Leistungen der Gesellschaft an den beherrschenden Gesellschafter liegen keine zivilrechtlich wirksamen Rechtsgeschäfte zugrunde, sie sind damit durch das Gesellschaftsverhältnis veranlasst und führen steuerlich grundsätzlich über § 8 Abs. 3 Satz 2 KStG zu **verdeckten Gewinnausschüttungen**, solange der Gesellschafter-Geschäftsführer nicht nachträglich durch Satzungsänderung und Handelsregistereintrag wirksam befreit wird (BFH GmbHR 1997, 34; 266).

Die Satzung kann entsprechend dem Muster auch lediglich eine Öffnungsklausel enthalten. Diese Befreiungsmöglichkeit bedarf der Eintragung in das Handelsregister nicht und ist nach der hL auch nicht eintragungsfähig (BayObLG GmbHR 1982, 257; BayObLG Rpfleger 1990, 25). In diesem Fall ist auf der Grundlage der Satzungsermächtigung ein konkreter Befreiungsbeschluss zu fassen, anzumelden und einzutragen. **Ohne Satzungsermächtigung** bzw. ohne Eintragung **ist die Befreiung nicht wirksam** erteilt. 57

6. Statutarische Eignungsvoraussetzungen

Der Gesellschaftsvertrag kann für die Bestellung zum Geschäftsführer **besondere Voraussetzungen** aufstellen, zB eine bestimmte Ausbildung oder die Familienzugehörigkeit (Kleindiek in Lutter/Hommelhoff § 6 GmbHG Rz. 33). 58

Bei der Bestellung von Geschäftsführern ist zu beachten, dass nach § 6 Abs. 3 AGG der Diskriminierungsschutz in Abschnitt 2 des Allgemeinen Gleichbehandlungsgesetzes (AGG) ebenso wie § 22 AGG auch zugunsten von Geschäftsführern Anwendung finden, BGH NJW 2012, 2346 (Ausführungen zu den Auswirkungen des Allgemeinen Gleichbehandlungsgesetzes finden sich auch bei Kleindiek in Lutter/Hommelhoff § 6 GmbHG Rz. 33),

7. Erschwerung der Abberufung

59 Der Geschäftsführer einer GmbH kann gem. § 38 Abs. 1 GmbHG jederzeit abberufen werden. Die Abberufung kann erschwert werden, etwa für Gesellschafter-Geschäftsführer (Lohr GmbH-StB 2004, 90).

M 119.8 Abberufung von Gesellschafter-Geschäftsführern

Gesellschafter-Geschäftsführer können nur aus wichtigem Grund abberufen werden. Ein wichtiger Grund liegt insbesondere dann vor, wenn der Geschäftsführer gegen Weisungen der Gesellschafterversammlung verstößt, oder wenn er in Wettbewerb zur Gesellschaft tritt, oder wenn er sonst seine Pflichten aus dem Amts- oder Anstellungsverhältnis nicht nur unerheblich verletzt, oder wenn er aus persönlichen Gründen nicht mehr zur Geschäftsführung in der Lage ist.

8. Sonderrechte auf Geschäftsführung

60 Die Satzung kann einzelnen Gesellschaftern, etwa dem Firmengründer, Sonderrechte auf Geschäftsführung einräumen.

M 119.9 Sonderrecht auf Geschäftsführung

Der Gesellschafter ... hat das Sonderrecht, für die Dauer seiner Beteiligung einzelvertretungsberechtigter, von den Beschränkungen des § 181 BGB befreiter Geschäftsführer zu sein.

9. Benennungsrechte

61 Bei besonderen Konstellationen, etwa bei der Familiengesellschaft mit mehreren Gesellschafterstämmen, können satzungsmäßige Geschäftsführer-Benennungsrechte zweckmäßig sein (vgl. OLG Stuttgart GmbHR 1999, 538).

M 119.10 Geschäftsführer-Benennungsrecht

Der Gesellschafterstamm nach dem Gründungsgesellschafter A und der Gesellschafterstamm nach dem Gründungsgesellschafter B stellen je einen Geschäftsführer, der nicht Gesellschafter zu sein braucht. Jeder Gesellschafterstamm benennt der Gesellschaft diesen Geschäftsführer, der dann von der Gesellschafterversammlung zu bestellen ist, wenn dem kein wichtiger Grund entgegensteht. Die Benennung erfolgt durch den an Jahren ältesten Gesellschafter eines Stammes auf Grund eines Beschlusses dieses Stammes, der der Mehrheit der vorhandenen Stimmen des Stammes bedarf. Entsprechendes gilt für die Abberufung eines Geschäftsführers.

10. Bestimmungen für die Amtsniederlegung

62 Nach der Rechtsprechung (BGHZ 121, 262) kann der Geschäftsführer sein Amt jederzeit auch ohne Geltendmachung eines wichtigen Grundes niederlegen. Zum Schutz der Gesellschaft kann es sich empfehlen, die Amtsniederlegung von der Einhaltung von Formen und Fristen abhängig zu machen (Lohr DStR 2002, 2175).

M 119.11 Niederlegung des Geschäftsführeramtes

Die Niederlegung des Geschäftsführeramtes bedarf zu ihrer Wirksamkeit der schriftlichen Mitteilung an alle Gesellschafter und kann nur auf den übernächsten Monatsersten nach Absendung der Mitteilung erfolgen.

11. Abweichende Bestellungskompetenz

Die Bestellung der Geschäftsführer erfolgt nach § 46 Nr. 5 GmbHG durch die Gesellschafterversammlung, bei der mitbestimmten GmbH nach § 31 MitBestG durch den Aufsichtsrat. Außerhalb des Mitbestimmungsgesetzes kann die Satzung die Bestellungskompetenz auch auf andere Organe wie den Beirat, den fakultativen Aufsichtsrat oder einen Gesellschafterausschuss übertragen (Scholz/K. Schmidt § 46 GmbHG Rz. 72). Im Zweifel sollte man die Bestellungskompetenz bei der Gesellschafterversammlung belassen und dem zu Begünstigenden, etwa dem Unternehmensgründer bei der Familiengesellschaft, ein Sonderrecht auf Geschäftsführerbenennung geben. 63

VII. Gesellschafterversammlung

1. Zuständigkeit, Übertragung von Kompetenzen

Die Gesellschafterversammlung hat als Beschlussorgan der Gesellschaft **Allzuständigkeit.** § 46 GmbHG enthält einen Aufgabenkatalog, der weder abschließend noch zwingend ist. Vielmehr gehen nach § 45 Abs. 2 GmbHG die Regelungen des Gesellschaftsvertrags vor. Die Übertragung von Zuständigkeiten auf einzelne Gesellschafter, einen Gesellschafterausschuss, die Geschäftsführer oder den Beirat bzw. Aufsichtsrat ist grundsätzlich zulässig (Scholz/K. Schmidt § 46 GmbHG Rz. 2). Sie muss aber bestimmt und eindeutig erfolgen (BGH DStR 1996, 111 m. Anm. Goette). Weiterhin muss den Gesellschaftern ein Kernbereich an Überwachungs- und Kontrollzuständigkeiten erhalten bleiben (Scholz/K. Schmidt § 46 GmbHG Rz. 2), zumindest die Rücknahmekompetenz im Wege der Satzungsänderung. Die Minderheitsrechte des § 50 GmbHG können nicht eingeschränkt werden. 64

2. Einberufung

Die Einberufung erfolgt nach § 49 Abs. 1 GmbHG durch die Geschäftsführer. Nach allgemeiner Ansicht kann unabhängig von der satzungsmäßigen Vertretungsregelung **jeder Geschäftsführer** einberufen. Die Einberufung erfolgt nach § 51 Abs. 1 GmbHG durch eingeschriebene Briefe an die Gesellschafter mit einer Frist von mindestens einer Woche. Die Tagesordnung ist nach § 51 Abs. 2 bei Einberufung mitzuteilen. Nach § 51 Abs. 4 GmbHG können Tagesordnungspunkte bis drei Tage vor der Versammlung nachgereicht werden. Die Einberufung kann nach § 50 Abs. 3 GmbHG auch durch eine Gesellschafterminderheit von mindestens einem Zehntel des Stammkapitals erfolgen, nach § 52 Abs. 1 GmbHG iVm. § 111 Abs. 3 AktG auch durch den Aufsichtsrat der mitbestimmten GmbH. Unter den Voraussetzungen des § 48 Abs. 2 GmbHG kann auch im schriftlichen Verfahren abgestimmt werden. Die Einberufung der Gesellschafterversammlung durch einen Unbefugten hat die Nichtigkeit der in der Versammlung gefassten Beschlüsse zur Folge (BayObLG GmbHR 1999, 984). Einberufungsmängel bilden auch den Schwerpunkt bei der Anfechtung von Gesellschafterbeschlüssen (vgl. Müther GmbHR 2000, 966; Zeilinger GmbHR 2001, 541). 65

3. Vollversammlungsprivileg

Auf alle gesetzlichen oder satzungsmäßigen Formen und Fristen der Einberufung kann eine Vollversammlung ausdrücklich oder schlüssig verzichten. Wirksam sind deshalb ohne Rücksicht auf die Einhaltung der Einberufungsformalitäten einstimmige Beschlüsse aller Gesellschafter der Mehrpersonen-GmbH und Beschlüsse des Alleingesellschafters. Wirksam sind auch Mehrheitsbeschlüsse, 66 wenn alle Gesellschafter anwesend sind und zunächst auf die Einhaltung von Formen und Fristen einstimmig verzichtet haben (§ 51 Abs. 3 GmbHG).

4. Versammlungsort

67 Das Gesetz sagt über den Ort der Versammlung nichts. Die Regelung der Mustersatzung ist üblich und entspricht Rechtsprechung und Literatur.

5. Teilnahmerecht

68 Teilnahmeberechtigt und zu laden sind die Gesellschafter bzw. ihre gesetzlichen Vertreter. Die von § 47 Abs. 3 GmbHG vorausgesetzte Zulässigkeit gewillkürter Vertretung kann durch die Satzung auf bestimmte Personen beschränkt werden. Teilnahmerechte von Beratern des anwesenden Gesellschafters können nur durch die Satzung oder durch im Einzelfall zu beschließende Zulassung begründet werden (OLG Stuttgart ZIP 1993, 1474).

6. Abhaltung

69 Über Vorsitz und Beschlussfähigkeit enthält das Gesetz keine Vorschriften. Mangels Satzungsregelung kann ein Versammlungsleiter nur einstimmig bestimmt werden (OLG Frankfurt NJW-RR 1999, 980).

69a ➲ **Praxistipp:** Satzungsbestimmungen über den Vorsitz in der Gesellschafterversammlung sind zweckmäßig. Statt der Wahl des Vorsitzenden kann auch bestimmt werden, dass der Vorsitzende des Beirats, ein bestimmter Gesellschafter, der Gesellschafter mit der höchsten Beteiligung oder der an Jahren älteste Gesellschafter die Versammlung leitet.

VIII. Gesellschafterbeschlüsse

1. Verfahren

70 Nach § 48 Abs. 1 GmbHG werden die Beschlüsse der Gesellschafter in Versammlungen gefasst. Nach § 48 Abs. 2 bedarf es der Abhaltung einer Versammlung nicht, wenn sämtliche Gesellschafter in Textform mit der zu treffenden Bestimmung oder mit der schriftlichen Abgabe der Stimmen sich einverstanden erklären. Es ist unstreitig, dass die Satzung das Zustandekommen von Beschlüssen abweichend regeln kann.

71 In einer Grundsatzentscheidung v. 16.1.2006 hat der BGH (GmbHR 2006, 706 mit Anm. Liese/ Theusinger GmbHR 2006, 682 = NJW 2006, 2044 mit Anm. Karsten Schmidt NJW 2006, 2599) entschieden, dass eine von § 48 GmbHG abweichende, in der Satzung nicht zugelassene Beschlussprozedur selbst bei Zustimmung aller Gesellschafter zur Nichtigkeit der gefassten Beschlüsse führt. Es ging um eine kombinierte Stimmenabgabe, bei der die anwesenden Mehrheitsgesellschafter in der Versammlung einen einstimmigen Beschluss fassten und ebenso einstimmig einem abwesenden Gesellschafter gestatteten, seine Stimme in Schriftform nachreichen zu dürfen. Der BGH stellt fest, dass eine **kombinierte Beschlussfassung** nur zulässig ist, wenn sie in der Satzung ausdrücklich vorgesehen ist. Auch unter dieser Voraussetzung ist der auf einer kombinierten Beschlussfassung beruhende Gesellschafterbeschluss erst mit der Feststellung des Beschlussergebnisses wirksam gefasst. Eine Abstimmung im Wege des in der Satzung nicht vorgesehenen kombinierten Verfahrens führt stets, also auch bei Einvernehmen sämtlicher Gesellschafter, zur Nichtigkeit des Beschlusses.

Diese **Nichtigkeitsfolge mangels ausdrücklicher Zulassung** in der Satzung gilt neben dem kombinierten Verfahren vor allem auch für Beschlussfassungen durch Telefonkonferenz oder Videokonferenz und durch sonstige Telekommunikation wie Rundruf oder Austausch von E-Mails. Die vom BGH bestätigte, nur durch die Satzung aufhebbare gesetzliche Formenstrenge bedeutet für die Praxis der Gesellschafterversammlungen eine nicht zu unterschätzende Fehlerquelle.

71a ➲ **Wichtig:** Eine Satzungsregelung erweist sich als geradezu unentbehrlich (Karsten Schmidt NJW 2006, 2599, 2600).

➲ **Praxistipp:** Die erforderliche statutarische Öffnungsklausel sollte weit gefasst sein und den Versammlungsleiter zur Feststellung und Dokumentierung des vom Gesetz abweichenden Beschlussverfahrens, der Zustimmung aller Gesellschafter hierzu und des Beschlussergebnisses verpflichten. 72

M 119.12 Besonderes Beschlussverfahren

Beschlüsse der Gesellschafter können außer in den vom Gesetz vorgesehenen Verfahren auch in anderer Weise gefasst werden, insbesondere durch Telefonkonferenz oder Videokonferenz, sonstige Telekommunikation oder durch Abstimmung teils in der Versammlung, teils durch externe Stimmenabgabe. Zu einem vom Gesetz abweichenden Abstimmungsverfahren müssen alle Gesellschafter ihre Zustimmung erklären. Das abweichende Beschlussverfahren, die Zustimmung aller Gesellschafter hierzu und das Beschlussergebnis sind in einer Niederschrift festzustellen. Die Niederschrift ist von einem Geschäftsführer oder dem Vorsitzenden der Gesellschafterversammlung zu unterzeichnen.

2. Stimmrecht und Mehrheiten

§ 47 Abs. 2 GmbHG bestimmt, dass jeder Euro eines Geschäftsanteils eine Stimme gewährt. Gesellschafterbeschlüsse werden grundsätzlich mit **einfacher Mehrheit** der abgegebenen Stimmen gefasst. Es werden allein die „Ja"- und die „Nein"-Stimmen gezählt. Enthaltungen bleiben ebenso wie ungültige Stimmen außer Ansatz (BGH NJW 1988, 1841 = BGHZ 104, 66). 73

➲ **Praxistipp:** Beim Stimmrecht kann die Satzung sich völlig vom kapitalbezogenen Stimmrecht lösen und zB Kopfstimmrecht anordnen. Sie kann Mehrstimmrechte/Mindeststimmrechte oder Höchststimmrechte vorsehen oder entsprechend § 139 AktG stimmrechtslose Geschäftsanteile vorsehen (dazu Lohr GmbH-StB 2007, 387). Diese Möglichkeiten dienen insbesondere in der Familiengesellschaft der Verstärkung der Stellung der Minderheitsgesellschafter oder des Mehrheitsgesellschafters. 74

M 119.13 Mehrstimmrecht

Solange der Gesellschafter A Geschäftsanteile hält, gewähren diese unabhängig von ihrem Nennbetrag so viele Stimmen, dass sie mindestens 51 vom Hundert der Gesamtstimmenzahl ausmachen.

M 119.14 Stimmrechtsausschluss

Die Geschäftsanteile der Gesellschafter B und C in der obigen Höhe gewähren kein Stimmrecht. Sonstige Gesellschafterrechte, insbesondere die Rechte auf Teilnahme an Gesellschafterversammlung, auf Information und auf Zustimmung in grundlegenden Angelegenheiten, bleiben unberührt.

Die Satzung kann die **Mehrheitserfordernisse** in der Weise ändern, dass sie anstelle des grundsätzlichen Prinzips der einfachen Mehrheit generell oder nach Einzelmaterien qualifizierte Mehrheiten oder Einstimmigkeit vorschreibt. Von den **gesetzlich vorgeschriebenen qualifizierten Mehrheiten** kann nach unten nur für den Auflösungsbeschluss nach § 60 Nr. 2 GmbHG abgewichen werden, 75 nicht aber für Satzungsänderungen, Kapitalerhöhungen, Kapitalherabsetzungen und qualifizierte Mehrheiten im Umwandlungsrecht.

3. Protokollierung

76 Das Gesetz schreibt die Protokollierung von Gesellschafterbeschlüssen generell lediglich für die Einpersonengesellschaft vor, § 48 Abs. 3 GmbHG.

76a ➲ **Praxistipp:** Die generelle Festsetzung der Protokollierungspflicht in der Satzung wird allgemein als zweckmäßig angesehen und ist weithin üblich. Ergänzend zur Formulierung der Mustersatzung kann zur Streitvermeidung der Mindestinhalt des Protokolls bestimmt werden (zur Durchführung von Gesellschafterversammlungen bei der zerstrittenen Zweipersonen-GmbH s. Wiester GmbHR 2008, 189).

M 119.15 Protokoll

Die Niederschrift soll Tag, Ort und Zeit der Versammlung, die Teilnehmer, die Tagesordnung und Anträge, die Ergebnisse der Abstimmung und den Wortlaut der gefassten Beschlüsse festhalten.

4. Anfechtung von Gesellschafterbeschlüssen

77 Das GmbHG enthält nichts über die Nichtigkeit oder Anfechtbarkeit von Beschlüssen der Gesellschafterversammlung einer GmbH. Nach der von der Literatur geteilten Ansicht des BGH (BGH, NJW 1988, 184) sind die aktienrechtlichen Vorschriften der §§ 241 ff. AktG entsprechend heranzuziehen, soweit sich nicht aus den strukturellen Unterschieden beider Gesellschaftsformen etwas anderes ergibt. Danach ist bei Beschlussmängeln die **Nichtigkeit die Ausnahme**, die Anfechtbarkeit die Regel.

Für die bei Beschlussmängeln regelmäßig erforderliche **Anfechtungsklage** gilt die Monatsfrist des § 246 AktG nicht iS einer im strengen Sinne entsprechenden Anwendung, wohl aber als Leitbild, hinter dem die Frist im GmbH-Recht nicht zurückbleiben darf (BGH NJW 1993, 129).

IX. Jahresabschluss, Ergebnisverwendung

1. Jahresabschluss

78 Im Regelfall empfiehlt es sich, für die Frist zur Aufstellung der Bilanz auf die gesetzliche Regelung des § 264 Abs. 1 HGB zu verweisen.

78a ➲ **Praxistipp:** In alten Satzungen befindet sich häufig die Regelung: „Handelsbilanz ist gleich Steuerbilanz“. Derartige Satzungsklauseln über die Einheitsbilanz sind außer Übung gekommen und verbieten sich auch aus Rechtsgründen, da die Handelsbilanz und die Steuerbilanz auf Grund ihrer unterschiedlichen Zielsetzung Unterschiede aufweisen müssen (Lauth DStR 2000, 1365).

2. Ergebnisverwendung

a) Ergebnisverwendungsklauseln

79 Nach § 29 Abs. 1 Satz 1 GmbHG gilt für die Ergebnisverwendung das Mehrheitsprinzip. Die Gesellschafter bestimmen nach dem Gesetz mit einfacher Mehrheit, ob und inwieweit das Jahresergebnis an die Gesellschafter ausgeschüttet oder thesauriert werden soll, § 29 Abs. 2 GmbHG. Diese vereinfachte Thesaurierungsmöglichkeit kompensiert das in §§ 279 Abs. 1 Satz 1, 253 Abs. 4, 280 HGB aufgestellte Verbot willkürlicher stiller Reserven. Die Satzung kann nach § 29 Abs. 2

GmbHG anderes bestimmen. Der Satzungsautonomie sind dabei keine gesetzlichen Grenzen gezogen. Für die Ermittlung des steuerlichen Einkommens ist es ohne Bedeutung, ob das Einkommen verteilt wird (§ 8 Abs. 3 Satz 1 KStG).

➲ **Praxistipp:** Im Regelfall empfiehlt es sich, es bei der gesetzlichen Regelung zu belassen. Ergebnisverwendungsklauseln bedürfen der besonderen Rechtfertigung. Sie regeln den Widerstreit zwischen dem Thesaurierungsinteresse der Gesellschaft und dem Ausschüttungsinteresse der Gesellschafter. Dabei wird es die Ausnahme sein, dass die Satzung in Umkehrung von § 29 GmbHG die Verwendung des gesamten Jahresergebnisses zwingend regelt. Die Regel werden vielmehr Teilergebnisklauseln bilden, die die Verwendung eines bestimmten Teils des Jahresergebnisses im Sinne eines Ausschüttungszwangs (Ausschüttungsklauseln) bzw. Thesaurierungszwangs (Thesaurierungsklauseln) regeln. 79a

Thesaurierungsklauseln empfehlen sich, wenn ein absehbarer künftiger Kapitalbedarf der Gesellschaft besteht. Sie sind regelmäßig zweckmäßigerweise in Prozentzahlen des Jahresergebnisses auszudrücken. 80

M 119.16 Thesaurierungsklausel

Vom Jahresergebnis im Sinne von § 29 Abs. 1 Satz 1 GmbHG sind 15 % in die Gewinnrücklagen einzustellen. Über den verbleibenden Rest des Jahresergebnisses entscheiden die Gesellschafter mit einfacher Mehrheit.

Ausschüttungsklauseln sichern das Dividendeninteresse insbesondere von Minderheitsgesellschaftern. 81

M 119.17 Ausschüttungsklausel

Vom Jahresergebnis im Sinne von § 29 Abs. 1 Satz I GmbHG sind 20 % an die Gesellschafter zum Verbleib bei diesen auszuschütten. Über den verbleibenden Rest des Jahresergebnisses entscheiden die Gesellschafter mit einfacher Mehrheit.

Eine **begrenzte Thesaurierung** bis zur Höhe einer bestimmten Gewinnrücklage kann, wenn ein bestimmter Kapitalbedarf der Gesellschaft absehbar ist, aber eine ständige Thesaurierung nicht gewünscht wird, mit einer Rücklagenklausel erreicht werden. 82

M 119.18 Rücklagenklausel

Es ist zunächst eine Gewinnrücklage von 50 % des Stammkapitals zu bilden.

Man kann die Ausschüttungs- und Thesaurierungsklauseln auch kombinieren und den Rest des Jahresergebnisses der Disposition der Gesellschafter überlassen. Eine solche **Kombinationsklausel** teilt das Jahresergebnis in drei Teile auf. Sie stellt einen häufig empfehlenswerten Kompromiss zwischen Bindung und Freiheit und den Interessen von Gesellschaft und Gesellschaftern dar. 83

M 119.19 Kombinierte Ausschüttungs-/Thesaurierungsklausel

Vom Jahresergebnis im Sinne von § 29 Abs. 1 Satz 1 GmbHG sind 20 % in die Gewinnrücklage einzustellen, weitere 20 % sind an die Gesellschafter zum Verbleib bei diesen auszuschütten. Über den verbleibenden Rest des Jahresergebnisses entscheiden die Gesellschafter mit einfacher Mehrheit.

84 Grundsätzlich zulässig sind auch Klauseln, die die Entscheidung über die Feststellung und Verwendung des Jahresergebnisses der Gesellschafterversammlung entziehen und sie anderen Organen wie Aufsichtsrat, Beirat, einzelnen Gesellschaftern oder Gesellschaftergruppen und der Geschäftsführung übertragen. Derartige **Kompetenzklauseln** sind nur für größere GmbH oder bei besonderen Konstellationen wie der aus zwei paritätischen Stämmen bestehenden Familiengesellschaft erwägenswert, wobei in der Praxis der Bilanzausschuss aus Mitgliedern des Aufsichtsrats und/oder der Gesellschafter besteht oder die Feststellungs- und Verwendungsbefugnis von Aufsichtsrat und Geschäftsführung entsprechend der aktienrechtlichen Regelung die größte Rolle spielen.

b) Steuerklauseln

85 Steuerklauseln in der Satzung der GmbH **regeln die Folgen verdeckter Gewinnausschüttungen** im Verhältnis der Gesellschaft zu dem begünstigten Gesellschafter. Sie können den Zweck haben, durch die Verpflichtung zur Bilanzberichtigung die Rechtsfolgen der verdeckten Gewinnausschüttung zu vermeiden, oder für den Fall der Annahme einer verdeckten Gewinnausschüttung den Gesellschafter zur Rückgewähr der erlangten Vorteile zu verpflichten.

86 Der sog. **Satzungsklausel** zur Rückgängigmachung der verdeckten Gewinnausschüttung hat die Rechtsprechung und Verwaltung die Wirksamkeit versagt (BFH BStBl. II 1984, 729; BFH BStBl. II 1985, 346; H 40 KStH 2008). Die Entstehung und die steuerlichen Folgen der verdeckten Gewinnausschüttung können durch eine Rückgewährklausel nicht vermieden werden. Die Rückgewähr einer vGA führt regelmäßig zur Annahme einer Einlage. Das gilt unabhängig davon, ob sich die Rückzahlungsverpflichtung aus einer Satzungsklausel oder aus gesetzlichen Vorschriften (z.B. §§ 30, 31 GmbHG) ergibt, oder ob sie seitens des Gesellschafters freiwillig erfolgt (BFH vom 29.5.1996 – BStBl. 1997 II S. 92, BFH vom 31.5.2005 – BStBl. 2006 II S. 132, H 37 Rückgängigmachung, BMF v. 6.8.1981 – BStBl. I S. 599). Die steuerliche Würdigung folgt damit zugleich der zivilrechtlichen Rückgewähr aufgrund einer Satzungsklausel, die beim Gesellschafter als Einlage zu qualifizieren ist (BGH GmbHR 1999, 997).

87 Erwägenswert bleibt die Aufnahme einer sog. Steuerklausel, die den Gesellschafter zur Rückgewähr der Vorteile verpflichtet, die er auf Grund der verdeckten Gewinnausschüttung zu Lasten der Gesellschaft erhalten hat. Derartige Klauseln sind insoweit zumindest zivilrechtlich hilfreich, als sie eine klare Rückforderungsgrundlage schaffen. Steuerlich führen sie jedoch nicht zur Rückgängigmachung der Annahme einer verdeckten Gewinnausschüttung und ihrer Folgen. Die tatsächliche Rückgewähr durch den Gesellschafter ist vielmehr als Einlage zu qualifizieren.

M 119.20 Steuerklausel

Erlangt ein Gesellschafter durch eine verdeckte Gewinnausschüttung einen Vorteil, so entsteht für die Gesellschaft bereits zum Zeitpunkt der Vorteilsgewährung gegenüber dem Begünstigten ein Anspruch auf Ersatz des Wertes des Vorteils in Geld sowie auf Zahlung der gesetzlichen Verzugszinsen für die Zeit zwischen der Vorteilsgewährung und der Ersatzleistung.

X. Wettbewerbsverbote, Wettbewerbsklauseln

1. Grundsätze

Aus den gesellschaftsrechtlichen **Treuepflichten der Gesellschafter** und aus den **Organpflichten der Geschäftsführer** können sich Wettbewerbsverbote von unterschiedlichem Umfang und unterschiedlicher Intensität ergeben. Sie können in der Satzung bzw. im Geschäftsführervertrag geregelt werden. Gesetzliche oder vertraglich konkretisierte Wettbewerbsverbote können im Falle ihrer Verletzung zu steuerlich nachteiligen verdeckten Gewinnausschüttungen führen. Der Vorsorge hiergegen dienen Befreiungs- bzw. Öffnungsklauseln in der Satzung bzw. Befreiungsvereinbarungen im Geschäftsführervertrag oder in Ausführung der Öffnungsklausel. Die zivilrechtlichen und steuerrechtlichen Voraussetzungen und Regelungsmöglichkeiten sind jeweils für sich und vor allem in ihrem Zusammenspiel problematisch und teilweise noch streitig. 88

2. Wettbewerbsverbot des Geschäftsführers

Der Geschäftsführer hat als Organ der Gesellschaft eine **aktive Förderpflicht**. Sie beinhaltet auch das Verbot, mit der Gesellschaft in deren Geschäftszweig in Wettbewerb zu treten. Der Geschäftsführer darf seine Organstellung nicht für sich selbst zum Nachteil der Gesellschaft ausnutzen, indem er Geschäftschancen der Gesellschaft an sich zieht (BGH GmbHR 1986, 42; BGH GmbHR 1989, 365; allgemeine Ansicht, vgl. nur Münch NJW 1993, 226). Die Gesellschafter können dem Fremdgeschäftsführer bestimmte Konkurrenztätigkeiten gestatten. Die Gestattung betrifft das Verhältnis zu einem gesellschaftsfremden Dritten und ist nicht Satzungsbestandteil. Sie kann in den Geschäftsführervertrag aufgenommen werden oder Gegenstand einer besonderen Vereinbarung oder eines Gesellschafterbeschlusses sein. 89

3. Wettbewerbsverbot des Gesellschafters

Der Gesellschafter, der nicht zugleich Geschäftsführer ist, unterliegt grundsätzlich keinem Wettbewerbsverbot. Ein Wettbewerbsverbot kann sich nur im Einzelfall aus der **gesellschaftsrechtlichen Treuepflicht** ergeben (BGHZ 89, 162/166). Dies gilt grundsätzlich für den beherrschenden Gesellschafter der personalistischen GmbH (allgemeine Ansicht, vgl. nur Kleindiek in Lutter/Hommelhoff Anh. zu § 6 GmbHG Rz. 20 ff.). 90

Da beim Alleingesellschafter einer GmbH der Wille der Gesellschaft und des Gesellschafters identisch sind, unterliegt er keiner Treuepflicht und keinem Wettbewerbsverbot, solange er nicht der GmbH Vermögen entzieht, das zur Deckung des Stammkapitals benötigt wird (BGHZ 122, 333 = GmbHR 1993, 427; BFH GmbHR 1996, 58 = NJW 1996, 950). 91

➲ **Praxistipp:** In die Satzung können Bestimmungen über das Wettbewerbsverbot der Gesellschafter aufgenommen werden, deren Änderung dann Satzungsänderung ist. Nach allgemeiner Ansicht ist auch das ungeschriebene, kraft Treuepflicht geltende Wettbewerbsverbot materieller Satzungsbestandteil. Sowohl die Befreiung von dem formell in der Satzung enthaltenen Wettbewerbsverbot wie die Befreiung von dem ungeschriebenen materiellen Wettbewerbsverbot und auch die Vereinbarung einer Befreiungsmöglichkeit durch Gesellschafterbeschluss – Öffnungsklausel – bedürfen deshalb zu ihrer Wirksamkeit des satzungsändernden Beschlusses, der Anmeldung und der Eintragung im Handelsregister. 91a

4. Wettbewerbsverbot des Gesellschafter-Geschäftsführers

Der Gesellschafter-Geschäftsführer einer Mehrpersonen-GmbH unterliegt in jedem Fall dem Wettbewerbsverbot des Geschäftsführers und im Einzelfall dem Wettbewerbsverbot des Gesellschafters. Es gelten jeweils und gegebenenfalls kumuliert die obigen Grundsätze. Beim Gesellschafter-Geschäftsführer der Einmann-GmbH ergeben sich aber keine Verschärfungen, da auch hier die Personen-Identität den Schutz des Gesellschafters vor sich selbst überflüssig macht. 92

5. Folgen des Verstoßes

93 Bei der Verletzung von Wettbewerbsverboten können die Gesellschafter bzw. die Mitgesellschafter **Unterlassung und Schadensersatz** verlangen. Die Gesellschaft hat analog § 113 Abs. 1 HGB ein **Eintrittsrecht**. Die Verletzung kann beim Gesellschafter ein **Ausschluss- oder Einziehungsgrund** sein.

94 Steuerlich kann die Verletzung von Wettbewerbsverboten ggf. zur Annahme von verdeckten Gewinnausschüttungen führen (Wassermeyer DStR 1997, 681 mwN). Nach der BFH-Rechtsprechung (BFH FR 1995, 905) kann jedoch entgegen einer früheren Auffassung praktisch nur noch ein vertraglich vereinbartes Wettbewerbsverbot zu einer verdeckten Gewinnausschüttung führen. Und selbst dann muss nicht jede Betätigung des gebundenen Gesellschafters im Unternehmensbereich der Gesellschaft als verdeckte Gewinnausschüttung zu qualifizieren sein. Hinzu kommen muss insbesondere entweder ein Verstoß gegen Treuepflichten als Gesellschafter oder gegen Verhaltenspflichten als Geschäftsführer. Dies könnte zB der Fall sein bei einer eigennützigen Einflussnahme auf die Kapitalgesellschaft oder bei einer Verwertung von Informationen, die auf Grund der Gesellschafterstellung erlangt wurden, bei der Wahrnehmung von Geschäftschancen, die der Kapitalgesellschaft gebühren, als Eigengeschäft oder das Ausnutzen von Kenntnissen der Gesellschaft tatsächlicher oder rechtsgeschäftlicher Art. Jedenfalls führt die Einwilligung aller Gesellschafter dazu, dass die Wettbewerbshandlung trotz entgegenstehender vertraglicher Regelung erlaubt ist (BFH BFH/NV 1998, 1579).

6. Steuerliche Voraussetzungen der Befreiung vom Wettbewerbsverbot

95 Soweit die Gesellschaft nach den vorbezeichneten Grundsätzen einen Anspruch aus Wettbewerbsverletzung gegen den Geschäftsführer oder Gesellschafter hat und diesen nicht geltend macht, liegt hierin grundsätzlich eine **verdeckte Gewinnausschüttung**. Inwieweit und in welcher Form durch die Vereinbarung von Befreiungen vom Wettbewerbsverbot künftige verdeckte Gewinnausschüttungen vermieden werden können, ist Gegenstand von Verwaltungserlassen (BMF-Schreiben v. 4.2.1992 BStBl. I 1992, 137; BMF-Schreiben v. 15.12.1992 BStBl. I 1993, 24; BMF-Schreiben v. 29.6.1993 BStBl. I 1993, 556; BMF-Schreiben v. 17.12.1993 GmbHR 1994, 81).

Erstes Erfordernis ist die **zivilrechtliche Wirksamkeit** der im Voraus getroffenen Vereinbarung. Sie erfordert beim Gesellschafter die Aufnahme in die Satzung, beim Geschäftsführer die Aufnahme in den Anstellungsvertrag. Beim beherrschenden Gesellschafter/Geschäftsführer genügt die Aufnahme in die Satzung. Es genügt jeweils auch die Aufnahme einer Öffnungsklausel, die dann durch Gesellschafterbeschluss konkretisiert werden muss.

Zweites Erfordernis ist eine klare und **eindeutige Aufgabenabgrenzung** zwischen der Gesellschaft und dem Gesellschafter bzw. Geschäftsführer. Die BFH-Rechtsprechung (BFH v. 18.12.1996 – 1 R 26/95 GmbHR 1997, 362) relativiert dieses Erfordernis.

Drittes Erfordernis ist eine **angemessene Gegenleistung** an die Gesellschaft für die Befreiung. Es wird nicht beanstandet, wenn 20–25 % vom Gewinn oder 3–5 % vom Umsatz als laufende Vergütung vereinbart werden. Bei der Neugründung einer GmbH kann eine unentgeltliche Befreiung erfolgen.

95a ➲ **Praxistipp:** Insbesondere dann, wenn ein Gesellschafter schon bei Gründung der GmbH eine konkurrierende Tätigkeit ausübt, die er weiterhin ausüben will, ist eine ausdrückliche Befreiung in der Satzung zweckmäßig. Zu ihrer steuerlichen Anerkennung ist nicht erforderlich, dass eine Entschädigung gezahlt wird (BMF-Schreiben v. 4.2.1992 BStBl. I 1992, 137).

M 119.21 Befreiung vom Wettbewerbsverbot

Der Gesellschafter ... Ist Inhaber der Einzelfirma ..., deren Unternehmensgegenstand ... ist. Er darf dieses Unternehmen im bisherigen Umfang gleich in welcher Rechtsform weiter betreiben und wird insoweit von einem etwaigen Wettbewerbsverbot befreit.

7. Öffnungsklausel

➲ **Praxistipp:** Wenn eine konkrete Befreiung vom Wettbewerbsverbot noch nicht angezeigt ist, künftige Befreiungen aber ohne Satzungsänderung möglich sein sollen, empfiehlt sich die Aufnahme einer Satzungsermächtigung iS einer Öffnungsklausel in die Satzung, die eine zivilrechtlich und steuerlich (BMF-Schreiben v. 29.6.1993 BStBl. I 1993, 556) ausreichende Grundlage darstellt, die Befreiung durch Gesellschafterbeschluss zu erteilen. 96

M 119.22 Öffnungsklausel

Die Gesellschafterversammlung ist ermächtigt, durch Beschluss mit einfacher Mehrheit einem Gesellschafter Befreiung vom Wettbewerbsverbot zu erteilen und die näheren Einzelheiten zu regeln.

XI. Teilung und Zusammenlegung von Geschäftsanteilen

1. Gesetzliche Regelung

Zur Teilung und Zusammenlegung von Geschäftsanteilen ist nach § 46 Nr. 4 GmbHG ein **Gesellschafterbeschluss** erforderlich. Teilung und Zusammenlegung von Geschäftsanteilen sind mit Zustimmung der Gesellschaft zulässig, wobei nach § 5 Abs. 2 GmbHG der Nennbetrag jedes Geschäftsanteils auf volle Euro lauten muss. Das MoMiG hat die schwierige und haftungsträchtige Vorschrift des § 17 GmbHG aF ersatzlos aufgehoben. 97

2. Alternative Satzungsregelungen

a) Teilung

➲ **Praxistipp:** Hinsichtlich des Erfordernisses der Genehmigung bei Teilung sollte bei der Vertragsgestaltung beachtet werden, dass Konkordanz mit einer Abtretungsbeschränkung nach § 15 Abs. 5 GmbHG besteht. Wenn für die Genehmigung nach § 15 Abs. 5 I GmbHG im Gesellschaftsvertrag das Erfordernis der Zustimmung aller Gesellschafter vereinbart wird, kann erwogen werden, dies auch auf die Teilung zu erstrecken. 98

b) Zusammenlegung

Der Gesellschaftsvertrag kann die Zusammenlegung an höhere oder geringere Voraussetzungen als die Zustimmungspflicht durch einfachen Gesellschafterbeschluss knüpfen. 99

Nach der Begründung des Regierungsentwurfs (BT-Drucks. 16/6140, 102) steht der Zusammenlegung nicht entgegen, dass ein Geschäftsanteil noch nicht voll eingezahlt ist oder dass er mit einer Nachschusspflicht oder mit Rechten Dritter belastet ist oder dass nach dem Gesellschaftsvertrag die betroffenen Geschäftsanteile mit verschiedenen Rechten und Pflichten ausgestattet sind. Dies könne die Gesellschaft bei ihrer Zustimmung berücksichtigen. Hier kann sich eine ausdrückliche Satzungsregelung empfehlen.

M 119.23 Zusammenlegung von Geschäftsanteilen durch Gesellschafterbeschluss

Die Gesellschafterversammlung kann die Zusammenlegung von Geschäftsanteilen nur beschließen, wenn der Inhaber der Geschäftsanteile einverstanden ist und die Geschäftsanteile voll eingezahlt sind, nicht mit einer Nachschusspflicht oder mit Rechten Dritter belastet sind und nicht mit verschiedenen Rechten und Pflichten ausgestattet sind.

100 Alternativ hierzu kann man dem Gesellschafter die **einseitige Zusammenlegung** gestatten.

M 119.24 Zusammenlegung von Geschäftsanteilen ohne Gesellschafterbeschluss

Ist ein Gesellschafter Inhaber mehrerer voll eingezahlter Geschäftsanteile, so kann er diese durch schriftliche Erklärung gegenüber der Gesellschaft zu einem Geschäftsanteil zusammenlegen.

XII. Vinkulierung der Mitgliedschaft durch Abtretungsbeschränkungen, Vorkaufs- und Ankaufsrechte

1. Notwendigkeit der Vinkulierung

101 Die personalistisch strukturierte, durch einen kleinen Gesellschafterkreis und persönliches Vertrauensverhältnis der Gesellschafter untereinander gekennzeichnete GmbH ist heute der praktische Regelfall. Besondere Bedeutung hat die satzungsmäßige Vorsorge für denkbare Konfliktfälle. Die grundsätzliche Notwendigkeit der Vinkulierung ist heute unbestritten.

2. Grundsätze der Vinkulierung

102 Zunächst können in die Satzung **Abtretungs- und Belastungsbeschränkungen** aufgenommen werden. Sie verhindern die Abtretung und Belastung von Geschäftsanteilen ohne Zustimmung oder gegen den Willen der übrigen Gesellschafter. Jedoch kann und sollte man einen austrittswilligen Gesellschafter nicht halten. Als Ergänzung zur Genehmigungspflicht der Abtretung können deshalb **Vorkaufsrechte oder Ankaufsrechte** normiert werden. Vorkaufsrechte iSv. §§ 463 ff. BGB haben den Nachteil, dass sie nur zum vereinbarten Kaufpreis ausgeübt werden können. Günstiger für die Gesellschaft und die verbleibenden Gesellschafter, aber natürlich auch einschränkend für den austrittswilligen Gesellschafter sind deshalb Ankaufsrechte zu einem bestimmten, etwa der Abfindungsregelung entsprechenden Preis, die durch den Verkaufsfall oder die Anzeige der Abtretung ausgelöst werden können. Austrittsrechte geben dem Gesellschafter über die allgemein von der Rechtsprechung zugestandenen Austrittsrechte hinaus oder in deren Konkretisierung die Möglichkeit, die GmbH zu verlassen. Ihnen stehen gegenüber Ausschlussrechte der Gesellschaft, die ebenfalls der vertraglichen Konkretisierung bedürfen. Die Praxis bevorzugt hier die Einziehung bzw. Abtretungsverpflichtungen bei Vorliegen der Voraussetzungen einer Einziehung.

102a ➲ **Praxistipp:** Bei der Vertragsgestaltung ist das Zusammenspiel der verschiedenen Möglichkeiten zu beachten. Das Eindringen von Außenstehenden durch rechtsgeschäftlichen Erwerb verhindert die Abtretungsbeschränkung in der Form des Genehmigungserfordernisses. Entsprechende Belastungsbeschränkungen verhindern das Mitregieren von Gläubigern in der Gesellschaft. Lässt sich die Abtretung nicht vermeiden, so verhindern Vor- oder Ankaufsrechte das Eindringen Dritter. Gegen das Eindringen von Gläubigern in die Gesellschaft hilft letztlich nur die Einziehung. Abtretungspflichten, die neben der Einziehungsmöglichkeit immer vorgesehen werden sollten, wirken hier nicht.

3. Abtretungsbeschränkungen

103 Nach § 15 Abs. 1 GmbHG sind GmbH-Geschäftsanteile frei veräußerlich. Nach § 15 Abs. 5 GmbHG kann die Abtretung von Geschäftsanteilen an weitere Voraussetzungen geknüpft, insbesondere von der Genehmigung der Gesellschaft abhängig gemacht werden.

103a ➲ **Praxistipp:** Die Wahlmöglichkeit bei der Gestaltung besteht zwischen der Statuierung der Zustimmungskompetenz für die Gesellschaft, also die mit einfacher Mehrheit beschließende Gesellschafterversammlung, einerseits oder der Statuierung der Zustimmungskompetenz für alle Gesellschafter andererseits. Bei kleinen Gesellschaften empfiehlt sich, die Zustimmung aller

Gesellschafter zu verlangen. Soll die Gesellschaft und damit eine Gesellschaftermehrheit entscheiden dürfen, so ist die Mehrheit genau zu bezeichnen. Der Veräußerungswillige kann in diesem Fall mitstimmen, soweit nicht die Satzung sein Stimmrecht ausschließt. Die Bestimmung, dass die Gesellschaft der Veräußerung zuzustimmen hat und dass die Geschäftsführer in vertretungsberechtigter Zahl die Zustimmung mitzuteilen haben, empfiehlt sich bei größeren Gesellschaften mit vielen Gesellschaftern.

4. Vorkaufs- und Ankaufsrechte als Ergänzung zur Abtretungsbeschränkung

Als Ergänzung zu den Abtretungsbeschränkungen können Vorkaufs- oder Ankaufsrechte in die 104 Satzung aufgenommen werden. Die Weigerung der Mitgesellschafter, der Übertragung einer Beteiligung durch einen veräußerungswilligen Partner zuzustimmen, kann mit Rücksicht auf eine vertrauensvolle Zusammenarbeit in der Gesellschaft nicht auf unbestimmte Zeit durchgehalten werden. Den Konflikt löst hier das ergänzende Vorkaufsrecht oder Ankaufsrecht. Insbesondere legt eine ausgewogene Vertragsgestaltung nahe, die Gesellschafter zur Veräußerungszustimmung zu verpflichten, wenn sie ihr Vorkaufs- oder Ankaufsrecht nicht ausüben.

5. Vorkaufsrecht

Gesetzlich geregelt ist das Vorkaufsrecht nach §§ 463 ff. BGB, das lediglich schuldrechtliche Wir- 105 kung hat. Eine ergänzende Verdinglichung über die Veräußerungsbeschränkung ist also regelmäßig sachgerecht. **Schwachpunkte** des gesetzlichen Vorkaufsrechts sind, dass das Vorkaufsrecht nur an einen Kauf und nicht an andere Vertragstypen wie Tausch, Schenkung, Einbringung und vorweggenommene Erbfolge anknüpft, was Umgehungsgeschäfte herausfordert. Weiterhin ist die Wochenfrist des § 469 Abs. 2 BGB für die Ausübung des Vorkaufsrechts zu kurz. Zu beachten ist § 472 BGB, der eine gesetzliche Regelung für das Vorkaufsrecht mehrerer Berechtigter enthält. Funktionen des Vorkaufsrechts sind einmal die Verschaffungsfunktion, also die Sicherung des Erwerbsinteresses des Vorkaufsberechtigten, zum Zweiten die Abwehrfunktion, also die Sicherung des Interesses des Berechtigten, durch Ausübung des Vorkaufsrechts den Erwerb eines anderen zu verhindern. Diese Funktionen überschneiden und decken sich teilweise mit denen der Veräußerungsbeschränkung.

6. Ankaufsrecht

Die streitträchtige Anknüpfung lediglich an den Verkaufsfall vermeidet das Ankaufsrecht, das bei 106 **jeder beabsichtigten Abtretung** des Geschäftsanteils dessen Inhaber verpflichtet, den Geschäftsanteil den Mitgesellschaftern zum Kauf anzubieten. Dieses Ankaufsrecht, auch Vorhand genannt, muss dann die Berechnung des Kaufpreises regeln. Häufig wird auf die Abfindungsregelung der Satzung zurückgegriffen. Ein Ankaufsrecht des Inhalts, dass der Geschäftsanteilsinhaber auf jederzeitiges Verlangen der Mitgesellschafter diesen seinen Anteil zu übertragen hat, auch wenn er selbst gar nicht veräußern will, läuft im Ergebnis auf die jederzeitige Ausschließbarkeit des Gesellschafters ohne wichtigen Grund hinaus und ist deshalb grundsätzlich unzulässig (vgl. BGHZ 112, 103 zum unbefristeten Angebot).

M 119.25 Veräußerungsbeschränkung, Vorkaufsrecht

(1) Die Abtretung eines Geschäftsanteils oder eines Teiles eines Geschäftsanteils bedarf zu ihrer Wirksamkeit der schriftlichen Zustimmung aller übrigen Gesellschafter.

(2) Im Falle des Verkaufs eines Geschäftsanteils oder eines Teiles eines Geschäftsanteils sind die übrigen Gesellschafter zum Vorkauf berechtigt. Das Vorkaufsrecht steht ihnen zum gemeinsamen Erwerb, im Innenverhältnis zum Erwerb im Verhältnis der Nennbeträge ihrer Geschäftsanteile zu. Übt ein Gesellschafter das Vorkaufsrecht aus, so können sich die anderen Gesellschafter innerhalb der Ausübungsfrist der Ausübungserklärung anschließen. Der Verkäufer hat den Vorkaufsberechtigten den Kaufvertrag unverzüglich schriftlich mitzuteilen. Das Vorkaufsrecht kann nur bis zum Ablauf

von einem Monat seit Empfang dieser Mitteilung und nur durch schriftliche Erklärung gegenüber dem Verkäufer ausgeübt werden. Bei Ausübung des Vorkaufsrechts sind die Gesellschafter verpflichtet, die nach Abs. 1 erforderliche Zustimmung zu erteilen. Wird das Vorkaufsrecht nicht oder nicht fristgerecht ausgeübt, so sind die Gesellschafter verpflichtet, die Zustimmung zur Veräußerung zu erteilen, sofern dem nicht wichtige, in der Person des Käufers liegende Gründe entgegenstehen.

M 119.26 Veräußerungsbeschränkung, Ankaufsrecht

Die Abtretung eines Geschäftsanteils oder eines Teiles desselben bedarf zu ihrer Wirksamkeit der schriftlichen Zustimmung aller übrigen Gesellschafter. Vor Abtretung eines Geschäftsanteils gleich aus welchem Rechtsgrund hat der abtretungswillige Gesellschafter den Geschäftsanteil zunächst den übrigen Gesellschaftern schriftlich zum Kauf als gemeinschaftlichen Anteil anzubieten. Die übrigen Gesellschafter oder einzelne von ihnen, mehrere im Innenverhältnis im Verhältnis ihrer Geschäftsanteile, können innerhalb von vier Wochen nach Zugang der Mitteilung schriftlich verlangen, dass ihnen der Anteil als gemeinschaftlicher Anteil abgetreten wird. Als Gegenleistung ist der Wert des Anteils zu zahlen, wie er sich aus der Abfindungsregelung dieser Satzung ergibt, und zwar Zug um Zug gegen Abtretung. Üben die Gesellschafter ihr Ankaufsrecht nicht aus, so haben sie der dann erfolgenden Anteilsveräußerung zuzustimmen, sofern dem nicht wichtige, in der Person des Käufers liegende Gründe entgegenstehen.

XIII. Vererbungsbeschränkungen

107 Nach § 15 Abs. 1 GmbHG sind Geschäftsanteile einer GmbH vererblich. Der Gesellschaftsvertrag kann die Vererblichkeit nicht ausschließen oder eine mit dem Tod automatisch wirkende Einziehung des Geschäftsanteils vorsehen. Auf mehrere Erben geht der ererbte Geschäftsanteil in Erbengemeinschaft über, nicht wie bei Personengesellschaften in Teilen im Wege der Sonderrechtsnachfolge. Der Vermächtnisnehmer, dem ein Geschäftsanteil zugewendet wurde, hat gem. § 2174 BGB einen Anspruch gegen den Erben auf dessen Übertragung. Testamentsvollstreckung am GmbH-Anteil ist zulässig.

107a ➲ **Praxistipp:** Vererbungsbeschränkungen kann der GmbH-Vertrag also nur in dem Sinne enthalten, dass das Behaltendürfen des Geschäftsanteils durch den oder die Erben geregelt wird. So kann bestimmt werden, dass in jedem Erbfall der ererbte Geschäftsanteil der Einziehung unterliegt oder an die Gesellschaft oder die Gesellschafter abzutreten ist. Weiterhin kann bestimmt werden, dass nur bestimmte Erben, etwa Ehegatten und Abkömmlinge, oder Erben mit bestimmter beruflicher Qualifikation den Erbteil behalten dürfen. Bei einer erbrechtlichen Nachfolgeklausel in dem Sinne, dass nur bestimmte nachfolgeberechtigte Erben den ererbten Geschäftsanteil behalten dürfen, während sonstige Erben die Einziehung dulden müssen oder zur Abtretung verpflichtet sind, können sich Auslegungsprobleme ergeben, wenn der Geschäftsanteil einer Erbengemeinschaft anfällt, der teils nachfolgeberechtigte, teils nicht nachfolgeberechtigte Erben angehören. Es dürfte sich empfehlen, in der Satzung zuzulassen, dass der im Nachlass befindliche Geschäftsanteil im Wege der Erbauseinandersetzung auf die nachfolgeberechtigten Erben übertragen wird.

M 119.27 Erbfolgebeschränkung

Abkömmlinge eines Erblassers dürfen den ererbten Geschäftsanteil behalten. Alle anderen Erben sind verpflichtet, nach Wahl der Gesellschaft die Einziehung zu dulden oder den Geschäftsanteil an von der Gesellschaft bestimmte Personen abzutreten. Wird der Geschäftsanteil an Abkömmlinge und andere Personen in Erbengemeinschaft vererbt, so unterliegt der Geschäftsanteil insgesamt der Einziehung oder Abtretungsverpflichtung. In diesem Fall kann die Erbengemeinschaft den Geschäftsanteil auf einen Abkömmling übertragen, um die Einziehung oder Abtretung zu vermeiden.

XIV. Austrittsrecht

Eine **Kündigung** der Gesellschaft wie bei den Personengesellschaften (§ 723 BGB, § 132 HGB) **kennt das Recht der GmbH nicht**. Die Satzung kann die Kündigung als einen Auflösungsgrund im Sinne von § 60 Abs. 2 GmbH vorsehen, was aber unzweckmäßig ist. 108

Bei Vorliegen eines **wichtigen Grundes** hat jeder Gesellschafter ein Austrittsrecht, das zu seinen zwingenden, unverzichtbaren Mitgliedschaftsrechten gehört. Es darf nicht in unzulässiger Weise eingeschränkt werden (BGH GmbHR 1992, 257 = DNotZ 1992, 526). Die Satzung kann nur vorsichtige Konkretisierungen wie die Fristen und Termine des Musters vorsehen.

XV. Ausschließung, Einziehung, Abtretungsverpflichtung

1. Ausschließung

Als Gegenstück zum Austrittsrecht eines Gesellschafters aus wichtigem Grund hat die Gesellschaft auch ohne ausdrückliche Regelung im Gesellschaftsvertrag das Recht, Gesellschafter aus wichtigem Grund auszuschließen. Ohne Satzungsregelung erfolgt die Ausschließung durch Ausschließungsklage, bei entsprechender Satzungsbestimmung durch Gesellschafterbeschluss (BGH GmbHR 1991, 362). 109

➲ **Praxistipp:** Der Gesellschaftsvertrag regelt die Ausschließung aus wichtigem Grund zweckmäßigerweise in der Form der Einziehung mit hilfsweiser Abtretungsverpflichtung. 109a

2. Einziehung

a) Voraussetzungen

Die Einziehung (Amortisation) von Geschäftsanteilen darf nur erfolgen, wenn sie im Gesellschaftsvertrag zugelassen ist, § 34 Abs. 1 GmbHG. Die Einziehung ohne Zustimmung des Anteilsberechtigten findet nach § 34 Abs. 2 GmbHG nur bei Festsetzung ihrer Voraussetzungen im Gesellschaftsvertrag statt. Anerkannt sind als **Einziehungsgründe** erbrechtlicher Anfall an gesellschaftsvertraglich nicht erbberechtigte Personen, Zwangsvollstreckung in den GmbH-Anteil, Insolvenzverfahren über das Vermögen des Gesellschafters, Austritt des Gesellschafters sowie ein sonstiger wichtiger Grund in der Person des Gesellschafters, der seinen Ausschluss rechtfertigen würde. 110

b) Wirkungen

Die Einziehung erfolgt durch Gesellschafterbeschluss und entfaltet seine Wirkung mit der Mitteilung des Einziehungsbeschlusses an den betroffenen Gesellschafter (BGH DNotI-Report 2012, 37). Die Einziehung steht grundsätzlich nicht unter der aufschiebenden Bedingung einer Abfindungszahlung aus freiem Vermögen der Gesellschaft. Die Satzung sollte den Zeitpunkt, ab dem die Einziehung wirkt, vorsorglich eindeutig regeln. Die Einziehung des Geschäftsanteils lässt sämtliche Mitgliedschaftsrechte entfallen, soweit sie nicht dazu dienen, das Interesse am Erhalt der dem ausscheidenden Gesellschafter zustehenden Abfindung zu realisieren (BGH DNotZ 2010, 385). Der betroffene Gesellschafter nimmt dementsprechend an der Gewinnverteilung für ein vor Wirksamwerden der Einziehung abgeschlossenes Geschäftsjahr nicht mehr teil, wenn der Gewinnfeststellungs- und Gewinnverwendungsbeschluss nach Wirksamwerden der Einziehung gefasst wird (BGH DStR 1998, 1688 m. Anm. Goette = ZIP 1998, 1836). 111

Die **Stammkapitalziffer** und das zu erhaltende Stammkapital bleiben unberührt, §§ 34 Abs. 3, 30 Abs. 1, 58 GmbHG. Die Summe der Geschäftsanteile entspricht nicht mehr der Stammkapitalziffer. Die auf den eingezogenen Geschäftsanteil entfallende Beteiligung am Gesellschaftsvermögen wächst den übrigen Gesellschaftern entsprechend ihrer Beteiligung an. Mit dem eingezogenen Geschäftsanteil gehen auch die mit ihm verbundenen Stimmrechte unter. Die verbleibenden Stimmrechte erfahren eine Aufwertung. Der ausscheidende Gesellschafter hat Anspruch auf Abfindung in Höhe des wirklichen Wertes seiner Beteiligung, soweit nicht der Gesellschaftsvertrag eine andere zulässige Abfindungsregelung enthält.

112 Nach § 5 Abs. 3 Satz 2 GmbHG muss die **Summe der Nennbeträge** aller Geschäftsanteile mit dem Stammkapital übereinstimmen. Diese neue Bestimmung hat Auswirkungen auf die Einziehung. Die Einziehung ist jetzt nur zulässig, wenn entweder eine Kapitalherabsetzung erfolgt oder das Stammkapital nominell aufgestockt wird oder ein neuer Geschäftsanteil gebildet wird. Die konkrete Maßnahme ist deshalb in den Einziehungsbeschluss aufzunehmen.

113 Einmal können die übrigen Anteile durch Gesellschafterbeschluss anteilig bis zur Stammkapitalziffer **aufgestockt** werden. Nach hL (Priester in FS Kellermann, 1991, S. 352; BayObLG GmbHR 1992, 42 = DNotZ 1992, 182) ist ein derartiger Aufstockungsbeschluss nicht satzungsändernd, mit einfacher Mehrheit möglich, nicht zu beurkunden und nicht in das Handelsregister einzutragen. Alternative zum Aufstockungsbeschluss ist die Schaffung eines neuen Geschäftsanteils, der zunächst der Gesellschaft als eigener Anteil zusteht und dessen Ausgabe gegen Entgelt an einen neu beitretenden Gesellschafter möglich ist (Einzelheiten str., s. Lutter in Lutter/Hommelhoff § 34 GmbHG Rz. 4 mwN). Diese so genannte Revalorisierung bedarf keiner Form, jedoch der Zustimmung aller Gesellschafter, da sie zu einer Verminderung von deren Beteiligungsrechten führt (Baumbach/Hueck/Fastrich § 34 GmbHG Rz. 20).

114 Der **betroffene Gesellschafter** ist beim Einziehungsbeschluss grundsätzlich stimmberechtigt, nicht jedoch bei der Zwangseinziehung aus in seiner Person liegenden Gründen. Auch dann hat er jedoch ein Teilnahmerecht an der Gesellschafterversammlung, die über die Einziehung beschließt (BGH DStR 1997, 1257 m. Anm. Goette). Der Gesellschafter, dessen Geschäftsanteil eingezogen wurde, bleibt Mitglied der Gesellschaft, bis er die ihm zustehende Abfindung vollständig erhalten hat (OLG Zweibrücken GmbHR 1997, 939; BGH DStR 1997, 1336 m. Anm. Goette).

3. Hilfsweise Abtretung

115 Voraussetzung der Einziehung ist neben ihrer Zulassung im Gesellschaftsvertrag die Volleinzahlung des Anteils und ein Bilanzvermögen der Gesellschaft, das die Zahlung des Einziehungsentgelts ohne Antastung des Stammkapitals erlaubt, also ein entsprechender **Bilanzüberschuss**, § 34 Abs. 3 GmbHG.

115a ➲ **Praxistipp:** Zweckmäßig ist daher immer, alternative Abtretungspflichten neben der Einziehungsbefugnis vorzusehen, falls die gesetzlichen Voraussetzungen der Einziehung nicht vorliegen oder die Einziehung unzweckmäßig ist.

115b Auch derartige Abtretungsverpflichtungen sind richtiger Ansicht nach insolvenzfest (Ulmer ZHR 149 (1985), 28, 35 f.). Das Abtretungsverfahren kann dadurch beschleunigt werden, dass die Satzung die übrigen Gesellschafter zur Abtretung des GmbH-Anteils des ausgeschlossenen Gesellschafters ermächtigt (BGH MDR 1988, 123).

4. Satzungsklauseln über das Wirksamwerden der Einziehung

116 Nach verschiedenen obergerichtlichen Entscheidungen (OLG Frankfurt GmbHR 1997, 171; OLG Zweibrücken GmbHR 1997, 939; die Revision gegen dieses Urteil hat der BGH mit Beschluss v. 28.4.1997 nicht angenommen; KG GmbHR 1999, 1204; OLG Köln GmbHR 1999, 712; Nichtannahmebeschluss des BGH DStR 1997, 1336 m. Anm. Goette) entfaltet der Einziehungsbeschluss erst mit der vollständigen Zahlung der Abfindung Wirksamkeit. Der betroffene Gesellschafter bleibt so lange Mitgesellschafter, ohne dass seine Gesellschafterrechte kraft Gesetzes ruhen. Die Zahlung der Abfindung stellt also eine **aufschiebende Bedingung** für die Wirksamkeit des Einziehungsbeschlusses dar. Dem ausscheidenden Gesellschafter kann nicht das Risiko des Ausfalls der Abfindung zugemutet werden, ohne dass ihm zumindest Einfluss auf die Geschicke der GmbH eingeräumt wird (so die überwiegende Literatur, zB Lutz DStR 1999, 1859 mwN; kritisch Peetz GmbHR 2000, 749; diffe-

renzierende Lösungsvorschläge bei Baumbach/Hueck/Fastrich § 34 GmbHG Rz. 41 ff. und Anh. § 34 GmbHG Rz. 13 f.).

Ob dies auch bei **abweichender Satzungsbestimmung** gilt („*Die Einziehung oder der Beschluss über die Abtretungsverpflichtung sind unabhängig von einem etwaigen Streit über die Höhe der Abfindung rechtswirksam*"), wurde in der Literatur in Frage gestellt (Baumann MittRhNotK 1991, 271/273). Anstelle dieser weit gebräuchlichen, schon von Sachs (GmbHR 1976, 60) vorgeschlagenen Ausscheidensklausel wurde wegen eines möglichen Verstoßes gegen § 30 GmbHG die Aufnahme einer Klausel über das Ruhen des Stimmrechts empfohlen. Der BGH hat mit Urteil v. 30.6.2003 (GmbHR 2003, 1062) hier Rechtssicherheit geschaffen und für alle Fälle des Austritts, des Ausschlusses und der Einziehung diese Satzungsklausel über die Unabhängigkeit des Ausscheidens von der Zahlung der Abfindung zugelassen.

XVI. Hinauskündigungsregelungen

1. Hinauskündigungsklauseln

In zwei Urteilen v. 19.9.2005 (BGH II ZR 173/04 und II ZR 342/03, GmbHR 2005, 1558 und 1561 117
= NJW 2005, 3641 und 3644) hat sich der BGH mit der Zulässigkeit von **Gesellschafterbeteiligungen auf Zeit** im Rahmen von Managermodellen und Mitarbeitermodellen befasst. Nach ständiger, in den vorbezeichneten Urteilen berichteten Rechtsprechung des BGH sind in den Personengesellschaften und der GmbH Regelungen, die einem Gesellschafter, einer Gruppe von Gesellschaftern oder der Gesellschaftermehrheit das Recht einräumen, einen Mitgesellschafter ohne sachlichen Grund aus der Gesellschaft auszuschließen (Hinauskündigungsklauseln), grundsätzlich nach § 138 Abs. 1 BGB **sittenwidrig und nichtig**. Gleiches gilt für eine neben dem Gesellschaftsvertrag getroffene schuldrechtliche Vereinbarung, die zu demselben Ergebnis führen soll. Der von diesen Regelungen betroffene Gesellschafter ist in einem Maße schutzwürdig, das die Annahme der Sittenwidrigkeit rechtfertigt. Denn das über ihm hängende Damoklesschwert der derzeitigen freien Ausschließungsmöglichkeit kann von ihm als Disziplinierungsmittel empfunden werden, das ihn daran hindert, von seinem Mitgliedschaftsrechten nach eigener Entscheidung Gebrauch zu machen und seine Mitgliedschaftspflichten zu erfüllen. Dieser Grundsatz gilt aber nicht ausnahmslos. Eine Hinauskündigungsklausel ist vielmehr wirksam, wenn sie wegen **besonderer Umstände** sachlich gerechtfertigt ist.

Eine gerechtfertigte **Ausnahme von der Inhaltskontrolle** nach § 138 BGB hatte der BGH schon 118
vor dem 19.9.2005 in einzelnen Fällen angenommen. Sie betrafen

- **ein treuhandähnliches Verhältnis** (BGHZ 112, 103 = NJW 1990, 2622), bei dem einem GmbH-Minderheitsgesellschafter, der die GmbH voll finanziert und einem nahen Angehörigen die Mehrheit der Geschäftsanteile treuhandähnlich überlassen hat, die Möglichkeit zustand, die Anteile des Angehörigen bei dessen Ausscheiden als GmbH-Geschäftsführer jederzeit zu übernehmen,
- **die Eignungsprüfung** (BGH NJW 2004, 2013), zwecks derer den Gesellschaftern einer Freiberufler-GmbH das Recht vorbehalten wurde, einen neu aufgenommenen Partner während einer angemessenen Übergangs- und Erprobungsphase ohne weitere Voraussetzungen wieder aus der Gesellschaft auszuschließen, und
- **die Beendigung einer Kooperation** (BGH NZG 2005, 479), bei der die Gesellschafterstellung im Vergleich zu den Rechten und Pflichten aus einem Kooperationsvertrag von gänzlich untergeordneter Bedeutung war und deshalb bei ordentlicher Kündigung des Kooperationsvertrags wieder entzogen werden konnte.

Eine sachliche Rechtfertigung der Gesellschafterbeteiligung auf Zeit sieht der BGH beim **Manager-** 119
modell des Inhalts als gegeben an, dass einem Geschäftsführer im Hinblick auf seine Geschäftsführerstellung eine Minderheitsbeteiligung eingeräumt wurde, für die er nur ein Entgelt in Höhe des Nennwerts zu zahlen hatte und die er auf Grund einer Rückkaufs- und Abtretungsvereinbarung bei Beendigung seines Geschäftsführeramts gegen eine der Höhe nach begrenzte Abfindung zurückzuübertragen hatte.

120 Die **Rückkaufs- und Abtretungsvereinbarung** stellt der BGH einer satzungsmäßigen Hinauskündigungsklausel deshalb gleich, weil der Mehrheitsgesellschafter nach § 38 Abs. 1 GmbHG den Gesellschafter-Geschäftsführer ohne Grund abberufen und damit die Bedingungen für die Rückübertragung seines Geschäftsanteils herbeiführen konnte. Diese Koppelung des freien Widerrufs der Geschäftsführerbestellung und der Beendigung der Gesellschafterstellung sah der BGH auf Grund der besonderen Umstände des Falls als sachlich gerechtfertigt an. Hierzu führt er aus, dass die gesellschaftsrechtliche Beteiligung des jeweiligen Geschäftsführers nach dem Unternehmenskonzept des Mehrheitsgesellschafters die Funktion hatte, den Geschäftsführer stärker an das Unternehmen zu binden, seine Motivation zu steigern und seine Stellung als geschäftsführender Gesellschafter innerhalb des Betriebs und nach außen aufzuwerten. Dabei stand die wirtschaftliche Teilhabe am Gewinn der Gesellschaft, der immer vollständig ausgeschüttet wurde, im Vordergrund. Damit wurde dem Geschäftsführer eine von seinem Geschick bei der Unternehmensführung mit abhängige und diesen Erfolg widerspiegelnde Einnahmequelle neben seinem Gehalt eingeräumt. Demgegenüber waren die Möglichkeiten des Geschäftsführers, in der Gesellschafterversammlung seine Vorstellungen durchzusetzen, praktisch ausgeschlossen. Dafür war sein finanzielles Risiko gering. Er brauchte für den Erwerb des Geschäftsanteils nicht mehr als den Nennwert zu zahlen. Im Ergebnis erlangte er auf diesem Wege eine treuhänderische Stellung, deren wirtschaftlicher Wert bei denkbar geringem eigenen Risiko in dem erheblichen Gewinnausschüttungspotenzial während der Dauer seiner organschaftlichen und dienstvertraglichen Bindung an die Gesellschaft lag. Mit deren Beendigung war es selbstverständlich, dass die weitere Beteiligung ihren rechtfertigenden Sinn verlor. Nur durch die Rückübertragungsverpflichtung schließlich wurde dem Mehrheitsgesellschafter die Möglichkeit eröffnet, den Nachfolger im Amt des Geschäftsführers in gleicher Weise zu beteiligen und damit das Geschäftsmodell auf Dauer fortzuführen. Insgesamt war die Beteiligung auf Zeit nur als Annex der Geschäftsführerstellung anzusehen.

121 Beim **Mitarbeitermodell** verneint der BGH bereits die freie Hinauskündigungsmöglichkeit und damit das Vorliegen einer Hinauskündigungsklausel, da der Mehrheitsgesellschafter die Gesellschafterstellung der Arbeitnehmer infolge des arbeitsrechtlichen Kündigungsschutzes nicht ohne sachlichen Grund beendigen könne. Bedeutung für die Zulässigkeit von Hinauskündigungsklauseln hat das Urteil dadurch, dass die Beschränkung der dem Mitarbeiter bei der Rückübertragung des Gesellschaftsanteils zu zahlenden Abfindung auf den Betrag, den er für den Erwerb des Anteils gezahlt hat, als zulässig angesehen wird und dies auch für die Hinauskündigungsklausel gilt.

2. Hinauskündigung bei letztwilliger Gesellschaftsgründungsklausel

122 Weitere Vorgaben für die Gestaltung von Hinauskündigungsklausel finden sich in einer Entscheidung des BGH, die sich mit der Wirksamkeit einer testamentarischen Gesellschaftsgründungsanordnung zu befassen hatte (BGH ZEV 2007, 340 mit Anm. Langenfeld).

Der Erblasser, der mehrere Pfandhäuser als Einzelkaufmann betrieb, setzte testamentarisch seine Ehefrau als Vorerbin und auf deren Tod die beiden Kinder als Nacherben ein. Weiterhin ordnete er an, auf seinen Tod eine KG zu gründen, deren Komplementäre die Ehefrau und der als Unternehmensnachfolger vorgesehene Sohn sein sollten, während die Tochter die Stellung einer Kommanditistin erhielt. Er schloss die Kündigung der KG bis zum Tod der Ehefrau und dann noch für weitere 10 Jahre aus. Danach konnte die Gesellschaft mit einer Frist von einem Jahr auf den Schluss eines Kalenderjahres gekündigt werden. Der Sohn als Unternehmensnachfolger sollte auch dann, wenn er selbst gekündigt hat, den Betrieb und die Firma fortführen dürfen. Die Tochter verstarb nach der Mutter, aber vor dem Ablauf der Zehnjahresfrist. Ihren Kommanditanteil erbten ihre Kinder. Der Unternehmensnachfolger kündigte nach Ablauf der Zehnjahresfrist das Gesellschaftsverhältnis fristgemäß. Die so hinausgekündigten Kommanditisten wenden sich mit der Klage gegen die Kündigung und hilfsweise gegen die Abfindung zu Buchwerten. Im Gegensatz zu den Vorinstanzen sieht der BGH das mit dem Recht zur Eigenkündigung und Übernahme des Geschäftsbetriebs verbundene freie Hinauskündigungsrecht des Unternehmensnachfolgers als sachlich gerechtfertigt an, weil es auf der Testierfreiheit des Erblassers beruhe, der durch diese Gestaltung dem anderen Kind eine bereits **mit dem Kündigungsrecht belastete Beteiligung** vermacht habe.

Zu Rechtfertigung der Hinauskündigungsklausel bedarf es nach den Darlegungen des BGH zunächst eines **grundlegenden Zweckes**. Bei den vor dem Urteil v. 19.3.2007 entschiedenen Fallgruppen findet er sich in den Gedanken der kollegialen Eignungsprüfung, der angemessenen Beendigung einer Kooperation und der Bindung von Führungskräften und Mitarbeitern an das Unternehmen. 123

Bei den **Fallgruppen der Unternehmensnachfolge** ist der grundlegende Zweck die Ermöglichung der Abfindung weichender Familienmitglieder durch Unternehmensbeteiligung. Der Unternehmensnachfolger soll die Leitung des Unternehmens erhalten, das weichende Familienmitglied eine Ertrag bringende Beteiligung. Die verfolgten Ziele des Erblassers konnte der BGH im vorliegenden Fall dessen Testament entnehmen, wo sie ausdrücklich angesprochen wurden. Der Erblasser wollte das Unternehmen im Interesse seiner Familie und seiner Nachkommen erhalten und die Entscheidung über die künftige Unternehmensstruktur in die Hände des Unternehmensnachfolgers legen.

Weiterhin muss es angezeigt sein, diese Ziele gerade unter Einsatz einer Hinauskündigungsklausel zu verfolgen. Ihre Verwendung muss sich aufdrängen und auch angesichts der Interessen des von ihr betroffenen Gesellschafters minderen Rechts gerechtfertigt sein. Dies begründet der BGH mit dem Vergleich zu anderen Gestaltungsmöglichkeiten. Die Verbindung einer Mindestlaufzeit der Beteiligung verbunden mit der anschließenden Hinauskündigungsmöglichkeit ist auch für den Betroffenen besser als die rechtlich problemlos zulässige Befristung der Beteiligung, die erste alternative Gestaltungsmöglichkeit. Die aufgeschobene Hinauskündigungsklausel gibt dem Unternehmensnachfolger die einseitige Möglichkeit der Beendigung der Mitgliedschaft mit der Folge der Abfindung, zwingt ihn aber nicht dazu. Die zweite Alternative des Inhalts, das weichende Familienmitglied überhaupt nicht am Unternehmen zu beteiligen, tendiert dann, wenn zur Abfindung kein ausreichendes Privatvermögen vorhanden ist, zur völligen Benachteiligung des Ausscheidenden und zum Zwang, Pflichtteils- oder Pflichtteilsergänzungsansprüche geltend zu machen. 124

Die Lösung über die befristete Beteiligung mit anschließendem Hinauskündigungsrecht wird damit sowohl den Vorstellungen des Erblassers wie auch den wohlverstandenen Interessen des Unternehmensnachfolgers und des weichenden Familienmitglieds gerecht. Diese Gestaltung muss deshalb dem testierenden Erblasser erlaubt sein, sie beruht auf dem angemessenen Gebrauch seiner Testierfreiheit. Das nicht als Unternehmensnachfolger vorgesehene Familienmitglied erhält durch die letztwillige Zuwendung des Erblassers eine aus sachlich gerechtfertigten Gründen eingeschränkte, bereits mit dem Kündigungsrecht des Unternehmensnachfolgers belastete Beteiligung. Durch die gezielte Ausübung der so inhaltlich beschriebenen Testierfreiheit unterscheidet sich, wie der BGH in Auseinandersetzung mit der Vorinstanz richtig feststellt, der vorliegende Fall von dem erbrechtlichen Erwerb der Beteiligung an einer Gesellschaft, deren bereits bestehender Gesellschaftsvertrag eine unzulässige Hinauskündigungsklausel enthält. In diesem Fall muss der Erbe die Hinauskündigungsmöglichkeit nicht etwa lediglich deshalb akzeptieren, weil er die Beteiligung geerbt hat.

Für die kautelarjuristische Praxis folgt hieraus, dass die erbrechtlich zugewandte Mitgliedschaft minderen Rechts belastet mit einer Hinauskündigungsklausel grundsätzlich zulässig ist, aber auch den **Interessen des Zuwendungsempfängers** Rechnung zu tragen hat. Dies kann durch unkündbare Zuwendung auf eine bestimmte, nicht unerhebliche Zeitdauer mit anschließender Möglichkeit des Unternehmensnachfolgers geschehen, das Gesellschaftsverhältnis mit den weichenden Erben einseitig zu beenden. Der BGH betont im vorliegenden Fall ausdrücklich, den Interessen der Tochter sei durch die mehr als 35 Jahre dauernde Ertrag bringende Unternehmensbeteiligung hinreichend Rechnung getragen. Im Hintergrund steht ja auch die Abfindung des ausscheidenden Gesellschafters. 125

3. Gestaltung der Hinauskündigungsklausel

Instrument der Hinauskündigung ist die Zwangseinziehung nach § 34 GmbHG oder die Verpflichtung zur Abtretung des Geschäftsanteils nach § 15 GmbHG. Die Satzung kann einem anderen Organ, insbesondere dem Geschäftsführer, die Befugnis zur Fassung des Einziehungsbeschlusses an Stelle der Gesellschafterversammlung übertragen (Scholz/Westermann § 34 GmbHG Rz. 42). Eine Einziehungsbefugnis kann nur in der Satzung begründet werden, während die Abtretungsverpflichtung sowohl in der Satzung wie durch getrennte Vereinbarung in der Form des § 15 Abs. 3 126

GmbHG begründet werden kann. Dabei wird die getrennte Vereinbarung regelmäßig so gestaltet, dass der zur Abtretung verpflichtete Gesellschafter ein von Berechtigten jederzeit annehmbares Abtretungsangebot abgibt (Call-Option, dazu Battke/Grünberg GmbHR 2006, 225). Möglich ist auch eine durch die Ausübungserklärung des Berechtigten aufschiebend bedingte Abtretung.

M 119.28 Hinauskündigungsklausel bei Unternehmensnachfolge

Der Gesellschafter S hat das Recht, die Gesellschafterin T ohne Vorliegen eines wichtigen Grundes durch Einziehung ihres Geschäftsanteils aus der Gesellschaft auszuschließen mit der Folge, dass er das Unternehmen mit den übrigen Gesellschaftern oder als Alleininhaber fortführt. Den Einziehungsbeschluss kann der Gesellschafter S in seiner Eigenschaft als Geschäftsführer fassen. Dieses Recht kann frühestens mit halbjähriger Frist zum 31.12.2 ... ausgeübt werden. Die ausgeschlossene Gesellschafterin erhält die nachfolgend bestimmte Abfindung.

4. Wirtschaftsübliche Hinauskündigungsklausel

127 Bei **Private Equity-Transaktionen** sind sog. Leaver-Klauseln üblich (Drinkuth NJW 2006, 410, 413.). Sie betreffen Führungskräfte, an deren Verbleiben in der Gesellschaft dem Finanzinvestor gelegen ist. Endet ihr Anstellungsverhältnis vor Erreichung der unternehmerischen Zielsetzung, so werden ihre Anteile an der Gesellschaft benötigt, um einen vergleichbar qualifizierten Mitarbeiter gewinnen zu können. In Leaver-Klauseln verpflichten sich derartige Führungskräfte daher, ihre Anteile in diesem Fall an die Gesellschaft zu übertragen (Kästle/Heuterkes NZG 2005, 289). Im Unterschied zum Managermodell erhalten die Führungskräfte keine laufende Gewinnbeteiligung, dies schon deshalb nicht, weil die in Sanierung befindliche Gesellschaft noch keine Gewinne macht oder diese thesauriert werden. Sie profitieren nur bei Veräußerung der Anteile nach Erreichung der unternehmerischen Zielsetzung. Zu diesem Zeitpunkt haben sie ihre Anteile gemeinsam mit dem Finanzinvestor an den Erwerber des sanierten Unternehmens zu veräußern. Dies wird durch vereinbarte Mitveräußerungspflichten sichergestellt (Drag-Along-Klausel, Zimmermann GmbHR 2006, 231, 233).

127a ➲ **Hinweis:** Derartige Gestaltungen dürften grundsätzlich den Anforderungen an zulässige Hinauskündigungsregelungen nach den Maßstäben der Rechtsprechung zum Managermodell genügen. Finanzinvestor und Führungskraft verfolgen gemeinsam das Ziel der Unternehmenssanierung mit anschließender gewinnbringender Veräußerung. Wird diese Zielvereinbarung durch das vorzeitige Ausscheiden der Führungskraft gestört, muss eine einseitige Aufkündigung der Gesellschafterstellung zu fairen Bedingungen möglich sein.

M 119.29 Hinauskündigungsklausel beim Managermodell

Zum Zwecke der Gewinnung und Unternehmensbindung geeigneter Geschäftsführer können Geschäftsführern Geschäftsanteile mit der Maßgabe übertragen werden, dass diese bei Abberufung gleich aus welchem Grund zurückzuübertragen sind. Die Rückübertragung erfolgt gegen Rückzahlung des Erwerbspreises, bei unentgeltlichem Erwerb unentgeltlich. Hierzu hat der Betroffene entweder die Einziehung zu dulden oder die Abtretung zu erklären. Während seiner Beteiligung hat der Geschäftsführer uneingeschränkte Gesellschafterrechte einschließlich des Gewinnbezugsrechts.

M 119.30 Abtretung mit Rückübertragungsverpflichtung

Der Mehrheitsgesellschafter Herr ... überträgt dem Geschäftsführer Herrn ... hiermit von seinem Geschäftsanteil in Höhe von ... Euro an der ... GmbH mit dem Sitz in ... einen Teilgeschäftsanteil von ... Euro. Die Abtretung nach dieser Maßgabe wird hiermit erklärt und angenommen. Sie erfolgt gegen Zahlung des Nennwerts des Teilgeschäftsanteils. Der Erwerber ist ab ... am Gewinn der Gesellschaft beteiligt. In seiner Eigenschaft als Geschäftsführer wird ihm die Abtretung hiermit angezeigt, er nimmt von ihr Kenntnis.

Die Übertragung erfolgt, um Herrn ... die Stellung eines Gesellschafter-Geschäftsführers zu verschaffen und ihn noch enger als bisher an das Unternehmen zu binden. Herr ... erhält für die Dauer seiner Beteiligung die vollen Gesellschafterrechte einschließlich des Gewinnbezugsrechts. Entsprechend dem Zweck der Beteiligung ist diese mit seiner Stellung als Geschäftsführer verknüpft. Deshalb hat der Erwerber den Geschäftsanteil zurückzugeben, wenn seine Geschäftsführerstellung gleich aus welchem Rechtsgrund endet. Dann ist ihm der Erwerbspreis zinslos zu erstatten, eine weitere Abfindung oder Entschädigung erfolgt nicht.

Zur Sicherung der Rückübertragung wird hiermit der bezeichnete Geschäftsanteil vom Erwerber auf den Veräußerer zurückabgetreten, dies aufschiebend bedingt durch die Abberufung des Erwerbers als Geschäftsführer oder sein sonstiges Ausscheiden. Hilfsweise erteilt der Erwerber dem Veräußerer hiermit unwiderrufliche Vollmacht zur Vornahme aller zur Rückübertragung erforderlichen Rechtsgeschäfte.

XVII. Abfindung ausscheidender Gesellschafter

1. Grundsätze

In allen Fällen des Ausscheidens aus der GmbH – Austritt, Ausschluss, Einziehung, Abtretungsverpflichtung – steht dem ausscheidenden Gesellschafter oder seinen Erben eine Abfindung für den Verlust seines Geschäftsanteils zu. Das GmbH-Gesetz enthält keine Abfindungsregelung. Es ist von § 738 BGB auszugehen, wonach die Gesellschafter verpflichtet sind, dem Ausscheidenden dasjenige zu zahlen, was er bei der Auseinandersetzung erhalten würde, wenn die Gesellschaft zur Zeit seines Ausscheidens aufgelöst worden wäre. Rechtsprechung und Lehre haben hierzu Grundsätze aufgestellt, zunächst den, dass nicht die Gesellschafter, sondern die Gesellschaft die Abfindung schuldet. Der ausscheidende Gesellschafter hat Anspruch auf den Anteil am Verkehrswert des Unternehmens der Gesellschaft, der auf seinen Geschäftsanteil entfällt, wobei der Verkehrswert der **volle wirtschaftliche Wert** ist, der bei einem Verkauf des fortgeführten Unternehmens realisiert würde (BGHZ 116, 359 = GmbHR 1992, 257). 128

Die **Kautelarpraxis** hat sowohl im Recht der Personengesellschaften als auch der GmbH gesellschaftsvertragliche Abfindungsregelungen entwickelt (Überblick bei Leitzen RNotZ 2009, 315). Angestrebt werden dabei einmal der Schutz des Unternehmens vor betriebswirtschaftlich nachteiligem Kapitalabfluss – Erhaltungsinteresse der Gesellschaft –, zum anderen die Erleichterung, Verbilligung und Beschleunigung des Abfindungsverfahrens – Vereinfachungsinteresse der Gesellschaft und des ausscheidenden Gesellschafters –, sowie des Abfindungsinteresses des ausscheidenden Gesellschafters oder seiner Erben an möglichst vollwertiger Abfindung. Die weiteste Verbreitung haben Buchwertklauseln und Klauseln gefunden, die sich auf steuerliche Bewertungsvorschriften beziehen. Beide werden regelmäßig mit Auszahlungsbeschränkungen, zB über die nur zeitlich gestreckte, ratenweise Auszahlung des Abfindungsguthabens verbunden. Derzeit geht der Trend zur Ertragswert- bzw. DCF (Discounted Cash Flow)-Klausel.

2. Buchwertklauseln

Bei der Buchwertklausel erhält der ausscheidende Gesellschafter seinen buchmäßigen Kapitalanteil zuzüglich anteiliger offener Rücklagen und Gewinnvortrag sowie abzüglich eines anteiligen etwaigen Verlustvortrages. Damit ist die **Berücksichtigung aller stillen Reserven und des Firmenwertes ausgeschlossen**. Die Bilanzwerte einschließlich der offenen Rücklagen und aller als Rücklagen ausgewiesenen Posten werden dagegen voll ausgeschöpft. Regelmäßig wird die Bilanz des abgelaufenen Geschäftsjahres für maßgeblich erklärt und weiterhin bestimmt, dass eine nachträgliche Änderung der Bilanz etwa anlässlich einer Betriebsprüfung auf die Abfindung keine Auswirkung haben soll. 129

Mit der Buchwertklausel wird meist die Bestimmung verbunden, dass der ausscheidende Gesellschafter an den schwebenden Geschäften der Gesellschaft entgegen § 740 BGB nicht teilhaben soll.

130 Für den ausscheidenden Gesellschafter oder seine Erben gefährlich ist die Nichtberücksichtigung des Geschäftswerts und der stillen Reserven, die sich umso gravierender auswirken kann, je mehr im Laufe der Zeit diese Wertfaktoren an Gewicht gewinnen. Hier liegt auch ein Schwerpunkt der Rechtsprechung. Im Jahre 1991 hatte der BGH (GmbHR 1992, 257) seine Rechtsprechung zur Buchwertklausel bei Personengesellschaften auf die GmbH ausgedehnt. Für die Personengesellschaft hatte er entschieden (BGH GmbHR 1985, 113; BGH GmbHR 1989, 289), dass die grundsätzlich zulässige Buchwertklausel dann unzulässig werde, wenn wegen eines erheblichen Missverhältnisses zwischen Buchwert und wirklichem Wert, verursacht etwa durch die Bildung stiller Reserven, die sich aus § 723 Abs. 3 BGB ergebende Freiheit des Gesellschafters, sich zu einer Kündigung zu entschließen, unvertretbar eingeengt werde. Dies gelte auch für das Recht des GmbH-Gesellschafters, bei Vorliegen eines wichtigen Grundes aus der GmbH auszutreten. An die Stelle der dadurch unwirksam gewordenen gesellschaftsvertraglichen Abfindungsklausel trete ein Anspruch auf Gewährung einer angemessenen Abfindung. Der Schwachpunkt dieser Rechtsprechung lag darin, dass dogmatisch nicht sauber zu begründen ist, warum eine zunächst wirksame Vertragsklausel durch Entwicklungen im tatsächlichen Bereich unwirksam werden soll.

131 Eine Korrektur erfolgte deshalb im Jahre 1993 in einem Urteil zur Abfindung eines Kommanditisten, das wiederum auf die Abfindung des GmbH-Gesellschafters zu übertragen ist (BGH NJW 1993, 3193 = GmbHR 1993, 505; BGH DStR 2000, 1443). Nach diesem Urteil wird eine Abfindungsklausel, die eine unter dem wirklichen Anteilswert liegende Abfindung vorsieht, dann, wenn wegen der seit dem Vertragsschluss eingetretenen Änderung der Verhältnisse dem Ausscheidenden das Festhalten an der gesellschaftsvertraglichen Regelung auch unter Berücksichtigung der berechtigten Interessen der Mitgesellschafter nicht zugemutet werden kann, nicht unwirksam, sondern lediglich unanwendbar. Bei der Entscheidung hierüber und der Festsetzung der angemessenen Vergütung sind die gesamten Umstände des konkreten Falles in Betracht zu ziehen. Zu ihnen gehören außer dem Verhältnis zwischen Verkehrs- und Abfindungswert die Dauer der Mitgliedschaft des Ausgeschiedenen in der Gesellschaft, sein Anteil am Aufbau und Erfolg des Unternehmens und der Anlass seines Ausscheidens. Damit hat der BGH eine Ausübungskontrolle mit ergänzender Vertragsauslegung an die Stelle der Inhaltskontrolle gesetzt. Der BGH erkennt die Zulässigkeit eines Abschlags zum Unternehmensschutz ausdrücklich an. Bei anpassungsbedürftigen Klauseln soll der Richter den in ihnen zum Ausdruck kommenden Willen der Vertragsparteien, also den Sinn der Regelung „zu Ende denken".

132 Allen Abfindungsklauseln, bei denen die Gefahr des Unzumutbarwerdens besteht, kann man in Umsetzung der Grundsätze der BGH-Entscheidung v. 24.5.1993 die im folgenden Muster formulierte Schiedsgutachterklausel anfügen.

M 119.31 Buchwertklausel mit Schiedsgutachterklausel

Für die beim Ausscheiden eines Gesellschafters zu zahlende Abfindung ist der Buchwert der Beteiligung des ausscheidenden Gesellschafters maßgeblich. Für seine Ermittlung ist der handelsrechtliche Bilanzkurs (eingezahlte Stammeinlage zuzüglich offener Rücklagen, zuzüglich Jahresüberschuss und Gewinnvortrag, abzüglich Jahresfehlbetrag und Verlustvortrag) maßgeblich. Dieser ergibt sich aus der Handelsbilanz zum Ende des Geschäftsjahres, das dem Tag des Ausscheidens vorangeht oder mit diesem zusammenfällt. Ein bis zum Tag des Ausscheidens noch entstandener Gewinn oder Verlust ist nicht zu berücksichtigen. Stille Reserven jeder Art und ein Firmenwert – gleichgültig ob originär oder erworben – bleiben außer Ansatz. Die Bewertungskontinuität zur letzten ordnungsgemäß festgestellten Jahresbilanz ist zu wahren. Eine nachträgliche Änderung der Bilanz etwa anlässlich einer Betriebsprüfung hat auf die Abfindung keine Auswirkungen. Ist der Verkehrswert der Gesellschaft niedriger als der Buchwert, so ist der Verkehrswert maßgeblich. An schwebenden Geschäften nimmt der ausgeschiedene Gesellschafter nicht teil, soweit sie nicht in der maßgeblichen Handelsbilanz ausgewiesen sind.

Der so ermittelte Abfindungsbetrag ist dem ausscheidenden Gesellschafter oder seinen Erben längstens in drei gleichen Halbjahresraten auszuzahlen, die erste Rate ein halbes Jahr nach dem Zeitpunkt des Ausscheidens. Der jeweils ausstehende Betrag ist ab dem Ausscheiden mit jährlich drei Prozent zu verzinsen.

Besteht zum Zeitpunkt des Ausscheidens ein dem ausscheidenden Gesellschafter oder seinen Erben nicht zumutbares Missverhältnis zwischen dem nach obigen Grundsätzen ermittelten Abfindungswert und dem wirklichen Wert der Beteiligung, so kann eine Anpassung durch einen von der Industrie- und Handelskammer am Sitz der Gesellschaft zu bestimmenden Schiedsgutachter verlangt werden. Der Schiedsgutachter entscheidet, ob ein nicht zumutbares Missverhältnis vorliegt. Er hat bei der Anpassung von der obigen Bewertungsmethode auszugehen und deren Ergebnis nach den Grundsätzen von Treu und Glauben unter angemessener Abwägung der Interessen der Gesellschaft und des ausgeschiedenen Gesellschafters sowie unter Berücksichtigung der Einzelumstände den veränderten Verhältnissen seit Vereinbarung der Abfindungsregelung anzupassen.

3. Abfindungsklauseln unter Zugrundelegung von IDW S 1

Das **Institut der Wirtschaftsprüfer IDW** hat in 2000 Grundsätze zur Durchführung von Unternehmensbewertungen aufgestellt (IDW S 1, WPg 2000, 827; Änderung in IDW ES 1, WPg 2005, 28), die die bisherigen Stellungnahmen des Hauptfachausschusses (HFA 2/1983: Grundsätze zur Durchführung von Unternehmensbewertungen, WPg 1983, 468; HFA 6/1997: Besonderheiten der Bewertung kleiner und mittlerer Unternehmen, WPg 1998, 26) ersetzen. Die Aktualisierung hat den Trend verstärkt, für die Unternehmensbewertung im Rahmen von gesellschaftsvertraglichen Abfindungsklauseln von den IDW-Standards auszugehen. Dies hat neben der allgemeinen Akzeptanz dieser Grundsätze den Vorteil, dass in der Person des bewertenden Wirtschaftsprüfers ein Schiedsgutachter iSv. §§ 315 ff. BGB zur Verfügung steht. 133

Nach IDW ES 1 bestimmt sich der Unternehmenswert durch den Barwert der Nettoeinnahmen der Unternehmenseigner. Als Zukunftserfolgswert ergibt er sich aus den finanziellen Überschüssen, die bei Fortführung des Unternehmens und Veräußerung etwaigen nicht betriebsnotwendigen Vermögens erwirtschaftet werden. Der Liquidationswert bildet die Untergrenze dieses **Fortführungswerts**. Dagegen kommt dem Substanzwert keine eigenständige Bedeutung zu. Der Unternehmenswert als Zukunftserfolgswert kann nicht nur nach dem bisher allein maßgeblichen Ertragswertverfahren, sondern auch nach einem Discounted-Cash-Flow-Verfahren (DCF-Verfahren) ermittelt werden.

Der IDW ES 1 legt die Grundsätze der Bewertung fest, ohne Hinweise für die praktische Durchführung oder gar Berechnungsbeispiele zu geben. Die Grundsätze gelten sowohl für das Ertragswert- wie für das DCF-Verfahren. Sie werden erörtert unter den **Stichworten** 134

- Maßgeblichkeit des Bewertungszwecks,
- Bewertung der wirtschaftlichen Unternehmenseinheit,
- Stichtagsprinzip,
- Bewertung künftiger finanzieller Überschüsse,
- gesonderte Bewertung des nicht betriebsnotwendigen Vermögens,
- Unbeachtlichkeit des bilanziellen Vorsichtsprinzips und
- Nachvollziehbarkeit der Bewertungsansätze.

Postulat ist, dass alle zugelassenen Verfahren, also das Ertragswertverfahren und die DCF-Verfahren, zu demselben Unternehmenswert führen.

M 119.32 Abfindung nach IDW-Bewertungsrichtlinien

Kommt beim Ausscheiden eines Gesellschafters eine Einigung über die dem ausscheidenden Gesellschafter oder seinen Rechtsnachfolgern zu zahlende Abfindung nicht zustande, so entscheidet über die Höhe und Zahlungsweise der Abfindung ein Wirtschaftsprüfer oder eine Wirtschaftsprüfungsgesellschaft als Schiedsgutachter. Der Schiedsgutachter wird auf Antrag einer der Parteien von der Wirtschaftsprüfer-Kammer in Berlin bestimmt. Die Anteilsbewertung erfolgt auf der Grundlage einer Unternehmensbewertung nach den dann geltenden Bewertungsgrundsätzen des Instituts der Wirtschaftsprüfer, Düsseldorf, oder seines Nachfolgers. Stehen derartige Bewertungsgrundsätze nicht mehr zur Verfügung, so bestimmt der Schiedsgutachter die Bewertungsmethode. Der Schiedsgutachter bestimmt auch Einzelheiten der Konkretisierung der Bewertungsgrundsätze. Von dem ermittelten Unternehmens- bzw. Anteilswert ist ein Abschlag von 30 vom Hundert zum Unternehmensschutz zu machen. Der Schiedsgutachter kann bestimmen, dass der Abfindungsbetrag in zeitlich gestreckten Teilbeträgen bei angemessener Verzinsung zu zahlen ist. Die Kosten des Schiedsgutachters tragen die Gesellschaft zur einen und der ausscheidende Gesellschafter bzw. seine Rechtsnachfolger zur anderen Hälfte.

4. Abfindungsklauseln unter Verwendung steuerlicher Bewertungsverfahren

a) Grundsätze

135 Abfindungsklauseln unter Verwendung steuerlicher Bewertungsverfahren haben eine lange Tradition. So wurde jahrzehntelang das Verfahren zur Bewertung nicht börsennotierter Anteile an Kapitalgesellschaften mangels Ableitbarkeit aus zeitnahen Veräußerungen, das zunächst in den Vermögensteuerrichtlinien und dann in den Erbschaftsteuerrichtlinien geregelte „Stuttgarter Verfahren", für die Abfindung ausscheidender GmbH-Gesellschafter in Bezug genommen. Es hatte den Vorteil der vorgegebenen Regelung, die dazu strukturell einfach und damit streitvermeidend war. Es stellte gewissermaßen eine Insel im grenzenlosen Meer der verschiedenen Theorien und Praktiken der Unternehmensbewertung dar. Insbesondere bei kleineren Gesellschaften mit wenigen Gesellschaftern und überschaubarem Gesellschaftsvermögen hat sich das Stuttgarter Verfahren grundsätzlich bewährt. Nach seinem Wegfall fragt es sich, ob das vereinfachte Ertragswertverfahren nach §§ 199 ff. BewG an seine Stelle treten kann.

b) Stuttgarter Verfahren

136 Beim Stuttgarter Verfahren handelte es sich um ein Schätzungsverfahren, das die Finanzbehörde gem. § 11 Abs. 2 Satz 2 BewG dann anwendete, wenn der gemeine Wert von nicht notierten Anteilen an Kapitalgesellschaften nicht aus zeitnahen Verkäufen abgeleitet werden konnte. Die Schätzung erfolgte unter Berücksichtigung des Vermögens und der Ertragsaussichten der Gesellschaft. Der Substanzwert wurde mit dem Ertragswert kombiniert nach der Formel, dass der Gemeine Wert 68 % der Summe von Vermögenswert und fünffachem Ertragshundertsatz entspricht.

Der Vermögenswert (Substanzwert) ergab sich nach der letzten Fassung des Verfahrens im Wesentlichen aus den Steuerbilanzwerten unter Ausschluss des Firmenwerts und firmenwertähnlicher Wirtschaftsgüter. Der Ertragshundertsatz ergab sich aus einer Projektion der gewichteten Betriebsergebnisse der vergangenen drei Wirtschaftsjahre auf die folgenden fünf Wirtschaftsjahre. In die Bewertung ging der über eine Verzinsung von 9 % des aufzuwendenden Kapitals hinausgehende Gewinn ein.

Der BFH erkannte das Stuttgarter Verfahren in ständiger Rechtsprechung als sachgerechtes Schätzungsverfahren an (BFH GmbHR 1991, 592). Das bis 1993 jahrzehntelang unveränderte, in den Vermögenssteuerrichtlinien geregelte Stuttgarter Verfahren wurde von der Kautelarpraxis ganz überwiegend als den Vorgaben des Unternehmensschutzes, der angemessenen Abfindung und der Einfachheit entsprechend angesehen. Es stellte nach überwiegender Ansicht die bessere Alternative zum Buchwertverfahren dar.

Zunehmend in die Kritik (beginnend mit Sommer/Klemper DStR 1993, 1409, 1451) geriet das Stuttgarter Verfahren infolge direkter Änderungen oder Änderungen in den ihm zugrunde liegenden gesetzlichen Bewertungsvorschriften seit 1993. Ab 1993 wurde der Einheitswert des Betriebsvermögens, der die Grundlage des Vermögenswertes darstellt, nicht mehr nach Teilwerten, sondern nach Steuerbilanzwerten ermittelt. Damit entfiel der bisherige Ansatz von Restwerten und Anhaltewerten. Bilanzpolitische Gestaltungen wurden möglich. Ab 1997 wurde der Grundbesitz mit dem Ertragswert anstatt mit 280 % des Einheitswerts angesetzt. Ab 1999 wurden die Betriebsergebnisse der letzten drei Geschäftsjahre nicht mehr gleich berücksichtigt, sonder das zweite Geschäftsjahr mit dem Faktor 2, das dritte Geschäftsjahr unmittelbar vor dem Abfindungsfall mit dem Faktor 3. Dies gab der Gesellschaft die Möglichkeit, den Durchschnittsertrag durch Ausnutzung aller Bewertungswahlrechte und Vorziehen von Investitionen und Erhaltungsaufwendungen für das dritte Geschäftsjahr u.U. erheblich zu vermindern und damit eine Verringerung des Abfindungsbetrags herbeizuführen. Ab 1999 fiel der Abschlag vom Durchschnittsertrag von zunächst 30 % und dann 15 % weg.

Damit war das Stuttgarter Verfahren von einem bewährten und grundsätzlich einfachen Verfahren zu einem unsicheren, weil nicht mehr zu prognostizierenden Spielball der Steuergesetzgebung geworden (vgl. die zunehmende Kritik bei Großfeld, Unternehmens- und Anteilsbewertung im Gesellschaftsrecht, 3. Aufl. 1994, 33; Heller GmbHR 1999, 594; Mohr GmbH-StB 1997, 117; Göllert/Ringling DB 1999, 516). Der Empfehlung von Heller (GmbHR 1999, 594/596), Abfindungsklauseln auf der Basis des Stuttgarter Verfahrens nicht mehr zu verwenden, wurde in der Praxis weitgehend gefolgt.

In seiner Grundsatzentscheidung v. 7.11.2006 (BVerfG GmbHR 2007, 320) zur Verfassungswidrigkeit des Erbschaftsteuerrechts hat das BVerfG angesichts der Zufälligkeit und Willkürlichkeit des Stuttgarter Verfahrens berechtigte Zweifel (Hülsmann GmbHR 2007, 290) daran geäußert, ob das Stuttgarter Verfahren den Anforderungen an eine verfassungskonforme Bewertung genügt. In der Erbschaftsteuerreform ist der Stuttgarter Verfahren weggefallen, es wurde durch das Vereinfachte Ertragswertverfahren ersetzt.

c) Vereinfachtes Ertragswertverfahren

Das vereinfachte Ertragswertverfahren nach §§ 199 ff. BewG soll die Möglichkeit bieten, ohne hohen Ermittlungsaufwand oder Kosten für einen Gutachter einen objektivierten Unternehmens- bzw. Anteilswert auf der Grundlage der Ertragsaussichten nach § 11 Abs. 2 Satz 2 BewG zu ermitteln (so der Bericht des Finanzausschusses, BT-Drucks, 16/11107, 26; informative Zuordnung des Berichts zum Gesetzeswortlaut bei Pauli/Massbaum, Erbschaftsteuerreform 2009, S. 176 ff.; eingehende Darstellung der gesetzlichen Regelung mit Nachweisen bei Hörn in Fischer/Jüptner/Pahlke, Erbschaft- und Schenkungsteuergesetz, 2. Aufl. 2010, § 12 ErbStG Rz. 320 ff.). 137

Ziel des Verfahrens ist es, den Ertragswert zu ermitteln, also den Wert, der sich unter Berücksichtigung der Ertragsaussichten der Gesellschaft ergibt. Auf den Ertragswert des Unternehmens ist deshalb abzustellen, weil er für den erzielbaren Kaufpreis und damit den Verkehrswert von zentraler Bedeutung ist (Meincke, Erbschaftssteuergesetz, 15. Aufl. 2009, § 12 ErbStG Rz. 80). Ein Käufer erwartet bei der Kaufpreisbemessung eine angemessene Rendite für seine Investition. Er zahlt den Preis, der ihm über den Jahresertrag des Unternehmens eine angemessene Rendite verschaffen kann. Daher ist für ihn der nachhaltig erzielbare Ertrag der bestimmende Faktor für die Kaufpreisbemessung.

Das vereinfachte Ertragswertverfahren nach §§ 200 bis 203 BewG lässt sich in **vier Schritte** gliedern (Meincke, 15. Aufl. 2009, § 12 ErbStG Rz. 82): 138

- Ausgliederung des nicht betriebsnotwendigen Vermögens aus dem Betriebsvermögen,
- Ermittlung des zukünftig nachhaltig zu erzielenden Jahresertrags des um die neutralen Wirtschaftsgüter bereinigten Betriebsvermögens,
- Heranziehung eines Kapitalisierungsfaktors, um durch Anwendung dieses Faktors auf den nachhaltig zu erzielenden Jahresertrag den Ertragswert des bereinigten Betriebsvermögens zu gewinnen,
- Hinzurechnung des gemeinen Werts der im ersten Schritt ausgesonderten Wirtschaftsgüter zu diesem Ertragswert.

Die Schritte 1 und 4 sind der praktische Ausnahmefall. Nicht betriebsnotwendiges Vermögen, etwa ein Mietwohnungsgrundstück bei einem Produktionsunternehmen, kommt bei normalen GmbH, deren haftendes Betriebsvermögen möglichst klein gehalten wird, selten vor. Dies gilt auch für die von § 200 Abs. 3 BewG angeordnete Herausnahme von Beteiligungen an anderen Gesellschaften und für die einem Missbrauch vorbeugende Vorschrift des § 200 Abs. 4 BewG, die die Herausnahme von Wirtschaftsgütern anordnet, die innerhalb von zwei Jahren vor dem Bewertungsstichtag eingelegt wurden.

So konzentriert sich im Normalfall das Verfahren auf die Schritte zwei und drei. Der nachhaltig zu erzielende Jahresertrag, der die Grundlage der Bewertung bildet, ist nach den Vorgaben der §§ 201, 202 BewG zu ermitteln. Hierfür bietet der in der Vergangenheit tatsächlich erzielte Durchschnittsertrag eine Beurteilungsgrundlage. Der Durchschnittsertrag ist regelmäßig aus den Betriebsergebnissen der letzten drei vor dem Bewertungsstichtag abgelaufenen Wirtschaftsjahre herzuleiten. Die Summe der Betriebsergebnisse ist durch drei zu dividieren und ergibt den Durchschnittsertrag. Das Ergebnis stellt den Jahresertrag dar.

139 Die **Unsicherheiten der Ertragsentwicklung** berücksichtigt das Gesetz unter drei Aspekten (Meincke § 12 ErbStG Rz. 86). Es erlaubt, an Stelle des letzten abgelaufenen Wirtschaftsjahrs das Betriebsergebnis des am Bewertungsstichtag noch nicht abgelaufenen Wirtschaftsjahrs zu berücksichtigen, wenn dies aussagekräftiger ist. Es erlaubt ferner, für die Ermittlung des Durchschnittsertrags von einem verkürzten Ermittlungszeitraum auszugehen, wenn sich im Dreijahreszeitraum der Charakter des Unternehmens nachhaltig verändert hat oder wenn das Unternehmen in diesem Zeitraum neu entstanden ist. Es erlaubt schließlich, bei Unternehmen, deren Rechtsform geändert wurde und bei denen zu Ermittlung des Durchschnittsertrags von früheren Betriebsergebnissen auszugehen ist, diese früheren Betriebsergebnisse entsprechend zu korrigieren, soweit sich die Änderung der Rechtsform auf den Jahresertrag ausgewirkt hat.

140 **Ausgangswert** zur Ermittlung des Betriebsergebnisses ist nach § 202 Abs. 1 Satz 1 BewG der Gewinn iSv. § 4 Abs. 1 Satz 1 EStG. Dieser Ausgangswert ist durch Hinzurechnungen und Abzüge zu korrigieren, die in § 202 Abs. 1 Satz 2 BewG im Einzelnen aufgeführt sind. Zur Abgeltung des Ertragsteueraufwands (Körperschaftsteuer, Zuschlagsteuern, Gewerbesteuer) ist nach § 202 Abs. 3 BewG ein positives Betriebsergebnis pauschal um 30 % zu mindern.

Der im dritten Schritt anzuwendende **Kapitalisierungsfaktor**, mit dem der Durchschnittsertrag multipliziert wird, um den Ertragswert des Unternehmens zu gewinnen, setzt sich nach § 203 BewG aus zwei Komponenten zusammen:

- einem variablen Basiszinssatz und
- einem pauschalen Zuschlag von 4,5 %.

Der **Basiszinssatz** ist nach § 203 Abs. 2 BewG aus der langfristig erzielbaren Rendite öffentlicher Anleihen abzuleiten. Dabei ist auf dem Zinssatz abzustellen, den die Deutsche Bundesbank anhand der Strukturdaten jeweils auf den ersten Börsentag des Jahres errechnet. Dieser Zinssatz ist für alle Wertermittlungen auf Bewertungsstichtage in diesem Jahr anzuwenden. Das Bundesministerium der Finanzen veröffentlicht den maßgebenden Zinssatz im BStBl. Der Kapitalisierungsfaktor ist nach § 203 Abs. 3 BewG der Kehrwert des Kapitalisierungszinssatzes. (Berechnungsbeispiel für eine Bewertung im vereinfachten Ertragswertverfahren bei Hörn in Fischer/Jüptner/Pahlke, Erbschaft- und Schenkungsteuergesetz, Kommentar, 2009, § 12 ErbStG Rz. 377).

141 Angesichts der denkbaren Varianten und Korrekturen erscheint die Anwendung des vereinfachten Ertragswertverfahrens entgegen der Prämisse des Gesetzgebers nicht so einfach wie gewünscht. Hinzu kommt die allgemeine Vorgabe des § 199 Abs. 1 BewG, dass die Anwendung des Verfahrens insgesamt ausgeschlossen ist, wenn sie zu offensichtlich **unzutreffenden Ergebnissen** führt. Da Einigkeit darüber besteht, dass das neue Bewertungsrecht gegenüber dem Stuttgarter Verfahren in aller Regel zu höheren Anteilsbewertungen führen wird, was nach den Vorgaben des BVerfG ja auch gewollt ist, wird man um einen Abschlag zum Unternehmensschutz und um Zahlungserleichterungen nicht herumkommen. Dies legt insgesamt die Einschaltung eines Schiedsgutachters nahe (so auch Leitzen RNotZ 2009, 320). Sie entwertet den Vereinfachungseffekt, der für die steuerbezogene Klausel in Vergleich zur allgemeinen Ertragswertklausel streiten würde.

M 119.33 Steuerbezogene Abfindungsklausel

Der für die Abfindung ausscheidender Gesellschafter maßgebliche Wert des Unternehmens ist durch Anwendung des Vereinfachten Ertragswertverfahrens nach §§ 199 ff. BewG zu ermitteln.

Jede Partei kann verlangen, dass die zuständige Industrie- und Handelskammer ergänzend einen Schiedsgutachter bestimmt. Der Schiedsgutachter entscheidet über Meinungsverschiedenheiten im Zusammenhang mit der Anwendung des Vereinfachten Ertragswertverfahrens, insbesondere hinsichtlich

- *der Unzulässigkeit des Verfahrens wegen offensichtlich unzutreffenden Ergebnisses nach § 199 Abs. 1 und 2 BewG,*
- *der Einzelbewertung betriebsneutraler Wirtschaftsgüter nach § 200 Abs. 2 BewG,*
- *der Einzelbewertung von Beteiligungen nach § 200 Abs. 3 BewG,*
- *der Einzelbewertung neu eingelegter Wirtschaftsgüter nach § 200 Abs. 4 BewG,*
- *der Ermittlung des Jahresertrags nach § 201 BewG,*
- *der Ermittlung des Betriebsergebnisses nach § 202 BewG und*
- *der Ersetzung des Vereinfachten Ertragswertverfahrens nach dessen Änderung oder Wegfall durch eine andere Bewertungsmethode.*

Von dem ermittelten Unternehmens- bzw. Anteilswert ist ein Abschlag von 30 vom Hundert zum Unternehmensschutz zu machen.

Der Schiedsgutachter kann bestimmen, dass der Abfindungsbetrag in zeitlich gestreckten Teilbeträgen bei angemessener Verzinsung zu zahlen ist.

Die Kosten des Schiedsgutachters tragen die Gesellschaft zur einen und der ausscheidende Gesellschafter bzw. seine Rechtsnachfolger zur anderen Hälfte.

5. Steuerfolgen von Abfindungsbeschränkungen

142 Nach der Erbschaftsteuerreform werden Gesellschaftsanteile höher als nach bisheriger Rechtslage mit dem Verkehrswert bewertet. Ist nach dem Gesellschaftsvertrag der Abfindungswert beim Ausscheiden eines Gesellschafters geringer als der Verkehrswert, so ist die Differenz zwischen steuerlichem Unternehmenswert und Abfindungswert schenkungsteuerpflichtig (§ 3 Abs. 1 Nr. 2 und § 7 Abs. 7 ErbStG). Die Anhebung der steuerlichen Unternehmenswerte führt also bei Personen- und Kapitalgesellschaften auf Seiten der übernehmenden Gesellschafter oder auf Seiten der Gesellschaft zu steuerpflichtigen Erwerbstatbeständen, wenn eine Abfindung unter dem Verkehrswert gezahlt wird. Diese steuerlichen Auswirkungen können entfallen, wenn die Vergünstigungen für Unternehmensvermögen beansprucht werden können (dazu Milatz/Kämper, GmbHR 2009, 470; Hübner/Maurer ZEV 2009, 316, 428; Riedel ZErb 2009, 2).

XVIII. Fakultativer Aufsichtsrat/Beirat

143 In Anlehnung an das Recht der Aktiengesellschaft (§§ 95 f. AktG) kann auch bei der GmbH ein Beirat oder fakultativer Aufsichtsrat eingerichtet werden. Neben seiner Aufsichtsfunktion kann er insbesondere bei **Familiengesellschaften** zum Ausgleich zwischen verschieden gerichteten Interessen etwa einzelner Familienstämme beitragen und der Gesellschaft bei Pattsituationen den Rat und die Entscheidungsbefugnis Außenstehender sichern (vgl. Robertz MittRhNot 1991, 239; Buth/Hermanns DStR 1996, 597; Ruter/Thümmel 1994; Mohr GmbH-StB 2001, 86, 89; Dahlbender GmbH-StB 2008, 21).

Der organschaftliche freiwillige Aufsichtsrat oder Beirat ist in der Satzung zu verankern. Er kann mit **Kompetenzen** ausgestattet werden, die die entsprechenden Kompetenzen der Gesellschafterversammlung verdrängen. Hierzu gehören die Überwachung der Geschäftsführung, die Feststellung des Jahresabschlusses, die Entscheidung über die Ergebnisverwendung und die Hoheit über Personalentscheidungen. Die Grundlagenentscheidungen müssen aber der Gesellschafterversammlung verbleiben (Müller/Wolff GmbHR 2003, 310 mwN). So muss die Gesellschafterversammlung die **Rückfallkompetenz** in dem Sinne behalten, dass sie die Kompetenzen des Aufsichtsrats/Beirats wieder beschneiden oder den Aufsichtsrat/Beirat aufheben kann. Zum unveräußerlichen Kernbereich der Verbandssouveränität, der nicht auf Aufsichtsräte/Beiräte verlagert werden kann, gehören weiter die Befugnis zur Satzungsänderung, zur Auflösung, zur Umwandlung und zum Abschluss strukturverändernder Unternehmensverträge.

144 ➲ **Praxistipp:** Für den fakultativen organschaftlichen Aufsichtsrat/Beirat verweist § 52 GmbHG auf aktienrechtliche Vorschriften, denen aber die Bestimmungen des Gesellschaftsvertrages vorgehen. Es empfiehlt sich, eine möglichst vollständige Regelung in die Satzung aufzunehmen.

144a Die Satzung sollte mindestens bestimmen

- die Zahl der Aufsichtsräte,
- die Bestellung der Aufsichtsräte zB durch die Gesellschafterversammlung oder Gesellschaftergruppen (ZB Familienstämme, Entsendungsrechte Dritter sind möglich, vgl. Lutter in Lutter/Hommelhoff § 52 GmbHG Rz. 6)
- die Amtszeit der Aufsichtsratsmitglieder,
- die Sachkompetenzen des Aufsichtsrats,
- die Geschäftsordnung des Aufsichtsrat,
- die Vergütung der Aufsichtsräte.

M 119.34 Fakultativer Aufsichtsrat

Die Gesellschaft hat einen aus drei Mitgliedern bestehenden Aufsichtsrat. Jeder Familienstamm entsendet einen Aufsichtsrat, wobei innerhalb jedes der beiden Familienstämme über die Entsendung mehrheitlich nach Köpfen abgestimmt wird. Die beiden entsendeten Aufsichtsräte einigen sich auf die Person des dritten Aufsichtsrats. Kommt eine Einigung nicht zustande, so bestimmt die zuständige Industrie- und Handelskammer die Person des dritten Aufsichtsrats.

Der Aufsichtsrat bestellt und überwacht die Geschäftsführer, beruft sie ab und schließt ihre Anstellungsverträge ab. Er kann eine Geschäftsordnung für die Geschäftsführer festlegen und den Geschäftsführern Weisungen erteilen.

Vorsitzender des Aufsichtsrats ist der von den entsendeten Aufsichtsräten oder der IHK bestellte dritte Aufsichtsrat. Jedes Mitglied des Aufsichtsrats kann die Einberufung von Sitzungen durch den Vorsitzenden verlangen. Jährlich finden mindestens zwei Sitzungen statt. Über die Sitzungen errichtet der Vorsitzende ein Protokoll.

Die Mitglieder des Aufsichtsrats werden auf fünf Jahre bestellt. Wiederbestellung ist zulässig. Jedes Aufsichtsratsmitglied hat Anspruch auf eine angemessene Vergütung und Auslagenersatz, die von der jährlichen Gesellschafterversammlung, die über die Ergebnisverwendung beschließt, festgesetzt werden.

XIX. Schiedgerichtsklauseln

1. Grundsätzliche Zulässigkeit

145 Eine Schiedsvereinbarung iSv. §§ 1025 ff. ZPO kann als Schiedsgerichtsklausel Gegenstand der GmbH-Satzung sein. Die notarielle Beurkundung erfüllt die Schriftform nach § 1031 Abs. 1, 1. Alt. ZPO, eine besondere Urkunde außerhalb der Satzung ist nicht erforderlich.

146 Kernproblem des Schiedsgerichtsverfahrens ist die unverzichtbare **Rechtskrafterstreckung** der Entscheidung auf alle Gesellschafter, die Gesellschaftsorgane mitsamt ihren Mitgliedern und die Ge-

sellschaft, die sich bei einem Beschlussmängelstreit aus der entsprechenden Anwendung der §§ 248 Abs. 1 Satz 1, 249 Abs. 1 AktG ergibt (Bayer in Lutter/Hommelhoff Anh. zu § 47 GmbHG Rz. 78).

In seiner Leitentscheidung v. 17.6.1952 (BGHZ 6, 248) hat der BGH klargestellt, dass alle körperschaftlichen Streitigkeiten unabhängig davon, ob sie verfahrensrechtlich der streitigen oder der freiwilligen Gerichtsbarkeit zugewiesen sind, schiedsgerichtsfähig sind. Hierzu gehören nach einer Entscheidung des OLG Hamm (v. 7.3.2000 – 15 W 355/99, GmbHR 2000, 676 m. Anm. Emde) auch Streitigkeiten über die konkrete Umsetzung und Durchsetzung zwingender Rechte wie im entschiedenen Fall des Auskunfts- und Einsichtsrechts eines Gesellschafters nach §§ 51a, b GmbHG. Der BGH (GmbHR 2004, 1214) hat Rechtsstreitigkeiten über die Kapitalaufbringung als schiedsfähig angesehen, auch soweit es um vermögensrechtliche Ansprüche der Gesellschaft gegen einen Gesellschafter geht.

2. Zulässigkeit auch für Beschlussmängelstreitigkeiten?

Streitig ist die Schiedsfähigkeit von Beschlussmängelstreitigkeiten, also die Vermeidbarkeit von Anfechtungsklagen durch Schiedsklauseln. Der BGH hat mit Entscheidung v. 29.3.1996 (II ZR 124/95, GmbHR 1996, 437; vgl. auch OLG Düsseldorf GmbHR 2004, 572 mit Anm. Römermann) die Schiedsfähigkeit der Anfechtung von Gesellschafterbeschlüssen abgelehnt. Er begründete dies mit der aus der gebotenen entsprechenden Anwendung von §§ 248 Abs. 1 Satz 1, 249 Abs. 1 Satz 1 AktG folgenden Rechtskrafterstreckung auf alle Gesellschafter. Sie setze voraus, dass alle Gesellschafter im Schiedsgerichtsverfahren mitwirkungs- und hinsichtlich der Schiedsrichter auswahlbefugt seien, was sich nicht verwirklichen lasse. 147

Bayer (in Lutter/Hommelhoff Anh. zu § 47 GmbHG Rz. 78 ff.) ist der Ansicht, diese vom BGH „nach dem gegenwärtigen Rechtszustand“ getroffene Entscheidung aus 1996 sei nach Inkrafttreten des Schiedsverfahrens-Neuregelungsgesetz v. 22.12.1997 (BGBl. I 1997, 3224) weiterzudenken. Der Gesetzgeber habe den Regelungsappell des BGH nicht aufgegriffen, sondern es der Literatur überlassen, im Anschluss an die Rechtsprechung für die schiedsgerichtliche Behandlung von Beschlussmängelstreitigkeiten Lösungen für die rechtsgestaltende Praxis zu entwickeln (Bericht Rechtsausschuss BT-Drucks. 13/9124, 44). Die Literatur steht der Zulässigkeit von problemgerecht gestalteten Schiedsgerichtsklauseln auch für Beschlussmängelstreitigkeiten zunehmend befürwortend gegenüber (Lenz GmbHR 2000, 552; Karsten Schmidt BB 2001, 1859; Reichert in FS Ulmer, 2003, S. 511; Schneider GmbHR 2005, 86). In Umsetzung der Vorgaben von Bayer (in Lutter/Hommelhoff Anh. zu § 47 GmbHG Rz. 79–82) kann eine Schiedsgerichtsklausel für Beschlussmängelstreitigkeiten wie im folgenden Formulierungsvorschlag abgefasst werden.

M 119.35 Schiedsgerichtsklausel

(1) Über alle Streitigkeiten zwischen der Gesellschaft und den Gesellschaftern oder zwischen den Gesellschaftern aus dem Gesellschafterverhältnis entscheidet unter Ausschluss des ordentlichen Rechtsweges ein Schiedsgericht.

(2) Dieses besteht aus zwei Schiedsrichtern und einem Obmann. Jede Partei benennt einen Schiedsrichter. Diese benennen einen Obmann, der die Befähigung zum Richteramt haben muss. Erfolgt die Benennung jeweils innerhalb von vier Wochen nicht, so nimmt sie die Industrie- und Handelskammer des Sitzes der Gesellschaft vor.

(3) Das Schiedsgericht bestimmt sein Verfahren selbst. Es kann Beweise erheben. Der Schiedsspruch ist schriftlich abzusetzen. Für Zustellung und Niederlegung gelten die Vorschriften der ZPO, die auch im Übrigen anzuwenden sind.

(4) Auch die Entscheidung in einem Beschlussmängelstreit zwischen einem einen Gesellschafterbeschluss anfechtenden Gesellschafter und der Gesellschaft erfolgt unter Ausschluss ordentlichen Rechtswegs durch das Schiedsgericht. Sein Schiedsspruch wirkt entsprechend §§ 248 Abs. 1, 249 Abs. 1 AktG gegenüber allen an der Gesellschaft beteiligten Gesellschaftern, Organen, Organmitgliedern und der Gesellschaft.

(5) Für die Benennung und das Verfahren des Schiedsgerichts gelten bei Beschlussmängelstreit die folgenden besonderen Regelungen:

a) Die Anfechtung des Beschlusses ist gegenüber der Gesellschaft schriftlich zu erklären. Die Gesellschaft hat binnen zwei Wochen nach Erhalt die Anfechtungsschrift den übrigen Gesellschaftern und sonstigen Organmitgliedern in Abschrift durch eingeschriebenen Brief mit der Aufforderung zuzuleiten, binnen zwei Wochen nach Erhalt der Gesellschaft schriftlich mitzuteilen, ob und auf welcher Seite sie sich am Schiedsgerichtsverfahren beteiligen wollen.

b) Die Gesellschaft hat binnen zwei Wochen nach Ablauf der Anmeldungsfrist allen nach Anmeldung Verfahrensbeteiligten den Kreis der Verfahrensbeteiligten mit der Aufforderung mitzuteilen, dass jede Seite einen Schiedsrichter benennt. Die Benennung des Schiedsrichters der Gesellschaft erfolgt durch die Personen, die sich für die Gesellschaft angemeldet haben. Kommt ein einstimmiger Beschluss nicht zustande oder haben sich keine Gesellschafter angemeldet, so benennt der Präsident des Oberlandesgerichts den Schiedsrichter. Die Benennung des Schiedsrichters der Anfechtenden erfolgt durch diese und die Personen, die sich auf Seiten der Anfechtenden angemeldet haben. Kommt ein einstimmiger Beschluss nicht zustande, benennt der Präsident des Oberlandesgerichts den Schiedsrichter.

c) Den Termin für die erste Verhandlung des Schiedsgerichts hat die Gesellschaft allen Gesellschaftern und Organmitgliedern mindestens zwei Wochen zuvor mitzuteilen. Alle Gesellschafter und Organmitglieder sind befugt, dem Schiedsgerichtsverfahren als Nebenintervenient iSv. § 69 ZPO beizutreten. Hierauf hat die Gesellschaft in der Mitteilung hinzuweisen.

XX. Konfliktlösungsmechanismen

1. Mediationsklauseln

148 Die Möglichkeiten der Konfliktlösung durch Mediation bei Gesellschafterstreitigkeiten sind Gegenstand neuerer Untersuchungen (Dendorfer/Krebs MittBayNot 2008, 85 mwN) und der Wirtschaftsmediation als Teildisziplin der Mediationslehre. Die personalistische GmbH mit ihrem begrenzten, durch persönliches Zusammenwirken gekennzeichneten Gesellschafterkreis eignet sich besonders für dieses Verfahren, das auf Freiwilligkeit und Selbstverantwortlichkeit der Beteiligten beruht und durch die Hilfestellung eines neutralen Mediators gekennzeichnet ist. Diese Hilfestellung bezieht sich auf die Herausarbeitung der Sachprobleme, die Information über die denkbaren Lösungsmöglichkeiten und ihre rechtlichen Rahmenbedingungen, die Entscheidung für eine sachgerechte Lösung und schließlich deren regelmäßig schriftliche Ausarbeitung. Dabei hat sich die Auffassung von Inhalt und Grenzen der Einflussnahme des Mediators gewandelt. Während man zunächst dem Mediator nur eine passive Rolle zubilligte (Dendorfer/Krebs MittBayNot 2008, 85 mwN), sieht man ihn jetzt als aktiven Mitwirkenden an (Modell der aktiven Mediation, vgl. Dörrenbächer in Haft/von Schlieffen, Handbuch Mediation, 2. Aufl. 2009, § 15 Rz. 104 ff.), der Mitverantwortung für das Mediationsergebnis hat, inhaltliche Vorschläge in das Verfahren einbringt, Machtungleichgewichte zwischen den Beteiligten ausgleicht und das Verfahren steuert.

Die Mediation kann bei sämtlichen denkbaren Streitigkeiten der Gesellschafter untereinander oder eines Gesellschafters mit der Gesellschaft nützlich sein. Praktische Schwerpunkte von der Mediation zugänglichen Konflikten sind die Fälle des Ausscheidens von Gesellschaftern einschließlich der Abfindung, Streitigkeiten aus Gesellschafter-Geschäftsführerverträgen und Beschlussmängelstreitigkeiten.

149 **Regelungsschwerpunkte** von Mediationsklauseln sind die Bestimmung des Mediators, die Bestimmung des von Mediatoren anzuwendenden Verfahrens, das Festhalten des Mediationsergebnisses, die Regelung der Kostenfolgen und die Regelung des Verhältnisses des Mediationsverfahrens zu den allgemeinen Rechtsmitteln. Der nachfolgende Formulierungsvorschlag delegiert die Bestellung des Mediators im Streitfall auf die Industrie und Handelskammer, überlässt dem Mediator die Bestimmung seines Verfahrens, schreibt die privatschriftliche oder notariell beurkundete Ergebnisvereinbarung vor und enthält einen Prozessvertrag mit dilatorischem Klageverzicht (BGH NJW-RR 1989, 1084) mit Ausnahme der Wahrung von Ausschlussfristen sowie die Vereinbarung einer Verjährungshemmung bei Beschlussmängelstreitigkeiten.

M 119.36 Mediationsklausel

Zur gütlichen Beilegung von Streitigkeiten aus diesen Gesellschaftsvertrag ist zunächst ein Mediationsverfahren durchzuführen, wenn dies ein Beteiligter beantragt. Wenn sich die Beteiligten nicht auf einen Mediator, der in der Wirtschaftsmediation erfahren sein soll, einigen, nimmt die für die Gesellschaft zuständige Industrie- und Handelskammer die Bestimmung vor.

Der Mediator bestimmt das Verfahren selbst. Ziel des Verfahrens ist eine rechtlich zulässige und umsetzbare Vereinbarung über die Beilegung aller Streitpunkte und die Kostentragung. Mit ihrer schriftlichen Niederlegung oder bei Formbedürftigkeit mit ihrer notariellen Beurkundung endet das Verfahren. Es endet auch, wenn der Mediator schriftlich das Scheitern des Verfahrens erklärt. In diesem Fall entscheidet der Mediator als Schiedsgutachter über die Kostentragung.

Der ordentliche Rechtsweg ist für die Dauer der Mediation ausgeschlossen. Eine Klage zur Wahrung von Ausschlussfristen ist zulässig, wenn ein Antrag auf Ruhen des Verfahrens bis zum Ende des Mediationsverfahrens gestellt wird. Zulässig sind weiterhin Maßnahmen des einstweiligen Rechtsschutzes. Bei Streitigkeiten über die Wirksamkeit von Gesellschafterbeschlüssen wird durch den Antrag eines Beteiligten auf Durchführung des Mediationsverfahrens die Anfechtungsfrist gehemmt.

2. Texan-Shoot-Out, Russian Roulette

Als Auflösungsverfahren für die zweigliedrige paritätische GmbH insbesondere im Rahmen von 150 Joint Ventures wird in der einschlägigen Literatur (Ley/Schulte, Joint-Venture-Gesellschaften, 2003, Rz. 785 ff.; Überblick bei Wälzholz GmbH-StB 2007, 84) das Texan-Shoot-Out (auch als „Shotgun-Klausel" oder „Russian Roulette" bezeichnet, vgl. Schulte/Sieger NZG 2005, 24) diskutiert. Wenn eine weitere Zusammenarbeit nicht mehr möglich ist, steht jedem Gesellschafter die Möglichkeit zu, dem anderen Gesellschafter ein Kaufangebot zu einem von ihm bestimmten Kaufpreis zu unterbreiten. Der Inhalt des Kaufvertrags wird bis auf den Kaufpreis bei Vereinbarung der Klausel festgelegt. Dies kann so geschehen, dass die Klausel Satzungsbestandteil ist, während der Kaufvertrag als Anlage zur notariellen Gründungs- oder Satzungsänderungsurkunde genommen wird (Checklisten bei Wälzholz GmbH-StB 2007, 87). Nach Empfang der notariell beurkundeten Angebotsurkunde kann der Angebotsempfänger entscheiden, ob er die Beteiligung des Anbietenden kauft oder vom Anbietenden verlangt, dass dieser die Beteiligung des Angebotsempfängers zu demselben Kaufpreis erwirbt. Der den Preis festlegende, das Verfahren einleitende Gesellschafter ist wegen des Wahlrechts des anderen Gesellschafters gezwungen, einen möglichst marktgerechten und realistischen Preis zu bestimmen (Weitnauer NZG 2001, 1065, 1072; Werner GmbHR 2005, 1554, 1557). Die Anerkennung und Wirksamkeit dieses Verfahrens wird teilweise als noch ungeklärt angesehen (Schulte/Sieger NZG 2005, 24, 27; für die Zulässigkeit mit überzeugenden Argumenten Wälzholz GmbH-StB 2007, 84, 88), Rechtsprechung gibt es noch nicht.

M 119.37 Texan-Shoot-Out

Jeder Gesellschafter kann jederzeit vom anderen Gesellschafter verlangen, dass dieser nach seiner Wahl die Beteiligung des anbietenden Gesellschafters zu einem von diesem bestimmten Kaufpreis erwirbt oder seine eigene Beteiligung dem anbietenden Gesellschafter zu diesem Preis verkauft.

Erklärt sich der Angebotsempfänger innerhalb von sechs Wochen nach Zugang des Angebots nicht, so kann der Anbietende bestimmen, wer die Beteiligung des anderen zum angebotenen Preis erwirbt. Der Kaufvertrag kommt dann durch diese Bestimmung zustande.

Der Inhalt des Kaufvertrages ergibt sich aus der verlesenen Anlage zu dieser Urkunde, auf die verwiesen wird. Der Kaufpreis ist für je 1 Euro eines Geschäftsanteils zu bestimmen.

Alle oben bezeichneten Erklärungen bedürfen jeweils der notariellen Beurkundung. Alle Kosten trägt der Erwerber der Beteiligung.

3. Mitveräußerungsklauseln (Tag-Along, Drag-Along)

151 Vor allem bei Joint-Venture-Gesellschaften (Otto GmbHR 1996, 16) sind Klauseln üblich, die einen Minderheitsgesellschafter zur Mitveräußerung seiner Beteiligung zwingen bzw. ihn berechtigen, den Miterwerb seiner Beteiligung zu verlangen. Das Mitnahmerecht (Drag-Along-Option) gibt dem Mehrheitsgesellschafter die Möglichkeit, vom Minderheitsgesellschafter den Verkauf seiner Anteile zu denselben Bedingungen, wie er sie für den Verkauf seiner Anteile ausgehandelt hat, zu verlangen. Das Mitgehrecht (Tag-Along-Option) gibt dem Minderheitsgesellschafter das Recht, vom Mehrheitsgesellschafter zu verlangen, dass seine Anteile zu den Bedingungen mitveräußert werden, die der Mehrheitsgesellschafter für seine Beteiligung ausgehandelt hat.

4. Auktionsverfahren

152 Ein **Auflösungsmechanismus bei Mehrpersonen-Gesellschaften** besteht darin, dass jedem Gesellschafter im Gesellschaftsvertrag das Recht eingeräumt wird, die Durchführung eines Meistbietendenverfahrens zu verlangen. Im Rahmen dieses Verfahrens ist jeder Gesellschafter verpflichtet, innerhalb einer bestimmten Frist den anderen Gesellschaftern entsprechend einem der Satzung als Anlage beigefügten Kaufvertragstext einmal den Ankauf aller anderen Geschäftsanteile und alternativ den Verkauf des eigenen Geschäftsanteils anzubieten. Die Angebote sind bei einem neutralen Dritten einzureichen, der sie jeweils für alle Beteiligten entgegennimmt. Der Preis für den Ankauf und den Verkauf muss identisch sein. Derjenige Gesellschafter, der den höchsten Preis bietet und verlangt, darf und muss zu diesem Preis den anderen Mitgesellschaftern sämtliche Geschäftsanteile abkaufen. Alle Mitgesellschafter sind verpflichtet, zu diesem Preis an dem Meistbietenden zu verkaufen.

XXI. Bekanntmachungen

153 Das Gesetz schreibt Bekanntmachungen vor für die Rückzahlung von Nachschüssen (§ 30 Abs. 2 GmbHG), die Kapitalherabsetzung (§ 58 Abs. 1 Nr. 1 GmbHG) und die Auflösung (§ 65 Abs. 2 Satz 1 GmbHG). Die satzungsmäßige Festlegung eines Veröffentlichungsorgans, regelmäßig des Bundesanzeigers, ist üblich. Weitere Veröffentlichungsorgane verursachen zusätzliche Kosten. Auch nach der Umstellung des Bundesanzeigers von der Papierform auf die elektronische Form ist die Satzungsklausel „*Veröffentlichungen der Gesellschaft erfolgen im Bundesanzeiger*" nicht überholt, da es bei ihr auf die Bestimmung des Bundesanzeigers als solchen ankommt und die Form des Bundesanzeigers unerheblich ist. Mit Wirkung zum 1.4.2012 wurde der „elektronische" Bundesanzeiger in „Bundesanzeiger" umbenannt, nachdem die Printversion eingestellt wurde.

153a ➲ **Hinweis:** Die Änderung von Altsatzungen ist nicht erforderlich. Bei Neusatzungen sollte der Zusatz „elektronischer" Bundesanzeiger nicht mehr gewählt werden, kann es aber.

M 119.38 Vertrag der Mehrpersonen-GmbH

Gesellschaftsvertrag der Mehrpersonen-GmbH

§ 1 Firma und Sitz

(1) Die Firma der Gesellschaft lautet . . .

(2) Sitz der Gesellschaft ist . . .

§ 2 Gegenstand des Unternehmens

Gegenstand des Unternehmens ist . . .

§ 3 Stammkapital, Geschäftsanteile

(1) Das Stammkapital der Gesellschaft beträgt . . . Euro (in Worten: . . . Euro).

(2) Hiervon übernimmt der Gesellschafter ... einen Geschäftsanteil mit einem Nennbetrag in Hohe von ... Euro (in Worten: ... Euro), der Gesellschafter ... einen Geschäftsanteil mit einem Nennbetrag in Höhe von ... Euro (in Worten: ... Euro).

(3) Die Einlagen auf die Geschäftsanteile sind in Geld zu erbringen. Sie sind sofort voll einzuzahlen.

§ 4 Geschäftsjahr

Das Geschäftsjahr läuft vom 1. Januar bis 31. Dezember eines jeden Jahres. Das erste Geschäftsjahr beginnt mit der Eintragung der Gesellschaft und endet am 31. Dezember dieses Jahres.

§ 5 Geschäftsführung, Vertretung

(1) Die Gesellschaft hat einen oder mehrere Geschäftsführer.

(2) Ist nur ein Geschäftsführer bestellt, so vertritt er die Gesellschaft allein.

Sind mehrere Geschäftsführer bestellt, so wird die Gesellschaft von zwei Geschäftsführern gemeinsam oder von einem Geschäftsführer in Gemeinschaft mit einem Prokuristen vertreten. Jedem Geschäftsführer kann auch in diesem Fall Einzelvertretungsbefugnis erteilt werden.

(3) Jedem Geschäftsführer kann Befreiung von den Beschränkungen des § 181 BGB erteilt werden, so dass er die Gesellschaft bei Rechtsgeschäften mit sich selbst oder mit sich als Vertreter eines Dritten vertreten kann.

§ 6 Gesellschafterversammlung

(1) Die Gesellschafterversammlung ist zu berufen, wenn eine Beschlussfassung der Gesellschaft erforderlich wird oder wenn die Einberufung aus einem sonstigen Grunde im Interesse der Gesellschaft liegt. In jedem Falle ist jährlich eine Gesellschafterversammlung innerhalb zwei Monaten nach Vorliegen des Jahresabschlusses abzuhalten.

(2) Die Versammlung wird durch die Geschäftsführer in vertretungsberechtigter Zahl einberufen. Die Ladung erfolgt mittels Einschreibebriefes mit einer Frist von mindestens zwei Wochen unter Mitteilung der Tagesordnung, bei der jährlichen Versammlung unter Beifügung des Jahresabschlusses.

(3) Die Gesellschafterversammlung findet am Sitz der Gesellschaft statt. Sie kann aus begründetem Anlass an einem anderen Ort abgehalten werden.

(4) Jeder Gesellschafter darf an der Gesellschafterversammlung teilnehmen. Er kann sich dabei durch den Ehegatten, einen anderen Gesellschafter oder einen zur Berufsverschwiegenheit verpflichteten Dritten vertreten lassen. Jeder andere Gesellschafter kann verlangen, dass sich der Bevollmächtigte durch schriftliche Vollmacht legitimiert.

(5) Die Gesellschafterversammlung wird vom Vorsitzenden geleitet. Der Vorsitzende ist von den anwesenden und vertretenen Gesellschaftern mit einfacher Mehrheit zu wählen.

(6) Die Gesellschafterversammlung ist beschlussfähig, wenn mindestens die Hälfte des Stammkapitals vertreten ist. Fehlt es daran, so ist innerhalb von vier Wochen eine neue Versammlung mit gleicher Tagesordnung einzuberufen, die immer beschlussfähig ist. Darauf ist in der wiederholten Ladung hinzuweisen.

§ 7 Gesellschafterbeschlüsse

(1) Beschlüsse der Gesellschafter können außer in den vom Gesetz vorgesehenen Verfahren auch in anderer Weise gefasst werden, insbesondere durch Telefonkonferenz oder Videokonferenz, sonstige Telekommunikation oder durch Abstimmung teils in der Versammlung, teils durch externe Stimmenabgabe. Zu einem vom Gesetz abweichenden Abstimmungsverfahren müssen alle Gesellschafter ihre Zustimmung erklären. Das abweichende Beschlussverfahren, die Zustimmung aller Gesellschafter hierzu und das Beschlussergebnis sind in der Niederschrift festzustellen.

(2) Gesellschafterbeschlüsse werden mit einfacher Mehrheit der abgegebenen Stimmen gefasst, soweit nicht die Satzung oder das Gesetz zwingend eine andere Mehrheit vorschreiben.

(3) Abgestimmt wird nach Geschäftsanteilen. Je 1 Euro eines Geschäftsanteils gewährt eine Stimme.

(4) Über die gefassten Beschlüsse hat der Vorsitzende oder ein Geschäftsführer unverzüglich eine Niederschrift aufzunehmen, zu unterschreiben und den Gesellschaftern zuzuleiten. Diese können innerhalb vier Wochen nach Empfang der Niederschrift eine Ergänzung oder Berichtigung der Niederschrift schriftlich verlangen. Die unwidersprochene oder ergänzte bzw. berichtigte Niederschrift hat die Vermutung der Richtigkeit und Vollständigkeit.

(5) Gesellschafterbeschlüsse können nur innerhalb sechs Wochen nach Empfang der Niederschrift durch Klage angefochten werden.

§ 8 Jahresabschluss

Der Jahresabschluss ist von der Geschäftsführung innerhalb der gesetzlichen Frist aufzustellen und von sämtlichen Geschäftsführern zu unterschreiben.

§ 9 Verwendung des Jahresergebnisses

Für die Ergebnisverwendung gelten die gesetzlichen Vorschriften.

§ 10 Veräußerungsbeschränkung, Ankaufsrecht

(1) Die Abtretung oder Belastung eines Geschäftsanteils oder eines Teiles desselben bedarf zu ihrer Wirksamkeit der schriftlichen Zustimmung aller übrigen Gesellschafter.

(2) Vor Abtretung eines Geschäftsanteils gleich aus welchem Rechtsgrund hat der abtretungswillige Gesellschafter den Geschäftsanteil zunächst den übrigen Gesellschaftern schriftlich zum Kauf als gemeinschaftlichen Anteil anzubieten. Die übrigen Gesellschafter oder einzelne von ihnen, mehrere im Verhältnis ihrer Geschäftsanteile, können innerhalb von vier Wochen nach Zugang der Mitteilung schriftlich verlangen, dass ihnen der Anteil als gemeinschaftlicher Anteil abgetreten wird. Als Gegenleistung ist der Wert des Anteils zu zahlen, wie er sich aus der Abfindungsregelung dieser Satzung ergibt, und zwar Zug um Zug gegen Abtretung.

(3) Üben die Gesellschafter ihr Ankaufsrecht nicht aus, so haben sie der dann erfolgenden Anteilsveräußerung zuzustimmen, sofern dem nicht wichtige, in der Person des Käufers liegende Gründe entgegenstehen.

§ 11 Erbfolge

(1) Beim Tod eines Gesellschafters kann der Geschäftsanteil des verstorbenen Gesellschafters gegen Entgelt eingezogen werden. Die Erben des verstorbenen Gesellschafters haben beim Einziehungsbeschluss kein Stimmrecht. Über die Einziehung ist innerhalb einer Frist von sechs Monaten zu beschließen. Die Frist beginnt mit Zugang eines Benachrichtigungsschreibens der Erben mit Nachweis ihrer Erbenstellung bei der Gesellschaft.

(2) Statt der Einziehung kann die Gesellschaft verlangen, dass der Anteil ganz oder geteilt an die Gesellschaft selbst, an einen oder mehrere Gesellschafter oder an einen Dritten abgetreten wird.

§ 12 Austritt

(1) Jeder Gesellschafter kann seinen Austritt aus der Gesellschaft erklären.

Der Austritt kann nur zum Ende des Geschäftsjahres erfolgen. Er ist unter Einhaltung einer Frist von sechs Monaten durch eingeschriebenen Brief zu erklären.

(2) Der ausscheidende Gesellschafter ist nach Wahl der Gesellschaft verpflichtet, seinen Geschäftsanteil jeweils ganz oder zum Teil an die Gesellschaft selbst, an einen oder mehrere Gesellschafter oder an von der Gesellschaft zu benennende Dritte abzutreten oder die Einziehung zu dulden. Bis zum Ausscheiden kann er seine Gesellschafterrechte ausüben. Die verbleibenden Gesellschafter sind verpflichtet, bis zum Wirksamwerden des Austritts über die Einziehung oder Abtretungsverpflichtung Beschluss zu fassen.

§ 13 Einziehung von Geschäftsanteilen

(1) Die Einziehung von Geschäftsanteilen ist mit Zustimmung des betroffenen Gesellschafters jederzeit zulässig.

(2) Der Zustimmung des betroffenen Gesellschafters bedarf es nicht, wenn

- *über sein Vermögen ein Insolvenzverfahren eröffnet ist oder die Eröffnung eines solchen Verfahrens mangels Masse abgelehnt wird, oder*
- *sein Geschäftsanteil gepfändet ist und die Pfändung nicht innerhalb von zwei Monaten aufgehoben wird, oder*
- *in seiner Person ein anderer wichtiger Grund, der seine Ausschließung aus der Gesellschaft rechtfertigt, gegeben ist.*

(3) Steht ein Geschäftsanteil mehreren Gesellschaftern gemeinschaftlich zu, so genügt es, wenn ein Einziehungsgrund in der Person eines der Mitgesellschafter vorliegt.

(4) Die Gesellschaft oder die Gesellschafter können bei der Pfändung eines Geschäftsanteils den vollstreckenden Gläubiger befriedigen und alsdann den gepfändeten Anteil einziehen. Der betroffene Gesellschafter darf der Befriedigung nicht widersprechen. Er hat sich das zur Befriedigung des vollstreckenden Gläubigers Aufgewendete auf seinen Entgeltanspruch anrechnen lassen.

(5) Statt der Einziehung kann die Gesellschafterversammlung beschließen, dass der Geschäftsanteil auf einen oder mehrere von ihr bestimmte Gesellschafter oder Dritte zu übertragen ist.

(6) Mit dem Beschluss über die Einziehung verliert der Gesellschafter seine Gesellschafterstellung mit sofortiger Wirkung und unabhängig von der Zahlung der Abfindung. Mit dem Beschluss über die Abtretungsverpflichtung ruhen die Gesellschafterrechte eines Gesellschafters unabhängig von der Zahlung der Abfindung mit sofortiger Wirkung.

(7) Die Einziehung und die Abtretung kann von der Gesellschafterversammlung nur mit Dreiviertelmehrheit beschlossen werden. Der betroffene Gesellschafter hat kein Stimmrecht. Seine Stimmen bleiben bei der Berechnung der erforderlichen Mehrheit außer Betracht.

§ 14 Abfindung ausscheidender Gesellschafter

(1) Kommt beim Ausscheiden eines Gesellschafters eine Einigung über die dem ausscheidenden Gesellschafter oder seinen Rechtsnachfolgern zu zahlende Abfindung nicht zustande, so entscheidet über die Höhe und Zahlungsweise der Abfindung ein Wirtschaftsprüfer oder eine Wirtschaftsprüfungsgesellschaft als Schiedsgutachter.

(2) Der Schiedsgutachter wird auf Antrag einer der Parteien von der örtlich zuständigen Industrie- und Handelskammer bestimmt.

(3) Die Anteilsbewertung erfolgt auf der Grundlage einer Unternehmensbewertung nach den dann geltenden Bewertungsgrundsätzen des Instituts der Wirtschaftsprüfer, Düsseldorf, oder seines Nachfolgers. Stehen derartige Bewertungsgrundsätze nicht mehr zur Verfügung, so bestimmt der Schiedsgutachter die Bewertungsmethode. Der Schiedsgutachter bestimmt auch Einzelheiten der Konkretisierung der Bewertungsgrundsätze.

(4) Von dem ermittelten Unternehmens- bzw. Anteilswert ist ein Abschlag von fünfundzwanzig vom Hundert zum Unternehmensschutz zu machen. Der Schiedsgutachter kann bestimmen, dass der Abfindungsbetrag in zeitlich gestreckten Teilbeträgen bei angemessener Verzinsung zu zahlen ist.

(5) Die Kosten des Schiedsgutachters tragen die Gesellschaft zur einen und der ausscheidende Gesellschafter bzw. seine Rechtsnachfolger zur anderen Hälfte.

§ 15 Öffnungsklausel

(1) Durch Gesellschafterbeschluss können einzelne oder alle Gesellschafter, Geschäftsführer oder Gesellschafter-Geschäftsführer vom Wettbewerbsverbot insgesamt oder beschränkt auf bestimmte Fälle oder Tätigkeiten befreit werden.

(2) In diesem Fall sind sie berechtigt, unmittelbar oder mittelbar, im eigenen oder fremden Namen, für eigene oder fremde Rechnung mit der Gesellschaft in Wettbewerb zu treten, für Konkurrenzunternehmen tätig zu sein oder sich an solchen zu beteiligen, sei es direkt oder durch eine Mittelsperson.

§ 16 Bekanntmachungen

Die gesetzlich vorgeschriebenen Bekanntmachungen der Gesellschaft erfolgen nur im elektronischen Bundesanzeiger.

§ 17 Schlussbestimmungen

(1) Die Unwirksamkeit einzelner Bestimmungen des Vertrages lässt die Wirksamkeit des Gesellschaftsvertrages im Übrigen unberührt, soweit Treu und Glauben dem nicht zwingend entgegenstehen. In einem solchen Falle ist die ungültige Bestimmung durch Beschluss der Gesellschafterversammlung so umzudeuten oder zu ergänzen, dass der mit der endgültigen Bestimmung beabsichtigte wirtschaftliche und rechtliche Zweck erreicht wird. Dasselbe gilt, wenn bei der Durchführung des Gesellschaftsvertrages eine ergänzungsbedürftige Lücke offenbar wird.

(2) Jeder Gesellschafter ist zu Vertragsänderungen verpflichtet, die der Gesellschaftszweck oder die Treuepflicht der Gesellschafter gegeneinander gebieten.

§ 18 Kosten

Die Kosten der Gründung trägt die Gesellschaft in Höhe von ... Euro. Darüber hinausgehende Gründungskosten tragen die Gesellschafter.[1]

1 Eine prozentuale Obergrenze der übernommenen Gründungskosten besteht nicht; dem Registergericht ist aber die Höhe des angesetzten Gründungsaufwands nachzuweisen, OLG Hamburg DNotZ 2011, 457 m. Anm. Weiler.M 119.38

M 119.39 Vertrag der Einpersonen-GmbH

§ 1 Firma, Sitz

Die Firma der Gesellschaft lautet ...

Die Gesellschaft hat ihren Sitz in ...

§ 2 Gegenstand

Gegenstand des Unternehmens ist ...

§ 3 Stammkapital, Stammeinlage

Das Stammkapital beträgt ... Euro (in Worten: ... Euro). Hierauf übernimmt der Gesellschafter ... eine Stammeinlage von ... Euro.

§ 4 Geschäftsführer

Die Gesellschaft hat einen Geschäftsführer. Er vertritt die Gesellschaft allein und ist von den Beschränkungen des § 181 BGB befreit.

§ 5 Veröffentlichungen

Veröffentlichungen der Gesellschaft erfolgen nur im elektronischen Bundesanzeiger.

Kapitel 120 Gründung und Anmeldung der GmbH und der UG (haftungsbeschränkt)

I. Gründung der GmbH

1. Verfahren

1 Die GmbH entsteht mit **Eintragung in das Handelsregister** (§ 11 GmbHG). Der Gesellschaftsvertrag bedarf der notariellen Beurkundung (§ 2 Abs. 1 GmbHG). Beim Vertragsabschluss müssen die Gesellschafter mitwirken. Vertretung ist zulässig, wobei die Vollmacht der notariellen Form bedarf (§ 2 Abs. 2 GmbHG).

2 Ob die Beurkundung durch einen **ausländischen Notar** im Bereich der §§ 2, 15 Abs. 2 GmbHG der Beurkundung durch einen deutschen Notar gleichwertig sein kann, ist streitig (Scholz/Priester/Veil § 53 GmbHG Rz. 71 ff.). Der BGH hat im Jahre 1981 (BGHZ 80, 76 = DNotZ 1981, 451) die Beurkundung einer Satzungsänderung durch einen Notar von Zürich-Altstadt als wirksam angesehen. Die Entscheidung ist im Schrifttum unter Betonung der Komplexität des deutschen Gesellschaftsrechts und der materiellen Richtigkeitsgewähr der notariellen Urkunde mit Recht scharf kritisiert worden (Bredthauer BB 1986, 1864; Heckschen DB 1990, 161; Schervier NJW 1992, 593).

3 Die Beurkundung durch einen **deutschen Notar** ist richtiger Ansicht nach als ausnahmslos **zwingend** anzusehen (LG Augsburg GmbHR 1996, 941). Goette (FS Boujong, 1996, S. 131 und DStR 1996, 709) vertritt die Ansicht, dass eine Gleichwertigkeit von Auslandsbeurkundungen dann nicht gegeben ist, wenn die Formvorschrift auch bezweckt, die materielle Richtigkeit des Beurkundeten zu gewährleisten. Dies sei dann anzunehmen, wenn die Verfassung der Gesellschaft, also ihre Satzung betroffen sei. Satzungsrelevante Beurkundungen könne nur der deutsche Notar vornehmen.

M 120.1 Mehrpersonengründung

Beurkundet in . . . am . . .

vor dem Notar . . .

sind erschienen:

1. Herr . . . (Vorname, Familienname, Geburtsdatum, Wohnort, Straße, Hausnummer)

2. Herr . . . (Vorname, Familienname, Geburtsdatum, Wohnort, Straße, Hausnummer)

Die Erschienenen erklären zur öffentlichen Urkunde

Gesellschaftsvertrag zur Gründung einer GmbH

§ 1 Gründung

Wir vereinbaren hiermit nach Maßgabe der Anlage zu dieser Urkunde, die verlesen wurde und auf die verwiesen wird, den Gesellschaftsvertrag zur Gründung der . . . (Firma) mit dem Sitz in . . . (politische Gemeinde).

§ 2 Gesellschafterversammlung

Wir treten in eine erste Gesellschafterversammlung ein und bestimmen zum Geschäftsführer der Gesellschaft Herrn . . . (Vorname, Familienname, Geburtsdatum, Wohnort, Straße, Hausnummer).

Für die Vertretung bestimmen wir, dass der Geschäftsführer die Gesellschaft stets einzeln vertritt und berechtigt ist, die Gesellschaft bei der Vornahme von Rechtsgeschäften mit sich selbst oder als Vertreter eines Dritten uneingeschränkt zu vertreten.

§ 3 Vermerke

Der Notar hat uns über die rechtlichen Vorschriften und Rechtsfolgen des Gründungsvorganges belehrt, insbesondere über die Vorschriften zur Kapitalerbringung und Kapitalerhaltung, die Handelndenhaftung vor Eintragung der GmbH, die Differenzhaftung und die Verlusthaftung der Gesellschafter bei Vorbelastungen und den Zeitpunkt der Entstehung der Gesellschaft.

§ 4 Vollmacht

Zur Erklärung und Anmeldung etwaiger auf Verlangen von Gerichten oder Behörden erforderlich werdender Änderungen des Gesellschaftsvertrages oder der Anmeldung bis zur Eintragung der Gesellschaft bevollmächtigen wir Herrn . . . (Vorname, Familienname, Geburtsdatum, Wohnort, Straße, Hausnummer).

. . . (Schlussvermerke, Unterschriften)

Kosten: *Notargebühr:* 2,0-Gebühr gem. Nr. 21100 KV GNotKG für den Gesellschaftsvertrag, mindestens 60 Euro. Geschäftswert gem. §§ 97 Abs. 1, 107 Abs. 1, 38 GNotKG (Summe der Einlagen ohne Abzug von Verbindlichkeiten); mindestens 30 000 Euro, höchstens 10 Mill. Euro. 2,0-Gebühr gem. Nr. 21100 KV GNotKG für den Beschluss zur Geschäftsführerbestellung, Geschäftswert gem. §§ 97 Abs. 1, 108 Abs. 1 S. 1, 105 Abs. 4 Nr. 1 GNotKG 1 % des Stammkapitals, mindestens 30 000 Euro. Der Beschluss ist im Verhältnis zum Gesellschaftsvertrag immer ein verschiedener Beurkundungsgegenstand (§ 110 Nr. 1 GNotKG). Die Werte sind daher zu addieren (§ 35 Abs. 1 GNotKG). 0,3-Gebühr für den Vollzug gem. Nr. 22114 KV GNotKG, Geschäftswert gem. § 112 GNotKG wie zuvor.

M 120.2 Einpersonengründung

Beurkundet in ... am ... vor dem Notar ...
Es ist erschienen, durch Lichtbildausweis ausgewiesen:
Herr ... (Vorname, Familienname, Geburtsdatum, Wohnort, Straße, Hausnummer)
Der Erschienene erklärt zur öffentlichen Urkunde

Gründung einer GmbH

§ 1 Gründung

Ich erkläre hiermit gemäß der Anlage zu dieser Urkunde, die verlesen wurde und auf die verwiesen wird, den Gesellschaftsvertrag zur Gründung der ... (Firma) mit dem Sitz in ... (politische Gemeinde).

§ 2 Gesellschafterversammlung

Ich trete in eine erste Gesellschafterversammlung ein und bestimme zum Geschäftsführer der Gesellschaft mich selbst, den alleinigen Gesellschafter.
Für die Vertretung bestimme ich, dass ich die Gesellschaft entsprechend der Satzungsregelung stets einzeln vertrete und berechtigt bin, die Gesellschaft bei der Vornahme von Rechtsgeschäften mit mir selbst oder als Vertreter eines Dritten uneingeschränkt zu vertreten.

§ 3 Vermerke

Der Notar hat mich über die rechtlichen Vorschriften und Rechtsfolgen des Gründungsvorganges belehrt, insbesondere über die Vorschriften zur Kapitalerbringung und Kapitalerhaltung, die Handelndenhaftung vor Eintragung der GmbH, die Differenzhaftung und Verlusthaftung bei Vorbelastungen und den Zeitpunkt der Entstehung der Gesellschaft.

§ 4 Vollmacht

Zur Erklärung und Anmeldung etwaiger auf Verlangen von Gerichten oder Behörden erforderlich werdender Änderungen des Gesellschaftsvertrages oder der Anmeldung bis zur Eintragung der Gesellschaft bevollmächtige ich je einzeln die Mitarbeiter des Notars ...
... (Schlussvermerk, Unterschriften des Beteiligten und des beurkundenden Notars)

Kosten: *Notargebühr:* 1,0-Gebühr gem. Nr. 21200 KV GNotKG für den Gesellschaftsvertrag, mindestens 60 Euro. Geschäftswert gem. §§ 97 Abs. 1, 107 Abs. 1, 38 GNotKG (Summe der Einlagen ohne Abzug von Verbindlichkeiten); mindestens 30 000 Euro, höchstens 10 Mill. Euro. 2,0-Gebühr gem. Nr. 21100 KV GNotKG für den Beschluss zur Geschäftsführerbestellung, Geschäftswert gem. §§ 97 Abs. 1, 108 Abs. 1 S. 1, 105 Abs. 4 Nr. 1 GNotKG 1 % des Stammkapitals, mindestens 30 000 Euro. Der Beschluss ist im Verhältnis zum Gesellschaftsvertrag immer ein verschiedener Beurkundungsgegenstand (§ 110 Nr. 1 GNotKG). Es ist eine Vergleichsberechnung nach § 94 Abs. 1 GNotKG vorzunehmen. 0,3-Gebühr für den Vollzug gem. Nr. 22114 KV GNotKG, Geschäftswert gem. § 112 GNotKG wie zuvor.

2. Der Gesellschaftsvertrag als Anlage der Gründungsurkunde beim Normalverfahren

In der Praxis hat sich die **Trennung zwischen dem Gründungsprotokoll und dem eigentlichen Gesellschaftsvertrag** (Satzung) als Anlage gem. § 9 Abs. 1 5 Satz 2 BeurkG als empfehlenswert erwiesen. Der vollständige Wortlaut des Gesellschaftsvertrages iSv. § 54 Abs. 1 Satz 2 GmbHG muss in einem in sich abgeschlossenen Schriftstück enthalten sein, also entweder im Gründungsprotokoll oder der Anlage. Bei Trennung zwischen Gründungsprotokoll und Satzung sind die schuldrechtlichen Verpflichtungen zwischen den Gesellschaftern und, soweit sie wie üblich sofort erfolgt, die Beschlussfassung über die Bestellung der Geschäftsführer in das Protokoll aufzunehmen, die körperschaftsrechtlichen Regelungen in die Satzung. 4

3. Weiterer Inhalt der Gründungsurkunde bei Normalgründung

a) Geschäftsführerbestellung

5 Zweckmäßig und üblich ist es, die erste Gesellschafterversammlung der werdenden GmbH mit der Bestellung der Geschäftsführer in das Gründungsprotokoll aufzunehmen.

b) Reparaturvollmacht

6 Die Reparaturvollmacht für einen externen Dritten, etwa den beratenden Rechtsanwalt, oder für die Mitarbeiter des Notars hat sich in der Praxis bewährt. Beanstandungen des Registergerichts können so schnell behoben werden, ohne dass alle Gesellschafter wieder zum Notar müssen.

c) Vertragsänderungen vor Eintragung

7 Die Änderung des Gesellschaftsvertrages vor Eintragung der Gesellschaft ist nach hL keine Satzungsänderung nach §§ 53 ff. GmbHG, sondern **Vertragsänderung**, die der Mitwirkung aller Gesellschafter in der Form des § 2 GmbHG bedarf (Bayer in Lutter/Hommelhoff § 2 GmbHG Rz. 33; aA iS von Mehrheitsbeschlüssen nach §§ 53 ff. GmbHG schon in der Vorgesellschaft K. Schmidt GmbHR 1987, 77, 82 f. und Priester ZIP 1987, 283). Nach der Rechtsprechung (BayObLG MittBayNot 1974, 229; BayObLG MittBayNot 1978, 22; Pfälz. OLG Zweibrücken Rpfleger 2001, 34) ist eine förmliche Anmeldung dieser Änderung nicht erforderlich. Es genügt, wenn die Änderungsurkunde durch die Geschäftsführer vorgelegt wird. Soweit die Geschäftsführer nicht Gründungsgesellschafter sind, sollten sie trotzdem vorsorglich zwecks Bevollmächtigung der Mitarbeiter des Notars die Gründungsurkunde mit unterzeichnen oder die Anmeldungsvollmacht in der ersten Anmeldung erteilen.

4. Vorgründungsgesellschaft, Vorgesellschaft

a) Die Vorgesellschaft

8 Die GmbH entsteht mit Eintragung in das Handelsregister (§ 11 Abs. 1 GmbHG). Mit der **notariellen Beurkundung** des Gesellschaftsvertrages nach § 2 GmbHG entsteht die Vorgesellschaft. Sie ist mit der durch Eintragung entstehenden GmbH insofern identisch, als ihr Vermögen mit Aktiva und Passiva bei Eintragung der GmbH ohne rechtsgeschäftliche Übertragungsakte Vermögen der GmbH wird (BGHZ 91, 148 = GmbHR 1984, 316). Im Übrigen ist sie ein Personenzusammenschluss eigener Art, der dem GmbH-Recht untersteht, soweit dieses nicht die Handelsregistereintragung voraussetzt (BGH GmbHR 1969, 80 unter Aufgabe der Nichtidentitätslehre des Reichsgerichts). Sie ist grundbuchfähig, kann bereits Komplementärin einer GmbH & Co. KG sein, firmiert unter der beurkundeten Firma mit dem Zusatz „in Gründung“ und wird durch die bestellten Geschäftsführer vertreten (BGHZ 117, 323 = GmbHR 1992, 451). Die Geschäftsführungsbefugnis der Geschäftsführer ist auf die Förderung der Eintragung beschränkt. Erwerbsgeschäfte bedürfen des einstimmigen Gesellschafterbeschlusses (BGHZ 80, 129 = GmbHR 1981, 114).

b) Die Vorgründungsgesellschaft

9 Schließen sich die künftigen Gesellschafter zum Zweck der Errichtung einer GmbH zusammen, so entsteht eine Vorgründungsgesellschaft. Sie ist **BGB-Gesellschaft**, soweit sie noch keine Handelsgeschäfte betreibt, sonst OHG (BGHZ 80, 129 = GmbHR 1981, 114). Mit der Vorgesellschaft ist sie nicht identisch. Ihre Rechte und Verbindlichkeiten gehen nicht automatisch auf die Vorgesellschaft über, sondern müssen ihr rechtsgeschäftlich übertragen werden.

c) Haftung der Gesellschafter bis zur Eintragung

10 Die Gesellschafter der **Vorgründungsgesellschaft** haften persönlich, unbeschränkt und gesamtschuldnerisch (BGH NJW 1984, 2164).

Für die zwischen notarieller Beurkundung des Gesellschaftsvertrages und Eintragung begründeten Verbindlichkeiten der **Vorgesellschaft** enthält das Gesetz außer der Handelndenhaftung des § 11 Abs. 2 GmbHG keine Regelung. Keine Haftungsprobleme entstehen, wenn sich die Vor-GmbH jeder Geschäftstätigkeit enthält und das Stammkapital bis auf die satzungsmäßigen Gründungskosten bis zur Eintragung erhalten bleibt. Dies wurde durch das Vorbelastungsverbot der Rechtsprechung sichergestellt, das der BGH im Jahre 1981 aufgegeben hat (BGHZ 80, 129 = GmbHR 1981, 114). Da die Handelndenhaftung des § 11 Abs. 2 GmbHG auf die Geschäftsführer beschränkt ist, entstand für die Haftung der Gründer durch die Aufgabe des Vorbelastungsverbots eine Haftungslücke, die der BGH (BGHZ 80, 129 = GmbHR 1981, 114) durch die Einführung einer Vorbelastungshaftung schloss.

Wenn die GmbH schließlich eingetragen wird, gelten für die **Vorbelastungshaftung** die Grundsätze der **Unterbilanz- oder Differenzhaftung** (BGHZ 80, 129 = GmbHR 1981, 114). Sie geht davon aus, dass im Zeitpunkt der Eintragung der GmbH das einzuzahlende Stammkapital vorhanden sein muss. Sind die eingezahlten Einlagen bereits verbraucht, müssen sie aufgefüllt werden. Sind darüber hinaus Verluste entstanden, so sind sie von den Gesellschaftern der Vor-GmbH auszugleichen. Die Gesellschafter müssen im Fall von Verlusten also nicht nur das verbrauchte Stammkapital noch einmal einzahlen. Sie müssen darüber hinaus eingetretene Verluste vollständig ausgleichen. Für diese Ausgleichung haften sie unbeschränkt mit ihrem ganzen Vermögen.

Diese Unterbilanzhaftung setzt voraus, dass die Gründer mit der vorzeitigen Geschäftsaufnahme einverstanden waren. Die Höhe des auszugleichenden Betrages ist durch eine **Vorbelastungsbilanz** als Vermögensbilanz zu ermitteln. Da es sich um eine einlageähnliche Haftung handelt, haften die Gesellschafter nicht gesamtschuldnerisch, sondern anteilig entsprechend ihrer Beteiligungsquote. Geschäftsanteilserwerber haften nach § 16 Abs. 3 GmbHG. Die übrigen Gesellschafter haften für nicht realisierbare Ansprüche nach § 24 GmbHG. Bei der Unterbilanzhaftung handelt es sich um eine Innenhaftung, anspruchsberechtigt ist die Gesellschaft. Die Gläubiger müssen die Ansprüche der GmbH gegen die Gesellschafter pfänden und sich überweisen lassen, um die Gesellschafter in Anspruch nehmen zu können. Die Ansprüche **verjähren** nach § 9 Abs. 2 GmbHG analog (BGHZ 105, 300 = GmbHR 1989, 74) zehn Jahre nach Eintragung der Gesellschaft im Handelsregister.

Für die Haftung der Gründer der **gescheiterten Vor-GmbH** gelten die Grundsätze des Urteils v. 27.1.1997 (BGHZ 134, 333). Der BGH statuierte in dieser Entscheidung die unbeschränkte Haftung der Gesellschafter der Vor-GmbH bis zur Eintragung der GmbH als Verlustdeckungshaftung. Damit besteht eine einheitliche Gründerhaftung. Bis zur Eintragung der GmbH haften die Gesellschafter der Vor-GmbH in Form der unbeschränkten Verlustdeckungshaftung.

5. Die Anmeldung der GmbH zum Handelsregister

a) Mindesteinlage bei der Gründung

Nach § 7 Abs. 1 GmbHG ist die Gesellschaft bei dem Gericht, in dessen Bezirk sie ihren Sitz hat, 11
zur Eintragung in das Handelsregister anzumelden. § 7 Abs. 2 GmbHG enthält Bestimmungen darüber, inwieweit bei Anmeldung der Bargründung das Stammkapital erbracht sein muss. Die Anmeldung darf erst erfolgen, wenn auf jeden Geschäftsanteil, soweit nicht Sacheinlagen vereinbart sind, ein Viertel des Nennbetrages eingezahlt ist. Insgesamt muss auf das Stammkapital mindestens so viel eingezahlt sein, dass der Gesamtbetrag der eingezahlten Geldeinlagen zuzüglich des Gesamtnennbetrags der Geschäftsanteile, für die Sacheinlagen zu leisten sind, die Hälfte des Mindeststammkapitals erreicht.

Das **Stammkapital der Unternehmergesellschaft** muss nach § 5a Abs. 2 GmbHG bei Anmeldung in voller Höhe eingezahlt sein, Sacheinlagen sind ausgeschlossen.

b) Anlagen der Anmeldung

§ 8 GmbHG schreibt die der Anmeldung beizufügenden Unterlagen vor. Es sind dies der Gesell- 12
schaftsvertrag, die Vollmachten, die Geschäftsführerbestellung, die Gesellschafterliste sowie bei Sachgründung der Sachgründungsbericht, die Verträge, die den Festsetzungen über die Sacheinlage zugrunde liegen oder zu ihrer Ausführung geschlossen worden sind, und die Wertnachweise.

c) Entfallen des Nachweises von behördlichen Genehmigungen

13 Ersatzlos entfallen ist der für die Anmeldung früher geltende § 8 Abs. 1 Nr. 6 GmbHG über die Vorlage der Genehmigungsurkunde in den Fällen, in denen die Gesellschaft eine nach öffentlichem Recht genehmigungspflichtige Tätigkeit entfaltet. Das Registergericht prüft damit nicht mehr nach, ob eine solche Genehmigung vorliegt, und trägt insofern sofort ein. Die GmbH wird hier mit Einzelkaufleuten und Personengesellschaften gleichbehandelt, bei denen nach § 7 HGB das öffentliche Recht für die Kaufmannseigenschaft keine Rolle spielt. Selbstverständlich darf die ohne Rücksicht auf das Vorliegen der Genehmigung eingetragene Gesellschaft die entsprechende Tätigkeit erst aufnehmen, wenn die Genehmigung erteilt ist. Dies müssen künftig die Genehmigungsbehörden ohne Hilfestellung des Registergerichts überwachen.

d) Einzahlungsversicherung der Geschäftsführer

14 Bei Anmeldung der Gesellschaft haben die Geschäftsführer den **Einzahlungsstand** zu versichern, § 8 Abs. 2 GmbHG. Sind Geldeinlagen nicht in voller Höhe des Stammkapitals eingezahlt, so muss die Versicherung nach §§ 7 Abs. 2, 8 Abs. 2 GmbHG sich darauf beziehen, welchen Betrag jeder Gesellschafter in Euro eingezahlt hat (OLG Frankfurt GmbHR 1992, 531).

Das Gesetz gibt ein klares Verfahren vor. Bei Bargründung einer GmbH entsteht die Einzahlungsverpflichtung frühestens mit der notariellen Beurkundung des Gesellschaftsvertrages (§§ 2, 3 Abs. 1 Nr. 4 GmbHG). Der Gesellschafter übernimmt nach § 5 GmbHG die Verpflichtung zur Zahlung seiner Stammeinlage, es wird eine Übernahmevereinbarung geschlossen. Die Geschäftsführer dürfen nach § 7 Abs. 2 GmbHG die Gesellschaft erst zum Handelsregister anmelden, wenn die Einzahlungen erfolgt sind. Nach § 8 Abs. 2 GmbHG haben sie die Versicherung abzugeben, dass die Leistungen auf die Stammeinlage bewirkt sind, also die Einzahlungen erfolgt sind, und dass sich der Gegenstand der Leistungen endgültig in ihrer freien Verfügung als Geschäftsführer befindet, also das eingezahlte Geld sich auf dem Konto oder in der Kasse der Gründungsgesellschaft befindet. Falsche Angaben hierüber werden nach § 82 Abs. 1 Nr. 1 GmbHG mit Freiheitsstrafe bis zu drei Jahren oder mit Geldstrafe bestraft. Das Registergericht prüft nach § 9c GmbHG die Ordnungsmäßigkeit des Kapitalaufbringungsvorgangs nach.

Durch die Neufassung des § 8 Abs. 2 Satz 3 GmbHG wird klargestellt, dass zum Nachweis der Leistung der Einlage die entsprechende Versicherung der Geschäftsführung genügt und weitere Nachweise wie Kontoauszüge oder Bankbescheinigungen über die Einzahlung grundsätzlich nicht erforderlich sind. Dies ändert natürlich nichts daran, dass die Geschäftsführer die strafbewehrte Einzahlungsversicherung erst abgegeben können, wenn die einzuzahlenden Beträge sich tatsächlich in ihrer freien Verfügung befinden.

e) Zeitpunkt der Versicherung

15 Wird das Geld ordnungsgemäß erst im Anschluss an den Beurkundungstermin eingezahlt, so stellt sich die weitere Frage, ob im Notartermin schon die Anmeldung mit Einzahlungsversicherung abgegeben werden kann, die ja dann zum Zeitpunkt der Abgabe noch unrichtig ist. Hier ist aber entscheidend, dass die Anmeldung erst mit Einreichung beim Registergericht wirksam wird. Es ist danach zulässig, dass der Notar die Anmeldung mit Einzahlungsversicherung sogleich beglaubigt, aber erst beim Registergericht einreicht, wenn ihm die Einzahlung von den Geschäftsführern mitgeteilt wird (Bayer in Lutter/Hommelhoff § 8 GmbHG Rz. 9; Bärwaldt GmbHR 2003, 524; Heidinger, Rpfleger 2003, 545; LG Gießen GmbHR 2003, 543 gegen OLG Düsseldorf GmbHR 2000, 232).

f) Geschäftsführerversicherung über Bestellungshindernisse

16 Bei der Versicherung nach § 8 Abs. 3 GmbHG genügt nicht die pauschale Versicherung nach dem Gesetzeswortlaut, sondern es muss unter Bezugnahme auf den Unternehmensgegenstand jeder **Ausschlussgrund einzeln angeführt und verneint** werden. § 6 Abs. 2 GmbHG zählt die Fälle der Ungeeignetheit auf. In § 6 Abs. 2 S. 3 GmbHG werden die bisherigen Ausschlusstatbestände erwei-

tert: Relevant sind auch Verurteilungen im Ausland wegen einer Tat, die mit den Straftatbeständen des deutschen Rechts vergleichbar ist.

Hinsichtlich der Belehrung nach § 53 Abs. 2 BZRG wird angesichts der praktischen Schwierigkeiten mit ausländischen Geschäftsführern durch § 8 Abs. 3 Satz 2 GmbHG klargestellt, dass die Belehrung auch schriftlich erfolgen und auch durch einen ausländischen Notar oder einen deutschen Konsulatsbeamten vorgenommen werden kann. Als zur Belehrung befugt werden auch Vertreter eines dem Notar vergleichbaren rechtsberatenden Berufs genannt, worunter die Begründung (S. 80) auch Rechtsanwälte versteht.

g) Versicherung über die Einlagenerbringung

Nach § 8 Abs. 2 Satz 1 GmbHG haben die Geschäftsführer die Versicherung abzugeben, dass die in § 7 Abs. 2 und 3 bezeichneten Leistungen auf die Geschäftsanteile bewirkt sind und dass sich der Gegenstand der Leistungen endgültig in der freien Verfügung der Geschäftsführer befindet. Nach § 8 Abs. 2 Satz 2 GmbHG kann das Gericht bei erheblichen Zweifeln an der Richtigkeit der Versicherung Nachweise (unter anderem Einzahlungsbelege) verlangen. Bestehen keine erheblichen Zweifel, hat sich das Registergericht also mit der Einzahlungsversicherung der Geschäftsführer zu begnügen. Das ändert natürlich nichts daran, dass die Geschäftsführer diese strafbewehrte Einzahlungsversicherung erst abgegeben können, wenn die einzuzahlenden Beträge sich tatsächlich in ihrer freien Verfügung befinden. Dies wird, wie die Begründung des Regierungsentwurfs MoMiG (S. 79) richtig feststellt, trotz verschiedener anderer Möglichkeiten regelmäßig eine Einzahlung auf das Konto der Vorgesellschaft voraussetzen. 17

h) Vertretungsregelung

Nach § 8 Abs. 4 Nr. 2 GmbHG sind in der Anmeldung Art und Umfang der Vertretungsbefugnis der Geschäftsführer anzugeben. Wie bisher hat diese Angabe generell entsprechend der Satzung und konkret für jeden Geschäftsführer zu erfolgen. Die Befreiung eines Geschäftsführers von den Beschränkungen des § 181 BGB ist anzumelden, nicht aber die bloße Ermächtigung zur Befreiung. Die Registergerichte tragen die Regelung des § 181 BGB konkret ein, nicht nur durch das Zitat des Paragraphen. Zur Vermeidung von Beanstandungen sollte die Anmeldung entsprechend erfolgen. 18

i) Geschäftsadresse

Angesichts der durch das MoMiG neu geschaffenen Möglichkeit eines ausländischen Verwaltungssitzes deutscher Gesellschaftern schreibt die Neufassung des § 8 Abs. 4 Nr. 1 GmbHG vor, dass in der Anmeldung eine **inländische Geschäftsanschrift** anzugeben ist. Diese ist nach § 10 Abs. 1 Satz 1 GmbHG in das Handelsregister einzutragen. Die Pflicht, auch Änderungen der inländischen Geschäftsanschrift anzumelden, ergibt sich aus § 31 HGB. 19

Nach § 10 Abs. 2 GmbHG ist auf entsprechende Anmeldung eine Person, die für Zustellungen an die Gesellschaft **empfangsberechtigt** ist, mit ihrer inländischen Anschrift einzutragen. Dritten gegenüber gilt die Empfangsberechtigung als fortbestehend, bis sie im Handelsregister gelöscht und die Löschung bekannt gemacht worden ist, es sei denn, dass die fehlende Empfangsberechtigung dem Dritten bekannt war.

j) Die elektronische Einreichung von Handelsregisteranmeldungen

Seit dem Inkrafttreten des EHUG am 1.1.2007 (BGBl. I 2006, 2553; dazu Willer/Krafka DNotZ 2006, 885; Sikora/Schwab MittBayNot 2007, 1) erfolgen Einreichung, Speicherung, Bekanntmachung und Abruf von Daten zum Handelsregister ausschließlich elektronisch. 20

Beim Handelsregister werden die **Registerblätter elektronisch angelegt**, die Eintragungen elektronisch vorgenommen und vom Eintragenden elektronisch signiert, § 8a HGB, § 28 HRV. An die Stelle des Sonderbands ist ein elektronischer Registerordner getreten, der alle zum Handelsregister eingereichten Dokumente enthält, in die jeder zu Informationszwecken Einsicht nehmen kann, § 9 Abs. 1 HRV.

Bei Registeranmeldungen ist es **Aufgabe des Notars**, die eintragungsrelevanten Daten dem Gericht elektronisch zu übermitteln. Die Regelung der Einzelheiten durch Rechtsverordnung obliegt den Ländern. Die Bundesnotarkammer hat in Zusammenarbeit mit den Landesjustizverwaltungen unter dem Namen „XNotar" und „SigNotar" ein XML-Verfahren (Extensibleve Markup Language) zur Aufbereitung und Übermittlung der Daten durch den Notar über das von der Justiz bereitgestellte Elektronische Gerichts- und Verwaltungspostfach (EGVP) entwickelt (dazu BNotK Intern Ausgabe 2/2008). Für die notarielle Praxis bedeutet dies zwar eine Umstellung im Einreichungsverfahren, die notarielle Formulierungs- und Gestaltungsaufgabe bleibt aber unberührt. Die Umstellung des Registerverfahrens vom Papierverkehr zur elektronischen Ausgestaltung ändert nichts daran, dass wie bisher eine papiergebundene Anmeldung zur Eintragung im Register erstellt werden muss. Deren Formulierung ist Sache der Beteiligten, ohne dass die Verwendung bestimmter Bezeichnungen oder Formulierungen zwingend erforderlich ist.

21 Unabhängig von der technischen Durchführung im Einzelnen gelten die **folgenden Grundsätze**:

- Die Vorlage der Anmeldungen und ihrer Anlagen beim Amtsgericht als Registergericht erfolgt elektronisch in öffentlich beglaubigter Form, § 12 Abs. 1 Satz 2 und Abs. 2 HGB.
- Die öffentliche papiergebundene Beglaubigung der Anmeldung iSv. § 129 BGB bleibt als solche erhalten, wird aber nicht mehr körperlich dem Registergericht zugeleitet, sondern elektronisch übermittelt, § 12 Abs. 1 HGB.
- Dokumente sind ebenfalls ausschließlich elektronisch zuzuleiten, § 12 Abs. 2 HGB.
- Ist eine Urschrift oder eine einfache Abschrift einzureichen, so genügt die Übermittlung einer elektronischen Aufzeichnung, § 12 Abs. 2 Satz 2 HS 1 HGB. Dies betrifft vor allem Gesellschafterlisten, Unternehmensverträge und nicht beurkundete Gesellschafterbeschlüsse. Unter dem vom Gesetz nicht erläuterten Begriff der elektronischen Aufzeichnung ist ein Verfahren zu verstehen, das es ermöglicht, Dokumente als „elektronische Fotokopie" in inhaltlich unveränderbarer Form zur Ablage in Registerordner zu speichern.
- Ist eine notarielle Urkunde oder eine öffentlich beglaubigte Abschrift einzureichen, so ist nach § 12 Abs. 2 Satz 2 HS 2 HGB eine elektronisch beglaubigte Abschrift gem. § 39a BeurkG zu übermitteln. Dies gilt etwa für die Gründungsurkunde einer GmbH oder die Anmeldung einer GmbH.

22 Bei der **Gestaltung** der Anmeldungen zum Handelsregister ist in der Praxis nicht zuletzt im Interesse der beschleunigten Eintragung darauf zu achten, dass Inhalt und Struktur der jeweiligen Anmeldung die Übernahme der Daten in das Handelsregister erleichtert (dazu Willer/Krafka DNotZ 2006, 884). Grundsatz ist, dass in die Anmeldung nur das aufzunehmen ist, was nach dem Gesetz und der einschlägigen Rechtsprechung vom Registergericht als Inhalt der Eintragung oder als Grundlage der begleitenden registergerichtlichen Prüfung benötigt wird.

23 Bei der **Gründung einer GmbH** sind nach § 10 Abs. 1 GmbHG in das Handelsregister einzutragen und damit auch anzumelden

- die Firma und der Sitz der Gesellschaft,
- eine inländische Geschäftsanschrift,
- der Gegenstand des Unternehmens,
- die Höhe des Stammkapitals,
- der Tag des Abschlusses des Gesellschaftsvertrages,
- die Personen der Geschäftsführer und
- welche Vertretungsbefugnis die Geschäftsführer haben.

Diese Daten sind so anzumelden, dass sie im Sinne der Handelsregisterverordnung eintragungsfähig sind, also zB bei den Geschäftsführern mit Angabe des Familiennamens, Vornamens, Geburtsdatums und Wohnorts nach § 43 Nr. 4b HRV.

24 Nach § 10 Abs. 2 GmbHG sind gegebenenfalls vertragliche Bestimmungen über die Zeitdauer der Gesellschaft einzutragen, weiterhin angemeldete Empfangsberechtigte.

Nicht einzutragen und damit auch nicht anzumelden sind satzungsmäßige Öffnungsklauseln über die Möglichkeit der späteren Herbeiführung eintragungspflichtiger Daten durch Gesellschafterbeschluss. Enthält zB die Satzung die Bestimmung, dass die Geschäftsführer durch Gesellschafterbeschluss von den Beschränkungen des § 181 BGB befreit werden können, so ist diese Öffnungsklausel weder eintragungsfähig noch anmeldepflichtig. Angemeldet und eingetragen wird erst der spätere Gesellschafterbeschluss über die konkrete Befreiung auf der Grundlage der satzungsmäßigen Öffnungsklausel. 25

Weiterhin sind bei Gründung der GmbH über die eintragungspflichtigen Daten hinaus in der Anmeldung die **Erklärungen** abzugeben, die das Gesetz als Grundlage registergerichtlicher Nachprüfung vorschreibt, also etwa die Versicherungen der Geschäftsführer über die Einlagenerbringung und Bestellungshindernisse. 26

M 120.3 Anmeldung einer Mehrpersonen-GmbH

An das

Amtsgericht – Registergericht –

. . . (Ort)

Als Geschäftsführer der neu errichteten Gesellschaft mit beschränkter Haftung . . . (Firma) mit dem Sitz in . . . (Ort) lege ich vor:

1. Elektronisch beglaubigte Abschrift der Gründungsurkunde vom . . . (Datum) mit dem Gesellschafterbeschluss über meine Bestellung zum Geschäftsführer und dem als Anlage beurkundeten Gesellschaftsvertrag.

2. Elektronische Aufzeichnung der Liste der Gesellschafter mit den Nennbeträgen der übernommenen Geschäftsanteile.

Die Geschäftsanschrift der Gesellschaft lautet . . . (Straße, Hausnummer, Ort).

Ich vertrete die Gesellschaft allein, solange ich alleiniger Geschäftsführer bin. Ich bin von den Beschränkungen des § 181 BGB befreit, kann also die Gesellschaft bei Rechtsgeschäften mit mir selbst oder mit mir als Vertreter eines Dritten vertreten.

Die Gesellschaft hat einen oder mehrere Geschäftsführer. Ist nur ein Geschäftsführer vorhanden, so vertritt er einzeln. Sind mehrere Geschäftsführer vorhanden, so vertreten je zwei Geschäftsführer oder ein Geschäftsführer gemeinsam mit einem Prokuristen. Auch in diesem Fall kann jedem Geschäftsführer Einzelvertretungsbefugnis erteilt werden.

Ich melde die Gesellschaft und mich als Geschäftsführer zur Eintragung an.

Ich versichere was folgt:

1. Auf die Einlageverpflichtungen sind folgende Beträge einbezahlt worden:

Gesellschafter . . .

Nennbetrag des Geschäftsanteils in . . . Euro

Einzahlungsbetrag in . . . Euro

Gesellschafter . . .

Nennbetrag des Geschäftsanteils in . . . Euro

Einzahlungsbetrag in . . . Euro

2. Der Gegenstand der Leistungen befindet sich endgültig in der freien Verfügung der Geschäftsführung. Das Stammkapital ist insbesondere nicht durch Verbindlichkeiten vorbelastet, mit Ausnahme des in der Satzung übernommenen Gründungsaufwands von . . . Euro.

3. Ich versichere, dass keine Umstände vorliegen, die meiner Bestellung nach § 6 Abs. 2 Satz 2 Nr. 2 und 3 sowie Satz 3 GmbHG entgegenstehen, und dass ich über meine unbeschränkte Auskunftspflicht gegenüber dem Gericht vom beurkundenden Notar belehrt wurde, ebenso darüber, dass falsche Versicherungen strafbar sind.

Ich unterliege keinem auf Grund eines gerichtlichen Urteils oder einer vollziehbaren Entscheidung einer Verwaltungsbehörde bestehenden Verbot, einen Beruf, einen Berufszweig, ein Gewerbe oder einen Gewerbezweig auszuüben. Ich bin nicht verurteilt worden wegen einer oder mehrerer vorsätzlich begangener Straftaten

a) des Unterlassens der Stellung des Antrags auf Eröffnung des Insolvenzverfahrens (Insolvenzverschleppung),

b) nach den §§ 283 bis 283d des Strafgesetzbuchs (Insolvenzstraftaten, Bankrott, Verletzung der Buchführungspflicht, Gläubigerbegünstigung, Schuldnerbegünstigung),

c) der falschen Angaben nach § 82 GmbHG oder § 399 des Aktiengesetzes,

d) der unrichtigen Darstellung nach § 400 des Aktiengesetzes, § 331 des Handelsgesetzbuchs oder § 17 des Publizitätsgesetzes oder

e) nach den §§ 263 bis 264a oder den §§ 265b bis 266a des Strafgesetzbuchs (Betrug, Computerbetrug, Subventionsbetrug, Kapitalanlagebetrug, Kreditbetrug, Untreue, Vorenthalten und Veruntreuen von Arbeitsentgelt) zu einer Freiheitsstrafe von mindestens einem Jahr.

Ich bin auch nicht im Ausland verurteilt wegen einer Tat, die mit den vorbezeichneten, in § 6 Abs. 2 Satz 2 Nr. 3 GmbHG genannten Taten vergleichbar ist.

... (Ort), den ... (Datum)

... (Unterschrift, notarielle Unterschriftsbeglaubigung, elektronische Einreichung nach § 12 Abs. 1 HGB)

Liste der Gesellschafter

der ... (Firma)

mit dem Sitz in ... (Ort)

mit den Nennbeträgen der übernommenen Geschäftsanteile

Nr. des Geschäftsanteils	*/Nach- und Vorname, Geburtsdatum, Wohnort*	*/Nennbetrag in Euro*
1	...	...
2	...	...

... (Ort, Datum, Unterschrift des Geschäftsführers, elektronische Einreichung nach § 12 Abs. 2 HGB)

Kosten: *Notargebühr:* 0,2-Gebühr gem. Nr. 25100 KV GNotKG, mindestens 20 Euro, höchstens 70 Euro. Geschäftswert gem. §§ 121, 105 Abs. 1 Nr. 1 GNotKG (Stammeinlage). Bei Fertigung des Entwurfs und Beglaubigung 0,5-Gebühr gem. Nrn. 24102, 21201 Nr. 5 KV GNotKG (§ 92 Abs. 2 GNotKG), Geschäftswert gem. §§ 119, 105 Abs. 1 Nr. 1 GNotKG wie zuvor. 0,3-Gebühr für den Vollzug gem. Nr. 22114 KV GNotKG, Geschäftswert gem. § 112 GNotKG wie zuvor.

Gerichtsgebühr: 150 Euro Festgebühr gem. Nr. 2100 GV HRegGebV. Bei Einbringung mindestens einer Sacheinlage erhöht sich die Gebühr nach Nr. 2101 GV HRegGebV auf 240 Euro.

6. Sacheinlageverpflichtungen und ihre Anmeldung

27 Nach § 7 Abs. 3 GmbHG sind die Sacheinlagen vor Anmeldung zu erbringen. Sie sind also nach den für den jeweiligen Gegenstand der Sacheinlage geltenden Vorschriften der Gesellschaft in Gründung, vertreten durch die Geschäftsführer, zu übereignen. Bei Grundstücken ist nach § 925 BGB dabei Auflassung erforderlich, die zweckmäßigerweise im Gründungsmantel nach der Bestellung der Geschäftsführer mitbeurkundet wird. Bei der Anmeldung der Sachgründung haben die Gesellschafter zu versichern, dass die Sacheinlagen voll erbracht sind und sich endgültig in ihrer freien Verfügung befinden (§ 8 Abs. 2 GmbHG).

M 120.4 Einbringung beweglicher Gegenstände – Satzung

§ 3 Stammkapital, Stammeinlagen

(1) Das Stammkapital der Gesellschaft beträgt 100 000 Euro. Hierauf übernimmt der Gesellschafter ... (Name) eine Stammeinlage von 50 000 Euro. Er erbringt diese Stammeinlage durch Einbringung der in der Anlage 1 zu dieser Urkunde bezeichneten Gegenstände.

(2) Der Gesellschafter ... (Name) übernimmt ebenfalls eine Stammeinlage von 50 000 Euro. Er erbringt diese Stammeinlage durch Einbringung der in der Anlage 2 zu dieser Urkunde bezeichneten Gegenstände.

(3) Die einzubringenden Gegenstände sind sofort auf die Gesellschaft zu übereignen.

M 120.5 Einbringung beweglicher Gegenstände – Anmeldung

Die Gesellschafter haben ihre Stammeinlagen durch Übereignung der in den Anlagen 1 und 2 der Gründungsurkunde bezeichneten Gegenstände an die Gesellschaft erbracht. Ich versichere, dass sich diese Gegenstände endgültig in meiner Verfügung als Geschäftsführer befinden.

M 120.6 Einbringung von Betriebsvermögen – Satzung

§ 3 Stammkapital, Stammeinlagen

Das Stammkapital der Gesellschaft beträgt 200 000 Euro. Der Gesellschafter ... (Name) übernimmt eine Stammeinlage von 50 000 Euro, die er sofort in bar zu erbringen hat. Der Gesellschafter ... (Name) übernimmt eine Stammeinlage von 150 000 Euro, die er als Sacheinlage durch Erbringung des gesamten Betriebsvermögens seines unter der Firma ... betriebenen einzelkaufmännischen Unternehmens mit allen Aktiven und Passiven zu erbringen hat. Gemäß der Bilanz zum ..., die der Anmeldung beigefügt ist, wird der Wert des eingebrachten Unternehmens mit 160 820 Euro angesetzt. Der den Betrag der Stammeinlage überschreitende Wert der Sacheinlage von 10 820 Euro wird dem Gesellschafter ... (Name) als Darlehen gutgeschrieben. Alle Gegenstände des einzelkaufmännischen Unternehmens sind sofort auf die Gesellschaft zu übereignen. Das einzelkaufmännische Unternehmen gilt mit schuldrechtlicher Wirkung ab dem Stichtag der Bilanz als für Rechnung der GmbH geführt.

M 120.7 Einbringung von Betriebsvermögen – Anmeldung

Der Gesellschafter ... (Name) hat seine Einlage in voller Höhe von 50 000 Euro erbracht. Ich versichere, dass sich der Betrag endgültig in meiner freien Verfügung als Geschäftsführer befindet.

Der Gesellschafter ... (Name) hat das Betriebsvermögen seiner Firma ... (Firma) nach Maßgabe der beigefügten Bilanz zum ... der GmbH übereignet. Ich versichere, dass sich das Betriebsvermögen endgültig in meiner freien Verfügung als Geschäftsführer befindet. Weiterhin versichere ich, dass in den Vermögensverhältnissen der Firma ... (Firma) seit dem Stichtag der Bilanz bis zur Einbringung keine Verschlechterung eingetreten ist.

M 120.8 Einbringung eines Grundstücks – Satzung

§ 3 Stammkapital, Stammeinlagen

Der Gesellschafter ... (Name) erbringt seine Einlage in Höhe von 150 000 Euro als Sacheinlage durch Übereignung des Grundstücks ... (Beschrieb) auf die Gesellschaft. Gemäß dem Schätzgutachten des öffentlichen Schätzers der Gemeinde ... (Name) wird der Wert des Grundstücks mit 180 000 Euro angenommen. Der überschreitende Betrag von 30 000 Euro wird dem Gesellschafter ... (Name) als Gesellschafterdarlehen gutgeschrieben.

M 120.9 Einbringung eines Grundstücks – Anmeldung

Der Gesellschafter ... (Name) hat das Grundstück ... (Beschrieb) an die Gesellschaft in Gründung aufgelassen. Der Eigentumswechsel wurde am ... im Grundbuch vollzogen. Ich versichere, dass sich das Grundstück endgültig in meiner freien Verfügung als Geschäftsführer befindet.

7. Sachgründungsbericht

28 Im Sachgründungsbericht nach § 5 Abs. 4 Satz 2 GmbHG haben die Gesellschafter die für die Angemessenheit der Leistungen für Sacheinlagen wesentlichen Umstände darzulegen und beim Übergang eines Unternehmens auf die Gesellschaft die Jahresergebnisse der beiden letzten Geschäftsjahre anzugeben. Der Sachgründungsbericht soll verdeutlichen, welche Überlegungen für den Einlagewert sprechen. Hilfreich sind jeweils Sachverständigengutachten, soweit eine testierte Bilanz nicht vorgelegt werden kann. Das Registergericht darf die GmbH nur eintragen, wenn es gemäß § 9c GmbHG von der Deckung der Stammeinlagen ausgehen kann. Andernfalls muss es weitere Aufklärung, insbesondere durch Sachverständige, verlangen.

M 120.10 Sachgründungsbericht

Als Gründungsgesellschafter der ... (Firma) in ... (Sitz) überreichen wir die Unterlagen über die Bewertung der Sacheinlage, hier die Bilanz der Einzelfirma ... (Firma) zum 31.12. ... Die Bewertungen sind nach den Grundsätzen ordentlicher Buchführung unter Beachtung des Vorsichtsgrundsatzes vorgenommen und liegen unter den voraussichtlich erzielbaren Erlösen. Die Sacheinlage hat also mindestens den im Gesellschaftsvertrag festgestellten Wert. Die Jahresergebnisse der beiden letzten Geschäftsjahre entsprechen dem vergangenen Geschäftsjahr. Hierfür wird auf die beigefügten Bilanzen der beiden vorangegangenen Geschäftsjahre verwiesen.

..., den ... (Unterschriften der Gründungsgesellschafter)

8. Die Eintragung

a) Kein Vorbelastungsverbot

29 Der BGH (BGHZ 80, 129) hat in konsequenter Durchführung des Identitätsprinzips des Vorbelastungsverbot aufgegeben und festgestellt, dass alle Verbindlichkeiten der Vor-GmbH nahtlos auf die GmbH übergehen, auch soweit sie aus nicht durch die Satzung gedeckten Geschäften stammen. Die Aufgabe des Vorbelastungsverbots bedeutet nicht, dass das gesetzlich garantierte Anfangsvermögen der GmbH vorweg durch eine Belastung mit Verbindlichkeiten ausgehöhlt werden darf, die sich weder aus dem Gesetz noch aus der Satzung ergeben. Während also das Vorbelastungsverbot aufgegeben ist, bleibt der **Unversehrtheitsgrundsatz** im Sinne des Gebots der Kapitalerhaltung bis

zur Eintragung der Gesellschaft bestehen. Geschützt wird die Unversehrtheit des Gründungskapitals nicht mehr durch das Vorbelastungsverbot, sondern durch die **Vorbelastungshaftung** (Differenzhaftung, Unterbilanzhaftung) der Gesellschafter im Sinne einer anteiligen Nachzahlungspflicht der Gesellschafter mit gegenseitiger Ausfallhaftung (§ 24 GmbHG) für das Gründungskapital, das durch Vorbelastungen bereits verbraucht ist.

b) Eintragungsverbot

Über diese Ausfallhaftung hinaus besteht ein Eintragungsverbot, wenn die Vor-GmbH über die notwendigen Gründungskosten hinaus bereits durch **Verbindlichkeiten unter den Betrag des Stammkapitals geschmälert** ist. In diesem Fall darf das Registergericht die Eintragung nicht vornehmen (BGHZ 80, 129 = NJW 1981, 1373 = GmbHR 1981, 114). Rechtsgrundlage für die registergerichtliche Nachprüfung ist § 9c GmbHG, wonach das Registergericht die Eintragung bei nicht ordnungsgemäßem Gründungsvorgang ablehnen kann. Hat das Registergericht Grund zu der Annahme solcher Vorbelastungen, so kann es Zwischenverfügung erlassen. Der Geschäftsführer kann dann das Eintragungshindernis durch Einforderung entsprechender Nachschüsse der Gesellschafter beseitigen. 30

Verletzt eine Satzungsbestimmung Vorschriften, die unentziehbare Individual- oder Minderheitsrechte gewähren, darf das Registergericht die Eintragung einer GmbH in das Handelsregister nicht deshalb ablehnen. Nach § 9c Abs. 2 GmbHG hat das Registergericht ausdrücklich nur ein eingeschränktes Kontrollrecht, das die Einhaltung von Vorschriften des Minderheitenschutzes nicht umfasst (OLG München ZIP 2010, 2348, 2349).

c) Vorbelastungsbilanz

Zur Ermittlung einer etwaigen Vorbelastungshaftung und dementsprechend auch des Eintragungsverbots ist auf den Zeitpunkt der Anmeldung der Gesellschaft bzw. deren Eintragung auf Verlangen des Registergerichts ein **Vermögensstatus** aufzustellen. Für diese im Gesetz nicht geregelte Vermögensbilanz hat sich die Bezeichnung Vorbelastungsbilanz eingebürgert (BGH GmbHR 1994, 176). 31

d) Gründungskosten

Von der Nachzahlungspflicht und dem Eintragungsverbot nimmt der BGH (BGH GmbHR 1994, 176) die Gründungskosten aus, die der Sache nach zu Lasten der GmbH gehen, wie insbesondere Eintragungs- und Bekanntmachungsgebühren. Streitig war, in welcher Form die notwendigen Gründungskosten der Gesellschaft auferlegt werden müssen, ohne dass die Vorbelastungshaftung eintritt. Hier hat sich allgemein die Meinung durchgesetzt, dass in entsprechender Anwendung von § 26 Abs. 2 AktG die Übernahme der Gründungskosten durch die GmbH durch eine ausdrückliche Satzungsvorschrift gedeckt sein müsse (Baumbach/Hueck/Fastrich § 5 GmbHG Rz. 57 mwN). Gründungsaufwand, der zu Lasten der GmbH an Gründer oder sonstige Personen gezahlt werden soll, ist in der Satzung als Gesamtbetrag in Euro gesondert festzustellen. Die Anmeldung hat den Wortlaut der Satzung sinngemäß zu wiederholen. 32

II. Vereinfachte Gründung mit Musterprotokoll

1. Vereinfachtes Verfahren

Nach § 2 Abs. 1a GmbHG kann eine GmbH nach Wahl der Gesellschafter in einem vereinfachten Verfahren gegründet werden, wenn sie höchstens **drei Gesellschafter und einen Geschäftsführer** hat. Für die Gründung im vereinfachten Verfahren ist das in einer Anlage zum GmbHG vorgeschriebene, der notariellen Beurkundung bedürftige Musterprotokoll grundsätzlich unverändert, aber mit den vorgesehenen individualisierenden Einfügungen zu verwenden. Dieses Musterprotokoll fasst den Gesellschaftsvertrag, den Beschluss über die Geschäftsführerbestellung und die Gesellschafterliste in einem Dokument in der Weise zusammen, dass diese im Protokollwortlaut enthalten sind. Es gibt also insbesondere keine separate Satzung und keine separate Gesellschafterliste. Die Anmeldung ist nicht vorformuliert, sie erfolgt in besonderer Urkunde wie bei der normalen Gründung. 33

Die Regelung geht auf das Gesetzgebungsverfahren zurück (BT-Drucks. 16/9737, 4) und korrigiert den Regierungsentwurf, der noch eine beurkundungsfreie Mustersatzung vorsah (BR-Drucks. 354/07; zur Problematik gesetzlicher Mustersatzungen Langenfeld in FS Spiegelberger, 2009, S. 1809). Vom Gesetz abweichende Bestimmungen können bei Verwendung der Mustersatzung nicht getroffen werden. Bei Abweichungen vom Musterprotokoll gelten die allgemeinen Vorschriften für eine „normale GmbH-Gründung", so OLG München, NZG 2010, 795.

Das Musterprotokoll gilt zugleich als Gesellschafterliste. Im Übrigen finden auf das Musterprotokoll die Vorschriften des GmbHG über den Gesellschaftsvertrag entsprechende Anwendung.

Gesetzeszweck ist die Erleichterung und Beschleunigung der GmbH-Gründung und die Stärkung der Wettbewerbsfähigkeit der GmbH gegenüber ausländischen Rechtsformen (BR-Drucks. 354/07, S. 60). Die kritische Literatur (zB Bayer in Lutter/Hommelhofff § 2 GmbHG Rz. 54 mwN) ist sich darüber einig, dass das erleichterte Verfahren eine Alternative für die Gründung einer Einpersonen-GmbH ist, wegen des Fehlens notwendiger personalistischer Satzungsbestimmungen aber nicht für die Mehrpersonen-GmbH.

2. Musterprotokoll

34 Das Musterprotokoll gliedert sich in allgemeine Angaben und sieben Unterpunkte, welche den Mindestinhalt, die Angaben zu den Gründungskosten, Abschriften und besondere Ergänzungen betreffen. Vorgegeben werden ein Musterprotokoll für die Einpersonengründung und ein Musterprotokoll für die Gründung durch mehrere, höchstens aber drei Gesellschafter. Im vereinfachten Verfahren können sowohl eine normale GmbH wie eine Unternehmergesellschaft (haftungsbeschränkt) gegründet werden.

Die Verwendung des Musterprotokolls bietet sich in der Praxis für die Einpersonengründung an. Es kann entweder eine GmbH mit einem Mindeststammkapital von 25 000 Euro gegründet werden oder eine Unternehmergesellschaft (haftungsbeschränkt) mit einem Stammkapital von bis zu 24 999 Euro. Das nachfolgende Muster **M 120.11** geht davon aus, dass der Gründer auf die Firma und rechtliche Handhabbarkeit der Normal-GmbH Wert legt und diese mit Mindestkapital und Mindesteinzahlung gründen will.

3. Hinweise

35 Bei der Verwendung des Musterprotokolls sind gegenüber der Normalgründung die folgenden **Besonderheiten** zu beachten:

- Es kann nur ein Geschäftsanteil übernommen werden, dessen Nennbetrag mit der Höhe des Stammkapitals übereinstimmen muss.
- Es ist nur die Bareinlage möglich, nicht die Sacheinlage.
- Es kann nur ein Geschäftsführer bestellt werden, der zwingend von den Beschränkungen des § 181 BGB befreit ist.

Es ist noch ungeklärt, unter welchen Voraussetzungen und mit welchen Rechtsfolgen weitere Geschäftsführer bestellt werden können (siehe OLG Stuttgart NJW-Spezial 2009, 369). Für die Praxis sollte man bis auf weiteres davon ausgehen, dass die Regelung des Musterprotokolls nur gilt, solange die Gesellschaft den bei Gründung bestellten Geschäftsführer als alleinigen Geschäftsführer hat, und dass die Bestellung anderer und weiterer Geschäftsführer und ihre Befreiung von den Beschränkungen des § 181 BGB der Satzungsänderung bedarf.

Bei der **vereinfachten Gründung** mit Musterprotokoll ergeben sich keine Besonderheiten.

Das vereinfachte Verfahren ist regelmäßig für die **Einpersonengründung** praktikabel und angemessen. Für die Mehrpersonengründung ist zu bedenken, dass alle fürs Funktionieren des Gesellschaftsverhältnisses erforderlichen personalistischen Regelungen fehlen.

36 ➲ **Hinweis:** Hierüber wird der Notar die Beteiligten zu belehren haben mit der Folge, dass sie im Regelfall vernünftigerweise eine normale Gründung mit ausführlichem und maßgeschneiderten Gesellschaftsvertrag als Anlage des Gründungsprotokolls vornehmen werden.

M 120.11 Musterprotokoll Einpersonengründung der GmbH

Heute, den . . . (Datum)

Erschien vor mir, . . . (Name),

Notar/in mit dem Amtssitz in . . . (Gemeinde)

Herr A, (persönliche Daten, Angaben zur notariellen Identitätsfeststellung, gegebenenfalls der Güterstand und die Zustimmung des Ehegatten sowie die Angaben zu einer etwaigen Vertretung).

1. Der Erschienene errichtet hiermit nach § 2 Abs. 1a GmbHG eine Gesellschaft mitbeschränkter Haftung unter der Firma . . . GmbH mit dem Sitz in . . . (Ort).

2. Gegenstand des Unternehmens sind . . . (Beschreibung).

3. Das Stammkapital der Gesellschaft beträgt . . . Euro (i.W. . . . Euro) und wird vollständig von Herrn A (Geschäftsanteil Nr. 1) übernommen. Die Einlage ist in Geld zu erbringen, und zwar zu 50 % sofort, im Übrigen sobald die Gesellschafterversammlung ihre Einforderung beschließt.

4. Zum Geschäftsführer der Gesellschaft wird Herr A, geboren am . . . (Datum), wohnhaft in . . . (Ort) bestellt. Der Geschäftsführer ist von den Beschränkungen des § 181 des Bürgerlichen Gesetzbuchs befreit.

5. Die Gesellschaft trägt die mit der Gründung verbundenen Kosten bis zu einem Gesamtbetrag von . . . Euro, höchstens jedoch bis zum Betrag ihres Stammkapitals.

Darüber hinausgehende Kosten trägt der Gesellschafter.

6. Von dieser Urkunde erhält eine Ausfertigung der Gesellschafter, beglaubigte Ablichtungen die Gesellschaft und das Registergericht (in elektronischer Form) sowie eine einfache Abschrift das Finanzamt – Körperschaftsteuerstelle – . . .

7. Der Erschienene wurde vom Notar/von der Notarin insbesondere auf Folgendes hingewiesen: Die Gesellschaft entsteht mit der Eintragung im Handelsregister. Bei der Aufnahme weiterer Gesellschafter empfiehlt sich die Vereinbarung eines ausführlichen Gesellschaftsvertrags, der insbesondere Störfälle im persönlichen Verhältnis der Gesellschafter regelt.

Vorgelesen, genehmigt und unterschrieben:

. . . (Unterschriften des Erschienenen und des Notars/der Notarin)

4. Anmeldung zum Handelsregister

Die Registeranmeldung weist im **vereinfachten Verfahren** keine Besonderheiten auf. Es ist die für die Geschäftsführer abstrakt geltende Vertretungsbefugnis anzugeben und darüber hinaus auch die konkrete Vertretungsbefugnis (OLG Stuttgart DNotZ 2010, 71; OLG Bremen DNotZ 2010, 73). Die in § 4 des Musterprotokolls enthaltene Befreiung des Geschäftsführers von den Beschränkungen des § 181 BGB ist ein unechter Satzungsbestandteil. Die Befreiung gilt nur für den ersten Geschäftsführer und ist für diesen anzumelden (Leitzen GmbHR 2009, 1290 mwN; Bayer/Hoffmann/Lieder GmbHR 2010, 13). 37

M 120.12 Registeranmeldung

An das Amtsgericht – Registergericht –

. . . (Ort)

Als Geschäftsführer der im vereinfachten Verfahren gegründeten „. . . GmbH" mit dem Sitz in . . . melde ich die Gesellschaft und mich als Geschäftsführer zur Eintragung in das Handelsregister an.

Ich versichere, dass die in § 7 Abs. 2 und 3 GmbHG bezeichneten Leistungen auf die Geschäftsanteile bewirkt sind. Ich habe auf meinen Geschäftsanteil von . . . Euro den Betrag von . . . Euro ein-

gezahlt. Der eingezahlte Betrag befindet sich endgültig in meiner freien Verfügung als Geschäftsführer.

Ich versichere, dass keine Umstände vorliegen, die meiner Bestellung nach § 6 Abs. 2 Satz 2 Nr. 2 und 3 sowie Satz 3 GmbHG entgegenstehen, und dass ich über meine unbeschränkte Auskunftspflicht gegenüber dem Gericht vom beurkundenden Notar belehrt wurde, ebenso darüber, dass falsche Versicherungen strafbar sind.

Ich unterliege keinem auf Grund eines gerichtlichen Urteils oder einer vollziehbaren Entscheidung einer Verwaltungsbehörde bestehenden Verbot, einen Beruf, einen Berufszweig, ein Gewerbe oder einen Gewerbezweig auszuüben. Ich bin nicht verurteilt worden wegen einer oder mehrerer vorsätzlich begangener Straftaten

a) des Unterlassens der Stellung des Antrags auf Eröffnung des Insolvenzverfahrens (Insolvenzverschleppung),

b) nach den §§ 283 bis 283d des Strafgesetzbuchs (Insolvenzstraftaten, Bankrott, Verletzung der Buchführungspflicht, Gläubigerbegünstigung, Schuldnerbegünstigung),

c) der falschen Angaben nach § 82 GmbHG oder § 399 des Aktiengesetzes,

d) der unrichtigen Darstellung nach § 400 des Aktiengesetzes, § 331 des Handelsgesetzbuchs oder § 17 des Publizitätsgesetzes oder

e) nach den §§ 263 bis 264a oder den §§ 265b bis 266a des Strafgesetzbuchs (Betrug, Computerbetrug, Subventionsbetrug, Kapitalanlagebetrug, Kreditbetrug, Untreue, Vorenthalten und Veruntreuen von Arbeitsentgelt) zu einer Freiheitsstrafe von mindestens einem Jahr.

Ich bin auch nicht im Ausland verurteilt wegen einer Tat, die mit den vorbezeichneten, in § 6 Abs. 2 Satz 2 Nr. 3 GmbHG genannten Taten vergleichbar ist.

Dieser Anmeldung ist in elektronischer Form beigefügt das notarielle Protokoll gem. § 2 Abs. 1a GmbHG.

Die inländische Geschäftsanschrift der Gesellschaft ist ... (Adresse).

Nach der Gründungsurkunde hat die Gesellschaft einen Geschäftsführer, der sie allein vertritt und der von den Beschränkungen des § 181 BGB befreit ist (allgemeine Vertretungsregelung). Als alleiniger Geschäftsführer vertrete ich dementsprechend die Gesellschaft immer allein und bin von den Beschränkungen des § 181 BGB befreit (konkrete Vertretungsregelung).

... (Ort), den ... (Datum)

... (Unterschrift, notarielle Unterschriftsbeglaubigung, elektronische Einreichung nach § 12 Abs. 2 HGB)

III. Unternehmergesellschaft (haftungsbeschränkt)

38 Eine Unternehmergesellschaft kann im Extremfall mit einem Stammkapital von 1 Euro gegründet werden kann. Sie muss nach § 5a Abs. 1 GmbHG in der Firma abweichend von § 4 die Bezeichnung „Unternehmergesellschaft (haftungsbeschränkt)“ oder „UG (haftungsbeschränkt)“ führen. In der Praxis scheint sich diese Einstiegsvariante zur GmbH (Seibert GmbHR 2007, 673, 674) als Erfolgsmodell herauszustellen und der Limited nach englischem Recht völlig den Rang abzulaufen.

Die Unternehmergesellschaft (haftungsbeschränkt) ist eine GmbH. Für sie gelten die besonderen Vorschriften des § 5a GmbHG und darüber hinaus unmittelbar das gesamte GmbHG und alle die GmbH betreffenden Regelungen des deutschen Rechts. Bei späterer Aufstockung des Kapitals auf die Mindestkapitalziffer des § 5 Abs. 1 GmbHG entfallen die Besonderheiten des § 5a GmbHG.

39 Weitere Besonderheiten der Unternehmergesellschaft als Unterform der GmbH mit eigener Rechtsformbezeichnung sind:

- Die Höhe des Stammkapitals beläuft sich mindestens auf 1 Euro pro Gesellschafter und höchstens auf insgesamt 24 999 Euro, § 5a Abs. 1.

- Die Unternehmergesellschaft ist nicht zur Führung des Rechtsformenzusatzes „GmbH" berechtigt, sondern hat den Rechtsformenzusatz „Unternehmergesellschaft (haftungsbeschränkt)" oder „UG (haftungsbeschränkt)" zu führen, § 5a Abs. 1 GmbHG.
- Auf ein Stammkapital unter 25 000 Euro können nur Bareinlagen erfolgen, die vor Anmeldung der Gesellschaft zum Handelsregister voll geleistet sein müssen, § 5a Abs. 2 GmbHG.
- Aus den jährlichen Jahresüberschüssen sind jeweils 25 % einer gesetzlichen Rücklage zuzuführen, die nur zum Verlustausgleich oder zu einer Kapitalerhöhung aus Gesellschaftsmitteln verwendet werden darf, § 5a Abs. 3 GmbHG.
- Abweichend von § 49 Abs. 3 GmbHG muss die Versammlung der Gesellschafter bei drohender Zahlungsunfähigkeit unverzüglich einberufen werden, § 5a Abs. 4 GmbHG.
- Wird das Kapital auf mindestens 25 000 Euro erhöht, so endet die Pflicht zur jährlichen Bedienung der gesetzlichen Rücklage und zur Führung der besonderen Rechtsformbezeichnung, § 5a Abs. 5 GmbHG.

Im Übrigen gelten die Vorschriften des GmbHG. Die Unternehmergesellschaft kann Komplementärin einer KG sein. Sie kann an Verschmelzungen nach dem Umwandlungsgesetz beteiligt sein. Sie kann nur durch Neugründung entstehen, dies auch im vereinfachten Verfahren nach § 2 Abs. 1a GmbHG. Deshalb ist der Formwechsel in die Unternehmergesellschaft nicht möglich. Hat die Unternehmergesellschaft ihr Stammkapital förmlich auf mindestens 25 000 Euro erhöht, so gibt es keine Rückkehr in ein Stammkapital unter diesem Mindestbetrag (Lutter in Lutter/Hommelhoff § 5a GmbHG Rz. 34).

M 120.13 Vereinfachtes Verfahren zur Gründung einer Einpersonen-Unternehmergesellschaft

Heute, den . . . erschien vor mir,

. . .

Notar mit dem Amtssitz in . . . (Ort)

Herr . . ., geboren am . . ., wohnhaft . . ., nicht verheiratet, ausgewiesen durch Vorlage seines Personalausweises der Bundesrepublik Deutschland Nr. . . .

1. Der Erschienene errichtet hiermit nach § 2 Abs. 1a GmbHG eine Gesellschaft mit beschränkter Haftung unter der Firma . . . (haftungsbeschränkt)

mit dem Sitz in . . . (Ort)

2. Gegenstand des Unternehmens ist die Erbringung mobiler Hausmeistertätigkeiten.

3. Das Stammkapital der Gesellschaft beträgt 5000 Euro (i.W. fünftausend Euro) und wird vollständig von . . . (Name) (Geschäftsanteil Nr. 1) übernommen. Die Einlage ist in Geld zu erbringen, und zwar sofort in voller Höhe.

4. Zum Geschäftsführer der Gesellschaft wird Herr . . . (Name), geboren am . . . (Datum), wohnhaft in . . . (Ort) bestellt. Der Geschäftsführer ist von den Beschränkungen des § 181 des Bürgerlichen Gesetzbuchs befreit.

5. Die Gesellschaft trägt die mit der Gründung verbundenen Kosten bis zu einem Gesamtbetrag von . . . Euro, höchstens jedoch bis zum Betrag ihres Stammkapitals. Darüber hinausgehende Kosten trägt der Gesellschafter.

6. Von dieser Urkunde erhält eine Ausfertigung der Gesellschafter, beglaubigte Ablichtungen die Gesellschaft und das Registergericht (in elektronischer Form) sowie eine einfache Abschrift das Finanzamt – Körperschaftsteuerstelle – . . . (Ort).

7. Der Erschienene wurde vom Notar insbesondere auf Folgendes hingewiesen:

Die Gesellschaft entsteht mit der Eintragung im Handelsregister. Bis dahin sollten vom sofort im Anschluss an die heutigen Beurkundung einzuzahlenden Stammkapital nur die Notar- und Registerkosten bezahlt werden. In die jährlich aufzustellende Bilanz ist eine gesetzliche Rücklage in Höhe eines Viertels des Jahresüberschusses einzustellen. Sollte ein weiterer Gesellschafter aufgenommen werden, so empfiehlt sich die Vereinbarung eines ausführlichen Gesellschaftsvertrages.

(Urkundenschluss, Unterschriften)

Kapitel 121 Satzungsänderung, Kapitalmaßnahmen

I. Satzungsänderung

1. Grundsätze

1 Satzungsänderungen bedürfen nach § 53 GmbHG eines **notariell beurkundeten Gesellschafterbeschlusses** mit einer Mehrheit von ¾ der abgegebenen Stimmen, soweit nicht der Gesellschafts-

vertrag weitere verschärfende Erfordernisse aufstellt. Vertretung mit privatschriftlicher Vollmacht ist möglich, § 47 Abs. 3 GmbHG. Jede Änderung des Wortlauts der Satzung ist Satzungsänderung. Die Unterscheidung der Änderung sog. unechter Satzungsbestandteile von der Satzungsänderung ist möglich, aber in der Praxis zu vermeiden. Möglich sind auch Satzungsdurchbrechungen im Einzelfall.

Eine **Verpflichtung zur Satzungsänderung** kann sich aus der gesellschaftlichen Treuepflicht ergeben. Die Leistungsvermehrung bedarf nach dem zwingenden § 53 Abs. 3 GmbHG immer der Zustimmung aller Gesellschafter. Sollen durch Satzungsänderung Sonderrechte bestimmter Gesellschafter, etwa Mehrstimmrechte, geschaffen werden, so müssen die hierdurch betroffenen anderen Gesellschafter zustimmen. 2

Satzungsänderungen in der Gründungsphase, also vor Eintragung der GmbH, sind Vertragsänderung nach § 2 GmbHG, die der Mitwirkung aller Gesellschafter bedürfen. Eine neue formelle Anmeldung ist nach hL entbehrlich (s. Kap. 120 Rz. 11). 3

Die **Beurkundung** kann entweder in der vereinfachten Form der Beurkundung von sonstigen Tatsachen oder Vorgängen nach §§ 36 f. BeurkG oder in der üblichen Form der Beurkundung von Willenserklärungen nach §§ 8 ff. BeurkG erfolgen. Letztere Form ist erforderlich, wenn nicht nur die Gesellschafterbeschlüsse wiederzugeben sind, sondern auch noch andere beurkundungspflichtige rechtsgeschäftliche Erklärungen abgegeben wurden. Die Übernahmeerklärung nach § 55 Abs. 1 GmbHG kann nicht in der Form der §§ 36 f. BeurkG abgegeben werden. 4

M 121.1 Satzungsänderung – GmbH

Geschehen zu ... am ...

Vor dem unterzeichneten Notar ...

sind anwesend, persönlich bekannt: ... (Personalien der Gesellschafter)

Die Erschienenen sind nach Angaben die vollzähligen Gesellschafter der im

Handelsregister des Amtsgerichts ... (Ort) eingetragenen ... (Firma).

Sie treten unter Verzicht auf Formen und Fristen der Einberufung zu einer Gesellschafterversammlung zusammen und beschließen die folgende

Satzungsänderung

Wir ändern den Gegenstand der Gesellschaft und § 2 der Satzung wie folgt:

(Wortlaut des geänderten § 2).

Weiterhin streichen wir in § 4 den letzten Satz und ergänzen § 5 um den Satz: „Jeder Geschäftsführer kann von den Beschränkungen des § 181 BGB befreit werden."

Die Kosten trägt die Gesellschaft.

Ausfertigung dem Registergericht, eine beglaubigte Abschrift der Gesellschaft.

Vorgelesen, genehmigt und unterschrieben:

... (Unterschriften der Erschienenen und des Notars/der Notarin)

Kosten: *Notargebühr:* 2,0-Gebühr gem. Nr. 21100 KV GNotKG, Geschäftswert gem. §§ 97 Abs. 1, 108 Abs. 1 S. 1, 105 Abs. 4 Nr. 1, 109 Abs. 2 S. 1 Nr. 4c GNotKG, 1 % des Stammkapitals, mindestens 30 000 Euro.

M 121.2 Anmeldung der Satzungsänderung – GmbH

An das

Amtsgericht

– Registergericht –

... (Ort)

Zum Handelsregister B ... der ... (Firma) überreichen wir als deren Geschäftsführer die Ausfertigung der notariellen Urkunde vom heutigen Tag nebst der vollständigen Fassung der Satzung mit der entsprechenden Bescheinigung des Notars.

Wir melden die Änderung des Gegenstandes der Gesellschaft und des § 2 der Satzung und die sonstigen Satzungsänderungen zur Eintragung an.

... (Ort, Datum)

... (Unterschriften der Geschäftsführer, notarielle Unterschriftsbeglaubigung, elektronische Einreichung nach § 12 Abs. 1 HGB)

Kosten: *Notargebühr:* 0,2-Gebühr gem. Nr. 25100 KV GNotKG, mindestens 20 Euro, höchstens 70 Euro. Geschäftswert gem. §§ 121, 105 Abs. 4 Nr. 1 GNotKG (1 % des Stammkapitals). Bei Fertigung des Entwurfs und Beglaubigung 0,5-Gebühr gem. Nrn. 24102, 21201 Nr. 5 KV GNotKG (§ 92 Abs. 2 GNotKG), Geschäftswert gem. §§ 119, 105 Abs. 4 Nr. 1 GNotKG wie zuvor. 0,3-Gebühr für den Vollzug gem. Nr. 22114 KV GNotKG, Geschäftswert gem. § 112 GNotKG wie zuvor.

Gerichtsgebühr: 150 Euro Festgebühr gem. Nr. 2500, 2501 GV HRegGebV.

M 121.3 Sitzverlegung – GmbH

Geschehen zu ... (Ort) am ...

Vor dem unterzeichneten Notar ...

sind erschienen, persönlich bekannt:

... (Personalien der Erschienenen)

... (Unterschriften)

Die Erschienenen sind die vollständigen Gesellschafter der ... (Firma) mit dem Sitz in ... (Ort). Sie treten unter Verzicht auf Formen und Fristen der Einberufung zu einer Gesellschafterversammlung zusammen und beschließen die folgende

Sitzverlegung und Satzungsänderung

Wir verlegen den Sitz der ... (Firma) von ... (Ort) nach ... (Ort). Neue Geschäftsadresse ist ... (Ort. Straße, Nr.).

Wir ändern § 1 Satz 2 der Satzung so, dass er nunmehr lautet: „Sitz der Gesellschaft ist ... (Ort)".

Die Kosten trägt die Gesellschaft.

Der Gesellschafter ... (Name) als Geschäftsführer der Gesellschaft meldet die Sitzverlegung und Satzungsänderung hiermit zur Eintragung an.

Ausfertigung dem Amtsgericht – Registergericht – ... (Ort) mit vollständigem Wortlaut der Satzung, eine beglaubigte Abschrift der Gesellschaft.

Vorgelesen, genehmigt und unterschrieben:

... (Unterschriften der Beteiligten und des Notars/der Notarin)

Kosten: wie **M 121.1**.

2. Anmeldung

Die Satzungsänderung ist nach § 54 GmbHG zur Eintragung in das Handelsregister anzumelden und äußert erst mit **Eintragung rechtliche Wirkung**. Der Anmeldung ist der vollständige Wortlaut des Gesellschaftsvertrags mit der Bescheinigung eines Notars beizufügen, dass die geänderten Bestimmungen des Gesellschaftsvertrages mit dem Beschluss über die Änderung des Gesellschaftsvertrages und die unveränderten Bestimmungen mit dem zuletzt zum Handelsregister eingereichten vollständigen Wortlaut des Gesellschaftsvertrages übereinstimmen. Nach einem Beschluss des OLG Zweibrücken ist bei einer Satzungsneufassung die Satzungsbescheinigung entbehrlich (OLG Zweibrücken GmbHR 2001, 1117). 5

Bei der Anmeldung genügt grundsätzlich die Bezugnahme auf den beurkundeten Änderungsbeschluss. Bei der Anmeldung von Satzungsänderungen, die Regelungen nach § 10 Abs. 1 und 2 GmbHG zum Gegenstand haben, sind die **geänderten Satzungsbestandteile schlagwortartig hervorzuheben**. Ob bei einer völligen Umgestaltung der Satzung die bloße Bezugnahme auf die eingereichte Urkunde genügt, wurde vom OLG Hamm verneint (OLG Hamm RNotZ 2002, 55). Vorsichtshalber sollte man immer die eintragungspflichtigen Änderungen konkret schlagwortartig angeben. 6

II. Kapitalerhöhung

1. Typen der Kapitalerhöhung

Das Gesetz unterscheidet die Kapitalerhöhung durch Bar- oder Sacheinlagen nach §§ 55–57a GmbHG und die Kapitalerhöhung aus Gesellschaftsmitteln nach §§ 57c–57o GmbHG. Beide sind wegen der Änderung der Stammkapitalziffer des § 3 Abs. 1 Nr. 3 GmbHG Satzungsänderung nach §§ 53, 54 GmbHG. Durch die Kapitalerhöhung wird der Gesellschaft entweder neues Eigenkapital zugeführt oder vorhandenes Fremdkapital in Eigenkapital umgewandelt und so der Bindungswirkung der §§ 30, 31 GmbHG unterstellt (zur fehlerhaften Kapitalerhöhung Temme RNotZ 2004, 1; GmbHR 2004, 1556). 7

Der Notar sollte angesichts gestiegener Belehrungsanforderungen im Rahmen der Hinweise, die er erteilt, insbesondere die Haftung der alten und der neuen Gesellschafter für nicht erbrachte Stammeinlagen erwähnen wie auch die Differenzhaftung bei der Kapitalerhöhung mit Sacheinlagen. Ferner sollte darauf hingewiesen werden, dass die Kapitalerhöhung erst mit Eintragung im Handelsregister wirksam wird. 8

M 121.4 Kapitalerhöhung durch Bareinlage: Erhöhungsbeschluss, Übernahme – GmbH

Geschehen zu ... am ... vor Notar ... sind erschienen, persönlich bekannt:

... (Personalien der Gesellschafter)

Die Erschienenen sind die vollzähligen Gesellschafter der ... Das Stammkapital von ... Euro ist voll erbracht. Die Erschienenen treten unter Verzicht auf Formen und Fristen der Einberufung zu einer Gesellschafterversammlung zusammen und erklären die folgende

Kapitalerhöhung

1. *Das Stammkapital der Gesellschaft wird von ... Euro um ... Euro auf ... Euro erhöht. Zur Übernahme einer neuen Stammeinlage von ... Euro wird der Gesellschafter B, zur Übernahme einer neuen Stammeinlage von ... Euro der bisher nicht an der Gesellschaft beteiligte Herr C zugelassen. Die Übernahmen sind umgehend zu erklären. Die neuen Stammeinlagen sind in voller Höhe sofort in bar einzuzahlen. Sie nehmen am Gewinn des laufenden Geschäftsjahres teil.*

2. *Der Gesellschafter B erklärte, er übernehme hiermit zu den vorbezeichneten Bedingungen die neue Stammeinlage von . . . Euro.*
3. *Die Satzung der Gesellschaft wird in § 3 wie folgt neu gefasst:*
   „Das Stammkapital der Gesellschaft beträgt . . . Euro, in Worten . . .“
4. *Der Notar hat darauf hingewiesen, dass die Einlagen in bar einzuzahlen sind und die verdeckte Sacheinlage keine Erfüllungswirkung hat. Weitere Belehrungen . . .*

Ausfertigung dem Registergericht, je eine Abschrift den Erschienenen und der Gesellschaft und dem Finanzamt.

Vorgelesen, genehmigt und unterschrieben:

. . . (Unterschriften der Beteiligten und des Notars/der Notarin)

Kosten: *Notargebühr:* 2,0-Gebühr gem. Nr. 21100 KV GNotKG, Geschäftswert gem. §§ 97 Abs. 1 108 Abs. 1 S. 2 GNotKG (Betrag der Kapitalerhöhung).

9 Die Anmeldung hat – im Gegensatz zur einfachen Satzungsänderung – nach § 78 GmbHG durch sämtliche Geschäftsführer zu erfolgen.

M 121.5 Anmeldung durch sämtliche Geschäftsführer – GmbH

An das

Amtsgericht

– Registergericht –

. . . (Ort)

Als Geschäftsführer der . . . GmbH überreichen wir die Ausfertigung der notariellen Urkunde vom . . . über Kapitalerhöhung und Satzungsänderung mit dem vollständigen Wortlaut der Satzung, versehen mit der entsprechenden Bescheinigung des Notars, die beurkundete Übernahmeerklärung des Gesellschafters B und die getrennte Übernahmeerklärung des neuen Gesellschafters C und melden diese Vorgänge zur Eintragung an. § 3 der Satzung wurde der Kapitalerhöhung angepasst. Wir versichern, dass das erhöhte Stammkapital voll einbezahlt ist und dass sich die neu einbezahlten Beträge endgültig in unserer freien Verfügung als Geschäftsführer befinden.

. . . (Ort, Datum)

. . . (Unterschriften, notarielle Unterschriftsbeglaubigung, elektronische Einreichung nach § 12 Abs. 1 HGB)

Kosten: *Notargebühr:* 0,2-Gebühr gem. Nr. 25100 KV GNotKG, mindestens 20 Euro, höchstens 70 Euro. Geschäftswert gem. §§ 121, 105 Abs. 1 Nr. 3 GNotKG (Betrag der Kapitalerhöhung). Bei Fertigung des Entwurfs und Beglaubigung 0,5-Gebühr gem. Nrn. 24102, 21201 Nr. 5 KV GNotKG (§ 92 Abs. 2 GNotKG), Geschäftswert gem. §§ 119, 105 Abs. 1 Nr. 3 GNotKG wie zuvor. 0,3-Gebühr für den Vollzug gem. Nr. 22114 KV GNotKG, Geschäftswert gem. § 112 GNotKG wie zuvor.

Gerichtsgebühr: 70 Euro Festgebühr gem. Nr. 2500 GV HRegGebV.

M 121.6 Getrennte Übernahmeerklärung – GmbH

Die Gesellschafterversammlung der . . . hat in notarieller Urkunde vom . . . des Notars . . . UR . . . eine Erhöhung des Stammkapitals beschlossen und mich zur Übernahme einer neuen Stammeinlage von . . . Euro zugelassen. Ich übernehme diese Stammeinlage hiermit zu den Bedingungen des Erhöhungsbeschlusses.

. . . (Ort, Datum)

... (Unterschrift, notarielle Unterschriftsbeglaubigung, elektronische Einreichung nach § 12 Abs. 1 HGB)

Kosten: wie **M 121.5**.

Beizufügen ist der Anmeldung nach § 54 Abs. 1 Satz 2 GmbHG der vollständige Wortlaut der geänderten Satzung mit folgender Bescheinigung des Notars: 10

M 121.7 Bescheinigung des Notars – GmbH

Ich bescheinige hiermit, dass der vorstehende Satzungswortlaut vollständig ist, dass also die geänderten Bestimmungen des Gesellschaftsvertrages mit dem Beschluss über die Änderung des Gesellschaftsvertrages und die unveränderten Bestimmungen mit dem zuletzt zum Handelsregister eingereichten vollständigen Wortlaut des Gesellschaftsvertrages übereinstimmen.

Kosten: keine Notargebühr (Vorbem. 2.1 Abs. 2 Nr. 4 KV GNotKG).

Beizufügen ist weiter nach § 57 Abs. 3 Nr. 2 GmbHG die **Liste der Übernehmer** der neuen Stammeinlagen nach § 57 Abs. 3 GmbHG. Das Verhältnis zu der vom Notar nach § 40 Abs. 2 GmbHG einzureichenden **Gesellschafterliste** ist ungeklärt. Der Gesetzgeber hat versäumt, den § 57 Abs. 3 GmbHG zu streichen. Entsprechend den positiven gesetzlichen Vorschriften werden die Registergerichte beide Listen fordern. Dabei wird die notarielle Gesellschafterliste gem. § 40 Abs. 2 GmbHG nicht schon bei Anmeldung des Erhöhungsbeschlusses einzureichen sein, sondern erst nach Eintragung der Kapitalerhöhung (Scholz/Priester § 57 GmbHG Rz. 17 im Anschluss an Dieter Mayer ZIP 2009, 1037, 1048). 11

M 121.8 Liste der Übernehmer der neuen Stammeinlagen – GmbH

1. ... (Name, Geburtsdatum, Beruf, Wohnort) ... (Betrag)
2. ... (Name, Geburtsdatum, Beruf, Wohnort) ... (Betrag)
... (Unterschriften der Geschäftsführer, notarielle Beglaubigung nicht erforderlich).

2. Ablauf der Kapitalerhöhung

Die Kapitalerhöhung ist Satzungsänderung. Sie bedarf einer Mehrheit von ¾ der abgegebenen Stimmen. Nach der gesetzlichen (§ 55 Abs. 3 GmbHG) und praktischen Regel erfolgt die Kapitalerhöhung durch Bildung neuer Stammeinlagen. Volleinzahlung der alten Stammeinlagen ist nicht erforderlich. Möglich ist aber auch die Erhöhung des Nennbetrags der alten Anteile, wenn diese voll einbezahlt sind und Nachschusspflichten nicht bestehen, bei Gründungsgesellschaftern auch, wenn die Anteile noch nicht voll eingezahlt sind oder Nachschusspflichten bestehen. Der Nennbetrag der Erhöhungsbeträge muss auf volle Euro lauten, § 55 Abs. 4 iVm. 5 Abs. 2 und 3 GmbHG. 12

Die Kapitalerhöhung bedarf zunächst des satzungsändernden **Erhöhungsbeschlusses**. Regelmäßig wird ergänzend ein sog. **Zulassungsbeschluss** über die Zulassung bestimmter Personen zur Übernahme des erhöhten Kapitals gefasst. Die Übernehmer und die Einzahlung der neuen Anteile können aber zunächst auch unbestimmt bleiben. Ebenso kann der Erhöhungsbeschluss auch nur einen Rahmen für die Kapitalerhöhung angeben – Mindest- und Höchstbetrag –, wenn noch offen ist, in welcher Höhe Übernehmer gefunden werden. Der Erhöhungsbeschluss hat bei Sacheinlagen diese entsprechend § 56 GmbHG zu bezeichnen. Er kann ein etwaiges Agio festsetzen, § 3 Abs. 2 GmbHG. 13

14 Auf den Erhöhungsbeschluss folgt der **Übernahmevertrag** (BGH DStR 1999, 382) zwischen der GmbH und dem Übernehmer des neuen Kapitalanteils. Die Erklärung der GmbH wird durch die Geschäftsführer abgegeben und bedarf keiner Form. Sie liegt konkludent spätestens in der Anmeldung zum Registergericht. Die Erklärung des Übernehmers bedarf nach § 55 GmbHG der notariellen Beurkundung oder Beglaubigung. Soweit sie also nicht in eine Beurkundung nach §§ 8, 13 BeurkG aufgenommen wird, ist sie mit Unterschriftsbeglaubigung zu versehen. Die Vollmacht zur Übernahme bedarf deshalb ebenfalls der notariellen Beglaubigung.

15 Im Anschluss an die Übernahme sind nach § 56a GmbHG die **Einlagen zu leisten**, ehe die Anmeldung und Eintragung erfolgen kann. Bareinlagen sind mindestens zu ¼ Sacheinlagen voll zu leisten. Danach erfolgt die Anmeldung durch alle Geschäftsführer, §§ 57, 78 GmbHG. Ob hierbei Vertretung zulässig ist, ist streitig. Keine Vertretung ist jedenfalls bei der nach § 82 Abs. 1 Nr. 1 GmbHG strafbewehrten Versicherung des § 57 Abs. 2 GmbHG möglich.

16 ➲ **Praxistipp:** Übernimmt die GmbH die Kosten der Kapitalerhöhung, so kann hierin eine verdeckte Gewinnausschüttung liegen. Nach der Rechtsprechung des BFH (BFH GmbHR 2000, 439; dazu Tiedtke/Wälzholz GmbHR 2001, 223) darf die GmbH nur die Kosten für die Kapitalerhöhung selbst, nicht aber die zur Beurkundung für die Übernahmeerklärungen der Gesellschafter übernehmen. Etwas anderes gilt nur, soweit die Satzung ausdrücklich eine Übernahme auch dieser Kosten durch die Gesellschaft vorsieht.

M 121.9 Kostentragung in der Kapitalerhöhungsurkunde – GmbH

Die Kosten der Beurkundung und Eintragung der Kapitalerhöhung trägt die Gesellschaft. Die Kosten seiner Übernahmeerklärung trägt jeder Gesellschafter selbst.

3. Kapitalerhöhung durch Sacheinlagen

a) Sacheinlagen

17 Hinsichtlich der Einlagefähigkeit und des Verfahrens der Sacheinlage gelten die **Grundsätze der Sachgründung** (s. Kap. 119 Rz. 24 f.).

18 Sind die für eine Sacheinlage vorgesehenen Gegenstände der GmbH bereits zur Nutzung überlassen, so müssen sie im Zeitpunkt des Kapitalerhöhungsbeschlusses noch gegenständlich im Gesellschaftsvermögen vorhanden sein (BGH NJW 2001, 67). Für die Werthaltigkeit kommt es dabei auf den Zeitpunkt der Anmeldung der Kapitalerhöhung an (Heidinger DNotZ 2001, 341).

b) Einbringung eines Gesellschafterdarlehens

19 In den notariell beurkundeten Kapitalerhöhungsbeschluss ist die Einlageverpflichtung gem. § 56 GmbHG aufzunehmen.

M 121.10 Einlageverpflichtung gem. § 56 GmbHG

Die neue Stammeinlage von 50 000 Euro ist sofort als Sacheinlage zu erbringen, und zwar dadurch, dass der Gesellschafter … (Name) einen Teil von 50 000 Euro seiner Forderung aus Darlehen gegen die Gesellschaft iHv. insgesamt 100 000 Euro einbringt mit der Folge, dass die Darlehensforderung insoweit durch Verrechnung erlischt. Die Darlehensforderung ist fällig, unstreitig und vollwertig. Sie wird zum Nennwert bewertet.

Hierzu erklärte der Gesellschafter … (Name), dass er die neue Stammeinlage nach dieser Maßgabe übernehme.

In die Anmeldung ist nach § 57 Abs. 2 GmbHG die folgende Erklärung und Versicherung aufzunehmen: 20

M 121.11 Erklärung gem. § 57 Abs. 2 GmbHG

Es wird versichert, dass der Gesellschafter ... (Name) seine erhöhte Stammeinlage von 50 000 Euro durch Einbringung eines entsprechenden Teils seines fälligen, unstreitigen und vollwertigen Gesellschafterdarlehens in dieser Höhe erbracht hat und dass sich diese Sacheinlage nach Verrechnung endgültig in der freien Verfügung der Geschäftsführer befindet. Hierzu wird auf die Bestätigung des Wirtschaftsprüfers ... (Name) und den Sacherhöhungsbericht verwiesen, die mit dieser Anmeldung eingereicht werden.

Dem Registergericht ist nach §§ 57a, 9c GmbHG die Vollwertigkeit der eingebrachten Darlehensforderung nachzuweisen. Dies kann durch Vorlage einer Bilanz neuesten Datums oder durch die Bestätigung eines Wirtschaftsprüfers oder Steuerberaters geschehen. Die Einzelheiten bestimmt das Registergericht im Rahmen seiner gesetzlichen Prüfungspflicht, kraft derer es regelmäßig auch die Vorlage eines Sacherhöhungsberichts verlangen wird, obwohl diese nach nunmehr überwiegender Meinung keine gesetzliche Pflicht ist (Baumbach/Zöllner § 56 GmbHG Rz. 11 mwN). 21

III. Kapitalerhöhung aus Gesellschaftsmitteln

Die Kapitalerhöhung aus Gesellschaftsmitteln bedeutet eine **Umwandlung von verteilbarem in unverteilbares Vermögen**, eine Ausdehnung der Ausschüttungssperre des § 30 GmbHG auf bisher ungebundene Teile des vorhandenen Eigenkapitals. Demgemäß muss das tatsächliche Vorhandensein umwandelbaren Eigenkapitals gewährleistet sein und ist vom Registergericht nachzuprüfen. Das Gesetz definiert in § 57d GmbHG die umwandelbaren Rücklagen und verlangt eine testierte, nicht länger als acht Monate zurückliegende Bilanz sowie die Versicherung der Geschäftsführer, dass zwischen Bilanzstichtag und Anmeldung keine Vermögensminderung eingetreten ist, §§ 57e, 57f, 57i GmbHG. 22

Der Erhöhungsbeschluss ist **Satzungsänderung**, bedarf damit der notariellen Beurkundung, einer Mehrheit von ¾ der abgegebenen Stimmen sowie der Eintragung nach Anmeldung. Nach § 57c Abs. 2 GmbHG darf der Kapitalerhöhungsbeschluss erst gefasst werden, nachdem der letzte Jahresabschluss festgestellt und über die Verteilung des Reingewinns dieses Geschäftsjahrs Beschluss gefasst ist. Dadurch soll einerseits bilanzmäßige Klarheit hinsichtlich des Vermögensstands der Gesellschaft hergestellt und andererseits sichergestellt werden, dass nicht nachträgliche Gewinnausschüttungen das Vermögen mindern. 23

Der nach § 57c Abs. 3 GmbHG dem Erhöhungsbeschluss zugrunde zu legenden **Bilanz** kommt zentrale Bedeutung für den Gläubigerschutz zu. Sie kann die letzte Jahresbilanz sein, wenn sie von dem von der Versammlung der Gesellschafter gewählten Abschlussprüfer geprüft und mit dem uneingeschränkten Bestätigungsvermerk versehen ist und wenn ihr Stichtag höchstens acht Monate vor der Anmeldung des Erhöhungsbeschlusses beim Handelsregister liegt (§ 57e GmbHG). Prüfer können neben Wirtschaftsprüfern auch vereidigte Buchprüfer sein. Ist die Jahresbilanz älter als acht Monate, so ist eine Zwischenbilanz aufzustellen, § 57f GmbHG, die die Gliederung und Bewertung der Jahresbilanz fortführt. Bei Abweichungen im Rücklagenausweis der Jahresbilanz und der Zwischenbilanz ist nach hL nur der niedrigere Betrag umwandelbar. 24

Umwandlungsfähige Rücklagen müssen in der maßgeblichen Bilanz unter „Rücklagen" ausgewiesen sein. Sie können nicht umgewandelt werden, wenn die Bilanz einen Verlust oder Verlustvortrag oder einen anderen Gegenposten zum Eigenkapital ausweist, § 57d GmbHG. Stille Rücklagen müssen, wenn sie zur Kapitalerhöhung verwendet werden sollen, zuvor unter Einhaltung der Bewertungsvorschriften aufgelöst und den Rücklagen zugeführt werden. Sind die Rücklagen für einen 25 anderen Zweck bestimmt, so ist zunächst diese Zweckbestimmung aufzuheben, § 57d Abs. 3 GmbHG. Der Bilanzgewinn ist als solcher nicht umwandlungsfähig, vielmehr nach § 29 GmbHG zu behandeln. Bei entsprechendem Gesellschafterbeschluss kann er zur Bildung von Rücklagen verwendet werden.

Dies kann schon im Rahmen der Bilanzfeststellung geschehen.

26 Die Ausführung der Kapitalerhöhung erfolgt durch **Bildung neuer Geschäftsanteile** oder durch **Erhöhung des Nennbetrags** der bestehenden Geschäftsanteile, wobei der Beschluss die Art der Erhöhung angeben muss, § 57h GmbHG. Sind die Geschäftsanteile noch nicht voll eingezahlt, so ist nur die Nennbetragserhöhung zulässig, § 57 l Abs. 2 GmbHG. Sie bildet deshalb für die Praxis die empfehlenswerte Regel. Nach § 57h Abs. 1 Satz 2 müssen die neuen Geschäftsanteile und die Geschäftsanteile, deren Nennbetrag erhöht wird, auf einen Betrag gestellt werden, der auf volle Euro lautet. Beide Erhöhungsarten können auch miteinander verbunden werden. So kann für einen Gesellschafter sein bisheriger Anteil erhöht und gleichzeitig ein neuer Anteil gebildet werden.

27 Die neuen Anteilsrechte, gleichgültig ob im Wege der Erhöhung oder der Neuzuteilung gebildet, stehen zwingend den Gesellschaftern **im Verhältnis ihrer bisherigen Beteiligung** am Stammkapital zu. Ein abweichender Beschluss der Gesellschafter ist nichtig, § 57j GmbHG. Hierdurch kann es zu Spitzenbeträgen kommen. Hier lässt § 57k GmbHG gemeinsame Geschäftsanteile zu, an denen selbständig veräußerliche und vererbliche Teilrechte bestehen.

28 Bei der **Anmeldung** der Kapitalerhöhung, die gem. § 78 GmbHG von allen Geschäftsführern vorzunehmen ist, haben diese dem Registergericht gegenüber zu versichern, dass nach ihrer Kenntnis seit dem Stichtag der der Kapitalerhöhung zugrunde gelegten Bilanz bis zum Tage der Anmeldung keine Vermögensminderung eingetreten ist, die der Kapitalerhöhung entgegenstünde, wenn diese am Tage der Anmeldung beschlossen worden wäre, § 57i GmbHG. Der Anmeldung sind beizufügen die Ausfertigung oder beglaubigte Abschrift der notariellen Urkunde über den Erhöhungsbeschluss, die Bilanz, bei einer Zwischenbilanz auch die letzte Jahresbilanz, und schließlich der vollständige Wortlaut der geänderten Satzung mit der Bescheinigung des Notars gem. § 54 Abs. 1 Satz 2 GmbHG. Da der Anteilserwerb ohne Übernahmeerklärung automatisch mit Eintragung erfolgt, sind Übernahmeerklärungen und die Beifügung einer Übernehmerliste nicht erforderlich.

M 121.12 Erhöhungsbeschluss – GmbH

Verhandelt in ... am ... vor Notar ...
sind erschienen ... und erklären

Kapitalerhöhung aus Gesellschaftsmitteln

Wir sind die vollzähligen Gesellschafter der im Handelsregister des Amtsgerichts ... eingetragenen ... und zwar mit voll eingezahlten Geschäftsanteilen von 25 000 Euro und 25 000 Euro.

Wir treten unter Verzicht auf Formen und Fristen zu einer Gesellschafterversammlung der Gesellschaft zusammen und beschließen, das Stammkapital von 50 000 Euro um 50 000 Euro auf 100 000 Euro zu erhöhen.

Die Kapitalerhöhung erfolgt aus Gesellschaftsmitteln.

Der Kapitalerhöhung wird die geprüfte und festgestellte, mit dem uneingeschränkten Bestätigungsvermerk des gewählten Abschlussprüfers versehene Jahresbilanz zum ... zugrunde gelegt.

In dieser Bilanz ist eine freie Rücklage von 50 000 Euro ausgewiesen. Sie wird in Stammkapital umgewandelt.

Die Kapitalerhöhung erfolgt durch Erhöhung des Nennbetrages der Geschäftsanteile.

Der Geschäftsanteil des Gesellschafters A wird um 25 000 Euro auf 50 000 Euro erhöht.

Der Geschäftsanteil des Gesellschafters B wird um 25 000 Euro auf 50 000 Euro erhöht.

§ 3 der Satzung wird wie folgt neu gefasst:

Das Stammkapital der Gesellschaft beträgt 100 000 Euro, in Worten einhunderttausend Euro.

Der Notar hat auf die Rechtsfolgen der Kapitalerhöhung hingewiesen.

Vorgelesen, genehmigt und unterschrieben:

. . . (Unterschriften der Beteiligten und des Notars/der Notarin)

Kosten: *Notargebühr:* 2,0-Gebühr gem. Nr. 21100 KV GNotKG, Geschäftswert gem. §§ 97 Abs. 1, 108 Abs. 1 S. 2 GNotKG (Betrag der Kapitalerhöhung).

M 121.13 Anmeldung

An das

Amtsgericht

– Registergericht –

. . . (Ort)

Als Geschäftsführer der . . . überreichen wir die Ausfertigung der notariellen Urkunde vom heutigen Tag über die erfolgte Kapitalerhöhung aus Gesellschaftsmitteln sowie die vollständige Fassung des Gesellschaftsvertrages mit der entsprechenden Bescheinigung des Notars. § 3 der Satzung wurde der Kapitalerhöhung angepasst. Der Beschluss über die Erhöhung des Nennkapitals wird zur Eintragung in das Handelsregister angemeldet. Die der Kapitalerhöhung zugrunde gelegte Bilanz ist beigefügt. Es wird erklärt, dass nach Kenntnis der Geschäftsführung seit dem Stichtag der Bilanz bis zum heutigen Tag keine Vermögensminderung eingetreten ist, die der Kapitalerhöhung entgegenstünde, wenn sie am Tage der Anmeldung beschlossen wäre.

. . . (Ort, Datum)

. . . (Unterschriften der Geschäftsführer, notarielle Unterschriftsbeglaubigung, elektronische Einreichung nach § 12 Abs. 1 HGB)

Kosten: *Notargebühr:* 0,2-Gebühr gem. Nr. 25100 KV GNotKG, mindestens 20 Euro, höchstens 70 Euro. Geschäftswert gem. §§ 121, 105 Abs. 1 Nr. 3 GNotKG (Betrag der Kapitalerhöhung). Bei Fertigung des Entwurfs und Beglaubigung 0,5-Gebühr gem. Nrn. 24102, 21201 Nr. 5 KV GNotKG (§ 92 Abs. 2 GNotKG), Geschäftswert gem. §§ 119, 105 Abs. 1 Nr. 3 GNotKG wie zuvor. 0,3-Gebühr für den Vollzug gem. Nr. 22114 KV GNotKG, Geschäftswert gem. § 112 GNotKG wie zuvor.

Gerichtsgebühr: 70 Euro Festgebühr gem. Nr. 2500 GV HRegGebV.

Ein Anwendungsfall des § 57c GmbHG ist nach § 5a Abs. 3 Nr. 1 Abs. 5 GmbHG die Kapitalerhöhung aus Gesellschaftsmitteln zum Übergang von der Unternehmergesellschaft (haftungsbeschränkt) in die normale GmbH. Erhöht die Unternehmergesellschaft nach § 5a Abs. 5 GmbHG ihr Stammkapital so, das es den Betrag des Mindeststammkapital von 25 000 Euro erreicht oder übersteigt, finden die sie betreffenden Vorschriften keine Anwendung mehr, die Unternehmergesellschaft verwandelt sich in eine GmbH. Sie darf ihre alte Firma beibehalten, was in der Praxis aber nicht vorkommen wird. Die notwendige Kapitalerhöhung kann nach § 5a Abs. 3 Satz 2 Nr. 1 GmbHG aus Gesellschaftsmitteln durch Verwendung der gesetzlichen Rücklage erfolgen. Diese Rücklage ist aufgrund **gesetzlicher Verpflichtung nach § 5a Abs. 3 GmbHG dadurch zu bilden, dass in** die jährliche Bilanz der Unternehmergesellschaft ein Viertel des um einen Verlustvortrag aus dem Vorjahr geminderten Jahresüberschusses einzustellen ist. Da die freie Verwendung der Rücklage nicht möglich ist, wird bei gutem Geschäftsgang der Gesellschaft diese Kapitalerhöhung aus Gesellschaftsmitteln den Regelfall bilden, um die Verpflichtung zur künftigen Rücklagenbildung zum Erlöschen zu bringen. 29

M 121.14 Kapitalerhöhung aus Gesellschaftsmitteln zum Übergang von der UG in die GmbH

Verhandelt in ... am ... vor Notar ...

sind erschienen

1. Herr ...

2. Herr ...

... und erklären

Kapitalerhöhung aus Gesellschaftsmitteln

Wir sind die vollzähligen Gesellschafter der im Handelsregister des Amtsgerichts ... eingetragenen XY Unternehmergesellschaft (haftungsbeschränkt) mit einem Stammkapital von 1000 Euro, und zwar mit voll eingezahlten Geschäftsanteilen von je 500 Euro.

Wir treten unter Verzicht auf Formen und Fristen zu einer Gesellschafterversammlung der Gesellschaft zusammen und beschließen, das Stammkapital von 1000 Euro um 24 000 Euro auf 25 000 Euro zu erhöhen.

Die Kapitalerhöhung erfolgt nach §§ 5a Abs. 3 Satz 2 Ziff. 1 iVm. § 57c GmbHG aus Gesellschaftsmitteln.

Der Kapitalerhöhung wird die geprüfte und festgestellte, mit dem uneingeschränkten Bestätigungsvermerk des gewählten Abschlussprüfers versehene Jahresbilanz zum ... zugrunde gelegt.

In dieser Bilanz ist eine nach § 5a Abs. 3 Satz 1 GmbHG gebildete gesetzliche Rücklage von 24 000 Euro ausgewiesen. Sie wird in Stammkapital umgewandelt.

Die Kapitalerhöhung erfolgt durch Neubildung von Geschäftsanteilen.

Der Gesellschafter A erhält einen neuen Geschäftsanteil von 12 000 Euro.

Der Gesellschafter B erhält einen neuen Geschäftsanteil von 12 000 Euro.

§ 3 der Satzung wird wie folgt neu gefasst:

Das Stammkapital der Gesellschaft beträgt 25 000 Euro, in Worten: Fünfundzwanzigtausend Euro.

§ 1 der Satzung wird wie folgt neu gefasst:

Die Firma der Gesellschaft lautet ... GmbH.

(Belehrungsvermerk, Schlussvermerke) vorgelesen, genehmigt und unterschrieben:

... (Unterschriften der Beteiligten und des Notars/der Notarin)

Kosten: *Notargebühr:* wie **M 121.12**.

IV. Gestaltungs- und Beratungsprobleme der Kapitalerhöhung

1. Zahlung des Erhöhungsbetrages auf ein debitorisches Konto der Gesellschaft

30 Gerät die Gesellschaft bei ihrer Bank ins Debet, so verlangt diese regelmäßig eine Kapitalerhöhung zum Kontoausgleich in der Weise, dass der Erhöhungsbetrag direkt auf das debitorische Konto einzuzahlen ist. Die Frage, ob dieses Verfahren den Anforderungen der Bareinlage bei Kapitalerhöhung genügt und die Geschäftsführer versichern können, dass sich die einbezahlten Beträgen endgültig in ihrer freien Verfügung befinden, wird von der Rechtsprechung des BGH (BGH GmbHR 1990, 554; GmbHR 1991, 152; GmbHR 1996, 772; GmbHR 2002, 545) bejaht. Die auf Grund missverständlicher Formulierungen in der Entscheidung des BGH vom 15.3.2004 (GmbHR 2004, 736) entstandenen Zweifel (Kanzleiter DNotZ 2004, 869; H. Roth LMK 2004, 139), ob Einlagezahlungen auf debitorisches Konto weiterhin zulässig seien, wurden durch die Entscheidung des BGH v. 8.11.2004 (GmbHR 2005, 229) beseitigt. Ab dem Zeitpunkt des Erhöhungsbeschlusses kann die Bareinlage weiterhin auch durch Zahlung auf debitorisches Konto erbracht werden.

Die Zahlung auf ein debitorisches Konto beinhaltet die unmittelbare Tilgung einer Verbindlichkeit der GmbH gegenüber der kontoführenden Bank durch die Einlageleistung. Zur freien Verfügung der Geschäftsführung steht die Einlageleistung dann, wenn die Gesellschaft wieder über einen Rahmenkredit verfügt, der von dem Debetsaldo nicht überschritten wird. Die Geschäftsführung erhält so Buchgeld, also die Möglichkeit, über einen Betrag in Höhe der Einlageleistung frei zu verfügen, sei es im Rahmen eines förmlich eingeräumten Kreditrahmens, sei es auf Grund einer nur stillschweigenden Gestattung der Bank (BGH GmbHR 2005, 229). 31

Dass der Geschäftsführer von vornherein angewiesen ist, den Erhöhungsbetrag nur zur Schuldenreduzierung zu verwenden, steht seiner Versicherung, der eingezahlte Betrag stehe endgültig zu seiner freien Verfügung, nicht entgegen. 32

2. Entfallen des Erfordernisses der wertgleichen Deckung

Der BGH hatte für die AG verlangt, dass die im Wege der Kapitalerhöhung zugeführten Mittel der Gesellschaft bis zur Registeranmeldung zumindest in Form wertgleicher Deckung zur Verfügung stehen müssten (BGH GmbHR 1993, 225). Dieses Erfordernis hat der BGH (GmbHR 2002, 545) inzwischen aufgegeben. Es gilt jetzt, dass die Einlage schon dann zur endgültig freien Verfügung der Geschäftsführung geleistet wurde, wenn sie in deren uneingeschränkten Verfügungsbereich gelangt ist und nicht an den Einleger zurückgeflossen ist. Auch die Leistungen auf ein debitorisches Bankkonto der GmbH hat Tilgungswirkung, wenn auf Grund einer Kreditlinie neue Verfügungen der GmbH möglich sind, also Liquidität zugeflossen ist. 33

Die Einzahlungsversicherung des anmeldenden Geschäftsführers ist dieser Rechtslage anzupassen.

M 121.15 Einzahlungsversicherung

Der Betrag der Einlage wurde zu meiner freien Verfügung als Geschäftsführer für die Zwecke der Gesellschaft eingezahlt und auch in der Folge nicht an den Einleger zurückgezahlt.

3. Einzahlungen vor Kapitalerhöhungsbeschluss

a) Voreinzahlungstypen

Die Einlageverpflichtung entsteht bei der Kapitalerhöhung erst mit dem notariell beurkundeten Kapitalerhöhungsbeschluss und der Übernahmeerklärung. Voreinzahlungen sind gerade bei der Kapitalerhöhung in der Praxis nicht selten. Man kann beschleunigende, technische Voreinzahlungen von Voreinzahlungen zur Sanierung unterscheiden. 34

b) Beschleunigende Voreinzahlungen

Einzahlungen vor notarieller Beurkundung des Erhöhungsbeschlusses und der Übernahmeerklärungen sind auch außerhalb der Sanierung nicht selten. Das Problem des richtigen Einzahlungsadressaten stellt sich hier nicht, da die Gesellschaft bereits besteht. Wird lediglich zur Beschleunigung des Verfahrens im Hinblick auf die Kapitalerhöhung eingezahlt, so ist es unbedenklich, wenn die Einzahlung zeitnah erfolgt und die eingezahlten Beträge zum Zeitpunkt der notariellen Beurkundung noch unangetastet zur Verfügung stehen (BGH DNotZ 1997, 495 mit Anm. Kanzleiter; OLG Köln GmbHR 2001, 627; BGH, GmbHR 2002, 545; Werner GmbHR 2002, 530; Kort DStR 2002, 1223). Bedenken könnten sich lediglich aus dem Gesichtspunkt der verdeckten Sacheinlage dann ergeben, wenn der Betrag zunächst als Darlehen zur Verfügung gestellt wurde. Die Einbringung des Darlehens wäre dann Sacheinlage (OLG Düsseldorf GmbHR 1997, 606). Es empfiehlt sich deshalb, bei Voreinzahlungen auf dem Überweisungsträger oder sonst zu dokumentieren, dass die Zahlung im Hinblick auf die zu beurkundende Kapitalerhöhung erfolgt. Die Voreinzahlung sollte in dem Erhöhungsbeschluss und seiner Anmeldung offen gelegt werden. 35

c) Voreinzahlungen zur Sanierung

36 Problematisch sind bei Voreinzahlungen die Falle, in denen die Kapitalerhöhung in der Krise der kurz vor der Überschuldung oder Zahlungsunfähigkeit stehenden GmbH erfolgt und schon eingezahlt und verfügt werden soll, bevor der Erhöhungsbeschluss beurkundet werden kann.

37 Hier bestehen die folgenden **Mindestanforderungen:**

– Die Krise der Gesellschaft rechtfertigt nur dann Voreinzahlungen und deren Verbrauch, wenn die gesetzlichen Formalitäten schnellstmöglich nachgeholt werden. Der förmliche Kapitalerhöhungsbeschluss hat also in engem zeitlichem Zusammenhang unverzüglich zu erfolgen.

– Die Voreinzahlung muss eindeutig und endgültig als Leistung auf die mit förmlichem Erhöhungsbeschluss entstehende Bareinlagepflicht gekennzeichnet sein, damit nach den Grundsätzen der realen Leistungsbewirkung mit Entstehung der Schuld deren Tilgung durch die Vorleistung erfolgt.

– Im Kapitalerhöhungsbeschluss und in der Registeranmeldung sind die Voreinzahlung und die Mittelverwendung offenzulegen, um den Rechtsverkehr zu informieren und dem Registergericht die Nachprüfung zu ermöglichen.

d) Einschränkung: Erhaltung der Einzahlung, keine Voreinzahlung auf debitorisches Konto

38 Nach der Rechtsprechung des BGH (BGH GmbHR 2000, 1198; vgl. Heidinger GmbHR 2002, 1049) ist davon auszugehen, dass eine Voreinzahlung die später entstehende Einlageverpflichtung nur dann tilgen kann, wenn sich der Betrag im Zeitpunkt des Entstehens der Einlageverpflichtung, also des Erhöhungsbeschlusses mit Übernahme, noch als solcher im Vermögen der Gesellschaft befindet. Dies hat der BGH im Urteil v. 15.3.2004 (GmbHR 2004, 736) ausdrücklich und entgegen dem Urteil v. 10.6.1996 (GmbHR 1996, 772) festgestellt. Es ging um die Zahlung auf ein debitorisches Konto vor Beurkundung des Kapitalerhöhungsbeschlusses. Im Urteil v. 8.11.2004 (GmbH 2005, 229) hat der BGH trotz zwischenzeitlicher Kritik bestätigt, dass bei der Voreinzahlung die Zahlung auf ein debitorisches Konto der sonstigen Bareinzahlung nicht gleichsteht. Die Zulassung der Zahlung auf debitorisches Konto nach Kapitalerhöhungsbeschluss und die Nichtzulassung vor Kapitalerhöhungsbeschluss sind systematisch nicht stimmig (Heidinger DNotZ 2005, 110). Die Praxis hat sich aber bis auf Weiteres hieran auszurichten.

V. Kapitalherabsetzung nach § 58 GmbHG

39 Wie die Kapitalerhöhung ist auch die Kapitalherabsetzung des § 58 GmbHG **Satzungsänderung**, hat also durch beurkundungspflichtigen Gesellschafterbeschluss mit einer Mehrheit von drei Vierteln der abgegebenen Stimmen zu erfolgen (§ 53 GmbHG). Der Beschluss ist von den Geschäftsführern der Gesellschaft im Bekanntmachungsblatt der Gesellschaft zu veröffentlichen, wobei die Gläubiger aufzufordern sind, sich bei der Gesellschaft zu melden. Die bei der Gesellschaft bekannten Gläubiger sind durch besondere Mitteilung zu benachrichtigen. Die Gläubiger, die der Kapitalherabsetzung nicht zustimmen, sind wegen der erhobenen Ansprüche zu befriedigen oder sicherzustellen. Die Anmeldung des Herabsetzungsbeschlusses zur Eintragung in das Handelsregister kann erst nach Ablauf eines Jahres nach der Veröffentlichung erfolgen. Dabei haben die Geschäftsführer die Bekanntmachung einzureichen und zu versichern, dass alle der Kapitalherabsetzung nicht zustimmenden angemeldeten Gläubiger befriedigt oder sichergestellt sind.

40 Zweck der Kapitalherabsetzung ist die Senkung des „Stauwehrs" der §§ 30 und 31 GmbHG entweder zur **Freisetzung ausschüttbaren Vermögens** oder zur **Beseitigung einer Unterbilanz**. Bei Deckung des Stammkapitals durch die Aktiva der Bilanz setzt die Kapitalherabsetzung Vermögen frei, das zur Rückzahlung von Stammeinlagen oder zum Erlass rückständiger Stammeinlageneinzahlungspflichten, zur Abfindung ausscheidender Gesellschafter oder zur Einstellung in die Rücklagen verwendet werden kann.

Wenn in einer gem. § 42 GmbHG erstellten Bilanz die Aktiva nach Abzug der Schuldposten den Nennbetrag des Stammkapitals nicht mehr erreichen, liegt eine **Unterbilanz** vor. Der entsprechende Teil des Gesellschaftsvermögens ist bereits verloren. Die Kapitalherabsetzung dient hier der Anpassung des nominellen Stammkapitals an das tatsächlich vorhandene Eigenkapital. Sie ist insofern das Gegenstück zur Kapitalerhöhung aus Gesellschaftsmitteln und erlaubt, da das Stauwehr des § 30 GmbHG herabgesetzt ist, die Ausschüttung zukünftiger Gewinne, die sonst zur Wiederauffüllung des Stammkapitals hätten verwendet werden müssen. 41

Der Beschluss über die Kapitalherabsetzung muss nach hL stets den **Zweck der Herabsetzung** angeben. Gegenstand des Beschlusses ist die Herabsetzung des Stammkapitals. Dabei kann auch ein Höchstbetrag beschlossen werden. Der Mindestbetrag des Stammkapitals von 25 000 Euro muss erhalten bleiben (§ 58 Abs. 2 Satz 1 iVm. § 5 Abs. 1 GmbHG). Durch die Kapitalherabsetzung ändern sich, ohne dass dies der Beschluss ausdrücklich zu beinhalten hätte, die Nennwerte der einzelnen Geschäftsanteile entsprechend. Wegen der hier bestehenden Streitfragen und zur Klarstellung empfiehlt sich jedoch immer eine ausdrückliche Festsetzung der Höhe der neuen Geschäftsanteile. Erforderlich ist sie, wenn nicht alle Geschäftsanteile gleichmäßig herabgesetzt werden sollen, sondern wie zB im Falle der Einziehung eines Geschäftsanteils das Stammkapital auf die Summe der verbleibenden Geschäftsanteile reduziert werden oder sonst eine verschiedene Behandlung der Geschäftsanteile erfolgen soll. Schließlich wird regelmäßig, rechtlich aber nicht zwingend, eine entsprechende Satzungsänderung ausdrücklich beschlossen. 42

M 121.16 Kapitalherabsetzung

Verhandelt zu . . . am . . .

vor dem Notar . . . sind erschienen . . . und

erklären

Kapitalherabsetzung

Wir sind die Gesellschafter der . . . (Firma), und zwar der A mit einem voll eingezahlten Geschäftsanteil von 50 000 Euro, der B mit einem iHv. 25 000 Euro eingezahlten Geschäftsanteil von nominell 50 000 Euro.

Wir treten unter Verzicht auf Formen und Fristen der Einberufung zu einer Gesellschafterversammlung zusammen und beschließen:

1. *Das Stammkapital der Gesellschaft wird von 100 000 Euro um 50 000 Euro auf 50 000 Euro herabgesetzt. Die Herabsetzung erfolgt zum Zwecke der teilweisen Rückzahlung von Stammeinlagen bzw. des Erlasses von Einlageverpflichtungen.*
2. *Die Kapitalherabsetzung wird dadurch durchgeführt, dass dem Gesellschafter A seine Stammeinlage iHv. 25 000 Euro zurückgezahlt, dem Gesellschafter B die Verpflichtung zur Einzahlung seiner Stammeinlage iHv. 25 000 Euro erlassen wird.*
3. *Der Nennbetrag beider Stammanteile beträgt noch jeweils 25 000 Euro.*
4. *§ 3 der Satzung wird wie folgt neu gefasst:*

„Das Stammkapital der Gesellschaft beträgt 50 000 Euro."

vorgelesen, genehmigt und unterschrieben:

. . . (Unterschriften der Beteiligten und des Notars/der Notarin)

Kosten: *Notargebühr:* 2,0-Gebühr gem. Nr. 21100 KV GNotKG, Geschäftswert gem. §§ 97 Abs. 1 108 Abs. 1 S. 2 GNotKG (Betrag der Kapitalherabsetzung).

43 Bei Anpassung des Stammkapitals nach Einziehung ist zu beschließen:

M 121.17 Kapitalherabsetzung nach Einziehung

1. Das Stammkapital der Gesellschaft wird von 100 000 Euro um 20 000 Euro auf 80 000 Euro herabgesetzt. Die Herabsetzung erfolgt zum Zwecke der Anpassung des Stammkapitals, nachdem der Geschäftsanteil des Gesellschafters C von 20 000 Euro eingezogen wurde.

2. Der Betrag der Geschäftsanteile der Gesellschafter A, B und D bleibt unverändert.

3. (Satzungsänderung)

Bei **Unterbilanz** ist zu beschließen:

M 121.18 Kapitalherabsetzung bei Unterbilanz

1. ... die Herabsetzung erfolgt zum Ausgleich des in der Bilanz zum 31.12... ausgewiesenen Bilanzverlustes.

2. Die Herabsetzung wird so durchgeführt, dass die Nennbeträge der einzelnen Geschäftsanteile wie folgt herabgesetzt werden:

Geschäftsanteile des Gesellschafters A auf ... Euro.

Geschäftsanteil des Gesellschafters B auf ... Euro usw.

3. (Satzungsänderung)

M 121.19 Anmeldung der Kapitalherabsetzung

An das
Amtsgericht
– Registergericht –
... (Ort)

Zum Handelsregister der ... (Firma) überreichen die unterzeichneten sämtlichen Geschäftsführer die Ausfertigung der notariellen Urkunde über die Gesellschafterversammlung vom ... (UR ..., Notar ...), die Belegexemplare der Nummern 10, 11 und 12 des Bundesanzeigers vom ..., welche die Bekanntmachung der Herabsetzung des Stammkapitals der Gesellschaft und die Aufforderung an die Gläubiger der Gesellschaft zur Anmeldung erhalten, sowie den vollständigen Wortlaut des Gesellschaftsvertrages mit der Bescheinigung des Notars gem. § 54 Abs. 1 Satz 2 GmbHG.

Wir melden zur Eintragung an, dass das Stammkapital der Gesellschaft von ... Euro um ... Euro auf ... Euro herabgesetzt wurde.

§ 3 der Satzung wurde entsprechend neu gefasst. Wir versichern, dass alle Gläubiger, welche sich bei der Gesellschaft gemeldet und der Herabsetzung des Stammkapitals nicht zugestimmt haben, befriedigt oder sichergestellt wurden.

... (Unterschriften sämtlicher Geschäftsführer, notarielle Unterschriftsbeglaubigung, elektronische Einreichung nach § 12 Abs. 1 HGB)

Kosten: *Notargebühr:* 0,2-Gebühr gem. Nr. 25100 KV GNotKG, mindestens 20 Euro, höchstens 70 Euro. Geschäftswert gem. §§ 121, 105 Abs. 1 Nr. 3 GNotKG (Betrag der Kapitalherabsetzung). Bei Fertigung des Entwurfs und Beglaubigung 0,5-Gebühr gem. Nrn. 24102, 21201 Nr. 5 KV GNotKG (§ 92 Abs. 2 GNotKG), Geschäftswert gem. §§ 119, 105 Abs. 1 Nr. 3 GNotKG wie zuvor. 0,3-Gebühr für den Vollzug gem. Nr. 22114 KV GNotKG, Geschäftswert gem. § 112 GNotKG wie zuvor.

Gerichtsgebühr: 70 Euro Festgebühr gem. Nr. 2500 GV HRegGebV.

VI. Vereinfachte Kapitalherabsetzung

Die vereinfachte Kapitalherabsetzung nach den §§ 58a–f GmbHG hat insbesondere für die schnelle 44
und wirksame Beseitigung einer Unterbilanz durch Kapitalherabsetzung und sofortige Kapitalerhöhung praktische Bedeutung erlangt. Es ist seitdem auch bei der GmbH nach dem Vorbild der §§ 229–236 AktG ein Kapitalschnitt (Fabis, Vereinfachte Kapitalherabsetzung bei AG und GmbH, MittRhNotK 1999, 169) möglich.

M 121.20 Vereinfachte Kapitalherabsetzung

Verhandelt in . . . am . . .

Vor dem Notar

sind erschienen, persönlich bekannt:

1. Gesellschafter A

2. Gesellschafter B

Die Erschienenen sind mit Geschäftsanteilen

von . . . Euro Herr A

von . . . Euro Herr B

die Gesellschafter der . . . GmbH in . . . mit einem voll eingezahlten Stammkapital von Euro . . . Sie treten unter Verzicht auf Formen und Fristen der Einberufung in eine Gesellschafterversammlung ein und erklären

Vereinfachte Kapitalherabsetzung und Kapitalerhöhung

I. Rücklagenauflösung und Verwendung des Gewinnvortrags

Die Jahresbilanz der Gesellschaft weist eine Gewinnrücklage von . . . Euro aus, weiter einen Gewinnvortrag von . . . Euro. Die Gesellschafter beschließen hiermit, den Gewinnvortrag zur teilweisen Deckung von Verlusten zu verwenden und die Gewinnrücklage zu demselben Zweck aufzulösen. Damit sind die Voraussetzungen des § 58a Abs. 2 GmbHG hergestellt.

II. Vereinfachte Kapitalherabsetzung

Das Stammkapital der Gesellschaft von . . . Euro (. . . Euro) wird gem. § 58a GmbHG auf 0 Euro (null Euro) herabgesetzt. Entsprechend auf null herabgesetzt werden die Geschäftsanteile der Gesellschafter.

Die Herabsetzung des Stammkapitals erfolgt zur Deckung von Verlusten. Diese Verluste sind insbesondere eingetreten durch die Abschreibung einer nicht einbringlichen Forderung von . . . Euro gegen die . . . Hierdurch ist das Stammkapital verbraucht.

III. Kapitalerhöhung

Gem. § 58a Abs. 4 GmbHG wird das auf null herabgesetzte Stammkapital der Gesellschaft erhöht auf . . . Euro (in Worten: . . . Euro).

Zur Übernahme einer neuen Stammeinlage von . . . Euro (. . . Euro) wird der Gesellschafter A, zur Übernahme einer neuen Stammeinlage von . . . Euro (. . . Euro) der Gesellschafter B zugelassen. Die Übernahmen sind umgehend zu erklären. Die neuen Stammeinlagen sind in voller Höhe sofort in bar einzuzahlen. Sie nehmen am Gewinn des laufenden Geschäftsjahres teil.

IV. Übernahmeerklärung

Die Gesellschafter A und B erklären hiermit, dass sie die neuen Stammeinlagen zu obigen Bedingungen übernehmen.

V. Satzungsänderung

§ . . . der Satzung in der Fassung vom . . . wird wie folgt völlig neu gefasst:

Das Stammkapital der Gesellschaft beträgt . . . Euro (in Worten: . . . Euro).

VI. Vollmacht

Zur Erklärung und Anmeldung etwaiger noch auf Verlangen von Gerichten oder Behörden erforderlichen Änderungen dieser Urkunde und der Anmeldung erhalten je einzeln Vollmacht die Mitarbeiter des Notars . . . Von der Vollmacht darf nur beim beurkundenden Notar Gebrauch gemacht werden. Sie erlischt mit der Eintragung der Kapitalerhöhung und Satzungsänderung im Handelsregister.

VII. Kosten

Die Kosten trägt die Gesellschaft.

Der Notar hat die Beteiligten über den Inhalt und die Rechtswirkungen der obigen Beschlüsse belehrt. Er hat insbesondere auf das Verbot von Zahlungen an Gesellschafter gem. § 58b GmbHG, die Pflicht zur Einstellung von Beträgen in die Kapitalrücklage bei zu hoch angenommenen Verlusten gem. § 58c GmbHG und die Vorschriften über Gewinnausschüttungen und Gläubigerschutz gem. § 58d GmbHG hingewiesen.

Ausfertigung dem Registergericht, je eine beglaubigte Abschrift den beteiligten Gesellschaftern und der Gesellschaft.

Vorgelesen, genehmigt und unterschrieben:

. . . (Unterschriften der Beteiligten und des Notars/der Notarin)

Kosten: *Notargebühr:* 2,0-Gebühr gem. Nr. 21100 KV GNotKG, Geschäftswert gem. §§ 97 Abs. 1 108 Abs. 1 S. 2, 35 GNotKG (Gesamtbetrag der Kapitalherabsetzungen und -erhöhungen).

M 121.21 Anmeldung der vereinfachten Kapitalherabsetzung

An das

Amtsgericht

– Registergericht –

. . . (Ort)

Zum Handelsregister B . . . der . . . GmbH übergeben wir die Ausfertigung der notariellen Urkunde über die vereinfachte Kapitalherabsetzung und gleichzeitig Kapitalerhöhung, die Liste der Übernehmer und den vollständigen Wortlaut der geänderten Satzung mit der entsprechenden Bescheinigung des Notars.

Wir melden zur Eintragung an, dass das Stammkapital der Gesellschaft im Wege der vereinfachten Kapitalherabsetzung auf null herabgesetzt wurde und gleichzeitig auf . . . Euro erhöht wurde. Die neuen Stammeinlagen von . . . Euro wurden von den Gesellschaftern A und B übernommen. Sie haben die entsprechenden Beträge in bar auf das Konto der Gesellschaft eingezahlt. Die einbezahlten Beträge befinden sich endgültig in unserer freien Verfügung als Geschäftsführer, was hiermit versichert wird.

Wir versichern weiterhin, dass die Voraussetzungen der Kapitalherabsetzung vorliegen, insbesondere, dass keine Kapital- und Gewinnrücklagen und kein Gewinnvortrag mehr bestehen.

Wir melden schließlich die Änderung des § ... über das Stammkapital als Satzungsänderung zur Eintragung an.

... (Ort, Datum)

... (Unterschriften der Geschäftsführer, notarielle Unterschriftsbeglaubigung, elektronische Einreichung nach § 12 Abs. 1 HGB)

Kosten: *Notargebühr:* 0,2-Gebühr gem. Nr. 25100 KV GNotKG, mindestens 20 Euro, höchstens 70 Euro. Geschäftswert gem. §§ 121, 105 Abs. 1 Nr. 3 GNotKG (Betrag der Kapitalherabsetzung). Bei Fertigung des Entwurfs und Beglaubigung 0,5-Gebühr gem. Nrn. 24102, 21201 Nr. 5 KV GNotKG (§ 92 Abs. 2 GNotKG), Geschäftswert gem. §§ 119, 105 Abs. 1 Nr. 3 GNotKG wie zuvor. 0,3-Gebühr für den Vollzug gem. Nr. 22114 KV GNotKG, Geschäftswert gem. § 112 GNotKG wie zuvor.

Gerichtsgebühr: 70 Euro Festgebühr gem. Nr. 2500 GV HRegGebV.

Die **Voraussetzungen** der vereinfachten Kapitalherabsetzung ergeben sich aus § 58a GmbHG. Die 45 Herabsetzung muss dazu dienen, Wertminderungen auszugleichen oder sonstige Verluste zu decken. Sie ist zulässig, nachdem der Teil der Kapital- und Gewinnrücklagen, der zusammen über 10 % des nach der Herabsetzung verbleibenden Stammkapitals hinausgeht, vorweg aufgelöst ist. Ein Gewinnvortrag ist zu beseitigen. Nach § 58b GmbHG sind die Beträge, die aus der Auflösung der Rücklagen und der Kapitalherabsetzung gewonnen werden, zum Verlustausgleich zu verwenden. Daneben dürfen sie in Höhe bis zu 10 % des Stammkapitals in die Kapitalrücklagen eingestellt werden.

Im Beschluss über die vereinfachte Kapitalherabsetzung sind die Nennbeträge der Geschäftsanteile 46 dem herabgesetzten Stammkapital anzupassen. Das Stammkapital kann unter den Mindestbetrag von 25 000 Euro herabgesetzt werden, wenn dieser durch eine gleichzeitig beschlossene Kapitalerhöhung mit Bareinlagen wieder erreicht wird. Die Beschlüsse sind satzungsändernd und bedürfen mindestens der gesetzlichen Dreiviertelmehrheit des § 53 GmbHG und der notariellen Beurkundung. Die Beschlüsse sind nichtig, wenn sie nicht binnen drei Monaten nach der Beschlussfassung in das Handelsregister eingetragen worden sind.

VII. Steuerliche Behandlung der Kapitalerhöhung und -herabsetzung

Zur allgemeinen steuerlichen Behandlung von Kapitalerhöhungen und -herabsetzungen s. Braun/ 47 Günther, Das Steuerhandbuch, Stichworte „Kapitalgesellschaften, Kapitalerhöhung" bzw. „Kapitalgesellschaften, Kapitalherabsetzung".

VIII. Genehmigtes Kapital

Durch § 55a GmbHG idF des MoMiG wurde in Anlehnung an die aktienrechtliche Regelung erst- 48 mals auch für die GmbH die Möglichkeit der Schaffung eines genehmigten Kapitals eingeführt (Überblick bei Cramer GmbH R 2009, 406). Im Gesellschaftsvertrag oder in einem satzungsändernden Beschluss können die Geschäftsführer für höchstens fünf Jahren ermächtigt werden, das Stammkapital bis zu einem bestimmten Nennbetrag durch Ausgabe neuer Geschäftsanteile gegen Einlagen zu erhöhen. Der Nennbetrag des genehmigten Kapitals darf die Hälfte des Stammkapitals, das zur Zeit der Ermächtigung vorhanden ist, nicht übersteigen.

Bei der Aktiengesellschaft wird von der Möglichkeit genehmigten Kapitals immer dann Gebrauch gemacht, wenn der Vorstand ohne die Kosten und Verzögerungen einer erneuten Hauptversammlung die Möglichkeit des schnellen Zugriffs auf ein erhöhtes Stammkapital haben soll. Häufige Fälle sind hier der Erwerb von Unternehmen gegen Beteiligung an der erwerbenden Aktiengesellschaft. Diese Situation ist bei der Normal-GmbH mit wenigen Gesellschaftern nicht gegeben, da hier regelmäßig schnell und problemlos eine Gesellschafterversammlung zur Satzungsänderung abgehalten werden kann. Deshalb hat sich bisher das genehmigte Kapital für GmbH in der Praxis als „Ladenhüter" erwiesen (Bayer/Hoffmann GmbHR 2009, R 161).

M 121.22 Genehmigtes Kapital

Die Geschäftsführer sind für fünf Jahre nach Eintragung dieser Satzungsgesellschaft ermächtigt, das Stammkapital bis zu einem Nennbetrag von 20 000 Euro der Erhöhung (genehmigtes Kapital) durch Ausgabe neuer Geschäftsanteile gegen Geld- oder Sacheinlagen zu erhöhen.

Kapitel 122 Abtretung und Kauf von Geschäftsanteilen, Gesellschafterliste

I. Die Abtretung von Geschäftsanteilen

1. Rechtslage nach dem MoMiG

1 Vielleicht der wichtigste Systemwechsel, den das MoMiG mit sich gebracht hat, betrifft die in § 16 GmbHG neu geregelte **Rechts- und Pflichtenstellung des Gesellschafters** im Verhältnis zur Gesellschaft beim Gesellschafterwechsel oder bei Veränderungen des Umfangs der Beteiligung, ergänzt durch den erstmals zugelassenen gutgläubigen Erwerb von Geschäftsanteilen. Damit verbundenen ist die Aufwertung der in § 40 GmbHG neu geregelten Gesellschafterliste, die nunmehr neben der Satzung das wichtigste GmbH-Dokument darstellt (so zutreffend Bayer in Lutter/Hommelhoff § 40 GmbHG Rz. 1). Die Gestaltung von Anteilsabtretungen und Kaufverträgen ist damit ebenso diffe-

renzierter und haftungsträchtiger geworden wie die Handhabung von Veränderungen im Gesellschafterbestand gleich aus welchem Rechtsgrund durch Geschäftsführer und Notare.

2. Zuständigkeits- und Formfragen

a) Notarielle Beurkundung

Die Abtretung von Geschäftsanteilen bedarf der notariellen Beurkundung. Die schuldrechtliche 2 Verpflichtung zur Abtretung bedarf nach § 15 Abs. 4 GmbHG ebenfalls der notariellen Form, wobei ein etwaiger Formmangel durch die beurkundete Abtretung geheilt wird, § 15 Abs. 4 GmbHG. Der Formzwang umfasst auch Nebenabreden (BGH DStR 2000, 1272; HansOLG MittBayNot 2007, 514). Dieser Vollständigkeitsgrundsatz wird kritisiert (BGH DStR 2000, 1272; Hans. OLG MittBay-Not 2007, 514), dies insbesondere bei komplexen Vorgängen wie dem Unternehmenskauf (vgl. auch die Anmerkung von Emde GmbHR 2000, 731 zu OLG Stuttgart GmbHR 2000, 721). Vollmachten zur Verpflichtung und Abtretung bedürfen nicht der notariellen Form, § 167 Abs. 2 BGB.

b) Auslandsbeurkundung

Der ausländische Notar kann nach einem umstrittenen BGH-Urteil die Beurkundung der Ge- 3 schäftsanteilsabtretung vornehmen, wenn die ausländische Beurkundung der deutschen Beurkundung gleichwertig ist (bejaht von BGH 80, 76 für die Beurkundung durch einen Ratschreiber-Notar in Zürich-Altstadt; bestätigt durch BGH GmbHR 1990, 25; ebenso für Basler Notare von OLG Frankfurt GmbHR 2005, 764, aA LG Augsburg BB 1998, 120).

c) Keine Beurkundung nach Ortsform?

Die weitere Frage, ob nach Maßgabe von Art. 11 Abs. 1 Halbs. 2 EGBGB auch die alleinige Einhal- 4 tung der ausländischen Ortsform ausreichend ist, wenn diese die notarielle Beurkundung nicht vorschreibt, wird von der überwiegenden Auffassung ebenfalls bejaht (Nachweise bei Bayer in Lutter/Hommelhoff § 15 GmbHG Rz. 28 Fn. 6). Danach wäre in der Schweiz nach Änderung von Art. 785 Obligationenrecht nunmehr die Abtretung von GmbH-Anteilen privatschriftlichen möglich, was Bayer (aaO) mit Recht als bedenklich bezeichnet.

d) Statutarische Genehmigungserfordernisse

Häufig sind **Abtretungserschwerungen** durch statutarische Genehmigungserfordernisse nach § 15 5 Abs. 5 GmbHG. Muss die Gesellschaft zustimmen und erteilt der Geschäftsführer die Zustimmung, ohne den erforderlichen Gesellschafterbeschluss herbeigeführt zu haben, so liegt ein Missbrauch der Vertretungsmacht vor, der bei Kenntnis des Erwerbers hiervon die Abtretung unwirksam macht (BGH GmbHR 1988, 260). Bei der Einmann-GmbH haben Zustimmungserfordernisse nach § 15 Abs. 5 GmbHG keine Wirkung (BGH BB 1991, 1071 = GmbHR 1991, 311).

e) Beteiligung Minderjähriger

Der entgeltliche Erwerb und die Veräußerung von Geschäftsanteilen durch einen Minderjährigen be- 6 dürfen grundsätzlich **keiner vormundschaftsgerichtlichen Genehmigung** nach § 1822 Nr. 3 BGB, auch wenn die GmbH ein Erwerbsgeschäft betreibt (Bayer in Lutter/Hommelhoff § 15 GmbHG Rz. 8). Ausnahmsweise besteht Genehmigungspflicht beim entgeltlichen Erwerb oder der Veräußerung aller oder fast aller Geschäftsanteile, weil dann das Erwerbsgeschäft insgesamt Vertragsgegenstand ist (BGH DNotZ 2004, 152). In Betracht kommt auch eine Genehmigungspflicht beim Erwerb nach § 1822 Nr. 10 BGB, wenn noch Einlageverpflichtungen bestehen (BGH 107, 23).

3. Der Abtretungsgegenstand

Abtretbar sind Anteile an einer bereits bestehenden GmbH und künftige Anteile an einer noch 7 nicht eingetragenen GmbH. Die Abtretung letzterer künftiger Anteile wird mit Eintragung der

GmbH wirksam (BGH GmbHR 1997, 405 = NJW 1997, 1507). Überhaupt ist jede Bedingung oder Befristung der Abtretung möglich. Hält der Abtretende mehrere Geschäftsanteile oder wird nur ein Teil eines Geschäftsanteils abgetreten, so ist zur Vermeidung der Unwirksamkeit der Abtretung der abgetretene Geschäftsanteil genau zu bezeichnen (BGH GmbHR 1987, 301).

Anteilsgebundene Sonderrechte gehen mit der Abtretung des Anteils auf den Erwerber über. **Persönliche Sonderrechte** müssen ausdrücklich mitübertragen werden, soweit sie überhaupt abtretbar sind (Buchholz MittRhNotK 1991, 3 mwN).

4. Wirksamwerden der Abtretung, im Verhältnis zur Gesellschaft

a) Zusätzliche Anforderungen nach § 16 GmbHG

8 Im Verhältnis der Vertragsteile untereinander und zu Dritten wird die Abtretung von Geschäftsanteilen mit Beurkundung nach § 15 Abs. 3 GmbHG unter Berücksichtigung etwa vereinbarter Bedingungen und Genehmigungserfordernisse wirksam.

Dies gilt nicht für das Verhältnis zur Gesellschaft. Hier galten bis zum MoMiG für das Wirksamwerden der Abtretung die rechtlich komplizierten und haftungsträchtigen Grundsätze des § 16 GmbHG aF. Auch der § 16 GmbHG idF des MoMiG ist nicht wesentlich einfacher strukturiert. Zu seinem Verständnis ist ein Blick auf die alte Regelung hilfreich. Deren **Grundsätze gelten**, etwa was die Fiktionswirkung betrifft, **auch für die Neuregelung**.

b) Die Anmeldung nach § 16 GmbHG aF

9 Für das Verhältnis zur Gesellschaft und zu deren Schutz sah § 16 GmbH aF vor, dass die Gesellschaft nur denjenigen als neuen Gesellschafter zu behandeln hatte, dessen Anteilserwerb bei ihr unter Nachweis des Übergangs angemeldet war. Die Anmeldung erforderte einen entsprechenden Gestaltungsakt des Veräußerers oder Erwerbers gegenüber der Geschäftsführung der Gesellschaft. Die bloße Kenntnis der Geschäftsführung von der Übertragung reichte nicht aus. Bis zur Anmeldung behielt der Veräußerer der Gesellschaft gegenüber alle Mitgliedschaftsrechte einschließlich des Gewinnbezugsrechts und des Stimmrechts. Auch wenn die Gesellschaft die Abtretung kannte, durfte sie den Erwerber noch nicht als Gesellschafter behandeln. Der zuletzt Angemeldete galt bis zur Anmeldung eines Erwerbsrechts kraft gesetzlicher Fiktion unwiderleglich als Gesellschafter. Die Anmeldung einer aufschiebend bedingten Abtretung war schon vor Bedingungseintritt zulässig (BGH GmbHR 1991, 313). Anmeldungsbefugt waren der bisher Angemeldete und der Erwerber, und zwar jeder von ihnen allein, sowie der mit der Anmeldung beauftragte Notar. War bei Beurkundung der Abtretung ein Geschäftsführer anwesend, nahm man ihn in die Urkunde mit auf, ließ ihn die Anmeldung erklären und sie von ihm entgegennehmen. Ein derartiges Verfahren war insbesondere bei der Abtretung aller Anteile einer GmbH zweckmäßig, wenn der oder die Erwerber sofort Beschlüsse über Satzungsänderungen, Geschäftsführerwechsel ua. fassen wollten. Das BayObLG (GmbHR 1990, 216) hat derartige Beschlüsse als nichtig angesehen, wenn die Anmeldung noch nicht erfolgt war (BGH DStR 1996, 1979 mit Anm. Goette = GmbHR 1997, 165; bestätigte die Rechtsprechung des BayObLG). Erfolgte die Anmeldung aufgrund nichtigen Kausalgeschäfts oder aufgrund nichtiger Abtretung oder war sie selbst mangelhaft, so entfaltete sie zum Schutz der Gesellschaft dennoch Wirkung, bis sie angefochten oder sonst rückgängig gemacht wurde. Rechtsgeschäfte der Gesellschaft mit dem Angemeldeten und Handlungen gegenüber der Gesellschaft, insbesondere Stimmabgaben und Dividendenbezug, blieben wirksam. Der Schutz der GmbH endete nur ex nunc.

c) Die Neufassung des § 16 Abs. 1 GmbHG

10 Die Neufassung des § 16 Abs. 1 GmbHG nimmt zunächst **Änderungen der Terminologie** vor. Während § 16 Abs. 1 GmbHG aF vom „Fall der Veräußerung des Geschäftsanteils" spricht, präzisiert die Neufassung das Einsetzen der Regelung mit „Fall einer Veränderung in den Personen der Gesellschafter oder des Umfangs ihrer Beteiligung" und stellt damit klar, dass alle Fälle des ganzen oder teilweisen Übergangs eines Geschäftsanteils durch Einzel- oder Gesamtrechtsnachfolge gemeint sind. Anknüpfungspunkt für die Rechtsfolgen des § 16 GmbHG ist nicht mehr die Anmel-

dung bei der Gesellschaft, sondern die **Eintragung in der** im Handelsregister aufgenommenen **Gesellschafterliste** nach § 40 GmbHG. Im Übrigen stellt die Weiterverwendung des Terminus „gilt" klar, dass es auch unter der neuen Anknüpfung bei der Fiktionswirkung der Vorschrift verbleibt.

Die Anknüpfung der Rechtsfolgen des § 16 GmbHG an den Zeitpunkt der Aufnahme im Handelsregister bedeutet nicht, dass erst dann der Erwerb des Geschäftsanteils wirksam wird. Vielmehr ist die **Wirksamkeit der Übertragung** auch weiterhin unabhängig von der Eintragung in die Gesellschafterliste. Ohne die Eintragung und die Aufnahme der Liste im Handelsregister bleibt dem Neugesellschafter allerdings infolge der Fiktionswirkung des § 16 Abs. 1 GmbHG die Ausübung seiner Mitgliedschaftsrechte verwehrt, da er im Verhältnis zur Gesellschaft seine Gesellschafterstellung erst mit dieser Eintragung und Aufnahme erhält. Dies bedeutet auch, dass er die vor Eintragung und Aufnahme von der Gesellschaft gegenüber dem Veräußerer oder vom Veräußerer gegenüber der Gesellschaft in Bezug auf das Gesellschaftsverhältnis vorgenommenen Rechtshandlungen gegen sich gelten lassen muss.

Angesichts dieser Rechtsprechung von größter praktischer Wichtigkeit ist der neue § 16 Abs. 1 Satz 2 GmbHG, nach dem eine vom Erwerber in Bezug auf das Gesellschaftsverhältnis vorgenommenen **Rechtshandlung als von Anfang an wirksam gilt**, wenn die Liste unverzüglich nach Vornahme der Rechtshandlung in das Handelsregister aufgenommen wird. Dies erlaubt es der Beurkundungspraxis im Fall der Abtretung aller Geschäftsanteile, die neuen Gesellschafter sofort im Anschluss an die Abtretung der Geschäftsanteile Gesellschafterbeschlüsse etwa über Satzungsänderungen fassen zu lassen. 11

➲ **Hinweis:** Es obliegt in diesem Fall wie allgemein bei Geschäftsanteilsabtretungen dem Notar, die Gesellschafterliste sofort zu erstellen, zu unterschreiben und dem Handelsregister elektronisch zu übermitteln, damit die Aufnahme unverzüglich erfolgen kann. 11a

Die **Einreichung der Gesellschafterliste** erfolgt nach § 40 Abs. 1 GmbHG unverzüglich nach Wirksamwerden jeder Veränderung in den Personen der Gesellschafter oder des Umfangs ihrer Beteiligung. Sie kann also bei Abtretungen noch nicht vorgenommen werden, wenn aufschiebende Bedingungen – etwa die zur Wirksamkeitsbedingung erhobene Zahlung des Kaufpreises – noch nicht eingetreten sind oder eine nach § 15 Abs. 5 GmbHG erforderliche Genehmigung noch aussteht. Dann ist eine unverzügliche Aufnahme in das Handelsregister und damit der Eintritt der Wirkung des § 16 Abs. 1 Satz 2 GmbHG für im Anschluss an die Abtretung gefasste satzungsändernde Beschlüsse der neuen Gesellschafter nicht möglich. Die Gesellschafterbeschlüsse werden vielmehr endgültig unwirksam (D. Mayer DNotZ 2008, 403, 405). 12

➲ **Wichtig:** In diesen Fällen ist zu erwägen, die aufschiebende Bedingung zu vermeiden und den Genehmigungsbeschluss nach § 15 Abs. 5 GmbHG sofort zu fassen. 12a

II. Der Anteilskauf

1. Grundsätze

Die **Anteilsabtretung** kann auf den verschiedensten **Grundgeschäften** beruhen, etwa auf Schenkung, vorweggenommener Erbfolge, ehebedingter Zuwendung, Treuhand oder Erbauseinandersetzung. Der praktisch wichtigste Fall ist der Kauf von Geschäftsanteilen. Nach § 453 Abs. 1 BGB kommen die Vorschriften über den Sachkauf zur Anwendung. Soweit nicht wirtschaftlich ein Unternehmenskauf vorliegt, unterliegt der Verkäufer dennoch nur einer Rechtsmängelhaftung nach § 435 BGB. Wenn es sich beim Anteilskauf wirtschaftlich um einen Unternehmenskauf handelt, gilt Sachmängelgewährleistung gem. §§ 453 Abs. 1, 434, 437 BGB. 13

➲ **Praxistipp:** Zur Ausschaltung der Verschuldensfrage empfiehlt sich die Aufnahme einer unselbständigen Garantie iSv. § 276 Abs. 1 BGB in die Abtretungsurkunde. Im Übrigen wurde § 444 BGB zwischenzeitlich so geändert, dass jetzt kein Zweifel mehr besteht, dass auch bei vereinbartem Haftungsausschluss eine Garantie übernommen werden kann. Es heißt in § 444 BGB, dass die Rechte des Käufers nicht eingeschränkt werden dürfen, soweit der Verkäufer eine Garantie übernommen hat. Eine von vornherein beschränkte Garantie widerspricht also nicht dem Gesetz. 13a

2. Beurkundung des Verpflichtungsgeschäfts

a) Gestaltung statt Heilung

14 ➲ **Praxistipp:** Der Notar kann sich angesichts des Wortlauts und Schutzzwecks des § 15 GmbH zwar auf die Beurkundung der Abtretung als dinglichen Erfüllungsgeschäfts beschränken und von der Beurkundung des schuldrechtlichen Verpflichtungsgeschäfts absehen. Er sollte aber regelmäßig das schuldrechtliche Verpflichtungsgeschäft richtig und vollständig beurkunden, um die Beteiligten vor Schaden zu bewahren. Auf die Heilungsvorschriften des § 15 Abs. 4 Satz 2 GmbHG ist angesichts der streitigen Fragen hinsichtlich deren Umfang und Grenzen kein Verlass. Es gilt der Grundsatz „Gestaltung statt Heilung" (Huke BWNotZ 1997, 156, 162 ff. mwN).

b) Sicherung des Austauschverhältnisses

15 Beim **Grundstückskaufvertrag** erfolgt die Sicherung des Austauschverhältnisses in der Weise, dass für den Käufer im Grundbuch eine **Eigentumsvormerkung** eingetragen wird, worauf der Käufer den Kaufpreis zahlt, und dann erst dem Grundbuchamt die Erklärung über den Eigentumswechsel zum Vollzug vorgelegt wird.

Diese gestufte Abwicklung ist beim **Kauf von GmbH-Anteilen** nicht möglich. Dafür kann, was bei der Auflassung gesetzlich ausgeschlossen ist, die Abtretung als dingliches Vollzugsgeschäft des Anteilskaufvertrags **aufschiebend bedingt** durch die Kaufpreiszahlung beurkundet werden.

15a ➲ **Hinweis:** Dabei sind Vorkehrungen zu treffen, damit über den Bedingungseintritt kein späterer Streit entstehen kann.

M 122.1 Aufschiebend bedingte Geschäftsanteilsabtretung – GmbH

Der vorbezeichnete Geschäftsanteil wird hiermit vom Verkäufer an den Käufer abgetreten. Die Abtretung erfolgt unter der aufschiebenden Bedingung der Zahlung des Kaufpreises. Der Verkäufer ist verpflichtet, dem Notar die Zahlung des Kaufpreises unverzüglich schriftlich mitzuteilen.

16 Die **beweissicherste Gestaltung** ist die Verbindung der aufschiebend bedingten Abtretung mit der Abwicklung über Notaranderkonto.

M 122.2 Kaufpreiszahlung über Notaranderkonto – GmbH

Der vorbezeichnete Geschäftsanteil wird hiermit vom Verkäufer an den Käufer aufschiebend bedingt durch die Erbringung des Kaufpreises abgetreten. Der Kaufpreis ist erbracht, wenn er dem beurkundenden Notar auflagenfrei auf seinem Anderkonto Nr. ... bei ... zur Verfügung steht. Dies hat der Notar den Beteiligten unverzüglich schriftlich mitzuteilen.

3. Gewinnbezugsrecht

17 Der Gewinn des laufenden Geschäftsjahres steht beim Kauf nach §§ 446 Abs. 1 Satz 2, 101 Nr. 2 BGB dem Erwerber **ab Abtretung des Geschäftsanteils** zu. Eine etwa erforderliche Genehmigung der Gesellschaft wirkt auf den Zeitpunkt der Abtretung zurück, § 184 BGB. Teilweise abweichend von dieser dispositiven Regelung des Kaufvertragsrechts geht gesellschaftsrechtlich das unabspaltbar mit dem Geschäftsanteil verbundene **Gewinnstammrecht** bei der Abtretung des Geschäftsanteils zusammen mit diesem auf den Erwerber über (BGH GmbHR 1998, 278 = NJW 1998, 1314). Der aus dem Stammrecht resultierende Gewinnanspruch steht dem Erwerber auch für das

der Übertragung vorausgegangene Geschäftsjahr zu, wenn der Jahresabschluss für dieses Geschäftsjahr vor der Übertragung des Geschäftsanteils noch nicht festgestellt worden ist. Denn erst mit dieser Feststellung entsteht der Gewinnanspruch der Gesellschafter.

Bei aufschiebend bedingter Abtretung ist der Eintritt der Bedingung maßgeblich. Bei noch ausstehender Gewinnfeststellung besteht also die gesellschaftsrechtskonforme Lösung in der Vereinbarung, dass dem Erwerber der Gewinn des gesamten betreffenden Geschäftsjahres zusteht. Soll dem Veräußerer der gesamte oder der anteilige Gewinn für dieses Geschäftsjahr zustehen, so kann dies nur durch Abtretung des künftigen **Gewinnauszahlungsanspruchs** erreicht werden (BGH GmbHR 2004, 1223).

Steuerlich ist § 20 Abs. 5 EStG zu beachten. Danach ist die Dividende dem Anteilsinhaber zuzu- 18
rechnen, dem der Geschäftsanteil im Zeitpunkt des Gewinnverteilungsbeschlusses wirtschaftlich gehört. Abweichende Vereinbarungen über den Gewinnauszahlungsanspruch sind unbeachtlich. Wenn vereinbart wird, dass dem Veräußerer noch nicht festgestellte und zur Ausschüttung beschlossene Gewinnansprüche für bereits abgeschlossene oder das laufende Geschäftsjahr zustehen sollen, führt dies zur Doppelversteuerung beim Erwerber und beim Veräußerer (Weber GmbHR 1995, 494; Gondert/Behrens GmbHR 1997, 682 zu § 20 Abs. 2a EStG aF). Auf Grund der zivilrechtlichen Vereinbarungen leitet der Erwerber des GmbH-Anteils die ihm einkommensteuerrechtlich zustehenden Dividenden an den Veräußerer weiter. Dies führt aus steuerrechtlicher Sicht für den Erwerber zu zusätzlichen Aufwendungen für den Beteiligungserwerb, während der Veräußerer insoweit einen zusätzlichen Veräußerungserlös erzielt (Dierkes/Dierkes GmbH-StB 2005, 56). Für die Beurkundungspraxis gilt der Grundsatz, dass eine von der Zurechnungsregel des § 20 Abs. 5 EStG abweichende Abtretung von Gewinnansprüchen vermieden werden sollte.

4. Gefahren beim Erwerb von Geschäftsanteilen

a) Haftungsgefahren für den Erwerber

Die Haftung des Erwerbers für rückständige Leistungen auf den Geschäftsanteil beginnt mit dem 19
Wirksamwerden der Abtretung gegenüber der Gesellschaft. Ab dann haftet der Erwerber für alle nunmehr fällig werdenden Verbindlichkeiten gegenüber der Gesellschaft allein. Für alle bis dahin **bereits fällig gewordenen Verbindlichkeiten** gegenüber der Gesellschaft haftet er neben dem Veräußerer als Gesamtschuldner, § 16 Abs. 2 GmbHG.

Es sind dies

- Stammeinlagepflichten, für die in der Satzung, dem Kapitalerhöhungsbeschluss oder der Übernahmeerklärung eine sofortige oder kalendermäßig auf einen Zeitpunkt vor der Anmeldung liegende Leistungszeit festgelegt wurde und die nicht erbracht sind,
- Stammeinlagepflichten, die iSv. § 20 GmbHG eingefordert sind und nicht oder nicht ordnungsgemäß erbracht sind,
- Einlagepflichten aus Differenzhaftung nach § 9 GmbHG,
- Einlagepflichten aus Unterbilanzhaftung für Kapital, das vor Eintragung verbraucht wurde,
- Ausfallhaftung gem. § 24, § 31 Abs. 3 GmbHG.

b) Haftung des Veräußerers eines Geschäftsanteils

Der Veräußerer haftet nach § 16 Abs. 2 GmbHG für alle zur Zeit der Anmeldung auf den Ge- 20
schäftsanteil rückständigen Leistungen als Gesamtschuldner weiter, also im Umfang der Haftung des Erwerbers und zusätzlich nach § 31 Abs. 1, § 9a GmbHG und wegen Rückzahlung verdeckter Gewinnausschüttungen. Für künftig eingeforderte Leistungen auf die Stammeinlage oder Nachschusspflichten nach § 28 GmbHG haftet er im Wege des Stufenregresses nach § 22 GmbHG mit fünfjähriger Verjährungsfrist ab Anmeldung des Gesellschafterwechsels. Der Notar hat über diese Haftungsbestände zu belehren (vgl. zusammenfassend Limmer ZIP 1993, 412 und Geck DStR 1996, 627).

5. Der Kauf sämtlicher Geschäftsanteile als Unternehmenskauf

21 In der Vertragspraxis wird der Kauf sämtlicher oder fast aller (vgl. OLG München GmbHR 1998, 934, wonach beginnend mit 75 % des Stammkapitals Unternehmenskauf vorliegt) Geschäftsanteile einer GmbH nicht selten nach dem Muster der **Geschäftsanteilsabtretung** gestaltet, wobei übersehen wird, dass hier der eigenständige Vertragstyp eines Unternehmenskaufs vorliegt. Lediglich der Form nach werden noch Geschäftsanteile veräußert, während wirtschaftlich und hinsichtlich der Gewährleistung auch rechtlich der Kauf einer Sachgesamtheit erfolgt. Kartellrechtliche Vorschriften spielen eine Rolle. Bei der Vertragsgestaltung sind Zusicherungen oder Garantien über die Vermögens- und Ertragssituation der Gesellschaft üblich.

22 Bei Verhandlungen über den Kauf eines Unternehmens oder von GmbH-Geschäftsanteilen trifft den Verkäufer im Hinblick auf die wirtschaftliche Tragweite des Geschäfts und die regelmäßig erschwerte Bewertung des Kaufobjekts durch den Kaufinteressenten diesem gegenüber eine **gesteigerte Aufklärungs- und Sorgfaltspflicht** (BGH NJW 2001, 2163 = GmbHR 2001, 516; BGH NJW 2002, 1042).

6. Verhinderung gutgläubigen Zwischenerwerbs bei aufschiebend bedingter Geschäftsanteilsabtretung?

23 Beim Kauf eines Geschäftsanteils erfolgt die Sicherung des Austauschverhältnisses bei einem höheren Kaufpreis regelmäßig dadurch, dass dem Käufer der Geschäftsanteil **aufschiebend bedingt** auf die Zahlung des Kaufpreises abgetreten wird. Gegen eine beeinträchtigende Verfügung des Verkäufers während der Schwebezeit, insbesondere eine weitere Abtretung des Geschäftsanteils, war der Käufer nach § 161 Abs. 1 Satz 1 BGB dadurch gesichert, dass diese zweite Verfügung bei Bedingungseintritt unwirksam war. Nach dem § 16 Abs. 3 GmbHG den **gutgläubigen Erwerb** von Geschäftsanteilen zulässt, bestand aus Sicht der Literatur die Gefahr, dass nach § 161 Abs. 3 BGB die Unwirksamkeitsfolge und damit der Rechtserwerb des Käufers verhindert wird und ein gutgläubiger Zweiterwerber den Geschäftsanteil erwirbt. Die Anwendbarkeit des § 16 Abs. 3 GmbHG im Rahmen des § 161 Abs. 3 BGB wird teilweise abgelehnt, weil der Gutglaubensschutz an die Unrichtigkeit der Gesellschafterliste anknüpft, eine Erstreckung des Gutglaubensschutzes auf Verfügungsbeschränkungen wie bei § 892 Abs. 1 Satz 2 BGB fehlt, und die aktuelle Gesellschafterliste bei einer Zwischenverfügung des Verkäufers diesen richtig als Gesellschafter ausweist (Preuß ZGR 2008, 676, 691; Weigl MittBayNot 2009, 116, 117; D. Mayer ZIP 2009, 1037, 1050; Nachweis für a.M. bei Bayer in Lutter/Hommelhoff § 16 GmbHG Rz. 63). Der BGH hat sich in einer Grundsatzentscheidung dieser Auffassung angeschlossen (DB 2011, 2481). Die Gesellschafterliste ist kein Rechtsscheinträger hinsichtlich der Verfügungsfreiheit des Gesellschafters. § 161 Abs. 3 BGB hilft dem gutgläubigen Erwerber im Hinblick auf aufschiebend bedingte Verfügungen daher nicht weiter, denn er verweist nur auf die andernorts geregelten Tatbestände eines Gutglaubenserwerbs. Als solcher könnte hier allein § 16 Abs. 3 GmbHG in Betracht kommen. Diese Vorschrift spricht aber nur davon, dass ein gutgläubiger Erwerb von demjenigen möglich ist, der als „Inhaber des Geschäftsanteils" in der Gesellschafterliste eingetragen ist.

Die Möglichkeit eines gutgläubigen Erwerbs bezieht sich nach dem Wortlaut nur auf das Vollrecht. Anders als § 892 Abs. 1 Satz 2 BG regelt § 16 Abs. 3 GmbHG nicht den Fall, dass der Gesellschafter Verfügungsbeschränkungen unterliegt. Während das Grundbuch ein Rechtsscheinträger nicht nur für das Vollrecht, sondern auch für die Verfügungsfreiheit des Berechtigten ist, gilt dies für die Gesellschafterliste nicht. Der Gesetzgeber hat damit die Möglichkeit des gutgläubigen Erwerbs bei einem GmbH-Geschäftsanteil bewusst schwächer ausgestaltet als bei einem Grundstück (Strohn DB 2012, 1193, 1197; s.a. Born WM Sonderbeilage1/2013, 19).

Eine Eintragung von Verfügungsbeschränkungen ist in der Gesellschafterliste ebenso wenig vorgesehen wie die Eintragung einer Vinkulierung nach § 15 Abs. 5 GmbHG oder eines Pfand- oder Nießbrauchrechts (Strohn DB 2012, 1193, 1197).

24 Die bisher erörterten Regelungsmodelle zur Verhinderung eines gutgläubigen Erwerbs bei aufschiebend bedingten Geschäftsanteilsabtretungen (sofortige Einreichung einer Gesellschafterliste mit einem Vermerk über die aufschiebend bedingte Abtretung [Zwei-Listen-Modell]; vom Verkäufer

bewilligte Zuordnung eines Widerspruchs zur geltenden Gesellschafterliste [Widerspruchs-Modell]; bei bedingter Veräußerung eintretendes satzungsmäßiges Abtretungsverbot [Vinkulierungs-Modell]) sind damit entbehrlich geworden (s. hierzu die 16. Auflage).

➲ **Praxistipp:** Dem Zwei-Listen-Modell wurde bereits durch einen Beschluss des OLG München v. 8.9.2009 (OLG München NJW 2010, 305 mit Anm. Reymann = MittBayNot 2010, 69 mit ablehnender Anm. Wälzholz) der Boden entzogen, da noch nicht eingetretene Rechtsänderungen nicht eintragungsfähig seien. Das Widerspruchs-Modell dagegen wurde vom LG Köln mit Beschluss v. 16.6.2009 gebilligt (MittBayNot 2010, 72 mit Anm. Wälzholz; Muster bei Heckschen, Das MoMiG in der notariellen Praxis, 2009, S. 232), ist aber durch die genannte Entscheidung des BGH (DB 2011, 2481) überholt. 25

M 122.3 Kauf und Abtretung eines Geschäftsanteils – GmbH

Geschehen zu . . . am . . .

vor dem Notar . . .

sind erschienen, dem Notar persönlich bekannt

1. Herr . . ., geboren am . . ., wohnhaft . . . (Verkäufer)

2. Herr . . ., geboren am . . ., wohnhaft . . . (Käufer)

und erklären zur öffentlichen Urkunde

Verkauf und Abtretung eines Geschäftsanteils

I. Der Verkäufer hält an der . . . GmbH in . . . einen Geschäftsanteil von . . . Euro

Der Geschäftsanteil ist für ihn in der im Handelsregister der Gesellschaft HRB . . . aufgenommenen Gesellschafterliste vom . . . unter der Nummer . . . widerspruchsfrei eingetragen. Der Notar hat die Gesellschafterliste heute elektronisch eingesehen.

II. Der Verkäufer garantiert dem Käufer i.S. von § 276 Abs. 1 Satz 1 BGB, dass er Inhaber des Geschäftsanteils ist, der Geschäftsanteil voll und ohne Verstoß gegen das Verbot der verdeckten Sacheinlage erbracht ist, auch sonst hinsichtlich des Stammkapitals keine rückständigen Einlageverpflichtungen bestehen und an dem Geschäftsanteil keine Rechte Dritter bestehen.

III. Der Verkäufer verkauft den bezeichneten Geschäftsanteil an den Käufer zum Preis von . . . Euro (in Worten: . . . Euro). Der Kaufpreis ist fällig. Der Käufer unterwirft sich wegen der Zahlung des Kaufpreises der sofortigen Zwangsvollstreckung in sein gesamtes Vermögen. Weitere Sicherheiten, die der Notar angeboten hat, insbesondere aufschiebend bedingte Abtretung oder Zahlung über Notaranderkonto, werden nicht gewünscht.

IV. Der bezeichnete Geschäftsanteil wird hiermit an den Käufer abgetreten, der die Abtretung annimmt.

Die nach der Satzung der erforderliche Zustimmung der Gesellschaft zur Abtretung liegt, von der Geschäftsführung schriftlich erklärt, bereits vor. Der Notar wird beauftragt, der Gesellschaft unverzüglich eine einfache Abschrift dieser Urkunde und die Abschrift der geänderten Gesellschafterliste zuzuleiten.

V. Der Gewinn für das laufende Geschäftsjahr steht dem Käufer zu.

VI. Die Gesellschaft hat keinen Grundbesitz.

VII. Die Kosten dieses Vertrags trägt der Käufer.

VIII. Der Notar wird beauftragt, eine geänderte Gesellschafterliste zu erstellen und diese unverzüglich dem Registergericht zur Aufnahme im Handelsregister zuzuleiten.

IX. Der Notar hat über Inhalt und Rechtsfolgen dieser Vereinbarungen belehrt, insbesondere darüber,

- *dass sich die Rechtsverhältnisse der Gesellschaft und der Gesellschafter nach der den Käufer übergebenen Satzung der Gesellschaft bestimmen,*

- *dass der gute Glaube des Käufers an die Rechtsinhaberschaft des Verkäufers auf Grund der Gesellschafterliste geschützt wird, wenn die Gesellschafterliste den Verkäufer mindestens drei Jahre als Gesellschafter ausweist und ein Widerspruch hiergegen nicht beim Handelsregister eingereicht ist,*
- *dass der Käufer neben dem Verkäufer als Gesamtschuldner für rückständige Einlageverpflichtungen haftet,*
- *dass mit der Abtretung des Geschäftsanteils vor Erhalt des Kaufpreises ein Risiko verbunden ist, und*
- *dass der Käufer gegenüber der Gesellschaft die Rechte und Pflichten eines Gesellschafters erst erwirbt, wenn die geänderte Gesellschafterliste im Handelsregister aufgenommen ist.*

Vorgelesen, genehmigt und unterschrieben:

. . . (Unterschriften der Beteiligten und des Notars/der Notarin)

Kosten: *Notargebühr:* 2,0-Gebühr gem. Nr. 21100 KV GNotKG, mindestens 60 Euro. Geschäftswert gem. §§ 97 Abs. 3, 46, 54 GNotKG (Wert des Grundstücks, mindestens höherer Wert des Geschäftsanteils nach § 54 GNotKG). 0,5-Gebühr für den Vollzug gem. Nr. 22110 KV GNotKG (Vorbem. 2.2.1.1 Abs. 1 Nr. 3 KV GNotKG), Geschäftswert gem. § 112 GNotKG wie zuvor.

III. Gutgläubiger Erwerb von Geschäftsanteilen

26 Nach § 16 Abs. 3 GmbHG kann der Erwerber einen Geschäftsanteil oder ein Recht daran durch Rechtsgeschäft wirksam vom Nichtberechtigten erwerben, wenn der Veräußerer als Inhaber des Geschäftsanteils in der im Handelsregister aufgenommenen Gesellschafterliste eingetragen ist. Voraussetzung ist die Gutgläubigkeit des Erwerbers, das Fehlen eines der Gesellschafterliste zugeordneten Widerspruchs und die Unrichtigkeit der Gesellschafterliste seit mindestens drei Jahren.

27 Die Begründung des Regierungsentwurfs beschreibt den bisherigen rechtsgeschäftlichen Anteilserwerb, bei dem zur Verminderung des Erwerbsrisikos nur die Konsultierung aller bisherigen Abtretungsurkunden und die Garantie des Veräußerers zur Verfügung standen, als schwerfälliges System mit unnötig hohen Transaktionskosten und Rechtsunsicherheiten. Die Reform begegnet diesen Schwierigkeiten dadurch, dass sie an die **Aufnahme der Gesellschafterliste im Handelsregister Vertrauensschutz** anknüpft. Hierdurch erfährt die Gesellschafterliste eine weitere Aufwertung in Richtung des § 892 BGB. Die Begründung verkennt nicht, dass die Gesellschafterliste privat geführt wird und das Handelsregister dem Grundbuch nicht gleichsteht, da das Registergericht in Bezug auf die Gesellschafterliste nicht prüfende, sondern nur verwahrende und die Kenntnisnahme ermöglichende Stelle ist. Trotzdem sieht sie die Regelung als tragfähig an.

28 Von dem Grundsatz des Schutzes des guten Glaubens an die Verfügungsberechtigung auf der Basis der Eintragung der im Handelsregister aufgenommenen Liste macht das Gesetz aber **Ausnahmen**. Ein gutgläubiger Erwerb ist nicht möglich, wenn die Liste zum Zeitpunkt des Erwerbs hinsichtlich des Geschäftsanteils weniger als drei Jahre unrichtig und die Unrichtigkeit dem Berechtigten nicht zuzurechnen ist. Ein Fall der Unrichtigkeit, der dem betroffenen Gesellschafter nicht zuzurechnen ist, liegt nach der Begründung beispielsweise vor, wenn der Geschäftsführer ohne Wissen des Gesellschafters eine falsche Liste eingereicht hat. Dann kann ein gutgläubiger Erwerb erst eintreten, wenn die im Handelsregister aufgenommene Gesellschafterliste hinsichtlich des Geschäftsanteils drei Jahre lang unrichtig ist. Vor dieser Frist ist ein gutgläubiger Erwerb möglich, wenn die Unrichtigkeit dem wahren Rechtsinhaber zuzurechnen ist. Die Begründung erwähnt hier die Fälle, dass sich der rechtsgeschäftliche Erwerber eines Geschäftsanteils nicht darum gekümmert hat, dass die Gesellschafterliste geändert wird, oder dass der Scheinerbe des früheren Gesellschafters in der Gesellschafterliste eingetragen wird und der wahre Erbe es unterlässt, die Geschäftsführer zur Einreichung einer berichtigten Liste zu veranlassen.

29 Geschützt wird nur der **gute Glaube an die Verfügungsbefugnis**. Nicht existente Geschäftsanteile können nicht gutgläubig erworben werden.

Derjenige, der sich für den wahren Berechtigten hält, aber nicht in der Gesellschafterliste eingetragen ist, kann die **Berichtigung der Liste** verlangen und bis zu ihr die Zuordnung eines **Widerspruchs** zur Gesellschafterliste veranlassen. Ein solcher Widerspruch zerstört die Gutglaubenswirkung. Zur Verhinderung von Missbräuchen setzt die Zuordnung eines Widerspruchs in Anlehnung an § 899 Abs. 2 BGB voraus, dass entweder derjenige zustimmt, gegen dessen Inhaberschaft sich der Widerspruch richtet, oder eine entsprechende einstweilige Verfügung vorliegt. 30

IV. Die Gesellschafterliste

1. Bedeutung

Die Gesellschafterliste ist das **wichtigste GmbH-Dokument neben der Satzung** (Bayer in Lutter/Hommelhoff § 40 GmbHG Rz. 1). Sie bildet die Grundlage der Rechts- und Pflichtenstellung des Gesellschafters und des gutgläubigen Erwerbs von Geschäftsanteilen. Nach § 16 Abs. 1 Satz 1 GmbHG gilt im Verhältnis zur Gesellschaft im Fall einer Veränderung in den Personen der Gesellschafter oder des Umfangs ihrer Beteiligung als Inhaber eines Geschäftsanteils nur, wer als solcher in der im Handelsregister aufgenommenen Gesellschafterliste eingetragen ist. Nach § 16 Abs. 3 Satz 1 GmbHG kann der Erwerber einen Geschäftsanteil oder ein Recht daran durch Rechtsgeschäft wirksam vom Nichtberechtigten erwerben, wenn der Veräußerer als Inhaber des Geschäftsanteils in der im Handelsregister aufgenommenen Gesellschafterliste eingetragen ist. 31

2. Inhalt

In Diskrepanz zu dieser zentralen Bedeutung der Gesellschafterliste steht, dass das Gesetz in § 40 GmbHG die Errichtung und Führung der Gesellschafterliste etwa im Vergleich zum formellen Grundbuchrecht **nur unvollständig regelt**. Insbesondere fehlen Vorschriften über die Fortführung der Gesellschafterliste bei Teilung und Vereinigung von Geschäftsanteilen. Eine Veränderungsspalte für notwendig werdende Vermerke ist nicht vorgesehen. 32

Nach § 40 Abs. 1 GmbH haben die Geschäftsführer **unverzüglich nach Wirksamwerden jeder Veränderung** in den Personen der Gesellschafter oder des Umfangs ihrer Beteiligung eine von ihnen unterschriebene Liste der Gesellschafter zum Handelsregister einzureichen, aus der ersichtlich sind 33

- Name, Vorname, Geburtsdatum und Wohnort der Gesellschafter, sowie
- die Nennbeträge und die laufenden Nummern der von einem jeden derselben übernommenen Geschäftsanteile, wobei
- die Änderung der Liste durch die Geschäftsführer auf Mitteilung und Nachweis erfolgt.

Die Eintragung von Verfügungsbeschränkungen ist in der Gesellschafterliste ebenso wenig vorgesehen wie die Eintragung einer Vinkulierung nach § 15 Abs. 5 GmbHG oder eines Pfand- oder Nießbrauchrechts (Strohn DB 2012, 1193, 1197; Born WM Sonderbeilage1/2013, 19). 34

Die Aufnahme eines Testamentsvollstreckervermerks in die Gesellschafterliste ist auch bei Anordnung einer Dauertestamentsvollstreckung in einen Geschäftsanteil nicht zulässig, OLG München Beschl. v. 15.11.2011 – 31 Wx 274/11, DNotZ 2012, 305, 307.

➲ **Hinweis:** Hat ein Notar an den Veränderungen mitgewirkt, so hat er nach § 40 Abs. 2 GmbHG unverzüglich nach deren Wirksamkeit 35

- die Liste an Stelle der Geschäftsführer zu unterschreiben,
- sie zum Handelsregister einzureichen und
- eine Abschrift der geänderten Liste an die Gesellschaft zu übermitteln.

Die Liste muss mit der **Bescheinigung des Notars** versehen sein, dass die geänderten Eintragungen den Veränderungen entsprechen, an denen er mitgewirkt hat, und die übrigen Eintragungen mit dem Inhalt der zuletzt im Handelsregister aufgenommenen Liste übereinstimmen. Dabei ist der Wortlaut des § 40 Abs. 2 S. 2 GmbHG dahingehend teleologisch zu reduzieren, dass die Liste mit dem aktuellsten Stichtag zu verwenden ist, auch wenn diese mit einem Aufnahmedatum verbunden ist, dass vor dem Aufnahmedatum einer Liste mit weniger aktuellem Stichtag liegt; nur so ist das 36

Regelungsziel zu erreichen (OLG München Beschl. v. 26.1.2012 – 31 Wx 13/12, DNotZ 2012, 473. Entsprechend wird zu verfahren sein mit Listen, die bereits zum Handelsregister eingereicht wurden, aber noch nicht abrufbar sind.

3. Relevante Veränderungen und Daten

37 Die **Pflicht zur Erstellung und Erreichung einer neuen Gesellschafterliste** wird ausgelöst durch

- Veränderungen in den persönlichen Daten der Gesellschafter (Namensänderung, Firmenänderung, Wohnortänderung, Sitzänderung),
- Gesellschafternachfolge durch Einzelrechtsnachfolge (Anteilsübertragung, Erbauseinandersetzung, Versteigerung, Kaduzierung),
- Gesellschafternachfolge durch Gesamtrechtsnachfolge (Erbfolge, Umwandlungsvorgänge, Erbauseinandersetzung durch Abschichtung, Vereinbarung von Gütergemeinschaft),
- Teilung und Vereinigung von Geschäftsanteilen,
- Kapitalmaßnahmen (Kapitalherabsetzung, Kapitalerhöhung),
- Formwechsel,
- Einziehung, Neubildung und Aufstockung von Geschäftsanteilen.

38 Eine **Verpflichtung** zur Erstellung und Einreichung einer neuen Gesellschafterliste **besteht nicht** bei Vorgängen, die nicht listenfähig sind, insbesondere

- bei Belastungen (Pfändung, Verpfändung, Nießbrauch, Vorkaufsrecht),
- bei Vor- und Nacherbschaft, und
- bei Einschränkungen der Verfügungsbefugnis, etwa durch Eröffnung des Insolvenzverfahrens.

39 ➲ **Hinweis:** Nicht vermerkt werden in der Gesellschafterliste der Rechtsgrund und der Zeitpunkt des Wirksamwerdens von Veränderungen (Bayer in Lutter/Hommelhoff § 40 GmbHG Rz. 8, 9). Hierin liegt ein wesentliches Informationsdefizit der Gesellschafterliste etwa gegenüber dem Grundbuch.

4. Erreichung, Aufnahme im Handelsregister

40 Die Einreichung der Gesellschafterliste hat **erst nach Wirksamwerden der Änderung** zu erfolgen, § 40 GmbHG. Zunächst sind also etwaige Genehmigungen einzuholen, der Eintritt aufschiebender Bedingungen ist abzuwarten. Nach Wirksamwerden jeder Veränderung ist dann aber die Liste unverzüglich, dh. ohne schuldhaftes Zögern iSv. § 121 Abs. 1 Satz 1 BGB, einzureichen, sobald sichere Kenntnis von der tatbestandsmäßigen Änderung besteht.

Die Gesellschafterliste ist **im Handelsregister aufgenommen**, wenn sie in den für das entsprechende Registerblatt bestimmten Registerordner nach § 9 Abs. 1 HRV bzw. den Sonderband der Papierregister nach § 8 Abs. 2 HRV in der bis zum Inkrafttreten des Gesetzes über elektronische Handelsregister und Genossenschaftsregister v. 10.11.2006 geltenden Fassung aufgenommen ist. Eine inhaltliche Prüfung durch das Registergericht findet grundsätzlich nicht statt (Begründung RegE, BR-Drucks. 354/07, S. 100). Überprüft wird jedoch, ob die Liste die nach § 40 GmbHG erforderlichen Angaben enthält und an die vorangehende Liste anknüpft. Bei sicherer Kenntnis des Registergerichts von der inhaltlichen Unrichtigkeit der eingereichten Liste wird man ebenfalls eine Beanstandung zulassen müssen (Bayer in Lutter/Hommelhoff § 40 GmbHG Rz. 15 mwN).

5. Nummerierung der Geschäftsanteile

41 Nach § 8 Abs. 1 Nr. 3 GmbHG ist jedem vorhandenen Geschäftsanteil eine **laufende Nummer** zuzuordnen, die bei der Gründung der Gesellschaft festgelegt wird. Hieran knüpft § 40 Abs. 1 GmbHG dadurch an, dass in der Liste der Gesellschafter die laufenden Nummern der von einem jeden derselben übernommenen Geschäftsanteile zu verzeichnen sind. Die laufenden Nummern sind damit das wichtigste Instrument der Konkretisierung der Geschäftsanteile, dies insbesondere im Hinblick auf einen gutgläubigen Erwerb.

Dennoch hat es der Gesetzgeber versäumt, Vorgaben für die Fortführung der Gesellschafterliste in den Fällen des Gesellschafterwechsels und der Veränderung im Bestand der Geschäftsanteile zu machen. Angeboten hätte sich eine Anlehnung an die Führung des **Bestandsverzeichnisses beim Grundbuch**. In diesem Sinn hat die notarielle Praxis die gesetzliche Regelungslücke ausgefüllt (Zusammenfassung mit Nachweisen bei Wicke, „Best Practice" bei der Nummerierung in der Gesellschafterliste, MittBayNot 2010, 283).

Für die **praktische Handhabung** gilt: 42

- Es müssen anhand der eingereichten Listen die Entwicklung des Gesellschafterbestandes und Veränderungen im Umfang der Beteiligung lückenlos nachvollziehbar sein.
- Es ist es zweckmäßig, in der Gesellschafterliste bei Gesellschafterwechseln die Nummern von Geschäftsanteilen mit unveränderten Beträgen beizubehalten.
- Die Teilung oder Zusammenlegung von Geschäftsanteilen führt zwangsläufig zur Vergabe neuer Nummern.
- Es ist im Rahmen einer Veränderungsspalte zu vermerken, wie und aus welchen Geschäftsanteilen die neu entstandenen Geschäftsanteile hervorgegangen sind.
- Bei der Neuvergabe von Nummern im Anschluss an eine Teilung oder Zusammenlegung können die alten weggefallenen Angaben wie bei Grundbucheintragungen üblich gerötelt werden.

Bei der Nummerierung im Fall der **Teilung** wird überwiegend vorgeschlagen, für die durch Teilung 43 entstehenden Geschäftsanteile neue Nummern zu vergeben, die bisher noch frei waren. Hat die Gesellschaft bisher die Geschäftsanteile Nr. 1 und 2 und wird der Geschäftsanteil Nr. 1 in zwei Teilgeschäftsanteile unterteilt, so erhalten diese die Nrn. 3 und 4. Nach einem anderen Vorschlag sollen Untergliederungsnummern vergeben werden, wonach also bei Teilung des Geschäftsanteils Nr. 1 in zwei Teilgeschäftsanteile diese den Nummern 1.1 und 1.2 erhalten. Dieses Verfahren hat den Nachteil der Unübersichtlichkeit bei mehreren Teilungen (Wicke MittBayNot 2010, 284).

Ist die fortgeführte Gesellschafterliste **unübersichtlich** geworden, so wird die Möglichkeit einer Umschreibung durch Gesellschafterbeschluss nach dem Vorbild von § 28 GBV befürwortet (Wicke MittBayNot 2010, 284).

Der BGH hat sich dieser Auffassung angeschlossen und entschieden, dass die Umnummerierung abgetretener Geschäftsanteile in der Gesellschafterliste dann zulässig ist, wenn jeder Geschäftsanteil durch die Angabe der bisherigen Nummerierung zweifelsfrei zu identifizieren bleibt (BGH v. 1.3.2011 – II ZB 6/10, DNotZ 2011, 940).

Formulierungsvorschlag: Schema Gesellschafterliste:

Lfd.Nr.GA	*Bisher lfd.Nr.*	*Gesellschafter*	*Nennbetrag*	*Veränderungen*

6. Einreichungspflicht der Geschäftsführer

Nach § 40 Abs. 1 Satz 2 GmbHG erfolgt die Änderung der Liste durch die Geschäftsführer auf Mit- 44 teilung und Nachweis. Da bei rechtsgeschäftlicher Veräußerung von Geschäftsanteilen den beurkundenden Notar nach § 40 Abs. 2 GmbHG die Verpflichtung zur Erstellung der Liste, zu ihrer Unterzeichnung und zu ihrer elektronischen Einreichung beim Registergericht trifft, wird die Verpflichtung der Geschäftsführer zur Änderung der Liste in den **sonstigen Übergangsfällen** praktisch, etwa bei der Vererbung von Geschäftsanteilen. Auch in den praktisch nicht seltenen Fällen der **Auslandsbeurkundung** erfolgt die Erstellung und Einreichung durch die Geschäftsführer. Die Erstellung erfolgt in Papierform, die Einreichung in elektronischer Form, § 12 Abs. 2 HGB.

Anders als bei der Liste der Gründungsgesellschafter, die nach § 8 GmbHG von allen Geschäftsfüh- 45 rern zu unterzeichnen ist, reicht bei **Veränderungslisten** die Unterzeichnung und Einreichung durch die Geschäftsführer in vertretungsberechtigter Zahl (arg. § 78 GmbHG). Es handelt sich um eine **höchstpersönliche Verpflichtung** der Geschäftsführer. Nach § 40 Abs. 3 haften die Geschäftsführer bei schuldhaft falscher Ausfertigung der Liste denjenigen auf Schadensersatz, deren Beteiligung sich geändert hat. Daraus, dass die Änderung auf Mitteilung und Nachweis erfolgt, ergibt sich für die Geschäftsführer eine Prüfungspflicht. Sie müssen sichere Kenntnis von der eingetretenen Änderung erhalten. Diese Kenntnis wird den Geschäftsführern durch eine Mitteilung verschafft, die regelmäßig durch die Gesellschafter erfolgt und zu der ein überzeugender Nachweis der Veränderung hinzukommen muss (BGH GmbHR 2009, 38).

45a ➲ **Hinweis:** Die Geschäftsführung wird hier in Zweifelsfällen häufig überfordert sein, sie kann gegebenenfalls auf Kosten der Gesellschaft rechtliche Beratung in Anspruch nehmen (Bayer in Lutter/Hommelhoff § 40 GmbHG Rz. 20 mwN).

7. Einreichungspflicht des Notars

46 Eine Pflicht der Notare zur Erstellung und Einreichung von Gesellschafterlisten ergibt sich aus § 40 Abs. 2 GmbHG. Hat ein Notar an Veränderungen in den Personen der Gesellschafter oder des Umfangs ihrer Beteiligung mitgewirkt, so hat er unverzüglich nach deren Wirksamwerden die Liste an Stelle der Geschäftsführer zu unterschreiben, zum Handelsregister einzureichen und eine Abschrift der geänderten Liste an die Gesellschaft zu übermitteln. Die Liste muss mit der Bescheinigung des Notars versehen sein, dass die geänderten Eintragungen den Veränderungen entsprechen, an denen er mitgewirkt hat, und die übrigen Eintragungen mit dem Inhalt der zuletzt im Handelsregister aufgenommenen Liste übereinstimmen (eingehend zur Mitwirkung des Notars Preuß in FS Spiegelberger, 2009, S. 876 ff.).

47 Die **Abgrenzung der haftungsauslösenden Amtspflicht** ist problematisch, hilfreich kann hier die Unterscheidung zwischen unmittelbarer und mittelbarer Mitwirkung sein (Vossius DB 2007, 2299; D. Mayer DNotZ 2008, 403, 408). Eine pflichtauslösende unmittelbare Mitwirkung liegt vor, wenn der Notar eine Anteilsabtretung, eine Kapitalmaßnahme oder eine Umwandlung beurkundet oder wenn er geschäftsanteilsbezogene, nicht beurkundungsbedürftige Beschlüsse wie Zusammenlegung, Teilung und Einziehung protokolliert oder entwirft und mit Unterschriftbeglaubigung versieht. Die bloße Unterschriftbeglaubigung reicht nicht aus, da hier den Notar nur eine ein beschränkte Prüfungspflicht trifft (Bayer in Lutter/Hommelhoff § 40 GmbHG Rz. 24 mwN). Gleiches gilt für Fälle, in denen die Änderung der einzutragenden Umstände nur mittelbar aus der Beurkundung folgt, an der der Notar mitgewirkt hat (Firmenänderung einer Gesellschaft, die Anteile an einer GmbH hält, deren Gesellschafterliste zu korrigieren ist); hier ist der Geschäftsführer verpflichtet, eine aktualisierte Liste einzureichen. Die Beurkundung bloß mittelbarer, dh nicht direkt geschäftsanteilsbezogener Veränderungen, etwa eines Testaments oder eines Erbscheinsantrags (Heckschen, ZErb 2008, 246, 251), ist keine Mitwirkung iSv. § 40 Abs. 2 GmbHG.

48 ➲ **Hinweis:** Den ausländischen Notar, etwa den eine Geschäftsanteilsabtretung beurkundenden Schweizer Notar, trifft nach dem Territorialitätsprinzip die öffentlich-rechtliche Pflicht aus § 40 Abs. 2 GmbHG nicht (Bayer in Lutter/Hommelhoff § 40 GmbHG Rz. 27 mwN.). Hier haben die Geschäftsführer die Liste zu erstellen und einzureichen.

Kapitel 123 Treuhand, Mantelverwendung

I. Treuhand an GmbH-Anteilen

1. Typen der Treuhand

1 In der Praxis des GmbH-Rechts sind Treuhandverhältnisse häufig. Eine Alternative zur Verpfändung ist die **Sicherungstreuhand**, bei der dem Gläubiger der Geschäftsanteil fiduziarisch abgetreten wird. Die Abtretung bedarf der Form des § 15 GmbHG, der Aufnahme in das Handelsregister nach § 16 GmbHG und angesichts der regelmäßigen Vinkulierung nach § 15 Abs. 5 GmbHG der Zustimmung der Gesellschaft oder der Gesellschafter.

2 Der praktische Regelfall ist die **fremdnützige Verwaltungstreuhand** bei der der Treugeber im Rechtsverkehr nicht in Erscheinung tritt, sondern sich des nach seinen Weisungen und in seinem wirtschaftlichen Interesse handelnden Treuhänders bedient. Diese Treuhandform dient der anonymen Beteiligung am Wirtschaftsleben, etwa wenn ein Markenhersteller über einen Treuhänder ein no-name-Produkt vertreibt, dem verdeckten Wettbewerb, wenn etwa über einen Treuhänder ein Wettbewerbsunternehmen betrieben wird, oder der Vermeidung arbeitsrechtlicher Probleme, wenn etwa der Noch-Angestellte über seine Ehefrau eine GmbH zwecks späterer Selbständigkeit gründet. Der Gesellschaft selbst ist das Treuhandverhältnis regelmäßig bekannt, dem Rechtsverkehr bleibt es verborgen.

2. Treuhandvertrag

a) Inhalt

3 Bei der Treuhand an einem GmbH-Anteil ist der **Treuhänder Gesellschafter mit allen Mitgliedschaftsrechten**. Der Treuhandvertrag verlagert diese Rechte schuldrechtlich im Innenverhältnis auf den Treugeber, der aber im Verhältnis zur Gesellschaft hierdurch keine eigenen Rechte erwirbt. Steuerlich wird der Geschäftsanteil dem Treugeber zugerechnet (§ 39 Abs. 2 Nr. 1 Satz 2 AO). Wird der Treuhänder unentgeltlich tätig, wie etwa die Ehefrau für den Ehemann, so ist der gesetzlich nicht geregelte, einen kautelarjuristischen Vertragstyp bildende Treuhandvertrag dem Auftragsrecht zuzuordnen, wird er gegen Vergütung tätig, dem Geschäftsbesorgungsrecht.

4 Das Treuhandverhältnis kann **in dreifacher Weise begründet** werden. Bei der Übertragungstreuhand überträgt der Treugeber den Geschäftsanteil auf den Treunehmer; bei der Vereinbarungstreuhand verpflichtet sich der Treuhänder, den bisher als eigenen gehaltenen Geschäftsanteil künftig treuhänderisch zu halten; bei der Erwerbstreuhand erwirbt der Treuhänder den Geschäftsanteil bei Gründung oder durch Abtretung von einem Dritten treuhänderisch für den Treugeber.

b) Form

5 Hinsichtlich der Form von Treuhandverträgen über Geschäftsanteile einer GmbH hat die Entscheidung des BGH v. 19.4.1999 (GmbHR 1999, 707 = NJW 1999, 2594 = LM Nr. 31 zu § 15 GmbHG mit Anm. Wilhelm = DStR 1999, 861 mit Anm. Goette) die lange vermisste Klarheit gebracht. Der BGH betont, dass die Formvorschrift des § 15 Abs. 4 GmbHG nicht nur darauf abzielt, den im Hinblick auf § 16 GmbHG besonders wichtigen Beweis der Anteilsinhaberschaft zu gewährleisten, sondern auch verhindern soll, dass GmbH-Geschäftsanteile Gegenstand des freien Handelsverkehrs werden. Er stellt deshalb darauf ab, ob der Geschäftsanteil, auf den sich das zu begründende Treu-

handverhältnis bezieht, bereits besteht oder nicht. Formfrei möglich ist dann lediglich der Abschluss eines Treuhandvertrages vor Beurkundung des Gesellschaftsvertrags der betreffenden GmbH. Ab Beurkundung des Gesellschaftsvertrags sind hinsichtlich der Geschäftsanteile der Vor-GmbH und der durch Eintragung entstehenden GmbH nur notariell beurkundete Treuhandabreden möglich. Dies gilt auch, wenn sich die Abtretungspflicht lediglich aus § 667 BGB als Rechtsfolge des Treuhandvertrags ergibt, ohne im Treuhandvertrag ausdrücklich vereinbart zu werden. Formfreie Abtretungsverpflichtungen sind danach nur noch im Stadium der Vorgründungsgesellschaft möglich (so auch Schulz GmbHR 2001, 282).

c) Gewinnbezugsrecht

6 Dem Treugeber steht gem. § 667 BGB und nach entsprechender Vertragsklausel der Gewinnanspruch zu.

d) Stimmrecht

7 Das Stimmrecht in der Gesellschafterversammlung steht dem **Treuhänder** als Gesellschafter zu. Nicht selten wird der Treugeber interessiert sein, anstelle des Treuhänders in der Gesellschafterversammlung mitzustimmen. Einer vollständigen Übertragung des Stimmrechts auf den Treugeber steht das **Abspaltungsverbot** entgegen. Mitgliedschaft und Stimmrecht gehören untrennbar zusammen, die Stimmrechtsübertragung ohne gleichzeitige Übertragung des Geschäftsanteils oder die satzungsmäßige Einräumung von Stimmrechten an Nichtgesellschafter sind unwirksam (BGHZ 43, 261, 267; BGH NJW 1987, 780). Nach hL möglich ist die im Aktienrecht von § 129 Abs. 3 AktG gesetzlich zugelassene Legitimationszession, also die Ermächtigung eines Nichtgesellschafters, zB Treugebers, Pfandgläubigers oder Nießbrauchers, zur Ausübung des Stimmrechts im eigenen Namen (Hachenburg/Hüffer § 47 GmbHG Rz. 54; Hachenburg/Zutt Anh. § 15 GmbHG Rz. 31; Theißen DB 1993, 470; aA Scholz/K. Schmid § 47 GmbHG Rz. 21; Baumbach/Hueck/Zöllner § 47 GmbHG Rz. 29).

7a ➲ **Praxistipp:** Angesichts der gewichtigen Gegenstimmen ist derzeit von dieser Gestaltung abzuraten.

8 Grundsätzlich zulässig ist die **widerrufliche Stimmrechtsvollmacht** nach § 47 Abs. 3 GmbHG. Die Satzung kann den Kreis der möglichen Bevollmächtigten beschränken, zB auf Mitgesellschafter (Scholz/K. Schmidt § 47 GmbHG Rz. 97). Zulässig ist die Erschwerung der grundsätzlichen Widerruflichkeit durch die Bestimmung, dass der Widerruf mit der Beendigung des Treuhandvertrags verknüpft ist (Scholz/K. Schmidt § 47 GmbHG Rz. 83).

Unzulässig ist die unwiderrufliche verdrängende Stimmrechtsvollmacht, die im Ergebnis der Stimmrechtsabspaltung gleichkommt (BGH GmbHR 1977, 244; OLG Hamburg GmbHR 1990, 42).

3. Stimmbindung

9 Zusätzlich zur zulässigen Stimmrechtsvollmacht an den Treugeber kann zwischen Treuhänder und Treugeber ein Stimmbindungsvertrag abgeschlossen werden. Er wirkt nur zwischen diesen und macht eine vertragswidrige Stimmabgabe nicht unwirksam.

4. Übertragung der Treugeberstellung

10 Der Wechsel des Treugebers bedarf nach § 664 Abs. 2 BGB der Zustimmung des Treuhänders (Muster bei Lohr, GmbH-StB 2006, 69).

5. Auflösung

11 Die im Muster **M 123.1** formulierte aufschiebend bedingte Abtretung des Geschäftsanteils an den Treugeber auf den Fall der Beendigung der Treuhand in Verbindung mit der Bestimmung, dass das Treuhandverhältnis mit Kündigung, Eröffnung des Insolvenzverfahrens über das Vermögen des

Treuhänders und treuwidriger Veräußerung des Geschäftsanteils durch den Treuhänder endet, verschafft dem Treugeber den Schutz des § 161 BGB. Nach der Einführung des gutgläubigen Erwerbs besteht nach hL allerdings die Gefahr, dass ein Dritter den Geschäftsanteil nach § 161 Abs. 3 BGB in Verbindung mit § 16 Abs. 3 GmbHG gutgläubig erwirbt (vgl. Kap. 122 Rz. 23 ff.). Dies soll die Vereinbarung des Bedingungseintritts im Fall der Veräußerung an einen Dritten verhindern (dazu Kap. 122 Rz. 29).

M 123.1 Treuhandvertrag – GmbH

Geschehen zu ... am ...

Vor dem unterzeichneten Notar ... sind heute erschienen ...

1. (Personalien)

2. (Personalien)

Die Erschienenen erklären zur öffentlichen Urkunde

Treuhandvertrag:

§ 1 Treuhand

Der Erschienene Ziffer 1, nachstehend „Treuhänder" genannt, hält den Geschäftsanteil Nr. ... der Gesellschafterliste von ... Euro (in Worten ... Euro) an der GmbH unter der Firma ... mit dem Sitz in ... (Amtsgericht ... HRB ...) treuhänderisch für den Erschienenen Ziffer 2, nachstehend „Treugeber" genannt.

§ 2 Aufwendungsersatz, Vergütung

Der Treuhänder hat Anspruch auf Aufwendungsersatz. Er erhält zusätzlich eine jährliche nachträglich zahlbare Vergütung von ... Euro

*(**Alternative:** Eine Vergütung erhält er nicht.)*

§ 3 Pflichten des Treuhänders, Freistellung

Der Treuhänder ist verpflichtet, alle Gesellschaftsrechte, insbesondere das Stimmrecht, nur gemäß zuvor einzuholender Weisung des Treugebers auszuüben. Die Erträge des Gesellschaftsanteils sind an den Treugeber abzuführen. Der Treugeber hat sich jeglicher Verfügung über den Geschäftsanteil zu enthalten. Er ist dem Treuhänder zur Auskunft verpflichtet. Der Treugeber stellt den Treuhänder von allen Verpflichtungen frei, die diesem bei ordnungsgemäßer Führung der Treuhand aus dem Halten des Geschäftsanteils entstehen.

§ 4 Stimmrechtsvollmacht

Der Treuhänder erteilt dem Treugeber Vollmacht, das Stimmrecht aus dem Geschäftsanteil bei Gesellschafterbeschlüssen auszuüben. Soweit der Bevollmächtigte von dieser Vollmacht Gebrauch macht, ist der Treuhänder von der Ausübung des Stimmrechts ausgeschlossen. Die Vollmacht ist unwiderruflich, solange dieser Vertrag besteht.

§ 5 Übertragung der Treugeberstellung

Der Treugeber bedarf zur Übertragung einzelner oder aller Rechte aus diesem Vertrag der schriftlichen Zustimmung des Treuhänders.

§ 6 Beendigung des Treuhandverhältnisses

Das Treuhandverhältnis kann von jedem Teil mit einer Frist von drei Monaten gekündigt werden und endete mit Wirksamkeit der Kündigung. Es endet mit der Eröffnung des Insolvenzverfahrens über das Vermögen des Treuhänders und dann, wenn der Treuhänder den Geschäftsanteil an einen Dritten abtritt.

Der Treuhänder tritt den Geschäftsanteil bereits jetzt auf den Zeitpunkt der Beendigung des Treuhandverhältnisses an den Treugeber ab, der diese aufschiebend bedingte Abtretung hiermit annimmt. Die Bedingung tritt ebenfalls ein und der Geschäftsanteil geht sofort auf den Treugeber über, wenn der Treuhänder eine notariell beurkundete Erklärung über die Veräußerung des Geschäftsanteils an einen Dritten oder eine entsprechende Erklärung nach ausländischer Ortsform abgibt.

Vorgelesen, genehmigt und unterschrieben:

... (Unterschriften der Beteiligten und des Notars/der Notarin)

Kosten: *Notargebühr:* 2,0-Gebühr gem. Nr. 21100 KV GNotKG, mindestens 60 Euro. Geschäftswert gem. §§ 97 Abs. 3, 54 GNotKG (Wert des Geschäftsanteils).

II. Mantelverwendung bei Vorrats-GmbH und Alt-GmbH

1. Rechtsprechung

12 Seit einer grundlegenden Entscheidung des BGH aus dem Jahre 1992 (BGHZ 117, 323 = GmbHR 1992, 451) hat die Verwendung von Vorratsgesellschaften und nicht mehr unternehmerisch tätigen Altgesellschaften zum Betrieb eines neuen Unternehmens wieder praktische Bedeutung erlangt. Bis dahin wurde die Mantelverwendung von der Rechtsprechung als sittenwidrig oder gesetzwidrig angesehen (Nachweise bei Karsten Schmidt, Vorratsgründung, Mantelkauf und Mantelverwendung, NJW 2004, 1345). Wie schon 1992 angekündigt, hat der BGH in zwei Beschlüssen v. 9.12.2002 und 7.7.2003 (BGH GmbHR 2003, 227; BGH GmbHR 2003, 1125) in richterlicher Rechtsfortbildung eine Pflicht zur Offenlegung und Anmeldung der Mantelverwendung beim Handelsregister statuiert und die Verletzung dieser Pflicht mit Sanktionen im Haftungsbereich belegt. Seitdem steht die Praxis vor der Frage, ob die Verwendung neuer oder gebrauchter Mäntel gegenüber der Neugründung weiterhin Vorteile hat, und welche Handhabungsgrundsätze im Falle der Verwendung zu beachten sind.

2. Fallgruppen

a) Wirtschaftliche Neugründung als gemeinsames Merkmal

13 Man unterscheidet herkömmlicherweise die Verwendung eines „neuen" Mantels durch erstmalige Ausstattung einer Vorratsgesellschaft mit einem Unternehmen von der Verwendung eines „alten" Mantels durch Wiederausstattung einer nicht mehr geschäftstätigen GmbH mit einem Unternehmen (vgl. Priester, Beginn der Rechtspersonen Vorräte und Mäntel, ZHR 168 (2004), 248). In beiden Fällen nimmt der BGH eine „wirtschaftliche Neugründung" (eingehend hierzu Heidinger ZGR 2005, 101) an, an die er zur Sicherstellung der gesetzlichen Kapitalausstattung der jetzt unternehmerisch tätigen GmbH Pflichten und Sanktionen anknüpft. In den vom BGH entschiedenen Fällen wollten die Gesellschafter und Geschäftsführer der Aufforderung der Registergerichte, eine Versicherung gem. § 8 Abs. 2 GmbHG abzugeben, nicht nachkommen, wodurch der BGH Gelegenheit zur Entwicklung seiner neuen Rechtsprechungsgrundsätze erhielt.

b) Kauf einer Vorratsgesellschaft

14 Den typischen Ablauf einer Vorratsgründung und anschließenden Mantelverwendung gibt der dem BGH-Beschluss vom 9.12.2002 zu Grunde liegende Sachverhalt wieder. Eine Verwaltungsgesellschaft mbH wurde von einem Alleingesellschafter mit einem Stammkapital von 25 000 Euro und dem Gegenstand „Verwaltung eigener Vermögenswerte" gegründet, zum Handelsregister unter der Versicherung der baren vollen Einzahlung des Stammkapitals angemeldet und dort eingetragen. Mit notariellem Kauf- und Abtretungsvertrag teilte der Alleingesellschafter seinen Geschäftsanteil in zwei Teilanteile auf und übertrug diese zum Kaufpreis von 27 000 Euro an zwei Unternehmensgründer. Dabei sicherte er im Kaufvertrag zu, dass die Gesellschaft noch keine Geschäftstätigkeit ausgeübt habe. Im selben Notartermin beriefen die neuen Gesellschafter den bisherigen Geschäfts-

führer ab, bestellten einen neuen Geschäftsführer und änderten Firma, Sitz und Unternehmensgegenstand der Gesellschaft, die bei unverändertem Stammkapital nunmehr einen Partyservice betreiben sollte.

c) Kauf eines alten Mantels

15 Einen typischen Ablauf bei der Verwendung eines „alten" Mantels gibt der dem BGH-Beschluss vom 7.7.2003 zu Grunde liegende Sachverhalt wieder. Die 1972 gegründete GmbH betrieb zuletzt die Unterstützungskasse einer Bauunternehmungs-AG mit einem statutarischen Kapital von 50 000 DM. Im Konkurs der AG veräußerte der Konkursverwalter diese Tochter-GmbH der Gemeinschuldnerin zum Kaufpreis von insgesamt 5000 DM an zwei außenstehende Erwerber, die in einer Urkunde mit dem Kauf- und Abtretungsvertrag die bisherigen Geschäftsführer abberiefen und einen neuen Geschäftsführer bestellten. Zugleich verlegten sie den Sitz der Gesellschaft, änderten die Firma und den Gegenstand des Unternehmens. Die übrigen Bestimmungen des bisherigen Gesellschaftsvertrags ließen die neuen Gesellschafter unverändert.

d) Ingangsetzung eines alten Mantels ohne Gesellschafterwechsel

16 Die Wiederverwendung eines alten Mantels durch die Altgesellschafter ist gegenüber den beiden anderen Fallgruppen eher selten. Als Beispiel mag der Fall einer GmbH dienen, die als 100 %ige Konzern-Tochter ein Randgeschäft betreibt, mangels Nachfrage ihrer Assets beraubt über Jahre stilliegt und bei Wiederaufleben einer Marktchance unter einer neuen Geschäftsführung wieder in Gang gesetzt wird. Die Anschubfinanzierung für den Neuanfang erfolgt über ein Darlehen der Konzernmutter, an eine Neueinzahlung des verlorenen Stammkapitals oder eine Anmeldung des Vorgangs zum Handelsregister denkt niemand.

3. Wirtschaftlicher Hintergrund

17 Wirtschaftlicher Hintergrund und Motiv für den Erwerb einer Vorrats-GmbH ist die **sofortige Verfügbarkeit** einer bereits bestehenden Gesellschaft ohne zeitliche Verzögerung durch das Eintragungsverfahren und **ohne die Haftungsrisiken** bei Geschäftsaufnahme schon mit der Vor-GmbH. Dies gilt für die Firmengründung durch Kleinunternehmer, aber auch in Konzern etwa dann, wenn man bei Fusionen und Umstrukturierungen schnell eine einsatzfähige GmbH benötigt.

Als Grund für den Erwerb eines alten Mantels ist die beabsichtigte Ausnutzung eines **steuerlichen Verlustvortrags** infolge der Regelung des § 8 Abs. 4 KStG 1996 schon lange entfallen (vgl. BFH GmbHR 2002, 435). Beweggründe sind hier neben der sofortigen Verfügbarkeit die scheinbare Vorteilhaftigkeit des Erwerbs zu einem weit unter der Kapitalziffer liegenden Kaufpreis.

4. Rechtsprechungsgrundsätze

18 Der BGH hat angesichts der Gefahr der Umgehung der Kapitalaufbringungsvorschriften sowohl für die Fälle der Verwendung eines neuen Mantels wie der Verwendung alter Mäntel rechtsschöpferisch (so Goette DStR 2004, 461, 463) angeordnet, dass die **Reaktivierung** eines unternehmenslos gewordenen GmbH-Mantels dem Registergericht gegenüber **offen zu legen** ist und weiterhin die Geschäftsführer das **Vorhandensein des statutarischen Stammkapitals zu versichern** haben. Zunächst wurde im Beschluss vom 9.12.2002 festgestellt, dass die Verwendung des Mantels einer auf Vorrat gegründeten GmbH wirtschaftlich eine Neugründung darstelle. Auf diese wirtschaftliche Neugründung durch Ausstattung der Vorratsgesellschaften einem Unternehmen und erstmalige Aufnahme ihres Geschäftsbetriebs sind die der Gewährleistung der Kapitalausstattung dienenden Gründungsvorschriften des GmbH-Gesetzes einschließlich der registergerichtlichen Kontrolle entsprechend anzuwenden. Der Geschäftsführer hat entsprechend § 8 Abs. 2 GmbHG zu versichern, dass die in § 7 Abs. 2 und 3 GmbHG bezeichneten Leistungen auf die Stammeinlagen bewirkt sind und dass der Gegenstand der Leistungen sich weiterhin in seiner freien Verfügung befindet.

19 Im Beschluss vom 7.7.2003 hat der BGH diese Grundsätze auf die Verwendung eines alten Mantels erstreckt, sie gleichzeitig in einigen Punkten präzisiert und ihnen Hinweise über die aus der Verlet-

zung des neu statuierten Verfahrens resultierenden Haftungsfolgen angefügt. Danach sind auf die wirtschaftliche Neugründung durch Verwendung des alten Mantels einer existenten, im Rahmen ihres früheren Unternehmensgegenstandes tätig gewesenen, jetzt aber unternehmenslosen GmbH die der Gewährleistung der Kapitalausstattung dienenden Gründungsvorschriften des GmbHG einschließlich der registergerichtlichen Kontrolle entsprechend anzuwenden (Offenlegung, Versicherung gem. § 8 Abs. 2 GmbHG). Die reale Kapitalaufbringung ist sowohl bei der Altmantelverwendung als auch bei der Aktivierung einer Vorratsgesellschaft durch entsprechende Anwendung des Haftungsmodells der Unterbilanzhaftung, bezogen auf den Stichtag der Offenlegung der wirtschaftlichen Neugründung gegenüber dem Registergericht, sicherzustellen. Neben der Unterbilanzhaftung kommt auch eine Handelndenhaftung analog § 11 Abs. 2 GmbHG in Betracht, wenn vor Offenlegung der wirtschaftlichen Neugründung die Geschäfte aufgenommen werden, ohne dass alle Gesellschafter dem zugestimmt haben. Der BGH (Urt. v. 6.3.2012 – II ZR 56/10 = BGHZ 192, 341 Rz. 14 f.) hat entschieden, dass bei Unterlassung der Offenlegung der wirtschaftlichen Neugründung gegenüber dem Registergericht, die Gesellschafter im Umfang einer Unterbilanz haften, die in dem Zeitpunkt besteht, zu dem die wirtschaftliche Neugründung entweder durch die Anmeldung der Satzungsänderungen oder durch die Aufnahme der wirtschaftlichen Tätigkeit erstmals nach außen in Erscheinung tritt. Der BGH hat damit die zeitlich unbefristete Verlustdeckungshaftung verneint. Im vorgenannten Fall tragen die in Anspruch genommenen Gesellschafter die Darlegungs- und Beweislast dafür, dass in dem Zeitpunkt, zu dem die wirtschaftliche Neugründung nach außen in Erscheinung getreten ist, keine Differenz zwischen dem (statutarischen) Stammkapital und dem Wert des Gesellschaftsvermögens bestanden hat, BGH BGHZ 192, 341 Rz. 41 f., Born WM Sonderbeilage1/2013, 7.

5. Umsetzung in die Praxis

a) Pflichten des Geschäftsführers

20 Die vom BGH statuierten Rechtspflichten anlässlich der Verwendung alter oder neuer Mäntel treffen zunächst den Geschäftsführer, und zwar richtiger Ansicht nach bei Geschäftsführerwechsel anlässlich der Reaktivierung nicht den alten, sondern den neuen Geschäftsführer. Er hat gegenüber dem Registergericht die wirtschaftliche Neugründung offen zu legen und die Unversehrtheit des statutarischen Kapitals entsprechend § 8 Abs. 2 GmbHG zu versichern. Dies setzt **zwei Prüfungsvorgänge** voraus, und zwar einmal die Prüfung, ob eine wirtschaftliche Neugründung vorliegt, zum zweiten die Prüfung, ob den Kapitalerhaltungsvorschriften genügt ist.

b) Prüfung der Voraussetzungen einer wirtschaftlichen Neugründung

21 Die Erkenntnis, dass die Voraussetzungen einer wirtschaftlichen Neugründung vorliegen, ist für die Gesellschafter und Geschäftsführer der aktivierten GmbH weitgehend unproblematisch, soweit sie die neuen Rechtsprechungsgrundsätze (s. oben Rz. 18 f.) kennen, für das Registergericht aber teilweise problematisch.

22 Abgrenzungsprobleme zur reinen Fortführung des Unternehmens können sich für die Gesellschafter und Geschäftsführer lediglich bei der dritten Fallgruppe ergeben, wenn die zwischenzeitliche Aufgabe der unternehmerischen Tätigkeit deshalb zweifelhaft ist, weil die Gesellschaft immer mal wieder geringfügig tätig wurde, und sei es auch nur hinsichtlich der Abwicklung bereits getätigter Geschäfte.

22a ➲ **Praxistipp:** Erforderlich ist hier die wertende Zuordnung zum Typus der wirtschaftlichen Neugründung unter Berücksichtigung des, Schutzzweckes der neuen BGH-Regeln und des Vorsichtsprinzips. Im Zweifel sollte die Offenlegung gegenüber dem Registergericht erfolgen.

23 Das Registergericht hat keine Probleme, so weit anlässlich der Anmeldung von Satzungsänderungen und Geschäftsführerwechsel die wirtschaftliche Neugründung offensichtlich ist oder ausdrücklich **offen gelegt** wird. Offensichtlich ist sie beim Erwerb und der Aktivierung einer Vorrats-GmbH nach dem Muster der vorbeschriebenen ersten Fallgruppe (Rz. 14). Offen zu legen ist sie beim Erwerb einer alten GmbH nach dem Muster der vorbeschriebenen zweiten Fallgruppe (Rz. 15). Erfolgt die Offenlegung hier nicht, so hat das Registergericht Aufklärung zu verlangen, wenn die Um-

stände, insbesondere der von dem außenstehenden Erwerber zu zahlende Kaufpreis, auf den Erwerb eines leeren Mantels hindeuten. Keine Kenntnis erhält das Registergericht mangels Offenlegung durch ausdrückliche Anmeldung bei einer Redeaktivierung ohne Gesellschafterwechsel nach dem Muster der dritten Fallgruppe (Rz. 16).

c) Prüfung der Unversehrtheit des Stammkapitals

Die Nachprüfung der Unversehrtheit des Stammkapitals ist für die neuen Gesellschafter und den neuen Geschäftsführer in allen Fällen der Mantelverwendung nicht problemlos. Im Falle des „billigen" Erwerbs einer Altgesellschaft etwa vom Insolvenzverwalter ist es den neuen Gesellschaftern und den neuen Geschäftsführer klar, dass die Gesellschaft vermögenslos ist. 24

➲ **Hinweis:** Sind noch Vermögensgegenstände vorhanden, so hilft nur die Erstellung einer Zwischenbilanz. Außerdem hat eine Prüfung hinsichtlich etwaiger verdeckter Sacheinlagen stattzufinden. 24a

6. Formulierung der Versicherung des Geschäftsführers

Der vom BGH geforderten Versicherung gegenüber dem Registergericht, dass das statutarische Kapital der Gesellschaft im Zeitpunkt der Offenlegung vorhanden ist, liegt eine Analogie zu § 8 Abs. 2 GmbHG zu Grunde. Diese im Gesetz nicht vorgesehene Erklärung ist wegen des strafrechtlichen Analogieverbots nicht nach § 82 GmbHG strafbewehrt. Ein zwingender Formulierungswortlaut lässt sich den Beschlüssen des BGH nicht entnehmen. Es spricht viel dafür, mit Priester (ZHR 168 (2004), 248, 261) die vom Gesetz bei Gründung vorgeschriebene Versicherung über die Einlageleistung und die freie Verfügung nicht wortgetreu für erforderlich zu halten, sondern eine Parallele zu der vom BGH für die Kapitalerhöhung modifizierten Erklärung zu ziehen, dass die Einlage korrekt geleistet ist und nicht an den Inferenten zurückgeflossen ist. Auch Goette (DStR 2004, 461, 463 Ziff. 3) bezieht sich auf die Kapitalaufbringung im Rahmen einer Kapitalerhöhung, weshalb der maßgebende Stichtag für die Prüfung der Kapitalschutzvorschriften nicht der Tag der Eintragung, sondern der der Anmeldung und/oder Offenlegung gegenüber dem Registergericht sei. Diese Prüfung beziehe sich darauf, dass das statutarische Kapital durch Gesellschaftsvermögen gedeckt sei. In Anbetracht dessen erscheint eine Erklärung des Inhalts, dass das Stammkapital ordnungsgemäß erbracht wurde und im heutigen Zeitpunkt durch das Vermögen der Gesellschaft in Höhe der Stammkapitalziffer gedeckt ist, als ausreichend, angemessen und dem Geschäftsführer zumutbar. Da bei der Anmeldung der Ingangsetzung einer Vorratsgesellschaft das Stammkapital voll eingezahlt vorhanden ist, kann hier zusätzlich seine freie Verfügbarkeit versichert werden. Dies vermeidet Schwierigkeiten mit dem Registergericht. 25

Bei der **Vorrats-GmbH**, die im Wege der Einpersonen-Bargründung entstanden ist, muss sich das eingezahlte Stammkapital ohne Kontobewegungen im Zeitpunkt der Abtretung auf dem Gesellschaft Konto befinden. Es darf allenfalls durch die als Vorbelastungen zulässigen Gründungskosten der Erstgründung gemindert sein, die Kosten der Abtretung und Satzungsänderung sind nicht abzugsfähig. Ergibt die Nachprüfung, dass das Stammkapital zwischenzeitlich abgebucht und dem Gründungsgesellschafter als Darlehen gewährt wurde, so ist dies bei Anmeldung der wirtschaftlichen Neugründung offen zu legen. 26

In diesem Fall lautet die Versicherung:

M 123.2 Versicherung bei Vorratsgründung I – GmbH

Das Stammkapital der Gesellschaft in Höhe von 25 000 Euro wurde bei Gründung der Gesellschaft in bar eingezahlt, jedoch dem Gründungsgesellschafter als Darlehen zurückgezahlt. Der Gründungsgesellschafter hat das Stammkapital erneut in voller Höhe von 25 000 Euro eingezahlt. Dieser Betrag befindet sich heute auf dem Konto der Gesellschaft und steht zur freien Verfügung des Geschäftsführers.

27 Im Normalfall des unangetasteten Verbleibens der Stammeinlage auf dem Gesellschaftskonto lautet die Versicherung:

M 123.3 Versicherung bei Vorratsgründung II – GmbH

Das Stammkapital der Gesellschaft in Höhe von 25 000 Euro wurde bei Gründung der Gesellschaft in bar eingezahlt und befindet sich bis heute in voller Höhe auf dem Konto der Gesellschaft. Es steht zur freien Verfügung des Geschäftsführers.

28 Bei der **Aktivierung einer alten GmbH** lautet in dem Fall, dass die Zwischenbilanz eine Kapitaldeckung durch das ruhende Vermögen der Gesellschaft ergibt, die Versicherung:

M 123.4 Versicherung bei Ingangsetzung I – GmbH

Das Stammkapital der Gesellschaft wurde bei Gründung der Gesellschaft in voller Höhe in bar und ohne verdeckte Sacheinlage erbracht. Das heute noch vorhandene Vermögen der Gesellschaft entspricht wertmäßig der Stammkapitalziffer, was hiermit versichert wird. Hierzu wird auf die beiliegende Zwischenbilanz verwiesen.

29 In dem Fall, dass die Zwischenbilanz nur eine teilweise Kapitaldeckung ergibt, lautet die Versicherung:

M 123.5 Versicherung bei Ingangsetzung II – GmbH

Das Stammkapital der Gesellschaft wurde bei Gründung der Gesellschaft in voller Höhe in bar und ohne verdeckte Sacheinlage erbracht. Das heute noch vorhandene Vermögen der Gesellschaft hat einen Verkehrswert von ... Euro. Hierzu wird auf die beiliegende Zwischenbilanz verwiesen. Der Differenzbetrag von ... Euro wurde in bar eingezahlt und befindet sich in der freien Verfügung der Geschäftsführung.

30 ➲ **Hinweis:** Die in den berichteten Beschlüssen des BGH aufgestellten Anforderungen an die Aktivierung von alten und neuen Mänteln und vor allem die an die Missachtung dieser Grundsätze geknüpften Haftungsfolgen legen die Frage nahe, ob die Mantelverwendung gegenüber der Neugründung noch **Vorteile** hat. Der Wertung, die Verwendung gebrauchter GmbH-Mäntel sei für die Praxis künftig unattraktiv und solle vermieden werden (Schumacher DStR 2003, 1884, 1885), kann nur zugestimmt werden.

31 Vorratsgesellschaften bleiben ein legitimes Mittel der Abkürzung des Eintragungsverfahrens. Ob man sich dieses Mittels bedienen will, hängt von den Umständen des Einzelfalls ab.

Kapitel 124 Bestellung und Anstellung des GmbH-Geschäftsführers

I. Befugnisse des Geschäftsführers

1. Geschäftsführungsbefugnis

Die Vertretungsbefugnis betrifft das Können nach außen, die Geschäftsführungsbefugnis das Dürfen nach innen. Während die Vertretungsbefugnis im Interesse des Rechtsverkehrs nicht einschränkbar ist, kann die Geschäftsführungsbefugnis in Ausübung des Weisungsrechts der Gesellschafter weitgehend geregelt werden. 1

Mangels abweichender Regelung gilt der Grundsatz der Gesamtgeschäftsführung. Abweichend können die Gesellschafter allen oder einzelnen Geschäftsführern Einzelgeschäftsführungsbefugnis erteilen oder die Geschäftsführung nach Bereichen verteilen, zB den kaufmännischen und technischen Bereich.

Bei **Einzelgeschäftsführungsbefugnis** gilt das Widerspruchsrecht des § 115 HGB entsprechend (BGHZ 43, 261). Bei Ressortverteilung besteht eine wechselseitige Überwachungspflicht (BGH NJW 1993, 463). Jedem der Geschäftsführer steht das Recht auf Information über alle Angelegenheiten der Gesellschaft zu, und zwar auch über diejenigen, die allein das Ressort eines Mitgeschäftsführers betreffen (OLG Koblenz NJW-Spezial 2008, 113). Insbesondere trifft auch den für den kaufmännischen Bereich intern nicht zuständigen Geschäftsführer die Insolvenzanmeldungspflicht (BGH DStR 1994, 1092 mit Anm. Goette) und die Pflicht zur Abführung von Sozialversicherungsbeiträgen (BGH DStR 1996, 2029 mit Anm. Goette). Hieraus folgt allgemein, dass im 2

Kernbereich organschaftlicher Verantwortung die Geschäftsführungsbefugnis des Geschäftsführers nicht beschränkt werden kann.

2. Zustimmungskataloge

3 Weithin üblich und insbesondere bei Fremdgeschäftsführung zweckmäßig sind Zustimmungskataloge, die die Geschäftsführer bei bestimmten Maßnahmen zur vorherigen Einholung der Zustimmung der Gesellschafter verpflichten, s. Kap. 119 Rz. 53.

4 Geschäftsführungsregelungen und Zustimmungskataloge können in die Satzung, den Geschäftsführervertrag oder eine Geschäftsordnung für die Geschäftsführer aufgenommen werden.

4a ➲ **Hinweis:** Da sie personen- und situationsabhängig sind und hinsichtlich der Euro-Beträge veralten, empfiehlt sich regelmäßig die Aufnahme in eine von der Gesellschafterversammlung durch Beschluss zu erlassende Geschäftsordnung, die nach Bedarf ohne förmliche Satzungsänderung überprüft und geändert werden kann. Satzungsregelungen in diesen Bereichen werden immer seltener. Sie können im Einzelfall erfolgen, wenn auf die nur mit satzungsändernder Mehrheit revisible Festschreibung von Zustimmungserfordernissen Wert gelegt wird oder satzungsmäßige Sonderrechte einzelner Geschäftsführer begründet werden sollen.

3. Vertretungsbefugnis, Führungslosigkeit

a) Vertretungsmacht

5 Die Vertretungsmacht ist nach § 37 Abs. 2 Satz 1 GmbHG nicht beschränkbar. Ihren Umfang bestimmt § 35 GmbHG. § 35 Abs. 2 Satz 1 GmbHG stellt klar, dass dann, wenn mehrere Geschäftsführer bestellt sind, sie alle nur gemeinschaftlich zur Vertretung der Gesellschaft befugt sind, es sei denn dass der Gesellschaftsvertrag etwas anderes bestimmt.

b) Regelung der Führungslosigkeit

6 In § 35 Abs. 1 GmbHG wird auch der Fall geregelt, dass eine Gesellschaft keinen Geschäftsführer hat. Bei einer solchen Führungslosigkeit wird die Gesellschaft dann, wenn ihr gegenüber Willenserklärungen abgegeben oder Schriftstücke zugestellt werden, durch die Gesellschafter vertreten. Hierdurch wird insbesondere dem Fall vorgebeugt, dass die Gesellschafter versuchen, durch eine Abberufung der Geschäftsführer Zustellungen und den Zugang von Erklärungen an die Gesellschaft zu vereiteln.

c) Empfangszuständigkeit

7 Nach § 35 Abs. 2 Satz 2 GmbHG genügt dann, wenn der Gesellschaft gegenüber einer Willenserklärung abzugeben ist, die Abgabe gegenüber einem **Vertreter der Gesellschaft**.

Nach den Sätzen 3 und 4 des § 35 Abs. 2 können an die Vertreter der Gesellschaft unter der im Handelsregister eingetragenen Geschäftsanschrift Willenserklärungen abgegeben und Schriftstücke für die Gesellschaft zugestellt werden. Unabhängig hiervon kann die Zustellung auch unter der eingetragenen Anschrift der empfangsberechtigten Personen nach § 10 Abs. 2 Satz 2 GmbHG erfolgen. Hierdurch wird das Verfahren des Zugangs von Willenserklärungen sowie für Zustellungen an die Vertreter der Gesellschaft vereinfacht. Alle Vertreter der Gesellschaft sind nun unter der eingetragenen Geschäftsanschrift der Gesellschaft zu erreichen. Sollte hier eine Zustellung unmöglich sein, so droht den Gesellschaften nunmehr die Zustellung im Wege der öffentlichen Bekanntgabe nach § 185 Nr. 2 ZPO.

7a ➲ **Praxistipp:** Einer Zustellung im Wege der öffentlichen Bekanntgabe können die Gesellschaften durch die Eintragung einer weiteren Empfangsperson vorbeugen.

4. Satzungsregelungen

Die Satzung kann bei mehreren Geschäftsführern Anderes als die Gesamtvertretung bestimmen, § 35 Abs. 2 Satz 2 GmbHG. Möglich sind die Anordnung von Einzelvertretungsbefugnis, von Gesamtvertretung durch mehrere, aber nicht alle Geschäftsführer und von unechter Gesamtvertretung durch einen Geschäftsführer in Gemeinschaft mit einem Prokuristen (Analogie zu §§ 78 Abs. 3 AktG, 125 Abs. 3 HGB). Die Satzung kann auch bestimmen, dass die Gesellschaft nur einen Geschäftsführer haben darf oder mehrere Geschäftsführer oder eine Mindestzahl von Geschäftsführern haben muss. Nicht zulässig ist es, den einzigen Geschäftsführer an die Mitwirkung eines Prokuristen zu binden oder bei Anordnung unechter Gesamtvertretung die Vertretung durch je zwei Geschäftsführer auszuschließen. Es muss also immer rein organschaftliche Vertretung möglich sein. 8

➲ **Hinweis:** Der nach § 44 GmbHG mögliche stellvertretende Geschäftsführer hat zwingend dieselbe Vertretungsmacht wie ein ordentlicher Geschäftsführer. Er kann nicht als solcher im Handelsregister eingetragen werden (BGH GmbHR 1998, 182), sondern nur zusatzlos als Geschäftsführer. 8a

5. Öffnungsklausel für Vertretung

Die nachstehend formulierte Öffnungsklausel lässt der Gesellschafterversammlung alle praxisrelevanten Möglichkeiten von der Bestellung nur eines Geschäftsführers bis zur Bestellung mehrerer Geschäftsführer mit der Bestimmung, dass alle oder einzelne einzelvertretungsbefugt sind bzw. nur mit einem anderen Geschäftsführer oder einem Prokuristen vertreten dürfen. Diese Regelung kann in jedem Gesellschaftsvertrag aufgenommen werden, wenn nicht aus besonderen Gründen eine abweichende Regelung indiziert ist. 9

Bei Geltung dieser Öffnungsklausel ist zur Bestellung eines Geschäftsführers ein **Gesellschafterbeschluss**, der die Person und die Vertretungsbefugnis des Geschäftsführers bestimmt, erforderlich. Dieser ist zum Handelsregister anzumelden. Die Eintragung ist deklaratorisch.

M 124.1 Vertretungsregelung mit Öffnungsklausel – GmbH

Die Gesellschaft hat einen oder mehrere Geschäftsführer. Ist nur ein Geschäftsführer vorhanden, so vertritt er allein. Sind mehrere Geschäftsführer vorhanden, so vertreten je zwei Geschäftsführer gemeinschaftlich oder ein Geschäftsführer gemeinschaftlich mit einem Prokuristen. Jedem Geschäftsführer kann Einzelvertretungsbefugnis erteilt werden. Jeder Geschäftsführer kann von den Beschränkungen des § 181 BGB befreit werden.

6. Befreiung von den Beschränkungen des § 181 BGB

a) Satzungsbestimmung und Eintragung

Die insbesondere beim Alleingeschäftsführer aus steuerlichen Gründen regelmäßig empfehlenswerte Befreiung von den Beschränkungen des § 181 BGB bedarf nach der Rechtsprechung zu ihrer Wirksamkeit der Satzungsbestimmung und der Eintragung in das Handelsregister (BGHZ 87, 59; BayObLG GmbHR 1985, 116; OLG Köln GmbHR 1993, 37; OLG Celle NJW-RR 2001, 175). Dies gilt auch für GmbH, deren Alleingesellschafter der Geschäftsführer ist, § 35 Abs. 3 Satz 1 GmbHG. 10

b) Allgemeine Befreiung

Die Satzung kann bestimmen, dass die jeweiligen Geschäftsführer von den Beschränkungen des § 181 BGB befreit sind. Dies wird dann bei Gründung oder Satzungsänderung angemeldet und im Handelsregister eingetragen. 11

c) Eingeschränkte Befreiung

12 In der Satzung kann auch die Befreiung von § 181 BGB nicht generell erteilt werden, sondern auf bestimmte Arten von Geschäften bzw. auf die Vertretung gegenüber bestimmten Dritten beschränkt werden. Die **Anmeldungen und Eintragung** hat in solchen Fällen die beschränkte sachliche oder persönliche Reichweite der Befreiung zu umfassen. Der Umfang der Vertretungsbefugnis und der Befreiung von § 181 BGB muss ohne Kenntnis sonstiger tatsächlicher Umstände aus dem Handelsregister selbst ersichtlich sein. Das OLG Stuttgart (NJW-Spezial 2007, 576) hält aus diesem Grund die Formulierung: „*Für Rechtsgeschäfte zwischen der Gesellschaft und Gesellschaften, an denen die Gesellschaft als persönlich haftende Gesellschafterin beteiligt ist, sind die Geschäftsführer von den Beschränkungen des § 181 BGB befreit*", für **nicht eintragungsfähig**.

12a ➲ **Hinweis:** Um eine hinreichende Erkennbarkeit des Umfangs der Befreiung vom Selbstkontrahierungsverbot zu gewährleisten, müssten die Firmen der Gesellschaften, auf die sich die Befreiung bezieht, in der Anmeldung aufgeführt und dann auch ins Handelsregister eingetragen werden.

d) Öffnungsklausel

13 Die Satzung kann entsprechend der obigen Musterformulierung (s. **M 124.1**) auch lediglich eine Öffnungsklausel enthalten. Diese Befreiungsmöglichkeit bedarf der Eintragung in das Handelsregister nicht und ist nach der hL auch **nicht eintragungsfähig** (BayObLG GmbHR 1982, 257; BayObLG Rpfleger 1990, 25). In diesem Fall ist auf der Grundlage der Satzungsermächtigung ein konkreter Befreiungsbeschluss zu fassen, anzumelden und einzutragen. Ohne Satzungsermächtigung bzw. ohne Eintragung ist die Befreiung nicht wirksam erteilt.

7. Wirkungen des Verstoßes

14 Verträge unter Verstoß gegen das Selbstkontrahierungsverbot sind **schwebend unwirksam** und werden mit **Genehmigung** etwa durch den zwischenzeitlich wirksam vom Selbstkontrahierungsverbot befreiten Geschäftsführer zivilrechtlich rückwirkend wirksam. Diese Wirkung hat der BFH (BFH GmbHR 1997, 34; BFH GmbHR 1997, 266) auch steuerlich anerkannt mit der Folge, dass keine verdeckte Gewinnausschüttung vorliegt, wenn der Gesellschafter-Geschäftsführer nachträglich durch Satzungsänderung und Handelsregistereintragung wirksam befreit wird. Die In-sich-Geschäfte sind dann als nachträglich genehmigt anzusehen, das steuerliche Rückwirkungsverbot steht dem nicht entgegen. Durch diese Rechtsprechung hat der BFH die mit dem Selbstkontrahierungsverbot verbundene Steuerfalle wesentlich entschärft.

II. Bestellung und Abberufung von Geschäftsführern

1. Rechtsnatur von Bestellung und Abberufung

15 Die Bestellung ist ein **körperschaftlicher Organisationsakt**, der der Annahme bedarf und **konstitutiv** ist. Die auf Anmeldung nach § 39 GmbHG erfolgende Eintragung im Handelsregister ist lediglich deklaratorisch. Bestellung und Abberufung betreffen das Amtsverhältnis des Geschäftsführers zur GmbH, sie sind von den vertraglichen Vereinbarungen zwischen dem Geschäftsführer und der GmbH im Dienstverhältnis des Geschäftsführers zu unterscheiden (BGH GmbHR 2003, 100 mit Anm. Haase). Die Bestellung eines GmbH-Geschäftsführers unter einer auflösenden Bedingung ist zulässig (BGH GmbHR 2006, 46).

16 Die **Bestellungszuständigkeit** liegt nach § 46 Nr. 5 GmbHG grundsätzlich bei der **Gesellschafterversammlung**, soweit nicht nach § 31 MitbestG der Aufsichtsrat zwingend zuständig ist oder nicht die Satzung die Bestellungskompetenz auf einen Aufsichtsrat oder Beirat verlagert hat. Aus der Bestellungskompetenz ergibt sich die Abberufungskompetenz (dazu mit Musterbeschluss Dahlbender GmbH-StB 2007, 154). Der Gesellschaftsvertrag kann für die Bestellung zum Geschäftsführer be-

sondere Voraussetzungen aufstellen, zB eine bestimmte Ausbildung oder die Familienzugehörigkeit. Derartige Eignungsvoraussetzungen müssen sich an den Bestimmungen des Allgemeinen Gleichbehandlungsgesetzes (AGG 2006) messen lassen, also Benachteiligungen aus Gründen des Geschlechts, der Religion oder des Alters vermeiden (Kleindiek in Lutter/Hommelhoff § 6 GmbHG Rz. 34).

2. Erschwerung der Abberufung

Der Geschäftsführer einer GmbH kann gem. § 38 Abs. 1 GmbHG jederzeit abberufen werden. Die Abberufung kann erschwert werden, etwa für Gesellschafter-Geschäftsführer (Lohr GmbH-StB 2004, 90). 17

M 124.2 Erschwerung der Abberufung – GmbH

Gesellschafter-Geschäftsführer können nur aus wichtigem Grund abberufen werden. Ein wichtiger Grund liegt insbesondere dann vor, wenn der Geschäftsführer gegen Weisungen der Gesellschafterversammlung verstößt, oder wenn er in Wettbewerb zur Gesellschaft tritt, oder wenn er sonst seine Pflichten aus dem Amts- oder Anstellungsverhältnis nicht nur unerheblich verletzt, oder wenn er aus persönlichen Gründen nicht mehr zur Geschäftsführung in der Lage ist.

3. Amtsniederlegung

Die Amtsniederlegung ist **gesetzlich nicht geregelt**, aber von der Rechtsprechung als konstitutive Befugnis des Geschäftsführers zur einseitigen Beendigung seiner Organstellung anerkannt (BGHZ 121, 257). Sie ist unabhängig davon wirksam, ob ein wichtiger Grund wie etwa Dienstunfähigkeit oder Vertrauensstörung vorliegt (BGH GmbHR 1993, 216). Die Amtsniederlegung bedarf keiner besonderen Form. Sie ist gegenüber dem Bestellungsorgan zu erklären, wobei der Empfang durch einen von mehreren Gesellschaftern genügt, wenn nach § 46 Nr. 5 GmbHG die Gesellschafterversammlung zuständig ist (BGH GmbHR 2002, 26). Für die Amtsniederlegung eines Gesellschafter-Geschäftsführers ist erforderlich, dass die Zustellung der Niederlegungserklärung gegenüber einem weiteren Gesellschafter durch Urkunde nachgewiesen wird, OLG Frankfurt Beschl. v. 19.7.2006 – 20 W 229/06, RNotZ 2006, 549. Die Amtsniederlegung durch den alleinigen Gesellschafter-Geschäftsführer soll unwirksam sein, wenn dieser nicht gleichzeitig einen neuen Geschäftsführer bestellt (BayObLG DStR 2000, 290; OLG Düsseldorf GmbHR 2001, 144; OLG Zweibrücken DNotZ 2006, 709). 18

Die Anmeldung zum Handelsregister ist von dem oder den **verbleibenden oder neubestellten Geschäftsführern** vorzunehmen. 19

➲ **Hinweis:** Streitig ist, ob der durch Amtsniederlegung ausgeschiedene Geschäftsführer sein Ausscheiden selbst anmelden kann. Dies ist möglich, wenn er die Amtsniederlegung aufschiebend bedingt durch die Handelsregistereintragung erklärt und wenn er der alleinige Geschäftsführer ist (OLG Frankfurt GmbHR 1993, 738). Sonst verwehrt es die hM dem ausgeschiedenen Gesellschafter, die Anmeldung noch selbst vorzunehmen (Bärwald GmbHR 2001, 290 mwN; aA Kießling/Eichele GmbHR 1999, 1165; Wachter GmbHR 2001, 1135 mwN). 19a

Mit der Anmeldung ist die Erklärung der Amtsniederlegung in Urschrift oder öffentlich beglaubigter Abschrift vorzulegen (§ 39 Abs. 2 GmbHG). Nicht nachzuweisen ist entgegen einer singulären OLG-Entscheidung der Zugang der Erklärung (so richtig die Anm. von Maurer RNotZ 2001, 349 und Wachter GmbHR 2001, 1129 zu OLG Naumburg GmbHR 2001, 569); Baumbach/Huck/Zöllner/Noack § 39 GmbHG Rz. 16. 20

M 124.3 Anmeldung der Amtsniederlegung – GmbH

Zum Handelsregister HRB ... der ... melde Ich als verbleibender Geschäftsführer an, dass der Geschäftsführer ... sein Amt niedergelegt hat und nicht mehr Geschäftsführer ist. Beglaubigte Abschrift des Niederlegungsschreibens ist beigefügt. (... Datum, Unterschrift, notarielle Beglaubigung)

21 Die Satzung kann die Amtsniederlegung regeln (Weber/Lohr GmbH-StB 2002, 55). Zum Schutz der Gesellschaft kann es sich insbesondere empfehlen, die Amtsniederlegung von der Einhaltung von Formen und Fristen abhängig zu machen.

M 124.4 Regelung der Amtsniederlegung in der Satzung

Die Niederlegung des Geschäftsführeramtes bedarf zu ihrer Wirksamkeit der schriftlichen Mitteilung an alle Gesellschafter und kann nur auf den übernächsten Monatsersten nach Absendung der Mitteilung erfolgen.

III. Der Abschluss des Geschäftsführervertrags

Literatur: *Jaeger*, Der Anstellungsvertrag des GmbH-Geschäftsführers, 5. Aufl. 2009; *Tillmann/Mohr*, GmbH-Geschäftsführer, 10. Aufl. 2013; *Kleindiek* in Lutter/Hommelhoff, GmbHG, 17. Aufl. 2009, Anh. zu § 6; *Scholz/Uwe H. Schneider*, GmbHG, 10. Aufl. 2007, § 35 Rz. 211 ff.; *Tillmann/Schiffers/Wälzholz*, Die GmbH im Gesellschafts- und Steuerrecht, 5. Aufl. 2009, Teil VI.

1. Unterscheidung Organschaftsverhältnis – Anstellungsverhältnis

22 Das Gesetz unterscheidet zwischen der durch Bestellung begründeten und nach § 38 GmbHG jederzeit widerruflichen Organstellung des Geschäftsführers und seinem Anstellungsverhältnis, dessen Bestand und Inhalt sich nach dem Geschäftsführer-Dienstvertrag richtet. Der schriftliche Abschluss des Geschäftsführervertrags ist zivilrechtlich grundsätzlich nicht erforderlich.

22a ➲ **Hinweis:** Steuerliche und sozialversicherungsrechtliche Notwendigkeiten führen aber in der Praxis regelmäßig dazu, auch beim beherrschenden Gesellschafter-Geschäftsführer einen schriftlichen und detaillierten Geschäftsführervertrag zu erstellen.

2. Steuervorteile beim Gesellschafter-Geschäftsführer

23 Ein Rechtsformvorteil der GmbH ist die Möglichkeit, durch einen zivilrechtlich und steuerrechtlich unangreifbar gestalteten Geschäftsführervertrag steuerliche und sozialrechtliche Vorteile zu erzielen. Die Bezüge des Gesellschafter-Geschäftsführers unterliegen, anders als bei GmbH & Co. KG, nicht der Gewerbesteuer. Die betriebliche Altersversorgung des Gesellschafter-Geschäftsführers führt nicht nur zur gewerbesteuerlichen, sondern auch zu ertragsteuerlichen Entlastungen. Schließlich wird dem bisher als Selbständigen nicht sozialversicherten Gesellschafter-Geschäftsführer unter bestimmten Voraussetzungen der Weg in die gesetzliche Rentenversicherung eröffnet, was allerdings zunehmend seltener angestrebt wird.

23a ➲ **Praxistipp:** Die sorgfältige schriftliche Fixierung des Geschäftsführervertrags ist immer empfehlenswert. Erforderlich ist sie aus steuerlichen Gründen beim beherrschenden Gesellschafter-Geschäftsführer. Der Gestaltung des Geschäftsführervertrags kommt damit große Bedeutung zu. Ständige Überprüfung anhand der neuesten Gesetzgebung und Rechtsprechung ist notwendig.

3. Gestaltungsgefahren beim Anstellungsvertrag des Gesellschafter-Geschäftsführers

Die steuerlichen Vorteile der GmbH-Geschäftsführung, insbesondere die Möglichkeit, über den Gesellschafter-Geschäftsführer-Anstellungsvertrag den Unternehmerlohn steuerlich abzugsfähig zu gestalten, müssen durch die **Gefahren möglicher verdeckter Gewinnausschüttungen** aus fehlerhaft konzipierten oder fehlerhaft durchgeführten Geschäftsführerverträgen erkauft werden. Die Vermeidung verdeckter Gewinnausschüttungen ist der eine Problemschwerpunkt (BFH GmbHR 1996, 221; Evers/Grätz/Näser, Die Gehaltsfestsetzung bei GmbH-Geschäftsführern, 5. Aufl. 2001, Rz. 231 ff.; OFD Karlsruhe, Vfg. v. 17.4.2001, GmbHR 2001, 538 = DStR 2001, 792; Derlien DStR 2002, 622 zu Tantiemezusagen; Zimmermann GmbHR 2002, 353 zur Angemessenheit bei kleineren GmbH), die sozialversicherungsrechtliche Stellung des Geschäftsführers der andere (Figge GmbHR 1998, R 273 ff.; Reiserer BB 1999, 2026; Schmidt GmbH-StB 2000, 167; BSG GmbHR 2002, 324; Gach/Kock NJW 2006, 1089; Stück GmbHR 2007, 1099; Freckmann DStR 2008, 52). 24

➲ **Praxistipp:** Im Einzelnen sind problematisch und deshalb sorgfältig zu regeln und zu handhaben 24a

- Abschluss, Änderung und Aufhebung des Geschäftsführer-Dienstvertrages,
- Geschäftsführungs- und Vertretungsbefugnis,
- Befreiung vom Selbstkontrahierungsverbot,
- Gehalt, Tantieme und Gehaltsverzicht,
- Pensionszusagen und
- Wettbewerbsbefreiungen und Wettbewerbsverbote.

4. Die Stellung des Geschäftsführers

Der Geschäftsführervertrag ist regelmäßig **Dienstvertrag** nach §§ 611 ff. BGB. Nach ständiger Rechtsprechung des BGH ist der Geschäftsführer **kein Arbeitnehmer** (BGHZ 49, 30; BGH NJW 1981, 1270). Ein organschaftlicher Vertreter einer GmbH, der Arbeitgeberfunktionen wahrzunehmen hat, kann nach Auffassung des BGH nicht zugleich arbeitsrechtlich den Status eines Arbeitnehmers haben. Dies ist grundsätzlich auch der Standpunkt des BAG (BAG NZA 1999, 987). 25

Steuerlich ist der Geschäftsführer Arbeitnehmer, dessen gesamte Bezüge Einkünfte aus nichtselbständiger Tätigkeit sind (§ 19 EStG). Dies gilt auch für den Gesellschafter-Geschäftsführer der Einpersonen-GmbH.

5. Fallgruppen und Vertragstypen

Von den Fallgruppen her ist einmal zu unterscheiden zwischen der Anstellung des Fremdgeschäftsführers und der des beherrschenden Gesellschafter-Geschäftsführers. Beim Fremdgeschäftsführer stehen Geschäftsführungskompetenzen, Wettbewerbsverbote und arbeitsrechtliche Schutzvorschriften im Vordergrund. Beim Gesellschafter-Geschäftsführer liegen die Schwerpunkte dagegen auf Fragen der Sozialversicherung und des Steuerrechts. Die Interessen des beherrschenden Gesellschafter-Geschäftsführers und die Interessen der Gesellschaft sind identisch. 26

Interessenkonflikte sind hier also nicht zu regeln. Auch die Sozialversicherung scheidet für diesen Geschäftsführertyp aus (Dach/Kock NJW 2006, 1089, auch zu BSG NJW 2006, 1162; Stück GmbHR 2007, 1099). Der Vertrag kann sich im Wesentlichen auf die steuerlich relevante Festsetzung der Bezüge und eine etwaige betriebliche Alters- und Witwenversorgung beschränken. Beim Minderheitsgesellschafter als Geschäftsführer kommt es darauf an, ob er in die gesetzliche Rentenversicherung will oder nicht. Je nachdem hat der Vertrag ein abhängiges Beschäftigungsverhältnis oder eine eigenverantwortliche Stellung herauszuarbeiten (Freckmann DStR 2008, 52, 57).

Als **Vertragstypen** ergeben sich aus diesen Fallgruppen und Regelungsschwerpunkten 27

- der Vertrag des Fremdgeschäftsführers,
- der Vertrag des Minderheitsgesellschafter-Geschäftsführers und
- der Vertrag des beherrschenden Gesellschafter-Geschäftsführers.

6. Abschluss und Änderung des Geschäftsführervertrags

28 Für den Abschluss und die Änderung des Geschäftsführervertrags ist auf Seiten der Gesellschaft die **Gesellschafterversammlung** zuständig, sofern nach Gesetz oder Satzung keine anderweitige Zuständigkeit bestimmt ist (BGH GmbHR 1991, 363 = NJW 1991, 1680; BGH GmbHR 2000, 876). Die Satzung kann die Abschluss- und Änderungskompetenz auf andere Organe wie den fakultativen Beirat oder Aufsichtsrat oder einen Gesellschafterausschuss verlagern, nach hL aber nicht auf Dritte (Bayer in Lutter/Hommelhof § 46 GmbHG Rz. 23).

28a ➲ **Hinweis:** Kompetenzverstöße führen zur zivilrechtlichen Unwirksamkeit. Der Alleingesellschafter, der sich selbst zum Geschäftsführer bestellt, muss nach § 35 Abs. 4 GmbHG hierzu von den Beschränkungen des § 181 BGB befreit sein.

IV. Der Inhalt des Geschäftsführervertrags

1. Gehalt

a) Allgemeine Anforderungen

29 Den Geschäftsführern werden regelmäßig außer den laufenden Bezügen auch Umsatz- und Gewinntantiemen, Kraftfahrzeug- und Telefonnutzung, sonstige Sachleistungen, Spesenersatz, betriebliche Altersversorgung, Prämienzahlung an Versicherungen, betriebsübliche Annehmlichkeiten und sonstige betriebliche Nebenleistungen wie Heirats- und Geburtsbeihilfen, Jubiläumsgeschenke, Abfindungen ua gewährt.

29a ➲ **Praxistipp:** Diese Bezüge einschließlich aller Nebenleistungen sind im Geschäftsführervertrag **genau festzuhalten.**

29b Steuerrechtlich werden überhöhte Bezüge der Gesellschafter-Geschäftsführer als **verdeckte Gewinnausschüttung** angesehen, ihre Abzugsfähigkeit als Betriebsausgaben wird verneint (BFH GmbHR 2003, 1214; 2003, 1369).

b) Nachzahlungsverbot

30 Beim beherrschenden Gesellschafter-Geschäftsführer gilt steuerlich ein Nachzahlungsverbot des Inhalts, dass Vergütungen für Dienstleistungen in der Vergangenheit nicht als Betriebsausgaben anerkannt werden, sondern als verdeckte Gewinnausschüttungen behandelt werden (BFH GmbHR 2005, 176).

c) Angemessenheit

31 Die Bezüge und Nebenleistungen müssen beim Gesellschafter-Geschäftsführer angemessen sein, um als Betriebsausgabe anerkannt zu werden (BMF-Schreiben v. 4.10.2002, DStR 2002, 1861; Tänzer BB 2004, 2757). Die Angemessenheit der Geschäftsführervergütung wird bestimmt durch

- die Unternehmensgröße nach Umsatz und Beschäftigungszahl,
- die Ertragssituation und
- den Wert der Dienstleistung je nach Branche.

Beim Gesellschafter-Geschäftsführer ist entscheidend, ob ein ordentlicher und gewissenhafter Geschäftsleiter eine solche Gesamtvergütung unter vergleichbaren Umständen einem Fremdgeschäftsführer gewährt hätte (BFH GmbHR 2002, 1148; 2004, 512).

d) ¾-¼-Regel

32 Zu berücksichtigen ist beim Gesellschafter-Geschäftsführer die **Zusammensetzung der Gesamtbezüge** etwa aus Festgehalt, Tantieme, Sachleistungen wie die Nutzung des Firmenwagens und Pensionszusage (zur Verlagerung von Einkünften in den Ruhestand „Deferred Compensation“ vgl. Pröpper GmbH-StB 2005, 87 mit Formulierungsvorschlägen). Das Festgehalt wird meist in einem

Jahresbetrag vereinbart. Möglich ist eine Wertsicherung in Form einer genehmigungsfreien Spannungsklausel etwa des Inhalts, dass sich die festen Bezüge des Geschäftsführers im gleichen Verhältnis wie bestimmte Beamtengehälter oder Tarifgehälter verändern.

Für das Verhältnis von Festbezügen und Tantiemen gelten die Grundsätze der BFH-Rechtsprechung (BFH GmbHR 1995, 385; BFH BStBl. II 1998, 545; BFH GmbHR 2003, 1214; 2003, 1365) und der Verwaltung (BMF-Schreiben v. 1.2.2002, DStR 2002, 219; dazu Berlier DStR 2002, 622). Das Verhältnis Festgehalt zu Tantieme ist so zu bestimmen, dass die Tantieme nicht mehr als 25 % ausmacht, das Festgehalt also mindestens 75 % betragen muss. Weiterhin darf die Tantieme nicht mehr als 50 % des gesamten Jahresüberschusses der Gesellschaft betragen.

2. Tantieme

Tantiemevereinbarungen mit beherrschenden Gesellschafter-Geschäftsführern (dazu mit Musterformulierungen A. Schmidt GmbH-StB 2004, 242) sind eine häufige Quelle verdeckter Gewinnausschüttungen. Zu ihrer Vermeidung sind im Geschäftsführervertrag klar und eindeutig zu regeln 33

- der Rechtsanspruch auf Tantieme neben dem Festgehalt,
- die Bemessungsgrundlage, zB die handelsrechtliche Gewinn- und Verlustrechnung,
- die Höhe der Tantieme, ausgedrückt in einem Prozentsatz des handelsrechtlichen Jahresüberschusses des jeweiligen Geschäftsjahres,
- der Zeitpunkt der Auszahlung der Tantieme.

➲ **Hinweis:** Umsatztantiemen sind zu vermeiden, anerkannt sind lediglich Gewinntantiemen (Schwedhelm GmbHR 2006, 285 mit Rechtsprechungsnachw.). 33a

3. Pensionszusagen

Pensionszusagen bilden häufig den Grundstock der Altersversorgung sowohl für den Fremdgeschäftsführer als auch für den Gesellschafter-Geschäftsführer. Sie erhalten dem Geschäftsführer den gewohnten Lebensstandard über die gesetzliche Sozialrente hinaus. Denkbar sind Zusagen in Höhe eines bestimmten Prozentsatzes des letzten Grundgehalts, davon eventuell 60 % als Witwenrente. Mit Wirkung vom 1.1.2005 hat das Alterseinkünftegesetz die Besteuerung bei der kapitalgedeckten betrieblichen Altersversorgung iSd. nachgelagerten Besteuerung vereinheitlicht (dazu Maute GmbHR 2004, 1198). 34

Ab Vollendung des 60. Lebensjahres des Geschäftsführers sind Pensionszusagen nicht mehr möglich. Erforderlich ist die Erdienbarkeit der Pension, weshalb zwischen Zusage und Ruhestand mindestens 10 Jahre liegen müssen (Schwedhelm GmbHR 2006, 288).

4. Sozialversicherungspflicht

Die Feststellung der Sozialversicherungspflicht eines Gesellschafter-Geschäftsführers ist mit erheblichen Schwierigkeiten verbunden (Freckmann DStR 2008, 52, 56 mit Checkliste S. 58). Die Sozialversicherungspflicht knüpft an die Ausübung einer Beschäftigung iSd. § 7 Abs. 1 SGB IV als „nichtselbständige Arbeit, insbesondere in einem Arbeitsverhältnis“ an. Dies setzt **Weisungsgebundenheit** hinsichtlich Zeit, Ort und Art der Tätigkeit voraus, wobei die Weisungsgeber die Gesellschafter der GmbH sind. Weisungsgebundenheit und damit Versicherungspflicht scheiden in der Regel aus, wenn der Geschäftsführer mindestens 50 % der Geschäftsanteile hält oder ihm eine Sperrminorität eingeräumt ist oder die GmbH aus seinem früheren Einzelunternehmen hervorgegangen ist oder die Gesellschafter wie zB in Familiengesellschaften – ihr Weisungsrecht nicht ausüben. 35

➲ **Wichtig:** Für Gesellschafter-Geschäftsführer wird ein **Statusverfahren** nach § 7a Abs. 1 Satz 2 SGB IV durch die Deutsche Rentenversicherung Bund durchgeführt. Es wird durch Verwaltungsakt festgestellt, ob ein abhängiges oder ein selbständiges Beschäftigungsverhältnis besteht (Freckmann BB 2006, 2077, 2083). Das Verfahren wird durch die Krankenkasse als zentrale Einzugsstelle für die Sozialversicherungsbeiträge nach Meldung in Gang gesetzt, kann aber auch durch eigenen Antrag eingeleitet werden. 35a

5. Nebentätigkeitsverbot, Wettbewerbsverbot

36 Nebentätigkeits- und Wettbewerbsverbote für die Zeit der Anstellung sind häufig und regelmäßig angemessen (Bauer/Diller GmbHR 1999, 885). Wettbewerbsverbote des beherrschenden Gesellschafter-Geschäftsführers, die nicht durch einen zulässigen Dispens (gegen angemessenes Entgelt) abgedeckt sind, können zu verdeckten Gewinnausschüttungen führen. Wettbewerbsverbote beim angestellten Geschäftsführer für die Zeit nach dessen Ausscheiden aus der Gesellschaft liegen zwar im Interesse der Gesellschaft, sind jedoch regelmäßig für den angestellten Geschäftsführer, der meist nur eine Wiederanstellung in derselben Branche finden kann, in hohem Maße belastend. Die Rechtsprechung unterwirft nachvertragliche Wettbewerbsverbote einer Inhaltskontrolle nach § 138 BGB (Baumbach/Hueck/Zöllner/Noack § 35 GmbHG Rz. 195).

36a ➲ **Praxistipp:** Das Wettbewerbsverbot hat auf das örtlich, zeitlich und gegenständlich notwendige Maß beschränkt zu bleiben. Hierzu ist eine Gesamtbetrachtung vorzunehmen. Insbesondere muss das Wettbewerbsverbot zeitlich beschränkt sein, wobei jedenfalls die Einhaltung der Zweijahresgrenze des § 74a Abs. 1 Satz 3 HGB genügt. Eine geltungserhaltende Reduktion wird überwiegend für möglich gehalten (Baumbach/Hueck/Zöllner/Noack § 35 GmbHG Rz. 201). S. auch Kap. 100 (Wettbewerbsverbot); bei weitreichenden Wettbewerbsverboten ist eine Karenzentschädigung zu vereinbaren.

6. Vertragsmuster

37 Geschäftsführerverträge sind stark von den Gegebenheiten des Einzelfalls abhängig. Das nachfolgende Muster des Vertrages eines Fremdgeschäftsführers (**M 124.5**) kann als strukturelles Vorbild dienen. Der Vertrag des **beherrschenden Gesellschafter-Geschäftsführers** unterscheidet sich hiervon nicht grundsätzlich, sondern dadurch, dass je nach der wirtschaftlichen Gleichsetzung des Geschäftsführers mit der Gesellschaft mehr oder weniger Regelungsbedarf besteht. So kann der Vertrag des Alleingesellschafter-Geschäftsführers sich auf die steuerlich erforderlichen Mindestregelungen beschränken. Deshalb wird dieser Vertragstyp nicht gesondert ausformuliert.

M 124.5 Anstellungsvertrag eines Fremdgeschäftsführers – GmbH

Zwischen der . . .-GmbH in . . . (Ort), vertreten durch die Gesellschafter . . . und . . ., und Herrn D wird folgender

Anstellungsvertrag

geschlossen:

§ 1 Anstellung

(1) Herr D übernimmt ab . . . die Stellung als Geschäftsführer der . . .-GmbH, und zwar vorläufig allein. Die Gesellschaft kann jederzeit neben ihm andere Geschäftsführer oder Prokuristen bestellen und die Vertretungsmacht und Geschäftsführung neu regeln.

(2) Dieser Vertrag wird zunächst auf die Dauer von drei Jahren geschlossen. Wird er nicht ein halbes Jahr vor Ablauf mittels eingeschriebenen Briefes gekündigt, so verlängert sich seine Geltungsdauer jeweils um die Dauer eines weiteren Jahres und kann mit halbjähriger Frist gekündigt werden.

(3) Das Dienstverhältnis kann bei Vorliegen eines wichtigen Grundes schon vor Ablauf der vorgesehenen Vertragszeit gekündigt werden. Als wichtiger Grund ist auch anzusehen, wenn der Geschäftsführer länger als ein Jahr durch Krankheit oder andere unverschuldete Ursachen in der Ausübung seiner Tätigkeit verhindert ist. Wichtige Gründe sind weiterhin die Liquidation der Gesellschaft und schwere Verstöße des Geschäftsführers gegen die Weisungen der Gesellschafterversammlung.

(4) Die Bestellung zum Geschäftsführer kann durch Gesellschafterbeschluss jederzeit widerrufen werden, dies unbeschadet der Ansprüche aus diesem Vertrag, Der Widerruf gilt als Kündigung dieses Vertrages zum nächst zulässigen Zeitpunkt.

§ 2 Rechte und Pflichten

(1) Der Geschäftsführer führt die Geschäfte nach Maßgabe der Gesetze, der Satzung der Gesellschaft und der Beschlüsse der Gesellschafterversammlung. Er hat seine Arbeitskraft ausschließlich der Gesellschaft zu widmen. Die Übernahme einer entgeltlichen oder unentgeltlichen Nebentätigkeit oder von Ehrenämtern bedarf der vorherigen Zustimmung der Gesellschafter. Der Geschäftsführer wird sich während der Dauer seines Anstellungsvertrages nicht an einem Unternehmen beteiligen, das mit der Gesellschaft in Konkurrenz steht oder mit dieser Geschäftsbeziehungen unterhält.

(2) Der Geschäftsführer hat sicherzustellen, dass er in der betrieblichen Kernarbeitszeit (9 bis 12 und 14 bis 16 Uhr) anwesend oder erreichbar ist, soweit er nicht auswärtige Termine hat. Einer etwaigen Arbeitszeitüberwachung (zB durch Stechuhr) unterliegt er nicht. Der Geschäftsführer hat Anspruch auf Erstattung von Reisekosten und Auslagen für Geschäftsreisen nach einem von der Gesellschaft festzusetzenden Tarif.

§ 3 Vergütung

(1) Der Geschäftsführer erhält als Vergütung für seine Tätigkeit ein Jahresgehalt von . . . Euro, das in zwölf gleichen Raten am Ende eines Monats gezahlt wird. Er erhält weiter eine vom Gewinn abhängige Tantieme in Höhe von . . . % des Jahresgewinns. Die Tantieme wird auf der Grundlage des körperschaftsteuerpflichtigen Gewinns berechnet nach dem Reingewinn (ohne Gewinnvortrag aus dem Vorjahr), der sich nach der Vornahme von Abschreibungen und Wertberichtigungen sowie nach Bildung von Rücklagen und Rückstellungen ergibt. Abzusetzen ist von ihr der Teil des Gewinns, der durch die Auflösung von Rücklagen entstanden ist. Die Tantieme kann nicht höher sein als 25 % des Festgehalts und zusammen mit etwaigen Tantiemen anderer Geschäftsführer als die Hälfte des Jahresgewinns.

(2) Weiterhin erhält der Geschäftsführer nach Maßgabe eines Beschlusses der Gesellschafterversammlung einen Firmenwagen, der auch zu privaten Zwecken benutzt werden kann. Die auf ihn entfallende Steuer trägt der Geschäftsführer.

§ 4 Urlaub

Der Geschäftsführer hat Anspruch auf einen bezahlten Jahresurlaub von . . . Arbeitstagen. Der Urlaub ist unter Berücksichtigung der Belange der Gesellschaft im Einvernehmen mit den anderen Geschäftsführern festzulegen. Wird der Urlaub wegen vorrangiger Belange der Gesellschaft nicht genommen, so ist der Urlaubsanspruch auf das nächste Jahr zu übertragen.

§ 5 Direktversicherung

Zur Alters- und Hinterbliebenenversorgung des Geschäftsführers schließt die Gesellschaft auf das Leben des Geschäftsführers eine Lebensversicherung mit unwiderruflichem Bezugsrecht ab. Die Versicherungssumme beträgt . . . Euro, bei Unfalltod . . . Euro. Die Versicherungsprämien werden während der Laufzeit des Geschäftsführervertrages von der Gesellschaft gezahlt und dem steuerpflichtigen Einkommen des Geschäftsführers hinzugerechnet. Bezugsberechtigt sind der Geschäftsführer und im Falle seines Todes die von ihm bestimmten Personen, hilfsweise seine Erben. Die Versicherungssumme ist fällig beim Tod des Geschäftsführers, dem Eintritt der Dienstunfähigkeit oder der Erreichung des 65. Lebensjahres.

§ 6 Nachvertragliches Wettbewerbsverbot

(1) Herr D verpflichtet sich, für die Dauer von einem Jahr nach Beendigung des Anstellungsvertrages nicht für ein Unternehmen tätig zu werden, das auf den Arbeitsgebieten der Gesellschaft tätig ist, sowie auf diesen Arbeitsgebieten keine Geschäfte für eigene oder fremde Rechnung zu machen und keine Beteiligung an einem Unternehmen zu erwerben, das auf den Arbeitsgebieten der Gesellschaft tätig ist.

(2) Die Gesellschaft zahlt Herrn D für die Dauer des Wettbewerbsverbots eine Entschädigung in Höhe von 50 % des zuletzt bezogenen Monatsgehalts ohne Tantieme. Auf die Entschädigung werden Einkünfte angerechnet, die Herr D während der Dauer des Wettbewerbsverbots durch anderweitige Verwendung seiner Arbeitskraft bezieht, soweit die Einkünfte und die Entschädigung das zuletzt bezogene Monatsgehalt übersteigen würden.

(3) Die Gesellschaft kann jederzeit mit einer Ankündigungsfrist von sechs Monaten auf das Wettbewerbsverbot verzichten mit der Folge, dass sie nach Ablauf der Frist von der Zahlung der Entschädigung befreit ist. Endet der Anstellungsvertrag, weil Herr D das 65. Lebensjahr vollendet oder dienstunfähig ist, kann der Verzicht mit sofortiger Wirkung erklärt werden.

Kapitel 125 Auflösung und Liquidation der GmbH

1 Die Auflösungsgründe ergeben sich aus § 60 GmbHG. Die Auflösung führt zur Liquidation der GmbH. Die Liquidatoren, regelmäßig die Geschäftsführer, haben die Auflösung und die Bestellung der Liquidation zum Handelsregister anzumelden, §§ 65, 67 GmbHG. Dabei ist gem. § 67 Abs. 1 GmbHG die abstrakte, dh. die generelle für ein mehrköpfiges Organ geltende Vertretungsregelung auch dann zur Eintragung in das Handelsregister anzumelden, wenn nur ein erster Liquidator bestellt ist (BGH DNotZ 2008, 75). Zum Liquidationsverfahren vgl. §§ 68 ff. GmbHG. Nach Ablauf des mit Bekanntmachung der Auflösung beginnenden Sperrjahres wird das Restvermögen der GmbH unter die Gesellschafter verteilt. Die damit eingetretene Beendigung der Liquidation und das Erlöschen der Firma sind zur Eintragung in das Handelsregister anzumelden. § 65 Abs. 2 GmbHG verlangt die Veröffentlichung der Bekanntmachung der Auflösung und des Gläubigeraufgebots in den Gesellschaftsblättern. Die Veröffentlichung setzt die Sperrfrist von einem Jahr gem. § 73 Abs. 1 GmbH in Lauf. Nach Ablauf dieses Sperrjahres ist die Beendigung der Liquidation und das Erlöschen der Firma zum Handelsregister anzumelden.

M 125.1 Gesellschafterbeschluss auf Auflösung einer GmbH

Wir sind die vollzähligen Gesellschafter der . . . (Firma). Wir treten hiermit unter Verzicht auf Formen und Fristen der Einberufung zu einer Gesellschafterversammlung dieser Gesellschaft zusammen und beschließen einstimmig:

Die Gesellschaft wird aufgelöst.

Der bisherige Geschäftsführer . . . (Name) wird zum Liquidator bestellt. Er vertritt die Gesellschaft allein, solange er alleiniger Liquidator ist. Sind mehrere Liquidatoren bestellt, so vertreten sie gemeinschaftlich.

Die Bücher und Schriften der Gesellschaft werden nach Beendigung der Liquidation durch den Liquidator verwahrt.

. . . (Ort, Datum)

. . . (Unterschriften)

M 125.2 Anmeldung der Auflösung – GmbH

An das Amtsgericht

– Registergericht –

. . . (Ort)

Zum Handelsregister der . . . (Firma) überreiche ich als deren Liquidator Abschrift des Gesellschafterbeschlusses vom . . . und melde zur Eintragung an:

Die Gesellschaft ist aufgelöst. Ich selbst bin zum Liquidator bestellt. Ich vertrete die Gesellschaft allein, solange ich alleiniger Liquidator bin. Bei Vorhandensein mehrerer Liquidatoren vertreten diese gemeinsam.

Ich versichere, dass keine Umstände vorliegen, die meiner Bestellung nach § 6 Abs. 2 Satz 3 und 4 GmbHG entgegenstehen, ich also weder wegen einer Insolvenzstraftat nach den §§ 283– 283d des Strafgesetzbuchs verurteilt wurde, noch mir durch gerichtliches Urteil oder durch vollziehbare Entscheidung einer Verwaltungsbehörde die Ausübung eines Berufs, Berufszweiges, Gewerbes oder Gewerbezweiges untersagt wurde. Ich versichere weiter, dass ich über meine unbeschränkte Auskunftspflicht gegenüber dem Gericht durch den beurkundenden bzw. beglaubigenden Notar dieser Erklärung gem. § 53 Abs. 2 des Bundeszentralregistergesetzes belehrt wurde.

. . . (Unterschrift des Liquidators, notarielle Unterschriftsbeglaubigung, elektronische Einreichung nach § 12 Abs. 1 HGB)

Kosten: *Notargebühr:* 0,2-Gebühr gem. Nr. 25100 KV GNotKG, mindestens 20 Euro, höchstens 70 Euro. Geschäftswert gem. §§ 121, 105 Abs. 4 Nr. 1 GNotKG (1 % des Stammkapitals). Bei Fertigung des Entwurfs und Beglaubigung 0,5-Gebühr gem. Nrn. 24102, 21201 Nr. 5 KV GNotKG (§ 92 Abs. 2 GNotKG), Geschäftswert gem. §§ 119, 105 Abs. 4 Nr. 1 GNotKG wie zuvor. 0,3-Gebühr für den Vollzug gem. Nr. 22114 KV GNotKG, Geschäftswert gem. § 112 GNotKG wie zuvor.

Gerichtsgebühr: keine (Vorbem. 2 Abs. 4 GV HRegGebV.

M 125.3 Bekanntmachung der Auflösung im Veröffentlichungsorgan der GmbH

Veröffentlichung im elektronischen Bundesanzeiger vom . . .

Die . . . (Firma) mit dem Sitz in . . . ist aufgelöst. Die Gläubiger der Gesellschaft werden aufgefordert, sich bei ihr zu melden.

. . . (Firma) i.L. der Liquidator . . . (Name)

M 125.4 Anmeldung der Beendigung der Liquidation – GmbH

An das Amtsgericht

– Registergericht –

. . . (Ort)

Zum Handelsregister der . . . (Firma) melde ich als alleiniger Liquidator an, dass die Liquidation beendet und die Firma der . . . (Firma) erloschen ist. Ich überreiche den Nachweis über die Bekanntmachung der Auflösung und des Gläubigeraufgebots im Bundesanzeiger. Ich habe die Bücher und Schriften der Gesellschaft zur Aufbewahrung übernommen.

... (Unterschrift des Liquidators, notarielle Unterschriftsbeglaubigung, elektronische Einreichung nach § 12 Abs. 1 HGB)

Kosten: *Notargebühr:* wie **M 125.2.**

Kapitel 126 Beherrschungs- und Gewinnabführungsvertrag zwischen zwei GmbHs

Literatur: *Bungert*, Die Beendigung von Beherrschungs- und Gewinnabführungsverträgen im GmbH-Konzern, NJW 1995, 1118; *Emmerich/Habersack*, Konzernrecht, 9. Aufl. 2008; *Emmerich/Habersack*, Aktien- und GmbH-Konzernrecht, 6. Aufl. 2010; *Hoffmann-Becking*, Gelöste und ungelöste Fragen zum Unternehmensvertrag der GmbH, WiB 1994, 57; *Hubertus/Lüdemann*, Verunglückte Organschaften infolge gewinnabhängiger Ausgleichszahlungen, DStR 2009, 2136; *Krieger*, Inhalt und Zustandekommen von Beherrschungs- und Gewinnabführungsverträgen im Aktien- und GmbH-Recht, DStR 1992, 432; *Lutter/Drygala*, Die Aufhebung des Unternehmensvertrags, ZIP 1996, 189; *Prinz*, Droht in Deutschland ein zigfaches Schreitern steuerlicher Organschaften? – Update zum Beitrag von Rödder (DStR 2010, 1218), DStR 2010, 1512; *Rehbinder*, Die Aufhebung des Unternehmensvertrags, ZGR 1996, 189; *Scharpf*, Variable Ausgleichszahlungen bei Gewinnabführungsvertrag mit einer GmbH?, DB 1990, 296 ff.; *Schwarz*, Beendigung von Organschaftsverträgen anlässlich der Veräußerung der Beteiligung an hauptverpflichteten GmbH, DNotZ 1996, 68; *Vetter*, Zur Aufhebung eines Beherrschungs- und

Gewinnabführungsvertrags im GmbH-Recht, ZIP 1995, 345; *Viskorf* u.a., Bericht zum 2. Münchener Unternehmenssteuerforum „Organschaft im Umbruch", DStR 2010, Beihefter zu Heft 30; *Wirth*, Beendigung von Beherrschungs- und Gewinnabführungsverträgen bei der Veräußerung der abhängigen GmbH, DB 1990, 2105 ff.; *Zöllner*, Inhalt und Wirkungen von Beherrschungsverträgen bei der GmbH, ZGR 1992, 173.

I. Allgemeines

1. Arten von Unternehmensverträgen

„Echte" Unternehmensverträge sind nur die in §§ 291 ff. AktG aufgeführten Verträge, dh. es muss sich eine AG/KGaA als Organgesellschaft/beherrschte Gesellschaft verpflichten. Bei Organgesellschaften anderer Rechtsform spricht man von **"unechten" Unternehmensverträgen**. Mangels positiv gesetzlicher Regelungen wird versucht, die aktienrechtlichen Vorschriften auf die unechten Unternehmensverträge analog anzuwenden, soweit das die zu beurteilende Gesellschaftsstruktur ermöglicht. Nach der Reform des UmwG verfestigte sich diese Überlegung, um ein einheitliches System der Strukturen bei Kapitalgesellschaften zu erreichen (Lutter in Lutter/Hommelhoff Anh. zu § 13 GmbHG Rz. 40 ff.). 1

2. Steuerliche Änderungen und Bedeutung von Beherrschungsverträgen

Vertragskonzerne unter Beteiligung von GmbH werden durch Abschluss von Beherrschungsverträgen gestaltet. In der Regel sind sie mit Ergebnisabführungsverträgen – schon aus steuerlichen Organschaftszwecken (§§ 14 ff. KStG) – verbunden („Organschaftsvertrag"). 2

Durch das Steuersenkungsgesetz 2001 und das Unternehmenssteuerfortentwicklungsgesetz sind ab dem Veranlagungszeitraum 2001 (Körperschaftsteuer) und dem Erhebungszeitraum 2002 (Gewerbesteuer) die Voraussetzungen für die körperschaftsteuerliche und gewerbesteuerliche Organschaft geändert worden. Die körperschaftsteuerlichen und gewerbesteuerlichen Vorschriften verlangen im Gegensatz zum Umsatzsteuergesetz nur noch die finanzielle Eingliederung und einen wirksamen Ergebnisabführungsvertrag. 3

3. Grundsätze für Beherrschungs- und Gewinnabführungsverträge

Bei einem **Beherrschungsvertrag** verpflichtet sich die abhängige GmbH, die Leitung ihres Unternehmens einem anderen Unternehmen zu unterstellen, wodurch diesem **Weisungsrechte** hinsichtlich der Leitung der abhängigen Gesellschaft eingeräumt werden. Die Geschäftsführungskompetenz der Gesellschafterversammlung (§§ 37 Abs. 1, 46 Nr. 1 GmbHG) wird auf das herrschende Unternehmen verlagert. 4

Bei einem **Ergebnisabführungsvertrag** verpflichtet sich die abhängige Gesellschaft, ihren gesamten Gewinn an ein anderes Unternehmen abzuführen. Bei einem bei der abhängigen Gesellschaft entstehenden Jahresfehlbetrag ist dieser durch das herrschende Unternehmen auszugleichen. 5

Die gesellschaftsrechtliche Behandlung des Ergebnisabführungsvertrags mit einer abhängigen GmbH folgt grundsätzlich den Regeln, die für den Beherrschungsvertrag mit einer abhängigen GmbH gelten. 6

Nach der „Supermarktentscheidung" des BGH (BGHZ 105, 324) und weiterer Bestätigung durch die Rechtsprechung (BGH WM 1992, 524, 529) gelten folgende Grundsätze, auch wenn der Unternehmensvertrag mit dem Alleingesellschafter in der Rechtsform einer Kapitalgesellschaft geschlossen worden ist: 7

- **Abschluss** des Unternehmensvertrags in **privatschriftlicher Form** durch die **organschaftlichen Vertreter** der beteiligten Gesellschaften in vertretungsberechtigter Zahl, ohne dass der Unternehmensvertrag notariell zu beurkunden ist (Ausnahme: **M 126.1** § 7); 8
- **Einstimmiger** oder mit qualifizierter Mehrheit (str., dazu Lutter in Lutter/Hommelhoff Anh. zu § 13 GmbHG Rz. 50) zu fassender und **notariell** zu beurkundender **Zustimmungsbeschluss** (arg. § 53 Abs. 2 Satz 1 GmbHG) der Gesellschafterversammlung **der beherrschten GmbH**; der Unternehmensvertrag ist dem notariellen Protokoll über die Gesellschafterversammlung bei-

zufügen; nach hM darf das herrschende Unternehmen mitstimmen (Scholz/Emmerich Anh. § 13 GmbHG Rz. 147). Die Frage, mit welcher Mehrheit der Zustimmungsbeschluss zu fassen ist, wird unterschiedlich beantwortet:

- Zustimmung aller Gesellschafter (noch hM; Scholz/Emmerich Anh. § 13 GmbHG Rz. 143 ff. mwN).
- Satzungsändernde Mehrheit mit oder ohne Stimmrecht des herrschenden Unternehmens.

Zum Ganzen Lutter in Lutter/Hommelhoff Anh. zu § 13 GmbHG Rz. 50.

- **Zustimmungsbeschluss** der Anteilseignerversammlung der **herrschenden Gesellschaft** mit ¾-Mehrheit (analog § 293 Abs. 2 AktG); eine notarielle Beurkundung dieses Beschlusses ist nicht erforderlich (BGHZ 105, 324, 333 sowie Lutter in Lutter/Hommelhoff Anh. zu § 13 GmbHG Rz. 62);
- Anmeldung und **Eintragung des Zustimmungsbeschlusses** der Gesellschafterversammlung der beherrschten GmbH und des Bestehens des Unternehmensvertrags in deren **Handelsregister** (analog § 54 GmbHG, BGHZ 105, 324, 342); keine zwingende Eintragung des Zustimmungsbeschlusses der herrschenden Gesellschaft im Handelsregister (str. dafür LG Bonn GmbHR 1993, 443; dagegen AG Duisburg DB 1983, 2522 sowie Priester in ZGR Sonderheft 6, S. 151, 175);
- Anwendung der Grundsätze über die **faktische Gesellschaft** bei **Verstoß gegen diese Wirksamkeitsvoraussetzungen** (BGHZ 103, 1; WM 1992, 29);
- Anwendung der Grundsätze über fehlerhafte Gesellschaften auf **fehlerhafte Unternehmensverträge** (Einzelheiten: Emmerich/Habersack, KonzernR, § 32 Rz. 29 ff.).

II. Vertragskriterien

1. Beherrschungsvertrag

1 Die Organgesellschaft unterstellt die Leitung ihrer Gesellschaft einem anderen Unternehmen (vgl. § 291 Abs. 1 Satz 1 AktG; zur Frage, in welcher Form diese Leitungsunterstellung erfolgt, **M 126.1** § 2 f.). Der Umfang der Leitungsmacht (Begründung des Herrschaftsverhältnisses) und die Verantwortlichkeit des herrschenden Unternehmens und seiner Verwaltungsmitglieder sind in den §§ 308–310 AktG niedergelegt, die auf den Beherrschungsvertrag zwischen zwei GmbHs analog Anwendung finden.

2 Da die organisatorische Eingliederung (der Abschluss eines Beherrschungsvertrags war dafür in der Vergangenheit ein steuerliches Indiz) nicht mehr Voraussetzung für die körperschafts- und gewerbesteuerliche Organschaft ist, stehen **unternehmerische/gesellschaftsrechtliche Überlegungen** für den Abschluss eines Beherrschungsvertrags im Vordergrund.

3 Bei derartigen Überlegungen steht als Vertragsziel die **Konzernbildung** an erster Stelle.

4 Die Strategien der einzelnen Konzerngesellschaften soll koordiniert und übergeordnet abgestimmt werden ohne in jedem Einzelfall auf Gesellschafterversammlungsbeschlüsse angewiesen zu sein.

5 Im **Gegensatz zur Verschmelzung** (§§ 2 ff. UmwG), die zum Erlöschen des untergehenden Rechtsträgers führt, bleibt bei Organschaftssachverhalten das beherrschte Unternehmen selbst Rechtssubjekt. Eine haftungsmäßige Inanspruchnahme der Organgesellschaft trifft die Obergesellschaft in der Regel nicht, wobei der BGH (NJW 2001, 3622 „Bremer Vulkan") den Vorrang der Kapitalerhaltungsregeln betont. Der herrschende Gesellschafter haftet für die Erhaltung des Stammkapitals und hat den Bestandsschutz der abhängigen Gesellschaft zu sichern (ua. Altmeppen ZIP 2001, 1837; Schmidt NJW 2001, 3577; kritisch Römermann/Schröder GmbHR 2001, 1015; Bitter WM 2001, 2133 zu der weiteren Rechtsprechungsentwicklung: Scholz/Emmerich Anh. § 13 GmbHG Rz. 95 ff.).

6 Zwar kann der Mehrheitsgesellschafter durch entsprechende Beschlüsse der Gesellschafterversammlung seine Weisungen erteilen (§ 37 GmbHG). Hierbei ist er jedoch an die gesellschaftsvertragliche Treuepflicht gebunden (BGHZ 65, 15 „ITT"; Kropff in FS Semler, 1993, S. 517). Der Abschluss eines Beherrschungsvertrags ermöglicht demgegenüber auch die **Erteilung nachteiliger Weisungen** für die einzelne Untergesellschaft, soweit sie **durch das Konzerninteresse gerechtfertigt** sind (§ 308 Abs. 1 AktG analog). Weisungen, dass die beherrschte Gesellschaft in den Konzern des herr-

schenden Unternehmens eingegliedert werden soll, werden durch dieses Weisungsrecht der Gesellschafter nicht gedeckt (BGH NJW 1992, 1452 „Siemens/NRG").

2. Gewinn-/Ergebnisabführungsvertrag

Die Organgesellschaft verpflichtet sich, ihren ganzen Gewinn an ein anderes Unternehmen abzuführen (§ 291 Abs. 1 Satz 1 AktG). Da aber gleichzeitig die Verlustübernahme zwingend ist (§ 302 Abs. 1 AktG), ist die Bezeichnung „**Ergebnisabführungsvertrag**" zutreffender. Dem Ergebnisabführungsvertrag kommt insbesondere steuerrechtliche Bedeutung zu, da körperschaftsteuerliche und auch gewerbesteuerliche Organschaft nur bei dessen Vereinbarung anzunehmen sind (§ 14 Abs. 1 Satz 1 KStG für AG/KGaA; § 17 Satz 2 KStG für andere Kapitalgesellschaften als Organgesellschaften sowie § 2 Abs. 2 Satz 2 GewStG). § 17 Satz 2 Nr. 2 KStG verlangt eine Verweisung auf § 302 AktG in seiner jeweils gültigen Fassung. Altverträge, in denen eine entsprechende dynamische Verweisung fehlt, sollten bis spätestens zum 31.12.2014 angepasst werden (s. § 34 Abs. 10b KStG), Weiler notar 2013, 194. 7

3. Organschaftsvertrag

Als Organschaftsvertrag bezeichnet die Praxis den kombinierten Beherrschungs- und Gewinnabführungsvertrag (**M 126.1**), der in dieser Form nicht gesetzlich geregelt ist. Wegen der nachhaltigen und tiefen Einschnitte in die Struktur der Organgesellschaft wird der Beherrschungs- und Gewinnabführungsvertrag als Vertrag eigener Art angesehen (**Organisationsvertrag**; BGHZ 103, 1; 105, 331), der über ein „reines" Schuldverhältnis hinausgeht. 8

III. Vertragspartner

Herrschendes Unternehmen kann jeder Rechtsträger sein, der die Voraussetzungen des **konzernrechtlichen Unternehmensbegriffs** erfüllt, dh. neben dem „bloßen" Halten einer Beteiligung auch noch anderen unternehmerischen Geschäftstätigkeiten nachgeht (im Einzelnen BGHZ 69, 334 ff., 337 „VEBA-Gelsenberg"; 95, 330 ff., 337 „Autokran"; BGH ZIP 1991, 1354 ff., 1355 „Video"). 9

Der Abschluss von Unternehmensverträgen einer abhängigen Gesellschaft mit mehreren Muttergesellschaften („Mehrmütterorganschaft") wurde ab 2003 dahingehend geändert, dass die Organschaft nicht zu der Gesellschaft bürgerlichen Rechts, sondern zu den einzelnen Hauptgesellschaftern bestehen muss (insg. Streck/Olbing, 7. Aufl. 2008, § 14 KStG Rz. 75). 10

IV. Vertragsinhalt

Bei einem **Beherrschungsvertrag** (**M 126.1** §§ 1–4) unterstellt das abhängige Unternehmen die Leitung des Unternehmens der herrschenden Gesellschaft, die ihm demzufolge Weisungen bezüglich der Unternehmensführung, jedoch nicht der Vertragsänderung selbst erteilen kann. 11

Durch einen **Ergebnis-/Gewinnabführungsvertrag** (**M 126.1** § 5) verpflichtet sich das abhängige Unternehmen, sein Ergebnis abzuführen, das ohne diese Gewinnabführung sonst als eigener Bilanzgewinn auszuweisen bzw. als Jahresfehlbetrag von der Obergesellschaft zu übernehmen wäre. 12

➲ **Wichtig:** Korrespondierend zu der Gewinnabführung ist die **Verlustübernahme** ausdrücklich zu vereinbaren (BGHZ 105, 324 ff., 336; OFD Rheinland-Pfalz DStR 2010, 1136 sowie § 17 Satz 2 Nr. 2 KStG zu den steuerlichen Voraussetzungen. Zum Ganzen: Hahn DStR 2009, 1834; Wulf AG 2010, 3; Rödder DStR 2010, 1218; Prinz DStR 2010, 1512; BFH DStR 2010, 1984). 13

V. Beschlussgremien

1. Verpflichtete Gesellschaft/Organgesellschaft/Beherrschte Gesellschaft – Mehrheiten

Seine Rechtsnatur als Organisationsvertrag/gesellschaftsrechtlicher Vertrag ermächtigt die der **Geschäftsführung** zustehende Vertretungsmacht **nicht** zum **vollwirksamen Vertragsabschluss**. Der 14 von der Geschäftsführung schriftlich abzuschließende Vertrag (§§ 293 Abs. 3, 294; BGHZ 105, 324, 342 „Supermarkt“) erfordert einen **Beschluss der Gesellschafter der beherrschten Gesellschaft**, wobei streitig ist, ob er mit qualifizierter Mehrheit oder einstimmig zu fassen ist (Emmerich/Habersack, KonzernR, § 32 Rz. 14 mwN zum Streitstand; zur Zulässigkeit von sog. **Konzern- oder Satzungsklauseln** [Ermächtigung der Geschäftsführung zum Abschluss von Unternehmensverträgen ohne weitere Zustimmung der Anteilsinhaber] Emmerich/Habersack, KonzernR, § 32 Rz. 19 ff.).

15 Das herrschende Unternehmen stimmt mit, § 47 Abs. 4 GmbHG (erg. BGHZ 105, 324; OLG Stuttgart AG 1999, 585, 586 f. „Dornier“; Emmerich/Habersack, KonzernR, § 32 Rz. 18).

2. Obergesellschaft/Herrschende Gesellschaft

16 In analoger Anwendung von § 293 Abs. 2 AktG hat die Anteilseignerversammlung der Obergesellschaft dem Unternehmensvertrag mit ¾- bzw. satzungsändernder Mehrheit zuzustimmen (BGHZ 105, 324, 333 „Supermarkt“; Emmerich/Habersack, KonzernR, § 32 Rz. 22 f.). Auch insoweit wird diskutiert, inwieweit der Gesellschaftsvertrag der Obergesellschaft von den dargestellten Zustimmungsregeln abweichen kann (Emmerich/Habersack, KonzernR, § 32 Rz. 24).

17 Der Zustimmungsbeschluss bedarf nur dann der notariellen Beurkundung, wenn es sich bei der Obergesellschaft um eine AG handelt (Scholz/Emmerich Anh. § 13 GmbHG Rz. 148 ff.). Dem Beschlussprotokoll ist der betreffende Unternehmensvertrag als Anlage beizufügen (BGH GmbHR 1992, 253; zur Beurkundung bei der GmbH als herrschende Gesellschaft Timm GmbHR 1989, 11). Diesen Zustimmungsbeschluss führt die Geschäftsführung durch Vertragsunterzeichnung aus.

VI. Beurkundung

18 ➲ **Wichtig:** Eine Beurkundung des **Unternehmensvertrags** wird nicht gefordert, es sei denn, dass der zwischen zwei GmbHs geschlossene Organschaftsvertrag eine Abfindung für außenstehende Gesellschafter in Geschäftsanteilen der Obergesellschaft vorsieht (erg. § 15 Abs. 4 GmbHG; zur Frage derartiger Abfindungen **M 126.1** Fn. 11). Dagegen ist der **Zustimmungsbeschluss der beherrschten Gesellschaft** wegen seines satzungsändernden Charakters analog § 53 Abs. 2 Satz 1 GmbHG notariell zu beurkunden.

19 Handelsrechtlich unwirksame Gewinnabführungsverträge führen zu verdeckten Gewinnausschüttungen mit ggf. einschneidenden steuerlichen Folgen.

VII. Abfindung und Ausgleich

20 In welcher Form eine Verpflichtung zum Ausgleich und zur Abfindung vorzusehen ist, richtet sich im Wesentlichen danach, ob der Vertrag auf der Ebene der beherrschten Gesellschaft einstimmig oder mit qualifizierter Mehrheit zu beschließen ist. Bei dem Erfordernis der einstimmigen Beschlussfassung sind die Minderheitsgesellschafter selbst in der Lage, für die Wahrung ihrer Rechte zu sorgen. Vertritt man die entgegengesetzte Auffassung zu den erforderlichen Mehrheiten, spricht Vieles für eine analoge Anwendung der §§ 304 f. AktG (Lutter in Lutter/Hommelhoff Anh. zu § 13 GmbHG Rz. 66; Scholz/Emmerich Anh. § 13 GmbHG Rz. 158 ff.).

21 Es erscheint im Wesentlichen unstreitig, dass hinsichtlich der Verpflichtung des herrschenden Unternehmens zum Ausgleich und zur Abfindung auch die Regelung zur Leistung einer **Barabfindung** § 305 Abs. 2 Nr. 3 AktG entsprechend anzuwenden ist (weitere Einzelheiten Emmerich/Habersack, KonzernR, § 32 Rz. 26).

Ohne Ausgleichs- oder Abfindungsangebote soll der Vertrag nichtig, im Fall der Unangemessenheit anfechtbar sein (Emmerich/Habersack, KonzernR, § 32 Rz. 28; zur Ermittlung der angemessenen Abfindungs- und Ausgleichszahlungen statt aller: BVerfGE 100, 289; AG 2000, 40, 2007, 69; BGHZ 147, 108; Hüffer § 304 AktG Rz. 8 ff., § 305 AktG Rz. 15 ff.; zum Stichtag neuerdings BGH ZIP 2010, 1487 „Stollwerk“).

VIII. Gläubigerschutz

Den Gläubigern ist in analoger Anwendung der §§ 302 f. AktG nach Vertragsende Sicherheit zu leisten (BGH NJW 1980, 47 „Gervais"; NJW 1986, 188 „Autokran"; BGHZ 105, 168, 182 „Supermarkt"; BGHZ 116, 37, 39 „Stromlieferung/Hansa Feuerfest"; BGH NJW 2002, 822; aA Bitter ZIP 2001, 265, 270, 274 ff.; Scholz/Emmerich Anh. § 13 GmbHG Rz. 180 mwN. 22

IX. Vertragsdauer und Laufzeit

1. Zivilrecht/Steuerrecht

➲ **Wichtig:** Zivilrechtlich sind keine besonderen Laufzeitdauern vorgeschrieben; **demgegenüber** verlangt **§ 14 Abs. 1 Nr. 3 KStG** einen Vertragsschluss über die Ergebnisabführung von mindestens fünf Jahren, um die Organschaftsvoraussetzungen zu erfüllen (vgl. auch BFH v. 3.3.2010 – I R 68/09). Ungeklärt sind Form- und Verfahrensfragen bei der Aufhebung des GmbH-Unternehmensvertrags (OLG Frankfurt ZIP 1993, 1790; OLG Karlsruhe ZIP 1994, 1020; Vetter ZIP 1995, 345; Bungert NJW 1995, 1118; Priester ZGR 1996, 189). 23

2. Kündigung

§§ 296 f. AktG regeln als **Beendigungsgründe** den Aufhebungsvertrag und die Kündigung. Weitere Beendigungsgründe sind ua.: 24

- Zeitablauf eines befristeten Unternehmensvertrags,
- Rücktritt,
- Anfechtung, Nichtigkeit,
- Insolvenz eines Vertragspartners

(im Einzelnen Scholz/Emmerich Anh. § 13 GmbHG Rz. 190 ff.; Grüner, Die Beendigung von Gewinnabführungsverträgen und Beherrschungsverträgen, 2003).

Auf die **ordentliche Kündigung** von Unternehmensverträgen wird nach übereinstimmender Auffassung § 297 AktG analog angewandt (OLG Düsseldorf AG 1995, 137, 138; OLG Oldenburg NZG 2000, 1138, 1142). 25

Eine **außerordentliche Kündigung** ist in Analogie zu § 297 Abs. 1 AktG immer möglich, wenn ein **wichtiger Grund** vorliegt. Ein derartiger Grund ist insbesondere anzunehmen, wenn auf Grund der wirtschaftlichen Lage des herrschenden Unternehmens die Verpflichtung zum Verlustausgleich gefährdet ist (LG Bochum AG 1987, 323 f.; zur Annahme eines wichtigen Grundes bei Beteiligungsveräußerungen Emmerich/Habersack, KonzernR, § 32 Rz. 43–44 S. 448 f.). 26

3. Vertragsaufhebung

Es ist wiederum umstritten, ob bei GmbH § 296 AktG (Vertragsaufhebung als Geschäftsführungsmaßnahme) Anwendung findet (zu Einzelheiten des Streitstands Emmerich/Habersack, KonzernR, § 32 Rz. 43–44; Scholz/Emmerich Anh. § 13 GmbHG Rz. 195 ff.). 27

X. Anmeldung und Handelsregistereintragung

➲ **Wichtig:** Seit der „Supermarktentscheidung" des BGH (BGHZ 105, 324 ff., 337 ff.) ist auch auf zwischen GmbH geschlossene Unternehmensverträge § 294 AktG anzuwenden (zusammenfassend Lutter/Hommelhoff NJW 1988, 1240 ff., 1242 mwN). Damit ist der Zustimmungsbeschluss zum Unternehmensvertrag mit einer abhängigen GmbH von deren Geschäftsführung zur Eintragung ins Handelsregister **anzumelden** (zum weiteren Inhalt der Anmeldung **M 126.3**). Erst mit dieser Eintragung wird er rechtswirksam (Lutter in Lutter/Hommelhoff Anh. zu § 13 GmbHG Rz. 59). 28

29 **Einzutragen** sind im Handelsregister:

- in Anlehnung an § 294 AktG im Handelsregister **der abhängigen GmbH** das Bestehen und die Art des Vertrags; der Anmeldung sind daher die notarielle Niederschrift des Zustimmungsbeschlusses und der Unternehmensvertrag als Anlage der Niederschrift beizufügen;
- Abschlussdatum des Unternehmensvertrags;
- Name des anderen Vertragsteils;
- Datum des Zustimmungsbeschlusses der zustimmenden Gesellschafter der GmbH; dagegen ist das Datum des Zustimmungsbeschlusses der Gesellschafter der herrschenden Gesellschaft nicht einzutragen; jedoch ist deren Zustimmungsbeschluss mit dem Unternehmensvertrag der Anmeldung zum Handelsregister der beherrschten Gesellschaft beizufügen (BGH WM 1992, 524 ff., 525).

30 Im **Handelsregister des herrschenden Unternehmens** erfolgt dagegen **keine Eintragung** (Lutter in Lutter/Hommelhoff Anh. zu § 13 GmbHG Rz. 61; str.; zur „verunglückten Organschaft“ bei fehlenden Eintragungen BFH DB 2009, 2524).

XI. Vertragsbericht und Vertragsprüfung nach §§ 293a ff. AktG bei Unternehmensverträgen ohne Beteiligung von AG/KGaA

31 Die §§ 293a–g AktG gelten nach ihrem Wortlaut nur, wenn die Untergesellschaft eine AG/KGaA ist. Ob diese Bestimmungen bei einem Unternehmensvertrag mit einer GmbH als Untergesellschaft analog anzuwenden sind, ist ungeklärt (Einzelheiten Emmerich/Habersack, KonzernR, § 32 Rz. 5; Lutter in Lutter/Hommelhoff Anh. zu § 13 GmbHG Rz. 54).

32 Es ist von folgenden Grundsätzen auszugehen: Handelt es sich bei der Obergesellschaft um eine AG/KGaA, muss der Vorstand einen Vertragsbericht analog § 293a AktG erstatten, selbst wenn es sich bei der Untergesellschaft um eine 100 %ige Tochtergesellschaft handelt (Hüffer § 293a AktG Rz. 5; Scholz/Emmerich Anh. § 13 GmbHG Rz. 132 f.; Bungert DB 1995, 1449, 1453). Die Geschäftsführer der Untergesellschaft trifft demgegenüber eine Berichtspflicht, soweit Minderheitsgesellschaften vorhanden sind, die auf der Grundlage der §§ 293a ff. AktG ihre Frage- und Informationsrechte nach § 51a GmbHR ausüben können.

XII. Steuerliche Folgen

1. Grundsätze

33 Für die körperschafts- und gewerbesteuerliche Organschaft ist der Abschluss eines zivilrechtlich wirksamen Gewinn-/Ergebnisabführungsvertrags zwingende Voraussetzung (§ 14 Abs. 1 Satz 1 Nr. 1 KStG iVm. § 17 KStG, § 2 GewStG).

2. Gemeinsame Voraussetzungen

34 Gemeinsame Voraussetzung bestehen zwischen der **körperschafts- und gewerbesteuerlichen Organschaft**, die die **finanzielle Eingliederung** und den **Abschluss eines Ergebnisabführungsvertrags** verlangt (Mehrheit der **Stimmrechte**, § 14 Abs. 1 Satz 1 Nr. 1 KStG). Eine darüber hinausgehende organisatorische und wirtschaftliche Eingliederung, ohne das Erfordernis eines Ergebnisabführungsvertrags, besteht bei der umsatzsteuerlichen Organschaft (§ 2 Abs. 2 Nr. 2 UStG).

3. Körperschaftsteuerliche Organschaft

a) Grundvoraussetzungen

35 Körperschaftsteuerliche Organschaft (§§ 14 ff. KStG) setzt zunächst voraus, dass die Organgesellschaft finanziell in den Organträger eingegliedert ist, dh. seine Beteiligungsquote der **Stimmrechte** 50 % überschreitet (§ 14 Abs. 1 Satz 1 Nr. 1 KStG).

➲ **Wichtig:** Außerdem muss ein **Ergebnis-/Gewinnabführungsvertrag** mit **mindestens fünfjähriger Dauer** abgeschlossen werden, der während dieses Zeitraums nur bei Vorliegen eines wichtigen Grundes gekündigt werden kann (§ 14 Nr. 4 KStG). 36

Unabhängig von den gesellschaftsrechtlichen Fragen (Rz. 8) über die Vertragsform, die für den Zustimmungsbeschluss erforderliche Mehrheit und den Vertragsinhalt verlangt § 17 KStG für außeraktienrechtliche Gewinnabführungsverträge folgende Voraussetzungen für die Anerkennung körperschaftsteuerlicher Organschaft: 37

- **wirksame Verpflichtung**, den ganzen Gewinn an ein anderes Unternehmen im Sinne des § 14 KStG abzuführen,
- **Verlustübernahmevereinbarung** entsprechend § 302 AktG (vgl. Rz. 21).

b) Einkommensermittlung und Zurechnungen

Das Einkommen der Organgesellschaft, die selbständiges Steuersubjekt bleibt, wird unabhängig von dem des Organträgers ermittelt (BFH BStBl. II 1975, 126), wobei die Besonderheiten der §§ 15, 16 KStG zu beachten sind. Dem Organträger wird als Auswirkungen des Gewinnabführungsvertrags das Einkommen der Organgesellschaft zugerechnet. 38

Die körperschaftsteuerliche Organschaft gestattet einen **sofortigen Verlustausgleich** zwischen den beteiligten Gesellschaften des Organkreises. Die Steuerbelastung wird bereits im Jahr der Verlustentstehung gemindert. 39

Als weiterer Vorteil ist die Nichtbelastung mit **Kapitalertragssteuer** zu betrachten, die zu Liquiditätsvorteilen führt. Eine an sich nach § 43 Abs. 1 Nr. 1 EStG abzuführende Kapitalertragsteuer auf Gewinnausschüttungen zwischen einer Mutter- und Tochtergesellschaft fällt nicht an, da die organschaftliche Gewinnabführung keine Ausschüttung iSv. § 43 Abs. 1 EStG ist. 40

➲ **Wichtig:** Außerdem sind die Vorteile bei der **Finanzierung des Beteiligungserwerbs** der Tochterorgangesellschaft zu beachten, weil es zwischen den Organschaftsbeteiligten nicht zu Dividendenausschüttungen und dem damit verbundenen Betriebsausgabenabzugsverbot gem. § 3c Abs. 1 EStG, § 8b KStG kommt (Harle BB 2003, 184). 41

4. Gewerbesteuerliche Organschaft

Sind die Voraussetzungen der körperschaftsteuerlichen Organschaft erfüllt, besteht auch gewerbesteuerliche Organschaft (§ 2 Abs. 2 Satz 2 GewStG). Die Gewerbeerträge der die Organschaft bildenden Gesellschaften werden zunächst getrennt ermittelt und dann zusammengerechnet. 42

➲ **Wichtig:** Auch in diesem Zusammenhang ist der **sofortige Verlustausgleich** von Bedeutung. 43

Verfügt die Organgesellschaft über **vororganschaftliche Verluste** im Sinne von § 10a GewStG, sind diese bei der Ermittlung des Gewerbeertrags der Organgesellschaft abzuziehen, ohne dass sie positive Gewerbeerträge des Organträgers mindern können (Abschnitt 68 Abs. 8 GewStR; BFH BStBl. II 1983, 427). 44

Ggf. sonst auftretende Mehrbelastungen zwischen Konzerngesellschaften werden durch die Organschaftsbegründung vermieden. Dauerschuldzinsen, die nach § 7 GewStG in die Bemessungsgrundlage der Konzernobergesellschaft eingehen und zugleich der Organgesellschaft nach § 8 Nr. 1 GewStG als deren Ertrag zugerechnet werden, fallen nicht an (Prinz FR 2003, 53). 45

5. Umsatzsteuerliche Organschaft

Bei Vorliegen der sog. **finanziellen, wirtschaftlichen und organisatorischen Eingliederung** kann eine **umsatzsteuerliche Organschaft** vorliegen. Sie fordert nicht den Abschluss eines Beherrschungs- und Gewinnabführungsvertrags. Finanzielle Eingliederung bedeutet den Besitz der entscheidenden Anteilsmehrheit an der Organgesellschaft (in der Regel folglich 50,1 %). Wirtschaftliche Eingliederung bedeutet, dass die Organgesellschaft nach dem Willen des Unternehmers (des 46

Organträgers) im Rahmen des Gesamtunternehmens und zwar in engem wirtschaftlichen Zusammenhang mit diesem tätig wird (BFH v. 22.6.1967). Organisatorische Eingliederung liegt vor, wenn der Organträger durch organisatorische Maßnahmen sicherstellt, dass in der Organgesellschaft sein Wille auch tatsächlich ausgeführt wird (bspw. durch Personalunion der Geschäftsführer der Organgesellschaft und der Organträgerin).

Zwei der genannten drei Voraussetzungen müssen insoweit vorliegen. Die umsatzsteuerliche Konsequenz besteht alleine darin, dass die Organgesellschaften keine Unternehmer iSv. § 2 UStG mehr sind. Sie gelten gem. § 2 Abs. 2 Nr. 2 UStG insoweit vielmehr als Unternehmensteile des Unternehmens des Organträgers.

47 Vorteile können sich auf die Stille-Reserven-Regelung des § 8c KStG für den Organträger bezogen auf Organgesellschaften ergeben (Brenninger/Ernst GmbHR 2010, 501; Scheunemann/Dennisen/Behrens BB 2010, 23).

48 ➲ **Wichtig:** Für die umsatzsteuerliche Organschaft ist im Gegensatz zur körperschaftsteuerlichen Organschaft der Abschluss eines **Gewinnabführungsvertrags nicht erforderlich**. Umsatzsteuerliche Organschaft kann auch im Laufe des Wirtschaftsjahres begründet werden. Liegen die umsatzsteuerlichen Organschaftsvoraussetzungen vor, bilden Lieferungen und sonstige Leistungen zwischen den Gesellschaften des Organkreises **nicht steuerbare Innenumsätze**.

49 ➲ **Wichtig:** Jedoch können **Haftungsfragen** des Organträgers für die Steuerschulden der Organgesellschaft auftreten.

6. Grunderwerbsteuer

50 Die Begründung der Organschaft kann Grunderwerbsteuer auslösen (im Einzelnen Heine GmbHR 2003, 153; OFD Münster UR 2001, 366).

M 126.1 Beherrschungs- und Gewinnabführungsvertrag (Organschaftsvertrag) zwischen zwei GmbHs[1]

Zwischen

der H-GmbH, . . . (Sitz)

vertreten durch . . .

als gemeinsame vertretungsberechtigte Geschäftsführer[2]

– herrschende Gesellschaft –

und

der B-GmbH, . . . (Sitz)

vertreten durch . . .

als alleinvertretungsberechtigter Geschäftsführer

– beherrschte Gesellschaft –

wird

vorbehaltlich der Zustimmung der Gesellschafterversammlungen Beteiligten nach § 8 dieses Vertrags[3]

folgender

1 **Notarielle Form** (analog § 15 Abs. 4 GmbHG) nur, wenn der Vertrag ein Umtausch- oder Abfindungsangebot an die außenstehenden Gesellschafter in der Form von Geschäftsanteilen der herrschenden Gesellschaft beinhaltet; vgl. im vorliegenden Muster § 7.

2 Rz. 25.

3 Zu den Mehrheitserfordernissen Rz. 25 ff.; der Zustimmungsbeschluss der beherrschten Gesellschaft bedarf der notariellen Beurkundung. Die Gesellschafterversammlung der herrschenden Gesellschaft muss dem Vertrag ebenfalls zustimmen, Rz. 22 ff.

Beherrschungs- und Gewinnabführungsvertrag

geschlossen.

§ 1 Leitung

Die B-GmbH unterstellt die Leitung ihrer Gesellschaft der H-GmbH.

§ 2 Weisungsrecht[4]

(1) Die H-GmbH ist berechtigt, der Geschäftsführung der B-GmbH alle ihr zweckdienlich erscheinenden Weisungen auch im Hinblick auf die Aufstellung des Jahresabschlusses und des Lageberichts zu erteilen. Die Weisungen können nur durch einen alleinvertretungsberechtigten oder mehrere gesamtvertretungsberechtigte Geschäftsführer der H-GmbH ausgeübt werden.

(2) Das Weisungsrecht erstreckt sich nicht darauf, den vorliegenden Vertrag zu ändern, aufrechtzuerhalten oder zu beenden.

(3) Die H-GmbH wird bei der Erteilung der Weisungen die Sorgfalt eines ordentlichen und gewissenhaften Geschäftsleiters anwenden und insbesondere die Grundsätze einer ordnungsmäßigen Konzerngeschäftsführung beachten.

§ 3 Form der Weisungen

Die Weisungen können schriftlich, mündlich oder in anderer Form erteilt werden. In jedem Fall ist sicherzustellen, dass die erteilten Weisungen in angemessener und jederzeit zugänglicher Form bei beiden Vertragspartnern dokumentiert sind.

§ 4 Einsichts- und Auskunftsrecht

(1) Die H-GmbH ist berechtigt, jederzeit die Bücher und Schriften der B-GmbH einzusehen und Auskünfte insbesondere über die rechtlichen, geschäftlichen und verwaltungsmäßigen Angelegenheiten der B-GmbH von deren Geschäftsführung zu verlangen.

(2) Die Geschäftsführung der B-GmbH ist verpflichtet, der H-GmbH jederzeit alle erwünschten Auskünfte über alle rechtlichen, geschäftlichen und organisatorischen Angelegenheiten ihrer Gesellschaft zu geben.

(3) Weiterhin hat die Geschäftsführung der B-GmbH mindestens einmal im Monat, spätestens am Monatsende, über die geschäftlichen und finanziellen Entwicklungen zu berichten.

§ 5 Ergebnisübernahme

(1) Die B-GmbH verpflichtet sich, erstmals für ihr ab dem 1.1.20 . . . beginnendes Geschäftsjahr, in dem die Eintragung des Vertrags im Handelsregister erfolgt ist, den gesamten, nach den maßgeblichen handelsrechtlichen Vorschriften ermittelten Gewinn im Sinne des § 275 Abs. 2 Nr. 20, Abs. 3 Nr. 19 HGB, der sich unter Berücksichtigung von Abs. 2 ergibt, an die H-GmbH abzuführen, vermindert um einen etwaigen Verlustvortrag aus Vorjahren, soweit dem nicht zwingende handelsrechtliche Vorschriften entgegenstehen[5].

(2) Die B-GmbH darf Beträge aus dem Jahresüberschuss nur insoweit in andere Gewinnrücklagen einstellen, als dieses handelsrechtlich zulässig und bei vernünftiger kaufmännischer Beurteilung wirtschaftlich begründet ist[6] *und die H-GmbH dem zustimmt. Sind während der Dauer dieses Vertrags andere Gewinnrücklagen gebildet worden, kann die H-GmbH verlangen, dass diese Beträge den freien Rücklagen entnommen und als Gewinn abgeführt oder zum Ausgleich eines Jahresfehlbetrags verwendet werden. Die Abführung von Beträgen aus von der B-GmbH vor Beginn dieses Vertrags gebildeten Gewinn- und Kapitalrücklagen iSd. § 272 Abs. 2 Satz 4 HGB ist ausgeschlossen. Die weiteren Bestimmungen des § 301 AktG gelten sinngemäß.*

---

4 Zu den Grenzen des Weisungsrechts BGHZ 65, 15; Rehbinder ZGR 1976, 386; Wiedemann JZ 1976, 392; Westermann GmbHR 1976, 77.

5 ZB § 300 AktG.

6 So § 14 Nr. 5 KStG.

(3) Die H-GmbH hat in entsprechender Anwendung von § 302 Abs. 1 AktG in seiner jeweils gültigen Fassung jeden während der Vertragsdauer sonst entstehenden Jahresfehlbetrag auszugleichen, soweit dieser nicht dadurch ausgeglichen wird, dass anderen Gewinnrücklagen Beträge entnommen werden, die während der Vertragsdauer in diese eingestellt worden sind[7]*. Der Anspruch ist mit Ablauf des Bilanzstichtags fällig und mit 5 % pro Jahr zu verzinsen.*

(4) Die Ansprüche aus dieser Bestimmung verjähren in 10 Jahren seit dem Tag, an dem die Eintragung der Beendigung dieses Vertrags in das Handelsregister nach § 10 HGB bekannt gemacht worden ist.

(5) § 302 AktG gilt insgesamt entsprechend.

§ 6 Ausgleichszahlungen[8]

(1) Die H-GmbH garantiert den außenstehenden Gesellschaftern[9] *der B-GmbH als angemessenen Ausgleich für jedes volle Geschäftsjahr der Dauer des Vertrags einen Gewinnanteil von mindestens ... Euro je Geschäftsanteil im Nominalbetrag von ... Euro zu zahlen*[10]*. Dieser Ausgleichsbetrag wird mit der Feststellung des Jahresabschlusses der B-GmbH fällig.*

(2) Dieser Betrag unterliegt der nach den jeweiligen gesetzlichen Bestimmungen einzubehaltenden Kapitalertragsteuer und dem Solidaritätszuschlag und ist um die im jeweiligen Veranlagungszeitraum anteilig auf den Gewinnausschüttungsbetrag entfallende Körperschaftsteuer zu vermindern.

(3) Unbeschadet der von der H-GmbH gegebenen Garantie ist der an die außenstehenden Aktionäre der B-GmbH zu zahlende Ausgleich iSd. § 304 AktG in Höhe des nach Abs. 1 garantierten Betrags von der B-GmbH vorab aus dem sich aus dem an den Organträger abzuführenden Gewinn zu zahlen. Reicht der abzuführende Gewinn hierzu nicht aus, stellt die H-GmbH den entsprechenden Differenzbetrag zur Verfügung.

(4) Zahlt die B-GmbH für ein Geschäftsjahr keine oder eine geringere als die garantierte Gewinnausschüttung, so ist die garantierte und die von der B-GmbH zu zahlende Dividende am Tag nach der Hauptversammlung fällig, bei der der Jahresabschluss der B-GmbH vorgelegt bzw. von dieser Hauptversammlung festgestellt wird.

---

7 Um steuerrechtlichen Diskussionen vorzubeugen, sollte die Verlustausgleichsverpflichtung durch eine möglichst weit gehende Übernahme des Wortlauts des § 302 AktG festgelegt werden, vgl. Streck/Olbing § 17 KStG Rz. 13; BFH DStR 2010, 1984; Funke/Wollenberg NWB 2010, 3197, 3200.

8 Ob eine **Ausgleichsverpflichtung** zu vereinbaren ist, wird unterschiedlich beantwortet, vgl. Emmerich/Habersack, KonzernR, § 32 Rz. 25; Lutter in Lutter/Hommelhoff Anh. § 13 GmbHG Rz. 66 ff. Die nicht vereinbarte Ausgleichsverpflichtung führt **nicht zur Nichtigkeit** des Vertrags; vielmehr ist der Zustimmungsbeschluss anfechtbar (Krieger DStR 1992, 432, 433 Fn. 18–21). Handelt es sich bei dem herrschenden Unternehmen um eine GmbH, ist streitig, ob gefordert werden kann, dass der Vertrag eine Verpflichtung zur Gewährung von Geschäftsanteilen des herrschenden Unternehmens enthalten müsse (Emmerich/Habersack, KonzernR, § 32 Rz. 27).

9 Unter den Begriff der **außenstehenden Gesellschafter** fallen nur Gesellschafter, deren Anspruch auf den Bilanzgewinn durch den Unternehmensvertrag ganz oder teilweise beeinträchtigt wird und die nicht auf Grund ihrer rechtlichen Verbindungen zu der gewinnberechtigten Gesellschaft (Obergesellschaft) an den dieser zufließenden Gewinnen oder sonstigen Vorteilen aus dem Vertrag in mittelbarer oder unmittelbarer Weise beteiligt sind.

10 Die Ausgleichszahlungsverpflichtung kann auch (zusätzlich) **variabel** gefasst werden (Scharpft DB 1990, 296): *„Der Organträger leistet jedem außenstehenden Gesellschafter der Organgesellschaft eine gewinnunabhängige Ausschüttung von ... % des Nominalbetrags seines Geschäftsanteils. Diese Gewinnausschüttung erhöht sich um denselben Prozentsatz, um den der bei der Organgesellschaft ausgewiesene Jahresüberschuss bezogen auf ihr Stammkapital ... % übersteigt."* Der BFH lehnt nunmehr einen festen Ausgleich und einen am **Ertrag der Organschaft** (!) orientierten zusätzlichen variablen Ausgleichsanspruch im Gegensatz zur Finanzverwaltung (BMF-Schreiben DB 1991, 2110) ab (DB 2009, 1904; die Finanzverwaltung will dieses Urteil nicht anwenden, s. Schr. v. 20.3.2010; vgl. Hubertus/Lüdemann DStR 2009, 2136). Soll der Minderheitsgesellschafter das Risiko sinkender Erträge mittragen, kann formuliert werden: *„Der Organträger leistet jedem außenstehenden Gesellschafter der Organgesellschaft eine Gewinnausschüttung von ... % des Nominalbetrags seines Geschäftsanteils. Dieser Gewinnanspruch vermindert sich, wenn der bei der Organgesellschaft ausgewiesene Jahresüberschuss nicht zu der vorgenannten Zahlung ausreicht, auf den im Verhältnis zur Beteiligung am Stammkapital ausgewiesenen Jahresüberschuss".*

(5) Die Ausgleichszahlung wird erstmalig für das am ... endende Wirtschaftsjahr der B-GmbH gezahlt. Falls der Vertrag während eines Geschäftsjahres der B-GmbH endet oder die B-GmbH während der Dauer des Vertrags ein Rumpfwirtschaftsjahr bildet, vermindert sich der Ausgleich zeitanteilig.

(6) Im Fall einer Erhöhung des Stammkapitals aus Gesellschaftsmitteln der B-GmbH vermindert sich der für einen Geschäftsanteil zu zahlende Ausgleich in der Weise, dass der Gesamtbetrag des Ausgleichs unverändert bleibt.

(7) Falls das Stammkapital der B-GmbH durch Bareinlagen unter Gewährung eines Bezugsrechts an die Minderheitsgesellschafter erhöht wird, werden Ausgleichszahlungen an diese Gesellschafter auch für diese im Rahmen dieser Kapitalerhöhung bezogenen Geschäftsanteile in Höhe des in Abs. 1 vorgesehenen Betrags geleistet.

§ 7 Abfindungen[11]

(1) Die H-GmbH ist während einer Frist von ... Monaten seit der Eintragung dieses Unternehmensvertrags im Handelsregister verpflichtet, auf Verlangen von Minderheitsgesellschaftern nach deren Wahl deren Geschäftsanteile gegen eine angemessene Barabfindung von ... Euro je Geschäftsanteil im Nennwert von ... Euro zu erwerben oder eigene Geschäftsanteile in analoger Anwendung von § 305 Abs. 2 Nr. 1 AktG anzubieten.

(2) Die Durchführung dieser Abfindungsvereinbarung ist für den abtretenden Gesellschafter kostenfrei.

§ 8 Zustimmungsvorbehalt

Der Vertrag bedarf zu seiner Wirksamkeit der formwirksamen Zustimmung der Gesellschafterversammlungen[12] *der beteiligten Gesellschaften*[13]*.*

§ 9 Wirksamwerden

Der Vertrag wird mit dessen Eintragung im Handelsregister des Sitzes der B-GmbH wirksam[14]*.*

§ 10 Vertragsdauer/Kündigung

(1) Der Vertrag ist, unbeschadet des Rechts der Kündigung aus wichtigem Grund, hinsichtlich der Verpflichtung zur Gewinnabführung bis zum Ablauf des ... (mindestens fünf Jahre[15] *nach Vertragsbeginn) ... unkündbar.*

(2) Als wichtiger Grund gilt ua.:

- *Veräußerung der Geschäftsanteile der abhängigen Gesellschaft durch die herrschende Gesellschaft,*
- *Inkrafttreten neuer steuerlicher Vorschriften, die die von den Vertragsparteien verfolgten Zwecke wesentlich ändern,*
- *...*

(3) Nach Ablauf des ... ist der Vertrag auf unbestimmte Zeit geschlossen und kann zum Ende eines Geschäftsjahrs der B-GmbH schriftlich mit einer Frist von sechs Monaten durch eingeschriebenen Brief gekündigt werden.

11 In diesem Fall ist die **notarielle Vertragsbeurkundung** wegen § 15 Abs. 4 GmbHG erforderlich. Wegen eines mangelnden Börsenwerts wird eine Abfindung mit Geschäftsanteilen des herrschenden Unternehmens nur bei einer Publikums-GmbH in Betracht kommen.

12 Zu den erforderlichen Mehrheiten Rz. 22 ff.

13 Der Zustimmungsbeschluss der Gesellschafterversammlung der B-GmbH hat in notarieller Form zu erfolgen, BGHZ 105, 325.

14 Alternativ kann formuliert werden: *„Der vorliegende Vertrag beginnt bezüglich der Verpflichtung zur Gewinnabführung rückwirkend ab dem ...“*. Diese **Rückwirkung** ist auch mit steuerlicher Wirkung möglich, allerdings nicht unbestritten (Einzelheiten BFH BStBl. II 1988, 76; Streck/Olbing, 7. Aufl. 2008, § 14 KStG Rz. 100 ff.). Demgegenüber ist die Vereinbarung eines rückwirkenden Beherrschungsverhältnisses nicht möglich, was nicht ausschließt, dass in der Vergangenheit ein faktisches Beherrschungsverhältnis bestand.

15 § 14 Abs. 1 Nr. 3 KStG sowie Satz 2 für den Fall der vorzeitigen Kündigung aus wichtigem Grund.

(4) Bei Vertragsbeendigung gilt gegenüber den Gläubigern der beherrschten Gesellschaft § 303 AktG entsprechend.

. . . (Ort, Datum) *. . . (Ort, Datum)*

(H-GmbH) *(B-GmbH)*

M 126.2 Protokoll einer Gesellschafterversammlung Zustimmung der Gesellschafter der beherrschten[1] Gesellschaft

UR. Nr. . . ./19 . . .

Vor Notar[2] *. . . (Name usw.)*

erschienen:

. . . (Namen, Beruf der Gesellschafter)

und erklärten:

Wir sind die alleinigen Gesellschafter der B-GmbH und an deren voll eingezahltem Stammkapital von . . . Euro mit folgenden Geschäftsanteilen beteiligt: . . .

Unter Verzicht auf die Einhaltung aller gesetzlichen oder gesellschaftsvertraglichen Form- und Fristvorschriften treten wir hiermit zu einer Gesellschaftsversammlung zusammen und beschließen einstimmig[3]*:*

Dem Beherrschungs- und Gewinnabführungsvertrag zwischen der H-GmbH und unserer Gesellschaft vom . . . (Datum), der diesem Protokoll als Anlage beigefügt ist und dessen notwendigen Bestandteil bildet, wird zugestimmt.

Damit ist die Gesellschafterversammlung beendet.

Vorgelesen, genehmigt und unterschrieben:

. . . (Unterschriften)

---

1 Außerdem hat die Gesellschafterversammlung der herrschenden Gesellschaft dem Vertrag mit mindestens ¾-Mehrheit der bei der Beschlussfassung abgegebenen Stimmen zuzustimmen, ohne dass dieser Beschluss der GmbH-Gesellschafter zwingend notariell zu beurkunden ist (BGHZ 105, 325); aus Vorsichtsgründen sollte das aber ggf. erfolgen (Timm GmbHR 1989, 11, 13).

2 Zum Beurkundungszwang Rz. 22.

3 Zu den Mehrheiten Rz. 22 ff.

Kosten: *Notargebühr:* 2,0-Gebühr gem. Nr. 21100 KV GNotKG, Geschäftswert gem. §§ 97 Abs. 1, 108 Abs. 1 S. 1, 105 Abs. 4 Nr. 1, 109 Abs. 2 S. 1 Nr. 4c GNotKG, 1 % des Stammkapitals, mindestens 30 000 Euro.

M 126.3 Anmeldung des Bestehens eines Unternehmensvertrags zum Handelsregister der beherrschten Gesellschaft[1]

Amtsgericht

– Registergericht –

. . . (Datum)

HRB . . .

B-GmbH, in . . . (Ort)

Wir melden zur Eintragung in das Handelsregister an:

---

1 Das Eintragungserfordernis des Zustimmungsbeschlusses der herrschenden Gesellschaft in deren Handelsregister ist streitig (Timm GmbHR 1989, 11, 14; weiterhin Scholz/Emmerich Anh. § 13 GmbHG Rz. 153).

Mit der H-GmbH besteht ein ... (Art des Unternehmensvertrags). Die Gesellschafter der W-GmbH haben diesem Vertrag mit Beschluss vom ... (Datum) zugestimmt.

Wir übersenden:

– Eine Ausfertigung des Zustimmungsbeschlusses (UR.[2] *-Nr. .../19 ... des Notars ... (Name, Ort) ... sowie dessen Anlagen,*

– Eine Ausfertigung des Zustimmungsbeschlusses (UR. Nr. .../19 ... des Notars[3] *... (Name, Ort) der Gesellschafterversammlung der herrschenden Gesellschaft sowie dessen Anlagen.*

– den ... (Bezeichnung des Unternehmensvertrags)[4].

... (Unterschriften)

(Beglaubigungsvermerk)

---

2 Lediglich aus Vorsichtsgründen, vgl. **M 126.2** Fn. 1.

3 Soweit es sich um eine AG/KGaA handelt (BGH GmbHR 1992, 253).

4 Der Unternehmensvertrag ist als notwendiger Bestandteil des Zustimmungsbeschlusses beizufügen (Lutter in Lutter/Hommelhoff Anh. § 13 GmbHG Rz. 36 sowie BGH WM 1992, 524, 525). Nur die Eintragung ist bekannt zu machen (§§ 54 Abs. 2 Satz 2, 10 Abs. 3 GmbHG). Der Unternehmensvertrag selbst bildet einen Bestandteil der Registerakten, wo er von jedermann eingesehen werden kann (§ 9 HGB; erg. BGH DB 1988, 2623).

Kosten: *Notargebühr:* 0,2-Gebühr gem. Nr. 25100 KV GNotKG, mindestens 20 Euro, höchstens 70 Euro. Geschäftswert gem. §§ 121, 105 Abs. 4 Nr. 1 GNotKG (1 % des Stammkapitals). Bei Fertigung des Entwurfs und Beglaubigung 0,5-Gebühr gem. Nrn. 24102, 21201 Nr. 5 KV GNotKG (§ 92 Abs. 2 GNotKG), Geschäftswert gem. §§ 119, 105 Abs. 1 Nr. 1 GNotKG wie zuvor. 0,3-Gebühr für den Vollzug gem. Nr. 22114 KV GNotKG, Geschäftswert gem. § 112 GNotKG wie zuvor.

Gerichtsgebühr: 70 Euro Festgebühr gem. Nr. 2500 GV HRegGebV.

2. Abschnitt. Aktiengesellschaft

Kapitel 127 Gründung und Satzung der AG

Literatur: *Altmeppen*, Zur Mantelverwendung in der GmbH, NZG 2003, 145; *Becker*, Aktienrechtliches und handelsrechtliches Agio, NZG 2003, 510; *Gronstedt*, Vorratsgesellschaften: Praktische Konsequenzen aus der neuen BGH-Rechtsprechung, BB 2003, 860; *Grooterhorst*, Praktische Probleme beim Erwerb einer Vorrats-AG, NZG 2001, 145; *Heider*, Einführung der nennwertlosen Aktie in Deutschland anlässlich der Umstellung des Gesellschaftsrechts auf den Euro, AG 1998, 1; *Heidinger*, Neues zur Verwendung von Vorratsgesellschaften und zum Mantelkauf, ZNotP 2003, 82; *Heidinger/Meyding*, Der Gläubigerschutz bei der „wirtschaftlichen Neugründung“ von Kapitalgesellschaften, NZG 2003, 1129; *König*, Zur Willensbildung im Stimmenpool, ZGR 2005, 417; *Kopp/Kempter*, Zulässigkeit und berufsrechtliche Zulassung der Rechtsanwalts-Aktiengesellschaft, NZG 2005, 582; *Krafka*, Die wirtschaftliche Neugründung von Kapitalgesellschaften, ZGR 2003, 892; *Mayer*, Mantelkauf und Mantelverwertung – (k)ein Problem?, NJW 2000, 175; *Mayer*, Grenzen von Aktionärsvereinbarungen, MittBayNot 2006, 281; *Meilicke*, Im Blickpunkt: BGH-Rechtsprechung zur Mantelverwendung von Vorratsgesellschaften, BB 2003, 857; *Mülbert*, Sacheinlagepflicht, Sacheinlagevereinbarung und Sacheinlagefestsetzungen im Aktien- und GmbH-Recht, FS Priester, 2007, S. 485; *Nolting*, Registerrechtliche Gründungsprüfung beim Erwerb von Mantel- und Vorratsgesellschaften, ZIP 2003, 651; *Priester*, Schuldrechtliche Zusatzleistungen bei Kapitalerhöhung im Aktienrecht, FS Röhricht, 2005, S, 467; *Schaub*, Vorratsgesellschaften vor dem Aus?, NJW 2003, 2125; *Wärholz*, Vorbelastungshaftung und Vertrauensschutz bei gebrauchten GmbH-Mänteln oder: der Nebel lichtet sich langsam, NZG 2005, 203.

I. Gründung der AG

1. Strukturen, Strukturvergleich mit der GmbH

1 Das deutsche Aktienrecht geht vom **Leitbild der großen Publikumsgesellschaft** als Sammelbecken der Kapitelbeiträge vieler aus. Um dem Kapitalanleger die Sicherheit zu geben, dass bei jeder AG bestimmte Grundstrukturen bestehen, gibt das AktG einen Mindeststandard von Regelungen vor, von denen die Satzung nach § 23 Abs. 5 AktG nur abweichen kann, wenn es ausdrücklich zugelassen ist. Diese Satzungsstrenge schränkt die Spielräume der Vertragsgestaltung ein und verhindert, dass die AG ebenso vielseitig und variabel eingesetzt werden kann wie die GmbH. Eine Auflockerung der starren Strukturen der AG brachte das Gesetz für kleine Aktiengesellschaften und zur Deregulierung des Aktienrechts 1994. Seine Ziele waren die Verbesserung der Eigenkapitalausstattung mittelständischer Unternehmen, die Erleichterung des Generationswechsels durch die Erschließung der AG-typischen Trennung zwischen Kapitaleignern und Management auch für das mittelständische Unternehmen und die Stärkung mittelständischer Unternehmen im Kampf gegen Konzentrationsbestrebungen im Wirtschaftsleben.

2 Von dem **erleichterten Zugang zur AG** wird bei Neugründung anstelle der Wahl der GmbH-Rechtsform und bei Umwandlung aus der GmbH heraus Gebrauch gemacht aus einem oder mehreren der folgenden Gründe:

- In Deutschland hat die AG gegenüber der GmbH noch einen Seriositätsvorsprung. Mit der GmbH wird in der Öffentlichkeit die Vorstellung eines eher kleinen, mit der AG die eines eher großen Unternehmens verbunden.
- Geschäftsbeziehungen zum Ausland lassen sich unter der Rechtsform der AG besser knüpfen als unter der im Ausland eher suspekten GmbH. Ausländische Anleger erwerben lieber verbriefte Aktien an einer infolge des Grundsatzes der Satzungsstrenge leichter einzuschätzenden AG als nicht verbriefte Anteile an einer GmbH, bei der alles auf die konkrete, sehr variable Satzungsgestaltung ankommt.
- Im mittelständischen Bereich wird es immer schwieriger, von Banken und sonstigen Kreditinstituten „venture capital" zu erhalten. Die Kreditinstitute scheuen angesichts rückläufiger Gewinnmargen risikobehaftete Engagements. Andererseits besteht bei den großen privaten Vermögensanlagebedarf. Die Aktie bleibt über die Börse, aber auch unterhalb der Börsennotierung, eine mögliche Geldanlage. Die Gründung einer AG vielleicht mit späterem „going public" bleibt für viele Unternehmen die einzige Möglichkeit der Fremdkapitalbeschaffung.
- Diskutiert wird die kleine Aktiengesellschaft unter dem dritten gesetzgeberischen Ziel der Erleichterung des Generationswechsels durch die Erschließung der typischen Trennung zwischen Kapitaleignern und Management auch für das mittelständische Unternehmen.

Die am meisten unterschätzte oder noch häufiger völlig unbekannte Rechtsfolge bei der Rechtformwahl zwischen GmbH und AG ist der kategorische **Strukturunterschied** zwischen den beiden Formen der Kapitalgesellschaft. 3

Herren der GmbH sind die Gesellschafter, § 37 GmbHG. Der Vorstand ist weisungsunterworfen. Er hat generelle und konkrete Weisungen der Gesellschafter, konkretisiert in Satzungsbestimmungen, Geschäftsordnungen und Gesellschafterbeschlüssen, minutiös zu befolgen. Ein drittes Organ gibt es nicht, soweit nicht ein freiwilliger Beirat oder Aufsichtsrat besteht, der aber jederzeit der autonomen Gesellschafterversammlung zur Disposition steht.

Herr der AG ist dagegen der Vorstand. Er leitet unter eigener Verantwortung die Gesellschaft, § 76 AktG. Der Vorstand unterliegt der Überwachung des Aufsichtsrats, § 111 AktG. Dieser bestellt die Vorstandsmitglieder, wobei die Bestellung höchstens auf fünf Jahre erfolgen kann, § 84 AktG. Der Aufsichtsrat wird von den Aktionären gewählt. Das Beschlussgremium der Aktionäre ist die Hauptversammlung, deren Befugnisse sich aus § 119 AktG ergeben. Nach § 119 Abs. 2 AktG kann die Hauptversammlung über Fragen der Geschäftsführung nur entscheiden, wenn der Vorstand es verlangt.

Schon der kurze Aufriss macht die Unterschiedlichkeit der Strukturen deutlich. Die **Herrschaftsstrukturen** bei der GmbH sind grundsätzlich einfach, die der AG grundsätzlich kompliziert. Eine der Inkongruenzen der kleinen AG liegt darin, dass die Machtbalance zwischen Aktionären, Aufsichtsrat und Vorstand für sie regelmäßig nicht zweckmäßig ist. Der traditionelle Typus AG als Sammelbecken von Kapital für kapitalintensive Unternehmen sieht die Aktionäre als Anteilseigner mit dem Schwerpunkt auf dem Kapitaleinsatz und dem Anlegerschutz durch Kapitalerhaltungsvorschriften, die Satzungsstrenge und die Verhaltenspflichten von Vorstand und Aufsichtsrat bei formalisierten und im Wesentlichen auf die jährliche Hauptversammlung beschränkten Gesellschafterrechten, den Vorstand als das grundsätzlich nicht weisungsgebundene Leitungsorgan und den Aufsichtsrat als das Kontrollorgan mit Überwachungsbefugnissen und Informationsrechten hinsichtlich aller Einzelheiten der Geschäftsführung. Dabei hat vor allem das KonTraG 1998 die Anforderungen an die Amtsführung des Aufsichtsrats verschärft. Grundsätzlich trifft die Aufsichtsratsmitglieder die gleiche Sorgfaltspflicht und Verantwortlichkeit wie den Vorstand, §§ 116, 93 AktG. Deshalb ist eine Tendenz zur Strukturveränderung in der Weise festzustellen, dass der Aufsichtsrat immer mehr in das Tagesgeschäft eingreift. 4

Bei der **kleinen AG** bereitet es häufig schon praktische Schwierigkeiten, die vorgeschriebenen **drei Aufsichtsräte** zu finden. Nicht selten ist man bestrebt, möglichst nicht dominante, nicht sachkundige und hinsichtlich Vergütung und Auslagenersatz nicht anspruchsvolle Personen zu gewinnen. Damit tut man weder der Gesellschaft noch diesen Personen einen Gefallen. Ein sachkundiger Aufsichtsrat, der seine gesetzliche Funktion voll wahrnimmt, kann für die Entwicklung der Gesellschaft segensreich oder sogar entscheidend sein. Außerdem ist er wichtig für den Beteiligungsentschluss 5 zu werbender Neuaktionäre. Im Verfahren der Börsenzulassung kann es zu großen Schwierigkeiten führen, wenn die due diligence ergibt, dass die kleine AG praktisch wie eine GmbH geführt wurde. Je größer der Kreis der Aktionäre wird, desto wichtiger wird die gesellschaftskonforme Handhabung der Organfunktionen, dies insbesondere zur Zurückdrängung des Einflusses des einzelnen Aktionärs.

2. Ablauf der Gründung

a) Abfolge

6 Nach §§ 26 bis 41 AktG und der Beurkundungspraxis erfolgt die Gründung in folgenden **Schritten**:

- Notarielles Gründungsprotokoll (s. **M 127.1**) mit Feststellung der dem Gründungsprotokoll als Anlage beigefügten Satzung, Übernahme der Stammeinlagen und Bestellung des ersten Aufsichtsrats und des Abschlussprüfers für das erste Rumpfgeschäftsjahr, § 30 Abs. 1 AktG.
- Konstituierende Sitzung des Aufsichtsrats mit Wahl des Aufsichtsratsvorsitzenden und Bestellung des ersten Vorstands durch den Aufsichtsrat, Errichtung eines privatschriftlichen Protokolls hierüber, §§ 30 Abs. 4, 107 Abs. 2 AktG.
- Einzahlung der Einlagen, Einzahlungsquittung und Bestätigung des Kreditinstituts. Erstellung des schriftlichen Gründungsberichts der Gründer mit dem von § 32 AktG vorgegebenen Inhalt.
- Gründungsprüfung und Niederlegung eines schriftlichen Gründungsprüfungsberichts durch Vorstand und Aufsichtsrat nach §§ 33 Abs. 1, 34 AktG, zusätzlich unter den Voraussetzungen des § 33 Abs. 2 AktG Gründungsprüfung und Gründungsprüfungsbericht mit demselben Gegenstand durch gerichtlich bestellte externe Gründungsprüfer, § 33 Abs. 3–5 AktG.
- In den Fällen des § 33 Abs. 2 Nr. 1, 2 kann nach § 23 Abs. 1 Satz 1 AktG auch der beurkundende Notar im Auftrag der Gründer und ohne gerichtliche Bestellung die Gründungsprüfung vornehmen.
- Elektronische (§ 12 Abs. 1 HGB) Anmeldung der Gesellschaft beim Registergericht durch alle Gründer, Mitglieder des Vorstandes und des Aufsichtsrats unter Beifügung des notariell beurkundeten Gründungsprotokolls, des Protokolls der ersten Aufsichtsratssitzung, des oder der Gründungsberichte, der Einzahlungsbestätigung für das Grundkapital und der Aufstellung der Gründungskosten, §§ 36 ff. AktG.
- Prüfung, Eintragung und Bekanntmachung der Eintragung durch das Registergericht, §§ 38 ff. AktG.

M 127.1 Gründungsprotokoll – AG

Verhandelt in . . . am . . .

Vor dem Notar . . .

sind erschienen, durch Lichtbildausweise ausgewiesen und unbedenklich voll geschäftsfähig:

1. Herr A . . . (Geburtsdatum, Adresse)

2. Herr B . . . (Geburtsdatum, Adresse)

3. Herr C . . . (Geburtsdatum, Adresse)

Die Erschienenen erklären

Gründung einer Aktiengesellschaft

Wir errichten eine Aktiengesellschaft unter der Firma X- AG mit dem Sitz in . . ., deren Gründer wir sind.

Wir stellen die Satzung der Gesellschaft entsprechend der verlesenen Anlage zu dieser Urkunde fest, auf die wir verweisen.

Vom Grundkapital der Gesellschaft in Höhe von ... Euro ... übernehmen

der Gesellschafter A ... Stückaktien,

der Gesellschafter B ... Stückaktien,

der Gesellschafter C ... Stückaktien.

Die Aktien werden für einen Euro je Stückaktie ausgegeben. Demgemäß haben zu zahlen

der Gesellschafter A einen Ausgabebetrag von ... Euro,

der Gesellschafter B einen Ausgabebetrag von ... Euro,

der Gesellschafter C einen Ausgabebetrag von ... Euro.

Die vorbezeichneten Ausgabebeträge sind in bar zu leisten. Sie sind in voller Höhe sofort zur Zahlung fällig.

Da Gründer Mitglieder des Aufsichtsrats und des Vorstandes werden, ist eine externe Gründungsprüfung erforderlich. Der beurkundende Notar wird hiermit von den Gründern beauftragt, diese Prüfung an Stelle eines Gründungsprüfers vorzunehmen.

Für die Zeit bis zur Beendigung der Hauptversammlung, die über die Entlastung des Aufsichtsrats für das am 31. Dezember ... endende Rumpf-Geschäftsjahr beschließt, werden zu Aufsichtsräten der Gesellschaft bestellt (Personalien).

Die Y Treuhand AG in ... wird zum Abschlussprüfer für das am 31. Dezember (Jahr) endende Rumpf-Geschäftsjahr bestellt.

Wir bevollmächtigen hiermit den Gründer A, etwa erforderliche Änderungen oder Ergänzungen dieser notariellen Urkunde, insbesondere der Satzung, vorzunehmen, sofern das Registergericht oder eine sonstige Behörde oder amtliche Stelle dies zur Eintragung in das Handelsregister verlangt. Der Bevollmächtigte ist hierfür von den Beschränkungen des § 181 BGB befreit. Wir beantragen eine Ausfertigung dieser Urkunde für das Registergericht und sechs beglaubigte Ablichtungen, Anzeige dem Finanzamt.

Mit Anlage vorgelesen, genehmigt und unterschrieben:

... (Unterschriften A, B, C, Notar)

Kosten: *Notargebühr:* 2,0-Gebühr gem. Nr. 21100 KV GNotKG, mindestens 60 Euro. Geschäftswert gem. §§ 97 Abs. 1, 107, 36 GNotKG (Grundkapital), mindestens 30 000 Euro, höchstens 10 Mill. Euro. 2,0-Gebühr gem. Nr. 21100 KV GNotKG für den Beschluss zum Aufsichtsrat, Geschäftswert gem. §§ 97 Abs. 1 108 Abs. 1 S. 1, 105 Abs. 4 Nr. 1 GNotKG 1 % des Grundkapitals, mindestens 30 000 Euro. Der Beschluss ist im Verhältnis zum Gründungsvertrag immer ein verschiedener Beurkundungsgegenstand (§ 110 Nr. 1 GNotKG). Die Werte sind daher zu addieren (§ 35 Abs. 1 GNotKG). 0,3-Gebühr für den Vollzug gem. Nr. 22114 KV GNotKG, Geschäftswert gem. § 112 GNotKG wie zuvor. 1,0-Gebühr gem. Nr. 25206 KV GNotKG für die Gründungsprüfung, Geschäftswert gem. § 123 GNotKG (Summe der Einlagen, höchstens 10. Mill. Euro).

b) Niederschrift

Inhalt des notariell zu beurkundenden Gründungsprotokolls ist nach § 23 Abs. 1 Satz 1 AktG die Feststellung der Satzung. Die Gründung kann nach § 2 AktG durch **einen oder mehrere Gründer** erfolgen. Bei mehreren Gründern erfolgt die Satzungsfeststellung durch den Abschluss des Gesellschaftsvertrags, bei einem Gründer durch einseitige Erklärung. Bevollmächtigte bedürfen nach § 23 Abs. 1 Satz 2 AktG einer notariell beglaubigten Vollmacht. Der Satzungswortlaut wird in der Praxis dem Gründungsprotokoll nach § 9 Abs. 1 Satz 2 BeurkG als Anlage beigefügt, auf die verwiesen wird und die zu verlesen ist. 7

Nach § 23 Abs. 2 AktG sind in der Urkunde anzugeben die Gründer, bei Nennbetragsaktien der Nennbetrag, bei Stückaktien die Zahl der Aktien, der Ausgabebetrag für die Aktien, die Gattung der Aktien, wenn mehrere Gattungen bestehen, die Gattung der Aktien, die jeder Gründer übernimmt, und schließlich der eingezahlte Betrag des Grundkapitals. Bei Nennbetragsaktien sind der Nennbetrag, der Ausgabebetrag und die Aktiengattung anzugeben. Bei Stückaktien genügt die Angabe ihrer Zahl und des Ausgabebetrags. Der Ausgabebetrag ist auch dann anzugeben, wenn kein Aufgeld vereinbart ist. Die vor Anmeldung fällige Bareinlage muss nach § 36a AktG mindestens ein 8

Viertel des Nennbetrages und das gesamte Aufgeld umfassen. In das Gründungsprotokoll aufgenommen wird die beurkundungspflichtige Bestellung des ersten Aufsichtsrats nach § 30 Abs. 1 AktG, weiterhin die Bestellung des ersten Abschlussprüfers für das Rumpfgeschäftsjahr bis zur ersten Hauptversammlung und gegebenenfalls die Beauftragung des beurkundenden Notars mit der externen Gründungsprüfung nach § 33 Abs. 3 AktG.

9 ➲ **Praxistipp:** Es ist zweckmäßig und üblich, einem Gründer oder auch dem beratenden Rechtsanwalt Vollmacht zur Änderung der Satzungsfassung auf Verlangen des Registergerichts zu geben.

c) Gründungsbericht

10 Die Gründer haben nach § 32 Abs. 1 AktG einen **schriftlichen Bericht** über den Hergang der Gründung zu erstatten. Inhaltlich entspricht dieser den wesentlichen Feststellungen des Gründungsprotokolls. Daneben ist anzugeben, ob Aktien für Rechnung eines Vorstandes oder Aufsichtsratsmitgliedes übernommen wurden oder diesen Personen Vorteile zugesagt wurden. Der Gründungsbericht kann gleichzeitig mit der Beurkundung des Gründungsprotokolls erstellt werden. Er muss von allen Gründern persönlich unterschrieben werden.

M 127.2 Gründungsbericht der Gründer – AG

Wir, die unterzeichnenden Gründer der . . .-AG in . . . erstatten über den Hergang der Gründung den folgenden Bericht:

1. *Die Satzung der Gesellschaft wurde im Gründungsprotokoll vom . . . (Notar . . . UR . . .) festgestellt.*
2. *Als Gründer haben sich beteiligt:*

   Herr A . . . (Geburtsdatum, Adresse)

   Frau B . . . (Geburtsdatum, Adresse)

   Herr C . . . (Geburtsdatum, Adresse)
3. *Das Grundkapital der Gesellschaft beträgt . . . Euro. Es ist in . . . Stückaktien aufgeteilt. Die Aktien werden für einen Euro je Stückaktie ausgegeben. Die Gründer haben die folgenden Beträge auf das Konto der Gesellschaft Nr. . . . bei (Bank) eingezahlt:*

   Der Gesellschafter A einen Ausgabebetrag von . . . Euro,

   der Gesellschafter B einen Ausgabebetrag von . . . Euro,

   der Gesellschafter C einen Ausgabebetrag von . . . Euro.

   Diese Einlagen stehen laut Bescheinigung der Bank vom . . . abzüglich des Betrages der angefallenen Steuern und Gebühren von . . . Euro endgültig zur freien Verfügung des Vorstands.
4. *Zu Mitgliedern des Aufsichtsrates wurden von den Gründern . . . bestellt. Der Aufsichtsrat hat zum Vorsitzenden Herrn/Frau . . ., zum Stellvertreter Herrn/Frau . . . gewählt.*
5. *Der Aufsichtsrat hat durch Beschluss die . . . zu Mitgliedern des ersten Vorstands bestellt.*
6. *Der Gründer A ist gleichzeitig Mitglied des Aufsichtsrats. Die Gründer B und C wurden zu Vorständen bestellt.*

6\. *Es wurden keine Aktien für Rechnung eines Mitglieds des Vorstandes oder des Aufsichtsrats übernommen. Weder ein Mitglied des Vorstands noch ein Mitglied des Aufsichtsrats hat sich einen besonderen Vorteil oder für die Gründung oder ihre Vorbereitung eine Entschädigung oder Belohnung ausbedungen.*

7\. *In der Satzung hat die Gesellschaft die geschätzten Gründungskosten bis zum Betrag von . . . Euro übernommen.*

. . . (Datum, Unterschriften)

Nach § 33 Abs. 1 AktG haben die Mitglieder des Vorstand und des Aufsichtsrats den Hergang der Gründung zu prüfen. Sie haben nach § 34 Abs. 2 AktG einen **schriftlichen Gründungsprüfungsbericht** zu erstellen. Sein Gegenstand ist der Hergang der Gründung. Ferner ist zu prüfen und zu bestätigen, dass die Angabe der Gründer zur Aktienübernahme und Einlageleistung sowie zu den Festsetzungen nach § 26 AktG zutreffend sind. Zulässig und üblich ist es, dass Vorstand und Aufsichtsrat einen gemeinsamen Bericht erstatten. Der Prüfungsbericht muss von sämtlichen Mitgliedern des Vorstands und des Aufsichtsrats persönlich unterzeichnet werden. 11

M 127.3 Gründungsprüfungsbericht der Mitglieder des Vorstands und des Aufsichtsrats – AG

Wir, die unterzeichnenden Mitglieder des Vorstandes und des Aufsichtsrats der ...-AG in ... haben den Hergang der Gründung geprüft. Es haben uns die folgenden Unterlagen vorgelegen:

1. *Gründungsprotokoll (Notar ... UR ...)*
2. *Niederschrift über die Bestellung des Vorstandes durch den Aufsichtsrat*
3. *Quittung der ... über die Einzahlung des Kapitals*
4. *Gründungsbericht der Gründer*
5. *Bericht des Gründungsprüfers.*

Der Hergang der Gründung entspricht nach unseren Feststellungen den gesetzlichen Vorschriften. Die Angaben der Gründer über die Übernahme der Aktien und ihre Einzahlung sind richtig und vollständig. Die Satzung enthält keine Festsetzungen über besondere Vorteile für einzelne Aktionäre oder über Entschädigungen oder Belohnungen für die Gründung oder ihre Vorbereitung. In der Satzung hat die Gesellschaft die Gründungskosten bis zu ... Euro übernommen. Hiergegen bestehen keine Einwendungen.

... (Datum, Unterschriften)

d) Konstituierende Sitzung des Aufsichtsrats

M 127.4 Niederschrift über die Sitzung des Aufsichtsrats vom ... – AG 12

Die unterzeichneten Mitglieder des Aufsichtsrats der ...-AG treten in eine konstituierende Sitzung ein und beschließen:

1. *Zum Vorsitzenden des Aufsichtsrats wird bestellt Herr ..., zum Stellvertreter Frau ...*
2. *Die Herren ... werden zu Vorstandsmitgliedern bestellt. Die dem Aufsichtsrat vorliegenden Anstellungsverträge werden genehmigt. Sie werden vom Vorsitzenden des Aufsichtsrats, der hierzu ermächtigt wird, mit den Vorstandsmitgliedern abgeschlossen.*

... (Datum, Unterschriften)

e) Anmeldung

Die Gesellschaft ist von allen Gründern, allen Mitgliedern des ersten Aufsichtsrats und allen Mitgliedern des Vorstands bei dem für ihren Sitz zuständigen Amtsgericht **zur Eintragung anzumelden**, § 36 Abs. 1 AktG. Alle Unterschriften bedürfen der notariellen Beglaubigung. **Rechtsgeschäftliche Vertretung** ist nach hM nicht zulässig (MünchKomm.AktG/Pentz § 36 AktG Rz. 26 mwN). Nach § 36 Abs. 2 AktG darf die Anmeldung erst erfolgen, wenn auf jede Aktie der eingeforderte Betrag **ordnungsgemäß eingezahlt** worden ist und, soweit er nicht zur Bezahlung der bei der Gründung angefallenen Steuern und Gebühren verwandt wurde, endgültig zur freien Verfügung des Vorstands steht. 13

Nach § 36a Abs. 1 AktG muss der **eingeforderte Betrag** mindestens ¼ des geringsten Ausgabebetrags und das volle Aufgeld umfassen. In der Anmeldung ist zu erklären, dass diese Voraussetzungen erfüllt sind. Dabei sind nach § 37 AktG der Betrag, zu dem die Aktien ausgegeben werden, und der darauf eingezahlte Betrag anzugeben. Es ist nachzuweisen, dass der eingezahlte Betrag endgültig zur freien Verfügung des Vorstands steht. Ist der Betrag durch Gutschrift auf ein Konto eingezahlt worden, so ist der Nachweis durch eine Bestätigung des kontoführenden Instituts zu führen. Für die Richtigkeit der Bestätigung ist das Institut der Gesellschaft verantwortlich. Sind von dem eingezahlten Betrag Steuern und Gebühren bezahlt worden, so ist dies nach Art und Höhe der Beträge nachzuweisen.

14 Nach § 37 Abs. 2 AktG haben die Vorstandsmitglieder zu versichern, dass keine Umstände vorliegen, die ihrer Bestellung nach § 76 Abs. 3 Satz 3 und 4 AktG entgegenstehen, und dass sie über ihre unbeschränkte Auskunftspflicht gegenüber dem Gericht belehrt worden sind.

15 In der Anmeldung ist nach § 37 Abs. 3 AktG eine inländische Geschäftsanschrift anzugeben, ferner, welche Vertretungsbefugnis die Vorstandsmitglieder haben. Die Anlagen der Anmeldung ergeben sich aus § 37 Abs. 4 AktG.

M 127.5 Anmeldung der AG zum Handelsregister

An das
Amtsgericht
– Registergericht –
. . . (Ort)

Wir, die unterzeichneten Gründer, Mitglieder des Vorstands und Mitglieder des Aufsichtsrats melden die X-AG mit dem Sitz in . . . zur Eintragung in das Handelsregister an. Inländische Geschäftsanschrift ist . . .

Gründer der Gesellschaft sind . . .

Mitglieder des ersten Aufsichtsrats sind . . .

Zum Vorstand der Gesellschaft wurden die Herren . . . bestellt.

Das Grundkapital der Gesellschaft beträgt . . . Euro und ist in . . . auf den Namen lautende Aktien als Stückaktien eingeteilt. Die Ausgabe der Aktien erfolgte gegen Zahlung von einem Euro je Stückaktie. Es haben in dieser Weise eingezahlt

der Gesellschafter . . . einen Ausgabebetrag von . . . Euro,

der Gesellschafter . . . einen Ausgabebetrag von . . . Euro,

der Gesellschafter . . . einen Ausgabebetrag von . . . Euro.

Diese Beträge stehen laut Bescheinigung der (Bank) vom . . . abzüglich des Betrages der Notargebühren von . . . Euro endgültig zur freien Verfügung des Vorstands. An Gebühren wurden bzw. werden gezahlt . . . Euro für das Gründungsprotokoll und für die Anmeldung sowie die vom Handelsregister noch anzufordernden Kosten.

Der Vorstand der Gesellschaft hat zwei oder mehrere Mitglieder. Sind mehrere Vorstandsmitglieder vorhanden, so wird die Gesellschaft von zwei Vorstandsmitgliedern gemeinschaftlich oder einem Vorstandsmitglied in Gemeinschaft mit einem Prokuristen vertreten.

Der derzeitige Vorstand vertritt die Gesellschaft zu je zwei Vorstandsmitgliedern oder durch ein Vorstandsmitglied in Gemeinschaft mit einem Prokuristen.

Jedes Vorstandsmitglied erklärt:

Ich wurde vom beurkundenden Notar auf meine unbeschränkte Auskunftspflicht gegenüber dem Gericht über gesetzliche Bestellungshindernisse nach § 76 Abs. 3 Satz 2 Nr. 2 und 3 sowie Satz 3 AktG hingewiesen.

Ich unterliege keinem auf Grund eines gerichtlichen Urteils oder einer vollziehbaren Entscheidung einer Verwaltungsbehörde bestehenden Verbot, einen Beruf, einen Berufszweig, ein Gewerbe oder einen Gewerbezweig auszuüben. Ich bin nicht verurteilt worden wegen einer oder mehrerer vorsätzlich begangener Straftaten

a) des Unterlassens der Stellung des Antrags auf Eröffnung des Insolvenzverfahrens (Insolvenzverschleppung),

b) nach den §§ 283 bis 283d StGB (Insolvenzstraftaten, Bankrott, Verletzung der Buchführungspflicht, Gläubigerbegünstigung, Schuldnerbegünstigung),

c) der falschen Angaben nach § 399 AktG oder § 82 GmbHG,

d) der unrichtigen Darstellung nach § 400 AktG, § 331 HGB oder § 17 PublG, oder

e) nach den §§ 263 bis 264a oder den §§ 265b bis 266a StGB (Betrug, Computerbetrug, Subventionsbetrug, Kapitalanlagebetrug, Kreditbetrug, Untreue, Vorenthalten und Veruntreuen von Arbeitsentgelt) zu einer Freiheitsstrafe von mindestens einem Jahr.

Ich bin auch nicht im Ausland verurteilt wegen einer Tat, die mit den vorbezeichneten, in § 6 Abs. 2 Satz 2 Nr. 3 GmbHG genannten Taten vergleichbar ist.

Dieser Anmeldung sind beigefügt das Gründungsprotokoll, weiterhin die Niederschrift über die Bestellung des ersten Aufsichtsrates, die Niederschrift über die Bestellung des ersten Vorstandes, der Gründungsbericht der Gründer, der Prüfungsbericht der Mitglieder des Vorstandes und des Aufsichtsrates, der Bericht des Notars als Gründungsprüfer, die Bankbestätigung über die Einzahlung des Stammkapitals und der Nachweis über die gezahlten Gebühren.

. . . (Datum, Unterschriften, notarielle Unterschriftsbeglaubigung, elektronische Einreichung nach § 12 Abs. 1 HGB)

Kosten: *Notargebühr:* 0,2-Gebühr gem. Nr. 25100 KV GNotKG, mindestens 20 Euro, höchstens 70 Euro. Geschäftswert gem. §§ 121, 105 Abs. 1 Nr. 1 GNotKG (Grundkapital). Bei Fertigung des Entwurfs und Beglaubigung 0,5-Gebühr gem. Nrn. 24102, 21201 Nr. 5 KV GNotKG (§ 92 Abs. 2 GNotKG), Geschäftswert gem. §§ 119, 105 Abs. 1 Nr. 1 GNotKG wie zuvor. 0,3-Gebühr für den Vollzug gem. Nr. 22114 KV GNotKG, Geschäftswert gem. § 112 GNotKG wie zuvor.

Gerichtsgebühr: 300 Euro Festgebühr gem. Nr. 2102 GV HRegGebV.

f) Externe Prüfung

Über die Prüfung des Hergangs der Gründung durch die Mitglieder des Vorstands und des Aufsichtsrats nach § 33 Abs. 1 AktG, die immer zu erfolgen hat, hinaus ist nach § 33 Abs. 2 AktG eine Prüfung durch einen oder mehrere externe Gründungsprüfer erforderlich, wenn 16

- ein Mitglied des Vorstands oder des Aufsichtsrats zu den Gründern gehört, oder
- bei der Gründung für Rechnung eines Mitglieds des Vorstands oder des Aufsichtsrats Aktien übernommen worden sind, oder
- ein Mitglied des Vorstands oder des Aufsichtsrats sich einen besonderen Vorteil oder für die Gründung oder ihre Vorbereitung eine Entschädigung oder Belohnung ausbedungen hat, oder
- eine Gründung mit Sacheinlagen oder Sachübernahmen vorliegt.

In den ersten beiden Fällen kann der Beurkundungsnotar an Stelle eines Gründungsprüfers die Prüfung im Auftrag der Gründer vornehmen. Von dieser durch das Transparenz- und Publizitätsgesetz 2002 eröffneten Möglichkeit der Erleichterung des Gründungshergangs wird in der Praxis Gebrauch gemacht. 17

➲ **Hinweis:** Nimmt nicht der Notar die Prüfung vor, so bestellt das Gericht die Gründungsprüfer. 17a

Der **Umfang** der Gründungsprüfung ergibt sich aus § 34 AktG. 18

M 127.6 Prüfungsbericht des beauftragten Notars – AG

Nach § 33 Abs. 2 AktG ist eine externe Gründungsprüfung erforderlich, da Gründer Mitglieder des Vorstandes und des Aufsichtsrats werden. In dem von mir beurkundeten Gründungsprotokoll (UR .../... vom ...) haben mich die Gründer beauftragt, an Stelle eines Gründungsprüfers die Prüfung vorzunehmen. Hierüber erstattete ich den folgenden Bericht.

Es lagen mir vor meine vorbezeichnete Urkunde über die Gründung der ...-AG, weiterhin das Protokoll der Aufsichtsratssitzung vom ... über die Bestellung des Vorstandes, der Gründungsbericht der Gründer vom ..., der Prüfungsbericht der Mitglieder des Vorstands und des Aufsichtsrats vom ..., die Bestätigung der ... Bank in ... vom ... über die Einzahlung des Betrages von ... Euro auf ein Konto der Gesellschaft mit der Bestätigung, dass dieser Betrag endgültig zur freien Verfügung des Vorstandes steht und die Nachweise über die Gründungskosten.

Der Umfang der Gründungsprüfung ergibt sich aus § 34 AktG. Dementsprechend stelle ich fest, dass die Gesellschaft laut Gründungsprotokoll am ... errichtet wurde. Als Gründer haben sich beteiligt ... (Personalien). Das Grundkapital der Gesellschaft beträgt ... Euro und ist in ... Stückaktien als Namensaktien aufgeteilt. Die Aktien wurden für einen Euro je Stückaktie ausgegeben. Die Gründer haben alle Aktien übernommen. Zu Mitgliedern des ersten Aufsichtsrats wurden die Herren ... (Personalien) bestellt. Sie haben, wie sich aus der Niederschrift über die erste Aufsichtsrats Sitzung vom ... ergibt, das Amt angenommen und die Herren ... zum ersten Vorstand bestellt. Die Angaben der Gründer und die Angaben der Mitglieder des Vorstands und des Aufsichtsrats über die Übernahme der Aktien, über die Einlagen auf das Grundkapital und über die Festsetzungen nach § 26 AktG sind nach meinen Feststellungen richtig und vollständig.

Dementsprechend erteile ich den folgenden Bestätigungsvermerk:

Nach dem abschließenden Ergebnis einer pflichtmäßigen Prüfung gem. §§ 33, 34 AktG auf Grund der mir vorliegenden Urkunden und Schriften und der mir erteilten Auskünfte und Nachweise bestätige ich, dass die Angaben der Gründer über die Übernahme der Aktien, über die Einlagen auf das Grundkapital und über die Festsetzungen nach § 26 AktG richtig und vollständig sind.

... (Ort, Datum, Unterschrift des Notars)

Kosten: *Notargebühr:* 1,0-Gebühr gem. Nr. 25206 KV GNotKG, Geschäftswert gem. § 123 GNotKG (Summe der Einlagen, höchstens 10 Mill. Euro).

3. Sachgründung

a) Sacheinlage und Sachübernahme

19 Die Besonderheiten der Sacheinlage und der Sachübernahme sind in § 27 AktG geregelt. Bei der **Sacheinlage** bringt der Gründer statt eines Geldbetrages **sonstige Vermögensgegenstände zu einem bestimmten Wert** als Gegenleistung für die von ihm übernommenen Aktien in die Gesellschaft ein. Hiervon unterscheidet sich die **Sachübernahme** dadurch, dass dem Einleger als **Gegenleistung keine Aktien** gewährt werden, sondern eine sonstige Vergütung erbracht wird. Demgemäß muss bei der Sacheinlage der Einleger zu den Gründern gehören, während bei der Sachübernahme der Einleger sowohl ein Gründer wie auch ein Dritter sein kann. Beim Gründer erfolgt die Sachübernahme notwendigerweise zusätzlich zum Erwerb von Aktien gegen Bar- oder Sacheinlage. Soll die Gesellschaft einen Vermögensgegenstand übernehmen, für den eine Vergütung gewährt wird, die auf die Einlage eines Aktionärs zum Erwerb von Aktien angerechnet werden soll, so gilt dies nach § 27 Abs. 1 Satz 2 AktG als Sacheinlage.

20 Nach § 27 Abs. 2 AktG können Sacheinlage oder Sachübernahme nur **Vermögensgegenstände** sein, deren wirtschaftlicher Wert feststellbar ist; Verpflichtungen zu Dienstleistungen können nicht Sacheinlage oder Sachübernahmen seien.

21 Bei der Sachübernahme ist die Vereinbarung mit dem Dritten über die Erbringung der Einlageleistung gegen sonstige Vergütung nur bis zum **Zeitpunkt der Feststellung der Satzung** nach § 23

AktG möglich. Eine Sachübernahme von Dritten kommt also nur bei Geschäften im Vorgründungsstadium, dagegen nicht mehr im Stadium der Vorgesellschaft in Betracht (Priester ZHR 165 (2001), 383 f. mwN).

b) Notwendige Satzungsbestimmungen

Bei Sacheinlage und Sachübernahme müssen nach § 27 Abs. 1 Satz 1 AktG in der **Satzung festgesetzt** werden der Gegenstand der Sacheinlage oder der Sachübernahme und die Person, von der die Gesellschaft den Gegenstand erwirbt, weiterhin bei der Sacheinlage der Nennbetrag der zu gewährenden Aktien oder deren Anzahl bei Stückaktien, bei der Sachübernahme die zu gewährende Vergütung. 22

c) Verdeckte Sacheinlage, Rückzahlung der Einlage

Das am 1.9.2009 in Kraft getretene Gesetz zur Umsetzung der Aktionärsrechterichtlinie v. 4.8.2009 (**ARUG**) hat in § 27 Abs. 3 AktG die verdeckte Sacheinlage definiert und neu geregelt, in § 27 Abs. 4 AktG die vereinbarte Rückzahlung der Einlage. Die Regelungen entsprechen (Beschlussempfehlung des Rechtsausschusses, BT-Drucks. 16/13098, S. 36 f.) denen des MoMiG für die GmbH (Kap. 119 Rz. 40 ff.; Darstellung bei Herrler/Reymann DNotZ 2009, 914). 23

d) Bewertung der Sacheinlage

Der **Ausgabebetrag** für die dem Einleger gewährten Aktien darf nach § 36a Abs. 2 Satz 3 AktG den Verkehrswert der Sacheinlage nicht überschreiten. Ein etwaiges Aufgeld muss ebenfalls vom Verkehrswert gedeckt sein. 24

e) Zeitpunkt der Leistung der Sacheinlage

Für den Zeitpunkt der Leistung der Sacheinlage enthält **§ 36a Abs. 2 AktG** eine Regelung, hinsichtlich derer verschiedene Meinungen bestehen. Nach § 36 Abs. 2 Satz 1 AktG sind Sacheinlagen vor Anmeldung der Gesellschaft vollständig zu leisten. Dies entspricht der Regelung bei der GmbH (§ 7 Abs. 3 GmbHG). Hiervon abweichend bestimmt § 36a Abs. 2 Satz 2 AktG, dass dann, wenn die Sacheinlage in der Verpflichtung besteht, einen Vermögensgegenstand auf die Gesellschaft zu übertragen, diese Leistung innerhalb von fünf Jahren nach der Eintragung der Gesellschaft in das Handelsregister zu bewirken ist. Nach einer Ansicht gilt dies nur für die Fälle, bei denen auf die Gesellschaft als Sacheinlage ein gegen einen Dritten gerichtete Anspruch übertragen wird, der auf die Erbringung einer Leistung durch den Dritten gerichtet ist (Dieter Mayer ZHR 1990, 535, 538; Lutter AG 1994, 429, 432; Großkomm.AktG/Wiedemann § 188 Rz. 55). Nach anderer, wohl herrschender Ansicht (Hüffer § 36a AktG Rz. 4; MünchKomm.AktG/Pentz § 36 AktG Rz. 12; Großkomm.AktG/Röhricht § 33a AktG Rz. 6; Kleindiek in K. Schmidt/Lutter § 36a AktG Rz. 5) gilt Satz 2 für alle Fälle, bei denen die Sacheinlageverpflichtung durch dingliches Rechtsgeschäft zu bewirken ist. Satz 1 erfasst dann lediglich noch die Fälle der Gebrauchs- oder Nutzungsüberlassung, Satz 2 ist die praktische Regel. 25

f) Berichte und Prüfungen

Bei der Sachgründung müssen nach § 32 Abs. 2 AktG in Bericht der Gründer auch die wesentlichen Umstände dargelegt werden, von denen die **Angemessenheit** der Leistungen abhängt. Die Einzelangaben ergeben sich aus § 32 Abs. 2 Satz 2 AktG. Für sie kann auch auf das regelmäßig zu erstellende Wertgutachten verwiesen werden. Im Prüfungsbericht von Vorstand und Aufsichtsrat sind die Besonderheiten nach § 34 Abs. 1 AktG zu beachten. Nach § 34 Abs. 2 Satz 2 AktG in ist der Gegenstand jeder Sacheinlage oder Sachübernahme zu beschreiben sowie anzugeben, welche Bewertungsmethoden bei der Ermittlung des Wertes angewandt worden sind. Im Gegensatz zur Bargründung kann eine Gründungsprüfung durch den Notar nicht erfolgen. Die Prüfung durch externe Gründungsprüfer ist nach § 33 Abs. 2 Nr. 4 AktG obligatorisch. 26

g) Neuerungen aufgrund ARUG

27 Das ARUG 2009 hat mit § 33a AktG die Möglichkeit einer **Sachgründung ohne externe Gründungsprüfung** eingeführt und für deren Anmeldung in § 37a AktG besondere Erklärungen vorgesehen (dazu Herrler/Reymann DNotZ 2009, 914). Von einer externen Prüfung kann einmal dann abgesehen werden, wenn übertragbare Wertpapiere oder Geldmarktinstrumente, die auf einem geregelten Markt gehandelt werden, mit dem gewichteten Börsendurchschnittspreis der letzten drei Monate eingebracht werden, zum anderen dann, wenn bei anderen Vermögensgegenständen eine Bewertung zu Grunde gelegt wird, die ein anerkannter, unabhängiger Sachverständiger nach allgemein anerkannten Bewertungsgrundsätzen mit dem beizulegenden Zeitwert vorgenommen hat, sofern der Bewertungsstichtag nicht länger als sechs Monate vor dem Tag der tatsächlichen Einbringung liegt. Diese Erleichterungen kommen nicht zum Tragen, wenn der Börsenkurs durch außergewöhnliche Umstände erheblich beeinflusst worden ist oder wenn bei den anderen Vermögensgegenständen aufgrund neuer Umstände anzunehmen ist, dass der tatsächliche Wert erheblich niedriger ist als der vom Sachverständigen festgestellte.

28 Im Gesetzgebungsverfahren wurden die Anforderungen an die **Person des Sachverständigen** schließlich so spezifiziert, dass kein wesentlicher Unterschied in der zu denen an die Person eines externen Prüfers besteht. Damit tendiert der praktische Nutzen der Ausnahme des § 33a Abs. 1 Nr. 2 AktG gegen Null (Handelsrechtsausschuss DAV NZG 2009, 96). Die Praxis wird von der Ausnahmeregelung nur selten Gebrauch machen (skeptisch auch Wicke, Einführung in das Recht der Hauptversammlung, das Recht der Sacheinlagen und das Freigabeverfahren nach dem ARUG, 2009, S. 42).

II. Die Satzung der AG

1. Der Grundsatz der Satzungsstrenge

29 Nach § 23 Abs. 5 AktG kann die Satzung von den Vorschriften des AktG nur abweichen, wenn es ausdrücklich zugelassen ist (dazu Seibt in K. Schmidt/Lutter § 23 AktG Rz. 53). Ergänzende Bestimmungen der Satzung sind zulässig, es sei denn, dass das AktG eine abschließende Regelung enthält. Zweck der Vorschrift ist die **Sicherstellung der Verkehrsfähigkeit der Aktie**. Jeder durch Erwerb einer Aktie eintretende Aktionär soll sich darauf verlassen können, dass die Satzung keine ungewöhnlichen Bestimmungen enthält.

30 Zu unterscheiden sind gesetzesausfüllende notwendige Satzungsregelungen wie zB die Firma, Abweichungen vom Gesetz iSv. § 23 Abs. 5 Satz 1 AktG und Ergänzungen des Gesetzes iSv. § 23 Abs. 5 Satz 2 BGB.

31 Eine **Satzungsabweichung** iSv. § 23 Abs. 5 Satz 1 AktG liegt dann vor, wenn eine gesetzliche Regelung durch eine andere satzungsmäßige Regelung ersetzt wird. Die Bestimmung des Gesetzes, dass eine Satzungsabweichung „ausdrücklich" zugelassen sein muss, ist wörtlich iS einer klaren und positiven Aussage des Gesetzes zu verstehen.

31a ➲ **Hinweis:** Das Gesetz muss also etwa den Zusatz enthalten: „… wenn die Satzung nichts anderes bestimmt" oder: „Die Satzung kann bestimmen …" (Einzelfälle bei MünchKomm.AktG/Pentz § 23 AktG Rz. 155).

32 **Satzungsergänzungen** iSv. § 23 Abs. 5 Satz 2 AktG setzen voraus, dass das Gesetz keine abschließende Regelung enthält. Aus dem Gesetzeswortlaut „es sei denn" leitet die hL (Hüffer § 23 AktG Rz. 37; KölnKomm.AktG/Zöllner § 179 AktG Rz. 69; MünchKomm.AktG/Pentz § 23 AktG Rz. 157) den Grundsatz ab, dass eine abschließende Regelung den Ausnahmefall bilden soll, dessen Bejahung einer besonderen Begründung bedarf. Im Bereich der Satzungsergänzungen besteht somit Satzungsfreiheit in dem Sinne, dass außerhalb der abschließenden Regelungen des AktG jede zusätzliche Regelung zulässig ist, die sich mit den gesetzlichen Bestimmungen und den Grundsätzen des Aktienrechts verträgt.

33 Dies führt zu **drei Begrenzungen** von Satzungsergänzungen durch:

– abschließende aktienrechtliche Bestimmungen.

- ungeschriebene Prinzipien des Aktienrechts, etwa die freie Abtretbarkeit der Aktien.
- allgemeine Gesetze.

Damit ergibt sich im Bereich der Satzungsergänzungen doch ein etwas größerer **Gestaltungsspielraum** als zunächst zu vermuten. Es bleibt aber bei der harten Sanktion von Verstößen gegen § 23 Abs. 5 AktG, die in der Nichtigkeit der Satzungsregelung besteht und unmittelbar aus § 23 Abs. 5 AktG abgeleitet wird (MünchKomm.AktG/Pentz § 23 AktG Rz. 162). 34

2. Schuldrechtliche Nebenabreden

Außerhalb der Satzung sind schuldrechtliche Nebenabreden zwischen den Aktionären möglich und häufig (MünchKomm.AktG/Pentz § 23 AktG Rz. 187 ff.; Otten GmbHR 1993, 798). Beispiele sind Stimmbindungsvereinbarungen, die Vereinbarung von Ankaufs- und Vorkaufsrechten und Wettbewerbsvereinbarungen. Bei Familiengesellschaften häufig ist der Schutzgemeinschaftsvertrag, der auch bei der Unternehmensnachfolge für die notwendige familiäre Vinkulierung der Beteiligungen sorgt. 35

Die grundlegende Problematik besteht in der **Abgrenzung** zwischen den Nebenabreden, die als Satzungsergänzungen nach § 23 Abs. 5 Satz 2 AktG in die Satzung aufgenommen werden können, und den Nebenabreden, die nur außerhalb der Satzung schuldrechtlich getroffen werden können. Prüfungsmaßstab, soweit nicht abschließende aktienrechtliche Bestimmungen vorliegen, sind hier die **ungeschriebenen Prinzipien des Aktienrechts**. Die Grundsätze der freien Stimmausübung, der freien Abtretbarkeit der Aktien und der reinen Kapitalbeteiligungsqualität der Aktien stehen der Aufnahme von Stimmbindungen, Ankaufs- und Vorkaufsrechten und Wettbewerbsklauseln in die Satzung entgegen. Diese Vereinbarungen gehören damit in den Schutzgemeinschaftsvertrag. Es ist auch nicht möglich, ihre Verletzung in der Satzung etwa durch Einziehungsbefugnisse zu sanktionieren. 36

3. Erläuterungen zur Satzungsgestaltung und Muster

a) Aufbau

Traditionell gliedert man die Satzung der Aktiengesellschaft in die Abschnitte 37

- allgemeine Bestimmungen über Firma, Sitz, Geschäftsjahr, Gegenstand, Bekanntmachungen,
- Grundkapital und Aktien,
- Zusammensetzung, Vertretung und Geschäftsführung des Vorstands,
- Bestimmungen über den Aufsichtsrat,
- Bestimmungen über die Hauptversammlung,
- Bestimmungen über den Jahresabschluss,
- Gründungskosten.

Den zwingenden **Mindestinhalt** einer Satzung geben die Absätze 3 und 4 des § 23 AktG vor.

b) Firma, Sitz

Für die Firma der AG gibt das AktG genauso wie das GmbHG außer dem zwingenden Rechtsformzusatz keine weiteren Vorgaben. Nach § 4 AktG kann statt des früher zwingenden Firmenzusatzes „Aktiengesellschaft" seit der Handelsrechtsreform die Abkürzung „AG" verwendet werden. Bei Neugründung von Aktiengesellschaften ist die Fantasiefirma die fast ausnahmslose Regel. Die Vorgaben für den Sitz finden sich in § 5 AktG. 38

c) Gegenstand des Unternehmens

Für den Gegenstand des Unternehmens enthält **§ 23 Abs. 3 Nr. 2 AktG** die Vorgabe, dass bei Industrie – und Handelsunternehmen die Art der Erzeugnisse und Waren, die hergestellt oder gehandelt werden sollen, näher anzugeben ist. Diese genaue Festlegung dient dem Schutz der Aktionäre 39 angesichts der bei der AG im Gegensatz zur GmbH eigenständigen und nicht weisungsunterworfenen Geschäftsführungsbefugnis des Vorstandes. Die Satzungsbestimmungen über den Gegenstand gehören zu den Beschränkungen, die vom Vorstand nach § 82 Abs. 2 AktG einzuhalten sind. Aufzunehmen sind in die Satzung die Schwerpunkte der Tätigkeit der AG (Seibt in K. Schmidt/Lutter § 23 AktG Rz. 35).

d) Bekanntmachungen

40 Nach § 25 Satz 1 AktG ist Medium der Pflichtveröffentlichungen der Gesellschaft der **Bundesanzeiger** (seit 1.4.2012 nicht mehr „elektronische Bundesanzeiger"). Daneben kann nach § 25 Satz 2 AktG die Satzung andere Blätter oder elektronische Informationsmedien als Gesellschaftsblätter bezeichnen.

40a ➲ **Praxistipp:** Hiervon sollte im Hinblick auf die §§ 121 Abs. 4, 241 Abs. 1 Nr. 1 AktG hinsichtlich der Pflichtveröffentlichungen kein Gebrauch gemacht werden.

e) Grundkapital

41 Nach § 1 Abs. 2 AktG hat die Aktiengesellschaft ein in Aktien zerlegtes Grundkapital, dass nach § 7 AktG **mindestens 50 000 Euro** betragen muss. Es muss nach § 6 AktG auf einen Nennbetrag in Euro lauten und ist nach § 23 Abs. 2 Nr. 3 AktG zwingender Satzungsbestandteil.

f) Stückelung der Aktien

42 Nach § 1 Abs. 2 AktG verkörpert die Aktie einen **Bruchteil des Grundkapitals**. Weiterhin ist sie die Verkörperung der Beteiligung des Aktionärs als Inbegriff der mit ihr verbundenen Rechte und Pflichten. Während bei der Nennbetragsaktie die Stückelung durch Angabe eines Geldbetrages auf der Aktie verlautbart wird, handelt es sich bei der alternativ zulässigen **Stückaktie** um eine nennwertlose Aktie. Ihr Wert ergibt sich durch die Division des Grundkapitals durch die Zahl der Aktien. Der geringste Ausgabebetrag beläuft sich sowohl bei Nennwertaktien wie bei Stückaktien auf einen Euro, § 8 Abs. 2 und 3 AktG. Höhere Beträge müssen bei Nennbetragsaktien auf volle Euro lauten, während die Stückaktie oberhalb des Mindestbetrags von einem Euro wertmäßig jeden beliebigen Betrag annehmen kann. Hierdurch ist die Stückaktie bei Kapitalmaßnahmen das variablere Instrument.

43 Die Gesellschaft kann entweder nur Nennbetragsaktien oder nur Stückaktien haben, eine **Mischung ist nicht möglich**. Die Satzung muss nach § 23 Abs. 3 Nr. 4 AktG die Zerlegung des Grundkapitals entweder in Nennbetrags- oder in Stückaktien angeben. Bei Nennbetragsaktien sind weiter die Nennbeträge und die Zahl der Aktien jeden Nennbetrags zu verlautbaren. Bei Stückaktien ist lediglich deren Zahl anzugeben. Der Wechsel von einer Aktienart zu anderen im Wege der Satzungsänderung ist möglich.

44 Sowohl Nennbetragsaktien wie Stückaktien dürfen mit **Aufgeld** (Agio), also zu einem höheren Betrag als dem Nennbetrag oder dem anteiligen Wert ausgegeben werden.

Die erhöhten Ausgabebeträge können für die einzelnen Aktionäre verschieden sein und sind nach § 23 Abs. 2 Nr. 2 AktG in der Satzung anzugeben.

g) Verbriefung

45 § 10 Abs. 5 AktG setzt den **Anspruch des Aktionärs** auf Verbriefung seines Anteils voraus und bestimmt, dass dieser Anspruch **ausgeschlossen oder eingeschränkt** werden kann. Dies gilt sowohl für die Einzelverbriefung wie für die Sammelverbriefung aller Aktien eines Aktionärs. Unverzichtbar ist jedoch eine **Globalurkunde** über alle Aktien der Gesellschaft und deren Hinterlegung (Hüffer § 10 AktG Rz. 10; OLG München NZG 2005, 756, 757; str., aA zB Ziemons in K. Schmidt/Lutter § 11 AktG Rz. 33).

➲ **Praxistipp:** Von der Möglichkeit des Ausschlusses des Anspruchs auf Einzelverbriefung machen die Satzungen zunehmend Gebrauch. Außer auf dem Bestreben nach Kostenersparnis beruht dies auch auf der zunehmenden Bevorzugung der Namensaktie. Bei ihr macht die Eintragung im Aktienregister die Verkörperung der Mitgliedschaft in einer Aktienurkunde weitgehend überflüssig. 45a

Die **Übertragung nicht verbriefter Aktien** erfolgt gem. §§ 413, 398 BGB durch Forderungsabtretung. Die Abtretung bedarf keiner Form und ist anders als nach § 16 GmbHG der Gesellschaft nicht anzuzeigen. Bei **Namensaktien** gilt der Erwerber gegenüber der Gesellschaft aber erst dann als Aktionär, wenn er als solcher gem. § 67 Abs. 2 AktG im Aktienregister eingetragen ist. Bei **vinkulierten Namensaktien** ist nach § 68 Abs. 2 AktG die Zustimmung der Gesellschaft zur Wirksamkeit der Abtretung erforderlich. 46

h) Nennbetragsaktien und Stückaktien

Nach der Zulassung der Stückaktie wurde bei Altgesellschaften in der Praxis oft im Wege der Satzungsänderung auf Stückaktien umgestellt, um die Probleme der Euro-Umstellung zu vermeiden. Bei Neugründungen konkurrieren Nennbetragsaktien mit Stückaktien, die das Stammkapital gleichmäßig unterteilen, ohne wertmäßig einem glatten Euro-Betrag entsprechen zu müssen. Die Stückaktie hat im Einzelfall den Vorteil der leichteren Handhabbarkeit. ZB hat sich dies in der Einführung der Einziehung von Stückaktien ohne Kapitalherabsetzung durch das Transparenz- und Publizitätsgesetz dokumentiert (§ 237 Abs. 3 Nr. 3 AktG, dazu Tielmann DStR 2003, 1796). 47

i) Regelmäßig Namensaktien

Nach § 10 Abs. 1 AktG können die Aktien auf den Inhaber oder auf den Namen lauten. Bei Namensaktien wird nach § 67 Abs. 1 AktG von der Gesellschaft ein **Aktienregister** geführt. In ihm sind die Namensaktien unter Angabe des Namens, Geburtsdatums und der Adresse des Inhabers sowie der Stückzahl oder der Aktiennummer und bei Nennbetragsaktien des Betrags einzutragen. Nach § 67 Abs. 2 AktG gilt im Verhältnis zur Gesellschaft als Aktionär nur, wer als solcher im Aktienregister eingetragen ist. 48

Bei der **kleinen AG**, die zur Wahrung ihrer Formerleichterungen über eine jederzeitige Kenntnis aller Aktionäre verfügen muss, ist die Namensaktie Standard. Die Gesellschaft wird dabei entsprechend der Regelung von § 16 GmbHG durch die eine unwiderlegbare Vermutung begründende Vorschrift des § 67 Abs. 2 AktG geschützt, nach der im Verhältnis zur Gesellschaft als Aktionär nur gilt, wer als solcher im Aktienbuch eingetragen ist. Der Übergang einer Namensaktie auf einen anderen ist bei der Gesellschaft unter Vorlage der Aktie und Nachweis des Übergangs anzumelden. Die Gesellschaft vermerkt dann den Übergang im Aktienregister. 49

Nach § 68 Abs. 2 AktG kann die Übertragung einer Namensaktie an die **Zustimmung der Gesellschaft** gebunden werden. Die Zustimmung wird vom Vorstand als Vertretungsorgan der Gesellschaft erteilt. Die Satzung kann die Zustimmungszuständigkeit auf den Aufsichtsrat oder die Hauptversammlung verlagern. Sie kann auch die Gründe bestimmen, aus denen die Zustimmung verweigert werden darf.

j) Vorzugsaktien

Nach § 11 AktG können neben Stammaktien noch Vorzugsaktien gebildet werden, bei denen nach § 139 AktG das **Stimmrecht** gegen einen nachzuzahlenden Vorzug bei der Gewinnverteilung **ausgeschlossen** ist. Durch ihre Ausgabe, die auf die Hälfte des Grundkapitals beschränkt ist, können sich bei der kleinen AG die Stammaktionäre, etwa die Familienmitglieder, die Beherrschung der Hauptversammlung vorbehalten und trotzdem externe Anleger gewinnen. Durch Mehrfachstimmrechte, die bei der GmbH möglich sind, lässt sich diese Beherrschung nicht erreichen, da § 12 Abs. 2 AktG Mehrstimmrechte verbietet. 50

M 127.7 Gründungssatzung – Vorzugsaktien

80 000 Stückaktien sind Stammaktien. 20 000 Stückaktien sind Vorzugsaktien ohne Stimmrecht. Sie sind mit einem nachzuzahlenden Vorzug bei der Verteilung des Gewinns in Höhe von 4 % ihres Anteils am Betrag des Grundkapitals ausgestattet. Aus dem ausgeschütteten Jahresgewinn erhält zunächst jeder Vorzugsaktionär eine etwaige rückständige Vorzugsdividende und die Vorzugsdividende des Vorjahres. Dann erhält jeder Stammaktionär die gleiche Dividende. Ein danach verbleibender Jahresgewinn steht allen Aktionären entsprechend ihrer Beteiligung zu.

k) Genehmigtes Kapital

51 Ist bei Gründung absehbar, dass schon in nächster Zeit eine **Kapitalerhöhung** zur Aufnahme neuer Aktionäre in Betracht kommen kann, so kann in die Gründungssatzung ein genehmigtes Kapital nach § 202 Abs. 1 AktG aufgenommen werden (dazu näher Kap. 129 Rz. 22). Der Vorstand kann durch sie ermächtigt werden, innerhalb längstens fünf Jahren nach Eintragung unter Ausschluss des Bezugsrechts der Aktionäre schnell und flexibel neues Eigenkapital zu beschaffen.

l) Vorstand

52 Nach § 23 Abs. 2 Nr. 6 AktG muss die Satzung die Zahl der Mitglieder des Vorstands oder die Regeln, nach denen diese Zahl festgelegt wird, angeben. Häufige und zweckmäßige Gestaltung im Rahmen der letzteren Alternative ist die **Ermächtigung des Aufsichtsrats**, die Zahl der Vorstandsmitglieder zu bestimmen (BGH NZG 2002, 817, 818). Der Vorstand kann nach § 76 Abs. 2 AktG aus **einer oder mehreren Personen** bestehen. Bei Gesellschaften mit einem Grundkapital von mehr als 3 Mio. Euro hat er aus mindestens zwei Personen zu bestehen, wenn nicht die Satzung bestimmt, dass er aus einer Person besteht (vgl. dazu auch Kap. 128 Rz. 3).

53 Der Vorstand hat als **Geschäftsführungs- und Vertretungsorgan** die Gesellschaft in eigener Verantwortung zu leiten, § 76 Abs. 1 AktG (dazu näher Kap. 128 Rz. 2).

54 Der Vorstand hat nach § 91 Abs. 2 AktG ein **Überwachungssystem** einzurichten, damit den Fortbestand der Gesellschaft gefährdende Entwicklungen früh erkannt werden. Ihn trifft eine in § 90 AktG geregelte **Berichtspflicht** an den Aufsichtsrat, in deren Rahmen er auch zum Bericht über Abweichungen der tatsächlichen Entwicklung von früher berichteten Zielen unter Angabe von Gründen verpflichtet ist, „follow-up-Berichterstattung". § 90 Abs. 4 Satz 2 AktG bestimmt, dass die Berichte möglichst rechtzeitig und in der Regel in Textform zu erstatten sind.

55 Die **Bestellung** der Vorstandsmitglieder erfolgt durch den Aufsichtsrat (vgl. Kap. 128 Rz. 6). Diese **Zuständigkeit des Aufsichtsrats** ist zwingend und ausschließlich, § 84 Abs. 1 AktG. Der Aufsichtsrat und nur dieser kann einen Vorstandsvorsitzenden ernennen, § 84 Abs. 2 AktG. Die Vorstände selber können lediglich einen Sprecher wählen, der koordinierende und repräsentative Aufgaben hat.

56 Der Vorstand kann sich eine **Geschäftsordnung** geben, wenn nicht die Satzung den Erlass der Geschäftsordnung dem Aufsichtsrat übertragen hat oder der Aufsichtsrat eine Geschäftsordnung erlässt, § 77 Abs. 2 Satz 1 AktG. Die direkte Regelung von Einzelfragen der Geschäftsordnung in der Satzung ist nach § 77 Abs. 2 Satz 2 AktG zulässig, aber wie bei der GmbH regelmäßig unzweckmäßig.

Nach § 111 Abs. 4 Satz 2 AktG aF waren **satzungsmäßige Zustimmungsvorbehalte** für den Aufsichtsrat möglich. Das Transparenz- und Publizitätsgesetz 2002 hat hieraus eine Mussvorschrift gemacht. Daher muss zwingend entweder die Satzung einen Katalog zustimmungsbedürftiger Rechtsgeschäfte enthalten oder der Aufsichtsrat hat einen solchen Katalog zu bestimmen. Der Zustimmung des Aufsichtsrats sollen nur Maßnahmen unterworfen werden, welche die Ertragsaussichten und die Risikoposition der Gesellschaft grundlegend verändern; zu einer Verschiebung der Organverantwortlichkeit zwischen Vorstand und Aufsichtsrat soll es dabei nicht kommen (Reg.

Begr. NZG 2002, 213, 222). Der von der sog. „Kodex-Kommission" unter dem 26.2.2002 vorgelegte Deutsche Corporate Governance Kodex (AG 2002, 236; Text auch bei Hüffer § 161 AktG Rz. 9) beschränkt sich in Ziffer 3.3 auf die Aussage, dass zu den zustimmungspflichtigen Geschäften „Entscheidungen oder Maßnahmen gehören, die die Vermögens-, Finanz- oder Ertragslage des Unternehmens grundlegend verändern" (vgl. auch mwN Grage RNotZ 2002, 326, 327 f.).

m) Vertretungsregelung

Wie bei der GmbH sollte die Vertretungsregelung **möglichst variabel** sein und alle Optionen offen lassen. Die ist nach § 78 AktG möglich (dazu Kap. 128 Rz. 4). Die Satzung kann bestimmen, dass bei Vorhandensein nur eines Vorstandsmitglieds dieses allein vertritt, bei Vorhandensein mehrerer Vorstandsmitglieder je zwei von ihnen gemeinsam oder ein Vorstandsmitglied mit einem Prokuristen, wobei auch dann der Aufsichtsrat nach § 78 Abs. 3 Satz 2 AktG ermächtigt ist, Einzelvertretung zu bestimmen. 57

Die **Gestattung der Mehrvertretung** nach § 181 BGB kann direkt in der Satzung enthalten sein oder vom Aufsichtsrat aufgrund einer Satzungsermächtigung ausgesprochen werden (Hüffer § 78 AktG Rz. 7). Zu beachten ist, dass sich bei der AG diese Befreiung nur auf die Mehrfachvertretung, die zweite Alternative des § 181 BB beziehen kann, also ein Handeln des Vorstandes für die AG einerseits und einen Dritten andererseits. Vom Verbot des Selbstkontrahierens, des Handelns im Namen andererseits kann nicht befreit werden, da nach dem zwingenden § 112 AktG die Gesellschaft gegenüber Vorstandsmitgliedern nur vom Aufsichtsrat vertreten werden kann, ein Selbstkontrahieren des Vorstands also nicht möglich ist. Die konkrete Befreiung ist zum Handelsregister anzumelden und dort deklaratorisch einzutragen. 58

n) Aufsichtsrat

Der gesetzlich zwingend vorgeschriebene Aufsichtsrat stellt ein **Spezifikum der AG** dar. Er besteht nach § 95 AktG aus **mindestens drei Mitgliedern**. Eine Ausnahme für die kleine AG gibt es nicht. Die Mitglieder des Aufsichtsrats werden von der Hauptversammlung gewählt, und zwar längstens bis zur Beendigung der Hauptversammlung, die über die Entlastung für das vierte Geschäftsjahr nach dem Beginn der Amtszeit beschließt, § 101 AktG. Der Aufsichtsrat hat nach § 111 Abs. 1 AktG die Geschäftsführung zu überwachen. Für die Sorgfaltspflicht und Verantwortlichkeit der Aufsichtsratsmitglieder gilt nach § 116 AktG der § 93 AktG über die Sorgfaltspflicht und Verantwortlichkeit der Vorstandsmitglieder sinngemäß. 59

Die Rechtsstellung des Aufsichtsrats ist in §§ 95 bis 116 AktG ausführlich geregelt. Satzungsspielräume bestehen nach § 95 Abs. 1 Satz 2 AktG für eine Erhöhung der Mindestmitgliederzahl von drei Personen, nach § 100 Abs. 4 AktG für die Festlegung besonderer persönlicher Voraussetzungen, nach § 101 Abs. 2 Satz 1 AktG für die Begründung von Entsendungsrechten, nach § 101 Abs. 3 Satz 2 AktG für die Wahl von Ersatzmitgliedern, nach § 103 Abs. 1 Satz 3 für die Modalitäten der Abberufung durch die Hauptversammlung, nach § 107 Abs. 1 Satz 1 AktG für die Wahl des Vorsitzenden und der Stellvertreter, nach § 108 Abs. 2 Satz 1 AktG für die Beschlussfähigkeit, nach § 109 Abs. 3 für die Teilnahme Externer an den Sitzungen, nach § 111 Abs. 4 Satz 2 AktG für Zustimmungsvorbehalte und nach § 113 Abs. 1 Satz 2 für die Vergütung der neu Aufsichtsratsmitglieder. 60

➲ **Praxistipp:** Nach § 179 Abs. 1 Satz 2 AktG kann die Hauptversammlung den Aufsichtsrat zu Fassungsänderung der Satzung ermächtigen, also zur Anpassung des Wortlauts der Satzung an eingetretenen Änderungen, zB die Ausnutzung genehmigten Kapitals. Diese Ermächtigung kann in allgemeiner Form in die Gründungssatzung aufgenommen werden. 60a

Durch die Reformgesetze wurde die **Verantwortlichkeit und Haftung** des Aufsichtsrats erheblich verschärft: 61

– Der durch das KonTraG 1998 in das Gesetz eingefügte § 91 Abs. 2 AktG verpflichtet den Vorstand zur Einrichtung eines Überwachungssystems, damit Entwicklungen, die den Fortbestand der Gesellschaft gefährden, früh erkannt werden. Dies hat der Aufsichtsrat zu überwachen. Eine Möglichkeit hierzu ist der Erlass einer **Informationsordnung** nach § 77 Abs. 2 Satz 1 AktG.

- Der durch das TransPuG 2002 geänderte § 111 Abs. 4 Satz 2 AktG macht es dem Aufsichtsrat zur Pflicht zu bestimmen, dass bestimmte Arten von Geschäften nur mit seiner **Zustimmung** vorgenommen werden dürfen, soweit nicht schon die Satzung eine entsprechende Bestimmung enthält. Gegenstand solcher Zustimmungskataloge sind nach dem Deutschen Corporate Governance Kodex Entscheidungen oder Maßnahmen von grundlegender Bedeutung, die die Vermögens-, Finanz- oder Ertragslage des Unternehmens grundlegend verändern.
- Die **erweiterten Pflichten** des Aufsichtsrats beziehen diesen in die Leitungsverantwortung mit ein. Die Entwicklung geht von der Überwachung zur direkten Mitverantwortung. Hiervon ist die kleine AG nicht ausgenommen.

62 Das TransPuG 2002 hat **Rechte und Pflichten des Aufsichtsrats erheblich erweitert**. Nach § 90 Abs. 3 Satz 2 2. Halbs. AktG kann ein einzelnes Aufsichtsratsmitglied vom Vorstand einen Bericht an den Aufsichtsrat verlangen, dies jetzt auch ohne Unterstützung durch ein weiteres Aufsichtsratsmitglied. Ein einzelnes Aufsichtsratsmitglied kann jetzt nach § 110 Abs. 2 AktG unter Mitteilung des Sachverhalts und Angabe einer Tagesordnung selbst den Aufsichtsrat einberufen, wenn seinem vorherigen Verlangen auf Einberufung nicht entsprochen wurde. Die Pflichtsitzungen wurden in § 110 Abs. 3 AktG bei nicht börsennotierten AG neu geregelt. Auch bei ihnen sind zwei Sitzungen im Kalenderhalbjahr die Regel. Aus dem Formulierungswechsel von „Zusammentreten des Aufsichtsrats" zu „Abhalten von Sitzungen" soll nach der Regierungsbegründung (NZG 2002, 313, 321) ersichtlich sein, dass Aufsichtsratssitzungen auch in Form einer Telefon- oder Videokonferenz möglich sind.

63 **Sitzungen des Aufsichtsrats** finden als Präsenzsitzungen statt, soweit nicht die Geschäftsordnung des Aufsichtsrats auch Videokonferenzen oder die Zuschaltung einzelner Aufsichtsratsmitglieder durch Videoübertragung zulässt. Beschlüsse des Aufsichtsrats können außer in Sitzungen auch schriftlich, fernmündlich oder in anderer vergleichbarer Form gefasst werden. Über die Form der Beschlussfassung entscheidet der Vorsitzende des Aufsichtsrats.

64 Der Abschluss einer **Director's and Officer's Liability Insurance** für Aufsichtsräte, der sich angesichts der erweiterten Verantwortlichkeiten der Aufsichtsratsmitglieder dringend empfiehlt, stellt einen Vergütungsbestandteil dar, der nach § 113 Abs. 1 Satz 2 AktG einer Satzungsregelung oder eines Hauptversammlungsbeschlusses bedarf. Die Gesellschaft kann zugunsten der Aufsichtsratsmitglieder eine Haftpflichtversicherung (D & O-Versicherung) abschließen.

65 § 118 Abs. 2 Satz 2 AktG ermöglicht die **Videozuschaltung** von Aufsichtsratsmitgliedern zur Hauptversammlung in Ausnahmefällen. Die Aufsichtsratsmitglieder sollen an der Hauptversammlung persönlich teilnehmen. Ist einem Aufsichtsratsmitglied die persönliche Teilnahme wegen eines Auslandsaufenthalts nicht möglich, so kann es an der Hauptversammlung auch im Wege der Bild- und Ton Übertragung teilnehmen.

o) Hauptversammlung

66 Möglich und je nach Fallgruppe zweckmäßig sind hinsichtlich der Hauptversammlung Satzungsregelungen über das Teilnahmerecht, die Ausübung des Stimmrechts, die Person des Versammlungsleiters, den Versammlungsort und das Abstimmungsverfahren.

In Ausführung der durch das NaStraG liberalisierten Vorschriften der §§ 134 Abs. 3 Satz 2 AktG und § 35 Abs. 1 Satz 1 AktG kann die Satzung die Bevollmächtigung und die Vertretung durch von der Gesellschaft benannte **Stimmrechtsvertreter** regeln. Das Stimmrecht kann durch einen Bevollmächtigten ausgeübt werden. Die Vollmacht kann schriftlich, per Fax, elektronisch oder auf andere Weise erteilt werden. Die Einzelheiten der Erteilung werden zusammen mit der Einberufung der Hauptversammlung mitgeteilt. Die Gesellschaft kann Stimmrechtsvertreter benennen. Die Einzelheiten für die Erteilung und den Inhalt der Vollmacht an benannte Stimmrechtsvertreter werden zusammen mit der Einberufung der Hauptversammlung mitgeteilt.

p) Gründungsaufwand

Soll der Gründungsaufwand auf die Gesellschaft abgewälzt werden, so muss er in der **Satzung betragsmäßig festgelegt** werden, § 26 Abs. 2 AktG. Erfasst werden von dieser Bestimmung Steuern, Notar- und Gerichtsgebühren, Honorare der Gründungsprüfer sowie die Kosten der Bekanntmachung im Bundesanzeiger und gegebenenfalls die Druckkosten für die Aktienurkunden. 67

M 127.8 Satzung der AG

I. Allgemeine Bestimmungen

§ 1 Firma, Sitz, Geschäftsjahr

1. Die Firma der Gesellschaft lautet ...

2. Sitz der Gesellschaft ist ...

3. Geschäftsjahr ist das Kalenderjahr.

§ 2 Gegenstand des Unternehmens

Gegenstand des Unternehmens ist ...

§ 3 Bekanntmachungen

Bekanntmachungen der Gesellschaft erfolgen nur im Bundesanzeiger.

II. Grundkapital und Aktien

§ 4 Grundkapital

1. Das Grundkapital der Gesellschaft beträgt ... Euro (in Worten: ... Euro). Es ist eingeteilt in ... Stückaktien.

2. Die Aktien lauten auf den Namen. Ein Anspruch auf Einzelverbriefung besteht nicht, ebenso nicht ein Anspruch auf Ausstellung einer Mehrfachurkunde.

III. Vorstand

§ 5 Zusammensetzung

Der Vorstand besteht aus einem oder mehreren Mitgliedern. Er wird vom Aufsichtsrat bestellt, der die Zahl der Mitglieder festlegt. Der Aufsichtsrat kann ein Vorstandsmitglied zum Vorsitzenden des Vorstands bestellen. Der Aufsichtsrat kann auch stellvertretende Vorstandsmitglieder bestellen und eine Geschäftsordnung für den Vorstand erlassen. Der Aufsichtsrat hat hinsichtlich von Entscheidungen oder Maßnahmen, die die Vermögens-, Finanz- oder Ertragslage des Unternehmens grundlegend verändern, Zustimmungsvorbehalte zu bestimmen.

§ 6 Vertretung

Die Gesellschaft wird, wenn nur ein Vorstandsmitglied vorhanden ist, von diesem allein vertreten. Sind mehrere Vorstandsmitglieder vorhanden, so wird die Gesellschaft von zwei Vorstandsmitgliedern gemeinschaftlich oder einem Vorstandsmitglied in Gemeinschaft mit einem Prokuristen vertreten. Auch in diesem Fall kann der Aufsichtsrat einzelnen Vorstandsmitgliedern Alleinvertretungsbefugnis erteilen. Der Aufsichtsrat kann Vorstandsmitglieder vom Verbot der Mehrfachvertretung befreien.

IV. Aufsichtsrat

§ 7 Zahl, Wahl, Vorsitz

1. Der Aufsichtsrat besteht aus drei Personen.

2. Die Aufsichtsratsmitglieder werden für die Zeit bis zur Beendigung der Hauptversammlung gewählt, die über ihre Entlastung für das vierte Geschäftsjahr nach dem Beginn der Amtszeit be-

schließt. Das Geschäftsjahr, in dem die Amtszeit beginnt, wird nicht mitgerechnet. Die Wahl des Nachfolgers eines vor Ablauf der Amtszeit ausgeschiedenen Mitglieds erfolgt für den Rest der Amtszeit des ausgeschiedenen Mitglieds.

3. Der Aufsichtsrat wählt alsbald nach Beginn seiner Amtszeit aus seiner Mitte für die Dauer der Amtszeit den Aufsichtsratsvorsitzenden und dessen Stellvertreter. Erlischt eines dieser Ämter im Laufe der Amtszeit, so hat der Aufsichtsrat alsbald eine Neuwahl für den Ausgeschiedenen vorzunehmen. Wiederwahl ist möglich.

§ 8 Beschlussfassung

1. Die Einberufung des Aufsichtsrats erfolgt mit mindestens einwöchiger Frist in der vom Vorsitzenden zu bestimmenden Form und an dem vom Vorsitzenden zu bestimmenden Ort, und zwar unter Mitteilung der Tagesordnung.

2. Die Beschlüsse des Aufsichtsrats werden mit einfacher Mehrheit der abgegebenen Stimmen gefasst. Bei Stimmengleichheit entscheidet die Stimme des jeweiligen Vorsitzenden. Die Art der Abstimmung bestimmt der Vorsitzende.

3. Über die Beschlüsse des Aufsichtsrats ist ein Protokoll zu fertigen, das der Vorsitzende unterzeichnet. Im Übrigen stellt der Aufsichtsrat seine Geschäftsordnung selbst auf.

4. Willenserklärungen des Aufsichtsrats werden durch den Vorsitzenden oder im Falle von dessen Verhinderung seinem Stellvertreter abgegeben.

5. Der Aufsichtsrat ist zu Satzungsanpassungen ermächtigt.

§ 9 Vergütung

1. Die Hauptversammlung beschließt über die Vergütung der Aufsichtsratsmitglieder.

2. Außerdem werden den Mitgliedern des Aufsichtsrats die ihnen durch ihre Teilnahme an den Aufsichtsratssitzungen entstehenden Aufwendungen einschließlich der auf ihre Vergütung entfallenden Umsatzsteuer ersetzt.

V. Hauptversammlung

§ 10 Ort und Einberufung

1. Die ordentliche Hauptversammlung findet jährlich am Sitz der Gesellschaft statt. Sie wird durch den Vorstand einberufen.

2. Der Vorstand kann mit Zustimmung des Aufsichtsrats – und in den im Gesetz vorgesehenen Fällen der Aufsichtsrat – außerordentliche Hauptversammlungen einberufen, wenn es das Interesse der Gesellschaft erfordert.

§ 11 Vorsitz in der Hauptversammlung

Den Vorsitz in der Hauptversammlung führt der Vorsitzende des Aufsichtsrats, im Falle seiner Verhinderung sein Stellvertreter. Wenn sowohl der Vorsitzende des Aufsichtsrats als auch sein Stellvertreter verhindert sind, wird der Vorsitzende durch die Hauptversammlung gewählt.

§ 12 Beschlussfassung

1. Jede Stückaktie gewährt eine Stimme.

2. Die Beschlüsse werden, soweit nicht zwingende gesetzliche Vorschriften entgegenstehen, mit der einfachen Mehrheit der abgegebenen Stimmen und, soweit das Gesetz außer der Stimmenmehrheit eine Kapitalmehrheit vorschreibt, mit der einfachen Mehrheit des bei Beschlussfassung vertretenen Grundkapitals gefasst. Die Form der Abstimmung bestimmt der Vorsitzende.

VI. Jahresabschluss

§ 13 Jahresabschluss und ordentliche Hauptversammlung

1. Der Vorstand hat in den ersten drei Monaten des Geschäftsjahres für das vergangene Geschäftsjahr den Jahresabschluss (Bilanz nebst Gewinn- und Verlustrechnung und Anhang) und den Lage-

bericht aufzustellen und diese Unterlagen nach ihrer Aufstellung unverzüglich dem Aufsichtsrat vorzulegen. Zugleich mit dem Jahresabschluss hat der Vorstand dem Aufsichtsrat den Vorschlag, den er der Hauptversammlung für die Verwendung des Bilanzgewinns unterbreiten will, mitzuteilen.

2. Der Aufsichtsrat hat den Jahresabschluss und den Lagebericht des Vorstands vom Abschlussprüfer prüfen zu lassen und nach Entgegennahme des Prüfungsberichts des Abschlussprüfers den Jahresabschluss, den Lagebericht des Vorstands und den Vorschlag für die Verwendung des Bilanzgewinns zu prüfen und über das Ergebnis der Prüfung schriftlich an die Hauptversammlung zu berichten. Er hat dem Vorstand einen Bericht innerhalb eines Monats nach Zugang der Vorlagen des Vorstands zuzuleiten. Billigt der Aufsichtsrat nach Prüfung den Jahresabschluss, so ist dieser festgestellt, sofern nicht Vorstand und Aufsichtsrat beschließen, die Feststellung des Jahresabschlusses der Hauptversammlung zu überlassen.

3. Unverzüglich nach Eingang des Berichts des Aufsichtsrats hat der Vorstand die ordentliche Hauptversammlung einzuberufen. Der Jahresabschluss, der Lagebericht des Vorstands, der Bericht des Aufsichtsrats und der Vorschlag des Vorstands für die Verwendung des Bilanzgewinns sind von der Einberufung an in den Geschäftsräumen der Gesellschaft zur Einsichtnahme der Aktionäre auszulegen.

V. Gründungskosten

Die Kosten der Gründung trägt die Gesellschaft bis zum Betrag von . . . Euro.

4. Satzungsgestaltung bei der Familien-AG

Ein Familienunternehmen ist durch die personellen Strukturelemente der **Familienbindung** gekennzeichnet. Die zur Erhaltung und problemlosen Praktizierung der Familienbindung bei Weitem geeignetste Rechtsform ist die GmbH. Traditionell schied die AG als kapitalbezogenes, anonymes Sammelbecken für Großunternehmen von vornherein als Rechtsform des Familienunternehmens aus. Die kleine AG hat hier die Schwelle gesenkt und veranlasst zur Prüfung der Eignung der AG als Familienunternehmen. Dabei ist aber schon vom Ausgangspunkt her zu beachten, dass die zur Kapitalaufbringung gegründete kleine AG schon wegen dieses Ziels auf die Erweiterung und damit Entfamiliarisierung des Aktionärsschutzes ausgerichtet ist. Deshalb werden die Stück- und Namensaktie als Regelform weiterhin zweckmäßig bleiben, etwaige Vinkulierungen der Mitgliedschaft durch Veräußerungs- und Vererbungsbeschränkungen aber zunehmend hinderlich und für den außenstehenden Kapitalanleger nicht mehr akzeptabel werden. 68

Hinzu kommt, dass infolge des Grundsatzes der **Satzungsstrenge** bei der kleinen AG personalisierende Regelungen in weit geringerem Umfang möglich sind als bei der GmbH. Bei der **GmbH** ist die Gesellschafterversammlung mit umfassenden Befugnissen einschließlich der Feststellung des Jahresabschlusses und des Verwendungsbeschlusses und der Bestellung der Geschäftsführer ausgestattet. Diese Kompetenzen können verteilt werden, zB durch Vorschlagsrechte der einzelnen Familienstämme für die Geschäftsführer. Sie können auch auf einen Beirat oder Aufsichtsrat verlagert werden, soweit die grundsätzliche Satzungsautonomie der Gesellschafter nicht in ihrem Kern angetastet wird. Bei der **AG** dagegen besitzt die Hauptversammlung keine umfassenden Zuständigkeiten. Sie beschließt über Satzungsänderungen, die Gewinnverwendung, die Entlastung von Vorstand und Aufsichtsrat und die Bestellung des Abschlussprüfers. Über Fragen der Geschäftsführung kann sie nur entscheiden, wenn der Vorstand es verlangt, § 119 Abs. 2 AktG. Die Feststellung des Jahresabschlusses erfolgt durch Vorstand und Aufsichtsrat, § 172 AktG. Diese Befugnisse können durch die Satzung nicht erweitert werden. 69

Bei der GmbH sind **Stimmrechtsregelungen** abweichend vom Verhältnis der Kapitalbeteiligung, Mehrfachstimmrechte und Stimmrechtsausschlüsse möglich. Bei der AG sieht § 12 AktG zwingend das Stimmrecht nach Aktien und das Verbot des Mehrfachstimmrechts vor. Ein Stimmrechtsausschluss ist nur bei Vorzugsaktien mit erhöhtem Gewinnbezugsrecht möglich. 70

71 **Ausschließungs- und Einziehungsregelungen** sind bei der GmbH nach § 34 GmbHG in weitem Umfang, bei Tangierung des Kapitalerhaltungsgrundsatzes auch in Form satzungsmäßiger Abtretungsverpflichtungen möglich. Bei der AG ist die Einziehung möglich, § 237 AktG. Abtretungsverpflichtungen können nicht begründet werden.

72 Bei der GmbH können satzungsmäßige **Vorkaufs- und Ankaufsrechte** begründet werden, bei der AG ist dies nicht möglich. Übertragungsbeschränkungen durch Zustimmungspflichtigkeit sind bei beiden Rechtsformen möglich, bei der GmbH aber wiederum variabler gestaltbar, §§ 15 Abs. 5 GmbHG, 68 Abs. 2 AktG.

72a ➲ **Hinweis:** Im Ergebnis ist die AG regelmäßig nur sinnvoll, wenn über die Börse Eigenkapital beschafft werden soll. Der außerhalb dieses Bereichs von der Wahl der Rechtsform der AG vielleicht erhoffte Ansehens- und Seriositätsvorsprung kann auf die Dauer verloren gehen, wenn die Zahl kapitalschwacher AGs steigen sollte. Außerhalb des Bereichs der börsennotierten Großunternehmen und der branchenüblichen AG etwa im Versicherungswesen liegen die Rechtsformvorteile bei der GmbH.

5. Familienbezogene Satzungsbestimmungen

a) Gestaltungsrisiken

73 Zur Zulässigkeit personalistischer Vinkulierungen in der Satzung der AG gibt es so gut wie keine Rechtsprechung, da die AG traditionell nicht personalistisch ausgestaltet wurde. Den Vertragsgestalter trifft hier teilweise ein hohes **Entwicklungsrisiko**, da die Sanktion von Verstößen in der Nichtigkeit der Regelung besteht.

73a ➲ **Praxistipp:** Der sichere Weg ist deshalb die Standardsatzung, verbunden mit einem Schutzgemeinschaftsvertrag oder der Einbringung der Aktien in einen Familienpool.

b) Einziehung

74 Die nach § 237 AktG auch bei der AG mögliche **satzungsmäßige Regelung** der Einziehung von Aktien hat bisher nicht die Bedeutung und Häufigkeit wie die Einziehungsklausel bei der GmbH erlangt. Die folgt einmal daraus, dass das Bedürfnis für eine Einziehungsmöglichkeit nicht so groß ist wie bei der GmbH. Bei der GmbH sind die Gesellschafter die Herren der Gesellschaft. Ein nicht kooperativer oder obstruierender Gesellschafter kann erheblichen Schaden anrichten. Bei der AG haben die Aktionäre nur begrenzte Rechte. Ein Quertreiber hat hier viel geringere Spielräume.

75 Zum Zweiten unterscheidet sich die aktienrechtliche Zwangseinziehung der nach § 237 Abs. 2 Satz 1 AktG grundlegend von der Einziehung im GmbH-Recht. Während bei der GmbH die Einziehung das Stammkapital unberührt lässt, hat sie bei der AG in ihrer Regelform die Wirkung einer **Kapitalherabsetzung**. Bei der ordentlichen Einziehung sind deshalb die einschlägigen Gläubigerschutzvorschriften zu beachten.

76 Insbesondere im Rahmen der Familien-AG ist die **Zwangserziehung** entsprechend ihrer Funktion bei der GmbH dadurch aktuell geworden, dass das TransPuG 2002 mit § 237 Abs. 3 Nr. 3 AktG für Stückaktien eine dem § 34 GmbHG entsprechende Einziehungsregelung neu vorgesehen hat. Voll eingezahlte Stückaktien können **ohne Kapitalherabsetzung** eingezogen werden. Der Einziehungsbeschluss der Hauptversammlung muss bestimmen, dass sich durch die Einziehung der Anteil der übrigen Aktien am Grundkapital gem. § 8 Abs. 3 AktG erhöht. Das Grundkapital bleibt gleich, die Zahl der Aktien verringert sich, der Wertanteil der einzelnen Aktie erhöht sich entsprechend.

77 Für das **Abfindungsentgelt** der durch die Zwangseinziehung ausscheidenden Aktionäre gilt das Verbot der Einlagenrückgewähr nach § 57 AktG. Die Abfindung darf das Grundkapital nicht schmälern, sondern ist entweder aus dem laufenden Bilanzgewinn oder anderen Gewinnrücklagen gem. § 272 Abs. 2 Nr. 4 AktG zu zahlen oder durch freiwillige Zuzahlungen der anderen, durch die Einziehung begünstigten Aktionäre zu erbringen.

M 127.9 Gründungssatzung – Einziehung – AG

Beim Tod eines Aktionärs können dessen Aktien eingezogen werden, soweit sie nicht auf andere Aktionäre oder Abkömmlinge des Verstorbenen übergegangen sind. Über die Höhe und Zahlungsweise der Abfindung entscheidet ein Wirtschaftsprüfer als Schiedsgutachter. Er wird auf Antrag einer der Parteien von der örtlich zuständigen Industrie- und Handelskammer bestimmt. Die Bewertung erfolgt auf der Grundlage einer Unternehmensbewertung nach den Bewertungsgrundsätzen des Instituts der Wirtschaftsprüfer. Von dem ermittelten Wert ist ein Abschlag von 25 vom Hundert zum Unternehmensschutz zu machen.

c) Vorzugsaktien ohne Stimmrecht

Nach § 139 AktG kann für Aktien, die mit einem nachzuzahlenden Vorzug bei der Verteilung des Gewinns ausgestattet sind, das Stimmrecht ausgeschlossen werden. 78

➲ **Praxistipp:** Bei Familienunternehmen kommt die Vorzugsaktie in Betracht zum Zweck der Beteiligung Familienfremder, die kein Stimmrecht haben sollen und als Kleinaktionäre auch keinen Wert darauf legen, oder der Beteiligung von Familienangehörigen, die von der Willensbildung der AG ausgeschlossen sein sollen. 78a

Vorzugsaktien dürfen nur **bis zur Hälfte des Grundkapitals** ausgegeben werden. Der Vorzug bedeutet, dass dann, wenn ein Bilanzgewinn ausgeschüttet wird, zunächst die Vorzugsaktionäre zu bedienen sind. Reicht der Bilanzgewinn nicht aus, um die Vorzugsaktionäre zu bedienen, so muss der ausgefallene Teil in späteren Geschäftsjahren nachgezahlt werden, sobald und soweit der Bilanzgewinn dafür ausreicht. Wird der Vorzugsbetrag in einem Jahr nicht oder nicht vollständig gezahlt und der Rückstand im nächsten Jahr nicht neben dem vollen Vorzug dieses Jahres nachgezahlt, so haben die Vorzugsaktionäre das Stimmrecht, bis die Rückstände nachgezahlt sind, § 140 Abs. 2 Satz 1 AktG. 79

Der Vorzug iSv. § 139 AktG besteht also in einer **Vorabdividende**. Ebenso wenig wie die anderen Aktionäre haben jedoch die Vorzugsaktionäre einen Anspruch darauf, dass überhaupt eine Gewinnausschüttung erfolgt, und zwar auch dann nicht, wenn ein ausreichender Bilanzgewinn vorhanden ist (MünchHdb.GesR/Semler Bd. 4, 3. Aufl. 2007, § 38 Rz. 18). 80

Die Vorabdividende der Vorzugsaktionäre bedeutet damit, dass die Stammaktionäre erst zum Zug kommen, wenn sie bedient ist. Zu bedienen sind in dieser **Rangfolge** 81

- zunächst die Rückstände der Vorzugsdividende, dann
- die laufende Vorzugsdividende, schließlich
- die Dividende der Stammaktien.

➲ **Hinweis:** Nicht notwendig, aber üblich ist es, dass die Satzung die Vorzugsaktien mit partizipierender Dividende ausstattet. Dies bedeutet, dass die Vorzugsaktien an dem Bilanzgewinn, der nach Ausschüttung der Vorzugsdividende und einer gleich hohen Stammaktiendividende verbleibt, wiederum anteilig beteiligt sind. 81a

Aus dem **ausgeschütteten Jahresgewinn** erhält zunächst jeder Vorzugsaktionär eine etwaige rückständige Vorzugsdividende und die Vorzugsdividende des Vorjahres. Dann erhält jeder Stammaktionär die gleiche Dividende. Ein danach verbleibender Jahresgewinn steht allen Aktionären entsprechend ihrer Beteiligung zu. Zusätzlich zur Vorzugsdividende kann den Vorzugsaktionären ein Zusatzbetrag zu der den Stammaktionären zu zahlenden Dividende zugebilligt werden. Diese Zusatzdividende ist aber kein Vorzug iSv. § 139 Abs. 1 AktG. 82

Die **Höhe des Vorzugs** wurde bei Nennbetragsaktien entweder durch einen Geldbetrag oder durch einen Prozentsatz des Aktiennennbetrags bestimmt (üblicherweise 4 bis 6 % des Nennbetrags, Hüffer § 139 AktG Rz. 7). Bei der Stückaktie kann der Vorzug mit dem anteiligen Betrag des Grundkapitals verknüpft werden.

82a ➲ **Praxistipp:** Bei familiären Vorzugsaktionären sollte man mit der Höhe des Vorzugs vorsichtig sein.

d) Abtretungs- und Belastungsbeschränkungen

83 Abtretungs- und Belastungsbeschränkungen sind bei der GmbH nach § 15 Abs. 5 GmbHG unproblematisch. Bei der AG steht ihnen der **Grundsatz der freien Übertragbarkeit** der Aktie entgegen. Die gesetzliche Ausnahme bilden vinkulierte Namensaktien nach § 68 Abs. 2 AktG. Deren Übertragung kann an die Zustimmung der Gesellschaft gebunden werden. Unter Übertragung ist auch die Vermächtniserfüllung zu verstehen. Der Übertragung gleichgestellt sind Verpfändung und Nießbrauch.

84 Im Rahmen des dem Schutz vor Überfremdung dienenden § 68 Abs. 2 AktG ist eine Bindung an die **Zustimmung aller Gesellschafter** nach dem Wortlaut der Vorschrift **nicht möglich**.

84a ➲ **Hinweis:** Vorbehalten werden kann nur die Zustimmung der Gesellschaft, wahlweise durch Vorstand, Aufsichtsrat oder Hauptversammlung zu erteilen.

84b Die Vinkulierung kann so **beschränkt** werden, dass einzelne Übertragungsfälle wie etwa die Übertragung an andere Aktionäre oder Familienmitglieder, keiner Zustimmung bedürfen. Die Satzung kann nach § 68 Abs. 2 Satz 4 AktG auch einzelne Verweigerungsgründe bestimmen, etwa die Nichtzugehörigkeit zur Familie.

M 127.10 Gründungssatzung – Vinkulierte Namensaktien

Die Aktien lauten auf den Namen. Zur Eintragung in das Aktienregister haben die Aktionäre der Gesellschaft die Zahl der von ihnen gehaltenen Aktien sowie ihren Namen, ihre Anschrift und ihr Geburtsdatum, bei juristischen Personen ihre Firma, Geschäftsanschrift und Sitz mitzuteilen.

Die Aktien sind nur mit Zustimmung der Gesellschaft übertragbar. Dies gilt auch für die Übertragung im Wege der Erbauseinandersetzung oder Vermächtniserfüllung, für die Belastung mit einem Nießbrauch und die Verpfändung.

Keiner Zustimmung bedarf die Übertragung an andere Aktionäre und an Abkömmlinge sowie die Bestellung eines Nießbrauchs für den Ehegatten.

e) Erwerbsvorrechte (Vorkaufsrecht, Ankaufsrecht)

85 Sie bilden bei der GmbH unproblematische Satzungsbestandteile. Wegen des Grundsatzes der freien Übertragbarkeit der Aktien ist bei der AG **keine Satzungsregelung möglich**, sondern nur eine separate schuldrechtliche Vereinbarung zwischen den Aktionären (Böcker RNotZ 2002, 129, 150).

f) Zusammensetzung des Aufsichtsrats

86 Beim fakultativen Beirat oder Aufsichtsrat der GmbH können in die Satzung problemlos die direkte Bestimmung der Personen oder Eignungsvoraussetzungen oder Entsendungsrechte aufgenommen werden. Bei der AG lässt § 100 Abs. 4 AktG Satzungsbestimmungen über **persönliche Voraussetzungen** der Aufsichtsratsmitglieder zu. Ob hierunter eine bestimmte Familienzugehörigkeit fallen kann, ist angesichts des Grundsatzes, dass die freie Auswahl der Aufsichtsräte durch die Hauptversammlung gewährleistet bleiben muss, streitig. Nach Hüffer § 100 AktG Rz. 9) läuft eine derartige Satzungsbestimmung auf ein verkapptes Entsendungsrecht hinaus und ist deshalb unzulässig.

Ein direktes **satzungsmäßiges Entsendungsrecht** lässt § 101 Abs. 2 AktG nur für bestimmte Aktionäre oder für die jeweiligen Inhaber bestimmter Aktien zu, weiterhin höchstens für ein Drittel der Aufsichtsratsmitglieder, also bei drei Aufsichtsratsmitgliedern nur für eines.

g) Stimmrechtsregelungen

Bei der GmbH sind **stimmrechtslose Geschäftsanteile** problemlos möglich. Bei der AG geht dies nur über Vorzugsaktien. 87

Mehrfachstimmrechte sind bei der GmbH problemlos möglich. Bei der AG sind sie durch § 12 Abs. 2 AktG ausdrücklich verboten. 88

Stimmbindungsverträge sind schuldrechtlicher Natur und grundsätzlich zulässig. In der Praxis erfolgt die familiäre Stimmbindung im Schutzgemeinschaftsvertrag. 89

h) Gestaltungsmöglichkeiten

Entschließt man sich für die **kleine AG** als Rechtsform des Familienunternehmens, so ergeben sich drei Möglichkeiten: 90

- Die Familienbindung wird in der **Satzung** so gut gestaltet, wie es möglich ist.
- Die Satzung wird nach allgemeinem Standard formuliert, die Familienbindung erfolgt über einen **Schutzgemeinschaftsvertrag.** In diesem Vertragstyp der Gesellschaft bürgerlichen Rechts können alle gewünschten Familienbindungen vereinbart werden.
- Die Satzung wird nach allgemeinem Standard formuliert. Die Aktien werden nicht den einzelnen Familienmitgliedern zugeteilt, sondern in einen **Familienpool** (dazu Kap. 113 Rz. 1 ff.) eingebracht. Gesellschafter dieses Familienpools in der Rechtsform der Gesellschaft bürgerlichen Rechts oder der KG sind die Familienmitglieder. Die Familienbindungen können im Poolvertrag vereinbart werden. Die Einbringung in einen Familienpool ist dann nicht möglich, wenn das Familienvermögen nicht nur aus der Unternehmens-AG besteht, sondern aus mehreren Unternehmen und Beteiligungen, an denen die Familienmitglieder unterschiedlich beteiligt sind. Hier ist nur die schuldrechtliche Vinkulierung durch den übergreifenden Schutzgemeinschaftsvertrag möglich.

Kapitel 128 Rechtsstellung, Bestellung und Anstellung von Vorstandsmitgliedern

I. Rechtsstellung

Die Rechtsstellung des Vorstands ist in den **§§ 76 bis 94 AktG** eingehend geregelt. Die Regelungen waren in den letzten Jahren wiederholt Gegenstand von Änderungen, zuletzt durch das am 5.8.2009 in Kraft getretene Gesetz zur Angemessenheit der Vorstandsvergütung (VorstAG BGBl. 2009 I, 2509; dazu eingehend Bauer/Arnold AG 2009, 717–731). 1

Nach § 76 Abs. 1 AktG hat der Vorstand unter eigener Verantwortung die Gesellschaft zu leiten. Die einzelnen Vorstandsmitglieder sind grundsätzlich **weisungsfreie Organe** der AG. Als solchen 2 obliegen ihnen im Rahmen von Gesetz und Satzung die Unternehmensplanung, die Unternehmenskoordination, die Unternehmenskontrolle und die Besetzung der Führungsstellen. In der Geschäftsführung unterliegen sie weder Weisungen des Aufsichtsrats noch Weisungen der Hauptversammlung, haben dabei aber nach § 93 Abs. 1 AktG die Sorgfalt eines ordentlichen und gewissenhaften Geschäftsleiters anzuwenden. Die in den letzten Jahren wesentlich erweiterten Kontrollfunktionen des Aufsichtsrats, verbunden mit weitgehenden Informationspflichten diesem gegenüber, schränken aber im Ergebnis den Spielraum des Vorstands ein. Bei Pflichtverletzungen ist er nach § 93 Abs. 2 AktG der Gesellschaft zum Schadensersatz verpflichtet. Zu beachten sind auch die Führungsgrundsätze der Corporate Governance.

3 Nach § 76 Abs. 2 Satz 1 AktG hat die Gesellschaft **einen oder mehrere Vorstandsmitglieder**, die nach § 77 Abs. 1 Satz 1 AktG gemeinschaftlich zur Geschäftsführung befugt sind. Die Satzung oder die Geschäftsordnung kann Abweichendes bestimmen. Üblich sind Geschäftsordnungen, in denen den Vorstandsmitgliedern einzelne Bereiche (zB kaufmännische Leitung, Vertrieb, Technik, Finanzen) zugewiesen werden.

4 **Vertretung und Vertretungsbefugnisse** sind in § 78 AktG geregelt. Traditionelle Gestaltung ist das Vieraugenprinzip, nach dem je zwei Vorstandsmitgliederoder ein Vorstandsmitglied mit einem Prokuristen vertreten. In der Praxis ist die Einzelvertretung im Vordringen.

5 Nach § 91 Abs. 2 AktG hat der Vorstand ein Überwachungssystem einzurichten und umfangreiche Berichtspflichten wahrzunehmen (vgl. Kap. 127 Rz. 54). Außerdem treffen ihn Wettbewerbsverbote aus § 88 AktG, Vorstandspflichten bei Verlust, Überschuldung oder Zahlungsunfähigkeit aus § 92 AktG und Sorgfaltspflichten und Verantwortlichkeiten aus § 93 AktG.

II. Bestellung

6 Bestellung und Abberufung des Vorstands erfolgen nach § 84 AktG durch den Aufsichtsrat. Die Bestellung kann auf höchstens **fünf Jahren** erfolgen, eine **wiederholte Bestellung** oder Verlängerung der Amtszeit jeweils für höchstens fünf Jahre ist zulässig. Durch die Bestellung erhält das Vorstandsmitglied die Rechtsstellung eines Organs der Gesellschaft. Werden mehrere Personen zu Vorstandsmitgliedern bestellt, so kann der Aufsichtsrat ein Mitglied zum Vorsitzenden des Vorstands ernennen. Erfolgt dies nicht, so können die Vorstände selbst einen Sprecher wählen.

7 Nach § 84 Abs. 3 AktG kann der Aufsichtsrat die Bestellung zum Vorstandsmitglied und die Ernennung zum Vorsitzenden des Vorstands nur dann **widerrufen**, wenn einer der dort näher bezeichneten wichtigen Gründe vorliegt. Diese eingeschränkte Widerrufsmöglichkeit soll die Unabhängigkeit des Vorstands bei der Leitung des Unternehmens sichern.

III. Anstellung

1. Anstellungsvertrag

8 Von der Bestellung ist die Anstellung der Vorstandsmitglieder zu unterscheiden. Sie erfolgt durch den Anstellungsvertrag, der zwischen der Gesellschaft, vertreten durch den Aufsichtsrat, und dem Vorstandsmitglied heute ausnahmslos schriftlich abgeschlossen wird, was sich schon aus steuerlichen Notwendigkeiten ergibt. S.a. Kapitel 96 ff. (Arbeitsrecht).

2. Anmerkungen zum Anstellungsvertrag und Muster

a) Laufzeit

9 Nach § 84 Abs. 1 Satz 5 AktG gelten die **zeitlichen Beschränkungen** der Bestellung auch für den Anstellungsvertrag. Er kann also nur für höchstens fünf Jahre geschlossen werden. Es kann vorgesehen werden, dass es sich für den Fall einer Wiederbestellung bis zu deren Ablauf verlängert.

b) Festsetzung der Vorstandsvergütung und des Ruhegehalts

Grundsätze für die Bezüge der Vorstandsmitglieder gibt § 87 AktG vor, der durch das Gesetz zur Angemessenheit der Vorstandsvergütung (VorstAG, BGBl. 2009 I, 2509; dazu mwN Bauer/Arnold AG 2009, 717, 731) in wesentlichen Punkten neu gefasst wurde. Die Änderungen erfolgten auf dem Hintergrund spektakulärer Prozesse um überhöhte Vorstandsvergütungen und der weltweiten Finanzkrise. Ziel des Gesetzgebers war es vor allem, durch die **Neuregelung der Vergütungsvorschriften** Anreize für eine nachhaltige und auf Langfristigkeit ausgerichtete Unternehmensführung zu schaffen. Die Vorschriften richten sich primär an den Aufsichtsrat, dem mit der Festsetzung der Vorstandsvergütung eine unternehmerische Entscheidung obliegt (BGH AG 2006, 110). 10

Unter die **Gesamtbezüge** des Vorstandes fallen nach § 87 Abs. 1 AktG Gehalt, Gewinnbeteiligungen, Aufwandsentschädigungen, Versicherungsentgelte, Provisionen sowie anreizorientierte Vergütungszusagen wie Aktienbezugsrechte und Nebenleistungen jeder Art. Bei der Festsetzung der Gesamtbezüge des einzelnen Vorstandsmitglieds hat der Aufsichtsrat dafür zu sorgen, dass diese in einem **angemessenen Verhältnis** zu den Aufgaben und Leistungen des Vorstandsmitglieds sowie zur Lage der Gesellschaft stehen und die übliche Vergütung nicht ohne besondere Gründe übersteigen. Die **Vergütungsstruktur** ist bei börsennotierten Gesellschaften auf eine nachhaltige Unternehmensentwicklung auszurichten. Variable Vergütungsbestandteile sollen daher eine mehrjährige Bemessungsgrundlage haben. Für außerordentliche Entwicklungen soll der Aufsichtsrat eine Begrenzungsmöglichkeit vereinbaren. 11

➲ **Hinweis:** Diese Grundsätze gelten sinngemäß auch für Ruhegehälter, Hinterbliebenenbezüge und Leistungen verwandter Art. 11a

Beim **Leistungsbezug** kann auf das einzelne Vorstandsmitglied, aber auch auf den Gesamtvorstand abgestellt werden. So ist es weiterhin zulässig, für alle Vorstandsmitglieder die gleiche Vergütung festzusetzen und dem Vorstandsvorsitzenden einen bestimmten Aufschlag wie etwa das Anderthalbfache zu gewähren (Bauer/Arnold AG 2009, 717–719). Zur Konkretisierung der **Üblichkeit** ist nach der Gesetzesbegründung (BT-Drucks. 16/13433, 15) auf die horizontale Vergleichbarkeit innerhalb der Branche und die vertikale Vergleichbarkeit innerhalb des Unternehmens abzustellen. 12

➲ **Hinweis:** Naturgemäß steht dem Aufsichtsrat hier ein weiter Beurteilungsspielraum zu. Eine übliche Vergütung für Vorstandsmitglieder gibt es in Deutschland nicht (Bauer/Arnold AG 2009, 717, 720). 12a

§ 87 Abs. 1 Sätze 2 und 3 AktG schaffen ein **Sonderrecht** für die Vergütung von Vorstandsmitgliedern **börsennotierter Aktiengesellschaften**. Nur bei diesen ist die Vergütungsstruktur auf eine nachhaltige Unternehmensentwicklung auszurichten. Der Rechtsgedanke kann jedoch nach dem Ermessen des Aufsichtsrats auf nicht börsennotierte Gesellschaften ausgedehnt werden. 13

Erhebliche Auswirkungen auf die Aufsichtsratsarbeit bei der Vergütungsfestsetzung und die Gestaltung von Vorstandsverträgen wird die Neuregelung der **variablen Vergütung** bei Vorstandsmitgliedern börsennotierter Gesellschaften gem. § 87 Abs. 1 Satz 3 AktG haben (Bauer/Arnold AG 2009, 717, 721). Nach ihr sollen variable Vergütungsbestandteile eine **mehrjährige Bemessungsgrundlage** haben, für außerordentliche Entwicklungen soll eine Begrenzungsmöglichkeit vorgesehen werden. Für das zulässige Verhältnis zwischen Festvergütung und variablen Bezügen ist dabei nach einem Vorschlag aus der Praxis (Bauer/Arnold AG 2009, 717, 722) von einer Aufteilung der Vergütungsbestandteile in 50 % feste Vergütung, 20 % kurzfristige variable Bezüge und 30 % langfristige variable Bezüge auszugehen. Für den Ausübungszeitraum kann von der Mindestausübungsfrist für Aktienoptionen gem. § 193 Abs. 2 Nr. 4 AktG ausgegangen werden, die von zwei auf vier Jahre angehoben wurde. 14

§ 87 Abs. 2 AktG gibt dem Aufsichtsrat die Befugnis zur **Herabsetzung** der Vergütung und des Ruhegehalts. Voraussetzungen sind eine Verschlechterung der Lage der Gesellschaft und die Unbilligkeit der vereinbarten Regelung für die Gesellschaft. Gegenstand der Herabsetzung sind die laufende Vergütung und, was eine umstrittene Neuerung darstellt, die Ruhegehälter, Hinterbliebenenbezüge und Leistungen verwandter Art. Letztere unterliegen allerdings nur in den ersten drei Jahren nach Ausscheiden aus der Gesellschaft der Herabsetzungsregelung. Zur Begründung wird darauf verwie- 15 sen, dass die Verschlechterung der Lage der Gesellschaft dem ausgeschiedenen Vorstand im Rahmen einer Billigkeitsprüfung zuzurechnen sein muss (BT-Drucks. 16/13433, 16 f.).

16 Nach ganz herrschender Meinung kann das einseitige Herabsetzungsrecht des Aufsichtsrats nicht durch eine Vereinbarung mit dem Vorstandsmitglied **ausgeschlossen** werden.

17 Anders als bisher ist für die Festsetzung und Herabsetzung der Vorstandsvergütung sowie der Ruhegehälter zwingend das **Aufsichtsratsplenum** zuständig, § 107 Abs. 3 Satz 3 AktG.

c) PKW und Aufwendungsersatz

18 Die Zurverfügungstellung eines PKW ist bei Vorstandsmitgliedern Standard. Gleiches gilt für den Aufwendungsersatz.

d) Selbstbehalt bei D&O-Versicherungen

19 Nach der Neufassung des § 93 Abs. 2 Satz 3 AktG durch das VorstAG ist bei D&O-Versicherungen durch die Gesellschaft für Vorstandsmitglieder ein Selbstbehalt von mindestens 10 % des Schadens bis mindestens zur Höhe des Eineinhalbfachen der festen jährlichen Vergütung des Vorstandsmitglieds vorzusehen.

e) Altersversorgung

20 Vereinbarungen über die Altersversorgung von Vorstandsmitgliedern und deren Hinterbliebenen sind häufiger, aber **nicht zwingender Inhalt** von Anstellungsverträgen. Auch Vorstandsmitgliedern kann nach § 17 Abs. 1 Satz 2 BetrAVG eine betriebliche Altersversorgung gewährt werden, obwohl sie nicht Arbeitnehmer sind. Die Palette der Möglichkeiten (dazu eingehend Günther in Braun/Günther, Das Steuerhandbuch, Stichwort Betriebliche Altersversorgung) reicht in der betrieblichen Altersversorgung von der Direktzusage der Gesellschaft (Pensionszusage) über die Direktversicherung bei einem Versicherungsunternehmen bis zu Pensionskassen, Unterstützungskassen und Pensionsfonds. Bildet das Unternehmen Pensionsrückstellungen, so ist dies mit Steuervorteilen verbunden (Einzelheiten bei Günther in Braun/Günther, Das Steuerhandbuch, Stichwort Betriebliche Altersversorgung, Rz. 88 ff.).

21 Über die betriebliche Altersversorgung hinaus bieten sich bei Vorstandsmitgliedern aufgrund der regelmäßig hohen Bezüge weitere Möglichkeiten der Altersvorsorge. So ist es möglich, dass das Vorstandsmitglied auf eine Versorgung durch die Gesellschaft verzichtet und aus den auch durch diesen Verzicht mitbestimmten Gesamtbezügen **eigene Altersvorsorge** betreibt. Auch Aktienoptionen und Abfindungen beim Ausscheiden können Versorgungscharakter haben.

22 Im Rahmen der Modelle der betrieblichen Altersversorgung sind regelmäßig die Pensionszusage der Gesellschaft und die Direktversicherung bei einem Lebensversicherer die sich anbietenden Alternativen. Das Muster formuliert eine Pensionszusage, bei der der Arbeitgeber Träger der Versorgung ist. Er muss die künftigen Leistungen unmittelbar aus seinem Betriebsvermögen erbringen. Der Begünstigte hat im Leistungsfall nur einen Rechtsanspruch gegenüber dem Arbeitgeber.

M 128.1 Anstellungsvertrag für ein Vorstandsmitglied – AG

§ 1 Vertragschließende, Vertragsdauer, Jahresurlaub

(1) Herr . . . (Vorname, Name, Titel, Adresse) wurde vom Aufsichtsrat der . . .-AG ab dem . . . für die Dauer von fünf Jahren zum Vorstandsmitglied bestellt. Zwischen ihm und der AG, vertreten durch die unterzeichneten Aufsichtsratsmitglieder, wird der nachfolgende Anstellungsvertrag geschlossen.

(2) Der Anstellungsvertrag beginnt und endet mit der Bestellung. Bei erneuter Bestellung verlängert er sich um deren Dauer.

(3) Der Anstellungsvertrag endet weiterhin mit der dauernden Arbeitsunfähigkeit von Herrn ... Dauernde Arbeitsunfähigkeit liegt vor, wenn Herr ... sechs Monate seiner Berufstätigkeit nicht nachgegangen ist und die Wiederherstellung der Arbeitsfähigkeit innerhalb der nächsten sechs Monate nicht zu erwarten ist.

(4) Der Anstellungsvertrag endet weiterhin mit dem Ende des Jahres, in dem Herr ... das 60. Lebensjahr vollendet hat, oder bei vorzeitigem Tod.

(5) Herr ... hat Anspruch auf einen Jahresurlaub von ... Arbeitstagen. Der Urlaub ist mit dem Aufsichtsrat abzustimmen.

§ 2 Aufgaben und Pflichten

(1) Aufgaben und Pflichten von Herrn ... ergeben sich aus den geltenden Gesetzen, der Satzung, den vom Aufsichtsrat erlassenen Geschäftsordnungen und den Bestimmungen dieses Anstellungsvertrags.

(2) Herr ... hat seine gesamte Arbeitskraft der Gesellschaft zur Verfügung zu stellen. Die Übernahme von entgeltlichen oder unentgeltlichen Nebentätigkeiten aller Art, insbesondere von Aufsichtsratsmandaten, Vorträgen und Publikationen, bedarf der Zustimmung des Aufsichtsrats. Herr ... ist verpflichtet, derartige Nebentätigkeiten, die im Interesse der Gesellschaft liegen, in zumutbarem Umfang auf Verlangen des Aufsichtsrats zu übernehmen.

§ 3 Vergütung

(1) Herr ... erhält für seine Tätigkeit

a) ein Jahresgehalt von ... Euro und

b) eine Tantieme von ... Euro pro Prozent der ausgeschütteten Dividende.

(2) Das Jahresgehalt wird in 12 gleichen Monatsraten nachträglich zum Monatsende gezahlt. Die jährliche Tantieme wird mit dem Gewinnverwendungsbeschluss der Hauptversammlung fällig. Im Krankheitsfall werden die Bezüge sechs Monate weitergezahlt, längstens bis zum Ablauf des Anstellungsvertrages.

(3) Die im Interesse der Gesellschaft entstandenen erforderlichen Aufwendungen werden Herrn ... ersetzt. Den Umfang des Aufwendungsersatzes bestimmt der Aufsichtsrat.

(4) Herr ... erhält weiterhin einen Dienstwagen der Oberklasse, derzeit ... Die private Nutzung ist zulässig. Die hierfür entstehenden Betriebskosten und Steuern trägt Herr ...

(5) Die Gesellschaft schließt auf ihre Kosten für Herrn ... eine D&O- Versicherung mit einer Haftsumme von ... Euro ab.

§ 4 Ruhegeld, Witwengeld

(1) Herr ... hat Anspruch auf Ruhegehalt und Witwengeld nach folgender Maßgabe. ...

(2) Herr ... erhält, beginnend mit der Vollendung des 60. Lebensjahres, auf Lebenszeit ein Ruhegehalt von 60 % des letzten festen Jahresgehalts. Das Ruhegehalt ist erdient, wenn Herr ... gleich aus welchem Rechtsgrund aus der Gesellschaft ausscheidet und zu diesem Zeitpunkt mindestens ... Jahre Vorstandsmitglied war. Bei Ausscheiden vor diesem Zeitpunkt hat er keinen Anspruch auf Ruhegehalt.

(3) Verstirbt Herr ... während der Laufzeit dieses Anstellungsvertrages oder nach Eintritt des Ruhestandes, so erhält seine Witwe unter den Voraussetzungen des Absatzes 2 ein lebenslanges, bei Wiederverheiratung erlöschendes Witwengeld von 60 % des Ruhegehaltes, das Herr ... erhalten hätte.

(4) Ruhegehalt und Witwengeld erhöhen oder ermäßigen sich, wie sich der vom statistischen Bundesamt festgestellte Verbraucherpreisindex für Deutschland (... = 100) seit dem Eintritt des Versorgungsfalls erhöht oder ermäßigt. Die Anpassung erfolgt im Dezember eines jeden Jahres auf der Basis dieses Monats für das folgende Kalenderjahr. Die Genehmigung der Wertsicherungsklausel nach § 2 Preisangaben- und Preisklauselgesetz bleibt vorbehalten, bei Nichterteilung ist eine entsprechende Spannungsklausel zu vereinbaren.

Kapitel 129 Satzungsänderungen, Kapitalmaßnahmen

I. Satzungsänderung

1. Gesetzliche Regelung

1 Jede Satzungsänderung bedarf nach § 179 AktG eines **Beschlusses der Hauptversammlung**, der mit einer Mehrheit von mindestens ¾ des bei der Beschlussfassung vertretenen Grundkapitals zu fassen ist. Die Satzung kann eine andere Kapitalmehrheit, für eine Änderung des Gegenstands des Unternehmens jedoch nur eine größere Kapitalmehrheit bestimmen.

1a ➲ **Hinweis:** Von dieser Änderungsbefugnis wird in der Praxis selten Gebrauch gemacht.

2 Der satzungsändernde Hauptversammlungsbeschluss bedarf auch bei der kleinen AG der **notariellen Protokollierung**, die notarielle Urkunde über die Niederschrift ist der Anmeldung in Ausfertigung oder beglaubigter Abschrift beizufügen. Beschlossen wird einmal die Satzungsänderung selbst, zum zweiten der aus ihr folgende geänderte Wortlaut der Satzung. Der Beschlussvorschlag kann sich einer zusammenfassenden Formulierung bedienen. Nach § 179 Abs. 1 Satz 2 AktG kann die Hauptversammlung die Befugnis zu Änderungen, die nur die Fassung betreffen, dem Aufsichtsrat übertragen. Von dieser Möglichkeit wird insbesondere dann Gebrauch gemacht, wenn Kapitalmaßnahmen beschlossen werden. So beschließt zB die Hauptversammlung eine Kapitalerhöhung unter Festsetzung nicht eines festen Erhöhungsbetrags, sondern eines Erhöhungsrahmens und ermächtigten den Aufsichtsrat, die Neufassung der Satzung der dann durchgeführten Kapitalerhöhung anzupassen.

M 129.1 Hauptversammlungsbeschluss (zu Muster M 127.8) – AG

Vorstand und Aufsichtsrat schlagen vor, dem § 9 der Satzung über die Vergütung des Aufsichtsrats die folgende Ziffer 3 anzufügen:

„3. Die Gesellschaft kann zu Gunsten der Aufsichtsratsmitglieder eine Haftpflichtversicherung (D&O-Versicherung) abschließen."

Der Vorsitzende stellte den Beschlussvorschlag zur Abstimmung. Die Abstimmung ergab die Zustimmung aller Aktionäre ohne Enthaltungen. Der Vorsitzende gab das Ergebnis der Abstimmung bekannt und stellte fest, dass die Hauptversammlung die vorgeschlagene Satzungsänderung mit der erforderlichen Mehrheit beschlossen hat.

2. Anmeldung und Eintragung

Die Änderung der Satzung wird nach § 181 Abs. 3 AktG wirksam, wenn sie in das **Handelsregister** 3
des Sitzes der Gesellschaft eingetragen worden ist. Der Vorstand hat nach § 181 Abs. 1 Satz 1 AktG in vertretungsberechtigter Zahl, bei unechter Gesamtvertretung auch unter Mitwirkung eines Prokuristen, die Satzungsänderung zur Eintragung in das Handelsregister anzumelden. Der Anmeldung ist nach § 181 Abs. 1 Satz 2 AktG der vollständige Wortlaut der Satzung mit der Bescheinigung eines Notars, dass die geänderten Bestimmungen der Satzung mit dem Beschluss über die Satzungsänderung und die unveränderten Bestimmungen mit dem zuletzt zum Handelsregister eingereichten Wortlaut der Satzung übereinstimmen, beizufügen.

M 129.2 Anmeldung einer Satzungsänderung – AG

An das Amtsgericht

– Registergericht –

(Ort)

Zum Handelsregister HRB ... der ... AG melden wir als gemeinsam vertretungsberechtigte Vorstandsmitglieder zur Eintragung an, dass die Hauptversammlung der Gesellschaft vom ... eine Satzungsänderung des Inhalts beschlossen hat, dass ...
Wir überreichen als Anlagen eine beglaubigte Abschrift der notariellen Niederschrift über die Hauptversammlung sowie den vollständigen Wortlaut der geänderten Satzung mit der Bescheinigung des Notars nach § 181 Abs. 1 Satz 2 AktG.

... (Ort, Datum, Unterschriften der Vorstandsmitglieder, notarielle Unterschriftsbeglaubigung, elektronische Einreichung nach § 12 Abs. 1 HGB)

Kosten: *Notargebühr:* 0,2-Gebühr gem. Nr. 25100 KV GNotKG, mindestens 20 Euro, höchstens 70 Euro. Geschäftswert gem. §§ 121, 105 Abs. 4 Nr. 1 GNotKG (1 % des Grundkapitals, mindestens 30 000 Euro). Bei Fertigung des Entwurfs und Beglaubigung 0,5-Gebühr gem. Nrn. 24102, 21201 Nr. 5 KV GNotKG (§ 92 Abs. 2 GNotKG), Geschäftswert gem. §§ 119, 105 Abs. 4 Nr. 1 GNotKG wie zuvor. 0,3-Gebühr für den Vollzug gem. Nr. 22114 KV GNotKG, Geschäftswert gem. § 112 GNotKG wie zuvor.

Gerichtsgebühr: 70 Euro Festgebühr gem. Nr. 2500 GV HRegGebV.

3. Holzmüller-Beschlüsse

Seit der Holzmüller-Entscheidung des BGH (BGHZ 83, 122 = NJW 1982, 1703) ist anerkannt, dass 4
über die der Hauptversammlung nach § 119 AktG übertragenen Zuständigkeiten hinaus Maßnahmen der Geschäftsführung der gesonderten Zustimmung der Hauptversammlung bedürfen, wenn diese mit einem **wesentlichen Eingriff in die Mitgliedschaftsrechte und in die Vermögensinteressen** der Aktionäre verbunden sind. Der Zustimmungsbeschluss bedarf der satzungsändernden Mehrheit.

Im vom BGH entschiedenen Fall ging es um die **Veräußerung wesentlicher Unternehmensbereiche**. In seiner Gelatine-Entscheidung v. 26.4.2004 hat der BGH (BGH NJW 2004, 1860 = AG 2004, 5
384) gegen Tendenzen in der Literatur Stellung genommen, den Bereich solcher ungeschriebener Hauptversammlungszuständigkeiten allzu sehr auszudehnen. Jedenfalls dürfte eine Zustimmungs-

pflicht dann vorliegen, wenn der veräußerte Unternehmensbereich nach Größe und Ertrag mehr als die Hälfte des Gesamtunternehmens ausmacht.

4. Fassungsänderung

6 Liegt nur eine Fassungsänderung nach § 179 Abs. 1 Satz 2 AktG vor, zu der die Hauptversammlung den Aufsichtsrat ermächtigt hat, so genügt die Anfertigung einer **Niederschrift des Aufsichtsratsbeschlusses**, die der Vorsitzende des Aufsichtsrats oder sein Stellvertreter zu unterzeichnen haben. Der Aufsichtsratsbeschluss über die Fassungsänderung ist dann entsprechend § 181 AktG vom Vorstand zum Handelsregister anzumelden.

5. Satzungsdurchbrechung

7 Von der Satzungsänderung zu unterscheiden ist die Satzungsdurchbrechung, bei der die Hauptversammlung für eine **konkrete Situation** durch Beschluss bewusst von einer Bestimmung ihrer Satzung abweicht, diese selbst aber unverändert lässt (Hüffer § 179 AktG Rz. 7). Nach hM gelten für eine derartige Satzungsdurchbrechung zumindest dann, wenn sie zustandsbegründend und nicht nur punktuell ist, die Formvorschriften der Satzungsänderung, also ein notariell protokollierter Hauptversammlungsbeschluss mit satzungsändernder Mehrheit, Anmeldung und Eintragung im Handelsregister (Priester ZHR 151 [1987], 40; Hüffer § 179 AktG Rz. 7, 8).

II. Kapitalmaßnahmen

1. Überblick

8 Praxishäufig sind Beschlüsse der Hauptversammlung zum Grundkapital der Gesellschaft. Dieses kann erhöht oder herabgesetzt werden. Durch die **Kapitalerhöhung** erhält die AG neues Eigenkapital. Sie kann erfolgen gegen Bar- oder Sacheinlage nach §§ 182 ff. AktG, als bedingte Kapitalerhöhung nach § 192 ff. AktG, in der Form des genehmigten Kapitals nach §§ 202 ff. AktG und als Kapitalerhöhung aus Gesellschaftsmitteln nach §§ 207 ff. AktG. Bei der **Kapitalherabsetzung** unterscheidet das Gesetz die ordentliche Kapitalherabsetzung nach §§ 222 ff. AktG, die vereinfachte Kapitalherabsetzung nach §§ 229 ff. AktG und die Kapitalherabsetzung durch Einziehung nach §§ 237 ff. AktG. Die praxishäufigsten Kapitalmaßnahmen werden im Folgenden dargestellt.

2. Kapitalerhöhung gegen Einlagen

9 Die Kapitalerhöhung gegen Einlagen nach § 182 AktG ist der häufigste Fall der Satzungsänderung. Sie kann nur durch **Ausgabe neuer Aktien** durchgeführt werden. Bei Gesellschaften mit Stückaktien muss sich nach § 182 Abs. 1 Satz 3 AktG die Zahl der Aktien in demselben Verhältnis wie das Grundkapital erhöhen.

10 Die Aktionäre haben nach § 186 AktG ein ihrer bisherigen Beteiligung entsprechendes **Bezugsrecht**. Dieses Bezugsrecht kann unter Beachtung von § 186 Abs. 3 bis 5 AktG ganz oder zum Teil nur im Beschluss über die Erhöhung des Grundkapitals ausgeschlossen werden. Wegen des gravierenden Eingriffs in die Mitgliedschaft bedarf der Bezugsrechtsausschluss einer sachlichen Rechtfertigung, es sei denn, alle betroffenen Aktionäre stimmen ihm zu (BGH NJW 1993, 400).

11 Nach § 182 Abs. 4 AktG soll das Grundkapital nicht erhöht werden, solange **ausstehende Einlagen** auf das bisherige Grundkapital noch erlangt werden können. Der Erhöhungsbetrag ist entweder ziffernmäßig genau zu bestimmen oder in Form einer Mindest- und Höchstgrenze oder auch nur einer Höchstgrenze festzulegen. Weiterhin ist der Ausgabebetrag für die neuen Aktien zu bestimmen, § 182 Abs. 3 AktG.

11a ➲ **Hinweis:** Regelmäßig wird ein höherer Ausgabebetrag als der Nennbetrag bei Nennbetragsaktien oder der kapitalanteilige Wert bei Stückaktien festgesetzt, um dem Unternehmenswert jenseits der Grundkapitalziffer gerecht zu werden.

Die Kapitalerhöhung erfolgt nach dem Gesetz in der **Reihenfolge** 12

- Beschlussfassung der Hauptversammlung, § 182 AktG,
- Anmeldung des Kapitalerhöhungsbeschlusses zur Eintragung ins Handelsregister durch Vorstand und Aufsichtsrat, § 184 AktG
- Zeichnung der neuen Aktien, § 185 AktG (die in der Praxis häufigste Form der Barkapitalerhöhung bedient sich in vielen Fällen eines Bankenkonsortiums, das die Aktien zum Bezug anbietet),
- Leistung der Mindesteinlagen, § 188 Abs. 2 AktG,
- Anmeldung der Durchführung der Kapitalerhöhung zum Handelsregister durch Vorstand und Aufsichtsrat, § 188 Abs. 1 AktG,
- Eintragung, § 188 Abs. 1 AktG,
- Ausgabe der neuen Aktien, § 191 AktG.

Nach § 188 Abs. 4 AktG können die Anmeldung und Eintragung der Durchführung der Erhöhung mit der Anmeldung und Eintragung des Beschlusses über die Erhöhung verbunden werden. 13

➲ **Hinweis:** In der Praxis wird dies regelmäßig so gehandhabt. 14

M 129.3 Erhöhungsbeschluss Bareinlage – AG

Vorstand und Aufsichtsrat schlagen vor:

Das Grundkapital der Gesellschaft wird gegen Bareinlagen von 50 000 Euro auf 150 000 Euro erhöht, und zwar durch Ausgabe von 100 000 neuen auf den Namen lautenden Stückaktien. Die neuen Aktien werden zum Betrag von 8 Euro Aktie ausgegeben. Sie sind ab dem der Ausgabe folgenden Geschäftsjahr gewinnberechtigt.

Die neuen Aktien werden den Aktionären im Wege des mittelbaren Bezugsrechts angeboten. Sie werden von einem Bankenkonsortium unter Führung der A-Bank AG mit der Verpflichtung übernommen, sie den Aktionären im Verhältnis 1 zu 2 zum Preis von 8 Euro Aktie zum Bezug anzubieten. Die Frist für die Annahme des Bezugsangebots endet vier Wochen nach Bekanntmachung des Bezugsangebots. Der Vorstand ist ermächtigt, mit Zustimmung des Aufsichtsrats weitere Einzelheiten der Kapitalerhöhung und ihrer Durchführung festzusetzen.

Die Abstimmung ergab die Zustimmung aller Aktionäre mit 50 000 Stimmen ohne Enthaltungen. Der Vorsitzende gab das Ergebnis bekannt und stellte fest, dass die Hauptversammlung die von Vorstand und Aufsichtsrat vorgeschlagene Kapitalerhöhung beschlossen hat.

Vorstand und Aufsichtsrat schlagen weiter die folgende Neufassung von § 4 Abs. 1 der Satzung vor:

„(1) Das Grundkapital der Gesellschaft beträgt 150 000 Euro. Es ist eingeteilt in 150 000 Stückaktien."

Die Abstimmung ergab die Zustimmung aller Aktionäre mit 50 000 Stimmen ohne Enthaltungen. Der Vorsitzende gab das Ergebnis bekannt und stellte fest, dass die Hauptversammlung die von Vorstand und Aufsichtsrat vorgeschlagene Kapitalerhöhung beschlossen hat.

M 129.4 Anmeldung der Durchführung einer Erhöhung verbunden mit der Anmeldung des Erhöhungsbeschlusses – AG

An das Amtsgericht

– Registergericht –

(Ort)

Zum Handelsregister HRB ... der ... Aktiengesellschaft melden wir, die Herren ... als gemeinsam vertretungsberechtigte Mitglieder des Vorstandes und Herr ... als Vorsitzender des Aufsichtsrats, zur Eintragung an:

1. *Die Hauptversammlung der Gesellschaft vom ... hat die bare Erhöhung des Grundkapitals der Gesellschaft von 50 000 Euro um 100 000 Euro auf 150 000 Euro beschlossen. Es wird versichert, dass keine Einlagen auf das bisherige Grundkapital ausstehen.*
2. *Die Erhöhung des Grundkapitals ist durchgeführt. Wie erklären hierzu, dass die A-Bank AG sämtliche 100 000 neue Aktien zum Ausgabebetrag von 8 Euro je Aktie gezeichnet hat. Auf die gezeichneten Aktien sind 800 000 Euro eingezahlt worden. Die Einzahlung erfolgte durch Gutschrift auf ein endgültig zur freien Verfügung des Vorstandes stehendes Konto bei der A-Bank AG.*
3. *In Anpassung an die Kapitalerhöhung wurde § 4 Abs. 1 der Satzung wie folgt geändert:*

„(1) Das Grundkapital der Gesellschaft beträgt 150 000 Euro. Es ist eingeteilt in 150 000 Euro Stückaktien."

Als Anlagen sind dieser Anmeldung beigefügt

- *die beglaubigte Abschrift der notariellen Urkunde über die Hauptversammlung vom ...,*
- *eine Zweitschrift des Zeichnungsscheins,*
- *das vom Vorstand unterschriebene Verzeichnis der Zeichner,*
- *die Berechnung der für die Gesellschaft durch die Ausgabe der neuen Aktien entstehenden Kosten,*
- *die Bestätigung der Einzahlung auf das endgültig zur freien Verfügung des Vorstandes stehendes Konto,*
- *der vollständige Wortlaut der geänderten Satzung mit der Bescheinigung des Notars nach § 181 AktG.*

... (Ort, Datum, Unterschriften der Mitglieder des Vorstandes und des Aufsichtsratsvorsitzenden, notarielle Unterschriftsbeglaubigung, elektronische Einreichung nach § 12 Abs. 1 HGB)

Kosten: *Notargebühr:* 0,2-Gebühr gem. Nr. 25100 KV GNotKG, mindestens 20 Euro, höchstens 70 Euro. Geschäftswert gem. §§ 121, 105 Abs. 4 Nr. 1 GNotKG (1 % des Grundkapitals, mindestens 30 000 Euro). Bei Fertigung des Entwurfs und Beglaubigung 0,5-Gebühr gem. Nrn. 24102, 21201 Nr. 5 KV GNotKG (§ 92 Abs. 2 GNotKG), Geschäftswert gem. §§ 119, 105 Abs. 4 Nr. 1 GNotKG wie zuvor. 0,3-Gebühr für den Vollzug gem. Nr. 22114 KV GNotKG, Geschäftswert gem. § 112 GNotKG wie zuvor.

Gerichtsgebühr: 150 Euro Festgebühr gem. Nr. 2500, 2501 GV HRegGebV.

3. Kapitalerhöhung gegen Sacheinlage

15 Bei der Kapitalerhöhung mit Sacheinlagen sind zusätzlich zu den in § 182 AktG normierten Voraussetzungen der Barkapitalerhöhung die **besonderen Vorschriften des § 183 AktG** zu beachten. Die Bekanntmachung der Tagesordnung nach § 124 Abs. 1 AktG und der Beschluss über die Erhöhung des Grundkapitals müssen Festsetzungen über den Gegenstand der Sacheinlage, die Person, von der die Gesellschaft den Gegenstand erwirbt, und den Nennbetrag bzw. die Stückzahl der zu gewährenden Aktien enthalten, § 183 Abs. 1 AktG.

16 Erfolgt innerhalb von zwei Jahren nach Eintragung der AG in das Handelsregister eine Kapitalerhöhung mit Sacheinlagen, die in ihrem Umfang ein Zehntel des Grundkapitals übersteigt, so sind neben § 183 AktG auch die **Nachgründungsvorschriften** der §§ 52, 53 AktG entsprechend anwendbar (OLG Oldenburg AG 2002, 620; Grub/Fabian AG 2002, 614; Mülbert AG 2003, 136).

17 Wenn die Ausgabe zu einem **höheren Ausgabekurs** als den geringsten Ausgabebetrag nach § 9 AktG erfolgen soll, so ist im Kapitalerhöhungsbeschluss der Ausgabebetrag festzusetzen.

18 Da die Sacheinlage nur vom Eigentümer oder Inhaber des betreffenden Gegenstandes erbracht werden kann, ist der **Ausschluss des Bezugsrechts** der übrigen Aktionäre nach § 186 Abs. 4 Satz 1 AktG die praktische Regel. Der Ausschluss ist unproblematisch, wenn alle Aktionäre ihm zustim-

men. Sonst ist er zulässig, wenn die Gesellschaft ein dringendes Interesse am Erwerb des Gegenstandes hat (BGHZ 71, 40 Kali & Salz).

Bei der Kapitalerhöhung mit Sacheinlagen hat nach § 183 Abs. 3 AktG eine **Prüfung** durch einen oder mehrere Prüfer stattzufinden, für die das Gesetz auf die Vorschriften der Gründungsprüfung verweist. Zentraler Bestandteil des Prüfungsberichts, der nach § 184 Abs. 1 Satz 2 AktG der Anmeldung beizufügen ist, ist die Wertermittlung iSv. § 34 Abs. 2 Satz 2 AktG. Das Muster **M 129.5** bezieht sich für die Festsetzung des Betrages des überschießenden Gesellschafterdarlehens auf diese Wertermittlung. 19

Der Anmeldung der Kapitalerhöhung mit Sacheinlagen sind nach § 188 Abs. 3 Nr. 2 AktG die Verträge, die den Festsetzungen nach § 183 AktG zugrunde liegen oder zu ihrer Ausführung geschlossen worden sind, beizufügen. Die Sacheinlage muss bei der Anmeldung der Durchführung der Kapitalerhöhung vollständig geleistet sein, § 188 Abs. 2 iVm. § 36a Abs. 2 Satz 1 AktG. Das bedeutet aber nicht, dass die dingliche Übertragung bereits vollzogen sein muss. Sie muss innerhalb einer Frist von fünf Jahren erfolgen, § 36a Abs. 2 Satz 2 AktG. 20

➲ **Hinweis:** Die Leistung vor Anmeldung ist praktische Regel. 21

M 129.5 Beschluss einer Kapitalerhöhung gegen Einlage von GmbH-Geschäftsanteilen – AG

Der Vorsitzende stellte den folgenden Beschlussvorschlag zur Abstimmung:

1. *Das Grundkapital der Gesellschaft wird gegen Sacheinlage von 50 000 Euro um 30 000 Euro auf 80 000 Euro durch Ausgabe von 30 000 auf den Namen lautenden Stückaktien erhöht. Der Ausgabebetrag beläuft sich auf 5 Euro je Stückaktie.*
2. *Zur Zeichnung und Übernahme der neuen Aktien wird Herr A zugelassen. Das gesetzliche Bezugsrecht der Aktionäre wird ausgeschlossen. Die neuen Aktien sind ab 1.1.20... gewinnberechtigt.*
3. *Die Sacheinlage besteht in der Übertragung der Geschäftsanteile Nr.... des Herrn A an der ...-GmbH in ... von nominell insgesamt 25 000 Euro auf die AG. Der Einbringungswert bestimmt sich nach dem Wert, den der Prüfer im Rahmen der Prüfung nach § 183 Abs. 3 AktG feststellen wird. Ein den Ausgabebetrag der neuen Aktien übersteigender Wert wird für Herrn A als Gesellschafterdarlehen verbucht, ein etwaiger Minderwert verpflichtet zur baren Zuzahlung.*
4. *Der Vorstand wird ermächtigt, die Einzelheiten der Kapitalerhöhung und ihrer Durchführung festzusetzen.*

Die Abstimmung ergab die einstimmige Zustimmung der Aktionäre ohne Stimmenthaltungen. Der Vorsitzende stellte fest, dass der Beschlussvorschlag einstimmig und ohne Enthaltungen angenommen wurde.

M 129.6 Zeichnungsvertrag und Geschäftsanteilsabtretung – AG

Notariell beurkundeter Zeichnungsvertrag und Geschäftsanteilsabtretung

Verhandelt zu ... am ...

Vor dem Notar ...

sind erschienen, persönlich bekannt:

1. Herr ...

2. Herr ..., hier handelnd als einzelvertretungsberechtigter Vorstand für die Y-AG in ...

und erklären

Zeichnungsvertrag und Geschäftsanteilsabtretung

Die Hauptversammlung der . . .-AG hat am . . . den folgenden Beschluss gefasst:

. . . (s. ***M 129.5*** *Nr. 1–4)*

Herr A erklärt hiermit in gem. § 185 AktG, dass er die neuen Stückaktien im Nennbetrag von 30 000 Euro zum Ausgabebetrag von 150 000 Euro übernimmt und zeichnet.

Herr B nimmt für die Gesellschaft diese Erklärung an.

Im Rahmen der Prüfung nach § 183 Abs. 3 AktG hat die Z-AG Wirtschaftsprüfungsgesellschaft für die als Sacheinlage zu übertragenden Geschäftsanteile Nr. . . . des Herrn P. an der in X-GmbH in . . . einen Wert von 185 000 Euro festgestellt. Die Beteiligten erkennenden diese Wertfestsetzung an. Dem entsprechend ist für Herrn A ein Gesellschafterdarlehen von 35 000 Euro in den Büchern der X-AG zu den Bedingungen der bereits bestehenden Gesellschafterdarlehen der Altaktionäre zu verbuchen.

In Erfüllung des Sacheinlageverpflichtung tritt Herr A hiermit seine vorbezeichneten Geschäftsanteile an der X-GmbH von insgesamt 25 000 Euro an die Y-AG ab, die die Abtretung annimmt. Satzungsmäßige Genehmigungen liegen vor. Der beurkundende Notar wird beauftragt, die Aufnahme der Abtretung in das Handelsregister der GmbH zu veranlassen.

Vorgelesen, genehmigt und unterschrieben:

. . . (Unterschriften der Beteiligten und des Notars/der Notarin)

Kosten: *Notargebühr:* 2,0-Gebühr gem. Nr. 21100 KV GNotKG für den Zeichnungsvertrag, mindestens 60 Euro. Geschäftswert gem. §§ 97 Abs. 1, 36 GNotKG (Nennbetrag der gezeichneten Aktien). 2,0-Gebühr gem. Nr. 21100 KV GNotKG für die Geschäftsanteilsabtretung, mindestens 60 Euro. Geschäftswert gem. §§ 97 Abs. 1, 54 GNotKG.

M 129.7 Anmeldung zum Handelsregister – AG

Zum Handelsregister B . . . der Y-AG melden wir als deren Vorstand und Vorsitzender des Aufsichtsrats zur Eintragung an:

Die Hauptversammlung der Gesellschaft vom . . . hat den folgenden Beschluss gefasst:

. . . (s. ***M 129.5*** *Nr. 1–4)*

Die Kapitalerhöhung ist durchgeführt. Mit notarieller Urkunde vom . . . hat Herr A die vorbezeichneten neuen Aktien, also 30 000 auf den Namen lautende Stückaktien, übernommen und gezeichnet. Weiterhin hat er die vorbezeichneten Geschäftsanteile an der X-GmbH im Nennbetrag von insgesamt 25 000 Euro auf die Y-AG übertragen und abgetreten. Damit sind die Voraussetzungen des § 36a Abs. 2 AktG erfüllt. Wir versichern, dass keine Einlagen auf das bisherige Grundkapital ausstehen. Die abgetretenen Geschäftsanteile stehen endgültig zur freien Verfügung des Vorstandes der Y-AG.

In der vorbezeichneten Hauptversammlung wurde weiterhin die Anpassung der Satzung an das erhöhte Grundkapital beschlossen. § 2 Satz 1 der Satzung lautet nunmehr: Das Grundkapital beträgt 80 000 Euro, in Worten: Achtzigtausend Euro.

Als Anlagen sind beigefügt:

1. *Das notarielle Hauptversammlungsprotokoll*
2. *Ein notariell beurkundeter Zeichnungs- und Einbringungsvertrag*
3. *Der Bericht über die Prüfung der Sacheinlage*
4. *Das Verzeichnis des Zeichners der neuen Aktien*
5. *Die Berechnung der für die Gesellschaft durch die Ausgabe der neuen Aktien entstehenden Kosten*
7. *Der vollständige Wortlaut der geänderten Satzung mit der Bescheinigung des Notars nach § 181 AktG.*

... (Ort, Datum, Unterschriften der Mitglieder des Vorstandes und des Vorsitzenden des Aufsichtsrats, notarielle Unterschriftsbeglaubigung, elektronische Einreichung nach § 12 Abs. 1 HGB)

Kosten: *Notar- und Gerichtsgebühr:* wie **M 129.4**.

4. Genehmigtes Kapital

a) Ablauf

Die Einfügung eines genehmigten Kapitals in die Satzung im Wege der Satzungsänderung und die Ausnutzung im Wege der Kapitalerhöhung (§§ 202 ff. AktG) ist ein zeitlich gestreckter Vorgang. 22

Er vollzieht sich in den **Schritten**

- Hauptversammlungsbeschluss über die Ermächtigung des Vorstands zur Ausgabe neuer Aktien,
- Anmeldung und Eintragung der Ermächtigung in das Handelsregister,
- Beschluss des Vorstands über die Ausnutzung des genehmigten Kapitals und die Einzelheiten der Kapitalerhöhung,
- Zustimmung des Aufsichtsrats hierzu,
- Zeichnung der neuen Aktien,
- Erbringung der Einlagen,
- Anmeldung und Eintragung der Durchführung der Kapitalerhöhung in das Handelsregister,
- Ausgabe der neuen Aktien.

Nach § 202 Abs. 1 AktG kann die Satzung den Vorstand für **höchstens fünf Jahre** ermächtigen, 23 das Grundkapital bis zu einem bestimmten Nennbetrag durch Ausgabe neuer Aktien gegen Einlagen zu erhöhen. Nach § 202 Abs. 3 Satz 1 AktG darf der Nennbetrag des genehmigten Kapitals die Hälfte des Grundkapitals, das zur Zeitermächtigung vorhanden ist, nicht übersteigen. Die neuen Aktien sollen nach § 202 Abs. 3 Satz 2 AktG nur mit Zustimmung des Aufsichtsrats ausgegeben werden. Die Ermächtigung kann bereits in die Gründungssatzung aufgenommen werden.

➲ **Hinweis:** Der in der Praxis häufigere Fall ist aber die spätere Ermächtigung durch Satzungs- 23a änderung nach § 202 Abs. 2 Satz 1 AktG.

Das genehmigte Kapital ermöglicht es dem Vorstand, nach eigenem Ermessen und ohne die lang- 24 wierige Einberufung und Durchführung einer Hauptversammlung neues Aktienkapital zu schaffen. Das genehmigte Kapital ist ein Mittel der **Eigenfinanzierung**. Ein praxishäufiger Fall ist der Erwerb von Beteiligungen gegen Aktien. Dem Vorstand werden schnelle Entscheidungen am Kapital- und Beteiligungsmarkt ermöglicht. Diese Beweglichkeit wird durch das Wahlrecht zwischen Bar- und Sachkapitalerhöhung noch gesteigert.

Die Ermächtigung durch Satzungsänderung wird dem Vorstand durch einen **Beschluss der Haupt-** 25 **versammlung** erteilt, der mit einer Mehrheit von mindestens ¾ des vertretenen Grundkapitals zu fassen ist, § 202 Abs. 2 Satz 2 AktG. Der Beschluss muss die Dauer der Ermächtigung und den Nennbetrag des genehmigten Kapitals bestimmen.

Für die **Ausgabe der neuen Aktien** gelten nach § 203 Abs. 1 AktG grundsätzlich die Bestimmun- 26 gen der §§ 185 bis 191 AktG über die Kapitalerhöhung gegen Einlagen. An die Stelle des Beschlusses über die Erhöhung des Grundkapitals tritt die Ermächtigung der Satzung zur Ausgabe neuer Aktien. Nach § 203 Abs. 3 AktG sollen die neuen Aktien nicht ausgegeben werden, solange ausstehende Einlagen auf das bisherige Grundkapital noch erlangt werden können.

Für **Sacheinlagen** gilt § 205 AktG. Die Ermächtigung zur Ausgabe gegen Sacheinlagen muss aus- 27 drücklich erteilt werden. Die Bestimmung der Einzelheiten kann dem Vorstand mit Zustimmung des Aufsichtsrats überlassen werden. Bei der Ausgabe hat eine externe Prüfung stattzufinden.

Die Ermächtigung kann nach § 203 Abs. 2 AktG vorsehen, dass der **Vorstand** über den Ausschluss 28 des Bezugsrechts der Aktionäre entscheidet Die Ermächtigung bedarf einer **sachlichen Rechtfertigung** im Interesse der Gesellschaft. Diese ist im Bericht des Vorstandes nach §§ 203 Abs. 1

Satz 1, 186 Abs. 4 Satz 2 AktG darzulegen. Nach einer Entscheidung des OLG Schleswig (OLG Schleswig AG 2004, 155) genügt es, wenn angesichts der auch für die Aktionäre erkennbaren wirtschaftlichen Situation das Bedürfnis nach geschäftlicher Neuorientierung und der Möglichkeit raschen Handelns evident ist. Ob der Bezugsrechtsausschluss dann im Ergebnis sachlich gerechtfertigt ist, ist erst zu entscheiden, wenn der Vorstand von der Ermächtigung Gebrauch macht. Zu dieser späteren Entscheidung über den Bezugsrechtsausschluss bedarf der Vorstand nach § 204 Abs. 1 Satz 2 Halbs. 2 AktG der Zustimmung des Aufsichtsrats.

29 Alternativ zu Ermächtigung des Vorstandes kann die Hauptversammlungen in dem Beschluss über die Schaffung des genehmigten Kapitals auch selbst das Bezugsrecht ausschließen, §§ 203 Abs. 1, 186 AktG. Zur Zulässigkeit dieses direkten Bezugsrechtsausschlusses durch die Hauptversammlung genügt nach der Siemens/Nold-Entscheidung des BGH (BGHZ 133, 136 = ZIP 1997, 1499), dass die Maßnahme, zu deren Durchführung der Vorstand ermächtigt werden soll, im wohlverstandenen Interesse der Gesellschaft liegt und der Hauptversammlung allgemein und in abstrakter Form bekannt gegeben wird.

29a ➲ **Hinweis:** Konkrete Anhaltspunkte für eine Notwendigkeit des Bezugsrechtsausschlusses brauchen im Gegensatz zur früheren Rechtsprechung nicht mehr vorzuliegen.

30 Die dem Vorstand nach § 202 AktG durch die Hauptversammlung im Wege der Satzungsänderung erteilte Ermächtigung ist durch diesen nach § 181 Abs. 3 zur **Eintragung in das Handelsregister** anzumelden. Macht der Vorstand von der Möglichkeit zur Ausgabe neuer Aktien Gebrauch, so ist die Kapitalerhöhung nach Durchführung durch Vorstand und Aufsichtsrat zur Eintragung anzumelden, §§ 203 Abs. 1 Satz 1, 188 AktG. Der nach § 179 Abs. 1 Satz 2 AktG ermächtigte Aufsichtsrat kann die Fassung der Satzung nach Durchführung der Kapitalerhöhung durch den Vorstand den neuen Kapitalverhältnissen anpassen.

M 129.8 Beschlussvorlage – AG

Vorstand und Aufsichtsrat schlagen zur Beschlussfassung vor:

1. Der Vorstand wird ermächtigt, das Grundkapital der Gesellschaft mit Zustimmung: des Aufsichtsrats bis zum 31.12.20. . . von derzeit 10 000 Euro um bis zu 50 000 Euro durch einmalige oder mehrmalige Ausgabe neuer Stückaktien als Namensaktien gegen Bar- oder Sacheinlage zu erhöhen (genehmigtes Kapital).

2. Der Vorstand wird ermächtigt, mit Zustimmung des Aufsichtsrats das Bezugsrecht der Aktionäre auszuschließen.

3. Der Vorstand wird ermächtigt, mit Zustimmung des Aufsichtsrats die weiteren Einzelheiten der Kapitalerhöhung, deren Bedingungen und den Ausgabebetrag festzulegen.

4. Dem § 3 der Satzung wird der folgende Abs. 3 angefügt:

(3) Der Vorstand ist ermächtigt, das Grundkapital der Gesellschaft mit Zustimmung des Aufsichtsrats bis zum 31.12.20. . . um bis zu 50 000 Euro durch einmalige oder mehrmalige Ausgabe neuer Stückaktien als Namensaktien gegen Bar- oder Sacheinlage zu erhöhen (genehmigtes Kapital).

5. Der Aufsichtsrat in wird ermächtigt, die Fassung der Satzung der Ausnutzung des genehmigten Kapitals anzupassen.

30a Der Vorstand hat die Pflicht auf der Hauptversammlung, die auf die Ausnutzung genehmigten Kapitals unter Bezugsrechtsausschluss folgt, über die Einzelheiten seines Vorgehens zu berichten, s. Wettich, AG 2012, 725, 731 ff.

5. Bedingte Kapitalerhöhung, Aktienoptionen

31 Das in den §§ 192 ff. AktG geregelte Institut der bedingten Kapitalerhöhung gibt der Gesellschaft die Möglichkeit, **Dritten Umtausch- und Bezugsrechte einzuräumen**. Nach § 192 Abs. 1 Satz 1

AktG kann die Hauptversammlung eine Erhöhung des Grundkapitals beschließen, die nur so weit durchgeführt werden soll, wie von einem Umtausch- oder Bezugsrecht Gebrauch gemacht wird, das die Gesellschaft auf die neuen Aktien (Bezugsaktien) einräumt. Eine derartige bedingte Kapitalerhöhung kann nach § 192 Abs. 2 AktG nur zu **drei Zwecken** beschlossen werden, einmal zur Gewährung von Wandelschuldverschreibungen, zum zweiten zur Vorbereitung des Zusammenschlusses mehrere Unternehmen und zum dritten zur Gewährung von Bezugsrechten an Arbeitnehmer und Mitglieder der Geschäftsführung.

Das folgende Muster (**M 129.9**) regelt die Kapitalerhöhung zur Mitarbeiterbeteiligung. Aktienoptionen, in den USA als „Stock Options" verbreitet, dienen der Gewinnung qualifizierter Mitarbeiter. Durch aufschiebende Ausübungsfristen wird der Verbleib der Bezugsberechtigten im Unternehmen gesichert. Nachdem das Gesetz bei der bedingten Kapitalerhöhung nach §§ 192 ff. AktG in § 290 Abs. 2 Nr. 3 AktG die Gewährung von Bezugsrechten an Arbeitnehmer und Mitglieder der Geschäftsführung der Gesellschaft oder eines verbundenen Unternehmens ausdrücklich erwähnt, ist die Zulässigkeit von Mitarbeiteroptionen auch im deutschen Recht unstreitig. Die Erweiterung des Kreises der Bezugsberechtigten auf Mitglieder des Aufsichtsrats ist nicht möglich (BGH NJW 2004, 1109 = AG 2004, 265 „Mobilcom"). 32

Die Stock Options werden nach § 192 Abs. 1 AktG verwirklicht (s. oben Rz. 31). Ein Bezugsrecht der Aktionäre besteht nicht, weshalb ein Bezugsrechtsausschluss nicht erforderlich ist. 33

Das **Volumen** eines solchermaßen geschaffenen bedingten Kapitals ist nach § 192 Abs. 3 AktG auf 10 % des Grundkapitals begrenzt. Diese Begrenzung ist ausreichend, um die Altaktionäre auch angesichts fehlenden Bezugsrechts vor einer Verwässerung ihrer Stimmrechte zu schützen. Einer besonderen Rechtfertigung bedarf die Schaffung des bedingten Kapitals nicht (OLG Stuttgart NZG 2001, 1089 = WM 2002, 1060; der BGH hat die Revision nicht angenommen, ZIP 2002 A 33 Nr. 100). 34

Nach § 193 Abs. 2 AktG müssen **im Beschluss** über die bedingte Kapitalerhöhung **festgestellt** werden: der Zweck der bedingten Kapitalerhöhung, der Kreis der Bezugsberechtigten, der Ausgabebetrag oder die Grundlagen, nachdem dieser Betrag errechnet wird, sowie weiter die Aufteilung der Bezugsrechte auf Mitglieder der Geschäftsführung und Arbeitnehmer, die Erfolgsziele, die Erwerbs- und Ausübungszeiträume und die Wartezeit für die bedingte Ausübung. Die Wartezeit hat mindestens vier Jahre zu betragen. Der Hauptversammlungsbeschluss kann die Ausgestaltung der Einzelheiten dem Vorstand, oder, wenn dieser selbst zu den Bezugsberechtigten gehört, dem Aufsichtsrat übertragen. 35

Der Hauptversammlungsbeschluss gem. § 192 Abs. 1 AktG ist nach § 195 AktG vom Vorstand und Vorsitzenden des Aufsichtsrates **zum Handelsregister anzumelden**, er ist vom Handelsregister einzutragen und nach AktG bekanntzumachen. Das weitere Verfahren richtet sich nach §§ 198 ff. AktG. 36

M 129.9 Beschlussvorschlag über eine bedingte Kapitalerhöhung nach § 192 Abs. 1, Abs. 2 Nr. 3 AktG

Vorstand und Aufsichtsrat schlagen vor, eine Erhöhung des Grundkapitals der Gesellschaft von derzeit 50 000 Euro auf höchstens 55 000 Euro in der Weise vorzunehmen, dass die Gesellschaft bis zu 5000 auf den Namen lautende Stückaktien so weit ausgibt, wie von einem Bezugsrecht Gebrauch gemacht wird, § 192 Abs. 1 AktG. Die bedingte Kapitalerhöhung erfolgt zur Gewährung von Bezugsrechten an Arbeitnehmer und Mitglieder der Geschäftsführung der Gesellschaft, § 192 Abs. 2 Nr. 3 AktG. Hierdurch sollen befähigte Führungskräfte und Mitarbeiter gewonnen und an das Unternehmen gebunden werden.

Bezugsberechtigt sind alle Führungskräfte und Mitarbeiter des Unternehmens. Die Optionen werden unentgeltlich ausgegeben. Der Ausübungspreis je Stückaktie beträgt 5 Euro. Die 5000 Bezugsrechte für je eine Stückaktie stehen in Höhe von 3000 Bezugsrechten den Mitgliedern der Geschäftsführung, in Höhe von 2000 Bezugsrechten den Arbeitnehmern zu. Die Optionen sind nicht übertragbar. Ihre Ausübung setzt das Bestehen eines ungekündigten Dienst- oder Anstellungsverhältnisses voraus.

Erfolgsziel zur Vermeidung der Verwässerung des Wertes der bisherigen Aktien ist eine mindestens zehnprozentige Steigerung des Ertrags aus gewöhnlicher Geschäftstätigkeit im Zeitraum zwischen der Beschlussfassung und der Ausübung der Optionen. Die Wartezeit für die erstmalige Ausübung beträgt vier Jahre. Die Optionen können vier Jahre lang nach Eintragung dieses Beschlusses ausgegeben werden und verfallen nach Ablauf von vier Jahren nach der Ausgabe. Die weiteren Bestimmungen trifft der Aufsichtsrat, der hierzu ermächtigt wird.

§ 4 (Grundkapital) der Satzung wird ergänzt um einen weiteren Absatz:

4. Das Grundkapital ist um bis zu 5000 Euro, eingeteilt in 5000 Stück auf den Namen lautende Aktien bedingt erhöht. Die bedingte Kapitalerhöhung dient der Gewährung von Bezugsrechten an Arbeitnehmer und Mitglieder der Geschäftsführung. Der Aufsichtsrat ist befugt, die Fassung der Satzung der Durchführung der bedingten Kapitalerhöhung anzupassen.

6. Kapitalerhöhung aus Gesellschaftsmitteln

a) Struktur und Ablauf

37 Mit der in §§ 207 ff. AktG geregelten Kapitalerhöhung aus Gesellschaftsmitteln wird das Grundkapital durch **Umwandlung der Kapitalrücklage oder von Gewinnrücklagen** erhöht. Der Gesellschaft wird kein neues Eigenkapital zugeführt, wohl aber wird bisher nicht gebundenes Vermögen dem in Aktien verkörperten geschützten Grundkapital zugeführt.

38 Entsprechend der Kapitalerhöhung durch Einlagen wird die Kapitalerhöhung grundsätzlich durch **Ausgabe neuer Aktien** ausgeführt, §§ 207 Abs. 2, 182 Abs. 1 Satz 4 AktG. Bei teileingezahlten Nennbetragsaktien erfolgt sie durch Erhöhung des Nennbetrags der Aktien, § 215 Abs. 2 AktG. Gesellschaften mit Stückaktien können ihr Grundkapital auch ohne Ausgaben neuer Aktien erhöhen, § 207 Abs. 2 Satz 2 AktG.

39 Wesentlicher Bestandteil des Kapitalumwandlungsvorgangs ist die **Bilanz**, aus der sich die umzuwandelnden Rücklagen ergeben. Geeignet ist die letzte Jahresbilanz, wenn sie geprüft, festgestellt und mit dem uneingeschränkten Bestätigungsvermerk des Abschlussprüfers versehen ist und wenn ihr Stichtag höchstens acht Monate vor der Anmeldung des Beschlusses zur Eintragung in das Handelsregister liegt. Genügt die Jahresbilanz dem nicht, so ist unter Beachtung dieser Anforderungen eine Zwischenbilanz aufzustellen.

40 Nach Vorliegen einer solchen Bilanz erfolgt der **Beschluss der Hauptversammlung**, der die Art der Erhöhung anzugeben hat, § 207 AktG. Dieser Beschluss ist nach §§ 207 Abs. 2 Satz 1, 210 AktG von Vorstand und Aufsichtsrat zur Eintragung ins Handelsregister anzumelden. Der Anmeldung ist die Bilanz beizufügen. Die Anmeldenden haben nach § 210 Abs. 1 Satz 2 AktG dem Gericht gegenüber zu erklären, dass nach ihrer Kenntnis seit dem Stichtag der zu Grunde gelegten Bilanz bis zum Tag der Anmeldung keine Vermögensminderung eingetreten ist, die der Kapitalerhöhung entgegenstünde, wenn sie am Tag der Anmeldung beschlossen worden wäre. Die Kapitalerhöhung wird nach § 211 AktG mit der Eintragung wirksam. Danach sind nach § 214 AktG die Aktionäre aufzufordern, die neuen Aktien abzuholen.

b) Voraussetzungen

41 Voraussetzung der Kapitalerhöhung aus Gesellschaftsmitteln ist, dass eine **ausreichende Kapitalrücklage oder Gewinnrücklage** vorhanden ist. Umwandlungsfähig sind die Beträge, die in der Bilanz unter „Kapitalrücklage" (§ 266 Abs. 3 A.II HGB) oder „Gewinnrücklagen" (§ 266 Abs. 3 A.III HGB) oder im letzten Gewinnverwendungsbeschluss als Zuführung zu diesen Rücklagen ausgewiesen sind. Deren Umwandlung in Grundkapital ist nach § 208 Abs. 2 AktG nicht möglich, so weit in der zu Grunde gelegten Bilanz ein Verlust einschließlich eines Verlustvortrags ausgewiesen ist. Die Kapitalrücklage und die gesetzliche Rücklage (§ 266 Abs. 3 A.III 1 HGB) können nur umgewandelt werden, so weit sie 10 % oder einen in der Satzung bestimmten höheren Teil des bisheri-

gen Grundkapitals übersteigen, § 208 Abs. 1 Satz 2 AktG. Gewinnrücklagen, die für einen bestimmten Zweck bestimmt sind, dürfen nur umgewandelt werden, so weit dies mit ihrer Zweckbestimmung vereinbar ist. Nach § 217 Abs. 1 AktG nehmen die neuen Aktien, wenn nichts anderes bestimmt ist, am Gewinn des ganzen Geschäftsjahres teil, in dem die Erhöhung des Grundkapitals beschlossen worden ist.

M 129.10 Hauptversammlungsbeschluss

1. Das Grundkapital der Gesellschaft wird im Wege der Kapitalerhöhung aus Gesellschaftsmitteln um 50 000 Euro auf 100 000 Euro erhöht. Hierzu wird ein Teilbetrag von 50 000 Euro der in der Jahresbilanz zum 31.12.20... unter „Gewinnrücklagen" ausgewiesenen „anderen Gewinnrücklagen" in Grundkapital umgewandelt. Die Kapitalerhöhung erfolgt durch Ausgabe von 50 000 auf den Namen lautenden Stückaktien an die Aktionäre der Gesellschaft. Die neuen Aktien nehmen am Gewinn der Gesellschaft ab dem 1.1.20... teil.

2. Dem Beschluss wird die von Vorstand und Aufsichtsrat festgestellte Jahresbilanz zum 31.12.20... zu Grunde gelegt. Sie wurde durch den Abschlussprüfer ... geprüft und mit dem uneingeschränkten Bestätigungsvermerk versehen.

3. Der Vorstand wird ermächtigt, mit Zustimmung des Aufsichtsrats die näheren Einzelheiten der Kapitalerhöhung festzulegen.

4. § 3 der Satzung wird wie folgt neu gefasst:

Das Grundkapital der Gesellschaft beträgt 100 000 Euro. Es ist eingeteilt in 100 000 auf den Namen lautende Stückaktien.

7. Kapitalherabsetzung

a) Gesetzliche Typen und deren Durchführung

Das Gesetz unterscheidet drei Typen der Kapitalherabsetzung, zum ersten die **ordentliche Kapitalherabsetzung** nach §§ 222 bis 228 AktG, zum zweiten die **vereinfachte Kapitalherabsetzung** nach §§ 229 bis 236 AktG und zum dritten die **Kapitalherabsetzung durch Einziehung von Aktien** nach §§ 237 bis 239 AktG. Ergebnis ist immer die Herabsetzungen der Grundkapitalziffer und damit die Verringerung des Umfangs des gebundenen Vermögens. Dadurch kann ein eingetretener Jahresfehlbetrag gemindert werden, die Entstehung von ausschüttungsfähigen Gewinnen erleichtert werden oder die Liquidation eines Teils des zuvor gebundenen Vermögens ermöglicht werden. 42

Das Gesetz sieht vier Durchführungswege vor, zum ersten bei Nennbetragsaktien die **Herabsetzung des Nennbetrags** nach § 222 Abs. 4 Satz 1 AktG, zum zweiten die **Zusammenlegung von Aktien** nach § 222 Abs. 4 Satz 2 AktG, zum dritten die **Einziehung von Aktien** nach § 237 AktG und zum vierten bei Stückaktien die bloße **Herabsetzung der Grundkapitalziffer**, soweit dadurch der auf die einzelne Aktie entfallende anteilige Betrag des Grundkapitals einen Euro nicht unterschreitet. 43

Das nachfolgende Muster **M 129.11** formuliert die in der Praxis am häufigsten anzutreffende Form der Kapitalherabsetzung, nämlich die vereinfachte Kapitalherabsetzung gem. §§ 229 ff. AktG. Sie dient nach § 229 Abs. 1 AktG dazu, Wertminderungen auszugleichen, sonstige Verluste zu decken oder Beträge in die Kapitalrücklage einzustellen. Ihr Ablauf gestaltet sich so, dass zunächst nach Maßgabe des § 229 Abs. 2 AktG die gesetzlichen Rücklagen, Kapitalrücklagen, Gewinnrücklagen und Gewinnvorträge aufzulösen sind. Dann erfolgt die Beschlussfassung der Hauptversammlung. Der Beschluss wird durch Vorstand und Aufsichtsrat zum Handelsregister angemeldet. Schließlich erfolgt die Eintragung der vereinfachten Kapitalherabsetzung im Handelsregister. 44

Von der ordentlichen Kapitalherabsetzung unterscheidet sich die **vereinfachte Kapitalherabsetzung** im Gläubigerschutz. Nach § 225 AktG haben bei der ordentlichen Kapitalherabsetzung die Gläubiger die Möglichkeit, sich innerhalb sechs Monaten nach Bekanntmachung der Eintragung bei der Gesellschaft zu melden und Befriedigung oder Sicherheit zu verlangen. Zahlungen an die 45

Aktionäre dürfen aufgrund der Herabsetzung des Grundkapitals erst geleistet werden, nachdem seit der Bekanntmachung der Eintragung sechs Monate verstrichen sind und nach dem den Gläubigern, die sich rechtzeitig gemeldet haben, Befriedigung oder Sicherheit gewährt worden ist. Bei der vereinfachten Kapitalherabsetzung darf nach § 233 AktG Gewinn nicht ausgeschüttet werden, bevor die gesetzliche Rücklage und die Kapitalrücklage zusammen 10 % des Grundkapitals erreicht haben. Die Zahlung eines Gewinnanteils von mehr als vier Prozent ist, wenn nicht die angemeldeten Gläubiger befriedigt oder sichergestellt sind, erst für ein Geschäftsjahr zulässig, dass später als zwei Jahre nach der Beschlussfassung über die Kapitalherabsetzung beginnt.

46 Nach §§ 234, 235 AktG kann die Kapitalherabsetzung mit einer Kapitalerhöhung verbunden werden, um durch diesen **Kapitalschnitt** die Gesellschaft zu **sanieren**. Der Kapitalschnitt beseitigt die Unterbilanz und macht die Zuführung neuen Kapitals und damit die Fortführung der Gesellschaft möglich. Dabei kann das Grundkapital auch unter den in § 7 AktG bestimmten Mindestbetrag herabgesetzt werden, wenn dieser durch die gleichzeitige Kapitalerhöhung wieder erreicht wird, §§ 228, 229 Abs. 3 AktG. Die gesetzlich für beide Schritte zugelassene Rückwirkung auf das letzte vor der Beschlussfassung abgelaufene Geschäftsjahr vermeidet die Veröffentlichung einer Verlustbilanz. Die Durchführung der Kapitalerhöhung hat vor der Hauptversammlung zu erfolgen.

47 ➲ **Wichtig:** Die Beschlussfassung ist nur zulässig, wenn die neuen Aktien gezeichnet, keine Sacheinlage festgesetzt sind, und wenn auf jede Aktie die Einzahlung geleistet ist, die nach § 188 Abs. 2 AktG zur Zeit der Anmeldung der Durchführung der Kapitalerhöhung bewirkt sein muss. Dem die Hauptversammlung beurkundenden Notar ist nach § 235 Abs. 1 Satz 3 AktG nachzuweisen, dass die neuen Aktien gezeichnet sind und auf jede Aktie die vorgeschriebene Mindesteinlage geleistet ist.

M 129.11 Beschluss über eine vereinfachte Kapitalherabsetzung – AG

1. Das Grundkapital der Gesellschaft von 100 000 Euro, eingeteilt in 100 000 Stückaktien als Namensaktien, wird um 50 000 Euro auf 50 000 Euro herabgesetzt.

2. Die Herabsetzung erfolgt zum Zweck des Verlustausgleichs nach den Vorschriften über die vereinfachte Kapitalherabsetzung durch Zusammenlegung der Aktien im Verhältnis zwei zu eins.

3. Der Vorstand wird ermächtigt, mit Zustimmung des Aufsichtsrats die Einzelheiten der Durchführung der Kapitalherabsetzung zu bestimmen.

4. § 3 der Satzung wird wie folgt neu gefasst:

Das Grundkapital der Gesellschaft beträgt 50 000 Euro. Es ist eingeteilt in 50 000 Stückaktien als Namensaktien.

8. Squeeze Out-Beschlüsse

48 Für den Mehrheitsaktionär, der Aktien der Gesellschaft in Höhe von 95 % des Grundkapitals hält, besteht nach §§ 327a bis f AktG die Möglichkeit, die **Minderheitsaktionäre dadurch aus der Gesellschaft auszuschließen**, dass auf sein Verlangen die Hauptversammlung die Übertragung von deren Aktien auf den Hauptaktionär gegen Gewährung einer angemessenen Barabfindung beschließt.

48a ➲ **Hinweis:** Von dieser Möglichkeit wird in der Praxis reger Gebrauch gemacht, insbesondere dann, wenn bei konzernabhängigen Aktiengesellschaften verbliebene Kleinaktionäre, etwa die Gründerfamilie und ehemalige Mitarbeiter, ausgeschlossen werden sollen.

49 Die **Höhe der Barabfindung** legt der Hauptaktionär fest. Er hat vor Einberufung der Hauptversammlung dem Vorstand die Erklärung eines inländischen Kreditinstituts zu übermitteln, durch die dieses die Gewährleistung für die unverzügliche Zahlung der Barabfindung übernimmt. Die Angemessenheit der Barabfindung ist durch einen oder mehrere sachverständige Prüfer zu prüfen. Diese werden auf Antrag des Hauptaktionärs vom Gericht ausgewählt und bestellt.

Die **Tagesordnung der Hauptversammlung** hat die Firma und den Sitz des Hauptaktionärs, bei natürlichen Personen Name und Adresse, zu bezeichnen, weiterhin die vom Hauptaktionär festgelegte Barabfindung. Von der Einberufung der Hauptversammlung an sind in den Geschäftsräumen der Gesellschaft zur Einsicht der Aktionäre auszulegen der Entwurf des Übertragungsbeschlusses, die Jahresabschlüsse und Lageberichte für die letzten drei Geschäftsjahre, der Bericht des Hauptaktionärs, in dem dieser die Voraussetzungen für die Übertragung darlegt und die Angemessenheit der Barabfindung erläutert und begründet, sowie in der Prüfungsbericht des oder der bestellten Prüfer. Diese Unterlagen sind auch in der Hauptversammlung auszulegen. Der Vorstand kann und wird regelmäßig dem Hauptaktionär Gelegenheit geben, den Entwurf des Übertragungsbeschlusses und die Bemessung der Höhe der Barabfindung zu Beginn der Verhandlung mündlich zu erläutern. 50

Der Vorstand hat den Übertragungsbeschluss der Hauptversammlung zur **Eintragung in das Handelsregister** anzumelden. Mit der Eintragung gehen alle Aktien der Minderheitsaktionäre auf den Hauptaktionär über. Sind über diese Aktien Aktienurkunden ausgegeben, so verbriefen sie bis zu ihrer Aushändigung an den Hauptaktionär nur mehr den Anspruch auf Barabfindung. 51

➲ **Wichtig:** Die Höhe der Abfindung kann im Rahmen eines Spruchverfahrens nach dem Spruchgesetz 2003 gerichtlich überprüft werden. 52

Kapitel 130 Die Hauptversammlung der AG

Literatur: *Arnold*, Aktionärsrechte und Hauptversammlung nach dem ARUG, Konzern 2009, 88; *Arnold/Carl/Götze*, Aktuelle Fragen bei der Durchführung der Hauptversammlung, AG 2011, 349; *Besse*, Online-Hauptversammlung und Versammlungsleitung, AG 2012, R 358; *Bosse*, Grünes Licht für das ARUG: das Aktienrecht geht online, NZG 2009, 807; *Fassbender*, Die Hauptversammlung der Aktiengesellschaft aus notarieller Sicht, RNotZ 2009, 425–457; *Kersting*, Das Auskunftsrecht des Aktionärs bei elektronischer Teilnahme an der Hauptversammlung (§§ 118, 131 AktG), NZG 2010, 130; *G. H. Roth*, Die (Ohn-)Macht der Hauptversammlung, ZIP 2003, 369; *Schaaf/Slowinski*, Stimmabgabe des Aktionärs durch Briefwahl, ZIP 2011, 2444.

I. Bedeutung

Nach § 118 Abs. 1 AktG üben die Aktionäre ihre Rechte in den Angelegenheiten der Gesellschaft in der Hauptversammlung aus. Die Hauptversammlung ist das **Forum der Anteilseigner** einer Gesellschaftsform, deren Leitung nach § 76 Abs. 1 AktG dem Vorstand in eigener Verantwortung obliegt. Der Bereich der Geschäftsführung ist den Kompetenzen der Hauptversammlung grundsätzlich entzogen. Sie entscheidet über die ihr ausdrücklich zugewiesenen Kompetenzen, insbesondere die in § 119 AktG bezeichneten Materien. Der einzelne Aktionär übt sein Stimmrecht aus, kann von seinem Auskunftsrecht nach § 131 AktG Gebrauch machen und Widersprüche gegen rechtswidrige Beschlüsse zur Wahrung seines Anfechtungsrechts nach §§ 243 ff. AktG einlegen. 1

2 Jede AG hat **jährlich eine ordentliche Hauptversammlung** abzuhalten, die die wiederkehrenden gesetzlichen Verpflichtungen wie die Entgegennahme des festgestellten Jahresabschlusses, den Gewinnverwendungsbeschluss, die Entlastung der Verwaltung und die Wahl des Abschlussprüfers zum Gegenstand hat, §§ 120, 173 ff., 318 AktG. Aus besonderen Anlässen können außerordentliche Hauptversammlungen abgehalten werden.

M 130.1 Hauptversammlungsprotokoll – AG

Heute am . . .

habe ich, der unterzeichnende Notar . . ., mit dem Amtssitz in . . .

mich auf Verlangen der Verwaltung der Gesellschaft in die Kongresshalle . . . (Adresse) begeben, um dort anlässlich der auf heute einberufenen

ordentlichen Hauptversammlung

der

. . .-Aktiengesellschaft in . . . (Registergericht . . . HRB . . .)

das Protokoll zu führen. Über den Verlauf der Hauptversammlung habe ich die folgende Niederschrift errichtet.

I. Teilnehmer

Es waren anwesend:

A. Die Aufsichtsratsmitglieder:

Herr . . .

Vorsitzender,

Herr . . .

stellvertretender Vorsitzender,

Frau . . .

B. Die Vorstandsmitglieder

Frau . . .

Herr . . .

C. Die in dem von der Gesellschaft verwahrten Teilnehmerverzeichnis nebst Nachträgen aufgeführten Aktionäre und Aktionärsvertreter.

II. Formalien

Der Vorsitzende des Aufsichtsrats, Herr . . ., eröffnete die Versammlung um . . . Uhr und übernahm satzungsgemäß den Vorsitz. Er stellte fest, dass die Einberufung der Hauptversammlung form- und fristgerecht durch Veröffentlichung in elektronischen Bundesanzeiger vom . . . erfolgt ist. Ein Ausdruck hiervon, wie er während der Hauptversammlung ausgelegt war, ist dieser Urkunde als Anlage beigefügt. Ab Einberufung haben die Unterlagen zur heutigen Hauptversammlung in den Geschäftsräumen der Gesellschaft ausgelegen. Sie lagen auch während der Hauptversammlung zur Einsicht durch die Aktionäre aus.

Unter Verweis auf das den Teilnehmern bei Einlass mit den Stimmkarten ausgeteilte Merkblatt erläuterte der Vorsitzende die Formalien wie folgt:

Der Präsenzbereich umfasst den Saal, das Foyer und alle Nebenräume einschließlich der Toiletten. Die Versammlung wird mit Lautsprecher in alle Räume des Präsenzbereichs übertragen. Aktionäre, die sich in Präsenzbereich aufhalten, nehmen an der Hauptversammlung teil. Die Abgabe von Stimmkarten kann nur im Saal erfolgen. Der Beginn der Abstimmung wird rechtzeitig bekannt gegeben.

Teilnehmer, die die Hauptversammlung vor der Abstimmung verlassen, aber an der Abstimmung teilnehmen wollen, können mit der bei den Stimmkarten befindlichen Vollmacht einen anderen

Teilnehmer oder den am Unterlagentisch sitzenden Herrn ... mit der Stimmabgabe bevollmächtigen. Wollen vorzeitig die Versammlung verlassende Teilnehmer nicht an der Abstimmung teilnehmen, so werden sie gebeten, ihre Stimmkarten bei der Präsenzkontrolle am Eingang abzugeben. Teilnehmer, die die Versammlung verlassen, ohne ihre Stimmkarten der Präsenzkontrolle zu übergeben, werden bei der Abstimmung als anwesend behandelt.

Teilnehmer, die sich an der Aussprache beteiligen wollen, werden gebeten, die ausliegenden Wortmeldeformulare auszufüllen und am Wortmeldetisch abzugeben.

Die Hauptversammlung wird durch einen Stenografen aufgezeichnet. Eine Aufzeichnung in Bild oder Ton erfolgt nicht.

III. Berichte und Aussprache

Der Vorsitzende gab bekannt, dass im Anschluss an die Berichte von Vorstand und Aufsichtsrat einer Generalsaussprache zu allen Tagesordnungspunkten stattfindet. Im Anschluss hieran erfolgt die Abstimmung in einem Block zu allen Tagesordnungspunkten unter Verwendung der Stimmkarten im Substraktionsverfahren. Es werden nur die Nein-Stimmen und Enthaltungen gezählt und von der Gesamtzahl der anwesenden oder vertretenen Stimmen abgezogen. Dies ergibt die Ja-Stimmen. Wer mit Ja stimmen möchte, braucht also keine Stimmkarte abzugeben. Wer mit Nein stimmen möchte oder sich der Stimme enthalten möchte, gibt die jeweils für die einzelnen Tagesordnungspunkte hierfür vorgesehene Stimmkarte ab. Die in dieser Weise abzugebenden Stimmkarten werden von den Stimmzählern im Saal eingesammelt und unter Aufsicht des Notars ausgezählt. Die Ergebnisse der Abstimmung werden nach der Auszählung bekannt gegeben.

Der Vorsitzende gab die erste Präsenz wie folgt bekannt:

Es sind anwesend oder vertreten

... Aktien mit

... Stimmen, also

... % des Grundkapitals.

Das Teilnehmerverzeichnis und die späteren Nachträgen wurden jeweils nach Erstellung am Unterlagentisch zur Einsicht durch die Aktionäre ausgelegt. Das für die Abstimmung maßgebliche Teilnehmerverzeichnis lag vor der Abstimmung aus.

Der Vorsitzende gab bekannt die folgende

Tagesordnung

1. Vorlage des festgestellten Jahresabschlusses für das Geschäftsjahr ..., des Lageberichts des Vorstands und des Berichts des Aufsichtsrats.

2. Beschlussfassung über die Verwendung des Bilanzgewinns ...

Vorstand und Aufsichtsrat schlagen vor, den Bilanzgewinn in Höhe von ... Euro wie folgt zu verwenden:

a) ... Euro Dividende je Stückaktie ... Euro

b) Gewinnvortrag ... Euro

3. Entlastung des Vorstands für das Geschäftsjahr ... Vorstand und Aufsichtsrat schlagen vor, Entlastung zu erteilen.

4. Entlastung der Mitglieder des Aufsichtsrats für das Geschäftsjahr ... Vorstand und Aufsichtsrat schlagen vor, Entlastung zu erteilen.

5. Wahl des Abschlussprüfers für das Geschäftsjahr ...

Der Aufsichtsrat schlägt vor, die ... Treuhand-Gesellschaft Aktiengesellschaft Wirtschaftsprüfungsgesellschaft, zum Abschlussprüfer der Gesellschaft für das Geschäftsjahr ... zu bestellen.

6. Beschlussfassung über Firmen- und Satzungsänderung

Vorstand und Aufsichtsrat schlagen vor, die Firma der Gesellschaft zu ändern in Y AG und deshalb § 1 Abs. 1 der Satzung wie folgt neu zu fassen:

„Die Firma der Gesellschaft lautet Y AG"

Zu Punkt 1 der Tagesordnung lagen der mit dem Prüfungsvermerk der ... Treuhand-Gesellschaft Aktiengesellschaft Wirtschaftsprüfungsgesellschaft versehene Jahresabschluss für das Geschäftsjahr ..., der Lagebericht des Vorstandes sowie der Bericht des Aufsichtsrats hierzu lagen der Versammlung vor. Ein Exemplar der jeweils unterzeichneten Vorlagen ist dieser Niederschrift als Anlage beigefügt.

Der Vorsitzende teilte mit, dass der Aufsichtsrat den Jahresabschluss gebilligt hat, und dieser damit gemäß § 172 AktG festgestellt ist.

Nach Aufforderung durch den Vorsitzenden erläuterte der Vorsitzende des Vorstandes, Herr ... ausführlich den Jahresabschluss und ging auf die Geschäftsaussichten für das kommende Geschäftsjahr ein. Dann erläuterte der Vorsitzende den Bericht des Aufsichtsrats. Im Anschluss hieran eröffnete der Vorsitzende die Aussprache zu allen Tagesordnungspunkten. Es meldeten sich insgesamt ... Teilnehmer zu Wort, einige von ihnen mehrfach. Der Vorsitzende und der Vorstand beantworteten die von den Teilnehmern gestellten Fragen und gaben die gewünschten Auskünfte. Dem Aktionär ... wurde zu seiner Frage (Wiedergabe der Frage) vom Vorstand unter Berufung auf § 131 Abs. 3 Nr. 1 AktG die Auskunft verweigert. Er verlangte die Aufnahme in die Niederschrift gem. § 131 Abs. 5 AktG.

IV. Abstimmung

Der Vorsitzende schloss die Aussprache und gab die für die Abstimmung maßgebliche Präsenz wie folgt bekannt:

Es sind anwesend oder vertreten

... Aktien mit

... Stimmen, also

... % des Grundkapitals.

Der Vorsitzende wies auf das Stimmverbot des § 136 AktG hin. Hiervon sind keine Aktionäre betroffen. Hierauf eröffnete der Vorsitzende die Abstimmung. Die Abstimmung erfolgte in der vom Vorsitzenden einleitend erläuterten Weise. Die Stimmkarten wurden abgegeben und in einem Nebenraum im Beisein des Notars in die hierfür vorgesehene EDV-Anlage eingelesen und von dieser ausgewertet. Dann eröffnete der Vorsitzende die für die Auszählung unterbrochene Hauptversammlung wieder und gab das Ergebnis der Abstimmung wie folgt bekannt:

Zu Punkt 2 der Tagesordnung

Die Versammlung beschloss mit ... Ja-Stimmen = ... Prozent der Stimmen gegen ...-Nein-Stimmen – ... Prozent der Stimmen bei ... Enthaltungen entsprechend dem Vorschlag von Vorstand und Aufsichtsrat, aus dem Bilanzgewinn von ... Euro eine Dividende ... Euro je Stückaktie auszuschütten und den restlichen Bilanzgewinn von ... Euro dem Gewinnvortrag zuzuführen.

Der Vorsitzende stellte dieses Ergebnis der Beschlussfassung fest und verkündete es.

Zu Punkt 3 der Tagesordnung

Die Versammlung beschloss mit ... Ja-Stimmen = ... Prozent der Stimmen gegen ...-Nein-Stimmen = ... Prozent der Stimmen bei ... Enthaltungen entsprechend dem Vorschlag von Vorstand und Aufsichtsrat, dem Vorstand für das Geschäftsjahr ... Entlastung zu erteilen.

Der Vorsitzende stellte dieses Ergebnis der Beschlussfassung fest und verkündete es.

Zu Punkt 4 der Tagesordnung

Die Versammlung beschloss mit ... Ja-Stimmen = ... Prozent der Stimmen gegen ...-Nein-Stimmen = ... Prozent der Stimmen bei ... Enthaltungen entsprechend dem Vorschlag von Vorstand und Aufsichtsrat, dem Vorstand für das Geschäftsjahr ... Entlastung zu erteilen.

Der Vorsitzende stellte dieses Ergebnis der Beschlussfassung fest und verkündete es.

Zu Punkt 5 der Tagesordnung

Die Hauptversammlung beschloss einstimmig ohne Stimmenthaltung, zum Abschlussprüfer der Gesellschaft für das Geschäftsjahr ... zu bestellen:

... Treuhand-Gesellschaft Aktiengesellschaft Wirtschaftsprüfungsgesellschaft in ...

Der Vorsitzende stellte den einstimmig und ohne Stimmenthaltung gefassten Beschluss fest und verkündete ihn.

Zu Punkt 6 der Tagesordnung

Die Versammlung beschloss mit ... Ja-Stimmen = ... Prozent der Stimmen gegen ...-Nein-Stimmen = ... Prozent der Stimmen bei ... Enthaltungen entsprechend dem Vorschlag von Vorstand und Aufsichtsrat:

Die Firma der Gesellschaft wird geändert in Y AG.

§ 1 Abs. 1 der Satzung wird entsprechend neu gefasst.

Der Vorsitzende stellte dieses Ergebnis der Beschlussfassung fest. Er stellte fest, dass der Beschluss mit der erforderlichen satzungsändernden Mehrheit von ¾ der anwesenden Stimmen gefasst wurde. Er verkündete den satzungsändernden Beschluss.

V. Ende der Versammlung

Die Aktionäre ... erklärten gegen den Beschluss zu TOP 3 gemäß § 245 Nr. 1 AktG Widerspruch zur Niederschrift. Der Vorsitzende schloss die Versammlung um ... Uhr.

Hierüber habe ich, der unterzeichnete Notar, diese Niederschrift errichtet und wie folgt unterzeichnet:

..., Notar

Kosten: *Notargebühr:* 2,0-Gebühr gem. Nr. 21100 KV GNotKG, Geschäftswert gem. §§ 97 Abs. 1, 108 Abs. 1 S. 1, 105 Abs. 4 Nr. 1, 109 Abs. 2 S. 1 Nr. 4c GNotKG 1 % des Stammkapitals, mindestens 30 000 Euro.

II. Einberufung der Hauptversammlung

Nach § 121 Abs. 1 AktG ist die Hauptversammlung in den durch Gesetz oder Satzung bestimmten Fällen sowie dann einzuberufen, wenn das Wohl der Gesellschaft es fordert. 3

Durch das am 1.9.2009 in Kraft getretene Gesetz zur Umsetzung der Aktionärsrichtlinie (**ARUG**, dazu Herrler/Reymann DNotZ 2009, 815) wurden die Einberufungsvorschriften reformiert. 4

Nach der Neufassung des § 121 Abs. 3 AktG muss die Einberufung nicht nur die Firma, den Sitz der Gesellschaft sowie Zeit und Ort der Hauptversammlung enthalten, sondern auch die **Tagesordnung** angeben. Falsche Angaben zur Tagesordnung haben lediglich die Anfechtbarkeit der Beschlüsse der Hauptversammlung zur Folge, während Fehler bei den übrigen erforderlichen Angaben zur Nichtigkeit der entsprechenden Beschlüsse führen, § 241 Nr. 1 AktG. Zusätzliche Angaben sind nach § 121 Abs. 3 Satz 3 Nr. 1 bis 4 AktG bei börsennotierten Gesellschaften erforderlich. 5

Das **Fristensystem** der Einberufung wurde in § 121 Abs. 7 AktG neu geregelt. Sämtliche Fristen und Terminen werden von der Versammlung zurückberechnet (Berechnungsbeispiel bei Herrler/Reymann DNotZ 2009, 815, 819). Dabei wird weder der Tag der Versammlung noch der Tag mitgezählt, an dem eine Handlung vorzunehmen bzw. ein Erfolg zu bewirken ist. Die gesetzlich angeordneten Fristen beziehen sich damit jeweils auf volle Tage, die zwischen dem Versammlungstag und dem jeweils maßgeblichen Ereignis liegen. Wochenendtage und Feiertage sind nicht mehr geschützt. 6

III. Zuständigkeit der Hauptversammlung, Mehrheiten

Die vom Gesetz in § 119 AktG vorgegebenen Kompetenzen der Hauptversammlung können angesichts der starren Strukturen der AG und des Grundsatzes der Satzungsstrenge durch die Satzung nur geringfügig verändert werden. 7

➲ **Wichtig:** Insbesondere dürfen die Geschäftsführungszuständigkeiten des Vorstands nicht auf die Hauptversammlung übertragen werden. 8

9 Hinsichtlich der **Mehrheiten** gilt der Grundsatz der einfachen Stimmenmehrheit nach § 133 AktG insbesondere für

- die Feststellung des Jahresabschlusses, § 175 Abs. 3 AktG,
- die Verwendung des Bilanzgewinns, § 174 AktG,
- die Entlastung von Vorstand und Aufsichtsrat, § 120 AktG,
- die Bestellung des Aufsichtsrats, §§ 101, 119 AktG,
- die Vergütung des Aufsichtsrats, § 113 AktG,
- die Wahl des Abschlussprüfers, § 119 Abs. 1 Nr. 4 AktG, § 318 HGB,
- Geschäftsführungsfragen auf Verlangen des Vorstands, § 119 Abs. 2 AktG.

Einer Mehrheit von drei Vierteln der abgegebenen Stimmen bedürfen Beschlüsse nach § 103 Abs. 1 AktG, § 111 Abs. 4 Satz 4 AktG und § 141 Abs. 3 Satz 2 AktG.

Einer Mehrheit von drei Vierteln des bei der Abstimmung vertretenen Grundkapitals bedürfen alle satzungsändernden Beschlüsse, zB nach § 179 Abs. 2 AktG, und grundsätzlich alle Beschlüsse über Unternehmensverträge und Vorgänge nach dem Umwandlungsgesetz.

IV. Teilnahme an der Hauptversammlung

10 Nach § 118 AktG haben die Aktionäre und die Mitglieder von Vorstand und Aufsichtsrat das **Recht zur Teilnahme** an der Hauptversammlung, Vorstand und Aufsichtsrat auch die Pflicht hierzu. Der beurkundende Notar hat ein Teilnahmerecht nach § 130 AktG. Der Abschlussprüfer hat nach § 176 Abs. 2 AktG teilzunehmen, wenn die Hauptversammlung ausnahmsweise den Jahresabschluss feststellt. Gäste und Pressevertreter kann der Versammlungsleiter zulassen. Die Aktionäre können sich mit schriftlicher Vollmacht vertreten lassen, § 134 Abs. 3 AktG, soweit nicht die Satzung eine Formerleichterung vorsieht.

11 Das ARUG lässt die **Online-Teilnahme** an der Hauptversammlung zu. Nach § 118 Abs. 1 Satz 2 AktG kann die Satzung vorsehen oder den Vorstand dazu ermächtigen vorzusehen, dass die Aktionäre an der Hauptversammlung auch ohne Anwesenheit an deren Ort und ohne einen Bevollmächtigten teilnehmen und sämtliche oder einzelne ihrer Rechte ganz oder teilweise im Weg elektronischer Kommunikation ausüben können. Nach § 118 Abs. 2 AktG kann in gleicherweise den Aktionären die Stimmabgabe schriftlich oder im Weg elektronischer Kommunikation eröffnet werden. Selbst wenn die Satzung auf diese Weise die Teilnahme per Internet ermöglicht, ist Grundlage der Hauptversammlung weiterhin die Präsenz, also die Zusammenkunft der Aktionäre zu einem bestimmten Zeitpunkt an einem bestimmten Ort.

11a ➲ **Wichtig:** Eine ausschließlich virtuelle Hauptversammlung gestattet § 118 Abs. 1 Satz 2 AktG nicht (RegE BT-Drucks. 16/11642, S. 26).

12 Unter den Voraussetzungen des § 118 Abs. 3 Satz 2 AktG können Aufsichtsratsmitglieder im Wege der **Bild- und Tonübertragung** zugeschaltet werden, wenn sie von der persönlichen Teilnahme freigestellt sind.

13 Nach § 129 Abs. 1 Satz 2 AktG ist in der Hauptversammlung ein **Verzeichnis der erschienenen und vertretenen Aktionäre** mit Angabe ihres Namens und Wohnorts sowie die Stückzahl oder des Betrages und der Gattung der von jedem vertretenen Aktien aufzustellen.

V. Ablauf der Hauptversammlung

14 Der **Vorsitzende eröffnet** die Hauptversammlung. Regelmäßig bestimmt die Satzung den Vorsitzenden des Aufsichtsrates oder ersatzweise seinen Vertreter zum Vorsitzenden in der Hauptversammlung. Sonst hat die Hauptversammlung unter Leitung des Vorstands einen Vorsitzenden zu wählen. Die Befugnisse des Vorsitzenden ergeben sich aus seiner Aufgabe, den reibungslosen Ablauf der Hauptversammlung sicherzustellen. Im Anschluss an die Eröffnung stellt der Vorsitzende die ordnungsgemäße Einberufung fest und gibt die Tagesordnung bekannt. Nach § 118 Abs. 4 AktG

kann die Satzung oder die Geschäftsordnung vorsehen oder den Vorstand oder den Versammlungsleiter dazu ermächtigen vorzusehen, die Bild- und Tonübertragung der Versammlung zuzulassen.

Die Hauptversammlung beginnt mit dem Hinweis des Vorsitzenden, dass die in § 175 Abs. 2 AktG genannten **Vorlagen** ausliegen. Es folgen gem. § 176e AktG die Erläuterungen der Vorlagen durch den Vorstand und die Erläuterungen des Berichts des Aufsichtsrats durch dessen Vorsitzenden. Dann wird den Aktionären Gelegenheit zu Ausführungen und Fragen gegeben, häufig in der Form der **Generaldebatte** zu allen Tagesordnungspunkten. Den Abschluss der jeweiligen Einzeldebatte bzw. der Generaldebatte bilden die Abstimmungen über die Tagesordnungspunkte, die Auszählung der Stimmabgaben und die Feststellung und Bekanntgabe der Ergebnisse durch den Vorsitzenden. 15

Zuletzt **schließt** der Vorsitzende die Hauptversammlung. 16

VI. Vorgaben für die Hauptversammlung

Die Hauptversammlung muss **am Tag der Einberufung beendet** werden, es sei denn, sie sei von vornherein für mehrere Tage einberufen. Der Vorsitzende hat dafür zu sorgen, dass die Versammlung bis 24.00 Uhr des Einberufungstages beendet ist, da nur am Einberufungstag wirksame Beschlüsse gefasst werden können. Hierzu stehen ihm die Redezeitbeschränkung bis zum Wortentzug und Saalverweis, die Anordnung des Schlusses der Rednerliste und die Anordnung des Schlusses der Debatte zur Verfügung. Spätestens um 22.30 Uhr soll der Schluss der Debatte angeordnet werden können. Leitungsmaßnahmen unterliegen als Geschäftsordnungsmaßnahmen nicht der Anfechtung. Sind sie unrechtmäßig und ursächlich für das Zustandekommen von Beschlüssen, so sind diese Beschlüsse **anfechtbar**. 17

In Ausübung seiner Leitungs- und Ordnungsbefugnisse hat der Vorsitzende die **Rechte der Aktionäre** zu achten. Den Aktionären steht ein Rederecht und ein Auskunftsrecht zu. Es ist unstreitig, dass dem Aktionär in der Hauptversammlung nicht nur das Auskunftsrecht des § 131 AktG zusteht, sondern darüber hinaus auch das Recht, seine Meinung zu den Angelegenheiten der Gesellschaft zu äußern. 18

In Reaktion auf die exzessive Ausübung des Rede- und Fragerechts durch sog. **kritische Aktionäre** hat das UMAG 2005 die Befugnisse des Versammlungsleiters erweitert. Nach § 131 Abs. 2 Satz 2 AktG kann die Satzung oder die Geschäftsordnung für die Hauptversammlung den Versammlungsleiter ermächtigen, das Rede- und Fragerecht des Aktionärs angemessen zu beschränken (dazu Spindler in K. Schmidt/Lutter § 131 AktG Rz. 56 ff.). Schweigen Satzung und Geschäftsordnung, kann der Vorsitzende aus eigener Befugnis zeitliche Beschränkungen vornehmen. Der Versammlungsleiter kann einen zeitlichen Rahmen des Rede- und Fragerechts für den gesamten Hauptversammlungsverlauf, für den einzelnen Tagesordnungspunkt und für den einzelnen Aktionär setzen. Aufgrund seiner Leitungsfunktion kann der Vorsitzende die Redezeit beschränken, im Ausnahmefall von vornherein, jedenfalls aber im Laufe der Debatte, insbesondere bei wiederholten Wortmeldungen. Eine Beschränkung auf 10 Minuten wird als zulässig angesehen. Bei Überschreitung der Redezeit und wiederholten Wortmeldungen zu demselben Gegenstand kann der Vorsitzende einem Aktionär nach Abmahnung das Wort entziehen. Letztes Mittel ist der Saalverweis. Für alle Aktionäre kann der Vorsitzende den Schluss der Rednerliste und als äußerstes Mittel zur Sicherstellung der rechtzeitigen Beendigung der Hauptversammlung den Schluss der Debatte anordnen. 19

Nach § 131 AktG ist jedem Aktionär auf Verlangen in der Hauptversammlung **Auskunft** über Angelegenheiten der Gesellschaft zu geben, soweit sie zur sachgemäßen Beurteilung des Gegenstandes der Tagesordnung erforderlich ist. Die Auskunft hat den Grundsätzen einer gewissenhaften und getreuen Rechenschaft zu entsprechen. Sie kann in den in § 131 Abs. 3 Nrn. 1–7 AktG abschließend bezeichneten Fällen verweigert werden. Durch das UMAG 2005 neu eingeführt wurde § 131 Abs. 3 Nr. 7 AktG. Danach darf der Vorstand die Auskunft in der Hauptversammlung auch dann verweigern, soweit sie auf der Internetseite der Gesellschaft über mindestens sieben Tage vor Beginn und in der Hauptversammlung durchgängig zugänglich ist. 20

Ist einem Aktionär **außerhalb der Hauptversammlung** Auskunft gegeben worden, so ist sie jedem anderen Aktionär in der Hauptversammlung auf Verlangen zu geben, § 131 Abs. 4 AktG. Wird ei- 21 nem Aktionär eine Auskunft **verweigert**, so kann er nach § 131 Abs. 5 AktG verlangen, dass seine Frage und der Grund, aus dem die Auskunft verweigert worden ist, in die notarielle Niederschrift aufgenommen werden.

21a ➲ **Hinweis:** Die Auskunft kann dann nach § 132 AktG gerichtlich erzwungen werden.

VII. Die Abstimmung

22 Die **Form der Abstimmung** richtet sich nach der Satzung, § 134 Abs. 4 AktG. Diese sieht regelmäßig vor, dass der Vorsitzende den Abstimmungsmodus bestimmt. Der Vorsitzende wird die Methode wählen, die den geringsten Zählaufwand erfordert. Dies führt in der Regel zur Anwendung der sog. Subtraktionsmethode, bei der von der Gesamtstimmenzahl zunächst die gezählten Enthaltungen und dann die gezählten Gegenstimmen abgezogen werden, während die verbleibende Stimmenzahl ohne Auszählung als Ja-Stimmen gewertet werden. Die Alternative hierzu ist die Additionsmethode, bei der zuerst die Ja-Stimmen und dann die Nein-Stimmen gezählt werden. Die Addition beider ergibt die Gesamtzahl der abgegebenen Stimmen. Die Stimmenthaltungen werden nicht festgestellt, sie werden rechtlich als Nichtteilnahme an der Abstimmung angesehen.

23 Der **Vorsitzende bestimmt**, ob durch Zuruf, Handzeichen oder Stimmkarte abgestimmt wird. Er kann Stimmzähler bestimmen oder ein Datenerfassungssystem einsetzen.

23a ➲ **Hinweis:** Bei EDV- ausgezählten Stimmkarten ist es üblich und zweckmäßig, am Schluss der Generaldebatte über alle Tagesordnungspunkte gebündelt abzustimmen. Die Präsenz braucht dann auf den Zeitpunkt der Abstimmung nur einmal festgestellt zu werden.

24 Das Beschlussverfahren endet mit der **Bekanntgabe und Feststellung** des Abstimmungsergebnisses durch den Vorsitzenden.

VIII. Die notarielle Niederschrift

25 Soweit nicht unter den Voraussetzungen des § 130 Abs. 1 Satz 3 AktG die Niederschrift des Vorsitzenden ausreicht, ist nach § 130 Abs. 1 Satz 1 AktG **jeder Beschluss** der Hauptversammlung und **jedes Minderheitsverlangen** durch eine über die Verhandlung notariell aufgenommene Niederschrift zu beurkunden. In der Niederschrift sind Ort und Tag der Verhandlung, der Name des Notars sowie die Art und das Ergebnis der Abstimmung und die Feststellung des Vorsitzenden über die Beschlussfassung anzugeben. Nach § 129 Abs. 4, 130 Abs. 3 AktG kann das Teilnehmerverzeichnis statt in Papierform auch elektronisch hergestellt werden. Es ist vom Vorsitzenden nicht mehr zu unterzeichnen und nicht mehr zum Handelsregister einzureichen. Weniger umfangreiche Teilnehmerverzeichnisse können und sollten jedoch weiterhin unterzeichnet und der Niederschrift als Anlage beigefügt werden (Priester DNotZ 2001, 660, 667). Die Niederschrift ist von dem Notar zu unterschreiben und vom Vorstand unverzüglich in beglaubigter Abschrift zum Handelsregister einzureichen.

26 Die notarielle Niederschrift erbringt **Beweis** iSv. § 415 ZPO und dient dem Schutz der Aktionäre, des Publikums und der Gläubiger der Gesellschaft. Ihre Erstellung erfordert einschlägige Rechtskenntnisse, weil die Verletzung zwingender Vorschriften zur Nichtigkeit der Beschlüsse der Hauptversammlung führen kann.

27 Die notarielle Niederschrift ist **kein vollständiges Protokoll** und schon gar kein Wort-Protokoll der Hauptversammlung. Ihr **Pflichtinhalt** umfasst

- Ort, Tag der Versammlung, Name und abschließende Unterschrift des Notars,
- Art der Abstimmung nach Stimmabgabe (Handaufheben, Stimmkarten) und Auszählung (Additions- und Subtraktionsverfahren),
- gefasste Beschlüsse mit dem Beschlussergebnis und den Feststellungen des Vorsitzenden hierzu,
- Minderheitsverlangen nach §§ 120 Abs. 1 Satz 2, 137, 147 Abs. 1 AktG,
- Widersprüche von Aktionären gegen eine Beschlussfassung, § 245 Nr. 1 AktG,
- Auskunftsverweigerung nach § 131 Abs. 5 AktG,

- Widerspruch des Vorstands und des Aufsichtsrates oder einer Aktionärsminderheit gegen die Auswahl des Wirtschaftsprüfers, § 318 Abs. 3 HGB,
- Widerspruch einer Aktionärsminderheit gegen den Verzicht auf Ersatzansprüche nach §§ 50, 93 Abs. 4, 318 Abs. 4, 323 Abs. 1 AktG,
- Widerspruch außenstehender Aktionäre im Konzern, §§ 302 Abs. 3, 309 Abs. 3, 310 Abs. 4, 317 Abs. 4, 318 Abs. 4, 323 Abs. 1 AktG.

Als **Beschlüsse** der Hauptversammlung beurkundungspflichtig sind Sachbeschlüsse, Verfahrensbeschlüsse und Wahlbeschlüsse. **Nicht zu beurkunden** sind versammlungsleitende Maßnahmen des Vorsitzenden. Der Notar kann diese wie auch sonstige Vorgänge nach seinem Ermessen aber beurkunden, ohne eine Amtspflicht hierzu zu haben. Insofern sind zB üblich Angaben über den Vorsitzenden und die anwesenden Vorstands- und Aufsichtsratsmitglieder und die Angabe der Uhrzeit des Beginns und des Endes der Hauptversammlung. Es sind die beschlussrelevanten Vorgänge zu beurkunden, also die Ordnungsentscheidungen des Vorsitzenden und die Geschäftsordnungsbeschlüsse der Gesellschaft. Nicht zu entsprechen braucht der Notar dem Verlangen von Aktionären auf Protokollierung von eigenen Äußerungen oder von Äußerungen der Verwaltung. 28

Der Notar wird die Niederschrift regelmäßig vorbereiten und während der Versammlung handschriftlich ergänzen und fortführen, ist aber nicht zur Fertigstellung und Unterzeichnung der Niederschrift in der Hauptversammlung verpflichtet. Vielmehr kann er die endgültige Fassung der Niederschrift im Anschluss an die Versammlung fertigen und unterzeichnen. 29

Entgegen einer zwischenzeitlich vertretenen Ansicht (OLG Frankfurt NJW 2007, 1221; Eylmann ZNotP 2005, 300 und 458) hat der BGH (BGH DNotZ 2009, 688) die zu Recht weithin verbreitete notarielle Praxis abgesegnet, am Ende der Hauptversammlung zur Vermeidung von Haftung das **vorläufige Protokoll schon einmal zu unterschreiben**, um es dann im Anschluss an die Hauptversammlung zu überarbeiten, das überarbeitete Protokoll endgültig zu unterschreiben und in der überarbeiteten Form auszufertigen. Urkunde im Sinne des Gesetzes ist nach dieser Entscheidung erst die vom Notar autorisierte, unterzeichnete und in den Verkehr gegebene Endfassung. 30

Nach allgemeiner Ansicht hat der beurkundende Notar **keine Beratungspflicht** und keine umfassende Prüfungs-, Belehrungs- und Einwirkungspflicht (Fassbender RNotZ 2009, 425 passim mwN). Er darf aber über evidente Rechtsverstöße nicht hinwegsehen, muss also etwa unzureichende Vorkehrungen für die Stimmauszählung beanstanden. Setzt er sich insoweit nicht durch, darf und muss er dennoch beurkunden. 31

IX. Formerleichterungen für die Hauptversammlung der kleinen Aktiengesellschaft

Für die kleine Aktiengesellschaft gelten die allgemeinen Bestimmungen des Gesetzes für Hauptversammlungen uneingeschränkt nur, wenn **satzungsändernde Beschlüsse** zu beurkunden sind. Stehen keine Beschlüsse, die nach dem Gesetz einer ¾ Mehrheit oder einer größeren Mehrheit bedürfen, auf der Tagesordnung, so genügt nach § 130 Abs. 1 Satz 3 AktG ein Protokoll, das der Vorsitzende des Aufsichtsrats unterzeichnet. Notarielle Beurkundung ist in diesem Fall nicht erforderlich. Hierdurch wollte der Gesetzgeber eine dem GmbH Recht entsprechende Formerleichterung gewähren. 32

Ist die kleine Aktiengesellschaft wie häufig eine kleine Kapitalgesellschaft iSv. §§ 316 Abs. 1 Satz 1 iVm. 267 Abs. 1 HGB, so ist eine Prüfung des Jahresabschlusses durch einen Abschlussprüfer nicht erforderlich. Hiervon geht das nachfolgende Muster **M 130.2** aus. 33

Weiterhin kommt der kleinen Aktiengesellschaft in der Praxis regelmäßig das **Vollversammlungsprivileg** des § 121 Abs. 6 AktG zugute. Sind alle Aktionäre erschienen, so kann auf die Einhaltung von Form- und Fristvorschriften verzichtet werden. Ist mit einem vollzähligen Erscheinen zu rechnen, so können diese Vorschriften von vornherein vernachlässigt werden. 34

M 130.2 Privatschriftliche Niederschrift – Hauptversammlung AG

Niederschrift über die ordentliche Hauptversammlung der . . .-Aktiengesellschaft vom . . .

I.

Bei der heute in den Geschäftsräumen der Gesellschaft stattfindenden Hauptversammlung waren anwesend:

1. Der Aufsichtsrat, bestehend aus

Herrn . . ., Vorsitzender

Herrn . . ., stellvertretender Vorsitzender

Frau . . ., Mitglied

2. Der Vorstand, Herr . . .

3. Die im anliegenden Teilnehmerverzeichnis verzeichneten vollzähligen Aktionäre der Gesellschaft.

II.

Der Vorsitzende des Aufsichtsrats, Herr . . ., eröffnete die Hauptversammlung um . . . Uhr und übernahm satzungsgemäß die Leitung der Hauptversammlung. Er stellte fest, dass eine Vollversammlung bei Anwesenheit aller Aktionäre stattfinde. Der Vorsitzende bestimmte im allseitigen Einverständnis, dass die Abstimmungen durch Handaufheben erfolgen sollten. Auf seine Frage erklärten alle Aktionäre durch Handaufheben, dass sie auf die Einhaltung sämtlicher Form- und Fristvorschriften verzichteten. Der Vorsitzende stellte dies fest und gab die folgende Tagesordnung bekannt:

1. *Vorlage des festgestellten Jahresabschlusses und des Lageberichtes sowie des Berichtes des Aufsichtsrats für das Geschäftsjahr . . .*
2. *Beschlussfassung über die Verwendung des Bilanzgewinns*

   Vorstand und Aufsichtsrat schlagen vor, den Bilanzgewinn in Höhe von . . . Euro zur Auszahlung einer Dividende von . . . Euro je Aktie zu verwenden und den verbleibenden Betrag von . . . Euro je Aktie als Gewinn vorzutragen.
3. *Beschlussfassung über die Entlastung des Vorstands*

   für das Geschäftsjahr . . .

   Vorstand und Aufsichtsrat schlagen vor, Entlastung zu erteilen.
4. *Beschlussfassung über die Entlastung des Aufsichtsrats für das Geschäftsjahr . . . Vorstand und Aufsichtsrat schlagen vor, Entlastung zu erteilen.*

Hierauf wurde die Tagesordnung wie folgt erledigt:

Zu 1: Der Jahresabschluss für das Geschäftsjahr . . . der Lagebericht und der Bericht des Aufsichtsrats lagen der Versammlung vor. Der Vorsitzende teilte mit, dass der Aufsichtsrat den Jahresabschluss gebilligt hat, und dieser damit gem. § 172 AktG festgestellt ist.

Im Anschluss hieran erfolgte eine allgemeine Aussprache. Dann trat der Vorsitzende in die Abstimmungen ein.

Zu 2.: Die Versammlung beschloss einstimmig und ohne Stimmenthaltung, den Bilanzgewinn in Höhe von . . . Euro zur Auszahlung einer Dividende von . . . Euro je Aktie zu verwenden, und den verbleibenden Betrag von . . . Euro je Aktie als Gewinn vorzutragen.

Der Vorsitzende stellte den Beschluss fest und verkündete ihn.

Zu 3.: Die Versammlung beschloss die Entlastung des Vorstands einstimmig und ohne Stimmenthaltung.

Der Vorsitzende stellte den Beschluss fest und verkündete ihn.

Zu 4.: Die Versammlung beschloss die Entlastung des Aufsichtsrats einstimmig und ohne Stimmenthaltung.

Der Vorsitzende stellte den Beschluss fest und verkündete ihn.
Der Vorsitzende schloss die Versammlung um . . . Uhr.
Der Vorsitzende unterschrieb die Niederschrift wie folgt:
. . . (Unterschrift)

3. Abschnitt. Private Limited Company

Kapitel 131 Private Limited Company

Literatur: Kommentare, Handbücher: *Heidel/Pauly/Amend* (Hrsg.), AnwaltFormulare, 7. Aufl. 2012; *Hirte/Bücker* (Hrsg.), Grenzüberschreitende Gesellschaften, 2. Aufl. 2006; *Just*, Die englische Limited Company, 3. Aufl. 2008 (zit.: Just); *Just*, Englisches Gesellschaftsrecht, 2008 (zit.: Just, Gesellschaftsrecht); *Kroiß/Ann/Mayer*, AnwaltKommentar BGB Band 5, 2. Aufl. 2007; *Lutter/Hommelhoff*, GmbHG-Kommentar, 18. Aufl. 2012; *Römermann*, Private Limited Company in Deutschland, 2006. **Aufsätze:** *Altmeppen*, Schutz vor „europäischen" Kapitalgesellschaften, NJW 2004, 97; *Fetsch*, Zur Beurkundungsbedürftigkeit von Kaufverträgen über eine englische Private Limited Company, GmbHR 2008, 133; *Fleischer*, Gläubigerschutz in der kleinen Kapitalgesellschaft: Deutsche GmbH versus englische private limited company, DStR 2000, 1015; *Heidinger*, Der „ständige Vertreter" der Zweigniederlassung einer ausländischen Kapitalgesellschaft, MittBayNot 1998, 72; *Heinze*, Einreichungs- und Nachweispflicht bei nachträglicher Handelsregisteranmeldungen betreffend Zweigniederlassungen ausländischer Kapitalgesellschaften, RNotZ 2009, 586; *Jachmann*, Die englische „private limited company" im deutschen Haftungs- und Steuerrecht, StB 2005, 374; *Kadel*, Die englische Limited, MittBayNot 2006, 102; *Kallmeyer*, Vor- und Nachteile der englischen Limited im Vergleich zur GmbH oder GmbH & Co. KG, DB 2004, 636; *Korts/Korts*, Die steuerrechtliche Behandlung der in Deutschland tätigen englischen Limited, BB 2005, 1474; *Mödl*, Die ausländische Kapitalgesellschaft in der notariellen Praxis, RNotZ 2008, 1; *Schall*, Englischer Gläubigerschutz bei der Limited in Deutschland, ZIP 2005, 965; *Süß*, Häufige Probleme mit Zweigniederlassungen englischer Limited Companies, DNotZ 2005, 180; *Süß*, Muss die Ltd. sich vor Gründung einer GmbH & Co KG in das deutsche Handelsregister eintragen lassen?, GmbHR 2005, 673; *Tebben/Tebben*, Der Weg aus der Limited: Die grenzüberschreitende Verschmelzung auf eine GmbH, DB 2007, 2355; *Ulmer*, Gläubigerschutz bei Scheinauslandsgesellschaften, NJW 2004, 1201; *von Bernstorff*, Das Betreiben einer englischen Limited in Deutschland, RIW 2004, 498; *von Oertzen*, Behandlung von Anteilen an einer engleichen Limited im Nachlassvermögen eines deutschen Erblassers, ZEV 2006, 106; *Wachter*, Auswirkungen des EuGH-Urteils in Sachen Inspire Art Ltd. auf Beratungspraxis und Gesetzgebung, GmbHR 2004, 88; *Wachter*, Zweigniederlassungen englischer private limited companies im deutschen Handelsregister, ZNotP 2005, 122; *Wachter*, Aktuelle Probleme bei der Ltd. & Co. KG, GmbHR 2006, 79; *Wachter*, Der Entwurf des MoMiG und die Auswirkungen auf inländische Zweigniederlassungen von Auslandsgesellschaften, GmbHR 2006, 793; *Werner*, Die Ltd. & Co. KG – eine Antwort zur GmbH & Co. KG?, GmbHR 2005, 288; *Zimmer*, Nach „Inspire Art": Grenzenlose Gestaltungsfreiheit für deutsche Unternehmen?, NJW 2003, 3585.

I. Vorbemerkung – Europarechtliche Grundlagen

1. Niederlassungsfreiheit gem. Art. 43, 48 EG-Vertrag

1 **Mehrere Entscheidungen des EuGH** haben vorübergehend zu einer wachsenden Aufmerksamkeit für die private company limited by shares (nachfolgend kurz Limited) nach englischem Recht mit Sitz in Deutschland geführt. Dem EuGH zufolge fordert die Niederlassungsfreiheit, dass die Rechtsfähigkeit ausländischer Gesellschaften bei einer Sitzverlegung in einen EU-Mitgliedstaat anerkannt wird. Diese Rechtsprechung hat die Möglichkeit eröffnet, die Rechtsform der englischen Limited in Deutschland zu nutzen. Beim Import des Gesellschaftstyps nach Deutschland wird die Limited typischerweise in England gegründet und verlegt anschließend ihren Sitz nach Deutschland oder errichtet dort eine Zweigniederlassung.

2 Ausgangspunkt für diese Entwicklung ist die **Centros**-Entscheidung (EuGH Slg. I 1999, 1459 = NJW 1999, 2027). In dieser Entscheidung ging es um die Frage, ob die Verlegung des Verwaltungssitzes einer im Vereinigten Königreich gegründeten Limited es rechtfertige, die Eintragung einer Zweigniederlassung in Dänemark zu versagen, da es bei dem Vorgehen unstreitig darum ging, den höheren Gründungsaufwand in Dänemark zu umgehen. Der EuGH vertrat die Auffassung, es widerspreche der Niederlassungsfreiheit, wenn die Eintragung einer Zweigniederlassung versagt würde. Die Grundsätze der Rechtsprechung des EuGH zur Anerkennung der Rechtspersönlichkeit ausländischer Gesellschaften gelten entsprechend für Gesellschaften die unter Artt. 31, 34 des EWR-Abkommens fallen, die den Artt. 43, 48 des EGV nachgebildet sind (s. AnwK.BGB/Hoffmann Anh. zu Art. 12 EGBGB Rz. 144).

In der Entscheidung **Überseering** (EuGH Slg. I 2002, 9919 = NJW 2002, 3614) stellte der EuGH klar, dass die Grundsätze, die er in der Centros-Entscheidung aufgestellt hatte, auch von Mitgliedstaaten zu beachten sind, die die sog. Sitztheorie vertreten. Dieser Entscheidung zufolge haben die Mitgliedstaaten die Rechtsfähigkeit einer Gesellschaft zu beachten, die diese nach dem Recht ihres Gründungsstaats hat, wenn die Gesellschaft ihren Sitz in einen anderen Mitgliedstaat verlegt (Hoffmann weist darauf hin, dass der EuGH mit dem Begriff Rechtsfähigkeit die eigenständige Rechtspersönlichkeit einer Gesellschaft meinen dürfte, AnwK.BGB/Hoffmann Anh. zu Art. 12 EGBGB Rz. 158. Damit sind die Grundsätze der Entscheidung auf Personengesellschaften nicht übertragbar). Gleichzeitig bestätigt das Gericht, dass „ein Mitgliedstaat die Möglichkeit hat, einer nach seiner Rechtsordnung gegründeten Gesellschaft Beschränkungen hinsichtlich der Verlegung ihres tatsächlichen Verwaltungssitzes aus seinem Hoheitsgebiet aufzuerlegen, damit sie die nach dem Recht dieses Staates zuerkannte Rechtspersönlichkeit beibehalten kann" (s. EuGH aaO Tz. 70 und 81). Wegzugsbeschränkungen bleiben damit auch nach der Überseering-Entscheidung möglich (vgl. **Daily Mail**-Entscheidung, EuGH Slg. I 1988, 5483 = NJW 1989, 2186). 3

Die Gleichstellung von Auslandsgesellschaften mit im Inland gegründeten Gesellschaften führte der EuGH in der Entscheidung **Inspire Art** fort (EuGH Slg. I 2004, 46 = NJW 2003, 3331). Er erklärte in dieser Entscheidung für unzulässig, dass ein Mitgliedstaat eine im Ausland gegründete Gesellschaft nach Sitzverlegung ins Inland besonderen gesetzlichen Anforderungen unterwarf, und stellte die nicht selbstverständliche These auf, dass die Niederlassungsfreiheit das Recht umfasse, eine Gesellschaft in einem Mitgliedstaat nur mit dem Ziel zu gründen, die Geschäftstätigkeit ganz oder überwiegend in einem anderen Mitgliedstaat auszuüben und dort zu leiten. Überlagerungen des Gesellschaftsstatuts mit rechtlichen Beschränkungen durch die Rechtsordnung des Zuzugsstaates sind danach nur in engen Grenzen zulässig. Sie stellen unzulässige Beschränkungen der Niederlassungsfreiheit dar, wenn sie nicht gerechtfertigt werden können. 4

Hierin besteht ein wesentlicher Unterschied zu den Fällen, in denen eine ausländische Gesellschaft in Deutschland auf Grund **bilateraler völkerrechtlicher Verträge** wie dem Freundschafts-, Handels- und Schifffahrtsvertrag zwischen der Bundesrepublik Deutschland und den Vereinigten Staaten von Amerika vom 29.10.1954 anerkannt werden. Art. XXV Abs. 5 Satz 2 des vorgenannten Vertrages stellt sicher, dass Gesellschaften, die nach dem Recht eines Vertragsstaates gegründet worden sind, in dem Gebiet des anderen Vertragsteils anerkannt werden. Dies soll nach der Rechtsprechung des BGH selbst dann gelten, wenn die ausländische Gesellschaft keinen sog. „genuine link" zum Gründungsstaat aufweist, BGH NJW-RR 2002, 1359 f. und ZIP 2003, 818. Eine Überlagerung des Rechts der ausländischen Gesellschaft durch nationales Recht wird durch diese Vorgabe aber nicht grundsätzlich ausgeschlossen (vgl. hierzu BGH RIW 2004, 787; AnwK.BGB/Hoffmann Anh. zu Art. 12 EGBGB Rz. 145). 5

Entsprechendes gilt in Fällen, in denen die Anerkennung der Rechtspersönlichkeit ausländischer Gesellschaften darauf beruht, dass zwischen dem Gründungsstaat und der Bundesrepublik Deutschland ein **Doppelbesteuerungsabkommen** besteht, das die Gleichbehandlung mit vom Doppelbesteuerungsabkommen betroffenen Gesellschaften mit denen aus EU-Mitgliedstaaten gebietet (s. BFH BB 2003, 1210). 6

Die deutsche Rechtsprechung hat die Auffassung des EuGH in seiner Entscheidung Inspire Art zur Tragweite der Niederlassungsfreiheit vorgezeichnet, s. BayObLG ZIP 2003, 393 (zur Grundbuchfähigkeit europäischer Auslandsgesellschaften mit tatsächlichem Verwaltungssitz in Deutschland) und BGH NJW 2003, 1461. 7

Wo die **Grenzen** der Zulässigkeit von Beschränkungen verlaufen, ist im Einzelnen umstritten. Beschränkungen durch die Rechtsordnung des Zuzugstaates sind nur dann zulässig, wenn die Regelungen in nicht diskriminierender Weise angewandt werden, ausnahmsweise aus zwingenden Gründen des Allgemeinwohls gerechtfertigt sind und zur Erreichung des verfolgten Ziels geeignet, erforderlich und verhältnismäßig im engeren Sinne sind. Die Niederlassungsfreiheit stößt jedenfalls dort an ihre Grenzen, wo die Berufung auf das Gemeinschaftsrecht missbräuchlich oder betrügerisch ist (EuGH Slg. I 2002, 9919 Tz. 139 = NJW 2002, 3614). 8

2. Europarechtliches Gesellschaftsstatut

9 Die Rechtsprechung des EuGH zu der Bedeutung der Niederlassungsfreiheit für die Anerkennung der Rechtspersönlichkeit ausländischer Gesellschaften stellt einen Eingriff in das Internationale Gesellschaftsrecht der Mitgliedstaaten dar. Dies gilt unabhängig davon, ob der jeweilige Mitgliedstaat der Gründungstheorie oder der Sitztheorie folgt. Der EuGH begründet eine europarechtliche Gründungstheorie, derzufolge auf juristische Personen diejenige nationale Rechtsordnung anzuwenden ist, die die Gründung und Existenz der Gesellschaft regelt (EuGH Slg. I 2002, 9919 Tz. 95 = NJW 2002, 3614, 3617). „Jenseits der nationalen Rechtsordnung, die ihre Gründung und Existenz regelt, [hat die Gesellschaft] keine Realität" (EuGH Slg. I 2002, 9919 Tz. 81). Der Nichtgewährung eines Rechts auf Wegzug aus dem Gründungsstaat steht die Niederlassungsfreiheit damit nicht im Wege; jedem Mitgliedstaat bleibt es unbenommen, durch die Gestaltung seines materiellen oder Kollisionsrechts den Wegzug von Gesellschaften zu behindern. Die Reichweite der Niederlassungsfreiheit für Gesellschaften wird durch die Grundsätze begrenzt, die in der **Daily Mail**-Entscheidung aufgestellt wurden. Die Rechtsprechung des EuGH führt somit zu einer Gesamtverweisung, die einen renvoi nicht vorsieht (AnwK.BGB/Hoffmann Anh. zu Art. 12 EGBGB Rz. 74). Vor diesem Hintergrund ist es nachvollziehbar, dass die deutsche Rechtsprechung die traditionell im deutschen internationalen Gesellschaftsrecht geltende Sitztheorie nicht ohne weiteres aufgibt (s. BayObLG RIW, 2003, 387).

10 Folge ist unter anderem, dass nur solchen Gesellschaften der **Zuzug** in einen Mitgliedstaat offensteht, deren Gründungsstaat die Gründungstheorie vertritt. Gesellschaften, deren Gründungsstaat die Sitztheorie vertritt, haben demgegenüber keinen Anspruch auf Anerkennung ihrer Rechtspersönlichkeit, wenn sie ihren Sitz in einen anderen Mitgliedstaat verlegen. Dies stellt ein Hindernis für den Export der deutschen GmbH in andere Mitgliedstaaten dar.

11 ➲ **Hinweis:** Für die Praxis in Deutschland bedeutet dies: Soweit das Gründungsrecht die grenzüberschreitende Sitzverlegung zulässt, ist die Sitzverlegung der Gesellschaft anzuerkennen. Die Möglichkeit der grenzüberschreitende Sitzverlegung eröffnet sich damit nicht nur für die englische Private Limited und die englische Public Limited Company, sondern unter anderem auch für die niederländische B.V. und N.V. (Rammeloo/De Kluiver in Hirte/Bücker §§ 6 und 7) sowie die luxemburgische S.A. und S.à.r.l. (Bücker in Hirte/Bücker §§ 8 und 9); auch das niederländische und luxemburgische Recht folgen der Gründungstheorie und stellen sich einer grenzüberschreitende Sitzverlegung nicht in den Weg (weitergehend Wachter ZNotP 2005, 122, 123, der anscheinend die Wahlfreiheit zwischen 25 Rechtsordnungen als eröffnet sieht).

II. Errichtung der Limited

1. Erforderliche Dokumente

12 Die Gründung einer englischen Limited setzt die Einreichung von vier Dokumenten beim Companies House in Cardiff voraus: Dem memorandum of association, den articles of association sowie der Formblätter Form 10 und Form 12. Ferner ist ein Scheck zur Deckung der Registrierungsgebühr beizufügen. Die Gründungsgebühr beträgt derzeit 20 GBP.

a) Memorandum of association

13 Das memorandum of association (s. **M 131.1**) regelt das Außenverhältnis der Gesellschaft. **Inhalt des memorandums** sind im Wesentlichen folgende Angaben: Name, Sitz, Gesellschaftszweck, Angaben zum Kapital der Gesellschaft und Haftungsbeschränkung sowie Angaben zu den Gesellschaftern; mit der Reform des englischen Gesellschaftsrechts durch den Companies Act (CA) 2006 ist das Erfordernis entfallen, den Gesellschaftszweck in dem memorandum zu erwähnen (Just, Gesellschaftsrecht, Rz. 8). In der Regel wird auf ein Musterdokument zurückgegriffen, das vom secretary of state herausgegeben wird und das durch die genannte Gesetzesreform gestrafft worden ist.

Das memorandum beinhaltet ferner die Erklärung der Gründer, sich zu einer Gesellschaft zusammenschließen zu wollen, unter Angabe der Kapitalanteile, die jeder Gründer übernimmt. Für die Errichtung einer Limited reicht ein Gründer aus.

Form: Jeder Gründer muss das memorandum in Anwesenheit eines Zeugen unterschreiben, der die Unterschrift beglaubigt. Ein Zeuge kann die Unterschrift mehrerer Anteilsinhaber beglaubigen. Weitere Formerfordernisse sind nicht einzuhalten. 14

Das Musterdokument kann wie auch ein Muster für die articles of association und die Formblätter heruntergeladen werden von der website www.companieshouse.gov.uk.

b) Articles of association

Die articles of association (Satzung, s. **M 131.2**) regeln das Innenverhältnis der Gesellschaft. Falls bei Gründung keine articles eingereicht werden, gilt automatisch das Musterdokument gem. Table A articles of association, sec. 20 CA 2006. Der gesonderten Einreichung einer Satzung bedarf es in diesem Fall nicht, sec. 20 subsec. 1 CA 2006. 15

Den Gründern steht es frei, von dem Musterdokument abzuweichen und eine individuelle Satzung zu entwerfen. In diesem Fall ist zwingend eine von den Gesellschaftern unterschriebene Fassung der Satzung bei Anmeldung der Gesellschaft einzureichen. Hinsichtlich der **Form** gelten die gleichen Anforderungen wie für das memorandum of association. 16

c) Form 10 (First directors and secretary and intended situation of registered office)

In Form 10 (s. **M 131.3**) ist der **Sitz** der Gesellschaft anzugeben (registered office). Dieser muss in England oder Wales liegen, und es muss eine Zustelladresse in England oder Wales angegeben werden. Gesellschaften, die ihren tatsächlichen Sitz in Deutschland nehmen wollen, können auf Dienstleistungsgesellschaften zurückgreifen, die gegen Entgelt die Bereitstellung eines registered office anbieten. Beim registered office müssen die von der Gesellschaft zu führenden **Verzeichnisse** (statutory registers) einzusehen sein; dies sind: 17

- Verzeichnis der Gesellschafter (register of members),
- Verzeichnis der Direktoren und Gesellschaftssekretäre (register of directors and company secretaries),
- Verzeichnis der Anteile und Schuldverschreibungen, die Direktoren der Gesellschaft halten (register of directors' interests),
- Verzeichnis der Besicherungen (register of charges),
- Liste der Protokolle der Direktorenversammlungen und der Gesellschafterversammlungen (minutes book),
- Prüfungsberichte (accounting records).

Ferner sind die **ersten Direktoren** anzugeben (s. Rz. 53 ff.). Soweit ein oder mehrere **secretaries of company** bestellt werden, sind diese ebenfalls anzugeben. Das Erfordernis, einen secretary of company zu bestellen, ist durch die Reform des englischen Gesellschaftsrechts für private companies entfallen, sec. 270 subsec. 1 CA 2006. Wird kein secretary of company bestellt, werden dessen Aufgaben von einem Direktor oder einem Bevollmächtigten wahrgenommen, sec. 270 subsec. 3 (b) CA 2006. Fällt bei bestehenden Gesellschaften der secretary of company weg, gilt Entsprechendes (Just, Gesellschaftsrecht, Rz. 9). 18

Direktoren haben neben Name, Geburtsdatum, Nationalität, Beruf und Anschrift auch andere Tätigkeiten als Direktor innerhalb der letzen fünf Jahre anzugeben. Direktoren und der secretary of company haben zu bestätigen, dass sie ihr Amt annehmen. Eine Limited hat in der Regel mehrere, mitunter aber nur einen Direktor. Wenigstens ein Direktor muss eine natürliche Person sein, sec. 155 subsec. 1 CA 2006. Die Pflichten der Direktoren sind im Rahmen der Reform des Gesellschaftsrechts in den sec 170 ff. CA 2006 kodifiziert worden. Sie entsprechen inhaltlich im Wesentlichen der bisherigen Rechtslage (Just, Gesellschaftsrecht, Rz. 8). Die Gründer müssen das Formular Form 10 mitunterschreiben.

d) Form 12 (Declaration on application for registration)

19 Mit diesem Formular (s. **M 131.4**) wird bestätigt, dass die Gesellschaft unter Beachtung aller gesetzlichen Anforderungen gegründet worden ist. Die Erklärung ist von einem Direktor oder dem secretary of company zu unterschreiben. An ihrer Stelle kann die Anmeldung auch durch einen Rechtsanwalt (solicitor) erfolgen, der mit der Gründung der Gesellschaft beauftragt wurde.

2. Registrierungsverfahren

20 Die einzureichenden Unterlagen sind an das Companies House zu schicken (Anschrift für Gesellschaft in England oder Wales: The Registrar of Companies, Companies House, Main Office, CrownWay, Cardiff, CF 14 3 ZU). Gegen zusätzliche Gebühr ist eine elektronische Anmeldung zulässig.

21 Die eingereichten Dokumente werden vom registrar formell geprüft. Ist die Firma der Gesellschaft unzulässig oder wird sie bereits von einer anderen Gesellschaft verwendet, wird der Antrag auf Eintragung zurückgewiesen, ebenso in dem Fall, dass der Gesellschaftszweck gegen das Gesetz verstößt. Bei positivem Prüfungsausgang erhält die Gesellschaft ein certificate of incorporation, durch das die Gründung der Gesellschaft nachgewiesen wird. Das Datum auf der Bescheinigung, mit deren Ausstellung die Rechtsfähigkeit der Gesellschaft begründet wird (sec. 16 subsec. 3 CA 2006), ist das Gründungsdatum der Gesellschaft. Etwaige Fehler, die bei Gründung aufgetreten sind und nach Erteilung der Gründungsbestätigung festgestellt werden, führen nicht zur Unwirksamkeit der Gründung.

3. Erwerb einer Vorratsgesellschaft

22 Neben dem beschriebenen Weg der Neuerrichtung einer Limited besteht, ähnlich wie in Deutschland bei der GmbH, die Möglichkeit, eine Vorratsgesellschaft (shelf company) zu kaufen, die von Dienstleistungsgesellschaften angeboten werden. Das aus der deutschen Rechtsprechung bekannte Problem der wirtschaftlichen Neugründung ist im englischen Recht unbekannt, da es keine Mindestkapitalanforderungen gibt. Auf der anderen Seite ist bei Identität von Direktoren und neuen Gesellschaftern darauf zu achten, dass die Regeln zu director's dealings eingehalten werden: Der erwerbende Direktor darf seine – infolge zahlreicher Urteile kompliziert geregelten – Treuepflichten gegenüber der Gesellschaft nicht verletzen und muss seine Eigeninteressen gegenüber der Gesellschaft offen legen (Just Rz. 34, 150, 152). Bei Vorratsgesellschaften ist nach Anteilsübertragung der Name der Gesellschaft zu ändern und der Sitz der Gesellschaft zu verlegen. Die Änderungen sind anzumelden.

4. Pflichten unmittelbar nach der Gründung

23 Im Anschluss an die Gründung der Gesellschaft ist ein Gesellschaftsbuch anzulegen (statutory book). Dieses beinhaltet folgende Dokumente:

- Verzeichnis der Gesellschafter (register of members),
- Verzeichnis der Direktoren (register of directors),
- Verzeichnis der Gesellschaftssekretäre (register of company secretaries),
- die Anteile und Schuldverschreibungen, die Direktoren an der Gesellschaft haben (register of directors' interests in the shares and debentures of the company),
- die Besicherungen (register of charges),
- die Protokolle der Direktorentreffen und der Gesellschafterversammlungen (minute book),
- Prüfungsberichte (accounting records) und
- Kopien der Anstellungsverträge der Direktoren (Just Rz. 65 ff. mit weiteren praktischen Hinweisen).

24 Die Direktoren haben über die Anschaffung eines **Gesellschaftssiegels** zu beschließen (Just Rz. 69).

5. Rechnungslegungs- und Publizitätspflichten

25 Änderungen hinsichtlich der Tatsachen, die bei Gründung anzumelden sind, haben die Direktoren beim Companies House anzumelden. Darüber hinaus bestehen zahlreiche weitere Pflichten zur idR jährlichen **Einreichung von Unterlagen** beim Companies House. Hierzu gehören insbesondere folgende Pflichten (sec 444 ff. CA 2006):

- Einreichung des annual account (Jahresabschluss).
- Einreichung des Berichts der Direktoren.
- soweit keine Befreiung vorliegt:
  - Einreichung des Berichts der Auditoren zur Bilanz und Gewinn- und Verlustrechnung.
  - Einreichung des annual returns (Jahresbericht). Der Bericht enthält Angaben zur Management- und Kapitalstruktur der Gesellschaft, zu deren Direktoren, secretaries und Gesellschaftern.

26 Zu den Rechnungslegungs- und Publizitätspflichten im **deutschen Recht**, die für die Zweigniederlassung einer englischen Limited gelten, s. § 325a HGB.

27 ➲ **Wichtig:** Den Rechnungslegungs- und Publizitätspflichten wird im englischen Recht ein hoher Stellenwert beigemessen, da die durch die Erfüllung dieser Pflichten angestrebte Publizität an Stelle von Kapitalaufbringungs- und Kapitalerhaltungsvorschriften den Gläubigerschutz sicherstellen sollen (Fleischer DStR 2000, 1015, 1019). Die Rechnungslegungs- und Publizitätspflichten, die gegenüber dem Companies House bestehen, entfallen nicht mit Wegzug der Gesellschaft nach Deutschland (Korts/Korts BB 2005, 1476).

III. Registrierung der Limited in Deutschland

1. Verpflichtung zur Anmeldung

28 Die Errichtung einer Zweigniederlassung ist zur Eintragung in das Handelsregister anzumelden, § 13e Abs. 2 HGB (s. **M 131.5**). Das Gericht kann die Anmeldung durch **Zwangsgeld** erzwingen. Diese Vorgaben gelten auch für die englische Limited, die ihren Sitz nach Deutschland verlegt; die Registrierung kann durch Zwangsgeld erzwungen werden (Süß DNotZ 2005, 180, 181; Wachter ZNotP 2005, 122, 125; Just Rz. 63. Wachter ZNotP 2005, 122, 125 und AnwK.BGB/Hoffmann Anh. zu Art. 12 EGBGB Rz. 101 ff. sind der Auffassung, dass die Beachtung der Publizitätspflicht durch die Möglichkeit der Verhängung eines Zwangsgeldes nicht ausreichend sichergestellt ist. Hoffmann geht darüber hinaus davon aus, dass bis zu einer Registrierung der Zweigniederlassung eine Handelndenhaftung bereits de lege lata besteht, aaO Rz. 104 ff.; der BGH hat in einem entsprechenden Fall anders entschieden, BGH DNotZ 2005, 712, 714.)

29 Die §§ 13d ff. HGB setzen die Existenz einer **ausländischen Gesellschaft mit Sitz im Ausland** voraus. Dabei wurde bisher unter „Sitz" die Hauptverwaltung im Sinne der Sitztheorie verstanden. Die inländische Auslandsgesellschaft ist in Deutschland aber auch dann als Zweigniederlassung zu behandeln, wenn sie lediglich ihren Gründungssitz im Ausland hat, dort aber keine ausländische Hauptniederlassung im wirtschaftlichen Sinne unterhält (EuGH Slg. I 2004, 46 Tz. 95 = NJW 2003, 3331). Die Zweigniederlassung einer entsprechenden Gesellschaft ist daher gemäß den Bestimmungen der Zweigniederlassungsrichtlinie (Elfte Richtlinie 89/666/EWG, ABl. EG 1989 Nr. L 395) zu behandeln. Aus dem Gebot der Gleichstellung von Zweigniederlassung einer Auslandsgesellschaft und inländischer Auslandsgesellschaft ergibt sich, dass auch eine Gesellschaft, die im Ausland gegründet wird und ihren Sitz unter Berufung auf die Überseering-Entscheidung nach Deutschland verlegt, der Publizitätspflicht unterliegt. Nur so kann vermieden werden, dass publizitätslose Niederlassungen entstehen (Behrens IPRax 2004, 20, 24; AnwK.BGB/Hoffmann Anh. zu Art. 12 EGBGB Rz. 99 f.; Just Rz. 41; gegen eine Registrierungspflicht AnwaltFormular/Heidel Kap. 28 Rz. 12).

30 Die Sanktionierung der Anmeldepflicht durch die haftungsrechtlichen Folgen der analogen Anwendung des § 11 Abs. 2 GmbHG hat der BGH verneint (DNotZ 2005, 712, 714).

30a Bei der Eintragung der Zweigniederlassung einer private limited company ist mit der Neufassung von § 13e Abs. 2 HGB mit Inkrafttreten des MoMiG das Erfordernis entfallen, dem Registergericht die Erteilung erforderlicher staatlicher Genehmigungen nachzuweisen. Anders noch zum alten Recht OLG Celle RNotZ 2007, 161.

30b **Zuständig** für die Eintragung einer weiteren Zweigniederlassung einer ausländischen Kapitalgesellschaft ist das Registergericht am Sitz der weiteren Zweigniederlassung, nicht das Gericht, bei dem die erste Zweigniederlassung eingetragen wurde, OLG Schleswig RNotZ 2008, 45.

2. Einzureichende Unterlagen

31 Das **deutsche Recht** hat die Niederlassungsrichtlinie mit den **§§ 13d ff. HGB** umgesetzt, die die Eintragung einer Zweigniederlassung im Handelsregister regeln. Die Vorschriften der Niederlassungsrichtlinie sind abschließend und verwehren den Mitgliedstaaten die Einführung weitergehender Bestimmungen. Angesichts der Rechtsprechung des EuGH zu den Auswirkungen der Niederlassungsfreiheit auf das Recht, Zweigniederlassungen in einem Mitgliedstaat zu gründen, sind die deutschen Regelungen zur Anmeldung einer Zweigniederlassung **europarechtskonform auszulegen** (AnwK.BGB/Hoffmann Anh. zu Art. 12 EGBGB Rz. 97; eine lehrreiche Darstellung zur Eintragung der Zweigniederlassung einer Limited im Handelsregister liefert Wachter ZNotP 2005, 122–145; s. auch Mödl RNotZ 2008, 1; zu Einreichungs- und Nachweipflichten bei Anmeldungen einer bereits eingetragenen Zweigniederlassung einer Limited s. Heinze RNotZ 2009, 586).

32 Die **erstmalige Anmeldung** einer **Zweigniederlassung** einer Limited muss folgende Angaben enthalten (§ 13e HGB): Errichtung der Zweigniederlassung, Firma, Anschrift, Gegenstand sowie ständige Vertreter der Zweigniederlassung einschließlich deren Vertretungsbefugnis. Bezüglich der **Limited** sind folgende Angaben zu machen (§§ 13e und 13g HGB): Register der Gesellschaft und Registernummer, Rechtsform der Gesellschaft, Direktoren und deren Vertretungsbefugnis, Firma und Sitz der Gesellschaft, Gegenstand des Unternehmens, Höhe des Stammkapitals, Tag des Abschlusses des Gesellschaftsvertrages, Bestimmungen über die Zeitdauer der Gesellschaft. Angaben zum auf die Gesellschaft anwendbaren Recht sind nicht erforderlich.

33 **Bei Anmeldung** ist **ferner** das Bestehen der Limited nachzuweisen, die Satzung der Gesellschaft einzureichen, ein Nachweis über die Bestellung der Direktoren zu erbringen und eine Unterschriftsprobe (Namenszeichnung) der vertretungsberechtigten Personen beim Handelsregister zu hinterlegen.

a) Existenznachweis

34 Das Bestehen der Limited ist dem Handelsregister nachzuweisen, § 13e Abs. 2 Satz 2 HGB). Als Nachweis des Bestehens gibt es mehrere Möglichkeiten. Ausreichend ist die Vorlage eines certificate of incorporation, das nicht älter als vier Wochen ist. Die Bestätigung wird kostenpflichtig **vom Companies House erteilt**. Ein certificate of good standing, das ebenfalls vom Companies House erteilt wird, reicht ebenfalls als Nachweis aus, enthält aber darüber hinaus Angaben zu den Direktoren und dem company secretary und ist bereits allein deshalb vorzugswürdig gegenüber einem bloßen certificate of incorporation. Reicht für die Gründung der Gesellschaft dem anwendbaren Gründungsstatut zufolge ein elektronisches Dokument aus, ist bei der Anmeldung der Zweigniederlassung zum Handelsregister eine beglaubigte Abschrift des Gesellschaftsvertrages vorzulegen, OLG Hamm v. 4.1.2011 – 15 W 270/10, DNotZ 2011, 794 = RNotZ 2011, 256.

34a ➲ **Praxistipp:** Am besten bedient man sich zum Nachweis des Bestehens der Gesellschaft der **Bescheinigung eines englischen Notars**. Dieser kann neben den Angaben die im certificate of good standing enthalten sind, auch Angaben zur Vertretungsberechtigung der Direktoren machen und damit den umfangreichsten Nachweis erbringen. Eine Bescheinigung eines deutschen Notars entsprechend § 21 BNotO ist idR. nicht ausreichend, KG Beschl. v. 20.4.2010 – 1 W 164/10, DNotZ 2012, 604.

35 ➲ **Wichtig:** Ungeachtet dessen, für welche Nachweismöglichkeit man sich entscheidet, ist darauf zu achten, dass das jeweilige Dokument mit einer **Apostille** versehen ist.

b) Satzung (memorandum of association und articles of association)

Die Satzung der Gesellschaft (articles of association und memorandum of association) ist in öffentlich beglaubigter Form und mit Apostille versehen einzureichen, § 13 Abs. 2 Satz 1 HGB. Die Satzung ist **in deutscher Sprache** vorzulegen. Wachter ZNotP 2005, 122, 129, weist darauf hin, dass ein Verzicht auf eine Übersetzung auch dann nicht möglich ist, wenn der Registerrichter die englische Sprache beherrscht, da es sonst zu einer Beeinträchtigung der Publizitätsfunktion des Handelsregisters käme. Bei Änderungen der Satzung ist dem Handelsregister eine aktuelle Satzung einzureichen. Zum Erfordernis der Unterschriften der Gesellschafter unter dem Gesellschaftervertrag s. OLG Hamm DNotZ 2006, 931. Reicht nach englischem Recht die Einreichung eines elektronischen Dokuments zur Gründung einer private limited aus, ist bei der Anmeldung einer Zweigniederlassung der Gesellschaft der Gesellschaftsvertrag in der bei Companies House archivierten Form in öffentlich beglaubigter Abschrift beizufügen, OLG Hamm v. 4.1.2011 – 15 W 270/10, DNotZ 2011, 794. 36

c) Firma

Die Firma der Zweigniederlassung ist anzumelden, § 13g Abs. 3 HGB iVm. § 10 Abs. 1 GmbHG. Auf die Firma der Zweigniederlassung ist nach hM das Recht am Ort der Zweigniederlassung anzuwenden (Baumbach/Hopt § 13d HGB Rz. 4). Die Firma darf bei Zweigniederlassungen von Gesellschaften aus EU-Mitgliedstaaten zwingenden Normen des deutschen Rechts nicht widersprechen, OLG München RNotZ 2007, 488. 37

Auf Grund der Verwechslungsgefahr soll einigen Stimmen zufolge der **Zusatz „& partners"** auch bei einer englischen Limited unzulässig sein (Wachter ZNotP 2005, 122, 138). Ob diese Auffassung europarechtskonform ist, erscheint zweifelhaft. Wenn dem Rechtsverkehr auf Grund des durch den EuGH eröffneten Wettbewerbs der Gesellschaftsformen zugemutet wird, dass er sich mit den Gesellschaftsformen aller Mitgliedstaaten erforderlichenfalls vertraut machen muss, entsteht bereits dadurch eine solche Unsicherheit für die einzelnen Betroffenen, dass eine weitere nennenswerte Verwirrung durch Zusätze der genannten Art kaum noch ins Gewicht fällt. Im Zweifel ist daher bei Zweigniederlassungen ausländischer Gesellschaften von einer weit gehenden Freiheit bei der Firmenwahl auszugehen, solange der Hinweis auf die ausländische Rechtsform im Übrigen klar und in der Sprache des Gründungsstaates erkennbar bleibt. Bei Nichtbeachtung dieser Vorgabe kommt eine Haftung der Gesellschafter nach den allgemeinen Grundsätzen der Rechtsscheinhaftung für Verbindlichkeiten der Gesellschaft in Betracht. 38

➲ **Hinweis:** Die Ergänzung der Firma um einen **Zweigstellenzusatz** ist nicht erforderlich. Die Zweigniederlassungsrichtlinie sieht vor, dass die Firma der Zweigniederlassung nur offen zu legen ist, wenn sie von der Firma der Gesellschaft abweicht. Dementsprechend muss es zulässig sein, wenn die Firma der Zweigniederlassung mit der der Gesellschaft vollständig übereinstimmt (Wachter ZNotP 2005, 122, 139). 39

d) Gegenstand des Unternehmens

Gem. § 13e Abs. 2 Satz 3 HGB ist der Gegenstand der Zweigniederlassung beim Handelsregister anzumelden. Umstritten ist, ob der Gegenstand **der Zweigniederlassung oder** der **der ausländischen Gesellschaft** zur Eintragung anzumelden und bekannt zu geben ist. Die Frage ist relevant, da die mitunter ausufernden Regelungen zum Unternehmensgegenstand in Satzungen englischer Gesellschaften zu erheblichen Veröffentlichungskosten führen können. 40

Gegen eine Eintragungspflicht des Gegenstands der ausländischen Gesellschaft spricht das praktische Argument der **Überfrachtung des Handelsregisters** durch eine ausufernde Eintragung. Darüber hinaus wird dem Publizitätsinteresse der betroffenen Kreise im Inland zumindest bei Scheinauslandsgesellschaften ausreichend Rechnung getragen, wenn der Gegenstand der Zweigniederlassung in das Register eingetragen wird. Soweit die Zweigniederlassung darüber hinaus tatsächlich die Hauptniederlassung ist, weil im Ausland keine Geschäftstätigkeit stattfindet, erscheint es sachgerecht, den Gegenstand der tatsächlichen Hauptniederlassung einzutragen (OLG Düsseldorf 41

NJW-RR 2006, 1040; s. auch Wachter ZNotP 2005, 122, 136, der die beschränkte Eintragungspflicht auch auf eine richtlinienkonforme Auslegung stützt). Der Unternehmensgegenstand muss hinreichend individualisiert sein, OLG Celle RNotZ 2007, 161.

e) Nachweis über Bestellung der Direktoren – Anmeldung der Vertretungsbefugnis

42 Die Direktoren der Gesellschaft und ihre Vertretungsbefugnis sind zur Eintragung in das Handelsregister anzumelden. Diese **Bestellung der Direktoren** ist dem Gericht **nachzuweisen**; als Nachweis reicht die Bestellung im Rahmen des Gesellschaftsvertrages, § 13g Abs. 2 Satz 2 HGB iVm. § 8 Abs. 1 Nr. 2 GmbHG. Die Vorlage eines Gesellschafterbeschlusses über die Bestellung eines directors ist als Nachweis demgegenüber nicht ausreichend (Wachter ZNotP 2005, 122, 131; OLG Dresden v. 21.5.2007 – 1 W 0052/07, DNotZ 2008, 146). Ist die Bestellung des directors nicht im Gesellschaftsvertrag enthalten, kann seine Bestellung durch Vorlage eines certificate of good standing oder die Bescheinigung eines englischen Notars erfolgen. Die Bestellung eines directors wird in der Praxis auch durch eine Bescheinigung des company secretary nachgewiesen. In der Literatur wird die Forderung gestellt, dass dessen Unterschrift beglaubigt werden muss, damit seine Erklärung als Nachweis anerkannt werden kann (Wachter ZNotP 2005, 122, 131), da nur so Sicherheit über die Identität des bescheinigenden secretary erlangt werden kann.

43 Die **Vertretungsbefugnis der Direktoren** einer englischen Limited richtet sich nach englischem Recht. Dieses regelt die Vertretungsbefugnis nicht ausdrücklich, sondern überlässt die Regelung dem Gesellschaftsvertrag. Der Gesellschaftsvertrag sieht in der Praxis typischerweise vor, dass die Gesellschaft umfassend durch den oder die Direktoren vertreten wird. Er regelt auch die Frage, ob mehrere Direktoren einzel- oder gesamtvertretungsberechtigt sind; in Ermangelung einer solchen Regelung im Gesellschaftsvertrag sind mehrere Direktoren nur gemeinsam zur Vertretung berechtigt.

44 Die Frage, ob ein Direktor dem **Verbot von Insichgeschäften** unterliegt, richtet sich nach dem Gesellschaftsstatut. § 181 BGB ist auf den Direktor einer englischen Limited dementsprechend nicht anwendbar. Dem englischen Recht zufolge hat ein Direktor Treuepflichten gegenüber der Gesellschaft, die er vertritt; darüber hinaus unterliegt der Direktor bei Insichgeschäften gesetzlichen Beschränkungen (Wachter ZNotP 2005, 122, 133). Eine generelle Befreiung des Direktors vom Verbot des Selbstkontrahierens durch Gesellschafterbeschluss oder Satzung lässt das englische Recht nicht zu.

44a ➲ **Hinweis:** Eine Befreiung von den Beschränkungen des § 181 BGB kann daher für den englischen Direktor einer Limited nicht in das Handelsregister eingetragen werden, OLG München DNotZ 2006, 152.

45 Als **Nachweis der Vertretungsbefugnis** eignet sich eine entsprechende Bescheinigung eines englischen Notars oder eine Bescheinigung des company secretary. Das certificate of good standing genügt für diese Zwecke nicht, da es zwar die Direktoren nennt, nicht aber den Umfang ihrer Vertretungsbefugnis wiedergibt. Ebenso ist eine Bescheinigung eines deutschen Notars entsprechend § 21 BNotO nicht ausreichend, wenn dieser seine Erkenntnisse nur durch die Einsichtnahme in das beim Companies House geführte Register erworben hat, KG Beschl. v. 20.4.2010 – 1 W 164-165/10, DNotZ 2012, 604.

45a ➲ **Hinweis:** Aufgrund eines in Deutschland gegen den Geschäftsführer der Gesellschaft verhängten Gewerbeverbots kann die Eintragung einer Zweigniederlassung verweigert werden, auch wenn das für die Gesellschaft maßgebende englische Recht keine besonderen Anforderungen an die Person des geschäftsführenden Organs stellt, BGH v. 7.5.2007 – II ZB 7/06, DNotZ 2008, 70 zu OLG Jena NZG 2006, 434; s. auch OLG Dresden RNotZ 2006, 241.

f) Versicherung der Direktoren

46 Alle Direktoren müssen eine Versicherung abgeben, dass in ihrer Person keine Bestellungshindernisse bestehen, §§ 13g Abs. 2, 13e Abs. 3 HGB iVm. § 6 Abs. 2 GmbHG. Kritisch zur Versicherungspflicht des Direktors Wachter GmbHR 2006, 793, 797. Wurde gegen den Direktor ein Gewer-

beverbot verhängt, ist eine Eintragung der Zweigniederlassung im Handelsregister nicht möglich, BGH NJW 2007, 2328.

g) Prokurist – ständiger Vertreter

Die rechtsgeschäftliche Vertretung der Zweigniederlassung richtet sich nicht nach dem Gesellschaftsstatut, sondern nach dem Vollmachtsstatut. Dies ist für Zweigniederlassungen regelmäßig das deutsche Recht. Daher ist es auch zulässig, für die Zweigniederlassung einer ausländischen Gesellschaft, insbesondere einer Limited, einen **Prokuristen** gem. § 48 HGB zu bestellen, obwohl das englische Recht diese Form der Vertretung mit gesetzlich ausgestaltetem Vertretungsumfang nicht kennt. Soweit sich die Erteilung der Prokura nach deutschem Recht richtet, bestehen keine Besonderheiten im Vergleich zur Anmeldung eines Prokuristen für die Zweigniederlassung einer deutschen Gesellschaft. Neben einem ständigen Vertreter oder Prokuristen kann ein inländischer Empfangsberechtigter angemeldet werden, § 13 Abs. 2 S. 4 HGB. 47

Das Rechtsinstitut des **ständigen Vertreters** ist in der deutschen Rechtspraxis wenig bekannt; es verdankt seine Existenz der Zweigniederlassungsrichtlinie. Ständiger Vertreter ist jede Person, die auf Grund rechtsgeschäftlicher Bevollmächtigung zur Vertretung der Zweigniederlassung nicht nur vorübergehend berechtigt ist. Der ständige Vertreter ist anders als der Prokurist – vorbehaltlich anderer Ausgestaltung der Vertretung – zur Veräußerung und Belastung von Grundbesitz auch ohne besondere Ermächtigung berechtigt. Ständige Vertreter sind wie Prokuristen zur Eintragung in das Handelsregister der Zweigniederlassung anzumelden, die er vertreten kann, § 13e Abs. 2 Satz 4 Nr. 3 HGB, s. OLG München RNotZ 2008, 362. 48

h) Öffentlich-rechtliche Genehmigungen

Bei der Anmeldung einer Zweigniederlassung ist, wenn der Gegenstand des Unternehmens oder die Zulassung zum Gewerbe im Inland der staatlichen Genehmigung bedarf, auch das Vorliegen dieser Genehmigung nachzuweisen, § 13e Abs. 2 Satz 2 HGB. 49

Die Vorlage einer staatlichen Genehmigung kann allerdings nicht zur Voraussetzung für die Eintragung von Zweigniederlassungen einer Auslandsgesellschaft gemacht werden, soweit diese unter die Niederlassungsrichtlinie fällt (Wachter ZNotP 2005, 122, 140).

➲ **Hinweis:** Hiervon zu unterscheiden ist die Frage, ob die Zweigniederlassung der ausländischen Gesellschaft bei Wahrnehmung der Dienstleistungsfreiheit einer Genehmigung nach deutschem Recht bedarf; ein entsprechendes Erfordernis verstößt nicht gegen die weiter gehende Niederlassungsfreiheit. 49a

3. Anmeldende Personen

Die Anmeldung ist von den Direktoren der Gesellschaft in vertretungsberechtigter Zahl vorzunehmen, § 13e Abs. 2 Satz 1 HGB; die Unterschriften der anmeldenden Direktoren müssen notariell beglaubigt sein. Vertretung ist zulässig, allerdings nur unter Vorlage einer öffentlich beglaubigten Vollmacht, § 12 Abs. 2 HGB. 50

4. Ltd. & Co KG

Bei der Gründung einer Ltd. & Co KG ergeben sich einige Besonderheiten. Hier sei nur darauf hingewiesen, dass die regelmäßig gewünschte und ratsame Abstimmung der Gesellschaftsverträge von Limited einerseits und KG anderseits die Beachtung zweier Rechtsordnungen erfordert. Dies wird regelmäßig erhöhten Beratungsbedarf und entsprechende Kosten nicht zuletzt für erforderliche Übersetzungen mit sich bringen. Die Ltd. & Co KG dürfte damit nur für größere Unternehmen in Frage kommen. Die Befreiung der Limited als Komplementärin von den Beschränkungen des § 181 BGB ist zulässig, OLG Frankfurt DNotZ 2007, 59. Weiteres zur Ltd. & Co KG bei Werner GmbHR 2005, 288 ff., Süß GmbHR 2005, 673 und Wachter GmbHR 2006, 79. 51

IV. Einzelne Aspekte des Rechts der englischen Private Limited Company

1. Rechtliche Grundlagen

52 Gesetzliche Regelungen über die Limited finden sich in erster Linie im Companies Act von 2006 (CA 2006). Das Gesetz regelt – was den deutschen Juristen überraschen mag – nicht nur die Verhältnisse der limited company, sondern aller Kapitalgesellschaften englischen Rechts. Dabei wird zwischen private companies und public companies unterschieden. Daneben gibt es noch die unlimited company, sec. 3 subsec. 4 CA 2006.

2. Organisation

53 Die **Gesellschafter** (members oder shareholder) nehmen ihre Rechte im Rahmen von Gesellschafterversammlungen wahr. Sie beschließen ua. über die Bestellung und Abberufung von Direktoren. Eine Mindestgesellschafterzahl sieht das Gesetz nicht vor.

54 Die Limited hat mindestens einen **Direktor**, der mit den Geschäftsführern einer GmbH verglichen werden kann. Die Direktoren werden durch Gesellschafterbeschluss bestellt; sie können auch durch den Beschluss des board of directors bestellt werden, müssen dann aber von der nächsten Gesellschafterversammlung bestätigt werden. Personen, die durch gerichtlichen Beschluss als ungeeignet für das Amt eines Direktors qualifiziert wurden (disqualification order), können nicht Direktor werden.

55 Aufgabe der Direktoren ist die Geschäftsführung und Vertretung (s. hierzu Rz. 42 ff.) der Gesellschaft. Die **Vertretungsberechtigung** ist grundsätzlich unbeschränkt, aber durch die Satzung der Gesellschaft beschränkbar. Das englische Recht kennt zwar kein Verbot des Selbstkontrahierens entsprechend § 181 BGB. Ein Direktor ist aber als Beauftragter der Gesellschaft Beschränkungen bei der Vertretung unterworfen. Aus dem Auftragsverhältnis ergibt sich ein besonderes Vertrauensverhältnis (fiduciary relationship). Aus diesem resultiert die Pflicht des Direktors, die Interessen der Gesellschaft wahrzunehmen und Interessenkollisionen zu vermeiden. Eine Pflichtverletzung kann vermieden werden, wenn der Direktor eine im Einzelfall bestehende Interessenkollision dem Vertretenen gegenüber offenlegt und dieser dem Geschäft dann zustimmt. Im Falle einer Gesellschaft ist die Zustimmung der Gesellschafter erforderlich, soweit die Satzung insoweit nicht ausdrücklich Erleichterungen vorsieht (so die Mustersatzung Table A Art. 85 f.).

56 Die Gesellschaft hat üblicherweise einen **secretary of company**. Er hat keine Vertretungsbefugnis, sondern ist vielmehr für die Führung der Bücher der Gesellschaft, die company accounts und die Vorbereitung und Protokollierung der Gesellschafterversammlung sowie für die Beachtung der Anzeigepflichten gegenüber dem Register zuständig. Die Funktion des secretary kann auch von einem Direktor übernommen werden, wenn es mehrere Direktoren gibt. Da das Erfordernis, einen secretary zu haben, gerade für kleinere Unternehmen eine Belastung darstellt, werden für diese Aufgabe in der Praxis auch externe Dienstleister herangezogen.

57 ➲ **Hinweis:** Bei der Entscheidung über die Limited als geeignete Rechtsform für deutsche Unternehmer sollte nicht außer Acht gelassen werden, dass englische Gerichte gem. Art. 22 Nr. 2 EuGVVO in zahlreichen Fällen eine ausschließliche Zuständigkeit haben, BGH Urt. v. 12.7.2011 – II ZR 28/10, DNotI-Report 2011, 180 f. Diese ausschließliche Zuständigkeit kann nicht durch Schiedsklauseln abbedungen werden (Kallmeyer DB 2004, 636, 638). Einen allgemeinen Gerichtsstand in Deutschland hat die Limited nicht ohne weiteres; dies gilt selbst dann, wenn sie ihre Geschäfte überwiegend oder vollständig im Inland betreibt, BayObLG DNotZ 2006, 151.

3. Kapitalausstattung

58 **Mindestanforderungen** für die private limited **sieht das Gesetz nicht vor.** Das Gesellschaftskapital (share capital) ist in der Satzung (memorandum) einschließlich seiner Stückelung in Anteile (share) anzugeben. Die Satzung bezeichnet das Nominalkapital, dh. die Summe der Anteile, die die Gesell-

schaft ausgeben darf; zu unterscheiden hiervon ist das issued capital, dh. die Anteile, die bereits an Gesellschafter ausgegeben worden sind (Näheres bei Just Rz. 208 ff.).

Der fehlenden Pflicht zur Aufbringung eines Mindestkapitals steht eine **strenge Vermögensbindung** gegenüber (Schall ZIP 2005, 965, 969). Auszahlungen an die Gesellschafter sind nur dann zulässig, wenn Gewinne erwirtschaftet wurden. Maßgebend für die Gewinnermittlung ist nicht nur das laufende Geschäftsjahr. Die Gewinne müssen vielmehr die Verluste seit Bestehen der Gesellschaft übersteigen (Just Rz. 238). Ausschüttungen, die erfolgen, ohne dass ein entsprechender Gewinn ausgewiesen werden kann, führen zur persönlichen Haftung der Direktoren in Höhe der Ausschüttungen. 59

Die **Kapitalherabsetzung** ist durch die Reform des Companies Act 2006 erleichtert worden. Der Company Act 2006 sieht eine Kapitalherabsetzung durch Gesellschafterbeschluss vor, der zu ergänzen ist durch eine *solvency statement*, sec. 641 ff. CA. 60

4. Haftung nach englischem Recht

a) Haftung der Gesellschafter

Die Haftungsbeschränkung der Limited tritt nur ein, wenn sie ausdrücklich in der Satzung geregelt ist. Mit der Registrierung beschränkt sich die Haftung auf die Einlage. Die Gesellschafter sind dann durch den Schleier der Rechtspersönlichkeit (veil of incorporation) geschützt. Diese Schleier kann in Ausnahmefällen aufgehoben werden (lifting of the veil of incorporation); eine solche Ausnahme liegt insbesondere im Falle einer bewussten Gläubigerbenachteiligung vor (Näheres bei Just Rz. 91 ff.). Die Reichweite der persönlichen Haftung der Gesellschafter ist allerdings durch die Zurückhaltung der englischen Rechtsprechung begrenzt, eine Durchgriffshaftung zuzulassen (Fleischer DStR 2000, 1015, 1017). 61

b) Haftung der Direktoren

Bei der Haftung der Direktoren ist zu unterscheiden zwischen der Haftung gegenüber den Gesellschaftern und der Haftung gegenüber Dritten. 62

aa) Haftung gegenüber den Gesellschaftern

Die Direktoren einer Limited unterliegen **Treuepflichten** (s. Rz. 55) und **Sorgfaltspflichten** (Kasolowski in Hirte/Bücker § 4 Rz. 34 ff.). Verletzen sie diese, sind sie den Gesellschaftern gegenüber zum Schadensersatz verpflichtet. 63

Soweit die Direktoren Rechtsgeschäfte tätigen, die nicht vom Gegenstand der Gesellschaft gedeckt sind, begehen sie einen Pflichtverstoß, der zu Schadensersatzansprüchen der Gesellschafter führen kann. Die Direktoren sind ferner zur Feststellung des Gewinns zuständig. Wenn sie die hierfür geltenden gesetzlichen Vorschriften nicht beachten, sind sie den Gesellschaftern zum Ersatz des daraus resultierenden Schadens verpflichtet (Just Rz. 172 ff.). Die Geltendmachung der Ersatzansprüche obliegt der Gesellschaft, dh. den Direktoren. Einzelne Gesellschafter können Ansprüche nicht geltend machen, wohl aber die Mehrheit der Gesellschafter (Just Rz. 175).

bb) Haftung gegenüber Dritten

Eine Haftung der Direktoren gegenüber Dritten ist **grundsätzlich ausgeschlossen**. Von diesem Grundsatz gibt es Ausnahmen. 64

Sofern ein Direktor auf Grund einer **disqualification** (hierzu Just Rz. 186 ff.) nicht als Direktor tätig sein darf, haftet er persönlich für alle Verbindlichkeiten, die er dennoch im Namen der Gesellschaft eingeht (Fleischer DStR 2000, 1015, 1018 f.). Weitere Haftungstatbestände können erfüllt sein, wenn der Direktor bei Insolvenz der Gesellschaft treuwidrig handelt (misfeasance, sec. 212 Insolvency Act 1986). Ebenso können das fälschliche (wrongful trading) oder betrügerische Handeln (fraudulent trading) in einer insolventen Gesellschaft zur Haftung führen, sec. 213, 214 Insolvency

Act 1986 (Fleischer DStR 2000, 1015, 1018; Schall ZIP 2005, 965, 967 ff.). Im Fall der Insolvenz kann der Liquidator gegen die Direktoren vorgehen, wenn diese notwendige Maßnahmen nicht ergriffen haben, obwohl sie wussten oder hätten wissen müssen, dass die Gesellschaft keine realistische Aussicht hatte, die Insolvenz zu vermeiden. Von diesem Haftungstatbestand sind auch Fälle der anfänglichen Unterkapitalisierung erfasst. Die verspätete Erstellung von Bilanzen steht einer Haftung des Direktors nicht entgegen.

65 Eine **strafrechtliche Verantwortlichkeit** der Direktoren kann daraus resultieren, dass sie ihre Pflichten gegenüber dem Gesellschaftsregister nicht erfüllen, sämtliche anmeldepflichtigen Angaben anzumelden.

66 ➲ **Hinweis:** Auf der homepage von companieshouse wird an hervorgehobener Stelle darauf hingewiesen, dass insbesondere die verspätete Abgabe des Jahresabschlusses (annual accounts) eine Straftat (criminal offence) ist und mit hohen Geldstrafen geahndet werden kann. Die Pflicht zur jährlichen Abgabe dieses Berichts kann von Direktoren, die mit den Gepflogenheiten des englischen Gesellschaftsrechts nicht vertraut sind, leicht übersehen werden.

66a Die **Rechnungslegung** hat nach englischem Recht zu erfolgen.

67 ➲ **Wichtig:** Die Verletzung der Pflicht zur Einreichung der Rechnungslegung kann zur Löschung der Gesellschaft im englischen Register führen (Kallmeyer DB 2004, 636, 637) und damit zum Verlust der Rechtsfähigkeit. Die Direktoren verlieren mit der Amtslöschung ihr Amt und Handeln ab Löschung als falsus procurator mit der Folge der unbeschränkten persönlichen Haftung (Süß DNotZ 2005, 180, 189; s. auch AnwK.BGB/Hoffmann Anh. zu Art. 12 EGBGB Rz. 192) Das vorhandene Vermögen geht bei Auflösung in diesem Fall an die englische Krone (Bernstorff RIW 2004, 498, 502); dies gilt aber nicht für in Deutschland belegenes Vermögen, das damit im Rahmen einer Liquidation verwertet werden kann (OLG Jena DNotZ 2008, 298). Endet eine Limited infolge Löschung im englischen Gesellschaftsregister und setzt sie ihre Geschäftstätigkeit in Deutschland fort, besteht sie dort, wenn sie ein Handelsgewerbe betreibt, als OHG sonst als Gesellschaft bürgerlichen Rechts fort, OLG Celle v. 29.5.2012 – U 15/12, RNotZ 2012, 397 = DNotI-Report 2012, 135 f. Aus dieser Rechtsfolge resultiert unmittelbar eine unbegrenzte Haftung der Gesellschafter.

67a Auf der Website www.limited24.de findet sich der Hinweis auf die Risiken, die daraus resultieren, dass auf eine fehlende Erreichbarkeit der Gesellschaft unter ihrem registered office eine **Amtslöschung** folgt (mit Verlust der Haftungsbeschränkung). Gewarnt wird in diesem Zusammenhang vor unseriösen Gründungsagenturen, die ihren Kunden im Zusammenhang mit der Gründung einer Limited falsche Versprechungen machen. – Die Website wird unterhalten von dem – nach eigenen Angaben – ältesten Anbieter von Dienstleistungen rund um die Limited. Bemerkenswerterweise hat sich der Betreiber Companea für die Rechtsform der GmbH & Co KG entschieden und nicht etwa für eine Ltd. & Co KG (s. hierzu Rz. 51).

5. Haftung nach deutschem Recht

68 Neben der Haftung von Gesellschaftern und Direktoren nach englischem Recht kommt eine Haftung nach deutschem Recht in Betracht. Dies gilt insbesondere, soweit die **Haftungsgrundlage nicht im Gesellschaftsrecht**, sondern in anderen Rechtsgebieten angesiedelt ist. (Nicht geklärt ist bisher die Frage, inwieweit deutsche Gerichte berechtigt und ggf. gehalten sind, den englischen Gerichten entsprechend englisches Recht nicht nur anzuwenden, sondern auch fortzubilden. Zur Belastung der deutschen Gerichte durch das Erfordernis der Anwendung ausländischen Rechts s. Altmeppen NJW 2004, 97, 98. Dieses Problem stellt sich allerdings immer dann, wenn deutsches IPR zur Anwendung ausländischen Rechts führt.)

69 Im **Anwendungsbereich der Niederlassungsfreiheit** können einzelstaatliche Regelungen, die das Gesellschaftsrecht betreffen, Geltung beanspruchen, wenn sie dazu dienen, einer missbräuchlichen oder betrügerischen Berufung auf die Niederlassungsfreiheit zu begegnen, oder wenn die Beschränkung der Niederlassungsfreiheit aus zwingenden Gründen des Allgemeinwohls gerechtfertigt ist. Der Spielraum für einzelstaatliche Haftungstatbestände ist angesichts der Reichweite, die der

EuGH der Niederlassungsfreiheit beimisst, gering (AnwK.BGB/Hoffmann Anh. zu Art. 12 EGBGB Rz. 108).

Hiervon zu unterscheiden ist die Frage der **Konkurrenz von Gesellschaftsstatut und anderen Statuten**, insbesondere dem **Deliktsstatut** und dem **Insolvenzstatut** (Zimmer NJW 2003, 3538, 3587 ff.). Bezüglich dieser Regelungsbereiche ist auch die ausländische Gesellschaft den allgemeinen Gesetzen einschließlich Kollisionsnormen unterworfen, soweit das Gesellschaftsstatut nicht durch Qualifikation gezielt ausgehöhlt wird, indem gesellschaftsrechtsspezifische Tatbestände in das Delikts- oder Insolvenzstatut überführt werden (AnwK.BGB/Hoffmann Anh. zu Art. 12 EGBGB Rz. 109). 70

Steuerlich unterliegt der Direktor einer Limited, dessen Position mit dem Geschäftsführer einer GmbH durchaus vergleichbar ist, zusätzlich den Haftungsregelungen der AO. Bei vorsätzlicher oder grob fahrlässiger Pflichtverletzung kann er insbesondere nach den §§ 34, 69 AO für die Steuerschulden der Limited in Haftung genommen werden. Insoweit bestehen keine Besonderheiten im Vergleich zur Haftungsinanspruchnahme von Geschäftsführern einer GmbH. 71

a) Kapitalschutzrecht

Kapitalaufbringungs- und Kapitalerhaltungspflichten können nicht auf die Limited übertragen werden, da andernfalls die Niederlassungsfreiheit verletzt würde. Entsprechendes gilt für Rückzahlungsansprüche aus §§ 30, 31 GmbHG sowie für Rückzahlungsansprüche, die im Bezug auf eigenkapitalersetzende Mittel aus einer analogen Anwendung der §§ 30, 31 GmbHG hergeleitet werden. 72

Anders verhält es sich bei den §§ 32a, 32b GmbH sowie §§ 135, 146 InsO und § 6 AnfG. Die Haftungstatbestände dieser Regelungen knüpfen an die **Durchführung des Insolvenzverfahrens** an und sind insoweit nicht gesellschaftsrechtlich, sondern insolvenzrechtlich zu qualifizieren. Ist Insolvenzstatut das deutsche Recht, können Rückzahlungsverpflichtungen der Gesellschafter auf diese Anspruchsgrundlagen gestützt werden (AnwK.BGB/Hoffmann Anh. zu Art. 12 EGBGB Rz. 115). 73

Führt die Auszahlung von Mittel, die bei Anwendung der §§ 30, 31 GmbHG zu einem Rückzahlungsanspruch führen würden, zur Insolvenz der Gesellschaft, so kommen die **Grundsätze des existenzvernichtenden Eingriffs** (s. Rz. 75) zur Anwendung. 74

Das **englische Recht** kennt eine **Staatsaufsicht über Kapitalgesellschaften**. Diese wird bei Limiteds in Deutschland nicht effektiv greifen können (Altmeppen NJW 2004, 97, 99; Ulmer NJW 2004, 1201 f.). Gleichzeitig ist davon auszugehen, dass **deutsches Gläubigerschutzrecht nicht anwendbar** ist (Ulmer NJW 2004, 1201, 1207; aA Altmeppen NJW 2004, 97, 100). Eine überzeugende Lösung, die sich aus dem damit gegebenen Normenmangel ergibt, ist nicht in Sicht. Hier stößt die Idee der Anwendung des Herkunftsprinzips auf reine Rechtsgebilde an seine Grenzen, denn der Export des Rechtsgebildes Limited funktioniert nur partiell; die zugehörige Staatsaufsicht lässt sich nicht mit exportieren. 75

b) Existenzvernichtender Eingriff

Die deutsche Rechtsprechung hat eine Gesellschafterhaftung aus existenzvernichtendem Eingriff entwickelt. Verursacht ein Gesellschafter die Insolvenz seiner Gesellschaft, indem er ihr Vermögenswerte entzieht, die sie zur Begleichung von Verbindlichkeiten benötigt, haftet er den Gläubigern unmittelbar und unbeschränkt. Diese Grundsätze sind nach hM auf die Limited anzuwenden (AG Hamburg NJW 2003, 2835; Altmeppen NJW 2004, 97, 101; Ulmer NJW 2004, 1201, 1208; zögernd Zimmer NJW 203, 3585, 3589; aA AnwaltFormular/Heidel Kap. 28 Rz. 24). Die Durchgriffshaftung einschließlich der Grundsätze des existenzvernichtenden Eingriffs sind zwar gesellschaftsrechtlich zu qualifizieren. Die mit ihr einhergehende Beschränkung der Niederlassungsfreiheit ist aber grundsätzlich gerechtfertigt, da es sich zumindest beim existenzvernichtenden Eingriff um einen Missbrauchstatbestand handelt (so AnwK.BGB/Hoffmann Anh. zu Art. 12 EGBGB Rz. 112 mit Einschränkungen wegen einer möglichen Verletzung der Niederlassungsfreiheit angesichts Tendenzen in der Rechtsprechung, die Grundsätze des existenzvernichtenden Eingriffs auszuweiten). 76

c) Culpa in contrahendo

77 Der Geschäftsführer einer Gesellschaft kann dann Partei eines Schuldverhältnisses werden, ohne dass er dies wollte, wenn er in besonderem Maße Vertrauen für sich in Anspruch nimmt und dadurch die Vertragsverhandlungen und den Vertragsschluss erheblich beeinflusst; dies folgt aus § 311 Abs. 3 BGB (culpa in contrahendo; s. BGH NJW 1990, 1907 mwN). Dieser Grundsatz ist kein gesellschaftsrechtsspezifischer, so dass er auch auf den Direktor einer Limited anwendbar ist. Dies kann zur Haftung des Direktors einer Limited führen, der einen Kunden zum Vertragsschluss bewegt, obwohl er wissen muss, dass seine Gesellschaft ihre Verpflichtungen nicht wird erfüllen können (s. auch AnwaltFormular/Heidel Kap. 28 Rz. 28, der die Gefahr einer Kollision mit der Niederlassungsfreiheit sieht).

d) Insolvenzrecht

78 Umstritten ist die Frage, inwieweit der Direktor einer Limited Haftungstatbestände des Insolvenzrechts erfüllen kann, insbesondere ob er der Insolvenzantragspflicht und der Insolvenzverschleppungshaftung unterliegt (bejahend Zimmer NJW 203, 3585, 3590; Goette DStR 2005, 197, 200; Röhricht ZIP 2005, 505, 507; Altmeppen NJW 2004, 97, 100 f.) sowie der Massesicherungspflicht gem. § 64 Abs. 2 GmbHG (so Goette DStR 2005, 197, 199; Altmeppen NJW 2004, 97, 100 f.; aA Jachmann StB 2005, 374, 377). Die Pflicht, einen Insolvenzantrag zu stellen, und der Tatbestand der Insolvenzverschleppung lassen sich sowohl deliktsrechtlich als auch insolvenzrechtlich als auch gesellschaftsrechtlich qualifizieren. Nur im Falle einer gesellschaftsrechtlichen Qualifizierung wäre der Direktor einer Limited nicht mit der Insolvenzverschleppungshaftung oder anderen Haftungstatbeständen bedroht (so AnwK.BGB/Hoffmann Anh. zu Art. 12 EGBGB Rz. 111; AnwaltFormular/Heidel Kap. 28 Rz. 27; unentschieden Zimmer NJW 2003, 2357, 2365).

Die Frage bedarf der Klärung durch die Rechtsprechung. Einstweilen wird der vorsichtige Berater von einer möglichen persönlichen Haftung des Direktors einer Limited im Fall der Insolvenzverschleppung ausgehen. Eine entsprechende Haftung wurde ua. bejaht vom LG Kiel NZI 2006, 482, 483 f.

e) Deliktische Haftung

79 Nach allgemeiner Auffassung unterliegt der Geschäftsführer einer ausländischen Gesellschaft dem deutschen Deliktsrecht, insbesondere den §§ 823 und 826 BGB. Diese Tatbestände sind vor allem bei bewusster Gläubigerschädigung relevant. Gleiches gilt aber auch für die Nichtabführung von Arbeitnehmeranteilen zur Sozialversicherung, die gem. § 266a StGB strafbar ist. § 266a StGB ist Schutzgesetz iSv. § 823 Abs. 2 BGB und kann somit Grundlage für zivilrechtliche Schadensersatzansprüche sein.

6. Verkauf von Anteilen an einer Limited

79a Überraschungen kann der Verkauf von Anteilen einer Limited in Deutschland mit sich bringen. Fetsch weist darauf hin, dass für entsprechende Verträge aufgrund der Regelungen des deutschen internationalen Privatrechts deutsches Formstatut anwendbar sein kann mit der Folge, dass die Übertragung entsprechend § 15 Abs. 4 GmbHG beurkundungsbedürftig ist, GmbHR 2008, 133; so auch Mödl RNotZ 2008, 1, 20. Damit entfiele ein Vorteil, der im Rahmen der Vermarktung der Rechtsform zugunsten der Limited ins Feld geführt wird. Die Heilung eines etwaigen Formmangels durch dingliche Übertragung der Anteile ist zweifelhaft, Fetsch GmbHR 2008, 133, 138.

7. Umwandlung

79b Die GmbH-Reform durch das MoMiG hat die Attraktivität der deutschen GmbH im Vergleich zur englischen Limited deutlich erhöht. Die europäische Richtlinie betreffend die grenzüberschreitende Verschmelzung von Kapitalgesellschaften wurde im deutschen und englischen Recht umgesetzt. Folge wird sein, dass im Einzelfall eine grenzüberschreitende Verschmelzung einer englischen Limited auf eine GmbH erwägenswert ist, s. hierzu Tebben/Tebben DB 2007, 2355. Zur Unzulässigkeit der erstmaligen konstitutiven Verschmelzung einer deutschen GmbH auf eine englische Limited mit statutarischem Sitz in England im Register der Zweigniederlassung vor Umsetzung der vorgenannten Richtlinie s. BayObLG v. 2.5.2006 – 31 Wx 009/06, RNotZ 2006, 290. Zur Limited im Umwandlungsrecht s. auch Bayer in Lutter/Hommelhoff Anh. II zu § 4a GmbHG Rz. 57 ff.

8. Wegfall der Rechtsfähigkeit der Limited

Eine Limited kann nach englischem Recht im englischen Handelsregister gelöscht werden, wenn sie gegen ihre Verpflichtung zur Rechnungslegung nach englischem Recht verstößt, s.o. Rz. 67. Sie verliert damit nach ihrem Personalstatut ihre Rechtsfähigkeit. In Deutschland ist sie dennoch als „Restgesellschaft" so lange rechts- und parteifähig, bis die Liquidation des inländischen Vermögens beendet ist, OLG Düsseldorf NZG 2010, 1226. Endet eine Limited infolge Löschung im englischen Gesellschaftsregister und setzt sie ihre Geschäftstätigkeit in Deutschland fort, besteht sie dort, wenn sie ein Handelsgewerbe betreibt, als OHG sonst als Gesellschaft bürgerlichen Rechts fort, OLG Celle v. 29.5.2012 – U 15/12, RNotZ 2012, 397. 79c

9. Insolvenz der Limited mit Sitz in Deutschland

Die Insolvenz einer Limited mit Sitz in Deutschland richtet sich nach dem **Recht des Staates, in dem das Insolvenzverfahren eröffnet** wird, dem sog. lex loci concursus, Art. 4 Abs. 1 EuInsO. International zuständig für die Verfahrenseröffnung ist der Staat, in dem der Schuldner den **Mittelpunkt seiner hauptsächlichen Interessen** hat, Art. 3 Abs. 1 Satz 1 EuInsO. Dies ist grundsätzlich der Ort des Satzungssitzes, Art. 3 Abs. 1 Satz 2 EuInsO, bei Auseinanderfallen von Satzungssitz und Verwaltungssitz allerdings der Ort des Verwaltungssitzes. Damit ist Insolvenzstatut das deutsche Recht. Nach diesem bestimmt sich, wann eine Insolvenz gegeben ist, ebenso wer berechtigt ist, Insolvenzantrag zu stellen. 80

Hiervon zu unterscheiden ist der Streitpunkt, welches **Recht** die Frage entscheidet, **wer verpflichtet ist, einen Insolvenzantrag zu stellen**. Für eine Qualifizierung dieser Frage als gesellschaftsrechtlich spricht, dass das deutsche Recht die Frage im Gesellschaftsrecht regelt (§ 64 GmbHG; das englische Recht regelt die Frage demgegenüber im Insolvency Act, in dem die Absicherung der Insolvenzantragspflicht durch die Regeln zum wrongful trading niedergelegt sind). Durch eine Qualifizierung als gesellschaftsrechtliche Frage würde zudem erreicht, dass Insolvenzantragspflicht und Insolvenzverschleppung dem gleichen Recht unterstehen. Gegen eine insolvenzrechtliche Qualifizierung der Insolvenzantragspflicht mag sprechen, dass sie möglicherweise mit der Niederlassungsfreiheit kollidiert, wie sie vom EuGH verstanden wird (Just Rz. 340). Der Umstand, dass sich die Frage, welches Recht die Insolvenzantragspflicht regelt, nicht sicher beantworten lässt, bringt auf absehbare Zeit Unsicherheiten hinsichtlich der Haftung der Direktoren mit sich, die bei der Entscheidung über die Gründung und Führung einer Limited mit Sitz in Deutschland berücksichtigt werden sollten. Zur Haftung des Direktors bei Insolvenz s. Rz. 77. 81

10. Steuerrecht

Die **praktische Bedeutung** der Private Limited Company hat zwischenzeitlich **wieder erheblich nachgelassen, nachdem** der Gesetzgeber zum 1.11.**2008** die **Unternehmergesellschaft haftungsbeschränkt (UG)** geschaffen hat (§ 5a GmbHG). Die UG haftungsbeschränkt war insoweit die deutsche Antwort des Gesetzgebers auf das Aufkommen der britischen Limited in Folge der zu Beginn der 2000er Jahre geänderten Rechtsprechung des EuGH zur steuerlichen Gleichbehandlung der im Inland tätigen, jedoch nach ausländischem Recht gegründeten Kapitalgesellschaften mit deutschen Kapitalgesellschaften. Die (im Vergleich zur „normalen" GmbH) geringe Stammkapitalausstattung verbunden mit einem organisatorisch vergleichsweise zügigen und kostengünstigen Gründungsvorgang hat die UG haftungsbeschränkt daher zu einer häufigen und gerne gewählten Alternative für Gründer werden lassen, die sich die geänderte Rechtsprechung des EuGH und die tatsächlichen organisatorischen Abläufe und Kapitalausstattungen der Limited zu Nutze machten. 82

Eine unbeschränkte **Körperschaftsteuerpflicht** in Deutschland ist nach § 1 Abs. 1 KStG bereits dann gegeben, wenn sich der Ort der Geschäftsleitung bzw. der tatsächliche Verwaltungssitz einer Gesellschaft im Inland befindet. Die Ertragsbesteuerung unterscheidet sich weder hinsichtlich des Veranlagungsverfahrens noch der Belastung von der deutschen GmbH bzw. UG.

83 Eventuell auftretende Probleme aus einer sog. **Doppelansässigkeit** von Gesellschaften im In- und Ausland – insbesondere aufgrund der Existenz von in- und ausländischen Betriebsstätten – sind mit Hilfe des Art. II Abs. 1 lit. h Unterabs. iii DBA BRD – UK zu lösen. Zunächst ist dabei anhand der weiteren Regelungen des DBA zu bestimmen, in welchem Staat sich der Ort der Geschäftsleitung bzw. der Verwaltungssitz tatsächlich befindet. Liegt dieser Ort in Deutschland, so ergibt sich für die Limited nur dort eine unbeschränkte Steuerpflicht.

84 Im **Vereinigten Königreich** wird eine Gesellschaft, die ihren tatsächlichen Sitz nach Deutschland verlegt, entsprechend der vorgenannten Regelung des DBA BRD – UK als non-resident behandelt. Die Sitzverlegung bzw. die alleinige Ansässigkeit der Gesellschaft nach Deutschland ist den englischen Finanzbehörden unter Vorlage einer Bescheinigung des in Deutschland zuständigen Finanzamts anzuzeigen (Korts/Korts BB 2005, 1474, 1476). In Großbritannien findet jedoch weiterhin die Verwaltungsabwicklung über einen einzusetzenden Direktor oder Geschäftsführer statt. Nur wenn in diesen Fällen die zuständige britische Behörde eine Befreiung von der Steuererklärungspflicht erteilt hat, sind lediglich in Deutschland Steuererklärungen abzugeben. Im Übrigen hätten die Direktoren einer Limited spätestens zehn Monate nach dem Ende eines Geschäftsjahres den annual account, die tax computation (**Steuerberechnung**) und den tax return (**Steuererklärung**) bei der zuständigen Finanzbehörde (inland revenue) einzureichen (Just Rz. 168).

85 Hinzuweisen ist an dieser Stelle auf die britische **Wegzugsteuer**. Kommt es durch die Sitzverlegung zum Ende der Steuerpflicht im Vereinigten Königreich, so hat dort eine Schlussbesteuerung zu erfolgen. Im Rahmen dieser Schlussbesteuerung sind insbesondere die zwischen Gründung und Sitzverlegung entstandenen stillen Reserven aufzudecken und zu versteuern. Unproblematisch ist diese Regelung jedoch in den Fällen, in denen der Sitz der Gesellschaft unmittelbar nach ihrer Gründung verlegt wird, da in diesem in der Regel kurzen Zeitraum wohl keine stillen Reserven entstehen werden, was in der Praxis zu Beginn der 2000er Jahre der häufigen Handhabung entsprach.

86 Von der inländischen Besteuerung sind lediglich die Einkünfte ausgenommen, die durch eine Betriebsstätte im Vereinigten Königreich erwirtschaftet worden sind (Rechtsgrundlage Art. 18 Abs. 2 lit. a BDA BRD – UK). Im Übrigen sind für eine im Inland unbeschränkt steuerpflichtige Limited die allgemeinen Vorschriften des KStG und im Besonderen auch die des § 8 Abs. 3 Satz 2 KStG zu den verdeckten Gewinnausschüttungen zu beachten. Insoweit kann auch der Betriebsausgabenabzug für Zinsaufwendungen bei Körperschaften nach § 8a KStG (sog. Zinsschranke seit 2008) zur Anwendung kommen. Lohnzahlungen an einen Direktor ohne Vorliegen eines Beschlusses über die Entgeltlichkeit der Tätigkeit bergen die Gefahr in sich, dass solche Zahlungen als **verdeckte Gewinnausschüttungen** gewertet werden (Korts/Korts BB 2005, 1474, 1477). Über § 14 Abs. 1 Nr. 2 Satz 1 KStG kann eine Limited zudem als Organträger, jedoch mangels inländischem Sitz (§§ 14, 17 KStG) nicht als Organgesellschaft eingesetzt werden.

87 Im Inland kann sich uU auch eine lediglich **beschränkte Steuerpflicht** ergeben. Dies ist insbesondere der Fall, wenn sich Sitz und Geschäftsleitung einer Limited im Ausland befinden, jedoch in ein inländisches Handelsregister eine Zweigniederlassung eingetragen, somit eine inländische Betriebsstätte iSd. § 12 AO begründet wurde und diese Niederlassung inländische Einkünfte erzielt. Hierbei sind die Vorschriften der §§ 2 Nr. 1 KStG, 49 ff. EStG bzw. die einschlägigen Regelungen des DBA BRD – UK zu beachten.

88 Die Tätigkeit einer Kapitalgesellschaft gilt nach § 2 Abs. 2 Satz 1 GewStG stets und in vollem Umfang als Gewerbebetrieb. Dies gilt dies auch für ausländische Gesellschaften, sofern diese im Inland Betriebsstätten unterhalten, in ihrer Rechtsform mit einer deutschen Kapitalgesellschaft vergleichbar und im Inland rechtsfähig sind. Nach R 2.1 Abs. 4 Satz 2 GewStR 2009 bestimmt sich bei Unternehmen mit Sitz (§ 11 AO) und Geschäftsleitung (§ 10 AO) im Inland die Rechtsfähigkeit im Inland ausschließlich **nach** dem **Recht des jeweiligen ausländischen Staates**. Befindet sich die Geschäftsleitung im Inland, erlangt das ausländische Unternehmen die Rechtsfähigkeit im Inland erst

mit Eintragung in das jeweilige deutsche Register. Abweichend hiervon sind die **nach** dem **Recht** eines **anderen EU-Staates gegründeten Gesellschaften** mit **Geschäftsleitung im Inland** auch ohne Eintragung in ein deutsches Register **voll rechtsfähig** (R 2.1 Abs. 4 Satz 4 GewStR). Folglich unterliegt der durch den inländischen Betrieb einer Limited erzielte Gewerbeertrag grundsätzlich in **vollem Umfang der Gewerbesteuer**, selbst wenn diese nicht in das inländische Handelsregister eingetragen und lediglich vermögensverwaltend tätig ist.

➲ **Hinweis:** Bei Gründung einer Limited, die ihren Sitz anschließend umgehend nach Deutschland verlegt, können **Gründungskosten** regelmäßig selbst bei Aufnahme einer geeigneten Regelung zur Übernahme der Gründungskosten durch die Gesellschaft nicht als Aufwand geltend gemacht werden, da die Limited im Vereinigten Königreich als non-resident betrachtet wird (Korts/Korts BB 2005, 1477). 89

Umsatzsteuerlich unterliegen die von einer Limited im Inland ausgeführten Umsätze unter den Voraussetzungen des § 1 Abs. 1 Nr. 1 UStG in vollem Umfang der deutschen Umsatzsteuer. Die Steuerbarkeit bestimmt sich hierbei ausschließlich danach, ob die ausgeführten Leistungen im Inland gegen Entgelt ausgeführt werden. Die Unternehmereigenschaft einer Limited bestimmt sich nach den allgemeinen Voraussetzungen des § 2 UStG. Insgesamt unterliegen auch ausländische Unternehmer, die in Deutschland Leistungen gegen Entgelt ausführen, der Umsatzsteuer; auf den Ort des Sitzes bzw. der Geschäftsleitung kommt es nicht an. Ggf. ist jedoch § 13b UStG zu beachten, wenn die Limited nach § 13b Abs. 1 UStG (nach § 3a Abs. 2 UStG) im Inland steuerpflichtige Leistungen erbringt, jedoch im übrigen Gemeinschaftsgebiet (Großbritannien) ansässig ist. 90

Aktuell besteht für die Festsetzung der Umsatzsteuer nach den Regelungen der Umsatzsteuerzuständigkeitsverordnung (vgl. auch § 21 AO iVm. AEAO zu § 21, § 1 UStZustV Nr. 7, BMF v. 20.12.2001, BStBl. I, 3794 zuletzt geändert durch Art. 5 d. Gesetzes v. 8.12.2010, BGBl. I, 1768) grundsätzlich eine **Zentralzuständigkeit** des Finanzamtes Hannover-Nord. Die Finanzverwaltung griff nach dem starken Aufkommen der Limiteds im Zuge der geänderten EuGH-Rechtsprechung aus Gründen der Verwaltungsökonomie häufiger auf die Möglichkeit einer Zuständigkeitsvereinbarung nach § 27 AO zurück, um eine einheitliche Zuständigkeit des nach § 20 AO bereits mit der Festsetzung der Körperschaftsteuer betrauten Finanzamtes zu erreichen; aufgrund der zwischenzeitlich wieder geänderten rechtlichen Rahmenbedingungen (Einführung der Unternehmergesellschaft haftungsbeschränkt) dürfte sich dies zwischenzeitlich wieder reduziert haben, so dass die allgemeinen Grundsätze der UStZustV im allgemeinen Verwaltungsvollzug wieder stärker zum Tragen kommen. Die wirksame Umsetzung einer solchen Zuständigkeitsvereinbarung bedarf (bzw. bedurfte) der Zustimmung des Steuerpflichtigen, die dieser im Einzelfall gründlich abzuwägen hat.

Gewinnausschüttungen (offen oder verdeckt) erfolgen nach den allgemeinen Grundsätzen. Derartige Gewinnausschüttungen unterliegen (seit 2009) dem Grunde nach der Abgeltungssteuer (§§ 32d Abs. 1, § 20 Abs. 1 Nr. 1 EStG), sofern die Anteile im steuerlichen Privatvermögen gehalten wurden und die Voraussetzungen des § 32d Abs. 2 Nr. 3 EStG nicht vorliegen. Im letzteren Fall kann **auf Antrag** eine Einbeziehung in die Steuerveranlagung unter Beibehaltung der Berücksichtigung der tatsächlichen Werbungskosten erfolgen (§ 32d Abs. 2 Nr. 3 Satz 2 ff. EStG), wenn der Steuerpflichtige im Veranlagungszeitraum zu mind. 25 % an der Kapitalgesellschaft beteiligt ist oder zu mind. 1 % an ihr beteiligt und beruflich für sie tätig ist. Für Ausschüttungen an eine andere Kapitalgesellschaft sind die Regelungen des § 8b KStG zu beachten. 91

Befinden sich die Anteile im steuerlichen **Betriebsvermögen** einer natürlichen Person, erfolgt die Besteuerung nach den Grundsätzen des Teileinkünfteverfahrens. Die Abgeltungssteuer greift dann nach § 20 Abs. 8 EStG nicht. Nach dem Teileinkünfteverfahren (§ 3 Nr. 40 EStG) bleiben die Einnahmen (zur Abmilderung der Doppelbesteuerung) zu 40 % steuerfrei. Allerdings gilt dies für verdeckte Gewinnausschüttungen nur, soweit sie das Einkommen der leistenden Körperschaft nicht gemindert haben (§ 3 Nr. 40d Satz 2 EStG). In entsprechender Höhe (40 %) kann darüber hinaus keine Berücksichtigung von mit den Einnahmen im Zusammenhang stehenden Betriebsausgaben erfolgen (§ 3c EStG).

V. Vor- und Nachteile der Rechtsform Limited

92 Für die Wahl der richtigen Rechtsform sind zahlreiche Gesichtspunkte relevant. Einige sind weniger objektivierbar als andere. Einer Verbreitung der Limited in Deutschland steht die Skepsis seitens der potentiellen Vertragspartner im Wege. Bei Außenstehenden wird die Entscheidung für eine Limited, soweit nicht nachvollziehbare Gründe dafür sprechen, Zweifel an der Kreditwürdigkeit und Seriosität wecken.

1. Kapitalausstattung

93 Die Limited setzt **kein Mindestkapital** voraus. **Kapitalerhöhungen und Kapitalherabsetzung sind einfach** möglich. Dies ist ein Vorteil für Unternehmensgründer, die über wenig bzw. kein Eigenkapital verfügen. Man fragt sich auf der anderen Seite allerdings, mit welchem Geld eine seriöse Gesellschaft arbeiten will, wenn schon die Aufbringung des Mindestkapitals für die Gründung einer GmbH bzw. UG nicht möglich erscheint. Die vor Inkrafttreten der GmbH-Rechtsreform niedrigeren Anforderungen des englischen Rechts in puncto Kapitalaufbringung und Kapitalerhalt stellen mit Einführung der UG nur noch eingeschränkt ein Argument zu Gunsten der Limited dar.

94 Probleme, wie sie das deutsche GmbH-Recht bei **Sachgründungen** kennt, sind dem englischen Recht unbekannt. Ist eine Sachgründung vorgesehen, entsteht nicht das Risiko einer Haftung wegen verschleierter Sachgründung.

95 Hinsichtlich gesellschaftsrechtlicher Streitigkeiten stellt die **ausschließliche Zuständigkeit englischer Gerichte** für viele Fälle einen erheblichen Nachteil der Limited dar (s. Rz. 57), soweit die Gesellschaft tatsächlich nur in Deutschland tätig ist.

2. Haftungsrecht

96 Im Bereich des Haftungsrechts lässt sich im Vergleich von Limited und GmbH kaum eine abschließende Bewertung zu Gunsten der einen oder anderen Rechtsform treffen. Die Haftungsregeln, denen Gesellschafter und Geschäftsführer nach englischem und deutschem Recht unterworfen sind, unterscheiden sich in vielerlei Hinsicht. Welche wirtschaftliche Tragweite dies hat, lässt sich aus der Gesetzes- und Rechtslage allein aber nicht herleiten. Der Kompliziertheit des deutschen Kapitalersatzrechts steht die unwägbare Reichweite der Haftung nach den generalklauselartigen Grundsätzen der englischen Rechtsprechung zum wrongful trading gegenüber (vgl. Kallmeyer DB 2004, 636, 639).

97 Bei der Wahl zwischen GmbH und Limited sollte aber berücksichtigt werden, dass der mit dem englischen Recht nicht vertraute Direktor einer Limited in Deutschland bei Zweifelsfragen keine oder nur verspätet zuverlässige **Rechtsauskunft zum englischen Recht** erhalten kann. Ferner ist zu berücksichtigen, dass die Direktoren und Gesellschafter einer Limited mit Verwaltungssitz in Deutschland einer Überlagerung des englischen Haftungsrechts durch deutsche Haftungsregelungen unterworfen sind (s. Rz. 68 ff.), was zu einer **Kumulation von Haftungsrisiken** führt. Darüber hinaus ist die englische Rechtsprechung zum wrongful trading zu berücksichtigen, derzufolge ein Direktor **im Fall der drohenden Insolvenz schadensersatzpflichtig** ist, soweit er nach Vorliegen einer negativen Fortführungsprognose nicht jeden vernünftigen Schritt unternommen hat, um den Gläubigerausfall zu vermindern. Diese Haftungslage verbindet die Insolvenzverschleppungshaftung nach deutschem Recht mit dem Eigenkapitalersatzrecht (AnwK.BGB/Hoffmann Anh. zu Art. 12 EGBGB Rz. 193).

98 Beachtung verdient ferner folgende Besonderheit des englischen Rechts: Die englische Limited kann **von Amts wegen gelöscht** werden, wenn sie bestimmten Publizitätspflichten nicht genügt. Dies birgt das Risiko der unbegrenzten Haftung der Direktoren und Gesellschafter in sich (s. Rz. 67).

3. Mitbestimmungsrecht

99 Fraglich ist, ob die Limited mit Sitz in Deutschland dem deutschen Mitbestimmungsrecht unterworfen ist. Wie die Frage entschieden werden wird, ist derzeit noch nicht abzusehen. AnwK.BGB/Hoffmann Anh. zu Art. 12 EGBGB Rz. 116 verweist zu Recht darauf, dass es sich bei dieser Frage um eine Glaubensfrage handeln dürfte. In der Literatur überwiegt die Auffassung, dass eine Überlagerung des englischen Gesellschaftsrechts durch deutsches Mitbestimmungsrecht einen Verstoß gegen die Niederlassungsfreiheit darstellt (Hoffmann aaO mwN). Relevant wird die Frage der Mitbestimmung ohnehin nur für Unternehmen mit mehr als 2000 Mitarbeitern.

4. Kosten

100 Dass die Kosten für die Gründung einer Limited als Vorteil dieser Rechtsform insbesondere gegenüber der GmbH ins Feld geführt werden, vermag nicht zu überzeugen. Eine solche Bewertung ist nur aufrecht zu halten, wenn man die Kosten der Anmeldung einer Zweigniederlassung einschließlich Übersetzungskosten ebenso außer Betracht lässt wie die Kosten für einen etwaigen secretary und die Miete für ein registered office (Ulmer NJW 2004, 1201 Fn. 6; Korts/Korts BB 2005, 1477; Werner GmbHR 2005, 288, 292). Schließt man diese ein, dürfte die Gründung selbst einer Standard-Limited teurer sein als die Gründung einer UG. (Die Preisangaben zur Gründung und erforderlichen Betreuung einer Limited im ersten Jahr liegen gem. den Angaben auf der Website www.limited24.de über denen einer UG-Gründung. Zudem wird auf derselben Website vor Dienstleistungsgesellschaften gewarnt, die Limited-Gründer bewusst über Folgekosten täuschen.)

101 Die fehlende Möglichkeit, **Gründungskosten** einer Limited **steuerlich geltend** zu machen (s. Rz. 85), stellt einen weiteren Kostennachteil der Limited dar, der den Kostenvergleich zu Gunsten der GmbH prägt.

102 Erheblich teurer dürften im Übrigen die **laufenden Rechtsberatungs- und Steuerkosten** bei einer Limited im Vergleich zu einer GmbH sein (Wachter GmbHR 2004, 88, 94). Wer Auskunft über die Rechtsverhältnisse bei einer Limited haben will, ist gezwungen, sich an einen spezialisierten, mit dem englischen Recht vertrauten Anwalt bzw. Steuerberater zu wenden, der üblicherweise nur gegen vergleichsweise hohe Stundensätze tätig wird. Guter Rat ist im Fall der Limited besonders teuer. Die fehlende Vertrautheit mit dem englischen Recht führt zu einem erhöhten, kostenträchtigen Beratungsbedarf.

103 Hinsichtlich der Gerichtskosten ist anzumerken, dass das Handelsregister die Eintragung der Zweigniederlassung einer ausländischen Kapitalgesellschaft von der Zahlung eines Vorschusses auf die zu erwartenden Kosten der Veröffentlichung des Geschäftsgegenstandes der Gesellschaft abhängig machen kann. Ein entsprechendes Vorgehen verstößt nicht gegen europarechtliche Vorgaben, EuGH v. 1.6.2006 – C-453/04, DNotZ 2006, 868.

Den Kosten der **Beitragspflicht bei der IHK** kann man durch Gründung einer Limited nicht entgehen, soweit eine Betriebsstätte in Deutschland unterhalten wird. In diesem Fall ist die Limited zur Beitragsleistung verpflichtet, VG Darmstadt Mitt BayNot 2007, 149.

5. Administrativer Aufwand

104 Der administrative Aufwand bei der Gründung einer Limited, die ihren Sitz nach Gründung nach Deutschland verlegt, ist höher als der einer GmbH-Gründung, da Anmeldungen bei zwei Registern erforderlich sind und die Anmeldung einer Zweigniederlassung schwerfällig ist. Aus gutem Grund fristen Zweigniederlassungen bisher ein Schattendasein; ausländische Gesellschaften, die in Deutschland tätig werden wollen, gründen idR eine GmbH (so auch Süß DNotZ 2005, 180, 181). Rechtstreitigkeiten über Organbeschlüsse der Gesellschaft können nur vor den Gerichten ihres Satzungssitzes ausgetragen werden, selbst wenn der Verwaltungssitz im Inland liegt, so BGH v. 12.7.2011 – II ZR 28/10, NJW 2011, 3372 unter Verweis auf Art. 22 Nr. 2 EuGVVO.

105 Die **Rechnungslegung** der Gesellschaft ist nach englischem Recht zu erstellen (AnwK.BGB/Hoffmann Anh. zu Art. 12 EGBGB Rz. 192). Dies dürfte in der Regel die Einschaltung teurer spezialisierter Steuerberater erforderlich machen.

106 Vorteilhaft bei der Limited erscheint, dass man sie in kurzer Zeit gründen kann. Die Eintragung einer GmbH oder UG bedarf nach der Beurkundung längstens einiger Wochen. Dieser **Zeitunterschied** sollte aber für die weit reichende Entscheidung über die Wahl der geeigneten Rechtsform kein ausschlaggebendes Gewicht haben. Im Zweifel sollte der Erwerb einer Mantel-GmbH erwogen werden.

6. Vererbung der Limited

107 Bei Gründung einer Limited denkt man kaum an das Ableben des Gründers. Zu beachten ist aber, dass die Gesellschaft ein registered office in England unterhalten muss und bei der Abwicklung des Übergangs der Gesellschaftsanteile unabhängig vom anwendbaren Erbstatut englisches Nachlassverfahrensrecht zur Anwendung kommt (faktische Nachlassabwicklungsspaltung, s. von Oertzen ZEV 2006, 106, 107 f.). Dieses bringt ua. mit sich, dass ein Nachlassabwickler durch das englische Nachlassgericht bestimmt werden muss (AnwK.BGB/Odersky Länderbericht Großbritannien Rz. 13 ff.).

7. Rechtsunsicherheit

108 Bei der Entscheidung für die richtige Rechtsform sollte die Frage nach der Rechtssicherheit nicht ohne Gewicht sein. Derzeit bestehen noch viele ungeklärte Fragen bezüglich der Rechtsverhältnisse einer englischen Limited mit Sitz in Deutschland. Dies erschwert eine seriöse Prognose hinsichtlich der Vor- und Nachteile der entsprechenden Rechtsform. Zugleich geht mit der gegenwärtigen Rechtsunsicherheit ein erhöhtes Kostenrisiko einher. Ungeklärte Rechtsfragen als solche führen bereits zu dem Risiko erhöhter Beratungskosten; dies gilt umso mehr, wenn sich die Rechtsunsicherheit auf Rechtsfragen an den Berührungspunkten verschiedener Rechtsordnungen bezieht. Hier können nur noch teure Spezialisten mit Erfahrung in verschiedenen Rechtsordnungen weiterhelfen. Mangelnde Erfahrung mit dem englischen Recht führen darüber hinaus bei potentiellen Geschäftspartnern zu Skepsis aus Vorsicht.

8. Fazit

109 Die Vorteile einer Limited sind insbesondere nach Schaffung der Unternehmergesellschaft für kleinere und mittlere Unternehmen mit seriösen Absichten kaum zu fassen, die Nachteile demgegenüber greifbar. Gerade für Kleinunternehmer sind keine gravierenden Vorteile der Limited zu erkennen (so auch AnwK.BGB/Hoffmann Anh. zu Art. 12 EGBGB Rz. 189). Die Nachteile sind deutlicher: Die laufenden Kosten sind hoch, die Rechtsunsicherheit groß, die Haftung schwer absehbar und in vielen Punkten strenger als nach deutschem Recht. Für den deutschen Unternehmen, der im Inland tätig sein will, dürfte sich die Gründung einer Limited auch unter Kostengesichtspunkten nicht lohnen (so auch Römermann S. 242).

Mit der Reform des deutschen GmbH-Rechts und der Einführung der Unternehmergesellschaft dürfte das Interesse an der Gründung einer Limited, die nur in Deutschland tätig ist, endgültig entfallen sein. Der Rat, in entsprechenden Fällen dennoch eine Limited zu gründen, wird angesichts der vorstehend geschilderten Bedenken gegen die Gründung einer Limited in der Regel unsachgemäß sein.

M 131.1 Memorandum of Association[1] – Private Limited Company

A private company limited by shares

Memorandum of Association

1. The company's name is . . .

2. The company's registered office is . . .

3. The company's objects are . . .

4. The liability of the members is limited.

5. The company's share capital is . . . GBP divided in to . . . shares of . . . GBP each.

We, the subscribers to this memorandum of association, wish to be formed into a company pursuant to this memorandum, and we agree to take the number of shares shown opposite our respective names:

Name and adress of subscribers	*Number of shares taken by each subscriber*
1. Mr./Mrs. . . .	*. . .*
2. Mr./Mrs. . . .	*. . .*
Total shares taken	*. . .*

place, date, signatures

Witnesses to the above signatures

. . .

1 S. Rz. 13.

M 131.2 Articles of Association[1] – Private Limited Company

Eine Mustersatzung ist auf der diesem Buch beiliegenden CD-ROM enthalten oder abrufbar unter www.formationsdirect.com.

1 S. Rz. 15 ff.

M 131.3 Form 10[1] – Private Limited Company

Companies House
for the record

10

Please complete in typescript, or in bold black capitals.
CHWP000
Notes on completion appear on final page

First directors and secretary and intended situation of registered office

Company Name in full

Proposed Registered Office
(PO Box numbers only, are not acceptable)

Post town

County / Region

Postcode

If the memorandum is delivered by an agent for the subscriber(s) of the memorandum mark the box opposite and give the agent's name and address.

Agent's Name

Address

Post town

County / Region

Postcode

Number of continuation sheets attached

You do not have to give any contact information in the box opposite but if you do, it will help Companies House to contact you if there is a query on the form. The contact information that you give will be visible to searchers of the public record.

Tel

DX number DX exchange

Companies House receipt date barcode
This form has been provided free of charge by Companies House

v 10/03

When you have completed and signed the form please send it to the Registrar of Companies at:
Companies House, Crown Way, Cardiff, CF14 3UZ DX 33050 Cardiff
for companies registered in England and Wales
or
Companies House, 37 Castle Terrace, Edinburgh, EH1 2EB
for companies registered in Scotland DX 235 Edinburgh
or LP - 4 Edinburgh 2

1 S. Rz. 17 f.

Company Secretary (see notes 1-5)

Form 10 Continuation Sheet

CHWP000

Company Name

NAME *Style / Title *Honours etc

* Voluntary details

Forename(s)

Surname

Previous forename(s)

Previous surname(s)

Address †

† Tick this box if the address shown is a service address for the beneficiary of a Confidentiality Order granted under section 723B of the Companies Act 1985 otherwise, give your usual residential address. In the case of a corporation or Scottish firm, give the registered or principal office address

Post town

County / Region Postcode

Country

I consent to act as secretary of the company named on page 1

Consent signature **Date**

Directors (see notes 1-5)

Please list directors in alphabetical order

NAME *Style / Title *Honours etc

Forename(s)

Surname

Previous forename(s)

Previous surname(s)

Address †

† Tick this box if the address shown is a service address for the beneficiary of a Confidentiality Order granted under section 723B of the Companies Act 1985 otherwise, give your usual residential address. In the case of a corporation or Scottish firm, give the registered or principal office address

Post town

County / Region Postcode

Country

Day Month Year

Date of birth **Nationality**

Business occupation

Other directorships

I consent to act as director of the company named on page 1

Consent signature **Date**

Company Secretary (see notes 1-5)

* Voluntary details

NAME *Style / Title ____ *Honours etc ____

Forename(s)

Surname

Previous forename(s)

Previous surname(s)

† **Tick this box if the address shown is a service address for the beneficiary of a Confidentiality Order granted under section 723B of the Companies Act 1985 otherwise, give your usual residential address. In the case of a corporation or Scottish firm, give the registered or principal office address**

Address †

Post town

County / Region ____ Postcode ____

Country

I consent to act as secretary of the company named on page 1

Consent signature ____ **Date** ____

Directors (see notes 1-5)

Please list directors in alphabetical order

NAME *Style / Title ____ *Honours etc ____

Forename(s)

Surname

Previous forename(s)

Previous surname(s)

† **Tick this box if the address shown is a service address for the beneficiary of a Confidentiality Order granted under section 723B of the Companies Act 1985 otherwise, give your usual residential address. In the case of a corporation or Scottish firm, give the registered or principal office address**

Address †

Post town

County / Region ____ Postcode ____

Country

Day Month Year

Date of birth ____ **Nationality** ____

Business occupation

Other directorships

I consent to act as director of the company named on page 1

Consent signature ____ **Date** ____

Company Secretary (see notes 1-5)

Company name

NAME *Style / Title *Honours etc

* Voluntary details

Forename(s)

Surname

Previous forename(s)

Previous surname(s)

†† Tick this box if the address shown is a service address for the beneficiary of a Confidentiality Order granted under section 723B of the Companies Act 1985 otherwise, give your usual residential address. In the case of a corporation or Scottish firm, give the registered or principal office address.

Address ††

Post town

County / Region Postcode

Country

I consent to act as secretary of the company named on page 1

Consent signature **Date**

Directors (see notes 1-5)

Please list directors in alphabetical order

NAME *Style / Title *Honours etc

Forename(s)

Surname

Previous forename(s)

Previous surname(s)

†† Tick this box if the address shown is a service address for the beneficiary of a Confidentiality Order granted under section 723B of the Companies Act 1985 otherwise, give your usual residential address. In the case of a corporation or Scottish firm, give the registered or principal office address.

Address ††

Post town

County / Region Postcode

Country

Day Month Year

Date of birth **Nationality**

Business occupation

Other directorships

I consent to act as director of the company named on page 1

Consent signature **Date**

Directors (see notes 1-5)

Please list directors in alphabetical order

NAME *Style / Title *Honours etc

* Voluntary details Forename(s)

Surname

Previous forename(s)

Previous surname(s)

Address ††

†† **Tick this box if the address shown is a service address for the beneficiary of a Confidentiality Order granted under section 723B of the Companies Act 1985 otherwise, give your usual residential address. In the case of a corporation or Scottish firm, give the registered or principal office address.**

Post town

County / Region Postcode

Country

Date of birth Day Month Year **Nationality**

Business occupation

Other directorships

I consent to act as director of the company named on page 1

Consent signature **Date**

This section must be signed by either an agent on behalf of all subscribers or the subscribers (i.e those who signed as members on the memorandum of association).

Signed **Date**

Signed **Date**

Signed **Date**

Signed **Date**

Signed **Date**

Signed **Date**

Signed **Date**

Notes

1. Show for an individual the full forename(s) NOT INITIALS and surname together with any previous forename(s) or surname(s).

   If the director or secretary is a corporation or Scottish firm - show the corporate or firm name on the surname line.

   Give previous forename(s) or surname(s) except that:

   - for a married woman, the name by which she was known before marriage need not be given,

   - names not used since the age of 18 or for at least 20 years need not be given.

   A peer, or an individual known by a title, may state the title instead of or in addition to the forename(s) and surname and need not give the name by which that person was known before he or she adopted the title or succeeded to it.

   Address:

   Give the usual residential address.

   In the case of a corporation or Scottish firm give the registered or principal office.

   Subscribers:

   The form must be signed personally either by the subscriber(s) or by a person or persons authorised to sign on behalf of the subscriber(s).

2. Directors known by another description:

   - A director includes any person who occupies that position even if called by a different name, for example, governor, member of council.

3. Directors details:

   - Show for each individual director the director's date of birth, business occupation and nationality.
   The date of birth must be given for every individual director.

4. Other directorships:

   - Give the name of every company of which the person concerned is a director or has been a director at any time in the past 5 years. You may exclude a company which either **is** or at **all times during the past 5 years,** when the person was a director, **was**:

   - dormant,

   - a parent company which wholly owned the company making the return,

   - a wholly owned subsidiary of the company making the return, or

   - another wholly owned subsidiary of the same parent company.

   If there is insufficient space on the form for other directorships you may use a separate sheet of paper, which should include the company's number and the full

5. Use Form 10 continuation sheets or photocopies of page 2 to provide details of joint secretaries or additional directors.

M 131.4 Form 12[1] – Private Limited Company

Companies House
— for the record —

12

Please complete in typescript, or in bold black capitals.

CHWP000

Declaration on application for registration

Company Name in full

I,

of

† Please delete as appropriate.

do solemnly and sincerely declare that I am a † [Solicitor engaged in the formation of the company][person named as director or secretary of the company in the statement delivered to the Registrar under section 10 of the Companies Act 1985] and that all the requirements of the Companies Act 1985 in respect of the registration of the above company and of matters precedent and incidental to it have been complied with.

And I make this solemn Declaration conscientiously believing the same to be true and by virtue of the Statutory Declarations Act 1835.

Declarant's signature

Declared at

Day Month Year

On

❶ Please print name.

before me ❶

Signed **Date**

† A Commissioner for Oaths or Notary Public or Justice of the Peace or Solicitor

You do not have to give any contact information in the box opposite but if you do, it will help Companies House to contact you if there is a query on the form. The contact information that you give will be visible to searchers of the public record.

Tel

DX number DX exchange

Companies House receipt date barcode

This form has been provided free of charge by Companies House.

Form revised 10/03

When you have completed and signed the form please send it to the Registrar of Companies at:
Companies House, Crown Way, Cardiff, CF14 3UZ DX 33050 Cardiff
for companies registered in England and Wales
or
Companies House, 37 Castle Terrace, Edinburgh, EH1 2EB
for companies registered in Scotland DX 235 Edinburgh
or LP - 4 Edinburgh 2

1 S. Rz. 19.

M 131.5 Handelsregisteranmeldung[1] – Private Limited Company

An das Handelsregister
des Amtsgerichts …

Anmeldung einer Zweigniederlassung der … Limited nach englischem Recht

Wir, die Direktoren der vorgenannten Gesellschaft überreichen:

1. *Existenznachweis[2] nebst beglaubigter Übersetzung,*
2. *Satzung der Gesellschaft[3] in englischer Sprache und in beglaubigter Übersetzung,*
3. *Nachweis über die Bestellung der Direktoren[4] nebst beglaubigter Übersetzung,*
4. *Gesellschaftsbeschluss über die Errichtung der Zweigniederlassung nebst beglaubigter Übersetzung,*

und melden zur Eintragung an[5]:

die Errichtung einer Zweigniederlassung der oben genannten Gesellschaft mit Sitz in ….

Die Firma der Zweigniederlassung lautet …[6]

Die Anschrift der Zweigniederlassung lautet: …

Gegenstand der Zweigniederlassung ist ….

Die Gesellschaft ist registriert bei folgendem Register registriert: …, Registernummer …

Die Gesellschaft ist eine Company Limited by Shares nach englischem Recht.

Die Firma der Limited lautet: …

Sitz der Gesellschaft ist …

Die Anschrift der Gesellschaft lautet: …[7].

Gegenstand der Gesellschaft ist …[8]

Das Stammkapital der Gesellschaft beträgt … GBP.

Der Gesellschaftsvertrag wurde am … geschlossen.

Die Gesellschaft wurde für unbestimmte Dauer errichtet.

Die Gesellschaft hat einen Direktor, Herrn/Frau … (Angaben zur Person).

Der Direktor ist zur alleinigen Vertretung der Gesellschaft berechtigt[9].

Die abstrakte Vertretungsregelung ist geregelt unter … der articles of association und lautet: …

Der Direktor versichert, dass keine Umstände vorliegen, die seiner Bestellung zum Direktor entsprechend § 6 GmbH-Gesetz entgegenstehen. Jeder Direktor versichert, dass er weder aufgrund eines gerichtlichen Urteils noch aufgrund einer Entscheidung einer Verwaltungsbehörde einen Beruf, einen Berufszweig, ein Gewerbe oder einen Gewerbezweig nicht ausüben darf.

Er erklärt ferner: Ich versichere insbesondere, dass ich nicht wegen einer Insolvenzstraftat (Bankrott, Verletzung der Buchführungspflicht, Gläubigerbegünstigung, Schuldnerbegünstigung) nach den §§ 283 bis 283d oder den §§ 263 bis 264a oder den §§ 265b bis 266a des Strafgesetzbuches oder wegen Insolvenzverschleppung oder wegen falscher Angaben nach § 82 GmbHG oder nach § 399 AktG oder wegen unrichtiger Darstellung nach § 400 AktG, § 331 HGB, § 313 UmwG, § 17 PublizitätsG oder im Ausland wegen einer vergleichbaren Tat verurteilt worden bin und dass mir auch nicht die Ausübung eines Gewerbes bzw. Gewerbezweiges oder Berufes bzw. Berufszweiges,

1 S. Rz. 28 ff.
2 S. Rz. 34 f.
3 S. Rz. 36.
4 S. Rz. 42 ff.
5 Zum Inhalt der Erstanmeldung s. Rz. 31 ff.
6 S. Rz. 37 ff.
7 S. § 13e Abs. 2 Satz 3 HGB.
8 S. Rz. 40 f.
9 Prokuristen oder ständige Vertreter sind ggf. ergänzend anzumelden, s. Rz. 47 f.

das/der mit dem Unternehmensgegenstand der Gesellschaft ganz oder teilweise übereinstimmt, durch ein Gericht oder eine Behörde untersagt worden ist. Der beglaubigende Notar hat mich über meine uneingeschränkte Auskunftspflicht gegenüber dem Registergericht, über die Strafbarkeit falscher Angaben im Rahmen dieser Handelsregisteranmeldung und auch darüber belehrt, dass das Registergericht zur Überprüfung dieser Angaben einen Auszug aus dem Bundeszentralregister über strafrechtliche Verurteilungen und andere Eintragungen (z.B. über die Untersagung der Ausübung eines Berufes oder Gewerbes) einholen kann. Ich unterliege bei der Besorgung meiner Vermögensangelegenheiten weder ganz noch teilweise einem Einwilligungsvorbehalt (Betreuung).

Kosten: *Notargebühr:* 0,2-Gebühr gem. Nr. 25100 KV GNotKG, mindestens 20 Euro, höchstens 70 Euro. Geschäftswert gem. §§ 121, 105 Abs. 1 Nr. 3 GNotKG (Kapitalbetrag). Bei Fertigung des Entwurfs und Beglaubigung 0,5-Gebühr gem. Nrn. 24102, 21201 Nr. 5 KV GNotKG (§ 92 Abs. 2 GNotKG), Geschäftswert gem. §§ 119, 105 Abs. 1 Nr. 3 GNotKG wie zuvor. 0,3-Gebühr für den Vollzug gem. Nr. 22114 KV GNotKG, Geschäftswert gem. § 112 GNotKG wie zuvor.

Gerichtsgebühr: Festgebühr von 150 Euro nach Nr. 2100 GV HRegGebV.

4. Abschnitt. Eingetragene Genossenschaft

Kapitel 132 Eingetragene Genossenschaft

Literatur: *Helios/Strieder*, Beck'sches Handbuch der Genossenschaft, 2009.

I. Historische Bedingtheit

1. Traditionelle Strukturen

1 Die Eigenart der eingetragenen Genossenschaft mit den aus ihr folgenden Schwierigkeiten der Einordnung in das System Verein – Personengesellschaft – Kapitalgesellschaft begründet sich aus ihrer Geschichte. Das **Genossenschaftswesen** entstand Mitte des 19. Jahrhunderts aus dem Bestreben, die wirtschaftliche Lage des Kleingewerbes und der Landwirtschaft gegenüber der wachsenden Marktmacht der industriellen und kommerziellen Großbetriebe zu verbessern. Heute hat das Genossenschaftswesen insbesondere durch die Volks- und Raiffeisenbanken eine erhebliche volkswirtschaftliche Bedeutung.

2 Die eingetragene Genossenschaft ist eine **rechtsfähige Körperschaft** nach Art eines Vereins, die die Förderung ihrer Mitglieder mittels gemeinschaftlichen Geschäftsbetriebs bezweckt. Aus der gesetzlichen Regelung, insbesondere der nicht geschlossenen Mitgliederzahl, ergibt sich, dass die Genossenschaft körperschaftlich und nicht wie eine Personengesellschaft organisiert ist. Die Unabhängigkeit von der Zahl ihrer Mitglieder verbindet sie mit dem Verein und unterscheidet sie von den Kapitalgesellschaften, die ein satzungsmäßiges Grundkapital besitzen, das in eine bestimmte Zahl möglicher Beteiligungen (Aktien, Geschäftsanteile) eingeteilt ist.

3 Der **Zweck** der Förderung des Erwerbs oder der Wirtschaft ihrer Mitglieder oder deren sozialer oder kultureller Belange mittels gemeinschaftlichen Geschäftsbetriebs nach § 1 Abs. 1 GenG bildet das Abgrenzungskriterium zu anderen Vereinigungen. Im Vordergrund steht das Wohl der Mitglieder, nicht das Geschäftsinteresse der Genossenschaft. Dennoch ist die Genossenschaft nach § 17 GenG juristische Personen und Formkaufmann. Sie tritt unter ihrer Firma im rechtsgeschäftlichen Verkehr auf. Den Gläubigern haftet nach § 2 GenG nur das Vermögen der Genossenschaft, nicht das Vermögen der Mitglieder.

2. Modernisierung 2006

4 Durch das Gesetz zur Einführung der Europäischen Genossenschaft und zur Änderung des Genossenschaftsrechts v. 14.8.2006 (BGBl. I, 1911) wurde das seit Jahrzehnten unveränderte nationale Genossenschaftsrecht modernisiert. Die rechtlichen Rahmenbedingungen insbesondere für kleine Genossenschaften wurden verbessert, die Kapitalbeschaffung und Kapitalerhaltung erleichtert und einzelne Elemente der im Aktienrecht geführten Corporate-Governance-Diskussion auf die Genossenschaft übertragen (BT-Drucks. 16/1025 v. 23.3.2006, S. 80). Die Möglichkeiten der Satzungsgestaltung wurden erweitert, um die Rechtsform attraktiver zu machen.

5 Die Modernisierung kommt zunächst durchgehend in einer **neuen Terminologie** zum Ausdruck, indem der Terminus „Statut" durch den Terminus „Satzung", der Terminus „Genosse" durch den Terminus „Mitglied" ersetzt wurde. Modernen Anwendungsformen wurde die Genossenschaft dadurch geöffnet, dass in § 1 Abs. 1 GenG als Zweck über die traditionelle Förderung des Erwerbs oder der Wirtschaft hinaus jetzt auch die Förderung der **sozialen und kulturellen Interessen der Mitglieder** zugelassen wird. Die Gesetzesbegründung (BT-Drucks. 16/1025 v. 23.3.2006, S. 80) erwähnt hier beispielhaft Schulgenossenschaften, Sportgenossenschaften, Mediengenossenschaften und Theater- oder Museumgenossenschaften. Insgesamt bleibt dabei der Förderzweck das charakteristische Merkmal der Rechtsform der Genossenschaft.

6 Die **Kapitalbeschaffung** und **Kapitalerhaltung** wurde verbessert insbesondere durch die Zulassung von Sacheinlagen (§ 7a Abs. 3 GenG), die Zulassung investierender Mitglieder (§ 8 Abs. 2 GenG) und die Zulassung eines Mindestkapitals (§ 8a GenG). Diese Möglichkeiten bedürfen der Verwirklichung in der Satzung. Als Sacheinlagen sind nur Vermögensgegenstände zulässig, deren wirtschaftlicher Wert feststellbar ist und vom Prüfungsverband und vom Registergericht nachgeprüft werden kann. Dienstleistungseinlagen scheiden deshalb regelmäßig aus (BT-Drucks. 16/1025 v. 23.3.2006, S. 81). Investierende Mitglieder kommen als Adressaten des Förderzwecks nicht in Betracht, erhalten aber beschränkte Stimmrechte. Da sie Mitglieder iSd. Grundsatzes der Selbstorganschaft (§ 9 Abs. 2 Satz 1 GenG) sind, stehen sie bei persönlicher Eignung für die Besetzung des Vorstands und des Aufsichtsrats zur Verfügung, verbreitern also hier die Auswahlmöglichkeiten. Während es bei dem Grundsatz verbleibt, dass für Genossenschaften im Gegensatz zu den Kapitalgesellschaften kein gesetzliches Mindestkapital vorgeschrieben ist, kann die Satzung ein Mindesteigenkapital einführen und damit die Kreditfähigkeit der Genossenschaft verbessern. Weiterhin können nach § 13 Abs. 3 Satz 2 GenG nF laufende Beiträge von den Mitgliedern angefordert werden, wenn die Satzung dies vorsieht.

7 Der **Corporate-Governance-Gedanke** kommt insbesondere darin zum Ausdruck, dass nach § 38 Abs. 1 GenG der Aufsichtsrat die Geschäftsführung durch den Vorstand zu überwachen hat. Nach § 24 Abs. 2 Satz 2 GenG kann die Satzung statt der Wahl und Abberufung der Vorstandsmitglieder durch die Generalversammlung die Bestellung und Abberufung durch den Aufsichtsrat vorsehen. Neue Möglichkeiten bringt auch die Zulassung der Online-Generalversammlung und der elektronischen Stimmabgabe mit sich, § 43 Abs. 7 GenG.

8 Die Gesetzesänderungen haben insbesondere eine Verbesserung der Rahmenbedingungen für **kleine Genossenschaften** mit sich gebracht. Hier liegen auch die künftigen Schwerpunkte der Satzungsgestaltung. Zu den verbesserten Rahmenbedingungen gehören neben der Herabsetzung der Mindestmitgliederzahl auf drei durch § 4 GenG vor allem die durch § 9 Abs. 1 Satz 2 und 3 sowie § 24 Abs. 2 Satz 3 GenG eröffneten Möglichkeiten, bei Genossenschaften mit nicht mehr als 20 Mitgliedern einmal durch Bestimmung in der Satzung auf einen Aufsichtsrat zu verzichten und zum Zweiten vorzusehen, dass der Vorstand lediglich aus einer Person besteht. Weiterhin findet bei der zweijährigen Pflichtprüfung nach § 53 Abs. 2 Satz 1 GenG eine Prüfung des Jahresabschlusses nur bei den Genossenschaften statt, deren Bilanzsumme 1 Mio. Euro und deren Umsatzerlöse 2 Mio. Euro übersteigen. Im Übrigen verbleibt es aber bei der Pflichtmitgliedschaft bei einem Prüfungsverband nach § 54 GenG.

II. Erscheinungsformen und Satzungsgestaltung

1. Erscheinungsformen

9 Praktisch sehr bedeutsam sind die in Bundesverband der Deutschen Volksbanken und Raiffeisenbanken e.V. zusammengeschlossenen Universalbanken. Weite Verbreitung haben auch Einkaufsgenossenschaften des Handels, Gewerbes und der Landwirtschaft gefunden. Absatzgenossenschaften vertreiben Produkte und Erzeugnisse ihrer Mitglieder. Sie sind insbesondere im landwirtschaftlichen Bereich als Molkereigenossenschaften, Obst- und Gemüseverwertungsgenossenschaften und Winzergenossenschaften verbreitet. Verbrauchergenossenschaften stellen ihren Mitgliedern Lebensmittel und andere Verbrauchsgüter zur Verfügung, die die Genossenschaft selbst im Einkauf erworben hat. Beschaffungs- und Benutzungsgenossenschaften beschaffen und unterhalten Betriebsmittel für die Nutzung in den landwirtschaftlichen oder gewerblichen Betrieben ihrer Mitglieder, beispielsweise als Maschinengenossenschaften. Im privaten Bereich haben Wohnungsgenossenschaften immer noch Bedeutung für die Versorgung ihrer Mitglieder mit Wohnräumen. Insgesamt ist das Genossenschaftswesen ein wichtiger Bestandteil unserer Wirtschafts- und Sozialordnung.

2. Satzungsgestaltung

10 In die Satzung der Genossenschaft sind nach §§ 6, 7 GenG als **Muss-Vorschriften** Bestimmungen zu folgenden Gegenständen aufzunehmen:

– Firma, Sitz und Unternehmensgegenstand der Genossenschaft;

- darüber, ob die Mitglieder Nachschüsse zur Insolvenzmasse unbeschränkt, beschränkt auf eine bestimmte Summe (Haftsumme) oder überhaupt nicht zu leisten haben;
- Form der Berufung der Generalversammlung sowie Beurkundung ihrer Beschlüsse und Versammlungsvorsitz;
- Form und Art der Bekanntmachungen der Genossenschaft;
- Betrag des Geschäftsanteils;
- Höhe der Einzahlungen auf den Geschäftsanteil, zu denen das Mitglied verpflichtet ist;
- Bildung einer gesetzlichen Rücklage und die Art ihrer Bildung.

Die **Firma** der Genossenschaft muss den Zusatz „eG" oder „eingetragene Genossenschaft" enthalten. Im Übrigen gelten die allgemeinen Grundsätze der Firmenbildung (vgl. Kap. 108 Rz. 28 ff.). Seit 2006 ist das Verbot eines Firmenzusatzes über Nachschusspflichten entfallen. Der **Sitz** der Gesellschaft ergibt sich im Normalfall daraus, dass die Förderung der Mitglieder an deren Wohn- oder Geschäftssitz zu erfolgen hat. Anders als im Kapitalgesellschaftsrecht muss der Satzungssitz dem Verwaltungssitz entsprechen. Den **Unternehmensgegenstand** bestimmen die zu erbringenden Förderungsleistungen. 11

Die Satzung kann nach §§ 7a, 8 GenG als **Kann-Vorschriften** regeln: 12

- Beteiligung mit mehreren Geschäftsanteilen;
- Zulassung von Sacheinlagen;
- Zeitliche Beschränkung der Genossenschaft;
- Anknüpfen der Mitgliedschaft an den Wohnsitz innerhalb eines bestimmten Bezirkes;
- Vom Kalenderjahr abweichendes Geschäftsjahr;
- Über die einfache Stimmenmehrheit hinausgehende oder sonstige besondere Erfordernisse für die Beschlussfassung der Generalversammlung zu bestimmten Gegenständen;
- Ausdehnung des Geschäftsbetriebes auf das Nichtmitgliedergeschäft;
- Zulassung investierender Mitglieder.

Die Satzungen insbesondere der Genossenschaftsbanken und der Warengenossenschaften innerhalb der Genossenschaftsverbände beruhen auf vereinheitlichten Mustersatzungen der genossenschaftlichen Organisationen, insbesondere des DG Verlags (vgl. die hierauf beruhenden Mustersatzungen bei Geschwandner/Steinle in Beck'sches-Handbuch der Genossenschaft, S. 767 ff.). Diese sehr umfangreichen und sehr spezifizierten Satzungsgestaltungen sind für kleine Genossenschaften insbesondere im neuen Bereich der sozialen oder kulturellen Belange grundsätzlich nicht brauchbar. Für sie sollte eine sehr viel schlankere, schwerpunktmäßig die gesetzlich nicht geregelten oder vom Gesetz zur Wahl gestellten Regelungspunkte enthaltende Gestaltung angestrebt werden. Hier ist der nicht verbandsabhängige Vertragsgestalter angesprochen. 13

3. Die Mustersatzung im Überblick

Die folgende Mustersatzung **M 132.1** regelt eine Künstlergenossenschaft mit beruflich und örtlich definierten ordentlichen Mitgliedern und investierenden Mitgliedern als Förderer. Die bildenden Künstler der Stadt schließen sich genossenschaftlich zusammen, um ihre künstlerische Betätigung etwa durch Anmietung oder Erwerb von Ausstellungs- oder Veranstaltungsräumen und Ateliers zu fördern. Private oder gewerbliche Mäzene haben die Möglichkeit, in diesen Zweck zu investieren. Dem entspricht die Unterscheidung zwischen ordentlichen und investierenden Mitgliedern. Die Regelungen der Satzung über den Erwerb und den Verlust der Mitgliedschaft sind im Rahmen der gesetzlichen Vorschriften so einfach wie möglich gestaltet. Dies gilt auch für die Regelung von Geschäftsanteilen und Geschäftsguthaben. Die Geschäftsanteile sind voll einzuzahlen, wobei aber etwa für finanzschwache Künstler Ratenzahlung zugelassen werden kann. Die Genossenschaft hat auch die Möglichkeit, von ihren Mitgliedern für erbrachte Leistungen laufende Beiträge zu fordern. Für den Fall wirtschaftlicher Schwierigkeiten der Genossenschaft ist eine gesetzliche Rücklage vorgesehen, nicht aber eine Nachschusspflicht der Mitglieder, für die gesetzlichen Organe Vorstand, Auf- 14 sichtsrat und Generalversammlung sieht die Satzung die erforderlichen Mindestregelungen vor. Insgesamt ist die Satzung möglichst einfach strukturiert, um ihre Handhabung zu erleichtern.

M 132.1 Satzung einer eingetragenen Genossenschaft mit Generalversammlung

I. Firma, Sitz, Zweck, Gegenstand

§ 1 Firma und Sitz

Die Genossenschaft führt die Firma Künstlergruppe . . .-Stadt e.G.
Sie hat ihren Sitz in . . .-Stadt.

§ 2 Zweck und Gegenstand

Gegenstand des Unternehmens ist die Förderung der künstlerischen Betätigung ihrer Mitglieder.

II. Mitgliedschaft

§ 3 Ordentliche Mitglieder, investierende Mitglieder

(1) Die ordentliche Mitgliedschaft können bildende Künstler mit Wohnsitz in . . .-Stadt erwerben.

(2) Natürliche oder juristische Personen, die als ordentliche Mitglieder nicht in Frage kommen, können mit Zustimmung der Generalversammlung als investierende Mitglieder zugelassen werden. Ihre Zahl darf 24 % aller Mitglieder der Genossenschaft nicht überschreiten.

§ 4 Erwerb der Mitgliedschaft durch Beitritt

Über die Aufnahme eines Mitglieds durch Beitritt entscheidet die Generalversammlung. Zum Erwerb der Mitgliedschaft hat der Beitrittswillige eine unbedingte Beitrittserklärung zu unterzeichnen. Das Mitglied ist unverzüglich in die Mitgliederliste einzutragen und hiervon unverzüglich zu benachrichtigen.

§ 5 Übertragung der Mitgliedschaft

(1) Ein Mitglied kann sein Geschäftsguthaben jederzeit durch schriftliche Vereinbarung auf einen anderen übertragen und hierdurch aus der Genossenschaft ohne Auseinandersetzung ausscheiden. Die Übertragung des Geschäftsguthabens ist nur zulässig, sofern das Geschäftsguthaben des Erwerbers nach Zuschreibung des Geschäftsguthabens des Veräußerers den Gesamtbetrag der Geschäftsanteile, mit denen der Erwerber beteiligt ist oder sich beteiligt, nicht überschreitet Die Übertragung bedarf der Zustimmung des Vorstands. Die teilweise Übertragung von Geschäftsguthaben ist nicht zulässig.

(2) Der Erwerber muss die Mitgliedschaft der Genossenschaft besitzen oder erwerben.

§ 6 Tod eines Mitglieds

Mit dem Tod eines Mitglieds geht dessen Mitgliedschaft auf den oder die Erben über. Die Mitgliedschaft des oder der Erben endet in dem Schluss des Geschäftsjahres, in dem der Erbfall eingetreten ist:

§ 7 Ausschluss eines Mitglieds

(1) Ein Mitglied kann zum Schluss des Geschäftsjahres aus der Genossenschaft ausgeschlossen werden,

1. *wenn es trotz zweimaliger schriftlicher Aufforderung unter Androhung des Ausschlusses nicht innerhalb von drei Monaten die ihm nach Gesetz, Satzung oder Vertrag der Genossenschaft gegenüber obliegenden Verpflichtungen erfüllt; dies gilt besonders dann, wenn durch das Verhalten des Mitglieds die Gefahr einer wesentlichen Beeinträchtigung des Ansehens der Genossenschaft, ihrer Leistungsfähigkeit oder der Belange ihrer Mitglieder herbeigeführt wird;*

2. wenn es in anderer Weise durch ein genossenschaftswidriges Verhalten schuldhaft das Ansehen oder wirtschaftliche Interessen der Genossenschaft oder ihrer Mitglieder schädigt oder zu schädigen versucht;

3. wenn über sein Vermögen das Insolvenzverfahren eröffnet ist.

(2) Der Ausschluss erfolgt durch gemeinsamen Beschluss von Vorstand und Aufsichtsrat. Dem auszuschließenden Mitglied ist vor einer Beschlussfassung die Möglichkeit zu geben, sich zu dem Ausschluss zu äußern.

§ 8 Auseinandersetzung

Für die Auseinandersetzung mit dem ausgeschiedenen Mitglied gilt die gesetzliche Regelung.

III. Rechte und Pflichten der Mitglieder

§ 9 Rechte

Jedes Mitglied hat im Rahmen seiner Rechtsstellung als ordentliches Mitglied oder investierendes Mitglied das Recht, nach Maßgabe des Genossenschaftsgesetzes und dieser Satzung an der Gestaltung der Genossenschaft mitzuwirken und deren Leistungen in Anspruch zu nehmen.

§ 10 Pflichten

Jedes Mitglied ist verpflichtet, die Regelungen des Genossenschaftsgesetzes und dieser Satzung einzuhalten, die Beschlüsse der Generalversammlung zu erfüllen und die Interessen der Genossenschaft zu achten.

IV. Geschäftsanteil, Rücklage, Nachschusspflicht

§ 11 Geschäftsanteil, Einzahlung, laufende Beiträge

(1) Das Mitglied beteiligt sich an der Genossenschaft durch Übernahme eines Geschäftsanteils. Ein Geschäftsanteil beträgt . . . Euro.

(2) Mit Benachrichtigung des Mitgliedes von der Eintragung in die Mitgliederliste ist der Geschäftsanteil vollständig einzuzahlen. Der Vorstand kann die Einzahlung in Raten zulassen.

(3) Neben der Einzahlung des Geschäftsanteils kann die Genossenschaft von ihren Mitgliedern für Leistungen, die sie ihnen erbringt oder zur Verfügung stellt, laufende Beiträge fordern.

§ 12 Gesetzliche Rücklage

Es ist eine gesetzliche Rücklage zu bilden, die ausschließlich zur Deckung eines bilanzmäßigen Verlustes bestimmt ist. Dieser Rücklage werden jährlich mindestens 10 % des Jahresüberschusses zuzüglich eines etwaigen Gewinnvortrags oder abzüglich eines etwaigen Verlustvortrags zugewiesen, solange die Rücklage 10 % der Bilanzsumme nicht erreicht. Über die Verwendung der gesetzlichen Rücklage entscheidet die Generalversammlung.

§ 13 Nachschusspflicht

Eine Nachschusspflicht der Mitglieder in der Insolvenz der Genossenschaft besteht nicht. Für die Verbindlichkeiten der Genossenschaft haftet nur das Genossenschaftsvermögen.

V. Organe der Genossenschaft

§ 14 Organe

Organe der Genossenschaft sind

A. der Vorstand,

B. der Aufsichtsrat und

C. die Generalversammlung.

A. Vorstand

§ 15 Leitung, Vertretung

(1) Der Vorstand leitet die Genossenschaft in eigener Verantwortung.

(2) Je zwei Vorstandsmitglieder vertreten die Genossenschaft gemeinschaftlich.

§ 16 Pflichten

Der Vorstand hat die ihm obliegenden Pflichten mit der Sorgfalt eines ordentlichen und gewissenhaften Geschäftsleiters zu erfüllen.

§ 17 Berichterstattung

Der Vorstand hat dem Aufsichtsrat auf Verlangen jederzeit in den Angelegenheiten der Genossenschaft zu berichten und in den Sitzungen des Aufsichtsrats Auskunft zu erteilen sowie dem Aufsichtsrat jedes Vierteljahr, auf Verlangen auch öfter, Aufstellungen zur Geschäftsentwicklung der Genossenschaft, zu den Verbindlichkeiten der Genossenschaft, zu den von der Genossenschaft gewährten Krediten und zum geplanten Investitions- und Kreditbedarf vorzulegen.

§ 18 Bestellung und Anstellung

(1) Der Vorstand besteht aus drei natürlichen Personen, die Mitglied der Genossenschaft sein müssen.

(2) Die Vorstandsmitglieder werden vom Aufsichtsrat bestellt, angestellt und abberufen.

B. Aufsichtsrat

§ 19 Zusammensetzung und Wahl

(1) Der Aufsichtsrat besteht aus drei natürlichen Personen, die Mitglied der Genossenschaft sein müssen.

(2) Die Generalversammlung wählt die Aufsichtsratsmitglieder für eine Amtszeit von drei Jahren. Diese beginnt mit Schluss der Mitgliederversammlung, in der die Wahl erfolgt ist, und endet mit Schluss der Generalversammlung, die über die Entlastung für das dritte Geschäftsjahr nach der Wahl beschließt.

(3) Scheiden Aufsichtsratsmitglieder vor Ablauf ihrer Amtszeit aus, sind durch eine unverzüglich einzuberufende Generalversammlung Ersatzwahlen vorzunehmen. Für ein Aufsichtsratsmitglied, das im Wege der Ersatzwahl berufen wird, gilt die restliche Amtszeit des ausgeschiedenen Mitglieds.

§ 20 Aufgaben

Der Aufsichtsrat hat den Vorstand in seiner Geschäftsführung zu fordern, zu beraten und nach Maßgabe der gesetzlichen Vorschriften und Befugnisse zu überwachen.

§ 21 Sitzungen

(1) Nach Konstituierung und jeweils nach Änderung seiner Zusammensetzung wählt der Aufsichtsrat aus seiner Mitte einen Vorsitzenden und dessen Vertreter. Die Sitzungen des Aufsichtsrats beruft der Vorsitzende unter Angabe der Tagesordnung ein und leitet sie.

(2) Der Aufsichtsrat hält mindestens vierteljährlich eine Sitzung ab.

(3) Der Aufsichtsrat ist beschlussfähig, wenn mehr als die Hälfte seiner Mitglieder in der Sitzung zugegen ist. Erfasst, soweit das Gesetz oder diese Satzung nichts anderes bestimmen, seine Beschlüsse mit der Mehrheit der abgegebenen Stimmen. Bei Stimmengleichheit gilt ein Antrag als abgelehnt. Bei Wahlen hat in diesem Falle eine Losentscheidung stattzufinden.

(4) Über die Sitzungen des Aufsichtsrats sind Niederschriften zu fertigen, in die die Beschlüsse des Aufsichtsrats im Wortlaut aufzunehmen und die vom Vorsitzenden oder gegebenenfalls von dessen Vertreter und vom Schriftführer zu unterzeichnen sind.

(5) Der Aufsichtsrat kann auch außerhalb einer ordentlichen Sitzung Beschlüsse fassen, sofern kein Mitglied des Aufsichtsrats widerspricht.

C. Generalversammlung

§ 22 Zeit, Ort

Die ordentliche Generalversammlung hat innerhalb des ersten Kalenderhalbjahres stattzufinden. Versammlungsort ist der Sitz der Genossenschaft; Vorstand und Aufsichtsrat können in gemeinsamer Sitzung etwas anderes beschließen.

§ 23 Einberufung

(1) Die Generalversammlung wird durch den Vorstand einberufen.

(2) Die Einladung erfolgt schriftlich unmittelbar an sämtliche Mitglieder. Zwischen Absendung der Einladung beziehungsweise ihrer Veröffentlichung und dem Tage der Mitgliederversammlung muss eine Frist von mindestens zwei Wochen liegen, wobei der Tag der Generalversammlung nicht einzurechnen ist.

§ 24 Leitung, Beschlüsse

(1) Die Leitung der Generalversammlung obliegt dem Vorsitzenden des Aufsichtsrats oder seinem Vertreter.

(2) Die Beschlüsse der Mitgliederversammlung werden mit einfacher Mehrheit der abgegebenen Stimmen gefasst, soweit nicht das Gesetz oder diese Satzung eine größere Mehrheit vorschreiben.

§ 25 Niederschrift

(1) Über die Generalversammlung ist eine Niederschrift aufzunehmen. Sie ist innerhalb von zwei Wochen nach der Versammlung herzustellen.

(2) In der Niederschrift sind Ort und Tag der Versammlung, der Versammlungsleiter sowie die Art und das Ergebnis der Abstimmungen und die Feststellung des Versammlungsleiters über die Beschlussfassungen anzugeben.

(3) In der Generalversammlung ist ein Verzeichnis der erschienenen oder vertretenen Mitglieder und der Vertreter von Mitgliedern aufzustellen und vom Vorsitzenden den zu unterschreiben. Dieses Verzeichnis ist der Niederschrift über die Mitgliederversammlung beizufügen.

VI. Bekanntmachungen

§ 26 Verfahren

Die Bekanntmachungen der Genossenschaft erfolgen durch ein Mitteilungsblatt oder durch sonstige schriftliche Mitteilung.

III. Strukturen der Genossenschaft

Im Gegensatz zu den Kapitalgesellschaften ist für Genossenschaften **kein gesetzliches Mindestkapital** vorgeschrieben. Nach § 8a Abs. 1, 2 GenG können jedoch die Genossenschaften fakultativ in der Satzung ein Mindestkapital festsetzen. Seine Höhe und die Art seiner Berechnung bleiben der Satzungsgestaltung überlassen. Zulässig ist zB auch eine prozentuale Bemessung nach dem Gesamtbetrag der Geschäftsguthaben. 15

Ähnlich wie die die AG hat die Genossenschaft **drei Organe**, den Vorstand, den Aufsichtsrat und die Generalversammlung. Nach § 9 Abs. 1 GenG kann bei Genossenschaften mit nicht mehr als 20 Mitgliedern durch Bestimmung der Satzung auf einen Aufsichtsrat verzichtet werden. Eine besondere Form der Generalversammlung ist – in größeren Genossenschaften – die Vertreterversammlung nach § 43a GenG, durch die die Willensbildung mediatisiert und vereinfacht wird. 16

17 Wie bei den Personengesellschaften gilt der **Grundsatz der Selbstorganschaft**, nach dem nur Mitglieder zum Vorstand und Aufsichtsrat bestellt werden können.

18 Eine Besonderheit des Genossenschaftsrechts ist der Prüfungszwang durch den **Prüfungsverband**. Er bezieht sich nicht nur auf die Vorschriftsmäßigkeit der Buchführung und Rechnungslegung des Vorstandes, sondern auch auf die Ordnungsmäßigkeit der Geschäftsführung. Die Genossenschaft muss nach § 54 GenG einem Verband angehören, dem vom Staat das Prüfungsrecht verliehen ist. Ein entsprechender Nachweis ist nach § 11 GenG Voraussetzung der Ersteintragung der Genossenschaft.

IV. Rechtsstellung des Mitglieds einer Genossenschaft

19 Entsprechend der besonderen Zielsetzung und Struktur der Genossenschaft unterscheidet sich die Rechtsstellung des Mitglieds einer Genossenschaft in entscheidenden Punkten sowohl von der Mitgliedschaft in einer Personengesellschaft wie von der des GmbH-Gesellschafters oder Aktionärs. Das Privatvermögen des Mitglieds ist durch die Haftung lediglich des Gesellschaftsvermögens abgeschirmt. Die finanzielle Beteiligung des Mitglieds am Genossenschaftsvermögen ist aber nicht wie bei den Kapitalgesellschaften in einem GmbH-Geschäftsanteil oder einer Aktie als festem Bruchteil des Gesellschaftskapitals verkörpert, sondern besteht lediglich in einem **variablen Geschäftsguthaben**.

20 Der **Geschäftsanteil** stellt anders als die Aktie oder der GmbH-Anteil nicht den quotenmäßigen Anteil des Mitglieds am Genossenschaftsvermögen dar. Er bezeichnet vielmehr lediglich den satzungsmäßig festzusetzenden Höchstbetrag, bis zu welchem sich die einzelnen Mitglieder mit Einlagen an der Genossenschaft beteiligen können. Als solcher ist er eine Art Rechnungsfaktor und erscheint nicht in der Bilanz. In welcher Höhe Einzahlungen als sog. Pflichteinlagen zu leisten sind, regelt nach § 7 Nr. 1 GenG die Satzung.

21 Das **Geschäftsguthaben** des Mitglieds ist der jeweilige tatsächliche Betrag seiner vermögensrechtlichen Beteiligung, also der tatsächliche Kapitalanteil des Mitglieds am Genossenschaftsvermögen. Es umfasst die geleisteten Einzahlungen zuzüglich zugeschriebener Gewinne, jedoch nach Abschreibung von Verlusten. Das Geschäftsguthaben kann nach § 19 Abs. 1 Satz 3 GenG höchstens bis zum Betrag des Geschäftsanteils anwachsen. Die Summe der Geschäftsguthaben aller Mitglieder stellt das Eigenkapital der Genossenschaft dar.

22 Im Interesse der Erhaltung des Kapitals darf das Geschäftsguthaben dem Mitglied **nicht ausbezahlt** und von ihm auch nicht verpfändet werden. Dementsprechend das eine geschuldete Einzahlung nicht erlassen werden, auch ist eine Aufrechnung gegen die Einzahlungsförderung nicht zulässig (§ 22 Abs. 4 und 5 GenG).

23 Die **Verteilung von Gewinnen und Verlusten** erfolgt nach der Höhe des letztjährigen Geschäftsguthabens, für das erste Geschäftsjahr nach dem Verhältnis der auf den Geschäftsanteil geleisteten Einzahlungen. Überschussanteile werden dem Geschäftsguthaben gutgeschrieben. Erst wenn der Geschäftsanteil erreicht ist, werden sie in bar ausgeschüttet, § 19 Abs. 1 GenG.

24 § 7 Nr. 2 GenG verpflichtet jede Genossenschaft zur Bildung einer **gesetzlichen Rücklage**. Sie hat den Zweck, etwaige sich aus der Bilanz ergebende Verluste abzudecken. Es ist in der Satzung anzugeben, aufweiche Weise die Rücklage gebildet werden soll, insbesondere welcher Teil des Jahresüberschusses in die Rücklage einzustellen ist. Hierbei ist ein Mindestbetrag anzugeben, bis zu welchem der Überschuss in die Rücklage eingestellt werden muss. Darüber hinaus bleibt es der Genossenschaft unbenommen, durch ihre Satzung die Möglichkeit zu eröffnen, freiwillig weitere Rücklagen zu bilden.

25 Nach § 2 GenG haftet den Gläubigern für die Verbindlichkeiten der Genossenschaft nur das Vermögen der Genossenschaft, nicht der Genosse persönlich. Es kann jedoch nach § 6 Nr. 3 GenG eine beschränkte oder unbeschränkte **Nachschusspflicht für den Insolvenzfall** vorgesehen werden.

26 Im Jahre 2006 wurde mit § 16 Abs. 3 Satz 2 GenG erstmals die Möglichkeit eingeführt, von den Mitgliedern **laufende Beiträge** einzufordern. Dies bedarf der Zulassung in der Satzung.

Ebenfalls 2006 hat § 8 Abs. 2 GenG die Möglichkeit eröffnet, **investierende, also nicht nutzende Mitglieder** zuzulassen, die die persönlichen Voraussetzungen eines ordentlichen Mitglieds nicht erfüllen. Diese haben grundsätzlich die gleiche Rechtsposition wie ein ordentliches Mitglied, insbesondere stehen ihnen ein Stimmrecht sowie ein Kündigungsrecht zu. Die Satzung hat sicherzustellen, dass investierende Mitglieder die anderen Mitglieder in keinem Falle überstimmen können und dass qualifizierte Beschlüsse der Generalversammlung durch investierende Mitglieder nicht verhindert werden können. Über die Instrumente dieser Sicherstellung enthält das Gesetz nichts. 27

Die einfachste Möglichkeit ist die prozentuale Begrenzung der Mustersatzung.

V. Gründung der Genossenschaft

Die Gründung einer eingetragenen Genossenschaft vollzieht sich in **drei Schritten**: Feststellung der Satzung, Bestellung des ersten Vorstands und des ersten Aufsichtsrats und Anmeldung der Satzung sowie des ersten Vorstands. 28

An der Feststellung der Satzung in privatschriftlicher Form müssen nach § 4 GenG **mindestens drei Gründungsmitglieder** teilnehmen. Regelmäßig wird die Satzung in einer Gründungsversammlung festgestellt. Die Satzung und die Mitglieder des Vorstands sind durch den Vorstand zur Eintragung in das Genossenschaftsregister anzumelden (§§ 10, 11 Abs. 1 GenG). Sie bedarf nach § 157 GenG der notariellen Unterschriftsbeglaubigung. Der Anmeldung sind nach § 11 Abs. 4 GenG die in § 11 Abs. 2, 3 GenG bezeichneten Unterlagen in der elektronischen Form des § 12 Abs. 2 HGB beizufügen. 29

M 132.2 Gründungsprotokoll – Eingetragene Genossenschaft

Am heutigen ... (Datum) fand in ...-Stadt in den Räumen ... (Adresse) eine Versammlung zur Gründung der Künstlergruppe ...-Stadt e.G. statt. Teilnehmer waren die in der anliegenden, unter Berücksichtigung von § 47 Abs. 3 GenG errichteten Teilnehmerliste bezeichneten Personen.

Der Initiator der Gründung, Herr ... eröffnete die Versammlung um ... Auf seinen Vorschlag wählte die Versammlung einstimmig durch Handaufheben Herrn ... zum Versammlungsvorsitzenden und Frau ... zur Schriftführerin. Die Gewählten nahmen die Wahl an.

Der Vorsitzende erteilte Herrn ... das Wort zur Erläuterung der vorgesehenen, mit der Einladung versandten Satzung. Nach der Erörterung und Beantwortung von Fragen wurde die Satzung in der vorgeschlagenen Fassung einstimmig angenommen und von den Gründungsmitgliedern (Namen, Geburtsdaten, Berufe, Adressen) unterzeichnet.

Im Anschluss hieran wählte die Versammlung in offener Abstimmung einstimmig zu Vorständen der Genossenschaft

1. Frau ...

2. Frau ...

3. Herrn ...

Der Vorsitzende stellte den Beschluss fest und verkündete ihn.

Im Anschluss hieran wählte die Versammlung in offener Abstimmung einstimmig zu Aufsichtsräten der Genossenschaft

1. Herrn ...

2. Herrn ...

3. Herrn ...

Der Vorsitzende stellte den Beschluss fest und verkündete ihn.

Die gewählten Vorstände und Aufsichtsräte nahmen jeweils ihr Amt an.

Hierüber hat die Schriftführerin das vorstehende Protokoll errichtet, das vom Versammlungsvorsitzenden und den gewählten Vorständen wie folgt unterzeichnet wurde:

. . . (Unterschriften)

M 132.3 Anmeldung der Neugründung zum Genossenschaftsregister – Eingetragene Genossenschaft

Zur Eintragung in das Genossenschaftsregister reichen wir als vollständiger Vorstand der neu gegründeten Genossenschaft Künstlergruppe A-Stadt e.G. die in § 11 Abs. 2 GenG bezeichneten Unterlagen in elektronischer Form ein.

Wir melden die Genossenschaft sowie uns als Vorstand zur Eintragung an

Hinsichtlich der Vertretungsbefugnis der Vorstandsmitglieder melden wir an:

Die Genossenschaft hat drei Vorstandsmitglieder. Je zwei Vorstandsmitglieder vertreten die Genossenschaft gemeinsam. Dementsprechend vertreten wir die Genossenschaft jeweils gemeinsam mit einem anderen Vorstandsmitglied.

Die Geschäftsräume der Genossenschaft befinden sich in . . .

. . . (Ort, Datum)

. . . (Unterschriften, notarielle Unterschriftbeglaubigung, elektronische Einreichung)

Kosten: *Notargebühr:* 0,2-Gebühr gem. Nr. 25100 KV GNotKG, mindestens 20 Euro, höchstens 70 Euro. Geschäftswert gem. §§ 121, 105 Abs. 3 Nr. 3 GNotKG (60 000 Euro). Bei Fertigung des Entwurfs und Beglaubigung 0,5-Gebühr gem. Nrn. 24102, 21201 Nr. 5 KV GNotKG (§ 92 Abs. 2 GNotKG), Geschäftswert gem. §§ 119, 105 Abs. 3 Nr. 3 GNotKG wie zuvor. 0,3-Gebühr für den Vollzug gem. Nr. 22114 KV GNotKG, Geschäftswert gem. § 112 GNotKG wie zuvor.

Gerichtsgebühr: 210 Euro Festgebühr gem. Nr. 3100 GV HRegGebV.

30 Der Umfang der Prüfungspflicht des Registergerichts ergibt sich aus § 11a GenG.

VI. Organe: Vorstand, Aufsichtsrat, Generalversammlung

31 Organe der Genossenschaft sind der Vorstand, der Aufsichtsrat und die Generalversammlung bzw. die Vertreterversammlung (§§ 9, 43, 43a GenG).

1. Der Vorstand

32 Der **Vorstand** ist das gesetzliche Vertretungsorgan der Genossenschaft, er vertritt diese gerichtlich und außergerichtlich (§ 24 Abs. 1 und 2 GenG). Er besteht aus mindestens zwei Mitgliedern, die von der Generalversammlung gewählt werden (§ 24 Abs. 2 GenG). Das Statut kann auch eine andere Art der Bestellung, etwa durch den Aufsichtsrat, vorsehen. Nach § 24 Abs. 2 Satz 3 GenG kann die Satzung bei Genossenschaften mit nicht mehr als 20 Mitgliedern bestimmen, dass der Vorstand aus einer Person besteht.

33 Der Vorstand hat die Genossenschaft unter eigener Verantwortung zu leiten. Grundsätzlich besteht **Gesamtvertretungsmacht** (§ 25 Abs. 1 Satz 1 GenG), die die Satzung aber abändern kann. So kann bestimmt werden, dass das einzelne Vorstandsmitglied zur Vertretung der Genossenschaft berechtigt ist oder auch dass einzelne Vorstandsmitglieder in Gemeinschaft mit einem Prokuristen die Genossenschaft vertreten können (§ 25 Abs. 2 GenG). Die zur Gesamtvertretung befugten Vorstandsmitglieder können einzelne von ihnen zur Vornahme bestimmter Geschäfte oder Geschäftsarten ermächtigen.

Die **Geschäftsführungsbefugnis** des Vorstands erstreckt sich auf alle Geschäfte der Genossenschaft, zB Buchführung, Vorlegung des Jahresabschlusses und des Lageberichts, Führung des Verzeichnisses der Genossen, Berufung der Generalversammlung (§§ 30 ff., 44 GenG). Der Vorstand ist im Innenverhältnis zur Genossenschaft verpflichtet, die in der Satzung oder durch Beschluss der Generalversammlung auferlegten Beschränkungen einzuhalten. 34

M 132.4 Beschluss der Generalversammlung über Vorstandswechsel – Eingetragene Genossenschaft

Zum Tagesordnungspunkt ... wurde einstimmig und ohne Stimmenthaltung beschlossen, Herrn ... mit seinem Einverständnis als Vorstand abzuberufen und Frau ... zum weiteren neuen Vorstandsmitglied zu bestellen. Der Vorsitzende stellte die einstimmig und ohne Stimmenthaltung ergangenen Beschlüsse fest und verkündete sie.

M 132.5 Anmeldung eines Vorstandswechsels – Eingetragene Genossenschaft

Zum Genossenschaftsregister Nr.... der Künstlergruppe A-Stadt e.G. melden wir als gemeinsam vertretungsberechtigte Vorstandsmitglieder zur Eintragung an, dass auf der Generalversammlung vom ... Herr ... abberufen wurde und nicht mehr Vorstand ist, und dass weiterhin Frau ... zum Mitglied des Vorstandes gewählt wurde.

Das neue Vorstandsmitglied vertritt die Genossenschaft entsprechend der Regelung der Satzung gemeinsam mit einem weiteren Vorstandsmitglied.

Wir fügen eine Abschrift des Protokolls der Generalversammlung in elektronischer Form bei.

... (Ort, Datum)

... (Unterschriften, notarielle Unterschriftbeglaubigung, elektronische Einreichung)

Kosten: *Notargebühr:* 0,2-Gebühr gem. Nr. 25100 KV GNotKG, mindestens 20 Euro, höchstens 70 Euro. Geschäftswert gem. §§ 121, 105 Abs. 4 Nr. 4 GNotKG (30 000 Euro). Bei Fertigung des Entwurfs und Beglaubigung 0,5-Gebühr gem. Nrn. 24102, 21201 Nr. 5 KV GNotKG (§ 92 Abs. 2 GNotKG), Geschäftswert gem. §§ 119, 105 Abs. 4 Nr. 4 GNotKG wie zuvor. 0,3-Gebühr für den Vollzug gem. Nr. 22114 KV GNotKG, Geschäftswert gem. § 112 GNotKG wie zuvor.

Gerichtsgebühr: 110 und 60 Euro Festgebühren gem. Nr. 3500, 3501 GV HRegGebV.

2. Der Aufsichtsrat

Der **Aufsichtsrat** der Genossenschaft besteht aus mindestens drei Mitgliedern und ist von der Generalversammlung zu wählen. 35

Nach § 9 Abs. 1 GenG kann bei Genossenschaften mit nicht mehr als 20 Mitgliedern durch Bestimmungen der Satzung auf einen Aufsichtsrat verzichtet werden. 36

Für das Erfordernis, dass die Aufsichtsratsmitglieder wie die Vorstandsmitglieder Mitglieder der Genossenschaft sein müssen (§ 9 Abs. 2 GenG), genügt es, wenn der Beitritt zur Genossenschaft zugleich mit der Annahme der Wahl erklärt wird; die Wahl wird allerdings erst mit der Eintragung des Gewählten in die Liste der Genossen wirksam. Die Mitglieder des Aufsichtsrats dürfen nicht zugleich dem Vorstand angehören (§ 37 GenG). 37

Die **Aufgaben** des Aufsichtsrats entsprechen im Wesentlichen denen des Aufsichtsrats einer AG (vgl. §§ 38 ff. GenG). Im Unterschied zu den Mitgliedern des Aufsichtsrats einer AG dürfen die 38

Mitglieder des Aufsichtsrats einer eingetragenen Genossenschaft keine nach dem Geschäftsergebnis bemessene Vergütung (Tantieme) beziehen (§ 36 Abs. 2 GenG). Ihre Beziehung zur Genossenschaft ist rechtlich als Auftragsverhältnis zu qualifizieren mit der Folge, dass sich Ansprüche auf Barauslagen- und sonstigen Aufwendungsersatz aus §§ 670, 675 BGB ergeben.

3. Die Generalversammlung

39 Die **Generalversammlung** ist das bestimmende Organ der eingetragenen Genossenschaft. Die Abstimmung in der Generalversammlung erfolgt nach Köpfen. Jedes Mitglied hat ohne Rücksicht auf die Höhe des Geschäftsanteils oder des Geschäftsguthabens nur eine Stimme (§ 43 Abs. 3 Satz 1 GenG). Unter den Voraussetzungen des § 43 Abs. 3 GenG kann die Satzung die Gewährung von Mehrstimmrechten vorsehen.

40 Nach § 43 Abs. 7 GenG kann die Satzung zulassen, dass Beschlüsse der Mitglieder **schriftlich oder in elektronischer Form** gefasst werden. Ferner kann die Satzung vorsehen, dass Mitglieder des Aufsichtsrats im Wege der Bild- und Tonübertragung an der Generalversammlung teilnehmen können und dass die Generalversammlung in Bild und Ton übertragen werden darf.

41 Bei Genossenschaften mit mehr als 1500 Mitgliedern kann die Satzung die Vertretung in der Generalversammlung durch mindestens 50 Vertreter vorsehen (**Vertreterversammlung**), § 43a GenG. Die Vertreter müssen Mitglieder der Genossenschaft sein.

VII. Erwerb der Mitgliedschaft

1. Erwerbsgründe und Verfahren

42 Die Mitgliedschaft in einer Genossenschaft kann vor Anmeldung der Satzung zur Eintragung durch **Teilnahme an der Gründung**, später durch **Beitritt** nach § 15 GenG erworben werden. Weitere Erwerbsgründe sind die **Erbfolge** nach § 77 GenG und bei einer **Verschmelzung** nach § 89 UmwG die Mitgliedschaft bei der übernehmenden Genossenschaft. Bei der Teilnahme an der Errichtung der Genossenschaft entsteht die Mitgliedschaft ohne weiteres mit der Eintragung der Genossenschaft in das Genossenschaftsregister. Voraussetzung des Erwerbs der Mitgliedschaft ist in diesem Falle die Unterzeichnung der Satzung. Nach Anmeldung der Satzung bedarf es für den Erwerb der Mitgliedschaft durch Beitritt nach § 15 Abs. 1 GenG einer von dem Beitretenden zu unterzeichnenden unbedingten Beitrittserklärung sowie der Zulassung durch die Gesellschaft. Dem Antragsteller ist vor Abgabe seiner Beitrittserklärung eine Abschrift der Satzung in der jeweils geltenden Fassung zur Verfügung zu stellen.

2. Beitritts- und Beteiligungserklärung

43 Die Beitrittserklärung muss von dem Beitretenden eigenhändig unterzeichnet werden.

Nach Zugang der Beitrittserklärung hat das nach der Satzung berufene Organ (Vorstand, Aufsichtsrat oder Generalversammlung) über die Aufnahme zu beschließen Der Vorstand hat bei Zulassung des Beitritts das Mitglied unverzüglich in die Mitgliederliste aufzunehmen und hiervon zu benachrichtigen.

M 132.6 Beitrittserklärung zu einer eingetragenen Genossenschaft

Der Unterzeichnende erklärt hiermit seinen Beitritt zu der ... (Firma der eG) in ... (Sitz der eG). Er verpflichtet sich, die in dem Statut der Genossenschaft bestimmten Einzahlungen auf den Geschäftsanteil von ... Euro zu tätigen.

... (Ort, Datum)

... (Unterschrift)

Angaben zur Person des Mitgliedes
Vollständiger Name: . . .
Firma: . . .
Anschrift: . . .
Beruf: . . .
Geburtsdatum: . . .

VIII. Verlust der Mitgliedschaft

1. Ausscheidensgründe

Das Ausscheiden aus der Genossenschaft kann erfolgen: 44
- durch Übertragung des Geschäftsguthabens (§ 76 GenG),
- durch Kündigung des Mitglieds (§§ 65, 66a GenG),
- durch Kündigung eines Privatgläubigers (§ 66 GenG),
- durch Kündigung wegen Aufgabe des Wohnsitzes im Bezirk der Genossenschaft (§ 67 GenG),
- durch außerordentliche Kündigung bei belastenden Satzungsänderungen (§ 67a GenG),
- durch Ausschluss aus der Genossenschaft (§ 68 GenG),
- durch Tod des Mitglieds (§ 77 GenG) bzw. bei Mitgliedschaft einer juristischen Person oder Handelsgesellschaft durch deren Auflösung oder Erlöschen (§ 77a GenG).

2. Wirksamwerden des Ausscheidens

Ein Ausscheiden ist mit Ausnahme des Falles der Übertragung des Geschäftsguthabens nur zum Schluss des Geschäftsjahres möglich. Der Vorstand hat den Termin des Ausscheidens in die Mitgliederliste einzutragen und das ausscheidende Mitglied hiervon zu benachrichtigen (§ 69 GenG). 45

3. Übertragung des Geschäftsguthabens

Eine Übertragung des Geschäftsanteils, also der Beteiligung oder der Mitgliedschaft als ganzer, ist bei der Genossenschaft rechtlich nicht möglich. Jedoch kann ein Mitglied zu jeder Zeit, auch während des Geschäftsjahres, sein Geschäftsguthaben mittels schriftlicher Übereinkunft an einen anderen übertragen und hierdurch aus der Genossenschaft ohne Auseinandersetzung ausscheiden. Voraussetzung ist, dass der Erwerber an seiner Stelle Mitglied wird oder dass er schon Mitglied ist und sein bisheriges Geschäftsguthaben mit dem zuzuschreibenden Betrag den Geschäftsanteil nicht übersteigt. Die Satzung kann die gesetzlichen Voraussetzungen der Übertragung nicht erleichtern. Sie kann jedoch die Übertragung entweder überhaupt ausschließen oder an weitere Voraussetzungen, zB an die Zustimmung des Aufsichtsrats oder der Generalversammlung knüpfen. Falls der Erwerber des Geschäftsguthabens noch nicht Mitglied der Genossenschaft ist, bedarf es einer Beitrittserklärung. 46

Die Mitgliedschaft des Veräußerers endet mit dem Tage des Vertragsabschlusses über die Übertragung des Geschäftsguthabens, oder, sofern der Erwerber noch nicht Mitglied ist, mit dessen Zulassung zur Genossenschaft. 47

M 132.7 Übertragung des Geschäftsguthabens – Eingetragene Genossenschaft

. . . (Vor- und Zuname, Beruf, Anschrift) überträgt hiermit sein Geschäftsguthaben bei der . . . (Firma der eingetragenen Genossenschaft) in . . . (Sitz) im Betrage von . . . (buchmäßiger Betrag) Euro auf . . . (Vor- und Zuname, Geburtsdatum, Anschrift) als Erwerber.

... (Name des Erwerbers) ist bereits Mitglied der Genossenschaft und übernimmt alle gesetzlichen und statutarischen Verpflichtungen an Stelle des übertragenden Genossen, der infolge dieser Übertragung aus der Genossenschaft ausscheidet.

... (Ort, Datum)

... (Unterschrift des Veräußerers) (Unterschrift des Erwerbers)

4. Kündigung der Mitgliedschaft

48 Die Kündigung nach § 65 GenG ist nur zum Schluss eines Geschäftsjahres mit Dreimonats-Frist zulässig. Die Kündigung muss schriftlich erfolgen und von dem kündigenden Genossen eigenhändig unterzeichnet sein. Nach § 65 Abs. 2 Satz 2 GenG kann die Kündigungsfrist durch die Satzung auf bis zu fünf Jahre verlängert werden. Bei Genossenschaften, bei denen alle Mitglieder Unternehmer iS von § 14 BGB sind, kann die Satzung zum Zweck der Sicherung der Finanzierung des Anlagevermögens eine Kündigungsfrist bis zu zehn Jahren bestimmen. § 67c GenG regelt seit dem 19.7.2013 eine Kündigungsbeschränkung bei Wohnungsgenossenschaften.

M 132.8 Kündigung der Mitgliedschaft – Eingetragene Genossenschaft

Hiermit erkläre ich meinen Austritt aus der ... (Firma der Genossenschaft), indem ich meine Mitgliedschaft zum Schluss des laufenden Geschäftsjahres aufkündige, das mit dem 31. Dezember ... (Jahr) endet.

... (Ort, Datum)

... (Unterschrift)

5. Aufkündigung durch einen Privatgläubiger oder durch den Insolvenzverwalter

49 Der Gläubiger, der innerhalb der letzten sechs Monate eine Zwangsvollstreckung gegen das Mitglied fruchtlos versucht und die Pfändung und Überweisung des Auseinandersetzungsguthabens erwirkt hat, kann zum Zwecke seiner Befriedigung an Stelle des Mitglieds die Mitgliedschaft schriftlich aufkündigen, § 66 GenG. Der Aufkündigung muss eine beglaubigte Abschrift des vollstreckbaren Schuldtitels und der Urkunden über die fruchtlose Zwangsvollstreckung beigefügt sein (§ 66 GenG).

Die Aufkündigung muss von dem kündigenden Gläubiger des Mitglieds eigenhändig unterzeichnet sein.

50 Für die Aufkündigung seitens des Privatgläubigers gelten sinngemäß die gleichen Vorschriften wie für die Aufkündigung seitens des Mitglieds selbst. Der Vorstand hat die Kündigung und den Zeitpunkt des Ausscheidens in die Mitgliederliste einzutragen und das Mitglied hiervon zu benachrichtigen (§ 69 GenG). § 66a GenG stellt klar, dass dem Insolvenzverwalter ein entsprechendes Kündigungsrecht zusteht.

M 132.9 Aufkündigung durch einen Privatgläubiger – Eingetragene Genossenschaft

Herr ... (vollständiger Name, Beruf, Anschrift des Mitglieds) schuldet mir aus rechtskräftigem Urteil des ... (Gericht) vom ... (Datum) einen Betrag von ... Euro nebst ... % Zinsen hieraus seit ... (Datum).

Die am ... (Datum) in das bewegliche Vermögen des Schuldners versuchte Vollstreckung dieses Urteils ist fruchtlos gewesen. Danach ist durch Beschluss des Amtsgerichts ... (Ort) vom ... (Datum) das dem Schuldner in seiner Eigenschaft als Mitglied der ... (Firma der eingetragenen Genossenschaft) bei der Auseinandersetzung mit der Genossenschaft zustehende Guthaben auf Grund des oben genannten Urteils gepfändet und mir überwiesen worden.

Zum Zwecke meiner Befriedigung kündige ich hiermit die Mitgliedschaft des/der Herrn/Frau ... (Name des Genossen) bei der Genossenschaft zum Schluss des laufenden Geschäftsjahres, das am ... (Datum) endet.

Die mit Rechtskraftzeugnis und mit Vollstreckungsklausel versehene Ausfertigung des Urteils vom ... (Datum), den Pfändungs- und Überweisungsbeschluss sowie die Urkunden über die fruchtlose Zwangsvollstreckung füge ich in beglaubigter Abschrift bei.

... (Ort, Datum)

... (Unterschrift)

6. Aufgabe des Wohnsitzes

Knüpft das Statut die Mitgliedschaft an einen bestimmten Wohnsitz (§ 8 Nr. 2 GenG), so kann bei Wohnsitzaufgabe sowohl das Mitglied als auch die Genossenschaft die Mitgliedschaft gem. § 67 GenG aufkündigen. 51

7. Ausschluss eines Mitglieds

Der Ausschluss eines Mitglieds ist nach § 68 GenG zulässig, wenn die Gründe für den Ausschluss in der Satzung bestimmt sind. Das Gesetz gibt keine Gründe vor. Satzungsklauseln entsprechend denen bei der GmbH und sind üblich. Der Ausschluss ist nur zum Schluss eines Geschäftsjahres zulässig. Der Beschluss, durch den das Mitglied ausgeschlossen wird, ist diesem vom Vorstand unverzüglich durch eingeschriebenen Brief mitzuteilen. Das Mitglied verliert ab dem Zeitpunkt der Absendung der Mitteilung das Recht auf Teilnahme an der Generalversammlung sowie seine Mitgliedschaft im Vorstand oder Aufsichtsrat. 52

8. Tod eines Mitglieds

Die Folgen des Todes eines Mitglieds sind in § 77 GenG geregelt. Bei Versterben eines Mitglieds geht die Mitgliedschaft auf den oder die Erben über, endet aber zum Schluss des Geschäftsjahres, in dem der Erbfall eingetreten ist. § 77 Abs. 2 GenG eröffnet die Möglichkeit, in der Satzung vorzusehen, dass die Mitgliedschaft durch die Erben des verstorbenen Mitglieds fortgesetzt wird. Die Satzung kann die **Fortsetzung der Mitgliedschaft** an persönliche Voraussetzungen der Erben knüpfen oder auch ihre Beendigung anordnen, wenn bei Vorhandensein mehrerer Erben die Mitgliedschaft nicht innerhalb einer bestimmten Frist auf einen Miterben allein übertragen worden ist. 53

9. Auseinandersetzung des Ausgeschiedenen mit der Genossenschaft

Nach § 73 GenG bestimmt sich die Auseinandersetzung der Genossenschaft mit dem ausgeschiedenen Mitglied nach der Vermögenslage der Genossenschaft zum Zeitpunkt der Beendigung der Mitgliedschaft. Die Auseinandersetzung erfolgt unter Zugrundelegung der **Bilanz**. Das Geschäftsguthaben ist dem Mitglied binnen sechs Monaten nach Beendigung der Mitgliedschaft auszuzahlen. Auf die Rücklagen und das sonstige Vermögen der Genossenschaft hat das Mitglied keinen Anspruch. Fehlbeträge hat das ehemalige Mitglied nur an die Genossenschaft zu zahlen, soweit es im Fall des Insolvenzverfahrens Nachschüsse zu leisten gehabt hätte. Die Satzung kann Mitgliedern, die ihren Geschäftsanteil voll eingezahlt haben, einen Anspruch auf Auszahlung ihres Anteils an der Ergebnisrücklage einräumen. Sie kann die Voraussetzungen, die Modalitäten und die Frist für die Auszahlung des Auseinandersetzungsguthabens regeln. 54

IX. Steuerliche Behandlung der Genossenschaft

55 Erwerbs- und Wirtschaftsgenossenschaften unterliegen nach § 1 Abs. 1 Nr. 2 KStG der Körperschaftsteuer. Sie unterliegen grundsätzlich auch der Gewerbesteuer, § 2 Abs. 2 GewStG iVm. § 2 Abs. 1 KStG. Lieferungen oder sonstige Leistungen der Genossenschaft unterliegen der Umsatzsteuer (§ 1 UStG), soweit die Umsätze im Inland ausgeführt werden, Grundstückserwerbe der Grunderwerbsteuer.

Dementsprechend unterliegt der Gewinn (seit 2008) einem Steuersatz von 15 % zzgl. 5,5 % Solidaritätszuschlag. Besonderheiten gelten nach § 22 KStG für sog. genossenschaftliche Rückvergütungen. Hierbei handelt es sich um Leistungen der Genossenschaft an ihre Mitglieder. Da die Genossenschaft auf dem Selbsthilfegedanken eines Zusammenschlusses vieler kleiner Genossen basiert, sind derartige Rückvergütungen bei Erwerbs- und Wirtschaftsgenossenschaften selbstredend Teil des Gesellschaftszwecks. Die steuermindernde Berücksichtigung derartiger Zahlungen scheiterte demnach grundsätzlich an § 8 Abs. 3, Abs. 5 KStG. Über § 22 KStG wird der Abzug der Rückvergütungen der Erwerbs- und Wirtschaftsgenossenschaften als Betriebsausgaben zugelassen, soweit die dafür verwendeten Beträge im Mitgliedergeschäft erwirtschaftet worden sind. Körperschaftsteuerliche Befreiungstatbestände und entsprechende gewerbesteuerliche Befreiungen bestehen für Vermietungsgenossenschaften und landwirtschaftliche Erwerbs- und Wirtschaftsgenossenschaften (vgl. insbes. §§ 5 Nr. 10 u. Nr. 14 KStG, sowie den besonderen Freibetrag für Erwerbs- und Wirtschaftsgenossenschaften, die Land- und Forstwirtschaft betreiben nach § 25 KStG). Auf der Ebene der Mitglieder unterliegen die Gewinnausschüttungen den allgemeinen Regelungen. Verwiesen wird im Übrigen auf die ausführliche Darstellung in Braun/Günther, Das Steuerhandbuch, Stichwort „Genossenschaften".

F. Sozietätsverträge

Kapitel 133 Sozietätsverträge

Literatur: *Henssler/Streck*, Handbuch Sozietätsrecht, 2. Aufl. 2011; *Peres/Senft*, 1. Aufl. 2015; *Graf von Westphalen*, Sozietätsverträge, 7. Aufl. 2012.

I. Rechtsformwahl

Rechtsanwälte können sich nach dem heute erreichten Stand des Berufsrechts in den verschiedensten Rechtsformen zur gemeinsamen Berufsausübung zusammenschließen: 1

1. Rechtsformen

Kapitalgesellschaften: 2

- Anwalts-**GmbH** nach den §§ 59c ff. BRAO (auch in der Variante der Unternehmergesellschaft [haftungsbeschränkt], dazu Römermann AnwBl. 2009, 131)
- Anwalts-**AG**, auf die der BGH (BB 2005, 1134 mit Anm. Römermann) die §§ 59c ff. BRAO praktisch komplett analog anwenden will (der BGH spricht von einer bloßen „Anlehnung an" die §§ 59c ff. BRAO, im Ergebnis ist aber kein Unterschied zu einer echten Analogie zu erkennen. Die Analogie wird abgelehnt, da es an der methodisch notwendigen *unbewussten* Regelungslücke fehlt)
- Anwalts-**KGaA**

3 **Personengesellschaften:**

- **BGB-Gesellschaft** nach den §§ 705 ff. BGB
- Partnerschaftsgesellschaft (**Partnerschaft**) nach dem PartGG (dazu Michalski/Römermann, PartGG, 4. Aufl. 2014)
- Partnerschaftsgesellschaft mit beschränkter Berufshaftung nach § 8 Abs. 4 PartGG
- str.: KG und OHG (beide von der Rspr. bislang nicht anerkannt), die Variante der GmbH & Co. KG wird durch die Rspr. ebenso abgelehnt (BGH Urt. v. 18.7.2011 – AnwZ (Brfg) 18/10, AnwBl. 2011, 774 m. abl. Anm. Römermann; Römermann AnwBl. 2008, 609).

4 Bloße **Kooperationsformen** ohne gemeinsame Berufsausübung:

- Europäische Wirtschaftliche Interessenvereinigung (EWiV) – nur zur Unterstützung der Mitgliedskanzleien
- Kooperation

Zu den Unterschieden bei der Besteuerung wird auf die jeweiligen Ausführungen in den entsprechenden Kapiteln verwiesen, wobei für die Besteuerung der Partnerschaftsgesellschaft im Wesentlichen die gleichen Grundsätze gelten wie für die Besteuerung der BGB-Gesellschaft.

2. Kriterien für die Rechtsformwahl

5 Kriterien für die Rechtsformwahl sind insbesondere:

a) Haftungsbeschränkung

6 – Vollständig verwirklicht bei **GmbH** (auch als UG [haftungsbeschränkt]) und **AG.** Eine gesetzliche Handelndenhaftung (Durchgriffshaftung) wegen Inanspruchnahme besonderen Vertrauens, die im Allgemeinen nicht berufsspezifischen Gesellschaftsrecht vom BGH zuweilen angenommen wurde, kommt jedenfalls dann nicht in Betracht, wenn der Rechtsanwalt lediglich das berufscharakteristische Vertrauensverhältnis zum Mandanten in Anspruch nimmt. Sie wäre nur denkbar, wenn darüber hinaus eine persönliche Einstandserklärung abgegeben würde, ein in der Praxis seltener Fall (zu Recht ablehnend etwa OLG Nürnberg, Hinweisbeschl. v. 21.1.2008 – 6 U 2208/07, AnwBl. 2008, 468 mit Anm. Chab, BRAK-Mitt. 2008, 160).

- Auf das Vermögen der **Partnerschaft** und das des handelnden bzw. verantwortlichen Partners gem. § 8 Abs. 2 PartGG bei der Partnerschaftsgesellschaft. Bei beruflichen Fehlern haften also die übrigen, nicht selbst in das Mandat involvierten Partner regelmäßig nicht mit ihrem gesamten Privatvermögen.
- Auf das Vermögen der Partnerschaft bei der Partnerschaftsgesellschaft mit beschränkter Berufshaftung (Partnerschaftsgesellschaft mbB), soweit es um Mandate der Partnerschaft geht und die Haftung aus Berufsausübung resultiert. Die Haftungsbeschränkung erstreckt sich also nicht auf sämtliche Verbindlichkeiten, wie Miete, Lohn, Leasingraten, etc.
- In der **BGB-Gesellschaft** nur durch *individuelle* Vereinbarung mit Gläubigern möglich, also unpraktisch.
- Rechtsformunabhängig stets möglich durch **Vereinbarung** mit dem Auftraggeber gem. § 52 BRAO – allerdings nur für Fälle „einfacher“ Fahrlässigkeit, die Abgrenzung zu anderen Arten der Fahrlässigkeit ist in der Praxis äußerst schwierig. Die theoretisch denkbare Variante einer Haftungsbeschränkung auch für sonstige Fahrlässigkeit (§ 52 Abs. 1 Nr. 1 BRAO) kommt in der Praxis nicht zum Tragen, da hierfür eine Individualvereinbarung der Anwaltskanzlei mit dem Mandanten erforderlich wäre. Angesichts des vom Gesetz praktisch vorgegebenen Wortlauts ist das schier unmöglich (näher Römermann in: BeckOK BORA, § 52 BRAO, Rz. 6 ff.).

b) Mindest-Stammkapital

- AG: 100 000 Euro 7
- GmbH: 25 000 Euro bzw. in der Variante der UG (haftungsbeschränkt) nach § 5a GmbHG: 1 Euro
- bei Personengesellschaften ist kein Mindestkapital vorgeschrieben.

➲ **Praxistipp:** Das Fehlen eines gesetzlichen Mindestkapitals sollte nicht darüber hinwegtäuschen, dass auch die Personengesellschaften eine gewisse Kapitalausstattung benötigen. Das Mindestkapital bei AG und GmbH kann sofort investiert werden, etwa in die Praxiseinrichtung, Miete und Personal. Im Ergebnis ist das Kriterium des Stammkapitals daher in der Regel von nur geringer Relevanz, da in fast allen Anwaltskanzleien ein gewisses Gründungskapital benötigt wird. 8

3. Rechtsfähigkeit

Alle Berufsausübungsgesellschaften, sowohl Kapital- als auch Personengesellschaften sind rechts- und im Prozess parteifähig. 9

4. Gründungsaufwand

- **GmbH/UG (haftungsbeschränkt):** Notariell beurkundete Satzung, Anmeldung zur Eintragung im Handelsregister, berufsrechtliches Anerkennungsverfahren bei der Rechtsanwaltskammer. 10
- **AG:** Notariell beurkundete Satzung, Anmeldung zur Eintragung im Handelsregister. Der BGH (BB 2005, 1134 mit Anm. Römermann) fordert darüber hinaus in „Anlehnung" (Analogie) zu den §§ 59c ff. BRAO eine berufsrechtliche Anerkennung.
- **Partnerschaft:** Schriftlicher Partnerschaftsvertrag, notariell beglaubigte Anmeldung zur Eintragung im Partnerschaftsregister. Bei der Partnerschaftsgesellschaft mbB ergänzt um den Nachweis über die Mindestversicherung.
- **BGB-Gesellschaft:** Kein besonderer Gründungsaufwand.

Registereintragung 11

- AG: Handelsregister.
- GmbH/UG (haftungsbeschränkt): Handelsregister.
- Partnerschaft/Partnerschaftsgesellschaft mbB: Partnerschaftsregister.
- BGB-Gesellschaft: keine Registereintragung.

5. Gestaltungsfreiheit

- **GmbH:** Beschränkungen durch das GmbH-Gesetz und spezifische, zum Teil sehr weitgehende Einschränkung der Gestaltungsfreiheit für die Satzung in den §§ 59c ff. BRAO. 12
- **AG:** Beschränkungen durch das AktG. Der BGH (BB 2005, 1134 m. Anm. Römermann) wendet darüber hinaus die §§ 59c ff. BRAO praktisch komplett analog an, so dass dieselben Einschränkungen gelten wie bei der GmbH. Diese Analogie (der BGH spricht von „Anlehnung") ist sowohl methodisch als auch im Ergebnis abzulehnen.
- **Partnerschaft:** Wenige Beschränkungen durch das PartGG.
- **BGB-Gesellschaft:** Weitgehende Gestaltungsfreiheit.

6. Möglichkeiten interprofessioneller Zusammenarbeit

- **BGB-Gesellschaft, Partnerschaft:** Es gelten die Beschränkungen des § 59a BRAO. 13

- **GmbH:** Die §§ 59c, 59e BRAO in der Auslegung des BGH (EWiR 2006, 365 mit Anm. Römermann) gestatten die Zusammenarbeit mit sozietätsfähigen Personen wie bei den Personengesellschaften.
- **AG:** Der BGH wendet die Regeln zur Anwalts-GmbH analog an (EWiR 2006, 365).

7. Namensführung

14 – **GmbH:** Zwingender Zusatz „Rechtsanwaltsgesellschaft“, im Übrigen s. § 59k BRAO, der allerdings erheblichen verfassungsrechtlichen Bedenken ausgesetzt ist (näher Römermann in Beck-OK BORA, § 59k BRAO Rz. 11 f.).
- **AG:** Der BGH wendet § 59k BRAO – zu Unrecht – analog an (BB 2005, 1134 m. Anm. Römermann).
- **Partnerschaft:** Zwingende Zusätze „Partnerschaft“ oder „und Partner“, § 2 PartGG.
- **Bei der Partnerschaftsgesellschaft mbB:** Zwingender Zusatz „Partnerschaft mit beschränkter Berufshaftung“ oder „PartmbB“ oder eine andere, allgemein verständliche Abkürzung, § 8 Abs. 4 PartGG
- Rechtsformunabhängig gilt § **9 BerufsO.**

II. Vertragsmuster (BGB-Gesellschaft)

1. Rubrum

15 Im Rubrum sollten die Namen und Anschriften der Sozien sowie die durch sie im Rahmen der Sozietät ausgeübten Berufe bezeichnet werden.

2. Präambel

16 Präambeln dienen in der Regel dazu, den Geist und/oder den historischen, wirtschaftlichen oder sonstigen Hintergrund der Sozietät wiederzugeben.

16a ➲ **Praxistipp:** Zumeist sind Präambeln entweder überflüssig oder gefährlich. **Überflüssig** sind sie, wo sie nur etwas wiedergeben, was die Beteiligten ohnehin wissen. Dies gilt im Grunde auch für **M 133.1. Gefährlich** sind sie, wo sie zwar eine konkrete Regelung treffen, aber keine Rechtsfolge enthalten. **Beispiel:** *„Die Parteien gehen davon aus, dass sie gemeinsam ab dem dritten Jahr nach der Sozietätsgründung mindestens den doppelten Umsatz erzielen werden wie bislang Rechtsanwalt … (Name) mit seiner Einzelkanzlei.“* Falls der Umsatz nicht erreicht wird, stellt sich die Frage der rechtlichen Konsequenzen, z.B. des Wegfalls bzw. der Störung der Geschäftsgrundlage, § 313 BGB. Derartige konkrete Regelungen gehören nicht in eine Präambel, sondern in den Paragraphenteil mit entsprechender Rechtsfolgenanordnung.

17 ➲ **Hinweis:** Es sollte darauf geachtet werden, dem Vertragswerk eine **klare und transparente Struktur** zu geben. Oftmals wird der Sozietätsvertrag anlässlich des Eintritts eines neuen Partners neu formuliert. Die Versuchung liegt nahe, den Eintritt und den Sozietätsvertrag in einem Dokument zu regeln. Damit werden aber zwei ganz unterschiedliche Ebenen vermischt: Der Sozietätsvertrag bildet die vertragliche Grundlage für die Zusammenarbeit der Sozien, der Kaufvertrag wird über einen Anteil an dieser Sozietät zwischen einem alten und einem neuen Partner geschlossen. Aus der Verquickung resultieren zuweilen verwirrende Bestimmungen, so etwa die Zahlung eines Eintrittsgeldes in das Sozietätsvermögen, obgleich eigentlich die Kaufpreiszahlung an einen Altsozius beabsichtigt ist. Vor diesem Hintergrund verweist die Präambel des Vertragsmusters **M 133.1** auf einen gesonderten Kaufvertrag.

3. Namensregelung

18 Die BGB-Gesellschaft trägt einen eigenen Namen gem. § 12 BGB. Früher unterlag die Namenswahl einschneidenden berufsrechtlichen Restriktionen. Seit dem Jahre 2005 hat sich dies grundlegend

verändert. Neben Personennamen sind auch **Sach-, Phantasie- und Kurzbezeichnungen** (§ 9 BerufsO) erlaubt. Die „Kanzlei am Gericht" kann sich also berufsrechtlich diesen Namen zulegen.

➲ **Hinweis:** Die berufsrechtliche Freiheit entbindet naturgemäß nicht von der Einhaltung wettbewerbsrechtlicher Restriktionen. Sie liegen beispielsweise im Irreführungsverbot und im Verbot der Alleinstellungswerbung. Dadurch werden Bezeichnungen wie „Die Strafverteidigerkanzlei in Paderborn" oder „Beste Scheidungen Bayerns" ausgeschlossen. 19

➲ **Praxistipp:** Die Wahl einer Sachbezeichnung kann die spätere Übertragung der Kanzlei erleichtern, da jedenfalls der Kanzleiname unabhängig ist von der jeweiligen personellen Konstellation. Andererseits verzichtet eine Sachfirma auf die Inanspruchnahme des in einer Region häufig mit dem jeweiligen Anwaltsnamen bekannter Persönlichkeiten verbundenen Vertrauens. 20

Für die **Anwalts-GmbH** sind die Beschränkungen des § 59k BRAO ebenso zu beachten wie für die **Anwalts-AG** nach der Rechtsprechung des BGH (BB 2005, 1134 mit Anm. Römermann). Für die **Anwalts-Partnerschaft** gilt § 2 PartGG. Die Bezeichnung „Rechtsanwaltsgesellschaft" ist durch § 59k Abs. 2 BRAO für die Anwalts-GmbH reserviert. Dasselbe gilt für die seit 1995 neu gegründeten Partnerschaftsgesellschaften im Hinblick auf die Zusätze „Partnerschaft" sowie „und Partner". Eine im Jahre 2010 gegründete **BGB-Gesellschaft** darf sich somit nicht „X & Partner" nennen. Lediglich für die bereits 1995 bestehenden Gesellschaften mit Partnerzusatz im Namen gilt die Bestandsschutzregelung gem. § 11 Abs. 1 PartGG (Zimmermann in Michalski/Römermann, PartGG, 4. Aufl. 2014, § 11, Rz. 11 ff.). Sie müssen einen Rechtsformzusatz in ihre Firmierung aufnehmen. 21

Soll der **bürgerliche Name** eines Partners im Sozietätsnamen geführt werden, so bedarf dies wegen seines persönlichen Namensrechts aus § 12 BGB stets der Zustimmung dieses Partners. Die **Zustimmung** ist grundsätzlich frei widerruflich. 22

➲ **Praxistipp:** Solange die Sozietät in Harmonie aller Beteiligten besteht, ist dies in aller Regel unproblematisch. Schwierigkeiten ergeben sich in der Praxis aber häufig beim Ausscheiden eines Namenspartners oder bei dessen Ableben. Dazu näher Rz. 24 und 25 ff. 22a

➲ **Praxistipp:** Die **Verfügungsmöglichkeit des namensgebenden Sozius** besteht bei Kapitalgesellschaften im Unterschied zu einer Personengesellschaft grundsätzlich nicht. Während der Namensgeber also bei einer Personengesellschaft ohne besondere vertragliche Regelung seine Einwilligung in die Verwendung des bürgerlichen Namens in der Firma jederzeit – etwa bei seinem Ausscheiden – widerrufen kann, wird im Kapitalgesellschaftsrecht eine Weiterverwendungsbefugnis der GmbH/AG über das Ausscheiden hinaus angenommen, wenn keine abweichende Abrede getroffen wurde (z.B. Fastrich in Baumbach/Hueck, GmbHG, 20. Aufl. 2013, § 4, Rz. 3). 23

Im Todesfall können die **Erben** daran interessiert sein, die Zustimmung zur Namensfortführung nur gegen Zahlung einer besonderen Vergütung zu erteilen. Das kann im Einzelfall durchaus wirtschaftlich gerechtfertigt sein. Denn der Name des Partners stellt als Bestandteil des mit der Sozietätsbezeichnung verbundenen guten Rufes, des sog. „Goodwill", in der Regel einen nicht unerheblichen Wert dar. Solange der Partner lebt, partizipiert er daran in Form seines Gewinnanteils. Die Erben sind aber am laufenden Gewinn der Sozietät nicht beteiligt. Sie können den wirtschaftlichen Wert daher nur durch eine besondere Vergütung der Sozietät realisieren. Die Sozietät kann ihrerseits aber ein Interesse daran haben, eine derartige Zahlung zu vermeiden. Daher kann – wie in **M 133.1** § 1 – vereinbart werden, dass der namensgebende Partner bereits jetzt seine Zustimmung zur Fortführung seines Familiennamens erklärt. Diese Zustimmung kann dann auch von den Erben grundsätzlich nicht mehr widerrufen werden. 24

Bei einem **Ausscheiden** des Namenspartners lebt dessen Verfügungsgewalt über seinen bürgerlichen Namen nicht ohne weiteres wieder auf, falls er die Zustimmung zur unbegrenzten Namensfortführung erklärt hat. 25

➲ **Praxistipp:** Zu diesem Komplex gibt es bislang wenig Rechtsprechung. Umso wichtiger ist es, auf eine präzise Formulierung des Sozietätsvertrages zu achten. Enthält der Vertrag nur eine Zustimmung zur Namensverwendung, ohne den Fall des Ausscheidens zu erwähnen, so 26 schließt dies den späteren Widerruf des Einverständnisses nicht ohne weiteres aus. Auch die Möglichkeit des Widerrufs und ggf. dessen Voraussetzungen sollten daher im Sozietätsvertrag definiert werden.

27 Der BGH verlangt, dass bei **Fortführung** des Namens eines ausgeschiedenen Rechtsanwalts in der Liste der Rechtsanwälte, in der Praxis also zumeist in der sog. Randspalte, dessen **anderweitige Tätigkeit** in einer neuen Kanzlei kenntlich gemacht wird (BGH NZG 1998, 144 mit krit. Bespr. Römermann auf S. 121). Die Sozietät kann diese missliche Pflicht vermeiden, indem sie den Partnernamen ausschließlich in der Sozietätsbezeichnung bestehen lässt, im Übrigen aber auf dessen Erwähnung verzichtet.

28 Weitere Schwierigkeiten ergeben sich in der Praxis bei einer **modifizierten Namensfortführung**.

28a **Beispiel:**

Die Sozietät heißt ursprünglich „Meier, Müller & Kollegen". Müller hat sein Einverständnis mit der Namensfortführung gegeben und ist dann ausgeschieden. Später stirbt Meier und die verbleibenden Sozien wollen stattdessen den Namen des neuen Partners Schmidt aufnehmen, und zwar in der Reihenfolge „Müller, Schmidt & Sozien". Auch für diesen Fall sollte im Vertrag klargestellt werden, ob das Einverständnis noch gilt. Die Rspr. hat dies im Einzelfall auch ohne präzise Regelung angenommen (vgl. BayObLG NZG 1998, 148 mit Besprechung Römermann auf S. 121).

29 Ein wichtiger Grund für den **Widerruf der Einwilligung** zur Namensfortführung wird in der Praxis nur selten gegeben sein (MünchKomm.BGB/Bayreuther § 12 BGB Rz. 142). Er ist beispielsweise denkbar, wenn die Sozietät durch spektakuläre Fehler den guten Ruf des Namenspartners in Mitleidenschaft zieht.

30 Aus Gründen der Klarheit und Beweisbarkeit sollte der Widerruf nur in schriftlicher Form möglich sein.

4. Sitz und Zweigstellen

31 Sitz ist bei einer nur an einem Ort ansässigen Sozietät diese politische Gemeinde. Einen Sitz im Sinne einer tatsächlichen Verwaltungszentrale kann die **überörtliche** Sozietät haben, muss es aber nicht. In der Praxis werden überörtliche Zusammenschlüsse häufig dezentral verwaltet. Die Gesellschafter können den Sitz dann beliebig unter den Kanzleiorten bestimmen.

32 Bei einer **Partnerschaft/Partnerschaftsgesellschaft mbB** muss der Sitz gem. § 3 Abs. 2 Nr. 1 PartGG im Partnerschaftsvertrag festgelegt werden.

Seit dem 1.6.2007 ist das frühere Zweigstellenverbot entfallen. Das Berufsrecht regelt lediglich die Pflicht, der zuständigen Rechtsanwaltskammer die Errichtung einer Zweigstelle anzuzeigen (§ 27 Abs. 2 BRAO). Versuche der Satzungsversammlung, weitere Regelungen in der Berufsordnung der Rechtsanwälte zu treffen, sind vorerst gescheitert. Sowohl die Sozietät als auch jeder ihrer Anwälte können daher beliebig viele Zweigstellen errichten.

5. Gegenstand der Gesellschaft

33 Der Gegenstand freiberuflicher Gesellschaften wird regelmäßig durch die Berufe der in ihrem Rahmen aktiven Partner definiert. Zulässig ist neben dem Anwaltsberuf die Ausübung der nach § 59a Abs. 1 BRAO **sozietätsfähigen** Berufe.

34 Einige Sozietätsverträge beschreiben die Berufstätigkeit ausführlicher, zB „Gegenstand ist die anwaltliche Beratung und Vertretung aller Art von Unternehmen und Privatpersonen insbesondere vor Gericht und Behörden" oder „Gegenstand ist die rechtsbesorgende Tätigkeit, Rechtsberatung und rechtliche Vertretung von Mandanten in allen Angelegenheiten". Derartige Aufzählungen sind überflüssig, inhaltlich folgt dies aus der Erwähnung des Anwaltsberufes (vgl. § 3 BRAO).

35 Rechtsanwälte dürfen sich in Bundesländern mit **Anwaltsnotariat** mit Anwaltsnotaren zusammenschließen, allerdings nur im Hinblick auf deren Anwaltsberuf. Das Amt des Notars ist von dem Zu-

sammenschluss ausgenommen. Deswegen ist die – in der Praxis nicht selten anzutreffende – Erwähnung des Notaramtes im Gegenstand der Sozietät eigentlich falsch.

➲ **Praxistipp:** Diese Trennung schließt es allerdings nicht aus, die **Einnahmen** aus der notariellen Tätigkeit im Innenverhältnis der Sozietät zuzurechnen. Einzig das OLG Celle hatte im Jahre 2007 darin einen Verstoß gegen notarielles Berufsrecht – § 17 Abs. 1 Satz 4 BNotO – sehen wollen (NJW 2007, 2929), ist aber nicht zuletzt angesichts heftiger Kritik im Schrifttum von dieser Linie inzwischen wieder abgewichen (BRAK-Mitt. 2010, 97; dazu auch Dahns NJW-Spezial 2010, 95). 36

Zuweilen wird in Sozietätsverträgen die **rechtswissenschaftliche Tätigkeit** als Referent und/oder Autor zum weiteren Gegenstand der Gesellschaft erklärt. 37

Die Nennung nichtanwaltlicher Tätigkeiten im Gegenstand der Gesellschaft, beispielsweise der schriftstellerischen Betätigung, begründet eine Vermutung dafür, dass die daraus resultierenden Einnahmen ebenfalls – jedenfalls im Innenverhältnis – der Gesellschaft zuzurechnen sind. Der Vertrag kann beispielsweise in einer gesonderten Klausel über die Einnahmen der Gesellschaft eine abweichende Regelung treffen. 38

Die **„Steuerklausel"** in § 3 Abs. 3 des Vertragsmusters **M 133.1** verhindert nicht, dass eine konkrete Aktivität im Einzelfall durch die Finanzbehörde nicht doch als gewerblich eingestuft wird. 39

➲ **Praxistipp:** Gefahren für Anwaltssozietäten ergeben sich für diesen Bereich insbesondere aus der Vorschrift des § 18 Abs. 1 Nr. 1 Satz 3 EStG. Danach dürfen sich Angehörige eines freien Berufs grundsätzlich zwar der Hilfe fachlich vorgebildeter Arbeitskräfte bedienen, dabei ist jedoch zu beachten, dass sie insgesamt auf Grund eigener Fachkenntnisse leitend und eigenverantwortlich tätig werden müssen. Die Tätigkeit einer Gesellschaft muss also durch die persönliche Mitarbeit der Partner geprägt werden. Zum Gewerbebetrieb wird die Sozietät hingegen dann, wenn insbesondere auf Grund der großen Anzahl an Hilfskräften das Arbeitsergebnis von den Partnern persönlich kaum noch beeinflusst wird. Insbesondere solche Sozietäten, in deren Rahmen bspw. Insolvenzverwaltung mit einem großen Stab angestellter Mitarbeiter ausgeübt wird, stehen nicht selten in der Gefahr der steuerlichen Beurteilung als Gewerbebetrieb (vgl. Sterzinger NJW 2008, 20). 40

➲ **Praxistipp:** Eine weitere Gefahr droht aus der **Abfärbe- bzw. Infektionstheorie** (BFH BStBl. II 1995, 171; st. Rspr.) nach § 15 Abs. 3 Nr. 1 EStG. Erzielt eine Sozietät danach neben den eigentlich als freiberuflich zu qualifizierenden Einkünften solche aus Gewerbebetrieb iSv. § 15 Abs. 1 Nr. 1 EStG, so gelten sämtliche erzielten Einkünfte grundsätzlich als gewerblich und unterliegen der Gewerbesteuer. 41

Die in § 3 Abs. 3 des Vertragsmusters **M 133.1** vorgeschlagene Klausel versucht, der Anwendung der Abfärbetheorie entgegenzuwirken, indem die gewerblichen Einnahmen aus dem wirtschaftlichen Zusammenhang der Sozietät herausgelöst und lediglich dem verursachenden Partner zugerechnet werden. Ob dies gelingt, ist eine Frage des jeweiligen Einzelfalls. 42

6. Dauer der Gesellschaft

Es empfiehlt sich, einen konkreten Beginn des Sozietätsverhältnisses festzulegen. 43

➲ **Praxistipp:** Zuweilen wird in der Praxis auf den **Tag der Unterzeichnung** des Sozietätsvertrages abgestellt. Das ist häufig aus mehreren Gründen unpraktisch. Zum einen setzen die Unterzeichner nicht selten mehrere Daten auf das Dokument, falls die Unterzeichnung nicht an einem Tag stattfindet. Zum anderen bedarf es aus steuerlichen Gründen zum Teil der Anfangsbilanz. Sie ist in der Regel besser zu einem „geraden" Termin wie etwa dem Jahres- oder zumindest einem Monatsbeginn zu erstellen und nicht auf das zufällige Datum der Vertragsunterzeichnung. 44

Häufig haben die Gesellschafter für die **Phase vor Sozietätsbeginn** bereits Abmachungen getroffen. Sie sollten ausdrücklich aufgehoben werden, um ein Nebeneinander von schriftlichem Sozietätsvertrag und vorgelagerten Vereinbarungen zu vermeiden. Diese Klausel ist nicht identisch mit der 45

Vollständigkeitsklausel, wonach keine Nebenabreden bestehen. Die Frage der Nebenabreden betrifft nämlich den Zeitraum seit Beginn der Sozietät, die Aufhebung vorheriger Vereinbarungen entfaltet ihre Wirkung gerade im Vorfeld.

46 Eine **Partnerschaft/Partnerschaftsgesellschaft mbB** gelangt mit der Eintragung im Partnerschaftsregister zur Entstehung. Insoweit kann also ein Datum im Partnerschaftsvertrag nicht festgelegt werden, da die Partner auf den genauen Tag der Eintragung keinen Einfluss haben.

47 Zumeist werden Sozietätsverträge auf **unbestimmte Dauer** abgeschlossen. Möglich, wenn auch ungebräuchlich, ist allerdings auch die Festlegung eines **konkreten Endtermins**, der dann unabhängig von etwaigen Kündigungserklärungen der Gesellschafter eintritt.

48 Aus steuerlichen Gründen ist das **Geschäftsjahr** zu definieren. Es deckt sich regelmäßig mit dem Kalenderjahr. Falls die Sozietät nicht mit dem 1. Januar beginnt, sondern im Laufe eines Kalenderjahres, so verkürzt sich das erste Geschäftsjahr entsprechend; dies wird durch die Bezeichnung als Rumpfgeschäftsjahr klargestellt.

7. Anteile und Einlagen

49 Die gesetzliche Regel des § 706 Abs. 1 BGB (über § 1 Abs. 4 PartGG auch für die Partnerschaft anwendbar) verpflichtet die Sozien mangels anderweitiger Vereinbarung zu gleichen Beiträgen. In der Praxis werden darüber in aller Regel konkrete Abreden getroffen. Die Beiträge bestehen in Anwaltssozietäten bei weitem nicht so häufig wie in gewerblichen Unternehmen nur aus Geldeinlagen (MünchKomm.BGB/Ulmer/Schäfer § 706 BGB Rz. 2). Beispielsweise kann auch die **bisherige Einzelpraxis** eines Rechtsanwalts eingebracht werden.

50 ➲ **Praxistipp:** In der Praxis entsteht häufig ein **Bewertungsproblem.** Die finanziellen, also leicht messbaren Einlagen müssen zu den anderen in ein angemessenes Verhältnis gesetzt werden. Die Partner sollten sich über das Verhältnis ihrer Einlagen und Anteile klar werden, sich darüber verständigen und es auch im Vertrag eindeutig fixieren.

51 Aus diesen Gründen legt § 5 Abs. 1 des Musters **M 133.1** zunächst einmal das Verhältnis der Gesellschaftsanteile fest. Diese prozentuale Aufteilung folgt nicht unmittelbar aus dem Verhältnis der Einlagen, zumal wenn diese Einlagen der Höhe nach erst noch bewertet und gewichtet werden müssen.

52 Angesichts der regelmäßig engen Zusammenarbeit der Sozien stellt § 5 Abs. 2 des Musters **M 133.1** sicher, dass kein **neuer Partner** ohne Zustimmung sämtlicher Partner eintreten kann.

52a ➲ **Hinweis:** Die Zustimmung erfasst sowohl den Fall der vorherigen Einwilligung (§ 183 Satz 1 BGB) als auch denjenigen der nachträglichen Genehmigung (§ 184 Abs. 1 BGB). Im Grunde sollte immer die Einwilligung vorliegen, aber wenn die Partner einverstanden sind, besteht kein Anlass, eine nachträgliche Genehmigung auszuschließen.

53 ➲ **Praxistipp:** Diese Regelung bedarf in bestimmten Konstellationen der Ergänzung. Nach einigen Sozietätsverträgen kann der Wert eines Gesellschaftsanteils bei Ausscheiden nämlich nicht durch Kündigung und Abfindung realisiert werden, sondern nur durch Veräußerung. Wenn nun die Übertragung jedes Gesellschaftsanteils an die Zustimmung aller Sozien gebunden wird, kann der ausscheidenswillige Partner faktisch an der Wertrealisierung gehindert werden, indem einzelne Sozien die Zustimmung verweigern. Eine Ersetzung der Zustimmung unter dem Gesichtspunkt von Treu und Glauben ist zwar denkbar, aber in der Praxis schwer durchzusetzen. Bei einer anstehenden **Nachfolgekonstellation** muss daher im Vertrag ggf. eine Klausel aufgenommen werden, die eine Blockade verhindert. Vorzugswürdig ist mE grundsätzlich eine Lösung, die auf die Kündigung und Abfindung abstellt.

54 ➲ **Hinweis:** Die Übertragung des Gesellschaftsanteils kann wegen § 59a Abs. 1 BRAO nur an Rechtsanwälte und sozietätsfähige Personen erfolgen.

55 Die Klausel in § 5 Abs. 4 des Musters **M 133.1** enthält lediglich eine Klarstellung. Danach wird die Sozietät Inhaberin des **Kanzleivermögens** und nicht einzelne Partner.

Die **Einbringung laufender Mandate** in die neu gegründete Sozietät wird in § 5 Abs. 5 des Musters **M 133.1** geregelt. Zuerst müssen sich die Partner darüber einig werden, ob die vor Beginn der Gesellschaft begonnenen Mandate rechtlich und/oder wirtschaftlich in das gemeinsame Unternehmen eingebracht werden sollen oder nicht. In der Praxis werden solche Mandate zum Teil auch über den Gründungszeitpunkt hinaus von den einzelnen Partnern allein weitergeführt und beendet. Das ist allerdings häufig unpraktisch, zumal dann ggf. unterschiedliche Briefbögen verwendet werden müssten und eine klare Trennung zuweilen nicht durchgehalten wird. Entschließen sich die Partner zur Einbringung in die Sozietät, so stellt sich die weitere Frage, ob die Honorare daraus der Gesellschaft ganz oder teilweise zustehen sollen. 56

Das Vertragsmuster **M 133.1** enthält dazu eine klare und leicht handhabbare Regelung: Es kommt auf den **Zeitpunkt des Geldeinganges** an. Liegt er vor Gründung der Sozietät, so steht der Betrag sogar dann dem einzelnen Partner zu, wenn es sich um einen Vorschuss handelte; ansonsten der Gesellschaft. 57

➲ **Hinweis:** Diese Klausel nimmt zum Zweck der leichteren Handhabbarkeit gewisse Gerechtigkeitsdefizite und Risiken in Kauf. So könnte etwa einer der späteren Partner versucht sein, noch rasch vor Sozietätsbeginn ungewöhnlich hohe Vorschüsse abzurechnen, um diese Beträge selbst zu vereinnahmen. 57a

Bei einem zweiseitigen Vertrag wie etwa dem Mandatsvertrag bedarf die Erbringung in die Sozietät wegen des damit verbundenen **Vertragspartnerwechsels** der **Einwilligung** des jeweiligen Mandanten. Im Einzelfall kann es vorkommen, dass der Mandant dieses Einverständnis verweigert. Es muss dann eine Regelung gefunden werden, die nicht zu einer Blockade bzw. zu einer Behinderung der Sozietätsgründung führt. 58

➲ **Praxistipp:** Auch wenn das Mandat rechtlich nach verweigerter Zustimmung unverändert zwischen dem einzelnen Rechtsanwalt und dem Mandanten fortbesteht, können die Partner dies so behandeln, als wenn die Einbringung durchgeführt worden wäre. Die Einnahmen des einzelnen Sozius werden dann im **Innenverhältnis** der Sozietät zugerechnet. 59

➲ **Hinweis:** Nicht nur in der Phase der Einbringung, sondern auch später kann sich die Konstellation ergeben, dass Mandate im Außenverhältnis nur durch einen Partner geführt werden, beispielsweise in Strafsachen. Das schließt die Einbeziehung in die Sozietät im Innenverhältnis – wie in § 5 Abs. 6 des Musters **M 133.1** – nicht aus. 60

8. Art der Berufsausübung

Bei einer Anwaltssozietät wird der Gegenstand der Gesellschaft durch die Berufsausübung der jeweiligen Sozien realisiert. Diese Situation wird durch § 6 Abs. 1 des Vertragsmusters **M 133.1** wiedergegeben. 61

Die Beachtung des **eigenen Berufsrechts** ist im Grunde eine Selbstverständlichkeit. Die Gründung einer Sozietät kann nicht von den berufsrechtlichen Pflichten befreien. Bei Rechtsanwälten stellt § 33 Abs. 2 der Berufsordnung klar, dass der Berufsträger bei beruflicher Zusammenarbeit gleich in welcher Form zu gewährleisten habe, dass die Regeln der Berufsordnung auch von der Organisation eingehalten werden. 62

Nicht ganz so selbstverständlich ist die Berücksichtigung der **Berufsrechte der Mitgesellschafter**. Sie wird deswegen durch § 6 Abs. 2 des Vertragsmusters **M 133.1** gefordert. Diese Regelung kommt zum Tragen, wenn in einem interprofessionellen Zusammenschluss das Berufsrecht des einen Gesellschafters, zB eines Steuerberaters, strenger ist als dasjenige eines anderen, zB eines Rechtsanwalts. Die „**Berücksichtigung**" des Berufsrechts der anderen bedeutet nicht zwangsläufig Unterwerfung unter jede Detailvorschrift. Durch die Gründung einer Sozietät mit einem Steuerberater erkennt nicht etwa ein Rechtsanwalt das komplette Berufsrecht der Steuerberater als für sich verbindlich an. Es geht in diesem Zusammenhang nur darum, dass nicht ein Gesellschafter den anderen zu etwas zwingen kann, was diesen in berufsrechtliche Schwierigkeiten bringen würde. 63

Für eine Partnerschaftsgesellschaft mbB gelten im Hinblick auf die Mindestversicherung bei der interprofessionellen Zusammenarbeit stets die Anforderungen des strengsten Berufsrechts.

64 **Beispiel:**

Nach dem Willen der anwaltlichen Mehrheit soll eine Zeitungsanzeige geschaltet werden, die nach anwaltlichem Berufsrecht unbedenklich ist. Das dem Wortlaut nach etwas strengere Berufsrecht der Steuerberater würde diese Anzeige nicht gestatten. Die Rechtsanwälte müssen nun auf die Gegebenheiten des Berufsrechts der Steuerberater-Partner dadurch Rücksicht nehmen, dass sie die Anzeige inhaltlich modifizieren oder notfalls ganz darauf verzichten.

65 Üblicherweise stellen die Gesellschafter der Sozietät die **volle Arbeitskraft** zur Verfügung. Dieser Grundsatz ist in § 6 Abs. 3 des Vertragsmusters **M 133.1** wiedergegeben. Ein Naturgesetz ist dies jedoch nicht. In der Praxis gibt es durchaus Sozietäten, bei denen einzelne Partner auf Grund individueller Gegebenheiten entweder außerhalb der Sozietät anderweitigen Aktivitäten nachgehen oder schlicht eine geringere Arbeitszeit haben wollen, zB eine Gesellschafterin, die vor kurzem Mutter geworden ist.

66 ➲ **Praxistipp:** Wenn keine klare und ausgeglichene Regelung der Themen Arbeitskraft und Arbeitszeit im Sozietätsvertrag getroffen wird, sind Streitigkeiten vorprogrammiert, die in der Praxis häufig Anlass für Trennungen sind. In fast allen Sozietäten bestehen faktisch Unterschiede darin, welches **zeitliche Engagement** die einzelnen Gesellschafter an den Tag legen; zumindest aber weicht die Wahrnehmung durch die Partner voneinander ab. Derjenige, der sich als primären Leistungsträger der Sozietät ansieht, wird sich mit Abwanderungsgedanken tragen, wenn er kein Instrumentarium findet, seine Mitgesellschafter nachhaltig zu einem vergleichbaren Arbeitseinsatz zu motivieren.

67 Andererseits besteht das Engagement für eine Sozietät aber nicht nur in dem Einbringen bestimmter zeitlicher Kapazitäten. Mancher Partner leistet im Ergebnis wesentlich mehr für die Sozietät in nur zehn Stunden als andere in zwanzig oder gar dreißig. Insoweit zählen nicht nur das reine **Zeitvolumen**, sondern auch die **Effizienz** und der damit bewirkte **Erfolg**. Wer durch ein zehnminütiges Telefonat das Mandat mit dem größten Umsatzvolumen des Jahres akquiriert, trägt uU genau so viel zum wirtschaftlichen Erfolg der Sozietät bei wie derjenige Partner, der an dem Mandat vier Wochen lang arbeitet. Im Ergebnis ist daher von einer ausschließlichen Betrachtung der zeitlichen Komponente zu warnen.

68 ➲ **Praxistipp:** Nach diesem Vorbehalt folgt dann aber doch die Empfehlung, eine gewisse Zahl erwarteter **Arbeitsstunden** pro Woche als **Richtwert** festzulegen. Jeder Partner weiß dann, welche Größenordnung er der eigenen Beurteilung zugrunde legen darf und muss.

68a ➲ **Hinweis:** Im Vertragsmuster wird von durchschnittlich 50 Wochenstunden ausgegangen. In der Praxis deutscher Sozietäten ist dies eher gering. Der Wert ist jeweils individuell nach den Gegebenheiten der Sozietät anzupassen, falls 50 Stunden zu niedrig oder im Einzelfall zu hoch sein sollten.

69 In Anwaltssozietäten wird die konkrete Arbeitsleistung eines Partners nur selten erfasst; Stechuhren gibt es für Gesellschafter praktisch nicht. Wenn ein Sozius auf Grund mangelnden zeitlichen Engagements „hinausgekündigt" wird, ergeben sich daher regelmäßig erhebliche Beweisprobleme. Sollten die übrigen Partner tatsächlich (nur) aus diesem Grunde eine Kündigung erwägen (und sollte dies im Einzelfall eine zulässige Handlungsvariante darstellen), so ist eine genaue **Erfassung der jeweiligen Arbeitszeiten** über einen längeren Zeitraum unabdingbar.

70 In § 6 Abs. 4 des Vertragsmusters **M 133.1** geht es um **Nebentätigkeiten**. Zweck der Vertragsklausel ist es, die Arbeitskraft ganz für die Sozietät zu sichern. Deswegen kommt es grundsätzlich nicht darauf an, ob die Nebentätigkeit entgeltlich oder **unentgeltlich** ausgeübt wird. Allerdings soll einer Verlagerung der Einkommensinteressen des Sozius auf seine „Nebentätigkeit" vorgebeugt werden, indem nur unentgeltliche Nebentätigkeiten geringen Umfangs zustimmungsfrei ausgestaltet werden.

71 ➲ **Hinweis:** Die Gesellschafter haben es in der Hand, ob sie jede Nebentätigkeit komplett untersagen oder sie bis zu einem gewissen Umfang zulassen wollen. Im Vertragsmuster **M 133.1** findet sich eine Toleranzgrenze bis zu zehn Stunden pro Woche. Für die übrigen Partner ist es nämlich nicht von Bedeutung, ob ein Gesellschafter in diesem Ausmaß Freizeitaktivitäten

oder einer unentgeltlichen Nebenbeschäftigung nachgeht. Zudem haben Nebentätigkeiten nicht selten eine gewisse Verbindung zur Berufsausübung, indem sie einen direkten oder indirekten **Akquisitionsweg** darstellen, etwa die Übernahme einer Vereinsfunktion oder eines Parteiamtes. Die Erlaubnis von Nebentätigkeiten kann daher durchaus im Interesse der Sozietät liegen, sofern dadurch die Arbeitskraft des betreffenden Sozius nicht nachhaltig verringert oder gar ganz absorbiert wird.

Insbesondere **Parteifunktionen** können sich positiv oder negativ auf die Sozietät auswirken. Vertritt die Sozietät überwiegend Unternehmer, so könnte die Fraktionsleitung für eine Partei im äußeren linken Parteispektrum imageschädigend wirken. Berät die Sozietät ausschließlich Arbeitnehmer, gilt das Gleiche für eine unternehmernahe Partei. Vor diesem Hintergrund könnte man erwägen, Nebentätigkeiten ausnahmslos unter Einwilligungsvorbehalt zu stellen, auch bei Ehrenämtern. Dagegen wird zuweilen argumentiert, dass die verfassungsrechtlich geschützte Parteienfreiheit derartige Beschränkungen verbiete. ME haben die legitimen unternehmerischen Schutzinteressen der Sozien im Zivilrecht Vorrang vor der auf das Verhältnis Staat/Bürger ausgerichteten Verfassungsregelung, so dass ein generelles Verbot mit Erlaubnisvorbehalt zulässig wäre. 72

9. Geschäftsführung und Vertretung

Bei der Geschäftsführung ist zwischen den anwaltlichen „Geschäften“, also den im Rahmen einer Mandatsbearbeitung anfallenden Aufgaben von der Annahme bis zur Beendigung des Mandates, und den „sonstigen“ Geschäften zu unterscheiden. Sonstige Geschäfte sind solche, die der Anwaltstätigkeit dienen, ihr aber nicht unmittelbar zuzurechnen sind. 73

Beispiel: 74

Zur **„sonstigen“ Geschäftsführung** zählen der Abschluss eines Mietvertrages über Büroräume, die Begründung von Anstellungsverhältnissen, der Ankauf von Büromöbeln etc.

➲ **Hinweis:** Die **Unterscheidung** zwischen anwaltlichen und sonstigen Geschäften lässt sich in der Praxis nicht immer mit absoluter Genauigkeit durchführen. So kann man beispielsweise den Ankauf eines Kommentars zum Europäischen Kartellrecht aus Anlass eines ganz konkreten Mandates sowohl zur Anwaltstätigkeit zählen (denn der Ankauf wurde im Rahmen eines Mandates vorgenommen) als auch zu den sonstigen Geschäften (denn es ging um die Erweiterung der Kanzleibibliothek, zumal das Buch auch für etwaige zukünftige Mandate zur Verfügung steht). 75

In der Literatur ist die Frage nicht unumstritten, ob ein Rechtsanwalt von der Führung der anwaltlichen Geschäfte überhaupt ganz oder teilweise ausgeschlossen werden kann. Zum Teil wird die Auffassung vertreten, dies stünde zum freiberuflichen Charakter der Anwaltstätigkeit im Widerspruch (vgl. auch § 6 Abs. 2 PartGG). Das Vertragsmuster **M 133.1** schreibt vor diesem Hintergrund in § 7 Abs. 1 fest, dass jeder Gesellschaft in der Führung der zu seinem freien Beruf gehörenden Geschäfte frei und unabhängig sein soll (Römermann in BeckOK BORA, § 59a BRAO, Rz. 7). 76

Diese **alleinige Geschäftsführungsbefugnis** wird in **M 133.1** § 7 Abs. 1 allerdings im Bereich der **Mandatsannahme** eingeschränkt. Sie besteht danach nur unter zwei Voraussetzungen: Das Mandat passt in das Profil der Sozietät und der von der Versicherung abgedeckte Rahmen wird nicht überschritten. 77

➲ **Praxistipp:** Für den Erfolg einer Sozietät ist es unabdingbar, am Markt ein gewisses Profil herauszubilden und beizubehalten. Dieses Profil wird durch die **langfristige Strategie** bestimmt. Es kann beispielsweise darin bestehen, die führende Kanzlei im Arbeitsrecht am Sitz der Kanzlei zu sein. In dieser Situation würde es sich verheerend auswirken, wenn einzelne Partner Mandate aus ganz anderen Bereichen (Strafrecht, Verwaltungsrecht etc.) annehmen und das Profil damit verwässern würden. Häufig ist zu beobachten, dass Rechtsanwälte der Versuchung erliegen, Mandate aus allen Bereichen anzunehmen und dadurch jede Spezialisierung von vornherein unmöglich zu machen. Der Sozietätsvertrag kann versuchen, einer sol- 78 chen Fehlentwicklung vorzubeugen bzw. gegenzusteuern, indem die Einhaltung des vorgegebenen Kanzleiprofils zur Voraussetzung für die Mandatsannahme erhoben wird.

79 Als weitere Voraussetzung empfiehlt sich die Einhaltung der Deckungsgrenze der **Berufshaftpflichtversicherung.** Bei der Partnerschaftsgesellschaft mbB ist dies zwingende Voraussetzung für das Eingreifen der Haftungsbeschränkung im Hinblick auf Berufsausübungsfehler.

79a In der Regel handelt es sich um Einzelversicherungen, die für den jeweiligen Rechtsanwalt abgeschlossen werden. Bei einer Sozietät müssen die Mindestdeckungssummen faktisch gleich hoch liegen, wenn keine Deckungslücken auf Grund der versicherungstechnischen Durchschnittsbildung entstehen sollen.

79b ➲ **Praxistipp:** In dem Vertragsmuster **M 133.1** § 7 wird auf das bei Annahme **vorhersehbare Haftungsrisiko** abgestellt. In der Praxis stimmen die Haftungsrisiken häufig nicht mit dem Streitwert im gebührenrechtlichen Sinne überein und sind im Übrigen nicht selten unkalkulierbar. Der Partner, der ein Mandat annimmt, soll daher nur daran festgehalten werden, was er bei sozietätsüblicher Sorgfalt an Haftungspotential erkennen konnte. Die Festschreibung einer ex-ante-Betrachtung schützt ihn vor unangemessener persönlicher Inanspruchnahme durch die Mitgesellschafter auf Basis des Vorwurfes, er habe ein übermäßiges Haftungsrisiko begründet (wie sich im Nachhinein herausgestellt hat).

80 Ausnahmen von den beiden Voraussetzungen der Einhaltung des Kanzleiprofils sowie der Versicherungsdeckungssumme können mit einfacher Mehrheit von der **Gesellschafterversammlung** beschlossen werden.

81 Die **Geschäftsführungsbefugnis** hinsichtlich der **sonstigen Geschäfte** unterliegt keinen berufsrechtlichen Restriktionen. Es ist daher unbedenklich, die Durchführung dieser Geschäfte grundsätzlich an die Mitwirkung von jeweils zwei Partnern zu koppeln. Das kann etwa dem Abschluss besonders risikoreicher oder wirtschaftlich nachteiliger Verträge entgegenwirken. Alternativ zur generellen Gesamtgeschäftsführung kann vorgesehen werden, dass auch in Bezug auf sonstige Geschäfte bis zu einem gewissen Volumen jeder Gesellschafter einzeln geschäftsführungsbefugt ist und die Gesamtgeschäftsführung erst oberhalb der so definierten Grenze einsetzt.

82 ➲ **Praxistipp:** Zumindest ab einer gewissen Sozietätsgröße, im Grunde aber von Anfang an empfiehlt es sich, die **Managementaufgaben** einem oder einzelnen Partnern unter Aufteilung der Fachgebiete zu übertragen. Die Möglichkeit hierzu sollte bereits im Sozietätsvertrag angelegt sein. Die konkrete Ressortaufteilung und deren personelle Besetzung sollten dann nur im Wege der Beschlussfassung erfolgen, weil eine Fixierung im Sozietätsvertrag zu starr und unflexibel wäre. Selbstverständlich zulässig ist es, wenn die Gesellschafterversammlung die Einsetzung eines professionellen, aus Betriebswirten bestehenden Managements beschließt. Die jeweiligen Partner sind dann zwar formal noch zuständig; beschränken sich aber faktisch auf wenige Überwachungsaufgaben.

83 ➲ **Hinweis:** Bei weitem nicht jeder Rechtsanwalt eignet sich für die Übernahme von Managementverantwortung. Viele anwaltliche Gesellschafter überschätzen insoweit ihre eigenen Kompetenzen. Der Sozietätsvertrag sollte daher bereits das Instrumentarium zur Verfügung stellen, einzelne Sozien jedenfalls bei Vorliegen eines wichtigen Grundes von der **Geschäftsführung auszuschließen.** Da man sich in der Praxis über wichtige Gründe trefflich streiten kann, empfiehlt es sich, ein höheres Quorum als die einfache Mehrheit zu fordern, den Entzug der Geschäftsführungsbefugnis also nur dann zuzulassen, wenn eine beachtliche Mehrheit der Partner dieselbe Einschätzung teilt.

84 Der Sozietätsvertrag kann und sollte auch die Vertretungsbefugnis der Geschäftsführer gegenüber den Partnern, also im Innenverhältnis, definieren.

➲ **Praxistipp:** Passiv vertretungsbefugt sollte immer *ein* geschäftsführender Gesellschafter sein. Ansonsten kann bei einer größeren Zahl von Sozien eine Unsicherheit darüber eintreten, ob und wann die Erklärung mit Wirksamkeit für die Sozietät zugegangen ist. Vgl. Mustervertrag **M 133.1** § 1 Abs. 2 letzter Satz.

10. Beschlussfassung der Gesellschafter

Als Grundsatz wird in **M 133.1** § 8 die Beschlussfassung in **Präsenzveranstaltungen** festgelegt. 85

➲ **Praxistipp:** Der unbedingte Zwang, sich immer persönlich zur Beschlussfassung zusammenzufinden, wird den Anforderungen der Praxis nicht gerecht. Manchmal müssen schnell Entscheidungen getroffen werden, innerhalb weniger Tage oder sogar Stunden. Nicht alle Partner sind aber stets am selben Ort vereint, zB wegen auswärtiger Termine eines Partners, Urlaubes oder Krankheit. Der Gesellschaftsvertrag sollte dann die **Flexibilität** bieten, unter Nutzung moderner **Kommunikationsmittel** Entscheidungen zu treffen, so dass die Gesellschaft nicht in entscheidenden Momenten handlungsunfähig wird. 85a

➲ **Praxistipp:** Die Art der Kommunikationsmittel sollte im Vertrag nicht abschließend festgelegt werden. Die Entwicklung der Technik verläuft rasant. Vor wenigen Jahren wäre beispielsweise die rasche Kommunikation per Email undenkbar gewesen. Es empfiehlt sich daher, im Vertrag einzelne Wege der Beschlussfassung zu nennen, aber eine Öffnung etwa durch das Wort „**insbesondere**" vorzusehen. 86

➲ **Hinweis:** Im Vertragsmuster **M 133.1** § 8 Abs. 1 wird vorgeschlagen, dass die Wahl einer abweichenden Art der Beschlussfassung **einstimmig** verabschiedet werden muss. Als Variante wäre es denkbar, durch einfache Mehrheit oder qualifizierte Mehrheit die Beschlussfassungsmethode zu wählen und danach mit den vertraglich festgelegten Mehrheiten abzustimmen. Wird allerdings auch über die Art der Beschlussfassung durch Mehrheit entschieden, so birgt dies die Gefahr, dass die Minderheit sich überhaupt nicht mehr angemessen Gehör verschaffen kann. Gerade bei problematischen Fragen könnte die Mehrheit versucht sein, einer Diskussion aus dem Wege zu gehen und die schriftliche Beschlussfassung zu wählen. Das ist aber nicht immer sachgerecht. Insbesondere bei sozietätsinternen Problemen sollte der Minderheit ein Forum geboten werden, um ihre Auffassung in der kritischen Diskussion angemessen zum Ausdruck zu bringen. 87

Nach dem Vorschlag **M 133.1** § 8 Abs. 2 erfolgt die Ladung mit einer **Frist** von mindestens einer Woche. Dies ist verhältnismäßig kurz. Viele Sozietätsverträge sehen zwei oder gar drei Wochen vor. Natürlich ist es dem geschäftsführenden Sozius immer unbenommen, durch eine längere Ladungsfrist einen höheren Grad an Teilnehmern zu ermöglichen. Andererseits sollte es aber auch möglich sein, bei akut anstehenden Entscheidungen kurzfristig zu handeln. Dies darf nur wiederum nicht in eine Art „Überrumpelung" von Gesellschaftern ausarten, so dass die Frist von einer Woche nicht unterschritten werden sollte. Die Abwägung dieser Argumente für eine kurze bzw. für eine längere Frist führt zu dem Vorschlag von einer Woche. 88

Die **Mitteilung der Tagesordnung** wird in **M 133.1** § 8 Abs. 2 für die Ladung vorgesehen. Bis zu drei Tagen vor der Versammlung kann die Tagesordnung allerdings ergänzt werden. Die Regelung lehnt sich insoweit an die Vorschriften des GmbH-Gesetzes an. Ein Zwang zur vorherigen Mitteilung der Tagesordnung trägt in der Praxis wesentlich zur **Effizienz** der Sitzungen bei, zumal jedenfalls der geschäftsführende Partner sich selbst klar darüber werden muss, welche Ziele die Versammlung verfolgt. Außerdem als ebenso wichtiger Aspekt ermöglicht die Ankündigung der Tagesordnung den Gesellschaftern eine angemessene **Vorbereitung**. 89

➲ **Hinweis:** Jeder Gesellschafter sollte unabhängig von der Größe seines Anteils (insoweit auch abweichend vom GmbH-Recht, wo auf ein Mindestquorum von 10 % abgestellt wird) das Recht haben, eigene Tagesordnungspunkte einzubringen, so wie es in § 8 Abs. 2 des Vertragsmusters **M 133.1** vorgesehen ist. 90

Der Zwang zur Ankündigung der Tagesordnung schließt es nie aus, dass die Gesellschafter **zusätzliche Tagesordnungspunkte** in der Versammlung behandeln, sofern alle Gesellschafter damit einverstanden sind. Dies ist der ebenfalls aus dem GmbH-Recht stammende Gedanke der „Vollversammlung". Die bloße Anwesenheit aller Partner genügt hierfür allerdings nicht, sondern diese müssen mit der Beschlussfassung auch einverstanden sein. Das Einverständnis muss nicht unbedingt ausdrücklich erklärt werden. Die konkludente Zustimmung, die etwa durch die Beteiligung an der Abstimmung dokumentiert wird, genügt. 91

92 In **M 133.1** § 8 Abs. 3 ist eine Regelung zur **Beschlussfähigkeit** vorgesehen. Grundsätzlich ist die Versammlung auch dann beschlussfähig, wenn nur ein Partner erschienen ist. Dieser könnte dann sogar Beschlüsse fassen, bei denen Einstimmigkeit erforderlich ist. Dies erscheint nicht sachgerecht. Deswegen wurde ein **Mindestquorum** festgelegt.

92a ➲ **Praxistipp:** Es ist im Wesentlichen eine Frage der Kanzleigröße, ob dieses Mindestquorum mit drei Vierteln – wie im Vertragsmuster – oder mit der Hälfte angesetzt werden soll. Bei größeren Einheiten sollten die Anforderungen nicht allzu hoch angesetzt werden, es genügt dann die Hälfte.

93 ➲ **Praxistipp:** Unverzichtbar ist eine Regelung für den Fall, dass das **Quorum nicht erreicht** wird. Dafür sieht das Vertragsmuster die übliche Gestaltung vor, wonach bei fehlender Beschlussfähigkeit unverzüglich eine erneute Gesellschafterversammlung mit denselben Tagesordnungspunkten einzuberufen ist, die ohne Rücksicht auf die Zahl der erschienenen Gesellschafter beschließen kann. Auf diese Weise wird eine **Dauerblockade** der Beschlussfassung verhindert, die eintreten könnte, wenn Gesellschafter in der Zahl des Quorums bewusst die Teilnahme versagen.

94 In **M 133.1** § 8 Abs. 4 und 10 geht es um die **Versammlungsleitung** und die **Protokollführung**. Der Versammlungsleiter wacht über den formal ordnungsmäßigen Ablauf, erteilt das Wort, gestattet die Antragstellung, stellt Anträge zur Beschlussfassung, zählt die Stimmen und stellt das Beschlussergebnis fest.

95 ➲ **Praxistipp:** Über die **Art und Weise der Protokollführung** entscheidet der Protokollführer nach billigem Ermessen, sofern ihm die Gesellschafterversammlung nicht konkretere Vorgaben macht. Vor einem allzu ausführlichen **Verlaufsprotokoll** ist in der Regel zu warnen, da hierdurch der oftmals unzutreffende Eindruck der Ausschließlichkeit des dort Festgehaltenen erweckt wird. Bei kontroversen Versammlungen können sich Konflikte durch eine genaue Dokumentation des Gesagten verhärten. Demgegenüber ist häufig das bloße **Ergebnisprotokoll** zu bevorzugen. Dort werden die Formalien (Teilnehmer, Versammlungsleiter, etc.), die Anträge und die Abstimmungsergebnisse festgehalten.

96 Bei **M 133.1** § 8 Abs. 5 stellt sich die Frage der **Stimmgewichtung**. In kleineren Sozietäten und solchen mit einem Gewinnverteilungssystem nach Köpfen wird häufig jedem Sozius eine gleichwertige Stimme eingeräumt. Bei komplizierteren Verhältnissen, etwa unterschiedlichen Einlagen der Gesellschafter, empfiehlt sich ein Abstellen auf die jeweiligen Gesellschaftsanteile.

97 Die Regelung der **Vertretung** in **M 133.1** § 8 Abs. 6 lehnt sich an das GmbH-Gesetz an, soweit eine Vertretung nur zulässig ist, wenn der Vertreter eine in Textform ausgestellte Vollmacht vorweisen kann. Zweckmäßigerweise kontrolliert der Versammlungsleiter zu Beginn der Gesellschafterversammlung, ob die Vollmachten in dieser Form vorliegen. Kann ein angeblicher Vertreter die Vollmacht nicht vorweisen, so kann ihn der Versammlungsleiter nach dem Grundgedanken des § 174 BGB von der Teilnahme an der Gesellschafterversammlung ausschließen.

98 ➲ **Praxistipp:** Die Bewahrung einer vertrauensvollen Atmosphäre in der Gesellschafterversammlung erfordert es, dass der Vertreter seinerseits die **Verschwiegenheit** über alles wahrt, was er dort erfährt. Bei einem Sozius wird dies ohne Weiteres der Fall sein. Allerdings sind Sozien nicht immer geeignete Vertreter, insbesondere dann nicht, wenn unter den Gesellschaftern Konflikte ausgebrochen sind. Deswegen sollte der Vertrag unbedingt die Möglichkeit eröffnen, **externe Berufsträger** mit der Vertretung zu beauftragen, die ihrerseits der Verschwiegenheit unterliegen, also Rechtsanwälte, Steuerberater oder Wirtschaftsprüfer.

99 Neben der Vertretung durch einen anderen Berufsträger sollte die **Begleitung** explizit zugelassen werden. Bei der Vertretung ist nur der Vertreter in der Versammlung präsent, bei der Begleitung erscheinen der Gesellschafter und sein Berater zusammen. In der Praxis entsteht immer wieder Streit über die Zulässigkeit der Hinzuziehung von Begleitern. Dabei ist es legitim, wenn sich ein Gesellschafter beraten lässt, und jede qualifizierte Beratung setzt auch die Möglichkeit voraus, bei entscheidenden Versammlungen anwesend zu sein. Die Gegenansicht führt regelmäßig dazu, dass sich der betroffene Gesellschafter vertreten lässt und dann selbst nicht an der Versammlung teilnehmen kann. Im Ergebnis ist damit zumeist niemandem geholfen.

In **M 133.1** § 8 Abs. 8 werden die Regelungsgegenstände enumerativ aufgeführt, bei denen eine **einstimmige Beschlussfassung** erforderlich ist. Insoweit sind zahlreiche Varianten denkbar. Die Liste kann verkürzt oder erweitert werden, je nach den individuellen Umständen der Sozietät. Außerdem ist nicht in jedem Fall die Einstimmigkeit das geeignete Quorum. Vielfach wird es etwa mit einer Mehrheit von drei Vierteln der abgegebenen Stimmen sein Bewenden haben können, insbesondere bei großen Sozietäten kann das Einstimmigkeitsverlangen leicht zu einer Totalblockade führen. Soweit ein Partner durch die Beschlussfassung in seinen eigenen Gesellschafterrechten betroffen ist, bedarf der Beschluss seiner Zustimmung. Das kann in Ausnahmefällen zu einem unabdingbaren Einstimmigkeitserfordernis führen, etwa wenn die Gewinnverteilungsmodalitäten verändert werden. 100

Nach **M 133.1** § 8 Abs. 9 des Vertragsmusters sollen **ordentliche Gesellschafterversammlungen** einmal im Vierteljahr stattfinden. Dies ist für kleine Sozietäten selten, für große Sozietäten häufig. Gezwungen sind die Gesellschafter zu einer Versammlung nur für die Verabschiedung des Jahresabschlusses, also einmal jährlich. Je nach der individuellen Situation der Sozietät sollten diese Zeiträume angepasst werden. Allerdings ist auch nicht zu übersehen, dass dieser „Richtwert" im Sozietätsvertrag ohnehin nur **Appellcharakter** hat. Wenn es keinen akuten Bedarf für eine Versammlung gibt und die Partner einvernehmlich darauf verzichten, dann ist dies nicht mit negativen Konsequenzen verbunden. 101

Jeder Sozius kann nach dem Vertragsmuster **M 133.1** § 8 Abs. 9 erzwingen, dass er zu einer Gesellschafterversammlung eingeladen wird. Dadurch wird erreicht, dass jeder einzelne Gesellschafter seine Anliegen angemessen zu Gehör bringen kann. Dies sollte auch außerhalb des üblichen Turnus stets möglich sein. Hierfür genügt das bloße Schreiben eines Sozius an die Mitgesellschafter in der Praxis häufig nicht, sondern es bedarf zuweilen der Diskussion über kritische Fragen in einer Präsenzversammlung. 102

➲ **Hinweis:** Rechtswidrige Beschlüsse können im Recht der BGB-Gesellschaft grundsätzlich ohne Einhaltung irgendwelcher Fristen durch die Feststellungsklage beseitigt werden. Das Fehlen einer Frist kann in der Praxis zu einer lang andauernden Rechtsunsicherheit beitragen. Deswegen wird als mögliche Klausel in **M 133.1** § 8 Abs. 11 vorgeschlagen, analog zum Aktien- und GmbH-Recht die Anfechtung eines Gesellschafterbeschlusses nur innerhalb einer Frist von einem Monat nach der Versammlung und auch nur durch Einleitung eines Gerichtsverfahrens zu ermöglichen. Die Regelung sorgt einerseits insoweit für Klarheit und für die Einhaltung eines formalen Weges. Andererseits führt sie im Falle von Konflikten zu einer relativ kurzfristigen Klage. Gerichtliche Verfahren können schon bestehende Konflikte in der Sozietät verschärfen. Auch dieser nachteilige Effekt ist also zu berücksichtigen, wenn überlegt wird, ob eine solche Klausel im Sozietätsvertrag aufgenommen werden soll oder nicht. 103

11. Regelung von Einnahmen und Ausgaben

Bei **M 133.1** § 9 Abs. 1 ist zu definieren, welche Einnahmen gesellschaftlich sind und welche eventuell einzelnen Gesellschafter zustehen sollen. Eindeutig ist dies in aller Regel nur für die Vergütung für anwaltliche Tätigkeiten iSd. § 1 Abs. 1 Satz 1 RVG. 104

Daneben gehen Anwälte aber traditionell häufig **weiteren Tätigkeiten** nach. Diese sind zum Teil in § 1 Abs. 2 RVG aufgeführt: Vormund, Betreuer, Pfleger, Verfahrenspfleger, Testamentsvollstrecker, Insolvenzverwalter, Sachwalter, Mitglied des Gläubigerausschusses, Nachlassverwalter, Zwangsverwalter, Treuhänder oder Schiedsrichter. Hierneben kommt eine Reihe weiterer Tätigkeiten in Betracht (ausführlich Römermann in Hartung/Römermann/Schons, RVG, 2. Aufl. 2006, Anh. zu § 1). 105

In der Regel werden Einnahmen aus der Tätigkeit als Schiedsrichter, Testamentsvollstecker, Insolvenzverwalter oder Betreuer als gemeinschaftlich aufgefasst. Bei den anderen Tätigkeiten wird dies in der Praxis unterschiedlich gehandhabt. 106

➲ **Praxistipp:** Fraglich ist die Zuordnung etwa bei Einnahmen aus **Vortrags- und Schriftstellertätigkeiten.** Fachwissenschaftliche Aufsätze und Vorträge können erheblich zum guten Ruf der Sozietät beitragen und wirken sich dadurch jedenfalls mittelbar akquisitionsfördernd aus. Die Vergütung für diese Aktivitäten steht oftmals in keinem vernünftigen Verhältnis zu dem 107 damit verbundenen Zeitaufwand. So wird die anwaltliche Beratungsstunde in aller Regel wesentlich höher vergütet als die in einen wissenschaftlichen Aufsatz oder ein Buch investierte Stunde. Darüber hinaus lassen sich derartige Aktivitäten erfahrungsgemäß häufig nicht im Rahmen des „Kanzleialltags“ bewältigen und der jeweilige Partner investiert in hohem Maße Freizeit. Dieser Hintergrund führt bei einigen Sozietäten dazu, dem insoweit aktiven Partner jedenfalls die (oftmals spärlichen) Einnahmen daraus vollständig zu belassen, diese Einnahmen also aus den Einnahmen der Gesellschaft herauszunehmen. Anders ist dies möglicherweise zu sehen, wenn der Gesellschafter hierfür in nennenswertem Maße auf personelle und sachliche Mittel der Sozietät zurückgreift, beispielsweise das Sekretariat in Anspruch nimmt.

108 ➲ **Praxistipp:** Die Frage, ob die Einnahmen der Sozietät zugerechnet werden sollen oder nicht, spielt nicht nur für die laufenden Gewinne eine Rolle, sondern häufig auch für die Berechnung bei Ausscheiden eines Partners. Der **Sozietätswert** und damit auch der Wert des einzelnen Gesellschaftsanteils werden nämlich in der Praxis durch das Umsatzverfahren bestimmt. Es kommt also darauf an, welchen Umsatz die Sozietät erreicht hat. Werden einzelne Tätigkeitsbereiche, wie etwa die Insolvenzverwaltung, aus den Einnahmen der Sozietät herausgenommen, wirkt sich dies auch bei der Bestimmung des Wertes des Gesellschaftsanteils und damit bei der Abfindung des ausscheidenden Gesellschafters aus. Ein sorgfältiger Gutachter berücksichtigt die Art der Einnahmen allerdings in jedem Fall bei der Berechnung des Umsatzes, welcher der Sozietätsbewertung zugrunde zu legen ist, und nimmt höchstpersönliche Einnahmen wie etwa Vortragshonorare heraus.

109 Nach dem Vertragsmuster sind sämtliche **beruflich bedingte Ausgaben** solche der Gesellschaft. Hierzu zählen auch die Beiträge zur Rechtsanwaltskammer, Mitgliedsbeiträge zum örtlichen Anwaltverein, zu sonstigen berufsbezogenen Vereinigungen und Prämien für die Berufshaftpflichtversicherung.

110 Zu Konflikten führt gelegentlich eine unter den Gesellschaftern erheblich voneinander abweichende Handhabung im Hinblick auf die Kosten der eigenen beruflichen **Fortbildung**. Beispielsweise durch den Besuch von Fachanwaltskursen können erhebliche Kosten entstehen, und zwar nicht nur durch die Kursgebühren selbst, sondern auch durch Übernachtung, An- und Abreise, zusätzlichen Verpflegungsaufwand und entgangene Umsätze in dem relevanten Zeitraum. Einige Sozien neigen dazu, auf eine derartige Fortbildung gänzlich zu verzichten und die Lektüre der Fachzeitschriften als hinreichend anzusehen. Andere verweisen zur Qualitätssicherung auf die Notwendigkeit häufiger Seminarbesuche und des Erwerbs einer Fachanwaltsbezeichnung. Je nachdem an welchem Ort die Fortbildung stattfindet, kann hiermit auch ein gewisser Freizeitwert verbunden sein, beispielsweise bei einem Seminar zum Ski-Recht in den Alpen. Die in **M 133.1** § 9 Abs. 2 Satz 2 vorgeschlagene Klausel versucht insoweit den Ausgleich zu schaffen, indem weder eine Mindest- noch eine Höchstgrenze vorgegeben wird. Anders als in vielen anderen Sozietätsverträgen wird die Fortbildung auch nicht an einen vorherigen Gesellschafterbeschluss gebunden. Verwiesen wird lediglich auf ein ausgewogenes Verhältnis der Aufgaben der Gesellschafter zueinander. Diese Klausel ist bewusst vage gehalten, um im Einzelfall flexible Lösungen zu ermöglichen. Denkbar wäre insoweit eine Konkretisierung etwa durch die Festlegung eines Höchstbetrages. Bei hohen Einzelinvestitionen beispielsweise in den Erwerb einer Fachanwaltsbezeichnung kann auch daran gedacht werden, dass der Gesellschafter, der diese Fortbildung wahrnimmt, verpflichtet wird, jedenfalls einen Teil der Kosten an die Sozietät zu erstatten, wenn er innerhalb eines bestimmten Zeitraumes nach Absolvieren des Kurses ausscheidet. In diesem Zusammenhang kann ferner eine Regelung dafür getroffen werden, ob sämtliche Fortbildungstage als Arbeitstage gelten oder teilweise auf den Urlaubsanspruch anzurechnen sind. Sind Fortbildungskosten durch den einzelnen Gesellschafter zu tragen, werden diese also nicht von der Gesellschaft übernommen, so handelt es sich steuerlich um sog. Sonderbetriebsausgaben, die die Einkünfte des Gesellschafters vermindern.

12. Buchführung und Jahresabschluss

111 Die Bestimmung **M 133.1** § 10 entspricht im Wesentlichen den steuerrechtlichen Anforderungen an eine Sozietät. So ist es eine bloße Selbstverständlichkeit, dass die Gesellschaft eine geordnete Buchführung unterhalten muss.

Als Grundsatz für die Gewinnermittlung wird in **M 133.1** § 10 Abs. 2 eine **Einnahmen-Überschussrechnung** nach § 4 Abs. 3 EStG vorgeschlagen. Mangels Kaufmannseigenschaft nach HGB bzw. Anwendbarkeit der §§ 140, 141 AO ist eine freiberuflich tätige Sozietät nicht zur Führung von Büchern verpflichtet. Die Gesellschafter können jedoch einstimmig für nachfolgende Geschäftsjahre beschließen, zur Bilanzierung überzugehen. Im Vergleich zur Einnahmen-Überschussrechnung führt die Bilanzierung jedoch in aller Regel zu einer früheren Liquiditätsbelastung. Andererseits ermöglicht sie einen klareren Überblick über die finanzielle Situation der Sozietät zu einem bestimmten Stichtag und ist damit aus Sicht des Controlling zu bevorzugen. Unabhängig von der Art der Gewinnermittlung kann das Finanzamt auf Antrag gestatten, dass die Umsatzsteuer erst gezahlt werden muss, soweit sie durch den jeweiligen Leistungsempfänger gezahlt wurde (vgl. § 20 Abs. 1 Nr. 3 UStG). 112

Durch **M 133.1** § 10 Abs. 3 soll eine **Verantwortlichkeit eines Partners** gesichert werden. Wird kein Partner mit der Aufgabe der Überwachung von Buchführung und Erstellung des Jahresabschlusses betraut, besteht das Risiko, dass alle Gesellschafter diese eher als lästig empfundenen Aufgaben vollständig dem Steuerberater überlassen, ohne sich dieser Fragen selbst anzunehmen. Dadurch können zum Teil Gestaltungsmöglichkeiten verloren gehen, die sich bei näherer Beschäftigung mit der Materie eröffnen würden. Durch die Bestimmung eines verantwortlichen Gesellschafters soll also ein Mindestmaß an Professionalität auch in diesem Bereich gewährleistet werden. 113

Wenn der Jahresabschluss erstellt wurde, ist dazu eine **Gesellschafterversammlung** einzuberufen. Der Einladung muss der Entwurf des Jahresabschlusses beigefügt werden. Dadurch wird gesichert, dass sich jeder Gesellschafter ordnungsgemäß vorbereiten kann. 114

Auf Grund der besonderen Bedeutung dieser Beschlussfassung für die Feststellung des Gewinns und damit auch die Einnahmen jedes Gesellschafters wird die Beschlussfassung über den Jahresabschluss der **Einstimmigkeit** unterworfen. Die gesellschaftsrechtliche Treuepflicht als Ausfluss von § 242 BGB verhindert **willkürliche Opposition einzelner Gesellschafter** gegen die Verabschiedung eines ordnungsmäßigen Jahresabschlusses. Dabei muss man sich der Schwächen dieser Herangehensweise bewusst sein; die Treuepflicht zwingt nur dann zur Zustimmung, wenn es keine gleichwertige Alternative gibt. Anders ausgedrückt: Wenn mehrere Inhalte des Jahresabschlusses gleichermaßen vertretbar sind, kann kein Gesellschafter gezwungen werden, für eine der beiden Varianten zu stimmen. Die Alternative zu dem Formulierungsvorschlag im Vertragsmuster **M 133.1** läge in einem Mehrheitserfordernis, ggf. in Form einer Zwei-Drittel-Mehrheit. Die Minderheit könnte dann allerdings in entscheidenden Fragen einfach überstimmt werden; allein diese Ohnmacht der Minderheit kann sich psychologisch ungünstig auswirken und zB den Beitritt qualifizierter weiterer Sozien behindern. 115

Nicht selten führen **Streitigkeiten über die Gewinnverteilung** dazu, dass Jahresabschlüsse zum Teil über Jahre hinweg nicht verabschiedet werden können. In solchen Fällen wird in der Praxis mit vorläufigen Steuererklärungen gegenüber dem Finanzamt gearbeitet. Diese unglückliche Situation sollte nach Möglichkeit vermieden werden. Das Vertragsmuster **M 133.1** versucht in § 10 Abs. 5, einen Beitrag hierzu zu leisten, indem nach Ablauf einer Monatsfrist nach der Feststellung der Meinungsverschiedenheiten die Aufstellung durch einen **Schiedsgutachter** festgelegt wird. Als Schiedsgutachter soll ein von der Wirtschaftsprüferkammer zu benennender Wirtschaftsprüfer tätig werden. Dieses Verfahren erscheint gegenüber der Anrufung der ordentlichen Gerichte vorzugswürdig, zumal die Landgerichte ohnehin dazu neigen, in solchen Fällen einen Sachverständigen zu beauftragen. 116

13. Entnahmeregelung

Zur Finanzierung ihres Lebensunterhaltes sind die Gesellschafter in aller Regel auf Entnahmen im Hinblick auf den zu erwartenden Gewinn der Sozietät angewiesen. Es bedarf daher einer Regelung der Frage, wann und in welcher Höhe solche Entnahmen zulässig sein sollen. Die Regelung ist insoweit mit einer gewissen **Unsicherheit** behaftet, als der Gewinn erst mit Feststellung des Jahresabschlusses der Höhe nach bekannt ist und diese Feststellung in der Regel erst einige Monate nach Abschluss des jeweiligen Kalenderjahres stattfindet. 117

118 ➲ **Praxistipp:** Das Vertragsmuster **M 133.1** sieht monatliche Entnahmen vor, deren Höhe im Vorfeld des Jahres durch die Gesellschafter bestimmt wird. Der einzelne Gesellschafter bedarf insoweit eines besonderen Schutzes. Ansonsten könnte er durch Mehrheitsbeschluss „**ausgehungert**" werden, indem die Mehrheit der Gesellschafter im Beschlusswege Entnahmen untersagt. Dies trifft dann den Gesellschafter besonders, der laufende private Verpflichtungen hat, beispielsweise wegen des Hausbaus. Aus diesem Grunde schlägt das Vertragsmuster vor, solche Beschlüsse nur einstimmig fassen zu können.

119 Andererseits darf aber auch die Gesellschaft nicht durch zu hohe Entnahmen „**ausgeblutet**" werden. Jede Sozietät sollte über ausreichende Liquidität verfügen, um auch Investitionen etwa in die EDV oder neue Angestelltenverhältnisse tätigen zu können. Außerdem muss stets damit gerechnet werden, dass die Gewinne nicht so hoch ausfallen wie in dem vorangegangenen Jahr. Deswegen sieht das Vertragsmuster **M 133.1** einen Sicherheitsabschlag vor. Es soll also nicht derselbe Betrag entnommen werden dürfen, wie er sich nach dem Ergebnis des Vorjahres errechnen ließe, sondern ein nur um einen bestimmten Prozentsatz verringerter Betrag. Angemessen sind Prozentsätze zwischen 10 und 20 %. Allerdings kommt es auf die individuellen Verhältnisse der Sozietät und die „Ausgabefreudigkeit" der Sozien an, so dass das Vertragsmuster die Zahl offen lässt. Auch die Änderung dieses Beschlusses bedarf der Einstimmigkeit.

120 In **M 133.1** § 11 Abs. 3 ist die **Erkrankung** eines Gesellschafters geregelt. Erkrankt ein Gesellschafter unvorhergesehen, so sollte dies nicht sofort etwas an der Entnahmeberechtigung ändern, zumal seine privaten Verpflichtungen weiterlaufen. Andererseits muss das Entnahmerecht zeitlich begrenzt werden, da die Arbeit dann anders verteilt werden und ggf. ein Mitarbeiter eingestellt werden muss, um die Aufgaben zu übernehmen. Das Vertragsmuster **M 133.1** sieht daher den Zeitraum eines Monats für die fortwirkende Entnahmemöglichkeit vor. Dies ist knapp angesetzt, ggf. können mehrere Monate eingesetzt werden. Falls ein Partner mehrfach pro Jahr erkrankt, sollte eine Höchstgrenze vorgesehen werden.

14. Gewinn- und Verlustbeteiligung

121 Für die Gewinnbeteiligung der Partner gibt es verschiedene Modelle, die in den Varianten **M 133.2** näher vorgestellt werden. Die Grundklausel verteilt den Gewinn schlicht nach Gesellschaftsanteilen.

122 In **M 133.1** § 12 Abs. 2 ist die Bildung einer **Rücklage** geregelt. Vom Gewinnanteil eines jeden Gesellschafters wird ein bestimmter Prozentsatz einbehalten, bis die Rücklage in voller Höhe gebildet ist. Eine Entnahme soll also insoweit ausgeschlossen werden. Der Gesellschafter kann auf seinen Gewinnanteil nicht zugreifen. Die Höhe der Rücklage wird durch die Betriebsausgaben der letzten sechs Monate des jeweils abgelaufenen Rechnungsjahres bestimmt. Sie dient dazu, die regelmäßig zu erwartenden Ausgaben abzudecken, auch wenn die Einnahmen der Sozietät sich rückläufig entwickeln sollten. Wenn in einer solchen Situation die Einnahmen vollständig entnommen werden dürften, stünde der Gesellschaft keinerlei **Liquidität** mehr zur Verfügung. Häufig wird eine solche Liquidität aber auch kurzfristig und unvorhergesehen benötigt, beispielsweise wenn der Server der EDV-Anlage ausfällt.

123 ➲ **Praxistipp:** Die Bildung der Rücklage ermöglicht nicht automatisch derartige Investitionen. Der Einsatz erheblicher finanzieller Mittel etwa für Anschaffungen bedarf vielmehr jeweils eines **gesonderten Beschlusses** der Gesellschafterversammlung. Die Rücklage erleichtert es also nur, den Beschluss zu fassen, weil das benötigte Geld bereits vorhanden ist. Der Investitionsbeschluss wird hierdurch aber nicht entbehrlich. Es kann daher der Fall eintreten, dass ein Investitionsbedarf vorliegt, das Geld auch vorhanden ist, aber der für die Investition erforderliche Mehrheitsbeschluss nicht zu Stande kommt, weil einzelne Gesellschafter ihn blockieren. Trotz dieser notwendigen Unvollkommenheit der Klausel empfiehlt sich eine Rücklage, weil in der Praxis der Verzicht auf Entnahmen immer leichter fällt als die Verpflichtung, aus privatem Geld Einlagen für Investitionen zu tätigen.

15. Haftung der Gesellschafter für berufliche Fehler

Jeder Rechtsanwalt ist verpflichtet, eine eigene Berufshaftpflichtversicherung zu unterhalten, § 51 BRAO (Stobbe in Henssler/Streck, Hdb. des Sozietätsrechts, 2001, B Rz. 535). Die Sozietät kann insoweit die Organisation und die Kosten übernehmen. Zuweilen werden auch Berufshaftpflichtversicherungs-Gruppenverträge durch die Sozietät als solche abgeschlossen und von deren Schutz sind dann die einzelnen Anwälte umfasst. 124

Das **Berufsrecht** schreibt in § 51Abs. 4 BRAO eine Mindestdeckungssumme von nur 250 000 Euro für jeden Einzelfall vor. In der Praxis ist dieser Betrag häufig gering und die Sozien sollten stets im Blick behalten, ob diese Summe ausreicht, um die möglichen Schäden aus Mandaten der Sozietät zu decken. Ggf. sollte über eine Erhöhung Beschluss gefasst werden. Bei der PartGmbB beträgt die Mindestversicherungssumme 2,5 Mio. Euro. Ferner wird bei der PartGmbB die Frage eines Innenregresses erörtert (Wertenbruch NZG 2013, 1006). 125

In **M 133.1** § 13 Abs. 2 geht es um Mandate mit einem Regresspotential, das die Deckungssumme der Berufshaftpflichtversicherung übersteigt. Hierbei muss zunächst berücksichtigt werden, dass in der Praxis das **Haftungspotential** häufig nicht leicht erkennbar ist. Etwa im Mietrecht können aus Angelegenheiten mit einem zuweilen eher geringen Streitwert enorme Haftungssummen resultieren, wenn die Mietverträge über viele Jahre laufen. Gleiches gilt im Bereich von Körperschäden bei Verkehrsunfällen oder auch im Familienrecht. Weder aus dem Streitwert noch aus dem Honorar lassen sich zuverlässige Rückschlüsse auf das Haftungsrisiko ziehen. Das Vertragsmuster schlägt daher vor, auf das „erkennbare" Risiko abzustellen. Hierdurch wird signalisiert, dass es nicht unbedingt dem einzelnen Gesellschafter angelastet werden kann, wenn im Nachhinein ein Schadensfall mit einer hohen Summe eintritt und dies nicht vorher bekannt war. 126

Das Vertragsmuster **M 133.1** stellt es in die Entscheidung der Gesellschafterversammlung, ob **Mandate mit solchen außergewöhnlichen Risiken** übernommen werden sollen oder nicht. Grundsätzlich ist jeder einzelne Gesellschafter vertretungsbefugt und kann auch solche Aufträge mit Wirkung für die Sozietät annehmen. Die Gesellschafterversammlung kann aber einstimmig festlegen, dass die Annahme derartiger Mandate einer vorherigen Einwilligung der Gesellschafterversammlung bedarf. Auch wenn dies nicht so geregelt wird, bleibt jedenfalls eine Unterrichtungspflicht des Gesellschafters, so dass seine Mitgesellschafter das Risiko kennen und darauf reagieren können, etwa indem sie auf einen Beschluss hinwirken, der eine angemessene Erhöhung der Versicherung oder den Abschluss einer Exzedentenversicherung für den Einzelfall vorsieht. 127

16. Nachvertragliches Wettbewerbsverbot

Während des Bestehens der Sozietät unterliegen die Gesellschafter automatisch einem Wettbewerbsverbot. Nach Beendigung des Vertrages, etwa durch Kündigung, gilt **kein gesetzliches Wettbewerbsverbot** mehr. Die Sozietät kann sich vor unliebsamer Konkurrenz also nur durch ein ausdrückliches nachvertragliches Wettbewerbsverbot im Sozietätsvertrag schützen (näher zu den verschiedenen Möglichkeiten Römermann BB 1998, 1489). 128

Wettbewerbsverbote sind Eingriffe in die verfassungsrechtlich geschützte **Berufsausübungsfreiheit** des einzelnen Rechtsanwalts. Die Berufsfreiheit aus Art. 12 Abs. 1 GG wirkt insoweit in das Zivilrecht hinein, als daraus ein Maßstab für die Beurteilung als sittenwidrig im Sinne des § 138 Abs. 1 BGB gewonnen wird. Nach der feststehenden Rechtsprechung des BGH sind Wettbewerbsverbotsklauseln nur dann wirksam, wenn sie gegenständlich, zeitlich und räumlich begrenzt sind. Während das Fehlen einer **gegenständlichen Eingrenzung** automatisch zur Nichtigkeit des Wettbewerbsverbots führt, erkennt der BGH allerdings bezüglich der **räumlichen und zeitlichen** Dimension die Möglichkeit einer geltungserhaltenden Reduktion an (BGH WiB 1997, 1028 mit Anm. Römermann). Sieht der Vertrag beispielsweise ein fünfjähriges Wettbewerbsverbot vor, so reduziert der BGH dies in seiner Wirksamkeit auf zwei Jahre, lässt aber den Bestand der Klausel insgesamt unberührt. Da die geltungserhaltende Reduktion einer ansonsten sittenwidrigen Klausel dem Verwender das Risiko der Unwirksamkeit abnimmt, ist dieses Instrumentarium grundsätzlichen Bedenken ausgesetzt und kann nur ausnahmsweise Anwendung finden; vor diesem Hintergrund ist jeder Einzelfall einer näheren Prüfung zu unterziehen und die Sozien sollten sich auf eine 129 darauf gegründete Wirksamkeit der Vorschrift nicht verlassen (vgl. MünchKomm.BGB/Armbrüster § 138 BGB Rz. 158 ff.).

130 Während früher über die Höchstdauer derartiger Verbote noch kontrovers diskutiert wurde, kann man nach heutigem Stand der Rechtsprechung des BGH von einer Begrenzung bei **zwei Jahren** nach Ausscheiden ausgehen.

131 Die zulässige **räumliche Erstreckung** hängt von der jeweiligen geographischen Situation der Kanzlei ab. Befindet sich der Kanzleisitz im Zentrum von München, so darf nicht derselbe Radius um den Kanzleisitz herum festgelegt werden wie wenn die Kanzlei in ländlicher Gegend in Niederbayern ihren Sitz hätte. Es kommt also jeweils darauf an, welche Wirkung einem Wettbewerbsverbot zukommt, ob davon 1000 Einwohner oder 500 000 Einwohner erfasst werden. Neben dem bloßen Radius kommt das Abstellen auf Gerichtsbezirke in Betracht. Der Bezirk des Oberlandesgerichts ist dabei in jedem Fall zu weiträumig. Über den Bezirk eines Landgerichts kann im Einzelfall nachgedacht werden, sicherer ist es aber, auf den Amtsgerichtsbezirk abzustellen. Daneben kommen aber auch andere Anknüpfungspunkte wie etwa Regierungsbezirke oder Gemeinden in Betracht. Abstrakte Definitionen des zulässigen Radius oder Bereichs verbieten sich vor diesem Hintergrund. Auch der gesamte Amtsgerichtsbezirk kann zu weitgehend sein, etwa wenn er den Innenbereich einer Großstadt umfasst.

132 Die **gegenständliche** Beschränkung bezieht sich im Wesentlichen auf die selbständige oder unselbständige Tätigkeit als Rechtsanwalt. Etwa die Eingehung eines Anstellungsverhältnisses mit einer Rechtsschutzversicherung oder Universität muss daneben in der Regel möglich sein, da hierdurch die legitimen Interessen der Sozietät nicht tangiert werden.

133 Das nachvertragliche Wettbewerbsverbot entfällt nach **M 133.1**, wenn der Gesellschafter aus **wichtigem Grunde** ausgeschieden ist und dieser wichtige Grund nicht in seiner Person liegt, sondern in derjenigen der übrigen Gesellschafter. Es würde die Kündigungsmöglichkeiten eines Gesellschafters übermäßig einengen, wenn er aus einem nicht von ihm zu vertretenden wichtigem Grund ausscheidet, ihm also die weitere Zusammenarbeit mit den Partnern nicht mehr zugemutet werden kann, und er dennoch in seiner weiteren Berufstätigkeit massiven Behinderungen ausgesetzt wäre. Auch ohne ausdrückliche Befreiung würde in solchen Konstellationen das nachvertragliche Wettbewerbsverbot daher nach § 723 Abs. 3 bzw. § 138 BGB iVm. Art. 12 GG regelmäßig entfallen.

134 ➲ **Praxistipp:** Bei einem umfassenden Auskunftsrecht der Gesellschaft auch hinsichtlich des Namens und der Angelegenheit des betroffenen Mandanten bestünde die Gefahr, dass der ausgeschiedene Partner seine Auskunftsverpflichtung nicht ohne Verstoß gegen eine berufliche **Schweigepflicht** erfüllen könnte. Dies würde unter Umständen die Nichtigkeit einer solchen Klausel gem. § 134 BGB nach sich ziehen. Diese Gefahr versucht die in **M 133.3** vorgeschlagene Klausel durch die Möglichkeit der anonymisierten Auskunftserteilung zu vermeiden, um so gleichzeitig die berechtigten Interessen der Gesellschaft und die des ausgeschiedenen Gesellschafters zu wahren.

135 Da die Sozietät in der Praxis praktisch keine Kontrollmöglichkeit hat, billigt ihr das Vertragsmuster **M 133.3** das Recht zu, die Abgabe einer **eidesstattlichen Versicherung** über die Vollständigkeit und Richtigkeit der Angaben des ausgeschiedenen Gesellschafters zu verlangen. Dadurch soll wegen der hiermit verbundenen Strafdrohung eine gewisse Abschreckung vor unwahren Angaben erreicht werden.

17. Ausscheiden eines Gesellschafters

136 In **M 133.1** § 15 Abs. 1 werden die Fälle des Ausscheidens eines Gesellschafters aus der Sozietät aufgeführt.

137 Nach der **ersten Variante** scheidet der Gesellschafter durch **Tod** aus. Dies hat zur Konsequenz, dass nicht etwa die Erben an Stelle des Gesellschafters in die Sozietät eintreten. Dies wäre in der Regel schon aus berufsrechtlichen Gründen ausgeschlossen, soweit die Erben nicht über eine Sozietätsfähigkeit im Sinne des § 59a BRAO verfügen. Aber auch wenn diese Qualifikation im Einzelfall vorhanden sein sollte, verhindert die Regelung des Mustervertrages ein automatisches Eintreten der

oder des Erben in die Sozietät. Schließlich bedingt die Anwaltssozietät eine enge Zusammenarbeit der Berufsträger und es sollte den verbleibenden Sozien daher überlassen werden, mit wem sie ggf. die Sozietät fortsetzen möchten, ohne dass ihnen die Erben als Mitgesellschafter faktisch aufgezwungen werden.

Für die **Kündigung** durch einen Gesellschafter ist eine Frist von vier Monaten zum Ende eines Halbjahres vorgesehen. Diese Frist ist relativ kurz bemessen. 138

➲ **Praxistipp:** In anderen Sozietätsverträgen finden sich Fristen von zum Teil einem Jahr oder sogar noch länger. Wenn dann die Wirksamkeit noch auf das Jahresende gelegt wird – Kündigung mit einer Frist von einem Jahr zum Ende eines Kalenderjahres, verlängert sich der Zeitraum des Verbleibens nach Ausspruch der Kündigung auf bis zu nahezu zwei Jahren. In der Praxis erweisen sich derart lange Fristen aber als wenig vorteilhaft, da einer Kündigung in der Regel ein Zerwürfnis der Gesellschafter vorausgeht. In einer solchen Situation ist die Zusammenarbeit häufig nicht mehr sehr fruchtbar. Zu lange Kündigungsfristen können dann dazu beitragen, dass die Sozietät praktisch gelähmt wird, zumal der über ein Jahr im Ausscheiden begriffene Gesellschafter bis zum Moment der Beendigung der Gesellschafterstellung an der Entscheidungsfindung in den Gesellschafterversammlungen mitwirkt. Sein Stimmrecht ist in dieser Zeit allenfalls durch das Gebot von Treu und Glauben (§ 242 BGB) begrenzt, ein in der Praxis wenig taugliches, da zu unbestimmtes Korrektiv. 139

➲ **Hinweis:** Zuweilen gibt es besondere Gründe für längere Fristen. Die „klassische“ Konstellation ist diejenige, bei der ein eintretender Partner kein Eintrittsgeld entrichtet, dafür aber spätere Pensionsverpflichtungen gegenüber den älteren Sozien auf sich nimmt. In solchen Fällen haben die bisherigen Partner ein vitales Interesse an einer langen Laufzeit des Sozietätsvertrages, da sich der jüngere Sozius seiner Pensionsverpflichtung ansonsten durch Kündigung und Ausscheiden aus der Sozietät entziehen könnte. Der BGH hielt in einem konkreten Fall auch in dieser Konstellation eine 30jährige Vertragsbindung für zu lang (BGH NJW 2007, 295). Der Entscheidung ist allerdings zu entnehmen, dass der betroffene Partner zwar früher als nach Ablauf von 30 Jahren ausscheiden durfte, dass dies aber andererseits bei der Berechnung gegenseitiger Ansprüche zu berücksichtigen ist. 140

Die **Kündigung durch Privatgläubiger** eines Gesellschafters kommt nur in Betracht, wenn diese den Gesellschaftsanteil haben pfänden und an sich überweisen lassen. Diese Situation geht in der Praxis häufig einher mit der persönlichen Insolvenz des jeweiligen Partners. Sie ermöglicht nach **M 133.1** § 15 Abs. 1 Alt. 4 als wichtiger Grund den Ausschluss. 141

➲ **Praxistipp:** Die Insolvenz muss allerdings nicht unbedingt als Beendigungstatbestand ausgestaltet werden. Der BGH hat in zwei Fällen anerkannt, dass ein insolventer Rechtsanwalt seine Zulassung behalten dürfe, sofern eine Gefährdung der Rechtsuchenden ausgeschlossen ist (BGH NJW 2005, 511; NJW 2007, 2924). In solchen Fällen ist eigentlich kein Grund dafür ersichtlich, warum eine Zusammenarbeit nicht in Betracht kommen sollte. Verliert der betroffene Berufsträger seine Zulassung, dann endet nach § 9 Abs. 3 PartGG bzw. § 59a BRAO iVm. § 134 BGB von Gesetzes wegen seine Partnerstellung. 142

Allerdings ist nur in der Partnerschaftsgesellschaft und nicht in der BGB-Gesellschaft die **aktive Berufstätigkeit** ein (umstrittenes) Merkmal als Voraussetzung für die Gesellschafterstellung. Im Einzelfall kann der Sozietätsvertrag daher durchaus eine Regelung beinhalten, wonach ältere Berufsträger trotz Einstellung der aktiven Berufsausübung nicht sofort die Sozietät verlassen müssen. 143

➲ **Praxistipp:** Eine solche Regelung kann sich insbesondere deswegen als vorteilhaft erweisen, weil sie den Aderlass der Gesellschaft durch sofortige Fälligkeit einer ggf. hohen Abfindungszahlung vermeidet. 144

In § 15 Abs. 1 Nr. 6 des Vertragsmusters **M 133.1** ist eine Hinauskündigung in den ersten drei Jahren der Zugehörigkeit zur Sozietät vorgesehen. Damit wird eine Sozienstellung auf Probe eingeführt. 145

➲ **Praxistipp:** Die fehlende Möglichkeit einer Hinauskündigung ohne wichtigen Grund führt in vielen Sozietäten zu erheblichen Schwierigkeiten. An einen wichtigen Grund werden von der 146

Rechtsprechung hohe Anforderungen gestellt, die in der Praxis selten erreicht werden. Lässt „lediglich" der Arbeitseifer nach oder wird die Zusammenarbeit in irgendeiner Form gestört, dann können die übrigen Sozien dagegen faktisch nichts ausrichten. Diese Grundsätze gelten sogar dann, wenn der störende Sozius bei seinem Eintritt kein Geld gezahlt, den Anteil also gratis bekommen hat. Die einzige Möglichkeit einer Hinauskündigung, welche der BGH eröffnet hat, ist diejenige des erst vor wenigen Jahren eingetretenen Sozius (BGH NJW 2004, 2013; NJW-RR 2007, 1256). Sie sollte wahrgenommen werden.

147 Häufig ergeben sich bei Ausscheiden eines Gesellschafters Streitigkeiten über die **Höhe der Abfindung**. Nach der Rechtsprechung des BGH kann nach dem allgemeinen gesellschaftsrechtlichen Grundsatz, der in § 723 Abs. 3 BGB seinen Ausdruck gefunden hat, einem Gesellschafter bei dessen Kündigung der mit seinem Gesellschaftsanteil verbundene Wert nicht einfach ersatzlos entzogen werden (BGH NJW 1985, 192). Vielmehr bedarf es einer angemessenen Regelung, wie der Gesellschafter den Wert seines Gesellschaftsanteils mitnehmen oder ausgezahlt erhalten kann. Dazu sind zwei Grundvarianten denkbar: zum einen die Auszahlung in Geld, zum anderen aber auch die Mitnahmemöglichkeit der Klientel.

148 Bei einer **Abfindungszahlung in Geld** ergeben sich erhebliche Schwierigkeiten der Bewertung des Gesellschaftsanteils (Michalski/Römermann in Henssler/Streck, Hdb. des Sozietätsrechts, 2001, B Rz. 260 f.). Verschiedenste Methoden sind denkbar und auch gebräuchlich. Im Wesentlichen wird auf eine Kombination aus dem Substanz- und dem Ertragswert der Gesellschaft abgestellt. Der Substanzwert wird dabei insbesondere durch die materiellen Vermögensgegenstände der Sozietät gebildet, also etwa das Inventar oder die Bibliothek. In den meisten freiberuflichen Sozietäten haben diese Gegenstände keinen nennenswerten (Wiederverkaufs-)Wert. Es geht daher im Wesentlichen um den **Ertragswert**, der sich aus der Erwartung zukünftiger Erträge ableitet. Diese Erwartung wiederum beruht auf dem guten Ruf der Sozietät, dem sog. good will. Den **good will** zahlenmäßig zu erfassen, gehört wiederum zu den schwierigsten Bewertungsaufgaben, die nur vorstellbar sind. Bei freiberuflichen Sozietäten wird insoweit versucht, aus den in der Vergangenheit liegenden Umsätzen Anhaltspunkte für zukünftige Umsatz- und damit auch Gewinnerwartungen zu gewinnen (ausführlich Römermann/Schröder NJW 2003, 2709; Römermann/Schmoll UM 2005, 133).

149 Wenn das Abfindungsguthaben ermittelt wurde, ist weiter festzulegen, in welcher Weise es zur Auszahlung gelangt. Der gesetzliche Regelfall ist die **sofortige Fälligkeit** des gesamten Betrages. Dies kann zu erheblichen Liquiditätsproblemen der Sozietät führen. Deswegen schlägt das Vertragsmuster vor, das Abfindungsguthaben in monatlichen Raten auszuzahlen, die erst sieben Monate nach dem Ausscheiden beginnen. Sodann werden zehn Raten gezahlt, so dass etwa 1 ½ Jahre nach dem Ausscheiden der gesamte Abfindungsbetrag gezahlt ist. Es ist durchaus denkbar, diese Frist zu verlängern. So erscheint es auch nicht als unangemessen, die Abfindung bis zu drei Jahren nach Ausscheiden zu erstrecken. Einige Sozietätsverträge sehen sogar eine fünfjährige Frist vor, was aber wegen der möglichen Beurteilung als unangemessen riskant ist.

150 Zu den **steuerlichen Folgen** bei Ausscheiden eines Gesellschafters s. Kap. 109.

18. Schiedsklausel

151 Im Gesellschaftsvertrag kann – sofern eine Schiedsregelung gewünscht wird – eine Verweisungsklausel etwa mit folgendem Inhalt aufgenommen werden: „Sämtliche Streitigkeiten aus diesem Vertrag werden durch ein Schiedsgericht entschieden. Der ordentliche Rechtsweg ist ausgeschlossen. Die Einzelheiten regelt eine gesonderte Vereinbarung."

152 ➲ **Praxistipp:** Die Schiedsvereinbarung muss in einem **gesonderten Vertrag** (s. **M 133.4**) geschlossen werden, § 1031 Abs. 1 ZPO. Im Gesellschaftsvertrag findet sich daher lediglich eine Verweisung.

153 ➲ **Praxistipp:** Eine Schiedsklausel kann vorteilhaft sein, wenn die Gesellschafter die Beisitzer selbst benennen und somit die Fachkompetenz des Schiedsgerichts selbst gewährleisten möchten. Bei berufsrechtlichen Fragestellungen können auf diese Weise Angehörige desselben Berufes beteiligt werden. Dennoch sollte zumindest der Vorsitzende über eine juristische Qualifikation verfügen, um den formell ordnungsgemäßen Gang des Verfahrens zu überwachen. Von

der in der Praxis üblichen Gestaltung, wonach jede Partei einen Schiedsrichter benennen darf, ist im Grunde dringend abzuraten. In diesen Fällen besteht nämlich auf Grund der besonderen Nähe des Schiedsrichters zu der Partei, der er seine Bestellung verdankt, die erhebliche Gefahr, dass ein nicht sachgerechter Einfluss auf die Entscheidungsfindung ausgeübt wird. Die Partei erwartet von „ihrem" Schiedsrichter Parteilichkeit, dieser wiederum sieht sich zur „Loyalität" verpflichtet. Besser ist es, die Benennung der Schiedsrichter frei zuhalten vom Einfluss der Partei.

Schiedsgerichte werden gegenüber ordentlichen Gerichten häufig wegen der damit verbundenen Geheimhaltung (kein öffentlicher Prozess), Schnelligkeit (kurze Fristen, kein Instanzenzug) und Kompetenz („ausgesuchte" Richter) bevorzugt. 154

➲ **Praxistipp:** Diese Vorteile sind in der Praxis nicht immer überzeugend. Angesichts einer weitest gehenden Vorbereitung der mündlichen Verhandlung durch Schriftsätze spielt die Nichtöffentlichkeit der Verhandlung beim Schiedsgericht häufig keine bedeutende Rolle. Auch ein Schiedsgericht muss auf die zeitliche Disponibilität der Parteien und ihrer Anwälte Rücksicht nehmen, so dass gewisse Fristen ohnehin eingeräumt werden müssen. Die Kompetenz der Schiedsrichter ist nicht notwendig größer als die der „ordentlichen" Richter. Schließlich ist auch der Kostenaspekt nicht zu vernachlässigen: Schiedsgerichte sind oftmals wesentlich teurer als das ordentliche Gericht. Soweit – in der Praxis häufig – Fragen im Eilverfahren geklärt werden müssen, sind für die einstweilige Verfügung ohnehin die ordentlichen Gerichte zuständig. 155

Im Ergebnis sollte vor Aufnahme einer Schiedsklausel geprüft werden, ob es nicht bei der Zuständigkeit der ordentlichen Gerichte bleiben soll. Wird eine Schiedsklausel befürwortet, so sollte eine solche gewählt werden, bei der kein Schiedsrichter durch eine Streitpartei konkret benannt wird. 156

M 133.1 Sozietätsvertrag[1]

zwischen

1. Rechtsanwalt ... (Vorname, Name, Anschrift)

2. Rechtsanwalt ...

3. Rechtsanwältin und Steuerberaterin ...

Präambel[2]

Rechtsanwalt ... (Name) nimmt zum 1.12.2015 die Rechtsanwälte ... und ... in seine bis dahin bestehende Einzelkanzlei auf. Der Erwerb von Anteilen an der Kanzlei ist in einem gesonderten Kaufvertrag geregelt. Für die weitere Zusammenarbeit ab dem 1.12.2015 treffen die Parteien die nachfolgenden Regelungen:

§ 1 Name[3]

(1) Die Sozietät trägt den Namen: ...

(2) Die Gesellschafter ... und ... (Namen) gestatten bereits heute die Weiterführung ihrer Familiennamen im Namen der Gesellschaft über ihr jeweiliges Ausscheiden aus der Gesellschaft hinaus ohne zeitliche Befristung. Diese Einwilligung gilt auch für eine Modifizierung des Sozietätsnamens. Sie kann von den in Satz 1 genannten Gesellschaftern bzw. ihren Erben – jeweils einzeln – nur bei Vorliegen eines wichtigen Grundes widerrufen werden. Der Widerruf bedarf der schriftlichen Form. Er hat gegenüber einem geschäftsführenden Gesellschafter zu erfolgen.

1 Die nachfolgenden Musterformulierungen lehnen sich zT eng an die Formulierungen bei Michalski/Römermann, Vertrag der Partnerschaftsgesellschaft, 3. Aufl. 2005, an.
Zum Rubrum s. Rz. 15.

2 Zur Präambel s. Rz. 16.

3 S. Rz. 18.

§ 2 Sitz und Zweigstellen[4]

(1) Sitz der Gesellschaft ist ... (Ort).

(2) Die Sozietät unterhält Zweigstellen in ... (Ort/e). Die Gesellschafter können durch Gesellschafterbeschluss weitere Zweigstellen bestimmen oder bisherige Zweigstellen aufheben.

§ 3 Gegenstand[5]

(1) Gegenstand der Sozietät ist die gemeinschaftliche Ausübung der Berufe des Rechtsanwalts und des Steuerberaters.

(2) Die Gesellschaft ist zu allen Geschäften und Maßnahmen berechtigt, die dem Gegenstand der Sozietät dienen. Sie kann zu diesem Zweck auch andere Gesellschaften gründen, erwerben und sich an ihnen beteiligen.

(3) Die Gesellschaft wird ausschließlich freiberuflich und nicht gewerblich tätig. Falls ein Gesellschafter diesem Gebot zuwiderhandelt und im Rahmen der Gesellschaft ganz oder teilweise einer gewerblichen Tätigkeit nachgeht, werden die damit im Zusammenhang stehenden, unmittelbaren und mittelbaren Einnahmen und Ausgaben allein dem betreffenden Gesellschafter zugerechnet.

§ 4 Beginn, Dauer, Geschäftsjahr[6]

(1) Die Regelungen dieses Sozietätsvertrages finden ab dem ... (Datum) Anwendung. Sämtliche vorherigen Vereinbarungen der Gesellschafter werden damit aufgehoben.

(2) Die Dauer der Sozietät ist unbestimmt.

(3) Geschäftsjahr ist das Kalenderjahr. Das erste Jahr ist ein Rumpfgeschäftsjahr und endet am 31.12., der auf den Beginn der Sozietät folgt.

§ 5 Anteile, Einlagen[7]

(1) Die Gesellschafter sind mit folgenden Anteilen an der Gesellschaft beteiligt:

1. *Gesellschafter ... (Name) ... %*
2. *Gesellschafter ... (Name) ... %*
3. *Gesellschafter ... (Name) ... %*

(2) Die Übertragung oder Belastung eines Gesellschafteranteils bedarf der schriftlichen Zustimmung sämtlicher Gesellschafter. Sie darf nur an Rechtsanwälte oder sozietätsfähige Personen erfolgen.

(3) Die Gesellschafter erbringen zum ... (Datum, alternativ: spätestens zum Beginn der Sozietät) folgende Einlagen:

1. *Gesellschafter ... (Name): Das Inventar seiner bisherigen Einzelkanzlei gemäß der als Anlage 1 beigefügten Inventarliste. Unbrauchbare oder abhanden gekommene Gegenstände sind nicht zu ersetzen.*
2. *Gesellschafter ... (Name): ... Euro in bar.*
3. *Gesellschafter ... (Name): ...*

(4) Das ab dem Beginn der Sozietät aus ihren Mitteln angeschaffte Inventar wird Vermögen der Sozietät.

(5) Die ab Beginn der Sozietät eingehenden Honorare für Tätigkeiten der Gesellschafter aus ihrer den Gegenstand der Gesellschaft bildenden Ausübung des freien Berufes sind Einnahmen der Sozietät auch dann, wenn sie bereits zuvor erbrachte Leistungen vergüten. Vor Beginn der Sozietät zugeflossene Vorschüsse stehen den betreffenden Gesellschaftern selbst zu, auch wenn sie sich auf Leistungen beziehen, die erst noch zu erbringen sind.

4 S. Rz. 31 ff.
5 S. Rz. 33 ff.
6 S. Rz. 43 ff.
7 S. Rz. 49 ff.

(6) Soweit Mandate im Außenverhältnis nur durch einen Gesellschafter und nicht durch die Gesellschaft übernommen werden, gelten sie im Innenverhältnis als für Rechnung der Gesellschaft geführt. Dies gilt auch dann, wenn ein Mandant die Zustimmung zur Einbringung des Mandates in die Gesellschaft verweigert.

§ 6 Berufsausübung[8]

(1) Die Gesellschafter üben im Rahmen der Sozietät die freien Berufe aus, die den Gegenstand der Gesellschaft bilden.

(2) Bei der Berufsausübung beachten die Gesellschafter das für sie selbst geltende Berufsrecht und nehmen Rücksicht auf die Berufsrechte der anderen Gesellschafter.

(3) Die Gesellschafter stellen ihre volle Arbeitskraft der Sozietät zur Verfügung. Sie gehen von einem durchschnittlichen Mindestumfang der Tätigkeit jedes einzelnen von 50 Stunden pro Woche aus. An feste Arbeitszeiten sind die Gesellschafter nicht gebunden.

(4) Nebentätigkeiten entgeltlicher oder unentgeltlicher Natur bedürfen der schriftlichen Einwilligung der übrigen Gesellschafter. Dies gilt nicht für unentgeltliche Nebentätigkeiten mit einem durchschnittlichen Umfang von insgesamt bis zu zehn Stunden pro Woche.

§ 7 Geschäftsführung, Vertretung[9]

(1) Jeder Gesellschafter ist zur alleinigen und eigenverantwortlichen Führung der zu seiner freien Berufsausübung zählenden Geschäfte berechtigt und verpflichtet. Er kann allein über die Annahme von Mandaten entscheiden, soweit diese im Einklang mit dem Profil der Sozietät stehen und das bei Annahme vorhersehbare Haftungsrisiko nicht die Höhe der Deckungssumme der Berufshaftpflichtversicherung übersteigt. Ansonsten ist die Zustimmung der Gesellschafterversammlung einzuholen.

*(2) Hinsichtlich der sonstigen Geschäfte sind nur jeweils zwei Gesellschafter gemeinschaftlich zur Geschäftsführung berechtigt (***Alternative:*** Hinsichtlich der sonstigen Geschäfte ist jeder Sozius allein geschäftsführungsberechtigt, wenn hierdurch die Sozietät im Einzelfall nicht mit einem höheren Betrag als 2000 Euro verpflichtet oder eine Dauerverbindlichkeit im Wert von über 2500 Euro jährlich begründet oder beendet wird. Im Übrigen sind nur jeweils zwei Gesellschafter gemeinschaftlich zur Geschäftsführung berechtigt).*

*(3) Die Gesellschafterversammlung kann beschließen, bestimmte Aufgabenbereiche, insbesondere Büroorganisation, Buchhaltung und Personalwesen, einem Sozius zu übertragen. Sie kann bei Vorliegen eines wichtigen Grundes in der Person eines Gesellschafters diesen mit einer Mehrheit von drei Vierteln der abgegebenen Stimmen von der Geschäftsführung ausschließen. (***Ggf. zusätzlich:*** Der Gesellschafter . . . [Name] ist von der Führung der sonstigen Geschäfte ausgeschlossen.)*

(4) Für die Vertretung gelten die Abs. 1 bis 3 entsprechend.

§ 8 Beschlussfassung[10]

(1) Die Beschlussfassung erfolgt in Versammlungen, sofern nicht die Gesellschafter einstimmig ein anderes Verfahren wie insbesondere die schriftliche, fernmündliche, Video- oder online-Abstimmung festlegen. Möglich sind auch die Kombination verschiedener Verfahren und die nacheinander erfolgende Stimmabgabe, sofern das einstimmige Einverständnis vorliegt.

(2) Die Gesellschafterversammlung wird durch einen geschäftsführenden Sozius einberufen. Die Ladung erfolgt an alle Gesellschafter mit einer Frist von mindestens einer Woche unter Mitteilung der Tagesordnung. Bis zu drei Tagen vor der Versammlung kann die Tagesordnung auf Wunsch eines jeden Gesellschafters ergänzt werden. Über neue Tagesordnungspunkte kann in der Versammlung nur gesprochen und Beschluss gefasst werden, wenn alle Gesellschafter anwesend und hiermit einverstanden sind.

(3) Die Gesellschafterversammlung ist nur beschlussfähig, wenn drei Viertel aller Stimmen anwesend oder vertreten sind. Fehlt die Beschlussfähigkeit, so ist unverzüglich eine erneute Gesellschaf-

8 S. Rz. 61 ff.
9 S. Rz. 73 ff.
10 S. Rz. 85 ff.

terversammlung mit denselben Tagesordnungspunkten einzuberufen, die ohne Rücksicht auf die Zahl der erschienenen Gesellschafter beschlussfähig ist. Auf diesen Umstand ist in der Ladung hinzuweisen. Jeder geschäftsführende Gesellschafter ist verpflichtet, dafür Sorge zu tragen, dass die erneute Ladung unverzüglich vorgenommen wird.

(4) Die Gesellschafterversammlung wird durch den ältesten geschäftsführenden Gesellschafter, der anwesend ist, geleitet (Versammlungsleiter). Dieser bestimmt einen Protokollführer. Die Gesellschafterversammlung kann durch Beschluss andere Personen als Versammlungsleiter und Protokollführer wählen.

*(5) Die Beschlüsse werden mit einfacher Stimmenmehrheit gefasst, sofern nicht das Gesetz oder dieser Vertrag etwas anderes verlangt. Jeder Sozius hat grundsätzlich eine Stimme. (**Alternativ:** „Die Mehrheit wird nach den Gesellschaftsanteilen bestimmt".)*

(6) Eine Vertretung bei der Stimmabgabe ist nur zulässig durch eine in Textform bevollmächtigte Person, die entweder selbst Sozius oder zur beruflichen Verschwiegenheit verpflichtet ist. Mehrfachvertretung und unterschiedliche Stimmabgabe sind zulässig. Jeder Gesellschafter hat das Recht, sich in der Versammlung durch einen zur beruflichen Verschwiegenheit verpflichteten Berater begleiten zu lassen.

(7) Nicht abgegebene Stimmen oder Stimmenthaltungen werden bei der Feststellung des Beschlussergebnisses nicht mitgezählt.

(8) Folgende Beschlüsse können nur einstimmig gefasst werden:

1. *Abschluss von Dauerschuldverhältnissen im Wert von über . . . Euro jährlich;*
2. *Erwerb, Übertragung oder Belastung von Grundstücken und/oder Gebäuden oder entsprechenden Immobilienrechten; und die Begründung darauf gerichteter Verpflichtungen;*
3. *Neugründung, Erwerb oder Veräußerung von Kanzleien bzw. Unternehmen oder Beteiligungen daran;*
4. *Abschluss von Verträgen mit stillen Gesellschaftern;*
5. *Errichtung oder Auflösung von Zweigniederlassungen/Zweigstellen und auswärtigen Sprechtagen;*
6. *Kauf von beweglichen Gegenständen im Wert von über 10 000 Euro;*
7. *Übertragung eines Mandates an einen einzelnen Sozius als Einzelmandat;*
8. *Übernahme von Seminar- und Ausbildungskosten für einen Sozius, wenn diese jährliche Grenzen von 2000 Euro pro Sozius übersteigen;*
9. *Übernahme von Ämtern in Wirtschaft, Politik, Vereinen und Verbänden jeder Art durch einen Sozius;*
10. *Ausübung von Teilzeitarbeit oder unbezahlter Sonderurlaub;*
11. *Aufnahme neuer Sozien;*
12. *Sonderentnahmen über die jedem Sozius zustehenden Vorabvergütungen hinaus;*
13. *Änderungen dieses Vertrages.*

(9) Ordentliche Gesellschafterversammlungen sollen einmal im Vierteljahr stattfinden. Jeder geschäftsführende Sozius kann jederzeit zu einer außerordentlichen Gesellschafterversammlung einladen; jeder sonstige Sozius kann eine solche Einladung von jedem geschäftsführenden Gesellschafter verlangen.

(10) Über jede Gesellschafterversammlung, die darin gestellten Anträge und Beschlüsse ist ein Protokoll zu führen. Dieses wird vom Versammlungsleiter und dem Protokollführer unterzeichnet und den übrigen Gesellschaftern unverzüglich zugeleitet. Einwendungen gegen die Richtigkeit des Protokolls können von jedem Gesellschafter schriftlich innerhalb von einem Monat nach Erhalt des Protokolls beim Versammlungsleiter geltend gemacht werden.

*(11) (**Falls gewünscht:**) Die Unwirksamkeit eines Gesellschafterbeschlusses kann nur innerhalb einer Frist von einem Monat nach der Versammlung durch Einleitung eines Gerichtsverfahrens geltend gemacht werden.*

§ 9 Einnahmen, Ausgaben[11]

(1) Sämtliche Einnahmen der Gesellschafter vom Beginn der Gesellschaft an sind Einnahmen der Gesellschaft, soweit sie aus der Ausübung der freien Berufe resultieren, die Gegenstand der Sozietät sind. Hierzu zählen auch die Einnahmen aus ...

(2) Gemeinschaftlich sind sämtliche durch die Ausübung der freien Berufe veranlassten Ausgaben einschließlich der Kammerbeiträge. Dies gilt auch für Kosten der beruflichen Fortbildung, soweit die Ausgaben der Gesellschafter in einem ausgewogenen Verhältnis zueinander stehen.

§ 10 Buchführung, Jahresabschluss[12]

(1) Die Einnahmen und Ausgaben der Gesellschaft sind in einer geordneten Buchführung laufend aufzuzeichnen. Die Belege sind geordnet aufzubewahren.

(2) Die Gesellschaft ermittelt das Jahresergebnis durch eine Überschussrechnung gem. § 4 Abs. 3 EStG jeweils binnen vier Monaten nach Ablauf eines Rechnungsjahres. Die Gesellschafter können einstimmig mit Wirkung für das auf den Beschluss folgende Geschäftsjahr beschließen, an Stelle der Überschussrechnung einen Vermögensvergleich nach § 4 Abs. 1 EStG vorzunehmen.

(3) Die Gesellschafter bestimmen durch Beschluss einen oder mehrere von ihnen, die für die Einhaltung der Vorschriften der Abs. 1 und 2 sowie der gesetzlichen Bestimmungen im Innenverhältnis verantwortlich sind. Erster verantwortlicher Gesellschafter in diesem Sinne ist der Gesellschafter ...

(4) Nach Erstellung des Jahresabschlusses ist unverzüglich durch den iSd Abs. 3 verantwortlichen Gesellschafter eine Gesellschafterversammlung einzuberufen, um über die Feststellung des Jahresabschlusses und die Entlastung des verantwortlichen Gesellschafters zu beschließen. Der Einladung ist der Jahresabschluss beizufügen. Die Beschlussfassung über die Feststellung des Jahresabschlusses sowie über die Entlastung des verantwortlichen Gesellschafters bedarf der Einstimmigkeit. Der verantwortliche Gesellschafter hat bei der Abstimmung über seine Entlastung kein Stimmrecht.

(5) Falls in der Gesellschafterversammlung nach Abs. 4 oder binnen einem Monat nach dieser Gesellschafterversammlung keine Einigkeit über den Jahresabschluss hergestellt werden konnte, erfolgt die Aufstellung des Jahresabschlusses durch einen von der Wirtschaftsprüferkammer zu benennenden Wirtschaftsprüfer als Schiedsgutachter mit bindender Wirkung für alle Gesellschafter unter Ausschluss der ordentlichen Gerichte auf Kosten der Sozietät. Diese Aufstellung gilt gleichzeitig als Feststellung durch die Gesellschafter.

§ 11 Entnahmen[13]

(1) Vor Beginn eines Rechnungsjahres beschließen die Gesellschafter einstimmig über die den jeweiligen Gesellschaftern zustehenden Vorabvergütungen. Die Höhe der Vorabvergütung (Entnahme) orientiert sich grundsätzlich an dem Gewinnanteil des Vorjahres abzüglich eines Sicherheitsabschlags iHv. ... %. Der Beschluss kann einstimmig jederzeit geändert werden.

(2) Die Entnahme erfolgt monatlich zu gleichen Teilen, soweit die Gesellschafterversammlung nicht einstimmig anderes beschließt.

(3) Im Falle der Erkrankung eines Gesellschafters besteht das Entnahmerecht noch während eines Monats vom Eintritt der Arbeitsunfähigkeit an. Innerhalb eines Jahres besteht insgesamt ein Entnahmerecht iHv. maximal einem Monatsbetrag.

§ 12 Gewinn- und Verlustrechnung[14]

(1) Die Verteilung von Gewinnen und Verlusten erfolgt nach Gesellschaftsanteilen.

(2) Die Gesellschaft bildet eine Rücklage in Höhe der Betriebsausgaben der letzten sechs Monate des jeweils abgelaufenen Rechnungsjahres. Die Rücklage aus dem vergangenen Rechnungsjahr wird auf die nach Satz 1 zu bildende Rücklage angerechnet. Vom Gewinnanteil eines jeden Gesellschafters werden ... % einbehalten, bis die Rücklage erreicht ist.

---

11 S. Rz. 104 ff.
12 S. Rz. 111 ff.
13 S. Rz. 117 ff.
14 S. Rz. 121 ff.; zu Varianten s. **M 133.2.**

§ 13 Haftung[15]

(1) Die Sozietät schließt für alle Gesellschafter Berufshaftpflichtversicherungen mit angemessener Deckungssumme ab, über deren Höhe die Gesellschafter entscheiden. Soweit durch das Berufsrecht eine Mindest-Deckungssumme vorgeschrieben wird, darf sie nicht unterschritten werden.

(2) Über die Annahme eines Auftrages mit einem Haftpflichtrisiko, das erkennbar die jeweilige Deckungssumme übersteigt, hat jeder Gesellschafter unverzüglich die übrigen Gesellschafter zu unterrichten. Jeder Gesellschafter kann die Gesellschafterversammlung einberufen, die über den Abschluss einer speziellen Berufshaftpflichtversicherung oder über eine Erhöhung der Deckungssumme beschließt. Die Gesellschafter können durch einstimmigen Beschluss festlegen, dass die Annahme eines Auftrags nach Satz 1 der Einwilligung der Gesellschafterversammlung bedarf.

§ 14 Nachvertragliches Wettbewerbsverbot[16]

(1) Nach dem Ausscheiden aus der Sozietät ist es dem Gesellschafter untersagt, im Laufe der auf den Tag des Ausscheidens folgenden zwei Jahre selbständig allein oder als Mitglied einer Anwaltssozietät, gleich welcher Rechtsform, mit einer Niederlassung im Umkreis von ... Kilometern um den Kanzleisitz herum dem bislang im Rahmen der Sozietät ausgeübten Beruf nachzugehen.

(2) Dies gilt nicht, wenn der Gesellschafter aus einem durch die übrigen Gesellschafter begründeten wichtigen Grund ausgeschieden ist.

§ 15 Ausscheiden eines Gesellschafters[17]

(1) Der betroffene Gesellschafter scheidet in folgenden Fällen aus der fortbestehenden Sozietät aus:

1. *Tod des Gesellschafters. Die Beteiligung an der Sozietät ist nicht vererblich.*
2. *Kündigung durch einen Gesellschafter. Die Kündigung ist mit einer Frist von vier Monaten zum Ende eines Halbjahres möglich, unbeschadet der Möglichkeit einer außerordentlichen Kündigung aus wichtigem Grunde.*
3. *Kündigung durch Privatgläubiger eines Gesellschafters.*
4. *Ausschließung eines Gesellschafters aus wichtigem Grunde durch einstimmigen Beschluss der übrigen Gesellschafter. Ein wichtiger Grund ist insbesondere*
   a) *die Eröffnung des Insolvenzverfahrens über das Vermögen des Gesellschafters oder die Abweisung eines Insolvenzantrages mangels Masse;*
   b) *die völlige oder weit gehende Einstellung der aktiven Berufstätigkeit.*
5. *Verlust einer für die Ausübung des innerhalb der Sozietät ausgeübten Berufs notwendigen Zulassung.*
6. *Ausschließung eines Gesellschafters innerhalb der ersten drei Jahre seiner Zugehörigkeit zur Sozietät, die mit einer Frist von drei Monaten zum Ende eines Kalendervierteljahres erklärt werden kann.*

(2) Der ausscheidende Gesellschafter bzw. dessen Erben erhalten entsprechend dem Gesellschaftsanteil

1. *den Gewinnanteil für das laufende Rechnungsjahr anteilig bis zum Zeitpunkt des Ausscheidens sowie*
2. *eine Abfindung nach Maßgabe des Ertragswertes der Gesellschaft. Im Falle des Ausscheidens nach Abs. 1 Nr. 1, 4 und 5 ist die Abfindung an Stelle des Ertragswertes nach dem Buchwert zu ermitteln. Das Abfindungsguthaben ist vom 7. auf das Ausscheiden folgenden Monat an in angemessenen monatlichen Raten auszuzahlen. Die Gesellschafter gehen bei Vertragsabschluss davon aus, dass die Raten iHv. jeweils einem Zehntel des Abfindungsguthabens angemessen sind.*

15 S. Rz. 124 ff.

16 S. Rz. 128 ff.; zu Varianten s. **M 133.3.**

17 S. Rz. 136 ff.

§ 16 Schriftform

Änderungen und Ergänzungen dieses Vertrages bedürfen der Schriftform. Diese Bestimmung kann nur schriftlich aufgehoben oder geändert werden[18]*.*

§ 17 Salvatorische Klausel

Sollten einzelne Bestimmungen dieses Vertrages unwirksam sein oder werden, berührt dies die Gültigkeit der übrigen Vorschriften nicht. Die Gesellschafter werden die unwirksame Klausel durch eine solche ersetzen, die dem wirtschaftlichen Sinn der ursprünglichen Regelung möglichst nahe kommt.

18 Der zweite Satz dieser „doppelten Schriftformklausel" soll davor schützen, dass die Schriftform – wie zuweilen von den Gerichten angenommen wurde – konkludent abbedungen wird, um sodann mündlich oder gar wiederum konkludent eine vom Sozietätsvertrag abweichende Regelung zu treffen.

M 133.2 Varianten zur Vertragsklausel über eine Gewinnbeteiligung (M 133.1 § 12 Abs. 1)[1] – Sozietätsvertrag

Variante 1: Quotenvereinbarung (Beispiel)

Ausgangssituation: Bislang ist A als Einzelanwalt tätig gewesen. Er will einen Teil seiner Kanzlei gegen Zahlung einer Vergütung an Rechtsanwalt B veräußern und hat zu diesem Zweck mit B eine Sozietät gegründet. B zahlt den Kaufpreis in vier jährlichen Raten.

(1) Vom Gewinn der Sozietät erhalten:

1. im ersten Jahr der Sozietät:
Rechtsanwalt A 80 %,
Rechtsanwalt B 20 %;

2. im zweiten und dritten Jahr der Sozietät:
Rechtsanwalt A 65 %,
Rechtsanwalt B 35 %;

3. im vierten Jahr der Sozietät:
Rechtsanwalt A 51 %,
Rechtsanwalt B 49 %;

(2) Bei Aufnahme weiterer Gesellschafter werden die bisherigen Gesellschafter Gewinnanteile im Verhältnis ihrer Gewinnbeteiligung abgeben.

(3) Bei Ausscheiden eines Gesellschafters wächst dessen Gewinnbeteiligung den verbleibenden Gesellschaftern im Verhältnis ihrer Gewinnanteile zu.

Variante 2: Punktesystem (lockstep)

(1) Jedem Sozius steht eine in Punkten ausgedrückte Quote am Gewinn zu. Der Gesamtgewinn der Sozietät wird durch die Summe der Punkte sämtlicher Gesellschafter geteilt. Der jeweilige Gewinnanteil ergibt sich aus der Multiplikation des auf einen Punkt entfallenden Gewinnanteils mit der individuellen Punktezahl des Gesellschafters.

(2) Mit dem Eintritt in die Gesellschaft erhält der Gesellschafter 100 Punkte. Jährlich kommen 10 Punkte hinzu. Die Höchstpunktzahl liegt bei 250 Punkten.

(3) Ab Vollendung des 65. Lebensjahrs werden jährlich 50 Punkte abgezogen, bis null Punkte erreicht sind.

(4) Alle Änderungen gelten jeweils ab dem 1. Januar des folgenden Kalenderjahres.

1 S. Rz. 121 ff.

(5) Von den Vorgaben der Abs. 2 und 3 kann im Einzelfall durch einstimmigen Beschluss der Gesellschafterversammlung abgewichen werden. Der betroffene Gesellschafter hat bei der Abstimmung weder ein Anwesenheits- noch ein Stimmrecht.

Variante 3: Produktivitätsorientiertes System

(1) Der Anteil eines jeden Gesellschafters am Gewinn der Gesellschaft bemisst sich nach seinem Anteil an den insgesamt durch die Sozien geleisteten Arbeitsstunden.

(2) Jeder Gesellschafter ist verpflichtet, kontinuierlich Aufzeichnungen über seine Arbeitsstunden anzufertigen und sie einmal wöchentlich zur Erfassung zur Verfügung zu stellen. Die Aufzeichnungen sollen Angaben über Beginn und Ende der Tätigkeit, die Bezeichnung der bearbeiteten Angelegenheit und der Art der Bearbeitung erhalten. Die Gesellschafter beschließen über die hierfür zu verwendenden Formblätter bzw. EDV-Formulare bzw. Eingabemasken der Gesellschaft.

(3) Von den Vorgaben des Abs. 1 kann im Einzelfall durch einstimmigen Beschluss der Gesellschafterversammlung abgewichen werden. Der betroffene Gesellschafter hat bei der Abstimmung weder ein Anwesenheits- noch ein Stimmrecht.

Variante 4: Kombiniertes System

(1) Der Anteil eines jeden Gesellschafters am Gewinn der Gesellschaft bemisst sich nach seinem Anteil an den insgesamt durch die Gesellschafter geleisteten Arbeitsstunden. Jeweils angefangene 25 Arbeitsstunden ergeben einen Punkt.

(2) Jeder Gesellschafter ist verpflichtet, kontinuierlich Aufzeichnungen über seine Arbeitsstunden anzufertigen und sie einmal wöchentlich zur Erfassung zur Verfügung zu stellen. Die Aufzeichnungen sollen Angaben über Beginn und Ende der Tätigkeit, die Bezeichnung der bearbeiteten Angelegenheit und der Art der Bearbeitung erhalten. Die Gesellschafter beschließen über die hierfür zu verwendenden Formblätter bzw. EDV-Formulare bzw. Eingabemasken der Sozietät.

(3) Die Gesellschafter wählen einstimmig im Voraus für die folgenden drei Rechnungsjahre aus ihrer Mitte drei Mitglieder und ein stellvertretendes Mitglied eines Punktekomitees. Nach Vorliegen der nach Abs. 1 berechneten Punktezahlen findet unverzüglich eine Sitzung des Punktekomitees statt, bei der keine weiteren Gesellschafter anwesend sein dürfen. Über Diskussionsbeiträge und das Abstimmungsverhalten einzelner Mitglieder des Komitees ist Stillschweigen zu bewahren.

(4) Das Punktekomitee beschließt mehrheitlich über die jedem einzelnen Gesellschafter zustehende Punktezahl. Von dem nach Abs. 1 berechneten Ergebnis kann es bis zu zehn Punkte nach oben oder unten abweichen.

(5) In besonders begründeten Ausnahmefällen kann das Punktekomitee durch einstimmigen Beschluss um bis zu weitere 15 Punkte von dem Ergebnis nach Abs. 4 abweichen.

(6) Soweit ein Mitglied des Komitees selbst betroffen ist, hat es weder ein Anwesenheits- noch ein Stimmrecht bei der Beschlussfassung. Es wird insoweit durch das stellvertretende Mitglied ersetzt.

(7) Nach der Beschlussfassung durch das Punktekomitee wird das Ergebnis unverzüglich sämtlichen Gesellschaftern zugeleitet. Jeder Gesellschafter hat das Recht, eine Gesellschafterversammlung einzuberufen. Die Gesellschafterversammlung kann in einem besonders begründeten Fall durch einstimmigen Beschluss, bei dem der betroffene Gesellschafter kein Stimmrecht hat, von den Festlegungen des Punktekomitees abweichen.

M 133.3 Varianten zu nachvertraglichen Wettbewerbsklauseln (M 133.1 § 14)[1] – Sozietätsvertrag

Variante 1: Allgemeine Mandantenschutzklauseln

(1) Nach dem Ausscheiden aus der Gesellschaft ist es dem Gesellschafter untersagt, innerhalb der folgenden zwei Jahre Aufträge von Personen anzunehmen, die am Stichtag des Ausscheidens oder

1 S. Rz. 128 ff.

in dem Zeitraum von zwei Jahren davor in einem Mandatsverhältnis mit der Gesellschaft standen. Die Gesellschaft erstellt binnen zwei Wochen nach dem Ausscheiden eine Liste der betroffenen Personen und sendet sie dem ausgeschiedenen Gesellschafter gegen Empfangsbekenntnis oder per Einschreiben mit Rückschein zu.

(2) Dies gilt nicht, wenn der Gesellschafter aus einem durch die übrigen Gesellschafter begründeten wichtigen Grund ausgeschieden ist.

Variante 2: Gewinnabführungs- oder Mandantenübernahmeklausel

(1) Nach Ausscheiden eines Gesellschafters erstellen die übrigen Gesellschafter binnen zwei Wochen eine Liste der Personen, die am Stichtag des Ausscheidens oder innerhalb der davor liegenden zwei Jahre in einem Mandatsverhältnis mit der Gesellschaft standen, und senden sie dem ausgeschiedenen Gesellschafter gegen Empfangsbekenntnis oder per Einschreiben mit Rückschein zu.

(2) Falls der ausgeschiedene Gesellschafter binnen zwei Jahren nach seinem Ausscheiden ein Mandatsverhältnis mit einer Person nach Abs. 1 für eigene oder fremde Rechnung begründet, hat er die Gesellschaft unverzüglich hiervon zu unterrichten. Von den Einnahmen aus diesen Mandaten (ohne Umsatzsteuer) stehen der Gesellschaft unabhängig von dem Zeitpunkt ihres Zuflusses 25 % zu. Der Zahlungsanspruch der Gesellschaft ist nach Eingang des Betrages sofort fällig. Falls die Einnahmen einem Dritten zufließen, hat die Gesellschaft einen Zahlungsanspruch gegen den ausgeschiedenen Sozius in gleicher Höhe.

(3) Die Gesellschaft hat gegen den ausgeschiedenen Gesellschafter ein Auskunftsrecht hinsichtlich der Mandate und Einnahmen einschließlich des Zeitpunktes der Einnahmen nach Abs. 2. Dies gilt auch, wenn die Einnahmen einem Dritten zufließen. Auf Verlangen hat der ausgeschiedene Gesellschafter die den Zahlungsansprüchen zu Grunde liegenden Kostenrechnungen in Fotokopie vorzulegen. Die Auskünfte können durch den ausgeschiedenen Gesellschafter in anonymisierter Weise erteilt werden, so dass der Name des betroffenen Mandanten nicht erkennbar ist. Auf den vorzulegenden Rechnungen kann der Name des Rechnungsempfängers unkenntlich gemacht werden. Auf Verlangen der Sozietät hat der ausgeschiedene Gesellschafter die Richtigkeit und Vollständigkeit seiner Angaben an Eides statt zu versichern[2].

2 S. Rz. 134 f.

M 133.4 Schiedsvertrag[1] – Sozietätsvertrag

Vereinbarung zwischen

1. Gesellschafter 1;

2. Gesellschafter 2;

3. Gesellschafter 3.

Die Parteien haben einen Partnerschaftsvertrag abgeschlossen und treffen im Hinblick auf dessen § . . . folgende Vereinbarung:

§ 1

Ein Schiedsgericht soll über sämtliche Streitigkeiten aus und im Zusammenhang mit dem Partnerschaftsvertrag entscheiden. Diese Entscheidung ist zwischen den Partnern abschließend und verbindlich. Der ordentliche Rechtsweg ist ausgeschlossen.

§ 2

(1) Das Gericht setzt sich aus einem Vorsitzenden und zwei Beisitzern zusammen.

1 S. Rz. 151 ff.

(2) Jeweils ein Beisitzer wird von der klagenden und der beklagten Partei benannt. Wenn eine Partei der ihr von der anderen Partei gesetzten Frist von vier Wochen zur Benennung ihres Beisitzers nicht nachkommt, erfolgt dessen Benennung entsprechend Abs. 3.

(3) Die Beisitzer benennen den Vorsitzenden. Falls keine Einigung zu Stande kommt, wird der Vorsitzende vom Präsidenten des für den Sitz der Gesellschaft zuständigen Landgerichts benannt.

(4) Der Vorsitzende soll die Befähigung zum Richteramt haben.

§ 3

(1) Das Landgericht, in dessen Bezirk der Sitz der Gesellschaft liegt, ist für die Hinterlegung des Schiedsspruches und das sonstige Verfahren zuständig.

(2) Ergänzend gelten die gesetzlichen Bestimmungen, insbesondere die §§ 1025 ff. ZPO.

Kapitel 134 Partnerschaftsgesellschaft mit beschränkter Berufshaftung

I. Überblick

1 Das Partnerschaftsgesellschaftsgesetz trat 1994 in Kraft. Damit sollte nach dem Willen des Gesetzgebers für die Angehörigen der freien Berufe die Lücke zwischen der Gesellschaft bürgerlichen Rechts (s. Kap. 109) und den Kapitalgesellschaften (s. Kap. 118 ff.) geschlossen werden. Nach der Konzeption des PartGG steht die Partnerschaft in der Nähe zur OHG. Den Freiberuflern sollte eine geeignete **Möglichkeit zur Haftungsbegrenzung** an die Hand gegeben werden. In der ursprünglichen Gesetzesfassung ist dieser Aspekt allerdings nur ansatzweise geglückt. Deshalb sah sich der Gesetzgeber zu einer ersten Reform im Jahre 1998 veranlasst. Sie führte zur Änderung des § 8 Abs. 2 PartGG und der Einführung der Handelndenhaftung. Damit war aber für die Partnerschaft noch immer keine befriedigende Möglichkeit der Haftungsbegrenzung im Umfeld beruflicher Tätigkeiten verbunden. Deshalb folgte im Jahr 2013 eine weitere, grundlegende Reform. Sie brachte die **Partnerschaftsgesellschaft mit beschränkter Berufshaftung** mit sich. Diese stellt allerdings keine eigene Gesellschaftsform dar, sondern modifiziert lediglich das Haftungsregime.

Ein weiterer Aspekt im Gesetzgebungsverfahren des Jahres 2013 war, ein Konkurrenz-Produkt gegenüber der Limited Liability Partnership zu etablieren. Die englische Rechtsform hatte für viele Freiberufler zwei grundlegende Vorteile: Zunächst ist sie eine steuerlich privilegierte Personengesellschaft. Daneben bietet sie die Möglichkeit der Haftungsbeschränkung. Trotz der ungeklärten Frage der Haftung einer in Deutschland ansässigen LLP für berufliche Fehler, wurde sie in den letzten Jahren für einen Zusammenschluss unter Freiberuflern teilweise gewählt. Wegen des erheblichen Gründungsaufwandes und der für Viele unbekannten Materie des englischen Gesellschaftsrechts wurde sie in erster Linie durch einige mittelständische und im Ausland ansässige Großkanzleien mit Zweigstellen in Deutschland genutzt. 2

Weiterhin war für die Schaffung der Partnerschaftsgesellschaft mit beschränkter Berufshaftung ausschlaggebend, dass sich für Freiberufler die Rechtsformwahl besonders schwierig gestaltete. Deshalb war das Ziel im Gesetzgebungsverfahren, die steuerlichen Vorteile einer Personengesellschaft mit der Möglichkeit einer Haftungsbeschränkung einer Kapitalgesellschaft zu kombinieren. Vor allem für die in einer GbR organisierten Angehörigen der freien Berufe war eine Haftungsbeschränkung nur im Rahmen einer individuellen Vereinbarung möglich. Daneben bringt die GbR gerade bei großen Sozietäten die Gefahr mit sich, dass die Gesellschaftsstruktur immer unübersichtlicher wird und der Einzelne sein Risiko nicht mehr überblicken kann. 3

II. Merkmale der Partnerschaftsgesellschaft

1. Rechtsfähigkeit

Die Partnerschaftsgesellschaft wurde nach § 7 Abs. 2 PartGG iVm. § 124 HGB mit der Rechtsfähigkeit ausgestattet. Sie hat demnach ein **eigenes Vermögen**, kann im **Grundbuch** eingetragen werden und ist im Prozess **parteifähig.** Allerdings hat diese Norm durch die Anerkennung der Rechts- und Grundbuchfähigkeit der (Außen-)GbR an Bedeutung verloren. Dennoch verbirgt sich hinter der Partnerschaft nach wie vor der Vorteil, dass im Gegensatz zur GbR nicht jeder Ein- oder Austritt eines Gesellschafters in das Grundbuch eingetragen werden muss. 4

Aus der in § 7 Abs. 2 PartGG normierten Selbständigkeit der Partnerschaft folgt zugleich, dass sie selbst und nicht die einzelnen Gesellschafter Vertragspartner in den jeweiligen Behandlungs-, Beratungs- und Mandatsverträgen ist. Für die Partnerschaft ist eine (eigene) Zulassung nicht erforderlich, denn sie selbst übt den Beruf nicht aus. Etwas anderes kann dann gelten, wenn eine Partnerschaft unter Ärzten gegenüber der kassenärztlichen Vereinigung abrechnet. Hierfür ist eine Genehmigung erforderlich. Konsequenz der Selbständigkeit ist ferner, dass ihre Gläubiger mittels eines gegen sie gerichteten Titels in das Gesellschaftsvermögen vollstrecken können, § 7 Abs. 2 PartGG iVm. § 124 Abs. 2 HGB. Umgekehrt kann ein gegen die Gesellschafter gerichteter Titel nicht zur Vollstreckung in das Partnerschaftsvermögen genutzt werden. 5

Im Hinblick auf die PartG mbB gelten dieselben Grundsätze. Trotz des auch bei juristischen Personen wesentlichen Aspektes der Trennung zwischen Gesellschaftsvermögen und Privatvermögen im Haftungsfall, stellt die Partnerschaftsgesellschaft mit beschränkter Berufshaftung **keine juristische Person** dar. Unabhängig davon gilt auch bei dieser Variante, dass durch sie eine persönliche Haftung der Partner weiterhin besteht. Sie müssen für die Verbindlichkeiten der Gesellschaft einstehen (§ 8 Abs. 1 PartGG). Die Haftungsbeschränkung des § 8 Abs. 4 PartGG bezieht sich ausschließlich auf eine Inanspruchnahme bei beruflichen Fehlern. 6

Die Partnerschaft ist weiterhin registerfähig. Ihre Eintragung findet in das **Partnerschaftsregister** statt, das für diese Gesellschaftsform neu geschaffen wurde. Durch die Eintragung erlangt sie ihre Wirksamkeit (§ 7 Abs. 1 PartGG). Das Register wird nach der **Partnerschaftsregisterverordnung** (PRV) geführt. 7

Die Partnerschaftsgesellschaft ist einer Insolvenz fähig. Ihre Erwähnung findet sich in § 11 Abs. 2 Nr. 1 InsO. Damit kann über das Vermögen der Partnerschaft das Insolvenzverfahren eröffnet werden. Als Eröffnungsgründe kommen sowohl die Zahlungsunfähigkeit (§ 17 Abs. 1 InsO) und bei einem Eigenantrag auch die drohende Zahlungsunfähigkeit (§ 18 Abs. 1 InsO) in Betracht. Allerdings trifft die geschäftsführenden Gesellschafter der Partnerschaft keine Insolvenzantragspflicht 8 iSd. § 15a Abs. 1 InsO. Die Vorschrift der Insolvenzordnung erfasst insbesondere nur eine „Gesellschaft ohne Rechtspersönlichkeit, bei der keine natürliche Person persönlich haftet“. Das trifft auf die Partnerschaft wegen der persönlichen Haftung ihrer Gesellschafter nicht zu (kritisch hierzu Römermann/Praß NZG 2012, 601, 608).

2. Vorrang der Berufsrechte

9 Ziel des Partnerschaftsgesellschaftgesetzes ist es nicht, eine Art Super-Berufsrecht zu schaffen. Dementsprechend überließ es der Gesetzgeber den jeweiligen berufsrechtlichen Regelungen, darüber zu entscheiden, ob und unter welchen Voraussetzungen die **Berufsausübung** in einer Partnerschaft möglich sein soll. § 1 Abs. 3 PartGG eröffnet insofern auch die Möglichkeit, den Zugang zu dieser Gesellschaftsform gänzlich für eine Berufsgruppe zu unterbinden. Insofern stellt das Gesetz „den kleinsten gemeinsamen Nenner“ dar. Die Regelungen aus dem Berufsrecht können sich dabei auf alle Aspekte der Partnerschaft beziehen. Sie befassen sich mit der Frage der Partnerschaftsfähigkeit bis hin zur Geschäftsführung und Abwicklung einer aufgelösten Gesellschaft.

10 Von der Möglichkeit, die § 1 Abs. 3 PartGG eröffnet, wird uneinheitlich Gebrauch gemacht. Nicht jede partnerschaftsfähige Berufsgruppe unterliegt berufsrechtlichen Regelungen. Wo das der Fall ist, lassen sich verschiedene Ausformungen feststellen; teilweise finden sich im Hinblick auf die Zusammenarbeit in einer Partnerschaftsgesellschaft detaillierte Vorgaben.

3. Partnerschaftsfähige Berufe

11 Die Partnerschaftsgesellschaft steht nur den Angehörigen der **freien Berufe** offen. Allerdings enthält das Gesetz keine entsprechende Definition. Deshalb zählt § 1 Abs. 2 PartGG die Berufe auf, die partnerfähig sind. Die Regelung weist eine deutliche Ähnlichkeit zu § 18 Abs. 1 Nr. 1 Satz 2 EStG auf. Entsprechend wird sowohl in der Rechtsprechung als auch in der Literatur zum PartGG auf die im **Steuerrecht entwickelten Grundsätze** verwiesen. § 1 Abs. 2 PartGG gliedert sich in drei Bereiche: Zunächst sind dort die **Katalogberufe** aufgeführt. Hierzu zählen die Angehörigen der Heilberufe, der rechts- und wirtschaftsberatenden sowie die naturwissenschaftlich orientierten Berufe. Ferner zählen die Vermittler von geistigen Gütern und Informationen (insbesondere Journalisten und Übersetzer) und die Lotsen dazu.

12 Da der Berufskatalog nicht abschließend geregelt ist, können auch Angehörige weiterer („ähnlicher“) Berufe eine Partnerschaft gründen. Bei der Frage, wann ein solcher Beruf vorliegt, ist auf das vom Bundesfinanzhof entwickelte sog. **Prinzip der Einzelähnlichkeit** abzustellen (hierzu näher Zimmermann in Michalski/Römermann, PartGG, 4. Aufl. 2014, § 1 Rz. 124). Danach ist für die Zuordnung die Feststellung einer Ähnlichkeit mit einem bestimmten oder mehreren konkreten Katalogberufen notwendig. Für die Praxis bedeutet das, dass die Voraussetzungen für den Zugang zum Katalogberuf auch beim ähnlichen Beruf vorliegen müssen. Fordert der Katalogberuf eine wissenschaftliche Ausbildung, so ist diese auch beim ähnlichen Beruf zu fordern. Bei der Partnerschaft ist in diesem Zusammenhang umstritten, ob ein ähnlicher Beruf dort angenommen werden kann, wo eine Erlaubnis für die Ausübung des Katalogberufs erforderlich ist, sie aber fehlt. Etwas anderes kann nur dann gelten, wenn die Erlaubnis nur das Recht zum Führen einer bestimmten Berufsbezeichnung ausspricht (Zimmermann in Michalski/Römermann, PartGG, 4. Aufl. 2014, § 1 Rz. 126). Ein weiteres Problem bei der Frage, ob ein ähnlicher Beruf vorliegt, ergibt sich aus der Abgrenzung zwischen einer freiberuflichen und einer gewerblichen Tätigkeit. So sind viele Berufe, die im Alltag als freiberuflich angesehen werden, dem Gewerbe zuzuordnen. Das ist beispielsweise der Fall bei einem Detektiv, einem Wettkampf-Sportler oder einem Treuhänder außerhalb der rechts- und steuerberatenden Berufe. Letztlich führt § 1 Abs. 2 PartGG neben den Katalogberufen auch sog. Tätigkeitsfelder auf. Dazu zählen Wissenschaftler, Künstler, Schriftsteller, Lehrer und Erzieher.

13 Nicht alle Berufe, die in § 18 Abs. 1 Nr. 1 EStG aufgeführt sind, sind auch partnerschaftsfähig. Das betrifft zunächst die Notare, die wegen ihrer öffentlich-rechtlichen Stellung aus dem Anwendungsbereich des PartGG fallen sollen. Allerdings bestehen hier erhebliche sowohl verfassungs- wie europarechtliche Bedenken (Zimmermann in Michalski/Römermann, PartGG, 4. Aufl. 2014, § 1

Rz. 56). Ähnliches gilt für die Vermessungsingenieure. Auch die im Steuerrecht erwähnten Apotheker sind nicht partnerschaftsfähig. In § 8 Satz 1 ApG ist festgelegt, dass diese Berufsgruppe sich ausschließlich im Rahmen einer GbR oder einer OHG zusammenschließen kann. Ausdrücklich im PartGG erwähnt wurden stattdessen die Hebammen, Heilmasseure, Diplom-Psychologen, Mitglieder der Rechtsanwaltskammern und die hauptberuflichen Sachverständigen.

III. Vertragsmuster

1. Bezeichnung der Parteien

Aus § 3 Abs. 1 PartGG folgt, dass der Partnerschaftsvertrag unter Beachtung der **Schriftform** (§ 126 BGB) zu schließen ist. In der Praxis ist oft zu beobachten, dass über die Jahre hinweg die Partner den Vertrag etwas „flexibler" handhaben. Sie modifizieren also seine Regelungen, bspw. zur Gewinnverteilung, ändern aber den Vertrag nicht formgültig. Dann stellt sich die Frage, welche Folge sich daraus ableiten lässt. Wird der Vertrag nach Eintragung der Partnerschaft geändert, ist nach dem Umfang der Anpassung zu differenzieren. Bezieht sich der Formmangel auf eine schuldrechtliche, das Innenverhältnis betreffende Änderung, so greift die Nichtigkeitsfolge des § 125 BGB. Hängt der Formmangel allerdings mit einer organisationsrechtlichen, das Außenverhältnis betreffenden Änderung zusammen, so sind die Grundsätze der fehlerhaften Gesellschaft anzuwenden (Zimmermann in Römermann/Michalski, PartGG, 4. Aufl. 2014, § 3 Rz. 22). 14

Die gesetzlich vorgeschriebenen Angaben im Hinblick auf die einzelnen Partner ergeben sich aus § 3 Abs. 2 Nr. 2 PartGG. Danach ist der Familienname, der Vorname, der in der Partnerschaft ausgeübte Beruf sowie der Wohnort unter Angabe der vollständigen Adresse zu nennen. 15

2. Name und Sitz der Partnerschaft

Der Name der Partnerschaft setzt sich aus insgesamt **drei Elementen** zusammen. Das ist zunächst der Name mindestens eines Partners. Sodann ist ein entsprechender Zusatz erforderlich und die Berufsbezeichnung aller in der Partnerschaft vertretenen Berufe. 16

a) Nennung eines Partners

Die Partner haben die Möglichkeit, frei zu wählen, ob sie einen, mehrere oder alle Personennamen in den Namen der Partnerschaft aufnehmen wollen. Das erlaubt bei der Namensgebung eine große Flexibilität, vor allem im Hinblick auf eine spätere Expansion. So kann trotz einer Vielzahl von Partnern dennoch ein Name geführt werden, der lediglich aus einem Partnernamen besteht. § 2 PartGG meint mit dem Namen des Partners den bürgerlichen Namen, der sich aus dem Personenstandsregister ergibt (OLG Karlsruhe NJW 1999, 2284). Das führt dazu, dass bei Doppelnamen alle Bestandteile im Namen der Partnerschaft geführt werden müssen (OLG Karlsruhe NJW 1999, 2284). Die Angabe des Vornamens ist nicht erforderlich (§ 2 Abs. 1 Satz 2 PartGG). Neben dem Namen können ferner akademische Grade und ähnliche Bezeichnungen angegeben werden, auch wenn sie nicht Bestandteil des bürgerlichen Namens sind (BGH NJW 1963, 581). Ein Pseudonym kann – im Gegensatz zum Decknamen – ebenso genutzt werden (Zimmermann in Michalski/Römermann, PartGG, 4. Aufl. 2014, § 2 Rz. 8, 10). 17

Der Name der Partnerschaft enthält weiterhin rechtsformbezeichnende Zusätze. Nach § 2 Abs. 1 Satz 1 PartGG sind das „und Partner" oder „Partnerschaft". Damit sind allerdings noch nicht alle Möglichkeiten zur Verwendung von Zusätzen erschöpft. So kann ebenso die Bezeichnung „Partnerschaftsgesellschaft" aufgenommen werden. Ferner lässt sich dem Gesetz nicht entnehmen, dass lediglich die männliche Form genutzt werden darf. So stehen die weiblichen Formen „und Partnerin" bzw. „und Partnerinnen" zur Auswahl. Auch fremdsprachige – insbesondere englische – sind denkbar. Dazu zählen bspw. „partners" (OLG Frankfurt DB 2005, 99) oder ähnliche sinngemäße Abwandlungen. 18

Die Wahlmöglichkeiten bei der Namensgebung sind allerdings dort begrenzt, wo sie gegen die Grundsätze der Firmenwahrheit und Firmenklarheit verstoßen. Deshalb darf bei einer Partner- 19 schaft, in deren Namen alle Partner aufgenommen sind, nur die Bezeichnung „Partnerschaft" verwendet werden. Denn in diesem Fall würde die Bezeichnung „und Partner" den Eindruck erwecken, dass neben den namentlich genannten Partnern noch weitere existieren. Auch die Abkürzung „PartG" ist zulässig, obwohl gesetzlich nur für die PartG mbB geregelt. Weiterhin ging der Gesetzgeber davon aus, dass beide Partner-Zusätze alternativ genutzt werden. Allerdings lässt sich dem Gesetz kein entsprechendes Verbot entnehmen. Deshalb muss es möglich sein, beide Zusätze zu kombinieren, was dann bspw. zum Namen „Müller und Partner – Partnerschaft" führt.

b) Namenszusätze

20 Die Partner können bei der Namensgebung weitere Zusätze entwickeln. Dazu zählen solche, die sich aus den Namen der Gesellschafter oder dem Gegenstand der Partnerschaft entnehmen lassen. Zulässig ist damit bspw. „MMP – Müller, Meyer und Partner" oder „Müller und Partner Rechtsberatungs-Partnerschaft". Auch der Verwendung des &- und des +-Zeichens stehen die gesetzlichen Regelungen nicht entgegen (BayObLG ZIP 2003, 1295). Gestützt wird diese Ansicht damit, dass beide Zeichen wie „und" ausgesprochen werden.

21 Zulässig sind auch Sachzusätze und Fantasiebezeichnungen. Durch die Rechtsprechung wurden bspw. „Telekanzlei" (AnwG Hamburg NJW 2000, 2827) und „artax" (BGH NJW 2004, 1651) im Namen der Partnerschaft bestätigt. Bei einer Partnerschaft von Ärzten wurde die Bezeichnung „Gemeinschaftspraxis" gebilligt (OLG Schleswig MDR 2003, 540). Da die Zusätze „Co." und „Cie." dem Handelsrecht entstammen, ist ihre Verwendung für Partnerschaften unzulässig.

22 Gegen den Wegfall der Verbindung „und" lassen sich keine tragenden Argumente anführen. Deshalb ist die Bezeichnung „Müller Partner" nach dem PartGG zuzulassen. Letztlich kommt nicht der Verknüpfung „und", sondern dem Zusatz „Partner" die Bedeutung als wesentliches Unterscheidungsmerkmal zu.

c) Aufnahme der Berufsbezeichnungen

23 Letztlich sind die Partner verpflichtet, sämtliche in der Partnerschaft vertretenen Berufsbezeichnungen im Namen zu führen. Damit solle das Publikum „über die tatsächliche Bandbreite der in der Partnerschaft angebotenen freiberuflichen Dienstleistungen" aufgeklärt werden (BT-Drucks. 12/6152, S. 11). Eine **Ausnahme** gilt für die Steuerberatungs- und Wirtschaftsprüfungsgesellschaften (§ 53 Satz 2 StBerG; § 31 Satz 2 WPO). Unter dem Begriff der Berufsbezeichnungen ist jede normierte Bezeichnung der jeweiligen freiberuflichen Tätigkeit gemeint. Aufzuführen sind dabei die „in der Partnerschaft vertretenen Berufe", was sämtliche in der Partnerschaft ausgeübte Berufe aller Partner betrifft, auch wenn ein Partner über mehrere Qualifikationen verfügt.

24 § 2 Abs. 1 Satz 1 PartGG fordert von den Partnern, den ausgeübten Beruf direkt zu benennen. Das führt zunächst dazu, dass die Verwendung eines Adjektivs nicht ausreichend ist, da sich daraus nicht ergibt, welche freiberuflichen Dienstleistungen tatsächlich angeboten werden. Somit ist die Bezeichnung „Augenärztliche Gemeinschaftspraxis" unzulässig. Werden rein beschreibende Bezeichnungen verwendet, die sich nicht auf einen konkreten Beruf beziehen, so wird damit ebenso nicht die Vorgabe des Gesetzes erfüllt. Gemeint sind Begriffe, die nicht den Beruf benennen, sondern sich auf den Unternehmensgegenstand beziehen. Das ist bspw. der Fall beim Namen „Text und Bild Redaktion Meyer und Huber Partnerschaft". Hier lässt sich nicht eindeutig feststellen, welche Berufe konkret ausgeübt werden. Ähnlich verhält es sich bei der Bezeichnung „Unternehmensberatung".

25 Die Aufnahme eines akademischen Grades entbindet nicht von der Benennung des ausgeübten Berufs. Somit reicht nicht die Formulierung „Dr. med." aus. In der Partnerschaft müssen trotz eines Mediziners nicht unbedingt medizinische Dienstleistungen erbracht werden. Hierbei kann es sich durchaus um eine Partnerschaft mit Sachverständigenaufgaben handeln. Ebenso reicht nicht die Angabe von Begriffen wie „Fachanwalt" oder „Privatzahnarzt". Sie dürfen zwar im Namen als Sachzusatz geführt werden, geben aber nicht den ausgeübten Beruf, sondern lediglich einen Teilaspekt hiervon an.

Die Berufsbezeichnung darf mit dem Zusatz „Partner“ nicht zusammengesetzt werden. Grund hierfür ist, dass daraus nicht eindeutig erkennbar ist, ob mehr als zwei Partner vorhanden sind, was bspw. bei der Bezeichnung „Meyer und Berger Architektenpartner“ der Fall ist. Hier kann lediglich eine Kombination mit dem Wort „Partnerschaft“ genutzt werden. Nicht eintragungsfähig sind ferner Kombinationen aus einem Sachzusatz mit den Berufsbezeichnungen („X9Architekten“). Die Berufsbezeichnung, der eine wesentliche Funktion zugewiesen wird, läuft damit Gefahr, in nichtssagenden Bezeichnungen aufzugehen. 26

➲ **Praxistipp:** Statt der Verwendung von vagen Begriffen sollte sich bei den Berufsbezeichnungen exakt an § 1 Abs. 2 PartGG orientiert werden. Sollte ein Katalogberuf für die Partnerschaft nicht zutreffen, so empfiehlt sich die Verwendung eines eindeutig beschreibenden Begriffs. 27

Sollen die reinen Tätigkeitsfelder (Wissenschaftler, Künstler, Schriftsteller, Lehrer und Erzieher) in den Namen der Partnerschaft aufgenommen werden, lässt das Gesetz keine andere Möglichkeit, als sie in dieser Form zu verwenden. § 2 Abs. 1 PartGG spricht zwar von Berufsbezeichnungen, übersieht aber, dass in § 1 Abs. 2 PartGG auch Tätigkeitsfelder aufgeführt werden. Somit können im Namen der Partnerschaft bspw. die Begriffe „Wissenschaftler“ oder „Lehrer“ geführt werden. 28

Verfügt ein Partner über **mehrere freiberufliche Qualifikationen**, von denen aber nur eine in der Partnerschaft ausgeübt werden soll, so stellt sich die Frage, was im Namen anzugeben ist. Das ist bspw. der Fall, wenn ein Rechtsanwalt zugleich Steuerberater ist, in der Partnerschaft allerdings nur Rechtsberatung ausgeübt werden soll. Hier könnte man entweder fordern, nur den Beruf des Rechtsanwalts anzugeben oder ihm ermöglichen, auch auf seine Qualifikation als Steuerberater hinzuweisen. Zunächst ist festzustellen, dass der Partner beide Berufsqualifikationen angeben darf. Darin ist keine Irreführung zu sehen, da er über die Qualifikationen verfügt. Allerdings gilt das nur für partnerschaftsfähige Berufe. Das wird insbesondere beim Anwaltsnotar deutlich. Der Notar übt keinen freien Beruf iSd. § 1 Abs. 2 PartGG aus. Insofern darf ein Hinweis auf die notarielle Tätigkeit im Rahmen der Partnerschaft nicht erfolgen. 29

➲ **Praxistipp:** Die Möglichkeit für den Anwaltsnotar, die Bezeichnung „Notar“ außerhalb der Partnerschaft auf dem Briefkopf der Partnerschaft zu führen, wird nicht gänzlich verneint. Dabei ist der Zweck der Vorschrift zu berücksichtigen, das Publikum möglichst umfassend über die Breite der in der Partnerschaft angebotenen Dienstleistungen zu informieren. Es muss damit auch möglich sein, nicht in der Partnerschaft ausgeübte Berufe anzugeben. Die Unzulässigkeit dieser Nennung findet keine Stütze im Wortlaut des § 2 PartGG. 30

Durch den Verweis in § 2 Abs. 2 PartGG auf die Regelungen des HGB sind die dortigen **firmenrechtlichen Grundsätze** bei der Wahl eines Namens für die Partnerschaft zu berücksichtigen. Somit ist die Firmenwahrheit, die Firmenausschließlichkeit und die Firmenbeständigkeit zu wahren. Problemfälle sind hier insbesondere die Führung eines akademischen Titels im Namen der Partnerschaft, der mit der beruflichen Tätigkeit nicht im Zusammenhang steht („Dr. med.“ bei Rechtsanwälten). Entsprechendes gilt, wenn der Titel trotz Ausscheidens des promovierten Partners weitergeführt wird (OLG Köln FGPrax 2008, 125). Mit der Angabe einer akademischen Qualifikation verbindet die Öffentlichkeit ein besonderes Vertrauen in die intellektuellen Fähigkeiten des Trägers. Entsprechendes gilt bei der Verwendung fachlicher Spezialisierungen („Fachanwalt“, „Facharzt“). Hier erwartet der Verkehr, dass einer der Partner über die angegebene Qualifikation verfügt. 31

➲ **Praxistipp:** Besondere Vorsicht ist geboten, wenn die Pluralform solcher Qualifikationen verwendet werden soll. Führt die Partnerschaft im Namen die Bezeichnung „Fachanwälte“, so müssen auch mehrere Rechtsanwälte über diesen Titel verfügen. 32

d) Namensfortführung

Sollen **Nichtpartner**, insbesondere nach ihrem Ausscheiden, im Namen angegeben werden, so sind zunächst die berufsrechtlichen Vorgaben zu beachten. Findet sich dort eine entsprechende Gestattung, so stehen die Regelungen des PartGG der Nennung nicht entgegen. Eine solche Regelung findet sich bspw. in § 9 BORA. Danach darf in einer Kurzbezeichnung der Name eines bereits ausgeschiedenen anwaltlichen Partners zeitlich unbegrenzt geführt werden. 33

34 Mit dem Recht der Fortführung des Namens eines ausgeschiedenen Partners ist aber nicht verknüpft, dass die Partnerschaft auch dessen Beruf im Namen weiter nutzen darf. Die Berufsbezeichnungen dürfen nur die Professionen wiedergeben, die aktuell in der Partnerschaft ausgeübt werden. Daraus lässt sich allerdings keine Pflicht entnehmen, den weitergeführten Namen des bereits ausgeschiedenen Partners nur deshalb zu tilgen, weil mittlerweile kein weiterer Partner mehr in der Partnerschaft ist, der denselben Beruf ausübt (Zimmermann in Michalski/Römermann, PartGG, 4. Aufl., 2014, § 2, Rn. 65).

35 § 2 PartGG verweist desweitern auf die Vorschriften der §§ 21, 22 Abs. 1 und § 24 HGB. Damit sind die Grundsätze der Firmenbeständigkeit auch auf die Partnerschaftsgesellschaft anzuwenden. § 21 HGB regelt den Fall einer Namensänderung bei einem Partner insbesondere aufgrund einer **Heirat**. Die Partnerschaft kann den bisherigen Namen fortführen. Hierbei bleibt ihr Interesse an dessen Fortbestand gewahrt. Die Fortführung wird über § 22 Abs. 1 HGB auch im Falle eines vollständigen Partnerwechsels ermöglicht. Voraussetzung für ihn ist, dass mehrere Erwerber die Partnerschaft von mehreren anderen Partnern übernehmen. § 22 HGB fordert die Einwilligung des bisherigen Geschäftsinhabers. Für die Partnerschaft bedeutet das die Zustimmung sämtlicher Partner und zusätzlich des namensgebenden Partners. Erfolgt lediglich ein Wechsel im Gesellschafterbestand, so greift die Fortführungsregel des § 24 HGB. Sie ist anwendbar, wenn entweder weitere Partner in eine bestehende Gesellschaft eintreten oder Partner aus ihr ausscheiden.

36 ➲ **Praxistipp:** Um Streitigkeiten vorzubeugen, sollte die Einwilligung über die Fortführung des Namens eines ausgeschiedenen Partners bereits im Gesellschaftsvertrag niedergelegt werden. Führen die verbliebenen Gesellschafter den Namen fort, kann darin sonst eine Namensanmaßung gesehen werden.

e) Sitz

37 § 3 Abs. 2 Nr. 1 PartGG fordert ferner die Angabe des Sitzes der Partnerschaft. Gemeint ist damit nur die **politische Gemeinde**. Deshalb ist die Angabe von Straße und Hausnummer entbehrlich. Verfügt die Partnerschaft über mehrere Standorte, so muss sie einen als Sitz wählen. Die anderen Standorte gelten in diesem Fall als Zweigniederlassungen.

3. Gegenstand der Partnerschaft

38 Die Verpflichtung zur Angabe des Gegenstandes der Partnerschaft ergibt sich aus § 3 Abs. 2 Nr. 3 PartGG. Damit soll sichergestellt werden, dass der Umfang der beruflichen Ausübung klar und eindeutig umrissen wird. Abgesehen von dem Fall, in dem sich der angegebene Gegenstand mit den ausgeübten Berufen deckt, ergeben sich bei Abweichungen Fragen. Fehlt die Angabe nach § 3 Abs. 2 Nr. 3 PartGG, hindert das nicht an der weitergehenden beruflichen Tätigkeit. Enthält der Gegenstand weitere Berufe, die in der Partnerschaft nicht mehr repräsentiert sind, so lassen sich daraus keine Folgen ableiten. Die verbleibenden Partner können ohne die geforderte Qualifikation die Leistung nicht mehr anbieten.

39 ➲ **Praxistipp:** Hier können die berufsrechtlichen Vorgaben entsprechende Einschränkungen enthalten. Gerade im ärztlichen Bereich finden sich in den einzelnen Berufsordnungen hierzu Regelungen.

40 Gegenstand der Partnerschaft kann im Übrigen **kein Handelsgewerbe** sein (§ 1 Abs. 1 Satz 2 PartGG). Übt ein Gesellschafter nebenberuflich eine gewerbliche Tätigkeit aus, so bleibt das aus gesellschaftsrechtlicher Sicht folgenlos. Ein anderes Ergebnis ergibt sich aus dem Steuerrecht, wo die Abfärbetheorie dominiert. Nach ihr sind alle Einnahmen als gewerbliche zu qualifizieren, auch wenn nur ein Teil gewerblicher Herkunft ist.

4. Beginn, Dauer, Geschäftsjahr

41 Aufgrund der konstitutiv wirkenden Eintragung nach § 7 Abs. 1 PartGG lässt sich der **Zeitpunkt des Wirksamwerdens** der Partnerschaft nicht exakt vorhersehen. Deshalb kann hier kein konkretes

Datum genannt werden. Im Rahmen der vor der Eintragung bereits bestehenden Vorpartnerschaft können die Partner bereits aktiv werden. Sie entsteht mit Abschluss des schriftlichen Partnerschaftsvertrages iSd. § 3 PartGG. Die Regeln über die Partnerschaft finden auf die Vorpartnerschaft überwiegend Anwendung (Praß in Michalski/Römermann, PartGG, 4. Aufl. 2014, § 7, Rz. 14).

Sofern die Partnerschaft nur für eine bestimmte Dauer eingegangen werden soll, kann das im Vertrag entsprechend angegeben werden. Mit Zeitablauf wird sie aufgelöst (§ 9 Abs. 1 PartGG iVm. § 131 Abs. 1 Nr. 1 HGB). Wird sie allerdings nach dem Zeitpunkt (stillschweigend) fortgeführt, so gelten die über § 9 Abs. 1 PartGG anwendbaren Regeln des § 134 HGB. 42

Geschäftsjahr kann nur das Kalenderjahr sein. Das ergibt sich aus § 4a Abs. 1 Satz 2 Nr. 3 EStG. Danach zählt die Partnerschaftsgesellschaft zu den Personen, deren Firma **nicht im Handelsregister** eingetragen ist. Eine Gleichstellung zwischen Handelsregister und Partnerschaftsregister findet nicht statt. 43

5. Anteile, Einlagen

Hinsichtlich der Regelungen zu den Anteilen und der Leistung der Einlagen verweist § 1 Abs. 2 PartGG auf die §§ 705 bis 707 BGB. Mit dem zwischen den Partnern beschlossenen Zusammenschluss in Form einer Partnerschaft soll der **Zweck der Gesellschaft** gefördert, insbesondere die vereinbarten Beiträge geleistet werden. § 706 BGB geht davon aus, dass ohne eine besondere vertragliche Regelung die Partner gleiche Beiträge zu leisten haben. Deren Höhe beeinflusst zugleich den Gesellschaftsanteil und die Gewinnbeteiligung. 44

➲ **Praxistipp:** Trotz der Regelung des § 706 BGB empfiehlt sich eine ausdrückliche Vereinbarung über die zu leistenden Beiträge. Bei der Bestimmung der Gesellschaftsanteile können weitere Faktoren, wie zum Beispiel die Bedeutung des einzelnen Partners für die Gesellschaft berücksichtigt werden. Dann können die Anteile unabhängig vom materiellen Wert der Einlagen gemessen werden. 45

Die Zusammenarbeit in der Partnerschaft basiert auf einer engen und persönlichen Verbundenheit. Unabhängig von berufsrechtlichen Regelungen wollen die Partner jedoch nicht mit anderen als den ursprünglichen Gesellschaftern konfrontiert werden. Insofern ist bei der Übertragung eines Anteils eine **Mehrheitsentscheidung** erforderlich. Entsprechendes gilt auch für die Belastung eines Gesellschaftsanteils. Denn hier besteht die Möglichkeit, dass außerhalb der Gesellschaft stehende Personen auf sie Einfluss nehmen können. 46

Der über § 1 Abs. 4 PartGG anwendbare § 706 BGB begründet keine Beitragspflicht. Sie muss sich aus dem Gesellschaftsvertrag ergeben. Allerdings enthält § 706 Abs. 2 BGB eine Auslegungsregel bei der Einbringung vertretbarer oder verbrauchbarer Sachen. Sie werden demnach **gemeinschaftliches Eigentum der Gesellschafter**. Um den finanziellen Bedarf der Partnerschaft gerade in der Anfangszeit zu sichern, ist eine entsprechend hohe **Bareinlage** zu vereinbaren. Denkbar ist auch die Einbringung einzelner Gegenstände, die besonders werthaltig sind, wie bspw. ein Kraftfahrzeug. 47

➲ **Praxistipp:** Im Hinblick auf eine mögliche spätere Auseinandersetzung, empfiehlt sich die Anlage eines Inventarverzeichnisses, das Bestandteil des Partnerschaftsvertrages wird. Darin sind alle Gegenstände aufzulisten, die durch die einzelnen Partner eingebracht wurden. 48

Bei Anschaffungen von Gegenständen durch die Partnerschaft erwerben die Partner daran kein Eigentum. Lediglich die Partnerschaft wird **alleiniger Eigentümer.** 49

Durch den Zusammenschluss zur gemeinsamen Berufsausübung erklären die Partner auch, dass sie bereits laufende Aufträge in die Gesellschaft einbringen. Im Partnerschaftsvertrag muss genau festgelegt werden, ab welchem Tag die Einnahmen solche der Gesellschaft werden sollen. Das wird im Regelfall der Beginn der Partnerschaft sein. 50

➲ **Praxistipp:** Die Partner können als Stichtag für die Zurechnung der Einnahmen zur Partnerschaft auch einen anderen Zeitpunkt festlegen. Besteht die Gefahr, dass einzelne Partner vorher noch hohe Vorschüsse einfordern oder schnell noch Rechnungen stellen, so kann der Tag der Unterzeichnung des Partnerschaftsvertrages gewählt werden. 51

52 Sofern außerhalb der Partnerschaft Aufträge abgewickelt werden, widerspricht das dem Zweck der Gesellschaft. Da einzelne Aufträge zwingend einer konkreten Person zugeordnet sein können, was bspw. der Fall bei einer Strafverteidigung ist, sollte zumindest vereinbart werden, dass solche Aufträge im Innenverhältnis der Partnerschaft zuzurechnen sind.

6. Berufsausübung

53 Die Partnerschaft stellt eine **Berufsausübungsgesellschaft** dar. Deshalb setzt sie voraus, dass die Partner darin eine gewisse berufliche Aktivität entfalten. Darüber hinaus lässt sich vereinzelt aus den berufsrechtlichen Vorgaben entnehmen, dass eine Zusammenarbeit nur dann zulässig ist, wenn in deren Rahmen der freie Beruf aktiv ausgeübt wird. Nach der Gesetzesbegründung soll darunter die tatsächliche Mitarbeit zu verstehen sein (BT-Drucks. 12/6152, S. 9). Insofern soll eine Beteiligung, wie sie bei Kapitalgesellschaften möglich ist, unzulässig sein (Kempter, BRAK-Mitt. 1992, 122). Daraus wird das sog. **Fremdbesitzverbot** abgeleitet. Allerdings ist eine bloße Beteiligung an der Partnerschaft auch ohne aktive Berufsausübung möglich. Bei einer in der Form einer BGB-Gesellschaft organisierten Sozietät stellt eine Beteiligung für den ausgeschiedenen Partner oft einen Baustein der Altersversorgung dar. Was dort anerkannt ist, muss auch für die Partnerschaftsgesellschaft gelten (Zimmermann in Michalski/Römermann, PartGG, 4. Aufl., 2014, § 1, Rz. 14). Diese Überlegung findet auch Anklang in den Materialien des Gesetzgebers. Dort soll eine „flexible Handhabung" möglich sein, wenn ein Partner insbesondere aus Altersgründen seine aktive Mitarbeit einstellt (BT-Drucks. 12/6152, S. 9).

54 Bei einer **interprofessionellen Partnerschaft** stellt sich die Frage, inwiefern die Berufsrechte der einzelnen Partner in Wechselwirkung zueinander stehen. Grundsätzlich führt das Berufsrecht eine Bindung nur der eigenen Berufsangehörigen herbei. Dennoch findet sich in einzelnen berufsrechtlichen Regelungen die Vorgabe, dass bei einer gemeinsamen Verbindung auch die anderen Berufsträger das Berufsrecht des Partners beachten müssen. Ausdrücklich ist das bspw. für die Rechtsanwälte in § 30 BORA normiert.

55 Durch die Eingehung der Partnerschaft verpflichten sich die einzelnen Mitglieder zur Einbringung ihrer gesamten Arbeitskraft. Grundsätzlich ausgeschlossen ist damit insbesondere die gleichzeitige Mitarbeit in anderen Gesellschaften. Zur Konkretisierung der Leistungsanteile der einzelnen Partner empfiehlt sich, im Vertrag eine bestimmte Anzahl an Mindest-Stunden zu vereinbaren. Daraus lassen sich aber keine festen Arbeitszeiten ableiten, die Angehörigen der freien Berufe meist fremd sind.

56 ➲ **Praxistipp:** Sollten Besonderheiten im Hinblick auf die Arbeitszeit bestehen, zu denken ist hier insbesondere an einen Schichtdienst bei der Patientenversorgung, so kann der Partnerschaftsvertrag auf einen Dienstplan verweisen. Dieser kann durch einfachen Gesellschafterbeschluss den Gegebenheiten angepasst werden.

57 In vielen **Freiberufler-Gesellschaften** ist es erwünscht, wenn nicht sogar gefordert, dass sich die Partner im Interesse der Gesellschaft außerhalb des reinen Alltagsgeschäfts engagieren. Gemeint ist damit insbesondere eine Vortrags- oder Publikationstätigkeit. Möglich ist auch die Übernahme eines Ehrenamtes bspw. in einer berufsständischen Organisation. Führen diese Interessen dazu, dass die Arbeitskraft des Partners erheblich beeinträchtigt wird, steht den Übrigen die Möglichkeit der Ausschließung aus wichtigem Grund (§ 9 Abs. 1 PartGG iVm. § 140 HGB) zur Verfügung.

58 ➲ **Praxistipp:** Die Partner können auch vereinbaren, dass jedwede Nebentätigkeit einer Einwilligung durch die Gesellschafterversammlung bedarf.

7. Geschäftsführung, Vertretung

59 Ein wesentlicher Aspekt der freiberuflichen Berufsausübung ist, dass der Berufsträger seine Tätigkeit eigenverantwortlich ausüben können muss. Dieser Grundsatz findet sich auch in den meisten berufsrechtlichen Vorschriften. Deshalb geht das Muster davon aus, dass jeder Partner zur Alleingeschäftsführung berechtigt ist (§ 6 Abs. 3 Satz 2 PartGG iVm. § 115 Abs. 1 Hs. 1 HGB).

Sofern allerdings Geschäfte durchgeführt werden sollen, die nicht der eigentlichen Berufsausübung angehören, besteht die Möglichkeit, hiervon einzelne Partner auszuschließen (§ 6 Abs. 2 PartGG). Gemeint sind damit Geschäfte wie der Abschluss von Mietverträgen, die Einstellung von Mitarbeitern oder der Kauf von Bürobedarf (Praß in Michalski/Römermann, PartGG, 4. Aufl., 2014, § 6, Rz. 27). Diesbezüglich kann vereinbart werden, dass mehrere Partner gemeinsam an der Geschäftsführung zu beteiligen sind (§ 6 Abs. 3 Satz 2 PartGG iVm. § 115 Abs. 2 HGB). 60

Im hier verwendeten Muster wurde der über § 6 Abs. 3 Satz 2 PartGG anwendbare § 117 HGB abbedungen. Das bedeutet für die Partnerschaft eine Erleichterung für den Fall der Entziehung der Geschäftsführungsbefugnis. Auf ein gerichtliches Verfahren kommt es somit nicht mehr an. Stattdessen ist ein Beschluss der Partner ausreichend. 61

Im Hinblick auf die Vertretung der Partnerschaft sieht das Vertragsmuster die Alleinvertretungsbefugnis vor (§ 7 Abs. 3 PartGG iVm. § 125 HGB). Sofern seitens der Partner eine Beschränkung der Vertretungsmacht gewünscht ist, sind diesbezüglich die Vorgaben der Berufsrechte zu beachten. 62

Soll die Vertretungsbefugnis einem Partner entzogen werden, so steht auch hier die Möglichkeit eines Partnerbeschlusses zur Verfügung. Damit lässt sich die Klage des § 127 HGB vermeiden. Sie ist schwerfällig und mit vielen Unwägbarkeiten verbunden. 63

➲ **Praxistipp:** Für einen entsprechenden Partnerbeschluss kann im Vertrag eine bestimmte Mehrheit oder gar die Einstimmigkeit gefordert werden. 64

8. Beschlussfassung

§ 119 HGB enthält keine umfassende Regelung zur Beschlussfassung in Gesellschaften. Über die Art und Weise ihrer Durchführung lässt sich dieser Regelung nichts entnehmen. Grundsätzlich findet die Willensbildung in einer Partnerschaft im Rahmen von Versammlungen statt. Üblicherweise sind bei ihnen alle Gesellschafter anwesend. Allerdings können die Partner auch vereinbaren, im schriftlichen oder fernmündlichen Wege eine Entscheidung herbeizuführen. 65

➲ **Praxistipp:** Gerade bei großen, überregionalen Partnerschaften empfiehlt sich die Verankerung des Umlaufverfahrens im Vertrag. Damit ist gewährleistet, dass Entscheidungen schnell herbeigeführt werden und dennoch eine entsprechende Dokumentation stattfinden kann. 66

§ 119 Abs. 1 HGB geht vom Prinzip der **Einstimmigkeit** aus. Das bringt aber das Risiko mit sich, dass die Partnerschaft u.U. handlungsunfähig werden kann, wenn sich kein entsprechender Konsens finden lässt. Gerade dann, wenn die Gesellschaft in einer Krise steckt, kann eine geforderte Einstimmigkeit zu einer Verschärfung der Situation führen. Soweit das Gesetz nicht von einer Einstimmigkeit ausgeht, reicht hier eine **Mehrheitsentscheidung** aus. Wann die Mehrheit erreicht ist, richtet sich nach Köpfen (§ 6 Abs. 3 Satz 2 PartGG iVm. § 119 Abs. 2 HGB). 67

➲ **Praxistipp:** In vielen Fällen ist es zweckmäßiger und interessengerechter, die Mehrheit in der Gesellschafterversammlung anhand der Gesellschaftsanteile zu bestimmen. Das folgt schon daraus, dass nicht immer alle Partner über einen gleich großen Anteil verfügen. Grundsätzlich repräsentiert die Anzahl der Stimmen der einzelnen Partner die Verteilung der Gesellschaftsanteile. 68

9. Einnahmen, Ausgaben

Bei der Zurechnung der Einnahmen können die Partner entscheiden, inwiefern sie gemeinschaftlich sein sollen oder eine Zurechnung an den einzelnen Gesellschafter erfolgen soll. Daneben stellt sich die Frage, wie mit Einnahmen umzugehen ist, die durch einen Partner insbesondere im Rahmen einer Dozenten- und schriftstellerischen Tätigkeit erwirtschaftet werden. Grundsätzlich ist davon auszugehen, dass die Partnerschaft ein Interesse daran hat, damit ihren Ruf auszubauen und zu pflegen. Allerdings kann für den Einzelnen damit ein erheblicher Aufwand verbunden sein, der ihn bei der Erbringung seiner regulären Tätigkeit einschränken kann. Deshalb empfiehlt sich hier eine konkrete **Auflistung** der Einnahmen, die zwingend der Partnerschaft zuzurechnen sind. Ent- 69 sprechendes gilt bei den Ausgaben. Hier sollten die Partner die einzelnen Kosten definieren, die von der Partnerschaft zu tragen sind.

70 ➲ **Praxistipp:** Wichtig bei der Gestaltung des Vertrages ist, für die Ausgaben einen angemessenen Rahmen zu stecken. Gerade die Frage, ob Ausgaben der einzelnen Partner in einem ausgewogenen Verhältnis zueinander stehen, ist oft Grundlage für einen späteren Streit in der Partnerschaft. Zwar könnte in diesem Fall eine Festlegung auf einen Höchstbetrag stattfinden. Damit verliert aber die Partnerschaft die Möglichkeit, flexibel zu reagieren.

10. Buchführung, Jahresabschluss

71 Um jederzeit einen umfassenden Überblick über die finanzielle Lage der Partnerschaft gewinnen zu können, empfiehlt sich der Aufbau einer ordnungsgemäßen Buchführung. Unumgänglich ist dabei eine entsprechende **Belegverwaltung.** Dennoch unterliegt die Partnerschaft keiner kaufmännischen Buchführungspflicht. Gerade wenn es um die Beachtung steuerrechtlicher Vorgaben geht, kann auf eine transparente Buchführung nicht verzichtet werden.

72 Für die freien Berufe bietet das Steuerrecht über § 4 Abs. 3 EStG eine unkomplizierte Möglichkeit, das Jahresergebnis zu ermitteln. Daneben können sie auch auf die Alternative des § 4 Abs. 1 EStG zurückgreifen. Sie erlaubt einen besseren Überblick über die wirtschaftliche Situation der Partnerschaft.

73 ➲ **Praxistipp:** Um hinsichtlich der Ermittlungsmethode für das Jahresergebnis flexibel zu bleiben, empfiehlt sich, in den Partnerschaftsvertrag aufzunehmen, durch einfachen Beschluss die Ermittlungsmethode wechseln zu können.

74 Die Erstellung des **Jahresabschlusses** obliegt grundsätzlich allen Partnern. Um hier einen Kompetenzkonflikt zu vermeiden, sollte im Vertrag konkret benannt werden, welcher der Partner für diese Aufgabe verantwortlich ist. Sofern die Partnerschaft in ihren eigenen Reihen über Personen mit entsprechenden Kompetenzen verfügt (insbesondere Steuerberater und Wirtschaftsprüfer), empfiehlt sich deren Verpflichtung.

75 Der Einladung zur **Gesellschafterversammlung**, in der über den Jahresabschluss abgestimmt werden soll, sollte dieser beigefügt werden. Damit wird verhindert, dass die Partner sich erst in der Versammlung mit den Zahlen auseinandersetzen können und die Gefahr besteht, an diesem Tage keinen Beschluss herbeiführen zu können. Ziel des Beschlusses ist es, eine Entlastung durch die übrigen Partner zu erreichen. Sie enthält die Aussage, dass die Partner gegenüber den verantwortlichen Gesellschaftern keine Ansprüche aufgrund von Pflichtverletzungen erleiden. Allerdings kann sich die Entlastung nur auf die Umstände beziehen, die für die Partner bekannt sind. Tatsachen, die erst nach der Beschlussfassung zur Kenntnis aller gelangen, sind damit nicht abgedeckt. Geht es in der Versammlung um die Entlastung, so hat der verantwortliche Partner kein Stimmrecht in eigener Sache.

76 Scheitert in der Gesellschafterversammlung die Entlastung, so steht den Partnern die Möglichkeit offen, binnen einer Frist von einem Monat noch einen Konsens herbeizuführen. Ist das erfolglos, ist ein Dritter als Schiedsgutachter hinzuzuziehen. Sinnvollerweise wird ein Wirtschaftsprüfer von der Wirtschaftsprüferkammer ernannt. Seine Aufgabe ist, einen Jahresabschluss mit bindender Wirkung für alle Partner aufzustellen. Darin ist gleichzeitig die Feststellung durch die Partner zu sehen. Die Kosten für dieses Verfahren trägt die Partnerschaft. Neben einem Wirtschaftsprüfer kann auch die örtliche Industrie- und Handelskammer oder die Steuerberaterkammer einen Schiedsgutachter bestimmen.

77 ➲ **Praxistipp:** Die Partner sollten darauf achten, den Schiedsgutachter durch eine bundesweit tätige Organisation bestimmen zu lassen. Damit können sie verhindern, dass der Konflikt zwischen den Gesellschaftern am Ort ihrer Niederlassung publik wird.

11. Entnahmen

78 Zweck der Entnahmen ist es, den Partnern unabhängig vom meist nur jährlich ausgeschütteten Gewinn eine regelmäßige Einkommensquelle zu garantieren. Denn in nahezu allen Fällen müssen die

Gesellschafter ihren Lebensunterhalt allein aus ihren Einnahmen im Zusammenhang mit der Partnerschaft bestreiten. Die monatlichen Entnahmen stellen dabei eine Vorabvergütung dar, die auf die spätere Auszahlung des Gewinnanteils angerechnet wird. Möglich ist bspw. auch die Einführung einer 13. Monatsrate. Dann muss aber für sie der konkrete Entnahmezeitpunkt definiert werden.

➲ **Praxistipp:** Um für die Partner Planungssicherheit zu gewährleisten, sollte jeweils für das Folgejahr eine entsprechende Beschlussfassung getroffen werden. 79

Um auf unvorhergesehene Ereignisse flexibel reagieren zu können, empfiehlt sich eine entsprechende Ausgestaltung des Vertrages. Denkbar sind insbesondere Situationen, in denen der Jahresgewinn erheblich übertroffen oder unterschritten wird. Auch auf der Ebene eines Partners kann ein unvorhergesehen hoher Kapitalbedarf vorliegen. 80

Unabdingbar ist, auf Ebene der Partnerschaft Vorsorge für Krankheit und Eintritt der Berufsunfähigkeit eines Partners zu treffen. Davon unabhängig ist die Frage, inwiefern der einzelne Partner für diese Risiken selbst eine Absicherung vornehmen will. Langfristige Erkrankungen und Berufsunfähigkeit stellen für die Partnerschaft eine erhebliche finanzielle und personelle Belastung dar. Hier ist davon auszugehen, dass dieses Risiko nicht von den Partnern übernommen werden soll. Liegt eine vorübergehende Erkrankung vor, so kann für einen festgelegten Zeitraum weiterhin die Möglichkeit von Entnahmen geschaffen werden. Damit dieser Umstand für die Partnerschaft zu keinem unkalkulierbaren wirtschaftlichen Risiko wird, empfiehlt sich die Festlegung einer entsprechenden Höchstgrenze. 81

12. Gewinn- und Verlustverteilung

Im Rahmen der Verteilung von Gewinn und Verlust stehen für die Gestaltung des Partnerschaftsvertrages verschiedene Varianten zur Verfügung. So kann zunächst das hier genutzte Verfahren vereinbart werden. Dabei ist die Quote für alle Partner einheitlich. Sie kann aber auch in Abhängigkeit von der Dauer der Zugehörigkeit zur Partnerschaft ausgestaltet werden. In diesem Fall nimmt der Anteil eines Partners im Laufe der Jahre zu, im gleichen Maße wie er beim anderen Partner abnimmt. Das empfiehlt sich bspw. dann, wenn neuen Partnern die Möglichkeit gegeben werden soll, sich in der Gesellschaft zunächst zu etablieren. Weiterhin gibt es das sog. **Lockstep-System**. Hierbei steht jedem Partner eine in Punkten ausgedrückte Quote am Gewinn zu. Der Gesamtgewinn wird dabei durch die Summe der Punkte sämtlicher Partner geteilt. Der Anteil des einzelnen Partners ergibt sich dann aus der Multiplikation des auf ihn entfallenden Gewinnanteils mit seiner individuellen Punkteanzahl. 82

Soll die Produktivität des einzelnen Partners in die Gewinnverteilung einfließen, so können zur Bemessung die durch den jeweiligen Partner geleisteten Arbeitsstunden herangezogen werden. Das lässt sich jedoch nur dann umsetzen, wenn jeder Partner verpflichtet ist, seine geleisteten Arbeitsstunden aufzuzeichnen und sie regelmäßig zur Erfassung weiterzugeben. Dieses System stößt dort an die Grenzen, wo neben der reinen Tätigkeit für die Auftraggeber auch Leistungen insbesondere im Bereich der Büroorganisation oder des Marketing erbracht werden. Für solche Fälle sollte eine entsprechende Regelung verankert werden. Denkbar ist hier bspw. die Vergabe von Bonuspunkten für die Wahrnehmung von Organisationsaufgaben. 83

Sowohl das Lockstep- als auch das produktivitätsorientierte System lassen sich kombinieren. In diesem Fall bemisst sich der Gewinnanteil nach seinem Anteil an den insgesamt durch die Partner geleisteten Stunden. Der Partner erhält dann für eine bestimmte Anzahl von Arbeitsstunden einen entsprechenden Punktewert. Ein Punkte-Komitee entscheidet mehrheitlich über die jedem einzelnen Partner zustehenden Punkte. Daraus errechnet sich dann der individuelle Gewinnanteil. 84

Die Bildung einer Rücklage bietet der Partnerschaft die Möglichkeit, auf unvorhergesehene Ereignisse flexibel reagieren zu können. Sie verhindert eine entsprechende Nachschussverpflichtung. Die Höhe der zu bildenden Rücklage richtet sich nach den individuellen Umständen der Partnerschaft. Hier beläuft sie sich auf einen Zeitraum von sechs Monaten. Sicherlich werden die meisten Partnerschaften mit einer geringeren Reserve auskommen. 85

13. Haftung

86 Wegen des mit der beruflichen Ausübung im Zusammenhang stehenden erheblichen **Haftungsrisikos** bei einer freiberuflichen Tätigkeit, sehen viele berufsrechtliche Regelungen vor, eine **Berufshaftpflichtversicherung** abzuschließen und zu unterhalten. Dort finden sich auch entsprechende Mindestversicherungssummen. Mit ihr sollen die im Rahmen der Berufsausübung verursachten Schäden abgedeckt werden.

87 Sofern die Partnerschaft eine Beschränkung der Berufshaftung für sich in Anspruch nehmen will, muss sie zusätzlich zur gesetzlich vorgeschriebenen Berufshaftpflichtversicherung des einzelnen Partners eine solche zugunsten der Partnerschaft abschließen und unterhalten. Die entsprechenden Mindestversicherungssummen ergeben sich aus den einzelnen Berufsrechten. Bei Rechtsanwälten und Patentanwälten beträgt sie 2,5 Millionen Euro (§ 51a Abs. 2 Satz 1 BRAO; § 45a Abs. 2 Satz 1 PatO). Bei Wirtschaftsprüfern beträgt sie eine Million Euro (§ 54 Abs. 1 Satz 2 WPO i.V.m. § 323 Abs. 2 Satz 1 HGB). Bei Steuerberatern sollte sie „angemessen" sein (§ 67 Abs. 1 StBerG).

88 Die Haftungsbeschränkung des § 8 Abs. 4 PartGG ist nur dann wirksam, wenn die Berufshaftpflichtversicherung entsprechend abgeschlossen und unterhalten wird. Im Übrigen ist die Haftungsbeschränkung auf das Gesellschaftsvermögen von der Berufshaftpflichtversicherung unabhängig. Die Haftung ist auch dann gänzlich ausgeschlossen, wenn die Versicherungssumme überschritten wird oder durch die Haftpflichtversicherung nicht gedeckt wird.

89 ➲ **Praxistipp:** Die Partner sollten regelmäßig überprüfen, ob die mit ihrem Versicherer vereinbarte Deckungssumme noch dem Risiko in der Partnerschaft entspricht. Zu denken ist in diesem Zusammenhang immer an die Möglichkeit, eine Einzelfallversicherung für ein konkretes Mandat abzuschließen.

90 Seit der PartGG-Reform wird im Hinblick auf die Haftungsbeschränkung für berufliche Fehler diskutiert, inwiefern die Gesellschaft einen **Regressanspruch** gegenüber dem oder den handelnden Partnern geltend machen kann (Schüppen WPg 2013, 1193, 1200 f.). Grundlage für solch einen Anspruch kann sowohl eine Verletzung der Pflichten aus der Partnerschaft als auch aus Delikt sein. Das Problem stellt sich, wenn im Haftungsfall die Deckungssumme durch die Berufshaftpflichtversicherung nicht mehr ausreicht und damit das Gesellschaftsvermögen herangezogen werden muss. Mit einem Ausschluss der Fahrlässigkeit lässt sich zugleich verhindern, dass Gläubiger den Schadensersatzanspruch pfänden und überweisen lassen. Nur so kann vermieden werden, dass die Haftungsbeschränkung unterlaufen wird.

91 Nimmt die Partnerschaft einen Auftrag an, der ein erhebliches Haftungsrisiko in sich birgt, insbesondere deshalb, weil damit die Deckungssumme der Berufshaftpflichtversicherung überschritten wird, sind die anderen Partner darüber zu informieren. Daraufhin kann der Einzelne Maßnahmen ergreifen, um sein eigenes Risiko zumindest zu begrenzen.

92 Wird die Partnerschaft mit beschränkter Berufshaftung in Anspruch genommen, so stellt sich die Frage, inwiefern der einzelne Partner mit seinem Privatvermögen haftet. Hat die Haftung ihren Ursprung außerhalb der Berufsausübung, bspw. wegen Mietschulden, muss sich ein Partner dem Risiko seiner persönlichen Inanspruchnahme vergegenwärtigen. Die Regelungen zum Ausgleich im Innenverhältnis bleiben insofern unberührt. Verletzt allerdings ein Partner eine Pflicht bei seiner Berufsausübung und führt das zu einer Inanspruchnahme des Gesellschaftsvermögens, so stellt sich die Frage nach einem **Innenregress**. Grundlage hierfür kann entweder eine Verletzung der Pflichten aus der Gesellschafterstellung oder aus Delikt sein. Beruht die Verletzung lediglich auf Fahrlässigkeit, so empfiehlt sich der Ausschluss von Schadensersatzansprüchen zwischen den Gesellschaftern.

14. Ausscheiden eines Partners

93 Zunächst hat jeder Partner die Möglichkeit, im Rahmen einer ordentlichen Kündigung aus der Partnerschaft auszuscheiden. Für die **Kündigungserklärung** sieht der über § 9 Abs. 1 PartGG anwendbare § 132 HGB eine Frist von sechs Monaten zum Ende eines Geschäftsjahres vor. Allerdings

kann diese lange Frist gerade bei heftigen Konflikten in der Partnerschaft zu ihrer Lähmung führen. Deshalb sollte von der Möglichkeit Gebrauch gemacht werden, eine kürzere Frist zu vereinbaren. Hier besteht die Möglichkeit einer halbjährlichen Kündigung. Eine außerordentliche Kündigung aus wichtigem Grund kann generell nicht ausgeschlossen werden und ist ohne Einhaltung einer Frist zulässig.

Für die Kündigung durch ein Privatgläubiger wird im Vertragsmuster die Rechtslage iSd. § 9 Abs. 1 PartGG iVm. § 135 HGB wiedergegeben. Ein Ausschluss ist ferner durch einen Beschluss der Partnerversammlung möglich. Damit kann die langwierige Ausschließungsklage des § 140 HGB vermieden werden. Die Partnerschaft hat damit die Möglichkeit einer schnellen Reaktion. Um zu verhindern, dass Minderheitsgesellschafter ohne weiteres ausgeschlossen werden können, ist ein einstimmiger Beschluss erforderlich. Bei dieser Abstimmung hat der auszuschließende Gesellschafter kein Stimmrecht. Daneben finden sich einzelne wichtige Gründe. Das ist zum einen die Eröffnung des Insolvenzverfahrens über das Vermögen eines Partners. Damit ist teilweise ein berufsrechtliches Verfahren verknüpft, dass auf den Entzug der beruflichen Zulassung abzielt. Dementsprechend führt der Entzug ebenso zu einem Ausscheiden aus der Gesellschaft. Dieser Gedanke findet sich in § 9 Abs. 3 PartGG wieder. Stellt ein Partner seine aktive Berufsausübung ein, so ist darin auch ein wichtiger Grund zu sehen. 94

Der ausscheidende Partner, oder im Falle seines Todes die Erben, haben einen Anspruch auf eine **Abfindung.** Nach der Rechtsprechung des BGH (NJW 1985, 192) darf dem Partner der Wert, der mit seinem Gesellschaftsanteil verbunden ist, nicht ohne jede Kompensation entzogen werden. Die verwendete Klausel differenziert nach den Berechnungsgrundlagen der Abfindung. Beim Tode des Partners, seines Ausschlusses wegen eines in seiner Sphäre liegenden wichtigen Grundes oder bei Verlust seiner beruflichen Zulassung wird sein Anspruch anhand des Buchwertes berechnet. Teilweise wird vertreten, Buchwertklauseln wären wegen eines Sittenverstoßes iSd. § 138 Abs. 1 BGB nichtig (BGH NJW 1979, 104; 1992, 892; NZG 2003, 440; Ulmer NJW 1979, 82; Sigle ZGR 1999, 659). Dabei wird allerdings übersehen, dass es zur Beurteilung einer Sittenwidrigkeit auf den Zeitpunkt des Vertragsschlusses ankommt. Allerdings bestehen in diesem Moment noch keine stillen Reserven und der Firmenwert beim Ausscheiden ist noch nicht vorhersehbar (Schäfer in MünchKomm/BGB, 6. Aufl., 2013, § 738, Rz. 46). 95

Sowohl bei der Ermittlung der Höhe des Abfindungsguthabens als auch bei dessen Auszahlung dürfen die Interessen der Partnerschaft nicht aus den Augen verloren werden. Deshalb enthält das Muster eine Regelung für eine angemessene Ratenzahlung. Die Frage der Angemessenheit kann nur bei einer Beurteilung der aktuellen wirtschaftlichen Lage der Partnerschaft beantwortet werden. Deshalb ist zunächst davon auszugehen, dass monatliche Raten in Höhe von jeweils 10 Prozent des Guthabens vertretbar sind. 96

➲ **Praxistipp:** Vielfach finden sich Zahlungsklauseln, die sich über mehrere Jahre erstrecken. Hierbei ist allerdings zu berücksichtigen, dass sie dann als unangemessen anzusehen sind, wenn sie die Auszahlung deutlich hinauszögern. Die Obergrenze sollte deshalb bei drei Jahren gezogen werden. 97

15. Nachvertragliches Wettbewerbsverbot

Im PartGG findet sich keine eigene Regelung zu einem Wettbewerbsverbot. § 6 Abs. 3 Satz 2 PartGG verweist stattdessen auf die Regelungen des HGB. Nach §§ 112, 113 HGB darf ein Partner ohne eine Einwilligung der übrigen Gesellschafter so lange keine gleichartige berufliche Tätigkeit ausüben, wie er Mitglied der Partnerschaft ist. Gemeint ist damit sowohl eine Tätigkeit, in deren Rahmen einzeln als Freiberufler aufgetreten oder in einer anderen Gesellschaft der Partnerschaft Konkurrenz gemacht wird. Ist der Partner allerdings aus der Gesellschaft ausgeschieden, so unterliegt er ohne besondere vertragliche Regelung lediglich dem allgemeinen **Abwerbungsverbot** (Römermann BB 1998, 1489; Michalski NZG 1998, 21; OLG Bamberg NZG 1998, 897). Dieses Verbot schützt lediglich davor, dass der ursprüngliche Partner aktiv an Auftraggeber der Partnerschaft herantritt und sie auffordert, sich von ihr zu lösen und mit ihm ein neues Vertragsverhältnis zu begründen. Unabhängig davon besteht in der Praxis ein erhebliches Interesse daran, den bestehenden 98

Mandantenstamm vor der Mitnahme durch ausscheidende Partner zu bewahren. Hierzu steht den Gesellschaftern die Möglichkeit offen, ein nachvertragliches Wettbewerbsverbot zu vereinbaren. Denkbar sind verschiedene Gestaltungsmöglichkeiten.

99 Eine sog. **Niederlassungsverbotsklausel** untersagt dem früheren Partner, sich innerhalb eines bestimmten Zeitraums in einem räumlichen Gebiet beruflich niederzulassen und dort seine Tätigkeit zu entfalten. Allerdings misst die Rspr. die Zulässigkeit solcher Klauseln an § 138 Abs. 1 BGB (BGH DStR 1997, 1413). Für ihre Wirksamkeit müssen drei Bestandteile vorliegen: Sie müssen Regelungen hinsichtlich des zeitlichen, räumlichen und gegenständlichen Bereichs des Verbots enthalten. Gefahr hierbei ist insbesondere, dass der räumliche Anwendungsbereich des Wettbewerbsverbotes zu weit gezogen wird. Unzulässig sind bspw. Klauseln, die einem Rechtsanwalt die Niederlassung in zwei aneinander angrenzenden OLG-Bezirken verbieten.

100 Daneben finden sich sog. allgemeine Mandantenschutzklauseln. Sie untersagen dem früheren Partner, die bisherigen Auftraggeber weiter zu betreuen. Geschützt werden damit lediglich die Vertragsbeziehungen zwischen der Partnerschaft und den bestehenden Klienten. Aus diesem Grunde werden an ihre Wirksamkeit weniger strenge Maßstäbe angesetzt als bei dem aus einer Niederlassungsverbotsklausel resultierenden Berufsausübungsverbot. Hier kann der Partner jederzeit neue Aufträge annehmen, die nicht im Zusammenhang mit seiner ehemaligen Partnerschaft stehen. Dennoch sind die bei der Niederlassungsverbotsklausel erwähnten drei Bestandteile hier ebenso zu beachten. Teilweise finden sich Mandantenschutzklauseln in einer beschränkten Form wieder. In ihnen wird lediglich ein Abwerbungsverbot vereinbart, was allerdings nur deklaratorischen Charakter aufweist, da es sich bereits aus den allgemeinen Regeln ergibt. Eine Karenzentschädigung ist hier abzulehnen (Michalski/Römermann ZIP 1994, 433).

101 In der Praxis finden sich ferner sog. Gewinnabführungs- oder Mandantenübernahmeklauseln. Sie verbieten dem ausscheidenden Partner nicht die Mitnahme bisheriger Klienten. Allerdings beinhalten sie die Verpflichtung des Partners, von seinem Honorar aus den mit dieser Klientel begründeten Aufträgen einen Teil an die Partnerschaft abzuführen. Grundsätzlich ist solch eine Regelung zulässig, solange die zeitliche Dauer und die Höhe des abzuführenden Honorarteils angemessen sind. Das ist der Fall bei einer Bindung von höchstens vier Jahren bei einem Honoraranteil von 25 Prozent (Michalski/Römermann ZIP 1994, 433). Eine Schwierigkeit bei der Anwendung derartiger Klauseln besteht darin, dass der Ausgeschiedene wegen der Schweigepflicht in aller Regel gehindert ist, seine neu geschlossenen Mandatsverträge der früheren Kanzlei bekannt zu geben.

102 Die im Vertragsmuster verwendete Niederlassungsverbotsklausel orientiert sich an der Rechtsprechung mit einer zeitlichen Dauer von zwei Jahren, einer räumlichen Umgrenzung von 5 km um den Sitz der Partnerschaft und einer gegenständlichen Beschränkung auf die bisherige Tätigkeit.

16. Schriftform

103 Mit der Schriftformklausel soll im Hinblick auf die zwischen den Gesellschaftern getroffenen Vereinbarungen Rechtssicherheit hergestellt werden. Weiterhin soll die Schriftform für die Zukunft aufrechterhalten bleiben. Damit soll verhindert werden, dass die Formvorschrift mündlich oder gar konkludent aufgehoben wird und somit Änderungen des Partnerschaftsvertrages nicht mehr exakt nachvollzogen werden können.

17. Salvatorische Klausel

104 Letztlich bezweckt diese Klausel, den Bestand des Vertrages für den Fall zu sichern, dass bei einzelnen Bestimmungen nachträglich deren Unwirksamkeit festgestellt wird.

M 134.1 Vertrag einer Partnerschaftsgesellschaft mit beschränkter Berufshaftung

zwischen

Frau Rechtsanwältin . . ., wohnhaft in . . .

Herrn Rechtsanwalt . . ., wohnhaft in . . .

§ 1 Name, Sitz

(1) Die Partnerschaft trägt den Namen . . . mbB.

(2) Sitz der Partnerschaft ist . . . .

§ 2 Gegenstand

(1) Gegenstand der Partnerschaft ist die gemeinschaftliche Ausübung des freien Berufs des . . . .

(2) Die Partnerschaft ist zu allen Geschäften und Maßnahmen berechtigt, die dem Gegenstand der Partnerschaft dienen. Sie kann zu diesem Zweck auch andere Gesellschaften gründen, erwerben und sich an ihnen beteiligen sowie Zweigniederlassungen im In- und Ausland errichten.

(3) Die Tätigkeit der Partnerschaft beschränkt sich ausschließlich auf die freien Berufe; sie wird nicht gewerblich tätig. Sollte ein Partner diesem Gebot zuwiderhandeln und im Rahmen der Partnerschaft ganz oder teilweise einer gewerblichen Tätigkeit nachgehen, werden die damit im Zusammenhang stehenden, unmittelbaren und mittelbaren Einnahmen und Ausgaben allein dem betreffenden Partner zugerechnet.

§ 3 Beginn, Dauer, Geschäftsjahr

(1) Die Partnerschaft beginnt mit dem Tag ihrer Eintragung in das Partnerschaftsregister.

(2) Die Dauer der Partnerschaft ist unbestimmt.

(3) Geschäftsjahr ist das Kalenderjahr. Das erste Jahr ist ein Rumpfgeschäftsjahr und endet mit dem . . . .

§ 4 Anteile, Einlagen

(1) Die Partner sind mit folgenden Anteilen an der Partnerschaft beteiligt:

a) Frau Rechtsanwältin . . . mit . . . Prozent;

b) Herr Rechtsanwalt . . . mit . . . Prozent.

(2) Die Übertragung oder Belastung eines Gesellschaftsanteils bedarf der vorherigen Einwilligung durch die Mehrheit der anderen Partner.

(3) Die Partner erbringen bis zum . . . folgende Einlagen:

a) Frau Rechtsanwältin . . .;

b) Herr Rechtsanwalt . . . .

(4) Das ab dem Beginn der Partnerschaft (§ 3 Abs. 1) aus Mitteln der Partnerschaft angeschaffte Inventar wird Vermögen der Partnerschaft.

(5) Honorare der Partner aus ihrer den Gegenstand der Partnerschaft bildenden Ausübung des freien Berufes, die ab Beginn der Partnerschaft eingehen, sind Einnahmen der Partnerschaft auch dann, wenn sie bereits zuvor erbrachte Leistungen vergüten. Soweit Mandate im Außenverhältnis nur durch einen Partner und nicht durch die Partnerschaft übernommen werden, gelten sie im Innenverhältnis als für Rechnung der Partnerschaft geführt. Dies gilt auch, wenn ein Mandant die Zustimmung zur Einbringung des Mandates in die Partnerschaft verweigert.

§ 5 Berufsausübung

(1) Die Partner üben im Rahmen der Partnerschaft die freien Berufe aus, die den Gegenstand der Partnerschaft bilden.

(2) Bei der Berufsausübung beachten die Partner sowohl das für sie selbst geltende Berufsrecht als auch die Berufsrechte der anderen Gesellschafter.

(3) Die Partner stellen der Partnerschaft ihre volle Arbeitskraft zur Verfügung. Die Gesellschafter gehen von einem Umfang der Tätigkeit von mindestens . . . Stunden pro Woche aus. Eine Festlegung auf feste Arbeitszeiten erfolgt nicht.

(4) Nebentätigkeiten entgeltlicher oder unentgeltlicher Natur mit einem Umfang von regelmäßig mehr als . . . Stunden pro Woche bedürfen der vorherigen Zustimmung der übrigen Gesellschafter.

§ 6 Geschäftsführung, Vertretung

(1) Jeder Partner ist zur alleinigen und eigenverantwortlichen Führung der zu seiner freien Berufsausübung zählenden Geschäfte berechtigt und verpflichtet.

(2) Zur Vertretung der Partnerschaft sind die Gesellschafter jeweils allein befugt.

(3) Einem Partner kann die Vertretungsbefugnis durch einen Beschluss der übrigen Gesellschafter entzogen werden, wenn ein wichtiger Grund in seiner Person vorliegt.

§ 7 Versammlung, Beschlussfassung

(1) Die Beschlussfassung erfolgt in Versammlungen, sofern nicht die Partner einstimmig ein anderes Verfahren festlegen.

(2) Sofern nicht das Gesetz oder dieser Vertrag etwas anderes verlangen, werden die Beschlüsse mit der Mehrheit der Stimmen gefasst. Insbesondere Änderungen des Partnerschaftsvertrages und die Gründung von Zweigniederlassungen bedürfen der Einstimmigkeit.

(3) Die Mehrheit wird nach den Gesellschaftsanteilen (§ 4 Abs. 1) bestimmt.

§ 8 Einnahmen, Ausgaben

(1) Ab Beginn der Partnerschaft sind sämtliche Einnahmen der Partner der Partnerschaft zuzurechnen, soweit sie aus der Ausübung der freien Berufe resultieren, die Gegenstand der Partnerschaft sind. Hierzu zählen auch die Einnahmen aus einer schriftstellerischen und einer Vortragstätigkeit.

(2) Gemeinschaftlich sind sämtliche durch die Ausübung der freien Berufe veranlassten Ausgaben einschließlich der Kammerbeiträge. Dies gilt auch für die Kosten der beruflichen Fortbildung, soweit die Ausgaben der Partner in einem ausgewogenen Verhältnis zueinander stehen.

§ 9 Buchführung, Jahresabschluss

(1) Die Partnerschaft unterhält eine Buchführung. Darin sind sämtliche Einnahmen und Ausgaben der Partnerschaft laufend aufzuzeichnen. Die Belege sind geordnet aufzubewahren.

(2) Die Partnerschaft ermittelt das Jahresergebnis durch eine Überschussrechnung gemäß § 4 Abs. 3 EStG jeweils binnen vier Monaten nach Ablauf eines Geschäftsjahres. Die Partner können einstimmig mit Wirkung für das auf den Beschluss folgende Geschäftsjahr beschließen, anstelle der Überschussrechnung einen Vermögensvergleich nach § 4 Abs. 1 EStG vorzunehmen.

(3) Die Partner bestimmen durch Beschluss einen oder mehrere von ihnen, die für die Einhaltung der Vorschriften der Absätze 1 und 2 sowie der gesetzlichen Bestimmungen im Innenverhältnis verantwortlich sind. Erster verantwortlicher Partner in diesem Sinne ist Herr Rechtsanwalt . . . .

(4) Nach Erstellung des Jahresabschlusses ist unverzüglich durch den iSd. Absatzes 3 verantwortlichen Partner eine Gesellschafterversammlung einzuberufen, um über die Feststellung des Jahresabschlusses und die Entlastung des verantwortlichen Partners zu beschließen. Der Einladung ist der Jahresabschluss beizufügen. Die Beschlussfassung über die Feststellung des Jahresabschlusses sowie über die Entlastung des verantwortlichen Partners bedarf der Einstimmigkeit. Der verantwortliche Partner hat bei der Abstimmung über seine Entlastung kein Stimmrecht.

(5) Falls in der Gesellschafterversammlung nach Absatz 4 oder binnen eines Monats nach dieser Gesellschafterversammlung keine Einigkeit über den Jahresabschluss hergestellt werden konnte, erfolgt die Aufstellung des Jahresabschlusses durch einen von der Wirtschaftsprüferkammer zu benennenden Wirtschaftsprüfer als Schiedsgutachter mit bindender Wirkung für alle Partner auf Kosten der Partnerschaft. Diese Aufstellung gilt gleichzeitig als Feststellung durch die Partner.

§ 10 Entnahmen

(1) Die Partner beschließen vor Beginn eines Geschäftsjahres einstimmig über die dem jeweiligen Partner zustehenden Vorabvergütungen. Die Höhe der Vorabvergütung (Entnahme) orientiert sich grundsätzlich an dem Gewinnanteil des Vorjahres abzüglich eines Sicherheitsabschlages in Höhe von ... Prozent. Der Beschluss kann einstimmig jederzeit geändert werden.

(2) Beschließt die Gesellschafterversammlung nichts anderes, so wird die Entnahme jeweils am letzten Werktag eines Kalendermonats zu einem Zwölftel an die Partner ausgezahlt.

(3) Das Entnahmerecht eines erkrankten Partners besteht noch während drei Monaten vom Eintritt der Arbeitsunfähigkeit an weiter. Innerhalb eines Jahres besteht insgesamt ein Entnahmerecht in Höhe von maximal drei Monatsbeträgen.

§ 11 Gewinn- und Verlustbeteiligung

(1) Gewinne und Verluste werden nach den Geschäftsanteilen verteilt.

(2) Die Partnerschaft bildet eine Rücklage in Höhe der Betriebsausgaben der letzten sechs Monate des jeweils angelaufenen Geschäftsjahres. Hierzu werden vom Gewinnanteil eines jeden Partners ... Prozent einbehalten, bis dadurch die Rücklage erreicht ist. Die Rücklage aus dem vergangenen Rechnungsjahr wird auf die nach Satz 1 zu bildende Rücklage angerechnet.

§ 12 Haftung

(1) Die Partnerschaft schließt für alle Partner Berufshaftpflichtversicherungen mit angemessener Deckungssumme ab, über deren Höhe die Partner entscheiden. Soweit durch das Berufsrecht eine Mindest-Deckungssumme vorgeschrieben wird, darf sie nicht unterschritten werden. Die Bestimmungen dieses Absatzes gelten entsprechend für die Mitarbeiter der Partnerschaft, soweit die Mehrheit der Partner den Abschluss einer Versicherung im Einzelfall beschließt.

(2) Die Partnerschaft hat darüber hinaus eine Berufshaftpflichtversicherung iSd. § 8 Abs. 4 PartGG iVm. § 51a BRAO abzuschließen und aufrecht zu erhalten. Sie ist gegenüber den Partnern verpflichtet, alle gesetzlichen Vorgaben einzuhalten, die zur Erreichung einer Beschränkung der Haftung für die von den Partnern und ihren Mitarbeitern ausgeübte berufliche Tätigkeit auf das Gesellschaftsvermögen vorgesehen sind; insbesondere hat sie Umfang und Höhe der Berufshaftpflichtversicherung bei gesetzlichen Änderungen unverzüglich anzupassen.

(3) Über die Annahme eines Auftrages mit einem Haftpflichtrisiko, das die jeweilige Deckungssumme übersteigt, hat jeder Partner unverzüglich die übrigen Gesellschafter zu unterrichten. Jeder Partner kann die Gesellschafterversammlung einberufen, die über den Abschluss einer speziellen Berufshaftpflichtversicherung oder über eine Erhöhung der Deckungssumme beschließt. Die Partner können durch einstimmigen Beschluss festlegen, dass die Annahme eines Auftrages nach Satz 1 der vorherigen Zustimmung der Gesellschafterversammlung bedarf.

(4) Verursacht ein Partner einen Berufshaftpflichtfall, für den nach § 8 Abs. 4 PartGG nur das Gesellschaftsvermögen der Partnerschaft haftet, so sind Rückgriffsansprüche der Partnerschaft gegen den Partner ausgeschlossen, sofern sie nicht auf einem vorsätzlichen Handeln des Partners beruhen.

(5) Nachschusspflichten iSd. § 735 BGB, insbesondere aus Anlass der Liquidation der Gesellschaft, der Insolvenz der Partnerschaft oder aus Anlass des Ausscheidens eines Partners aus der Partnerschaft sind ausgeschlossen, soweit der Verlust auf einem Berufshaftpflichtfall beruht, für den nach § 8 Abs. 4 PartGG nur das Gesellschaftsvermögen der Partnerschaft haftet.

§ 13 Ausscheiden eines Partners

(1) Ein Partner scheidet in folgenden Fällen aus der im Übrigen fortbestehenden Partnerschaft aus:

a) Tod des Partners, wobei die Beteiligung an der Partnerschaft nicht vererblich ist.

b) Kündigung durch einen Partner, wobei die Kündigung unter Wahrung der Schriftform (§ 126 BGB) mit einer Frist von sechs Monaten zum Ende eines Kalenderhalbjahres möglich ist. Die Möglichkeit einer außerordentlichen Kündigung aus wichtigem Grund bleibt bestehen.

c) Kündigung durch einen Privatgläubiger eines Partners im Falle der Pfändung seines Gesellschaftsanteils.

d) Ausschließung eines Partners aus wichtigem Grund durch einstimmigen Beschluss der übrigen Partner, wobei ein wichtiger Grund insbesondere die Eröffnung des Insolvenzverfahrens über das Vermögen des Partners oder die völlige oder weitgehende Einstellung der aktiven Berufstätigkeit darstellt.

e) Verlust einer für die Ausübung des innerhalb der Partnerschaft ausgeübten Berufs notwendigen Zulassung.

(2) Der ausscheidende Partner oder dessen Erben erhalten entsprechend dem Gesellschaftsanteil eine Abfindung. Sie setzt sich zusammen aus dem Gewinnanteil für das laufende Geschäftsjahr zeitanteilig bis zum Zeitpunkt des Ausscheidens und eine Abfindung nach Maßgabe des Ertragswertes der Gesellschaft. Scheidet der Partner nach Absatz 1 lit. a), d) und e) aus, so richtet sich die Abfindung anstatt nach dem Ertragswert dann nach dem Buchwert. Die Auszahlung des Abfindungsguthabens findet in angemessenen monatlichen Raten ab dem auf das Ausscheiden folgenden siebten Monat statt. Die Partner gehen bei Vertragsschluss davon aus, dass Raten in Höhe von jeweils einem Zehntel des Abfindungsguthabens als angemessen anzusehen sind.

§ 14 Nachvertragliches Wettbewerbsverbot

(1) Der ausscheidende Partner darf nach seinem Ausscheiden aus der Partnerschaft für einen Zeitraum von zwei Jahren ab dem Ausscheiden weder selbstständig allein noch als ... einer ..., gleich in welcher Rechtsform, mit einer Niederlassung im Umkreis von ... dem in der Partnerschaft ausgeübten Beruf nicht nachgehen.

(2) Dies gilt nicht, wenn der Partner wegen eines wichtigen Grundes ausscheidet, der nicht in seiner Sphäre begründet ist.

§ 15 Schriftform

Änderungen und Ergänzungen dieses Vertrages bedürfen der Schriftform. Diese Bestimmung kann nur schriftlich aufgehoben oder geändert werden.

§ 16 Salvatorische Klausel

Sollten einzelne Bestimmungen dieses Vertrages unwirksam sein oder werden, berührt dies die Gültigkeit der übrigen Vorschriften nicht. Die Partner werden die unwirksame Klausel durch eine solche ersetzen, die dem wirtschaftlichen Sinn der ursprünglichen Regelung möglichst nahe kommt.

G. Mediation

Kapitel 135 Mediation

Literatur: *Eidenmüller*, Vertrags- und Verfahrensrecht der Wirtschaftsmediation, 2001; *Eidenmüller/Wagner*, Mediationsrecht, 2015; *Hacke*, Der ADR-Vertrag: Vertragsrecht und vertragliche Gestaltung der Mediation und anderer alternativer Konfliktlösungsverfahren, 2001; *Haft/Schlieffen*, Handbuch Mediation, 2. Aufl. 2009; *Henssler/Koch*, Mediation in der Anwaltspraxis, 2. Aufl. 2004; *Nölting*, Mediatorenverträge, 2003.

I. Allgemeines

Dass Mediation als Verfahren der außergerichtlichen Streitbeilegung inzwischen einen festen Platz im Kanon der Streitbeilegungsverfahren hat, dürfte inzwischen allgemein anerkannt sein. Hinzuweisen sei in diesem Zusammenhang nur auf das Mediationsgesetz, das am 25.7.2012 in Kraft trat und die EU-Mediationsrichtlinie (2008/52/EG) in nationales Recht umsetzt. Hiermit werden Eckpunkte der Mediation gesetzlich geregelt und Verfahrensordnungen zugunsten der Mediation geöffnet (zB vgl. § 253 Abs. 3 ZPO, § 278a ZPO, § 36a FGG oder § 54a ArbGG). Nicht zu vergessen ist in diesem Zusammenhang die Öffnung für obligatorische Schlichtungsverfahren (§ 15a EGZPO). Einige Bundesländer haben Schlichtungsgesetze erlassen (zB das bayerische Schlichtungsgesetz). 1

Im Mediationsgesetz wird in § 1 Abs. 1 der Begriff Mediation definiert als „ein vertrauliches und strukturiertes Verfahren, bei dem die Parteien mithilfe eines oder mehrerer Mediatoren freiwillig und eigenverantwortlich eine einvernehmliche Beilegung ihres Konfliktes anstreben." In § 1 Abs. 2 MediationsG wird der Mediator definiert als „eine unabhängige und neutrale Person ohne Entscheidungsbefugnis, die die Parteien durch die Mediation führt." 2

Ein Mediationsverfahren ist also kein öffentliches Verfahren, sondern unterliegt der Vertraulichkeit. Dem Mediator obliegt die zielgerichtete Leitung des Verfahrens unter Beachtung und Erarbeitung der eigentlichen Interessen der Konfliktparteien, die nicht zwingend nur die rechtliche Lage betreffen. Dem Mediator kommt jedoch keine Streitbeilegungskompetenz zu.

II. Einordnung in die Vertragstypen einer Mediation

3 Der Mediatorenvertrag zwischen den Medianten und einem Mediator ist eine der verschiedenen Vereinbarungen eines Mediationsverfahrens. Neben dem Mediatorenvertrag kann es Mediationsvereinbarungen bzw. Mediationsklauseln in Verträgen geben. Mittels derer entziehen die Konfliktparteien den Konfliktgegenstand in Form eines Klageverzichts dem gerichtlichen Verfahren und vereinbaren die Durchführung einer Mediation zur Lösung dieses Konfliktes, vergleichbar einer Schiedsabrede oder -klausel. Ferner gibt es verschiedenste Mediations- oder Verfahrensordnungen, von unterschiedlichsten Organisationen, Industrie- und Handelskammern oder auch Gerichten (für den Fall der Durchführung einer Mediation vor einem Güterrichter). In ihnen sind Standards zur Durchführung eines Mediationsverfahrens niedergelegt und sie erfassen somit häufig auch Pflichten für Mediatoren. Führt ein Mediationsverfahren zu einer Einigung, wird diese im Mediationsergebnis bzw. -vergleich zwischen den Medianten festgehalten. Dieses Ergebnis kann gem. § 794 Abs. 1 Nr. 5 ZPO iVm. § 797 ZPO durch gerichtliche oder notarielle Protokollierung vollstreckbar gemacht werden.

III. Einordnung in das System der Schuldverträge

1. Rechtsnatur

4 Der Mediatorenvertrag als Vereinbarung zwischen den Medianten und dem Mediator ist regelmäßig als **Geschäftsbesorgungsdienstvertrag** nach § 675 BGB (Erman/Ehmann § 675 Rz. 7; Nölting S. 23 ff. mwN) in Form eines Dauerschuldverhältnisses zu qualifizieren.

2. Bedeutung des Mediatorenvertrags

5 ➲ **Wichtig:** Gleichwohl mit Inkrafttreten des Mediationsgesetzes für Mediationsverfahren gesetzliche Mindeststandards geschaffen wurden, ist es dringend geboten, auch vor dem Hintergrund einer möglichen Haftung des Mediators, die gegenseitigen Rechte und Pflichten der an einer Mediation Beteiligten schriftlich festzulegen. Dies gilt vor allem auch deshalb, weil die verschiedenen Mediationsordnungen unterschiedliche Regelungen beinhalten.

3. Form

6 Der Abschluss eines Mediatorenvertrags mit einem Mediator ist nicht an eine bestimmte Form gebunden. Aus Beweis- und Dokumentationszwecken ist jedoch der Abschluss eines **schriftlichen Mediatorenvertrags** zu empfehlen, insbesondere, da anders als zB beim Anwaltsvertrag die Medianten dem Mediator keine Vollmacht erteilen, die dem Mediator zB in Streitfällen bei der Abrechnung der Mediation gegenüber den Medianten als Beweismittel dienen kann.

7 Ein schriftlicher Mediatorenvertrag kann ferner einen **Leitfaden** für das Mediationsverfahren darstellen, in dem zB der konkrete Mediationsauftrag, insbesondere der **Streitgegenstand** klar **definiert** wird. Hierzu dient auch die schriftliche Fixierung der **jeweiligen Rechte und Pflichten**. Dies kann zB im Rahmen einer Arbeitsrechtsmediation nach Kündigung des Arbeitsvertrages bedeutsam sein für die Frage, wie und ggf. durch wen steuer- und sozialversicherungsrechtliche Aspekte behandelt werden. Auch kann auf diese Weise klargestellt werden, ob entgegen dem allgemeinen Grundsatz der absoluten Verschwiegenheit für bestimmte Konstellationen der Mediator bereits im Vorfeld von seiner Verschwiegenheit, auch gegenüber der anderen Partei, entbunden wird. Die genaue Abfassung des Streitgegenstandes und der Aufgaben des Mediators kann dazu dienen, Haftungsfälle zu begrenzen, ebenso wie der Abschluss einer Haftungsbegrenzungsvereinbarung.

4. Anwendung der Verbraucherschutzvorschriften

8 Sofern die Medianten Verbraucher (§ 13 BGB) sind, finden die Verbraucherschutzvorschriften, insbesondere auch die Regelungen betreffend AGB (§§ 305 ff. BGB), Anwendung.

5. Anwendung berufsrechtlicher Vorschriften

Die Leitung einer Mediation durch Rechtsanwälte oder auch Notare erfolgt in Ausübung ihrer beruflichen Tätigkeit und fällt somit unter § 3 BRAO bzw. § 24 Abs. 1 BNotO. Bei Rechtsanwälten wird dies ua. auch aus § 7a BORA und § 18 BORA deutlich. Hieraus folgt, dass **Anwalt- und Notarmediatoren** ein Mediationsverfahren unter der **zusätzlichen Beachtung** der jeweils **berufsrechtsspezifischen Vorschriften** zu leiten haben. 9

6. Nichtanwaltliche Mediation und RDG

Das Rechtsdienstleistungsgesetz enthält in § 2 Abs. 3 Nr. 4 RDG eine Ausnahmeregelung von der Erlaubnispflicht für die Tätigkeit nichtanwaltlicher Mediatoren. Hiernach ist eine Mediation sowie jede vergleichbare Form der alternativen Streitbeilegung, sofern die Tätigkeit nicht durch rechtliche Regelungsvorschläge in die Gespräche der Beteiligten eingreift, keine erlaubnispflichtige Rechtsdienstleistung im Sinne des RDG. 10

Liegt somit der Schwerpunkt der Arbeit eines Mediators auf der Gesprächsleitung, hat also die Tätigkeit ganz überwiegend gesprächsleitenden Charakter, ist diese Tätigkeit selbst dann von der Erlaubnispflicht befreit, wenn die Mediation sich auf Rechtsverhältnisse bezieht sowie Regelungsmöglichkeiten zur Diskussion stellt. Wird der Mediator aber regelnd tätig oder führt er konkrete rechtliche Regelungsvorschläge in den Mediationsprozess ein, liegt hierin eine erlaubnispflichtige Rechtsdienstleistung. 11

IV. Inhalt eines Mediatorenvertrags

1. Pflichten des Mediators

Das **Mediationsgesetz** legt erstmals zusammengefasst **die wesentlichen Pflichten des Mediators** unabhängig von dessen Profession als **Mindeststandards** nieder. Daneben können sich weitere Pflichten bzw. Konkretisierungen sowohl aus den jeweils einschlägigen berufsrechtlichen Vorschriften, aus möglicherweise vereinbarten Verfahrensordnungen ebenso wie aus der Natur des Schuldverhältnisses selbst ergeben. Daher ist es weiterhin insbesondere **im Sinne einer Transparenz** gegenüber den Parteien sinnvoll, die Pflichten **im Mediatorenvertrag niederzulegen**. 12

➲ **Wichtig:** Werden Verfahrensordnungen vereinbart, sollten die Regelungen des Mediatorenvertrags der Verfahrensordnung vorgehen. Dies sollte im Mediatorenvertrag klargestellt werden. 13

Pflichten des Mediators werden bereits im **Vorfeld der Mediation** begründet und bleiben auch nach Durchführung des Verfahrens **über die Beendigung der Mediation** hinaus bestehen. Zum Teil entstehen diese schon nach einem ersten Gespräch, auch wenn die Mediation danach nicht durchgeführt wird. 14

➲ **Wichtig:** Aufgrund der Vielfalt der Mediatorenpflichten sollten neben den allgemeinen Mediatorenpflichten, die mehr oder weniger jeder Mediation immanent sind, auch die auf Grund des Konfliktgegenstands möglicherweise besonderen Pflichten des Mediators im Mediatorenvertrag festgehalten werden. 15

a) Verfahrensleitung

Der Mediator hat die Mediation fair, zügig und gewissenhaft zu leiten. Hierbei muss der Mediator darauf achten, mit gleichwertigem Engagement gegenüber beiden Medianten auf eine Lösung des Konflikts hinzuwirken (vgl. auch § 2 Abs. 3 MediationsG). 16

b) Aufklärungs- und Hinweispflichten

Jedem Mediator obliegen in erheblichem Umfang Aufklärungs- und Hinweispflichten tatsächlicher Art, zB betreffend die Tauglichkeit des Konfliktes für eine Mediation oder seine Neutralität (vgl. § 3 Abs. 1 MediationsG), bzgl. der Möglichkeit, die Einigung durch einen externen Berater über- 17 prüfen zu lassen (vgl. § 2 Abs. 6 Satz 2 MediationsG) oder bzgl. seines fachlichen Hintergrundes, Ausbildung und Erfahrung (vgl. § 3 Abs. 5 MediationsG) oder bzgl. des Umfangs der Verschwiegenheit (vgl. § 4 aE MediationsG).

18 **Rechtliche Aufklärung- und Hinweispflichten** treffen insbesondere den Anwalt- bzw. Notarmediator dann, wenn die **Konfliktparteien ohne anwaltliche Begleitung** eine Mediation durchführen. Indem sie gerade einen Anwalt- bzw. Notarmediator aufgesucht haben, bringen sie damit zum Ausdruck, dass die rechtlichen Aspekte interessengerecht berücksichtigt werden sollen.

19 ➲ **Wichtig:** In diesen Fällen sollte der Mediator, auch vertraglich, festlegen, in welchem Umfang rechtliche Aspekte durch den Mediator tatsächlich berücksichtigt werden können, ohne dass der Anwalt- bzw. Notarmediator möglicherweise seine Neutralitätspflicht verletzt oder eine rechtliche Beratung eines Medianten erfolgt. Klargestellt werden sollte auch, dass dem Mediator nicht der Schutz von Ansprüchen der Medianten obliegt.

20 Der Mediator muss auch darüber aufklären, wenn zusätzliche Kosten anfallen, weil das Mediationsergebnis zB der notariellen Form bedarf. Zu weiteren vergütungsrechtlichen Hinweispflichten s. Rz. 45.

c) Neutralitätspflicht

21 Der Mediator ist im Sinne einer Allparteilichkeit (vgl. § 2 Abs. 3 Satz 1 MediationsG) zur **absoluten Neutralität** verpflichtet (vgl. schon OLG Hamm MDR 1999, 836, jetzt auch in § 1 Abs. 2 MediationsG), um als „Streithelfer“ von beiden Parteien akzeptiert zu werden. **Neben subjektiven Anforderungen** betreffend die Neutralität (Unvoreingenommenheit gegenüber jedem Medianten und Lösungsmöglichkeiten, Gleichbehandlung der Medianten) sind **auch objektive Neutralitätskriterien** durch den Mediator zu beachten.

22 Das **Mediationsgesetz** legt in § 3 nunmehr **Mindeststandards betreffend die Neutralität** eines Mediators fest. Ergänzend sind die durch das **Standesrecht der Rechtsanwälte** (vgl. § 45 BRAO) **und Notare** (vgl. § 14 Abs. 1 Satz 2 BNotO und bei Beurkundungen § 16 Abs. 1 BNotO iVm. §§ 3, 6 BeurkG) vorgegebenen **Mindeststandards** zu beachten. Diese weiteren berufsrechtlichen Standards sind, je nach Zugehörigkeit und nach ausgeübter Tätigkeit, sehr **unterschiedlich ausgeprägt** bzw. gelten für nichtanwaltliche Mediatoren gar nicht. Selbst Mediationsordnungen sehen unterschiedliche Vorgaben betreffend die Neutralität vor. Verfassungsrechtliche Verfahrensgarantien greifen nicht. Auch die Medianten können auf Grund der Verfahrensautonomie Fragen der Neutralität einvernehmlich regeln. Daher ist zumindest der gesetzliche **Mindeststandard über die Neutralität** des Mediators in den Vertrag aufzunehmen.

23 ➲ **Praxistipp:** Im Einzelnen sollte neben den in § 3 Abs. 2–4 niedergelegten Neutralitätsstandards **ein Verbot der verwandtschaftlichen Beziehungen zu einem Medianten** vereinbart werden.

24 Ferner muss der Mediator zu Beginn und während des gesamten Verfahrens alle Tatsachen offenlegen, die zu Zweifeln an der Neutralität führen können (vgl. § 3 Abs. 1 Satz 1 MediationsG). Damit der Mediator dieser Pflicht nachkommen kann, müssen die Medianten bereits im Mediatorenvertrag den Mediator von seiner Verschwiegenheitspflicht entbinden für den Fall, dass diese einem Offenlegen ggf. entgegensteht.

d) Verschwiegenheitspflicht

25 § 4 MediationsG verpflichtet nunmehr **alle Mediatoren und ihre Hilfspersonen** zur Verschwiegenheit über alles, was ihnen in **Ausübung ihrer Tätigkeit** bekannt geworden ist. Daneben treffen den **Anwalt- bzw. Notarmediator** auch auf Grund der einschlägigen **berufsrechtlichen Vorschriften umfassende Verschwiegenheitspflichten** über alles, was ihnen in **Ausübung ihres Berufs** bekannt geworden ist (vgl. § 43a Abs. 2 BRAO bzw. § 18 Abs. 1 BNotO). Diese Verpflichtungen bleiben über Beendigung des Mediationsverfahrens hinaus bestehen. In möglichen **zivilrechtlichen Nachfolgeprozessen** ist die gesetzliche Verschwiegenheitsverpflichtung durch die **Zeugnisverweigerungsrechte** für alle Mediatoren über § 383 Abs. 1 Nr. 6 ZPO gedeckt. Ein **strafprozessuales Zeug-**

nisverweigerungsrecht besteht zzt. nur für Mediatoren bestimmter Berufsgruppen (vgl. § 53 Abs. 1 Nr. 3 StPO).

➲ **Wichtig:** Da jedoch weder die Parteien, noch die von ihnen in das Verfahren einbezogenen Dritten, noch die begleitenden Parteivertreter (sofern diese nicht aufgrund Berufsrechts zur Verschwiegenheit verpflichtet sind) einer Verschwiegen unterliegen, sollten hier umfassende Regelungen getroffen werden. Dies gilt insbesondere auch im internationalen Kontext, da ausländische Rechtsordnungen hier durchaus abweichende Regelungen vorsehen. 26

➲ **Praxistipp:** Zur **Sicherung dieser Pflicht** ist es daher geboten, die umfassende Verschwiegenheitspflicht des Mediators und der Parteien untereinander vertraglich zu fixieren. Der Mediator darf weder einseitig noch gemeinsam von der Verschwiegenheitspflicht entbunden werden. Die Parteien sollten im Mediatorenvertrag auch darauf verzichten, den Mediator oder seine Mitarbeiter sowie die anderen Parteien und die das Verfahren begleitenden Dritten als Zeugen in einem möglichen späteren Prozess zu benennen. Nur hierüber kann umfassend die Vertraulichkeit des Verfahrens gesichert werden. 27

Da die Verschwiegenheitspflicht gegenüber jedermann gilt, auch gegenüber anderen Rechtsanwälten, muss sie im Falle einer Co-Mediation dahingehend aufgehoben werden, dass gegenüber dem anderen Mediator eine Pflicht zur Verschwiegenheit nicht besteht. 28

e) Pflicht zur persönlichen Leistungserbringung

Aus der Vertrauensstellung, die der Mediator inne hat, sowie aus seinen Kenntnissen bezüglich der Verfahrensleitung, des Konfliktgegenstandes und der unterschiedlichen Interessen der Medianten ergibt sich, dass der **Mediator höchstpersönlich verpflichtet** ist, das Mediationsverfahren zu leiten. Der allgemeine anwaltliche Grundsatz, dass die Einschaltung von Vertretern als erlaubt anzusehen ist, findet daher keine Anwendung, wenn nicht ausdrücklich etwas anderes im Mediatorenvertrag mit dem Einzelmediator vereinbart ist. 29

➲ **Hinweis:** Ist mit einer Mediatorengesellschaft oder einer Sozietät das Vertragsverhältnis abgeschlossen worden, wird ein bestimmter Mediator nur dann zur persönlichen Leistungserbringung verpflichtet sein, wenn dies ausdrücklich vereinbart ist. Diese Fragestellungen sollten daher für die Medianten im Vertrag klarstellend geregelt werden. 30

f) Dokumentationspflicht

Umstritten ist, in welchem Umfang einen Mediator die Pflicht trifft, ein Mediationsverfahren zu dokumentieren. Daher sollten hierzu vertragliche Regelungen bestehen, auch wenn Mediationsordnungen und/oder Berufsrecht bereits Regelungen vorsehen. 31

Unabhängig von diesem Streit besteht für den **Anwaltmediator** die berufsrechtliche Pflicht zur Führung von **Handakten** (§ 50 BRAO). Diese Pflicht gilt auch für die Durchführung von Mediationsverfahren und selbst dann, wenn möglicherweise Mediationsordnungen eine anders lautende Regelung vorsehen. Die berufsrechtlichen Regelungen stellen gegenüber den Verfahrensordnungen höherrangiges Recht dar. 32

Ist eine Dokumentationspflicht vorgesehen, sind Anfang und Ende des Verfahrens sowie im Laufe des Verfahrens erzielte Einigungen über Teile des Konfliktstoffes zu protokollieren. Im Übrigen gelten die allgemeinen Anforderungen an die Führung von Handakten. 33

Sollten während des Verfahrens **Einzelsitzungen** abgehalten werden, sind auch diese Sitzungen in groben Zügen zu **protokollieren.** 34

➲ **Hinweis:** Die Protokolle dieser Sitzungen sind jedoch **getrennt** von den Protokollen der gemeinsamen Sitzungen und von denen der Einzelsitzungen mit dem jeweils anderen Medianten **aufzubewahren**. Nur auf diese Weise ist gesichert, dass die Vertraulichkeit der Einzelsitzungen gewährleistet bleibt, wenn ggf. durch einen Medianten Herausgabeansprüche bzgl. der Handakten geltend gemacht werden. 35

g) Pflichten bei Abfassung des Mediationsergebnisses

36 Der Mediator ist nach § 2 Abs. 6 MediationsG verpflichtet, im Falle einer Einigung darauf hinzuwirken, „dass die Parteien die Vereinbarung in Kenntnis der Sachlage treffen und ihren Inhalt verstehen. Er hat die Parteien, die ohne fachliche Beratung an der Mediation teilnehmen, auf die Möglichkeit hinzuweisen, die Vereinbarung bei Bedarf durch externe Berater überprüfen zu lassen."

37 Da Rechtsanwälte und Notare regelmäßig kautelarjuristische Erfahrung haben, besteht für Anwalt- und Notarmediatoren auch ohne ausdrückliche Vereinbarung darüber hinaus die Pflicht, bei der Abfassung des Mediationsergebnisses mitzuwirken. Dabei ist zu beachten, dass das Mediationsergebnis vollständig ist, alle regelungsbedürftigen Fragen bedacht, mögliche Formen (zB Beurkundung) eingehalten sind und auch keine sonstigen rechtlichen Wirksamkeitshindernisse dem gefundenen Ergebnis entgegenstehen.

38 Die bloße Protokollierung des erzielten Mediationsergebnisses ist auch nichtanwaltlichen Mediatoren gestattet (vgl. § 2 Abs. 6 Satz 3 MediationsG). Geht die Tätigkeit jedoch darüber hinaus und wird ein umfassender Mediationsvergleich abgeschlossen, liegt eine erlaubnispflichtige Rechtsdienstleistung vor.

2. Vergütung des Mediators

a) Anwaltmediator

aa) Rechtsgrundlage für die Vergütung

39 Anwaltmediatoren ist unbedingt zu empfehlen, die Höhe ihrer Vergütung in einer **Vergütungsvereinbarung** abschließend zu regeln. Zwar wird im RVG die Tätigkeit eines Anwaltmediators gebührenrechtlich erfasst (vgl. § 34 RVG). Das RVG selbst sowie auch das **Vergütungsverzeichnis** enthalten jedoch **keinen eigenen Gebührentatbestand** und somit keine konkreten Vorgaben zur Höhe der Vergütung. Die Tätigkeit des Mediators ist also weiterhin materiell-rechtlich aus dem Anwendungsbereich des RVG und des VV herausgenommen. Nach der gesetzlichen Regelung des RVG soll der Anwaltmediator vielmehr auf den Abschluss einer Vergütungsvereinbarung hinwirken (vgl. § 34 Abs. 1 Satz 1 RVG). Wird keine Regelung über die Höhe der Vergütung getroffen, richtet sich die Höhe der Vergütung nach § 612 Abs. 2 BGB (vgl. § 34 Abs. 1 Satz 2 RVG). Da für mediative Tätigkeit regelmäßig keine Taxe besteht, ist die ortsübliche Vergütung als vereinbart anzusehen, die wohl nur in den seltensten Fällen verlässlich bestimmt werden kann. Grund ist, dass nur in wenigen Städten die erforderliche Anzahl von Anwälten auch als Mediatoren tätig ist.

bb) Höhe der Vergütung

40 ➲ **Wichtig:** Es sollten keine Pauschalhonorare vereinbart werden. Der Zeitaufwand der Durchführung einer Mediation einschließlich der Vorbereitung ist nur schwer abschätzbar. Auch ist zu berücksichtigen, dass die Mediation gem. § 2 Abs. 5 Satz 1 MediationsG jederzeit beendet und der Vertrag gem. § 627 BGB jederzeit gekündigt werden kann, so dass bei vorzeitiger Beendigung möglicherweise das für die vorgesehene Tätigkeit vereinbarte Honorar an die tatsächlich erbrachte Tätigkeit im Nachhinein angepasst werden muss.

41 Üblich ist daher ein **Stunden- oder Tageshonorar**. Explizit muss also vereinbart werden, auf Grund welcher Basis abgerechnet wird, ebenso wie die Zeiträume, innerhalb derer eine Abrechnung zu erfolgen hat. Die Stundensätze dürften wohl je nach Ort und Verfahren zwischen 125 Euro und 600 Euro liegen.

42 Es ist klarzustellen, ob nur die Zeit der Mediationssitzungen vergütungspflichtig ist oder auch die Zeit zur Vor- und Nachbereitung der Sitzungen wie zB das Einarbeiten, das Aktenstudium oder die Anfertigung der Sitzungsprotokolle. Auch sollten Regelungen über die Vergütung von Reisezeit und den Auslagenersatz getroffen werden.

cc) Formale Anforderungen an die Vergütungsvereinbarung

Die Vergütungsvereinbarung muss zur Vermeidung von Zweifelsfällen und zu Beweiszwecken klar, unmissverständlich und schriftlich abgefasst, deutlich abgesetzt von sonstigen Vereinbarungen und als „Vergütungsvereinbarung" oÄ bezeichnet sein (vgl. § 3a Abs. 1 RVG). Idealerweise sollte diese daher in einer gesonderten Urkunde vereinbart werden. 43

dd) Berufsrechtliche Anforderungen

Die allgemeinen anwaltlichen berufsrechtlichen Grundsätze zur Vereinbarung von Erfolgshonoraren gelten auch für Anwaltmediatoren. Es besteht auch die Möglichkeit, das Honorar nach der Dauer der Mediation zu staffeln und ein frühzeitiges Ende zu belohnen, sowie spezielle Tatbestände des RVG zu vereinbaren, so dass mit Eintritt dieser Fälle die vereinbarte Gebühr fällig wird. 44

ee) Hinweispflichten

Die Medianten erwarten, dass der Anwaltmediator ihnen mitteilt, wann ein bestimmtes Honorarvolumen verbraucht ist. 45

➲ **Wichtig:** Auch muss der Anwaltmediator den Medianten mitteilen, wenn der voraussichtliche Honoraraufwand zum angestrebten wirtschaftlichen Ergebnis in keinem angemessenen Verhältnis steht oder eine Partei nicht in der Lage sein wird, das Mediationsergebnis wirtschaftlich umzusetzen. 46

b) Notarmediator

Die Leitung eines Mediationsverfahrens durch einen Notarmediator erfolgt in Ausübung seiner Amtstätigkeit. Aufgrund der Neuregelung des Notarkostenrechts ist nunmehr durch schriftlichen öffentlich-rechtlichen Vertrag eine Gegenleistung in Geld für die Tätigkeit als Mediator zu vereinbaren (vgl. § 126 Abs. 1 Satz 1, Abs. 2 GNotKG). Die Gegenleistung muss unter Berücksichtigung aller Umstände des jeweiligen Falles angemessen sein (vgl. § 126 Abs. 1 Satz 3 GNotGK). 47

c) Nichtanwaltliche Mediatoren

Ausgangspunkt für die Vergütung nicht-anwaltlicher Mediatoren ist § 612 Abs. 2 BGB. Es gelten die für Anwaltmediatoren gemachten Ausführungen entsprechend mit Ausnahme der berufsrechtlichen Regelungen. Eine Vergütungsregelung kann daher in den Mediatorenvertrag aufgenommen werden. 48

d) Medianten als Gesamtschuldner

Grundsätzlich haften die Medianten dem Mediator für das Honorar als Gesamtschuldner nach § 421 BGB, was im Mediatorenvertrag klargestellt werden sollte. Darüber hinaus sollte im Mediatorenvertrag bereits die Frage, wie der **Gesamtschuldnerausgleich im Innenverhältnis** zwischen den Medianten zu erfolgen hat, abschließend geregelt werden. Ist seitens der Medianten **keine Gesamtschuld gewünscht**, ist eine **eindeutige Kostentragungsregel** in den Mediatorenvertrag aufzunehmen. 49

3. Beendigung

Der Mediatorenvertrag endet automatisch, wenn das **Mediationsergebnis abgeschlossen** ist. 50

➲ **Praxistipp:** Da die Parteien gem. § 2 Abs. 5 Satz 1 MediationsG die Mediation jederzeit beenden können und der Mediator Dienste höherer Art iSd § 627 BGB leistet, kann der Mediatorenvertrag ohne anderslautende Vereinbarungen neben der **Kündigung aus wichtigem Grund** (§ 626 BGB) auch jederzeit ohne Einhaltung einer Kündigungsfrist nach § 627 BGB beendet werden. Ein Ausschluss dieser Kündigungsmöglichkeit ist über AGB nicht möglich, 51 sondern nur individualvertraglich. Davon sollte jedoch kein Gebrauch gemacht werden. Mediation ist ein freiwilliges Verfahren, welches das unbedingte Vertrauen der Medianten in die Person des Mediators voraussetzt. Ist dieses Vertrauen, gleich aus welchen Gründen, verloren gegangen, muss jeder Mediant die Möglichkeit haben, das Verfahren mit diesem Mediator zu beenden.

52 Die **Kündigung** des Mediatorenvertrages durch einen Medianten wirkt auch **für und gegen alle anderen Medianten**. Eine Mediation kann nur dann durchgeführt werden, wenn alle Medianten hieran teilnehmen. Scheidet ein Mediant aus, kann das Verfahren nicht mehr erfolgreich abgeschlossen werden.

53 Die Kündigung des Mediatorenvertrages hat **keinen Einfluss auf den Bestand** einer möglicherweise abgeschlossenen **Mediationsvereinbarung oder Mediationsklausel**. Diese bleiben grundsätzlich wirksam über die Kündigung des Mediatorenvertrages hinaus bestehen. Es besteht daher die Möglichkeit, nach Abbruch des Verfahrens mit dem ersten Mediator, das Verfahren mit einem anderen Mediator fortzusetzen.

4. Haftungsbegrenzung

54 Der Mediator schuldet **keinen Erfolg** der Art, dass das Verfahren zu einem Abschluss kommt und schon gar nicht zu einem bestimmten materiellen oder ausgewogenen Ergebnis. Deswegen konzentriert sich die Frage der **Haftung** im Wesentlichen auf die **Verletzung der dem Mediator obliegenden vertraglichen und berufsrechtlichen Pflichten**. Es gelten insbesondere auch die allgemeinen Grundsätze der anwaltlichen bzw. Notarhaftung. Fälle von Mediatorenhaftung sind, soweit bisher ersichtlich, durch die Gerichte bisher noch nicht behandelt.

55 ➲ **Praxistipp:** Aufgrund der hieraus resultierenden Unvorhersehbarkeiten ist dringend auf den Abschluss von Haftungsbegrenzungsvereinbarungen hinzuwirken.

56 ➲ **Hinweis:** Beim Abschluss von **Haftungsbegrenzungsvereinbarungen** durch nichtanwaltliche Mediatoren sind die **allgemein gültigen Regelungen** zu beachten, wie kein Ausschluss von Vorsatz im Vorweg (§ 276 Abs. 3 BGB) und in AGB kein Ausschluss grober Fahrlässigkeit (§ 309 Nr. 7 lit. b BGB). **Anwaltmediatoren** haben darüber hinaus die speziellen **berufsrechtlichen Vorschriften** zu beachten nach § 52 BRAO. **Notarmediatoren** ist der Abschluss von **Haftungsbegrenzungsvereinbarungen** nach standesrechtlichen Grundsätzen **nicht gestattet.**

5. Sonstiges

57 Zur eventuellen steuerlichen Berücksichtigung von Mediationskosten als außergewöhnliche Belastungen s. OFD Kiel, ESt-Kartei SH § 33 EStG Karte 2.1 bzw. FM Niedersachsen, ESt-Kartei ND § 33 EStG Nr. 14.

M 135.1 Mediatorenvertrag

zwischen

1. . . . (Name, Anschrift)

– im Folgenden Mediant 1 –

sowie

2. . . . (Name, Anschrift)

– im Folgenden Mediant 2 –

und

. . . (Name, Anschrift)

– im Folgenden Mediator –

Zwischen den Medianten besteht ein Konflikt. Um diesen Konflikt außergerichtlich beizulegen, haben die Medianten sich freiwillig entschlossen, ein Mediationsverfahren unter der Leitung des Mediators durchzuführen. Der Mediator hat Erfahrungen auf dem Gebiet der außergerichtlichen Streitbeilegung. Der Mediator hat sich vergewissert, dass die Medianten die Grundsätze und den Ablauf des Verfahrens verstanden haben und freiwillig an der Mediation teilnehmen; er hat den Medianten die Vor- und Nachteile dieses Verfahrens aufgezeigt. Insbesondere ist den Medianten bewusst, dass der Mediator keine Entscheidung zur Konfliktlösung trifft. Dieses Verfahren kann daher nur zu einer Konfliktbeilegung führen, wenn sich die Medianten auf eine Lösung einigen. Absolut notwendig ist daher eine aktive, offene und faire Teilnahme der Medianten am Verfahren, in der die Medianten ihre wahren Interessen offenlegen.
Dieses vorausgeschickt vereinbaren die Parteien nunmehr Folgendes:

§ 1 Gegenstand/Verfahren

(1) Gegenstand des Mediationsverfahrens ist . . .[1].

(2) Der Mediator leitet das Mediationsverfahren mit dem Ziel, den Konflikt einer einvernehmlichen Lösung zuzuführen. Der Mediator ist auf Grund seiner Vertrauensstellung verpflichtet, das Verfahren persönlich zu leiten. Der Mediator hat das Verfahren klar, fair und zügig zu leiten.

(3) Der Mediator ist an die von den Medianten für dieses Verfahren anwendbar erklärte . . . (Mediations- oder Verfahrensordnung)[2] *gebunden, die als Anlage 1 beigefügt ist und der diese Vereinbarung vorgeht. Die konkrete Ausgestaltung des Verfahrens obliegt dem Mediator.*

(4) Der Mediator hat bei der näheren Ausgestaltung des Verfahrens zu berücksichtigen, dass er mit ausgewogenem Engagement helfen soll, die Kommunikation und das gegenseitige Verständnis zwischen den Medianten zu verbessern und zu fördern und gewährleistet, dass die Parteien in angemessener und fairer Weise in das Verfahren eingebunden sind. Das bedeutet jedoch nicht, dass dem Mediator der Schutz von Ansprüchen der Medianten obliegt. Der Mediator unterstützt die Medianten darin, ihre Interessen herauszuarbeiten, um somit einer Konfliktlösung, die ihren Interessen möglichst weitgehend entspricht, näher zu kommen. Der Mediator hat aufzuklären und hinzuweisen, wenn in sowohl rechtlicher[3] *als auch tatsächlicher Hinsicht Umstände auftreten oder bekannt werden, die einer interessengerechten Konfliktlösung entgegenstehen. Mit den Medianten können Einzelgespräche geführt werden.*[4] *Eine rechtliche Beratung eines Medianten durch den Mediator findet nicht statt.*

(5) Die Medianten verpflichten sich, alle Unterlagen und Sachverhalte, die zur Lösung des Konflikts von Bedeutung sind und/oder sein können, im Verfahren vollständig offenzulegen.

§ 2 Neutralität des Mediators

(1) Der Mediator verhält sich allparteilich und neutral, indem er im Interesse aller Medianten tätig wird.

(2) Der Mediator versichert, mit keinem Medianten verwandt und für keinen Medianten in der Sache, die Gegenstand des Mediationsverfahrens ist, bereits gleich auf welche Weise tätig geworden zu sein.

(3) Der Mediator ist während und nach Abschluss des Mediationsverfahrens nicht befugt, einen der Medianten in der Sache, die Gegenstand des Mediationsverfahrens war, gleich auf welche Wei-

1 Auch aus haftungsrechtlichen Gründen ist der Gegenstand des Mediationsverfahrens so präzise wie möglich zu beschreiben.

2 In Betracht kommen zB die Mediationsordnungen der Gesellschaft für Wirtschaftsmediation und Konfliktmanagement e.V. (gwmk), Hamburger Mediationsordnung für Wirtschaftskonflikte, Richtlinien der Bundes-Arbeitsgemeinschaft für Familien-Mediation (BAFM), Richtlinien für Mediation in Wirtschaft und Arbeitswelt, Verfahrensordnung Mediationszentrum Karlsruhe. Sollte eine Verfahrensordnung nicht gewählt werden, entfällt dieser Satz.

3 Die Formulierung betreffend die rechtliche Aufklärung entfällt bei nichtanwaltlichen Mediatoren sowie in den Fällen, in denen die Medianten anwaltlich vertreten sind.

4 Diese Regelung dreht die gesetzliche Regelung in § 2 Abs. 3 Satz 3 MediationsG um.

se zu vertreten oder zu beraten. Dieses gilt auch für den Fall, dass das Mediationsverfahren unter Leitung dieses Mediators nicht erfolgreich beendet wird.

(4) Der Mediator ist verpflichtet, zu Beginn und während des gesamten Mediationsverfahrens alle Tatsachen offen zu legen, die zu Zweifeln hinsichtlich seiner Neutralität führen können. Dieses gilt insbesondere im Hinblick auf geschäftliche Kontakte zu einem Medianten in anderen Angelegenheiten vor und während des Mediationsverfahrens. Jeder Mediant entbindet hiermit den Mediator insoweit von einer ggf. ihm gegenüber bestehenden Verschwiegenheitspflicht.

§ 3 Vertraulichkeit/Verschwiegenheit

(1) Der Mediator behandelt die Tatsache der Durchführung der Mediation sowie alle ihm im Rahmen der Mediation bekannt gewordenen Informationen streng vertraulich. Er ist zur umfassenden Verschwiegenheit gegenüber Dritten[5] *verpflichtet. Hinsichtlich der in den Einzelgesprächen erlangten Informationen besteht diese Verpflichtung sowohl gegenüber Dritten als auch gegenüber dem anderen Medianten, sofern nicht der jeweilige Mediant ausdrücklich schriftlich auf die Vertraulichkeit verzichtet.*

(2) Die Verschwiegenheitspflicht bleibt über den Abschluss des Mediationsverfahrens hinaus bestehen. Dieses gilt auch für den Fall, dass das Mediationsverfahren unter Leitung dieses Mediators nicht erfolgreich beendet wird.

(3) Von der Vertraulichkeit sind solche Tatsachen ausgenommen, die auch ohne die Durchführung dieses Verfahrens bekannt sind oder bekannt geworden wären oder für welche die Vertraulichkeit einvernehmlich schriftlich aufgehoben wurde.

(4) Der Mediator ist verpflichtet, alle Angestellten und Mitarbeiter seines Büros zur umfassenden Verschwiegenheit und Vertraulichkeit in der Angelegenheit dieses Verfahrens zu verpflichten.

(5) Die Medianten vereinbaren, dass weder der Mediator noch seine Angestellten und Mitarbeiter nach Beendigung des Mediationsverfahrens in einem etwaigen gerichtlichen Verfahren über den Gegenstand der Mediation als Zeuge oder als Sachverständige benannt werden. Die Medianten verzichten hiermit auf dieses Recht.

(6) Die Medianten verpflichten sich gegenseitig gegenüber Dritten zur absoluten Verschwiegenheit über alle Informationen und Umstände, die ihnen jeweils im Zusammenhang mit der Mediation bekannt werden oder bekannt geworden sind, auch über das Ende der Mediation hinaus[6]*.*

§ 4 Dokumentation[7]

(1) Der Mediator hat das Verfahren in groben Zügen zu dokumentieren. In die Protokolle sind insbesondere Beginn und Ende des Verfahrens ebenso wie im Laufe des Verfahrens erzielte Einigungen über Teile des Konfliktes aufzunehmen.

(2) Die Protokolle der Einzelsitzungen sind getrennt von den Protokollen der gemeinschaftlichen Sitzungen aufzubewahren.

§ 5 Mitwirkung bei der Abfassung des Mediationsergebnisses

(1) Der Mediator unterstützt die Medianten bei der Abfassung des Mediationsergebnisses. Er achtet darauf, dass das Mediationsergebnis vollständig ist, dh. alle regelungsbedürftigen Fragen bedacht sind und einer Lösung zugeführt wurden.

(2) Der Mediator hat die rechtliche Wirksamkeit des Mediationsergebnisses zu überprüfen[8]*.*

---

5 Die Verschwiegenheit gegenüber Dritten ist zB bei einer Co-Mediation anzupassen.

6 Die Regelungen in Abs. 5 und 6 gehören systematisch in eine Vereinbarung zwischen den Medianten. Sollte eine solche jedoch nicht existieren bzw. diese Vereinbarung diese Regelungen nicht enthalten, müssen diese Regelungen in den Mediatorenvertrag aufgenommen werden.

7 Diese Regelung entfällt vollständig in den Fällen, in denen die Medianten eine Dokumentation nicht wünschen.

8 Abs. 2 kann nur von Anwalt- und/oder Notarmediatoren vereinbart werden und findet nur Anwendung, wenn die Medianten keine Rechtsanwälte als Parteivertreter beauftragt haben.

§ 6 Vergütung[9]

(1) Das Honorar des Mediators bemisst sich nach angefallenem Zeitaufwand. Das Honorar beträgt ... Euro pro Stunde zzgl. gesetzlicher Umsatzsteuer. Angefangene Stunden werden in Blöcken von 15 Minuten abgerechnet.

(2) Zu vergüten ist sowohl die Zeit, die zur Leitung der Sitzungen aufgewendet wird als auch die Zeit der Vor- und Nachbereitung der Sitzungen.

(3) Tages- und Abwesenheitskosten werden pauschal mit ... Euro in Rechnung gestellt. Reisekosten werden ... abgerechnet. Schreib- und Telekommunikationsauslagen werden pauschal mit ... Euro berechnet[10].

(4) Auslagen für Zeugen, Sachverständige oder eine mögliche Beurkundung des Mediationsergebnisses sind von den Medianten gesondert zu tragen. Hierfür können Vorschüsse verlangt werden.

(5) Der Zeitaufwand für die einzelnen Tätigkeiten wird in überprüfbarer Weise dokumentiert. Der Mediator erstellt zum Ende eines jeden Kalendermonats, im Übrigen nach Beendigung des Mediationsverfahrens, eine detaillierte Abrechnung über seine erbrachten Leistungen. Die Abrechnungen sind von den Medianten nach Zugang zu überprüfen und durch Rücksendung einer unterschriebenen Kopie zu bestätigen.

(6) Der Mediator informiert die Medianten, wenn die Kosten einen Betrag von ... Euro erreicht haben. Erreichen die Kosten einen Betrag von ... Euro, setzt der Mediator das Verfahren aus, bis die Medianten einvernehmlich eine Fortsetzung des Verfahrens verlangen.

(7) Das Honorar ist sieben Tage nach Zugang der jeweiligen Rechnung ohne Abzüge fällig.

§ 7 Gesamtschuld

(1) Die Medianten tragen die Kosten (Vergütung und Auslagen) des Mediationsverfahrens nach § 6 je zur Hälfte. Sie haften für die Kosten des Verfahrens als Gesamtschuldner[11].

(2) Eigene Kosten sowie Kosten, die zB auf Grund einer anwaltlichen Vertretung des Medianten entstehen, trägt jeder Mediant selbst.

§ 8 Beendigung und Kündigung

(1) Der Mediatorenvertrag endet mit Abschluss des formwirksamen Mediationsergebnisses oder mit der übereinstimmenden schriftlichen Erklärung der Medianten, das Mediationsverfahren nicht oder nur mit diesem Mediator nicht mehr fortsetzen zu wollen.

(2) Jede Partei kann den Mediatorenvertrag jederzeit kündigen.

(3) Die Kündigung durch einen Medianten hat auch die Beendigung des Mediatorenvertrages für den anderen Medianten zur Folge.

(4) Eine Kündigung des Mediatorenvertrages hat keinen Einfluss auf den Fortbestand der Mediationsvereinbarung.

§ 9 Haftungsbegrenzung[12]

Schadensersatzansprüche sind ausgeschlossen, wenn kein Fall von Vorsatz oder grober Fahrlässigkeit, von schuldhafter Verletzung wesentlicher Vertragspflichten oder der Übernahme einer Garantie für das Vorhandensein bestimmter Eigenschaften vorliegt. Bei schuldhafter Verletzung wesentli-

---

9 In Verträgen mit Anwalt- und/oder Notarmediatoren entfällt diese Regelung vollständig. Anwaltmediatoren schließen idealerweise eine gesonderte als solche bezeichnete Vergütungsvereinbarung ab (vgl. § 3a Abs. 1 RVG). Notarmediatoren müssen in Form eines schriftlichen öffentlich-rechtlichen Vertrages eine Gebührenvereinbarungen treffen (vgl. § 126 Abs. 1 Satz 1, Abs. 2 GNotKG).

10 Sollen diese Kosten nicht abrechnungsfähig sein, entfällt die Regelung ersatzlos.

11 Sollte eine andere Kostenverteilung vereinbart sein oder die Gesamtschuld abbedungen werden, ist Abs. 1 entsprechend anzupassen.

12 In Verträgen mit Anwalt- und/oder Notarmediatoren entfällt diese Regelung vollständig. Anwaltmediatoren müssen eine gesonderte Haftungsbegrenzungsvereinbarung abschließen (vgl. § 52 BRAO). Notarmediatoren können aus standesrechtlichen Gründen für die Ausübung ihrer beruflichen Tätigkeit gar keine Haftungsbegrenzungsvereinbarung abschließen.

cher Vertragspflichten haftet der Mediator nur für den vertragstypischen, vernünftigerweise vorhersehbaren Schaden.

§ 10 Salvatorische Klausel[13]

...

... *(Ort, Datum)*

(Unterschrift Mediant 1) *(Unterschrift Mediator)*

(Unterschrift Mediant 2)

13 Aufnahme einer üblichen Salvatorischen Klausel.

Stichwortverzeichnis

Bearbeiterin: Rechtsanwältin Petra-Andrea Block-Funken

Die **fetten** Zahlen verweisen auf die Kapitel, die mageren auf die Randzahlen. Zahlen mit dem Zusatz „M" beziehen sich auf die Muster und geben die Nummer des Musters an, die aus der Kapitelzahl abgeleitet ist (zB M 27.2 = Muster 2 in Kapitel 27).